# ABBREVIATIONS AND SPECIAL SYMBOLS

## autres abréviations / other abbreviations

| | | |
|---|---|---|
| abréviation | **abrév, abbr** | abbreviated, abbreviation |
| adjectif | **ADJ** | adjective |
| adverbe | **ADV** | adverb |
| approximativement | **approx** | approximately |
| argot | **arg** | slang |
| article | **ART** | article |
| attribut | **attrib** | predicative |
| australien, Australie | **Austral** | Australian, Australia |
| auxiliaire | **aux** | auxiliary |
| belgicisme | **Belg** | Belgian idiom |
| britannique, Grande-Bretagne | **Brit** | British, Great Britain |
| canadien, Canada | **Can** | Canadian, Canada |
| mot composé | **COMP** | compound, in compounds |
| comparatif | **compar** | comparative |
| conditionnel | **cond** | conditional |
| conjonction | **conj** | conjunction |
| conjugaison | **conjug** | conjugation |
| défini | **déf, def** | definite |
| démonstratif | **dém, dem** | demonstrative |
| dialectal, régional | **dial** | dialect |
| diminutif | **dim** | diminutive |
| direct | **dir** | direct |
| écossais, Écosse | **Écos** | Scottish, Scotland |
| par exemple | **eg** | for example |
| épithète | **épith** | before noun |
| surtout | **esp** | especially |
| et cætera, et cetera | **etc** | et cetera |
| euphémisme | **euph** | euphemism |
| par exemple | **ex** | for example |
| exclamation | **excl** | exclamation |
| féminin | **f, fem** | feminine |
| au figuré | **fig** | figuratively |
| féminin pluriel | **fpl** | feminine plural |
| langue soignée | **frm** | formal language |
| futur | **fut** | future |
| en général, généralement | **gén, gen** | in general, generally |
| helvétisme | **Helv** | Swiss idiom |
| humoristique | **hum** | humorous |
| impératif | **impér, imper** | imperative |
| impersonnel | **impers** | impersonal |
| indéfini | **indéf, indef** | indefinite |
| indicatif | **indic** | indicative |
| indirect | **indir** | indirect |
| infinitif | **infin** | infinitive |
| inséparable | **insep** | inseparable |
| interrogatif | **interrog** | interrogative |
| invariable | **inv** | invariable |
| irlandais, Irlande | **Ir** | Irish, Ireland |
| ironique | **iro** | ironic |
| irrégulier | **irrég, irreg** | irregular |
| littéral, au sens propre | **lit** | literally |
| littéraire | **littér, liter** | literary |
| locution | **LOC** | locution |
| masculin | **m, masc** | masculine |

| | | |
|---|---|---|
| masculin et féminin | **mf** | masculine and feminine |
| masculin pluriel | **mpl** | masculine plural |
| nom | **N** | noun |
| nord de l'Angleterre | **N Angl** | North of England |
| négatif | **nég, neg** | negative |
| nord de l'Angleterre | **N Engl** | North of England |
| nom féminin | **NF** | feminine noun |
| nom masculin | **NM** | masculine noun |
| nom masculin et féminin | **NMF** | masculine and feminine noun |
| nom masculin, féminin | **NM,F** | masculine, feminine noun |
| non comptable | **NonC** | uncountable |
| nom pluriel | **NPL** | plural noun |
| numéral | **num** | numeral |
| néo-zélandais, Nouvelle-Zélande | **NZ** | New Zealand |
| objet | **obj** | object |
| opposé | **opp** | opposite |
| emploi réfléchi | **o.s.** | oneself |
| passif | **pass** | passive |
| péjoratif | **péj, pej** | pejorative |
| personnel | **pers** | personal |
| particule de verbe | **phr vb elem** | phrasal verb element |
| pluriel | **pl** | plural |
| possessif | **poss** | possessive |
| préfixe | **préf, pref** | prefix |
| préposition | **PRÉP, PREP** | preposition |
| prétérit | **prét, pret** | preterite |
| pronom | **PRON** | pronoun |
| proverbe | **Prov** | proverb |
| participe présent | **prp** | present participle |
| participe passé | **ptp** | past participle |
| quelque chose | **qch** | something |
| quelqu'un | **qn** | somebody, someone |
| relatif | **rel** | relative |
| quelqu'un | **sb** | somebody, someone |
| écossais, Écosse | **Scot** | Scottish, Scotland |
| séparable | **SEP** | separable |
| singulier | **sg** | singular |
| argot | **sl** | slang |
| terme de spécialiste | **SPÉC, SPEC** | specialist term |
| quelque chose | **sth** | something |
| subjonctif | **subj** | subjunctive |
| suffixe | **suf** | suffix |
| superlatif | **superl** | superlative |
| américain, États-Unis | **US** | American, United States |
| généralement | **usu** | usually |
| verbe | **VB** | verb |
| verbe intransitif | **VI** | intransitive verb |
| verbe pronominal | **VPR** | pronominal verb |
| verbe transitif | **VT** | transitive verb |
| verbe à particule inséparable | **VT FUS** | phrasal verb with inseparable particle |
| verbe transitif et intransitif | **VTI** | transitive and intransitive verb |
| verbe transitif indirect | **VT INDIR** | indirect transitive verb |

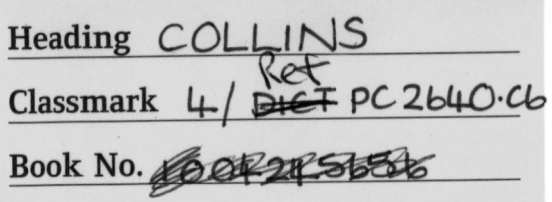

# Collins
# Robert
# French
# Dictionary

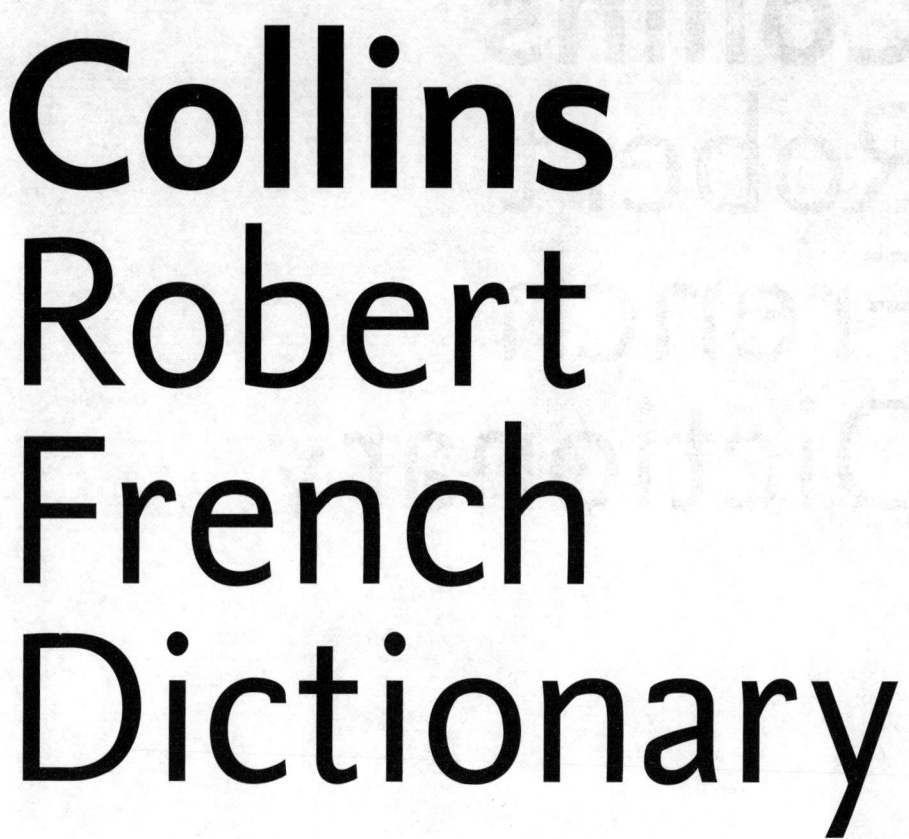

# Collins Robert French Dictionary

# LE ROBERT
# & Collins

SENIOR



DICTIONNAIRES
LE ROBERT

**HarperCollins Publishers**
Westerhill Road
Bishopbriggs
Glasgow
G64 2QT
Great Britain

Seventh Edition 2005



ISBN 0-00-718381-X



Collins and HarperResource are imprints of HarperCollins Publishers

www.collins.co.uk

A catalogue record for this book is available from the British Library

HarperCollins Publishers, Inc.
10 East 53rd Street, New York, NY 10022

ISBN 0-06-074893-1

Library of Congress Cataloging-in-Publication Data has been applied for

www.harpercollins.com

First HarperCollins edition published 1993

HarperCollins books may be purchased for educational, business, or sales promotional use. For information, please write to: Special Markets Department, HarperCollins Publishers Inc., 10 East 53rd Street, New York, NY 10022

HarperCollins Publishers Ltd
2 Bloor St. East, Toronto, Ontario, Canada M4W 1A8

ISBN 0-00-773128-0

www.harpercollins.ca

Computer typeset by MCP Jouve, Saran, France

Printed in Italy by Legoprint S.P.A.

**Acknowledgements**
We would like to thank those authors and publishers who kindly gave permission for copyright material to be used in the Collins Word Web. We would also like to thank Times Newspapers Ltd for providing valuable data.

*Principaux collaborateurs/Main Contributors*

## SIXIÈME ET SEPTIÈME ÉDITIONS/SIXTH AND SEVENTH EDITIONS

*Direction éditoriale*
*société* DICTIONNAIRES LE ROBERT
*représentée par*
Pierre Varrod

*Publishing Management*
HARPERCOLLINS
Lorna Sinclair Knight
Michela Clari

*Chef de projet/Project Manager*
Martyn Back

*Coordination éditoriale*
Dominique Le Fur

*Editorial Management*
Sabine Citron

*avec/with*
Silke Zimmermann

*Rédaction/Editors*
Daphne Day - Phyllis Gautier
Jean-François Allain - Laurence Larroche - Harry Campbell
Frances Illingworth - Janet Gough

*Lecture-correction/Editorial Staff*
Brigitte Orcel, Anne-Marie Lentaigne
Muriel Richard, Marie-Odile Martin, Charlotte Testa
Gaëlle Amiot-Cadey, Maggie Seaton

*Informatique éditoriale*
Kamal Loudiyi

*Data Management*
Stewart Russell
Robert Scovell

*Conception technique et maquette/Design Manager*
Gonzague Raynaud
*Couverture/Cover :* Caumon

## *Principaux collaborateurs/Main Contributors*

### CINQUIÈME ÉDITION/FIFTH EDITION

*Direction éditioriale*
*société* DICTIONNAIRES LE ROBERT
*représentée par*
Pierre Varrod

*Publishing Director*
HARPERCOLLINS
Lorna Sinclair Knight

*Direction de l'ouvrage*
Alain Duval
*chef de projet*
Martyn Back

*Projet Management*
Michela Clari
*with*
Carol MacLeod

*Responsable de la rédaction*
Dominique Le Fur
*avec/with*
Brigitte Vienne

*Senior Editors*
Janet Gough
Sabine Citron

*Rédaction/Editors*
Jean-François Allain, Claire Bigot, Harry Campbell, Gearóid Cronin, Daphne Day, Christèle Éon, Hélène Fabre, Phyllis Gautier, Bob Grossmith, Frances Illingworth, Jacques Lesca, Christine Penman, Christian Salzedo, Donald Watt

*Anglais américain/American English*
Kathleen Micham, John Wright

*Coordination éditoriale/Editorial Management*
Vivian Marr
*with*
Isobel Gordon, Silke Zimmermann

*Secrétariat de rédaction et correction/Editorial Staff*
Elspeth Anderson, Cécile Aubinière-Robb, Anne-Marie Banks, Anne Convery, Sylvie Fontaine, Sandra Harper, Angela Jack, Irene Lakhani, Anne Lindsay Caitlin McMahon, Maggie Seaton, Jill Williams

*Informatique éditoriale/Data Management*
Ray Carrick, Kamal Loudiyi, Jane Creevy, Paul Hasset, André Gautier

*remerciements à/thanks to:* Geoffrey Bremner, Jeremy Butterfield, Gonzague Raynaud, Keith Foley, Hélène Bernaert, Chantal Testa, Duncan Marshal, Hazel Mills, Gerry McIntyre, Brigitte Orcel, Anne-Marie Lentaigne

*Principaux collaborateurs/Main Contributors*

## TROISIÈME ET QUATRIÈME ÉDITIONS/ THIRD AND FOURTH EDITIONS

*direction rédactionnelle/general editors*
Alain Duval, Lorna Sinclair Knight

*rédacteurs/editors*
Diana Feri, Stephen Clarke, Dominique Le Fur
Laurence Hautekeur, Françoise Morcellet, Jill Campbell

*chef de projet/editorial management*
Vivian Marr

*autres collaborateurs/other contributors:* Christine Penman, Jean-Benoit Ormal-Grenon, Cécile Aubinière-Robb

*administration, secrétariat et correction/editorial staff:* Elspeth Anderson, Luc Audrain, Anne Baudrillard, Linda Chestnutt, Chantal Combes, Elizabeth Cunningham, Annick Dehais, Anne Dickinson, Susan Dunsmore, Sylvie Fontaine, Élisabeth Huault, Lesley Johnston, Irene Lakhani, Joyce Littlejohn, Dominique Lopin, Kamal Loudiyi, Fiona MacGregor, Carol MacLeod, Maimie McGadie, Janice McNeillie, Val McNulty, Hellen Ranson, Gonzague Raynaud, Diane Robinson, Megan Thomson, Lydia Vigné, Silke Zimmermann

## DEUXIÈME ÉDITION/SECOND EDITION

*dirigée par/by*
Alain Duval, Rosemary C. Milne, Hélène M. A. Lewis,
Lorna Sinclair, Renée Birks

*autres collaborateurs/other contributors*
Guy Jean Forgue (américanismes/American language)
Charles Lynn Clark, Susan Lochrie, Geneviève Lebaut, Joëlle Sampy,
Ann Goodman, Renée Gillot-Gautier, Florence Millar

*administration, secrétariat et correction/administrative staff*
William T. McLeod, Richard Thomas, Barbara Christie, Carol Purdon,
Elspeth Anderson, Catherine E. Love, Anne Marie Banks

## PREMIÈRE ÉDITION/FIRST EDITION

*par/by*
Beryl T. Atkins, Alain Duval, Rosemary C. Milne

*et/and*
Pierre-Henri Cousin, Hélène M. A. Lewis, Lorna A. Sinclair,
Renée O. Birks, Marie-Noëlle Lamy

*autres collaborateurs/other contributors*
John Scullard, Edwin Carpenter, Margaret Curtin, Kenneth Gibson, Gerry Kilroy,
Michael Janes, Anthony Linforth, Trevor Peach, Elise Thomson

*avec/with*
*comité de lecture/readers' panel*
Paul Robert
Martine Bercot, Gilberte Gagnon, Maryline Hira, Lucette Jourdan, Denis Keen,
Jean Mambrino, Jacques Mengin, Robert Mengin, Marie Christine de Montoussé,
Alain Rey, Josette Rey-Debove, Colette Thompson, Elaine Williamson

# CONTENTS / SOMMAIRE




We would like to acknowledge the help and cooperation of all those who have kindly given permission for their material to be incorporated in the Bank of English and the Banque de français moderne.

Nous tenons à remercier pour leur aide et pour leur coopération tous ceux qui nous ont aimablement autorisés à incorporer leurs textes dans la « Bank of English » et dans la « Banque de français moderne ».

# INTRODUCTION

Each new edition of the COLLINS ROBERT FRENCH DICTIONARY is an opportunity both to explore the most recent changes that have taken place in English and French and to further develop the features that have made it one of the most successful reference books in the world.

In previous editions we made increasing use of our huge lexical databases to ensure that not just significant words and expressions but relevant collocations and contexts are included and reliably translated. This new edition is no exception, and the way it exemplifies real usage makes it both a fascinating reflection of the two languages and a highly dependable practical tool.

One of the most significant features of this dictionary is the help it provides in specific areas of language. You will find special encyclopedic entries providing information about institutions, cultural events and traditions in the French- and English-speaking world, and helpful notes on grammar, particularly in entries where sentence structure poses problems for non-native speakers. In addition to these features, the "Language In Use" supplement in the centre of the dictionary has gained much critical acclaim as a comprehensive guide to self-expression in French.

In this new edition, the first of the new millennium, we have further developed this user-centred approach by including specially designed translation tips. Using extensive feedback from teachers and highly experienced professional translators, we have identified words and meanings that are often mistranslated and provided carefully worded advice on recognizing and avoiding such pitfalls. This dictionary thus provides essential help to both translators and advanced learners by alerting them to 'danger zones' where problems are known to occur.

The lexicographer's work is never done, and each new edition of this dictionary is a milestone but never journey's end. As you read these words, our editors are already preparing the seventh edition, constantly alert both to the shifting frontiers of language and to the needs of the millions of people who use the COLLINS ROBERT every day.

# INTRODUCTION

Chaque édition du ROBERT & COLLINS est une occasion renouvelée de prendre acte de l'évolution linguistique du français et de l'anglais et de renforcer les atouts de ce dictionnaire qui reste l'un des ouvrages de référence bilingues les plus appréciés au monde.

Au fil des ans, nous avons su tirer parti - grâce à de puissants outils informatiques - de la richesse de nos bases de données lexicales pour rendre compte au plus près des réalités de la langue. Non seulement nous relevons des mots, des expressions et des sens nouveaux mais nous les replaçons dans leurs contextes naturels pour garantir la justesse de nos traductions. Cette nouvelle édition ne fait pas exception à la règle : reflet authentique de la langue et de ses usages, elle est aussi un outil pratique d'une extrême fiabilité.

L'un des points forts de ce dictionnaire est l'aide qu'il apporte à l'utilisateur sur certains aspects précis de la langue. Des encadrés encyclopédiques fournissent des informations précieuses sur les institutions, les événements culturels et les traditions du monde anglophone et francophone; des notes d'usage alertent le lecteur sur divers problèmes de grammaire ou de construction difficiles à maîtriser pour des étrangers ; enfin, la *Grammaire active* du cahier central, unanimement saluée par la critique, oriente l'usager non seulement vers le mot juste mais vers la phrase juste et lui permet de s'exprimer parfaitement dans de multiples situations de communication.

Cette première édition du nouveau millénaire se devait d'innover et d'être encore plus conviviale. Nous appuyant sur l'expérience d'enseignants et de traducteurs professionnels, nous avons mis en relief un grand nombre de mots ou de sens souvent mal traduits afin d'attirer l'attention du lecteur sur les difficultés qu'ils posent. Ainsi ce dictionnaire est-il jalonné de conseils avisés qui aideront l'apprenant comme le traducteur à repérer les pièges et à mieux les déjouer.

Le travail du lexicographe ne connaît pas de répit. Chaque édition nouvelle d'un dictionnaire n'est qu'une étape sur un chemin sans fin. À l'écoute de la langue toujours mouvante et des besoins de millions d'utilisateurs, les rédacteurs du ROBERT & COLLINS préparent déjà activement la 7e édition.

# USING THE DICTIONARY

## WORD ORDER

**caldron** /ˈkɔːldrən/ **N** ⇒ **cauldron**

Alphabetical order is followed throughout. If two variant spellings are not alphabetically adjacent, each is treated as a separate headword; where the information is not duplicated, there is a cross-reference to the form treated in depth. For the alphabetical order of compounds in French, see COMPOUNDS. Phrasal verbs are grouped together at the end of the main verb (eg **fall through** at the end of **fall**).

**honor** /ˈɒnəʳ/ **N** *(US)* ⇒ **honour**

**honour, honor** *(US)* /ˈɒnəʳ/ **N** **a**

American variations in spelling are treated in the same fashion.

**Icarus** /ˈɪkərəs/ **N** Icare *m*

**ICAO** /ˌaɪsiːeɪˈəʊ/ **N** (abbrev of **International Civil Aviation Organization**) OACI *f*

Proper names, as well as abbreviations and acronyms, will be found in their alphabetical place in the word list.

**blow**[1] /bləʊ/ (vb : pret **blew,** ptp **blown**) **N** **a** **to give a ~** *(through mouth)* souffler ; *(through nose)* se moucher

**blow**[2] /bləʊ/ **N** **a** *(lit) (= impact)* coup *m* ; *(with fist)* coup *m* de poing ◆ **to come to ~s** en venir aux mains ◆ **at one ~**

Superior numbers are used to separate words of like spelling: **blow**[1], **blow**[2].

## COMPOUNDS

**body** /ˈbɒdɪ/ **N** *[...]*
**COMP** *[...]*
▷ **body search N** fouille *f* corporelle ◆ **to carry out a ~ search on sb** fouiller qn ◆ **to submit to** *or* **undergo a ~ search** se faire fouiller ▷ **body shop N** *(Aut)* atelier *m* de carrosserie ▷ **body snatcher N** *(Hist)* déterreur *m*, -euse *f* de cadavres ▷ **body stocking N** combinaison *f* de danse ▷ **body-surf VI** faire du body(-surf) ▷ **body-surfing N** *(NonC)* body(-surf) *m* ▷ **body swerve N** *(Sport)* écart *m* ▷ **body warmer N** gilet *m* matelassé

Entries may include sections headed COMP (compounds). In these will be found English hyphenated words, such as **body-surf** (under **body**), and **point-to-point** (under **point**), and unhyphenated combinations of two or more elements, such as **hazardous waste** (under **hazardous**), **air traffic control** (under **air**).

Each compound is preceded by a triangle, and the order is alphabetical.

Single words such as **blackbird** and **partygoer**, which are made up of two elements, but are not hyphenated, appear as headwords in the main alphabetical list.

English spelling is variable in this area, and there are possible alternatives: **backhander/back-hander, paintbrush/paint brush/paint-brush** etc. If the single word form is the most common, this will be treated as a headword; **paintbrush** therefore does not appear in the entry **paint**. When looking for a word of this type, users should bear in mind that it may be found either in a compound section, or as a headword.

On the French side, only unhyphenated combinations, such as **gaz naturel** and **modèle déposé**, appear in compound sections. Alphabetical order is not affected by linking prepositions, thus **Casque bleu** precedes **casque à pointe**. The part of speech is given where it could be ambiguous or where there is more than one. Hyphenated words, such as **arrière-pensée** and **lave-glace**, are treated as headwords. If a word can appear both with or without a hyphen, both spellings are given.

# GUIDE D'UTILISATION

## ORDRE DES MOTS

Le principe général est l'ordre alphabétique. Les variantes orthographiques qui ne suivent pas immédiatement la forme traitée dans l'ordre alphabétique figurent à leur place dans la nomenclature avec un renvoi à la forme qui est traitée. Pour l'ordre d'apparition des composés, voir ci-dessous LES COMPOSÉS. Les verbes à particule anglais sont regroupés à la fin de l'entrée contenant le verbe souche (par exemple **fall through** sous **fall**).

**kabbalistique** /kabalistik/ **ADJ** ⇒ **cabalistique**

Les variantes orthographiques américaines sont traitées de la même manière.

**honor** /ˈɒnəʳ/ **N** *(US)* ⇒ **honour**

**honour, honor** *(US)* /ˈɒnəʳ/ **N** a

Les noms propres, ainsi que les sigles et acronymes, figurent à leur place dans l'ordre alphabétique général.

**ICAO** /ˌaɪsiːeɪˈəʊ/ **N** (abbrev of **International Civil Aviation Organization**) OACI *f*

**Icarus** /ˈɪkərəs/ **N** Icare *m*

Les homographes sont suivis d'un chiffre qui permet de les distinguer.

**raie¹** /ʀɛ/ **NF** a *(= trait)* line; *(Agr = sillon)* furrow; *(= éraflure)* mark, scratch

**raie²** /ʀɛ/ **NF** *(= poisson)* skate, ray; *(Culin)* skate

## LES COMPOSÉS

Certains articles comportent une section COMP (composés). En anglais, y figurent des groupes de mots avec trait d'union tels que **body-surf** (sous **body**) et **point-to-point** (sous **point**) ainsi que des groupes de mots sans trait d'union tels que **hazardous waste** (sous **hazardous**) et **air traffic control** (sous **air**).

**casque** /kask/ **NM** *[...]*
COMP ▻ **Casque bleu** blue helmet *ou* beret ◆ **les ~s bleus** the UN peacekeeping force, the blue helmets *ou* berets ▻ **casque de chantier** hard hat ▻ **casque colonial** pith helmet, topee ▻ **casque intégral** full-face helmet ▻ **casque à pointe** spiked helmet

Chaque composé est précédé d'un triangle et donné dans l'ordre alphabétique.

Les mots soudés tels que **blackbird** et **partygoer** apparaissent comme des entrées normales à leur place dans l'ordre alphabétique.

L'orthographe anglaise est assez variable dans ce domaine et il existe souvent plusieurs variantes : **backhander/back-hander, paintbrush/paint brush/paint-brush**, etc. Si la forme en un seul mot est la plus fréquente, le composé est présenté comme entrée à part entière. Ainsi **paintbrush** n'apparaît pas sous **paint**. Lors de sa recherche, l'utilisateur doit donc garder à l'esprit qu'un mot de ce type peut se trouver soit dans un groupe de composés, soit dans l'ordre alphabétique général.

En français, les composés sans trait d'union comme **gaz naturel** ou **modèle déposé** apparaissent sous le premier mot, dans la catégorie COMP. La présence de prépositions n'influe pas sur l'ordre alphabétique : ainsi, **Casque bleu** précède **casque à pointe**. Les catégories grammaticales sont indiquées lorsqu'il y a un risque d'erreur ou que le composé traité comporte plusieurs catégories grammaticales. Les composés à trait d'union comme **arrière-pensée** ou **lave-glace** sont traités comme des entrées à part entière et donnés à leur place dans l'ordre alphabétique général. Lorsque les deux orthographes, avec et sans trait d'union, sont possibles, elles sont toutes deux signalées à l'utilisateur.

## PLURALS

Irregular plural forms of English words are given in the English-French part, those of French words and compounds in the French-English part.

**cheval** (pl **-aux**) /ʃ(ə)val, o/ NM a
**abat-son** (pl **abat-sons**) /abasɔ̃/ NM louvre *(Brit) ou* louver *(US)* (boards)

In French, all plurals which do not consist of *headword* + *s* are shown, eg: **cheval, -aux.**

In English, a knowledge of the basic rules is assumed:

1. Most English nouns take *-s* in the plural: **bed-s, site-s.**
2. Nouns that end in *-s, -x, -z, -sh* and some in *-ch* /tʃ/ take *-es* in the plural: **boss-es, box-es, dish-es, patch-es.**
3. Nouns that end in *-y* not preceded by a vowel change the *-y* to *-ies* in the plural: **lady-ladies, berry-berries** (but **tray-s, key-s**).

**child** /tʃaɪld/ (pl **children**) N a enfant
**children** /ˈtʃɪldrən/ NPL of **child**

Plural forms of the headword which differ substantially from the singular form are listed in their alphabetical place in the word list with a cross-reference, and repeated under the singular form.

**chic** /ʃiːk/ ADJ chic *inv*, élégant

French invariable plurals are marked *inv* on the English-French side for ease of reference.

## GENDERS

**belle** /bɛl/ ADJ, NF → **beau**

Feminine forms in French which are separated alphabetically from the masculine form in the word list are shown as separate headwords with a cross-reference to the masculine form.

**blanchisseur** /blɑ̃ʃisœʀ/ NM *(lit)* launderer; *[d'argent sale]* money launderer
**blanchisseuse** /blɑ̃ʃisøz/ NF laundress
**baladeur, -euse** /baladœʀ, øz/ ADJ wandering, roving ◆ **avoir la main baladeuse** *ou* **les mains baladeuses** to have wandering *ou* groping * hands ◆ **un micro ~ circulait dans le public** a microphone circulated round the audience NM *(= magnétophone)* Walkman®, personal stereo NF **baladeuse** *(= lampe)* inspection lamp

A feminine headword requiring a different translation from its masculine form is given either a separate entry or a separate category.

In the English-French part the feminine forms of French adjectives are given only where these are not regular. The following are considered regular adjective inflections:

**-, e; -ef, -ève; -eil, -eille; -er, -ère; -et, -ette; -eur, -euse; -eux, -euse; -ien, -ienne; -ier, -ière; -if, -ive; -il, -ille; -on, -onne; -ot, -otte**

**gardener** /ˈgɑːdnəʳ/ N jardinier *m*, -ière *f*

When the translation of an English noun could be either masculine or feminine, according to sex, the feminine form of the French noun translation is always given.

## PLURIEL

Les formes plurielles qui présentent des difficultés sont données dans la langue de départ.

En français, les pluriels autres que ceux qui se forment par le simple ajout du *-s* sont indiqués ; celui des composés avec trait d'union est également donné.

**cheval** (pl **-aux**) /ʃ(ə)val, o/ **NM** **a**

**abat-son** (pl **abat-sons**) /abasɔ̃/ **NM** louvre *(Brit) ou* louver *(US)* (boards)

En anglais, les pluriels formés régulièrement ne sont pas donnés :

1. La plupart des noms prennent *-s* au pluriel : **bed-s, site-s.**
2. Les noms se terminant par *-s, -x, -z, -sh* et *-ch* /tʃ/ prennent *-es* au pluriel : **boss-es, box-es, dish-es, patch-es.**
3. Les noms se terminant par *-y* non précédé d'une voyelle changent au pluriel le *-y* en *-ies* : **lady-ladies, berry-berries** (mais **tray-s, key-s**).

Quand le pluriel d'un mot est très différent du singulier, il figure à sa place dans la nomenclature générale avec un renvoi ; il est répété sous le singulier.

**ail,** pl **ails** *ou* **aulx** /aj, o/ **NM** garlic;

**aulx** /o/ **NMPL** → **ail**

Dans la partie anglais-français, les mots français invariables au pluriel sont suivis de l'indication *inv.*

**chic** /ʃiːk/ **ADJ** chic *inv*, élégant

## GENRE

Les formes féminines des mots français qui ne suivent pas directement le masculin dans l'ordre alphabétique sont données à leur place normale dans la nomenclature, avec un renvoi au masculin ; elles sont répétées sous celui-ci.

**belle** /bɛl/ **ADJ, NF** → **beau**

Un mot féminin exigeant une traduction différente du masculin fait l'objet soit d'un article séparé soit d'une catégorie bien individualisée dans le cas d'articles complexes.

**blanchisseur** /blɑ̃ʃisœʀ/ **NM** *(lit)* launderer; *[d'argent sale]* money launderer

**blanchisseuse** /blɑ̃ʃisøz/ **NF** laundress

**baladeur, -euse** /baladœʀ, øz/ **ADJ** wandering, roving ◆ **avoir la main baladeuse** *ou* **les mains baladeuses** to have wandering *ou* groping * hands ◆ **un micro ~ circulait dans le public** a microphone circulated round the audience **NM** *(= magnétophone)* Walkman ®, personal stereo **NF** **baladeuse** *(= lampe)* inspection lamp

Dans la partie anglais-français, le féminin des adjectifs français se construisant régulièrement n'est pas indiqué. Sont considérées comme régulières les formes suivantes :

**-, e ; -ef, -ève ; -eil, -eille ; -er, -ère ; -et, -ette ; -eur, -euse ; -eux, -euse ; -ien, -ienne ; -ier, -ière ; -if, -ive ; -il, -ille ; -on, -onne ; -ot, -otte.**

Quand un nom anglais peut recevoir une traduction au masculin ou au féminin, selon le sexe, la forme féminine est toujours mentionnée.

**gardener** /ˈgɑːdnəʳ/ **N** jardinier *m*, -ière *f*

## REPETITION OF THE HEADWORD WITHIN THE ENTRY

**wax**[1] /wæks/ **N** *(NonC)* cire *f* ; *(for skis)* fart *m* ; *(in ear)* cérumen *m*, (bouchon *m* de) cire *f* ; → **beeswax, sealing**[2] **VT** *[+ floor, furniture]* cirer, encaustiquer ; *[+ skis]* farter ; *[+ shoes, moustache]* cirer ; *[+ thread]* poisser ; *[+ car]* lustrer ◆ **to ~ one's legs** s'épiler les jambes à la cire **COMP** *[candle, doll, seal, record]* de *or* en cire ▷ **wax bean N** *(US)* haricot *m* beurre *inv* ▷ **waxed cotton N** coton *m* huilé ▷ **waxed jacket N** veste *f* de *or* en coton huilé ▷ **waxed paper N** papier *m* paraffiné ▷ **wax museum N** *(esp US)* musée *m* de cire ▷ **wax paper N** ⇒ **waxed paper**

To save space, where the headword occurs in its full form within the entry it is replaced by ~.
Compounds and phrasal verbs are shown in full.

## PHRASES AND IDIOMS

**break** /breɪk/ ... **VT** **a** [...]
◆ **to ~ one's back** *(lit)* se casser la colonne vertébrale ◆ **he almost broke his back trying to lift the stone** il s'est donné un tour de reins en essayant de soulever la pierre ◆ **he's ~ing his back to get the job finished in time** il s'échine à finir le travail à temps ◆ **to ~ the back of a task** *(Brit)* faire le plus dur *or* le plus gros d'une tâche ◆ **to ~ sb's heart** briser le cœur de qn ◆ **to ~ one's heart over sth** avoir le cœur brisé par qch ◆ **it ~s my heart to think that ...** cela me brise le cœur de penser que ... ; → **ball**[1]**, barrier, bone, bread, code, ice, path**[1]**, record, surface, wind**[1]

Phrases and idiomatic expressions are preceded by a black lozenge. They are generally placed under the first element or the first word in the phrase. For example **to break somebody's heart** and **to break the back of a task** are both included under **break**. However **to lend somebody a hand** is under **hand** because it is equally possible to say **to give somebody a hand.**

Where required as cross-reference directs the user to the location of a phrase. At **break**, cross-references to **ice** and **record** indicate that **to break the ice** and **to break a record** are treated at these entries.

◆ **aller et venir** *(entre deux endroits)* to come and go; *(dans une pièce)* to pace up and down ◆ **tu sais, la chance, ça va ça vient** luck comes and goes, you know, you win some, you lose some ◆ **avec lui l'argent, ça va, ça vient** when it comes to money, it's easy come, easy go with him;

Some important phrases are made prominent by a black lozenge in the margin.

## INDICATING MATERIAL

General indicating material takes the following forms:

### In parentheses ( )

**climber** /ˈklaɪməʳ/ **N** *(= person)* grimpeur *m*, -euse *f* ; *(= mountaineer)* alpiniste *mf*, ascensionniste *mf* ; *(fig pej: also* **social climber***)* arriviste *mf (pej)* ; *(= plant)* plante *f*

1 Synonyms preceded by =.

**employment** /ɪmˈplɔɪmənt/ **N** *(NonC = jobs collectively)* emploi *m (NonC)* ; *(= a job)* emploi *m*, travail *m* ; *(modest)* place *f* ; *(important)* situation *f*

2 Partial definitions and other information which guide the user.

**ordain** /ɔːˈdeɪn/ **VT** **a** *[God, fate]* décréter (*that* que) ; *[law]* décréter (*that* que), prescrire (*that* que *+ subj*) ; *[judge]* ordonner (*that*

3 Syntactical information to allow the non-native speaker to use the translation correctly. This information is given after the translation.

### In square brackets [ ]

**fade** /feɪd/ **VI** **a** *[colour]* passer, perdre son éclat ; *[material]* passer, se décolorer ; *[light]* baisser, diminuer ; *[flower]* se faner, se flétrir

1 Within verb entries, typical noun subjects of the headword.

**branch** /brɑːntʃ/ **N** **a** *[of tree, candelabra]* branche *f* ; *[of river]* bras *m*, branche *f* ; *[of mountain chain]* ramification *f* ;

2 Within noun entries, typical noun complements of the headword.

## RÉPÉTITION DU MOT DANS L'ARTICLE

Par souci d'économie de place, le mot est remplacé par le signe ~ lorsqu'il est répété dans le corps de l'article sans subir de modification orthographique.
Les composés ainsi que les verbes anglais à particule sont donnés en toutes lettres.

**cire** /siʀ/ **NF** **a** *(gén)* wax; *(pour meubles, parquets)* polish; *(Méd)* *[d'oreille]* (ear)wax ◆ ~ **d'abeille** beeswax ◆ ~ **à cacheter/à épiler** sealing/depilatory wax ◆ ~ **liquide** liquid wax ◆ **s'épiler les jambes à la** ~ to wax one's legs ◆ **personnage en** ~ waxwork dummy; → **musée** **b** *(Zool)* cirrus **COMP** ▷ **cire anatomique** wax anatomical model ▷ **cire perdue** cire perdue, lost wax

## LES LOCUTIONS ET EXEMPLES

Les phrases et les expressions idiomatiques sont précédées d'un losange noir. Elles figurent généralement sous le premier élément fixe de la phrase, par exemple **chercher la petite bête** se trouve sous **chercher**. Le cas échéant, un renvoi prévient l'utilisateur de l'emplacement d'une phrase, par exemple sous **chercher**, les renvois à **histoire** et **noise** indiquent que les expressions **chercher des histoires à quelqu'un** et **chercher noise à quelqu'un** sont traitées dans les entrées **histoire**.

**chercher** /ʃɛʀʃe/ ▸ conjug 1 ◂ **VT** *[...]*
**f** *(loc)* ~ **midi à quatorze heures** to complicate the issue ◆ ~ **la petite bête** to split hairs ◆ ~ **une aiguille dans une botte** ou **meule de foin** to look for a needle in a haystack ◆ ~ **des poux dans la tête de qn** * to try to make trouble for sb ◆ ~ **querelle à qn** to try to pick a quarrel with sb ◆ **cherchez la femme !** cherchez la femme!; → **crosse, fortune, histoire, noise, salut**

Certaines phrases importantes sont précédées d'un losange noir en marge qui permet de les repérer plus facilement.

◆ **aller et venir** *(entre deux endroits)* to come and go; *(dans une pièce)* to pace up and down ◆ **tu sais, la chance, ça va ça vient** luck comes and goes, you know, you win some, you lose some ◆ **avec lui l'argent, ça va, ça vient** when it comes to money, it's easy come, easy go with him;

## INDICATIONS D'EMPLOI

Les indications guidant le lecteur prennent les formes suivantes :

### Entre parenthèses ( )

1 Les synonymes précédés du signe =.

**décent, e** /desɑ̃, ɑ̃t/ **ADJ** *(= bienséant)* decent, proper; *(= discret, digne)* proper; *(= acceptable)* *[logement, salaire]* decent; *[prix]*

2 Les précisions susceptibles de guider l'usager.

**décaper** /dekape/ ▸ conjug 1 ◂ **VT** *(gén)* to clean, to cleanse; *(à l'abrasif)* to scour; *(à l'acide)* to pickle; *(à la brosse)* to scrub;

3 Les indications d'ordre grammatical permettant au lecteur étranger d'utiliser le mot correctement. Elles sont données après la traduction.

**accessible** /aksesibl/ **ADJ** *[lieu]* accessible (*à* to), get-at-able *; *[personne]* approachable; *[œuvre]* accessible; *[but]* attainable;

### Entre crochets [ ]

1 Les noms sujets précisant le sens d'une entrée verbe.

**décroître** /dekʀwatʀ/ ▸ conjug 55 ◂ **VI** *[nombre, population, intensité, pouvoir]* to decrease, to diminish, to decline; *[eaux, fièvre]* to subside, to go down; *[popularité]* to decline, to drop;

2 Les noms compléments d'une entrée nom.

**bajoues** /baʒu/ **NFPL** *[d'animal]* cheeks, pouches; *[de personne]* jowls, heavy cheeks

**impair** /ɪmˈpɛəʳ/ VT *[+ abilities, faculties]* détériorer, diminuer ; *[+ relations]* porter atteinte à ; *[+ negotiations]* entraver ; *[+ health]* abîmer, détériorer ; *[+ sight, hearing]* abîmer, affaiblir ; *[+ mind, strength]* diminuer

3 Typical objects of verbs, preceded by +.

**distinct** /dɪsˈtɪŋkt/ ADJ a *(= definite) [impression, preference, likeness, advantage, disadvantage]* net *(before n)* ; *[increase, progress]* sensible, net *(before n)* ; *[possibility]* réel

4 Typical noun complements of adjectives.

**briskly** /ˈbrɪsklɪ/ ADV *[move]* vivement ; *[walk]* d'un bon pas ; *[speak]* brusquement ; *[act]* sans tarder

5 Typical verb or adjective complements of adverbs.

## Other indicators

**aerodynamics** /ˈɛərəʊdaɪˈnæmɪks/ N *(NonC)* aérodynamique *f*

**implement** /ˈɪmplɪmənt/ N outil *m*, instrument *m* ◆ **~s** équipement *m (NonC)*, matériel *m (NonC)* ;

*(NonC)* stands for "uncountable" and serves to mark nouns which are not normally used in the plural or with the indefinite article or with numerals. *(NonC)* occurs only as a warning device in cases where a non-native speaker might otherwise use the word wrongly. There has been no attempt to give an exhaustive account of "uncountability" in English. *(NonC)* is also used as an indicator to distinguish meanings in the source language.

**tympan** /tɛ̃pɑ̃/ NM a *(Anat)* eardrum, tympanum *(SPÉC)*

*(SPÉC)* stands for "technical term". In this example, it indicates that the common English word is "eardrum" and that "tympanum" is restricted to the vocabulary of specialists.

**AEA** /ˌeɪiːˈeɪ/ N *(Brit)* (abbrev of **Atomic Energy Authority**) ≃ CEA *m*

≃ is used when the source language headword or phrase has no equivalent in the target language and is therefore untranslatable. In such cases the nearest cultural equivalent is given.

**Yorkshire** /ˈjɔːkʃəʳ/ N Yorkshire *m*
COMP ▷ **Yorkshire pudding** N *(Brit Culin) pâte à crêpe cuite qui accompagne un rôti de bœuf*

An explanatory gloss (in italics) may be given in cases where there is no cultural equivalent in the target language.

**her** /hɜːʳ/ PERS PRON a *[...]* ◆ **I know HIM but I have never seen HER** lui je le connais, mais elle je ne l'ai jamais vue

Small capitals are used to indicate the spoken stress in certain English expressions.

## Field labels

**cell** /sel/ N a *(gen, Bot, Phot, Telec)* cellule *f* ; *(Elec)* élément *m (de pile)* ◆ **to form a ~** *(Pol)* créer une cellule
b *(Police etc)* cellule *f* ◆ **he spent the night in the ~s** il a passé la nuit au poste *or* en cellule ; → **condemn**

Labels indicating subject fields occur in the following cases:

1 To differentiate various meanings of the headword.

**parabola** /pəˈræbələ/ N parabole *f (Math)*

2 When the meaning is clear in the source language but may be ambiguous in the target language.

A full list of the abbreviated field labels is given on inside covers.

3 Les compléments d'objet d'une entrée verbe, précédés du signe +.

**défaire** /defɛʀ/ ► conjug 60 ◄ **VT** **a** *[+ échafaudage]* to take down, to dismantle; *[+ installation électrique]* to dismantle; *[+ sapin de Noël]* to take down
**b** *(= découdre, dénouer)* *[+ couture, tricot]* to undo, to unpick *(Brit)*; *[+ écheveau]* to undo, to unravel, to unwind; *[+ corde, nœud, ruban]* to undo, to untie; *[+ cheveux, nattes]* to undo

4 Les noms que peut qualifier une entrée adjectif.

**élancé, e** /elɑ̃se/ (ptp de **élancer**) **ADJ** *[clocher, colonne, taille, personne]* slender

5 Les verbes ou adjectifs modifiés par une entrée adverbe.

**joliment** /ʒɔlimɑ̃/ **ADV** **a** *(= élégamment)* *[décoré, habillé]* nicely

## Autres indicateurs

*(NonC)* signifie "non comptable". Il est utilisé pour indiquer qu'un nom ne s'emploie pas normalement au pluriel et ne se construit pas, en règle générale, avec l'article indéfini ou avec un numéral. *(NonC)* a pour but d'avertir le lecteur étranger lorsque celui-ci risquerait d'employer le mot de manière incorrecte ; mais notre propos n'est nullement de donner une liste exhaustive de ces mots en anglais. *(NonC)* est parfois utilisé comme indication dans la langue de départ, lorsque c'est le seul moyen de distinguer emplois "non comptables" et "comptables".

**aboiement** /abwamɑ̃/ **NM** **a** *[de chien]* bark ◆ **~s** barking *(NonC)*

**clignement** /kliɲ(ə)mɑ̃/ **NM** blinking *(NonC)*

*(SPÉC)* signifie "terme de spécialiste". Dans l'exemple ci-contre le mot anglais d'usage courant est "eardrum" alors que "tympanum" ne se rencontre que dans le vocabulaire des spécialistes.

**tympan** /tɛ̃pɑ̃/ **NM** **a** *(Anat)* eardrum, tympanum *(SPÉC)* *[...]*

≃ introduit une équivalence culturelle, lorsque le terme de la langue de départ n'a pas d'équivalent exact dans la langue d'arrivée, et n'est donc pas à proprement parler traduisible.

**bêtise** /betiz/ **NF** *[...]*
~ **de Cambrai** ≃ mint humbug *(Brit)*, ≃ piece of hard mint candy *(US)*

Une glose explicative peut être donnée lorsqu'il n'existe pas d'équivalent dans la langue d'arrivée.

**achards** /aʃaʀ/ **NMPL** *spicy relish made with finely chopped fruit and vegetables*

On a eu recours aux petites capitales pour indiquer, dans certaines expressions, l'accent d'insistance qui rend ou requiert une nuance particulière du français.

**toi** /twa/ **PRON PERS** **a** *(sujet, objet)* you *[...]*
at last! ◆ **qui l'a vu ? ~ ?** who saw him? did you? ◆ **~ mentir ? ce n'est pas possible** YOU tell a lie? I can't believe it

## Domaines

Les indications de domaine figurent dans les cas suivants :

1 Pour indiquer les différents sens d'un mot et introduire les traductions appropriées.

**cuirasse** /kɥiʀas/ **NF** *(Hist)* *[de chevalier]* breastplate; *(Naut)* armour(-plate *ou* -plating) *(Brit)*, armor(-plate *ou* -plating)

2 Quand la langue de départ n'est pas ambiguë, mais que la traduction peut l'être.

**comprimé** /kɔ̃pʀime/ **NM** *(Pharm)* tablet

La liste des indications de domaine apparaissant sous forme abrégée figure en pages de garde.

## STYLE LABELS

A dozen or so indicators of register are used to mark non-neutral words and expressions. These indicators are given for both source and target languages and serve mainly as a warning to the user using the foreign language. The following paragraphs explain the meaning of the most common style labels.

**heretofore** /ˌhɪətʊˈfɔːʳ/ **ADV** *(frm) (= up to specified point)* jusque-là ; *(= up to now)* jusqu'ici

*(frm)* denotes formal language such as that used on official forms, in pronouncements and other formal communications.

**kidology** * /kɪˈdɒlədʒɪ/ **N** *(Brit)* bluff *m*

* indicates that the expression, while not forming part of standard language, is used by all educated speakers in a relaxed situation but would not be used in a formal essay or letter.

**kisser** ‡ /ˈkɪsəʳ/ **N** gueule ‡ *f*

‡ indicates that the expression is used by some but not all educated speakers in a very relaxed situation. Such words should be handled with extreme care by non-native speakers unless they are very fluent in the language and are very sure of their company.

**arse** ** /ɑːs/ *(esp Brit)* **N** cul ** *m*

** means "Danger!" Such words are liable to offend in any situation, and are therefore to be avoided by the non-native speaker.

**botheration** † * /ˌbɒðəˈreɪʃən/ **EXCL** flûte ! *, la barbe ! *

† denotes old-fashioned terms which are no longer in wide current use but which the foreign user is likely to find in reading.

**gageure** /gaʒyʀ/ **NF** *[...] ( †† = pari)* wager

†† denotes obsolete words which the user will normally find only in classical literature.

**ordalie** /ɔʀdali/ **NF** *(Hist)* ordeal

The use of † and †† should not be confused with the label *(Hist)*. *(Hist)* does not apply to the expression itself but denotes the historical context of the object it refers to.

**ostentatoire** /ɔstɑ̃tatwaʀ/ **ADJ** *(littér)* ostentatious

*(liter), (littér)* denote an expression which belongs to literary or poetic language.

**beseech** /bɪˈsiːtʃ/ (pret, ptp **besought** *or* **beseeched**) **VT** *(liter)* **a** *(= ask for) [+ permission]* demander instamment, solliciter ; *[+ pardon]* implorer

The user should not confuse these style labels with the field labels *(Literat), (Littérat)* which indicate that the expression belongs to the field of literature. Similarly the user should note that the abbreviation *(lit)* indicates the literal, as opposed to the figurative *(fig)*, meaning of a word.

**camer (se)** /kame/ ► conjug 1 ◄ **VPR** *(arg Drogue)* to be on drugs

**sorted** /ˈsɔːtɪd/ **ADJ** **a** *(= arranged)* arrangé ◆ **in a few months everything should be ~** dans quelques mois tout devrait être arrangé **b** *(Drugs sl)* **are you ~?** tu as ce qu'il te faut ?

For the purpose of this dictionary the indicators *(sl)* for slang and *(arg)* for argot mark specific areas of vocabulary restricted to clearly defined groups of speakers (eg schoolchildren, soldiers, etc) and for this reason a field label is added to the label *(sl)* or *(arg)* marking the departure language expression.

All the labels and symbols above are used to mark either an individual word or phrase, or a whole category, or even a complete entry. Where a headword is marked with asterisks, any phrases in the entry will only have asterisks if they are of a different register from the headword.

## NIVEAUX DE LANGUE

Une quinzaine d'indications de registre accompagnent les mots et expressions qui présentent un écart par rapport à la langue courante. Ces indications sont données aussi bien dans la langue de départ que dans la langue d'arrivée et constituent avant tout un avertissement au lecteur utilisant la langue étrangère. Les paragraphes suivants précisent le sens des principaux niveaux de langue :

frm indique le style administratif, les formules officielles, la langue soignée.

**agréer** /agree/ ► conjug 1 ◄ *(frm)* **VT** *(= accepter) [+ demande, excuses]* to accept;

* marque la majeure partie des expressions familières et les incorrections de langage employées dans la langue de tous les jours. Ce signe conseille au lecteur d'être prudent.

**accro** * /akro/ (abrév de **accroché**) **ADJ** **a** *(Drogue)* **être ~** to have a habit *(arg)*, to be hooked * ◆ **être ~ à l'héroïne** to be hooked on heroin *

‡ marque les expressions très familières qui sont à employer avec la plus grande prudence par le lecteur étranger, qui devra posséder une grande maîtrise de la langue et savoir dans quel contexte elles peuvent être utilisées.

**taulard, -arde** ‡ /tolar, ard/ **NM,F** convict, con ‡

*‡* marque le petit nombre d'expressions courantes que le lecteur étranger doit pouvoir reconnaître, mais dont l'emploi risque d'être ressenti comme fortement indécent ou injurieux.

**baiser**[2] /beze/ ► conjug 1 ◄ **VT** **a** *(frm) [+ main, visage, sol]* to kiss **b** *(*‡*: sexuellement)* to screw *‡*, to lay *‡*, to fuck *‡*

† marque les termes ou expressions démodés, qui ont quitté l'usage courant mais que l'étranger peut encore rencontrer au cours de ses lectures.

**indéfrisable** † /ẽdefrizabl/ **NF** perm, permanent *(US)*

†† marque les termes ou expressions archaïques, que le lecteur ne rencontrera en principe que dans les œuvres classiques.

**gageure** /gaʒyr/ **NF** *[...] († † = pari)* wager

On évitera de confondre ces signes avec l'indication *(Hist)*, qui ne marque pas le niveau de langue du mot lui-même mais souligne que l'objet désigné ne se rencontre que dans un contexte historiquement daté.

**ordalie** /ɔrdali/ **NF** *(Hist)* ordeal

*(littér)*, *(liter)* marquent les expressions de style poétique ou littéraire.

**ostentatoire** /ɔstɑ̃tatwar/ **ADJ** *(littér)* ostentatious

**beseech** /bɪˈsiːtʃ/ (pret, ptp **besought** *or* **beseeched**) **VT** *(liter)* **a** *(= ask for) [+ permission]* demander instamment, solliciter ; *[+ pardon]* implorer

Le lecteur veillera à ne pas confondre ces indications avec *lit* d'une part (sens propre, emploi littéral) et *Littérat, Literat* de l'autre (domaine de la littérature).

Les indications *arg* (argot) et *sl* (slang) désignent les termes appartenant au vocabulaire de groupes restreints (tels que les écoliers, les militaires) et l'indication du domaine approprié leur est adjointe dans la langue de départ.

**camer (se)** /kame/ ► conjug 1 ◄ **VPR** *(arg Drogue)* to be on drugs

**sorted** /ˈsɔːtɪd/ **ADJ** **a** *(= arranged)* arrangé ◆ **in a few months everything should be ~** dans quelques mois tout devrait être arrangé **b** *(Drugs sl)* **are you ~?** tu as ce qu'il te faut ?

Les indications de niveau de langue peuvent soit s'attacher à un mot ou à une expression isolés, soit marquer une catégorie entière ou même un article complet. Lorsqu'un mot est suivi d'astérisques, les locutions et exemples de l'article correspondant ne prendront à leur tour l'astérisque que s'ils appartiennent à un niveau de langue différent.

## PUNCTUATION

**alluring** /ə'ljʊərɪŋ/ ADJ séduisant, charmant

A comma is used to separate translations which have the same or very similar meanings.

**melting** /'meltɪŋ/ ADJ *[snow]* fondant ; *(fig)* *[voice, look]* attendri ; *[words]* attendrissant

A semi-colon separates translations which are not interchangeable. As a general rule, indicators are given to differentiate between non-interchangeable translations.

**sailboarding** /'seɪl,bɔːdɪŋ/ N planche *f* à voile ◆ **to go ~** faire de la planche à voile

A black lozenge precedes every new phrase.

**freshly** /'freʃlɪ/ ADV *[ground, grated, dug]* fraîchement ◆ **~ baked bread** du pain qui sort *or* frais sorti du four

In the translation of phrases, an alternative translation of only part of the phrase is preceded by either *or* or *ou*.

**eyetooth** /'aɪtuːθ/ N (pl **eyeteeth** /'aɪtiːθ/) canine *f* supérieure ◆ **I'd give my eyeteeth * for a car like that/to go to China** qu'est-ce que je ne donnerais pas pour avoir une voiture comme ça/pour aller en Chine

An oblique / indicates alternatives in the source language, which are reflected exactly in the target language.

**bromide** /'brəʊmaɪd/ N a *(Chem, Typ)* bromure *m* ; *(Med *)* bromure *m* (de potassium)

**esteem** /ɪs'tiːm/ VT a *(= think highly of)* *[+ person]* avoir de l'estime pour, estimer ; *[+ quality]* apprécier ◆ **our (highly) ~ed colleague** notre (très) estimé collègue *or* confrère

Parentheses within illustrative phrases or their translations indicate that the material they contain is optional. Such parentheses may be given for phrases in both source and target language.

## CROSS-REFERENCES

**sainteté** /sɛ̃tte/ NF a *[de personne]* saintliness, godliness; *[d'Évangile, Vierge]* holiness; *[de lieu]* holiness, sanctity; *[de mariage]* sanctity; → **odeur**

These are used to refer the user to the headword under which a certain compound or idiom has been treated (see SET PHRASES AND IDIOMS p. XX).

**vendredi** /vɑ̃dʀədi/ NM Friday ◆ ~ *(= personnage de Robinson Crusoé)* Man Friday ◆ **c'était un ~ treize** it was Friday the thirteenth; *pour autres loc voir* **samedi**

**Friday** /'fraɪdɪ/ N vendredi *m* ◆ **~ the thirteenth** vendredi treize ; → **good** *; for other phrases see* **Saturday**

They are also used to draw the user's attention to the full treatment of such words as numerals, days of the week and months of the year under certain key words. The key words which have been treated in depth are:

(French) **six, sixième, soixante, samedi, septembre.**

(English) **six; sixth, sixty, Saturday, September.**

## CROSS-REFERENCES TO LANGUAGE IN USE

**refuse**[1] /rɪ'fjuːz/ LANGUAGE IN USE 8.3, 9.3, 12

Words which are also covered in Language in Use have a shaded cross-reference at the top of the entry. In this example, the user is referred to topics on **Disagreement** (chapter 12), **Intentions and Desires** (chapter 8, § 3), and **Permission** (chapter 9, § 3).

## PONCTUATION

Une virgule sépare les traductions considérées comme équivalentes ou pratiquement équivalentes.

**légitime** /leʒitim/ ADJ a (= *légal) [droits, gouvernement]* legitimate, lawful;

Un point-virgule sépare les traductions qui ne sont pas interchangeables. En règle générale, le point-virgule est accompagné d'une indication qui précise la différence de sens.

**direct, e** /diʀɛkt/ ADJ a (= *sans détour) [route, personne, reproche, regard]* direct; *[question]* direct, straight; *[allusion]* direct, pointed

Un losange noir précède chaque phrase.

**danger** /dɑ̃ʒe/ NM danger ◆ **un grave ~ nous menace** we are in serious *ou* grave danger ◆ **courir un ~** to run a risk ◆ **en cas de ~** in case of emergency

Les traductions offrant plusieurs variantes interchangeables à partir d'un tronc commun sont séparées par *ou* ou par *or*.

**ravi, e** /ʀavi/ (ptp de **ravir**) ADJ *(= enchanté)* delighted ... ◆ **ravi de vous connaître** delighted *ou* pleased to meet you

Le trait oblique / permet de regrouper des expressions de sens différent ayant un élément en commun ; cette structure est reflétée dans la langue d'arrivée.

**académie** /akademi/ NF *[...]* b *(= école)* academy ◆ **~ de dessin/danse** art/dancing school, academy of art/dancing

Les parenthèses figurant à l'intérieur des expressions ou de leur traduction indiquent que les mots qu'elles contiennent sont facultatifs.

**abouter** /abute/ ▸ conjug 1 ◂ VT to join (up) (end to end)

Ces parenthèses peuvent figurer en corrélation.

**esteem** /ɪs'tiːm/ VT a *(= think highly of) [+ person]* avoir de l'estime pour, estimer ; *[+ quality]* apprécier ◆ **our (highly) ~ed colleague** notre (très) estimé collègue *or* confrère

## RENVOIS

Ils renvoient le lecteur à l'article dans lequel est traitée une certaine expression, où figure un certain composé (voir LOCUTIONS ET EXEMPLES p. XXI).

**sainteté** /sɛ̃tte/ NF a *[de personne]* saintliness, godliness; *[d'Évangile, Vierge]* holiness; *[lieu]* holiness, sanctity; *[de mariage]* sanctity; → **odeur**

Ils attirent également l'attention de l'usager sur certains mots-clés qui ont été traités en profondeur ; pour les numéraux, **six, sixième** et **soixante** ; pour les jours de la semaine, **samedi** ; pour les mois de l'année **septembre**. Dans la nomenclature anglaise, ce sont les mots **six, sixth, sixty, Saturday, September**.

**vendredi** /vɑ̃dʀədi/ NM Friday ◆ ~ *(= personnage de Robinson Crusoé)* Man Friday ◆ **c'était un ~ treize** it was Friday the thirteenth; *pour autres loc voir* **samedi**

**Friday** /'fraɪdɪ/ N vendredi *m* ◆ **~ the thirteenth** vendredi treize ; → **good** *; for other phrases see* **Saturday**

## RENVOIS À LA GRAMMAIRE ACTIVE

Les mots qui font l'objet d'un développement dans la Grammaire active sont accompagnés de l'indication GRAMMAIRE ACTIVE suivie d'un ou de plusieurs numéros. Ces numéros renvoient à la rubrique correspondante.
Dans l'exemple ci-contre, l'usager est renvoyé aux rubriques **la Suggestion** (chapitre 1, § 1), **Propositions** (chapitre 3), **la Permission** (chapitre 9, § 1) et **l'Obligation** (chapitre 10, § 4).

**permettre** /pɛʀmɛtʀ/ GRAMMAIRE ACTIVE 1.1, 3, 9.1, 10.4

## VERBS

**baisser** /bese/ ▸ conjug 1 ◂ **VT**

**arise** /əˈraɪz/ (pret **arose,** ptp **arisen** /əˈrɪzn/) **VI**
**a** *[difficulty]* survenir, surgir ; *[question]* se

Tables of French and English verbs are included in the supplements (page 2326 for French verbs and page 2348 for English verbs).
At each verb headword in the French-English part of the dictionary, a number refers the user to these tables.
The preterite and past participle of English strong verbs are given at the main verb entry.

**VPR** **se baisser** *(pour ramasser)* to bend down, to stoop; *(pour éviter)* to duck ◆ **il n'y a qu'à se baisser (pour les ramasser)** *(lit)* they're lying thick on the ground; *(fig)* they're there for the taking

In the French-English part of the dictionary, verbs which are true pronominals are treated in a separate grammatical category.

**grandir** /ɡʀɑ̃diʀ/ ▸ conjug 2 ◂ **VI** *[...]*
**VT** **a** *(= faire paraître grand) [microscope]* to magnify ◆ **grandir les dangers/difficultés** to exaggerate the dangers/difficulties ◆ **ces chaussures te grandissent** those shoes make you (look) taller ◆ **il se grandit en se mettant sur la pointe des pieds** he made himself taller by standing on tiptoe

Pronominal uses which indicate a reciprocal, reflexive or passive sense are shown only if the translation requires it. In such cases they may be given within the transitive category of the verb as an illustrative phrase.

**étendu, e**[1] /etɑ̃dy/ (ptp de **étendre**) **ADJ**

**broken** /ˈbrəʊkən/ **VB** ptp of **break**
**ADJ** **a** *(= cracked, smashed) [cup, window, branch, biscuits etc]* cassé ; *(= uneven, rugged)*

If the translation of a past participle cannot be reached directly from the verb entry or if the past participle has adjectival value then the past participle is treated as a headword.

## CULTURAL NOTES

**AOC** /aose/ **NF** (abrév de **appellation d'origine contrôlée**) ◆ **fromage/vin AOC** AOC cheese/ wine *(with a guarantee of origin)*

> **AOC**
>
> **AOC** is the highest French wine classification. It indicates that the wine meets strict requirements concerning the vineyard of origin, the type of vine grown, the method of production, and the volume of alcohol present. → VDQS

Extra information on culturally significant events, institutions, traditions and customs that cannot be given in an ordinary translation or gloss is given in the form of boxed notes following the relevant entry.

## VERBES

Les tables de conjugaison des verbes français et anglais sont données en annexe (page 2326 pour les verbes français et page 2348 pour les verbes anglais).
Dans la nomenclature française, chaque verbe est suivi d'un numéro qui renvoie le lecteur à ces tables.
Le prétérit et le participe passé des verbes forts anglais sont donnés après le verbe dans le corps de l'article. Une liste des principaux verbes forts figure également en annexe p. 2350.

**baisser** /bese/ ► conjug 1 ◄ VT

**arise** /əˈraɪz/ pret **arose,** ptp **arisen** /əˈrɪzn/ VI a *[difficulty]* survenir, surgir

Dans la partie français-anglais, les emplois véritablement pronominaux des verbes sont traités dans une catégorie à part.

VPR **se baisser** *(pour ramasser)* to bend down, to stoop; *(pour éviter)* to duck ◆ **il n'y a qu'à se baisser (pour les ramasser)** *(lit)* they're lying thick on the ground; *(fig)* they're there for the taking

Les emplois pronominaux à valeur réciproque, réfléchie ou passive ne figurent dans le dictionnaire que lorsque la traduction l'exige. En pareil cas, ils peuvent être simplement donnés dans la catégorie appropriée du verbe transitif, à titre d'exemple.

**grandir** /gʀɑ̃diʀ/ ► conjug 2 ◄ VI *[...]*
VT a *(= faire paraître grand) [microscope]* to magnify ◆ **grandir les dangers/difficultés** to exaggerate the dangers/difficulties ◆ **ces chaussures te grandissent** those shoes make you (look) taller ◆ **il se grandit en se mettant sur la pointe des pieds** he made himself taller by standing on tiptoe

Si la traduction d'un participe passé ne peut se déduire directement du verbe, ou si le participe a pris une valeur adjective, il est traité comme mot à part entière et figure à sa place alphabétique dans la nomenclature.

**étendu, e**[1] /etɑ̃dy/ (ptp de **étendre**) ADJ

**broken** /ˈbrəʊkən/ VB (ptp of **break**)
ADJ a *(= cracked, smashed) [cup, window, branch, biscuits etc]* cassé ; *(= uneven, rugged)*

## NOTES CULTURELLES

Des informations concernant des événements culturellement importants, des traditions et coutumes ou des institutions, qui ne pouvaient être données dans le corps même des articles sous forme de traductions ou de gloses, sont présentées dans des encadrés placés juste en-dessous de l'entrée.

**A LEVELS**

Diplôme britannique préparé en deux ans, qui sanctionne la fin des études secondaires et permet l'accès à l'enseignement supérieur. Contrairement au baccalauréat français, dont le résultat est global, les **A levels** sont obtenus séparément dans un nombre limité de matières (trois en moyenne) choisies par le candidat. Le système d'inscription dans l'enseignement supérieur étant sélectif, les élèves cherchent à obtenir les meilleures mentions possibles afin de pouvoir choisir plus facilement leur université.

En Écosse, l'équivalent des **A levels** est le "Higher", ou "Higher Grade", qui se prépare en un an et porte sur cinq matières au maximum. → GCSE

## NOTES ON TRANSLATION

⚠ **globally** *is not translated by* **globalement**, *which means 'as a whole'.*

⚠ *The French word* **pédant** *refers not to a pedantic person but to someone who shows off their knowledge.*

Special notes alert the reader when the translation of a word is not the one that might be expected.

## LONG ENTRIES

Entries that are very long because they cover function words (**to, do, à, faire** etc) or words that are used in a large number of set structures (**time, head, affaire, heure** etc) are given special treatment in this dictionary.

Long entries with more than one part of speech begin with a special "menu" that shows how they are structured.

Special notes inside the entry either explain important points of grammar and usage or refer the user to another part of the dictionary. The word BUT (or MAIS) introduces exceptions to any general point that has been made in such a note.

The beginning of each semantic category is clearly signposted with indicators in boxes.

**aller** /ale/

► conjug 9 ◄

| | |
|---|---|
| 1 VERBE INTRANSITIF | 4 VERBE PRONOMINAL |
| 2 VERBE IMPERSONNEL | 5 LOCUTIONS EXCLAMATIVES |
| 3 VERBE AUXILIAIRE | 6 NOM MASCULIN |

1 - VERBE INTRANSITIF

**a** [= se déplacer, partir] to go ◆ **où vas-tu ?** where are you going? ◆ **il t'attend, va!** he's waiting for you, go on!

**aller** se traduit régulièrement par un verbe spécifique en anglais :

◆ **j'allais par les rues désertes** I walked ou wandered through the empty streets ◆ **il allait trop vite quand il a eu son accident** he was driving *ou* going too fast when he had his accident ◆ **en ville, on va plus vite à pied qu'en voiture** in town it is quicker to walk than to go by car ◆ **aller à Paris en voiture/en avion** to drive/fly to Paris ◆ **il y est allé à** *ou* **en vélo** he cycled there, he went there on his bike ◆ **j'irai à pied** I'll walk, I'll go on foot

♦ **aller et venir** *(entre deux endroits)* to come and go; *(dans une pièce)* to pace up and down ◆ **tu sais, la chance, ça va ça vient** luck comes and goes, you know, you win some, you lose some ◆ **avec lui l'argent, ça va, ça vient** when it comes to money, it's easy come, easy go with him

♦ **aller** + *préposition (= se rendre à ou vers etc)* ◆ **aller à** to go to ◆ **aller à Caen/à la campagne** to go to Caen/to the country ◆ **aller au lit/l'église/à l'école** to go to bed/to church/to school ◆ **aller en Allemagne** to go to Germany ◆ **aller chez le boucher/chez un ami** to go to the butcher's/to a friend's (place)

## NOTES SUR LA TRADUCTION

Lorsque la traduction d'un mot n'est pas celle que l'on pourrait attendre, nous attirons l'attention du lecteur sur ce fait au moyen d'un encadré.

> ⚠ *Au sens de 'maintenant',* **actuellement** *ne se traduit pas par* **actually**.

> ⚠ **éventuel** *ne se traduit pas par le mot anglais* **eventual**, *qui a le sens de 'final'.*

## ARTICLES LONGS

Les articles qui sont particulièrement longs, soit parce qu'ils traitent de mots-outils (**à, faire, to, do** etc.), soit parce qu'ils couvrent beaucoup d'expressions lexicales (**affaire, heure, head, time** etc.), bénéficient d'un traitement spécifique dans notre dictionnaire.

Les articles longs comprenant plus d'une catégorie grammaticale s'ouvrent par un "menu" qui présente leur structure.

Des notes à l'intérieur des articles expliquent certains points de grammaire et d'usage importants. Le mot MAIS (ou BUT) attire l'attention de l'usager sur des exceptions aux règles énoncées.

Chaque catégorie sémantique est clairement signalée par un indicateur mis en relief.

**get** /get/

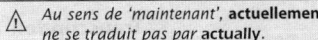

vb : pret, ptp **got**, ptp *(US)* **gotten**

| | |
|---|---|
| 1 TRANSITIVE VERB | 3 COMPOUNDS |
| 2 INTRANSITIVE VERB | 4 PHRASAL VERBS |

1 - TRANSITIVE VERB

**a** [= have, receive, obtain] avoir

> **avoir** covers a wide range of meanings, and like **get** is unspecific.

◆ **I go whenever I get the chance** j'y vais dès que j'en ai l'occasion ◆ **he's got a cut on his finger** il a une coupure au doigt ◆ **he got a fine** il a eu une amende ◆ **she gets a good salary** elle a un bon salaire ◆ **not everyone gets a pension** tout le monde n'a pas la retraite ◆ **you need to get permission from the owner** il faut avoir la permission du propriétaire ◆ **I got a lot of presents** j'ai eu beaucoup de cadeaux ◆ **he got first prize** il a eu le premier prix ◆ **you may get a surprise** tu pourrais avoir une surprise

> Some **get** + noun combinations may take a more specific French verb:

◆ **we can get sixteen channels** nous pouvons recevoir seize chaînes ◆ **it was impossible to get help** il était impossible d'obtenir de l'aide ◆ **he got help from the others** il s'est fait aider par les autres ◆ **first I need to get a better idea of the situation** je dois d'abord me faire une meilleure idée de la situation ◆ **I think he got the wrong impression** je pense qu'il s'est fait des idées ◆ **they get lunch at school** ils déjeunent *or* ils mangent à l'école ◆ **he got his money by exploiting others** il s'est enrichi en exploitant les autres ◆ **if I'm not working I get no pay** si je ne travaille pas je ne suis pas payé

# PRONUNCIATION OF FRENCH

**Transcription**

The symbols used to record the pronunciation of French are those of the International Phonetic Association. The variety of French transcribed is that shown in *Le Nouveau Petit Robert,* ie standard Parisian speech. Within this variety of French, variant pronunciations are to be observed. In particular, there is a marked tendency among speakers today to make no appreciable distinction between: /a/ and /ɑ/, **patte** /pat/ and **pâte** /pɑt/ both tending towards the pronunciation /pat/; /ɛ̃/ and /œ̃/, **brin** /bʀɛ̃/ and **brun** /bʀœ̃/ both tending towards the pronunciation /bʀɛ̃/. The distinction between these sounds is maintained in the transcription.

**Headwords**

Each headword has its pronunciation transcribed between obliques. In the case of words having a variant pronunciation (eg **tandis** /tɑ̃di/, /tɑ̃dis/), the one pronunciation given is that regarded by the editorial team as preferable, often on grounds of frequency.

**Morphological variations**

Morphological variations of headwords are shown phonetically where necessary, without repetition of the root (eg **journal** (pl **-aux**) /ʒuʀnal, o/).

**Compound words**

Compound words derived from headwords and shown within an entry are given without phonetic transcription (eg **brosse** /bʀɔs/, but **brosse à cheveux**). The pronunciation of compounds is usually predictable, being that of the citation form of each element, associated with the final syllable stress characteristic of the language (see following paragraph).

**Syllable stress**

In normal, unemphatic speech, the final syllable of a word, or the final syllable of a sense group, carries a moderate degree of stress. The syllable stressed is given extra prominence by greater length and intensity. The exception to this rule is a final syllable containing a mute *e*, which is never stressed. In view of this simple rule, it has not been considered necessary to indicate the position of a stressed syllable of a word by a stress mark in the phonetic transcription.

**Closing of /ɛ/**

Under the influence of stressed /y/, /i/, or /e/ vowels, an /ɛ/ in an open syllable tends towards a closer /e/ sound, even in careful speech. In such cases, the change has been indicated: **aimant** /ɛmɑ̃/, but **aimer** /eme/; **bête** /bɛt/, but **bêtise** /betiz/.

**Mute e /ə/**

Within isolated words, a mute *e* /ə/ preceded by a single pronounced consonant is regularly dropped (eg **follement** /fɔlmɑ̃/; **samedi** /samdi/).

**Opening of /e/**

As the result of the dropping of an /ə/ within a word, an /e/ occurring in a closed syllable tends towards /ɛ/, as the transcription shows (eg **événement** /evɛnmɑ̃/; **élevage** /ɛlvaʒ/).

**Aspirate h**

Initial *h* in the spelling of a French word does not imply strong expulsion of breath, except in the case of certain interjections. Initial *h* is called 'aspirate' when it is incompatible with liaison (**des haricots** /de'aʀiko/) or elision (**le haricot** /lə'aʀiko/). Aspirate *h* is shown in transcriptions by an apostrophe placed at the beginning of the word (eg **hibou** /'ibu/).

**Consonants and assimilation**

Within a word and in normal speech, a voiceless consonant may be voiced when followed by a voiced consonant (eg **exemple** /ɛgzɑ̃pl/), and a voiced consonant may be devoiced when followed by a voiceless consonant (eg **absolument** /apsɔlymɑ̃/). When this phenomenon is regular in a word, it is shown in transcription (eg **abside** /apsid/). In speech, its frequency varies from speaker to speaker. Thus, while the citation form of **tasse** is /tɑs/, the group **une tasse de thé** may be heard pronounced /yntɑsdəte/ or /yntɑzdəte/.

**Sentence stress**

Unlike the stress pattern of English associated with meaning, sentence stress in French is associated with rhythm. The stress falls on the final syllable of the sense groups of which the sentence is formed (see **Syllable stress**). In the following example : *quand il m'a vu, il a traversé la rue en courant pour me dire un mot,* composed of three sense groups, the syllables **vu**, **-rant** and **mot** carry the stress, being slightly lengthened.

**Intonation** French intonation is less mobile than English and is closely associated with sentence stress. The most marked rises and falls occur normally on the final syllable of sense groups. Thus, in the sentence given above, the syllables **vu** and **-rant** are spoken with a slight rise (indicating continuity), while the syllable **mot** is accompanied by a fall in the voice (indicating finality). In the case of a question, the final syllable will normally also be spoken with rising voice.

# PHONETIC TRANSCRIPTION OF FRENCH
# TRANSCRIPTION PHONÉTIQUE DU FRANÇAIS

## VOWELS

| | |
|---|---|
| [i] | ***i***l, v***ie***, l***y***re |
| [e] | bl***é***, jou***er*** |
| [ɛ] | l***ai***t, jou***et***, m***e***rci |
| [a] | pl***a***t, p***a***tte |
| [ɑ] | b***as***, p***â***te |
| [ɔ] | m***o***rt, d***o***nner |
| [o] | m***o***t, d***ô***me, ***eau***, g***au***che |
| [u] | gen***ou***, r***ou***e |
| [y] | r***u***e, vêt***u*** |
| [ø] | p***eu***, d***eu***x |
| [œ] | p***eu***r, m***eu***ble |
| [ə] | l***e***, pr***e*** mier |
| [ɛ̃] | mat***in***, pl***ein*** |
| [ɑ̃] | s***an***s, v***en***t |
| [ɔ̃] | b***on***, ***om***bre |
| [œ̃] | l***un***di, br***un*** |

## SEMI-CONSONANTS

| | |
|---|---|
| [j] | ***y***eux, pa***ill***e, p***i***ed |
| [w] | ***ou***i, n***ou***er |
| [ɥ] | h***u***ile, l***u***i |

## CONSONANTS

| | |
|---|---|
| [p] | ***p***ère, sou***p***e |
| [t] | ***t***erre, vi***t***e |
| [k] | ***c***ou, ***qu***i, sa***c***, ***k***épi |
| [b] | ***b***on, ro***b***e |
| [d] | ***d***ans, ai***d***e |
| [g] | ***g***are, ba***gue*** |
| [f] | ***f***eu, neu***f***, ***ph***oto |
| [s] | ***s***ale, ***c***elui, ***ç***a, de***ss***ous, ta***ss***e, na***t***ion |
| [ʃ] | ***ch***at, ta***che*** |
| [v] | ***v***ous, rê***v***e |
| [z] | ***z***éro, mai***s***on, ro***s***e |
| [ʒ] | ***j***e, ***g***ilet, ***g***eôle |
| [l] | ***l***ent, so***l*** |
| [ʀ] | ***r***ue, veni***r*** |
| [m] | ***m***ain, fe***mm***e |
| [n] | ***n***ous, to***nn***e, a***n***imal |
| [ɲ] | a***gn***eau, vi***gn***e |

---

| | |
|---|---|
| [h] | ***h***op ! (exclamative) |
| ['] | ***h***aricot (no liaison) |

---

| | |
|---|---|
| [ŋ] | words borrowed from English: campi***ng*** |
| [x] | words borrowed from Spanish or Arabic: ***j***ota |

# PRONONCIATION DE L'ANGLAIS

**La notation phonétique**

La notation adoptée est celle de l'Association phonétique internationale. L'ouvrage de base qui nous a constamment servi d'outil de référence est l'*English Pronouncing Dictionary* de Daniel Jones, qui, mis à jour par le Professeur A.C. Gimson, continue de faire autorité en France et partout ailleurs où l'on apprend l'anglais britannique.
La transcription correspond à la *received pronunciation (RP)*, variété de l'anglais britannique la plus généralement étudiée dans le monde d'aujourd'hui. Elle correspond également, à quelques exceptions près, à celle de la $14^{e}$ édition de l'*English Pronouncing Dictionary (EPD)* (Cambridge University Press). Ce système de transcription présente l'avantage d'utiliser des signes qui indiquent clairement la distinction à la fois quantitative et qualitative qui existe entre les voyelles tendues et relâchées (par exemple : [iː], [ɪ] ; [ɜː], [ə]).

# TRANSCRIPTION PHONÉTIQUE DE L'ANGLAIS
# PHONETIC TRANSCRIPTION OF ENGLISH

### CONSONNES

| | |
|---|---|
| [p] | *p*at, *p*o*p*e |
| [b] | *b*at, *b*a*b*y |
| [t] | *t*ab, s*t*ru*t* |
| [d] | *d*ab, men*d*e*d* |
| [k] | *c*ot, *k*iss, *ch*ord |
| [g] | *g*ot, ago*g* |
| [f] | *f*ine, ra*ff*e |
| [v] | *v*ine, ri*v*er |
| [s] | pot*s*, *s*it, ri*ce* |
| [z] | pod*s*, bu*zz* |
| [θ] | *th*in, ma*th*s |
| [ð] | *th*is, o*th*er |
| [ʃ] | *sh*ip, *s*ugar |
| [ʒ] | mea*s*ure |
| [tʃ] | *ch*ance |
| [dʒ] | *j*ust, e*dg*e |
| [l] | *l*ittle, p*l*ace |
| [r] | *r*an, sti*rr*ing |
| [m] | ra*m*, *m*u*mm*y |
| [n] | ra*n*, *n*ut |
| [ŋ] | ra*ng*, ba*n*k |
| [h] | *h*at, re*h*eat |
| [j] | *y*et, mill*i*on |
| [w] | *w*et, be*w*ail |
| [x] | lo*ch* |

### VOYELLES ET DIPHTONGUES

| | |
|---|---|
| [iː] | b*ea*d, s*ee* |
| [ɑː] | b*ar*d, c*al*m |
| [ɔː] | b*or*n, c*or*k |
| [uː] | b*oo*n, f*oo*l |
| [ɜː] | b*ur*n, f*er*n, w*or*k |
| [ɪ] | s*i*t, p*i*ty |
| [e] | s*e*t, l*e*ss |
| [æ] | s*a*t, *a*pple |
| [ʌ] | f*u*n, c*o*me |
| [ɒ] | f*o*nd, w*a*sh |
| [ʊ] | f*u*ll, s*oo*t |
| [ə] | compos*er*, *a*bove |
| [eɪ] | b*ay*, f*a*te |
| [aɪ] | b*uy*, l*ie* |
| [ɔɪ] | b*oy*, v*oi*ce |
| [əʊ] | n*o*, ag*o* |
| [aʊ] | n*ow*, pl*ou*gh |
| [ɪə] | t*ier*, b*eer* |
| [ɛə] | t*are*, f*air* |
| [ʊə] | t*our* |

### DIVERS

Un caractère en italique représente un son qui peut ne pas être prononcé

| | |
|---|---|
| [ʳ] | représente un [r] entendu s'il forme une liaison avec la voyelle du mot suivant |
| [ˈ] | accent tonique |
| [ˌ] | accent secondaire |

Pour des raisons d'économie de place, une seule prononciation est donnée pour chaque mot, à l'exclusion des variantes communes. La prononciation ainsi transcrite est celle la plus fréquemment entendue selon l'*EPD*, ou, dans le cas de néologismes et de mots nouveaux, selon les membres de l'équipe Collins-Le Robert.

Il a été jugé inutile de compliquer la tâche de l'utilisateur en indiquant la prononciation de mots sortant du cadre du vocabulaire britannique. Ainsi, **aluminium, aluminum** sont transcrits : /ˌæljʊˈmɪnɪəm/, /əˈluːmɪnəm/, bien que la seconde forme, exclusivement américaine, ne s'entende normalement qu'avec un accent américain. Il s'agit, dans de tels cas, d'une approximation qui ne met pas en cause la compréhension du mot employé.

**Les formes réduites**

Certains mots monosyllabiques, en nombre limité, ayant une fonction plus structurale que lexicale, sont sujets, surtout à l'intérieur d'un énoncé, à une réduction vocalique plus ou moins importante. Le mot **and**, isolé, se prononce /ænd/ ; mais, dans la chaîne parlée, il se prononcera, à moins d'être accentué, /ənd, ən, n/ selon le débit du locuteur et selon le contexte. Les mots qui sont le plus souvent touchés par cette réduction vocalique sont les suivants : *a, an, and, as, at, but, for, from, of, some, than, that, the, them, to, us, am, is, are, was, were, must, will, would, shall, should, have, has, had, do, does, can, could*

**L'accent tonique**

Voir tableau page suivante.

**L'accent secondaire**

Dans un mot, toute syllabe accentuée en plus de celle qui porte l'accent tonique porte un accent secondaire, c'est-à-dire un accent ayant moins d'intensité que l'accent tonique. L'accent secondaire est noté au moyen du signe (ˌ) devant la syllabe intéressée. Par exemple : **composition** /ˌkɒmpəzɪʃən/ (accent secondaire sur /ˌkɒm/ ; accent tonique sur /ˈzɪʃ/).

**Les composés**

La prononciation des mots ou groupes de mots rassemblés dans la catégorie COMP d'un article n'est pas indiquée, car elle correspond à celle du mot-souche suivie de celle du mot ou des mots formant le reste du composé mais avec une restriction importante : pour des raisons pratiques, on considérera que la grande majorité des composés à deux éléments ne sont accentués que sur le premier élément, cette accentuation s'accompagnant d'une chute de la voix. Exemple : **'foodstuffs, 'food prices'**.

**L'accent de phrase**

À la différence du français dont l'accent de phrase (syllabe allongée) tombe normalement sur la dernière syllabe des groupes de souffle, l'anglais met en relief la syllabe accentuée de chaque mot apportant un nouvel élément d'information. Dans la pratique cela veut dire que les mots lexicaux reçoivent un accent de phrase, tandis que les mots grammaticaux n'en reçoivent pas (voir ci-dessus **Les formes réduites**). Il est logique, dans un tel système, que même les mots lexicaux ne soient pas accentués s'ils n'apportent pas de nouveaux éléments d'information ; c'est le cas, notamment, de mots ou de concepts répétés dans une même séquence ; ils sont accentués une première fois, mais ils perdent leur accent par la suite. De même, lorsqu'une idée est répétée dans une même séquence, les mots qui l'expriment ne sont plus mis en relief lors de sa réapparition. Par contre, les éléments contrastifs de la phrase anglaise sont toujours fortement accentués.

Exemple : *John's recently bought himself a car, and Peter's got a new one too.*

Accents sur : **John, recently, bought, car, Peter, too**.

Accents contrastifs sur : **John** (facultatif) et **Peter**. Absence d'accent sur : **'s got a new one**, qui n'apporte aucun nouvel élément d'information et pourrait être supprimé : (**and Peter, too**).

**L'intonation**

L'intonation en anglais, beaucoup plus qu'en français, révèle le sentiment du locuteur vis-à-vis des propos qu'il tient. Dans les deux langues, l'intonation est liée à l'accent de phrase. L'intonation française, tout comme l'accent de phrase, se manifeste sur la dernière syllabe des groupes de souffle : légère montée de la voix à l'intérieur de la phrase, avec une chute ou une montée sur la syllabe finale, selon qu'il s'agit d'une déclarative ou d'une interrogative. En anglais, l'intonation est liée au sens, et se manifeste sur toutes les syllabes accentuées de la phrase (voir ci-dessus **L'accent de phrase**). La phrase anglaise type présente une intonation commençant relativement haut, et descendant progressivement vers le grave sur les syllabes accentuées. Sur la dernière syllabe accentuée de la phrase, la voix marque soit une chute, soit une montée, plus importante qu'en français, selon le type de phrase : une chute, s'il s'agit d'une indication de finalité (déclaratives, impératives, etc) ; une montée s'il s'agit d'une invitation au dialogue (interrogatives, requêtes polies, etc). Plus le discours est animé et plus l'écart entre l'aigu et le grave se creuse. Des mots ayant un sens affectif intense tendent à faire monter la voix beaucoup plus haut que n'exigent les habitudes du discours français.

# L'ACCENT TONIQUE

Tout mot anglais isolé, de deux syllabes ou plus, porte un accent tonique. Cet accent est noté au moyen du signe (') placé devant la syllabe intéressée ; par exemple : **composer** /kəm'pəʊzə'/. Le francophone doit veiller à bien placer l'accent tonique sous peine de poser de sérieux problèmes de compréhension à ses interlocuteurs. Le tableau suivant indique un certain nombre de suffixes qui permettent de prévoir la place de l'accent tonique sur de nombreux mots. Ce tableau est donné à titre indicatif et ne prétend pas être exhaustif.

## TABLEAU DES SUFFIXES DÉTERMINANT LA POSITION DE L'ACCENT TONIQUE

| | SUFFIXE | EXEMPLE | EXCEPTIONS | REMARQUES |
|---|---|---|---|---|
| ACCENT SUR SYLLABE FINALE | **-ee** | refu'gee | 'coffee, 'toffee, com'mittee, 'pedigree | |
| | **-eer** | engi'neer | | |
| | **-ese** | Japa'nese | | |
| | **-esque** | pictu'resque | | |
| | **-ette** | quar'tette | 'etiquette, 'omelette | |
| | **-ate** | cre'ate | | verbes de 2 syllabes |
| | **-fy** | de'fy | | verbes de 2 syllabes |
| | **-ise, -ize** | ad'vise | | verbes de 2 syllabes |
| ACCENT SUR PÉNULTIÈME | **-ial** | com'mercial | | |
| | **-ian** | I'talian | | |
| | **-ic, -ics** | eco'nomics | 'Arabic, a'rithmetic, 'Catholic, 'heretic, 'lunatic, 'politics | les suffixes **-ical, -ically** ne modifient pas la place de l'accent tonique, et n'admettent pas d'exceptions, par exemple : po'litical, po'litically, arith'metical |
| | **-ion** | infor'mation | 'dandelion, ('televison)* | |
| | **-ish** | di'minish | im'poverish | verbes en **-ish** |
| | **-itis** | appendi'citis | | |
| | **-osis** | diag'nosis | (meta'morphosis)* | *** NB : Les mots placés entre parenthèses ont aussi une accentuation conforme au modèle** |
| ACCENT SUR ANTÉPÉNULTIÈME | **-ety** | so'ciety | | |
| | **-ity** | sin'cerity | | |
| | **-itive** | com'petitive | | |
| | **-itude** | 'attitude | | |
| | **-grapher** | pho'tographer | | |
| | **-graphy** | pho'tography | | |
| | **-logy** | bi'ology | | |
| | **-ate** | ap'preciate | | pour les verbes de 2 syllabes, voir plus haut |
| | **-fy** | 'pacify | | |
| | **-ise, -ize** | 'advertise | 'characterize, 'regularize, 'liberalize, 'nationalize | pour les verbes de 2 syllabes, voir plus haut |

# DICTIONNAIRE FRANÇAIS-ANGLAIS

# FRENCH-ENGLISH DICTIONARY

# A

**A[1], a[1]** /a/ NM *(= lettre)* A, a ◆ **de A à Z** from A to Z ◆ **feuille A3/A4** sheet of A3/A4 paper ◆ **c'est du format A4** it's A4 (paper) ◆ **prouver** *ou* **démontrer qch par A + B** to prove sth conclusively COMP ▷ **a commercial** at sign

**A[2]** (abrév de **ampère**) amp

**A[3]** /a/ NF (abrév de **autoroute**) ≈ M *(Brit)* ◆ **l'A10** the A10 motorway *(Brit)* *ou* highway *(US)*

**A[4]** (abrév de **apprenti conducteur**) P plate *(on car of newly qualified driver)*

**a[2]** (abrév de **are**) a

## à /a/

PRÉPOSITION

> contraction **à** + **le** = **au** ; **à** + **les** = **aux**.
>
> Lorsque **à** se trouve dans des locutions du type **obéir à**, **apprendre qch à qn**, **lent à s'habiller**, **l'admission au club**, reportez-vous à l'autre mot.

**a** | lieu : position | in ◆ **habiter à Paris/au Canada/à Bali** to live in Paris/in Canada/in Bali ◆ **on s'est arrêté à Toulouse** we stopped in Toulouse ◆ **je suis à la cuisine** I'm in the kitchen ◆ **il faisait chaud au théâtre** it was hot in the theatre

> Notez qu'avec certains édifices l'anglais n'utilisera pas l'article si l'accent est mis sur leur fonction plutôt que sur leur localisation.

◆ **être à l'hôpital** *(en visite)* to be at the hospital; *[malade]* to be in hospital ◆ **être à l'école** *(de passage)* to be at the school; *[élève]* to be at school ◆ **il faisait chaud à l'église** it was hot in church

> Lorsque **à**, indiquant la position plutôt que le mouvement, est suivi d'un nom d'île, il se traduit le plus souvent par **on**.

◆ **vivre à Paros/l'île de Wight** to live on Paros/the Isle of Wight

**b** | lieu : direction | *(= vers)* to; *(= dans)* into ◆ **aller à Lille/au Canada** to go to Lille/Canada ◆ **aller à Paros/aux Açores** to go to Paros/the Azores ◆ **aller au marché/au théâtre** to go to the market/the theatre ◆ **entrez au salon** come into the lounge ◆ **au lit, les enfants !** off to bed children!, time for bed children!

> Notez qu'avec certains édifices l'anglais n'utilisera pas l'article si l'accent est mis sur leur fonction plutôt que sur leur localisation.

◆ **aller à l'hôpital** *(en visite)* to go to the hospital; *[malade]* to go into hospital ◆ **elle va à l'église tous les dimanches** she goes to church every Sunday ◆ **je suis allé à l'église pour photographier les vitraux** I went to the church to photograph the windows ◆ **il n'aime pas aller à l'école** he doesn't like going to school ◆ **elle s'est précipitée à l'école mais ils étaient déjà partis** she dashed to the school but they had already gone

**c** | lieu : étape de voyage, adresse | at ◆ **l'avion a atterri à Luton** the plane landed at Luton ◆ **le train ne s'est pas arrêté à Montélimar** the train didn't stop at Montélimar ◆ **j'habite au (numéro) 26 (de la rue Pasteur)** I live at number 26 (rue Pasteur) ◆ **habiter au $4^{e}$ étage** to live on the 4th floor

**d** | lieu : provenance | from ◆ **je l'ai eu à la bibliothèque** I got it from the library ◆ **prendre de l'eau au puits/à la rivière** to get water from the well/the river

**e** | distance | **Paris est à 400 km de Londres** Paris is 400 km from London ◆ **c'est à 3 km/5 minutes (d'ici)** it's 3 km/5 minutes away (from here) ◆ **c'est à 4 heures de route** it's a 4-hour drive

**f** | = jusqu'à | **de Paris à Londres** from Paris to London ◆ **du lundi au vendredi** from Monday to Friday ◆ **il leur faut 4 à 5 heures** they need 4 to 5 hours ◆ **on a fait 8 à 9 kilomètres** we did 8 or 9 kilometres ◆ **à lundi/la semaine prochaine !** see you on Monday/next week!

**g** | temps, moment précis, occasion | at ◆ **à 6 heures** at 6 (o'clock) ◆ **je vous verrai à Noël** I'll see you at Christmas ◆ **on se reverra à sa réception** we'll see each other again at his party ◆ **je vous verrai aux vacances** I'll see you in the holidays

> Lorsque **à** signifie **lors de**, l'anglais emploie souvent une proposition temporelle introduite par **when**.

◆ **je n'étais pas là à leur arrivée** I wasn't there when they arrived ◆ **à sa naissance, il ne pesait que 3 kg** he only weighed 3 kilos when he was born ◆ **vous serez payé à l'achèvement des travaux** you'll be paid when the work is finished

**h** | temps, époque | in ◆ **la poésie au $19^{e}$ siècle** poetry in the 19th century

**i** | appartenance, possession | **c'est à moi/à eux** it's mine/theirs, it belongs to me/to them ◆ **ce livre est à Luc** this book belongs to Luc *ou* is Luc's ◆ **à qui est ce stylo ?** whose pen is this? ◆ **c'est une amie à lui/à eux** she is a friend of his/theirs ◆ **ils n'ont pas de maison à eux** they haven't got a house of their own ◆ **la voiture à Paul** * Paul's car ◆ **on avait la plage à nous (tous seuls)** we had the beach to ourselves ◆ **à moi le Canada/Paris !** Canada/Paris here I come! ◆ **à nous la belle vie !** it's the good life for us from now on! ◆ **je suis à toi pour toujours** I'm yours forever ◆ **je suis à vous dans deux minutes** I'll be with you in a couple of minutes

**j** | responsabilité | **c'était à toi d'y aller** it was up to you to go ◆ **ce n'est pas à moi de le dire/de décider** it's not for me to say/to decide, it's not up to me to say/to decide

**k** | ordre de passage | **à toi !** *(dans un jeu)* your turn (to play)!; *(échecs, dames)* your move!; *(en lançant une balle)* to you! ◆ **c'est à qui (le tour) ?** *(dans un jeu)* whose turn is it?; *(dans une file d'attente)* who's next, please? ◆ **à vous les studios/Paris** *(TV, Rad)* over to you in the studio/in Paris

**l** | dédicace | for, to; *(dans les souhaits)* to ◆ **à mon fils, pour ses 20 ans** to *ou* for my son, on his 20th birthday ◆ **à Julie !** *(dans un toast)* to Julie! ◆ **à ta nouvelle maison !** to your new house! ◆ **à tes 30 ans!** happy 30th birthday! ◆ **à mon épouse regrettée** in memory of my dear wife

**m** | = au nombre de | **nous y sommes allés à cinq** five of us went ◆ **ils l'ont soulevé à (eux) deux** the two of them lifted it up together ◆ **ils ont fait le travail à trois/à eux tous** they did the work between the three of them/between them ◆ **ils couchent à trois dans la même chambre** they sleep three to a room ◆ **à trois, nous irons plus vite** it'll be quicker if three of us do it ◆ **nous n'entrerons jamais à six dans sa voiture** the six of us will never get into his car ◆ **on peut rentrer à six dans la voiture** the car can hold six people

**n** | = par, chaque | **faire du 90 à l'heure** to do 90 km an *ou* per hour ◆ **c'est à 5 € le kilo** it's €5 a kilo ◆ **être payé à la semaine/au mois** to be paid weekly/monthly, to be paid by the week/the month ◆ **gagner (par) 2 à 1** to win (by) 2 goals to 1, to win 2-1 ◆ **il mène (par) 3 jeux à 2** he's leading (by) 3 games to 2, he's leading 3-2

**o** | = avec | with

> Lorsque **à** est utilisé dans une description, il est rendu soit par **with** soit par une locution adjectivale.

◆ **robe à manches** dress with sleeves ◆ **robe à manches courtes** short-sleeved dress ◆ **enfant aux yeux bleus/aux cheveux longs** child with blue eyes/long hair, blue-eyed/long-haired child ◆ **la dame au chapeau vert** the lady in *ou* with the green hat ◆ **l'homme à la pipe** the man with the pipe, the man smoking a pipe; *(titre de tableau)* Man with Pipe

p [= au moyen de] with; *(avec instrument de musique)* on ◆ **couper qch au couteau** to cut sth with a knife ◆ **faire la cuisine à l'huile/au beurre** to cook with oil/butter ◆ **canard aux petits pois/aux pruneaux** duck with peas/prunes ◆ **il l'a joué au piano/violon** he played it on the piano/violin ◆ **sardines à l'huile** sardines in oil ◆ **regarder qch à la jumelle** to look at sth through binoculars ◆ **le générateur marche au gazole** the generator runs on diesel ◆ **j'y suis allé à pied** I went on foot

q [= d'après, au vu de] according to, from ◆ **à ce qu'il prétend** according to what he says ◆ **à ce que j'ai compris** from what I understood ◆ **à son expression, je dirais qu'il est content** judging from his expression I'd say he is pleased ◆ **c'est aux résultats qu'on le jugera** he will be judged on his results

r [= provoquant] to ◆ **à sa consternation** to his dismay ◆ **à ma grande surprise** to my great surprise, much to my surprise

s [imminence] **le temps est à la pluie/neige** it looks like rain/snow, there's rain/snow on the way

t [suivi d'une activité] **quand elle est à son tricot/à sa peinture** * when she's doing her knitting/painting ◆ **allez Paul, à la vaisselle !** come on Paul, get cracking * with that washing-up! ◆ **le livre est à la reliure** the book is (away) being bound ◆ **au travail tout le monde!** come on everybody, let's get to work! ◆ **elle est au tennis** *(gén)* she's playing tennis; *(à son cours)* she's at her tennis lesson

u [locutions]

♦ **à la ...** *(= à la manière de)* ◆ **cuisiné à la japonaise** cooked Japanese-style ◆ **le socialisme à la française** French-style socialism ◆ **une histoire à la Tolstoï** a story in the style of Tolstoy *ou* à la Tolstoy ◆ **vivre à l'américaine** to live like an American

♦ **à** + *infinitif (= pour)* ◆ **c'est une machine à polir les pierres** it's a machine (designed) for polishing stones ◆ **je n'ai rien à lire/faire** I have nothing to read/do ◆ **j'ai quelque chose à te montrer** I've got something to show you ◆ **il a été le premier à le dire, mais ils sont plusieurs à le penser** he was the first one to say it, but there are quite a few people who think the same ◆ **ils sont deux à l'avoir fait** two of them did it ◆ **elle est toujours à le taquiner** she keeps teasing him, she's forever teasing him

♦ **à** + *infinitif (nécessité, devoir)* ◆ **c'est à faire aujourd'hui** it has to be done *ou* it must be done today ◆ **ce sont des choses à prévoir** these things have to be *ou* need to be thought about ◆ **il est à ménager** he should be *ou* needs to be handled carefully ◆ **le poisson est à manger tout de suite** the fish needs to be *ou* must be eaten at once ◆ **tout est à refaire** it's all got to be done again ◆ **ces journaux sont à jeter** these papers can be thrown out

♦ **à** + *infinitif (cause)*

> Lorsque **à** + **infinitif** a une valeur causale, il se traduit généralement par un gérondif ou une proposition temporelle.

◆ **à le voir si maigre, j'ai eu pitié** when I saw how thin he was I felt sorry for him ◆ **à le fréquenter, on se rend compte que ...** when you've been with him for a while, you realize that ... ◆ **il nous fait peur à conduire si vite** he frightens us driving so fast [MAIS] **à l'entendre/le voir, on dirait qu'il est ivre** to hear him/look at him you'd think he was drunk, he sounds/looks drunk ◆ **vous le buterez à le punir ainsi** you'll antagonize him if you punish him like that

♦ **à** + *infinitif (conséquence)* ◆ **c'est à vous rendre fou** it's enough to drive you crazy ◆ **c'est à se demander si** it makes you wonder if ◆ **c'est à croire qu'ils nous prennent pour des idiots** you'd think that they took us for complete idiots

---

**Å** (abrév de **angström**) Å

**Aaron** /aʀɔ̃/ **NM** Aaron

**AB** (abrév de **assez bien**) quite good, ≃ C+

**abaissable** /abɛsabl/ **ADJ** *[siège]* reclining *(épith)*

**abaissant, e** /abɛsɑ̃, ɑ̃t/ **ADJ** degrading

**abaisse** /abɛs/ **NF** rolled-out pastry ◆ **faites une ~ de 3 mm** roll out the pastry to a thickness of 3 mm

**abaisse-langue** /abɛslɑ̃g/ **NM INV** tongue depressor, spatula *(Brit)*

**abaissement** /abɛsmɑ̃/ **NM** a *(= action d'abaisser) [de levier] (en tirant)* pulling down; *(en poussant)* pushing down; *[de température, valeur, taux]* lowering, bringing down ◆ **l'~ de l'âge de la retraite/des barrières douanières** lowering the retirement age/customs barriers b *(= fait de s'abaisser) [de température, valeur, taux]* fall, drop (*de* in); *[de terrain]* downward slope ◆ **l'~ de la moralité** the decline in moral standards c *(= conduite obséquieuse)* subservience, self-abasement; *(= conduite choquante)* degradation d † *(= humiliation)* humiliation; *(= déchéance)* debasing; *(Rel)* humbling

**abaisser** /abese/ ► conjug 1 ◄ **VT** a *[+ levier] (= tirer)* to pull down; *(= pousser)* to push down; *[+ store]* to lower, to pull down; *[+ siège]* to put down ◆ **cette vitre s'abaisse-t-elle ?** does this window go down? ◆ **~ le drapeau** *(course automobile)* to lower the flag

b *[+ température, valeur, taux]* to lower, to reduce; *[+ niveau, mur]* to lower ◆ **~ le coût de la main d'œuvre** to lower *ou* reduce labour costs ◆ **~ l'âge de la retraite** to bring down *ou* lower the retirement age

c *(Math) [+ chiffre]* to bring down, to carry; *[+ perpendiculaire]* to drop

d *(= rabaisser) [personne]* to humiliate; *[vice]* to debase; *(Rel)* to humble ◆ **~ la puissance des nobles** to reduce the power of the nobles

e *(Culin) [+ pâte]* to roll out

**VPR s'abaisser** a *(= diminuer) [température, valeur, taux]* to fall, to drop; *[terrain]* to slope down; *(Théât) [rideau]* to fall (*sur* on)

b *(= s'humilier)* to humble o.s. ◆ **je ne m'abaisserai pas à présenter des excuses** I won't stoop so low as to apologize

**abaisseur** /abɛsœʀ/ **ADJ M, NM** ◆ **(muscle) ~** depressor

**abalone** /abalɔn/ **NM** abalone

**abandon** /abɑ̃dɔ̃/ **NM** a *(= délaissement) [de personne, lieu]* desertion, abandonment ◆ **~ de poste** desertion of one's post ◆ **~ du domicile conjugal** *(Jur)* desertion

b *(= renonciation) [d'idée, privilège, fonction, recherches]* giving up; *[de droit]* giving up, relinquishment; *[de course, championnat]* withdrawal (*de* from); ◆ **après l'~ de notre équipe** *(Sport)* after our team was forced to retire *ou* withdraw ◆ **gagner par ~** to win by default ◆ **faire ~ de ses biens à qn** to make over one's property to sb ◆ **faire ~ de ses droits sur** to relinquish *ou* renounce one's right(s) to ◆ **~ de soi-même** self-abnegation

c *(= manque de soin)* neglected state ◆ **l'(état d')~ où se trouvait la ferme** the neglected state (that) the farm was in

♦ **à l'abandon** ◆ **jardin à l'~** neglected garden, garden run wild *ou* in a state of neglect ◆ **laisser qch à l'~** to neglect sth

d *(= confiance)* lack of constraint ◆ **parler avec ~** to talk freely *ou* without constraint ◆ **dans ses moments d'~** in his moments of abandon, in his more expansive moments

e *(= nonchalance)* **étendu sur le sofa avec ~** sprawled out on the sofa ◆ **l'~ de son attitude/ses manières** his relaxed *ou* easy-going attitude/manners

f *(Ordin)* abort

**abandonné, e** /abɑ̃dɔne/ (ptp de **abandonner**) **ADJ** a *[attitude, position]* relaxed; *(avec volupté)* abandoned b *[jardin]* neglected; *[route, usine]* disused ◆ **vieille maison ~e** deserted old house c *(= délaissé) [conjoint]* abandoned ◆ **enfants ~s à eux-mêmes** children left to their own devices ◆ **tout colis ~ sera détruit** any luggage left unattended will be destroyed

**abandonner** /abɑ̃dɔne/ ► conjug 1 ◄ **VT** a *(= délaisser) [+ lieu]* to desert, to abandon; *[+ personne] (gén)* to leave, to abandon; *(intentionnellement)* to desert, to abandon; *[+ voiture, animal]* to abandon ◆ **il a été abandonné à la naissance** he was abandoned at birth ◆ **son courage l'abandonna** his courage failed *ou* deserted him ◆ **ses forces l'abandonnèrent** his strength failed him ◆ **l'ennemi a abandonné ses positions** the enemy abandoned their positions ◆ **~ son poste** *(Mil)* to desert one's post ◆ **~ le terrain** *(Mil)* to take flight; *(fig)* to give up ◆ **~ le domicile conjugal** *(Jur)* to desert *ou* abandon the family home ◆ **il a été abandonné des médecins** † the doctors have given up on him

b *(= renoncer à) [+ fonction]* to give up, to relinquish; *[+ études, projet, recherches]* to give up, to abandon; *[+ matière scolaire]* to drop, to give up; *[+ technique]* to abandon, to give up; *[+ hypothèse]* to abandon, to drop; *[+ droit, privilèges]* to give up, to relinquish; *[+ course]* to withdraw *ou* retire from, to abandon ◆ **~ tout espoir (de faire qch)** to give up *ou* abandon all hope (of doing sth) ◆ **le joueur a dû ~** the player had to retire *ou* withdraw ◆ **~ le pouvoir** to give up power ◆ **~ la lutte** *ou* **la partie** *(lit, fig)* to give up the fight *ou* the struggle ◆ **~ les poursuites** *(Jur)* to drop the charges ◆ **j'abandonne !** I give up!

c *(Ordin)* to abort

d *(Bourse)* ◆ **le napoléon abandonne 1,5 € à 49,2 €** napoleons lost *ou* shed €1.5 at €49.2

e ◆ **~ à** *(gén)* to give *ou* leave to ◆ **elle lui abandonna sa main** she let him take her hand ◆ **~ à qn le soin de faire qch** to leave it up to sb to do sth ◆ **~ qn à son (triste) sort** to leave *ou* abandon *(littér)* sb to their fate ◆ **~ qch au pillage/à la destruction** to leave sth to be pillaged/to be destroyed ◆ **le verger a été abandonné aux herbes folles** the orchard has become overrun with weeds ◆ **abandonnez votre corps aux délices d'un bain chaud** luxuriate in a hot bath

**VPR s'abandonner** a *(= se relâcher)* to let o.s. go; *(= se confier)* to open up ◆ **elle s'abandonna dans mes bras** she sank into my arms

♦ **s'abandonner à** *(= se laisser aller à) [+ passion, joie, débauche]* to give o.s. up to; *[+ paresse, désespoir]* to give way to ◆ **s'~ à la rêverie** to indulge in *ou* give o.s. up to daydreaming ◆ **s'~ au bien-être** to luxuriate in a sense of well-being ◆ **il s'abandonna au sommeil** he let himself drift off to sleep b († = *se donner sexuellement*) to give o.s. (*à* to)

**abaque** /abak/ NM (= *boulier*) abacus; (= *graphique*) graph; (*Archit*) abacus

**abasourdi, e** /abazuʀdi/ ADJ stunned

**abasourdir** /abazuʀdiʀ/ ► conjug 2 ◄ VT a (= *étonner*) to stun, to dumbfound b (= *étourdir*) [*bruit*] to stun, to daze

**abasourdissement** /abazuʀdismɑ̃/ NM bewilderment, stupefaction

**abâtardir** /abɑtaʀdiʀ/ ► conjug 2 ◄ VT [*+ race, vertu*] to cause to degenerate; [*+ qualité*] to debase VPR **s'abâtardir** [*race, vertu*] to degenerate; [*qualité*] to become debased ◆ **langue abâtardie** bastardized *ou* debased language

**abâtardissement** /abɑtaʀdismɑ̃/ NM [*de race, vertu*] degeneration; [*de qualité*] debasement; [*de langue, style*] bastardization, debasement

**abat-jour** /abaʒuʀ/ NM INV [*de lampe*] lampshade; (*Archit*) splay

**abats** /aba/ NMPL [*de volaille*] giblets; [*de bœuf, porc*] offal

**abat-son** (pl **abat-sons**) /abasɔ̃/ NM louvre (*Brit*) *ou* louver (*US*) (boards)

**abattage** /abataʒ/ NM a [*d'animal*] slaughter, slaughtering; [*d'arbre*] felling, cutting (down); (*Min*) extracting b (*Comm*) (**vente à l'**)~ selling in bulk at knock-down prices c **avoir de l'**~ * (= *entrain*) to be dynamic, to have plenty of go * ◆ **il a de l'**~ (= *force*) he's a strapping fellow d [*de prostituée*] **faire de l'**~ ⁑ to get through dozens of punters * (*Brit*) a day (*ou* night), to turn dozens of tricks ⁑ (*US*) a day (*ou* night)

**abattant** /abatɑ̃/ NM [*de table*] flap, leaf; [*de siège de W-C*] lid

**abattement** /abatmɑ̃/ NM a (= *dépression*) dejection, despondency ◆ **être dans un extrême** ~ to be in very low spirits b (= *fatigue*) exhaustion c (*Fin* = *rabais*) reduction; (*fiscal*) (tax) allowance ◆ ~ **forfaitaire** standard deduction *ou* allowance

**abattis** /abati/ NMPL [*de volaille*] giblets; (* = *bras et jambes*) limbs; → **numéroter** NM (*Can* = *terrain déboisé*) brushwood ◆ **faire un** ~ to clear fell (*Brit*) *ou* clear cut (*US*) land

**abattoir** /abatwaʀ/ NM slaughterhouse, abattoir ◆ **envoyer des hommes à l'**~ * to send men to the slaughter

**abattre** /abatʀ/ ► conjug 41 ◄ VT a (= *faire tomber*) [*+ maison, mur*] to pull *ou* knock down; [*+ arbre*] to cut down, to fell; [*+ roche, minerai*] to break away, to hew; [*+ quilles*] to knock down; [*+ avion*] to bring *ou* shoot down; (*fig*) [*+ adversaire, rival*] to bring down ◆ **le vent a abattu la cheminée** the wind blew the chimney down ◆ **la pluie abattait la poussière** the rain settled the dust

b (= *tuer*) [*+ personne, oiseau*] to shoot down; [*+ fauve*] to shoot, to kill; [*+ animal domestique*] to destroy, to put down; [*+ animal de boucherie*] to slaughter ◆ **c'est l'homme à** ~ (*fig*) he's the one you've (*ou* we've *etc*) got to get rid of

c (= *ébranler*) [*fièvre*] to weaken, to drain (of energy); [*mauvaise nouvelle, échec*] to demoralize, to shatter *; [*efforts*] to tire out, to wear out ◆ **la maladie l'a abattu** the illness left him very weak, the illness drained him of energy ◆ **être abattu par la fatigue/la chaleur** to be overcome by tiredness/the heat

◆ **se laisser abattre** to get discouraged ◆ **Mme Martin, qui n'est pas femme à se laisser ~, est allée voir le maire** Mme Martin, who's not one to get discouraged, went to see the mayor ◆ **ne te laisse pas ~ !** don't get discouraged!, don't let things get you down! ◆ **se laisser ~ par des échecs** to be demoralized by failures

d (= *affaiblir*) [*+ courage*] to weaken; [*+ fierté*] to humble

e [*+ carte*] to lay down ◆ ~ **son jeu** *ou* **ses cartes** (*lit, fig*) to lay *ou* put one's cards on the table, to show one's hand

f (= *faire*) ◆ ~ **du travail** to get through a lot of work

VPR **s'abattre** a (= *tomber*) [*personne*] to fall (down), to collapse; [*cheminée*] to fall *ou* crash down ◆ **le mât s'est abattu** the mast came *ou* went crashing down

b ◆ **s'~ sur** [*pluie*] to beat down on; [*ennemi*] to swoop down on, to fall on; [*oiseau de proie*] to swoop down on; [*moineaux*] to sweep down on(to); [*coups, injures*] to rain on

**abattu, e** /abaty/ (ptp de **abattre**) ADJ (= *fatigué*) worn out, exhausted; (= *faible*) [*malade*] very weak, feeble; (= *déprimé*) downcast, demoralized; → **bride**

**abat-vent** (pl **abat-vent(s)**) /abavɑ̃/ NM [*de cheminée*] chimney cowl; [*de fenêtre, ouverture*] louvre (*Brit*) *ou* louver (*US*) (boards)

**abbatial, e** (mpl **-iaux**) /abasjal, jo/ ADJ abbey (*épith*) NF **abbatiale** abbey-church

**abbaye** /abei/ NF abbey

**abbé** /abe/ NM [*d'abbaye*] abbot; (= *prêtre*) priest ◆ ~ **mitré** mitred abbot; → **monsieur**

**abbesse** /abɛs/ NF abbess

**abc** /ɑbese/ NM (= *livre*) ABC *ou* alphabet book; (= *rudiments*) ABC, fundamentals ◆ **c'est l'~ du métier** it's basic to this job

**abcès** /apsɛ/ NM (*Méd*) abscess; [*de gencive*] gumboil, abscess ◆ **vider** *ou* **crever l'**~ (*dans un conflit*) to clear the air ◆ **il faut crever l'~ au sein du parti** it's time to sort out the party's problems once and for all ◆ ~ **de fixation** (*fig*) focal point for grievances

**Abdias** /abdjas/ NM Obadiah

**abdication** /abdikasjɔ̃/ NF (*lit, fig*) abdication ◆ **l'~ des parents devant leurs enfants** parents' abdication of authority over their children

**abdiquer** /abdike/ ► conjug 1 ◄ VI [*roi*] to abdicate ◆ **la justice abdique devant le terrorisme** justice gives way in the face of *ou* before terrorism ◆ **dans ces conditions j'abdique** * in that case I give up VT [*+ ambition, droits, valeurs, rôle, responsabilités*] to give up ◆ ~ **la couronne** to abdicate the throne ◆ ~ **ses croyances/son autorité** to give up *ou* renounce one's beliefs/one's authority

**abdomen** /abdɔmɛn/ NM abdomen

**abdominal, e** (mpl **-aux**) /abdɔminal, o/ ADJ abdominal NMPL **abdominaux** abdominals, stomach muscles ◆ **faire des abdominaux** to do *ou* work one's abdominals

**abdos** * /abdo/ NMPL (abrév de **abdominaux**) abs *

**abducteur** /abdyktœʀ/ ADJ M, NM ◆ (**muscle**) ~ abductor (muscle)

**abduction** /abdyksjɔ̃/ NF (*Anat*) abduction

**abécédaire** /ɑbesedɛʀ/ NM alphabet primer

**abeille** /abɛj/ NF bee ◆ ~ **maçonne** mason bee ◆ ~ **tueuse** killer bee; → **nid, reine**

**Abel** /abɛl/ NM Abel

**aber** /abɛʀ/ NM (*Géog*) aber

**aberrant, e** /abeʀɑ̃, ɑ̃t/ ADJ a (= *insensé*) absurd ◆ **c'est ~ !** it's absurd *ou* ridiculous! ◆ **il est ~ qu'il parte** it's absurd for him to leave b (*Bio*) aberrant; (*Ling*) irregular

> ⚠ *Attention à ne pas traduire automatiquement* **aberrant** *par le mot anglais* **aberrant**, *qui a des emplois spécifiques et est d'un registre plus soutenu.*

**aberration** /abeʀasjɔ̃/ NF a (= *absurdité*) **c'est une ~ !** it's absurd! ◆ **la cohabitation de ces deux peuples est une** ~ it's absurd that these two peoples should live alongside one another ◆ **cette politique tarifaire est une** ~ this pricing policy is absurd b (= *égarement*) **dans un moment** *ou* **instant d'~** in a moment of madness ◆ **dans un moment d'~, j'ai invité mon patron à dîner** in a moment of madness I invited my boss to dinner ◆ **par quelle ~ a-t-il accepté ?** whatever possessed him to accept? c (*Astron, Phys*) aberration COMP ▷ **aberration chromosomique** chromosomal abnormality

> ⚠ *Attention à ne pas traduire automatiquement* **aberration** *par le mot anglais* **aberration**, *qui a des emplois spécifiques et est d'un registre plus soutenu.*

**abêtir** VT, **s'abêtir** VPR /abetiʀ/ ► conjug 2 ◄ ◆ **ça va vous ~, vous allez vous** ~ it'll addle your brain

**abêtissant, e** /abetisɑ̃, ɑ̃t/ ADJ [*travail*] mind-numbing

**abêtissement** /abetismɑ̃/ NM (= *état*) mindlessness ◆ **l'~ des masses par la télévision** (= *action*) the stupefying effect of television on the masses

**abhorrer** /abɔʀe/ ► conjug 1 ◄ VT (*littér*) to abhor, to loathe

**Abidjan** /abidʒɑ̃/ N Abidjan

**abîme** /abim/ NM a (= *gouffre*) abyss, gulf ◆ **l'~ qui nous sépare** (*fig*) the gulf *ou* chasm between us b (*loc*) **au bord de l'**~ [*pays, banquier*] on the brink *ou* verge of ruin; [*personne*] on the brink *ou* verge of despair ◆ **être au fond de l'**~ [*personne*] to be in the depths of despair *ou* at one's lowest ebb; [*pays*] to have reached rock-bottom ◆ **les ~s de l'enfer/de la nuit/du temps** (*littér*) the depths of hell/night/time ◆ **être plongé dans un ~ de perplexité** (*frm*) to be utterly *ou* deeply perplexed ◆ **c'est un ~ de bêtise** (*frm*) he's abysmally *ou* incredibly stupid

**abîmé, e** /abime/ (ptp de **abîmer**) ADJ (= *détérioré*) damaged, spoiled ◆ **il était plutôt ~ * après le match** he was a bit battered and bruised after the match

**abîmer** /abime/ ► conjug 1 ◄ VT a (= *endommager*) to damage, to spoil ◆ **la pluie a complètement abîmé mon chapeau** the rain has ruined my hat b (⁑ = *frapper*) ~ **qn** to beat sb up ◆ **je vais t'~ le portrait** I'll smash your face in * VPR **s'abîmer** a [*objet*] to get damaged; [*fruits*] to go bad, to spoil ◆ **s'~ les yeux** to ruin *ou* strain one's eyes, to spoil one's eyesight b (*littér*) [*navire*] to sink, to founder; [*avion*] to crash ◆ **l'avion s'est abîmé dans la mer** the plane crash-landed in the sea ◆ **elle s'abîmait dans ses réflexions** she was lost in thought ◆ **s'~ dans la douleur** to lose o.s. in pain

**abject, e** /abʒɛkt/ ADJ despicable

**abjectement** /abʒɛktəmɑ̃/ ADV abjectly

**abjection** /abʒɛksjɔ̃/ NF abjection, abjectness

**abjuration** /abʒyʀasjɔ̃/ NF abjuration, recantation (*de* of); ◆ **faire ~ de** to abjure

**abjurer** /abʒyʀe/ ► conjug 1 ◄ VT to abjure, to recant

**Abkhazie** /abkazi/ NF Abkhazia

**ablatif** /ablatif/ NM ablative ◆ **à l'**~ in the ablative ◆ ~ **absolu** ablative absolute

**ablation** /ablasjɔ̃/ NF *(Méd)* removal, ablation *(SPÉC)*; *(Géol)* ablation

**ablette** /ablɛt/ NF bleak

**ablutions** /ablysjɔ̃/ NFPL *(gén)* ablutions ♦ **faire ses ~** to perform one's ablutions

**abnégation** /abnegasjɔ̃/ NF (self-)abnegation, self-denial ♦ **avec ~** selflessly

**aboiement** /abwamɑ̃/ NM a *[de chien]* bark ♦ **~s** barking *(NonC)* b *(péj) (= cri)* shout, bark ♦ **~s** *(= critiques, exhortations)* rantings

**abois** /abwa/ NMPL baying ♦ **aux ~** *[animal]* at bay; *[personne]* in desperate straits; *(financièrement)* hard-pressed

**abolir** /abɔliʀ/ ▸ conjug 2 ◂ VT *[+ coutume, loi]* to abolish, to do away with

**abolition** /abɔlisjɔ̃/ NF abolition ♦ **l'~ de l'esclavage** the abolition of slavery

**abolitionnisme** /abɔlisjɔnism/ NM abolitionism

**abolitionniste** /abɔlisjɔnist/ ADJ, NMF abolitionist

**abominable** /abɔminabl/ ADJ a *(= monstrueux)* appalling b *(= exécrable) (sens affaibli) [repas, temps]* awful COMP ▷ **l'abominable homme des neiges** the abominable snowman

**abominablement** /abɔminabləmɑ̃/ ADV *[se conduire, s'habiller]* abominably ♦ **~ cher** terribly *ou* dreadfully expensive ♦ **~ laid** horribly *ou* dreadfully ugly

**abomination** /abɔminasjɔ̃/ NF *(= horreur, crime)* ♦ **c'est une ~ !** it's awful *ou* appalling! ♦ **dire des ~s** to say awful *ou* appalling things

**abominer** /abɔmine/ ▸ conjug 1 ◂ VT *(littér = exécrer)* to loathe, to abominate

**abondamment** /abɔ̃damɑ̃/ ADV *(gén)* abundantly, plentifully; *[écrire]* prolifically; *[manger, boire]* copiously; *[pleuvoir]* heavily; *[rincer]* thoroughly; *[illustré]* lavishly ♦ **prouver ~ qch** to provide ample proof *ou* evidence of sth ♦ **ce problème a été ~ commenté** much has been said about this issue

**abondance** /abɔ̃dɑ̃s/ NF a *(= profusion)* abundance ♦ **des fruits en ~** plenty of *ou* an abundance of fruit, fruit in abundance *ou* in plenty ♦ **ses larmes coulaient en ~** he wept profusely ♦ **il y a (une) ~ de** *[+ nourriture, gibier]* there is plenty of; *[+ détails, dossiers]* there are plenty of ♦ **année d'~** year of plenty ♦ **~ de biens ne nuit pas** *(Prov)* an abundance of goods does no harm; → **corne** b *(= richesses)* affluence ♦ **vivre dans l'~** to live in affluence ♦ **~ d'idées** wealth of ideas c ♦ **parler d'~** *(= improviser)* to improvise, to extemporize; *(= parler beaucoup)* to speak at length

**abondant, e** /abɔ̃dɑ̃, ɑ̃t/ ADJ *[documentation, bibliographie]* extensive; *[récolte]* fine *(épith)*, abundant; *[réserves]* plentiful; *[végétation]* lush, luxuriant; *[chevelure]* thick; *[pluies]* heavy; *[larmes]* profuse, copious; *(Méd) [règles]* heavy ♦ **une ~e production littéraire** an extensive *ou* prolific literary output ♦ **recevoir un courrier ~** to receive a great deal of mail *ou* a large quantity of mail ♦ **il y a une ~e littérature sur ce sujet** a great deal has been written on the subject ♦ **cela requiert une main-d'œuvre ~e** it requires a plentiful *ou* an abundant supply of labour ♦ **il me fit d'~es recommandations** he gave me copious advice ♦ **illustré d'~es photographies** illustrated with numerous photographs, lavishly illustrated with photographs ♦ **les pêches sont ~es sur le marché** peaches are in plentiful *ou* generous supply ♦ **il lui faut une nourriture ~e** he must have plenty to eat *ou* plenty of food

**abonder** /abɔ̃de/ ▸ conjug 1 ◂ VI a *(= être nombreux) [exemples, projets, témoignages]* to abound ♦ **les erreurs abondent dans ce devoir** this essay is full of *ou* riddled with mistakes ♦ **les légumes abondent cette année** there are plenty of vegetables this year, vegetables are plentiful *ou* in plentiful supply this year ♦ **les rumeurs abondent sur le sujet** there are lots of rumours flying around about this

b ♦ **~ en** *(= être plein de)* to be full of, to abound with *ou* in ♦ **les forêts abondent en gibier** the forests are teeming with *ou* abound with game ♦ **son œuvre abonde en images** his work is rich in *ou* is full of imagery ♦ **le marché abonde en nouveautés** the market is full of new products

c *(= être d'accord)* **je ne peux qu'~ en ce sens** I fully agree *ou* I agree wholeheartedly (with that) ♦ **il a abondé dans notre sens** he was in complete *ou* full agreement with us

**abonné, e** /abɔne/ GRAMMAIRE ACTIVE 54.5 (ptp de **abonner**)

ADJ a *(= inscrit)* **être ~ à un journal** to subscribe to a paper ♦ **être ~ au téléphone** to have a phone ♦ **être ~ au gaz** to have gas, to be a gas consumer ♦ **être ~ au câble** to have cable (television) ♦ **être ~ à une messagerie électronique** to have *ou* to be on e-mail ♦ **être ~ à Internet** to be on the Internet

b *(* = habitué)* **il y est ~ !** he makes (quite) a habit of it! ♦ **il est ~ à la première/dernière place** he always comes first/last ♦ **il semblait ~ au succès/à l'échec** he seemed to be on a winning/losing streak ♦ **nos entreprises publiques sont ~es aux déficits** our state-owned companies have quite a talent for losing money

NM,F *(Presse, Téléc, TV)* subscriber; *[de messagerie électronique, radiotéléphone]* user; *(Élec, Gaz)* consumer; *(Rail, Sport, Théât)* season-ticket holder ♦ **il n'y a plus d'~ au numéro que vous avez demandé** *(Téléc)* the number you have dialled has been disconnected ♦ **se mettre** *ou* **s'inscrire aux ~s absents** *(Téléc)* to put one's phone on to the answering service ♦ **une fois encore, la commission est aux ~s absents** *(fig)* once again, there is no response from the commission

**abonnement** /abɔnmɑ̃/ NM *(Presse)* subscription; *(Rail, Sport, Théât)* season ticket ♦ **magazine vendu uniquement par** *ou* **sur ~** magazine available only on *ou* by subscription ♦ **prendre** *ou* **souscrire un ~ à un journal** to subscribe to *ou* take out a subscription to a paper ♦ **service (des) ~s** *[de journal, magazine]* subscriptions sales office ♦ **spectacle hors ~s** show not included on a season ticket ♦ **l'~ pour 10 séances d'UV coûte 100 €** a course of 10 sunbed sessions costs €100 ♦ **~ jeunes/familles** *(pour club, musée)* special (membership) rates for young people/families ♦ **(coût de l')~** *(Téléc)* rental; *(Gaz, Élec)* standing charge ♦ **tarif ~** *[de journal, magazine]* special subscription rate; → **carte**

**abonner** /abɔne/ ▸ conjug 1 ◂ VT ♦ **~ qn (à qch)** *(Presse)* to take out a subscription (to sth) for sb; *(Sport, Théât)* to buy sb a season ticket (for sth) VPR **s'abonner** *(Presse)* to subscribe, to take out a subscription (*à* to); *(Rail, Sport, Théât)* to buy a season ticket (*à* for) ♦ **s'~ au câble** to subscribe to cable (television) ♦ **s'~ à Internet** to get connected to *ou* get onto the Internet

**abord** /abɔʀ/ GRAMMAIRE ACTIVE 53.2, 53.5

NM a *(= manière d'accueillir)* manner ♦ **être d'un ~ rude/rébarbatif** to have a rough/an off-putting manner ♦ **être d'un ~ facile/difficile** to be approachable/not very approachable

b *(= accès)* access, approach ♦ **lieu d'un ~ difficile** place with difficult means of access, place that is difficult to get to ♦ **lecture d'un ~ difficile** reading matter which is difficult to get into *ou* difficult to get to grips with

c *(loc)*

♦ **d'abord** *(= en premier lieu)* first; *(= au commencement)* at first; *(= essentiellement)* primarily; *(introduisant une restriction)* for a start, for one thing ♦ **allons d'~ chez le boucher** let's go to the butcher's first ♦ **il fut (tout) d'~ poli, puis il devint grossier** he was polite at first *ou* initially, and then became rude ♦ **cette ville est d'~ un centre touristique** this town is primarily *ou* first and foremost a tourist centre ♦ **d'~, il n'a même pas 18 ans** for a start *ou* in the first place, he's not even 18

♦ **dès l'abord** from the outset, from the very beginning

♦ **au premier abord** at first sight, initially

NMPL **abords** *(= environs) (gén)* surroundings; *[de ville, village]* outskirts ♦ **dans ce quartier et aux ~s** in this neighbourhood and the surrounding area

♦ **aux abords de** *[de ville, bâtiment]* in the area around *ou* surrounding; *[d'âge]* around, about; *[de date]* around ♦ **aux ~s de la soixantaine, il prit sa retraite** he retired when he was about sixty

**abordable** /abɔʀdabl/ ADJ *[prix]* reasonable; *[marchandise, menu]* affordable, reasonably priced; *[personne]* approachable; *[lieu]* accessible; *[auteur, texte]* accessible ♦ **livre peu ~** rather inaccessible book

**abordage** /abɔʀdaʒ/ NM a *(= assaut)* attacking ♦ **à l'~ !** up lads and at 'em! * ♦ **ils sont allés à l'~** they boarded the ship; → **sabre** b *(= accident)* collision

**aborder** /abɔʀde/ GRAMMAIRE ACTIVE 53.2, 53.3 ▸ conjug 1 ◂

VT a *(= arriver à) [+ rivage, tournant, montée]* to reach ♦ **les coureurs abordent la ligne droite** the runners are entering the home straight ♦ **il aborde la vieillesse avec inquiétude** he's worried about getting old ♦ **nous abordons une période difficile** we're about to enter a difficult phase

b *(= approcher) [+ personne]* to approach, to go *ou* come up to ♦ **il m'a abordé avec un sourire** he came up to me *ou* approached me with a smile

c *[+ sujet]* to broach; *[+ activité]* to take up, to tackle; *[+ problème]* to tackle ♦ **il n'a abordé le roman que vers la quarantaine** he didn't take up writing novels until he was nearly forty ♦ **j'aborde maintenant le second point** I'll now move on to the second point

d *(Naut) (= attaquer)* to board; *(= heurter)* to collide with

VI *(Naut)* to land, to touch *ou* reach land ♦ **ils ont abordé à Carnac** they landed at Carnac

**aborigène** /abɔʀiʒɛn/ ADJ *(gén)* aboriginal; *(relatif aux peuplades australiennes)* Aboriginal NMF aborigine ♦ **~ d'Australie** (Australian) Aborigine

**abortif, -ive** /abɔʀtif, iv/ *(Méd)* ADJ abortive; → **pilule** NM abortifacient *(SPÉC)*

**abouchement** /abuʃmɑ̃/ NM *(Tech)* joining up end to end; *(Méd)* anastomosis

**aboucher** /abuʃe/ ▸ conjug 1 ◂ VT *(Tech)* to join up (end to end); *(Méd)* to join up, to anastomose *(SPÉC)* ♦ **~ qn avec** *(fig)* to put sb in contact *ou* in touch with VPR **s'aboucher** ♦ **s'~ avec qn** to get in touch with sb, to make contact with sb

**Abou Dhabi** /abudabi/ N Abu Dhabi

**abouler** * /abule/ ► conjug 1 ◄ VT *(= donner)* to hand over ◆ **aboule !** hand it over! *, give it here! * ◆ **aboule le fric !** come on, hand it over! * VPR **s'abouler** *(= venir)* to come ◆ **aboule-toi !** come (over) here!

**aboulie** /abuli/ NF ab(o)ulia

**aboulique** /abulik/ ADJ ab(o)ulic *(SPÉC)* NMF *(Méd)* person suffering from ab(o)ulia ◆ **son mari est un ~** *(fig)* her husband is utterly apathetic *ou* (totally) lacking in willpower

**Abou Simbel** /abusimbɛl/ N Abu Simbel

**about** /abu/ NM *(Tech)* butt

**aboutement** /abutmɑ̃/ NM *(= action)* joining (end to end); *(= état)* join

**abouter** /abute/ ► conjug 1 ◄ VT to join (up) (end to end)

**abouti, e** /abuti/ ADJ *[projet]* successfully completed; *[œuvre]* accomplished

**aboutir** /abutiʀ/ GRAMMAIRE ACTIVE 53.4 ► conjug 2 ◄ VI **a** *(= réussir) [démarche, personne]* to succeed ◆ **ses efforts/tentatives n'ont pas abouti** his efforts/attempts have come to nothing *ou* have failed ◆ **faire ~ des négociations/un projet** to bring negotiations/a project to a successful conclusion

**b** *(= arriver à, déboucher sur)* **~ à** *ou* **dans** to end (up) in *ou* at ◆ **la route aboutit à un cul-de-sac** the road ends in a cul-de-sac ◆ **une telle philosophie aboutit au désespoir** such a philosophy results in *ou* leads to despair ◆ **~ en prison** to end up in prison ◆ **les négociations n'ont abouti à rien** the negotiations have come to nothing, nothing has come of the negotiations ◆ **il n'aboutira jamais à rien dans la vie** he'll never get anywhere in life ◆ **en additionnant le tout, j'aboutis à 12 €** adding it all up I get €12

**aboutissants** /abutisɑ̃/ NMPL → **tenant**

**aboutissement** /abutismɑ̃/ NM *(= résultat) [d'efforts, opération]* outcome, result; *(= succès) [de plan]* success

**aboyer** /abwaje/ ► conjug 8 ◄ VI to bark; *(péj = crier)* to shout, to yell ◆ **~ après** *ou* **contre qn** to bark *ou* yell at sb; → **chien**

**aboyeur** † /abwajœʀ/ NM *(Théât)* barker †; *(dans une réception)* usher *(who announces guests at a reception)*

**abracadabra** /abʀakadabʀa/ EXCL abracadabra

**abracadabrant, e** /abʀakadabʀɑ̃, ɑt/ ADJ fantastic, preposterous ◆ **histoire ~e** cock-and-bull story

**Abraham** /abʀaam/ NM Abraham

**abraser** /abʀɑze/ ► conjug 1 ◄ VT to abrade

**abrasif, -ive** /abʀɑzif, iv/ ADJ, NM abrasive

**abrasion** /abʀɑzjɔ̃/ NF *(gén, Géog)* abrasion

**abréaction** /abʀeaksjɔ̃/ NF abreaction

**abrégé** /abʀeʒe/ NM *[de livre, discours]* summary, synopsis; *[de texte]* summary, précis; *(= manuel, guide)* short guide ◆ **faire un ~ de** to summarize, to précis ◆ **~ d'histoire** concise guide to history

◆ **en abrégé** *(= en miniature)* in miniature; *(= en bref)* in brief, in a nutshell ◆ **répéter qch en ~** to repeat sth in a few words ◆ **mot/phrase en ~** word/sentence in a shortened *ou* an abbreviated form ◆ **voilà, en ~, de quoi il s'agissait** to cut *(Brit) ou* make *(US)* a long story short, this is what it was all about

**abrégement** /abʀɛʒmɑ̃/ NM *[de durée]* cutting short, shortening; *[de texte]* abridgement

**abréger** /abʀeʒe/ ► conjug 3 et 6 ◄ VT *[+ vie]* to shorten; *[+ durée, visite]* to cut short, to shorten; *[+ conversation, vacances]* to cut short; *[+ texte]* to shorten, to abridge; *[+ mot]* to abbreviate, to shorten ◆ **~ les souffrances de qn** to put an end to sb's suffering ◆ **pour ~ les longues soirées d'hiver** to while away the long winter evenings, to make the long winter evenings pass more quickly ◆ **version abrégée** *[de livre]* abridged version ◆ **forme abrégée** shortened *ou* abbreviated form ◆ **docteur s'abrège souvent en Dr** doctor is often shortened *ou* abbreviated to Dr ◆ **abrège !** * come *ou* get to the point!

**abreuver** /abʀœve/ ► conjug 1 ◄ VT **a** *[+ animal]* to water **b** *(= saturer)* **~ qn de** to overwhelm *ou* shower sb with ◆ **~ qn d'injures** to heap *ou* shower insults on sb ◆ **le public est abreuvé de films d'horreur** *(inondé)* the public is swamped with horror films; *(saturé)* the public has had its fill of *ou* has had enough of horror films **c** *(= imbiber) (gén)* to soak, to drench *(de* with); *(Tech)* to prime ◆ **terre abreuvée d'eau** sodden *ou* waterlogged ground VPR **s'abreuver** *[animal]* to drink; * *[personne]* to quench one's thirst ◆ **s'~ de télévision** *(péj)* to be addicted to television, to be a television addict

**abreuvoir** /abʀœvwaʀ/ NM *(= mare)* watering place; *(= récipient)* drinking trough

**abréviation** /abʀevjasjɔ̃/ NF abbreviation

**abri** /abʀi/ NM **a** *(= refuge, cabane)* shelter ◆ **~ à vélos** bicycle shed ◆ **~ souterrain/antiatomique** *(Mil)* air-raid/(atomic) fallout shelter ◆ **tous aux ~s !** *(hum)* take cover!, run for cover! ◆ **construire un ~ pour sa voiture** to build a carport ◆ **température sous ~** shade temperature

**b** *(= protection)* refuge *(contre* from) protection *(contre* against); ◆ **~ fiscal** tax shelter

◆ **à l'abri** ◆ **être/mettre à l'~** *(des intempéries)* to be/put under cover; *(du vol, de la curiosité)* to be/put in a safe place ◆ **se mettre à l'~** to shelter, to take cover ◆ **être à l'~ de** *(= protégé de) [+ pluie, vent, soleil]* to be sheltered from; *[+ danger, soupçons]* to be safe *ou* shielded from; *(= protégé par) [+ mur, feuillage]* to be sheltered *ou* shielded by ◆ **à l'~ des regards** hidden from view ◆ **personne n'est à l'~ d'une erreur** we all make mistakes ◆ **elle est à l'~ du besoin** she is free from financial worries ◆ **la solution retenue n'est pas à l'~ de la critique** the solution opted for is open to criticism *ou* is not above criticism ◆ **leur entreprise s'est développée à l'~ de toute concurrence** their company has grown because it has been shielded *ou* protected from competition ◆ **mettre qch à l'~ de** *[+ intempéries]* to shelter sth from; *[+ regards]* to hide sth from ◆ **mettre qch à l'~ d'un mur** to put sth in the shelter of a wall ◆ **conserver à l'~ de la lumière/de l'humidité** *(sur étiquette)* store *ou* keep in a dark/dry place ◆ **se mettre à l'~ de** *[+ pluie, vent, soleil]* to take shelter from; *[+ soupçons]* to place o.s. above ◆ **se mettre à l'~ du mur/du feuillage** to take cover *ou* shelter by the wall/under the trees; → **indiscret**

**Abribus** ® /abʀibys/ NM bus shelter

**abricot** /abʀiko/ NM *(= fruit)* apricot; → **pêche**[1] ADJ INV apricot(-coloured)

**abricoté, e** /abʀikɔte/ ADJ *[gâteau]* apricot *(épith)*; → **pêche**[1]

**abricotier** /abʀikɔtje/ NM apricot tree

**abriter** /abʀite/ ► conjug 1 ◄ VT **a** *(= protéger) (de la pluie, du vent)* to shelter *(de* from); *(du soleil)* to shelter, to shade *(de* from); *(de radiations)* to screen *(de* from); ◆ **abritant ses yeux de sa main** shading his eyes with his hand ◆ **le côté abrité** *(de la pluie)* the sheltered side; *(du soleil)* the shady side ◆ **maison abritée** house in a sheltered spot

**b** *(= héberger) [+ réfugié]* to shelter, to give shelter to; *[+ criminel]* to harbour *(Brit)*, to harbor *(US)* ◆ **ce bâtiment abrite 100 personnes/nos bureaux** the building accommodates 100 people/houses our offices ◆ **le musée abrite de superbes collections** the museum houses some very fine collections ◆ **la réserve abritait des espèces végétales uniques** the nature reserve provided a habitat for some unique plant species ◆ **le parti abrite différents courants** different political tendencies are represented in the party ◆ **l'écurie n'abrite plus que trois chevaux** only three horses are now kept in the stables

VPR **s'abriter** to (take) shelter *(de* from), to take cover *(de* from); ◆ **s'~ derrière la tradition/un alibi** to hide behind tradition/an alibi ◆ **s'~ derrière son chef/le règlement** to hide behind one's boss/the rules ◆ **s'~ des regards indiscrets** to avoid prying eyes

**abrogatif, -ive** /abʀɔgatif, iv/ ADJ rescissory

**abrogation** /abʀɔgasjɔ̃/ NF repeal, abrogation

**abrogeable** /abʀɔʒabl/ ADJ repealable

**abroger** /abʀɔʒe/ ► conjug 3 ◄ VT to repeal, to abrogate

**abrupt, e** /abʀypt/ ADJ **a** *(= escarpé) [pente]* abrupt, steep; *[falaise]* sheer **b** *[personne, ton]* abrupt, brusque; *[manières]* abrupt; *[jugement]* rash ◆ **de façon ~e** abruptly NM steep slope

**abruptement** /abʀyptəmɑ̃/ ADV *[descendre]* steeply, abruptly; *[annoncer]* abruptly

**abruti, e** /abʀyti/ (ptp de **abrutir**) ADJ **a** *(= hébété)* stunned, dazed *(de* with); ◆ **~ par l'alcool** befuddled *ou* stupefied with drink **b** *(* = bête)* idiotic *, moronic * NM,F * idiot *

**abrutir** /abʀytiʀ/ ► conjug 2 ◄ VT **a** *(= fatiguer)* to exhaust ◆ **la chaleur m'abrutit** the heat makes me dopey * *ou* knocks me out ◆ **~ qn de travail** to work sb silly *ou* stupid ◆ **ces discussions m'ont abruti** these discussions have left me quite dazed ◆ **s'~ à travailler** to work o.s. silly ◆ **leur professeur les abrutit de travail** their teacher drives them stupid with work ◆ **tu vas t'~ à force de lire** you'll overtax *ou* exhaust yourself reading so much **b** *(= abêtir)* **~ qn** to deaden sb's mind ◆ **l'alcool l'avait abruti** he was stupefied with drink ◆ **s'~ à regarder la télévision** to become mindless through watching (too much) television

**abrutissant, e** /abʀytisɑ̃, ɑt/ ADJ *[travail]* mind-destroying ◆ **ce bruit est ~** this noise drives you mad *ou* wears you down

**abrutissement** /abʀytismɑ̃/ NM *(= fatigue extrême)* (mental) exhaustion; *(= abêtissement)* mindless state ◆ **l'~ des masses par la télévision** the stupefying effect of television on the masses

**ABS** /abeɛs/ NM (abrév de **Antiblockiersystem**) ABS

**abscisse** /apsis/ NF abscissa ◆ **en ~** on the abscissa

**abscons, e** /apskɔ̃, ɔs/ ADJ abstruse, recondite

**absence** /apsɑ̃s/ NF **a** *[de personne]* absence ◆ **qui avait remarqué son ~ à la réunion ?** who noticed his absence from the meeting *ou* the fact that he was not at the meeting? ◆ **cet employé accumule les ~s** this employee is frequently absent; → **briller**

**b** *[de chose] (positive)* absence; *(négative)* lack ◆ **l'~ de symptômes** the absence of symptoms ◆ **l'~ de concertation entre le gouvernement et les entrepreneurs** the lack of dialogue between government and business leaders ◆ **~ de goût** lack of taste ◆ **l'~ de**

**rideaux** the fact that there are (*ou* were) no curtains ◆ **il constata l'~ de sa valise** he noticed that his suitcase was missing

c *(= défaillance)* ~ **(de mémoire)** mental blank ◆ **il a des ~s** at times his mind goes blank

d *(loc)*

◆ **en l'absence de** in the absence of ◆ **en l'~ de preuves** in the absence of proof ◆ **en l'~ de sa mère, c'est Anne qui fait la cuisine** Anne's doing the cooking while her mother's away *ou* in her mother's absence

**absent, e** /apsɑ̃, ɑ̃t/ ADJ a *[personne] (gén)* away (*de* from); *(pour maladie)* absent (*de* from), off* ◆ **être ~ de son travail** to be absent from work, to be off work* ◆ **il est ~ de Paris/de son bureau en ce moment** he's out of *ou* away from Paris/his office at the moment ◆ **conférence internationale dont la France était ~e** international conference from which France was absent

b *[sentiment]* lacking, absent; *[objet]* missing ◆ **discours d'où toute émotion était ~e** speech in which there was no trace of emotion ◆ **il constata que sa valise était ~e** he noticed that his suitcase was missing

c *(= distrait) [air]* vacant

d *(Jur)* missing

NM,F *(Scol)* absentee; *(littér = mort, en voyage)* absent one *(littér)*; *(= disparu)* missing person ◆ **le ministre/le champion a été le grand ~ de la réunion** the minister/the champion was the most notable absentee at the meeting ◆ **les ~s ont toujours tort** *(Prov)* it's always the people who aren't there that get the blame

**absentéisme** /apsɑ̃teism/ NM *(gén)* absenteeism; *(= école buissonnière)* truancy

**absentéiste** /apsɑ̃teist/ NMF absentee ◆ **c'est un ~, il est du genre ~** he is always *ou* frequently absent ◆ **propriétaire ~** absentee landlord ◆ **élève ~** truant

**absenter (s')** /apsɑ̃te/ ▸ conjug 1 ◂ VPR *(gén)* to go out, to leave; *(Mil)* to go absent ◆ **s'~ de** *[+ pièce]* to go out of, to leave; *[+ ville]* to leave ◆ **s'~ quelques instants** to go out for a few moments ◆ **je m'étais absenté de Paris** I was away from *ou* out of Paris ◆ **elle s'absente souvent de son travail** she is frequently off work* *ou* away from work ◆ **cet élève s'absente trop souvent** this pupil is too often absent (from school)

**abside** /apsid/ NF apse

**absidial, e** (mpl **-iaux**) /apsidjal, jo/ ADJ apsidal

**absidiole** /apsidjɔl/ NF apsidiole

**absinthe** /apsɛ̃t/ NF *(= liqueur)* absinth(e); *(= plante)* wormwood, absinth(e)

**absolu, e** /apsɔly/ ADJ a *(= total)* absolute ◆ **en cas d'~e nécessité** if absolutely necessary ◆ **être dans l'impossibilité ~e de faire qch** to find it absolutely impossible to do sth ◆ **c'est une règle ~e** it's a hard-and-fast rule, it's an unbreakable rule ◆ **j'ai la preuve ~e de sa trahison** I have absolute *ou* positive proof of his betrayal; → **alcool**

b *(= entier) [ton]* peremptory; *[jugement, caractère]* rigid, uncompromising

c *(opposé à relatif) [valeur, température]* absolute ◆ **considérer qch de manière ~e** to consider sth absolutely *ou* in absolute terms

d *(Hist, Pol) [majorité, roi, pouvoir]* absolute

e *(Ling) [construction]* absolute ◆ **verbe employé de manière ~e** verb used absolutely *ou* in the absolute ◆ **génitif/ablatif ~** genitive/ablative absolute; → **superlatif**

NM ◆ **l'~** the absolute ◆ **juger dans l'~** to judge out of context *ou* in the absolute

**absolument** /apsɔlymɑ̃/ ADV a *(= entièrement)* absolutely ◆ **avoir ~ raison** to be completely right ◆ **s'opposer ~ à qch** to be entirely *ou* absolutely opposed to sth, to be completely *ou* dead* against sth ◆ **~ pas !** certainly not! ◆ **~ rien** absolutely nothing, nothing whatever b *(= à tout prix)* absolutely ◆ **vous devez ~ ...** you really must... ◆ **il veut ~ revenir** he's determined to come back c *(= oui)* absolutely ◆ **vous êtes sûr ? – ~ !** are you sure? – definitely *ou* absolutely! d *(Ling)* absolutely

**absolution** /apsɔlysjɔ̃/ NF a *(Rel)* absolution (*de* from); ◆ **donner l'~ à qn** to give sb absolution b *(Jur)* dismissal *(of case, when defendant is considered to have no case to answer)*

**absolutisme** /apsɔlytism/ NM absolutism

**absolutiste** /apsɔlytist/ ADJ absolutistic NMF absolutist

**absolutoire** /apsɔlytwaʀ/ ADJ *(Rel, Jur)* absolutory

**absorbable** /apsɔʀbabl/ ADJ absorbable

**absorbant, e** /apsɔʀbɑ̃, ɑ̃t/ ADJ *[matière, papier]* absorbent; *[tâche]* absorbing, engrossing; *(Bot, Zool) [fonction, racines]* absorptive ◆ **société ~e** surviving company NM absorbent

**absorber** /apsɔʀbe/ ▸ conjug 1 ◂ VT a *(= avaler) [+ médicament]* to take; *[+ aliment, boisson]* to swallow; *[+ parti]* to absorb; *[+ firme]* to take over, to absorb

b *(= résorber) (gén)* to absorb; *[+ liquide]* to absorb, to soak up; *[+ tache]* to remove, to lift; *[+ dette]* to absorb; *[+ bruit]* to absorb ◆ **crème vite absorbée par la peau** cream that is absorbed rapidly by the skin ◆ **le noir absorbe la lumière** black absorbs light ◆ **cet achat a absorbé presque toutes mes économies** I used up *ou* spent nearly all my savings when I bought that ◆ **ces dépenses absorbent 39% du budget** this expenditure accounts for 39% of the budget

c *(= accaparer) [+ attention, temps]* to occupy, to take up ◆ **mon travail m'absorbe beaucoup, je suis très absorbé par mon travail** my work takes up *ou* claims a lot of my time ◆ **absorbé par son travail/dans sa lecture, il ne m'entendit pas** he was engrossed in *ou* absorbed in his work/in his book and he didn't hear me ◆ **cette pensée absorbait mon esprit, j'avais l'esprit absorbé par cette pensée** my mind was completely taken up with this thought

VPR **s'absorber** ◆ **s'~ dans une lecture/une tâche** *(= se plonger)* to become absorbed *ou* engrossed in a book/a task

**absorbeur** /apsɔʀbœʀ/ NM *(Tech)* absorber ◆ **volant à ~ d'énergie** energy-absorbing steering wheel ◆ **~ d'odeur(s)** air freshener ◆ **~ d'humidité** dehumidifier

**absorption** /apsɔʀpsjɔ̃/ NF a *[de médicament]* taking; *[d'aliment]* swallowing ◆ **l'~ d'alcool est fortement déconseillée** you are strongly advised not to drink alcohol b *[de parti]* absorption; *[de firme]* takeover, absorption c *(= résorption) (gén)* absorption; *[de tache]* removal ◆ **les qualités d'~ des bruits du matériau** the ability of this material to absorb sound ◆ **l'~ des rayons ultraviolets par l'ozone** the absorption of ultra-violet rays by the ozone layer

**absoudre** /apsudʀ/ ▸ conjug 51 ◂ VT *(Rel, littér)* to absolve (*de* from); *(Jur)* to dismiss; → **absolution**

**absoute** /apsut/ NF *[d'office des morts]* absolution; *[de jeudi saint]* general absolution

**abstenir (s')** /apstəniʀ/ ▸ conjug 22 ◂ VPR a ◆ **s'~ de qch** to refrain *ou* abstain from sth ◆ **s'~ de faire** to refrain from doing ◆ **s'~ de vin** to abstain from wine ◆ **s'~ de boire du vin** to refrain from drinking wine ◆ **s'~ de tout commentaire, s'~ de faire des commentaires** to refrain from comment *ou* commenting ◆ **dans ces conditions je préfère m'~** in that case I'd rather not ◆ **"agences s'abstenir"** *(dans petites annonces)* "no agencies"; → **doute** b *(Pol)* to abstain (*de voter* from voting)

**abstention** /apstɑ̃sjɔ̃/ NF *(dans un vote)* abstention; *(= non-intervention)* non-participation

**abstentionnisme** /apstɑ̃sjɔnism/ NM abstaining, non-voting

**abstentionniste** /apstɑ̃sjɔnist/ NMF non-voter, abstainer

**abstinence** /apstinɑ̃s/ NF abstinence ◆ **faire ~** *(Rel)* to refrain from eating meat

**abstinent, e** /apstinɑ̃, ɑ̃t/ ADJ abstemious, abstinent

**abstract** /abstʀakt/ NM abstract

**abstraction** /apstʀaksjɔ̃/ NF *(= fait d'abstraire)* abstraction; *(= idée abstraite)* abstraction, abstract idea ◆ **faire ~ de** to leave aside, to disregard ◆ **en faisant ~** *ou* **~ faite des difficultés** leaving aside *ou* disregarding the difficulties

**abstraire** /apstʀɛʀ/ ▸ conjug 50 ◂ VT *(= isoler)* to abstract (*de* from) to isolate (*de* from); *(= conceptualiser)* to abstract VPR **s'abstraire** to cut o.s. off (*de* from)

**abstrait, e** /apstʀɛ, ɛt/ ADJ abstract NM a *(= artiste)* abstract painter ◆ **l'~** *(= genre)* abstract art b *(Philos)* **l'~** the abstract ◆ **dans l'~** in the abstract

**abstraitement** /apstʀɛtmɑ̃/ ADV abstractly, in the abstract

**abstrus, e** /apstʀy, yz/ ADJ abstruse, recondite

**absurde** /apsyʀd/ ADJ *(Philos)* absurd; *(= illogique)* absurd, preposterous; *(= ridicule)* absurd, ridiculous ◆ **ne sois pas ~ !** don't be ridiculous *ou* absurd! NM ◆ **l'~** the absurd ◆ **l'~ de la situation** the absurdity of the situation ◆ **raisonnement** *ou* **démonstration par l'~** reductio ad absurdum

**absurdement** /apsyʀdəmɑ̃/ ADV absurdly

**absurdité** /apsyʀdite/ NF a *(Philos)* absurdity; *(= illogisme)* absurdity, preposterousness; *(= ridicule)* absurdity, ridiculousness b *(= parole, acte)* absurdity ◆ **dire une ~** to say something absurd *ou* ridiculous ◆ **dire des ~s** to talk nonsense

**Abû Dhabî** /abudabi/ N ⇒ **Abou Dhabi**

**Abuja** /abuʒa/ N Abuja

**abus** /aby/ NM a *(= excès) [de médicaments, alcool, drogues]* abuse ◆ **20% des accidents sont dus à l'abus d'alcool** 20% of accidents are drink-related ◆ **l'incidence de l'~ d'alcool sur les comportements violents** the involvement of drink *ou* problem drinking in violent behaviour ◆ **l'~ d'aspirine** excessive use *ou* overuse of aspirin ◆ **nous avons fait des** *ou* **quelques ~ hier soir** we overdid it *ou* we overindulged last night ◆ **il y a de l'~ !*** that's going a bit too far!*, that's a bit much!

b *(= injustice)* injustice ◆ **il n'a cessé de dénoncer les ~ dont sont victimes les Indiens** he has consistently drawn attention to the injustices suffered by the Indians

c *(= mauvais usage)* abuse ◆ **le développement du travail indépendant autorise tous les ~** the growth in freelance work opens the way to all kinds of abuses

COMP ▷ **abus d'autorité** abuse *ou* misuse of authority ▷ **abus de biens sociaux** *(Jur)* misuse of company property ▷ **abus de confiance** *(Jur)* breach of trust; *(= escroquerie)* confidence trick ▷ **abus de langage** misuse of language ▷ **abus de pouvoir** abuse *ou* misuse of power ▷ **abus sexuels** sexual abuse

**abuser** /abyze/ ▸ conjug 1 ◂ **VT INDIR** **abuser de** **a** *(= exploiter) [+ situation, crédulité]* to exploit, to take advantage of; *[+ autorité, puissance]* to abuse, to misuse; *[+ hospitalité, amabilité, confiance]* to abuse; *[+ ami]* to take advantage of ◆ **~ de sa force** to misuse one's strength ◆ **je ne veux pas ~ de votre temps** I don't want to take up *ou* waste your time ◆ **je ne voudrais pas ~ (de votre gentillesse)** I don't want to impose (upon your kindness) ◆ **~ d'une femme** *(gén)* to abuse a woman (sexually); *(euph)* to take advantage of a woman ◆ **alors là, tu abuses !** now you're going too far! *ou* overstepping the mark! ◆ **je suis compréhensif, mais il ne faudrait pas ~** I'm an understanding sort of person but don't try taking advantage *ou* don't push me too far ◆ **elle abuse de la situation** she's taking advantage *

**b** *(= user avec excès)* **~ de l'alcool** to drink excessively *ou* to excess ◆ **~ de ses forces** to overexert o.s., to overtax one's strength ◆ **il ne faut pas ~ des médicaments/des citations** you shouldn't take too many medicines/use too many quotes ◆ **il ne faut pas ~ des bonnes choses** you can have too much of a good thing, enough is as good as a feast ◆ **il use et (il) abuse de métaphores** he uses too many metaphors

**VT** *[escroc]* to deceive; *[ressemblance]* to mislead ◆ **se laisser ~ par de belles paroles** to be taken in *ou* misled by fine words

**VPR** **s'abuser** *(frm) (= se tromper)* to be mistaken; *(= se faire des illusions)* to delude o.s. ◆ **si je ne m'abuse** if I'm not mistaken

**abusif, -ive** /abyzif, iv/ **ADJ** *[pratique]* improper; *[mère, père]* over-possessive; *[prix]* exorbitant, excessive; *[punition]* excessive ◆ **usage ~ de son autorité** improper use *ou* misuse of one's authority ◆ **usage ~ d'un mot** misuse *ou* wrong use of a word ◆ **c'est peut-être ~ de dire cela** it's perhaps putting it a bit strongly to say that

**Abû Simbel** /abusimbɛl/ **N** ⇒ **Abou Simbel**

**abusivement** /abyzivmɑ̃/ **ADV** *(Ling = improprement)* wrongly, improperly; *(= excessivement)* excessively, to excess ◆ **il s'est servi ~ de lui** he took advantage of him

**abyme** /abim/ **NM** ◆ **mise en ~** *(Littérat)* mise en abyme

**abyssal, e** (mpl **-aux**) /abisal, o/ **ADJ** *(Géog)* abyssal; *(fig)* unfathomable

**abysse** /abis/ **NM** *(Géog)* abyssal zone

**abyssin, e** /abisɛ̃, in/ **ADJ** ⇒ **abyssinien**

**Abyssinie** /abisini/ **NF** Abyssinia

**abyssinien, -ienne** /abisinjɛ̃, jɛn/ **ADJ** Abyssinian **NM,F** **Abyssinien(ne)** Abyssinian

**AC** /ase/ **NF** (abrév de **appellation contrôlée**) appellation contrôlée *(label guaranteeing district of origin of a wine)*

**acabit** /akabi/ **NM** *(péj)* ◆ **être du même ~** to be cast in the same mould ◆ **ils sont tous du même ~** they're all the same *ou* all much of a muchness ◆ **fréquenter des gens de cet ~** to mix with people of that type *ou* like that

**acacia** /akasja/ **NM** *(= faux acacia)* locust tree, false acacia; *(= mimosacée)* acacia

**académicien, -ienne** /akademisjɛ̃, jɛn/ **NM,F** *(gén)* academician; *[de l'Académie française]* member of the Académie française, Academician; *(Antiq)* academic

**académie** /akademi/ **NF** **a** *(= société savante)* learned society; *(Antiq)* academy ◆ **l'Académie royale de** the Royal Academy of ◆ **l'Académie des sciences** the Academy of Science ◆ **l'Académie de médecine** the Academy of Medicine ◆ **l'Académie de chirurgie** the College of Surgeons ◆ **l'Académie (française)** the Académie française, the French Academy

**b** *(= école)* academy ◆ **~ de dessin/danse** art/dancing school, academy of art/dancing ◆ **~ de cinéma** film school ◆ **~ militaire** military academy ◆ **~ de billard** billiard hall *(where lessons are given)*

**c** *(Scol, Univ = région)* regional education authority

**d** *(Art = nu)* nude; *(hum = anatomie)* anatomy *(hum)*

> **Académie**
>
> France is divided into areas known as **académies** for educational administration purposes. Each **académie** is administered by a government representative, the « recteur d'académie ». Allocation of teaching posts is centralized in France, and newly qualified teachers often begin their careers in **académies** other than the one in which they originally lived.
> Another significant feature of the **académies** is that their school holidays begin on different dates, partly to avoid congestion on popular holiday routes.

> **Académie française**
>
> Founded by Cardinal Richelieu in 1634, this prestigious learned society has forty elected life members, commonly known as « les Quarante » or « les Immortels ». They meet in a building on the quai Conti in Paris, and are sometimes referred to as « les hôtes du quai Conti ». The building's ornate dome has given rise to the expression « être reçu sous la coupole », meaning to be admitted as a member of the « Académie ». The main aim of the **Académie française** is to produce a definitive dictionary of the French language. This dictionary, which is not on sale to the general public, is often used to arbitrate on what is to be considered correct usage.

**académique** /akademik/ **ADJ** *(péj, littér, Art)* academic; *(de l'Académie française)* of the Académie Française, of the French Academy; *(Scol)* of the regional education authority ◆ **année ~** *(Belg, Can, Helv)* academic year; → **inspection, palme**

**académisme** /akademism/ **NM** *(péj)* academicism

**Acadie** /akadi/ **NF** *(Hist)* Acadia ◆ **l'~** *(Géog)* the Maritime Provinces

> **Acadie**
>
> This area of eastern Canada was under French rule until the early eighteenth century, when it passed into the hands of the British. Most French-speaking **Acadiens** were deported, those who went to Louisiana becoming known as « Cajuns ». Many later returned to the Maritime Provinces of Canada, however, and formed a French-speaking community with a strong cultural identity that present-day **Acadiens** are eager to preserve.

**acadien, -ienne** /akadjɛ̃, jɛn/ **ADJ** Acadian **NM** *(Ling)* Acadian **NM,F** **Acadien(ne)** Acadian

**acajou** /akaʒu/ **NM** *(à bois rouge)* mahogany; *(= anacardier)* cashew **ADJ INV** mahogany *(épith)*

**acalorique** /akalɔʀik/ **ADJ** calorie-free

**acanthe** /akɑ̃t/ **NF** *(Bot)* acanthus ◆ **(feuille d')~** *(Archit)* acanthus

**a cap(p)ella** /akapela/ **LOC ADJ, LOC ADV** a capella ◆ **chanter a cap(p)ella** to sing a capella

**acariâtre** /akaʀjɑtʀ/ **ADJ** *[caractère]* sour, cantankerous; *[personne]* cantankerous ◆ **d'humeur ~** sour-tempered

**acaricide** /akaʀisid/ **ADJ** acaricidal **NM** acaricide

**acarien** /akaʀjɛ̃/ **NM** *(Zool)* acarid; *(dans la poussière)* dust mite

**accablant, e** /akɑblɑ̃, ɑ̃t/ **ADJ** *[chaleur]* oppressive; *[témoignage]* overwhelming, damning; *[responsabilité]* overwhelming; *[douleur]* excruciating; *[travail]* exhausting

**accablement** /akɑbləmɑ̃/ **NM** *(= abattement)* despondency, dejection; *(= oppression)* exhaustion

**accabler** /akɑble/ ▸ conjug 1 ◂ **VT** **a** *[chaleur, fatigue]* to overwhelm, to overcome; *(littér) [fardeau]* to weigh down ◆ **accablé de chagrin** prostrate *ou* overwhelmed with grief ◆ **les troupes, accablées sous le nombre** the troops, overwhelmed *ou* overpowered by numbers **b** *[témoignage]* to condemn, to damn ◆ **sa déposition m'accable** his evidence is overwhelmingly against me **c** *(= faire subir)* **~ qn d'injures** to heap abuse on sb ◆ **~ qn de reproches/critiques** to heap reproaches/criticism on sb ◆ **il m'accabla de son mépris** he poured scorn on me ◆ **~ qn d'impôts** to overburden sb with taxes ◆ **~ qn de travail** to overburden sb with work, to pile work on sb ◆ **~ qn de questions** to bombard sb with questions ◆ **il nous accablait de conseils** *(iro)* he overwhelmed us with advice

**accalmie** /akalmi/ **NF** *(gén)* lull; *[de vent, tempête]* lull (*de* in); *[de fièvre]* respite (*dans* in) remission (*dans* of); *[d'affaires, transactions]* slack period; *[de combat]* lull, break; *[de crise politique ou morale]* period of calm, lull (*de* in); ◆ **profiter d'une ~ pour sortir** to take advantage of a calm spell to go out ◆ **nous n'avons pas eu un seul moment d'~ pendant la journée** we didn't have a single quiet moment during the whole day

**accaparant, e** /akapaʀɑ̃, ɑ̃t/ **ADJ** *[métier, enfant]* demanding

**accaparement** /akapaʀmɑ̃/ **NM** *[de pouvoir, production]* monopolizing; *[de marché]* cornering, capturing

**accaparer** /akapaʀe/ ▸ conjug 1 ◂ **VT** **a** *(= monopoliser) [+ production, pouvoir, conversation, attention, hôte]* to monopolize; *[+ marché, vente]* to corner, to capture ◆ **les enfants l'ont tout de suite accaparée** the children claimed all her attention straight away ◆ **ces élèves brillants qui accaparent les prix** those bright pupils who carry off all the prizes ◆ **il accapare la salle de bains pendant des heures** he hogs* the bathroom for hours **b** *(= absorber) [travail]* to take up the time and energy of ◆ **il est complètement accaparé par sa profession** his job takes up all his time and energy ◆ **les enfants l'accaparent** the children take up all her time (and energy)

**accapareur, -euse** /akapaʀœʀ, øz/ **ADJ** monopolistic **NM,F** *(péj)* monopolizer, grabber *

**accédant, e** /aksedɑ̃, ɑ̃t/ **NM,F** ◆ **~ (à la propriété)** first-time property owner *ou* homeowner

**accéder** /aksede/ GRAMMAIRE ACTIVE 39.3 ▸ conjug 6 ◂ **VT INDIR** **accéder à** **a** *(= atteindre) [+ lieu, sommet]* to reach, to get to; *[+ honneur,* *indépendance]* to attain; *[+ grade]* to rise to; *[+ responsabilité]* to accede to ♦ ~ **directement à** to have direct access to ♦ **on accède au château par le jardin** you can get to the castle through the garden, access to the castle is through the garden ♦ ~ **au trône** to accede to the throne ♦ ~ **à la propriété** to become a property owner *ou* homeowner, to buy property for the first time **b** *(Ordin)* to access **c** *(= exaucer) [+ requête, prière]* to grant, to accede to *(frm)*; *[+ vœux]* to meet, to comply with; *[+ demande]* to accommodate, to comply with

**accélérateur, -trice** /akseleʀatœʀ, tʀis/ **ADJ** accelerating **NM** *(Aut, Photo, Phys)* accelerator ♦ ~ **de particules** particle accelerator ♦ **donner un coup d'~** *(lit)* to accelerate, to step on it*; *(= se dépêcher)* to step on it*, to get a move on* ♦ **donner un coup d'~ à l'économie** to give the economy a boost ♦ **donner un coup d'~ aux réformes** to speed up the reforms

**accélération** /akseleʀasjɔ̃/ **NF** *(Aut, Tech)* acceleration; *[de travail]* speeding up; *[de pouls]* quickening ♦ **l'~ de l'histoire** the speeding-up of the historical process

**accéléré, e** /akseleʀe/ **ADJ** accelerated ♦ **à un rythme ~** quickly ♦ **procédure ~e** *(Jur)* expeditious procedure **NM** *(Ciné)* speeded-up motion

♦ **en accéléré** ♦ **film en ~** speeded-up film ♦ **faire défiler une vidéo en ~** to fast-forward a video

**accélérer** /akseleʀe/ ▸ conjug 6 ◂ **VT** *[+ rythme]* to speed up, to accelerate; *[+ processus, travail]* to speed up ♦ ~ **le pas** to quicken one's pace *ou* step ♦ **il faut ~ la baisse des taux d'intérêt** interest rates must be lowered more quickly ♦ ~ **le mouvement** to get things moving, to hurry *ou* speed things up; → **cours, formation, vitesse** **VI** *(Aut, fig)* to accelerate, to speed up ♦ **accélère !*** hurry up!, get a move on!* **VPR** **s'accélérer** *[rythme]* to speed up, to accelerate; *[pouls]* to quicken; *[événements]* to gather pace

**accéléromètre** /akseleʀɔmɛtʀ/ **NM** accelerometer

**accent** /aksɑ̃/ **NM** **a** *(= prononciation)* accent ♦ **avoir l'~ paysan/du Midi** to have a country/southern (French) accent ♦ **parler sans ~** to speak without an accent

**b** *(Orthographe)* accent ♦ **y a-t-il un ~ sur le e ?** is there an accent on the e?

**c** *(Phon)* accent, stress; *(fig)* stress ♦ **mettre l'~ sur** *(lit)* to stress, to put the stress *ou* accent on; *(fig)* to stress, to emphasize ♦ **l'~ est mis sur la production** the emphasis is on production

**d** *(= inflexion)* tone (of voice) ♦ ~ **suppliant/plaintif** beseeching/plaintive tone ♦ ~ **de sincérité/de détresse** note of sincerity/of distress ♦ **récit qui a l'~ de la sincérité** story which has a ring of sincerity ♦ **avec des ~s de rage** in accents of rage ♦ **les ~s de cette musique** the strains of this music ♦ **les ~s de l'espoir/de l'amour** the accents of hope/love ♦ **un discours aux ~s nationalistes** a speech with nationalist undertones

**COMP** ▷ **accent aigu** acute accent ♦ **e ~ aigu** e acute ▷ **accent circonflexe** circumflex (accent) ♦ **sourcils en ~ circonflexe** arched eyebrows ▷ **accent grave** grave accent ♦ **e ~ grave** e grave ▷ **accent de hauteur** pitch ▷ **accent d'intensité** tonic *ou* main stress ▷ **accent de mot** word stress ▷ **accent nasillard** nasal twang ▷ **accent de phrase** sentence stress ▷ **accent tonique** ⇒ **accent d'intensité** ▷ **accent traînant** drawl

**accenteur** /aksɑ̃tœʀ/ **NM** ♦ ~ **mouchet** dunnock, hedge sparrow

**accentuation** /aksɑ̃tɥasjɔ̃/ **NF** **a** *[de lettre]* accentuation; *[de syllabe]* stressing, accentuation ♦ **les règles de l'~** *(Phon)* the rules of stress ♦ **faire des fautes d'~** to get the stress wrong **b** *[de silhouette, contraste, inégalités]* accentuation; *[d'effort, poussée]* intensification *(de* in); ♦ **une ~ de la récession** a deepening of the recession

**accentué, e** /aksɑ̃tɥe/ (ptp de **accentuer**) **ADJ** *(= marqué)* marked, pronounced; *(= croissant)* increased; *[lettre, caractère]* accented

**accentuel, -elle** /aksɑ̃tɥɛl/ **ADJ** *[syllabe]* stressed, accented ♦ **système ~ d'une langue** stress *ou* accentual system of a language

**accentuer** /aksɑ̃tɥe/ ▸ conjug 1 ◂ **VT** **a** *[+ lettre]* to accent; *[+ syllabe]* to stress, to accent ♦ **syllabe (non) accentuée** (un)stressed *ou* (un)accented syllable **b** *[+ silhouette, contraste, inégalités]* to accentuate; *[+ goût]* to bring out; *[+ effort, poussée]* to increase, to intensify ♦ **les cours du pétrole ont accentué leur repli** oil prices are sinking further **VPR** **s'accentuer** *[tendance, hausse, contraste, traits]* to become more marked *ou* pronounced ♦ **l'inflation s'accentue** inflation is becoming more pronounced *ou* acute ♦ **le froid s'accentue** it's becoming colder

**acceptabilité** /akseptabilite/ **NF** *(Ling)* acceptability

**acceptable** /akseptabl/ GRAMMAIRE ACTIVE 38.2 **ADJ** **a** *(= passable)* satisfactory, fair ♦ **ce café/vin est ~** this coffee/wine is reasonable *ou* okay* **b** *(= recevable) [condition]* acceptable **c** *(Ling)* acceptable

**acceptation** /akseptasjɔ̃/ **NF** *(gén)* acceptance ♦ ~ **bancaire** bank acceptance

**accepter** /aksepte/ GRAMMAIRE ACTIVE 39.1, 46.5, 52.1, 52.5 ▸ conjug 1 ◂ **VT** **a** *(= recevoir volontiers)* to accept; *[+ proposition, condition]* to agree to, to accept; *[+ pari]* to take on, to accept ♦ **acceptez-vous les chèques ?** do you take cheques? ♦ **acceptez-vous Jean Leblanc pour époux ?** do you take Jean Leblanc to be your husband? ♦ **elle accepte tout de sa fille** she puts up with *ou* takes anything from her daughter ♦ **j'en accepte l'augure** *(littér, hum)* I'd like to believe it ♦ ~ **le combat** *ou* **le défi** to take up *ou* accept the challenge ♦ **elle a été bien acceptée dans le club** she's been well received at the club ♦ **il n'accepte pas que la vie soit une routine** he won't accept that life should be a routine ♦ ~ **la compétence des tribunaux californiens** to defer to California jurisdiction

**b** *(= être d'accord)* to agree *(de faire* to do); ♦ **je n'accepterai pas que tu partes** I won't let you leave ♦ **je n'accepte pas de partir** I refuse to leave, I will not leave ♦ **je ne crois pas qu'il acceptera** I don't think he'll agree

**acception** /aksepsjɔ̃/ **NF** *(Ling)* meaning, sense ♦ **dans toute l'~ du mot** *ou* **terme** in every sense *ou* in the full meaning of the word, using the word in its fullest sense ♦ **sans ~ de** without distinction of

**accès** /aksɛ/ **NM** **a** *(= possibilité d'approche)* access *(NonC)* ♦ **une grande porte interdisait l'~ du jardin** a big gate prevented access to the garden ♦ **"accès interdit à toute personne étrangère aux travaux"** "no entry *ou* no admittance to unauthorized persons" ♦ **l'~ aux soins/au logement** access to health care/to housing ♦ **"accès aux quais"** "to the trains"

♦ **d'accès facile** *[lieu, port]* (easily) accessible; *[personne]* approachable; *[traité, manuel]* easily understood; *[style]* accessible

♦ **d'accès difficile** *[lieu]* hard to get to, not very accessible; *[personne]* not very approachable; *[traité, manuel]* hard to understand

♦ **avoir accès à qch** to have access to sth

♦ **avoir accès auprès de qn** to have access to sb

♦ **donner accès à** *[+ lieu]* to give access to; *(en montant)* to lead up to; *[+ carrière]* to open the door *ou* way to

**b** *(= voie)* **les ~ de la ville** the approaches to the town ♦ **les ~ de l'immeuble** the entrances to the building

**c** *(Ordin)* access ♦ **port/temps/point d'~** access port/time/point ♦ ~ **protégé** restricted access ♦ ~ **aux données** access to data

**d** *(= crise) [de colère, folie]* fit; *[de fièvre]* attack, bout; *[d'enthousiasme]* burst ♦ ~ **de toux** fit *ou* bout of coughing ♦ **être pris d'un ~ de mélancolie/de tristesse** to be overcome by melancholy/sadness ♦ **la Bourse de Paris a eu un ~ de faiblesse** the Paris Bourse dipped slightly ♦ **par ~** on and off

**accessibilité** /aksesibilite/ **NF** accessibility *(à* to)

**accessible** /aksesibl/ **ADJ** *[lieu]* accessible *(à* to); *[personne]* approachable; *[œuvre]* accessible; *[but]* attainable; *(Ordin)* accessible ♦ **parc ~ au public** gardens open to the public ♦ **elle n'est ~ qu'à ses amies** only her friends are able *ou* allowed to see her ♦ **ces études sont ~s à tous** the course is open to everyone; *(financièrement)* the course is within everyone's pocket; *(intellectuellement)* the course is within the reach of everyone ♦ **être ~ à la pitié** to be capable of pity

**accession** /aksesjɔ̃/ **NF** ♦ ~ **à** *[+ pouvoir, fonction]* accession to; *[+ indépendance]* attainment of; *[+ rang]* rise to; *(frm) [+ requête, désir]* granting of, compliance with ♦ **pour faciliter l'~ à la propriété** to facilitate home ownership

**accessit** /aksesit/ **NM** *(Scol)* ≈ certificate of merit

**accessoire** /akseswaʀ/ **ADJ** *[idée]* of secondary importance; *[clause]* secondary ♦ **l'un des avantages ~s de ce projet** one of the added *ou* incidental advantages of this plan ♦ **c'est d'un intérêt tout ~** this is only of minor *ou* incidental interest ♦ **frais ~s** *(gén)* incidental expenses; *(Fin, Comm)* ancillary costs ♦ **dommages-intérêts ~s** *(Jur)* incidental damages **NM** **a** *(Théât)* prop; *(Aut, Habillement)* accessory ♦ **~s de toilette** toilet requisites; → **magasin** **b** *(Philos)* **l'~** the unessential ♦ **distinguer l'essentiel de l'~** to distinguish essentials from non-essentials

**accessoirement** /akseswaʀmɑ̃/ **ADV** incidentally; *(= en conséquence)* consequently, ultimately ♦ **~, son nom complet est William Jefferson Clinton** incidentally, his full name is William Jefferson Clinton

**accessoiriser** /akseswaʀize/ ▸ conjug 1 ◂ **VT** *[+ tailleur, costume]* to accessorize

**accessoiriste** /akseswaʀist/ **NM** prop(s) man **NF** prop(s) woman

**accident** /aksidɑ̃/ **NM** **a** *(gén)* accident; *(Aut, Rail)* accident, crash; *(Aviat)* crash ♦ **il n'y a pas eu d'~ de personnes** *(Admin)* there were no casualties, no one was injured ♦ **il y a eu plusieurs ~s mortels sur la route** there have been several road deaths *ou* several fatalities on the roads ♦ **avoir un ~** to have an accident, to meet with an accident

**b** *(= mésaventure)* **les ~s de sa carrière** the setbacks in his career ♦ **les ~s de la vie** life's ups and downs, life's trials ♦ **les ~s qui ont entravé la réalisation du projet** the setbacks *ou* hitches which held up the project ♦ **c'est est un simple ~, il ne l'a pas fait exprès** it was just an accident, he didn't do it on purpose c *(Méd)* illness, trouble ◆ **elle a eu un petit ~ de santé** she's had a little trouble with her health ◆ **un ~ secondaire** a complication

d *(Philos)* accident

e *(littér) (= hasard)* (pure) accident; *(= fait mineur)* minor event ◆ **par ~** by chance, by accident ◆ **si par ~ tu ...** if by chance you ..., if you happen to ...

f *(Mus)* accidental

COMP ▷ **accident d'avion** air *ou* plane crash ▷ **accident cardiaque** heart attack ▷ **accident de la circulation** road accident ▷ **accident corporel** personal accident, accident involving bodily injury ▷ **accidents domestiques** accidents in the home ▷ **accident de montagne** mountaineering *ou* climbing accident ▷ **accident de parcours** hiccup *(fig)* ▷ **accident de la route** ⇒ **accident de la circulation** ▷ **accident de terrain** accident *(SPÉC)*, undulation ◆ **les ~s de terrain** the unevenness of the ground ▷ **accident du travail** accident at work, industrial accident ▷ **accident de voiture** car accident *ou* crash

**accidenté, e** /aksidɑ̃te/ (ptp de **accidenter**) ADJ a *[région]* undulating, hilly; *[terrain]* uneven; *[carrière]* chequered *(Brit)*, checkered *(US)* b *[véhicule]* damaged; *[avion]* crippled NM,F casualty, injured person ◆ **~ de la route** road accident victim ◆ **~ du travail** victim of an accident at work *ou* of an industrial accident

**accidentel, -elle** /aksidɑ̃tɛl/ ADJ *(= fortuit) [événement]* accidental, fortuitous; *(= par accident) [mort]* accidental; → **signe**

**accidentellement** /aksidɑ̃tɛlmɑ̃/ ADV a *(= par hasard)* accidentally, by accident *ou* chance ◆ **il était là ~** he just happened to be there b *[mourir]* in an accident

**accidenter** /aksidɑ̃te/ ▸ conjug 1 ◂ VT *[+ personne]* to injure, to hurt; *[+ véhicule]* to damage

**accise** /aksiz/ NF *(Belg, Can)* excise ◆ **droits d'~** excise duties

**acclamation** /aklamasjɔ̃/ NF ◆ **élire qn par ~** to elect sb by acclamation ◆ **~s** cheers, cheering ◆ **il est sorti sous les ~s du public** he left to great cheering from the audience

**acclamer** /aklame/ ▸ conjug 1 ◂ VT to cheer, to acclaim ◆ **on l'acclama roi** they acclaimed him king

**acclimatable** /aklimatabl/ ADJ acclimatizable, acclimatable *(US)*

**acclimatation** /aklimatasjɔ̃/ NF acclimatization, acclimation *(US)*; → **jardin**

**acclimatement** /aklimatmɑ̃/ NM acclimatization, acclimation *(US)*

**acclimater** /aklimate/ ▸ conjug 1 ◂ VT *(Bot, Zool)* to acclimatize, to acclimate *(US)*; *[+ idée, usage]* to introduce VPR **s'acclimater** *[personne, animal, plante]* to become acclimatized, to adapt (o.s. *ou* itself) (*à* to); *[usage, idée]* to become established *ou* accepted

**accointances** /akwɛ̃tɑ̃s/ NFPL *(péj)* contacts, links ◆ **avoir des ~** to have contacts (*avec* with; *dans* in, among)

**accolade** /akɔlad/ NF a *(= embrassade)* embrace *(on formal occasion)*; *(Hist = coup d'épée)* accolade ◆ **donner/recevoir l'~** to embrace/be embraced b *(Typo)* brace ◆ **mots (mis) en ~** words bracketed together c *(Archit, Mus)* accolade

**accoler** /akɔle/ ▸ conjug 1 ◂ VT *(gén)* to place side by side; *(Typo)* to bracket together ◆ **~ une chose à une autre** to place one thing beside *ou* next to another ◆ **il avait accolé à son nom celui de sa mère** he had joined *ou* added his mother's maiden name to his surname

**accommodant, e** /akɔmɔdɑ̃, ɑ̃t/ ADJ accommodating

**accommodation** /akɔmɔdasjɔ̃/ NF *(Opt)* accommodation; *(= adaptation)* adaptation

**accommodement** /akɔmɔdmɑ̃/ NM a *(littér = arrangement)* compromise, accommodation *(littér)* ◆ **trouver des ~s avec le ciel/avec sa conscience** *(hum)* to come to an arrangement with the powers above/with one's conscience b *(Culin)* preparation

**accommoder** /akɔmɔde/ ▸ conjug 1 ◂ VT a *(Culin) [+ plat]* to prepare (*à* in, with); ◆ **~ les restes** to use up the left-overs

b *(= concilier)* **~ le travail avec le plaisir** to combine business with pleasure ◆ **~ ses principes aux circonstances** to adapt *ou* alter one's principles to suit the circumstances

c †† *(= arranger) [+ affaire]* to arrange; *[+ querelle]* to put right; *(= réconcilier) [+ ennemis]* to reconcile, to bring together; *(= malmener)* to treat harshly ◆ **~ qn** *(= installer confortablement)* to make sb comfortable

VI *(Opt)* to focus (*sur* on)

VPR **s'accommoder** a **s'~ à** † *(= s'adapter à)* to adapt to

b *(= supporter)* **s'~ de** *[+ personne]* to put up with ◆ **il lui a bien fallu s'en ~** he just had to put up with it *ou* accept it ◆ **je m'accommode de peu** I'm content *ou* I can make do with little ◆ **elle s'accommode de tout** she'll put up with anything ◆ **il s'accommode mal de la vérité** he's uncomfortable *ou* doesn't feel at home with the truth

c *(= s'arranger avec)* **s'~ avec** † *[+ personne]* to come to an agreement *ou* arrangement with (*sur* about); ◆ **son allure s'accommode mal avec sa vie d'ascète** his appearance is hard to reconcile with his ascetic lifestyle

d *(Culin)* **le riz peut s'~ de plusieurs façons** rice can be served in several ways

**accompagnateur, -trice** /akɔ̃paɲatœʀ, tʀis/ NM,F *(Mus)* accompanist; *(= guide)* guide; *(Scol)* accompanying adult; *[de voyage organisé]* courier

**accompagnement** /akɔ̃paɲmɑ̃/ NM a *(Mus)* accompaniment ◆ **sans ~** unaccompanied ◆ **musique d'~** accompanying music b *(Culin)* accompaniment ◆ **(servi) en ~ de** served with c *(= escorte)* escort; *(fig)* accompaniment ◆ **l'~ d'un malade** giving (psychological) support to a terminally-ill patient ◆ **mesures/plan d'~** *[de loi, réforme]* accompanying measures/programme ◆ **livret d'~** *[de vidéo]* accompanying booklet

**accompagner** /akɔ̃paɲe/ ▸ conjug 1 ◂ VT a *(= escorter)* to go with, to accompany; *[+ malade]* to give (psychological) support to ◆ **~ un enfant à l'école** to take a child to school ◆ **~ qn à la gare** to go to the station with sb ◆ **il s'était fait ~ de sa mère** he had got his mother to go with him *ou* to accompany him ◆ **Mark est-il ici ? – oui, il m'a accompagnée** is Mark here? – yes, he came with me ◆ **être accompagné de** *ou* **par qn** to have sb with one, to be with sb ◆ **est-ce que vous êtes accompagné ?** have you got somebody with you?, is there somebody with you? ◆ **tous nos vœux vous accompagnent** all our good wishes go with you ◆ **mes pensées t'accompagnent** my thoughts are with you ◆ **~ qn du regard** to follow sb with one's eyes

b *(= assortir)* to accompany, to go with ◆ **il accompagna ce mot d'une mimique expressive** he gestured expressively as he said the word ◆ **une lettre accompagnait les fleurs** a letter came with the flowers ◆ **l'agitation qui accompagna son arrivée** the fuss surrounding his arrival

c *(Mus)* to accompany (*à* on)

d *(Culin)* **du chou accompagnait le rôti** the roast was served with cabbage ◆ **le beaujolais est ce qui accompagne le mieux cette viande** a Beaujolais goes best with this meat, Beaujolais is the best wine to serve with this meat

VPR **s'accompagner** a ◆ **s'~ de** *(= s'assortir de)* to be accompanied by ◆ **leurs discours doivent s'~ de mesures concrètes** their speeches must be backed up with concrete measures, they need to follow their speeches up with concrete measures ◆ **la guerre s'accompagne toujours de privations** war is always accompanied by hardship ◆ **le poisson s'accompagne d'un vin blanc sec** fish is served with a dry white wine

b *(Mus)* ◆ **s'~ à** to accompany o.s. on ◆ **il s'accompagna (lui-même) à la guitare** he accompanied himself on the guitar

> ⚠ *Attention à ne pas traduire automatiquement* **accompagner** *par* **to accompany**, *qui est d'un registre plus soutenu.*

**accompli, e** /akɔ̃pli/ (ptp de **accomplir**) ADJ a *(= parfait, expérimenté)* accomplished; *(Ling)* accomplished b *(= révolu)* **avoir 60 ans ~s** to be over 60, to have turned 60; → **fait**¹

**accomplir** /akɔ̃pliʀ/ ▸ conjug 2 ◂ VT a *[+ devoir, tâche]* to carry out; *[+ exploit]* to achieve; *[+ mission]* to accomplish; *[+ promesse]* to fulfil; *[+ rite]* to perform ◆ **~ des merveilles** to work wonders ◆ **les progrès accomplis dans ce domaine** advances (made) in this field ◆ **il a enfin pu ~ ce qu'il avait décidé de faire** at last he managed to achieve what he had decided to do ◆ **la satisfaction du devoir accompli** the satisfaction of having done one's duty

b *[+ apprentissage, service militaire] (= faire)* to do; *(= terminer)* to complete

VPR **s'accomplir** a *(= se réaliser) [souhait]* to come true ◆ **la volonté de Dieu s'est accomplie** God's will was done

b *(= s'épanouir)* **elle s'accomplit dans son travail** she finds her work very fulfilling

> ⚠ *Attention à ne pas traduire automatiquement* **accomplir** *par* **to accomplish**, *qui est d'un registre plus soutenu.*

**accomplissement** /akɔ̃plismɑ̃/ NM a *[de devoir, promesse]* fulfilment; *[de mauvaise action]* committing; *[de tâche, mission]* accomplishment; *[d'exploit]* achievement b *(= fin) [d'apprentissage, service militaire]* completion

**accord** /akɔʀ/ GRAMMAIRE ACTIVE 38.1, 38.2, 39.1, 53.6

NM a *(= entente)* agreement; *(= concorde)* harmony ◆ **l'~ fut général sur ce point** there was general agreement on this point ◆ **le bon ~ régna pendant 10 ans** harmony reigned for 10 years; → **commun**

b *(= traité)* agreement ◆ **passer un ~ avec qn** to make an agreement with sb ◆ **~ à l'amiable** informal *ou* amicable agreement ◆ **~ bilatéral** bilateral agreement ◆ **les ~s d'Helsinki/de Camp David** the Helsinki/Camp David agreement

c *(= permission)* consent, agreement ◆ **il veut signer le contrat – elle ne donnera jamais son ~** he wants to sign the contract – she'll never agree ◆ **l'agence a donné son ~ pour la commercialisation du produit** the agency has given permission for the product to be put on sale ◆ **nous avons son ~ de principe** he has agreed in principle

d *(= harmonie) [de couleurs]* harmony

**e** *(Gram) [d'adjectif, participe]* agreement ◆ ~ **en genre et en nombre** agreement in gender and number

**f** *(Mus) (= notes)* chord, concord; *(= réglage)* tuning ◆ ~ **parfait** triad ◆ ~ **de tierce** third ◆ ~ **de quarte** fourth

**g** *(loc)*

♦ **d'accord** ◆ **d'~ !** OK! *, (all) right! ◆ **être d'~** to agree, to be in agreement ◆ **être d'~ avec qn** to agree with sb ◆ **nous sommes d'~ pour dire que ...** we agree that ... ◆ **se mettre** *ou* **tomber d'~ avec qn** to agree *ou* come to an agreement with sb ◆ **être d'~ pour faire** to agree to do ◆ **il est d'~ pour nous aider** he's willing to help us ◆ **je ne suis pas d'~ pour le laisser en liberté** I don't agree that he should be left at large ◆ **je ne suis pas d'~ avec toi** I disagree *ou* don't agree with you ◆ **essayer de mettre deux personnes d'~** to try to get two people to come to *ou* to reach an agreement, to try to get two people to see eye to eye ◆ **je les ai mis d'~ en leur donnant tort à tous les deux** I ended their disagreement by pointing out that they were both wrong ◆ **c'est d'~, nous sommes d'~** (we're) agreed, all right ◆ **c'est d'~ pour demain** it's agreed for tomorrow, OK for tomorrow * ◆ **alors là, (je ne suis) pas d'~ !** * I don't agree!, no way! *

♦ **en accord avec** ◆ **en ~ avec le directeur** in agreement with the director ◆ **en ~ avec le paysage** in harmony *ou* in keeping with the landscape ◆ **en ~ avec vos instructions** in accordance *ou* in line with your instructions

**COMP** ▷ **accord complémentaire** *(Jur)* additional agreement ▷ **Accord général sur les tarifs douaniers et le commerce** General Agreement on Tariffs and Trade ▷ **Accord de libre-échange nord-américain** North American Free Trade Agreement ▷ **accord de modération salariale** pay restraints agreement ▷ **Accord sur la réduction du temps de travail** *agreement on the reduction of working hours* ▷ **accord salarial** wage settlement

**accordable** /akɔʀdabl/ **ADJ** *(Mus)* tunable; *[faveur]* which can be granted

**accordage** /akɔʀdaʒ/ **NM** tuning

**accord-cadre** (pl **accords-cadres**) /akɔʀkadʀ/ **NM** outline *ou* framework agreement

**accordement** /akɔʀdəmɑ̃/ **NM** ⇒ **accordage**

**accordéon** /akɔʀdeɔ̃/ **NM** accordion ◆ ~ **à clavier** piano-accordion ◆ **en ~** * *[voiture]* crumpled up; *[pantalon, chaussette]* wrinkled (up) ◆ **on a eu une circulation en ~** the traffic was moving in fits and starts ◆ **l'entreprise a procédé à un coup d'~ sur son capital** the company has gone from increasing to dramatically reducing its capital

**accordéoniste** /akɔʀdeɔnist/ **NMF** accordionist

**accorder** /akɔʀde/ GRAMMAIRE ACTIVE 53.1 ▸ conjug 1 ◂

**VT** **a** *(= donner) [+ faveur, permission]* to grant; *[+ allocation, pension]* to give, to award (*à* to); ◆ **on lui a accordé un congé exceptionnel** he's been given *ou* granted special leave ◆ **elle accorde à ses enfants tout ce qu'ils demandent** she lets her children have *ou* she gives her children anything they ask for ◆ **pouvez-vous m'~ quelques minutes ?** can you spare me a few minutes?; → **main**

**b** *(= admettre)* ~ **à qn que ...** to admit (to sb) that ... ◆ **vous m'accorderez que j'avais raison** you'll admit *ou* concede I was right ◆ **je vous l'accorde, j'avais tort** I'll admit it, I was wrong

**c** *(= attribuer)* ~ **de l'importance à qch** to attach importance to sth ◆ ~ **de la valeur à qch** to attach value to sth, to value sth

**d** *[+ instrument]* to tune ◆ **ils devraient ~ leurs violons** * *(sur un récit, un témoignage)* they ought to get their story straight *

**e** *(Gram)* **(faire)** ~ **un verbe/un adjectif** to make a verb/an adjective agree *(avec* with)

**f** *(= mettre en harmonie) [+ personnes]* to bring together ◆ ~ **ses actions avec ses opinions** to act in accordance with one's opinions ◆ ~ **la couleur du tapis avec celle des rideaux** to match the colour of the carpet with (that of) the curtains

**VPR** **s'accorder** **a** *(= être d'accord)* to agree, to be agreed; *(= se mettre d'accord)* to agree ◆ **ils s'accordent pour** *ou* **à dire que le film est mauvais** they agree that it's not a very good film ◆ **ils se sont accordés pour le faire élire** they agreed to get him elected

**b** *(= s'entendre) [personnes]* to get on together ◆ **(bien/mal) s'~ avec qn** to get on (well/badly) with sb

**c** *(= être en harmonie) [couleurs]* to match, to go together; *[opinions]* to agree; *[sentiments, caractères]* to be in harmony ◆ **s'~ avec** *[opinion]* to agree with; *[sentiments]* to be in harmony *ou* in keeping with; *[couleur]* to match, to go with ◆ **il faut que nos actions s'accordent avec nos opinions** we must act in accordance with our opinions

**d** *(Ling)* to agree *(avec* with); ◆ **s'~ en nombre/genre** to agree in number/gender

**e** *(= se donner)* **il ne s'accorde jamais de répit** he never gives himself a rest, he never lets up * ◆ **je m'accorde 2 jours pour finir** I'm giving myself 2 days to finish

**accordeur** /akɔʀdœʀ/ **NM** *(Mus)* tuner

**accordoir** /akɔʀdwaʀ/ **NM** tuning hammer *ou* wrench

**accorte** /akɔʀt/ **ADJ F** *(hum)* winsome, comely

**accostage** /akɔstaʒ/ **NM** *(Naut)* coming alongside; *[de personne]* accosting

**accoster** /akɔste/ ▸ conjug 1 ◂ **VT** **a** *(gén, péj) [+ personne]* to accost **b** *(Naut) [+ quai, navire]* to come *ou* draw alongside; *(emploi absolu)* to berth

**accotement** /akɔtmɑ̃/ **NM** *(Aut)* shoulder, verge *(Brit)*, berm *(US)*; *(Rail)* shoulder ◆ ~ **non stabilisé**, ~ **meuble** soft shoulder *ou* verge *(Brit)* ◆ ~ **stabilisé** hard shoulder

**accoter** /akɔte/ ▸ conjug 1 ◂ **VT** to lean, to rest *(contre* against; *sur* on) **VPR** **s'accoter** ◆ **s'~ à** *ou* **contre** to lean against

**accotoir** /akɔtwaʀ/ **NM** *[de bras]* armrest; *[de tête]* headrest

**accouchée** /akuʃe/ **NF** (new) mother

**accouchement** /akuʃmɑ̃/ **NM** *(= naissance)* (child)birth, delivery; *(= travail)* labour *(Brit)*, labor *(US)* ◆ ~ **provoqué** induced labour ◆ ~ **à terme** delivery at full term, full-term delivery ◆ ~ **avant terme** early delivery, delivery before full term ◆ ~ **naturel** natural childbirth ◆ ~ **prématuré** premature birth ◆ ~ **sans douleur** painless childbirth ◆ **pendant l'~** during the delivery

**accoucher** /akuʃe/ ▸ conjug 1 ◂ **VT** ◆ ~ **qn** to deliver sb's baby, to deliver sb **VI** **a** *(= être en travail)* to be in labour *(Brit)* *ou* labor *(US)*; *(= donner naissance)* to have a baby, to give birth ◆ **où avez-vous accouché ?** where did you have your baby? ◆ **elle accouchera en octobre** her baby is due in October ◆ ~ **avant terme** to give birth prematurely ◆ ~ **d'un garçon** to give birth to a boy, to have a (baby) boy **b** *(hum)* ~ **de** *[+ roman]* to produce *(with difficulty)* ◆ **accouche !** ⁑ spit it out! ⁑, out with it! *; → **montagne**

**accoucheur, -euse** /akuʃœʀ, øz/ **NM,F** ◆ **(médecin)** ~ obstetrician **NF** **accoucheuse** *(= sage-femme)* midwife

**accouder (s')** /akude/ ▸ conjug 1 ◂ **VPR** to lean (on one's elbows) ◆ **s'~ sur** *ou* **à** to lean (one's elbows) on, to rest one's elbows on ◆ **accoudé à la fenêtre** leaning on one's elbows at the window

**accoudoir** /akudwaʀ/ **NM** armrest

**accouplement** /akupləmɑ̃/ **NM** **a** *[de roues]* coupling (up); *[de wagons]* coupling (up), hitching (up); *[de générateurs]* connecting (up); *[de tuyaux]* joining (up), connecting (up); *[de moteurs]* coupling, connecting (up); *(fig) [de mots, images]* linking **b** *(= copulation)* mating, coupling

**accoupler** /akuple/ ▸ conjug 1 ◂ **VT** **a** *(ensemble) [+ animaux de trait]* to yoke; *[+ roues]* to couple (up); *[+ wagons]* to couple (up), to hitch (up); *[+ générateurs]* to connect (up); *[+ tuyaux]* to join (up), to connect (up); *[+ moteurs]* to couple, to connect (up); *[+ mots, images]* to link ◆ **ils sont bizarrement accouplés** * they make a strange couple, they're an odd pair **b** ◆ ~ **une remorque/un cheval à** to hitch a trailer/horse (up) to ◆ ~ **un moteur/un tuyau à** to connect an engine/a pipe to **c** *(= faire copuler)* to mate *(à, avec, et* with) **VPR** **s'accoupler** to mate, to couple

**accourir** /akuʀiʀ/ ▸ conjug 11 ◂ **VI** *(lit)* to rush up, to run up *(à, vers* to); *(fig)* to hurry, to hasten, to rush *(à, vers* to); ◆ **à mon appel il accourut immédiatement** he came as soon as I called ◆ **ils sont accourus (pour) le féliciter** they rushed up *ou* hurried to congratulate him

**accoutrement** /akutʀəmɑ̃/ **NM** *(péj)* getup *, rig-out * *(Brit)*

**accoutrer** /akutʀe/ ▸ conjug 1 ◂ *(péj)* **VT** *(= habiller)* to get up *, to rig out * *(Brit) (de* in) **VPR** **s'accoutrer** to get o.s. up *, to rig o.s. out * *(Brit) (de* in); ◆ **il était bizarrement accoutré** he was wearing the strangest getup *

**accoutumance** /akutymɑ̃s/ **NF** *(= habitude)* habituation *(à* to); *(= besoin)* addiction *(à* to)

**accoutumé, e** /akutyme/ (ptp de **accoutumer**) **ADJ** usual ◆ **comme à l'~e** as usual ◆ **plus/moins/mieux qu'à l'~e** more/less/better than usual

**accoutumer** /akutyme/ ▸ conjug 1 ◂ **VT** ◆ ~ **qn à qch/à faire qch** to accustom sb *ou* get sb used to sth/to doing sth ◆ **on l'a accoutumé à** *ou* **il a été accoutumé à se lever tôt** he has been used *ou* accustomed to getting up early **VPR** **s'accoutumer** ◆ **s'~ à qch/à faire qch** to get used *ou* accustomed to sth/to doing sth ◆ **il s'est lentement accoutumé** he gradually got used *ou* accustomed to it

**Accra** /akʀa/ **N** Accra

**accra** /akʀa/ **NM** fritter *(in Creole cooking)*

**accréditation** /akʀeditasjɔ̃/ **NF** accreditation ◆ **badge** *ou* **carte d'~** official pass ◆ **accorder** *ou* **donner une ~ à** to accredit

**accréditer** /akʀedite/ ▸ conjug 1 ◂ **VT** *[+ rumeur]* to substantiate, to give substance to; *[+ idée, thèse]* to substantiate, to back up; *[+ personne]* to accredit *(auprès de* to); ◆ **banque accréditée** accredited bank **VPR** **s'accréditer** *[rumeur]* to gain ground

**accréditif, -ive** /akʀeditif, iv/ **ADJ** accreditive ◆ **carte accréditive** credit card **NM** *(Fin)* letter of credit; *(Presse)* press card

**accrétion** /akʀesjɔ̃/ **NF** *(Géol)* accretion ◆ **disque d'~** *(Astron)* accretion disk

**accro** * /akʀo/ (abrév de **accroché**) **ADJ** **a** *(Drogue)* **être** ~ to have a habit *(arg)*, to be hooked * ◆ **être ~ à l'héroïne** to be hooked on heroin * **b** *(= fanatique)* **être** ~ to be hooked * **NMF** addict ◆ **les ~s du deltaplane** hang-gliding addicts

**accroc** /akʀo/ NM **a** *(= déchirure)* tear ◆ **faire un ~ à** to make a tear in, to tear **b** *[de réputation]* blot (*à* on); *[de règle]* breach, infringement (*à* of); ◆ **faire un ~ à** *[+ règle]* to bend; *[+ réputation]* to tarnish **c** *(= anicroche)* hitch, snag ◆ **sans ~(s)** *[se dérouler]* without a hitch, smoothly ◆ **quinze ans d'une passion sans ~(s)** fifteen years of unbroken passion

**accrochage** /akʀɔʃaʒ/ NM **a** *(Aut = collision)* collision, bump *, fender-bender * *(US)*; *(Mil = combat)* skirmish; *(Boxe)* clinch **b** *(= dispute)* brush; *(plus sérieux)* clash **c** *[de tableau]* hanging; *[de wagons]* coupling, hitching (up) (*à* to)

**accroche** /akʀɔʃ/ NF *(Publicité)* lead-in, catcher, catch line *ou* phrase ◆ **~ de une** *(Presse)* splash headline

**accroché, e** * /akʀɔʃe/ (ptp de **accrocher**) ADJ **a** *(= amoureux)* **être ~** to be hooked* **b** *(Drogue)* **être ~** to have a habit *(arg)*, to be hooked * ◆ **~ à l'héroïne** hooked on heroin *

**accroche-cœur** (pl **accroche-cœurs**) /akʀɔʃkœʀ/ NM kiss *(Brit)* *ou* spit *(US)* curl

**accrocher** /akʀɔʃe/ ▸ conjug 1 ◂ VT **a** *(= suspendre) [+ chapeau, tableau]* to hang (up) (*à* on); *(= attacher) [+ wagons]* to couple, to hitch together ◆ **~ un wagon à** to hitch *ou* couple a carriage (up) to ◆ **~ un ver à l'hameçon** to fasten *ou* put a worm on the hook ◆ **maison accrochée à la montagne** house perched on the mountainside; → **cœur**

**b** *(accidentellement) [+ jupe, collant]* to catch (*à* on); *[+ aile de voiture]* to catch (*à* on) to bump (*à* against); *[+ voiture]* to bump into; *[+ piéton]* to hit; *[+ pile de livres, meuble]* to catch (on) ◆ **rester accroché aux barbelés** to be caught on the barbed wire

**c** *(= attirer) [+ attention, lumière]* to catch ◆ **~ le regard** to catch the eye ◆ **la vitrine doit ~ le client** the window display should attract customers

**d** *( * = saisir) [+ occasion]* to get; *[+ personne]* to get hold of; *[+ mots, fragments de conversation]* to catch

**e** *(Boxe)* to clinch ◆ **il s'est fait ~ au troisième set** *(Tennis)* he got into difficulties in the third set

VI **a** *[fermeture éclair]* to stick, to jam; *[pourparlers]* to come up against a hitch *ou* snag ◆ **cette traduction accroche par endroits** this translation is a bit rough in places ◆ **cette planche accroche quand on l'essuie** the cloth catches on this board when you wipe it

**b** *( * = plaire) [disque, slogan]* to catch on ◆ **ça accroche entre eux** they hit it off (together) *

**c** *( * = s'intéresser)* **elle n'accroche pas en physique** she can't get into physics * ◆ **l'art abstrait, j'ai du mal à ~** abstract art does nothing for me *

VPR **s'accrocher** **a** *(= se cramponner)* to hang on ◆ **s'~ à** *[+ branche, pouvoir]* to cling to, to hang on to; *[+ espoir, personne]* to cling to ◆ **accroche-toi bien !** hold on tight!

**b** *( * = être tenace) [malade]* to cling on, to hang on; *[étudiant]* to stick at it; *[importun]* to cling ◆ **pour enlever la tache, tiens, accroche-toi !** you'll have a hell of a job getting the stain out! *

**c** *(= entrer en collision) [voitures]* to bump into each other, to clip each other; *(Boxe)* to go *ou* get into a clinch; *(Mil)* to skirmish

**d** *(= se disputer)* to have a brush; *(plus sérieux)* to have a clash (*avec* with); ◆ **ils s'accrochent tout le temps** they're always at loggerheads *ou* always quarrelling

**e** *(= en faire son deuil)* **tu peux te l'~** you can kiss it goodbye *, you've got a hope * *(Brit)* *(iro)*

**accrocheur, -euse** /akʀɔʃœʀ, øz/ ADJ **a** *[personne, sportif]* resolute **b** *[mélodie, refrain]* catchy; *[slogan, titre]* attention-grabbing; *[effet, utilisation]* striking

**accroire** /akʀwaʀ/ VT *(utilisé uniquement à l'infinitif) (frm ou hum)* ◆ **faire** *ou* **laisser ~ qch à qn** to delude sb into believing sth ◆ **et tu veux me faire ~ que ...** and you expect me to believe that ... ◆ **il veut nous en faire ~** he's trying to deceive us *ou* take us in ◆ **il ne s'en est pas laissé ~** he wouldn't be taken in

**accroissement** /akʀwasmɑ̃/ NM increase (*de* in); *[de nombre, production]* growth (*de* in) increase (*de* in); ◆ **~ démographique nul** zero population growth

**accroître** /akʀwatʀ/ ▸ conjug 55 ◂ VT *[+ somme, plaisir, confusion]* to increase, to add to; *[+ réputation]* to enhance, to add to; *[+ gloire]* to increase, to heighten; *[+ production]* to increase (*de* by); ◆ **~ son avance sur qn** to increase one's lead over sb VPR **s'accroître** to increase, to grow ◆ **sa part s'est accrue de celle de son frère** his share was increased by that of his brother

**accroupi, e** /akʀupi/ (ptp de **s'accroupir**) ADJ squatting *ou* crouching (down) ◆ **en position ~e** in a squatting *ou* crouching position

**accroupir (s')** /akʀupiʀ/ ▸ conjug 2 ◂ VPR to squat *ou* crouch (down)

**accroupissement** /akʀupismɑ̃/ NM squatting, crouching

**accu** * /aky/ NM *(Aut etc)* (abrév de **accumulateur**) battery

**accueil** /akœj/ NM **a** *(= réception)* welcome, reception; *[de sinistrés, film, idée]* reception ◆ **rien n'a été prévu pour l'~ des touristes** no provision has been made to accommodate tourists, no tourist facilities have been provided ◆ **quel ~ a-t-on fait à ses idées ?** what sort of reception did his ideas get?, how were his ideas received? ◆ **faire bon ~ à** *[+ idée, proposition]* to welcome ◆ **faire bon ~ à qn** to welcome sb, to make sb welcome ◆ **faire mauvais ~ à** *[+ idée, suggestion]* to receive badly ◆ **faire mauvais ~ à qn** to make sb feel unwelcome, to give sb a bad reception ◆ **faire bon/mauvais ~ à un film** to give a film a good/bad reception ◆ **le projet a reçu** *ou* **trouvé un ~ favorable** the plan was favourably *ou* well received ◆ **d'~** *[centre, organisation]* reception *(épith)*; *[paroles, cérémonie]* welcoming, of welcome ◆ **page d'~** *(Internet)* homepage; → **famille, hôtesse, pays**[1]**, structure, terre**

**b** *(= bureau)* reception ◆ **adressez-vous à l'~** ask at reception

**accueillant, e** /akœjɑ̃, ɑ̃t/ ADJ welcoming, friendly

**accueillir** /akœjiʀ/ ▸ conjug 12 ◂ VT **a** *(= aller chercher)* to meet, to collect; *(= recevoir)* to welcome, to greet; *(= donner l'hospitalité à)* to welcome, to take in; *(= héberger)* to accommodate ◆ **j'ai été l'~ à la gare** *(à pied)* I went to meet him at the station; *(en voiture)* I went to collect him *ou* pick him up at the station ◆ **il m'a bien accueilli** he made me very welcome, he gave me a warm welcome ◆ **il m'a mal accueilli** he made me feel very unwelcome ◆ **il m'a accueilli sous son toit/dans sa famille** he welcomed me into his house/his family ◆ **cet hôtel peut ~ 80 touristes** this hotel can accommodate 80 tourists ◆ **ils se sont fait ~ par des coups de feu/des huées** they were greeted with shots/boos *ou* catcalls

**b** *[+ idée, demande, film, nouvelle]* to receive ◆ **être bien/mal accueilli** to be well/badly received ◆ **il accueillit ma suggestion avec un sourire** he greeted *ou* received my suggestion with a smile ◆ **comment les consommateurs ont-ils accueilli ce nouveau produit ?** how did consumers react *ou* respond to this new product?

**acculer** /akyle/ ▸ conjug 1 ◂ VT ◆ **~ qn à** *[+ mur]* to drive sb back against; *[+ ruine, désespoir]* to drive sb to the brink of; *[+ choix, aveu]* to force sb into ◆ **acculé à la mer** driven back to the edge of the sea ◆ **~ qn contre** to drive sb back to *ou* against ◆ **~ qn dans** *[+ impasse, pièce]* to corner sb in ◆ **nous sommes acculés, nous devons céder** *(lit, fig)* we're cornered, we must give in

**acculturation** /akyltyʀasjɔ̃/ NF acculturation *(frm)*

**acculturer** /akyltyʀe/ ▸ conjug 1 ◂ VT *[+ groupe]* to help adapt *ou* adjust to a new culture, to acculturate *(frm)*

**accumulateur** /akymylatœʀ/ NM accumulator, (storage) battery; *(Ordin)* accumulator ◆ **~ de chaleur** storage heater

**accumulation** /akymylasjɔ̃/ NF *[de documents, richesses, preuves, marchandises]* accumulation; *[d'irrégularités, erreurs]* series ◆ **une ~ de stocks** a build-up in stock ◆ **radiateur à ~ (nocturne)** *(Élec)* (night-)storage heater

**accumuler** /akymyle/ ▸ conjug 1 ◂ VT *[+ documents, richesses, preuves, erreurs]* to accumulate, to amass; *[+ marchandises]* to accumulate, to stockpile; *[+ énergie]* to store ◆ **les intérêts accumulés pendant un an** the interest accrued over a year ◆ **il accumule les gaffes** he makes one blunder after another ◆ **le retard accumulé depuis un an** the delay that has built up over the past year ◆ **j'accumule les ennuis en ce moment** it's just one problem after another at the moment VPR **s'accumuler** *[objets, problèmes, travail]* to accumulate, to pile up ◆ **les dossiers s'accumulent sur mon bureau** I've got files piling up on my desk

**accusateur, -trice** /akyzatœʀ, tʀis/ ADJ *[doigt, regard]* accusing; *[documents, preuves]* accusatory, incriminating NM,F accuser ◆ **~ public** *(Hist)* public prosecutor *(during the French Revolution)*

**accusatif, -ive** /akyzatif, iv/ NM accusative case ◆ **à l'~** in the accusative ADJ accusative

**accusation** /akyzasjɔ̃/ NF **a** *(gén)* accusation; *(Jur)* charge, indictment ◆ **porter** *ou* **lancer une ~ contre** to make *ou* level an accusation against ◆ **il a lancé des ~s de corruption/de fraude contre eux** he accused them of bribery/of fraud, he levelled accusations of bribery/of fraud against them ◆ **mettre en ~** † to indict ◆ **mise en ~** † indictment ◆ **c'est une terrible ~ contre notre société** it's a terrible indictment of our society ◆ **abandonner l'~** *(Jur)* to drop the charge; → **acte, chambre, chef**[2] **b** *(= ministère public)* **l'~** the prosecution

**accusatoire** /akyzatwaʀ/ ADJ *(Jur)* accusatory

**accusé, e** /akyze/ (ptp de **accuser**) ADJ *(= marqué)* marked, pronounced NM,F accused; *[de procès]* defendant ◆ **~, levez-vous !** ≃ the defendant will rise!; → **banc** COMP ▷ **accusé de réception** acknowledgement of receipt

**accuser** /akyze/ GRAMMAIRE ACTIVE 47.2 ▸ conjug 1 ◂

VT **a** *[+ personne]* to accuse ◆ **~ de** to accuse of; *(Jur)* to charge with, to indict for ◆ **~ qn d'ingratitude** to accuse sb of ingratitude ◆ **~ qn d'avoir volé de l'argent** to accuse sb of stealing *ou* having stolen money ◆ **tout l'accuse** everything points to his guilt *ou* his being guilty

**b** *(= rendre responsable) [+ pratique, malchance, personne]* to blame (*de* for); ◆ **accusant son**

**mari de ne pas s'être réveillé à temps** blaming her husband for not waking up in time ◆ **accusant le médecin d'incompétence pour avoir causé la mort de l'enfant** blaming the doctor's incompetence for having caused the child's death, blaming the child's death on the doctor's incompetence

**c** *(= souligner) [+ effet, contraste]* to emphasize, to accentuate ◆ **cette robe accuse sa maigreur** this dress makes her look even thinner

**d** *(= montrer)* to show ◆ **la balance accusait 80 kg** the scales registered *ou* read 80 kg ◆ ~ **la quarantaine** to look forty ◆ ~ **le coup** *(lit, fig)* to stagger under the blow, to show that the blow has struck home ◆ **elle accuse la fatigue de ces derniers mois** she's showing the strain of these last few months ◆ **la Bourse accuse une baisse de 3 points/un léger mieux** the stock exchange is showing a 3-point fall/a slight improvement ◆ ~ **réception de** to acknowledge receipt of

VPR **s'accuser** **a** ◆ **s'~ de qch/d'avoir fait qch** *(= se déclarer coupable)* to admit to sth/to having done sth; *(= se rendre responsable)* to blame o.s. for sth/for having done sth ◆ **mon père, je m'accuse (d'avoir péché)** *(Rel)* bless me, Father, for I have sinned ◆ **en protestant, il s'accuse** by objecting, he is admitting his guilt

**b** *(= s'accentuer) [tendance]* to become more marked *ou* pronounced

**ace** /ɛs/ NM *(Tennis)* ace ◆ **faire un** ~ to serve an ace

**acerbe** /asɛʀb/ ADJ caustic, acid ◆ **d'une manière** ~ caustically, acidly

**acéré, e** /aseʀe/ ADJ *[griffe, pointe]* sharp; *[lame]* sharp, keen; *[raillerie, réplique]* scathing, biting ◆ **critique à la plume ~e** critic with a scathing pen

**acétate** /asetat/ NM acetate

**acétique** /asetik/ ADJ acetic

**acétone** /asetɔn/ NF acetone

**acétylène** /asetilɛn/ NM acetylene; → **lampe**

**acétylsalicylique** /asetilsalisilik/ ADJ ◆ **acide** ~ acetylsalicylic acid

**achalandé, e** /aʃalɑ̃de/ **bien achalandé** LOC ADJ *(= bien fourni)* well-stocked; *(† = très fréquenté)* well-patronized

**achards** /aʃaʀ/ NMPL *spicy relish made with finely chopped fruit and vegetables*

**acharné, e** /aʃaʀne/ (ptp de **s'acharner**) ADJ *[combat, concurrence, adversaire]* fierce, bitter; *[discussion]* heated; *[volonté]* dogged; *[campagne]* fierce; *[travail, efforts]* unremitting, strenuous; *[poursuivant, poursuite]* relentless; *[travailleur]* relentless, determined; *[défenseur, partisan]* staunch, fervent; *[joueur]* hardened ◆ ~ **contre** dead (set) against ◆ ~ **à faire** set on doing, determined to do ◆ **c'est l'un des plus ~s à combattre la pauvreté** he is one of the most active campaigners in the fight against poverty ◆ ~ **à leur perte** intent on bringing about their downfall ◆ **quelques ~s restaient encore** a dedicated few stayed on

**acharnement** /aʃaʀnəmɑ̃/ NM *[de combattant, résistant]* fierceness, fury; *[de poursuivant]* relentlessness; *[de travailleur]* determination, unremitting effort ◆ **son** ~ **au travail** the determination with which he tackles his work ◆ **avec** ~ *[poursuivre]* relentlessly; *[travailler]* relentlessly, furiously; *[combattre]* bitterly, fiercely; *[résister]* fiercely; *[défendre]* staunchly ◆ **se battant avec** ~ fighting tooth and nail ◆ **cet ~ contre les fumeurs m'agace** it gets on my nerves the way smokers are being hounded like this COMP ▷ **acharnement thérapeutique** prolonging life by technological means

**acharner (s')** /aʃaʀne/ ▸ conjug 1 ◂ VPR **a** *(= tourmenter)* ◆ **s'~ sur** *[+ victime, proie]* to go at fiercely and unrelentingly ◆ **s'~ contre qn** *[malchance]* to dog sb; *[adversaire]* to set o.s. against sb, to have got one's knife into sb ◆ **elle s'acharne après cet enfant** she's always hounding that child **b** *(= s'obstiner sur)* ◆ **s'~ sur** *[+ calculs, texte]* to work away furiously at ◆ **je m'acharne à le leur faire comprendre** I'm desperately trying to get them to understand it ◆ **il s'acharne inutilement** he's wasting his efforts

**achat** /aʃa/ NM **a** *(= chose achetée)* purchase ◆ **faire un** ~ to make a purchase ◆ **il a fait un ~ judicieux** he made a wise buy *ou* purchase ◆ **faire des ~s** to shop, to go shopping ◆ **il est allé faire quelques ~s** he has gone out to buy a few things *ou* to do some shopping ◆ **faire ses ~s (de Noël)** to do one's (Christmas) shopping ◆ **montre-moi tes ~s** show me what you've bought ◆ **je ferai mes derniers ~s à l'aéroport** I'll buy the last few things I need at the airport

**b** *(action)* **faire l'~ de qch** to purchase *ou* buy sth ◆ **faire un ~ groupé** to buy several items at once ◆ **c'est cher à l'~ mais c'est de bonne qualité** it's expensive (to buy) but it's good quality ◆ **la livre vaut 11 F à l'~** the buying rate for sterling is 11 francs ◆ **ces titres ont fait l'objet d'~s massifs** these securities have been bought up in great numbers; → **central, offre, ordre², pouvoir²** *etc*

COMP ▷ **achat d'espace** *(Publicité)* space buying ▷ **achat d'impulsion** *(= action)* impulse buying; *(= chose)* impulse buy *ou* purchase ▷ **achat de précaution** *(= action)* hedge buying

**acheminement** /aʃ(ə)minmɑ̃/ NM *[de courrier, colis]* delivery (*vers* to); *[de troupes]* transporting ◆ ~ **de marchandises** *(Comm)* carriage of goods ◆ **l'~ des secours aux civils** getting help to civilians

**acheminer** /aʃ(ə)mine/ ▸ conjug 1 ◂ VT *[+ courrier, colis]* to forward, to dispatch (*vers* to); *[+ troupes]* to transport (*vers* to); *[+ train]* to route (*sur, vers* to); ◆ ~ **un train supplémentaire sur Dijon** to put on an extra train to Dijon ◆ **le pont aérien qui acheminera l'aide humanitaire dans la région** the airlift that will bring humanitarian aid to the region VPR **s'acheminer** ◆ **s'~ vers** *[+ endroit]* to make one's way towards, to head for; *[+ conclusion, solution]* to move towards; *[+ guerre, destruction, ruine]* to head for

**acheter** /aʃ(ə)te/ ▸ conjug 5 ◂ VT **a** *(Comm)* to buy, to purchase ◆ ~ **qch à qn** *(à un vendeur)* to buy *ou* purchase sth from sb; *(pour qn)* to buy sth for sb, to buy sb sth ◆ ~ **en grosses quantités** to buy in bulk, to bulk-buy *(Brit)* ◆ **j'achète mon fromage au détail** I buy my cheese loose ◆ ~ **à la hausse/à la baisse** *(Bourse)* to buy for a rise/for a fall ◆ **ça s'achète dans les quincailleries** you can buy it *ou* it can be bought in hardware stores, it's on sale in hardware stores ◆ **je me suis acheté une montre** I bought myself a watch ◆ **(s')~ une conduite** to turn over a new leaf, to mend one's ways; → **comptant, crédit** **b** *(en corrompant) [+ vote, appui]* to buy; *[+ électeur, juge]* to bribe, to buy ◆ **se laisser** ~ to let o.s. be bribed *ou* bought ◆ **on peut ~ n'importe qui** every man has his price, everyone has their price

**acheteur, -euse** /aʃ(ə)tœʀ, øz/ NM,F buyer; *(Jur)* vendee; *(Comm : professionnel)* buyer ◆ **il est** ~ he wants to buy it ◆ **il n'a pas encore trouvé d'~ pour sa voiture** he hasn't yet found anyone to buy his car *ou* a buyer for his car ◆ **article qui ne trouve pas d'~** item which does not sell *ou* which finds no takers ◆ **la foule des ~s** the crowd of shoppers

**achevé, e** /aʃ(ə)ve/ (ptp de **achever**) ADJ *[canaille]* out-and-out, thorough; *[artiste]* accomplished; *[art, grâce]* perfect ◆ **d'un ridicule** ~ perfectly ridiculous ◆ **tableau d'un mauvais goût** ~ picture in thoroughly bad taste NM ◆ ~ **d'imprimer** colophon

**achèvement** /aʃɛvmɑ̃/ NM *[de travaux]* completion; *(littér = perfection)* culmination; → **voie**

**achever** /aʃ(ə)ve/ ▸ conjug 5 ◂ VT **a** *(= terminer) [+ discours, repas]* to finish, to end; *[+ livre]* to finish, to reach the end of; *(= parachever) [+ tâche, tableau]* to complete, to finish ◆ ~ **ses jours à la campagne** to end one's days in the country ◆ **le soleil achève sa course** *(littér)* the sun completes its course ◆ ~ **(de parler)** to finish (speaking) ◆ **il partit sans ~ (sa phrase)** he left in mid sentence *ou* without finishing his sentence ◆ ~ **de se raser/de se préparer** to finish shaving/getting ready ◆ **le pays achevait de se reconstruire** the country was just finishing rebuilding itself

**b** *(= porter à son comble)* **cette remarque acheva de l'exaspérer** the remark really brought his irritation to a head ◆ **cette révélation acheva de nous plonger dans la confusion** this revelation was all we needed to confuse us completely

**c** *(= tuer) [+ blessé]* to finish off; *[+ cheval]* to destroy; *(= fatiguer, décourager)* to finish (off); *(* = vaincre)* to finish off ◆ **cette mauvaise nouvelle va ~ son père** this bad news will finish his father off ◆ **cette longue promenade m'a achevé !** that long walk finished me (off)!

VPR **s'achever** *(= se terminer)* to end (*par, sur* with); *(littér) [jour, vie]* to come to an end, to draw to a close ◆ **ainsi s'achèvent nos émissions de la journée** *(TV)* that brings to an end our programmes for today

**Achgabat** /aʃgabat/ N Ashkhabad

**achigan** /aʃigɑ̃/ NM *(Can)* (black) bass ◆ ~ **à grande bouche** large-mouth bass ◆ ~ **à petite bouche** small-mouth bass ◆ ~ **de roche** rock bass

**Achille** /aʃil/ NM Achilles; → **talon**

**achillée** /akile/ NF achillea

**achoppement** /aʃɔpmɑ̃/ NM ◆ **pierre** *ou* **point d'~** stumbling block

**achopper** /aʃɔpe/ ▸ conjug 1 ◂ VT INDIR ◆ ~ **sur** *[+ difficulté]* to come up against; *(littér) [+ pierre]* to stumble against *ou* over ◆ **les pourparlers ont achoppé** the talks came up against a stumbling block

**achromatique** /akʀɔmatik/ ADJ achromatic

**acide** /asid/ ADJ *(lit, fig)* acid, sharp; *(Chim)* acid; → **pluie** NM acid COMP ▷ **acide aminé** amino-acid ▷ **acide gras** fatty acid ◆ ~ **gras saturé/insaturé** saturated/unsaturated fatty acid

**acidifiant, e** /asidifjɑ̃, jɑt/ ADJ acidifying NM acidifier

**acidificateur** /asidifikatœʀ/ NM acidifying agent, acidifier

**acidification** /asidifikasjɔ̃/ NF acidification

**acidifier** VT , **s'acidifier** VPR /asidifje/ ▸ conjug 7 ◂ to acidify

**acidité** /asidite/ NF *(lit, fig)* acidity, sharpness; *(Chim)* acidity

**acidose** /asidoz/ NF acidosis

**acidulé, e** /asidyle/ ADJ *[goût]* slightly acid; *[voix]* shrill; *[couleur]* acid; → **bonbon**

**acier** /asje/ NM steel ◆ ~ **inoxydable/trempé** stainless/tempered steel ◆ ~ **rapide** high-speed steel ◆ **d'~** *[poutre, colonne]* steel *(épith)*, of steel; *[regard]* steely ◆ **muscles d'~** muscles of steel; → **gris, moral, nerf**

**aciérie** /asjeʀi/ **NF** steelworks

**aciériste** /asjeʀist/ **NM** steelmaker

**acmé** /akme/ **NF** *(littér = apogée)* acme, summit; *(Méd)* crisis

**acné** /akne/ **NF** acne ◆ **avoir de l'~** to have acne, to suffer from acne ◆ **~ juvénile** teenage acne

**acnéique** /akneik/ **ADJ** prone to acne *(attrib)* **NMF** acne sufferer

**acolyte** /akɔlit/ **NM** *(péj = associé)* confederate, associate; *(Rel)* acolyte, server

**acompte** /akɔ̃t/ **NM** *(= arrhes)* deposit; *(sur somme due)* down payment; *(= versement régulier)* instalment; *(sur salaire)* advance; *(à un entrepreneur)* progress payment ◆ **recevoir un ~** *(sur somme due)* to receive something on account, to receive a down payment ◆ **verser un ~** to make a deposit ◆ **ce week-end à la mer, c'était un petit ~ sur nos vacances** that weekend at the seaside was like a little foretaste of our holidays; → **provisionnel**

> ⚠ **acompte** *ne se traduit pas par* **account**, *qui a le sens de 'compte'.*

**aconier** /akɔnje/ **NM** lighterman

**aconit** /akɔnit/ **NM** aconite, aconitum

**a contrario** /akɔ̃tʀaʀjo/ **ADV, ADJ** a contrario

**acoquiner (s')** /akɔkine/ ▸ conjug 1 ◂ **VPR** *(péj)* to get together, to team up *(avec* with)

**Açores** /asɔʀ/ **NFPL** ◆ **les ~** the Azores

**à-côté** (pl **à-côtés**) /akote/ **NM** *[de problème]* side issue; *[de situation]* side aspect; *(= gain, dépense secondaire)* extra ◆ **avec ce boulot, il se fait des petits ~s** * with this job, he makes a bit extra *ou* on the side *

**à-coup** (pl **à-coups**) /aku/ **NM** *[de moteur]* cough; *[de machine]* jolt, jerk; *[d'économie, organisation]* jolt ◆ **travailler par ~s** to work by *ou* in fits and starts ◆ **avancer par ~s** to jerk forward *ou* along ◆ **sans ~s** smoothly ◆ **le moteur eut quelques ~s** the engine coughed (and spluttered)

**acousticien, -ienne** /akustisjɛ̃, jɛn/ **NM,F** acoustician

**acoustique** /akustik/ **ADJ** acoustic ◆ **trait distinctif ~** *(Phon)* acoustic feature; → **cornet** **NF** *(= science)* acoustics *(sg)*; *(= sonorité)* acoustics ◆ **il y a une mauvaise ~** the acoustics are bad

**acquéreur** /akeʀœʀ/ **NM** buyer ◆ **j'ai trouvé/je n'ai pas trouvé ~ pour mon appartement** I have/I haven't found a buyer for my apartment, I've found someone/I haven't found anyone to buy my apartment ◆ **se porter ~ (de qch)** to announce one's intention to buy *ou* purchase (sth) ◆ **se rendre ~ de qch** to purchase *ou* buy sth

**acquérir** /akeʀiʀ/ ▸ conjug 21 ◂ **VT** **a** *[+ propriété, meuble]* to acquire; *(en achetant)* to purchase, to buy; *(Bourse) [+ titre]* to acquire, to purchase; *[+ société]* to acquire; → **bien** **b** *(= obtenir) [+ faveur, célébrité]* to win, to gain; *[+ habileté, autorité, nationalité, habitude]* to acquire; *[+ importance, valeur, statut]* to acquire, to gain ◆ **~ la certitude de qch** to become certain of sth ◆ **~ la preuve de qch** to gain *ou* obtain (the) proof of sth ◆ **leur entreprise a acquis une dimension européenne** their company has acquired *ou* taken on a European dimension ◆ **l'expérience s'acquiert avec le temps** experience is something you acquire with time ◆ **il s'est acquis une solide réputation** he has built up a solid reputation ◆ **il s'est acquis l'estime/l'appui de ses chefs** he won *ou* gained his superiors' esteem/support

**acquêt** /akɛ/ **NM** acquest; → **communauté**

**acquiescement** /akjɛsmɑ̃/ **NM** **a** *(= approbation)* approval, agreement ◆ **il leva la main en signe d'~** he raised his hand in approval *ou* agreement **b** *(= consentement)* acquiescence, assent ◆ **donner son ~ à qch** to give one's assent to sth

**acquiescer** /akjese/ ▸ conjug 3 ◂ **VI** **a** *(= approuver)* to approve, to agree ◆ **il acquiesça d'un signe de tête** he nodded in agreement, he nodded his approval **b** *(= consentir)* to acquiesce, to assent ◆ **~ à une demande** to acquiesce to *ou* in a request, to assent to a request

**acquis, e** /aki, iz/ (ptp de **acquérir**) **ADJ** **a** *[fortune, qualité, droit]* acquired ◆ **caractères ~** *(Bio)* acquired characteristics; → **vitesse**

**b** *[fait]* established, accepted ◆ **il est maintenant ~ que ...** it has now been established that ..., it is now accepted that ...

◆ **tenir qch pour acquis** *(comme allant de soi)* to take sth for granted; *(comme décidé)* to take sth as settled *ou* agreed

**c** *(loc)*

◆ **être acquis à** ◆ **ce droit nous est ~** we have now established this right as ours ◆ **ses faveurs nous sont ~es** we can count on *ou* be sure of his favour ◆ **être ~ à un projet** to be in complete support of *ou* completely behind a plan ◆ **cette région est ~e à la gauche** this region is a left-wing stronghold *ou* is solidly left-wing

**NM** **a** *(= avantage)* asset ◆ **sa connaissance de l'anglais est un ~ précieux** his knowledge of English is a valuable asset ◆ **~ sociaux** social benefits ◆ **~ territoriaux** territorial aquisitions

**b** *(= connaissance)* **cet élève vit sur ses ~** this pupil gets by on what he already knows

**c** *(opposé à inné)* ◆ **l'inné et l'~** nature and nurture

**acquisition** /akizisjɔ̃/ **NF** **a** *(= action, processus)* acquisition, acquiring ◆ **faire l'~ de qch** to acquire sth; *(par achat)* to purchase sth ◆ **l'~ du langage** language acquisition ◆ **l'~ de la nationalité française** the acquisition of French nationality ◆ **l'~ de données** *(Ordin)* data acquisition **b** *(= objet)* acquisition; *(par achat)* purchase ◆ **nouvelle ~** *[de bibliothèque]* accession

**acquit** /aki/ **NM** *(Comm = décharge)* receipt ◆ **"pour acquit"** "received"

◆ **par acquit de conscience** just to be sure ◆ **par ~ de conscience, il a revérifié** just to be sure, he double-checked

**acquittement** /akitmɑ̃/ **NM** **a** *[d'accusé]* acquittal ◆ **verdict d'~** verdict of not guilty **b** *[de facture]* payment, settlement; *[de droit, impôt]* payment; *[de dette]* discharge, settlement

**acquitter** /akite/ ▸ conjug 1 ◂ **VT** **a** *[+ accusé]* to acquit **b** *[+ droit, impôt]* to pay; *[+ dette]* to pay (off), to settle, to discharge; *[+ facture]* *(gén)* to pay, to settle; *(Comm)* to receipt **c** ◆ **~ qn de** *[+ dette, obligation]* to release sb from **VPR** **s'acquitter** ◆ **s'~ de** *[+ dette]* to pay (off), to settle; *[+ dette morale, devoir]* to discharge; *[+ promesse]* to fulfil, to carry out; *[+ obligation]* to fulfil, to discharge; *[+ fonction, tâche]* to fulfil, to carry out ◆ **comment m'~ (envers vous) ?** how can I ever repay you? *(de* for)

**acre** /akʀ/ **NF** *(Hist)* ≃ acre **NM** *(Can)* acre (4,046.86 m$^2$)

**âcre** /ɑkʀ/ **ADJ** *[odeur, saveur]* acrid, pungent; *(littér)* acrid

**âcreté** /ɑkʀəte/ **NF** *[d'odeur, saveur]* acridness, pungency; *(littér)* acridness, acridity

**acrimonie** /akʀimɔni/ **NF** acrimony, acrimoniousness

**acrimonieux, -ieuse** /akʀimɔnjø, jøz/ **ADJ** acrimonious

**acrobate** /akʀɔbat/ **NMF** *(lit, fig)* acrobat

**acrobatie** /akʀɔbasi/ **NF** *(= tour)* acrobatic feat; *(= art)* acrobatics *(sg)* ◆ **~s aériennes** aerobatics ◆ **faire des ~s** to perform acrobatics ◆ **il a fallu se livrer à des ~s comptables/budgétaires** we had to juggle the accounts/the budget ◆ **à force d'~s financières, il a sauvé son entreprise** he managed to save his company with some financial sleight of hand *ou* thanks to some financial gymnastics ◆ **mon emploi du temps tient de l'~** * I have to tie myself in knots * to cope with my timetable

**acrobatique** /akʀɔbatik/ **ADJ** *(lit, fig)* acrobatic

**acronyme** /akʀɔnim/ **NM** acronym

**Acropole** /akʀɔpɔl/ **NF** ◆ **l'~** the Acropolis

**acrostiche** /akʀɔstiʃ/ **NM** acrostic

**acrylique** /akʀilik/ **ADJ, NM** acrylic; → **peinture**

**actant** /aktɑ̃/ **NM** *(Ling)* agent

**acte** /akt/ **NM** **a** *(= action)* action ◆ **~ instinctif/réflexe** instinctive/reflex action ◆ **moins de paroles, des ~s !** let's have less talk and more action! ◆ **ce crime est l'~ d'un fou** this crime is the work of a madman ◆ **passer à l'~** *(Psych)* to act; *(après menace)* to put one's threats into action ◆ **en ~** *(Philos)* in actuality

◆ **acte de** act of ◆ **un ~ de bravoure/de lâcheté/de cruauté** an act of bravery/cowardice/cruelty, a brave/cowardly/cruel act ◆ **plusieurs ~s de terrorisme ont été commis** several acts of terrorism have been committed ◆ **ce crime est un ~ de folie** this crime is an act of madness

**b** *(Jur) [de notaire]* deed; *[d'état civil]* certificate ◆ **dont ~** *(Jur)* duly noted *ou* acknowledged

**c** *(Théât, fig)* act ◆ **pièce en un ~** one-act play ◆ **le dernier ~ du conflit se joua en Orient** the final act of the struggle was played out in the East

**d** *[de congrès]* **~s** proceedings

**e** *(loc)* **demander ~ que/de qch** to ask for formal acknowledgement that/of sth

◆ **prendre acte** ◆ **prendre ~ de qch** to note sth ◆ **prendre ~ que ...** to record formally that ... ◆ **nous prenons ~ de votre promesse** we have noted *ou* taken note of your promise

◆ **donner acte** ◆ **donner ~ que** to acknowledge formally that ◆ **donner ~ de qch** to acknowledge sth formally

◆ **faire acte de** ◆ **faire ~ de citoyen** to act *ou* behave as a citizen ◆ **faire ~ d'autorité** to make a show of authority ◆ **faire ~ de candidature** to apply, to submit an application ◆ **faire ~ de présence** to put in a token appearance ◆ **il a au moins fait ~ de bonne volonté** he has at least shown some goodwill

**COMP** ▷ **acte d'accusation** bill of indictment, charge *(Brit)* ▷ **acte d'amnistie** amnesty ▷ **les Actes des Apôtres** the Acts of the Apostles ▷ **acte d'association** partnership agreement *ou* deed, articles of partnership ▷ **acte authentique** ⇒ **acte notarié** ▷ **acte de banditisme** criminal act ▷ **acte de baptême** baptismal certificate ▷ **acte de charité** act of charity ▷ **acte de commerce** commercial act *ou* deed ▷ **acte constitutif** *[de société]* charter ▷ **acte de contrition** act of contrition ▷ **acte de décès** death certificate ▹ **acte d'espérance** act of hope ▹ **acte de l'état civil** *birth, marriage or death certificate* ▹ **acte de foi** act of faith ▹ **acte gratuit** gratuitous act, acte gratuit ▹ **acte de guerre** act of war ▹ **acte judiciaire** judicial document ◆ **signifier** *ou* **notifier un ~ judiciaire** to serve legal process (*à* on) ▹ **acte manqué** *(Psych)* subconsciously deliberate mistake ▹ **acte de mariage** marriage certificate ▹ **acte médical** medical treatment *(NonC)* ▹ **acte de naissance** birth certificate ▹ **acte notarié** notarial deed, deed executed by notary ▹ **acte de notoriété** affidavit ▹ **acte officiel** *(Jur)* instrument ▹ **acte sexuel** sex act ▹ **acte de succession** attestation of inheritance ▹ **l'Acte unique (européen)** the Single European Act ▹ **acte de vente** bill of sale; → **seing**

**acteur** /aktœʀ/ **NM** *(Théât, Ciné)* actor; *(fig)* player ◆ **~ de cinéma** film *ou* movie *(US)* actor ◆ **~ de théâtre** stage *ou* theatre actor ◆ **tous les ~s du film sont excellents** the entire cast in this film are *ou* is excellent ◆ **les principaux ~s économiques** the key economic players ◆ **les ~s de la politique mondiale** the actors *ou* players on the world political stage ◆ **les ~s sociaux** the main organized forces in society ◆ **les trois ~s de ce drame** *(fig)* the three people involved in *ou* the three protagonists in the tragedy; → **actrice**

**actif, -ive** /aktif, iv/ **ADJ** *[personne, participation]* active; *[poison, médicament]* active, potent; *(au travail) [population]* working; *(Bourse) [marché]* buoyant; *(Phys) [substance]* activated, active; *(Élec) [circuit, élément]* active; *(Ling)* active ◆ **les principes ~s du médicament** the active principles of the drug ◆ **prendre une part active à qch** to take an active part in sth ◆ **dans la vie active** in his (*ou* one's *etc*) working life ◆ **entrer dans la vie active** to begin one's working life; → **armée², charbon, corruption** *etc*

**NM** **a** *(Ling)* active (voice) ◆ **à l'~** in the active voice

**b** *(Fin)* assets; *[de succession]* credits ◆ **~ circulant** current *ou* floating assets ◆ **~ réalisable et disponible** current assets ◆ **porter une somme à l'~** to put a sum on the assets side ◆ **sa gentillesse est à mettre à son ~** his kindness is a point in his favour, on the credit *ou* plus* side there is his kindness (to consider) ◆ **il a plusieurs crimes à son ~** he has several crimes to his name ◆ **il a plusieurs records à son ~** he has several records to his credit *ou* name

**c** *(= qui travaille)* working person ◆ **les ~s** people who work, the working population

**NF** **active** *(Mil)* **l'active** the regular army ◆ **officier d'active** regular officer

**actinide** /aktinid/ **NM** actinide, actinon

**actinium** /aktinjɔm/ **NM** actinium

**action¹** /aksjɔ̃/ **NF** **a** *(= acte)* action, act ◆ **~ audacieuse** act of daring, bold action ◆ **faire une bonne ~** to do a good deed ◆ **j'ai fait ma bonne ~ de la journée** I've done my good deed for the day ◆ **commettre une mauvaise ~** to do something (very) wrong, to behave badly ◆ **~ d'éclat** brilliant feat ◆ **~ de grâce(s)** *(Rel)* thanksgiving

**b** *(= activité)* action ◆ **passer à l'~** *(gén, fig)* to take action; *(Mil)* to go into battle *ou* action ◆ **le moment est venu de passer à l'~** the time has come for action ◆ **être en ~** *[forces]* to be at work ◆ **entrer en ~** *[troupes, canon]* to go into action; *[usine]* to go into operation; *[mécanisme]* to start ◆ **mettre en ~** *[+ mécanisme]* to set going; *[+ plan]* to put into action ◆ **le dispositif de sécurité se mit en ~** the security device went off *ou* was set off; → **champ¹, feu¹, homme**

**c** *(= effet) [de machine]* action; *[d'éléments naturels, médicament]* effect ◆ **ce médicament est sans ~** this medicine is ineffective *ou* has no effect ◆ **la pierre s'est fendue sous l'~ du gel** the frost caused the stone to crack ◆ **la transformation s'opère sous l'~ des bactéries** the transformation is caused by the action of bacteria

**d** *(= initiative)* action ◆ **engager une ~ commune** to take concerted action ◆ **recourir à l'~ directe** to resort to *ou* have recourse to direct action ◆ **~ revendicative** *[d'ouvriers]* industrial action *(NonC)*; *[d'étudiants]* protest *(NonC)*; → **journée**

**e** *(= politique, mesures)* policies ◆ **l'~ gouvernementale** the government's policies ◆ **l'~ économique et sociale** economic and social policy ◆ **l'~ humanitaire** humanitarian aid ◆ **pour financer notre ~ en faveur des réfugiés** in order to finance our aid programme for refugees ◆ **le développement de l'~ culturelle à l'étranger** the development of cultural initiatives abroad ◆ **son ~ à la tête du ministère a été critiquée** he was criticized for what he did as head of the ministry; → **programme**

**f** *[de pièce, film] (= mouvement, péripéties)* action; *(= intrigue)* plot ◆ **~ !** action! ◆ **l'~ se passe en Grèce** the action takes place in Greece ◆ **film d'~** action film ◆ **roman (plein) d'~** action-packed novel

**g** *(Jur)* action (at law), lawsuit ◆ **~ juridique/civile** legal/civil action ◆ **~ en diffamation** libel action; → **intenter**

**h** *(Sport)* **il a été blessé au cours de cette ~** he was injured during that bit of play ◆ **il y a eu deux ~s dangereuses devant nos buts** there were two dangerous attacking moves right in front of our goal ◆ **il y a eu de belles ~s au cours de ce match** there was some fine play during the match ◆ **revoyons l'~** let's have an action replay

**i** *(Helv = vente promotionnelle)* special offer ◆ **robes en ~** dresses on special offer

**action²** /aksjɔ̃/ **NF** *(Fin)* share ◆ **~s** shares, stock(s) ◆ **~ cotée** listed *ou* quoted share ◆ **~ gratuite/ordinaire/nominative/au porteur** free/ordinary/registered/bearer share ◆ **~ préférentielle** *ou* **à dividende prioritaire** preference share *(Brit)*, preferred share *(US)* ◆ **~ de chasse** hunting rights ◆ **ses ~s sont en hausse/baisse** *(fig)* his stock is rising/falling; → **société**

**actionnaire** /aksjɔnɛʀ/ **NMF** shareholder

**actionnarial, e** /aksjɔnaʀjal, o/ (mpl **actionnariaux**) **ADJ** stock *(épith)*, share *(épith)* ◆ **la structure ~e de l'entreprise** the company's share structure

**actionnariat** /aksjɔnaʀja/ **NM** *(= détention d'actions)* shareholding; *(= personnes)* shareholders

**actionnement** /aksjɔnmɑ̃/ **NM** activating, activation

**actionner** /aksjɔne/ ▸ conjug 1 ◂ **VT** **a** *[+ levier, manette]* to operate; *[+ mécanisme]* to activate; *[+ machine]* to drive, to work ◆ **moteur actionné par la vapeur** steam-powered *ou* -driven engine ◆ **~ la sonnette** to ring the bell **b** *(Jur)* to sue, to bring an action against ◆ **~ qn en dommages et intérêts** to sue sb for damages

**activateur, -trice** /aktivatœʀ, tʀis/ **ADJ** activating *(épith)* **NM** activator

**activation** /aktivasjɔ̃/ **NF** *(Chim, Phys)* activation; *(Bio)* initiation of development

**activé, e** /aktive/ (ptp de **activer**) **ADJ** *(Sci)* activated; → **charbon**

**activement** /aktivmɑ̃/ **ADV** actively ◆ **participer ~ à qch** to take an active part *ou* be actively involved in sth ◆ **le suspect est ~ recherché par la police** a major police search for the suspect is under way

**activer** /aktive/ ▸ conjug 1 ◂ **VT** **a** *(= accélérer) [+ processus, travaux]* to speed up; *(= aviver) [+ feu]* to stoke **b** *(Chim)* to activate **c** *(= actionner) [+ dispositif]* to set going; *(Ordin)* to activate **VI** *( * = se dépêcher)* to get a move on*, to get moving* **VPR** **s'activer** *(= s'affairer)* to bustle about ◆ **s'~ à faire** to be busy doing ◆ **active-toi !*** get a move on!*

**activisme** /aktivism/ **NM** activism

**activiste** /aktivist/ **ADJ, NMF** activist

**activité** /aktivite/ **NF** **a** *(= fonctionnement)* activity ◆ **l'~ économique** economic activity ◆ **cesser ses ~s** *(Comm)* to cease trading *ou* operations ◆ **la concurrence nous a forcé à cesser nos ~s** our competitors have put us out of business ◆ **pratiquer une ~ physique régulière** to take regular exercise, to exercise regularly ◆ **elle déborde d'~** *[personne]* she's incredibly active

**b** *(= occupation non rémunérée, passe-temps)* activity ◆ **le club propose de multiples ~s culturelles** the club provides a wide range of cultural activities

**c** *(= emploi)* job ◆ **~ professionnelle** occupation ◆ **avoir une ~ salariée** to be in paid *ou* gainful *(frm)* employment ◆ **le passage de l'~ à la retraite** the transition from working life to retirement; *(Mil)* the transfer from the active to the retired list ◆ **cesser son ~** *[salarié]* to stop working; *[médecin]* to stop practising

**d** *(= domaine d'intervention) [d'entreprise]* (line of) business ◆ **notre ~ principale est l'informatique** our main line of business is computing ◆ **ils ont étendu leurs ~s à la distribution** they have branched out into distribution

**e** *(= animation) [de rue, ville]* bustle ◆ **les rues sont pleines d'~** the streets are bustling with activity *ou* are very busy

**f** *(loc)*

◆ **en activité** ◆ **être en ~** *[volcan]* to be active; *[entreprise]* to be trading, to be in business; *[centrale nucléaire, usine]* to function, to be in operation; *[salarié]* to be working ◆ **le nombre des médecins en ~** the number of practising doctors ◆ **être en pleine ~** *[usine]* to be operating at full strength, to be in full operation; *[personne]* to be very busy; *(hum)* to be hard at it*

**actrice** /aktʀis/ **NF** *(Théât, Ciné, fig)* actress ◆ **~ de cinéma** film *ou* movie *(US)* actress ◆ **~ de théâtre** stage *ou* theatre actress

**actuaire** /aktɥɛʀ/ **NMF** actuary

**actualisation** /aktɥalizasjɔ̃/ **NF** **a** *(= mise à jour) [d'ouvrage, règlement]* updating ◆ **ils réclament l'~ du salaire minimum** they are calling for a review of the minimum wage **b** *(Fin) [de coûts]* updated forecast; *[de somme due]* discounting **c** *(Ling, Philos)* actualization

**actualiser** /aktɥalize/ ▸ conjug 1 ◂ **VT** **a** *(= mettre à jour) [+ ouvrage, règlement]* to update, to bring up to date; *[+ salaires]* to review **b** *(Fin) [+ coûts]* to give an updated forecast of; *[+ somme due]* to discount ◆ **cash-flow actualisé** discounted cash flow **c** *(Ling, Philos)* to actualize

**actualité** /aktɥalite/ **NF** **a** *[de livre, sujet]* topicality ◆ **livre d'~** topical book **b** *(= événements)* **l'~** current affairs ◆ **l'~ sportive** the sports news **c** *(Ciné, Presse)* **les ~s** the news ◆ **il est passé aux ~s*** he was on the news ◆ **~s télévisées/régionales** television/local *ou* regional news **d** *(Philos)* actuality

⚠ **actualité** *se traduit par* **actuality** *uniquement au sens philosophique.*

**actuariel, -elle** /aktɥaʀjɛl/ ADJ actuarial ◆ **taux** *ou* **rendement** ~ **brut** gross annual interest yield *ou* return

**actuel, -elle** /aktɥɛl/ ADJ a *(= présent)* present, current ◆ **à l'heure ~le** at the present time ◆ **à l'époque ~le** nowadays, in this day and age ◆ **le monde** ~ the world today, the present-day world ◆ **l'~ Premier ministre** the current Prime Minister b *(= d'actualité) [livre, problème]* topical c *(Philos, Rel, Fin)* actual

> ⚠ **actuel** *se traduit rarement par le mot anglais* **actual**, *qui a le sens de 'réel'.*

**actuellement** /aktɥɛlmɑ̃/ ADV a *(= maintenant)* currently, at present ◆ **ce pays assure ~ la présidence de l'Union européenne** this country currently holds the presidency of the European Union ◆ **avez-vous un emploi ? – pas** ~ have you got a job? – not at the moment b *(Philos)* actually

> ⚠ *Au sens de 'maintenant',* **actuellement** *ne se traduit pas par* **actually**.

**acuité** /akɥite/ NF *[de son]* shrillness; *[de douleur, problème, crise]* acuteness; *[de sens]* sharpness, acuteness ◆ ~ **visuelle** visual acuity

**acuponcteur, acupuncteur** /akypɔ̃ktœʀ/ NM acupuncturist

**acuponcture, acupuncture** /akypɔ̃ktyʀ/ NF acupuncture

**acyclique** /asiklik/ ADJ *(gén)* non-cyclical; *(Chim)* acyclic

**a/d** (abrév de **à dater, à la date de**) as from

**ADAC** /adak/ NM (abrév de **avion à décollage et atterrissage courts**) STOL

**adage**[1] /adaʒ/ NM *(= maxime)* adage, saying

**adage**[2] /adaʒ/ NM *(Danse)* adagio

**adagio** /ada(d)ʒjo/ NM adagio

**Adam** /adɑ̃/ NM Adam ◆ **en costume** *ou* **tenue d'~** *(hum)* in one's birthday suit; → **pomme**

**adamantin, e** /adamɑ̃tɛ̃, in/ ADJ *(littér)* adamantine

**adaptabilité** /adaptabilite/ NF adaptability

**adaptable** /adaptabl/ ADJ adaptable

**adaptateur, -trice** /adaptatœʀ, tʀis/ NM,F *(Ciné, Théât)* adapter NM *(Tech)* adapter

**adaptatif, -ive** /adaptatif, iv/ ADJ adaptive ◆ **système d'optique adaptative** adaptive optics system

**adaptation** /adaptasjɔ̃/ NF a *(gén)* adaptation (*à* to); ◆ **faire un effort d'~** to try to adapt ◆ **capacité** *ou* **faculté d'~** adaptability (*à* to); ◆ **il lui a fallu un certain temps d'~** it took him some time to adapt b *(Ciné, Théât)* adaptation; *(Mus)* arrangement ◆ ~ **cinématographique** film *ou* screen adaptation ◆ ~ **télévisée** television adaptation

**adapter** /adapte/ ► conjug 1 ◄ VT a *(= rattacher, joindre)* to attach ◆ ~ **une prise à** to fit a plug to b *(= approprier)* **le traitement semble bien adapté (à la maladie)** the treatment seems to be appropriate (to the illness) ◆ **ces mesures sont-elles bien adaptées à la situation ?** are these measures really appropriate to the situation? ◆ ~ **la musique aux paroles** to fit the music to the words c *(= modifier) [+ conduite, méthode, organisation]* to adapt (*à* to); *[+ roman, pièce]* to adapt (*pour* for) VPR **s'adapter** a *(= s'habituer)* to adapt (o.s.) (*à* to) b *(= s'appliquer)* **s'~ à** *ou* **sur qch** *[objet, prise]* to fit sth

**ADAV** /adav/ NM (abrév de **avion à décollage et atterrissage verticaux**) VTOL

**addenda** /adɛ̃da/ NM INV addenda

**Addis Abeba** /adisabeba/ N Addis Ababa

**additif, -ive** /aditif, iv/ ADJ *(Math)* additive NM *(= note, clause)* additional clause, rider; *(= substance)* additive ◆ ~ **budgétaire** supplemental budget ◆ ~ **alimentaire** food additive

**addition** /adisjɔ̃/ NF a *(Math) (gén)* addition; *(= problème)* addition, sum ◆ **faire une** ~ to do a sum ◆ **par** ~ **de** by adding, by the addition of b *(= facture)* bill, check *(US)* ◆ **payer** *ou* **régler l'~** *(lit)* to pay *ou* settle the bill; *(fig)* to pick up the tab ◆ **l'~ va être lourde** the cost will be high

**additionnel, -elle** /adisjɔnɛl/ ADJ additional; → **centime**

**additionner** /adisjɔne/ ► conjug 1 ◄ VT *(lit, fig)* to add up ◆ ~ **qch à** to add sth to ◆ ~ **le vin de sucre** to add sugar to the wine, to mix sugar with the wine ◆ **additionné d'alcool** *(sur étiquette)* with alcohol added VPR **s'additionner** to add up

**additionneur** /adisjɔnœʀ/ NM *(Ordin)* adder

**adducteur** /adyktœʀ/ ADJ M, NM ◆ **(canal)** ~ feeder (canal) ◆ **(muscle)** ~ adductor

**adduction** /adyksjɔ̃/ NF *(Anat)* adduction ◆ ~ **d'eau** *(Tech)* water conveyance ◆ **travaux d'~ d'eau** laying on water

**Adélaïde** /adelaid/ NF Adelaide

**ADEME** /adɛm/ NF (abrév de **Agence de l'environnement et de la maîtrise de l'énergie**) → **agence**

**Aden** /adɛn/ N Aden

**adénine** /adenin/ NF adenine

**adénome** /adenom/ NM adenoma

**adénosine** /adenozin/ NF adenosine

**adénovirus** /adenoviʀys/ NM adenovirus

**adepte** /adɛpt/ NMF *[de doctrine, mouvement]* follower; *[d'activité]* enthusiast ◆ **faire des ~s** to gain followers ◆ **les ~s du deltaplane** hang-gliding enthusiasts

> ⚠ **adepte** *ne se traduit pas par le mot anglais* **adept**, *qui a le sens de 'expert'.*

**adéquat, e** /adekwa(t), at/ ADJ *(gén)* appropriate, suitable; *(Gram)* adequate ◆ **utiliser le vocabulaire** ~ to use the appropriate vocabulary ◆ **ces installations ne sont pas ~es** these facilities are not suitable

**adéquation** /adekwasjɔ̃/ NF adequacy ◆ **la question de l'~ du mode de scrutin européen est posée** the question of the adequacy of the European voting system has arisen ◆ ~ **entre ... et ...** balance between ... and ... ◆ **un rapport sur l'~ entre besoins et effectifs** a report on the balance between requirements and available staff

◆ **être en adéquation avec qch** to match sth ◆ **son discours n'est pas tout à fait en ~ avec son comportement** his behaviour *ou* what he does does not exactly match what he says ◆ **cette crème agit en ~ parfaite avec la peau** this cream works in perfect harmony with one's skin

**adhérence** /adeʀɑ̃s/ NF *(gén)* adhesion (*à* to); *[de pneus, semelles]* grip (*à* on) adhesion (*à* to); ◆ ~ **(à la route)** *[de voiture]* roadholding

**adhérent, e** /adeʀɑ̃, ɑ̃t/ ADJ *[pays]* member *(épith)* ◆ **les pays ~s** the member nations ◆ **les personnes non ~es à l'association** non-members of the association NM,F member ◆ **carte d'~** membership card

**adhérer** /adeʀe/ ► conjug 6 ◄ **adhérer à** VT INDIR a *(= coller)* to stick to, to adhere to ◆ ~ **à la route** *[pneu]* to grip the road; *[voiture]* to hold the road ◆ **ça adhère bien** it sticks *ou* adheres well, it holds the road well b *(= se rallier à) [+ plan, projet]* to subscribe to; *[+ traité]* to adhere to; *[+ point de vue]* to support, to subscribe to; *[+ idéal, philosophie]* to adhere to c *(= devenir membre de)* to join; *(= être membre de)* to be a member of, to belong to

**adhésif, -ive** /adezif, iv/ ADJ adhesive, sticky ◆ **pansement** ~ sticking plaster *(Brit)*, Band-Aid ® *(US)* ◆ **papier** ~ sticky(-backed) paper NM adhesive

**adhésion** /adezjɔ̃/ NF a *(= inscription)* joining; *(= fait d'être membre)* membership (*à* of); ◆ **son ~ au club** his joining the club ◆ **ils ont demandé leur ~ à l'UE** they've applied to join the EU, they've applied for EU membership ◆ **bulletin/campagne d'~** membership form/drive ◆ **il y a 3 nouvelles ~s cette semaine** 3 new members joined this week, there have been 3 new memberships this week b *(= accord)* adherence (*à* to); ◆ **leur ~ au traité** their adherence to the treaty c *(Phys) (= force)* adhesion

> ⚠ *Attention à ne pas traduire automatiquement* **adhésion** *par le mot anglais* **adhesion**, *qui a des emplois spécifiques et est d'un registre plus soutenu.*

**ad hoc** /adɔk/ ADJ INV a *(= approprié) [formation, méthode, solution]* appropriate ◆ **c'est l'homme ~** he's just the man we need ◆ **j'ai trouvé le lieu ~ pour la réception** I've found the ideal *ou* the perfect place for the reception b *[organisme, mission]* ad hoc ◆ **commission** ~ ad hoc committee

**adieu** (pl **adieux**) /adjø/ NM a *(= salut)* goodbye, farewell *(littér)* ◆ **dire ~ à** *(lit, fig)* to say goodbye to ◆ **d'~** *[repas, visite]* farewell *(épith)* ◆ **baiser d'~** parting *ou* farewell kiss ◆ **tu peux dire ~ à ta sieste !** you can forget about your nap! ◆ **tu peux dire ~ à ton argent !** you can kiss your money goodbye! * b *(= séparation)* **~x** farewells ◆ **faire ses ~x (à qn)** to say one's farewells (to sb) ◆ **il a fait ses ~x à la scène/au journalisme** he bade farewell to the stage/to journalism EXCL *(définitif) (littér)* farewell; *(dial = au revoir)* bye *; *(dial = bonjour)* hi * ◆ ~ **la tranquillité/les vacances** goodbye to (our) peace and quiet/our holidays

**adipeux, -euse** /adipø, øz/ ADJ fat, adipose *(Spéc)*; *[visage]* fleshy

**adiposité** /adipozite/ NF adiposity

**adjacent, e** /adʒasɑ̃, ɑ̃t/ ADJ adjacent, adjoining ◆ ~ **à** adjacent to, adjoining; → **angle**

**adjectif, -ive** /adʒɛktif, iv/ ADJ adjectival, adjective *(épith)* NM adjective ◆ ~ **substantivé/qualificatif** nominalized/qualifying adjective ◆ ~ **attribut/épithète** predicative/attributive adjective ◆ ~ **verbal** verbal adjective

**adjectival, e** (mpl **-aux**) /adʒɛktival, o/ ADJ adjectival ◆ **locution ~e** adjectival phrase

**adjectivé, e** /adʒɛktive/ ADJ used as an adjective

**adjectivement** /adʒɛktivmɑ̃/ ADV adjectivally, as an adjective

**adjoindre** /adʒwɛ̃dʀ/ ► conjug 49 ◄ VT a *(= associer)* ~ **un collaborateur à qn** to appoint sb as an assistant to sb ◆ ~ **qn à une équipe** to give sb a place in a team ◆ **s'~ un collaborateur** to take on *ou* appoint an assistant b *(= ajouter)* ~ **une pièce/un dispositif à qch** to attach *ou* affix a part/device to sth ◆ ~ **un chapitre à un ouvrage** to add a chapter to a book; *(à la fin)* to append a chapter to a book ◆ **à ces difficultés est venu s'~ un nouveau problème** in addition to all these difficulties there was now a new problem

**adjoint, e** /adʒwɛ̃, wɛ̃t/ (ptp de **adjoindre**) ADJ assistant ◆ **commissaire/directeur** ~ assistant commissioner/manager NM,F deputy, assistant ◆ ~ **au maire** deputy mayor ◆ ~ **d'enseignement** non-certificated teacher *(with tenure)* NM *(Ling)* adjunct

**adjonction** /adʒɔ̃ksjɔ̃/ NF a *(= action) [de collaborateur, produit, bâtiment]* addition (*à* to); *[d'article, chapitre]* addition; *(à la fin)* appending (*à* to); *[de dispositif]* attaching, affixing (*à* to); ◆ **l'~ de deux secrétaires à l'équipe** the addition of two secretaries to the team, the appointment of two extra *ou* additional secretaries to the team ◆ **produits sans ~ de colorant/sel** products with no added colouring/salt b *(= chose ajoutée)* addition

**adjudant** /adʒydɑ̃/ NM *(gén)* warrant officer; *(Aviat US)* senior master sergeant ◆ ~ **chef** warrant officer 1st class *(Brit)*, chief warrant officer *(US)*

**adjudicataire** /adʒydikatɛʀ/ NMF *(aux enchères)* purchaser; *(= soumissionnaire)* successful bidder

**adjudicateur, -trice** /adʒydikatœʀ, tʀis/ NM,F *[d'enchères]* seller; *[de contrat]* awarder

**adjudication** /adʒydikasjɔ̃/ NF a *(= vente aux enchères)* sale by auction; *(= marché administratif)* invitation to tender, putting up for tender; *(= contrat)* contract ◆ **par (voie d')~** by auction, by tender ◆ **mettre en vente par ~** to put up for sale by auction ◆ **offrir par ~** to put up for tender ◆ ~ **forcée** compulsory sale b *(= attribution) [de contrat]* awarding (*à* to); *[de meuble, tableau]* auctioning (*à* to)

**adjuger** /adʒyʒe/ ► conjug 3 ◄ VT a *(aux enchères)* to knock down, to auction (*à* to); ◆ **une fois, deux fois, trois fois, adjugé(, vendu) !** going, going, gone! ◆ **le document a été adjugé pour 3 000 €** the document went for *ou* was sold for €3,000 b *(= attribuer) [+ contrat, avantage, récompense]* to award; *(* = donner) [+ place, objet]* to give VPR **s'adjuger** *(= obtenir) [+ contrat, récompense]* to win; *(Sport) [+ place, titre]* to win; *(= s'approprier)* to take for o.s. ◆ **il s'est adjugé la meilleure place** he has taken the best seat for himself, he has given himself the best seat ◆ **ils se sont adjugé 24% du marché** they have taken over *ou* cornered 24% of the market ◆ **leur parti s'est adjugé 60% des sièges** their party have won *ou* carried off 60% of the seats

**adjuration** /adʒyʀasjɔ̃/ NF entreaty, plea

**adjurer** /adʒyʀe/ ► conjug 1 ◄ VT ◆ ~ **qn de faire** to implore *ou* beg sb to do

**adjuvant** /adʒyvɑ̃/ NM *(= médicament)* adjuvant; *(= additif)* additive; *(= stimulant)* stimulant; *(Ling)* adjunct

**ad lib(itum)** /adlib(itɔm)/ ADV ad lib

**admettre** /admɛtʀ/ ► conjug 56 ◄ VT a *(= laisser entrer) [+ visiteur, démarcheur]* to let in ◆ **la salle ne pouvait ~ que 50 personnes** the room could only accommodate *ou* hold 50 people ◆ **les chiens ne sont pas admis dans le magasin** dogs are not allowed in the shop; *(sur écriteau)* no dogs (allowed) ◆ **il fut admis dans le bureau du directeur** he was ushered *ou* shown into the director's office ◆ **l'air/le liquide est admis dans le cylindre** the air/the liquid is allowed to pass into the cylinder

b *(= recevoir) [+ hôte]* to receive; *[+ nouveau membre]* to admit; *(à l'hôpital)* to admit ◆ ~ **qn à sa table** to receive sb at one's table ◆ **il a été admis chez le ministre** he was received by the minister, he was allowed to see the minister ◆ **se faire ~ dans un club** to be admitted to a club

c *(Scol, Univ) (à un examen)* to pass; *(dans une classe)* to admit, to accept ◆ **ils ont admis 30 candidats** they passed 30 of the candidates ◆ **il a été admis au concours** he passed *ou* got through the exam ◆ **il a été admis en classe supérieure** he will move up into the next class ◆ **lire la liste des admis au concours** to read the list of successful candidates in the exam

d *(= convenir de) [+ défaite, erreur]* to admit, to acknowledge ◆ **il n'admet jamais ses torts** he never accepts *ou* admits he's in the wrong ◆ **je suis prêt à ~ que vous aviez raison** I'll admit that you were right ◆ **il est admis que, c'est chose admise que** it's an accepted *ou* acknowledged fact that, it's generally admitted that ◆ **admettons !** *(pour concéder)* if you say so! ◆ **admettons qu'il ne l'ait pas fait exprès** let's say he didn't do it on purpose

e *(= accepter) [+ excuses, raisons, thèse]* to accept; *(Jur) [+ pourvoi]* to accept

f *(= supposer)* to suppose, to assume ◆ **en admettant que** supposing *ou* assuming that ◆ **admettons qu'elle soit venue** let's suppose *ou* assume that she came

g *(= tolérer) [+ ton, attitude, indiscipline]* to allow, to accept ◆ **je n'admets pas qu'il se conduise ainsi** I won't allow *ou* permit him to behave like that, I won't stand for *ou* accept such behaviour (from him) ◆ ~ **qn à siéger** *(Admin)* to admit sb *(as a new member)* ◆ **admis à faire valoir ses droits à la retraite** *(Admin)* entitled to retire

h *(= laisser place à)* to admit of ◆ **ton qui n'admet pas de réplique** tone (of voice) which brooks no reply ◆ **règle qui n'admet aucune exception** rule which allows of *ou* admits of no exception ◆ **règle qui admet plusieurs exceptions** rule which allows for several exceptions

**administrateur, -trice** /administʀatœʀ, tʀis/ NM,F *(gén)* administrator; *[de banque, entreprise]* director; *[de fondation]* trustee ◆ ~ **de biens** property manager ◆ ~ **judiciaire** receiver ◆ ~ **civil** *high-ranking civil servant acting as aide to a minister*

**administratif, -ive** /administʀatif, iv/ ADJ administrative

**administration** /administʀasjɔ̃/ NF a *(= gestion) [d'affaires, entreprise]* management, running; *[de fondation]* administration; *[de pays]* running, government; *[de commune]* running ◆ **je laisse l'~ de mes affaires à mon notaire** I leave my lawyer to deal with my affairs, I leave my affairs in the hands of my lawyer ◆ ~ **légale** guardianship ◆ **être placé sous ~ judiciaire** *[de société]* to go into receivership ◆ **la ville a été mise sous ~ de l'ONU** the town has been placed under UN administration; → **conseil**

b *[de médicament, sacrement]* administering, administration

c *(= service public)* (sector of the) public services ◆ **l'Administration** ≃ the Civil Service ◆ **l'~ locale** local government ◆ **être** *ou* **travailler dans l'~** to work in the public services ◆ **l'~ des Douanes** the Customs Service ◆ **l'~ des Eaux et Forêts** ≃ the Forestry Commission *(Brit)*, the Forestry Service *(US)* ◆ **l'~ fiscale, l'~ des Impôts** the tax department, ≃ the Inland Revenue *(Brit)*, the Internal Revenue *(US)* ◆ **l'~ centrale** *(Police)* police headquarters ◆ **l'~ pénitentiaire** the prison authorities

d *(= gouvernement)* administration ◆ **l'~ Carter** the Carter administration

**administrativement** /administʀativmɑ̃/ ADV administratively ◆ **interné ~** formally committed (to a psychiatric hospital), sectioned *(Brit)*

**administré, e** /administʀe/ NM,F ◆ **le maire et ses ~s** the mayor and the citizens of his town, the mayor and the citizens he is responsible to

**administrer** /administʀe/ ► conjug 1 ◄ VT a *(= gérer) [+ affaires, entreprise]* to manage, to run; *[+ fondation]* to administer; *[+ pays]* to run, to govern; *[+ commune]* to run b *(= dispenser) [+ justice, remède, sacrement]* to administer; *[+ coup, gifle]* to deal, to administer; *(Jur) [+ preuve]* to produce

**admirable** /admiʀabl/ ADJ admirable, wonderful ◆ **être ~ de courage** to show admirable *ou* wonderful courage ◆ **portrait ~ de vérité** portrait showing a wonderful likeness

**admirablement** /admiʀabləmɑ̃/ ADV admirably, wonderfully

**admirateur, -trice** /admiʀatœʀ, tʀis/ NM,F admirer

**admiratif, -ive** /admiʀatif, iv/ ADJ admiring ◆ **d'un air ~** admiringly

**admiration** /admiʀasjɔ̃/ NF admiration ◆ **faire l'~ de qn, remplir qn d'~** to fill sb with admiration ◆ **tomber/être en ~ devant qch/qn** to be filled with/lost in admiration for sth/sb

**admirativement** /admiʀativmɑ̃/ ADV admiringly, in admiration

**admirer** /admiʀe/ GRAMMAIRE ACTIVE 40.4 ► conjug 1 ◄ VT to admire; *(iro)* to marvel at

**admissibilité** /admisibilite/ NF *[de postulant]* eligibility (*à* for); *(Scol, Univ) eligibility to sit the oral part of an exam*

**admissible** /admisibl/ ADJ a *[procédé]* admissible, acceptable; *[excuse]* acceptable ◆ **ce comportement n'est pas ~** this behaviour is quite inadmissible *ou* unacceptable b *[postulant]* eligible (*à* for); *(Scol, Univ) eligible to sit the oral part of an exam* NMF eligible candidate

**admission** /admisjɔ̃/ NF a *(dans un lieu, club)* admission, admittance, entry (*à* to); ◆ **il a appris son ~ au concours** *(Univ)* he found out that he had passed the exam ◆ **son ~ (au club) a été obtenue non sans mal** he had some difficulty in gaining admission *ou* entry (to the club) ◆ **faire une demande d'~ à un club** to apply to join *ou* make an application to join a club, to apply for membership of a club ◆ ~ **temporaire d'un véhicule** *(Douane)* temporary importation of a vehicle ◆ **le nombre des ~s au concours** the number of successful candidates in the exam b *(Tech = introduction)* intake; *(Aut)* induction; → **soupape**

**admonestation** /admɔnɛstasjɔ̃/ NF *(littér)* admonition, admonishment

**admonester** /admɔnɛste/ ► conjug 1 ◄ VT *(gén, Jur)* to admonish

**admonition** /admɔnisjɔ̃/ NF *(littér, Jur)* admonition, admonishment

**ADN** /ɑdeɛn/ NM (abrév de **acide désoxyribonucléique**) DNA

**adnominal, e** (mpl **-aux**) /adnɔminal, o/ ADJ *(Ling)* adnominal

**ado** * /ado/ NMF (abrév de **adolescent, e**) teenager, teen * *(US)*

**adobe** /adɔb/ NM adobe

**adolescence** /adɔlesɑ̃s/ NF adolescence ◆ **ses années d'~** his adolescent *ou* teenage years

**adolescent, e** /adɔlesɑ̃, ɑ̃t/ ADJ *(littér)* adolescent *(épith)* NM,F adolescent, teenager; *(Méd, Psych)* adolescent

**Adonis** /adɔnis/ NM *(Myth, fig)* Adonis

**adonner (s')** /adɔne/ ▸ conjug 1 ◂ **s'adonner à** VPR [+ art] to devote o.s. to; [+ études] to give o.s. over to, to devote o.s. to; [+ sport, passe-temps] to devote o.s. to, to go in for; [+ pratiques] to indulge in ◆ **il s'adonnait à la boisson/au jeu** he was a confirmed drinker/gambler ◆ **venez vous ~ aux joies du ski** come and experience the joys of skiing

**adoptable** /adɔptabl/ ADJ [enfant] eligible for adoption; [mesure] that can be adopted

**adoptant, e** /adɔptɑ̃, ɑ̃t/ NM,F person wishing to adopt

**adopter** /adɔpte/ ▸ conjug 1 ◂ VT **a** (Jur) [+ enfant] to adopt **b** (= accueillir, accepter) [+ personne, animal] to adopt ◆ **elle a su se faire ~ par ses nouveaux collègues** she's managed to gain acceptance with her new colleagues **c** [+ attitude, religion, nom, mesure] to adopt; [+ cause] to take up, to adopt ◆ **"l'essayer c'est l'adopter !"** "try it - you'll love it!" **d** [+ loi] to pass; [+ motion] to pass, to adopt ◆ **cette proposition a été adoptée à l'unanimité** the proposal was carried unanimously

**adoptif, -ive** /adɔptif, iv/ ADJ ◆ **enfant ~** (gén) adoptive child; (dans une famille d'accueil) ≃ foster child ◆ **parent ~** (gén) adoptive parent; (= nourricier) ≃ foster parent

**adoption** /adɔpsjɔ̃/ NF **a** [d'enfant] adoption ◆ **~ plénière** adoption ◆ **~ simple** ≃ fostering ◆ **pays d'~** country of adoption ◆ **un Londonien d'~** a Londoner by adoption **b** [d'attitude, religion, nom, mesure, cause] adoption **c** [de loi] passing; [de motion] passing, adoption

**adorable** /adɔʀabl/ ADJ [personne, bébé, animal] (= charmant, mignon) sweet; [maison, village] lovely ◆ **il a été absolument ~** he was really sweet

> ⚠ **adorable** *se traduit rarement par le mot anglais* **adorable**, *qui est d'un registre plus soutenu.*

**adorablement** /adɔʀabləmɑ̃/ ADV delightfully, adorably

**adorateur, -trice** /adɔʀatœʀ, tʀis/ NM,F (Rel, fig) worshipper

**adoration** /adɔʀasjɔ̃/ NF adoration, worship ◆ **être en ~ devant** to worship, to idolize; [+ enfant] to dote on

**adorer** /adɔʀe/ GRAMMAIRE ACTIVE 34.2 ▸ conjug 1 ◂ VT **a** (= rendre un culte à) to worship ◆ **adorez l'Éternel** worship the Lord **b** (= aimer passionnément) to adore ◆ **il adore ses enfants** he adores his children **c** (= raffoler de) to love ◆ **j'adore le chocolat** I love chocolate ◆ **j'adore tremper mes tartines dans du chocolat chaud** I love dunking my bread in hot chocolate; → **brûler**

**adosser** /adose/ ▸ conjug 1 ◂ VT ◆ **~ à** ou **contre qch** [+ meuble] to stand against sth; [+ échelle] to stand ou lean against sth; [+ bâtiment] to build against ou onto sth, to build against ou onto sth ◆ **~ un crédit à une hypothèque/un contrat d'assurance-vie** to secure a loan with a mortgage/a life-insurance policy VPR **s'adosser** ◆ **s'~ à** ou **contre qch** [personne] to lean back against sth; [bâtiment] to be built against ou onto sth, to back onto sth ◆ **il était adossé au pilier** he was leaning back against the pillar ◆ **le village est adossé à la montagne** the village is built right up against the mountain

**adoubement** /adubmɑ̃/ NM (Hist) dubbing

**adouber** /adube/ ▸ conjug 1 ◂ VT (Hist) to dub; (Dames, Échecs) to adjust

**adoucir** /adusiʀ/ ▸ conjug 2 ◂ VT **a** [+ saveur] to make milder ou smoother; [+ acidité] to reduce; [+ rudesse, voix, peau] to soften; [+ couleur, contraste] to soften, to tone down; [+ caractère, personne] to mellow; [+ chagrin, conditions pénibles, épreuve, solitude] to ease; [+ dureté, remarque] to mitigate, to soften ◆ **cette coiffure lui adoucit le visage** that hairstyle softens her features ◆ **pour ~ ses vieux jours** to comfort him in his old age ◆ **le vent du sud a adouci la température** the south wind has made the weather milder ◆ **~ la condamnation de qn** to reduce sb's sentence; → **musique** **b** (Tech) [+ eau, métal] to soften VPR **s'adoucir** [voix, couleur, peau] to soften; [caractère, personne] to mellow ◆ **la température s'est adoucie** the weather has got milder

**adoucissant, e** /adusisɑ̃, ɑ̃t/ ADJ [crème, lotion] for smoother skin; [sirop] soothing NM fabric softener, fabric conditioner

**adoucissement** /adusismɑ̃/ NM **a** [de peau, mœurs] softening; [de climat] improvement ◆ **on espère un ~ de la température** we are hoping for milder weather ◆ **apporter des ~s aux conditions de vie des prisonniers** to make the living conditions of the prisoners easier ou less harsh **b** (Tech) [d'eau, métal] softening

**adoucisseur** /adusisœʀ/ NM ◆ **~ (d'eau)** water softener

**ad patres** * /adpatʀes/ ADV ◆ **expédier** ou **envoyer qn ~** (hum) to send sb to kingdom come *

**adrénaline** /adʀenalin/ NF adrenalin

**adressage** /adʀesaʒ/ NM [de courrier] mailing; (Ordin) addressing ◆ **mode d'~** addressing mode

**adresse¹** /adʀɛs/ GRAMMAIRE ACTIVE 51.5 NF **a** (= domicile) address ◆ **partir sans laisser d'~** to leave without giving a forwarding address ◆ **je connais quelques bonnes ~s de restaurants** I know some good restaurants to go to ◆ **c'est une/la bonne ~ pour les chaussures** it's a good place/the place to go for shoes; → **carnet, tromper** **b** (frm = message) address **c** (Ling) address ◆ **(mot) ~** [de dictionnaire] headword **d** ◆ **à l'~ de** (= à l'intention de) for the benefit of COMP ▷ **adresse électronique** e-mail address

**adresse²** /adʀɛs/ NF (= habileté) deftness, dexterity; (= subtilité, finesse) cleverness; (= tact) adroitness ◆ **jeu/exercice d'~** game/exercise of skill ◆ **il eut l'~ de ne rien révéler** he cannily gave nothing away; → **tour²**

**adresser** /adʀese/ GRAMMAIRE ACTIVE 48.2, 48.3, 50.3 ▸ conjug 1 ◂

VT **a** ◆ **~ une lettre/un colis à** (= envoyer) to send a letter/parcel to; (= écrire l'adresse) to address a letter/parcel to ◆ **la lettre m'était personnellement adressée** the letter was addressed to me personally ◆ **mon médecin m'a adressé à un spécialiste** my doctor sent ou referred me to a specialist

**b** ◆ **~ une remarque/une requête à** to address a remark/a request to ◆ **~ une accusation/un reproche à** to level an accusation/a reproach at ou against ◆ **~ une allusion/un coup à** to aim a remark/a blow at ◆ **~ un compliment/ses respects à** to pay a compliment/one's respects to ◆ **~ une prière à** to address a prayer to; (à Dieu) to offer (up) a prayer to ◆ **~ un regard furieux à qn** to direct an angry look at sb ◆ **il m'adressa un signe de tête/un geste de la main** he nodded/waved at me ◆ **~ un sourire à qn** to give sb a smile, to smile at sb ◆ **~ la parole à qn** to speak to ou address sb ◆ **il m'adressa une critique acerbe** he criticized me harshly ◆ **je vous adresse mes meilleurs vœux** (sur lettre) please accept my best wishes

**c** (Ordin) to address

VPR **s'adresser** **a** (= parler à) **s'~ à qn** [personne] to speak to sb, to address sb; [remarque] to be aimed at sb ◆ **il s'adresse à un public féminin** [discours, magazine] it is intended for ou aimed at a female audience; [auteur] he writes for ou is addressing a female readership ◆ **ce livre s'adresse à notre générosité** this book appeals to our generosity ◆ **et cela s'adresse aussi à vous !** and that goes for you too!

**b** (= aller trouver) **s'~ à** [+ personne] to go and see; (Admin) [+ personne, bureau] to apply to ◆ **adressez-vous au concierge** go and see (ou ask, tell etc) the concierge ◆ **adressez-vous au secrétariat** enquire at the office, go and ask at the office ◆ **il vaut mieux s'~ à Dieu qu'à ses saints** (hum) it's best to go straight to the top

**adret** /adʀɛ/ NM (Géog) south-facing slope

**Adriatique** /adʀijatik/ ADJ F, NF ◆ **(mer) ~** Adriatic (Sea)

**adroit, e** /adʀwa, wat/ ADJ (= habile) skilful, deft; (= subtil) clever, shrewd; (= plein de tact) adroit ◆ **~ de ses mains** clever with one's hands ◆ **c'était très ~ de sa part** it was very clever ou shrewd of him

**adroitement** /adʀwatmɑ̃/ ADV (= habilement) skilfully, deftly; (= subtilement) cleverly, shrewdly; (= avec tact) adroitly

**ADSL** /adeɛsɛl/ N (abrév de **Asynchronous Digital Subscriber Line**) ADSL

**adsorber** /atsɔʀbe/ ▸ conjug 1 ◂ VT to adsorb

**adsorption** /atsɔʀpsjɔ̃/ NF adsorption

**adulateur, -trice** /adylatœʀ, tʀis/ NM,F (littér) (= admirateur) adulator; (= flatteur) sycophant

**adulation** /adylasjɔ̃/ NF (littér) (= admiration) adulation; (= flatterie) sycophancy

**aduler** /adyle/ ▸ conjug 1 ◂ VT (littér) (= admirer) to adulate; (= flatter) to flatter

**adulte** /adylt/ ADJ [personne] adult (épith); [animal, plante] fully-grown, mature; (= mûr) [attitude, comportement] adult, mature; → **âge** NMF adult, grown-up

**adultère** /adyltɛʀ/ ADJ [relations, désir] adulterous ◆ **femme ~** adulteress ◆ **homme ~** adulterer NM (acte) adultery; → **constat**

**adultérin, e** /adylteʀɛ̃, in/ ADJ (Jur) [enfant] born of adultery

**ad valorem** /advalɔʀɛm/ LOC ADJ ad valorem

**advenir** /advəniʀ/ ▸ conjug 22 ◂ VB IMPERS **a** (= survenir) **~ que ...** to happen that ..., to come to pass that ... (littér) ◆ **~ à** to happen to, to befall (littér) ◆ **qu'est-il advenu au prisonnier ?** what has happened to the prisoner? ◆ **il m'advient de faire** I sometimes happen to do ◆ **advienne que pourra** come what may ◆ **quoi qu'il advienne** whatever happens ou may happen **b** (= devenir, résulter de) **~ de** to become of ◆ **qu'est-il advenu du prisonnier/du projet ?** what has become of the prisoner/the project? ◆ **on ne sait pas ce qu'il en adviendra** nobody knows what will come of it ou how it will turn out VI (= arriver) to happen

**adventice** /advɑ̃tis/ ADJ (Bot) self-propagating; (Philos, littér = accessoire) adventitious

**adventif, -ive** /advɑ̃tif, iv/ ADJ (Bot) [bourgeon, racine] adventitious

**adventiste** /advɑ̃tist/ ADJ, NMF Adventist

**adverbe** /advɛʀb/ NM adverb

**adverbial, e** (mpl **-iaux**) /advɛʀbjal, jo/ ADJ adverbial

**adverbialement** /advɛʀbjalmɑ̃/ ADV adverbially

**adversaire** /advɛʀsɛʀ/ NMF (gén) opponent; (Mil) enemy; [de théorie, traité] opponent ◆ **il**

**ne faut pas sous-estimer l'~** you shouldn't underestimate your opponent; *(Mil)* you shouldn't underestimate the enemy

> ⚠ **adversaire** *se traduit rarement par le mot anglais* **adversary**, *qui est d'un registre plus soutenu.*

**adversatif, -ive** /advɛʀsatif, iv/ **ADJ, NM** adversative

**adverse** /advɛʀs/ **ADJ** *[partie, forces, bloc]* opposing ◆ **la fortune ~** *(littér)* adverse fortune ◆ **la partie ~** *(Jur)* the other side

**adversité** /advɛʀsite/ **NF** adversity

**ad vitam æternam** * /advitameteʀnam/ **LOC ADV** till kingdom come

**AE** /aə/ **NM** (abrév de **adjoint d'enseignement**) → **adjoint** **NFPL** (abrév de **affaires étrangères**) → **affaire**

**aède** /aɛd/ **NM** (Greek) bard

**AELE** /aəɛlə/ **NF** (abrév de **Association européenne de libre-échange**) EFTA

**aérage** /aeʀaʒ/ **NM** ventilation

**aérateur** /aeʀatœʀ/ **NM** ventilator

**aération** /aeʀasjɔ̃/ **NF** *[de pièce, literie]* airing; *[de terre, racine]* aeration; *(= circulation d'air)* ventilation; → **conduit**

**aéré, e** /aeʀe/ (ptp de **aérer**) **ADJ** *[pièce]* airy, well-ventilated; *[page]* well spaced out; → **centre**

**aérer** /aeʀe/ ▸ conjug 6 ◂ **VT** *[+ pièce, literie]* to air; *[+ terre, racine]* to aerate; *(= alléger) [+ exposé, présentation]* to lighten **VPR** **s'aérer** *[personne]* to get some fresh air

**aérien, -ienne** /aeʀjɛ̃, jɛn/ **ADJ** **a** *(Aviat) [espace, droit]* air *(épith)*; *[navigation, photographie]* aerial *(épith)*; *[attaque]* aerial *(épith)*, air *(épith)* ◆ **base aérienne** air base; → **compagnie, ligne¹, métro** **b** *(= léger) [silhouette]* sylphlike; *[démarche]* light; *[étoffe, vêtement]* floaty; *[musique, poésie, architecture]* ethereal **c** *(Bot) [racine]* aerial; *(Téléc) [circuit, câble]* overhead *(épith)*; *(Géog) [courant, mouvement]* air *(épith)* **NM** *(Radio = antenne)* aerial

**aérobic** /aeʀɔbik/ **NF** aerobics *(sg)*

**aérobie** /aeʀɔbi/ **ADJ** aerobic

**aérobiologie** /aeʀobjɔlɔʒi/ **NF** aerobiology

**aéro-club** (pl **aéro-clubs**) /aeʀoklœb/ **NM** flying club

**aérodrome** /aeʀodʀom/ **NM** airfield, aerodrome *(Brit)*, airdrome *(US)*

**aérodynamique** /aeʀodinamik/ **ADJ** *[expérience]* aerodynamics *(épith)*; *[ligne, véhicule]* streamlined, aerodynamic ◆ **soufflerie ~** wind tunnel **NF** aerodynamics *(sg)*

**aérodynamisme** /aeʀodinamism/ **NM** aerodynamic shape

**aérofrein** /aeʀofʀɛ̃/ **NM** air brake

**aérogare** /aeʀogaʀ/ **NF** (air) terminal

**aéroglisseur** /aeʀoglisœʀ/ **NM** hovercraft

**aérogramme** /aeʀɔgʀam/ **NM** airmail letter

**aérographe** /aeʀɔgʀaf/ **NM** airbrush

**aérolit(h)e** /aeʀɔlit/ **NM** aerolite, aerolith

**aéromobile** /aeʀɔmɔbil/ **ADJ** airborne

**aéromodélisme** /aeʀomɔdelism/ **NM** model aircraft making

**aéronaute** /aeʀonot/ **NMF** aeronaut

**aéronautique** /aeʀonotik/ **ADJ** *[équipement, ingénieur]* aeronautical ◆ **construction/constructeur ~** aircraft construction/constructor ◆ **l'industrie ~** the aviation *ou* aeronautics industry ◆ **entreprise** *ou* **société ~** aviation company, aeronautics firm **NF** aeronautics *(sg)*

**aéronaval, e** (pl **aéronavals**) /aeʀonaval/ **ADJ** ◆ **forces ~es** air and sea forces, naval aviation forces ◆ **groupe ~** naval aviation unit ◆ **base ~e** naval airbase **NF** **aéronavale** ◆ **l'aéronavale** ≃ the Fleet Air Arm *(Brit)*, ≃ Naval Aviation *(US)*

**aéronef** /aeʀɔnɛf/ **NM** *(Admin)* aircraft

**aérophagie** /aeʀɔfaʒi/ **NF** ◆ **il a** *ou* **fait de l'~** he suffers from abdominal wind

**aéroplane** † /aeʀɔplan/ **NM** aeroplane *(Brit)*, airplane *(US)*

**aéroport** /aeʀɔpɔʀ/ **NM** airport

**aéroporté, e** /aeʀopɔʀte/ **ADJ** *[opération, division, troupes]* airborne; *[matériel]* airlifted, brought *ou* ferried by air *(attrib)*; *[missile]* air-launched

**aéroportuaire** /aeʀopɔʀtɥɛʀ/ **ADJ** *[installations, autorités]* airport *(épith)*

**aéropostal, e** (mpl **-aux**) /aeʀopɔstal, o/ **ADJ** airmail *(épith)* **NF** **Aéropostale** ◆ **l'Aéropostale** *(Hist)* the (French) airmail service

**aérosol** /aeʀɔsɔl/ **NM** aerosol ◆ **bombe ~** spray *ou* aerosol can ◆ **déodorant/peinture en ~** spray deodorant/paint

**aérospatial, e** (mpl **-iaux**) /aeʀospasjal, jo/ **ADJ** aerospace *(épith)* **NF** **aérospatiale** aerospace science

**aérostat** /aeʀɔsta/ **NM** aerostat

**aérostatique** /aeʀɔstatik/ **ADJ** aerostatic **NF** aerostatics *(sg)*

**aérotrain** ® /aeʀotʀɛ̃/ **NM** hovertrain

**AF** /ɑɛf/ **NF** (abrév de **allocations familiales**) → **allocation**

**AFAT** /afat/ **NF** (abrév de **auxiliaire féminin de l'armée de terre**) *member of the women's army*

**affabilité** /afabilite/ **NF** affability

**affable** /afabl/ **ADJ** affable

**affablement** /afabləmɑ̃/ **ADV** affably

**affabulateur, -trice** /afabylatœʀ, tʀis/ **NM,F** inveterate liar, storyteller

**affabulation** /afabylasjɔ̃/ **NF** **a** *(= mensonges)* **c'est de l'~, ce sont des ~s** it's all made up, it's pure fabrication **b** *[de roman]* (construction of the) plot

**affabuler** /afabyle/ ▸ conjug 1 ◂ **VI** to invent *ou* make up stories

**affacturage** /afaktyʀaʒ/ **NM** *(Jur)* factoring

**affactureur** /afaktyʀœʀ/ **NM** *(Jur)* factor

**affadir** /afadiʀ/ ▸ conjug 2 ◂ **VT** *[+ aliment]* to make tasteless *ou* insipid; *[+ couleur]* to make dull; *[+ style]* to make dull *ou* uninteresting **VPR** **s'affadir** *[couleur]* to become dull; *[style]* to become dull, to pall; *[aliment]* to lose its flavour *(Brit)* *ou* flavor *(US)*, to become tasteless *ou* insipid

**affadissement** /afadismɑ̃/ **NM** *[d'aliment]* loss of flavour *(Brit)* *ou* flavor *(US)* (*de* in, from); *[de saveur, style]* weakening (*de* of); *[de couleurs, sensations]* dulling (*de* of)

**affaiblir** /afebliʀ/ ▸ conjug 2 ◂ **VT** *(gén)* to weaken **VPR** **s'affaiblir** *[personne, autorité, résolution]* to weaken, to grow *ou* become weaker; *[facultés]* to deteriorate; *[vue]* to grow dim *ou* weaker; *[son]* to fade (away), to grow fainter; *[intérêt]* to wane; *[vent]* to abate, to die down; *[monnaie]* to weaken ◆ **le sens de ce mot s'est affaibli** the word has lost much of its meaning ◆ **utiliser un mot dans son sens affaibli** to use the weaker meaning of a word

**affaiblissement** /afeblismɑ̃/ **NM** *[de personne, autorité, résolution]* weakening; *[de facultés]* deterioration; *[de bruit]* fading (away); *[de monnaie]* weakening; *[d'intérêt]* waning ◆ **l'~ de notre pays au plan international** our country's waning influence on the international scene ◆ **on note un ~ progressif des syndicats** the power of the unions is gradually weakening ◆ **l'~ des valeurs morales** the sharp decline in *ou* deterioration of moral values

## affaire /afɛʀ/

| | |
|---|---|
| 1 NOM FÉMININ | 2 NOM FÉMININ PLURIEL |
| 3 COMPOSÉS | |

### 1 - NOM FÉMININ

**a** [= problème, question] matter, business ◆ **j'ai une ~ urgente à régler** I've got (some) urgent business to deal with, I've got an urgent matter to settle ◆ **ce n'est pas une petite** *ou* **une mince ~** it's no small matter ◆ **ce n'est pas une petite ~ de le faire obéir** getting him to obey is no easy matter *ou* no mean task ◆ **l'amour, c'est la grande ~ de sa vie** love is the most important thing in his life ◆ **j'en fais une ~ de principe** it's a matter of principle (for me) ◆ **c'est une ~ de goût/de mode** it's a matter of taste/fashion ◆ **le sport ne devrait pas être une ~ d'argent** sport shouldn't be about money ◆ **c'est une ~ d'hommes** it's men's business ◆ **c'est l'~ d'un spécialiste** it's a job for a specialist ◆ **c'est mon ~, pas la tienne** it's my business *ou* affair, not yours ◆ **ce n'est pas ton ~** it's none of your business ◆ **comment je fais ? – c'est ton ~ !** what do I do? – that's YOUR problem! ◆ **j'en fais mon ~** I'll deal with it, leave it to me ◆ **il en a fait une ~ personnelle** he took it personally ◆ **avec les ordinateurs, il est à son ~** when it comes to computers, he knows what he's about * *ou* he knows his stuff * ◆ **dans les soirées, il est à son ~** he's in his element at parties ◆ **il en a fait toute une ~** he made a dreadful fuss about it, he made a great song and dance about it ◆ **(aller à Glasgow,) c'est toute une ~** it's quite a business (getting to Glasgow) ◆ **c'est une autre ~** that's quite another matter *ou* a different kettle of fish ◆ **c'est l'~ de quelques minutes/quelques clous** it's a matter of a few minutes/a few nails, it'll only take a few minutes/a few nails ◆ **le temps/l'âge ne fait rien à l'~** time/age has got nothing to do with it ◆ **en voilà une ~ !** what a (complicated) business! ◆ **ce n'est pas une ~ !** it's no big deal!, it's nothing to get worked up about! * ◆ **quelle ~ !** what a carry-on! * ◆ **la belle ~ !** big deal!, so what? ◆ **tirer** *ou* **sortir qn d'~** to help sb out, to get sb out of a tight spot * ◆ **ce médecin m'a tiré d'~** this doctor pulled me through ◆ **il est tiré** *ou* **sorti d'~** *(après une maladie)* he's pulled through; *(après des ennuis)* he's got over it ◆ **il est assez grand pour se tirer d'~ tout seul** he's big enough to manage on his own *ou* to sort it out by himself

**b** [= ce qui convient] **j'ai ton ~** I've got (just) what you want ◆ **cet employé fera/ne fait pas l'~** this employee will do nicely/won't do (for the job) ◆ **ça fait mon ~** that's (just) what I want *ou* need ◆ **cela fera bien l'~ de quelqu'un** that will (certainly) come in handy *ou* do nicely for somebody ◆ **faire son ~ à qn** * *(= le malmener)* to give sb a beating *; *(= le tuer)* to do sb in *; → **connaître**

**c** [= ensemble de faits connus du public] affair; *(= scandale)* scandal; *(= crise)* crisis ◆ **l'~ Dreyfus** the Dreyfus affair ◆ **l'~ des otages** the hostage crisis ◆ **l'~ du sang contaminé** the contaminated blood scandal *ou* affair ◆ **la population est révoltée par les ~s** the country is up in arms over the scandals

◆ **une grave ~ de corruption/d'espionnage** a serious corruption/spy scandal ◆ **c'est une sale ~** it's a nasty business; → **suivre**

**d** [Jur, Police] case ◆ **l'~ Dufeu** the Dufeu case ◆ **être sur une ~** to be on a case ◆ **une ~ de vol** a case of theft ◆ **son ~ est claire** it's an open and shut case; → **entendu**

**e** [= transaction] deal; *(= achat avantageux)* bargain ◆ **une (bonne) ~** a good deal, a (good) bargain ◆ **une mauvaise ~** a bad deal *ou* bargain ◆ **faire ~ avec qn** to conclude *ou* clinch a deal with sb ◆ **il est sur une grosse ~ avec la Russie** he's onto a big (business) deal with Russia ◆ **l'~ est faite !** *ou* **conclue !** that's the deal settled! ◆ **l'~ est dans le sac** * it's in the bag *

**f** [= entreprise] business, concern ◆ **il a monté/il dirige une ~ d'import-export** he set up/he runs an import-export business ◆ **c'est une ~ qui marche/en or** it's a going concern/a gold mine

**g** [locutions]

♦ **avoir affaire à** *[+ cas, problème]* to be faced with, to have to deal with; *[+ personne]* *(= s'occuper de)* to be dealing with; *(= être reçu ou examiné par)* to be dealt with by ◆ **nous avons ~ à un dangereux criminel** we are dealing with a dangerous criminal ◆ **tu auras ~ à moi/lui** *(menace)* you'll be hearing from me/him

2 - NOM FÉMININ PLURIEL

**affaires**

**a** [= intérêts publics et privés] affairs ◆ **les ~s culturelles/de la municipalité/publiques** cultural/municipal/public affairs ◆ **les Affaires étrangères** Foreign Affairs ◆ **Affaires extérieures** *(au Canada)* External Affairs *(Can)* ◆ **être aux ~s** *(Pol)* to be in office ◆ **se mêler des ~s des autres** to interfere in other people's business ◆ **occupe-toi** *ou* **mêle-toi de tes ~s !** mind your own business!

**b** [= activités commerciales] business *(sg)* ◆ **être dans les ~s** to be in business ◆ **parler (d')~s** to talk *ou* discuss business ◆ **ils font beaucoup d'~s ensemble** they do a lot of business together ◆ **les ~s reprennent** business is picking up ◆ **il est dur en ~s** he's a tough businessman ◆ **être en ~s avec qn** to be doing business with sb ◆ **il est venu pour ~s** he came on business ◆ **les ~s sont les ~s** business is business ◆ **d'~(s)** *[repas, voyage, relations]* business *(épith)* ◆ **les milieux d'~s sont optimistes** the business community is optimistic; → **chiffre**

**c** [= occupations]

♦ **toutes affaires cessantes** immediately, forthwith *(frm)*

**d** [= objets personnels] things, belongings; *(= habits)* clothes, things ◆ **mes ~s de tennis** my tennis kit *ou* things ◆ **range tes ~s !** put your things away!

3 - COMPOSÉS

▷ **affaire de cœur** love affair ▷ **affaire d'État** *(Pol)* affair of state ◆ **il en a fait une ~ d'État** * he made a great song and dance about it *ou* a great issue of it ▷ **affaire de famille** *(= entreprise)* family business *ou* concern; *(= problème)* family problem *ou* matter ▷ **affaire d'honneur** matter *ou* affair of honour ▷ **affaire de mœurs** *(gén)* sex scandal; *(Jur)* sex case

**affairé, e** /afeʀe/ (ptp de **s'affairer**) ADJ busy

**affairement** /afɛʀmɑ̃/ NM bustling activity

**affairer (s')** /afeʀe/ ► conjug 1 ◄ VPR to busy o.s., to bustle about ◆ **s'~ auprès** *ou* **autour de qn** to fuss around sb ◆ **s'~ à faire qch** to busy o.s. doing sth, to bustle about doing sth

**affairisme** /afeʀism/ NM (political) racketeering

**affairiste** /afeʀist/ NM *(péj)* huckster, wheeler-dealer * ◆ **sous ce régime il n'y a pas de place pour l'~** there is no place under this government for political racketeering *ou* for those who want to use politics to line their own pockets

**affaissement** /afɛsmɑ̃/ NM *[de route, sol]* subsidence, sinking; *[de corps, muscles, poutre]* sagging; *[de forces]* ebbing; *[de volonté]* weakening ◆ **~ de terrain** subsidence *(NonC)*

**affaisser** /afese/ ► conjug 1 ◄ VT *[+ route, sol]* to cause to subside VPR **s'affaisser** **a** *(= fléchir) [route, sol]* to subside, to sink; *[corps, poutre]* to sag; *[plancher]* to cave in, to give way; *[forces]* to ebb ◆ **le sol était affaissé par endroits** the ground had subsided *ou* sunk in places **b** *(= s'écrouler) [personne]* to collapse ◆ **il s'était affaissé sur le sol** he had collapsed *ou* crumpled in a heap on the ground ◆ **il était affaissé dans un fauteuil/sur le sol** he was slumped in an armchair/on the ground

**affaler** /afale/ ► conjug 1 ◄ VT *[+ voile]* to lower, to haul down VPR **s'affaler** **a** *(= tomber)* to collapse, to fall; *(= se laisser tomber)* to collapse, to slump ◆ **affalé dans un fauteuil** slumped *ou* slouched in an armchair ◆ **au lieu de rester là affalé à ne rien faire, viens m'aider** don't just sit there doing nothing, come and give me a hand **b** *(Naut)* **s'~ le long d'un cordage** to slide down a rope

**affamé, e** /afame/ (ptp de **affamer**) ADJ starving, famished ◆ **~ de gloire** hungry *ou* greedy for fame; → **ventre**

**affamer** /afame/ ► conjug 1 ◄ VT *[+ personne, ville]* to starve

**affameur, -euse** /afamœʀ, øz/ NM,F *(péj)* tight-fisted employer *(who pays starvation wages)*

**affect** /afɛkt/ NM affect

**affectation** /afɛktasjɔ̃/ NF **a** *[d'immeuble, somme]* allocation, allotment *(à* to, for); ◆ **l'~ du signe + à un nombre** the addition of the plus sign to a number, the modification of a number by the plus sign **b** *(= nomination) (à un poste)* appointment; *(à une région, un pays)* posting ◆ **rejoindre son ~** to take up one's posting **c** *(= manque de naturel)* affectation, affectedness ◆ **avec ~** affectedly

**affecté, e** /afɛkte/ (ptp de **affecter**) ADJ *(= feint)* affected, feigned; *(= maniéré)* affected

**affecter** /afɛkte/ ► conjug 1 ◄ VT **a** *(= feindre)* to affect, to feign ◆ **~ de faire qch** to pretend to do sth ◆ **~ un grand chagrin** to affect *ou* feign great sorrow, to put on a show of great sorrow ◆ **~ un langage poétique** *(littér)* to affect *ou* favour a poetic style of language ◆ **il affecta de ne pas s'y intéresser** he pretended not to be interested in it

**b** *(= destiner)* to allocate, to allot *(à* to, for); ◆ **~ des crédits à la recherche** to allocate funds for research

**c** *(= nommer) (à une fonction, un bureau)* to appoint; *(à une région, un pays)* to post *(à* to)

**d** *(= émouvoir)* to affect, to move; *(= concerner)* to affect ◆ **il a été très affecté par leur mort** he was deeply affected by their deaths

**e** *(Math)* to modify ◆ **nombre affecté du coefficient 2/du signe plus** number modified by *ou* bearing the coefficient 2/a plus sign

**f** *(Méd)* to affect ◆ **les oreillons affectent surtout les jeunes enfants** mumps mostly affects young children

**g** *(= prendre)* **ce muscle affecte la forme d'un triangle** this muscle is triangle-shaped *ou* is in the form of a triangle

**affectif, -ive** /afɛktif, iv/ ADJ emotional; *(Psych)* affective

**affection** /afɛksjɔ̃/ NF **a** *(= tendresse)* affection, fondness ◆ **avoir de l'~ pour qn** to feel affection for sb, to be fond of sb ◆ **prendre qn en ~, se prendre d'~ pour qn** to become fond of *ou* attached to sb **b** *(Méd)* ailment, affection **c** *(Psych)* affection

**affectionné, e** /afɛksjɔne/ (ptp de **affectionner**) ADJ *(frm)* ◆ **votre fils ~** your loving *ou* devoted son ◆ **votre ~** yours affectionately

**affectionner** /afɛksjɔne/ ► conjug 1 ◄ VT *[+ chose]* to have a liking for, to be fond of; *[+ personne]* to be fond of

**affectivité** /afɛktivite/ NF affectivity

**affectueusement** /afɛktɥøzmɑ̃/ ADV affectionately, fondly ◆ **~ vôtre** yours affectionately

**affectueux, -euse** /afɛktɥø, øz/ ADJ *[personne]* affectionate; *[pensée, regard]* affectionate, fond

**afférent, e** /afeʀɑ̃, ɑ̃t/ ADJ **a** *(Admin)* **~ à** *[fonction]* pertaining to, relating to ◆ **questions y ~es** related questions ◆ **part ~e à** *(Jur)* portion accruing to **b** *(Méd)* afferent

**affermage** /afɛʀmaʒ/ NM *(par le propriétaire)* leasing; *(par le fermier)* renting ◆ **contrat d'~** lease

**affermer** /afɛʀme/ ► conjug 1 ◄ VT *[propriétaire]* to lease; *[fermier]* to rent

**affermir** /afɛʀmiʀ/ ► conjug 2 ◄ VT *[+ pouvoir, position]* to consolidate, to strengthen; *[+ principes]* to strengthen; *[+ contrôle]* to tighten up; *[+ tendance]* to reinforce; *[+ autorité]* to reinforce, to strengthen; *[+ muscles]* to tone up ◆ **~ sa prise** *(Sport)* to tighten one's grip ◆ **cela l'a affermi dans sa résolution** that strengthened his resolve ◆ **d'autres preuves ont affermi ma certitude** new evidence convinced me even more VPR **s'affermir** *[pouvoir]* to consolidate itself, to be reinforced; *[détermination, principe]* to be strengthened; *[autorité, tendance]* to be reinforced; *[monnaie]* to strengthen; *[muscles]* to become firmer, to firm up ◆ **la reprise économique devrait s'~** the economic recovery should consolidate itself

**affermissement** /afɛʀmismɑ̃/ NM *[de pouvoir, position]* consolidation, strengthening; *[de tendance]* reinforcement; *[de monnaie]* strengthening

**affété, e** /afete/ ADJ *(littér)* affected

**afféterie** /afɛtʀi/ NF *(littér)* affectation *(NonC)*, preciosity

**affichage** /afiʃaʒ/ NM **a** *[d'affiche, résultats]* putting *ou* sticking up, posting; *(Théât)* billing ◆ **l'~** billsticking, billposting ◆ **"affichage interdit"** "stick no bills", "post no bills" ◆ **interdit à l'~** *[magazine]* not for public display ◆ **campagne d'~** poster campaign; → **panneau, tableau** **b** *(Ordin)* display ◆ **montre à ~ numérique** digital watch

**affiche** /afiʃ/ NF **a** *(officielle)* public notice; *(Admin)* bill; *(électorale)* poster ◆ **la vente a été annoncée par voie d'~** the sale was advertised on public noticeboards **b** *(Théât)* (play)bill ◆ **quitter l'~** to come off, to close ◆ **tenir longtemps l'~** to have a long run ◆ **il y a une belle ~ pour cette pièce** this play has an excellent cast; → **tête**

♦ **à l'affiche** ◆ **mettre à l'~** to bill ◆ **ce spectacle est resté à l'~ plus d'un an** the show ran for over a year ◆ **le film n'est plus à l'~ à Paris** the film is no longer being shown in Paris

**afficher** /afiʃe/ ► conjug 1 ◄ VT **a** *[+ résultats]* to put *ou* stick up, to post; *(Théât)* to bill; *(Ordin)* to display ◆ **"défense d'afficher"** "stick no bills", "post no bills" ◆ **~ complet**

to be sold out b *[+ émotion, mépris, qualité]* to exhibit, to display; *[+ vice]* to flaunt ◆ ~ **ses opinions politiques** to make no secret of one's political views VPR **s'afficher** a *(= apparaître)* to be displayed ◆ **un menu s'affiche à l'écran** a menu is displayed on the screen ◆ **l'hypocrisie qui s'affiche sur tous les visages** the hypocrisy which is plain to see on everybody's face b *(= se montrer)* to flaunt o.s. ◆ **s'~ avec son amant** to carry on openly in public with one's lover

**affichette** /afiʃɛt/ NF *(officielle)* small public notice; *(Admin, Théât)* small bill *ou* poster; *(publicitaire, électorale)* small poster

**afficheur, -euse** /afiʃœʀ, øz/ NM,F billsticker, billposter NM *(Tech)* display

**affichiste** /afiʃist/ NMF poster designer *ou* artist

**affidé, e** /afide/ NM,F *(péj)* accomplice, henchman

**affilage** /afilaʒ/ NM *[de couteau, outil]* sharpening, whetting; *[de rasoir]* sharpening, honing

**affilé, e**[1] /afile/ (ptp de **affiler**) ADJ *[outil, couteau]* sharp; *[intelligence]* keen; → **langue**

**affilée**[2] /afile/ **d'affilée** LOC ADV in a row ◆ **8 heures d'~** 8 hours at a stretch *ou* solid ◆ **boire plusieurs verres d'~** to drink several glasses in a row *ou* in succession

**affiler** /afile/ ► conjug 1 ◄ VT *[+ couteau, outil]* to sharpen, to whet; *[+ rasoir]* to sharpen, to hone

**affiliation** /afiljasjɔ̃/ NF affiliation

**affilié, e** /afilje/ (ptp de **affilier**) NM,F affiliated member

**affilier** /afilje/ ► conjug 7 ◄ VT to affiliate (*à* to) VPR **s'affilier** to become affiliated, to affiliate o.s. (*ou* itself) (*à* to)

**affiloir** /afilwaʀ/ NM *(= outil)* sharpener; *(= pierre)* whetstone; *(pour couteau)* steel

**affinage** /afinaʒ/ NM *[de métal]* refining; *[de verre]* fining; *[de fromage]* maturing

**affinement** /afinmɑ̃/ NM *[d'analyse]* refinement, honing; *[de concept]* refinement; *[de goût, manières, style]* refinement

**affiner** /afine/ ► conjug 1 ◄ VT a *[+ métal]* to refine; *[+ verre]* to fine; *[+ fromage]* to complete the maturing (process) of ◆ **fromage affiné en cave** cheese matured in a cellar b *[+ analyse, image, style, stratégie]* to hone, to refine; *[+ concept]* to refine; *[+ esprit, mœurs]* to refine; *[+ sens]* to make keener, to sharpen c *[+ taille, hanches]* to slim (down); *[+ chevilles]* to make slender ◆ **ce maquillage vous affinera le visage** this make-up will make your face look thinner VPR **s'affiner** a *[analyse, concept]* to become (more) refined; *[style]* to become (more) refined *ou* polished; *[odorat, goût]* to become sharper *ou* keener b *[personne]* to slim (down); *[taille]* to become slimmer; *[chevilles]* to become (more) slender; *[visage]* to get thinner; *[grain de la peau]* to become finer

**affineur, -euse** /afinœʀ, øz/ NM,F *[de métal]* refiner; *[de verre]* finer

**affinité** /afinite/ NF *(entre personnes)* affinity; *(entre œuvres)* similarity ◆ **les deux auteurs ont des ~s** the two writers have affinities, there are similarities between the two writers ◆ **l'actrice s'identifie au personnage de Daphné, elle a des ~s avec elle** the actress identifies with the character of Daphné, she has an affinity with her ◆ **nous avions des ~s littéraires** we felt the same way about books ◆ **"plus si affinités"** *(petite annonce)* "possibly more"

**affirmatif, -ive** /afiʀmatif, iv/ ADJ *[réponse, proposition]* affirmative; *[personne, ton]* assertive, affirmative; *(Ling)* affirmative, positive ◆ **il a été ~ à ce sujet** he was quite positive on that score *ou* about that ◆ **~ !** *(Mil, hum)* affirmative!; → **signe** NM *(Ling)* affirmative, positive ◆ **à l'~** in the affirmative, in the positive NF **affirmative** affirmative ◆ **répondre par l'affirmative** to answer yes *ou* in the affirmative ◆ **dans l'affirmative** in the event of the answer being yes *ou* of an affirmative reply *(frm)* ◆ **nous espérons que vous viendrez : dans l'affirmative, faites-le-nous savoir** we hope you'll come and if you can (come) please let us know

**affirmation** /afiʀmasjɔ̃/ NF a *(= allégation)* claim ◆ **l'~ selon laquelle ce pays aurait immergé des déchets nucléaires** the claim that this country has dumped nuclear waste at sea b *(Ling)* assertion c *(= fait d'affirmer, expression)* assertion ◆ **l'~ de la liberté et de la dignité de la personne humaine** the assertion *ou* affirmation of the freedom and dignity of human beings ◆ **pour lui, toute ~ de sa propre personnalité est jugée suspecte** for him any assertion of one's own personality is regarded as suspect ◆ **une fraction de la population est tentée par l'~ intolérante de son identité** part of the population is tempted to assert its identity in an intolerant way

**affirmativement** /afiʀmativmɑ̃/ ADV in the affirmative, affirmatively

**affirmer** /afiʀme/ GRAMMAIRE ACTIVE 53.3, 53.5 ► conjug 1 ◄ VT a *(= soutenir)* to claim, to say ◆ **il affirme l'avoir vu s'enfuir** he claims *ou* says that he saw him run off ◆ **il affirme que c'est de votre faute** he claims *ou* says that it is your fault ◆ **tu affirmes toujours tout sans savoir** you're always very sure about things you know nothing about ◆ **pouvez-vous l'~ ?** can you be positive about it?, can you say that for sure? ◆ **on ne peut rien ~ encore** we can't say anything positive yet ◆ **'c'est lui' affirma-t-elle** 'it's him', she said ◆ **~ sur l'honneur que ...** to give one's word of honour that ... b *(= manifester) [+ originalité, autorité, position]* to assert ◆ **talent/personnalité qui s'affirme** talent/personality which is asserting itself ◆ **il s'affirme comme l'un de nos meilleurs romanciers** he is establishing himself as one of our best novelists c *(= proclamer)* to affirm, to assert ◆ **le président a affirmé sa volonté de régler cette affaire** the president affirmed *ou* asserted his wish to settle the matter

> ⚠ *Attention à ne pas traduire automatiquement* **affirmer** *par* **to affirm**, *qui a des emplois spécifiques et est d'un registre plus soutenu.*

**affixe** /afiks/ NM *(Ling)* affix

**affleurement** /aflœʀmɑ̃/ NM *(Géol)* outcrop; *(fig)* emergence; *(Tech)* flushing

**affleurer** /aflœʀe/ ► conjug 1 ◄ VI *[rocs, récifs]* to show on the surface; *[filon, couche]* to show on the surface, to outcrop *(SPÉC)*; *[sentiment, sensualité]* to come *ou* rise to the surface ◆ **quelques récifs affleuraient (à la surface de l'eau)** a few reefs showed on the surface (of the water) VT *(Tech)* to make flush, to flush

**afflictif, -ive** /afliktif, iv/ ADJ *(Jur)* corporal

**affliction** /afliksjɔ̃/ NF *(littér)* affliction ◆ **être dans l'~** to be in a state of affliction

**affligé, e** /afliʒe/ (ptp de **affliger**) ADJ ◆ **être ~ de** *[maladie]* to be afflicted with ◆ **il était ~ d'une femme acariâtre** he was afflicted *ou* cursed with a cantankerous wife ◆ **les ~s** *(littér)* the afflicted

**affligeant, e** /afliʒɑ̃, ɑ̃t/ ADJ distressing; *(iro)* pathetic

**affliger** /afliʒe/ ► conjug 3 ◄ VT *(= attrister)* to distress, to grieve; *(littér = accabler)* to smite *(littér)* (*de* with); ◆ **s'~ de qch** to be distressed *ou* grieved about sth ◆ **la nature l'avait affligé d'un nez crochu** *(hum)* nature had afflicted *ou* cursed him with a hooked nose

**affluence** /aflyɑ̃s/ NF *[de gens]* crowds, throng *(littér)* ◆ **les heures d'~** *[de trains, circulation]* the rush hour; *[de magasin]* the peak shopping period, the busy period

**affluent** /aflyɑ̃/ NM tributary, affluent *(SPÉC)*

**affluer** /aflye/ ► conjug 1 ◄ VI *[fluide, sang]* to rush, to flow (*à, vers* to); *[foule]* to flock ◆ **les dons affluaient de partout** donations came flooding in from all over ◆ **l'argent afflue dans les caisses de la banque** money is flowing *ou* flooding into the coffers of the bank

**afflux** /afly/ NM a *[de fluide]* inrush; *(Élec)* flow b *[d'argent]* inflow; *[de réfugiés, touristes]* influx ◆ **~ de capitaux** capital inflow ◆ **~ de main-d'œuvre** inflow *ou* influx of labour

**affolant, e** /afɔlɑ̃, ɑ̃t/ ADJ *(= effrayant)* frightening; *(= troublant) [situation, nouvelle]* distressing, disturbing ◆ **c'est ~ !** * it's alarming! ◆ **à une vitesse ~e** at an alarming rate

**affolé, e** /afɔle/ (ptp de **affoler**) ADJ a *(= effrayé)* panic- *ou* terror-stricken ◆ **je suis ~ de voir ça** * I'm appalled *ou* horrified at that ◆ **air ~** look of panic b *[boussole]* wildly fluctuating

**affolement** /afɔlmɑ̃/ NM a *(= effroi)* panic ◆ **pas d'~ !** * don't panic! b *[de boussole]* wild fluctuations

**affoler** /afɔle/ ► conjug 1 ◄ VT *(= effrayer)* to throw into a panic, to terrify; *(littér = troubler)* to drive wild, to throw into a turmoil VPR **s'affoler** *[personne]* to lose one's head; *[gouvernement]* to panic, to lose one's nerve ◆ **la Bourse s'est affolée** there was panic on the Stock Exchange ◆ **ne nous affolons pas** * let's not panic *ou* get in a panic *, let's keep our heads

**affouillement** /afujmɑ̃/ NM undermining

**affouiller** /afuje/ ► conjug 1 ◄ VT to undermine

**affranchi, e** /afʀɑ̃ʃi/ (ptp de **affranchir**) NM,F *(= esclave)* emancipated *ou* freed slave; *(= libertin)* emancipated man (*ou* woman)

**affranchir** /afʀɑ̃ʃiʀ/ ► conjug 2 ◄ VT a *(avec des timbres)* to put a stamp *ou* stamps on, to stamp; *(à la machine)* to frank ◆ **lettre affranchie/non affranchie** stamped/unstamped letter, franked/unfranked letter ◆ **j'ai reçu une lettre insuffisamment affranchie** I received a letter with insufficient postage on it ◆ **machine à ~** franking machine b *[+ esclave]* to enfranchise, to emancipate; *[+ peuple, pays]* to free; *(fig) [+ esprit, personne]* to free, to emancipate ◆ **~ qn de** *[+ contrainte, influence]* to free sb from c ◆ **~ qn** *(arg Crime = mettre au courant)* to give sb the low-down *, to put sb in the picture * d *(Cartes)* to clear VPR **s'affranchir** ◆ **s'~ de** *[+ domination, convenances]* to free o.s. from

**affranchissement** /afʀɑ̃ʃismɑ̃/ NM a *(avec des timbres)* stamping; *(à la machine)* franking; *(= prix payé)* postage b *[d'esclave]* emancipation, freeing; *[de peuple, pays]* freeing; *(fig) [d'esprit, personne]* freeing, emancipation

**affres** /ɑfʀ/ NFPL *(littér)* ◆ **être dans les ~ de la mort** to be in the throes of death ◆ **le pays s'enfonce dans les ~ d'une crise financière** the country is in the throes of a financial crisis ◆ **dans ce film, il évoque les ~ de la création** in this film, he portrays the trials and tribulations of the creative process

**affrètement** /afʀɛtmɑ̃/ NM chartering

**affréter** /afʀete/ ► conjug 6 ◄ VT to charter

**affréteur** /afʀetœʀ/ NM *(Aviat, Naut)* charterer; *(Aut)* hirer

**affreusement** /afʀøzmɑ̃/ ADV *[souffrir, blesser]* horribly; *[difficile, vulgaire]* terribly ◆ **~ laid** hideously ugly ◆ **ce plat est ~ mauvais** this food is terrible *ou* awful ◆ **on est ~ mal assis** these seats are terribly uncomfortable ◆ **~ en retard** dreadfully late

**affreux, -euse** /afʀø, øz/ ADJ *(= très laid)* hideous, ghastly; *(= effroyable, abominable)* dreadful, awful ◆ **quel temps ~ !** what dreadful *ou* awful weather! ◆ **j'ai un mal de tête ~** I've got a terrible headache; → **jojo** NM *(arg Mil)* (white) mercenary

**affriander** /afʀijɑ̃de/ ► conjug 1 ◄ VT *(littér)* to allure, to entice

**affriolant, e** /afʀijɔlɑ̃, ɑ̃t/ ADJ *[perspective, programme]* appealing, exciting; *[femme]* alluring; *[vêtement]* alluring

**affrioler** /afʀijɔle/ ► conjug 1 ◄ VT to tempt

**affriquée** /afʀike/ ADJ F affricative NF affricate

**affront** /afʀɔ̃/ NM *(= insulte)* affront ◆ **faire (un) ~ à qn** to affront sb

**affrontement** /afʀɔ̃tmɑ̃/ NM *(Mil, Pol)* confrontation

**affronter** /afʀɔ̃te/ ► conjug 1 ◄ VT *[+ adversaire, danger]* to confront, to face ◆ **~ la mort** to face *ou* brave death ◆ **~ le mauvais temps** to brave the bad weather VPR **s'affronter** *[adversaires]* to confront each other ◆ **ces deux théories s'affrontent** these two theories clash *ou* are in direct opposition

**affublement** /afybləmɑ̃/ NM *(péj)* attire

**affubler** /afyble/ ► conjug 1 ◄ VT ◆ **~ qn de** *[+ vêtement]* to deck *ou* rig* *(Brit)* sb out in ◆ **~ qn d'un sobriquet** to attach a nickname to sb ◆ **il s'affubla d'un vieux manteau** he donned an old coat ◆ **affublé d'un vieux chapeau** wearing an old hat

**affût** /afy/ NM **a** ◆ **~ (de canon)** (gun) carriage **b** *(Chasse)* hide *(Brit)*, blind *(US)*

◆ **à l'affût** ◆ **chasser à l'~** to hunt game from a hide *(Brit)* *ou* blind *(US)* ◆ **être à l'~** to be lying in wait ◆ **être à l'~ de qch** *(fig)* to be on the look-out for sth ◆ **se mettre à l'~** to lie in wait

**affûtage** /afytaʒ/ NM sharpening, grinding

**affûter** /afyte/ ► conjug 1 ◄ VT *[+ lame]* to sharpen, to grind; *[+ arguments, stratégie]* to hone

**affûteur** /afytœʀ/ NM *(= personne)* grinder

**affûteuse** /afytøz/ NF *(= machine)* grinder, sharpener

**afghan, e** /afgɑ̃, an/ ADJ Afghan; → **lévrier** NM *(Ling)* Afghan NM,F **Afghan(e)** Afghan

**Afghanistan** /afganistɑ̃/ NM Afghanistan

**aficionado** /afisjɔnado/ NM aficionado

**afin** /afɛ̃/ GRAMMAIRE ACTIVE 35.2 PRÉP ◆ **~ de** to, in order to ◆ **~ que nous le sachions** so that *ou* in order that we should know

**AFNOR** /afnɔʀ/ NF (abrév de **Association française de normalisation**) *French Industrial Standards Authority,* ≃ BSI *(Brit)*, ANSI *(US)*

**afocal, e** (mpl **-aux**) /afɔkal, o/ ADJ afocal

**a fortiori** /afɔʀsjɔʀi/ LOC ADV all the more, a fortiori *(frm)*

**AFP** /aɛfpe/ NF (abrév de **Agence France-Presse**) French Press Agency

**AFPA** /afpa/ NF (abrév de **Association pour la formation professionnelle des adultes**) *adult professional education association*

**africain, e** /afʀikɛ̃, ɛn/ ADJ African NM,F **Africain(e)** African

**africanisation** /afʀikanizasjɔ̃/ NF Africanization

**africanisme** /afʀikanism/ NM Africanism

**africaniste** /afʀikanist/ NMF Africanist

**afrikaans** /afʀikɑ̃s/ NM, ADJ INV Afrikaans

**afrikander** /afʀikɑ̃dɛʀ/, **afrikaner** /afʀikanɛʀ/ ADJ, NMF Afrikaner

**Afrique** /afʀik/ NF Africa ◆ **l'~ australe/du Nord** Southern/North Africa ◆ **l'~ du Sud** South Africa ◆ **l'~ noire** black Africa

**afro** * /afʀo/ ADJ INV Afro ◆ **coiffure ~** Afro (hairstyle *ou* hairdo *)

**afro-américain, e** /afʀoameʀikɛ̃, ɛn/ ADJ Afro-American, African-American NM,F **Afro-Américain(e)** Afro-American, African-American

**afro-asiatique** (pl **afro-asiatiques**) /afʀoazjatik/ ADJ Afro-Asian NMF **Afro-Asiatique** Afro-Asian

**afro-brésilien, -ienne** /afʀobʀeziljɛ̃, jɛn/ ADJ Afro-Brazilian NM,F **Afro-Brésilien(ne)** Afro-Brazilian

**AG** * /aʒe/ NF (abrév de **assemblée générale**) *(Écon)* AGM; *[d'étudiants]* EGM

**agaçant, e** /agasɑ̃, ɑ̃t/ ADJ irritating, annoying

**agacement** /agasmɑ̃/ NM irritation, annoyance

**agacer** /agase/ ► conjug 3 ◄ VT **a** ◆ **~ qn** *(= énerver)* to get on sb's nerves, to irritate sb; *(= taquiner)* to pester *ou* tease sb ◆ **~ les dents de qn** to set sb's teeth on edge ◆ **~ les nerfs de qn** to get on sb's nerves ◆ **ça m'agace !** it's getting on my nerves! ◆ **agacé par le bruit** irritated *ou* annoyed by the noise ◆ **agacé de l'entendre** irritated by what he said **b** *(littér = aguicher)* to excite, to lead on

**agaceries** /agasʀi/ NFPL coquetries, provocative gestures

**Agamemnon** /agamɛmnɔ̃/ NM Agamemnon

**agapes** /agap/ NFPL *(hum)* banquet, feast

**agar-agar** (pl **agars-agars**) /agaʀagaʀ/ NM agar(-agar)

**agate** /agat/ NF agate

**agave** /agav/ NM agave

**AGE** /aʒeə/ NF (abrév de **assemblée générale extraordinaire**) EGM

**âge** /ɑʒ/ NM **a** *(gén)* age ◆ **quel ~ avez-vous ?** how old are you?, what age are you? ◆ **à l'~ de 8 ans** at the age of 8 ◆ **j'ai votre ~** I'm your age, I'm the same age as you ◆ **ils sont du même ~** they're the same age ◆ **il est d'un ~ canonique** *(hum)* he's a venerable age ◆ **elle est d'un ~ avancé** she's getting on in years, she's quite elderly ◆ **d'~ moyen, entre deux ~s** middle-aged ◆ **il ne paraît** *ou* **fait pas son ~** he doesn't look his age ◆ **elle porte bien son ~** she looks good for her age ◆ **il fait plus vieux que son ~** he looks older than he is ◆ **sans ~, qui n'a pas d'~** ageless ◆ **on a l'~ de ses artères** you're as old as you feel ◆ **il a vieilli avant l'~** he's got *ou* he's old before his time ◆ **il a pris de l'~** he's aged ◆ **amusez-vous, c'est de votre ~** enjoy yourself, you should (do) at your age ◆ **à son ~** at his age ◆ **j'ai passé l'~ de le faire** I'm too old for that ◆ **avec l'~ il se calmera** he'll settle down as he gets older ◆ **des gens de tout ~** people of all ages ◆ **être en ~ de se marier** to be of marriageable age, to be old enough to get married ◆ **porto de 15 ans d'~** 15-year-old port ◆ **le premier ~** the first three months; → **bas¹, quatrième, troisième**

**b** *(= ère)* age ◆ **ça existait déjà à l'~ des cavernes !** *(hum)* that dates back to the Stone Age!

COMP ▷ **l'âge adulte** *(gén)* adulthood; *(pour un homme)* manhood; *(pour une femme)* womanhood ◆ **à l'~ adulte** in adulthood ▷ **l'âge bête** ◆ **c'est l'~ bête** it's an awkward *ou* difficult age ▷ **l'âge du bronze** the Bronze Age ▷ **l'âge critique** the change of life ▷ **l'âge du fer** the Iron Age ▷ **l'âge d'homme** manhood ▷ **l'âge ingrat** ⇒ **l'âge bête** ▷ **l'âge légal** the legal age ◆ **avoir l'~ légal** to be legally old enough ▷ **âge mental** mental age ▷ **l'âge mûr** maturity ▷ **l'âge d'or** the golden age ▷ **l'âge de (la) pierre** the Stone Age ▷ **l'âge de la pierre polie** the Neolithic age ▷ **l'âge de la pierre taillée** the Palaeolithic age ▷ **l'âge de raison** the age of reason ▷ **l'âge de la retraite** retirement age ▷ **l'âge tendre** *(= petite enfance)* childhood; *(= adolescence)* youth ◆ **à l'~ tendre de quatorze ans** at the tender age of fourteen ◆ **d'~ tendre** young ▷ **l'âge viril** ⇒ **l'âge d'homme**

**âgé, e** /ɑʒe/ ADJ ◆ **être ~** to be old, to be elderly ◆ **être ~ de 9 ans** to be 9 years old, to be 9 years of age ◆ **enfant ~ de 4 ans** 4-year-old child ◆ **dame ~e** elderly lady ◆ **les personnes ~es** the elderly

**agence** /aʒɑ̃s/ NF *(= succursale)* branch (office); *(= bureaux)* offices; *(= organisme)* agency, bureau

COMP ▷ **agence commerciale** sales office *ou* agency ▷ **Agence pour l'énergie nucléaire** Atomic Energy Authority ▷ **Agence de l'environnement et de la maîtrise de l'énergie** *French energy conservation agency,* ≃ Energy Efficiency Office *(Brit)* ▷ **agence immobilière** estate agency *(Brit)*, estate agent's (office) *(Brit)*, real estate agency *(US)* ▷ **agence d'intérim** temping agency ▷ **Agence internationale de l'énergie atomique** International Atomic Energy Agency ▷ **agence matrimoniale** marriage bureau ▷ **Agence nationale pour l'emploi** *French national employment office,* ≃ Jobcentre *(Brit)* ▷ **agence de placement** employment agency *ou* bureau ▷ **agence de presse** news *ou* press agency, news service *(US)* ▷ **agence de publicité** advertising *ou* publicity agency ▷ **agence de renseignements** information bureau *ou* office ▷ **Agence spatiale européenne** European Space Agency ▷ **agence de tourisme** tourist agency ▷ **agence de voyages** travel agency

**agencé, e** /aʒɑ̃se/ (ptp de **agencer**) ADJ ◆ **bien ~** *(gén)* well-organized; *[phrase]* well-constructed; *[local] (en meubles)* well-equipped; *(en espace)* well-arranged, well laid-out ◆ **mal ~** *[local] (en meubles)* poorly-equipped; *(en espace)* badly laid-out

**agencement** /aʒɑ̃smɑ̃/ NM *[d'éléments]* organization; *[de phrase, roman]* construction; *[de couleurs]* combination; *[de local] (= disposition)* arrangement, layout; *(= équipement)* equipment ◆ **~s modernes** modern fittings *ou* equipment

**agencer** /aʒɑ̃se/ ► conjug 3 ◄ VT *[+ éléments]* to put together, to combine; *[+ couleurs]* to combine; *[+ phrase, roman]* to construct, to put together; *[+ local] (= disposer)* to lay out, to arrange; *(= équiper)* to equip VPR **s'agencer** *[éléments]* to combine

**agenda** /aʒɛ̃da/ NM **a** *(= carnet)* diary *(Brit)*, datebook *(US)*, calendar *(US)* **b** *(= activités)* schedule ◆ ~ **très chargé** very busy schedule COMP ▷ **agenda de bureau** desk diary *(Brit)* *ou* calendar *(US)* ▷ **agenda électronique** electronic organizer *ou* diary *(Brit)*

> ⚠ **agenda** *ne se traduit pas par le mot anglais* **agenda**, *qui a le sens de 'ordre du jour'.*

**agenouillement** /aʒ(ə)nujmɑ̃/ NM *(littér)* kneeling

**agenouiller (s')** /aʒ(ə)nuje/ ▸ conjug 1 ◂ VPR to kneel (down) ◆ **être agenouillé** to be kneeling ◆ **s'~ devant l'autorité** to bow before authority

**agenouilloir** /aʒ(ə)nujwaʀ/ NM *(= escabeau)* hassock, kneeling stool; *(= planche)* kneeling plank

**agent** /aʒɑ̃/ NM a *(Police)* policeman ◆ **pardon, monsieur l'~** excuse me, officer *ou* constable *(Brit)* ◆ **elle est ~** she's a policewoman

b *(Comm, Pol = représentant)* agent; *(Admin)* officer, official ◆ **arrêter un ~ ennemi** to arrest an enemy agent ◆ **~ exclusif** sole agent ◆ **~ en franchise** franchised dealer

c *(Chim, Gram, Sci)* agent; → **complément**

COMP ▷ **agent d'accueil** greeter ▷ **agent administratif** administrative officer ▷ **agent d'ambiance** *person whose job it is to liaise informally with customers, passengers etc* ▷ **agent artistique** (artistic) agent ▷ **agent d'assurances** insurance agent ▷ **agent de change** † stockbroker ▷ **agent de la circulation** policeman on traffic duty, ≃ traffic policeman ▷ **agent commercial** (sales) representative ▷ **agent comptable** accountant ▷ **agent consulaire** consular official *ou* officer ▷ **agent double** double agent ▷ **agent électoral** campaign organizer *ou* aide ▷ **agent d'entretien** cleaning operative, maintenance person ▷ **agent de l'État** public sector employee ▷ **agent du fisc** tax official *ou* officer ▷ **agent de la force publique** member of the police force ▷ **agent du gouvernement** government official ▷ **agent immobilier** estate agent *(Brit)*, real estate agent *(US)* ▷ **agent de liaison** *(Mil)* liaison officer ▷ **agent littéraire** literary agent ▷ **agent de maîtrise** supervisor ▷ **agent maritime** shipping agent ▷ **agent de médiation** ⇒ **agent d'ambiance** ▷ **agent de police** policeman ◆ **elle est ~** she's a policewoman ▷ **agent provocateur** agent provocateur ▷ **agent public** ⇒ **agent de l'État** ▷ **agent de publicité** advertising agent ▷ **agent de renseignements** intelligence agent ▷ **agent de sapidité** flavour enhancer ▷ **agent secret** secret agent ▷ **agent de surface** ⇒ **agent d'entretien** ▷ **agent technique** technician ▷ **agent de transmission** *(Mil)* despatch rider, messenger ▷ **agent voyer** ≃ borough surveyor

**agentif** /aʒɑ̃tif/ NM *(Ling)* agentive

**aggiornamento** /a(d)ʒjɔʀnamɛnto/ NM a *(Rel)* aggiornamento b *(fig)* **il a entrepris un ~ du Parti travailliste** he set about modernizing the Labour Party

**agglo** * /aglo/ NM abrév de **aggloméré**

**agglomérat** /aglɔmeʀa/ NM *(Géol)* agglomerate; *[de personnes]* mixture; *[d'objets]* cluster

**agglomération** /aglɔmeʀasjɔ̃/ NF a *(= ville) (Admin)* town; *(Aut)* built-up area ◆ **l'~ parisienne** Paris and its suburbs, the urban area of Paris b *[de nations, idées]* conglomeration; *[de matériaux]* conglomeration, agglomeration

**aggloméré, e** /aglɔmeʀe/ NM *(= bois)* chipboard, Masonite ® *(US)*; *(= pierre)* conglomerate; *(= charbon)* briquette

**agglomérer** /aglɔmeʀe/ ▸ conjug 6 ◂ VT *(= amonceler)* to pile up; *[+ bois, pierre]* to compress VPR **s'agglomérer** *(Tech)* to agglomerate; *(= s'amonceler)* to pile up; *(= se rassembler)* to conglomerate, to gather ◆ **population agglomérée** *(Admin)* dense population

**agglutinant, e** /aglytinɑ̃, ɑ̃t/ ADJ *(gén)* agglutinating; *(Ling)* agglutinative NM agglutinant

**agglutination** /aglytinasjɔ̃/ NF *(Bio, Ling)* agglutination

**agglutiner** /aglytine/ ▸ conjug 1 ◂ VT to stick together; *(Bio)* to agglutinate ◆ **les passants s'agglutinaient devant la vitrine** passers-by gathered in front of the window

**agglutinogène** /aglytinɔʒɛn/ NM agglutinogen

**aggravant, e** /agʀavɑ̃, ɑ̃t/ ADJ *[facteur]* aggravating; → **circonstance**

**aggravation** /agʀavasjɔ̃/ NF *[de mal, situation]* worsening, aggravation; *[d'impôt, chômage]* increase

**aggraver** /agʀave/ ▸ conjug 1 ◂ VT *(= faire empirer)* to make worse, to aggravate; *(= renforcer)* to increase ◆ **~ la récession** to deepen the recession ◆ **~ le déficit budgétaire** to increase the budget deficit ◆ **~ la situation** to make matters worse ◆ **ça ne fera qu'~ nos problèmes** it will only make our problems worse ◆ **la répression n'a fait qu'~ la crise** repression has deepened *ou* aggravated the crisis ◆ **tu aggraves ton cas** you're making things worse for yourself ◆ **il a aggravé la marque** *ou* **le score à la 35e minute** he increased their lead in the 35th minute

VPR **s'aggraver** *(= empirer)* to get worse, to worsen; *(= se renforcer)* to increase ◆ **le chômage s'est fortement aggravé** unemployment has increased sharply, there has been a sharp increase in unemployment

> ⚠ *Attention à ne pas traduire automatiquement* **aggraver** *par* **to aggravate**, *qui est d'un registre plus soutenu.*

**agile** /aʒil/ ADJ agile ◆ **~ de ses mains** nimble with one's fingers ◆ **d'un geste ~** with a quick gesture ◆ **~ comme un singe** as agile as a goat

**agilement** /aʒilmɑ̃/ ADV nimbly, with agility

**agilité** /aʒilite/ NF agility, nimbleness

**agio** /aʒjo/ NM a *(= différence de cours)* Exchange premium b *(= frais)* **~s** (bank) charges

**agiotage** /aʒjɔtaʒ/ NM speculation

**agioter** /aʒjɔte/ ▸ conjug 1 ◂ VI to speculate

**agioteur, -euse** /aʒjɔtœʀ, øz/ NM,F speculator

**agir** /aʒiʀ/ GRAMMAIRE ACTIVE 53.2 ▸ conjug 2 ◂

VI a *(gén)* to act; *(= se comporter)* to behave, to act ◆ **il faut ~ tout de suite** we must act *ou* do something at once, we must take action at once ◆ **il a agi de son plein gré/en toute liberté** he acted quite willingly/freely ◆ **il agit comme un enfant** he acts *ou* behaves like a child ◆ **il a bien/mal agi envers sa mère** he behaved well/badly towards his mother ◆ **il a sagement agi** he did the right thing, he acted wisely ◆ **le syndicat a décidé d'~** the union has decided to take action *ou* to act ◆ **~ en ami** to behave *ou* act like a friend ◆ **~ au nom de qn** to act on behalf of sb; → **façon, manière**

b *(= exercer une influence)* **~ sur qch** to act on sth ◆ **~ sur qn** to bring pressure to bear on sb ◆ **~ sur le marché** *(Bourse)* to influence the market ◆ **~ auprès de qn** to use one's influence with sb

c *(loc)* **faire ~ la loi** to put *ou* set the law in motion ◆ **il a fait ~ son syndicat/ses amis** he got his union/friends to act *ou* take action ◆ **je ne sais pas ce qui le fait ~ ainsi** I don't know what prompts him to *ou* makes him act like that

d *(= opérer) [médicament]* to act, to work; *[influence]* to have an effect (*sur* on); ◆ **le remède agit lentement** the medicine is slow to take effect, the medicine acts *ou* works slowly ◆ **laisser ~ la nature** to let nature take its course ◆ **la lumière agit sur les plantes** light acts on *ou* has an effect on plants

VB IMPERS **s'agir** a ◆ **il s'agit de ...** *(= il est question de)* it is a matter *ou* question of ... ◆ **dans ce film il s'agit de 3 bandits** this film is about 3 gangsters ◆ **décide-toi, il s'agit de ton avenir** make up your mind, it's your future that's at stake ◆ **les livres dont il s'agit** the books in question ◆ **quand il s'agit de manger, il est toujours là** when it comes to food, he's never far away ◆ **quand il s'agit de travailler, il n'est jamais là** when there's any work to be done, he's never there *ou* around ◆ **on a trouvé des colonnes : il s'agirait/il s'agit d'un temple grec** some columns have been found: it would appear to be/it is a Greek temple ◆ **de quoi s'agit-il ?** what is it?, what's it (all) about? ◆ **voilà ce dont il s'agit** that's what it's (all) about ◆ **il ne s'agit pas d'argent** it's not a question of money ◆ **il ne s'agit pas de ça !** that's not it! *ou* the point! ◆ **il s'agit bien de ça !** *(iro)* that's hardly the problem! ◆ **il s'agissait bien de son frère** it was (about) his brother after all

b *(= il est nécessaire de faire)* **il s'agit de faire vite** we must act quickly, the thing (to do) is to act quickly ◆ **il s'agit pour lui de réussir** what he has to do is succeed ◆ **maintenant, il ne s'agit pas de plaisanter** this is no time for jokes ◆ **avec ça, il ne s'agit pas de plaisanter** that's no joking matter ◆ **maintenant il s'agit de garder notre avance** now it's a matter *ou* question of maintaining our lead, now what we have to do *ou* must do is maintain our lead ◆ **il s'agit** *ou* **s'agirait de s'entendre : tu viens ou tu ne viens pas ?** let's get one thing clear *ou* straight – are you coming or aren't you? ◆ **il s'agit de savoir ce qu'il va faire** it's a question of knowing what he's going to do, what we have to establish is what he's going to do

c *(loc)* **s'agissant de qn/qch** as regards sb/sth ◆ **s'agissant de sommes aussi importantes, il faut être prudent** when such large amounts are involved, one must be careful

**AGIRC** /aʒiʀk/ NF (abrév de **Association générale des institutions de retraite des cadres**) *confederation of executive pension funds*

**âgisme** /ɑʒism/ NM ageism

**agissant, e** /aʒisɑ̃, ɑ̃t/ ADJ *(= actif)* active; *(= efficace)* efficacious, effective ◆ **minorité ~e** active *ou* influential minority

**agissements** /aʒismɑ̃/ NMPL *(péj)* schemes, intrigues ◆ **surveiller les ~ de qn** to keep an eye on what sb is up to *

**agitateur, -trice** /aʒitatœʀ, tʀis/ NM,F *(Pol)* agitator NM *(Chim)* stirring rod

**agitation** /aʒitasjɔ̃/ NF a *[de personne] (ayant la bougeotte)* restlessness, fidgetiness; *(affairé)* bustle; *(troublé)* agitation b *[de mer]* roughness, choppiness; *[d'air]* turbulence; *[de lieu, rue]* hustle and bustle c *(Pol)* unrest, agitation

**agité, e** /aʒite/ (ptp de **agiter**) ADJ a *[personne] (= ayant la bougeotte)* restless, fidgety; *(= affairé)* bustling *(épith)*; *(= troublé)* agitated b *[mer]* rough, choppy; *(Naut)* moderate; *[vie]* hectic; *[époque]* troubled; *[nuit]* restless ◆ **mer peu ~e** slight sea *ou* swell ◆ **avoir le sommeil** ~ to toss about in one's sleep **NM,F** *(Psych)* manic person ◆ **c'est un** ~ he's manic

**agiter** /aʒite/ ► conjug 1 ◄ **VT** a *(= secouer) [+ bras, mouchoir]* to wave; *[+ ailes]* to flap, to flutter; *[+ queue]* to wag; *[+ bouteille, liquide]* to shake; *[+ menace]* to brandish ◆ ~ **avant l'emploi** shake (well) before use ◆ ~ **l'air de ses bras** to wave one's arms about ◆ **le vent agite doucement les branches** the wind gently stirs the branches ◆ **le vent agite violemment les branches** the wind shakes the branches ◆ **les feuilles, agitées par le vent** the leaves, fluttering in the wind ◆ **bateau agité par les vagues** boat tossed about *ou* rocked by the waves ◆ ~ **le spectre** *ou* **l'épouvantail de qch** to raise the spectre of sth

b *(= inquiéter)* to trouble, to perturb

c *(= débattre) [+ question, problème]* to discuss, to debate

**VPR s'agiter** a *[employé, serveur]* to bustle about; *[malade]* to move about *ou* toss restlessly; *[enfant, élève]* to fidget; *[foule, mer]* to stir ◆ **s'~ dans son sommeil** to toss and turn in one's sleep ◆ **les pensées qui s'agitent dans ma tête** the thoughts going round and round about in my head ◆ **le peuple s'agite** the masses are getting restless ◆ **s'~ sur sa chaise** to wriggle about on one's chair

b *( * = se dépêcher)* to get a move on *

> ⚠ *Attention à ne pas traduire automatiquement* **agiter** *par* **to agitate**, *qui est d'un registre plus soutenu.*

**agit-prop** /aʒitpʀɔp/ **NF INV** agitprop

**agneau** (pl **agneaux**) /aɲo/ **NM** lamb; *(= fourrure)* lambskin ◆ **son mari est un véritable ~** her husband is as meek as a lamb ◆ **mes ~x** *(iro)* my dears *(iro)* ◆ **l'Agneau de Dieu** the Lamb of God ◆ **l'Agneau pascal** the Paschal Lamb ◆ **l'~ sans tache** *(Rel)* the lamb without stain ◆ **l'~ du sacrifice** the sacrificial lamb; → **doux, innocent**

**agnelage** /aɲ(ə)laʒ/ **NM** *(= mise bas)* lambing; *(= époque)* lambing season

**agneler** /aɲ(ə)le/ ► conjug 5 ◄ **VI** to lamb

**agnelet** /aɲ(ə)lɛ/ **NM** small lamb, lambkin †

**agneline** /aɲ(ə)lin/ **NF** lamb's wool

**agnelle** /aɲɛl/ **NF** (female) lamb

**agnosticisme** /agnɔstisism/ **NM** agnosticism

**agnostique** /agnɔstik/ **ADJ, NMF** agnostic

**agonie** /agɔni/ **NF** *(avant la mort)* death pangs ◆ **entrer en ~** to be on the point of death ◆ **être à l'~** to be close to death ◆ **longue ~** slow death ◆ **son ~ fut longue** he died a slow death ◆ **l'~ d'un régime** the death throes of a régime

> ⚠ **agonie** *se traduit rarement par* **agony**, *qui a le sens de 'angoisse'.*

**agonir** /agɔniʀ/ ► conjug 2 ◄ **VT** to revile ◆ ~ **qn d'injures** to hurl insults *ou* abuse at sb, to heap insults *ou* abuse on sb

**agonisant, e** /agɔnizɑ̃, ɑ̃t/ **ADJ** *(littér ou fig)* dying ◆ **la prière des ~s** prayers for the dying, last rites

**agoniser** /agɔnize/ ► conjug 1 ◄ **VI** to be dying ◆ **un blessé agonisait dans un fossé** a wounded man lay dying in a ditch

> ⚠ **agoniser** *ne se traduit pas par* **to agonize**, *qui a le sens de 'se tourmenter'.*

**agora** /agɔʀa/ **NF** *(Antiq)* agora; *(= espace piétonnier)* concourse

**agoraphobe** /agɔʀafɔb/ **ADJ, NMF** agoraphobic

**agoraphobie** /agɔʀafɔbi/ **NF** agoraphobia

**agouti** /aguti/ **NM** *(Zool)* agouti

**agrafage** /agʀafaʒ/ **NM** *[de vêtement]* hooking (up), fastening (up); *[de papiers]* stapling; *(Méd)* putting in of clips

**agrafe** /agʀaf/ **NF** *[de vêtement]* hook (and eye) fastener; *[de papiers]* staple; *(Méd)* clip

**agrafer** /agʀafe/ ► conjug 1 ◄ **VT** a *[+ vêtement]* to hook (up), to fasten (up); *[+ papiers]* to staple b *(* = arrêter)* to bust *, to nab *

**agrafeuse** /agʀaføz/ **NF** stapler

**agraire** /agʀɛʀ/ **ADJ** *[politique, loi]* agrarian; *[mesure, surface]* land *(épith)*; → **réforme**

**agrammatical, e** (mpl **-aux**) /agʀamatikal, o/ **ADJ** agrammatical

**agrandir** /agʀɑ̃diʀ/ ► conjug 2 ◄ **VT** a *(= rendre plus grand) [+ passage]* to widen; *[+ trou]* to make bigger, to enlarge; *[+ usine, domaine]* to enlarge, to extend; *[+ écart]* to increase; *[+ photographie]* to enlarge, to blow up *; *(à la loupe)* to magnify; *(en photocopiant)* to enlarge ◆ **ce miroir agrandit la pièce** this mirror makes the room look bigger *ou* larger ◆ **(faire) ~ sa maison** to extend one's house

b *(= développer)* to extend, to expand ◆ **pour ~ le cercle de ses activités** to widen *ou* extend the scope of one's activities

c *(= ennoblir) [+ âme]* to uplift, to elevate

**VPR s'agrandir** *[ville, famille]* to grow, to expand; *[écart]* to widen, to grow; *[passage]* to get wider; *[trou]* to get bigger ◆ **il nous a fallu nous ~** we had to expand, we had to find a bigger place ◆ **ses yeux s'agrandirent sous le coup de la surprise** his eyes widened *ou* grew wide with surprise

**agrandissement** /agʀɑ̃dismɑ̃/ **NM** *[de local]* extension; *[de puissance, ville]* expansion; *(Photo) (= action)* enlargement; *(= photo)* enlargement, blow-up *

**agrandisseur** /agʀɑ̃disœʀ/ **NM** enlarger

**agraphie** /agʀafi/ **NF** agraphia

**agrarien, -ienne** /agʀaʀjɛ̃, jɛn/ **ADJ, NM** *(Hist, Pol)* agrarian

**agréable** /agʀeabl/ **ADJ** pleasant ◆ ~ **à voir** nice to see ◆ ~ **à l'œil** pleasing to the eye ◆ ~ **à vivre** *[personne]* easy *ou* pleasant to live with; *[lieu]* pleasant to live in ◆ **il est toujours ~ de ...** it is always pleasant *ou* nice to ... ◆ **ce que j'ai à dire n'est pas ~** what I have to say isn't (very) pleasant ◆ **si ça peut lui être ~** if that will please him ◆ **il me serait ~ de ...** it would be a pleasure for me to ..., I should be pleased to ... ◆ **être ~ de sa personne** † to be pleasant-looking *ou* personable **NM** ◆ **l'~ de la chose** the pleasant *ou* nice thing about it; → **joindre**

> ⚠ *Attention à ne pas traduire automatiquement* **agréable** *par le mot anglais* **agreeable**, *qui est d'un registre plus soutenu et a d'autres sens.*

**agréablement** /agʀeabləmɑ̃/ **ADV** pleasantly ◆ **je suis très ~ surpris** I'm very pleasantly surprised ◆ **nous avons ~ passé la soirée** we had a pleasant *ou* nice evening

**agréé, e** /agʀee/ (ptp de **agréer**) **ADJ** *[bureau, infirmière, nourrice]* registered ◆ **fournisseur ~** authorized *ou* registered dealer; → **comptable** **NM** *(† : Jur)* counsel, attorney *(US) (appearing for parties before a commercial court)*

**agréer** /agʀee/ ► conjug 1 ◄ *(frm)* **VT** *(= accepter) [+ demande, excuses]* to accept; *[+ fournisseur, matériel]* to approve ◆ **veuillez ~, Monsieur** *ou* **je vous prie d'~, Monsieur, l'expression de mes sentiments distingués** *ou* **les meilleurs** *ou* **l'assurance de ma considération distinguée** *(formule épistolaire)* yours sincerely, sincerely yours *(US)*; *(plus impersonnel)* yours faithfully **VT INDIR agréer à** *[+ personne]* to please, to suit ◆ **si cela vous agrée** if it suits *ou* pleases you, if you are agreeable

**agrég** * /agʀɛg/ **NF** abrév de **agrégation**

**agrégat** /agʀega/ **NM** *(Constr, Écon, Géol)* aggregate; *(péj) [d'idées]* mishmash

**agrégatif, -ive** /agʀegatif, iv/ **NM,F** *candidate for the agrégation*

**agrégation** /agʀegasjɔ̃/ **NF** a *(Univ) high-level competitive examination for recruiting teachers in France* b *[de particules]* aggregation

**agrégé, e** /agʀeʒe/ (ptp de **agréger**) **NM,F** *qualified teacher (holder of the agrégation)*; → **professeur**

**agréger** /agʀeʒe/ ► conjug 3 et 6 ◄ **VT** *[+ particules]* to aggregate ◆ ~ **qn à un groupe** to incorporate sb into a group ◆ **s'~ à un groupe** to incorporate o.s. into a group

**agrément** /agʀemɑ̃/ **NM** a *(littér = charme) [de personne, conversation]* charm; *[de visage]* attractiveness, charm; *[de lieu, climat]* pleasantness, agreeableness, amenity *(littér)* ◆ **sa compagnie est pleine d'~** he is very pleasant company ◆ **ville/maison sans ~** unattractive town/house, town/house with no agreeable *ou* attractive features ◆ **les ~s de la vie** the pleasures of life, the pleasant things in life ◆ **faire un voyage d'~** to go on *ou* make a pleasure trip; → **art, jardin, plante**[1] b *(frm = consentement)* consent, approval; *(Jur)* assent ◆ **donner son ~ à qch** to give one's consent *ou* assent to sth c *(Mus)* **(note d')~** grace note

**agrémenter** /agʀemɑ̃te/ ► conjug 1 ◄ **VT** ◆ ~ **qch de** *(= décorer)* to embellish *ou* adorn sth with; *(= relever)* to accompany sth with ◆ **agrémenté de broderies** trimmed *ou* embellished with embroidery ◆ **conférence agrémentée de projections** lecture accompanied by slides ◆ ~ **un récit d'anecdotes** to pepper *ou* enliven a story with anecdotes ◆ **dispute agrémentée de coups** *(iro)* argument enlivened with blows

**agrès** /agʀɛ/ **NMPL** *(Aviat, Naut)* tackle; *(Sport)* apparatus *(sg)* ◆ **exercices aux ~** exercises on the apparatus, apparatus work

**agresser** /agʀese/ ► conjug 1 ◄ **VT** to attack ◆ **il s'est senti agressé** *(physiquement)* he felt they (*ou* you *etc*) were being aggressive towards him; *(psychologiquement)* he felt they (*ou* you *etc*) were hostile towards him ◆ **il l'a agressée verbalement et physiquement** he subjected her to verbal and physical abuse ◆ **agressé par la vie moderne** feeling the strains *ou* stresses of modern life

**agresseur** /agʀesœʀ/ **NM** attacker, assailant ◆ **(pays) ~** aggressor

**agressif, -ive** /agʀesif, iv/ **ADJ** *(gén)* aggressive *(envers* towards, with); ◆ **d'un ton ~** aggressively ◆ **campagne publicitaire agressive** aggressive advertising campaign

**agression** /agʀesjɔ̃/ **NF** *(contre une personne)* attack; *(contre un pays)* aggression; *(dans la rue)* mugging; *(Psych)* aggression ◆ ~ **nocturne** attack *ou* assault at night ◆ **être victime d'une ~** to be mugged ◆ **les ~s de la vie moderne** the stresses of modern life

**agressivement** /agʀesivmɑ̃/ **ADV** aggressively

**agressivité** /agʀesivite/ **NF** aggression, aggressiveness

**agreste** /agʀɛst/ **ADJ** *(littér)* rustic

**agricole** /agʀikɔl/ ADJ *[accord, machine, ressources, enseignement]* agricultural; *[produits, travaux]* farm *(épith)*, agricultural; *[population]* farming *(épith)*, agricultural ◆ **syndicat** ~ farmers' union ◆ **lycée** ~ ≃ secondary school *(Brit)* ou high school *(US)* which trains farmers ◆ **le monde** ~ the agricultural ou farming world; → **comice, exploitation**

**agriculteur, -trice** /agʀikyltœʀ, tʀis/ NM,F farmer

**agriculture** /agʀikyltyʀ/ NF agriculture, farming

**agripper** /agʀipe/ ▸ conjug 1 ◂ VT *(= se retenir à)* to grab ou clutch (hold of), to grasp; *(= arracher)* to snatch, to grab VPR **s'agripper** ◆ **s'~ à qch** to cling on to sth, to clutch ou grip sth ◆ **ne t'agrippe pas à moi** don't cling on to ou hang on to me

**agroalimentaire** /agʀoalimɑ̃tɛʀ/ ADJ *[industrie]* food-processing ◆ **produits ~s** processed foodstuffs NM ◆ **l'~** the food-processing industry

**agrochimie** /agʀoʃimi/ NF agrochemistry

**agrochimique** /agʀoʃimik/ ADJ agrochemical

**agro-industrie** (pl **agro-industries**) /agʀoɛ̃dystʀi/ NF agribusiness

**agro-industriel, -elle** /agʀoɛ̃dystʀijɛl/ ADJ agro-industrial

**agronome** /agʀɔnɔm/ NMF agronomist ◆ **ingénieur** ~ agricultural engineer

**agronomie** /agʀɔnɔmi/ NF agronomy, agronomics *(sg)*

**agronomique** /agʀɔnɔmik/ ADJ agronomic(al)

**agrume** /agʀym/ NM citrus fruit

**aguerrir** /ageʀiʀ/ ▸ conjug 2 ◂ VT to harden ◆ ~ **qn contre qch** to harden sb to ou against sth, to inure sb to sth ◆ **des troupes aguerries** *(au combat)* seasoned troops; *(à l'effort)* trained troops ◆ **s'~** to become hardened ◆ **s'~ contre** to become hardened to ou against, to inure o.s. to

**aguets** /agɛ/ **aux aguets** LOC ADV on the look-out, on the watch

**aguichant, e** /agiʃɑ̃, ɑ̃t/ ADJ enticing, tantalizing

**aguiche** /agiʃ/ NF teaser

**aguicher** /agiʃe/ ▸ conjug 1 ◂ VT to entice, to lead on

**aguicheur, -euse** /agiʃœʀ, øz/ ADJ enticing, tantalizing NM *(= enjôleur)* seducer NF **aguicheuse** *(= allumeuse)* tease, vamp

**ah** /ɑ/ EXCL a *(réponse, réaction exclamative)* ah!, oh! ◆ ~ **?,** ~ **bon ?,** ~ **oui ?** *(question)* really?, is that so? ◆ ~ **bon** *(résignation)* oh ou ah well ◆ ~ **oui** *(insistance)* oh yes, yes indeed ◆ ~ **non** *(insistance)* oh no, certainly ou definitely not ◆ ~ **bien (ça) alors !** *(surprise)* well, well!, just fancy! *(Brit)*; *(indignation)* well really! ◆ ~ **bien oui** well of course b *(intensif)* ah!, oh! ◆ ~ **! j'allais oublier** oh! ou ah! I nearly forgot ◆ **~, ~ ! je t'y prends** aha! ou oho! I've caught you at it ◆ **~, qu'il est lent !** oh, he's so slow! NM ◆ **pousser un ~ de soulagement** to sigh with relief, to give a sigh of relief ◆ **des ~ d'allégresse** oohs and ahs of joy

**ahan** †† /aɑ̃/ NM ◆ **à grand** ~ with much striving

**ahaner** /aane/ ▸ conjug 1 ◂ VI *(†† ou littér)* *(= peiner)* to labour *(Brit)*, to labor *(US)*; *(= respirer)* to breathe heavily ◆ **ahanant sous le fardeau** labouring under the burden

**ahuri, e** /ayʀi/ (ptp de **ahurir**) ADJ *(= stupéfait)* stunned, flabbergasted; *(= hébété, stupide)* stupefied ◆ **avoir l'air** ~ to look stunned ou stupefied ◆ **ne prends pas cet air** ~ don't look so flabbergasted NM,F *(péj)* blockhead *, nitwit *

**ahurir** /ayʀiʀ/ ▸ conjug 2 ◂ VT to dumbfound, to astound

**ahurissant, e** /ayʀisɑ̃, ɑ̃t/ ADJ stupefying, astounding; *(sens affaibli)* staggering

**ahurissement** /ayʀismɑ̃/ NM stupefaction

**aï** /ai/ NM *(Zool)* ai

**aiche** /ɛʃ/ NF ⇒ **èche**

**aide**[1] /ɛd/ NF a *(= assistance)* help, assistance ◆ **apporter son ~ à qn** to help ou assist sb ◆ **son ~ nous a été précieuse** he was a great help to us, his help was invaluable to us ◆ **appeler/crier à l'~** to call/shout for help ◆ **appeler qn à son ~** to call to sb for help ◆ **venir en ~ à qn** to help sb, to come to sb's assistance ou aid ◆ **à l'~ !** help! ◆ **sans l'~ de personne** without any help (from anyone), completely unassisted ou unaided

b *(loc)*

♦ **à l'aide de** with the help ou aid of ◆ **ouvrir qch à l'~ d'un couteau** to open sth with a knife

c *(en équipement, en argent etc)* aid ◆ **l'~ humanitaire/alimentaire** humanitarian/food aid ou relief ◆ ~ **de l'État** government ou state aid

d *(Équitation)* **~s** aids

e *(Ordin)* help ◆ ~ **en ligne (contextuelle)** (context-sensitive) on-line help

COMP ▷ **aide au développement** development aid ▷ **aide à l'embauche** employment incentive ▷ **aide judiciaire** legal aid ▷ **aide médicale (gratuite)** (free) medical aid ▷ **aide personnalisée au logement** ≃ housing benefit *(Brit)* ou subsidy *(US)* ▷ **aide au retour** repatriation grant *(for immigrants returning to their country of origin)* ▷ **aide sociale** social security *(Brit)*, welfare *(US)*

**aide**[2] /ɛd/ NMF *(= personne)* assistant ◆ **~-chimiste/-chirurgien** assistant chemist/surgeon ◆ **~-maçon** builder's mate *(Brit)* ou labourer COMP ▷ **aide de camp** aide-de-camp ▷ **aide de cuisine** kitchen hand ▷ **aide électricien** electrician's mate *(Brit)* ou helper *(US)* ▷ **aide familiale** *(= personne)* mother's help *(Brit)* ou helper *(US)*, home help ▷ **aide jardinier** gardener's helper ou mate *(Brit)*, under-gardener *(Brit)* ▷ **aide de laboratoire** laboratory assistant ▷ **aide maternelle** ⇒ **aide familiale**

**aide-comptable** (pl **aides-comptables**) /ɛdkɔ̃tabl/ NMF accountant's assistant

**aide-mémoire** /ɛdmemwaʀ/ NM INV *(gén)* aide-mémoire; *(Scol)* crib

**aide-ménagère** (pl **aides-ménagères**) /ɛdmenaʒɛʀ/ NF home help *(Brit)*, home helper *(US)*

**aider** /ede/ ▸ conjug 1 ◂ VT to help ◆ ~ **qn (à faire qch)** to help sb (to do sth) ◆ ~ **qn à monter/à descendre/à traverser** to help sb up/down/across ou over ◆ **il l'a aidé à sortir de la voiture** he helped him out of the car ◆ **il m'a aidé de ses conseils** he gave me some helpful advice ◆ ~ **qn financièrement** to help sb (out) ou assist sb financially, to give sb financial help ◆ **il m'aide beaucoup** he helps me a lot, he's a great help to me ◆ **je me suis fait ~ par ou de mon frère** I got my brother to help ou to give me a hand ◆ **elle ne se déplace qu'aidée de sa canne** she can only get about with (the aid ou help of) her walking stick ◆ **il n'est pas aidé !** * *(hum)* nature hasn't been kind to him! ◆ **on n'est pas aidé avec un chef comme lui !** having him for a boss doesn't exactly make things easy!

VI to help ◆ **elle est venue pour ~** she came to help ou to give a hand ◆ ~ **à la cuisine** to help (out) in ou give a hand in the kitchen ◆ **le débat aiderait à la compréhension du problème** discussion would contribute towards an understanding of the problem, discussion would help us to understand the problem ◆ **ça aide à passer le temps** it helps (to) pass the time ◆ **l'alcool aidant, il se mit à parler** helped on by the alcohol ou with the help of alcohol, he began to speak; → **dieu**

VPR **s'aider** a *(réfléchi)* ◆ **s'~ de** to use, to make use of ◆ **atteindre le placard en s'aidant d'un escabeau** to reach the cupboard by using a stool ou with the aid of a stool ◆ **en s'aidant de ses bras** using his arms to help him

b *(réciproque)* **entre voisins il faut s'~** neighbours should help each other (out) ◆ **aide-toi, le ciel t'aidera** *(Prov)* God helps those who help themselves *(Prov)*

**aide-soignant, e** (mpl **aides-soignants**) /ɛdswanjɑ̃, ɑ̃t/ NM,F nursing auxiliary *(Brit)*, nurse's aide *(US)*

**aïe** /aj/ EXCL *(douleur)* ouch!, ow! ◆ **aïe aïe aïe !, ça se présente mal** dear oh dear, things don't look too good!

**AIEA** /aiəa/ NF (abrév de **Agence internationale de l'énergie atomique**) IAEA

**aïeul** /ajœl/ NM *(littér)* grandfather ◆ **les ~s** the grandparents

**aïeule** /ajœl/ NF *(littér)* grandmother

**aïeux** /ajø/ NMPL *(littér)* forefathers, forebears *(littér)* ◆ **mes ~ !** *(*, † ou hum)* my godfathers! * †, by jingo! * †

**aigle** /ɛgl/ NM *(= oiseau, lutrin)* eagle ◆ **il a un regard d'~** he has eyes like a hawk, he's eagle-eyed ◆ **ce n'est pas un ~** * he's no genius COMP ▷ **aigle d'Amérique** American eagle ▷ **aigle chauve** bald eagle ▷ **aigle de mer** *(= oiseau)* sea eagle; *(= poisson)* eagle ray ▷ **aigle royal** golden eagle NF *(= oiseau, insigne)* eagle

**aiglefin** /ɛgləfɛ̃/ NM haddock

**aiglon, -onne** /ɛglɔ̃, ɔn/ NM,F eaglet ◆ **l'Aiglon** *(Hist)* Napoleon II

**aigre** /ɛgʀ/ ADJ a *[fruit]* sour, sharp; *[vin]* vinegary, sour; *[goût, odeur, lait]* sour ◆ **tourner à l'~** *(fig)* to turn sour; → **crème** b *[son, voix]* sharp, shrill c *[froid]* bitter; *[vent]* keen, cutting *(épith)* d *[propos, critique]* cutting *(épith)*, harsh

**aigre-doux, aigre-douce** (mpl **aigres-doux**, fpl **aigres-douces**) /ɛgʀədu, dus/ ADJ *[sauce]* sweet and sour; *[fruit]* bitter-sweet; *[propos]* bitter-sweet

**aigrefin** /ɛgʀəfɛ̃/ NM swindler, crook

**aigrelet, -ette** /ɛgʀəlɛ, ɛt/ ADJ *[petit-lait, pomme]* sourish; *[vin]* vinegarish; *[voix, son]* shrill

**aigrement** /ɛgʀəmɑ̃/ ADV *[répondre, dire]* sourly

**aigrette** /ɛgʀɛt/ NF *(= plume)* feather; *(= oiseau)* egret; *(= bijou)* aigret(te); *(Bot)* pappus

**aigreur** /ɛgʀœʀ/ NF a *(= acidité) [de petit-lait]* sourness; *[de vin]* sourness, acidity; *[de pomme]* sourness, sharpness b *(= acrimonie)* sharpness, harshness NFPL **aigreurs** ◆ **avoir des ~s (d'estomac)** to have heartburn

**aigri, e** /egʀi/ (ptp de **aigrir**) ADJ embittered, bitter

**aigrir** /egʀiʀ/ ▸ conjug 2 ◂ VT *[+ personne]* to embitter; *[+ caractère]* to sour VPR **s'aigrir** *[aliment]* to turn sour; *[caractère]* to sour ◆ **il s'est aigri** he has become embittered

**aigu, -uë** /egy/ ADJ a *[son, voix]* high-pitched, shrill; *[note]* high-pitched, high b *[crise, problème]* acute; *[douleur]* acute, sharp; *[in-*

*telligence]* keen, acute **c** *(= pointu)* sharp, pointed; → **accent, angle** **NM** *(Mus) (sur bouton de réglage)* treble ◆ **les ~s** the high notes ◆ **passer du grave à l'~** to go from low to high pitch

**aigue-marine** (pl **aigues-marines**) /ɛgmaʀin/ **NF** aquamarine

**aiguière** /ɛgjɛʀ/ **NF** ewer

**aiguillage** /egɥijaʒ/ **NM** *(Rail) (= action)* shunting *(Brit)*, switching *(US)*; *(= instrument)* points *(Brit)*, switch *(US)* ◆ **le déraillement est dû à une erreur d'~** the derailment was due to faulty shunting *(Brit)* ou switching *(US)* ◆ **il y a eu une erreur d'~** *(fig) (gén)* it (ou he etc) was sent to the wrong place; *(orientation scolaire)* he was (ou they were etc) pointed ou steered in the wrong direction; → **cabine, poste²**

**aiguille** /egɥij/ **NF** **a** *(Bot, Couture, Méd)* needle ◆ **travail à l'~** needlework; → **chercher, fil, tirer** **b** *[de compteur, boussole, gramophone]* needle; *[d'horloge]* hand; *[de balance]* pointer, needle; *[de cadran solaire]* pointer, index; *[de clocher]* spire; *(Rail)* point *(Brit)*, switch *(US)*; *(Géog) (= pointe)* needle; *(= cime)* peak ◆ **en forme d'~** needle-shaped ◆ **la petite/grande ~** *[d'horloge]* the hour/minute hand, the little/big hand **COMP** ▷ **aiguille à coudre** sewing needle ▷ **aiguille de glace** icicle ▷ **aiguille hypodermique** hypodermic (needle) ▷ **aiguille de pin** pine needle ▷ **aiguille à repriser** darning needle ▷ **aiguille à tricoter** knitting needle

**aiguillée** /egɥije/ **NF** length of thread *(for use with needle at any one time)*

**aiguiller** /egɥije/ ▸ conjug 1 ◂ **VT** **a** *(= orienter)* to direct ◆ **~ un enfant vers des études techniques** to direct ou steer a child towards technical studies ◆ **on l'a mal aiguillé** *(Scol)* he was steered in the wrong direction ◆ **~ la conversation sur un autre sujet** to steer the conversation onto another subject ◆ **~ la police sur une mauvaise piste** to put the police onto the wrong track **b** *(Rail)* to shunt *(Brit)*, to switch *(US)*

**aiguillette** /egɥijɛt/ **NF** *[de pourpoint]* aglet; *(Culin, Mil)* aiguillette

**aiguilleur** /egɥijœʀ/ **NM** *(Rail)* pointsman *(Brit)*, switchman *(US)* ◆ **~ du ciel** *(Aviat)* air-traffic controller

**aiguillon** /egɥijɔ̃/ **NM** *[d'insecte]* sting; *[de bouvier]* goad; *(Bot)* thorn; *(fig)* spur, stimulus

**aiguillonner** /egɥijɔne/ ▸ conjug 1 ◂ **VT** *[+ bœuf]* to goad; *(fig)* to spur ou goad on

**aiguisage** /egizaʒ/ **NM** *[de couteau, outil]* sharpening

**aiguiser** /egize/ ▸ conjug 1 ◂ **VT** **a** *[+ couteau, outil]* to sharpen **b** *[+ appétit]* to whet, to stimulate; *[+ sens]* to excite, to stimulate; *[+ esprit]* to sharpen; *[+ style]* to polish

**aiguiseur, -euse** /egizœʀ, øz/ **NM,F** sharpener, grinder

**aiguisoir** /egizwaʀ/ **NM** sharpener, sharpening tool

**aïkido** /aikido/ **NM** aikido

**ail** (pl **ails** ou **aulx**) /aj, o/ **NM** garlic; → **gousse, saucisson, tête**

**ailante** /ɛlɑ̃t/ **NM** tree of heaven, ailanthus *(SPÉC)*

**aile** /ɛl/ **NF** **a** *[d'oiseau, château]* wing; *[de moulin]* sail; *[d'hélice, ventilateur]* blade, vane; *[de nez]* wing; *[de voiture]* wing *(Brit)*, fender *(US)*; *[de pont]* abutment

**b** *(Sport)* wing ◆ **il joue à l'~ gauche** he plays left wing

**c** *(Mil, Pol)* wing ◆ **l'~ dure du parti** the hardline wing of the party, the hardliners in the party ◆ **~ marchante** *(Mil)* wheeling flank

**d** *(loc)* **l'oiseau disparut d'un coup d'~** the bird disappeared with a flap of its wings ◆ **d'un coup d'~ nous avons gagné Orly** we reached Orly in no time (at all) ◆ **avoir des ~s** *(fig)* to have wings ◆ **il s'est senti pousser des ~s** he felt as if he'd grown wings ◆ **l'espoir lui donnait des ~s** hope lent ou gave him wings ◆ **prendre sous son ~ (protectrice)** to take under one's wing ◆ **sous l'~ maternelle** under one's mother's ou the maternal wing ◆ **avoir un coup dans l'~** * *(= être ivre)* to have had one too many *; *(= être en mauvaise posture)* to be in a very bad way *; → **peur, plomb, tire-d'aile** *etc*

**COMP** ▷ **aile de corbeau** *(= couleur)* inky black, jet-black ▷ **aile delta** *(Aviat)* delta wing; *(= deltaplane)* hang-glider ◆ **faire de l'~ delta** to go hang-gliding ▷ **aile libre** *(= Sport)* hang-gliding; *(= appareil)* hang-glider

**ailé, e** /ele/ **ADJ** *(lit, littér)* winged

**aileron** /ɛlʀɔ̃/ **NM** *[de poisson]* fin; *[d'oiseau]* pinion; *[d'avion]* aileron; *(Aut : de stabilisation)* aerofoil; *(Archit)* console

**ailette** /ɛlɛt/ **NF** *[de missile, radiateur]* fin; *[de turbine, ventilateur]* blade ◆ **~ de refroidissement** *(Aut)* cooling fan

**ailier** /elje/ **NM** *(gén)* winger; *(Rugby)* flanker, wing-forward

**aillade** /ajad/ **NF** *(= sauce)* garlic dressing ou sauce; *(= croûton)* garlic crouton

**ailler** /aje/ ▸ conjug 1 ◂ **VT** to flavour with garlic

**ailleurs** /ajœʀ/ GRAMMAIRE ACTIVE 53.5 **ADV** *(= autre part)* somewhere else, elsewhere ◆ **nulle part ~** nowhere else ◆ **partout ~** everywhere else ◆ **il est ~, il a l'esprit ~** his thoughts are ou his mind is elsewhere, he's miles away ◆ **ils viennent d'~** they come from somewhere else ◆ **nous sommes passés (par) ~** we went another way ◆ **je l'ai su par ~** I heard of it from another source

◆ **d'ailleurs** *(= en plus)* besides, moreover ◆ **d'~ il faut avouer que ...** anyway ou besides we have to admit that ... ◆ **ce vin, d'~ très bon, n'est pas ...** this wine, which I may add is very good ou which is very good by the way, is not ... ◆ **lui non plus d'~** neither does (ou is, has etc) he, for that matter

◆ **par ailleurs** *(= autrement)* otherwise, in other respects; *(= en outre)* moreover, furthermore

**ailloli** /ajɔli/ **NM** aioli, garlic mayonnaise

**aimable** /ɛmabl/ **ADJ** **a** *(= gentil) [parole]* kind, nice; *[personne]* kind, nice, amiable *(frm)* ◆ **c'est un homme ~** he's a (very) nice man ◆ **tu es bien ~ de m'avoir attendu** it was very nice ou kind of you to wait for me ◆ **c'est très ~ à vous ou de votre part** it's most kind of you ◆ **soyez assez ~ pour ...** *(frm)* would you be so kind ou good as to ... ◆ **~ comme une porte de prison** like a bear with a sore head **b** *(† = agréable) [endroit, moment]* pleasant **c** *(†† = digne d'amour)* lovable, amiable †

**aimablement** /ɛmabləmɑ̃/ **ADV** *[agir]* kindly, nicely; *[répondre, recevoir]* amiably, nicely; *[refuser]* politely ◆ **il m'a offert ~ à boire** he kindly offered me a drink

**aimant¹** /ɛmɑ̃/ **NM** magnet ◆ **~ (naturel)** magnetite *(NonC)*, lodestone

**aimant², e** /ɛmɑ̃, ɑ̃t/ **ADJ** loving, affectionate

**aimantation** /ɛmɑ̃tasjɔ̃/ **NF** magnetization

**aimanté, e** /ɛmɑ̃te/ (ptp de **aimanter**) **ADJ** *[aiguille, champ]* magnetic

**aimanter** /ɛmɑ̃te/ ▸ conjug 1 ◂ **VT** to magnetize

**aimer** /eme/ GRAMMAIRE ACTIVE 28.1, 34.1, 34.2, 34.3, 34.4, 35.4, 35.5, 39.2 ▸ conjug 1 ◂

**VT** **a** *(d'amour)* to love; *(d'amitié, attachement, goût)* to like, to be fond of ◆ **~ beaucoup** *[+ personne]* to like very much, to be very fond of; *[+ animaux, choses]* to like very much, to love ◆ **il l'aime d'amour** he really loves her ◆ **il l'aime à la folie** he adores her, he's crazy about her * ◆ **elle a réussi à se faire ~ de lui** she managed to win his love ou heart ◆ **essayer de se faire ~ de qn** to try to win sb's affection ◆ **j'aime une bonne tasse de café après déjeuner** I like ou love a nice cup of coffee after lunch ◆ **les hortensias aiment l'ombre** hydrangeas like shade ◆ **tous ces trucs-là, tu aimes, toi ?** * do you go in for all that kind of stuff? * ◆ **un enfant mal aimé** a child who doesn't get enough love ◆ **il est mal aimé du public** the public don't like him ◆ **je n'aime pas beaucoup cet acteur** I don't like that actor very much, I'm not very keen on *(Brit)* that actor ◆ **elle n'aime pas le tennis** she doesn't like tennis, she's not keen on *(Brit)* tennis ◆ **elle aime assez bavarder avec les voisins** she quite ou rather likes chatting with the neighbours ◆ **les enfants aiment qu'on s'occupe d'eux** children like ou love attention ◆ **elle n'aime pas qu'il sorte le soir** she doesn't like him going out ou him to go out at night ◆ **~ faire, ~ à faire** *(littér)* to like doing ou to do ◆ **j'aime à penser ou à croire que ...** *(frm ou hum)* I like to think that ... ◆ **qui m'aime me suive !** *(hum)* anyone who wants to come with me is welcome! ◆ **qui m'aime aime mon chien** *(Prov)* love me love my dog

◆ **aimer bien** to like, to be fond of ◆ **elle aime bien bavarder avec les voisins** she quite ou rather likes chatting with the neighbours ◆ **les enfants aiment bien qu'on s'occupe d'eux** children like ou love attention ◆ **qui aime bien châtie bien** *(Prov)* spare the rod and spoil the child *(Prov)*

◆ **aimer mieux** to prefer ◆ **on lui apporte des fleurs, elle aimerait mieux des livres** they bring her flowers but she'd rather have ou she'd prefer books ◆ **il aurait mieux aimé se reposer que d'aller au cinéma** he'd rather have rested ou he'd have preferred to rest than go to the cinema ◆ **j'aime mieux te dire qu'il va m'entendre !** * I'm going to give him a piece of my mind, I can tell you!

◆ **aimer autant** ◆ **j'aimerais autant que ce soit elle qui m'écrive** I'd rather it was she who wrote to me ◆ **il aime ou aimerait autant ne pas sortir aujourd'hui** he'd just as soon not go out today, he'd be just as happy not going out today ◆ **j'aime autant vous dire que je n'irai pas !** I may as well tell you that I won't go! ◆ **j'aime autant qu'elle ne soit pas venue** I'm just as happy ou it's (probably) just as well she didn't come ◆ **j'aime autant ça !** * *(ton menaçant)* I'm pleased to hear it!, that sounds more like it! *; *(soulagement)* what a relief!

**b** *(au conditionnel = vouloir)* **aimeriez-vous une tasse de thé ?** would you like a cup of tea? ◆ **elle aimerait aller se promener** she'd like to go for a walk ◆ **j'aimerais vraiment venir** I'd really like to come, I'd love to come ◆ **je n'aimerais pas être dehors par ce temps** I wouldn't want ou like to be out in this (sort of) weather ◆ **j'aimerais assez/je n'aimerais pas ce genre de manteau** I'd rather ou quite like/wouldn't like a coat like that

**VPR** **s'aimer** **a** *(= s'apprécier soi-même)* to like o.s. ◆ **je ne m'aime pas avec ce chapeau** I don't like myself in this hat

**b** *(= s'apprécier réciproquement)* **ils s'aiment** they're in love, they love each other

◆ **aimez-vous les uns les autres** love one another ◆ **ces deux-là ne s'aiment guère** there's no love lost between those two

c (= *faire l'amour*) to make love

**aine** /ɛn/ NF (*Anat*) groin

**aîné, e** /ene/ ADJ (= *plus âgé*) elder, older; (= *le plus âgé*) eldest, oldest NM a [*de famille*] **l'~ (des garçons)** the eldest boy ◆ **mon (frère) ~** (*plus âgé*) my older *ou* elder brother; (*le plus âgé*) my oldest *ou* eldest brother ◆ **mon ~** my oldest *ou* eldest son b (*relation d'âge*) **il est mon ~** he's older than me ◆ **il est mon ~ de 2 ans** he's 2 years older than me, he's 2 years my senior ◆ **respectez vos ~s** (*littér*) respect your elders NF **aînée** a [*de famille*] **l'~e (des filles)** the oldest *ou* eldest daughter ◆ **ma sœur ~e, mon ~e** (*plus âgée*) my older *ou* elder sister; (*la plus âgée*) my oldest *ou* eldest sister b (*relation d'âge*) **elle est mon ~e** she's older than me ◆ **elle est mon ~e de 2 ans** she's 2 years older than me, she's 2 years my senior

**aînesse** /ɛnɛs/ NF → **droit³**

**ainsi** /ɛ̃si/ GRAMMAIRE ACTIVE 53.5 ADV a (= *de cette façon*) in this way *ou* manner ◆ **je préfère agir ~** I prefer to do it this way ◆ **il faut procéder ~** this is what you have to do ◆ **c'est ~ que ça s'est passé** that's the way *ou* how it happened ◆ **pourquoi me traites-tu ~ ?** why do you treat me like this *ou* this way? ◆ **~ finit son grand amour** thus ended his great love ◆ **il n'en est pas ~ pour tout le monde** it's not so *ou* the case for everyone ◆ **s'il en est ~** *ou* **puisque c'est ~, je m'en vais** if *ou* since that's the way it is, I'm leaving, if *ou* since that's how it is, I'm leaving ◆ **s'il en était ~** if this were the case ◆ **il en sera ~ et pas autrement** that's the way it's going to be and that's that ◆ **~ va le monde** that's the way of the world

b (*littér* = *en conséquence*) thus; (= *donc*) so ◆ **ils ont perdu le procès, ~ ils sont ruinés** they lost the case and so they are ruined ◆ **~ tu vas partir !** so, you're going to leave!

c (*littér* = *de même*) so, in the same way ◆ **comme le berger mène ses moutons, ~ le pasteur guide ses ouailles** as the shepherd leads his sheep, so the minister guides his flock

d (*loc*)

♦ **ainsi que** (just) as ◆ **~ qu'il vous plaira** (*littér*) (just) as it pleases you ◆ **~ que nous avons dit hier** just as we said yesterday ◆ **la jalousie, ~ qu'un poison subtil, s'insinuait en lui** like a subtle poison, jealousy was slowly taking hold of him ◆ **sa beauté ~ que sa candeur me frappèrent** I was struck by her beauty as well as her innocence

♦ **pour ainsi dire** so to speak, as it were ◆ **ils sont pour ~ dire ruinés** they are ruined, so to speak *ou* as it were, you might say they are ruined

♦ **ainsi soit-il** (*Rel*) amen; (*fig*) so be it

♦ **et ainsi de suite** and so on

**aïoli** /ajɔli/ NM ⇒ **ailloli**

**air¹** /ɛʀ/ NM a (= *gaz*) air; (= *brise*) (light) breeze; (= *courant d'air*) draught (*Brit*), draft (*US*) ◆ **l'~ de la campagne/de la mer** the country/sea air ◆ **l'~ de la ville ne lui convient pas** town air *ou* the air of the town doesn't suit him ◆ **on manque d'~ ici** there's no air in here, it's stuffy in here ◆ **donnez-nous un peu d'~** give us some (fresh) air ◆ **sortir à l'~ libre** to go out into the open air ◆ **mettre la literie à l'~** to put the bedclothes (out) to air *ou* out for an airing, to air the bedclothes ◆ **se promener les fesses à l'~** to walk around bare-bottomed ◆ **sortir prendre l'~** to go out for some *ou* a breath of (fresh) air ◆ **il y a des ~s** (*Naut*) there's a wind (up) ◆ **il y a un peu d'~ aujourd'hui** there's a light *ou* slight breeze today ◆ **on sent de l'~ qui vient de la porte** you can feel a draught (*Brit*) *ou* draft (*US*) from the door; → **bol, chambre, courant** *etc*

♦ **plein air** open air ◆ **les enfants ont plein ~ le mercredi** (*Scol*) the children have games *ou* sport on Wednesdays

♦ **en plein air** [*piscine*] outdoor (*épith*), open-air (*épith*); [*spectacle, cirque*] open-air (*épith*); [*jouer*] outdoors; [*s'asseoir*] outdoors, (out) in the open (air)

♦ **de plein air** [*activité, jeux*] outdoor (*épith*)

b (= *espace*) air ◆ **s'élever dans l'~** *ou* **dans les ~s** to rise (up) into the skies *ou* the air ◆ **transports par ~** air transport, transport by air ◆ **l'avion a pris l'~** the plane has taken off ◆ **de l'~** [*hôtesse, ministère*] air (*épith*); → **armée², école, mal²**

c (= *atmosphère, ambiance*) atmosphere ◆ **il est allé prendre l'~ du bureau** he has gone to see how things look *ou* what things look like at the office ◆ **tout le monde se dispute, l'~ de la maison est irrespirable** everyone's quarrelling and the atmosphere in the house is unbearable ◆ **il a besoin de l'~ de la ville** he needs the atmosphere of the town ◆ **vivre** *ou* **se nourrir de l'~ du temps** to live on air *ou* on nothing at all ◆ **c'est dans l'~ du temps** it's part of the current climate ◆ **ces idées étaient dans l'~ à cette époque** those ideas were in the air at that time ◆ **il y a de la bagarre/de l'orage dans l'~** there's a fight/storm brewing ◆ **la grippe est dans l'~** there's a lot of flu about

d (*loc*)

♦ **en l'air** [*paroles, promesses*] idle, empty; [*dire*] rashly ◆ **regarder en l'~** to look up ◆ **avoir le nez en l'~** to gaze vacantly into space ◆ **jeter qch en l'~** to throw sth (up) into the air ◆ **ce ne sont encore que des projets en l'~** the plans are still very much up in the air ◆ **tout était en l'~ dans la pièce** (*désordre*) the room was in a total mess ◆ **flanquer*** *ou* **ficher*** *ou* **foutre*** **tout en l'~** (= *jeter*) to chuck* *ou* sling* (*Brit*) it all away *ou* out; (= *abandonner*) to chuck it all in* *ou* up* (*Brit*) ◆ **ce contretemps a fichu en l'~ mon week-end*** this hitch has completely messed up my weekend* ◆ **en courant, il a flanqué le vase en l'~*** he knocked the vase over as he ran past ◆ **se ficher*** *ou* **se foutre*** **en l'~** (*accidentellement*) to smash o.s. up*; (= *se suicider*) to do o.s. in*; → **parler**

COMP ▷ **air comprimé** compressed air ▷ **air conditionné** (*système*) air conditioning; (*atmosphère*) conditioned air ◆ **le bureau a l'~ conditionné** the office has air conditioning *ou* is air-conditioned ▷ **air liquide** liquid air

**air²** /ɛʀ/ NM a (= *apparence, manière*) air ◆ **d'un ~ décidé** in a resolute manner ◆ **sous son ~ calme c'est un homme énergique** beneath his calm appearance he is a forceful man ◆ **un garçon à l'~ éveillé** a lively-looking boy ◆ **ils ont un ~ de famille** there's a family likeness between them ◆ **ça lui donne l'~ d'un clochard** it makes him look like a tramp ◆ **avoir grand ~** to look very impressive ◆ **ça m'a tout de même coûté 750 €, l'~ de rien** even so, it still cost me €750; → **faux²**

b (= *expression*) look, air ◆ **d'un ~ perplexe** with a look *ou* an air of perplexity, with a perplexed air *ou* look ◆ **je lui trouve un drôle d'~** I think he looks funny *ou* very odd ◆ **prendre un ~ éploré** to put on *ou* adopt a tearful expression ◆ **elle a pris son petit ~ futé pour me dire** she told me in her sly little way, she put on that sly look she has *ou* of hers to tell me ◆ **prendre un ~ entendu** to put on a knowing air ◆ **prendre un ~ pincé** to put on a prim expression ◆ **avec un ~ de ne pas y toucher** looking as if butter wouldn't melt in his (*ou* her) mouth ◆ **il a dit ça avec son ~ de ne pas y toucher** he said it with the most innocent expression on his face

c (*loc*)

♦ **avoir l'air** ◆ **avoir l'~ de** to look like ◆ **elle a l'~ d'une enfant** she looks like a child ◆ **ça m'a l'~ d'un mensonge** it looks to me *ou* sounds to me like a lie ◆ **ça m'a l'~ d'être assez facile** it strikes me as being fairly easy, it looks fairly easy to me ◆ **elle a l'~ intelligent(e)** she looks *ou* seems intelligent ◆ **il a l'~ stupide – il en a l'~ et la chanson*** he looks idiotic – he doesn't just look it either* ◆ **il a eu l'~ de ne pas comprendre** he looked as if *ou* as though he didn't understand, he didn't seem to understand; (*faire semblant*) he pretended not to understand ◆ **elle n'avait pas l'~ de vouloir travailler** she didn't look as if *ou* as though she wanted to work ◆ **il est très ambitieux sans en avoir l'~** he might not look it but he's very ambitious, he's very ambitious although he might not *ou* doesn't really look it ◆ **ça (m')a tout l'~ d'être une fausse alerte** it looks (to me) as if it's a false alarm ◆ **il a l'~ de vouloir neiger** it looks like snow ◆ **de quoi j'ai l'~ maintenant !***, **j'ai l'~ fin maintenant !*** I look like a real idiot *ou* a right fool now* ◆ **sans avoir l'~ d'y toucher** looking as if butter wouldn't melt in his (*ou* her) mouth

♦ **l'air de rien** ◆ **il a pris l'argent dans la caisse, l'~ de rien** he took the money from the cash register without batting an eyelid ◆ **il n'a l'~ de rien, mais il sait ce qu'il fait** you wouldn't think it to look at him but he knows what he's doing ◆ **cette plante n'a l'~ de rien, pourtant elle donne de très jolies fleurs** this plant doesn't look much but it has very pretty flowers ◆ **sans avoir l'~ de rien, filons discrètement** let's just behave naturally and slip away unnoticed

**air³** /ɛʀ/ NM [*d'opéra*] aria; (= *mélodie*) tune, air ◆ **l'~ d'une chanson** the tune of a song ◆ **~ d'opéra** operatic aria ◆ **~ de danse** dance tune ◆ **~ connu** (*lit, fig*) familiar tune ◆ **chanter des slogans sur l'~ des lampions** to chant slogans

**airain** /ɛʀɛ̃/ NM (*littér*) bronze

**air-air** /ɛʀɛʀ/ ADJ INV (*Mil*) air-to-air

**airbag** ® /ɛʀbag/ NM (*Aut*) air bag

**Airbus** ® /ɛʀbys/ NM Airbus ®

**aire** /ɛʀ/ NF (= *zone*) area, zone; (*Math*) area; [*d'aigle*] eyrie COMP ▷ **aire d'atterrissage** landing strip; (*pour hélicoptère*) landing pad ▷ **aire de battage** (*Agr*) threshing floor ▷ **aires continentales** (*Géol*) continental shields ▷ **aire d'embarquement** boarding area ▷ **aire de jeux** (adventure) playground ▷ **aire de lancement** launch site ▷ **aire linguistique** linguistic region ▷ **aire de repos** (*sur autoroute*) rest area (*on motorway etc*) ▷ **aire de service** service station, motorway services (*Brit*), service plaza (*US*) ▷ **aire de stationnement** (*Aut*) parking area; (*Aviat*) apron ▷ **aire de vent** (*Naut*) rhumb ◆ **suivant l'~ de vent** following the rhumb-line route, taking a rhumb-line course

**airelle** /ɛʀɛl/ NF (= *myrtille*) blueberry, bilberry ◆ **~ des marais** cranberry

**air-sol** /ɛʀsɔl/ ADJ INV (*Mil*) air-to-ground

**air-terre** /ɛʀtɛʀ/ ADJ INV (*Mil*) air-to-ground

**aisance** /ɛzɑ̃s/ NF a (= *facilité*) ease ◆ **s'exprimer avec une rare** *ou* **parfaite ~** to express o.s. with great ease ◆ **il patinait avec une rare** *ou* **parfaite ~** he skated with the greatest of ease *ou* with great ease ◆ **il y a beaucoup d'~ dans son style** he has an easy *ou* a very fluent style b (= *richesse*) affluence ◆ **vivre dans l'~** to be comfortably off *ou* well-off, to live comfortably **c** *(Couture)* **redonner de l'~ sous les bras** to give more freedom of movement under the arms; → **pli d** → **cabinet, fosse, lieu**[1]

**aise** /ɛz/ **NF a** *(littér)* joy, pleasure ◆ **j'ai tant d'~ à vous voir** I'm so pleased to see you ◆ **sourire d'~** to smile with pleasure ◆ **tous ces compliments la comblaient d'~** she was overjoyed at all these compliments

**b** *(locutions)*

♦ **à l'aise** ◆ **être à l'~** *(dans une situation)* to be *ou* feel at ease; *(dans un vêtement, fauteuil)* to be *ou* feel comfortable; *(= être riche)* to be comfortably off *ou* comfortable ◆ **être mal à l'~** *(dans une situation)* to be *ou* feel ill at ease; *(dans un vêtement, fauteuil)* to be *ou* feel uncomfortable ◆ **mettez-vous à l'~** make yourself comfortable, make yourself at home ◆ **leur hôtesse les mit tout de suite à l'~** their hostess immediately put them at (their) ease *ou* made them feel immediately at home ◆ **faire qch à l'~** * to do sth easily ◆ **tu comptes faire ça en deux heures ? – à l'~ !** * do you think you can do that in two hours? – easily! *ou* no problem! * ◆ **on tient à quatre à l'~ dans cette voiture** this car holds four (quite) comfortably, four can get in this car (quite) comfortably

♦ **à son/votre** *etc* **aise** ◆ **être à son ~** *(dans une situation)* to be *ou* feel at ease; *(= être riche)* to be comfortably off *ou* comfortable ◆ **être mal à son ~** *(dans une situation)* to be *ou* feel ill at ease ◆ **mettez-vous à votre ~** make yourself comfortable, make yourself at home ◆ **en prendre à son ~ avec qch** to make free with sth, to do exactly as one likes with sth ◆ **vous en prenez à votre ~ !** you're taking things nice and easy! ◆ **tu en parles à ton ~ !** it's easy (enough) *ou* it's all right for you to talk! ◆ **à votre ~ !** please yourself!, just as you like!

**NFPL aises** ◆ **aimer ses ~s** to like *ou* be fond of one's (creature) comforts ◆ **tu prends tes ~s !** *(iro)* make yourself at home, why don't you! *(iro)*

**ADJ** *(littér)* ◆ **bien ~** delighted, most pleased (*de* to); ◆ **j'ai terminé – j'en suis fort ~** I've finished – I'm so glad *ou* I am most pleased

**aisé, e** /eze/ **ADJ a** *(= facile)* easy (*à faire* to do) **b** *(= dégagé)* *[démarche]* easy, graceful; *[style]* flowing, fluent **c** *(= riche)* well-to-do, comfortably off *(attrib)*, well-off

**aisément** /ezemɑ̃/ **ADV** *(= sans peine)* easily; *(= sans réserves)* readily; *(= dans la richesse)* comfortably

**aisselle** /ɛsɛl/ **NF** *(Anat)* armpit, axilla *(SPÉC)*; *(Bot)* axil

**AIT** /aite/ **NF** (abrév de **Association internationale du tourisme**) → **association**

**Aix-la-Chapelle** /ɛkslaʃapɛl/ **N** Aachen

**Ajax** /aʒaks/ **NM** Ajax

**ajonc** /aʒɔ̃/ **NM** gorse bush ◆ **des ~s** gorse *(NonC)*, furze *(NonC)*

**ajour** /aʒuʀ/ **NM** *(gén pl)* *[de broderie, sculpture]* openwork *(NonC)*

**ajouré, e** /aʒuʀe/ (ptp de **ajourer**) **ADJ** *[mouchoir]* openwork *(épith)*, hemstitched; *[bijou, sculpture]* which has an openwork design

**ajourer** /aʒuʀe/ ► conjug 1 ◄ **VT** *[+ sculpture]* to ornament with openwork; *[+ mouchoir]* to hemstitch

**ajournement** /aʒuʀnəmɑ̃/ **NM** *[d'assemblée]* adjournment; *[de réunion, élection, décision, rendez-vous]* postponement; *[de candidat]* referral; *[de conscrit]* deferment

**ajourner** /aʒuʀne/ ► conjug 1 ◄ **VT** *[+ assemblée]* to adjourn; *[+ réunion, élection, décision, rendez-vous]* to postpone, to put off; *[+ candidat]* to refer; *[+ conscrit]* to defer ◆ **réunion ajournée d'une semaine/au lundi suivant** meeting adjourned *ou* delayed for a week/until the following Monday

**ajout** /aʒu/ **NM** *[de texte]* addition

**ajouter** /aʒute/ GRAMMAIRE ACTIVE 53.5 ► conjug 1 ◄

**VT a** *(= mettre, faire ou dire en plus)* to add ◆ **ajoute un peu de sel** put a bit more salt in, add a bit of salt ◆ **je dois ~ que ...** I should add that ... ◆ **sans ~ un mot** without (saying *ou* adding) another word ◆ **ajoutez à cela qu'il pleuvait** on top of that *ou* what's more, it was raining ◆ **ajoutez à cela sa maladresse naturelle** add to that his natural clumsiness

**b** ◆ **~ foi aux dires de qn** to give credence to sb's statements, to believe sb's statements

**VT INDIR ajouter à** *(littér)* to add to, to increase ◆ **ton arrivée ajoute à mon bonheur** I am even happier now you are here, your arrival adds to my happiness

**VPR s'ajouter** ◆ **s'~ à** to add to ◆ **ces malheurs venant s'~ à leur pauvreté** these misfortunes adding further to their poverty ◆ **ceci, venant s'~ à ses difficultés** this coming on top of *ou* to add further to his difficulties ◆ **à ces dépenses viennent s'~ les impôts** on top of *ou* in addition to these expenses there are taxes

**ajustage** /aʒystaʒ/ **NM** *(Tech)* fitting

**ajusté, e** /aʒyste/ (ptp de **ajuster**) **ADJ** *[vêtement]* tailored ◆ **robe étroitement ~e** tight-fitting dress

**ajustement** /aʒystəmɑ̃/ **NM** *[de statistique, prix]* adjustment; *(Tech)* fit ◆ **~ monétaire** currency adjustment *ou* realignment ◆ **le projet est finalisé, à quelques ~s près** the project is completed, give or take a few finishing touches

**ajuster** /aʒyste/ ► conjug 1 ◄ **VT a** *(= régler)* *[+ ceinture, prix, politique]* to adjust; *[+ vêtement]* to alter ◆ **il leur est difficile d'~ leurs vues** it's difficult for them to reconcile their views **b** *(= adapter)* *[+ tuyau]* to fit (*à* into); ◆ **~ l'offre à la demande** to adjust *ou* adapt supply to demand, to match supply to *ou* and demand **c** *(= viser)* **~ qn** to aim at sb, to take aim at sb ◆ **~ son tir** *ou* **son coup** to adjust one's aim; → **tir d** † *[+ coiffure]* to tidy, to arrange; *[+ tenue]* to arrange; *[+ cravate]* to straighten **VPR s'ajuster a** *(Tech)* to fit (together) **b** *(† = se rhabiller)* to adjust *ou* tidy one's dress †

**ajusteur** /aʒystœʀ/ **NM** metal worker

**Alabama** /alabama/ **NM** Alabama

**alacrité** /alakʀite/ **NF** *(littér)* alacrity

**Aladin** /aladɛ̃/ **NM** Aladdin

**alaise** /alɛz/ **NF** undersheet, drawsheet

**alambic** /alɑ̃bik/ **NM** *(Chim)* still

**alambiqué, e** /alɑ̃bike/ **ADJ** *(péj)* *[style, discours]* convoluted, involved; *[personne, esprit]* over-subtle

**alangui, e** /alɑ̃gi/ (ptp de **alanguir**) **ADJ** *[attitude, geste]* languid; *[rythme, style]* languid, lifeless

**alanguir** /alɑ̃giʀ/ ► conjug 2 ◄ **VT a** *[fièvre]* to make feeble *ou* languid, to enfeeble; *[chaleur]* to make listless *ou* languid; *[plaisirs, vie paresseuse]* to make indolent *ou* languid ◆ **être tout alangui par la chaleur** to feel listless *ou* languid with the heat **b** *[+ récit]* to make nerveless *ou* lifeless **VPR s'alanguir** to grow languid *ou* weak, to languish

**alanguissement** /alɑ̃gismɑ̃/ **NM** languidness, languor

**alarmant, e** /alaʀmɑ̃, ɑt/ **ADJ** alarming

**alarme** /alaʀm/ **NF a** *(= signal de danger)* alarm ◆ **donner** *ou* **sonner l'~** to sound *ou* raise the alarm ◆ **(système d')~** alarm system; → **pistolet, signal, sirène, sonnette b** *(= inquiétude)* alarm ◆ **jeter l'~** to cause alarm ◆ **à la première ~** at the first sign of danger

**alarmer** /alaʀme/ ► conjug 1 ◄ **VT** to alarm **VPR s'alarmer** to become alarmed (*de, pour* about, at); ◆ **il n'a aucune raison de s'~** he has *ou* there is no cause for alarm

**alarmisme** /alaʀmism/ **NM** alarmism

**alarmiste** /alaʀmist/ **ADJ, NMF** alarmist

**Alaska** /alaska/ **NM** Alaska ◆ **la route de l'~** the Alaska Highway ◆ **la chaîne de l'~** the Alaska Range

**albacore** /albakɔʀ/ **NM** *(Zool)* albacore

**albanais, e** /albanɛ, ɛz/ **ADJ** Albanian **NM** *(Ling)* Albanian **NM,F Albanais(e)** Albanian

**Albanie** /albani/ **NF** Albania

**albâtre** /albɑtʀ/ **NM** alabaster ◆ **d'~, en ~** alabaster *(épith)*

**albatros** /albatʀos/ **NM** *(= oiseau)* albatross; *(Golf)* albatross *(Brit)*, double eagle *(US)*

**Alberta** /albɛʀta/ **NF** Alberta

**albigeois, e** /albiʒwa, waz/ **ADJ a** *(Géog)* of *ou* from Albi **b** *(Hist)* Albigensian **NM,F Albigeois(e)** inhabitant *ou* native of Albi **NMPL** *(Hist)* ◆ **les Albigeois** the Albigenses, the Albigensians; → **croisade**

**albinisme** /albinism/ **NM** albinism

**albinos** /albinos/ **NMF, ADJ INV** albino

**Albion** /albjɔ̃/ **NF** ◆ **(la perfide) ~** (perfidious) Albion

**album** /albɔm/ **NM a** *(= livre)* album ◆ **~ (de) photos/de timbres** photo/stamp album ◆ **~ à colorier** *ou* **de coloriages** colouring *(Brit)* *ou* coloring *(US)* book ◆ **~ de presse** scrapbook ◆ **~ de bandes dessinées** cartoon book **b** *(= disque)* album ◆ **~ de 2 CD** double CD

**albumen** /albymɛn/ **NM** albumen

**albumine** /albymin/ **NF** albumin

**albumineux, -euse** /albyminø, øz/ **ADJ** albuminous

**albuminurie** /albyminyʀi/ **NF** albuminuria

**albuminurique** /albyminyʀik/ **ADJ** albuminuric

**alcade** /alkad/ **NM** alcalde

**alcaïque** /alkaik/ **ADJ** Alcaic ◆ **vers ~s** Alcaics

**alcali** /alkali/ **NM** alkali ◆ **~ volatil** ammonia

**alcalin, e** /alkalɛ̃, in/ **ADJ** alkaline

**alcalinité** /alkalinite/ **NF** alkalinity

**alcaloïde** /alkalɔid/ **NM** alkaloid

**alcalose** /alkaloz/ **NF** alkalosis

**Alceste** /alsɛst/ **NM** Alcestis

**alchémille** /alkemij/ **NF** lady's mantle

**alchimie** /alʃimi/ **NF** *(lit, fig)* alchemy

**alchimique** /alʃimik/ **ADJ** alchemical, of alchemy

**alchimiste** /alʃimist/ **NMF** alchemist

**alcool** /alkɔl/ **NM a** *(Chim)* alcohol ◆ **~ absolu éthylique** pure ethyl alcohol ◆ **~ à brûler** methylated spirit(s), meths *(Brit)* ◆ **~ camphré** camphorated alcohol ◆ **~ rectifié** rectified spirit ◆ **~ à 90°** surgical spirit ◆ **lampe à ~** spirit lamp

**b** *(= boisson)* alcohol *(NonC)* ◆ **l'~ au volant** drinking and driving, drink-driving *(Brit)*, drunk-driving *(US)* ◆ **boire de l'~** *(gén)* to drink alcohol; *(eau-de-vie)* to drink spirits *(Brit)* *ou* (hard) liquor *(US)* ◆ **il ne tient pas l'~** he can't take his drink ◆ **il ne prend jamais d'~** he never drinks *ou* touches alcohol ◆ **le cognac est un ~** cognac is a brandy *ou* spirit *(Brit)* ◆ **vous prendrez bien un petit ~** you won't say no to a little brandy ◆ **~ de prune/poire** plum/pear brandy ◆ **~ de menthe** the medicinal mint spirit ◆ **~ blanc** colourless spirit ◆ **~ de grain** grain alcohol ◆ **bière/boisson sans ~** non-alcoholic *ou* alcohol-free beer/drink

**alcoolémie** /alkɔlemi/ NF ◆ **taux d'~** alcohol level (in the blood)

**alcoolier** /alkɔlje/ NM distiller

**alcoolique** /alkɔlik/ ADJ, NMF alcoholic ◆ **les Alcooliques anonymes** Alcoholics Anonymous

**alcooliser** /alkɔlize/ ▸ conjug 1 ◂ VT to alcoholize ◆ **boissons alcoolisées/non alcoolisées** alcoholic/soft drinks ◆ **très peu alcoolisé** very low in alcohol ◆ **déodorant alcoolisé** alcohol-based deodorant

**alcoolisme** /alkɔlism/ NM alcoholism ◆ **~ aigu/chronique/mondain** acute/chronic/social alcoholism

**alcoolo** * /alkɔlo/ ADJ alcoholic NMF alcoholic, lush *

**alcoolo-dépendant, e** (mpl **alcoolo-dépendants**) /alkɔlodepɑ̃dɑ̃, ɑ̃t/ NMF, ADJ alcohol-dependent

**alcoologue** /alkɔlɔg/ NMF ◆ **médecin ~** *doctor specializing in the treatment of alcoholism*

**alcoomètre** /alkɔmɛtʀ/ NM alcoholometer

**alcootest** ® /alkɔtɛst/ NM *(= objet)* Breathalyser ® *(Brit)*, Breathalyzer ® *(US)*; *(= épreuve)* breath-test ◆ **faire subir un ~ à qn** to give sb a breath test, to breath-test sb, to breathalyse *(Brit) ou* breathalyze *(US)* sb

**alcôve** /alkov/ NF alcove, recess *(in a bedroom)* ◆ **d'~** *(fig)* bedroom *(épith)*, intimate; → **secret**

**alcyon** /alsjɔ̃/ NM *(Myth)* Halcyon

**al dente** /aldɛnte/ LOC ADV, LOC ADJ al dente

**ALE** /aələ/ NF (abrév de **Association de libre-échange**) FTA

**aléa** /alea/ NM unknown quantity ◆ **en comptant avec tous les ~s** taking all the unknown factors into account ◆ **les ~s de l'existence** the vagaries of life ◆ **les ~s de l'examen** the uncertainties of the exam ◆ **après bien des ~s** after many ups and downs ◆ **ce sont les ~s du show-business** these things happen in show business ◆ **~s thérapeutiques** unforeseeable medical complications

**aléatoire** /aleatwaʀ/ ADJ a *(= risqué) [gains, succès]* uncertain; *[marché]* risky, uncertain b *(Math) [grandeur]* random; *(Ordin) [nombre, accès]* random; *(Mus)* aleatoric, aleatory; → **contrat**

**aléatoirement** /aleatwaʀmɑ̃/ ADV randomly

**alémanique** /alemanik/ ADJ, NM *(Ling)* Alemannic; → **suisse**

**ALENA, Alena** /alena/ NM (abrév de **Accord de libre-échange nord-américain**) NAFTA

**alène, alêne** /alɛn/ NF awl

**alentour** /alɑ̃tuʀ/ ADV around ◆ **tout ~** *ou* **à l'entour** †† all around ◆ **~ de qch** around sth ◆ **les villages d'~** the neighbouring *ou* surrounding villages

**alentours** /alɑ̃tuʀ/ NMPL a *(= environs) [de ville]* surroundings, neighbourhood *(Brit)*, neighborhood *(US)* ◆ **les ~ sont très pittoresques** the surroundings *ou* environs are very picturesque ◆ **dans les ~** in the vicinity *ou* neighbourhood ◆ **aux ~ de Dijon** in the Dijon area ◆ **il gagne aux ~ de 1 500 €** he earns (something) in the region of €1,500, he earns around *ou* about €1,500 ◆ **aux ~ de 8 heures** some time around 8 (o'clock), round about 8 (o'clock) *(Brit)* b *(Art) [de tapisserie]* border

**Aléoutiennes** /aleusjɛn/ ADJ FPL, NFPL ◆ **les (îles) ~** the Aleutian Islands, the Aleutians

**Alep** /alɛp/ N Aleppo

**alerte** /alɛʀt/ ADJ *[personne, geste]* agile, nimble; *[esprit]* alert, agile; *[vieillard]* spry, agile; *[style]* brisk, lively NF a *(= signal de danger, durée du danger)* alert, alarm ◆ **donner l'~** to give the alert *ou* alarm ◆ **donner l'~ à qn** to alert sb ◆ **~ aérienne** air raid warning ◆ **~ à la bombe** bomb scare ◆ **~ à la pollution** pollution alert ◆ **en cas d'~** if there is an alert ◆ **système d'~** alarm system ◆ **les nuits d'~** nights on alert; → **cote, état, faux²** b *(= avertissement)* warning sign; *(= inquiétude)* alarm ◆ **à la première ~** at the first warning sign ◆ **l'~ a été chaude** *ou* **vive** there was intense *ou* considerable alarm ◆ **~ cardiaque** heart flutter EXCL watch out!

**alerter** /alɛʀte/ ▸ conjug 1 ◂ VT *(= donner l'alarme à)* to alert; *(= informer)* to inform, to notify; *(= prévenir)* to warn ◆ **~ l'opinion publique** to alert public opinion ◆ **les pouvoirs publics ont été alertés** the authorities have been informed *ou* notified, it has been brought to the attention of the authorities

**alésage** /alezaʒ/ NM *(= action)* reaming; *(= diamètre)* bore

**alèse** /alɛz/ NF ⇒ **alaise**

**aléser** /aleze/ ▸ conjug 6 ◂ VT to ream

**alevin** /alvɛ̃/ NM alevin, young fish *(bred artificially)*

**alevinage** /alvinaʒ/ NM *(= action)* stocking with alevins *ou* young fish; *(= pisciculture)* fish farming

**aleviner** /alvine/ ▸ conjug 1 ◂ VT *(= empoissonner)* to stock with alevins *ou* young fish VI *(= pondre)* to spawn

**Alexandre** /alɛksɑ̃dʀ/ NM Alexander ◆ **~ le Grand** Alexander the Great

**Alexandrie** /alɛksɑ̃dʀi/ N Alexandria

**alexandrin, e** /alɛksɑ̃dʀɛ̃, in/ ADJ *[art, poésie] (Hist)* Alexandrian; *[prosodie]* alexandrine NM alexandrine

**alezan, e** /alzɑ̃, an/ ADJ, NM,F *(= cheval)* chestnut ◆ **~ clair** sorrel

**alfa** /alfa/ NM *(= herbe)* Esparto (grass); *(= papier)* Esparto paper

**algarade** /algaʀad/ NF *(littér) (= gronderie)* angry outburst; *(= dispute)* quarrel

**algèbre** /alʒɛbʀ/ NF *(Math)* algebra ◆ **par l'~** algebraically ◆ **c'est de l'~ pour moi** * it's (all) Greek to me *

**algébrique** /alʒebʀik/ ADJ algebraic

**algébriquement** /alʒebʀikmɑ̃/ ADV algebraically

**algébriste** /alʒebʀist/ NMF algebraist

**Alger** /alʒe/ N Algiers

**Algérie** /alʒeʀi/ NF Algeria

**algérien, -ienne** /alʒeʀjɛ̃, jɛn/ ADJ Algerian NM,F **Algérien(ne)** Algerian

**algérois, e** /alʒeʀwa, waz/ ADJ of *ou* from Algiers NM,F **Algérois(e)** inhabitant *ou* native of Algiers NM *(= région)* ◆ **l'Algérois** the Algiers region

**algie** /alʒi/ NF algia

**ALGOL** /algɔl/ NM ALGOL

**algonkin, e, algonquin, e** /algɔ̃kɛ̃, in/ ADJ Algonqui(a)n NM *(Ling)* Algonqui(a)n NM,F **Algonkin(e)** Algonqui(a)n

**algorithme** /algɔʀitm/ NM algorithm

**algorithmique** /algɔʀitmik/ ADJ algorithmic NF study of algorithms

**algothérapie** /algoteʀapi/ NF algotherapy, seaweed baths

**algue** /alg/ NF *(de mer)* seaweed *(NonC)*; *(d'eau douce)* alga ◆ **~s** *(de mer)* seaweed; *(d'eau douce)* algae ◆ **~s séchées** *(Culin)* dried seaweed ◆ **~s brunes/vertes/marines** brown/green/marine algae ◆ **bain d'~s** seaweed bath

**Alhambra** /alɑ̃bʀa/ NM ◆ **l'~** the Alhambra

**alias** /aljas/ ADV alias, also known as NM *(Ordin)* alias

**Ali Baba** /alibaba/ NM Ali Baba ◆ **"Ali Baba et les quarante voleurs"** "Ali Baba and the Forty Thieves"; → **caverne**

**alibi** /alibi/ NM alibi

**Alice** /alis/ NF Alice ◆ **"Alice au pays des merveilles"** "Alice in Wonderland"

**aliénabilité** /aljenabilite/ NF alienability

**aliénable** /aljenabl/ ADJ alienable

**aliénant, e** /aljenɑ̃, ɑ̃t/ ADJ alienating

**aliénataire** /aljenatɛʀ/ NMF alienee

**aliénateur, -trice** /aljenatœʀ, tʀis/ NM,F *(Jur)* alienator

**aliénation** /aljenasjɔ̃/ NF *(gén)* alienation ◆ **~ (mentale)** *(Méd)* (mental) derangement, insanity

**aliéné, e** /aljene/ (ptp de **aliéner**) NM,F insane person, lunatic *(péj)*; → **asile**

**aliéner** /aljene/ ▸ conjug 6 ◂ VT a *(Jur = céder)* to alienate; *[+ droits]* to give up ◆ **~ un bien** *(Jur)* to dispose of property ◆ **~ sa liberté entre les mains de qn** to relinquish one's freedom to sb ◆ **un traité qui aliène leur liberté** a treaty which alienates their freedom b *(= rendre hostile) [+ partisans, opinion publique]* to alienate (*à qn* from sb); ◆ **s'~ ses partisans/l'opinion publique** to alienate one's supporters/public opinion ◆ **s'~ un ami** to alienate *ou* estrange a friend ◆ **s'~ l'affection de qn** to alienate sb's affections, to estrange sb c *(Philos, Sociol)* **~ qn** to alienate sb

**aliéniste** † /aljenist/ NMF psychiatrist

**Aliénor** /aljenɔʀ/ NF Eleanor ◆ **~ d'Aquitaine** Eleanor of Aquitaine

**alignement** /aliɲ(ə)mɑ̃/ NM a *(= action)* aligning, lining up; *(= rangée)* alignment, line ◆ **les ~s de Carnac** the Carnac menhirs *ou* alignments *(SPÉC)* b *(Mil)* **être à l'~** to be in line ◆ **se mettre à l'~** to fall into line, to line up ◆ **sortir de l'~** to step out of line *(lit)* ◆ **à droite/gauche, ~ !** right/left, dress! c *[de rue]* building line ◆ **maison frappée d'~** house affected by a road widening scheme d *(Pol, Fin)* alignment ◆ **~ monétaire** monetary alignment *ou* adjustment

**aligner** /aliɲe/ ▸ conjug 1 ◂ VT a *[+ objets]* to align, to line up (*sur* with); *[+ chiffres]* to string together, to string up a line of; *[+ arguments]* to reel off; *(Mil)* to form into lines, to draw up in lines ◆ **il alignait des allumettes sur la table** he was lining up *ou* making lines of matches on the table ◆ **il n'arrivait pas à ~ deux mots de suite** he couldn't string a sentence *ou* two words together ◆ **les enfants étaient alignés le long de la route** the children were lined up along the roadside ◆ **pour acheter cette voiture, il va falloir les ~** * *(= payer)* that car will set you back a bit *

b *[+ rue]* to modify the (statutory) building line of

c *(Fin, Pol)* to bring into alignment (*sur* with); ◆ **~ sa conduite sur** to bring one's behaviour into line with, to modify one's behaviour to conform with

d (* *= punir*) **~ qn** to do sb * ◆ **il s'est fait ~** he got done * ◆ **il a aligné son adversaire en trois sets** *(Tennis)* he smashed * his opponent in three sets

VPR **s'aligner** *[soldats]* to fall into line, to line up ◆ **s'~ sur** *[+ politique]* to conform to the line of; *[+ pays, parti]* to align o.s. with ◆ **tu peux toujours t'~ !*** just try and match that!, beat that! *

**aligoté** /aligɔte/ ADJ M, NM aligoté

**aliment** /alimɑ̃/ NM a *(= nourriture)* food ◆ **bien mâcher les ~s** to chew one's food well ◆ **le pain est un ~** bread is (a) food *ou* a type of food ◆ **comment conserver vos ~s** how to keep food fresh ◆ **~ riche/complet/liquide** rich/whole/liquid food ◆ **~s pour chiens/chats** dog/cat food ◆ **~s pour bétail** cattle feed b *(Jur)* **~s** maintenance

**alimentaire** /alimɑ̃tɛʀ/ ADJ a *[aide, hygiène]* food *(épith)*; *[besoins]* dietary *(épith)*; *[habitudes]* eating *(épith)*, dietary *(épith)* ◆ **notre comportement ~** our eating patterns b *(péj) [activité]* done to earn a living *ou* some cash ◆ **c'est de la littérature/peinture ~** these kinds of books/paintings are just potboilers ◆ **pour lui ce n'est qu'un travail ~** to him it's just a job that pays the rent

**alimentation** /alimɑ̃tasjɔ̃/ NF a *(= régime)* diet ◆ **~ de base** staple diet ◆ **~ équilibrée/mal équilibrée** balanced/unbalanced diet ◆ **~ lactée** milk diet ◆ **bon** *ou* **ticket d'~** food voucher b *(Comm)* food trade ◆ **il travaille dans l'~** he works in the food trade; *(= industrie)* he works in the food industry ◆ **magasin d'~** food shop, grocery store *(US)* ◆ **rayon ~** food *ou* grocery section c *(= action) [de personne, chaudière]* feeding; *[de moteur, circuit]* supplying, feeding ◆ **l'~ en eau des grandes villes** supplying water to *ou* the supply of water to large towns ◆ **d'~** *[pompe, ligne]* feed *(épith)*; → **tuyau**

**alimenter** /alimɑ̃te/ ► conjug 1 ◄ VT a *[+ personne, animal]* to feed

b *[+ chaudière]* to feed; *[+ moteur, circuit]* to supply, to feed; *[+ caisse, compte bancaire, fonds]* to put money into; *[+ marché]* to supply (*en* with); ◆ **le tuyau alimente le moteur en essence** the pipe feeds *ou* supplies petrol *(Brit) ou* gasoline *(US)* to the engine ◆ **~ une ville en gaz/électricité** to supply a town with gas/electricity

c *[+ conversation] [personne]* to keep going, to sustain; *[+ curiosité]* to feed; *[+ inflation, polémique, rumeurs, soupçons]* to fuel ◆ **cela a alimenté la conversation** it gave us (*ou* them etc) something to talk about ◆ **ces faits vont ~ notre réflexion** these facts will provide food for thought

VPR **s'alimenter** *[personne]* to eat ◆ **s'~ seul** to feed o.s. ◆ **le malade recommence à s'~** the patient is starting to eat again *ou* to take food again

**alinéa** /alinea/ NM *(= passage)* paragraph; *(= ligne)* indented line *(at the beginning of a paragraph)* ◆ **nouvel ~** new line

**alisier** /alizje/ NM sorb, service tree

**alitement** /alitmɑ̃/ NM confinement to (one's) bed

**aliter** /alite/ ► conjug 1 ◄ VT to confine to (one's) bed ◆ **rester alité** to remain confined to (one's) bed, to remain bedridden ◆ **infirme alité** bedridden invalid VPR **s'aliter** to take to one's bed

**alizé** /alize/ ADJ M, NM ◆ **(vent) ~** trade wind

**alkékenge** /alkekɑ̃ʒ/ NM Chinese lantern, winter *ou* ground cherry

**Allah** /ala/ NM Allah

**allaitante** /alɛtɑ̃t/ ADJ F ◆ **femme ~** nursing mother ◆ **vache ~** brood cow

**allaitement** /alɛtmɑ̃/ NM *[de bébé]* feeding; *[d'animal]* suckling ◆ **~ maternel** breast-feeding ◆ **~ mixte** mixed feeding ◆ **~ au biberon** bottle-feeding ◆ **pendant l'~** while breast-feeding

**allaiter** /alete/ ► conjug 1 ◄ VT *[femme]* to (breast-)feed; *[animal]* to suckle ◆ **~ au biberon** to bottle-feed ◆ **elle allaite encore** she's still breast-feeding (the baby)

**allant, e** /alɑ̃, ɑ̃t/ ADJ *(littér = alerte) [personne]* sprightly, active; *[musique]* lively NM *(= dynamisme)* drive, energy ◆ **avoir de l'~** to have plenty of drive *ou* energy ◆ **avec ~** energetically

**alléchant, e** /aleʃɑ̃, ɑ̃t/ ADJ *[odeur]* mouth-watering, tempting; *[proposition]* tempting, enticing; *[prix]* attractive

**allécher** /aleʃe/ ► conjug 6 ◄ VT *[odeur]* to make one's mouth water, to tempt; *[proposition]* to tempt, to entice ◆ **alléché par l'odeur** tempted by the smell ◆ **alléché par des promesses fallacieuses** lured by false promises

**allée** /ale/ NF a *[de ville]* avenue; *[de jardin]* path; *[de parc]* path, walk; *(plus large)* avenue; *[de forêt]* wide path; *(menant à une maison)* drive, driveway; *[de cinéma, autobus]* aisle ◆ **~ cavalière** bridle path ◆ **les ~s du pouvoir** the corridors of power

b *(loc)*

♦ **allées et venues** comings and goings ◆ **que signifient ces ~s et venues dans le couloir ?** why all this to-ing and fro-ing in the corridor? ◆ **ceci l'oblige à de constantes ~s et venues (entre Paris et la province)** this means he has to keep shuttling back and forth (between Paris and the provinces) ◆ **j'ai perdu mon temps en ~s et venues** I've wasted my time going back and forth *ou* to-ing and fro-ing ◆ **le malade l'obligeait à de constantes ~s et venues** the patient kept him constantly on the run *ou* running about (for him)

**allégation** /a(l)legasjɔ̃/ NF *(= affirmation)* allegation; *(= citation)* citation

**allégé, e** /aleʒe/ (ptp de **alléger**) ADJ low-fat ◆ **(produits) ~s** low-fat products

**allégeance** /aleʒɑ̃s/ NF allegiance ◆ **faire ~ à qn** to swear allegiance to sb

**allégement, allègement** /alɛʒmɑ̃/ NM a *[de fardeau, véhicule]* lightening b *[de personnel]* reduction (*de* in) c *[de coûts, impôts, charges sociales]* reduction (*de* in); ◆ **~ fiscal** tax relief ◆ **~ de la dette** debt relief ◆ **notre objectif demeure l'~ de nos dettes** our aim remains to reduce our debts d *[de contrôles]* easing; *[de formalités]* simplification e *[de douleur]* alleviation

**alléger** /aleʒe/ ► conjug 6 et 3 ◄ VT a *(en poids) [+ fardeau]* to lighten; *[+ véhicule]* to make lighter; *[+ skis]* to unweight ◆ **~ qn de son portefeuille** * *(hum)* to relieve sb of their wallet b *(en nombre) [+ personnel]* to streamline, to reduce ◆ **~ les effectifs** *(Scol)* to reduce numbers in the classroom ◆ **pour ~ notre dispositif militaire** to reduce our military presence c *(Fin) [+ coûts, impôts, charges sociales, dette]* to reduce d *(= simplifier) [+ contrôles]* to ease; *[+ formalités]* to simplify ◆ **~ les programmes scolaires** to cut the number of subjects on the school syllabus e *(= rendre moins pénible) [+ douleur]* to alleviate, to relieve; *[+ conditions de détention]* to ease

**allégorie** /a(l)legɔʀi/ NF allegory

**allégorique** /a(l)legɔʀik/ ADJ allegorical

**allégoriquement** /a(l)legɔʀikmɑ̃/ ADV allegorically

**allègre** /a(l)lɛgʀ/ ADJ *[personne, humeur]* cheerful, light-hearted; *[démarche]* lively, jaunty; *[musique]* lively, merry ◆ **il descendait la rue d'un pas ~** he was walking gaily *ou* cheerfully down the street

**allégrement, allègrement** /a(l)lɛgʀəmɑ̃/ ADV a *(= gaiement)* gaily, cheerfully b *(hum)* **le coût de l'opération dépasse ~ les 50 millions** the cost of the operation is well over 50 million ◆ **le virus voyage ~ d'un ordinateur à l'autre** the virus merrily travels from one computer to another

**allégresse** /a(l)legʀɛs/ NF elation ◆ **ce fut l'~ générale** there was general rejoicing *ou* jubilation

**alléguer** /a(l)lege/ ► conjug 6 ◄ VT a *[+ fait]* to use as an excuse; *[+ excuse, raison, preuve]* to put forward ◆ **ils refusèrent de m'écouter, alléguant que ...** they refused to listen, claiming that ... b *(littér = citer)* to cite, to quote

**allèle** /alɛl/ NM allele

**alléluia** /a(l)leluja/ NM, EXCL *(Rel)* alleluia, hallelujah

**Allemagne** /almaɲ/ NF Germany ◆ **l'~ fédérale** the Federal German Republic ◆ **~ de l'Ouest/de l'Est** West/East Germany; → **république**

**allemand, e** /almɑ̃, ɑ̃d/ ADJ German; → **république** NM *(Ling)* German; → **bas**[1], **haut** NM,F **Allemand(e)** German ◆ **bon ~** *(Helv)* German *(as opposed to Swiss German)* NF **allemande** *(Mus)* allemande

## aller /ale/

► conjug 9 ◄

| | |
|---|---|
| 1 VERBE INTRANSITIF | 4 VERBE PRONOMINAL |
| 2 VERBE IMPERSONNEL | 5 LOC EXCLAMATIVES |
| 3 VERBE AUXILIAIRE | 6 NOM MASCULIN |

1 - VERBE INTRANSITIF

a = se déplacer, partir to go ◆ **où vas-tu ?** where are you going? ◆ **il t'attend, va !** he's waiting for you, go on!

> aller se traduit souvent par un verbe spécifique en anglais.

◆ **j'allais par les rues désertes** I walked *ou* wandered through the empty streets ◆ **il allait trop vite quand il a eu son accident** he was driving *ou* going too fast when he had his accident ◆ **en ville, on va plus vite à pied qu'en voiture** in town it is quicker to walk than to go by car ◆ **~ à Paris en voiture/en avion** to drive/fly to Paris ◆ **il y est allé à** *ou* **en vélo** he cycled there, he went there on his bike ◆ **j'irai à pied** I'll walk, I'll go on foot ◆ **où sont allés les 300 € ?** *(= qu'a-t-on acheté avec ?)* what did the €300 go on?; *(= où l'argent est-il passé ?)* where did that €300 go?

♦ **aller et venir** *(entre deux endroits)* to come and go; *(dans une pièce)* to pace up and down

♦ **ça va, ça vient** ◆ **tu sais, la chance, ça va ça vient** luck comes and goes, you know, you win some, you lose some ◆ **avec lui l'argent, ça va, ça vient** when it comes to money, it's easy come, easy go with him

♦ **aller** *+ préposition (= se rendre)* ◆ **~ à** to go to ◆ **~ à Caen/à la campagne** to go to Caen/to the country ◆ **~ au lit/à l'église/à l'école** to go to bed/to church/to school ◆ **~ en Allemagne** to go to Germany ◆ **~ chez le boucher/chez un ami** to go to the butcher's/to a friend's (place) ◆ **je vais sur** *ou* **vers Lille** *(en direction de)* I'm going towards Lille; *(but du voyage)* I'm heading for Lille

♦ ~ **aux renseignements/aux nouvelles** to go and inquire/and find out the news

> Notez l'utilisation du perfect et du pluperfect **have/had been** ; **have/had gone** implique que le sujet n'est pas encore revenu.

♦ **je ne suis jamais allé à New York/en Corse** I've never been to New York/Corsica ♦ **étiez-vous déjà allés en Sicile ?** had you been to Sicily before? ♦ **il n'est pas là ? – non il est allé au tennis** he's not there? – no, he's gone to play tennis

**b** [euph] *(aux toilettes)* to go to the toilet ♦ **tu es allé ce matin ?** have you been (to the toilet) this morning? ♦ **ça fait** ~ * it makes you go *

**c** [dans le temps, une évolution] **on va à la catastrophe/la ruine** we're heading for disaster/ruin ♦ ~ **sur ses 30 ans** to be getting on for *(Brit)* *ou* going on *(US)* 30 ♦ **on va vers une guerre civile** we're heading for civil war ♦ **où allons-nous ?** what are things coming to? ♦ **j'irai (jusqu')à la Commission européenne s'il le faut** I'll take it to the European Commission if necessary

**d** [= mener, s'étendre] to go *(à* to); ♦ **cette route doit** ~ **quelque part** this road must go somewhere ♦ **ses champs vont jusqu'à la forêt** his fields go *ou* stretch as far as the forest

**e** [= durer] **l'abonnement va jusqu'en juin** the subscription lasts *ou* runs till June ♦ **le contrat allait jusqu'en mai** the contract ran until May ♦ **la période qui va du 22 mai au 15 juillet** from 22 May to 15 July

**f** [= se porter] **comment allez-vous ?** how are you? ♦ **comment va ton frère ? – il va bien/mal** *(physiquement)* how's your brother? – he's fine/he's not very well; *(moralement)* how's your brother? – he's fine/not too happy ♦ **cela fait des années qu'il va mal** he hasn't been well for years ♦ **(comment) ça va ? – ça va** how's things? * *ou* how are you doing? – fine *ou* not so bad * ♦ **ça va mieux maintenant** I'm feeling better now ♦ **ça va ? – faudra bien que ça aille** * how's things * *ou* how are you doing? – fine *ou* not so bad ♦ **ça va ? – on fait** ~ * you all right? * – so-so * ♦ **non mais ça va pas (la tête) !** * you're crazy! *, you must be crazy! * ♦ **non mais ça va, te gêne pas !** * don't mind me!

**g** [= se passer, fonctionner] **(comment) ça va au bureau ? – ça va** how's it going at the office? – fine *ou* not so bad * ♦ **ça va comme ça ? – faudra bien que ça aille** * is it all right like that? – it'll have to be * ♦ **comment vont les affaires ? – elles vont bien/mal** how's business? – fine/not too good ♦ **ça va mal en Asie/à la maison** things aren't going too well *ou* things aren't looking so good in Asia/at home ♦ **ça va mal** ~ **si tu continues** there's going to be trouble if you carry on like that ♦ **notre économie va mieux** the economy is doing better *ou* is looking up ♦ **ça va mieux pour lui maintenant** things are going better for him now ♦ **ça ne va pas mieux ! il veut une voiture pour son anniversaire !** whatever next! he wants a car for his birthday! ♦ **ça ne va pas sans difficulté** it's no easy job ♦ **ça va tout seul** *(= c'est facile)* it's a cinch *, it's a doddle * *(Brit)* ♦ **ça ne va pas tout seul** it's not exactly easy

♦ **plus ça va** ♦ **plus ça va, plus l'inquiétude grandit** people are getting more and more worried ♦ **plus ça va, plus je me dis que j'ai eu tort** the more I think about it, the more I realize how wrong I was ♦ **plus ça va, plus nous produisons des déchets** we just keep producing more and more waste ♦ **plus ça va, moins ça va** things are going from bad to worse

**h** [= convenir] ~ **(bien) avec** to go (well) with ♦ ~ **bien ensemble** *[couleurs, styles]* to go well together ♦ **ils vont bien ensemble** *[personnes]* they make a nice couple ♦ **ce tableau va bien/mal sur ce mur** the picture looks right/doesn't look right on that wall ♦ **ici, cette couleur n'ira pas** that colour just won't work *ou* go here ♦ **la clé ne va pas dans la serrure** the key won't go in *ou* doesn't fit the lock ♦ **les ciseaux ne vont pas pour couper du carton** scissors won't do *ou* are no good for cutting cardboard ♦ **votre plan ne va pas** your plan won't work

**i** [locutions]

♦ **aller à** *(= être attribué à) [prix, récompense, part d'héritage]* to go to; *(= aller bien) [forme, mesure]* to fit; *[style, genre]* to suit ♦ **le maison ira à la cadette** the house will go to the youngest daughter ♦ **l'argent ira à la restauration du clocher** the money will go towards restoring the bell tower ♦ **cette robe te va très bien** *(couleur, style)* that dress really suits you; *(taille)* that dress fits you perfectly ♦ **vos projets me vont parfaitement** your plans suit me fine ♦ **rendez-vous demain 4 heures ? – ça me va** * tomorrow at 4? – OK, fine * ♦ **ça lui va mal** *ou* **bien** *(hum)* **de critiquer les autres** he's got a nerve * criticizing other people, he's a fine one * to criticize

♦ **aller** + *participe présent*

> Lorsque **aller** sert à exprimer la progression, il est souvent rendu par un comparatif.

♦ ~ **en empirant** to get worse and worse ♦ **le bruit va croissant** the noise is getting louder and louder ♦ **notre rythme de travail ira en s'accélérant** we'll have to work more and more quickly [MAIS] ~ **en augmentant** to keep increasing

♦ **y aller** ♦ **on y va ?** *(avant un départ)* shall we go?; *(avant d'agir)* shall we start? ♦ **allons-y (Alonzo *) !** let's go! ♦ **allez-y, c'est votre tour** go on, it's your turn ♦ **allez-y, vous ne risquez rien** go ahead *ou* go on, you've nothing to lose ♦ **comme vous y allez !, vous y allez un peu fort !** that's going a bit far! ♦ **non mais vas-y, insulte-moi !** * go on, insult me, why don't you! ♦ **vas-y doucement** *ou* **mollo** * gently does it ♦ **27 divisé par 7, il y va 3 (et il reste 6)** *(Math)* 27 divided by 7 is *ou* goes 3 (remainder 6)

♦ **y aller de** *(= contribuer)* ♦ **chacun y est allé de son commentaire** everyone had their say, everyone put in their two cents * *(US)* ♦ **il y est allé de sa petite chanson** * he gave us a little song ♦ **il y est allé de sa petite larme** * he had a little cry

2 - VERBE IMPERSONNEL

♦ **il y va/allait de** *(= ce qui est/était en jeu)* ♦ **il y va de votre vie/de votre santé** your life/your health is at stake *ou* depends on it ♦ **il y allait de notre honneur !** our honour was at stake!

♦ **il en va de** *(= c'est la même chose pour)* ♦ **il en va de même pour tous les autres** the same applies to *ou* goes for all the others ♦ **il en va de l'édition comme des autres secteurs** it's the same in publishing as in other sectors, the same goes for publishing as for other sectors

♦ **ça y va/y allait** * *(valeur intensive)* ♦ **ça y va le whisky chez eux !** they certainly get through a lot of whisky! ♦ **ça y va les billets de 100 euros avec lui !** he certainly gets through those 100 euro notes! ♦ **ça y allait les insultes !** you should have heard the abuse!

3 - VERBE AUXILIAIRE

♦ **aller** + *infinitif*

> Notez l'utilisation de **and** et de **to** entre les deux verbes en anglais ; **to** exprime généralement une idée d'intention alors que **and** met l'accent sur l'accomplissement de l'action.

♦ **il est allé se renseigner** *(gén)* he went to get some information; *(a obtenu les informations)* he went and got some information ♦ ~ **voir qn à l'hôpital** to go and visit sb in hospital ♦ **va te laver les mains** go and wash your hands

> Lorsque **aller** exprime le futur immédiat, il est parfois traduit par le futur simple ; la forme **be going to** s'utilise plutôt lorsque le locuteur met quelqu'un en garde ou exprime une intention.

♦ **tu vas être en retard** you're going to be late, you'll be late ♦ **il va descendre dans une minute** he'll be (coming) down in a minute ♦ **ça va prendre un quart d'heure** that'll take *ou* it's going to take a quarter of an hour ♦ **je vais lui dire** I'm going to tell him ♦ **je vais le faire tout de suite** I'll do it right away ♦ **ils allaient commencer** they were going to start, they were about to start [MAIS] **je vais te dire une chose** let me tell you something *(valeur intensive)* ♦ **ne va pas te faire du souci inutilement** don't go and get *ou* don't go getting all worried for no reason ♦ **allez donc voir si c'est vrai !** who knows if it's true! ♦ **n'allez pas vous imaginer que ...** don't you go imagining that ... ♦ **pourvu qu'il n'aille pas penser que ...** as long as he doesn't get the idea that ... ♦ **va** *ou* **allez savoir * !** who knows? ♦ **va lui expliquer ça, toi !** you try explaining that to him! ♦ **va me dire pourquoi j'ai fait ça/il s'est mis en colère ?** I have no idea why I did that/why he got angry

4 - VERBE PRONOMINAL

**s'en aller**

**a** [= partir] to go (away); *(= déménager)* to move, to leave ♦ **bon, je m'en vais** right, I'm off *ou* I'm going ♦ **elle s'en va en vacances demain** she goes *ou* is going away on holiday tomorrow ♦ **ils s'en vont à Paris** they are going *ou* off to Paris ♦ **il s'en est allé** *ou* **s'est en allé** * **sans rien dire** he went away *ou* he left without saying anything ♦ **va-t'en !, allez-vous-en !** go away! ♦ **va-t-en de là !** get out of here! ♦ **ils s'en vont du quartier** they are leaving the area, they are moving away from the area

> Notez que lorsque **aller** est suivi d'un adverbe de manière, l'anglais utilise généralement un verbe spécifique ; reportez-vous à l'adverbe.

♦ **s'en** ~ **subrepticement** to steal *ou* sneak away ♦ **elle s'est en allée sur la pointe des pieds** she tiptoed away

**b** [euph = mourir] to go ♦ **il s'en va** he's going *ou* fading ♦ **quand je m'en irai** when I'm gone [MAIS] **il s'en est allé paisiblement** he passed away peacefully

**c** [= quitter un emploi] to leave; *(= prendre sa retraite)* to retire, to leave

**d** [= disparaître] *[tache] (gén)* to come off; *(sur tissu)* to come out; *[temps, années]* to pass, to go by ♦ **ça s'en ira au lavage** *[boue]* it'll wash off, it'll come off in the wash; *[tache]* it'll wash out ♦ **tout son argent s'en va en CD** all his money goes on CDs, he spends all his money on CDs

**e** [valeur intensive] **je m'en vais leur montrer de quoi je suis capable** I'll show them what I'm made of! ♦ **va-t'en voir si c'est vrai !** * who knows if it's true!

5 - LOC EXCLAMATIVES

♦ **allons !, allez !, va !** *(pour stimuler)* ♦ **allons !, allez !** go on!, come on! ♦ **allez (la) France !**

*(Sport)* come on France! ◆ **allez, allez** *ou* **allons, allons, circulez** come on now, move along ◆ **allons, cesse de m'ennuyer !** *(impatience)* will you just stop bothering me!; *(pour encourager, réconforter)* ◆ **allons, allons, il ne faut pas pleurer** come on now *ou* come, come, you mustn't cry ◆ **tu t'en remettras, va** don't worry, you'll get over it ◆ **ce n'est pas grave, allez !** come on, it's not so bad *ou* serious! ◆ **allez, au revoir !** 'bye then! *

◆ **allons bon!** ◆ **allons bon ! qu'est-ce qui t'est encore arrivé ?** *(agacement)* NOW what's happened? ◆ **il est tombé – allons bon !** *(ennui)* he's fallen over – oh dear! ◆ **allons bon, j'ai oublié mon sac !** oh dear, I've left my bag behind!

◆ **allons donc!** *(incrédulité)* come on!, come off it! * ◆ **notre planète est menacée – allons donc !** the planet is in danger – oh come on! ◆ **lui paresseux ? allons donc ! c'est lui qui fait tout** lazy, him? you've got to be kidding *, he's the one who does all the work ◆ **lui m'aider ? allons donc !** help me, him? that'll be the day! *

◆ **va donc!** ⁑ ◆ **va donc, eh crétin !** *(insulte)* you stupid idiot! *

◆ **ça va!** * *(= assez)* that's enough!; *(= d'accord)* OK, OK * ◆ **tes remarques désobligeantes, ça va comme ça !** I've had just about enough of your nasty comments! ◆ **alors, tu viens ? – ça va(, ça va) j'arrive !** are you coming then? – OK, OK, I'm coming! ◆ **ça fait dix fois que je te le dis – ça va, je vais le faire !** I've told you ten times – look, I'll do it, OK?

◆ **va pour ...** * ◆ **va pour une nouvelle voiture !** all right we'll GET a new car! ◆ **va pour 5 € !** *(dans un marchandage)* OK, €5 then! ◆ **j'aimerais ~ à Tokyo – alors va pour Tokyo !** I'd like to go to Tokyo – Tokyo it is then!

6 - NOM MASCULIN

a [= trajet] outward journey ◆ **l'~ s'est bien passé** the (outward) journey *ou* the journey there went off well ◆ **j'irai vous voir à l'~** I'll come and see you on the way there ◆ **je ne fais que l'~ et retour** *ou* **l'~-retour** I'm just going there and back ◆ **j'ai fait plusieurs ~s et retours entre chez moi et la pharmacie** I made several trips to the chemist's ◆ **le dossier a fait plusieurs ~s et retours entre nos services** the file has been shuttled between departments; → **match**

b [= billet] single (ticket) *(Brit)*, one-way ticket *(US)* ◆ **trois ~s (simples) pour Tours** three singles *(Brit)* *ou* one-way tickets *(US)* to Tours

◆ **aller-retour, aller et retour** return (ticket) *(Brit)*, round-trip ticket *(US)* ◆ **l'~-retour Paris-New York coûte 500 €** Paris-New York is €500 return *(Brit)* *ou* round-trip *(US)* ◆ **donner un ~-retour à qn** * *(= le gifler)* to give sb a box round the ears

**allergène** /alɛʀʒɛn/ ADJ allergenic NM allergen

**allergénique** /alɛʀʒenik/ ADJ allergenic

**allergie** /alɛʀʒi/ NF allergy ◆ **faire une ~** *(lit, fig)* to be allergic (*à* to); ◆ **~ respiratoire/cutanée** respiratory/skin allergy

**allergique** /alɛʀʒik/ ADJ *(lit, fig)* allergic (*à* to)

**allergisant, e** /alɛʀʒizɑ̃, ɑt/ ADJ *[substance]* allergenic NM allergen

**allergologie** /alɛʀgɔlɔʒi/ NF study of allergies

**allergologiste** /alɛʀgɔlɔʒist/, **allergologue** /alɛʀgɔlɔg/ NMF allergist

**alliacé, e** /aljase/ ADJ alliaceous

**alliage** /aljaʒ/ NM alloy ◆ **un ~ disparate de doctrines** *(péj)* a hotchpotch of doctrines ◆ **roues en ~ léger** alloy wheels

**alliance** /aljɑ̃s/ NF a *(Pol)* alliance; *(= entente)* union; *(Bible)* covenant ◆ **faire** *ou* **conclure une ~ avec un pays** to enter into an alliance with a country ◆ **faire ~ avec qn** to ally oneself with sb; → **saint, triple** b *(frm = mariage)* union, marriage ◆ **neveu/oncle par ~** nephew/uncle by marriage ◆ **entrer par ~ dans une famille** to marry into a family, to become united by marriage with a family c *(= bague)* (wedding) ring d *(= mélange)* combination ◆ **l'~ de la musique et de la poésie** the union of music and poetry

COMP ▷ **alliance de mots** *(Littérat)* bold juxtaposition (of words), oxymoron

**allié, e** /alje/ (ptp de **allier**) ADJ *[pays, forces]* allied ◆ **famille ~e** family *ou* relations by marriage NM,F *(= pays)* ally; *(= ami, soutien)* ally; *(= parent)* relative by marriage ◆ **les Alliés** *(Pol)* the Allies

**allier** /alje/ ▸ conjug 7 ◂ VT *[+ efforts]* to combine, to unite; *[+ couleurs]* to match; *(Pol)* to ally; *(Tech)* to alloy ◆ **elle allie l'élégance à la simplicité** she combines elegance with simplicity ◆ **ils sont alliés à une puissante famille** they are related by marriage to a powerful family VPR **s'allier** *[efforts]* to combine, to unite; *[couleurs]* to match; *[familles]* to become united by marriage, to become allied (*à* to, with); *(Pol)* to become allies *ou* allied; *(Tech)* to alloy ◆ **la France s'allia à l'Angleterre** France allied itself with England

**alligator** /aligatɔʀ/ NM alligator

**allitération** /a(l)liteʀasjɔ̃/ NF alliteration

**allô** /alo/ EXCL *(Téléc)* hello!, hullo! *(Brit)*

**allocataire** /alɔkatɛʀ/ NMF recipient

**allocation** /alɔkasjɔ̃/ NF a *[d'argent]* allocation; *[d'indemnité]* granting; *(Fin)* *[d'actions]* allotment; *[de temps]* allotment, allocation b *(= somme)* allowance ◆ **toucher les ~s** * to draw *ou* get family allowance

COMP ▷ **allocation (de) chômage** jobseeker's allowance *(NonC)* *(Brit)*, unemployment insurance *(NonC)* *(US)* ▷ **allocations familiales** *(= argent)* *state allowance paid to families with dependent children,* ≃ family allowance *(Brit)*, child benefit *(Brit)*, welfare *(US)*; *(= bureau)* ≃ family allowance department *(Brit)*, child benefit office *(Brit)*, welfare center *(US)* ▷ **allocation (de) logement** rent allowance *ou* subsidy ▷ **allocation de maternité** maternity allowance *ou* benefit ▷ **allocation parentale (d'éducation)** *allowance paid to a parent who has stopped work to bring up a young child* ▷ **allocation de parent isolé** *allowance for one-parent families* ▷ **allocation de rentrée scolaire** *allowance for children going back to school*

**allocs** * /alɔk/ NFPL (abrév de **allocations familiales**) → **allocation**

**allocutaire** /a(l)lɔkytɛʀ/ NMF addressee

**allocution** /a(l)lɔkysjɔ̃/ NF (short) speech ◆ **~ télévisée** (short) televised speech

**allogène** /alɔʒɛn/ ADJ *[population]* non-native; *(fig)* *[éléments]* foreign

**allonge** /alɔ̃ʒ/ NF *(Tech)* extension; *[de table]* leaf; *[de boucherie]* hook; *(Boxe)* reach ◆ **avoir une bonne ~** to have a long reach

**allongé, e** /alɔ̃ʒe/ (ptp de **allonger**) ADJ a *(= étendu)* **être ~** to be stretched out, to be lying (*sur* on); ◆ **rester ~** to stay lying down ◆ **~ sur le dos** lying on one's back, supine *(frm)* b *(= long)* long; *(= étiré)* elongated; *(= oblong)* oblong ◆ **faire une mine ~e** to pull *ou* make a long face

**allongement** /alɔ̃ʒmɑ̃/ NM a *(Métal)* elongation; *(Ling)* lengthening; *(Aviat)* aspect ratio b *[de distance, vêtement]* lengthening; *[de route, voie ferrée]* lengthening, extension c *[de durée]* extension ◆ **avec l'~ des jours** with the days getting *ou* growing longer ◆ **contribuer à l'~ de la durée de vie** *ou* **de l'espérance de vie** to contribute to greater *ou* increased life expectancy ◆ **pour éviter l'~ des listes d'attente** to prevent waiting lists (from) getting any longer

**allonger** /alɔ̃ʒe/ ▸ conjug 3 ◂ VT a *(= rendre plus long)* *[+ vêtement]* to lengthen, to make longer (*de* by); *(en défaisant l'ourlet)* to let down; *[+ délai, durée]* to extend ◆ **~ le pas** to quicken one's pace ◆ **cette coiffure lui allonge le visage** that hair style makes her face look longer

b *(= étendre)* *[+ bras, jambe]* to stretch (out); *[+ malade]* to lay *ou* stretch out ◆ **~ le cou (pour apercevoir qch)** to crane *ou* stretch one's neck (to see sth) ◆ **la jambe allongée sur une chaise** with one leg up on *ou* stretched out on a chair

c ⁑ *[+ somme]* to fork out *; *[+ coup]* to deal, to land * ◆ **~ qn** to knock sb flat ◆ **il va falloir les ~** we'll (*ou* you'll *etc*) have to cough up *

d *[+ sauce]* to thin (down) ◆ **~ la sauce** * *(fig)* to spin it out

VI *[jours]* to get *ou* grow longer, to lengthen

VPR **s'allonger** a *(= devenir ou paraître plus long)* *[ombres, jours]* to get *ou* grow longer, to lengthen; *[enfant]* to grow taller; *[discours, visite]* to drag on; *[durée]* to get longer; *[file, liste d'attente]* to get longer, to grow ◆ **son visage s'allongea à ces mots** his face fell when he heard this ◆ **la route s'allongeait devant eux** the road stretched away before them

b *(= s'étendre)* to lie down, to stretch (o.s.) out; *(pour dormir)* to lie down ◆ **s'~ dans l'herbe** to lie down *ou* stretch (o.s.) out on the grass

**allopathe** /alɔpat/ ADJ allopathic NMF allopath, allopathist

**allopathie** /alɔpati/ NF allopathy

**allopathique** /alɔpatik/ ADJ allopathic

**allophone** /alɔfɔn/ NM allophone

**allosaure** /alɔzɔʀ/ NM allosaurus

**allotropie** /alɔtʀɔpi/ NF allotropy

**allotropique** /alɔtʀɔpik/ ADJ allotropic

**allouer** /alwe/ ▸ conjug 1 ◂ VT *[+ argent]* to allocate; *[+ indemnité]* to grant; *(Fin)* *[+ actions]* to allot; *[+ temps]* to allot, to allow ◆ **pendant le temps alloué** during the allotted time, during the time allowed

**allumage** /alymaʒ/ NM a *(= action)* *[de feu]* lighting, kindling; *[de poêle]* lighting; *[d'électricité]* switching *ou* turning on; *[de gaz]* lighting, putting *ou* turning on b *(Aut)* ignition ◆ **avance à l'~** ignition *ou* spark advance ◆ **régler l'~** to adjust the timing; → **autoallumage**

**allumé, e** ⁑ /alyme/ ADJ *(= fou)* crazy *, nuts *; *(= ivre)* smashed ⁑, pissed ⁑ *(Brit)*, trashed ⁑ *(US)*

**allume-cigare** (pl **allume-cigares**) /alymsigaʀ/ NM cigar lighter

**allume-feu** (pl **allume-feu(x)**) /alymfø/ NM firelighter

**allume-gaz** /alymgɑz/ NM INV gas lighter *(for cooker)*

**allumer** /alyme/ ▸ conjug 1 ◂ VT a *[+ feu]* to light, to kindle; *[+ bougie, poêle]* to light; *[+ cigare, pipe]* to light (up); *[+ incendie]* to start, to light ◆ **il alluma sa cigarette à celle de son voisin** he lit (up) his cigarette from his neighbour's, he got a light from his neighbour's cigarette ◆ **le feu était allumé**

the fire was lit, the fire was going ◆ **laisse le poêle allumé** leave the stove on *ou* lit

**b** *[+ électricité, lampe, radio]* to put *ou* switch *ou* turn on; *[+ gaz]* to light, to put *ou* turn on ◆ **laisse la lumière allumée** leave the light on ◆ **allume dans la cuisine** put the light(s) on in the kitchen ◆ **le bouton n'allume pas, ça n'allume pas** the light doesn't come on *ou* work ◆ **où est-ce qu'on allume ?** where is the switch?

**c** *(= éclairer)* ~ **une pièce** to put the light(s) on in a room ◆ **sa fenêtre était allumée** there was a light (on) at his window ◆ **laisse le salon allumé** leave the light(s) on in the sitting-room

**d** *[+ colère, envie, haine]* to arouse, to stir up; *[+ amour]* to kindle

**e** *(* = aguicher)* to turn on, to tease

**f** *(* = tuer)* to burn *

**VPR s'allumer** *[incendie]* to blaze, to flare up; *[lumière]* to come *ou* go on; *[radiateur]* to switch (itself) on; *[sentiment]* to be aroused ◆ **ça s'allume comment ?** how do you switch it on? ◆ **le désir s'alluma dans ses yeux** his eyes lit up with desire ◆ **ses yeux s'allumèrent** his eyes lit up ◆ **ce bois s'allume bien** this wood is easy to light *ou* burns easily ◆ **sa fenêtre s'alluma** a light came *ou* went on at his window

**allumette** /alymɛt/ **NF** **a** *(pour allumer)* match; *(= morceau de bois)* match(stick) ◆ ~ **de sûreté** *ou* **suédoise** safety match ◆ ~ **tison** fuse ◆ **il a les jambes comme des ~s** he's got legs like matchsticks **b** *(Culin)* flaky pastry finger ◆ ~ **au fromage** cheese straw *(Brit) ou* stick *(US)*; → **pomme**

**allumeur** /alymœʀ/ **NM** *(Aut)* distributor; *(Tech)* igniter ◆ ~ **de réverbères** *(Hist)* lamplighter

**allumeuse** /alymøz/ **NF** *(péj)* teaser, tease

**allure** /alyʀ/ **NF** **a** *(= vitesse) [de véhicule]* speed; *[de piéton]* pace ◆ **rouler** *ou* **aller à vive** *ou* **grande/faible** *ou* **petite** ~ to drive *ou* go at high *ou* great/low *ou* slow speed ◆ **à toute** ~ *[rouler]* at top *ou* full speed, at full tilt; *[réciter, dîner]* as fast as one can ◆ **à cette ~, nous n'aurons jamais fini à temps** at this rate we'll never be finished in time

**b** *(= démarche)* walk, gait *(littér)*; *(= prestance)* bearing; *(= attitude)* air, look; *(* = aspect) [d'objet, individu]* look, appearance ◆ **avoir de l'~, ne pas manquer d'~** to have style, to have a certain elegance ◆ **avoir fière** *ou* **grande** *ou* **belle/piètre** ~ to cut a fine/a shabby figure ◆ **avoir une drôle d'~/bonne** ~ to look odd *ou* funny/fine ◆ **d'~ sportive** sporty-looking ◆ **d'~ louche/bizarre** fishy-/odd-looking ◆ **les choses prennent une drôle d'~** things are taking a funny *ou* an odd turn ◆ **la ville prend des ~s de fête foraine** the town is beginning to look like *ou* resemble a funfair

**c** *(= comportement)* **~s** ways ◆ **choquer par sa liberté d'~s** to shock people with one's unconventional behaviour ◆ **il a des ~s de voyou** he behaves *ou* carries on * like a hooligan

**d** *(Équitation)* gait; *(Naut)* trim

**allusif, -ive** /a(l)lyzif, iv/ **ADJ** allusive

**allusion** /a(l)lyzjɔ̃/ **NF** *(= référence)* allusion *(à* to); *(avec sous-entendu)* hint *(à* at); ◆ ~ **malveillante** innuendo ◆ **faire ~ à** to allude to, to hint at ◆ **par** ~ allusively

**alluvial, e** (mpl **-iaux**) /a(l)lyvjal, jo/ **ADJ** alluvial

**alluvionnement** /a(l)lyvjɔnmɑ̃/ **NM** alluviation

**alluvions** /a(l)lyvjɔ̃/ **NFPL** alluvial deposits, alluvium *(sg)*

**almanach** /almana/ **NM** almanac

**Almaty** /almati/ **N** Almaty

**almée** /alme/ **NF** Egyptian dancing girl, almah

**aloès** /alɔɛs/ **NM** aloe

**aloi** /alwa/ **NM** ◆ **de bon** ~ *[plaisanterie, gaieté]* honest, respectable; *[individu]* worthy, of sterling *ou* genuine worth; *[produit]* good quality ◆ **de mauvais** ~ *[plaisanterie, gaieté]* unsavoury, unwholesome; *[individu]* dubious; *[produit]* of doubtful quality

**alopécie** /alɔpesi/ **NF** alopecia

**alors** /alɔʀ/ **ADV** **a** *(= à cette époque)* then, at that time ◆ **il était ~ étudiant** he was a student then *ou* at that time ◆ **les femmes d'~ portaient la crinoline** women in those days *ou* at that time wore crinolines ◆ **le ministre d'~ M. Dupont** the then minister Mr Dupont, the minister at that time, Mr Dupont; → **jusque**

**b** *(= dans ce cas)* then; *(= en conséquence)* so ◆ **vous ne voulez pas de mon aide ? ~ je vous laisse** you don't want my help? I'll leave you to it then ◆ **il ne comprenait pas, ~ on l'a mis au courant** he didn't understand so they put him in the picture ◆ ~ **qu'est-ce qu'on va faire ?** *(= dans ce cas)* what are we going to do then?; *(= donc)* so what are we going to do?

**c** *(loc)*

◆ **alors** + **que** *(simultanéité)* while, when; *(opposition)* whereas ◆ ~ **même que** *(= même si)* even if, even though; *(= au moment où)* while, just when ◆ **on a sonné ~ que j'étais dans mon bain** the bell rang while *ou* when I was in the bath ◆ **elle est sortie ~ que le médecin le lui avait interdit** she went out although *ou* even though the doctor had told her not to ◆ **il est parti travailler à Paris ~ que son frère est resté au village** he went to work in Paris whereas *ou* while his brother stayed behind in the village ◆ ~ **même qu'il me supplierait** even if he begged me, even if *ou* though he were to beg me

**d** * ~ **tu viens (oui ou non) ?** well (then), are you coming (or not)?, are you coming then (or not)? ◆ ~ **ça, ça m'étonne** now that really does surprise me ◆ ~ **là je ne peux pas vous répondre** well that I really can't tell you ◆ ~ **là je vous arrête** well I must stop you there ◆ **et (puis)** ~ **?** and then what (happened)? ◆ **il pleut – et ~ ?** it's raining – so (what)? ◆ **alors alors !, ~ quoi !** come on!; → **non**

**alose** /aloz/ **NF** shad

**alouette** /alwɛt/ **NF** lark ◆ ~ **(des champs)** skylark ◆ **attendre que les ~s vous tombent toutes rôties dans la bouche** to wait for things to fall into one's lap; → **miroir**

**alourdir** /aluʀdiʀ/ ► conjug 2 ◄ **VT** **a** *[+ véhicule]* to weigh *ou* load down, to make heavy; *[+ phrase]* to make heavy *ou* cumbersome; *[+ démarche, traits]* to make heavy; *[+ esprit]* to dull; *[+ atmosphère, climat]* to make more tense ◆ **il avait la tête alourdie par le sommeil** his head was heavy with sleep ◆ **vêtements alourdis par la pluie** heavy, rain-soaked clothes ◆ **les odeurs d'essence alourdissaient l'air** petrol fumes hung heavy on the air, the air was heavy with petrol fumes **b** *(= augmenter) [+ dette, facture, comptes]* to increase **VPR s'alourdir** *[personne, paupières]* to become *ou* grow heavy ◆ **sa taille/elle s'est alourdie** her waist/she has thickened out ◆ **le bilan s'est encore alourdi** the death toll has risen again

**alourdissement** /aluʀdismɑ̃/ **NM** **a** *[de véhicule, objet]* increased weight, heaviness; *[de phrase, style, pas]* heaviness; *[d'esprit]* dullness, dulling; *[de taille]* thickening ◆ **pour éviter l'~ de la procédure** to prevent the procedure from becoming more lengthy and cumbersome **b** *[de dette, facture]* increase *(de* in)

**aloyau** /alwajo/ **NM** sirloin

**alpaga** /alpaga/ **NM** *(Tex, Zool)* alpaca

**alpage** /alpaʒ/ **NM** *(= pré)* high mountain pasture; *(= époque) season spent by sheep etc in mountain pasture*

**alpaguer** * /alpage/ ► conjug 1 ◄ **VT** *(gén)* to collar *; *(Police)* to collar *, to nab * *(Brit)* ◆ **se faire** ~ to get collared *

**alpe** /alp/ **NF** *(= pré)* alpine pasture **NFPL Alpes** ◆ **les Alpes** the Alps

**alpestre** /alpɛstʀ/ **ADJ** alpine

**alpha** /alfa/ **NM** alpha ◆ **l'~ et l'oméga** *(Rel, fig)* the alpha and omega ◆ **particule** ~ *(Phys)* alpha particle

**alphabet** /alfabɛ/ **NM** *(= système)* alphabet; *(= livre)* alphabet *ou* ABC book ◆ ~ **morse** Morse code

**alphabétique** /alfabetik/ **ADJ** alphabetical ◆ **par ordre** ~ in alphabetical order

**alphabétiquement** /alfabetikmɑ̃/ **ADV** alphabetically

**alphabétisation** /alfabetizasjɔ̃/ **NF** elimination of illiteracy *(de* in); ◆ **l'~ d'une population** teaching a population to read and write ◆ **campagne d'~** literacy campaign ◆ **taux d'~** literacy rate

**alphabétisé, e** /alfabetize/ (ptp de **alphabétiser**) **ADJ** literate ◆ **population faiblement ~e** population with a low level of literacy

**alphabétiser** /alfabetize/ ► conjug 1 ◄ **VT** *[+ pays]* to eliminate illiteracy in; *[+ population]* to teach how to read and write

**alphanumérique** /alfanymeʀik/ **ADJ** alphanumeric

**alphapage** ® /alfapaʒ/ **NM** radiopager *(which displays messages)* ◆ **envoyer qch par ~** to send sth via a radiopager

**alpin, e** /alpɛ̃, in/ **ADJ** alpine; → **chasseur, ski**

**alpinisme** /alpinism/ **NM** mountaineering, mountain climbing

**alpiniste** /alpinist/ **NMF** mountaineer, climber

**alsacien, -ienne** /alzasjɛ̃, jɛn/ **ADJ** Alsatian **NM** *(Ling)* Alsatian **NM,F Alsacien(ne)** Alsatian

**altérabilité** /alteʀabilite/ **NF** alterability

**altérable** /alteʀabl/ **ADJ** alterable ◆ ~ **à l'air** liable to oxidization

**altération** /alteʀasjɔ̃/ **NF** **a** *(= falsification) [de fait, texte, vérité]* distortion, falsification; *[de monnaie]* falsification; *[de vin, aliment, qualité]* adulteration **b** *(= détérioration) [de vin, aliment, qualité, matière, santé]* deterioration ◆ **l'~ de leurs relations** the deterioration of their relationship ◆ **l'~ de son visage/de sa voix** his distorted features/broken voice **c** *(= modification)* change, modification **d** *(Mus)* accidental; *(Géol)* weathering

**altercation** /altɛʀkasjɔ̃/ **NF** altercation

**alter ego** /altɛʀego/ **NM INV** alter ego ◆ **il est mon ~** he is my alter ego

**altérer** /alteʀe/ ► conjug 6 ◄ **VT** **a** *(= falsifier) [+ texte, faits, vérité]* to distort, to falsify; *[+ monnaie]* to falsify; *(Comm) [+ vin, aliments, qualité]* to adulterate

**b** *(= abîmer) [+ vin, aliments, qualité]* to spoil; *[+ matière]* to alter, to debase; *[+ sentiments]* to alter, to spoil; *[+ couleur]* to alter; *[+ visage, voix]* to distort; *[+ santé, relations]* to impair, to affect ◆ **d'une voix altérée** in a broken voice ◆ **la chaleur a altéré la viande** the heat made the meat go bad *ou* go off *(Brit)* c *(= modifier)* to alter, to change ◆ **ceci n'a pas altéré mon amour pour elle** this has not altered my love for her

d *(= assoiffer)* to make thirsty ◆ **altéré d'honneurs** *(littér)* thirsty *ou* thirsting for honours ◆ **fauve altéré de sang** wild animal thirsting for blood ◆ **il était altéré** his throat was parched

VPR **s'altérer** *[vin]* to become spoiled; *[viande]* to go bad, to go off *(Brit)*, to spoil *(US)*; *[matière, couleur]* to undergo a change; *[visage]* to change, to become distorted; *[sentiments]* to alter, to be spoilt; *[relations]* to deteriorate ◆ **sa santé s'altère de plus en plus** his health is deteriorating further *ou* is getting progressively worse ◆ **sa voix s'altéra sous le coup de la douleur** grief made his voice break, grief distorted his voice

**altérité** /alteʀite/ NF otherness

**altermondialisation** /altɛʀmɔ̃djalizasjɔ̃/ NF alterglobalization

**altermondialisme** /altɛʀmɔ̃djalism/ NM alterglobalism

**alternance** /altɛʀnɑ̃s/ NF alternation; *(Pol) changeover of political power between parties* ◆ **l'~ chaud/froid** the alternation of hot and cold ◆ **les soldats ont commencé la sale besogne, ~ de violence et d'intimidation** the soldiers began their dirty work, alternating between violence and intimidation

◆ **en alternance** ◆ **faire qch en ~** *(= se relayer)* to take it in turns to do sth ◆ **les deux pièces sont jouées en ~** the two plays are performed alternately ◆ **cette émission reprendra en ~ avec d'autres programmes** this broadcast will alternate with other programmes; → **formation**

**alternant, e** /altɛʀnɑ̃, ɑ̃t/ ADJ alternating

**alternateur** /altɛʀnatœʀ/ NM alternator

**alternatif, -ive**[1] /altɛʀnatif, iv/ ADJ *(= périodique)* alternate; *(Philos)* alternative; *(Élec)* alternating; *[médecine]* alternative

**alternative**[2] /altɛʀnativ/ NF *(= dilemme)* alternative; *(* = possibilité)* alternative, option; *(Philos)* alternative ◆ **être dans une ~** to have to choose between two alternatives

**alternativement** /altɛʀnativmɑ̃/ ADV alternately, in turn

**alterne** /altɛʀn/ ADJ *(Bot, Math)* alternate

**alterné, e** /altɛʀne/ (ptp de **alterner**) ADJ *[rimes]* alternate; *(Math) [série]* alternating ◆ **circulation ~e** *(pour travaux)* contraflow (system); *(pour pollution) selective ban on vehicle use (based on registration numbers) during periods of heavy pollution* ◆ **la prise ~e de deux médicaments** taking two medicines in alternation; → **stationnement**

**alterner** /altɛʀne/ ▸ conjug 1 ◂ VT *[+ choses]* to alternate; *[+ cultures]* to rotate, to alternate VI to alternate *(avec* with); ◆ **ils alternèrent à la présidence** they took (it in) turns to be chairman

**altesse** /altɛs/ NF *(= prince)* prince; *(= princesse)* princess ◆ **votre Altesse** *(= titre)* your Highness ◆ **Son Altesse sérénissime/royale** His *ou* Her Serene/Royal Highness

**altier, -ière** /altje, jɛʀ/ ADJ *[caractère]* haughty ◆ **cimes altières** *(littér)* lofty peaks *(littér)*

**altimètre** /altimɛtʀ/ NM altimeter

**altimétrie** /altimetʀi/ NF altimetry

**altiport** /altipɔʀ/ NM altiport *(SPÉC)*, mountain airfield

**altiste** /altist/ NMF viola player, violist

**altitude** /altityd/ NF a *(par rapport à la mer)* altitude, height above sea level; *(par rapport au sol)* height ◆ **~s** *(fig)* heights ◆ **être à 500 mètres d'~** to be at a height *ou* an altitude of 500 metres, to be 500 metres above sea level ◆ **en ~** at high altitude, high up ◆ **les régions de basse ~** low-lying areas b *(Aviat)* **perdre de l'~** to lose altitude *ou* height ◆ **prendre de l'~** to gain altitude ◆ **voler à basse/haute ~** to fly at low/high altitude

**alto** /alto/ NM *(= instrument)* viola NF contralto ADJ ◆ **saxo(phone)/flûte ~** alto sax(ophone)/flute

**altruisme** /altʀɥism/ NM altruism

**altruiste** /altʀɥist/ ADJ altruistic NMF altruist

**altuglas** ® /altyglas/ NM *thick form of Perspex®*

**alu** * /aly/ NM abrév de **aluminium**

**aluminate** /alyminat/ NM aluminate

**alumine** /alymin/ NF alumina

**aluminium** /alyminjɔm/ NM aluminium *(Brit)*, aluminum *(US)*

**alun** /alœ̃/ NM alum

**alunir** /alyniʀ/ ▸ conjug 2 ◂ VI to land on the moon

**alunissage** /alynisaʒ/ NM (moon) landing

**alvéolaire** /alveɔlɛʀ/ ADJ alveolar

**alvéole** /alveɔl/ NF *ou* M *[de ruche]* alveolus, cell; *(Géol)* cavity ◆ **~ dentaire** tooth socket, alveolus *(SPÉC)* ◆ **~s dentaires** alveolar ridge, teeth ridge, alveoli *(SPÉC)* ◆ **~ pulmonaire** air cell, alveolus *(SPÉC)*

**alvéolé, e** /alveɔle/ ADJ honeycombed, alveolate *(SPÉC)*

**Alzheimer** /alzajmœʀ/ NM ◆ **maladie d'~** Alzheimer's disease ◆ **il a un ~** * he has got Alzheimer's (disease)

**AM** /aɛm/ (abrév de **assurance maladie**) → **assurance**

**amabilité** /amabilite/ NF kindness ◆ **ayez l'~ de** (would you) be so kind *ou* good as to ◆ **plein d'~ envers moi** extremely kind to me ◆ **faire des ~s à qn** to show politeness *ou* courtesy to sb ◆ **échanger des ~s** *(iro = des insultes)* to hurl abuse at one another

**amadou** /amadu/ NM touchwood, tinder

**amadouer** /amadwe/ ▸ conjug 1 ◂ VT *(= enjôler)* to coax, to cajole; *(= adoucir)* to mollify, to soothe ◆ **~ qn pour qu'il fasse qch** to wheedle *ou* cajole sb into doing sth

**amaigrir** /amegʀiʀ/ ▸ conjug 2 ◂ VT a *(= rendre plus maigre)* to make thin *ou* thinner ◆ **joues amaigries par l'âge** cheeks wasted with age ◆ **je l'ai trouvé très amaigri** I found him much thinner, I thought he looked much thinner ◆ **10 années de prison l'ont beaucoup amaigri** 10 years in prison have left him very much thinner b *(Tech)* to thin down, to reduce VPR **s'amaigrir** to get thin *ou* thinner

**amaigrissant, e** /amegʀisɑ̃, ɑ̃t/ ADJ *[produit, régime]* slimming *(Brit)*, reducing *(US)*

**amaigrissement** /amegʀismɑ̃/ NM a *(pathologique) [de corps]* loss of weight; *[de visage, membres]* thinness b *(volontaire)* slimming ◆ **un ~ de 3 kg** a loss (in weight) of 3 kg; → **cure**[1]

**amalgamation** /amalgamasjɔ̃/ NF *(Métal)* amalgamation

**amalgame** /amalgam/ NM a *(Métal, Dentisterie)* amalgam b *(péj = mélange)* (strange) mixture *ou* blend ◆ **un ~ d'idées** a hotchpotch of ideas ◆ **faire l'~ entre deux idées** to confuse two ideas ◆ **il ne faut pas faire l'~ entre parti de droite et parti fasciste** you shouldn't lump the right-wing and fascist parties together

**amalgamer** /amalgame/ ▸ conjug 1 ◂ VT *(Métal)* to amalgamate; *(= mélanger)* to combine *(à, avec* with); *(= confondre) [+ idées, réalités]* to confuse VPR **s'amalgamer** *(Métal)* to be amalgamated; *(= s'unir)* to combine

**amande** /amɑ̃d/ NF a *(= fruit)* almond ◆ **~s amères/douces** bitter/sweet almonds ◆ **~s pilées** ground almonds ◆ **en ~** almond-shaped, almond *(épith)*; → **pâte** b *(= noyau)* kernel c *(= mollusque)* queen scallop

**amandier** /amɑ̃dje/ NM almond (tree)

**amandine** /amɑ̃din/ NF *(= gâteau)* almond tart

**amanite** /amanit/ NF Amanita COMP ▷ **amanite phalloïde** death cap ▷ **amanite tue-mouches** fly agaric

**amant** /amɑ̃/ NM lover ◆ **~ de passage** casual lover ◆ **les deux ~s** the two lovers ◆ **prendre un ~** to take a lover

**amante** †† /amɑ̃t/ NF *(= fiancée)* betrothed †, mistress †

**amarante** /amaʀɑ̃t/ NF amaranth ADJ INV amaranthine

**amariner** /amaʀine/ ▸ conjug 1 ◂ VT a *[+ navire ennemi]* to take over and man b *[+ matelot]* to accustom to life at sea ◆ **elle n'est pas** *ou* **ne s'est pas encore amarinée** she hasn't got used to being at sea yet, she hasn't found her sea legs yet

**amarrage** /amaʀaʒ/ NM *(Naut)* mooring ◆ **être à l'~** to be moored

**amarre** /amaʀ/ NF *(Naut = cordage)* rope *ou* cable ◆ **les ~s** the moorings; → **larguer, rompre**

**amarrer** /amaʀe/ ▸ conjug 1 ◂ VT *[+ navire]* to moor, to make fast; *[+ cordage]* to make fast, to belay; *(hum) [+ paquet, valise]* to tie down ◆ **la navette s'est amarrée à la station orbitale** the shuttle has docked with the space station

**amaryllis** /amaʀilis/ NF amaryllis

**amas** /amɑ/ NM a *(lit = tas)* heap, pile; *[de souvenirs, idées]* mass ◆ **tout un ~ de qch** a whole heap *ou* pile of sth b *(Astron)* star cluster c *(Min)* mass

**amasser** /amɑse/ ▸ conjug 1 ◂ VT a *(= amonceler) [+ choses]* to pile up, to accumulate; *[+ fortune]* to amass, to accumulate ◆ **il ne pense qu'à ~ (de l'argent)** all he thinks of is amassing *ou* accumulating wealth b *(= rassembler) [+ preuves, données]* to amass, to gather (together); → **pierre** VPR **s'amasser** *[choses, preuves]* to pile up, to accumulate; *[foule]* to gather, to mass ◆ **les preuves s'amassent contre lui** the evidence is building up *ou* piling up against him

**amateur** /amatœʀ/ NM a *(= non-professionnel)* amateur ◆ **équipe ~** amateur team ◆ **talent d'~** amateur talent ◆ **peintre/musicien/photographe ~** amateur painter/musician/photographer ◆ **faire de la peinture en ~** to do a bit of painting (as a hobby)

b *(péj)* dilettante, mere amateur ◆ **travail d'~** amateurish work ◆ **faire qch en ~** to do sth amateurishly

c *(= connaisseur)* **~ de** lover of ◆ **~ d'art/de musique** art/music lover ◆ **être ~ de films/de concerts** to be an avid *ou* a keen *(Brit)* film-/concert-goer, to be keen on *(Brit)* films/concerts ◆ **elle est très ~ de framboises** she is very fond of *ou* she loves raspberries ◆ **le jazz, je ne suis pas ~** I'm not really a jazz fan, I'm not all that keen on jazz *(Brit)*

d * *(= acheteur)* taker; *(= volontaire)* volunteer ◆ **il reste des carottes, il y a des ~s ?** *ou* **avis aux ~s !** there are some carrots left, are there any takers?; → **trouver**

**amateurisme** /amatœʀism/ NM *(Sport)* amateurism; *(péj)* amateurism, amateurishness ◆ **c'est de l'~ !** it's so amateurish!

**amazone** /amazon/ NF a *(= écuyère)* horsewoman ◆ **tenue d'~** woman's riding habit ◆ **monter en ~** to ride sidesaddle b *(= jupe)* long riding skirt c *(* = prostituée) prostitute (who picks up her clients in a car)* d ◆ **Amazone** *(Géog, Myth)* Amazon

**Amazonie** /amazɔni/ NF Amazonia

**amazonien, -ienne** /amazɔnjɛ̃, jɛn/ ADJ Amazonian

**ambages** /ɑ̃baʒ/ **sans ambages** LOC ADV without beating about the bush, in plain language

**ambassade** /ɑ̃basad/ NF a *(= institution, bâtiment)* embassy; *(= charge)* ambassadorship, embassy; *(= personnel)* embassy staff *(pl) ou* officials, embassy ◆ **l'~ de France** the French Embassy b *(= mission)* mission ◆ **être envoyé en ~ auprès de qn** to be sent on a mission to sb

**ambassadeur** /ɑ̃basadœʀ/ NM *(Pol, fig)* ambassador ◆ **~ extraordinaire** ambassador extraordinary (*auprès de* to); ◆ **l'~ de la pensée française** the representative *ou* ambassador of French thought

**ambassadrice** /ɑ̃basadʀis/ NF *(= diplomate)* ambassador, ambassadress (*auprès de* to); *(= épouse)* ambassador's wife, ambassadress; *(fig)* representative, ambassador

**ambiance** /ɑ̃bjɑ̃s/ NF *(= atmosphère)* atmosphere; *(= environnement)* surroundings; *[de famille, équipe]* atmosphere ◆ **l'~ de la salle** the atmosphere in the house, the mood of the audience ◆ **il vit dans une ~ calme** he lives in calm *ou* peaceful surroundings ◆ **il y a de l'~ !** * there's a great atmosphere here! * ◆ **il va y avoir de l'~ quand tu vas lui dire ça !** * things are going to get ugly * when you tell him that! ◆ **mettre de l'~** to liven things up * ◆ **mettre qn dans l'~** to put sb in the mood ◆ **l'~ est à la fête** there's a party atmosphere; → **éclairage, musique**

**ambiant, e** /ɑ̃bjɑ̃, jɑ̃t/ ADJ *[air]* surrounding, ambient; *[température]* ambient; *[idéologie, scepticisme]* prevailing, pervading

**ambidextre** /ɑ̃bidɛkstʀ/ ADJ ambidextrous

**ambigu, -uë** /ɑ̃bigy/ ADJ ambiguous

**ambiguïté** /ɑ̃bigɥite/ NF a *(caractère)* ambiguousness, ambiguity ◆ **une réponse sans ~** an unequivocal *ou* unambiguous reply ◆ **parler/répondre sans ~** to speak/reply unambiguously *ou* without ambiguity b *(Ling)* ambiguity c *(terme)* ambiguity

**ambitieusement** /ɑ̃bisjøzmɑ̃/ ADV ambitiously

**ambitieux, -ieuse** /ɑ̃bisjø, jøz/ ADJ ambitious ◆ **~ de plaire** *(littér)* anxious to please, desirous to please *(littér)* NM,F ambitious person

**ambition** /ɑ̃bisjɔ̃/ GRAMMAIRE ACTIVE 35.2, 35.4 NF ambition ◆ **il met toute son ~ à faire** his only *ou* sole ambition is to do ◆ **elle a l'~ de réussir** her ambition is to succeed ◆ **il a de grandes ~s** he has great *ou* big ambitions

**ambitionner** /ɑ̃bisjɔne/ ▸ conjug 1 ◂ VT to seek *ou* strive after ◆ **il ambitionne d'escalader l'Everest** it's his ambition to *ou* his ambition is to climb Everest

**ambivalence** /ɑ̃bivalɑ̃s/ NF ambivalence

**ambivalent, e** /ɑ̃bivalɑ̃, ɑ̃t/ ADJ ambivalent

**amble** /ɑ̃bl/ NM *[de cheval]* amble ◆ **aller l'~** to amble

**ambler** /ɑ̃ble/ ▸ conjug 1 ◂ VI *[cheval]* to amble

**amblyope** /ɑ̃blijɔp/ ADJ ◆ **il est ~** he has a lazy eye, he is amblyopic *(SPÉC)* NMF person with a lazy eye *ou* amblyopia *(SPÉC)*

**amblyopie** /ɑ̃blijɔpi/ NF lazy eye, amblyopia *(SPÉC)*

**ambre** /ɑ̃bʀ/ NM ◆ **~ (jaune)** amber ◆ **~ gris** ambergris ◆ **couleur d'~** amber(-coloured)

**ambré, e** /ɑ̃bʀe/ ADJ *[couleur]* amber; *[parfum]* amber-based

**ambroisie** /ɑ̃bʀwazi/ NF *(Myth)* ambrosia; *(Bot)* ambrosia, ragweed ◆ **c'est de l'~ !** *(fig)* this is food fit for the gods!

**ambrosiaque** /ɑ̃bʀozjak/ ADJ ambrosial

**ambulance** /ɑ̃bylɑ̃s/ NF ambulance ◆ **on ne tire pas sur une ~** *(fig)* you don't kick somebody when they're down

**ambulancier, -ière** /ɑ̃bylɑ̃sje, jɛʀ/ NM,F *(= conducteur)* ambulance driver; *(= infirmier)* ambulance man (*ou* woman)

**ambulant, e** /ɑ̃bylɑ̃, ɑ̃t/ ADJ *[comédien, musicien]* itinerant, strolling; *[cirque, théâtre]* travelling ◆ **c'est un squelette/dictionnaire ~** * he's a walking skeleton/dictionary; → **marchand, vendeur** *etc*

**ambulatoire** /ɑ̃bylatwaʀ/ ADJ *(Méd) [soins, consultation]* outpatient *(épith)*, ambulatory *(SPÉC)* ◆ **médecine/chirurgie ~** outpatient care/surgery

**AME** /aɛmə/ NM (abrév de **accord monétaire européen**) EMA

**âme** /ɑm/ NF a *(gén, Philos, Rel)* soul ◆ **(que) Dieu ait son ~** (may) God rest his soul ◆ **sur mon ~** †† upon my soul †; → **recommander, rendre**

b *(= centre de qualités intellectuelles et morales)* soul, mind ◆ **avoir** *ou* **être une ~ généreuse** to have great generosity of spirit ◆ **avoir** *ou* **être une ~ basse** *ou* **vile** be evil-hearted *ou* evil-minded ◆ **avoir** *ou* **être une ~ sensible** to be a sensitive soul, to be very sensitive ◆ **ce film n'est pas pour les ~s sensibles** *(frm)* this film is not for the squeamish *ou* the faint-hearted ◆ **grandeur** *ou* **noblesse d'~** high- *ou* noble-mindedness ◆ **en mon ~ et conscience** in all conscience *ou* honesty ◆ **de toute mon ~** *(littér)* with all my soul ◆ **il y a mis toute son ~** he put his heart and soul into it

c *(= centre psychique et émotif)* soul ◆ **faire qch avec ~** to do sth with feeling ◆ **ému jusqu'au fond de l'~** profoundly moved ◆ **c'est un corps sans ~** he has no soul ◆ **il est musicien dans l'~** he's a musician through and through ◆ **il a la technique mais son jeu est sans ~** his technique is good but he plays without feeling *ou* his playing is soulless

d *(= personne)* soul ◆ **un village de 600 ~s** *(frm)* a village of 600 souls ◆ **on ne voyait ~ qui vive** you couldn't see a (living) soul, there wasn't a (living) soul to be seen ◆ **bonne ~** * kind soul ◆ **est-ce qu'il n'y aura pas une bonne ~ pour m'aider ?** won't some kind soul give me a hand? ◆ **il y a toujours de bonnes ~s pour critiquer** *(iro)* there's always some kind soul ready to criticize *(iro)* ◆ **~ charitable** *(péj)* well-meaning soul *(iro)* ◆ **il est là/il erre comme une ~ en peine** he looks like/he is wandering about like a lost soul ◆ **être l'~ damnée de qn** to be sb's henchman *ou* tool ◆ **il a trouvé l'~ sœur** he has found a soul mate

e *(= principe qui anime)* soul, spirit ◆ **l'~ d'un peuple** the soul *ou* spirit of a nation ◆ **l'~ d'un complot** the moving spirit in a plot ◆ **être l'~ d'un parti** to be the soul *ou* leading light of a party ◆ **elle a une ~ de sœur de charité** she is the very soul *ou* spirit of charity ◆ **elle a une ~ de chef** she has the soul of a leader

f *(Tech) [de canon]* bore; *[d'aimant]* core; *[de violon]* soundpost; → **charge, état, fendre** *etc*

**améliorable** /ameljɔʀabl/ ADJ improvable

**amélioration** /ameljɔʀasjɔ̃/ NF a *(= fait de s'améliorer)* improvement ◆ **l'~ de son état de santé** the improvement in his health, the change for the better in his health ◆ **on assiste à une ~ des conditions de travail** working conditions are improving ◆ **une ~ de la conjoncture** an economic upturn, an improvement in the state of the economy b *(= changement)* improvement ◆ **apporter des ~s à** to make improvements to ◆ **faire des ~s dans une maison** *(= travaux)* to make improvements to a house

**améliorer** /ameljɔʀe/ ▸ conjug 1 ◂ VT to improve ◆ **~ sa situation** to improve one's situation ◆ **pour ~ l'ordinaire** *(argent)* to top up one's basic income; *(repas)* to make things a bit more interesting VPR **s'améliorer** to improve ◆ **tu ne t'améliores pas avec l'âge !** you're not getting any better with age!, you don't improve with age, do you?

**amen** /amɛn/ NM INV *(Rel)* amen ◆ **dire ~ à qch/à tout** to say amen to sth/everything, to agree religiously to sth/everything

**aménageable** /amenaʒabl/ ADJ *[horaire]* flexible; *[grenier]* suitable for conversion (*en* into)

**aménagement** /amenaʒmɑ̃/ NM a *(= agencement) [de local]* fitting-out; *[de parc]* laying-out ◆ **l'~ d'une chambre en bureau** converting a bedroom into an office ◆ **plan d'~** development plan

b *(= équipements)* **~s** facilities ◆ **les nouveaux ~s de l'hôpital** the new hospital facilities

c *(= ajustement)* adjustment ◆ **demander des ~s financiers/d'horaire** to request certain financial adjustments/adjustments to one's timetable

d *(= création) [de route]* making, building; *[de gradins, placard]* putting in

COMP ▷ **l'aménagement de l'espace** *(Admin)* environmental planning ▷ **aménagement de peine** *(Jur)* reduced sentencing ▷ **aménagement régional** regional development ▷ **aménagement rural** rural development ▷ **aménagement du temps de travail** *(= réforme)* reform of working hours; *(= gestion)* flexible time management ▷ **l'aménagement du territoire** ≃ town and country planning *(Brit)* ▷ **aménagement urbain** urban development

**aménager** /amenaʒe/ ▸ conjug 3 ◂ VT a *(= équiper) [+ local]* to fit out; *[+ parc]* to lay out; *[+ territoire]* to develop; *[+ horaire] (gén)* to plan, to work out; *(= modifier)* to adjust ◆ **horaire aménagé** *(travail)* flexible working hours; *(Scol)* flexible timetable ◆ **~ une chambre en bureau** to convert a bedroom into a study ◆ **s'~ des plages de repos** to take a rest from time to time b *(= créer) [+ route]* to make, to build; *[+ gradins, placard]* to put in ◆ **~ un bureau dans une chambre** to fix up a study in a bedroom

**aménageur, -euse** /amenaʒœʀ, øz/ NM,F *specialist in national and regional development,* ≃ town and country planner *(Brit)*, city planner *(US)*

**amendable** /amɑ̃dabl/ ADJ *(Pol)* amendable; *(Agr)* which can be enriched

**amende** /amɑ̃d/ NF fine ◆ **mettre à l'~** to fine; *(fig)* to take to task ◆ **il a eu 100 € d'~** he got a €100 fine, he was fined €100 ◆ **"défense d'entrer sous peine d'amende"** "trespassers will be prosecuted *ou* fined" ◆ **faire ~ honorable** to make amends

**amendement** /amɑ̃dmɑ̃/ NM *(Pol)* amendment; *(Agr) (= opération)* enrichment; *(= substance)* enriching agent

**amender** /amɑ̃de/ ▸ conjug 1 ◂ VT *(Pol)* to amend; *(Agr)* to enrich; *[+ conduite]* to improve, to amend VPR **s'amender** to mend one's ways

**amène** /amɛn/ ADJ *(littér = aimable) [propos, visage]* affable; *[personne, caractère]* amiable, affable ◆ **des propos peu ~s** unkind words

**amener** /am(ə)ne/ ▸ conjug 5 ◂ VT a (= *faire venir*) [+ *personne, objet*] to bring (along); (= *acheminer*) [+ *cargaison*] to bring, to convey ◆ **on nous amène les enfants tous les matins** they bring the children to us every morning, the children are brought to us every morning ◆ **amène-la à la maison** bring her round (*Brit*) *ou* around (*US*) (to the house), bring her home ◆ **le sable est amené à Paris par péniche** sand is brought *ou* conveyed to Paris by barge ◆ **qu'est-ce qui vous amène ici ?** what brings you here? ◆ **vous nous avez amené le beau temps !** you've brought the nice weather with you!; → **mandat**

b (= *provoquer*) to bring about, to cause ◆ **~ la disette** to bring about *ou* cause a shortage ◆ **~ le typhus** to cause typhus

c (= *inciter*) **~ qn à faire qch** [*circonstances*] to lead sb to do sth; [*personne*] to bring sb round to doing sth, to get sb to do sth; (*par un discours persuasif*) to talk sb into doing sth ◆ **la crise pourrait ~ le gouvernement à agir** the crisis might induce *ou* lead the government to take action ◆ **elle a été finalement amenée à renoncer à son voyage** she was finally induced *ou* driven to give up her trip ◆ **je suis amené à croire que ...** I am led to believe *ou* think that ... ◆ **c'est ce qui m'a amené à cette conclusion** that is what led *ou* brought me to that conclusion

d (= *diriger*) to bring ◆ **~ qn à ses propres idées/à une autre opinion** to bring sb round (*Brit*) *ou* around (*US*) to one's own ideas/to another way of thinking ◆ **~ la conversation sur un sujet** to bring the conversation round (*Brit*) *ou* around (*US*) to a subject, to lead the conversation on to a subject ◆ **système amené à un haut degré de complexité** system brought to a high degree of complexity

e [+ *transition, conclusion, dénouement*] to present, to introduce ◆ **exemple bien amené** well-introduced example

f (*Pêche*) [+ *poisson*] to draw in; (*Naut*) [+ *voile, pavillon*] to strike ◆ **~ les couleurs** (*Mil*) to strike colours

g (*Dés*) [+ *paire, brelan*] to throw

VPR **s'amener** * (= *venir*) to come along ◆ **amène-toi ici !** get over here! * ◆ **tu t'amènes ?** are you going to get a move on? *, come on! * ◆ **il s'est amené avec toute sa bande** he turned up *ou* showed up * with the whole gang

**aménité** /amenite/ NF (= *amabilité*) [*de propos*] affability; [*de personne, caractère*] amiability, affability ◆ **sans ~** unkindly ◆ **se dire des ~s** (*iro*) to exchange uncomplimentary remarks

**aménorrhée** /amenɔʀe/ NF amenorrhoea

**amenuisement** /amənɥizmɑ̃/ NM [*de valeur, avance, espoir*] dwindling; [*de chances*] lessening; [*de ressources*] diminishing, dwindling

**amenuiser** /amənɥize/ ▸ conjug 1 ◂ VPR **s'amenuiser** [*valeur, avance, espoir*] to dwindle; [*chances*] to grow slimmer, to lessen; [*risque*] to diminish, to lessen; [*différences*] to become less marked; [*provisions, ressources*] to run low; [*temps*] to run out VT [+ *objet*] to thin down; (*fig*) to reduce

**amer**[1] /amɛʀ/ NM (*Naut*) seamark

**amer**[2], **-ère** /amɛʀ/ ADJ (*lit, fig*) bitter ◆ **~ comme chicotin** * as bitter as anything ◆ **avoir la bouche amère** to have a bitter taste in one's mouth

**amérasien, -ienne** /ameʀazjɛ̃, jɛn/ ADJ Amerasian NM,F **Amérasien(ne)** Amerasian

**amèrement** /amɛʀmɑ̃/ ADV bitterly

**américain, e** /ameʀikɛ̃, ɛn/ ADJ American; → **œil** NM (*Ling*) American (English) NM,F **Américain(e)** American NF **américaine** (*automobile*) American car ◆ **à l'~e** (*gén*) in the American style; (*Culin*) à l'Américaine ◆ **course à l'~e** (bicycle) relay race

**américanisation** /ameʀikanizasjɔ̃/ NF americanization

**américaniser** /ameʀikanize/ ▸ conjug 1 ◂ VT to Americanize VPR **s'américaniser** to become Americanized

**américanisme** /ameʀikanism/ NM Americanism

**américaniste** /ameʀikanist/ NMF Americanist, American specialist

**américium** /ameʀisjɔm/ NM americium

**amérindien, -ienne** /ameʀɛ̃djɛ̃, jɛn/ ADJ Amerindian, American Indian NM,F **Amérindien(ne)** Amerindian, American Indian

**Amérique** /ameʀik/ NF America ◆ **~ centrale/latine/du Nord/du Sud** Central/Latin/North/South America

**Amerloque** * /amɛʀlɔk/ NMF, **Amerlo(t)** /amɛʀlo/ NM Yankee *, Yank *

**amerrir** /ameʀiʀ/ ▸ conjug 2 ◂ VI (*Aviat*) to land (on the sea), to make a sea-landing; (*Espace*) to splash down

**amerrissage** /ameʀisaʒ/ NM (*Aviat*) (sea) landing; (*Espace*) splashdown

**amertume** /amɛʀtym/ NF (*lit, fig*) bitterness ◆ **plein d'~** full of bitterness, very bitter

**améthyste** /ametist/ NF, ADJ INV amethyst

**ameublement** /amœbləmɑ̃/ NM (= *meubles*) furniture; (*action*) furnishing ◆ **articles d'~** furnishings ◆ **commerce d'~** furniture trade

**ameublir** /amœbliʀ/ ▸ conjug 2 ◂ VT (*Agr*) to loosen, to break down

**ameuter** /amøte/ ▸ conjug 1 ◂ VT a (= *attrouper*) [+ *curieux, passants*] to draw a crowd of; [+ *voisins*] to bring out; (= *soulever*) [+ *foule*] to rouse, to stir up, to incite (*contre* against); ◆ **ses cris ameutèrent les passants** his shouts drew a crowd of passers-by ◆ **elle a ameuté l'opinion internationale contre les pollueurs** she mobilized international opinion against the polluters ◆ **tais-toi, tu vas ~ toute la rue !** * be quiet, you'll have the whole street out! ◆ **tu n'as pas besoin d'~ tout le quartier !** * you don't have to tell the whole neighbourhood!, you don't have to shout it from the rooftops! b [+ *chiens*] to form into a pack VPR **s'ameuter** (= *s'attrouper*) [*passants*] to gather, to mass together; [*voisins*] to come out; (= *se soulever*) to band together, to gather into a mob ◆ **des passants s'ameutèrent** an angry crowd gathered

**ami, e** /ami/ NM,F a (= *personne proche*) friend ◆ **un vieil ~ de la famille** *ou* **de la maison** an old friend of the family, an old family friend ◆ **~ d'enfance** childhood friend ◆ **~ intime** (very) close *ou* intimate friend, bosom friend ◆ **il m'a présenté son ~e** he introduced his girlfriend to me ◆ **elle est sortie avec ses ~es** she's out with her (girl) friends ◆ **c'était signé "un ami qui vous veut du bien"** it was signed "a well-wisher *ou* a friend" ◆ **se faire un ~ de qn** to make *ou* become friends with sb ◆ **faire ~-~ avec qn** * to be buddy-buddy with sb * ◆ **nous sommes entre ~s** (*deux personnes*) we're friends; (*plus de deux*) we're all friends ◆ **je vous dis ça en ~** I'm telling you this as a friend ◆ **nous sommes des ~s de vingt ans** we've been friends for twenty years ◆ **~s des bêtes/de la nature** animal/nature lovers ◆ **société** *ou* **club des ~s de Balzac** Balzac club *ou* society ◆ **un célibataire/professeur de mes ~s** a bachelor/teacher friend of mine ◆ **être sans ~s** to be friendless, to have no friends ◆ **parents et ~s** friends and relations *ou* relatives ◆ **~ des arts** patron of the arts ◆ **le meilleur ~ de l'homme** man's best friend ◆ **nos ~s à quatre pattes** our four-legged friends

b (*euph* = *amant*) boyfriend; (= *maîtresse*) girlfriend ◆ **l'~e de l'assassin** the murderer's lady-friend; → **bon**[1], **petit**

c (*interpellation*) **mes chers ~s** gentlemen; (*auditoire mixte*) ladies and gentlemen ◆ **mon cher ~** my dear fellow *ou* chap (*Brit*) ◆ **ça, mon (petit) ~** now look here ◆ **ben mon ~ !** * **si j'avais su** gosh! * *ou* blimey! * (*Brit*) if I had known that! ◆ **oui mon ~ !** (*entre époux*) yes my dear!

ADJ [*visage, pays*] friendly; [*regard*] kindly, friendly ◆ **tendre à qn une main ~e** to lend *ou* give sb a helping hand ◆ **être très ~ avec qn** to be very friendly *ou* very good friends with sb ◆ **nous sommes très ~s** we're very close *ou* good friends ◆ **être ~ de l'ordre** to be a lover of order

**amiable** /amjabl/ ADJ (*Jur*) amicable ◆ **~ compositeur** conciliator

◆ **à l'amiable** [*divorce, solution*] amicable ◆ **vente à l'~** private sale, sale by private agreement ◆ **partage à l'~** amicable partition ◆ **accord** *ou* **règlement à l'~** amicable agreement, out-of-court settlement ◆ **régler une affaire à l'~** to settle a difference out of court

**amiante** /amjɑ̃t/ NM asbestos ◆ **plaque/fil d'~** asbestos sheet *ou* plate/thread

**amibe** /amib/ NF amoeba

**amibiase** /amibjɑz/ NF amoebiasis

**amibien, -ienne** /amibjɛ̃, jɛn/ ADJ [*maladie*] amoebic NMPL **amibiens** Amoebae

**amical, e** (mpl **-aux**) /amikal, o/ ADJ [*personne, relations*] friendly ◆ **match ~, rencontre ~e** friendly (match) ◆ **peu ~** unfriendly NF **amicale** association, club (*of people having the same interest*) ◆ **~e des anciens élèves** old boys' association (*Brit*), alumni association (*US*)

**amicalement** /amikalmɑ̃/ ADV in a friendly way ◆ **il m'a salué ~** he gave me a friendly wave ◆ **(bien) ~** (*formule épistolaire*) best wishes, yours

**amidon** /amidɔ̃/ NM starch

**amidonner** /amidɔne/ ▸ conjug 1 ◂ VT to starch

**amincir** /amɛ̃siʀ/ ▸ conjug 2 ◂ VT to thin (down) ◆ **cette robe l'amincit** this dress makes her look slim(mer) *ou* thin(ner) ◆ **visage aminci par la tension** face drawn with tension *ou* hollow with anxiety VPR **s'amincir** [*couche de glace, épaisseur de tissu*] to get thinner

**amincissant, e** /amɛ̃sisɑ̃, ɑ̃t/ ADJ [*crème, régime*] slimming (*Brit*), reducing (*US*)

**amincissement** /amɛ̃sismɑ̃/ NM thinning (down) ◆ **l'~ de la couche de glace a causé l'accident** the ice had got thinner and that was what caused the accident

**amine** /amin/ NF amine

**aminé, e** /amine/ ADJ → **acide**

**amiral, e** (mpl **-aux**) /amiʀal, o/ ADJ ◆ **vaisseau** *ou* **bateau ~** flagship NM admiral NF **amirale** admiral's wife

**amirauté** /amiʀote/ NF (*gén*) admiralty; (= *fonction*) admiralty, admiralship

**amitié** /amitje/ GRAMMAIRE ACTIVE 48.2 NF a (= *sentiment*) friendship ◆ **prendre qn en ~, se prendre d'~ pour qn** to befriend sb ◆ **se lier d'~ avec qn** to make friends with sb ◆ **nouer une ~ avec qn** (*littér*) to strike up a friendship with sb ◆ **avoir de l'~ pour qn** to be fond of sb, to have a liking for sb ◆ **faites-moi l'~ de venir** do me the kindness *ou* favour of coming ◆ **l'~ franco-britannique** Anglo-French *ou* Franco-British friendship ◆ **~ particulière** *(euph)* homosexual relationship b *(formule épistolaire)* ~**s** all the very best, very best wishes *ou* regards ◆ **~s, Paul** kind regards, Paul, yours, Paul ◆ **elle vous fait** *ou* **transmet toutes ses ~s** she sends her best wishes *ou* regards c *(† = civilités)* **faire mille ~s à qn** to give sb a warm and friendly welcome

**Amman** /aman/ N Amman

**ammoniac, -aque** /amɔnjak/ ADJ ammoniac ◆ **sel ~** sal ammoniac NM *(= gaz)* ammonia NF **ammoniaque** ammonia (water)

**ammoniacal, e** (mpl **-aux**) /amɔnjakal, o/ ADJ ammoniacal

**ammoniaqué, e** /amɔnjake/ ADJ ammoniated

**ammonite** /amɔnit/ NF *(Zool)* ammonite

**ammonium** /amɔnjɔm/ NM ammonium

**amnésie** /amnezi/ NF amnesia ◆ **~ collective** collective amnesia

**amnésique** /amnezik/ ADJ amnesic NMF amnesiac, amnesic

**amniocentèse** /amnjosɛ̃tɛz/ NF amniocentesis

**amnios** /amnjos/ NM amnion

**amnioscopie** /amnjɔskɔpi/ NF fetoscopy

**amniotique** /amnjɔtik/ ADJ amniotic ◆ **cavité/liquide ~** amniotic cavity/liquid

**amnistiable** /amnistjabl/ ADJ who may be amnestied

**amnistie** /amnisti/ NF amnesty ◆ **loi d'~** law of amnesty ◆ **bénéficier d'une ~ générale/partielle/totale** to be granted a general/partial/complete amnesty

**amnistié, e** /amnistje/ (ptp de **amnistier**) ADJ *[personne, fait]* amnestied NM,F amnestied prisoner

**amnistier** /amnistje/ ▸ conjug 7 ◂ VT *[+ personne]* to grant an amnesty to, to amnesty; *[+ délit]* to grant an amnesty for

**amocher*** /amɔʃe/ ▸ conjug 1 ◂ VT *[+ objet, personne]* to mess up*, to make a mess of*; *[+ véhicule]* to bash up* ◆ **tu l'as drôlement amoché** you've made a terrible mess of him*, you've messed him up something terrible* ◆ **se faire ~ dans un accident/une bagarre** to get messed up* in an accident/a fight ◆ **elle/la voiture était drôlement amochée** she/the car was a terrible mess* ◆ **il s'est drôlement amoché en tombant** he gave himself a terrible bash *(Brit)* *ou* he smashed himself up pretty well* *(US)* when he fell

**amoindrir** /amwɛ̃dʀiʀ/ ▸ conjug 2 ◂ VT *[+ autorité]* to weaken, to diminish; *[+ forces]* to weaken; *[+ fortune, quantité]* to diminish, to reduce; *[+ personne] (physiquement)* to make weaker, to weaken; *(moralement, mentalement)* to diminish ◆ **~ qn (aux yeux des autres)** to diminish *ou* belittle sb (in the eyes of others) VPR **s'amoindrir** *[autorité, facultés]* to weaken, to diminish; *[forces]* to weaken, to grow weaker; *[quantité, fortune]* to diminish

**amoindrissement** /amwɛ̃dʀismɑ̃/ NM *[d'autorité]* lessening, weakening; *[de forces]* weakening; *[de fortune, quantité]* reduction; *[de personne] (physique)* weakening; *(moral, mental)* diminishing

**amollir** /amɔliʀ/ ▸ conjug 2 ◂ VT *[+ chose]* to soften, to make soft; *[+ personne] (moralement)* to soften; *(physiquement)* to weaken, to make weak; *[+ volonté, forces, résolution]* to weaken ◆ **cette chaleur vous amollit** this heat makes you feel (quite) limp *ou* weak VPR **s'amollir** *[chose]* to go soft; *[courage, énergie]* to weaken; *[jambes]* to go weak; *[personne] (= perdre courage)* to grow soft, to weaken; *(= s'attendrir)* to soften, to relent

**amollissant, e** /amɔlisɑ̃, ɑt/ ADJ *[climat, plaisirs]* enervating

**amollissement** /amɔlismɑ̃/ NM *[de chose]* softening; *[de personne] (moral)* softening; *(physique)* weakening; *[de volonté, forces, résolution]* weakening ◆ **l'~ général est dû à ...** the general weakening of purpose is due to ...

**amonceler** /amɔ̃s(ə)le/ ▸ conjug 4 ◂ VT *[+ choses]* to pile *ou* heap up; *[+ richesses]* to amass, to accumulate; *[+ documents, preuves]* to accumulate, to amass VPR **s'amonceler** *[choses]* to pile *ou* heap up; *[courrier, demandes]* to pile up, to accumulate; *[nuages]* to bank up; *[neige]* to drift into banks; *[difficultés]* to pile up ◆ **les preuves s'amoncellent contre lui** the evidence is building up *ou* piling up against him

**amoncellement** /amɔ̃sɛlmɑ̃/ NM a *(= tas) [d'objets]* pile, mass; *[de problèmes]* series ◆ **~ de nuages** cloudbank b *(= accumulation)* **devant l'~ des demandes** faced with a growing number of requests ◆ **~ de preuves** accumulation of evidence

**amont** /amɔ̃/ ADJ INV *[ski, skieur]* uphill *(épith)* NM *[de cours d'eau]* upstream water; *[de pente]* uphill slope ◆ **les rapides/l'écluse d'~** the upstream rapids/lock ◆ **l'~ était coupé de rapides** the river upstream was a succession of rapids

◆ **en amont** *(rivière)* upstream, upriver; *(pente)* uphill; *(dans l'industrie pétrolière)* upstream ◆ **les contrôles en ~** the checks carried out beforehand ◆ **en ~ de** *[+ rivière]* upstream *ou* upriver from; *[+ pente]* uphill from, above; *(fig)* before ◆ **en ~ de cette opération** prior to this operation ◆ **intervenir en ~ d'une tâche** to intervene before a task is carried out

**amoral, e** (mpl **-aux**) /amɔʀal, o/ ADJ amoral

**amoralisme** /amɔʀalism/ NM amorality

**amoralité** /amɔʀalite/ NF amorality

**amorçage** /amɔʀsaʒ/ NM a *(= action) [d'hameçon, ligne]* baiting; *[d'emplacement]* ground baiting b *[de dynamo]* energizing; *[de siphon, obus, pompe]* priming c *(= dispositif)* priming cap, primer

**amorce** /amɔʀs/ NF a *(Pêche) [d'hameçon]* bait; *[d'emplacement]* ground bait b *(= explosif) [de cartouche]* primer, priming; *[d'obus]* percussion cap; *[de mine]* priming; *[de pistolet d'enfant]* cap c *(= début) [de route]* initial section; *[de trou]* start; *[de pellicule, film]* trailer; *[de conversations, négociations]* starting up, beginning; *[d'idée, projet]* beginning, germ ◆ **l'~ d'une réforme/d'un changement** the beginnings of a reform/change d *(Ordin)* **(programme) ~** bootstrap

**amorcer** /amɔʀse/ ▸ conjug 3 ◂ VT a *[+ hameçon, ligne]* to bait ◆ **il amorce au ver de vase** *[+ ligne]* he baits his line with worms; *[+ emplacement]* he uses worms as ground bait

b *[+ dynamo]* to energize; *[+ siphon, obus, pompe]* to prime

c *[+ route, tunnel]* to start *ou* begin building, to make a start on; *[+ travaux]* to begin, to make a start on; *[+ trou]* to begin *ou* start to bore ◆ **la construction est amorcée depuis deux mois** work has been in progress *ou* been under way for two months

d *[+ réformes, évolution]* to initiate, to begin; *[+ virage]* to take ◆ **il amorça un geste pour prendre la tasse** he made as if to take the cup ◆ **~ la rentrée dans l'atmosphère** *[fusée]* to initiate re-entry into the earth's atmosphere ◆ **une descente s'amorce après le virage** after the bend the road starts to go down

e *(Pol = entamer) [+ dialogue]* to start (up); *[+ négociations]* to start, to begin ◆ **une détente est amorcée** *ou* **s'amorce** there are signs of (the beginnings of) a détente

**amorphe** /amɔʀf/ ADJ a *(= apathique) [personne, esprit, caractère, attitude]* passive; *[marché]* dull b *(Minér)* amorphous

**amorti, e** /amɔʀti/ (ptp de **amortir**) NM *(Tennis)* drop shot ◆ **faire un ~** *(Ftbl)* to trap the ball ◆ **faire un ~ de la poitrine** to chest the ball down NF **amortie** *(Tennis)* drop shot

**amortir** /amɔʀtiʀ/ ▸ conjug 2 ◂ VT a *(= diminuer) [+ choc]* to absorb, to cushion; *[+ coup, chute]* to cushion, to soften; *[+ bruit]* to deaden, to muffle; *[+ passions, douleur]* to deaden, to dull b *(Fin) [+ dette]* to pay off, to amortize *(SPÉC)*; *[+ titre]* to redeem; *[+ matériel]* to write off the cost of, to depreciate *(SPÉC)* ◆ **il utilise beaucoup sa voiture pour l'~** *(gén)* he uses his car a lot to make it pay *ou* to recoup the cost to himself ◆ **maintenant, notre équipement est amorti** we have now written off the (capital) cost of the equipment c *(Archit)* to put an amortizement *ou* amortization on

**amortissable** /amɔʀtisabl/ ADJ *(Fin)* redeemable

**amortissement** /amɔʀtismɑ̃/ NM a *(Fin) [de dette]* paying off; *[de titre]* redemption; *(= provision comptable)* reserve *ou* provision for depreciation ◆ **l'~ de ce matériel se fait en trois ans** it takes three years to recoup *ou* to write off the cost of this equipment ◆ **~s admis par le fisc** capital allowances b *(= diminution) [de choc]* absorption c *(Archit)* amortizement, amortization

**amortisseur** /amɔʀtisœʀ/ NM shock absorber

**amour** /amuʀ/ NM a *(= sentiment)* love ◆ **parler d'~** to speak of love ◆ **se nourrir** *ou* **vivre d'~ et d'eau fraîche*** to live on love alone ◆ **j'ai rencontré le grand ~** I have met the love of my life ◆ **vivre un grand ~** to be passionately *ou* deeply in love ◆ **entre eux, ce n'est pas le grand ~** there's no love lost between them ◆ **~ platonique** platonic love ◆ **lettre/mariage/roman d'~** love letter/match/story ◆ **fou d'~** madly *ou* wildly in love ◆ **~ fou** wild love *ou* passion, mad love ◆ **ce n'est plus de l'~, c'est de la rage!*** it's not love, it's raving madness!*; → **filer, saison**

b *(= acte)* love-making *(NonC)* ◆ **pendant l'~, elle murmurait des mots tendres** while they were making love *ou* during their love-making, she murmured tender words ◆ **l'~ libre** free love ◆ **l'~ physique** physical love ◆ **faire l'~** to make love *(avec* to, with)

c *(= personne)* love; *(= aventure)* love affair ◆ **premier ~** *(= personne)* first love; *(= aventure)* first love (affair) ◆ **ses ~s de jeunesse** *(= aventures)* the love affairs *ou* loves of his youth; *(= personnes)* the loves *ou* lovers of his youth ◆ **c'est un ~ de jeunesse** she's one of his old loves *ou* flames* ◆ **des ~s de rencontre** casual love affairs ◆ **à tes ~s !*** *(hum) (quand on trinque)* here's to you!; *(quand on éternue)* bless you! ◆ **comment vont tes ~s ?*** *(hum)* how's your love life?*

d *(= terme d'affection)* **mon ~** my love, my sweet ◆ **cet enfant est un ~** that child's a real darling ◆ **passe-moi l'eau, tu seras un ~** be a darling *ou* dear and pass me the water, pass me the water, there's a darling *ou* a dear *(Brit)* ◆ **un ~ de bébé/de petite robe** a lovely *ou* sweet little baby/dress

e *(Art)* cupid ◆ **(le dieu) Amour** *(Myth)* Eros, Cupid

f *(Bot)* ~ **en cage** Chinese lantern, winter *ou* ground cherry

g *(loc)* **pour l'~ de Dieu** for God's sake, for the love of God ◆ **pour l'~ de votre mère** for your mother's sake ◆ **faire qch pour l'~ de l'art** * to do sth for the love of it ◆ **avoir l'~ du travail bien fait** to love to see a job well done ◆ **faire qch avec ~** to do sth with loving care

NFPL **amours** *(littér)* *(= personnes)* loves; *(= aventures)* love affairs; → **ancillaire**

**amouracher (s')** /amuʀaʃe/ ► conjug 1 ◄ VPR *(péj)* **s'amouracher de** to become infatuated with

**amourette** /amuʀɛt/ NF *(= relation)* passing fancy, passing love affair

**amoureusement** /amuʀøzmɑ̃/ ADV lovingly, amorously

**amoureux, -euse** /amuʀø, øz/ ADJ a *(= épris)* *[personne]* in love (*de* with); ◆ **tomber ~** to fall in love (*de* with); ◆ **être ~ de la musique/la nature** to be a music-/nature-lover, to be passionately fond of music/nature ◆ **il est ~ de sa voiture** *(hum)* he's in love with his car *(hum)* b *(= d'amour)* *[aventures]* love *(épith)*, amorous ◆ **déboires ~** disappointments in love ◆ **vie amoureuse** love life c *(= ardent)* *[tempérament, personne]* amorous; *[regard]* *(= tendre)* loving; *(= voluptueux)* amorous NM,F *(gén)* lover; *(† = soupirant)* love, sweetheart ◆ **un ~ de la nature** a nature-lover, a lover of nature ◆ **~ transi** bashful lover ◆ **partir en vacances en ~** to go off on a romantic holiday

**amour-propre** (pl **amours-propres**) /amuʀpʀɔpʀ/ NM self-esteem, pride

**amovibilité** /amɔvibilite/ NF *(Jur)* removability

**amovible** /amɔvibl/ ADJ *[doublure, housse, panneau]* removable, detachable; *(Jur)* removable

**ampélopsis** /ɑ̃pelɔpsis/ NM ampelopsis

**ampérage** /ɑ̃peʀaʒ/ NM amperage

**ampère** /ɑ̃pɛʀ/ NM ampere, amp

**ampèremètre** /ɑ̃pɛʀmɛtʀ/ NM ammeter

**amphétamine** /ɑ̃fetamin/ NF amphetamine ◆ **être sous ~s** to be on amphetamines

**amphi** * /ɑ̃fi/ NM abrév de **amphithéâtre**

**amphibie** /ɑ̃fibi/ ADJ amphibious, amphibian NM amphibian

**amphibiens** /ɑ̃fibjɛ̃/ NMPL amphibia, amphibians

**amphigouri** /ɑ̃figuʀi/ NM amphigory

**amphigourique** /ɑ̃figuʀik/ ADJ amphigoric

**amphithéâtre** /ɑ̃fiteɑtʀ/ NM *(Archit)* amphitheatre *(Brit)*, amphitheater *(US)*; *(Univ)* lecture theatre *(Brit)* *ou* theater *(US)*; *(Théât)* (upper) gallery ◆ **~ morainique** *(Géol)* morainic cirque *ou* amphitheatre

**amphitryon** /ɑ̃fitʀijɔ̃/ NM *(hum ou littér = hôte)* host

**amphore** /ɑ̃fɔʀ/ NF amphora

**ample** /ɑ̃pl/ ADJ *[manteau]* roomy; *[jupe, manche]* full; *[geste]* wide, sweeping; *[voix]* sonorous; *[style]* rich, grand; *[projet]* vast; *[vues, sujet]* wide-ranging, extensive ◆ **faire ~(s) provision(s) de qch** to get in an ample *ou* plentiful supply of sth ◆ **donner ~ matériel à discussion** to give plenty to discuss ◆ **pour plus ~ informé je tenais à vous dire ...** for your further information I should tell you ... ◆ **veuillez m'envoyer de plus ~s renseignements sur ...** please send me further details of ... *ou* further information about ...; → **jusque**

**amplement** /ɑ̃pləmɑ̃/ ADV *[expliquer, mériter]* fully, amply ◆ **gagner ~ sa vie** to earn a very good living ◆ **ça suffit ~, c'est ~ suffisant** that's more than enough, that's ample ◆ **les récents événements ont ~ démontré que ...** recent events have been ample proof that ... ◆ **son attitude justifie ~ ma décision** his attitude is ample justification for my decision, his attitude fully *ou* amply justifies my decision

**ampleur** /ɑ̃plœʀ/ NF a *[de vêtement]* fullness; *[de voix]* sonorousness; *[de geste]* liberalness; *[de style, récit]* opulence ◆ **donner de l'~ à une robe** to give fullness to a dress b *(= importance)* *[de crise, problème, dégâts]* scale, extent; *[de déficit]* size, extent; *[de sujet, projet]* scope; *[de vues]* range ◆ **vu l'~ des dégâts ...** in view of the extent *ou* the scale of the damage ... ◆ **l'~ des moyens mis en œuvre** the sheer size *ou* the massive scale of the measures implemented ◆ **sans grande ~** of limited scope, small-scale *(épith)* ◆ **de grande/faible ~** large-/small-scale *(épith)* ◆ **des inondations d'une ~ sans précédent** flooding on an unprecedented scale ◆ **ces manifestations prennent de l'~** the demonstrations are increasing in scale

**ampli** * /ɑ̃pli/ NM (abrév de **amplificateur**) amp * ◆ **~-tuner** tuner amplifier

**ampliation** /ɑ̃plijasjɔ̃/ NF *(= duplicata)* certified copy; *(= développement)* amplification ◆ **~ des offres de preuves** amplification of previous evidence

**amplificateur** /ɑ̃plifikatœʀ/ NM *(Phys, Radio)* amplifier; *(Photo)* enlarger *(permitting only fixed enlarging)*

**amplification** /ɑ̃plifikasjɔ̃/ NF a *(= développement)* *[de tendance, mouvement, échanges, coopération]* development; *(= augmentation)* increase ◆ **une ~ de l'agitation sociale** an increase in social unrest b *(= exagération)* *[d'incident]* exaggeration c *(Photo)* enlarging; *(Opt)* magnifying

**amplifier** /ɑ̃plifje/ ► conjug 7 ◄ VT a *[+ tendance]* to accentuate; *[+ mouvement, échanges, coopération]* to cause to develop b *(= exagérer)* *[+ incident]* to magnify, to exaggerate c *(Tech)* *[+ son, courant]* to amplify; *[+ image]* *(Photo)* to enlarge; *(Opt)* to magnify VPR **s'amplifier** *(= se développer)* *[mouvement, tendance, échange, pensée]* to develop; *(= s'aggraver)* to get worse ◆ **les affrontements s'amplifient** the clashes are getting worse

**amplitude** /ɑ̃plityd/ NF a *(Astron, Phys)* amplitude b *[de températures]* range c *(= importance)* **l'~ de la catastrophe** the magnitude of the catastrophe

**ampoule** /ɑ̃pul/ NF a *(Élec)* bulb b *(Pharm)* phial, vial; *(pour seringue)* ampoule, ampule c *(Méd : à la main, au pied)* blister, ampulla *(SPÉC)* COMP ▷ **ampoule autocassable** phial *(with a snap-off top)* ▷ **ampoule à baïonnette** bayonet bulb ▷ **ampoule à vis** screw-fitting bulb

**ampoulé, e** /ɑ̃pule/ ADJ *[style]* pompous

**amputation** /ɑ̃pytasjɔ̃/ NF *[de membre]* amputation; *[de texte, roman, fortune]* drastic cut *ou* reduction (*de* in); *[de budget]* drastic cutback *ou* reduction (*de* in)

**amputé, e** /ɑ̃pyte/ (ptp de **amputer**) ADJ *[membre]* amputated; *[personne]* who has had a limb amputated NM,F amputee ◆ **c'est un ~** he has lost an arm (*ou* a leg), he has had an arm (*ou* a leg) off * *(Brit)* ◆ **c'est un ~ des deux jambes** he's lost both his legs

**amputer** /ɑ̃pyte/ ► conjug 1 ◄ VT a *[+ membre]* to amputate ◆ **il a été amputé** he had an amputation ◆ **il a été amputé d'une jambe** he had his leg amputated b *[+ texte, fortune]* to cut *ou* reduce drastically; *[+ budget]* to cut back *ou* reduce drastically (*de* by); ◆ **~ un pays d'une partie de son territoire** to sever a country of a part of its territory

**Amsterdam** /amstɛʀdam/ N Amsterdam

**amuïr (s')** /amɥiʀ/ ► conjug 2 ◄ VPR *(Phon)* to become mute, to be dropped *(in pronunciation)*

**amuïssement** /amɥismɑ̃/ NM *(Phon)* dropping *of a phoneme in pronunciation*

**amulette** /amylɛt/ NF amulet

**amure** /amyʀ/ NF *(Naut)* tack ◆ **aller bâbord/tribord ~s** to go on the port/starboard tack

**amurer** /amyʀe/ ► conjug 1 ◄ VT *[+ voile]* to haul aboard the tack of, to tack

**amusant, e** /amyzɑ̃, ɑ̃t/ ADJ *(= distrayant)* *[jeu]* amusing, entertaining; *(= drôle)* *[film, remarque, convive]* amusing, funny ◆ **c'est (très) ~** *[jeu]* it's (great) fun ◆ **c'était ~ à voir** it was amusing *ou* funny to see ◆ **l'~ de l'histoire c'est que ...** the funny *ou* amusing thing about it all is that ...

**amuse-bouche** (pl **amuse-bouche(s)**) /amyzbuʃ/ NM appetizer, snack

**amuse-gueule** (pl **amuse-gueule(s)**) /amyzgœl/ NM appetizer, snack

**amusement** /amyzmɑ̃/ NM a *(= divertissement)* amusement *(NonC)* ◆ **pour l'~ des enfants** for the children's amusement *ou* entertainment, to amuse *ou* entertain the children b *(= jeu)* game; *(= activité)* diversion, pastime c *(= hilarité)* amusement *(NonC)*

**amuser** /amyze/ ► conjug 1 ◄ VT a *(= divertir)* to amuse, to entertain; *(involontairement)* to amuse

b *(= faire rire)* *[histoire drôle]* to amuse ◆ **ces remarques ne m'amusent pas du tout** I don't find those remarks at all amusing, I'm not in the least amused by such remarks ◆ **tu m'amuses avec tes grandes théories** you make me laugh with your great theories ◆ **faire le pitre pour ~ la galerie** to clown around to amuse the crowd

c *(= plaire)* **ça ne m'amuse pas de devoir aller leur rendre visite** I don't enjoy having to go and visit them ◆ **si vous croyez que ces réunions m'amusent** if you think I enjoy these meetings

d *(= détourner l'attention de)* *[+ ennemi, caissier]* to distract ◆ **pendant que tu l'amuses, je prends l'argent** while you keep him busy *ou* distract him, I'll take the money

e *(= tromper)* to delude, to beguile

VPR **s'amuser** a *(= jouer)* *[enfants]* to play ◆ **s'~ avec** *[+ jouet, personne, chien]* to play with; *[+ stylo, ficelle]* to play *ou* fiddle with ◆ **s'~ à un jeu** to play a game ◆ **ils se sont amusés tout l'après-midi à faire des châteaux de sable** they had fun *ou* they played all afternoon building sandcastles ◆ **ils se sont amusés à arroser les passants** they were messing around * spraying passers-by with water ◆ **pour s'~ ils ont allumé un grand feu de joie** they lit a big bonfire for fun ◆ **ne t'amuse pas à recommencer, sinon !** don't you do *ou* start that again, or else!

b *(= se divertir)* to have fun, to enjoy o.s.; *(= rire)* to have a good laugh ◆ **s'~ à faire qch** to have fun doing sth, to enjoy o.s. doing sth ◆ **nous nous sommes bien amusés** we had great fun *ou* a great time * ◆ **qu'est-ce qu'on s'amuse !** this is great fun! ◆ **j'aime autant te dire qu'on ne s'est pas amusés** it wasn't much fun, I can tell you ◆ **on ne va pas s'~ à cette réunion** we're not going to have much fun at this meeting ◆ **on ne faisait rien de mal, c'était juste pour s'~** we weren't doing any harm, it was just for fun *ou* for a laugh c *(= batifoler)* to mess about * *ou* around * ◆ **on n'a pas le temps de s'~** there's no time to mess around *

d *(littér = se jouer de)* **s'~ de qn** to make a fool of sb

**amusette** /amyzɛt/ NF diversion ◆ **elle n'a été pour lui qu'une ~** she was mere sport to him, she was just a passing fancy for him ◆ **au lieu de perdre ton temps à des ~s tu ferais mieux de travailler** instead of frittering your time away on idle pleasures you should do some work

**amuseur, -euse** /amyzœʀ, øz/ NM,F entertainer ◆ **ce n'est qu'un ~** *(péj)* he's just a clown

**amygdale** /amidal/ NF tonsil ◆ **se faire opérer des ~s** to have one's tonsils removed *ou* out

**amygdalite** /amidalit/ NF tonsillitis

**amylacé, e** /amilase/ ADJ starchy

**amylase** /amilɑz/ NF amylase

**amyle** /amil/ NM amyl ◆ **nitrite d'~** amyl nitrite

**amylique** /amilik/ ADJ ◆ **alcool ~** amyl alcohol

**AN** /aɛn/ NF (abrév de **Assemblée nationale**) → **assemblée**

**an** /ɑ̃/ NM a *(= durée)* year ◆ **après 5 ~s de prison** after 5 years in prison ◆ **dans 3 ~s** in 3 years, in 3 years' time *(Brit)* ◆ **une amitié de 20 ~s** a friendship of 20 years' standing

b *(= âge)* year ◆ **un enfant de six ~s** a six-year-old child, a six-year-old ◆ **porto de 10 ~s d'âge** 10-year-old port ◆ **il a 22 ~s** he's 22 (years old) ◆ **il n'a pas encore 10 ~s** he's not yet 10

c *(= point dans le temps)* year ◆ **4 fois par ~** 4 times a year ◆ **il reçoit tant par ~** he gets so much a year *ou* per annum ◆ **le jour** *ou* **le premier de l'~, le nouvel ~** New Year's Day ◆ **bon ~ mal ~** taking one year with another, on average ◆ **en l'~ 300 de Rome** in the Roman year 300 ◆ **en l'~ 300 de notre ère/avant Jésus-Christ** in (the year) 300 AD/BC ◆ **en l'~ de grâce ...** *(frm ou hum)* in the year of grace ... ◆ **l'~ II de la république** *(Hist)* the second year of the French Republic ◆ **je m'en moque** *ou* **je m'en soucie comme de l'~ quarante** I couldn't care less (about it), I don't give a damn * (about it)

d *(littér)* **les ~s l'ont courbé** he is bent with age ◆ **l'outrage des ~s** the ravages of time ◆ **courbé sous le poids des ~s** bent under the weight of years *ou* age

**ana** (pl **ana(s)**) /ana/ NM ana

**anabaptisme** /anabatism/ NM anabaptism

**anabaptiste** /anabatist/ ADJ, NMF anabaptist

**anabolisant, e** /anabɔlizɑ̃, ɑ̃t/ ADJ anabolic NM anabolic steroid

**anabolisme** /anabɔlism/ NM anabolism

**anacarde** /anakaʀd/ NM cashew (nut)

**anacardier** /anakaʀdje/ NM cashew (tree)

**anachorète** /anakɔʀɛt/ NM anchorite

**anachronique** /anakʀɔnik/ ADJ anachronistic, anachronous

**anachronisme** /anakʀɔnism/ NM anachronism

**anacoluthe** /anakɔlyt/ NF anacoluthon

**anaconda** /anakɔ̃da/ NM anaconda

**Anacréon** /anakʀeɔ̃/ NM Anacreon

**anacréontique** /anakʀeɔ̃tik/ ADJ anacreontic

**anaérobie** /anaeʀɔbi/ ADJ anaerobic

**anaglyphe** /anaglif/ NM anaglyph

**anagrammatique** /anagʀamatik/ ADJ anagrammatical

**anagramme** /anagʀam/ NF anagram

**anal, e** (mpl **-aux**) /anal, o/ ADJ anal

**analeptique** /analɛptik/ ADJ analeptic

**analgésie** /analʒezi/ NF analgesia

**analgésique** /analʒezik/ ADJ, NM analgesic

**anallergique** /analɛʀʒik/ ADJ hypoallergenic

**analogie** /analɔʒi/ NF analogy ◆ **par ~ avec** by analogy with

**analogique** /analɔʒik/ ADJ analogical

**analogiquement** /analɔʒikmɑ̃/ ADV analogically

**analogue** /analɔg/ ADJ a *(= semblable)* analogous, similar *(à* to) b *(Bio)* analogous NM *(Chim, Bio)* analogue; *(fig)* ◆ **sans ~** without comparison

**analphabète** /analfabɛt/ ADJ, NMF illiterate

**analphabétisme** /analfabetism/ NM illiteracy

**analysable** /analizabl/ ADJ analysable, analyzable *(US)*

**analysant, e** /analizɑ̃, ɑ̃t/ NM,F analysand

**analyse** /analiz/ NF a *(= examen)* analysis ◆ **faire l'~ de** to analyze ◆ **ça ne résiste pas à l'~** it doesn't stand up to analysis ◆ **avoir l'esprit d'~** to have an analytic(al) mind ◆ **en dernière ~** in the final *ou* last analysis

b *(Méd)* test ◆ **~ de sang/d'urine** blood/urine test ◆ **(se) faire faire des ~s** to have some tests (done); → **laboratoire**

c *(Psych)* analysis, psychoanalysis ◆ **il est en ~, il fait une ~** he's undergoing *ou* having analysis

d *(Math)* *(= discipline)* calculus; *(= exercice)* analysis

COMP ▹ **analyse combinatoire** combinatorial analysis ▹ **analyse en constituants immédiats** constituent analysis ▹ **analyse factorielle** factor *ou* factorial analysis ▹ **analyse financière** financial analysis ▹ **analyse fonctionnelle** functional job analysis ▹ **analyse grammaticale** parsing ◆ **faire l'~ grammaticale de** to parse ▹ **analyse logique** sentence analysis *(Brit)*, diagramming *(US)* ▹ **analyse de marché** market analysis *ou* survey ▹ **analyse sectorielle** cross-section analysis ▹ **analyse spectrale** spectrum analysis ▹ **analyse de système** systems analysis ▹ **analyse transactionnelle** transactional analysis ▹ **analyse du travail** job analysis

**analysé, e** /analize/ NM,F *(Psych) person who has undergone analysis*

**analyser** /analize/ ▸ conjug 1 ◂ VT *(gén)* to analyze; *(Psych)* to (psycho)analyze; *(Méd)* *[+ sang, urine]* to test; *(analyse grammaticale)* to parse

**analyseur** /analizœʀ/ NM *(Phys)* analyser ◆ **~ syntaxique** *(Ordin)* parser

**analyste** /analist/ NMF *(gén, Math)* analyst; *(= psychanalyste)* analyst, psychoanalyst ◆ **~-programmeur** programme analyst ◆ **~ financier/de marché** financial/market analyst ◆ **~ de systèmes** systems analyst

**analytique** /analitik/ ADJ analytic(al) NF analytics *(sg)*

**analytiquement** /analitikmɑ̃/ ADV analytically

**anamorphose** /anamɔʀfoz/ NF anamorphosis

**ananas** /anana(s)/ NM *(= fruit, plante)* pineapple

**anapeste** /anapɛst/ NM anapaest

**anaphore** /anafɔʀ/ NF anaphora

**anaphorique** /anafɔʀik/ ADJ anaphoric

**anaphylactique** /anafilaktik/ ADJ anaphylactic ◆ **choc ~** anaphylactic shock

**anar** * /anaʀ/ NMF abrév de **anarchiste**

**anarchie** /anaʀʃi/ NF *(Pol, fig)* anarchy

**anarchique** /anaʀʃik/ ADJ anarchic(al) ◆ **de façon** *ou* **manière ~** anarchically

**anarchiquement** /anaʀʃikmɑ̃/ ADV anarchically

**anarchisant, e** /anaʀʃizɑ̃, ɑ̃t/ ADJ anarchistic

**anarchisme** /anaʀʃism/ NM anarchism

**anarchiste** /anaʀʃist/ ADJ anarchistic NMF anarchist

**anarchosyndicalisme** /anaʀkosɛ̃dikalism/ NM anarcho-syndicalism

**anarchosyndicaliste** /anaʀkosɛ̃dikalist/ NMF anarcho-syndicalist

**anastigmat** /anastigma(t)/ ADJ M, NM ◆ **(objectif) ~** anastigmat, anastigmatic lens

**anastigmatique** /anastigmatik/ ADJ anastigmatic

**anastrophe** /anastʀɔf/ NF anastrophe

**anathématiser** /anatematize/ ▸ conjug 1 ◂ VT *(lit, fig)* to anathematize

**anathème** /anatɛm/ NM *(= excommunication, excommunié)* anathema ◆ **prononcer un ~ contre qn, frapper qn d'~** *(Rel)* to excommunicate sb, to anathematize sb ◆ **jeter l'~ sur** *(fig)* to curse, to anathematize *(frm)*

**Anatolie** /anatɔli/ NF Anatolia

**anatomie** /anatɔmi/ NF a *(= science)* anatomy b *(= corps)* anatomy ◆ **dans ce film, elle montre beaucoup de son ~** *(hum)* she shows a lot of bare flesh in this film c († = *dissection) (Méd)* anatomy; *(fig)* analysis ◆ **faire l'~ de** *(fig)* to dissect *(fig)*, to analyse ◆ **pièce d'~** anatomical subject

**anatomique** /anatɔmik/ ADJ *(gén)* anatomic(al); *[fauteuil, oreiller]* contour *(épith)*; → **cire, planche**

**anatomiquement** /anatɔmikmɑ̃/ ADV anatomically

**anatomiste** /anatɔmist/ NMF anatomist

**ANC** /aɛnse/ NM (abrév de **African National Congress**) ANC

**ancestral, e** (mpl **-aux**) /ɑ̃sɛstʀal, o/ ADJ ancestral

**ancêtre** /ɑ̃sɛtʀ/ NMF a *(= aïeul)* ancestor; (* = *vieillard)* old man (*ou* woman) ◆ **nos ~s les Gaulois** our ancestors *ou* forefathers the Gauls b *(= précurseur) [de personne, objet]* forerunner, precursor ◆ **c'est l'~ de la littérature moderne** he's the father of modern literature

**anche** /ɑ̃ʃ/ NF *(Mus)* reed

**anchoïade** /ɑ̃ʃɔjad/ NF anchovy paste

**anchois** /ɑ̃ʃwa/ NM anchovy

**ancien, -ienne** /ɑ̃sjɛ̃, jɛn/ ADJ a *(= vieux) (gén)* old; *[coutume, château, loi]* ancient; *[objet d'art]* antique ◆ **dans l'~ temps** in the olden days, in times gone by ◆ **il est plus ~ que moi dans la maison** he has been with *ou* in the firm longer than me ◆ **une ancienne amitié** an old *ou* long-standing friendship ◆ **~s francs** old francs ◆ **cela lui a coûté 10 millions d'~s francs** it cost him 10 million old francs; → **testament**

b *(avant nom = précédent)* former ◆ **son ancienne femme** his ex-wife, his former *ou* previous wife ◆ **c'est mon ~ quartier/ancienne école** it's my old neighbourhood/school, that's where I used to live/go to school

c *(= antique) [langue, civilisation, histoire]* ancient ◆ **dans les temps ~s** in ancient times

◆ **la Grèce/l'Égypte ancienne** ancient Greece/Egypt

**NM** *(= mobilier ancien)* ◆ **l'~** antiques

**NM,F** **a** *(= personne âgée)* elder, old man (*ou* woman) ◆ **et le respect pour les ~s ?** *(hum)* have some respect for your elders! ◆ **les ~s du village** the village elders

**b** *(= personne expérimentée)* senior *ou* experienced person; *(Mil)* old soldier ◆ **c'est un ~ dans la maison** he has been with *ou* in the firm a long time

**c** *(Hist)* **les ~s** the Ancients ◆ **les ~s et les modernes** *(Littérat)* the Ancients and the Moderns

**d** *(Scol)* **~ (élève)** former pupil, old boy *(Brit)*, alumnus *(US)* ◆ **ancienne (élève)** former pupil, old girl *(Brit)*, alumna *(US)*

**LOC ADJ** **à l'ancienne** **LOC ADV** *[meuble]* old-style, traditional(-style); *[confiture]* made in the traditional way ◆ **faire qch à l'ancienne** to do sth in the traditional way ◆ **cuisiner à l'~ne** to use traditional cooking methods

**COMP** ▷ **ancien combattant** war veteran, ex-serviceman ▷ **l'Ancien Régime** the Ancien Régime

> ⚠ **ancien** *se traduit par le mot anglais* **ancient** *uniquement au sens de 'très ancien', 'antique'.*

**anciennement** /ɑ̃sjɛnmɑ̃/ **ADV** *(= autrefois)* formerly

**ancienneté** /ɑ̃sjɛnte/ **NF** **a** *(= durée de service)* length of service; *(= privilèges obtenus)* seniority ◆ **il a 10 ans d'~ dans la maison** he has been with *ou* in the firm (for) 10 years ◆ **à l'~** by seniority **b** *[de maison]* age; *[d'objet d'art]* age, antiquity; *[d'amitié, relation]* length ◆ **compte tenu de l'~ de cette pratique/loi** considering how long this practice/law has been in existence

**ancillaire** /ɑ̃silɛʀ/ **ADJ** ◆ **devoirs ~s** duties as a servant ◆ **relations/amours ~s** *(hum)* relations/amorous adventures with the servants

**ancolie** /ɑ̃kɔli/ **NF** columbine

**ancrage** /ɑ̃kʀaʒ/ **NM** **a** *(Naut)* anchorage **b** *(= attache) [de poteau, câble]* anchoring; *[de mur]* cramping **c** *(= incrustation)* **l'~ de nos valeurs dans la culture** the way our values are rooted in culture ◆ **le vote confirme l'~ à gauche de la région** the polls confirm that the region is a left-wing stronghold ◆ **pour faciliter l'~ d'entreprises dans la région** to help companies gain a foothold in the region ◆ **point d'~** *(Aut)* anchorage point; *(fig) [de politique]* foundation stone ◆ **la monnaie d'~ du SME** the anchor currency of the EMS

**ancre** /ɑ̃kʀ/ **NF** **a** *(Naut)* **~ (de marine)** anchor ◆ **~ de miséricorde** *ou* **de salut** sheet anchor ◆ **être à l'~** to be *ou* lie at anchor ◆ **jeter l'~** to cast *ou* drop anchor; → **lever**[1] **b** *(Constr)* cramp(-iron), anchor; *(Horlogerie)* anchor escapement, recoil escapement

**ancré, e** /ɑ̃kʀe/ (ptp de **ancrer**) **ADJ** *(= enraciné)* ◆ **la région reste profondément ~e à gauche** the region is still firmly left-wing *ou* remains a left-wing stronghold ◆ **le sentiment monarchiste est très ~ dans ce pays** monarchist sentiment is deeply rooted in this country ◆ **un musicien très ~ dans l'Asie centrale** a musician with strong central Asian roots ◆ **une conviction très ~e** a deeply-held conviction ◆ **dans cette région, la chasse demeure très ~e** this region has a long tradition of hunting

**ancrer** /ɑ̃kʀe/ ▸ conjug 1 ◂ **VT** **a** *(Naut)* to anchor **b** *(Tech) [+ poteau, câble]* to anchor; *[+ mur]* to cramp **c** *(= incruster)* **~ qch dans la tête de qn** to fix sth firmly in sb's mind ◆ **il a cette idée ancrée dans la tête** he's got this idea firmly fixed in his mind **VPR** **s'ancrer** **a** *(Naut)* to anchor, to cast *ou* drop anchor **b** *(= s'incruster)* **quand une idée s'ancre dans l'esprit des gens** when an idea takes root *ou* becomes fixed in people's minds ◆ **il s'est ancré dans la tête que ...** he got it into *ou* fixed in his head that ... ◆ **le groupe cherche à s'~ économiquement dans la région** the group is trying to gain an economic foothold in the region

**andain** /ɑ̃dɛ̃/ **NM** swath

**andalou, -ouse** /ɑ̃dalu, uz/ **ADJ** Andalusian **NM,F** **Andalou(se)** Andalusian

**Andalousie** /ɑ̃daluzi/ **NF** Andalusia, Andalucia

**andante** /ɑ̃dɑ̃t/ **ADV, NM** andante

**Andes** /ɑ̃d/ **NFPL** ◆ **les ~** the Andes

**andin, e** /ɑ̃dɛ̃, in/ **ADJ** Andean **NM,F** **Andin(e)** Andean

**andorran, e** /ɑ̃dɔʀɑ̃, an/ **ADJ** Andorran **NM,F** **Andorran(e)** Andorran

**Andorre** /ɑ̃dɔʀ/ **NF** Andorra ◆ **~-la-Vieille** Andorra la Vella

**andouille** /ɑ̃duj/ **NF** **a** *(Culin)* andouille *(sausage made of chitterlings, eaten cold)* **b** *(✱ = imbécile)* dummy *, twit * *(Brit)*, prat ✱ *(Brit)* ◆ **faire l'~** to act the fool ◆ **espèce d'~ !, triple ~ !** you dummy! *, you (stupid) prat! ✱ *(Brit)*

**andouiller** /ɑ̃duje/ **NM** tine, (branch of) antler

**andouillette** /ɑ̃dujɛt/ **NF** andouillette *(sausage made of chitterlings, eaten hot)*

**androcéphale** /ɑ̃dʀosefal/ **ADJ** with a human head

**androgène** /ɑ̃dʀɔʒɛn/ **ADJ** *[hormone]* androgen; *[effet]* androgenic **NM** androgen

**androgyne** /ɑ̃dʀɔʒin/ **ADJ** androgynous **NM** androgyne

**androgynie** /ɑ̃dʀɔʒini/ **NF** androgyny

**androïde** /ɑ̃dʀɔid/ **NM** android

**andrologie** /ɑ̃dʀɔlɔʒi/ **NF** andrology

**andrologue** /ɑ̃dʀɔlɔg/ **NMF** andrologist

**Andromaque** /ɑ̃dʀɔmak/ **NF** Andromache

**Andromède** /ɑ̃dʀɔmɛd/ **NF** Andromeda

**andropause** /ɑ̃dʀopoz/ **NF** male menopause

**androstérone** /ɑ̃dʀosteʀɔn/ **NF** androsterone

**âne** /ɑn/ **NM** **a** *(Zool)* donkey ◆ **être comme l'~ de Buridan** to be unable to decide between two alternatives ◆ **il y a plus d'un ~ (à la foire) qui s'appelle Martin** *(hum)* a lot of people are called that, that's a very common name; → **dos** **b** *(* = personne)* ass *, fool ◆ **faire l'~ pour avoir du son** to act *ou* play dumb to find out what one wants to know ◆ **~ bâté** † stupid ass *; → **bonnet, pont**

> **Âne de Buridan**
>
> The origin of this expression is a philosophical text, supposedly written by Buridan in the 14th century, about an ass that starves to death because he cannot choose between two identical heaps of oats. The term has come to refer to any person who finds it impossible to make up their mind.

**anéantir** /aneɑ̃tiʀ/ ▸ conjug 2 ◂ **VT** **a** *(= détruire) [+ ville, armée, peuple]* to annihilate, to wipe out; *[+ efforts]* to wreck, to destroy; *[+ espoirs]* to dash, to destroy; *[+ sentiment]* to destroy **b** *(= déprimer : gén pass) [chaleur]* to overwhelm, to overcome; *[fatigue]* to exhaust, to wear out; *[chagrin]* to crush ◆ **la nouvelle l'a anéanti** the news completely broke him **VPR** **s'anéantir** *[espoir]* to be dashed

**anéantissement** /aneɑ̃tismɑ̃/ **NM** **a** *(= destruction) [de ville, armée, peuple]* annihilation, wiping out; *[d'efforts, sentiment]* destruction ◆ **c'est l'~ de tous mes espoirs** that's the end of *ou* that has dashed all my hopes ◆ **ce régime vise à l'~ de l'individu** this régime aims at the complete suppression *ou* annihilation of the individual **b** *(= fatigue)* exhaustion; *(= abattement)* dejection

**anecdote** /anɛkdɔt/ **NF** *(gén)* anecdote ◆ **l'~** *(= détails)* trivial detail *ou* details ◆ **pour l'~** as a matter of interest ◆ **cet historien ne s'élève pas au-dessus de l'~** *(péj)* this historian doesn't rise above the anecdotal

**anecdotique** /anɛkdɔtik/ **ADJ** *[caractère, aspect]* trivial ◆ **le caractère ~ de cet incident** the trivial nature of the incident ◆ **ce sujet n'a qu'un intérêt ~** this subject is only of passing *ou* minor interest ◆ **cette histoire est ~** this story relates to an isolated incident ◆ **une histoire ~ de la télévision** a collection of TV trivia **NM** ◆ **l'~** the details ◆ **on nous a reproché de faire dans l'~ et le superficiel** we've been taken to task for concerning ourselves with superficial details ◆ **ne tombons pas dans l'~** let's not get too concerned with minor details

> ⚠ *Attention à ne pas traduire automatiquement* **anecdotique** *par* **anecdotal**, *qui a le sens de 'isolé', 'non généralisable'.*

**anecdotiquement** /anɛkdɔtikmɑ̃/ **ADV** incidentally ◆ **~, je vous avoue que j'ai toujours trouvé cela ridicule** incidentally, I must admit I've always found this ridiculous

**anémiant, e** /anemjɑ̃, ɑ̃t/ **ADJ** *(Méd)* causing anaemia *(Brit) ou* anemia *(US)*; *(fig)* debilitating

**anémie** /anemi/ **NF** *(Méd)* anaemia *(Brit)*, anemia *(US)*; *(fig) [d'économie]* weakness ◆ **~ pernicieuse** pernicious anaemia ◆ **~ falciforme** sickle cell anaemia

**anémié, e** /anemje/ (ptp de **anémier**) **ADJ** *(Méd)* anaemic *(Brit)*, anemic *(US)*; *(fig)* weakened, enfeebled

**anémier** /anemje/ ▸ conjug 7 ◂ **VT** *(Méd)* to make anaemic *(Brit) ou* anemic *(US)*; *(fig)* to weaken **VPR** **s'anémier** *(Méd)* to become anaemic *(Brit) ou* anemic *(US)*

**anémique** /anemik/ **ADJ** *(Méd, fig)* anaemic *(Brit)*, anemic *(US)*

**anémomètre** /anemɔmɛtʀ/ **NM** *(pour un fluide)* anemometer; *(pour le vent)* anemometer, wind gauge

**anémone** /anemɔn/ **NF** anemone ◆ **~ sylvie** wood anemone ◆ **~ de mer** sea anemone

**ânerie** /ɑnʀi/ **NF** **a** *(caractère)* stupidity ◆ **il est d'une ~ !** he's a real ass! * **b** *(= parole)* stupid *ou* idiotic remark; *(action)* stupid mistake, blunder ◆ **arrête de dire des ~s !** stop talking nonsense! *ou* rubbish *(Brit)*! ◆ **faire une ~** to make a blunder, to do something silly

**anéroïde** /aneʀɔid/ **ADJ** → **baromètre**

**ânesse** /ɑnɛs/ **NF** she-ass, jenny

**anesthésiant, e** /anɛstezjɑ̃, ɑ̃t/ **ADJ, NM** anaesthetic *(Brit)*, anesthetic *(US)* ◆ **~ local** local anaesthetic

**anesthésie** /anɛstezi/ **NF** *(= état d'insensibilité, technique)* anaesthesia *(Brit)*, anesthesia *(US)*; *(= opération)* anaesthetic *(Brit)*, anesthetic *(US)* ◆ **sous** ~ under anaesthetic *ou* anaesthesia ◆ ~ **générale/locale** general/local anaesthetic ◆ **je vais vous faire une** ~ I'm going to give you an anaesthetic

**anesthésier** /anɛstezje/ ►conjug 7◄ **VT** *(Méd)* *[+ organe]* to anaesthetize *(Brit)*, to anesthetize *(US)*; *[+ personne]* to give an anaesthetic *(Brit)* *ou* anesthetic *(US)* to, to anaesthetize *(Brit)*, to anesthetize *(US)*; *(fig)* to deaden, to benumb, to anaesthetize *(Brit)*, to anesthetize *(US)* ◆ **j'étais comme anesthésié** *(fig)* I felt completely numb

**anesthésique** /anɛstezik/ **ADJ** *[substance]* anaesthetic *(Brit)*, anesthetic *(US)* **NM** anaesthetic *(Brit)*, anesthetic *(US)*

**anesthésiste** /anɛstezist/ **NMF** anaesthetist *(Brit)*, anesthesiologist *(US)*

**aneth** /anɛt/ **NM** dill

**anévrisme** /anevʀism/ **NM** aneurism; → **rupture**

**anfractuosité** /ɑ̃fʀaktɥozite/ **NF** *[de falaise, mur, sol]* crevice

**ange** /ɑ̃ʒ/ **NM** a *(Rel)* angel ◆ **bon/mauvais** ~ good/bad angel ◆ **être le bon** ~ **de qn** to be sb's good *ou* guardian angel ◆ **être le mauvais** ~ **de qn** to be an evil influence on sb

b *(= personne)* angel ◆ **oui mon** ~ yes, darling ◆ **va me chercher mes lunettes tu seras un** ~ be an angel *ou* a darling and get me my glasses ◆ **il est sage comme un** ~ he's an absolute angel, he's as good as gold ◆ **il est beau comme un** ~ he's absolutely gorgeous ◆ **avoir une patience d'**~ to have the patience of a saint ◆ **c'est un** ~ **de douceur/de bonté** he's sweetness/kindness itself

c *(Zool)* angel fish

d *(loc)* **un** ~ **passa** there was an awkward pause *ou* silence ◆ **être aux** ~**s** to be in seventh heaven; → **discuter**

**COMP** ▷ **ange déchu** *(Rel)* fallen angel ▷ **l'ange exterminateur** *(Rel)* the exterminating angel ▷ **ange gardien** *(Rel, fig)* guardian angel; *(= garde du corps)* bodyguard; → **cheveu, faiseur**

**Angelino** /ɑ̃ʒlino/ **NMF** Angelino

**angélique**[1] /ɑ̃ʒelik/ **ADJ** *(Rel, fig)* angelic(al)

**angélique**[2] /ɑ̃ʒelik/ **NF** *(Bot, Culin)* angelica

**angéliquement** /ɑ̃ʒelikmɑ̃/ **ADV** angelically, like an angel

**angélisme** /ɑ̃ʒelism/ **NM** *(Rel)* angelism ◆ **l'**~ **du gouvernement** the government's naïve optimism

**angelot** /ɑ̃ʒ(ə)lo/ **NM** *(Art)* cherub

**angélus** /ɑ̃ʒelys/ **NM** angelus

**angine** /ɑ̃ʒin/ **NF** *(= amygdalite)* tonsillitis; *(= pharyngite)* pharyngitis ◆ **avoir une** ~ to have a sore throat ◆ ~ **de poitrine** angina (pectoris)

> ⚠ **angine** *se traduit par le mot anglais* **angina** *uniquement au sens de 'angine de poitrine'.*

**angineux, -euse** /ɑ̃ʒinø, øz/ **ADJ** anginal

**angiome** /ɑ̃ʒjom/ **NM** angioma

**angioplastie** /ɑ̃ʒjoplasti/ **NF** angioplasty

**angiosperme** /ɑ̃ʒjospɛʀm/ **ADJ** angiospermous **NFPL les angiospermes** angiosperms, the Angiospermae *(SPÉC)*

**anglais, e** /ɑ̃glɛ, ɛz/ **ADJ** English; → **assiette, broderie, crème** *etc* **NM** a ◆ **Anglais** Englishman ◆ **les Anglais** *(en général)* English people, the English; *(abusivement = Britanniques)* British people, the British; *(= hommes)* Englishmen ◆ **les Anglais ont débarqué** * *(euph)* I've got the curse *, I've got my period b *(Ling)* English ◆ ~ **canadien/britannique/américain** Canadian/British/American English ◆ **parler** ~ to speak English **NF anglaise** a ◆ **Anglaise** Englishwoman b *(Coiffure)* ~**es** ringlets c *(Écriture)* ≈ modern English handwriting **LOC ADJ, LOC ADV à l'anglaise** *[légumes]* boiled; *[parc, jardin]* landscaped ◆ **cuit à l'**~**e** boiled; → **filer**

**angle** /ɑ̃gl/ GRAMMAIRE ACTIVE 53.3

**NM** a *[de meuble, rue]* corner ◆ **à l'**~ **de ces deux rues** at *ou* on the corner of these two streets ◆ **le magasin qui fait l'**~ the shop on the corner ◆ **la maison est en** ~ the house stands directly *ou* is right on the corner ◆ **meuble d'**~ corner unit

b *(Math)* angle

c *(= aspect)* angle, point of view ◆ **vu sous cet** ~ seen from *ou* looked at from that point of view

d *[de caractère, personne]* rough edge; → **arrondir**

**COMP** ▷ **angles adjacents** adjacent angles ▷ **angle aigu** acute angle ▷ **angles alternes** alternate angles ◆ ~**s alternes externes/internes** exterior/interior alternate angles ▷ **angle de braquage** lock ▷ **angle de chasse** *(Aut)* castor angle ▷ **angle de couverture** *(Photo)* lens field ▷ **angle dièdre** dihedral angle ▷ **angle droit** right angle ◆ **faire un** ~ **droit** to be at right angles *(avec* to) ▷ **angle facial** facial angle ▷ **angle d'incidence** angle of incidence ▷ **angle d'inclinaison** angle of inclination ▷ **angle inscrit (à un cercle)** inscribed angle (of a circle) ▷ **angle de marche** ⇒ **angle de route** ▷ **angle mort** dead angle, blind spot ▷ **angle obtus** obtuse angle ▷ **angle optique** optic angle ▷ **angle de réfraction** angle of refraction ▷ **angle rentrant** re-entrant angle ▷ **angle de route** *(Mil)* bearing, direction of march ▷ **angle saillant** salient angle ▷ **angle de tir** firing angle ▷ **angle visuel** visual angle

**Angleterre** /ɑ̃glətɛʀ/ **NF** England; *(abusivement = Grande Bretagne)* (Great) Britain

**anglican, e** /ɑ̃glikɑ̃, an/ **ADJ, NM,F** Anglican

**anglicanisme** /ɑ̃glikanism/ **NM** Anglicanism

**angliche** * /ɑ̃gliʃ/ *(hum ou péj)* **ADJ** English, British **NMF Angliche** Brit *, Britisher * ◆ **les Angliches** the Brits *

**angliciser** /ɑ̃glisize/ ►conjug 1◄ **VT** to anglicize **VPR s'angliciser** to become anglicized

**anglicisme** /ɑ̃glisism/ **NM** anglicism

**angliciste** /ɑ̃glisist/ **NMF** *(= étudiant)* student of English *(language and civilization)*; *(= spécialiste)* anglicist, English specialist

**anglo-** /ɑ̃glo/ **PRÉF** anglo- ◆ ~**irlandais** Anglo-Irish

**anglo-américain** (pl **anglo-américains**) /ɑ̃gloameʀikɛ̃/ **ADJ** Anglo-American **NM** *(Ling)* American English **NM,F Anglo-Américain(e)** Anglo-American

**anglo-arabe** (pl **anglo-arabes**) /ɑ̃gloaʀab/ **ADJ, NM** *(= cheval)* Anglo-Arab

**anglo-canadien, -ienne** (mpl **anglo-canadiens**) /ɑ̃glokanadjɛ̃, jɛn/ **ADJ** Anglo-Canadian **NM** *(Ling)* Canadian English **NM,F Anglo-Canadien(ne)** English Canadian

**anglomane** /ɑ̃glɔman/ **NMF** anglomaniac

**anglomanie** /ɑ̃glɔmani/ **NF** anglomania

**anglo-normand, e** (mpl **anglo-normands**) /ɑ̃glonɔʀmɑ̃, ɑd/ **ADJ** Anglo-Norman; → **île NM** a *(Ling)* Anglo-Norman, Norman French b *(= cheval)* Anglo-Norman (horse)

**anglophile** /ɑ̃glɔfil/ **ADJ, NMF** anglophile

**anglophilie** /ɑ̃glɔfili/ **NF** anglophilia

**anglophobe** /ɑ̃glɔfɔb/ **ADJ** anglophobic **NMF** anglophobe

**anglophobie** /ɑ̃glɔfɔbi/ **NF** anglophobia

**anglophone** /ɑ̃glɔfɔn/ **ADJ** *[personne]* English-speaking, Anglophone; *[littérature]* English-language *(épith)*, in English *(attrib)* **NMF** English speaker, Anglophone

**anglo-saxon, -onne** (mpl **anglo-saxons**) /ɑ̃glosaksɔ̃, ɔn/ **ADJ** Anglo-Saxon ◆ **les pays** ~**s** Anglo-Saxon countries **NM** *(Ling)* Anglo-Saxon **NM,F Anglo-Saxon(ne)** Anglo-Saxon

**angoissant, e** /ɑ̃gwasɑ̃, ɑt/ **ADJ** *[situation, silence]* harrowing, agonizing ◆ **nous avons vécu des jours** ~**s** we suffered days of anguish

**angoisse** /ɑ̃gwas/ **NF** a *(NonC, gén, Psych)* anxiety; *(plus forte)* fear ◆ **crises d'**~ anxiety attacks ◆ **l'**~ **métaphysique** *(Philos)* angst ◆ **l'**~ **le saisit** he was overwhelmed by a feeling of anxiety ◆ **plus les examens approchent, plus l'**~ **monte** the closer the exams get the more acute the anxiety becomes ◆ **l'**~ **de la mort** fear of death ◆ **il vivait dans l'**~ he lived in fear ◆ **il vivait dans l'**~ **d'un accident** he lived in dread of an accident, he dreaded an accident ◆ **vivre des jours d'**~ to go through *ou* suffer days of anguish ◆ **c'est l'**~ * it's nerve-racking ◆ **quelle** ~**, ces factures à payer !** * these bills are a terrible worry! b *(= peur)* dread *(NonC)*, fear ◆ **avoir des** ~**s** *(= sensation d'étouffement)* to feel one is suffocating

**angoissé, e** /ɑ̃gwase/ (ptp de **angoisser**) **ADJ** anxious; *(plus fort)* acutely anxious; *[question, silence]* agonized **NM,F** anxious person

**angoisser** /ɑ̃gwase/ ►conjug 1◄ **VT** *(= inquiéter)* to distress, to cause distress to; *(= oppresser)* to choke **VI** *(* = être angoissé)* to be worried sick *

**Angola** /ɑ̃gɔla/ **NM** Angola

**angolais, e** /ɑ̃gɔlɛ, ɛz/ **ADJ** Angolan **NM,F Angolais(e)** Angolan

**angor** /ɑ̃gɔʀ/ **NM** angina ◆ **crise d'**~ attack of angina

**angora** /ɑ̃gɔʀa/ **ADJ, NM** angora

**angstrœm, angström** /aŋstʀœm/ **NM** angstrom (unit)

**anguille** /ɑ̃gij/ **NF** *(Culin, Zool)* eel ◆ ~ **de mer** conger eel ◆ **il m'a filé entre les doigts comme une** ~ he slipped right through my fingers, he wriggled out of my clutches ◆ **il y a** ~ **sous roche** there's something in the wind

**angulaire** /ɑ̃gylɛʀ/ **ADJ** angular; → **pierre**

**anguleux, -euse** /ɑ̃gylø, øz/ **ADJ** *[menton, visage]* angular; *[coude]* bony

**anharmonique** /anaʀmɔnik/ **ADJ** anharmonic

**anhydre** /anidʀ/ **ADJ** anhydrous

**anhydride** /anidʀid/ **NM** anhydride

**anicroche** * /anikʀɔʃ/ **NF** hitch, snag ◆ **sans** ~**s** *[se passer]* smoothly, without a hitch

**ânier, -ière** /ɑnje, jɛʀ/ **NM,F** donkey-driver

**aniline** /anilin/ **NF** aniline

**animal, e** (mpl **-aux**) /animal, o/ **ADJ** a *[espèce, règne, graisse, vie]* animal *(épith)* ◆ **protéine (d'origine)** ~**e** animal protein b *[force, réaction]* animal *(épith)*; *[sensualité]* raw, animal *(épith)*; → **esprit NM** a *(Zool)* animal ◆ ~ **familier** *ou* **de compagnie** pet ◆ ~ **de laboratoire** laboratory animal ◆ **animaux de boucherie** animals for slaughter b *(* ou péj)* *(= personne brutale)* animal; *(= personne stupide)* silly devil * ◆ **où est parti cet** ~ **?** where did that devil * go?

**animalcule** /animalkyl/ NM animalcule

**animalerie** /animalʀi/ NF *[de laboratoire]* animal house; *(= magasin)* pet shop

**animalier, -ière** /animalje, jɛʀ/ ADJ *[peintre, sculpteur]* animal *(épith)*, wildlife *(épith)*; *[film, photographie]* wildlife *(épith)* ◆ **cinéaste ~** maker of wildlife films; → **parc** NM a *(Art)* painter (*ou* sculptor) of animals, animal painter (*ou* sculptor) b *[de laboratoire]* animal keeper

**animalité** /animalite/ NF animality

**animateur, -trice** /animatœʀ, tʀis/ NM,F a *(= professionnel) [de spectacle, émission de jeux]* host, compere *(Brit)*, emcee *(US)*; *[d'émission culturelle]* presenter; *[de music-hall]* compere *(Brit)*, emcee *(US)*; *[de discothèque]* disc jockey, DJ; *[de club]* leader, sponsor *(US)*; *[de camp de vacances]* activity leader, camp counselor *(US)* ◆ **~ (de) radio** radio presenter b *(= personne dynamique)* **c'est un ~ né** he's a born organizer ◆ **l'~ de cette entreprise** the driving force behind *ou* the prime mover in this undertaking ◆ **ce poste requiert des qualités d'~ d'équipe** this post requires leadership qualities c *(Ciné = technicien)* animator

> ⚠ **animateur** *se traduit par le mot anglais* **animator** *uniquement au sens de 'auteur de dessins animés'.*

**animation** /animasjɔ̃/ NF a *(= vie) [de quartier, regard, personne]* life, liveliness; *[de discussion]* animation, liveliness; *(= affairement) [de rue, quartier, bureau]* (hustle and) bustle ◆ **son arrivée provoqua une grande ~** his arrival caused a great deal of excitement ◆ **parler avec ~** to talk animatedly ◆ **mettre de l'~** to liven things up ◆ **mettre de l'~ dans une soirée** to liven up a party

b *(= activités)* activities ◆ **chargé de l'~ culturelle/sportive** in charge of cultural/sports activities; → **centre**

c *[d'équipe, groupe de travail]* leadership ◆ **l'~ d'une équipe** the leadership of a team ◆ **il veut un métier en relation avec l'~ des jeunes** he wants a job involving youth leadership ◆ **les cadres ont un rôle d'~** a manager's role is to lead

d *(Ciné)* animation ◆ **comme on le voit sur l'~ satellite** *(Mét)* as we can see from the satellite picture ◆ **l'~ en 3D** 3D animation ◆ **une ~ montée à partir d'une série d'images fixes** a film made from a series of stills; → **cinéma, film**

**animé, e** /anime/ (ptp de **animer**) ADJ a *[rue, quartier] (= affairé)* busy; *(= plein de vie)* lively; *[regard, visage]* lively; *[discussion]* animated, lively; *(Comm) [enchères, marché]* brisk b *(Ling, Philos)* animate

**animer** /anime/ ▸ conjug 1 ◂ VT a *(= mener) [+ spectacle, émission de jeux]* to host, to compere *(Brit)*, to emcee *(US)*; *[+ émission culturelle]* to present; *[+ discussion]* to lead; *[+ réunion]* to run, to lead

b *(= dynamiser, motiver) [+ parti]* to be the driving force in; *[+ équipe]* to lead

c *(= donner de la vie à) [+ ville, soirée, conversation]* to liven up; *[+ visage]* to animate, to light up; *[+ peinture, statue]* to bring to life; *(Philos) [+ nature, matière]* to animate ◆ **l'enthousiasme qui animait son regard** the enthusiasm which shone in his eyes ◆ **les meilleurs joueurs seront présents, ce qui va ~ le tournoi** the top players will be there, which will make for an exciting tournament

d *(= stimuler) [haine, désir]* to drive (on); *[foi]* to sustain; *[espoir]* to nourish, to sustain ◆ **animé par** *ou* **de** *[+ volonté]* driven (on) by; *[+ désir]* prompted by ◆ **animé des meilleures intentions** motivated by the best intentions ◆ **~ le marché** *(Bourse)* to stimulate the market ◆ **le patriotisme qui animait les soldats** the sense of patriotism that spurred the soldiers on

e *(surtout au passif = mouvoir)* **l'objet est animé d'un mouvement de rotation** the object rotates ◆ **le balancier était animé d'un mouvement régulier** the pendulum was moving in a steady rhythm *ou* swinging steadily

VPR **s'animer** *[personne, rue]* to come to life, to liven up; *[statue]* to come to life; *[conversation]* to become animated, to liven up; *[foule, objet inanimé]* to come to life; *[match]* to liven up; *[yeux, traits]* to light up ◆ **les machines semblaient s'~ d'une vie propre** the machines seemed to have a life of their own

**animisme** /animism/ NM animism

**animiste** /animist/ ADJ *[théorie]* animist(ic); *[société, population]* animist NMF animist

**animosité** /animozite/ NF *(= hostilité)* animosity (*contre* towards, against)

**anion** /anjɔ̃/ NM anion

**anis** /ani(s)/ NM *(= plante)* anise; *(Culin)* aniseed; *(= bonbon)* aniseed ball ◆ **~ étoilé** star anise ◆ **à l'~** aniseed *(épith)*

**aniser** /anize/ ▸ conjug 1 ◂ VT to flavour with aniseed ◆ **goût anisé** taste of aniseed

**anisette** /anizɛt/ NF anisette

**Ankara** /ɑ̃kaʀa/ N Ankara

**ankylose** /ɑ̃kiloz/ NF ankylosis

**ankyloser** /ɑ̃kiloze/ ▸ conjug 1 ◂ VT to stiffen, to ankylose *(SPÉC)* ◆ **être tout ankylosé** to be stiff all over ◆ **mon bras ankylosé** my stiff arm ◆ **cette routine qui nous ankylose** this mind-numbing routine VPR **s'ankyloser** *[membre]* to stiffen up, to ankylose *(SPÉC)*; *[institution]* to be stagnating; *[esprit]* to become stultified *ou* dulled

**annales** /anal/ NFPL annals ◆ **ça restera dans les ~** * that'll go down in history *(hum)* ◆ **un cas unique dans les ~ du crime** a case that is unique in the history of crime

**annamite** † /anamit/ ADJ Annamese, Annamite NMF **Annamite** Annamese, Annamite

**Annapurna** /anapuʀna/ NM *(Géog)* Annapurna

**Anne** /an/ NF Ann, Anne ◆ **~ d'Autriche** Anne of Austria ◆ **~ Boleyn** Anne Boleyn ◆ **~ de Bretagne** Anne of Brittany

**anneau** (pl **anneaux**) /ano/ NM a *(= cercle, bague)* ring; *(= partie d'une bague)* hoop; *(= boucle d'oreille)* hoop (earring); *[de chaîne]* link; *[de préservatif]* rim ◆ **~ de rideau** curtain ring b *(Algèbre)* ring; *(Géom)* ring, annulus c *[de colonne]* annulet; *[de champignon]* annulus; *[de ver]* segment, metamere *(SPÉC)*; *[de serpent]* coil d *(Sport)* **les ~x** the rings ◆ **exercices aux ~x** ring exercises COMP ▷ **anneaux colorés** *(Opt)* Newton's rings ▷ **anneau de croissance** *[d'arbre]* annual *ou* growth ring ▷ **anneau épiscopal** bishop's ring ▷ **anneau nuptial** wedding ring ▷ **anneau oculaire** *(Opt)* eye ring ▷ **anneaux olympiques** Olympic rings ▷ **anneaux de Saturne** Saturn's rings ▷ **anneau sphérique** *(Géom)* (spherical) annulus *ou* ring ▷ **anneau de vitesse** *(Sport)* race track

**année** /ane/ GRAMMAIRE ACTIVE 50.2

NF a *(= durée)* year ◆ **il y a bien des ~s qu'il est parti** he's been gone for many years, it's many years since he left ◆ **la récolte d'une ~** a *ou* one year's harvest ◆ **tout au long de l'~** the whole year (round), throughout the year ◆ **payé à l'~** paid annually ◆ **en ~ pleine** *(Fin)* in a full year ◆ **les bénéfices en ~ pleine** the full-year profits ◆ **~ de base** *(Fin)* base year

b *(= âge, Scol, Univ)* year ◆ **il est dans sa vingtième ~** he is in his twentieth year ◆ **l'~ universitaire** the academic year ◆ **de première/deuxième ~** *(Scol, Univ)* first-/second-year *(épith)*

c *(= point dans le temps)* year ◆ **les ~s de guerre** the war years ◆ **~ de naissance** year of birth ◆ **les ~s 60** the sixties, the 60s ◆ **en l'~ 700 de notre ère/avant Jésus-Christ** *(littér)* in (the year) 700 AD/BC; → **bon**[1], **souhaiter**

COMP ▷ **année bissextile** leap year ▷ **année budgétaire** financial year ▷ **année calendaire**, **année civile** calendar year ▷ **les années folles** the Roaring Twenties ▷ **année de référence** *(Fin, Jur)* base year ◆ **l'~ de référence 1984** *(Stat)* the 1984 benchmark ▷ **année sainte** Holy Year

**année-lumière** (pl **années-lumière**) /anelymjɛʀ/ NF light year ◆ **à des années-lumière de** *(lit, fig)* light years away from ◆ **c'est à des années-lumière de mes préoccupations** it's the last thing on my mind ◆ **ma sœur et moi sommes à des années-lumière** there's a world of difference between my sister and me

**annelé, e** /an(ə)le/ ADJ ringed; *(Bot, Zool)* annulate; *(Archit)* annulated

**annexe** /anɛks/ GRAMMAIRE ACTIVE 53.2 ADJ a *(= secondaire) [activités, produits, services]* ancillary; *[tâches]* subsidiary; *[considérations]* secondary; *[budget, revenu]* supplementary ◆ **avantages ~s** fringe benefits ◆ **frais ~s** incidental expenses ◆ **effets ~s** side effects ◆ **il fait des travaux ~s** *(pour compléter son salaire)* he does other jobs on the side b *(= attaché) [document]* annexed, appended ◆ **les bâtiments ~s** the annexes NF a *[de document] (= pièces complémentaires)* appendix; *(= pièces additives)* annex(e); *[de contrat] (gén)* rider; *(= liste)* schedule (*de, à* to); ◆ **en ~** in the appendix b *(Constr)* annex(e) c *(= embarcation)* tender, dinghy

**annexer** /anɛkse/ ▸ conjug 1 ◂ VT *[+ territoire]* to annex; *[+ document]* to append, to annex (*à* to) VPR **s'annexer** * *(= s'attribuer) [+ bureau, personne]* to commandeer *(hum)*

**annexion** /anɛksjɔ̃/ NF *(Pol)* annexation

**annexionnisme** /anɛksjɔnism/ NM annexationism

**annexionniste** /anɛksjɔnist/ ADJ, NMF annexationist

**Annibal** /anibal/ NM Hannibal

**annihilation** /aniilasjɔ̃/ NF a *[d'efforts, espoirs, résistance]* destruction; *[de peuple]* annihilation b *(Phys)* annihilation

**annihiler** /aniile/ ▸ conjug 1 ◂ VT *[+ efforts]* to wreck, to destroy; *[+ espoirs]* to dash, to wreck; *[+ résistance]* to wipe out, to destroy; *[+ personne, esprit]* to crush; *[+ peuple]* to annihilate, to wipe out

**anniversaire** /anivɛʀsɛʀ/ GRAMMAIRE ACTIVE 50.3 NM *[de personne]* birthday; *[d'événement, mariage, mort]* anniversary ◆ **bon** *ou* **joyeux ~ !** happy birthday! ◆ **c'est l'~ de leur mariage** it's their (wedding) anniversary ◆ **cadeau/carte d'~** birthday present/card ADJ ◆ **la date** *ou* **le jour ~ de la victoire** the anniversary of the victory

> ⚠ **anniversaire** *se traduit par* **anniversary** *uniquement au sens de 'commémoration'.*

**annonce** /anɔ̃s/ GRAMMAIRE ACTIVE 46.1 NF a *[d'accord, décision, résultat]* announcement ◆ **l'~ officielle des fiançailles** the official announcement of the engagement ◆ **faire une ~** to make an announcement ◆ **à l'~ de cet événement** when the event was announced ◆ **il cherche l'effet d'~** he wants to make an impact ◆ **"annonce personnelle"** "personal message" ◆ **~ judiciaire** *ou* **légale** legal notice

b *(Cartes)* declaration; *(Bridge)* *(gén)* bid; *(finale)* declaration

c *(= publicité)* (newspaper) advertisement; *(pour emploi)* job advertisement ◆ **petites ~s, ~s classées** classified advertisements *ou* ads *, classifieds, small ads * *(Brit)* ◆ **mettre** *ou* **passer une ~ (dans un journal)** to put *ou* place an advertisement in a paper ◆ **journal d'~s** free sheet ◆ **page des petites ~s** *(dans un journal)* classifieds page, small-ads page *(Brit)*

**annoncer** /anɔ̃se/ GRAMMAIRE ACTIVE 51.1 ▸ conjug 3 ◂

**VT** a *(= informer de)* *[+ fait, décision, nouvelle]* to announce (*à* to); ◆ **~ à qn que ...** to tell sb that ..., to announce to sb that ... ◆ **on m'a annoncé par lettre que ...** I was informed *ou* advised by letter that ... ◆ **je lui ai annoncé la nouvelle** *(gén)* I told her the news, I announced the news to her; *(mauvaise nouvelle)* I broke the news to her ◆ **on annonce l'ouverture d'un nouveau magasin** they're advertising the opening of a new shop ◆ **on annonce la sortie prochaine de ce film** the forthcoming release of this film has been announced ◆ **les journaux ont annoncé leur mariage** their marriage has been announced in the papers ◆ **on annonce un grave incendie** a serious fire is reported to have broken out

b *(= prédire)* *[+ pluie, détérioration]* to forecast ◆ **on annonce un ralentissement économique dans les mois à venir** a slowdown in the economy is forecast *ou* predicted for the coming months ◆ **la défaite annoncée du parti** the predicted defeat of the party

c *(= signaler)* *[présage]* to foreshadow, to foretell; *[signe avant-coureur]* to herald; *[sonnerie, pas]* to announce, to herald ◆ **les nuages qui annoncent une tempête** clouds that herald a storm ◆ **ça n'annonce rien de bon** it bodes ill ◆ **ce radoucissement annonce la pluie/le printemps** this warmer weather is a sign that rain/spring is on the way ◆ **la cloche qui annonce la fin des cours** the bell announcing *ou* signalling the end of classes

d *(= introduire)* *[+ personne]* to announce ◆ **il entra sans se faire ~** he went in without being announced *ou* without announcing himself ◆ **qui dois-je ~ ?** what name shall I say?, whom shall I announce?

e *(Cartes)* to declare; *(Bridge)* *(gén)* to bid; *(= demander un contrat)* to declare ◆ **~ la couleur** *(lit)* to declare trumps; *(fig)* to lay one's cards on the table

**VPR** **s'annoncer** a *(= se présenter)* **comment est-ce que ça s'annonce ?** *[situation]* how is it shaping up? *ou* looking? ◆ **le temps s'annonce orageux** the weather looks stormy ◆ **l'année s'annonce excellente** it promises to be an excellent year ◆ **ça s'annonce bien** that looks promising ◆ **le projet s'annonce bien/mal** the project has got off to a good/bad start

b *(= arriver)* *[événement, crise]* to approach ◆ **la révolution qui s'annonçait** the signs of the coming revolution ◆ **l'hiver s'annonçait** winter was on the way

c *[personne]* *(= donner son nom)* to announce o.s. ◆ **annoncez-vous au concierge en arrivant** make yourself known *ou* say who you are to the concierge when you arrive ◆ **il s'annonçait toujours en frappant 3 fois** he always announced himself by knocking 3 times ◆ **tu viens ici quand tu veux, tu n'as pas besoin de t'~** you can come here whenever you like, you don't have to let me know in advance

**annonceur, -euse** /anɔ̃sœʀ, øz/ **NM,F** *(Radio, TV)* announcer **NM** *(= publicité)* advertiser

**annonciateur, -trice** /anɔ̃sjatœʀ, tʀis/ **ADJ** ◆ **signe ~** *[de maladie, crise]* warning sign; *[de catastrophe]* portent; *[d'amélioration, reprise économique]* indication, sign ◆ **~ de** *[+ événement favorable]* heralding; *[+ événement défavorable]* heralding, forewarning ◆ **vent ~ de pluie** wind that heralds rain **NM,F** herald, harbinger *(littér)*

**Annonciation** /anɔ̃sjasjɔ̃/ **NF** ◆ **l'~** *(= événement)* the Annunciation; *(= fête)* Annunciation Day, Lady Day

**annotateur, -trice** /anɔtatœʀ, tʀis/ **NM,F** annotator

**annotation** /anɔtasjɔ̃/ **NF** annotation

**annoter** /anɔte/ ▸ conjug 1 ◂ **VT** to annotate

**annuaire** /anɥɛʀ/ GRAMMAIRE ACTIVE 54.1 **NM** *[d'organisme]* yearbook, annual; *[de téléphone]* (telephone) directory, phone book ◆ **~ électronique** electronic directory ◆ **je ne suis pas dans l'~** I'm ex-directory, I'm not in the phone book

**annualisation** /anɥalizasjɔ̃/ **NF** *[de comptes]* annualization ◆ **l'~ du temps de travail** the calculation of working hours on a yearly basis

**annualiser** /anɥalize/ ▸ conjug 1 ◂ **VT** *(gén)* to make annual; *[+ comptes]* to annualize ◆ **taux annualisé** annualized rate ◆ **travail à temps partiel annualisé** *part-time work where the hours worked are calculated on a yearly basis*

**annualité** /anɥalite/ **NF** *(gén)* yearly recurrence ◆ **l'~ du budget/de l'impôt** yearly budgeting/taxation

**annuel, -elle** /anɥɛl/ **ADJ** annual, yearly; → **plante¹**

**annuellement** /anɥɛlmɑ̃/ **ADV** annually ◆ **les 50 000 tonnes de métal que l'usine produit ~** the 50,000 tonnes of metal the factory produces annually ◆ **les chiffres publiés ~ par l'institut** the figures which the institute publishes annually *ou* once a year ◆ **les 100 millions d'euros alloués ~ au ministère** the 100 million euros that are allocated to the ministry every year *ou* annually

**annuité** /anɥite/ **NF** *(gén)* annual instalment *(Brit)* *ou* installment *(US)*, annual payment; *[de dette]* annual repayment ◆ **avoir toutes ses ~s** *[de pension]* to have (made) all one's years' contributions

**annulable** /anylabl/ **ADJ** annullable, liable to annulment *(attrib)*

**annulaire** /anylɛʀ/ **ADJ** annular, ring-shaped **NM** ring finger, third finger

**annulation** /anylasjɔ̃/ **NF** *[de contrat]* invalidation, nullification; *[de jugement, décision]* quashing; *[d'engagement, réservation, commande]* cancellation; *[d'élection, acte, examen]* nullification; *[de mariage]* annulment ◆ **ils demandent l'~ de leur dette** they are asking for their debt to be cancelled

**annuler** /anyle/ GRAMMAIRE ACTIVE 47.4, 48.3 ▸ conjug 1 ◂ **VT** *[+ contrat]* to invalidate, to void; *[+ jugement, décision]* to quash; *[+ engagement]* to cancel, to call off; *[+ élection, acte, examen]* to nullify, to declare void; *[+ mariage]* to annul; *[+ réservation]* to cancel; *[+ commande]* to cancel, to withdraw; *[+ dette]* to cancel ◆ **le fax annule les distances** fax machines make distance irrelevant **VPR** **s'annuler** *[poussées, efforts]* to cancel each other out

**anoblir** /anɔbliʀ/ ▸ conjug 2 ◂ **VT** to ennoble, to confer a title of nobility on

**anoblissement** /anɔblismɑ̃/ **NM** ennoblement

**anode** /anɔd/ **NF** anode

**anodin, e** /anɔdɛ̃, in/ **ADJ** *[personne]* insignificant; *[détail]* trivial, insignificant; *[propos, remarque]* innocuous, harmless ◆ **ce n'est pas un acte ~** it's not a trivial matter ◆ **dire qch de façon ~e** to say sth blandly ◆ **s'il a dit cela, ce n'est pas ~** if he said that, he meant something by it

**anodique** /anɔdik/ **ADJ** anodic

**anodiser** /anɔdize/ ▸ conjug 1 ◂ **VT** to anodize

**anomal, e** (mpl **-aux**) /anɔmal, o/ **ADJ** *(Gram)* anomalous

**anomalie** /anɔmali/ **NF** *(gén, Astron, Gram)* anomaly; *(Bio)* abnormality; *(Tech)* (technical) fault ◆ **~ chromosomique/génétique** chromosomal/genetic abnormality *ou* defect

**anomie** /anɔmi/ **NF** anomie

**ânon** /ɑnɔ̃/ **NM** *(= petit de l'âne)* ass's foal; *(= petit âne)* little ass *ou* donkey

**anone** /anɔn/ **NF** annona

**ânonnement** /ɑnɔnmɑ̃/ **NM** *(inexpressif)* drone; *(hésitant)* faltering *ou* mumbling (speech)

**ânonner** /ɑnɔne/ ▸ conjug 1 ◂ **VTI** *(de manière inexpressive)* to drone on; *(en hésitant)* to mumble away ◆ **~ sa leçon** to mumble one's way through one's lesson

**anonymat** /anɔnima/ **NM** anonymity ◆ **sous (le) couvert de l'~, sous couvert d'~** anonymously ◆ **garder** *ou* **conserver l'~** to remain anonymous, to preserve one's anonymity ◆ **dans un total ~** in total anonymity ◆ **respecter l'~ de qn** to respect sb's desire for anonymity *ou* desire to remain anonymous

**anonyme** /anɔnim/ **ADJ** *(= sans nom)* *[auteur, interlocuteur, appel, lettre]* anonymous; *[main, voix]* unknown; *(= impersonnel)* *[décor, meubles]* impersonal; → **alcoolique, société**

**anonymement** /anɔnimmɑ̃/ **ADV** anonymously

**anophèle** /anɔfɛl/ **NM** anopheles

**anorak** /anɔʀak/ **NM** anorak

**anorexie** /anɔʀɛksi/ **NF** anorexia ◆ **~ mentale** anorexia nervosa

**anorexigène** /anɔʀɛksiʒɛn/ **ADJ** *[substance, effet]* appetite-suppressing ◆ **médicament ~** appetite suppressant (drug) **NM** appetite suppressant

**anorexique** /anɔʀɛksik/ **ADJ, NMF** anorexic

**anormal, e** (mpl **-aux**) /anɔʀmal, o/ **ADJ** a *(Sci, Méd)* abnormal; *(= insolite)* *[situation]* unusual; *[comportement]* abnormal, unusual ◆ **si vous voyez quelque chose d'~, signalez-le** if you notice anything unusual *ou* irregular, report it b *(= injuste)* unfair ◆ **il est ~ que ...** it isn't right *ou* it's unfair that ... **NM,F** († , *Méd)* abnormal person

**anormalement** /anɔʀmalmɑ̃/ **ADV** *[se développer]* abnormally; *[se conduire, agir]* unusually, abnormally; *[chaud, grand]* unusually, abnormally

**anormalité** /anɔʀmalite/ **NF** abnormality

**anoxie** /anɔksi/ **NF** anoxia

**anoxique** /anɔksik/ **ADJ** anoxic

**ANPE** /aɛnpe/ **NF** (abrév de **Agence nationale pour l'emploi**) → **agence**

**anse** /ɑ̃s/ **NF** *[de panier, tasse]* handle; *(Géog)* cove; *(Anat)* loop, flexura *(SPÉC)* ◆ **~ (de panier)** *(Archit)* basket-handle arch ◆ **faire danser** *ou* **valser l'~ du panier** *(hum)* to make a bit out of the shopping money *

**antagonique** /ɑ̃tagɔnik/ ADJ antagonistic

**antagonisme** /ɑ̃tagɔnism/ NM antagonism

**antagoniste** /ɑ̃tagɔnist/ ADJ *[forces, propositions]* antagonistic; *(Anat) [muscles]* antagonist NMF antagonist

**antalgique** /ɑ̃talʒik/ ADJ, NM analgesic

**antan** /ɑ̃tɑ̃/ NM *(littér)* ◆ **d'~** of yesteryear, of long ago ◆ **ma jeunesse d'~** my long-lost youth ◆ **ma force d'~** my strength of former days ◆ **mes plaisirs d'~** my erstwhile pleasures

**Antananarivo** /ɑ̃tananaʀivo/ N Antananarivo

**Antarctide** /ɑ̃taʀktid/ NF ◆ **l'~** Antarctica

**antarctique** /ɑ̃taʀktik/ ADJ *[région]* Antarctic ◆ **l'océan Antarctique** the Antarctic Ocean NM **Antarctique** ◆ **l'Antarctique** *(= océan)* the Antarctic; *(= continent)* Antarctica

**antécédence** /ɑ̃tesedɑ̃s/ NF antecedence

**antécédent, e** /ɑ̃tesedɑ̃, ɑ̃t/ NM a *(Gram, Math, Philos)* antecedent b *(Méd : surtout pl)* medical *ou* case history ◆ **elle a des ~s d'hypertension artérielle** she has a past *ou* previous history of high blood pressure ◆ **avez-vous des ~s familiaux de maladies cardiaques ?** is there any history of heart disease in your family? NMPL **antécédents** *[de personne]* past *ou* previous history; *[d'affaire]* past *ou* previous history, antecedents ◆ **avoir de bons/mauvais ~s** to have a good/bad previous history ◆ **~s judiciaires** criminal record ◆ **ses ~s politiques** his political background

**antéchrist** /ɑ̃tekʀist/ NM Antichrist

**antécime** /ɑ̃tesim/ NF *[de montagne]* foresummit, subsidiary summit

**antédiluvien, -ienne** /ɑ̃tedilyvjɛ̃, jɛn/ ADJ *(lit, fig)* antediluvian

**anténatal, e** (mpl **s**) /ɑ̃tenatal/ ADJ *(Méd) [diagnostic, examen, dépistage]* antenatal *(épith)*, prenatal *(épith)*

**antenne** /ɑ̃tɛn/ NF a *(= dispositif) (Radio, TV)* aerial *(Brit)*, antenna *(US)*; *[de radar]* antenna

b *(= diffusion) (Radio, TV)* **je donne l'~ à Paris** (we'll go) over to Paris now ◆ **garder l'~** to stay on the air ◆ **quitter l'~** to go off the air ◆ **nous devons bientôt rendre l'~** we have to go back to the studio soon ◆ **je rends l'~ au studio** and now back to the studio ◆ **être à l'~** to be on the air ◆ **passer à l'~** to be on the air ◆ **sur notre ~** on our station ◆ **le concert sera diffusé sur l'~ de France-Musique** the concert will be broadcast on France-Musique ◆ **temps d'~** airtime ◆ **vous avez droit à 2 heures d'~** you are entitled to 2 hours' broadcasting time *ou* airtime ◆ **leur parti est interdit d'~** their party is banned from radio and television, there is a broadcasting ban on their party ◆ **hors ~, le ministre a déclaré que ...** off the air, the minister declared that ...

c *(Zool)* antenna, feeler ◆ **avoir des ~s** *(fig)* to have a sixth sense ◆ **avoir des ~s dans un ministère** *(fig)* to have contacts in a ministry

d *(= unité)* branch; *(Mil = poste avancé)* outpost ◆ **~ médicale** medical unit

e *(Naut = vergue)* lateen yard

COMP ▷ **antenne parabolique** *ou* **satellite** satellite dish, dish antenna *(US)*

> ⚠ *Au sens de 'antenne de radio ou de télévision',* **antenne** *se traduit par* **antenna** *uniquement en anglais américain.*

**antépénultième** /ɑ̃tepenyltjɛm/ ADJ antepenultimate NF antepenultimate syllable, antepenult

**antéposer** /ɑ̃tepoze/ ► conjug 1 ◄ VT to place *ou* put in front of the word ◆ **sujet antéposé** subject placed *ou* put in front of the verb

**antéposition** /ɑ̃tepozisjɔ̃/ NF *(Ling)* anteposition

**antérieur, e** /ɑ̃teʀjœʀ/ ADJ a *(dans le temps) [époque, situation]* previous, earlier ◆ **c'est ~ à la guerre** it was prior to the war ◆ **cette décision était ~e à son départ** that decision was taken prior to his departure ◆ **dans une vie ~e** in a former life b *(dans l'espace) [partie]* front *(épith)* ◆ **membre ~** forelimb ◆ **patte ~e** *[de cheval, vache]* forefoot; *[de chien, chat]* forepaw c *(Ling) [voyelle]* front *(épith)*; → **futur, passé**

**antérieurement** /ɑ̃teʀjœʀmɑ̃/ ADV earlier ◆ **~ à** prior *ou* previous to

**antériorité** /ɑ̃teʀjɔʀite/ NF *[d'événement, phénomène]* precedence; *(Gram)* anteriority

**anthologie** /ɑ̃tɔlɔʒi/ NF anthology; → **morceau**

**anthozoaires** /ɑ̃tozɔɛʀ/ NMPL ◆ **les ~** the Anthozoa

**anthracite** /ɑ̃tʀasit/ NM anthracite ADJ INV dark grey *(Brit) ou* gray *(US)*, charcoal grey *(Brit) ou* gray *(US)*

**anthrax** /ɑ̃tʀaks/ NM *(= tumeur)* carbuncle

**anthropique** /ɑ̃tʀɔpik/ ADJ anthropic

**anthropocentrique** /ɑ̃tʀɔposɑ̃tʀik/ ADJ anthropocentric

**anthropocentrisme** /ɑ̃tʀɔposɑ̃tʀism/ NM anthropocentrism

**anthropoïde** /ɑ̃tʀɔpɔid/ ADJ anthropoid NM anthropoid (ape)

**anthropologie** /ɑ̃tʀɔpɔlɔʒi/ NF anthropology

**anthropologique** /ɑ̃tʀɔpɔlɔʒik/ ADJ anthropological

**anthropologiste** /ɑ̃tʀɔpɔlɔʒist/, **anthropologue** /ɑ̃tʀɔpɔlɔg/ NMF anthropologist

**anthropométrie** /ɑ̃tʀɔpɔmetʀi/ NF anthropometry

**anthropométrique** /ɑ̃tʀɔpɔmetʀik/ ADJ anthropometric(al) ◆ **fiche ~** mugshot

**anthropomorphe** /ɑ̃tʀɔpɔmɔʀf/ ADJ anthropomorphous

**anthropomorphique** /ɑ̃tʀɔpɔmɔʀfik/ ADJ anthropomorphic

**anthropomorphisme** /ɑ̃tʀɔpɔmɔʀfism/ NM anthropomorphism

**anthropomorphiste** /ɑ̃tʀɔpɔmɔʀfist/ ADJ anthropomorphist, anthropomorphic NMF anthropomorphist

**anthroponymie** /ɑ̃tʀɔpɔnimi/ NF *(Ling)* anthroponomy

**anthropophage** /ɑ̃tʀɔpɔfaʒ/ ADJ cannibalistic, cannibal *(épith)*, anthropophagous *(SPÉC)* NMF cannibal, anthropophagite *(SPÉC)*

**anthropophagie** /ɑ̃tʀɔpɔfaʒi/ NF cannibalism, anthropophagy *(SPÉC)*

**anthropopithèque** /ɑ̃tʀɔpɔpitɛk/ NM anthropopithecus

**anthume** /ɑ̃tym/ ADJ *[œuvre]* published during the author's lifetime

**anti** /ɑ̃ti/ PRÉF ◆ **anti(-)** anti- ◆ **~-impérialisme** anti-imperialism ◆ **l'~-art/-théâtre** anti-art/-theatre ◆ **flash ~-yeux rouges** flash with red-eye reduction feature ◆ **loi ~casseur(s)** *law against looting* NM *(hum)* ◆ **le parti des ~s** those who are anti *ou* against, the anti crowd *

**anti-acnéique** /ɑ̃tiakneik/ ADJ *[traitement, préparation]* anti-acne *(épith)*

**antiacridien, -ienne** /ɑ̃tiakʀidjɛ̃, jɛn/ ADJ locust control *(épith)* ◆ **la lutte antiacridienne** the fight to control locusts

**antiadhésif, -ive** /ɑ̃tiadezif, iv/ ADJ *[poêle, revêtement]* non-stick *(épith)*

**antiaérien, -ienne** /ɑ̃tiaeʀjɛ̃, jɛn/ ADJ *[batterie, canon, missile]* anti-aircraft; *[abri]* air-raid *(épith)*

**anti-âge** /ɑ̃tiɑʒ/ ADJ INV anti-ageing

**antialcoolique** /ɑ̃tialkɔlik/ ADJ ◆ **campagne ~** campaign against alcohol ◆ **ligue ~** temperance league

**antiallergique** /ɑ̃tialɛʀʒik/ ADJ anti-allergic NM anti-allergic drug

**antiatomique** /ɑ̃tiatɔmik/ ADJ anti-radiation ◆ **abri ~** fallout shelter

**anti-aveuglant, e** /ɑ̃tiavœglɑ̃, ɑ̃t/ ADJ *(Aut)* anti-dazzle

**anti-avortement** /ɑ̃tiavɔʀtəmɑ̃/ ADJ INV anti-abortion, pro-life

**antibalistique** /ɑ̃tibalistik/ ADJ *[missile]* anti-ballistic

**antibiothérapie** /ɑ̃tibjoteʀapi/ NF antibiotic therapy

**antibiotique** /ɑ̃tibjɔtik/ ADJ, NM antibiotic ◆ **être/mettre sous ~s** to be/put on antibiotics

**antiblocage** /ɑ̃tiblɔkaʒ/ ADJ INV ◆ **système ~ des roues** antilock braking system, ABS

**antibogue** /ɑ̃tibɔg/ ADJ debugging NM debugging tool

**antibois** /ɑ̃tibwɑ/ NM chair-rail

**antibrouillard** /ɑ̃tibʀujaʀ/ ADJ, NM *(Aut)* ◆ **(phare) ~** fog lamp *(Brit)*, fog light *(US)*

**antibruit** /ɑ̃tibʀɥi/ ADJ INV ◆ **mur ~** *(= qui empêche le bruit)* soundproof wall; *(= qui diminue le bruit)* noise-reducing wall ◆ **campagne ~** campaign against noise pollution

**antibuée** /ɑ̃tibɥe/ ADJ INV ◆ **dispositif ~** demister ◆ **bombe/liquide ~** anti-mist spray/liquid

**anticalcaire** /ɑ̃tikalkɛʀ/ ADJ ◆ **poudre ~** water softener NM water softener

**anticancéreux, -euse** /ɑ̃tikɑ̃seʀø, øz/ ADJ cancer *(épith)* ◆ **centre ~** *(= laboratoire)* cancer research centre; *(= hôpital)* cancer hospital ◆ **médicament ~** anti-cancer drug

**anticellulite** /ɑ̃tiselylit/ ADJ INV anti-cellulite *(épith)*

**anticerne** /ɑ̃tisɛʀn/ NM concealer *(to cover shadows under the eyes)*

**antichambre** /ɑ̃tiʃɑ̃bʀ/ NF antechamber, anteroom ◆ **faire ~** † to wait humbly *ou* patiently (for an audience with sb)

**antichar** /ɑ̃tiʃaʀ/ ADJ anti-tank

**antichoc** /ɑ̃tiʃɔk/ ADJ *[montre]* shockproof

**antichute** /ɑ̃tiʃyt/ ADJ INV ◆ **lotion ~** hair restorer

**anticipation** /ɑ̃tisipasjɔ̃/ NF a *(gén, Sport, Fin)* anticipation ◆ **par ~** *[rembourser]* in advance ◆ **paiement par ~** payment in advance *ou* anticipation, advance payment ◆ **était-ce une réponse par ~ ?** was he anticipating the question by giving that reply? b *(Écon)* **~s** expectations ◆ **~s inflationnistes** inflationary expectations c *(futuriste)* **littérature d'~** science fiction ◆ **roman/film d'~** science-fiction *ou* futuristic novel/film d *(Ordin)* look-ahead e *(Mus)* anticipation

**anticipé, e** /ɑ̃tisipe/ (ptp de **anticiper**) ADJ *[élections, retour]* early *(épith)* ◆ **remboursement ~** repayment before due date ◆ **élections ~es** early elections ◆ **retraite ~e** early retirement ◆ **avec mes remerciements ~s** thanking you in advance *ou* in anticipation

**anticiper** /ɑ̃tisipe/ ▸ conjug 1 ◂ VI *(= prévoir, calculer)* to anticipate; *(en imaginant)* to look *ou* think ahead, to anticipate what will happen; *(en racontant)* to jump ahead ◆ **n'anticipons pas** let's not look *ou* think too far ahead, let's not anticipate ◆ **mais j'anticipe !** but I'm getting ahead of myself! VT INDIR **anticiper sur** *[+ récit, rapport]* to anticipate ◆ **~ sur l'avenir** to anticipate the future ◆ **sans vouloir ~ sur ce que je dirai tout à l'heure** without wishing to go into what I shall say later ◆ **il anticipe bien (sur les balles)** *(Sport)* he's got good anticipation VT *(Comm) [+ paiement]* to pay before due, to anticipate; *(Sport)* to anticipate; *[+ avenir, événement, reprise économique]* to anticipate

**anticlérical, e** (mpl **-aux**) /ɑ̃tiklerikal, o/ ADJ anticlerical NM,F anticleric(al)

**anticléricalisme** /ɑ̃tiklerikalism/ NM anticlericalism

**anticlinal, e** (mpl **-aux**) /ɑ̃tiklinal, o/ ADJ, NM anticlinal

**anticoagulant, e** /ɑ̃tikɔagylɑ̃, ɑ̃t/ ADJ, NM anticoagulant

**anticollision** /ɑ̃tikɔlizjɔ̃/ ADJ INV ◆ **système ~** collision avoidance system, anti-collision system

**anticolonialisme** /ɑ̃tikɔlɔnjalism/ NM anticolonialism

**anticolonialiste** /ɑ̃tikɔlɔnjalist/ ADJ, NMF anticolonialist

**anticommunisme** /ɑ̃tikɔmynism/ NM anticommunism

**anticommuniste** /ɑ̃tikɔmynist/ ADJ, NMF anticommunist

**anticonceptionnel, -elle** /ɑ̃tikɔ̃sɛpsjɔnɛl/ ADJ contraceptive ◆ **moyens ~s** contraceptive methods, methods of birth control

**anticonformisme** /ɑ̃tikɔ̃fɔrmism/ NM nonconformism

**anticonformiste** /ɑ̃tikɔ̃fɔrmist/ ADJ, NMF nonconformist

**anticonstitutionnel, -elle** /ɑ̃tikɔ̃stitysjɔnɛl/ ADJ unconstitutional

**anticonstitutionnellement** /ɑ̃tikɔ̃stitysjɔnɛlmɑ̃/ ADV unconstitutionally

**anticorps** /ɑ̃tikɔr/ NM antibody

**anticyclone** /ɑ̃tisiklon/ NM anticyclone

**anticyclonique** /ɑ̃tisiklonik/ ADJ anticyclonic

**antidater** /ɑ̃tidate/ ▸ conjug 1 ◂ VT to put a false date on ◆ **ces documents ont été antidatés** these documents have been given earlier dates

**antidéflagration** /ɑ̃tideflagrasjɔ̃/ ADJ INV ◆ **porte ~** blast-proof door

**antidémarrage** /ɑ̃tidemaraʒ/ ADJ INV *(Aut)* ◆ **dispositif ~** (engine) immobiliser

**antidémocratique** /ɑ̃tidemɔkratik/ ADJ *(= opposé à la démocratie)* antidemocratic; *(= peu démocratique)* undemocratic

**antidépresseur** /ɑ̃tidepresœr/ ADJ M, NM antidepressant

**antidérapant, e** /ɑ̃tiderapɑ̃, ɑ̃t/ ADJ *(Aut)* non-skid; *(Ski)* non-slip

**antidétonant, e** /ɑ̃tidetɔnɑ̃, ɑ̃t/ ADJ, NM anti-knock

**antidiphtérique** /ɑ̃tidifterik/ ADJ *[sérum]* diphtheria *(épith)*

**antidiurétique** /ɑ̃tidjyretik/ ADJ, NM antidiuretic

**antidopage** /ɑ̃tidɔpaʒ/ ADJ *[loi, contrôle]* doping *(épith)*, anti-doping *(épith)* ◆ **subir un contrôle ~** to be dope-tested

**antidote** /ɑ̃tidɔt/ NM *(lit, fig)* antidote *(contre, de* for, against)

**antidouleur** /ɑ̃tidulœr/ ADJ INV *[médicament, traitement]* painkilling *(épith)* ◆ **centre ~** pain control unit NM painkiller

**antidrogue** /ɑ̃tidrɔg/ ADJ INV *[lutte]* against drug abuse; *[campagne]* anti-drug(s) ◆ **brigade ~** drug squad

**antidumping** /ɑ̃tidœmpiŋ/ ADJ INV antidumping

**antiéconomique** /ɑ̃tiekɔnɔmik/ ADJ uneconomical

**antieffraction** /ɑ̃tiefraksjɔ̃/ ADJ *[vitres]* burglar-proof

**antiémétique** /ɑ̃tiemetik/ ADJ, NM antiemetic

**anti-émeute(s)** /ɑ̃tiemøt/ ADJ *[police, brigade, unité]* riot *(épith)*

**antienne** /ɑ̃tjɛn/ NF *(Rel)* antiphony; *(fig littér)* chant, refrain

**antiépileptique** /ɑ̃tiepilɛptik/ ADJ antiepileptic NM antiepileptic drug

**antiesclavagisme** /ɑ̃tiɛsklavaʒism/ NM opposition to slavery; *(Hist US)* abolitionism

**antiesclavagiste** /ɑ̃tiɛsklavaʒist/ ADJ antislavery, opposed to slavery *(attrib)*; *(Hist US)* abolitionist NMF opponent of slavery; *(Hist US)* abolitionist

**anti-européen, -enne** /ɑ̃tiørɔpeɛ̃, ɛn/ ADJ anti-European NM,F anti-European ◆ **les ~s du parti** the anti-European wing of the party

**antifasciste** /ɑ̃tifaʃist/ ADJ, NMF antifascist

**antifongique** /ɑ̃tifɔ̃ʒik/ ADJ, NM antifungal

**anti-g** /ɑ̃tiʒe/ ADJ INV ◆ **combinaison ~** G-suit

**antigang** /ɑ̃tigɑ̃g/ ADJ INV, NM ◆ **la brigade ~, l'~** the (police) commando squad

**antigel** /ɑ̃tiʒɛl/ ADJ INV, NM antifreeze

**antigène** /ɑ̃tiʒɛn/ NM antigen

**antigivrant, e** /ɑ̃tiʒivrɑ̃, ɑ̃t/ ADJ anti-icing *(épith)* NM anti-icer

**Antigone** /ɑ̃tigɔn/ NF Antigone

**antigouvernemental, e** (mpl **-aux**) /ɑ̃tiguvɛrnəmɑ̃tal, o/ ADJ antigovernment(al)

**antigravitationnel, -elle** /ɑ̃tigravitasjɔnɛl/ ADJ antigravity *(épith)*

**antigrippe** /ɑ̃tigrip/ ADJ INV ◆ **vaccin ~** flu vaccine

**antigros** /ɑ̃tigro/ ADJ ◆ **racisme ~** fattism

**Antigua-et-Barbuda** /ɑ̃tigwaebarbyda/ NPL Antigua and Barbuda

**antiguais, e** /ɑ̃tigwɛ, ɛz/ ADJ Antiguan NM,F **Antiguais(e)** Antiguan

**antiguerre** /ɑ̃tigɛr/ ADJ INV antiwar

**antihausse** /ɑ̃tios/ ADJ INV *[mesures]* aimed at curbing price rises, anti-inflation *(épith)*

**antihéros** /ɑ̃tiero/ NM anti-hero

**antihistaminique** /ɑ̃tiistaminik/ ADJ, NM antihistamine

**antihygiénique** /ɑ̃tiiʒjenik/ ADJ unhygienic

**anti-inflammatoire** /ɑ̃tiɛ̃flamatwar/ ADJ, NM anti-inflammatory

**anti-inflationniste** /ɑ̃tiɛ̃flasjɔnist/ ADJ *[mesure]* anti-inflationary, counter-inflationary

**anti-IVG** /ɑ̃tiiveʒe/ ADJ INV *[commando, mouvement]* pro-life

**antijeu** /ɑ̃tiʒø/ NM ◆ **faire de l'~** to be unsporting *ou* unsportsmanlike

**antillais, e** /ɑ̃tijɛ, ɛz/ ADJ West Indian NM,F **Antillais(e)** West Indian

**Antilles** /ɑ̃tij/ NFPL ◆ **les ~** the West Indies ◆ **les Grandes/Petites ~** the Greater/Lesser Antilles ◆ **les ~ françaises** the French West Indies ◆ **la mer des ~** the Caribbean Sea

**antilope** /ɑ̃tilɔp/ NF antelope

**antimatière** /ɑ̃timatjɛr/ NF antimatter

**antimilitarisme** /ɑ̃timilitarism/ NM antimilitarism

**antimilitariste** /ɑ̃timilitarist/ ADJ, NMF antimilitarist

**antimissile** /ɑ̃timisil/ ADJ antimissile

**antimite** /ɑ̃timit/ ADJ (anti-)moth *(épith)* NM mothproofing agent, moth repellent; *(= boules de naphtaline)* mothballs

**antimoine** /ɑ̃timwan/ NM antimony

**antimonarchique** /ɑ̃timɔnarʃik/ ADJ antimonarchist, antimonarchic(al)

**antimonarchiste** /ɑ̃timɔnarʃist/ NMF antimonarchist

**antimondialisation** /ɑ̃timɔ̃djalizasjɔ̃/ NF antiglobalization

**antimondialiste** /ɑ̃timɔ̃djalist/ ADJ, NMF antiglobalist

**antimoustiques** /ɑ̃timustik/ NM INV ◆ **crème ~** mosquito repellent cream

**antimycosique** /ɑ̃timikozik/ ADJ, NM antimycotic

**antinational, e** (mpl **-aux**) /ɑ̃tinasjɔnal, o/ ADJ antinational

**antinazi, e** /ɑ̃tinazi/ ADJ, NM,F anti-Nazi

**antinomie** /ɑ̃tinɔmi/ NF antinomy

**antinomique** /ɑ̃tinɔmik/ ADJ antinomic(al)

**antinucléaire** /ɑ̃tinykleɛr/ ADJ antinuclear ◆ **les (militants) ~s** anti-nuclear campaigners, the anti-nuclear lobby

**Antioche** /ɑ̃tjɔʃ/ N Antioch

**Antiope** /ɑ̃tjɔp/ NF (abrév de **acquisition numérique et télévisualisation d'images organisées en pages d'écriture**) ≈ Videotex ®, Teletext ® *(Brit)*, Ceefax ® *(Brit)*

**antioxydant, e** /ɑ̃tiɔksidɑ̃, ɑ̃t/ ADJ, NM antioxidant

**antipaludéen, -enne** /ɑ̃tipalydeɛ̃, ɛn/ ADJ anti-malarial NM anti-malarial drug

**antipaludique** /ɑ̃tipalydik/ ADJ *[vaccin]* antimalarial ◆ **la lutte ~** the fight against malaria NM anti-malarial drug

**antipape** /ɑ̃tipap/ NM antipope

**antiparasite** /ɑ̃tiparazit/ ADJ anti-interference *(épith)* ◆ **dispositif ~** suppressor

**antiparasiter** /ɑ̃tiparazite/ ▸ conjug 1 ◂ VT to fit a suppressor to

**antiparlementaire** /ɑ̃tiparləmɑ̃tɛr/ ADJ antiparliamentary

**antiparlementarisme** /ɑ̃tiparləmɑ̃tarism/ NM antiparliamentarianism

**antiparticule** /ɑ̃tipartikyl/ NF *(Phys)* antiparticle ◆ **filtre ~s** *(Tech)* dust filter

**antipasti** /ɑ̃tipasti/ NMPL *(Culin)* antipasti

**antipathie** /ɑ̃tipati/ NF antipathy ◆ **l'~ entre ces deux communautés** the hostility *ou* antipathy between the two communities ◆ **avoir de l'~ pour qn** to dislike sb

**antipathique** /ɑ̃tipatik/ ADJ *[personne]* disagreeable, unpleasant; *[endroit]* unpleasant ◆ **il m'est ~** I don't like him, I find him most disagreeable

**antipatriotique** /ɑ̃tipatrijɔtik/ ADJ antipatriotic; *(= peu patriote)* unpatriotic

**antipatriotisme** /ɑ̃tipatrijɔtism/ NM antipatriotism

**antipelliculaire** /ɑ̃tipelikylɛʀ/ ADJ anti-dandruff *(épith)*

**antipersonnel** /ɑ̃tipɛʀsɔnɛl/ ADJ INV anti-personnel

**antiphrase** /ɑ̃tifʀɑz/ NF antiphrasis ◆ **par ~** ironically

**antipode** /ɑ̃tipɔd/ NM *(Géog)* ◆ **les ~s** the antipodes ◆ **être aux ~s** to be on the other side of the world ◆ **votre théorie est aux ~s de la mienne** our theories are poles apart, your theory and mine are at opposite extremes

**antipoétique** /ɑ̃tipɔetik/ ADJ unpoetic

**antipoison** /ɑ̃tipwazɔ̃/ ADJ INV ◆ **centre ~** treatment centre for poisoning cases

**antipoliomyélitique** /ɑ̃tipɔljɔmjelitik/ ADJ ◆ **vaccin ~** polio vaccine

**antipollution** /ɑ̃tipɔlysjɔ̃/ ADJ INV antipollution *(épith)*

**antiprotéase** /ɑ̃tipʀɔteɑz/ ADJ, NF *(Méd)* ◆ **(molécule) ~** protease inhibitor

**antiprotectionniste** /ɑ̃tipʀɔtɛksjɔnist/ ADJ free-trade *(épith)* NMF free trader

**antiprurigineux, -euse** /ɑ̃tipʀyʀiʒinø, øz/ ADJ, NM antipruritic

**antipsychiatrie** /ɑ̃tipsikjatʀi/ NF anti-psychiatry

**antipyrétique** /ɑ̃tipiʀetik/ ADJ antipyretic

**antipyrine** /ɑ̃tipiʀin/ NF antipyrine

**antiquaille** /ɑ̃tikaj/ NF *(péj)* piece of old junk

**antiquaire** /ɑ̃tikɛʀ/ NMF antique dealer

**antique** /ɑ̃tik/ ADJ a *(= de l'Antiquité)* *[vase, objet]* antique, ancient; *[style]* ancient ◆ **objets d'art ~s** antiquities b *(littér = très ancien)* *[coutume, objet]* ancient; *(péj)* *[véhicule, chapeau]* antiquated, ancient NM ◆ **l'~** *(de l'Antiquité)* classical art *ou* style

**antiquité** /ɑ̃tikite/ NF a *(= période)* **l'Antiquité** antiquity ◆ **l'Antiquité grecque/romaine** Greek/Roman antiquity ◆ **dès la plus haute Antiquité** since earliest antiquity, from very ancient times b *(= ancienneté)* antiquity, (great) age ◆ **de toute ~** from the beginning of time, from time immemorial c *(= objet de l'Antiquité)* piece of classical art; *(= objet ancien)* antique ◆ **~s** *(= œuvres de l'Antiquité)* antiquities; *(= meubles anciens)* antiques ◆ **marchand/magasin d'~s** antique dealer/shop

**antirabique** /ɑ̃tiʀabik/ ADJ ◆ **vaccin ~** rabies vaccine

**antirachitique** /ɑ̃tiʀaʃitik/ ADJ antirachitic

**antiracisme** /ɑ̃tiʀasism/ NM antiracism

**antiraciste** /ɑ̃tiʀasist/ ADJ, NMF antiracist, antiracialist *(Brit)*

**antiradar** /ɑ̃tiʀadaʀ/ ADJ *[missile]* anti-radar *(épith)* NM anti-radar missile

**antireflet** /ɑ̃tiʀəflɛ/ ADJ INV *[surface]* non-reflecting; *(Photo)* bloomed

**antireligieux, -ieuse** /ɑ̃tiʀ(ə)liʒjø, jøz/ ADJ antireligious

**antirépublicain, e** /ɑ̃tiʀepyblikɛ̃, ɛn/ ADJ antirepublican

**antirétroviral, e** (mpl **-aux**) /ɑ̃tiʀetʀoviʀal, o/ ADJ antiretroviral NM antiretroviral drug

**antirévolutionnaire** /ɑ̃tiʀevɔlysjɔnɛʀ/ ADJ antirevolutionary

**antirides** /ɑ̃tiʀid/ ADJ anti-wrinkle *(épith)*

**antiroman** /ɑ̃tiʀɔmɑ̃/ NM ◆ **l'~** the antinovel, the anti-roman

**antirouille** /ɑ̃tiʀuj/ ADJ INV anti-rust *(épith)* NM INV rust inhibitor, anti-rust (paint *ou* primer)

**antiroulis** /ɑ̃tiʀuli/ ADJ anti-roll *(épith)*

**antiscorbutique** /ɑ̃tiskɔʀbytik/ ADJ antiscorbutic

**antisèche** /ɑ̃tisɛʃ/ NF *(arg Scol)* crib, cheat sheet* *(US)*

**antiségrégationniste** /ɑ̃tisegʀegasjɔnist/ ADJ antisegregationist

**antisémite** /ɑ̃tisemit/ ADJ anti-Semitic NMF anti-Semite

**antisémitisme** /ɑ̃tisemitism/ NM anti-Semitism

**antisepsie** /ɑ̃tisɛpsi/ NF antisepsis

**antiseptique** /ɑ̃tisɛptik/ ADJ, NM antiseptic

**antisida** /ɑ̃tisida/ ADJ INV *[campagne, vaccin]* against AIDS, AIDS *(épith)*; *[traitement]* for AIDS, AIDS *(épith)*

**antisismique** /ɑ̃tisismik/ ADJ earthquake-proof *(épith)*

**antisocial, e** (mpl **-iaux**) /ɑ̃tisɔsjal, jo/ ADJ *(Pol)* antisocial

**anti-sous-marin, e** /ɑ̃tisumaʀɛ̃, in/ ADJ anti-submarine

**antispasmodique** /ɑ̃tispasmɔdik/ ADJ, NM antispasmodic

**antisportif, -ive** /ɑ̃tispɔʀtif, iv/ ADJ *(opposé au sport)* anti-sport; *(peu élégant)* unsporting, unsportsmanlike

**antistatique** /ɑ̃tistatik/ ADJ, NM antistatic

**antistrophe** /ɑ̃tistʀɔf/ NF antistrophe

**antisubversif, -ive** /ɑ̃tisybvɛʀsif, iv/ ADJ counter-subversive

**antitabac** /ɑ̃titaba/ ADJ INV ◆ **campagne ~** anti-smoking campaign ◆ **loi ~** *law prohibiting smoking in public places*

**antitache(s)** /ɑ̃titaʃ/ ADJ *[traitement]* stain-repellent

**antiterroriste** /ɑ̃titeʀɔʀist/ ADJ antiterrorist

**antitétanique** /ɑ̃titetanik/ ADJ *[sérum]* (anti-)tetanus *(épith)*

**antithèse** /ɑ̃titɛz/ NF *(gén)* antithesis ◆ **c'est l'~ de** *(= le contraire)* it is the opposite of

**antithétique** /ɑ̃titetik/ ADJ antithetic(al)

**antitout*** /ɑ̃titu/ ADJ INV *[personne]* systematically opposed to everything NMF INV person who is systematically opposed to everything

**antitoxine** /ɑ̃titɔksin/ NF antitoxin

**antitoxique** /ɑ̃titɔksik/ ADJ antitoxic

**antitrust** /ɑ̃titʀœst/ ADJ INV *[loi, mesures]* anti-monopoly *(Brit)*, anti-trust *(US)*

**antituberculeux, -euse** /ɑ̃titybɛʀkylø, øz/ ADJ *[sérum]* tuberculosis *(épith)*

**antitumoral, e** (pl **-aux**) /ɑ̃titymɔʀal, o/ ADJ *(Méd)* *[substance, action]* anti-tumour *(épith)* *(Brit)*, anti-tumor *(épith)* *(US)*

**antitussif, -ive** /ɑ̃titysif, iv/ ADJ *[comprimé]* cough *(épith)*, antitussive *(SPÉC)* NM cough mixture, antitussive *(SPÉC)*

**antivariolique** /ɑ̃tivaʀjɔlik/ ADJ ◆ **vaccin ~** smallpox vaccine

**antivénéneux, -euse** /ɑ̃tivenenø, øz/ ADJ antidotal

**antivenimeux, -euse** /ɑ̃tivənimø, øz/ ADJ ◆ **sérum ~, substance antivenimeuse** antivenin, antivenene

**antiviral, e** (mpl **-aux**) /ɑ̃tiviʀal, o/ ADJ, NM antiviral

**antivirus** /ɑ̃tiviʀys/ NM *(Méd)* antiviral drug; *(Ordin)* antivirus

**antivol** /ɑ̃tivɔl/ NM, ADJ INV ◆ **(dispositif) ~** anti-theft device; *[de cycle]* lock; *(sur volant de voiture)* (steering) lock ◆ **mettre un ~ sur son vélo** to put a lock on *ou* to lock one's bike

**antonomase** /ɑ̃tɔnɔmɑz/ NF antonomasia

**antonyme** /ɑ̃tɔnim/ NM antonym

**antonymie** /ɑ̃tɔnimi/ NF antonymy

**antre** /ɑ̃tʀ/ NM *(littér = caverne)* cave; *[d'animal]* den, lair; *(fig)* den; *(Anat)* antrum

**anurie** /anyʀi/ NF anuria

**anus** /anys/ NM anus ◆ **~ artificiel** colostomy

**Anvers** /ɑ̃vɛʀ/ N Antwerp

**anxiété** /ɑ̃ksjete/ NF *(= inquiétude, Méd)* anxiety ◆ **avec ~** anxiously ◆ **être dans l'~** to be very anxious *ou* worried

**anxieusement** /ɑ̃ksjøzmɑ̃/ ADV anxiously

**anxieux, -ieuse** /ɑ̃ksjø, jøz/ ADJ *[personne, regard]* anxious, worried; *[attente]* anxious ◆ **crises anxieuses** *(Méd)* anxiety attacks ◆ **~ de** anxious to NM,F worrier

**anxiogène** /ɑ̃ksjɔʒɛn/ ADJ *[situation, effet]* stressful, anxiety-provoking *(SPÉC)*

**anxiolytique** /ɑ̃ksjɔlitik/ ADJ tranquillizing NM tranquillizer

**AOC** /aose/ NF (abrév de **appellation d'origine contrôlée**) ◆ **fromage/vin ~** AOC cheese/wine *(with a guarantee of origin)*

> **AOC**
>
> AOC is the highest French wine classification. It indicates that the wine meets strict requirements concerning the vineyard of origin, the type of vine grown, the method of production, and the volume of alcohol present. → VDQS

**aoriste** /aɔʀist/ NM aorist

**aorte** /aɔʀt/ NF aorta

**aortique** /aɔʀtik/ ADJ aortic

**août** /u(t)/ NM August; *pour loc voir* **septembre** *et* **quinze**

**aoûtat** /auta/ NM harvest tick *ou* mite *(Brit)*, chigger *(US)*

**aoûtien, -ienne*** /ausjɛ̃, jɛn/ NM,F August holiday-maker *(Brit) ou* vacationer *(US)*

**AP** /ape/ NF (abrév de **Assistance publique**) → **assistance**

**ap.** (abrév de **après**) after ◆ **en 300 ~ J.-C.** in 300 AD

**apache** /apaʃ/ ADJ a *(= indien)* Apache b *(† = canaille)* **il a une allure ~** he has a tough *ou* vicious look (about him) NMF **Apache** Apache ◆ **les Apaches** the Apaches NM *(† = voyou)* ruffian, tough

**apaisant, e** /apɛzɑ̃, ɑ̃t/ ADJ a *(= qui soulage)* *[musique, silence, crème]* soothing b *(= pacificateur)* *[discours]* conciliatory

**apaisement** /apɛzmɑ̃/ NM a *[de passion, désir, soif, faim]* appeasement ◆ **après l'~ de la tempête** once the storm had died down b *(= soulagement)* relief; *(= assurance)* reassurance ◆ **cela lui procura un certain ~** this brought him some relief ◆ **donner des ~s à qn** to reassure sb c *(Pol)* appeasement ◆ **une politique d'~** a policy of appeasement

**apaiser** /apeze/ ► conjug 1 ◄ VT a *[+ personne, foule]* to calm down, to pacify; *[+ animal]* to calm down b *[+ faim]* to appease; *[+ soif]* to slake, to appease; *[+ conscience]* to salve, to soothe; *[+ scrupules]* to allay; *[+ douleur]* to soothe ◆ **pour ~ les esprits** to calm people down VPR **s'apaiser** a *[personne, malade, animal]* to calm *ou* quieten down b *[vacarme, excitation, tempête]* to die down, to subside; *[vagues, douleur]* to die down; *[passion, désir]* to cool; *[soif, faim]* to be assuaged *ou* appeased; *[scrupules]* to be allayed ◆ **sa colère s'est un peu apaisée** he's calmed down a bit

**apanage** /apanaʒ/ NM *(= privilège)* privilege ◆ **être l'~ de qn/qch** to be the privilege *ou* prerogative of sb/sth ◆ **avoir l'~ de qch** to have the sole *ou* exclusive right to sth, to possess sth exclusively ◆ **il croit avoir l'~ du bon sens** he thinks he's the only one with any common sense

**aparté** /apaʀte/ NM *(= entretien)* private conversation *(in a group)*; *(Théât, gén = remarque)* aside ◆ **en ~** in an aside

**apartheid** /apaʀtɛd/ NM apartheid ◆ **politique d'~** apartheid policy

**apathie** /apati/ NF apathy

**apathique** /apatik/ ADJ apathetic

**apathiquement** /apatikmɑ̃/ ADV apathetically

**apatride** /apatʀid/ ADJ stateless NMF stateless person

**APE** /apeə/ NF (abrév de **Assemblée parlementaire européenne**) EP

**APEC** /apɛk/ NF (abrév de **Association pour l'emploi des cadres**) executive employment agency

**Apennin(s)** /apenɛ̃/ NM(PL) ◆ **l'~, les ~s** the Apennines

**aperception** /apɛʀsɛpsjɔ̃/ NF apperception

**apercevoir** /apɛʀsəvwaʀ/ ► conjug 28 ◄ VT **a** *(= voir)* to see; *(brièvement)* to catch sight of, to catch a glimpse of; *(= remarquer)* to notice ◆ **on apercevait au loin un clocher** a church tower could be seen in the distance **b** *(= se rendre compte de)* *[+ danger, contradictions]* to see, to perceive; *[+ difficultés]* to see, to foresee ◆ **si on fait cela, j'aperçois des problèmes** if we do that, I (can) see problems ahead *ou* I (can) foresee problems VPR **s'apercevoir** **a** *(réfléchi) [personnes]* to see *ou* notice each other ◆ **elle s'aperçut dans le miroir** she caught a glimpse *ou* caught sight of herself in the mirror **b** *(= se rendre compte)* **s'~ de** to notice ◆ **s'~ que ...** to notice *ou* realize that ... ◆ **sans s'en ~** without realizing, inadvertently ◆ **ça s'aperçoit à peine** it's hardly noticeable, you can hardly see it

**aperçu** /apɛʀsy/ NM **a** *(= idée générale)* general survey ◆ **~ sommaire** brief survey ◆ **cela vous donnera un bon ~ de ce que vous allez visiter** that will give you a good idea *ou* a general idea of what you are about to visit **b** *(= point de vue personnel)* insight (*sur* into) **c** *(Ordin)* **~ avant impression** print preview

**apéritif, -ive** /apeʀitif, iv/ NM **a** *(= boisson, moment)* apéritif, drink *(taken before lunch or dinner)* ◆ **prendre l'~** to have an apéritif ◆ **venez prendre l'~** come for drinks ◆ **ils sont arrivés à l'~** they came when we were having drinks ◆ **un bon porto ne se boit jamais à l'~** a good port is never drunk as an apéritif ◆ **servir des canapés à l'~** to serve canapés as an appetizer **b** *(fig)* **en guise d'~** as a starter ◆ **en guise d'~, la chaîne a présenté un court métrage de Fellini** as a starter the channel showed a short film by Fellini ADJ *(littér)* ◆ **une boisson apéritive** a drink that stimulates the appetite ◆ **ils firent une promenade apéritive** they went for a walk to work up an appetite

**apéro** * /apeʀo/ NM abrév de **apéritif**

**aperture** /apɛʀtyʀ/ NF *(Ling)* aperture

**apesanteur** /apəzɑ̃tœʀ/ NF weightlessness ◆ **être en (état d')** ~ to be weightless

**à-peu-près** /apøpʀɛ/ NM INV vague approximation ◆ **il est resté dans l'~** he was very vague; → **près**

**apeuré, e** /apœʀe/ ADJ frightened, scared

**apex** /apɛks/ NM *(Astron, Bot, Sci)* apex; *(Ling) [de langue]* apex, tip; *(= accent latin)* macron

**aphasie** /afazi/ NF aphasia

**aphasique** /afazik/ ADJ, NMF aphasic

**aphérèse** /afeʀɛz/ NF aphaeresis

**aphone** /afɔn/ ADJ voiceless, aphonic *(SPÉC)* ◆ **je suis presque ~ d'avoir trop crié** I've nearly lost my voice *ou* I'm hoarse from shouting so much

**aphonie** /afɔni/ NF aphonia

**aphorisme** /afɔʀism/ NM aphorism

**aphrodisiaque** /afʀɔdizjak/ ADJ, NM aphrodisiac

**Aphrodite** /afʀɔdit/ NF Aphrodite

**aphte** /aft/ NM ulcer, aphtha *(SPÉC)* ◆ **~ buccal** mouth ulcer

**aphteux, -euse** /aftø, øz/ ADJ aphthous; → **fièvre**

**api** /api/ → **pomme**

**Apia** /apja/ N Apia

**à-pic** /apik/ NM cliff

**apical, e** (mpl **-aux**) /apikal, o/ ADJ apical ◆ **r ~** trilled r NF **apicale** apical consonant

**apico-alvéolaire** /apikoalveɔlɛʀ/ ADJ, NF apico-alveolar

**apico-dental, e** (mpl **-aux**) /apikodɑ̃tal, o/ ADJ apico-dental NF **apico-dentale** apico-dental

**apicole** /apikɔl/ ADJ beekeeping *(épith)*, apiarian *(SPÉC)*, apicultural *(SPÉC)*

**apiculteur, -trice** /apikyltœʀ, tʀis/ NM,F beekeeper, apiarist *(SPÉC)*, apiculturist *(SPÉC)*

**apiculture** /apikyltyʀ/ NF beekeeping, apiculture *(SPÉC)*

**apitoiement** /apitwamɑ̃/ NM *(= pitié)* pity, compassion

**apitoyer** /apitwaje/ ► conjug 8 ◄ VT to move to pity ◆ **~ qn sur le sort de qn** to make sb feel sorry for sb ◆ **regard/sourire apitoyé** pitying look/smile VPR **s'apitoyer** ◆ **s'~ sur qn** *ou* **le sort de qn** to feel pity for sb, to feel sorry for sb ◆ **s'~ sur son propre sort** to feel sorry for o.s.

**ap. J.-C.** (abrév de **après Jésus-Christ**) AD

**APL** /apeɛl/ NF (abrév de **aide personnalisée au logement**) → **aide¹**

**aplanir** /aplaniʀ/ ► conjug 2 ◄ VT *[+ terrain, surface]* to level; *[+ difficultés]* to smooth away *ou* out, to iron out; *[+ obstacles]* to smooth away VPR **s'aplanir** *[terrain]* to become level ◆ **les difficultés se sont aplanies** the difficulties smoothed themselves out

**aplanissement** /aplanismɑ̃/ NM *[de terrain]* levelling; *[de difficultés]* smoothing away, ironing out; *[d'obstacles]* smoothing away

**aplat** /apla/ NM *(= teinte)* flat tint; *(= surface)* flat, solid (plate)

**aplati, e** /aplati/ (ptp de **aplatir**) ADJ *[forme, objet, nez]* flat ◆ **c'est ~ sur le dessus/à son extrémité** it's flat on top/at one end

**aplatir** /aplatiʀ/ ► conjug 2 ◄ VT *[+ objet]* to flatten; *[+ couture]* to press flat; *[+ cheveux]* to smooth down, to flatten; *[+ pli]* to smooth (out); *[+ surface]* to flatten (out) ◆ **~ qch à coups de marteau** to hammer sth flat ◆ **~ qn** * to flatten sb * ◆ **~ (le ballon** *ou* **un essai)** *(Rugby)* to score a try, to touch down VPR **s'aplatir** **a** *[personne]* **s'~ contre un mur** to flatten o.s. against a wall ◆ **s'~ par terre** *(= s'étendre)* to lie flat on the ground; *( * = tomber)* to fall flat on one's face ◆ **s'~ devant qn** *(= s'humilier)* to crawl to sb, to grovel before sb **b** *[choses] (= devenir plus plat)* to become flatter; *(= être écrasé)* to be flattened *ou* squashed ◆ **s'~ contre** * *(= s'écraser)* to smash against

**aplatissement** /aplatismɑ̃/ NM *(gén)* flattening; *(fig = humiliation)* grovelling ◆ **l'~ de la terre aux pôles** the flattening-out *ou* -off of the earth at the poles

**aplomb** /aplɔ̃/ NM **a** *(= assurance)* composure, (self-)assurance; *(péj = insolence)* nerve *, cheek * *(Brit)* ◆ **garder son ~** to keep one's composure, to remain composed ◆ **perdre son ~** to lose one's composure, to get flustered ◆ **tu ne manques pas d'~ !** you've got a nerve * *ou* a cheek * *(Brit)*!
**b** *(= équilibre)* balance, equilibrium; *(= verticalité)* perpendicularity ◆ **perdre l'~** *ou* **son ~** *[personne]* to lose one's balance ◆ **à l'~ du mur** at the base of the wall

◆ **d'aplomb** *[corps]* steady, balanced; *[bâtiment, mur]* plumb ◆ **se tenir d'~ (sur ses jambes)** to be steady on one's feet ◆ **être d'~** *[objet]* to be balanced *ou* level; *[mur]* to be plumb ◆ **ne pas être d'~** *[mur]* to be out of *ou* off plumb ◆ **mettre** *ou* **poser qch d'~** to straighten sth (up) ◆ **le vase n'est pas (posé) d'~** the vase isn't level ◆ **tu n'as pas l'air d'~** * you look under the weather, you look off-colour * *(Brit)* ◆ **remettre d'~** *[+ bateau]* to right; *[+ entreprise]* to put back on its feet ◆ **ça va te remettre d'~** * that'll put you right *ou* on your feet again ◆ **se remettre d'~** *(après une maladie)* to pick up, to get back on one's feet again ◆ **le soleil tombait d'~** the sun was beating down
**c** *(Équitation)* **~s** stand

**apnée** /apne/ NF apnoea *(Brit)*, apnea *(US)* ◆ **être en ~** to be holding one's breath ◆ **plonger en ~** to dive without any breathing apparatus

**apnéiste** /apneist/ NMF *diver who dives without breathing apparatus*

**apocalypse** /apɔkalips/ NF *(Rel)* apocalypse ◆ **l'Apocalypse** *(= livre)* (the Book of) Revelation, the Apocalypse ◆ **atmosphère d'~** doom-laden *ou* end-of-the-world atmosphere ◆ **paysage/vision d'~** apocalyptic landscape/vision

**apocalyptique** /apɔkaliptik/ ADJ *(Rel)* apocalyptic; *(fig) [paysage, vision]* apocalyptic

**apocope** /apɔkɔp/ NF apocope

**apocryphe** /apɔkʀif/ ADJ apocryphal, of doubtful authenticity; *(Rel)* Apocryphal NM apocryphal book ◆ **les ~s** the Apocrypha

**apode** /apɔd/ ADJ apodal, apodous NM apodal *ou* apodous amphibian ◆ **les ~s** apodal *ou* apodous amphibians, the Apoda *(SPÉC)*

**apodictique** /apɔdiktik/ ADJ apodictic

**apogée** /apɔʒe/ NM **a** *(Astron)* apogee **b** *(fig) [de carrière]* peak, height; *[d'art, mouvement]* peak, zenith ◆ **être à son ~** *[carrière]* to reach its peak; *[art, mouvement]* to reach its peak ◆ **artiste à son ~** artist at his (*ou* her) peak ◆ **à l'~ de sa gloire/carrière** at the height of his (*ou* her) fame/career

**apolitique** /apɔlitik/ ADJ *(= indifférent)* apolitical, unpolitical; *(= indépendant)* non-political

**apolitisme** /apɔlitism/ NM *(= indifférence)* apolitical *ou* unpolitical attitude; *(= indépendance)* non-political stand; *[d'organisme]* non-political character

**apollon** /apɔlɔ̃/ NM **a** *(Myth)* **Apollon** Apollo **b** *(= homme)* Apollo, Greek god **c** *(= papillon)* apollo

**apologétique** /apɔlɔʒetik/ ADJ *(Philos, Rel)* apologetic NF apologetics *(sg)*

**apologie** /apɔlɔʒi/ NF a (= *défense*) apology, apologia ◆ **faire l'~ de** (*gén*) to try and justify; (*Jur*) to vindicate b (= *éloge*) praise ◆ **faire l'~ de** to praise, to speak (very) highly of

**apologiste** /apɔlɔʒist/ NMF apologist

**apologue** /apɔlɔg/ NM apologue

**apophyse** /apɔfiz/ NF apophysis

**apoplectique** /apɔplɛktik/ ADJ apoplectic

**apoplexie** /apɔplɛksi/ NF apoplexy ◆ **attaque d'~** stroke, apoplectic fit

**apoptose** /apɔptoz/ NF apoptosis

**aporie** /apɔʀi/ NF aporia

**apostasie** /apɔstazi/ NF apostasy

**apostasier** /apɔstazje/ ▸ conjug 7 ◂ VI to apostatize, to renounce the faith

**apostat, e** /apɔsta, at/ ADJ, NM,F apostate, renegade

**a posteriori** /apɔsteʀjɔʀi/ LOC ADV, LOC ADJ (*Philos*) a posteriori; (*gén*) after the event ◆ **il est facile, ~, de dire que ...** it is easy enough, after the event *ou* with hindsight, to say that ...

**apostille** /apɔstij/ NF apostil

**apostiller** /apɔstije/ ▸ conjug 1 ◂ VT to add an apostil to

**apostolat** /apɔstɔla/ NM (*Bible*) apostolate, discipleship; (= *prosélytisme*) ministry ◆ **il est chargé de l'~ des laïcs** he is responsible for the lay ministry ◆ **c'est une nouvelle forme d'~** it is a new type of ministry ◆ **ce métier est un ~** this job has to be a vocation

**apostolique** /apɔstɔlik/ ADJ apostolic; → **nonce**

**apostrophe**[1] /apɔstʀɔf/ NF (*Rhétorique*) apostrophe; (= *interpellation*) rude remark (*shouted at sb*) ◆ **mot mis en ~** word used in apostrophe ◆ **lancer des ~s à qn** to shout rude remarks at sb

**apostrophe**[2] /apɔstʀɔf/ NF (*Gram*) apostrophe

**apostropher** /apɔstʀɔfe/ ▸ conjug 1 ◂ VT (= *interpeller*) to shout at, to address sharply VPR **s'apostropher** to shout at each other ◆ **les deux automobilistes s'apostrophèrent violemment** the two motorists hurled abuse at each other

**apothème** /apɔtɛm/ NM apothem

**apothéose** /apɔteoz/ NF a (= *consécration*) apotheosis ◆ **cette nomination est pour lui une ~** this appointment is a supreme honour for him ◆ **les tragédies de Racine sont l'~ de l'art classique** Racine's tragedies are the apotheosis *ou* pinnacle of classical art ◆ **ça a été l'~ !** (*iro*) that was the last straw! b (*gén, Théât = bouquet*) grand finale ◆ **finir dans une ~** to end in a blaze of glory c (*Antiq = déification*) apotheosis

**apothicaire** †† /apɔtikɛʀ/ NM apothecary † ◆ **des comptes d'~** complicated calculations

**apôtre** /apotʀ/ NM a (*Rel*) apostle ◆ **faire le bon ~** to take a holier-than-thou attitude * b (= *porte-parole*) advocate, apostle ◆ **se faire l'~ de** to make o.s. the advocate *ou* apostle of

**Appalaches** /apalaʃ/ NMPL ◆ **les (monts) ~** the Appalachian Mountains, the Appalachians

**appalachien, -ienne** /apalaʃjɛ̃, jɛn/ ADJ Appalachian

**apparaître** /apaʀɛtʀ/ ▸ conjug 57 ◂ VI a (= *se montrer*) [*jour, personne, fantôme*] to appear (*à* to); [*difficulté, vérité*] to appear, to come to light; [*signes, obstacles*] to appear; [*fièvre, boutons*] to break out ◆ **la vérité lui apparut soudain** the truth suddenly dawned on him ◆ **la silhouette qui apparaît/les problèmes qui apparaissent à l'horizon** the figure/the problems looming on the horizon b (= *sembler*) to seem, to appear (*à* to); ◆ **ces remarques m'apparaissent fort judicieuses** these comments seem *ou* sound very wise to me ◆ **je dois t'~ comme un monstre** I must seem like a monster to you VB IMPERS ◆ **il apparaît que ...** it appears *ou* turns out that ...

**apparat** /apaʀa/ NM a (= *pompe*) pomp ◆ **d'~** [*dîner, habit, discours*] ceremonial ◆ **en grand ~** (*pompe*) with great pomp and ceremony; (*habits*) in full regalia ◆ **sans ~** [*réception*] unpretentious b (*Littérat*) **~ critique** critical apparatus, apparatus criticus

**apparatchik** /apaʀatʃik/ NM apparatchik

**appareil** /apaʀɛj/ GRAMMAIRE ACTIVE 54.2, 54.3, 54.4

NM a (= *machine, instrument*) (*gén*) piece of apparatus, device; (*électrique, ménager*) appliance; (*Radio, TV = poste*) set; (*Photo*) camera

b (= *téléphone*) (tele)phone ◆ **qui est à l'~ ?** who's speaking? ◆ **Paul à l'~** Paul speaking

c (*Aviat*) aircraft (*inv*)

d (*Méd*) appliance; (*pour fracture*) splint; (*auditif*) hearing aid; (*de contention dentaire*) brace; (* = *dentier*) dentures, plate

e (*Anat*) apparatus, system ◆ **~ digestif/respiratoire/urogénital** digestive/respiratory/urogenital apparatus *ou* system ◆ **~ phonatoire** vocal apparatus *ou* organs

f (= *structures*) apparatus, machinery ◆ **l'~ policier/du parti** the police/the party apparatus *ou* machinery ◆ **l'~ législatif** *ou* **des lois** the legal apparatus *ou* machinery ◆ **l'~ industriel/militaire/productif** the industrial/military/production apparatus

g (*littér*) (= *dehors fastueux*) air of pomp; (= *cérémonie fastueuse*) ceremony ◆ **l'~ magnifique de la royauté** the opulent trappings of royalty; → **simple**

h (*Archit = agencement*) bond

i (*Gym*) **~s** apparatus (*sg*) ◆ **exercices aux ~s** exercises on the apparatus, apparatus work

j (*Culin = préparation*) mixture

COMP ▷ **appareil critique** (*Littérat*) critical apparatus, apparatus criticus ▷ **appareil électroménager** household *ou* domestic appliance ▷ **appareil de levage** lifting appliance, hoist ▷ **appareil de mesure** measuring device ▷ **appareil orthopédique** orthopaedic (*Brit*) *ou* orthopedic (*US*) appliance ▷ **appareil photo, appareil photographique** camera ▷ **appareil à sous** † (= *distributeur*) vending machine; (= *jeu*) slot machine, fruit machine (*Brit*)

**appareillage** /apaʀɛjaʒ/ NM a (*Naut*) (= *départ*) casting off, getting under way; (= *manœuvres*) preparations for casting off *ou* getting under way b (= *équipement*) equipment ◆ **~ électrique** electrical equipment c [*d'handicapé*] fitting with a prosthesis; [*de sourd*] fitting with a hearing aid d (*Archit*) (= *agencement*) bonding; (= *taille*) dressing

**appareiller** /apaʀeje/ ▸ conjug 1 ◂ VI (*Naut*) to cast off, to get under way VT a (*Naut*) [*+ navire*] to rig, to fit out b (*Archit*) (= *agencer*) to bond; (= *tailler*) to dress c [*+ handicapé*] to fit with a prosthesis; [*+ sourd*] to fit with a hearing aid d (= *coupler*) to pair; (= *assortir*) to match up; (= *accoupler*) to mate (*avec* with)

**apparemment** /apaʀamɑ̃/ ADV (= *de toute évidence*) apparently; (= *en surface*) seemingly ◆ **théories ~ contradictoires** seemingly contradictory theories ◆ **remarques ~ insignifiantes** seemingly trivial remarks ◆ **il va mieux ? – ~** is he any better? — apparently

**apparence** /apaʀɑ̃s/ NF a (= *aspect*) [*de maison, personne*] appearance, aspect ◆ **~ physique** physical appearance ◆ **bâtiment de belle ~** fine-looking building ◆ **il a une ~ négligée** he looks shabby ◆ **homme d'~** *ou* **à l'~ sévère** severe-looking man ◆ **quelques fermes d'~ prospère** some farms that appeared prosperous, some prosperous-looking farms

b (= *déguisement*) appearance ◆ **sous cette ~ souriante** beneath that smiling exterior ◆ **sous l'~ de la générosité** under the guise of generosity ◆ **ce n'est qu'une (fausse) ~** it's a mere façade

c ◆ **les ~s** appearances ◆ **les ~s sont contre lui** appearances are against him ◆ **il ne faut pas se fier aux ~s** don't be fooled *ou* deceived by appearances ◆ **tu te fies trop aux ~s** you rely too much on appearances ◆ **sauver les ~s** to keep up appearances ◆ **comme ça, les ~s sont sauves** that way, nobody loses face

d (= *semblant, vestige*) semblance ◆ **une ~ de liberté** a semblance of freedom

e (*Philos*) appearance

f (*loc*) **malgré l'~** *ou* **les ~s** in spite of appearances ◆ **contre toute ~** against all expectations ◆ **selon toute ~, il s'agit d'un suicide** it would appear *ou* seem that it was suicide, there is every indication that it was suicide

◆ **en apparence** ◆ **en ~, leurs critiques semblent justifiées** on the face of it, their criticism seems justified ◆ **une remarque en ~ pertinente** an apparently *ou* a seemingly relevant remark ◆ **les gens sont rassurés, au moins en ~** people are reassured, at least they seem to be *ou* at least on the face of it ◆ **ce problème n'est facile qu'en ~** this problem only appears to be easy ◆ **ce n'est qu'en ~ qu'il est heureux** it's only on the surface *ou* outwardly that he's happy

**apparent, e** /apaʀɑ̃, ɑ̃t/ ADJ a (= *visible*) [*appréhension, gêne*] obvious, noticeable; [*ruse*] obvious ◆ **de façon ~e** visibly, conspicuously ◆ **sans raison/cause ~e** without apparent *ou* obvious reason/cause ◆ **plafond avec poutres ~es** ceiling with exposed beams ◆ **coutures ~es** topstitched seams b (= *superficiel*) [*solidité, causes*] apparent (*épith*) ◆ **ces contradictions ne sont qu'~es** these are only outward *ou* surface discrepancies c (= *trompeur*) [*bonhomie, naïveté*] seeming, apparent ◆ **sous son ~e gentillesse** beneath his kind-hearted façade

**apparenté, e** /apaʀɑ̃te/ (ptp de **apparenter**) ADJ (= *de la même famille*) related; (= *semblable*) similar (*à* to); ◆ **~ (au parti) socialiste** (*Pol*) in alliance with the Socialists ◆ **les libéraux et ~s** the Liberals and their electoral allies

**apparentement** /apaʀɑ̃tmɑ̃/ NM (*Pol*) grouping of electoral lists (*in proportional representation system*)

**apparenter (s')** /apaʀɑ̃te/ ▸ conjug 1 ◂ VPR **s'apparenter à** (*Pol*) to ally o.s. with (*in elections*), (*par mariage*) to marry into; (= *ressembler à*) to be similar to, to have certain similarities to

**appariement** /apaʀimɑ̃/ NM (*littér*) (= *assortiment*) matching; (= *assemblage*) pairing; (= *accouplement*) mating

**apparier** /apaʀje/ ▸ conjug 7 ◂ VT (*littér*) (= *assortir*) to match; (= *coupler*) to pair; (= *accoupler*) to mate

**appariteur** /apaʀitœʀ/ NM (*Univ*) ≈ porter (*Brit*), campus policeman (*US*) ◆ **~ musclé** (*hum*) strong-arm attendant (*hired at times of student unrest*)

**apparition** /apaʀisjɔ̃/ NF a (= *manifestation*) [*d'étoile, symptôme, signe*] appearance; [*de personne*] appearance, arrival; [*de boutons,* *fièvre]* outbreak ◆ **faire son** ~ *[personne]* to make one's appearance, to appear; *[symptômes]* to appear; *[fièvre]* to break out ◆ **il n'a fait qu'une (courte** *ou* **brève)** ~ *(à une réunion)* he only put in *ou* made a brief appearance; *(dans un film)* he only made a brief appearance, he made a cameo appearance ◆ **par ordre d'~ à l'écran** *(dans générique de film)* in order of appearance **b** *(= vision)* apparition; *(= fantôme)* apparition, spectre *(Brit)*, specter *(US)* ◆ **avoir des ~s** to see *ou* have visions

**apparoir** /apaʀwaʀ/ **VB IMPERS** *(frm ou hum)* ◆ **il appert (de ces résultats) que ...** it appears (from these results) that ...

**appartement** /apaʀtəmɑ̃/ **NM** **a** *[de maison, immeuble]* flat *(Brit)*, apartment *(surtout US)*; *[d'hôtel]* suite ◆ **vivre dans un** *ou* **en** ~ to live in a flat *(Brit)* *ou* apartment *(surtout US)*; → **chien, plante**[1] **b** ◆ **~s** *[de château]* apartments ◆ **elle s'est retirée dans ses ~s** *[reine]* she retired to her apartments; *(hum)* she retired to her room *ou* chamber **c** *(* Can = pièce)* room

**appartenance** /apaʀtənɑ̃s/ **NF** *(à une race, une famille, un ensemble)* membership *(à* of); *(à un parti)* adherence *(à* to) membership *(à* of); ◆ **leur sentiment d'~ à cette nation** their sense of belonging to the nation

**appartenir** /apaʀtəniʀ/ ▸ conjug 22 ◂ **VT INDIR appartenir à** **a** *(= être la possession de)* to belong to ◆ **ceci m'appartient** this is mine, this belongs to me ◆ **la maison m'appartient en propre** I'm the sole owner of the house ◆ **pour des raisons qui m'appartiennent** for reasons of my own *ou* which concern me (alone) ◆ **le choix ne m'appartient pas** it isn't for me to choose ◆ **un médecin ne s'appartient pas** a doctor's time *ou* life is not his own **b** *(= faire partie de) [+ famille, race, parti]* to belong to, to be a member of **VB IMPERS** ◆ **il appartient/n'appartient pas au comité de décider si ...** it is up to/not up to the committee to decide if ...

**appas** /apɑ/ **NMPL** *(littér)* charms

**appât** /apɑ/ **NM** *(Pêche)* bait; *(fig)* lure, bait ◆ **mettre un ~ à l'hameçon** to bait one's hook ◆ **l'~ du gain/d'une récompense** the lure of gain/a reward; → **mordre**

**appâter** /apɑte/ ▸ conjug 1 ◂ **VT** *[+ poissons, gibier, personne]* to lure, to entice; *[+ piège, hameçon]* to bait

**appauvrir** /apovʀiʀ/ ▸ conjug 2 ◂ **VT** *[+ personne, sol, langue]* to impoverish; *[+ sang]* to make thin, to weaken **VPR s'appauvrir** *[personne, sol, pays]* to grow poorer, to become (more) impoverished; *[langue]* to become impoverished; *[sang]* to become thin *ou* weak; *[race]* to degenerate

**appauvrissement** /apovʀismɑ̃/ **NM** *[de personne, sol, langue, pays]* impoverishment; *[de sang]* thinning; *[de race]* degeneration ◆ **l'~ de la couche d'ozone** the depletion of the ozone layer ◆ **l'~ culturel et intellectuel** cultural and intellectual decline

**appeau** (pl **appeaux**) /apo/ **NM** *(= instrument)* bird call; *(= oiseau, fig)* decoy ◆ **servir d'~ à qn** to act as a decoy for sb

**appel** /apɛl/ **NM** **a** *(= cri)* call ◆ **accourir à l'~ de qn** to come running in answer to sb's call ◆ **~ à l'aide** *ou* **au secours** call for help ◆ **elle a entendu des ~s** *ou* **des cris d'~** she heard someone calling out, she heard cries ◆ **à son ~, elle se retourna** she turned round when he called ◆ **l'Appel du 18 juin** *(Hist) General de Gaulle's radio appeal to the French people to resist the Nazi occupation*

**b** *(= sollicitation)* call ◆ **dernier ~ pour le vol AF 850** *(dans aéroport)* last call for flight AF 850 ◆ **~ à l'insurrection/aux armes/aux urnes** call to insurrection/to arms/to vote ◆ **lancer un ~ au calme** to appeal *ou* call for calm, to issue an appeal for calm ◆ **à l'~ des syndicats ...** in response to the call of the trade unions ... ◆ **manifestation à l'~ d'une organisation** demonstration called by an organization ◆ **il me fit un ~ du regard** he gave me a meaningful glance ◆ **c'était un ~ du pied** it was an indirect *ou* a veiled appeal ◆ **il a fait un ~ du pied au chef de l'autre parti** he made covert advances to the leader of the other party ◆ **faire un ~ de phares** to flash one's headlights *ou* one's high beams *(US)* ◆ **offre/prix d'~** introductory offer/price ◆ **article** *ou* **produit d'~** loss leader

**c** *(Jur = recours)* appeal *(contre* against, from); ◆ **faire ~ d'un jugement** to appeal against a judgment ◆ **juger en ~/sans ~** to judge on appeal/without appeal; → **cour**

◆ **sans appel** *(fig) [décision]* final; *[décider]* irrevocably

◆ **faire appel** to appeal, to lodge an appeal

◆ **faire appel à** *(= invoquer)* to appeal to; *(= avoir recours à)* to call on, to resort to; *(fig = nécessiter)* to require ◆ **faire ~ au bon sens/à la générosité de qn** to appeal to sb's common sense/generosity ◆ **faire ~ à ses souvenirs** to call up one's memories ◆ **il a dû faire ~ à tout son courage** he had to summon up *ou* muster all his courage ◆ **faire ~ à l'armée** to call in the army ◆ **on a dû faire ~ aux pompiers** they had to call the firemen ◆ **ils ont fait ~ au président pour que ...** they appealed to *ou* called on the president to ... ◆ **ce problème fait ~ à des connaissances qu'il n'a pas** this problem calls for *ou* requires knowledge he hasn't got

**d** *(= voix)* call ◆ **l'~ du devoir/de la religion** the call of duty/of religion ◆ **l'~ de la raison/de sa conscience** the voice of reason/of one's conscience ◆ **l'~ du large** the call of the sea

**e** *(= vérification de présence) (Scol)* register, registration; *(Mil)* roll call ◆ **absent/présent à l'~** *(Scol)* absent/present (for the register *ou* at registration); *(Mil)* absent/present at roll call ◆ **manquer à l'~** *[élève, militaire]* to be absent at roll call; *[chose, personne]* to be missing ◆ **l'~ des causes** *(Jur)* the reading of the roll of cases *(to be heard)*; → **cahier, manquer, numéro**

◆ **faire l'appel** *(Scol)* to take the register *(Brit)*, to take attendance *(US)*; *(Mil)* to call the roll ◆ **faire l'~ nominal des candidats** to call out the candidates' names

**f** *(Mil = mobilisation)* call-up ◆ **~ de la classe 1995** 1995 call-up, call-up of the class of 1995; → **devancer**

**g** *(Téléc)* ~ **(téléphonique)** (telephone *ou* phone) call ◆ **un poste avec signal d'~** a phone with call waiting function; → **numéro**

**h** *(Cartes)* signal *(à* for); ◆ **faire un ~ à pique** to signal for a spade

**i** *(Athlétisme = élan)* take-off ◆ **pied d'~** take-off foot

**j** *(Ordin)* call

**COMP** ▹ **appel d'air** in-draught *(Brit)*, indraft *(US)* ◆ **ça fait ~ d'air** there's a draught *(Brit)* *ou* draft *(US)* ▹ **appel en couverture** *(Bourse)* request for cover ▹ **appel de fonds** call for capital ◆ **faire un ~ de fonds** to call up capital ▹ **appel à maxima** *appeal by prosecution against the harshness of a sentence* ▹ **appel à minima** *appeal by prosecution against the leniency of a sentence* ▹ **appel de note** *(Typo)* footnote reference, reference mark ▹ **appel d'offres** *(Comm)* invitation to tender *ou* bid *(US)* ▹ **appel au peuple** appeal *ou* call to the people ▹ **appel à témoins** call for witnesses

**appelant, e** /ap(ə)lɑ̃, ɑt/ *(Jur)* **ADJ** ◆ **partie ~e** appellant **NM,F** appellant

**appelé** /ap(ə)le/ **NM** *(Mil)* conscript, draftee *(US)*, selectee *(US)* ◆ **il y a beaucoup d'~s et peu d'élus** *(Rel, fig)* many are called but few are chosen

**appeler** /ap(ə)le/ GRAMMAIRE ACTIVE 54
▸ conjug 4 ◂

**VT** **a** *(= interpeller) [+ personne, chien]* to call ◆ **~ le nom de qn** to call out sb's name ◆ **~ qn à l'aide** *ou* **au secours** to call to sb for help ◆ **~ qn (d'un geste) de la main** to beckon (to) sb

**b** *(Téléc) [+ personne]* to phone, to call; *[+ numéro]* to dial

**c** *(= faire venir) (gén)* to call, to summon; *[+ médecin, taxi, police]* to call, to send for; *[+ pompiers]* to call out; *[+ ascenseur]* to call ◆ **~ les fidèles à la prière** to summon *ou* call the faithful to prayer ◆ **~ une classe (sous les drapeaux)** *(Mil)* to call up a class (of recruits) ◆ **Dieu/la République vous appelle** *(frm ou hum)* God/the Republic is calling you ◆ **le devoir m'appelle** *(hum)* duty calls ◆ **le patron l'a fait ~** the boss sent for him ◆ **il a été appelé auprès de sa mère malade** he was called *ou* summoned to his sick mother's side ◆ **~ la colère du ciel sur qn** to call down the wrath of heaven upon sb ◆ **j'appelle la bénédiction de Dieu sur vous** may God bless you

**d** *(Jur)* ~ **une cause** to call (out) a case ◆ **en attendant que notre cause soit appelée** waiting for our case to come up *ou* be called ◆ **~ qn en justice** *ou* **à comparaître** to summon sb before the court

**e** *(= nommer)* to call ◆ **~ qn par son prénom** to call *ou* address sb by their first name ◆ **~ qn Monsieur/Madame** to call sb Sir/Madam ◆ **~ les choses par leur nom** to call things by their rightful name ◆ **~ un chat un chat** to call a spade a spade ◆ **voilà ce que j'appelle écrire !** now that's what I call writing! ◆ **il va se faire ~ Arthur !** * he's going to get a dressing down * *ou* a rollicking * *(Brit)*

**f** *(= désigner)* ~ **qn à** *[+ poste]* to appoint *ou* assign sb to ◆ **être appelé à de hautes/nouvelles fonctions** to be assigned important/new duties ◆ **sa nouvelle fonction l'appelle à jouer un rôle important** his new duties will require him to play an important role ◆ **être appelé à un brillant avenir** to be destined for a brilliant future ◆ **la méthode est appelée à se généraliser** the method looks likely *ou* set to become widely used

**g** *(= réclamer) [situation, conduite]* to call for, to demand ◆ **j'appelle votre attention sur ce problème** I call your attention to this problem ◆ **ses affaires l'appellent à Lyon** he has to go to Lyons on business ◆ **~ qch de ses vœux** to wish for sth

**h** *(= entraîner)* **une lâcheté en appelle une autre** one act of cowardice leads to *ou* begets *(frm)* another ◆ **ceci appelle une réflexion** *ou* **une remarque** this calls for comment

**i** *(Cartes) [+ carte]* to call for

**j** *(Ordin) [+ fichier]* to call (up)

**VI** **a** *(= crier)* ~ **à l'aide** *ou* **au secours** to call for help ◆ **elle appelait, personne ne venait** she called (out) but nobody came

**b** ◆ **en ~ à** to appeal to ◆ **en ~ de** to appeal against ◆ **j'en appelle à votre bon sens** I appeal to your common sense

**VPR** **s'appeler** a (= être nommé) to be called ◆ **il s'appelle Paul** his name is Paul, he's called Paul ◆ **comment s'appelle cet oiseau ?** what's the name of this bird?, what's this bird called? ◆ **comment ça s'appelle en français ?** what's that (called) in French?, what do you call that in French? ◆ **voilà ce qui s'appelle une gaffe/être à l'heure !** now that's what's called a blunder/being on time! ◆ **je te prête ce livre, mais il s'appelle Reviens !** * I'll lend you this book but I want it back! ◆ **elle ne sait plus comment elle s'appelle*** (= désorientée) she's totally confused, she doesn't know what day it is*

b [personnes] to call to each other ◆ **on s'appelle ce soir (au téléphone)** you ring me or I'll ring you this evening ◆ **nous nous appelons par nos prénoms** we're on first-name terms, we call each other by our first names

**appellatif** /apelatif/ **ADJ M, NM** (Ling) ◆ **(nom) ~** appellative

**appellation** /apelasjɔ̃/ **NF** designation, appellation; (littér = mot) term, name ◆ **~ d'origine** label of origin ◆ **~ (d'origine) contrôlée** appellation (d'origine) contrôlée (label guaranteeing the origin of wine and cheese) ◆ **vin d'~** appellation contrôlée wine, wine carrying a guarantee of origin

**appendice** /apɛ̃dis/ **NM** [de livre] appendix; (Anat) (gén) appendage, appendix ◆ **l'~** [d'intestin] the appendix ◆ **~ nasal** (hum) proboscis (hum)

**appendicectomie** /apɛ̃disɛktɔmi/ **NF** appendectomy

**appendicite** /apɛ̃disit/ **NF** appendicitis ◆ **faire de l'~ chronique** to have a grumbling appendix ◆ **avoir une crise d'~** to have appendicitis ◆ **se faire opérer de l'~** to have one's appendix removed

**appendiculaire** /apɛ̃dikylɛʀ/ **ADJ** appendicular **NMPL** **appendiculaires** ◆ **les ~s** appendicularians, the Appendicularia (SPÉC)

**appentis** /apɑ̃ti/ **NM** (= bâtiment) lean-to; (= auvent) penthouse (roof), sloping roof

**appert** /apɛʀ/ → **apparoir**

**appertisé, e** /apɛʀtize/ **ADJ** [denrée] sterilized (in a hermetic container)

**appesantir** /apəzɑ̃tiʀ/ ▸ conjug 2 ◂ **VT** [+ tête, paupières] to weigh down; [+ objet] to make heavier; [+ gestes, pas] to slow (down); [+ esprit] to dull ◆ **~ son bras** ou **autorité sur** (littér) to strengthen one's authority over **VPR** **s'appesantir** [tête] to grow heavier; [gestes, pas] to become slower; [esprit] to grow duller; [autorité] to grow stronger ◆ **s'~ sur un sujet/des détails** to dwell at length on a subject/on details ◆ **inutile de s'~** no need to dwell on that

**appesantissement** /apəzɑ̃tismɑ̃/ **NM** [de démarche] heaviness; [d'esprit] dullness; [d'autorité] strengthening

**appétence** /apetɑ̃s/ **NF** appetence ◆ **avoir de l'~ pour** to have a partiality for, to be partial to

**appétissant, e** /apetisɑ̃, ɑ̃t/ **ADJ** [nourriture] appetizing, mouth-watering; [personne] delectable ◆ **peu ~** unappetizing

**appétit** /apeti/ **NM** a (pour la nourriture) appetite ◆ **avoir de l'~, avoir bon ~, avoir un solide ~** to have a good ou hearty appetite ◆ **bon ~ !** (hôte) bon appétit!; (serveur) enjoy your meal!, enjoy! (US) ◆ **perdre l'~** to lose one's appetite ◆ **il n'a pas d'~** he's got no appetite ◆ **ouvrir l'~ de qn, donner de l'~ à qn, mettre qn en ~** to give sb an appetite ◆ **ce premier essai m'a mis en ~** (fig) this first attempt has given me a taste for it ou has whetted my appetite ◆ **avoir un ~ d'oiseau/d'ogre** to eat like a bird/horse ◆ **manger avec ~** ou **de bon ~** to eat heartily ou with appetite ◆ **manger sans ~** to eat without appetite ◆ **l'~ vient en mangeant** (lit) appetite comes with eating; (fig) you get a taste for it

b (= désir) appetite (de for); ◆ **~ sexuel** sexual appetite

**applaudimètre** /aplodimɛtʀ/ **NM** applause meter, clapometer * (Brit) ◆ **elle a gagné à l'~** she got the loudest ou warmest applause

**applaudir** /aplodiʀ/ ▸ conjug 2 ◂ **VT** to applaud, to clap; (= approuver) to applaud, to commend ◆ **applaudissons notre sympathique gagnant** let's give the winner a big hand **VI** to applaud, to clap ◆ **~ à tout rompre** to bring the house down **VT INDIR** **applaudir à** (littér = approuver) [+ initiative] to applaud, to commend ◆ **~ des deux mains à qch** to approve heartily of sth, to commend sth warmly **VPR** **s'applaudir** (= se réjouir) **je m'applaudis de n'y être pas allé !** I'm congratulating myself ou patting myself on the back for not having gone!

**applaudissement** /aplodismɑ̃/ **NM** a (= acclamations) **~s** applause (NonC), clapping (NonC) ◆ **des ~s nourris éclatèrent** loud applause ou clapping broke out ◆ **sortir sous les ~s** to go off to great applause ◆ **un tonnerre d'~s** thunderous applause b (littér = approbation) approbation, commendation (à of)

**applicabilité** /aplikabilite/ **NF** applicability

**applicable** /aplikabl/ **ADJ** applicable ◆ **être ~ à** [loi] to apply to, to be applicable to ◆ **ce règlement est difficilement ~** this rule is difficult to apply

**applicateur** /aplikatœʀ/ **ADJ M** applicator (épith) **NM** (= dispositif) applicator

**applicatif, -ive** /aplikatif, iv/ **ADJ** ◆ **logiciel ~** application

**application** /aplikasjɔ̃/ **NF** a (= pose) [d'enduit, peinture, pommade] application ◆ **renouveler l'~ tous les jours** apply every day

b (= mise en pratique) (gén) application; [de peine] enforcement; [de règlement, décision] implementation; [de loi] enforcement, application; [de remède] administration; [de recette] use ◆ **mettre en ~** [+ décision] to put into practice, to implement; [+ loi] to enforce, to apply; [+ théorie] to put into practice, to apply ◆ **mise en ~** [de décision] implementation; [de loi] enforcement, application; [de théorie] application ◆ **mesures prises en ~ de la loi** measures taken to enforce ou apply the law ◆ **entrer en ~** to come into force ◆ **champ d'~** area of application

c ◆ **~s** [de théorie, méthode] applications ◆ **les ~s de cette théorie** the (possible) applications of the theory

d (= attention) application ◆ **~ à qch** application to sth ◆ **travailler avec ~** to work diligently, to apply o.s. ◆ **son ~ à faire qch** the zeal with which he does sth

e (Couture) appliqué (work) ◆ **~ de dentelles** appliqué lace ◆ **~ de velours** velvet appliqué

f (Math) mapping

g (Ordin) application (program)

**applique** /aplik/ **NF** (= lampe) wall light; (Couture) appliqué

**appliqué, e** /aplike/ (ptp de **appliquer**) **ADJ** a [personne] industrious, assiduous; [écriture] careful ◆ **bien ~** [baiser] firm; [coup] well-aimed b [linguistique, mathématiques] applied

**appliquer** /aplike/ ▸ conjug 1 ◂ **VT** a (= poser) [+ peinture, revêtement, cataplasme] to apply (sur to); ◆ **~ une échelle sur** ou **contre un mur** to put ou lean a ladder against a wall ◆ **~ son oreille sur** ou **à une porte** to put one's ear to a door

b (= mettre en pratique) (gén) to apply; [+ peine] to enforce; [+ règlement, décision] to implement, to put into practice; [+ loi] to enforce, to apply; [+ remède] to administer; [+ recette] to use ◆ **~ un traitement à une maladie** to apply a treatment to an illness

c (= consacrer) **~ son esprit à l'étude** to apply one's mind to study ◆ **~ tous ses soins à faire qch** to put all one's effort into doing sth

d (= donner) [+ gifle, châtiment] to give; [+ qualificatif] to use ◆ **~ un baiser/sobriquet à qn** to give sb a kiss/nickname ◆ **je lui ai appliqué ma main sur la figure** I struck ou slapped him across the face, I struck ou slapped his face

**VPR** **s'appliquer** a (= coïncider) **s'~ sur** to fit over ◆ **le calque s'applique exactement sur son modèle** the tracing fits exactly over its model

b (= correspondre) **s'~ à** to apply to ◆ **cette remarque ne s'applique pas à vous** this remark doesn't apply to you

c (= s'acharner) **s'~ à faire qch** to make every effort to do sth ◆ **s'~ à l'étude de** to apply o.s. to the study of ◆ **élève qui s'applique** pupil who applies himself

**appog(g)iature** /apɔ(d)ʒjatyʀ/ **NF** appoggiatura

**appoint** /apwɛ̃/ **NM** a (= monnaie) **l'~** the right ou exact change ◆ **faire l'~** to give the right ou exact change ◆ **"prière de faire l'appoint"** (sur pancarte) "exact change only please" b (= complément) (extra) contribution, (extra) help ◆ **salaire d'~** secondary ou extra income ◆ **travail d'~** second job ◆ **radiateur d'~** back-up ou extra heater

**appointements** /apwɛ̃tmɑ̃/ **NMPL** salary

**appointer** /apwɛ̃te/ ▸ conjug 1 ◂ **VT** to pay a salary to ◆ **être appointé à l'année/au mois** to be paid yearly/monthly

**appontage** /apɔ̃taʒ/ **NM** landing (on an aircraft carrier)

**appontement** /apɔ̃tmɑ̃/ **NM** landing stage, wharf

**apponter** /apɔ̃te/ ▸ conjug 1 ◂ **VI** to land (on an aircraft carrier)

**apport** /apɔʀ/ **NM** a (= approvisionnement) [de capitaux] contribution, supply; [de chaleur, air frais, eau potable] supply ◆ **l'~ de devises par le tourisme** the currency that tourism brings in ◆ **leur ~ financier** their financial contribution ◆ **~ personnel** (Fin) personal capital contribution, ≃ deposit (when buying a house) ◆ **l'~ d'alluvions d'une rivière** the alluvia brought ou carried down by a river ◆ **l'~ de** ou **en vitamines d'un aliment** the vitamins provided by ou the vitamin content of a food ◆ **~ calorique** [d'aliment] calorie content ◆ **l'~ calorique quotidien** the daily calorie intake

b (= contribution) contribution ◆ **l'~ de notre civilisation à l'humanité** our civilization's contribution to humanity

c (Jur) **~s** property ◆ **~s en communauté** goods contributed by man and wife to the joint estate ◆ **~s en société** (Fin) capital invested

**apporter** /apɔʀte/ ▸ conjug 1 ◂ **VT** a [+ objet] to bring ◆ **apporte-le-moi** bring it to me ◆ **apporte-le-lui** take it to him ◆ **apporte-le en montant** bring it up with you ◆ **apporte-le en venant** bring it with you (when you come), bring it along ◆ **qui a apporté toute cette boue ?** who brought in all this mud? ◆ **le vent d'ouest nous apporte toutes les fumées d'usine** the west wind blows ou carries all the factory fumes our way ◆ **vent qui apporte la pluie** wind that brings rain b *[+ satisfaction, repos, soulagement]* to bring, to give; *[+ ennuis, argent, nouvelles]* to bring; *[+ preuve, solution]* to supply, to provide ◆ **~ sa contribution à qch** to make one's contribution to sth ◆ **~ des modifications à qch** *[ingénieur]* to make *ou* introduce changes in sth; *[progrès]* to bring about changes in sth ◆ **~ du soin à qch/à faire qch** to exercise care in sth/in doing sth ◆ **~ de l'attention à qch/à faire qch** to bring one's attention to bear on sth/on doing sth ◆ **elle y a apporté toute son énergie** she put all her energy into it ◆ **son livre n'apporte rien de nouveau** his book contributes *ou* says nothing new ◆ **leur enseignement m'a beaucoup apporté** I got a lot out of their teaching ◆ **s'~ beaucoup** *(couple)* to get a lot out of being together

**apposer** /apoze/ ▸ conjug 1 ◂ **VT** *(frm)* *[+ sceau, timbre, plaque]* to affix; *[+ signature]* to append *(frm)*; *(Jur)* *[+ clause]* to insert ◆ **~ les scellés** *(Jur)* to affix the seals *(to prevent unlawful entry)* ◆ **~ une mention sur un produit** to display consumer information on a product

**apposition** /apozisjɔ̃/ **NF** a *(Gram)* apposition ◆ **en ~** in apposition b *[de sceau, timbre, plaque, scellés]* affixing; *[de signature]* appending *(frm)*; *(Jur)* *[de clause]* insertion

**appréciable** /apresjabl/ **ADJ** a *(= évaluable)* noticeable ◆ **la différence était ~** the difference was noticeable b *(= assez important)* appreciable ◆ **un nombre ~ de gens** a good many *ou* a good few people c *(= agréable)* *[qualité, situation]* nice, pleasant ◆ **c'est ~ de pouvoir se lever tard** it's nice to be able to get up late

**appréciateur, -trice** /apresjatœr, tris/ **NM,F** judge, appreciator

**appréciatif, -ive** /apresjatif, iv/ **ADJ** *(= estimatif)* appraising, evaluative; *(= admiratif)* appreciative; → **état**

**appréciation** /apresjasjɔ̃/ **NF** a *(= évaluation)* *[de distance, importance]* estimation, assessment; *(= expertise)* *[d'objet]* valuation ◆ **~ des risques** *(Assurances)* estimation of risks, risk assessment b *(= jugement)* **soumettre qch à l'~ de qn** to ask for sb's assessment of sth ◆ **je laisse cela à votre ~** I leave you to judge for yourself ◆ **commettre une erreur d'~** to be mistaken in one's assessment ◆ **les ~s du professeur sur un élève** the teacher's assessment of a pupil ◆ **"appréciation du professeur"** *(sur livret)* "teacher's comments *ou* remarks" c *(= augmentation)* *[de monnaie]* appreciation

**apprécier** /apresje/ GRAMMAIRE ACTIVE 34.2, 34.3 ▸ conjug 7 ◂

**VT** a *(= aimer)* *[+ qualité]* to value; *[+ repas]* to enjoy ◆ **~ qn** *(= le trouver sympathique)* to like sb; *(= l'estimer)* to value sb ◆ **un plat très apprécié en Chine** a very popular dish in China ◆ **son discours n'a pas été apprécié par la droite** his speech did not go down well with the right ◆ **je n'apprécie guère votre attitude** I don't like your attitude ◆ **il n'a pas apprécié !** he wasn't too happy!

b *(= évaluer)* *[+ distance, importance]* to estimate, to assess; *(= expertiser)* *[+ objet]* to value, to assess the value of ◆ **ils ont visité le site pour ~ la qualité des installations** they visited the site to assess the quality of the facilities

c *(= discerner)* *[+ nuance]* to perceive

**VPR s'apprécier** a *(= s'estimer)* to like each other ◆ **ils s'apprécient beaucoup** they really like each other

b *(Fin)* to rise, to appreciate ◆ **le franc s'est nettement apprécié par rapport au mark** the franc has risen *ou* appreciated sharply against the mark

**appréhender** /apreɑ̃de/ ▸ conjug 1 ◂ **VT** a *(= arrêter)* to apprehend b *(= redouter)* to dread ◆ **~ (de faire) qch** to dread (doing) sth ◆ **~ que ...** to fear that ... c *(= comprendre)* *[+ situation]* to apprehend, to grasp

**appréhensif, -ive** /apreɑ̃sif, iv/ **ADJ** apprehensive, fearful *(de* of*)*

**appréhension** /apreɑ̃sjɔ̃/ **NF** a *(= crainte)* apprehension, anxiety ◆ **envisager qch avec ~** to be apprehensive *ou* anxious about sth ◆ **avoir de l'~** to be apprehensive ◆ **son ~ de l'examen/de l'avenir** his anxiety *ou* fears about the exam/the future b *(= compréhension)* *[de situation, réalité]* apprehension

**apprenant, e** /aprənɑ̃, ɑ̃t/ **NM,F** learner

**apprendre** /aprɑ̃dr/ ▸ conjug 58 ◂ **VT** a *[+ leçon, métier]* to learn ◆ **~ que/à lire/à nager** to learn that/(how) to read/(how) to swim ◆ **~ à se servir de qch** to learn (how) to use sth ◆ **~ à connaître qn** to get to know sb ◆ **il apprend vite** he's a quick learner, he learns quickly ◆ **l'espagnol s'apprend vite** *ou* **facilement** Spanish is easy to learn; → **cœur**

b *[+ nouvelle]* to hear, to learn; *[+ événement, fait]* to hear of, to learn of; *[+ secret]* to be told *(de qn* by sb*)*; ◆ **j'ai appris hier que ...** I heard *ou* learnt yesterday that ... ◆ **j'ai appris son arrivée par des amis/par la radio** I heard of *ou* learnt of his arrival through friends/on the radio ◆ **apprenez que je ne me laisserai pas faire !** be warned that *ou* let me make it quite clear that I won't be trifled with!

c *(= annoncer)* **~ qch à qn** to tell sb (of) sth ◆ **il m'a appris la nouvelle** he told me the news ◆ **il m'apprend à l'instant sa démission/qu'il va partir** he has just told me of his resignation/that he's going to leave ◆ **vous ne m'apprenez rien !** you haven't told me anything new! *ou* anything I don't know already!, that's no news to me!

d *(= enseigner)* **~ qch à qn** to teach sb sth, to teach sth to sb ◆ **~ à qn à faire** to teach sb (how) to do ◆ **il a appris à son chien à obéir/qu'il doit obéir** he taught his dog to obey/that he must obey ◆ **je vais lui ~ à vivre** I'll teach him a thing or two, I'll straighten *ou* sort *(Brit)* him out ◆ **ça lui apprendra (à vivre) !** that'll teach him (a lesson)! ◆ **on n'apprend pas à un vieux singe à faire des grimaces** don't teach your grandmother to suck eggs *(Brit)*

**apprenti, e** /aprɑ̃ti/ **NM,F** *[de métier]* apprentice; *(= débutant)* novice, beginner ◆ **~ conducteur** learner driver *(Brit)*, student driver *(US)* ◆ **~ mécanicien** apprentice *ou* trainee mechanic, mechanic's apprentice ◆ **~ philosophe** *(péj)* novice philosopher ◆ **~ sorcier** sorcerer's apprentice ◆ **jouer à l'~ sorcier** *ou* **aux ~s sorciers** to play God

**apprentissage** /aprɑ̃tisaʒ/ **NM** a *(= formation)* apprenticeship ◆ **mettre qn en ~** to apprentice sb *(chez* to*)*; ◆ **être en ~** to be apprenticed *ou* an apprentice *(chez* to*)*; ◆ **faire son ~** to serve one's apprenticeship, to do one's training *(chez* with*)*; ◆ **faire son ~ de mécanicien** to serve one's apprenticeship as a mechanic ◆ **école** *ou* **centre d'~** training school

b *(= initiation)* **l'~ de l'anglais/ de la lecture/de l'amour** learning English/(how) to read/about love ◆ **l'~ de la patience** learning to be patient, learning patience

◆ **faire l'apprentissage de** *[+ douleur, vie active]* to have one's first experience of, to be initiated into ◆ **le pays fait le difficile ~ de la démocratie** the country is taking its first difficult steps in democracy; → **contrat, taxe**

**apprêt** /aprɛ/ **NM** a *(= opération)* *[de cuir, tissu]* dressing; *[de papier]* finishing; *(Peinture)* sizing, priming b *(= substance)* *[de cuir, tissu]* dressing; *(= peinture)* size, primer ◆ **couche d'~** coat of primer c *(= affectation)* **sans ~** unaffected ◆ **elle est d'une beauté sans ~** she has a kind of natural beauty

**apprêtage** /aprɛtaʒ/ **NM** *[de cuir, tissu]* dressing; *[de papier]* finishing; *[de peinture]* sizing, priming

**apprêté, e** /aprete/ (ptp de **apprêter**) **ADJ** *(= affecté)* *[manière, style]* affected

**apprêter** /aprete/ ▸ conjug 1 ◂ **VT** a *[+ nourriture]* to prepare, to get ready ◆ **~ un enfant/une mariée** *(= habiller)* to get a child/bride ready, to dress a child/bride b *(Tech)* *[+ peau, papier, tissu]* to dress, to finish; *(Peinture)* to size, to prime **VPR s'apprêter** a ◆ **s'~ à qch/à faire qch** *(= se préparer)* to get ready for sth/to do sth, to prepare (o.s.) for sth/to do sth ◆ **nous nous apprêtions à partir** we were getting ready *ou* preparing to leave ◆ **je m'apprêtais à le dire** I was just about to say so b *(= faire sa toilette)* to dress o.s., to prepare o.s.

**apprivoisable** /aprivwazabl/ **ADJ** tameable ◆ **difficilement ~** difficult to tame

**apprivoisé, e** /aprivwaze/ (ptp de **apprivoiser**) **ADJ** tame, tamed

**apprivoisement** /aprivwazmɑ̃/ **NM** *(= action)* taming; *(= état)* tameness

**apprivoiser** /aprivwaze/ ▸ conjug 1 ◂ **VT** *[+ animal, personne difficile]* to tame; *[+ personne timide]* to bring out of his (*ou* her) shell ◆ **je commence tout juste à ~ l'ordinateur** I'm just beginning to get to grips with the computer **VPR s'apprivoiser** *[animal]* to become tame; *[personne difficile]* to become easier to get on with; *[personne timide]* to come out of one's shell

**approbateur, -trice** /aprɔbatœr, tris/ **ADJ** approving ◆ **signe de tête ~** nod of approval, approving nod **NM,F** *(littér)* approver

**approbatif, -ive** /aprɔbatif, iv/ **ADJ** ⇒ **approbateur, -trice**

**approbation** /aprɔbasjɔ̃/ GRAMMAIRE ACTIVE 40.2 **NF** *(= jugement favorable)* approval, approbation; *(= acceptation)* approval ◆ **donner son ~ à un projet** to give one's approval to a project ◆ **ce livre a rencontré l'~ du grand public** this book has been well received by the public ◆ **conduite/travail digne d'~** commendable behaviour/work ◆ **~ des comptes** *(Fin)* approval of the accounts

> ⚠ *Attention à ne pas traduire automatiquement* **approbation** *par le mot anglais* **approbation**, *qui est d'un registre plus soutenu.*

**approchable** /aprɔʃabl/ **ADJ** *[chose]* accessible; *[personne]* approachable ◆ **le ministre est difficilement ~** the minister is rather inaccessible *ou* is not very accessible

**approchant, e** /aprɔʃɑ̃, ɑ̃t/ **ADJ** *[style, genre]* similar *(de* to*)*; *[résultat]* close *(de* to*)*; ◆ **quelque chose d'~** something like that, something similar ◆ **rien d'~** nothing like that

**approche** /aprɔʃ/ **NF** a *(= arrivée)* *[de personne, véhicule, événement]* approach ◆ **à mon ~ il sourit** he smiled as I came up to him ◆ **à l'~ de l'hiver** at the approach of winter, as winter approached ◆ **"(train) à l'approche"** *(dans une gare)* "train now approaching" ◆ **s'enfuir à l'~ du danger** to flee at the first sign of danger ◆ **à l'~** *ou* **aux ~s de la cinquantaine, il ...** as he neared *ou* approached fifty, he ...; → **lunette, travail[1]**

b *(= abord)* **être d'~ difficile** *[personne]* to be unapproachable, to be difficult to approach; *[lieu]* to be inaccessible, to be difficult of access; *[musique, auteur]* to be difficult to understand ◆ **être d'~ aisée** *[personne]* to be approachable, to be easy to approach; *[lieu]* to be (easily) accessible; *[musique, auteur]* to be easy to understand ◆ **manœuvres** *ou* **travaux d'~** *(Mil)* approaches; *(fig)* manoeuvres, manoeuvrings

c *(= parages)* **les ~s de la ville** the area (immediately) surrounding the town ◆ **aux ~s de la ville elle pensa ...** as she neared *ou* approached the town she thought ... ◆ **les ~s de l'île sont dangereuses** the waters around the island are dangerous

d *(= façon d'envisager)* approach ◆ **l'~ de ce problème** the approach to this problem ◆ **ce n'est qu'une ~ sommaire de la question** this is only a brief introduction to the question

e *(Typo) (= espace)* spacing; *(= faute)* spacing error; *(= signe)* close-up mark

f *(Aviat)* **nous sommes en ~ finale** we are on our final approach

g *(Golf)* approach ◆ **coup d'~** approach shot

**approché, e** /apʀɔʃe/ (ptp de **approcher**) ADJ *[résultat, idée]* approximate

**approcher** /apʀɔʃe/ ▸ conjug 1 ◂ VT a *[+ objet]* to put nearer, to move nearer ◆ **~ une table d'une fenêtre** to move a table nearer to a window ◆ **approche ta chaise** bring your chair nearer *ou* closer ◆ **il approcha les deux chaises l'une de l'autre** he moved the two chairs closer together ◆ **il approcha le verre de ses lèvres** he lifted *ou* raised the glass to his lips ◆ **elle approcha son visage du sien** she brought her face close to his

b *[+ personne] (= aller)* to go near, to approach; *(= venir)* to come near, to approach ◆ **ne l'approchez pas !** don't go near him!, keep away from him!

c *(= côtoyer)* to be in contact with; *(= entrer en contact avec)* to approach

VI *[date, saison]* to approach, to draw near; *[personne, orage]* to approach, to come nearer; *[nuit, jour]* to approach, to draw on ◆ **le jour approche où ...** the day is approaching when ... ◆ **approchez, approchez !** come closer! ◆ **approche que je t'examine** come here and let me look at you

VT INDIR **approcher de** *[+ lieu]* to approach, to get closer to ◆ **nous approchons du but** we're getting there ◆ **~ de la perfection** to come close to perfection ◆ **il approche de la cinquantaine** he's approaching *ou* he's getting on for fifty ◆ **l'aiguille du compteur approchait du 80** the needle on the speedometer was approaching *ou* nearing 80

VPR **s'approcher** *(= venir)* to come near, to approach; *(= aller)* to go near, to approach ◆ **il s'est approché pour me parler** he came up to speak to me ◆ **l'enfant s'approcha de moi** the child came up to me ◆ **ne t'approche pas de moi** don't come near me ◆ **s'~ du micro** *(venir)* to come up to the mike; *(se rapprocher)* to get closer *ou* nearer to the mike ◆ **approche-toi !** come here! ◆ **approchez-vous du feu** go and sit (*ou* stand) near the fire ◆ **s'~ de la réalité** to come near to reality

**approfondi, e** /apʀɔfɔ̃di/ (ptp de **approfondir**) ADJ *[connaissances, étude]* thorough, detailed; *[débat]* in-depth

**approfondir** /apʀɔfɔ̃diʀ/ ▸ conjug 2 ◂ VT a *[+ canal, puits]* to deepen, to make deeper b *[+ question, étude]* to go (deeper) into; *[+ connaissances]* to deepen, to increase ◆ **il vaut mieux ne pas ~ le sujet** it's better not to go into the matter too closely ◆ **sans ~** superficially

**approfondissement** /apʀɔfɔ̃dismɑ̃/ NM *[de canal, puits]* deepening *(NonC)*; *[de connaissances]* deepening *(NonC)*, increasing *(NonC)* ◆ **l'~ de cette étude serait souhaitable** it would be a good idea to take this study further

**appropriation** /apʀɔpʀijasjɔ̃/ NF a *(Jur)* appropriation b *(= adaptation)* suitability, appropriateness (*à* to)

**approprié, e** /apʀɔpʀije/ (ptp de **approprier**) ADJ appropriate ◆ **la recherche d'une solution ~e à la crise** the effort to find an appropriate solution to the crisis ◆ **il n'est pas toujours facile de trouver le traitement ~** it's not always easy to find the appropriate *ou* right treatment ◆ **"tout le monde" semble une réponse ~e à cette question** "everybody" seems to be the answer to this question

**approprier** /apʀɔpʀije/ ▸ conjug 7 ◂ VT *(= adapter)* to suit, to adapt (*à* to); ◆ **~ son style à l'auditoire** to suit one's style to one's audience, to adapt one's style to (suit) one's audience VPR **s'approprier** a *(= s'adjuger) [+ bien]* to appropriate; *[+ pouvoir, droit, propriété, découverte]* to take over, to appropriate b *(= s'adapter à)* **s'~ à** to be appropriate to, to suit

**approuver** /apʀuve/ GRAMMAIRE ACTIVE 38.1, 38.2, 40.3, 40.4 ▸ conjug 1 ◂ VT a *(= être d'accord avec) [+ attitude]* to approve of ◆ **il a démissionné et je l'approuve** he resigned, and I agree with him *ou* approve (of his doing so) ◆ **on a besoin de se sentir approuvé** one needs to feel the approval of others ◆ **je n'approuve pas qu'il parte maintenant** I don't approve of his leaving now b *(= avaliser) [+ comptes, médicament, procès-verbal, nomination]* to approve; *[+ projet de loi]* to approve, to pass; *[+ contrat]* to ratify; → **lu**

**approvisionnement** /apʀɔvizjɔnmɑ̃/ NM a *(= action)* supplying (*en, de* of); ◆ **l'~ en légumes de la ville** supplying the town with vegetables ◆ **~s sauvages** panic buying b *(= réserves)* supplies, stock ◆ **il avait tout un ~ de cigarettes** he was well stocked with cigarettes, he had a large stock of cigarettes

**approvisionner** /apʀɔvizjɔne/ ▸ conjug 1 ◂ VT *[+ magasin, commerçant]* to supply (*en, de* with); *[+ compte bancaire]* to pay *ou* put money into; *[+ fusil]* to load ◆ **ils sont bien approvisionnés en fruits** they are well supplied *ou* stocked with fruit VPR **s'approvisionner** to stock up (*en* with) to lay in supplies (*en* of); ◆ **s'~ en bois** to stock up with wood, to get supplies of wood ◆ **je m'approvisionne au supermarché** I shop at the supermarket

**approvisionneur, -euse** /apʀɔvizjɔnœʀ, øz/ NM,F supplier

**approximatif, -ive** /apʀɔksimatif, iv/ ADJ *[calcul, évaluation, traduction]* rough; *[nombre, prix]* approximate; *[termes]* vague ◆ **parler un français ~** to speak broken French

**approximation** /apʀɔksimasjɔ̃/ NF *(gén)* approximation, (rough) estimate; *(Math)* approximation ◆ **par ~s successives** by trial and error

**approximativement** /apʀɔksimativmɑ̃/ ADV *[calculer, évaluer]* roughly; *[compter]* approximately

**appt** (abrév de **appartement**) apt

**appui** /apɥi/ NM a *(lit, fig)* support; *(Alpinisme)* press hold ◆ **prendre ~ sur** *[personne]* to lean on; *(du pied)* to stand on; *[objet]* to rest on ◆ **son pied trouva un ~** he found a foothold ◆ **avoir besoin d'~** to need (some) support ◆ **trouver un ~ chez qn** to receive support from sb ◆ **j'ai cherché un ~ auprès de lui** I turned to him for support ◆ **avoir l'~ de qn** to have sb's support *ou* backing ◆ **il a des ~s au ministère** he has connections in the ministry

◆ **à l'appui** in support of this, to back this up ◆ **avec preuves à l'~** with evidence to prove it ◆ **il m'a expliqué comment faire avec démonstration à l'~** he told me how to do it and backed this up with a demonstration ◆ **à l'~ de son témoignage** in support of his evidence, to back up his evidence; → **barre, point[1]**

b *(Mus) [de voix]* placing ◆ **consonne d'~** *(Poésie)* supporting consonant ◆ **voyelle d'~** support vowel

COMP ▷ **appui aérien** air support ▷ **appui de fenêtre** window ledge ▷ **appui financier** financial support *ou* backing ▷ **appui logistique** logistic backup *ou* support ▷ **appui tactique** tactical support

**appuie-bras** /apɥibʀa/ NM INV armrest

**appuie-main** (pl **appuie-main(s)**) /apɥimɛ̃/ NM maulstick

**appuie-tête** (pl **appuie-tête(s)**) /apɥitɛt/ NM *[de voiture, fauteuil de dentiste]* headrest, head restraint; *[de fauteuil]* antimacassar

**appuyé, e** /apɥije/ (ptp de **appuyer**) ADJ *(= insistant) [regard]* fixed, intent; *[geste]* emphatic; *(= excessif) [politesse]* overdone ◆ **il a rendu un hommage ~ à son collègue** he paid a glowing tribute to his colleague

**appuyer** /apɥije/ GRAMMAIRE ACTIVE 53.2, 53.6 ▸ conjug 8 ◂

VT a *(= poser) [+ objet, coudes, front]* to lean (*contre* against; *sur* on); ◆ **~ une échelle contre un mur** to lean *ou* stand a ladder against a wall ◆ **~ sa main sur l'épaule de qn** to rest one's hand on sb's shoulder

b *(= presser)* to press ◆ **il dut ~ son genou sur la valise pour la fermer** he had to press *ou* push the suitcase down with his knee to close it ◆ **appuie ton doigt sur le pansement** put *ou* press your finger on the dressing

c *(= étayer)* **~ un mur par qch** to support *ou* prop up a wall with sth

d *(= soutenir) [+ personne, candidature, politique]* to support, to back ◆ **il a appuyé sa thèse de documents convaincants** his thesis was well documented ◆ **~ la demande de qn** to support sb's request

e *(Mil) [+ attaque]* to back up ◆ **l'offensive sera appuyée par l'aviation** the offensive will be backed up from the air *ou* given air support

VI a *(= presser sur)* **~ sur** *[+ bouton]* to press, to push; *[+ frein]* to apply, to put one's foot on; *[+ pédales]* to press down on; *[+ levier]* to press (down); *[+ gâchette]* to pull ◆ **~ sur le champignon** * *(Aut)* to step on the gas *, to put one's foot down *(Brit)*

b *(= reposer sur)* **~ sur** to rest on ◆ **la voûte appuie sur des colonnes** the vault rests on columns *ou* is supported by columns

c *(= insister sur)* **~ sur** *[+ mot, argument, syllabe]* to stress, to emphasize; *(Mus) [+ note]* to accentuate, to accent ◆ **n'appuyez pas trop** don't press the point ◆ **~ sur la chanterelle** to harp on

d *(= se diriger)* **~ sur la droite** *ou* **à droite** to bear (to the) right

VPR **s'appuyer** a *(= s'accoter)* **s'~ sur/contre** to lean on/against ◆ **appuie-toi à mon bras** lean on my arm

b *(fig = compter)* **s'~ sur** *[+ personne, autorité]* to lean on ◆ **s'~ sur un parti** *(Pol)* to rely on the support of a party ◆ **s'~ sur l'amitié de qn** to rely *ou* depend on sb's friendship ◆ **s'~ sur des découvertes récentes pour démontrer ...** to use recent discoveries to demonstrate ... ◆ **sur quoi vous appuyez-vous pour avancer cela ?** what evidence do you have to support what you're saying?

c (* = subir) *[+ importun, discours ennuyeux]* to put up with *; *[+ corvée]* to take on ◆ **qui va**

**s'~ le ménage ?** who'll get landed * with the housework? ◆ **chaque fois c'est nous qui nous appuyons toutes les corvées** it's always us who get stuck * *ou* landed * with all the chores ◆ **il s'est appuyé le voyage de nuit** he ended up having to travel at night

**âpre** /ɑpʀ/ **ADJ** **a** *[goût, vin]* pungent, acrid; *[hiver, vent, temps]* bitter, harsh; *[son, voix, ton]* harsh **b** *[vie]* harsh; *[combat, discussion]* bitter; *[détermination, résolution]* grim; *[concurrence, critique]* fierce ◆ **après d'~s marchandages** after some intense haggling **c** ◆ **~ au gain** grasping, greedy

**âprement** /ɑpʀəmɑ̃/ **ADV** *[lutter]* bitterly, grimly; *[critiquer]* fiercely

## après /apʀɛ/

GRAMMAIRE ACTIVE 33.2

| 1 PRÉPOSITION | 2 ADVERBE |
|---|---|

### 1 - PRÉPOSITION

**a** temps after ◆ **il est entré ~ elle** he came in after her ◆ **venez ~ 8 heures** come after 8 ◆ **~ beaucoup d'hésitations il a accepté** after much hesitation he accepted ◆ **~ tout ce que j'ai fait pour lui** after everything I've done for him ◆ **tu l'injuries, et ~ ça tu t'étonnes qu'il se vexe** you insult him and then you're surprised that he takes offence ◆ **jour ~ jour** day after day, day in day out ◆ **page ~ page** page after page, page upon page

◆ **après** + *infinitif* ◆ **~ avoir lu ta lettre, je ...** after I read *ou* after reading your letter, I ... ◆ **elle s'est décidée ~ avoir longtemps hésité** she made up her mind after much hesitation ◆ **~ être rentré chez lui, il ...** after he got home, he ... ◆ **~ manger** when you've (*ou* I've *etc*) eaten ◆ **ce sont des propos d'~ boire** it's the drink talking

◆ **après coup** after the event, afterwards ◆ **il n'a compris/réagi qu'~ coup** he didn't understand/react until afterwards

◆ **après que** + *indicatif* after ◆ **~ que je l'ai quittée** after I left her ◆ **venez me voir ~ que vous lui aurez parlé** come and see me after *ou* when you've spoken to him

◆ **après quoi** ◆ **elle l'a grondé, ~ quoi il a été sage** she told him off and after that he behaved himself

◆ **et (puis) après?** *(pour savoir la suite)* and then what?; *(pour marquer l'indifférence)* so what? *, what of it?

**b** ordre d'importance, hiérarchie **sa famille passe ~ ses malades** his family comes after *ou* second to his patients ◆ **~ le capitaine vient le lieutenant** after captain comes lieutenant ◆ **~ vous, je vous en prie** after you

◆ **après tout** after all ◆ **~ tout, ce n'est qu'un enfant** after all he is only a child ◆ **et pourquoi pas, ~ tout ?** after all, why not?

**c** espace *(= plus loin que)* after, past; *(= derrière)* behind, after ◆ **~ le pont, la route rétrécit** the road narrows after the bridge ◆ **sa maison est (juste) ~ la mairie** his house is (just) past the town hall ◆ **j'étais ~ elle dans la queue** I was behind *ou* after her in the queue ◆ **le chien court ~ sa balle** the dog's running after his ball ◆ **elle traîne toujours ~ elle 2 petits chiens** she's always got 2 little dogs in tow

**d** en s'accrochant **grimper ~ un poteau** to climb (up) a pole ◆ **sa jupe s'accrochait ~ les ronces** her skirt kept catching on the brambles

**e** *: agressivité at ◆ **le chien aboyait ~ eux** the dog was barking at them ◆ **il est furieux ~ eux** he's mad * at them ◆ **~ qui en a-t-il ?** who has he got it in for? * ◆ **elle est toujours ~ lui** *(surveillance)* she's always breathing down his neck *; *(harcèlement)* she's always (going) on at him * *(Brit) ou* nagging (at) him, she keeps on at him all the time *

**f** locutions

◆ **d'après**

*(= en suivant un modèle, un auteur etc)* ◆ **portrait peint d'~ nature** portrait painted from life ◆ **dessin d'~ Ingres** drawing after Ingres, drawing in the style *ou* manner of Ingres ◆ **scénario d'~ un roman de Balzac** screenplay adapted from a novel by Balzac

*(= selon)* ◆ **d'~ lui/elle** according to him/her, in his/her opinion ◆ **d'~ moi** in my opinion ◆ **(à en juger) d'~ son regard/ce qu'il a dit** from the look he gave/what he said ◆ **ne jugez pas d'~ les apparences** don't go *ou* judge by appearances ◆ **ne jugez pas d'~ ce qu'il dit** don't go by what he says ◆ **d'~ la météo/les sondages** according to the weather forecast/the polls ◆ **d'~ ma montre** by my watch

### 2 - ADVERBE

**a** dans le temps *(= ensuite)* afterwards, next; *(= plus tard)* later ◆ **venez me voir ~** come and see me afterwards ◆ **aussitôt ~** immediately *ou* straight after(wards) ◆ **longtemps ~** long *ou* a long time after(wards) ◆ **qu'allons-nous faire ~ ?** what are we going to do next? *ou* afterwards? ◆ **~, c'est ton tour** it's your turn next ◆ **deux jours/semaines ~** two days/weeks later ◆ **les réformes, ce sera pour ~** reforms will come later ◆ **~ tu iras dire que ...** next you'll be saying that ... ◆ **il est resté deux jours, et ~ il est parti** he stayed two days and afterwards *ou* and then he left

**b** dans l'espace **tu vois la poste ? sa maison est juste ~** do you see the post office? his house is just a bit further on ◆ **ce crochet là-bas, ton manteau est pendu ~** your coat's (hanging) on that peg over there

**c** dans un ordre **qu'est-ce qui vient ~ ?** what comes next?, what's to follow? ◆ **il pense surtout à ses malades, sa famille passe ~** he thinks of his patients first, his family comes second ◆ **~, nous avons des articles moins chers** otherwise we have cheaper things

**d** locutions

◆ **d'après** *(= suivant)* ◆ **la semaine/le mois d'~** *(dans le temps)* the following *ou* next week/month, the week/month after ◆ **le train d'~ est plus rapide** the next train is faster ◆ **tu vois le cinéma ? c'est la rue d'~** *(dans l'espace)* do you see the cinema? it's the next street along (from there)

---

**après-demain** /apʀɛd(ə)mɛ̃/ **ADV** the day after tomorrow

**après-dîner** † (pl **après-dîners**) /apʀɛdine/ **NM** evening ◆ **conversations d'~** after-dinner conversations

**après-guerre** (pl **après-guerres**) /apʀɛgɛʀ/ **NM** post-war years ◆ **d'~** post-war *(épith)*

**après-midi** /apʀɛmidi/ **NM** *ou* **NF INV** afternoon ◆ **dans l'~** in the afternoon

**après-rasage** (pl **après-rasages**) /apʀɛʀɑzaʒ/ **ADJ INV** *[lotion, mousse]* aftershave *(épith)* **NM** aftershave

**après-shampo(o)ing** (pl **après-shampo(o)ings**) /apʀɛʃɑ̃pwɛ̃/ **NM** (hair) conditioner

**après-ski** (pl **après-ski(s)**) /apʀɛski/ **NM** **a** *(= chaussure)* snow boot **b** *(= loisirs)* **l'~** après-ski ◆ **tenue d'~** après-ski outfit

**après-soleil** /apʀɛsɔlɛj/ **ADJ INV** after-sun *(épith)* **NM INV** after-sun cream (*ou* lotion)

**après-vente** /apʀɛvɑ̃t/ **ADJ INV** ◆ **(service) ~** after-sales service

**âpreté** /ɑpʀəte/ **NF** **a** *[de goût, vin]* pungency; *[d'hiver, vent, temps]* bitterness, harshness; *[de son, voix, ton]* harshness **b** *[de vie]* harshness; *[de discussion]* bitterness; *[de détermination, résolution]* grimness; *[de concurrence, critique]* fierceness

**a priori** /apʀijɔʀi/ **LOC ADV** *(Philos)* a priori; *(gén) [intéressant, surprenant]* at first sight ◆ **refuser qch ~** to refuse sth out of hand ◆ **~, la date ne devrait pas changer** in principle, the date shouldn't change ◆ **tu es libre samedi ? – ~ oui** are you free on Saturday? – I should be **LOC ADJ** *(Philos)* a priori **NM INV** *(Philos)* apriorism; *(gén)* prejudice ◆ **avoir des ~** to be biased *ou* prejudiced (*envers* towards; *contre* against); ◆ **j'ai abordé le problème sans ~** I approached the problem with an open mind

**apriorisme** /apʀiɔʀism/ **NM** apriorism

**aprioriste** /apʀijɔʀist/ **ADJ** aprioristic, apriorist *(épith)* **NMF** a priori reasoner, apriorist

**à-propos** /apʀɔpo/ **NM** *(= présence d'esprit)* presence of mind; *[de remarque, acte]* aptness ◆ **avec beaucoup d'~ le gouvernement a annoncé ...** with consummate timing the government has announced ... ◆ **répondre avec ~** to make an apt *ou* a suitable reply ◆ **avoir beaucoup d'~** *(dans ses réponses)* to have the knack of saying the right thing; *(dans ses actes)* to have the knack of doing the right thing ◆ **son manque d'~ lui nuit** his inability to say *ou* do the right thing does him a lot of harm ◆ **avoir l'esprit d'~** to be quick off the mark

**APS** /apeɛs/ **NM** (abrév de **Advanced Photo System**) APS

**apte** /apt/ **ADJ** **a** ◆ **~ à qch** capable of sth ◆ **~ à faire** capable of doing, able to do ◆ **~ à exercer une profession** *(intellectuellement)* (suitably) qualified for a job; *(physiquement)* capable of doing a job ◆ **je ne suis pas ~ à juger** I'm not able *ou* not in a position to judge ◆ **~ (au service)** *(Mil)* fit for service **b** *(Jur)* **~ à** fit to *ou* for

**aptère** /aptɛʀ/ **ADJ** *(Bot, Zool)* apterous; *(Art) [temple]* apteral ◆ **la Victoire ~** the apteral Victory

**aptéryx** /apteʀiks/ **NM** *(= oiseau)* kiwi

**aptitude** /aptityd/ **NF** **a** *(= faculté)* aptitude, ability; *(= don)* gift, talent ◆ **test d'~** aptitude test ◆ **son ~ à étudier** *ou* **à** *ou* **pour l'étude** his aptitude for study *ou* studying ◆ **avoir de grandes ~s** to be very gifted *ou* talented **b** *(Jur)* fitness (*à* to)

**apurement** /apyʀmɑ̃/ **NM** *[de comptes]* auditing; *[de dette]* discharging, wiping off

**apurer** /apyʀe/ ► conjug 1 ◄ **VT** *[+ comptes]* to audit; *[+ dette]* to discharge, to wipe off

**aquacole** /akwakɔl/ **ADJ** ◆ **élevage ~** *(= activité)* aquaculture, fish farming; *(= entreprise)* fish farm

**aquaculteur, -trice** /akwakyltœʀ, tʀis/ **NM,F** *(gén)* aquaculturalist; *[de poissons]* fish farmer

**aquaculture** /akwakyltyʀ/ **NF** *(gén)* aquiculture, aquaculture; *[de poissons]* fish farming

**aquafortiste** /akwafɔʀtist/ **NMF** aquafortist

**aquagym** /akwaʒim/ **NF** aquaerobics *(sg)*

**aquaplanage** /akwaplanaʒ/ **NM** aquaplaning

**aquaplane** /akwaplan/ **NM** aquaplane

**aquaplaning** /akwaplaniŋ/ **NM** ⇒ **aquaplanage**

**aquarelle** /akwaʀɛl/ **NF** *(= technique)* watercolours *(Brit)*, watercolors *(US)*; *(= tableau)* watercolour *(Brit)*, watercolor *(US)* ◆ **faire de l'~** to paint in watercolours

**aquarellé, e** /akwaʀele/ **ADJ** *[dessin]* done in watercolour(s) *(Brit)* *ou* watercolor(s) *(US)*

**aquarelliste** /akwaʀelist/ **NMF** watercolourist *(Brit)*, watercolorist *(US)*

**aquariophile** /akwaʀjɔfil/ **NMF** tropical fish enthusiast, aquarist

**aquariophilie** /akwaʀjɔfili/ **NF** keeping tropical fish

**aquarium** /akwaʀjɔm/ **NM** aquarium, fish tank ◆ **~ d'eau de mer** marine aquarium

**aquatique** /akwatik/ **ADJ** a *(= qui vit dans l'eau)* *[plante]* aquatic, water *(épith)* ◆ **animal ~** aquatic animal ◆ **oiseau ~** aquatic bird, waterbird b **paysage ~** *(sous l'eau)* underwater landscape; *(marécageux)* watery landscape ◆ **parc ~** aqua park

**aquavit** /akwavit/ **NM** aquavit

**aqueduc** /ak(ə)dyk/ **NM** *(Tech, Anat)* aqueduct

**aqueux, -euse** /akø, øz/ **ADJ** aqueous; → **humeur**

**à quia** /akɥija/ **LOC ADV** *(littér)* ◆ **mettre qn ~** to nonplus sb ◆ **être ~** to be at a loss for a reply

**aquifère** /akɥifɛʀ/ **ADJ** ◆ **nappe ~** aquifer, water-bearing layer *ou* stratum **NM** aquifer

**aquilin, e** /akilɛ̃, in/ **ADJ** aquiline

**aquilon** /akilɔ̃/ **NM** *(littér)* north wind

**A.R.** a (abrév de **Altesse royale**) → **altesse** b (abrév de **aller (et) retour**) → **aller**

**ara** /aʀa/ **NM** macaw

**arabe** /aʀab/ **ADJ** *[désert]* Arabian; *[nation, peuple]* Arab; *[art, langue, littérature]* Arabic, Arab ◆ **(cheval) ~** Arab (horse); → **république, téléphone** **NM** *(Ling)* Arabic ◆ **l'~ littéral** written Arabic **NM** **Arabe** Arab **NF** **Arabe** Arab woman (*ou* girl)

**arabesque** /aʀabɛsk/ **NF** arabesque ◆ **~ de style** stylistic ornament, ornament of style

**arabica** /aʀabika/ **NM** arabica

**Arabie** /aʀabi/ **NF** Arabia ◆ **le désert d'~** the Arabian desert **COMP** ▷ **Arabie Saoudite** Saudi Arabia

**arabique** /aʀabik/ **ADJ** Arabian; → **gomme**

**arabisant, e** /aʀabizɑ̃, ɑ̃t/ **NM,F** Arabist, Arabic scholar

**arabisation** /aʀabizasjɔ̃/ **NF** arabization

**arabiser** /aʀabize/ ▸ conjug 1 ◂ **VT** to arabize

**arabisme** /aʀabism/ **NM** Arabism

**arable** /aʀabl/ **ADJ** arable

**arabo-islamique** (pl **arabo-islamiques**) /aʀaboislamik/ **ADJ** Arab-Islamic

**arabophone** /aʀabɔfɔn/ **ADJ** Arabic-speaking *(épith)* **NMF** Arabic speaker

**arachide** /aʀaʃid/ **NF** *(= plante)* groundnut (plant); *(= graine)* peanut, groundnut, monkey nut *(Brit)*

**arachnéen, -enne** /aʀakneɛ̃, ɛn/ **ADJ** *(littér = léger)* gossamer *(épith)*, of gossamer; *(Zool)* arachnidan

**arachnide** /aʀaknid/ **NM** arachnid ◆ **les ~s** the Arachnida *(SPÉC)*

**arachnoïde** /aʀaknɔid/ **NF** arachnoid (membrane)

**arachnoïdien, -ienne** /aʀaknɔidjɛ̃, jɛn/ **ADJ** arachnoid

**arack** /aʀak/ **NM** arrack

**araignée** /aʀeɲe/ **NF** a *(= animal)* spider ◆ **il a une ~ au plafond** * he's got a screw loose *, he's got bats in the belfry * *(Brit)* ◆ **~ du matin, chagrin, ~ du soir, espoir** *(Prov)* seeing a spider in the morning brings bad luck, seeing a spider in the evening brings good luck; → **toile** b *(= crochet)* grapnel c *(Boucherie) cut of beef used to make steaks* d *(Pêche)* square net **COMP** ▷ **araignée d'eau** water strider, pond-skater ▷ **araignée de mer** spider crab

**araire** /aʀɛʀ/ **NM** swing plough *(Brit)* *ou* plow *(US)*

**arak** /aʀak/ **NM** ⇒ **arack**

**araméen, -enne** /aʀameɛ̃, ɛn/ **ADJ** Aram(a)ean, Aramaic **NM** *(Ling)* Aramaic, Aram(a)ean **NM,F** **Araméen(ne)** Aram(a)ean

**Ararat** /aʀaʀa(t)/ **N** ◆ **le mont ~** Mount Ararat

**arasement** /aʀɑzmɑ̃/ **NM** a *(= mise à niveau) [de mur]* levelling; *[de bois] (en rabotant)* planing (-down); *(en sciant)* sawing b *(Géol) [de relief]* erosion

**araser** /aʀɑze/ ▸ conjug 1 ◂ **VT** a *(= mettre de niveau)* to level; *(en rabotant)* to plane (down); *(en sciant)* to saw; *(= diminuer)* to reduce b *(Géol) [+ relief]* to erode

**aratoire** /aʀatwaʀ/ **ADJ** ploughing *(Brit)*, plowing *(US)* ◆ **travaux ~s** ploughing ◆ **instrument ~** ploughing implement

**araucaria** /aʀokaʀja/ **NM** monkey puzzle (tree), araucaria

**arbalète** /aʀbalɛt/ **NF** crossbow

**arbalétrier** /aʀbaletʀije/ **NM** a *(= personne)* crossbowman b *(= poutre)* rafter

**arbitrage** /aʀbitʀaʒ/ **NM** a *(Comm, Pol = action)* arbitration; *(Bourse)* arbitrage; *(= sentence)* arbitrament ◆ **~ obligatoire** compulsory arbitration ◆ **recourir à l'~** to go to arbitration b *(Boxe, Ftbl, Rugby)* refereeing; *(Cricket, Hockey, Tennis)* umpiring ◆ **erreur d'~** refereeing error; *(Cricket, Hockey, Tennis)* umpiring error

**arbitragiste** /aʀbitʀaʒist/ **NMF** *(Bourse)* arbitrager, arbitrageur

**arbitraire** /aʀbitʀɛʀ/ **ADJ** *(= despotique, contingent)* arbitrary **NM** ◆ **le règne de l'~** the reign of the arbitrary ◆ **l'~ du signe linguistique/d'une décision** the arbitrary nature *ou* the arbitrariness of the linguistic sign/of a decision

**arbitrairement** /aʀbitʀɛʀmɑ̃/ **ADV** arbitrarily

**arbitral, e** (mpl **-aux**) /aʀbitʀal, o/ **ADJ** a *(Jur)* arbitral b *(Boxe, Ftbl, Rugby)* referee's *(épith)*; *(Cricket, Hockey, Tennis)* umpire's *(épith)* ◆ **décision ~e** referee's *ou* umpire's decision

**arbitre** /aʀbitʀ/ **NM** a *(Boxe, Ftbl, Rugby)* referee, ref *; *(Cricket, Hockey, Tennis)* umpire ◆ **faire l'~** to (be the) referee *ou* umpire ◆ **~ de chaise** *(Tennis)* umpire; → **libre** b *(= conciliateur)* arbiter; *(Jur)* arbitrator ◆ **servir d'~ dans un conflit social** to act as an arbiter *ou* arbitrate in an industrial dispute ◆ **~ du bon goût** *(fig)* arbiter of (good) taste

**arbitrer** /aʀbitʀe/ ▸ conjug 1 ◂ **VT** a *[+ conflit]* to arbitrate; *[+ personnes]* to arbitrate between; *(Fin)* to carry out an arbitrage operation on b *(Boxe, Ftbl, Rugby)* to referee; *(Cricket, Hockey, Tennis)* to umpire

**arboré, e** /aʀbɔʀe/ **ADJ** *[région]* wooded; *[jardin]* planted with trees

**arborer** /aʀbɔʀe/ ▸ conjug 1 ◂ **VT** *[+ vêtement]* to sport; *[+ sourire]* to wear; *[+ air]* to display; *[+ décoration]* to sport, to display; *[+ drapeau]* to bear, to display ◆ **le journal arbore un gros titre** the paper is carrying a big headline ◆ **~ l'étendard de la révolte** to bear the standard of revolt

**arborescence** /aʀbɔʀesɑ̃s/ **NF** *(Agr)* arborescence; *(Ling, Math)* tree (diagram); *(Ordin)* tree (structure)

**arborescent, e** /aʀbɔʀesɑ̃, ɑ̃t/ **ADJ** *[plante]* arborescent ◆ **fougère ~e** tree fern ◆ **réseau ~** tree network ◆ **menu ~** *(Ordin)* menu tree, tree-structured menu

**arboretum** /aʀbɔʀetɔm/ **NM** arboretum

**arboricole** /aʀbɔʀikɔl/ **ADJ** *[technique]* arboricultural; *[animal]* arboreal

**arboriculteur, -trice** /aʀbɔʀikyltœʀ, tʀis/ **NM,F** tree grower, arboriculturist *(SPÉC)*

**arboriculture** /aʀbɔʀikyltyʀ/ **NF** tree cultivation, arboriculture *(SPÉC)*

**arborisé, e** /aʀbɔʀize/ **ADJ** arborized

**arbouse** /aʀbuz/ **NF** arbutus berry

**arbousier** /aʀbuzje/ **NM** arbutus, strawberry tree

**arbre** /aʀbʀ/ **NM** a *(Bot, Ling)* tree ◆ **faire l'~ fourchu/droit** to do a handstand (with one's legs apart/together) ◆ **les ~s vous cachent la forêt** *(fig)* you can't see the wood *(Brit)* *ou* forest *(US)* for the trees ◆ **c'est abattre *ou* couper l'~ pour avoir le fruit** that's sacrificing long-term gains for short-term profits ◆ **faire grimper *ou* faire monter qn à l'~** * to have sb on *, to pull sb's leg * ◆ **entre l'~ et l'écorce il ne faut pas mettre le doigt** *(Prov)* do not meddle in other people's affairs

b *(Tech)* shaft

**COMP** ▷ **arbre d'agrément *ou* d'ornement** ornamental tree ▷ **arbre à cames** camshaft ◆ **avec ~ à cames en tête** with overhead camshaft ▷ **arbre d'entraînement** drive shaft ▷ **arbre fruitier** fruit tree ▷ **arbre généalogique** family tree ◆ **faire son ~ généalogique** to draw up one's family tree ▷ **arbre d'hélice** propeller shaft ▷ **arbre de Judée** Judas tree ▷ **arbre de mai** May tree ▷ **arbre-manivelle** **NM** (pl **arbres-manivelles**) crankshaft ▷ **arbre moteur** driving shaft ▷ **arbre de Noël** *(= sapin)* Christmas tree; *(= fête d'entreprise)* Christmas party ▷ **arbre à pain** breadfruit tree ▷ **arbre de transmission** propeller shaft ▷ **arbre de vie** *(Anat)* arbor vitae, tree of life; *(Bible)* tree of life

**arbrisseau** (pl **arbrisseaux**) /aʀbʀiso/ **NM** shrub

**arbuste** /aʀbyst/ **NM** small shrub, bush

**arbustif, -ive** /aʀbystif, iv/ **ADJ** *[végétation]* shrubby ◆ **culture arbustive** cultivation of shrubs *ou* bushes

**ARC** /aʀk/ **NM** (abrév de **AIDS-related complex**) ARC

**arc** /aʀk/ **NM** *(= arme)* bow; *(Géom)* arc; *(Anat, Archit)* arch ◆ **l'~ de ses sourcils** the arch *ou* curve of her eyebrows ◆ **la côte formait un ~** the coastline formed an arc; → **corde, lampe, soudure, tir** **COMP** ▷ **arc brisé** Gothic arch ▷ **arc de cercle** *(Géom)* arc of a circle ◆ **ça forme un ~ de cercle** *(gén)* it forms an arc ◆ **en ~ de cercle** in an arc ▷ **arc électrique** electric arc ▷ **arc outrepassé** Moorish arch ▷ **arc en plein cintre** Roman arch ▷ **arc réflexe** reflex arc ▷ **arc de triomphe** triumphal arch ◆ **l'Arc de Triomphe** the Arc de Triomphe ▷ **arc voltaïque** ⇒ **arc électrique**

**arcade** /aʀkad/ **NF** *(Archit)* arch, archway ◆ **~s** arcade, arches ◆ **les ~s d'un cloître/d'un pont** the arches *ou* arcade of a cloister/of a bridge ◆ **se promener sous les ~s** to walk through the arcade *ou* underneath the arches; → **jeu** **COMP** ▷ **arcade dentaire**

dental arch ▷ **arcade sourcilière** arch of the eyebrows ◆ **il a été touché à l'~ sourcilière** he got a cut above his eye

**Arcadie** /aʀkadi/ NF Arcadia

**arcane** /aʀkan/ NM a *(fig : gén pl = mystère)* mystery b *(Alchimie)* arcanum

**arcature** /aʀkatyʀ/ NF arcature

**arc-boutant** (pl **arcs-boutants**) /aʀkbutɑ̃/ NM flying buttress

**arc-bouter** /aʀkbute/ ▸ conjug 1 ◂ VT *(Archit)* to buttress VPR **s'arc-bouter** to lean, to press *(à, contre)* (up) against; *sur* on); ◆ **arc-bouté contre le mur, il essayait de pousser la table** pressing (up) *ou* bracing himself against the wall, he tried to push the table

**arceau** (pl **arceaux**) /aʀso/ NM *(Archit)* arch; *(Croquet)* hoop; *(Méd)* cradle ◆ ~ **(de sécurité)** *(Aut)* roll bar

**arc-en-ciel** (pl **arcs-en-ciel**) /aʀkɑ̃sjɛl/ NM rainbow

**archaïque** /aʀkaik/ ADJ a *(Art, Ling)* archaic b *(péj)* outdated

**archaïsant, e** /aʀkaizɑ̃, ɑ̃t/ ADJ archaistic NM,F archaist

**archaïsme** /aʀkaism/ NM archaism

**archange** /aʀkɑ̃ʒ/ NM archangel ◆ **l'~ (Saint) Michel/Gabriel** the Archangel Michael/Gabriel

**arche** /aʀʃ/ NF a *(Archit)* arch b *(Rel)* ark ◆ **l'~ de Noé** Noah's Ark ◆ **l'~ d'alliance** the Ark of the Covenant

**archéologie** /aʀkeɔlɔʒi/ NF archaeology *(Brit)*, archeology *(US)*

**archéologique** /aʀkeɔlɔʒik/ ADJ archaeological *(Brit)*, archeological *(US)*

**archéologue** /aʀkeɔlɔg/ NMF archaeologist *(Brit)*, archeologist *(US)*

**archer** /aʀʃe/ NM archer, bowman

**archet** /aʀʃɛ/ NM *(Mus, gén)* bow ◆ **donner des coups d'~** to bow ◆ **coup d'~** bow-stroke

**archétypal, e** (mpl **-aux**) /aʀketipal, o/ ADJ archetypal

**archétype** /aʀketip/ NM *(gén)* archetype; *(Bio)* prototype ADJ *(gén)* archetypal; *(Bio)* prototypal, prototypic

**archétypique** /aʀketipik/ ADJ archetypical

**archevêché** /aʀʃəveʃe/ NM *(= territoire)* archdiocese, archbishopric; *(= charge)* archbishopric; *(= palais)* archbishop's palace

**archevêque** /aʀʃəvɛk/ NM archbishop

**archi...** /aʀʃi/ PRÉF a *( * = extrêmement)* tremendously, enormously ◆ **archibondé, archicomble, archiplein** chock-a-block *, jam-packed ◆ **archiconnu** extremely *ou* very well-known ◆ **archidifficile** incredibly difficult ◆ **archimillionnaire** millionaire several times over b *(dans les titres) (= premier)* arch...; → **archidiacre, archiduc** *etc*

**archidiaconat** /aʀʃidjakɔna/ NM *(= dignité)* archdeaconry

**archidiaconé** /aʀʃidjakɔne/ NM *(= territoire)* archdeaconry

**archidiacre** /aʀʃidjakʀ/ NM archdeacon

**archidiocèse** /aʀʃidjɔsɛz/ NM archdiocese

**archiduc** /aʀʃidyk/ NM archduke

**archiduchesse** /aʀʃidyʃɛs/ NF archduchess

**archiépiscopal, e** (mpl **-aux**) /aʀʃiepiskɔpal, o/ ADJ archiepiscopal

**archiépiscopat** /aʀʃiepiskɔpa/ NM archbishopric *(office)*, archiepiscopate

**archimandrite** /aʀʃimɑ̃dʀit/ NM archimandrite

**Archimède** /aʀʃimɛd/ NM Archimedes; → **vis**

**archimédien, -ienne** /aʀʃimedjɛ̃, jɛn/ ADJ Archimedean

**archipel** /aʀʃipɛl/ NM archipelago ◆ **l'~ malais** the Malay Archipelago ◆ **l'~ des Kouriles** the Kuril Islands

**archiphonème** /aʀʃifɔnɛm/ NM archiphoneme

**archiprêtre** /aʀʃipʀɛtʀ/ NM archpriest

**architecte** /aʀʃitɛkt/ NMF *(lit, fig)* architect COMP ▷ **architecte d'intérieur** interior designer ▷ **architecte naval** naval architect ▷ **architecte de réseaux** *(Ordin)* network architect

**architectonique** /aʀʃitɛktɔnik/ ADJ architectonic NF architectonics *(sg)*

**architectural, e** (mpl **-aux**) /aʀʃitɛktyʀal, o/ ADJ architectural

**architecturalement** /aʀʃitɛktyʀalmɑ̃/ ADV architecturally

**architecture** /aʀʃitɛktyʀ/ NF *(lit, Ordin)* architecture; *(fig)* structure ◆ ~ **civile/militaire/religieuse** civil/military/religious architecture ◆ **merveille d'~** marvellous piece of architecture

**architecturé, e** /aʀʃitɛktyʀe/ ▸ conjug 1 ◂ ADJ ◆ **bien ~** *[œuvre musicale, roman]* well-structured ◆ **des phrases savamment ~es** carefully crafted sentences

**architrave** /aʀʃitʀav/ NF architrave

**archivage** /aʀʃivaʒ/ NM *(gén)* filing; *(Ordin)* filing, archival storage ◆ ~ **électronique** electronic filing *ou* storage

**archiver** /aʀʃive/ ▸ conjug 1 ◂ VT to archive, to file

**archives** /aʀʃiv/ NFPL archives, records ◆ **les Archives nationales** the National Archives, ≃ the Public Records Office *(Brit)* ◆ **ça restera dans les ~ ! *** that will go down in history! ◆ **je vais chercher dans mes ~** I'll look through my files *ou* records

**archiviste** /aʀʃivist/ NMF archivist

**archivolte** /aʀʃivɔlt/ NF archivolt

**arçon** /aʀsɔ̃/ NM *(Équitation)* tree; → **cheval, pistolet, vider**

**arc-rampant** (pl **arcs-rampants**) /aʀkʀɑ̃pɑ̃/ NM rampant arch

**arctique** /aʀktik/ ADJ *[région]* Arctic ◆ **l'océan (glacial) Arctique** the Arctic ocean NM **Arctique** ◆ **l'Arctique** the Arctic

**ardemment** /aʀdamɑ̃/ ADV ardently, fervently

**Ardenne** /aʀdɛn/ NF *(= région de France, Belgique et Luxembourg)* ◆ **l'~** the Ardennes

**Ardennes** /aʀdɛn/ NFPL *(= département français)* ◆ **les ~** the Ardennes ◆ **la bataille des ~** the Battle of the Bulge

**ardent, e** /aʀdɑ̃, ɑ̃t/ ADJ a *(= brûlant) (gén)* burning; *[tison]* glowing; *[feu]* blazing; *[yeux]* fiery *(de* with); *[couleur]* flaming, fiery; *[chaleur, soleil]* scorching, blazing; *[fièvre, soif]* raging; → **buisson, chapelle, charbon** b *(= vif) [foi]* fervent, passionate; *[colère]* burning, raging; *[passion, désir]* burning, ardent; *[piété, haine, prière]* fervent, ardent; *[lutte]* ardent, passionate; *[discours]* impassioned c *(= bouillant) [amant]* ardent, hot-blooded; *[jeunesse, caractère]* fiery, passionate; *[joueur]* keen; *[partisan]* ardent, keen; *[cheval]* mettlesome, fiery ◆ **être ~ au travail/au combat** to be a zealous worker/an ardent fighter

**ardeur** /aʀdœʀ/ NF *[de foi, prière]* fervour *(Brit)*, fervor *(US)*; *[de partisan, joueur]* enthusiasm; *[de caractère]* fieriness ◆ **l'~ du soleil** the heat of the sun ◆ **les ~s de l'été** *(littér)* the heat of summer ◆ **les ~s de l'amour** *(littér)* the ardour of love ◆ **modérez vos ~s !** *(littér ou hum)* control yourself! ◆ **l'~ réformatrice du gouvernement** the government's reforming zeal ◆ **son ~ au travail** *ou* **à travailler** his zeal *ou* enthusiasm for work ◆ **défendre une cause avec ~** to champion a cause passionately

**ardillon** /aʀdijɔ̃/ NM *[de boucle]* tongue

**ardoise** /aʀdwaz/ NF a *(= matière)* slate ◆ **toit d'~s** slate roof ◆ **couvrir un toit d'~(s)** to slate a roof b *( * = dette)* unpaid bill ◆ **avoir une ~ de 50 € chez l'épicier** *(fig)* to owe €50 at the grocer's ADJ INV *(couleur)* slate-grey *(Brit) ou* -gray *(US)*

**ardoisé, e** /aʀdwaze/ ADJ slate-grey *(Brit) ou* -gray *(US)*

**ardoisier, -ière** /aʀdwazje, jɛʀ/ ADJ *[gisement]* slaty; *[industrie]* slate *(épith)* NM *(= ouvrier)* slate-quarry worker; *(= propriétaire)* slate-quarry owner NF **ardoisière** slate quarry

**ardu, e** /aʀdy/ ADJ *[travail]* arduous, laborious; *[problème]* difficult; *[pente]* steep

**are** /aʀ/ NM are, one hundred square metres

**areligieux, -ieuse** /aʀ(ə)liʒjø, jøz/ ADJ areligious

**aréna** /aʀena/ NF *(Can Sport)* arena, (skating) rink

**arène** /aʀɛn/ NF a *(= piste)* arena ◆ **l'~ politique** the political arena ◆ **descendre dans l'~** *(fig)* to enter the arena b ◆ **~s** *(Archit)* amphitheatre *(Brit)*, amphitheater *(US)*; *[de courses de taureaux]* bullring ◆ **les ~s de Nîmes** the amphitheatre of Nîmes c *(Géol)* sand, arenite *(SPÉC)* ◆ ~ **granitique** *(Géol)* granitic sand

**arénicole** /aʀenikɔl/ NF sandworm

**aréole** /aʀeɔl/ NF areola

**aréomètre** /aʀeɔmɛtʀ/ NM hydrometer

**aréométrie** /aʀeɔmetʀi/ NF hydrometry

**aréopage** /aʀeɔpaʒ/ NM *(fig, hum)* learned assembly ◆ **l'Aréopage** *(Antiq)* the Areopagus

**arête** /aʀɛt/ NF a *(Zool)* (fish)bone ◆ ~ **centrale** backbone, spine ◆ **c'est plein d'~s** it's full of bones, it's very bony ◆ **enlever les ~s d'un poisson** to bone a fish ◆ **sans ~s** boneless b *(= bord) [de cube, pierre, ski]* edge; *[de toit]* ridge; *[de voûte]* groin; *[de montagne]* ridge, crest; *[de nez]* bridge c *(Bot) [de seigle, orge]* beard ◆ **~s** beard

**areu** /aʀø/ EXCL *(langage de bébé)* ◆ **areu areu** goo-goo ◆ **faire areu areu** to gurgle

**argent** /aʀʒɑ̃/ NM a *(= métal)* silver ◆ **en ~, d'~** silver; → **noce, parole**

b *(= couleur)* silver ◆ **cheveux/reflets (d') ~** silvery hair/glints

c *(Fin)* money *(NonC)* ◆ **il a de l'~** he's got money, he's well off ◆ **il l'a fait pour (de) l'~** he did it for money ◆ **il se fait un ~ fou *** he makes pots * *ou* loads * of money ◆ **c'est un homme/une femme d'~** he/she loves money ◆ **politique de l'~ cher** tight *ou* dear *(Brit)* money policy; → **couleur, manger, puissance**

d *(loc)* **l'~ de la drogue** drug(s) money ◆ **j'en ai/j'en veux pour mon ~** I've got/I want (to get) my money's worth ◆ **on en a pour son ~** it's good value (for money), it's worth every penny ◆ **on n'en a jamais que pour son ~** you get what you pay for ◆ **faire ~ de tout** to turn everything into cash, to make money out of anything ◆ **jeter l'~ par les fenêtres** to throw money away *ou* down the drain ◆ **avoir de l'~ plein les poches *** to have plenty of money, to be rolling in money * ◆ **l'~ n'a pas d'odeur** *(Prov)* money has no smell ◆ **l'~ ne fait pas le bonheur**

*(Prov)* money can't buy happiness ◆ **l'~ va à l'~** *(Prov)* money attracts money ◆ **point** *ou* **pas d'~, point** *ou* **pas de Suisse** *(Prov)* nothing for nothing

e *(Hér)* argent

COMP ▷ **argent comptant** ◆ **payer ~ comptant** to pay cash ◆ **prendre qch/les paroles de qn pour ~ comptant** to take sth/what sb says at (its) face value ▷ **argent liquide** ready money, (ready) cash ▷ **argent noir** *ou* **sale** dirty money ▷ **argent de poche** pocket money ◆ **ils lui donnent 15 € par semaine d'~ de poche** they give him €15 a week pocket money

**argenté, e** /aʀʒɑ̃te/ (ptp de **argenter**) ADJ *[couleur, cheveux]* silver, silvery ◆ **en métal ~** *[couverts]* silver-plated ◆ **je ne suis pas très ~ en ce moment** * I'm pretty broke at the moment *, I'm not too well-off just now; → **renard**

**argenter** /aʀʒɑ̃te/ ▸ conjug 1 ◂ VT *[+ miroir]* to silver; *[+ couverts]* to silver(-plate); *(fig littér)* to give a silvery sheen to, to silver *(littér)*

**argenterie** /aʀʒɑ̃tʀi/ NF silver, silverware; *(de métal argenté)* silver plate ◆ **faire l'~** to polish *ou* clean the silver

**argenteur** /aʀʒɑ̃tœʀ/ NM silverer

**argentier** /aʀʒɑ̃tje/ NM a *(Hist)* Superintendent of Finance ◆ **le grand ~** *(hum)* the Minister of Finance b *(= meuble)* silver cabinet

**argentifère** /aʀʒɑ̃tifɛʀ/ ADJ silver-bearing, argentiferous *(SPÉC)*

**argentin¹, e** /aʀʒɑ̃tɛ̃, in/ ADJ *[son, voix]* silvery

**argentin², e** /aʀʒɑ̃tɛ̃, in/ ADJ Argentinian *(Brit)*, Argentinean *(US)*, Argentine *(épith)* NM,F **Argentin(e)** Argentinian *(Brit)*, Argentinean *(US)*, Argentine

**Argentine** /aʀʒɑ̃tin/ NF ◆ **l'~** Argentina, the Argentine

**argentique** /aʀʒɑ̃tik/ ADJ ◆ **photo ~** traditional photography ◆ **appareil photo ~** traditional camera

**argenture** /aʀʒɑ̃tyʀ/ NF *[de miroir]* silvering; *[de couverts]* silver-plating, silvering

**argile** /aʀʒil/ NF clay ◆ **~ à silex** clay-with-flints; → **colosse**

**argileux, -euse** /aʀʒilø, øz/ ADJ clayey

**argon** /aʀgɔ̃/ NM argon

**argonaute** /aʀgonot/ NM *(Myth)* Argonaut; *(Zool)* argonaut, paper nautilus

**Argos** /aʀgɔs/ N Argos

**argot** /aʀgo/ NM slang ◆ **~ de métier** trade slang ◆ **parler ~** to use slang ◆ **mot d'~** slang word

**argotique** /aʀgɔtik/ ADJ *(= de l'argot)* slang; *(= très familier)* slangy

**argotisme** /aʀgɔtism/ NM slang term

**argousin** †† /aʀguzɛ̃/ NM *(péj ou hum)* rozzer † *(péj)*, bluebottle † *(péj)*

**arguer** /aʀgɥe/ ▸ conjug 1 ◂ *(littér)* VT a *(= déduire)* to deduce ◆ **il ne peut rien ~ de ces faits** he can draw no conclusion from these facts b *(= prétexter)* **~ que ...** to argue that ..., to claim that ... ◆ **il est toujours possible d'~ que le mauvais temps a empêché le tournage** one can always claim that bad weather made filming impossible ◆ **la société peut ~ qu'elle n'est pas la seule à connaître des difficultés** the company can argue that it isn't the only one to be experiencing difficulties VT INDIR **arguer de** ◆ **il refusa, arguant de leur manque de ressources** he refused, on the grounds that they lacked resources

⚠ Au sens de 'déduire', **arguer** ne se traduit pas par **to argue**.

**argument** /aʀgymɑ̃/ GRAMMAIRE ACTIVE 53.2, 53.3 NM *(gén)* argument ◆ **tirer ~ de qch** to use sth as an argument *ou* excuse ◆ **~ frappant** strong *ou* convincing argument; *(hum = coup)* blow ◆ **~ massue** sledgehammer argument ◆ **~ publicitaire** advertising claim ◆ **~ de vente** selling proposition *ou* point

**argumentaire** /aʀgymɑ̃tɛʀ/ NM *(gén)* argument; *(Comm)* sales leaflet *ou* blurb

**argumentation** /aʀgymɑ̃tasjɔ̃/ NF argumentation

**argumenter** /aʀgymɑ̃te/ ▸ conjug 1 ◂ VI to argue (*sur* about); ◆ **~ de qch** to use sth as an argument ◆ **discours bien argumenté** well-argued speech

**argus** /aʀgys/ NM a ◆ **l'~ (de l'automobile)** *guide to secondhand car prices*, ≃ Glass's directory *(Brit)*, the Blue Book *(US)* ◆ **~ de la photo** *guide to secondhand photographic equipment prices*; → **coter** b *(= oiseau)* argus pheasant

**argutie** /aʀgysi/ NF *(littér : gén péj)* quibble ◆ **~s** quibbling

**aria** /aʀja/ NF *(Mus)* aria

**Ariane** /aʀjan/ NF Ariadne; → **fil**

**arianisme** /aʀjanism/ NM Arianism

**aride** /aʀid/ ADJ a *(= sec) [vent, climat]* dry b *(= stérile) [sol]* arid c *(fig) [sujet, matière]* dry; *[tâche]* thankless ◆ **cœur ~** heart of stone

**aridité** /aʀidite/ NF *(= sécheresse) [de vent, climat]* dryness; *(= stérilité) [de sol]* aridity; *[de sujet, matière]* dryness; *[de tâche]* thanklessness ◆ **l'~ de son cœur** his hard-heartedness

**arien, -ienne** /aʀjɛ̃, jɛn/ ADJ, NM,F Arian

**ariette** /aʀjɛt/ NF arietta, ariette

**Arioste** /aʀjɔst/ NM ◆ **l'~** Ariosto

**aristo** * /aʀisto/ NMF *(péj)* (abrév de **aristocrate**) aristocrat, nob ⁑ † *(Brit)*, toff * † *(Brit)*

**aristocrate** /aʀistɔkʀat/ NMF aristocrat

**aristocratie** /aʀistɔkʀasi/ NF aristocracy

**aristocratique** /aʀistɔkʀatik/ ADJ aristocratic

**aristocratiquement** /aʀistɔkʀatikmɑ̃/ ADV aristocratically

**Aristophane** /aʀistɔfan/ NM Aristophanes

**Aristote** /aʀistɔt/ NM Aristotle

**aristotélicien, -ienne** /aʀistɔtelisjɛ̃, jɛn/ ADJ, NM,F Aristotelian

**aristotélisme** /aʀistɔtelism/ NM Aristotelianism

**arithméticien, -ienne** /aʀitmetisjɛ̃, jɛn/ NM,F arithmetician

**arithmétique** /aʀitmetik/ NF *(= science)* arithmetic; *(= livre)* arithmetic book ADJ arithmetical

**arithmétiquement** /aʀitmetikmɑ̃/ ADV arithmetically

**Arizona** /aʀizɔna/ NM ◆ **l'~** Arizona

**Arkansas** /aʀkɑ̃sas/ NM ◆ **l'~** Arkansas

**arlequin** /aʀləkɛ̃/ NM *(Théât)* Harlequin ◆ **bas (d')~** harlequin stockings; → **habit**

**arlequinade** /aʀləkinad/ NF *(fig)* buffoonery; *(Théât)* harlequinade

**arlésien, -ienne** /aʀlezjɛ̃, jɛn/ ADJ of *ou* from Arles NM,F **Arlésien(ne)** inhabitant *ou* native of Arles NF **arlésienne** ◆ **jouer l'arlésienne** *ou* **les arlésiennes** *[personne]* to keep well out of sight, to never show up ◆ **le dialogue, cette arlésienne de la vie politique** dialogue, that elusive phenomenon in politics

**L'Arlésienne**

The origin of the expression « jouer l'arlésienne » is Georges Bizet's opera of the same name, adapted from a book by Alphonse Daudet, in which the main character never actually appears. It has come to refer to any person or thing which, although much talked about, never materializes.

**armada** /aʀmada/ NF *(péj)* ◆ **une ~ de** *[de personnes]* a whole army *ou* mob of; *[de voitures]* a fleet of ◆ **l'Invincible Armada** the Spanish Armada

**armagnac** /aʀmaɲak/ NM armagnac

**armateur** /aʀmatœʀ/ NM *(= propriétaire)* shipowner; *(= exploitant)* ship's manager ◆ **~-affréteur** owner-charterer

**armature** /aʀmatyʀ/ NF a *(gén = carcasse) [de tente, montage, parapluie]* frame; *(Constr)* framework, armature *(SPÉC)*; *(fig = infrastructure)* framework ◆ **~ de corset** corset bones *ou* stays ◆ **soutien-gorge à/sans ~** underwired/unwired bra b *(Mus)* key signature c *(Phys) [de condensateur]* electrode; *[d'aimant]* armature

**arme** /aʀm/ NF a *(= instrument) (gén)* weapon; *(= fusil, revolver)* gun ◆ **~s** weapons, arms ◆ **fabrique d'~s** arms factory ◆ **l'~ du crime** the murder weapon ◆ **des policiers sans ~(s)** unarmed police; → **bretelle, maniement, port²**

◆ **en armes** ◆ **soldats en ~s** *(avec des armes)* armed soldiers; *(prêts à se battre)* soldiers under arms ◆ **un peuple en ~s** a nation in arms ◆ **ils sont entrés en ~s dans la ville** they came into the town under arms

b *(= élément d'une armée)* arm ◆ **les trois ~s** the three services *ou* arms ◆ **l'~ de l'infanterie** the infantry ◆ **dans quelle ~ sert-il ?** which service is he in?, which branch (of the army) does he serve in?

c *(Mil)* **la carrière** *ou* **le métier des ~s** soldiering ◆ **le succès de nos ~s** *(littér)* the success of our armies ◆ **aux ~s !** to arms! ◆ **compagnon** *ou* **frère d'~s** comrade-in-arms ◆ **appeler un régiment sous les ~s** to call up a regiment; → **homme, place, prise²**

d *(= moyen d'action)* weapon ◆ **~ à double tranchant** double-edged weapon *ou* sword ◆ **il est sans ~** he's defenceless *(Brit) ou* defenseless *(US)* (*contre* against); ◆ **donner** *ou* **fournir des ~s à qn** to give sb weapons (*contre* against); ◆ **tu leur donnes des ~s contre toi-même** you're giving them a stick to beat you with

e *(Escrime)* **les ~s** fencing ◆ **faire des ~s** to fence; → **maître, passe¹, salle**

f *(Hér)* **~s** arms, coat of arms ◆ **aux ~s de** bearing the arms of; → **hérault**

g *(loc)* **porter les ~s** to be a soldier ◆ **prendre les ~s** *(= se soulever)* to rise up in arms; *(pour défendre son pays)* to take up arms ◆ **avoir l'~ au bras** to have one's weapon in (one's) hand ◆ **~ à la bretelle !** ≃ slope arms! ◆ **~ sur l'épaule !** shoulder arms! ◆ **~ au pied !** attention! *(with rifle on ground)* ◆ **rester** *ou* **demeurer l'~ au pied** *(fig)* to hold fire ◆ **portez ~ !** shoulder arms! ◆ **présentez ~ !** present arms! ◆ **reposez ~ !** order arms! ◆ **déposer** *ou* **mettre bas les ~s** to lay down (one's) arms ◆ **rendre les ~s** to lay down one's arms, to surrender ◆ **faire ses premières ~s** to start out, to begin one's career (*dans* in); ◆ **il a fait ses (premières) ~s en Afrique** he started his military career in Africa, he first saw service in Africa ◆ **partir avec ~s et bagages** to pack up and go ◆ **passer l'~ à gauche** ⁑ to kick the bucket‡ ♦ **à ~s égales** on equal terms ♦ **passer qn par les ~s** to shoot sb by firing squad ♦ **prendre le pouvoir/régler un différend par les ~s** to take power/settle a dispute by force ♦ **mourir les ~s à la main** to die fighting ♦ **ils ont défendu la ville les ~s à la main** they took up arms to defend the town; → **appel, fait¹, gens¹, pris, suspension**

COMP ▷ **l'arme absolue** the ultimate weapon ▷ **arme d'assaut** assault weapon ▷ **arme atomique** atomic weapon ▷ **arme biologique** biological weapon ▷ **arme blanche** knife ♦ **se battre à l'~ blanche** to fight with knives ▷ **arme de chasse** hunting weapon ▷ **arme chimique** chemical weapon ▷ **armes de destruction massive** weapons of mass destruction ▷ **arme d'épaule** rifle ▷ **arme à feu** firearm ▷ **arme de guerre** weapon of war ▷ **arme de jet** projectile ▷ **arme légère** light weapon ▷ **arme lourde** heavy weapon ▷ **arme nucléaire** nuclear weapon ♦ **avoir l'~ nucléaire** to have nuclear weapons ▷ **arme de poing** handgun ▷ **arme de service** *[de policier]* service revolver *ou* gun

> ⚠ *Au singulier,* **arme** *ne se traduit pas par le mot anglais* **arm.**

**armé, e¹** /aʀme/ (ptp de **armer**) ADJ *[personne, forces, conflit]* armed ♦ **~ jusqu'aux dents** *ou* **de pied en cap** armed to the teeth ♦ **attention, il est ~ !** careful, he's armed! ♦ **~ de** armed with ♦ **être bien ~ pour passer un examen** to be well-equipped to take an examination ♦ **bien ~ contre le froid** well-equipped against the cold ♦ **canne ~e d'un bout ferré** stick fitted with a steel tip, stick tipped with steel; → **béton, ciment, force, vol²**

NM *(= position)* cock

**armée²** /aʀme/ NF a *(Mil)* army ♦ **~ de mercenaires** mercenary army ♦ **l'~ d'occupation/de libération** the occupying/liberating army *ou* forces ♦ **la Grande Armée** *(Hist)* the Grande Armée *(army of Napoleon)* ♦ **être à l'~** to be doing one's military service ♦ **être dans l'~** to be in the army

b *(péj)* army ♦ **une ~ de domestiques/rats** an army of servants/rats ♦ **regardez-moi cette ~ d'incapables** just look at this hopeless bunch * *ou* crew *; → **corps, zone**

COMP ▷ **armée active** regular army ▷ **l'armée de l'air** the Air Force ▷ **armée de conscription** conscript army ▷ **armée de métier** professional army ▷ **l'armée des Ombres** *(Hist) the French Resistance* ▷ **armée permanente** standing army ▷ **armée régulière** regular army ▷ **l'Armée républicaine irlandaise** the Irish Republican Army ▷ **armée de réserve** reserve ▷ **l'Armée rouge** the Red Army ▷ **l'Armée du Salut** the Salvation Army ▷ **l'armée de terre** the Army

**armement** /aʀməmɑ̃/ NM a *(= action) [de pays, armée]* armament; *[de personne]* arming; *[de fusil]* cocking; *[d'appareil-photo]* winding-on b *(= armes) [de soldat]* arms, weapons; *[de pays, troupe, avion]* arms, armament(s) ♦ **usine d'~** arms factory ♦ **la limitation des ~s** arms limitation ♦ **les dépenses d'~s de la France** France's expenditure on arms *ou* weapons; → **course** c *(Naut = équipement)* fitting-out, equipping

**Arménie** /aʀmeni/ NF Armenia; → **papier**

**arménien, -ienne** /aʀmenjɛ̃, jɛn/ ADJ Armenian NM *(Ling)* Armenian NM,F **Arménien(ne)** Armenian

**armer** /aʀme/ ▸ conjug 1 ◂ VT a *(lit)* to arm (*de* with; *contre* against); ♦ **~ qn contre les difficultés de la vie** to equip sb to deal with life's difficulties, to arm sb against life's difficulties b *(Hist)* **~ qn chevalier** to dub sb knight c *[+ navire]* to fit out, to equip d *[+ fusil]* to cock; *[+ appareil-photo]* to wind on e *(= renforcer) [+ béton, poutre]* to reinforce (*de* with); ♦ **~ un bâton d'une pointe d'acier** to fit a stick with a steel tip, to fit a steel tip on(to) a stick VPR **s'armer** *(= s'équiper)* to arm o.s. (*de* with; *contre* against); ♦ **s'~ de courage** to summon up one's courage, to steel o.s. ♦ **il faut s'~ de patience** you have to be patient

**armistice** /aʀmistis/ NM armistice ♦ **l'Armistice** *(= fête)* Armistice Day

**armoire** /aʀmwaʀ/ NF *(gén)* cupboard, closet *(US)*; *(= penderie)* wardrobe COMP ▷ **armoire frigorifique** cold room *ou* store ▷ **armoire à glace** *(lit)* wardrobe with a mirror; ( * *fig = costaud*) great hulking brute * ▷ **armoire à linge** linen cupboard *(Brit) ou* closet *(US)* ▷ **armoire normande** large wardrobe ▷ **armoire à pharmacie** medicine chest *ou* cabinet ▷ **armoire de toilette** bathroom cabinet (with a mirror)

**armoiries** /aʀmwaʀi/ NFPL coat of arms, armorial bearings

**armoise** /aʀmwaz/ NF artemisia

**armorial, e** (mpl **-iaux**) /aʀmɔʀjal, jo/ ADJ, NM armorial

**armoricain, e** /aʀmɔʀikɛ̃, ɛn/ ADJ Armorican; → **homard**

**armorier** /aʀmɔʀje/ ▸ conjug 7 ◂ VT to emblazon

**armure** /aʀmyʀ/ NF a *(Mil)* armour *(NonC) (Brit)*, armor *(NonC) (US)* ♦ **une ~** a suit of armour ♦ **chevalier en ~** knight in armour b *(Tex)* weave c *[de câble]* (metal) sheath d *(Mus)* key signature e *(Phys)* armature

**armurerie** /aʀmyʀʀi/ NF *(= fabrique)* arms factory; *(= magasin) [d'armes à feu]* gunsmith's; *[d'armes blanches]* armourer's *(Brit)*, armorer's *(US)*; *(= profession)* arms manufacture

**armurier** /aʀmyʀje/ NM *(= fabricant, marchand) [d'armes à feu]* gunsmith; *[d'armes blanches]* armourer *(Brit)*, armorer *(US)*; *(Mil)* armourer *(Brit)*, armorer *(US)*

**ARN** /aɛʀɛn/ NM (abrév de **acide ribonucléique**) RNA ♦ **~ messager/de transfert** messenger/transfer RNA

**arnaque** * /aʀnak/ NF con (trick) * ♦ **il a monté plusieurs ~s immobilières** he organized several property frauds ♦ **ce régime amaigrissant, c'est une belle ~** this diet is a real con * ♦ **c'est (de) l'~** *(= c'est trop cher)* it's a rip-off *, it's daylight robbery

**arnaquer** * /aʀnake/ ▸ conjug 1 ◂ VT a *(= escroquer)* to swindle, to do * *(Brit)* ♦ **je me suis fait ~ de 30 €** I was cheated *ou* done * *(Brit)* out of €30 b *(= arrêter)* to nab * ♦ **se faire ~** to get nabbed *

**arnaqueur, -euse** * /aʀnakœʀ, øz/ NM,F swindler, cheat, con artist *

**arnica** /aʀnika/ NF arnica

**arobase** /aʀobaz/ NF at symbol

**arolle** /aʀɔl/ NM *(Helv) (= arbre)* Arolla pine

**aromate** /aʀɔmat/ NM *(= herbe)* herb; *(= épice)* spice ♦ **~s** seasoning *(NonC)* ♦ **ajoutez quelques ~s** add seasoning

**aromathérapie** /aʀɔmateʀapi/ NF aromatherapy

**aromathérapeute** /aʀɔmateʀapøt/ NMF aromatherapist

**aromatique** /aʀɔmatik/ ADJ *(gén, Chim)* aromatic

**aromatiser** /aʀɔmatize/ ▸ conjug 1 ◂ VT to flavour *(Brit)*, to flavor *(US)* ♦ **aromatisé à la vanille** vanilla-flavoured

**arôme, arome** /aʀom/ NM *[de plat]* aroma; *[de café, vin]* aroma, fragrance; *[de fleur]* fragrance; *(= goût)* flavour *(Brit)*, flavor *(US)*; *(ajouté à un aliment)* flavouring *(Brit)*, flavoring *(US)* ♦ **crème ~ chocolat** chocolate-flavoured cream dessert

**aronde** †† /aʀɔ̃d/ NF swallow; → **queue**

**arpège** /aʀpɛʒ/ NM arpeggio ♦ **faire des ~s** to play arpeggios

**arpéger** /aʀpeʒe/ ▸ conjug 6 et 3 ◂ VT *[+ passage]* to play in arpeggios; *[+ accord]* to play as an arpeggio, to spread

**arpent** /aʀpɑ̃/ NM *(Hist)* arpent *(about an acre)* ♦ **il a quelques ~s de terre** *(fig)* he's got a few acres

**arpentage** /aʀpɑ̃taʒ/ NM *(= technique)* (land) surveying; *(= mesure)* measuring, surveying

**arpenter** /aʀpɑ̃te/ ▸ conjug 1 ◂ VT *[+ pièce, couloir]* to pace (up and down); *(Tech) [+ terrain]* to measure, to survey

**arpenteur** /aʀpɑ̃tœʀ/ NM (land) surveyor; → **chaîne**

**arpète** *, **arpette** * /aʀpɛt/ NMF apprentice

**arpion** ‡ /aʀpjɔ̃/ NM hoof ‡, foot

**arqué, e** /aʀke/ (ptp de **arquer**) ADJ *[objet, sourcils]* arched, curved ♦ **avoir le dos ~** to be hunchbacked ♦ **le dos ~ sous l'effort** his back bowed under the strain ♦ **il a les jambes ~es** he's bandy-legged *ou* bow-legged ♦ **nez ~** hooknose, hooked nose

**arquebuse** /aʀkəbyz/ NF (h)arquebus

**arquebusier** /aʀkəbyzje/ NM *(= soldat)* (h)arquebusier

**arquer** /aʀke/ ▸ conjug 1 ◂ VT *[+ objet, tige]* to curve; *[+ dos]* to arch VI *[objet]* to bend, to curve; *[poutre]* to sag ♦ **il ne peut plus ~** * he can't walk any more VPR **s'arquer** to curve

**arrachage** /aʀaʃaʒ/ NM *[de légume]* lifting; *[de plante, arbre]* uprooting; *[de dent]* extracting, pulling *(US)*; *[de sac]* snatching ♦ **l'~ des mauvaises herbes** weeding

**arraché** /aʀaʃe/ NM *(Sport)* snatch

♦ **à l'arraché** ♦ **il soulève 130 kg à l'~** he can do a snatch using 130 kg ♦ **obtenir la victoire à l'~** to snatch victory ♦ **ils ont eu le contrat à l'~** they just managed to snatch the contract

**arrache-clou** (pl **arrache-clous**) /aʀaʃklu/ NM nail wrench

**arrachement** /aʀaʃmɑ̃/ NM a *(= chagrin)* wrench ♦ **ce fut un véritable ~ pour elle de partir** it was a real wrench for her to leave b *(= déchirement)* tearing

**arrache-pied** /aʀaʃpje/ **d'arrache-pied** LOC ADV relentlessly

**arracher** /aʀaʃe/ ▸ conjug 1 ◂ VT a *(= déraciner) [+ légume]* to lift; *[+ souche, plante]* to pull up, to uproot; *[+ mauvaises herbes]* to pull up; *[+ cheveux]* to tear *ou* pull out; *[+ dent]* to take out, to extract, to pull *(US)*; *[+ poil, clou]* to pull out ♦ **j'ai passé la matinée à ~ des mauvaises herbes** I've been weeding all morning ♦ **je vais me faire ~ une dent** I'm going to have a tooth out *ou* extracted *ou* pulled *(US)*

b *(= enlever) [+ chemise, membre]* to tear off; *[+ affiche]* to tear down; *[+ feuille, page]* to tear out (*de* of); ♦ **je vais lui ~ les yeux** I'll scratch his eyes out ♦ **cette séparation lui a arraché le cœur** he was heartbroken by this separation ♦ **ce spectacle lui arracha le cœur** the sight of it broke his heart, it was a heartrending sight for him ♦ **ça arrache (la gorge)** ‡ *[plat]* it'll blow your head off *; *[boisson]* it's really rough!

c *(= prendre)* **~ à qn** *[+ portefeuille, arme]* to snatch *ou* grab from sb; *[+ argent]* to get out of sb ♦ **~ des larmes/un cri à qn** to make sb cry/cry out ♦ **ils ont arraché la victoire à la dernière minute** they snatched victory at the last minute ♦ **il lui arracha son sac à main** he snatched *ou* grabbed her handbag from her ◆ **je lui ai arraché cette promesse/ces aveux/la vérité** I dragged this promise/this confession/the truth out of him

d *(= soustraire)* ~ **qn à** *[+ famille, pays]* to tear *ou* drag sb away from; *[+ passion, vice, soucis]* to rescue sb from; *[+ sommeil, rêve]* to drag sb out of *ou* from; *[+ sort, mort]* to snatch sb from; *[+ habitudes, méditation]* to force sb out of ◆ ~ **qn des mains d'un ennemi** to snatch sb from the hands of an enemy ◆ **la mort nous l'a arraché** death has snatched *ou* torn him from us ◆ **il m'a arraché du lit à 6 heures** he got *ou* dragged me out of bed at 6 o'clock

VPR **s'arracher** a *(= se déchirer)* **tu t'es arraché les vêtements sur le grillage** you've torn your clothes on the fence ◆ **s'~ les cheveux** *(lit)* to tear *ou* pull out one's hair; *(fig)* to tear one's hair out ◆ **s'~ les yeux** *(fig)* to scratch each other's eyes out

b *(= se battre pour avoir)* ◆ **s'~ qn/qch** to fight over sb/sth ◆ **on s'arrache leur dernier CD** everybody is desperate to get hold of their latest CD ◆ **les cinéastes se l'arrachent** film directors are falling over themselves *ou* are fighting to get him to act in their films

c *(= partir)* ◆ **s'~ de** *ou* **à** *[+ pays, famille]* to tear o.s. away from; *[+ habitude, méditation, passion]* to force o.s. out of; *[+ lit]* to drag o.s. from, to force o.s. out of ◆ **on s'arrache ?** ⁑ let's split! ⁑

**arracheur** /aʀaʃœʀ/ NM → **mentir**

**arracheuse** /aʀaʃøz/ NF *(Agr)* lifter, grubber

**arraisonnement** /aʀɛzɔnmɑ̃/ NM *(Naut)* inspection

**arraisonner** /aʀɛzɔne/ ▸ conjug 1 ◂ VT *(Naut)* to inspect

**arrangeant, e** /aʀɑ̃ʒɑ̃, ɑ̃t/ ADJ accommodating, obliging

**arrangement** /aʀɑ̃ʒmɑ̃/ NM a *(= action) [de fleurs, coiffure, voyage]* arranging b *(= agencement) [de mobilier, maison]* layout, arrangement; *[de fiches]* order, arrangement; *[de mots]* order ◆ **l'~ de sa coiffure** the way her hair is done *ou* arranged ◆ **l'~ de sa toilette** the way she is dressed c *(= accord)* agreement, arrangement ◆ **arriver** *ou* **parvenir à un** ~ to come to an agreement *ou* an arrangement ◆ **sauf ~ contraire** unless other arrangements are made ◆ ~ **de famille** *(Jur)* family settlement *(in financial matters)* d *(Mus)* arrangement ◆ ~ **pour guitare** arrangement for guitar e *(Math)* arrangement f *(= préparatifs)* **~s** arrangements

**arranger** /aʀɑ̃ʒe/ ▸ conjug 3 ◂ VT a *(= disposer) (gén)* to arrange; *[+ coiffure]* to tidy ◆ ~ **sa cravate/sa jupe** to straighten one's tie/skirt

b *(= organiser) [+ voyage, réunion]* to arrange, to organize; *[+ rencontre, entrevue]* to arrange ◆ ~ **sa vie/ses affaires** to organize one's life/one's affairs ◆ **il a tout arrangé pour ce soir** he has seen to *ou* he has arranged everything for tonight ◆ **ce combat de catch était arrangé à l'avance** this wrestling match was fixed *ou* was a put-up job *

c *(= régler) [+ différend]* to settle ◆ **il a essayé d'~ les choses** *ou* **l'affaire** *ou* **le coup** * he tried to sort *ou* straighten the matter out ◆ **tout est arrangé** everything is settled *ou* sorted out ◆ **et ce qui n'arrange rien, il est en retard !** and he's late, which doesn't help matters! ◆ **ce contretemps n'arrange pas nos affaires** this setback doesn't help matters

d *(= convenir)* to suit, to be convenient for ◆ **ça ne m'arrange pas tellement** it doesn't really suit me ◆ **cela m'arrange bien** that suits me nicely *ou* fine ◆ **à 6 heures si ça vous arrange** at 6 o'clock if that suits you *ou* if that's convenient ◆ **tu le crois parce que ça t'arrange** you believe him because it suits you (to do so)

e *(= réparer) [+ voiture, montre]* to fix, to put right; *[+ robe] (= recoudre)* to fix, to mend; *(= modifier)* to alter ◆ **il faudrait ~ votre texte, il est confus** you need to sort out this piece - it's a mess

f *(* = malmener)* to work over *, to sort out * *(Brit)* ◆ **il s'est drôlement fait ~** he got a real working over *, they really sorted him out * *(Brit)* ◆ **te voilà bien arrangé !** what a state *ou* mess you've got yourself in! * ◆ **il s'est fait ~ le portrait** he got his face bashed in * *ou* smashed in *

g *(Mus)* to arrange

VPR **s'arranger** a *(= se mettre d'accord)* to come to an agreement *ou* an arrangement ◆ **arrangez-vous avec le patron** you'll have to sort it out with the boss ◆ **s'~ à l'amiable** to come to a friendly *ou* an amicable agreement

b *(= s'améliorer) [querelle]* to be settled; *[situation]* to work out, to sort itself out *(Brit)*; *[santé]* to get better ◆ **le temps n'a pas l'air de s'~** it doesn't look as though the weather is improving *ou* getting any better ◆ **tout va s'~** everything will work out (all right) *ou* sort itself out *(Brit)* ◆ **les choses s'arrangèrent d'elles-mêmes** things worked *ou* sorted *(Brit)* themselves out ◆ **ça ne s'arrange pas *, il est plus têtu que jamais** he's not getting any better, he's more stubborn than ever ◆ **il ne fait rien pour s'~** he doesn't do himself any favours ◆ **alors, ça s'arrange entre eux ?** are things getting (any) better between them?

c *(= se débrouiller)* to manage ◆ **arrangez-vous comme vous voudrez mais je les veux demain** I don't mind how you do it but I want them for tomorrow ◆ **tu t'arranges toujours pour avoir des taches !** you always manage to dirty your clothes! ◆ **il va s'~ pour finir le travail avant demain** he'll see to it that *ou* he'll make sure (that) he finishes the job before tomorrow ◆ **il s'est arrangé pour avoir des places gratuites** he has managed to get some free seats ◆ **arrangez-vous pour venir me chercher à la gare** arrange it so that you can come and meet me at the station ◆ **c'est ton problème, arrange-toi !** it's your problem, you deal with it *ou* sort it out!

d *(= se contenter)* ◆ **s'~ de** to make do with, to put up with ◆ **il s'est arrangé du fauteuil pour dormir** he made do with the armchair to sleep in ◆ **il faudra bien s'en ~** we'll just have to put up with it

e *(= se classer)* to be arranged ◆ **ses arguments s'arrangent logiquement** his arguments are logically arranged

f *(= se rajuster)* to tidy o.s. up ◆ **elle s'arrange les cheveux** she's fixing her hair

g *(* = se faire mal)* **tu t'es bien arrangé !** you've got yourself in a fine state!, you do look a mess! *

> ⚠ *Au sens de 'convenir',* **arranger** *ne se traduit pas par* **to arrange.**

**arrangeur, -euse** /aʀɑ̃ʒœʀ, øz/ NM,F *(Mus)* arranger

**arrérages** /aʀeʀaʒ/ NMPL arrears

**arrestation** /aʀɛstasjɔ̃/ NF arrest ◆ **procéder à l'~ de qn** to arrest sb ◆ **être/mettre en état d'~** to be/place *ou* put under arrest ◆ **se mettre en état d'~** to give o.s. up to the police ◆ **ils ont procédé à une douzaine d'~s** they made a dozen arrests COMP ▷ **arrestation préventive** ≃ arrest ▷ **arrestation provisoire** taking into preventive custody

**arrêt** /aʀɛ/ NM a *(= lieu)* stop ◆ ~ **d'autobus** bus stop ◆ ~ **fixe** compulsory stop ◆ ~ **facultatif** request stop

b *[de machine, véhicule]* stopping; *[de développement, croissance]* stopping, checking; *[d'hémorragie]* stopping, arrest ◆ **attendez l'~ complet (du train/de l'avion)** wait until the train/aircraft has come to a complete stop *ou* standstill ◆ **cinq minutes d'~** *[de trajet]* a 5-minute stop; *[de cours]* a 5-minute break ◆ **"arrêts fréquents"** *(sur véhicule)* "frequent stops" ◆ **véhicule à l'~** stationary vehicle ◆ **être à l'~** *[véhicule, conducteur]* to be stationary ◆ **faire un ~** *[train]* to stop, to make a stop; *[gardien de but]* to make a save ◆ **le train fit un ~ brusque** the train came to a sudden stop *ou* standstill ◆ **nous avons fait plusieurs ~s** we made several stops *ou* halts ◆ **marquer un ~ avant de continuer à parler** to pause before speaking again ◆ ~ **buffet** * snack break, pit stop * *(US)* ◆ ~ **pipi** * loo stop * *(Brit)*, bathroom break *(US)* ◆ **donner un coup d'~ à** to check, to put a brake on

c *(Mil)* **~s** arrest ◆ **~s simples/de rigueur** open/close arrest ◆ **~s de forteresse** confinement *(in military prison)* ◆ **mettre qn aux ~s** to put sb under arrest; → **maison, mandat**

d *(Jur = décision)* judgement, decision ◆ **faire ~ sur les appointements de qn** to issue a writ of attachment (on sb's salary) ◆ **les ~s du destin** *(littér)* the decrees of destiny *(littér)*

e *(Couture)* **faire un ~** to fasten off the thread; → **point²**

f *(Tech) [de machine]* stop mechanism; *[de serrure]* ward; *[de fusil]* safety catch ◆ **appuyez sur l'~** press the stop button ◆ ~ **sur image** *(Audiov = dispositif)* freeze frame ◆ **faire un ~ sur image** to freeze on a frame

g *(Ski)* stop; *(Boxe)* stoppage ◆ **il a perdu/gagné par ~ de l'arbitre** he won/lost on a stoppage

h *(Chasse)* **rester** *ou* **tomber en ~** *(lit)* to point; *(fig)* to stop short ◆ **être en ~** *(lit)* to be pointing *(devant* at); *(fig)* to stand transfixed *(devant* before) → **chien**

LOC ADV **sans arrêt** *(= sans interruption) [travailler, pleuvoir]* without stopping, non-stop; *(= très fréquemment) [se produire, se détraquer]* continually, constantly ◆ **ce train est sans ~ jusqu'à Lyon** this train is non-stop to Lyon

COMP ▷ **arrêt du cœur** cardiac arrest, heart failure ▷ **l'arrêt des hostilités** the cessation of hostilities ▷ **arrêt de jeu** *(Sport)* stoppage ◆ **jouer les ~s de jeu** to play injury time ▷ **arrêt (de) maladie** sick leave ◆ **être en ~ (de) maladie** to be on sick leave ◆ **se mettre en ~ (de) maladie** to go sick ▷ **arrêt de mort** death warrant ◆ **il avait signé son ~ de mort** *(fig)* he had signed his own death warrant ▷ **arrêt de travail** *(= grève)* stoppage (of work); *(= congé de maladie)* sick leave; *(= certificat)* doctor's *ou* medical certificate ▷ **arrêt de volée** *(Rugby)* **faire un ~ de volée** to make a mark

**arrêté, e** /aʀete/ (ptp de **arrêter**) ADJ *[décision, volonté]* firm, immutable; *[idée, opinion]* fixed, firm ◆ **c'est une chose ~e** the matter *ou* it is settled NM a *(= décision administrative)* order, decree *(frm)* ◆ ~ **ministériel** departmental *ou* ministerial order ◆ ~ **municipal** ≃ by(e)-law ◆ ~ **préfectoral** order of the prefect b *(Fin)* ~ **de compte** *(fermeture)* settlement of account; *(relevé)* statement of account *(to date)*

**arrêter** /aʀete/ ▸ conjug 1 ◂ VT a *(= immobiliser) [+ personne, machine, montre]* to stop; *[+ cheval]* to stop, to pull up; *[+ moteur]* to switch off, to stop ◆ **arrêtez-moi près de la poste** drop me off by the post office ◆ **il m'a arrêté**

**dans le couloir pour me parler** he stopped me in the corridor to speak to me ♦ **ici, je vous arrête !** *(dans la conversation)* I must stop *ou* interrupt you there!

**b** *(= entraver) [+ développement, croissance]* to stop, to check; *[+ foule, ennemi]* to stop, to halt; *[+ hémorragie]* to stop, to arrest ♦ **le trafic ferroviaire est arrêté à cause de la grève** trains have been brought to a standstill *ou* a halt because of the strike ♦ **rien n'arrête la marche de l'histoire** nothing can stop *ou* check the march of history ♦ **on n'arrête pas le progrès !** *(hum)* the wonders of modern science! *(hum)* ♦ **nous avons été arrêtés par un embouteillage** we were held up *ou* stopped by a traffic jam ♦ **seul le prix l'arrête** it's only the price that stops him ♦ **rien ne l'arrête** there's nothing to stop him ♦ **arrête les frais !** * drop it! * ♦ **bon, on arrête les frais** * OK, let's stop this before it gets any worse

**c** *(= abandonner) [+ études, compétition, sport]* to give up; *[+ représentations]* to cancel ♦ **la fabrication d'un produit** to discontinue (the manufacture of) a product ♦ **on a dû ~ les travaux à cause de la neige** we had to stop work *ou* call a halt to the work because of the snow

**d** *(= faire prisonnier)* to arrest ♦ **il s'est fait ~ hier** he got himself arrested yesterday ♦ **je vous arrête !** you're under arrest!

**e** *(Fin) [+ compte] (= fermer)* to settle; *(= relever)* to make up ♦ **les comptes sont arrêtés chaque fin de mois** statements (of account) are made up at the end of every month

**f** *(Couture) [+ point]* to fasten off

**g** *(= fixer) [+ jour, lieu]* to appoint, to decide on; *[+ plan]* to decide on; *[+ derniers détails]* to finalize ♦ **~ son attention/ses regards sur** to fix one's attention/gaze on ♦ **~ un marché** to make a deal ♦ **il a arrêté son choix** he's made his choice ♦ **ma décision est arrêtée** my mind is made up ♦ **~ que ...** *(Admin)* to rule that ...

**h** *(Méd)* **~ qn** to give sb sick leave ♦ **elle est arrêtée depuis 3 semaines** she's been on sick leave for 3 weeks

**VI** to stop ♦ **~ de fumer** to give up *ou* stop smoking ♦ **il n'arrête pas** he just never stops, he's always on the go ♦ **il n'arrête pas de critiquer tout le monde** he never stops criticizing people, he's always criticizing people ♦ **arrête de parler !** stop talking! ♦ **arrête !** stop it!, stop that! ♦ **ça n'arrête pas !** * it never stops!

**VPR s'arrêter** **a** *(= s'immobiliser) [personne, machine, montre]* to stop; *[train, voiture] (gén)* to stop; *(en se garant)* to pull up ♦ **nous nous sommes arrêtés sur le bas-côté** we pulled up *ou* stopped by the roadside ♦ **s'~ court** *ou* **net** *[personne]* to stop dead *ou* short; *[cheval]* to pull up; *[bruit]* to stop suddenly ♦ **le train ne s'arrête pas à toutes les gares** the train doesn't stop *ou* call at every station ♦ **nous nous sommes arrêtés 10 jours à Lyon** we stayed *ou* stopped * 10 days in Lyons

**b** *(= s'interrompre)* to stop, to break off ♦ **la route s'arrête ici** the road ends *ou* stops here ♦ **s'~ pour se reposer/pour manger** to break off *ou* stop for a rest/to eat ♦ **arrête-toi un peu, tu vas t'épuiser** stop for a while *ou* take a break or you'll wear yourself out ♦ **les ouvriers se sont arrêtés à 17 heures** *(grève)* the workmen stopped work *ou* downed tools *(Brit)* at 5 o'clock; *(heure de fermeture)* the workmen finished (work) *ou* stopped work at 5 o'clock ♦ **sans s'~** without stopping, without a break ♦ **ce serait dommage de s'~ en si bon chemin** it would be a shame to stop *ou* give up while things are going so well

**c** *(= cesser) [développement, croissance]* to stop, to come to a standstill; *[hémorragie]* to stop ♦ **le travail s'est arrêté dans l'usine en grève** work has stopped in the striking factory, the striking factory is at a standstill ♦ **s'~ de manger/marcher** to stop eating/walking ♦ **s'~ de fumer/boire** to give up *ou* stop smoking/drinking ♦ **l'affaire ne s'arrêtera pas là !** you (*ou* they *etc*) haven't heard the last of this!

**d** ♦ **s'~ sur** *[choix, regard]* to fall on ♦ **il ne faut pas s'~ aux apparences** you should always look beyond appearances ♦ **s'~ à des détails** to waste time worrying about details ♦ **s'~ à un projet** to settle on *ou* fix on a plan ♦ **arrêtons-nous un instant sur ce tableau** let us turn our attention to this picture for a moment

**arrhes** /aʀ/ **NFPL** deposit ♦ **verser des ~** to pay *ou* leave a deposit

**arriération** /aʀjeʀasjɔ̃/ **NF** **a** *(Psych)* retardation ♦ **~ affective** emotional retardation **b** ♦ **~ économique** *[de pays]* economic backwardness ♦ **certains villages sont en voie d'~** some villages are slipping into economic decline

**arriéré, e** /aʀjeʀe/ **ADJ** **a** *(Comm) [paiement]* overdue, in arrears *(attrib)*; *[dette]* outstanding **b** *(Psych) [enfant, personne]* backward, retarded; *(Scol)* educationally subnormal; *[région, pays]* backward, behind the times *(attrib)*; *[croyances, méthodes, personne]* out-of-date, behind the times *(attrib)* **NM** **a** *(= choses à faire, travail)* backlog **b** *(= paiement)* arrears ♦ **il voulait régler l'~ de sa dette** he wanted to settle his arrears ♦ **il refuse de lui payer un ~ de salaire d'un mois** he's refusing to pay her a month's back salary

**arrière** /aʀjɛʀ/ **NM** **a** *[de voiture]* back; *[de bateau]* stern; *[de train]* rear ♦ **à l'~** *(Naut)* aft, at the stern ♦ **à l'~ de** *(Naut)* at the stern of, abaft ♦ **se balancer d'avant en ~** to rock backwards and forwards ♦ **avec le moteur à l'~** with the engine at the back, with a rear-mounted engine ♦ **l'~ (du pays)** *(en temps de guerre)* the home front, the civilian zone ♦ **l'~ tient bon** morale on the home front *ou* behind the lines is high

♦ **en arrière** *(= derrière)* behind; *(= vers l'arrière)* backwards ♦ **être/rester en ~** to be/lag *ou* drop behind ♦ **regarder en ~** *(lit)* to look back *ou* behind; *(fig)* to look back ♦ **faire un pas en ~** to step back(wards), to take a step back ♦ **aller/marcher en ~** to go/walk backwards ♦ **se pencher en ~** to lean back(wards) ♦ **en ~ toute !** *(Naut)* full astern! ♦ **100 ans en ~** 100 years ago *ou* back ♦ **il faut remonter loin en ~ pour trouver une telle sécheresse** we have to go a long way back (in time) to find a similar drought ♦ **revenir en ~** *[marcheur]* to go back, to retrace one's steps; *[orateur]* to go back over what has been said; *[civilisation]* to regress; *(avec magnétophone)* to rewind; *(dans ses pensées)* to look back ♦ **renverser la tête en ~** to tilt one's head back(wards) ♦ **le chapeau en ~** his hat tilted back(wards) ♦ **être peigné** *ou* **avoir les cheveux en ~** to have one's hair brushed *ou* combed back

♦ **en arrière de** behind ♦ **rester** *ou* **se tenir en ~ de qch** to stay behind sth ♦ **il est très en ~ des autres élèves** he's a long way behind the other pupils

**b** *(Sport = joueur) (gén)* fullback; *(Volley)* back-line player ♦ **~ gauche/droit** *(Ftbl)* left/right back; *(Basket)* left/right guard ♦ **~ central** *(Ftbl)* centre back ♦ **~ volant** sweeper

**c** *(Mil)* **les ~s** the rear ♦ **attaquer les ~s de l'ennemi** to attack the enemy in the rear ♦ **assurer** *ou* **protéger ses ~s** *(lit)* to protect the rear; *(fig)* to leave o.s. a way out

**ADJ INV** ♦ **roue/feu ~** rear wheel/light ♦ **siège ~** *[de voiture]* back seat; *[de moto]* pillion; → **machine, marche**[1], **vent**

**EXCL** ♦ **en ~ ! vous gênez** stand *ou* get back! you're in the way ♦ **~, misérable !** † behind me, wretch! †

**arrière-ban** (pl **arrière-bans**) /aʀjɛʀbɑ̃/ **NM** → **ban**

**arrière-bouche** (pl **arrière-bouches**) /aʀjɛʀbuʃ/ **NF** back of the mouth

**arrière-boutique** (pl **arrière-boutiques**) /aʀjɛʀbutik/ **NF** back shop

**arrière-chœur** (pl **arrière-chœurs**) /aʀjɛʀkœʀ/ **NM** retrochoir

**arrière-cour** (pl **arrière-cours**) /aʀjɛʀkuʀ/ **NF** backyard

**arrière-cuisine** (pl **arrière-cuisines**) /aʀjɛʀkɥizin/ **NF** scullery

**arrière-fond** (pl **arrière-fonds**) /aʀjɛʀfɔ̃/ **NM** *[de tableau, scène]* background ♦ **en ~** in the background

**arrière-garde** (pl **arrière-gardes**) /aʀjɛʀgaʀd/ **NF** rearguard ♦ **livrer un combat** *ou* **une bataille d'~** *(lit, fig)* to fight a rearguard action *ou* battle

**arrière-gorge** (pl **arrière-gorges**) /aʀjɛʀgɔʀʒ/ **NF** back of the throat

**arrière-goût** (pl **arrière-goûts**) /aʀjɛʀgu/ **NM** *(lit, fig)* aftertaste ♦ **ses propos ont un ~ de racisme** his comments smack of racism

**arrière-grand-mère** (pl **arrière-grands-mères**) /aʀjɛʀgʀɑ̃mɛʀ/ **NF** great-grandmother

**arrière-grand-oncle** (pl **arrière-grands-oncles**) /aʀjɛʀgʀɑ̃tɔ̃kl/ **NM** great-great-uncle

**arrière-grand-père** (pl **arrière-grands-pères**) /aʀjɛʀgʀɑ̃pɛʀ/ **NM** great-grandfather

**arrière-grands-parents** /aʀjɛʀgʀɑ̃paʀɑ̃/ **NMPL** great-grandparents

**arrière-grand-tante** (pl **arrière-grands-tantes**) /aʀjɛʀgʀɑ̃tɑ̃t/ **NF** great-great-aunt

**arrière-pays** /aʀjɛʀpei/ **NM INV** hinterland ♦ **dans l'~ niçois** in the countryside just inland from Nice

**arrière-pensée** (pl **arrière-pensées**) /aʀjɛʀpɑ̃se/ **NF** *(= motif inavoué)* ulterior motive; *(= réserves, doute)* reservation ♦ **je l'ai dit/fait sans ~** I had no ulterior motive when I said/did it ♦ **cette mesure n'est pas dénuée d'~s politiques** there's a political agenda behind this measure

**arrière-petit-cousin** (pl **arrière-petits-cousins**) /aʀjɛʀpətikuzɛ̃/ **NM** cousin three times removed

**arrière-petite-cousine** (pl **arrière-petites-cousines**) /aʀjɛʀpətitkuzin/ **NF** cousin three times removed

**arrière-petite-fille** (pl **arrière-petites-filles**) /aʀjɛʀpətitfij/ **NF** great-granddaughter

**arrière-petite-nièce** (pl **arrière-petites-nièces**) /aʀjɛʀpətitnjɛs/ **NF** great-grandniece, great-great-niece

**arrière-petit-fils** (pl **arrière-petits-fils**) /aʀjɛʀpətifis/ **NM** great-grandson

**arrière-petit-neveu** (pl **arrière-petits-neveux**) /aʀjɛʀpətin(ə)vø/ **NM** great-grandnephew, great-great-nephew

**arrière-petits-enfants** /aʀjɛʀpətizɑ̃fɑ̃/ **NMPL** great-grandchildren

**arrière-plan** (pl **arrière-plans**) /aʀjɛʀplɑ̃/ **NM** background ♦ **à l'~** in the background ♦ **ces préoccupations ont été reléguées à l'~**

these concerns were put on the back burner *ou* relegated to the background

**arrière-port** (pl **arrière-ports**) /aʀjɛʀpɔʀ/ **NM** inner harbour

**arriérer** /aʀjeʀe/ ▸ conjug 6 ◂ *(Fin)* **VT** *[+ paiement]* to defer **VPR** **s'arriérer** to fall into arrears, to fall behind with one's *ou* the payments

**arrière-saison** (pl **arrière-saisons**) /aʀjɛʀsɛzɔ̃/ **NF** end of autumn, late autumn, late fall *(US)* ◆ **un soleil d'~** late-autumn *ou* late-fall *(US)* sunshine

**arrière-salle** (pl **arrière-salles**) /aʀjɛʀsal/ **NF** back room; *[de café, restaurant]* inner room

**arrière-train** (pl **arrière-trains**) /aʀjɛʀtʀɛ̃/ **NM** *[d'animal]* hindquarters; *(hum) [de personne]* behind *, hindquarters

**arrimage** /aʀimaʒ/ **NM** *(Naut)* stowage, stowing

**arrimer** /aʀime/ ▸ conjug 1 ◂ **VT** *(Naut) [+ cargaison]* to stow; *(gén) [+ colis]* to lash down, to secure

**arrimeur** /aʀimœʀ/ **NM** stevedore

**arrivage** /aʀivaʒ/ **NM** *[de marchandises]* consignment, delivery; *[de personnes]* batch ◆ **un nouvel ~ de volontaires** a new batch of volunteers ◆ **fruits frais, selon ~** fresh fruit, as available

**arrivant, e** /aʀivɑ̃, ɑ̃t/ **NM,F** newcomer ◆ **nouvel ~** newcomer, new arrival ◆ **combien d'~s y avait-il hier ?** how many new arrivals were there yesterday?, how many people arrived yesterday? ◆ **les premiers ~s de la saison** the first arrivals of the season

**arrivée** /aʀive/ **NF** **a** *[de personne, train, courrier]* arrival; *[de printemps, neige, hirondelles]* arrival, coming; *[de course, coureur]* finish ◆ **l'~ de ce produit sur le marché** the appearance of this product on the market ◆ **c'est l'~ des abricots sur les marchés** apricots are beginning to arrive in *ou* are coming into the shops ◆ **j'attends l'~ du courrier** I'm waiting for the post *ou* mail to come *ou* arrive ◆ **"arrivées"** *(dans une gare, un aéroport)* "arrivals" ◆ **contactez-nous à votre ~ à l'aéroport** contact us (up)on your arrival at the airport ◆ **il m'a téléphoné dès son ~ à Megève** he phoned me as soon as he arrived in Megève ◆ **à l'~** *[de course]* at the finish; *(* = au bout du compte)* at the end of the day ◆ **j'irai l'attendre à l'~ (du train)** I'll go and get him at the station, I'll go and meet him off the train *(Brit)* ◆ **à leur ~ au pouvoir** when they came (*ou* come) to power; → **gare**[1], **juge**, **ligne**[1]

**b** *(Tech)* **~ d'air/d'eau/de gaz** *(= robinet)* air/water/gas inlet; *(= processus)* inflow of air/water/gas

**arriver** /aʀive/ ▸ conjug 1 ◂ **VI** **a** *(au terme d'un voyage) [train, personne]* to arrive ◆ **~ à** *[+ ville]* to arrive at, to get to ◆ **~ de** *[+ ville, pays]* to arrive from ◆ **~ en France** to arrive in *ou* reach France ◆ **~ chez des amis** to arrive at friends' ◆ **~ chez soi** to arrive *ou* get home ◆ **nous sommes arrivés** we've arrived, we're there ◆ **le train doit ~ à 6 heures** the train is due to arrive *ou* is due in at 6 o'clock ◆ **il est arrivé par le train/en voiture** he arrived by train/by car *ou* in a car ◆ **réveille-toi, on arrive !** wake up, we're almost there! ◆ **cette lettre m'est arrivée hier** this letter reached me yesterday ◆ **~ le premier** *(à une course)* to come in first; *(à une soirée, une réception)* to be the first to arrive, to arrive first ◆ **les premiers arrivés** the first to arrive, the first arrivals; → **destination**, **mars**, **port**[1]

**b** *(= approcher) [saison, nuit, personne, véhicule]* to come ◆ **~ à grands pas/en courant** to stride up/run up ◆ **j'arrive !** (I'm) coming!, just coming! ◆ **le train arrive en gare** the train is pulling *ou* coming into the station ◆ **la voici qui arrive** here she comes (now) ◆ **allez, arrive *, je suis pressé !** hurry up *ou* come on, I'm in a hurry! ◆ **ton tour arrivera bientôt** it'll soon be your turn ◆ **on va commencer à manger, ça va peut-être faire ~ ton père** we'll start eating, perhaps that will make your father come ◆ **pour faire ~ l'eau jusqu'à la maison ...** to lay the water on for *(Brit)* *ou* to bring the water (up) to the house ... ◆ **l'air/l'eau arrive par ce trou** the air/water comes in through this hole ◆ **pour qu'arrive plus vite le moment où il la reverrait** to bring the moment closer when he would see her again; → **chien**

**c** *(= atteindre)* **~ à** *[+ niveau, lieu]* to reach, to get to; *[+ personne, âge]* to reach, to get to; *[+ poste, rang]* to attain, to reach; *[+ résultat, but, conclusion]* to reach, to arrive at ◆ **la nouvelle est arrivée jusqu'à nous** the news has reached us *ou* got to us ◆ **le bruit arrivait jusqu'à nous** the noise reached us ◆ **je n'ai pas pu ~ jusqu'au chef** I wasn't able to get as far as the boss ◆ **comment arrive-t-on chez eux ?** how do you get to their house? ◆ **le lierre arrive jusqu'au 1^er^ étage** the ivy goes up to *ou* goes up as far as the 1st floor ◆ **l'eau lui arrivait (jusqu')aux genoux** the water came up to his knees, he was knee-deep in water ◆ **et le problème des salaires ? – j'y arrive** and what about the wages problem? – I'm just coming to that ◆ **il ne t'arrive pas à la cheville** *(fig)* he can't hold a candle to you, he's not a patch on you *(Brit)* ◆ **~ au pouvoir** to come to power

**d** *(= réussir)* **~ à** *(+ infinitif)* to manage to do sth, to succeed in doing sth ◆ **pour ~ à lui faire comprendre qu'il a tort** to get him to understand he's wrong ◆ **il n'arrive pas à le comprendre** he just doesn't understand it ◆ **je n'arrive pas à comprendre son attitude** I just don't *ou* can't understand his attitude ◆ **je n'arrive pas à faire ce devoir** I can't do this exercise ◆ **tu y arrives ?** how are you getting on? ◆ **je n'y arrive pas** I can't do *ou* manage it ◆ **~ à ses fins** to get one's way, to achieve one's ends ◆ **il n'arrivera jamais à rien** he'll never get anywhere, he'll never achieve anything ◆ **on n'arrivera jamais à rien avec lui** we'll never get anywhere with him

**e** *(= atteindre une réussite sociale)* to succeed (in life), to get on (in life) ◆ **il veut ~** he wants to get on *ou* succeed (in life) ◆ **il se croit arrivé** he thinks he's made it * *ou* he's arrived

**f** *(= se produire)* to happen ◆ **c'est arrivé hier** it happened *ou* occurred yesterday ◆ **ce genre d'accident n'arrive qu'à lui !** that sort of accident only (ever) happens to him! ◆ **ce sont des choses qui arrivent** these things (will) happen ◆ **cela peut ~ à n'importe qui** it could *ou* can happen to anyone ◆ **tu n'oublies jamais ? – ça m'arrive** don't you ever forget? – yes, sometimes ◆ **cela ne m'arrivera plus !** I won't let it happen again! ◆ **tu ne sais pas ce qui m'arrive !** you'll never guess what happened (to me)! ◆ **il croit que c'est arrivé** * he thinks he's made it * ◆ **ça devait lui ~** he had it coming to him * ◆ **tu vas nous faire ~ des ennuis** * you'll get us into trouble

**g** *(loc)*

◆ **en arriver à** *(= finir par)* to come to ◆ **on n'en est pas encore arrivé là !** *(résultat négatif)* we've not come to *ou* reached that (stage) yet!; *(résultat positif)* we've not got that far yet! ◆ **on en arrive à se demander si ...** it makes you wonder whether ... ◆ **il faudra bien en ~ là** it'll have to come to that (eventually) ◆ **c'est triste d'en ~ là** it's sad to be reduced to that

**VB IMPERS** *(= survenir)* **il est arrivé un télégramme** a telegram has come *ou* arrived ◆ **il est arrivé un accident** there's been an accident ◆ **il lui est arrivé un accident** he's had an accident, he has met with an accident ◆ **il (lui) est arrivé un malheur** something dreadful has happened (to him) ◆ **il lui arrivera des ennuis** he'll get (himself) into trouble ◆ **il m'arrive toujours des aventures incroyables** incredible things are always happening to me ◆ **quoi qu'il arrive** whatever happens ◆ **comme il arrive souvent** as often happens, as is often the case

◆ **il arrive** *etc* **que** *ou* **de** ◆ **il arrive que j'oublie** ◆ **il m'arrive d'oublier** I sometimes forget ◆ **il peut ~ qu'elle se trompe, il peut lui ~ de se tromper** she does occasionally make a mistake, it occasionally happens that she makes a mistake ◆ **il peut ~ qu'elle se trompe mais ce n'est pas une raison pour la critiquer** she may make mistakes but that's no reason to criticize her ◆ **il pourrait ~ qu'ils soient sortis** it could be that they've gone out, they might have gone out ◆ **s'il lui arrive** *ou* **arrivait de faire une erreur, prévenez-moi** if he should happen *ou* if he happens to make a mistake, let me know ◆ **il m'est arrivé plusieurs fois de le voir/faire** I have seen him/done it several times ◆ **il ne lui arrive pas souvent de mentir** it isn't often that he lies, he doesn't often lie

**arrivisme** /aʀivism/ **NM** *(péj)* (ruthless) ambition, pushiness; *(social)* social climbing

**arriviste** /aʀivist/ **NMF** *(péj)* go-getter *, careerist; *(social)* social climber

**arrobase** /aʀɔbɑz/ **NF**, **arrobas** /aʀɔbɑs/ **NM** *(en informatique)* at symbol

**arroche** /aʀɔʃ/ **NF** orache, orach *(US)*

**arrogance** /aʀɔgɑ̃s/ **NF** arrogance

**arrogant, e** /aʀɔgɑ̃, ɑ̃t/ **ADJ** arrogant

**arroger (s')** /aʀɔʒe/ ▸ conjug 3 ◂ **VPR** *[+ pouvoirs, privilèges]* to assume (without right); *[+ titre]* to claim (falsely *ou* without right) ◆ **s'~ le droit de ...** to assume the right to ..., to take it upon o.s. to ...

**arrondi, e** /aʀɔ̃di/ (ptp de **arrondir**) **ADJ** *[objet, forme, relief]* round, rounded; *[visage]* round; *[voyelle]* rounded **NM** *(gén = contour)* roundness; *(Aviat)* flare-out, flared landing; *(Couture)* hemline *(of skirt)*

**arrondir** /aʀɔ̃diʀ/ ▸ conjug 2 ◂ **VT** **a** *[+ objet, contour]* to round, to make round; *[+ rebord, angle]* to round off; *[+ phrases]* to polish, to round out; *[+ gestes]* to make smoother; *[+ caractère]* to make more agreeable, to smooth the rough edges off; *[+ voyelle]* to round, to make rounded; *[+ jupe]* to level; *[+ visage, taille, ventre]* to fill out, to round out ◆ **~ les angles** *(fig)* to smooth things over **b** *(= accroître) [+ fortune]* to swell; *[+ domaine]* to increase, to enlarge ◆ **~ ses fins de mois** to supplement one's income **c** *(= simplifier) [+ somme, nombre]* to round off ◆ **~ au franc inférieur/supérieur** to round down/up to the nearest franc **VPR** **s'arrondir** *[relief]* to become round(ed); *[taille, joues, ventre, personne]* to fill out; *[fortune]* to swell

**arrondissement** /aʀɔ̃dismɑ̃/ **NM** **a** *(Admin)* district

**b** *[de voyelle]* rounding; *[de fortune]* swelling; *[de taille, ventre]* rounding, filling out

> **Arrondissement**
>
> The French metropolitan and overseas départements are divided into over 300 smaller administrative areas known as **arrondissements**, which in turn are divided into « cantons » and « communes ». There are usually three or four **arrondissements** in a « département ». The main town in an **arrondissement** (the « chef-lieu d'arrondissement ») is the home of the « sous-préfecture ». The « sous-préfet d'arrondissement » reports to the « préfet » and deals with local administration, development and public order.
> Marseilles, Lyons and Paris are divided into city districts known as **arrondissements**, each with its own local council (the « conseil d'arrondissement ») and mayor. The number of the **arrondissement** appears in addresses at the end of the post code. → COMMUNE, CONSEIL, DÉPARTEMENT

**arrosage** /arozaʒ/ NM *[de pelouse]* watering; *[de voie publique]* spraying ◆ **cette plante nécessite des ~s fréquents** this plant needs frequent watering; → **lance, tuyau**

**arroser** /aroze/ ► conjug 1 ◄ VT **a** *[personne]* *[+ plante, terre]* to water; *(avec un tuyau)* to water, to hose; *(légèrement)* to sprinkle; *[+ champ]* to spray; *[+ rôti]* to baste ◆ ~ **qch d'essence** to pour petrol *(Brit)* ou gasoline *(US)* over sth ◆ **arrosez d'huile d'olive** drizzle with olive oil
**b** *[pluie]* *[+ terre]* to water; *[+ personne]* *(légèrement)* to make wet; *(fortement)* to drench, to soak ◆ **c'est la ville la plus arrosée de France** it is the wettest city ou the city with the highest rainfall in France ◆ **se faire** ~ * to get drenched ou soaked
**c** *(Géog)* *[fleuve]* to water
**d** *(Mil)* *(avec fusil, balles)* to spray (*de* with); *(avec canon)* to bombard (*de* with)
**e** *(TV, Radio)* *[+ territoire]* to cover
**f** *( * = fêter)* *[+ événement, succès]* to drink to
**g** *( * = accompagner d'alcool)* *[+ repas]* to wash down (with wine) *; *[+ café]* to lace (with a spirit) ◆ **après un repas bien arrosé** after a meal washed down with plenty of wine, after a pretty boozy * meal ◆ **... le tout arrosé de champagne** ... all washed down with champagne
**h** *( * = soudoyer)* *[+ personne]* to grease ou oil the palm of
**i** *(littér)* *[sang]* to soak ◆ ~ **une photographie de ses larmes** to let one's tears fall upon a photograph ◆ **terre arrosée de sang** blood-soaked earth
VPR **s'arroser** ◆ **tu as gagné, ça s'arrose !** * you've won - that calls for a drink ou let's drink to that!

**arroseur** /arozœr/ NM **a** *[de jardin]* waterer; *[de rue]* water cartman ◆ **c'est l'~ arrosé** it's a case of the biter (being) bit **b** *(= tourniquet)* sprinkler

**arroseuse** /arozøz/ NF *[de rue]* water cart

**arrosoir** /arozwar/ NM watering can

**arrt** abrév de **arrondissement**

**arsenal** (pl **-aux**) /arsənal, o/ NM *(Mil)* arsenal; *[de mesures, lois]* arsenal; *( * = attirail)* gear * *(NonC)*, paraphernalia *(NonC)* ◆ **l'~ du pêcheur/du photographe** the fisherman's/photographer's gear ou paraphernalia ◆ **tout un ~ de vieux outils** a huge collection ou assortment of old tools ◆ ~ **(de la marine ou maritime)** *(Naut)* naval dockyard

**arsenic** /arsənik/ NM arsenic ◆ **empoisonnement à l'~** arsenic poisoning

**arsenical, e** (mpl **-aux**) /arsənikal, o/ ADJ *[substance]* arsenical

**arsénieux** /arsenjø/ ADJ M arsenic *(épith)* ◆ **oxyde** ou **anhydride** ~ arsenic trioxide, arsenic

**arsouille** † /arsuj/ NM ou NF *(= voyou)* ruffian ◆ **il a un air** ~ *(= voyou)* he looks like a ruffian; *(= malin)* he looks crafty

**art** /ar/ NM **a** *(= esthétique)* art ◆ **l'~ espagnol/populaire** Spanish/popular art ◆ **l'~ pour l'~** art for art's sake ◆ **livre/critique d'~** art book/critic ◆ **c'est du grand ~ !** *(activité)* it's poetry in motion!; *(travail excellent)* it's an excellent piece of work!; *(iro : tableau exécrable)* call that art?! ◆ **le septième** ~ cinema ◆ **le huitième** ~ television ◆ **le neuvième** ~ comic strips, strip cartoons *(Brit)*, comics *(US)*; → **amateur**
**b** *(= technique)* art ◆ **l'~ culinaire/militaire/oratoire** the art of cooking/of warfare/of public speaking ◆ **l'~ de la conversation** the art of conversation ◆ **il est passé maître dans l'~ de** he's a past master in the art of ◆ **un homme/les gens de l'~** a man/the people in the profession ◆ **demandons à un homme de l'~ !** let's ask a professional!; → **règle**
**c** *(= adresse)* *[d'artisan]* skill, artistry; *[de poète]* skill, art ◆ **faire qch avec un ~ consommé** to do sth with consummate skill ◆ **c'est tout un** ~ it's quite an art ◆ **il a l'~ et la manière** he's got the know-how ou he knows what he's doing and he does it in style
◆ **l'art de** + infinitif ◆ **l'~ de faire qch** the art of doing sth, a talent ou flair for doing sth, the knack of doing sth * ◆ **il a l'~ de me mettre en colère** he has a talent ou a knack * for making me angry ◆ **ce style a l'~ de me plaire** this style appeals to me ◆ **ça a l'~ de m'endormir** *(hum)* it sends me to sleep every time ◆ **réapprendre l'~ de marcher** to re-learn the art of walking
COMP ▷ **arts d'agrément** accomplishments ▷ **arts appliqués** ⇒ **arts décoratifs** ▷ **art déco** art deco ▷ **arts décoratifs** decorative arts ▷ **l'art dramatique** dramatic art, drama ▷ **les arts du feu** ceramics *(sg)* ▷ **arts graphiques** graphic arts ▷ **les arts libéraux** the liberal arts ▷ **arts martiaux** martial arts ▷ **arts ménagers** *(= technique)* home economics, homecraft *(NonC)*, domestic science ◆ **les Arts ménagers** *(salon)* ≃ the Ideal Home Exhibition ▷ **les Arts et Métiers** *higher education institute for industrial art and design* ▷ **l'art nègre** African art ▷ **art nouveau** Art Nouveau ▷ **les arts plastiques** the visual arts, the fine arts ▷ **art poétique** *(= technique)* poetic art; *(= doctrine)* ars poetica, poetics *(sg)* ▷ **les arts de la rue** street performance ▷ **les arts de la scène** ou **du spectacle** the performing arts ▷ **les arts de la table** the art of entertaining *(preparing and presenting food)* ▷ **art de vivre** way of life

**art.** (abrév de **article**) art

**Arte** /arte/ N *(TV) Franco-German cultural television channel*

**artefact** /artefakt/ NM artefact

**Artémis** /artemis/ NF Artemis

**artère** /artɛr/ NF **a** *(Anat)* artery **b** *(= route)* **(grande)** ~ *(en ville)* main road, thoroughfare; *(entre villes)* main (trunk) road

**artériel, -ielle** /arterjɛl/ ADJ *(Anat)* arterial; → **tension**

**artériographie** /arterjɔgrafi/ NF arteriography

**artériole** /arterjɔl/ NF arteriole

**artériosclérose** /arterjoskleroz/ NF arteriosclerosis

**artérite** /arterit/ NF arteritis

**artésien, -ienne** /artezjɛ̃, jɛn/ ADJ Artois *(épith)*, of ou from Artois; → **puits**

**arthrite** /artrit/ NF arthritis ◆ **avoir de l'~** to have arthritis

**arthritique** /artritik/ ADJ, NMF arthritic

**arthritisme** /artritism/ NM arthritism

**arthropode** /artrɔpɔd/ NM arthropod

**arthrose** /artroz/ NF (degenerative) osteoarthritis

**arthrosique** /artrɔzik/ ADJ osteoarthritic NMF osteoarthritis sufferer

**Arthur** /artyr/ NM Arthur ◆ **le roi** ~ King Arthur; → **appeler**

**arthurien, -ienne** /artyrjɛ̃, jɛn/ ADJ *[cycle, mythe]* Arthurian

**artichaut** /artiʃo/ NM artichoke; → **cœur, fond**

**article** /artikl/ NM **a** *(Comm)* item, article ◆ **baisse sur tous nos ~s** all (our) stock ou all items reduced, reduction on all items ◆ ~ **d'importation** imported product ◆ **nous ne faisons plus cet** ~ we don't stock that item ou product any more ◆ **faire l'~** *(pour vendre qch)* to give the sales pitch; *(fig)* to sing sth's ou sb's praises
**b** *(Presse)* *[de journal]* article; *[de dictionnaire]* entry
**c** *(= chapitre)* point; *[de loi, traité]* article ◆ **les 2 derniers ~s de cette lettre** the last 2 points in this letter ◆ **sur cet** ~ on this point ◆ **sur l'~ de** in the matter of, in matters of
**d** *(Gram)* article ◆ ~ **contracté/défini/élidé/indéfini/partitif** contracted/definite/elided/indefinite/partitive article
**e** *(Ordin)* record, item
**f** ◆ **à l'~ de la mort** at death's door, at the point of death
COMP ▷ **articles de bureau** office accessories ▷ **articles de consommation courante** convenience goods ▷ **article de foi** *(lit, fig)* article of faith ▷ **article de fond** *(Presse)* feature article ▷ **articles de luxe** luxury goods ▷ **articles de mode** fashion accessories ▷ **articles de Paris** † fancy goods ▷ **articles de sport** *(vêtements)* sportswear; *(objets)* sports equipment ▷ **articles de toilette** toiletries, toilet requisites ou articles ▷ **articles de voyage** travel goods ou requisites

**articulaire** /artikylɛr/ ADJ articular; → **rhumatisme**

**articulation** /artikylasjɔ̃/ NF **a** *(Anat)* joint; *(Tech)* articulation ◆ **~s des doigts** knuckles, finger joints ◆ ~ **du genou/de la hanche/de l'épaule** knee/hip/shoulder joint ◆ ~ **en selle** saddle joint **b** *[de discours, raisonnement]* linking sentence ◆ **la bonne ~ des parties de son discours** the sound structuring of his speech **c** *(Ling)* articulation ◆ **point d'~** point of articulation **d** *(Jur)* enumeration, setting forth

**articulatoire** /artikylatwar/ ADJ articulatory

**articulé, e** /artikyle/ (ptp de **articuler**) ADJ **a** *(= avec des articulations)* *[membre]* jointed, articulated; *[objet]* jointed; *[poupée]* with movable joints *(épith)* ◆ **autobus** ~ articulated bus **b** *[langage]* articulate NM ◆ ~ **dentaire** bite

**articuler** /artikyle/ ► conjug 1 ◄ VT **a** *[+ mot]* *(= prononcer clairement)* to articulate, to pronounce clearly; *(= dire)* to pronounce, to utter ◆ **il articule bien/mal ses phrases** he articulates ou speaks/doesn't articulate ou speak clearly ◆ **il articule mal** he doesn't articulate ou speak clearly ◆ **articule !** speak clearly!

b *(= joindre) [+ mécanismes, os]* to articulate, to joint; *[+ idées]* to link (up *ou* together) ◆ **élément/os qui s'articule sur un autre** element/bone that is articulated with *ou* is jointed to another ◆ ~ **un discours sur deux thèmes principaux** to structure a speech around *ou* on two main themes ◆ **toute sa défense s'articule autour de cet élément** his entire defence hinges *ou* turns on this factor ◆ **les parties de son discours s'articulent bien** the different sections of his speech are well linked *ou* hang together well ◆ **une grande salle autour de laquelle s'articulent une multitude de locaux** a large room surrounded by a multitude of offices

c *(Jur) [+ faits, griefs]* to enumerate, to set out

**artifice** /aʀtifis/ NM (clever *ou* ingenious) device, trick; *(péj)* trick ◆ ~ **de calcul** (clever) trick of arithmetic ◆ ~ **comptable** accounting device ◆ ~ **de style** stylistic device ◆ **user d'~s pour paraître belle** to resort to tricks *ou* artifice to make oneself look beautiful ◆ **l'~ est une nécessité de l'art** art cannot exist without (some) artifice ◆ **sans ~(s)** *[présentation]* simple; *[s'exprimer]* straightforwardly, unpretentiously; → **feu**[1]

**artificiel, -ielle** /aʀtifisjɛl/ ADJ a *(= fabriqué)* artificial; *[fibre]* man-made; *[colorant]* artificial, synthetic; *[dent]* false; *[île]* artificial, man-made; → **insémination, intelligence** *etc* b *(péj) [raisonnement, style]* artificial, contrived; *[vie, besoins]* artificial; *[gaieté]* forced, artificial

**artificiellement** /aʀtifisjɛlmɑ̃/ ADV artificially ◆ **fabriqué** ~ man-made, synthetically made

**artificier** /aʀtifisje/ NM *(= fabricant)* firework(s) manufacturer *ou* maker; *(= pyrotechnicien)* pyrotechnician; *(pour désamorçage)* bomb disposal expert

**artificieux, -ieuse** /aʀtifisjø, jøz/ ADJ *(littér)* guileful, deceitful

**artillerie** /aʀtijʀi/ NF artillery, ordnance ◆ ~ **de campagne** field artillery ◆ ~ **de marine** naval guns ◆ **grosse ~, ~ lourde** *(lit, fig)* heavy artillery ◆ **pièce d'~** piece of artillery, gun ◆ **tir d'~** artillery fire

**artilleur** /aʀtijœʀ/ NM artilleryman, gunner

**artimon** /aʀtimɔ̃/ NM *(= voile)* mizzen; *(= mât)* mizzen(mast); → **mât**

**artisan** /aʀtizɑ̃/ NM a *(= patron)* self-employed craftsman, craft worker ◆ **les petits ~s** small craftsmen ◆ **il a été ~ avant de travailler pour moi** he ran his own business *ou* he was self-employed before coming to work for me ◆ ~ **boulanger** master baker ◆ ~ **boucher** *(sur vitrine)* ≃ quality butcher b *(= auteur, cause) [d'accord, politique, victoire]* architect ◆ ~ **de la paix** peacemaker ◆ **il est l'~ de sa propre ruine** he has brought about *ou* he is the author of his own ruin

**artisanal, e** (mpl **-aux**) /aʀtizanal, o/ ADJ *[production] (= limitée)* small-scale *(épith)*, on a small scale *(attrib)*; *(= traditionnelle)* traditional ◆ **entreprise ~e** small company ◆ **foire ~e** arts and crafts fair, craft fair ◆ **pêche ~e** local *ou* small-scale fishing ◆ **la production ~e de ce médicament** the production of this medicine on a small scale ◆ **il exerce une activité ~e** he's a self-employed craftsman ◆ **la fabrication se fait de manière très ~e** *(traditionnellement)* the style of production is very traditional; *(à petite échelle)* the style of production is very much that of a cottage industry ◆ **bombe de fabrication ~e** home-made bomb ◆ **produits artisanaux** crafts, handicrafts

**artisanalement** /aʀtizanalmɑ̃/ ADV ◆ **fabriqué** ~ *[pain, fromage]* made using traditional methods; *[objet]* hand-crafted

**artisanat** /aʀtizana/ NM *(= métier)* craft industry ◆ **l'~ local** *(= industrie)* local crafts *ou* handicrafts ◆ **l'~ d'art** arts and crafts

**artiste** /aʀtist/ NMF a *(gén)* artist; *(= interprète)* performer; *[de music-hall, cirque]* artiste, entertainer ◆ ~ **dramatique/de cinéma** stage/film actor *ou* actress ◆ ~ **invité** guest artist ◆ ~ **peintre** artist, painter; → **entrée, travail**[1] b *(péj = bohème)* bohemian ADJ *[personne, style]* artistic ◆ **il est du genre ~** *(péj)* he's the artistic *ou* bohemian type

**artiste-interprète** (pl **artistes-interprètes**) /aʀtistɛ̃tɛʀpʀɛt/ NMF *[de musique]* composer and performer; *[de chanson, pièce]* writer and performer

**artistement** /aʀtistəmɑ̃/ ADV artistically

**artistique** /aʀtistik/ ADJ artistic

**artistiquement** /aʀtistikmɑ̃/ ADV artistically

**ARTT** /aɛʀtete/ NM (abrév de **accord sur la réduction du temps de travail**) agreement on the reduction of working hours

**arum** /aʀɔm/ NM arum lily

**aryen, -yenne** /aʀjɛ̃, jɛn/ ADJ Aryan NM,F **Aryen(ne)** Aryan

**arythmie** /aʀitmi/ NF arrhythmia

**AS** /ɑɛs/ NFPL (abrév de **assurances sociales**) → **assurance** NF (abrév de **association sportive**) → **association**

**as** /ɑs/ NM a *(= carte, dé)* ace ◆ **l'~** *(Hippisme, au loto)* number one b *(* = champion)* ace * ◆ **un ~ de la route/du ciel** a crack driver/pilot ◆ **l'~ de l'école** the school's star pupil c *(Tennis)* ace ◆ **réussir** *ou* **servir un ~** to serve an ace d *(loc)* **être ficelé** *ou* **fagoté comme l'~ de pique** * to be dressed any old how * ◆ **être (plein) aux ~** ‡ to be loaded *, to be rolling in it *

◆ **passer à l'as** ◆ **les apéritifs sont passés à l'~** * *(= on ne les a pas payés)* we got away without paying for the drinks, we got the drinks for free * ◆ **mes vacances sont passées à l'~** * my holidays went by the board *(Brit)*, my vacation went down the drain ◆ **il n'y avait pas assez de place, mon texte est passé à l'~** there wasn't enough room so my article was ditched *

**ASA** /aza/ NM INV (abrév de **American Standards Association**) *(Photo)* ASA

**asbeste** /asbɛst/ NM asbestos

**asbestose** /asbɛstoz/ NF asbestosis

**ascendance** /asɑ̃dɑ̃s/ NF a *(généalogique)* ancestry ◆ **son ~ paternelle** his paternal ancestry ◆ **être d'~ bourgeoise** to be of middle-class descent b *(Astron)* rising, ascent ◆ ~ **thermique** *(Mét)* thermal

**ascendant, e** /asɑ̃dɑ̃, ɑ̃t/ ADJ *[astre]* rising, ascending; *[mouvement, direction]* upward; *[courant]* rising; *[progression]* ascending; *[trait]* rising; *(Généalogie) [ligne]* ancestral ◆ **mouvement ~ du piston** upstroke of the piston NM a *(= influence)* (powerful) influence, ascendancy (*sur* over); ◆ **subir l'~ de qn** to be under sb's influence b *(Admin)* **~s** ascendants c *(Astron)* rising star; *(Astrol)* ascendant

**ascenseur** /asɑ̃sœʀ/ NM lift *(Brit)*, elevator *(US)*; *(Ordin)* scroll bar ◆ **l'~ social** the social ladder; → **renvoyer**

**ascension** /asɑ̃sjɔ̃/ NF a *(= montée) [de ballon]* ascent, rising; *[de fusée]* ascent b *(= escalade) [de montagne]* ascent ◆ **faire l'~ d'une montagne** to climb a mountain, to make the ascent of a mountain ◆ **la première ~ de l'Everest** the first ascent of Everest ◆ **c'est une ~ difficile** it's a difficult climb ◆ **faire des ~s** to go (mountain) climbing c *[d'homme politique] (sociale)* rise ◆ ~ **professionnelle** career *ou* professional advancement d *(Rel)* **l'Ascension** the Ascension; *(jour férié)* Ascension (Day) ◆ **l'île de l'Ascension** Ascension Island e *(Astron)* ~ **droite** right ascension

**ascensionnel, -elle** /asɑ̃sjɔnɛl/ ADJ *[mouvement]* upward; *[force]* upward, elevatory ◆ **vitesse ~le** climbing speed; → **parachute**

**ascensionniste** /asɑ̃sjɔnist/ NMF ascensionist

**ascèse** /asɛz/ NF asceticism

**ascète** /asɛt/ NMF ascetic

**ascétique** /asetik/ ADJ ascetic

**ascétisme** /asetism/ NM asceticism

**ASCII** /aski/ NM (abrév de **American Standard Code for Information Interchange**) ASCII ◆ **code ~** ASCII code

**ascorbique** /askɔʀbik/ ADJ *[acide]* ascorbic

**ASE** /aɛsə/ NF (abrév de **Agence spatiale européenne**) ESA

**asémantique** /asemɑ̃tik/ ADJ asemantic

**asepsie** /asɛpsi/ NF asepsis

**aseptique** /asɛptik/ ADJ aseptic

**aseptisation** /asɛptizasjɔ̃/ NF *[de pièce]* fumigation; *[de pansement, ustensile]* sterilization; *[de plaie]* disinfection

**aseptisé, e** /asɛptize/ (ptp de **aseptiser**) ADJ a *(Méd)* sterilized b *(fig) [univers, images]* sanitized; *[document, discours]* impersonal; *[relation entre personnes]* sterile; *[film, roman]* anodyne, bland

**aseptiser** /asɛptize/ ▸ conjug 1 ◂ VT *[+ pièce]* to fumigate; *[+ pansement, ustensile]* to sterilize; *[+ plaie]* to disinfect

**asexué, e** /asɛksɥe/ ADJ *(Bio)* asexual; *[personne]* sexless, asexual

**ashkénaze** /aʃkenɑz/ ADJ, NMF Ashkenazi

**ashram** /aʃʀam/ NM ashram

**asiate** *‡/azjat/ NMF *(injurieux)* Asian

**asiatique** /azjatik/ ADJ Asian ◆ **la grippe ~** Asian flu ◆ **le Sud-Est ~** South-East Asia ◆ **la communauté ~ de Paris** the far eastern community in Paris NMF **Asiatique** Asian

**Asie** /azi/ NF Asia ◆ ~ **Mineure** Asia Minor ◆ ~ **centrale** Central Asia ◆ ~ **du Sud-Est** Southeast Asia

**asile** /azil/ NM a *(= institution)* ~ **(de vieillards)** † old people's home, retirement home ◆ ~ **psychiatrique** mental home ◆ ~ **(d'aliénés)** † (lunatic) asylum † ◆ ~ **de nuit** night shelter, hostel b *(= refuge)* refuge; *(dans une église)* sanctuary ◆ **demander ~ à qn** to ask sb for refuge ◆ **demander l'~ politique** to seek political asylum ◆ **il a trouvé ~ chez un ami** he found refuge at the home of a friend ◆ **droit d'~** *(Rel)* right of sanctuary; *(politique)* right of asylum ◆ **sans ~** homeless

**Asmara** /asmaʀa/ N Asmara

**asocial, e** (mpl **-iaux**) /asɔsjal, jo/ ADJ *[comportement]* antisocial NM,F social misfit, socially maladjusted person

**asparagus** /aspaʀagys/ NM *(= plante d'ornement)* asparagus fern

**aspartam(e)** /aspaʀtam/ NM aspartame

**aspect** /aspɛ/ GRAMMAIRE ACTIVE 53.1, 53.2 NM a *(= allure) [de personne, objet, paysage]* appearance, look ◆ **homme d'~ sinistre** sinister-looking man, man of sinister appearance ◆ **l'intérieur de cette grotte a l'~ d'une église** the inside of the cave resembles *ou* looks like a church ◆ **les nuages prenaient l'~ de montagnes** the clouds took on the appearance of mountains ◆ **ce château a un ~ mystérieux** the castle has an air of mystery (about it) **b** *(= angle) [de question]* aspect, side ◆ **vu sous cet ~** seen from that angle ◆ **j'ai examiné le problème sous tous ses ~s** I considered all aspects *ou* sides of the problem **c** *(Astrol, Ling)* aspect **d** *(littér = vue)* sight ◆ **à l'~ de** at the sight of

> ⚠ *Au sens de 'allure' ou 'vue',* **aspect** *ne se traduit pas par le mot anglais* **aspect.**

**asperge** /aspɛʀʒ/ NF **a** *(Bot)* asparagus; → **pointe b** *(* = personne)* **(grande) ~** beanpole*, string bean* *(US)*

**asperger** /aspɛʀʒe/ ► conjug 3 ◄ VT *[+ surface]* to spray; *(légèrement)* to sprinkle; *(Rel)* to sprinkle; *[+ personne]* to splash *(de* with*)*; ◆ **s'~ le visage** to splash one's face with water ◆ **le bus nous a aspergés au passage*** the bus splashed us *ou* sprayed water over us as it went past ◆ **se faire ~*** *(par une voiture)* to get splashed; *(par un arroseur)* to get wet

**aspérité** /aspeʀite/ NF **a** *(= partie saillante)* bump ◆ **les ~s de la table** the bumps on the table, the rough patches on the surface of the table ◆ **sans ~s** *[chemin, surface]* smooth **b** *(littér) [de caractère, remarques, voix]* harshness ◆ **sans ~s** *[caractère]* mild; *[remarques]* uncontroversial; *[voix]* smooth ◆ **gommer les ~s de qch** to smooth the rough edges off sth

**aspersion** /aspɛʀsjɔ̃/ NF spraying, sprinkling; *(Rel)* sprinkling of holy water, aspersion

**asphalte** /asfalt/ NM asphalt

**asphalter** /asfalte/ ► conjug 1 ◄ VT to asphalt

**asphérique** /asfeʀik/ ADJ *(Photo) [lentille]* aspherical

**asphodèle** /asfɔdɛl/ NM asphodel

**asphyxiant, e** /asfiksjɑ̃, jɑ̃t/ ADJ *[fumée]* suffocating, asphyxiating; *[atmosphère]* stifling, suffocating; → **gaz**

**asphyxie** /asfiksi/ NF *(gén)* suffocation, asphyxiation; *(Méd)* asphyxia; *[de plante]* asphyxiation; *(fig) [de personne]* suffocation; *[d'industrie]* stifling

**asphyxier** /asfiksje/ ► conjug 7 ◄ VT *(lit)* to suffocate, to asphyxiate; *(fig) [+ industrie, esprit]* to stifle ◆ **mourir asphyxié** to die of suffocation *ou* asphyxiation VPR **s'asphyxier** *(accident)* to suffocate, to be asphyxiated; *(suicide)* to suffocate o.s.; *(fig)* to suffocate ◆ **il s'est asphyxié au gaz** he gassed himself

**aspic** /aspik/ NM *(Zool)* asp; *(Bot)* aspic ◆ **~ de volaille/de foie gras** *(Culin)* chicken/foie gras in aspic

**aspirant, e** /aspiʀɑ̃, ɑ̃t/ ADJ suction *(épith)*, vacuum *(épith)*; → **pompe¹** NM,F *(= candidat)* candidate *(à* for*)* NM *(Mil)* officer cadet; *(Naut)* midshipman, middie* *(US)*

**aspirateur, -trice** /aspiʀatœʀ, tʀis/ ADJ aspiratory NM *(domestique)* vacuum (cleaner), Hoover ® *(Brit)*; *(Constr, Méd)* aspirator ◆ **passer les tapis à l'~** to vacuum *ou* hoover the carpets, to run the vacuum cleaner *ou* Hoover over the carpets ◆ **passer l'~** to vacuum, to hoover ◆ **passer** *ou* **donner un coup d'~ dans la voiture** to give the car a quick going-over with the vacuum cleaner *ou* Hoover COMP ▷ **aspirateur(-)balai** upright vacuum cleaner *ou* Hoover ® ▷ **aspirateur(-)traîneau** *(horizontal)* cylinder vacuum cleaner *ou* Hoover ®

**aspiration** /aspiʀasjɔ̃/ NF **a** *(en inspirant)* inhaling *(NonC)*, inhalation; *(Ling)* aspiration ◆ **de longues ~s** long deep breaths **b** *[de liquide] (avec une paille)* sucking (up); *(gén, Tech : avec une pompe)* sucking up, drawing up; *(= technique d'avortement)* vacuum extraction **c** *(= ambition)* aspiration *(vers, à* for, after*)*; *(= souhait)* desire, longing *(vers, à* for*)*

**aspiré, e** /aspiʀe/ (ptp de **aspirer**) ADJ *(Ling)* aspirated ◆ **h ~** aspirate h NF **aspirée** aspirate

**aspirer** /aspiʀe/ ► conjug 1 ◄ VT **a** *[+ air, odeur]* to inhale, to breathe in; *[+ liquide] (avec une paille)* to suck (up); *(Tech : avec une pompe)* to suck *ou* draw up ◆ **~ et refouler** to pump in and out **b** *(Ling)* to aspirate VT INDIR **aspirer à** *[+ honneur, titre]* to aspire to; *[+ genre de vie, tranquillité]* to desire, to long for ◆ **aspirant à quitter cette vie surexcitée** longing to leave this hectic life ◆ **~ à la main de qn** † to be sb's suitor †, to aspire to sb's hand †

**aspirine** /aspiʀin/ NF aspirin ◆ **(comprimé** *ou* **cachet d')~** aspirin ◆ **prenez 2 ~s** take 2 aspirins; → **blanc**

**aspiro-batteur** (pl **aspiro-batteurs**) /aspiʀobatœʀ/ NM vacuum cleaner, Hoover ® *(Brit) (which beats as it sweeps)*

**ASS** /as/ NF (abrév de **allocation de solidarité spécifique**) *minimum Social Security benefit*

**assagir** /asaʒiʀ/ ► conjug 2 ◄ VT **a** *(= calmer) [+ personne]* to quieten *(Brit) ou* quiet *(US)* down, to settle down; *[+ passion]* to subdue, to temper, to quieten *(Brit)*, to quiet *(US)* ◆ **elle n'arrivait pas à ~ ses cheveux rebelles** she couldn't do anything with her hair **b** *(littér = rendre plus sage)* to make wiser VPR **s'assagir** *[personne]* to quieten *(Brit) ou* quiet *(US)* down, to settle down; *[style, passions]* to become subdued

**assagissement** /asaʒismɑ̃/ NM *[de personne]* quietening *(Brit) ou* quieting *(US)* down, settling down; *[de passions]* subduing

**assaillant, e** /asajɑ̃, ɑ̃t/ NM,F assailant, attacker

**assaillir** /asajiʀ/ ► conjug 13 ◄ VT *(lit)* to assail, to attack; *(fig)* to assail *(de* with*)*; ◆ **assailli de questions** assailed *ou* bombarded with questions

**assainir** /aseniʀ/ ► conjug 2 ◄ VT *[+ quartier, logement]* to clean up, to improve the living conditions in; *[+ marécage]* to drain; *[+ air, eau]* to purify, to decontaminate; *[+ finances, marché]* to stabilize; *[+ monnaie]* to rehabilitate, to re-establish ◆ **la situation s'est assainie** the situation has become healthier ◆ **~ l'atmosphère** *(fig)* to clear the air

**assainissement** /asenismɑ̃/ NM *[de quartier, logement]* cleaning up; *[de marécage]* draining; *[d'air, eau]* purification, decontamination; *[de finances, marché]* stabilization ◆ **~ monétaire** rehabilitation *ou* re-establishment of a currency ◆ **~ budgétaire** stabilization of the budget ◆ **des travaux d'~** drainage work

**assaisonnement** /asɛzɔnmɑ̃/ NM *(= méthode) [de salade]* dressing, seasoning; *[de plat]* seasoning; *(= ingrédient)* seasoning

**assaisonner** /asɛzɔne/ ► conjug 1 ◄ VT **a** *(Culin) (avec sel, poivre, épices)* to season *(de, avec* with*)* to add seasoning to; *(avec huile, citron)* to dress *(de, avec* with*)*; *(fig) [+ discours]* to spice (up) ◆ **j'ai trop assaisonné la salade** I've put too much dressing on the salad **b** *(‡ †) [+ personne] (verbalement)* to tell off*; *(financièrement)* to clobber‡, to sting‡

**assassin, e** /asasɛ̃, in/ NM *(gén)* murderer; *(Pol)* assassin ◆ **l'~ court toujours** the killer *ou* murderer is still at large ◆ **à l'~ !** murder! ADJ *[œillade]* provocative ◆ **lancer un regard ~ à qn** to look daggers at sb ◆ **une (petite) phrase ~e** a jibe

**assassinat** /asasina/ NM murder; *(Pol)* assassination

**assassiner** /asasine/ ► conjug 1 ◄ VT to murder; *(Pol)* to assassinate ◆ **mes créanciers m'assassinent !*** my creditors are bleeding me white!*

**assaut** /aso/ NM *(Mil)* assault, attack *(de* on*)*; *(Boxe, Escrime)* bout; *(Alpinisme)* assault; *(fig) [de temps]* onslaught ◆ **donner l'~ à, monter à l'~ de** to storm, to attack ◆ **ils donnent l'~** they're attacking ◆ **à l'~ !** charge! ◆ **résister aux ~s de l'ennemi** to resist the enemy's attacks *ou* onslaughts ◆ **partir à l'~ de** *(lit)* to attack ◆ **de petites firmes sont parties à l'~ d'un marché international** small firms are seeking to capture the international market ◆ **prendre d'~** *(lit)* to take by storm, to assault ◆ **prendre une place d'~** *(fig)* to grab a seat ◆ **les librairies étaient prises d'~** people flocked to the bookshops ◆ **ils faisaient ~ de politesse** they were falling over each other to be polite; → **char¹**

**assèchement** /asɛʃmɑ̃/ NM **a** *(Tech) [de terrain]* draining; *[de réservoir]* draining, emptying **b** *(= processus naturel) [de terrain]* drying (out); *[de réservoir]* drying (up) **c** *(Fin) [de marché, crédits]* drying up

**assécher** /aseʃe/ ► conjug 6 ◄ VT **a** *[+ terrain] (Tech)* to drain; *[vent, évaporation]* to dry (out); *[+ réservoir] (Tech)* to drain, to empty; *[vent, évaporation]* to dry (up) **b** *(Fin) [+ marché, crédits]* to dry up VPR **s'assécher** *[cours d'eau, réservoir]* to dry up

**ASSEDIC** /asedik/ NFPL (abrév de **Association pour l'emploi dans l'industrie et le commerce**) *organization managing unemployment insurance payments*

**assemblage** /asɑ̃blaʒ/ NM **a** *(= action) [d'éléments, parties]* assembling, putting together; *(Menuiserie)* assembling, jointing; *[de meuble, maquette, machine]* assembling, assembly; *(Ordin)* assembly; *(Typo) [de feuilles]* gathering; *(Couture) [de pièces]* sewing together; *[de robe, pull-over]* sewing together *ou* up, making up ◆ **~ de pièces par soudure/collage** soldering/glueing together of parts **b** *(Menuiserie = jointure)* joint ◆ **~ à vis/par rivets/à onglet** screwed/rivet(ed)/mitre joint **c** *(= structure)* **une charpente est un ~ de poutres** the framework of a roof is an assembly of beams ◆ **toit fait d'~s métalliques** roof made of metal structures **d** *(= réunion) [de couleurs, choses, personnes]* collection **e** *(Art = tableau)* assemblage

**assemblé** /asɑ̃ble/ NM *(Danse)* assemblé

**assemblée** /asɑ̃ble/ NF *(gén = réunion, foule)* gathering; *(= réunion convoquée)* meeting; *(Pol)* assembly ◆ **l'~ des fidèles** *(Rel)* the congregation ◆ **~ mensuelle/extraordinaire/plénière** monthly/extraordinary/plenary meeting ◆ **~ générale** *(Écon)* annual general meeting *(Brit)*, general meeting *(US)*; *[d'étudiants]* (extraordinary) general meeting ◆ **~ générale extraordinaire** extraordinary general meeting ◆ **réunis en ~** gathered *ou* assembled for a meeting ◆ **à la grande joie de l'~** to the great joy of the assembled company *ou* of those present ◆ **l'Assemblée (nationale)** the French National Assembly ◆ **l'Assemblée parlementaire européenne** the European Parliament ◆ **~ délibérante** *(Pol)* deliberating assembly

**Assemblée nationale**

The term **Assemblée nationale** has been used to refer to the lower house of the French parliament since 1946, though the old term « la Chambre des députés » is sometimes still used. Its members are elected in the « élections législatives » for a five-year term. It has similar legislative powers to the House of Commons in Britain and the House of Representatives in the United States. Sittings of the **Assemblée nationale** are public, and take place in a semicircular amphitheatre (« l'Hémicycle ») in the Palais Bourbon. → DÉPUTÉ, ÉLECTIONS

**assembler** /asɑ̃ble/ ► conjug 1 ◄ VT a (= réunir) *[+ données, matériaux]* to gather, to collect; *(Pol) [+ comité]* to convene, to assemble; † *[+ personnes]* to assemble, to gather; *(Typo) [+ feuilles]* to gather ◆ ~ **les pieds** *(Danse)* to take up third position b (= joindre) *[+ meuble, machine]* to assemble; *[+ pull, robe]* to sew together, to make up; *(Menuiserie)* to joint; *[+ couleurs, sons]* to put together ◆ ~ **par soudure/collage** to solder/glue together VPR **s'assembler** *[foule]* to gather, to collect; *[participants, conseil, groupe]* to assemble, to gather; *(fig) [nuages]* to gather; → **ressembler**

**assembleur, -euse** /asɑ̃blœʀ, øz/ NM,F (= ouvrier) *(gén)* assembler, fitter; *(Typo)* gatherer NM *(Ordin)* assembler NF **assembleuse** *(Typo = machine)* gathering machine

**assener, asséner** /asene/ ► conjug 5 ◄ VT *[+ coup]* to strike; *[+ argument]* to thrust forward; *[+ propagande]* to deal out; *[+ réplique]* to thrust *ou* fling back ◆ ~ **un coup à qn** to deal sb a blow

**assentiment** /asɑ̃timɑ̃/ GRAMMAIRE ACTIVE 38.3 NM (= consentement) assent, consent; *(= approbation)* approval ◆ **sans mon** ~ without my consent ◆ **donner son** ~ **à** to give one's assent *ou* consent to

**asseoir** /aswaʀ/ ► conjug 26 ◄ VT a ◆ ~ **qn** *(personne debout)* to sit sb down; *(personne couchée)* to sit sb up ◆ ~ **qn sur une chaise/dans un fauteuil** to sit *ou* seat sb on a chair/in an armchair ◆ ~ **un enfant sur ses genoux** to sit a child on one's knee ◆ ~ **un prince sur le trône** *(fig)* to put *ou* set a prince on the throne; → aussi **assis**
b ◆ **faire** ~ **qn** to ask sb to sit down ◆ **faire** ~ **ses invités** to ask one's guests to sit down *ou* to take a seat ◆ **je leur ai parlé après les avoir fait** ~ I talked to them after asking them to sit down ◆ **fais-la** ~**, elle est fatiguée** get her to sit down, she's tired
c *(frm = affermir) [+ réputation]* to establish, to assure; *[+ autorité, théorie]* to establish ◆ ~ **une maison sur du granit** to build a house on granite ◆ ~ **les fondations sur** to lay *ou* build the foundations on ◆ ~ **sa réputation sur qch** to build one's reputation on sth ◆ ~ **une théorie sur des faits** to base a theory on facts ◆ ~ **son jugement sur des témoignages dignes de foi** to base one's judgment on reliable evidence
d *(* = stupéfier)* to stagger, to stun ◆ **son inconscience m'assoit** his foolishness staggers me, I'm stunned by his foolishness ◆ **j'en suis** *ou* **reste assis de voir que ...** I'm staggered *ou* flabbergasted * to see that ...
e *(Fin)* ~ **un impôt** to base a tax, to fix a tax *(sur on)*
VPR **s'asseoir** *[personne debout]* to sit (o.s.) down; *[personne couchée]* to sit up ◆ **asseyez-vous donc** do sit down, do have *ou* take a seat ◆ **asseyez-vous par terre** sit (down) on the floor ◆ **il n'y a rien pour s'**~ there's nothing to sit on ◆ **le règlement, je m'assieds dessus !** * you know what you can do with the rules! * ◆ **s'**~ **à califourchon (sur qch)** to sit (down) astride (sth) ◆ **s'**~ **en tailleur** to sit (down) cross-legged

**assermenté, e** /asɛʀmɑ̃te/ ADJ *[témoin, expert]* on oath *(attrib)*

**assertif, -ive** /asɛʀtif, iv/ ADJ *[phrase]* declarative

**assertion** /asɛʀsjɔ̃/ NF assertion

**asservi, e** /asɛʀvi/ (ptp de **asservir**) ADJ *[peuple]* enslaved; *[presse]* subservient ◆ **moteur** ~ servomotor

**asservir** /asɛʀviʀ/ ► conjug 2 ◄ VT (= assujettir) *[+ personne]* to enslave; *[+ pays]* to reduce to slavery, to subjugate; *(littér = maîtriser) [+ passions, nature]* to overcome, to master ◆ **être asservi** *(Tech)* to have servo-control ◆ **être asservi à** to be a slave to

**asservissant, e** /asɛʀvisɑ̃, ɑ̃t/ ADJ *[règles]* oppressive ◆ **avoir un travail** ~ to have a very demanding job

**asservissement** /asɛʀvismɑ̃/ NM (= action) enslavement; *(lit, fig = état)* slavery, subservience *(à to)*; *(Élec)* servo-control *(NonC)* *(à by)*

**assesseur** /asesœʀ/ NM assessor

**assez** /ase/ GRAMMAIRE ACTIVE 41 ADV a (= suffisamment) *(avec vb)* enough; *(devant adj, adv)* enough, sufficiently ◆ **bien** ~ quite enough, plenty ◆ **tu as (bien)** ~ **mangé** you've had *ou* eaten (quite) enough, you've had (quite) enough to eat ◆ **c'est bien** ~ **grand** it's quite big enough ◆ **plus qu'**~ more than enough ◆ **je n'ai pas** ~ **travaillé** I haven't done enough work, I haven't worked enough ◆ **il ne vérifie pas** ~ **souvent** he doesn't check often enough ◆ **tu travailles depuis** ~ **longtemps** you've been working (for) long enough ◆ **ça a** ~ **duré !** this has gone on long enough! ◆ **combien voulez-vous ? est-ce que 10 € c'est** ~ **? – c'est bien** ~ how much do you want? is €10 enough? – that will be plenty *ou* ample ◆ **il a juste** ~ he has just enough; → **peu**

◆ **assez de** *(quantité, nombre)* enough ◆ **avez-vous acheté** ~ **de pain/d'oranges ?** have you bought enough *ou* sufficient bread/enough oranges? ◆ **il n'y a pas** ~ **de viande** there's not enough meat ◆ **ils sont** ~ **de deux pour ce travail** the two of them are enough *ou* will do * for this job ◆ **j'en ai** ~ **de 3** 3 will be enough for me *ou* will do (for) me * ◆ **n'apportez pas de verres, il y en a** ~ don't bring any glasses, there are enough *ou* we have enough

◆ **assez + pour** enough ◆ **as-tu trouvé une boîte** ~ **grande pour tout mettre ?** have you found a big enough box *ou* a box big enough to put it all in? ◆ **le village est** ~ **près pour qu'elle puisse y aller à pied** the village is near enough for her to walk there ◆ **je n'ai pas** ~ **d'argent pour m'offrir cette voiture** I can't afford (to buy myself) this car, I haven't got enough money to buy myself this car ◆ **il est** ~ **idiot pour refuser !** he's stupid enough to refuse! ◆ **il n'est pas** ~ **sot pour le croire** he's not so stupid as to believe it

b *(intensif)* rather, quite ◆ **la situation est** ~ **inquiétante** the situation is rather *ou* somewhat worrying ◆ **ce serait** ~ **agréable d'avoir un jour de congé** it would be rather *ou* quite nice to have a day off ◆ **il était** ~ **tard quand ils sont partis** it was quite *ou* pretty * late when they left ◆ **j'ai oublié son adresse, est-ce** ~ **bête !** how stupid (of me), I've forgotten his address! ◆ **je l'ai** ~ **vu !** I've seen (more than) enough of him! ◆ **elle était déjà** ~ **malade il y a 2 ans** she was already quite ill 2 years ago ◆ **je suis** ~ **de ton avis** I'm inclined to agree with you

c *(loc)* **en voilà** ~ **!, c'est** ~ **!, c'en est** ~ **!** I've had enough!, enough is enough! ◆ ~ **!** that will do!, that's (quite) enough! ◆ ~ **parlé** *ou* **de discours, des actes !** that's enough talk, let's have some action!

◆ **en avoir assez** *(= ne plus supporter)* to have had enough ◆ **j'en ai (plus qu')**~ **de toi et de tes jérémiades** * I've had (more than) enough of you and your moaning

**assidu, e** /asidy/ ADJ a (= régulier) *[présence, client, lecteur]* regular ◆ **élève/employé** ~ pupil/employee with a good attendance record b *(= appliqué) [soins, effort]* constant, unremitting; *[travail]* diligent; *[relations]* sustained; *[personne]* diligent, assiduous c *(= empressé) [personne]* attentive *(auprès de to)*; ◆ **faire une cour** ~**e à qn** to be assiduous in one's attentions to sb, to woo sb assiduously

**assiduité** /asidɥite/ NF (= ponctualité) regularity; *(= empressement)* attentiveness, assiduity *(à to)*; ◆ **son** ~ **aux cours** his regular attendance at classes ◆ **fréquenter un bistrot avec** ~ to be a regular at a bar ◆ **poursuivre une femme de ses** ~**s** *(frm ou hum)* to woo a woman assiduously

**assidûment** /asidymɑ̃/ ADV *[fréquenter]* faithfully, assiduously; *[travailler, s'entraîner]* assiduously

**assiégé, e** /asjeʒe/ (ptp de **assiéger**) ADJ *[garnison, ville]* besieged, under siege *(attrib)* NM,F ◆ **les** ~**s** the besieged

**assiégeant, e** /asjeʒɑ̃, ɑ̃t/ NM,F besieger ADJ ◆ **les troupes** ~**es** the besieging troops

**assiéger** /asjeʒe/ ► conjug 3 et 6 ◄ VT *(Mil) [+ ville]* to besiege, to lay siege to; *[+ armée]* to besiege; *(fig) (= entourer) [+ guichet, porte, personne]* to mob, to besiege; *(= harceler)* to beset ◆ **assiégé par l'eau/les flammes** hemmed in by water/flames ◆ **à Noël les magasins étaient assiégés** the shops were taken by storm *ou* mobbed at Christmas ◆ **ces pensées/tentations qui m'assiègent** these thoughts/temptations that beset *ou* assail me

**assiette** /asjɛt/ NF a (= vaisselle) plate; *(= contenu)* plate(ful)
b (= équilibre) *[de cavalier]* seat; *[de navire]* trim; *[de colonne]* seating ◆ **perdre son** ~ *(Équitation)* to lose one's seat, to be unseated ◆ **avoir une bonne** ~ *(Équitation)* to have a good seat, to sit one's horse well ◆ **il n'est pas dans son** ~ **aujourd'hui** * he's not feeling (quite) himself today, he's (feeling) a bit off-colour *(Brit)* today
c *[d'hypothèque] property or estate on which a mortgage is secured* ◆ ~ **fiscale** *ou* **de l'impôt/de la TVA** tax/VAT base ◆ **l'**~ **des cotisations sociales** *the basis on which social security contributions are assessed*
COMP ▷ **assiette anglaise** *ou* **de charcuterie** assorted cold meats ▷ **assiette composée** mixed salad *(of cold meats and vegetables)* ▷ **assiette creuse** soup dish *ou* plate ▷ **assiette à dessert** dessert plate ▷ **assiette nordique** *ou* **scandinave** plate of assorted smoked fish ▷ **assiette à pain** side plate ▷ **assiette plate** (dinner) plate ▷ **assiette à potage** *ou* **à soupe** ⇒ **assiette creuse** ▷ **assiette scandinave** ⇒ **assiette nordique**

**assiettée** /asjete/ NF *(gén)* plate(ful); *[de soupe]* plate(ful), dish

**assignable** /asiɲabl/ ADJ (= attribuable) *[cause, origine]* ascribable, attributable *(à to)*

**assignat** /asiɲa/ NM *(Hist) banknote used during the French Revolution*

**assignation** /asiɲasjɔ̃/ NF *(Jur) [de parts]* assignation, allocation ◆ ~ **(en justice)** writ ◆ ~ **(à comparaître)** *[de prévenu]* summons; *[de témoin]* subpoena ◆ ~ **à résidence** house arrest

**assigner** /asiɲe/ ▸ conjug 1 ◂ VT **a** *(= attribuer) [+ part, place, rôle]* to assign, to allot; *[+ valeur, importance]* to attach, to ascribe; *[+ cause, origine]* to ascribe, to attribute (*à* to) **b** *(= affecter) [+ somme, crédit]* to allot, to allocate (*à* to) to earmark (*à* for) **c** *(= fixer) [+ limite, terme]* to set, to fix (*à* to); ◆ ~ **un objectif à qn** to set sb a goal **d** *(Jur)* ~ **(à comparaître)** *[+ prévenu]* to summons; *[+ témoin]* to subpoena, to summons ◆ ~ **qn (en justice)** to issue a writ against sb, to serve a writ on sb ◆ ~ **qn à résidence** to put sb under house arrest

**assimilable** /asimilabl/ ADJ **a** *[connaissances]* which can be assimilated *ou* absorbed; *[nourriture]* assimilable; *[immigrant]* who can be assimilated **b** ◆ ~ **à** *(= comparable à)* comparable to

**assimilation** /asimilasjɔ̃/ NF **a** *[d'aliments, immigrants, connaissances]* assimilation ◆ ~ **chlorophyllienne** photosynthesis ◆ ~ **culturelle** cultural assimilation **b** *(= comparaison)* **l'~ de ce bandit à un héros/à Napoléon est un scandale** it's a scandal making this criminal out to be a hero/to liken *ou* compare this criminal to Napoleon ◆ **l'~ des techniciens aux ingénieurs** the classification of technicians as engineers, the inclusion of technicians in the same category as engineers

**assimilé, e** /asimile/ (ptp de **assimiler**) ADJ *(= similaire)* comparable, similar ◆ **ce procédé et les méthodes ~es** this process and other comparable *ou* similar methods ◆ **farines et produits ~s** flour and related products NM *(Mil) non-combatant ranking with the combatants* ◆ **les cadres et ~s** management and employees of similar status ◆ **les fonctionnaires et ~s** civil servants and those in a similar category

**assimiler** /asimile/ ▸ conjug 1 ◂ VT **a** *[+ connaissances]* to assimilate, to take in; *[+ aliments, immigrants]* to assimilate ◆ **un élève qui assimile bien** a pupil who assimilates things easily *ou* takes things in easily ◆ **ses idées sont du Nietzsche mal assimilé** his ideas are just a few ill-digested notions (taken) from Nietzsche

**b** ◆ ~ **qn/qch à** *(= comparer à)* to liken *ou* compare sb/sth to; *(= classer comme)* to put sb/sth into the same category as ◆ **ils demandent à être assimilés à des fonctionnaires** they are asking to be put in the same category as civil servants

VPR **s'assimiler** **a** *[aliments, immigrants]* to assimilate, to be assimilated; *[connaissances]* to be assimilated

**b** ◆ **s'~ à** *(= se comparer à) [personne]* to liken *ou* compare o.s. to ◆ **cet acte s'assimile à un règlement de compte(s)** this act can be seen *ou* considered as a settling of (old) scores

**assis, e¹** /asi, iz/ (ptp de **asseoir**) ADJ **a** *[personne]* sitting (down), seated ◆ **position** *ou* **station ~e** sitting position ◆ **la position** *ou* **station ~e lui est douloureuse** he finds sitting painful ◆ **être ~** to be sitting (down) *ou* seated ◆ **demeurer ~** *(frm)* to remain seated ◆ **nous étions très bien/mal ~** *(sur des chaises)* we had very comfortable/uncomfortable seats; *(par terre)* we were very comfortably/uncomfortably seated ◆ ~ **en tailleur** sitting cross-legged ◆ ~ **à califourchon sur** sitting astride, straddling ◆ ~ **!** *(à un chien)* sit!; *(à un enfant)* sit down! ◆ **rester ~** to remain seated ◆ **restez ~ !** *(= ne bougez pas)* sit still!; *(= ne vous levez pas)* don't get up! ◆ **nous sommes restés ~ pendant des heures** we sat for hours; → **entre, magistrature, place, position;** → aussi **asseoir**

**b** *(= assuré) [fortune]* secure; *[personne]* stable; *[autorité]* (well-)established ◆ **maintenant que son fils a une situation bien ~e** now that his son is well-established

**Assise** /asiz/ N Assisi ◆ **Saint François d'~** Saint Francis of Assisi

**assise²** /asiz/ NF *(Constr)* course; *(Bio, Géol)* stratum; *[de raisonnement]* basis, foundation ◆ **leur ~ politique** their political base

**assises** /asiz/ NFPL *(Jur)* assizes; *[d'association, parti politique]* conference ◆ ~ **nationales** national conference ◆ **tenir ses ~** to hold its conference ◆ **procès d'~** trial; → **cour**

**assistanat** /asistana/ NM **a** *(Scol)* assistantship **b** *(Sociol) (= soutien)* (state) support; *(péj)* mollycoddling *(péj)*, nannying *(péj) (Brit)*; *(= aide financière)* (state) aid; *(péj)* handouts *(péj)*, charity *(péj)*

**assistance** /asistɑ̃s/ NF **a** *(= public) [de conférence]* audience; *[de débat, meeting]* participants; *[de messe]* congregation

**b** *(= aide)* assistance ◆ **donner/prêter ~ à qn** to give/lend sb assistance ◆ ~ **aux anciens détenus** prisoner after-care

**c** *(= présence)* attendance (*à* at)

COMP ▷ **assistance éducative** educational support *(for children with particular needs)* ▷ **assistance judiciaire** legal aid ▷ **assistance médicale (gratuite)** (free) medical care ▷ **Assistance publique** ◆ **les services de l'Assistance publique** ≃ the health and social security services ◆ **être à l'Assistance publique** to be in (state *ou* public) care ◆ **enfant de l'Assistance (publique)** child in care *(Brit) ou* in state custody *(US)* ◆ **les hôpitaux de l'Assistance publique** state- *ou* publicly-owned hospitals ▷ **assistance respiratoire** artificial respiration ▷ **assistance sociale** *(= aide)* social aid; *(= métier)* social work ▷ **assistance technique** technical aid

> ⚠ *Au sens de 'public',* **assistance** *ne se traduit pas par le mot anglais* **assistance**.

**assistant, e** /asistɑ̃, ɑ̃t/ NM,F **a** *(gén, Scol)* assistant; *(Univ)* ≃ assistant lecturer *(Brit)*, teaching assistant *(US)* ◆ **~e de direction** management secretary ◆ ~ **(de langue)** language assistant ◆ **~e maternelle** child minder *(Brit)*, child caregiver *(US)* ◆ **~e sociale** *(gén)* social worker; *(Scol)* school counsellor, school social worker ◆ **le directeur et son ~e** the manager and his personal assistant *ou* his PA; → **maître** **b** *[d'assemblée]* **les ~s** those present NM *(= ordinateur)* assistant

**assisté, e** /asiste/ (ptp de **assister**) ADJ **a** *(Jur, Méd, Sociol)* supported by *ou* cared for by the state; *(financièrement)* receiving (state) aid ◆ **enfant ~** child in care *(Brit) ou* state custody *(US)* **b** *(Tech) [freins]* servo-assisted ◆ ~ **par ordinateur** computer-aided, computer-assisted; → **direction, procréation, publication, traduction** NM,F ◆ **les ~s** *(recevant une aide financière)* people receiving (state) aid; *(péj)* people receiving handouts *(péj)*, welfare scroungers *(péj)* ◆ **il a une mentalité d'~** he can't do anything for himself

**assister** /asiste/ ▸ conjug 1 ◂ VT INDIR **assister à** *(= être présent à) [+ cérémonie, conférence, messe]* to be (present) at, to attend; *[+ match, spectacle]* to be at; *[+ dispute]* to witness ◆ **il a assisté à l'accouchement de sa femme** he was there when his wife gave birth, he was at the birth of his child ◆ **vous pourrez ~ en direct à cet événement** *(TV)* you'll be able to see the event live (on television) ◆ **on assiste à une montée du chômage** unemployment is on the increase ◆ **nous assistons actuellement en Europe à des changements fondamentaux** there are fundamental changes taking place in Europe, Europe is witnessing fundamental changes ◆ **depuis le début de l'année, on assiste à une reprise de l'économie** the economy has picked up since the beginning of the year, there has been an upturn in the economy since the beginning of the year ◆ **il a assisté à l'effondrement de son parti** he saw the collapse of his party

VT *(= aider)* to assist; *(financièrement)* to give aid to ◆ ~ **qn dans ses derniers moments** *(frm)* to succour *(frm) ou* comfort sb in their last hour ◆ ~ **les pauvres** † to minister to the poor *(frm)*

> ⚠ **assister** *se traduit par* **to assist** *uniquement au sens de 'aider'.*

**associatif, -ive** /asɔsjatif, iv/ ADJ **a** *(Sociol) [réseau]* of associations ◆ **le mouvement ~** associations ◆ **des représentants du milieu ~** representatives of associations ◆ **la vie associative** community life ◆ **il a de nombreuses activités associatives** he's involved in several associations **b** *(Math)* associative

**association** /asɔsjasjɔ̃/ NF **a** *(gén = société)* association, society; *(Comm, Écon)* partnership ◆ ~ **de malfaiteurs** *(Jur)* criminal conspiracy ◆ ~ **de consommateurs** consumer association ◆ ~ **sportive** sports association ◆ ~ **loi (de) 1901** (non-profit-making) association ◆ **Association internationale du tourisme** International Tourism Association ◆ **Association européenne de libre-échange** European Free Trade Association

**b** *[d'idées, images]* association; *[de couleurs, intérêts]* combination

**c** *(= participation)* association, partnership ◆ **l'~ de ces deux écrivains a été fructueuse** the two writers have had a very fruitful partnership ◆ **son ~ à nos travaux dépendra de ...** whether or not he joins us in our work will depend on ... ◆ **travailler en ~** to work in partnership (*avec* with)

**associationnisme** /asɔsjasjɔnism/ NM *(Philos)* associationism

**associationniste** /asɔsjasjɔnist/ ADJ, NMF associationist

**associativité** /asɔsjativite/ NF *(Math)* associativity

**associé, e** /asɔsje/ (ptp de **associer**) ADJ *(Univ) [assistant, professeur]* visiting ◆ **membre ~** associate member NM,F *(gén)* associate; *(Comm, Fin)* partner, associate ◆ ~ **principal** senior partner

**associer** /asɔsje/ ▸ conjug 7 ◂ VT **a** ◆ ~ **qn à** *(= faire participer à) [+ profits]* to give sb a share of; *[+ affaire]* to make sb a partner in ◆ ~ **qn à son triomphe** to let sb share in one's triumph

**b** ◆ ~ **qch à** *(= rendre solidaire de)* to associate *ou* link sth with; *(= allier à)* to combine sth with ◆ **il associe la paresse à la malhonnêteté** he combines laziness with dishonesty

**c** *(= grouper) [+ idées, images, mots]* to associate; *[+ couleurs, intérêts]* to combine (*à* with)

VPR **s'associer** **a** *(= s'unir) [firmes]* to join together, to form an association; *[personnes] (gén)* to join forces, to join together; *(Comm)* to form a partnership ◆ **s'~ à** *ou* **avec** *[firme]* to join with, to form an association with; *[personne] (gén)* to join (forces) with; *(Comm)* to go into partnership with; *[bandits]* to fall in with ◆ **on va lui faire un**

**cadeau, tu t'associes à nous ?** we're going to get him a present, do you want to come in with us?

b (= *participer à*) **s'~ à** *[+ projet]* to join in; *[+ douleur]* to share in ◆ **je m'associe aux compliments que l'on vous fait** I would like to join with those who have complimented you

c (= *s'allier*) *[couleurs, qualités]* to be combined (*à* with); ◆ **ces couleurs s'associent à merveille** these colours go together beautifully

d (= *s'adjoindre*) **s'~ qn** to take sb on as a partner

**assoiffé, e** /aswafe/ ADJ *(lit)* thirsty ◆ **~ de** *(fig)* thirsting for *ou* after *(littér)* ◆ **monstre ~ de sang** *(littér ou hum)* bloodthirsty monster

**assoiffer** /aswafe/ ▸ conjug 1 ◂ VT *[temps, course]* to make thirsty

**assolement** /asɔlmɑ̃/ NM (systematic) rotation (of crops)

**assoler** /asɔle/ ▸ conjug 1 ◂ VT *[+ champ]* to rotate crops on

**assombri, e** /asɔ̃bʀi/ (ptp de **assombrir**) ADJ *[ciel]* dark; *[visage, regard]* gloomy, sombre *(Brit)*, somber *(US)*

**assombrir** /asɔ̃bʀiʀ/ ▸ conjug 2 ◂ VT a (= *obscurcir*) *(gén)* to darken; *[+ pièce]* to make dark *ou* gloomy; *[+ couleur]* to make dark b (= *attrister*) *[+ personne]* to fill with gloom; *[+ assistance]* to cast a gloom over; *[+ visage, avenir, voyage]* to cast a shadow over VPR **s'assombrir** a *[ciel, pièce]* to darken, to grow dark; *[couleur]* to grow sombre *(Brit)* *ou* somber *(US)*, to darken b *[personne, caractère]* to become gloomy *ou* morose; *[visage, regard]* to cloud over ◆ **la situation politique s'est assombrie** the political situation has become gloomier

**assombrissement** /asɔ̃bʀismɑ̃/ NM *[de ciel, pièce]* darkening ◆ **l'~ des perspectives économiques** the increasingly gloomy economic prospects

**assommant, e*** /asɔmɑ̃, ɑ̃t/ ADJ (= *ennuyeux*) deadly* boring *ou* dull ◆ **il est ~** he's a deadly* bore, he's deadly* dull *ou* boring

**assommer** /asɔme/ ▸ conjug 1 ◂ VT *(lit)* (= *tuer*) to batter to death; (= *étourdir*) *[+ animal]* to knock out, to stun; *[+ personne]* to knock out, to knock senseless; *(fig)* *(moralement)* to crush; (* = *ennuyer*) to bore stiff*, to bore to tears* *ou* to death* ◆ **être assommé par le bruit/la chaleur** to be overwhelmed by the noise/overcome by the heat ◆ **si je lui mets la main dessus je l'assomme*** if I can lay my hands on him I'll beat his brains out*

**assommoir** †† /asɔmwaʀ/ NM (= *massue*) club; (= *café*) café, grogshop † *(Brit)* ◆ **c'est le coup d'~ !** *(prix)* it's extortionate!

**Assomption** /asɔ̃psjɔ̃/ NF *(Rel)* ◆ **(la fête de) l'~** (the feast of) the Assumption; (= *jour férié*) Assumption Day

**assonance** /asɔnɑ̃s/ NF assonance

**assonant, e** /asɔnɑ̃, ɑ̃t/ ADJ assonant, assonantal

**assorti, e** /asɔʀti/ (ptp de **assortir**) ADJ a (= *en harmonie*) **des époux bien/mal ~s** a well-/badly-matched couple ◆ **être ~ à** *[+ couleur]* to match ◆ **chemise avec cravate ~e** shirt with matching tie b (= *varié*) *[bonbons]* assorted ◆ **"hors-d'œuvre/fromages assortis"** "assortment of hors d'œuvres/cheeses" c (= *achalandé*) **magasin bien/mal ~** well-/poorly-stocked shop d (= *accompagné*) **être ~ de** *[+ conditions, conseils]* to be accompanied with

> ⚠ **assorti** *se traduit par* **assorted** *uniquement au sens de 'varié'.*

**assortiment** /asɔʀtimɑ̃/ NM a (= *gamme*) *[de bonbons, fromages, fruits, hors-d'œuvre]* assortment; *[de livres]* collection; *[de vaisselle]* set ◆ **je vous fais un ~ ?** shall I give you an assortment? ◆ **il y avait tout un ~ d'outils** there was a whole set *ou* collection of tools b (= *harmonie*) *[de couleurs, formes]* arrangement, ensemble c *(Comm = lot, stock)* stock, selection

**assortir** /asɔʀtiʀ/ ▸ conjug 2 ◂ VT a (= *accorder*) *[+ couleurs, motifs]* to match (*à* to; *avec* with); ◆ **elle assortit la couleur de son écharpe à celle de ses yeux** she chose the colour of her scarf to match her eyes ◆ **elle avait su ~ ses invités** she had mixed *ou* matched her guests cleverly b (= *accompagner de*) **~ qch de** *[+ conseils, commentaires]* to accompany sth with c *(Comm = approvisionner)* *[+ commerçant]* to supply; *[+ magasin]* to stock (*de* with) VPR **s'assortir** a *[couleurs, motifs]* to match, to go (well) together; *[caractères]* to go together, to be well matched ◆ **le papier s'assortit aux rideaux** the wallpaper matches *ou* goes (well) with the curtains b (= *s'accompagner de*) **ce livre s'assortit de notes** this book has accompanying notes *ou* has notes with it

**assoupi, e** /asupi/ (ptp de **assoupir**) ADJ *[personne]* dozing; *[sens, intérêt, douleur]* dulled; *[haine]* lulled

**assoupir** /asupiʀ/ ▸ conjug 2 ◂ VT *[+ personne]* to make drowsy; *[+ sens, intérêt, douleur]* to dull; *[+ passion]* to lull VPR **s'assoupir** *[personne]* to doze off; *[intérêt]* to be dulled

**assoupissement** /asupismɑ̃/ NM a (= *sommeil*) doze; (= *somnolence*) drowsiness b (= *action*) *[de sens]* numbing; *[de facultés, intérêt]* dulling; *[de douleur]* deadening

**assouplir** /asupliʀ/ ▸ conjug 2 ◂ VT *[+ cuir]* to soften, to make supple; *[+ membres, corps]* to make supple; *[+ règlements, mesures]* to relax; *[+ principes]* to make more flexible, to relax ◆ **~ le caractère de qn** to make sb more manageable ◆ **~ les horaires** to produce a more flexible timetable VPR **s'assouplir** *[cuir]* to soften, to become supple; *[membres, corps]* to become supple; *[règlements, mesures]* to relax; *[principes]* to become more flexible, to relax ◆ **il faut que je m'assouplisse** I must loosen up ◆ **son caractère s'est assoupli** he has become more manageable

**assouplissant, e** /asuplisɑ̃, ɑ̃t/ ADJ *[produit, formule]* softening NM ◆ **~ (textile)** (fabric) softener

**assouplissement** /asuplismɑ̃/ NM *[de cuir]* softening; *[de membres, corps]* suppling up; *[de règlements, mesures, principes]* relaxing ◆ **faire des exercices d'~** to limber up, to do (some) limbering up exercises ◆ **mesures d'~ du crédit** *(Écon)* easing of credit restrictions ◆ **mesures d'~ des formalités administratives** measures to relax administrative regulations ◆ **l'~ de la politique monétaire** the relaxing of monetary policy

**assouplisseur** /asuplisœʀ/ NM (fabric) softener

**assourdir** /asuʀdiʀ/ ▸ conjug 2 ◂ VT a (= *rendre sourd*) *[+ personne]* to deafen b (= *amortir*) *[+ bruit]* to deaden, to muffle VPR **s'assourdir** *(Ling)* to become voiceless, to become unvoiced

**assourdissant, e** /asuʀdisɑ̃, ɑ̃t/ ADJ deafening

**assourdissement** /asuʀdismɑ̃/ NM a *[de personne]* (= *état*) (temporary) deafness; (= *action*) deafening b *[de bruit]* deadening, muffling c *(Ling)* devoicing

**assouvir** /asuviʀ/ ▸ conjug 2 ◂ VT *[+ faim]* to satisfy, to assuage *(frm)*; *[+ passion]* to assuage *(frm)*

**assouvissement** /asuvismɑ̃/ NM *[de faim]* satisfaction, satisfying; *[de passion]* assuaging *(frm)*

**ASSU** /asy/ NF (abrév de **Association du sport scolaire et universitaire**) *university and school sports association*

**assujetti, e** /asyʒeti/ (ptp de **assujettir**) ADJ *[peuple]* subject, subjugated ◆ **~ à** *[norme, loi]* subject to; *[taxe]* liable *ou* subject to ◆ **les personnes ~es à l'impôt** *(Admin)* persons liable to *ou* for tax

**assujettir** /asyʒetiʀ/ ▸ conjug 2 ◂ VT (= *contraindre*) *[+ peuple]* to subjugate, to bring into subjection; (= *fixer*) *[+ planches, tableau]* to secure, to make fast ◆ **~ qn à une règle** to subject sb to a rule VPR **s'assujettir** (*à une règle*) to submit (*à* to)

**assujettissant, e** /asyʒetisɑ̃, ɑ̃t/ ADJ *[travail]* demanding, exacting

**assujettissement** /asyʒetismɑ̃/ NM (= *contrainte*) constraint; (= *dépendance*) subjection ◆ **~ à l'impôt** tax liability

**assumer** /asyme/ ▸ conjug 1 ◂ VT a (= *prendre*) *(gén)* to assume; *[+ responsabilité, tâche, rôle]* to take on, to assume; *[+ commandement]* to take over; *[+ poste]* to take up ◆ **~ la responsabilité de faire qch** to take it upon oneself to do sth ◆ **~ les frais de qch** to meet the cost *ou* expense of sth b (= *remplir*) *[+ poste]* to hold; *[+ rôle]* to fulfil ◆ **après avoir assumé ce poste pendant 2 ans** having held the post for 2 years c (= *accepter*) *[+ conséquence, situation, douleur, condition]* to accept ◆ **tu as voulu te marier, alors assume !** you wanted to get married, so you'll just have to take *ou* accept the consequences! VPR **s'assumer** to be at ease with o.s. ◆ **être incapable de s'~** to be unable to come to terms with o.s. ◆ **elle s'assume financièrement** she is financially self-sufficient

**assurable** /asyʀabl/ ADJ insurable

**assurage** /asyʀaʒ/ NM *(Alpinisme)* belay

**assurance** /asyʀɑ̃s/ NF a (= *confiance en soi*) self-confidence, (self-)assurance ◆ **avoir de l'~** to be self-confident *ou* (self-)assured ◆ **prendre de l'~** to gain (self-)confidence *ou* (self-)assurance ◆ **parler avec ~** to speak confidently *ou* with assurance *ou* with confidence

b (= *garantie*) assurance, undertaking *(Brit)* ◆ **donner à qn l'~ formelle que …** to give sb a formal assurance *ou* undertaking that … ◆ **il veut avoir l'~ que tout se passera bien** he wants to be sure that everything goes well ◆ **veuillez agréer l'~ de ma considération distinguée** *ou* **de mes sentiments dévoués** *(formule épistolaire)* yours faithfully *ou* sincerely, sincerely yours *(US)*

c (= *contrat*) insurance (policy) ◆ **contrat d'~** insurance policy ◆ **compagnie** *ou* **société/groupe d'~s** insurance company/group ◆ **produits d'~** insurance products ◆ **contracter** *ou* **prendre une ~ contre qch** to take out insurance *ou* an insurance policy against sth ◆ **il est dans les ~s** he's in insurance, he's in the insurance business; → **police[2], prime[1]**

d *(Alpinisme)* belay

COMP ▷ **assurance automobile** car *ou* automobile *(US)* insurance ▷ **assurance bagages** luggage insurance ▷ **assurance chômage** unemployment insurance ◆ **le régime d'~ chômage** the state unemployment insurance scheme ◆ **caisse d'~ chômage** (= *fonds*) unemployment insurance fund; *(= bureau)* unemployment insurance office ▷ **assurance décès** whole-life insurance ▷ **assurance incendie** fire insurance ▷ **assurance invalidité-vieillesse** disablement insurance ▷ **assurance maladie** health insurance ◆ **régime d'~ maladie** health insurance scheme ▷ **assurance maritime** marine insurance ▷ **assurance multirisques** comprehensive insurance ▷ **assurance personnelle** personal insurance ▷ **assurance responsabilité-civile** ⇒ **assurance au tiers** ▷ **assurances sociales** ≃ social security, welfare *(US)* ◆ **il est (inscrit) aux ~s sociales** he's on the state health scheme *(Brit)* *ou* plan *(US)*, he pays National Insurance *(Brit)* ▷ **assurance au tiers** third-party insurance ▷ **assurance tous risques** *(Aut)* comprehensive insurance ▷ **assurance vie** life assurance *ou* insurance *(Brit)* ◆ **contrat d'~ vie** life assurance *ou* insurance *(Brit)* policy ▷ **assurance vieillesse** pension scheme ◆ **le régime d'~ vieillesse** the state pension scheme ◆ **caisse d'~ vieillesse** *(fonds)* retirement fund; *(bureau)* pensions office ▷ **assurance contre le vol** insurance against theft ▷ **assurance voyage** travel insurance

**assurance-crédit** (pl **assurances-crédits**) /asyʀɑ̃skʀedi/ **NF** credit insurance

**assuré, e** /asyʀe/ (ptp de **assurer**) **ADJ** a *[réussite, échec]* certain, sure; *[situation, fortune]* assured ◆ **son avenir est ~ maintenant** his future is certain *ou* assured now ◆ **une entreprise ~e du succès** an undertaking which is sure to succeed *ou* whose success is assured

b *[air, démarche]* assured, (self-)confident; *[voix]* assured, steady; *[main, pas]* steady ◆ **mal ~** *[voix, pas]* uncertain, unsteady, shaky ◆ **il est mal ~ sur ses jambes** he's unsteady on his legs

c *(loc)* **tenir pour ~ que ...** to be confident that ..., to take it as certain that ... ◆ **tenez pour ~ que ...** rest assured that ... ◆ **il se dit ~ de cela** he says he is confident of that

**NM,F** *(Assurances) (assurance-vie)* assured *ou* insured person; *(autres assurances)* insured person, policyholder ◆ **l'~** the assured, the policyholder ◆ **~ social** *person paying social security contributions*

**assurément** /asyʀemɑ̃/ **ADV** *(frm)* most certainly, assuredly ◆ **~, ceci présente des difficultés** this does indeed present difficulties ◆ **(oui) ~** yes indeed, yes most certainly ◆ **~ il viendra** he will most certainly come

**assurer** /asyʀe/ GRAMMAIRE ACTIVE 42.1 ▸ conjug 1 ◂

**VT** a *(= certifier)* **~ à qn que ...** to assure sb that ... ◆ **~ que ...** to affirm that ... ◆ **cela vaut la peine, je vous assure** it's worth it, I assure you ◆ **je t'assure !** *(ton exaspéré)* really!

b *(= confirmer)* **~ qn de** *[+ amitié, bonne foi]* to assure sb of ◆ **sa participation nous est assurée** we have been assured of his participation *ou* that he'll take part

c *(par contrat)* to insure (*contre* against); ◆ **~ qn sur la vie** to give sb (a) life assurance *ou* insurance *(Brit)*, to assure sb's life ◆ **faire ~ qch** to insure sth, to have *ou* get sth insured ◆ **être assuré** to be insured

d *(= exécuter, fournir) [+ fonctionnement, permanence]* to maintain; *[+ travaux]* to carry out, to undertake; *[+ surveillance]* to provide, to maintain; *[+ service]* to operate, to provide; *[+ financement]* to provide ◆ **~ la surveillance des locaux** to guard the premises ◆ **l'avion qui assure la liaison entre Genève et Aberdeen** the plane that operates between Geneva and Aberdeen ◆ **l'armée a dû ~ le ravitaillement des sinistrés** the army had to provide supplies for the victims ◆ **~ sa propre défense** *(Jur)* to conduct one's own defence ◆ **~ la direction d'un service** to head up a department, to be in charge of a department ◆ **~ le remplacement de pièces défectueuses** to replace faulty parts ◆ **~ le suivi d'une commande** to follow up an order

e *(= garantir) [+ bonheur, protection, stabilité]* to ensure; *[+ succès, paix]* to ensure, to secure; *[+ avenir, fortune]* to secure; *[+ revenu]* to provide ◆ **~ à ses enfants la meilleure éducation possible** to provide one's children with the best possible education ◆ **cela devrait leur ~ une vie aisée** that should ensure that they lead a comfortable life ◆ **ce but leur a assuré la victoire** this goal ensured their victory ◆ **~ ses arrières** to ensure *ou* make sure one has something to fall back on ◆ **cela m'assure un toit pour quelques jours** that means I'll have somewhere to stay for a few days

f *(= affermir) [+ pas, prise, échelle]* to steady; *(= fixer) [+ échelle, volet]* to secure; *(Alpinisme)* to belay ◆ **il assura ses lunettes sur son nez** he fixed his glasses firmly on his nose

g *(= protéger) [+ frontières]* to protect (*contre* against)

**VI** *( * = être à la hauteur)* to be very good ◆ **ne pas ~** to be useless * *ou* no good * ◆ **je n'assure pas du tout en allemand** I'm absolutely useless * *ou* no good at German

**VPR s'assurer** a *(= vérifier)* **s'~ que/de qch** to make sure that/of sth, to ascertain that/sth ◆ **assure-toi qu'on n'a rien volé** make sure *ou* check that nothing has been stolen ◆ **assure-toi si les volets sont fermés** make sure the shutters are closed ◆ **je vais m'en ~** I'll make sure, I'll check

b *(= contracter une assurance)* to insure o.s. (*contre* against); ◆ **s'~ contre** *(= se prémunir) [+ attaque, éventualité]* to insure (o.s.) against ◆ **s'~ sur la vie** to insure one's life, to take out (a) life assurance *ou* insurance *(Brit)*

c *(= se procurer) [+ aide, victoire]* to secure, to ensure ◆ **il s'est assuré un revenu** he made sure of an income for himself, he ensured *ou* secured himself an income ◆ **s'~ l'accès de** to secure access to ◆ **s'~ le contrôle de** *[+ banque, ville]* to take control of

d *(= s'affermir)* to steady o.s. (*sur* on); *(Alpinisme)* to belay o.s. ◆ **s'~ sur sa selle** to steady o.s. in one's saddle

e *(frm = arrêter)* **s'~ de la personne de qn** to apprehend sb

**assureur** /asyʀœʀ/ **NM** *(= agent)* insurance agent; *(= société)* insurance company; *(Jur = partie)* insurers; *[d'entreprise]* underwriters ◆ **~-conseil** insurance consultant ◆ **~-vie** life insurer

**Assyrie** /asiʀi/ **NF** Assyria

**assyrien, -ienne** /asiʀjɛ̃, jɛn/ **ADJ** Assyrian **NM,F Assyrien(ne)** Assyrian

**aster** /astɛʀ/ **NM** aster

**astérie** /asteʀi/ **NF** starfish

**astérisque** /asteʀisk/ **NM** asterisk ◆ **marqué d'un ~** asterisked

**astéroïde** /asteʀɔid/ **NM** asteroid

**asthénie** /asteni/ **NF** asthenia

**asthénique** /astenik/ **ADJ, NMF** asthenic

**asthmatique** /asmatik/ **ADJ, NMF** asthmatic

**asthme** /asm/ **NM** asthma

**asticot** /astiko/ **NM** *(gén)* maggot; *(pour la pêche)* maggot, gentle

**asticoter** * /astikɔte/ ▸ conjug 1 ◂ **VT** to needle, to get at * *(Brit)* ◆ **cesse donc d'~ ta sœur !** stop needling *ou* getting at * *(Brit)* *ou* plaguing *(Brit)* your sister!

**astigmate** /astigmat/ **ADJ** astigmatic **NMF** astigmat(ic)

**astigmatisme** /astigmatism/ **NM** astigmatism

**astiquer** /astike/ ▸ conjug 1 ◂ **VT** *[+ arme, meuble, parquet]* to polish; *[+ bottes, métal]* to polish, to shine

**astragale** /astʀagal/ **NM** *(Anat)* talus, astragalus; *(Bot)* astragalus; *(Archit)* astragal

**astrakan** /astʀakɑ̃/ **NM** astrakhan

**astral, e** (mpl **-aux**) /astʀal, o/ **ADJ** astral

**astre** /astʀ/ **NM** star ◆ **l'~ du jour/de la nuit** *(littér)* the day/night star *(littér)*

**astreignant, e** /astʀɛɲɑ̃, ɑ̃t/ **ADJ** *[travail]* exacting, demanding

**astreindre** /astʀɛ̃dʀ/ ▸ conjug 49 ◂ **VT** ◆ **~ qn à faire** to compel *ou* oblige *ou* force sb to do ◆ **~ qn à un travail pénible/une discipline sévère** to force a trying task/a strict code of discipline (up)on sb **VPR s'astreindre** ◆ **s'~ à faire** to force *ou* compel o.s. to do ◆ **elle s'astreignait à un régime sévère** she forced herself to keep to a strict diet ◆ **astreignez-vous à une vérification rigoureuse** make yourself carry out a thorough check

**astreinte** /astʀɛ̃t/ **NF** *(= obligation)* constraint, obligation; *(Jur)* penalty *(imposed on daily basis for non-completion of contract)* ◆ **être d'~** *[médecin, technicien]* to be on call

**astringence** /astʀɛ̃ʒɑ̃s/ **NF** astringency

**astringent, e** /astʀɛ̃ʒɑ̃, ɑ̃t/ **ADJ, NM** astringent

**astrolabe** /astʀɔlab/ **NM** astrolabe

**astrologie** /astʀɔlɔʒi/ **NF** astrology

**astrologique** /astʀɔlɔʒik/ **ADJ** astrological

**astrologue** /astʀɔlɔg/ **NMF** astrologer

**astronaute** /astʀonot/ **NMF** astronaut

**astronautique** /astʀonotik/ **NF** astronautics *(sg)*

**astronef** † /astʀɔnɛf/ **NM** spaceship, spacecraft

**astronome** /astʀɔnɔm/ **NMF** astronomer

**astronomie** /astʀɔnɔmi/ **NF** astronomy

**astronomique** /astʀɔnɔmik/ **ADJ** *(lit, fig)* astronomical, astronomic

**astronomiquement** /astʀɔnɔmikmɑ̃/ **ADV** astronomically

**astrophysicien, -ienne** /astʀofizisjɛ̃, jɛn/ **NM,F** astrophysicist

**astrophysique** /astʀofizik/ **ADJ** astrophysical **NF** astrophysics *(sg)*

**astuce** /astys/ **NF** a *(= caractère)* shrewdness, astuteness ◆ **il a beaucoup d'~** he is very shrewd *ou* astute b *(= truc)* (clever) way, trick ◆ **l'~ c'est d'utiliser de l'eau au lieu de pétrole** the trick *ou* the clever bit *(Brit)* here is to use water instead of oil ◆ **les ~s du métier** the tricks of the trade ◆ **c'est ça l'~ !** that's the trick! *ou* the clever bit! *(Brit)* c * *(= jeu de mots)* pun; *(= plaisanterie)* wisecrack * ◆ **faire des ~s** to make wisecracks * ◆ **~ vaseuse** lousy * pun

**astucieusement** /astysjøzmɑ̃/ **ADV** cleverly

**astucieux, -ieuse** /astysjø, jøz/ **ADJ** clever ◆ **l'idée astucieuse de cours d'informatique à domicile** the clever idea of home computing courses ◆ **grâce à un système ~** thanks to an ingenious *ou* a clever system ◆ **on peut employer le four à micro-ondes de façon astucieuse** there are clever ways of using a microwave

**Asturies** /astyʀi/ **NFPL** ◆ **les ~** the Asturias

**Asunción** /asunsjɔn/ **N** Asuncion

**asymétrie** /asimetʀi/ **NF** asymmetry

**asymétrique** /asimetʀik/ **ADJ** asymmetric(al)

**asymptomatique** /asɛ̃ptɔmatik/ **ADJ** *[infection, personne]* asymptomatic ◆ **porteur ~** asymptomatic carrier

**asymptote** /asɛ̃ptɔt/ ADJ asymptotic NF asymptote

**asymptotique** /asɛ̃ptɔtik/ ADJ asymptotic

**asynchrone** /asɛ̃kʀon/ ADJ asynchronous

**asyndète** /asɛ̃dɛt/ NF asyndeton

**asyntaxique** /asɛ̃taksik/ ADJ asyntactic(al)

**ataraxie** /ataʀaksi/ NF ataraxia, ataraxy

**atavique** /atavik/ ADJ atavistic

**atavisme** /atavism/ NM atavism ◆ **c'est de l'~ !** it's heredity coming out!

**ataxie** /ataksi/ NF ataxia

**ataxique** /ataksik/ ADJ ataxic NMF ataxia sufferer

**atchoum** /atʃum/ EXCL atishoo

**atèle** /atɛl/ NM spider monkey

**atelier** /atəlje/ NM a (= local) *[d'artisan]* workshop; *[d'artiste]* studio; *[de couturières]* workroom; *[de haute couture]* atelier ◆ **~ de fabrication** workshop b (= groupe) *(Art)* studio; *(Scol)* work-group; *(dans un colloque)* discussion group, workshop ◆ **les enfants travaillent en ~s** *(Scol)* the children work in small groups ◆ **~ de production** *(TV)* production unit c *(Ind)* *[d'usine]* shop, workshop ◆ **~ protégé** sheltered workshop d *[de franc-maçonnerie]* lodge; → **chef**[1]

**atemporel, -elle** /atɑ̃pɔʀɛl/ ADJ *[vérité]* timeless

**atermoiement** /atɛʀmwamɑ̃/ NM prevarication, procrastination *(NonC)*

**atermoyer** /atɛʀmwaje/ ▸ conjug 8 ◂ VI (= tergiverser) to procrastinate, to temporize

**athée** /ate/ ADJ atheistic NMF atheist

**athéisme** /ateism/ NM atheism

**Athéna** /atena/ NF Athena, (Pallas) Athene

**athénée** /atene/ NM *(Belg = lycée)* ≃ secondary school, high school *(US)*

**Athènes** /atɛn/ N Athens

**athénien, -ienne** /atenjɛ̃, jɛn/ ADJ Athenian NM,F **Athénien(ne)** Athenian ◆ **c'est là que les Athéniens s'atteignirent** *ou* **s'éteignirent** *(hum)* that's when all hell broke loose *

**athérome** /ateʀɔm/ NM atheroma

**athérosclérose** /ateʀosklerοz/ NF atherosclerosis

**athlète** /atlɛt/ NMF athlete ◆ **corps d'~** athletic body ◆ **regarde l'~ !, quel ~ !** *(hum)* just look at muscleman! *(hum)*

**athlétique** /atletik/ ADJ athletic

**athlétisme** /atletism/ NM athletics *(Brit)* *(NonC)*, track and field events *(US)* ◆ **~ sur piste** track athletics

**Atlantide** /atlɑ̃tid/ NF ◆ **l'~** Atlantis

**atlantique** /atlɑ̃tik/ ADJ Atlantic ◆ **les Provinces ~s** *(Can)* the Atlantic Provinces NM **Atlantique** ◆ **l'Atlantique** the Atlantic (Ocean)

**atlantisme** /atlɑ̃tism/ NM Atlanticism

**atlantiste** /atlɑ̃tist/ ADJ *[politique]* Atlanticist, which promotes the Atlantic Alliance NMF Atlanticist

**atlas** /atlas/ NM a (= livre, Anat) atlas b ◆ **Atlas** *(Myth)* Atlas ◆ **l'Atlas** *(Géog)* the Atlas Mountains

**atmosphère** /atmɔsfɛʀ/ NF a *(Géog)* atmosphere ◆ **haute/basse ~** upper/lower atmosphere ◆ **essai nucléaire en ~** nuclear test in the atmosphere b (= environnement) atmosphere ◆ **j'ai besoin de changer d'~** I need a change of air *ou* scenery ◆ **en ~ normale/contrôlée/stérile** in a normal/controlled/sterile atmosphere *ou* environment c (= ambiance) atmosphere ◆ **~ de fête** festive atmosphere d († : *Phys* = unité de pression) atmosphere

**atmosphérique** /atmɔsfeʀik/ ADJ atmospheric; → **courant, perturbation**

**atoca** /atɔka/ NM *(Can = fruit)* cranberry

**atoll** /atɔl/ NM atoll

**atome** /atom/ NM atom ◆ **~-gramme** gram atom ◆ **il n'a pas un ~ de bon sens** he hasn't a grain *ou* an ounce of common sense ◆ **avoir des ~s crochus avec qn** to have a lot in common with sb, to hit it off with sb *

**atomique** /atɔmik/ ADJ *(Chim, Phys)* atomic; *(Mil, Pol)* atomic, nuclear; → **bombe**

**atomisation** /atɔmizasjɔ̃/ NF atomization

**atomisé, e** /atɔmize/ (ptp de **atomiser**) ADJ *[savoir, marché]* fragmented; *[mouvement politique]* fragmented, splintered ◆ **parti politique ~** *(fig)* atomized *ou* fragmented political party NM,F victim of an atomic bomb explosion ◆ **les ~s d'Hiroshima** the victims of the Hiroshima atom bomb

**atomiser** /atɔmize/ ▸ conjug 1 ◂ VT *(Phys)* to atomize; *(Mil)* to destroy with atomic *ou* nuclear weapons; *[+ marché]* to fragment; *[+ société]* to atomize, to fragment; *[+ parti]* to break up

**atomiseur** /atɔmizœʀ/ NM *(gén)* spray; *[de parfum]* atomizer

**atomiste** /atɔmist/ ADJ, NMF ◆ **(savant) ~** atomic scientist

**atomistique** /atɔmistik/ ADJ, NF ◆ **(théorie) ~** atomic theory

**atonal, e** (mpl **atonals**) /atɔnal/ ADJ atonal

**atonalité** /atɔnalite/ NF atonality

**atone** /atɔn/ ADJ a (= sans vitalité) *[être]* lifeless; (= sans expression) *[regard]* expressionless; *(Méd)* atonic b *(Ling)* unstressed, unaccented, atonic

**atonie** /atɔni/ NF *(Ling, Méd)* atony; (= manque de vitalité) lifelessness

**atours** /atuʀ/ NMPL († *ou hum*) attire, finery ◆ **dans ses plus beaux ~** in her loveliest attire † *(hum)*, in all her finery *(hum)*

**atout** /atu/ NM a *(Cartes)* trump ◆ **jouer ~** to play a trump; *(en commençant)* to lead (with) a trump ◆ **on jouait ~ cœur** hearts were trumps ◆ **~ maître** master trump ◆ **roi/reine d'~** king/queen of trumps ◆ **3 sans ~** 3 no trumps b *(fig)* (= avantage) asset; (= carte maîtresse) trump card ◆ **l'avoir dans l'équipe est un ~** he's an asset to our team ◆ **avoir tous les ~s (dans son jeu)** to hold all the cards *ou* aces ◆ **avoir plus d'un ~ dans sa manche** to have more than one ace up one's sleeve

**atoxique** /atɔksik/ ADJ non-poisonous

**ATP** /atepe/ NF (abrév de **Association des tennismen professionnels**) ATP

**atrabilaire** /atʀabilɛʀ/ ADJ (†† *ou hum*) bilious, atrabilious *(frm)*

**âtre** /ɑtʀ/ NM hearth

**Atrée** /atʀe/ NM Atreus

**Atrides** /atʀid/ NMPL ◆ **les ~** the Atridae

**atrium** /atʀijɔm/ NM *(Archit, Anat)* atrium

**atroce** /atʀɔs/ ADJ a (= abominable) dreadful; *[crime, conditions]* atrocious, dreadful; *[torture]* appalling; *[faim, événement]* terrible b (= très mauvais) atrocious

> ⚠ *Attention à ne pas traduire automatiquement* **atroce** *par* **atrocious**.

**atrocement** /atʀɔsmɑ̃/ ADV a *[souffrir]* terribly; *[torturer]* brutally ◆ **il s'est vengé ~** he wreaked a terrible *ou* dreadful revenge ◆ **elle avait ~ peur** she was terribly *ou* dreadfully frightened b (= très) dreadfully

**atrocité** /atʀɔsite/ NF a (= qualité) *[de crime, action]* atrocity, atrociousness; *[de spectacle]* ghastliness b (= acte) atrocity, outrage ◆ **dire des ~s sur qn** to say wicked *ou* atrocious things about sb ◆ **cette nouvelle tour est une ~** that new tower is an atrocity *ou* a real eyesore

**atrophie** /atʀɔfi/ NF *(Méd)* atrophy ◆ **une ~ du désir** an atrophy of desire ◆ **l'~ industrielle dont souffre ce pays** the country's industrial decline

**atrophié, e** /atʀɔfje/ (ptp de **atrophier**) ADJ *(lit, fig)* atrophied

**atrophier** /atʀɔfje/ ▸ conjug 7 ◂ VT *(Méd)* to atrophy; *(fig)* to starve VPR **s'atrophier** *[membres, muscle]* to waste away, to atrophy; *(fig)* to atrophy

**atropine** /atʀɔpin/ NF atropine, atropin

**attabler (s')** /atable/ ▸ conjug 1 ◂ VPR *(pour manger)* to sit down at (the) table ◆ **s'~ autour d'une bonne bouteille** to sit (down) at the table for a drink ◆ **s'~ à la terrasse d'un café** to sit at a table outside a café ◆ **il vint s'~ avec eux** he came to sit at their table ◆ **les clients attablés** the seated customers

**attachant, e** /ataʃɑ̃, ɑ̃t/ ADJ *[film, roman]* captivating; *[enfant]* endearing

**attache** /ataʃ/ NF a *(en ficelle)* (piece of) string; *(en métal)* clip, fastener; (= courroie) strap b *(Anat)* **~s** *[d'épaules]* shoulder joints; *[de bassin]* hip joints; (= poignets et chevilles) wrists and ankles c *(fig)* (= lien) tie ◆ **~s** (= famille) ties, connections ◆ **avoir des ~s dans une région** to have family ties *ou* connections in a region d *(Bot)* tendril e *(loc)* **être à l'~** *[animal]* to be tied up; *[bateau]* to be moored ◆ **point d'~** *[de bateau]* mooring (post); *(fig)* base; → **port**[1]

**attaché, e** /ataʃe/ (ptp de **attacher**) ADJ a ◆ **~ à** *[+ personne, animal, lieu, idée]* attached to; *[+ habitude]* tied to ◆ **~ à la vie** attached to life ◆ **pays très ~ à son indépendance** country that sets great store by its independence b ◆ **~ à** (= affecté à) **être ~ au service de qn** to be in sb's personal service ◆ **les avantages ~s à ce poste** the benefits attached to *ou* that go with the position ◆ **son nom restera ~ à cette découverte** his name will always be linked *ou* connected with this discovery NM,F attaché ◆ **~ d'ambassade/de presse/militaire** embassy/press/military attaché ◆ **~ d'administration** administrative assistant ◆ **~ commercial/culturel** commercial/cultural attaché ◆ **~ de clientèle** *(Banque)* account manager

**attaché-case** (pl **attachés-cases**) /ataʃekɛz/ NM attaché case

**attachement** /ataʃmɑ̃/ NM a *(à une personne, à un animal)* affection (*à* for) attachment (*à* to); *(à un lieu, à une idée, à la vie)* attachment (*à* to); *(à une politique, à une cause)* commitment (*à* to); ◆ **vouer un ~ viscéral à** to be strongly *ou* deeply attached to ◆ **leur ~ à lutter contre le chômage** their commitment to fighting unemployment b *(Constr)* daily statement *(of work done and expenses incurred)*

**attacher** /ataʃe/ ▸ conjug 1 ◂ VT a *[+ animal, plante, paquet]* to tie up; *[+ prisonnier]* to tie up, to bind; *(avec une chaîne)* to chain up; *[+ volets]* to fasten, to secure; *(plusieurs choses ensemble)* to tie together, to bind together ◆ **~ une étiquette à une valise** to tie a label on(to) a case ◆ **il attacha sa victime sur une chaise** he tied his victim to a chair ◆ **~ les mains d'un prisonnier** to tie a prisoner's hands together, to bind a prisoner's hands (together) ◆ **la ficelle qui attachait le**

**paquet** the string that was tied round the parcel ◆ **est-ce bien attaché ?** is it well *ou* securely tied (up)? ◆ **il ne les attache pas avec des saucisses** * he's a bit tight-fisted

b *[+ ceinture]* to do up, to fasten; *[+ robe] (à boutons)* to do up, to button up, to fasten; *(à fermeture éclair)* to do up, to zip up; *[+ lacets, chaussures]* to do up, to tie up; *[+ fermeture, bouton]* to do up ◆ **veuillez ~ votre ceinture** *(Aviat)* (please) fasten your seatbelts ◆ **attachez vos ceintures !** * *(hum)* hold on to your hats! *

c *[+ papiers] (= épingler)* to pin together, to attach; *(= agrafer)* to staple together, to attach ◆ **~ à** *(= épingler)* to pin to; *(= agrafer)* to staple onto

d *(fig = lier à)* **il a attaché son nom à cette découverte** he has linked *ou* put his name to this discovery ◆ **des souvenirs l'attachent à ce village** *(qu'il a quitté)* he still feels attached to the village because of his memories; *(qu'il habite)* his memories keep him here in this village ◆ **il a su s'~ ses étudiants** he has won the loyalty of his students ◆ **plus rien ne l'attachait à la vie** nothing held her to life any more

e *(= attribuer)* to attach ◆ **~ de la valeur** *ou* **du prix à qch** to attach great value to sth, to set great store by sth

f *(frm = adjoindre)* **~ des gardes à qn** to give sb a personal guard ◆ **~ qn à son service** to engage sb, to take sb into one's service

g *(= fixer)* **~ son regard** *ou* **ses yeux sur** to fix one's eyes upon

VI *(Culin)* to stick ◆ **le riz a attaché** the rice has stuck ◆ **poêle qui n'attache pas** non-stick frying pan

VPR **s'attacher** a *(gén)* to do up, to fasten (up) *(avec, par* with); *[robe] (à boutons)* to button up, to do up; *(à fermeture éclair)* to zip up, to do up; *[fermeture, bouton]* to do up ◆ **ça s'attache derrière** it does up at the back, it fastens (up) at the back ◆ **s'~ à** *[+ corde]* to attach o.s. to; *[+ siège]* to fasten o.s. to

b *(= se prendre d'affection pour)* **s'~ à** to become attached to ◆ **cet enfant s'attache vite** this child soon becomes attached to people

c *(= accompagner)* **s'~ aux pas de qn** to follow sb closely, to dog sb's footsteps ◆ **les souvenirs qui s'attachent à cette maison** the memories attached to *ou* associated with that house

d *(= prendre à cœur)* **s'~ à faire qch** to endeavour *(Brit) (frm) ou* endeavor *(US) (frm) ou* attempt to do sth

**attaquable** /atakabl/ ADJ *(Mil)* open to attack; *[testament]* contestable

**attaquant, e** /atakɑ̃, ɑ̃t/ NM,F *(Mil, Sport)* attacker; *(Fin)* raider ◆ **l'avantage est à l'~** the advantage is on the attacking side

**attaque** /atak/ NF a *(Mil, Police)* attack *(contre* on); ◆ **lancer** *ou* **mener une ~ contre** to launch *ou* make an attack on ◆ **aller** *ou* **monter à l'~** to go into the attack ◆ **à l'~ !** attack! ◆ **passer à l'~** to move into the attack ◆ **~ d'artillerie/nucléaire** artillery/nuclear attack ◆ **~ à la bombe** bomb attack, bombing

b *(= agression) [de banque, train]* raid; *[de personne]* attack *(de* on)

c *(Sport)* attack; *[de coureur]* spurt; *(Alpinisme)* start; *(Escrime)* attack ◆ **il a lancé une ~ à 15 km de l'arrivée** he put on a spurt 15 km from the finishing line ◆ **jeu/coup d'~** attacking game/shot ◆ **repartir à l'~** to go back on the attack

d *(= critique)* attack *(contre* on); ◆ **ce n'était pas une ~ personnelle** it wasn't a personal attack, it was nothing personal ◆ **elle a été l'objet de violentes ~s dans la presse** she came in for severe criticism from the press ◆ **une ~ en règle** a virulent attack

e *(Méd)* attack *(de* of); ◆ **avoir une ~** *(cardiaque)* to have a heart attack; *(hémorragie cérébrale)* to have a stroke; *(d'épilepsie)* to have a seizure *ou* fit

f *(Mus)* attack

g *(Cartes)* lead

h *(loc)*

◆ **d'attaque** * *(= en forme)* on *ou* in (top) form ◆ **il n'est pas d'~ ce matin** he's not on form this morning ◆ **se sentir** *ou* **être assez d'~ pour faire** to feel up to doing

COMP ▷ **attaque aérienne** air raid *ou* attack ▷ **attaque d'apoplexie** apoplectic attack *ou* fit ▷ **attaque cardiaque** heart attack ▷ **attaque à main armée** hold-up, armed robbery ◆ **commettre une ~ à main armée contre une banque** to hold up a bank ▷ **attaque de nerfs** † fit of hysteria

**attaquer** /atake/ ▸ conjug 1 ◂ VT a *(= assaillir) [+ pays]* to attack, to launch an attack (up)on; *[+ personne]* to attack, to assault ◆ **l'armée prussienne attaqua** the Prussian army attacked ◆ **~ de front/par derrière** to attack from the front/from behind *ou* from the rear ◆ **~ (qn) par surprise** to make a surprise attack (on sb) ◆ **allez, Rex attaque !** *(à un chien)* kill, Rex, kill! ◆ **on a été attaqués par les moustiques** we were attacked by mosquitoes

b *(= critiquer) [+ abus, réputation, personne]* to attack

c *(= endommager) [rouille, infection]* to attack; *[+ humidité]* to damage ◆ **la pollution attaque notre environnement** pollution is having a damaging effect on *ou* is damaging our environment ◆ **l'acide attaque le fer** acid attacks *ou* eats into iron

d *(= aborder) [+ difficulté, obstacle]* to tackle; *[+ chapitre]* to make a start on; *[+ discours]* to launch into; *[+ travail]* to set about, to get down to; *(Alpinisme)* to start ◆ **il attaqua les hors-d'œuvre** * he got going on * *ou* tucked into * *(Brit)* the hors d'œuvres

e *(Mus) [+ morceau]* to strike up, to launch into; *[+ note]* to attack

f *(Jur) [+ jugement, testament]* to contest; *[+ mesure]* to challenge ◆ **~ qn en justice** to take sb to court, to sue sb

g *(Cartes)* **~ trèfle/de la reine** to lead a club/the queen

VI *(Sport)* to attack; *[coureur]* to put on a spurt

VPR **s'attaquer** ◆ **s'~ à** *[+ personne, abus, mal]* to attack; *[+ problème]* to tackle, to attack, to take on ◆ **s'~ à plus fort que soi** to take on more than one's match

**attardé, e** /ataʀde/ ADJ a † *[enfant]* retarded b *(= en retard) [promeneur]* late, belated *(littér)* c *(= démodé) [personne, goût]* old-fashioned, behind the times *(attrib)* NM,F a ◆ **~ (mental)** † (mentally) retarded child b *(Sport)* **les ~s** the stragglers

**attarder** /ataʀde/ ▸ conjug 1 ◂ VT to make late

VPR **s'attarder** a *(= se mettre en retard)* to linger (behind) ◆ **s'~ chez des amis** to stay on at friends' ◆ **s'~ à boire** to linger over drinks *ou* a drink ◆ **il s'est attardé au bureau pour finir un rapport** he's stayed late *ou* on at the office to finish a report ◆ **s'~ au café** to linger at a café ◆ **s'~ pour cueillir des fleurs** to stay behind to pick flowers ◆ **elle s'est attardée en route** she dawdled *ou* lingered *ou* tarried *(littér)* on the way ◆ **ne nous attardons pas ici** let's not stay any longer b *(fig)* **s'~ sur une description** to linger over a description ◆ **s'~ à des détails** to dwell on details

**atteindre** /atɛ̃dʀ/ ▸ conjug 49 ◂ VT a *(= parvenir à) [+ lieu, limite]* to reach; *[+ objet haut placé]* to reach, to get at; *[+ objectif]* to reach, to arrive at, to attain; *[+ prix, valeur]* to reach ◆ **~ son but** *[personne]* to reach one's goal, to achieve one's aim; *[mesure]* to be effective, to fulfil its purpose; *[missile]* to hit its target, to reach its objective ◆ **il n'atteint pas mon épaule** he doesn't come up to *ou* reach my shoulder ◆ **la Seine a atteint la cote d'alerte** the Seine has risen to *ou* reached danger level ◆ **il a atteint (l'âge de) 90 ans** he's reached his 90th birthday ◆ **cette tour atteint 30 mètres** the tower is 30 metres high ◆ **les peupliers peuvent ~ une très grande hauteur** poplars can grow to *ou* reach a very great height ◆ **la corruption y atteint des proportions incroyables** corruption there has reached incredible proportions; → **bave**

b *(= contacter) [+ personne]* to get in touch with, to contact, to reach

c *(= toucher) [pierre, balle, tireur]* to hit *(à* in); *[événement, maladie, reproches]* to affect ◆ **il a atteint la cible** he hit the target ◆ **il a eu l'œil atteint par un éclat d'obus** he was hit in the eye by a bit of shrapnel ◆ **la maladie a atteint ses facultés mentales** the illness has affected *ou* impaired his mental faculties ◆ **les reproches ne l'atteignent pas** criticism doesn't affect him, he is unaffected by criticism ◆ **le malheur qui vient de l'~** the misfortune which has just struck him ◆ **il a été atteint dans son amour-propre** his pride has been hurt *ou* wounded

VT INDIR **atteindre à** *(littér = parvenir à) [+ but]* to reach, to achieve ◆ **~ à la perfection** to attain (to) *ou* achieve perfection

**atteint, e**[1] /atɛ̃, ɛ̃t/ ADJ a *(= malade)* **être ~ de** *[+ maladie]* to be suffering from ◆ **il a été ~ de surdité** he became *ou* went deaf ◆ **le poumon est gravement/légèrement ~** the lung is badly/slightly affected ◆ **il est gravement/légèrement ~** he is seriously/only slightly ill ◆ **les malades les plus ~s** the worst cases, the worst affected b *(* = fou)* touched *, cracked * c *(Admin)* **être ~ par la limite d'âge** to have to retire *(because one has reached the official retirement age)*

**atteinte**[2] /atɛ̃t/ NF a *(= préjudice)* attack *(à* on); ◆ **~ à l'ordre public** breach of the peace ◆ **~ à la sûreté de l'État** offence against national security ◆ **~ à la vie privée** invasion of privacy

◆ **porter atteinte à** *[+ droits]* to infringe; *[+ intérêts]* to be damaging to; *[+ liberté, dignité, honneur, principe]* to strike a blow at; *[+ image, intégrité]* to undermine; *[+ réputation]* to damage

◆ **hors d'atteinte** *(lit)* out of reach; *(fig)* beyond reach, out of reach ◆ **un pays où une voiture reste souvent un rêve hors d'~** a country in which a car is often an unattainable dream ◆ **hors d'~ de** *[+ projectile]* out of range *ou* reach of ◆ **hors d'~ de la justice** beyond the reach of *ou* out of reach of justice

b *(Méd = crise)* attack *(de* of); ◆ **les premières ~s du mal** the first effects of the illness

**attelage** /at(ə)laʒ/ NM a *[de cheval]* harnessing, hitching up; *[de bœuf]* yoking, hitching up; *[de charrette, remorque]* hitching up; *(Rail) [de wagons]* coupling b *(= harnachement, chaînes) [de chevaux]* harness; *[de bœuf]* yoke; *[de remorque]* coupling, attachment; *(Rail)* coupling c *(= équipage) [de chevaux]* team; *[de bœufs]* team; *[de deux bœufs]* yoke

**atteler** /at(ə)le/ ▸ conjug 4 ◂ VT *[+ cheval]* to harness, to hitch up; *[+ bœuf]* to yoke, to hitch up; *[+ charrette, remorque]* to hitch up; *(Rail) [+ wagons] (à un convoi)* to couple on; *(l'un à l'autre)* to couple ◆ **le cocher était en train d'~** the coachman was getting the horses harnessed ◆ **~ qn à un travail** *(fig)* to put sb on a job ◆ **il est attelé à ce travail depuis ce matin** he has been working away at this job since this morning VPR **s'atteler** ◆ **s'~ à** *[+ travail, tâche, problème]* to get down to

**attelle** /atɛl/ NF *[de cheval]* hame; *(Méd)* splint

**attenant, e** /at(ə)nɑ̃, ɑ̃t/ ADJ *(= contigu)* adjoining ◆ **jardin ~ à la maison** garden adjoining the house ◆ **la maison ~e à la mienne** *(ou* **la sienne** *etc)* the house next door

**attendre** /atɑ̃dʀ/ ▸ conjug 41 ◂ VT a *[personne]* *[+ personne, événement]* to wait for, to await *(littér)* ◆ **maintenant, nous attendons qu'il vienne/de savoir** we are now waiting for him to come/waiting to find out ◆ **attendez qu'il vienne/de savoir pour partir** wait until he comes/you know before you leave, wait for him to come/wait and find out before you leave ◆ **attends la fin du film** wait until the film is over *ou* until the end of the film ◆ **aller ~ un train/qn au train** to (go and) meet a train/sb off the train ◆ **il est venu m'~ à la gare** he came to meet me *ou* he met me at the station ◆ **j'attends le** *ou* **mon train** I'm waiting for the *ou* my train ◆ **~ le moment favorable** to bide one's time, to wait for the right moment ◆ **j'attends le week-end avec impatience** I'm looking forward to the weekend, I can't wait for the weekend ◆ **~ qn comme le Messie** to wait eagerly for sb ◆ **nous n'attendons plus que lui pour commencer** we're just waiting for him to arrive, then we can start ◆ **qu'est-ce qu'on attend pour partir ?** what are we waiting for? let's go! ◆ **il faut ~ un autre jour/moment pour lui parler** we'll have to wait till another day/time to speak to him ◆ **on ne t'attendait plus** we had given up on you ◆ **êtes-vous attendu ?** are you expected?, is anyone expecting you? ◆ **il attend son heure** he's biding his time ◆ **je n'attends qu'une chose, c'est qu'elle s'en aille** I (just) can't wait for her to go ◆ **il n'attendait que ça !, c'est tout ce qu'il attendait !** that's just what he was waiting for! ◆ **l'argent qu'il me doit, je l'attends toujours** he still hasn't given me the money he owes me, I'm still waiting for the money he owes me

◆ **en attendant** *(= pendant ce temps)* meanwhile, in the meantime; *(= en dépit de cela)* all the same, be that as it may ◆ **en attendant, j'ai le temps de finir mon travail** meanwhile *ou* in the meantime I've time to finish my work ◆ **en attendant l'heure de partir, il jouait aux cartes** he played cards until it was time to go *ou* while he was waiting to go ◆ **on ne peut rien faire en attendant de recevoir sa lettre** we can't do anything until we get his letter ◆ **en attendant qu'il revienne, je vais vite faire une course** while I'm waiting for him to come back I'm going to pop down* to the shop ◆ **en attendant, c'est moi qui fais tout !** all the same, it's me that does everything!; → **dégel**

b *[voiture]* to be waiting for; *[maison]* to be ready for; *[mauvaise surprise]* to be in store for, to await, to wait for; *[gloire]* to be in store for, to await ◆ **il ne sait pas encore le sort qui l'attend !** he doesn't know yet what's in store for him! *ou* awaiting him! ◆ **je sais ce qui m'attend si je lui dis ça !** I know what'll happen to me if I tell him that! ◆ **une brillante carrière l'attend** he has a brilliant career in store (for him) *ou* ahead of him ◆ **le dîner vous attend** dinner's ready (when you are)

c *(sans complément d'objet) [personne, chose]* to wait; *[chose] (= se conserver)* to keep ◆ **j'ai attendu 2 heures** I waited (for) 2 hours ◆ **j'ai failli ~ !** *(iro)* you took your time! ◆ **attendez un instant** wait a moment, hang on a minute* ◆ **attends, je vais t'expliquer** wait, let me explain ◆ **attendez voir*** let me *ou* let's see *ou* think* ◆ **attendez un peu** let's see, wait a second; *(menace)* just (you) wait! ◆ **vous attendez ou vous voulez rappeler plus tard ?** *(Téléc)* will you hold on or do you want to call back later? ◆ **tu peux toujours ~ !, tu peux ~ longtemps !** *(iro)* you'll be lucky!, you've got a hope! *(Brit)*, you haven't a prayer! *(US)* ◆ **le train n'attendra pas** the train won't wait ◆ **ce travail attendra/peut ~** this work will wait/can wait ◆ **ces fruits ne peuvent pas ~ (demain)** this fruit won't keep (until tomorrow) ◆ **un soufflé n'attend pas** a soufflé has to be eaten straight away ◆ **sans (plus) ~** *(= immédiatement)* straight away ◆ **faites-le sans ~** do it straight away *ou* without delay ◆ **il faut agir sans plus ~** we must act without further delay *ou* straight away

d *(loc)*

◆ **faire attendre** ◆ **faire ~ qn** to keep sb waiting ◆ **se faire ~** to keep people waiting, to be a long time coming ◆ **le conférencier se fait ~** the speaker is late ◆ **il aime se faire ~** he likes to keep you *ou* people waiting ◆ **excusez-moi de m'être fait ~** sorry to have kept you (waiting) ◆ **la paix se fait ~** peace is a long time coming ◆ **leur riposte ne se fit pas ~** they didn't take long to retaliate

e *(= escompter, prévoir) [+ personne, chose]* to expect ◆ **~ qch de qn/qch** to expect sth from sb/sth ◆ **il n'attendait pas un tel accueil** he wasn't expecting such a welcome ◆ **on attendait beaucoup de ces pourparlers** they had great hopes *ou* they expected great things of the talks ◆ **elle est arrivée alors qu'on ne l'attendait plus** she came when she was no longer expected *ou* when they'd given up on her ◆ **j'attendais mieux de cet élève** I expected better of this pupil, I expected this pupil to do better ◆ **je n'en attendais pas moins de vous** I expected no *ou* nothing less of you

f ◆ **~ un enfant** *ou* **un bébé** *(Belg)* ◆ **~ famille** to be expecting a baby, to be expecting ◆ **ils attendent la naissance pour le 10 mai** the baby is due on 10 May

VT INDIR **attendre après** * *[+ chose]* to be in a hurry for, to be anxious for; *[+ personne]* to be waiting for ◆ **l'argent que je t'ai prêté, je n'attends pas après** I'm not desperate for the money I lent you ◆ **je n'attends pas après lui/son aide !** I can get along without him/his help!

VPR **s'attendre** a *[personnes]* to wait for each other

b ◆ **s'~ à qch** *(= escompter, prévoir)* to expect sth *(de, de la part de* from); ◆ **il ne s'attendait pas à gagner** he wasn't expecting to win ◆ **est-ce que tu t'attends vraiment à ce qu'il écrive ?** do you really expect him to write? ◆ **on ne s'attendait pas à ça de sa part** we didn't expect that of him ◆ **avec lui on peut s'~ à tout** you never know what to expect with him ◆ **tu t'attendais à quoi ?** what did you expect? ◆ **Lionel ! si je m'attendais (à te voir ici) !*** Lionel, fancy meeting you here! ◆ **elle s'y attendait** she expected as much ◆ **il fallait** *ou* **on pouvait s'y ~** it was to be expected ◆ **comme il fallait s'y ~ ...** as one would expect ..., predictably enough ...

**attendri, e** /atɑ̃dʀi/ (ptp de **attendrir**) ADJ *[air, regard]* melting *(épith)*, tender

**attendrir** /atɑ̃dʀiʀ/ ▸ conjug 2 ◂ VT *[+ viande]* to tenderize; *(fig) [+ personne]* to move (to pity); *[+ cœur]* to soften, to melt ◆ **il se laissa ~ par ses prières** her pleadings made him relent *ou* yield VPR **s'attendrir** to be moved *ou* touched *(sur* by); ◆ **s'~ sur (le sort de) qn** to feel (sorry) for sb ◆ **s'~ sur soi-même** to feel sorry for o.s.

**attendrissant, e** /atɑ̃dʀisɑ̃, ɑ̃t/ ADJ moving, touching

**attendrissement** /atɑ̃dʀismɑ̃/ NM *(tendre)* emotion, tender feelings; *(apitoyé)* pity ◆ **ce fut l'~ général** everybody got emotional ◆ **pas d'~ !** let's not be emotional!

**attendrisseur** /atɑ̃dʀisœʀ/ NM *(Boucherie)* tenderizer ◆ **viande passée à l'~** tenderized meat

**attendu, e** /atɑ̃dy/ (ptp de **attendre**) ADJ *[personne, événement, jour]* long-awaited; *(= prévu)* expected ◆ **être très ~** to be eagerly expected PRÉP *(= étant donné)* given, considering ◆ **~ que** seeing that, since, given *ou* considering that; *(Jur)* whereas NMPL *(Jur)* ◆ **~s du jugement** grounds for the decision

**attentat** /atɑ̃ta/ NM a *(= attaque, agression) (gén : contre une personne)* murder attempt; *(Pol)* assassination attempt; *(contre un bâtiment)* attack *(contre* on); ◆ **un ~ a été perpétré contre le président** an attempt has been made on the life of the president, there has been an assassination attempt on the president b *(= atteinte)* **c'est un ~ contre la vie d'une personne** it is an attempt on someone's life COMP ▷ **attentat à la bombe** bomb attack, (terrorist) bombing ▷ **attentat à la liberté** violation of liberty ▷ **attentat aux mœurs** offence against public decency ▷ **attentat à la pudeur** indecent assault ▷ **attentat suicide** suicide bombing ▷ **attentat contre la sûreté de l'État** conspiracy against the security of the state ▷ **attentat à la voiture piégée** car-bombing

**attentatoire** /atɑ̃tatwaʀ/ ADJ prejudicial *(à* to) detrimental *(à* to)

**attente** /atɑ̃t/ NF a *(= expectative)* wait, waiting *(NonC)* ◆ **cette ~ fut très pénible** the wait was unbearable ◆ **l'~ est ce qu'il y a de plus pénible** it's the waiting which is hardest to bear ◆ **l'~ se prolongeait** the wait was growing longer and longer ◆ **délai** *ou* **temps d'~** waiting time ◆ **il y a 10 minutes d'~** there's a 10-minute wait ◆ **position d'~** wait-and-see attitude ◆ **solution d'~** temporary solution

◆ **en attente** ◆ **demande en ~** request pending ◆ **le projet est en ~** the project is on hold ◆ **laisser un dossier en ~** to leave a file pending ◆ **mettre qn en ~** *(Téléc)* to put sb on hold ◆ **pour écouter les messages en ~, appuyez ...** *(sur répondeur)* to listen to messages, press ...

◆ **en attente de** ◆ **malade en ~ de greffe** patient waiting for a transplant ◆ **détenu en ~ de jugement** prisoner awaiting trial

◆ **dans l'attente de** ◆ **vivre dans l'~ d'une nouvelle** to spend one's time waiting for (a piece of) news ◆ **dans l'~ de vos nouvelles** looking forward to hearing from you; → **salle**

b *(= espoir)* expectation ◆ **répondre à l'~** *ou* **aux ~s de qn** to come *ou* live up to sb's expectations ◆ **contre toute ~** contrary to (all) expectation(s)

**attenter** /atɑ̃te/ ▸ conjug 1 ◂ VT a ◆ **~ à la vie de qn** to make an attempt on sb's life ◆ **~ à ses jours** to attempt suicide ◆ **~ à la sûreté de l'État** to conspire against the security of the state b *(fig = violer)* **~ à** *[+ liberté, droits]* to violate

**attentif, -ive** /atɑ̃tif, iv/ ADJ a *(= vigilant) [personne, air]* attentive ◆ **regarder qn d'un œil ~** to look at sb attentively ◆ **écouter d'une oreille attentive** to listen attentively ◆ **être ~ à tout ce qui se passe** to pay attention to everything that's going on ◆ **sois donc ~ !** pay attention! b *(= scrupuleux) [examen]* careful, close, searching; *[travail]* careful; *[soin]* scrupulous ◆ **~ à son travail** careful *ou* painstaking in one's work ◆ ~ **à ses devoirs** heedful *ou* mindful of one's duties ◆ ~ **à ne blesser personne** careful not to hurt anyone **c** *(= prévenant) [soins]* thoughtful; *[prévenance]* watchful ◆ ~ **à plaire** anxious to please ◆ ~ **à ce que tout se passe bien** keeping a close watch to see that all goes well

**attention** /atɑ̃sjɔ̃/ GRAMMAIRE ACTIVE 29.2, 29.3, 53.6 **NF** **a** *(= concentration)* attention; *(= soin)* care ◆ **avec** ~ *[écouter]* carefully, attentively; *[examiner]* carefully, closely ◆ **attirer/détourner l'~ de qn** to attract/divert *ou* distract sb's attention ◆ **fixer son ~ sur** to focus one's attention on ◆ **faire un effort d'~** to make an effort to concentrate ◆ **demander un effort d'~** to require careful attention ◆ **je demande toute votre ~** can I have your full attention? ◆ **ce cas/projet mérite toute notre ~** this case/project deserves our undivided attention ◆ **"à l'attention de M. Dupont"** "for the attention of Mr Dupont" ◆ **votre candidature a retenu notre ~** we considered your application carefully; → **signaler**

**b** *(loc)* ~ **! tu vas tomber !** watch out *ou* mind (out) *(Brit) ou* careful! you're going to fall! ◆ **"attention chien méchant"** "beware of the dog" ◆ **"attention travaux"** "caution, work in progress" ◆ **"attention à la marche"** "be careful of the step", "mind the step" *(Brit)* ◆ ~ **! je n'ai pas dit cela** careful! I didn't say that ◆ ~ **au départ !** the train is now leaving! ◆ **"attention, peinture fraîche"** "(caution) wet paint" ◆ **"attention, fragile"** *(sur colis)* "fragile, handle with care" ◆ ~ **les yeux !** * watch out! *

◆ **faire attention** *(= prendre garde)* to be careful, to take care ◆ **faire bien** *ou* **très** ~ to pay careful attention ◆ **(fais) ~ à ta ligne** you'd better watch your waistline ◆ **fais ~ à ne pas trop manger** mind *ou* be careful you don't eat too much ◆ **fais ~ (à ce) que la porte soit fermée** make sure *ou* mind the door's shut ◆ **fais bien ~ à toi** *(= prends soin de toi)* take good care of yourself; *(= sois vigilant)* be careful

◆ **faire** *ou* **prêter attention à** *(= remarquer)* to pay attention *ou* heed to ◆ **as-tu fait ~ à ce qu'il a dit ?** did you pay attention to *ou* listen carefully to what he said? ◆ **il n'a même pas fait ~ à moi/à ce changement** he didn't (even) take any notice of me/the change ◆ **tu vas faire ~ quand il entrera et tu verras** look carefully *ou* have a good look when he comes in and you'll see what I mean ◆ **ne faites pas ~ à lui** pay no attention to him, take no notice of him, never mind him

**c** *(= prévenance)* attention, thoughtfulness *(NonC)* ◆ **être plein d'~s pour qn** to be very attentive towards sb ◆ **ses ~s me touchaient** I was touched by his attentions *ou* thoughtfulness ◆ **quelle charmante ~ !** how very thoughtful!, what a lovely thought!

**attentionné, e** /atɑ̃sjɔne/ **ADJ** *(= prévenant)* thoughtful, considerate *(pour, auprès de* towards)

**attentisme** /atɑ̃tism/ **NM** wait-and-see policy, waiting-game

**attentiste** /atɑ̃tist/ **NMF** partisan of a wait-and-see policy **ADJ** *[politique]* wait-and-see *(épith)*

**attentivement** /atɑ̃tivmɑ̃/ **ADV** *[lire, écouter]* attentively, carefully; *[examiner]* carefully, closely

**atténuantes** /atenɥɑ̃t/ **ADJ FPL** → **circonstance**

**atténuation** /atenɥasjɔ̃/ **NF** **a** *(= fait d'atténuer) [de douleur]* alleviation, easing; *[faute]* mitigation; *[de responsabilité]* lightening; *[de coup, effet]* softening; *(Jur) [de punition, peine]* mitigation ◆ ~ **d'un virus** *(Méd)* attenuation of a virus ◆ **cette crème permet l'~ des rides** this cream smooths out wrinkles **b** *(= fait de s'atténuer) [de douleur]* dying down, easing; *[de sensation, bruit]* dying down; *[de violence, crise]* subsiding, abatement; *[de couleur]* softening **c** *(= adoucissement) [de lumière]* subduing, dimming; *[de couleur, son]* softening, toning down

**atténuer** /atenɥe/ ► conjug 1 ◄ **VT** **a** *[+ douleur]* to alleviate, to ease; *[+ rancœur]* to mollify, to appease; *[+ propos, reproches]* to tone down; *[+ rides]* to smooth out **b** *[+ faute]* to mitigate; *[+ responsabilité]* to lighten; *[+ punition]* to mitigate; *[+ coup, effets]* to soften; *[+ faits]* to water down; *(Fin) [+ pertes]* to cushion; *[+ risques]* to limit **c** *[+ lumière]* to subdue, to dim; *[+ couleur, son]* to soften, to tone down **VPR** **s'atténuer** **a** *[douleur]* to ease, to die down; *[sensation]* to die down; *[violence, crise]* to subside, to abate **b** *[bruit]* to die down; *[couleur]* to soften ◆ **leurs cris s'atténuèrent** their cries grew quieter *ou* died down

**atterrant, e** /aterɑ̃, ɑ̃t/ **ADJ** appalling

**atterrer** /atere/ ► conjug 1 ◄ **VT** to dismay, to appal *(Brit)*, to appall *(US)* ◆ **il était atterré par cette nouvelle** he was aghast *ou* shattered *(Brit)* at the news ◆ **sa bêtise m'atterre** his stupidity appals me, I am appalled by *ou* aghast at his stupidity ◆ **air atterré** look of utter dismay

**atterrir** /aterir/ ► conjug 2 ◄ **VI** *(Aviat)* to land, to touch down; *(Naut)* to land ◆ ~ **sur le ventre** *[personne]* to land flat on one's face; *[avion]* to make a belly landing ◆ ~ **en prison/dans un village perdu** * to land up * *(Brit) ou* land * *(US)* in prison/in a village in the middle of nowhere ◆ **le travail a finalement atterri sur mon bureau** * the work finally landed on my desk ◆ **atterris !** * come back down to earth!

**atterrissage** /aterisaʒ/ **NM** *(Aviat, Naut)* landing ◆ **à l'~** at the moment of landing, at touchdown ◆ ~ **en catastrophe/sur le ventre/sans visibilité** crash/belly/blind landing ◆ ~ **forcé** emergency *ou* forced landing ◆ ~ **en douceur** *(Aviat, Écon)* soft landing; → **piste, terrain, train**

**attestation** /atɛstasjɔ̃/ **NF** **a** *[de fait]* attestation **b** *(= document)* certificate; *[de diplôme]* certificate of accreditation *ou* of attestation ◆ ~ **médicale** doctor's certificate ◆ ~ **sur l'honneur** affidavit ◆ ~ **de nationalité française/domiciliation** proof of French citizenship/residence ◆ ~ **de conformité** safety certificate

**attester** /atɛste/ ► conjug 1 ◄ **VT** **a** *(= certifier) [+ fait]* to testify to, to vouch for ◆ ~ **que ...** to testify that ..., to vouch for the fact that ..., to attest that ...; *[témoin]* to testify that ... ◆ **ce fait est attesté par tous les témoins** this fact is confirmed by all the witnesses ◆ **comme en attestent les procès-verbaux** as the minutes show ◆ ~ **(de) l'innocence de qn** to prove sb's innocence ◆ **certains documents attestent de l'ancienneté de ce vase** there are documents which attest to the antiquity of this vase

**b** *(= démontrer) [chose, preuve]* to attest to, to testify to ◆ **comme en attestent les sondages** as the polls show ◆ **cette attitude atteste son intelligence** *ou* **atteste qu'il est intelligent** this attitude testifies to his intelligence ◆ **les fissures attestent de la violence de cette collision** the cracks attest to the force of the collision ◆ **forme attestée** *(Ling)* attested form ◆ **mot non attesté dans** *ou* **par les dictionnaires** word not attested by dictionaries

**c** *(littér = prendre à témoin)* **j'atteste les dieux que ...** I call the gods to witness that ...

**attiédir** † /atjedir/ ► conjug 2 ◄ **VT** *(littér) [+ eau]* to make lukewarm; *[+ climat]* to make more temperate, to temper; *[+ désir, ardeur]* to temper, to cool **VPR** **s'attiédir** *[eau] (plus chaud)* to get warmer; *(plus frais)* to get cooler; *[climat]* to become more temperate; *(littér) [désir, ardeur]* to cool down, to wane

**attifer** * /atife/ ► conjug 1 ◄ **VT** *(= habiller)* to get up * *(de* in); ◆ **regardez comme elle est attifée !** look at her get-up! * ◆ **attifée d'une robe à volants** dolled up * in a flounced dress **VPR** **s'attifer** to get o.s. up * *(de* in)

**attiger** ‡ /atiʒe/ ► conjug 3 ◄ **VI** to go a bit far *, to overstep the mark

**Attila** /atila/ **NM** Attila

**attique**[1] /atik/ **ADJ** *(Antiq)* Attic ◆ **finesse/sel** ~ Attic wit/salt **NF** **Attique** ◆ **l'Attique** Attica

**attique**[2] /atik/ **NM** *(Constr)* attic (storey *(Brit) ou* story *(US)*)

**attirail** * /atiraj/ **NM** gear *, paraphernalia ◆ ~ **de pêche** fishing tackle ◆ ~ **de bricoleur/cambrioleur** handyman's/burglar's tools *ou* tool kit

**attirance** /atirɑ̃s/ **NF** attraction *(pour, envers* for); ◆ **éprouver de l'~ pour qch/qn** to be *ou* feel drawn towards sth/sb, to be attracted to sth/sb ◆ **l'~ du vide** the lure of the abyss

**attirant, e** /atirɑ̃, ɑ̃t/ **ADJ** attractive, appealing ◆ **femme très ~e** alluring *ou* very attractive woman

**attirer** /atire/ GRAMMAIRE ACTIVE 53.6 ► conjug 1 ◄ **VT** **a** *(gén, Phys)* to attract; *(en appâtant)* to lure, to entice ◆ **il m'attira dans un coin** he drew me into a corner ◆ ~ **qn dans un piège/par des promesses** to lure *ou* entice sb into a trap/with promises ◆ **ce spectacle va ~ la foule** this show will really draw *ou* attract the crowds *ou* will be a real crowd-puller ◆ ~ **l'attention de qn sur qch** to draw sb's attention to sth ◆ **il essaya d'~ son attention** he tried to attract *ou* catch his attention

**b** *(= plaire à) [pays, projet]* to appeal to; *[personne]* to attract, to appeal to ◆ **être attiré par une doctrine/qn** to be attracted *ou* drawn to a doctrine/sb ◆ **affiche/robe qui attire les regards** eye-catching poster/dress ◆ **il est très attiré par elle** he finds her very attractive

**c** *(= causer) [+ ennuis]* to cause, to bring ◆ **tu vas t'~ des ennuis** you're going to cause trouble for yourself *ou* bring trouble upon yourself ◆ **ses discours lui ont attiré des sympathies** his speeches won *ou* gained *ou* earned him sympathy ◆ **s'~ des critiques/la colère de qn** to incur criticism/sb's anger, to bring criticism on/sb's anger down on o.s. ◆ **s'~ des ennemis** to make enemies for o.s. ◆ **je me suis attiré sa gratitude** I won *ou* earned his gratitude

**attiser** /atize/ ► conjug 1 ◄ **VT** *[+ feu] (avec tisonnier)* to poke (up), to stir up; *(en éventant)* to fan; *[+ curiosité, haine]* to stir, to arouse; *[+ convoitise]* to arouse; *[+ désir]* to stir, to kindle; *[+ querelle]* to stir up ◆ **j'ai soufflé pour ~ la flamme** I blew on the fire to make it burn

**attitré, e** /atitre/ **ADJ** *(= habituel) [marchand, place]* regular, usual; *(= agréé) [marchand]* accredited, appointed, registered; *[journaliste]* accredited ◆ **fournisseur ~ d'un chef d'État** purveyors by appointment to a head of state

**attitude** /atityd/ GRAMMAIRE ACTIVE 33.1 **NF** *(= maintien)* bearing; *(= comportement)* attitude; *(= point de vue)* standpoint, attitude; *(= affectation)* façade ◆ **prendre des ~s gra-**

**cieuses** to adopt graceful poses ◆ **avoir une ~ décidée** to have a determined air ◆ **prendre une ~ ferme** to adopt a firm standpoint *ou* attitude ◆ **le socialisme chez lui n'est qu'une ~** his socialism is only a façade

**attouchement** /atuʃmɑ̃/ **NM** touch, touching *(NonC)*; *(Méd)* palpation ◆ **se livrer à des ~s sur qn** *(gén)* to fondle *ou* stroke sb; *(Jur)* to interfere with sb

**attracteur** /atʀaktœʀ/ **NM** *(Sci)* attractor

**attractif, -ive** /atʀaktif, iv/ **ADJ** *(Phys)* *[phénomène]* attractive; *(= attrayant)* *[offre, prix, taux]* attractive

**attraction** /atʀaksjɔ̃/ **NF** **a** *(gén = attirance, Ling, Phys)* attraction ◆ **~ universelle** gravitation ◆ **~ moléculaire** molecular attraction **b** *(= centre d'intérêt)* attraction; *(= partie d'un spectacle)* attraction; *(= numéro d'un artiste)* number ◆ **l'~ vedette** the star attraction ◆ **quand passent les ~s ?** *(boîte de nuit)* when is the cabaret *ou* floorshow on? ◆ **ils ont renouvelé leurs ~s** *(cirque)* they have changed their programme (of attractions *ou* entertainments), they have taken on some new acts; → **parc**

**attractivité** /atʀaktivite/ **NF** *[de région]* attractiveness, appeal; *[de programme, émission]* appeal

**attrait** /atʀɛ/ **NM** **a** *(= séduction)* *[de paysage, doctrine, plaisirs]* appeal, attraction; *[de danger, aventure]* appeal ◆ **ses romans ont pour moi beaucoup d'~** I find his novels very appealing, his novels appeal to me very much ◆ **éprouver un ~** *ou* **de l'~ pour qch** to be attracted to sth, to find sth attractive *ou* appealing **b** *(= charmes)* **~s** attractions

**attrapade** * /atʀapad/ **NF** row *, telling off *

**attrape** /atʀap/ **NF** *(= farce)* trick; → **farce**[1]

**attrape-couillon** ‡ (pl **attrape-couillons**) /atʀapkujɔ̃/ **NM** con *, con game *

**attrape-mouche** (pl **attrape-mouches**) /atʀapmuʃ/ **NM** *(= plante, piège)* flytrap; *(= oiseau)* flycatcher; *(= papier collant)* flypaper

**attrape-nigaud** * (pl **attrape-nigauds**) /atʀapnigo/ **NM** con *, con game *

**attraper** /atʀape/ ▸ conjug 1 ◂ **VT** **a** *[+ ballon]* to catch; *[+ journal, crayon]* to pick up
**b** * *[+ train]* to catch, to get, to hop * *(US)*; *[+ contravention, gifle]* to get
**c** *[+ personne, voleur, animal]* to catch ◆ **toi, si je t'attrape !** if I catch you! ◆ **que je t'y attrape !** * don't let me catch you doing that!, if I catch you doing that!
**d** *[+ maladie]* to catch, to get ◆ **tu vas ~ froid** *ou* **du mal** you'll catch cold ◆ **j'ai attrapé un rhume/son rhume** I've caught a cold/a cold from him *ou* his cold ◆ **j'ai attrapé mal à la gorge** I've got a sore throat ◆ **tu vas ~ la mort** you'll catch your death (of cold) ◆ **il a attrapé un coup de soleil** he got sunburnt ◆ **la grippe s'attrape facilement** flu is very catching
**e** *(= intercepter)* *[+ mots]* to pick up
**f** *(= acquérir)* *[+ style, accent]* to pick up ◆ **il faut ~ le coup** *ou* **le tour de main** you have to get *ou* learn the knack
**g** *(* = gronder)* to tell off * ◆ **se faire ~ (par qn)** to be told off (by sb) *, to get a telling off (from sb) * ◆ **mes parents vont m'~** I'm really going to get it ‡ from my parents, my parents are going to give me a real telling off * ◆ **ils se sont attrapés pendant une heure** they went at each other for a whole hour *
**h** *(= tromper)* to take in ◆ **se laisser ~** to be had * *ou* taken in ◆ **tu as été bien attrapé** *(trompé)* you were had all right *; *(surpris)* you were caught out there all right

**attrape-touristes** /atʀapturist/ **NM INV** tourist trap

**attrape-tout** /atʀaptu/ **ADJ INV** *[parti politique]* catch-all *(épith)*

**attrayant, e** /atʀɛjɑ̃, ɑ̃t/ **ADJ** *[spectacle, taux]* attractive; *[idée]* appealing, attractive; *[projet]* appealing ◆ **c'est une lecture ~e** it makes *ou* it's pleasant reading ◆ **peu ~** *[travail]* unappealing; *[paysage]* unattractive; *[proposition]* unattractive, unappealing

**attribuable** /atʀibɥabl/ **ADJ** attributable (*à* to); ◆ **les décès directement ~s au tabagisme** deaths which are directly attributable to smoking ◆ **la crise est ~ tout d'abord aux chefs politiques** primary responsibility for the crisis belongs to the political leaders, the political leaders have primary responsibility for the crisis

**attribuer** /atʀibɥe/ GRAMMAIRE ACTIVE 44.2 ▸ conjug 1 ◂ **VT** **a** *(= allouer)* *[+ prix]* to award; *[+ avantages, privilèges]* to grant, to accord; *[+ place, rôle]* to allocate, to assign; *[+ biens, part]* to allocate (*à* to); ◆ **le numéro que vous avez demandé n'est plus attribué** *(Téléc)* the number you have dialled is no longer available ◆ **s'~ le meilleur rôle/la meilleure part** to give o.s. the best role/the biggest share, to claim the best role/the biggest share for o.s.
**b** *(= imputer)* *[+ faute]* to attribute, to impute; *[+ pensée, intention]* to attribute, to ascribe (*à* to); ◆ **à quoi attribuez-vous cet échec/accident ?** what do you put this failure/accident down to?, what do you attribute *ou* ascribe this failure/accident to?
**c** *(= accorder)* *[+ invention, mérite]* to attribute (*à* to); ◆ **on lui attribue l'invention de l'imprimerie** the invention of printing has been attributed to him, he has been credited with the invention of printing ◆ **la critique n'attribue que peu d'intérêt à son livre** the critics find little of interest in his book *ou* consider his book of little interest ◆ **~ de l'importance à qch** to attach importance to sth ◆ **s'~ tout le mérite** to claim all the merit for o.s.

**attribut** /atʀiby/ **NM** *(= caractéristique, symbole)* attribute; *(Gram)* complement ◆ **adjectif ~** predicative adjective ◆ **nom ~** noun complement

**attributaire** /atʀibytɛʀ/ **NMF** *[de prestations]* beneficiary; *[d'actions]* allotee; *[de prix]* prizewinner

**attributif, -ive** /atʀibytif, iv/ **ADJ** **a** *(Jur)* **acte ~** act of assignment **b** *(Ling)* **fonction attributive** complement function ◆ **syntagme ~** complement ◆ **verbe ~** link verb, copula

**attribution** /atʀibysjɔ̃/ **NF** **a** *[de prix]* awarding; *[d'avantages]* granting; *[de place, rôle, part]* allocation; *[d'œuvre, invention]* attribution **b** *(= prérogatives, pouvoirs)* **~s** remit, attributions ◆ **cela n'entre pas dans mes ~s** that's not part of my remit

**attristant, e** /atʀistɑ̃, ɑ̃t/ **ADJ** *[nouvelle, spectacle]* saddening

**attrister** /atʀiste/ ▸ conjug 1 ◂ **VT** to sadden ◆ **cette nouvelle nous a profondément attristés** we were greatly saddened by *ou* grieved at the news **VPR** **s'attrister** to be saddened (*de* by) to become sad (*de qch* at sth; *de voir que* at seeing that)

**attroupement** /atʀupmɑ̃/ **NM** *[de foule]* gathering; *(= groupe)* crowd, mob *(péj)*

**attrouper (s')** /atʀupe/ ▸ conjug 1 ◂ **VPR** to gather (together), to flock together, to form a crowd

**atypique** /atipik/ **ADJ** atypical

**au** /o/ → **à**

**aubade** /obad/ **NF** dawn serenade ◆ **donner une ~ à qn** to serenade sb at dawn

**aubaine** /obɛn/ **NF** godsend; *(financière)* windfall ◆ **profiter de l'~** to make the most of one's good fortune *ou* of the opportunity ◆ **quelle (bonne) ~ !** what a godsend! *ou* stroke of luck!

**aube**[1] /ob/ **NF** **a** *(= lever du jour)* dawn, daybreak, first light ◆ **à l'~** at dawn *ou* daybreak *ou* first light ◆ **avant l'~** before dawn *ou* daybreak **b** *(= début)* dawn, beginning ◆ **à l'~ de** at the dawn of

**aube**[2] /ob/ **NF** *(Rel)* alb

**aube**[3] /ob/ **NF** *(Tech)* *[de bateau]* paddle, blade; *[de moulin]* vane; *[de ventilateur]* blade, vane ◆ **roue à ~s** paddle wheel

**aubépine** /obepin/ **NF** hawthorn ◆ **fleurs d'~** may (blossom), hawthorn blossom

**auberge** /obɛʀʒ/ **NF** inn ◆ **il prend la maison pour une ~ !** * he treats this place like a hotel! ◆ **~ de (la) jeunesse** youth hostel ◆ **c'est l'~ espagnole** *(repas)* everyone's bringing some food along, it's potluck *(US)*; *(situation chaotique)* it's a madhouse *; → **sortir**[1]

**aubergine** /obɛʀʒin/ **NF** **a** *(= légume)* aubergine *(Brit)*, eggplant *(US)* ◆ **caviar d'~** ≃ aubergine *(Brit)* *ou* eggplant *(US)* dip **b** *(† * = contractuelle)* traffic warden *(Brit)*, meter maid * *(US)* **ADJ INV** aubergine(-coloured)

**aubergiste** /obɛʀʒist/ **NMF** *[d'hôtel]* hotel-keeper; *[d'auberge]* innkeeper, landlord ◆ **père** *ou* **mère ~** *[d'auberge de jeunesse]* (youth-hostel) warden

**aubette** /obɛt/ **NF** *(Belg)* bus shelter

**aubier** /obje/ **NM** sapwood

**auburn** /obœʀn/ **ADJ INV** auburn

**aucun, e** /okœ̃, yn/ **ADJ** **a** *(négatif)* no, not any ◆ **~ historien n'en a parlé** no historian spoke of it ◆ **il n'a ~e preuve** he has no proof, he doesn't have any proof ◆ **sans faire ~ bruit** without making a noise *ou* any noise ◆ **ils ne prennent ~ soin de leurs vêtements** they don't take care of their clothes (at all) ◆ **ils n'ont eu ~ mal à trouver le chemin** they had no trouble finding the way, they found the way without any trouble
**b** *(interrogatif, positif)* any ◆ **il lit plus qu'~ autre enfant** he reads more than any other child ◆ **croyez-vous qu'~ auditeur aurait osé le contredire ?** do you think that any listener would have dared to contradict him?
**PRON** **a** *(négatif)* none ◆ **il n'aime ~ de ces films** he doesn't like any of these films ◆ **~ de ses enfants ne lui ressemble** none of his children are like him ◆ **je ne pense pas qu'~ d'entre nous puisse y aller** I don't think any of us can go ◆ **combien de réponses avez-vous eues ? – ~e** how many answers did you get? – not one *ou* none
**b** *(interrogatif, positif)* any, any one ◆ **il aime ses chiens plus qu'~ de ses enfants** he is fonder of his dogs than of any (one) of his children ◆ **pensez-vous qu'~ ait compris ?** do you think anyone *ou* anybody understood?
**c** *(littér)* **d'~s** some ◆ **d'~s aiment raconter que ...** there are some who like to say that ...

**aucunement** /okynmɑ̃/ **ADV** in no way, not in the least, not in the slightest ◆ **il n'est ~ à blâmer** he's not in the least to blame, he's in no way *ou* not in any way to blame ◆ **accepterez-vous ? – ~** will you agree? – certainly not

**audace** /odas/ **NF** **a** *(= témérité)* daring, boldness, audacity; *(Art : = originalité)* daring; *(= effronterie)* audacity, effrontery ◆ **avoir l'~ de** to have the audacity to, to dare to **b** *(= geste osé)* daring gesture; *(= innovation)* daring idea *ou* touch ◆ **elle lui en voulait de ses ~s** she held his boldness *ou* his bold behaviour against him ◆ **une ~ de génie** a daring touch of genius ◆ **~s de style** daring innovations of style ◆ **les ~s de la mode** the daring creations of high fashion

**audacieusement** /odasjøzmɑ̃/ **ADV** boldly ◆ **robe ~ décolletée** daringly low-cut dress

**audacieux, -ieuse** /odasjø, jøz/ **ADJ** *[soldat, action, architecture]* daring, bold; *[artiste, projet]* daring ◆ **un geste ~** a bold gesture ◆ **les plus ~** the boldest among them; → **fortune**

**au-delà** /od(ə)la/ **LOC ADV** → **delà** **NM** ◆ **l'~** the beyond

**au-dessous** /odəsu/, **au-dessus** /odəsy/ → **dessous, dessus**

**au-devant** /od(ə)vɑ̃/ **LOC PRÉP** **au-devant de** ahead of ◆ **aller ~ de qn** to go and meet sb ◆ **aller ~ des désirs de qn** to anticipate sb's wishes **LOC ADV** ahead

**audibilité** /odibilite/ **NF** audibility

**audible** /odibl/ **ADJ** audible

**audience** /odjɑ̃s/ **NF** **a** *(frm = entretien)* interview, audience ◆ **donner ~ à qn** to grant sb an audience

**b** *(Jur = séance)* hearing ◆ **l'~ reprendra à 14 heures** the court will reconvene at 2 o'clock

**c** *(= attention)* interest ◆ **ce projet eut beaucoup d'~** the project aroused much interest ◆ **cet écrivain a trouvé ~ auprès des étudiants** this author has had a favourable reception from students *ou* is popular with students ◆ **ce parti bénéficie de la plus large ~** this party has the largest following

**d** *(= spectateurs, auditeurs)* audience ◆ **faire de l'~** *(Radio, TV)* to attract a large audience ◆ **gagner des points d'~** to go up in the ratings ◆ **taux d'~** *(TV)* viewing figures; *(Radio)* listening figures ◆ **part d'~** audience share ◆ **9,4 points d'~** 9.4 points in the ratings, 9.4 rating points *(US)* ◆ **cette série a battu tous les records d'~** the series has broken all viewing *ou* listening records ◆ **heure de grande ~** *(TV)* peak viewing time; *(Radio)* peak listening time

**audimat** ® /odimat/ **NM INV** *(= appareil)* audience research device; *(= taux d'écoute)* ratings ◆ **avoir un bon ~, faire de l'~** to have good ratings

**audimètre** /odimɛtʀ/ **NM** audience research device

**audio** /odjo/ **ADJ INV** *[fréquence, matériel, cassette]* audio

**audioconférence** /odjokɔ̃feʀɑ̃s/ **NF** audioconference

**audio-électronique** (pl **audio-électroniques**) /odjoelɛktʀɔnik/ **ADJ** audiotronic

**audiofréquence** /odjofʀekɑ̃s/ **NF** audio frequency

**audiogramme** /odjogʀam/ **NM** audiogram

**audioguide** /odjogid/ **NM** tape guide

**audiomètre** /odjomɛtʀ/ **NM** audiometer

**audiométrie** /odjometʀi/ **NF** audiometry

**audionumérique** /odjonymeʀik/ **ADJ** digital

**audio-oral, e** (mpl **audio-oraux**) /odjooʀal, o/ **ADJ** *[exercices, méthode]* audio *(épith)*

**audiophone** /odjofɔn/ **NM** hearing aid

**audioprothésiste** /odjopʀɔtezist/ **NMF** hearing aid specialist

**audiotexte** /odjotɛkst/ **NM** audiotext

**audiotypie** /odjotipi/ **NF** audiotyping

**audiotypiste** /odjotipist/ **NMF** audiotypist

**audiovisuel, -elle** /odjovizɥɛl/ **ADJ** audiovisual **NM** ◆ **l'~** *(= équipement)* audiovisual aids; *(= méthodes)* audiovisual techniques *ou* methods; *(= radio et télévision)* radio and television

**audit** /odit/ **NM** **a** *(= contrôle)* audit ◆ **faire l'~ de** to audit **b** *(= personne)* auditor

**auditer** /odite/ ► conjug 1 ◄ **VT** to audit

**auditeur, -trice** /oditœʀ, tʀis/ **NM,F** *(gén, Radio)* listener; *(Ling)* hearer; *(Fin)* auditor ◆ **le conférencier avait charmé ses ~s** the lecturer had captivated his audience ◆ **~ libre** *(Univ)* person who registers to sit in on lectures, auditor *(US)* ◆ **~ à la Cour des comptes** junior official *(at the Cour des Comptes)*

**auditif, -ive** /oditif, iv/ **ADJ** auditory ◆ **troubles ~s** hearing problems *ou* difficulties ◆ **aide** *ou* **prothèse auditive** hearing aid

**audition** /odisjɔ̃/ **NF** **a** *(Mus, Théât) (= essai)* audition; *(= récital)* recital; *(= concert d'élèves)* concert *(de* by*)*; ◆ **passer une ~** to audition, to have an audition **b** *(Jur)* hearing ◆ **après une heure d'~ par le juge** after a one-hour hearing before the judge ◆ **procéder à l'~ d'un témoin** to hear a witness **c** *(= écoute)* listening *(de* to*)*; ◆ **salle conçue pour l'~ de la musique** room designed for listening to music **d** *(= ouïe)* hearing

**auditionner** /odisjɔne/ ► conjug 1 ◄ **VT** to audition, to give an audition to **VI** to be auditioned, to audition

**auditoire** /oditwaʀ/ **NM** audience **ADJ** *(Ling)* auditory

**auditorium** /oditɔʀjɔm/ **NM** auditorium

**auge** /oʒ/ **NF** *(Agr, Constr)* trough ◆ **vallée en ~, ~ glaciaire** *(Géog)* U-shaped valley, trough ◆ **passe ton ~ !** * *(hum)* give us your plate! *

**Augias** /oʒjas/ **NM** Augeas; → **écurie**

**augmentatif, -ive** /ɔgmɑ̃tatif, iv/ **ADJ** *(Gram)* augmentative

**augmentation** /ɔgmɑ̃tasjɔ̃/ **NF** *(= accroissement) (gén)* increase; *[de prix, population, production]* increase, rise *(de* in*)*; ◆ **~ de capital** increase in capital ◆ **~ de salaire** pay rise *(Brit)*, (pay) raise *(US)* ◆ **réclamer une ~ (de salaire)** *(collectivement)* to make a wage claim; *(individuellement)* to put in for a pay rise *(Brit) ou* raise *(US)* ◆ **l'~ des salaires par la direction** the management's raising of salaries ◆ **l'~ des prix par les commerçants** the raising *ou* putting up of prices by shopkeepers

**augmenter** /ɔgmɑ̃te/ ► conjug 1 ◄ **VT** **a** *[+ salaire, prix, impôts]* to increase, to raise, to put up; *[+ nombre]* to increase, to raise, to augment; *[+ production, quantité, dose]* to increase, to step up, to raise; *[+ durée]* to increase; *[+ difficulté, inquiétude]* to add to, to increase; *[+ intérêt]* to heighten ◆ **~ les prix de 10%** to increase *ou* raise *ou* put up prices by 10% ◆ **il augmente ses revenus en faisant des heures supplémentaires** he augments *ou* supplements his income by working overtime ◆ **sa collection s'est augmentée d'un nouveau tableau** he has extended *ou* enlarged his collection with a new painting, he has added a new painting to his collection ◆ **~ (de 5 mailles)** *(Tricot)* to increase (5 stitches) ◆ **tierce augmentée** *(Mus)* augmented third ◆ **ceci ne fit qu'~ sa colère** this only added to his anger; → **édition**

**b** ◆ **~ qn (de 75 €)** to increase sb's salary (by €75), to give sb a (€75) rise *(Brit) ou* raise *(US)* ◆ **il n'a pas été augmenté depuis 2 ans** he has not had *ou* has not been given a rise *(Brit) ou* raise *(US) ou* a salary increase for 2 years

**VI** *(= grandir) [salaire, prix, impôts]* to increase, to rise, to go up; *[marchandises]* to go up; *[poids, quantité]* to increase; *[population, production]* to grow, to increase, to rise; *[douleur]* to grow *ou* get worse, to increase; *[difficulté, inquiétude]* to grow, to increase ◆ **~ de poids/volume** to increase in weight/volume; → **vie**

**augure** /ogyʀ/ **NM** **a** *(= devin) (Hist)* augur; *(hum)* soothsayer, oracle ◆ **consulter les ~s** to consult the oracle **b** *(= présage)* omen; *(Hist)* augury ◆ **être de bon ~** to be of good omen, to augur well ◆ **résultat de bon ~** promising *ou* encouraging result ◆ **être de mauvais ~** to be ominous *ou* of ill omen, to augur ill ◆ **cela me paraît de bon/mauvais ~** that's a good/bad sign, that augurs well/badly *ou* ill; → **accepter, oiseau**

**augurer** /ogyʀe/ ► conjug 1 ◄ **VT** ◆ **que faut-il ~ de son silence?** what must we gather *ou* understand from his silence? ◆ **je n'augure rien de bon de cela** I don't foresee *ou* see any good coming from *ou* out of it ◆ **cela augure bien/mal de la suite** that augurs well/ill (for what is to follow)

**Auguste** /ogyst/ **NM** Augustus ◆ **le siècle d'~** *(Antiq)* the Augustan age

**auguste** /ogyst/ **ADJ** *[personnage, assemblée]* august; *[geste]* noble, majestic **NM** ◆ **l'~** ≈ Coco the clown

**augustin, e** /ogystɛ̃, in/ **NM,F** *(Rel)* Augustinian

**augustinien, -ienne** /ogystinjɛ̃, jɛn/ **ADJ** Augustinian

**aujourd'hui** /oʒuʀdɥi/ **ADV** **a** *(= ce jour-ci)* today ◆ **~ en huit** a week from today, a week today *(Brit)*, today week *(Brit)* ◆ **il y a ~ 10 jours que ...** it's 10 days ago today that ... ◆ **c'est tout pour ~** that's all *ou* that's it for today ◆ **à dater** *ou* **à partir d'~** (as) from today, from today onwards ◆ **je le ferai dès ~** I'll do it this very day ◆ **alors cette bière, c'est pour ~ ou pour demain ?** *(hum)* any chance of getting that beer sometime today? ◆ **ça ne date pas d'~** *[objet]* it's not exactly new; *[situation, attitude]* it's nothing new; → **jour** **b** *(= de nos jours)* today, nowadays, these days ◆ **les jeunes d'~** young people nowadays, (the) young people of today

**aulne** /o(l)n/ **NM** alder

**aulx** /o/ **NMPL** → **ail**

**aumône** /omon/ **NF** *(= don)* charity *(NonC)*, alms; *(= action de donner)* almsgiving ◆ **vivre d'~(s)** to live on charity ◆ **demander l'~** *(lit)* to ask *ou* beg for charity *ou* alms; *(fig)* to beg ◆ **faire l'~** to give alms *(à* to*)*; ◆ **dix euros ! c'est une ~** ten euros, that's a beggarly sum! ◆ **je ne vous demande pas l'~** I'm not asking for charity ◆ **faire** *ou* **accorder l'~ d'un sourire à qn** to favour sb with a smile

**aumônerie** /omonʀi/ **NF** chaplaincy

**aumônier** /omonje/ **NM** chaplain

**aumônière** /omonjɛʀ/ **NF** *(Hist, Rel)* purse

**aune**[1] /on/ **NM** ⇒ **aulne**

**aune**[2] /on/ **NF** ≈ ell ◆ **il fit un nez long d'une ~, son visage s'allongea d'une ~** he pulled a long face *ou* a face as long as a fiddle *(Brit)*

**auparavant** /opaʀavɑ̃/ **ADV** *(= d'abord)* before(hand), first; *(= avant)* before(hand), previously

**auprès** /opʀɛ/ **ADV** *(littér)* nearby **LOC PRÉP** **auprès de** **a** *(= à côté de)* next to, close to, by; *(= au chevet de, aux côtés de)* with ◆ **rester ~ d'un malade** to stay with an invalid ◆ **s'asseoir ~ de la fenêtre/de qn** to sit down by *ou* close to the window/by *ou* next to *ou* close to sb

**b** *(= comparé à)* compared with, in comparison with, next to ◆ **notre revenu est élevé ~**

**du leur** our income is high compared with *ou* in comparison with *ou* next to theirs

c *(= s'adressant à)* **faire une demande ~ des autorités** to apply to the authorities, to lodge a request with the authorities ◆ **faire une démarche ~ du ministre** to approach the minister, to apply to the minister ◆ **ambassadeur ~ du Vatican** ambassador to the Vatican

d *(= dans l'opinion de)* in the opinion of ◆ **il passe pour un incompétent ~ de ses collègues** his colleagues regard him as incompetent, he is incompetent in the opinion of his colleagues

**auquel** /okɛl/ → **lequel**

**aura** /ɔʀa/ NF aura

**auréole** /ɔʀeɔl/ NF a *(Art, Astron)* halo, aureole ◆ **~ de cheveux blonds** halo of blond hair ◆ **entouré de l'~ du succès** flushed with success ◆ **paré de l'~ du martyre** wearing a martyr's crown *ou* the crown of martyrdom ◆ **parer qn d'une ~** to glorify sb b *(= tache)* ring

**auréoler** /ɔʀeɔle/ ► conjug 1 ◄ VT *(gén ptp) (= glorifier)* to glorify; *(Art)* to encircle with a halo ◆ **tête auréolée de cheveux blancs** head with a halo of white hair ◆ **auréolé de gloire** wreathed in *ou* crowned with glory ◆ **être auréolé de prestige** to have an aura of prestige VPR **s'auréoler** ◆ **s'~ de** to take on an aura of

**auréomycine** /ɔʀeomisin/ NF aureomycin *(Brit)*, Aureomycin ® *(US)*

**auriculaire** /ɔʀikylɛʀ/ NM little finger ADJ auricular; → **témoin**

**auriculothérapie** /ɔʀikyloteʀapi/ NF aural acupuncture

**aurifère** /ɔʀifɛʀ/ ADJ gold-bearing

**aurification** /ɔʀifikasjɔ̃/ NF *[de dent]* filling with gold

**aurifier** /ɔʀifje/ ► conjug 7 ◄ VT *[+ dent]* to fill with gold

**aurige** /ɔʀiʒ/ NM charioteer ◆ **l'Aurige de Delphes** *(Art)* the Charioteer of Delphi

**Aurigny** /ɔʀiɲi/ NF Alderney

**aurochs** /ɔʀɔk/ NM aurochs

**aurore** /ɔʀɔʀ/ NF a *(= lever du jour)* dawn, daybreak, first light ◆ **à l'~** at dawn *ou* first light *ou* daybreak ◆ **avant l'~** before dawn *ou* daybreak ◆ **se lever/partir aux ~s** to get up/leave at the crack of dawn b *(littér = début)* dawn, beginning ◆ **à l'~ de** at the dawn of COMP ▷ **aurore australe** southern lights, aurora australis ▷ **aurore boréale** northern lights, aurora borealis ▷ **aurore polaire** polar lights

**auscultation** /ɔskyltasjɔ̃/ NF auscultation

**ausculter** /ɔskylte/ ► conjug 1 ◄ VT to sound (the chest of), to auscultate *(SPÉC)*

**auspices** /ɔspis/ NMPL a *(Antiq)* auspices b ◆ **sous de bons/mauvais ~** under favourable/unfavourable auspices ◆ **sous les ~ de qn** under the patronage *ou* auspices of sb ◆ **la réunion a commencé sous les meilleurs ~** the meeting got off to a most auspicious start

**aussi** /osi/ GRAMMAIRE ACTIVE 32.3, 53.5

ADV a *(= également)* too, also ◆ **je suis fatigué et eux ~** I'm tired and so are they *ou* and they are too ◆ **il travaille bien et moi ~** he works well and so do I ◆ **il parle ~ l'anglais** he also speaks English, he speaks English as well *ou* too ◆ **lui ~ parle l'anglais** he speaks English too *ou* as well, he too speaks English ◆ **il parle l'italien et ~ l'anglais** he speaks Italian and English too *ou* as well, he speaks Italian and also English ◆ **il a la grippe – lui ~ ?** he's got the flu – him too? * *ou* him as well? ◆ **c'est ~ mon avis** I think so too *ou* as well, that's my view too *ou* as well ◆ **faites bon voyage – vous ~** have a good journey – you too *ou* (the) same to you ◆ **il ne suffit pas d'être doué, il faut ~ travailler** it's not enough to be talented, you also have to work ◆ **toi ~, tu as peur ?** so you are afraid too? *ou* as well?

b *(comparaison)*

◆ **aussi ... que** as ... as ◆ **il est ~ bête que méchant** *ou* **qu'il est méchant** he's as stupid as he is ill-natured ◆ **viens ~ souvent que tu voudras** come as often as you like ◆ **s'il pleut ~ peu que l'an dernier** if it rains as little as last year ◆ **il devint ~ riche qu'il l'avait rêvé** he became as rich as he had dreamt he would ◆ **pas ~ riche qu'on le dit** not as rich as he is said to be ◆ **la piqûre m'a fait tout ~ mal que la blessure** the injection hurt me just as much as the injury (did) ◆ **~ vite que possible** as quickly as possible ◆ **d'~ loin qu'il nous vit il cria** far away though he was he shouted as soon as he saw us

c *(= si, tellement)* so ◆ **je ne te savais pas ~ bête** I didn't think you were so *ou* that * stupid ◆ **comment peut-on laisser passer une ~ bonne occasion ?** how can one let slip such a good opportunity? *ou* so good an opportunity? ◆ **je ne savais pas que cela se faisait ~ facilement (que ça)** I didn't know that could be done as easily (as that) *ou* so easily *ou* that easily * ◆ **~ léger qu'il fût** light though he was ◆ **~ idiot que ça puisse paraître** silly though *ou* as it may seem

d *(= tout autant)* **~ bien** just as well, just as easily ◆ **tu peux ~ bien dire non** you can just as easily *ou* well say no ◆ **puisqu'~ bien tout est fini** *(littér)* since everything is finished ◆ **ça peut ~ bien représenter une montagne qu'un animal** it could just as well *ou* easily represent a mountain as an animal ◆ **~ sec** * straight away, there and then

CONJ *(= en conséquence)* therefore, consequently ◆ **je suis faible, ~ ai-je besoin d'aide** I'm weak, therefore *ou* consequently I need help ◆ **tu n'as pas compris, ~ c'est ta faute : tu n'écoutais pas** you haven't understood, well, it's your own fault – you weren't listening

**aussitôt** /osito/ ADV straight away, immediately ◆ **~ arrivé/descendu il s'attabla** as soon as he arrived/came down he sat down at table ◆ **~ le train arrêté, elle descendit** as soon as *ou* immediately *(Brit)* the train stopped she got out ◆ **~ dit, ~ fait** no sooner said than done ◆ **~ après son retour** straight *ou* directly *ou* immediately after his return ◆ **il est parti ~ après** he left straight *ou* directly *ou* immediately after ◆ **~ que** as soon as ◆ **~ que je le vis** as soon as *ou* the moment I saw him

**austère** /ostɛʀ/ ADJ *[personne, vie, style, monument]* austere; *[livre, lecture]* dry ◆ **coupe ~ d'un manteau** severe cut of a coat

**austérité** /osteʀite/ NF *[de personne, vie, style, monument]* austerity; *[de livre, lecture]* dryness ◆ **~s** *(Rel)* austerities ◆ **mesures/politique d'~** *(Pol)* austerity measures/policy

**austral, e** (mpl **australs**) /ɔstʀal/ ADJ southern, austral *(SPÉC)* ◆ **pôle ~** South Pole; → **aurore**

**Australasie** /ɔstʀalazi/ NF Australasia ◆ **d'~** *[produit, habitant]* Australasian

**Australie** /ɔstʀali/ NF ◆ **l'~** (the Commonwealth of) Australia ◆ **~-Méridionale/-Occidentale** South/Western Australia

**australien, -ienne** /ɔstʀaljɛ̃, jɛn/ ADJ Australian NM,F **Australien(ne)** Australian

**australopithèque** /ɔstʀalɔpitɛk/ NM Australopithecus

**autan** /otɑ̃/ NM ◆ **(vent d')~** *(strong and hot) southerly wind*

**autant** /otɑ̃/ ADV a *(quantité)* **j'en voudrais encore ~** I'd like as much again ◆ **ils sont ~ à plaindre l'un que l'autre** you have to feel just as sorry for both of them

◆ **autant de** *(quantité)* as much (*que* as); *(nombre)* as many (*que* as); ◆ **il y a (tout) ~ de place ici (que là-bas)** there's (just) as much room here (as over there) ◆ **il n'y a pas ~ de neige que l'année dernière** there isn't as much *ou* there's not so much snow as last year ◆ **nous avons ~ de voitures qu'eux** we have as many cars as they have ◆ **il nous prêtera ~ de livres qu'il pourra** he'll lend us as many books as he can ◆ **ils ont ~ de mérite l'un que l'autre** they have equal merit ◆ **ils ont ~ de talent l'un que l'autre** they are both equally talented ◆ **tous ces enfants sont ~ de petits menteurs** all these children are so many little liars ◆ **toutes ces photos sont ~ de preuves** these photos all constitute proof

◆ **comme autant de** *(= pareils à)* ◆ **les gens tout en bas, comme ~ de fourmis** the people far below, like so many ants

◆ **autant que** ◆ **tous ~ que vous êtes** every single one of you, the whole lot of you *(Brit)* ◆ **nous sommes ~ qu'eux** we are as many as they are *ou* as them, there are as many of us as of them

b *(intensité)* as much (*que* as); ◆ **il travaille toujours ~** he works as hard as ever, he's still working as hard ◆ **pourquoi travaille-t-il ~ ?** why does he work so much? *ou* so hard? ◆ **rien ne lui plaît ~ que de regarder les autres travailler** there is nothing he likes so much as *ou* likes better than watching others work ◆ **intelligent, il l'est ~ que vous** he's just as intelligent as you are ◆ **il peut crier ~ qu'il veut** he can scream as much as he likes ◆ **cet avertissement vaut pour vous ~ que pour lui** this warning applies to you as much as to him ◆ **courageux ~ que compétent** courageous as well as competent, as courageous as he is competent ◆ **~ prévenir la police** it would be as well to tell the police; → **aimer**

c *(= tellement) (quantité)* so much, such; *(nombre)* so many, such a lot of ◆ **elle ne pensait pas qu'il aurait ~ de succès/qu'il mangerait ~** she never thought that he would have so much *ou* such success *ou* be so successful/that he would eat so much *ou* such a lot ◆ **vous invitez toujours ~ de gens ?** do you always invite so many people *ou* such a lot of people? ◆ **j'ai rarement vu ~ de monde** I've seldom seen such a crowd *ou* so many people

d *(loc)* **~ dire qu'il ne sait rien/qu'il est fou** you *ou* one might as well say that he doesn't know anything/that he's mad ◆ **~ pour moi !** my mistake! ◆ **il ne le fera qu'~ qu'il saura que vous êtes d'accord** he'll only do it in so far as he knows you agree ◆ **~ d'hommes, ~ d'avis** *(Prov)* every man to his own opinion

◆ **autant ... autant** ◆ **~ il est généreux, ~ elle est avare** he is as generous as she is miserly ◆ **~ il aime les chiens, ~ il déteste les chats** he likes dogs as much as he hates cats

◆ **autant que possible** as much *ou* as far as possible ◆ **il voudrait, ~ que possible, éviter les grandes routes** he would like to avoid the major roads as much *ou* as far as possible

◆ **c'est autant de** ◆ **c'est ~ de gagné** *ou* **de pris** that's something at least ◆ **c'est ~ de fait** that's that done at least

◆ **pour autant** for all that ◆ **vous l'avez aidé mais il ne vous remerciera pas pour ~** you helped him but you won't get any thanks

from him for all that ♦ **il a gagné, cela ne signifie pas pour ~ qu'il est le meilleur** he won, but that doesn't mean that he's the best
♦ **(pour) autant que** ♦ **(pour) ~ que je** (*ou* **qu'il** *etc*) **sache** as far as I know (*ou* he *etc* knows), to the best of my (*ou* his *etc*) knowledge
♦ **d'autant** ♦ **ce sera augmenté d'~** it will be increased accordingly *ou* in proportion
♦ **d'autant (plus) ... que** ♦ **d'~ (plus) que** all the more so since *ou* because *ou* as ♦ **c'est d'~ plus dangereux qu'il n'y a pas de parapet** it's all the more dangerous since *ou* because there is no parapet ♦ **écrivez-lui, d'~ (plus) que je ne suis pas sûr qu'il vienne demain** you'd better write to him especially as *ou* since I'm not sure if he's coming tomorrow
♦ **d'autant plus !** all the more reason!
♦ **d'autant mieux** ♦ **cela se gardera d'~ mieux (que ...)** it will keep even better *ou* all the better (since ...)
♦ **d'autant moins** ♦ **nous le voyons d'~ moins qu'il habite très loin maintenant** we see him even less now *ou* we see even less of him now that he lives a long way away
♦ **en ... autant** (*= la même chose*) the same ♦ **je ne peux pas en dire ~** I can't say the same (for myself) ♦ **je peux en faire ~** I can do as much *ou* the same

**autarcie** /otaʀsi/ NF autarchy, autarky

**autarcique** /otaʀsik/ ADJ autarchic, autarkic

**autel** /otɛl/ NM **a** (*Rel*) altar ♦ **~ portatif** portable altar ♦ **conduire qn à l'~** (*= l'épouser*) to lead sb to the altar ♦ **conduire** *ou* **mener sa fille à l'~** to take one's daughter down the aisle; → **trône** **b** (*littér*) altar ♦ **dresser un ~** *ou* **des ~s à qn** to worship sb, to put sb on a pedestal ♦ **sacrifier qch sur l'~ de** to sacrifice sth on the altar of

**auteur** /otœʀ/ NM **a** [*de texte, roman*] author, writer; [*d'opéra*] composer; [*de procédé*] originator, author; [*de crime, coup d'état*] perpetrator ♦ **l'~ de l'invention** the inventor ♦ **il en est l'~** (*invention*) he invented it; (*texte*) he wrote it, he's the author ♦ **l'~ de ce canular** the hoaxer ♦ **l'~ de l'accident** the person who caused the accident ♦ **l'~ de ce tableau** the painter ♦ **qui est l'~ de cette affiche ?** who designed this poster? ♦ **"auteur inconnu"** (*dans un musée*) "anonymous", "artist unknown" ♦ **il fut l'~ de sa propre ruine** he was the author of his own ruin ♦ **Prévert est l'~ des paroles, Kosma de la musique** Prévert wrote the words *ou* lyrics and Kosma composed the music ♦ **l'~ de mes jours** († *ou hum*) my noble progenitor † (*hum*) ♦ **~-compositeur(-interprète)** singer-songwriter ♦ **film d'~** arthouse film *ou* movie ♦ **cinéma d'~** arthouse films *ou* movies; → **droit**[3]
**b** (*= écrivain*) author ♦ **lire tout un ~** to read all of an author's works ♦ **c'est un ~ connu** (*femme*) she is a well-known author; → **femme**

**authenticité** /otɑ̃tisite/ NF [*d'œuvre d'art, récit, document, signature*] authenticity

**authentification** /otɑ̃tifikasjɔ̃/ NF authentication

**authentifier** /otɑ̃tifje/ ► conjug 7 ◄ VT to authenticate

**authentique** /otɑ̃tik/ ADJ [*œuvre d'art, récit*] authentic, genuine; [*signature, document*] authentic; [*sentiment*] genuine ♦ **un ~ Van Gogh** a genuine Van Gogh ♦ **c'est vrai ? – ~ !** really? — really!; → **acte**

**authentiquement** /otɑ̃tikmɑ̃/ ADV genuinely, authentically; [*rapporter*] faithfully

**autisme** /otism/ NM autism

**autiste** /otist/ ADJ, NMF autistic

**autistique** /otistik/ ADJ autistic

**auto** /oto/ NF (*= voiture*) car, automobile (*US*) ♦ **~s tamponneuses** bumper cars, dodgems (*Brit*); → **salon, train** ADJ INV ♦ **assurance ~** car *ou* motor (*Brit*) *ou* automobile (*US*) insurance ♦ **frais ~** running costs (*of a car*)

**auto...** /oto/ PRÉF self- ♦ **auto(-)adhésif** self-adhesive

**autoallumage** /otoalymaʒ/ NM pre-ignition

**autoberge** /otobɛʀʒ/ NM riverside *ou* embankment expressway

**autobiographie** /otobjɔgʀafi/ NF autobiography

**autobiographique** /otobjɔgʀafik/ ADJ autobiographic(al)

**autobronzant, e** /otobʀɔ̃zɑ̃, ɑ̃t/ ADJ self-tanning (*épith*), instant tanning (*épith*) NM **autobronzant** self-tanning cream

**autobus** /ɔtɔbys/ NM bus ♦ **~ à impériale** (*Hist*) double decker (bus) ♦ **~ scolaire** (*Can*) school bus

**autocar** /ɔtɔkaʀ/ NM coach (*Brit*), bus (*US*); (*de campagne*) country bus

**autocaravane** /otokaʀavan/ NF motor caravan (*Brit*), motorhome (*US*), camper (*US*)

**autocariste** /otokaʀist/ NM coach *ou* bus operator

**autocassable** /otokɑsabl/ ADJ [*ampoule*] with a snap-off top

**autocélébration** /otoselebʀasjɔ̃/ NF (*péj*) self-congratulation ♦ **l'heure est à l'~ chez les élus** the newly-elected representatives are in a self-congratulatory mood *ou* are busy patting themselves on the back

**autocensure** /otosɑ̃syʀ/ NF self-censorship

**autocensurer (s')** /otosɑ̃syʀe/ ► conjug 1 ◄ VPR to practise self-censorship, to censor o.s.

**autocéphale** /otosefal/ ADJ (*Rel*) autocephalous

**autochenille** /otoʃ(ə)nij/ NF half-track

**autochrome** /otokʀom/ ADJ [*film, plaque*] autochrome NF (*= plaque*) autochrome (*early colour photograph*)

**autochtone** /ɔtɔktɔn/ ADJ native, autochthonous (*SPÉC*); (*Géol*) autochthonous NMF native, autochthon (*SPÉC*)

**autoclave** /otoklav/ ADJ, NM (*Méd, Tech*) ♦ **(appareil** *ou* **marmite) ~** autoclave

**autocollant, e** /otokɔlɑ̃, ɑ̃t/ ADJ [*étiquette*] self-adhesive, self-sticking; [*papier*] self-adhesive; [*enveloppe*] self-seal, self-adhesive NM sticker

**autocopiant, e** /otokɔpjɑ̃, ɑ̃t/ ADJ [*papier*] self-copy

**autocorrection** /otokɔʀɛksjɔ̃/ NF autocorrection

**autocrate** /otokʀat/ NM autocrat

**autocratie** /otokʀasi/ NF autocracy

**autocratique** /otokʀatik/ ADJ autocratic

**autocratiquement** /otokʀatikmɑ̃/ ADV autocratically

**autocritique** /otokʀitik/ NF self-criticism ♦ **faire son ~** to criticize o.s.

**autocuiseur** /otokɥizœʀ/ NM pressure cooker

**autodafé** /otodafe/ NM auto-da-fé

**autodéfense** /otodefɑ̃s/ NF self-defence ♦ **groupe d'~** vigilante group *ou* committee

**autodénigrement** /otodenigʀəmɑ̃/ NM self-denigration

**autodérision** /otodeʀizjɔ̃/ NF self-mockery, self-derision ♦ **pratiquer l'~** to mock o.s.

**autodésigner (s')** /otodeziɲe/ ► conjug 1 ◄ VPR to designate o.s.

**autodestructeur, -trice** /otodɛstʀyktœʀ, tʀis/ ADJ self-destructive

**autodestruction** /otodɛstʀyksjɔ̃/ NF self-destruction

**autodétermination** /otodetɛʀminasjɔ̃/ NF self-determination

**autodétruire (s')** /otodetʀɥiʀ/ ► conjug 38 ◄ VPR [*bande*] to self-destruct; [*entreprise, pays, civilisation*] to destroy itself; [*personne*] to destroy o.s.

**autodidacte** /otodidakt/ ADJ self-taught NMF self-taught person, autodidact (*frm*)

**autodiscipline** /otodisiplin/ NF self-discipline

**autodissolution** /otodisɔlysjɔ̃/ NF [*d'assemblée, association, parti*] self-dissolution

**autodissoudre (s')** /otodisudʀ/ ► conjug 51 ◄ VPR [*assemblée, parti*] to dissolve itself

**autodrome** /otodʀom/ NM motor-racing track, autodrome

**auto-école** (pl **auto-écoles**) /otoekɔl/ NF driving school ♦ **moniteur d'~** driving instructor

**autoérotique** /otoeʀɔtik/ ADJ auto-erotic

**autoérotisme** /otoeʀɔtism/ NM auto-eroticism, auto-erotism

**autoévaluation** /otoevalɥasjɔ̃/ NF self-assessment

**autoévaluer (s')** /otoevalɥe/ ► conjug 1 ◄ VPR to assess oneself

**autofécondation** /otofekɔ̃dasjɔ̃/ NF self-fertilization

**autofinancement** /otofinɑ̃smɑ̃/ NM self-financing

**autofinancer (s')** /otofinɑ̃se/ ► conjug 3 ◄ VPR [*entreprise*] to be *ou* become self-financing ♦ **programme de recherches autofinancé** self-supporting *ou* self-financed research programme

**autoflagellation** /otoflaʒelasjɔ̃/ NF self-flagellation

**autofocus** /otofɔkys/ ADJ, NM autofocus

**autoformation** /otofɔʀmasjɔ̃/ NF self-training

**autogène** /otoʒɛn/ ADJ → **soudure**

**autogérer (s')** /otoʒeʀe/ ► conjug 1 ◄ VPR to be self-managing ♦ **organisme autogéré** self-managed *ou* -run body

**autogestion** /otoʒɛstjɔ̃/ NF (*gén*) self-management; (*avec les ouvriers*) joint worker-management control

**autogestionnaire** /otoʒɛstjɔnɛʀ/ ADJ self-managing (*épith*)

**autogire** /otoʒiʀ/ NM autogiro, autogyro

**autographe** /ɔtɔgʀaf/ ADJ, NM autograph

**autogreffe** /otogʀɛf/ NF autograft

**autoguidage** /otogidaʒ/ NM self-steering, self-guiding ♦ **système d'~** (*Mil*) homing system

**autoguidé, e** /otogide/ ADJ self-guided

**auto-immune** /otoi(m)myn/ ADJ F autoimmune

**auto-immunisation** /otoimynizasjɔ̃/ NF autoimmunization

**auto-induction** /otoɛ̃dyksjɔ̃/ NF (*Phys*) self-induction

**auto-intoxication** /otoɛ̃tɔksikasjɔ̃/ NF auto-intoxication

**autolimitation** /otolimitasjɔ̃/ NF *[d'importations]* voluntary restraint ◆ **accords d'~** voluntary restraint agreements

**autolubrifiant, e** /otolybʀifjɑ̃, jɑ̃t/ ADJ self-lubricating

**autolyse** /otoliz/ NF autolysis

**automate** /ɔtɔmat/ NM **a** *(= robot, personne)* automaton ◆ **marcher comme un ~** to walk like a robot **b** *[de tickets de transport]* (automatic) ticket machine

**automaticité** /ɔtɔmatisite/ NF automaticity

**automation** /ɔtɔmasjɔ̃/ NF automation

**automatique** /ɔtɔmatik/ GRAMMAIRE ACTIVE 54.3 ADJ automatic; → **distributeur** NM *(Téléc)* ≈ subscriber trunk dialling *(Brit)*, STD *(Brit)*, direct distance dialing *(US)*; *(= revolver)* automatic

**automatiquement** /ɔtɔmatikmɑ̃/ ADV automatically

**automatisation** /ɔtɔmatizasjɔ̃/ NF automation

**automatiser** /ɔtɔmatize/ ▸ conjug 1 ◂ VT to automate

**automatisme** /ɔtɔmatism/ NM *[de machine]* automatic functioning; *[de personne]* automatic reflex ◆ **~ mental** mental reflex ◆ **s'entraîner pour acquérir des ~s** to practice in order to develop automatic reflexes ◆ **il essuie les verres avec l'~ de l'habitude** he dries the glasses as if he's on automatic pilot ◆ **l'Institut national de recherche en informatique et ~** the National Research Institute for Computing and Automation

**automédication** /otomedikasjɔ̃/ NF self-medication ◆ **faire de l'~** to medicate o.s.

**automédon** /ɔtɔmedɔ̃/ NM *(† ou hum)* coachman

**automitrailleuse** /otomitʀajøz/ NF armoured *(Brit)* ou armored *(US)* car

**automnal, e** (mpl **-aux**) /ɔtɔnal, o/ ADJ autumnal

**automne** /ɔtɔn/ NM autumn, fall *(US)* ◆ **en ~** in (the) autumn, in the fall *(US)* ◆ **il est à l'~ de ses jours** *(fig)* he's in the autumn *ou* fall *(US)* of his life

**automobile** /ɔtɔmɔbil/ ADJ *[véhicule]* self-propelled, motor *(épith)*, automotive; *[course, sport]* motor *(épith)*; *[assurance, industrie]* motor *(épith)*, car *(épith)*, automobile *(épith)* *(US)*; → **canot** NF *(= voiture)* motor car *(Brit)*, automobile *(US)* ◆ **l'~** *(= industrie)* the car *ou* motor *ou* automobile *(US)* industry; *(Sport, = conduite)* driving, motoring *(Brit)* ◆ **termes d'~** motoring terms ◆ **être passionné d'~** to be a car fanatic ◆ **aimer les courses d'~s** to like motor *(Brit)* ou car *(US)* racing

**automobilisme** /ɔtɔmɔbilism/ NM driving, motoring *(Brit)*

**automobiliste** /ɔtɔmɔbilist/ NMF driver, motorist *(Brit)*

**automoteur, -trice** /otomɔtœʀ, tʀis/ ADJ self-propelled, motorized, motor *(épith)*, automotive NF **automotrice** electric railcar

**automutilation** /otomytilasjɔ̃/ NF self-mutilation

**automutiler (s')** /otomytile/ ▸ conjug 1 ◂ VPR *[personne, animal]* to mutilate o.s.

**autoneige** /otonɛʒ/ NF *(Can)* snowmobile *(US, Can)*, snowcat

**autonettoyant, e** /otonetwajɑ̃, ɑ̃t/ ADJ self-cleaning *(épith)*

**autonome** /ɔtɔnɔm/ ADJ **a** *[territoire]* autonomous, self-governing ◆ **groupuscule ~** group of political extremists; → **port¹** **b** *[personne]* self-sufficient; *(Philos)* *[volonté]* autonomous; *(Ordin)* off-line; → **scaphandre**

**autonomie** /ɔtɔnɔmi/ NF **a** *(Admin, Fin, Philos, Pol)* autonomy ◆ **certains Corses veulent l'~** some Corsicans want home rule *ou* autonomy *ou* self-government **b** *(Aut, Aviat)* range ◆ **cette voiture a une ~ de 100 kilomètres** the car has a range of 100 kilometres ◆ **ce baladeur a une ~ de 3 heures** this personal stereo has a 3-hour charge

**autonomiste** /ɔtɔnɔmist/ ADJ, NMF *(Pol)* separatist

**autonyme** /otonim/ ADJ autonymous

**autoparodie** /otopaʀɔdi/ NF self-parody

**autopont** /otopɔ̃/ NM flyover *(Brit)*, overpass *(US)*

**autoportrait** /otopɔʀtʀɛ/ NM self-portrait

**autoproclamé, e** /otopʀɔklame/ (ptp de **s'autoproclamer**) ADJ *(péj)* self-proclaimed

**autoproclamer (s')** /otopʀɔklame/ ▸ conjug 1 ◂ VPR *(péj)* *[personne]* to proclaim o.s. ◆ **il s'est autoproclamé expert** he has set himself up as an expert, he has proclaimed himself (to be) an expert

**autopropulsé, e** /otopʀɔpylse/ ADJ self-propelled

**autopropulsion** /otopʀɔpylsjɔ̃/ NF self-propulsion

**autopsie** /ɔtɔpsi/ NF autopsy, post-mortem (examination); *(fig)* post-mortem ◆ **faire** *ou* **pratiquer une ~** to carry out an autopsy *ou* a post-mortem (examination) (*sur* on)

**autopsier** /ɔtɔpsje/ ▸ conjug 7 ◂ VT *[+ corps]* to carry out an autopsy *ou* a post-mortem (examination) on

**autopunition** /otopynisjɔ̃/ NF self-punishment

**autoradio** /otoʀadjo/ NM car radio

**autoradiographie** /otoʀadjɔgʀafi/ NF autoradiograph

**autorail** /otoʀaj/ NM railcar

**autorégulateur, -trice** /otoʀegylatœʀ, tʀis/ ADJ self-regulating

**autorégulation** /otoʀegylasjɔ̃/ NF self-regulation

**autorisation** /ɔtɔʀizasjɔ̃/ NF *(= permission)* permission, authorization (*de qch* for sth; *de faire* to do); *(= permis)* permit ◆ **nous avions l'~ du professeur** we had the teacher's permission ◆ **avoir l'~ de faire qch** to have permission *ou* be allowed to do sth; *(Admin)* to be authorized to do sth ◆ **le projet doit recevoir l'~ du comité** the project must be authorized *ou* passed by the committee ◆ **~ d'absence** leave of absence ◆ **~ d'accès** *(Ordin)* access permission ◆ **~ de crédit** credit line, line of credit ◆ **~ de mise sur le marché** *permit to market a product* ◆ **~ de vol** flight clearance ◆ **~ parentale** parental consent

**autorisé, e** /ɔtɔʀize/ (ptp de **autoriser**) ADJ *[agent, version]* authorized; *[opinion]* authoritative ◆ **dans les milieux ~s** in official circles ◆ **nous apprenons de source ~e que ...** we have learnt from official sources that ...

**autoriser** /ɔtɔʀize/ GRAMMAIRE ACTIVE 36.2 ▸ conjug 1 ◂

VT **a** ◆ **~ qn à faire** *(= donner la permission de)* to give *ou* grant sb permission to do, to authorize sb to do; *(= habiliter à)* *[personne, décret]* to give sb authority to do, to authorize sb to do ◆ **il nous a autorisés à sortir** he has given *ou* granted us permission to go out, we have his permission to go out ◆ **sa faute ne t'autorise pas à le condamner** the fact that he made a mistake doesn't give you the right to pass judgment on him ◆ **tout nous autorise à croire que ...** everything leads us to believe that ... ◆ **se croire autorisé à dire que ...** to feel one is entitled *ou* think one has the right to say that ...

**b** *(= permettre)* *[personne]* *[+ manifestation, sortie]* to authorize, to give permission for; *[+ projet]* to pass, to authorize ◆ **le sel ne m'est pas autorisé** I'm not allowed to eat salt ◆ **"stationnement autorisé sauf le mardi"** "car parking every day except Tuesdays"

**c** *(= rendre possible)* *[chose]* to make possible ◆ **l'imprécision de cette loi autorise les abus** loopholes in this law make abuses possible *ou* open the way to abuses ◆ **expression autorisée par l'usage** expression sanctioned *ou* made acceptable by use

**d** *(littér = justifier)* to justify

VPR **s'autoriser** **a** *(= invoquer)* **s'~ de qch pour faire** to use sth as an excuse to do ◆ **je m'autorise de notre amitié pour ...** in view of our friendship I permit myself to ...

**b** *(= se permettre)* **on s'autorise à penser que ...** one is justified in thinking that ... ◆ **s'~ un cigare de temps en temps** to allow o.s. a cigar from time to time

> ⚠ *Attention à ne pas traduire automatiquement* **autoriser** *par* **to authorize**, *qui est d'un registre plus soutenu.*

**autoritaire** /ɔtɔʀitɛʀ/ ADJ *[personne]* domineering; *[ton, manière]* overbearing; *[régime, mesures]* authoritarian

**autoritairement** /ɔtɔʀitɛʀmɑ̃/ ADV in an authoritarian way

**autoritarisme** /ɔtɔʀitaʀism/ NM authoritarianism

**autorité** /ɔtɔʀite/ NF **a** *(= pouvoir)* authority (*sur* over); ◆ **l'~ que lui confère son expérience/âge** the authority conferred upon him by experience/age ◆ **avoir de l'~ sur qn** to have authority over sb ◆ **être sous l'~ de qn** to be under sb's authority ◆ **avoir ~ pour faire** to have authority to do ◆ **air d'~** authoritative air, air of authority ◆ **il n'a aucune ~ sur ses élèves** he has no control over his pupils

**b** *(= expert, ouvrage)* authority ◆ **l'une des grandes ~s en la matière** one of the great authorities on the subject

**c** *(Admin)* **l'~, les ~s** the authorities ◆ **l'~ militaire/législative** the military/legislative authorities ◆ **les ~s civiles et religieuses/locales** the civil and religious/local authorities ◆ **agent** *ou* **représentant de l'~** representative of authority ◆ **adressez-vous à l'~** *ou* **aux ~s compétente(s)** apply to the proper authorities ◆ **l'Autorité palestinienne** the Palestinian Authority

**d** *(Jur)* **l'~ de la loi** the authority *ou* power of the law ◆ **l'~ de la chose jugée** res judicata ◆ **être déchu de l'~ parentale** to lose one's parental rights ◆ **vendu par ~ de justice** sold by order of the court

**e** *(loc)* **d'~** *(= de façon impérative)* on one's own authority; *(= sans réflexion)* out of hand, straight off, unhesitatingly ◆ **de sa propre ~** on one's own authority ◆ **faire ~** *[livre, expert]* to be accepted as an authority, to be authoritative

**autoroute** /otoʀut/ NF motorway *(Brit)*, highway *(US)*, freeway *(US)* ◆ **l'~ du soleil** *the A6 and A7 motorways to the south of France* COMP ▷ **autoroute de dégagement** *toll-free stretch of motorway leading out of a big city* ▷ **autoroutes électroniques** electronic highways ▷ **autoroutes de l'information** information highways ▷ **autoroute à péage** toll motorway *(Brit)*, turnpike *(US)* ▷ **autoroute urbaine** urban *ou* inner-city motorway *(Brit)*, throughway *(US)*, expressway *(US)*

**autoroutier, -ière** /otoʀutje, jɛʀ/ **ADJ** motorway *(épith) (Brit)*, freeway *(épith) (US)*, highway *(épith) (US)*

**autosatisfaction** /otosatisfaksjɔ̃/ **NF** self-satisfaction

**auto-stop** /otostɔp/ **NM** hitch-hiking, hitching * ♦ **pour rentrer, il a fait de l'~** *(long voyage)* he hitched * *ou* hitch-hiked home; *(courte distance)* he thumbed *ou* hitched * a lift home ♦ **il a fait le tour du monde en ~** he hitch-hiked around the world, he hitched * his way round the world ♦ **j'ai pris quelqu'un en ~** I picked up a *ou* gave a lift to a hitch-hiker *ou* hitcher * ♦ **il nous a pris en ~** he picked us up, he gave us a lift

**auto-stoppeur, -euse** (mpl **auto-stoppeurs**) /otostɔpœʀ, øz/ **NM,F** hitch-hiker, hitcher * ♦ **prendre un ~** to pick up a hitch-hiker *ou* hitcher *

**autostrade** † /otostʀad/ **NF** motorway *(Brit)*, freeway *(US)*, highway *(US)*

**autosubsistance** /otosybzistɑ̃s/ **NF** self-sufficiency ♦ **agriculture d'~** subsistence farming

**autosuffisance** /otosyfizɑ̃s/ **NF** self-sufficiency

**autosuffisant, e** /otosyfizɑ̃, ɑ̃t/ **ADJ** self-sufficient

**autosuggestion** /otosygʒɛstjɔ̃/ **NF** autosuggestion

**autotracté, e** /ototʀakte/ **ADJ** self-propelled

**autotransfusion** /ototʀɑ̃sfyzjɔ̃/ **NF** autologous transfusion

**autour¹** /otuʀ/ **ADV** around ♦ **tout ~** all around ♦ **maison avec un jardin ~** house surrounded by a garden, house with a garden around *ou* round *(Brit)* it

♦ **autour de** *(lieu)* around, round *(Brit)*; *(temps, somme)* about, around, round about *(Brit)* ♦ **il regarda ~ de lui** he looked around (him) *ou* about (him) ♦ **discussion ~ d'un projet** discussion on *ou* about a project ♦ **~ d'un bon café** over a nice cup of coffee; → **tourner**

**autour²** /otuʀ/ **NM** *(Orn)* goshawk

**autovaccin** /otovaksɛ̃/ **NM** autogenous vaccine, autovaccine

**autre** /otʀ/ GRAMMAIRE ACTIVE 53.5

**ADJ INDÉF** a *(= différent)* other, different ♦ **je préfère l'~ robe/les ~s chaussures** I prefer the other dress/the other shoes ♦ **revenez une ~ fois** come back another *ou* some other time ♦ **revenez un ~ jour** come back another *ou* some other day ♦ **il n'y a pas d'~ moyen d'entrer** there's no other way *ou* there isn't any other way of getting in ♦ **c'est une ~ question/un ~ problème** that's another *ou* a different question/problem ♦ **la réalité est tout ~** the reality is quite *ou* altogether different ♦ **je fais ça d'une ~ façon** I do it a different way *ou* another way *ou* differently ♦ **ils ont un (tout) ~ mode de vie/point de vue** they have a (completely) different way of life/point of view ♦ **vous ne le reconnaîtrez pas, c'est un (tout) ~ homme** you won't know him, he's completely different *ou* he's a changed man ♦ **après ce bain je me sens un ~ homme** I feel (like) a new man after that swim ♦ **en d'~s lieux** elsewhere ♦ **~s temps ~s mœurs** *(Prov)* customs change with the times, autres temps autres mœurs; → **côté, part**

♦ **autre chose** ♦ **c'est (tout) ~ chose** that's a different *ou* another matter (altogether) ♦ **parlons d'~ chose** let's talk about something else *ou* different ♦ **c'est ça et pas ~ chose** it's that or nothing ♦ **ce n'est pas ~ chose que de la jalousie** that's just jealousy, that's nothing but jealousy ♦ **ah ~ chose ! j'ai oublié de vous dire que ...** oh, one more thing! I forgot to tell you that ... ♦ **une chose est de rédiger un rapport, ~ chose est d'écrire un livre** it's one thing to draw up a report, but quite another thing *ou* but another thing altogether to write a book ♦ **c'est quand même ~ chose !** *(admiratif)* it's really something else!, it's in a different league! ♦ **voilà ~ chose !** * *(incident)* that's all I (*ou* we) need!; *(impertinence)* what a nerve *! *ou* cheek!, the cheek of it!

b *(= supplémentaire)* other ♦ **elle a 2 ~s enfants** she has 2 other *ou* 2 more children ♦ **donnez-moi un ~ livre/une ~ tasse de thé** give me another book/cup of tea ♦ **donne-lui une ~ chance** give him another *ou* one more chance ♦ **il y a beaucoup d'~s solutions** there are many other *ou* many more solutions ♦ **bien *ou* beaucoup d'~s choses encore** many *ou* plenty more besides ♦ **c'est un ~ Versailles** it's another Versailles ♦ **c'est un ~ moi-même** he's my alter ego ♦ **des couteaux, des verres et ~s objets indispensables** knives, glasses and other necessary items ♦ **il m'a dit ça sans ~ précision** he didn't go into any more detail than that ♦ **~ chose, Madame ?** anything else, madam?

c *(de deux : marque une opposition)* other ♦ **de l'~ côté de la rue** on the other *ou* opposite side of the street ♦ **dans l'~ sens** in the other *ou* opposite direction ♦ **mets ton ~ manteau** put your other coat on ♦ **ses premiers films étaient d'une ~ qualité** his first films were of an altogether different quality *ou* in a different league; → **monde**

d *(dans le temps)* **l'~ jour, l'~ fois** the other day ♦ **l'~ lundi** * *(= lundi dernier)* last Monday; *(dans un passé récent)* one Monday recently ♦ **l'~ semaine** * the other week ♦ **tu me le diras une ~ fois** tell me another time

e *(avec pron pers)* **faut pas nous raconter des histoires, à nous ~s !** * there's no point telling fibs to US! ♦ **nous ~s, on est prudents** * WE are *ou* WE'RE cautious ♦ **taisez-vous, vous ~s** * be quiet, you people *ou* the rest of you *ou* you lot * *(Brit)* ♦ **et vous ~s qu'en pensez-vous ?** what do you people *ou* you lot * *(Brit)* think? ♦ **nous ~s Français, nous aimons la bonne cuisine** we French like good food

**PRON INDÉF** a *(= qui est différent)* another (one) ♦ **il en aime une ~** he's in love with another woman, he loves another ♦ **d'~s** others ♦ **aucun ~, nul ~, personne d'~** no one else, nobody else ♦ **les deux ~s** the other two, the two others ♦ **prendre qn pour un ~/une chose pour une ~** to take *ou* mistake sb for sb else/sth for sth else ♦ **envoyez-moi bien ce livre, je n'en veux pas d'~** make sure you send me that book, I don't want any other ♦ **un ~ que moi/lui aurait refusé** anyone else (but me/him) would have refused ♦ **elle n'est pas plus bête qu'une ~** she's no more stupid than anyone else ♦ **X, Y, Z, et ~s** X, Y, Z and others *ou* etc ♦ **il en a vu d'~s !** he's seen worse! ♦ **il n'en fait jamais d'~s !** that's just typical of him!, that's just what he always does! ♦ **et l'~ (là) *, il vient avec nous ?** what about him, is he coming with us? ♦ **et l'~ qui n'arrête pas de klaxonner !** * and then there's that idiot who keeps blowing his horn! ♦ **vous en êtes un ~ !** † * you're a fool! ♦ **à d'~s !** * (that's) a likely story!, go tell it to the marines! *; → **entre, rien**

b *(= qui vient en plus)* **donnez m'en un ~** give me another (one) *ou* one more ♦ **qui/quoi d'~ ?** who/what else? ♦ **quelqu'un/quelque chose d'~** somebody *ou* someone/something else ♦ **rien/personne d'~** nothing/nobody *ou* no one else ♦ **deux enfants, c'est assez, je n'en veux pas d'~/d'~s** two children are enough, I don't want another (one)/any more

c *(marque une opposition)* **l'~** the other (one) ♦ **les ~s** *(= choses)* the others, the other ones; *(= personnes)* the others ♦ **les ~s ne veulent pas venir** the others don't want to come ♦ **il se moque de l'opinion des ~s** he doesn't care what other people think ♦ **avec toi, c'est toujours les ~s qui ont tort** you always think that other people are in the wrong *ou* that it's the other person who's in the wrong; → **côté, ni**

d *(dans le temps)* **d'une minute/semaine à l'~** *(= bientôt)* any minute/week (now) ♦ **d'un instant à l'~** *(= n'importe quand)* any time; *(= soudain)* from one moment to the next; *(= bientôt)* very soon

**NM** *(Philos)* ♦ **l'~** the other

**autrefois** /otʀəfwa/ **ADV** in the past, once, formerly ♦ **d'~** of the past, of old, past *(épith)* ♦ **~ ils s'éclairaient à la bougie** in the past *ou* in bygone days they used candles for lighting ♦ **~ je préférais le vin** (in the past) I used to prefer wine

**autrement** /otʀəmɑ̃/ **ADV** a *(= différemment)* differently ♦ **il faut s'y prendre (tout) ~** we'll have to go about it in (quite) another way *ou* (quite) differently ♦ **avec ce climat il ne peut en être ~** with the climate the way it is, it can't be any other way *ou* how else could it be! ♦ **cela ne peut s'être passé ~** it can't have happened any other way ♦ **agir ~ que d'habitude** to act differently from usual ♦ **comment aller à Londres ~ que par le train ?** how can we get to London other than by train? ♦ **~ appelé** otherwise known as ♦ **tu pourrais me parler ~ !** don't you talk to me like that!

b *(avec faire)* **il n'y a pas moyen de faire ~, on ne peut pas faire ~** it's impossible to do otherwise *ou* to do anything else ♦ **il n'a pas pu faire ~ que de me voir** he couldn't help seeing me *ou* help but see me

c *(= sinon)* otherwise; *(idée de menace)* otherwise, or else ♦ **travaille bien, ~ tu auras de mes nouvelles !** work hard, otherwise *ou* or else you'll be hearing a few things from me!

d *(* = à part cela)* otherwise, apart *ou* aside from that ♦ **la viande était bonne, ~ le repas était quelconque** the meat was good but apart from that *ou* but otherwise the meal was pretty nondescript

e *(* comparatif)* far (more) ♦ **il est ~ intelligent** he is far more intelligent, he is more intelligent by far ♦ **c'est ~ meilleur** it's far better, it's better by far (*que* than)

f ♦ **pas ~** *(* = pas spécialement)* not particularly *ou* especially ♦ **cela ne m'a pas ~ surpris** that didn't particularly surprise me

g ♦ **~ dit** *(= en d'autres mots)* in other words

**Autriche** /otʀiʃ/ **NF** Austria

**autrichien, -ienne** /otʀiʃjɛ̃, jɛn/ **ADJ** Austrian **NM,F** **Autrichien(ne)** Austrian

**autruche** /otʀyʃ/ **NF** ostrich ♦ **faire l'~** *(fig)* to bury one's head in the sand; → **estomac, politique**

**autrui** /otʀɥi/ **PRON** others ♦ **respecter le bien d'~** to respect other people's property *ou* the property of others ♦ **ne fais pas à ~ ce que tu ne voudrais pas qu'on te fit** do unto others as you would have them do unto you, do as you would be done by

**auvent** /ovɑ̃/ **NM** *[de maison]* canopy; *[de tente]* awning, canopy

**auvergnat, e** /ovɛʀɲa, at/ **ADJ** of *ou* from (the) Auvergne **NM** *(Ling)* Auvergne dialect **NM,F** **Auvergnat(e)** inhabitant *ou* native of (the) Auvergne

**aux** /o/ → à

**auxiliaire** /ɔksiljɛʀ/ ADJ *(Ling, Mil, gén)* auxiliary *(épith)*; *[cause, raison]* secondary, subsidiary ◆ **bureau** ~ sub-office ◆ **mémoire** ~ *(Ordin)* additional *ou* extra memory ◆ **programme** ~ *(Ordin)* auxiliary routine; → **maître** NMF *(= assistant)* assistant, helper ◆ ~ **de justice** representative of the law ◆ ~ **médical** medical auxiliary NM *(Gram, Mil)* auxiliary

**auxiliairement** /ɔksiljɛʀmɑ̃/ ADV *(Ling)* as an auxiliary; *(fig = secondairement)* secondarily, less importantly

**auxiliariat** /ɔksiljaʀja/ NM *(Scol)* ◆ **pendant mon** ~ during my time as a supply *(Brit) ou* substitute *(US)* teacher

**auxquels, auxquelles** /okɛl/ → **auquel**

**AV** /ave/ (abrév de **avis de virement**) → **avis**

**av.**[1] abrév de **avenue**

**av.**[2] (abrév de **avant**) before ◆ **en 300** ~ **J.-C.** in 300 BC

**avachi, e** /avaʃi/ (ptp de **avachir**) ADJ a *[cuir, feutre]* limp; *[chaussure, vêtement]* misshapen, out of shape ◆ **pantalon** ~ baggy trousers b *[personne] (= fatigué)* drained; *(péj = indolent)* sloppy ◆ ~ **sur son bureau** slumped over his desk ◆ ~ **sur la plage** lounging *ou* stretched out lazily on the beach

**avachir** /avaʃiʀ/ ▸ conjug 2 ◂ VT a *[+ cuir, feutre]* to make limp; *[+ chaussure, vêtement]* to make shapeless, to put out of shape b *[+ personne] (physiquement)* to drain; *(péj : moralement)* to make sloppy VPR **s'avachir** a *[cuir]* to become limp; *[vêtement]* to go out of shape, to become shapeless b *[personne] (physiquement)* to become flabby; *(péj : moralement)* to become sloppy

**avachissement** /avaʃismɑ̃/ NM a *[de vêtement, cuir]* loss of shape b *[de personne] (physique)* flabbiness; *(péj : moral)* sloppiness

**aval**[1] /aval/ NM *[de cours d'eau]* downstream water; *[de pente]* downhill slope ◆ **l'**~ **était coupé de rapides** the river downstream was a succession of rapids ◆ **les rapides/l'écluse d'**~ the downstream rapids/lock ◆ **skieur/ski** ~ downhill skier/ski

◆ **en aval** *(cours d'eau)* downstream, downriver; *(pente)* downhill; *(dans une hiérarchie)* lower down ◆ **les opérations en** ~ operations further down the line

◆ **en aval de** *[+ cours d'eau]* downstream *ou* down-river from; *[+ pente]* downhill from ◆ **les opérations en** ~ **de la production** the operations coming after *ou* following production

**aval**[2] (pl **avals**) /aval/ NM *(= soutien)* backing, support; *(Comm, Jur)* guarantee (*de* for); ◆ **donner son** ~ **à qn** to give sb one's support, to back sb ◆ **donner son** ~ **à qch** to give consent to sth ◆ **obtenir l'**~ **de qn** to get the consent of sb ◆ **donner son** ~ **à une traite** to guarantee *ou* endorse a draft

**avalanche** /avalɑ̃ʃ/ NF a *(Géog)* avalanche ◆ ~ **poudreuse/de fond** dry/wet avalanche ◆ **cône d'**~ avalanche cone; → **couloir** b *(fig) [de coups]* hail, shower; *[de compliments]* flood, torrent; *[de réclamations, prospectus]* avalanche

**avalancheux, -euse** /avalɑ̃ʃø, øz/ ADJ *[zone, pente]* avalanche-prone

**avaler** /avale/ ▸ conjug 1 ◂ VT a *[+ nourriture]* to swallow (down); *[+ boisson]* to swallow (down), to drink (down); *[+ roman]* to devour; *(Alpinisme) [+ corde]* to take in ◆ ~ **la fumée** *[fumeur]* to inhale (the smoke) ◆ ~ **qch d'un trait** *ou* **d'un seul coup** to swallow sth in one gulp, down sth in one * ◆ ~ **son café à petites gorgées** to sip one's coffee ◆ ~ **sa salive** to swallow ◆ **j'ai eu du mal à** ~ **ma salive** *(fig)* I gulped ◆ **il a avalé de travers** it went down the wrong way ◆ **il n'a rien avalé depuis 2 jours** he hasn't eaten a thing *ou* had a thing to eat for 2 days ◆ **la machine a avalé ma carte de crédit** the machine ate *ou* swallowed my credit card

b *( * = accepter) [+ mensonge, histoire]* to swallow; *[+ affront]* to swallow, to take; *[+ mauvaise nouvelle]* to accept ◆ **on lui ferait** ~ **n'importe quoi** he would swallow anything ◆ **il a eu du mal à** ~ **la pilule** *(fig)* it was a hard *ou* bitter pill for him to swallow ◆ **c'est dur** *ou* **difficile à** ~ it's hard *ou* difficult to swallow ◆ ~ **des couleuvres** *(affront)* to swallow an affront; *(mensonge)* to swallow a lie, to be taken in ◆ ~ **ses mots** to mumble ◆ ~ **les kilomètres** to eat up the miles ◆ ~ **l'obstacle** *[cheval]* to take the jump in its stride

c *(loc)* **on dirait qu'il a avalé son parapluie** *ou* **sa canne** he's so (stiff and) starchy ◆ ~ **son bulletin de naissance** *(hum)* to kick the bucket *, to snuff it ‡ ◆ **j'avalerais la mer et les poissons !** I could drink gallons (and gallons)! ◆ **il veut tout** ~ *[ambitieux]* he thinks he can take anything on

**avaleur, -euse** /avalœʀ, øz/ NM,F ◆ ~ **de sabres** sword swallower

**avaliser** /avalize/ ▸ conjug 1 ◂ VT *[+ plan, entreprise]* to back, to support; *(Comm, Jur)* to endorse, to guarantee

**à-valoir** /avalwaʀ/ NM INV advance (*sur* on); ◆ **j'ai un** ~ **de 13 € dans ce grand magasin** I've €13 credit at this store

**avance** /avɑ̃s/ NF a *(= marche, progression)* advance ◆ **accélérer/ralentir son** ~ to speed up/slow down one's advance

b *(sur un concurrent)* lead ◆ **avoir/prendre de l'**~ **sur qn** to have/take the lead over sb ◆ **10 minutes/3 kilomètres d'**~ a 10-minute/3-kilometre lead ◆ **avoir une longueur d'**~ to be a length ahead ◆ **il a un an d'**~ *(Scol)* he's a year ahead ◆ **leur** ~ **dans le domaine scientifique** their lead in the field of science ◆ **perdre son** ~ to lose one's *ou* the lead ◆ **cet élève est tombé malade et a perdu son** ~ this pupil fell ill and lost the lead he had (on the rest of the class) ◆ **je t'accompagnerai – la belle** ~ **!** *(iro)* I'll go with you – that'll really help! *(iro)*

c *(sur un horaire)* **avoir/prendre de l'**~ to be/get ahead of schedule; *(dans son travail)* to be/get ahead in *ou* with one's work ◆ **le train a dix minutes d'**~ the train is 10 minutes early ◆ **le train a pris de l'**~**/dix minutes d'**~ the train has got ahead/has got 10 minutes ahead of schedule ◆ **arriver avec 5 minutes d'**~ *[train]* to arrive 5 minutes early *ou* 5 minutes ahead of time; *[personne]* to arrive 5 minutes early ◆ **avec cinq minutes d'**~ **sur les autres** 5 minutes earlier than the others ◆ **le train a perdu son** ~ the train has lost the time it had gained ◆ **ma montre a 10 minutes d'**~ my watch is 10 minutes fast ◆ **ma montre prend de l'**~**/beaucoup d'**~ my watch is gaining *ou* gains/gains a lot ◆ ~ **à l'allumage** *(Aut)* ignition advance

d *(Comm, Fin = acompte)* advance ◆ ~ **de fonds** advance ◆ **faire une** ~ **de 15 € à qn** to advance sb €15, to make sb an advance of €15 ◆ ~ **(sur salaire)** advance (on one's salary) ◆ ~ **sur marché/sur recettes** advance on contract/against takings

e ◆ ~**s** *(= ouvertures)* overtures; *(galantes)* advances ◆ **faire des** ~**s à qn** to make overtures *ou* advances to sb

f *(loc)*

◆ **en avance** *(sur l'heure fixée)* early; *(sur l'horaire)* ahead of schedule ◆ **être en** ~ **sur qn** to be ahead of sb ◆ **être en** ~ **d'une heure** *(sur l'heure fixée)* to be an hour early; *(sur l'horaire)* to be an hour ahead of schedule ◆ **dépêche-toi, tu n'es pas en** ~ **!** hurry up, you haven't got much time *ou* you're running out of time! ◆ **tous ces problèmes ne m'ont pas mis en** ~ all these problems haven't helped ◆ **les crocus sont en** ~ **cette année** the crocuses are early this year ◆ **leur fils est très en** ~ **dans ses études/sur les autres enfants** their son is well ahead in his studies/ahead of the other children ◆ **il est en** ~ **pour son âge** he's advanced for his age, he's ahead of his age group ◆ **leur pays est en** ~ **dans le domaine scientifique** their country leads *ou* is ahead in the field of science ◆ **il était très en** ~ **sur son temps** *ou* **son époque** he was well ahead of *ou* in advance of his time ◆ **nous sommes en** ~ **sur le programme** we're ahead of schedule

◆ **à l'avance, d'avance, par avance** in advance ◆ **réserver une place un mois à l'**~ to book a seat one month ahead *ou* in advance ◆ **prévenir qn 2 heures à l'**~ to give sb 2 hours' notice, to notify *ou* warn sb 2 hours beforehand *ou* in advance ◆ **payable à l'**~ *ou* **d'**~ payable in advance ◆ **en vous remerciant à l'**~ *ou* **d'**~ thanking you in advance *ou* in anticipation ◆ **merci d'**~ thanks (in advance) ◆ **d'**~ **je peux vous dire que ...** I can tell you in advance *ou* right now that ... ◆ **d'**~ **il pouvait deviner** already *ou* even then he could guess ◆ **je m'en réjouis d'**~ I'm already looking forward to it ◆ **ça a été arrangé d'**~ it was prearranged, it was arranged beforehand *ou* in advance

**avancé, e**[1] /avɑ̃se/ (ptp de **avancer**) ADJ a *[élève, civilisation, technique]* advanced ◆ **la saison/journée était** ~**e** it was late in the season/day ◆ **la nuit était** ~**e** it was well into the night ◆ **il est très** ~ **dans son travail** he's well ahead with his work ◆ **il est rentré à une heure** ~**e de la nuit** he got home late at night ◆ **elle a travaillé jusqu'à une heure** ~**e de la nuit** she worked late into the night ◆ **son roman est déjà assez** ~ he's already quite a long way on *ou* quite far ahead with his novel ◆ **je suis peu/très** ~ **dans mon roman** I haven't got very far into/I'm well into my novel ◆ **les pays les moins** ~**s** the least developed countries ◆ **cet enfant n'est vraiment pas** ~ **pour son âge** this child is not at all advanced for his age ◆ **être d'un âge** ~ to be getting on *ou* be advanced in years ◆ **dans un état** ~ **de ...** in an advanced state of ... ◆ **sa maladie est à un stade très** ~ his illness is at a very advanced stage ◆ **après toutes ses démarches, il n'en est pas plus** ~ after all the steps he has taken, he's no further on than he was before ◆ **nous voilà bien** ~**s !** * *(iro)* a long way that's got us! *(iro)*, a (fat) lot of good that's done us! * *(iro)*

b *(= d'avant-garde) [opinion, idée]* progressive, advanced

c *(= qui se gâte) [fruit, fromage]* overripe ◆ **ce poisson est** ~ this fish is bad *ou* is going off *(Brit)*

d *(Mil) [poste]* advanced

e *(Sport) [match]* early

**avancée**[2] /avɑ̃se/ NF a *(= progrès)* advance b *(= surplomb)* overhang

**avancement** /avɑ̃smɑ̃/ NM a *(= promotion)* promotion ◆ **avoir** *ou* **prendre de l'**~ to be promoted, to get promotion ◆ ~ **à l'ancienneté** promotion according to length of service ◆ **possibilités d'**~ prospects *ou* chances of promotion b *(= progrès) [de travaux]* progress; *[de sciences, techniques]* advancement c *(= mouvement)* forward movement d *(Jur)* ~ **d'hoirie** advancement

**avancer** /avɑ̃se/ ▸ conjug 3 ◂ VT a *[+ objet]* to move *ou* bring forward; *[+ tête]* to move forward; *[+ main]* to hold out, to put out (*vers* to); *[+ pion]* to move forward ◆ ~ **le cou** to crane one's neck ◆ ~ **un siège à qn** to draw up *ou* bring forward a seat for sb ◆ **le blessé avança les lèvres pour boire** the injured man put his lips forward to drink ◆ **la voiture de Madame est avancée** *(† ou hum)* your carriage awaits, Madam † *(hum)* ◆ ~ **(les aiguilles d') une pendule** to put (the hands of) a clock forward *ou* on *(Brit)*

**b** *[+ opinion, hypothèse]* to put forward, to advance ◆ **ce qu'il avance paraît vraisemblable** what he is putting forward *ou* suggesting seems quite plausible

**c** *[+ date, départ]* to bring forward ◆ **il a dû ~ son retour** he had to bring forward the date of his return

**d** *(= faire progresser) [+ travail]* to speed up ◆ **est-ce que cela vous avancera si je vous aide ?** will it speed things up (for you) *ou* will you get on more quickly if I lend you a hand? ◆ **ça n'avance pas nos affaires** that doesn't improve matters for us ◆ **cela t'avancera à quoi de courir ?** what good will it do you to run? ◆ **cela ne t'avancera à rien de crier** * shouting won't get you anywhere, you won't get anywhere by shouting

**e** *[+ argent]* to advance; *(= prêter)* to lend

**VI** **a** *(= progresser)* to advance, to move forward; *[bateau]* to make headway ◆ **l'armée avance sur Paris** the army is advancing on Paris ◆ **il avança d'un pas** he took *ou* moved a step forward ◆ **il avança d'un mètre** he moved one metre forward, he came one metre nearer ◆ **mais avance donc !** move on *ou* forward *ou* up, will you! ◆ **il essayait de faire ~ son âne** he tried to get his donkey to move (on) *ou* to make his donkey move (on) ◆ **ça n'avançait pas sur la route** the traffic was almost at a standstill *ou* was crawling along

**b** *(dans le temps, dans une évolution)* to make progress ◆ **la nuit avance** night is wearing on ◆ **faire ~** *[+ travail]* to speed up; *[+ élève]* to bring on, to help to make progress; *[+ science, recherche]* to further ◆ ~ **vite/lentement dans son travail** to make good/slow progress in one's work ◆ ~ **péniblement dans son travail** to plod on slowly with *ou* make halting progress in one's work ◆ ~ **en âge** to be getting on (in years) ◆ ~ **en grade** to be promoted, to get promotion ◆ **et les travaux, ça avance ?** * how's the work coming on? * ◆ **son livre n'avance guère** he's not making much headway *ou* progress with his book ◆ **tout cela n'avance à rien** that doesn't get us any further *ou* anywhere ◆ **je travaille mais il me semble que je n'avance pas** I'm working but I don't seem to be getting anywhere

**c** *[montre, horloge]* to gain ◆ ~ **de dix minutes par jour** to gain 10 minutes a day ◆ **ma montre avance, j'avance** my watch is fast ◆ **ma montre avance** *ou* **j'avance de dix minutes** my watch is *ou* I'm 10 minutes fast

**d** *[cap, promontoire]* to project, to jut out (*dans* into); *[lèvre, menton]* to protrude ◆ **un balcon qui avance (de 3 mètres) sur la rue** a balcony that juts out *ou* projects (3 metres) over the street

**VPR** **s'avancer** **a** *(= aller en avant)* to move forward; *(= progresser)* to advance ◆ **il s'avança vers nous** he came towards us ◆ **la procession s'avançait lentement** the procession advanced slowly *ou* moved slowly forward ◆ **il s'est avancé dans son travail** he made some progress with his work ◆ **je profite de cette heure libre pour m'~** I'm making the most of this free hour to get ahead with my work

**b** *(= s'engager)* to commit o.s., to stick one's neck out * ◆ **je ne peux pas m'~ sans connaître la question** I don't know enough about it to venture *ou* hazard an opinion, I can't commit myself without knowing more about it ◆ **je ne crois pas trop m'~ en disant que ...** I don't think I'm going too far if I say that ...

**avanie** /avani/ **NF** *(littér)* snub ◆ **subir une ~** to be snubbed ◆ **faire** *ou* **infliger des ~s à qn** to snub sb

## avant /avɑ̃/

GRAMMAIRE ACTIVE 53.1

| | |
|---|---|
| 1 PRÉPOSITION | 3 NOM MASCULIN |
| 2 ADVERBE | 4 ADJECTIF INVARIABLE |

### 1 - PRÉPOSITION

**a** [dans le temps] before ◆ **il est parti ~ nous/la fin** he left before us/the end ◆ ~ **son accident il était très gai** he was very cheerful before his accident ◆ **peu ~ mon mariage** shortly *ou* a short time before I got married ◆ **il n'est pas arrivé ~ 9 heures** he didn't arrive until 9

◆ **avant de** + *infinitif* before ◆ **à prendre ~ de manger** to be taken before food *ou* meals ◆ **dînez donc ~ de partir** do have a meal before you go ◆ **consultez-moi ~ de prendre une décision** consult me before making your decision *ou* before you decide

◆ **avant que** + *subjonctif* before ◆ **je veux lire sa lettre ~ qu'elle (ne) l'envoie** I want to read her letter before she sends it (off) ◆ **n'envoyez pas cette lettre ~ que je (ne) l'aie lue** don't send this letter before *ou* until I have read it

**b** [précédant une durée] for ◆ **il n'arrivera pas ~ une demi-heure** he won't be here for another half hour yet *ou* for half an hour yet ◆ **ça ne pourra pas débuter ~ plusieurs jours** it can't start for another few days (yet) *ou* for a few days yet ◆ ~ **peu** shortly ◆ **on ne le reverra pas ~ longtemps** we won't see him again for a while *ou* for some time

**c** [= au plus tard] by ◆ **il me le faut ~ demain** I must have it by tomorrow

**d** [= en moins de] within ◆ **ça doit être terminé ~ une semaine/un mois** it has to be finished within a week/a month

**e** [dans l'espace] before ◆ **sa maison est (juste) ~ la poste** his house is just before the post office ◆ **j'étais ~ lui dans la queue** I was in front of him *ou* before him in the queue *(Brit) ou* in the line *(US)* ◆ **on s'est arrêté juste ~ Paris** we stopped just outside *ou* before Paris ◆ **la poste est juste ~ d'arriver à la gare** the post office is just before you come to the station

**f** [indiquant une priorité] before; *(dans une liste, un classement)* ahead of ◆ **il met sa santé ~ sa carrière** he puts his health before *ou* above his career, he values his health above his career ◆ **le capitaine est ~ le lieutenant** captain comes before *ou* is above lieutenant ◆ **en classe, elle est ~ sa sœur** she is ahead of her sister at school

◆ **avant tout, avant toute chose** *(= ce qui est le plus important)* above all; *(= tout d'abord, en premier)* first and foremost ◆ ~ **tout, il faut éviter la guerre** above all (things) war must be avoided ◆ **il faut ~ tout vérifier l'état du toit** first and foremost we must see what state the roof is in

### 2 - ADVERBE

**a** [= auparavant] before, beforehand, first ◆ **venez me parler ~** come and talk to me first *ou* beforehand ◆ **le voyage sera long, mangez ~** it's going to be a long journey so have something to eat beforehand *ou* before you go *ou* first

◆ **d'avant** *(= précédent)* before, previous ◆ **la semaine/le mois d'~** the week/the month before, the previous week/month ◆ **les gens d'~ étaient plus aimables** the previous people were nicer, the people who were there before were nicer ◆ **le train d'~ était plein** the earlier *ou* previous train was full

**b** [= autrefois] *(suivi de l'imparfait)* ~, **je mangeais plus de viande** I used to eat more meat ◆ ~, **je n'aimais pas la physique** I didn't use *ou* used to like physics, I never used to like physics ◆ ~, **c'était très beau ici** it used to be very beautiful here

**c** [précédé d'une durée] before(hand), previously, earlier ◆ **quelques semaines ~** a few *ou* some weeks before(hand) *ou* previously *ou* earlier ◆ **bien** *ou* **longtemps ~** long before (that) ◆ **peu (de temps) ~** not long before (that), shortly before that *ou* beforehand

**d** [dans l'espace] before ◆ **tu vois la boulangerie ? le fleuriste est juste ~** you see the baker's? the florist's is just this side of it ◆ **n'avancez pas plus ~, c'est dangereux** don't go any further (forward), it's dangerous ◆ **il s'était engagé trop ~ dans le bois** he had gone too far *ou* too deep into the wood

◆ **en avant** *[+ mouvement]* forward; *[+ position]* in front, ahead (*de* of); ◆ **en ~, marche !** forward march! ◆ **en ~ toute !** *(Naut)* full steam ahead! ◆ **la voiture fit un bond en ~** the car lurched forward ◆ **être en ~** *(d'un groupe de personnes)* to be (out) in front ◆ **marcher en ~ de la procession** to walk in front of the procession ◆ **les enfants sont partis en ~** the children have gone on ahead ◆ **partez en ~, on vous rejoindra** you go on (ahead), we'll catch up with you ◆ **regarder en ~** *(fig)* to look ahead *(fig)* ◆ **mettre qch en ~** to put sth forward, to advance sth ◆ **mettre qn en ~** *(pour se couvrir)* to use sb as a front, to hide behind sb; *(pour aider qn)* to push sb forward *ou* to the front ◆ **il aime se mettre en ~** he likes to push himself forward, he likes to be in the forefront

**e** [progression] **ils sont assez ~ dans leurs recherches** they have come a long way in their research ◆ **n'hésitez pas à aller plus ~** don't hesitate to go further *ou* on ◆ **il s'est engagé trop ~** he has got *ou* become too involved, he has committed himself too deeply ◆ **fort ~ dans la nuit** far *ou* well into the night

### 3 - NOM MASCULIN

**a** [= partie antérieure] *[d'avion, voiture, train]* front; *[de navire]* bow(s)

◆ **à l'avant** ◆ **voyager à l'~ du train** to travel in the front of the train ◆ **dans cette voiture on est mieux à l'~** it's more comfortable in the front of this car

◆ **aller de l'avant** to forge ahead

**b** [Sport = joueur] *(gén)* forward; *(Volley)* front-line player ◆ **la ligne des ~s** the forward line

**c** [Mil] **l'~** the front

### 4 - ADJECTIF INVARIABLE

[= antérieur] *[roue, siège]* front ◆ **la partie ~** the front part; → **traction**

**avantage** /avɑ̃taʒ/ GRAMMAIRE ACTIVE 28.1, 53.4 **NM**
a *(= intérêt)* advantage ◆ **cette solution a l'~ de ne léser personne** this solution has the advantage of not hurting anyone ◆ **tirer ~ de la situation, tourner une situation à son ~** to take advantage of the situation, to turn the situation to one's advantage

◆ **avoir avantage à** + *infinitif* ◆ **il a ~ à y aller** it will be to his advantage to go, it will be worth his while to go ◆ **j'ai ~ à acheter en gros** it's worth my while to *ou* it's worth it for me to buy in bulk ◆ **tu aurais ~ à te tenir tranquille** * you'd do better to keep quiet, you'd do well to keep quiet ◆ **il aurait grand ~ à** it would be very much to his advantage to, he would be well advised to

b *(= supériorité)* advantage ◆ **avoir un ~ sur qn** to have an advantage over sb ◆ **j'ai sur vous l'~ de l'expérience** I have the advantage of experience over you ◆ **ils ont l'~ du nombre** they have the advantage of numbers (*sur* over)

c *(Fin = gain)* benefit ◆ **~s accessoires** additional benefits ◆ **~s en nature** fringe benefits, benefits in kind ◆ **~ pécuniaire** financial benefit ◆ **~s sociaux** welfare benefits ◆ **~ fiscal** tax break

d *(Mil, Sport, fig)* advantage; *(Tennis)* advantage, vantage *(Brit)* ◆ **avoir l'~** to have the advantage (*sur* over) to have the upper hand, to be one up * (*sur* on); ◆ **~ service/dehors** *(Tennis)* advantage in/out, van(tage) in/out *(Brit)*, ad in/out * *(US)*

e *(frm = plaisir)* pleasure ◆ **j'ai (l'honneur et) l'~ de vous présenter M. Leblanc** it is my (honour and) privilege to introduce Mr Leblanc ◆ **que me vaut l'~ de votre visite ?** to what do I owe the pleasure *ou* honour of your visit? *(frm)*

f *(loc)*

◆ **à son/ton** *etc* **avantage** ◆ **être à son ~** *(sur une photo)* to look one's best; *(dans une conversation)* to be at one's best ◆ **elle est à son ~ avec cette coiffure** that hair style really flatters her ◆ **il s'est montré à son ~** he was seen in a favourable light *ou* to advantage ◆ **c'est (tout) à ton ~** it's (entirely) to your advantage ◆ **changer à son ~** to change for the better

**avantager** /avɑ̃taʒe/ ▸ conjug 3 ◂ **VT** a *(= donner un avantage à)* to favour *(Brit)*, to favor *(US)*, to give an advantage to ◆ **elle a été avantagée par la nature** she's blessed with natural beauty ◆ **il a été avantagé par rapport à ses frères** he has been given an advantage over his brothers ◆ **être avantagé dès le départ** *(dans la vie)* to have a head start (*par rapport à* on) b *(= mettre en valeur)* to flatter ◆ **ce chapeau l'avantage** that hat's very flattering on her, she looks good in that hat

**avantageusement** /avɑ̃taʒøzmɑ̃/ **ADV** *[vendre]* at a good price; *[décrire]* favourably *(Brit)*, favorably *(US)*, flatteringly ◆ **la situation se présente ~** the situation looks favourable

**avantageux, -euse** /avɑ̃taʒø, øz/ **ADJ** a *(= profitable) [affaire]* worthwhile, profitable; *[prix]* attractive ◆ **ce serait plus ~ de ...** it would be more profitable *ou* worthwhile to ... ◆ **en grands paquets, c'est plus ~** large packets are better value *ou* more economical b *(= présomptueux) [air, personne]* conceited ◆ **il a une idée assez avantageuse de lui-même** he has a very high opinion of himself, he thinks a lot of himself c *(= flatteur) [portrait, chapeau]* flattering ◆ **prendre des poses avantageuses** to show o.s. off to one's best advantage

**avant-bras** /avɑ̃bʀɑ/ **NM INV** forearm

**avant-centre** (pl **avants-centres**) /avɑ̃sɑ̃tʀ/ **NM** centre-forward *(Brit)*, center-forward *(US)* ◆ **il est** *ou* **joue ~** he plays centre-forward

**avant-coureur** (pl **avant-coureurs**) /avɑ̃kuʀœʀ/ **ADJ M** precursory, premonitory ◆ **signe ~** forerunner, harbinger *(littér)*

**avant-dernier, -ière** (mpl **avant-derniers**) /avɑ̃dɛʀnje, jɛʀ/ **ADJ, NM,F** next to last, last but one *(Brit) (sg seulement)*, penultimate

**avant-garde** (pl **avant-gardes**) /avɑ̃gaʀd/ **NF** *(Mil)* vanguard; *(Art, Pol)* avant-garde ◆ **art/poésie/idées d'~** avant-garde art/poetry/ideas ◆ **être à l'~ de** to be in the vanguard of

**avant-gardisme** /avɑ̃gaʀdism/ **NM** avant-gardism

**avant-gardiste** (pl **avant-gardistes**) /avɑ̃gaʀdist/ **ADJ, NMF** avant-gardist

**avant-goût** (pl **avant-goûts**) /avɑ̃gu/ **NM** foretaste

**avant-guerre** (pl **avant-guerres**) /avɑ̃gɛʀ/ **NM** *ou* **NF** pre-war years ◆ **d'~** pre-war *(épith)* **ADV** before the war

**avant-hier** /avɑ̃tjɛʀ/ **ADV** the day before yesterday

**avant-main** (pl **avant-mains**) /avɑ̃mɛ̃/ **NF** forequarters

**avant-midi** * /avɑ̃midi/ **NM** *ou* **NF INV** *(Belg, Can)* morning

**avant-mont** (pl **avant-monts**) /avɑ̃mɔ̃/ **NM** foothills

**avant-port** (pl **avant-ports**) /avɑ̃pɔʀ/ **NM** outer harbour

**avant-poste** (pl **avant-postes**) /avɑ̃pɔst/ **NM** outpost ◆ **aux ~s du combat pour la liberté** in the vanguard of the struggle for freedom ◆ **aux ~s des technologies nouvelles** on the cutting edge of new technology

**avant-première** (pl **avant-premières**) /avɑ̃pʀəmjɛʀ/ **NF** preview ◆ **j'ai vu le film en ~** I saw a preview of the film ◆ **ce film sera projeté en ~ au Rex** the film will be previewing at the Rex

**avant-projet** (pl **avant-projets**) /avɑ̃pʀɔʒɛ/ **NM** pilot study

**avant-propos** /avɑ̃pʀɔpo/ **NM INV** foreword

**avant-scène** (pl **avant-scènes**) /avɑ̃sɛn/ **NF** *(Théât) (= partie de la scène)* apron, proscenium; *(= loge)* box *(at the front of the house)*

**avant-soirée** (pl **avant-soirées**) /avɑ̃swaʀe/ **NF** ◆ **l'~** the early evening

**avant-toit** (pl **avant-toits**) /avɑ̃twa/ **NM** eaves

**avant-train** (pl **avant-trains**) /avɑ̃tʀɛ̃/ **NM** *[d'animal]* foreparts, forequarters; *[de véhicule]* front axle assembly *ou* unit

**avant-veille** (pl **avant-veilles**) /avɑ̃vɛj/ **NF** ◆ **l'~** two days before *ou* previously ◆ **c'était l'~ de Noël** it was the day before Christmas Eve *ou* two days before Christmas

**avare** /avaʀ/ **ADJ** a *[personne]* miserly ◆ **~ de paroles/compliments** sparing of *ou* with words/compliments ◆ **elle n'est pas ~ de discours/de promesses** she's full of talk/promises ◆ **il n'est pas ~ de confidences** he's quite happy to confide in people b *(littér = peu abondant) [terre]* meagre *(Brit)*, meager *(US)*; *[lumière]* dim, weak **NMF** miser

**avarice** /avaʀis/ **NF** miserliness

**avaricieux, -ieuse** /avaʀisjø, jøz/ *(littér)* **ADJ** miserly, niggardly, stingy **NM** miser, niggard, skinflint

**avarie** /avaʀi/ **NF** *[de navire, véhicule]* damage *(NonC)*; *(Tech) [de cargaison, chargement]* damage *(NonC)* (in transit), average *(SPÉC)*

**avarié, e** /avaʀje/ (ptp de **avarier**) **ADJ** *[aliment]* rotting; *[navire]* damaged ◆ **cette viande est ~e** this meat has gone bad *ou* off *(Brit)*

**avarier** /avaʀje/ ▸ conjug 7 ◂ **VT** to spoil, to damage **VPR** **s'avarier** *[fruits, viande]* to go bad, to rot

**avatar** /avataʀ/ **NM** a *(Rel)* avatar b *(fig) (= incarnation)* manifestation ◆ **un nouvel ~ de** a new *ou* the latest manifestation of c *(= mésaventure)* reverse ◆ **~s** misadventures

**à vau-l'eau** /avolo/ **ADV** → **vau-l'eau**

**Ave** /ave/ **NM INV** ◆ **~ (Maria)** Hail Mary, Ave Maria

**avec** /avɛk/ **PRÉP** a *(accompagnement, accord)* with ◆ **elle est sortie ~ les enfants** she's gone out with the children ◆ **son mariage ~ Marc a duré 8 ans** her marriage to Marc lasted (for) 8 years ◆ **ils ont les syndicats ~ eux** they've got the unions on their side *ou* behind them ◆ **je pense ~ cet auteur que ...** I agree with this writer that ... ◆ **elle est ~ Robert** *(= elle le fréquente)* she's going out with Robert; *(= ils vivent ensemble)* she's living with Robert ◆ **séparer/distinguer qch d'~ qch d'autre** to separate/distinguish sth from sth else ◆ **divorcer d'~ qn** to divorce sb ◆ **se séparer d'~ qn** to leave sb, to part from sb ◆ **elle s'est séparée d'~ X** she has separated from X

b *(comportement = envers)* to, towards, with ◆ **comment se comportent-ils ~ vous ?** how do they behave towards *ou* with you? ◆ **il est très doux/gentil ~ moi** he's very gentle with/kind to me

c *(moyen, manière)* with; *(ingrédient)* with, from, out of ◆ **vous prenez votre thé ~ du lait ?** do you have *ou* take your tea with milk?, do you have *ou* take milk in your tea? ◆ **boire ~ une paille** to drink through a straw ◆ **maison ~ jardin** house with a garden ◆ **faire qch ~ (grande) facilité** to do sth with (great) ease *ou* (very) easily ◆ **parler ~ colère/bonté/lenteur** to speak angrily *ou* with anger/kindly/slowly ◆ **chambre ~ salle de bain** room with a bathroom *ou* its own bathroom ◆ **couteau ~ (un) manche en bois** knife with a wooden handle, wooden-handled knife ◆ **gâteau fait ~ du beurre** cake made with butter ◆ **ragoût fait ~ des restes** stew made out of *ou* from (the) left-overs ◆ **c'est fait (entièrement) ~ du plomb** it's made (entirely) of lead ◆ **voyageant ~ un passeport qui ...** travelling on a passport which ...

d *(cause, simultanéité, contraste)* with ◆ **on oublie tout ~ le temps** one forgets everything in time *ou* in the course of time *ou* with (the passing of) time ◆ **~ les élections, on ne parle plus que politique** with the elections (on) no one talks anything but politics ◆ **~ l'inflation et le prix de l'essence, les voitures se vendent mal** what with inflation and the price of petrol, cars aren't selling very well ◆ **il est difficile de marcher ~ ce vent** it's difficult to walk in *ou* with this wind ◆ **~ un peu de travail, il aurait gagné le prix** with a little work *ou* if (only) he had done a little work he would have won the prize ◆ **~ toute ma bonne volonté, je ne suis pas parvenu à l'aider** with the best will in the world *ou* for all my goodwill I couldn't help him ◆ **se lever ~ le jour** to get up *ou* rise with the sun *ou* dawn, to get up at daybreak ◆ **ils sont partis ~ la pluie** they left in the rain

e *(opposition)* with ◆ **rivaliser/combattre ~ qn** to vie/fight with sb ◆ **elle s'est fâchée ~ tous leurs amis** she has fallen out with all their friends

f *(loc)*

◆ **avec cela, avec ça** * ◆ **et ~ ça, madame ?** *(dans un magasin)* anything else? ◆ **il conduit**

**mal et ~ ça il conduit trop vite** he drives badly and what's more *ou* on top of that he drives too fast ◆ **~ cela que tu ne le savais pas !** what do you mean you didn't know!, as if you didn't know! ◆ **et ~ ça qu'il est complaisant !** *(iro)* and it's not as if he were helpful either!, and he's not exactly *ou* even helpful either! ◆ **~ tout ça j'ai oublié le pain** in the midst of all this I forgot about the bread

ADV * ◆ **tiens mes gants, je ne peux pas conduire ~** hold my gloves, I can't drive with them on ◆ **rends-moi mon stylo, tu allais partir ~ !** give me back my pen, you were going to walk off with it! ◆ **(il) faudra bien faire ~** he (*ou* we *etc*) will have to make do

**aveline** /av(ə)lin/ NF *(= noix)* filbert

**avelinier** /av(ə)linje/ NM *(= arbre)* filbert

**aven** /avɛn/ NM sinkhole, pothole, swallow hole *(Brit)*

**avenant, e** /av(ə)nɑ̃, ɑ̃t/ ADJ *[personne, sourire]* pleasant, welcoming; *[manières]* pleasant, pleasing; *[maison]* attractive NM **a** *[de police d'assurance]* endorsement; *[de contrat]* amendment (*à* to); ◆ **faire un ~ à** *[+ police d'assurance]* to endorse; *[+ contrat]* to amend **b** *(loc)*

◆ **à l'avenant** in keeping (*de* with); ◆ **la maison était luxueuse, et le mobilier était à l'~** the house was luxurious, and the furniture was equally so *ou* was in keeping with it ◆ **la table coûtait 1 000 €, et tout était à l'~** the table cost €1,000 and everything else was just as expensive

**avènement** /avɛnmɑ̃/ NM *[de roi]* accession (*à* to); *[de régime, politique, idée]* advent; *[de Messie]* Advent, Coming

**avenir[1]** /av(ə)niʀ/ NM **a** *(= futur)* future; *(= postérité)* future generations ◆ **avoir des projets d'~** to have plans for the future, to have future plans ◆ **dans un proche ~** in the near future ◆ **elle m'a prédit mon ~** she told my fortune ◆ **l'~ le dira** only time will tell ◆ **l'~ appartient à ceux qui se lèvent tôt** *(Prov)* the early bird catches the worm *(Prov)*

**b** *(= bien-être)* future (well-being) ◆ **assurer l'~ de ses enfants** to secure one's children's future

**c** *(= carrière)* future, prospects ◆ **il a de l'~** he has a good future *ou* good prospects ◆ **artiste/entreprise pleine d'~** up-and-coming artist/company ◆ **son ~ est derrière lui** his future is behind him, he's got no future ◆ **métier d'~** job with a future *ou* with prospects ◆ **il n'y a aucun ~ dans ce métier** there's no future *ou* there are no prospects in this job, this is a dead-end job ◆ **projet sans ~** project without prospects of success *ou* without a future

**d** ◆ **à l'~** *(= dorénavant)* from now on, in future

**avenir[2]** /av(ə)niʀ/ NM *(Jur)* writ of summons *(from one counsel to another)*

**Avent** /avɑ̃/ NM ◆ **l'~** Advent

**aventure** /avɑ̃tyʀ/ NF **a** *(= péripétie, incident)* adventure; *(= entreprise)* venture; *(= liaison amoureuse)* affair ◆ **fâcheuse ~** unfortunate experience ◆ **~ effrayante** terrifying experience ◆ **film/roman d'~s** adventure film/story ◆ **~ amoureuse** *ou* **sentimentale** love affair ◆ **avoir une ~ (galante) avec qn** to have an affair with sb

**b** ◆ **l'~** adventure ◆ **esprit d'~** spirit of adventure ◆ **sortir la nuit dans ce quartier, c'est l'~ !** going out at night in this area is a risky business! ◆ **j'ai du travail pour 6 mois, après c'est l'~** I've got work for 6 months, but after that, who knows?

**c** ◆ **dire la bonne ~** to tell fortunes ◆ **dire la bonne ~ à qn** to tell sb's fortune; → **diseur**

**d** *(loc)* **marcher à l'~** to walk aimlessly ◆ **si, d'~** *ou* **par ~** *(littér)* if by any chance

**aventuré, e** /avɑ̃tyʀe/ (ptp de **aventurer**) ADJ *[entreprise]* risky, chancy; *[hypothèse]* risky, venturesome

**aventurer** /avɑ̃tyʀe/ ► conjug 1 ◄ VT *[+ somme, réputation, vie]* to risk, to put at stake, to chance; *[+ remarque, opinion]* to venture VPR **s'aventurer** to venture (*dans* into; *sur* onto); ◆ **s'~ à faire qch** to venture to do sth ◆ **s'~ sur un terrain glissant** *(fig)* to tread on dangerous ground, to skate on thin ice

**aventureux, -euse** /avɑ̃tyʀø, øz/ ADJ *[personne, esprit]* adventurous, enterprising, venturesome; *[imagination]* bold; *[projet, entreprise]* risky, rash, chancy; *[vie]* adventurous

**aventurier** /avɑ̃tyʀje/ NM adventurer

**aventurière** /avɑ̃tyʀjɛʀ/ NF adventuress

**aventurisme** /avɑ̃tyʀism/ NM *(Pol)* adventurism

**aventuriste** /avɑ̃tyʀist/ ADJ *(Pol)* adventurist

**avenu, e[1]** /av(ə)ny/ ADJ → **nul**

**avenue[2]** /av(ə)ny/ NF *[de ville] (= boulevard)* avenue; *[de parc] (= allée)* drive, avenue ◆ **les ~s du pouvoir** *(littér)* the roads to power

**avéré, e** /aveʀe/ (ptp de **s'avérer**) ADJ *[fait]* established, known; *[terroriste, criminel]* known ◆ **il est ~ que ...** it is a known *ou* recognized fact that ...

**avérer (s')** /aveʀe/ ► conjug 6 ◄ VPR ◆ **il s'avère que ...** it turns out that ... ◆ **ce remède s'avéra inefficace** this remedy proved (to be) *ou* turned out to be ineffective ◆ **il s'est avéré un employé consciencieux** he proved (to be) *ou* turned out to be a conscientious employee

**avers** /avɛʀ/ NM obverse *(of coin, medal)*

**averse** /avɛʀs/ NF *(= pluie)* shower (of rain); *[d'insultes, pierres]* shower ◆ **forte ~** heavy shower, downpour ◆ **~ orageuse** thundery shower ◆ **être pris par** *ou* **recevoir une ~** to be caught in a shower ◆ **il n'est pas né** *ou* **tombé de la dernière ~** * *(fig)* he wasn't born yesterday

**aversion** /avɛʀsjɔ̃/ GRAMMAIRE ACTIVE 34.3 NF aversion (*pour* to) loathing (*pour* for); ◆ **avoir en ~, avoir de l'~ pour** to have an aversion to, to loathe ◆ **prendre en ~** to take a (strong) dislike to

**averti, e** /avɛʀti/ (ptp de **avertir**) ADJ *[public]* informed; *[connaisseur, expert]* well-informed ◆ **c'est un film réservé à des spectateurs ~s** this film is only suitable for an informed audience ◆ **~ de** *[+ problèmes etc]* aware of ◆ **être très ~ des travaux cinématographiques contemporains** to be very well up on *ou* well informed about the contemporary film scene; → **homme**

**avertir** /avɛʀtiʀ/ ► conjug 2 ◄ VT *(= prévenir)* to tell, to inform (*de qch* of sth); *(= mettre en garde)* to warn (*de qch* of sth); ◆ **avertissez-le de ne pas recommencer** tell *ou* warn him not to do it again ◆ **tenez-vous pour averti** be warned, don't say you haven't been warned ◆ **avertissez-moi dès que possible** let me know as soon as possible

**avertissement** /avɛʀtismɑ̃/ NM *(= avis)* warning (*à* to); *(= présage)* warning, warning sign; *(= réprimande) (Sport)* caution; *(Scol)* warning ◆ **recevoir un ~** to receive a warning ◆ **les syndicats ont adressé un sévère ~ au gouvernement** the unions have issued a stern warning to the government ◆ **~ (au lecteur)** *(= préface)* foreword ◆ **~ sans frais** *(Jur)* notice of assessment; *(fig)* clear warning (*à* to)

**avertisseur, -euse** /avɛʀtisœʀ, øz/ ADJ warning NM *(Aut)* horn, hooter *(Brit)* ◆ **~ (d'incendie)** (fire) alarm

**aveu** (pl **aveux**) /avø/ NM **a** *[de crime]* confession; *[d'amour]* confession, avowal *(littér)*; *[de fait, faiblesse]* admission ◆ **c'est l'~ d'un échec de la part du gouvernement** it's an admission of defeat on the part of the government ◆ **un ~ d'impuissance** an admission of helplessness *ou* powerlessness ◆ **faire l'~ d'un crime** to confess to a crime ◆ **faire des ~x complets** to make a full confession ◆ **passer aux ~x** to make a confession ◆ **revenir sur ses ~x** to retract one's confession ◆ **je dois vous faire un ~, je ne les aime pas non plus** I have a confession to make, I don't like them either

**b** *(frm : selon)* **de l'~ de qn** according to sb ◆ **de l'~ même du témoin** on the witness's own testimony

**c** *(frm)* **sans ~** *[homme, politicien]* disreputable

**d** *(littér = assentiment)* consent ◆ **sans l'~ de qn** without sb's authorization *ou* consent

**aveuglant, e** /avœglɑ̃, ɑ̃t/ ADJ *[lumière]* blinding, dazzling; *[vérité]* glaring *(épith)*

**aveugle** /avœgl/ ADJ *[personne]* blind; *[passion, dévouement, obéissance]* blind; *[attentat, violence]* indiscriminate, random; *[terrorisme]* indiscriminate; *[fenêtre, façade, mur, couloir]* blind ◆ **point ~** *(Anat)* blind spot ◆ **devenir ~** to go blind ◆ **~ d'un œil** blind in one eye ◆ **je ne suis pas ~ !** I'm not blind! ◆ **son amour le rend ~** he's blinded by love ◆ **l'amour est ~** love is blind ◆ **avoir une confiance ~ en qn** to trust sb blindly, to have blind faith in sb ◆ **être ~ aux défauts de qn** to be blind to sb's faults ◆ **l'instrument ~ du destin** the blind *ou* unwitting instrument of fate; → **naissance** NM blind man ◆ **les ~s** the blind ◆ **faire qch en ~** to do sth blindly ◆ **c'est un ~-né** he was born blind, he has been blind from birth; → **double, royaume** NF blind woman

**aveuglement** /avœgləmɑ̃/ NM *(littér = égarement)* blindness

**aveuglément** /avœglemɑ̃/ ADV blindly

**aveugler** /avœgle/ ► conjug 1 ◄ VT **a** *(lit, fig) (= rendre aveugle)* to blind; *(= éblouir)* to dazzle, to blind **b** *[+ fenêtre]* to block *ou* brick up; *[+ voie d'eau]* to stop up VPR **s'aveugler** ◆ **s'~ sur qn/qch** to be blind to *ou* shut one's eyes to sb's defects/sth

**aveuglette** /avœglɛt/ **à l'aveuglette** LOC ADV ◆ **avancer à l'~** to grope (one's way) along, to feel one's way along ◆ **descendre à l'~** to grope one's way down ◆ **prendre des décisions à l'~** to take decisions in the dark *ou* blindly

**aveulir** /avøliʀ/ ► conjug 2 ◄ *(littér)* VT to enfeeble, to enervate VPR **s'aveulir** to weaken

**aveulissement** /avølismɑ̃/ NM *(littér)* enfeeblement, enervation

**aviaire** /avjɛʀ/ ADJ avian

**aviateur** /avjatœʀ/ NM airman, aviator

**aviation** /avjasjɔ̃/ NF **a** *(Mil) (= corps d'armée)* air force; *(= avions)* aircraft, air force **b** ◆ **l'~** *(= sport, métier de pilote)* flying; *(= secteur commercial)* aviation; *(= moyen de transport)* air travel ◆ **coupe/meeting d'~** flying cup/meeting ◆ **usine d'~** aircraft factory ◆ **compagnie d'~** airline company; → **champ[1], terrain** COMP ▷ **aviation de chasse** fighter force ▷ **aviation navale** fleet air arm *(Brit)*, naval air force *(US)*

**aviatrice** /avjatʀis/ NF airwoman, aviator, aviatrix

**avicole** /avikɔl/ ADJ poultry *(épith)* ◆ **établissement ~** poultry farm

**aviculteur, -trice** /avikyltœʀ, tʀis/ NM,F poultry farmer

**aviculture** /avikyltyʀ/ NF poultry farming

**avide** /avid/ ADJ *(= cupide) [personne]* greedy, grasping; *[regard, yeux]* greedy; *(= passionné) [lecteur]* avid ◆ **~ de** *[plaisir, sensation]* eager ou avid for; *[+ argent, nourriture]* greedy for; *[+ pouvoir, honneurs, succès, connaissances]* hungry for ◆ **~ de faire qch** eager to do sth ◆ **~ de sang** ou **de carnage** bloodthirsty

**avidement** /avidmɑ̃/ ADV *[écouter]* eagerly; *[lire]* avidly; *[regarder]* intently, eagerly; *[compter, manger]* greedily

**avidité** /avidite/ NF *(= passion)* eagerness; *(= cupidité, voracité)* greed ◆ **lire avec ~** to read avidly ◆ **manger avec ~** to eat greedily

**avifaune** /avifon/ NF avifauna

> **Avignon**
>
> Created by the actor-director Jean Vilar in 1947, the **Festival d'Avignon** is one of the most important events in the French cultural calendar. The town is taken over by theatregoers in late July and early August, and many of its historic buildings are transformed into performance spaces. The most prestigious shows of the festival take place in the courtyard of the Palais des Papes, the old Papal palace in the town centre.
> Note that when translating the phrase « in Avignon » the preposition « en » can be used instead of the usual « à », especially in formal speech or writing (for example, « ce spectacle a été créé en Avignon »).

**avilir** /aviliʀ/ ► conjug 2 ◄ VT *[+ personne]* to degrade, to debase, to demean; *[+ monnaie]* to debase; *[+ marchandise]* to cause to depreciate VPR **s'avilir** *[personne]* to degrade o.s., to debase o.s., to demean o.s.; *[monnaie, marchandise]* to depreciate

**avilissant, e** /avilisɑ̃, ɑ̃t/ ADJ *[spectacle]* degrading, shameful, shaming *(épith)*; *[conduite, situation, travail]* degrading, demeaning

**avilissement** /avilismɑ̃/ NM *[de personne]* degradation, debasement; *[de monnaie]* debasement; *[de marchandise]* depreciation

**aviné, e** /avine/ ADJ *(littér) [personne]* inebriated, intoxicated; *[voix]* drunken ◆ **il a l'haleine ~e** his breath smells of alcohol

**avion** /avjɔ̃/ NM *(= appareil)* plane, aircraft *(pl inv)*, aeroplane *(Brit)*, airplane *(US)* ◆ **l'~** *(Sport)* flying ◆ **défense/batterie contre ~s** anti-aircraft defence/battery ◆ **ils sont venus en ~** they came by air ou by plane, they flew (here) ◆ **par ~** *(sur lettre)* by air(mail)

COMP ▷ **avion de bombardement** bomber ▷ **avion de chasse** fighter (plane), interceptor ▷ **avion commercial** commercial aircraft ▷ **avion à décollage et atterrissage courts** short takeoff and landing aircraft, STOL aircraft ▷ **avion à décollage et atterrissage verticaux** vertical takeoff and landing aircraft, VTOL aircraft ▷ **avion furtif** stealth bomber ou plane ▷ **avion de ligne** airliner ▷ **avion en papier** paper aeroplane ▷ **avion postal** mail plane ▷ **avion à réaction** jet (plane) ▷ **avion de reconnaissance** reconnaissance aircraft ou plane ▷ **avion renifleur** sniffer plane ▷ **avion sanitaire** air ambulance ▷ **avion spatial** space plane ▷ **avion de tourisme** private aircraft ou plane ▷ **avion de transport** transport aircraft

**avion-cargo** (pl **avions-cargos**) /avjɔ̃kaʀgo/ NM (air) freighter, cargo aircraft

**avion-cible** (pl **avions-cibles**) /avjɔ̃sibl/ NM target aircraft

**avion-citerne** (pl **avions-citernes**) /avjɔ̃sitɛʀn/ NM air tanker

**avion-école** (pl **avions-écoles**) /avjɔ̃ekɔl/ NM training plane

**avionique** /avjɔnik/ NF avionics *(sg)*

**avionneur** /avjɔnœʀ/ NM aircraft manufacturer

**avion-radar** (pl **avions-radars**) /avjɔ̃ʀadaʀ/ NM radar plane

**avion-suicide** (pl **avions-suicide**) /avjɔ̃sɥisid/ NM suicide plane

**avion-taxi** (pl **avions-taxis**) /avjɔ̃taksi/ NM taxiplane

**aviron** /aviʀɔ̃/ NM a *(= rame)* oar; *(= sport)* rowing ◆ **faire de l'~** to row b *(Can)* paddle

**avironner** /aviʀɔne/ ► conjug 1 ◄ VT *(Can)* to paddle

**avis** /avi/ GRAMMAIRE ACTIVE 28.1, 29.1, 29.2, 33.1, 33.2, 38.1, 40.1, 53.5

NM a *(= opinion)* opinion ◆ **donner son ~** to give one's opinion ou views *(sur* on, about*)*; ◆ **les ~ sont partagés** opinion is divided ◆ **être du même ~ que qn, être de l'~ de qn** to be of the same opinion as sb, to share sb's view ◆ **on ne te demande pas ton ~ !** who asked you? ◆ **je ne suis pas de votre ~** I don't agree (with you) ◆ **à mon ~ c'est ...** in my opinion ou to my mind it is ... ◆ **si tu veux mon ~, il est ...** if you ask me ou if you want my opinion, he's ... ◆ **c'est bien mon ~** I quite agree ◆ **à mon humble ~** *(iro)* in my humble opinion ◆ **de l'~ de tous, il ne sera pas élu** the unanimous view ou the general opinion is that he won't be elected; → **changer, deux**

b *(= conseil)* advice *(NonC)* ◆ **un ~ amical** a friendly piece of advice, a piece of friendly advice, some friendly advice ◆ **suivre l'~** ou **les ~ de qn** to take ou follow sb's advice ◆ **sur l'~ de qn** on sb's advice

c *(= notification)* notice; *(Fin)* advice ◆ **lettre d'~** letter of advice ◆ **~ de crédit/de débit** credit/debit advice ◆ **~ d'appel d'offres** invitation to tender ou to bid ◆ **jusqu'à nouvel ~** until further notice ◆ **sauf ~ contraire** unless otherwise informed, unless one hears to the contrary; *(sur étiquette)* unless otherwise indicated ◆ **~ de coup de vent** *(Naut)* gale warning ◆ **~ de tempête** storm warning ◆ **~ aux amateurs !** * any takers? * ◆ **donner ~ de/que ...** † to give notice of/that ...; → **préalable**

d *(Admin = recommandation)* opinion ◆ **les membres ont émis un ~** the members put forward an opinion ◆ **on a pris l'~ du conseil** they took the opinion of the council ◆ **~ favorable/défavorable** *(Admin)* accepted/rejected ◆ **la commission a émis un ~ favorable** the commission gave its approval

e *(loc)* **il était d'~ de partir** ou **qu'on parte immédiatement** he thought ou he was of the opinion that we should leave at once ◆ **m'est ~ que ...** († ou *hum)* methinks † *(hum)* ...

COMP ▷ **avis de décès** death notice ▷ **avis d'expédition** *(Comm)* advice of dispatch ▷ **avis d'imposition** tax notice ▷ **avis au lecteur** foreword ▷ **avis de mise en recouvrement** *(Fin)* notice of assessment ▷ **avis de mobilisation** mobilization notice ▷ **avis au public** public notice; *(= en-tête)* notice to the public ▷ **avis de réception** acknowledgement of receipt ▷ **avis de recherche** *(= affiche) [de criminel]* wanted poster; *[de disparu]* missing person poster ◆ **lancer un ~ de recherche** *(pour criminel)* to issue a description of a wanted person; *(pour disparu)* to issue a description of a missing person ▷ **avis de virement** advice of bank transfer

**avisé, e** /avize/ (ptp de **aviser**) ADJ sensible, wise ◆ **être bien/mal ~ de faire** to be well-/ill-advised to do

**aviser** /avize/ ► conjug 1 ◄ VT a *(frm = avertir)* to advise, to inform *(de* of*)* to notify *(de* of, about*)*; ◆ **il ne m'en a pas avisé** he didn't notify me of ou about it b *(littér = apercevoir)* to catch sight of, to notice VI ◆ **cela fait, nous aviserons** once that's done, we'll see where we stand ◆ **sur place, nous aviserons** we'll see once we're there ◆ **~ à qch** to see to sth VPR **s'aviser** a *(= remarquer)* **s'~ de qch** to realize ou become aware of sth suddenly ◆ **il s'avisa que ...** he suddenly realized that ... b *(= s'aventurer à)* **s'~ de faire qch** to dare (to) do sth, to take it into one's head to do sth ◆ **et ne t'avise pas d'aller lui dire** and don't you dare go and tell him

**aviso** /avizo/ NM advice-boat

**avitaminose** /avitaminoz/ NF vitamin deficiency, avitaminosis *(SPÉC)*

**aviver** /avive/ ► conjug 1 ◄ VT a *[+ douleur physique, appétit]* to sharpen; *[+ regrets, chagrin]* to deepen; *[+ intérêt, désir]* to kindle, to arouse; *[+ colère]* to stir up; *[+ souvenirs]* to stir up, to revive; *[+ querelle]* to stir up, to add fuel to; *[+ passion]* to arouse, to excite, to stir up; *[+ regard]* to brighten; *[+ couleur]* to brighten (up); *[+ feu]* to revive, to stir up ◆ **l'air frais leur avait avivé le teint** the fresh air had given them some colour ou had put some colour into their cheeks b *(Méd) [+ plaie]* to open up; *(Tech) [+ bronze]* to burnish; *[+ poutre]* to square off VPR **s'aviver** *[douleur]* to sharpen; *[regrets]* to deepen; *[regard]* to brighten

**av. J.-C.** (abrév de **avant Jésus-Christ**) BC

**avocaillon** /avɔkajɔ̃/ NM *(péj)* pettifogger, small-town lawyer

**avocasserie** /avɔkasʀi/ NF *(péj)* pettifoggery, chicanery

**avocassier, -ière** /avɔkasje, jɛʀ/ ADJ *(péj)* pettifogging

**avocat[1], e** /avɔka, at/ NM,F a *(Jur)* lawyer, attorney(-at-law) *(US)*, advocate *(Écos)*; *(d'assises)* ≃ barrister *(Brit)* ◆ **consulter son ~** to consult one's lawyer ◆ **l'accusé et son ~** the accused and his counsel

b *(fig = défenseur)* advocate, champion ◆ **se faire l'~ d'une cause** to advocate ou champion ou plead a cause ◆ **fais-toi mon ~ auprès de lui** plead with him on my behalf

COMP ▷ **avocat d'affaires** business lawyer ▷ **avocat de la défense** counsel for the defence ou defendant, defending counsel *(Brit)*, defense counsel *(US)* ▷ **l'avocat du diable** *(Rel, fig)* the devil's advocate ◆ **se faire l'~ du diable** *(fig)* to be ou play devil's advocate ▷ **avocat d'entreprise** company ou corporate lawyer ▷ **avocat général** counsel for the prosecution, prosecuting attorney *(US)*, assistant procurator fiscal *(Écos)* ▷ **l'avocat de la partie civile** the counsel for the plaintiff ▷ **avocat plaidant** court lawyer *(Brit)*, trial lawyer *(US)* ▷ **avocat sans cause** briefless barrister *(Brit)* ou attorney *(US)*

**avocat[2]** /avɔka/ NM *(= fruit)* avocado (pear)

**avocatier** /avɔkatje/ NM avocado (tree), avocado pear tree

**avocette** /avɔsɛt/ NF avocet

**avoine** /avwan/ NF oats; → **farine, flocon, fou**

## **avoir** /avwaʀ/

► conjug 34 ◄

1 VERBE TRANSITIF 3 VERBE IMPERSONNEL
2 VERBE AUXILIAIRE 4 NOM MASCULIN
5 NOM MASCULIN PLURIEL

Lorsque **avoir** fait partie d'une expression figée comme **avoir raison, avoir peur, avoir faim**, reportez-vous au nom.

### 1 - VERBE TRANSITIF

**a** [possession]

> Lorsque **avoir** signifie **posséder, disposer de**, il se traduit généralement par **have** ou plus familièrement par **have got**, mais uniquement au présent ; cette dernière forme est moins courante en anglais américain.

◆ **j'ai la réponse/trois frères** I have *ou* I've got the answer/three brothers ◆ **il n'a pas d'argent** he has *ou* he's got no money, he hasn't got any money, he doesn't have any money ◆ **il n'avait pas d'argent** he had no money *ou* didn't have any money ◆ **on ne peut pas tout ~** you can't have everything ◆ **as-tu son adresse ?** have you got his address?, do you have his address?

**b** [localisation]

> Lorsque **avoir** est utilisé pour localiser un bâtiment, un objet etc, il peut se traduire par **have (got)** mais l'anglais préférera souvent une tournure avec **be**.

◆ **vous avez la gare tout près** the station is nearby ◆ **vous avez un parc au bout de la rue** you've got *ou* there's a park down the road ◆ **vous tournez à droite et vous aurez la poste juste en face de vous** you turn right and you'll see the post office just opposite *ou* and the post office is just opposite ◆ **tu as les verres sur la dernière étagère** the glasses are on the top shelf, you'll find the glasses on the top shelf

**c**

> La tournure familière dans laquelle **avoir** est suivi d'un adjectif possessif en corrélation avec un participe passé ou une relative n'est pas traduite ou est rendue par **have** et un possessif.

◆ **j'ai eu mon appareil photo volé** I had my camera stolen ◆ **ils ont leur fille qui part au Québec** they've got their daughter going to Quebec ◆ **j'ai mes rhumatismes qui me font souffrir** my rheumatism's playing me up *

**d** [= obtenir] *[+ produit, renseignement, train]* to get ◆ **nous avons très bien la BBC** we (can) get the BBC very clearly ◆ **pouvez-vous nous ~ ce livre ?** can you get this book for us?, can you get us this book? ◆ **essayez de m'~ Paris (au téléphone)** could you put me through to Paris *ou* get me Paris? ◆ **je n'ai pas pu ~ Luc (au téléphone)** I couldn't get through to Luc, I didn't manage to get Luc on the phone ◆ **je n'arrive pas à ~ Paris** I can't get through to Paris

**e** [= porter] *[+ vêtements]* to wear, to have on ◆ **il avait un pantalon beige** he was wearing beige trousers ◆ **qu'est-ce qu'il avait sur lui ?** what was he wearing?, what did he have on? ◆ **elle a toujours des gants/un foulard** she always wears gloves/a scarf ◆ **la femme qui a le chapeau/le corsage bleu** the woman with *ou* in the blue hat/blouse

**f** [caractérisation]

> Lorsque **avoir** introduit une caractéristique physique ou morale, il est rendu soit par **have** soit par **be** + **adjectif**.

◆ **il a les yeux bleus** he has (got) blue eyes ◆ **son regard a quelque chose de méchant, il a quelque chose de méchant dans le regard** he's got a nasty look in his eye ◆ **il a du courage/de l'ambition/du toupet** he has (got) courage/ambition/cheek, he is courageous/ambitious/cheeky [MAIS] **il avait les mains qui tremblaient** his hands were shaking

**g** [avec forme, dimension] to be ◆ **~ 3 mètres de haut/4 mètres de long** to be 3 metres high/4 metres long ◆ **cette chaise a une jolie ligne** this chair is a nice shape ◆ **je veux une chaise qui ait cette forme** I want a chair (that's) this shape ◆ **je voudrais un pull qui ait cette couleur** I'd like a jumper (in) this colour

**h** [avec un âge] to be ◆ **il a dix ans** he is ten (years old) ◆ **j'ai l'impression d'~ 20 ans** I feel as if I were 20 ◆ **il a dans les cinquante ans** he's about *ou* around 50 ◆ **il a dans les *ou* environ 45 ans** he's in his mid-forties ◆ **elle a entre 50 et 60 ans** she's between 50 and 60, she's in her fifties ◆ **elle venait d'~ 38 ans** she had just turned 38

> Lorsque l'on a une proposition relative, l'anglais peut employer une tournure adjectivale.

◆ **les étudiants qui ont 18 ans** 18-year-old students, students who are 18 (years old) ◆ **des enfants qui ont entre 10 et 15 ans** children (who are) between 10 and 15, 10 to 15 year-olds ◆ **des bâtiments qui ont plus de 250 ans** buildings (that are) more than 250 years old

**i** [= souffrir de] *[+ rhume, maladie]* to have ◆ **il a la rougeole** he's got measles ◆ **il a eu la rougeole à 10 ans** he had measles when he was 10 [MAIS] **il ne veut pas dire ce qu'il a** he won't say what's wrong (with him)

**j** [= éprouver] **~ le sentiment/l'impression que** to have the feeling/the impression that ◆ **qu'est-ce que tu as ?** what's the matter (with you)?, what's wrong (with you)? ◆ **il a sûrement quelque chose** I'm sure there's something the matter with him *ou* something wrong with him ◆ **qu'est-ce que tu as ? – j'ai que je suis exténué** what's the matter? — I'll tell you what the matter is, I'm worn out ◆ **il a qu'il est jaloux** he's jealous, that's what's wrong *ou* the matter with him ◆ **qu'est-ce qu'il a à pleurer ?** what's he crying for?

**k** [= faire]

> Lorsque **avoir** signifie **exprimer** ou **faire**, il se traduit généralement par un verbe spécifique en anglais ; cherchez sous le substantif.

◆ **il eut un geste d'énervement** he made an irritated gesture ◆ **elle eut un sourire malin** she gave a knowing smile, she smiled knowingly ◆ **il eut une grimace de douleur** he winced ◆ **elle a eu un regard haineux** she gave us a spiteful look ◆ **ils ont eu des remarques malheureuses** they made *ou* passed *(Brit)* some unfortunate remarks

**l** [= recevoir] **~ des amis à dîner** to have friends to dinner ◆ **j'ai eu mon frère à déjeuner** I had my brother round for lunch ◆ **il aime ~ des amis** he likes to have friends over *ou* round *(Brit)*, he likes to entertain friends

**m** [suivi d'une activité] to have ◆ **ils ont des soirées deux ou trois fois par semaine** they have parties two or three times a week ◆ **je n'ai rien ce soir** I've nothing on this evening, I'm not doing anything this evening ◆ **j'ai français à 10 heures** *(Scol)* I've got French at 10

**n** [= toucher, attraper, vaincre] to get ◆ **je l'ai eu !** *(cible)* got it! ◆ **ils ont fini par ~ le coupable** they got the culprit in the end ◆ **dans la fusillade, ils ont eu le chef de la bande** in the shoot-out they got the gang leader ◆ **on les aura !** we'll have *ou* get them! * ◆ **je t'aurai !** I'll get you! * ◆ **elle m'a eu au sentiment** she took advantage of my better nature

**o** [* = duper] *[escroc]* to have *, to take in *, to con **; *[plaisantin]* to take in * ◆ **ils m'ont eu, j'ai été eu** ** I've been had * ◆ **je t'ai bien eu !** got you there! * ◆ **se faire ~** *(par escroc)* to be had *, to be taken in *; *(par un plaisantin)* to be taken in * ◆ **je me suis fait ~ de 5 €** I was conned out of €5 ** ◆ **il s'est laissé ~** he let himself be taken in *

**p** [locutions]

♦ **avoir à** + *infinitif (= devoir)* ◆ **j'ai à travailler** I've got some work to do ◆ **il a un bouton à recoudre** he's got a button that needs sewing on

♦ **n'avoir qu'à** ◆ **tu n'as qu'à me téléphoner demain** just give me a ring tomorrow ◆ **tu n'as qu'à appuyer sur le bouton, et ça se met en marche** (you) just press the knob, and it starts working ◆ **c'est simple, vous n'avez qu'à lui écrire** it's simple, all you have to do is write to him ◆ **tu n'avais qu'à ne pas y aller** you shouldn't have gone (in the first place) ◆ **s'il n'est pas content, il n'a qu'à partir** if he doesn't like it, he can always leave

♦ **en avoir** ** *(= être courageux)* to have guts * *ou* balls **

### 2 - VERBE AUXILIAIRE

> En tant qu'auxiliaire, **avoir** se traduit par **have** sauf dans certains emplois du passé qui sont rendus par des prétérits.

◆ **j'ai déjà couru 10 km** I've already run 10 km ◆ **il a été renvoyé deux fois** he has been dismissed twice ◆ **quand il eut *ou* a eu parlé** when he had spoken ◆ **il n'est pas bien, il a dû trop manger** he is not well, he must have eaten too much ◆ **nous aurons terminé demain** we'll have finished tomorrow ◆ **si je l'avais vu** if I had seen him ◆ **j'étais pressé, j'ai couru** I was in a hurry so I ran ◆ **il a fini hier** he finished yesterday

### 3 - VERBE IMPERSONNEL

**il y a**

**a** [réalité, existence, suivi d'un nom singulier] there is; *(suivi d'un nom pluriel)* there are ◆ **il y a un chien à la porte** there's a dog at the door ◆ **il n'y avait que moi** there was only me, I was the only one ◆ **il y a eu trois blessés** three people were injured, there were three injured ◆ **il y a voiture et voiture !** there are cars and cars!

♦ **il y en a, y en a** * *(avec antécédent au singulier)* there is some; *(avec antécédent au pluriel)* there are some ◆ **j'achète du pain ? – non, il y en a (encore)** shall I buy some bread? — no, there's some left ◆ **quand y en a pour deux, y en a pour trois** * *(nourriture)* there's plenty for everyone; *(place)* there's plenty of room for everyone ◆ **il y en a pour dire *ou* qui disent ...** there are some *ou* those who say ..., some say ... ◆ **quand il n'y en a plus, il y en a encore !** * there's plenty more where that came from! * ◆ **il y en a qui feraient mieux de se taire!** some people would do better to keep quiet! ◆ **il y en a, je vous jure!** * some people, honestly! *, really, some people! *

♦ **il n'y en a que pour** ◆ **il n'y en a que pour mon petit frère, à la maison** my little brother gets all the attention at home ◆ **il n'y en a eu que pour lui pendant l'émission** the whole programme revolved around him

♦ **qu'y a-t-il?, qu'est-ce qu'il y a?** *(= que se passe-t-il)* what is it?, what's the matter?, what's up? *; *(= qu'est-ce qui ne va pas)* what's wrong?, what's the matter?, what's up? *

♦ **il y a que** * ♦ **il y a que nous sommes mécontents !** we're annoyed, that's what! *

♦ **il n'y a (pas) que** ♦ **il n'y a pas que toi** you're not the only one! ♦ **il n'y a que lui pour faire cela !** only HE would do that!, trust him to do that! ♦ **il n'y a pas que nous à le dire** we're not the only ones who say *ou* to say that

♦ **(il n')y a pas** * ♦ **il n'y a pas, (il) faut que je parte** it's no good, I've got to go ♦ **y a pas, il faut qu'il désobéisse** he just won't do as he's told ♦ **il n'y a pas à dire, il est très intelligent** there's no denying he's very intelligent

♦ **il n'y a qu'à** + *infinitif*, **y a qu'à** + *infinitif* * ♦ **il n'y a qu'à les laisser partir** just let them go ♦ **il n'y a qu'à protester** we'll just have to protest, why don't we protest ♦ **y a qu'à lui dire** * why don't we just tell him ♦ **y avait qu'à le prendre, alors !** * why didn't you take it then!

**b** [= il se passe] **il y a eu des émeutes dans la capitale** there have been riots in the capital ♦ **il y a eu un accident/une inondation** there has been an accident/flooding ♦ **qu'est-ce qu'il y a eu ?** what's happened? ♦ **il y a eu quelque chose de grave** something serious has happened

♦ **il y avait une fois ...** once upon a time, there was ...

**c** [avec une durée]

> Dans le cas d'une action non révolue, **for** s'emploie avec le present perfect lorsque le verbe français est au présent, et avec le pluperfect lorsque le verbe français est à l'imparfait.

♦ **il y a 10 ans que je le connais** I've known him (for) 10 years ♦ **il y avait longtemps qu'elle désirait ce livre** she had wanted *ou* been wanting this book for a long time

> Dans le cas d'une action révolue, on emploie **ago** et le prétérit.

♦ **il y a 10 ans, nous étions à Paris** 10 years ago we were in Paris ♦ **il est né il y a tout juste un an** he was born just one year ago ♦ **il y a 10 jours/10 minutes que nous sommes rentrés, nous sommes rentrés il y a 10 jours/10 minutes** we got back 10 days/10 minutes ago, we have been back 10 days/10 minutes ♦ **il n'y a pas un quart d'heure qu'il est parti** he left not a quarter of an hour ago [MAIS] **il y aura 10 ans demain que je ne l'ai vu** it will be 10 years tomorrow since I last saw him

**d** [suivi d'une distance] **il y a 10 km d'ici à Paris** it is 10 km from here to Paris ♦ **combien y a-t-il d'ici à Lille ?** how far is it from here to Lille?

4 - NOM MASCULIN

**a** [= bien] assets ♦ **il a investi tout son ~ dans l'entreprise** he invested all his assets in the firm ♦ **son ~ était bien peu de chose** what he had wasn't much

**b** [Comm] *(= actif)* credit (side); *(= billet de crédit)* credit note ♦ **~ fiscal** *(Fin)* tax credit ♦ **vous pouvez me faire un ~ ?** can you give me a credit note?

5 - NOM MASCULIN PLURIEL

**avoirs** holdings, assets ♦ **~s à l'étranger** foreign assets *ou* holdings ♦ **~s en caisse** *ou* **en numéraire** cash holdings ♦ **~s financiers** financial resources

---

**avoirdupoids** /avwaʀdypwɑ/ **NM** avoirdupois

**avoisinant, e** /avwazinɑ̃, ɑ̃t/ **ADJ** *[région, pays]* neighbouring *(Brit)*, neighboring *(US)*; *[rue, ferme]* nearby, neighbouring *(Brit)*, neighboring *(US)* ♦ **dans les rues ~es** in the nearby streets, in the streets close by *ou* nearby

**avoisiner** /avwazine/ ▸ conjug 1 ◂ **VT** *[+ lieu]* *(= être proche de)* to be near *ou* close to; *(= être contigu à)* to border on; *[prix, température, taux]* to be close to ♦ **son indifférence avoisine le mépris** his indifference borders on *ou* verges on contempt

**avortement** /avɔʀtəmɑ̃/ **NM** **a** *(Méd)* abortion ♦ **campagne contre l'~** anti-abortion campaign ♦ **~ thérapeutique** termination (of pregnancy) *(for medical reasons)* **b** **l' ~ de** *(fig)* the failure of

**avorter** /avɔʀte/ ▸ conjug 1 ◂ **VI** **a** *(Méd)* to have an abortion, to abort ♦ **faire ~ qn** *[personne]* to give sb an abortion, to abort sb; *[remède]* to make sb abort ♦ **se faire ~** to have an abortion **b** *(fig)* to fail, to come to nothing ♦ **faire ~ un projet** to frustrate *ou* wreck a plan ♦ **projet avorté** abortive plan **VT** *(Méd)* to abort, to perform an abortion on

**avorteur, -euse** /avɔʀtœʀ, øz/ **NM,F** abortionist

**avorton** /avɔʀtɔ̃/ **NM** *(péj = personne)* little runt *(péj)*; *(= arbre, plante)* puny *ou* stunted specimen; *(= animal)* puny specimen

**avouable** /avwabl/ **ADJ** acceptable ♦ **procédés peu ~s** fairly disreputable methods

**avoué, e** /avwe/ (ptp de **avouer**) **NM** ≈ solicitor *(Brit)*, attorney-at-law *(US)* **ADJ** *[ennemi, revenu, but]* avowed

**avouer** /avwe/ ▸ conjug 1 ◂ **VT** *[+ amour]* to confess, to avow *(littér)*; *[+ crime]* to confess (to), to own up to; *[+ fait]* to acknowledge, to admit; *[+ faiblesse, vice]* to admit to, to confess to ♦ **~ avoir menti** to admit *ou* confess that one has lied, to admit *ou* own up to lying ♦ **~ que ...** to admit *ou* confess that ... ♦ **elle est douée, je l'avoue** she is gifted, I (must) admit; → **faute** **VI** **a** *(= se confesser) [coupable]* to confess, to own up **b** *(= admettre)* to admit, to confess ♦ **tu avoueras, c'est un peu fort !** you must admit *ou* confess, it is a bit much! **VPR** **s'avouer** ♦ **s'~ coupable** to admit *ou* confess one's guilt ♦ **s'~ vaincu** to admit *ou* acknowledge defeat ♦ **s'~ déçu** to admit to being disappointed

**avril** /avʀil/ **NM** April ♦ **en ~ ne te découvre pas d'un fil** *(Prov)* ≈ ne'er cast a clout till May be out; → **poisson, premier;** *pour autres loc voir* **septembre**

**avunculaire** /avɔ̃kylɛʀ/ **ADJ** avuncular

**AWACS** /awaks/ **NM** (abrév de **Airborne Warning And Control System**) AWACS ♦ **(avion) ~** AWACS (plane) ♦ **avion-radar ~** AWACS early-warning (radar) plane

**axe** /aks/ **NM** **a** *(Tech)* axle **b** *(Anat, Astron, Bot, Math)* axis

♦ **dans l'axe** *(= dans le prolongement)* ♦ **cette rue est dans l'~ de l'église** this street is directly in line with the church ♦ **mets-toi bien dans l'~ (de la cible)** line up on the target, get directly in line with the target

**c** *(= route)* trunk road *(Brit)*, main highway *(US)* ♦ **les grands ~s (routiers)** the main roads, the major trunk roads *(Brit)*, the main highways *(US)* ♦ **les vols réguliers sur l'~ Paris-Marseille** the regular flights on the Paris-Marseilles route ♦ **~ rouge** *(à Paris)* no stopping zone, clearway *(Brit)* **d** *(fig)* *[de débat, théorie, politique]* main line **e** *(Hist, Pol)* **l'Axe** the Axis ♦ **l'~ Paris-Bonn dans la construction européenne** the Paris-Bonn axis in the construction of Europe

**axel** /aksɛl/ **NM** axel

**axer** /akse/ ▸ conjug 1 ◂ **VT** ♦ **~ qch sur/autour de** to centre *(Brit)* *ou* center *(US)* sth on/around ♦ **il est très axé sur la politique** he's very interested in politics ♦ **leur rapport est axé sur l'environnement** their report focuses on the environment

> ⚠ **axer** *ne se traduit pas par* **to axe**, *qui a le sens de 'couper à la hache'.*

**axial, e** (mpl **-iaux**) /aksjal, jo/ **ADJ** axial ♦ **éclairage ~** central overhead lighting

**axillaire** /aksilɛʀ/ **ADJ** axillary

**axiomatique** /aksjɔmatik/ **ADJ** axiomatic **NF** axiomatics *(sg)*

**axiome** /aksjom/ **NM** axiom

**axis** /aksis/ **NM** axis (vertebra)

**axone** /akson/ **NM** axon(e)

**ayant cause** (pl **ayants cause**) /ɛjɑ̃koz/ **NM** *(Jur)* legal successor, successor in title ♦ **les ayants cause du défunt** the beneficiaries of the deceased

**ayant droit** (pl **ayants droit**) /ɛjɑ̃dʀwa/ **NM** **a** *(Jur)* ⇒ **ayant cause** **b** *[de prestation, pension]* eligible party ♦ **~ à** party entitled to *ou* eligible for

**ayatollah** /ajatɔla/ **NM** ayatollah ♦ **les ~s de la morale** *(fig)* moral zealots

**azalée** /azale/ **NF** azalea

**Azerbaïdjan** /azɛʀbaidʒɑ̃/ **NM** Azerbaijan

**azerbaïdjanais, e** /azɛʀbaidʒanɛ, ɛz/ **ADJ** Azerbaijani **NM** *(Ling)* Azerbaijani **NM,F** **Azerbaïdjanais(e)** Azerbaijani

**azéri, e** /azeʀi/ **ADJ** Azeri, Azerbaijani **NM** *(Ling)* Azerbaijani **NM,F** **Azéri(e)** Azeri, Azerbaijani

**AZERTY** /azɛʀti/ **ADJ INV** ♦ **clavier ~** AZERTY keyboard

**azimut** /azimyt/ **NM** *(Astron)* azimuth; *(fig)* ♦ **chercher qn dans tous les ~s** to look everywhere *ou* all over the place for sb, to search high and low for sb

♦ **tous azimuts** * *(= dans toutes les directions)* everywhere, all over the place; *[offensive, campagne]* all-out *(épith)*; *[négociation]* wide-ranging *(épith)*; *[réformes]* wholesale ♦ **la banque a connu une expansion tous ~s** the bank has undergone a dramatic expansion ♦ **il attaque tous ~s** he lashes out in all directions ♦ **elle téléphonait tous ~s** she phoned around everywhere

**azimutal, e** (mpl **-aux**) /azimytal, o/ **ADJ** azimuthal

**azimuté, e** * /azimyte/ **ADJ** crazy *, nuts *, mad

**Azincourt** /azɛ̃kuʀ/ **N** Agincourt

**azote** /azɔt/ **NM** nitrogen

**azoté, e** /azɔte/ **ADJ** *[substance, base]* nitrogenous; → **engrais**

**AZT** /azɛdte/ **NM** (abrév de **azidothymidine**) AZT

**aztèque** /astɛk/ **ADJ** Aztec **NMF** **Aztèque** Aztec

**azur** /azyʀ/ **NM** *(littér)* *(= couleur)* azure, sky blue; *(= ciel)* skies, sky; *(Hér)* azure; → **côte**

**azuré, e** /azyʀe/ (ptp de **azurer**) **ADJ** azure

**azuréen, -enne** /azyʀeɛ̃, ɛn/ **ADJ** **a** *(= de la côte d'Azur)* of the French Riviera **b** *(littér)* *[yeux, bleu, ciel]* azure

**azurer** /azyʀe/ ▸ conjug 1 ◂ **VT** *[+ linge]* to blue; *(littér)* to azure, to tinge with blue

**azyme** /azim/ **ADJ** unleavened; → **pain** **NM** unleavened bread ♦ **fête des Azymes** Passover

# B

**B, b**[1] /be/ **NM** *(= lettre)* B, b

**b**[2] **(abrév de bien)** *(Scol)* g, good

**b2b** /bitubi/ **ADJ (abrév de business to business)** B2B

**b2c** /bitusi/ **ADJ (abrév de business to consumer)** B2C

**B. A.** /bea/ **NF (abrév de bonne action)** good deed ◆ **faire sa ~ (quotidienne)** to do one's good deed for the day

**B.A.-BA** /beaba/ **NM SG** ◆ **le** ~ the ABC (*de* of); ◆ **il n'en est qu'au** ~ he's just starting off, he's just a beginner

**baba**[1] * /baba/ **NM** *(Culin)* baba ◆ **~ au rhum** rum baba

**baba**[2] /baba/ **NM** ◆ **il l'a eu dans le** ~ ‡ it was one in the eye for him * **ADJ** ◆ **j'en suis resté** ~ * I was flabbergasted *ou* dumbfounded, I was gobsmacked * *(Brit)*

**baba**[3] * /baba/, **baba cool** * (pl **babas cool** /babakul/) **NMF, ADJ** hippy

**Babel** /babɛl/ **N** Babel; → **tour**[1]

**babeurre** /babœʀ/ **NM** buttermilk

**babil** /babil/ **NM** *(littér) [de bébé]* babble; *[d'enfant]* prattle; *[d'adulte]* chatter; *[d'oiseau]* twittering; *[de ruisseau]* babbling

**babillage** /babijaʒ/ **NM** *[d'enfant]* prattle; *[d'adulte]* chatter

**babillard, e** /babijaʀ, aʀd/ **ADJ** *(littér) [adulte]* chattering; *[bébé]* babbling; *[oiseau]* twittering; *[ruisseau]* babbling, chattering **NM,F** *(personne)* chatterbox **NM** *(Can)* notice *ou* bulletin board ◆ **~ électronique** electronic bulletin board **NF** **babillarde** * *(= lettre)* letter, note

**babiller** /babije/ ► **conjug 1** ◄ **VI** *[personne]* to chatter; *[bébé]* to babble; *[enfant]* to prattle; *[oiseau]* to twitter; *[ruisseau]* to babble, to chatter

**babines** /babin/ **NFPL** *[d'animal]* chops; * *[de personne]* chops *, lips; → **lécher**

**babiole** /babjɔl/ **NF** *(= bibelot)* trinket, knick-knack; *(= vétille)* trifle, triviality ◆ **offrir une** ~ *(= cadeau)* to give a small token *ou* a little something

**bâbord** /bɑbɔʀ/ **NM** port (side) ◆ **par** *ou* **à** ~ on the port side, to port ◆ **par ~ arrière** aft on the port side

**babouche** /babuʃ/ **NF** babouche, Turkish *ou* oriental slipper

**babouin** /babwɛ̃/ **NM** baboon

**baboune** * /babun/ **NF** *(Can)* lip ◆ **faire la** ~ *(de déception, de dédain)* to pout; *(de dégoût)* to grimace ◆ **elle m'a fait la ~ toute la journée** she was sulky *ou* huffy * with me all day

**baby** /babi/ **ADJ INV** ◆ **taille** ~ baby size **NM** *(= whisky)* shot of scotch

**baby-blues** /babibluz/ **NM INV** baby blues *, postnatal depression ◆ **avoir le** ~ to have the baby blues *, to be suffering from postnatal depression

**baby-boom** (pl **baby-booms**) /babibum/ **NM** baby boom ◆ **les enfants du** ~ the baby-boomers

**baby-foot** (pl **baby-foots**) /babifut/ **NM INV** *(= jeu)* table football; *(= appareil)* football table

**Babylone** /babilɔn/ **N** Babylon

**babylonien, -ienne** /babilɔnjɛ̃, jɛn/ **ADJ** Babylonian **NM,F** **Babylonien(ne)** Babylonian

**baby-sitter** (pl **baby-sitters**) /babisitœʀ/ **NMF** baby-sitter

**baby-sitting** (pl **baby-sittings**) /babisitiŋ/ **NM** baby-sitting ◆ **faire du** ~ to baby-sit, to do baby-sitting

**bac**[1] /bak/ **NM** **a** *(= bateau) (gén)* ferry, ferry-boat; *(pour voitures)* car-ferry ◆ **~ aérien** air ferry **b** *(= récipient)* tub; *(Ind)* tank, vat; *(Peinture, Photo)* tray; *[d'évier]* sink; *[de courrier, imprimante]* tray ◆ **~ à douche** shower tray ◆ **~ (à fleurs)** planter, tub ◆ **~ à glace** ice-tray ◆ **~ à laver** washtub, (deep) sink ◆ **~ à légumes** vegetable compartment *ou* tray ◆ **~ à réserve d'eau** self-watering planter ◆ **~ à sable** sandpit ◆ **évier (à) deux ~s** double sink unit ◆ **glace vendue en ~s de deux litres** ice-cream sold in two-litre tubs **c** *(= présentoir de librairie)* display stand ◆ **dans les ~s à partir de septembre** available in bookshops from September

**bac**[2] * /bak/ **NM (abrév de baccalauréat)** **a** *(en France)* **formation ~ + 3** ≃ 3 years' higher education; *pour autres loc voir* **baccalauréat** **b** *(au Canada = licence)* ≃ BA

**baccalauréat** /bakalɔʀea/ **NM** **a** *(en France)* baccalauréat, school leaving certificate, ≃ A-levels *(Brit)*, high school diploma *(US)* **b** *(au Canada = licence)* ≃ BA ◆ **~ en droit** law degree, LLB *(Brit)*

> **Baccalauréat**
>
> The « bac », as it is popularly known, is the school leaving examination all French schoolchildren take in their final year at the « lycée ». Before beginning their **baccalauréat** studies, pupils choose a specialization known as a « série », represented by an initial letter: a « bac » with a scientific bias is known as a « bac S » (for « scientifique ») while an arts-oriented « bac » is referred to as a « bac L » (for « littéraire »), for example. When the word « bac » is followed by a plus sign and a number, this refers to the number of years of formal study completed since obtaining the baccalauréat qualification: « bac » + 3 refers to the « licence » or equivalent, « bac » + 4 to the « maîtrise », etc. These abbreviations are often used in job advertisements to indicate the level of qualification required.

**baccara** /bakaʀa/ **NM** *(Casino)* baccara(t)

**baccarat** /bakaʀa/ **NM** ◆ **(cristal de)** ~ Baccarat crystal

**bacchanale** /bakanal/ **NF** **a** *(= danse)* bacchanalian *ou* drunken dance; *(† = orgie)* orgy, drunken revel **b** *(Antiq)* **~s** Bacchanalia

**bacchante** /bakɑ̃t/ **NF** *(Antiq)* bacchante **NFPL** **bacchantes** * moustache, whiskers *(hum)*

**Bacchus** /bakys/ **NM** Bacchus

**Bach** /bak/ **NM** Bach

**bâchage** /bɑʃaʒ/ **NM** covering

**bâche** /bɑʃ/ **NF** **a** *(= toile)* canvas cover *ou* sheet; *[de camion]* tarpaulin, tarp *(US)*; *[de piscine]* (plastic *ou* canvas) cover ◆ **~ goudronnée** tarpaulin, tarp *(US)* **b** *(Tech) (= réservoir)* tank, cistern; *(= carter)* housing; *(= serre)* forcing frame

**bachelier, -ière** /baʃəlje, jɛʀ/ **NM,F** *person who has passed the baccalauréat*

**bâcher** /bɑʃe/ ► **conjug 1** ◄ **VT** to cover with a canvas sheet, to put a canvas sheet over ◆ **camion bâché** covered truck *ou* lorry *(Brit)*

**bachique** /baʃik/ **ADJ** *(Antiq, fig)* Bacchic ◆ **fêtes ~s** bacchanalian revels ◆ **chanson** ~ drinking song

**bachot**[1] † * /baʃo/ **NM** ⇒ **baccalauréat;** → **boîte**

**bachot**[2] /baʃo/ **NM** (small) boat, skiff

**bachotage** /baʃɔtaʒ/ **NM** *(Scol)* cramming, swotting *(Brit)* ◆ **faire du** ~ to cram *ou* swot *(Brit)* (for an exam)

**bachoter** /baʃɔte/ ▸ conjug 1 ◂ VI *(Scol)* to cram *ou* swot *(Brit)* (for an exam)

**bacillaire** /basilɛʀ/ ADJ *[maladie]* bacillary; *[malade]* tubercular

**bacille** /basil/ NM *(gén)* germ, bacillus *(SPÉC)* ◆ **le ~ virgule** the comma bacillus ◆ **le ~ de Koch/de Hansen** Koch's/Hansen('s) bacillus

**bacillose** /basiloz/ NF *(gén)* bacillus infection; *(= tuberculose)* tuberculosis

**backgammon** /bakgamɔn/ NM backgammon

**bâclage** /bɑklaʒ/ NM botching

**bâcler** /bɑkle/ ▸ conjug 1 ◂ VT *[+ travail, devoir]* to botch (up); *[+ cérémonie]* to skip through, to hurry over ◆ **~ sa toilette** to have a quick wash ◆ **la fin du film est bâclée** the ending of the film is a bit of a mess ◆ **c'est du travail bâclé** it's slapdash work

**bacon** /bekɔn/ NM *(= lard)* bacon; *(= jambon fumé)* smoked loin of pork ◆ **œufs au ~** bacon and eggs

**bactéricide** /bakteʀisid/ ADJ bactericidal NM bactericide

**bactérie** /bakteʀi/ NF bacterium ◆ **~s** bacteria ◆ **on a découvert une nouvelle ~** a new strain of bacteria *ou* a new bacterium has been discovered

**bactérien, -ienne** /bakteʀjɛ̃, jɛn/ ADJ *[contamination, pollution]* bacterial

**bactériologie** /bakteʀjɔlɔʒi/ NF bacteriology

**bactériologique** /bakteʀjɔlɔʒik/ ADJ *[arme, examen]* bacteriological

**bactériologiste** /bakteʀjɔlɔʒist/ NMF bacteriologist

**bactériophage** /bakteʀjɔfaʒ/ NM bacteriophage

**badaboum** * /badabum/ EXCL crash, bang, wallop!

**badaud, e** /bado, od/ NM,F *(qui regarde)* onlooker; *(qui se promène)* passer-by ADJ ◆ **les Parisiens sont très ~s** Parisians are full of idle curiosity

**badauder** † /badode/ ▸ conjug 1 ◂ VI *(= se promener)* to stroll (*dans* about); *(= regarder)* to gawk, to gawp

**badauderie** † /badodʀi/ NF (idle) curiosity

**baderne** /badɛʀn/ NF *(péj)* ◆ **(vieille) ~** old fogey *

**badge** /badʒ/ NM *(gén)* badge, button *(US)*; *(d'identité)* name badge *ou* tag; *(pour visiteur)* visitor's badge, (visitor's) pass; *(= carte électronique)* swipe card

**badgé, e** /badʒe/ ADJ *[personne]* wearing a badge

**badgeuse** /badʒøz/ NF badge reader

**badiane** /badjan/ NF star anis, badian

**badigeon** /badiʒɔ̃/ NM *[de mur intérieur]* distemper; *[de mur extérieur] (lait de chaux)* whitewash; *(coloré)* coloured distemper, colourwash *(Brit)* ◆ **un coup de ~** a coat of distemper *ou* whitewash

**badigeonnage** /badiʒɔnaʒ/ NM **a** *[de mur intérieur]* distempering; *[de mur extérieur] (au lait de chaux)* whitewashing; *(coloré)* colourwashing **b** *[de plaie]* painting

**badigeonner** /badiʒɔne/ ▸ conjug 1 ◂ VT **a** *[+ mur intérieur]* to distemper; *[+ mur extérieur] (au lait de chaux)* to whitewash; *(en couleur)* to colourwash *(Brit)* **b** *(= barbouiller) [+ visage, surface]* to smear, to daub, to cover (*de* with); ◆ **se ~ de crème** to smear o.s. with cream **c** *[+ plaie]* to paint (*à, avec* with); ◆ **se ~ la gorge** to paint one's throat (*à* with); ◆ **~ une plaie de qch** to swab a wound with sth **d** *(Culin)* to brush (*de* with)

**badin[1], e[1]** † /badɛ̃, in/ ADJ *[personne]* jocular; *[humeur]* light-hearted, playful; *[propos]* bantering, playful ◆ **sur un** *ou* **d'un ton ~** playfully, in a bantering *ou* jesting tone

**badin[2]** /badɛ̃/ NM *(Aviat)* airspeed indicator

**badinage** /badinaʒ/ NM *(= propos légers)* banter *(NonC)* ◆ **sur un ton de ~** in a bantering *ou* jesting tone, playfully

**badine[2]** /badin/ NF switch, rod

**badiner** /badine/ ▸ conjug 1 ◂ VI **a** († *= plaisanter)* to (exchange) banter, to jest † ◆ **pour ~** for a jest †, in jest **b** *(en négation)* **c'est quelqu'un qui ne badine pas** he doesn't stand for any nonsense ◆ **il ne badine pas sur la discipline** he's a stickler for discipline, he has strict ideas about discipline ◆ **il ne faut pas ~ avec ce genre de maladie** this sort of illness is not to be treated lightly ◆ **et je ne badine pas !** and I'm not joking!

**badinerie** † /badinʀi/ NF jest †

**badminton** /badmintɔn/ NM badminton

**bâdrant, e** * /bɑdʀɑ̃, ɑ̃t/ ADJ *(Can)* bothersome ◆ **t'es vraiment ~ avec tes questions** you're being a real nuisance *ou* a real pain in the neck * with your questions

**bâdrer** * /bɑdʀe/ ▸ conjug 1 ◂ VT *(Can)* to bother ◆ **tu commences à me ~ avec tes questions** you're beginning to get on my nerves with your questions

**BAFA** /bafa/ NM (abrév de **brevet d'aptitude à la fonction d'animateur**) → **brevet**

**baffe** * /baf/ NF slap, clout * *(Brit)* ◆ **donner une paire de ~s à qn** to slap sb across the face ◆ **recevoir une ~** to get slapped, to get a clip on *ou* round the ear * *(Brit)*

**Baffin** /bafin/ NM ◆ **mer** *ou* **baie de ~** Baffin Bay ◆ **terre de ~** Baffin Island

**baffle** /bafl/ NM *(= panneau)* baffle (board *ou* plate); *(= enceinte)* speaker

**bafouer** /bafwe/ ▸ conjug 1 ◂ VT *[+ autorité]* to flout, to scorn; *[+ droit, valeurs]* to scorn, to scoff at ◆ **mari bafoué** † cuckold †

**bafouillage** /bafujaʒ/ NM *(= bredouillage)* spluttering, stammering; *(= propos incohérents)* gibberish *(NonC)*, babble *(NonC)*

**bafouille** * /bafuj/ NF *(= lettre)* letter, note

**bafouiller** /bafuje/ ▸ conjug 1 ◂ VI *(= bredouiller)* to splutter, to stammer; *(= divaguer)* to talk gibberish, to babble VT to splutter (out), to stammer (out) ◆ **qu'est-ce qu'il bafouille ?** what's he babbling *ou* jabbering on about? *

**bafouilleur, -euse** /bafujœʀ, øz/ NM,F splutterer, stammerer

**bâfrer** ⁑ /bɑfʀe/ ▸ conjug 1 ◂ VI to guzzle *, to stuff one's face * VT to guzzle (down) *, to gobble (down), to wolf (down) *

**bâfreur, -euse** ⁑ /bɑfʀœʀ, øz/ NM,F guzzler *, greedy guts * *(Brit)*

**bagage** /bagaʒ/ NM **a** *(= valises)* **~s** luggage *(NonC)*, baggage *(NonC)* ◆ **faire/défaire ses ~s** to pack/unpack (one's luggage *ou* bags), to do one's packing/unpacking ◆ **envoyer qch en ~s accompagnés** to send sth as registered luggage ◆ **"livraison des bagages", "bagages"** *(dans un aéroport)* "baggage claim", "baggage reclaim" *(Brit)* **b** *(= valise)* bag, piece of luggage; *(Mil)* kit ◆ **~ à main** piece of hand luggage *(Brit)*, carry-on bag *(US)* ◆ **il avait pour tout ~ une serviette** his only luggage was a briefcase **c** *(= connaissances)* stock of knowledge; *(= diplômes)* qualifications ◆ **son ~ intellectuel/littéraire** his stock *ou* store of general/literary knowledge ◆ **ce métier exige un bon ~ technique** you need a good technical background for this profession

**bagagerie** /bagaʒʀi/ NF luggage shop

**bagagiste** /bagaʒist/ NM *(= manutentionnaire)* baggage *ou* luggage handler; *(= porteur)* porter

**bagarre** * /bagaʀ/ NF **a** ◆ **la ~** fighting ◆ **il cherche/veut la ~** he's looking for/wants a fight ◆ **il va y avoir de la ~ pour la première place** there's going to be a tough fight for first place ◆ **dès qu'ils sont ensemble, c'est la ~** as soon as they're together, they're at each other's throats **b** *(= rixe)* fight, scuffle; *(entre ivrognes)* brawl; *(fig : entre deux orateurs)* set-to, barney * *(Brit)* ◆ **~ générale** free-for-all ◆ **de violentes ~s ont éclaté** violent scuffles broke out

**bagarrer** * /bagaʀe/ ▸ conjug 1 ◂ VI *(en paroles)* to argue, to wrangle; *(physiquement)* to fight ◆ **ça bagarrait dur à l'Assemblée** things got very rowdy *ou* heated in Parliament VPR **se bagarrer** *(= se battre)* to fight, to scuffle, to scrap *; *(= se disputer)* to have a set-to ◆ **on s'est bagarré dur dans les rues** there was violent fighting in the streets

**bagarreur, -euse** * /bagaʀœʀ, øz/ ADJ *[caractère]* aggressive, fighting *(épith)* ◆ **il est ~** *(= batailleur)* he's always getting into fights; *(= ambitieux)* he's a fighter NM,F *(= ambitieux)* fighter; *(Sport)* battler

**bagasse** /bagas/ NF bagasse

**bagatelle** /bagatɛl/ NF **a** *(= objet)* small thing, trinket; († *= bibelot)* knick-knack, trinket **b** *(= somme)* trifling *ou* paltry sum, trifle ◆ **ça m'a coûté la ~ de 500 €** it cost me the trifling sum of €500 *ou* a mere €500 **c** *(= vétille)* trifle ◆ **perdre son temps à des ~s** to fritter away one's time, to waste time on trifles ◆ **~s !** † fiddlesticks! † **d** *(= sexe)* († *ou hum*) **être porté sur la ~** *[homme]* to be a bit of a philanderer, to be fond of the women; *[femme]* to be fond of the men

**Bagdad** /bagdad/ N Baghdad

**bagnard** /baɲaʀ/ NM convict ◆ **une vie de ~** *(fig)* a slave's existence

**bagne** /baɲ/ NM *(Hist) (= prison)* penal colony; *(= peine)* penal servitude, hard labour ◆ **être condamné au ~** to be sentenced to hard labour ◆ **quel ~ !** *, **c'est le ~ !** * *(fig)* it's sheer slavery!

**bagnole** * /baɲɔl/ NF car ◆ **il aime faire de la ~** he likes driving ◆ **ça, c'est de la ~ !** now that's what I call a car!

**bagou(t)** * /bagu/ NM volubility, glibness *(péj)* ◆ **avoir du ~(t)** to have the gift of the gab, to have a glib tongue *(péj)* ◆ **quel ~t il a !** he'd talk the hind leg(s) off a donkey! *

**bagouse** ⁑ /baguz/ NF *(= bijou)* ring

**baguage** /bagaʒ/ NM *[d'oiseau, arbre]* ringing

**bague** /bag/ NF **a** *(= bijou)* ring; *[de cigare]* band; *[d'oiseau]* ring; *[de canette de boisson]* ring-pull, pull-tab ◆ **~ de fiançailles** engagement ring ◆ **il a la ~ au doigt** *(hum)* he's married *ou* hitched * *(hum)* **b** *(Tech)* collar ◆ **~ allonge** extension tube ◆ **~ d'assemblage** bushing ◆ **~ intermédiaire/de réglage** *(Photo)* adapter/setting ring ◆ **~ de serrage** jubilee clip

**bagué, e** /bage/ (ptp de **baguer**) ADJ *[oiseau]* ringed, banded *(US)*; *[main, doigt]* beringed; *[homard]* with its pincers tied together ◆ **cigare ~ (d'or)** cigar with a (gold) band

**baguenaude** * /bagnod/ NF ◆ **être en ~** to be gallivanting about

**baguenauder** VI, **se baguenauder** * VPR /bagnode/ ▸ conjug 1 ◂ *(= faire un tour)* to go for a stroll; *(= traîner)* to trail around, to mooch about * *(Brit)*

**baguer** /bage/ ▸ conjug 1 ◂ VT **a** *[+ oiseau, arbre]* to ring; *(Tech)* to collar **b** *(Couture)* to baste, to tack

**baguette** /bagɛt/ NF a *(= bâton)* stick, switch ◆ **~s** *(pour manger)* chopsticks ◆ **~ de chef d'orchestre** (conductor's) baton ◆ **sous la ~ de Luc Petit** under the baton of Luc Petit, conducted by Luc Petit, with Luc Petit conducting ◆ **mener** *ou* **faire marcher qn à la ~** to rule sb with a rod of iron *ou* an iron hand
b *(= pain)* baguette, French stick
c *(Constr)* beading, strip of wood; *(= cache-fils)* (plastic *ou* wood) casing
d *(= motif sur chaussette, bas)* clock
COMP ▷ **baguette de coudrier** hazel stick *ou* switch ▷ **baguette de fée** magic wand ▷ **baguette de fusil** ramrod ▷ **baguette magique** magic wand ◆ **résoudre qch d'un coup de ~ magique** to solve sth by waving a magic wand ▷ **baguette de protection latérale** *(Aut)* side trim ▷ **baguette de sourcier** divining rod ▷ **baguette de tambour** *(lit)* drumstick ◆ **cheveux raides comme des ~s de tambour** dead straight *ou* really straight hair ▷ **baguette viennoise** stick of Vienna bread

**bah** /ba/ EXCL *(indifférence)* pooh!; *(doute)* well!, really!

**Bahamas** /baamas/ NFPL ◆ **les (îles) ~** the Bahamas

**bahamien, -ienne** /baamjɛ̃, ɛn/ ADJ Bahamian NM,F **Bahamien(ne)** Bahamian

**Bahreïn** /baʀɛn/ NM Bahrain ◆ **à ~** in Bahrain

**bahreïni, e** /baʀɛ(j)ni/ ADJ Bahraini, Bahreini NM,F **Bahreïni(e)** Bahraini, Bahreini

**baht** /bat/ NM baht

**bahut** /bay/ NM a *(= coffre)* chest; *(= buffet)* sideboard b *(arg Scol)* school c * *(= camion)* lorry *(Brit)*, truck *(surtout US)*; *(= voiture)* car; *(= taxi)* cab

**bai, e**[1] /bɛ/ ADJ *[cheval]* bay

**baie**[2] /bɛ/ NF a *(Géog)* bay ◆ **la ~ d'Hudson** Hudson Bay ◆ **la ~ de Somme** the Baie de Somme ◆ **la ~ des Anges** the Baie des Anges *(in Nice)* ◆ **la Grande Baie australienne** the Great Australian Bight ◆ **la ~ James** James Bay ◆ **la ~ des Cochons** the Bay of Pigs b *(Archit)* opening ◆ **~ vitrée** *(= fenêtre) (gén)* plate glass window; *(panoramique)* picture window

**baie**[3] /bɛ/ NF *(Bot)* berry ◆ **~s rouges** red berries ◆ **~s roses** pink peppercorns

**baignade** /bɛɲad/ NF *(= action)* swimming; *(= lieu)* swimming place ◆ **"baignade interdite"** "no swimming", "swimming prohibited" ◆ **c'est l'heure de la ~** it's time for a swim

**baigner** /beɲe/ ▸ conjug 1 ◂ VT a *[+ bébé, chien]* to bath *(Brit)*, to bathe *(US)*; *[+ pieds, visage, yeux]* to bathe ◆ **visage baigné de larmes/sueur** face bathed in tears/sweat
b *[mer, rivière]* to wash, to bathe; *[lumière]* to bathe ◆ **baigné de soleil** bathed in sunlight
VI a *(= tremper dans l'eau) [linge]* to soak, to lie soaking (*dans* in); *(= tremper dans l'alcool) [fruits]* to steep, to soak (*dans* in); ◆ **la viande baignait dans la graisse** the meat was swimming in grease ◆ **la victime baignait dans son sang** the victim was lying in a pool of blood ◆ **la ville baigne dans la brume** the town is shrouded *ou* wrapped in mist ◆ **tout baigne (dans l'huile)** * everything's hunky-dory *, everything's looking great * ◆ **ça baigne !** * great! *, couldn't be better! *
b *(fig)* **il baigne dans la joie** his joy knows no bounds, he is bursting with joy ◆ **~ dans le mystère** *[affaire]* to be shrouded *ou* wrapped in mystery; *[personne]* to be completely mystified *ou* baffled ◆ **~ dans la culture** to be immersed in culture *ou* surrounded by culture
VPR **se baigner** *(dans la mer, une piscine)* to go swimming, to have a swim; *(dans une baignoire)* to have a bath

**baigneur, -euse** /bɛɲœʀ, øz/ NM,F swimmer, bather *(Brit)* NM *(= jouet)* baby doll

**baignoire** /bɛɲwaʀ/ NF a *[de salle de bains]* bath(tub), tub *(US)* ◆ **~ sabot** ≃ hip-bath ◆ **~ à remous** whirlpool *ou* spa bath ◆ **faire subir à qn le supplice de la ~** to torture sb by ducking b *(Théât)* ground floor box, baignoire c *[de sous-marin]* conning tower

**Baïkal** /bajkal/ NM ◆ **le (lac) ~** Lake Baikal

**bail** (pl **baux**) /baj, bo/ NM lease ◆ **prendre à ~** to lease, to take out a lease on ◆ **donner à ~** to lease (out) ◆ **faire/passer un ~** to draw up/enter into a lease ◆ **ça fait un ~ que je ne l'ai pas vu !** * it's ages since I (last) saw him!, I haven't seen him for ages! COMP ▷ **bail commercial** commercial lease ▷ **bail à ferme** farming lease ▷ **bail à loyer** (house-)letting lease *(Brit)*, rental lease *(US)*

**baille** /baj/ NF a *(Naut = baquet)* (wooden) bucket b *(* = eau)* **la ~** *(gén)* the water; *(= mer)* the drink * ◆ **tomber à la ~** to fall into the water *ou* the drink * ◆ **à la ~ !** *(= tous dans l'eau !)* everybody in!

**bâillement** /bɑjmɑ̃/ NM a *[de personne]* yawn b *[de col]* gaping *ou* loose fit

**bailler** /baje/ ▸ conjug 1 ◂ VT *(†† ou hum)* to give ◆ **vous me la baillez belle** *ou* **bonne !** that's a tall tale!

**bâiller** /bɑje/ ▸ conjug 1 ◂ VI a *[personne]* to yawn ◆ **~ à s'en décrocher la mâchoire** *ou* **comme une carpe** to yawn one's head off ◆ **~ d'ennui** to yawn with *ou* from boredom b *(= être trop large) [col]* to gape; *[chaussure]* to be too loose c *(= être entrouvert) [couture, boutonnage]* to gape; *[porte]* to be ajar *ou* half-open; *(= être décousu) [chaussure]* to be split open, to gape

**bailleur, bailleresse** /bajœʀ, bajʀɛs/ NM,F *[de local]* lessor ◆ **~ de fonds** backer, sponsor ◆ **~ de licence** licensor, licenser

**bailli** /baji/ NM bailiff

**bailliage** /bajaʒ/ NM bailiwick

**bâillon** /bɑjɔ̃/ NM *(lit, fig)* gag ◆ **mettre un ~ à qn** to gag sb

**bâillonner** /bɑjɔne/ ▸ conjug 1 ◂ VT *[+ personne]* to gag; *[+ presse, opposition, opinion]* to gag, to muzzle

**bain** /bɛ̃/ NM a *(dans une baignoire)* bath; *(dans une piscine, la mer)* swim ◆ **prendre un ~** *(dans une baignoire)* to have a bath; *(dans la mer, une piscine)* to have a swim, to take a dip ◆ **~ d'algues/de boue** seaweed/mud bath ◆ **~ de sang** blood bath ◆ **ce séjour à la campagne fut pour elle un ~ de fraîcheur** *ou* **de jouvence** that stay in the country put new life into her *ou* revitalized her
b *(= liquide)* bath(water); *(Chim, Photo)* bath ◆ **~ (de teinture)** dye bath ◆ **~ de fixateur/de révélateur** *(Photo)* fixing/developing bath
c *(= récipient, baignoire)* bath(tub), tub *(US)*; *[de teinturier]* vat
d *(= piscine)* **petit/grand ~** shallow/deep end ◆ **~s** *(= lieu)* baths
e *(loc)*
◆ **dans le + bain** * ◆ **nous sommes tous dans le même ~** we're all in the same boat ◆ **tu seras vite dans le ~** you'll soon pick it up *ou* get the hang of it * *ou* find your feet *(Brit)* ◆ **mettre qn dans le ~** *(= informer)* to put sb in the picture; *(= compromettre)* to incriminate sb, to implicate sb ◆ **en avouant, il nous a tous mis dans le ~** by owning up, he's involved us all (in it) *ou* mixed us all up in it ◆ **se (re)mettre dans le ~** to get (back) into the swing of things
COMP ▷ **bain de bouche** *(= liquide)* mouthwash, oral rinse ◆ **faire des ~s de bouche** to use a mouthwash *ou* an oral rinse ▷ **bain de foule** walkabout ◆ **prendre un ~ de foule** to mingle with the crowd, to go on a walkabout ▷ **bain linguistique** *ou* **de langue** ◆ **il n'y a rien de tel que le ~ linguistique** *ou* **de langue pour apprendre l'anglais** there's nothing like total immersion as a way of learning English ▷ **bains de mer** sea bathing *(Brit)* *ou* swimming ▷ **bain moussant** bubble *ou* foam bath ▷ **bain d'œil** *ou* **oculaire** *(= soin)* eye bath; *(= liquide)* eyewash ▷ **bain de pieds** foot-bath ▷ **bains publics** (public) baths ▷ **bain à remous** whirlpool *ou* spa bath ▷ **bains romains** Roman baths ▷ **bain de siège** sitz bath ◆ **prendre un ~ de siège** to have a sitz bath ▷ **bain de soleil** *(= corsage)* sun top, halter ◆ **robe ~ de soleil** sun dress ◆ **prendre un ~ de soleil** to sunbathe ◆ **les ~s de soleil lui sont déconseillés** he has been advised against sunbathing ▷ **bain turc** Turkish bath ▷ **bain de vapeur** steam bath

**bain-marie** (pl **bains-marie**) /bɛ̃maʀi/ NM (hot water in) double boiler, bain-marie ◆ **faire chauffer au ~** *[+ sauce]* to heat in a bain-marie *ou* a double boiler; *[+ boîte de conserve]* to immerse in boiling water

**bains-douches** /bɛ̃duʃ/ NMPL ◆ **~ municipaux** public baths (with showers)

**baïonnette** /bajɔnɛt/ NF *(Élec, Mil)* bayonet ◆ **charger ~ au canon** to charge with fixed bayonets; → **ampoule, douille**

**baisable** ** /bezabl/ ADJ fuckable ** ◆ **elle est tout à fait ~** I'd like to give her one **

**baise** ** /bɛz/ NF screwing ** ◆ **il ne pense qu'à la ~** all he ever thinks about is sex ◆ **une bonne ~** a good screw ** *ou* fuck **

**baise-en-ville** * /bɛzɑ̃vil/ NM INV overnight bag

**baisemain** /bɛzmɛ̃/ NM ◆ **il lui fit le ~** he kissed her hand ◆ **le ~ ne se pratique plus** it is no longer the custom to kiss a woman's hand

**baisement** /bɛzmɑ̃/ NM kissing ◆ **~ de main** kissing of hands

**baiser**[1] /beze/ NM kiss ◆ **gros ~** big kiss ◆ **un ~ rapide (sur la joue)** a quick peck (on the cheek) ◆ **~ d'adieu** parting kiss ◆ **bons ~s** *(en fin de lettre)* love ◆ **~ de paix** kiss of peace ◆ **~ de Judas** *(Bible)* kiss of Judas; *(= trahison)* Judas kiss ◆ **donner** *ou* **faire un ~ à qn** to give sb a kiss ◆ **envoyer un ~ à qn** to blow a kiss to sb

**baiser**[2] /beze/ ▸ conjug 1 ◂ VT a *(frm) [+ main, visage, sol]* to kiss b *(**: sexuellement)* to screw **, to lay **, to fuck ** ◆ **c'est une mal(-)baisée** *(péj)* she could do with a good lay ** c *(** = tromper, vaincre)* to have *, to screw ** ◆ **il a été baisé, il s'est fait ~** he was really had *, he really got screwed ** d *(** = comprendre)* **ses histoires, on y baise rien** you can't understand a fucking ** *ou* bloody ** *(Brit)* thing of what he says VI *(**: sexuellement)* to screw **, to fuck ** ◆ **il/elle baise bien** he's/she's a good fuck ** *ou* lay **

**baiseur, -euse** ** /bɛzœʀ, øz/ NM,F ◆ **c'est un sacré ~** *(actif)* he's always at it **; *(doué)* he's a really good screw **, he's really good in bed

**baisse** /bɛs/ NF *[de température, prix, niveau, pouvoir d'achat]* fall, drop (*de* in); *[de baromètre, pression]* fall; *(Bourse)* fall; *[de popularité]* decline, drop (*de* in); ◆ **~ de l'activité économique** downturn *ou* downswing in the economy ◆ **"baisse sur les légumes"** *(par surproduction)* "vegetables down in price"; *(en réclame)* "special offer on vegetables" ◆ **sans ~ de salaire** without salary cuts, without lowering salaries

◆ **à la baisse** ◆ **être à la ~** *(Bourse)* to be falling ◆ **jouer à la ~** *(Bourse)* to play for a fall, to go a bear ◆ **réviser** *ou* **revoir les chiffres à la ~** to revise figures downwards

◆ **être en baisse** *[prix, chômage, actions]* to be going down, to be dropping; *[niveau]* to be dropping; *[demande]* to be slackening; *[natalité]* to be falling; *[popularité]* to be declining *ou* on the wane ◆ **les affaires sont en ~** there's a slump in business, business is on a downturn ◆ **son moral est en ~** his morale is getting lower and lower ◆ **la production est en ~ de 8% par rapport à l'année dernière** production is 8% down on last year

**baisser** /bese/ ▸ conjug 1 ◂ **VT** **a** *[+ objet]* to lower; *[+ store]* to lower, to pull down; *[+ vitre]* to lower, to let down; *(à la manivelle)* to wind down; *[+ col]* to turn down; *(Théât) [+ rideau]* to lower, to ring down ◆ **baisse la branche pour que je puisse l'attraper** pull the branch down so (that) I can reach it ◆ **~ pavillon** *(Naut)* to lower *ou* strike the flag; *(fig)* to show the white flag, to give in ◆ **une fois le rideau baissé** *(Théât)* once the curtain was down

**b** *[+ main, bras]* to lower ◆ **~ la tête** to lower *ou* bend one's head; *(de chagrin, honte)* to hang *ou* bow one's head; *[plantes]* to wilt, to droop ◆ **baisse la tête, il y a une poutre** watch *ou* mind your head, there's a beam in the way ◆ **~ les yeux** to look down, to lower one's eyes ◆ **elle entra, les yeux baissés** she came in with downcast eyes ◆ **faire ~ les yeux à qn** to outstare sb, to stare sb out *ou* out of countenance *(frm)* ◆ **~ le nez** * *(de honte)* to hang one's head ◆ **~ le nez dans son livre** * to bury one's nose in one's book ◆ **~ le nez dans son assiette** * to bend over one's plate ◆ **~ les bras** *(fig)* to give up, to throw in the towel * *ou* sponge *

**c** *[+ chauffage, éclairage, radio, son]* to turn down; *[+ voix]* to lower ◆ **~ le feu** *(Culin)* turn down *ou* lower the heat; → **ton²**

**d** *[+ prix]* to lower, to bring down, to reduce ◆ **faire ~ la tension/le chômage** to reduce tension/unemployment

**e** *[+ mur]* to lower

**VI** **a** *[température, prix]* to fall, to drop, to go down; *[baromètre]* to fall; *[pression] (Bourse)* to drop, to fall; *[marée]* to go out, to ebb; *[eaux]* to subside, to go down; *[réserves, provisions]* to run *ou* get low; *[popularité]* to decline; *[soleil]* to go down, to sink; → **estime**

**b** *[vue, mémoire, forces, santé]* to fail, to dwindle; *[talent]* to decline, to wane ◆ **le jour baisse** the light is failing *ou* dwindling ◆ **il a beaucoup baissé ces derniers temps** he has really gone downhill recently

**VPR** **se baisser** *(pour ramasser)* to bend down, to stoop; *(pour éviter)* to duck ◆ **il n'y a qu'à se ~ (pour les ramasser)** *(lit)* they're lying thick on the ground; *(fig)* they're there for the taking

**baissier, -ière** /besje, jɛʀ/ *(Bourse)* **ADJ** *[marché, tendance]* bear *(épith)*, bearish *(épith)* **NM** bear

**bajoues** /baʒu/ **NFPL** *[d'animal]* cheeks, pouches; *[de personne]* jowls, heavy cheeks

**bakchich** /bakʃiʃ/ **NM** baksheesh

**bakélite** ® /bakelit/ **NF** Bakelite ®

**bakongo** /bakɔ̃go/ **ADJ** Bakongo **NMF** **Bakongo** Bakongo ◆ **les Bakongos** the Bakongo (people)

**Bakou** /baku/ **N** Baku

**BAL** /bal/ (abrév de **boîte aux lettres**) **NF** mailbox

**bal** (pl **bals**) /bal/ **NM** *(= réunion)* dance; *(habillé)* ball; *(= lieu)* dance hall ◆ **aller au ~** to go dancing ◆ **ouvrir le ~** *(lit)* to lead *ou* open the dancing; *(fig)* to make the first move ◆ **mener** *ou* **conduire le ~** *(fig)* to call the tune *ou* the shots *, to say what goes * **COMP** ▷ **bal champêtre** open-air dance ▷ **bal costumé** fancy dress ball *(Brit)*, costume ball *(US)* ▷ **bal des débutantes** *ou* **des débs** * coming-out ball ▷ **bal masqué** masked ball ▷ **bal musette** popular dance *(to the accordion)* ▷ **bal populaire** *ou* **public** ≃ local dance *ou* hop * † ▷ **bal du 14 juillet** Bastille Day dance *(free and open to all)*; → LE QUATORZE JUILLET

**balade** * /balad/ **NF** *(à pied)* walk, stroll; *(en voiture)* drive, ride; *(à vélo, moto)* ride; *(en bateau)* ride, trip ◆ **être en ~** to be out for a walk (*ou* a drive *etc*) ◆ **faire une ~, aller en ~** to go for a walk (*ou* a drive *etc*) ◆ **j'ai fait une ~ à ski** I went skiing *ou* for a ski

**balader** * /balade/ ▸ conjug 1 ◂ **VT** **a** *(= traîner) [+ chose]* to trail around, to carry about; *[+ personne]* to trail around

**b** *(= promener) [+ personne]* to take for a walk; *[+ animal]* to walk, to take for a walk; *(en voiture)* to take for a drive *ou* a ride

**c** *(= malmener)* **elle s'est fait ~ pendant le premier set** *(Tennis)* her opponent had her running all over the place in the first set ◆ **ils nous ont baladés pendant la première mi-temps** *(Rugby, Ftbl)* they walked all over us * in the first half

**VPR** **se balader** **a** *(à pied)* to go for a walk *ou* a stroll; *(en voiture)* to go for a drive *ou* ride *ou* run; *(à vélo, moto)* to go for a ride; *(en bateau)* to go for a ride; *(= traîner)* to traipse round ◆ **pendant qu'ils se baladaient** while they were out for a walk (*ou* drive *etc*) ◆ **aller se ~ en Afrique** to go touring round Africa ◆ **la lettre s'est baladée de bureau en bureau** the letter was sent *ou* shuttled around from one office to another

**b** *(= être en désordre)* **des câbles se baladent partout** there are cables trailing all over the place ◆ **mes cassettes se sont baladées dans la valise** my tapes got knocked around my suitcase

**c** *( * = être très à l'aise)* **il s'est baladé en chimie** he sailed through his chemistry exam, his chemistry exam was a piece of cake * for him

**baladeur, -euse** /baladœʀ, øz/ **ADJ** wandering, roving ◆ **avoir la main baladeuse** *ou* **les mains baladeuses** to have wandering *ou* groping * hands ◆ **un micro ~ circulait dans le public** a microphone circulated round the audience **NM** *(= magnétophone)* Walkman ®, personal stereo **NF** **baladeuse** *(= lampe)* inspection lamp

**baladin** † /baladɛ̃/ **NM** wandering entertainer *ou* actor, strolling player †

**balafon** /balafɔ̃/ **NM** balafon, African xylophone

**balafre** /balafʀ/ **NF** *(= blessure au visage)* gash; *(intentionnelle)* slash; *(= cicatrice)* scar

**balafrer** /balafʀe/ ▸ conjug 1 ◂ **VT** **a** *(= blesser au visage)* to gash; *(intentionnellement)* to slash, to scar ◆ **il s'est balafré** he gashed his face ◆ **une cicatrice lui balafrait la joue** he had a scar running down his cheek **b** *(= enlaidir) [+ ville, paysage]* to scar; *[+ vitrine, bâtiment]* to deface ◆ **de grandes lézardes balafrent les édifices** the buildings are scarred *ou* disfigured by huge cracks

**balai** /balɛ/ **NM** **a** *(gén)* broom, brush; *[de bruyère, genêt]* broom; *(Élec)* brush; *[d'essuie-glace]* blade ◆ **passer le ~** to sweep the floor, to give the floor a sweep ◆ **du ~!** * beat it! *, clear off! *

◆ **coup de balai** ◆ **donner un coup de ~** *(lit)* to give the floor a (quick) sweep, to sweep the floor; *(fig)* to make a clean sweep ◆ **il y a eu un coup de ~ dans la société** they've made a clean sweep in the company, there have been across-the-board redundancies in the company **b** *( ‡ = an)* **il a 80 ~s** he's 80 (years old) **c** *(Mus)* (wire) brush **COMP** ▷ **balai de crin** horsehair brush ▷ **balai éponge** squeezy *(Brit) ou* sponge *(US)* mop ▷ **balai mécanique** carpet sweeper

**balai-brosse** (pl **balais-brosses**) /balɛbʀɔs/ **NM** (long-handled) scrubbing brush

**balaise** ‡ /balɛz/ **ADJ** ⇒ **balèze**

**balalaïka** /balalaika/ **NF** balalaika

**balance¹** /balɑ̃s/ **NF** **a** *(gén)* scales; *(à deux plateaux)* pair of scales; *(à bascule)* weighing machine; *(pour salle de bains)* (bathroom) scales; *(pour cuisine)* (kitchen) scales; *(Chim, Phys)* balance ◆ **monter sur la ~** to get on the scales

**b** *(loc)* **tenir la ~ égale entre deux rivaux** to hold the scales even between two rivals ◆ **être en ~** *[proposition, sort]* to hang in the balance; *[candidat]* to be under consideration ◆ **mettre dans la** *ou* **en ~ le pour et le contre** to weigh up the pros and cons ◆ **mettre tout son poids dans la ~** to use one's power to tip the scales ◆ **si on met dans la ~ son ancienneté** if you take his seniority into account

**c** *(Écon, Pol, Élec)* balance ◆ **~ de l'actif et du passif** balance of assets and liabilities

**d** *(Astron)* **la Balance** Libra, the Balance ◆ **être (de la) Balance** to be (a) Libra *ou* a Libran

**e** *(Pêche)* drop-net

**COMP** ▷ **balance automatique** electronic scales ▷ **balance commerciale** *ou* **du commerce** balance of trade ▷ **balance des comptes** balance of payments ▷ **balance électronique** electronic scales ▷ **balance des forces** balance of power ▷ **balance de ménage** kitchen scales ▷ **balance des paiements** ⇒ **balance des comptes** ▷ **balance des pouvoirs** balance of power ▷ **balance de précision** precision balance ▷ **balance (de) Roberval** (Roberval's) balance ▷ **balance romaine** steelyard

**balance²** /balɑ̃s/ **NF** *(arg Crime)* stool pigeon *, grass ‡ *(Brit)*, fink ‡ *(US)*

**balancé, e** /balɑ̃se/ (ptp de **balancer**) **ADJ** ◆ **phrase bien/harmonieusement ~e** well-turned/nicely balanced phrase ◆ **elle est bien ~e** * she's well put together *, she's got a good chassis * *(US)*

**balancelle** /balɑ̃sɛl/ **NF** couch hammock *(Brit)*, glider *(US)*

**balancement** /balɑ̃smɑ̃/ **NM** **a** *(= mouvement) [de corps]* sway(ing); *[de bras]* swing(ing); *[de bateau]* rocking, motion; *[de hanches, branches]* swaying **b** *(Littérat, Mus)* balance

**balancer** /balɑ̃se/ ▸ conjug 3 ◂ **VT** **a** *[+ chose, bras, jambe]* to swing; *[+ bateau, bébé]* to rock; *(sur une balançoire)* to swing, to push ◆ **veux-tu que je te balance ?** do you want me to push you *ou* give you a push? ◆ **le vent balançait les branches** the wind rocked the branches *ou* set the branches swaying

**b** *( * = lancer)* to fling, to chuck * ◆ **balance-moi mon crayon** throw *ou* chuck * me over my pencil *(Brit)*, toss me my pencil ◆ **~ qch à la tête de qn** to fling *ou* chuck * sth at sb's head

**c** *( * = dire) [+ méchanceté, insanités]* to hurl ◆ **il m'a balancé ça en pleine figure** he just came out with it * straight to my face ◆ **qu'est-ce qu'il leur a balancé !** he really let them have it! *

**d** *( * = se débarrasser de) [+ vieux meubles]* to chuck out * *ou* away *, to toss out ◆ **ba-**

**lance ça à la poubelle** chuck it * in the bin *(Brit) ou* the trash *(US)* ◆ **j'ai envie de tout ~** *(travail)* I feel like throwing *ou* chucking * it all in ◆ **~ qn** *(= renvoyer)* to give sb the boot ⁑ *ou* the push ⁑ *(Brit)*, to chuck sb out * ◆ **il s'est fait ~ de son club** he got kicked out * *ou* chucked out * of his club

e *(= équilibrer) [+ compte, phrases, paquets]* to balance ◆ **~ le pour et le contre** † to weigh (up) the pros and cons ◆ **tout bien balancé** *(frm)* all things considered

f *(arg Crime = dénoncer)* to finger ⁑, to grass on ⁑

**VI** a *(† = hésiter)* to waver, to hesitate, to dither ◆ **entre les deux mon cœur balance** *(hum)* I'm torn between the two

b *(= osciller) [objet]* to swing

c *(* = être rythmé)* **ça balance !** it's rocking! *ou* swinging!

**VPR se balancer** a *(= osciller) [bras, jambes]* to swing; *[bateau]* to rock; *[branches]* to sway; *[personne] (sur une balançoire)* to swing, to have a swing; *(sur une bascule)* to seesaw, to play on a seesaw ◆ **se ~ sur ses jambes** to sway about, to sway from side to side ◆ **ne te balance pas sur ta chaise !** don't tip back on your chair! ◆ **se ~ sur ses ancres** to ride at anchor

b *(* = se jeter)* to throw o.s. ◆ **il s'est balancé du 10e étage** he threw himself from the 10th floor

c ◆ **s'en ~** *(* = s'en ficher)* **je m'en balance** I don't give a damn * *ou* darn * *(US)* (about it), I couldn't care less (about it)

**balancier** /balɑ̃sje/ **NM** *[de pendule]* pendulum; *[de montre]* balance wheel; *[d'équilibriste]* (balancing) pole; *[de bateau]* outrigger

**balançoire** /balɑ̃swaʀ/ **NF** *(suspendue)* swing; *(sur pivot)* seesaw, teeter-totter *(US)* ◆ **faire de la ~** to have a go on a (*ou* the) swing

**balayage** /balɛjaʒ/ **NM** *(= nettoyage)* sweeping; *(Élec, Radio)* scanning; *[d'essuie-glace]* wipe; *[de cheveux]* highlighting ◆ **se faire faire un ~** to have highlights (put in one's hair), to have one's hair highlighted

**balayer** /baleje/ ▸ conjug 8 ◂ **VT** a *(= ramasser) [+ poussière, feuilles mortes]* to sweep up, to brush up b *(= nettoyer) [+ pièce]* to sweep (out); *[+ trottoir]* to sweep; *[+ pare-brise]* to wipe ◆ **le vent balayait la plaine** the wind swept across *ou* scoured the plain ◆ **ils feraient mieux de ~ devant leur porte** *(fig)* they should clean up their own back yard c *(= chasser) [+ feuilles mortes]* to sweep away; *[+ soucis, obstacles]* to brush aside, to sweep away; *[+ objections]* to brush aside ◆ **l'armée balayait tout sur son passage** the army swept aside all that lay in its path ◆ **le gouvernement a été balayé** the government was swept out of office d *(= parcourir) [phares]* to sweep (across); *[vague, regard]* to sweep over; *(Élec, Radio) [radar]* to scan; *[tir]* to sweep (across)

**balayette** /balɛjɛt/ **NF** small (hand)brush

**balayeur, -euse** /balɛjœʀ, øz/ **NM,F** roadsweeper *(Brit)*, streetsweeper *(US)* **NF** **balayeuse** *(= machine)* roadsweeping *(Brit) ou* streetsweeping *(US)* machine, roadsweeper *(Brit)*, streetsweeper *(US)*

**balayures** /balejyʀ/ **NFPL** sweepings

**balbutiant, e** /balbysjɑ̃, ɑ̃t/ **ADJ** *[voix]* stammering; *[discours]* hesitant; *[science]* in its infancy *(attrib)* ◆ **une démocratie ~e** a fledgling democracy

**balbutiement** /balbysimɑ̃/ **NM** *(= paroles confuses)* stammering, mumbling; *[de bébé]* babbling ◆ **les premiers ~s de l'enfant** the child's first faltering attempts at speech ◆ **~s** *(= débuts)* beginnings ◆ **cette science en est à ses premiers ~s** this science is still in its infancy

**balbutier** /balbysje/ ▸ conjug 7 ◂ **VI** *[bègue, personne ivre]* to stammer; *[bébé]* to babble **VT** to stammer (out), to falter out

**balbuzard** /balbyzaʀ/ **NM** ◆ **~ (pêcheur)** osprey

**balcon** /balkɔ̃/ **NM** *(Constr)* balcony ◆ **(premier) ~** *(Théât)* dress *ou* lower circle, mezzanine *(US)* ◆ **deuxième ~** upper circle, balcony *(Brit)* ◆ **loge/fauteuil de ~** box/seat in the dress circle; → **monde**

**balconnet** /balkɔnɛ/ **NM** ◆ **(soutien-gorge à) ~** half-cup bra

**baldaquin** /baldakɛ̃/ **NM** *(= dais)* baldaquin, canopy; *[de lit]* tester, canopy; → **lit**

**Bâle** /bɑl/ **N** Basle, Basel

**Baléares** /baleaʀ/ **NFPL** ◆ **les (îles) ~** the Balearic Islands, the Balearics ◆ **en vacances aux ~** ≃ on holiday in Majorca (*ou* Minorca *ou* Ibiza)

**baleine** /balɛn/ **NF** a *(= animal)* whale ◆ **~ blanche/bleue/franche** white/blue/right whale ◆ **~ à bosse** humpback whale ◆ **rire** *ou* **se marrer comme une ~** * to laugh like a drain * b *(= fanon)* (piece of) whalebone, baleen ◆ **soutien-gorge à/sans ~s** underwired/unwired bra ◆ **~ de corset** (corset-)stay ◆ **~ de parapluie** umbrella rib

**baleiné, e** /balene/ **ADJ** *[col]* stiffened; *[corset]* boned; *[soutien-gorge] (gén)* boned; *(sous les bonnets)* underwired

**baleineau** (pl **baleineaux**) /balɛno/ **NM** whale calf

**baleinier, -ière** /balenje, jɛʀ/ **ADJ** whaling **NM** *(= pêcheur, bateau)* whaler **NF** **baleinière** whaler, whale *ou* whaling boat

**balèze** ⁑ /balɛz/ **ADJ** *(= musclé)* brawny, strapping *(épith)*; *(= excellent)* terrific *, great * (*en* at) **NMF** strapping fellow (*ou* woman *etc*)

**Bali** /bali/ **N** Bali

**balinais, e** /balinɛ, ɛz/ **ADJ** Balinese **NM,F** **Balinais(e)** Balinese

**balisage** /balizaʒ/ **NM** a *(= balises) (Naut)* beacons, buoys; *(Aviat)* beacons, runway lights; *(Aut)* (road) signs; *(Ski)* markers b *(= pose de balises) (Naut)* marking with buoys; *[de chemin de randonnée, piste de ski]* marking out c *(Ordin) [de texte]* tagging, marking up

**balise**[1] /baliz/ **NF** a *(Naut)* beacon, (marker) buoy; *(Aviat)* beacon, runway light; *(Aut)* (road) marker; *(Ski)* marker ◆ **~ radio** radio beacon ◆ **~ de détresse** distress beacon b *(Ordin)* tag

**balise**[2] /baliz/ **NF** *(= fruit)* canna fruit

**baliser** /balize/ ▸ conjug 1 ◂ **VT** a *(Naut)* to mark out with beacons *ou* buoys; *(Aviat)* to mark out with beacons *ou* lights; *[+ sentier, piste de ski]* to mark out ◆ **sentier balisé** waymarked footpath b *(fig)* ◆ **son avenir** to map out one's future ◆ **~ le terrain** to prepare the ground ◆ **~ le chemin** to pave the way ◆ **nos chercheurs avancent sur un terrain déjà bien balisé** our researchers are exploring well-charted territory ◆ **un marché bien balisé** *(Écon)* a well-defined market c *(Ordin) [+ texte]* to tag, to mark up **VI** *(⁑ = avoir peur)* to have the jitters * ◆ **il balise pour son examen** he's freaking out ⁑ *ou* he's really worked up about his exam

**baliseur** /balizœʀ/ **NM** *(= personne)* ≃ (Trinity House) buoy-keeper; *(= bateau)* ≃ Trinity House boat

**balistique** /balistik/ **ADJ** ballistic ◆ **expertise ~** ballistic test **NF** ballistics *(sg)*

**baliveau** (pl **baliveaux**) /balivo/ **NM** *(= arbre)* sapling; *(Constr)* scaffold(ing) pole

**baliverne** /balivɛʀn/ **NF** *(= propos)* fatuous remark ◆ **dire des ~s** to talk nonsense *ou* twaddle ◆ **s'amuser à des ~s** to fool around ◆ **~(s) !** † balderdash! †, fiddlesticks! †

**balkanique** /balkanik/ **ADJ** Balkan ◆ **les États ~s** the Balkan States

**balkanisation** /balkanizasjɔ̃/ **NF** *(Pol)* Balkanization; *(fig)* balkanization

**balkaniser** /balkanize/ ▸ conjug 1 ◂ **VT** *(Pol)* to Balkanize; *(fig)* to balkanize

**Balkans** /balkɑ̃/ **NMPL** ◆ **les ~** the Balkans

**ballade** /balad/ **NF** *(= poème court, Mus)* ballade; *(= poème long)* ballad

**ballant, e** /balɑ̃, ɑ̃t/ **ADJ** ◆ **les bras ~s** with arms dangling, with swinging arms ◆ **ne reste pas là, les bras ~s** * don't just stand there looking helpless ◆ **les jambes ~es** with legs dangling **NM** *(= mou) [de câble]* slack, play; *[de chargement]* sway, roll ◆ **avoir du ~** *[câble]* to be slack; *[chargement]* to be slack *ou* loose ◆ **donner du ~ à une corde** to give some slack *ou* play to a rope

**ballast** /balast/ **NM** *(Rail)* ballast, roadbed *(US)*; *(Naut)* ballast tank

**balle**[1] /bal/ **NF** a *(= projectile)* bullet ◆ **~ dum-dum/explosive/traçante** dum-dum/explosive/tracer bullet ◆ **~ en caoutchouc/de plastique** rubber/plastic bullet ◆ **~ à blanc** blank ◆ **~ perdue** stray bullet ◆ **tirer à ~s réelles** to fire live bullets ◆ **finir avec douze ~s dans la peau** * to end up in front of a firing squad ◆ **prendre une ~ dans la peau** * to get shot *ou* plugged ⁑ ◆ **tué par ~s** shot dead

b *(Sport)* ball ◆ **~ de ping-pong/de golf** table tennis/golf ball ◆ **jouer à la ~** to play (with a) ball ◆ **à toi la ~ !** catch! ◆ **la ~ est dans leur camp** *(fig)* the ball is in their court; → **saisir**

c *(Sport = coup)* shot, ball ◆ **c'est une belle ~** that's a nice ball *ou* a good shot ◆ **faire des** *ou* **quelques ~s** *(Tennis, Ping-Pong)* to knock the ball around a bit, to have a knock-up *(Brit)* ◆ **~ de jeu/match/set** *(Tennis)* game/match/set point ◆ **~ de service** service ball ◆ **deuxième ~** second serve *ou* service ◆ **c'est une ~ de 3 jeux à 2** it's game point at 2 games all

d *(* = franc)* franc

**balle**[2] /bal/ **NF** *(Agr, Bot)* husk, chaff

**balle**[3] /bal/ **NF** *[de coton, laine]* bale

**balle**[4] * /bal/ **NF** chubby face ◆ **il a une bonne ~** he's got a jolly face

**baller** /bale/ ▸ conjug 1 ◂ **VI** *[bras, jambes]* to dangle, to hang loosely; *[tête]* to hang; *[chargement]* to be slack *ou* loose

**ballerine** /bal(ə)ʀin/ **NF** *(= danseuse)* ballerina, ballet dancer; *(= chaussure)* ballet shoe

**ballet** /balɛ/ **NM** a *(= spectacle)* ballet; *(= musique)* ballet music ◆ **les Ballets russes** *(= compagnie)* the Russian Ballet ◆ **~ aquatique** water ballet ◆ **~s roses/bleus** *(fig) sexual orgies organized by paedophiles and involving young girls/boys* b ◆ **~ diplomatique** flurry of diplomatic activity

**ballon**[1] /balɔ̃/ **NM** a *(gén)* ball ◆ **~ de football** football *(Brit)*, soccer ball *(US)* ◆ **~ de rugby** rugby ball ◆ **~ de basket** basketball ◆ **~ de volley** volleyball ◆ **jouer au ~** to play (with a) ball ◆ **le ~ rond** *(= football)* soccer ◆ **le ~ ovale** *(= rugby)* rugby, rugger * *(Brit)* ◆ **~ en** *ou* **de baudruche** balloon ◆ **avoir le ~** ⁑ *(= être enceinte)* to have a bun in the oven *, to be up the spout * *(Brit)*

b *(Aviat)* balloon ◆ **monter en ~** to go up in a balloon ◆ **voyager en ~** to travel by balloon

c *(= verre) (à vin)* round wineglass; *(à cognac)* balloon *ou* brandy glass ◆ **un ~ de rouge** * a glass of red wine
d *( * = Alcootest)* **souffler dans le ~** to take a breath test *ou* Breathalyzer test ® ◆ **soufflez dans le ~, s'il vous plaît** blow in(to) the bag, please
e *(Chim)* balloon
COMP ▷ **ballon de barrage** barrage balloon ▷ **ballon captif** captive balloon ▷ **ballon dirigeable** airship ▷ **ballon d'eau chaude** hot-water tank ▷ **ballon d'essai** *(Mét)* pilot balloon; *(= test)* experiment *(to test reaction)*, trial balloon *(US)* ◆ **lancer un ~ d'essai** *(fig)* to put out feelers, to fly a kite *(Brit)*, to send out a trial balloon *(US)* ▷ **ballon d'oxygène** *(lit)* oxygen bottle; *(fig)* lifesaver ◆ **cet argent a apporté un ~ d'oxygène à l'entreprise** the money has given the company a much-needed shot in the arm

**ballon²** /balɔ̃/ NM *(Géog) rounded mountain in the Vosges* ◆ **le Ballon d'Alsace** the Ballon d'Alsace

**ballonné, e** /balɔne/ (ptp de **ballonner**) ADJ *[ventre]* bloated, distended ◆ **je suis** *ou* **je me sens ~, j'ai le ventre ~** I feel bloated

**ballonnements** /balɔnmɑ̃/ NMPL feeling of distension, flatulence; *(Vét)* bloat

**ballonner** /balɔne/ ▸ conjug 1 ◂ VT *[+ ventre]* to distend; *[+ personne]* to blow out; *(Vét) [+ animal]* to cause bloat in

**ballonnet** /balɔnɛ/ NM *(gén, Aviat, Mét)* (small) balloon; *(Chir)* balloon

**ballon-panier** /balɔ̃panje/ NM INV *(Can)* basketball

**ballon-sonde** (pl **ballons-sondes**) /balɔ̃sɔ̃d/ NM meteorological *ou* weather *ou* pilot balloon

**ballon-volant** /balɔ̃vɔlɑ̃/ NM INV *(Can)* volleyball

**ballot** /balo/ NM a *(= paquet)* bundle, package b *( * = nigaud)* nitwit *, dumdum * ADJ silly ◆ **tu es/c'est ~ de l'avoir oublié** you're/it's a bit silly *ou* daft *(Brit)* to have forgotten it

**ballotin** /balɔtɛ̃/ NM ◆ **~ de chocolats** (small punnet-shaped) box of chocolates

**ballottage** /balɔtaʒ/ NM *(Pol)* ◆ **il y a ~** there will have to be a second ballot, people will have to vote again ◆ **M. Dupont est en ~** Mr Dupont has to stand again at *(Brit) ou* run again on *(US)* the second ballot ◆ **être en ~ favorable** to stand a very good chance of winning at the second ballot

**ballottement** /balɔtmɑ̃/ NM *[d'objet]* banging about, rolling around; *[de tête, membres]* lolling; *[de train]* jolting; *[de poitrine]* bouncing; *[de bateau]* tossing, bobbing; *[de personne]* shaking

**ballotter** /balɔte/ ▸ conjug 1 ◂ VI *[objet]* to roll around, to bang about; *[tête, membres]* to loll; *[poitrine]* to bounce; *[bateau]* to toss, to bob about; *[train]* to jolt along VT *(gén pass)* a *(= secouer) [+ personne]* to shake about, to jolt; *[+ bateau]* to toss (about) ◆ **on est ballotté dans ce train** you get shaken about *ou* thrown about in this train b *(= tirailler)* **ballotté par des choix difficiles** torn between difficult choices c *(= déplacer sans ménagement)* to shunt (around) ◆ **cet enfant a été ballotté entre plusieurs écoles** this child has been shifted around *ou* shunted around from school to school

**ballottine** /balɔtin/ NF ≈ meat loaf *(made with poultry)*

**ball-trap** (pl **ball-traps**) /baltʀap/ NM *(= lieu)* shooting ground; *(= sport)* clay-pigeon shooting, trap-shooting; *(avec 2 cibles)* skeet-shooting; *(= machine)* trap

**balluchon** /balyʃɔ̃/ NM † bundle (of clothes), belongings ◆ **faire son ~** * to pack up one's bags

**balnéaire** /balneɛʀ/ ADJ swimming, bathing *(Brit)*; → **station**

**balnéothérapie** /balneoteʀapi/ NF balneotherapy

**balourd, e** /baluʀ, uʀd/ ADJ *(= maladroit)* clumsy, oafish NM,F *(= lourdaud)* dolt, oaf NM *(Tech)* unbalance

**balourdise** /baluʀdiz/ NF a *(= maladresse)* clumsiness, oafishness; *(= manque de finesse)* oafishness, doltishness b *(= gaffe)* blunder, boob * *(Brit)*

**balsa** /balza/ NM balsa (wood)

**balsamier** /balzamje/ NM balsam tree

**balsamine** /balzamin/ NF balsam

**balsamique** /balzamik/ ADJ balsamic

**balte** /balt/ ADJ *[pays, peuple]* Baltic ◆ **les pays ~s** the Baltic States

**balthazar** /baltazaʀ/ NM a *( † = banquet)* feast, banquet b *(= bouteille)* balthazar

**baltique** /baltik/ ADJ *[mer, région]* Baltic NF **Baltique** ◆ **la Baltique** the Baltic (Sea)

**baluchon** /balyʃɔ̃/ NM ⇒ **balluchon**

**balustrade** /balystʀad/ NF *(Archit)* balustrade; *(= garde-fou)* railing, handrail

**balustre** /balystʀ/ NM a *(Archit)* baluster; *[de siège]* spoke b ◆ **(compas à) ~** bow(-spring) compass

**balzacien, -ienne** /balzasjɛ̃, jɛn/ ADJ *(= qui appartient à Balzac)* of Balzac; *(= qui rappelle Balzac)* typical of Balzac

**balzan, e** /balzɑ̃, an/ ADJ *[cheval]* with white stockings NF **balzane** *(= tache)* white stocking

**Bamako** /bamako/ N Bamako

**bambara** /bɑ̃baʀa/ ADJ Bambara NM *(Ling)* Bambara NMF **Bambara** Bambara ◆ **les Bambaras** the Bambara (people)

**bambin** /bɑ̃bɛ̃/ NM small child, little kid *

**bambochard, e** † * /bɑ̃bɔʃaʀ, aʀd/ ADJ, NM,F ⇒ **bambocheur, -euse**

**bambocher** † * /bɑ̃bɔʃe/ ▸ conjug 1 ◂ VI *(= faire la noce)* to live it up *, to have a wild time

**bambocheur, -euse** † * /bɑ̃bɔʃœʀ, øz/ ADJ *[tempérament]* revelling NM,F *(= noceur)* reveller

**bambou** /bɑ̃bu/ NM *(= plante)* bamboo; *(= canne)* bamboo (walking) stick ◆ **attraper un coup de ~** † to get a touch of sunstroke * ◆ **avoir le coup de ~** * *(= être fatigué)* to be bushed * *ou* shattered * *(Brit)* ◆ **dans ce restaurant, c'est le coup de ~** * *(= prix exorbitant)* they really fleece * you in that restaurant; → **pousse**

**bamboula** * /bɑ̃bula/ NF ◆ **faire la ~** to live it up *, to have a wild time

**bambouseraie** /bɑ̃buzʀɛ/ NF bamboo plantation

**ban** /bɑ̃/ NM a *[de mariage]* **~s** banns b *[d'applaudissements]* round of applause; *[de tambour]* drum roll; *[de clairon]* bugle call, fanfare ◆ **faire un ~** to applaud *ou* cheer ◆ **un ~ pour Marc Durand !** *(applaudissements)* (let's have) a big hand for * *ou* a round of applause for Marc Durand!; *(acclamations)* ≈ three cheers for Marc Durand! c *(Hist)* proclamation d *(loc)* **être/mettre au ~ de l'Empire** *(Hist)* to be banished/banish from the Empire ◆ **être/mettre au ~ de la société** to be outlawed/outlaw from society ◆ **le ban et l'arrière-ban** *(Hist)* the barons and vassals ◆ **le ~ et l'arrière-~ de sa famille/de ses amis** all of *ou* every last one of his relatives/his friends

**banal¹, e¹** (mpl **banals**) /banal/ ADJ a *(= sans originalité) [roman, conversation, idée]* banal, trite; *[vie]* humdrum, banal; *[personne]* run-of-the-mill, ordinary ◆ **un personnage peu ~** an unusual character ◆ **ça, ce n'est pas ~ !** that's rather out of the ordinary! b *(= courant) [nom]* commonplace; *[incident]* everyday *(épith)*, commonplace ◆ **il n'y a rien là que de très ~** there is nothing at all unusual *ou* out of the ordinary about that ◆ **une grippe ~e** a common-or-garden case of flu ◆ **quoi de plus ~ qu'un mariage ?** what could be more mundane *ou* ordinary than a wedding? c *(Ordin)* general-purpose ◆ **mémoire ~e** general-purpose storage NM ◆ **haïr le ~** to hate what is banal *ou* what is trite

**banal², e²** (mpl **-aux**) /banal, o/ ADJ *(Hist)* ◆ **four/moulin ~** communal *ou* village oven/mill

**banalement** /banalmɑ̃/ ADV *[commencer, arriver]* in the most ordinary way

**banalisation** /banalizasjɔ̃/ NF a ◆ **la ~ de la violence** the way in which violence has become a feature of everyday life ◆ **la ~ des greffes** the fact that organ transplants are now quite commonplace *ou* widely practised b *[de campus]* opening to the police

**banaliser** /banalize/ ▸ conjug 1 ◂ VT a *[+ pratique]* *(= rendre courant)* to make commonplace; *(= minimiser)* to trivialize ◆ **ce qui banalise la vie quotidienne** what makes life humdrum *ou* robs life of its excitement ◆ **~ la violence** to make violence seem ordinary *ou* part of everyday life b *[+ campus]* to open to the police ◆ **voiture banalisée** *(Police)* unmarked police car c *(Rail) [+ locomotive]* to man with several crews; *[+ voie]* to make two-way VPR **se banaliser** *[pratiques]* to become commonplace; *[violence]* to become part of everyday life

**banalité** /banalite/ NF a *(= caractère) [de roman, conversation, idée]* banality, triteness; *[de vie]* banality; *[de personne]* ordinariness; *[d'incident]* triviality ◆ **d'une ~ affligeante** appallingly trite b *(= propos)* truism, platitude, trite remark ◆ **on a échangé des ~s** we made small talk, we talked about this and that

**banane** /banan/ NF a *(= fruit)* banana ◆ **~ plantain** plantain b *(Aut)* overrider c *(Coiffure)* quiff *(Brit)*, pompadour *(US)*; → **chignon** d *(arg Mil)* medal, decoration, gong * *(Brit)* e *(arg Aviat)* twin-rotor helicopter, chopper ⁑ f *(= sac)* hip bag, waist-bag *(Brit)*, bumbag * *(Brit)*, fanny pack * *(US)* g *(Élec)* **(fiche-)~** banana plug h *( * = idiot)* **~ !** you silly twit! *, you dork! * *(US)* i ◆ **avoir la ~** * to be on top form

**bananer** ⁑ /banane/ ▸ conjug 1 ◂ VT ◆ **il s'est fait ~** *(= disputer)* he got told off *; *(= battre)* he got thrashed *

**bananeraie** /bananʀɛ/ NF banana plantation

**bananier, -ière** /bananje, jɛʀ/ NM a *(= arbre)* banana tree b *(= bateau)* banana boat ADJ banana *(épith)*

**banc** /bɑ̃/ NM a *(= siège)* seat, bench ◆ **~ public** park bench ◆ **~ (d'école)** (school) bench ◆ **nous nous sommes connus sur les ~s de l'école** we've known each other since we were at school together ◆ **les ~s de l'opposition** *(Pol)* the opposition benches
b *(Géol, Géog)* *(= couche)* layer, bed; *[de coraux]* reef ◆ **~ de vase** mudbank ◆ **~ de brouillard** *(gén)* fog patch; *(en mer)* fog bank ◆ **~ de brume** bank of mist ◆ **~ de glace** ice

floe ◆ **les ~s de Terre-Neuve** the Grand Banks of Newfoundland

c *[de poissons]* school, shoal *(Brit)*

d *(= établi)* (work) bench

COMP ▷ **banc des accusés** dock, bar ◆ **être au ~ des accusés** to be in the dock ▷ **banc des avocats** bar ▷ **banc d'église** pew ▷ **banc d'essai** *(Tech)* test bed; *(fig)* testing ground, test bed ◆ **mettre qch au ~ d'essai** to test sth out ▷ **banc d'huîtres** *(= huîtrière)* oyster bed; *(de restaurant)* oyster display ▷ **banc des ministres** ≈ government front bench ▷ **banc de musculation** weight *ou* exercise bench ▷ **banc de nage** thwart ▷ **banc de neige** *(Can)* snowdrift, snowbank ▷ **banc de sable** sandbank, sandbar ▷ **banc des témoins** *(Jur)* witness box *(Brit)*, witness stand *(US)* ▷ **banc de touche** (substitutes') bench

**bancable** /bɑ̃kabl/ ADJ bankable

**bancaire** /bɑ̃kɛʀ/ ADJ bank; *[réseau, groupe]* banking, bank; *[système, commission]* banking ◆ **chèque ~** bank cheque *(Brit) ou* check *(US)*

**bancal, e** (mpl **bancals**) /bɑ̃kal/ ADJ a *[table, chaise]* wobbly, rickety b *[idée, raisonnement]* shaky, unsound c *[personne] (= boiteux)* lame; *(= aux jambes arquées)* bandy-legged

**bancarisé, e** /bɑ̃kaʀize/ ADJ *(Fin) [population, pays]* with banking facilities ◆ **pays peu/fortement ~** country with few/extensive banking facilities

**bancassurance** /bɑ̃kasyʀɑ̃s/ NF banking and insurance

**banco** /bɑ̃ko/ NM *(Jeux)* banco ◆ **faire ~** to go banco ◆ **~ !** * *(fig)* you're on! *

**banc-titre** (pl **bancs-titres**) /bɑ̃titʀ/ NM *(Audiov)* caption stand

**bandage** /bɑ̃daʒ/ NM a *(= objet) [de blessé]* bandage ◆ **~ herniaire** surgical appliance, truss b *(= objet) [de roue] (en métal)* band, hoop; *(en caoutchouc)* tyre *(Brit)*, tire *(US)* c *(= action) [de blessé]* bandaging; *[de ressort]* stretching; *[d'arc]* bending

**bandana** /bɑ̃dana/ NM banda(n)na

**bandant, e** ⁑ /bɑ̃dɑ̃, ɑ̃t/ ADJ *[film, livre]* sexy * ◆ **elle est vachement ~e** she's a real turn-on ⁑ ◆ **ce n'est pas très ~** it's not exactly thrilling

**bande**[1] /bɑ̃d/ NF a *(= ruban) (en tissu, métal)* band, strip; *(en papier)* strip; *(de sable)* strip, tongue; *(Ciné)* film; *[de magnétophone]* tape; *(Presse)* wrapper; *(Méd)* bandage ◆ **~ (de mitrailleuse)** (ammunition) belt ◆ **~ de terre** strip *ou* tongue of land ◆ **la ~ de Gaza** the Gaza strip

b *(= dessin, motif)* stripe; *[de chaussée]* line; *[d'assiette]* band; *(Hér)* bend

c *(Billard)* cushion ◆ **jouer la ~** to play (the ball) off the cushion ◆ **faire/obtenir qch par la ~** to do/get sth by devious means *ou* in a roundabout way ◆ **apprendre qch par la ~** to hear of sth indirectly *ou* through the grapevine *

d *(Naut)* list ◆ **donner de la ~** to list

e *(Élec, Phys, Radio)* band ◆ **~ (de fréquence)** waveband, frequency band ◆ **sur la ~ AM/FM** on AM/FM

COMP ▷ **bande d'absorption** *(Phys)* absorption band ▷ **bande amorce** *[de pellicule, cassette]* leader ▷ **bande d'arrêt d'urgence** hard shoulder, berm *(US)* ▷ **bande chromosomique** chromosome band ▷ **bande dessinée** comic strip, strip cartoon *(Brit)*; *(= livre)* comic book ▷ **bande d'émission** emission band ▷ **bande d'essai** *(Photo)* test strip ▷ **bande étalon** *(Photo)* reference strip, test gauge ▷ **bande gaufrée** *(Photo)* apron ▷ **bande magnétique** magnetic tape ▷ **bande de manœuvre** *(Ordin)* scratch tape ▷ **bande molletière** puttee ▷ **bande originale** (original) soundtrack ▷ **bande passante** pass band ▷ **bande perforée** punched *ou* perforated *ou* paper tape ▷ **bande protectrice** *(Photo)* duplex paper ▷ **bande de roulement** *[de pneu]* tread ▷ **bandes rugueuses** rumble strips ▷ **bande sonore** *(Ciné)* soundtrack; *(Aut)* rumble strip ▷ **bande Velpeau** ® crêpe bandage *(Brit)*, Ace ® bandage *(US)* ▷ **bande vidéo** videotape

> **Bande dessinée**
>
> The **bande dessinée** or **BD** enjoys a huge following in France and Belgium amongst adults as well as children. The strip cartoon is accorded both literary and artistic status, and is known as « le neuvième art ». An international strip cartoon festival takes place in the French town of Angoulême at the end of January each year.

**bande**[2] /bɑ̃d/ NF a *(= groupe)* band, group ◆ **une ~ d'amis** a group of friends ◆ **ils sont partis en ~** they set off in a group, they all went off together b *(= gang) [de pirates]* band; *[de voleurs]* gang, band ◆ **~ armée** armed gang *ou* band ◆ **il ne fait pas partie de leur ~** he's not in their crowd *ou* gang ◆ **la ~ des Quatre** *(Pol)* the Gang of Four ◆ **faire ~ à part** to go off on one's own c *(* : péj)* **~ de** bunch of *, pack of * ◆ **~ d'imbéciles !** pack of idiots! *, bunch of fools! * ◆ **c'est une ~ de paresseux** they're a lazy bunch * *ou* crowd * *ou* lot *(Brit)* d *[d'oiseaux]* flock; *[de loups, chiens]* pack; *[de lions, singes]* troop

**bande-annonce** (pl **bandes-annonces**) /bɑ̃danɔ̃s/ NF *(Ciné)* trailer

**bandeau** (pl **bandeaux**) /bɑ̃do/ NM a *(= ruban)* headband, bandeau; *(= pansement)* head bandage; *(pour les yeux)* blindfold ◆ **mettre un ~ à qn** to blindfold sb ◆ **avoir un ~ sur l'œil** to wear an eye patch ◆ **avoir un ~ sur les yeux** *(fig)* to be blind b *(Coiffure)* **porter les cheveux en ~x** to wear one's hair parted down the middle and looped back at the sides c *(Archit)* string course d *[de livre]* publicity strip

**bandelette** /bɑ̃dlɛt/ NF strip of cloth, (narrow) bandage; *[de momie]* wrapping, bandage

**bander** /bɑ̃de/ ▸ conjug 1 ◂ VT a *(= entourer) [+ genou, plaie]* to bandage ◆ **~ les yeux à qn** to blindfold sb ◆ **les yeux bandés** blindfold(ed) b *(= tendre) [+ corde]* to strain, to tauten; *[+ arc]* to bend; *[+ ressort]* to stretch, to tauten; *[+ muscles]* to tense VI ⁑ to have a hard-on ⁑

**banderille** /bɑ̃dʀij/ NF banderilla

**banderole** /bɑ̃dʀɔl/ NF *(= drapeau)* banderole ◆ **~ publicitaire** advertising streamer

**bande-son** (pl **bandes-son**) /bɑ̃dsɔ̃/ NF *(Ciné)* soundtrack

**bandit** /bɑ̃di/ NM *(= brigand)* bandit; *(= voleur)* thief; *(= assassin)* murderer; *(= escroc)* crook, shark *; *(* = enfant)* rascal ◆ **~ armé** gunman, armed gangster ◆ **~ de grand chemin** highwayman ◆ **~ manchot** † one-armed bandit

**banditisme** /bɑ̃ditism/ NM crime *(NonC)* ◆ **le grand ~** organized crime ◆ **500 € pour cette réparation, c'est du ~ !** €500 for this repair job – it's daylight robbery!

**bandonéon** /bɑ̃dɔneɔ̃/ NM bandoneon

**bandoulière** /bɑ̃duljɛʀ/ NF *(gén)* shoulder strap; *(Mil)* bandoleer, bandolier ◆ **en ~** slung across the shoulder

**bang** /bɑ̃g/ NM INV *[d'avion supersonique]* supersonic bang, sonic boom EXCL bang!, crash!

**Bangkok** /bɑ̃ŋkɔk/ N Bangkok

**bangladais, e** /bɑ̃glade, ɛz/ ADJ Bangladeshi NM,F **Bangladais(e)** Bangladeshi

**Bangladesh** /bɑ̃gladɛʃ/ NM Bangladesh

**Bangui** /bɑ̃gi/ N Bangui

**banian** /banjɑ̃/ ADJ banyan, banian ◆ **figuier ~** banyan tree

**banjo** /bɑ̃(d)ʒo/ NM banjo

**Banjul** /bɑ̃ʒul/ N Banjul

**banlieue** /bɑ̃ljø/ NF suburbs, outskirts ◆ **proche ~** inner suburbs ◆ **moyenne ~** intermediate suburbs ◆ **grande ~** outer suburbs ◆ **Paris et sa ~** Greater Paris ◆ **la grande ~ de Paris** the outer suburbs of Paris, the commuter belt of Paris ◆ **la ~ rouge** the Communist-controlled suburbs of Paris ◆ **une ~ ouvrière** a working-class suburb ◆ **habiter en ~** to live in the suburbs

◆ **de banlieue** suburban; *[train, liaison]* commuter, suburban; *[jeunes]* from the suburbs

> **Banlieue**
>
> The connotations of suburbia in France are quite different from those that prevail in many English-speaking countries. For historical, economic and social reasons, many suburbs of large French towns have become severely depressed in recent years; the word **banlieue** thus tends to conjure up images of violence and urban decay, and has similar connotations to the English term « inner city ». Young people in many such suburbs have developed a strong cultural identity that includes rap music and « verlan ». → VERLAN

**banlieusard, e** /bɑ̃ljøzaʀ, aʀd/ NM,F (suburban) commuter, suburbanite *(hum)*

**banne** /ban/ NF a *(= toile)* canopy b *(= panier)* wicker basket

**bannette** /banɛt/ NF a *(Naut = couchette)* bunk b *(= corbeille)* small wicker basket

**banni, e** /bani/ (ptp de **bannir**) NM,F exile

**bannière** /banjɛʀ/ NF a *(= drapeau)* banner ◆ **la ~ étoilée** the Star-Spangled Banner ◆ **se battre** *ou* **se ranger sous la ~ de qn** to fight on sb's side *ou* under sb's banner b *(* = pan de chemise)* **se promener en ~** to be walking round with one's shirt-tail hanging out

**bannir** /baniʀ/ ▸ conjug 2 ◂ VT *[+ citoyen]* to banish; *[+ pensée]* to banish, to dismiss; *[+ mot, sujet, aliment]* to banish, to exclude *(de* from); *[+ usage]* to prohibit, to put a ban on

**bannissement** /banismɑ̃/ NM banishment

**banque** /bɑ̃k/ NF a *(= établissement)* bank ◆ **il a 3 millions en** *ou* **à la ~** he's got 3 million in the bank ◆ **mettre des chèques en ~** to bank cheques ◆ **la grande ~ appuie sa candidature** the big banks are backing his candidature ◆ **la Banque de France/d'Angleterre** the Bank of France/of England

b *(= activité, métier)* **la ~** banking

c *(Jeux)* bank ◆ **tenir la ~** to be (the) banker

d *(Méd)* **~ des yeux/du sang/du sperme/d'organes** eye/blood/sperm/organ bank

COMP ▷ **banque d'affaires** merchant bank ▷ **banque alimentaire** food bank ▷ **banque(-)assurance** banking and insurance ▷ **banque centrale** central bank ▷ **Banque centrale européenne** European Central Bank ▷ **banque de dépôt** deposit bank ▷ **banque directe** *(= activité)* direct banking ▷ **banque de données** data bank ▷ **banque d'émission** bank of issue ▷ **banque d'escompte** discount bank ▷ **Banque européenne d'investissement** European Investment Bank ▷ **Banque européenne pour la reconstruction et le développement** European Bank for Reconstruction and Development ▷ **banque d'images** picture library ▷ **Banque internationale pour la reconstruction et le développement** International Bank for Reconstruction and Development ▷ **Banque mondiale** World Bank ▷ **Banque des règlements internationaux** Bank for International Settlements

**banquer** † * /bɑ̃ke/ ▸ conjug 1 ◂ VI to cough up *, to stump up * *(Brit)*

**banqueroute** /bɑ̃kʀut/ NF *(Fin)* (fraudulent) bankruptcy; *(Pol)* bankruptcy; *(littér)* failure ◆ **faire ~** to go bankrupt

**banqueroutier, -ière** /bɑ̃kʀutje, jɛʀ/ NM,F (fraudulent) bankrupt

**banquet** /bɑ̃kɛ/ NM dinner; *(d'apparat)* banquet

**banqueter** /bɑ̃k(ə)te/ ▸ conjug 4 ◂ VI *(lit)* to banquet; *(= festoyer)* to feast

**banquette** /bɑ̃kɛt/ NF a *[de train]* seat; *[de voiture]* (bench) seat; *[de restaurant]* (wall) seat; *[de piano]* (duet) stool ◆ **jouer devant les ~s** *(Théât)* to play to an empty house ◆ **faire ~** *(dans un bal)* to be a wallflower b *(Archit)* window seat c *(Mil)* ~ **de tir** banquette, fire-step d *(= talus)* berm(e); *(= chemin)* path

**banquier** /bɑ̃kje/ NM *(Fin, Jeux)* banker

**banquise** /bɑ̃kiz/ NF ice field; *(flottante)* ice floe

**bantou, e** /bɑ̃tu/ ADJ Bantu NM *(Ling)* Bantu NM,F **Bantou(e)** Bantu

**bantoustan** /bɑ̃tustɑ̃/ NM Bantustan

**banyuls** /banjuls, banjyls/ NM Banyuls *(sweet fortified wine drunk as an apéritif)*

**banzaï** * /bɑ̃(d)zaj/ EXCL bingo!

**baobab** /baɔbab/ NM baobab

**baoulé, e** /baule/ ADJ Baoule NM,F **Baoulé(e)** Baoule ◆ **les Baoulés** the Baoule people

**baptême** /batɛm/ NM a *(= sacrement)* baptism; *(= cérémonie)* christening, baptism ◆ **donner le ~ à** to baptize, to christen ◆ **recevoir le ~** to be baptized *ou* christened b *[de cloche]* blessing, dedication; *[de navire]* naming, christening COMP ▷ **baptême de l'air** first flight ▷ **baptême du feu** baptism of fire ▷ **baptême de la ligne** *(Naut)* (first) crossing of the line ▷ **baptême du sang** *(littér)* baptism of blood

**baptiser** /batize/ ▸ conjug 1 ◂ VT a *(Rel)* to baptize, to christen ◆ **faire ~ un enfant** to have a child baptized *ou* christened b *[+ cloche]* to bless, to dedicate; *[+ navire]* to name, to christen c *(= appeler)* to call, to christen, to name ◆ **on le baptisa Paul** he was christened Paul ◆ **on baptisa la rue du nom du maire** the street was named after the mayor d *(= surnommer)* to christen, to dub ◆ **la pièce qu'il baptisait pompeusement salon** the room which he pompously dubbed the drawing room e * *[+ vin, lait]* to water down

**baptismal, e** (mpl **-aux**) /batismal, o/ ADJ baptismal

**baptisme** /batism/ NM baptism

**baptiste** /batist/ ADJ, NMF Baptist

**baptistère** /batistɛʀ/ NM baptistry

**baquet** /bakɛ/ NM tub; → **siège**[1]

**bar**[1] /baʀ/ NM *(= établissement, comptoir)* bar ◆ **~ américain** cocktail bar ◆ **~ à vin(s)/à huîtres** wine/oyster bar ◆ **~ à bière(s)** *bar specializing in a wide variety of beers*

**bar**[2] /baʀ/ NM *(= poisson)* bass

**bar**[3] /baʀ/ NM *(Phys)* bar

**Barabbas** /baʀabas/ NM Barabbas

**barachois** /baʀaʃwa/ NM *(Can)* lagoon

**baragouin** * /baʀagwɛ̃/ NM gibberish, double Dutch

**baragouinage** * /baʀagwinaʒ/ NM *(= façon de parler)* gibbering; *(= propos)* gibberish, double Dutch

**baragouiner** * /baʀagwine/ ▸ conjug 1 ◂ VI to gibber, to talk gibberish *ou* double Dutch VT *[+ langue]* to speak badly; *[+ discours, paroles]* to jabber out, to gabble ◆ **il baragouine un peu l'espagnol** he can speak a bit of Spanish ◆ **qu'est-ce qu'il baragouine ?** what's he jabbering on about? *

**baragouineur, -euse** * /baʀagwinœʀ, øz/ NM,F jabberer

**baraka** ⁑ /baʀaka/ NF luck ◆ **avoir la ~** to be lucky

**baraque** /baʀak/ NF a *(= cabane)* shed, hut; *(= boutique)* stand, stall ◆ **~ foraine** fairground stall b * *(= maison)* place *, shack *; *(= appartement)* place *; *(péj = entreprise)* dump *, hole * ◆ **une belle ~** a smart place * ◆ **quand je suis rentré à la ~** when I got back to my place * ◆ **quelle (sale) ~ !** what a lousy dump! ⁑, what a hole! *; → **casser** c (⁑ = *homme)* burly *ou* beefy * guy

**baraqué, e** * /baʀake/ ADJ hefty, well-built

**baraquement** /baʀakmɑ̃/ NM ◆ **~(s)** group of huts; *(Mil)* camp

**baratin** * /baʀatɛ̃/ NM *(= boniment)* sweet talk *, smooth talk *; *(= verbiage)* chatter, hot air ⁑; *(Comm)* patter *, sales talk, sales pitch ◆ **assez de ~ !** cut the cackle! * *ou* the chat! * *(Brit)* ◆ **faire son** *ou* **du ~ à qn** *(gén)* to sweet-talk sb *, to chat sb up * *(Brit)*, to feed sb some lines * *(US)* ◆ **faire son** *ou* **le ~ à un client** *(Comm)* to give a customer the sales talk *ou* pitch * *ou* patter * ◆ **avoir du ~** to have all the patter *, to be a smooth talker

**baratiner** * /baʀatine/ ▸ conjug 1 ◂ VT ◆ **~ qn** *(= amadouer)* to sweet-talk sb *, to chat sb up * *(Brit)*; *(= draguer)* to chat sb up * *(Brit)*, to feed sb some lines * *(US)* ◆ **~ le client** to give a customer the sales talk *ou* pitch * *ou* patter * VI *(= bavarder)* to chatter, to natter * *(Brit)*

**baratineur, -euse** * /baʀatinœʀ, øz/ NM,F *(= beau parleur, menteur)* smooth talker; *(= bavard)* gasbag *, windbag * NM *(= dragueur)* smooth talker

**baratte** /baʀat/ NF *[de beurre]* churn

**baratter** /baʀate/ ▸ conjug 1 ◂ VT to churn

**barbacane** /baʀbakan/ NF *(= bastion)* barbican; *(= meurtrière)* loophole; *(= drain)* weeper

**Barbade** /baʀbad/ NF ◆ **la ~** Barbados

**barbadien, -ienne** /baʀbadjɛ̃, ɛn/ ADJ Barbadian NM,F **Barbadien(ne)** Barbadian

**barbant, e** * /baʀbɑ̃, ɑ̃t/ ADJ boring, dull ◆ **ce qu'il est ~ !** isn't he a bore! * ◆ **ce que c'est ~ !** isn't it a drag! *

**barbaque** ⁑ /baʀbak/ NF *(péj)* meat

**barbare** /baʀbaʀ/ ADJ a *[invasion, peuple]* barbarian, barbaric b *(péj) [mœurs, musique, crime]* barbaric, barbarous NM *(Hist, fig)* barbarian

**barbarement** /baʀbaʀmɑ̃/ ADV barbarously, barbarically

**barbaresque** /baʀbaʀɛsk/ ADJ *(Hist = d'Afrique du Nord)* Barbary Coast *(épith)* ◆ **les États ~s** the Barbary Coast

**Barbarie** /baʀbaʀi/ NF *(Hist)* ◆ **la ~** the Barbary Coast

**barbarie** /baʀbaʀi/ NF *(= manque de civilisation)* barbarism; *(= cruauté)* barbarity, barbarousness

**barbarisme** /baʀbaʀism/ NM *(Gram)* barbarism

**barbe**[1] /baʀb/ NF a *[de personne]* beard ◆ **une ~ de 3 mois** 3 months' (growth of) beard ◆ **il a une ~ de 3 jours** he's got 3 days' stubble on his chin ◆ **sans ~** *[adulte]* clean-shaven, beardless; *[adolescent] (= imberbe)* beardless ◆ **il a de la ~ (au menton)** *(adulte)* he needs a shave; *(adolescent)* he already has a few hairs on his chin ◆ **avoir une ~, porter la** *ou* **une ~** to have a beard ◆ **faire la ~ à qn** to trim sb's beard ◆ **il n'a pas encore de ~ au menton et il croit tout savoir** *(hum)* he's still in short pants *ou* he's still wet behind the ears * and he thinks he knows it all
b *[de chèvre, singe, oiseau]* beard
c *[de plume]* barb; *[de poisson]* barbel; *[d'orge]* beard *(NonC)* ◆ **~s** whiskers
d *(= aspérité)* **~s** *[de papier]* ragged edge; *[de métal]* jagged edge
e *(loc)* **à la ~ de qn** under sb's nose ◆ **dérober qch à la ~ de qn** to take * sth from under sb's nose ◆ **vieille ~** * old stick-in-the-mud *, old fogey * ◆ **marmonner dans sa ~** to mumble *ou* mutter into one's beard ◆ **rire dans sa ~** to laugh up one's sleeve ◆ **la ~ !** * damn (it)! ⁑, blast! * *(Brit)* ◆ **il faut que j'y retourne, quelle ~ !** * I've got to go back — what a drag! * ◆ **oh toi, la ~ !** * oh shut up, you! *
COMP ▷ **barbe de capucin** wild chicory ▷ **barbe à papa** candy-floss *(Brit)*, cotton candy *(US)*

**barbe**[2] /baʀb/ NM *(Zool)* ◆ **(cheval) ~** barb

**barbeau** (pl **barbeaux**) /baʀbo/ NM a *(Zool)* barbel b *(Bot)* cornflower c (⁑ = *souteneur)* pimp, ponce

**Barbe-Bleue** /baʀbəblø/ NM Bluebeard

**barbecue** /baʀbəkju/ NM a *(= repas, cuisine)* barbecue ◆ **faire un ~** to have a barbecue b *(= matériel)* barbecue set ◆ **faire cuire qch au ~** to barbecue sth

**barbelé, e** /baʀbəle/ NM barbed wire *(NonC)* ◆ **les ~s** the barbed wire fence *ou* fencing ◆ **s'égratigner après les ~s** to get scratched on the barbed wire ◆ **derrière les ~s** *(fig) [prisonnier]* in a prison camp ADJ ◆ **fil de fer ~** barbed wire *(NonC)*

**barber** * /baʀbe/ ▸ conjug 1 ◂ VT to bore stiff *, to bore to tears * VPR **se barber** to be bored stiff *, to be bored to tears * *(à faire* doing)

**Barberousse** /baʀbəʀus/ NM Barbarossa

**barbet**[1] /baʀbɛ/ NM ◆ **(rouget) ~** red mullet, goatfish *(US)*

**barbet**[2] /baʀbɛ/ NM ◆ **(chien) ~** water spaniel

**barbiche** /baʀbiʃ/ NF goatee (beard)

**barbichette** * /baʀbiʃɛt/ NF (small) goatee (beard)

**barbichu, e** /baʀbiʃy/ ADJ *[personne]* with a goatee (beard) NM man with a goatee (beard)

**barbier** /baʀbje/ NM †† barber; *(Can)* (men's) hairdresser

**barbillon** /baʀbijɔ̃/ NM a *[de plume, hameçon]* barb; *[de poisson]* barbel ◆ **~s** *[de bœuf, cheval]* barbs b *(Zool = petit barbeau)* (small) barbel

**barbiturique** /baʀbityʀik/ ADJ barbituric NM barbiturate

**barbon** /baʀbɔ̃/ NM *(†† ou péj)* ◆ **(vieux) ~** greybeard, old fogey *

**barbotage** /baʀbɔtaʒ/ NM a *(* = vol)* filching *, pinching * *(Brit)* b *(dans l'eau)* paddling; *(en éclaboussant)* splashing about; *[de canard]* dabbling c *(dans la boue)* paddling *ou* squelching *(Brit)* around d *[de gaz]* bubbling

**barboter** /baʀbɔte/ ▸ conjug 1 ◂ VT *(* = voler)* to pinch * *(Brit)*, to whip * (*à* from, off); ◆ **elle lui a barboté son briquet** she's filched * his lighter VI a *(dans l'eau)* to paddle; *(en éclaboussant)* to splash about; *[canard]* to dabble; *(dans la boue)* to paddle *ou* squelch *(Brit)* around b *[gaz]* to bubble

**barboteur, -euse¹** /baʀbɔtœʀ, øz/ ADJ ◆ **il est (du genre) ~** * ◆ **c'est un ~** he's a bit light-fingered *(Brit) ou* sticky-fingered *(US)* NM *(Chim)* bubble chamber

**barboteuse²** /baʀbɔtøz/ NF *(= vêtement)* rompers

**barbouillage** /baʀbujaʒ/ NM a *(= peinture)* daub; *(= écriture)* scribble, scrawl ◆ **feuille couverte de ~s** sheet of paper covered with scrawls *ou* scribblings b *(= action de peindre)* daubing; *(= action d'écrire)* scribbling, scrawling

**barbouille** * /baʀbuj/ NF *(péj)* painting ◆ **il fait de la ~** *(hum)* he does a bit of painting

**barbouiller** /baʀbuje/ ▸ conjug 1 ◂ VT a *(= couvrir, salir)* to smear, to daub (*de* with) to cover (*de* with, in); ◆ **il a le visage tout barbouillé de chocolat** he's got chocolate (smeared) all over his face, he's got his face all covered in chocolate

b *(péj = peindre)* *[+ mur]* to daub *ou* slap paint on ◆ **il barbouille (des toiles) de temps en temps** he does a bit of painting from time to time

c *(péj = écrire, dessiner)* to scribble (*sur* on); ◆ **~ une feuille de dessins** to scribble *ou* scrawl drawings on a piece of paper ◆ **~ du papier** to cover a piece of paper with scrawls, to scrawl all over a piece of paper ◆ **~ un slogan sur un mur** to daub a slogan on a wall

d *(* = rendre malade)* **~ l'estomac** to upset the stomach ◆ **être barbouillé, avoir l'estomac barbouillé** to feel queasy *ou* sick

VPR **se barbouiller** ◆ **se ~ de qch** to smear o.s. with sth ◆ **il s'est barbouillé de confiture** he's smeared jam all over his face

**barbouilleur, -euse** /baʀbujœʀ, øz/ NM,F *(péj)* *(= artiste)* dauber; *(= peintre en bâtiment)* bad *ou* slapdash painter ◆ **~ de papier** hack (writer)

**barbouillis** /baʀbuji/ NM *(= écriture)* scribble, scrawl; *(= peinture)* daub

**barbouze** * /baʀbuz/ NF *ou* nm a *(= barbe)* beard b *(= policier)* secret (government) police agent; *(= garde du corps)* bodyguard

**barbu, e** /baʀby/ ADJ *[personne]* bearded; *(Bio)* barbate NM bearded man, man with a beard; *(hum ou péj = islamiste)* Islamic fundamentalist NF **barbue** *(Zool)* brill

**barcarolle** /baʀkaʀɔl/ NF barcarolle

**barcasse** /baʀkas/ NF boat

**Barcelone** /baʀsəlɔn/ N Barcelona

**barda** * /baʀda/ NM gear *; *(Mil)* kit ◆ **il a tout un ~ dans la voiture** he's got a whole load * of stuff in the car

**bardage** /baʀdaʒ/ NM *(Constr)* weatherboarding, cladding *(Brit)*, siding *(US)*

**bardane** /baʀdan/ NF burdock

**barde¹** /baʀd/ NM *(= poète)* bard

**barde²** /baʀd/ NF *(Culin, Mil)* bard

**bardeau¹** (pl **bardeaux**) /baʀdo/ NM *[de toit]* shingle

**bardeau²** (pl **bardeaux**) /baʀdo/ NM ⇒ **bardot**

**barder** /baʀde/ ▸ conjug 1 ◂ VT a *(Culin)* to bard b *(= couvrir)* *[+ cheval]* to bard

♦ **bardé de** ◆ **bardé de fer** *[cheval]* barded; *[soldat]* armour-clad; *[porte]* with iron bars ◆ **poitrine bardée de décorations** chest bedecked with medals ◆ **bardé de diplômes** with a whole string *ou* array of qualifications

c *(fig)* **être bardé** to be immune (*contre* to)

VB IMPERS * ◆ **ça va ~** things are going to get hot, all hell is going to break loose ◆ **ça a bardé !** *(dans une réunion)* the sparks really flew!; *(dans les rues)* things got pretty hot!

**bardot** /baʀdo/ NM hinny

**barème** /baʀɛm/ NM *(= table de référence)* table, list; *(= tarif)* *(Comm)* scale of charges, price list; *(Rail)* fare schedule ◆ **~ de l'impôt** tax scale ◆ **~ de correction** *(Scol)* marking *(Brit) ou* grading *(US)* scheme ◆ **hors ~** off the (salary) scale *(attrib)*

**barge¹** /baʀʒ/ NF *(= bateau)* barge; *(= meule)* (rectangular) haystack

**barge²** ⁑ /baʀʒ/ ADJ ⇒ **barjo(t)**

**barguigner** /baʀɡiɲe/ ▸ conjug 1 ◂ VI *(littér ou hum)* ◆ **sans ~** without shilly-shallying

**baril** /baʀi(l)/ NM *[de pétrole]* barrel; *[de vin]* barrel, cask; *[de poudre]* keg, cask; *[de harengs]* barrel; *[de lessive]* drum

**barillet** /baʀijɛ/ NM a *(Tech)* *[de serrure, revolver]* cylinder; *[de pendule]* barrel ◆ **serrure à ~** cylinder *ou* Yale ® lock b *(= petit baril)* small barrel *ou* cask

**bariolage** /baʀjɔlaʒ/ NM *(= résultat)* riot *ou* medley of colours; *(= action)* daubing

**bariolé, e** /baʀjɔle/ (ptp de **barioler**) ADJ *[vêtement]* many-coloured, rainbow-coloured, gaudy *(péj)*; *[groupe]* colourfully dressed, gaily coloured

**barioler** /baʀjɔle/ ▸ conjug 1 ◂ VT to splash *ou* daub bright colours on, to streak with bright colours

**barjo(t)** ⁑ /baʀʒo/ ADJ nuts *, crazy *, barmy * *(Brit)* ◆ **bande de ~s !** bunch of nutcases *!

**barmaid** /baʀmɛd/ NF barmaid

**barman** /baʀman/ (pl **barmans** *ou* **barmen** /baʀmɛn/) NM barman, bartender *(surtout US)*

**bar-mitsva, Bar-Mitzva** /baʀmitsva/ NF INV Bar Mitzvah

**barnache** /baʀnaʃ/, **barnacle** /baʀnakl/ NF ⇒ **bernache**

**baromètre** /baʀɔmɛtʀ/ NM *(lit, fig)* barometer ◆ **le ~ baisse** the glass *ou* barometer is falling ◆ **le ~ est au beau fixe/à la pluie** the barometer is set (at) fair/is pointing to rain ◆ **le ~ est au beau (fixe)** *(fig)* things are looking good * ◆ **~ enregistreur/anéroïde** recording/aneroid barometer

**barométrique** /baʀɔmetʀik/ ADJ barometric(al)

**baron¹** /baʀɔ̃/ NM a *(= titre)* baron; → **Monsieur** b *(fig = magnat)* baron, lord ◆ **les ~s de la presse** the press barons *ou* lords

**baron²** /baʀɔ̃/ NM ◆ **~ d'agneau** baron of lamb

**baronnage** /baʀɔnaʒ/ NM *(= titre)* barony; *(= corps des barons)* baronage

**baronne** /baʀɔn/ NF baroness

**baronnet** /baʀɔnɛ/ NM baronet

**baronnie** /baʀɔni/ NF barony

**baroque** /baʀɔk/ ADJ a *(Archit, Art, Mus)* baroque ◆ **perle ~** baroque pearl b *[idée]* weird, strange, wild NM baroque

**barotraumatisme** /baʀotʀomatism/ NM barotrauma

**baroud** /baʀud/ NM *(arg Mil)* fighting ◆ **~ d'honneur** last-ditch struggle, gallant last stand

**baroudeur, -euse** /baʀudœʀ, øz/ NM,F *(Mil)* firebrand, fighter ◆ **c'est un ~** he knocks about * *ou* travels around a lot

**barouf** ⁑ /baʀuf(lə)/ NM *(= vacarme)* row *, din *, racket * ◆ **faire du ~** to create a racket *, to make a row *; *(= protester)* to kick up a fuss * *ou* stink ⁑

**barque** /baʀk/ NF small boat, small craft ◆ **~ à moteur** (small) motorboat ◆ **~ de pêche** small fishing boat ◆ **il mène bien sa ~** he's doing alright for himself, he manages his affairs very well

♦ **charger la barque** *(= exagérer)* to overdo it

**barquette** /baʀkɛt/ NF a *(= tarte)* pastry boat, small tart b *(= récipient)* container; *(pour fruits)* punnet, carton

**barracuda** /baʀakyda/ NM barracuda

**barrage** /baʀaʒ/ NM a *[de rivière, lac]* dam, barrage; *(à fleur d'eau)* weir ◆ **~ de retenue** flood barrier ◆ **~ flottant** floating boom *ou* barrier b *(= barrière)* barrier; *(d'artillerie, de questions)* barrage ◆ **~ de police** *(gén)* (police) roadblock; *(= cordon d'agents)* police cordon; *(= chevaux de frise)* (police) barricade ◆ **établir un ~ (routier)** *[manifestants]* to set up a roadblock ◆ **match de ~** *(Sport)* relegation match c *(fig)* **faire ~ à** to hinder, to stand in the way of ◆ **il y a eu un ~ de la direction** the management has put up a barrier d *(Cartes)* pre-emptive bid, pre-empt

**barre** /baʀ/ NF a *(gén = tige, morceau)* bar; *(de fer)* rod, bar; *(de bois)* piece, rod; *(d'or)* bar ◆ **~ (transversale)** *(Ftbl, Rugby)* crossbar ◆ **~s de fixation** *ou* **de toit** *(sur une voiture)* roof bars ◆ **~ de savon** † cake *ou* bar of soap ◆ **c'est le coup de ~ dans ce restaurant** * you pay through the nose * in that restaurant ◆ **j'ai un coup de ~** * *(fatigue)* I feel drained *ou* shattered *

b *(Danse)* barre ◆ **exercices à la ~** exercises at the barre, barre exercises

c *(Naut)* helm; *[de petit bateau]* tiller ◆ **être à la** *ou* **tenir la ~** *(lit, fig)* to be at the helm ◆ **prendre la ~** *(lit, fig)* to take the helm ◆ **redresser la ~** *(lit)* to right the helm; *(fig)* to get things back on an even keel

d *(Jur)* **~ du tribunal** bar ◆ **~ (des témoins)** witness box *(Brit)*, witness stand *(US)* ◆ **être appelé à la ~** to be called as a witness ◆ **comparaître à la ~** to appear as a witness

e *(Géog)* *(= houle)* *(gén)* race; *(à l'estuaire)* bore; *(= banc de sable)* (sand) bar; *(= crête de montagne)* ridge

f *(= trait)* line, dash, stroke; *(du t, f)* stroke ◆ **faire des ~s** to draw lines (on a page) ◆ **mets une ~ à ton t** cross your t ◆ **~ de fraction** *line separating top and bottom figures of a fraction* ◆ **~ d'addition** *line ruled above total of a sum* ◆ **~ oblique** *(Typo)* slash, oblique (stroke), solidus *(SPÉC)*

g *(= niveau)* mark ◆ **franchir la ~ des 10%** to pass the 10% mark ◆ **placer la ~ à 10** *(Scol)* to set the pass mark *ou* the passing grade *(US)* at 10 ◆ **mettre** *ou* **placer la ~ plus haut** to raise the stakes ◆ **vous placez la ~ trop haut** you set your standards too high

h ◆ **~s** *(† = jeu)* ≃ prisoners' base ◆ **avoir ~(s) sur qn** *(frm)* *(avantage)* to have an advantage over sb; *(pouvoir)* to have power over *ou* a hold on sb

i *[de cheval]* bar

j (= douleur) pain ◆ **j'ai une ~ sur la poitrine** my chest feels tight

k (Hér) bar

COMP ▷ **barre d'accouplement** tie-rod ▷ **barre antiroulis** anti-roll bar ▷ **barre d'appui** (window) rail ▷ **barres asymétriques** asymmetric bars ▷ **barre de céréales** muesli (Brit) ou granola (US) bar ▷ **barre chocolatée** chocolate bar, bar of chocolate, candy bar (US) ▷ **barre de défilement** (Ordin) scroll bar ▷ **barre à disques** (Sport) barbell ▷ **barre d'espacement** space bar ▷ **barre fixe** horizontal ou chinning bar ▷ **barre de menu** (Ordin) menu bar ▷ **barre de mesure** (Mus) bar line ▷ **barre à mine** crowbar ▷ **barre omnibus** (Élec) busbar ▷ **barre d'outils** (Ordin) tool bar ▷ **barres parallèles** parallel bars ▷ **barre de remorquage** (Aut) tow bar ▷ **barre de reprise** (Mus) repeat mark(s) ou sign ▷ **barre de titre** (Ordin) title bar ▷ **barre de torsion** torsion bar

**barré, e** /baʀe/ (ptp de **barrer**) ADJ a (Hér) [écu] barré b [dent] impacted c (* = engagé, parti) **il/c'est mal ~** he's/it's off to a bad start ◆ **il est mal ~ pour avoir son examen** his chances of passing the exam are pretty slim ◆ **on est bien ~ avec un chef comme lui !** (iro) we won't get very far with a boss like him! NM (Mus) barré

**barreau** (pl **barreaux**) /baʀo/ NM a [d'échelle] rung; [de cage, fenêtre] bar ◆ **être derrière les ~x** [prisonnier] to be behind bars ◆ **~ de chaise** (lit) (chair) rung ou crossbar; (*= cigare) fat cigar b (Jur) bar ◆ **entrer** ou **être admis** ou **reçu au ~** to be called to the bar

**barrement** /baʀmɑ̃/ NM [de chèque] crossing

**barrer** /baʀe/ ▸ conjug 1 ◂ VT a (= obstruer) [+ porte] to bar; [+ fenêtre] to bar up; [+ chemin, route] (par accident) to block; (pour travaux, par la police) to close (off), to seal ou shut off; (par barricades) to barricade ◆ **~ le passage** ou **la route à qn** (lit) to stand in sb's way, to block ou bar sb's way; (fig) to stand in sb's way ◆ **il est barré par son supérieur** his boss is standing in his way ◆ **des rochers nous barraient la route** rocks blocked ou barred our way ◆ **"rue barrée"** "road closed"

b (= rayer) [+ mot, phrase] to cross out, to score out; [+ surface, feuille] to cross; [+ chèque] to cross ◆ **chèque barré** crossed cheque (Brit), check for deposit only (US) ◆ **chèque non barré** open ou uncrossed cheque (Brit) ◆ **barre ton t** cross your t ◆ **les rides qui barraient son front** the wrinkles which lined his forehead

c (Naut) to steer ◆ **quatre/deux barré** (Sport) coxed four/pair

VI (Naut) to steer, to take the helm

VPR **se barrer** ⁑ [personne] to clear off*; [fixations] to come out ◆ **barre-toi !** clear off! *, beat it! *, scram! ⁑ ◆ **le tuyau se barre** the pipe is falling off ◆ **il s'est barré de chez lui** he walked out on his family *

**barrette** /baʀɛt/ NF a (pour cheveux) (hair) slide (Brit), barrette (US); (= bijou) brooch; (= médaille) bar b (Ordin) **~ (de mémoire)** memory module c (arg Drogue) **~ (de cannabis)** (one gram) bar of cannabis d (Rel) biretta ◆ **recevoir la ~** to receive the red hat

**barreur, -euse** /baʀœʀ, øz/ NM,F (gén, homme) helmsman; (femme) helmswoman; (Aviron) cox(swain) ◆ **quatre avec/sans ~** coxed/coxless four

**barricade** /baʀikad/ NF barricade; → **côté**

**barricader** /baʀikade/ ▸ conjug 1 ◂ VT [+ porte, fenêtre, rue] to barricade VPR **se barricader** ◆ **se ~ dans/derrière** to barricade o.s. in/behind ◆ **se ~ chez soi** to lock ou shut o.s. in

**barrière** /baʀjɛʀ/ NF (= clôture) fence; (= porte) gate; (lit, fig = obstacle) barrier; (Hist = octroi) tollgate ◆ **dresser une ~** to put up a barrier (entre between); ◆ **franchir la ~ de la langue** to break through the language barrier COMP ▷ **barrière de corail** coral reef ◆ **la Grande Barrière (de corail)** the Great Barrier Reef ▷ **barrière de dégel** roadsign warning of dangerous road conditions during a thaw ▷ **barrière douanière** trade ou tariff barrier ▷ **barrière naturelle** natural barrier ▷ **barrière (de passage à niveau)** level (Brit) ou grade (US) crossing gate ▷ **barrière de sécurité** (dans les rues) crowd barrier; (pour un bébé) safety gate

**barrique** /baʀik/ NF barrel, cask; → **plein**

**barrir** /baʀiʀ/ ▸ conjug 2 ◂ VI [éléphant] to trumpet

**barrissement** /baʀismɑ̃/ NM trumpeting

**bartavelle** /baʀtavɛl/ NF rock partridge

**barycentre** /baʀisɑ̃tʀ/ NM barycentre (Brit), barycenter (US)

**baryton** /baʀitɔ̃/ ADJ, NM baritone ◆ **~-basse** base-baritone

**baryum** /baʀjɔm/ NM barium

## bas¹, basse¹ /bɑ, bɑs/

| | |
|---|---|
| 1 ADJECTIF | 3 NOM MASCULIN |
| 2 ADVERBE | 4 COMPOSÉS |

1 - ADJECTIF

a [= de faible hauteur] [siège, porte, colline, nuages] low; [ciel] low, overcast; [maison] low-roofed; [terrain] low(-lying) ◆ **le soleil est ~ sur l'horizon** the sun is low on the horizon ◆ **les basses branches** ou **les branches basses d'un arbre** the lower ou bottom branches of a tree ◆ **les branches de cet arbre sont basses** the branches of this tree hang low ◆ **il a le front ~** he has a low brow ou forehead ◆ **~ sur pattes** [animal] short-legged; * [personne] short-legged, stumpy-legged; * [meuble] with short legs; → **main, oreille, plafond, profil, table** etc

b [= peu élevé] [prix, chiffre, température, niveau, rendement] low; (Élec) [fréquence] low ◆ **les ~ salaires** low salaries ◆ **la Seine est très basse en ce moment** the Seine is very low at the moment ◆ **c'est (la) marée basse, c'est la basse mer** the tide is low ou out, it's low tide ◆ **à marée basse** at low tide ou water ◆ **un enfant en ~ âge** a young ou small child

c [= peu audible] [son] low; → **messe, voix**

d [= grave] [note] low; [voix] deep, low

e [= humble] [naissance] low, lowly ◆ **personnes de basse condition** people from humble backgrounds ◆ **basses besognes** menial tasks; (péj) dirty work ◆ **les ~ quartiers de la ville** the seedy ou poor parts of the town ◆ **les ~ morceaux** (Boucherie) the cheap cuts

f [= mesquin] [jalousie, vengeance] base, petty; [action] base, mean ◆ **c'était ~ de sa part** it was a mean ou despicable thing for him to do ◆ **c'est encore un exemple de basses manœuvres politiciennes** this is yet another example of base political manoeuvring ◆ **elle n'a pas agi pour de basses raisons (commerciales)** she didn't act out of base (commercial) motives; → **coup**

g [Ling] **le ~ latin** low Latin ◆ **le ~ allemand** Low German, plattdeutsch (SPÉC)

h [Géog] **la Basse Seine** the Lower Seine ◆ **le Bas Languedoc** Lower Languedoc ◆ **les Bas Bretons** the inhabitants of Lower Brittany ◆ **le Bas Canada** (Hist Can) Lower Canada

2 - ADVERBE

a [dans l'espace] [voler, viser] low ◆ **mets tes livres/le tableau plus ~** put your books/the picture lower down ◆ **ma maison est plus ~ dans la rue** my house is further down the street ◆ **comme l'auteur le dit plus ~** as the author says further on ◆ **voir plus ~** see below ◆ **mettre** ou **traiter qn plus ~ que terre** to treat sb like dirt

b [dans une hiérarchie] **il est assez ~ dans la hiérarchie** he's quite low down in the hierarchy ◆ **être au plus ~** [prix] to be at their lowest, to have reached rock bottom; [cote de popularité, inflation] to be at its lowest ◆ **le dollar n'a jamais été aussi ~** the dollar has reached a new ou an all-time low

c [= mal en point, en mauvaise posture] **le malade est bien ~** the patient is very low ◆ **être au plus ~** [personne] to be very low, to be at a very low ebb; [secteur économique] to be at a very low ebb ◆ **la Bourse est au plus ~ depuis 1988** the stock exchange is at its lowest since 1988 ◆ **son image est au plus ~ dans l'opinion** his public image is at an all-time low

d [= doucement] [parler] softly, in a low voice ◆ **dire qch/parler tout ~** to say sth/speak in a whisper ou in a very low voice ◆ **mets la télé tout ~** put the TV on very low ◆ **mettez la radio/le chauffage plus ~** turn the radio/heating down

e [Mus = dans les graves] [chanter] low

f [locutions figées]

◆ **à bas** ◆ **à ~ le fascisme/les tyrans !** down with fascism/tyrants!

◆ **bas les** + nom ◆ **~ les masques !** drop the pretence! ◆ **~ les pattes !** (à un chien) down!; (* : à une personne) (keep your) hands off! *, (keep your) paws off! ⁑

◆ **mettre bas** (Vét) to give birth, to drop (SPÉC) ◆ **mettre ~ les armes** (Mil) to lay down one's arms; (fig) to throw in the sponge ◆ **mettre ~ les masques** to stop pretending, to drop one's mask

◆ **mise bas** (Vét) birth, dropping

3 - NOM MASCULIN

[de page, escalier, colline] foot, bottom; [de visage] lower part; [de mur] foot; [de jupe, pantalon] bottom ◆ **le ~ du ventre** the lower abdomen ◆ **une maison du ~ de la rue Blanche** a house at the bottom (end) of rue Blanche ◆ **il a une malformation du ~ de la colonne vertébrale** he has a malformation of the lower spine ◆ **faire les ~ d'un pantalon** to hem a pair of trousers

◆ **au bas, dans le bas** at the bottom ◆ **son nom est inscrit au ~** his name is written at the bottom ◆ **la colonne est évasée dans le ~** the pillar widens out at the bottom

◆ **au bas de, dans le bas de** [de page, escalier, colline, côte] at the bottom ou foot of; [d'armoire, immeuble, écran] at the bottom of; [de vêtement] (gén) at the bottom of; (tout autour) round the bottom of ◆ **au ~ de l'échelle sociale** at the bottom of the social ladder ◆ **dans le ~ du corps** in the lower part of the body ◆ **j'ai mal au** ou **dans le ~ du dos** my lower back is aching, I've got a pain in my lower back ◆ **dans le ~ de la ville** at the lower end of the town ◆ **l'équipe se retrouve au** ou **dans le ~ du classement** the team is at the bottom of the league

◆ **de bas en haut** [s'ouvrir] from the bottom up(wards); [compter, lire] from the bottom up ◆ **il la contempla de ~ en haut** he looked her up and down

◆ **d'en bas** ◆ **les dents/la mâchoire d'en ~** the lower teeth/jaw ◆ **les chambres d'en ~** the downstairs rooms ◆ **le supermarché d'en ~ vend du pain** the supermarket below sells bread ◆ **ceux d'en** ~ *(= voisins)* the people (who live) below; *(= personnes humbles)* the lower orders ◆ **le bruit vient d'en** ~ the noise is coming from downstairs *ou* from down below ◆ **vu d'en ~, cela ressemble à ...** seen from below, it looks like ...

◆ **du bas** *[dents, mâchoire]* lower ◆ **l'étagère/le tiroir du** ~ the bottom shelf/drawer ◆ **les appartements du** ~ the downstairs flats *(Brit) ou* apartments *(US)*, the flats *(Brit) ou* apartments *(US)* downstairs *ou* down below

◆ **en bas** *(dans une maison)* downstairs ◆ **il habite en** ~ he lives downstairs *ou* down below ◆ **les voleurs sont passés par en** ~ the thieves got in downstairs ◆ **je ne peux pas rester la tête en ~ trop longtemps** I can't stay upside down for too long ◆ **il se tenait à la branche, la tête en** ~ he was hanging upside down from the branch ◆ **le tableau est posé la tête en** ~ * the picture is upside down

◆ **en bas de** *(dans l'espace)* ◆ **en ~ de la côte/de l'escalier** at the bottom *ou* foot of the hill/of the stairs ◆ **il m'attend en ~ de l'immeuble** he's waiting for me outside the building ◆ **signez en ~ de cette page** sign at the bottom of this page ◆ **ils sont en ~ du classement** they're at the bottom of the league ◆ **en ~ de 100 dollars** *(Can)* under 100 dollars

4 - COMPOSÉS

▷ **bas de casse** *(Typo)* NM lower case

**bas²** /bɑ/ NM stocking; *(de footballeur)* sock; *(de bandit masqué)* stocking mask ◆ **~ de contention** *ou* **à varices** * support stockings *ou* hose ◆ **~ fins** sheer stockings ◆ **~ (de) nylon** nylon stockings, nylons ◆ **~ sans couture** seamless stockings ◆ **~ résille** fishnet stockings ◆ **~ de soie** silk stockings ◆ **~ de laine** *(lit)* woollen stockings; *(fig)* savings, nest egg *(fig)*

**basal, e** (mpl **-aux**) /bɑzal, o/ ADJ basal

**basalte** /bazalt/ NM basalt

**basaltique** /bazaltik/ ADJ basalt(ic)

**basane** /bazan/ NF *(= peau)* basan, bazan; *[de pantalon de cavalier]* leather padding

**basané, e** /bazane/ ADJ *[teint, visage] [de vacancier]* (sun-)tanned, sunburnt *(Brit)*; *[de marin]* tanned, weather-beaten; *(= foncé)* swarthy ◆ **individu au teint** ~ dark-skinned individual NM,F *(injurieux)* ≃ darky *(injurieux)*

**bas-côté** (pl **bas-côtés**) /bɑkote/ NM a *[de route]* verge, shoulder *(US)* b *[d'église]* (side) aisle c *(Can = appentis)* lean-to (shed), penthouse

**basculant, e** /baskylɑ̃, ɑ̃t/ ADJ *[siège]* tip-up *(épith)*; → **benne**

**bascule** /baskyl/ NF a *(= balance) [de marchandises]* weighing machine ◆ **~ (automatique)** *[de personne]* scales b *(= balançoire)* seesaw, teeter-totter *(US)* ◆ **cheval/fauteuil à** ~ rocking horse/chair ◆ **mouvement de** ~ *(lit)* rocking motion; *(fig)* turnaround ◆ **le mouvement de ~ de l'électorat** the swing in the mood of the electorate ◆ **pratiquer une politique de** ~ to run with the hare and hunt with the hounds c *(= mécanisme)* bascule ◆ **~ (bistable)** *(Ordin)* flip-flop ◆ **interrupteur à** ~ *(Élec)* toggle switch d *(Lutte)* lift-over

**basculer** /baskyle/ ► conjug 1 ◄ VI a *[personne]* to topple *ou* fall over, to overbalance; *[objet]* to fall *ou* tip over; *[benne, planche, wagon]* to tip up; *[tas]* to topple (over) ◆ **il bascula dans le vide** he toppled over the edge

b *(= changer)* to change dramatically ◆ **ma vie a basculé** my life was turned upside down ◆ **~ dans l'opposition** to swing *ou* go over to the opposition ◆ **~ dans le chaos** to be plunged into chaos ◆ **~ dans le cauchemar** to plunge into a nightmare ◆ **~ à gauche** *(Pol)* to swing to the left ◆ **tout a basculé quand le Pérou a été touché par la crise** things changed dramatically *ou* took a very different turn when Peru was affected by the crisis ◆ **le match a basculé à la 37ᵉ minute** the match changed course *ou* turned dramatically in the 37th minute

c *(Ordin)* to toggle; *(Élec)* to switch (*sur* to)

d *(loc)*

◆ **faire basculer** *[+ benne]* to tip up; *[+ contenu]* to tip out; *[+ appel téléphonique]* to divert; *[+ personne]* to knock off balance, to topple over ◆ **la gauche européenne peut faire ~ la majorité au Parlement** the European left may tilt the balance of power in the parliament ◆ **faire ~ l'opinion du côté des étudiants** to swing opinion in favour of the students ◆ **son mariage avec un Espagnol a fait ~ son destin** her marriage with a Spaniard changed the course of her life ◆ **la guerre a fait ~ sa vie** the war changed the course of her life ◆ **l'homme qui peut faire ~ son pays dans le troisième millénaire** the man who can propel his country into the third millennium ◆ **l'essai qui a fait ~ le match en faveur de Castres** the try which turned *ou* swung the match in favour of Castres ◆ **les trois témoins qui peuvent encore faire ~ le procès** the three witnesses who could still change the course of the trial

VT to tilt; *[+ charges]* to move

**basculeur** /baskylœʀ/ NM a *(Élec)* rocker switch b *[de benne]* tipper

**base** /bɑz/ NF a *[de bâtiment, colonne, triangle]* base; *[de montagne]* base, foot; *[de gâteau, maquillage]* base; *(Anat, Chim, Math, Ordin)* base; *(Ling = racine)* root ◆ **calculer en ~ 2/10** to calculate in base 2/10 ◆ **~ (de vernis à ongles)** (nail varnish) base coat

b *(= lieu, Mil)* base ◆ **~ navale/aérienne** naval/air base ◆ **rentrer à sa** *ou* **la** ~ to return to base

c *(Pol)* **la** ~ the rank and file, the grass roots ◆ **militant de** ~ grassroots activist

d *(= fondement)* basis ◆ **~s** basis *(sg)*, foundations ◆ **~s d'un traité/d'un accord** basis of a treaty/of an agreement ◆ **raisonnement fondé sur des ~s solides** solidly-based argument ◆ **il a des ~s solides en anglais** he has a good grounding in English *ou* a sound basic knowledge of English ◆ **jeter/saper les ~s de ...** to lay/undermine the foundations of ...

e *(loc)*

◆ **à base de** ◆ **produit à ~ de soude** soda-based product ◆ **cocktail à ~ de gin** gin-based cocktail

◆ **à la base** *(= fondamentalement)* basically, fundamentally

◆ **à la base de** *(= au cœur de)* ◆ **être à la ~ de** to be at the root of

◆ **de base** *(gén)* basic; *[employé]* low-ranking; *[vocabulaire]* basic, core ◆ **les métiers de ~ d'une entreprise** a company's core activities ◆ **forme de** ~ base form

◆ **sur la base de** ◆ **sur la ~ de ces renseignements** on the basis of this information ◆ **ces départs s'effectuent sur la ~ du volontariat** the redundancies will take place on a voluntary basis

COMP ▷ **base de départ** *(fig)* starting point *(fig)* ▷ **base de données** database ▷ **base d'imposition** taxable amount ▷ **base de lancement** launching site ▷ **base de loisirs** sports and recreation park ▷ **base d'opérations** base of operations, operations base ▷ **base de ravitaillement** supply base ▷ **base de temps** *(Ordin)* clock

**base(-)ball** (pl **base(-)balls**) /bɛzbol/ NM baseball

**Bas-Empire** /bɑzɑ̃piʀ/ NM ◆ **le** ~ the late Roman Empire

**baser** /bɑze/ ► conjug 1 ◄ VT a *(= fonder)* to base (*sur* on); ◆ **une économie basée sur le pétrole** an oil-based economy b **être basé quelque part** *(gén, Mil)* to be based somewhere VPR **se baser** *(= se fonder)* ◆ **se ~ sur** to base one's judgement on ◆ **sur quoi vous basez-vous ?** what is the basis of your argument?

**bas-fond** (pl **bas-fonds**) /bɑfɔ̃/ NM a *(Naut)* *(= haut-fond)* shallow, shoal; *(= dépression)* depression b *(péj)* **les ~s de la société** the lowest depths *ou* the dregs of society ◆ **les ~s de la ville** the seediest *ou* slummiest parts of the town

**BASIC** /bazik/ NM BASIC

**basilic** /bazilik/ NM *(Bot)* basil; *(Zool)* basilisk

**basilique** /bazilik/ NF *(Rel)* basilica

**basique** /bɑzik/ ADJ *(gén, Chim)* basic NM *(= vêtement)* basic item, basic

**basket** /baskɛt/ NM *(Sport)* basketball NF *(= chaussure)* **~s** *(gén)* sneakers, trainers *(Brit)*, ≃ tennis shoes *(US)*; *(pour joueur)* basketball boots *(Brit)*, high-tops *(US)* ◆ **être à l'aise dans ses ~s** * to be at ease with o.s.; → **lâcher**

**basket-ball** (pl **basket-balls**) /baskɛtbol/ NM basketball

**basketteur, -euse** /baskɛtœʀ, øz/ NM,F basketball player

**basmati** /basmati/ ADJ ◆ **riz** ~ basmati rice

**basquaise** /baskɛz/ ADJ F *(Culin)* ◆ **poulet** ~ basquaise chicken NF **Basquaise** Basque (woman)

**basque¹** /bask/ ADJ Basque ◆ **le Pays** ~ the Basque Country NM *(Ling)* Basque NMF **Basque** Basque

**basque²** /bask/ NF *[d'habit]* skirt(s); *[de robe]* basque; → **pendu**

**bas-relief** (pl **bas-reliefs**) /bɑʀəljɛf/ NM bas relief, low relief ◆ **en** ~ bas-relief *(épith)*, low-relief *(épith)*, in bas *ou* low relief

**basse²** /bɑs/ NF a *(= chanteur)* bass; *(= voix)* bass (voice); *(= contrebasse)* (double) bass; *(= guitare)* bass ◆ **flûte/trombone** ~ bass flute/trombone ◆ **~ de viole** bass viol, viola da gamba; → **doucement** b *(= partie)* ~ **chiffrée** figured bass ◆ **~ continue** (basso) continuo, thorough bass ◆ **~ contrainte** *ou* **obstinée** ground bass

**basse-cour** (pl **basses-cours**) /baskuʀ/ NF *(= lieu)* farmyard; *(= animaux)* farmyard animals ◆ **c'est une vraie ~ ce bureau !** *(péj)* this office is like a henhouse!

**basse-fosse** (pl **basses-fosses**) /bɑsfos/ NF *(littér)* dungeon

**bassement** /bɑsmɑ̃/ ADV basely, meanly, despicably

**bassesse** /bɑsɛs/ NF a *(= servilité)* servility; *(= mesquinerie)* meanness, baseness, lowness b *(= acte servile)* servile act; *(= acte mesquin)* low *ou* mean *ou* base *ou* despicable act ◆ **il ferait des ~s pour avoir de l'avancement** he'd stoop to anything to get promoted

**basset** /bɑsɛ/ NM *(Zool)* basset (hound)

**basse-taille** (pl **basses-tailles**) /bɑstɑj/ NF *(Mus)* bass baritone

**bassin** /basɛ̃/ NM a *(Anat)* pelvis b *(= pièce d'eau)* ornamental lake; *(plus petit)* pond; *[de piscine]* pool; *[de fontaine]* basin ◆ **petit/grand** ~ *[de piscine]* small/main pool ◆ **~ de décantation** settling basin *ou* tank c *(Naut)* dock ◆ **~ de radoub/de marée** dry *ou* graving/

tidal dock **d** *(= cuvette)* bowl; *(Méd)* bedpan **e** *(Géog, Géol)* basin ◆ ~ **houiller/minier** coal/mineral field *ou* basin ◆ ~ **hydrographique** catchment basin *ou* area ◆ **le Bassin parisien** the Paris Basin ◆ ~ **de retenue (d'un barrage)** (dam) reservoir ◆ ~ **industriel/sidérurgique** industrial/steel-producing area **f** *(Écon)* area ◆ ~ **d'emploi(s)** labour market area

**bassine** /basin/ NF **a** *(= cuvette)* bowl, basin ◆ ~ **à confiture** preserving pan **b** *(= contenu)* bowl(ful)

**bassiner** /basine/ ▸ conjug 1 ◂ VT **a** *[+ plaie]* to bathe; *(Agr)* to sprinkle *ou* spray (water on) **b** *[+ lit]* to warm (with a warming pan) **c** *(* = ennuyer)* to bore ◆ **elle nous bassine** she's a pain in the neck *

**bassinet** /basinɛ/ NM *(Anat)* renal pelvis; → **cracher**

**bassinoire** /basinwaʀ/ NF *(Hist)* warming pan

**bassiste** /basist/ NMF *(= contrebassiste)* double bass player; *(= guitariste)* bass guitarist

**basson** /basɔ̃/ NM *(= instrument)* bassoon; *(= musicien)* bassoonist

**bassoniste** /basɔnist/ NMF bassoonist

**basta** * /basta/ EXCL that's enough!

**baste** †† /bast/ EXCL *(= indifférence)* never mind!, who cares?; *(= dédain)* pooh!

**bastide** /bastid/ NF **a** *(= maison)* (country) house *(in Provence)* **b** *(Hist = village)* walled town *(in S.W. France)*

**bastille** /bastij/ NF fortress, castle ◆ **la Bastille** *(Hist)* the Bastille

**bastingage** /bastɛ̃gaʒ/ NM *(Naut)* (ship's) rail; *(Hist)* bulwark

**bastion** /bastjɔ̃/ NM *(= fortification)* bastion; *(fig)* bastion, stronghold

**baston** ‡ /bastɔ̃/ NM *ou* NF fight, punch-up * *(Brit)* ◆ **il va y avoir du** ~ things are going to get nasty

**bastonnade** /bastɔnad/ NF drubbing, beating

**bastonner (se)** ‡ /bastɔne/ ▸ conjug 1 ◂ VPR to fight

**bastos** /bastos/ NF *(arg Crime = balle)* slug *

**bastringue** * /bastʀɛ̃g/ NM **a** *(= objets)* junk *, clobber ‡ *(Brit)* ◆ **et tout le** ~ the whole caboodle * *(Brit)* *ou* kit and caboodle * *(US)* **b** *(= bruit)* racket *, din * **c** *(= bal)* (local) dance hall; *(= orchestre)* band

**Basutoland** /basytɔlɑ̃d/ NM Basutoland

**bas-ventre** (pl **bas-ventres**) /bavɑ̃tʀ/ NM *(= région génitale)* groin (area); *(= abdomen)* lower abdomen ◆ **il a reçu un coup de genou dans le** ~ he was kneed in the groin

**BAT** /beate/ NM (abrév de **bon à tirer**) → **bon¹**

**bat.** abrév de **bâtiment**

**bât** /bɑ/ NM *[d'âne, mule]* packsaddle ◆ **c'est là où le** ~ **blesse** *(fig)* there's the rub

**bataclan** * /bataklɑ̃/ NM junk *, clobber ‡ *(Brit)* ◆ **et tout le** ~ the whole caboodle * *(Brit)* *ou* kit and caboodle * *(US)*

**bataille** /bataj/ NF **a** *(Mil)* battle; *(= rixe, querelle)* fight; *(= controverse)* fight, dispute ◆ ~ **de rue** street fight *ou* battle ◆ ~ **juridique** legal battle ◆ **la vie est une dure** ~ life is a hard fight *ou* struggle ◆ **il arrive toujours après la** ~ *(fig)* he always turns up when it's too late

◆ **en bataille** *(Mil, Naut)* in battle order *ou* formation ◆ **il a les cheveux en** ~ his hair's a mess ◆ **le chapeau en** ~ with his hat on askew ◆ **être garé en** ~ to be parked at an angle (to the kerb)

**b** *(Cartes)* beggar-my-neighbour

COMP ▷ **bataille aérienne** air battle ▷ **bataille aéronavale** sea and air battle ▷ **bataille de boules de neige** snowball fight ▷ **bataille électorale** electoral battle ▷ **bataille navale** *(Mil)* naval battle; *(= jeu)* battleships ◆ **faire une** ~ **navale** to play battleships ▷ **bataille rangée** pitched battle ▷ **bataille terrestre** land battle

**batailler** /batɑje/ ▸ conjug 1 ◂ VI *(= lutter)* to fight, to battle ◆ ~ **ferme** to fight hard

**batailleur, -euse** /batajœʀ, øz/ ADJ pugnacious, aggressive ◆ **il est** ~ he loves a fight NM,F *(= arriviste)* fighter

**bataillon** /batajɔ̃/ NM *(Mil)* battalion; *(fig)* crowd, herd

**bâtard, e** /bɑtaʀ, aʀd/ ADJ **a** *[enfant]* † illegitimate, bastard † *(péj)* *(épith)* **b** *[œuvre, solution]* hybrid *(épith)* ◆ **chien** ~ mongrel **c** *[écriture]* slanting round-hand NM,F *(péj)* *(= personne)* illegitimate child, bastard † *(péj)*; *(= chien)* mongrel NM *(Boulangerie)* (short) loaf of bread NF **bâtarde** *(= écriture)* slanting round-hand

**bâtardise** /bɑtaʀdiz/ NF bastardy † *(péj)*, illegitimacy

**batave** /batav/ ADJ *(Hist)* Batavian; *(hum)* Dutch ◆ **la République** ~ the Batavian Republic NMF **Batave** *(Hist)* Batavian; *(hum)* Dutch person

**batavia** /batavja/ NF Webb lettuce

**bateau** (pl **bateaux**) /bato/ NM **a** *(gén)* boat; *(grand)* ship ◆ ~ **à moteur/à rames/à voiles** motor/rowing/sailing boat ◆ **prendre le** ~ *(= embarquer)* to embark, to take the boat *(à* at); *(= voyager)* to go by boat, to sail ◆ **faire du** ~ *(à voiles)* to go sailing; *(à rames)* to go boating; *(à moteur)* to go out on a motorboat ◆ **mener qn en** ~ *(fig)* to take sb for a ride *, to lead sb up the garden path *

**b** *[de trottoir]* dip *(in front of a driveway entrance)* ◆ **il s'est garé devant le** ~ he parked in front of the driveway entrance

**c** *(Couture)* **encolure** *ou* **décolleté** ~ boat neck

**d** *(* = mystification)* hoax, joke ◆ **monter un** ~ **(à qn)** to play a practical joke (on sb)

ADJ INV *(* = banal)* hackneyed ◆ **c'est (un sujet** *ou* **thème)** ~ it's the same old theme * *ou* the favourite topic (that crops up every time)

COMP ▷ **bateau amiral** flagship ▷ **bateau de commerce** merchant ship *ou* vessel ▷ **bateau de guerre** warship, battleship ▷ **bateau de pêche** fishing boat ▷ **bateau de plaisance** yacht ▷ **bateau pneumatique** inflatable boat ▷ **bateau de sauvetage** lifeboat ▷ **bateau à vapeur** steamer, steamship

**bateau-citerne** (pl **bateaux-citernes**) /batositɛʀn/ NM tanker

**bateau-école** (pl **bateaux-écoles**) /batoekɔl/ NM training ship

**bateau-feu** (pl **bateaux-feux**) /batofø/ NM lightship

**bateau-lavoir** (pl **bateaux-lavoirs**) /batolavwaʀ/ NM wash-shed (on river) ◆ **capitaine** *ou* **amiral de** ~ *(péj ou hum)* freshwater sailor

**bateau-mouche** (pl **bateaux-mouches**) /batomuʃ/ NM river boat *(for sightseeing, especially in Paris)*

**bateau-phare** (pl **bateaux-phares**) /batofaʀ/ NM lightship

**bateau-pilote** (pl **bateaux-pilotes**) /batopilɔt/ NM pilot boat

**bateau-pompe** (pl **bateaux-pompes**) /batopɔ̃p/ NM fireboat

**bateleur, -euse** /batlœʀ, øz/ NM,F † tumbler; *(péj)* buffoon

**batelier** /batəlje/ NM *(gén)* boatman, waterman; *[de bac]* ferryman

**batelière** /batəljɛʀ/ NF *(gén)* boatwoman; *[de bac]* ferrywoman

**batellerie** /batɛlʀi/ NF **a** *(= transport)* inland water transport *ou* navigation, canal transport **b** *(= bateaux)* river and canal craft

**bâter** /bɑte/ ▸ conjug 1 ◂ VT to put a packsaddle on; → **âne**

**bat-flanc** /baflɑ̃/ NM INV *[de lit]* boards

**bath** † * /bat/ ADJ INV *[personne, chose]* super *, great *, smashing * *(surtout Brit)*

**bathymètre** /batimɛtʀ/ NM bathometer, bathymeter

**bathymétrie** /batimetʀi/ NF bathometry, bathymetry

**bathymétrique** /batimetʀik/ ADJ bathymetric

**bathyscaphe** /batiskaf/ NM bathyscaphe

**bathysphère** /batisfɛʀ/ NF bathysphere

**bâti, e** /bɑti/ (ptp de **bâtir**) ADJ **a** *(Constr)* **terrain** ~ developed site ◆ **terrain non** ~ undeveloped site **b** *(fig)* **cette dissertation est bien/mal** ~**e** this essay is/is not well constructed ◆ **Robert est bien** ~ Robert is well-built NM **a** *(Couture)* tacking *(NonC)* ◆ **point de** ~ tacking stitch **b** *(Constr)* *[de porte]* frame; *[de machine]* stand, support, frame

**batifolage** /batifɔlaʒ/ NM **a** *(= folâtrerie)* frolicking *ou* larking *(Brit)* about **b** *(= flirt)* dallying, flirting **c** *(= perte de temps)* messing *ou* larking *(Brit)* about

**batifoler** * /batifɔle/ ▸ conjug 1 ◂ VI **a** *(= folâtrer)* to frolic *ou* lark *(Brit)* about **b** *(= flirter)* to dally, to flirt *(avec* with) **c** *(péj = perdre son temps)* to mess *ou* lark *(Brit)* about

**batik** /batik/ NM batik

**bâtiment** /bɑtimɑ̃/ NM **a** *(= édifice)* building ◆ ~**s d'habitation** living quarters ◆ ~**s d'exploitation** farm buildings *ou* sheds **b** *(= industrie)* **le** ~ the building industry *ou* trade ◆ **être dans le** ~ to be in the building trade, to be a builder **c** *(Naut)* ship, vessel ◆ ~ **de guerre** warship

**bâtir** /bɑtiʀ/ ▸ conjug 2 ◂ VT **a** *(Constr)* to build ◆ **(se) faire** ~ **une maison** to have a house built ◆ **se** ~ **une maison** to build o.s. a house ◆ ~ **sur le roc/sable** *(lit, fig)* to build on rock/sand ◆ **terrain/pierre à** ~ building land/stone **b** *[+ hypothèse]* to build (up); *[+ phrase]* to construct, to build; *[+ fortune]* to amass, to build up; *[+ réputation]* to build (up), to make *(sur* on); *[+ plan]* to draw up **c** *(Couture)* to tack, to baste ◆ **fil/coton à** ~ tacking *ou* basting thread/cotton VPR **se bâtir la maison s'est bâtie en 3 jours** the house was built *ou* put up in 3 days

**bâtisse** /bɑtis/ NF **a** *(= maison)* building; *(péj)* great pile *ou* edifice **b** *(Tech)* masonry

**bâtisseur, -euse** /bɑtisœʀ, øz/ NM,F builder ◆ ~ **d'empire** empire builder

**batiste** /batist/ NF batiste, cambric, lawn

**Batobus** ® /batobys/ NM river bus

**bâton** /bɑtɔ̃/ NM **a** *(= morceau de bois)* stick; *(= canne)* stick, staff *(littér)*; *(Rel = insigne)* staff; *(= trique)* club, cudgel; *(à deux mains)* staff; *[d'agent de police]* baton ◆ **il est mon** ~ **de vieillesse** *(hum)* he is the prop *ou* staff of my old age *(hum)*

**b** *[de craie, encens, réglisse]* stick ◆ ~ **de rouge (à lèvres)** lipstick

**c** *(= trait)* vertical line *ou* stroke ◆ **faire des** ~**s** *(Scol)* to draw vertical lines *(when learn-*

*ing to write)* ◆ **caractères ~(s)** *(Typo)* sans-serif characters

**d** *(* = million de centimes)* ten thousand francs

**e** *(loc)* **il m'a mis des ~s dans les roues** he put a spoke in my wheel, he put a spanner *(Brit)* *ou* wrench *(US)* in the works (for me) ◆ **parler à ~s rompus** to talk about this and that ◆ **conversation à ~s rompus** desultory conversation

COMP ▷ **bâton de berger** shepherd's crook ▷ **bâton blanc** † *[d'agent de police]* policeman's baton ▷ **bâton de chaise** chair rung ▷ **bâton de maréchal** *(lit)* marshal's baton ◆ **ce poste, c'est son ~ de maréchal** *(fig)* that's the highest post he'll ever hold ▷ **bâton de pèlerin** *(Rel)* pilgrim's staff ◆ **prendre son ~ de pèlerin** to set out on a mission ▷ **bâton de pluie** rainstick ▷ **bâton de ski** ski stick *ou* pole

**bâtonner** †† /batɔne/ ▸ conjug 1 ◂ VT to beat with a stick, to cudgel

**bâtonnet** /batɔnɛ/ NM short stick *ou* rod; *(Anat)* rod; *(pour nettoyer les oreilles)* cotton bud ◆ **~ glacé** ice pop ◆ **~s de poisson pané** fish fingers *(Brit)*, fish sticks *(US)*

**bâtonnier, -ière** /batɔnje, jɛʀ/ NM,F ≈ president of the Bar

**batracien** /batʀasjɛ̃/ NM batrachian

**battage** /bataʒ/ NM **a** *[de tapis, or]* beating; *[de céréales]* threshing **b** *(* = publicité)* hype * ◆ **~ médiatique** media hype ◆ **faire du ~ autour de qch/qn** to give sth/sb a plug *, to hype sth/sb *

**battant, e** /batɑ̃, ɑ̃t/ NM *[de cloche]* clapper, tongue; *[de volet]* shutter, flap ◆ **~ (de porte)** (left-hand *ou* right-hand) door *(of a double door)* ◆ **~ (de fenêtre)** (left-hand *ou* right-hand) window ◆ **porte à double ~** *ou* **à deux ~s** double door(s) NM,F *(= personne)* fighter *(fig)*, go-getter * ADJ → **battre, pluie, tambour**

**batte** /bat/ NF *(à beurre)* dasher; *[de blanchisseuse]* washboard; *(Sport)* bat

**battement** /batmɑ̃/ NM **a** *(= claquement) [de porte, volet]* banging *(NonC)*; *[de pluie]* beating *(NonC)*, (pitter-)patter *(NonC)*; *[de tambour]* beating *(NonC)*, rattle *(NonC)*; *[de voile, toile]* flapping *(NonC)*

**b** *(= mouvement) [d'ailes]* flapping *(NonC)*, flutter *(NonC)*, beating *(NonC)*; *[de cils]* fluttering *(NonC)*; *[de rames]* plash *(NonC)*, splash *(NonC)* ◆ **~ de paupières** blinking *(NonC)* ◆ **~s de jambes** leg movements

**c** *(Méd) [de cœur]* beat, beating *(NonC)*; *[de pouls]* beat, throbbing *(NonC)*, beating *(NonC)*; *(irrégulier)* fluttering *(NonC)*; *[de tempes]* throbbing *(NonC)* ◆ **avoir/donner des ~s de cœur** to get *ou* have/give palpitations

**d** *(= intervalle)* interval ◆ **deux minutes de ~** *(= pause)* a two-minute break; *(= attente)* two minutes' wait; *(= temps libre)* two minutes to spare ◆ **j'ai une heure de ~ de 10 à 11** I'm free for an hour *ou* I've got an hour to spare between 10 and 11

**e** *(Radio)* beat; *(Phon)* flap

**batterie** /batʀi/ NF **a** *(Mil)* battery ◆ **~ de missiles/antichars/côtière** missile/anti-tank/coastal battery ◆ **mettre des canons en ~** to unlimber guns ◆ **les journalistes attendaient, caméras en ~** the journalists were waiting with their cameras at the ready ◆ **changer/dresser ses ~s** *(fig)* to change/lay *ou* make one's plans ◆ **dévoiler ses ~s** *(fig)* to unmask one's guns

**b** *(Mus = percussion)* percussion (instruments); *(Jazz = instruments)* drum kit ◆ **Luc Cohen à la ~** Luc Cohen on drums *ou* percussion

**c** *(Aut, Élec)* battery; → **recharger**

**d** *(= groupe) [de tests, radars, mesures]* battery ◆ **~ de projecteurs** bank of spotlights

**e** ◆ **~ de cuisine** *(Culin)* pots and pans, kitchen utensils; *(* = décorations)* gongs *, ironmongery *

**f** *(Agr)* battery ◆ **élevage en ~** battery farming *ou* rearing ◆ **poulets de ~** battery chickens

**g** *(Danse)* batterie

**batteur** /batœʀ/ NM **a** *(Culin)* whisk, beater **b** *(= métier) (Mus)* drummer, percussionist; *(Agr)* thresher; *(Métal)* beater; *(Cricket)* batsman; *(Base-ball)* batter

**batteuse** /batøz/ NF **a** *(Agr)* threshing machine **b** *(Métal)* beater

**battle-dress** /batœldʀɛs/ NM INV battle-dress

**battoir** /batwaʀ/ NM **a** *[de laveuse]* beetle, battledore; *(à tapis)* (carpet) beater **b** *(= grandes mains)* **~s** * huge hands, enormous mitts ‡

**battre** /batʀ/ ▸ conjug 41 ◂ VT **a** *(= vaincre) [+ adversaire, équipe]* to beat, to defeat ◆ **se faire ~** to be beaten *ou* defeated ◆ **il ne se tient pas pour battu** he doesn't consider himself beaten *ou* defeated ◆ **~ qn (par) 6 à 3** *(Sport)* to beat sb 6-3 ◆ **~ qn à plate(s) couture(s)** to thrash sb, to beat sb hands down; → **record**

**b** *[+ personne] (= frapper)* to beat, to strike, to hit ◆ **elle ne bat jamais ses enfants** she never hits *ou* smacks her children ◆ **~ qn comme plâtre** * to beat the living daylights out of sb *, to thrash *ou* beat sb soundly ◆ **~ qn à mort** to batter *ou* beat sb to death ◆ **regard de chien battu** hangdog *ou* cowering look ◆ **femmes battues** battered women

**c** *[+ tapis, linge, fer, or]* to beat; *[+ blé]* to thresh ◆ **il faut ~ le fer pendant qu'il est chaud** *(Prov)* we (*ou* you *etc*) should strike while the iron is hot *(Prov)* ◆ **il battit l'air/l'eau des bras** his arms thrashed the air/water ◆ **~ le fer à froid** to cold hammer iron ◆ **son manteau lui bat les talons** his coat is flapping round his ankles ◆ **~ le briquet** † to strike a light

**d** *(= agiter) [+ beurre]* to churn; *[+ blanc d'œuf]* to beat (up), to whip, to whisk; *[+ crème]* to whip; *[+ cartes]* to shuffle; → **neige**

**e** *(= parcourir) [+ région]* to scour, to comb ◆ **~ le pays** to scour the countryside ◆ **~ les buissons** *(Chasse)* to beat the bushes (for game) ◆ **hors des sentiers battus** off the beaten track ◆ **~ la campagne** *(fig)* to let one's mind wander ◆ **~ le pavé** to wander aimlessly about *ou* around

**f** *(= heurter) [pluie]* to beat *ou* lash against; *[mer]* to beat *ou* dash against; *(Mil) [+ positions, ennemis]* to batter ◆ **littoral battu par les tempêtes** storm-lashed coast

**g** *(Mus)* **~ la mesure** to beat time ◆ **~ le tambour** *(lit)* to beat the drum; *(fig)* to shout from the rooftops ◆ **~ le rappel** to call to arms ◆ **~ le rappel de ses souvenirs** to summon up one's old memories ◆ **~ le rappel de ses amis** to rally one's friends ◆ **~ la retraite** to sound the retreat

**h** *(loc)* **~ la breloque** † *[appareil]* to be erratic ◆ **son cœur bat la breloque** his heart is none too good, he has a bad *ou* dicky * *(Brit)* heart ◆ **son cœur battait la chamade** his heart was pounding *ou* beating wildly ◆ **~ en brèche une théorie** to demolish a theory ◆ **~ froid à qn** to cold-shoulder sb, to give sb the cold shoulder ◆ **~ son plein** *[saison touristique]* to be at its height; *[fête]* to be going full swing ◆ **~ la semelle** to stamp one's feet (to keep warm) ◆ **~ pavillon britannique** to fly the British flag, to sail under the British flag ◆ **~ monnaie** to strike *ou* mint coins ◆ **~ sa coulpe** to beat one's breast *(fig)* ◆ **j'en ai rien à ~** ‡ I don't care a fig * *ou* a damn ‡

VI *[cœur, pouls]* to beat; *[montre, métronome]* to tick; *[pluie]* to beat, to lash (*contre* against); *[porte, volets]* to bang, to rattle; *[voile, drapeau]* to flap; *[tambour]* to beat ◆ **son cœur bat pour lui** *(hum)* he's her heart-throb ◆ **son cœur battait d'émotion** his heart was beating wildly *ou* pounding with emotion ◆ **le cœur battant** with beating *ou* pounding heart; → **retraite**

VT INDIR **battre de** ◆ **~ des mains** to clap one's hands; *(fig)* to dance for joy, to exult ◆ **~ du tambour** to beat the drum ◆ **l'oiseau bat des ailes** the bird is beating *ou* flapping its wings ◆ **~ de l'aile** *(fig)* to be in a bad way

VPR **se battre** **a** *(dans une guerre, un combat)* to fight (*avec* with; *contre* against); *(= se disputer)* to quarrel; *(fig)* to fight, to battle, to struggle (*contre* against); ◆ **se ~ comme des chiffonniers** to fight like cat and dog ◆ **se ~ au couteau/à la baïonnette** to fight with knives/bayonets ◆ **nos troupes se sont bien battues** our troops fought well *ou* put up a good fight ◆ **se ~ en duel** to fight a duel ◆ **se ~ contre des moulins à vent** to tilt at windmills ◆ **il faut se ~ pour arriver à obtenir quelque chose** you have to fight to get what you want ◆ **se ~ avec un problème** to struggle *ou* battle with a problem

**b** *(fig)* **se ~ les flancs** to rack one's brains ◆ **je m'en bats l'œil** ‡ I don't care a fig * *ou* a damn ‡

**battu, e**[1] /baty/ (ptp de **battre**) ADJ → **battre, jeté, œil, pas**[1]**, terre**

**battue**[2] /baty/ NF *(Chasse)* battue, beat; *(pour retrouver qn)* search

**batture** /batyʀ/ NF *(Can)* sand bar, strand

**bau** (pl **baux**) /bo/ NM *(Naut)* beam

**baud** /bo/ NM *(Ordin)* baud

**baudelairien, -ienne** /bodlɛʀjɛ̃, jɛn/ ADJ of Baudelaire, Baudelairean

**baudet** /bodɛ/ NM **a** *(Zool)* donkey, ass **b** *(Menuiserie)* trestle, sawhorse

**baudrier** /bodʀije/ NM *[d'épée]* baldric; *[de drapeau]* shoulder-belt; *(Alpinisme)* harness; *(pour matériel)* gear sling; → **Orion**

**baudroie** /bodʀwa/ NF angler (fish)

**baudruche** /bodʀyʃ/ NF *(= caoutchouc)* rubber; *(péj) (= personne)* wimp *, spineless character; *(= théorie)* empty theory, humbug * ◆ **ça s'est dégonflé comme une ~** it came to nothing *ou* vanished into thin air; → **ballon**[1]

**bauge** /boʒ/ NF *[de sanglier, porc]* wallow

**baume** /bom/ NM *(lit)* balm, balsam; *(fig)* balm ◆ **~ après-rasage/pour les lèvres** aftershave/lip balm ◆ **ça lui a mis du ~ au cœur** *(consolé)* it was a great comfort to him; *(rassuré)* it heartened him

**Baumé** /bome/ N → **degré**

**baux** /bo/ pl de **bail, bau**

**bauxite** /boksit/ NF bauxite

**bavard, e** /bavaʀ, aʀd/ ADJ *[personne]* talkative; *[discours, récit]* long-winded, wordy ◆ **il est ~ comme une pie** he's a real chatterbox NM,F chatterbox, prattler; *(péj)* gossip, blabbermouth *

**bavardage** /bavaʀdaʒ/ NM *(= papotage)* chatting, talking; *(= jacasserie)* chattering, prattling; *(= commérage)* gossiping ◆ **j'entendais leur(s) ~(s)** I could hear them talking *ou* chattering

**bavarder** /bavaʀde/ ▸ conjug 1 ◂ VI **a** *(= papoter)* to chat, to talk; *(= jacasser)* to chatter, to prattle; *(= commérer)* to gossip ◆ **arrêtez de**

~ ! stop that chattering! **b** *(= divulguer un secret)* to blab *, to give the game away, to talk

**bavarois, e** /bavaʀwa, waz/ **ADJ** Bavarian **NM,F** **a** *(= personne)* **Bavarois(e)** Bavarian **b** *(Culin)* bavarois ◆ **~(e) aux fraises** strawberry bavarois

**bavasser** * /bavase/ ▸ conjug 1 ◂ **VI** *(= bavarder)* to blather (on) *, to natter * *(Brit)*

**bave** /bav/ **NF** *[de personne]* dribble; *[d'animal]* slaver, slobber; *[de chien enragé]* foam, froth; *[d'escargot]* slime; *[de crapaud]* spittle; *(fig)* venom, malicious words ◆ **la ~ du crapaud n'atteint pas la blanche colombe** *(Prov)* sticks and stones might break my bones but names will never hurt me *(Prov)*

**baver** /bave/ ▸ conjug 1 ◂ **VI** **a** *[personne]* to dribble; *(beaucoup)* to slobber, to drool; *[animal]* to slaver, to slobber; *[chien enragé]* to foam *ou* froth at the mouth; *[stylo]* to leak; *[pinceau]* to drip; *[liquide]* to run

♦ **en baver** * ◆ **en ~ d'admiration** to gasp in admiration ◆ **en ~ d'envie** to be green with envy ◆ **en ~** *(= souffrir)* to have a rough *ou* hard time of it * ◆ **il m'en a fait ~** he really gave me a rough *ou* hard time * ◆ **elle n'a pas fini d'en ~ avec son fils** she hasn't seen the last of her troubles with her son yet

**b** *(littér)* **~ sur la réputation de qn** to besmear *ou* besmirch sb's reputation

**VT** ◆ **il en a bavé des ronds de chapeau** ‡ his eyes nearly popped out of his head *

**bavette** /bavɛt/ **NF** **a** *[de tablier, enfant]* bib; *(Aut = garde-boue)* mudguard, mud flap **b** *(= viande)* undercut; → **tailler**

**baveux, -euse** /bavø, øz/ **ADJ** *[bouche]* dribbling, slobbery; *[enfant]* dribbling ◆ **omelette baveuse** runny omelette ◆ **lettre baveuse** *(Typo)* blurred *ou* smeared letter

**Bavière** /bavjɛʀ/ **NF** Bavaria

**bavoir** /bavwaʀ/ **NM** bib

**bavolet** /bavɔlɛ/ **NM** *[de manteau]* (gun) flap

**bavure** /bavyʀ/ **NF** **a** *(= tache)* smudge, smear; *(Tech)* burr **b** *(= erreur)* blunder ◆ **~ policière** police blunder ◆ **sans ~(s)** *[travail]* flawless, faultless

**bayadère** /bajadɛʀ/ **NF** bayadère **ADJ** *[tissu]* colourfully striped

**bayer** /baje/ ▸ conjug 1 ◂ **VI** ◆ **~ aux corneilles** to stand gaping, to stand and gape

**bayou** /baju/ **NM** bayou

**bazar** /bazaʀ/ **NM** **a** *(= magasin)* general store; *(oriental)* bazaar ◆ **psychologie de ~** pop psychology **b** (* *= effets)* junk * *(NonC)*, gear ‡ *(NonC)*, things * **c** (* *= désordre)* clutter, jumble, shambles *(NonC)* ◆ **quel ~ !** what a shambles! * ◆ **il a mis le ~ dans mes photos** he jumbled all my photos up ◆ **et tout le ~** and all the rest, and what have you *, the whole caboodle *, the whole kit and caboodle * *(US)*

**bazarder** * /bazaʀde/ ▸ conjug 1 ◂ **VT** *(= jeter)* to get rid of, to chuck out *, to ditch *; *(= vendre)* to get rid of, to sell off, to flog ‡ *(Brit)*

**bazooka** /bazuka/ **NM** bazooka

**BCBG** /besebeʒe/ **ADJ** (abrév de **bon chic bon genre**) → **bon¹**

> **BCBG**
>
> The adjective « bon chic bon genre » or **BCBG** refers to a particular stereotype of the French upper middle class. To be **BCBG** is to be quite well-off (though not necessarily wealthy), to be conservative in both outlook and dress, and to attach importance to social standing and outward signs of respectability.

**BCE** /beseə/ **NF** (abrév de **Banque centrale européenne**) ECB

**BCG** /beseʒe/ **NM** (abrév de **bacille Bilié Calmette et Guérin**) BCG

**BD** /bede/ **NF** **a** (abrév de **bande dessinée**) **la ~** comic strips, strip cartoons *(Brit)*, comics *(US)* ◆ **une ~** *(dans un journal)* a comic strip, a strip cartoon *(Brit)*; *(= livre)* a comic book ◆ **auteur de ~** comic strip writer, strip cartoonist *(Brit)* ◆ **l'histoire romaine en ~** a comic-strip book of Roman history; → BANDE DESSINÉE **b** (abrév de **base de données**) DB

**bd** abrév de **boulevard**

**bê** /bɛ/ **EXCL** baa!

**beach-volley** /bitʃvɔlɛ/ **NM** beach volleyball

**beagle** /bigl/ **NM** beagle

**béant, e** /beɑ̃, ɑ̃t/ **ADJ** *[blessure]* gaping, open; *[bouche]* gaping, wide open; *[yeux]* wide open; *[gouffre]* gaping, yawning

**béarnais, e** /beaʀnɛ, ɛz/ **ADJ** *[personne]* from the Béarn ◆ **(sauce) ~e** Béarnaise sauce **NM,F** **Béarnais(e)** inhabitant *ou* native of the Béarn

**béat, e** /bea, at/ **ADJ** **a** *(hum)* *(= heureux)* *[personne]* blissfully happy; *(= content de soi)* smug **b** *(= niais)* *[sourire, air]* beatific, blissful ◆ **optimisme ~** blind optimism ◆ **admiration ~e** blind *ou* dumb admiration ◆ **être ~ d'admiration** to be struck dumb with admiration ◆ **regarder qn d'un air ~** to look at sb in open-eyed wonder

**béatement** /beatmɑ̃/ **ADV** *[sourire]* beatifically ◆ **il contemplait ~ son assiette** he was looking at his plate with an expression of blissful contentment ◆ **on s'endormit ~ jusqu'à l'heure du dîner** we slept blissfully until dinner time

**béatification** /beatifikasjɔ̃/ **NF** beatification

**béatifier** /beatifje/ ▸ conjug 7 ◂ **VT** to beatify

**béatitude** /beatityd/ **NF** *(Rel)* beatitude; *(= bonheur)* bliss ◆ **les Béatitudes** the Beatitudes

**beatnik** /bitnik/ **NMF** beatnik ◆ **la génération ~** the beat generation

**Béatrice** /beatʀis/ **NF** Beatrice

## beau, belle /bo, bɛl/

Devant nom masculin commençant par voyelle ou h muet = **bel**; masculin pluriel = **beaux**

| | |
|---|---|
| 1 ADJECTIF | 2 NOM MASCULIN |
| | 3 NOM FÉMININ |

1 - ADJECTIF

**a** [= qui plaît au regard, à l'oreille] *[objet, paysage, jambes]* beautiful, lovely; *[femme]* beautiful, good-looking; *[homme]* handsome, good-looking ◆ **il m'a fait un très ~ cadeau** he gave me a really nice *ou* a lovely present ◆ **il a une belle tête** he's got a nice face ◆ **les ~x quartiers** the smart *ou* posh * districts ◆ **le ~ Serge était là** *(hum)* the gorgeous Serge was there ◆ **il est ~ comme le jour** *ou* **comme un dieu** he's like a Greek god ◆ **tu es ~ comme un camion tout neuf !** * *(hum)* don't you look smart! ◆ **il est ~ garçon** he's good-looking ◆ **se faire ~** to get dressed up *ou* spruced up ◆ **se faire belle** *(= s'habiller, se maquiller)* to do o.s. up ◆ **avec lui, c'est sois belle et tais-toi** he expects you to just sit there and look pretty ◆ **porter ~** *(littér)* to look dapper ◆ **mettre ses ~x habits** to put on one's best clothes

**b** [= qui plaît à l'esprit, digne d'admiration] *[discours, match]* fine; *[film, poème, roman]* beautiful, fine; *[nom]* beautiful ◆ **il a fait du ~ travail** he did a really good job ◆ **il y a quelques ~x moments dans cette pièce** there are some fine moments in the play ◆ **elle a fait une belle carrière** she had a successful career ◆ **c'est une belle mort** it's a good way to go ◆ **une belle âme** a fine *ou* noble nature ◆ **un ~ geste** a noble act, a fine gesture ◆ **ce n'est pas ~ de mentir** it isn't nice to tell lies ◆ **il ferait ~ voir que ...** it would be a fine thing if ... ◆ **il ferait ~ voir qu'il mente !** he'd better not be lying!; → **joueur** *etc*

**c** [= agréable] *[voyage]* lovely; *[journée]* beautiful, fine ◆ **par une belle soirée d'été** on a beautiful *ou* fine summer's evening ◆ **il fait ~** the weather's fine *ou* nice ◆ **il fait très ~** the weather's beautiful ◆ **la mer était belle** *(sans vagues)* the sea was calm ◆ **c'est le bel âge** those are the best years of your life ◆ **c'est le plus ~ jour de ma vie !** this is the best day of my life! ◆ **c'est trop ~ pour être vrai** it's too good to be true ◆ **ce serait trop ~ !** that would be too much to hope for!; → **jeu, rôle** *etc*

**d** [intensif] *[revenu, profit]* handsome; *[résultat, occasion]* excellent, fine; *[brûlure, peur]* nasty ◆ **ça fait une belle somme !** that's a tidy * sum (of money)! ◆ **il en reste un ~ morceau** there's still a good bit (of it) left ◆ **le film a remporté un ~ succès** the film was a big *ou* great success ◆ **ça a fait un ~ scandale** it caused quite a scandal, it caused a big scandal ◆ **95 ans, c'est un bel âge** 95 is a good age *ou* a fine old age ◆ **il est arrivé un ~ matin/jour** he turned up one fine morning/day ◆ **il a attrapé une belle bronchite** he's got a nasty attack *ou* a bad bout of bronchitis ◆ **c'est un ~ menteur** he's a terrible *ou* the most awful liar ◆ **c'est un ~ salaud** ‡ he's a real bastard *‡

**e** [locutions] **tout ~(, tout ~) !** † steady on!, easy does it!

♦ **avoir beau** + *infinitif* ◆ **on a ~ faire/dire, ils n'apprennent rien** whatever you do/say *ou* no matter what you do/say, they don't learn anything ◆ **on a ~ protester, personne n'écoute** however much *ou* no matter how much you protest, no one listens ◆ **il a eu ~ essayer, il ...** however much *ou* whatever he tried, he ..., try as he might, he ... ◆ **on a ~ dire, il n'est pas bête** say what you like, he is not stupid

♦ **l'avoir belle de** * ◆ **il l'avait belle de s'échapper/de lui dire ce qu'il pensait** it would have been easy for him to escape/to say what he thought

♦ **bel et bien** well and truly ◆ **il s'est bel et bien trompé** he got it well and truly wrong ◆ **cet homme a bel et bien existé** the man really did exist ◆ **il est bel et bien mort** he's well and truly dead, he's dead all right * ◆ **ils sont bel et bien entrés par la fenêtre** they got in through the window, there's no doubt about that, they got in through the window all right *

♦ **de plus belle** even more ◆ **crier de plus belle** to shout even louder ◆ **rire de plus belle** to laugh even louder *ou* harder ◆ **reprendre de plus belle** *[combat, polémique, violence]* to start up again with renewed vigour ◆ **continuer de plus belle** *[discrimination, répression]* to be worse than ever

2 - NOM MASCULIN

a [esthétiquement] **le** ~ the beautiful ◆ **le culte du** ~ the cult of beauty ◆ **elle n'aime que le** ~ she only likes what is beautiful ◆ **elle n'achète que du** ~ she only buys the best quality

b [Helv = beau temps] nice weather ◆ **ils ont annoncé du** ~ they've forecast nice weather ◆ **il fait grand** ~ it's lovely weather

c [locutions] **c'est du** ~ **!** *(iro)* lovely! *(iro)*; *(reproche)* that was a fine thing to do! *(iro)*; *(consternation)* this is a fine business! *ou* a fine mess! ◆ **le plus** ~ **de l'histoire, c'est que ...** the best part is that ...

◆ **au beau** ◆ **être au** ~ *[temps]* to be fine, to be set fair ◆ **être au** ~ **(fixe)** *[baromètre]* to be set fair; *[relations]* to be as good as ever ◆ **nos rapports ne sont pas au** ~ **fixe** things are a bit strained between us ◆ **son moral n'est pas au** ~ **fixe** he's in low spirits ◆ **la situation n'est pas au** ~ **fixe** things aren't looking too good

◆ **faire le beau** *[chien]* to sit up and beg; *(péj) [personne]* to curry favour (*devant* with)

3 - NOM FÉMININ

**belle**

a [= femme] beautiful woman ◆ **sa belle** *(= compagne)* his lady friend ◆ **ma belle !** * sweetie! *, sweetheart! ◆ **"la Belle au bois dormant"** *(Littérat)* "Sleeping Beauty" ◆ **"la Belle et la Bête"** *(Littérat)* "Beauty and the Beast"

b [Jeux, Sport] decider, deciding match ◆ **on fait la belle ?** shall we play a decider?

c [*: iro = action, parole] **en faire de belles** to get up to mischief ◆ **il en a fait de belles quand il était jeune** he was a bit wild when he was young ◆ **en apprendre/dire de belles sur qn** to hear/say things about sb *(euph)* ◆ **j'en ai entendu de belles sur son compte** I've heard some stories about him

d *[prisonnier]* **se faire la belle** * to break out of jail, to go over the wall *

**beaucoup** /boku/ ADV a *(modifiant verbe)* a lot, (very) much, a great deal ◆ **il mange** ~ he eats a lot ◆ **elle lit** ~ she reads a great deal *ou* a lot ◆ **elle ne lit pas** ~ she doesn't read much *ou* a great deal *ou* a lot ◆ **la pièce ne m'a pas** ~ **plu** I didn't like the play very much ◆ **il s'intéresse** ~ **à la peinture** he's very interested in painting, he takes a lot *ou* a great deal of interest in painting ◆ **il y a** ~ **à faire/voir** there's a lot to do/see ◆ **il a** ~ **voyagé/lu** he has travelled/read a lot *ou* extensively *ou* a great deal

◆ **beaucoup de** *(quantité)* a great deal of, a lot of, much; *(nombre)* many, a lot of, a good many ◆ ~ **de monde** a lot of people, a great *ou* good many people ◆ **avec** ~ **de soin/plaisir** with great care/pleasure ◆ **il ne reste pas** ~ **de pain** there isn't a lot of *ou* isn't (very) much bread left ◆ **j'ai** ~ **(de choses) à faire** I have a lot (of things) to do ◆ **pour ce qui est de l'argent/du lait, il en reste** ~**/il n'en reste pas** ~ as for money/milk, there is a lot left/there isn't a lot *ou* much left ◆ **vous attendiez des touristes, y en a-t-il eu** ~ **? – oui (il y en a eu)** ~ you were expecting tourists and were there many *ou* a lot (of them)? – yes there were (a good many *ou* a lot of them) ◆ **j'en connais** ~ **qui pensent que ...** I know a great many (people) *ou* a lot of people who think that ... ◆ **il a** ~ **d'influence** he has a great deal *ou* a lot of influence, he is very influential ◆ **il a eu** ~ **de chance** he's been very lucky

◆ **de beaucoup** by far, by a long way ◆ **elle est de** ~ **la meilleure élève** she's by far *ou* she's far and away the best pupil, she's the best pupil by far ◆ **il l'a battu de** ~ he beat him by miles * *ou* by a long way ◆ **il est de** ~ **ton aîné** he's very much *ou* a great deal older than you ◆ **il est de** ~ **supérieur** he is greatly *ou* far superior ◆ **il préférerait de** ~ **s'en aller** he'd much rather leave ◆ **il s'en faut de** ~ **qu'il soit au niveau** he is far from being up to standard, he's nowhere near up to standard

b *(modifiant adv)* much, far, a good deal, a lot ◆ ~ **plus rapide** much *ou* a good deal *ou* a lot quicker ◆ **elle travaille** ~ **trop** she works far too much ◆ **elle travaille** ~ **trop lentement** she works much *ou* far too slowly ◆ **se sentir** ~ **mieux** to feel much *ou* miles * better ◆ ~ **plus d'eau** much *ou* a lot *ou* far more water ◆ ~ **moins de gens** many *ou* a lot *ou* far fewer people ◆ **il est susceptible, il l'est même** ~ he's touchy, in fact he's very touchy indeed

c *(employé seul = personnes)* many ◆ **ils sont** ~ **à croire que ...,** ~ **croient que ...** many *ou* a lot of people think that ... ◆ ~ **d'entre eux** a lot *ou* many of them

d *(loc)* **c'est déjà** ~ **de l'avoir fait** *ou* **qu'il l'ait fait** it was quite something *ou* quite an achievement to have done it at all ◆ **à** ~ **près** far from it ◆ **c'est** ~ **dire** that's an exaggeration *ou* an overstatement, that's saying a lot ◆ **être pour** ~ **dans une décision/une nomination** to be largely responsible for a decision/an appointment, to have a big hand in making a decision/an appointment ◆ **il y est pour** ~ he's largely responsible for it, he had a lot to do with it

**beauf** * /bof/ ADJ *[goûts, tenue]* tacky * NM a *(= beau-frère)* brother-in-law b *(péj)* *narrow-minded Frenchman with conservative attitudes and tastes*

> **Beauf**
>
> The word **beauf** is an abbreviation of « beau-frère » (brother-in-law). It is a pejorative and humorous term used to refer to stereotypical ordinary Frenchmen who are perceived as being somewhat vulgar, narrow-minded and chauvinistic.

**beau-fils** (pl **beaux-fils**) /bofis/ NM *(= gendre)* son-in-law; *(d'un remariage)* stepson

**beaufort** /bofɔʀ/ NM a *(= fromage) type of gruyère cheese* b ◆ **Beaufort** → **échelle**

**beau-frère** (pl **beaux-frères**) /bofʀɛʀ/ NM brother-in-law

**beaujolais** /boʒɔlɛ/ NM a *(= région)* **le Beaujolais** the Beaujolais region b *(= vin)* beaujolais, Beaujolais ◆ **le** ~ **nouveau** (the) beaujolais *ou* Beaujolais nouveau, (the) new beaujolais *ou* Beaujolais

**beau-papa** * (pl **beaux-papas**) /bopapa/ NM father-in-law, dad-in-law * *(Brit)*

**beau-père** (pl **beaux-pères**) /bopɛʀ/ NM *(= père du conjoint)* father-in-law; *(= nouveau mari de la mère)* stepfather

**beaupré** /bopʀe/ NM bowsprit

**beauté** /bote/ NF a *(gén)* beauty; *[d'homme]* handsomeness ◆ **les** ~**s de Rome** *(= belles choses)* the beauties of Rome ◆ **de toute** ~ very beautiful, magnificent ◆ **c'est ça la** ~ **de la chose** that's the beauty of it ◆ **se (re)faire une** ~ to powder one's nose, to do one's face * ◆ **faire qch pour la** ~ **du geste** to do sth for the sake of it ◆ **la** ~ **du diable** youthful beauty *ou* bloom; → **concours, produit, reine, soin**

◆ **en beauté** ◆ **vous êtes en** ~ **ce soir** you look radiant this evening ◆ **finir** *ou* **terminer qch en** ~ to complete sth brilliantly, to finish sth with a flourish ◆ **finir en** ~ to end with a flourish, to finish brilliantly

b *(= belle femme)* beauty

**beaux** /bo/ ADJ MPL → **beau**

**beaux-arts** /bozaʀ/ NMPL a *(= arts)* ◆ **les** ~ fine arts b *(= école)* *(à Paris)* the (École des) Beaux-Arts *(the French national college of art and architecture)*, *(en province)* art college

**beaux-parents** /bopaʀɑ̃/ NMPL *[d'homme]* wife's parents, in-laws *; *[de femme]* husband's parents, in-laws *

**bébé** /bebe/ NM *(= enfant, animal)* baby; *(= poupée)* dolly * ◆ ~ **éléphant/girafe** baby elephant/giraffe ◆ **elle attend un** ~ she's expecting a baby ◆ **avoir** *ou* **faire un** ~ to have a baby ◆ **faire le** ~ to behave *ou* act like a baby ◆ **il est resté très** ~ he's stayed very babyish ◆ **jeter le** ~ **avec l'eau du bain** to throw out the baby with the bathwater ◆ **on lui a repassé** *ou* **refilé le** ~ * he was left holding the baby COMP ▷ **bébé-bulle** bubble baby *(baby who has to live in a sterile environment because of an immune deficiency)* ▷ **bébé-éprouvette** test-tube baby ▷ **bébé-nageur** *baby that swims*

**bebelle** /bəbɛl/, **bébelle** /bebɛl/ NF *(Can = bibelot)* knick-knack ◆ **range tes bébelles** tidy away your things

**bébête** * /bebɛt/ ADJ silly NF bug ◆ **une petite** ~ a creepy crawly *, a bug

**be-bop** (pl **be-bops**) /bibɔp/ NM (be)bop

**bec** /bɛk/ NM a *(Orn)* beak, bill ◆ **oiseau qui se fait le** ~ bird that sharpens its beak (*contre* on); ◆ **(nez en)** ~ **d'aigle** aquiline *ou* hook nose ◆ **coup de** ~ *(lit)* peck; *(fig)* dig, cutting remark

b *(= pointe) [de plume]* nib; *[de carafe, casserole]* lip; *[de théière]* spout; *[de flûte, trompette]* mouthpiece; *(Géog)* bill, headland; *(sur vêtement)* pucker ◆ **ça fait un** ~ **dans le dos** it puckers in the back

c *( * = bouche)* mouth ◆ **ouvre ton** ~ **!** open your mouth!, mouth open! * ◆ **ferme ton** ~ **!** just shut up! * ◆ **il n'a pas ouvert le** ~ he never opened his mouth, he didn't say a word ◆ **la pipe au** ~ with his pipe stuck * in his mouth ◆ **clore** *ou* **clouer le** ~ **à qn** to reduce sb to silence, to shut sb up *; → **prise²**

d *(loc)* **tomber sur un** ~ * *(obstacle temporaire)* to hit a snag; *(impasse)* to be stymied *; *(échec)* to come unstuck * ◆ **être** *ou* **rester le** ~ **dans l'eau** * to be left in the lurch, to be left high and dry ◆ **défendre qch** ~ **et ongles** to fight tooth and nail for sth

e *( * : Can, Belg, Helv = baiser)* kiss, peck

COMP ▷ **bec Auer** Welsbach burner ▷ **bec Bunsen** Bunsen burner ▷ **bec fin** * gourmet ▷ **bec de gaz** lamppost, gaslamp ▷ **bec verseur** pourer

**bécane** * /bekan/ NF *(= vélo)* bike *; *(= machine)* machine

**bécarre** /bekaʀ/ NM *(Mus)* natural ◆ **sol** ~ G natural

**bécasse** /bekas/ NF *(Zool)* woodcock; *( * = sotte)* (silly) goose *

**bécasseau** (pl **bécasseaux**) /bekaso/ NM sandpiper; *(= petit de la bécasse)* young woodcock

**bécassine** /bekasin/ NF *(Zool)* snipe; *( * = sotte)* (silly) goose *

**bec-croisé** (pl **becs-croisés**) /bɛkkʀwaze/ NM crossbill

**bec-de-cane** (pl **becs-de-cane**) /bɛkdəkan/ NM (= poignée) doorhandle; (= serrure) catch

**bec-de-lièvre** (pl **becs-de-lièvre**) /bɛkdəljɛvʀ/ NM harelip

**bec-de-perroquet** (pl **becs-de-perroquet**) /bɛkdəpeʀɔkɛ/ NM (Méd) osteophyte

**bêchage** /bɛʃaʒ/ NM digging, turning over

**béchamel** /beʃamɛl/ NF ◆ **(sauce)** ~ béchamel (sauce), white sauce

**bêche** /bɛʃ/ NF spade

**bêcher** /beʃe/ ▸ conjug 1 ◂ VT (Agr) to dig, to turn over VI (* = crâner) to be stuck-up ou toffee-nosed * (Brit)

**bêcheur, -euse** * /bɛʃœʀ, øz/ ADJ stuck-up *, toffee-nosed * (Brit) NM,F stuck-up * ou toffee-nosed * (Brit) person

**bécot** * /beko/ NM kiss, peck ◆ **gros** ~ smacker *

**bécoter** * /bekɔte/ ▸ conjug 1 ◂ VT to kiss VPR **se bécoter** * to smooch

**becquée** /beke/ NF beakful ◆ **donner la ~ à** to feed

**becquerel** /bɛkʀɛl/ NM becquerel

**becquet** /bekɛ/ NM a (Internet) bookmark b (= adhésif) (removable) self-stick note, Post-it (note)® c (Aut) ~ **(arrière)** spoiler d (Alpinisme) (rocky) spike

**becquetance** ‡ /bɛktɑ̃s/ NF grub ‡, chow ‡ (US)

**becqueter** /bɛkte/ ▸ conjug 4 ◂ VT (Orn) to peck (at); (‡ = manger) to eat ◆ **qu'y a-t-il à ~ ce soir ?** what's for dinner tonight?

**bectance** ‡ /bɛktɑ̃s/ NF ⇒ **becquetance**

**becter** ‡ /bɛkte/ ▸ conjug 1 ◂ VT ⇒ **becqueter**

**bedaine** * /bədɛn/ NF paunch, potbelly ‡

**bédé** * /bede/ NF ⇒ **BD a**

**bedeau** (pl **bedeaux**) /bədo/ NM verger, beadle †

**bédéphile** /bedefil/ NMF comic strip ou strip cartoon fan *

**bedon** * /bədɔ̃/ NM paunch, potbelly ‡

**bedonnant, e** * /bədɔnɑ̃, ɑ̃t/ ADJ potbellied ‡, paunchy, portly

**bedonner** * /bədɔne/ ▸ conjug 1 ◂ VI to get a paunch, to get potbellied ‡

**bédouin, -ouine** /bedwɛ̃, win/ ADJ Bedouin NM,F **Bédouin(e)** Bedouin

**BEE** /beøø/ NM (abrév de **Bureau européen de l'environnement**) → **bureau**

**bée** /be/ ADJ F ◆ **être** ou **rester bouche** ~ (lit) to stand open-mouthed ou gaping (de with); (d'admiration) to be lost in wonder; (de surprise) to be flabbergasted (devant at); ◆ **il en est resté bouche** ~ his jaw dropped, he was flabbergasted *

**béer** /bee/ ▸ conjug 1 ◂ VI (littér) a [ouverture, bouche] to be (wide) open b [personne] ~ **d'admiration/d'étonnement** to gape ou stand gaping in admiration/amazement

**beffroi** /befʀwa/ NM belfry

**bégaiement** /begɛmɑ̃/ NM (lit) stammering, stuttering ◆ **~s** (fig = débuts) faltering ou hesitant beginnings

**bégayant, e** /begɛjɑ̃, ɑ̃t/ ADJ stammering, stuttering

**bégayement** /begɛmɑ̃/ NM ⇒ **bégaiement**

**bégayer** /begeje/ ▸ conjug 8 ◂ VI to stammer, to stutter, to have a stammer VT to stammer (out), to falter (out)

**bégonia** /begɔnja/ NM begonia

**bègue** /bɛg/ NMF stammerer, stutterer ADJ ◆ **être** ~ to stammer, to have a stammer

**bégueule** /begœl/ ADJ prudish NF fastidious person ◆ **faire sa** ~ to be a spoilsport

**bégueulerie** † /begœlʀi/ NF prudishness, prudery

**béguin** /begɛ̃/ NM a (* toquade) **avoir le ~ pour qn** to have a crush on sb *, to be sweet on sb * ◆ **elle a eu le ~ pour cette petite ferme** she took quite a fancy to that little farmhouse b (= bonnet) bonnet

**béguinage** /beginaʒ/ NM (Rel) Beguine convent

**béguine** /begin/ NF (Rel) Beguine

**bégum** /begɔm/ NF begum

**behaviorisme** /bievjɔʀism/ NM behaviourism

**behavioriste** /bievjɔʀist/ ADJ, NMF behaviourist

**Behring** /beʀiŋ/ N ⇒ **Béring**

**BEI** /beəi/ NF (abrév de **Banque européenne d'investissement**) EIB

**beige** /bɛʒ/ ADJ, NM beige

**beigeasse** /bɛʒas/, **beigeâtre** /bɛʒɑtʀ/ ADJ (péj) dirty beige (péj), oatmeal (épith)

**beigne**[1] ‡ /bɛɲ/ NF slap, clout * (Brit) ◆ **donner une ~ à qn** to slap sb, to clout sb * (Brit), to give sb a clout * (Brit)

**beigne**[2] /bɛɲ/ NM (Can) doughnut

**beignet** /bɛɲɛ/ NM [de fruits, légumes] fritter; (= pâte frite) doughnut ◆ ~ **aux pommes** apple doughnut ou fritter

**Beijing** /beidʒin/ N Beijing

**béké** /beke/ NMF (terme des Antilles françaises) white Creole (in the French West Indies)

**bel** /bɛl/ ADJ → **beau**

**bêlement** /bɛlmɑ̃/ NM (Zool, fig) bleat(ing)

**bêler** /bele/ ▸ conjug 1 ◂ VI (Zool, fig) to bleat

**belette** /bəlɛt/ NF weasel

**belge** /bɛlʒ/ ADJ Belgian ◆ **histoires ~s** jokes told against Belgians by the French NMF **Belge** Belgian

**belgicisme** /bɛlʒisism/ NM Belgian-French word (ou phrase)

**Belgique** /bɛlʒik/ NF Belgium

**belgitude** /bɛlʒityd/ NF Belgian identity

**Belgrade** /bɛlgʀad/ N Belgrade

**bélier** /belje/ NM a (Zool) ram b (Tech) ram, pile driver; (Mil) (battering) ram ◆ **coup de** ~ waterhammer ◆ ~ **hydraulique** hydraulic ram; → **voiture** c (Astron) **le Bélier** Aries, the Ram ◆ **être (du) Bélier** to be (an) Aries ou an Arian

**bélître** †† /belitʀ/ NM rascal, knave †

**Belize** /beliz/ NM Belize

**belizien, -ienne** /belizjɛ̃, jɛn/ ADJ Belizean NM,F **Belizien(ne)** Belizean

**belladone** /beladɔn/ NF (Bot) deadly nightshade, belladonna; (Méd) belladonna

**bellâtre** /bɛlɑtʀ/ NM buck, swell *

**belle** /bɛl/ ADJ, NF → **beau**

**belle-de-jour** (pl **belles-de-jour**) /bɛldəʒuʀ/ NF a (Bot) convolvulus, morning glory b (euph = prostituée) prostitute, lady of the night (euph)

**belle-de-nuit** (pl **belles-de-nuit**) /bɛldənɥi/ NF a (Bot) marvel of Peru b (euph = prostituée) prostitute, lady of the night (euph)

**belle-doche** ‡ (pl **belles-doches**) /bɛldɔʃ/ NF (péj) mother-in-law

**belle-famille** (pl **belles-familles**) /bɛlfamij/ NF [d'homme] wife's family, in-laws *; [de femme] husband's family, in-laws *

**belle-fille** (pl **belles-filles**) /bɛlfij/ NF (daughter-in-law; (d'un remariage) s daughter

**belle-maman** * (pl **belles-mamans**) /bɛlmɑ̃mɑ̃/ NF mother-in-law, mum-in-law * (Brit)

**bellement** /bɛlmɑ̃/ ADV (= bel et bien) well and truly; († = avec art) nicely, gently

**belle-mère** (pl **belles-mères**) /bɛlmɛʀ/ NF (= mère du conjoint) mother-in-law; (= nouvelle épouse du père) stepmother

**belles-lettres** /bɛllɛtʀ/ NFPL ◆ **les** ~ great literature, belles-lettres

**belle-sœur** (pl **belles-sœurs**) /bɛlsœʀ/ NF sister-in-law

**bellicisme** /belisism/ NM bellicosity, warmongering

**belliciste** /belisist/ ADJ warmongering, bellicose NMF warmonger

**belligérance** /beliʒeʀɑ̃s/ NF belligerence, belligerency

**belligérant, e** /beliʒeʀɑ̃, ɑ̃t/ ADJ, NM,F belligerent

**belliqueux, -euse** /belikø, øz/ ADJ [humeur, personne] quarrelsome, aggressive; [politique, peuple] warlike, bellicose, hawkish ◆ **multiplier les déclarations belliqueuses** to do a lot of sabre-rattling

**bellot, -otte** † * /bɛlo, ɔt/ ADJ [enfant] pretty, bonny (Brit)

**Belmopan** /bɛlmɔpan/ N Belmopan

**belon** /bəlɔ̃/ NF ou m Belon oyster

**belote** /bəlɔt/ NF (= jeu) belote; (= partie) game of belote

**bélouga, béluga** /beluga/ NM beluga

**belvédère** /bɛlvedɛʀ/ NM (= terrasse) panoramic viewpoint, belvedere; (= édifice) belvedere

**bémol** /bemɔl/ NM a (Mus) flat ◆ **en si ~** in B flat b (fig) reservation ◆ **mettre un ~** ou **des ~s à** * to tone down ◆ **ils ont mis un ~ à leurs revendications** they have toned down their demands ◆ **mettre un ~ à ses ambitions** to scale down one's ambitions ◆ **c'est un excellent produit, seul ~ : l'ajout de colorant alimentaire** it's an excellent product, my only reservation concerns the addition of food colouring ◆ **seul ~, le coût** the only drawback is the cost

**ben** * /bɛ̃/ ADV well, er * ◆ ~ **oui/non** well, yes/no ◆ ~ **quoi ?** so (what)? ◆ **eh** ~ well, er *

**bénard** ‡ /benaʀ/ NM trousers, pants (US)

**bénédicité** /benedisite/ NM grace, blessing ◆ **dire le** ~ to say grace ou the blessing

**bénédictin, e** /benediktɛ̃, in/ ADJ, NM,F Benedictine; → **travail**[1]

**bénédiction** /benediksjɔ̃/ NF a (Rel = consécration) benediction, blessing; [d'église] consecration; [de drapeau, bateau] blessing ◆ **donner la ~ à** to bless ◆ ~ **nuptiale** marriage ceremony; (partie de la cérémonie) marriage blessing b (= assentiment, faveur) blessing ◆ **donner sa ~ à** to give one's blessing to c (* = aubaine) ~ **(du ciel)** blessing, godsend

**bénef** * /benɛf/ NM (abrév de **bénéfice**) profit

**bénéfice** /benefis/ NM a (Comm) profit ◆ **réaliser de gros ~s** to make a big profit ou big profits ◆ **faire du ~** to make a profit ◆ **prise de ~(s)** profit-taking
b (= avantage) advantage, benefit ◆ **c'est tout ~** it's to your (ou our etc) advantage ◆ **il a obtenu un divorce à son ~** (Jur) he obtained a divorce in his favour ◆ **il perd tout le ~ de sa bonne conduite** he loses all the benefits he has gained from his good behaviour ◆ **concert donné au ~ des aveugles** concert given to raise funds for ou in aid

of the blind ◆ **conclure une affaire à son ~** to complete a deal to one's advantage ◆ **pourquoi nier, quel ~ peux-tu en tirer ?** what's the point of (your) denying it?, what good is there in (your) denying it? ◆ **le ~ du doute** the benefit of the doubt ◆ **au ~ de l'âge** *(Jur)* by virtue of age
c *(Rel)* benefice, living
COMP ▷ **bénéfice d'exploitation** operating profit ▷ **bénéfice d'inventaire** ◆ **sous ~ d'inventaire** *(Fin)* without liability to debts beyond assets descended ◆ **je n'accepte leur théorie que sous ~ d'inventaire** it's only with certain reservations that I accept their theory ▷ **bénéfice net par action** *(Fin)* price earning ratio ▷ **bénéfices non distribués** *(Fin)* (accumulated) retained earnings

⚠ *Au sens commercial et religieux,* **bénéfice** *ne se traduit pas par* **benefit.**

**bénéficiaire** /benefisjɛʀ/ ADJ *[opération]* profit-making, profitable ◆ **solde ~** credit balance; → **marge** NMF *(gén)* beneficiary; *[de testament]* beneficiary; *[de chèque]* payee ◆ **être le ~ de qch** to benefit by sth

**bénéficier** /benefisje/ ▸ conjug 7 ◂ VT INDIR a ◆ **~ de** *(= jouir de) [+ avantage]* to have, to enjoy; *(= obtenir) [+ remise]* to get, to have; *(= tirer profit de) [+ situation, mesure]* to benefit by *ou* from, to gain by ◆ **~ d'un préjugé favorable** to be favourably considered ◆ **~ d'un non-lieu** to be (unconditionally) discharged ◆ **~ de circonstances atténuantes** to be granted mitigating circumstances ◆ **faire ~ qn de certains avantages** to enable sb to enjoy certain advantages ◆ **faire ~ qn d'une remise** to give *ou* allow sb a discount b ◆ **~ à** *(= profiter à)* to benefit ◆ **ces mesures doivent ~ aux plus démunis** these measures should benefit the poorest in society

**bénéfique** /benefik/ ADJ *[effet, aspect]* beneficial ◆ **l'influence ~ de Vénus** *(Astrol)* the benign *ou* favourable influence of Venus

**Benelux** /benelyks/ NM ◆ **le ~** Benelux, the Benelux countries

**benêt** /bənɛ/ NM simpleton ◆ **grand ~** big ninny*, stupid lump* ◆ **faire le ~** to act stupid *ou* daft* *(Brit)* ADJ M simple(-minded), silly

**bénévolat** /benevɔla/ NM voluntary work

**bénévole** /benevɔl/ ADJ *[aide]* voluntary; *[travail]* voluntary, unpaid ◆ **à titre ~** on a voluntary basis NMF volunteer, voluntary helper *ou* worker

**bénévolement** /benevɔlmɑ̃/ ADV voluntarily; *[travailler]* voluntarily, for nothing

**Bengale** /bɛ̃gal/ NM Bengal; → **feu¹**

**bengali** /bɛ̃gali/ ADJ Bengali, Bengalese NM *(Ling)* Bengali; *(= oiseau)* waxbill NMF **Bengali** Bengali, Bengalese

**Bénichon** /beniʃɔ̃/ NF *(Helv = fête)* ◆ **la ~** *Autumn festival celebrated in the canton of Fribourg*

**bénigne** /beniɲ/ ADJ F → **bénin**

**bénignité** /beniɲite/ NF a *[de maladie]* **pour distinguer malignité et ~** to distinguish between benign and malignant conditions ◆ **la ~ de ces accès** the mildness of these attacks b *(littér) [de personne]* benignancy, kindness

**Bénin** /benɛ̃/ NM Benin ◆ **République populaire du ~** People's Republic of Benin

**bénin, -igne** /benɛ̃, iɲ/ ADJ a *[maladie, remède]* mild, harmless; *[tumeur]* benign; *[accident]* slight, minor; *[punition]* mild b *(littér) [humeur, critique]* benign, kindly

**béninois, e** /beninwa,waz/ ADJ Beninese NM,F **Béninois(e)** Beninese

**béni-oui-oui** * /beniwiwi/ NM INV *(péj)* yes man* *(péj)*

**bénir** /beniʀ/ ▸ conjug 2 ◂ VT a *(Rel) [+ fidèle, objet]* to bless; *[+ mariage]* to bless, to solemnize; → **dieu** b *(= remercier)* to be eternally grateful to, to thank God for ◆ **soyez béni !** bless you! ◆ **ah, toi, je te bénis !** *(iro)* oh curse you *ou* damn you!* ◆ **~ le ciel de qch** to thank God for sth ◆ **béni soit le jour où ...** thank God for the day (when) ... ◆ **je bénis cette coïncidence** (I) thank God for this coincidence

**bénit, e** /beni, it/ ADJ *[pain, cierge]* consecrated; *[eau]* holy

**bénitier** /benitje/ NM *(Rel)* stoup, font; → **diable, grenouille**

**benjamin, e** /bɛ̃ʒamɛ̃, in/ NM,F *[de famille]* youngest child; *(Sport)* ≃ junior *(12-13 years old)*

**benjoin** /bɛ̃ʒwɛ̃/ NM benzoin

**benne** /bɛn/ NF a *(Min)* truck, skip *(Brit)*, tub *(US)* b *[de camion] (basculante)* tipper; *(amovible)* skip; *[de grue]* scoop, bucket; *[de téléphérique]* (cable-)car ◆ **~ à ordures** dustcart *(Brit)*, garbage truck *(US)* ◆ **camion à ~ basculante** dump truck, tipper lorry *(Brit)*

**benoît, e** /bənwa, wat/ ADJ *(littér)* complacent ◆ **les écueils du militantisme ~** the pitfalls of uncritical militancy

**benoîtement** /bənwatmɑ̃/ ADV *(littér)* uncritically ◆ **ils ne veulent pas avaliser ~ les décisions de leurs dirigeants** they don't intend to support uncritically the decisions of their leaders ◆ **nous sommes tombés ~ dans le panneau** we gullibly fell into the trap

**benzène** /bɛ̃zɛn/ NM benzene

**benzine** /bɛ̃zin/ NF a benzine b *(Helv = essence)* petrol

**benzol** /bɛ̃zɔl/ NM benzol

**Béotie** /beɔsi/ NF Boeotia

**béotien, -ienne** /beɔsjɛ̃, jɛn/ ADJ Boeotian NM,F *(péj)* philistine NM,F **Béotien(ne)** Boeotian

**BEP** /beøpe/ NM (abrév de **brevet d'études professionnelles**) → **brevet**

**BEPC** /beøpese/ NM (abrév de **brevet d'études du premier cycle**) → **brevet**

**béquée** /beke/ NF ⇒ **becquée**

**béquet** /bekɛ/ NM ⇒ **becquet**

**béqueter** /bekte/ VT ⇒ **becqueter**

**béquille** /bekij/ NF a *[d'infirme]* crutch ◆ **marcher avec des ~s** to walk *ou* be on crutches b *[de motocyclette, mitrailleuse]* stand; *(Aviat)* tail skid; *(Naut)* shore, prop ◆ **mettre une ~ sous qch** to prop *ou* shore sth up c *(fig) (= aide)* crutch d *[de serrure]* handle

**béquiller** /bekije/ ▸ conjug 1 ◂ VT *(Naut)* to shore up VI * to walk with *ou* on crutches

**ber** /bɛʀ/ NM *(Can = berceau)* cradle

**berbère** /bɛʀbɛʀ/ ADJ Berber NM *(Ling)* Berber NMF **Berbère** Berber

**bercail** /bɛʀkaj/ NM *(Rel, fig)* fold ◆ **rentrer au ~** *(hum)* to return to the fold

**berçante** * /bɛʀsɑ̃t/ NF *(Can)* ◆ **(chaise) ~** rocking chair

**berce¹** /bɛʀs/ NF *(Bot)* hogweed

**berce²** /bɛʀs/ NF *(Belg = berceau)* cradle, crib

**berceau** (pl **berceaux**) /bɛʀso/ NM a *(= lit)* cradle, crib; *(= lieu d'origine)* birthplace; *[de civilisation]* cradle ◆ **dès le ~** from birth, from the cradle ◆ **il les prend au ~ !** * he snatches them straight from the cradle!, he's a baby *ou* cradle snatcher! b *(Archit)* barrel vault; *(= charmille)* bower, arbour; *(Naut)* cradle; → **voûte**

**bercelonnette** /bɛʀsəlɔnɛt/ NF rocking cradle, cradle on rockers

**bercement** /bɛʀsəmɑ̃/ NM rocking (movement)

**bercer** /bɛʀse/ ▸ conjug 3 ◂ VT a *[+ bébé]* to rock; *(dans ses bras)* to rock, to cradle; *[+ navire]* to rock ◆ **les chansons qui ont bercé notre enfance** the songs that we grew up with ◆ **je me suis laissé ~ par sa voix** his voice lulled me ◆ **il a été bercé trop près du mur** * *(hum)* he's a bit soft in the head* b *(= apaiser) [+ douleur]* to lull, to soothe c *(= tromper)* **~ de** to delude with VPR **se bercer** ◆ **se ~ de** to delude o.s. with ◆ **se ~ d'illusions** to harbour illusions, to delude o.s.

**berceur, -euse** /bɛʀsœʀ, øz/ ADJ *[rythme]* lulling, soothing NF **berceuse** a *(= chanson)* lullaby, cradlesong; *(Mus)* berceuse b *(= fauteuil)* rocking chair

**BERD** /bɛʀd/ NF (abrév de **Banque européenne pour la reconstruction et le développement**) EBRD

**béret** /beʀɛ/ NM beret ◆ **~ basque** Basque beret ◆ **les ~s bleus/verts** *(Mil)* the Blue/Green Berets

**Bérézina** /beʀezina/ NF *(Géog)* ◆ **la ~** the Berezina river; *(fig)* ◆ **c'est la ~ !** it's a complete disaster!

**bergamasque** /bɛʀgamask/ NF bergamask

**bergamote** /bɛʀgamɔt/ NF bergamot orange

**bergamotier** /bɛʀgamɔtje/ NM bergamot

**berge** /bɛʀʒ/ NF a *[de rivière]* bank ◆ **route** *ou* **voie sur ~** riverside *ou* embankment expressway b (* = *année*) **il a 50 ~s** he's 50 (years old)

**berger** /bɛʀʒe/ NM a *(lit, Rel)* shepherd ◆ **chien de ~** sheepdog; → **étoile, réponse** b *(= chien)* sheepdog ◆ **~ allemand** German shepherd, alsatian *(Brit)* ◆ **~ des Pyrénées** Pyrenean mountain dog

**bergère** /bɛʀʒɛʀ/ NF a *(= personne)* shepherdess b *(= fauteuil)* wing chair

**bergerie** /bɛʀʒəʀi/ NF a *(= abri)* sheepfold; → **loup** b *(Littérat = pièce, poème)* pastoral c *(Comm = comptoir)* counter

**bergeronnette** /bɛʀʒəʀɔnɛt/ NF wagtail ◆ **~ flavéole/des ruisseaux** yellow/grey wagtail

**béribéri** /beʀiberi/ NM beriberi

**Béring** /beʀiŋ/ N ◆ **le détroit de ~** the Bering Strait ◆ **mer de ~** Bering Sea

**berk** * /bɛʀk/ EXCL yuk! *

**berkélium** /bɛʀkeljɔm/ NM berkelium

**berlander** * /bɛʀlɑ̃de/ ▸ conjug 1 ◂ VI *(Can)* to prevaricate, to equivocate

**Berlin** /bɛʀlɛ̃/ N Berlin ◆ **~-Est/-Ouest** *(Hist)* East/West Berlin

**berline** /bɛʀlin/ NF a *(Aut)* saloon (car) *(Brit)*, sedan *(US)*; *(†† : à chevaux)* berlin b *(Min)* truck

**berlingot** /bɛʀlɛ̃go/ NM a *(= bonbon)* ≃ boiled sweet *(Brit)*, piece of hard candy *(US)* b *(= emballage)* (pyramid-shaped) carton; *(pour shampooing)* sachet

**berlinois, e** /bɛʀlinwa, waz/ ADJ of *ou* from Berlin NM,F **Berlinois(e)** Berliner

**berlot** /bɛʀlo/ NM *(Can)* sleigh

**berlue** /bɛʀly/ NF ◆ **j'ai la ~** I must be seeing things

**berme** /bɛʀm/ NF *[de canal]* path; *[de fossé]* verge

**bermuda** /bɛʀmyda/ NM Bermuda shorts, Bermudas

**Bermudes** /bɛʀmyd/ NFPL Bermuda; → **triangle**

**bermudien, -ienne** /bɛʀmydjɛ̃, jɛn/ ADJ Bermudan, Bermudian NM,F **Bermudien(ne)** Bermudan, Bermudian

**bernache** /bɛʀnaʃ/ NF (= crustacé) barnacle ◆ ~ **(nonnette)** (= oie) barnacle goose ◆ ~ **cravant** brent goose

**bernacle** /bɛʀnakl/ NF barnacle goose

**bernardin, e** /bɛʀnaʀdɛ̃, in/ NM,F Bernardine, Cistercian

**bernard-l'(h)ermite** /bɛʀnaʀlɛʀmit/ NM INV hermit crab

**Berne** /bɛʀn/ N Bern

**berne** /bɛʀn/ NF ◆ **en** ~ ≃ at half-mast ◆ **mettre en** ~ ≃ to half-mast ◆ **avoir le moral en** ~ to feel dispirited

**berner** /bɛʀne/ ▸ conjug 1 ◂ VT (= tromper) to fool, to hoax; (Hist) [+ personne] to toss in a blanket ◆ **il s'est laissé ~ par leurs promesses** he was taken in by their promises

**bernicle** /bɛʀnikl/ NF ⇒ **bernique**[1]

**Bernin** /bɛʀnɛ̃/ NM ◆ **le** ~ Bernini

**bernique**[1] /bɛʀnik/ NF (Zool) limpet

**bernique**[2] * /bɛʀnik/ EXCL (= rien à faire) nothing doing! *, not a chance! ou hope!

**béryl** /beʀil/ NM beryl

**béryllium** /beʀiljɔm/ NM beryllium

**berzingue** ‡ /bɛʀzɛ̃g/ ADV ◆ **à tout(e)** ~ flat out *

**besace** /bəzas/ NF beggar's bag ou pouch

**bésef** ‡ /bezɛf/ ADV ◆ **il n'y en a pas** ~ (quantité) there's not much (of it) ou a lot (of it); (nombre) there aren't many (of them) ou a lot (of them)

**besicles** /bezikl/ NFPL (Hist) spectacles; (hum) glasses, specs *

**bésigue** /bezig/ NM bezique

**besogne** /bəzɔɲ/ NF (= travail) work (NonC), job ◆ **se mettre à la** ~ to set to work ◆ **c'est de la belle** ~ (lit) this is nice work; (iro) this is a nice mess ◆ **une sale** ~ a nasty job ◆ **les basses ~s** the dirty work

◆ **aller vite en besogne** to jump the gun ◆ **ce serait aller (un peu) vite en** ~ it would be jumping the gun ou it would be a bit premature

**besogner** /bəzɔɲe/ ▸ conjug 1 ◂ VI to toil (away), to drudge

**besogneux, -euse** /bəzɔɲø, øz/ ADJ († = miséreux) needy, poor; (= travailleur) industrious, hard-working

**besoin** /bəzwɛ̃/ NM a (= exigence) need (de for); ◆ **~s (d'argent)** financial needs ◆ **~s essentiels** basic needs ◆ **nos ~s en énergie** our energy needs ou requirements ◆ **subvenir** ou **pourvoir aux ~s de qn** to provide for sb's needs ◆ **éprouver le ~ de faire qch** to feel the need to do sth ◆ **mentir est devenu un ~ chez lui** lying has become compulsive ou a need with him

b (= pauvreté) **le** ~ need, want ◆ **être dans le** ~ to be in need ou want ◆ **une famille dans le** ~ a needy family ◆ **pour ceux qui sont dans le** ~ for the needy ◆ **cela les met à l'abri du** ~ that will keep the wolf from their door ◆ **c'est dans le ~ qu'on reconnaît ses vrais amis** in times of trouble you find out who your true friends are, a friend in need is a friend indeed (Prov)

c (euph) **~s naturels** nature's needs ◆ **faire ses ~s** [personne] to relieve o.s. (Brit); [animal domestique] to do its business ◆ **satisfaire un ~ pressant** to answer an urgent call of nature

d (loc) **si le ~ s'en fait sentir, en cas de** ~ if the need arises, in case of necessity ◆ **pour les ~s de la cause** for the purpose in hand ◆ **pas ~ de dire qu'il ne m'a pas cru** it goes without saying ou needless to say he didn't believe me ◆ **il n'est pas ~ de mentionner que ...** there is no need to mention that ...

◆ **avoir besoin** ◆ **avoir ~ de qn** to need sb ◆ **avoir ~ de qch** to need sth, to be in need of sth, to want sth ◆ **avoir ~ de faire qch** to need to do sth ◆ **il n'a pas ~ de venir** he doesn't need ou have to come, there's no need for him to come ◆ **il a ~ que vous l'aidiez** he needs your help ou you to help him ◆ **je n'ai pas ~ de vous rappeler que ...** there's no need (for me) to remind you that ... ◆ **ce tapis a ~ d'être nettoyé** this carpet needs ou wants (Brit) cleaning ◆ **il a grand ~ d'aide** he needs help badly, he's badly in need of help ◆ **il avait bien ~ de ça !** (iro) that's just what he needed! (iro) ◆ **est-ce que tu avais ~ d'y aller ?** * did you really have to go?, what did you want to go for anyway! *

◆ **au besoin** if necessary, if need(s) be

◆ **si besoin est, s'il en est besoin** if need(s) be, if necessary

**Bessarabie** /besaʀabi/ NF Bessarabia

**bestiaire** /bɛstjɛʀ/ NM a (= livre) bestiary b (= gladiateur) gladiator

**bestial, e** (mpl **-iaux**) /bɛstjal, jo/ ADJ [meurtre, violence] brutal; [personne, plaisir] bestial ◆ **sa force ~e** his brute strength

**bestialement** /bɛstjalmɑ̃/ ADV bestially, brutishly

**bestialité** /bɛstjalite/ NF (= sauvagerie) bestiality, brutishness; (= perversion) bestiality

**bestiaux** /bɛstjo/ NMPL (gén) livestock; (= bovins) cattle ◆ **ils ont été parqués comme des ~ dans des camps** they were herded ou corralled into camps

**bestiole** /bɛstjɔl/ NF (gén) creature; (= insecte) insect, bug *; (rampant) creepy crawly *

**best of** * /bɛstɔf/ NM INV ◆ **un ~ des Beatles** a compilation of the greatest hits of the Beatles ◆ **un ~ de leurs émissions** a selection of highlights of their programmes

**best-seller** (pl **best-sellers**) /bɛstsɛlœʀ/ NM best seller

**bêta**[1], **-asse** * /bɛta, ɑs/ ADJ silly, stupid NM,F goose *, silly billy * ◆ **gros ~ !** big ninny! *, silly goose! *

**bêta**[2] /bɛta/ NM (Ling, Phys, Méd) beta

**bêtabloquant** /bɛtablɔkɑ̃/ NM beta-blocker

**bêtacarotène** /bɛtakaʀɔtɛn/ NM betacarotene

**bétail** /betaj/ NM (gén) livestock; (= bovins, fig) cattle ◆ **gros ~** cattle ◆ **petit ~** small livestock ◆ **le ~ humain qu'on entasse dans les camps** the people who are crammed like cattle into the camps

**bétaillère** /betajɛʀ/ NF livestock truck

**bêta-test** (pl **bêta-tests**) /bɛtatɛst/ NM (Ordin) beta-test

**bêta-version** (pl **bêta-versions**) /bɛtavɛʀsjɔ̃/ NM (Ordin) beta version

**bête** /bɛt/ NF a (= animal) animal; (= insecte) insect, creature ◆ ~ **sauvage** (wild) beast ◆ **nos amies les ~s** our four-legged friends ◆ **aller soigner les ~s** to go and see to the animals ◆ **gladiateur livré aux ~s** gladiator flung to the beasts ◆ **pauvre petite ~** poor little thing * ou creature ◆ **ce chien est une belle ~** this dog is a fine animal ou beast ◆ **c'est une belle ~ !** * (hum = homme) what a hunk! * ◆ **tu as une petite ~ sur ta manche** there's an insect ou a creepy crawly * on your sleeve ◆ **ces sales ~s ont mangé mes carottes** those wretched creatures have been eating my carrots

◆ **comme + bête(s)** * ◆ **travailler comme une ~** to work like a dog ◆ **malade comme une ~** sick as a dog ◆ **on s'est éclatés comme des ~s** we had a whale of a time *

b (= personne) (bestial) beast; († : stupide) fool ◆ **c'est une méchante ~** he is a wicked creature ◆ **quelle sale ~ !** (enfant) what a wretched pest!; (adulte) what a horrible creature!, what a beast! ◆ **faire la ~** to act stupid ou daft *, to play the fool ◆ **c'est une brave** ou **une bonne ~ !** (hum) he is a good-natured sort ou soul ◆ **grande** ou **grosse ~ !** * (terme d'affection) you big silly! * ◆ **en maths, c'est la ~ !** * (admiratif) he's a wizard ou he's an ace * at maths!

ADJ a (= stupide) [personne, idée, sourire] stupid, silly, foolish, idiotic ◆ **ce qu'il peut être ~ !** what a fool he is! ◆ **il est plus ~ que méchant** he may be stupid but he's not malicious, he's stupid rather than really nasty ◆ **il est loin d'être ~, il a oublié d'être ~** he's far from ou anything but stupid, he's no fool ◆ **et moi, ~ et discipliné, j'ai obéi** and I did exactly what I was told, without asking myself any questions ◆ **être ~ comme ses pieds** * ou **à manger du foin** * to be too stupid for words, to be as thick as a brick * ◆ **lui, pas si ~, est parti à temps** knowing better ou being no fool, he left in time ◆ **ce film est ~ à pleurer** this film is too stupid for words ◆ **c'est ~, on n'a pas ce qu'il faut pour faire des crêpes** it's a shame ou it's too bad we haven't got what we need for making pancakes ◆ **que je suis ~ !** how silly ou stupid of me!, what a fool I am! ◆ **ce n'est pas ~** that's not a bad idea

b (* = très simple) **c'est tout ~** it's quite ou dead * simple ◆ ~ **comme chou** simplicity itself, as easy as pie * ou as winking *

COMP ▷ **bête à bon dieu** ladybird, ladybug (US) ▷ **bête à concours** swot * (Brit), grind * (US) ▷ **bête à cornes** horned animal; (hum) snail ▷ **bête curieuse** (iro) queer ou strange animal ◆ **ils nous ont regardés comme des ~s curieuses** they looked at us as if we had just landed from Mars ou as if we had two heads ▷ **bête fauve** big cat; (fig) wild animal ou beast ▷ **bête féroce** wild animal ou beast ▷ **bête noire** ◆ **c'est ma ~ noire** (chose) that's my pet hate ou my bête noire ou my pet peeve * (US); (personne) I just can't stand him ▷ **bête de race** pedigree animal ▷ **bête sauvage** ⇒ **bête féroce** ▷ **bête de scène** great performer ▷ **bête de sexe** ‡ sex machine ‡ ▷ **bête de somme** beast of burden ▷ **bête de trait** draught animal

**bétel** /betɛl/ NM betel

**bêtement** /bɛtmɑ̃/ ADV stupidly, foolishly; [sourire] stupidly ◆ **tout ~** quite simply

**Bethléem** /betleɛm/ N Bethlehem

**Bethsabée** /bɛtsabe/ NF Bathsheba

**bêtifiant, e** /betifjɑ̃, jɑ̃t/ ADJ inane, asinine

**bêtifier** /betifje/ ▸ conjug 7 ◂ VI to prattle stupidly, to talk twaddle ◆ **en parlant aux enfants, elle bêtifie toujours** she always tends to talk down to children

**bêtise** /betiz/ NF a (NonC = stupidité) stupidity, foolishness, folly ◆ **être d'une ~ crasse** to be incredibly stupid ◆ **j'ai eu la ~ d'accepter** I was foolish enough to accept ◆ **c'était de la ~ d'accepter** it was folly to accept

b (= action stupide) silly ou stupid thing; (= erreur) blunder ◆ **faire une ~** (= action stupide, tentative de suicide) to do something stupid ou silly; (= erreur) to make a blunder, to boob * ◆ **ne faites pas de ~s, les enfants** don't get into ou up to mischief, children ◆ **ne dis pas de ~s** don't talk nonsense ou rubbish (Brit) c *(= bagatelle)* trifle, triviality ◆ **dépenser son argent en ~s** to spend *ou* squander one's money on rubbish *(Brit) ou* garbage ◆ **ils se disputent sans arrêt pour des ~s** they're forever arguing over trifles

d *(= bonbon)* ~ **de Cambrai** ≈ mint humbug *(Brit)*, piece of hard mint candy *(US)*

e *(Can)* **~s** * insults, rude remarks

**bêtisier** /betizje/ NM *(= livre)* collection of howlers; *(Radio, TV)* collection of out-takes

**béton** /betɔ̃/ NM concrete ◆ **~ armé** reinforced concrete ◆ **~ cellulaire** air-entrained concrete ◆ **en ~** *(lit)* concrete *(épith)* ◆ **(en) ~** * *[alibi, argument, contrat]* cast-iron; *[garantie, certitude]* cast-iron, ironclad; *[organisation]* ultra-efficient ◆ **un dossier en ~** *(en justice)* a watertight case ◆ **faire** *ou* **jouer le ~** *(Ftbl)* to play defensively ◆ **laisse ~ !** * forget it! *

**bétonnage** /betɔnaʒ/ NM a *(Constr)* concreting ◆ **pour éviter le ~ du littoral** to prevent the coast from becoming a sprawl of concrete b *(Ftbl)* defensive play

**bétonner** /betɔne/ ▸ conjug 1 ◂ VT a *(Constr)* to concrete ◆ **surface bétonnée** concrete surface ◆ **ils bétonnent nos côtes** our coastline is being covered in concrete b *(= consolider)* *[+ position, résultat]* to consolidate ◆ **elle bétonne ses positions** she is consolidating her position ◆ **~ un dossier** to make a case watertight VI a *(Constr)* to build using concrete b *(Ftbl)* to play defensively

**bétonneur** /betɔnœʀ/ NM *(péj)* (building) developer

**bétonneuse** /betɔnøz/, **bétonnière** /betɔnjɛʀ/ NF cement mixer

**bette** /bɛt/ NF ◆ **~s** (Swiss) chard ◆ **une ~** a piece of chard

**betterave** /bɛtʀav/ NF ◆ **~ fourragère** mangelwurzel, beet ◆ **~ (rouge)** beetroot *(Brit)*, beet *(US)* ◆ **~ sucrière** sugar beet

**betteravier, -ière** /bɛtʀavje, jɛʀ/ ADJ *[culture, exploitation]* (sugar) beet *(épith)* NM beet grower

**beuglant** * /bøglɑ̃/ NM honky-tonk *

**beuglante** ⁑ /bøglɑ̃t/ NF *(= cri)* yell, holler *; *(= chanson)* song ◆ **pousser une ~** to yell, to give a yell *ou* holler *

**beuglement** /bøgləmɑ̃/ NM a *[de vache]* lowing *(NonC)*, mooing *(NonC)*; *[de taureau]* bellowing *(NonC)* b *[de personne]* bawling *(NonC)*, bellowing *(NonC)*, hollering * *(NonC)* ◆ **pousser des ~s** to bawl, to bellow c *[de radio, télévision]* blaring *(NonC)*

**beugler** /bøgle/ ▸ conjug 1 ◂ VI a *[vache]* to low, to moo; *[taureau]* to bellow b * *[personne]* to bawl, to bellow, to holler * c *[radio, TV]* to blare ◆ **faire ~ sa télé** to have one's TV on (at) full blast * VT *[+ chanson]* to bellow out, to belt out *

**beur** /bœʀ/ NMF *second-generation North African living in France* ADJ *[culture, musique] of second-generation North Africans living in France*

**Beur**

**Beur** is the term used to refer to a person born in France of North African immigrant parents. It is not a racist term and is often used by the media, anti-racist groups and second-generation North Africans themselves. The word itself originally came from the « verlan » rendering of the word « arabe ». → VERLAN

**beurk** * /bœʀk/ EXCL ⇒ **berk**

**beurre** /bœʀ/ NM a *(laitier)* butter ◆ **~ salé/demi-sel** salted/slightly salted butter ◆ **~ doux** unsalted butter ◆ **au ~** *[plat]* (cooked) in butter; *[pâtisserie]* made with butter ◆ **faire la cuisine au ~** to cook with butter ◆ **~ fondu** melted butter; → **inventer, motte, œil**

b *(végétal)* **~ de cacao/de cacahuètes** cocoa/peanut butter

c *(= purée)* paste ◆ **~ d'anchois/d'écrevisses** anchovy/shrimp paste

d *(loc)* **le couteau entre dans cette viande comme dans du ~** this meat is like butter to cut ◆ **c'est entré comme dans du ~** it went like a (hot) knife through butter ◆ **cette viande, c'est du ~ !** this is very tender meat ◆ **ça va mettre du ~ dans les épinards** that'll be some handy extra money for you (*ou* him *etc*), that'll help you (*ou* him *etc*) make ends meet ◆ **faire son ~ (sur le dos de qn)** to make a packet * *ou* a pile * (off sb) ◆ **il n'y en a pas plus que de ~ en broche** there is (*ou* are) none at all ◆ **on ne peut pas avoir le ~ et l'argent du ~** you can't have your cake and eat it; → **compter**

COMP ▷ **beurre d'escargot** ⇒ **beurre persillé** ▷ **beurre laitier** dairy butter ▷ **beurre noir** *(Culin)* brown (butter) sauce ▷ **beurre persillé** garlic and parsley butter

**beurré, e** /bœʀe/ (ptp de **beurrer**) ADJ *(⁑ = ivre)* plastered ⁑ NM butter-pear, beurré NF **beurrée** † *(Can)* slice of bread and peanut butter

**beurre-frais** /bœʀfʀɛ/ ADJ INV *(= couleur)* buttercup yellow

**beurrer** /bœʀe/ ▸ conjug 1 ◂ VT to butter ◆ **tartine beurrée** slice of bread and butter VPR **se beurrer** ⁑ to get plastered ⁑

**beurrier, -ière** /bœʀje, jɛʀ/ ADJ *[industrie, production]* butter *(épith)* ◆ **région beurrière** butter-producing region NM butter dish

**beuverie** /bøvʀi/ NF drinking bout *ou* session, binge *

**bévue** /bevy/ NF blunder ◆ **commettre une ~** to make a blunder

**bey** /bɛ/ NM bey

**Beyrouth** /beʀut/ N Beirut

**bézef** ⁑ /bezɛf/ ADV ⇒ **bésef**

**Bhoutan, Bhutân** /butɑ̃/ NM Bhutan

**bhoutanais, e** /butanɛ, ɛz/ ADJ Bhutanese NM,F **Bhoutanais(e)** Bhutanese

**bi**[1] * /bi/ ADJ, NMF (abrév de **bisexuel, -elle**) bi *

**bi**[2] * /bi/ NM *(Can = baiser)* kiss ◆ **fais-moi un ~** kiss me, give me a kiss

**bi...** /bi/ PRÉF bi... ◆ **bidimensionnel** two-dimensional

**biacide** /biasid/ ADJ, NM diacid

**Biafra** /bjafʀa/ NM Biafra

**biafrais, e** /bjafʀɛ, ɛz/ ADJ Biafran NM,F **Biafrais(e)** Biafran

**biais, e** /bjɛ, jɛz/ ADJ *[arc]* skew

NM a *(= moyen)* way, means; *(= détour, artifice)* expedient, dodge * ◆ **chercher un ~ pour obtenir qch** to find some means of getting sth *ou* some expedient for getting sth ◆ **il a trouvé le** *ou* **un ~ (pour se faire exempter)** he found a dodge * *ou* he managed to find a way (to get himself exempted) ◆ **par quel ~ a-t-il réussi à s'introduire dans le pays ?** by what roundabout means did he manage to get into the country?

◆ **par le biais de** *(= par l'intermédiaire de)* through; *(= au moyen de)* by means of ◆ **réserver par le ~ d'une agence** to book through an agency ◆ **communiquer par le ~ du fax** to communicate by *ou* via fax

b *(= aspect)* angle, way ◆ **c'est par ce ~ qu'il faut aborder le problème** the problem should be approached from this angle *ou* in this way

c *(Tex) (= sens)* bias; *(= bande)* bias binding ◆ **coupé** *ou* **taillé dans le ~** cut on the bias *ou* the cross ◆ **jupe en ~** skirt cut on the bias

d *(= ligne oblique)* slant

◆ **en biais, de biais** *[poser]* slantwise, at an angle; *[aborder un sujet]* indirectly, in a roundabout way ◆ **une allée traverse le jardin en ~** a path cuts diagonally across the garden ◆ **regarder qn de ~** to give sb a sidelong glance

e *(Sociol)* bias

**biaisé, e** /bjeze/ (ptp de **biaiser**) ADJ a *(= faussé) (Stat) [échantillon, données]* biased; *[vision]* distorted ◆ **une perception ~e de la réalité** a distorted *ou* skewed view of reality ◆ **depuis cet incident, les relations entre les deux pays sont un peu ~es** since this incident the two countries have had a somewhat skewed relationship ◆ **leurs questions sont toujours ~es** their questions always have a certain slant to them b *(= avec un parti pris) [reportage, conclusion, raisonnement, analyse]* biased ◆ **la composition du jury était ~e** the jury was made up of an unrepresentative sample of people

**biaiser** /bjeze/ ▸ conjug 1 ◂ VI a *(= louvoyer)* to sidestep the issue, to prevaricate b *(= obliquer)* to change direction VT *(Stat) [+ résultat]* to bias

**biathlète** /biatlɛt/ NMF biathlete

**biathlon** /biatlɔ̃/ NM biathlon

**bi-bande** /bibɑ̃d/ ADJ *[téléphone mobile]* dual band

**bibelot** /biblo/ NM *(sans valeur)* trinket, knick-knack; *(de valeur)* bibelot, curio

**biberon** /bibʀɔ̃/ NM feeding bottle, baby's bottle ◆ **élevé au ~** bottle-fed ◆ **l'heure du ~** (baby's) feeding time ◆ **élever** *ou* **nourrir au ~** to bottle-feed ◆ **il est à 6 ~s (par jour)** he's on 6 feeds (a day)

**biberonner** ⁑ /bibʀɔne/ ▸ conjug 1 ◂ VI to tipple *, to booze *

**bibi**[1] * /bibi/ NM pillbox hat

**bibi**[2] ⁑ /bibi/ PRON me, yours truly *(hum)*

**bibine** * /bibin/ NF (weak) beer, dishwater *(hum)* ◆ **une infâme ~** a foul *ou* loathsome brew

**bibi(t)te** /bibit/ NF *(Can)* insect, bug *

**bible** /bibl/ NF *(= livre, fig)* bible ◆ **la Bible** the Bible

**bibli** * /bibli/ NF abrév de **bibliothèque**

**bibliobus** /biblijobys/ NM mobile library, bookmobile *(US)*

**bibliographe** /biblijɔgʀaf/ NMF bibliographer

**bibliographie** /biblijɔgʀafi/ NF bibliography

**bibliographique** /biblijɔgʀafik/ ADJ bibliographic(al)

**bibliomane** /biblijɔman/ NMF booklover

**bibliomanie** /biblijɔmani/ NF bibliomania

**bibliophile** /biblijɔfil/ NMF bibliophile *(frm)*, booklover

**bibliophilie** /biblijɔfili/ NF bibliophilism *(frm)*, love of books

**bibliothécaire** /biblijɔtekɛʀ/ NMF librarian

**bibliothéconomie** /biblijɔtekɔnɔmi/ NF library science

**bibliothèque** /biblijɔtɛk/ NF *(= édifice, pièce)* library; *(= meuble)* bookcase; *(= collection)* library, collection (of books) ◆ **~ de gare** station bookstall *(Brit) ou* newsstand *(US)* ◆ **~ municipale/universitaire** public/university library ◆ **~ de prêt** lending library

> **Bibliothèque nationale**
>
> The « BN », as it is popularly known, was founded in 1537 by Francis I. Situated in the rue de Richelieu in Paris, it is a copyright deposit library holding important historic collections of printed and manuscript material. The building has become too small to house the collections adequately, and most of its material has been transferred to the Bibliothèque François Mitterrand in the south-east of the city.

**biblique** /biblik/ ADJ biblical

**bibliquement** /biblikmɑ̃/ ADV biblically ◆ **connaître ~ qn** *(hum ou frm)* to know sb in the biblical sense *(hum)*, to have carnal knowledge of sb *(frm)*

**bic** ® /bik/ NM ◆ **(pointe) ~** ≃ Biro ®, ballpoint pen, Bic ® (pen) *(US)*

**bicaméral, e** (mpl **-aux**) /bikameʀal, o/ ADJ bicameral, two-chamber *(épith)*

**bicaméralisme** /bikameʀalism/, **bicamérisme** /bikameʀism/ NM bicameral *ou* two-chamber system

**bicarbonate** /bikaʀbɔnat/ NM bicarbonate ◆ **~ de soude** bicarbonate of soda, sodium bicarbonate, baking soda

**bicarburation** /bikaʀbyʀasjɔ̃/ NF ◆ **voiture fonctionnant en ~** dual-fuel car

**bicarré, e** /bikaʀe/ ADJ *(Math)* biquadratic

**bicentenaire** /bisɑ̃t(ə)nɛʀ/ NM bicentenary, bicentennial

**bicéphale** /bisefal/ ADJ two-headed, bicephalous *(SPÉC)*

**biceps** /bisɛps/ NM biceps ◆ **avoir des** *ou* **du ~** * to have a strong *ou* good pair of arms

**biche** /biʃ/ NF hind, doe ◆ **un regard** *ou* **des yeux de ~** doe-like eyes ◆ **ma ~** *(terme d'affection)* darling, pet *

**bicher** * /biʃe/ ▸ conjug 1 ◂ VI **a** *[personne]* to be pleased with o.s. **b** *(= aller)* **ça biche ?** how's things? *, things OK with you? *

**bichette** /biʃɛt/ NF *(terme d'affection)* ◆ **(ma) ~** darling, pet *

**Bichkek** /biʃkɛk/ N Pishpek

**bichlorure** /biklɔʀyʀ/ NM bichloride

**bichon, -onne** /biʃɔ̃, ɔn/ NM,F *(= chien)* bichon frise ◆ **mon ~** * pet *, love *

**bichonner** /biʃɔne/ ▸ conjug 1 ◂ VT *[+ personne]* to pamper, to cosset ◆ **il bichonne sa moto/la pelouse** he lavishes care on his motorbike/the lawn VPR **se bichonner** to dress up, to spruce o.s. up ◆ **elle est en train de se ~ dans sa chambre** *(péj)* she's getting dolled up * in her room

**bichromate** /bikʀɔmat/ NM bichromate

**bichromie** /bikʀɔmi/ NF two-colour process ◆ **en ~** in two colours

**biclou** * /biklu/ NM *(= bicyclette)* bike

**bicolore** /bikɔlɔʀ/ ADJ bicolour(ed) *(Brit)*, bicolor(ed) *(US)*, two-colour(ed) *(Brit)*, two-color(ed) *(US)*, two-tone; *(Cartes)* two-suited

**biconcave** /bikɔ̃kav/ ADJ biconcave

**biconvexe** /bikɔ̃vɛks/ ADJ biconvex

**bicoque** * /bikɔk/ NF house, place * ◆ **ils ont une petite ~ au bord de la mer** * they've got a little place by the sea

**bicorne** /bikɔʀn/ NM cocked hat ADJ two-horned

**bicot** ** /biko/ NM *(injurieux)* (North African) Arab

**bicross** /bikʀɔs/ NM *(= vélo)* ≃ mountain bike; *(= sport)* ≃ mountain biking

**biculturel, -elle** /bikyltyʀɛl/ ADJ bicultural

**bicycle** /bisikl/ NM *(Hist : à grande et petite roues)* penny farthing (bicycle) *(Brit)*, ordinary *(US)*; *(Can)* bicycle

**bicyclette** /bisiklɛt/ NF **a** *(= véhicule)* bicycle, bike * ◆ **aller à la ville à** *ou* **en ~** to go to town by bicycle, to cycle to town ◆ **faire de la ~** to go cycling, to cycle ◆ **sais-tu faire de la ~ ?** can you cycle?, can you ride a bike? * **b** *(Sport)* cycling

**bicylindre** /bisilɛ̃dʀ/ ADJ *[moteur]* twin-cylinder NM *(= moto)* twin-cylinder motorbike

**bidasse** * /bidas/ NM *(= conscrit)* soldier, squaddy *(arg Mil) (Brit)*

**bide** /bid/ NM **a** *(‡ = ventre)* belly * ◆ **avoir du ~** to have a potbelly **b** *(* = échec) (gén)* flop *, fiasco ◆ **il a essayé de la draguer, mais ça a été le ~** he tried to pick her up but failed miserably ◆ **être** *ou* **faire un ~** *(Théât, Ciné)* to be a flop * *ou* a washout *ou* a bomb * *(US)*

**bidet** /bidɛ/ NM **a** *(= cuvette)* bidet **b** *(= cheval)* (old) nag

**bidirectionnel, -elle** /bidiʀɛksjɔnɛl/ ADJ bi-directional

**bidoche** ‡ /bidɔʃ/ NF meat

**bidon** /bidɔ̃/ NM **a** *(gén)* can, tin; *(à huile, à essence)* can; *(à peinture)* tin; *[de cycliste, soldat]* water bottle, flask ◆ **~ à lait** milk-churn ◆ **huile en ~** oil in a can **b** *(‡ = ventre)* belly * **c** *(‡ = bluff)* **c'est du ~** that's a load of hot air *ou* bull ‡ *ou* codswallop ‡ *(Brit)* ◆ **ce n'est pas du ~ !** I'm (*ou* he's *etc*) not kidding! ‡ ADJ INV *(* = simulé)* phoney *, phony * *(US)*; *[élection]* rigged ◆ **une démocratie ~** a sham *ou* phoney * democracy ◆ **il est ~** he's a phoney * *ou* phony * *(US)*

**bidonnage** * /bidɔnaʒ/ NM *[de reportage, CV]* faking ◆ **cette interview, c'était du ~** that interview was faked *ou* was a put-up * job

**bidonnant, e** ‡ /bidɔnɑ̃, ɑ̃t/ ADJ hilarious ◆ **c'était ~** it was a scream *

**bidonner** /bidɔne/ ▸ conjug 1 ◂ VPR **se bidonner** ‡ to split one's sides (laughing) *, to be doubled up (with laughter), to crease up * VT *(* = truquer) [+ reportage, CV]* to fake

**bidonville** /bidɔ̃vil/ NM shanty town

**bidouillage** * /bidujaʒ/ NM, **bidouille** * /biduj/ NF ◆ **c'est du ~** it's just been cobbled together

**bidouiller** * /biduje/ ▸ conjug 1 ◂ VT **a** *(gén = réparer)* to (have a) tinker with; *(Ordin) [+ programme]* to hack up ◆ **j'ai réussi à le ~** I've managed to fix it for the time being **b** *(péj = truquer) [+ compteur]* to fiddle with, to fix; *[+ élection]* to rig

**bidouilleur, -euse** * /bidujœʀ, øz/ NM,F ◆ **c'est un ~** *(habile)* he's quite good with his hands; *(péj)* he's a bit of a botcher *

**bidous** * /bidu/ NMPL *(Can)* money, dough ‡

**bidule** * /bidyl/ NM *(= machin)* contraption, thingumajig *, thingummy * *(Brit)*, whatsit * *(Brit)*; *(= personne)* what's-his-name * (*ou* what's-her-name *), whatsit * *(Brit)* ◆ **eh ~ !** hey (you) what's-your-name! *

**bief** /bjɛf/ NM **a** *[de canal]* reach **b** *[de moulin]* ◆ **~ d'amont** headrace ◆ **~ d'aval** tail race *ou* water

**bielle** /bjɛl/ NF *[de locomotive]* connecting rod; *[de voiture]* track rod

**biellette** /bjɛlɛt/ NF *(Aut)* stub axle

**biélorusse** /bjelɔʀys/ ADJ Byelorussian NMF **Biélorusse** Byelorussian

**Biélorussie** /bjelɔʀysi/ NF Byelorussia

## bien /bjɛ̃/

| | |
|---|---|
| 1 ADVERBE | 3 NOM MASCULIN |
| 2 ADJECTIF INVARIABLE | 4 COMPOSÉS |

### 1 - ADVERBE

**a** [= de façon satisfaisante] *[jouer, dormir, travailler]* well; *[conseiller, choisir]* well, wisely; *[fonctionner]* properly, well ◆ **aller** *ou* **se porter ~, être ~ portant** to be well, to be in good health ◆ **comment vas-tu ? – ~/très ~ merci** how are you? – fine/very well, thanks ◆ **nous avons ~ travaillé aujourd'hui** we've done some good work today ◆ **il a ~ réussi** he's done well (for himself) ◆ **cette porte ne ferme pas ~** this door doesn't shut properly ◆ **la télé ne marche pas ~** the TV isn't working properly *ou* right ◆ **il s'habille ~** he dresses well *ou* smartly ◆ **il parle ~ l'anglais** he speaks good English, he speaks English well ◆ **elle est ~ coiffée aujourd'hui** her hair looks nice today ◆ **on est ~ nourri dans cet hôtel** the food's good in that hotel ◆ **il a ~ pris ce que je lui ai dit** he took what I said in good part *ou* quite well ◆ **il s'y est ~ pris (pour le faire)** he went about it the right way ◆ **si je me rappelle ~** if I remember right(ly) *ou* correctly ◆ **ni ~ ni mal** so-so * ◆ **il n'écrit ni ~ ni mal** *(auteur)* he's so-so as an author

**b** [= selon les convenances, la morale, la raison] *[se conduire, agir]* well, decently ◆ **il pensait ~ faire** he thought he was doing the right thing ◆ **vous avez ~ fait** you did the right thing, you did right ◆ **il a ~ fait de partir** he was quite right *ou* he did right to go ◆ **faire ~ les choses** to do things properly *ou* in style ◆ **vous faites ~ de me le dire !** you did well to tell me!, it's a good thing you've told me! ◆ **vous feriez ~ de partir tôt** you'd do well *ou* you'd be well advised to leave early ◆ **ça commence à ~ faire * !** this has gone on quite long enough!, this is getting beyond a joke! ◆ **~ lui en a pris** it was just as well he did it

**c** [= sans difficulté] *[supporter]* well; *[se rappeler]* well, clearly ◆ **on comprend très ~ pourquoi** you can certainly understand *ou* see why ◆ **il peut très ~ le faire** he's perfectly capable of doing it

**d** [exprimant le degré] *(= très)* very, really; *(= beaucoup)* very much, thoroughly; *(= trop)* rather ◆ **~ mieux** much better ◆ **~ souvent** quite often ◆ **nous sommes ~ contents de vous voir** we're very *ou* awfully glad to see you ◆ **~ plus heureux/cher** far *ou* much happier/more expensive ◆ **c'est un ~ beau pays** it's a really *ou* truly beautiful country ◆ **nous avons ~ ri** we had a good laugh ◆ **les enfants se sont ~ amusés** the children thoroughly enjoyed themselves *ou* had great fun ◆ **vos œufs sont ~ frais ?** are your eggs really fresh? ◆ **question ~ délicate** highly sensitive question ◆ **~ trop bête** far too stupid ◆ **elle est ~ jeune (pour se marier)** she is very *ou* rather young (to be getting married) ◆ **c'est ~ moderne pour mes goûts** it's rather too modern for my taste ◆ **il me paraît ~ sûr de lui** he seems to be rather *ou* pretty * sure of himself to me

**e** [= effectivement] indeed, definitely; *(interrog = réellement)* really ◆ **nous savons ~ où il se cache** we know perfectly well *ou* quite well where he's hiding ◆ **j'avais ~ dit que je ne viendrais pas** I (certainly) did say that I wouldn't come ◆ **je trouve ~ que c'est un peu cher mais tant pis** I do think it's rather expensive *ou* I agree it's rather expensive but never mind ◆ **c'est ~ une erreur** it's definitely *ou* certainly a mistake ◆ **était-ce**

~ **une erreur ?** was it really *ou* in fact a mistake? ◆ **c'est ~ à ton frère que je pensais** it was indeed your brother I was thinking of ◆ **ce n'est pas lui mais ~ son frère qui est docteur** it's his brother not him who is a doctor ◆ **dis-lui ~ que ...** be sure to *ou* and tell him that ..., make sure you tell him that ... ◆ **je vous avais ~ averti** I gave you ample warning, I did warn you ◆ **c'est ~ mon manteau ?** that is my coat, isn't it?

**f** [dans une exclamative] **il s'agit ~ de ça !** *(= vraiment, justement)* as if that's the point! ◆ **voilà ~ les femmes !** that's women for you! ◆ **c'est ~ ça, on t'invite et tu te décommandes !** that's you all over *ou* that's just like you! – we invite you over and then you say you can't come!

**g** [avec valeur intensive] **ferme ~ la porte** shut the door properly, make sure you shut the door ◆ **tourne ~ ton volant à droite** turn your wheel hard to the right ◆ **écoute-moi ~** listen to me carefully ◆ **regardez ~ ce qu'il va faire** watch what he does carefully ◆ **mets-toi ~ en face** stand right *ou* straight opposite ◆ **percez un trou ~ au milieu** drill a hole right in the centre ◆ **tiens-toi ~ droit** stand quite straight ◆ **il est mort et ~ mort** he's dead and gone ◆ **c'est ~ compris ?** is that quite clear *ou* understood? ◆ **c'est ~ promis ?** is that a firm promise? ◆ **il arrivera ~ à se débrouiller** he'll manage to cope all right ◆ **j'espère ~ !** I should hope so (too)! ◆ **où peut-il ~ être ?** where on earth can he be? ◆ **~ à vous** *(dans une lettre)* yours

**h** [= malgré tout] **il fallait ~ que ça se fasse** it just had to be done ◆ **il faut ~ le supporter** you've just got to put up with it ◆ **il pourrait ~ venir nous voir de temps en temps !** he could at least come and see us now and then!

**i** [= volontiers] *(précédé d'un verbe au conditionnel)* **je mangerais ~ un morceau** I could do with a bite to eat, I wouldn't mind something to eat ◆ **je l'aiderais ~, mais ...** I wish I could help him, but ... ◆ **j'irais ~ mais ...** I'd love to go but ... ◆ **je voudrais ~ t'y voir !** I'd like *ou* love to see you try!, I'd sure like* *(US)* to see you try! ◆ **je te verrais ~ en jaune** I think you'd look good in yellow

**j** [= au moins] at least ◆ **il y a ~ 3 jours que je ne l'ai vu** I haven't seen him for at least 3 days ◆ **cela vaut ~ ce prix là** it's worth at least that

**k** [locutions]

◆ **bien du, bien de la** a great deal of ◆ **elle a eu ~ du mal** *ou* **de la peine à le trouver** she had a good *ou* great deal of difficulty in *ou* no end of trouble* in finding it ◆ **ça fait ~ du monde** that's an awful lot of people ◆ **ils ont eu ~ de la chance** they were really very lucky

◆ **bien des** a good many ◆ **je connais ~ des gens qui auraient protesté** I know a good many *ou* quite a few people who would have protested

◆ **bien que** although, though ◆ **~ que je ne puisse pas venir** although *ou* though I can't come

◆ **bien sûr** of course ◆ **~ sûr qu'il viendra !** of course he'll come!

◆ **pour bien faire** ◆ **pour ~ faire il faudrait partir maintenant** the best thing would be to leave now ◆ **pour ~ faire, il aurait fallu terminer hier** it would have been better if we had finished yesterday

2 - ADJECTIF INVARIABLE

**a** [= satisfaisant] *[film, tableau, livre]* good ◆ **elle est très ~ comme secrétaire** she's a very good *ou* competent secretary ◆ **donnez-lui quelque chose de ~** give him something really good ◆ **ce serait ~ s'il venait** it would be good if he were to come

◆ **bien!** *(approbation)* good!, fine!; *(pour changer de sujet)* OK!, all right! ◆ **bien ! bien !, c'est ~ !** *(exaspération)* all right! all right!, OK! OK!

**b** [Scol, sur copie] good ◆ **assez ~** quite good ◆ **très ~** very good

**c** [= en bonne forme] well, in good form *ou* health ◆ **je ne suis pas ~** I don't feel very well ◆ **tu n'es pas ~ ?** are you feeling OK? ◆ **il n'était pas très ~ ce matin** he was out of sorts *ou* off colour* *(Brit)* this morning ◆ **t'es pas ~, non ?*** are you crazy?

**d** [= beau] *[personne]* good-looking, nice-looking; *[chose]* nice ◆ **elle était très ~ quand elle était jeune** she was very attractive *ou* good-looking when she was young ◆ **il est ~ de sa personne** he's a good-looking man *ou* a fine figure of a man ◆ **ils ont une maison tout ce qu'il y a de ~*** they've got a really lovely *ou* nice house ◆ **ce bouquet fait ~ sur la cheminée** those flowers look nice on the mantelpiece

**e** [= à l'aise] **il est ~ partout** he is *ou* feels at home anywhere ◆ **on est ~ à l'ombre** it's pleasant *ou* nice in the shade ◆ **on est ~ ici** it's nice here, we like it here ◆ **je suis ~ dans ce fauteuil** I'm very comfortable in this chair ◆ **elle se trouve ~ dans son nouveau poste** she's very happy in her new job ◆ **laisse-le, il est ~ où il est** leave him alone – he's quite all right where he is *ou* he's fine where he is ◆ **vous voilà ~ !** *(iro)* now you've done it!, you're in a fine mess now!

**f** [= acceptable] *(socialement)* nice; *(moralement)* right ◆ **c'est pas ~ de dire ça** it's not nice to say that ◆ **ce n'est pas ~ de faire ça** it's not nice *ou* right to do that ◆ **c'est ~ ce qu'il a fait là** it was very good *ou* decent *ou* nice of him to do that ◆ **c'est ~ à vous de les aider** it's good *ou* nice of you to help them ◆ **c'est un type ~*** he's a nice guy* *ou* bloke* *(Brit)* ◆ **c'est une femme ~** she's a very nice woman ◆ **des gens ~** very nice *ou* decent people

**g** [= en bons termes] **être ~ avec qn** to be on good terms *ou* get on well with sb ◆ **ils sont ~ ensemble** they're on the best of terms ◆ **se mettre ~ avec qn** to get on the good *ou* right side of sb, to get into sb's good books*

3 - NOM MASCULIN

**a** [NonC = ce qui est avantageux, agréable] good ◆ **le ~ public** the public good ◆ **c'est pour ton ~ !** it's for your own good! ◆ **pour le (plus grand) ~ de l'humanité** for the (greater) good of humanity ◆ **grand ~ vous fasse !** *(iro)* much good may it do you!, you're welcome to it! ◆ **être du dernier ~ avec qn** *(littér)* to be on the closest possible terms *ou* on intimate terms with sb

◆ **faire du bien** ◆ **faire du ~ à qn/qch** to do sb/sth good ◆ **ça ne va pas faire de ~ à sa réputation** that's not going to do his reputation any good ◆ **ses paroles m'ont fait du ~** what he said did me good ◆ **ça fait du ~ de se confier** it's good to talk ◆ **je me suis cogné la tête, ça ne fait pas de** *ou* **du ~ !** I bumped my head and it really hurt *ou* it didn't half* *(Brit)* hurt ◆ **ça fait du ~ par où ça passe* !** that hits the spot!

◆ **dire du bien de** ◆ **dire du ~ de qn** to speak well of sb ◆ **on a dit le plus grand ~ de ce livre/de cet acteur** this book/this actor has been highly praised, people have spoken very highly *ou* favourably of this book/this actor ◆ **on dit beaucoup de ~ de ce restaurant** this restaurant has got a very good name, people speak very highly of this restaurant

◆ **vouloir du bien à qn** to wish sb well ◆ **un ami qui vous veut du ~** *(iro)* a well-wisher *(iro)*

◆ **en bien** ◆ **je trouve qu'il a changé en ~** I find he has changed for the better *ou* he has improved ◆ **parler en ~ de qn** to speak favourably *ou* well of sb

**b** [= avantage] **finalement cet échec temporaire a été un ~** in the end this setback was a good thing ◆ **son départ a été un ~ pour l'entreprise** it was a good thing for the firm that he left

**c** [= ce qui a une valeur morale] ◆ **le ~** good ◆ **savoir discerner le ~ du mal** to be able to tell good from evil *ou* right from wrong ◆ **faire le ~** to do good ◆ **rendre le ~ pour le mal** to return good for evil

**d** [= possession] possession, property *(NonC)*; *(= argent)* fortune; *(= terre)* estate ◆ **~s** goods ◆ **cet ordinateur est son ~ le plus cher** this computer is his most treasured possession ◆ **la tranquillité est le seul ~ qu'il désire** peace of mind is all he asks for ◆ **il considère tout comme son ~** he regards everything as being his property *ou* his own ◆ **il a dépensé tout son ~** he has gone through his entire fortune ◆ **avoir du ~ (au soleil)** to have property ◆ **laisser tous ses ~s à qn** to leave all one's (worldly) goods *ou* possessions to sb ◆ **il est très attaché aux ~s de ce monde** he lays great store by worldly goods *ou* possessions ◆ **~ mal acquis ne profite jamais** *(Prov)* ill-gotten gains seldom prosper *(Prov)* ill gotten ill spent

4 - COMPOSÉS

▷ **biens de consommation** consumer goods ▷ **biens durables** consumer durables ▷ **biens d'équipement** capital equipment *ou* goods; *(Ind)* plant ▷ **biens d'équipement ménager** household goods ▷ **bien de famille** family estate ▷ **biens fonciers** real estate, property *(Brit)*, landed property ▷ **biens immédiatement disponibles** off-the-shelf goods ▷ **biens immeubles, biens immobiliers** ⇒ **biens fonciers** ▷ **biens indirects** capital goods ▷ **biens intermédiaires** *(Admin)* intermediate goods ▷ **bien marchand** commodity ▷ **biens meubles, biens mobiliers** personal property *ou* estate, movables ▷ **biens privés** private property ▷ **biens publics** public property ▷ **biens successoraux** hereditaments ▷ **biens en viager** life estate

**bien-aimé, e** (mpl **bien-aimés**) /bjɛ̃neme/ **ADJ, NM,F** beloved

**bien-être** /bjɛ̃nɛtʀ/ **NM INV** *(physique, psychologique)* well-being; *(matériel)* comfort, material well-being

**bienfaisance** /bjɛ̃fəzɑ̃s/ **NF** charity ◆ **association** *ou* **œuvre de ~** charitable organization, charity ◆ **l'argent sera donné à des œuvres de ~** the money will be given to charity

**bienfaisant, e** /bjɛ̃fəzɑ̃, ɑ̃t/ **ADJ** **a** *[effets]* salutary, beneficial; *[pluie]* life-giving ◆ **eaux aux vertus ~es** health-giving waters ◆ **l'influence ~e de Vénus** *(Astrol)* the favourable *ou* benign influence of Venus **b** † *[personne]* beneficent *(frm)*, kindly

**bienfait** /bjɛ̃fɛ/ **NM** **a** *(= faveur)* kindness, kind deed ◆ **c'est un ~ du ciel !** it's a godsend! *ou* a blessing! ◆ **un ~ n'est jamais perdu** *(Prov)* a good turn *ou* deed never goes amiss **b** *(surtout pl = avantage)* benefit ◆ **les ~s du progrès** the benefits of progress ◆ **les ~s d'un traitement** the beneficial effects of a course of treatment ◆ **il commence à ressentir les ~s de son séjour à la campagne** he is beginning to feel the benefit of his stay in the country

**bienfaiteur** /bjɛ̃fɛtœʀ/ NM benefactor

**bienfaitrice** /bjɛ̃fɛtʀis/ NF benefactress

**bien-fondé** (pl **bien-fondés**) /bjɛ̃fɔ̃de/ NM *[d'opinion, assertion]* validity; *(Jur) [de plainte]* cogency

**bien-fonds** (pl **biens-fonds**) /bjɛ̃fɔ̃/ NM real estate, landed property

**bienheureux, -euse** /bjɛ̃nœʀø, øz/ ADJ a *(Rel)* blessed, blest *(littér)* b *(littér)* happy ◆ ~ **ceux qui ...** lucky are those who ... NMPL ◆ **les** ~ the blessed, the blest

**biennal, e** (mpl **-aux**) /bjenal, o/ ADJ biennial NF **biennale** biennial event

**bien-pensant, e** (mpl **bien-pensants**) /bjɛ̃pɑ̃sɑ̃, ɑ̃t/ ADJ *(Rel)* God-fearing; *(péj = conformiste)* right-thinking NM,F ◆ **les ~s** *(Rel)* God-fearing people; *(péj = conformistes)* right-thinking people

**bienséance** /bjɛ̃seɑ̃s/ NF propriety, decorum ◆ **les ~s** the proprieties

**bienséant, e** /bjɛ̃seɑ̃, ɑ̃t/ ADJ *[action, conduite]* proper, seemly, becoming ◆ **il n'est pas ~ de bâiller** it is unbecoming *ou* unseemly to yawn

**bientôt** /bjɛ̃to/ ADV soon ◆ **à ~ !** see you soon!, bye for now! * ◆ **c'est ~ dit** it's easier said than done, it's easy to say ◆ **on est ~ arrivé** we'll soon be there, we'll be there shortly ◆ **on ne pourra ~ plus circuler dans Paris** before long it will be impossible to drive in Paris ◆ **c'est pour ~ ?** is it due soon?, any chance of its being ready soon?; *(naissance)* is the baby expected *ou* due soon? ◆ **il est ~ minuit** it's nearly midnight ◆ **il aura ~ 30 ans** he'll soon be 30 ◆ **il eut ~ fait de finir son travail** † he finished his work in no time, he lost no time in finishing his work

**bienveillance** /bjɛ̃vɛjɑ̃s/ NF benevolence, kindness (*envers* to); ◆ **avec ~** *[dire, regarder]* benevolently, kindly; *[parler]* kindly ◆ **examiner un cas avec ~** to give favourable consideration to a case ◆ **je sollicite de votre haute ~...** *(Admin)* I beg (leave) to request ...

**bienveillant, e** /bjɛ̃vejɑ̃, ɑ̃t/ ADJ benevolent, kindly

**bienvenu, e** /bjɛ̃v(ə)ny/ ADJ ◆ **remarque ~e** apposite *ou* well-chosen remark NM,F ◆ **vous êtes le ~, soyez le ~** you're very welcome, pleased to see you * ◆ **une tasse de café serait la ~e** a cup of coffee would be (most) welcome NF **bienvenue** welcome ◆ **souhaiter la ~e à qn** to welcome sb ◆ **~e à vous !** welcome (to you)!, you are most welcome! ◆ **allocution de ~e** welcoming speech ◆ **~e à Paris/en Italie !** welcome to Paris/to Italy! ◆ **~e parmi nous !** welcome (to the department *ou* company *ou* neighbourhood *etc*)! ◆ **~e !** *(Can = je vous en prie)* you're welcome!

**bière**[1] /bjɛʀ/ NF beer ◆ **garçon, deux ~s !** waiter, two beers! COMP ▷ **bière blanche** wheat beer ▷ **bière blonde** ≃ lager, light ale *(Brit)*, light beer *(US)* ▷ **bière brune** ≃ brown ale *(Brit)*, dark beer *(US)*; → **petit, pression**

**bière**[2] /bjɛʀ/ NF coffin, casket *(US)* ◆ **mettre qn en ~** to put *ou* place sb in their coffin ◆ **la mise en ~ a eu lieu ce matin** the body was placed in the coffin this morning

**biface** /bifas/ NM *(Archéol)* flint, biface

**biffage** /bifaʒ/ NM crossing out

**biffer** /bife/ ▸ conjug 1 ◂ VT to cross out, to strike out ◆ ~ **à l'encre/au crayon** to ink/pencil out

**biffeton** ⁑ /biftɔ̃/ NM (bank)note, bill *(US)*

**biffin** /bifɛ̃/ NM *(arg Mil)* foot soldier, infantryman; *(† ⁑ = chiffonnier)* rag-and-bone man

**biffure** /bifyʀ/ NF crossing out

**bifide** /bifid/ ADJ bifid

**bifidus** /bifidys/ NM bifidus ◆ **yaourt au ~** yogurt containing bifidus, bio yogurt

**bifocal, e** (mpl **-aux**) /bifɔkal, o/ ADJ bifocal ◆ **lunettes ~es** bifocals

**bifteck** /biftɛk/ NM steak ◆ ~ **de cheval** horsemeat steak ◆ **deux ~s** two steaks, two pieces of steak; → **défendre, gagner, haché**

**bifurcation** /bifyʀkasjɔ̃/ NF *[de route]* fork, junction; *(Rail)* fork; *[d'artère, tige]* branching; *(fig = changement)* change

**bifurquer** /bifyʀke/ ▸ conjug 1 ◂ VI a *[route, voie ferrée]* to fork, to branch off b *[véhicule]* to turn off (*vers, sur* for, towards); *(fig) [personne]* to branch off (*vers* into); ◆ ~ **sur la droite** to turn *ou* bear right

**bigame** /bigam/ ADJ bigamous NMF bigamist

**bigamie** /bigami/ NF bigamy

**bigarade** /bigaʀad/ NF Seville *ou* bitter orange

**bigarré, e** /bigaʀe/ (ptp de **bigarrer**) ADJ a *(= bariolé) [vêtement]* many-coloured, rainbow-coloured; *[groupe]* colourfully dressed, gaily coloured b *(fig) [foule]* motley *(épith)*; *[société, peuple]* heterogeneous, mixed

**bigarreau** (pl **bigarreaux**) /bigaʀo/ NM bigarreau, bigaroon (cherry) ◆ **yaourt aux ~x** cherry yogurt

**bigarrer** /bigaʀe/ ▸ conjug 1 ◂ VT to colour in many hues

**bigarrure** /bigaʀyʀ/ NF coloured pattern ◆ **la ~** *ou* **les ~s d'un tissu** the medley of colours in a piece of cloth, the gaily-coloured pattern of a piece of cloth

**Big Bang, big bang** /bigbɑ̃g/ NM INV *(Astron)* big bang; *(fig = réorganisation)* shake-up

**bigle** † /bigl/ ADJ → **bigleux**

**bigler** † ⁑ /bigle/ ▸ conjug 1 ◂ VT *[+ personne]* to look at VI *(= loucher)* to squint, to have a squint ◆ **arrête de ~ sur** *ou* **dans mon jeu** stop peeping at my cards *, take your beady eyes off my cards *

**bigleux, -euse** * /biglø, øz/ ADJ a *(= myope)* short-sighted ◆ **quel ~ tu fais !** you need glasses! b *(= qui louche)* squint(-eyed), cross-eyed

**bigophone** * /bigɔfɔn/ NM phone, blower ⁑ *(Brit)*, horn * *(US)* ◆ **passer un coup de ~ à qn** to get on the blower ⁑ *(Brit)* *ou* horn * *(US)* to sb, to give sb a buzz * *ou* ring

**bigophoner** * /bigɔfɔne/ ▸ conjug 1 ◂ VI to be on the blower ⁑ *(Brit)* *ou* horn * *(US)* ◆ ~ **à qn** to give sb a buzz * *ou* a ring

**bigorneau** (pl **bigorneaux**) /bigɔʀno/ NM winkle

**bigorner** † ⁑ /bigɔʀne/ ▸ conjug 1 ◂ VT *[+ voiture]* to smash up VPR **se bigorner** *(= se battre)* to come to blows, to scrap * (*avec* with)

**bigot, e** /bigo, ɔt/ *(péj)* ADJ sanctimonious, holier-than-thou NM,F sanctimonious *ou* holier-than-thou person

> ⚠ **bigot** *ne se traduit pas par le mot anglais* **bigot**, *qui a le sens de 'sectaire'.*

**bigoterie** /bigɔtʀi/ NF *(péj)* sanctimoniousness

**bigouden, -ène** /bigudɛ̃, ɛn/ ADJ of *ou* from the Pont-l'Abbé region *(in Brittany)* NM,F **Bigouden (-ène)** native *ou* inhabitant of the Pont-l'Abbé region NF **bigoudène** *(= coiffe) woman's headdress worn in the Pont-l'Abbé region*

**bigoudi** /bigudi/ NM (hair-)curler, roller ◆ **elle était en ~s** her hair was in curlers *ou* rollers

**bigre** * /bigʀ/ EXCL *(hum)* gosh! *, holy smoke! *

**bigrement** * /bigʀəmɑ̃/ ADV *[bon, chaud, cher]* darned *, jolly * *(Brit)*; *[changer, ressembler]* a heck of a lot * ◆ **on a ~ bien mangé** we had a jolly good meal * *(Brit)*, we had one dandy meal * *(US)*

**biguine** /bigin/ NF beguine

**Bihar** /biaʀ/ NM ◆ **le ~** Bihar

**bihebdomadaire** /biɛbdɔmadɛʀ/ ADJ twice-weekly

**bijection** /biʒɛksjɔ̃/ NF bijection

**bijou** (pl **bijoux**) /biʒu/ NM a jewel ◆ **les ~x d'une femme** a woman's jewels *ou* jewellery ◆ **~x (de) fantaisie** costume jewellery ◆ **~x de famille** *(lit)* family jewels; *(⁑: hum)* wedding tackle ⁑ *(Brit)*, family jewels ⁑ *(US)* ◆ **mon ~** *(terme d'affection)* my love, pet b *(= chef-d'œuvre)* gem ◆ **un ~ de précision** a marvel of precision

**bijouterie** /biʒutʀi/ NF *(= boutique)* jeweller's (shop); *(= commerce)* jewellery business *ou* trade; *(= art)* jewellery-making; *(= bijoux)* jewellery

**bijoutier, -ière** /biʒutje, jɛʀ/ NM,F jeweller

**bikini** ® /bikini/ NM bikini

**bilabial, e** (mpl **-iaux**) /bilabjal, jo/ ADJ bilabial NF **bilabiale** bilabial

**bilame** /bilam/ NM *(Phys)* bimetallic strip

**bilan** /bilɑ̃/ NM a *(Fin)* balance sheet, statement of accounts ◆ **dresser** *ou* **établir son ~** to draw up the balance sheet ◆ ~ **de liquidation** statement of affairs *(in a bankruptcy petition)*
b *(= évaluation)* appraisal, assessment; *(= résultats)* results; *(= conséquences)* consequences ◆ **le ~ du gouvernement** the government's track record ◆ **quel a été le ~ de ces négociations ?** what was the upshot *ou* the end result of the negotiations? ◆ **faire le ~ d'une situation** to take stock of *ou* assess a situation ◆ **quand on arrive à 50 ans on fait le ~** when you reach 50 you take stock (of your life)
c *[de catastrophe] (= nombre de morts)* (death) toll ◆ **d'après un premier ~** *ou* **un ~ provisoire** according to the first reports coming in ◆ **"émeute dans la capitale, bilan : 3 morts"** "riots in the capital: 3 dead" ◆ ~ **provisoire : 300 blessés** so far, 300 people are known to have been injured
d *(Méd)* ~ **de santé** (medical) checkup ◆ **se faire faire un ~ de santé** to go for *ou* have a checkup ◆ **faire le ~ de santé de l'économie** to assess the current state of the economy

**bilatéral, e** (mpl **-aux**) /bilateʀal, o/ ADJ bilateral ◆ **stationnement ~** parking on both sides (of the road)

**bilatéralement** /bilateʀalmɑ̃/ ADV bilaterally

**bilboquet** /bilbɔkɛ/ NM ≃ cup-and-ball (toy)

**bile** /bil/ NF *(Anat, fig = amertume)* bile ◆ **se faire de la ~** * **(pour)** to get worried (about), to worry o.s. sick (about) *; → **échauffer**

**biler (se)** * /bile/ ▸ conjug 1 ◂ VPR *(gén nég)* to worry o.s. sick * (*pour* about); ◆ **ne vous bilez pas !** don't get all worked up! * *ou* het up! *, don't get yourself all worried! ◆ **il ne se bile pas** he's not one to worry, he doesn't let things bother him

**bileux, -euse** * /bilø, øz/ ADJ easily upset *ou* worried ◆ **il n'est pas ~, ce n'est pas un ~**

he's not one to worry, he doesn't let things bother him ◆ **quel ~ tu fais !** what a fretter * ou worrier you are!

**bilharziose** /bilaʀzjoz/ NF bilharziasis, schistosomiasis

**biliaire** /biljɛʀ/ ADJ biliary; → **calcul, vésicule**

**bilieux, -euse** /biljø, øz/ ADJ *[teint]* bilious, yellowish; *[personne, tempérament]* irritable, testy

**bilingue** /bilɛ̃g/ ADJ bilingual

**bilinguisme** /bilɛ̃gɥism/ NM bilingualism

**billard** /bijaʀ/ NM a (= *jeu*) billiards *(sg)*; (= *table*) billiard table; (= *salle*) billiard room ◆ **faire un ~ ou une partie de ~** to play (a game of) billiards b (* : *loc*) **passer sur le ~** to go under the surgeon's knife, to have an operation ◆ **c'est du ~** it's quite ou dead easy*, it's a piece of cake* ou a cinch ◆ **cette route est un vrai ~** this road is incredibly smooth ou as smooth as a billiard table COMP ▷ **billard américain** pool ▷ **billard électrique** pinball machine ▷ **billard français** French billiards ▷ **billard japonais** (= *partie*) (game of) pinball; (= *table*) pinball machine ▷ **billard russe** bar billiards

**bille** /bij/ NF a (= *boule*) *[d'enfant]* marble; *[de billard]* (billiard) ball ◆ **jouer aux ~s** to play marbles, to have a game of marbles ◆ **déodorant à ~** roll-on deodorant ◆ **il a attaqué ou foncé ~ en tête** * *(fig)* he didn't beat about the bush* ◆ **reprendre ou récupérer ou retirer ses ~s** *(fig)* to pull out ◆ **il a su placer ses ~s** * *(fig)* he made all the right moves ◆ **toucher sa ~ au tennis/en histoire** * to know a thing or two about tennis/history; → **roulement, stylo** b ◆ **~ de bois** billet, block of wood c (* = *visage*) mug*, face ◆ **il a fait une drôle de ~ !** you should have seen his face! ◆ **~ de clown** funny face ◆ **il a une bonne ~** he's got a jolly face d (* = *yeux*) **~s** round eyes

**billet** /bijɛ/ NM a (= *ticket*) ticket ◆ **~ de quai/train/loterie** platform/train/lottery ticket ◆ **~ collectif** group ticket; → **aller**

b (= *argent*) note, bill *(US)* ◆ **~ de 20 €** €20 note ◆ **ça coûte 500 ~s** * it costs 5,000 francs; → **faux**[2]

c *(littér ou † = lettre)* note, short letter ◆ **~ d'humeur** *(Presse)* column

d *(loc)* **je te fiche ou flanque mon ~ qu'il ne viendra pas !** * I bet my bottom dollar* ou I bet you anything he won't come!

COMP ▷ **billet de banque** banknote ▷ **billet de commerce** promissory note, bill of exchange ▷ **billet doux** billet doux *(hum)*, love letter ▷ **billet de faveur** complimentary ticket ▷ **billet de logement** *(Mil)* billet ▷ **billet à ordre** promissory note, bill of exchange ▷ **billet de parterre** † * ◆ **prendre ou ramasser un ~ de parterre** to fall flat on one's face, to come a cropper* *(Brit)* ▷ **billet au porteur** bearer order ▷ **billet de retard** *(Scol)* late slip, tardy slip *(US)*; *(Admin) note from public transport authorities attesting late running of train etc* ▷ **billet de trésorerie** commercial paper ▷ **le billet vert** *(Écon)* the dollar

**billetterie** /bijɛtʀi/ NF *[d'argent]* cash dispenser, cash point, ATM, automatic teller machine; *[de tickets]* (automatic) ticket machine

**billevesées** /bijvəze/ NFPL *(littér = sornettes)* nonsense *(NonC)*

**billion** /biljɔ̃/ NM million million, trillion *(surtout US)*

**billot** /bijo/ NM *[de boucher, bourreau, cordonnier]* block; *(Can)* log (of wood) ◆ **j'en mettrais ma tête sur le ~** *(fig)* I'd stake my life on it

**bilobé, e** /bilɔbe/ ADJ bilobate, bilobed

**bimbeloterie** /bɛ̃blɔtʀi/ NF (= *objets*) knick-knacks, fancy goods *(Brit)*; (= *commerce*) knick-knack ou fancy goods *(Brit)* business

**bimensuel, -elle** /bimɑ̃sɥɛl/ ADJ twice monthly, bimonthly, fortnightly *(Brit)*, semimonthly *(US)* NM (= *revue*) fortnightly review *(Brit)*, semimonthly *(US)*

**bimensuellement** /bimɑ̃sɥɛlmɑ̃/ ADV twice a month, fortnightly *(Brit)*, semimonthly *(US)*

**bimestriel, -elle** /bimɛstʀijɛl/ ADJ bimonthly

**bimétallique** /bimetalik/ ADJ bimetallic

**bimétallisme** /bimetalism/ NM bimetallism

**bimoteur** /bimɔtœʀ/ ADJ twin-engined NM twin-engined plane

**binage** /binaʒ/ NM hoeing, harrowing

**binaire** /binɛʀ/ ADJ binary NM *(Ordin)* binary code ◆ **codé en ~** binary coded

**binational, e** (mpl **-aux**) /binasjɔnal, o/ ADJ *[personne]* having dual nationality NM,F person with dual nationality

**biner** /bine/ ► conjug 1 ◄ VT to hoe, to harrow

**binette** /binɛt/ NF a *(Agr)* hoe b (* = *visage*) face, mug*

**bing** /biŋ/ EXCL smack!, thwack!

**bingo** /biŋgo/ NM *(Can)* (= *jeu*) ≃ bingo *(using letters as well as numbers)*; (= *partie*) ≃ game of bingo ◆ **~ !** bingo!

**biniou** /binju/ NM *(Mus)* (Breton) bagpipes ◆ **donner un coup de ~ à qn** * (= *téléphone*) to give sb a buzz* ou a ring

**binoclard, e** * /binɔklaʀ, aʀd/ ADJ, NM,F ◆ **il est ou c'est un ~** he wears specs*, he's a four-eyes*

**binocle** /binɔkl/ NM pince-nez

**binoculaire** /binɔkylɛʀ/ ADJ binocular

**binôme** /binom/ NM *(Math, Bio)* binomial; (= *deux personnes*) two-person team ◆ **travailler en ~** to work in pairs ou in twos NMF ◆ **mon ~** (= *personne*) my partner

**bio** * /bjo/ NF a (abrév de **biographie**) bio* b abrév de **biologie** ADJ (abrév de **biologique**) *[agriculture, engrais, nourriture]* organic ◆ **produits ~(s)** (= *aliments*) organic food; (= *nonpolluants*) eco-friendly products

**biocarburant** /bjokaʀbyʀɑ̃/ NM biofuel

**biochimie** /bjoʃimi/ NF biochemistry

**biochimique** /bjoʃimik/ ADJ biochemical

**biochimiste** /bjoʃimist/ NMF biochemist

**biodégradabilité** /bjodegʀadabilite/ NF biodegradability

**biodégradable** /bjodegʀadabl/ ADJ biodegradable

**biodégradation** /bjodegʀadasjɔ̃/ NF biodegradation

**biodiversité** /bjodivɛʀsite/ NF biodiversity

**biodynamique** /bjodinamik/ ADJ *[agriculture, méthode]* biodynamic

**bioénergétique** /bjoenɛʀʒetik/ ADJ bioenergetic NF bioenergetics *(sg)*

**bioénergie** /bjoenɛʀʒi/ NF bioenergy

**bioéthique** /bjoetik/ NF bioethics *(sg)*

**biogaz** /bjogaz/ NM biogas

**biogenèse** /bjoʒənɛz/ NF biogenesis

**biogénétique** /bjoʒenetik/ NF biogenetic

**biogéographe** /bjoʒeɔgʀaf/ NMF biogeographer

**biogéographie** /bjoʒeɔgʀafi/ NF biogeography

**biogéographique** /bjoʒeɔgʀafik/ ADJ biogeographical

**biographe** /bjɔgʀaf/ NMF biographer

**biographie** /bjɔgʀafi/ NF biography ◆ **~ romancée** biographical novel

**biographique** /bjɔgʀafik/ ADJ biographical

**bio-industrie** (pl **bio-industries**) /bjoɛ̃dystʀi/ NF bioindustry

**biologie** /bjɔlɔʒi/ NF biology ◆ **~ animale/végétale** animal/plant biology ◆ **~ cellulaire/médicale/moléculaire** cellular/medical/molecular biology

**biologique** /bjɔlɔʒik/ ADJ a *(gén)* biological b *[produits, aliments]* organic ◆ **agriculture ~** organic farming

> ⚠ *Au sens de 'écologique',* **biologique** *ne se traduit pas par* **biological.**

**biologiquement** /bjɔlɔʒikmɑ̃/ ADV biologically ◆ **produit ~ cultivé** organically grown product

**biologiste** /bjɔlɔʒist/ NMF biologist

**biomasse** /bjomas/ NF biomass

**biomatériau** (pl **biomatériaux**) /bjomateʀjo/ NM biomaterial

**biomédecine** /bjomedsin/ NF biomedicine

**bionique** /bjɔnik/ NF bionics *(sg)* ADJ bionic

**biophysicien, -ienne** /bjofizisjɛ̃, jɛn/ NM,F biophysicist

**biophysique** /bjofizik/ NF biophysics *(sg)*

**biopsie** /bjɔpsi/ NF biopsy

**biorythme** /bjoʀitm/ NM biorhythm

**biosphère** /bjɔsfɛʀ/ NF biosphere

**biostatistique** /bjostatistik/ NF biostatistics *(sg)*

**biosynthèse** /bjosɛ̃tɛz/ NF biosynthesis

**biotechnique** /bjotɛknik/, **biotechnologie** /bjotɛknɔlɔʒi/ NF biotechnology

**biotechnologique** /bjotɛknɔlɔʒik/ ADJ biotechnological

**bioterrorisme** /bjotɛʀɔʀism/ NM bioterrorism

**bioterroriste** /bjotɛʀɔʀist/ NMF bioterrorist

**biotope** /bjɔtɔp/ NM biotope

**bioxyde** /bijɔksid/ NM dioxide

**bip** /bip/ GRAMMAIRE ACTIVE 54.3 NM a (= *son*) *(court)* b(l)eep; *(continu)* b(l)eeping ◆ **faire ~** to b(l)eep ◆ **parlez après le ~ sonore** speak after the tone ou beep b (= *appareil*) bleep(er), beeper

**bipale** /bipal/ ADJ twin-bladed

**biparti, e** /bipaʀti/, **bipartite** /bipaʀtit/ ADJ *(Bot)* bipartite; *(Pol)* two-party, bipartite, bipartisan

**bipartisme** /bipaʀtism/ NM *(Pol)* bipartisanship

**bipasse** /bipas/ NM ⇒ **by-pass**

**bip-bip** (pl **bips-bips**) /bipbip/ NM ⇒ **bip**

**bipède** /bipɛd/ ADJ, NM biped

**biper**[1] /bipe/ ► conjug 1 ◄ VT to page

**biper**[2] /bipœʀ/ NM *(Téléc)* beeper, bleeper

**biphasé, e** /bifɑze/ ADJ diphase, two-phase

**biplace** /biplas/ ADJ, NM two-seater

**biplan** /biplɑ̃/ ADJ ◆ **avion ~** biplane NM biplane

**bipolaire** /bipɔlɛʀ/ ADJ bipolar

**bipolarisation** /bipɔlaʀizasjɔ̃/ NF *(Pol)* polarization (*entre* of, between); ◆ **la ~ Est-Ouest de l'Europe** the way Europe is polarized between East and West

**bipolarité** /bipɔlaʀite/ NF bipolarity

**bique** /bik/ NF nanny-goat ◆ **vieille** ~ * *(péj)* old hag, old bag * ◆ **grande** ~ * beanpole

**biquet, -ette** /bikɛ, ɛt/ NM,F *(Zool)* kid ◆ **mon** ~ *(terme d'affection)* love

**biquotidien, -ienne** /bikɔtidjɛ̃, jɛn/ ADJ twice-daily

**birbe** † /biʀb/ NM *(péj)* ◆ **vieux** ~ old fuddy-duddy **, old fogey *

**bircher** /biʀʃɛʀ/ NM *(Helv = muesli)* muesli

**BIRD** /biʀd/ NF (abrév de **Banque internationale pour la reconstruction et le développement**) IBRD

**biréacteur** /biʀeaktœʀ/ NM twin-engined jet

**biréfringence** /biʀefʀɛ̃ʒɑ̃s/ NF birefringence

**biréfringent, e** /biʀefʀɛ̃ʒɑ̃, ɑ̃t/ ADJ birefringent

**birème** /biʀɛm/ NF *(Antiq)* bireme

**birman, e** /biʀmɑ̃, an/ ADJ Burmese NM *(Ling)* Burmese NM,F **Birman(e)** Burmese

**Birmanie** /biʀmani/ NF Burma

**biroute** /biʀut/ NF **a** *(** = pénis)* dick **, cock **, prick ** **b** *(arg Mil = manche à air)* wind sock

**bis**[1] /bis/ ADV *(Mus : sur partition)* repeat, twice ◆ ~ **!** *(Théât)* encore! ◆ **12** ~ *(numéro)* 12a ◆ ~ **repetita** it's the same story (all over) again; → **itinéraire** NM *(Théât)* encore

**bis**[2]**, e**[1] /bi, biz/ ADJ greyish-brown, brownish-grey; → **pain**

**bisaïeul** /bizajœl/ NM great-grandfather

**bisaïeule** /bizajœl/ NF great-grandmother

**bisannuel, -elle** /bizanɥɛl/ ADJ biennial

**bisbille** * /bizbij/ NF squabble, tiff ◆ **être en** ~ **avec qn** to be at loggerheads with sb

**bisbrouille** /bizbʀuj/ NF *(Belg = fâcherie)* tiff ◆ **ils sont en** ~ they've had a tiff *ou* falling-out

**biscornu, e** /biskɔʀny/ ADJ *[forme]* irregular, crooked; *[maison]* crooked, oddly shaped; *[idée, esprit]* quirky, peculiar; *[raisonnement]* tortuous, quirky ◆ **un chapeau** ~ a shapeless hat

**biscoteaux** * /biskɔto/ NMPL biceps ◆ **avoir des** ~ to have a good pair of biceps

**biscotte** /biskɔt/ NF *type of thick biscuit which looks like rounds of toast,* melba toast *(US)*

**biscuit** /biskɥi/ NM **a** *(Culin) (= gâteau sec)* biscuit *(Brit)*, cookie *(US)*; *(= pâte)* sponge cake ◆ ~ **salé** cracker, cheese biscuit *(Brit)* ◆ **ne t'embarque pas** *ou* **ne pars pas sans** ~**s** *(fig)* make sure you're well prepared **b** *(= céramique)* biscuit, bisque COMP ▷ **biscuit (à) apéritif** cracker, cocktail snack ▷ **biscuit pour chien** dog biscuit ▷ **biscuit à la cuiller** sponge finger *(Brit)*, lady finger *(US)* ▷ **biscuit de Savoie** sponge cake

**biscuiterie** /biskɥitʀi/ NF *(= usine)* biscuit *(Brit) ou* cookie *(US)* factory; *(= commerce)* biscuit *(Brit) ou* cookie *(US)* trade

**bise**[2] /biz/ NF *(= vent)* North wind

**bise**[3] /biz/ NF *(= baiser)* kiss ◆ **faire une** *ou* **la** ~ **à qn** to kiss sb, to give sb a kiss ◆ **faire une grosse** ~ **à qn** to give sb a big kiss ◆ **il lui a fait une petite** ~ he gave her a quick peck * *ou* kiss ◆ **grosses** ~**s** *(sur lettre)* lots of love (*de* from) much love (*de* from)

**biseau** (pl **biseaux**) /bizo/ NM **a** *(= bord) (gén)* bevel, bevelled edge; *(à 45°)* chamfer, chamfered edge ◆ **en** ~ *(gén)* bevelled, with a bevelled edge; *(à 45°)* chamfered, with a chamfered edge ◆ **tailler en** ~ *(gén)* to bevel; *(à 45°)* to chamfer **b** *(= outil)* bevel

**biseautage** /bizotaʒ/ NM *(gén)* bevelling; *(à 45°)* chamfering

**biseauter** /bizote/ ▸ conjug 1 ◂ VT *(Tech) (gén)* to bevel; *(à 45°)* to chamfer; *[+ cartes]* to mark

**bisexualité** /bisɛksɥalite/ NF bisexuality, bisexualism

**bisexué, e** /bisɛksɥe/ ADJ bisexual

**bisexuel, -elle** /bisɛksɥɛl/ ADJ bisexual NM,F bisexual

**bismuth** /bismyt/ NM bismuth

**bison** /bizɔ̃/ NM *(d'Amérique)* (American) bison, buffalo *(US)*; *(d'Europe)* European bison, wisent ◆ **Bison futé** *traffic monitoring service that informs drivers about congestion on French roads and suggests alternative routes*

**bisou** * /bizu/ NM kiss ◆ **faire un** ~ **à qn** to give sb a kiss ◆ **faire un petit** ~ **à qn** to give sb a peck * *ou* kiss ◆ **gros** ~**s** *(sur lettre)* lots of love (*de* from)

**bisque** /bisk/ NF *(Culin)* bisk, bisque ◆ ~ **de homard** lobster soup, bisque of lobster

**bisquer** * /biske/ ▸ conjug 1 ◂ VI to be riled * *ou* nettled ◆ **faire** ~ **qn** to rile * *ou* nettle sb

**Bissau** /bisao/ N Bissau

**bisse** /bis/ NM *(Helv = canal) irrigation channel in the mountains*

**bissecteur, -trice** /bisɛktœʀ, tʀis/ ADJ bisecting NF **bissectrice** bisector, bisecting line

**bissection** /bisɛksjɔ̃/ NF bisection

**bisser** /bise/ ▸ conjug 1 ◂ VT *(= faire rejouer) [+ acteur, chanson]* to encore; *(= rejouer) [+ morceau]* to play again, to sing again

**bissextile** /bisɛkstil/ ADJ F → **année**

**bissexué, e** /bisɛksɥe/ ADJ ⇒ **bisexué, e**

**bissexuel, -elle** /bisɛksɥɛl/ ADJ, NM,F ⇒ **bisexuel, -elle**

**bistable** /bistabl/ ADJ *(Élec)* bistable

**bistouri** /bistuʀi/ NM bistoury *(SPÉC)*, surgical knife ◆ **enlever qch au** ~ to remove sth surgically ◆ **donner un coup de** ~ *(fig)* to take drastic action *ou* measures

**bistre** /bistʀ/ ADJ *[couleur]* blackish-brown, bistre; *[objet]* bistre-coloured, blackish-brown; *[peau, teint]* swarthy NM bistre

**bistré, e** /bistʀe/ (ptp de **bistrer**) ADJ *[teint]* tanned, swarthy

**bistrer** /bistʀe/ ▸ conjug 1 ◂ VT *[+ objet]* to colour with bistre; *[+ peau]* to tan

**bistro(t)** /bistʀo/ NM **a** *(* = café)* ≃ pub, bar *(US)*, café ◆ **faire les** ~**s** to go on a bar-crawl **b** *(† = cafetier)* ≃ café owner

**bistrotier, -ière** /bistʀɔtje, jɛʀ/ NM,F ≃ publican *(Brit)*, bar manager *(US)*

**BIT** /beite/ NM (abrév de **Bureau international du travail**) ILO

**bit** /bit/ NM *(Ordin)* bit

**bite, bitte**[1] ** /bit/ NF *(= pénis)* prick **, cock **, dick **

**biter, bitter** ** /bite/ ▸ conjug 1 ◂ VT ◆ **j'y bitte rien** I can't understand a fucking thing **

**bithérapie** /biteʀapi/ NF double therapy

**bitoniau** * /bitɔnjo/ NM whatsit *

**bitos** * /bitos/ NM hat, headgear * *(NonC)*

**bitte**[2] /bit/ NF **a** *[de navire]* bitt ◆ ~ **(d'amarrage)** *[de quai]* mooring post, bollard **b** ⇒ **bite**

**bitture** ** /bityʀ/ NF ⇒ **biture**

**bitumage** /bitymaʒ/ NM asphalting

**bitume** /bitym/ NM *(Chim, Min)* bitumen; *(= revêtement)* asphalt, Tarmac ®, blacktop *(US)*; *(fig = route)* road ◆ **arpenter le** ~ to walk the streets

**bitumé, e** /bityme/ (ptp de **bitumer**) ADJ *[route]* asphalted, asphalt *(épith)*, tarmac *(épith)*; *[carton]* bitumized

**bitum(in)er** /bitym(in)e/ ▸ conjug 1 ◂ VT *[+ route]* to asphalt, to tarmac

**bitum(in)eux, -euse** /bitym(in)ø, øz/ ADJ bituminous

**biture** ** /bityʀ/ NF ◆ **prendre une** ~ to get drunk *ou* plastered ** ◆ **il tient une de ces** ~**s** he's plastered **, he's blind drunk *

**biturer (se)** ** /bityʀe/ ▸ conjug 1 ◂ VPR to get drunk *ou* plastered **

**biunivoque** /biynivɔk/ ADJ *(fig)* one-to-one; *(Math)* → **correspondance**

**bivalent, e** /bivalɑ̃, ɑ̃t/ ADJ *(Chim)* bivalent; *[professeur]* teaching two subjects

**bivalve** /bivalv/ ADJ, NM bivalve

**bivouac** /bivwak/ NM bivouac, bivvy **

**bivouaquer** /bivwake/ ▸ conjug 1 ◂ VI to bivouac

**bizarre** /bizaʀ/ ADJ *[personne, conduite]* strange, odd, peculiar; *[idée, raisonnement, temps]* odd, strange, funny *; *[vêtement]* strange *ou* funny(-looking) ◆ **tiens, c'est** ~ that's odd *ou* funny * NM ◆ **le** ~ the bizarre ◆ **le** ~ **dans tout cela ...** what's strange *ou* peculiar about all that ...

**bizarrement** /bizaʀmɑ̃/ ADV strangely, oddly

**bizarrerie** /bizaʀʀi/ NF *[de personne]* odd *ou* strange *ou* peculiar ways; *[d'idée]* strangeness, oddness; *[de situation, humeur]* strange *ou* odd nature ◆ ~**s** *[de langue, règlement]* peculiarities, oddities, quirks ◆ **ce sont les** ~**s du système** these are the quirks *ou* the vagaries of the system

**bizarroïde** * /bizaʀɔid/ ADJ weird

**bizness** * /biznɛs/ NM ⇒ **business**

**bizut** /bizy/ NM *(arg Scol)* freshman, first-year student, fresher *(Brit)*

**bizutage** /bizytaʒ/ NM *(arg Scol)* ragging *(Brit)*, hazing *(US) (of new student etc)*

**Bizutage**

New arrivals at certain « grandes écoles » and other educational institutions are called « bizuts » or « bizuths », and when they arrive at school in September, they are often subjected to an initiation ceremony known as **bizutage**. This usually involves being subjected to light-hearted ordeals by one's new classmates, but can sometimes degenerate into humiliating and cruel pranks. For this reason, the tradition has become more controversial in recent years, and many schools have outlawed it.

**bizuter** /bizyte/ ▸ conjug 1 ◂ VT *(arg Scol)* to rag *(Brit)*, to haze *(US) (new student etc)*

**bizuth** /bizy/ NM ⇒ **bizut**

**BK** /beka/ NM (abrév de **bacille de Koch**) Koch's bacillus

**blabla(bla)** * /blabla(bla)/ NM twaddle *, claptrap * ◆ **il y a beaucoup de** ~ **dans sa dissertation** there's a lot of waffle * *(Brit)* in his paper

**blablater** * /blablate/ ▸ conjug 1 ◂ VI to blabber on *, to waffle on * *(Brit)*

**black** * /blak/ ADJ *[personne, culture, musique]* black NMF black person ◆ **les** ~**s** black people, blacks NM ◆ **travailler** *ou* **bosser au** ~ * to work on the side; *(deuxième emploi)* to moonlight; *[clandestin]* to work illegally

**blackboulage** /blakbulaʒ/ NM blackballing

**blackbouler** /blakbule/ ▸ conjug 1 ◂ VT *(à une élection)* to blackball; *(* : à un examen)* to fail

**black-jack** (pl **black-jacks**) /blak(d)ʒak/ NM blackjack

**black-out** /blakaut/ NM *(Élec, Mil, fig)* blackout ◆ **faire le ~ sur qch** *(fig)* to impose a (news) blackout on sth

**blafard, e** /blafaʀ, aʀd/ ADJ *[teint]* pale, pallid, wan; *[couleur, lumière, soleil]* pale ◆ **l'aube ~e** the pale light of dawn

**blague** /blag/ NF a (* *= histoire, plaisanterie)* joke; *(= farce)* practical joke, trick ◆ **faire une ~ à qn** to play a trick *ou* a joke on sb ◆ **sans ~ ?** really?, you're kidding!⁑ ◆ **sans ~, ~ à part** seriously, joking apart, kidding aside * *(US)* ◆ **non mais sans ~, tu me prends pour qui ?** no really *ou* come on, what do you take me for? ◆ **il prend tout à la ~** he can never take anything seriously ◆ **ne me raconte pas de ~s !** you're having *(Brit) ou* putting *(US)* me on! *, pull the other one! * *(Brit)* ◆ **c'est de la ~ tout ça !** it's all talk !, it's all bull !⁑

b (* *= erreur)* silly thing, blunder, stupid mistake ◆ **faire une ~** to make a blunder *ou* a stupid mistake ◆ **faire des ~s** to do silly *ou* stupid things ◆ **attention, pas de ~s !** be careful!, no messing about! *

c ◆ **~ (à tabac)** (tobacco) pouch

**blaguer** * /blage/ ► conjug 1 ◄ VI to be joking *ou* kidding * (*sur* about); ◆ **j'ai dit cela pour ~** I said it for a joke *ou* lark * *(Brit)* ◆ **on ne blague pas avec ça** you shouldn't joke about that, that's not something to joke about VT to tease, to make fun of, to kid *, to take the mickey out of⁑ *(Brit)*

**blagueur, -euse** /blagœʀ, øz/ ADJ *[sourire, air]* ironical, teasing; *[ton, manière]* jokey * ◆ **il est (très) ~** he's (really) good fun NM,F *(gén)* joker; *(= farceur)* practical joker

**blair**⁑ /blɛʀ/ NM nose, beak⁑, hooter⁑ *(Brit)*

**blaireau** (pl **blaireaux**) /blɛʀo/ NM a *(Zool)* badger b *(pour barbe)* shaving brush c (⁑ *péj)* nerd * *(péj)*

**blairer**⁑ /bleʀe/ ► conjug 1 ◄ VT ◆ **je ne peux pas le ~** I can't stand *ou* bear him

**blâmable** /blɑmabl/ ADJ blameful

**blâme** /blɑm/ NM a *(= désapprobation)* blame; *(= réprimande)* reprimand, rebuke ◆ **encourir le ~ de qn** *[personne, action]* to incur sb's condemnation *ou* censure ◆ **rejeter le ~ sur qn** to put the blame on sb b *(Admin, Sport = punition)* reprimand ◆ **donner un ~ à qn** to reprimand sb ◆ **recevoir un ~** to be reprimanded, to incur a reprimand

**blâmer** /blɑme/ ► conjug 1 ◄ VT *(= désavouer)* to blame; *(= réprimander)* to reprimand, to rebuke ◆ **je ne te blâme pas de** *ou* **pour l'avoir fait** I don't blame you for having done it

**blanc, blanche** /blɑ̃, blɑ̃ʃ/ ADJ a *(= sans couleur)* white; *(= pâle)* white, pale ◆ **~ de colère/de peur** white with anger/fear ◆ **~ comme neige** (as) white as snow, snow-white ◆ **~ comme un cachet d'aspirine** white as a sheet ◆ **il devint ~ comme un linge** he went *ou* turned as white as a sheet; → **arme, bois, bonnet**

b *[page, bulletin de vote]* blank; *[papier non quadrillé]* unlined, plain ◆ **il a rendu copie blanche** *ou* **sa feuille blanche** *(Scol)* he handed in a blank paper ◆ **prenez une feuille blanche** take a clean *ou* blank piece of paper ◆ **voter ~** to return a blank vote; → **carte, examen**

c *(= innocent)* pure, innocent ◆ **~ comme neige** *ou* **comme la blanche hermine** as pure as the driven snow

d *[domination, justice, pouvoir]* white ◆ **la race blanche** the white *ou* Caucasian race ◆ **de race blanche** white, Caucasian ◆ **l'Afrique blanche** white Africa

e *(Sci) [bruit]* white

f *(Fin)* **ça a été une opération blanche** we (*ou* they *etc*) broke even, we (*ou* they *etc*) didn't lose or gain by it ◆ **cette privatisation sera une opération blanche pour l'État** the government will neither gain nor lose from this privatization

g *(Tennis)* **jeu ~** love game

NM a *(= couleur)* white ◆ **peindre qch en ~** to paint sth white ◆ **le ~ de sa robe tranchait sur sa peau brune** her white dress *ou* the white of her dress contrasted sharply with her dark skin; → **but**

b *(= linge)* **laver séparément le ~ et la couleur** to wash whites and coloureds separately ◆ **vente de ~** white sale, sale of household linen ◆ **magasin de ~** linen shop ◆ **la quinzaine du ~** (annual) sale of household linen, (annual) white sale

c *(Cosmétique)* white (face-)powder

d *(= espace non écrit)* blank, space; *[de bande magnétique]* blank; *[de domino]* blank ◆ **il y a eu un ~ (dans la conversation)** there was a break *ou* a lull in the conversation; *(dû à la gêne)* there was an embarrassed silence ◆ **laisser un ~** to leave a blank *ou* space ◆ **il faut laisser le nom en ~** the name must be left blank *ou* must not be filled in; → **chèque, signer**

e *(= vin)* white wine

f *(Culin)* **~ (d'œuf)** (egg) white ◆ **~ (de poulet)** white (meat), breast of chicken ◆ **elle n'aime pas le ~** she doesn't like the white (meat) *ou* the breast

g ◆ **le ~ (de l'œil)** the white (of the eye); → **regarder, rougir**

h *(= personne)* **un Blanc** a White, a white man ◆ **les Blancs** *(Ethnol)* white people

i ◆ **à ~** *[charger]* with blanks ◆ **tirer à ~** to fire blanks ◆ **balle à ~** blank ◆ **cartouche à ~** blank (cartridge); → **chauffer, saigner**

NF **blanche** a *(= femme)* **une Blanche** a white woman

b *(Mus)* minim *(Brit)*, half-note *(US)*

c *(Billard)* white (ball)

d *(arg Drogue)* horse *(arg)*, smack *(arg)*

COMP ▷ **blanc de baleine** spermaceti ▷ **blanc de blanc(s)** blanc de blanc(s) ▷ **blanc cassé** off-white ▷ **blanc de céruse** white lead ▷ **blanc de chaux** whitewash ▷ **blanc d'Espagne** whiting, whitening ▷ **blanc de zinc** zinc oxide

**blanc-bec** (pl **blancs-becs**) /blɑ̃bɛk/ NM greenhorn *, tenderfoot *

**blanc-bleu**⁑ /blɑ̃blø/ ADJ INV ◆ **il n'est pas ~ dans cette affaire** he's not entirely blameless *ou* innocent in this affair

**blanc-cassis** (pl **blancs-cassis**) /blɑ̃kasi(s)/ NM kir *(apéritif made with white wine and blackcurrant liqueur)*

**blanchâtre** /blɑ̃ʃɑtʀ/ ADJ whitish, off-white

**blanche** /blɑ̃ʃ/ ADJ, NF → **blanc**

**Blanche-Neige** /blɑ̃ʃnɛʒ/ NF Snow White

**blancheur** /blɑ̃ʃœʀ/ NF whiteness

**blanchiment** /blɑ̃ʃimɑ̃/ NM *(= décoloration)* bleaching; *(= badigeonnage)* whitewashing; *[d'argent]* laundering

**blanchir** /blɑ̃ʃiʀ/ ► conjug 2 ◄ VT a *(gén)* to whiten, to lighten; *[+ mur]* to whitewash; *[+ cheveux]* to turn grey *ou* white; *[+ toile]* to bleach ◆ **le soleil blanchit l'horizon** the sun is lighting up the horizon ◆ **la neige blanchit les collines** the snow is turning the hills white ◆ **~ à la chaux** to whitewash

b *(= nettoyer) [+ linge] (fig) [+ argent]* to launder ◆ **il est logé, nourri et blanchi** he gets bed and board and his laundry is done for him

c *(= disculper) [+ personne]* to exonerate, to absolve, to clear; *[+ réputation]* to clear ◆ **il en est sorti blanchi** he cleared his name

d *(Culin, Agr)* **(faire) ~** to blanch

e *(Typo) [+ page]* to white out, to blank

VI *[personne, cheveux]* to turn *ou* go grey *ou* white; *[couleur, horizon]* to become lighter ◆ **son teint a blanchi** he is looking *ou* has got paler, he has lost colour ◆ **~ de peur** to blanch *ou* blench *ou* go white with fear ◆ **blanchi sous le harnais** *ou* **harnois** *(littér)* worn down by hard work

VPR **se blanchir** to exonerate o.s. (*de* from) to clear one's name

**blanchissage** /blɑ̃ʃisaʒ/ NM *[de linge]* laundering; *[de sucre]* refining ◆ **donner du linge au ~** to send linen to the laundry ◆ **note de ~** laundry bill

**blanchissant, e** /blɑ̃ʃisɑ̃, ɑ̃t/ ADJ *[agent, produit]* whitening

**blanchissement** /blɑ̃ʃismɑ̃/ NM whitening ◆ **ce shampooing retarde le ~ des cheveux** this shampoo stops your hair (from) going grey *ou* white

**blanchisserie** /blɑ̃ʃisʀi/ NF laundry

**blanchisseur** /blɑ̃ʃisœʀ/ NM *(lit)* launderer; *[d'argent sale]* money launderer

**blanchisseuse** /blɑ̃ʃisøz/ NF laundress

**blanc-manger** (pl **blancs-mangers**) /blɑ̃mɑ̃ʒe/ NM *(Culin)* blancmange

**blanc-seing** (pl **blancs-seings**) /blɑ̃sɛ̃/ NM *(lit)* signature to a blank document ◆ **donner un ~ à qn** *(fig)* to give sb a blank cheque

**blanquette** /blɑ̃kɛt/ NF a *(Culin)* **~ de veau/d'agneau** blanquette of veal/of lamb, veal/lamb in white sauce b *(= vin)* sparkling white wine

**blase**⁑ /blɑʒ/ NM ⇒ **blaze**

**blasé, e** /blɑze/ (ptp de **blaser**) ADJ blasé ◆ **il pourrait être ~, mais il continue à s'émerveiller** you might think he would have lost his enthusiasm, but he goes on getting excited ◆ **une information à émouvoir le plus ~ des marchands de tableaux** a piece of information calculated to excite the most phlegmatic picture dealer NM,F ◆ **faire le ~** to affect indifference

**blaser** /blɑze/ ► conjug 1 ◄ VT to make blasé *ou* indifferent ◆ **être blasé de** to be bored with *ou* tired of VPR **se blaser** to become bored (*de* with) to become tired (*de* of) to become blasé (*de* about)

**blason** /blɑzɔ̃/ NM a *(= armoiries)* coat of arms, blazon; → **redorer** b *(= science)* heraldry c *(Littérat = poème)* blazon

**blasonner** /blɑzɔne/ ► conjug 1 ◄ VT *(= orner d'armoiries)* to blazon, to emblazon

**blasphémateur, -trice** /blasfematœʀ, tʀis/ ADJ *[personne]* blaspheming, blasphemous NM,F blasphemer

**blasphématoire** /blasfematwaʀ/ ADJ *[parole]* blasphemous

**blasphème** /blasfɛm/ NM blasphemy

**blasphémer** /blasfeme/ ► conjug 6 ◄ VTI to blaspheme

**blatérer** /blateʀe/ ► conjug 6 ◄ VI *[chameau]* to bray

**blatte** /blat/ NF cockroach

**blaze**⁑ /blɑʒ/ NM *(= nez)* beak⁑, hooter⁑ *(Brit)*; *(= nom)* name

**blazer** /blazɛʀ/ NM blazer

**blé** /ble/ NM a *(= céréale)* wheat, corn *(Brit)* ◆ **le ~ en herbe** *(Agr)* wheat on the blade ◆ **~ dur** hard wheat, durum wheat ◆ **~ noir** buckwheat ◆ **~ d'Inde** * *(Can)* maize, (Indian) corn *(US, Can)* ◆ **les ~s** the corn *(Brit)*, the wheat; → **blond, fauché** b (* = *argent)* dough *, lolly * *(Brit)*

**bled** /blɛd/ NM a * village; *(péj)* hole *, godforsaken place * ◆ **c'est un ~ perdu** *ou* **paumé** it's a godforsaken place * *ou* hole * (in the middle of nowhere) b *(en Afrique du Nord)* **le ~** the interior (of North Africa) ◆ **habiter dans le ~** * *(fig)* to live in the middle of nowhere *ou* at the back of beyond

**blême** /blɛm/ ADJ *[teint]* pallid, deathly pale; *[lumière]* pale, wan ◆ **~ de rage/de colère** livid *ou* white with rage/anger

**blêmir** /blemiʀ/ ▸ conjug 2 ◂ VI *[personne]* to turn *ou* go pale, to pale; *[lumière]* to grow pale ◆ **~ de colère** to go livid *ou* white with anger

**blêmissement** /blemismɑ̃/ NM *[de teint, lumière]* paling

**blende** /blɛ̃d/ NF blende

**blennie** /bleni/ NF *(Zool)* blenny

**blennorragie** /blenɔʀaʒi/ NF gonorrhoea *(Brit)*, gonorrhea *(US)*

**blèsement** /blɛzmɑ̃/ NM lisping

**bléser** /bleze/ ▸ conjug 6 ◂ VI to lisp

**blessant, e** /blesɑ̃, ɑ̃t/ ADJ *(= offensant)* cutting, biting, hurtful

**blessé, e** /blese/ (ptp de **blesser**) ADJ *(= meurtri)* hurt, injured; *(dans une agression)* wounded; *(= offensé)* hurt, upset ◆ **être ~ à la tête/au bras** to have a head/an arm injury *ou* wound ◆ **il était ~ dans son amour-propre** his pride was hurt

NM wounded *ou* injured man, casualty; *(Mil)* wounded soldier, casualty ◆ **les ~s** *(dans un accident)* the injured; *(Mil)* the wounded ◆ **l'accident a fait 10 ~s** 10 people were injured *ou* hurt in the accident ◆ **grand ~** seriously injured person

NF **blessée** wounded *ou* injured woman, casualty

COMP ▹ **blessé grave** seriously *ou* severely injured *ou* wounded person ▹ **blessé de guerre** person who was wounded in the war ◆ **les ~s de guerre** the war wounded ▹ **blessé léger** slightly injured person ◆ **l'attentat a fait 30 ~s légers** 30 people were slightly injured *ou* suffered minor *ou* slight injuries in the bomb attack ▹ **blessés de la route** road casualties, people *ou* persons injured in road accidents

**blesser** /blese/ ▸ conjug 1 ◂ VT a *(= meurtrir, dans un accident)* to hurt, to injure; *(Mil, dans une agression)* to wound; *[ceinture, chaussure]* to hurt ◆ **il a été blessé d'un coup de couteau** he received a knife wound, he was stabbed (with a knife) ◆ **être blessé dans un accident de voiture** to be injured in a car accident ◆ **ses chaussures lui blessent le talon** his shoes are making his heels sore; → **bât**

b *(= agresser)* **sons qui blessent l'oreille** sounds which offend the ear *ou* grate on the ear ◆ **couleurs qui blessent la vue** colours which offend *ou* shock the eye

c *(= offenser)* to hurt (the feelings of), to upset, to wound ◆ **~ qn au vif** to cut sb to the quick ◆ **il s'est senti blessé dans son orgueil** *ou* **son amour-propre** his pride was hurt ◆ **des paroles qui blessent** cutting words, wounding *ou* cutting remarks

d *(littér = porter préjudice à) [+ règles, convenances]* to offend against; *[+ intérêts]* to go against, to harm ◆ **cela blesse son sens de la justice** that offends his sense of justice

VPR **se blesser** a *(= se faire mal)* to hurt o.s. ◆ **il s'est blessé en tombant** he fell and injured himself ◆ **il s'est blessé (à) la jambe** he injured *ou* hurt his leg

b *(= se vexer)* to take offence ◆ **il se blesse pour un rien** he's easily hurt *ou* offended, he's quick to take offence

**blessure** /blesyʀ/ NF *(accidentelle)* injury; *(intentionnelle, morale)* wound ◆ **quelle ~ d'amour-propre pour lui !** what a blow to his pride *ou* self-esteem!; → **coup**

**blet, blette**[1] /blɛ, blɛt/ ADJ *[fruit]* overripe

**blette**[2] /blɛt/ NF ⇒ **bette**

**blettir** /bletiʀ/ ▸ conjug 2 ◂ VI to become overripe

**blettissement** /bletismɑ̃/ NM overripeness

**bleu, e** /blø/ ADJ a *[couleur]* blue ◆ **~ de froid** blue with cold ◆ **être ~ de colère** to be livid *ou* purple with rage ◆ **il avait le menton ~** he had a five-o'clock shadow; → **enfant, fleur, maladie, peur**

b *(= meurtri)* bruised ◆ **avoir les jambes toutes ~es** *(= marbré)* to have mottled legs *(due to bad circulation)*

c *[steak]* very rare, underdone

NM a *(= couleur)* blue ◆ **regarde le ~ de ce ciel** look how blue the sky is ◆ **le ~ des mers du Sud** the blue of the South Seas ◆ **le grand ~** the sunlit ocean ◆ **il n'y a vu que du ~** * *(fig)* he didn't notice a thing, he didn't catch on *

b *(= marque sur la peau)* bruise ◆ **être couvert de ~s** to be covered in bruises, to be black and blue * ◆ **se faire un ~ au genou/bras** to bruise one's knee/arm ◆ **des ~s à l'âme** emotional scars

c *(= vêtement)* **~(s) (de travail)** overalls ◆ **~ (de chauffe)** overalls, boiler suit *(Brit)*

d *(arg Mil = recrue)* rookie *(arg)*, new *ou* raw recruit; *(gén = débutant)* beginner, greenhorn * ◆ **tu me prends pour un ~ ?** do you take me for a novice?

e *(= fromage)* blue(-veined) cheese

f *(Culin)* **truite au ~** trout au bleu

g ◆ **~ (de lessive)** (dolly) blue ◆ **passer le linge au ~** to blue the laundry

h *(Can)* **les Bleus** the Conservatives

i *(Sport)* ◆ **les Bleus** the French team

COMP ▹ **bleu acier** steel blue ▹ **bleu ardoise** slaty *ou* slate blue ▹ **bleu canard** peacock blue ▹ **bleu ciel** sky blue ▹ **bleu de cobalt** cobalt blue ▹ **bleu glacier** ice blue ▹ **bleu horizon** sky blue ▹ **bleu indigo** indigo blue ▹ **bleu lavande** lavender blue ▹ **bleu marine** navy blue ▹ **bleu de méthylène** *(Méd)* methylene blue ▹ **bleu noir** blue-black ▹ **bleu nuit** midnight blue ▹ **bleu outremer** ultramarine ▹ **bleu pervenche** periwinkle blue ▹ **bleu pétrole** petrol blue ▹ **bleu de Prusse** Prussian blue ▹ **bleu roi** royal blue ▹ **bleu turquoise** turquoise blue ▹ **bleu vert** blue-green

**bleuâtre** /bløɑtʀ/ ADJ bluish

**bleuet** /bløɛ/ NM cornflower; *(Can)* blueberry

**bleuetière** /bløetjɛʀ/, **bleuetterie** /bløɛtʀi/ NF *(Can)* blueberry grove

**bleuir** /bløiʀ/ ▸ conjug 2 ◂ VTI to turn blue

**bleuissement** /bløismɑ̃/ NM turning blue

**bleusaille** /bløzɑj/ NF *(arg Mil = recrue)* rookie *(arg)*, new *ou* raw recruit ◆ **la ~** *(collectivement)* the rookies *(arg)*

**bleuté, e** /bløte/ ADJ *[reflet]* bluish; *[verre]* blue-tinted

**blindage** /blɛ̃daʒ/ NM a *(= action) [de porte]* reinforcing; *(Mil)* fitting of armour plating; *(Élec)* screening; *(Constr)* timbering, shoring up b *(= résultat) [de porte]* reinforcement; *(Mil)* armour plating; *(Élec)* screening; *(Constr)* shoring up, timbering

**blinde** /blɛ̃d/ **à tout(e) blinde** * LOC ADV *[rouler]* flat out *; *[partir]* like a shot * ◆ **il est arrivé à toute ~** *(en voiture)* he drove up at top *ou* breakneck speed; *(à pied)* he arrived like a shot *

**blindé, e** /blɛ̃de/ (ptp de **blinder**) ADJ a *(Mil) [division]* armoured; *[engin, train]* armoured, armour-plated; *[abri]* bombproof; *[porte]* reinforced b (* = *endurci)* immune, hardened (*contre* to); ◆ **il a essayé de me faire peur mais je suis ~** he tried to frighten me but I'm immune to his threats c (* = *ivre)* plastered *, sloshed * NM *(Mil)* tank ◆ **~ léger de campagne** combat car ◆ **~ de transport de troupes** armoured personnel carrier ◆ **les ~s** the armour

**blinder** /blɛ̃de/ ▸ conjug 1 ◂ VT a *[+ porte]* to reinforce b *(Mil)* to armour, to put armour plating on c *(Élec)* to screen d *(Constr)* to shore up, to timber e (* = *endurcir)* to harden, to make immune (*contre* to) f (* = *soûler)* **~ qn** to get sb plastered * *ou* sloshed * VPR **se blinder** a (* = *s'endurcir)* to harden o.s., to become immune (*contre* to) b (* = *se soûler)* to get plastered * *ou* sloshed *

**blinis** /blinis/ NM blini ◆ **des ~** blinis

**blister** /blistɛʀ/ NM blister pack ◆ **mettre sous ~** to blisterpack

**blizzard** /blizaʀ/ NM blizzard

**bloc** /blɔk/ NM a *[de pierre, marbre, bois]* block ◆ **fait d'un seul ~** made in one piece ◆ **ça forme un seul ~** it forms a single block ◆ **ça s'est détaché d'un seul ~** it came off all in one piece ◆ **~ erratique** *(Géol)* erratic block

b *(Papeterie)* pad ◆ **~ de bureau** office notepad, desk pad ◆ **~ de papier à lettres** writing pad

c *(= système d'éléments)* unit; *(Ordin)* block ◆ **ces éléments forment (un) ~** these elements make up a unit ◆ **~ de mémoire** *(Ordin)* storage *ou* memory block

d *(= groupe, union)* group; *(Pol)* bloc ◆ **~ économique/monétaire/régional** economic/monetary/regional bloc ◆ **le ~ communiste/capitaliste** *(Pol)* the communist/capitalist bloc ◆ **pays divisé en deux ~s adverses** *(Pol)* country split into two opposing blocks *ou* factions

e *(Bourse) [d'actions]* block ◆ **achat/vente en ~** block purchase/sale

f *(Méd)* **~ (opératoire)** (operating) theatre *(Brit)*, operating room *(US)* ◆ **il est au ~** he's in (the) theatre *(US)*, he's in the operating room *(US)*

g (* = *prison)* **mettre qn au ~** to clap sb in clink * *ou* in the nick * *(Brit)* ◆ **j'ai eu 10 jours de ~** I got 10 days in clink * *ou* in the nick * *(Brit)*

h *(loc)* **se retourner tout d'un ~** to swivel round

◆ **faire bloc** to join forces, to unite (*avec* with; *contre* against)

◆ **à bloc** ◆ **serrer** *ou* **visser qch à ~** to screw sth up as tight as possible *ou* as far as it will go ◆ **fermer un robinet à ~** to turn a tap right off *ou* off hard

◆ **en bloc** *[acheter, vendre]* as a whole; *[refuser, nier]* out of hand, outright ◆ **ils ont condamné en ~ l'attitude des USA** they were united *ou* unanimous in their condemnation of the US attitude

COMP ▹ **bloc à appartements** *(Can)* block of flats *(Brit)*, apartment building *ou* house *(US)* ▹ **bloc de culasse** breech-block ▹ **bloc de départ** *(Sport)* starting-block ▹ **bloc optique** *(Aut)* headlamp assembly ▹ **bloc sonore** *(Ciné)* sound unit

**blocage** /blɔkaʒ/ NM a *[de prix, salaires]* freeze, freezing; *[de compte bancaire]* freezing b

*(Constr)* rubble **c** *(Psych)* block ◆ **avoir** *ou* **faire un** ~ to have a mental block **d** *[de frein, roues]* locking; *[d'écrou]* overtightening ◆ ~ **de mémoire** *(Ordin)* memory block

**bloc-cuisine** (pl **blocs-cuisines**) /blɔkkɥizin/ **NM** compact kitchen unit *(incorporating a sink, fridge and hob)*

**bloc-cylindres** (pl **blocs-cylindres**) /blɔksilɛ̃dʀ/ **NM** *(Aut)* cylinder block

**bloc-diagramme** (pl **blocs-diagrammes**) /blɔkdjagʀam/ **NM** *(Géog)* block diagram

**bloc-évier** (pl **blocs-éviers**) /blɔkevje/ **NM** sink unit

**blockhaus** /blɔkos/ **NM** *(Mil)* blockhouse, pillbox

**bloc-moteur** (pl **blocs-moteurs**) /blɔkmɔtœʀ/ **NM** *(Aut)* engine block

**bloc-notes** (pl **blocs-notes**) /blɔknɔt/ **NM** *(= cahier)* desk pad, scratch pad; *(avec pince)* clipboard; *(Ordin)* notepad

**bloc-système** (pl **blocs-systèmes**) /blɔksistɛm/ **NM** *(Rail)* block system

**blocus** /blɔkys/ **NM** blockade ◆ **le** ~ **continental** *(Hist)* the Continental System ◆ ~ **économique** economic blockade ◆ **lever/forcer le** ~ to raise/run the blockade ◆ **faire le** ~ **de** to blockade

**blond, blonde**[1] /blɔ̃, blɔ̃d/ **ADJ** *[cheveux]* fair, blond(e); *[personne]* fair, fair-haired, blond(e); *[blé, sable]* golden ◆ ~ **cendré** ash-blond ◆ ~ **roux** sandy, light auburn ◆ ~ **vénitien** strawberry blonde, titian *(littér)* ◆ **tabac** ~ mild *ou* light *ou* Virginia tobacco ◆ **bière** ~**e** ≃ lager ◆ **il est** ~ **comme les blés** his hair is golden blond(e), he has golden blond(e) hair **NM** *(= couleur)* blond, light gold; *(= homme)* fair-haired man **NF** **blonde** **a** *(= femme)* blonde; *(*: Can = compagne)* girlfriend, sweetheart ◆ ~**e incendiaire** blonde bombshell *(hum)* ◆ ~**e oxygénée/platinée** *ou* **platine** peroxide/platinum blonde ◆ **une vraie** ~**e** a natural blonde ◆ **c'est une fausse** ~**e** she's not a real blonde **b** *(= bière)* ≃ lager, light ale *(Brit)* **c** *(= cigarette)* Virginia cigarette

**blondasse** /blɔ̃das/ **ADJ** *(péj)* dull blond(e)

**blondeur** /blɔ̃dœʀ/ **NF** *(littér)* *[de cheveux]* fairness; *[de blés]* gold

**blondin** /blɔ̃dɛ̃/ **NM** fair-haired child *ou* young man; *(†† = élégant)* dandy

**blondine** /blɔ̃din/ **NF** fair-haired child *ou* young girl

**blondinet** /blɔ̃dinɛ/ **NM** fair-haired boy

**blondinette** /blɔ̃dinɛt/ **NF** fair-haired girl

**blondir** /blɔ̃diʀ/ ▸ conjug 2 ◂ **VI** *[cheveux]* to go fairer; *(littér)* *[blés]* to turn golden; *[oignons]* to become transparent ◆ **faire** ~ **des oignons** to fry onions lightly (until they are transparent) **VT** *[+ cheveux, poils]* to bleach

**bloquer** /blɔke/ ▸ conjug 1 ◂ **VT** **a** *(= immobiliser accidentellement)* *[+ freins, machine, porte]* to jam; *[+ écrou]* to overtighten; *[+ roue]* to lock ◆ **le mécanisme est bloqué** the mechanism is jammed *ou* stuck ◆ **être bloqué par les glaces** to be stuck in the ice, to be icebound ◆ **être bloqué par un accident/la foule** to be held up by an accident/the crowd ◆ **je suis bloqué chez moi** I'm stuck at home ◆ **je suis bloqué** *(physiquement)* I can't move, I'm stuck ◆ **j'ai les reins bloqués** my back has seized up

**b** *(= immobiliser volontairement)* *[+ objet en mouvement]* to stop; *[+ roue]* *(avec une cale)* to put a block under; *(avec une pierre)* to wedge; *[+ écrou]* to tighten; *[+ porte]* *(avec une cale)* to wedge ◆ **j'ai bloqué la porte avec une chaise** *(ouverte)* I propped the door open with a chair; *(fermée)* I propped a chair against the door to keep it shut ◆ ~ **qn contre un mur** to pin sb against a wall ◆ **bloque la roue pendant que je la regonfle** hold the wheel still while I pump it up

**c** *(= obstruer)* to block (up); *(Mil)* to blockade ◆ **route bloquée par la glace/la neige** icebound/snowbound road ◆ **un camion bloque la route** a truck is blocking the road, the road is blocked by a truck ◆ **des travaux bloquent la route** there are road works in *ou* blocking the way ◆ **les enfants bloquent le passage** the children are standing in *ou* blocking the way, the children are stopping me (*ou* us *etc*) getting past ◆ **des manifestants bloquent la circulation** demonstrators are holding up the traffic

**d** *[+ processus]* to bring to a standstill ◆ **les négociations sont bloquées** the talks are deadlocked *ou* are at a standstill ◆ **la situation est complètement bloquée** the situation is at a complete standstill ◆ **ça bloque au niveau de la direction** management are holding things up

**e** *(= grouper)* to lump together, to put *ou* group together ◆ **les cours sont bloqués sur six semaines** *(Scol)* the classes are spread over six weeks

**f** *(Sport)* *[+ ballon]* to block; *(Billard)* *[+ bille]* to jam, to wedge

**g** *[+ marchandises]* to stop, to hold up; *[+ crédit, salaires]* to freeze; *[+ compte en banque]* to stop, to freeze

**h** *(psychologiquement)* **ça me bloque d'être devant un auditoire** I freeze (up) if I have to speak in public ◆ **quand on le critique, ça le bloque** whenever people criticize him he tenses up *ou* gets all tensed up ◆ **il est bloqué** *(dans sa réflexion)* he has a mental block (about things)

**i** *(* = réserver)* *[+ jour]* to reserve, to put aside

**j** *(*: Belg)* *[+ examen]* to cram for, to swot for* *(Brit)*

**VPR** **se bloquer** *[porte]* to jam, to get stuck, to stick; *[machine]* to jam; *[roue]* to lock; *[frein]* to jam, to lock on; *[clé]* to get stuck; *[genou]* to lock; *(Psych)* to have a mental block ◆ **devant un auditoire, il se bloque** in front of an audience he just freezes (up)

> ⚠ *Attention à ne pas traduire automatiquement* **bloquer** *par* **to block**, *qui a des emplois spécifiques.*

**bloqueur** * /blɔkœʀ/ **NM** *(Belg)* swot* *(Brit)*

**blottir (se)** /blɔtiʀ/ ▸ conjug 2 ◂ **VPR** to curl up, to huddle up ◆ **se** ~ **contre qn** to snuggle up to sb ◆ **se** ~ **dans les bras de qn** to snuggle up in sb's arms ◆ **blottis les uns contre les autres** curled up *ou* huddled up (close) against one another ◆ **blotti parmi les arbres** nestling *ou* huddling among the trees

**blousant, e** /bluzɑ̃, ɑ̃t/ **ADJ** *[robe, chemisier]* loose-fitting *(and gathered at the waist)*

**blouse** /bluz/ **NF** *(= tablier)* overall; *(= chemisier)* blouse, smock; *[de médecin]* (white) coat; *[de paysan]* smock; *(Billard)* pocket ◆ **les** ~**s blanches** *(= médecins)* hospital doctors

**blouser**[1] /bluze/ ▸ conjug 1 ◂ **VI** *[robe, chemisier]* to be loose-fitting *(and gathered at the waist)*

**blouser**[2] ⁑ /bluze/ ▸ conjug 1 ◂ **VT** to con⁑, to trick, to pull a fast one on⁑ ◆ **se faire** ~ to be had* *ou* conned⁑ **VPR** **se blouser** † *(= se tromper)* to make a mistake *ou* a blunder

**blouser**[3] /bluze/ ▸ conjug 1 ◂ **VT** *(Billard)* to pot, to pocket

**blouson** /bluzɔ̃/ **NM** blouson ◆ ~ **de cuir** leather jacket ◆ ~ **d'aviateur** flying jacket ◆ ~ **noir** † ≃ hell's angel, teddy-boy *(Brit)*

**blue-jean** (pl **blue-jeans**) /bludʒin/ **NM** (pair of) jeans

**blues** /bluz/ **NM INV** **a** *(= music)* blues music; *(= chanson)* blues song ◆ **aimer le** ~ to like the blues ◆ **écouter du** ~ to listen to the blues *ou* to blues music **b** *(* = mélancolie)* **le** ~ the blues* ◆ **avoir le** ~**, avoir un coup de** ~ to have the blues*, to feel blue*

**bluette** † /blyɛt/ **NF** **a** *(= étincelle)* spark, sparkle **b** *(= livre)* witty little piece (of writing); *(= film)* sentimental film

**bluff** * /blœf/ **NM** bluff ◆ **c'est du** ~ *ou* **un coup de** ~ **!** he's (*ou* they're *etc*) just bluffing!

**bluffer** * /blœfe/ ▸ conjug 1 ◂ **VI** to bluff, to try it on⁑ *(Brit)*; *(Cartes)* to bluff **VT** **a** *(= tromper)* to fool, to put on⁑, to have on *(Brit)*; *(Cartes)* to bluff **b** *(= impressionner)* to impress ◆ **j'ai été bluffé** I was really impressed ◆ **elle m'a totalement bluffé** she really took my breath away, she really bowled me over

**bluffeur, -euse** * /blœfœʀ, øz/ **NM,F** bluffer

**blush** /blœʃ/ **NM** blusher

**blutage** /blytaʒ/ **NM** *[de farine]* bo(u)lting

**bluter** /blyte/ ▸ conjug 1 ◂ **VT** *[+ farine]* to bo(u)lt

**BN** /beɛn/ **NF** (abrév de **Bibliothèque nationale**) → **bibliothèque**

**BO** /beo/ **NF** (abrév de **bande originale**) → **bande**[1]

**boa** /bɔa/ **NM** *(Habillement, Zool)* boa ◆ ~ **constricteur** boa constrictor

**Boadicée** /bɔadise/ **NF** Boadicea

**boat people** /botpipœl/ **NMPL** boat people

**bob**[1] /bɔb/ **NM** *(Sport)* bob(sleigh)

**bob**[2] /bɔb/ **NM** *(= chapeau)* cotton sunhat

**bobard** * /bɔbaʀ/ **NM** *(= mensonge)* lie, fib*; *(= histoire)* tall story, yarn

**bobèche** /bɔbɛʃ/ **NF** candle-ring

**bobet, -ette** /bɔbɛ, ɛt/ **ADJ** *(Helv = sot)* stupid, foolish

**bobinage** /bɔbinaʒ/ **NM** *(gén = action)* winding; *(Élec)* coil(s)

**bobine** /bɔbin/ **NF** **a** *[de fil]* reel, bobbin; *[de métier à tisser]* bobbin, spool; *[de machine à écrire, à coudre]* spool; *(Photo)* spool, reel; *(Élec)* coil ◆ ~ **d'induction** induction coil ◆ ~ **(d'allumage)** coil ◆ ~ **de pellicule** roll of film **b** *(* = visage)* face, mug⁑ ◆ **il a fait une drôle de** ~ **!** what a face he made! ◆ **tu en fais une drôle de** ~ **!** you look a bit put out!*

**bobineau** (pl **bobineaux**) /bɔbino/ **NM** ⇒ **bobinot**

**bobiner** /bɔbine/ ▸ conjug 1 ◂ **VT** to wind

**bobinette** †† /bɔbinɛt/ **NF** (wooden) latch

**bobineur, -euse** /bɔbinœʀ, øz/ **NM,F** *(= personne)* winder **NM** *(= appareil)* coiler **NF** **bobineuse** winding machine

**bobinoir** /bɔbinwaʀ/ **NM** winding machine

**bobinot** /bɔbino/ **NM** *(Tex)* reel, bobbin

**bobo**[1] /bobo/ **NM** *(langage enfantin)* *(= plaie)* sore; *(= coupure)* cut ◆ **avoir** ~ to be hurt, to have a pain ◆ **avoir** ~ **à la gorge** to have a sore throat ◆ **ça (te) fait** ~ **?** does it hurt?, is it sore? ◆ **il n'y a pas eu de** ~ there was no harm done

**bobo** *[2] /bobo/ (abrév de **bourgeois bohème**) **NMF** *middle-class person who leads a Bohemian lifestyle*

**bobonne** † * /bɔbɔn/ **NF** ◆ **(sa)** ~ his old woman⁑, his missus* *(Brit)*, his old lady⁑ *(US)* ◆ **oui** ~ *(hum)* yes love* *ou* dearie*

**bobsleigh** /bɔbslɛg/ **NM** bobsleigh

**bocage** /bɔkaʒ/ NM a (*Géog*) bocage (*farmland criss-crossed by hedges and trees*) b (*littér = bois*) grove, copse

**bocager, -ère** /bɔkaʒe, ɛʀ/ ADJ (*littér = boisé*) wooded ◆ **paysage ~** (*Géog*) bocage landscape

**bocal** (pl **-aux**) /bɔkal, o/ NM jar ◆ **~ à poissons rouges** goldfish bowl ◆ **mettre en bocaux** [*+ fruits, légumes*] to preserve, to bottle

**Boccace** /bɔkas/ NM Boccaccio

**boche** *‡ /bɔʃ/ (*péj*) ADJ Boche NM **Boche** Jerry*, Kraut‡

**Bochimans** /bɔʃimɑ̃/ NMPL Bushmen

**bock** /bɔk/ NM (*= verre*) beer glass; (*= bière*) glass of beer

**body** /bɔdi/ NM (*gén*) body(suit); (*Sport*) leotard

**body(-)board** /bɔdibɔʀd/ NM (*= planche*) bodyboard; (*= sport*) bodyboarding ◆ **faire du body(-)board** to go bodyboarding

**Boers** /buʀ/ NMPL ◆ **les ~** the Boers ◆ **la guerre des ~** the Boer war

**bœuf** (pl **bœufs**) /bœf, bø/ NM a (*= bête*) ox; (*de boucherie*) bullock, steer (*US*); (*= viande*) beef ◆ **~s de boucherie** beef cattle ◆ **~ mode** stewed beef with carrots ◆ **~ en daube** bœuf en daube, beef stew ◆ **il a un ~ sur la langue** he has been paid to keep his mouth shut* ◆ **on n'est pas des ~s !*** we're not galley slaves!*; → **charrue, fort¹, qui** b (*arg Mus*) jam session ◆ **faire un ~** to jam ADJ INV ◆ **effet/succès ~*** tremendous* *ou* fantastic* effect/success

> ⚠ **bœuf** *se traduit par* **beef** *uniquement au sens de 'viande de bœuf'.*

**bof** /bɔf/ EXCL ◆ **il est beau! – ~** he's good-looking! — do you really think so? *ou* d'you reckon?* ◆ **qu'en penses-tu ? – ~** what do you think of it? — not a lot ◆ **ça t'a plu ? – ~** did you like it? — not really ◆ **~, si tu y tiens vraiment** oh, alright, if you really want to ◆ **la ~ génération, la génération ~** the couldn't-care-less generation

**bogee, bogey** /bɔgi/ NM (*Golf*) bogy, bogey, bogie

**bogomile** /bɔgɔmil/ ADJ, NM Bogomil

**Bogota** /bogota/ N Bogota

**bogue¹** /bɔg/ NF [*de châtaigne, marron*] bur

**bogue²** /bɔg/ NM (*Ordin*) bug ◆ **le ~ de l'an 2000** the millennium bug

**bogué, e** /bɔge/ ADJ (*Ordin*) bug-ridden

**boguer** /bɔge/ VI [*logiciel*] (*= dysfonctionner*) to malfunction

**boguet** /bɔgɛ/ NM (* *Helv = cyclomoteur*) moped

**Bohême** /bɔɛm/ NF Bohemia

**bohème** /bɔɛm/ ADJ Bohemian NMF bohemian ◆ **mener une vie de ~** to lead a Bohemian life NF (*= milieu*) ◆ **la ~** Bohemia NM (*= verre*) Bohemian glass ◆ **un vase en ~** a Bohemian glass vase

**bohémien, -ienne** /bɔemjɛ̃, jɛn/ ADJ Bohemian NM (*Ling*) Bohemian NM,F (*= gitan*) gipsy ◆ **Bohémien(ne)** (*= de Bohême*) Bohemian

**boire** /bwaʀ/ ▸ conjug 53 ◂ VT a (*= ingurgiter*) to drink ◆ **offrir/donner à ~ à qn** to get sb/give sb something to drink *ou* a drink ◆ **~ à la santé/au succès de qn** to drink sb's health/to sb's success ◆ **on a bu une bouteille à nous deux** we drank a (whole) bottle between the two of us ◆ **~ jusqu'à plus soif** to drink one's fill, to drink until one's thirst is quenched ◆ **il boit l'argent du ménage** he drinks away the housekeeping money, he spends all the housekeeping money on drink ◆ **~ une** *ou* **la tasse*** (*fig*) (*en nageant*) to swallow *ou* get a mouthful of water ◆ **ce vin se boit bien** *ou* **se laisse ~** this wine goes down nicely*, this wine is very drinkable ◆ **donner à ~ à un enfant** to give a child something to drink ◆ **faire ~ un malade** to help a sick person to drink ◆ **faire ~ un cheval** to water a horse; → **coup, verre**

b (*gén emploi absolu = boire trop*) to drink ◆ **il s'est mis à ~** he has taken to drink, he has started drinking ◆ **il a bu, c'est évident** he has obviously been drinking ◆ **~ comme un trou*** *ou* **comme une éponge*** to drink like a fish ◆ **il boit sec** he's a heavy drinker

c (*= absorber*) to soak up, to absorb ◆ **ce papier boit l'encre** the ink soaks into this paper ◆ **ce buvard boit bien l'encre** this blotter soaks up the ink well ◆ **la plante a déjà tout bu** the plant has already soaked up all the water ◆ **cette plante boit beaucoup*** this is a very thirsty plant*

d (*loc*) **~ les paroles de qn** to drink in sb's words, to lap up what sb says* ◆ **~ le calice jusqu'à la lie** to drain one's cup to the (last) dregs *ou* last drop ◆ **il y a à ~ et à manger là-dedans** (*dans une boisson*) there are bits floating about in it; (*fig*) (*= qualités et défauts*) it's got its good points and its bad; (*= vérités et mensonges*) you have to pick and choose what to believe ◆ **qui a bu boira** (*Prov*) a leopard never changes its spots (*Prov*) once a thief always a thief (*Prov*) → **lait**

NM ◆ **le ~ et le manger** food and drink ◆ **il en perd le ~ et le manger** (*fig*) he's losing sleep over it (*ou* her *etc*), he can't eat or sleep because of it (*ou* her *etc*)

**bois** /bwa/ NM a (*= forêt, matériau*) wood ◆ **c'est en ~** it's made of wood ◆ **chaise de** *ou* **en ~** wooden chair ◆ **ramasser du petit ~** to collect sticks *ou* kindling ◆ **son visage était de ~** (*fig*) his face was impassive, he was poker-faced ◆ **je ne suis pas de ~** (*fig*) I'm only human, I'm only flesh and blood; → **chèque**

b (*= objet en bois*) (*gravure*) woodcut; (*manche*) shaft, handle

c (*Zool*) antler

d (*Mus*) woodwind instrument ◆ **les ~** the woodwind (instruments *ou* section)

e (*Golf*) wood

f (*loc*) **sortir du ~** (*= déclarer ses intentions*) to make one's intentions clear ◆ **on n'est pas sorti du ~** (*= tiré d'affaire*) we're not out of the woods yet ◆ **faire un ~** (*Tennis*) to hit the ball off the wood ◆ **je ne suis pas du ~ dont on fait les flûtes** † I'm not going to let myself be pushed around, I'm not just anyone's fool ◆ **touchons du ~ !*** touch wood!* (*Brit*), knock on wood!* (*US*) ◆ **il va voir de quel ~ je me chauffe !** I'll show him (what I'm made of)!, just let me get my hands on him! ◆ **il fait feu** *ou* **flèche de tout ~** he'll use any means available to him

COMP ▹ **bois blanc** deal ◆ **table en ~ blanc** deal table ▹ **bois à brûler** firewood ▹ **bois de charpente** timber, lumber (*US*) ▹ **bois de chauffage** *ou* **de chauffe** firewood ▹ **bois de construction** timber, lumber (*US*) ▹ **bois debout** (*Can*) standing timber ▹ **bois d'ébène** (*Hist péj = esclaves*) black gold ▹ **bois exotique** tropical hardwood ▹ **les bois de justice** the guillotine ▹ **bois de lit** bedstead ▹ **bois de menuiserie** timber, lumber (*US*) ▹ **bois mort** deadwood ▹ **bois d'œuvre** timber, lumber (*US*) ▹ **bois rond** (*Can*) unhewn timber ▹ **bois de rose** rosewood ▹ **bois tropical** ⇒ **bois exotique** ▹ **bois vert** green wood; (*Menuiserie*) unseasoned *ou* green timber

**boisage** /bwazaʒ/ NM (*= action*) timbering; (*= matière*) timber work

**bois-brûlé, e** † (mpl **bois-brûlés**) /bwabʀyle/ NM,F (*Can*) half-breed Indian, bois-brûlé (*Can*)

**boisé, e** /bwaze/ (ptp de **boiser**) ADJ [*région, parc*] wooded; [*vin*] woody, boisé ◆ **région très/peu ~e** densely *ou* thickly/sparsely wooded area

**boisement** /bwazmɑ̃/ NM afforestation

**boiser** /bwaze/ ▸ conjug 1 ◂ VT [*+ région*] to afforest, to plant with trees; [*+ galerie*] to timber

**boiserie** /bwazʀi/ NF ◆ **~(s)** (*= lambris*) panelling (*Brit*), paneling (*US*); (*= éléments de menuiserie*) woodwork ◆ **on va peindre les ~s** we're going to paint the woodwork

**boisseau** (pl **boisseaux**) /bwaso/ NM a († *= mesure*) ≃ bushel; (*Can*) bushel (*36,36 litres*) ◆ **c'est un vrai ~ de puces !*** he's a menace!* *ou* a pest!* ◆ **garder** *ou* **mettre sous le ~** [*+ projet*] to keep secret; [*+ problème embarrassant*] to brush *ou* sweep under the carpet b (*= tuyau*) flue

**boisson** /bwasɔ̃/ NF drink; (*: *Can*) hard liquor, spirits ◆ **ils apportent la ~** they're bringing the drinks ◆ **être pris de ~** (*littér*) to be drunk, to be under the influence (*hum*) ◆ **il est porté sur la ~** he likes his drink, he's a bit of a boozer* ◆ **~ alcoolisée** alcoholic drink *ou* beverage (*frm*) ◆ **~ non alcoolisée** soft drink ◆ **~ fraîche/chaude** cold/hot drink

**boîte** /bwat/ NF a (*= récipient*) (*en carton, bois*) box; (*en métal*) box, tin; [*de conserves*] tin (*Brit*), can ◆ **mettre des haricots en ~** to can beans ◆ **des tomates en ~** tinned (*Brit*) *ou* canned (*US*) tomatoes ◆ **il a mangé toute la ~ de caramels** he ate the whole box of toffees ◆ **mettre qn en ~*** (*fig*) to pull sb's leg*, to take the mickey out of sb‡ (*Brit*) ◆ **la mise en ~* du gouvernement par les journaux satiriques** the ridiculing of the government by the satirical press ◆ **il ne supporte pas la mise en ~*** he can't stand having his leg pulled, he can't stand being made a joke of ◆ **c'est dans la ~*** (*Ciné*) it's in the can*

b (* *= cabaret*) nightclub ◆ **aller** *ou* **sortir en ~** to go (out) to a nightclub, to go (night-)clubbing*

c * (*= lieu de travail, firme*) company; (*= école*) school ◆ **quelle (sale) ~ !** what a dump!‡, what a crummy hole!‡ ◆ **je veux changer de ~** (*= entreprise*) I want to work for another company; (*= école*) I want to change schools ◆ **j'en ai marre de cette ~ !** I'm fed up with this place! ◆ **il s'est fait renvoyer de la ~** (*= entreprise*) he got fired*; (*= école*) he got thrown out *ou* expelled ◆ **elle travaille pour une ~ de pub*** she works for an advertising company

COMP ▹ **boîte d'allumettes** box of matches ▹ **boîte à archives** box file ▹ **boîte à bachot** (*péj*) crammer('s), cramming school ▹ **boîte à bijoux** jewellery (*Brit*) *ou* jewelry (*US*) box ▹ **boîte de camembert** camembert box ◆ **ferme ta ~ à camembert !*** shut up!*, shut your face!‡ ▹ **boîte de conserve** tin (*Brit*) *ou* can (*US*) of food ▹ **boîte de couleurs** box of paints, paintbox ▹ **boîte à couture** ⇒ **boîte à ouvrage** ▹ **boîte crânienne** (*Anat*) cranium, brainpan* ▹ **boîte d'essieu** axle box ▹ **boîte expressive** (*Orgue*) swell (box) ▹ **boîte à gants** (*Aut*) glove compartment ▹ **boîte à idées** suggestion box ▹ **boîte à images** TV ▹ **boîte à** *ou* **aux lettres** (*publique*) post box, mailbox (*US*); (*privée*) letterbox (*Brit*), mailbox (*US*) ◆ **mettre une lettre à la ~ (aux lettres)** to post (*Brit*) *ou* mail a letter ◆ **je leur sers de ~ à lettres** I'm their go-between ▹ **boîte à lettres électronique** electronic mailbox ▹ **boîte à malice** bag of tricks ▹ **boîte à musique** musical box ▹ **boîte noire** (*Aviat*) black box ▹ **boîte de nuit** nightclub ◆ **faire les ~s de nuit** to go (night)clubbing* ▹ **boîte à ordures** dustbin *(Brit)*, garbage *ou* trash can *(US)* ▷ **boîte à outils** toolbox ▷ **boîte à ouvrage** sewing box, workbox ▷ **boîte de Pandore** Pandora's box ▷ **boîte de Pétri** Petri dish ▷ **boîte postale** PO Box ▷ **boîte à rythmes** beatbox ▷ **boîte à thé** tea caddy ▷ **boîte de vitesses** gearbox ▷ **boîte vocale** *(Téléc)* voice mail *(NonC)*

**boitement** /bwatmɑ̃/ **NM** limping

**boiter** /bwate/ ▸ conjug 1 ◂ **VI** *[personne]* to limp, to walk with a limp; *[meuble]* to wobble; *[raisonnement]* to be unsound *ou* shaky ◆ **~ bas** to limp badly ◆ **~ de la jambe gauche** to limp with one's left leg

**boiteux, -euse** /bwatø, øz/ **ADJ** *[personne]* lame, who limps *(attrib)*; *[meuble]* wobbly, rickety; *[paix, projet, compromis]* shaky; *[union]* ill-assorted; *[raisonnement]* unsound, shaky; *[explication]* lame, weak; *[vers]* lame; *[phrase] (incorrecte)* grammatically wrong; *(mal équilibrée)* cumbersome, clumsy ◆ **c'était un mariage ~** the(ir) marriage was shaky **NM,F** lame person, gimp**

**boîtier** /bwatje/ **NM** *(gén)* case; *(pour appareil photo)* body ◆ **~ de différentiel** *(Aut)* differential housing ◆ **~ électrique** electric torch *(Brit)*, flashlight *(US)* ◆ **~ de montre** watchcase

**boitillement** /bwatijmɑ̃/ **NM** slight limp

**boitiller** /bwatije/ ▸ conjug 1 ◂ **VI** to limp slightly, to have a slight limp

**boit-sans-soif** * /bwasɑ̃swaf/ **NMF INV** drunkard, lush*, piss artist** *(Brit)*

**bol** /bɔl/ **NM** **a** *(= récipient)* bowl; *(= contenu)* bowl, bowlful ◆ **prendre un (bon) ~ d'air** *(fig)* to get a breath of fresh air ◆ **cheveux coupés au ~** pudding-basin haircut *(Brit)*, bowl cut *(US)* **b** *(Pharm)* bolus ◆ **~ alimentaire** bolus **c** *(**: loc)* **avoir du ~** to be lucky *ou* jammy** *(Brit)* ◆ **ne pas avoir de ~** to be unlucky ◆ **pas de ~ !** hard *ou* bad luck! ◆ **pas de ~, il est déjà parti** no luck, he's already left **d** *(* Can)* ⇒ **bolle**

**bolchevik, bolchevique** /bɔlʃəvik/ **ADJ, NMF** Bolshevik, Bolshevist

**bolchevisme** /bɔlʃəvism/ **NM** Bolchevism

**bolcheviste** /bɔlʃəvist/ **ADJ, NMF** ⇒ **bolchevik**

**bolduc** /bɔldyk/ **NM** curling ribbon, gift-wrap ribbon, bolduc *(SPÉC)*

**bolée** /bɔle/ **NF** bowl(ful)

**boléro** /bɔleʀo/ **NM** *(Habillement, Mus)* bolero

**bolet** /bɔlɛ/ **NM** boletus

**bolide** /bɔlid/ **NM** *(Astron)* meteor, bolide *(SPÉC)*; *(= voiture)* (high-powered) racing car ◆ **comme un ~** *[arriver, passer]* at top speed ◆ **il fonce comme un ~, c'est un vrai ~** he really whizzes along

**Bolivie** /bɔlivi/ **NF** Bolivia

**bolivien, -ienne** /bɔlivjɛ̃, jɛn/ **ADJ** Bolivian **NM,F** **Bolivien(ne)** Bolivian

**bollard** /bɔlaʀ/ **NM** *(Naut)* bollard

**bolle** * /bɔl/ **NF** *(Can)* head, bonce* *(Brit)* ◆ **j'ai mal à la ~** I've got a headache

**bolognais, e** /bɔlɔɲɛ, ɛz/ **ADJ** Bolognese; *(Culin)* bolognese **NM,F** **Bolognais(e)** Bolognese

**bombance** †* /bɔ̃bɑ̃s/ **NF** feast, beanfeast* *(Brit)* ◆ **faire ~** to revel, to have a beanfeast* *(Brit)*

**bombarde** /bɔ̃baʀd/ **NF** *(Mil, Mus)* bombard

**bombardement** /bɔ̃baʀdəmɑ̃/ **NM** **a** *(= pilonnage)* bombardment; *(avec bombes)* bombing; *(avec obus)* shelling ◆ **~ aérien** air raid, aerial bombing *(NonC)* **b** *(avec des cailloux, des tomates)* pelting **c** *(Phys)* bombardment ◆ **~ atomique** atomic bombardment

**bombarder** /bɔ̃baʀde/ ▸ conjug 1 ◂ **VT** **a** *(Mil)* to bombard; *(avec bombes)* to bomb; *(avec obus)* to shell **b** ◆ **~ de** *[+ cailloux, tomates]* to pelt with; *[+ questions, critiques, appels]* to bombard with **c** *(Phys)* to bombard **d** *(* = catapulter)* **on l'a bombardé directeur** he was thrust into *ou* pitchforked into the position of manager

**bombardier** /bɔ̃baʀdje/ **NM** *(= avion)* bomber; *(= aviateur)* bombardier ◆ **~ d'eau** fire-fighting aircraft, tanker plane *(US)*

**Bombay** /bɔ̃bɛ/ **N** Bombay

**bombe** /bɔ̃b/ **NF** **a** *(Mil, Ordin)* bomb ◆ **attentat à la ~** bombing, bomb attack ◆ **comme une ~** *(fig)* unexpectedly, out of the blue ◆ **la nouvelle a éclaté comme une ~** *ou* **a fait l'effet d'une ~** the news came as a bombshell *ou* was a bolt from the blue

**b** *(= atomiseur)* spray ◆ **en ~** *(gén)* in an aerosol *(attrib)* ◆ **peinture/chantilly en ~** aerosol paint/cream ◆ **déodorant/insecticide en ~** deodorant/insect spray

**c** *(Équitation)* riding cap *ou* hat

**d** *(loc)* **faire la ~** * to have a wild time

**COMP** ▷ **bombe aérosol** aerosol can *ou* spray ▷ **bombe anti-crevaison** instant puncture sealant ▷ **bombe antigel** *(Aut)* de-icing spray ▷ **bombe atomique** atom(ic) bomb ◆ **la ~ atomique** the Bomb ▷ **bombe à billes** ⇒ **bombe à fragmentation** ▷ **bombe au cobalt** *(Méd)* cobalt therapy unit, telecobalt machine ▷ **bombe déodorante** deodorant spray ▷ **bombe à eau** water bomb ▷ **bombe à fragmentation** cluster bomb ▷ **bombe glacée** *(Culin)* bombe glacée, ice-cream pudding *(Brit)* ▷ **bombe H** H-bomb ▷ **bombe à hydrogène** hydrogen bomb ▷ **bombe incendiaire** incendiary *ou* fire bomb ▷ **bombe insecticide** insect spray, fly spray ▷ **bombe lacrymogène** teargas grenade ▷ **bombe de laque** hair spray ▷ **bombe logique** *(Ordin)* logic bomb ▷ **bombe au napalm** napalm bomb ▷ **bombe à neutrons** neutron bomb ▷ **bombe de peinture** paint spray, can of aerosol paint ▷ **bombe radiologique** dirty bomb ▷ **bombe à retardement** time bomb ▷ **bombe sexuelle** * sex bomb* ▷ **bombe volcanique** *(Géol)* volcanic bomb

⚠ *Au sens de 'aérosol',* **bombe** *ne se traduit pas par le mot anglais* **bomb.**

**bombé, e** /bɔ̃be/ (ptp de **bomber**) **ADJ** *[forme]* rounded, convex; *[cuiller]* rounded; *[poitrine]* thrown out; *[front]* domed; *[mur]* bulging; *[dos]* humped, hunched; *[route]* cambered ◆ **verre ~** balloon-shaped glass

**bombement** /bɔ̃bmɑ̃/ **NM** *[de forme]* convexity; *[de route]* camber; *[de front]* bulge

**bomber**[1] /bɔ̃be/ ▸ conjug 1 ◂ **VT** **a** ◆ **~ le torse** *ou* **la poitrine** *(lit)* to stick out *ou* throw out one's chest; *(fig)* to puff out one's chest, to swagger about **b** *(Peinture)* to spray (-paint) **VI** **a** *[route]* to camber; *[mur]* to bulge; *(Menuiserie)* to warp **b** *(* = rouler vite)* to belt along*

**bomber**[2] /bɔ̃bœʀ/ **NM** *(= blouson)* bomber jacket

**bombonne** /bɔ̃bɔn/ **NF** ⇒ **bonbonne**

**bombyx** /bɔ̃biks/ **NM** bombyx

**bôme** /bom/ **NF** *(Naut)* boom

## bon[1], bonne[1] /bɔ̃, bɔn/

GRAMMAIRE ACTIVE 50.2

| | |
|---|---|
| 1 ADJECTIF | 4 NOM MASCULIN |
| 2 ADVERBE | 5 NOM FÉMININ |
| 3 EXCLAMATION | 6 COMPOSÉS |

1 - ADJECTIF

**a** [= de qualité] *(gén)* good; *[fauteuil, lit]* good, comfortable ◆ **il a de bonnes jambes** he has a good *ou* strong pair of legs ◆ **une bonne paire de chaussures** a good (strong) pair of shoes ◆ **il a fait du ~ travail** he's done a good job ◆ **marchandises/outils de bonne qualité** good quality goods/tools

**b** [= adéquat, compétent, sûr] *[docteur, élève, employé]* good; *[instrument, système, remède]* good, reliable; *[conseil]* good, sound; *[excuse, raison]* good, valid; *[placement, monnaie, entreprise]* sound ◆ **être ~ en anglais** to be good at English ◆ **pour le ~ fonctionnement du moteur** for the motor to work efficiently *ou* properly ◆ **tout lui est ~ pour me discréditer** he'll stop at nothing to discredit me ◆ **~ pour le service** *(Mil)* fit for service

**c** [= agréable] *[odeur, vacances, repas]* good, pleasant, nice; *[surprise]* pleasant, nice ◆ **un ~ petit vin** a nice (little) wine ◆ **un ~ vin** a good wine ◆ **une bonne tasse de thé** a nice (hot) cup of tea ◆ **un ~ bain chaud** a nice hot bath ◆ **elle aime les bonnes choses** she likes good food and drink ◆ **nous avons passé une bonne soirée** we had a pleasant *ou* nice evening ◆ **c'était vraiment ~** *(à manger, à boire)* it was *ou* tasted really good *ou* nice ◆ **l'eau est bonne** *(à la mer, à la piscine)* the water's warm *ou* nice ◆ **elle est bien bonne celle-là !** *(iro)* that's a good one!

**d** [= moralement ou socialement irréprochable] *[lectures, fréquentations, pensées, famille]* good ◆ **les bonnes gens** good *ou* honest people ◆ **il est ~ père et ~ fils** he's a good father and a good son ◆ **d'un ~ milieu social** from a good social background

**e** [= charitable] *[personne]* good, kind(-hearted); *[action]* good, kind; *[parole]* kind, comforting ◆ **une bonne dame m'a fait entrer** some good woman let me in ◆ **être ~ pour les animaux** to be kind to animals ◆ **vous êtes bien** *ou* **trop ~** you are really too kind, it's really too kind *ou* good of you ◆ **il est ~ comme du ~ pain** he has a heart of gold ◆ **elle est bonne fille** she's a nice *ou* good-hearted girl, she's a good sort* ◆ **vous êtes ~ vous (avec vos idées impossibles) !** * *(iro)* you're a great help (with your wild ideas)! ◆ **vas-y demain – tu es ~ toi ! * je n'ai pas que ça à faire !** *(iro)* go tomorrow – you've got a nerve!* I've got things to do!

**f** [= valable, utilisable] *[billet, passeport, timbre]* valid ◆ **médicament/yaourt ~ jusqu'au 5 mai** medicine/yoghurt to be consumed *ou* used before 5 May ◆ **est-ce que la soupe va être encore bonne avec cette chaleur ?** will the soup have kept *ou* will the soup still be all right in this heat? ◆ **ce joint de caoutchouc n'est plus ~** this rubber washer is no longer any good ◆ **est-ce que ce pneu/ce vernis est encore ~ ?** is this tyre/varnish still fit to be used *ou* still usable? ◆ **la balle est/n'est pas bonne** *(Tennis)* the ball was in/was out

**g** [= favorable] *[opinion, rapport]* good, favourable; *(Scol) [bulletin, note]* good ◆ **le diagnostic du médecin n'est pas très ~** the doctor's diagnosis isn't very good

**h** [= recommandé] *[alimentation]* good ◆ **ce n'est pas un ~ champignon** it's not an edible mushroom ◆ **cette eau est-elle bonne (à**

**boire) ?** is this water fit *ou* all right to drink?, is this water drinkable? ◆ **est-ce bien ~ de fumer tant ?** is it a good thing *ou* is it wise to smoke so much? ◆ **ce serait une bonne chose s'il restait là-bas** it would be a good thing if he stayed there ◆ **il serait ~ que vous les préveniez** it would be a good idea *ou* thing to let them know ◆ **il est ~ de louer tôt** it's as well *ou* it's advisable to book early ◆ **croire** *ou* **juger** *ou* **trouver ~ de faire qch** to think *ou* see fit to do sth ◆ **il semblerait ~ de ...** it would seem sensible *ou* a good idea to ... ◆ **trouvez-vous ~ qu'il y aille ?** do you think it's a good thing for him to go? ◆ **quand/comme vous le jugerez ~** when/as you see fit ◆ **quand/comme ~ vous semble** when/as you think best ◆ **allez-y si ~ vous semble** go ahead if you think it best ◆ **~ pour la santé/pour le mal de tête** good for your health/for headaches ◆ **c'est ~ pour ce que tu as !** it'll do you good! ◆ **la baisse des taux, c'est ~ pour l'économie** the reduction in interest rates is good for the economy ◆ **la télévision, c'est ~ pour ceux qui n'ont rien à faire** television is all right *ou* fine for people who have nothing to do ◆ **cette solution, c'est ~ pour toi, mais pas pour moi** that solution's OK for you but not for me

**i** [* = attrapé, condamné] **je suis ~ !** I've had it! * ◆ **le voilà ~ pour une contravention** he's in for a fine now * ◆ **le voilà ~ pour recommencer** now he'll have to start all over again

**j** [sur imprimé] **~ pour pouvoir** procuration given by ◆ **~ pour un lot de 6 bouteilles** *(Comm : sur coupon)* this voucher *ou* coupon may be exchanged for a pack of 6 bottles ◆ **~ pour une réduction de 2 €** €2 off next purchase

**k** [= utile]

◆ **bon à** ◆ **c'est ~ à savoir** that's useful to know, that's worth knowing ◆ **c'est toujours ~ à prendre** there's no reason to turn it down, it's better than nothing ◆ **tout n'est pas ~ à dire** some things are better left unsaid ◆ **puis-je vous être ~ à quelque chose ?** can I be of any use *ou* help to you?, can I do anything for you? ◆ **ce drap est (tout juste) ~ à faire des torchons** this sheet is (just) about good enough for *ou* is only fit for dusters *(Brit) ou* dustcloths *(US)* ◆ **c'est (tout juste) ~ à nous créer des ennuis** it will only create problems for us, all it will do is create problems for us ◆ **c'est ~ à jeter** it's fit for the dustbin, it might as well be thrown out

**l** [= correct] *[solution, méthode, réponse, calcul]* right, correct ◆ **au ~ moment** at the right *ou* proper time ◆ **sur le ~ côté de la route** on the right *ou* proper side of the road ◆ **le ~ côté du couteau** the cutting *ou* sharp edge of the knife ◆ **le ~ usage** correct usage (of language) ◆ **je suis ~ là ?** * *(en positionnant qch)* is this OK?, how's that? ◆ **les ~s comptes font les ~s amis** *(Prov)* bad debts make bad friends

**m** [intensif de quantité] good ◆ **un ~ kilomètre** a good kilometre ◆ **une bonne livre/semaine/heure** a good pound/week/hour ◆ **il a reçu une bonne fessée** he got a good spanking ◆ **la voiture en a pris un ~ coup** * the car got pretty smashed up * ◆ **ça fait un ~ bout de chemin !** that's quite a distance *ou* a good way! ◆ **il est tombé une bonne averse/couche de neige** there has been a heavy shower/fall of snow ◆ **après un ~ moment** after quite some time *ou* a good while ◆ **laissez une bonne marge** leave a good *ou* wide margin ◆ **il faudrait une bonne gelée pour tuer la vermine** what's needed is a hard frost to kill off the vermin ◆ **ça aurait besoin d'une bonne couche de peinture/d'un ~ coup de balai** it needs *ou* would need a good coat of paint/a good sweep-out ◆ **ça fait un ~ poids à traîner !** that's quite a *ou* some load to drag round! ◆ **une bonne moitié** at least half

**n** [en apostrophe] **mon ~ monsieur** my good man ◆ **ma bonne dame** my good woman ◆ **mon ~ ami** my dear *ou* good friend

**o** [dans des souhaits] **bonne (et heureuse) année !** happy New Year! ◆ **bonne chance !** good luck!, all the best! ◆ **~ courage !** good luck! ◆ **~ dimanche !** have a nice Sunday! ◆ **bonne fin de semaine !** enjoy the rest of the week!, have a good weekend! ◆ **~ match !** *(à un spectateur)* enjoy the game!; *(à un joueur)* have a good game! ◆ **bonne promenade !** have a nice walk! ◆ **bonne rentrée !** *(Scol)* I hope the new term starts well! ◆ **~ retour !** safe journey back!, safe return! ◆ **bonne route !** safe journey! ◆ **bonne santé !** (I) hope you keep well! ◆ **bonnes vacances !** have a good holiday! *(Brit) ou* vacation! *(US)* ◆ **~ voyage !** safe journey!, have a good journey! ◆ **au revoir et bonne continuation** goodbye and I hope all goes well (for you) *ou* and all the best!; → **anniversaire, appétit, souhaiter** *etc*

**p** [= amical] *[ambiance]* good, pleasant, nice; *[regard, sourire]* warm, pleasant ◆ **relations de ~ voisinage** good neighbourly relations ◆ **un ~ (gros) rire** a hearty *ou* cheery laugh ◆ **c'est un ~ camarade** he's a good friend

2 - ADVERBE

◆ **faire bon** ◆ **il fait ~ ici** it's nice *ou* pleasant here ◆ **il fait ~ au soleil** it's nice and warm in the sun ◆ **il fait ~ chaud** *(Helv)* it's nice and warm ◆ **il fait ~ vivre à la campagne** it's a nice life in the country ◆ **une ville où il fait ~ vivre** a town that's really nice to live in ◆ **il ne ferait pas ~ le contredire** we (*ou* you *etc*) would be ill-advised to contradict him

◆ **pour de bon** *(= définitivement)* for good; *(= vraiment)* really ◆ **si tu continues, je vais me fâcher pour de ~** if you keep that up, I'm really going to get angry

3 - EXCLAMATION

[= d'accord] all right!, OK! *; *(énervement)* (all) right!, OK! * ◆ **~ ! ça suffit maintenant !** (all) right! *ou* OK! that's enough! ◆ **bon ! bon !** all right! all right! ◆ **~ ! je le ferai moi-même** (all) right then I'll do it myself

4 - NOM MASCULIN

**a** [= personne] good *ou* upright person ◆ **les ~s et les méchants** good people and bad people; *(dans un western)* the goodies and the baddies *(Brit)*, the good guys and the bad guys

**b** [= morceau, partie] **mange le ~ et laisse le mauvais** eat the good part and leave the bad part ◆ **avoir du ~** *[solution, principe]* to have its advantages *ou* its good points ◆ **il y a du ~ dans ce qu'il dit** there is some merit *ou* there are some good points in what he says ◆ **il y a du ~ et du mauvais** it has its good and its bad points ◆ **il y a du ~ et du moins ~** parts of it are good and parts of it are not so good, some bits are better than others

5 - NOM FÉMININ

**bonne**

**a** [= histoire] **en voilà une bonne !** that's a good one! ◆ **tu en as de bonnes, toi !** * *(iro)* you're kidding! *‡*, you must be joking! *

**b** [locutions]

◆ **avoir qn à la bonne** * to like sb, to be in * *ou* in solid * *(US)* with sb ◆ **il m'a à la bonne** I'm in his good books *

6 - COMPOSÉS

▷ **bonne amie** († *ou hum)* girlfriend, sweetheart ▷ **bon chic bon genre** *[personne]* chic but conservative, Sloaney * *(Brit)*, preppy * *(US)*; *[bar, soirée]* chic but conservative, Sloaney * *(Brit)* ◆ **le style ~ chic ~ genre des villes bourgeoises** the conservative chic of middle-class towns → BCBG ▷ **bon enfant** LOC ADJ *[personne, sourire]* good-natured; *[atmosphère]* friendly ▷ **bonne femme** *(péj = femme)* woman ◆ **sa bonne femme** *(péj = épouse)* his old woman *‡*, his missus * ◆ **pauvre petite bonne femme** *(= enfant)* poor little thing ▷ **une bonne pâte** an easy-going fellow, a good sort ▷ **bon à rien, bonne à rien** ADJ **cet enfant n'est ~ à rien** this child is no good *ou* use at anything ◆ **cet appareil n'est ~ à rien** this instrument is useless *ou* isn't much good *ou* use for anything NM,F good-for-nothing, ne'er-do-well ▷ **bon Samaritain** *(Bible, fig)* good Samaritan ▷ **bonne sœur** * nun ▷ **bon teint** ADJ *[couleur]* fast; *(fig) [syndicaliste]* staunch, dyed-in-the-wool ▷ **bon à tirer** ADJ passed for press NM final corrected proof ◆ **donner le ~ à tirer** to pass for press ▷ **bon vivant** NM bon viveur *ou* vivant ◆ **c'est un ~ vivant** he's a bon viveur *ou* vivant, he likes the good things in life

---

**bon**[2] /bɔ̃/ NM *(= formulaire)* slip, form; *(= coupon d'échange)* coupon, voucher; *(Fin = titre)* bond COMP ▷ **bon de caisse** cash voucher ▷ **bon de commande** order form ▷ **bon d'épargne** savings certificate ▷ **bon d'essence** petrol *(Brit) ou* gas *(US)* coupon ▷ **bon de garantie** guarantee (slip) ▷ **bon de livraison** delivery slip ▷ **bon de réduction** reduction coupon *ou* voucher ▷ **bon du Trésor** (Government) Treasury bill ▷ **bon à vue** demand note

**Bonaparte** /bɔnapaʀt/ NM Bonaparte

**bonapartisme** /bɔnapaʀtism/ NM Bonapartism

**bonapartiste** /bɔnapaʀtist/ ADJ, NMF Bonapartist

**bonard, e** * /bɔnaʀ, aʀd/ ADJ ◆ **c'est ~** *(= facile)* it's no sweat *; *(= bien)* it's great *

**bonasse** /bɔnas/ ADJ *(gén)* easy-going; *(péj)* meek ◆ **accepter qch d'un air ~** *(gén)* to accept sth good-naturedly; *(péj)* to accept sth meekly

**bonbec** * /bɔ̃bɛk/ NM *(= bonbon)* sweetie * *(Brit)*, candy *(US)*

**bonbon** /bɔ̃bɔ̃/ NM sweet *(Brit)*, sweetie * *(Brit)*, piece of candy *(US)* ◆ **j'en ai ras le ~** *‡* I'm fed up to the back teeth *; → **casser** COMP ▷ **bonbon acidulé** acid drop ▷ **bonbon anglais** fruit drop ▷ **bonbon au chocolat** chocolate ▷ **bonbon fourré** sweet *(Brit) ou* piece of candy *(US)* with soft centre ▷ **bonbon à la menthe** mint, humbug *(Brit)* ▷ **bonbon au miel** honey drop

**bonbonne** /bɔ̃bɔn/ NF *(recouverte d'osier)* demijohn; *(à usage industriel)* carboy ◆ **~ de gaz** gas bottle

**bonbonnière** /bɔ̃bɔnjɛʀ/ NF *(= boîte)* sweet *(Brit) ou* candy *(US)* box, bonbonnière; *(fig = appartement)* bijou flat *(Brit)*, exquisite apartment *(US)*, bijou residence *(hum)*

**bond** /bɔ̃/ NM **a** *[de personne, animal] (gén)* leap, bound, jump; *(de la position accroupie)* spring; *[de balle]* bounce ◆ **faire des ~s** *(= sauter)* to leap *ou* spring up *ou* into the air; *(= gambader)* to leap *ou* jump about ◆ **faire un ~ d'indignation** to leap *ou* jump up indignantly ◆ **faire un ~ de surprise** to start with surprise ◆ **franchir qch d'un ~** to clear sth with one jump *ou* bound ◆ **se lever d'un ~** to leap *ou* jump *ou* spring up ◆ **d'un ~ il fut**

**près d'elle** in a single leap *ou* bound he was at her side ◆ **il ne fit qu'un ~ jusqu'à l'hôpital** he rushed *ou* dashed off to the hospital → **saisir, faux²**

♦ **au bond** ◆ **j'ai pris** *ou* **saisi l'occasion au ~** I jumped at *ou* I seized the opportunity ◆ **saisir une remarque au ~** to pounce *ou* jump on a remark

b *(= progression)* **les prix ont fait un ~** prices have shot up *ou* soared ◆ **la science a fait un grand ~ en avant** science has taken a great leap forward ◆ **l'économie nationale a fait un ~ (en avant)** the country's economy has leapt forward *ou* taken a leap forward ◆ **progresser par ~s** to progress by leaps and bounds; *(Mil)* to advance by successive dashes

**bonde** /bɔ̃d/ **NF** a *(= bouchon) [de tonneau]* bung, stopper; *[d'évier, baignoire]* plug; *[d'étang]* sluice gate b *(= trou) [de tonneau]* bunghole; *[d'évier, baignoire]* plughole

**bondé, e** /bɔ̃de/ **ADJ** packed, jam-packed *

**bondieusard, e** * /bɔ̃djøzaʀ, aʀd/ *(péj)* **ADJ** sanctimonious, churchy * **NM,F** sanctimonious *ou* churchy * person, Holy Joe * *(péj) (Brit)*

**bondieuserie** /bɔ̃djøzʀi/ **NF** *(péj) (= piété)* religiosity, devoutness; *(= bibelot)* religious trinket *ou* bric-à-brac *(NonC)*

**bondir** /bɔ̃diʀ/ ▸ conjug 2 ◂ **VI** a *(= sauter) [homme, animal]* to jump *ou* leap *ou* spring up; *[balle]* to bounce (up) ◆ **~ de joie** to jump *ou* leap for joy ◆ **~ de colère** to fume with anger ◆ **il bondit d'indignation** he leapt up indignantly ◆ **cela me fait ~** * *(fig)* it makes my blood boil *, it makes me hopping mad * *(Brit)* b *(= gambader)* to jump *ou* leap about c *(= sursauter)* to start ◆ **~ de surprise/de frayeur** to start with surprise/fright d *(= se précipiter)* **~ vers** *ou* **jusqu'à** to dash *ou* rush to ◆ **~ sur sa proie** to pounce on one's prey e *(= augmenter) [valeur boursière, prix]* to shoot up

**bondissant, e** /bɔ̃disɑ̃, ɑ̃t/ **ADJ** leaping, jumping

**bondissement** /bɔ̃dismɑ̃/ **NM** *[d'animal]* leaping *(NonC)*

**bongo** /bɔ̃go/ **NM** *(Mus)* bongo (drum)

**bonheur** /bɔnœʀ/ GRAMMAIRE ACTIVE 50.3 **NM** a *(= félicité)* happiness; *(= joie)* joy ◆ **trouver le ~** to find true happiness ◆ **le ~ de vivre/d'aimer** the joy of living/of loving ◆ **avoir le ~ de voir son enfant réussir** to have the joy of seeing one's child succeed ◆ **faire le ~ de qn** to make sb happy, to bring happiness to sb ◆ **si ce ruban peut faire ton ~, prends-le** if this ribbon is what you're looking for *ou* can be any use to you, take it ◆ **alors, tu as trouvé ton ~ ?** so, did you find what you wanted *ou* what you were looking for? ◆ **des vacances ! quel ~ !** holidays! what bliss! *ou* what a delight! ◆ **quel ~ de vous revoir !** what a pleasure it is to see you again!

b *(= chance)* (good) luck, good fortune ◆ **il ne connaît pas son ~ !** he doesn't know *ou* realize (just) how lucky he is!, he doesn't know *ou* realize his luck! * ◆ **avoir le ~ de faire** to be lucky enough *ou* have the good fortune to do ◆ **il eut le rare ~ de gagner 3 fois** he had the unusual good fortune of winning *ou* to win 3 times ◆ **porter ~ à qn** to bring sb luck ◆ **ça porte ~ de ...** it's lucky to ...

♦ **par bonheur** fortunately, luckily ◆ **par un ~ inespéré** by an unhoped-for stroke of luck *ou* good fortune

c *(loc)* **avec ~** *(littér)* felicitously ◆ **mêler avec ~ le tragique et le comique** to blend the tragic and the comic skilfully ◆ **le ~ des uns fait le malheur des autres** *(Prov)* one man's meat is another man's poison *(Prov)*

♦ **au petit bonheur (la chance)** * *[répondre]* off the top of one's head *; *[faire]* haphazardly, any old how * ◆ **il n'y a pas de véritable sélection, c'est au petit ~ la chance** there's no real selection (process), it's just pot luck *ou* the luck of the draw

**bonheur-du-jour** (pl **bonheurs-du-jour**) /bɔnœʀdyʒuʀ/ **NM** escritoire, writing desk

**bonhomie** /bɔnɔmi/ **NF** affability, bonhomie

**bonhomme** /bɔnɔm/ **NM** (pl **bonshommes** /bɔ̃zɔm/) a * *(= homme)* guy *, chap * *(Brit)*, fellow *, bloke * *(Brit)*; *(= mari)* old man * ◆ **dessiner des bonshommes** to draw little men ◆ **un petit ~ de 4 ans** a little chap * *ou* lad * *ou* fellow * of 4 ◆ **dis-moi, mon ~** tell me, sonny * *ou* little fellow * ◆ **c'était un grand ~** he was a great man * ◆ **aller** *ou* **suivre son petit ~ de chemin** to carry on *ou* go on in one's own sweet way b (*‡ Can = père)* old man *, father **ADJ** (pl **bonhommes**) *[air, regard]* good-natured **COMP** ▷ **bonhomme de neige** snowman ▷ **bonhomme de pain d'épice** gingerbread man

**boni** † /bɔni/ **NM** *(= bénéfice)* profit ◆ **50 € de ~** a 50-euro profit

**boniche** * /bɔniʃ/ **NF** *(péj)* maid, skivvy * *(Brit)* ◆ **je ne suis pas ta ~** I'm not your skivvy *(Brit) ou* slave ◆ **faire la ~ pour qn** to be sb's slave, to skivvy for sb * *(Brit)*

**bonification¹** /bɔnifikasjɔ̃/ **NF** a *(= amélioration) [de terre, vins]* improvement b *(Sport) (= points)* bonus (points); *(= avantage)* advantage, start

**bonification²** /bɔnifikasjɔ̃/ **NF** *(Fin = remise)* discount, rebate ◆ **~s d'intérêt** interest rate subsidies, preferential interest rates

**bonifier¹** **VT**, **se bonifier** **VPR** /bɔnifje/ ▸ conjug 7 ◂ to improve

**bonifier²** /bɔnifje/ ▸ conjug 7 ◂ **VT** *(Fin)* to give as a bonus ◆ **prêt** *ou* **crédit (à taux) bonifié** government subsidized *ou* low-interest loan

**boniment** /bɔnimɑ̃/ **NM** *(= baratin)* sales talk *(NonC)*, patter * *(NonC)*; (* *= mensonge)* tall story, humbug *(NonC)* ◆ **faire le** *ou* **du ~ à qn** to give sb the sales talk *ou* patter * ◆ **faire du ~ à une femme** to try and pick up a woman *, to chat a woman up * *(Brit)* ◆ **raconter des ~s** * to spin yarns *ou* tall stories

**bonimenter** /bɔnimɑ̃te/ ▸ conjug 1 ◂ **VI** to give the sales talk *ou* patter *

**bonimenteur, -euse** /bɔnimɑ̃tœʀ, øz/ **NM,F** smooth talker; *[de foire]* barker

**bonite** /bɔnit/ **NF** bonito

**bonjour** /bɔ̃ʒuʀ/ GRAMMAIRE ACTIVE 48.2 **NM** a *(gén)* hello; *(matin)* (good) morning; *(après-midi)* (good) afternoon; *(Can = au revoir)* good day *(frm)*, good morning, good afternoon ◆ **~ chez vous !** hello to everybody at home! ◆ **avec lui, c'est ~ bonsoir** I only ever say hello to him ◆ **donnez-lui le ~ de ma part** give him my regards, remember me to him ◆ **dire ~ à qn** to say hello to sb ◆ **est-ce que je peux passer te dire un petit ~ ?** can I drop in (to say hello)?

b (* *: loc)* **le bus aux heures de pointe, ~ (les dégâts) !** * taking the bus in the rush hour is absolute hell! * ◆ **tu aurais vu sa moto après l'accident ! ~ (les dégâts) !** * you should've seen his bike after the accident! what a mess! ◆ **si son père l'apprend, ~ (les dégâts) !** if his father finds out about it, sparks will fly *ou* all hell will be let loose! * ◆ **si tu l'invites, ~ l'ambiance !** if you invite him, it'll ruin the atmosphere! ◆ **pour l'ouvrir, ~ !** there's no way to get it open

**Bonn** /bɔn/ **N** Bonn

**bonne²** /bɔn/ **NF** maid, domestic ◆ **~ d'enfants** nanny, child's nurse *(US)* ◆ **~ à tout faire** maid of all work, skivvy *(Brit)*; *(hum)* general dogsbody *ou* factotum ◆ **je ne suis pas ta ~** I'm not your skivvy *ou* slave; → **bon¹**

**bonne-maman** (pl **bonnes-mamans**) /bɔnmamɑ̃/ **NF** granny *, grandma

**bonnement** /bɔnmɑ̃/ **ADV** **tout bonnement** just, quite simply ◆ **sa performance est tout ~ hallucinante** his performance is just *ou* quite simply staggering ◆ **c'est tout ~ magnifique** it's just wonderful ◆ **dire tout ~ que ...** to say quite simply that ...

**bonnet** /bɔnɛ/ **NM** a *(= coiffure)* bonnet, hat; *[de bébé]* bonnet b *[de soutien-gorge]* cup c *(Zool)* reticulum d *(loc)* **prendre qch sous son ~** to make sth one's concern *ou* responsibility, to take it upon o.s. to do sth ◆ **c'est ~ blanc et blanc ~** it amounts to the same thing ◆ **jeter son ~ par-dessus les moulins** to kick over the traces, to have one's fling; → **gros, tête** **COMP** ▷ **bonnet d'âne** dunce's cap ▷ **bonnet de bain** bathing cap ▷ **bonnet de nuit** *(Habillement)* nightcap; (**fig*) wet blanket *, killjoy, spoilsport ▷ **bonnet phrygien** Phrygian cap ▷ **bonnet à poils** bearskin ▷ **bonnet de police** forage cap, garrison *ou* overseas cap *(US)*; → Marianne

**bonneteau** /bɔnto/ **NM** three card trick *ou* monte *(US)*

**bonneterie** /bɔnɛtʀi/ **NF** *(= objets)* hosiery; *(= magasin)* hosier's shop, hosiery; *(= commerce)* hosiery trade

**bonnetier, -ière** /bɔntje, jɛʀ/ **NM,F** hosier

**bonnette** /bɔnɛt/ **NF** *(Photo)* supplementary lens; *(Naut)* studding sail, stuns'l; *(Mil) [de fortification]* bonnet

**bonniche** /bɔniʃ/ **NF** ⇒ **boniche**

**bon-papa** (pl **bons-papas**) /bɔ̃papa/ **NM** grandad *, grandpa

**bonsaï** /bɔ̃(d)zaj/ **NM** bonsai

**bonsoir** /bɔ̃swaʀ/ **NM** a *(en arrivant)* hello, good evening; *(en partant)* good evening, good night; *(en se couchant)* good night ◆ **souhaiter le ~ à qn** to say good night to sb, to wish sb goodnight b (* *: loc = rien à faire)* **~ !** nothing doing! *, not a chance! *, not on your life! * ◆ **pour s'en débarrasser ~ !** it's going to be sheer *ou* absolute hell * getting rid of it

**bonté** /bɔ̃te/ **NF** a *(= caractère)* kindness, goodness ◆ **ayez la ~ de faire** would you be so kind *ou* good as to do? ◆ **faire qch par pure ~ d'âme** to do sth out of the goodness of one's heart ◆ **avec ~** kindly ◆ **~ divine !** *ou* **du ciel !** good heavens! * b *(= acte)* (act of) kindness ◆ **merci de toutes vos ~s** thank you for all your kindness *ou* for all the kindness you've shown me ◆ **avoir des ~s pour qn** to be very kind to sb

**bonus** /bɔnys/ **NM** *(Assurances)* no-claims bonus

**bonze** /bɔ̃z/ **NM** a *(Rel)* bonze *(Buddhist monk)* b (* *= personnage important)* bigwig * ◆ **vieux ~** ‡ old fossil ‡

**bonzerie** /bɔ̃zʀi/ **NF** Buddhist monastery

**bonzesse** /bɔ̃zɛs/ **NF** bonze *(Buddhist nun)*

**boogie-woogie** (pl **boogie-woogies**) /bugiwugi/ **NM** boogie-woogie

**book** /buk/ **NM** ⇒ **press-book**

**booké, e** * /buke/ **ADJ** *(= occupé)* busy ◆ **ce n'est pas possible mardi, je suis déjà ~** Tuesday's out, I've already got something on

**bookmaker** /bukmɛkœʀ/ **NM** bookmaker

**booléen, -enne** /buleɛ̃, ɛn/ **ADJ** *(Math, Ordin)* boolean

**boom** /bum/ NM *(= expansion)* boom ◆ **être en plein ~** *[secteur]* to be booming; *(* = en plein travail)* to be really busy

**boomer** /bumœʀ/ NM *(Hi-Fi)* woofer

**boomerang** /bumʀɑ̃g/ NM *(lit, fig)* boomerang ◆ **faire ~, avoir un effet ~** *(fig)* to backfire

**booster**[1] /bustœʀ/ NM *[de fusée]* booster, launching vehicle; *[d'autoradio]* booster

**booster**[2] /buste/ ▸ conjug 1 ◂ VT *[+ économie, ventes]* to boost; *[+ moteur]* to soup up *

**boots** /buts/ NMPL boots

**boqueteau** (pl **boqueteaux**) /bɔkto/ NM copse

**borax** /bɔʀaks/ NM borax

**borborygme** /bɔʀbɔʀigm/ NM rumble, rumbling noise (in one's stomach), borborygmus *(SPÉC)*

**bord** /bɔʀ/ NM **a** *[de route]* side, edge; *[de rivière]* side, bank; *[de lac]* edge, side, shore; *[de cratère]* edge, rim, lip; *[de forêt, table]* edge; *[de précipice]* edge, brink; *[de verre, tasse]* brim, rim; *[d'assiette]* edge, rim; *[de plaie]* edge ◆ **le ~ des paupières** the rim of the eye ◆ **le ~ de la mer** the seashore ◆ **~ du trottoir** edge of the pavement, kerb *(Brit)*, curb *(US)* ◆ **une maison au ~ du lac** a house by the lake *ou* at the lakeside, a lakeside house ◆ **se promener au ~ de la rivière** to go for a walk along the riverside *ou* the river bank *ou* by the river ◆ **passer ses vacances au ~ de la mer** to spend one's holidays at the seaside *ou* by the sea, to go to the seaside for one's holidays ◆ **pique-niquer au ~ *ou* sur le ~ de la route** to (have a) picnic at *ou* by the roadside ◆ **laisser *ou* abandonner qn sur le ~ de la route** *(fig)* to leave sb by the wayside ◆ **au ~ de l'eau** at the water's edge ◆ **se promener au ~ de l'eau** to go for a walk along the water's edge ◆ **en été les ~s du lac sont envahis de touristes** in summer the shores of the lake are overrun by tourists ◆ **il a regagné le ~ à la nage** *(dans la mer)* he swam ashore *ou* to the shore; *(dans une rivière)* he swam to the bank ◆ **verre rempli jusqu'au ~ *ou* à ras ~** glass full *ou* filled to the brim

**b** *[de vêtement, mouchoir]* edge, border; *[de chapeau]* brim ◆ **chapeau à large(s) ~(s)** wide-brimmed *ou* broad-brimmed hat ◆ **le ~ ourlé d'un mouchoir** the rolled hem of a handkerchief ◆ **~ à ~** *[coudre, coller]* edge to edge ◆ **veste ~ à ~** edge-to-edge jacket

**c** *(Naut) (= navire)* **les hommes du ~** the crew ◆ **jeter par-dessus ~** to throw overboard ◆ **journal *ou* livre de ~** log(book), ship's log

◆ **à bord** *(Aviat, Naut)* on board, aboard ◆ **monter à ~** to go on board *ou* aboard ◆ **prendre qn à son ~** to take sb aboard *ou* on board ◆ **monter à ~ d'un navire** to board a ship, to go on board *ou* aboard ship ◆ **la marchandise a été expédiée à ~ du SS Wallisdown** the goods were shipped on SS Wallisdown ◆ **M. Morand, à ~ d'une voiture bleue** Mr Morand, driving *ou* in a blue car

**d** *(Naut = bordée)* tack ◆ **tirer des ~s** to tack, to make tacks ◆ **tirer un ~** to tack, to make a tack

**e** *(* Can)* side ◆ **de mon ~** on my side ◆ **prendre le ~** to make off

**f** *(loc)* **être au ~ de la ruine/du désespoir** to be on the verge *ou* brink of ruin/despair ◆ **au ~ de la tombe** on the brink of death ◆ **au ~ des larmes** on the verge of tears ◆ **nous sommes du même ~** we are on the same side, we are of the same opinion; *(socialement)* we are all of a kind ◆ **à pleins ~s** abundantly, freely ◆ **il est un peu fantaisiste/sadique sur les ~s** * he's a bit of an eccentric/a sadist

**bordage** /bɔʀdaʒ/ NM *(Couture)* edging, trimming NMPL **bordages** **a** *(Naut) (en bois)* planks, planking; *(en fer)* plates, plating **b** *(Can)* inshore ice

**bordé** /bɔʀde/ NM **a** *(Couture)* braid, trimming **b** *(Naut) (en bois)* planking; *(en fer)* plating

**bordeaux** /bɔʀdo/ NM *(= vin)* Bordeaux (wine) ◆ **~ rouge** red Bordeaux, claret *(Brit)* ADJ INV maroon, burgundy

**bordée** /bɔʀde/ NF **a** *(= salve)* broadside ◆ **~ d'injures** *(fig)* torrent *ou* volley of abuse **b** *(Naut = quart)* watch **c** *(= parcours)* tack ◆ **tirer des ~s** to tack, to make tacks ◆ **tirer une ~** *(fig)* to go on a spree * *ou* binge * **d** *(* Can)* **une ~ de neige** a heavy snowfall

**bordel** ‡ /bɔʀdɛl/ NM **a** *(= hôtel)* brothel, whorehouse * **b** *(= chaos)* mess, shambles *(sg)* ◆ **quel ~ !** what a bloody *‡ *(Brit) ou* goddamned ‡ *(US)* shambles! ◆ **si tout le monde a accès aux dossiers, ça va être le ~** if everyone has access to the files it'll be bloody *‡ *(Brit) ou* goddamned ‡ *(US)* chaos ◆ **mettre *ou* foutre ‡ le ~** to create havoc, to cause bloody *‡ *(Brit) ou* goddamned ‡ *(US)* chaos ◆ **mettre *ou* foutre ‡ le ~ dans qch** to screw ‡ *ou* bugger *‡ *(Brit)* sth up ◆ **~ !** hell! *, bloody hell! ‡ *(Brit)*, shit! *‡ ◆ **arrête de gueuler, ~ (de merde) !** stop shouting for Christ's sake! *‡ *ou* for fuck's sake! *‡ ◆ **… et tout le ~** … and God knows what else *

**bordelais, e** /bɔʀdəlɛ, ɛz/ ADJ of *ou* from Bordeaux, Bordeaux *(épith)* NM,F **Bordelais(e)** inhabitant *ou* native of Bordeaux NM *(= région)* ◆ **le Bordelais** the Bordeaux region NF **bordelaise** *(Culin)* **entrecôte (à la) ~e** Bordelaise entrecôte steak

**bordélique** ‡ /bɔʀdelik/ ADJ chaotic, shambolic * *(Brit)*

**border** /bɔʀde/ ▸ conjug 1 ◂ VT **a** *(Couture) (= entourer)* to edge, to trim (*de* with); *(= ourler)* to hem, to put a hem on **b** *(= longer) [arbres, immeubles, maisons]* to line; *[sentier]* to run alongside ◆ **allée bordée de fleurs** path edged *ou* bordered with flowers ◆ **rue bordée de maisons** road lined with houses ◆ **rue bordée d'arbres** tree-lined road **c** *[+ personne, couverture]* to tuck in ◆ **~ un lit** to tuck the blankets in **d** *(Naut) (en bois)* to plank; *(en fer)* to plate **e** *(Naut) [+ voile]* to haul on, to pull on; *[+ avirons]* to ship

**bordereau** (pl **bordereaux**) /bɔʀdəʀo/ NM *(= formulaire)* note, slip; *(= relevé)* statement, summary; *(= facture)* invoice COMP ▷ **bordereau d'achat** purchase note ▷ **bordereau d'envoi** dispatch note ▷ **bordereau de livraison** delivery slip *ou* note ▷ **bordereau de versement** pay(ing)-in slip

**bordure** /bɔʀdyʀ/ NF *(= bord)* edge; *(= cadre)* surround, frame; *[de gazon, fleurs]* border; *[d'arbres]* line; *(Couture)* border, edging, edge; *[de voile]* foot ◆ **~ de trottoir** kerb *(Brit)*, curb *(US)*, kerbstones *(Brit)*, curbstones *(US)* ◆ **en ~ de** *(= le long de)* running along, alongside, along the edge of; *(= à côté de)* next to, by; *(= près de)* near (to) ◆ **en ~ de route** *[maison, champ]* by the roadside *(attrib)*; *[restaurant, arbre]* roadside *(épith)* ◆ **papier à ~ noire** black-edged paper, paper with a black edge

**bore** /bɔʀ/ NM boron

**boréal, e** (mpl **-aux**) /bɔʀeal, o/ ADJ boreal; → **aurore**

**borgne** /bɔʀɲ/ ADJ **a** *[personne]* one-eyed, blind in one eye ◆ **fenêtre ~** obstructed window **b** *(fig = louche) [hôtel, rue]* shady

**borique** /bɔʀik/ ADJ boric

**Boris** /bɔʀis/ NM Boris ◆ **"Boris Godounov"** *(Littérat)* "Boris Godunov"

**bornage** /bɔʀnaʒ/ NM *[de terrain]* boundary marking, demarcation

**borne** /bɔʀn/ NF **a** *(kilométrique)* kilometre-marker, ≈ milestone; *[de terrain]* boundary stone *ou* marker; *(autour d'un monument)* bollard *(Brit)*, post ◆ **~ d'incendie** fire hydrant ◆ **ne reste pas là planté comme une ~ !** * don't just stand there like a statue!

**b** *(fig)* **~s** limit(s), bounds ◆ **il n'y a pas de ~s à la bêtise humaine** human folly knows no bounds ◆ **franchir *ou* dépasser les ~s** to go too far ◆ **mettre des ~s à** to limit

◆ **sans borne(s)** boundless, unbounded ◆ **il lui vouait une admiration sans ~(s)** he felt boundless *ou* unbounded admiration for her

**c** *(* = kilomètre)* kilometre

**d** *(Élec)* terminal

**e** *(Téléc)* **~ téléphonique *ou* d'appel** *(pour taxi)* taxi rank *(Brit) ou* stand *(US)* telephone; *(pour secours)* emergency telephone ◆ **~ de paiement** pay point

**f** *(Ordin)* **~ interactive/Minitel** interactive/Minitel terminal

**g** *(Math)* bound ◆ **~ inférieure/supérieure** lower/upper bound

**borné, e** /bɔʀne/ (ptp de **borner**) ADJ **a** *[personne]* narrow-minded, short-sighted; *[esprit, vie]* narrow; *[intelligence]* limited **b** *(Math)* bounded

**borne-fontaine** (pl **bornes-fontaines**) /bɔʀn(ə)fɔ̃tɛn/ NF **a** *[d'eau potable]* public drinking fountain **b** *(Can = bouche d'incendie)* fire hydrant

**Bornéo** /bɔʀneo/ N Borneo

**borner** /bɔʀne/ ▸ conjug 1 ◂ VT **a** *[+ ambitions, besoins, enquête]* to limit, to restrict (*à faire* to doing; *à qch* to sth) **b** *[+ terrain]* to mark out *ou* off, to mark the boundary of ◆ **arbres qui bornent un champ** trees which border a field ◆ **immeubles qui bornent la vue** buildings which limit *ou* restrict one's view VPR **se borner** *(= se contenter de)* **se ~ à faire** to content o.s. with doing, to be content to do ◆ **se ~ à qch** to content o.s. with sth ◆ **se ~ à faire/à qch** *(= se limiter à) [personne]* to restrict *ou* confine o.s. to doing/to sth; *[visite, exposé]* to be limited *ou* restricted to doing/to sth ◆ **je me borne à vous faire remarquer que …** I would just *ou* merely like to point out to you that … ◆ **il s'est borné à resserrer les vis** he just *ou* merely tightened up the screws

**bort(s)ch** /bɔʀtʃ/ NM bors(c)h

**bosco** /bɔsko/ NM *(Naut)* quartermaster

**bosniaque** /bɔsnjak/ ADJ Bosnian NMF **Bosniaque** Bosnian

**Bosnie** /bɔsni/ NF Bosnia

**Bosnie-Herzégovine** /bɔsniɛʀzegɔvin/ NF Bosnia-Herzegovina

**bosnien, -ienne** /bɔsnjɛ̃, jɛn/ ADJ, NM,F ⇒ **bosniaque**

**boson** /bozɔ̃/ NM boson

**Bosphore** /bɔsfɔʀ/ NM ◆ **le ~** the Bosphorus ◆ **le détroit du ~** the Bosphorus Strait(s)

**bosquet** /bɔskɛ/ NM copse, grove

**bossage** /bɔsaʒ/ NM *(Archit)* boss ◆ **~s** bosses, bossage

**bossa-nova** (pl **bossas-novas**) /bɔsanɔva/ NF bossa nova

**bosse** /bɔs/ NF **a** *[de chameau, bossu]* hump; *(en se cognant)* bump, lump; *(= éminence)* bump; *(Ski)* mogul, bump ◆ **se faire une ~ au front** to get a bump on one's forehead ◆ **route pleine de ~s** (very) bumpy road ◆ **ski sur ~s** mogul skiing; → **rouler**

♦ **avoir la bosse de** * to be good at, to have a gift for ♦ **avoir la ~ des maths** to be good at maths, to have a gift for maths ♦ **avoir la ~ du commerce** to be a born businessman (ou businesswoman)
b *(Naut)* ~ **d'amarrage** pointer

**bosselage** /bɔslaʒ/ NM embossment

**bosseler** /bɔsle/ ► conjug 4 ◄ VT *(= déformer)* to dent; *(= marteler)* to emboss ♦ **tout bosselé** battered, badly dented; *[+ front]* bruised, covered in bumps *(attrib)*; *[+ sol]* bumpy

**bossellement** /bɔsɛlmɑ̃/ NM embossing

**bosselure** /bɔslyʀ/ NF *(= défaut)* dent; *(= relief)* embossment

**bosser** * /bɔse/ ► conjug 1 ◄ VI *(= travailler)* to work (*dans* in); *(= travailler dur) (intellectuellement)* to work hard, to slog away * *(Brit)*; *(physiquement)* to slave away, to work one's guts out ‡ VT *[+ examen]* to slog away for * *(Brit)*, to swot for *(Brit)* ♦ ~ **son anglais** to slog away at ou swot for * one's English

**bosseur, -euse** * /bɔsœʀ, øz/ ADJ hard-working NM,F slogger * *(Brit)*, hard worker

**bossoir** /bɔswaʀ/ NM *[de bateau]* davit; *[d'ancre]* cathead

**bossu, e** /bɔsy/ ADJ *[personne]* hunchbacked ♦ **dos ~** hunch(ed) back ♦ **redresse-toi, tu es tout ~** sit up, you're getting round-shouldered NM,F hunchback; → **rire**

**boston** /bɔstɔ̃/ NM *(= danse, jeu)* boston

**bot, bote** /bo, bɔt/ ADJ ♦ **main ~e** club-hand ♦ **pied ~** club-foot

**botanique** /bɔtanik/ ADJ botanical NF botany

**botaniste** /bɔtanist/ NMF botanist

**Botnie** /bɔtni/ NF ♦ **le golfe de ~** the Gulf of Bothnia

**Botox** ® /bɔtɔks/ NM Botox ®

**botrytis** /bɔtʀitis/ NM *(Agr)* botrytis

**Botswana** /bɔtswana/ NM Botswana

**botswanais, e** /bɔtswanɛ, ɛz/ ADJ of ou from Botswana NM,F **Botswanais(e)** inhabitant ou native of Botswana

**botte**[1] /bɔt/ NF a (high) boot ♦ ~ **de caoutchouc** wellington (boot) *(Brit)*, gumboot *(Brit)*, rubber boot *(US)* ♦ ~ **de cheval** ou **de cavalier** riding boot ♦ ~ **d'égoutier** wader ♦ **les ~s de sept lieues** the seven-league boots ♦ **la ~ (de l'Italie)** the boot (of Italy) b *(loc)* **être à la ~ de qn** to be under sb's heel ou thumb, to be sb's puppet ♦ **avoir qn à sa ~** to have sb under one's heel ou thumb ♦ **cirer** ou **lécher les ~s de qn** * to lick sb's boots ♦ **être sous la ~ de l'ennemi** to be under the enemy's heel

**botte**[2] /bɔt/ NF *[de fleurs, légumes]* bunch; *[de foin] (en gerbe)* bundle, sheaf; *(au carré)* bale

**botte**[3] /bɔt/ NF *(Escrime)* thrust ♦ **porter une ~ à** *(lit)* to make a thrust at; *(fig)* to hit out at ♦ ~ **secrète** *(fig)* secret weapon

**botter** /bɔte/ ► conjug 1 ◄ VT a *(= mettre des bottes à)* to put boots on; *(= vendre des bottes à)* to sell boots to ♦ **se ~** to put one's boots on ♦ **botté de cuir** with leather boots on, wearing leather boots b ♦ ~ **les fesses** ou **le derrière de qn** ‡ to kick ou boot ‡ sb in the behind *, to give sb a kick up the backside ‡ ou in the pants ‡ c (* *= plaire)* **ça me botte** ‡ I fancy * *(Brit)* ou like ou dig ‡ that ♦ **ce film m'a botté** I really liked that film d *(Ftbl)* to kick VI *(Ftbl)* to kick the ball; *(Ski)* to ball up ♦ ~ **en touche** *(lit, fig)* to kick the ball into touch

**botteur** /bɔtœʀ/ NM *(Rugby)* kicker

**bottier** /bɔtje/ NM *[de bottes]* bootmaker; *[de chaussures]* shoemaker

**bottillon** /bɔtijɔ̃/ NM ankle boot; *[de bébé]* bootee

**bottin** ® /bɔtɛ̃/ NM telephone directory, phonebook ♦ **Bottin mondain** ≃ Who's Who

**bottine** /bɔtin/ NF (ankle) boot ♦ ~ **à boutons** button-boot

**botulique** /bɔtylik/ ADJ ♦ **bacille ~** botulinus ♦ **toxine ~** botulism toxin, botox

**botulisme** /bɔtylism/ NM botulism

**boubou** /bubu/ NM boubou, bubu

**bouc** /buk/ NM a *(Zool)* (billy) goat ♦ **sentir** ou **puer le ~** ‡ to stink *, to pong ‡ *(Brit)* ♦ ~ **émissaire** scapegoat b *(= barbe)* goatee (beard)

**boucan** * /bukɑ̃/ NM din *, racket * ♦ **faire du ~** *(= bruit)* to kick up * a din * ou a racket *; *(= protestation)* to kick up * a fuss

**boucane** ‡ /bukan/ NF *(Can)* smoke

**boucaner** /bukane/ ► conjug 1 ◄ VT *[+ viande]* to smoke, to cure; *[+ peau]* to tan

**boucanier** /bukanje/ NM *(= pirate)* buccaneer

**bouchage** /buʃaʒ/ NM a *[de bouteille]* corking b *[de trou, fente]* filling up ou in; *[de fuite]* plugging, stopping c *[de fenêtre, porte]* blocking (up) d *[de lavabo]* blocking (up), choking up

**bouche** /buʃ/ NF a *(Anat)* mouth; *[de volcan, fleuve, four]* mouth; *[de canon]* muzzle ♦ **embrasser à pleine ~** to kiss full on the lips ou mouth ♦ **parler la ~ pleine** to talk with one's mouth full ♦ **avoir la ~ amère** to have a bitter taste in one's mouth ♦ **j'ai la ~ sèche** my mouth feels ou is dry ♦ **j'ai la ~ pâteuse** my tongue feels thick ou coated ♦ **il a 5 ~s à nourrir** he has 5 mouths to feed ♦ **les ~s inutiles** *(dans une population)* the non-active ou unproductive population ♦ **provisions de ~** provisions ♦ **dépenses de ~** food bills ♦ **vin court/long en ~** wine with a short/long finish; → **garder**

b *(= organe de la communication)* mouth ♦ **fermer la ~ à qn** to shut sb up ♦ **garder la ~ close** to keep one's mouth shut ♦ **il n'a pas ouvert la ~ de la soirée** he didn't open his mouth ou he didn't say a word all evening ♦ **dans sa ~, ce mot surprend** when he says ou uses it, that word sounds odd ♦ **il a toujours l'injure à la ~** he's always ready with an insult ♦ **il n'a que ce mot-là à la ~** that's all he ever talks about ♦ **de ~ à oreille** by word of mouth, confidentially ♦ ~ **cousue !** * don't breathe a word!, mum's the word! * ♦ **son nom est dans toutes les ~s** his name is a household word ou is on everyone's lips ♦ **aller** ou **passer de ~ en ~** to be rumoured about ♦ **il en a plein la ~** he can talk of nothing else ♦ **nos sentiments s'expriment par sa ~** our feelings are expressed through his words

c *(loc)* **s'embrasser à ~ que veux-tu** to kiss eagerly ♦ **faire la fine** ou **petite ~** to turn one's nose up ♦ **avoir la ~ en cœur** to simper ♦ **et pour la bonne ~, le dernier roman de Legrand** and last but by no means least, Legrand's latest novel ♦ **nous avons gardé** ou **réservé pour la bonne ~ un enregistrement inédit de Bechet** we have saved the best till last ou and last but not least – a previously unreleased Bechet recording; → **bée**

COMP ▷ **bouche d'aération** air vent ou inlet ▷ **bouche de chaleur** hot-air vent ou inlet ▷ **bouche d'égout** manhole ▷ **bouche à feu** *(Hist)* piece (of ordnance), gun ▷ **bouche d'incendie** fire hydrant ▷ **bouche de métro** metro entrance

**bouché, e**[1] /buʃe/ (ptp de **boucher**[1]) ADJ a *[temps, ciel]* cloudy, overcast b *(= obstrué) [passage]* blocked ♦ **j'ai les oreilles ~es** my ears are blocked (up) ♦ **j'ai le nez ~** my nose is blocked (up) ou stuffed up c (* *= stupide) [personne]* stupid, thick ‡ ♦ ~ **à l'émeri** dead from the neck up *, as thick as a brick ‡ *(Brit)* d *(= sans avenir)* **le secteur de la publicité est ~** there are absolutely no openings in the advertising industry ♦ **il n'a devant lui qu'un horizon ~** his prospects don't look very bright

**bouche-à-bouche** /buʃabuʃ/ NM INV kiss of life *(Brit)*, mouth-to-mouth resuscitation *(Brit)* ou respiration *(US)* ♦ **faire du ~ à qn** to give sb the kiss of life, to give sb mouth-to-mouth resuscitation *(Brit)* ou respiration *(US)*

**bouchée**[2] /buʃe/ NF a *(= quantité)* mouthful ♦ **pour une ~ de pain** for a song, for next to nothing ♦ **mettre les ~s doubles** to put on a spurt, to work twice as hard ♦ **ne faire qu'une ~ d'un plat** to gobble up ou polish off a dish in next to no time ♦ **ne faire qu'une ~ d'un adversaire** to make short work of an opponent b *(Culin)* ~ **(au chocolat)** chocolate ♦ ~ **à la reine** *vol-au-vent filled with chopped sweetbreads in a rich sauce*

**boucher**[1] /buʃe/ ► conjug 1 ◄ VT a *(= fermer) [+ bouteille]* to cork, to put the ou a cork in b *(= colmater) [+ trou, fente]* to fill up ou in; *[+ fuite]* to plug, to stop ♦ **ça (ou elle etc) lui en a bouché un coin** * he was staggered * ou flabbergasted * ou gobsmacked ‡ *(Brit)*
c *(= condamner) [+ fenêtre, porte]* to block (up)
d *(= engorger) [+ lavabo]* to block (up), to choke (up) ♦ **sécrétions qui bouchent les pores** secretions which block up ou clog up the pores ♦ **j'ai les oreilles bouchées** my ears are blocked (up) ♦ **j'ai le nez bouché** my nose is blocked (up) ou stuffed up ou bunged up * ♦ ~ **le passage** to be ou stand in the way ♦ ~ **le passage à qn** to be ou stand in sb's way, to block sb's way ♦ ~ **la vue** to block the view ♦ **on l'a employé pour ~ les trous** we used him as a stopgap
VPR **se boucher** *[évier]* to get blocked ou choked ou clogged up; *[temps]* to get cloudy, to become overcast ♦ **se ~ le nez** to hold one's nose ♦ **se ~ les oreilles** to put one's fingers in one's ears ou one's hands over one's ears; *(= refuser d'entendre)* to turn a deaf ear ♦ **se ~ les yeux** to put one's hands over one's eyes, to hide one's eyes; *(= refuser de voir)* to turn a blind eye

**boucher**[2] /buʃe/ NM *(lit, fig)* butcher

**bouchère** /buʃɛʀ/ NF (woman) butcher; *(= épouse)* butcher's wife

**boucherie** /buʃʀi/ NF *(= magasin)* butcher's (shop); *(= métier)* butchery (trade); *(fig)* slaughter ♦ **animaux de ~** animals for slaughter ♦ ~ **chevaline** ou **hippophagique** horse(meat) butcher's ♦ ~ **charcuterie** butcher's (shop) with delicatessen

**bouche-trou** (pl **bouche-trous**) /buʃtʀu/ NM *(= personne)* fill-in, stopgap, stand-in; *(= chose)* stopgap, pinch-hitter * *(NonC)*

**bouchon** /buʃɔ̃/ NM a *(en liège)* cork; *(en verre)* stopper; *(en plastique)* stopper, top; *(en chiffon, papier)* plug, bung *(Brit)*; *[de bidon, réservoir]* cap; *[de tube]* top; *[d'évier]* plug ♦ ~ **d'objectif** *(Photo)* lens cap ♦ ~ **antivol** locking petrol *(Brit)* ou gas *(US)* cap ♦ ~ **de vidange** drain plug ♦ **vin qui sent le ~** corked ou corky wine ♦ ~ **de cérumen** earwax ou cerumen plug; → **pousser** b *(Pêche)* float c *(pour un cheval)* ~ **(de paille)** wisp d *(Aut = embouteillage)* holdup, traffic jam ♦ **un ~ de 12 km** a 12-km tailback

**bouchonnage** /buʃɔnaʒ/ NM *[de cheval]* rubbing-down, wisping-down *(Brit)*

**bouchonné, e** /buʃɔne/ ADJ *[vin]* corked, corky

**bouchonner** /buʃɔne/ ► conjug 1 ◄ VT *[+ cheval]* to rub down, to wisp down *(Brit)* VI *(Aut)*

◆ **ça bouchonne en ville** there's heavy congestion in town

**bouchot** /buʃo/ **NM** mussel bed ◆ **moules de ~** farmed mussels

**bouclage** /buklaʒ/ **NM** *(* = mise sous clés)* locking up *ou* away, imprisonment; *(= encerclement)* surrounding, sealing off; *(Presse) [de journal]* closing, putting to bed

**boucle** /bukl/ **NF** *[de ceinture, soulier]* buckle; *[de cheveux]* curl; *[de ruban, voie ferrée, rivière]* loop; *(Sport)* lap; *(Aviat)* loop; *(Ordin)* loop ◆ **fais une ~ à ton j** put a loop on your j ◆ **fais une ~ à ton lacet** tie your shoelace in a bow

◆ **en boucle** constantly ◆ **ce disque est passé en ~ dans le hall de l'hôtel** this record plays constantly in the hotel lobby ◆ **des appels à l'aide sont diffusés en ~ à la radio** appeals for aid are constantly broadcast on the radio

**COMP** ▷ **boucle d'oreille** earring ◆ **~ d'oreille à vis (***ou* **à crochets)** pierced earring, earring for pierced ear ◆ **~ d'oreille à clip** *ou* **à pince** clip-on (earring)

**bouclé, e** /bukle/ (ptp de **boucler**) **ADJ** *[cheveux, fourrure]* curly; *[personne]* curly-haired ◆ **il avait la tête ~e** his hair was curly *ou* all curls

**boucler** /bukle/ ▸ conjug 1 ◂ **VT** **a** *(= fermer) [+ ceinture]* to buckle, to fasten (up); * *[+ porte]* to lock ◆ **~ sa valise** *(lit)* to fasten one's suitcase; *(fig)* to pack one's bags ◆ **tu vas la ~ !**‡ will you shut your trap!‡, will you belt up!‡ *(Brit)*

**b** *(= terminer) [+ affaire]* to finish off, to settle; *[+ circuit]* to complete, to go round; *[+ budget]* to balance; *[+ article]* to finish ◆ **il faut ~** *(Presse)* we've got to put the paper to bed ◆ **le dossier est bouclé** the file is closed ◆ **arriver à ~ ses fins de mois** to manage to stay in the black *ou* to make ends meet at the end of the month ◆ **~ la boucle** *(Aviat)* to loop the loop ◆ **on est revenu par l'Espagne pour ~ la boucle** we came back through Spain to make (it) a round trip ◆ **la boucle est bouclée** we've (*ou* they've) come full circle ◆ **dans le cycle de production la boucle est bouclée** the cycle of production is now completed

**c** *(* = enfermer)* to lock up, to put under lock and key ◆ **ils ont bouclé le coupable** they've locked up the criminal *ou* put the criminal under lock and key ◆ **être bouclé chez soi** to be cooped up *ou* stuck* at home

**d** *(Mil, Police = encercler)* to seal off, to cordon off

**VI** **a** *[cheveux]* to curl, to be curly ◆ **elle commence à ~** her hair is getting curly

**b** *(Ordin)* to get stuck in a loop

**bouclette** /buklɛt/ **NF** small curl

**bouclier** /buklije/ **NM** *(Mil, fig)* shield; *(Police)* riot shield ◆ **faire un ~ de son corps à qn** to shield sb with one's body ◆ **~ thermique** *(Espace)* heat shield ◆ **~ atomique** *ou* **nucléaire** nuclear defences ◆ **~ humain** human shield

**Bouddha** /buda/ **NM** Buddha ◆ **bouddha** *(= statuette)* Buddha

**bouddhique** /budik/ **ADJ** Buddhist

**bouddhisme** /budism/ **NM** Buddhism ◆ **~ zen** zen Buddhism

**bouddhiste** /budist/ **ADJ, NMF** Buddhist ◆ **~ zen** zen Buddhist

**bouder** /bude/ ▸ conjug 1 ◂ **VI** to sulk **VT** *[+ personne]* to cold-shoulder; *[+ produit]* to be reluctant to buy; *[+ conférence, exposition]* to stay away from ◆ **~ la nourriture** to have no appetite ◆ **~ son plaisir** to deny o.s. a good thing ◆ **ils ont boudé mon gâteau** they hardly touched my cake ◆ **le public a boudé sa pièce** hardly anybody went to see his play ◆ **les électeurs ont boudé les urnes** many voters stayed away from the polls ◆ **cet événement a été boudé par les médias** the event received hardly any media coverage ◆ **le soleil va ~ le nord du pays** the north of the country won't see much of the sun ◆ **ils se boudent** they're not on speaking terms, they're not speaking

**bouderie** /budʀi/ **NF** *(= état)* sulkiness *(NonC)*; *(= action)* sulk

**boudeur, -euse** /budœʀ, øz/ **ADJ** sulky, sullen **NF** **boudeuse** *(= siège)* dos-à-dos

**boudin** /budɛ̃/ **NM** **a** *(Culin)* **~ (noir)** ≃ black pudding *(Brit)*, blood sausage *(US)* ◆ **~ blanc** ≃ white pudding *(Brit) ou* sausage *(US)* ◆ **~ antillais** *small, spicy black pudding* ◆ **faire du ~** * *(= bouder)* to sulk; → **eau** **b** *(gonflable)* ring, tube **c** *(* = doigt)* podgy *ou* fat finger **d** *(* = fille)* fat lump (of a girl)‡ *(péj)*, fatty‡ *(péj)*

**boudiné, e** /budine/ (ptp de **boudiner**) **ADJ** **a** *[doigt]* podgy **b** *(= serré)* **~ dans** squeezed into, bursting out of ◆ **~ dans un corset** strapped into *ou* bulging out of a tight-fitting corset ◆ **je me sens ~e dans cette robe** I feel like I can't breathe in this dress

**boudiner** /budine/ ▸ conjug 1 ◂ **VT** **a** *(Tex)* to rove; *[+ fil métallique]* to coil **b** *(* = serrer)* **sa robe la boudine** her dress is much too tight for her

**boudoir** /budwaʀ/ **NM** *(= salon)* boudoir; *(= biscuit)* sponge *(Brit) ou* lady *(US)* finger

**boue** /bu/ **NF** *(gén)* mud; *[de mer, canal]* sludge; *(= dépôt)* sediment ◆ **~s thermales** heated mud ◆ **~s d'épuration** sewage sludge *(NonC)*, silt ◆ **~s activées** *(Méd)* activated sludge *(NonC)* ◆ **traîner qn dans la ~** *(fig)* to drag sb's name through the mud ◆ **couvrir qn de ~** *(fig)* to throw *ou* sling mud at sb

**bouée** /bwe/ **NF** *(de signalisation)* buoy; *(d'enfant)* rubber ring ◆ **~ de corps-mort** mooring buoy ◆ **~ de sauvetage** *(lit)* lifebelt; *(fig)* lifeline ◆ **~ sonore** radio buoy

**boueux, -euse** /bwø, øz/ **ADJ** muddy; *(Typo)* blurred, smudged **NM** *(* = éboueur)* dustman *(Brit)*, bin man* *(Brit)*, garbage man *(US)*

**bouffant, e** /bufɑ̃, ɑt/ **ADJ** *[manche]* puff(ed) *(épith)*, full; *[cheveux]* bouffant; *[pantalon]* baggy **NM** *[de jupe, manche]* fullness; *[de cheveux]* fullness, volume; *[de pantalon]* bagginess

**bouffarde** * /bufaʀd/ **NF** pipe

**bouffe**[1] /buf/ **ADJ** → **opéra**

**bouffe**[2] ‡ /buf/ **NF** food, grub‡, nosh‡ *(Brit)* ◆ **il ne pense qu'à la ~** he only ever thinks of his stomach, all he ever thinks about is food ◆ **faire la ~** to do the cooking, to get the grub ready‡ ◆ **ils font de la bonne ~ dans ce resto** they do good food in that restaurant ◆ **on se téléphone et on se fait une ~** I'll give you a ring and we'll meet up for a bite* (to eat)

**bouffée** /bufe/ **NF** *[de parfum]* whiff; *[de pipe, cigarette]* puff, draw, drag*; *[de colère]* outburst; *[d'orgueil]* fit ◆ **~ d'air** *ou* **de vent** puff *ou* breath *ou* gust of wind ◆ **une ~ d'air pur** *(lit, fig)* a breath of fresh air ◆ **~ de chaleur** *(Méd)* hot flush *(Brit) ou* flash *(US)*; *(gén)* gust *ou* blast of hot air ◆ **~ délirante** *(Psych)* delirious episode ◆ **par ~s** in gusts; → **oxygène**

**bouffer**[1] /bufe/ ▸ conjug 1 ◂ **VI** *[cheveux]* to be full, to have volume ◆ **faire ~ une jupe/une manche** to make a skirt fuller/a sleeve puff out ◆ **faire ~ ses cheveux** to add volume *ou* fullness to one's hair

**bouffer**[2] ‡ /bufe/ ▸ conjug 1 ◂ **VT** **a** *(gén)* to eat; *(= engloutir)* to gobble up*, to wolf down ◆ **cette voiture bouffe de l'essence** this car really drinks petrol *(Brit) ou* guzzles gas *(US)* ◆ **se ~ le nez** *(constamment)* to be always at each other's throat(s); *(ponctuellement)* to have a go at one another*, to scratch each other's eyes out* ◆ **~ du curé** to be violently anticlerical ◆ **je l'aurais bouffé !** I could have murdered him! ◆ **j'ai cru qu'elle allait le ~** I thought she was going to eat him alive ◆ **on s'est fait ~** ‡ *(= vaincre)* we got a real hammering*

**b** *(emploi absolu)* to eat ◆ **on bouffe mal ici** the food *ou* grub* *(Brit)* here isn't up to much ◆ **on a bien bouffé ici** the food was great* here

**c** *(* = accaparer)* **il ne faut pas se laisser ~ par ses enfants/son travail** you shouldn't let your children/work eat up *ou* take up all your time (and energy) ◆ **ça me bouffe tout mon temps** it eats up *ou* takes up all my time

**bouffetance** ‡ /buftɑ̃s/ **NF** ⇒ **bouffe**[2]

**bouffeur, -euse** ‡ /bufœʀ, øz/ **NM,F** (greedy) pig*, greedy guts* *(Brit)*

**bouffi, e** /bufi/ (ptp de **bouffir**) **ADJ** *[visage]* puffed up, bloated; *[yeux]* swollen, puffy; *(fig)* swollen, puffed up *(de* with); ◆ **(hareng) ~** bloater ◆ **tu l'as dit ~ !** * *(hum)* you said it!

**bouffir** /bufiʀ/ ▸ conjug 2 ◂ **VT** to puff up **VI** to become bloated, to puff up

**bouffissure** /bufisyʀ/ **NF** puffiness *(NonC)*, bloatedness *(NonC)*, puffy swelling

**bouffon, -onne** /bufɔ̃, ɔn/ **ADJ** farcical, comical **NM** *(= pitre)* buffoon, clown; *(Hist)* jester; *(* = imbécile)* fool ◆ **le ~ du roi** the court jester

**bouffonnerie** /bufɔnʀi/ **NF** **a** *[de personne]* clownishness; *[de situation]* drollery **b** ◆ **~s** *(= comportement)* antics, buffoonery; *(= paroles)* jesting ◆ **faire des ~s** to clown around, to play the fool

**bougainvillée** /bugɛ̃vile/ **NF**, **bougainvillier** /bugɛ̃vilje/ **NM** bougainvillea

**bouge** /buʒ/ **NM** *(= taudis)* hovel, dump*; *(= bar louche)* low dive*

**bougé** /buʒe/ **NM** *(Photo) (dû au photographe)* camera shake; *(dû au sujet)* blur

**bougeoir** /buʒwaʀ/ **NM** *(bas)* candle-holder; *(haut)* candlestick

**bougeotte** * /buʒɔt/ **NF** ◆ **avoir la ~** *(= voyager)* to be always on the move; *(= remuer)* to fidget, to have the fidgets*, to have ants in one's pants‡

**bouger** /buʒe/ ▸ conjug 3 ◂ **VI** **a** *(= remuer)* to move; *(= se révolter)* to be restless ◆ **ne bouge pas** keep still, don't move *ou* budge ◆ **il n'a pas bougé (de chez lui)** he stayed in *ou* at home ◆ **la terre a bougé** *(tremblement de terre)* the ground shook ◆ **un métier où l'on bouge** an active job, a job where you are always on the move ◆ **quand la police l'a arrêté, personne n'a bougé** *(fig)* when the police arrested him no-one lifted a finger (to help)

**b** *(= changer)* to change ◆ **les prix n'ont pas bougé** prices have stayed put* *ou* the same ◆ **ça ne bouge pas beaucoup dans ce service** nothing much ever changes in this department ◆ **ce tissu ne bouge pas** *(gén)* this material wears *ou* will wear well; *(en dimensions)* this material neither shrinks nor goes out of shape ◆ **les couleurs ne bougeront pas** the colours won't fade ◆ **ses idées n'ont pas bougé** his ideas haven't altered, he hasn't changed his ideas

**c** *(* = être actif) [personne]* to get out and about ◆ **secteur qui bouge** fast-moving sector ◆ **c'est une ville qui bouge** it's a very lively town, there's a lot happening in this town

VT * *[+ objet]* to move, to shift * ◆ **il n'a pas bougé le petit doigt** he didn't lift a finger (to help)

VPR **se bouger** * a *(= se déplacer)* to move ◆ **bouge-toi de là !** shift over! ⁑, shift out of the way! ⁑, scoot over! * *(US)*

b *(= faire un effort)* to do something ◆ **je m'ennuie – alors bouge-toi un peu !** I'm bored – then do something about it! ◆ **si tu veux le contrat, il faut que tu te bouges** if you want the contract, you'd better get moving *ou* get a move on * ◆ **elle ne s'est pas beaucoup bougée pour m'aider** she didn't go out of her way to help me

**bougie** /buʒi/ NF a *(= chandelle)* candle; *(Aut)* spark(ing) plug, plug ◆ **ampoule de 40 ~s** † 40 candle-power bulb b († * = *visage)* face, dial ⁑ ◆ **faire une drôle de ~** to make *ou* pull *(Brit)* a face

**bougna(t)** † * /buɲa/ NM *(= charbonnier)* coalman; *(= marchand de charbon)* coal merchant *(who also runs a small café)*

**bougnoul(e)** ⁑⁑/buɲul/ NMF *(injurieux) (= Arabe)* Arab

**bougon, -onne** /bugɔ̃, ɔn/ ADJ grumpy, grouchy * NM,F grumbler, grouch *

**bougonnement** /bugɔnmɑ̃/ NM grumbling, grouching *

**bougonner** /bugɔne/ ► conjug 1 ◄ VI to grouch * (to o.s.), to grumble VT to mutter, to mumble

**bougre** * /bugʀ/ NM *(= type)* guy *, fellow *, chap * *(Brit)*; *(= enfant)* (little) rascal ◆ **bon ~** good sort * *ou* chap * ◆ **pauvre ~** poor devil * *ou* blighter * ◆ **ce ~ d'homme** that confounded man ◆ **~ d'idiot ! ou d'animal !** stupid *ou* confounded idiot! *, silly blighter! * *(Brit)* ◆ **ce n'est pas un mauvais ~** he's not a bad guy * ◆ **il le savait, le ~ !** the so-and-so knew it! EXCL good Lord! *, strewth! * *(Brit)*, I'll be darned! * *(US)*

**bougrement** * /bugʀəmɑ̃/ ADV *(hum)* terribly ◆ **nous en avons ~ besoin** we need it terribly

**bougresse** ⁑ /bugʀɛs/ NF woman; *(péj)* hussy, bitch ⁑⁑

**bouiboui** *, **boui-boui** * (pl **bouis-bouis**) /bwibwi/ NM *(gén)* unpretentious (little) restaurant; *(péj)* greasy spoon *

**bouif** † * /bwif/ NM cobbler

**bouillabaisse** /bujabɛs/ NF bouillabaisse, fish soup

**bouillant, e** /bujɑ̃, ɑ̃t/ ADJ *(= brûlant) [boisson]* boiling (hot), scalding; *(= qui bout) [eau, huile]* boiling; *[tempérament]* fiery; *[personne] (= emporté)* fiery-natured, hotheaded; *(= fiévreux)* boiling (hot) * ◆ **~ de colère** seething *ou* boiling with anger

**bouillasse** * /bujas/ NF *(= gadoue)* muck

**bouille** * /buj/ NF *(= visage)* face, mug ⁑ *(péj)* ◆ **avoir une bonne ~** to have a cheerful friendly face

**bouilleur** /bujœʀ/ NM *(= distillateur)* distiller ◆ **~ de cru** home distiller ◆ **~ de cru clandestin** moonshiner

**bouilli, e¹** /buji/ (ptp de **bouillir**) ADJ boiled NM boiled meat ◆ **~ de bœuf** *beef stew*

**bouillie²** /buji/ NF *[de bébé]* baby's cereal; *[de vieillard]* gruel, porridge ◆ **réduire en ~** *[+ légumes, fruits]* to reduce to a pulp; *[+ adversaire]* to beat to a pulp ◆ **~ bordelaise** Bordeaux mixture ◆ **c'est de la ~ pour les chats** *(fig)* it's gibberish * ◆ **il a été réduit en ~** *[adversaire]* he was beaten to a pulp ◆ **sa voiture a été réduite en ~** his car was smashed to pieces

**bouillir** /bujiʀ/ ► conjug 15 ◄ VI a *(lit)* to boil, to be boiling ◆ **commencer à ~** to reach boiling point, to be nearly boiling ◆ **l'eau bout** the water is boiling ◆ **l'eau ne bout plus** the water has stopped boiling, the water has gone *ou* is off the boil *(Brit)* ◆ **~ à gros bouillons** to boil fast

♦ **faire bouillir** ◆ **faire ~ de l'eau** to boil water, to bring water to the boil ◆ **faire ~ du linge/des poireaux** to boil clothes/leeks ◆ **faire ~ un biberon** to sterilize a (baby's) bottle by boiling ◆ **avoir de quoi faire ~ la marmite** *(fig)* to have enough to keep the pot boiling ◆ **c'est elle qui fait ~ la marmite** she's the breadwinner, she's the one who brings home the bacon

b *(fig)* to boil ◆ **à voir ça, je bous !** seeing that makes my blood boil! ◆ **~ d'impatience** to seethe with impatience ◆ **~ de rage/de haine** to seethe *ou* boil with anger/hatred ◆ **faire ~ qn** to make sb's blood boil

VT *[+ eau, linge]* to boil

**bouilloire** /bujwaʀ/ NF kettle ◆ **~ électrique** electric kettle; *(haute)* jug kettle

**bouillon** /bujɔ̃/ NM a *(= soupe)* stock, bouillon ◆ **~ de légumes/poulet** vegetable/chicken stock ◆ **prendre ou boire un ~** * *(en nageant)* to swallow *ou* get a mouthful; *(Fin)* to take a tumble *, to come a cropper * *(Brit)* b *(= bouillonnement)* bubble (in boiling liquid) ◆ **au premier ~** as soon as it starts to boil ◆ **couler à gros ~s** to gush out, to come gushing out c *(arg Presse)* **~s** unsold copies d *(Couture)* puff ◆ **rideau à ~s** Austrian blind COMP ▷ **bouillon cube** stock *ou* bouillon cube ▷ **bouillon de culture** culture fluid ▷ **bouillon gras** meat stock ▷ **bouillon maigre** clear stock ▷ **bouillon d'onze heures** * poisoned drink, lethal potion

**bouillonnant, e** /bujɔnɑ̃, ɑ̃t/ ADJ *[liquide chaud]* bubbling; *[torrent]* foaming, frothing ◆ **bain ~** whirlpool bath

**bouillonné** /bujɔne/ NM *(Couture)* ruffle

**bouillonnement** /bujɔnmɑ̃/ NM *[de liquide chaud]* bubbling; *[de torrent]* foaming, frothing ◆ **~ d'idées** ferment of ideas

**bouillonner** /bujɔne/ ► conjug 1 ◄ VI *[liquide chaud]* to bubble; *[torrent]* to foam, to froth; *[idées]* to bubble up ◆ **~ de colère** to seethe *ou* boil with anger ◆ **il bouillonne d'idées** his mind is teeming with ideas, he's bubbling with ideas

**bouillotte** /bujɔt/ NF hot-water bottle

**boulange** * /bulɑ̃ʒ/ NF bakery trade ◆ **être dans la ~** to be a baker (by trade)

**boulanger** /bulɑ̃ʒe/ NM baker

**boulangère** /bulɑ̃ʒɛʀ/ NF (woman) baker; *(= épouse)* baker's wife; → **pomme**

**boulangerie** /bulɑ̃ʒʀi/ NF *(= magasin)* baker's (shop), bakery; *(= commerce)* bakery trade ◆ **~-pâtisserie** bread and pastry shop

**boulangisme** /bulɑ̃ʒism/ NM *right-wing movement led by General Boulanger, who staged an abortive coup d'État in 1889*

**boulangiste** /bulɑ̃ʒist/ ADJ, NMF Boulangist; → **boulangisme**

**boule** /bul/ NF a *(Billard, Croquet)* ball; *(Boules)* bowl; *(Géol)* tor ◆ **jouer aux ~s** to play bowls ◆ **jouer à la ~** *(Casino)* to play (at) boule ◆ **roulé en ~** *[animal]* curled up in a ball; *[paquet]* rolled up in a ball ◆ **petite ~ de poil** *(= animal)* little ball of fluff ◆ **être en ~** * *(fig)* to be in a temper, to be hopping mad * *(Brit)* ◆ **se mettre en ~** *[hérisson]* to roll up into a ball; * *[personne]* to fly off the handle * ◆ **ça me met en ~** * it drives me mad *ou* really gets my goat *

b ( * = *grosseur)* lump ◆ **avoir une ~ dans la gorge** *(fig)* to have a lump in one's throat ◆ **j'ai les ~s** ⁑ *(= anxieux)* I've got butterflies * (in my stomach); *(= furieux)* I'm really *ou* hopping mad * *(Brit)* ◆ **ça fout les ~s** ⁑ *(= ça angoisse)* it's really scary *, it gives you the creeps *; *(= ça énerve)* it's damn annoying ⁑

c ( * = *tête)* head, nut * ◆ **perdre la ~** to go bonkers ⁑ *ou* nuts *, to go off one's rocker ⁑ ◆ **coup de ~** ⁑ headbutt ◆ **avoir la ~ à zéro** to have a shaven head

COMP ▷ **boule de billard** billiard ball ◆ **avoir une ~ de billard** *(fig)* to be as bald as a coot * *ou* an egg * ▷ **boule de commande** *(Ordin)* trackball ▷ **boule de cristal** crystal ball ◆ **je ne lis pas dans les ~s de cristal !** *(fig)* I haven't got a crystal ball!, I'm not a clairvoyant! ▷ **boule de feu** fireball ▷ **boule de gomme** *(Pharm)* throat pastille; *(= bonbon)* fruit pastille *ou* gum, gumdrop ▷ **boules de gui** mistletoe berries ▷ **boule de loto** lotto *ou* lottery ball ◆ **yeux en ~s de loto** big round eyes ▷ **boule de neige** snowball ◆ **faire ~ de neige** *(fig)* to snowball ▷ **boule de pain** round loaf ▷ **boule puante** stink bomb ▷ **boule Quiès** ® (wax) earplug, (wax) ear stopper

> **Boules**
>
> This popular French game takes several forms, including « pétanque », which originated in the South of France, and « boule lyonnaise » from Lyons. The idea of the game is to throw steel balls towards a small wooden ball called the « cochonnet », if necessary knocking one's opponent's **boules** out of the way in the process. The winner is the player who finishes closest to the « cochonnet ».

**bouleau** (pl **bouleaux**) /bulo/ NM (silver) birch

**boule-de-neige** (pl **boules-de-neige**) /buldənɛʒ/ NF *(= fleur)* guelder-rose; *(= arbre)* snowball tree

**bouledogue** /buldɔg/ NM bulldog

**bouler** /bule/ ► conjug 1 ◄ VI to roll along ◆ **elle a boulé dans l'escalier** she fell head over heels down the stairs ◆ **envoyer ~ qn** * to send sb packing *

**boulet** /bulɛ/ NM a *[de forçat]* ball and chain ◆ **~ (de canon)** cannonball ◆ **traîner un ~** *(fig)* to have a millstone around *ou* round *(Brit)* one's neck ◆ **c'est un (véritable) ~ pour ses parents** he's a millstone around *ou* round *(Brit)* his parents' neck ◆ **arriver comme un ~ de canon** to come bursting in *ou* crashing in ◆ **tirer à ~s rouges sur qn** to lay into sb tooth and nail b *[de charbon]* (coal) nut c *[d'animal]* fetlock

**boulette** /bulɛt/ NF a *[de papier]* pellet; *(Culin)* meatball ◆ **~ empoisonnée** lump of poisoned meat b ( * = *bévue)* blunder ◆ **faire une ~** to make a blunder; *(paroles)* to drop a brick *

**boulevard** /bulvaʀ/ NM boulevard ◆ **les ~s extérieurs** the outer boulevards of Paris ◆ **les grands ~s** the grand boulevards ◆ **pièce** *ou* **comédie de ~** light comedy; → **périphérique, théâtre**

**boulevardier, -ière** /bulvaʀdje, jɛʀ/ ADJ ◆ **le comique ~** light comedy *(typical of the théâtre de Boulevard)* NM,F *writer of light comedy for the theatre*

**bouleversant, e** /bulvɛʀsɑ̃, ɑ̃t/ ADJ very moving

**bouleversement** /bulvɛʀsəmɑ̃/ NM *[d'habitudes, vie politique]* disruption ♦ **le ~ de son visage** the utter distress on his face, his distraught face ♦ **ce fut un vrai ~** it was a real upheaval

**bouleverser** /bulvɛʀse/ ▸ conjug 1 ◂ VT **a** *(= émouvoir)* to move deeply; *(= causer un choc à)* to shatter ♦ **bouleversé par l'angoisse/la peur** distraught with anxiety/fear ♦ **la nouvelle les a bouleversés** they were deeply distressed *ou* upset by the news, they were shattered by the news **b** *(= modifier) [+ plan, habitude]* to disrupt, to change completely *ou* drastically **c** *(= déranger)* to turn upside down

**boulgour** /bulguʀ/ NM *(Culin)* bulg(h)ur (wheat)

**boulier** /bulje/ NM *(= abaque)* abacus; *(Billard)* scoring board

**boulimie** /bulimi/ NF bulimia, binge-eating syndrome *(US)* ♦ **il fait de la ~** * he's a compulsive eater ♦ **être saisi d'une ~ de lecture/de cinéma** to be seized by a compulsive desire to read/to go the cinema

**boulimique** /bulimik/ ADJ *(Méd)* bulimic ♦ **une lectrice ~** a voracious reader, a woman with a huge appetite for books NMF *(Méd)* bulimic ♦ **pour les ~s de jazz** for jazz fanatics ♦ **un ~ de** *[+ culture, idées, musique etc]* a person with a huge appetite for ♦ **un ~ de travail** a workaholic

**boulingrin** /bulɛ̃gʀɛ̃/ NM lawn

**bouliste** /bulist/ NMF bowls player

**Boulle** /bul/ NM INV ♦ **style/commode ~** boul(l)e *ou* buhl style/chest of drawers

**boulocher** /bulɔʃe/ ▸ conjug 1 ◂ VI *[pull, tissu]* to pill

**boulodrome** /bulodʀom/ NM area for playing boules

**boulon** /bulɔ̃/ NM bolt; *(avec son écrou)* nut and bolt ♦ **(res)serrer les ~s** *(fig)* to tighten a few screws

**boulonnage** /bulɔnaʒ/ NM *(= assemblage)* bolting (on); *(= serrage)* bolting (down)

**boulonnais, e** /bulɔnɛ, ɛz/ ADJ of *ou* from Boulogne NM,F **Boulonnais(e)** inhabitant *ou* native of Boulogne NM *(= cheval) type of draught horse bred in the Boulogne region*

**boulonner** /bulɔne/ ▸ conjug 1 ◂ VT *(= serrer)* to bolt (down); *(= assembler)* to bolt (on) VI * to work ♦ **~ (dur)** to slog * *ou* slave * away

**boulot¹, -otte** /bulo, ɔt/ ADJ *(= trapu)* plump, tubby *

**boulot²** * /bulo/ NM **a** *(= travail)* work *(NonC)* ♦ **on a du ~** *(gén)* we've got work to do; *(= tâche difficile)* we've got our work cut out for us ♦ **j'ai un ~ fou en ce moment** I'm up to my eyes in work *ou* I'm snowed under with work at the moment * ♦ **ce n'est pas du ~ !** that's not work!, (do you) call that work! ♦ **elle a 4 enfants à élever, quel ~ !** she has 4 children to bring up, that's quite a job! *ou* that's a lot of work! ♦ **il est ~ ~** with him it's just work, work, work * ♦ **faire le ~** to do the work ♦ **ça/elle a fait du bon ~** it's/she's done a good job ♦ **il a repeint la cuisine, t'aurais vu le ~ !** he repainted the kitchen and it was an absolute disaster! ♦ **allez, au ~ !** let's get cracking! *, let's get this show on the road! * ♦ **je suis au ~ depuis 7 heures du matin** I've been at work since 7 o'clock this morning ♦ **aller au ~** to go to work ♦ **se mettre au ~** to get down *ou* knuckle * down to work ♦ **allez, faut retourner au ~ !** come on, back to the grind! *; → **métro, sale**
**b** *(= emploi)* job, work *(NonC)* ♦ **il a trouvé du ~** he's found work *ou* a job ♦ **petit ~** *ou* **un ~** casual job ♦ **j'ai fait des petits ~s** I did odd jobs *ou* casual work ♦ **être sans ~** to be out of work *ou* unemployed ♦ **gardien de musée, c'est le bon ~** a job as a museum attendant is a cushy number *
**c** *(= lieu de travail)* work *(NonC)*, place of work ♦ **je sors du ~ à 18 h** I finish work at 6 o'clock

**boulotter** * /bulɔte/ ▸ conjug 1 ◂ VI to eat ♦ **on a bien boulotté** we had a good meal ♦ **qu'est-ce qu'elle boulotte !** you should see what she can put away! VT to eat, to gobble up

**boum** /bum/ EXCL *(chute)* bang!; *(explosion)* boom!, bang! ♦ **faire ~** *(langage enfantin)* to go bang * ♦ **~ par terre !** whoops a daisy! NM *(= explosion)* bang ♦ **on entendit un grand ~** there was an enormous bang; *(loc)* ♦ **être en plein ~** * to be in full swing, to be going full blast * NF ( * = *fête)* party

**boumer** * /bume/ ▸ conjug 1 ◂ VI ♦ **ça boume** everything's going fine *ou* dandy * *(US)* ♦ **ça boume ?** how's things? * *ou* tricks? *

**boumerang** /bumʀɑ̃g/ NM ⇒ **boomerang**

**bounioul** /bunjul/ NM ⇒ **bougnoul(e)**

**bouquet¹** /bukɛ/ NM **a** *[de fleurs]* bunch (of flowers); *(soigneusement composé)* bouquet; *(petit)* posy; ( * : *Can = plante d'ornement)* (house) plant ♦ **~ d'arbres** clump of trees ♦ **faire un ~** to make up a bouquet ♦ **le ~ de la mariée** the bride's bouquet ♦ **~ de persil/thym** bunch of parsley/thyme ♦ **~ garni** *(Culin)* bouquet garni *(bunch of mixed herbs)* **b** *[de feu d'artifice]* finishing *ou* crowning piece *(in a firework display)* ♦ **c'est le ~ !** * *(fig)* that takes the cake * *(Brit) ou* the biscuit! * *(US)* **c** *[de vin]* bouquet, nose ♦ **vin qui a du ~** wine which has a good bouquet *ou* nose **d** *(Jur) [de viager]* initial payment **e** *(TV)* multichannel package

**bouquet²** /bukɛ/ NM *(= crevette)* prawn

**bouquetière** /buk(ə)tjɛʀ/ NF flower seller, flower girl

**bouquetin** /buk(ə)tɛ̃/ NM ibex

**bouquin** * /bukɛ̃/ NM book

**bouquiner** * /bukine/ ▸ conjug 1 ◂ VTI to read ♦ **il passe son temps à ~** he always has his nose in a book

**bouquiniste** /bukinist/ NMF secondhand bookseller *(esp along the Seine in Paris)*

**bourbe** /buʀb/ NF mire, mud

**bourbeux, -euse** /buʀbø, øz/ ADJ miry, muddy

**bourbier** /buʀbje/ NM (quag)mire; *(fig) (= situation)* mess; *(= entreprise)* unsavoury *ou* nasty business, quagmire

**bourbon** /buʀbɔ̃/ NM *(= whisky)* bourbon

**bourbonien, -ienne** /buʀbɔnjɛ̃, jɛn/ ADJ Bourbon *(épith)* ♦ **nez ~** long aquiline nose

**bourdaine** /buʀdɛn/ NF alder buckthorn

**bourde** * /buʀd/ NF *(= gaffe)* blunder, boob *; *(= faute)* slip, mistake ♦ **faire une ~** *(= gaffe)* to boob * *(Brit)*, to blunder, to drop a clanger * *(Brit)*; *(= faute)* to make a (silly) mistake, to goof up * *(US)*

**bourdon¹** /buʀdɔ̃/ NM **a** *(Zool)* bumblebee ♦ **avoir le ~** * to have the blues *; → **faux²** **b** *(Mus) (= cloche)* great bell; *[de cornemuse]* bourdon, drone; *[d'orgue]* bourdon

**bourdon²** /buʀdɔ̃/ NM *(Typo)* omission, out

**bourdon³** /buʀdɔ̃/ NM *(= bâton)* pilgrim's staff

**bourdonnant, e** /buʀdɔnɑ̃, ɑ̃t/ ADJ *[insecte]* buzzing, humming, droning; *[ville]* buzzing with activity ♦ **il avait la tête ~e** *ou* **les oreilles ~es** his ears were buzzing *ou* ringing

**bourdonnement** /buʀdɔnmɑ̃/ NM *[d'insecte]* buzz(ing) *(NonC)*; *[d'abeille]* buzz(ing) *(NonC)*, drone *(NonC)*; *[de voix]* buzz *(NonC)*, hum *(NonC)*; *[de moteur]* hum(ming) *(NonC)*, drone *(NonC)*; *[d'avion]* drone *(NonC)* ♦ **j'ai un ~ dans les oreilles** *ou* **des ~s d'oreilles** my ears are buzzing *ou* ringing

**bourdonner** /buʀdɔne/ ▸ conjug 1 ◂ VI *[insecte]* to buzz; *[abeille]* to buzz, to drone; *[moteur]* to hum, to drone ♦ **ça bourdonne dans mes oreilles** my ears are buzzing *ou* ringing

**bourg** /buʀ/ NM *(gén)* market town; *(petit)* village ♦ **au ~, dans le ~** in town, in the village

**bourgade** /buʀgad/ NF village, (small) town

**bourge** * /buʀʒ/ ADJ, NMF (abrév de **bourgeois**) *(péj)* bourgeois *(péj)*

**bourgeois, e** /buʀʒwa, waz/ ADJ **a** *(Sociol)* middle-class **b** *(gén péj = conventionnel) [culture, préjugé, goûts]* bourgeois, middle-class ♦ **avoir l'esprit ~** to have a conventional outlook ♦ **mener une petite vie ~e** to lead a comfortable middle-class existence **c** *(= cossu) [quartier]* middle-class; *[appartement]* plush NM,F **a** *(Sociol)* bourgeois, middle-class person ♦ **grand ~** upper middle-class person ♦ **les ~** *(péj)* the wealthy (classes); → **épater** **b** *(Hist) (= citoyen)* burgher; *(= riche roturier)* bourgeois NM *(Can)* head of household, master NF **bourgeoise** ♦ **la** *ou* **ma ~e** * *(hum) (= épouse)* the wife *, the missus *

**bourgeoisement** /buʀʒwazmɑ̃/ ADV *[penser, réagir]* conventionally; *[vivre]* comfortably

**bourgeoisie** /buʀʒwazi/ NF **a** *(Sociol)* middle class(es), bourgeoisie ♦ **petite ~** lower middle class ♦ **moyenne ~** middle class ♦ **grande ~** upper middle class **b** *(Hist = citoyenneté)* bourgeoisie, burgesses

**bourgeon** /buʀʒɔ̃/ NM *(Bot)* bud; ( † = *bouton)* pimple, spot *(Brit)* ♦ **~ gustatif** *(Anat)* taste bud

**bourgeonnement** /buʀʒɔnmɑ̃/ NM *(Bot)* budding; *(Méd)* granulation *(SPÉC)*

**bourgeonner** /buʀʒɔne/ ▸ conjug 1 ◂ VI *(Bot)* to (come into) bud; *(Méd) [plaie]* to granulate *(SPÉC)* ♦ **son visage bourgeonne** *(fig)* he's getting pimples *ou* spots *(Brit)*

**bourgmestre** /buʀgmɛstʀ/ NM burgomaster

**bourgogne** /buʀgɔɲ/ NM *(= vin)* burgundy NF **Bourgogne** *(= région)* **la Bourgogne** Burgundy

**bourguignon, -onne** /buʀgiɲɔ̃, ɔn/ ADJ Burgundian ♦ **un (bœuf) ~** *(Culin)* bœuf bourguignon, beef stewed in red wine NM,F **Bourguignon(ne)** Burgundian

**bourlinguer** /buʀlɛ̃ge/ ▸ conjug 1 ◂ VI **a** *(= naviguer)* to sail; ( * = *voyager)* to travel around a lot *, to knock about a lot * ♦ **il a bourlingué dans tout l'hémisphère sud** he has travelled all over the southern hemisphere **b** *(Naut = avancer péniblement)* to labour

**bourlingueur, -euse** * /buʀlɛ̃gœʀ, øz/ NM,F ♦ **c'est un ~** he's a globe-trotter

**bourrache** /buʀaʃ/ NF borage

**bourrade** /buʀad/ NF *(du poing)* thump; *(du coude)* dig, prod

**bourrage** /buʀaʒ/ NM *[de coussin]* stuffing; *[de poêle, pipe]* filling; *[de fusil]* wadding; *[d'imprimante, photocopieur]* paper jam ♦ **il y a un ~ (de papier)** the paper has got stuck *ou* jammed in the machine ♦ **~ de crâne** * *(= propagande)* brainwashing; *(= récits exagérés)* eyewash *, hot air *; *(Scol)* cramming

**bourrasque** /buʀask/ NF gust of wind, squall ♦ **~ de neige** flurry of snow ♦ **le vent souffle en ~s** the wind is blowing in gusts

**bourrasser** * /buʀase/ ▸ conjug 1 ◂ VT *(Can)* to browbeat, to bully

**bourratif, -ive** /buʀatif, iv/ ADJ *(gén)* filling; *(péj)* stodgy

**bourre**[1] /buʀ/ NF a *[de coussin]* stuffing; *(en poils)* hair; *(en laine, coton)* wadding, flock; *[de bourgeon]* down; *[de fusil]* wad b *(loc)* **se tirer la ~** ⁑ to jostle for first place ◆ **de première ~** * great *, brilliant * *(Brit)*
◆ **à la bourre** ⁑ *(= en retard)* late; *(= pressé)* pushed for time * ◆ **être à la ~ dans son travail** ⁑ to be behind with one's work

**bourre**[2] † ⁑ /buʀ/ NM *(= policier)* cop * ◆ **les ~s** the fuzz ⁑, the cops *

**bourré, e**[1] /buʀe/ (ptp de **bourrer**) ADJ a *(= plein à craquer) [salle, compartiment]* packed, jam-packed *, crammed (*de* with); *[sac]* crammed, stuffed (*de* with); ◆ **portefeuille ~ de billets** wallet stuffed with notes ◆ **devoir ~ de fautes** exercise riddled with mistakes ◆ **il est ~ de tics** he's always twitching ◆ **il est ~ de complexes** he's got loads of hang-ups *, he's really hung-up * ◆ **il est /le film est ~ d'idées** he's/the film is bursting with ideas ◆ **c'est ~ de vitamines** it's packed with vitamins b (⁑ *= ivre)* sloshed ⁑, plastered ⁑

**bourreau** (pl **bourreaux**) /buʀo/ NM a *(= tortionnaire)* torturer b *(Hist) [de guillotine]* executioner, headsman; *[de pendaison]* executioner, hangman COMP ▷ **bourreau des cœurs** ladykiller ▷ **bourreau d'enfants** child-batterer, baby-batterer ▷ **bourreau de travail** glutton for work *, workaholic *

**bourrée**[2] /buʀe/ NF *(Mus)* bourrée

**bourrelé, e** /buʀ(ə)le/ ADJ *(littér)* ◆ **~ de remords** stricken with *ou* racked by remorse ◆ **~ de soupçons** racked by suspicion

**bourrelet** /buʀlɛ/ NM a *(gén)* roll; *[de porte, fenêtre]* draught excluder *(Brit)*, weather strip *(US)* b ◆ **~ (de chair)** fold *ou* roll of flesh ◆ **~ (de graisse)** *(gén)* roll of fat; *(à la taille)* spare tyre * *(Brit) ou* tire * *(US)*

**bourrelier** /buʀəlje/ NM saddler

**bourrellerie** /buʀɛlʀi/ NF saddlery

**bourrer** /buʀe/ ▸ conjug 1 ◂ VT a *(= remplir) [+ coussin]* to stuff; *[+ pipe, poêle]* to fill; *[+ valise]* to stuff *ou* cram full ◆ **~ une dissertation de citations** to cram an essay with quotations ◆ **~ un sac de papiers** to stuff *ou* cram papers into a bag ◆ **~ les urnes** *(Pol)* to rig the ballot
b ◆ **~ qn de nourriture** to stuff sb with food ◆ **ne te bourre pas de gâteaux** don't stuff * yourself *ou* fill yourself up * with cakes ◆ **les frites, ça bourre !** chips really fill you up!
c *(loc)* **~ le crâne à qn** * *(= endoctriner)* to stuff * sb's head full of ideas, to brainwash sb; *(= en faire accroire)* to feed sb a lot of eyewash *; *(Scol)* to cram sb ◆ **~ qn de coups** to beat sb up ◆ **se faire ~ la gueule** ⁑⁑ to get one's head bashed in ⁑ ◆ **se ~ la gueule** ⁑⁑ *(= se battre)* to beat one another up ⁑; *(= se soûler)* to get sloshed ⁑ *ou* plastered ⁑ *ou* pissed ⁑⁑ *(Brit)*
VI a (⁑ *= se dépêcher) (en voiture, en moto)* to go flat out *, to tear along *, to belt along *; *(au travail)* to go *ou* work flat out *
b *[papier]* to jam

**bourriche** /buʀiʃ/ NF *[d'huîtres]* hamper, basket; *(Pêche)* keep-net

**bourrichon** * /buʀiʃɔ̃/ NM ◆ **se monter le ~** to get ideas ◆ **monter le ~ à qn** to put ideas into sb's head (*contre* against)

**bourricot** /buʀiko/ NM (small) donkey

**bourrin** * /buʀɛ̃/ NM horse, nag *

**bourrique** /buʀik/ NF a *(Zool) (= âne)* donkey, ass; *(= ânesse)* she-ass b * *(= imbécile)* ass, blockhead *; *(= têtu)* pigheaded * person ◆ **faire tourner qn en ~** to drive sb to distraction *ou* up the wall *; → **soûl, têtu**

**bourriquet** /buʀikɛ/ NM ⇒ **bourricot**

**bourru, e** /buʀy/ ADJ *[personne, air]* surly; *[voix]* gruff

**bourrure** /buʀyʀ/ NF *(Can)* stuffing *(in saddle etc)*

**bourse** /buʀs/ NF a *(= porte-monnaie)* purse ◆ **la ~ ou la vie !** your money or your life!, stand and deliver! ◆ **sans ~ délier** without spending a penny ◆ **avoir la ~ dégarnie** to be hard-up * ◆ **avoir la ~ bien garnie** *(ponctuellement)* to be flush *; *(en permanence)* to have well-lined pockets, to have a well-lined purse ◆ **ils font ~ commune** they share expenses ◆ **il nous a ouvert sa ~** he lent us some money ◆ **c'est trop cher pour ma ~** I can't afford it, it's more than I can afford; → **cordon, portée**[2]
b *(= marché boursier)* **la Bourse** the Stock Exchange ◆ **la Bourse de Paris** the Bourse, the Paris Stock Exchange ◆ **la Bourse de Londres/de New York** the London/New York Stock Exchange ◆ **la Bourse monte/descend** the market is going up/down ◆ **valoir tant en Bourse** to be worth so much on the Stock Exchange *ou* Market ◆ **jouer à la Bourse** to speculate *ou* gamble on the Stock Exchange *ou* Market; → **coter**
c *[d'objets d'occasion]* sale ◆ **~ aux livres** second-hand book sale
d ◆ **~ (d'études)** *(Scol)* grant; *(obtenue par concours)* scholarship
e *(Anat)* **~ séreuse** bursa ◆ **~s** scrotum
COMP ▷ **Bourse du *ou* de commerce** produce exchange, commodity market ▷ **Bourse de l'emploi** ≃ Jobcentre ▷ **Bourse des marchandises** ⇒ **Bourse du commerce** ▷ **Bourse du travail** *trades union centre*, ≃ trades council *(Brit)* ▷ **Bourse des valeurs** Stock Market, Stock *ou* Securities Exchange

**boursicotage** /buʀsikɔtaʒ/ NM dabbling on the stock exchange

**boursicoter** /buʀsikɔte/ ▸ conjug 1 ◂ VI to dabble on the stock exchange

**boursicoteur, -euse** /buʀsikɔtœʀ, øz/, **boursicotier, -ière** /buʀsikɔtje, jɛʀ/ NM,F small-time speculator, small investor

**boursier, -ière** /buʀsje, jɛʀ/ ADJ a *(Scol, Univ)* **étudiant ~** grant holder; *(par concours)* scholarship holder b *(Bourse)* stock-market *(épith)*, stock-exchange *(épith)* ◆ **marché ~** stock market ◆ **indice ~** stock market index ◆ **valeurs boursières** stocks and shares NM,F a *(= étudiant)* grant holder; *(par concours)* scholarship holder b *(= agent de change)* stockbroker; *(= opérateur)* stock exchange operator

**boursouflage** /buʀsuflaʒ/ NM *[de visage]* swelling, puffing-up; *[de style]* turgidity

**boursouflé, e** /buʀsufle/ (ptp de **boursoufler**) ADJ *[visage]* puffy, swollen, bloated; *[main]* swollen; *[surface peinte]* blistered; *(fig) [style, discours]* bombastic, turgid

**boursouflement** /buʀsufləmɑ̃/ NM ⇒ **boursouflage**

**boursoufler** /buʀsufle/ ▸ conjug 1 ◂ VT to puff up, to bloat VPR **se boursoufler** *[peinture]* to blister; *[visage, main]* to swell (up)

**boursouflure** /buʀsuflyʀ/ NF *[de visage]* puffiness; *[de style]* turgidity, pomposity; *(= cloque)* blister; *(= enflure)* swelling

**bouscaud, e** /busko, od/ ADJ *(Can)* thickset

**bouscueil** /buskœj/ NM *(Can)* break-up of ice (in rivers and lakes)

**bousculade** /buskylad/ NF *(= remous)* hustle, jostle, crush; *(= hâte)* rush, scramble ◆ **dans la ~** in the rush *ou* crush ◆ **pas de ~ !** don't push! ◆ **ça a été la ~ ce week-end** it was a real rush *ou* scramble this weekend

**bousculer** /buskyle/ ▸ conjug 1 ◂ VT a *[+ personne] (= pousser)* to jostle, to shove; *(= heurter)* to bump into *ou* against, to knock into *ou* against; *(= presser)* to rush, to hurry (up); *(Mil)* to drive from the field ◆ **je n'aime pas qu'on me bouscule** *(fig)* I don't like to be pressured *ou* rushed ◆ **être (très) bousculé** *(fig)* to be rushed off one's feet
b *[+ objet] (= heurter)* to knock *ou* bump into; *(= faire tomber)* to knock over; *(= déranger)* to knock about
c *[+ idées]* to shake up, to liven up; *[+ traditions]* to shake up; *[+ habitudes]* to upset; *[+ emploi du temps, calendrier]* to upset, to disrupt
VPR **se bousculer** *(= se heurter)* to jostle each other; (* *= se dépêcher)* to get a move on * ◆ **les souvenirs/idées se bousculaient dans sa tête** his head was buzzing with memories/ideas ◆ **on se bouscule pour aller voir ce film** there's a mad rush on * to see the film ◆ **ça se bouscule au portillon** * *(= bégayer)* he can't get his words out fast enough ◆ **les gens ne se bousculent pas (au portillon)** * *(= s'enthousiasmer)* people aren't exactly queuing up * *(Brit) ou* lining up *(US)*

**bouse** /buz/ NF (cow *ou* cattle) dung *(NonC)*, cow pat

**bouseux** ⁑ /buzø/ NM *(péj)* bumpkin, yokel

**bousier** /buzje/ NM dung-beetle

**bousillage** * /buzijaʒ/ NM a *[de travail]* botching, bungling b *[d'appareil, moteur]* wrecking, busting up ⁑; *[de voiture, avion]* smashing up *

**bousiller** * /buzije/ ▸ conjug 1 ◂ VT a *(= bâcler) [+ travail]* to botch, to bungle, to louse up ⁑ b *(= détériorer) [+ appareil, moteur]* to bust up ⁑, to wreck; *[+ voiture, avion]* to smash up *, to total * *(US)* ◆ **ça a bousillé sa vie/carrière** it wrecked his life/career ◆ **se ~ la santé** to ruin one's health ◆ **on est en train de ~ les forêts** we're trashing * the forests c *(= tuer) [+ personne]* to bump off ⁑, to do in ⁑ ◆ **se faire ~** to get done in ⁑ *ou* bumped off ⁑

**bousilleur, -euse** * /buzijœʀ, øz/ NM,F bungler, botcher

**boussole** /busɔl/ NF compass ◆ **perdre la ~** * *(fig)* to go off one's head, to go bonkers *

**boustifaille** ⁑ /bustifɑj/ NF grub ⁑, nosh ⁑ *(Brit)*

## **bout** /bu/

| 1 NOM MASCULIN | 2 COMPOSÉS |
|---|---|

1 - NOM MASCULIN

a (= extrémité, fin) *[de ficelle, planche, rue, table]* end; *[de nez, langue, oreille]* tip; *[de canne]* end, tip ◆ **~ du doigt** fingertip ◆ **~ du sein** nipple ◆ **à ~ rond/carré** round-/square-ended ◆ **cigarette à ~ de liège** cork-tipped cigarette ◆ **à l'autre ~ du couloir** at the other *ou* far end of the corridor ◆ **commençons par un ~ et nous verrons** let's get started *ou* make a start and then we'll see ◆ **cette vieille voiture s'en va par tous les ~s** * this old car is falling apart ◆ **on ne sait pas par quel ~ le prendre** you just don't know how to tackle *ou* handle him ◆ **prendre qch par le bon ~** to approach *ou* handle sth the right way ◆ **tenir le bon ~** * *(fig) (= être sur la bonne voie)* to be on the right track; *(= avoir fait le plus gros* *du travail)* to be getting near the end of one's work, to be past the worst *(hum)* ◆ **on n'en voit pas le** ~ there doesn't seem to be any end to it; → **monde, nez, tunnel**

**b** = morceau *[de ficelle, pain, papier]* piece, bit ◆ **un ~ de terrain** a patch *ou* plot of land ◆ **un ~ de pelouse/de ciel bleu** a patch of lawn/of blue sky ◆ **un petit ~ d'homme** * a (mere) scrap of a man ◆ **un petit ~ de femme** a slip of a woman ◆ **un (petit) ~ de chou** * *ou* **de zan** * a little kid * *ou* nipper * *(Brit)* ◆ **bonjour, ~ de chou** hello, poppet * *(Brit) ou* my little love ◆ **on a fait un ~ de chemin ensemble** *(lit)* we walked part of the way together; *(fig) (en couple)* we were together for a while; *(au travail)* we worked together for a while ◆ **jusqu'à Paris, cela fait un (bon) ~ de chemin** *ou* **un ~** * it's some distance *ou* quite a long way to Paris ◆ **il m'a fait un ~ de conduite** he went part of the way with me ◆ **il est resté un bon ~ de temps** he stayed a while *ou* quite some time ◆ **avoir un ~ de rôle dans une pièce** to have a small *ou* bit part *ou* walk-on part in a play ◆ **mettre les ~s** ‡ to hop it ‡ *(Brit)*, to skedaddle *, to scarper ‡ *(Brit)*; → **connaître**

**c** Naut = cordage /but/ (length of) rope

**d** expressions figées

◆ **à bout** ◆ **être à ~** *(= fatigué)* to be exhausted, to be all in *; *(= en colère)* to have had enough, to be at the end of one's patience ◆ **ma patience est à ~** I'm at the end of my patience ◆ **pousser qn à ~** to push sb to the limit (of his patience)

◆ **à bout de** ◆ **à ~ de bras** *[tenir, porter] (lit)* at arm's length ◆ **nous avons porté le club à ~ de bras pendant 2 ans** *(fig)* we struggled to keep the club going for 2 years ◆ **être à ~ d'arguments** to have run out of arguments ◆ **être à ~ de force(s)** to have no strength left ◆ **à ~ de forces, il s'écroula** worn out *ou* exhausted, he collapsed ◆ **être à ~ de nerfs** to be at the end of one's tether, to be just about at breaking point ◆ **à ~ de souffle** *(lit)* breathless, out of breath *(attrib)*; *(fig) [machine, gouvernement]* on its last legs * ◆ **le moteur est à ~ de souffle** the engine is about to give up the ghost ◆ **venir à ~ de** *[+ travail]* to get through, to get to the end of; *[+ adversaire]* to get the better of, to overcome; *[+ repas, gâteau]* to get through ◆ **je n'en viendrai jamais à ~** I'll never manage it, I'll never get through it; → **course**

◆ **à bout portant, à bout touchant** † *[tirer, tuer]* point-blank, at point-blank range

◆ **à tout bout de champ** all the time ◆ **il m'interrompait à tout ~ de champ** he interrupted me at every opportunity, he kept on interrupting me ◆ **elle se regarde dans la glace à tout ~ de champ** she's forever looking at herself in the mirror

◆ **au bout de** *(dans l'espace)* ◆ **au ~ de la rue** at the end of the street ◆ **au ~ du jardin** at the bottom *ou* end of the garden ◆ **la poste est tout au ~ du village** the post office is at the far end of the village; *(dans le temps)* after ◆ **au ~ d'un mois** after a month, a month later ◆ **au ~ d'un moment** after a while ◆ **il est parti au ~ de trois minutes** he left after three minutes ◆ **au ~ du compte** in the last analysis, all things considered ◆ **il n'est pas au ~ de ses peines** he's not out of the wood *(Brit) ou* woods *(US)* yet, his troubles still aren't over ◆ **être au ~ du rouleau** * *(= être épuisé)* to be exhausted; *(= être sans ressources)* to be running short (of money); *(= être près de la mort)* to have come to the end of the road

◆ **bout à bout** end to end ◆ **mettre des planches/tuyaux ~ à ~** to lay planks/pipes end to end ◆ **il a reconstitué l'histoire en mettant ~ à ~ tous les indices** he reconstructed what had happened by piecing all the clues *ou* evidence together

◆ **de bout en bout** ◆ **lire un livre de ~ en ~** to read a book from cover to cover *ou* right through *ou* from start to finish ◆ **parcourir une rue de ~ en ~** to go from one end of a street to the other

◆ **du bout de** ◆ **manger du ~ des dents** to pick *ou* nibble at one's food ◆ **du ~ des doigts** *[effleurer, pianoter]* with one's fingertips ◆ **le public a applaudi du ~ des doigts** *(fig)* the audience clapped half-heartedly ◆ **du ~ des lèvres** *[accepter, approuver]* reluctantly, half-heartedly ◆ **il écarta les feuilles mortes du ~ du pied** he pushed aside the dead leaves with his toe

◆ **d'un bout à l'autre** ◆ **il a traversé le pays/continent d'un ~ à l'autre** he travelled the length and breadth of the country/continent ◆ **je l'ai lu d'un ~ à l'autre sans m'arrêter** I read it right through *ou* from cover to cover without stopping ◆ **ce film est passionnant d'un ~ à l'autre** the film is compelling from start to finish *ou* right through ◆ **d'un ~ à l'autre de la ville** from one end of the town to the other ◆ **d'un ~ à l'autre de ses œuvres** throughout *ou* all through his works ◆ **d'un ~ à l'autre de l'année** all year round ◆ **d'un ~ à l'autre du voyage** from the beginning of the journey to the end, throughout *ou* right through the journey

◆ **en bout de** at the end *ou* bottom of ◆ **assis en ~ de table** sitting at the end *ou* bottom *ou* foot of the table; → **chaîne, course**

◆ **jusqu'au bout** ◆ **nous sommes restés jusqu'au ~** we stayed right to the end ◆ **ce travail lui déplaît mais il ira jusqu'au ~** he doesn't like this job but he'll see it through ◆ **ils ont combattu jusqu'au ~** they fought to the bitter end ◆ **rebelle jusqu'au ~** rebellious to the end *ou* the last

◆ **jusqu'au bout de** ◆ **il faut aller jusqu'au ~ de ce qu'on entreprend** if you take something on you must see it through (to the end) ◆ **aller jusqu'au ~ de ses idées** to follow (one's ideas) through ◆ **il est aristocrate/russe jusqu'au ~ des ongles** he's an aristocrat/he's Russian through and through ◆ **elle est professionnelle jusqu'au ~ des ongles** she's a professional to her fingertips

◆ **sur le bout de** ◆ **j'ai son nom sur le ~ de la langue** his name is on the tip of my tongue ◆ **il sait sa leçon sur le ~ du doigt** *ou* **des doigts** he knows his lesson backwards *ou* off pat * *(Brit)* ◆ **elle connaît la question sur le ~ des doigts** she knows the subject inside out

2 - COMPOSÉS

▷ **bout de l'an** *(Rel)* memorial service *(held on the first anniversary of a person's death)* ▷ **bout d'essai** *(Ciné)* screen test, test film ◆ **tourner un ~ d'essai** to do a screen test ▷ **bout filtre** filter tip ◆ **cigarettes (à) ~ filtre** filter tip cigarettes, tipped cigarettes

**boutade** /butad/ **NF** **a** *(= trait d'esprit)* witticism; *(= plaisanterie)* joke ◆ **il a répondu par une ~** he made a witty reply ◆ **il s'en est sorti par une ~** he joked his way out of it ◆ **elle l'a dit par ~** she said it in jest ◆ **ce n'est pas une ~** it's not a joke, I'm not joking ◆ **c'était une ~ !** it was a joke! **b** († *= caprice)* whim ◆ **par ~** as the whim takes him *(ou her etc)*, by fits and starts

**bout-dehors** (pl **bouts-dehors**) /budəɔʀ/ **NM** *(Naut)* boom

**boute-en-train** /butɑ̃tʀɛ̃/ **NM INV** *(= personne)* live wire * ◆ **c'était le ~ de la soirée** he was the life and soul of the party ◆ **on ne peut pas dire que c'est un ~** he's not exactly the life and soul of the party

**boutefeu** /butfø/ **NM** *(Hist)* linstock; († *= personne)* firebrand

**bouteille** /butɛj/ **NF** **a** *(= récipient)* bottle; *(= contenu)* bottle(ful) ◆ **boire à la ~** to drink (straight) from the bottle ◆ **~ d'air comprimé/de butane/de gaz** cylinder of compressed air/of butane gas/of gas ◆ **~ de Leyde** Leyden jar ◆ **~ d'un litre/de 2 litres** litre/2-litre bottle ◆ **~ de vin** *(= récipient)* wine bottle; *(= contenu)* bottle of wine ◆ **bière en ~** bottled beer ◆ **mettre du vin en ~s** to bottle wine ◆ **mise en ~** bottling ◆ **vin qui a 10 ans de ~** wine that has been in (the) bottle for 10 years ◆ **boire une (bonne) ~** to drink *ou* have a bottle of (good) wine ◆ **aimer la ~** *(hum)* to be fond of the bottle, to like one's tipple *

**b** *(loc)* **prendre de la ~** * to be getting on in years, to be getting long in the tooth * *(hum)* ◆ **il a de la ~** * *(dans son métier)* he's been around a long time ◆ **c'est la ~ à l'encre** the whole business is about as clear as mud, you can't make head nor tail of it ◆ **jeter une ~ à la mer** *(lit)* to throw a bottle (with a message) in the sea; *(fig)* send out an SOS

**bouter** /bute/ ▸ conjug 1 ◂ **VT** *(littér ou* †*)* to drive, to push *(hors de* out of)

**bouteur** /butœʀ/ **NM** bulldozer ◆ **~ biais** angledozer

**boutique** /butik/ **NF** **a** *(= magasin)* shop, store *(surtout US)*; *[de grand couturier]* boutique ◆ **~ en plein vent** open-air stall ◆ **robe/tailleur ~** designer dress/suit; → **fermer, parler** **b** (* *= lieu de travail)* place *, hole * ◆ **quelle sale ~ !** what a crummy * place!, what a dump! *

**boutiquier, -ière** /butikje, jɛʀ/ **NM,F** shopkeeper *(Brit)*, storekeeper *(US)*

**boutoir** /butwaʀ/ **NM** *[de sanglier]* snout ◆ **coup de ~** *(Mil, Sport, gén)* thrust; *[de vent, vagues]* battering *(NonC)*

**bouton** /butɔ̃/ **NM** **a** *(Couture)* button **b** *(= mécanisme) (Élec)* switch; *[de porte, radio]* knob; *[de sonnette]* (push-)button **c** *(Bot)* bud ◆ **en ~** in bud ◆ **~ de rose** rosebud **d** *(Méd)* pimple, spot *(Brit)*, zit * *(surtout US)* ◆ **~ d'acné** pimple, spot *(Brit) (caused by acne)* ◆ **avoir des ~s** to have pimples *ou* spots *(Brit)*, to have a pimply face ◆ **ça me donne des ~s** * *(fig)* it makes my skin crawl **COMP** ▷ **bouton de chemise** shirt button ▷ **bouton de col** collar stud ▷ **bouton de culotte** trouser *ou* pant *(US)* button ▷ **bouton de fièvre** cold sore, fever blister *ou* sore ▷ **bouton de guêtre** gaiter button ◆ **il ne manque pas un ~ de guêtre** *(fig)* everything is in apple-pie order ▷ **bouton de manchette** cufflink

**bouton-d'or** (pl **boutons-d'or**) /butɔ̃dɔʀ/ **NM** *(= fleur)* buttercup; *(= couleur)* buttercup yellow

**boutonnage** /butɔnaʒ/ **NM** buttoning(-up) ◆ **avec ~ à droite/à gauche** right/left buttoning *(épith)*, which buttons on the right/left ◆ **manteau à double ~** double-buttoning coat

**boutonner** /butɔne/ ▸ conjug 1 ◂ **VT** **a** *[+ vêtement]* to button *ou* fasten (up) **b** *(Escrime)* to button **VPR** **se boutonner** *[vêtement]* to button (up); *[personne]* to button (up) one's coat *(ou trousers etc)*

**boutonneux, -euse** /butɔnø, øz/ **ADJ** pimply, spotty *(Brit)*

**boutonnière** /butɔnjɛʀ/ **NF** *(Couture)* buttonhole; *(= bouquet)* buttonhole *(Brit)*, boutonniere *(US)* ◆ **avoir une fleur à la ~** to wear a flower in one's buttonhole, to wear a buttonhole *(Brit) ou* boutonniere *(US)* ◆ **porter une décoration à la ~** to wear a decoration on one's lapel ◆ **faire une ~ (à qn)** *(Chir)* to make a small incision (in sb's abdomen)

**bouton-poussoir** (pl **boutons-poussoirs**) /butɔ̃puswaʀ/ NM push button

**bouton-pression** (pl **boutons-pression**) /butɔ̃pʀesjɔ̃/ NM snap fastener, press stud *(Brit)*

**boutre** /butʀ/ NM dhow

**bout-rimé** (pl **bouts-rimés**) /buʀime/ NM *(Littérat) (= poème)* poem in set rhymes ◆ **bouts-rimés** *(= fins de vers)* rhyme endings, bouts rimés

**bouturage** /butyʀaʒ/ NM taking (of) cuttings, propagation (by cuttings)

**bouture** /butyʀ/ NF cutting ◆ **faire des ~s** to take cuttings

**bouturer** /butyʀe/ ▸ conjug 1 ◂ VT to take a cutting from, to propagate (by cuttings) VI to put out suckers

**bouvet** /buvɛ/ NM *(Menuiserie)* rabbet plane

**bouvier** /buvje/ NM *(= personne)* herdsman, cattleman; *(= chien)* sheep dog

**bouvillon** /buvijɔ̃/ NM bullock, steer *(US)*

**bouvreuil** /buvʀœj/ NM bullfinch

**bouzouki** /buzuki/ NM bouzouki

**bovarysme** /bɔvaʀism/ NM bovarism

**bovidé** /bɔvide/ ADJ M bovid NM bovid ◆ **~s** bovids

**bovin, e** /bɔvɛ̃, in/ ADJ *(lit, fig)* bovine ◆ **viande ~e** beef NM bovine ◆ **~s** cattle

**bowling** /buliŋ/ NM *(= jeu)* (tenpin) bowling; *(= salle)* bowling alley

**box** /bɔks/ NM *[d'hôpital, dortoir]* cubicle; *[d'écurie]* loose box; *[de porcherie]* stall, pen; *(= garage)* lock-up (garage) ◆ **~ des accusés** *(Jur)* dock ◆ **dans le ~ des accusés** *(lit, fig)* in the dock

**box(-calf)** /bɔks(kalf)/ NM box calf ◆ **sac en ~(-calf)** calfskin bag

**boxe** /bɔks/ NF boxing ◆ **match de ~** boxing match ◆ **~ anglaise** boxing ◆ **~ américaine** full contact ◆ **~ française** ≈ kick boxing ◆ **~ thaï** Thai boxing ◆ **faire de la ~** to box

**boxer**[1] /bɔkse/ ▸ conjug 1 ◂ VI to box, to be a boxer ◆ **~ contre** to box against, to fight VT *(Sport)* to box against, to fight; *(* = frapper)* to thump *, to punch

**boxer**[2] /bɔksɛʀ/ NM boxer (dog)

**boxer**[3] /bɔksœʀ/ NM, **boxer-short** (pl **boxer-shorts**) /bɔksœʀʃɔʀt/ NM boxer shorts, boxers

**boxeur, -euse** /bɔksœʀ, øz/ NM,F boxer

**box-office** (pl **box-offices**) /bɔksɔfis/ NM box office ◆ **film en tête du ~** box-office success *ou* hit

**boxon** ⁑ /bɔksɔ̃/ NM a *(= maison close)* brothel, whorehouse * † b *(= désordre)* **c'est le ~ !** it's a shambles!

**boy** /bɔj/ NM *(= serviteur)* (native) servant boy, (house)boy; *(Music-hall)* ≈ male dancer

**boyard** /bɔjaʀ/ NM *(Hist)* boyar(d)

**boyau** (pl **boyaux**) /bwajo/ NM a *(= intestins)* **~x** *[d'animal]* guts, entrails; * *[de personne]* insides *, guts * ◆ **elle a le ~ de la rigolade** * she's always giggling * ◆ **il a toujours un ~ de vide** * he's always hungry; → **tripe** b *(= corde)* **~ (de chat)** (cat)gut c *(= passage)* (narrow) passageway; *(= tuyau)* narrow pipe; *(Mil)* communication trench, sap; *(Min)* (narrow) gallery d *[de bicyclette]* (racing) tyre, tubeless tyre e *(pour saucisse)* casing

**boycott** /bɔjkɔt/, **boycottage** /bɔjkɔtaʒ/ NM boycotting *(NonC)*, boycott

**boycotter** /bɔjkɔte/ ▸ conjug 1 ◂ VT to boycott

**boy-scout** † (pl **boy(s)-scouts**) /bɔjskut/ NM (boy) scout ◆ **avoir une mentalité de ~** * to have a (rather) naïve *ou* ingenuous outlook

**BP** /bepe/ (abrév de **boîte postale**) PO Box

**BPF** (abrév de **bon pour francs**) *amount payable on a cheque*

**brabançon, -onne** /bʀabɑ̃sɔ̃, ɔn/ ADJ of *ou* from Brabant NM,F **Brabançon(ne)** inhabitant *ou* native of Brabant NM ◆ **(cheval) ~** *type of draught horse bred in the Brabant region* NF **Brabançonne** ◆ **la Brabançonne** the Belgian national anthem

**brabant** /bʀabɑ̃/ NM a *(Agr)* **double ~** swivel plough *(Brit) ou* plow *(US)* b *(Géog)* **le Brabant** Brabant

**bracelet** /bʀaslɛ/ NM a *[de poignet]* bracelet; *[de bras]* bangle; *[de cheville]* ankle bracelet, bangle; *[de montre]* strap, bracelet; *(d'identité)* identity bracelet, name tag b *(= élastique)* rubber band c *(arg Police)* **~s** *(= menottes)* handcuffs ◆ **on lui a passé les ~s** they handcuffed him COMP ▷ **bracelet de force** (leather) wristband

**bracelet-montre** (pl **bracelets-montres**) /bʀaslɛmɔ̃tʀ/ NM wristwatch

**brachial, e** (mpl **-iaux**) /bʀakjal, jo/ ADJ brachial

**brachiopode** /bʀakjɔpɔd/ NM brachiopod

**brachycéphale** /bʀakisefal/ ADJ brachycephalic NMF brachycephalic person

**brachycéphalie** /bʀakisefali/ NF brachycephaly

**braconnage** /bʀakɔnaʒ/ NM poaching

**braconner** /bʀakɔne/ ▸ conjug 1 ◂ VI to poach

**braconnier, -ière** /bʀakɔnje, jɛʀ/ NM,F poacher

**bradage** /bʀadaʒ/ NM selling off

**brader** /bʀade/ ▸ conjug 1 ◂ VT *(= vendre à prix réduit)* to sell cut-price *(Brit) ou* cut-rate *(US)*; *(= vendre en solde)* to have a clearance sale of; *(= vendre bon marché)* to sell off; *(= sacrifier)* to sacrifice ◆ **à ce prix-là, c'est bradé** at that price, they're giving it away ◆ **le gouvernement de l'époque fut accusé de ~ le patrimoine de l'État** the government of the time was accused of sacrificing the country's heritage

**braderie** /bʀadʀi/ NF *(= magasin)* discount centre; *(= marché)* market *(held once or twice a year, where goods are sold at reduced prices)* ◆ **la grande ~ des entreprises publiques** *(péj)* the massive *ou* wholesale sell-off of state-owned companies

**bradeur, -euse** /bʀadœʀ, øz/ NM,F discounter

**bradycardie** /bʀadikaʀdi/ NF abnormally low rate of heartbeat, bradycardia *(SPÉC)*

**braguette** /bʀagɛt/ NF *[de pantalon]* fly, flies; *(Hist)* codpiece

**brahmane** /bʀaman/ NM Brahmin, Brahman

**brahmanique** /bʀamanik/ ADJ Brahminical

**brahmanisme** /bʀamanism/ NM Brahminism, Brahmanism

**Brahmapoutre** /bʀamaputʀ/, **Brahmaputra** /bʀamaputʀa/ NM Brahmaputra

**brahmine** /bʀamin/ NF Brahmani, Brahmanee

**brai** /bʀɛ/ NM pitch, tar

**braies** /bʀɛ/ NFPL *(Hist)* breeches *(worn by Gauls)*

**braillard, e** * /bʀajaʀ, aʀd/ ADJ a *(= criard)* bawling *(épith)*, yelling *(épith)* ◆ **des haut-parleurs ~s** blaring loudspeakers ◆ **des mouettes ~es** screeching gulls b *(= pleurard) [enfant]* bawling *(épith)*, howling *(épith)*, squalling *(épith)* NM,F bawler

**braille** /bʀaj/ NM Braille

**braillement** * /bʀajmɑ̃/ NM a *(= cris)* bawling *(NonC)*, yelling *(NonC)* b *(= pleurs)* bawling *(NonC)*, howling *(NonC)*, squalling *(NonC)* ◆ **les ~s de l'enfant** the bawling of the child

**brailler** * /bʀaje/ ▸ conjug 1 ◂ VI *(= crier)* to bawl, to yell; *(= pleurer)* to bawl, to howl ◆ **il faisait ~ sa radio** his radio was blaring, he had his radio blaring *ou* on full blast VT *[+ chanson, slogan]* to bawl out

**brailleur, -euse** /bʀajœʀ, øz/ ADJ, NM,F ⇒ **braillard**

**braiment** /bʀɛmɑ̃/ NM bray(ing)

**brain-trust** (pl **brain-trusts**) /bʀɛntʀœst/ NM brain trust, brains trust

**braire** /bʀɛʀ/ ▸ conjug 50 ◂ VI *(lit, fig)* to bray ◆ **faire ~ qn** ⁑ to get on sb's nerves *ou* wick ⁑ *(Brit)*

**braise** /bʀɛz/ NF a *[de feu]* **la ~, les ~s** the (glowing) embers; *(= charbon de bois)* live charcoal ◆ **être sur la ~** *(fig)* to be on tenterhooks ◆ **yeux de ~** fiery eyes, eyes like coals b † ⁑ *(= argent)* cash *, dough ⁑, bread ⁑

**braiser** /bʀeze/ ▸ conjug 1 ◂ VT to braise ◆ **bœuf/chou braisé** braised beef/cabbage

**bramement** /bʀɑmmɑ̃/ NM a *[de cerf]* bell, troat b *(= hurlement)* wailing

**bramer** /bʀɑme/ ▸ conjug 1 ◂ VI a *[cerf]* to bell, to troat b * *(= brailler)* to bawl; *(= se lamenter)* to wail

**bran** /bʀɑ̃/ NM bran ◆ **~ de scie** sawdust

**brancard** /bʀɑ̃kaʀ/ NM a *(= bras) [de charrette]* shaft; *[de civière]* shaft, pole; → **ruer** b *(= civière)* stretcher

**brancarder** /bʀɑ̃kaʀde/ ▸ conjug 1 ◂ VT *[+ personne]* to carry on a stretcher

**brancardier, -ière** /bʀɑ̃kaʀdje, jɛʀ/ NM,F stretcher-bearer

**branchage** /bʀɑ̃ʃaʒ/ NM branches, boughs ◆ **~s** fallen *ou* lopped-off branches, lops

**branche** /bʀɑ̃ʃ/ NF a *(Bot)* branch, bough ◆ **~ mère** main branch ◆ **sauter de ~ en ~** to leap from branch to branch ◆ **céleri en ~s** (sticks of) celery ◆ **n'essaie pas de te raccrocher** *ou* **de te rattraper aux ~s** * *(fig)* don't try to make up for what you've said; → **vieux** b *(= ramification) [de nerfs, veines]* branch, ramification; *[de rivière, canalisation, bois de cerf]* branch; *[de lunettes]* side-piece; *[de compas]* leg; *[de ciseaux]* blade; *[de fer à cheval]* half; *[de famille]* branch ◆ **la ~ aînée** the elder *ou* eldest branch of the family ◆ **la ~ maternelle** the maternal branch of the family, the mother's side of the family ◆ **avoir de la ~** † * to be of good stock c *(= secteur)* branch; *(Helv Scol = sujet)* subject ◆ **les ~s de la science moderne** the different branches of modern science ◆ **notre fils s'orientera vers une ~ technique** our son will specialize in technical subjects ◆ **la ~ politique/militaire de cette organisation** the political/military wing *ou* arm of the organization d *(Helv)* **~ de chocolat** narrow bar of chocolate

**branché, e** * /bʀɑ̃ʃe/ (ptp de **brancher**) ADJ a *(= dans le vent) [personne, café]* trendy, hip * ◆ **en langage ~** in trendy slang b *(= enthousiasmé)* **elle est très ~e jazz/informatique** she's really into jazz/computers ◆ **il est ~ sur Anne** he's really keen on Anne

**branchement** /bʀɑ̃ʃmɑ̃/ NM a *(= fils connectés)* connection ◆ **vérifiez les ~s** check the connections b *(= action) [d'appareil à gaz,* *tuyau]* connecting (up); *[d'eau, gaz, électricité, réseau]* linking up **c** *(Rail)* branch line **d** *(Ordin)* branch

**brancher** /bʀɑ̃ʃe/ ▸ conjug 1 ◂ **VT** **a** *[+ appareil électrique] (à une prise)* to plug in ◆ **~ qch sur qch** to plug sth into sth, to connect sth up with sth

**b** *[+ appareil à gaz, tuyau, eau, gaz, électricité]* to connect (up) ◆ **être branché sur un réseau** to be linked *ou* connected to a network

**c** *(= allumer) [+ télévision]* to turn on

**d** *(* = mettre en relation)* **~ qn avec qn** to put sb in contact with sb

**e** *(= orienter)* **~ qn sur un sujet** to start sb off on a subject ◆ **quand on l'a branché** *ou* **quand il est branché là-dessus il est intarissable** when he's launched on that *ou* when somebody gets him started on that he can go on forever

**f** *(* = intéresser)* **ce qui me branche** what grabs me * *ou* gives me a buzz * ◆ **ça ne me branche pas** *[idée]* it doesn't grab me *; *[musique, activité]* it doesn't do anything for me ◆ **ça te brancherait d'aller au ciné ?** (do you) fancy going to see a film? * ◆ **il ne me branche pas trop son frère** I'm not too gone * on *ou* too keen on his brother

**VPR** **se brancher** **a** *(= se connecter)* **où est-ce que ça se branche ?** where does that plug in? ◆ **où est-ce que je peux me ~ ?** where can I plug it in? ◆ **se ~ sur un réseau/Internet** to get onto *ou* connect to a network/the Internet

**b** *(* = entrer en relation)* **se ~ avec qn** to get in contact with sb

**branchette** /bʀɑ̃ʃɛt/ **NF** small branch, twig

**branchial, e** (mpl **-iaux**) /bʀɑ̃ʃjal, jo/ **ADJ** branchial

**branchies** /bʀɑ̃ʃi/ **NFPL** *(Zool)* gills, branchiae *(SPÉC)*

**branchiopode** /bʀɑ̃kjɔpɔd/ **NM** branchiopod

**branchu, e** /bʀɑ̃ʃy/ **ADJ** branchy

**brandade** /bʀɑ̃dad/ **NF** ◆ **~ (de morue)** brandade *(dish made with cod)*

**brande** /bʀɑ̃d/ **NF** *(= lande)* heath(land); *(= plantes)* heath, heather, brush

**brandebourg** /bʀɑ̃dbuʀ/ **NM** *(Habillement)* frog ◆ **à ~(s)** frogged **N** **Brandebourg** Brandenburg ◆ **la porte de Brandebourg** the Brandenburg Gate

**brandebourgeois, e** /bʀɑ̃dbuʀʒwa, waz/ **ADJ** Brandenburg *(épith)* ◆ **"les concertos brandebourgeois"** *(Mus)* "the Brandenburg Concertos" **NM,F** **Brandebourgeois(e)** inhabitant *ou* native of Brandenburg

**brandir** /bʀɑ̃diʀ/ ▸ conjug 2 ◂ **VT** *[+ arme]* to brandish; *[+ document]* to brandish, to flourish

**brandon** /bʀɑ̃dɔ̃/ **NM** firebrand *(lit)* ◆ **~ de discorde** bone of contention

**brandy** /bʀɑ̃di/ **NM** brandy

**branlant, e** /bʀɑ̃lɑ̃, ɑ̃t/ **ADJ** *[dent]* loose; *[mur]* shaky; *[escalier, meuble]* rickety, shaky; *[pas]* unsteady, tottering, shaky; *(fig)* *[régime]* tottering, shaky; *[raison]* shaky

**branle** /bʀɑ̃l/ **NM** *[de cloche]* swing ◆ **donner le ~ à** to set in motion, to set rolling

◆ **mettre en branle** *[+ cloche]* to swing; *(fig)* to set in motion ◆ **se mettre en ~** to go into action ◆ **toute une panoplie répressive est mise en ~ pour faire taire les dissidents** a whole apparatus of repression has gone into action to silence the dissidents

**branle-bas** /bʀɑ̃lbɑ/ **NM INV** bustle, commotion ◆ **dans le ~ du départ** in the confusion *ou* bustle of departure ◆ **être en ~** to be in a state of commotion ◆ **mettre qch en ~** to turn sth upside down, to cause commotion in sth

◆ **branle-bas de combat** *(Naut) (= manœuvre)* preparations for action ◆ **"branle-bas de combat !"** *(ordre)* "action stations!" ◆ **sonner le ~ de combat** to sound action stations ◆ **mettre en ~ de combat** to clear the decks (for action) ◆ **ça a été le ~ de combat** *(fig)* it was action stations

**branlée** /bʀɑ̃le/ **NF** **a** *(** = coups)* hammering * ◆ **recevoir une ~** to get hammered *, to get a hammering * **b** *(*** = masturbation)* *[d'homme]* hand job **, wank *** *(Brit)* ◆ **il n'en fout pas une ~** he doesn't do a stroke of work

**branlement** /bʀɑ̃lmɑ̃/ **NM** *[de tête]* wagging, shaking

**branler** /bʀɑ̃le/ ▸ conjug 1 ◂ **VT** **a** ◆ **~ la tête** *ou (hum)* **du chef** to shake *ou* wag one's head **b** *(*** = faire)* **qu'est-ce qu'ils branlent ?** what the hell are they up to? ** ◆ **il n'en branle pas une** he does fuck all *** *ou* bugger all *** *(Brit)* ◆ **j'en ai rien à ~** I don't give a fuck *** **VI** *[échafaudage]* to be shaky *ou* unsteady; *[meuble]* to be shaky *ou* rickety; *[dent]* to be loose ◆ **ça branle dans le manche** things are a bit shaky **VPR** **se branler** *** *[homme]* to jerk off ***, to have a wank *** *(Brit)*; *[femme]* to masturbate ◆ **je m'en branle** *(fig)* I don't give a (flying) fuck ***

**branlette** ***/bʀɑ̃lɛt/ **NF** ◆ **la ~** wanking *** *(Brit)*, jerking off *** ◆ **se faire une ~** *** to (have a) wank *** *(Brit)*, to jerk (o.s.) off ***

**branleur, -euse** ** /bʀɑ̃lœʀ, øz/ **NM,F** *(= paresseux)* lazy swine *ou* bugger *** *(Brit)*

**branleux, -euse** ** /bʀɑ̃lø, øz/ **ADJ** *(Can)* shilly-shallying *

**branque** * /bʀɑ̃k/, **branquignol** * /bʀɑ̃kiɲɔl/ **ADJ** crazy *, barmy * *(Brit)* **NM** crackpot *, nutter ** *(Brit)*

**braquage** /bʀakaʒ/ **NM** *(Aut)* (steering) lock; *(arg Crime)* stickup *(arg)*; → **angle, rayon**

**braque** /bʀak/ **ADJ** * crazy *, barmy * *(Brit)* **NM** *(Zool)* pointer

**braquemart** /bʀakmaʀ/ **NM** **a** *(Hist = épée)* brackmard *(††)*, (double-bladed) sword **b** *(*** = pénis)* dick ***, cock ***

**braquer** /bʀake/ ▸ conjug 1 ◂ **VT** **a** *(= diriger)* **~ une arme sur** to point *ou* aim a weapon at ◆ **~ un télescope/un projecteur sur** to train a telescope/a spotlight on ◆ **~ son regard/attention sur** to turn one's gaze/attention towards, to fix one's gaze/attention on ◆ **tous les regards étaient braqués sur eux** all eyes were upon them ◆ **les (feux des) projecteurs sont braqués sur la famille royale** the royal family are in the spotlight

**b** *(Aut) [+ roue]* to swing

**c** ** *(= attaquer) [+ banque, personne]* to hold up; *(= menacer) [+ personne]* to pull one's gun on, to hold up

**d** ◆ **~ qn** *(= buter)* to put sb's back up *, to make sb dig in his heels ◆ **~ qn contre qch** to turn sb against sth ◆ **il est braqué** he won't budge, he's dug his heels in

**VI** *(Aut)* to turn the (steering) wheel ◆ **~ bien/mal** *[voiture]* to have a good/bad lock ◆ **~ à fond** to put on the full lock ◆ **braquez vers la gauche/la droite** turn left/right

**VPR** **se braquer** to dig one's heels in ◆ **se ~ contre qch** to set one's face against sth

**braquet** /bʀakɛ/ **NM** *[de bicyclette]* gear ratio ◆ **changer de ~** *(lit)* to change gear; *(fig)* to take a different approach ◆ **le gouvernement a changé de ~ après cet attentat** the government has taken a different approach since this attack ◆ **mettre le petit ~** to change into lower gear ◆ **mettre le grand ~** *(lit)* to change into higher gear; *(fig)* to get a move-on *, to shift into high gear * *(US)*

**braqueur** ** /bʀakœʀ/ **NM** *(= gangster)* hold-up man *

**bras** /bʀɑ/ **NM** **a** *(Anat)* arm ◆ **une serviette sous le ~** with a briefcase under one's arm ◆ **un panier au ~** with a basket on one's arm ◆ **donner le ~ à qn** to give sb one's arm ◆ **prendre le ~ de qn** to take sb's arm ◆ **être au ~ de qn** to be on sb's arm ◆ **se donner le ~** to link arms ◆ **~ dessus, ~ dessous** arm in arm ◆ **on a dû transporter tout cela à ~** we had to carry all that ◆ **les ~ en croix** with one's arms spread ◆ **les ~ croisés** *(lit)* with one's arms folded ◆ **rester les ~ croisés** *(fig)* to sit idly by ◆ **tendre** *ou* **allonger le ~ vers qch** to reach out for sth, to stretch out one's hand *ou* arm for sth ◆ **tomber dans les ~ de qn** to fall into sb's arms ◆ **il est mort dans mes ~** he died in my arms ◆ **(viens) dans mes ~ mon fils !** come and let me kiss *ou* hug you, my son!; → **arme, force, plein** *etc*

**b** *(= travailleur)* hand, worker ◆ **manquer de ~** to be short-handed, to be short of manpower *ou* labour

**c** *(= pouvoir)* **le ~ de la justice** the arm of the law ◆ **le ~ séculier** *(Rel)* the secular arm ◆ **le ~ armé du parti** the military wing *ou* arm of the party

**d** *[de manivelle, outil, pompe]* handle; *[de fauteuil]* arm(rest); *[de grue]* jib; *[de sémaphore, ancre, électrophone, moulin, essuie-glace]* arm; *[de croix]* limb; *[d'aviron, brancard]* shaft; *(Naut) [de vergue]* brace

**e** *[de fleuve]* branch

**f** *[de cheval]* shoulder; *[de mollusque]* tentacle

**g** *(Ordin)* **~ d'accès** *ou* **de lecture-écriture** access *ou* positioning arm

**h** *(loc)* **en ~ de chemise** in (one's) shirt sleeves ◆ **saisir qn à ~-le-corps** to seize sb round the waist, to seize sb bodily ◆ **avoir le ~ long** *(fig)* to have a long arm ◆ **à ~ ouverts, les ~ ouverts** with open arms *(lit, fig)* ◆ **les ~ tendus** with outstretched arms ◆ **tomber sur qn à ~ raccourcis** * to set (up)on sb, to pitch into sb * ◆ **lever les ~ au ciel** to throw up one's arms ◆ **les ~ m'en tombent** I'm flabbergasted * *ou* stunned ◆ **avoir** *ou* **se retrouver avec qch/qn sur les ~** * to have sth/sb on one's hands, to be stuck * *ou* landed * with sth/sb ◆ **il a une nombreuse famille sur les ~** * he's got a large family to look after ◆ **avoir une sale histoire sur les ~** * to have a nasty business on one's hands ◆ **partir avec qch sous le ~** to make off with sth ◆ **(être) dans les ~ de Morphée** *(hum)* (to be) in the arms of Morpheus ◆ **faire un ~ d'honneur à qn** ≈ to put two fingers up at sb *, to give sb the V-sign *(Brit)* *ou* the finger *** *(US)*; → **bout, couper, gros** *etc*

**COMP** ▷ **bras cassé** *(= personne)* no-hoper * ▷ **bras droit** *(fig)* right-hand man ▷ **bras de fer** *(Sport)* Indian wrestling *(NonC)*, arm-wrestling *(NonC)* ◆ **faire une partie de ~ de fer avec qn** to arm-wrestle with sb ◆ **la partie de ~ de fer entre patronat et syndicats** *(fig)* the trial of strength between the bosses and the unions ▷ **bras de levier** lever arm ◆ **faire ~ de levier** to act as a lever ▷ **bras de mer** arm *ou* stretch of the sea, sound ▷ **bras mort** *(gén)* backwater; *(= lac)* oxbow lake, cutoff

**brasage** /bʀazaʒ/ **NM** brazing

**braser** /bʀɑze/ ▸ conjug 1 ◂ **VT** to braze

**braserade** /bʀazeʀad/ **NF** portable barbecue

**brasero** /bʀɑzeʀo/ **NM** brazier

**brasier** /bʀɑzje/ **NM** *(= incendie)* (blazing) inferno, furnace; *(fig = foyer de guerre)* inferno ◆ **son cœur/esprit était un ~** his heart/mind was on fire *ou* ablaze

**Brasilia** /bʀazilja/ **N** Brasilia

**brasiller** /bʀɑzije/ ▸ conjug 1 ◂ VI *[mer]* to glimmer; *[bougie]* to glow red

**brassage** /bʀasaʒ/ NM **a** *[de bière]* brewing **b** *(= mélange)* mixing ◆ **~ des gaz** *(Aut)* mixing ◆ **notre pays est celui qui a connu le plus grand ~ de population** our country is the one in which there is the greatest intermixture of nationalities ◆ **le service militaire était un outil de ~ social et régional** military service brought about a mixing of social and regional groups ◆ **un lieu de ~ culturel** a cultural melting pot **c** *(Naut)* bracing

**brassard** /bʀasaʀ/ NM armband ◆ **~ de deuil** black armband ◆ **~ de capitaine** *(Sport)* captain's armband

**brasse** /bʀas/ NF **a** *(= sport)* breast-stroke; *(= mouvement)* stroke ◆ **~ coulée** breast-stroke ◆ **~ papillon** butterfly(-stroke) ◆ **nager la ~** to swim breast-stroke ◆ **faire quelques ~s** to do a few strokes **b** *(†† = mesure)* ≃ 6 feet; *(Naut)* fathom

**brassée** /bʀase/ NF armful; *(*: Can) [de machine à laver]* load ◆ **par ~s** in armfuls

**brasser** /bʀase/ ▸ conjug 1 ◂ VT **a** *(= remuer)* to stir (up); *(= mélanger)* to mix; *[+ pâte]* to knead; *[+ salade]* to toss; *[+ cartes]* to shuffle; *[+ argent]* to handle a lot of ◆ **~ des affaires** to be in big business ◆ **~ du vent** *(fig)* to blow hot air * **b** *[+ bière]* to brew **c** *(Naut)* to brace

**brasserie** /bʀasʀi/ NF **a** *(= café)* brasserie **b** *(= fabrique de bière)* brewery; *(= industrie)* brewing industry

**brasseur, -euse** /bʀasœʀ, øz/ NM,F **a** *[de bière]* brewer **b** *(Comm)* **~ d'affaires** big businessman **c** *(Sport)* breast-stroke swimmer

**brassière** /bʀasjɛʀ/ NF **a** *[de bébé]* (baby's) vest *(Brit)* *ou* undershirt *(US)* ◆ **~ (de sauvetage)** life jacket **b** *(= soutien-gorge)* cropped bra; *(Can)* bra

**brasure** /bʀɑzyʀ/ NF *(= procédé)* brazing; *(= résultat)* brazed joint, braze; *(= métal)* brazing metal

**Bratislava** /bʀatislava/ N Bratislava

**bravache** /bʀavaʃ/ NM braggart, blusterer ◆ **faire le ~** to swagger about ADJ swaggering, blustering

**bravade** /bʀavad/ NF act of bravado ◆ **par ~** out of bravado

**brave** /bʀav/ ADJ **a** *(= courageux) [personne, action]* brave, courageous, gallant *(littér)* ◆ **faire le ~** to act brave, to put on a bold front **b** *(avant n) (= bon)* good, nice, fine; *(= honnête)* decent, honest ◆ **c'est une ~ fille** she's a nice girl ◆ **c'est un ~ garçon** he's a good *ou* nice fellow *ou* lad *(Brit)* ◆ **ce sont de ~s gens** they're good *ou* decent people *ou* souls ◆ **il est bien ~** he's not a bad chap * *(Brit)* *ou* guy * *(US)*, he's a nice enough fellow ◆ **mon ~ (homme)** my good man *ou* fellow ◆ **ma ~ dame** my good woman NM *(gén)* brave man; *(= Indien)* brave ◆ **~ entre les ~s** † bravest of the brave †

> ⚠ **brave** *se traduit par le mot anglais* **brave** *uniquement au sens de 'courageux'.*

**bravement** /bʀavmɑ̃/ ADV *(= courageusement)* bravely, courageously, gallantly *(littér)*; *(= résolument)* boldly

**braver** /bʀave/ ▸ conjug 1 ◂ VT *(= défier) [+ personne]* to stand up to; *[+ autorité, tabou]* to defy; *[+ règle]* to defy; *[+ danger, mort]* to brave ◆ **~ l'opinion** to fly in the face of (public) opinion ◆ **~ les océans** to brave the seas

**bravo** /bʀavo/ GRAMMAIRE ACTIVE 40.1, 50.6 EXCL *(= félicitations)* well done!, bravo!; *(= approbation)* hear! hear!; *(iro)* well done! NM cheer ◆ **un grand ~ pour ... !** a big cheer for ...!, let's hear it for ...!

**bravoure** /bʀavuʀ/ NF bravery, braveness, gallantry *(littér)*; → **morceau**

**Brazzaville** /bʀazavil/ N Brazzaville

**break** /bʀɛk/ NM **a** *(Aut)* estate (car) *(Brit)*, station wagon *(US)* **b** *(= pause)* break ◆ **(se) faire un ~** to take a break **c** *(Boxe, Tennis)* break ◆ **balle de ~** break point ◆ **faire le ~** to break

**brebis** /bʀəbi/ NF *(Zool)* ewe ◆ **les ~** *(Rel)* the flock ◆ **~ égarée** stray *ou* lost sheep ◆ **~ galeuse** black sheep ◆ **à ~ tondue Dieu mesure le vent** *(Prov)* the Lord tempers the wind to the shorn lamb *(Prov)*

**brèche** /bʀɛʃ/ NF *[de mur]* breach, opening, gap; *(Mil)* breach; *[de lame]* notch, nick ◆ **faire** *ou* **ouvrir une ~ dans le front ennemi** *(Mil)* to make a breach in *ou* to breach the enemy line ◆ **s'engouffrer dans la ~** *(fig)* to leap *ou* step into the breach ◆ **faire une ~ à sa fortune** to make a hole in one's fortune ◆ **il est toujours sur la ~** *(fig)* he's always beavering away *; → **battre**

**bréchet** /bʀeʃɛ/ NM wishbone

**brechtien, -ienne** /bʀɛʃtjɛ̃, jɛn/ ADJ Brechtian

**bredouillage** /bʀədujaʒ/ NM mumbling

**bredouille** /bʀəduj/ ADJ *(gén)* empty-handed ◆ **rentrer ~** *(Chasse, Pêche)* to go *ou* come home empty-handed *ou* with an empty bag

**bredouillement** /bʀədujmɑ̃/ NM ⇒ **bredouillage**

**bredouiller** /bʀəduje/ ▸ conjug 1 ◂ VI *(= bégayer)* to stammer; *(= marmonner)* to mumble VT *(= bégayer)* to stammer (out); *(= marmonner)* to mumble

**bref, brève** /bʀɛf, ɛv/ GRAMMAIRE ACTIVE 53.4 ADJ *[rencontre, discours, lettre]* brief, short; *[voyelle, syllabe]* short ◆ **d'un ton ~** sharply, curtly ◆ **soyez ~ et précis** be brief and to the point ◆ **à ~ délai** shortly ADV ◆ **(enfin) ~** *(= pour résumer)* to make *ou* cut *(Brit)* a long story short, in short, in brief; *(= passons)* let's not waste any more time; *(= donc)* anyway ◆ **en ~** in short, in brief NM *(Rel)* (papal) brief NF **brève** *(= syllabe)* short syllable; *(= voyelle)* short vowel; *(Journalisme)* news *(sg)* in brief ◆ **brèves de comptoir** bar-room philosophising *(NonC)*

**brelan** /bʀəlɑ̃/ NM *(Cartes)* three of a kind ◆ **~ d'as** three aces

**brêle** * /bʀɛl/ NF loser * ◆ **quelle ~ ce gardien de but !** that goalie's a wanker *!

**breloque** /bʀəlɔk/ NF (bracelet) charm; → **battre**

**brème** /bʀɛm/ NF **a** *(Zool)* bream **b** *(arg Cartes)* card

**Brésil** /bʀezil/ NM Brazil

**brésil** /bʀezil/ NM *(= bois)* brazil (wood)

**brésilien, -ienne** /bʀeziljɛ̃, jɛn/ ADJ Brazilian NM *(Ling)* Brazilian Portuguese NM,F **Brésilien(ne)** Brazilian

**Bretagne** /bʀətaɲ/ NF Brittany

**bretèche** /bʀətɛʃ/ NF gatehouse, bartizan

**bretelle** /bʀətɛl/ NF **a** *[de sac]* (shoulder) strap; *[de vêtement]* strap; *[de fusil]* sling ◆ **~s** *[de pantalon]* braces *(Brit)*, suspenders *(US)* ◆ **robe à ~s** strappy dress ◆ **porter l'arme** *ou* **le fusil à la ~** to carry one's weapon slung over one's shoulder; → **remonter** **b** *(Rail)* crossover; *(Aut)* slip road *(Brit)*, entrance (*ou* exit) ramp, on (*ou* off) ramp *(US)* ◆ **~ de raccordement** access road ◆ **~ de contournement** bypass

**breton, -onne** /bʀətɔ̃, ɔn/ ADJ Breton NM *(Ling)* Breton NM,F **Breton(ne)** Breton

**bretonnant, e** /bʀətɔnɑ̃, ɑt/ ADJ *(Ling)* Breton-speaking; *(attaché aux traditions)* preserving Breton culture

**bretteur** /bʀetœʀ/ NM †† swashbuckler; *(= duelliste)* duellist

**bretzel** /bʀɛtzɛl/ NM pretzel

**breuvage** /bʀœvaʒ/ NM beverage; *(= mélange)* concoction; *(magique)* potion

**brève** /bʀɛv/ ADJ, NF → **bref**

**brevet** /bʀəvɛ/ NM **a** *(= diplôme)* diploma, certificate; *(Hist = note royale)* royal warrant; *(Scol)* *exam taken at the age of 15,* ≃ GCSE *(Brit)* ◆ **avoir son ~** *(Scol)* ≃ to have (passed) one's GCSEs *(Brit)*
**b** *(Naut)* certificate, ticket ◆ **~ de capitaine** master's certificate *ou* ticket ◆ **~ de commandant** *(Mil)* major's brevet
**c** *(Jur)* **~ (d'invention)** letters patent, patent ◆ **~ en cours d'homologation** patent pending
**d** *(fig = garantie)* guarantee ◆ **donner à qn un ~ d'honnêteté** to testify to *ou* guarantee sb's honesty ◆ **on peut lui décerner un ~ de persévérance** he deserves a medal for perseverance
COMP ▷ **brevet d'apprentissage** ≃ certificate of apprenticeship ▷ **brevet d'aptitude à la fonction d'animateur** *certificate for activity leaders in a holiday camp* ▷ **brevet des collèges, brevet d'études du premier cycle** † *exam taken at the age of 15,* ≃ GCSE *(Brit)* ▷ **brevet d'études professionnelles** *technical school certificate* ▷ **brevet de pilote** pilot's licence ▷ **brevet de secourisme** first aid certificate ▷ **brevet de technicien** *vocational training certificate taken at age 16* ▷ **brevet de technicien supérieur** *vocational training certificate taken after the age of 18*

**brevetable** /bʀəv(ə)tabl/ ADJ patentable

**breveté, e** /bʀəv(ə)te/ (ptp de **breveter**) ADJ **a** *[invention]* patented ◆ **~ sans garantie du gouvernement** patented *(without official government approval)* **b** *(= diplômé) [technicien]* qualified, certificated; *(Mil) [officier]* commissioned NM,F *(Admin, Jur)* patentee

**breveter** /bʀəv(ə)te/ ▸ conjug 4 ◂ VT *[+ invention]* to patent ◆ **faire ~ qch** to take out a patent for sth

**bréviaire** /bʀevjɛʀ/ NM *(Rel)* breviary; *(fig)* bible

**BRI** /beɛʀi/ NF (abrév de **Banque des règlements internationaux**) BIS

**briard, e** /bʀijaʀ, aʀd/ ADJ of *ou* from Brie NM,F **Briard(e)** inhabitant *ou* native of Brie NM *(= chien)* Briard (sheepdog)

**bribe** /bʀib/ NF *(= fragment)* bit, scrap ◆ **~s de conversation** snatches of conversation ◆ **~s de nourriture** scraps of food ◆ **les ~s de sa fortune** the remnants of his fortune ◆ **par ~s** in snatches, piecemeal

**bric** /bʀik/ **de bric et de broc** LOC ADV *(= de manière disparate)* any old way *, any old how * ◆ **meublé de ~ et de broc** furnished with bits and pieces *ou* with odds and ends ◆ **une équipe faite de ~ et de broc** a randomly assembled team

**bric-à-brac** /bʀikabʀak/ NM INV **a** *(= objets)* bric-a-brac, odds and ends; *(fig)* bric-a-brac, trimmings **b** *(= magasin)* junk shop

**bricelet** /bʀislɛ/ NM *(Helv)* *waffle type biscuit*

**brick** /bʀik/ NM **a** *(Naut)* brig **b** *(Culin)* brik *(pastry parcel)*

**bricolage** /bʀikɔlaʒ/ NM **a** *(= passe-temps)* do-it-yourself, DIY * *(Brit)*; *(= travaux)* odd jobs ◆ **j'ai du ~ à faire** I've got a few (odd) jobs to do ◆ **rayon ~** do-it-yourself department ◆ **magasin de ~** DIY store *(Brit)* **b** *(= réparation)* makeshift repair *ou* job ◆ **c'est du ~ !** *(péj)* it's a rush job! *

**bricole** /bʀikɔl/ **NF** **a** * *(= babiole)* trifle; *(= cadeau)* something small, token; *(= menu travail)* easy job, small matter ◆ **il ne reste que des ~s** there are only a few bits and pieces *ou* a few odds and ends left ◆ **il ne me reste que quelques ~s à faire** I only have a few odd things left to do ◆ **ça coûte 10 € et des ~s** it costs €10 or so ◆ **il va lui arriver des ~s** * he's going to run into trouble **b** *[de cheval]* breast harness **c** *(Can)* **~s** * *(= bretelles)* braces *(Brit)*, suspenders *(US)*

**bricoler** /bʀikɔle/ ▸ conjug 1 ◂ **VI** *(menus travaux)* to do little jobs; *(réparations)* to do odd jobs; *(passe-temps)* to tinker about *ou* around ◆ **elle aime ~** she likes DIY ◆ **j'aime bien ~ dans la maison** I like doing little jobs around the house **VT** *(= réparer)* to fix (up), to mend; *(= mal réparer)* to tinker *ou* mess (about) with; *(= fabriquer)* to cobble up *ou* together, to knock up * *(Brit)*

**bricoleur** /bʀikɔlœʀ/ **NM** handyman, do-it-yourselfer *, DIY man * *(Brit)* ◆ **il est ~** he's good with his hands, he's very handy * ◆ **je ne suis pas très ~** I'm not much of a handyman

**bricoleuse** /bʀikɔløz/ **NF** handywoman, do-it-yourselfer *, DIY woman * *(Brit)*

**bride** /bʀid/ **NF** **a** *(Équitation)* bridle ◆ **tenir un cheval en ~** to curb a horse ◆ **tenir ses passions/une personne en ~** to keep one's passions/a person in check, to keep a tight rein on one's passions/a person ◆ **jeter** *ou* **laisser** *ou* **mettre la ~ sur le cou** *ou* **col à un cheval** to give a horse the reins, to give a horse his head ◆ **laisser la ~ sur le cou à qn** to give *ou* leave sb a free hand ◆ **les jeunes ont maintenant la ~ sur le cou** young people can just do as they like nowadays ◆ **tu lui laisses trop la ~ sur le cou** you don't keep a tight enough rein on him ◆ **tenir la ~ haute à un cheval** to rein in a horse ◆ **tenir la ~ haute à qn** *(fig)* to keep a tight rein on sb ◆ **aller à ~ abattue** *ou* **à toute ~** to ride flat out *, to ride hell for leather * ◆ **tourner ~** *(lit)* to turn back; *(fig)* to do an about-turn; → **lâcher**

**b** *[de vêtement] (en cuir)* strap; *[de bonnet]* string

**c** *(Couture) [de boutonnière]* bar; *[de bouton]* loop; *[de dentelle]* bride

**d** *(Tech) [de bielle]* strap; *[de tuyau]* flange

**e** *(Méd)* adhesion

**bridé, e** /bʀide/ (ptp de **brider**) **ADJ** ◆ **avoir les yeux ~s** to have slanting eyes

**brider** /bʀide/ ▸ conjug 1 ◂ **VT** **a** *[+ cheval]* to bridle; *[+ moteur]* to restrain; *[+ impulsion]* to curb, to restrain; *[+ croissance, consommation, investissement, liberté]* to curb; *[+ création, imagination]* to curb, to keep in check; *[+ personne]* to keep in check ◆ **~ sa colère** to restrain one's anger ◆ **logiciel bridé** restricted-access software, crippleware * ◆ **il est bridé dans son costume, son costume le bride** his suit is too tight for him **b** *(Culin)* to truss **c** *[+ boutonnière]* to bind; *[+ tuyau]* to clamp, to flange; *(Naut)* to lash together

**bridge[1]** /bʀidʒ/ **NM** *(Cartes)* bridge ◆ **~ contrat** contract bridge ◆ **~ aux enchères** auction bridge ◆ **faire un ~** to play *ou* have a game of bridge

**bridge[2]** /bʀidʒ/ **NM** *(= prothèse)* bridge

**bridger** /bʀidʒe/ ▸ conjug 3 ◂ **VI** to play bridge

**bridgeur, -euse** /bʀidʒœʀ, øz/ **NM,F** bridge player

**bridon** /bʀidɔ̃/ **NM** snaffle

**brie** /bʀi/ **NM** Brie (cheese)

**briefer** /bʀife/ ▸ conjug 1 ◂ **VT** to brief

**briefing** /bʀifiŋ/ **NM** briefing ◆ **faire un ~ à l'intention de l'équipe de vente** to brief the sales force

**brièvement** /bʀijɛvmɑ̃/ **ADV** briefly ◆ **l'euro était tombé ~ en dessous de ce niveau** the euro briefly fell below this level

**brièveté** /bʀijɛvte/ **NF** brevity, briefness

**brigade** /bʀigad/ **NF** *(Mil)* brigade; *(Police)* squad; *(gén = équipe)* gang, team

**COMP** ▷ **brigade anti-émeute** riot police *(NonC) ou* squad ▷ **brigade antigang** anti-terrorist squad ▷ **brigade canine** police dog unit ▷ **brigade criminelle** Crime *ou* Murder Squad ▷ **brigade financière** financial police, ≃ Fraud Squad ▷ **brigade de gendarmerie** *(corps)* gendarmerie squad; *(bâtiment)* gendarmerie ▷ **Brigades internationales** International Brigades ▷ **brigade des mineurs** *police department dealing with young offenders and young victims of crime* ▷ **brigade des mœurs, brigade mondaine** † Vice Squad ▷ **brigade de recherche dans l'intérêt des familles** ≃ missing persons bureau ▷ **brigade de répression et d'intervention** ⇒ **brigade antigang** ▷ **les Brigades rouges** the Red Brigades ▷ **brigade de sapeurs-pompiers** fire brigade ▷ **brigade des stupéfiants** *ou* **des stups** * drug(s) squad ▷ **brigade volante** flying squad

**brigadier** /bʀigadje/ **NM** *(Police)* ≃ sergeant; *(Mil) [d'artillerie]* bombardier; *[de blindés, cavalerie, train]* corporal ◆ **~-chef** ≃ lance sergeant

**brigand** /bʀigɑ̃/ **NM** *( † = bandit)* brigand, bandit; *(péj = filou)* twister *(Brit)*, sharpie * *(US)*, crook; *(hum = enfant)* rascal, imp

**brigandage** /bʀigɑ̃daʒ/ **NM** (armed) robbery, banditry †, brigandage ◆ **commettre des actes de ~** to engage in robbery with violence ◆ **c'est du ~ !** *(fig)* it's daylight robbery!

**brigantin** /bʀigɑ̃tɛ̃/ **NM** *(Naut)* brig

**brigantine** /bʀigɑ̃tin/ **NF** *(Naut)* spanker

**brigue** /bʀig/ **NF** *(littér)* intrigue ◆ **obtenir qch par ~** to get sth by intrigue

**briguer** /bʀige/ ▸ conjug 1 ◂ **VT** *[+ poste, honneur, faveur]* to strive to get; *[+ amitié]* to strive to win; *[+ suffrages]* to solicit, to canvass (for) ◆ **il brigue la succession du président** he has his eye on the presidency ◆ **il brigue un second mandat de président** he is seeking a second term of office as president

**brillamment** /bʀijamɑ̃/ **ADV** brilliantly ◆ **réussir ~ un examen** to pass an exam with flying colours ◆ **il a ~ remporté les élections** he won the election hands down

**brillance** /bʀijɑ̃s/ **NF** *(Astron)* brilliance; *(= éclat)* sheen; *[de cheveux]* sheen, lustre; *[de peau]* shininess; *[de tissu]* sheen

**brillant, e** /bʀijɑ̃, ɑ̃t/ **ADJ** **a** *(= luisant)* shiny; *(= étincelant)* sparkling, bright; *[chaussures]* well-polished, shiny; *[cheveux]* glossy; *[couleur]* bright, brilliant ◆ **elle avait les yeux ~s de fièvre/d'impatience** her eyes were bright with fever/impatience ◆ **il avait les yeux ~s de convoitise/colère** his eyes glittered with envy/anger; → **peinture, sou**

**b** *(= remarquable)* brilliant, outstanding; *[situation]* excellent; *[carrière]* brilliant; *[succès]* brilliant, dazzling, outstanding; *[avenir]* brilliant, bright; *[conversation]* brilliant, sparkling ◆ **avoir une intelligence ~e** to be outstandingly intelligent, to be brilliant ◆ **c'est un ~ orateur** he is a brilliant speaker ◆ **elle a été ~e à l'examen** she did brilliantly in her exam ◆ **sa santé n'est pas ~e** his health isn't too good ◆ **ce n'est pas ~** *[travail]* it's not too good, it's not up to much *(Brit)*; *[situation]* it's far from satisfactory

**NM** **a** *(= éclat) (étincelant)* sparkle, brightness; *(luisant)* shine; *[de cheveux]* glossiness; *[de couleur]* brightness, brilliance; *[d'étoffe]* sheen; *(par usure)* shine ◆ **le ~ de son esprit/style** the brilliance of his mind/style ◆ **donner du ~ à un cuir** to polish up a piece of leather

**b** *(= diamant)* brilliant ◆ **taillé/monté en ~** cut/mounted as a brilliant

**c** *(= cosmétique)* **~ à lèvres** lip gloss

**brillantine** /bʀijɑ̃tin/ **NF** brilliantine

**briller** /bʀije/ ▸ conjug 1 ◂ **VI** **a** *(gén) [lumière, soleil]* to shine; *[diamant, eau]* to sparkle, to glitter; *[étoile]* to twinkle, to shine (brightly); *[métal]* to glint, to shine; *[feu, braises]* to glow (brightly); *[flammes]* to blaze; *[éclair]* to flash; *[chaussures]* to shine; *[surface polie, humide]* to shine, to glisten ◆ **frotte fort, il faut que ça brille** *(cuivre)* rub hard, we want a nice shine; *(salle de bains)* give it all a good scrub, we want it sparkling clean ◆ **faire ~ les meubles/l'argenterie** to polish the furniture/the silver ◆ **faire ~ ses chaussures** to shine *ou* polish one's shoes ◆ **tout brille dans sa salle de bains** everything is spick and span in his bathroom ◆ **faire ~ les avantages de qch à qn** to paint a glowing picture of sth to sb; → **tout**

**b** *[yeux]* to shine, to sparkle; *[nez, peau]* to be shiny; *[larmes]* to glisten ◆ **ses yeux brillaient de joie** his eyes sparkled with joy ◆ **ses yeux brillaient de convoitise** his eyes glinted greedily

**c** *[personne]* to shine, to stand out ◆ **~ en société** to shine in company ◆ **~ à un examen** to do brilliantly in an exam, to come through an exam with flying colours ◆ **le désir de ~** the longing to stand out (from the crowd), the desire to be the centre of attention

◆ **briller par** ◆ **~ par son talent/éloquence** to be outstandingly talented/eloquent ◆ **il ne brille pas par le courage/la modestie** courage/modesty is not his strong point *ou* his forte ◆ **~ par son absence** to be conspicuous by one's absence

**brimade** /bʀimad/ **NF** *(= vexation)* vexation; *(Mil, Scol : d'initiation)* ragging *(NonC) (Brit)*, hazing *(NonC) (US)* ◆ **faire subir des ~s à qn** to harry sb, to harass sb; *(Mil, Scol)* to rag sb *(Brit)*, to haze sb *(US)*

**brimbalement** * /bʀɛ̃balmɑ̃/ **NM** ⇒ **bringuebalement**

**brimbaler** * /bʀɛ̃bale/ ▸ conjug 1 ◂ **VI, VT** ⇒ **bringuebaler**

**brimborion** /bʀɛ̃bɔʀjɔ̃/ **NM** *(= colifichet)* bauble, trinket

**brimer** /bʀime/ ▸ conjug 1 ◂ **VT** *(= soumettre à des vexations)* to aggravate, to bully; *(Mil, Scol) [+ nouveaux]* to rag *(Brit)*, to haze *(US)* ◆ **il se sent brimé** he feels he's being got at * *(Brit) ou* gotten at * *(US)*, he feels he's being done down * *(Brit)* ◆ **je suis brimé** * I'm being got * *(Brit) ou* gotten at * *(US)*, I'm being done down * *(Brit)*

**brin** /bʀɛ̃/ **NM** **a** *[de blé, herbe]* blade; *[de bruyère, mimosa, muguet]* sprig; *[d'osier]* twig; *[de paille]* wisp ◆ **un beau ~ de fille** *(fig)* a fine-looking girl

**b** *[de chanvre, lin]* yarn, fibre; *[de corde, fil, laine]* strand

**c** *(loc)*

◆ **un brin** * ◆ **un ~ plus grand/haut** a bit *ou* a little *ou* a fraction *ou* a shade bigger/higher ◆ **je suis un ~ embêté** I'm a trifle *ou* a shade worried ◆ **s'amuser un ~** to have a bit of fun ◆ **un ~ de** a touch *ou* grain *ou* bit of ◆ **il n'a pas un ~ de bon sens** he hasn't got an ounce *ou* a grain of common sense ◆ **avec un ~ de nostalgie** with a touch *ou* hint of nostalgia ◆ **il y a en lui un ~ de folie/méchanceté** there's a touch of madness/malice in him ◆ **faire un ~ de causette** to have a bit of a chat*, to have a little chat ◆ **faire un ~ de cour à une femme** to flirt a little with a woman ◆ **faire un ~ de toilette** to have a quick wash ◆ **il n'y a pas un ~ de vent** there isn't a breath of wind

**d** *(Radio) [d'antenne]* wire

**brindezingue**‡ /bʀɛ̃dzɛ̃g/ ADJ nutty*, crazy*

**brindille** /bʀɛ̃dij/ NF twig

**bringue¹*** /bʀɛ̃g/ NF ◆ **grande ~** beanpole*

**bringue²*** /bʀɛ̃g/ NF ◆ **faire la ~** to have a wild time ◆ **~ à tout casser** rave-up* *(Brit)*, hot party *(US)*

**bringuebalement*** /bʀɛ̃g(ə)balmɑ̃/, **brinquebalement*** /bʀɛ̃kbalmɑ̃/ NM *(= mouvement)* shaking (about); *(= bruit)* rattle

**bringuebaler*** /bʀɛ̃g(ə)bale/, **brinquebaler*** /bʀɛ̃kbale/ ▸ conjug 1 ◂ VI *[tête]* to shake about, to joggle; *[voiture]* to shake *ou* jolt about, to joggle; *(avec bruit)* to rattle ◆ **une vieille auto toute bringuebalante** a ramshackle *ou* broken-down old car ◆ **il y a quelque chose qui bringuebale dans ce paquet** something is rattling in this packet VT to cart (about)

**brio** /bʀijo/ NM *(= virtuosité)* brilliance; *(Mus)* brio ◆ **avec ~** *(Mus)* with *ou* con brio; *(réussir un examen)* with flying colours ◆ **faire qch avec ~** to do sth brilliantly ◆ **il raconte avec ~ la conquête du Far West** he gives a brilliant description of the conquest of the Far West

**brioche** /bʀijɔʃ/ NF brioche ◆ **jambon en ~** *ham in a pastry case* ◆ **prendre de la ~*** *(fig)* to develop a paunch, to get a bit of a tummy*

**brioché, e** /bʀijɔʃe/ ADJ (baked) like a brioche; → **pain**

**brique** /bʀik/ NF **a** *(Constr)* brick; *[de savon]* bar, cake; *[de tourbe]* block, slab; *[de lait]* carton ◆ **mur de** *ou* **en ~(s)** brick wall ◆ **~ pleine/creuse** solid/hollow brick ◆ **bouffer des ~s**‡ to have nothing to eat **b** *(* = dix mille francs)* **une ~** ten thousand francs **c** *(Naut)* **~ à pont** holystone ADJ INV brick red

**briquer** /bʀike/ ▸ conjug 1 ◂ VT * to polish up; *(Naut)* to holystone, to scrub down

**briquet¹** /bʀikɛ/ NM (cigarette) lighter ◆ **~-tempête** windproof lighter; → **battre**

**briquet²** /bʀikɛ/ NM *(Zool)* beagle

**briquetage** /bʀik(ə)taʒ/ NM *(= mur)* brickwork; *(= enduit)* imitation brickwork

**briqueter** /bʀik(ə)te/ ▸ conjug 4 ◂ VT **a** *(= bâtir)* to brick, to build with bricks **b** *(= peindre)* to face with imitation brickwork

**briqueterie** /bʀik(ə)tʀi/ NF brickyard, brickfield

**briqueteur** /bʀik(ə)tœʀ/ NM bricklayer

**briquetier** /bʀik(ə)tje/ NM *(= ouvrier)* brickyard worker, brickmaker; *(= entrepreneur)* brick merchant

**briquette** /bʀikɛt/ NF briquette ◆ **c'est de la ~*** it's not up to much *(Brit)*

**bris** /bʀi/ NM breaking ◆ **~ de clôture** *(Jur)* trespass, breaking-in ◆ **~ de glaces** *(Aut)* broken windows ◆ **~ de scellés** *(Jur)* breaking of seals

**brisant, e** /bʀizɑ̃, ɑ̃t/ ADJ high-explosive *(épith)* ◆ **obus ~** high-explosive shell NM **a** *(= vague)* breaker **b** *(= écueil)* shoal, reef **c** *(= brise-lames)* groyne, breakwater

**briscard** /bʀiskaʀ/ NM *(Hist Mil)* veteran, old soldier ◆ **c'est un vieux ~* de la politique** he's a veteran of *ou* an old hand in politics

**brise** /bʀiz/ NF breeze ◆ **~ de mer/terre** sea/land breeze

**brisé, e** /bʀize/ (ptp de **briser**) ADJ ◆ **~ (de fatigue)** worn out, exhausted ◆ **~ (de chagrin)** overcome by sorrow, brokenhearted; → **arc, ligne¹, pâte**

**brise-bise** /bʀizbiz/ NM INV half-curtain

**brisées** /bʀize/ NFPL ◆ **marcher sur les ~ de qn** to poach *ou* intrude on sb's preserve *ou* territory ◆ **suivre les ~ de qn** to follow in sb's footsteps

**brise-fer** /bʀizfɛʀ/ NMF INV ◆ **cet enfant est un vrai ~!** that child is a real little vandal!

**brise-glace** (pl **brise-glaces**) /bʀizglas/ NM *(= navire)* icebreaker; *[de pont]* icebreaker, ice apron

**brise-jet** (pl **brise-jets**) /bʀizʒɛ/ NM tap swirl *(Brit)*, anti-splash faucet nozzle *(US)*

**brise-lame(s)** (pl **brise-lames**) /bʀizlam/ NM breakwater, mole

**brise-motte(s)** (pl **brise-mottes**) /bʀizmɔt/ NM harrow

**briser** /bʀize/ ▸ conjug 1 ◂ VT **a** *(= casser) [+ objet]* to break, to smash; *[+ mottes de terre]* to break up; *[+ chaîne, fers]* to break ◆ **~ qch en mille morceaux** to smash sth to smithereens, to break sth into little pieces *ou* bits, to shatter sth (into little pieces) ◆ **~ la glace** *(lit, fig)* to break the ice

**b** *(= saper, détruire) [+ carrière, vie]* to ruin, to wreck; *[+ personne] (= épuiser)* to tire out, to exhaust; *(= abattre la volonté de)* to break, to crush; *[+ espérance]* to smash, to shatter, to crush; *[+ cœur, courage]* to break; *[+ traité, accord]* to break; *[+ amitié]* to break up, to bring to an end ◆ **~ l'élan de qn** to kill sb's enthusiasm ◆ **d'une voix brisée par l'émotion** in a voice choked with emotion ◆ **ces épreuves l'ont brisé** these trials and tribulations have left him a broken man ◆ **il en a eu le cœur brisé** it broke his heart, he was heartbroken about it ◆ **chagrin qui brise le cœur** heartbreaking grief *ou* sorrow ◆ **tu me les brises !**** you're really pissing me off !**, you're really getting on my tits!** *(Brit)*

**c** *(= avoir raison de) [+ volonté]* to break, to crush; *[+ rebelle]* to crush, to subdue; *[+ opposition, résistance]* to crush, to break down; *[+ grève]* to break (up); *[+ révolte]* to crush, to quell ◆ **il était décidé à ~ les menées de ces conspirateurs** he was determined to put a stop to *ou* to put paid to *(Brit)* the schemings of these conspirators

**d** *(= mettre fin à) [+ silence, rythme]* to break; *(frm) [+ entretien]* to break off

VI *(littér)* **a** *(= rompre)* **~ avec qn** to break with sb ◆ **brisons là !** † enough said!

**b** *(= déferler) [vagues]* to break

VPR **se briser** **a** *[vitre, verre]* to break, to shatter, to smash; *[bâton, canne]* to break, to snap

**b** *[vagues]* to break (*contre* against)

**c** *[cœur]* to break, to be broken; *[voix]* to falter, to break

**d** *[résistance]* to break down, to snap; *[assaut]* to break up (*sur* on; *contre* against); *[espoir]* to be dashed ◆ **nos efforts se sont brisés sur cette difficulté** our efforts were frustrated *ou* thwarted by this difficulty

**brise-soleil** /bʀizsɔlɛj/ NM INV (slatted) canopy *ou* awning

**brise-tout** /bʀiztu/ NMF INV *(= maladroit)* butterfingers* ◆ **cet enfant est un vrai ~ !** that child is a real little vandal!

**briseur, -euse** /bʀizœʀ, øz/ NM,F breaker, wrecker ◆ **~ de grève** strikebreaker

**brise-vent** (pl **brise-vent(s)**) /bʀizvɑ̃/ NM windbreak

**brisquard** /bʀiskaʀ/ NM ⇒ **briscard**

**bristol** /bʀistɔl/ NM *(= papier)* Bristol board; *(= carte de visite)* visiting card

**brisure** /bʀizyʀ/ NF *(= cassure)* break, crack; *[de charnière]* joint, break; *(Hér)* mark of cadency, brisure ◆ **~s de riz** broken rice

**britannique** /bʀitanik/ ADJ British NMF **Britannique** British person, Britisher *(US)*, Briton ◆ **c'est un Britannique** he's British *ou* a Britisher *(US)* ◆ **les Britanniques** the British

**brittonique** /bʀitɔnik/ ADJ, NM Brythonic, Brittonic

**broc** /bʀo/ NM pitcher, jug; *(de table de toilette)* ewer

**brocante** /bʀɔkɑ̃t/ NF *(= commerce)* secondhand trade, secondhand market; *(= marché)* secondhand market; *(= objets)* secondhand goods ◆ **il est dans la ~** he deals in secondhand goods ◆ **acheter qch à la ~** to buy sth at the flea market

**brocanter** /bʀɔkɑ̃te/ ▸ conjug 1 ◂ VI to deal in secondhand goods

**brocanteur, -euse** /bʀɔkɑ̃tœʀ, øz/ NM,F secondhand goods dealer

**brocard¹** /bʀɔkaʀ/ NM *(Zool)* brocket

**brocard²** /bʀɔkaʀ/ NM *(littér ou † = moquerie)* gibe, taunt

**brocarder** /bʀɔkaʀde/ ▸ conjug 1 ◂ VT *(littér ou †)* to gibe at, to taunt

**brocart** /bʀɔkaʀ/ NM brocade

**brochage** /bʀɔʃaʒ/ NM **a** *(Imprim)* binding *(with paper)* **b** *(Tex)* brocading **c** *(Tech)* broaching

**broche** /bʀɔʃ/ NF **a** *(= bijou)* brooch **b** *(= objet pointu) (Culin)* spit; *(Tex)* spindle; *(Tech)* drift, pin, broach; *(Élec)* pin; *(Méd)* pin ◆ **~ (à glace)** *(Alpinisme)* ice piton ◆ **faire cuire à la ~** *(Culin)* to spit-roast ◆ **poulet/agneau à la ~** spit-roasted chicken/lamb

**broché, e** /bʀɔʃe/ (ptp de **brocher**) NM *(Tex)* *(= procédé)* brocading; *(= tissu)* brocade ADJ ◆ **livre ~** paperback ◆ **édition ~e** paperback edition, book with paperback cover

**brocher** /bʀɔʃe/ ▸ conjug 1 ◂ VT **a** *(Imprim)* to bind *(with paper)*, to put a paperback cover on **b** *(Tex)* to brocade ◆ **tissu broché d'or** gold brocade **c** *(Tech)* to broach

**brochet** /bʀɔʃɛ/ NM *(Zool)* pike

**brochette** /bʀɔʃɛt/ NF **a** *(Culin) (= ustensile)* skewer; *(= plat)* kebab, brochette ◆ **rognons en ~** kidney kebab **b** *(fig)* **~ de décorations** row of medals ◆ **~ de personnalités/de criminels** bunch of VIPs/criminals

**brocheur, -euse** /bʀɔʃœʀ, øz/ NM,F *(= personne) (Imprim)* book binder; *(Tex)* brocade weaver NM *(Tex = machine)* brocade loom NF **brocheuse** *(Imprim = machine)* binder, binding machine

**brochure** /bʀɔʃyʀ/ NF **a** *(= magazine)* brochure, booklet, pamphlet ◆ **~ touristique** tourist brochure **b** *[de livre]* (paper) binding **c** *(Tex)* brocaded pattern *ou* figures

**brocoli** /bʀɔkɔli/ NM broccoli

**brodequin** /bʀɔd(ə)kɛ̃/ NM (laced) boot; *(Hist Théât)* buskin, sock ◆ **les ~s** *(Hist = supplice)* the boot

**broder** /bʀɔde/ ▸ conjug 1 ◂ VT *[+ tissu]* to embroider (*de* with); *[+ récit]* to embroider VI *(= exagérer)* to embroider, to embellish; *(= trop développer)* to elaborate ◆ **~ sur un sujet** to elaborate on a subject

**broderie** /bʀɔdʀi/ **NF** *(= art)* embroidery; *(= objet)* piece of embroidery, embroidery *(NonC)*; *(= industrie)* embroidery trade ◆ **faire de la ~** to embroider, to do embroidery ◆ **~ anglaise** broderie anglaise

**brodeur** /bʀɔdœʀ/ **NM** embroiderer

**brodeuse** /bʀɔdøz/ **NF** *(= ouvrière)* embroideress; *(= machine)* embroidery machine

**broiement** /bʀwamɑ̃/ **NM** ⇒ **broyage**

**bromate** /bʀɔmat/ **NM** bromate

**brome** /bʀom/ **NM** *(Chim)* bromine

**bromique** /bʀɔmik/ **ADJ** bromic

**bromure** /bʀɔmyʀ/ **NM** **a** *(Chim)* bromide ◆ **~ d'argent/de potassium** silver/potassium bromide **b** *(= papier)* bromide paper; *(= épreuve)* bromide (proof)

**bronca** /bʀɔ̃ka/ **NF** *(dans une arène)* cheering; *(= huées de mécontentement)* booing

**bronche** /bʀɔ̃ʃ/ **NF** bronchus *(SPÉC)* ◆ **les ~s** the bronchial tubes ◆ **cela dégage les ~s** this clears the bronchial tubes

**broncher** /bʀɔ̃ʃe/ ▸ conjug 1 ◂ **VI** *[cheval]* to stumble ◆ **personne n'osait ~** * no one dared move a muscle *ou* say a word ◆ **le premier qui bronche ... !** * the first person to budge * *ou* make a move ...!
◆ **sans broncher** * *(= sans protester)* uncomplainingly, meekly; *(= sans se tromper)* faultlessly, without faltering; *(= sans peur)* without turning a hair, without flinching

**bronchiole** /bʀɔ̃ʃjɔl/ **NF** *(Anat)* bronchiole

**bronchique** /bʀɔ̃ʃik/ **ADJ** bronchial

**bronchite** /bʀɔ̃ʃit/ **NF** bronchitis *(NonC)* ◆ **avoir une bonne ~** to have (got) a bad bout *ou* attack of bronchitis

**bronchiteux, -euse** /bʀɔ̃ʃitø, øz/ **ADJ** *[personne]* suffering from bronchitis, bronchitic *(SPÉC)* **NM,F** person suffering from bronchitis, bronchitic *(SPÉC)*

**bronchitique** /bʀɔ̃ʃitik/ **ADJ** bronchitic *(SPÉC)* ◆ **il est ~** he suffers from bronchitis

**bronchopneumonie** (pl **bronchopneumonies**) /bʀɔ̃kopnømɔni/ **NF** bronchopneumonia *(NonC)*

**brontosaure** /bʀɔ̃tozɔʀ/ **NM** brontosaurus

**bronzage** /bʀɔ̃zaʒ/ **NM** **a** *[de peau]* (sun) tan ◆ **~ intégral** allover tan ◆ **séance de ~ artificiel** tanning session ◆ **je vais parfaire mon ~** I'm going to work on my tan **b** *[de métal]* bronzing

**bronzant, e** /bʀɔ̃zɑ̃, ɑ̃t/ **ADJ** *[lait, lotion]* tanning *(épith)*, suntan *(épith)*

**bronze** /bʀɔ̃z/ **NM** *(= métal, objet)* bronze

**bronzé, e** /bʀɔ̃ze/ (ptp de **bronzer**) **ADJ** (sun)tanned

**bronzer** /bʀɔ̃ze/ ▸ conjug 1 ◂ **VT** *[+ peau]* to tan; *[+ métal]* to bronze **VI** *[peau, personne]* to get a tan ◆ **les gens qui (se) bronzent ou se font ~ sur la plage** people who sunbathe on the beach ◆ **je bronze vite** I tan easily

**bronzette** * /bʀɔ̃zɛt/ **NF** ◆ **faire de la ~** to sunbathe

**bronzeur** /bʀɔ̃zœʀ/ **NM** *(= fondeur)* bronze-smelter; *(= fabricant)* bronze-smith

**broquette** /bʀɔkɛt/ **NF** *(= clou)* tack

**brossage** /bʀɔsaʒ/ **NM** brushing

**brosse** /bʀɔs/ **NF** **a** *(= ustensile)* brush; *[de peintre]* (paint)brush ◆ **donne un coup de ~ à ta veste** give your jacket a brush ◆ **passer le tapis à la ~** to give the carpet a brush, to brush the carpet ◆ **passer le carrelage à la ~** to give the tiled floor a scrub ◆ **il sait manier la ~ à reluire** he really knows how to suck up to people * *ou* butter people up **b** *(Coiffure)* crew cut ◆ **avoir les cheveux en ~** to have a crew cut **c** *(Can)* **prendre une ~** ⁎ to get drunk *ou* smashed ⁎ **COMP** ▷ **brosse à chaussures** shoebrush ▷ **brosse à cheveux** hairbrush ▷ **brosse en chiendent** scrubbing brush ▷ **brosse à dents** toothbrush ▷ **brosse à habits** clothesbrush ▷ **brosse métallique** wire brush ▷ **brosse à ongles** nailbrush

**brosser** /bʀɔse/ ▸ conjug 1 ◂ **VT** **a** *(= nettoyer)* to brush; *[+ cheval]* to brush down; *[+ plancher, carrelage]* to scrub ◆ **viens ici que je te brosse** come here and let me give you a brush ◆ **~ des miettes sur une table** to brush crumbs off a table **b** *(Art, fig = peindre)* to paint ◆ **~ un vaste tableau de la situation** to paint a broad picture of the situation **c** *(Sport)* *[+ balle]* to put spin on **d** *(⁎ : Belg)* *[+ cours]* to skip **VPR se brosser** **a** *(= frotter)* to brush one's clothes, to give one's clothes a brush ◆ **se ~ les dents** to brush *ou* clean one's teeth ◆ **se ~ les cheveux** to brush one's hair **b** *(⁎ : loc)* **se ~ le ventre** to go without food ◆ **tu peux (toujours) te ~ !** you'll have to do without!, nothing doing! ⁎, you can whistle for it! ⁎

**brosserie** /bʀɔsʀi/ **NF** *(= usine)* brush factory; *(= commerce)* brush trade

**brossier, -ière** /bʀɔsje, jɛʀ/ **NM,F** *(= ouvrier)* brush maker; *(= commerçant)* brush dealer

**brou** /bʀu/ **NM** *(= écorce)* husk, shuck *(US)* ◆ **~ de noix** *(Menuiserie)* walnut stain; *(= liqueur)* walnut liqueur

**broue** ⁎ /bʀu/ **NF** *(Can)* *[de bière]* froth; *[de mer]* foam

**brouet** /bʀuɛ/ **NM** *(†† = potage)* gruel; *(péj ou hum)* brew

**brouette** /bʀuɛt/ **NF** wheelbarrow

**brouettée** /bʀuete/ **NF** (wheel)barrowful

**brouetter** /bʀuete/ ▸ conjug 1 ◂ **VT** to (carry in a) wheelbarrow

**brouhaha** /bʀuaa/ **NM** *(= tintamarre)* hubbub

**brouillage** /bʀujaʒ/ **NM** *(Radio)* *(intentionnel)* jamming; *(accidentel)* interference; *(TV)* scrambling; *(fig)* *[de points de repère]* blurring ◆ **~ des pistes** confusion

**brouillard** /bʀujaʀ/ **NM** **a** *(dense)* fog; *(léger)* mist; *(mêlé de fumée)* smog ◆ **~ de chaleur** heat haze ◆ **~ givrant** freezing fog ◆ **~ à couper au couteau** thick *ou* dense fog, peasouper * ◆ **il fait** *ou* **il y a du ~** it's foggy ◆ **être dans le ~** *(fig)* to be in the dark; → **foncer**[1] **b** *(Comm)* daybook

**brouillasser** /bʀujase/ ▸ conjug 1 ◂ **VB IMPERS** to drizzle

**brouille** /bʀuj/ **NF** disagreement, breach, quarrel ◆ **~ légère** tiff ◆ **être en ~ avec qn** to have fallen out with sb, to be on bad terms with sb

**brouillé, e** /bʀuje/ (ptp de **brouiller**) **ADJ** **a** *(= fâché)* **être ~ avec qn** to have fallen out with sb, to be on bad terms with sb ◆ **être ~ avec les dates/l'orthographe** * to be hopeless *ou* useless * at dates/spelling **b** *(= altéré)* **avoir le teint ~** to have a muddy complexion; → **œuf**

**brouiller** /bʀuje/ ▸ conjug 1 ◂ **VT** **a** *(= troubler)* *[+ contour, vue, yeux]* to blur; *[+ papiers, idées]* to mix up, to muddle up; *[+ combinaison de coffre]* to scramble; *[+ message]* *(lit)* to scramble; *(fig)* to confuse; *[+ frontières, repères]* to blur ◆ **la buée brouille les verres de mes lunettes** my glasses are misting up ◆ **la pluie a brouillé l'adresse** the rain has smudged *ou* blurred the address ◆ **~ les pistes** *ou* **cartes** to confuse *ou* cloud the issue ◆ **cette déclaration a brouillé l'image du président** the statement has tarnished the president's image **b** *(= fâcher)* to set at odds, to put on bad terms ◆ **cet incident l'a brouillé avec sa famille** the incident set him at odds with *ou* put him on bad terms with his family ◆ **elle m'a brouillé avec l'informatique** she really put me off computers **c** *(Radio)* *[+ émission]* *(volontairement)* to jam; *(par accident)* to cause interference to; *(TV)* to scramble
**VPR se brouiller** **a** *(= se troubler)* *[vue]* to become blurred; *[souvenirs, idées]* to get mixed up *ou* muddled up, to become confused ◆ **tout se brouilla dans sa tête** everything became confused *ou* muddled in his mind
**b** *(= se fâcher)* **se ~ avec qn** to fall out *ou* quarrel with sb ◆ **depuis qu'ils se sont brouillés** since they fell out (with each other)
**c** *(Mét)* *[ciel]* to cloud over ◆ **le temps se brouille** it's going *ou* turning cloudy, the weather is breaking

**brouillerie** /bʀujʀi/ **NF** ⇒ **brouille**

**brouilleur** /bʀujœʀ/ **NM** jammer

**brouillon, -onne** /bʀujɔ̃, ɔn/ **ADJ** *(= qui manque de soin)* untidy; *(= qui manque d'organisation)* unmethodical, unsystematic, muddle-headed ◆ **élève ~** careless pupil ◆ **avoir l'esprit ~** to be muddle-headed **NM,F** *(= personne)* muddler, muddlehead **NM** *[de lettre, devoir]* rough copy; *(= ébauche)* (rough) draft; *[de calculs, notes]* rough work ◆ **(papier) ~** rough paper ◆ **prendre qch au ~** to make a rough copy of sth; → **cahier**

**broum** /bʀum/ **EXCL** brum

**broussaille** /bʀusɑj/ **NF** ◆ **~s** undergrowth, brushwood, scrub ◆ **avoir les cheveux en ~** to have tousled hair ◆ **sourcils en ~** bushy eyebrows

**broussailleux, -euse** /bʀusɑjø, øz/ **ADJ** *[terrain, sous-bois]* bushy, scrubby; *[ronces]* brambly; *[jardin]* overgrown; *[sourcils, barbe]* bushy; *[cheveux]* bushy, tousled

**broussard** * /bʀusaʀ/ **NM** bushman

**brousse** /bʀus/ **NF** ◆ **la ~** the bush ◆ **c'est en pleine ~** * *(fig)* it's at the back of beyond *, it's in the middle of nowhere

**broutage** /bʀutaʒ/ **NM** ⇒ **broutement**

**broutard** /bʀutaʀ/ **NM** grass-fed calf

**broutement** /bʀutmɑ̃/ **NM** **a** *[de mouton]* grazing; *[de lapin]* nibbling; *[de vache, cerf]* browsing **b** *[de rabot]* chattering

**brouter** /bʀute/ ▸ conjug 1 ◂ **VT** **a** *[+ herbe]* to graze on, to browse on **b** ⁎ *[+ sexe féminin]* to go down on ⁎⁎ ◆ **il nous les broute !** he's a fucking pain in the neck! ⁎⁎ **VI** **a** *[mouton, vache, cerf]* to graze, to browse **b** *(Tech)* *[rabot]* to chatter **c** *[freins]* to grab; *[embrayage, voiture]* to judder

**broutille** /bʀutij/ **NF** *(= bagatelle)* trifle ◆ **c'est de la ~** * *(de mauvaise qualité)* it's just junk, it's cheap rubbish *(Brit)*; *(sans importance)* it's not worth mentioning, it's nothing of any consequence ◆ **perdre son temps à des ~s** to lose one's time over trifles *ou* trivial matters

**brownie** /bʀoni/ **NM** *(Culin)* brownie

**brownien, -ienne** /bʀonjɛ̃, jɛn/ **ADJ** *[mouvement, particules]* Brownian ◆ **agité de mouvements ~s** *(fig)* rushing about in all directions

**broyage** /bʀwajaʒ/ **NM** **a** *[de pierre, sucre, os]* grinding, crushing; *[de poivre, blé, couleurs]* grinding **b** *[de chanvre, lin]* braking

**broyer** /bʀwaje/ ▸ conjug 8 ◂ **VT** **a** *(= concasser)* *[+ pierre, sucre, os]* to grind (to a powder), to crush; *[+ poivre, blé, couleurs]* to grind **b** *(= écraser)* *[+ chanvre, lin]* to brake; *[+ doigt, main]* to crush ◆ **il a été broyé par une**

**machine** he was crushed to death in a machine c *(= mastiquer) [+ aliments]* to grind, to break up

♦ **broyer du noir** to brood ♦ **dès qu'elle est seule, elle broie du noir** when she's alone, she starts brooding ♦ **nos industriels broient du noir** our industrialists are despondent

**broyeur, -euse** /bʀwajœʀ, øz/ ADJ crushing, grinding NM *(= ouvrier)* grinder, crusher; *(= machine)* grinder, crusher; *[de chanvre, lin]* brake ♦ ~ **(de cailloux)** pebble grinder

**brrr** /bʀʀ/ EXCL brr!

**bru** /bʀy/ NF daughter-in-law

**bruant** /bʀyɑ̃/ NM bunting *(bird)* ♦ ~ **jaune** yellowhammer ♦ ~ **des roseaux** reed bunting

**brucelles** /bʀysɛl/ NFPL tweezers

**brucellose** /bʀyseloz/ NF brucellosis

**brugnon** /bʀyɲɔ̃/ NM nectarine

**brugnonier** /bʀyɲɔnje/ NM nectarine tree

**bruine** /bʀɥin/ NF (fine) drizzle, Scotch mist

**bruiner** /bʀɥine/ ▸ conjug 1 ◂ VB IMPERS to drizzle

**bruineux, -euse** /bʀɥinø, øz/ ADJ drizzly

**bruire** /bʀɥiʀ/ ▸ conjug 2 ◂ VI *[feuilles, tissu, vent]* to rustle; *[ruisseau]* to murmur; *[insecte]* to buzz, to hum ♦ **le marché financier s'est mis à ~ des rumeurs les plus bizarres** the money market has started buzzing with the strangest rumours

**bruissement** /bʀɥismɑ̃/ NM *[de feuilles, tissu, vent]* rustle, rustling; *[de ruisseau]* murmur; *[d'insecte]* buzz(ing), humming

**bruit** /bʀɥi/ NM a *(gén)* sound, noise; *(désagréable)* noise ♦ **j'ai entendu un ~** I heard a noise ♦ **un ~ de vaisselle** the clatter of dishes ♦ **un ~** *ou* **des ~s de moteur/voix** the sound of an engine/of voices ♦ **un ~** *ou* **des ~s de marteau** (the sound of) hammering ♦ **un ~ de verre brisé** the tinkle *ou* sound of broken glass ♦ **un ~ de pas** (the sound of) footsteps ♦ **le ~ d'un plongeon** a splash ♦ **le ~ de la pluie contre les vitres** the sound *ou* patter of the rain against the windows ♦ **le ~ des radios** the noise *ou* blare of radios ♦ **les ~s de la rue** street noises ♦ ~ **de fond** background noise ♦ **le ~ familier des camions** the familiar rumble of the lorries ♦ ~ **sourd** thud ♦ ~ **strident** screech, shriek ♦ **on n'entend aucun ~ d'ici** you can't hear a sound from here ♦ **passer dans un ~ de tonnerre** to thunder past

b *(opposé à silence)* **le ~** noise ♦ **j'ai entendu du ~** I heard a noise ♦ **il y a trop de ~** there's too much noise, it's too noisy ♦ **je ne peux pas travailler dans le ~** I can't work in a noisy environment ♦ **le ~ est insupportable ici** the noise is unbearable here ♦ **sans ~** noiselessly, without a sound, silently ♦ **faire du ~** *[objet, machine]* to make a *ou* some noise ♦ **les enfants font du ~, c'est normal** it's natural for children to be noisy ♦ **arrêtez de faire du ~** stop being so noisy ♦ **cette machine fait un ~ infernal** this machine makes a dreadful noise *ou* racket *

c *(= perturbation)* **beaucoup de ~ pour rien** much ado about nothing, a lot of fuss about nothing ♦ **faire grand ~** *[affaire, déclaration, film, nouvelle]* to cause quite a stir ♦ **faire grand ~** *ou* **beaucoup de ~ autour de qch** to make a great fuss *ou* to-do about sth ♦ **cette nouvelle a été annoncée à grand ~** the news was announced amid much publicity *ou* fanfare ♦ **il fait plus de ~ que de mal** his bark is worse than his bite

d *(= nouvelle)* rumour ♦ **le ~ de son départ ...** the rumour of his departure ... ♦ **le ~ court qu'il doit partir** there's a rumour going about that he is to leave ♦ **c'est un ~ qui court** it's a rumour that's going around ♦ **se faire l'écho d'un ~** to repeat a rumour ♦ **répandre de faux ~s (sur)** to spread false rumours *ou* tales (about) ♦ **les ~s de couloir à l'Assemblée nationale** parliamentary rumours ♦ **~s de guerre** rumours of war ♦ ~ **de bottes** sabre-rattling ♦ **il n'est ~ †† dans la ville que de son arrivée** his arrival is the talk of the town

e *(Téléc)* noise ♦ ~ **de souffle** *(Méd)* murmur ♦ ~ **de galop** *(Méd)* galop rhythm

**bruitage** /bʀɥitaʒ/ NM sound effects

**bruiter** /bʀɥite/ ▸ conjug 1 ◂ VT to add the sound effects to

**bruiteur, -euse** /bʀɥitœʀ, øz/ NM,F sound-effects engineer

**brûlage** /bʀylaʒ/ NM *[de cheveux]* singeing; *[de café]* roasting; *[d'herbes]* burning ♦ **faire un ~ à qn** to singe sb's hair

**brûlant, e** /bʀylɑ̃, ɑt/ ADJ a *(= chaud) [objet]* burning (hot), red-hot; *[plat]* piping hot; *[liquide]* boiling (hot), scalding; *[soleil]* scorching, blazing; *[air]* burning ♦ **il a le front ~ (de fièvre)** his forehead is burning (with fever) b *(= passionné) [regard, pages]* fiery, impassioned c *(= controversé) [sujet]* highly topical ♦ **être sur un terrain ~** to touch on a hotly debated issue ♦ **c'est d'une actualité ~e** it's the burning question *ou* issue of the hour

**brûlé, e** /bʀyle/ (ptp de **brûler**) ADJ ♦ **il est ~ *** *(gén)* he's had * *ou* blown * it; *[espion]* his cover is blown *; → **crème, terre, tête** NM,F *(= personne)* burnt person ♦ **grand ~** victim of third-degree burns, badly burnt person NM ♦ **ça sent le ~** *(lit)* there's a smell of burning; *(fig)* there's trouble brewing ♦ **cela a un goût de ~** it tastes burnt *ou* has a burnt taste

**brûle-gueule** (pl **brûle-gueules**) /bʀylgœl/ NM short (clay) pipe

**brûle-parfum** (pl **brûle-parfums**) /bʀylpaʀfœ̃/ NM perfume burner

**brûle-pourpoint** /bʀylpuʀpwɛ̃/ **à brûle-pourpoint** LOC ADV a *(= brusquement)* point-blank b *(†† = à bout portant)* at point-blank range

**brûler** /bʀyle/ ▸ conjug 1 ◂ VT a *(= détruire) [+ objet, ordures, corps]* to burn; *[+ maison, village]* to burn down ♦ **être brûlé vif** *(accident)* to be burnt alive *ou* burnt to death; *(supplice)* to be burnt at the stake ♦ **il a brûlé ses dernières cartouches** *(fig)* he's shot his bolt ♦ ~ **ses vaisseaux** *(fig)* to burn one's bridges *ou* one's boats *(Brit)* ♦ ~ **le pavé** † to ride *ou* run hell for leather * ♦ ~ **les planches** *(Théât)* to give a spirited performance ♦ ~ **ce que l'on a adoré** to burn one's old idols

b *(= endommager) [flamme]* to burn; *[eau bouillante]* to scald; *[fer à repasser]* to singe, to scorch; *[soleil] [+ herbe]* to scorch; *[+ peau]* to burn; *[gel] [+ bourgeon]* to nip, to damage; *[acide] [+ peau]* to burn, to sear; *[+ métal]* to burn, to attack, to corrode ♦ **il a la peau brûlée par le soleil** his skin is sunburnt ♦ **le soleil nous brûle** the sun is scorching *ou* burning

c *(= donner une sensation de brûlure à)* to burn ♦ **le radiateur me brûlait le dos** the radiator was burning *ou* scorching my back ♦ **j'ai les yeux qui me brûlent, les yeux me brûlent** my eyes are smarting *ou* stinging ♦ **j'ai la figure qui (me) brûle** my face is burning ♦ **la gorge lui brûle** he's got a burning sensation in his throat ♦ **l'argent lui brûle les doigts** money burns a hole in his pocket ♦ **cette question me brûlait les lèvres** I was dying to ask that question

d *(= traiter) [+ café]* to roast; *[+ pointes de cheveux]* to singe; *(Méd)* to cauterize

e *(= consommer) [+ électricité, charbon]* to burn, to use; *[+ cierge, encens, calories]* to burn ♦ **ils ont brûlé tout leur bois** they've burnt up *ou* used up all their wood ♦ ~ **la chandelle par les deux bouts** to burn the candle at both ends ♦ **j'irai ~ un cierge pour toi** *(hum)* I'll go and light a candle for you, I'll cross my fingers for you

f *(= ignorer)* ~ **un stop** *(Aut)* to ignore a stop sign ♦ ~ **un feu rouge** to go through a red light, to run a red light *(US)* ♦ ~ **un signal/une station** *(Rail)* to go through *ou* past a signal/a station (without stopping) ♦ ~ **une étape** to cut out a stop ♦ ~ **les étapes** *(fig) (= réussir rapidement)* to shoot ahead; *(= trop se précipiter)* to cut corners, to take short cuts ♦ ~ **la politesse à qn** to leave sb abruptly (without saying goodbye)

VI a *[charbon, feu]* to burn; *[maison, forêt]* to be on fire; *(Culin)* to burn ♦ **ce bois brûle très vite** this wood burns (up) very quickly ♦ **j'ai laissé ~ le rôti** I burnt the roast ♦ **on a laissé ~ l'électricité** *ou* **l'électricité a brûlé toute la journée** the lights have been left on *ou* have been burning away all day; → **torchon**

b *(= être très chaud)* to be burning (hot) *ou* scalding ♦ **son front brûle de fièvre** his forehead is burning ♦ **ne touche pas, ça brûle** don't touch that, you'll burn yourself *ou* you'll get burnt ♦ **tu brûles !** *(jeu, devinette)* you're getting hot!

c ♦ ~ **de faire qch** *(= être impatient)* to be burning *ou* be dying to do sth ♦ ~ **d'impatience** to seethe with impatience ♦ ~ **(d'amour) pour qn** *(† ou hum)* to be infatuated *ou* madly in love with sb ♦ ~ **d'envie** *ou* **du désir de faire qch** to be dying *ou* longing to do sth

VPR **se brûler** a *(gén)* to burn o.s.; *(= s'ébouillanter)* to scald o.s. ♦ **je me suis brûlé la langue** I burnt my tongue ♦ **se ~ les doigts** *(lit)* to burn one's fingers; *(fig)* to get one's fingers burnt ♦ **le papillon s'est brûlé les ailes à la flamme** the moth burnt *ou* singed its wings in the flame ♦ **se ~ la cervelle** to blow one's brains out

b *(* : Can)* to exhaust o.s., to wear o.s. out

**brûlerie** /bʀylʀi/ NF *[de café] (= usine)* coffee-roasting plant; *(= magasin)* coffee-roasting shop; *[d'alcool]* (brandy) distillery

**brûleur** /bʀylœʀ/ NM *(= dispositif)* burner

**brûlis** /bʀyli/ NM *(= technique)* slash-and-burn technique; *(= terrain)* field *(where vegetation has been slashed and burnt)* ♦ **culture sur ~** slash-and-burn agriculture *ou* farming

**brûloir** /bʀylwaʀ/ NM *(= machine)* coffee roaster

**brûlot** /bʀylo/ NM a *(Hist Naut)* fire ship; *(= personne)* firebrand ♦ **lancer un ~ contre** *(fig)* to launch a scathing *ou* blistering attack on b *(Can)* midge, gnat

**brûlure** /bʀylyʀ/ NF *(= lésion)* burn; *(= sensation)* burning sensation ♦ ~ **(d'eau bouillante)** scald ♦ ~ **de cigarette** cigarette burn ♦ ~ **du premier degré** first-degree burn ♦ **~s d'estomac** heartburn *(NonC)*

**brumaire** /bʀymɛʀ/ NM Brumaire *(second month of French Republican calendar)*

**brume** /bʀym/ NF *(= brouillard) (léger)* mist; *(de chaleur)* haze; *(dense)* fog; *(Naut)* fog ♦ **être dans les ~s du sommeil/de l'alcool** to be half asleep/in a drunken stupor; → **banc, corne**

**brumeux, -euse** /bʀymø, øz/ ADJ a *[temps]* misty, foggy; *[ciel]* hazy b *[poésie, philosophie, raisonnement]* obscure, hazy; *[idée, souvenir]* vague, hazy

**brumisateur** ® /bʀymizatœʀ/ NM spray, atomiser

**brun, brune** /bʀœ̃, bʀyn/ ADJ *[yeux, couleur]* brown; *[cheveux]* brown, dark; *[peau]* dusky, swarthy, dark; *(= bronzé)* tanned, brown; *[tabac]* dark; *[bière]* brown ◆ **il est ~** *(cheveux)* he's dark-haired; *(bronzé)* he's tanned ◆ **il est ~ (de peau)** he's dark-skinned ◆ **~ roux** (dark) auburn NM *(= couleur)* brown; *(= homme)* dark-haired man NF **brune** a *(= bière)* ≈ brown ale b *(= cigarette) cigarette made of dark tobacco* c *(= femme)* brunette d *(littér)* **à la ~e** at twilight, at dusk

**brunante** /bʀynɑ̃t/ NF *(Can)* ◆ **à la ~** at twilight, at dusk

**brunâtre** /bʀynɑtʀ/ ADJ brownish

**brunch** /bʀœ(t)ʃ/ NM brunch

**Brunéi** /bʀynei/ NM Brunei

**brunéien, -ienne** /bʀyneјɛ̃, jɛn/ ADJ of *ou* from Brunei NM,F **Brunéien(ne)** inhabitant *ou* native of Brunei

**brunette** /bʀynɛt/ NF brunette

**brunir** /bʀyniʀ/ ► conjug 2 ◄ VI *[personne, peau]* to get a tan; *[cheveux]* to go darker; *[caramel]* to brown VT a *[+ peau]* to tan; *[+ cheveux]* to darken b *[+ métal]* to burnish, to polish

**brunissage** /bʀynisaʒ/ NM *(Tech)* burnishing; *(Culin)* browning

**brunissement** /bʀynismɑ̃/ NM *[de peau]* tanning

**brunissoir** /bʀyniswaʀ/ NM burnisher

**brunissure** /bʀynisyʀ/ NF *[de métal]* burnish; *(Agr)* potato rot; *[de vigne]* brown rust

**brunoise** /bʀynwaz/ NF *(Culin)* diced vegetable ◆ **fine ~ de carottes** finely diced carrots ◆ **taillez la courgette en ~** dice the courgette

**bruschetta** /bʀuskɛta/ NF bruschetta

**brushing** /bʀœʃiŋ/ NM blow-dry ◆ **faire un ~ à qn** to blow-dry sb's hair

> ⚠ **brushing** *ne se traduit pas par le mot anglais* **brushing**, *qui n'est pas un terme de coiffure.*

**brusque** /bʀysk/ ADJ a *(= rude, sec) [personne, manières]* brusque, abrupt, blunt; *[geste]* brusque, abrupt, rough; *[ton]* curt, abrupt, blunt ◆ **être ~ avec qn** to be curt *ou* abrupt with sb b *(= soudain) [départ, changement]* abrupt, sudden; *[virage]* sharp; *[envie]* sudden ◆ **la ~ aggravation de la crise économique** the sudden worsening of the economic crisis

**brusquement** /bʀyskəmɑ̃/ ADV a *(= sèchement)* brusquely, abruptly, bluntly b *(= subitement)* suddenly

**brusquer** /bʀyske/ ► conjug 1 ◄ VT a *(= précipiter)* to rush, to hasten ◆ **attaque brusquée** surprise attack ◆ **il ne faut rien ~** we mustn't rush things b *[+ personne]* to rush, to chivvy *

**brusquerie** /bʀyskəʀi/ NF brusqueness, abruptness

**brut, e**[1] /bʀyt/ ADJ a *[diamant]* uncut, rough; *[pétrole]* crude; *[minerai]* crude, raw; *[sucre]* unrefined; *[soie, métal]* raw; *[toile]* unbleached; *[laine]* untreated; *[idée]* crude, raw; *[art]* primitive; *[donnée]* raw ◆ **les faits ~s** the hard facts ◆ **à l'état ~** *[diamant]* in the rough; *[matière]* untreated, unprocessed ◆ **informations à l'état ~** raw data ◆ **~ de béton** *ou* **de décoffrage** *[pilier, mur]* raw concrete; *(fig)* rough and ready ◆ **~ de fonderie** *[pièce]* unpolished; *(fig)* rough and ready ◆ **force ~e** brute force *ou* physical violence
b *[champagne]* brut, dry; *[cidre]* dry
c *(Comm, Fin) [bénéfice, poids, salaire]* gross ◆ **il touche 5 000 € ~s par mois** he earns €5,000 gross per month, he grosses €5,000 per month ◆ **ils ont fait un bénéfice ~ de 5 millions** they made a gross profit of *ou* they grossed 5 million ◆ **ça fait 100 €/100 kg ~, ça fait ~ 100 €/100 kg** that makes €100/100 kg gross; → **marge, produit, résultat**
NM a *(= pétrole)* crude (oil) ◆ **~ lourd/léger** heavy/light crude
b *(= champagne)* brut *ou* dry champagne; *(= cidre)* dry cider
c *(= salaire)* gross salary

**brutal, e** (mpl **-aux**) /bʀytal, o/ ADJ a *(= violent) [personne, caractère]* rough, brutal, violent; *[instinct]* savage; *[jeu]* rough ◆ **être ~ avec qn** to be rough with sb ◆ **force ~e** brute force b *(= abrupt, cru) [langage, franchise]* blunt; *[vérité]* plain, unvarnished; *[réalité]* stark ◆ **il a été très ~ dans sa réponse** he gave a very blunt answer c *(= soudain) [mort, changement]* sudden; *[choc, coup]* brutal

**brutalement** /bʀytalmɑ̃/ ADV a *(= violemment) [pousser, saisir, attaquer]* brutally b *(= sèchement) [dire, répondre, déclarer]* bluntly c *(= subitement) [chuter, mourir, changer]* suddenly

**brutaliser** /bʀytalize/ ► conjug 1 ◄ VT *[+ personne] (gén)* to ill-treat; *(physiquement)* to knock about *, to manhandle; *[+ enfant] (à l'école)* to bully; *[+ machine]* to treat roughly ◆ **femme brutalisée par son mari** battered wife

**brutalité** /bʀytalite/ NF a *(= violence)* roughness; *(plus cruelle)* brutality; *(Sport)* rough play *(NonC)* ◆ **avec ~** brutally ◆ **il l'a dit fermement mais sans ~** he was firm about it without being brutal b *(= acte)* brutality ◆ **~s policières** police brutality c *(= soudaineté)* suddenness, abruptness

**brute**[2] /bʀyt/ NF *(= homme brutal)* brute, animal; *(= homme grossier)* boor, lout; *(littér = animal)* brute, beast ◆ **taper sur qch comme une ~** * to bash * away at sth (savagely) ◆ **frapper qn comme une ~** to hit out at sb brutishly ◆ **travailler comme une ~** * to work like a dog ◆ **~ épaisse** * brutish lout ◆ **c'est une sale ~ !** * he's a real brute! * ◆ **tu es une grosse ~ !** * you're a big bully!

**Brutus** /bʀytys/ NM Brutus

**Bruxelles** /bʀysɛl/ N Brussels; → **chou**[1]

**bruxellois, e** /bʀyksɛlwa, waz/ ADJ of *ou* from Brussels NM,F **Bruxellois(e)** inhabitant *ou* native of Brussels

**bruyamment** /bʀɥijamɑ̃/ ADV *[rire, parler]* noisily, loudly; *[protester]* loudly

**bruyant, e** /bʀɥijɑ̃, ɑ̃t/ ADJ *[personne, réunion]* noisy, boisterous; *[rue]* noisy; *[rire]* loud; *[succès]* resounding *(épith)* ◆ **ils ont accueilli la nouvelle avec une joie ~e** they greeted the news with whoops * *ou* with loud cries of joy

**bruyère** /bʀyjɛʀ/ NF *(= plante)* heather; *(= terrain)* heath(land) ◆ **pipe en (racine de) ~** briar pipe; → **coq**[1], **terre**

**bryophytes** /bʀijɔfit/ NFPL bryophytes

**BT** /bete/ NM (abrév de **brevet de technicien**) → **brevet**

**BTP** /betepe/ NMPL (abrév de **bâtiments et travaux publics**) *public buildings and works sector*

**BTS** /betees/ NM (abrév de **brevet de technicien supérieur**) → **brevet**

**BU** /bey/ NF (abrév de **bibliothèque universitaire**) → **bibliothèque**

**bu, e** /by/ ptp de **boire**

**buanderette** /bɥɑ̃dʀɛt/ NF *(Can)* launderette *(Brit)*, Laundromat ® *(US)*

**buanderie** /bɥɑ̃dʀi/ NF wash house, laundry; *(Can = blanchisserie)* laundry

**Buba** * /buba/ NF (abrév de **Bundesbank**) ◆ **la ~** the Bundesbank

**bubale** /bybal/ NM bubal

**bubon** /bybɔ̃/ NM bubo

**bubonique** /bybɔnik/ ADJ bubonic; → **peste**

**Bucarest** /bykaʀɛst/ N Bucharest

**buccal, e** (mpl **-aux**) /bykal, o/ ADJ oral; → **cavité, voie**

**buccin** /byksɛ̃/ NM whelk

**buccodentaire** /bykodɑ̃tɛʀ/ ADJ *[hygiène]* oral

**bûche** /byʃ/ NF a *[de bois]* log ◆ **~ de Noël** *(Culin)* Yule log ◆ **~ glacée** ice-cream Yule log b *(* = lourdaud)* blockhead *, clot * *(Brit)*, clod * *(US)*, lump * ◆ **rester (là) comme une ~** to sit there like a (great) lump * c *(* = chute)* fall, spill ◆ **ramasser une ~** to come a cropper * *(Brit)*, to take a (headlong) spill *(US)*

**bûcher**[1] /byʃe/ NM a *(= remise)* woodshed b *(funéraire)* (funeral) pyre; *(= supplice)* stake ◆ **être condamné au ~** to be condemned to (be burnt at) the stake

**bûcher**[2] * /byʃe/ ► conjug 1 ◄ VT *[étudiant]* to bone up on *, to swot up * *(Brit)* VI to swot * *(Brit)*, to cram * *(US)*

**bûcher**[3] /byʃe/ ► conjug 1 ◄ *(Can)* VT *[+ arbres]* to fell, to cut down, to chop down VI to fell trees

**bûcheron, -onne** /byʃʀɔ̃, ɔn/ NM,F woodcutter, lumberjack *(esp in Canada)*

**bûchette** /byʃɛt/ NF (dry) twig, stick (of wood); *(pour compter)* rod, stick

**bûcheur, -euse** * /byʃœʀ, øz/ ADJ hard-working NM,F slogger *, swot * *(Brit)*, grind * *(US)*

**bucolique** /bykɔlik/ ADJ bucolic, pastoral NF bucolic, pastoral (poem)

**Budapest** /bydapɛst/ N Budapest

**budget** /bydʒɛ/ NM budget ◆ **~ annexe** supplementary budget ◆ **~ d'exploitation** working *ou* operating *ou* trading budget ◆ **~ de fonctionnement** operating budget ◆ **~ d'investissement** capital budget ◆ **~ prévisionnel** provisional budget ◆ **~ publicitaire** *[d'annonceur]* advertising budget; *[d'agence de publicité]* advertising account ◆ **~ social** welfare budget ◆ **le client au ~ modeste** the customer on a tight budget *ou* with a low income ◆ **vacances pour petits ~s** *ou* **~s modestes** low-cost *ou* -budget holidays ◆ **film à gros ~** big-budget film; → **boucler**

**budgétaire** /bydʒetɛʀ/ ADJ *[dépenses, crise, politique]* budget *(épith)*; *[déficit]* budgetary ◆ **débat ~** budget debate, debate on the budget

**budgéter** /bydʒete/ ► conjug 6 ◄ VT ⇒ **budgétiser**

**budgétisation** /bydʒetizasjɔ̃/ NF inclusion in the budget

**budgétiser** /bydʒetize/ ► conjug 1 ◄ VT to include in the budget, to budget for

**budgétivore** /bydʒetivɔʀ/ ADJ high-spending *(épith)*

**buée** /bɥe/ NF *[d'haleine]* condensation, steam; *[d'eau chaude]* steam; *(sur vitre)* mist, steam, condensation; *(sur miroir)* mist ◆ **couvert de ~** misted up, steamed up ◆ **faire de la ~** to make steam

**Buenos Aires** /bwenɔzɛʀ/ N Buenos Aires

**buffet** /byfɛ/ NM a *(= meuble)* sideboard ◆ **~ de cuisine** dresser *(Brit)*, kitchen cabinet *(US)*; → **danser** b *[de réception] (= table)* buffet; *(= repas)* buffet (meal) ◆ **~ campagnard** ≈ cold table ◆ **~ froid** cold buffet ◆ **~ (de gare)** station buffet, refreshment room *ou* bar ◆ **~ roulant** refreshment trolley *(Brit) ou* cart *(US)* c *(* = ventre)* stomach, belly * ◆ **il n'a rien dans le ~** *(à jeun)* he hasn't had anything to eat; *(peureux)* he has no guts * **d** ◆ ~ **(d'orgue)** (organ) case

**buffle** /byfl/ **NM** buffalo

**bug** /bœg/ **NM** *(Ordin)* bug ◆ **le ~ de l'an 2000** the millennium bug

**buggy** /bygi/ **NM** *(Aut)* buggy

**bugle**[1] /bygl/ **NM** *(Mus)* bugle

**bugle**[2] /bygl/ **NF** *(Bot)* bugle

**bugne** /byɲ/ **NF** *(Culin)* sweet fritter

**building** /bildiŋ/ **NM** high-rise building, tower block

**buire** /bɥiʀ/ **NF** ewer

**buis** /bɥi/ **NM** *(= arbre)* box(wood) *(NonC)*, box tree; *(= bois)* box(wood)

**buisson** /bɥisɔ̃/ **NM** *(Bot)* bush ◆ ~ **ardent** *(Bible)* burning bush ◆ ~ **de langoustines** buisson of langoustines

**buissonnant, e** /bɥisɔnɑ̃, ɑ̃t/ **ADJ** *[plante]* bush-like; *[favoris]* bushy, luxuriant

**buissonneux, -euse** /bɥisɔnø, øz/ **ADJ** *[terrain]* bushy, full of bushes; *[végétation]* scrubby

**buissonnière** /bɥisɔnjɛʀ/ **ADJ F** → **école**

**Bujumbura** /buʒumbuʀa/ **N** Bujumbura

**bulbe** /bylb/ **NM** *(Bot)* bulb, corm; *(Archit)* onion-shaped dome ◆ ~ **pileux** *(Anat)* hair bulb ◆ ~ **rachidien** medulla (oblongata)

**bulbeux, -euse** /bylbø, øz/ **ADJ** *(Bot)* bulbous; *[forme]* bulbous, onion-shaped

**bulgare** /bylgaʀ/ **ADJ** Bulgarian **NM** *(Ling)* Bulgarian **NMF** **Bulgare** Bulgarian, Bulgar

**Bulgarie** /bylgaʀi/ **NF** Bulgaria

**bulldog** /buldɔg/ **NM** ⇒ **bouledogue**

**bulldozer** /buldozɛʀ/ **NM** bulldozer ◆ **c'est un vrai ~** *(fig)* he steamrollers (his way) through everything

**bulle**[1] /byl/ **NF** **a** *[d'air, boisson, savon, verre]* bubble; *(sur la peau)* blister, bulla *(SPÉC)* ◆ **faire des ~s** *[liquide]* to bubble; *[personne]* to blow bubbles ◆ ~ **d'air** air bubble; *(Tech)* airlock; → **coincer, chambre, chier** **b** *(= enceinte stérile)* bubble **c** *(= espace protégé)* cocoon ◆ **la ~ familiale** the family cocoon ◆ ~ **financière/spéculative** *(Écon)* financial/speculative bubble **d** *[de bande dessinée]* balloon ◆ ~ **d'aide** *(Ordin)* help bubble **e** *[d'emballage]* **film à ~s, emballage-~** bubble-wrap ◆ **enveloppe à ~s** padded envelope **f** *(Rel)* bull **g** *(arg Scol = zéro)* nought, zero

**bulle**[2] /byl/ **NM** ◆ **(papier) ~** Manilla paper

**bullé, e** /byle/ **ADJ** bubble *(épith)* ◆ **verre ~** bubble glass

**buller** * /byle/ ▸ **conjug 1** ◂ **VI** *(= paresser)* to laze around

**bulletin** /byltɛ̃/ **NM** **a** *(= reportage, communiqué)* bulletin, report; *(= magazine)* bulletin; *(= formulaire)* form; *(= certificat)* certificate; *(= billet)* ticket; *(Scol)* report

**b** *(Pol)* ballot paper ◆ **voter à ~ secret** to vote by secret ballot

**COMP** ▷ **bulletin de bagage** luggage ticket, baggage check *(surtout US)* ▷ **bulletin blanc** *(Pol)* blank vote ▷ **bulletin de commande** order form ▷ **bulletin de consigne** left-luggage *(Brit)* ou checkroom *(US)* ticket ▷ **bulletin des cours** *(Bourse)* official list, stock-exchange list ▷ **bulletin d'information** news bulletin ▷ **bulletin météorologique** weather forecast ▷ **bulletin de naissance** birth certificate ▷ **bulletin de notes** ⇒ **bulletin scolaire** ▷ **bulletin nul** *(Pol)* spoiled ou spoilt *(Brit)* ballot paper ▷ **bulletin de paie** ⇒ **bulletin de salaire** ▷ **bulletin de participation** *(dans un concours)* entry form ▷ **bulletin de salaire** pay-slip, wage slip, salary advice *(Brit)* ▷ **bulletin de santé** medical bulletin ▷ **bulletin scolaire** school report *(Brit)*, report (card) *(US)* ▷ **bulletin trimestriel** end-of-term report ▷ **bulletin de versement** *(Helv) slip to accompany payments made through the post office* ▷ **bulletin de vote** *(Pol)* ballot paper

**bulletin-réponse** (pl **bulletins-réponses**) /byltɛ̃ʀepɔ̃s/ **NM** *(dans un concours)* entry form, reply slip

**bulleur** *, **-euse** /bylœʀ, øz/ **NM,F** lazybones

**bull-terrier** (pl **bull-terriers**) /bultɛʀje/ **NM** bull terrier

**bulot** /bylo/ **NM** whelk

**bungalow** /bœ̃galo/ **NM** *(en Inde)* bungalow; *[de motel]* chalet

**bunker**[1] /bœnkœʀ/ **NM** *(Golf)* bunker, sand trap *(US)*

**bunker**[2] /bunkœʀ, bunkɛʀ/ **NM** bunker

**Bunsen** /bœnsɛn/ **N** → **bec**

**buraliste** /byʀalist/ **NMF** *[de bureau de tabac] shopkeeper selling tobacco products, stamps and sometimes newspapers*; *[de poste]* clerk

**bure** /byʀ/ **NF** *(= étoffe)* frieze, homespun; *(= vêtement) [de moine]* frock, cowl ◆ **porter la ~** to be a monk

**bureau** (pl **bureaux**) /byʀo/ **NM** **a** *(= meuble)* desk

**b** *(= cabinet de travail)* study

**c** *(= lieu de travail, pièce, édifice)* office ◆ **le ~ du directeur** the manager's office ◆ **pendant les heures de ~** during office hours ◆ **nos ~x seront fermés** our premises ou the office will be closed ◆ **il travaille dans les ~x** * he has a desk ou an office job ◆ **le ~ des pleurs est fermé** *(hum)* moaning (about it) will get you nowhere ◆ **emploi de ~** desk ou office job ◆ **équipement/mobilier de ~** office equipment/furniture; → **chef**[1], **deuxième**

**d** *(= section)* department; *(Mil)* branch, department

**e** *(= comité)* committee; *(exécutif)* board ◆ **aller à une réunion du ~** to go to a committee meeting ◆ **élire le ~** *[syndicats]* to elect the officers (of the committee)

**COMP** ▷ **bureau d'accueil** reception ▷ **bureau d'aide sociale** welfare office ▷ **bureau de bienfaisance** welfare office ▷ **bureau de change** bureau de change *(Brit)*, foreign exchange office *(US)* ▷ **bureau des contributions** tax office ▷ **bureau à cylindre** roll-top desk ▷ **bureau de douane** customs house ▷ **bureau d'études** *[d'entreprise]* research department; *(= cabinet)* research consultancy ▷ **Bureau européen de l'environnement** European Environment Office ▷ **bureau exécutif** executive committee ▷ **Bureau international du travail** International Labour Office ▷ **bureau de location** booking ou box office ▷ **bureau ministre** pedestal desk ▷ **bureau des objets trouvés** lost and found (office), lost property office *(Brit)* ▷ **bureau de placement** employment agency ▷ **bureau politique** *[de parti]* party executives; *[de parti communiste]* politburo ▷ **bureau de poste** post office ▷ **bureau de renseignements** information service ▷ **bureau de tabac** *shop selling tobacco products, stamps and sometimes newspapers* ▷ **bureau de tri** sorting office ▷ **Bureau de vérification de la publicité** *independent body which regulates the advertising industry* ▷ **bureau de vote** polling station

**bureaucrate** /byʀokʀat/ **NMF** bureaucrat

**bureaucratie** /byʀokʀasi/ **NF** *(péj, gén)* bureaucracy; *(= employés)* officials, officialdom *(NonC)* ◆ **toute cette ~ m'agace** all this red tape gets on my nerves

**bureaucratique** /byʀokʀatik/ **ADJ** bureaucratic

**bureaucratisation** /byʀokʀatizasjɔ̃/ **NF** bureaucratization

**bureaucratiser** /byʀokʀatize/ ▸ **conjug 1** ◂ **VT** to bureaucratize

**bureautique** /byʀotik/ **NF** office automation ◆ **application ~** office automation application

**burette** /byʀɛt/ **NF** **a** *(Chim)* burette; *(Culin, Rel)* cruet; *[de mécanicien]* oilcan **b** *(*‡* = testicules)* **~s** balls *‡

**burgrave** /byʀgʀav/ **NM** *(Hist)* burgrave

**burin** /byʀɛ̃/ **NM** chisel; *(Art) (= outil)* burin, graver; *(= gravure)* engraving, print

**buriné, e** /byʀine/ (ptp de **buriner**) **ADJ** *[visage]* (deeply) lined, craggy

**buriner** /byʀine/ ▸ **conjug 1** ◂ **VT** *(Art)* to engrave; *(Tech)* to chisel, to chip

**Burkina(-Faso)** /byʀkina(faso)/ **NM** Burkina-Faso

**burkinabé** /byʀkinabe/ **ADJ** of ou from Burkina-Faso **NMF** **Burkinabé** inhabitant ou native of Burkina-Faso

**burlat** /byʀla/ **NF** *type of cherry*

**burlesque** /byʀlɛsk/ **ADJ** *(Théât)* burlesque; *(= comique)* comical, funny; *(= ridicule)* ludicrous, ridiculous ◆ **le ~** the burlesque

**burnes** *‡ /byʀn/ **NFPL** *(= testicules)* balls *‡ ◆ **tu me casses les ~!** you're getting on my wick! * *(Brit)*, you're really pissing me off! *‡

**burnous** /byʀnu(s)/ **NM** *[d'Arabe]* burnous(e); *[de bébé]* baby's cape; → **suer**

**burqa** /byʀka/ **NF** burqa

**burundais, e** /buʀundɛ, ɛz/ **ADJ** Burundian **NM,F** **Burundais(e)** Burundian

**Burundi** /buʀundi/ **NM** Burundi

**bus** /bys/ **NM** *(Aut, Ordin)* bus

**busard** /byzaʀ/ **NM** *(Orn)* harrier ◆ ~ **Saint-Martin** hen harrier

**buse**[1] /byz/ **NF** *(Orn)* buzzard; *(* = imbécile)* dolt *

**buse**[2] /byz/ **NF** *(= tuyau) (gén)* pipe; *(Tech)* duct ◆ ~ **d'aération** ventilation duct ◆ ~ **de carburateur** carburettor choke tube ◆ ~ **de haut fourneau** blast nozzle ◆ ~ **d'injection** injector (nozzle)

**bush** /buʃ/ **NF** *(Géog)* bush

**business** * /biznɛs/ **NM** **a** *(= affaires)* business ◆ **qu'est-ce que c'est que ce ~ ?** what's all this mess about? * **b** *(= truc, machin)* thingumajig *, thingummy * *(Brit)*

**busqué, e** /byske/ **ADJ** ◆ **avoir le nez ~** to have a hooked ou a hook nose

**buste** /byst/ **NM** *(= torse)* chest; *(= seins)* bust; *(= sculpture)* bust ◆ **photographier qn en ~** to take a head-and-shoulder photograph of sb

**bustier** /bystje/ **NM** *(= sous-vêtement)* long-line (strapless) bra; *(= corsage)* off-the-shoulder top; → **robe**

**but** /by(t)/ **GRAMMAIRE ACTIVE 35.2** **NM** **a** *(= objectif)* aim, goal, objective ◆ **il n'a aucun ~ dans la vie** he has no aim in life ◆ **il a pour ~** ou **il s'est donné pour ~ de faire** his aim is to do, he is aiming to do ◆ **aller droit au ~** to come ou go straight to the point ◆ **nous touchons au ~** the end ou our goal is in sight ◆ **être encore loin du ~** to have a long way to go ◆ **prenons comme ~ (de promenade) le château** let's go ou walk as far as the castle ◆ **leur ~ de promenade favori** their favourite walk ◆ **aller** *ou* **errer sans** ~ to wander aimlessly about *ou* around ◆ **à ~ lucratif** profit-making, profit-seeking ◆ **à ~ non lucratif, sans ~ lucratif** non-profit-making *(Brit)*, non-profit *(US)*, not-for-profit *(US)*

b *(= intention)* aim, purpose, object; *(= raison)* reason; *(Gram)* purpose ◆ **dans le ~ de faire** with the intention *ou* aim of doing, in order to do ◆ **je lui écris dans le ~ de ...** my aim in writing to him is to ... ◆ **je fais ceci dans le seul ~ de ...** my sole aim in doing this is to ... ◆ **c'est dans ce ~ que nous partons** it's with this aim in view that we're leaving ◆ **faire qch dans un ~ déterminé** to do sth for a definite reason, to do sth with one aim *ou* object in view ◆ **c'était le ~ de l'opération** *ou* **de la manœuvre** that was the object *ou* point of the operation, this was the object of the exercise ◆ **aller à l'encontre du ~ recherché** to defeat the object ◆ **fermer toutes les routes forestières irait à l'encontre du ~ visé** closing all the forest tracks would defeat the object *ou* would be counterproductive ◆ **complément de ~** *(Gram)* purpose clause

c *(Sport, Ftbl etc)* goal; *(Tir)* target, mark; *(Pétanque = cochonnet)* jack ◆ **gagner/perdre (par) 3 ~s à 2** to win/lose by 3 goals to 2 ◆ **marquer** *ou* **rentrer * un ~** to score a goal

d *(loc)*

♦ **de but en blanc** suddenly, point-blank, just like that * ◆ **il me demanda de ~ en blanc si ...** he asked me point-blank *ou* straight out if ...

**butane** /bytan/ **NM** ◆ **(gaz) ~** *(Camping, Ind)* butane; *(à usage domestique)* calor gas ®

**butanier** /bytanje/ **NM** butane tanker

**buté, e**[1] /byte/ (ptp de **buter**) **ADJ** *[personne, air]* stubborn, obstinate, mulish

**butée**[2] /byte/ **NF** a *(Archit)* abutment b *(Tech)* stop; *[de piscine]* end wall; *(Ski)* toe-piece

**buter** /byte/ ▸ conjug 1 ◂ **VI** a *(= achopper)* to stumble, to trip ◆ **~ contre qch** *(= trébucher)* to stumble over sth, to catch one's foot on sth; *(= cogner)* to bump *ou* bang into *ou* against sth; *(= s'appuyer)* to be supported by sth, to rest against sth ◆ **~ contre une difficulté** to come up against a difficulty, to hit a snag * ◆ **nous butons sur ce problème depuis le début** this problem has been a stumbling block right from the start ◆ **~ sur un mot** to stumble over *ou* trip over a word

b *(Ftbl)* to score a goal

**VT** a *[+ personne]* to antagonize ◆ **cela l'a buté** it made him dig his heels in

b *(= renforcer) [+ mur, colonne]* to prop up

c *(‡ = tuer)* to bump off ‡, to do in ‡

**VPR** **se buter** a *(= s'entêter)* to dig one's heels in, to get obstinate *ou* mulish

b *(= se heurter)* **se ~ à une personne** to bump into a person ◆ **se ~ à une difficulté** to come up against a difficulty, to hit a snag *

**buteur** /bytœʀ/ **NM** *(Ftbl)* striker

**butin** /bytɛ̃/ **NM** *[d'armée]* spoils, booty, plunder; *[de voleur]* loot; *(fig)* booty ◆ **~ de guerre** spoils of war

**butiner** /bytine/ ▸ conjug 1 ◂ **VI** *[abeilles]* to gather pollen (and nectar) **VT** *[abeilles] [+ fleurs]* to gather pollen (and nectar) from; *[+ nectar, pollen]* to gather; *(fig)* to gather, to glean, to pick up

**butineur, -euse** /bytinœʀ, øz/ **ADJ** pollen-gathering *(épith)* **NF** **butineuse** pollen-gathering bee

**butoir** /bytwaʀ/ **NM** *(Rail)* buffer; *(Tech)* stop ◆ **~ de porte** doorstop, door stopper; → **date**

**butor** /bytɔʀ/ **NM** a *(* : péj = malotru)* boor b *(Orn)* bittern

**buttage** /bytaʒ/ **NM** earthing-up

**butte** /byt/ **NF** *(= tertre)* mound, hillock ◆ **~ de tir** butt ◆ **~-témoin** outlier

♦ **être en butte à** *[+ difficultés]* to be exposed to ◆ **il est en ~ à l'hostilité de ses collègues** he is facing hostility from his colleagues

**butter** /byte/ ▸ conjug 1 ◂ **VT** a *(Agr) [+ plante]* to earth up; *[+ terre]* to ridge b *(‡ = tuer)* to bump off ‡, to do in ‡

**buvable** /byvabl/ **ADJ** drinkable, fit to drink ◆ **ampoule ~** phial to be taken orally ◆ **c'est ~ !** * it's not too bad! ◆ **ce type n'est pas ~** * the guy's unbearable *ou* insufferable

**buvard** /byvaʀ/ **NM** *(= papier)* blotting paper *(NonC)*; *(= sous-main)* blotter

**buvette** /byvɛt/ **NF** a *(= café)* refreshment room; *(en plein air)* refreshment stall b *[de ville d'eaux]* pump room

**buveur, -euse** /byvœʀ, øz/ **NM,F** a *(= ivrogne)* drinker b *(= consommateur)* drinker; *[de café]* customer ◆ **~ de bière** beer drinker ◆ **c'est une grande buveuse de café** she drinks a lot of coffee

**BVP** /bevepe/ **NM** (abrév de **Bureau de vérification de la publicité**) ≈ ASA *(Brit)*

**by-pass** /bajpas/ **NM** *(Élec, Tech)* by-pass; *(Méd)* by-pass operation

**byssus** /bisys/ **NM** byssus

**Byzance** /bizɑ̃s/ **N** Byzantium ◆ **c'est ~ !** * *(fig)* what luxury!

**byzantin, e** /bizɑ̃tɛ̃, in/ **ADJ** *(Hist)* Byzantine; *(péj) [débat]* protracted and trivial ◆ **des querelles ~es** protracted wrangling

**byzantinisme** /bizɑ̃tinism/ **NM** logic-chopping, (love of) hair-splitting

**byzantiniste** /bizɑ̃tinist/, **byzantinologue** /bizɑ̃tinɔlɔg/ **NMF** Byzantinist, specialist in Byzantine art

**BZH** (abrév de **Breizh**) Brittany

# C

**C¹, c¹** /se/ **NM** *(= lettre)* C, c ◆ **(langage) C** *(Ordin)* C (language) ◆ **c cédille** c cedilla

**C²** (abrév de **Celsius, centigrade**) C

**c²** abrév de **centime**

**c', ç'** /s/ abrév de **ce²**

**CA** /sea/ **NM** **a** (abrév de **chiffre d'affaires**) → **chiffre** **b** (abrév de **conseil d'administration**) → **conseil**

**ça¹** /sa/ **PRON DÉM** **a** *(gén)* that, it; *(* : pour désigner, près)* this; *(plus loin)* that ◆ **je veux ~, non pas ~, ~ là-bas** I want that one, not this one, that one over there ◆ **qu'est-ce que ~ veut dire ?** what does that *ou* it *ou* this mean? ◆ **~ m'agace de l'entendre se plaindre** it gets on my nerves hearing him complain ◆ **faire des études, ~ ne le tentait guère** studying didn't really appeal to him
**b** *(péj : désignant qn)* he, she, they ◆ **et ~ va à l'église !** and to think he (*ou* she *etc*) goes to church!
**c** *(insistance)* **il ne veut pas venir – pourquoi ~ ?** he won't come – why not? *ou* why's that? *ou* why won't he? ◆ **j'ai vu Pierre Borel – qui ~ ?/quand ~ ?/où ~ ?** I saw Pierre Borel – who?/when was that?/where was that?
**d** *(loc)* **tu crois ~ !** that's what YOU think! ◆ **~ ne fait rien** it doesn't matter ◆ **on dit ~ !** that's what they (*ou* you *etc*) say! ◆ **voyez-vous ~ !** how do you like that!, did you ever hear of such a thing! ◆ **(ah) ~ non !** most certainly not! ◆ **(ah) ~ oui !** absolutely!, (yes) definitely! ◆ **c'est ~, continue !** *(iro)* that's right, just you carry on! * *(iro)* ◆ **~ par exemple !** *(indignation)* well!, well really!; *(surprise)* well I never! ◆ **~ alors !** (my) goodness! * ◆ **me faire ~ à moi !** fancy doing that to me (of all people)! ◆ **on dirait un Picasso/du champagne – il y a de ~ *** it looks like a Picasso/tastes like champagne – yes, (I suppose) it does a bit ◆ **tu pars à cause du salaire ? – il y a de ~ *** are you leaving because of the salary? – it is partly that ◆ **j'ai 5 jours de congé, c'est déjà ~** *ou* **toujours ~ (de pris)** I've got 5 days off, that's something at least; → **faire, pas²**

**ça²** /sa/ **NM** *(Psych = inconscient)* id

**çà** /sa/ **ADV** **a** ◆ **~ et là** here and there **b** *(†† = ici)* hither † *(aussi hum)*

**cabale** /kabal/ **NF** **a** *(= complot)* cabal, conspiracy ◆ **monter une ~ contre qn** to mount a conspiracy against sb **b** *(Hist)* cab(b)ala, kab(b)ala

**cabaliste** /kabalist/ **NMF** cab(b)alist

**cabalistique** /kabalistik/ **ADJ** *(= mystérieux) [signe]* cabalistic, arcane; *(Hist)* cabalistic

**caban** /kabɑ̃/ **NM** *(= veste longue)* car coat, three-quarter (length) coat; *[de marin]* reefer *ou* pea jacket

**cabane** /kaban/ **NF** **a** *(en bois)* hut, cabin; *(en terre)* hut; *(pour rangements, animaux)* shed; *(Helv = refuge de montagne)* mountain refuge **b** *(* : péj = bicoque)* shack ◆ **qui commande dans cette ~ ?** *(= domicile)* who's the boss in this damn place? **c** *(* = prison)* **en ~** in (the) clink *, in the nick * *(Brit)* ◆ **3 ans de ~** 3 years in (the) clink * *ou* in the nick * *(Brit)* *ou* inside * **COMP** ▷ **cabane à lapins** *(lit)* rabbit hutch; *(fig)* rabbit hutch, box ▷ **cabane à outils** toolshed ▷ **cabane de rondins** log cabin ▷ **cabane à sucre** * *(Can)* sap house *(Can)*

**cabanon** /kabanɔ̃/ **NM** **a** *(en Provence = maisonnette) [de campagne]* (country) cottage; *[de littoral]* cabin, chalet **b** *(= remise)* shed, hut **c** *(= cellule) [d'aliénés]* padded cell

**cabaret** /kabaʀɛ/ **NM** *(= boîte de nuit)* night club, cabaret; *(† = café)* tavern, inn; → **danseur**

**cabaretier, -ière** † /kabaʀ(ə)tje, jɛʀ/ **NM,F** innkeeper

**cabas** /kabɑ/ **NM** *(= sac)* shopping bag

**cabestan** /kabɛstɑ̃/ **NM** capstan; → **virer**

**cabillaud** /kabijo/ **NM** (fresh) cod *(pl inv)*

**cabine** /kabin/ **GRAMMAIRE ACTIVE 54.2** **NF** *[de navire, véhicule spatial]* cabin; *[d'avion]* cockpit; *[de train, grue]* cab; *[de piscine]* cubicle; *[de laboratoire de langues]* booth; *(Can)* motel room, cabin *(US, Can)* ◆ **entraînement en ~s** *(Scol)* language lab training *ou* practice **COMP** ▷ **cabine d'aiguillage** signal box ▷ **cabine (d'ascenseur)** lift (cage) *(Brit)*, (elevator) car *(US)* ▷ **cabine de bain** *(gén)* beach *ou* bathing hut; *(sur roulettes)* bathing machine ▷ **cabine de douche** shower cubicle *ou* stall *(US)* ▷ **cabine d'essayage** fitting room ▷ **cabine de pilotage** *(gén)* cockpit; *(dans avion de ligne)* flight deck ▷ **cabine de plage** beach *ou* bathing hut ▷ **cabine de projection** projection room ▷ **cabine spatiale** cabin *(of a spaceship)* ▷ **cabine de téléphérique** cablecar ▷ **cabine téléphonique** telephone booth *ou* kiosk, pay-phone, call *ou* (tele)phone box *(Brit)*

**cabinet** /kabinɛ/ **NM** **a** *(= local professionnel) [de dentiste]* surgery *(Brit)*, office *(US)*; *[de médecin]* consulting-room, surgery *(Brit)*, office *(US)*; *[de notaire, huissier]* office; *[d'avocat, juge]* chambers; *[d'agent immobilier]* agency
**b** *(= clientèle) [d'avocat, médecin]* practice
**c** *(Pol) (= gouvernement)* cabinet; *(= collaborateurs)* staff ◆ **le ~ du ministre** the minister's (personal *ou* private) staff; → **chef¹**
**d** *[d'exposition]* exhibition room
**e** *(= meuble)* cabinet
**f** † *(= bureau)* study; *(= réduit)* closet †
**NMPL** **cabinets** *(= toilettes)* toilet, lavatory, loo * *(Brit)*, bathroom *(US)* ◆ **aller aux ~s** to go to the toilet *(Brit)* *ou* the bathroom *(US)* ◆ **il est aux ~s** he's in the toilet *ou* loo * *(Brit)* *ou* bathroom *(US)* ◆ **~s extérieurs** outdoor lavatory, outhouse *(US)*
**COMP** ▷ **cabinet d'affaires** business consultancy ▷ **cabinet d'aisances** † water closet †, lavatory ▷ **cabinet d'architectes** firm of architects ▷ **cabinet d'assurances** insurance firm *ou* agency ▷ **cabinet d'avocats** law firm ▷ **cabinet-conseil, cabinet de consultants** consulting firm ▷ **cabinet de consultation** consulting-room, surgery *(Brit)*, doctor's office *(US)* ▷ **cabinet dentaire** dental surgery *(Brit)*, dentist's office *(US)* ▷ **cabinet d'études** consultancy ▷ **cabinet d'experts comptables** *ou* **d'expertise comptable** chartered accountant's *(Brit)*, certified public accountant's *(US)* ▷ **cabinet juridique** law consultancy ▷ **cabinet de lecture** † reading room ▷ **cabinet médical** *(sur une plaque)* medical practice, surgery *(Brit)*; *(= bureau)* surgery *(Brit)*, doctor's office *(US)* ▷ **cabinet particulier** private dining room ▷ **cabinet de recrutement** recruitment agency *ou* consultancy ▷ **cabinet de toilette** bathroom ▷ **cabinet de travail** study

**câblage** /kɑblaʒ/ **NM** **a** *(Élec = fils)* wiring **b** *(TV) [de quartier, rue]* cabling ◆ **nous attendons le ~ du quartier** we're waiting for the area to be cabled **c** *[de dépêche, message]* cabling **d** *(Tech) [de torons]* twisting together

**câble** /kɑbl/ **NM** **a** *(= filin)* cable ◆ **~ métallique** wire cable **b** *(TV)* cable ◆ **la télévision par ~, le ~** cable (television), cablevision ◆ **vous avez le ~ ?** have you got cable? ◆ **transmettre par ~** to broadcast on cable, to cablecast *(US)* **c** *(† = dépêche)* cable **COMP** ▷ **câble d'accélérateur** accelerator cable ▷ **câble d'amarrage** mooring line ▷ **câble coaxial** coaxial cable ▷ **câble de démarreur** *ou* **de démarrage** *(Aut)* jump lead *(Brit)*, jumper cable *(US)* ▷ **câble électrique** (electric) cable ▷ **câble de frein** brake cable ▷ **câble de halage** towrope, towline ▷ **câble**

**hertzien** radio link *(by hertzian waves)* ▷ **câble de remorquage** ⇒ **câble de halage** ▷ **câble de transmission** transmission cable

**câblé, e** /kɑble/ (ptp de **câbler**) ADJ **a** *(TV) [chaîne, réseau]* cable *(épith)* ◆ **la ville est ~e** the town has cable television ◆ **les personnes ~es** people with cable **b** *(Ordin)* wired **c** *(* = à la mode) [personne]* trendy *, hip * ◆ **il est ~ informatique/jazz** he's really into computers/jazz

**câbler** /kɑble/ ▸ conjug 1 ◂ VT **a** *[+ dépêche, message]* to cable **b** *(Tech) [+ torons]* to twist together (into a cable) **c** *(TV) [+ quartier, rue]* to install cable television in, to cable

**câblerie** /kɑbləʀi/ NF cable-manufacturing plant

**câblier** /kɑblije/ NM *(= navire)* cable ship

**câblo-distributeur** (pl **câblo-distributeurs**) /kɑblodistʀibytœʀ/ NM cable company

**câblo-distribution** (pl **câblo-distributions**) /kablodistʀibysjɔ̃/ NF cable television, cablevision

**câblo-opérateur** (pl **câblo-opérateurs**) /kɑblooperatœʀ/ NM cable (television) operator

**cabochard, e** * /kabɔʃaʀ, aʀd/ ADJ *(= têtu)* pigheaded *, mulish ◆ **c'est un ~** he's pigheaded *

**caboche** /kabɔʃ/ NF **a** *(* = tête)* head ◆ **mets-toi ça dans la ~** get that into your thick head *ou* skull * ◆ **quand il a quelque chose dans la ~** when he's got something into his head **b** *(= clou)* hobnail

**cabochon** /kabɔʃɔ̃/ NM *(= bouchon)* stopper; *(= brillant)* cabochon; *(= clou)* stud

**cabossé, e** /kabɔse/ (ptp de **cabosser**) ADJ *[chapeau, instrument, voiture]* battered ◆ **une casserole toute ~e** a battered *ou* badly dented saucepan

**cabosser** /kabɔse/ ▸ conjug 1 ◂ VT *(= bosseler)* to dent

**cabot** * /kabo/ NM **a** *(péj = chien)* dog, mutt * **b** *(arg Mil = caporal)* ≈ corporal, corp *(arg) (Brit)* ADJ, NM ⇒ **cabotin**

**cabotage** /kabɔtaʒ/ NM *(Naut)* coastal navigation ◆ **petit/grand ~** inshore/seagoing navigation ◆ **faire du ~** to sail along the coast

**caboter** /kabɔte/ ▸ conjug 1 ◂ VI *(Naut)* to sail along the coast ◆ **~ le long des côtes d'Afrique** to sail along the African coast

**caboteur** /kabɔtœʀ/ NM *(= bateau)* tramp, coaster

**cabotin, e** /kabɔtɛ̃, in/ *(péj)* ADJ theatrical ◆ **il est très ~** he likes to show off *ou* hold the centre of the stage NM,F *(gén)* show-off; *(= acteur)* ham (actor) *

**cabotinage** /kabɔtinaʒ/ NM *[de personne, enfant]* showing off; *[d'acteur]* ham * *ou* third-rate acting

**cabotiner** /kabɔtine/ ▸ conjug 1 ◂ VI *[acteur]* to ham it up *

**cabrer** /kɑbʀe/ ▸ conjug 1 ◂ VT *[+ cheval]* to rear (up); *[+ avion]* to nose up ◆ **faire ~ son cheval** to make one's horse rear (up) ◆ **~ qn** to put sb's back up ◆ **~ qn contre qn** to turn *ou* set sb against sb VPR **se cabrer** **a** *[cheval]* to rear (up); *[avion]* to nose up **b** *(fig) [personne]* to get on one's high horse

**cabri** /kabʀi/ NM *(Zool)* kid

**cabriole** /kabʀijɔl/ NF *(= bond) [d'enfant, chevreau]* caper; *(= culbute) [de clown, gymnaste]* somersault; *(Danse)* cabriole; *(Équitation)* capriole, spring ◆ **les ~s de certains politiciens** *(péj)* the antics of some politicians ◆ **faire des ~s** *[chevreau, enfant]* to caper *ou* cavort (about); *[cheval]* to cavort

**cabrioler** /kabʀijɔle/ ▸ conjug 1 ◂ VI *(= gambader)* to caper *ou* cavort (about)

**cabriolet** /kabʀijɔlɛ/ NM *(Hist)* cabriolet; *(= voiture décapotable)* convertible

**cabus** /kaby/ NM → **chou**[1]

**CAC** /kak/ NM (abrév de **compagnie des agents de change**) *institute of stockbrokers* ◆ **l'indice ~ 40** the CAC(-40) index

**caca** /kaka/ NM * poo * *(langage enfantin) (Brit)*, poop * *(US)* ◆ **faire ~** to do a big job * *(langage enfantin) ou* a poo * *(langage enfantin) (Brit) ou* a number two * *(langage enfantin)* ◆ **il a marché dans du ~ de chien** he stepped in some dog dirt ◆ **son travail, c'est (du) ~** his work is absolute garbage ◆ **on est dans le ~** we're in a (bit of a) mess * ◆ **c'est ~ boudin** it's yucky * *ou* yukky * ◆ **faire un ~ nerveux** ✱ to go off the deep end * COMP ▷ **caca d'oie** *(= couleur)* greenish-yellow

**cacah(o)uète, cacahouette** /kakawɛt/ NF **a** *(= arachide)* peanut; *(Agr)* groundnut; ◆ **il est payé des ~s** *ou* **trois ~s** * he earns peanuts * → **beurre, pesant** **b** *(* = tir puissant)* bullet-like shot, belter * ◆ **il m'a envoyé une ~** he blasted the ball to me

**cacao** /kakao/ NM *(= poudre)* cocoa (powder); *(= boisson)* cocoa; *(Bot)* cocoa bean

**cacaoté, e** /kakaɔte/ ADJ chocolate-flavoured

**cacaotier** /kakaɔtje/, **cacaoyer** /kakaɔje/ NM cacao (tree)

**cacarder** /kakaʀde/ ▸ conjug 1 ◂ VI *[oie]* to honk

**cacatoès** /kakatɔɛs/ NM cockatoo

**cacatois** /kakatwa/ NM *(= voile)* royal ◆ **mât de ~** royal mast ◆ **grand/petit ~** main/fore royal

**cachalot** /kaʃalo/ NM sperm whale

**cache**[1] /kaʃ/ NM *(Ciné, Photo)* mask; *(gén)* card *(for covering one eye, masking out a section of text)*; *(Ordin)* cache

**cache**[2] /kaʃ/ NF *(= cachette)* hiding place; *(pour butin)* cache ◆ **~ d'armes** arms cache

**caché, e** /kaʃe/ (ptp de **cacher**) ADJ *(gén)* hidden; *[sentiments]* inner(most), secret ◆ **vie ~e** *(secrète)* secret *ou* hidden life; *(retirée)* secluded life; → **face**

**cache-cache** /kaʃkaʃ/ NM INV *(lit, fig)* hide-and-seek ◆ **jouer à ~, faire une partie de ~** to play hide-and-seek (*avec* with)

**cache-cœur** (pl **cache-cœurs**) /kaʃkœʀ/ NM crossover top (*ou* sweater *etc*)

**cache-col** (pl **cache-col(s)**) /kaʃkɔl/ NM scarf, muffler

**Cachemire** /kaʃmiʀ/ NM Kashmir

**cachemire** /kaʃmiʀ/ NM *(= laine)* cashmere ◆ **motif** *ou* **impression** *ou* **dessin ~** paisley pattern ◆ **écharpe en ~** cashmere scarf ◆ **écharpe (à motif) ~** paisley(-pattern) scarf

**cachemirien, -ienne** /kaʃmiʀjɛ̃, ɛn/ ADJ Kashmiri NM,F **Cachemirien(ne)** Kashmiri

**cache-misère** * /kaʃmizɛʀ/ NM INV *(= vêtement) wrap or coat worn to hide old or dirty clothes* ◆ **le rideau servait de ~** the curtain was there to hide unsightly things

**cache-nez** /kaʃne/ NM INV scarf, muffler

**cache-plaque** (pl **cache-plaque(s)**) /kaʃplak/ NM hob cover

**cache-pot** (pl **cache-pot(s)**) /kaʃpo/ NM flowerpot holder

**cache-prise** (pl **cache-prise(s)**) /kaʃpʀiz/ NM socket cover

**cacher** /kaʃe/ ▸ conjug 1 ◂ VT **a** *(= dissimuler volontairement) [+ objet]* to hide, to conceal; *[+ malfaiteur]* to hide ◆ **le chien est allé ~ son os** the dog's gone to bury its bone ◆ **~ ses cartes** *ou* **son jeu** *(lit)* to keep one's cards *ou* hand up; *(fig)* to keep *ou* play one's cards close to one's chest

**b** *(= masquer) [+ accident de terrain, trait de caractère]* to hide, to conceal ◆ **les arbres nous cachent le fleuve** we can't see the river because of the trees ◆ **tu me caches la lumière** you're in my light ◆ **son silence cache quelque chose** he's hiding something by not saying anything ◆ **qu'est-ce que ça cache ?** what's behind all this? ◆ **les mauvaises herbes cachent les fleurs** you can't see the flowers for the weeds; → **arbre**

**c** *(= garder secret) [+ fait, sentiment]* to hide, to conceal (*à qn* from sb); ◆ **~ son âge** to keep one's age a secret ◆ **on ne peut plus lui ~ la nouvelle** you can't keep *ou* hide the news from him (*ou* her) any longer ◆ **pour ne rien vous ~** to be perfectly honest (with you) ◆ **il ne m'a pas caché qu'il désire partir** he's been quite open with me about wanting to leave ◆ **il n'a pas caché que cela lui déplaisait** he made no secret of the fact that he didn't like it

VPR **se cacher** **a** *(= se dissimuler) [personne, soleil]* to hide ◆ **va te ~ !** get out of my sight!, be gone! † *(aussi hum)* ◆ **se ~ de qn** to hide from sb ◆ **il se cache pour fumer** he smokes in secret ◆ **il se cache d'elle pour boire** he drinks behind her back ◆ **je ne m'en cache pas** I'm quite open about it, I make no secret of it ◆ **faire qch sans se ~** *ou* **s'en ~** to do sth openly, to do sth without hiding *ou* concealing the fact ◆ **il l'a fait sans se ~ de nous** he did it without hiding *ou* concealing it from us ◆ **inutile de se ~ derrière son petit doigt** it's no use trying to hide from the facts

**b** *(= être caché) [personne]* to be hiding; *[malfaiteur, évadé]* to be in hiding; *[chose]* to be hidden ◆ **il se cache de peur d'être puni** he's keeping out of sight *ou* he's hiding in case he gets punished

**c** *(= être masqué) [accident de terrain, trait de caractère]* to be concealed ◆ **la maison se cache derrière des arbres** the house is concealed *ou* hidden behind some trees

**cache-radiateur** (pl **cache-radiateur(s)**) /kaʃʀadjatœʀ/ NM radiator cover

**cachère** /kaʃɛʀ/ ADJ INV ⇒ **kascher**

**cache-sexe** (pl **cache-sexe(s)**) /kaʃsɛks/ NM G-string

**cache-sommier** (pl **cache-sommiers**) /kaʃsɔmje/ NM valance

**cachet** /kaʃɛ/ NM **a** *(= comprimé)* tablet ◆ **un ~ d'aspirine** an aspirin (tablet); → **blanc** **b** *(= timbre)* stamp; *(= sceau)* seal ◆ **~ (de la poste)** postmark ◆ **sa lettre porte le ~ de Paris** his letter is postmarked Paris *ou* has a Paris postmark ◆ **à envoyer le 15 septembre au plus tard, le ~ de la poste faisant foi** to be postmarked 15 September at the latest ◆ **le ~ de l'originalité/du génie** the stamp of originality/genius; → **lettre** **c** *(= style, caractère)* style, character ◆ **cette petite église avait du ~** there was something very characterful about that little church, that little church had (great) character ◆ **c'est le toit qui donne son ~ à** *ou* **fait le ~ de la maison** it's the roof that gives character to the house **d** *[d'acteur]* fee ◆ **courir le ~** to chase after any sort of work

**cachetage** /kaʃtaʒ/ NM sealing

**cache-tampon** /kaʃtɑ̃pɔ̃/ NM INV hunt the thimble

**cacheter** /kaʃte/ ▸ conjug 4 ◂ VT to seal ◆ **envoyer qch sous pli cacheté** to send sth in a sealed envelope ◆ **vin cacheté** wine in a sealed bottle; → **cire**

**cacheton** * /kaʃtɔ̃/ NM *[d'acteur]* fee ◆ **courir le ~** to be prepared to do anything

**cachetonner** * /kaʃtɔne/ ▸ conjug 1 ◂ VI *[acteur]* to play bit parts

**cachette** /kaʃɛt/ NF *(gén)* hiding-place; *[de fugitif]* hideout

♦ **en cachette** *[agir, fumer]* on the sly, secretly; *[économiser, voir qn]* secretly ♦ **il boit en ~** he's a secret drinker, he drinks secretly ♦ **en ~ de qn** *(action répréhensible)* behind sb's back; *(action non répréhensible)* unknown to sb

**cachexie** † /kaʃɛksi/ NF cachexia, cachexy

**cachot** /kaʃo/ NM *(= cellule)* dungeon; *(= punition)* solitary confinement

**cachotterie** /kaʃɔtʀi/ NF *(= secret)* mystery ♦ **c'est une nouvelle ~ de sa part** it's another of his (little) mysteries ♦ **faire des ~s** to be secretive, to act secretively ♦ **faire des ~s à qn** to keep secrets *ou* things from sb

**cachottier, -ière** /kaʃɔtje, jɛʀ/ ADJ secretive ♦ **cet enfant est (un) ~** he's a secretive child

**cachou** /kaʃu/ NM *(= bonbon)* cachou

**cacique** /kasik/ NM *(= Indien)* cacique ♦ **les ~s du parti** the party bosses ♦ **c'était le ~** *(arg Scol)* he came first, he got first place

**cacochyme** /kakɔʃim/ ADJ († *ou hum*) ♦ **vieillard ~** doddery old man

**cacophonie** /kakɔfɔni/ NF cacophony ♦ **quelle ~ !** *(péj)* what a racket! *

**cacophonique** /kakɔfɔnik/ ADJ cacophonous

**cactée** /kakte/, **cactacée** /kaktase/ NF cactus ♦ **les ~s** *ou* **cactacées** cacti, Cactaceae *(SPÉC)*

**cactus** /kaktys/ NM INV cactus

**c.-à-d.** (abrév de **c'est-à-dire**) i.e.

**cadastral, e** (mpl **-aux**) /kadastʀal, o/ ADJ cadastral ♦ **plan ~** cadastral map

**cadastre** /kadastʀ/ NM land registry

**cadastrer** /kadastʀe/ ▸ conjug 1 ◂ VT to survey and register *(at the land registry)*

**cadavéreux, -euse** /kadaveʀø, øz/ ADJ ⇒ **cadavérique**

**cadavérique** /kadaveʀik/ ADJ *[teint]* deathly pale; *[pâleur]* deathly; *[visage]* cadaverous ♦ **un homme au teint ~** a man with a deathly pale face; → **rigidité**

**cadavre** /kadɑvʀ/ NM **a** *(humain)* body, corpse; *(animal)* carcass, body ♦ **~ ambulant** walking *ou* living corpse ♦ **il y a un ~ entre eux** they've got someone's blood on their hands ♦ **il y a un ~ dans le placard** there's a skeleton in the cupboard *(Brit) ou* closet *(US)* **b** (* *= bouteille vide, de vin etc)* empty (bottle), dead soldier *, dead man * *(Brit)*

**caddie** /kadi/ NM **a** *(Golf)* caddie ♦ **être le ~ de qn** to caddie for sb, to be sb's caddie **b** ® *(= chariot)* (supermarket *ou* shopping) trolley *(Brit)*, caddy *(US)*, (grocery) cart *(US)*

**cade** /kad/ NM *(Bot)* cade ♦ **huile de ~** oil of cade

**cadeau** (pl **cadeaux**) /kado/ NM **a** *(= présent)* present, gift *(de qn* from sb); ♦ **faire un ~ à qn** to give sb a present *ou* gift ♦ **~ de mariage/de Noël** wedding/Christmas present ♦ **~ publicitaire** free gift, freebie *, giveaway * *(US)*

**b** *(loc)* **faire ~ de qch à qn** *(offrir)* to make sb a present of sth, to give sb sth as a present; *(laisser)* to let sb keep sth, to give sb sth ♦ **il a décidé d'en faire ~ (à quelqu'un)** he decided to give it away (to somebody) ♦ **je vous fais ~ des détails** I'll spare you the details ♦ **ils ne font pas de ~x** *[examinateurs, police]* they don't let you off lightly ♦ **ils ne nous ont pas fait de ~** *[équipe adverse]* they really gave us a run for our money ♦ **garde la monnaie, je t'en fais ~** you can keep the change ♦ **en ~** *[offrir, recevoir]* as a present ♦ **les petits ~x entretiennent l'amitié** there's nothing like a little present between friends ♦ **c'était un ~ empoisonné** it was more of a curse than a blessing, it was a poisoned chalice ♦ **c'est pas un ~ !** * it's (*ou* he's *etc*) a real pain! *

**cadenas** /kadnɑ/ NM padlock ♦ **fermer au ~** to padlock

**cadenasser** /kadnɑse/ ▸ conjug 1 ◂ VT to padlock VPR **se cadenasser** to lock o.s. in

**cadence** /kadɑ̃s/ NF **a** *(= rythme) [de vers, chant, danse]* rhythm ♦ **marquer la ~** to beat out the rhythm **b** *(= vitesse, taux)* rate, pace ♦ **~ de tir/de production** rate of fire/of production ♦ **à la ~ de 10 par jour** at the rate of 10 a day ♦ **à une bonne ~** at a good pace *ou* rate ♦ **ils nous font travailler à une ~ infernale** we have to work at a furious pace ♦ **forcer la ~** to force the pace **c** *(Mus) [de succession d'accords]* cadence; *[de concerto]* cadenza

♦ **en cadence** *(= régulièrement)* rhythmically; *(= ensemble, en mesure)* in time

**cadencé, e** /kadɑ̃se/ (ptp de **cadencer**) ADJ **a** *(= rythmé)* rhythmic(al); → **pas**[1] **b** *(Ordin)* **processeur ~ à 1 GHz** processor with a clock speed of 1 GHz, 1 GHz processor **c** *(Transport)* **liaison ~e, service ~** regular service

**cadencer** /kadɑ̃se/ ▸ conjug 3 ◂ VT *[+ débit, phrases, allure, marche]* to put rhythm into, to give rhythm to

**cadet, -ette** /kadɛ, ɛt/ ADJ *(de deux)* younger; *(de plusieurs)* youngest

NM **a** *[de famille]* **le ~** the youngest child *ou* boy *ou* one ♦ **le ~ des garçons** the youngest boy *ou* son ♦ **mon (frère) ~** my younger brother ♦ **le ~ de mes frères** my youngest brother ♦ **le père avait un faible pour son ~** the father had a soft spot for his youngest boy

**b** *(relation d'âge)* **il est mon ~** he's younger than me ♦ **il est mon ~ de 2 ans** he's 2 years younger than me, he's 2 years my junior ♦ **c'est le ~ de mes soucis** that's the least of my worries

**c** *(Tennis, Ping-Pong, Ftbl etc) 15-17 year-old player; (Athlétisme) 15-17 year-old athlete; (Hist)* cadet *(gentleman who entered the army to acquire military skill and eventually a commission)*

NF **cadette** **a** *[de famille]* **la cadette** the youngest child *ou* girl *ou* one ♦ **la cadette des filles** the youngest girl *ou* daughter ♦ **ma (sœur) cadette** my younger sister

**b** *(relation d'âge)* **elle est ma cadette** she's younger than me

**c** *(Tennis, Ping-Pong, Ftbl etc) 15-17 year-old player; (Athlétisme) 15-17 year-old athlete*

**cadmium** /kadmjɔm/ NM cadmium ♦ **jaune de ~** cadmium yellow

**cador** * /kadɔʀ/ NM *(= chien)* dog, mutt *, pooch * *(US)*; *(péj = personne importante)* heavyweight * ♦ **c'est pas un ~** *(péj)* he's no bright spark *

**cadrage** /kadʀaʒ/ NM **a** *(Photo, Ciné) (= action)* framing; *(= résultat)* composition **b** *[de budget, projet]* guidelines ♦ **lettre de ~ (budgétaire) du Premier ministre** budget guidelines *(sent by the Prime Minister to ministers and the managers of state-controlled companies)* ♦ **le ~ de leur politique économique** their economic policy guidelines

**cadran** /kadʀɑ̃/ NM *[de téléphone, boussole, compteur]* dial; *[de montre, horloge]* dial, face; *[de baromètre]* face; → **tour**[2] COMP ▷ **cadran solaire** sundial

**cadrat** /kadʀa/ NM *(Typo)* quad

**cadratin** /kadʀatɛ̃/ NM *(Typo)* em quad

**cadre** /kɑdʀ/ NM **a** *[de tableau, porte, bicyclette]* frame ♦ **il roulait à bicyclette avec son copain sur le ~** he was riding his bicycle with his friend on the crossbar

**b** *(= tableau)* picture

**c** *(= caisse)* ~ **(d'emballage** *ou* **de déménagement)** crate, packing case ♦ **~-conteneur** container

**d** *(sur formulaire)* space, box ♦ **ne rien écrire dans ce ~** do not write in this space, leave this space blank

**e** *(= décor)* setting; *(= entourage)* surroundings ♦ **vivre dans un ~ luxueux/austère** to live in luxurious/austere surroundings ♦ **maison située dans un ~ de verdure** house in a leafy setting ♦ **quel ~ magnifique !** what a magnificent setting! ♦ **le ~ est très beau mais la nourriture mauvaise** the setting is beautiful but the food is bad ♦ **~ de vie** (living) environment

**f** *(= limites)* scope ♦ **rester/être dans le ~ de** to remain/be *ou* fall within the scope of ♦ **cette décision sort du ~ de notre accord** this decision is outside *ou* beyond the scope of our agreement ♦ **il est sorti du ~ de ses fonctions** he went beyond the scope of *ou* overstepped the limits of his responsibilities ♦ **respecter le ~ de la légalité** to remain within (the bounds of) the law ♦ **sortir du ~ étroit de la vie quotidienne** to get out of the straitjacket *ou* the narrow confines of everyday life

**g** *(= contexte)* context, framework ♦ **dans le ~ de** *[de réformes, recherches, festival]* within the context *ou* framework of

**h** *(= structure)* structure, framework ♦ **le ~ juridique/institutionnel** the legal/institutional framework; → **loi-cadre**

**i** *(= chef, responsable)* executive, manager; *(Mil)* officer ♦ **les ~s** management, the managerial staff ♦ **elle est passée ~** she has been upgraded to a managerial position *ou* to the rank of manager, she's been made an executive ♦ **~ subalterne** junior executive *ou* manager ♦ **~ supérieur** *ou* **de direction** senior executive *ou* manager ♦ **~ moyen** middle executive *ou* manager ♦ **les ~s moyens** middle management, middle-grade managers *(US)* ♦ **jeune ~ dynamique** *(hum)* upwardly mobile young executive

**j** *(Admin = liste du personnel)* **entrer dans/figurer sur les ~s (d'une compagnie)** to be (placed) on/be on the books (of a company) ♦ **être rayé des ~s** *(= licencié)* to be dismissed; *(= libéré)* to be discharged ♦ **hors ~** detached, seconded *(Brit)*

**k** *[de radio]* frame antenna

**l** *(Photo)* **~ de développement** processing rack ♦ **viseur à ~ lumineux** collimator viewfinder

**cadrer** /kɑdʀe/ ▸ conjug 1 ◂ VI *(= coïncider)* to tally *(avec* with) to conform *(avec* to, with); ♦ **ce qu'il a fait ne cadre pas du tout avec sa personnalité** what he did was completely out of character VT **a** *(Photo)* to centre *(Brit)*, to center *(US)* ♦ **~ un plan** to frame a shot ♦ **l'image était mal cadrée** the picture wasn't properly centred **b** *(= définir) [+ politique]* to establish guidelines for; *[+ projet]* to define the parameters of ♦ **ce projet était mal cadré** the project had not been properly thought through **c** *(Ftbl) [+ tir]* to line up ♦ **c'était une frappe parfaitement cadrée** he lined up *ou* centered the shot beautifully

**cadreur** /kɑdʀœʀ/ NM *(Ciné)* cameraman

**caduc, caduque** /kadyk/ ADJ **a** *(Jur) (= nul)* null and void; *(= périmé)* lapsed ♦ **devenir ~** *[legs]* to become null and void; *[loi]* to lapse ♦ **rendre qch ~** to render sth null and void, to invalidate sth **b** *(= périmé) [théorie]* outmoded, obsolete ♦ **rendre ~** *[+ revendication,* *méthode, distinction]* to make obsolete c *(Bot)* **à feuilles caduques** deciduous d *(Ling)* **e** ~ mute e

**caducée** /kadyse/ NM caduceus

**cæcum** /sekɔm/ NM caecum

**cæsium** /sezjɔm/ NM caesium

**CAF**[1] /kaf/ (abrév de **coût, assurance, fret**) CIF

**CAF**[2] /kaf/ NF (abrév de **caisse d'allocations familiales**) → **caisse**

**cafard**[1] /kafaʀ/ NM a *(= insecte)* cockroach b *(* = mélancolie)* **un coup de ~** a fit of depression *ou* of the blues* ◆ **avoir le ~** to be feeling down* *ou* low*, to be down in the dumps* ◆ **ça lui donne le ~** it depresses him, it gets him down*

**cafard**[2]**, e** /kafaʀ, aʀd/ NM,F *(péj)* a *(* = rapporteur)* sneak, telltale, tattletale *(US)* b *(† = hypocrite)* hypocrite

**cafardage*** /kafaʀdaʒ/ NM *(= rapportage)* sneaking, taletelling, tattling *(US)*

**cafarder*** /kafaʀde/ ▸ conjug 1 ◂ VT *(= dénoncer)* to tell tales on, to sneak on* *(Brit)*, to tattle on *(US)* VI a *(= rapporter)* to tell tales, to sneak* *(Brit)*, to tattle *(US)* b *(= être déprimé)* to be feeling down* *ou* low*, to be down in the dumps*

**cafardeur, -euse**[1] /kafaʀdœʀ, øz/ NM,F *(péj)* sneak, telltale, tattletale *(US)*

**cafardeux, -euse**[2] /kafaʀdø, øz/ ADJ a *(= déprimé) [personne]* feeling down *ou* low* *(attrib)*, down in the dumps* *(attrib)* b *(= déprimant)* depressing

**caf'conc'*** /kafkɔ̃s/ NM abrév de **café-concert**

**café** /kafe/ NM a *(= plante, boisson, produit, moment)* coffee ◆ **au ~, on parlait politique** we talked politics over coffee ◆ **il est arrivé au ~** he came in when we were having coffee; → **cuiller, service**

b *(= lieu)* café ◆ **le ~ du coin** the local café, ≃ the local* *(Brit)* ◆ **ce ne sont que des propos de ~ du Commerce** *(gén)* it's just bar-room philosophizing; *(politique)* it's just bar-room politics

COMP ▷ **café complet** ≃ continental breakfast ▷ **café crème** *coffee with hot, frothy milk* ▷ **café décaféiné** decaffeinated coffee ▷ **café express** espresso coffee ▷ **café filtre** filter(ed) coffee ▷ **café en grains** coffee beans ▷ **café instantané** instant coffee ▷ **café au lait** coffee with milk, white coffee *(Brit)* ◆ **robe ~ au lait** coffee-coloured dress ▷ **café liégeois** coffee ice cream *(with whipped cream)* ▷ **café lyophilisé** (freeze-dried) instant coffee ▷ **café noir** *ou* **nature** black coffee ▷ **café en poudre** instant coffee ▷ **café soluble** instant coffee

**café-bar** (pl **cafés-bars**) /kafebaʀ/ NM café bar

**café-concert** (pl **cafés-concerts**) /kafekɔ̃sɛʀ/ NM *café where singers entertain customers*

**caféier** /kafeje/ NM coffee tree

**caféière** /kafejɛʀ/ NF coffee plantation

**caféine** /kafein/ NF caffeine

**café-restaurant** (pl **cafés-restaurants**) /kafeʀɛstɔʀɑ̃/ NM café restaurant

**cafet'***, **cafét'*** /kafet/ NF abrév de **cafétéria**

**café-tabac** (pl **cafés-tabacs**) /kafetaba/ NM café *(where cigarettes may be purchased)*

**cafetan** /kaftɑ̃/ NM caftan

**cafeter*** /kafte/ VTI ⇒ **cafter**

**cafétéria** /kafeteʀja/ NF cafeteria

**cafeteur, -euse*** /kaftœʀ, øz/ NM,F ⇒ **cafteur, -euse**

**café-théâtre** (pl **cafés-théâtres**) /kafeteɑtʀ/ NM *(= genre) light entertainment performed in small theatres*; *(= endroit)* small theatre *(Brit)* *ou* theater *(US)* ◆ **il a fait trois ans de ~** ≃ he did three years as a stand-up comedian

**cafetier, -ière** /kaftje, jɛʀ/ NM,F café-owner NF **cafetière** a *(= pot)* coffeepot; *(= machine)* coffee-maker ◆ **cafetière électrique** electric coffee-maker ◆ **cafetière à l'italienne** espresso maker ◆ **cafetière à piston** cafetiere b *(* = tête)* head, nut*, noodle*

**cafouillage*** /kafujaʒ/ NM muddle, shambles *(sg)* ◆ **un ~ technique** a technical hitch ◆ **un ~ informatique** a glitch ◆ **il y a eu un ~ devant les buts** there was some confusion in front of the goal ◆ **après des semaines de ~ le gouvernement a finalement pris une décision** after weeks of confusion the government has at last made a decision

**cafouiller*** /kafuje/ ▸ conjug 1 ◂ VI *[organisation, administration]* to be in a shambles *ou* mess; *[candidat]* to get into a muddle ◆ **ça cafouille** *[moteur, appareil, télévision]* it's playing up, it isn't working properly ◆ **dans cette affaire, le gouvernement cafouille** the government's in a real shambles over this affair, the government is floundering over this affair ◆ **la défense parisienne a cafouillé et les Nantais ont marqué** the Paris defence fell apart and Nantes scored

**cafouilleur, -euse*** /kafujœʀ, øz/, **cafouilleux, -euse*** /kafujø, øz/ ADJ *[organisation, discussion]* chaotic ◆ **les passes étaient souvent cafouilleuses** the passes were often bungled* NM,F muddler, bungler

**cafouillis** /kafuji/ NM ⇒ **cafouillage**

**cafter*** /kafte/ ▸ conjug 1 ◂ VT *(= dénoncer)* to tell tales on, to sneak on* *(Brit)*, to tattle on *(US)* VI to tell tales, to sneak* *(Brit)*, to tattle *(US)*

**cafteur, -euse*** /kaftœʀ, øz/ NM,F sneak, telltale, tattletale *(US)*

**cage** /kaʒ/ NF a *[d'animaux]* cage ◆ **mettre en ~** *(lit)* to put in a cage; *(fig) [+ voleur]* to lock up ◆ **dans ce bureau, je me sens comme un animal en ~** I feel cooped up in this office b *[de roulement à billes, pendule]* casing; *[de maison]* shell c *(*: Sport = but)* goal

COMP ▷ **cage d'ascenseur** lift *(Brit)* *ou* elevator *(US)* shaft ▷ **cage d'escalier** (stair)well ▷ **cage d'extraction** *(Min)* cage ▷ **cage de Faraday** Faraday cage ▷ **cage à lapins** *(lit)* (rabbit) hutch; *(fig)* rabbit hutch, box ▷ **cage à oiseaux** birdcage ▷ **cage à poules** *(lit)* hen-coop; *(pour enfants)* jungle-gym, climbing frame; *(péj = immeuble)* rabbit hutch, box ▷ **cage thoracique** ribcage

**cageot** /kaʒo/ NM a *[de légumes, fruits]* crate b *(‡ = femme laide)* dog‡

**cagette** /kaʒɛt/ NF *[de légumes, fruits]* crate

**cagibi** /kaʒibi/ NM *(= débarras)* boxroom *(Brit)*, storage room *(US)*; *(= remise)* shed

**cagna** /kaɲa/ NM *(arg Mil = abri)* dugout

**cagne** /kaɲ/ NF → **khâgne**

**cagneux**[1]**, -euse** /kaɲø, øz/ ADJ *[cheval, personne]* knock-kneed; *[jambes]* crooked ◆ **genoux ~** knock knees

**cagneux**[2]**, -euse** /kaɲø, øz/ NM,F → **khâgneux, -euse**

**cagnotte** /kaɲɔt/ NF *(= caisse commune)* kitty; *[de jeu]* pool, kitty; *(* = économies)* nest egg

**cagot, e** /kago, ɔt/ *(†† ou péj)* ADJ *[allure, air]* sanctimonious NM,F sanctimonious hypocrite

**cagoule** /kagul/ NF *[de moine]* cowl; *[de pénitent]* hood, cowl; *[de bandit]* hood, mask; *(= passe-montagne)* balaclava

**cagoulé, e** /kagule/ ADJ *[bandit]* masked, wearing a balaclava

**cahier** /kaje/ NM a *(Scol)* notebook, exercise book b *(= revue)* journal; *(= partie détachable)* pull-out supplement c *(Typo)* signature, gathering COMP ▷ **cahier d'appel** *(Scol)* register *(Brit)*, attendance sheet *(US)* ▷ **cahier de brouillon** roughbook *(Brit)*, notebook (for rough drafts) *(US)* ▷ **cahier des charges** *[de production]* specifications, requirements *(US)*; *[de contrat]* terms of reference, terms and conditions; *[d'entreprise]* mission statement ▷ **cahier de cours** notebook, exercise book ▷ **cahier de devoirs** homework book ▷ **cahier de doléances** *(Hist)* register of grievances ▷ **cahier d'exercices** exercise book ▷ **cahier à spirale** spiral notebook ▷ **cahier de textes** homework notebook *ou* diary ▷ **cahier de travaux pratiques** lab book

**cahin-caha*** /kaɛ̃kaa/ ADV ◆ **aller ~** *[troupe, marcheur]* to hobble along; *[affaires]* to struggle along ◆ **la vie continue ~** life trundles on ◆ **alors ça va ? – ~** *(santé)* how are you? – (I'm) so-so

**cahors** /kaɔʀ/ NM *(= vin)* cahors *(red wine made in the south west of France)*

**cahot** /kao/ NM *(= secousse)* jolt, bump ◆ **~s** *(fig)* ups and downs

**cahotant, e** /kaɔtɑ̃, ɑ̃t/ ADJ ⇒ **cahoteux**

**cahotement** /kaɔtmɑ̃/ NM bumping, jolting

**cahoter** /kaɔte/ ▸ conjug 1 ◂ VT *[+ véhicule]* to jolt; *[+ voyageurs]* to jolt *ou* bump about; *[vicissitudes]* to buffet about ◆ **une famille cahotée par la guerre** a family buffeted *ou* tossed about by the war VI *[véhicule]* to trundle along ◆ **le petit train cahotait le long du canal** the little train trundled along by the canal

**cahoteux, -euse** /kaɔtø, øz/ ADJ *[route]* bumpy, rough ◆ **il a eu un parcours un peu ~** he had a rather chequered career

**cahute** /kayt/ NF *(= cabane)* shack, hut; *(péj)* shack

**caïd** /kaid/ NM a * *(= meneur) [de pègre]* boss, big chief*; *[de classe, bureau]* big shot*; *(= as, crack)* ace* ◆ **le ~ de l'équipe** the star of the team, the team's top man ◆ **en mécanique, c'est un ~** he's an ace* at mechanics ◆ **jouer les ~s** *ou* **au ~** to swagger about b *(en Afrique du Nord = fonctionnaire)* kaid

**caillasse** /kajas/ NF loose stones ◆ **pente couverte de ~** scree-covered slope, slope covered with loose stones ◆ **ce n'est que de la ~** *(péj)* it's just like gravel, it's just loose stones

**caille** /kaj/ NF *(= oiseau)* quail ◆ **chaud comme une ~** warm as toast ◆ **rond comme une ~** plump as a partridge ◆ **oui ma ~*** *(affectueusement)* yes poppet* *(Brit)* *ou* honey* *(US)*

**caillé** /kaje/ NM curds

**caillebotis** /kajbɔti/ NM *(= treillis)* grating; *(= plancher)* duckboards

**caillement** /kajmɑ̃/ NM *[de lait]* curdling; *[de sang]* coagulating, clotting

**cailler** /kaje/ ▸ conjug 1 ◂ VI a *[lait]* to curdle ◆ **faire ~ du lait** to curdle milk b *(‡ = avoir froid)* to be freezing ◆ **ça caille dehors** it's freezing outside, it's brass monkey weather‡ ◆ **ça caille ici !** it's freezing in here! VPR **se cailler** a *[lait]* to curdle; *[sang]* to coagulate, to clot; → **lait** b *(‡ = avoir froid)* to be freezing ◆ **on se (les) caille !, on se caille les miches** *ou* **les meules** it's freezing cold!, it's bloody freezing!*‡ *(Brit)*

**caillette** /kajɛt/ NF *(Zool)* rennet stomach, abomasum *(SPÉC)*

**caillot** /kajo/ NM (blood) clot

**caillou** (pl **cailloux**) /kaju/ NM **a** *(gén)* stone; *(= petit galet)* pebble; *(= grosse pierre)* boulder; *(* = diamant)* stone ◆ **des tas de ~x d'empierrement** heaps of road metal ◆ **c'est du ~** *(= mauvaise terre)* it's nothing but stones ◆ **il a un ~ à la place du cœur** he has a heart of stone **b** *(= îlot)* rock ◆ **le Caillou** * New Caledonia **c** *(arg Drogue)* rock **d** *(* = tête)* head, nut * ◆ **il n'a pas un poil** *ou* **cheveu sur le ~** * he's as bald as a coot *ou* an egg

**cailloutage** /kajutaʒ/ NM *(= action)* metalling; *(= cailloux)* (road) metal, ballast

**caillouter** /kajute/ ▸ conjug 1 ◂ VT *(= empierrer)* to metal

**caillouteux, -euse** /kajutø, øz/ ADJ *[route, terrain]* stony; *[plage]* pebbly, shingly

**cailloutis** /kajuti/ NM *(gén)* gravel; *[de route]* (road) metal, ballast

**caïman** /kaimɑ̃/ NM cayman, caiman

**Caïmans** /kaimɑ̃/ NFPL ◆ **les (îles) ~** the Cayman Islands

**Caïn** /kaɛ̃/ NM Cain

**Caire** /kɛʀ/ NM ◆ **Le ~** Cairo

**cairn** /kɛʀn/ NM **a** *(Alpinisme)* cairn **b** *(= chien)* cairn (terrier)

**caisse** /kɛs/ NF **a** *(pour emballage)* box; *[de fruits, légumes]* crate; *[de bouteilles]* case; *[de plantes]* tub; *(= litière de chat)* litter tray

**b** *(Tech = boîte, carcasse) [d'horloge]* casing; *[d'orgue]* case; *[de véhicule]* bodywork; *[de tambour]* cylinder

**c** *(Fin) (= tiroir)* till; *(= machine)* cash register, till; *(portable)* cashbox ◆ **petite ~** *(= somme d'argent)* petty cash, float * *(US)* ◆ **avoir de l'argent en ~** to have ready cash ◆ **ils n'ont plus un sou en ~** they haven't got a penny *ou* a cent *(US)* left in the bank ◆ **faire la ~** to count up the money in the till, to do the till ◆ **être à la ~** *(temporairement)* to be at *ou* on the cashdesk; *(= être caissier)* to be the cashier ◆ **tenir la ~** to be the cashier; *(hum)* to hold the purse strings ◆ **les ~s de l'État** the state coffers ◆ **se servir** *ou* **piquer** * **dans la ~** to have one's fingers *ou* hand in the till ◆ **partir avec la ~** to make off with the contents of the till *ou* the takings; → **bon²**, **livre¹**

**d** *(= guichet) [de boutique]* cashdesk; *[de banque]* cashier's desk; *[de supermarché]* check-out ◆ **passer à la ~** *(lit)* to go to the cashdesk *ou* cashier; *(= être payé)* to collect one's money; *(= être licencié)* to get paid off ◆ **on l'a prié de passer à la ~** he was asked to collect his last wages and go

**e** *(= établissement, bureau)* office; *(= organisme)* fund ◆ **~ d'entraide** mutual aid fund

**f** *(Mus = tambour)* drum; → **gros**

**g** *(‡ = poitrine)* chest ◆ **il s'en va** *ou* **part de la ~** his lungs are giving out

**h** *(* = voiture)* motor * *(Brit)*, auto * *(US)* ◆ **vieille ~** old heap *, old banger * *(Brit)*, jalopy *(US)*

COMP ▷ **caisse d'allocations familiales** family allowance office *(Brit)*, ≃ welfare center *(US)* ▷ **caisse claire** *(Mus)* side *ou* snare drum ▷ **caisse comptable** ⇒ **caisse enregistreuse** ▷ **caisse des dépôts et consignations** deposit and consignment office ▷ **caisse à eau** *(Naut, Rail)* water tank ▷ **caisse d'emballage** packing case ▷ **caisse des écoles** *state body that finances extracurricular activities, school meals, etc.* ▷ **caisse enregistreuse** cash register ▷ **caisse d'épargne** savings bank ▷ **Caisse nationale d'assurance maladie** *national state health insurance office* ▷ **caisse noire** secret funds ▷ **caisse à outils** toolbox ▷ **caisse de prévoyance** contingency *ou* reserve fund ▷ **caisse primaire d'assurance maladie** *state health insurance office*, ≃ Department of Health office *(Brit)*, Medicaid office *(US)* ▷ **caisse de résonance** resonance chamber ▷ **caisse de retraite** superannuation *ou* pension fund ▷ **caisse à savon** *(lit)* soapbox; *(péj = meuble)* old box ▷ **caisse de secours** relief *ou* emergency fund ▷ **caisse de sécurité sociale** *Social Security office* ▷ **caisse de solidarité** *(Scol)* school fund ▷ **caisse du tympan** middle ear, tympanic cavity *(SPÉC)*

**caissette** /kɛsɛt/ NF (small) box

**caissier, -ière** /kesje, jɛʀ/ NM,F *[de banque]* cashier; *[de magasin]* cashier, assistant at the cashdesk; *[de supermarché]* check-out assistant *(Brit)* *ou* clerk *(US)*, checker *(US)*; *[de cinéma]* cashier, box-office assistant

**caisson** /kɛsɔ̃/ NM **a** *(= caisse)* box, case; *[de bouteilles]* crate; *(= coffrage)* casing; *(Mil = chariot)* caisson **b** *(Tech : immergé)* caisson ◆ **~ hyperbare** hyperbaric chamber ◆ **le mal** *ou* **la maladie des ~s** caisson disease, decompression sickness, the bends * **c** *[de plafond]* caisson, coffer; → **plafond, sauter** **d** *(= haut-parleur)* **~ de graves** *ou* **de basses** woofer

**cajoler** /kaʒɔle/ ▸ conjug 1 ◂ VT *(= câliner)* to cuddle, to make a fuss of; *(† = amadouer)* to coax, to cajole ◆ **~ qn pour qu'il donne qch** *ou* **pour obtenir qch** to try to wheedle sth out of sb

**cajolerie** /kaʒɔlʀi/ NF **a** *(= caresses)* **~s** cuddling ◆ **faire des ~s à qn** to make a fuss of sb, to give sb a cuddle **b** *(† = flatterie)* cajoling *(NonC)*, cajolery ◆ **arracher une promesse à qn à force de ~s** to wheedle a promise out of sb

**cajoleur, -euse** /kaʒɔlœʀ, øz/ ADJ **a** *(= câlin)* loving, affectionate **b** *(= flatteur)* wheedling, coaxing NM,F *(= flatteur)* wheedler, coaxer

**cajou** /kaʒu/ NM ◆ **(noix de) ~** cashew nut

**cajun** /kaʒœ̃/ ADJ INV Cajun NM *(Ling)* Cajun NMF **Cajun** Cajun

**cake** /kɛk/ NM fruit cake

**cal** /kal/ NM *(Bot, Méd)* callus

**cal.** (abrév de **calorie**) cal

**calabrais, e** /kalabʀɛ, ɛz/ ADJ Calabrian NM,F **Calabrais(e)** Calabrian

**Calabre** /kalabʀ/ NF Calabria

**calage** /kalaʒ/ NM **a** *(avec une cale, un coin) [de meuble, fenêtre, porte]* wedging; *[de roue]* chocking, wedging; *(avec une vis, une goupille) [de poulie]* keying; *[de cheville, objet pivotant]* wedging, locking **b** *[de moteur]* stalling ◆ **après deux ~s successifs** having stalled twice

**calamar** /kalamaʀ/ NM ⇒ **calmar**

**calamine** /kalamin/ NF **a** *(Minér)* calamine **b** *(Aut = résidu)* carbon deposits

**calaminer (se)** /kalamine/ ▸ conjug 1 ◂ VPR *[cylindre etc]* to be caked with soot, to coke up *(Brit)*, to get coked up *(Brit)*

**calamistré, e** /kalamistʀe/ ADJ *[cheveux]* waved and brilliantined

**calamité** /kalamite/ NF *(= malheur)* calamity; *(* : hum)* disaster ◆ **ce type est une ~** * that guy is a (walking) disaster *

**calamiteux, -euse** /kalamitø, øz/ ADJ calamitous

**calancher** ‡ /kalɑ̃ʃe/ ▸ conjug 1 ◂ VI to croak ‡, to kick the bucket ‡, to snuff it ‡ *(Brit)*

**calandre** /kalɑ̃dʀ/ NF *[d'automobile]* radiator grill; *(= machine)* calender

**calanque** /kalɑ̃k/ NF *(= crique)* rocky inlet *(in the Mediterranean)*

**calao** /kalao/ NM hornbill

**calcaire** /kalkɛʀ/ ADJ **a** *(= qui contient de la chaux) [sol, terrain]* chalky, calcareous *(SPÉC)*; *[eau]* hard **b** *(Géol) [roche, plateau, relief]* limestone *(épith)* **c** *(Méd) [dégénérescence]* calcareous; *(Chim) [sels]* calcium *(épith)* NM *(Géol)* limestone; *[de bouilloire]* fur *(Brit)*, sediment *(US)* ◆ **faire un coup de ~** ‡ *(déprimé)* to have a touch of the blues *; *(en colère)* to fly off the handle

**calcanéum** /kalkaneɔm/ NM calcaneum

**calcédoine** /kalsedwan/ NF chalcedony

**calcémie** /kalsemi/ NF plasma calcium level

**calcif** ‡ /kalsif/ NM ⇒ **calecif**

**calcification** /kalsifikasjɔ̃/ NF *(Méd)* calcification

**calcifié, e** /kalsifje/ (ptp de **calcifier**) ADJ calcified

**calcifier** VT, **se calcifier** VPR /kalsifje/ ▸ conjug 7 ◂ to calcify

**calcination** /kalsinasjɔ̃/ NF calcination

**calciné, e** /kalsine/ (ptp de **calciner**) ADJ *[débris, os]* charred, burned to ashes *(attrib)*; *[rôti]* charred, burned to a cinder *(attrib)*

**calciner** /kalsine/ ▸ conjug 1 ◂ VT **a** *[+ rôti]* to burn to a cinder ◆ **la plaine calcinée par le soleil** *(littér)* the sun-scorched *ou* sun-baked plain **b** *(Tech = brûler) [+ pierre, bois, métal]* to calcine *(SPÉC)* VPR **se calciner** *[rôti]* to burn to a cinder; *[débris]* to burn to ashes

**calcique** /kalsik/ ADJ calcic ◆ **déficit ~** calcium deficiency

**calcite** /kalsit/ NF calcite

**calcium** /kalsjɔm/ NM calcium

**calcul** /kalkyl/ NM **a** *(= opération)* calculation; *(= exercice scolaire)* sum ◆ **~ des retraites** *(Admin)* pension calculation ◆ **~ de l'impôt (sur le revenu)** tax assessment ◆ **se tromper dans ses ~s, faire une erreur de ~** to miscalculate, to make a mistake in one's calculations ◆ **si on fait le ~** when you add it all up; → **règle**

**b** *(= discipline)* **le ~** arithmetic ◆ **fort en ~** good at arithmetic *ou* sums ◆ **le ~ différentiel/intégral/des prédicats** differential/integral/predicate calculus

**c** *(= estimation)* **~s** reckoning(s), calculations ◆ **d'après mes ~s** by my reckoning, according to my calculations

**d** *(= plan)* calculation *(NonC)*; *(= arrière-pensée)* ulterior motive ◆ **~s intéressés** self-interested motives ◆ **par ~** with an ulterior motive, out of (calculated) self-interest ◆ **faire un bon ~** to calculate correctly *ou* right ◆ **faire un mauvais ~** to miscalculate, to make a miscalculation

**e** *(Méd)* stone, calculus *(SPÉC)*

COMP ▷ **calcul algébrique** calculus ▷ **calcul biliaire** gallstone ▷ **calcul mental** *(= discipline)* mental arithmetic; *(= opération)* mental calculation ▷ **calcul des probabilités** probability theory ◆ **un simple ~ des probabilités vous indiquera que …** calculating the probability will show you that … ▷ **calcul rénal** kidney stone, renal calculus *(SPÉC)*

**calculable** /kalkylabl/ ADJ calculable, which can be calculated *ou* worked out

**calculateur, -trice** /kalkylatœʀ, tʀis/ ADJ *(= intéressé)* calculating NM *(= machine)* computer ◆ **~ numérique/analogique** digital/analog computer NF **calculatrice** *(= machine)* calculator ◆ **calculatrice de poche** pocket *ou* hand-held calculator NM,F *(= personne)* calculator

**calculer** /kalkyle/ ► conjug 1 ◄ VT a *[+ prix, quantité, surface]* to work out, to calculate ◆ **il calcule vite** he calculates quickly, he's quick at figures *ou* at calculating ◆ **il calcula mentalement la distance** he worked out *ou* calculated the distance in his head; → **machine, règle**

b *(= évaluer) [+ chances, conséquences]* to calculate, to work out, to weigh up ◆ **~ son élan** *(Sport)* to judge one's run-up ◆ **~ que ...** to work out *ou* calculate that ... ◆ **tout bien calculé** everything *ou* all things considered; → **risque**

c *(= préméditer) [+ geste, effets]* to plan, to calculate; *[+ plan, action]* to plan ◆ **elle calcule continuellement** she's always calculating ◆ **~ son coup** to plan one's move (carefully) ◆ **ils avaient calculé leur coup** they had it all figured out* ◆ **avec une gentillesse calculée** with calculated kindness

VI *(= économiser)* to budget carefully, to count the pennies ◆ **ces gens qui calculent** *(péj)* people who are always counting their pennies *ou* who work out every penny

**calculette** /kalkylɛt/ NF calculator ◆ **~ de poche** pocket calculator

**caldoche** /kaldɔʃ/ ADJ white New Caledonian *(épith)* NMF **Caldoche** white New Caledonian

**cale¹** /kal/ NF a *(= soute)* hold; → **fond** b *(= chantier, plan incliné)* slipway ◆ **~ de chargement** slipway ◆ **~ sèche** *ou* **de radoub** dry *ou* graving dock

**cale²** /kal/ NF *(= coin) [de meuble, caisse]* wedge; *(Golf)* wedge; *[de roue]* chock, wedge ◆ **mettre une voiture sur ~s** to put a car on blocks

**calé, e*** /kale/ (ptp de **caler**) ADJ a *(= savant) [personne]* bright ◆ **être ~ en chimie/en histoire** to be really good at chemistry/at history ◆ **je ne suis pas très ~ en la matière** I don't know much about it ◆ **c'est drôlement ~ ce qu'il a fait** what he did was terribly clever b *(= ardu) [problème]* tough

**calebasse** /kalbɑs/ NF *(= récipient)* calabash, gourd

**calèche** /kalɛʃ/ NF barouche *(horse-drawn carriage)*

**calecif**‡ /kalsif/ NM pants *(Brit)*, shorts *(US)*

**caleçon** /kalsɔ̃/ NM a *[d'homme]* boxer shorts, shorts *(US)* ◆ **3 ~s** 3 pairs of boxer shorts *ou* shorts *(US)* ◆ **~ de bain** swimming *ou* bathing trunks ◆ **~(s) long(s)** long johns* b *[de femme]* leggings

**Calédonie** /kaledɔni/ NF Caledonia

**calédonien, -ienne** /kaledɔnjɛ̃, jɛn/ ADJ Caledonian NM,F **Calédonien(ne)** Caledonian

**calembour** /kalɑ̃buʀ/ NM pun, play on words *(NonC)*

**calembredaine** /kalɑ̃bʀədɛn/ NF *(= plaisanterie)* silly joke ◆ **~s** *(= balivernes)* balderdash *(NonC)*, nonsense *(NonC)*

**calendaire** /kalɑ̃dɛʀ/ ADJ calendar *(épith)*

**calendes** /kalɑ̃d/ NFPL *(Antiq)* calends; → **renvoyer**

**calendos**‡ /kalɑ̃dos/ NM Camembert (cheese)

**calendrier** /kalɑ̃dʀije/ NM *(= jours et mois)* calendar; *(= programme)* schedule ◆ **~ d'amortissement** repayment schedule ◆ **~ à effeuiller/perpétuel** tear-off/everlasting calendar ◆ **le ~ républicain** the French Revolutionary Calendar ◆ **~ des examens** exam timetable ◆ **~ des rencontres** *(Ftbl)* fixture(s) timetable *ou* list ◆ **~ de travail** work schedule *ou* programme ◆ **~ scolaire** school schedule

**cale-pied** /kalpje/ NM INV *[de vélo]* toe clip

**calepin** /kalpɛ̃/ NM notebook

**caler** /kale/ ► conjug 1 ◄ VT a *(avec une cale, un coin) [+ meuble]* to put a wedge under, to wedge; *[+ fenêtre, porte] (pour la maintenir ouverte)* to wedge open; *(pour la maintenir fermée)* to wedge shut; *[+ roue]* to chock, to wedge

b *(avec une vis, une goupille) [+ poulie]* to key; *[+ cheville, objet pivotant]* to wedge, to lock

c *(avec des coussins etc) [+ malade]* to prop up ◆ **~ sa tête sur l'oreiller** to prop *ou* rest one's head on the pillow ◆ **des coussins lui calaient la tête, il avait la tête (bien) calée par des coussins** his head was propped up on *ou* supported by cushions

d *(= appuyer) [+ pile de livres, de linge]* to prop up ◆ **~ qch dans un coin/contre qch** to prop sth up in a corner/against sth

e *[+ moteur, véhicule]* to stall

f *(Naut) [+ mât]* to house

g *(* = bourrer)* **ça cale (l'estomac)** it fills you up ◆ **non merci, je suis calé** no thanks, I'm full up* *ou* I've eaten more than my fill

h *(Imprim)* to lock up

VI a *[véhicule, moteur, conducteur]* to stall

b * *(= être bloqué)* to be stuck; *(= abandonner)* to give up ◆ **~ sur un exercice difficile** to be stuck on a difficult exercise ◆ **il a calé avant le dessert** he gave up before the dessert ◆ **il a calé sur le dessert** he couldn't finish his dessert

c *(Naut)* **~ trop** to have too great a draught ◆ **~ 8 mètres** to draw 8 metres of water

VPR **se caler** a ◆ **se ~ dans un fauteuil** to settle o.s. comfortably in an armchair ◆ **se ~ les joues*** to stuff o.s., to have a good feed* *(Brit)*

b ◆ **se ~ sur** *(= s'aligner sur)* **le rythme des recrutements a dû se ~ sur l'augmentation de la demande** recruitment has had to keep pace with the increase in demand ◆ **on fait en sorte que nos prévisions se calent sur les leurs** we make sure our forecasts are in line with theirs

**caleter**‡ VI, **se caleter** VPR /kalte/ ► conjug 1 ◄ ⇒ **calter**

**calfatage** /kalfataʒ/ NM *(Naut)* ca(u)lking

**calfater** /kalfate/ ► conjug 1 ◄ VT *(Naut)* to ca(u)lk

**calfeutrage** /kalføtʀaʒ/, **calfeutrement** /kalføtʀəmɑ̃/ NM *[de pièce, porte]* draughtproofing *(Brit)*, draftproofing *(US)*; *[de fissure]* filling, stopping up

**calfeutrer** /kalføtʀe/ ► conjug 1 ◄ VT *[+ pièce, porte]* to (make) draughtproof *(Brit) ou* draftproof *(US)*; *[+ fissure]* to fill, to stop up ◆ **calfeutré** *[pièce, porte]* draughtproof *(Brit) (épith)*, draftproof *(US) (épith)* ◆ **~ une fenêtre avec un bourrelet** to put (a) weather-strip round a window VPR **se calfeutrer** *(= s'enfermer)* to shut o.s. up *ou* away; *(pour être au chaud)* to get cosy

**calibrage** /kalibʀaʒ/ NM *[d'œufs, fruits, charbon]* calibrating, grading; *[de conduit, cylindre, fusil]* calibration; *[de pièce travaillée]* gauging; *(Imprim) [de texte]* castoff

**calibre** /kalibʀ/ NM a *(= diamètre) [de fusil, canon]* calibre *(Brit)*, caliber *(US)*, bore; *[de tuyau]* bore, diameter; *[d'obus, balle]* calibre *(Brit)*, caliber *(US)*; *[de cylindre, instrument de musique]* bore; *[de câble]* diameter; *[d'œufs, fruits]* grade; *[de boule]* size ◆ **de gros ~** *[pistolet]* large-bore *(épith)*; *[obus]* large-calibre *(épith)* ◆ **pistolet de ~ 7,35** 7.35 mm (calibre) pistol b *(arg Crime = pistolet)* rod *(arg)*, gat *(arg)* c *(= instrument) (pour mesurer)* gauge; *(pour reproduire)* template d *(= envergure)* calibre *(Brit)*, caliber *(US)* ◆ **son frère est d'un autre ~** his brother is of another calibre altogether ◆ **c'est rare un égoïsme de ce ~** you don't often see selfishness on such a scale

**calibrer** /kalibʀe/ ► conjug 1 ◄ VT a *(= mesurer) [+ œufs, fruits, charbon]* to grade; *[+ conduit, cylindre, fusil]* to calibrate; *(Imprim) [texte]* to cast off b *(= finir) [+ pièce travaillée]* to gauge

**calice** /kalis/ NM *(Rel)* chalice; *(Bot, Physiol)* calyx; → **boire**

**calicot** /kaliko/ NM *(= tissu)* calico; *(= banderole)* banner

**califat** /kalifa/ NM caliphate

**calife** /kalif/ NM caliph ◆ **il veut être ~ à la place du ~** he wants to be top dog*

**Californie** /kalifɔʀni/ NF California

**californien, -ienne** /kalifɔʀnjɛ̃, jɛn/ ADJ Californian NM,F **Californien(ne)** Californian

**californium** /kalifɔʀnjɔm/ NM californium

**califourchon** /kalifuʀʃɔ̃/ **à califourchon** LOC ADV astride ◆ **s'asseoir à ~ sur qch** to straddle sth, to sit astride sth ◆ **être à ~ sur qch** to be astride sth ◆ **monter à ~** *(Équitation)* to ride astride

**câlin, e** /kɑlɛ̃, in/ ADJ *(= qui aime les caresses) [enfant, chat]* cuddly, cuddlesome; *(= qui câline) [personne, ton, regard]* tender, loving NM cuddle ◆ **faire un (petit) ~** *ou* **des ~s à qn** to make a fuss of sb, to give sb a cuddle

**câliner** /kɑline/ ► conjug 1 ◄ VT to cuddle, to make a fuss of

**câlinerie** /kɑlinʀi/ NF *(= tendresse)* tenderness ◆ **~s** *(= caresses)* caresses ◆ **faire des ~s à qn** to cuddle sb, to make a fuss of sb

**calisson** /kalisɔ̃/ NM calisson *(lozenge-shaped sweet made of ground almonds)*

**calleux, -euse** /kalø, øz/ ADJ *[peau]* horny, callous ◆ **corps ~** *(Anat)* corpus callosum

**calligramme** /kaligʀam/ NM *(= poème)* calligramme

**calligraphe** /ka(l)ligʀaf/ NMF calligrapher, calligraphist

**calligraphie** /ka(l)ligʀafi/ NF *(= technique)* calligraphy, art of handwriting ◆ **c'est de la ~** it's lovely handwriting, the handwriting is beautiful

**calligraphier** /ka(l)ligʀafje/ ► conjug 7 ◄ VT *[+ titre, phrase]* to write artistically, to calligraph *(SPÉC)*

**calligraphique** /ka(l)ligʀafik/ ADJ calligraphic

**callipyge** /ka(l)lipiʒ/ ADJ *(hum)* callipygian, big-bottomed ◆ **la Vénus ~** Callipygian Venus

**callosité** /kalozite/ NF callosity

**calmant, e** /kalmɑ̃, ɑ̃t/ ADJ a *(Pharm) (= tranquillisant)* tranquillizing *(épith)*; *(contre la douleur)* painkilling *(épith)* b *(= apaisant) [paroles]* soothing NM *(= tranquillisant)* tranquillizer, sedative; *(= antidouleur)* painkiller

**calmar** /kalmaʀ/ NM squid

**calme** /kalm/ ADJ *(gén)* quiet, calm; *(= paisible)* peaceful; *(Naut) [mer]* calm; *[nuit, air]* still; *[chambre]* quiet; *(Fin) [marché, affaires]* quiet ◆ **malgré leurs provocations il restait très ~** he remained quite calm *ou* cool *ou* unruffled in spite of their taunts ◆ **le malade a eu une nuit ~** the patient has had a quiet *ou* peaceful night

NM a *(= sang-froid)* coolness, composure ◆ **garder son ~** to keep cool *ou* calm, to keep one's composure *ou* one's cool* ◆ **perdre son ~** to lose one's composure *ou* one's cool* ◆ **avec un ~ incroyable** with incredible composure ◆ **recouvrant son ~** recovering *ou* regaining his composure

b *(= tranquillité) (gén)* peace (and quiet), calm; *[de nuit]* stillness; *[d'endroit]* peacefulness ◆ **il me faut du ~ pour travailler** I need peace and quiet to work ◆ **du ~ !** *(= restez tranquille)* keep quiet!; *(= pas de panique)* keep calm! *ou* cool! ◆ **le malade doit rester au ~** the patient needs quiet ◆ **ramener le ~** *(= arranger les choses)* to calm things down; *(= rétablir l'ordre)* to restore calm ◆ **le ~ avant la tempête** the calm *ou* lull before the storm

**c** **(zones des) ~s équatoriaux** *(Naut)* doldrums *(lit)* ◆ **~ plat** dead *ou* flat calm ◆ **c'est le ~ plat dans les affaires** business is dead quiet *ou* practically at a standstill ◆ **depuis que je lui ai envoyé cette lettre c'est le ~ plat** I haven't heard a thing since I sent him that letter

**calmement** /kalməmɑ̃/ ADV *[agir]* calmly ◆ **la journée s'est passée ~** the day passed quietly

**calmer** /kalme/ ▸ conjug 1 ◂ VT **a** *(= apaiser)* *[+ personne]* to calm (down), to pacify; *[+ querelle, discussion]* to quieten down *(Brit)*, to quiet down *(US)*; *[+ révolte]* to subdue; *(littér) [+ tempête, flots]* to calm ◆ **~ les esprits** to calm people down, to pacify people ◆ **attends un peu, je vais te ~ !** * just you wait, I'll (soon) quieten *(Brit) ou* quiet *(US)* you down! ◆ **~ le jeu** *(lit, fig)* to calm things down

**b** *(= réduire) [+ douleur, inquiétude]* to soothe, to ease; *[+ nerfs, agitation, crainte, colère]* to calm, to soothe; *[+ fièvre]* to bring down; *[+ impatience]* to curb; *[+ faim]* to appease; *[+ soif]* to quench; *[+ ardeur]* to cool, to subdue

VPR **se calmer** **a** *[personne]* *(= s'apaiser)* to calm down, to cool down; *(= faire moins de bruit)* to quieten down *(Brit)*, to quiet down *(US)*; *(= se tranquilliser)* to calm down; *[discussion, querelle]* to quieten down *(Brit)*, to quiet down *(US)*; *[tempête]* to die down; *[mer]* to become calm ◆ **on se calme !** * *(= taisez-vous)* be quiet!; *(= pas de panique)* calm down!

**b** *(= diminuer) [douleur]* to ease, to subside; *[faim, soif, inquiétude]* to ease; *[crainte, impatience, fièvre]* to subside; *[colère, ardeur]* to cool, to subside

**calmos** * /kalmos/ EXCL calm down!

**calomel** /kalɔmɛl/ NM calomel

**calomniateur, -trice** /kalɔmnjatœʀ, tʀis/ ADJ *(= diffamateur)* slanderous; *(par écrit)* libellous NM,F *(= diffamateur)* slanderer; *(par écrit)* libeller

**calomnie** /kalɔmni/ NF slander *(NonC)*, calumny; *(écrite)* libel; *(sens affaibli)* maligning *(NonC)* ◆ **cette ~ l'avait profondément blessé** he'd been deeply hurt by this slander *ou* calumny ◆ **écrire des ~s** to write libellous things ◆ **dire une ~/des ~s** to say something slanderous/slanderous things

**calomnier** /kalɔmnje/ ▸ conjug 7 ◂ VT *(= diffamer)* to slander; *(par écrit)* to libel; *(sens affaibli = vilipender)* to malign

**calomnieux, -ieuse** /kalɔmnjø, jøz/ ADJ *[propos]* slanderous; *(par écrit)* libellous ◆ **dénonciation calomnieuse** *(Jur)* false accusation

**caloporteur** /kalopɔʀtœʀ/ ADJ, NM ⇒ **caloriporteur**

**calorie** /kalɔʀi/ NF calorie ◆ **aliment riche/pauvre en ~s** food with a high/low calorie content, high-/low-calorie food ◆ **menu basses ~s** low-calorie meal ◆ **ça donne des ~s** * it warms you up ◆ **tu aurais besoin de ~s !** * you need building up!

**calorifère** /kalɔʀifɛʀ/ ADJ heat-giving NM † stove

**calorifique** /kalɔʀifik/ ADJ calorific

**calorifuge** /kalɔʀifyʒ/ ADJ (heat-)insulating, heat-retaining NM insulating material

**calorifugeage** /kalɔʀifyʒaʒ/ NM lagging, insulation

**calorifuger** /kalɔʀifyʒe/ ▸ conjug 3 ◂ VT to lag, to insulate (against loss of heat)

**caloriporteur** /kalɔʀipɔʀtœʀ/ ADJ, NM ◆ **(fluide) ~** coolant

**calorique** /kalɔʀik/ ADJ **a** *(Diététique)* calorie *(épith)* ◆ **apport ~** calorie content ◆ **ration ~** calorie requirements ◆ **c'est très ~** it's very calorific, it has a lot of calories **b** *(= calorifique)* calorific ◆ **valeur ~** calorific value

**calot** /kalo/ NM **a** *(Mil = coiffure)* forage cap, overseas cap *(US)* **b** *(= bille)* (large) marble, alley

**calotin, e** /kalɔtɛ̃, in/ *(péj)* ADJ sanctimonious, churchy * NM,F sanctimonious churchgoer, Holy Joe *

**calotte** /kalɔt/ NF **a** *(= bonnet)* skullcap **b** *(péj)* **la ~** *(= le clergé)* the priests, the cloth; *(= le parti dévot)* the church party **c** *(= partie supérieure) [de chapeau]* crown; *[de voûte]* calotte **d** ( * *= gifle)* slap ◆ **il m'a donné une ~** he gave me a slap in the face COMP ▷ **la calotte des cieux** the dome *ou* vault of heaven ▷ **calotte crânienne** top of the skull ▷ **calotte glaciaire** icecap ▷ **calotte sphérique** segment of a sphere

**calotter** * /kalɔte/ ▸ conjug 1 ◂ VT *(= gifler)* to slap

**calquage** /kalkaʒ/ NM tracing

**calque** /kalk/ NM **a** *(= dessin)* tracing ◆ **prendre un ~ d'un plan** to trace a plan **b** *(= papier transparent)* tracing paper **c** *(= reproduction) [d'œuvre d'art]* exact copy; *[d'événement]* carbon copy; *[de personne]* spitting image **d** *(Ling)* calque, loan translation

**calquer** /kalke/ ▸ conjug 1 ◂ VT *(= copier) [+ plan, dessin]* to trace; *(fig)* to copy exactly ◆ **calqué de l'anglais** *(Ling)* translated literally from English ◆ **~ son comportement sur celui de son voisin** to model one's behaviour on that of one's neighbour, to copy one's neighbour's behaviour exactly

**calter** * VI, **se calter** * VPR /kalte/ ▸ conjug 1 ◂ *(= décamper)* to make o.s. scarce *, to scarper * *(Brit)*, to buzz off * *(Brit)*

**calumet** /kalymɛ/ NM peace pipe ◆ **fumer le ~ de la paix** *(lit)* to smoke the pipe of peace; *(fig)* to bury the hatchet

**calva** * /kalva/ NM abrév de **calvados**

**calvados** /kalvados/ NM **a** *(= eau-de-vie)* Calvados **b** *(= département)* ◆ **le Calvados** Calvados

**calvaire** /kalvɛʀ/ NM **a** *(= épreuve)* ordeal ◆ **le ~ du Christ** Christ's martyrdom *ou* suffering on the cross ◆ **après 10 ans de ~ en prison** after a 10-year ordeal in prison ◆ **sa vie fut un long ~** his life was one long martyrdom *ou* tale of suffering ◆ **un enfant comme ça, c'est un ~ pour la mère** a child like that must be a real burden to his mother ◆ **quel ~ pour elle !** how awful for her! **b** *(= croix) (au bord de la route)* roadside cross *ou* crucifix, calvary; *(= peinture)* Calvary **c** *(Rel)* **le Calvaire** Calvary

**Calvin** /kalvɛ̃/ NM Calvin

**calvinisme** /kalvinism/ NM Calvinism

**calviniste** /kalvinist/ ADJ Calvinist, Calvinistic NMF Calvinist

**calvitie** /kalvisi/ NF baldness *(NonC)* ◆ **~ précoce** premature baldness *(NonC)*

**calypso** /kalipso/ NM calypso

**camaïeu** /kamajø/ NM *(= peinture)* monochrome ◆ **en ~** *[paysage, motif]* monochrome *(épith)* ◆ **en ~ bleu** in blue monochrome ◆ **un ~ de roses** various shades of pink

**camail** /kamaj/ NM *(Rel)* cappa magna

**camarade** /kamaʀad/ NMF friend ◆ **le ~ Durand** *(Pol)* comrade Durand ◆ **elle voyait en lui un bon ~** she saw him as a good friend COMP ▷ **camarade d'atelier** workmate *(Brit)*, shop buddy * *(US)* ▷ **camarade de chambre** roommate ▷ **camarade de classe** classmate ▷ **camarade d'étude** fellow student ▷ **camarade de jeu** playmate ▷ **camarade de promotion** fellow student *(from a grande école)* ▷ **camarade de régiment** old army friend, friend from one's army days

**camaraderie** /kamaʀadʀi/ NF *(entre deux personnes)* friendship; *(dans un groupe)* camaraderie ◆ **je l'ai aidé par esprit de ~** I helped him out of a spirit of friendship

**camard, e** /kamaʀ, aʀd/ ADJ *[nez]* pug *(épith)*; *[personne]* pug-nosed NF **Camarde** *(littér)* **la Camarde** the (Grim) Reaper

**camarguais, e** /kamaʀgɛ, ɛz/ ADJ of *ou* from the Camargue ◆ **(bottes) ~es** suede cowboy boots NM,F **Camarguais(e)** inhabitant *ou* native of the Camargue

**Camargue** /kamaʀg/ NF ◆ **la ~** the Camargue

**cambiste** /kɑ̃bist/ NM foreign exchange broker *ou* dealer; *[de devises des touristes]* moneychanger

**Cambodge** /kɑ̃bɔdʒ/ NM Cambodia

**cambodgien, -ienne** /kɑ̃bɔdʒjɛ̃, jɛn/ ADJ Cambodian NM,F **Cambodgien(ne)** Cambodian

**cambouis** /kɑ̃bwi/ NM dirty oil *ou* grease ◆ **mettre les mains dans le ~** to get one's hands dirty

**cambré, e** /kɑ̃bʀe/ (ptp de **cambrer**) ADJ ◆ **être ~, avoir les reins ~s** to have an arched back ◆ **avoir le pied très ~** to have very high insteps *ou* arches

**cambrer** /kɑ̃bʀe/ ▸ conjug 1 ◂ VT **a** *[+ pied]* to arch ◆ **~ la taille** *ou* **le dos** *ou* **les reins** to throw back one's shoulders, to arch one's back **b** *(Tech) [+ pièce de bois]* to bend; *[+ métal]* to curve; *[+ tige, semelle]* to arch VPR **se cambrer** *(= se redresser)* to throw back one's shoulders, to arch one's back

**cambrien, -ienne** /kɑ̃bʀijɛ̃, ijɛn/ ADJ, NM Cambrian

**cambriolage** /kɑ̃bʀijɔlaʒ/ NM *(= activité, méthode)* burglary, housebreaking, breaking and entering *(Jur)*; *(= coup)* break-in, burglary

**cambrioler** /kɑ̃bʀijɔle/ ▸ conjug 1 ◂ VT to break into, to burgle, to burglarize *(US)*

**cambrioleur, -euse** /kɑ̃bʀijɔlœʀ, øz/ NM,F burglar, housebreaker

**cambrousse** * /kɑ̃bʀus/ NF *(= campagne)* country ◆ **en pleine ~** out in the sticks *, in the back of beyond ◆ **frais arrivé de sa ~** *(péj)* fresh from the backwoods *ou* the sticks *

**cambrure** /kɑ̃bʀyʀ/ NF **a** *(= courbe, forme) [de poutre, taille, reins]* curve; *[de semelle, pied]* arch; *[de route]* camber ◆ **sa ~ de militaire** his military bearing **b** *(= partie)* **~ du pied** instep ◆ **~ des reins** small *ou* hollow of the back ◆ **pieds qui ont une forte ~** feet with high insteps ◆ **reins qui ont une forte ~** back which is very arched

**cambuse** /kɑ̃byz/ NF **a** * *(= pièce)* pad *; *(= maison)* shack *, place; *(= taudis)* hovel **b** *(Naut)* storeroom

**came**[1] /kam/ NF *(Tech)* cam; → **arbre**

**came**[2] /kam/ NF *(arg Drogue) (gén)* dope *; *(= héroïne)* junk *; *(= cocaïne)* snow *; ( * *= marchandise)* stuff *; *(péj = pacotille)* junk *, trash *

**camé, e**[1] * /kame/ (ptp de **se camer**) ADJ high *, spaced out * ♦ **complètement** ~ completely spaced out *, high as a kite * NM,F druggy *; *(à l'héroïne)* junkie *

**camée**[2] /kame/ NM cameo

**caméléon** /kameleɔ̃/ NM *(Zool)* chameleon; *(fig)* chameleon; *(péj)* turncoat

**camélia** /kamelja/ NM camellia

**camélidé** /kamelide/ NM member of the camel family ♦ **les ~s** members of the camel family, the Camelidae *(SPÉC)*

**camelot** /kamlo/ NM street pedlar *ou* vendor ♦ **les Camelots du roi** *(Hist) militant royalist group in 1930s*

**camelote** * /kamlɔt/ NF a *(= pacotille)* **c'est de la** ~ it's junk * *ou* rubbish * *(Brit) ou* schlock ‡ *(US)* b *(= marchandise)* stuff * ♦ **il vend de la belle** ~ he sells nice stuff *

**camembert** /kamɑ̃bɛʀ/ NM *(= fromage)* Camembert (cheese); *( * = graphique)* pie chart

**camer (se)** /kame/ ▸ conjug 1 ◂ VPR *(arg Drogue)* to be on drugs

**caméra** /kameʀa/ NF *(Ciné, TV)* camera; *[d'amateur]* cine-camera, movie camera *(US)* ♦ ~ **sonore** sound camera ♦ ~ **vidéo** video camera, camcorder ♦ **devant les ~s de (la) télévision** in front of the television cameras, on TV ♦ **être derrière la** ~ *[réalisateur]* to be behind the camera ♦ **la ~ invisible** *ou* **cachée** *(= émission)* candid camera

**cameraman** /kameʀaman/ (pl **cameramen** /kameʀamɛn/) NM cameraman

**camériste** /kameʀist/ NF *(= femme de chambre)* chambermaid; *(Hist)* lady-in-waiting

**Cameroun** /kamʀun/ NM Cameroon; *(Hist)* Cameroons ♦ **République unie du** ~ United Republic of Cameroon

**camerounais, e** /kamʀunɛ, ɛz/ ADJ Cameroonian NM,F **Camerounais(e)** Cameroonian

**caméscope** /kameskɔp/ NM camcorder, video camera

**camion** /kamjɔ̃/ NM a *(= poids lourd)* lorry *(Brit)*, truck *(surtout US)*; *(dont l'arrière fait corps avec la cabine)* van *(Brit)*, truck *(surtout US)* b *(= chariot)* wag(g)on, dray c *[de peintre] (= seau)* (paint-)pail COMP ▷ **camion (à) benne** tipper (truck) ▷ **camion de déménagement** removal *(Brit) ou* moving *(US)* van ▷ **camion militaire** army lorry *(Brit) ou* truck ▷ **camion (à) remorque** lorry *(Brit) ou* truck *(US)* with a trailer, tractor-trailer *(US)* ▷ **camion (à) semi-remorque** articulated lorry *(Brit)*, trailer truck *(US)*

**camion-citerne** (pl **camions-citernes**) /kamjɔ̃sitɛʀn/ NM tanker (lorry) *(Brit)*, tank truck *(US)*

**camion-grue** (pl **camions-grues**) /kamjɔ̃gʀy/ NM crane-truck

**camionnage** /kamjɔnaʒ/ NM haulage *(Brit)*, trucking *(US)*

**camionnette** /kamjɔnɛt/ NF (small) van; *(ouverte)* pick-up (truck) ♦ ~ **de livraison** delivery van

**camionneur** /kamjɔnœʀ/ NM *(= chauffeur)* lorry *(Brit) ou* truck *(US)* driver, trucker *(US)*; *(= entrepreneur)* haulage contractor *(Brit)*, road haulier *(Brit)*, trucking contractor *(US)* ♦ **pull (à) col** ~ sweater with a zip-up collar

**camionneuse** /kamjɔnøz/ NF a *(= conductrice)* lorry *(Brit) ou* truck *(US)* driver, trucker *(US)* b *( * = lesbienne)* bull dyke *

**camisard** /kamizaʀ/ NM Camisard *(French Protestant insurgent after the revocation of the Edict of Nantes)*

**camisole** /kamizɔl/ NF †† *(= blouse)* camisole †; *(= chemise de nuit)* nightshirt COMP ▷ **camisole chimique** suppressants ▷ **camisole de force** straitjacket

**camomille** /kamɔmij/ NF *(Bot)* camomile; *(= tisane)* camomile tea

**Camorra** /kamɔʀa/ NF ♦ **la** ~ the Camorra

**camorriste** /kamɔʀist/ NM camorrista

**camouflage** /kamuflaʒ/ NM a *(Mil) (= action)* camouflaging; *(= résultat)* camouflage b *[d'argent]* concealing, hiding; *[d'erreur]* camouflaging, covering-up ♦ **le ~ d'un crime en accident** disguising a crime as an accident

**camoufler** /kamufle/ ▸ conjug 1 ◂ VT *(Mil)* to camouflage; *(= cacher) [+ argent]* to conceal, to hide; *[+ erreur, embarras]* to conceal, to cover up; *(= déguiser) [+ défaite, intentions]* to disguise ♦ ~ **un crime en accident** to disguise a crime as an accident, to make a crime look like an accident VPR **se camoufler** to camouflage o.s.

**camouflet** /kamuflɛ/ NM *(littér)* snub ♦ **infliger un ~ à qn** to snub sb

**camp** /kɑ̃/ NM a *(Alpinisme, Mil, Sport = emplacement)* camp ♦ ~ **de prisonniers/de réfugiés** prison/refugee camp ♦ **rentrer au** ~ to come *ou* go back to camp ♦ **le Camp du drap d'or** the Field of the Cloth of Gold; → **aide**[2], **feu**[1]

b *(= séjour)* **faire un ~ d'une semaine** to go camping for a week, to go for a week's camping holiday *(Brit) ou* vacation *(US)* ♦ **le ~ vous fait découvrir beaucoup de choses** you discover lots of things when you go camping

c *(= parti, faction) (Jeux, Sport)* side; *(Pol)* camp ♦ **changer de** ~ *[joueur]* to change sides; *[soldat]* to go over to the other side ♦ **à cette nouvelle la consternation/l'espoir changea de** ~ on hearing this, it was the other side which began to feel dismay/hopeful ♦ **dans le ~ opposé/victorieux** in the opposite/winning camp ♦ **passer dans le ~ adverse** to go over to the opposite *ou* enemy camp; → **balle**[1]

COMP ▷ **camp de base** base camp ▷ **camp de camping** campsite, camping site ▷ **camp de concentration** concentration camp ▷ **camp d'entraînement** training camp ▷ **camp d'extermination** extermination camp ▷ **camp fortifié** fortified camp ▷ **camp de la mort** death camp ▷ **camp de nudistes** nudist camp ▷ **camp retranché** ⇒ **camp fortifié** ▷ **camp de toile** campsite, camping site ▷ **camp de travail** labour *(Brit) ou* labor *(US)* camp ▷ **camp de vacances** ≃ children's holiday camp *(Brit)*, summer camp *(US)* ▷ **camp volant** camping tour *ou* trip; *(Mil)* temporary camp ♦ **vivre** *ou* **être en ~ volant** † to live out of a suitcase

**campagnard, e** /kɑ̃paɲaʀ, aʀd/ ADJ *[vie, manières, village, meubles, style, cuisine]* country *(épith)*; *[paysage]* rural ♦ **un repas** ~ a cold spread ♦ **demeure** *ou* **résidence** *ou* **propriété ~e** country house, house in the country; → **buffet, gentilhomme** NM countryman, country fellow; *(péj)* rustic *(péj)*, hick *(péj)* ♦ **~s** countryfolk, country people; *(péj)* rustics *(péj)* NF **campagnarde** countrywoman

**campagne** /kɑ̃paɲ/ NF a *(= habitat)* country; *(= paysage)* countryside; *(Agr = champs ouverts)* open country ♦ **la ville et la** ~ town and country ♦ **la ~ anglaise** the English countryside ♦ **dans la ~ environnante** in the surrounding countryside ♦ **en pleine** ~ right in the middle of the country(side) ♦ **à la** ~ in the country ♦ **auberge/chemin de** ~ country inn/lane ♦ **les travaux de la** ~ farm *ou* agricultural work; → **battre, maison** *etc*

b *(Mil)* campaign ♦ **faire** ~ to fight (a campaign) ♦ **les troupes en** ~ the troops on campaign *ou* in the field ♦ **entrer en** ~ to embark on a campaign ♦ **la ~ d'Italie/de Russie** the Italian/Russian campaign ♦ **artillerie/canon de** ~ field artillery/gun

c *(Pol, Presse)* campaign *(pour* for; *contre* against); ♦ ~ **électorale** election campaign ♦ ~ **d'affichage** poster campaign ♦ ~ **de propagande** propaganda campaign ♦ ~ **publicitaire** *ou* **de publicité** advertising *ou* publicity campaign ♦ ~ **de vaccination** vaccination programme ♦ ~ **de vente** sales campaign *ou* drive ♦ ~ **de fouilles** series of excavations ♦ **faire ~ pour un candidat** to campaign *ou* canvass for *ou* on behalf of a candidate ♦ **partir en** ~ to launch a campaign *(contre* against); ♦ **mener une ~ pour/contre** to campaign for/against, to lead a campaign for/against ♦ **tout le monde se mit en ~ pour lui trouver une maison** everybody set to work *ou* got busy to find him a house

d *(= récolte)* harvest ♦ ~ **sucrière** sugar cane *(ou* sugar beet) harvest ♦ ~ **de pêche** fishing season

**campagnol** /kɑ̃paɲɔl/ NM vole

**campanaire** /kɑ̃panɛʀ/ ADJ ♦ **l'art** ~ campanology ♦ **inscription** ~ inscription on a bell

**campanile** /kɑ̃panil/ NM *[d'église]* campanile; *(= clocheton)* bell-tower

**campanule** /kɑ̃panyl/ NF bellflower, campanula

**campement** /kɑ̃pmɑ̃/ NM *(= camp)* camp, encampment ♦ **matériel de** ~ camping equipment ♦ **chercher un ~ pour la nuit** to look for somewhere to set up camp *ou* for a camping place for the night ♦ **établir son ~ sur les bords d'un fleuve** to set up (one's) camp on the bank of a river ♦ ~ **de nomades/d'Indiens** camp *ou* encampment of nomads/of Indians ♦ **revenir à son** ~ *(Mil)* to return to camp

**camper** /kɑ̃pe/ ▸ conjug 1 ◂ VI to camp ♦ **on campait à l'hôtel/dans le salon** *(hum)* we were camping out at *ou* in a hotel/in the lounge; → **position** VT a *[+ troupes]* to camp out ♦ **campés pour 2 semaines près du village** camped (out) for 2 weeks by the village b *(= esquisser) [+ caractère, personnage]* to portray; *[+ récit]* to construct ♦ **personnage bien campé** vividly sketched *ou* portrayed character c *(= poser)* ~ **sa casquette sur l'oreille** to pull *ou* clap one's cap on firmly over one ear ♦ **se ~ des lunettes sur le nez** to plant * a pair of glasses on one's nose VPR **se camper** ♦ **se ~ devant qn** to plant o.s. in front of sb * ♦ **se ~ sur ses jambes** to stand firm

**campeur, -euse** /kɑ̃pœʀ, øz/ NM,F camper

**camphre** /kɑ̃fʀ/ NM camphor

**camphré, e** /kɑ̃fʀe/ ADJ camphorated; → **alcool**

**camphrier** /kɑ̃fʀije/ NM camphor tree

**camping** /kɑ̃piŋ/ NM a *(= activité)* **le** ~ camping ♦ **faire du** ~ to go camping; → **sauvage** b *(= lieu)* campsite, camping site

**camping-car** (pl **camping-cars**) /kɑ̃piŋkaʀ/ NM camper, Dormobile ® *(Brit)*, motorhome *(US)*, RV *(US)*

**camping-gaz** ® /kɑ̃piŋgaz/ NM INV camp(ing) stove

**campo(s)** † * /kɑ̃po/ NM ♦ **demain on a ~s** tomorrow is a day off, we've got tomorrow off *ou* free ♦ **on a eu** *ou* **on nous a donné ~s à 4 heures** we were free *ou* told to go at 4 o'clock

**campus** /kɑ̃pys/ NM campus

**camus, e** /kamy, yz/ ADJ *[nez]* pug *(épith)*; *[personne]* pug-nosed

**Canaan** /kanaɑ̃/ NM Canaan

**Canada** /kanada/ NM Canada

**canada** /kanada/ NF *apple of the pippin variety*

**Canada Dry ®** /kanadadʀai/ NM Canada Dry ® ◆ **c'est une version ~** *(fig)* it's a watered-down version

**Canadair ®** /kanadɛʀ/ NM fire-fighting plane

**canadianisme** /kanadjanism/ NM Canadianism

**canadien, -ienne** /kanadjɛ̃, jɛn/ ADJ Canadian NM,F **Canadien(ne)** Canadian ◆ **Canadien(ne) français(e)** French Canadian NF **canadienne** *(= veste)* fur-lined jacket; *(= canoë)* (Canadian) canoe; *(= tente)* (ridge) tent

**canaille** /kanɑj/ ADJ *[manières]* cheap, coarse ◆ **sous ses airs ~s, il est sérieux** he might look a bit rough and ready, but he is reliable NF *(péj) (= salaud)* bastard *⁎; *(= escroc)* crook, shyster *(US)*, chiseler *(US)*; *(hum = enfant)* rascal, (little) devil ◆ **la ~** *(péj = populace)* the rabble *(péj)*, the riffraff *(péj)*

**canaillerie** /kanɑjʀi/ NF a *[d'allure, ton]* vulgarity, coarseness b *(= malhonnêteté) [de procédés, personne]* crookedness c *(= action malhonnête)* dirty *ou* low trick

**canal** (pl **-aux**) /kanal, o/ NM a *(artificiel)* canal; *(= détroit)* channel; *(= tuyau, fossé)* conduit, duct; *(Anat)* canal, duct; *(TV, Ordin)* channel ◆ **le ~ de Panama/Suez** the Panama/Suez Canal ◆ **le ~ de Mozambique** the Mozambique Channel ◆ **~ lacrymal** tear *ou* lacrimal *(SPÉC)* duct ◆ **Canal Plus, Canal +** *French pay TV channel*

b *(= intermédiaire)* **par le ~ d'un collègue** through *ou* via a colleague ◆ **par le ~ de la presse** through the medium of the press ◆ **par un ~ amical** *(littér)* through a friend

COMP ▷ **canal d'amenée** feeder canal ▷ **canal biliaire** biliary canal, bile duct ▷ **canal déférent** vas deferens ▷ **canal de dérivation** diversion canal ▷ **canal de distribution** distribution channel ▷ **canal de fuite** tail-race ▷ **canal d'irrigation** irrigation canal ▷ **canal maritime** ship canal ▷ **canal médullaire** medullary cavity *ou* canal ▷ **canal de navigation** ship canal

**canalisation** /kanalizasjɔ̃/ NF a *(= tuyau)* (main) pipe ◆ **~s** *(= réseau)* pipes; *(Élec)* cables b *(= aménagement) [de cours d'eau]* canalization c *[de demandes, foule]* channelling, funnelling

**canaliser** /kanalize/ ▸ conjug 1 ◂ VT a *[+ foule, demandes, énergie]* to channel, to funnel b *[+ fleuve]* to canalize; *[+ région]* to provide with a network of canals

**cananéen, -enne** /kananeɛ̃, ɛn/ ADJ Canaanite NM *(Ling)* Canaanite NM,F **Cananéen(ne)** Canaanite

**canapé** /kanape/ NM a *(= meuble)* sofa, settee *(Brit)* ◆ **~ transformable** *ou* **convertible** sofa bed, bed settee *(Brit)* b *(Culin)* open sandwich; *(pour apéritif)* canapé ◆ **crevettes sur ~** shrimp canapé, canapé of shrimps

**canapé-lit** (pl **canapés-lits**) /kanapeli/ NM sofa bed

**canaque** /kanak/ ADJ Kanak NMF **Canaque** Kanak

**canard** /kanaʀ/ NM a *(= oiseau, Culin)* duck; *(mâle)* drake; → **froid, mare, vilain** b * *(= journal)* paper; *(péj)* rag * c *(= fausse note)* false note ◆ **faire un ~** to hit a false note d *(terme d'affection)* **mon (petit) ~** pet, poppet * *(Brit)* e *(* = sucre) sugar lump dipped in brandy or coffee* COMP ▷ **canard de Barbarie** Muscovy *ou* musk duck ▷ **canard boiteux** * lame duck ▷ **canard laqué** Peking duck ▷ **canard mandarin** mandarin duck ▷ **canard à l'orange** duck in orange sauce ▷ **canard sauvage** wild duck ▷ **canard siffleur** wigeon ▷ **canard souchet** shoveler

**canardeau** (pl **canardeaux**) /kanaʀdo/ NM duckling

**canarder** * /kanaʀde/ ▸ conjug 1 ◂ VT *(au fusil)* to snipe at, to take potshots at; *(avec pierres)* to pelt *(avec* with); ◆ **ça canardait de tous les côtés** there were bullets flying all over the place VI *(Mus)* to hit a false note

**canardière** /kanaʀdjɛʀ/ NF *(= mare)* duckpond; *(= fusil)* punt gun

**canari** /kanaʀi/ NM, ADJ INV canary ◆ **(jaune) ~** canary yellow

**Canaries** /kanaʀi/ NFPL ◆ **les (îles) ~** the Canary Islands, the Canaries

**canasson** /kanasɔ̃/ NM *(péj = cheval)* nag *(péj)*

**canasta** /kanasta/ NF canasta

**Canberra** /kɑ̃beʀa/ N Canberra

**cancan** /kɑ̃kɑ̃/ NM a *(= racontar)* piece of gossip ◆ **~s** gossip, tittle-tattle ◆ **faire courir des ~s (sur qn)** to spread gossip *ou* stories (about sb), to tittle-tattle (about sb) b *(= danse)* cancan

**cancaner** /kɑ̃kane/ ▸ conjug 1 ◂ VI a *(= bavarder, médire)* to gossip b *[canard]* to quack

**cancanier, -ière** /kɑ̃kanje, jɛʀ/ ADJ gossipy, scandalmongering *(épith)*, tittle-tattling *(épith)* NM,F gossip, scandalmonger, tittle-tattle

**cancer** /kɑ̃sɛʀ/ NM a *(Méd, fig)* cancer ◆ **avoir un ~ du sein/du poumon** to have breast/lung cancer, to have cancer of the breast/lung ◆ **~ du sang** leukaemia *(Brit)*, leukemia *(US)* ◆ **~ généralisé** systemic cancer b *(Astron)* **le Cancer** Cancer ◆ **il est (du signe) du Cancer** he's (a) Cancer; → **tropique**

**cancéreux, -euse** /kɑ̃seʀø, øz/ ADJ *[tumeur]* cancerous; *[personne]* with cancer NM,F person with cancer; *(à l'hôpital)* cancer patient

**cancériforme** /kɑ̃seʀifɔʀm/ ADJ cancer-like

**cancérigène** /kɑ̃seʀiʒɛn/ ADJ carcinogenic, cancer-producing

**cancérisation** /kɑ̃seʀizasjɔ̃/ NF ◆ **on peut craindre la ~ de l'organe** there is a risk of the organ becoming cancerous

**cancériser (se)** /kɑ̃seʀize/ ▸ conjug 1 ◂ VPR to become cancerous ◆ **cellules cancérisées** cancerous cells

**cancérogène** /kɑ̃seʀɔʒɛn/ ADJ ⇒ **cancérigène**

**cancérogenèse** /kɑ̃seʀɔʒənɛz/ NF carcinogenesis

**cancérologie** /kɑ̃seʀɔlɔʒi/ NF *(= recherche)* cancer research; *(= traitement)* cancer treatment ◆ **il est hospitalisé en ~** he's in the (*ou* a) cancer ward

**cancérologique** /kɑ̃seʀɔlɔʒik/ ADJ *[médecine, recherche]* cancer *(épith)*

**cancérologue** /kɑ̃seʀɔlɔg/ NMF cancer specialist

**cancre** /kɑ̃kʀ/ NM *(péj = élève)* dunce

**cancrelat** /kɑ̃kʀəla/ NM cockroach

**candélabre** /kɑ̃delabʀ/ NM *(= chandelier)* candelabra, candelabrum

**candeur** /kɑ̃dœʀ/ NF ingenuousness, naïvety ◆ **avec ~** naïvely

> ⚠ **candeur** *ne se traduit pas par le mot anglais* **candour**, *qui a le sens de 'franchise'.*

**candi** /kɑ̃di/ ADJ M → **sucre**

**candida** /kɑ̃dida/ NM INV candida (albicans)

**candidat, e** /kɑ̃dida, at/ NM,F *(à un concours, une élection)* candidate *(à* at); *(à un poste)* applicant, candidate *(à* for); ◆ **~ sortant** present *ou* outgoing incumbent ◆ **les ~s à l'examen** the examination candidates, the examinees ◆ **les ~s à l'embauche** job applicants ◆ **être ~ à la députation** to run *ou* stand *(Brit)* for the post of deputy ◆ **se porter ~ à un poste** to apply for a job, to put o.s. forward for a job ◆ **être ~ à la présidence** *(Pol)* to run *ou* stand *(Brit)* for president, to run for the presidency ◆ **les ~s à la retraite** candidates for retirement ◆ **les ~s au suicide** those contemplating suicide ◆ **je ne suis pas ~** *(fig)* I'm not interested

**candidature** /kɑ̃didatyʀ/ GRAMMAIRE ACTIVE 46.1 NF *(Pol)* candidacy, candidature; *(à un poste)* application *(à* for); ◆ **~ officielle** *(à un poste)* formal application; *(Pol)* official candidacy *ou* candidature ◆ **~ spontanée** *(à un poste, action)* unsolicited application; *(lettre)* unsolicited letter of application ◆ **poser sa ~ à un poste** to apply for a job, to submit one's application for a job ◆ **poser sa ~ à une élection** to stand in an election *(Brit)*, to put o.s. forward as a candidate in an election, to run for election *(US)*

**candide** /kɑ̃did/ ADJ ingenuous, naïve

> ⚠ **candide** *ne se traduit pas par le mot anglais* **candid**, *qui a le sens de 'franc', 'sincère'.*

**candidement** /kɑ̃didmɑ̃/ ADV ingenuously, naïvely

**candidose** /kɑ̃didoz/ NF thrush, candidiasis *(SPÉC)*

**candir** /kɑ̃diʀ/ ▸ conjug 2 ◂ VTI ◆ **(faire) ~** to candy

**candomblé** /kɑ̃dɔ̃bl/ NM candomblé

**cane** /kan/ NF (female) duck ◆ **œuf de ~** duck egg

**caner**⁎ /kane/ ▸ conjug 1 ◂ VI *(= mourir)* to kick the bucket⁎, to snuff it⁎; *(= flancher)* to chicken out *, to funk it⁎ *(Brit)*, to wimp out * *(US) (devant* in the face of)

**caneton** /kantɔ̃/ NM duckling

**canette**[1] /kanɛt/ NF *(= animal)* duckling

**canette**[2] /kanɛt/ NF *[de machine à coudre]* spool ◆ **~ (de bière)** *(= bouteille)* small bottle of beer; *(= boîte)* can of beer

**canevas** /kanvɑ/ NM a *[de livre, discours]* framework, basic structure b *(Couture) (= toile)* canvas; *(= ouvrage)* tapestry (work) c *(Cartographie)* network

**caniche** /kaniʃ/ NM poodle ◆ **~ nain** toy poodle

**caniculaire** /kanikylɛʀ/ ADJ *[chaleur, jour]* scorching ◆ **une journée ~** a scorcher *, a scorching (hot) day

**canicule** /kanikyl/ NF *(= forte chaleur)* scorching heat; *(= vague de chaleur)* heatwave ◆ **la ~** *(spécialement juillet-août)* the midsummer heat, the dog days ◆ **aujourd'hui c'est la ~** it's a scorcher today *

**canidé** /kanide/ NM canine ◆ **les ~s** the dog family, the Canidae *(SPÉC)*

**canif** /kanif/ NM penknife, pocket knife ◆ **donner un coup de ~ dans le contrat (de mariage)** * to have a bit on the side *

**canin, e** /kanɛ̃, in/ ADJ *[espèce]* canine; *[exposition]* dog *(épith)* NF **canine** *(= dent)* canine (tooth); *(supérieure)* eyetooth; *[de chien, vampire]* fang

**caninette** /kaninɛt/ NF pooper-scooper motor bike * *(motor bike used to clean streets of dog mess)*

**canisses** /kanis/ NFPL wattle fence

**caniveau** (pl **caniveaux**) /kanivo/ NM gutter *(in roadway etc)* ◆ **presse de** ~ *(péj)* gutter press ◆ **des procédés de** ~ *(péj)* underhand methods

**canna** /kana/ NM *(= fleur)* canna

**cannabis** /kanabis/ NM cannabis

**cannage** /kanaʒ/ NM *(= partie cannée)* canework; *(= opération)* caning

**canne** /kan/ NF a *(= bâton)* (walking) stick, cane; *[de souffleur de verre]* blowpipe b *(* = jambe)* leg ◆ **il ne tient pas sur ses ~s** he's not very steady on his pins‡ ◆ **il a des ~s de serin** * he has spindly little legs; → **sucre**

COMP ▹ **canne anglaise** crutch ▹ **canne blanche** *[d'aveugle]* white stick ▹ **canne à pêche** fishing rod ▹ **canne à sucre** sugar cane

**canné, e** /kane/ (ptp de **canner**) ADJ *[siège]* cane *(épith)*

**canneberge** /kanbɛʀʒ/ NF cranberry

**canne-épée** (pl **cannes-épées**) /kanepe/ NF swordstick

**cannelé, e** /kanle/ (ptp de **canneler**) ADJ *[colonne]* fluted

**canneler** /kanle/ ▸ conjug 4 ◂ VT to flute

**cannelier** /kanəlje/ NM cinnamon tree

**cannelle** /kanɛl/ NF *(= épice)* cinnamon

**cannelure** /kan(ə)lyʀ/ NF *[de meuble, colonne]* flute; *[de plante]* striation ◆ **~s** *[de colonne]* fluting; *[de neige]* corrugation ◆ **~s glaciaires** striae, striations

**canner** /kane/ ▸ conjug 1 ◂ VT *[+ chaise]* to cane

**cannette** /kanɛt/ NF ⇒ **canette²**

**canneur, -euse** /kanœʀ, øz/ NM,F cane worker, caner

**cannibale** /kanibal/ ADJ *[tribu, animal]* cannibal *(épith)*, cannibalistic NMF cannibal

**cannibalisation** /kanibalizasjɔ̃/ NF *[de machine]* cannibalization ◆ **pour éviter la** ~ **de leurs produits** *(Comm)* to prevent their products losing their market share *ou* the cannibalization *(US)* of their products

**cannibaliser** /kanibalize/ ▸ conjug 1 ◂ VT *[+ machine]* to cannibalize; *(Comm) [+ produit]* to eat into the market share of, to cannibalize *(US)* ◆ **ce produit a été cannibalisé par ...** this product has lost (some of its) market share to ...

**cannibalisme** /kanibalism/ NM cannibalism

**cannisses** /kanis/ NFPL ⇒ **canisses**

**canoë** /kanɔe/ NM *(= bateau)* canoe; *(= sport)* canoeing

**canoéisme** /kanɔeism/ NM canoeing

**canoéiste** /kanɔeist/ NMF canoeist

**canoë-kayak** /kanɔekajak/ NM INV ◆ **faire du** ~ to go canoeing ◆ **descendre une rivière en** ~ to go down a river in a canoe, to canoe down a river

**canon¹** /kanɔ̃/ NM a *(= arme)* gun, cannon; *(Hist)* cannon ◆ ~ **de 75/125** 75/125mm gun *ou* cannon ◆ **coup de** ~ cannon shot ◆ **des coups de** ~ *(moderne)* artillery *ou* cannon fire; *(Hist)* cannon fire ◆ **service** ~ * *(Tennis)* cannonball (serve) ◆ **tir** ~ * *(Ftbl)* bullet-like shot; → **chair**

b *(= tube) [de revolver]* barrel ◆ **fusil à** ~ **scié** sawn-off *(Brit) ou* sawed-off *(US)* shotgun ◆ **à deux ~s** double-barrelled; → **baïonnette**

c *(Tech) [de clé, seringue]* barrel; *[d'arrosoir]* spout

d *(Vét) [de bœuf, cheval]* cannonbone

e *(Hist Habillement)* canion

f *(* = verre)* glass (of wine)

COMP ▹ **canon antiaérien** anti-aircraft *ou* AA gun ▹ **canon antichar** anti-tank gun ▹ **canon antigrêle** anti-hail gun ▹ **canon à eau** water cannon ▹ **canon à électrons** electron gun ▹ **canon lisse** smooth *ou* unrifled bore ▹ **canon de marine** naval gun ▹ **canon à neige** snow cannon ▹ **canon à particules** particle beam weapon ▹ **canon rayé** rifled bore

**canon²** /kanɔ̃/ NM a *(= modèle)* model, perfect example ◆ **~s** *(= normes)* canons ◆ **les ~s de la beauté** the canons of beauty ◆ **elle/il est** ~ *, **c'est un** ~ * *ou* **une fille/un mec** ~ * she/he's gorgeous, she's/he's a bit of alright‡ *(Brit)* b *(Rel)* canon; → **droit³**

**canon³** /kanɔ̃/ NM *(Mus)* canon ◆ ~ **à 2 voix** canon for 2 voices ◆ **chanter en** ~ to sing in a round *ou* in canon

**cañon** /kaɲɔn/ NM canyon, cañon

**canonicat** /kanɔnika/ NM canonicate, canonry

**canonique** /kanɔnik/ ADJ canonical ◆ **forme** ~ *(Ling)* base form; → **âge**

**canonisation** /kanɔnizasjɔ̃/ NF canonization

**canoniser** /kanɔnize/ ▸ conjug 1 ◂ VT to canonize

**canonnade** /kanɔnad/ NF cannonade ◆ **le bruit d'une** ~ the noise of a cannonade *ou* of (heavy) gunfire

**canonner** /kanɔne/ ▸ conjug 1 ◂ VT to bombard, to shell

**canonnier** /kanɔnje/ NM gunner

**canonnière** /kanɔnjɛʀ/ NF gunboat

**canope** /kanɔp/ NM ◆ **(vase)** ~ Canopic jar (*ou* urn *ou* vase)

**canopée** /kanɔpe/ NF (forest) canopy

**canot** /kano/ NM *(= barque)* (small *ou* open) boat, dinghy; *(Can)* Canadian canoe ◆ ~ **automobile** motorboat ◆ ~ **pneumatique** rubber *ou* inflatable dinghy ◆ ~ **de sauvetage** lifeboat

**canotage** /kanɔtaʒ/ NM boating, rowing, canoeing *(Can)* ◆ **faire du** ~ to go boating *ou* rowing; *(Can)* to go canoeing

**canoter** /kanɔte/ ▸ conjug 1 ◂ VI to go boating *ou* rowing; *(Can)* to go canoeing

**canoteur, -euse** /kanɔtœʀ, øz/ NM,F rower

**canotier** /kanɔtje/ NM *(= personne, chapeau)* boater

**Canson ®** /kɑ̃sɔ̃/ NM ◆ **papier** ~ drawing paper

**cantal** /kɑ̃tal/ NM a *(= fromage)* Cantal (cheese) b *(= région)* **le Cantal** the Cantal

**cantaloup** /kɑ̃talu/ NM cantaloup(e), muskmelon

**cantate** /kɑ̃tat/ NF cantata

**cantatrice** /kɑ̃tatʀis/ NF *[d'opéra]* (opera) singer, prima donna; *[de chants classiques]* (professional) singer

**cantharide** /kɑ̃taʀid/ NF a *(Zool)* cantharid b *(= poudre)* cantharis, cantharides, Spanish fly

**cantilène** /kɑ̃tilɛn/ NF song, cantilena

**cantine** /kɑ̃tin/ NF a *(= réfectoire) [d'entreprise]* canteen; *[d'école]* cafeteria, dining hall *(Brit)*, lunch room *(US)* ◆ **manger à la** ~ *(gén)* to eat in the canteen; *(Scol)* to have school meals ◆ **ticket de** ~ meal voucher *ou* ticket b *(= malle)* tin trunk

**cantinière** /kɑ̃tinjɛʀ/ NF *(Hist Mil)* canteen woman

**cantique** /kɑ̃tik/ NM *(= chant)* hymn; *(Bible)* canticle ◆ **le Cantique des ~s** the Song of Songs, the Song of Solomon

**canton** /kɑ̃tɔ̃/ NM a *(Pol) (en France)* canton, ≃ district; *(en Suisse)* canton

b *(= section) [de voie ferrée, route]* section

c *(† = région)* district; *(Can)* township

> **Canton**
>
> The **cantons** are electoral areas into which France's « arrondissements » are divided for administration purposes. Each **canton** usually includes several « communes », and corresponds to the constituency of a « conseiller général » who is elected in the « élections cantonales ». The main town in the **canton** has a « gendarmerie », a local tax office and sometimes a « tribunal d'instance ».
>
> Of the self-governing **cantons** that make up the Swiss Confederation, six are French-speaking: Jura, Vaud, Neuchâtel, Genève, Valais (also German-speaking) and Fribourg (also German-speaking).
>
> → ARRONDISSEMENT, COMMUNE, ÉLECTIONS

**cantonade** /kɑ̃tɔnad/ **à la cantonade** LOC ADV ◆ **parler à la** ~ *(gén)* to speak to the company at large; *(Théât)* to speak (in an aside) to the audience ◆ **c'est à qui ? dit-elle à la** ~ whose is this? she asked the assembled company

**cantonais, e** /kɑ̃tɔnɛ, ɛz/ ADJ Cantonese NM *(Ling)* Cantonese NM,F **Cantonais(e)** Cantonese

**cantonal, e** (mpl **-aux**) /kɑ̃tɔnal, o/ ADJ *(en France)* cantonal, ≃ district *(épith)*; *(en Suisse)* cantonal ◆ **sur le plan** ~ *(en France)* at (the) local level; *(en Suisse)* at the level of the cantons ◆ **les (élections) ~es** cantonal elections; → ÉLECTIONS

**cantonnement** /kɑ̃tɔnmɑ̃/ NM a *(Mil) (= action)* stationing; *(chez l'habitant)* billeting, quartering; *(= lieu)* quarters, billet; *(= camp)* camp ◆ **établir un** ~ to set up (a) camp ◆ **troupes en** ~ billeted troops ◆ **prendre ses ~s** to take up one's quarters b *(Rail)* block system c *(Admin) [de forêt]* range

**cantonner** /kɑ̃tɔne/ ▸ conjug 1 ◂ VT a *(Mil) (= établir)* to station; *(chez l'habitant)* to quarter, to billet (*chez, dans* on) b *(= reléguer)* to confine ◆ ~ **qn dans un travail** to confine sb to a job ◆ ~ **qn à** *ou* **dans un rôle** to limit *ou* restrict sb to a role VI *(Mil)* to be stationed (*à, dans* at); *(chez l'habitant)* to be quartered *ou* billetted VPR **se cantonner** ◆ **se** ~ **à** *ou* **dans** to confine o.s. to

**cantonnier** /kɑ̃tɔnje/ NM *(= ouvrier)* roadmender, roadman

**cantonnière** /kɑ̃tɔnjɛʀ/ NF *(= tenture)* pelmet

**canular** /kanylaʀ/ NM hoax ◆ **monter un** ~ to think up *ou* plan a hoax ◆ **faire un** ~ **à qn** to hoax sb, to play a hoax on sb

**canule** /kanyl/ NF cannula

**canuler**‡ /kanyle/ ▸ conjug 1 ◂ VT *(= ennuyer)* to bore; *(= agacer)* to pester

**Canut** /kanyt/ NM Canute, Knut

**canut, -use** /kany, yz/ NM,F silk worker *(in Lyons)*

**canyon** /kanjɔ̃, kanjɔn/ NM canyon, cañon ◆ **le Grand Canyon** the Grand Canyon

**canyoning** /kanjɔniŋ/ NM *(Sport)* canyoning ◆ **faire du** ~ to go canyoning

**CAO** /seao/ NF (abrév de **conception assistée par ordinateur**) CAD

**caoua** * /kawa/ NM ⇒ **kawa**

**caoutchouc** /kautʃu/ NM **a** *(= matière)* rubber ◆ **en** ~ rubber *(épith)* ◆ ~ **mousse** ® foam *ou* sponge rubber ◆ **balle en** ~ **mousse** rubber *ou* sponge ball ◆ ~ **synthétique** synthetic rubber; → **botte**[1] **b** *(= élastique)* rubber *ou* elastic band **c** † *(= imperméable)* waterproof ◆ ~**s** *(= chaussures)* overshoes, galoshes **d** *(= plante verte)* rubber plant

**caoutchouter** /kautʃute/ ► conjug 1 ◄ VT to rubberize, to coat with rubber

**caoutchouteux, -euse** /kautʃutø, øz/ ADJ rubbery

**CAP** /seape/ NM (abrév de **certificat d'aptitude professionnelle**) vocational training certificate ◆ **il a un** ~ **de menuisier/soudeur** he's a qualified joiner/welder

**cap**[1] /kap/ NM **a** *(Géog)* cape; *(= promontoire)* point, headland ◆ **le** ~ **Canaveral** Cape Canaveral ◆ **le** ~ **Horn** Cape Horn ◆ **le** ~ **de Bonne Espérance** the Cape of Good Hope ◆ **passer** *ou* **doubler un** ~ *(Naut)* to round a cape ◆ **il a passé le** ~ *[malade]* he's over the worst, he's turned the corner ◆ **il a passé le** ~ **de l'examen** he's got over the hurdle of the exam ◆ **dépasser** *ou* **franchir** *ou* **passer le** ~ **des 40 ans** to turn 40 ◆ **dépasser** *ou* **franchir le** ~ **des 50 millions** to pass the 50-million mark **b** *(= direction)* course ◆ **changer de** ~ *(lit, fig)* to change course ◆ **mettre le** ~ **au vent** to head into the wind ◆ **mettre le** ~ **au large** to stand out to sea ◆ **mettre le** ~ **sur** to head for ◆ ~ **magnétique** magnetic course *ou* heading ◆ **tenir** *ou* **maintenir le cap** *(fig)* to steer a steady course; → **pied** **c** *(= ville)* **Le Cap** Cape Town ◆ **la province du Cap** the Cape Province

**cap**[2] * /kap/ ADJ (abrév de **capable**) ◆ **t'es pas** ~ **de le faire !** *(langage enfantin)* you couldn't do it if you tried!

**capable** /kapabl/ GRAMMAIRE ACTIVE 42.4, 43.4 ADJ **a** *(= compétent)* able, capable **b** *(= apte à)* ~ **de faire** capable of doing ◆ **te sens-tu** ~ **de tout manger ?** do you feel you can eat it all?, do you feel up to eating it all? ◆ **tu n'en es pas** ~ you're not up to it, you're not capable ◆ **viens te battre si tu en es** ~ come and fight if you've got it in you *ou* if you dare ◆ **cette conférence est** ~ **d'intéresser beaucoup de gens** this lecture is likely to interest a lot of people **c** *(= qui fait preuve de)* ~ **de** *[+ dévouement, courage, incartade]* capable of ◆ **il est** ~ **du pire comme du meilleur** he's capable of (doing) the worst as well as the best ◆ **il est** ~ **de tout** he'll stop at nothing, he's capable of anything **d** * **il est** ~ **de l'avoir perdu/de réussir** he's quite likely to have lost it/to succeed, he's quite capable of having lost it/of succeeding ◆ **il est bien** ~ **d'en réchapper** he may well get over it **e** *(Jur)* competent

**capacité** /kapasite/ NF **a** *(= aptitude)* ability (*à* to); ◆ ~**s intellectuelles** intellectual abilities *ou* capacities ◆ ~**s physiques** physical abilities ◆ **en dehors de mes** ~**s** beyond my capabilities *ou* capacities ◆ **sa** ~ **d'analyse/d'analyser les faits** his capacity for analysis/for analysing facts ◆ **il a une grande** ~ **d'adaptation** he's very adaptable **b** *(= contenance, potentiel)* capacity; *[d'accumulateur]* capacitance, capacity ◆ **la** ~ **d'accueil d'une ville** the total amount of tourist accommodation in a town ◆ **de grande** ~ *[avion, stade]* with a large seating capacity ◆ ~ **de mémoire/de stockage** *(Ordin)* memory/disk capacity **c** *(Jur)* capacity ◆ **avoir** ~ **pour qch** to be (legally) entitled to sth

COMP ▷ **capacité civile** civil capacity ▷ **capacité contributive** ability to pay tax ▷ **capacité en droit** *basic legal qualification* ▷ **capacité électrostatique** capacitance ▷ **capacité légale** legal capacity ▷ **capacité thoracique** *(Méd)* vital capacity

**caparaçon** /kapaʀasɔ̃/ NM *(Hist)* caparison

**caparaçonner** /kapaʀasɔne/ ► conjug 1 ◄ VT *(Hist) [+ cheval]* to caparison ◆ **caparaçonné de cuir** *(hum)* all clad in leather

**cape** /kap/ NF *(Habillement)* *(courte)* cape; *(longue)* cloak ◆ **roman** (*ou* **film**) **de** ~ **et d'épée** swashbuckler; → **rire**

**capé, e** /kape/ ADJ *(Sport) [joueur]* capped ◆ **le joueur le plus** ~ **de l'équipe de France** the French team's most capped player

**capeline** /kaplin/ NF wide-brimmed hat

**CAPES** /kapes/ NM (abrév de **certificat d'aptitude au professorat de l'enseignement secondaire**) → **certificat**

> **CAPES**
>
> The **CAPES** is a competitive examination for the recruitment of French secondary school teachers. It is taken after the « licence ». Successful candidates become fully-qualified teachers (« professeurs certifiés »). → CONCOURS

**capésien, -ienne** * /kapesjɛ̃, jɛn/ NM,F holder of the CAPES, ≃ qualified graduate teacher

**CAPET** /kapɛt/ NM (abrév de **certificat d'aptitude au professorat de l'enseignement technique**) → **certificat**

**capétien, -ienne** /kapesjɛ̃, jɛn/ ADJ Capetian NM,F **Capétien(ne)** Capetian

**capharnaüm** * /kafaʀnaɔm/ NM *(= bric-à-brac, désordre)* shambles * ◆ **quel** ~ **!** what a shambles! * N **Capharnaüm** Capernaum

**cap-hornier** (pl **cap-horniers**) /kapɔʀnje/ NM Cape Horner

**capillaire** /kapilɛʀ/ ADJ *(Anat, Bot, Phys)* capillary; *[soins, lotion]* hair *(épith)*; → **vaisseau** NM **a** *(Anat)* capillary **b** *(= fougère)* maidenhair fern

**capillarité** /kapilaʀite/ NF capillarity ◆ **par** ~ by capillary action

**capilliculteur, -trice** /kapilikyltœʀ, tʀis/ NM,F hair designer

**capilotade** /kapilɔtad/ **en capilotade** LOC ADJ *[fruits, nez]* in a pulp; *[objet cassable]* in smithereens ◆ **j'ai les reins en** ~ my back's killing me *

**capitaine** /kapitɛn/ NM **a** *(armée de terre)* captain; *(armée de l'air)* flight lieutenant *(Brit)*, captain *(US)*; *[de grand bateau]* captain, master; *[de bateau de pêche]* captain, skipper; *(Sport)* captain, skipper *; *(littér = chef militaire)* (military) leader; → **instructeur** **b** *(Zool)* threadfin COMP ▷ **capitaine de corvette** lieutenant commander ▷ **capitaine de frégate** commander ▷ **capitaine de gendarmerie** captain of the gendarmerie ▷ **capitaine d'industrie** captain of industry ▷ **capitaine au long cours** master mariner ▷ **capitaine de la marine marchande** captain in the merchant navy *(Brit) ou* in the marine *(US)* ▷ **capitaine des pompiers** fire chief, firemaster *(Brit)*, fire marshal *(US)* ▷ **capitaine de port** harbour *(Brit) ou* harbor *(US)* master ▷ **capitaine de vaisseau** captain

**capitainerie** /kapitɛnʀi/ NF harbour *(Brit) ou* harbor *(US)* master's office

**capital, e** (mpl **-aux**) /kapital, o/ ADJ **a** *(= principal) [erreur, question]* major *(épith)*; *[rôle]* cardinal, major *(épith)* ◆ **d'une importance** ~**e** of major *ou* capital importance ◆ **c'est l'œuvre** ~**e de Gide** it is Gide's major work ◆ **son erreur** ~**e** his major *ou* chief mistake; → **péché, sept** **b** *(= essentiel)* essential ◆ **il est** ~ **d'y aller** *ou* **que nous y allions** it is of the utmost importance *ou* it is absolutely essential that we go **c** *(Jur)* capital; → **peine**

NM **a** *(Fin = avoirs)* capital ◆ **10 millions d'euros de** ~ a 10-million-euro capital, a capital of 10 million euros ◆ **au** ~ **de** with a capital of; → **augmentation**

**b** *(= placements)* **capitaux** money, capital ◆ **la circulation/fuite des capitaux** the circulation/flight of capital

**c** *(= possédants)* **le** ~ capital ◆ **le** ~ **et le travail** capital and labour ◆ **le grand** ~ big investors

**d** *(= fonds, richesse)* stock, fund ◆ **le** ~ **de connaissances acquis à l'école** the stock *ou* fund of knowledge acquired at school ◆ **la connaissance d'une langue constitue un** ~ **appréciable** knowing a language is a significant *ou* major asset ◆ **le** ~ **artistique de la région** the artistic wealth *ou* resources of the region ◆ **accroître son** ~**(-)santé** to build up one's health ◆ **elle a su se bâtir un** ~**(-)confiance** she managed to gain *ou* win everybody's trust

NF **capitale** **a** *(Typo)* **(lettre)** ◆ capital (letter) ◆ **en grandes/petites** ~**es** in large/small capitals ◆ **en** ~**es d'imprimerie** in block letters *ou* block capitals **b** *(= métropole)* capital (city) ◆ **le dimanche, les Parisiens quittent la** ~**e** on Sundays Parisians leave the capital ◆ ~**e régionale** regional capital ◆ **la** ~**e du vin** the wine capital

COMP ▷ **capital circulant** working capital, circulating capital ▷ **capital constant** constant capital ▷ **capital décès** death benefit ▷ **capital d'exploitation** working capital ▷ **capitaux fébriles** hot money ▷ **capital fixe** fixed (capital) assets ▷ **capitaux flottants** floating capital *ou* assets ▷ **capital initial** *ou* **de lancement** seed *ou* start-up money ▷ **capital social** authorized capital, share capital ▷ **capitaux spéculatifs** ⇒ **capitaux fébriles** ▷ **capital variable** variable capital

**capitalisable** /kapitalizabl/ ADJ capitalizable

**capitalisation** /kapitalizasjɔ̃/ NF capitalization ◆ ~ **boursière** market capitalization *ou* valuation

**capitaliser** /kapitalize/ ► conjug 1 ◄ VT **a** *(= amasser) [+ somme]* to amass; *[+ expériences, connaissances]* to build up, to accumulate ◆ **l'intérêt capitalisé pendant un an** an interest accrued *ou* accumulated in a year **b** *(Fin = ajouter au capital) [+ intérêts]* to capitalize **c** *(= calculer le capital de) [+ rente]* to capitalize VI *(= amasser de l'argent)* to save, to put money by ◆ ~ **sur** *[+ événement, situation, marque, savoir-faire]* to capitalize on

**capitalisme** /kapitalism/ NM capitalism

**capitaliste** /kapitalist/ ADJ, NMF capitalist

**capitalistique** /kapitalistik/ ADJ capital *(épith)* ◆ **intensité** ~ capital intensity ◆ **industrie** ~ capital-intensive industry

**capital-risque** /kapitalʀisk/ NM venture capital

**capital-risqueur** /kapitalʀiskœʀ/ NM venture capitalist

**capitation** /kapitasjɔ̃/ NF *(Hist)* poll tax, capitation

**capiteux, -euse** /kapitø, øz/ ADJ *[vin, parfum]* heady; *[femme, beauté]* intoxicating, alluring

**Capitole** /kapitɔl/ NM ◆ **le ~** the Capitol

**capitolin, e** /kapitɔlɛ̃, in/ ADJ Capitoline ◆ **le (mont) Capitolin** the Capitoline (Hill)

**capiton** /kapitɔ̃/ NM *(= bourre)* padding; *[de cellulite]* node of fat *(SPÉC)* ◆ **les ~s** orange-peel skin

**capitonnage** /kapitɔnaʒ/ NM padding

**capitonner** /kapitɔne/ ▸ conjug 1 ◂ VT *[+ siège, porte]* to pad (*de* with); ◆ **capitonné de** *(fig)* lined with ◆ **nid capitonné de plumes** nest lined with feathers

**capitulaire** /kapitylɛʀ/ ADJ *(Rel)* capitular ◆ **salle ~** chapter house

**capitulard, e** /kapitylaʀ, aʀd/ ADJ, NM,F defeatist

**capitulation** /kapitylasjɔ̃/ NF *(Mil, fig)* capitulation, surrender; *(= traité)* capitulation (treaty) ◆ **~ sans conditions** unconditional surrender

**capituler** /kapityle/ ▸ conjug 1 ◂ VI *(Mil = se rendre)* to capitulate, to surrender; *(fig = céder)* to surrender, to give in, to capitulate

**capodastre** /kapodastʀ/ NM *(Mus)* capo

**capon, -onne** †† /kapɔ̃, ɔn/ ADJ cowardly NM,F coward

**caporal** (pl **-aux**) /kapɔʀal, o/ NM a *(Mil)* lance corporal *(Brit)*, private first class *(US)* ◆ **~ d'ordinaire** mess corporal ◆ **~-chef** corporal b *(= tabac)* caporal

**caporalisme** /kapɔʀalism/ NM *[de personne, régime]* petty officiousness

**capot** /kapo/ NM a *[de véhicule, moteur]* bonnet *(Brit)*, hood *(US)* b *(Naut) (= bâche de protection)* cover; *(= trou d'homme)* companion hatch ADJ INV *(Cartes)* ◆ **être ~** to have lost all the tricks ◆ **il nous a mis ~** he took all the tricks

**capotage** /kapɔtaʒ/ NM *[de véhicule]* overturning; *[de projet]* failure; *[de négociations]* breakdown

**capote** /kapɔt/ NF a *[de voiture]* top, hood *(Brit)* b *(gén Mil = manteau)* greatcoat c *(* = préservatif)* condom ◆ **~ anglaise** † French letter †

**capoter** /kapɔte/ ▸ conjug 1 ◂ VI *[véhicule]* to overturn; *[négociations]* to founder ◆ **faire ~** *[+ véhicule]* to overturn; *[+ négociations, projet]* to ruin, to scupper * *(Brit)*, to put paid to *(Brit)*

**cappuccino** /kaputʃino/ NM cappuccino

**câpre** /kɑpʀ/ NF *(Culin)* caper

**Capri** /kapʀi/ NF Capri

**caprice** /kapʀis/ NM a *(= lubie)* whim, caprice; *(= toquade amoureuse)* (passing) fancy ◆ **il a agi par ~** he acted on a whim ◆ **ne lui cède pas, c'est seulement un ~** don't give in to him, it's only a whim ◆ **faire un ~** to throw a tantrum ◆ **cet enfant fait des ~s** the child's being awkward *ou* temperamental b *(= variations)* **~s** *[de vent, marché]* vagaries, caprices ◆ **les ~s de la mode** the vagaries *ou* whims of fashion ◆ **les ~s météorologiques/climatiques** the vagaries of the weather/climate ◆ **les ~s du sort** *ou* **du hasard** the quirks of fate ◆ **une récolte exceptionnelle due à quelque ~ de la nature** an exceptional crop due to some quirk of nature c *(Mus)* capriccio, caprice

**capricieusement** /kapʀisjøzmɑ̃/ ADV capriciously, whimsically

**capricieux, -ieuse** /kapʀisjø, jøz/ ADJ a *(= fantasque)* capricious, whimsical; *[appareil]* temperamental; *[météo]* changeable, fickle; *[vent]* changeable b *(= difficile) [enfant]* awkward, temperamental ◆ **ne fais pas le ~ !** don't be awkward!

**capricorne** /kapʀikɔʀn/ NM a *(Astron)* **le Capricorne** Capricorn ◆ **il est (du signe) du Capricorne** he's (a) Capricorn; → **tropique** b *(Zool)* capricorn beetle

**câprier** /kɑpʀije/ NM caper bush *ou* shrub

**caprin, e** /kapʀɛ̃, in/ ADJ *(Zool) [espèce]* goat *(épith)*, caprine *(SPÉC)* NM member of the goat family ◆ **les ~s** members of the goat family, the Caprinae *(SPÉC)*

**capriné** /kapʀine/ NM ⇒ **caprin**

**capsulage** /kapsylaʒ/ NM *[de bouteille de vin]* capsuling; *[de bouteille de bière, d'eau]* capping

**capsule** /kapsyl/ NF a *(Anat, Bot, Pharm)* capsule b *[de bouteille]* cap; *(couvrant le goulot)* capsule c *[d'arme à feu]* (percussion) cap, primer; *[de pistolet d'enfant]* cap; → **pistolet** d ◆ **~ spatiale** space capsule

**capsuler** /kapsyle/ ▸ conjug 1 ◂ VT *[+ bouteille de bière, eau]* to put a cap on; *[+ bouteille de vin]* to put a capsule on

**captage** /kaptaʒ/ NM *[de cours d'eau]* harnessing; *[de message, émission]* picking up

**capteur, -trice** /kaptatœʀ, tʀis/ NM,F *(Jur)* ◆ **~ d'héritage** *ou* **de succession** legacy hunter

**captation** /kaptasjɔ̃/ NF a *[de marché, pouvoir]* capturing; *[de clientèle]* poaching ◆ **~ d'héritage** *(Jur)* captation *(SPÉC)* *ou* improper solicitation of a legacy b *[de cours d'eau, source]* harnessing; *(Bio) [de substance]* uptake

**capter** /kapte/ ▸ conjug 1 ◂ VT a *[+ énergie, cours d'eau]* to harness; *[+ courant]* to tap; *[+ lumière]* to catch; *[+ atmosphère]* to capture b *[+ attention]* to catch; *[+ confiance, bienveillance, suffrages]* to win, to gain; *[+ clientèle]* to attract ◆ **cette entreprise a capté 12% du marché** this firm has captured 12% of the market c *(Téléc) [+ message, émission, chaîne]* to pick up ◆ **on capte mal la BBC à Paris** you can't pick up *ou* get the BBC very well in Paris d *(* = comprendre)* to understand, to get *

**capteur** /kaptœʀ/ NM sensor ◆ **~ solaire** solar panel

**captieux, -ieuse** /kapsjø, jøz/ ADJ specious

**captif, -ive** /kaptif, iv/ ADJ *[personne, marché, clientèle]* captive; *[nappe d'eau]* confined; → **ballon**[1] NM,F captive, prisoner

**captivant, e** /kaptivɑ̃, ɑ̃t/ ADJ *[film, lecture]* gripping, enthralling; *[personne]* fascinating, captivating

**captiver** /kaptive/ ▸ conjug 1 ◂ VT *[+ personne]* to fascinate, to enthrall, to captivate; *[+ attention, esprit]* to captivate

**captivité** /kaptivite/ NF captivity ◆ **en ~** in captivity ◆ **pendant sa ~** while he was in captivity

**capture** /kaptyʀ/ NF a *(= action) [de malfaiteur, animal]* catching, capture; *[d'objet]* catching; *[de navire]* capture b *(= objet)* **c'est une belle ~** it's a good catch c *(Ordin)* capture d *(Phys, Géog)* capture ◆ **~ électronique** electron capture

**capturer** /kaptyʀe/ ▸ conjug 1 ◂ VT *[+ malfaiteur, animal]* to catch, to capture; *[+ objet]* to catch; *[+ navire]* to capture; *(Ordin) [+ images]* to capture

**capuche** /kapyʃ/ NF hood

**capuchette** /kapyʃɛt/ NF rainhood

**capuchon** /kapyʃɔ̃/ NM a *(Couture)* hood; *(Rel)* cowl; *(= pèlerine)* hooded raincoat b *[de stylo, tube, flacon]* cap, top c *[de cheminée]* cowl

**capucin** /kapysɛ̃/ NM *(Rel)* Capuchin; *(Zool)* capuchin; → **barbe**[1]

**capucine** /kapysin/ NF *(Bot)* nasturtium; *(Rel)* Capuchin nun

**cap(-)verdien, -ienne** /kapvɛʀdjɛ̃, jɛn/ ADJ Cape Verdean NM,F **Cap(-)verdien(ne)** Cape Verdean

**Cap-Vert** /kapvɛʀ/ NM ◆ **le ~** Cape Verde ◆ **les îles du ~** the Cape Verde Islands

**caque** /kak/ NF herring barrel ◆ **la ~ sent toujours le hareng** *(Prov)* what's bred in the bone will (come) out in the flesh *(Prov)*

**caquelon** /kaklɔ̃/ NM *earthenware or cast-iron fondue dish*

**caquet** * /kakɛ/ NM *[de personne]* gossip, prattle; *[de poule]* cackle, cackling ◆ **rabattre** *ou* **rabaisser le ~ de** *ou* **à qn** * to bring *ou* pull sb down a peg or two

**caquetage** /kaktaʒ/, **caquètement** /kakɛtmɑ̃/ NM *[de poule]* cackle, cackling; *[de personne]* prattle, prattling

**caqueter** /kakte/ ▸ conjug 4 ◂ VI *[personne]* to prattle; *[poule]* to cackle

**car**[1] /kaʀ/ NM coach *(Brit)*, bus *(US)* COMP ▷ **car de police** police van ▷ **car postal** *(Helv)* post bus ▷ **car (de ramassage) scolaire** school bus

**car**[2] /kaʀ/ CONJ because, for *(frm)*

**carabin** /kaʀabɛ̃/ NM *(arg Méd)* medical student

**carabine** /kaʀabin/ NF rifle, gun, carbine *(SPÉC)*; *[de stand de tir]* rifle ◆ **~ à air comprimé** air rifle *ou* gun

**carabiné, e** * /kaʀabine/ ADJ *[fièvre, vent, orage]* raging, violent; *[cocktail, facture, punition]* stiff; *[amende]* heavy, stiff; *[rhume]* stinking *, shocking; *[migraine]* splitting, blinding ◆ **mal de dents ~** raging toothache

**carabinier** /kaʀabinje/ NM *(en Espagne)* carabinero, customs officer; *(en Italie)* carabiniere, police officer; *(Hist Mil)* carabineer ◆ **les ~s siciliens** the Sicilian carabinieri

**carabosse** /kaʀabɔs/ NF → **fée**

**Caracas** /kaʀakas/ N Caracas

**caraco** /kaʀako/ NM († = *chemisier)* (woman's) loose blouse; *(= sous-vêtement)* camisole

**caracoler** /kaʀakɔle/ ▸ conjug 1 ◂ VI *[cheval]* *(= évoluer)* to prance; *(= gambader)* to gambol *ou* caper about; *(Dressage)* to caracole ◆ **~ sur un cheval** to ride proud ◆ **~ en tête** *[concurrent]* to be well ahead of the others ◆ **il caracole en tête des sondages** he's riding high in the polls

**caractère** /kaʀaktɛʀ/ NM a *(= tempérament)* character, nature ◆ **être d'un** *ou* **avoir un ~ ouvert** to have an outgoing nature ◆ **être d'un** *ou* **avoir un ~ fermé** to be withdrawn ◆ **être d'un** *ou* **avoir un ~ froid/passionné** to be a cold/passionate person ◆ **avoir bon/mauvais ~** to be good-/bad-tempered, to be good-/ill-natured ◆ **il est très jeune de ~** *[adolescent]* he's very immature; *[adulte]* he has a very youthful outlook ◆ **son ~ a changé** his character has changed, he has changed ◆ **les chats ont un ~ sournois** cats have a sly nature ◆ **il a** *ou* **c'est un heureux ~** he has a happy nature ◆ **ce n'est pas dans son ~ de faire, il n'a pas un ~ à faire** it is not in his nature to do ◆ **le ~ méditerranéen/latin** the Mediterranean/Latin character ◆ **il a un sale ~ *, il a un ~ de cochon** * he's a difficult *ou* an awkward so-and-so * ◆ **il a un ~**

**en or** he's very good-natured, he has a delightful nature

b *(= nature, aspect)* nature ◆ **sa présence confère à la réception un ~ officiel** his being here gives an official character *ou* flavour to the reception ◆ **la situation n'a aucun ~ de gravité** the situation shows no sign *ou* evidence of being serious ◆ **mission à ~ humanitaire** humanitarian mission, mission of a humanitarian nature

c *(= fermeté)* character ◆ **il a du ~** he has *ou* he's got character ◆ **il n'a pas de ~** he's got no backbone, he's spineless ◆ **style sans ~** characterless style

d *(= cachet, individualité)* character ◆ **la maison/cette vieille rue a du ~** the house/this old street has got character

e *(littér = personne)* character ◆ **ces ~s ne sont pas faciles à vivre** these characters *ou* people are not easy to live with; → **comique**

f *(= caractéristique)* characteristic ◆ **~ héréditaire/acquis** hereditary/acquired characteristic

g *(Écriture, Typo)* character ◆ **~ gras/maigre** heavy-/light-faced letter ◆ **~s gras** *(Typo)* bold type *(NonC)* ◆ **en gros/petits ~s** in large/small characters ◆ **en ~s d'imprimerie** in print ◆ **les ~s de ce livre** the print in this book

h *(Ordin)* character ◆ **~ de commande** control character ◆ **~ générique** *ou* **de remplacement** wildcard

**caractériel, -elle** /kaʀaktеʀjɛl/ ADJ a *[personne] (Psych)* emotionally disturbed, maladjusted ◆ **il est un peu ~** *(= lunatique)* he's temperamental ◆ **un enfant ~** a problem child b **traits ~s** traits of character ◆ **troubles ~s** emotional problems NM,F *(= adulte)* emotionally disturbed person; *(= enfant)* problem *ou* maladjusted child

**caractérisation** /kaʀaktеʀizasjɔ̃/ NF characterization

**caractérisé, e** /kaʀaktеʀize/ (ptp de **caractériser**) ADJ *[erreur]* blatant ◆ **une rubéole ~e** a clear *ou* straightforward case of German measles ◆ **c'est de l'insubordination ~e** it's sheer *ou* downright insubordination

**caractériser** /kaʀaktеʀize/ ▸ conjug 1 ◂ VT to characterize ◆ **avec l'enthousiasme qui le caractérise** with his characteristic enthusiasm ◆ **ça se caractérise par** it is characterized *ou* distinguished by ◆ **ce qui caractérise ce paysage** the main *ou* characteristic features of this landscape

**caractéristique** /kaʀaktеʀistik/ GRAMMAIRE ACTIVE 53.1, 53.6 ADJ characteristic *(de* of) NF characteristic, (typical) feature ◆ **~s signalétiques** *(Admin)* particulars, personal details ◆ **~s techniques** design features

**caractérologie** /kaʀaktеʀɔlɔʒi/ NF characterology

**carafe** /kaʀaf/ NF a *(= récipient)* decanter; *[d'eau, vin ordinaire]* carafe ◆ **une demi-~ de vin** half a carafe of wine ◆ **tomber en ~** * to break down ◆ **rester en ~** * to be left stranded, to be left high and dry ◆ **laisser qn en ~** * to leave sb high and dry b *(* = tête)* head, nut *

**carafon** /kaʀafɔ̃/ NM a *(= récipient)* small decanter; *[d'eau, vin ordinaire]* small carafe b *(* = tête)* head, nut *

**caraïbe** /kaʀaib/ ADJ Caribbean ◆ **les îles Caraïbes** the Caribbean islands ◆ **les Indiens ~s** the Carib Indians NMF **Caraïbe** *(= personne)* Carib NF(PL) **Caraïbe(s)** ◆ **la Caraïbe, les Caraïbes** the Caribbean (islands) ◆ **la mer des Caraïbes** the Caribbean (Sea)

**carambolage** /kaʀɑ̃bɔlaʒ/ NM *[d'autos]* multiple crash, pile-up; *(Billard)* cannon *(Brit)*, carom *(US)*

**carambole** /kaʀɑ̃bɔl/ NF a *(Billard)* red (ball) b *(= fruit)* star fruit, carambola

**caramboler** /kaʀɑ̃bɔle/ ▸ conjug 1 ◂ VT to collide with, to run into ◆ **5 voitures se sont carambolées** there was a 5-car pile-up, 5 cars ran into each other *ou* collided VI *(Billard)* to cannon *(Brit)*, to get *ou* make a cannon *(Brit) ou* carom *(US)*

**carambouillage** /kaʀɑ̃bujaʒ/ NM, **carambouille** /kaʀɑ̃buj/ NF *(Jur)* reselling of unlawfully owned goods

**caramel** /kaʀamɛl/ NM a *(= sucre fondu)* caramel; *(= bonbon) (mou)* caramel, fudge, chewy toffee; *(dur)* toffee b *(* = tir puissant) (Ftbl)* bullet-like shot, belter *; *(Tennis)* cannonball (serve) ADJ INV caramel (-coloured)

**caramélisation** /kaʀamelizasjɔ̃/ NF caramelization

**caramélisé, e** /kaʀamelize/ (ptp de **caraméliser**) ADJ *[aliment] (= enrobé de caramel)* coated with caramel, caramel-coated; *[moule, plat]* caramel-lined; *(= très cuit, au goût de caramel)* caramelized

**caraméliser** /kaʀamelize/ ▸ conjug 1 ◂ VT *[+ sucre]* to caramelize; *[+ moule, pâtisserie]* to coat with caramel; *[+ boisson, aliment]* to flavour *(Brit) ou* flavor *(US)* with caramel VI **se caraméliser** VPR *[sucre]* to caramelize

**carapace** /kaʀapas/ NF *[de crabe, tortue]* shell, carapace ◆ **~ de boue** crust of mud ◆ **sommet recouvert d'une ~ de glace** summit encased in a sheath of ice ◆ **il est difficile de percer sa ~ d'égoïsme** it's difficult to penetrate the armour of his egoism *ou* his thickskinned self-centredness

**carapater (se)** * /kaʀapate/ ▸ conjug 1 ◂ VPR to skedaddle *, to run off, to hop it * *(Brit)*

**carat** /kaʀa/ NM *(Bijouterie)* carat ◆ **de l'or 18 ~s, du 18 ~s** 18-carat gold ◆ **il faut partir à midi, dernier ~** * we have to leave by midday *ou* noon at the latest

**Caravage** /kaʀavaʒ/ NM ◆ **le ~** Caravaggio

**caravane** /kaʀavan/ NF *(= convoi)* caravan; *(= véhicule)* caravan, trailer *(US)* ◆ **une ~ de voitures** a procession *ou* stream of cars ◆ **une ~ de touristes** a stream of tourists ◆ **la ~ du Tour de France** the whole retinue of the Tour de France ◆ **la ~ publicitaire** the publicity caravan; → **chien**

**caravanier, -ière** /kaʀavanje, jɛʀ/ ADJ *[itinéraire, chemin]* caravan *(épith)* ◆ **tourisme ~** caravanning *(Brit)*, RV *ou* camper vacationing *(US)* NM a *(= conducteur de caravane)* caravaneer b *(= vacancier)* caravanner *(Brit)*, person vacationing in an RV *ou* a camper *(US)*

**caravaning** /kaʀavaniŋ/ NM ◆ **faire du ~** to go caravanning *(Brit)*, to go on vacation in an RV *ou* a camper *(US)* ◆ **camp de ~** caravan site, trailer camp *(US) ou* court *(US) ou* park *(US)*

**caravansérail** /kaʀavɑ̃seʀaj/ NM *(lit, fig)* caravanserai

**caravelle** /kaʀavɛl/ NF *(Hist Naut)* caravel

**carbochimie** /kaʀbɔʃimi/ NF organic chemistry

**carbonade** /kaʀbɔnad/ NF *(= viande)* chargrilled meat ◆ **~ flamande** beef stew

**carbonate** /kaʀbɔnat/ NM carbonate ◆ **~ de soude** sodium carbonate, washing soda

**carbone** /kaʀbɔn/ NM *(= matière, feuille)* carbon ◆ **le ~ 14** carbon-14 ◆ **(papier) ~** carbon (paper); → **datation**

**carboné, e** /kaʀbɔne/ ADJ carbonaceous

**carbonifère** /kaʀbɔnifɛʀ/ ADJ *(Minér)* carboniferous; *(Géol)* Carboniferous NM Carboniferous

**carbonique** /kaʀbɔnik/ ADJ carbonic; → **gaz, neige** *etc*

**carbonisation** /kaʀbɔnizasjɔ̃/ NF carbonization

**carbonisé, e** /kaʀbɔnize/ (ptp de **carboniser**) ADJ a *[arbre, restes]* charred ◆ **il est mort ~** he was burned to death b *(* = exténué)* shattered *

**carboniser** /kaʀbɔnize/ ▸ conjug 1 ◂ VT *[+ bois, substance]* to carbonize; *[+ forêt, maison]* to burn to the ground, to reduce to ashes; *[+ rôti]* to burn to a cinder

**carbonnade** /kaʀbɔnad/ NF ⇒ **carbonade**

**carburant** /kaʀbyʀɑ̃/ ADJ M ◆ **mélange ~** mixture of petrol *(Brit) ou* gasoline *(US)* and air *(in internal combustion engine)* NM fuel ◆ **les ~s** fuel oils

**carburateur** /kaʀbyʀatœʀ/ NM carburettor *(Brit)*, carburetor *(US)*

**carburation** /kaʀbyʀasjɔ̃/ NF *[d'essence]* carburation; *[de fer]* carburization

**carbure** /kaʀbyʀ/ NM carbide; → **lampe**

**carburé, e** /kaʀbyʀe/ (ptp de **carburer**) ADJ *[air, mélange]* carburetted; *[métal]* carburized

**carburer** /kaʀbyʀe/ ▸ conjug 1 ◂ VI a *[moteur]* **ça carbure bien/mal** it is well/badly tuned b *(* = fonctionner)* **il carbure au vin rouge** *[personne]* he drinks red wine as if it was water ◆ **elle carbure aux amphétamines/au café** she lives on amphetamines/on coffee ◆ **ça carbure sec ici !** *(boisson)* they're really knocking it back in here! c *(* = travailler vite)* **il va falloir ~ si on veut finir cette semaine** we'll have to work flat out if we want to finish this week VT *[+ air]* to carburet; *[+ métal]* to carburize

**carburol** /kaʀbyʀɔl/ NM gasohol

**carcajou** /kaʀkaʒu/ NM wolverine

**carcan** /kaʀkɑ̃/ NM *(Hist)* iron collar; *(= contrainte)* yoke, shackles ◆ **ce col est un vrai ~** this collar is like a vice ◆ **le ~ de la tradition** the straitjacket of tradition, the fetters of tradition

**carcasse** /kaʀkas/ NF a *[d'animal]* carcass; *[de maison]* shell ◆ **je vais réchauffer ma ~ au soleil** * I'm going to toast myself in the sun * ◆ **j'ai du mal à traîner ma vieille ~** * I'm finding it difficult to drag my old bones around * ◆ **des ~s de voitures calcinées** burnt-out cars b *(= armature) [d'abat-jour]* frame; *[de bateau]* skeleton; *[d'immeuble]* shell, skeleton ◆ **pneu à ~ radiale/diagonale** radial/cross-ply tyre

**carcéral, e** (mpl **-aux**) /kaʀseʀal, o/ ADJ prison *(épith)* ◆ **régime ~** prison regime ◆ **l'univers ~** prison life

**carcinogène** /kaʀsinɔʒɛn/ ADJ carcinogenic

**carcinogenèse** /kaʀsinoʒənɛz/ NF carcinogenesis

**carcinome** /kaʀsinom/ NM carcinoma

**cardage** /kaʀdaʒ/ NM carding

**cardamine** /kaʀdamin/ NF cuckooflower, lady's-smock

**cardamome** /kaʀdamɔm/ NF cardamom

**cardan** /kaʀdɑ̃/ NM universal joint; → **joint**[1]

**carde** /kaʀd/ NF *(Tex)* card

**carder** /kaʀde/ ▸ conjug 1 ◂ VT to card ◆ **laine cardée** carded wool

**cardeur, -euse** /kaʀdœʀ, øz/ NM,F carder NF **cardeuse** *(= machine)* carding machine, carder

**cardiaque** /kaʀdjak/ ADJ *(Anat)* cardiac, heart *(épith)* ◆ **malade ~** heart case *ou* patient ◆ **être ~** to suffer from *ou* have a heart condition ◆ **chirurgie ~** heart surgery; → **crise** NMF heart case *ou* patient

**Cardiff** /kaʀdif/ N Cardiff

**cardigan** /kaʀdigɑ̃/ NM cardigan

**cardinal, e** (mpl **-aux**) /kaʀdinal, o/ ADJ *[nombre]* cardinal; *(littér = capital)* cardinal; → **point**[1] NM a *(Rel)* cardinal ◆ **~-archevêque** cardinal archbishop b *(= nombre)* cardinal number c *(Orn)* cardinal (bird)

**cardinalat** /kaʀdinala/ NM cardinalate, cardinalship

**cardinalice** /kaʀdinalis/ ADJ of a cardinal ◆ **conférer à qn la dignité ~** to make sb a cardinal, to raise sb to the purple; → **pourpre**

**cardiogramme** /kaʀdjɔgʀam/ NM cardiogram

**cardiographe** /kaʀdjɔgʀaf/ NM cardiograph

**cardiographie** /kaʀdjɔgʀafi/ NF cardiography

**cardiologie** /kaʀdjɔlɔʒi/ NF cardiology

**cardiologique** /kaʀdjɔlɔʒik/ ADJ cardiological

**cardiologue** /kaʀdjɔlɔg/ NMF cardiologist, heart specialist

**cardio-pulmonaire** (pl **cardio-pulmonaires**) /kaʀdjopylmɔnɛʀ/ ADJ cardiopulmonary

**cardiotonique** /kaʀdjotɔnik/ NM heart tonic

**cardiovasculaire** /kaʀdjovaskylɛʀ/ ADJ cardiovascular

**cardite** /kaʀdit/ NF carditis

**cardon** /kaʀdɔ̃/ NM cardoon

**carême** /kaʀɛm/ NM *(= jeûne)* fast ◆ **le Carême** *(Rel = période)* Lent ◆ **sermon de ~** Lent sermon ◆ **faire ~** to observe *ou* keep Lent, to fast during Lent ◆ **rompre le ~** to break the Lent fast ◆ **le ~ qu'il s'est imposé** the fast he has undertaken ◆ **face** *ou* **figure** *ou* **mine de ~** * long face *(fig)*

**carême-prenant** †† (pl **carêmes-prenants**) /kaʀɛmpʀənɑ̃/ NM *(= période)* Shrovetide *(††)*; *(= personne)* Shrovetide reveller *(††)*

**carénage** /kaʀenaʒ/ NM a *(Naut) (= action)* careening; *(= lieu)* careenage b *[de véhicule] (= action)* streamlining; *(= partie)* fairing

**carence** /kaʀɑ̃s/ NF a *(Méd)* deficiency ◆ **~ alimentaire** nutritional deficiency ◆ **~ vitaminique** *ou* **en vitamines** vitamin deficiency ◆ **maladie de** *ou* **par ~** deficiency disease b *(= manque)* shortage ◆ **une grave ~ en personnel qualifié** a serious shortage of qualified staff ◆ **~ affective** emotional deprivation c *(= incompétence) [de gouvernement]* shortcomings, incompetence; *[de parents]* inadequacy d *(= défauts)* **les ~s de** *[+ système, organisation]* the inadequacies *ou* shortcomings of e *(Jur)* insolvency

**carencé, e** /kaʀɑ̃se/ ADJ *[personne]* nutritionally deficient, suffering from nutritional deficiency; *[régime]* deficient (*en* in); ◆ **régime ~ en fer** diet deficient in iron, iron-deficient diet ◆ **gravement ~ en vitamine F** seriously deficient in vitamin F

**carène** /kaʀɛn/ NF a *(Naut)* (lower part of the) hull ◆ **mettre en ~** to careen b *(Bot)* carina, keel

**caréner** /kaʀene/ ► conjug 6 ◄ VT a *(Naut)* to careen b *(Tech) [+ véhicule]* to streamline

**caressant, e** /kaʀesɑ̃, ɑ̃t/ ADJ *[enfant, animal]* affectionate; *[regard, voix]* caressing, tender; *[brise]* caressing

**caresse** /kaʀɛs/ NF a *(= câlinerie)* caress; *(à un animal)* stroke ◆ **faire des ~s à** *[+ personne]* to caress; *[+ animal]* to stroke, to pet ◆ **la ~ de la brise/des vagues** *(littér)* the caress of the breeze/of the waves b *(†† = flatterie)* cajolery *(NonC)*, flattery *(NonC)* ◆ **endormir la méfiance de qn par des ~s** to use cajolery to allay *ou* quieten sb's suspicions

**caresser** /kaʀese/ ► conjug 1 ◄ VT a *[+ personne]* to caress; *[+ animal]* to stroke, to pet; *[+ objet]* to stroke ◆ **il lui caressait les jambes/les seins** he was stroking *ou* caressing her legs/caressing *ou* fondling her breasts ◆ **il caressait les touches du piano** he stroked *ou* caressed the keys of the piano ◆ **~ qn du regard** to gaze fondly *ou* lovingly at sb ◆ **~ qn dans le sens du poil** to stay on the right side of sb ◆ **il vaut mieux le ~ dans le sens du poil** you'd better not rub him up the wrong way ◆ **je vais lui ~ les côtes** * *ou* **l'échine** * *(hum)* I'm going to give him such a hiding b *[+ espoir]* to entertain, to toy with ◆ **~ le projet de faire qch** to toy with the idea of doing sth c *(†† = flatter)* to flatter, to fawn on

**car-ferry** (pl **car-ferrys** *ou* **car-ferries**) /kaʀfeʀi/ NM (car) ferry

**cargaison** /kaʀgɛzɔ̃/ NF a *(Aviat, Naut)* cargo, freight ◆ **une ~ de bananes** a cargo of bananas b * load, stock ◆ **des ~s de** *[+ lettres, demandes]* heaps *ou* piles of ◆ **des ~s de touristes** busloads (*ou* shiploads *ou* planeloads) of tourists

**cargo** /kaʀgo/ NM cargo boat, freighter ◆ **~ mixte** cargo and passenger vessel

**cargue** /kaʀg/ NF *(Naut)* brail

**carguer** /kaʀge/ ► conjug 1 ◄ VT *[+ voiles]* to brail, to furl

**cari** /kaʀi/ NM ⇒ **curry**

**cariatide** /kaʀjatid/ NF caryatid

**caribou** /kaʀibu/ NM caribou

**caricatural, e** (mpl **-aux**) /kaʀikatyʀal, o/ ADJ *(= ridicule) [aspect, traits]* ridiculous, grotesque; *(= exagéré) [description, interprétation]* caricatured

**caricature** /kaʀikatyʀ/ NF a *(= dessin, description)* caricature; *(politique)* (satirical) cartoon ◆ **faire la ~ de** to make a caricature of, to caricature ◆ **une ~ de procès** a mere mockery of a trial ◆ **une ~ de la vérité** a caricature *ou* gross distortion of the truth ◆ **c'est une ~ de l'Anglais en vacances** he is a caricature of the Englishman on holiday b *(* = personne laide)* fright *

**caricaturer** /kaʀikatyʀe/ ► conjug 1 ◄ VT to caricature

**caricaturiste** /kaʀikatyʀist/ NMF caricaturist; *(à intention politique)* (satirical) cartoonist

**carie** /kaʀi/ NF a *(Méd) [de dents, os]* caries *(NonC)* ◆ **la ~ dentaire** tooth decay, (dental) caries ◆ **j'ai une ~** I need a filling, I've got a cavity b *(Bot) [d'arbre]* blight; *[de blé]* smut, bunt

**carié, e** /kaʀje/ (ptp de **carier**) ADJ *[dent]* decayed, bad

**carier** /kaʀje/ ► conjug 7 ◄ VT to decay, to cause to decay ◆ **dent cariée** bad *ou* decayed tooth VPR **se carier** to decay

**carillon** /kaʀijɔ̃/ NM a *[d'église] (= cloches)* (peal *ou* set of) bells; *(= air)* chimes ◆ **on entendait le ~ de St-Pierre/des ~s joyeux** we could hear the chimes of St Pierre/hear joyful chimes b *[d'horloge] (= système de sonnerie)* chime; *(= air)* chimes ◆ **une horloge à ~, un ~** a chiming clock c *[de sonnette d'entrée]* (door) chime

**carillonner** /kaʀijɔne/ ► conjug 1 ◄ VI a *[cloches]* to ring, to chime; *(à toute volée)* to peal out b *(à la porte)* to ring very loudly ◆ **ça ne sert à rien de ~, il n'y a personne** it's no use ringing away on the doorbell like that – there's no one in VT *[+ fête]* to announce with a peal of bells; *[+ heure]* to chime, to ring; *(fig) [+ nouvelle]* to broadcast

**carillonneur** /kaʀijɔnœʀ/ NM bell ringer

**cariste** /kaʀist/ NM fork-lift truck operator

**caritatif, -ive** /kaʀitatif, iv/ ADJ charitable ◆ **association** *ou* **organisation caritative** charity, charitable organization

**carlin** /kaʀlɛ̃/ NM pug(dog)

**carlingue** /kaʀlɛ̃g/ NF *(Aviat)* cabin; *(Naut)* keelson

**carliste** /kaʀlist/ ADJ, NMF Carlist

**carmagnole** /kaʀmaɲɔl/ NF *(= chanson, danse)* carmagnole; *(Hist = veste)* short jacket *(worn during the French revolution)*

**carme** /kaʀm/ NM Carmelite, White Friar

**carmel** /kaʀmɛl/ NM *(= monastère) [de carmes]* Carmelite monastery; *[de carmélites]* Carmelite convent ◆ **le Carmel** *(= ordre)* the Carmelite order

**carmélite** /kaʀmelit/ NF Carmelite nun

**carmin** /kaʀmɛ̃/ NM *(= colorant)* cochineal; *(= couleur)* carmine, crimson ADJ INV carmine, crimson

**carminé, e** /kaʀmine/ ADJ carmine, crimson

**carnage** /kaʀnaʒ/ NM *(lit, fig)* carnage, slaughter ◆ **quel ~ !** what a massacre! ◆ **faire un ~** *(lit)* to cause absolute carnage ◆ **je vais faire un ~ !** *(fig)* I'm going to murder someone!

**carnassier, -ière** /kaʀnasje, jɛʀ/ ADJ *[animal]* carnivorous, flesh-eating; *[dent]* carnassial NM carnivore ◆ **~s** carnivores, Carnivora *(SPÉC)* NF **carnassière** *(= dent)* carnassial; *(= gibecière)* gamebag

**carnation** /kaʀnasjɔ̃/ NF *(= teint)* complexion; *(Peinture)* flesh tint

**carnaval** (pl **carnavals**) /kaʀnaval/ NM *(= fête)* carnival; *(= période)* carnival (time) ◆ **(Sa Majesté) Carnaval** *(= mannequin)* King Carnival ◆ **de ~** *[tenue, ambiance]* carnival *(épith)*

**carnavalesque** /kaʀnavalɛsk/ ADJ *(= grotesque)* carnivalesque

**carne** * /kaʀn/ NF *(péj = viande)* tough *ou* leathery meat; *(† = cheval)* nag *, hack ◆ **quelle ~ !** *(homme)* what a swine! *‡* *ou* bastard! *‡*; *(femme)* what a bitch! *‡*

**carné, e** /kaʀne/ ADJ a *[alimentation]* meat *(épith)* b *(littér) [fleur, ton]* flesh-coloured

**carnet** /kaʀnɛ/ NM *(= calepin)* notebook; *(= liasse)* book; *(Helv Scol = carnet de notes)* report

COMP ▷ **carnet d'adresses** address book ◆ **avoir un ~ d'adresses bien rempli** to have a lot of (good) contacts ▷ **carnet de bal** dance card ▷ **carnet de billets** book of tickets ▷ **carnet de bord** *(Naut, Aviat)* log(book) ▷ **carnet de chèques** chequebook *(Brit)*, checkbook *(US)* ▷ **carnet de commandes** order book ◆ **nos ~s de commandes sont pleins** we have a full order book ▷ **carnet à croquis** *ou* **dessins** sketchbook ▷ **carnet de maternité** *medical record of pregnancy* ▷ **carnet mondain** *(Presse)* society column ▷ **carnet de notes** *(= calepin)* notebook; *(Scol)* report card, school report *(Brit)* ◆ **avoir un bon ~ (de notes)** to have a good report ▷ **carnet rose** *(Presse)* births column ▷ **carnet de route** travel diary ▷ **carnet de santé** health record ▷ **carnet à souches** counterfoil book ▷ **carnet de timbres** book of stamps ▷ **carnet de vol** *(Aviat)* log(book)

**carnier** /kaʀnje/ NM gamebag

**carnivore** /kaʀnivɔʀ/ ADJ *[animal]* carnivorous, flesh-eating; *[insecte, plante]* carnivorous ♦ **il est très** ~ *(hum) [personne]* he's a big meat-eater, he loves his meat NM carnivore ♦ **~s** carnivores, Carnivora *(SPÉC)*

**carnotzet** /karnɔtzɛ/ NM *(Helv) part of a cellar used to entertain friends*

**Caroline** /karɔlin/ NF ♦ ~ **du Nord** North Carolina ♦ ~ **du Sud** South Carolina

**carolingien, -ienne** /karɔlɛ̃ʒjɛ̃, jɛn/ ADJ Carolingian NM,F **Carolingien(ne)** Carolingian

**caroncule** /karɔ̃kyl/ NF *(Zool)* caruncle, wattle

**carotène** /karɔtɛn/ NM carotene, carotin

**carotide** /karɔtid/ ADJ, NF carotid

**carottage** /karɔtaʒ/ NM a *(* = vol)* swiping*, pinching* b *(Tech)* core boring

**carotte** /karɔt/ NF a *(Bot, Culin)* carrot ♦ **les ~s sont cuites !*** they've (*ou* we've *etc*) had it!*, it's all up* *(Brit) ou* over!; → **poil** b *(* = récompense)* carrot ♦ **la politique de la ~ et du bâton** the carrot and stick approach *ou* policy ♦ **manier la ~ et le bâton** to use the carrot and stick approach ♦ **une ~ fiscale** a tax incentive c *(Tech)* core d *[de tabac]* plug; *(= enseigne)* tobacconist's *(Brit) ou* tobacco shop *(US)* sign ADJ INV *[cheveux]* red, carroty*; *[couleur]* carroty ♦ **objet (couleur) ~** carrot-coloured object ♦ **rouge ~** carrot red

**carotter** /karɔte/ ► conjug 1 ◄ VT a *(* = voler)* to swipe*, to pinch* ♦ ~ **qch à qn** to pinch* *ou* nick* sth from sb ♦ **il m'a carotté (de) 5 €, je me suis fait ~ (de) 5 €** he did* *ou* diddled* me out of €5 b *(Tech)* to bore VI ♦ **il essaie toujours de ~** he's always trying to fiddle a bit for himself ♦ **elle carotte sur l'argent des commissions** she fiddles the housekeeping money

**carotteur, -euse*** /karɔtœr, øz/, **carottier, -ière*** /karɔtje, jɛr/ NM,F diddler*

**caroube** /karub/ NF *(= fruit)* carob

**caroubier** /karubje/ NM carob (tree)

**carpaccio** /karpatʃ(j)o/ NM carpaccio

**Carpates** /karpat/ NFPL ♦ **les ~** the Carpathians

**carpe**[1] /karp/ NF *(Zool)* carp; → **muet, saut**

**carpe**[2] /karp/ NM *(Anat)* carpus

**carpeau** (pl **carpeaux**) /karpo/ NM young carp

**carpette** /karpɛt/ NF *(= tapis)* rug; *(péj = personne servile)* fawning *ou* servile person ♦ **s'aplatir comme une ~ devant qn** to fawn on sb

**carpien, -ienne** /karpjɛ̃, jɛn/ ADJ carpal

**carquois** /karkwa/ NM quiver

**carrare** /karar/ NM *(= marbre)* Carrara (marble)

**carre** /kar/ NF *[de ski]* edge ♦ **prendre des ~s** to edge, to edge one's skis

**Carré** /kare/ N *(Vét)* ♦ **maladie de ~** canine distemper

**carré, e** /kare/ ADJ a *[table, jardin, menton]* square ♦ **aux épaules ~es** square-shouldered; → **partie**[2]

b *(Math)* square ♦ **mètre/kilomètre ~** square metre/kilometre ♦ **il n'y avait pas un centimètre ~ de place** there wasn't an inch of room, there wasn't (enough) room to swing a cat *(Brit)*; → **racine**

c *(= franc) [personne]* forthright, straightforward; *[réponse]* straight, straightforward ♦ **être ~ en affaires** to be aboveboard *ou* straightforward in one's (business) dealings

NM a *(gén)* square; *(= foulard)* scarf ♦ **découper qch en petits ~s** to cut sth up into little squares ♦ ~ **de soie** silk scarf ♦ ~ **de terre** patch *ou* plot (of land) ♦ **un ~ de choux/de salades** a cabbage/lettuce patch ♦ **avoir les cheveux coupés au ~, avoir une coupe au ~** to wear *ou* have one's hair in a bob ♦ ~ **blanc** † *(TV) sign indicating that a film is unsuitable for children or sensitive viewers* ♦ ~ **de service** *(Tennis)* service court

b *(Mil = disposition)* square; → **former**

c *(Naut = mess, salon)* wardroom ♦ **le ~ des officiers** the (officers') wardroom

d *(dans un train)* group of four seats

e *(Math)* square ♦ **le ~ de 4** 4 squared, the square of 4 ♦ **3 au ~** 3 squared ♦ **élever** *ou* **mettre** *ou* **porter un nombre au ~** to square a number

f *(Cartes)* **un ~ d'as** four aces

g *(Culin)* ~ **de l'Est** *soft, mild, fermented cheese* ♦ ~ **d'agneau** *(Boucherie)* loin of lamb

h *(= groupe)* **le dernier ~** the last handful

i *(arg Scol) student repeating the preparation for the grandes écoles*

**carreau** (pl **carreaux**) /karo/ NM a *(par terre)* (floor) tile; *(au mur)* (wall) tile ♦ ~ **de plâtre** plaster block

b *(= carrelage, sol)* tiled floor ♦ **le ~ des Halles** the market at les Halles

c *(= vitre)* (window) pane ♦ **~x*** *(= lunettes)* glasses, specs* ♦ **faire les ~x** to clean the windows ♦ **remplacer un ~** to replace a pane ♦ **regarder au ~** to look out of the window ♦ **des vandales ont cassé les ~x** vandals have smashed the windows

d *(sur un tissu)* check; *(sur du papier)* square ♦ **à ~x** *[papier]* squared; *[mouchoir]* check *(épith)*, checked ♦ **veste à grands/petits ~x** jacket with a large/small check ♦ **laisser 3 ~x de marge** *(Scol)* leave 3 squares margin, leave a margin of 3 squares ♦ **mettre un plan au ~** *(Tech)* to square a plan

e *(Cartes)* diamond ♦ **jouer ~** to play diamonds ♦ **le dix de ~** the ten of diamonds

f *(Pétanque)* **faire un ~** *to hit the bowl nearest the jack and stay on its spot*

g *[de mine]* bank

h *(Hist = flèche)* bolt

i *( * : loc)* **laisser qn sur le ~** *(bagarre)* to lay *ou* knock sb out* ♦ **il est resté sur le ~** *(bagarre)* he was laid *ou* knocked out*; *(examen)* he didn't make the grade; *(chômage)* he's out of a job ♦ **se tenir à ~** to keep one's nose clean*, to watch one's step

**carrefour** /karfur/ NM a *[de routes]* crossroads *(sg)* ♦ **le ~ de l'Europe/de la drogue** the crossroads of Europe/of drug trafficking ♦ **une science au ~ de plusieurs disciplines** a science at the junction *ou* meeting point of several different disciplines ♦ **se trouver à un ~ (de sa vie/carrière)** to be at a crossroads (in one's life/career) b *(= rencontre, forum)* forum, symposium ♦ ~ **des métiers** careers convention ♦ ~ **d'idées** *(fig)* forum for ideas

**carrelage** /karlaʒ/ NM *(= action)* tiling; *(= carreaux)* tiles, tiling *(NonC)* ♦ **poser un ~** to lay a tiled floor ♦ **laver le ~** to wash the floor

**carreler** /karle/ ► conjug 4 ◄ VT *[+ mur, sol]* to tile; *[+ papier]* to draw squares on

**carrelet** /karlɛ/ NM a *(= poisson)* plaice b *(= filet) square fishing net* c *(Tech) [de bourrelier]* half-moon needle; *[de dessinateur]* square ruler

**carreleur, -euse** /karlœr, øz/ NM,F tiler

**carrément** /karemɑ̃/ ADV a *(= franchement)* bluntly, straight out ♦ **je lui ai dit ~ ce que je pensais** I told him straight out what I thought b *(= sans hésiter)* straight ♦ **il a ~ écrit au proviseur** he wrote straight to the headmaster ♦ **vas-y ~** go right ahead ♦ **j'ai pris ~ à travers champs** I struck straight across the fields c *(intensif)* **il est ~ timbré*** he's definitely cracked* ♦ **cela nous fait gagner ~ 10 km/2 heures** it saves us 10 whole km *ou* a full 10 km/a whole 2 hours *ou* 2 full hours

**carrer** /kare/ ► conjug 1 ◄ VT *(Math, Tech)* to square VPR **se carrer** ♦ **se ~ dans un fauteuil** to settle (o.s.) comfortably *ou* ensconce o.s. in an armchair ♦ **bien carré dans son fauteuil** comfortably settled *ou* ensconced in his armchair

**carrier** /karje/ NM *(= ouvrier)* quarryman, quarrier; *(= propriétaire)* quarry owner ♦ **maître ~** quarry master

**carrière**[1] /karjɛr/ NF *[de sable]* (sand)pit; *[de roches etc]* quarry

**carrière**[2] /karjɛr/ NF a *(= profession)* career ♦ **en début/fin de ~** at the beginning/end of one's career ♦ **la ~** *(Pol)* the diplomatic service ♦ **embrasser la ~ des armes** † to embark on a career of arms † ♦ **faire ~ dans l'enseignement** to make one's career in teaching ♦ **il est entré dans l'industrie et y a fait (rapidement) ~** he went into industry and (quickly) made a career for himself ♦ **officier/militaire de ~** career officer/soldier b *(littér = cours)* course ♦ **le jour achève sa ~** the day is drawing to a close *ou* has run its course ♦ **donner (libre) ~ à** to give free rein to

**carriérisme** /karjerism/ NM *(péj)* careerism

**carriériste** /karjerist/ NMF *(péj)* careerist

**carriole** /karjɔl/ NF a *(= charrette)* cart b *(Can)* sleigh, ca(r)riole *(US, Can)*, carryall *(US, Can)*

**carrossable** /karɔsabl/ ADJ *[route etc]* suitable for (motor) vehicles

**carrosse** /karɔs/ NM (horse-drawn) coach ♦ ~ **d'apparat** state coach; → **cinquième, rouler**

**carrosser** /karɔse/ ► conjug 1 ◄ VT *(Aut) (= mettre une carrosserie à)* to fit a body to; *(= dessiner la carrosserie de)* to design a body for *ou* the body of ♦ **voiture bien carrossée** car with a well-designed body ♦ **elle est bien carrossée*** *[personne]* she's got curves in all the right places

**carrosserie** /karɔsri/ NF *(Aut) (= coque)* body(work), coachwork; *(= métier)* coachbuilding *(Brit)*, car-body making *(US)* ♦ **atelier de ~** body shop

**carrossier** /karɔsje/ NM *(= constructeur)* coachbuilder *(Brit)*, car-body maker *(US)*; *(= dessinateur)* car designer ♦ **ma voiture est chez le ~** my car is in the body shop

**carrousel** /karuzɛl/ NM a *(Équitation)* carousel; *(fig = succession rapide)* merry-go-round ♦ **le ~ des voitures officielles** the to-ing and fro-ing of official cars ♦ **un ~ d'avions dans le ciel** planes weaving patterns *ou* circling in the sky b *[de diapositives]* Carousel ® c *(Belg, Helv = manège)* merry-go-round, roundabout *(Brit)*, carousel *(US)*

**carrure** /karyr/ NF a *(= largeur d'épaules) [de personne]* build; *[de vêtement]* breadth across the shoulders ♦ **manteau un peu trop étroit de ~** coat which is a little tight across the shoulders ♦ **une ~ d'athlète** an athlete's build ♦ **homme de belle/forte ~** well-built/burly man b *[de mâchoire]* squareness; *[de bâtiment]* square shape c *(= envergure)* calibre *(Brit)*, caliber *(US)*, stature

**carry** /kari/ NM ⇒ **curry**

**cartable** /kartabl/ NM *(à poignée)* (school)bag; *(à bretelles)* satchel

**carte** /kart/ NF a *(gén)* card ♦ ~ **(postale)** (post)card ♦ ~ **de visite** *(lit)* visiting card, calling card *(US)*; *(fig = expérience)* CV ♦ **ce poste au Japon, c'est une très bonne ~ de visite** having worked in Japan looks good on a CV ◆ ~ **de visite professionnelle** business card

**b** *(Jeux)* ~ **(à jouer)** (playing) card ◆ **battre** *ou* **brasser** *ou* **mêler les ~s** to shuffle the cards ◆ **donner les ~s** to deal (the cards) ◆ **faire** *ou* **tirer les ~s à qn** to read sb's cards ◆ **avoir toutes les ~s en main** *(lit)* to have all the cards; *(fig)* to hold all the cards ◆ **jouer la ~ du charme** to turn on the charm ◆ **jouer la ~ de l'Europe** to turn towards Europe ◆ **jouer la ~ de la privatisation/la transparence** to opt for privatisation/openness ◆ **pendant sa campagne il a joué la ~ nationaliste** he played the nationalist card during his campaign ◆ ~ **maîtresse** *(lit)* master (card); *(fig)* trump card ◆ ~ **forcée** *(lit)* forced card ◆ **c'est la ~ forcée !** *(fig)* we have no choice!, it's Hobson's choice! ◆ **jouer ~s sur table** *(lit, fig)* to put *ou* lay one's cards on the table; → **brouiller, château**

**c** *(Géog)* map; *(Astron, Mét, Naut)* chart ◆ ~ **du relief/géologique** relief/geological map ◆ ~ **routière** roadmap ◆ ~ **du ciel** sky chart ◆ ~ **de la lune** chart *ou* map of the moon ◆ ~ **météorologique** *ou* **du temps** weather chart; → **rayer**

**d** *(au restaurant)* menu ◆ **on prend le menu ou la ~ ?** shall we have the set menu or shall we eat à la carte? ◆ **une très bonne/très petite ~** a very good/very small menu *ou* choice of dishes

**e** *(Fin)* credit card ◆ **payer par ~** to pay by credit card

**f** *(Ordin)* board

**g** *(loc)*

◆ **à la carte** *[repas]* à la carte; *[retraite, plan d'investissement, voyage]* tailor-made ◆ **manger à la ~** to eat à la carte ◆ **programme à la ~** *(Scol)* free-choice curriculum, curriculum allowing pupils a choice of subjects ◆ **télévision à la ~** pay-per-view television *ou* TV ◆ **avoir un horaire à la ~** to have flexible working hours ◆ **faire du tourisme à la ~** to go on a tailor-made *ou* an à la carte holiday

◆ **en carte** ◆ **fille** *ou* **femme** *ou* **prostituée en ~** registered prostitute

**COMP** ▷ **carte d'abonnement** *(train)* season ticket, pass; *(Théât)* season ticket ▷ **carte d'alimentation** ⇒ **carte de rationnement** ▷ **carte d'anniversaire** birthday card ▷ **carte d'assuré social** ≃ National Insurance card *(Brit)*, social security card *(US)* ▷ **carte bancaire** banker's card ▷ **carte blanche** ◆ **avoir ~ blanche** to have carte blanche *ou* a free hand ◆ **donner ~ blanche à qn** to give sb carte blanche *ou* a free hand ▷ **Carte Bleue ®** debit card ▷ **carte de chemin de fer** railway *(Brit)* *ou* train *(US)* season ticket ▷ **carte de correspondance** (plain) postcard ▷ **carte de crédit** credit card ▷ **carte d'électeur** voting card, voter registration card *(US)* ▷ **carte d'état-major** Ordnance Survey map *(Brit)*, Geological Survey map *(US)* ▷ **carte d'étudiant** student card ▷ **carte d'extension de mémoire** memory expansion board ▷ **carte de famille nombreuse** *card issued to members of large families, allowing reduced fares etc* ▷ **carte de fidélité** (regular customer's) discount card ▷ **carte du génome humain** human genome map ▷ **carte graphique** graphics board ▷ **carte grise** ≃ (car) registration book *(Brit)* *ou* papers *(US)*, logbook *(Brit)* ▷ **carte d'identité** identity *ou* ID card ▷ **carte d'identité scolaire** pupil's identity card, student ID (card) ▷ **carte d'interface** interface board ▷ **carte d'invalidité** disability card ▷ **carte d'invitation** invitation card ▷ **carte jeune** young persons' discount card ▷ **carte journalière** *(Ski)* day-pass, day-ticket ▷ **carte de lecteur** library card, reader's ticket *(Brit)*, library ticket *(Brit)* ▷ **carte magnétique** magnetic (strip) card ◆ **cabine téléphonique à ~ (magnétique)** cardphone ▷ **carte mécanographique** ⇒ **carte perforée** ▷ **carte à mémoire** smart card, intelligent card; *(pour téléphone)* phone card ▷ **carte mère** motherboard ▷ **carte de Noël** Christmas card ▷ **carte orange** monthly (*ou* weekly *ou* yearly) season ticket *(for all types of transport in Paris)* ▷ **carte de paiement** credit card ▷ **carte perforée** punch card ▷ **carte de presse** press card ▷ **carte privative** charge *ou* store card ▷ **carte à puce** smart card, intelligent card ▷ **carte de rationnement** ration card ▷ **carte de résident** residence permit ▷ **carte santé** medical smart card ▷ **carte scolaire** list of schools *(showing forecasts for regional requirements)* ▷ **carte de Sécurité sociale** ⇒ **carte d'assuré social** ▷ **carte de séjour** residence permit ▷ **carte son** sound card ▷ **carte syndicale** union card ▷ **carte téléphonique** *ou* **de téléphone** phonecard ▷ **carte de travail** work permit ▷ **carte vermeil** ≃ senior citizen's rail pass ▷ **carte verte** *(Aut)* green card *(Brit)*, certificate of insurance *(US)* ▷ **carte des vins** wine list ▷ **carte de vœux** greetings card *(Brit)*, greeting card *(US)*

**Cartes**

French people over the age of eighteen are required to carry a « carte d'identité » that provides proof of identity in France and can also be used instead of a passport for travel to some countries. They also have a « carte d'électeur » (voting card) and a « carte d'assuré social » bearing their social security number. Foreign nationals residing in France for more than three months must have a « carte de séjour », which is issued by their local « préfecture », and a « carte de travail » if they are employed. All car owners must have a « carte grise », which provides proof of ownership and must be shown along with one's driving licence if one is stopped by the police.

**cartel** /kaʀtɛl/ **NM** **a** *(Pol)* cartel, coalition; *(Écon)* cartel, combine ◆ ~ **de la drogue** drug cartel **b** *(= pendule)* wall clock **c** *(Hist = défi)* cartel

**carte-lettre** (pl **cartes-lettres**) /kaʀtəlɛtʀ/ **NF** letter-card

**cartellisation** /kaʀtelizasjɔ̃/ **NF** *(Écon)* formation of combines

**carter** /kaʀtɛʀ/ **NM** *[de bicyclette]* chain guard; *(Aut) [d'huile]* sump, oilpan *(US)*; *[de boîte de vitesses]* (gearbox) casing; *[de différentiel]* cage; *[de moteur]* crankcase

**carte-réponse** (pl **cartes-réponses**) /kaʀt(ə)ʀepɔ̃s/ **NF** *(gén)* reply card; *[de concours]* entry form

**carterie** /kaʀt(ə)ʀi/ **NF** postcard shop

**cartésianisme** /kaʀtezjanism/ **NM** Cartesianism

**cartésien, -ienne** /kaʀtezjɛ̃, jɛn/ **ADJ, NM,F** Cartesian ◆ **avoir un esprit (très) ~** to be very rational

**Carthage** /kaʀtaʒ/ **N** Carthage

**carthaginois, e** /kaʀtaʒinwa, waz/ **ADJ** Carthaginian **NM,F** **Carthaginois(e)** Carthaginian

**cartilage** /kaʀtilaʒ/ **NM** *(Anat)* cartilage; *[de viande]* gristle

**cartilagineux, -euse** /kaʀtilaʒinø, øz/ **ADJ** *(Anat)* cartilaginous; *[viande]* gristly

**cartographe** /kaʀtɔgʀaf/ **NMF** cartographer

**cartographie** /kaʀtɔgʀafi/ **NF** cartography, map-making ◆ ~ **génique** *ou* **génétique** gene *ou* genetic mapping

**cartographier** /kaʀtɔgʀafje/ ▸ conjug 7 ◂ **VT** *[+ pays, planète]* to map, to draw a map of; *[+ génome humain]* to map

**cartographique** /kaʀtɔgʀafik/ **ADJ** cartographic(al)

**cartomancie** /kaʀtɔmɑ̃si/ **NF** fortune-telling *(with cards)*, cartomancy

**cartomancien, -ienne** /kaʀtɔmɑ̃sjɛ̃, jɛn/ **NM,F** fortune-teller *(who uses cards)*

**carton** /kaʀtɔ̃/ **NM** **a** *(= matière)* cardboard ◆ **écrit/collé sur un ~** written/pasted on (a piece of) cardboard ◆ **masque de** *ou* **en ~** cardboard mask

**b** *(= boîte)* (cardboard) box, carton *(US)*; *(= contenu)* boxful; *(† = cartable)* (school)bag; *(à bretelles)* satchel ◆ ~ **de lait** *(boîte)* carton of milk; *(plusieurs boîtes)* pack of milk ◆ **~-repas** pre-packaged meal ◆ **c'est quelque part dans mes ~s** *(fig)* it's somewhere in my files ◆ **le projet a dormi** *ou* **est resté dans les ~s plusieurs années** the project was shelved *ou* mothballed for several years

**c** *(= cible)* target ◆ **faire un ~** *(à la fête)* to have a go on the rifle range; *(* : sur l'ennemi)* to take a potshot * *(sur* at); ◆ **faire un bon ~** to get a good score ◆ **j'ai fait un ~ en anglais** * I did really well in English, I got really good grades in English *(US)* ◆ **elle fait un ~ au hit-parade** * she's riding high *ou* she's a huge success in the charts ◆ ~ **plein pour** * ... *(fig)* full marks for ... *(Brit)*, A+ for ... *(US)* ◆ **prendre un ~** * *(= subir une défaite)* to get a real hammering *

**d** *(Peinture)* sketch; *(Géog)* inset map; *[de tapisserie, mosaïque]* cartoon

**e** *(= carte)* card ◆ ~ **d'invitation** invitation card; → **taper**

**f** *(* = accident)* smash-up *

**g** *(* = plaquage)* violent tackle

**COMP** ▷ **carton à chapeau** hatbox ▷ **carton à chaussures** shoebox ▷ **carton à dessin** portfolio ▷ **carton gris** newsboard ▷ **carton jaune** *(Sport)* yellow card; *(fig)* warning ◆ **il a reçu un ~ jaune** he got a yellow card, he was booked ◆ **les syndicats ont donné un ~ jaune au gouvernement** the unions have sent out warning signals to the government ▷ **carton ondulé** corrugated cardboard ▷ **carton pâte** pasteboard ◆ **de ~ pâte** *[décor]* cardboard *(épith)* ▷ **carton rouge** *(Sport)* red card ◆ **recevoir un ~ rouge** *(Sport)* to get the red card; *(fig)* to be sanctioned

**cartonnage** /kaʀtɔnaʒ/ **NM** **a** *(= industrie)* cardboard industry **b** *(= emballage)* cardboard (packing) **c** *(Reliure) (= action)* boarding ◆ ~ **pleine toile** *(= couverture)* cloth binding ◆ ~ **souple** limp binding

**cartonner** /kaʀtɔne/ ▸ conjug 1 ◂ **VT** **a** *(= relier)* to bind in boards ◆ **livre cartonné** hardback (book) **b** *(* = heurter)* to smash into * **VI** * **a** *(= réussir)* to do brilliantly * *(en* in) **b** *(en voiture)* to have a smash(-up) * ◆ **ça cartonne souvent à ce carrefour** there are quite a few crashes at this crossroads

**cartonnerie** /kaʀtɔnʀi/ **NF** *(= industrie)* cardboard industry; *(= usine)* cardboard factory

**cartonnier, -ière** /kaʀtɔnje, jɛʀ/ **NM,F** *(= artiste)* tapestry *ou* mosaic designer **NM** *(= meuble)* filing cabinet

**cartophile** /kaʀtɔfil/ **NMF** postcard collector

**cartouche**[1] /kaʀtuʃ/ NF *(gén, Mil, Ordin)* cartridge; *[de cigarettes]* carton; → **brûler**

**cartouche**[2] /kaʀtuʃ/ NM *(Archéol, Archit)* cartouche

**cartoucherie** /kaʀtuʃʀi/ NF *(= fabrique)* cartridge factory; *(= dépôt)* cartridge depot

**cartouchière** /kaʀtuʃjɛʀ/ NF *(= ceinture)* cartridge belt; *(= sac)* cartridge pouch

**caryatide** /kaʀjatid/ NF ⇒ **cariatide**

**caryotype** /kaʀjotip/ NM karyotype

**cas** /kɑ/ GRAMMAIRE ACTIVE 53.5

NM **a** *(= situation)* case; *(= événement)* occurrence ◆ ~ **tragique/spécial** tragic/special case ◆ ~ **urgent** urgent case, emergency ◆ **comme c'est son** ~ as is the case with him ◆ **un** ~ **très rare** a very rare occurrence ◆ **exposez-lui votre** ~ state your case; *(à un médecin)* describe your symptoms ◆ **il s'est mis dans un mauvais** ~ he's got himself into a tricky situation *ou* position ◆ **dans le premier** ~ in the first case *ou* instance

**b** *(Jur)* case ◆ ~ **d'homicide/de divorce** murder/divorce case ◆ **l'adultère est un** ~ **de divorce** adultery is grounds for divorce ◆ **soumettre un** ~ **au juge** to submit a case to the judge ◆ **c'est un** ~ **pendable** *(hum)* he deserves to be shot *(hum)*

**c** *(Méd, Sociol)* case ◆ **il y a plusieurs** ~ **de choléra dans le pays** there are several cases of cholera in the country ◆ ~ **social** person with social problems, social misfit ◆ **c'est vraiment un** ~ **!** *(fig)* he's (*ou* she's) a real case! *

**d** *(Ling)* case

**e** *(loc)* **dans le** ~ **présent** in this particular case ◆ **il accepte ou il refuse selon les** ~ he accepts or refuses according to the circumstances ◆ **faire (grand)** ~ **de/peu de** ~ **de** to attach great/little importance to, to set great/little store by ◆ **il ne fait jamais aucun** ~ **de nos observations** he never pays any attention to *ou* takes any notice of our comments ◆ **c'est (bien) le** ~ **de le dire !** you said it!

♦ **au cas par cas** individually ◆ **les demandes sont examinées au** ~ **par** ~ applications are processed individually *ou* on an individual basis

♦ **au cas** *ou* **dans le cas** *ou* **pour le cas où** ◆ **au** ~ *ou* **dans le** ~ *ou* **pour le** ~ **où il pleuvrait** in case it rains, in case it should rain ◆ **je prends un parapluie au** ~ **où** * I'm taking an umbrella (just) in case

♦ **dans ce cas, en ce cas** in that case ◆ **dans** *ou* **en ce** ~ **téléphonez-nous** in that case give us a ring

♦ **le cas échéant** if the need arises, if need be

♦ **en cas de** ◆ **en** ~ **d'absence** in case of *ou* in the event of absence ◆ **en** ~ **d'urgence** in an emergency

♦ **en aucun cas** ◆ **en aucun** ~ **vous ne devez vous arrêter** on no account *ou* under no circumstances are you to stop

♦ **en tout cas, en** *ou* **dans tous les cas** anyway, in any case

COMP ▷ **cas de conscience** moral dilemma ◆ **il a un** ~ **de conscience** he's in a moral dilemma ▷ **cas d'école** textbook case, classic example ▷ **cas d'espèce** individual case ▷ **cas de figure** scenario ◆ **dans ce** ~ **de figure** in this case ▷ **cas de force majeure** case of absolute necessity ▷ **cas de légitime défense** case of legitimate self-defence ◆ **c'était un** ~ **de légitime défense** he acted in self-defence ▷ **cas limite** borderline case

**casanier, -ière** /kazanje, jɛʀ/ ADJ *[personne, habitudes, vie]* stay-at-home * *(épith)* NM,F stay-at-home, homebody *(US)*

**casaque** /kazak/ NF *[de jockey]* blouse; † *[de femme]* overblouse; *(Hist) [de mousquetaire]* tabard ◆ **tourner** ~ *(= fuir)* to turn tail, to flee; *(= camp)* to change sides; *(= changer d'opinion)* to do a U-turn

**casbah** /kazba/ NF *(en Afrique)* kasbah; (* = *maison)* house, place * ◆ **rentrer à la** ~ to go home

**cascade** /kaskad/ NF **a** *[d'eau]* waterfall, cascade *(littér)*; *[de mots, chiffres]* stream; *[d'événements]* spate; *[de réformes, révélations]* series; *[d'erreurs]* string, series; *[de rires]* peal ◆ **des démissions en** ~ a spate of resignations **b** *(= acrobatie)* stunt ◆ **dans ce film, c'est lui qui fait les ~s** he does the stunts in this film

**cascader** /kaskade/ ▸ conjug 1 ◂ VI *(littér)* to cascade

**cascadeur** /kaskadœʀ/ NM *[de film]* stuntman; *[de cirque]* acrobat

**cascadeuse** /kaskadøz/ NF *[de film]* stuntwoman; *[de cirque]* acrobat

**case** /kɑz/ NF **a** *(sur papier)* square, space; *(sur formulaire)* box; *[d'échiquier]* square ◆ **la** ~ **départ** *(Jeux)* the start ◆ **nous voilà revenus à la** ~ **départ, retour à la** ~ **départ** *(fig)* (we're) back to square one **b** *[de pupitre]* compartment, shelf; *[de courrier]* pigeonhole *(Brit)*, mail box *(US)*; *[de boîte, tiroir]* compartment ◆ ~ **postale** post-office box ◆ ~ **de réception** *(Ordin)* card stacker ◆ **il a une** ~ **vide** * *ou* **en moins** *, **il lui manque une** ~ * he has a screw loose * **c** *(= hutte)* hut

**caséine** /kazein/ NF casein

**casemate** /kazmat/ NF blockhouse, pillbox

**caser** * /kɑze/ ▸ conjug 1 ◂ VT **a** *(= placer) [+ objets]* to shove *, to stuff; *(= loger) [+ amis]* to put up ◆ **je ne sais pas comment je vais** ~ **tout ce monde** I don't know how I'm going to find space for everyone *ou* fit everyone in

**b** *(= trouver un moment pour) [+ activité, réunion]* to find time for ◆ **je vais voir où je peux te** ~ **dans mon emploi du temps** I'll see when I can fit you in

**c** *(= marier) [+ fille]* to find a husband for; *(= pourvoir d'une situation)* to find a job for ◆ **ses enfants sont casés maintenant** *(emploi)* his children have got jobs now *ou* are fixed up now; *(mariage)* his children are (married and) off his hands now

VPR **se caser** *(= vivre ensemble)* to settle down; *(= trouver un emploi)* to find a (steady) job; *(= se loger)* to find a place to live ◆ **il va avoir du mal à se** ~ *(célibataire)* he's going to have a job finding someone to settle down with

**caserne** /kazɛʀn/ NF *(Mil, fig)* barracks ◆ ~ **de pompiers** fire station, fire *ou* station house *(US)* ◆ **cet immeuble est une vraie** ~ this building looks like a barracks

**casernement** /kazɛʀnəmɑ̃/ NM *(Mil) (= action)* quartering in barracks; *(= bâtiments)* barrack buildings

**caserner** /kazɛʀne/ ▸ conjug 1 ◂ VT *(Mil)* to barrack, to quarter in barracks

**cash** * /kaʃ/ ADV *(= comptant)* ◆ **payer** ~ to pay cash down ◆ **il m'a donné 5 000 €** ~ he gave me €5,000 cash down *ou* on the nail * *(Brit) ou* on the barrel * *(US)* ◆ **il m'a tout dit comme ça,** ~ * he told me everything straight out * NM cash *(NonC)*

**casher** /kaʃɛʀ/ ADJ INV kosher

**cash-flow** (pl **cash-flows**) /kaʃflo/ NM cash flow

**cashmere** /kaʃmiʀ/ NM ⇒ **cachemire**

**casier** /kɑzje/ NM **a** *(= compartiment)* compartment; *(= tiroir)* drawer; *(fermant à clé)* locker; *[de courrier]* pigeonhole *(Brit)*, mail box *(US)* ◆ ~ **de consigne automatique** luggage locker **b** *(= meuble)* set of compartments *ou* pigeonholes *(Brit) ou* (mail)boxes *(US)*; *(à tiroirs)* filing cabinet **c** *(Police)* ~ **(judiciaire)** (police *ou* criminal) record ◆ **avoir un** ~ **judiciaire vierge/chargé** to have a clean (police) record/a long record ◆ **son** ~ **fait état de cinq condamnations** he has five previous convictions **d** *(Pêche)* (lobster *etc*) pot ◆ **poser des ~s** to put out lobster pots

COMP ▷ **casier à bouteilles** bottle rack ▷ **casier fiscal** tax record ▷ **casier à homards** lobster pot

**casino** /kazino/ NM casino ◆ **économie de** ~ casino economy

**casoar** /kazɔaʀ/ NM *(= oiseau)* cassowary; *(= plumet)* plume

**Caspienne** /kaspjɛn/ NF ◆ **la (mer)** ~ the Caspian Sea

**casque** /kask/ NM **a** *[de soldat, alpiniste]* helmet; *[de motocycliste]* crash helmet; *[d'ouvrier]* hard hat ◆ **"le port du casque est obligatoire"** "this is a hard hat area", "hard hats must be worn at all times" ◆ **j'ai le** ~ **depuis ce matin** * I've had a headache *ou* a bit of a head * *(Brit)* since this morning **b** *(pour sécher les cheveux)* (hair-)drier **c** *(à écouteurs, gén)* headphones, earphones; *[de hi-fi]* headphones **d** *(Zool)* casque **e** *(Bot)* helmet, galea

COMP ▷ **Casque bleu** blue helmet *ou* beret ◆ **les Casques bleus** the UN peacekeeping force, the blue helmets *ou* berets ▷ **casque de chantier** hard hat ▷ **casque colonial** pith helmet, topee ▷ **casque intégral** full-face helmet ▷ **casque à pointe** spiked helmet

**casqué, e** /kaske/ ADJ *[motocycliste, soldat]* wearing a helmet, helmeted

**casquer** * /kaske/ ▸ conjug 1 ◂ VTI *(= payer)* to cough up *, to fork out *

**casquette** /kaskɛt/ NF cap ◆ ~ **d'officier** officer's (peaked) cap ◆ **avoir plusieurs ~s/une double** ~ *(fig)* to wear several hats/two hats ◆ **il en a sous la** ~ * he's really brainy *

**cassable** /kɑsabl/ ADJ breakable

**Cassandre** /kasɑ̃dʀ/ NF *(Myth)* Cassandra; *(fig)* doomsayer, doomster ◆ **les** ~ **de l'écologie** the ecological doomsters *ou* prophets of doom ◆ **jouer les** ~ to spread doom and gloom

**cassant, e** /kɑsɑ̃, ɑ̃t/ ADJ **a** *[glace, substance, ongles, cheveux]* brittle; *[bois]* easily broken *ou* snapped **b** *[ton, attitude]* curt ◆ **d'une voix ~e** curtly **c** (* = *difficile)* **ce n'est pas** ~ it's not exactly back-breaking *ou* tiring work

**cassate** /kasat/ NF cassata

**cassation** /kɑsasjɔ̃/ NF **a** *(Jur)* cassation; → **cour, pourvoir** **b** *(Mil)* reduction to the ranks

**casse** /kɑs/ NF **a** *(= action)* breaking, breakage; *(= objets cassés)* damage, breakages ◆ **il y a eu beaucoup de** ~ **pendant le déménagement** a lot of things were broken *ou* there were a lot of breakages during the move ◆ **payer la** ~ to pay for the damage *ou* breakages ◆ **il va y avoir de la** ~ * *(fig)* there's going to be (some) rough stuff * ◆ **pas de** ~ **!** *(lit)* don't break anything!; (* *fig)* no rough stuff! *

**b** (* = *endroit)* scrap yard ◆ **mettre à la** ~ to scrap ◆ **vendre à la** ~ to sell for scrap ◆ **bon pour la** ~ fit for scrap, ready for the scrap heap ◆ **envoyer une voiture à la** ~ to send a car to the breakers

**c** *(Typo)* case ◆ **bas de** ~ *(= caractère)* lowercase letter

**d** *(Bot)* cassia

NM *(arg Crime = cambriolage)* break-in ◆ **faire un ~ dans une bijouterie** to break into a jeweller's shop, to do a break-in at a jeweller's shop

**cassé, e** /kɑse/ (ptp de **casser**) **ADJ** **a** *[voix]* broken, cracked; *[vieillard]* bent; → **blanc, col** **b** * *(= éreinté)* (dead-)beat *, knackered ‡ *(Brit)* **c** * *(= ivre, drogué)* high *

**casse-burnes** ** /kɑsbyʀn/ **ADJ INV, NMF** ⇒ **casse-couilles**

**casse-cou** * /kɑsku/ **ADJ INV** *[personne]* reckless; *[opération, entreprise]* risky, dangerous **NMF INV** *(= personne)* daredevil, reckless person; *(en affaires)* reckless person ◆ **crier ~ à qn** to warn sb

**casse-couilles** ** /kaskuj/ **ADJ INV** ◆ **t'es ~ avec tes questions!** you're being a real pain in the arse ** *(Brit)* *ou* ass ** *(US)* with all your questions! **NMF INV** pain in the arse ** *(Brit) ou* ass ** *(US) ou* butt ‡ *(US)*

**casse-croûte** /kɑskʀut/ **NM INV** *(= repas)* snack, lunch *(US)*; *(= sandwich)* sandwich; *(Can = restaurant)* snack bar ◆ **manger/emporter un petit ~** to have/take along a bite to eat * *ou* a snack

**casse-cul** ** /kɑsky/ **ADJ INV** damn *ou* bloody *(Brit)* annoying ‡ ◆ **il est ~** he's a pain in the arse ** *(Brit) ou* ass ** *(US) ou* butt ‡ *(US)*

**casse-dalle** ‡ (pl **casse-dalle(s)**) /kɑsdal/ **NM** *(= repas)* snack, lunch *(US)*; *(= sandwich)* sandwich

**casse-graine** * /kɑsgʀɛn/ **NM INV** *(= repas)* snack, lunch *(US)*

**casse-gueule** ‡ /kɑsgœl/ **ADJ INV** *[sentier]* dangerous, treacherous; *[opération, entreprise]* risky, dangerous **NM INV** *(= opération, entreprise)* risky *ou* dangerous business; *(= endroit)* dangerous *ou* nasty spot

**casse-noisette(s)** (pl **casse-noisettes**) /kɑsnwazɛt/ **NM** (pair of) nutcrackers *(Brit)*, nutcracker *(US)* ◆ **"Casse-Noisette"** *(Mus)* "The Nutcracker"

**casse-noix** /kɑsnwɑ/ **NM INV** ⇒ **casse-noisette(s)**

**casse-pattes** * /kɑspat/ **NM INV** **a** *(= escalier, côte)* **c'est un vrai ~** it's a real slog * **b** († * = *alcool)* rotgut *

**casse-pieds** * /kɑspje/ **ADJ INV** ◆ **ce qu'elle est ~!** *(= importune)* she's a pain in the neck! *; *(= ennuyeuse)* what a bore *ou* drag * she is! ◆ **corriger des copies, c'est ~** it's a real drag * having to correct exam papers **NMF INV** *(= importun)* nuisance, pain in the neck *; *(= personne ennuyeuse)* bore

**casse-pipe** * /kɑspip/ **NM INV** ◆ **aller au ~** *(= aller à la guerre)* to go to the front; *(= se faire tuer)* to go to be slaughtered ◆ **vouloir faire de la morale en politique, c'est aller au ~** if you try to preach morality in politics you're courting disaster

## casser /kɑse/

▸ conjug 1 ◂

1 VERBE TRANSITIF 2 VERBE INTRANSITIF
3 VERBE PRONOMINAL

### 1 - VERBE TRANSITIF

**a** [= briser] *[+ objet]* to break; *[+ noix]* to crack; *[+ latte, branche]* to snap, to break ◆ **~ une dent/un bras à qn** to break sb's tooth/arm ◆ **~ qch en deux/en morceaux** to break sth in two/into pieces ◆ **~ un morceau de chocolat** to break off *ou* snap off a piece of chocolate ◆ **~ un carreau** *(volontairement)* to smash a pane; *(accidentellement)* to break a pane ◆ **il s'est mis à tout ~ autour de lui** he started smashing *ou* breaking everything in sight ◆ **je casse tout** *ou* **beaucoup en ce moment** I break everything I touch at the moment ◆ **qui casse les verres les paye** *(Prov)* you pay for your mistakes

**b** [= endommager] *[+ appareil]* to break, to bust *; *[+ volonté, moral]* to break; *[+ vin]* to spoil the flavour of ◆ **cette maladie lui a cassé la voix** this illness has ruined his voice ◆ **je veux ~ l'image qu'on a de moi** I want to change the image people have of me

**c** [= interrompre] *[+ rythme, grève]* to break ◆ **si l'on s'arrête, ça va ~ notre moyenne horaire** if we stop, we're going to fall behind on our hourly average

**d** [= dégrader] *[+ militaire]* to reduce to the ranks; *[+ fonctionnaire]* to demote ◆ **~ qn** *(= nuire à)* to cause sb's downfall ◆ **ça m'a cassé** * *(= ça m'a démoralisé)* I was gutted *; *(= ça m'a déconcerté)* I was gobsmacked *; *(= ça m'a fatigué)* it wore me out

**e** [‡ = attaquer] **~ du facho/flic** to go fascist-/cop-bashing ‡

**f** [Admin, Jur = annuler] *[+ jugement]* to quash; *[+ arrêt]* to nullify, to annul ◆ **faire ~ un jugement pour vice de forme** to have a sentence quashed on a technicality

**g** [Comm] **~ les prix** to slash prices ◆ **~ le marché** to destroy the market

**h** [locutions] **~ du bois** *(Aviat)* to smash up one's plane ◆ **~ la baraque** * *(= avoir du succès)* to bring the house down ◆ **~ la baraque à qn** * *(= tout gâcher)* to mess *ou* foul * everything up (for sb) ◆ **~ la croûte** * *ou* **la graine** * to have a bite to eat * *ou* something to eat ◆ **~ la figure** * *ou* **la gueule** ‡ **à qn** to smash sb's face in ‡, to knock sb's block off ‡ ◆ **~ le morceau** ‡ *(= avouer)* to spill the beans, to come clean; *(= trahir)* to give the game away *, to blow the gaff * *(Brit)* ◆ **~ les pieds à qn** * *(= fatiguer)* to bore sb stiff; *(= irriter)* to get on sb's nerves ◆ **il nous les casse !** ‡ he's a pain (in the neck)! * ◆ **tu me casses les bonbons !** ‡ you're a pain in the neck! *, you're getting on my nerves *ou* wick *(Brit)*! * ◆ **~ sa pipe** * to kick the bucket ‡, to snuff it * *(Brit)* ◆ **ça/il ne casse pas des briques** *, **ça/il ne casse rien** *, **ça/il ne casse pas trois pattes à un canard** * it's/he's nothing to write home about * ◆ **~ du sucre sur le dos de qn** to gossip *ou* talk about sb behind his back ◆ **il nous casse la tête** *ou* **les oreilles avec sa trompette** * he makes a terrible racket with that trumpet of his ◆ **il nous casse la tête avec ses histoires** * he bores us stiff with his stories

◆ **à tout casser** * *(= extraordinaire) [film, repas]* stupendous, fantastic; *[+ succès]* runaway *(épith)* ◆ **tu en auras pour 20 € à tout ~** *(= tout au plus)* that'll cost you €20 at the outside *ou* at the most

### 2 - VERBE INTRANSITIF

**a** [= se briser] *[objet]* to break; *[baguette, corde, plaque]* to break, to snap ◆ **ça casse facilement** it breaks easily ◆ **ça casse comme du verre** it's very brittle ◆ **le pantalon doit ~ sur la chaussure** the trouser (leg) should rest on the shoe

**b** [* = endommager sa voiture, son bateau] *[personne] (Aut)* to break down ◆ **dans le Paris-Dakar, il a cassé au kilomètre 152** he broke down at kilometre 152 in the Paris-Dakar race ◆ **elle a cassé juste avant l'arrivée** *(Naut = démâter)* her mast broke just before the end of the race

**c** [= rompre] *[couple]* to break *ou* split up ◆ **il était avec une actrice, mais il a cassé** he was going out with an actress but he broke up with her

### 3 - VERBE PRONOMINAL

**se casser**

**a** [= se briser] *[d'objet]* to break ◆ **la tasse s'est cassée en tombant** the cup broke when it fell ◆ **l'anse s'est cassée** the handle came off *ou* broke (off) ◆ **se ~ net** to break *ou* snap clean off; *(en deux morceaux)* to snap in two

**b** [= endommager une partie de son corps] **se ~ la jambe/une jambe/une dent** *[personne]* to break one's leg/a leg/a tooth ◆ **tu vas te ~ le cou !** you'll break your neck! ◆ **se ~ la figure** * *ou* **la gueule** ‡ *(= tomber)* to fall flat on one's face, to come a cropper * *(Brit)*; *(d'une certaine hauteur)* to crash down; *(= faire faillite)* to go bankrupt, to come a cropper * *(Brit)* ◆ **se ~ la figure contre qch** to crash into sth ◆ **se ~ le nez** *(= trouver porte close)* to find no one in; *(= échouer)* to fail, to come a cropper * *(Brit)* ◆ **se ~ les dents** *(fig)* to fall flat on one's face, to come a cropper * *(Brit)*

**c** [* = se fatiguer] **il ne s'est rien cassé** *ou* **il ne s'est pas cassé pour écrire cet article** he didn't strain himself writing this article ◆ **il ne s'est pas cassé la tête** * *ou* **la nénette** ‡ *ou* **le tronc** ‡ *(fig)* he didn't exactly put himself out *ou* overexert himself *ou* bust a gut ‡ ◆ **cela fait deux jours que je me casse la tête sur ce problème** I've been racking my brains over this problem for two days

**d** [‡ = partir] to split * ◆ **casse-toi !** get lost! ‡

---

**casserole** /kasʀɔl/ **NF** **a** *(= ustensile)* saucepan; *(= contenu)* saucepan(ful) ◆ **du veau à la** *ou* **en ~** braised veal ◆ **passer à la ~** ‡ *(sexuellement)* to get screwed ** *ou* laid **; *(= être tué)* to be bumped off ‡ ◆ **ils passeront tous à la ~** *(= devront le faire)* they'll all have to go through it; *(= seront licenciés)* they're all for the chop * **b** *(péj)* **c'est une vraie ~** * *(piano)* it's a tinny piano; *(voiture)* it's a tinny car ◆ **chanter comme une ~** * to be a lousy singer * ◆ **faire un bruit de ~** to clank **c** (* = *scandale)* scandal ◆ **traîner une ~** *ou* **des ~s** to be haunted by a scandal

**casse-tête** (pl **casse-tête(s)**) /kɑstɛt/ **NM** *(Hist = massue)* club ◆ **~ (chinois)** *(= problème difficile)* headache *(fig)* *(= jeu)* puzzle, brainteaser

**cassette** /kasɛt/ **NF** **a** *[de magnétophone, magnétoscope, ordinateur]* cassette ◆ **~ vidéo** video (cassette) ◆ **~ audio** audio cassette; → **magnétophone** **b** *(= coffret)* casket; *(= trésor) [de roi]* privy purse ◆ **il a pris l'argent sur sa ~ personnelle** *(hum)* he paid out of his own pocket

**casseur** /kɑsœʀ/ **NM** **a** *(dans une manifestation)* rioter, rioting demonstrator **b** (‡ *= cambrioleur)* burglar **c** (* *= bravache)* tough guy * ◆ **jouer les ~s** * to play tough * **d** *(= ferrailleur)* scrap dealer *ou* merchant *(Brit)* **e** ◆ **~ de pierres** stone breaker

**Cassiopée** /kasjɔpe/ **NF** Cassiopeia

**cassis** /kasis/ **NM** **a** *(= fruit)* blackcurrant; *(= arbuste)* blackcurrant bush; *(= liqueur)* blackcurrant liqueur, cassis **b** (‡ *= tête)* head, nut *, block * **c** *[de route]* bump, ridge

**cassolette** /kasɔlɛt/ **NF** *(= ustensile)* earthenware dish; *(= mets)* cassolette

**cassonade** /kasɔnad/ **NF** brown sugar

**cassoulet** /kasulɛ/ **NM** cassoulet *(meat and bean casserole, a specialty of SW France)*

**cassure** /kɑsyʀ/ **NF** **a** *(lit, fig)* break; *[de col]* fold ◆ **à la ~ du pantalon** where the trousers rest on the shoe **b** *(Géol) (gén)* break; *(= fissure)* crack; *(= faille)* fault

**castagne** * / kastaɲ / NF **a** *(= action)* fighting ◆ **il aime la ~** he loves a good fight *ou* punch-up * *(Brit)* **b** *(= rixe)* fight, punch-up * *(Brit)*

**castagner (se)** * / kastaɲe / ► conjug 1 ◄ VPR to fight, to have a punch-up * *(Brit)*

**castagnettes** / kastaɲɛt / NFPL castanets ◆ **il avait les dents/les genoux qui jouaient des ~** * he could feel his teeth chattering/his knees knocking

**caste** / kast / NF *(lit, péj)* caste; → **esprit**

**castel** / kastɛl / NM mansion, small castle

**castillan, e** / kastijɑ̃, an / ADJ Castilian NM *(Ling)* Castilian NM,F **Castillan(e)** Castilian

**Castille** / kastij / NF Castile

**castor** / kastɔʀ / NM *(= animal, fourrure)* beaver

**castrat** / kastʀa / NM *(= chanteur)* castrato

**castrateur, -trice** / kastʀatœʀ, tʀis / ADJ *(Psych)* castrating

**castration** / kastʀasjɔ̃ / NF *[d'homme, animal mâle]* castration; *[d'animal femelle]* spaying; *[de cheval]* gelding ◆ **complexe de ~** castration complex

**castrer** / kastʀe / ► conjug 1 ◄ VT *(gén)* *[+ homme, animal mâle]* to castrate; *[+ animal femelle]* to spay; *[+ cheval]* to geld

**castrisme** / kastʀism / NM Castroism

**castriste** / kastʀist / ADJ Castro *(épith)*, Castroist NMF supporter *ou* follower of Castro

**casuel, -elle** / kɑzɥɛl / ADJ **a** *(Ling)* **désinences ~les** case endings ◆ **système ~** case system **b** *(littér)* fortuitous NM *(† = gain variable)* commission money; *[de curé]* casual offerings

**casuiste** / kɑzɥist / NM *(Rel, péj)* casuist

**casuistique** / kɑzɥistik / NF *(Rel, péj)* casuistry

**casus belli** / kɑzysbɛlli / NM INV casus belli

**catabolisme** / katabɔlism / NM catabolism, katabolism

**catachrèse** / katakʀɛz / NF catachresis

**cataclysme** / kataklism / NM cataclysm

**cataclysmique** / kataklismik / ADJ cataclysmic, cataclysmal

**catacombes** / katakɔ̃b / NFPL catacombs

**catadioptre** / katadjɔptʀ / NM *(sur voiture)* reflector; *(sur chaussée)* cat's eye, Catseye ® *(Brit)*

**catafalque** / katafalk / NM catafalque

**catalan, e** / katalɑ̃, an / ADJ Catalan, Catalonian NM *(Ling)* Catalan NM,F **Catalan(e)** Catalan

**catalepsie** / katalɛpsi / NF catalepsy ◆ **tomber en ~** to have a cataleptic fit

**cataleptique** / katalɛptik / ADJ, NMF cataleptic

**catalogage** / katalɔgaʒ / NM *[d'articles, objets]* cataloguing, cataloging *(US)*; *[de personne]* categorizing, labelling, pigeonholing *(péj)*

**Catalogne** / katalɔɲ / NF Catalonia

**catalogne** / katalɔɲ / NF *(Can)* *cloth made from woven strips of fabric*

**catalogue** / katalɔg / NM *(gén)* catalogue, catalog *(US)*; *(Ordin)* directory ◆ **prix ~** list price ◆ **faire le ~ de** to catalogue, to catalog *(US)* ◆ **acheter qch sur ~** to buy sth from a catalogue ◆ **le gouvernement a annoncé un ~ de mesures sociales** the government has announced a package of social measures

**cataloguer** / katalɔge / ► conjug 1 ◄ VT to catalogue, to catalog *(US)*, to pigeonhole; * *[+ personne]* to categorize, to label *(comme* as*)*

**catalpa** / katalpa / NM catalpa

**catalyse** / kataliz / NF catalysis

**catalyser** / katalize / ► conjug 1 ◄ VT *(Chim, fig)* to catalyse

**catalyseur** / katalizœʀ / NM *(Chim, fig)* catalyst

**catalytique** / katalitik / ADJ catalytic; → **pot**

**catamaran** / katamaʀɑ̃ / NM *(= voilier)* catamaran; *[d'hydravion]* floats

**cataphote** ® / katafɔt / NM ⇒ **catadioptre**

**cataplasme** / kataplasm / NM *(Méd)* poultice, cataplasm ◆ **~ sinapisé** mustard poultice *ou* plaster ◆ **c'est un véritable ~ sur l'estomac** it lies like a lead weight on the stomach

**catapultage** / katapyltaʒ / NM *(lit, fig)* catapulting; *(Aviat)* catapult launch

**catapulte** / katapylt / NF *(Aviat, Hist)* catapult

**catapulter** / katapylte / ► conjug 1 ◄ VT *(lit)* to catapult ◆ **il a été catapulté à ce poste** he was pitchforked *ou* catapulted into this job

**cataracte** / kataʀakt / NF **a** *(= chute d'eau)* cataract ◆ **des ~s de pluie** torrents of rain **b** *(Méd)* cataract ◆ **il a été opéré de la ~** he's had a cataract operation, he's been operated on for (a) cataract

**catarrhe** / kataʀ / NM catarrh

**catarrheux, -euse** / kataʀø, øz / ADJ *[voix]* catarrhal, thick ◆ **vieillard ~** wheezing old man

**catastase** / katastaz / NF *(Phon)* on-glide

**catastrophe** / katastʀɔf / NF disaster, catastrophe ◆ **~ écologique** ecological disaster ◆ **~ aérienne/ferroviaire** air/rail crash *ou* disaster ◆ **~ naturelle** *(gén)* natural disaster; *(Assurances)* act of God ◆ **~ ! le prof est arrivé !** * panic stations! the teacher's here! ◆ **~ ! je l'ai perdu !** Hell's bells! * I've lost it! ◆ **atterrir en ~** to make a forced *ou* an emergency landing ◆ **partir en ~** to leave in a terrible *ou* mad rush ◆ **c'est la ~ cette voiture/ces chaussures !** * this car is/these shoes are a disaster! ◆ **film ~** disaster movie *ou* film ◆ **scénario ~** *(fig)* nightmare scenario

**catastrophé, e** * / katastʀɔfe / ADJ *[personne]* shattered *

**catastropher** * / katastʀɔfe / ► conjug 1 ◄ VT to shatter *

**catastrophique** / katastʀɔfik / ADJ disastrous, catastrophic

**catastrophisme** / katastʀɔfism / NM **a** *(Géol)* catastrophism **b** *(= pessimisme)* gloom-mongering ◆ **faire du ~** to spread doom and gloom

**catastrophiste** / katastʀɔfist / ADJ *[vision]* gloomy, (utterly) pessimistic NMF **a** *(Géol)* catastrophist **b** *(= pessimiste)* gloom-monger, (utter) pessimist

**catch** / katʃ / NM (all-in) wrestling ◆ **il fait du ~** he's a wrestler

**catcher** / katʃe / ► conjug 1 ◄ VI to wrestle

**catcheur, -euse** / katʃœʀ, øz / NM,F wrestler

**catéchèse** / kateʃɛz / NF catechetics *(sg)*, catechesis

**catéchisation** / kateʃizasjɔ̃ / NF catechization

**catéchiser** / kateʃize / ► conjug 1 ◄ VT *(Rel)* to catechize; *(= endoctriner)* to indoctrinate, to catechize; *(= sermonner)* to lecture

**catéchisme** / kateʃism / NM *(= enseignement, livre, fig)* catechism ◆ **aller au ~** to go to catechism (class), ≃ to go to Sunday school, to go to CCD * *(US)*

**catéchiste** / kateʃist / NMF catechist; → **dame**

**catéchumène** / katekymɛn / NMF *(Rel)* catechumen; *(fig)* novice

**catégorie** / kategɔʀi / NF *(gén, Philos)* category; *(Boxe, Hôtellerie)* class; *(Admin)* *[de personnel]* grade ◆ **morceaux de première/deuxième ~** *(Boucherie)* prime/second cuts ◆ **hors ~** exceptional, outstanding ◆ **ranger par ~** to categorize ◆ **il est de la ~ de ceux qui ...** he comes in *ou* he belongs to the category of those who ... ◆ **~ socioprofessionnelle** socio-professional group

**catégoriel, -elle** / kategɔʀjɛl / ADJ **a** *[intérêts]* sectional; *[avantages, mesures]* that apply to one or more categories of workers; *[revendications]* made by one or more categories of workers **b** *(Gram)* **indice ~** category index

**catégorique** / kategɔʀik / ADJ **a** *[ton, personne]* categorical, adamant; *[démenti, refus]* flat *(épith)*, categorical ◆ **ne sois pas si ~ !** don't make such categorical statements! ◆ **il nous a opposé un refus** *ou* **un non ~** his answer was a categorical no **b** *(Philos)* categorical

**catégoriquement** / kategɔʀikmɑ̃ / ADV *[refuser]* point-blank, categorically; *[rejeter, condamner, démentir, nier]* categorically

**catégorisation** / kategɔʀizasjɔ̃ / NF categorization

**catégoriser** / kategɔʀize / ► conjug 1 ◄ VT to categorize

**catelle** / katɛl / NF *(Helv = carreau)* tile

**caténaire** / katenɛʀ / ADJ, NF *(Rail)* catenary

**catgut** / katgyt / NM *(Méd)* catgut

**cathare** / kataʀ / ADJ, NMF Cathar

**catharisme** / kataʀism / NM Catharism

**catharsis** / kataʀsis / NF *(Littérat, Psych)* catharsis

**cathartique** / kataʀtik / ADJ cathartic

**Cathay** / katɛ / NM Cathay

**cathédrale** / katedʀal / NF cathedral; → **verre**

**Catherine** / katʀin / NF Catherine, Katherine ◆ **~ la Grande** Catherine the Great; → **coiffer**

**catherinette** / katʀinɛt / NF *girl of 25 still unmarried by the Feast of St Catherine*

> **Catherinette**
>
> The tradition of the **catherinettes** has its origins in the dressmaking trade, where seamstresses still not married on their twenty-fifth birthday would go to a ball called « le bal des catherinettes » on Saint Catherine's Day (25 November) wearing a hat they made specially for the occasion. To wear such a hat was known as « coiffer sainte Catherine », and the expression, though a little old-fashioned, survives as a way of referring to a 25-year-old-woman who is still single.

**cathéter** / katetɛʀ / NM catheter

**cathétérisme** / kateteʀism / NM catheterization

**catho** * / kato / ADJ, NMF abrév de **catholique**

**cathode** / katɔd / NF cathode

**cathodique** / katɔdik / ADJ *(Phys)* cathodic; → **écran, rayon, tube**

**catholicisme** / katɔlisism / NM (Roman) Catholicism

**catholicité** / katɔlisite / NF **a** *(= fidèles)* **la ~** the (Roman) Catholic Church **b** *(= orthodoxie)* catholicity

**catholique** / katɔlik / ADJ **a** *(Rel)* *[foi, dogme]* (Roman) Catholic **b** * **pas (très) ~** a bit fishy *, not very kosher * *(US)* NMF (Roman) Catholic

**catimini** /katimini/ **en catimini** LOC ADV on the sly *ou* quiet ◆ **sortir en ~** to steal *ou* sneak out ◆ **il me l'a dit en ~** he whispered it in my ear

**catin** † /katɛ̃/ NF *(= prostituée)* trollop †, harlot †

**cation** /katjɔ̃/ NM cation

**catogan** /katɔgɑ̃/ NM bow *(tying hair on the neck)*

**Caton** /katɔ̃/ NM Cato

**cattleya** /katleja/ NM cattleya

**Catulle** /katyl/ NM Catullus

**Caucase** /kokaz/ NM ◆ **le ~** the Caucasus

**caucasien, -ienne** /kokazjɛ̃, jɛn/ ADJ Caucasian NM,F **Caucasien(ne)** Caucasian

**cauchemar** /koʃmaʀ/ NM nightmare ◆ **faire des ~s** to have nightmares ◆ **c'est mon ~** it's a nightmare ◆ **vision de ~** nightmarish sight ◆ **ça tourne au ~** it's turning into a nightmare

**cauchemarder** /koʃmaʀde/ ▸ conjug 1 ◂ VI to have nightmares ◆ **faire ~ qn** to give sb nightmares

**cauchemardesque** /koʃmaʀdɛsk/ ADJ nightmarish

**caudal, e** (mpl **-aux**) /kodal, o/ ADJ caudal

**caudillo** /kaodijo/ NM caudillo ◆ **ses manières de ~** *(péj)* his dictatorial style

**caulerpe** /kolɛʀp/ NF *(Bot)* caulerpa

**cauri** /koʀi/ NM cowrie *ou* cowry (shell)

**causal, e** (mpl **-aux**) /kozal, o/ ADJ causal

**causalité** /kozalite/ NF causality

**causant, e** * /kozɑ̃, ɑ̃t/ ADJ talkative, chatty ◆ **il n'est pas très ~** he doesn't say very much, he's not very forthcoming *ou* talkative

**causatif, -ive** /kozatif, iv/ ADJ *(Gram) [conjonction]* causal; *[construction, verbe]* causative

**cause** /koz/ NF **a** *(= motif, raison)* cause ◆ **quelle est la ~ de l'accident ?** what caused the accident?, what was the cause of the accident? ◆ **on ne connaît pas la ~ de son absence** the reason for *ou* the cause of his absence is not known ◆ **être (la) ~ de qch** to be the cause of sth ◆ **la chaleur en est la ~** it is caused by the heat ◆ **la ~ en demeure inconnue** the cause remains unknown, the reason for it remains unknown ◆ **les ~s qui l'ont poussé à agir** the reasons that caused him to act ◆ **à petite ~ grands effets** *(Prov)* great oaks from little acorns grow *(Prov)* → **relation**

**b** *(Jur)* lawsuit, case; *(à plaider)* brief ◆ **~ civile** civil action ◆ **~ criminelle** criminal proceedings ◆ **la ~ est entendue** *(lit)* both sides have put their case; *(fig)* there's no doubt about it ◆ **~ célèbre** cause célèbre, famous trial *ou* case ◆ **plaider sa ~** to plead one's case ◆ **avocat sans ~(s)** briefless barrister; → **ayant cause, connaissance**

**c** *(= ensemble d'intérêts)* cause ◆ **grande/noble ~** great/noble cause ◆ **pour la bonne ~** for a good cause ◆ **il ment, mais c'est pour la bonne ~** he's lying but it's for a good reason ◆ **~ perdue** lost cause ◆ **faire ~ commune avec qn** to make common cause with sb, to side *ou* take sides with sb; → **fait**[1]

**d** *(Philos)* cause ◆ **~ première/seconde/finale** primary/secondary/final cause

**e** *(loc)* **mettre qn hors de ~** to clear *ou* exonerate sb ◆ **fermé pour ~ d'inventaire/de maladie** closed for stocktaking *(Brit) ou* inventory *(US)*/on account of illness ◆ **et pour ~ !** and for (a very) good reason! ◆ **non sans ~ !** not without (good) cause *ou* reason!

◆ **à cause de** *(= en raison de)* because of, owing to; *(= par égard pour)* because of, for the sake of ◆ **à ~ de cet incident technique** because of *ou* owing to this technical failure ◆ **à ~ de son âge** on account of *ou* because of his age ◆ **il est venu à ~ de vous** he came for your sake *ou* because of you ◆ **ce n'est pas à ~ de lui que j'y suis arrivé !** *(iro)* it's no thanks to him I managed to do it!

◆ **en cause** ◆ **être en ~** *[personne]* to be involved *ou* concerned; *[intérêts]* to be at stake, to be involved ◆ **son honnêteté n'est pas en ~** there is no question about his honesty, his honesty is not in question ◆ **mettre en ~** *[+ innocence, nécessité, capacité]* to (call into) question; *[+ personne]* to implicate ◆ **mise en ~** *[de personne]* implication ◆ **remettre en ~** *[+ principe, tradition]* to question, to challenge ◆ **sa démission remet tout en ~** his resignation means we're back to square one ◆ **remise en ~** calling into question

**causer**[1] /koze/ ▸ conjug 1 ◂ VT *(= provoquer)* to cause; *(= entraîner)* to bring about ◆ **~ des ennuis à qn** to get sb into trouble, to bring sb trouble ◆ **~ de la peine à qn** to hurt sb ◆ **l'explosion a causé la mort de dix personnes** ten people died in the explosion ◆ **cette erreur a causé sa perte** this mistake brought about his downfall

**causer**[2] /koze/ ▸ conjug 1 ◂ VI **a** *(= s'entretenir)* to chat, to talk; *(* = discourir)* to speak, to talk ◆ **~ de qch** to talk about sth; *(propos futiles)* to chat about sth ◆ **on n'a même pas compris de quoi ça causait** * we didn't even understand what it was all about ◆ **~ à qn** * to talk *ou* speak to sb ◆ **assez causé !** that's enough talk! ◆ **cause toujours, tu m'intéresses !** *(iro)* oh, come off it! * ◆ **il a causé dans le poste** * *(hum)* he was on the radio **b** *(= jaser)* to talk, to gossip *(sur qn* about sb); ◆ **on cause dans le village/le bureau** people are talking in the village/the office **c** *(* = avouer)* to talk ◆ **pour le faire ~** to loosen his tongue, to make him talk VT to talk ◆ **~ politique/travail** to talk politics/shop ◆ **elles causaient chiffons** they were talking *ou* chatting about clothes

**causerie** /kozʀi/ NF *(= discours)* talk; *(= conversation)* chat

**causette** /kozɛt/ NF chat, natter * *(Brit)* ◆ **faire la ~, faire un brin de ~** to have a chat *ou* natter * *(Brit)* *(avec* with)

**causeur, -euse** /kozœʀ, øz/ ADJ talkative, chatty NM,F talker, conversationalist NF **causeuse** *(= siège)* causeuse, love seat

**causse** /kos/ NM causse *(limestone plateau (in south-central France))*

**causticité** /kostisite/ NF *(lit, fig)* causticity

**caustique**[1] /kostik/ ADJ *(lit, fig)* caustic ◆ **surface ~** caustic (surface) NM *(Chim)* caustic

**caustique**[2] /kostik/ NF *(Opt)* caustic

**cautèle** /kotɛl/ NF *(littér)* cunning, guile

**cauteleux, -euse** /kotlø, øz/ ADJ *(littér)* cunning

**cautère** /kotɛʀ/ NM cautery ◆ **c'est un ~ sur une jambe de bois** it's of absolutely no use, it won't do any good at all

**cautérisation** /kɔteʀizasjɔ̃/ NF cauterization

**cautériser** /kɔteʀize/ ▸ conjug 1 ◂ VT to cauterize

**caution** /kosjɔ̃/ NF **a** *(= somme d'argent) (Fin)* guarantee, security; *(Jur)* bail (bond); *(pour appartement, véhicule loué)* deposit ◆ **~ bancaire** bank guarantee ◆ **~ de soumission** bid bond ◆ **~ solidaire** joint and several guarantee ◆ **il vous faut une ~ parentale** your parents have to stand guarantor *ou* surety for you ◆ **verser une ~ de 200 €** to put *ou* lay down a security *ou* a guarantee of €200 ◆ **libérer sous ~** to release *ou* free on bail ◆ **libération** *ou* **mise en liberté sous ~** release on bail ◆ **payer la ~ de qn** to bail sb out, to stand *(Brit) ou* go *(US)* bail for sb, to put up bail for sb *(US)*

**b** *(= appui)* backing, support ◆ **apporter** *ou* **donner sa ~ à qn/qch** to lend one's support to sb/sth

**c** *(= personne)* guarantor ◆ **se porter ~ pour qn, servir de ~ à qn** *(= servir de garantie)* to stand surety *ou* security *(Brit)* for sb ◆ **servir de ~ morale à qn/qch** to give sb/sth moral support ◆ **cela ne doit pas servir de ~ à la violence aveugle** this must not be seen as an excuse for gratuitous violence; → **sujet**

> ⚠ **caution** *ne se traduit pas par le mot anglais* **caution**, *qui a le sens de 'prudence' ou 'avertissement'.*

**cautionnement** /kosjɔnmɑ̃/ NM *(= somme)* guarantee, security; *(= contrat)* security *ou* surety bond; *(= soutien)* support, backing ◆ **~ électoral** deposit *(required of candidates in an election)*

**cautionner** /kosjɔne/ ▸ conjug 1 ◂ VT **a** *(= répondre de) (moralement)* to answer for, to guarantee; *(financièrement)* to guarantee, to stand surety *ou* guarantor for **b** *(= soutenir) [+ idée, décision, politique, gouvernement]* to support

**cavaillon** /kavajɔ̃/ NM cavaillon melon

**cavalcade** /kavalkad/ NF **a** *(= course tumultueuse)* stampede; *(* = troupe désordonnée)* stampede, stream **b** *[de cavaliers]* cavalcade **c** *(= défilé, procession)* cavalcade, procession

**cavalcader** /kavalkade/ ▸ conjug 1 ◂ VI *(= courir)* to stream, to stampede; *(† = chevaucher)* to cavalcade, to ride in a cavalcade

**cavale** /kaval/ NF **a** *(littér = jument)* mare **b** *(arg Prison)* **être en ~** *(= évasion)* to be on the run ◆ **après une ~ de trois jours** after having been on the run for three days

**cavaler** /kavale/ ▸ conjug 1 ◂ VI **a** * *(= courir)* to run; *(= se hâter)* to be on the go * ◆ **j'ai dû ~ dans tout New York pour le trouver** I had to rush all around New York to find it **b** *(* = draguer) [homme]* to chase anything in a skirt *; *[femme]* to chase anything in trousers * ◆ **~ après qn** to run *ou* chase after sb VT *(* = énerver)* to piss off *,* to tee off * *(US)* ◆ **il commence à nous ~** we're beginning to get pissed off *,* *ou* cheesed off * *(Brit)* with him VPR **se cavaler** * *(= se sauver) [personne]* to clear off *, to leg it *, to skedaddle *; *[animal]* to run off

**cavalerie** /kavalʀi/ NF *(Mil)* cavalry; *[de cirque]* horses ◆ **~ légère** *(Mil)* light cavalry *ou* horse ◆ **grosse ~, ~ lourde** *(Mil)* heavy *ou* armoured cavalry ◆ **c'est de la grosse ~** *(hum)* it's rather heavyhanded; *(nourriture)* it's really stodgy

**cavaleur** * /kavalœʀ/ NM wolf, womanizer ◆ **il est ~** he chases anything in a skirt *

**cavaleuse** * /kavaløz/ NF ◆ **c'est une ~, elle est ~** she chases anything in trousers *

**cavalier, -ière** /kavalje, jɛʀ/ ADJ **a** *(= impertinent) [attitude, parole]* cavalier, offhand ◆ **c'est un peu ~ de sa part (de faire cela)** it's a bit cavalier of him (to do that) **b** ◆ **allée** *ou* **piste cavalière** bridle path NM,F **a** *(Équitation)* rider ◆ **les (quatre) ~s de l'Apocalypse** the (Four) Horsemen of the Apocalypse ◆ **faire ~ seul** to go it alone **b** *[danseur]* partner ◆ **changez de ~ !** change partners! NM **a** *(Mil)* trooper, cavalryman ◆ **une troupe de 20 ~s** a troop of 20 horses **b** *(Échecs)* knight **c** *(= accompagnateur)* escort **d** *(= clou)* staple; *[de balance]* rider; *[de* *dossier]* tab; *(Ordin) [de carte-mère]* jumper e *(Hist Brit)* cavalier

**cavalièrement** /kavaljɛʀmɑ̃/ ADV off-handedly

**cavatine** /kavatin/ NF cavatina

**cave¹** /kav/ NF a *(= pièce)* cellar; *(voûtée)* vault; *(= cabaret)* cellar nightclub ◆ **chercher** *ou* **fouiller de la ~ au grenier** to search the house from top to bottom b *(Œnol)* cellar ◆ **avoir une bonne ~** to have *ou* keep a fine cellar ◆ **~ à vin** *(= armoire) refrigerated wine cabinet* c *(= coffret à liqueurs)* liqueur cabinet; *(= coffret à cigares)* cigar box d *(Can) [de maison]* basement

> ⚠ *cave ne se traduit pas par le mot anglais* **cave**, *qui a le sens de 'caverne'.*

**cave²** /kav/ ADJ *(= creux) [yeux, joues]* hollow, sunken; → **veine**

**cave³** ⁑ /kav/ NM a *(arg Crime)* straight *(arg), someone who does not belong to the underworld* b *(= imbécile)* sucker ⁑ ◆ **il est ~** he's a sucker ⁑

**cave⁴** /kav/ NF *(Poker)* bet

**caveau** (pl **caveaux**) /kavo/ NM a *(= cave)* (small) cellar b *(= sépulture)* vault, tomb ◆ **~ de famille** family vault c *(= cabaret)* cellar club

**caverne** /kavɛʀn/ NF a *(= grotte)* cave, cavern ◆ **c'est la ~ d'Ali Baba !** it's an Aladdin's cave!; → **homme** b *(Anat)* cavity

**caverneux, -euse** /kavɛʀnø, øz/ ADJ a *[voix]* hollow, cavernous b *(Anat, Méd) [respiration]* cavernous; *[poumon]* with cavitations, with a cavernous lesion; → **corps** c *(littér) [montagne, tronc]* cavernous

**cavernicole** /kavɛʀnikɔl/ ADJ *(Zool)* cave-dwelling *(épith)*

**caviar** /kavjaʀ/ NM a *(Culin)* caviar(e) ◆ **~ rouge** salmon roe ◆ **~ d'aubergines** aubergine *(Brit) ou* eggplant *(US)* dip, *aubergine with fromage frais and olive oil* ◆ **la gauche ~** champagne socialists b *(Presse)* **passer au ~** to blue-pencil, to censor

**caviarder** /kavjaʀde/ ▸ conjug 1 ◂ VT *(Presse)* to blue-pencil, to censor

**caviste** /kavist/ NM *(= responsable de cave)* cellarman; *(= marchand de vin)* wine merchant

**cavité** /kavite/ NF cavity ◆ **~ articulaire** socket *(of bone)* ◆ **~ pulpaire** (tooth) pulp cavity ◆ **~ buccale** oral cavity

**Cayenne** /kajɛn/ N Cayenne; → **poivre**

**CB¹** (abrév de **carte bancaire**) → **carte**

**C.B., CB²** /sibi/ NF (abrév de **Citizens' Band**) ◆ **la ~** CB radio

**CC** /sese/ NM a (abrév de **compte courant**) C/A b (abrév de **corps consulaire**) → **corps**

**CCI** /sesei/ NF (abrév de **Chambre de commerce et d'industrie**) → **chambre**

**CCP** /sesepe/ NM a (abrév de **centre de chèques postaux**) → **centre** b (abrév de **compte chèque postal**) → **compte**

**CD¹** /sede/ NM INV (abrév de **compact disc**) CD ◆ **~ audio/vidéo** audio/video CD

**CD²** /sede/ (abrév de **corps diplomatique**) CD

**CDD** /sedede/ NM (abrév de **contrat à durée déterminée**) → **contrat**

**CDDP** /sededepe/ NM (abrév de **centre départemental de documentation pédagogique**) → **centre**

**CDI¹** /sedei/ NM a (abrév de **centre de documentation et d'information**) → **centre** b (abrév de **centre des impôts**) → **centre** c (abrév de **contrat à durée indéterminée**) → **contrat**

**CD-I, CDI²** /sedei/ NM INV (abrév de **compact disc interactif**) CDI ◆ **film sur ~** CDI film

**CD-R** /sedeɛʀ/ NM INV (abrév de **compact disc recordable**) CD-R

**CD-ROM** /sedeʀɔm/ NM INV (abrév de **compact disc read only memory**) CD-ROM

**CD-RW** /sedeɛʀ/ NM INV (abrév de **compact disc rewritable**) CD-RW

**CDS** /sedes/ NM (abrév de **Centre des démocrates sociaux**) *French political party*

**CDV** /sedeve/ NM INV (abrév de **compact disc video**) CDV

**CD-vidéo** /sedevideo/ NM INV (abrév de **compact disc video**) CD-video

**CE** /seə/ NM a (abrév de **comité d'entreprise**) → **comité** b (abrév de **Conseil de l'Europe**) → **conseil** c (abrév de **cours élémentaire**) → **cours** NF (abrév de **Communauté européenne**) EC

## ce¹ /sə/

> Devant voyelle ou **h** muet au masculin = **cet**, féminin = **cette**, pluriel = **ces**.

ADJECTIF DÉMONSTRATIF

a

> Lorsque **ce** est employé pour désigner quelqu'un ou quelque chose qui est proche, on le traduit par **this** ; lorsqu'il désigne quelqu'un ou quelque chose qui est éloigné, on le traduit généralement par **that** ; **ces** se traduit respectivement par **these** et **those**.

◆ **~ chapeau** *(tout proche, que je pourrais toucher)* this hat; *(plus loin ou ailleurs)* that hat ◆ **si seulement ~ mal de tête s'en allait** if only this headache would go away ◆ **que faisais-tu avec ~ type ?** * what were you doing with that guy? * ◆ **que fais-tu avec ~ vélo dans ta chambre ?** what are you doing with that bike in your room? ◆ **je ne monterai jamais dans cette voiture !** I'm never getting into that car!

b

> Lorsque **ce** se réfère à quelqu'un ou quelque chose dont le locuteur vient de parler ou qu'il a présent à l'esprit, on le traduit souvent par **this** ; si **ce** se réfère à quelqu'un ou quelque chose mentionné par un autre locuteur, on le traduit plutôt par **that** ; **ces** se traduit respectivement par **these** et **those**.

◆ **j'aime beaucoup ~ concerto** *(dont je viens de parler)* I'm very fond of this concerto; *(dont tu viens de parler)* I'm very fond of that concerto ◆ **ces questions ne m'intéressent pas** *(celles que je viens de mentionner)* these questions are of no interest to me

> Notez que là où le français pourrait employer l'article défini à la place de **ce**, l'anglais l'utilise régulièrement comme substitut de **this** ou **that**.

◆ **~ petit idiot a perdu son ticket** the *ou* that little twerp * has gone and lost his ticket ◆ **il a quitté cette entreprise en 1983** he left the company in 1983 ◆ **je leur ai dit qu'il fallait le vendre mais cette idée ne leur a pas plu** I told them they should sell it but they didn't like the *ou* that idea

> Notez l'emploi de **that** ou d'un possessif lorsqu'il y a reprise par un pronom.

◆ **alors, cet examen, il l'a eu ?** * so, did he pass that *ou* his exam? ◆ **alors, cette bière, elle arrive ?** * where's that *ou* my beer got to? * ◆ **et ~ rhume/cette jambe, comment ça va ?** * how's that *ou* your cold/leg?; → **ci, là**

c

> Lorsque **ce** est employé pour un événement ou un moment dans le présent ou dans un avenir proche, on le traduit par **this** ; lorsqu'il désigne un événement ou un moment passé ou dans un avenir éloigné, on le traduit généralement par **that** ; **ces** se traduit respectivement par **these** et **those**.

◆ **on a bien travaillé ~ matin** we've worked well this morning ◆ **venez cet après-midi** come this afternoon ◆ **le 8 de ~ mois(-ci)** the 8th of this month ◆ **le 8 de ~ mois(-là)** the 8th of that month ◆ **il m'a semblé fatigué ces derniers jours** he's been looking tired these past few days ◆ **ces années furent les plus heureuses de ma vie** those *ou* these were the happiest years of my life MAIS **cette nuit** *(qui vient)* tonight; *(passée)* last night

d

> Lorsque **ce** a une valeur intensive, il peut se traduire par un adjectif.

◆ **comment peut-il raconter ces mensonges !** how can he tell such lies! ◆ **cette générosité me semble suspecte** (all) this generosity strikes me as suspicious ◆ **aurait-il vraiment ~ courage ?** would he really have that much courage? ◆ **cette idée !** what an idea!, the idea! MAIS **ah, cette Maud!** that Maud! ◆ **~ Paul Durat est un drôle de personnage!** that Paul Durat is quite a character!

e formules de politesse, aussi hum **si ces dames veulent bien me suivre** if you ladies will be so kind as to follow me ◆ **ces messieurs sont en réunion** the gentlemen are in a meeting

f avec qui, que **cette amie chez qui elle habite est docteur** the friend she lives with is a doctor ◆ **elle n'est pas de ces femmes qui ...** she's not one of those *ou* these women who ... ◆ **il a cette manie qu'ont les enseignants de ...** he has this *ou* that habit teachers have of ...

## ce² /sə/

> Devant **en** et les formes du verbe **être** commençant par une voyelle = **c'** ; devant **a** = **ç'**.
>
> Pour les locutions figées telles que **c'est, ce sont, c'est lui qui, c'est que** etc, reportez-vous à **être**.

PRONOM DÉMONSTRATIF

◆ **ce** *+ pronom relatif* ◆ **~ que/qui** what; *(reprenant une proposition)* which ◆ **~ qui est important c'est ...** what really matters is ... ◆ **elle fait ~ qu'on lui dit** she does what she is told *ou* as she is told ◆ **il ne sait pas ~ que sont devenus ses amis** he doesn't know what has become of his friends ◆ **~ qui est dommage, c'est que nous n'ayons pas de jardin** we haven't got a garden, which is a pity ◆ **il faut être diplômé, ~ qu'il n'est pas** you have to have qualifications, which he hasn't ◆ **~ à quoi il pense** what he's thinking about ◆ **il a été reçu à son examen, ~ à quoi il s'attendait fort peu** he passed his exam, which he wasn't really expecting

> Notez la place de la préposition en anglais.

◆ **voilà exactement ~ dont j'ai peur** that's just what I'm afraid of ◆ **c'est ~ pour quoi ils luttent** that's what they're fighting for ◆ **~ sur quoi il comptait, c'était ...** what he was counting on was ... MAIS ~ **qu'entendant/que voyant, je ...** on hearing/seeing which *(frm)* I ...

> Notez que **all** n'est jamais suivi de **what** et que **that** peut être omis.

◆ **tout ~ que je sais** all (that) I know ◆ **voilà tout ~ que j'ai pu savoir** that's all I managed to find out

♦ *préposition +* **ce que** *+ indicatif* ◆ **à ~ qu'on dit/que j'ai appris** from what they say/what I've heard ◆ **il est resté insensible à ~ que je lui ai dit** he remained unmoved by what I said ◆ **je ne crois pas à ~ qu'il raconte** I don't believe what he says

♦ *préposition +* **ce que** *+ subjonctif* ◆ **on ne s'attendait pas à ~ qu'il parle** *ou* **parlât** *(frm)* they were not expecting him *ou* he was not expected to speak ◆ **il se plaint de ~ qu'on ne l'ait pas prévenu** he is complaining that no one warned him ◆ **déçue de ~ qu'il ait oublié** disappointed that he had forgotten

♦ **ce que** *(valeur intensive)* ◆ **~ que ~ train est lent !** this train is so slow! ◆ **~ que les gens sont bêtes !** people are so stupid!, how stupid people are! ◆ **~ qu'on peut s'amuser !** isn't this fun! ◆ **~ qu'il parle bien !** he's a wonderful speaker!, isn't he a wonderful speaker! ◆ **~ qu'elle joue bien !** doesn't she play well!, what a good player she is! ◆ **~ que c'est que le destin !** that's fate for you! ◆ **~ qu'il m'agace !** he's so annoying! ◆ **~ qu'il ne faut pas entendre tout de même !** the things you hear sometimes!, the things people say! ◆ **~ qu'il ne faut pas faire pour la satisfaire !** the things you have to do to keep her happy!

♦ **ce disant** so saying, saying this

♦ **ce faisant** in so doing, in doing so ◆ **il a démissionné et, ~ faisant, il a pris un gros risque** he resigned, and by *ou* in doing so, he took a big risk

♦ **et ce** *(frm)* ◆ **j'y suis arrivé, et ~ grâce à toi** I managed it, and it was all thanks to you ◆ **elle a tout jeté, et ~ sans me le dire** she threw everything away without asking me ◆ **il a refusé, et ~ malgré notre insistance** he refused despite our urging

♦ **pour ce faire** to do this, to this end ◆ **il veut développer son entreprise, et pour ~ faire il doit emprunter** he wants to develop his company, and to do this *ou* to this end he will have to borrow money ◆ **on utilise pour ~ faire une pince minuscule** to do this you use a tiny pair of pliers

**CEA** /seəa/ NM (abrév de **compte d'épargne en actions**) → **compte** NF abrév de **Commissariat à l'énergie atomique** ≈ AEA *(Brit)*, AEC *(US)*

**céans** †† /seɑ̃/ ADV here, in this house; → **maître**

**CECA** /seka/ NF (abrév de **Communauté européenne du charbon et de l'acier**) ECSC

**ceci** /səsi/ PRON DÉM this ◆ **ce cas a ~ de surprenant que ...** this case is surprising in that ..., the surprising thing about this case is that ... ◆ **à ~ près que ...** except that ..., with the *ou* this exception that ... ◆ **~ compense cela** one thing makes up for another; → **dire**

**cécité** /sesite/ NF blindness ◆ **~ des neiges** snow-blindness ◆ **~ verbale** word blindness ◆ **être frappé** *ou* **atteint de ~** to go blind ◆ **la ~ politique de ce parti** the party's blinkered approach

**cédant, e** /sedɑ̃, ɑt/ *(Jur)* ADJ assigning NM,F assignor

**céder** /sede/ ▸ conjug 6 ◂ VT a *(= donner) [+ part, place, tour]* to give up ◆ **~ qch à qn** to let sb have sth, to give sth up to sb ◆ **je m'en vais, je vous cède ma place** *ou* **je cède la place** I'm going so you can have my place *ou* I'll let you have my place ◆ **~ le pouvoir à qn** to hand over *ou* yield power to sb ◆ **et maintenant je cède l'antenne à notre correspondant à Paris** and now (I'll hand you) over to our Paris correspondent ◆ **~ ses biens** *(Jur)* to make over *ou* transfer one's property; → **parole**

b *(= vendre) [+ commerce]* to sell, to dispose of ◆ **~ qch à qn** to let sb have sth, to sell sth to sb ◆ **le fermier m'a cédé un litre de lait** the farmer let me have a litre of milk ◆ **~ à bail** to lease ◆ **"bail à céder"** "lease for sale" ◆ **"cède maison avec jardin"** *(petite annonce)* "house with garden for sale" ◆ **il a bien voulu ~ un bout de terrain** he agreed to part with a plot of land

c *(loc)* **~ le pas à qn** to give way to sb ◆ **son courage ne le cède en rien à son intelligence** he's as brave as he is intelligent ◆ **il ne le cède à personne en égoïsme** he's as selfish as they come ◆ **il ne lui cède en rien** he is every bit his equal; → **terrain**

VI a *(= capituler)* to give in ◆ **~ par faiblesse/lassitude** to give in out of weakness/tiredness ◆ **aucun ne veut ~** no one wants to give in *ou* give way ◆ **sa mère lui cède en tout** his mother always gives in to him

b ◆ **~ à** *(= succomber à) [+ force, tentation]* to give way to, to yield to; *(= consentir) [+ caprice, prière]* to give in to ◆ **~ à qn** *(à ses raisons, ses avances)* to give in *ou* yield to sb ◆ **il cède facilement à la colère** he loses his temper easily

c *(= se rompre) [digue, chaise, branche]* to give way; *(= fléchir) [+ fièvre, colère]* to subside ◆ **la glace a cédé sous le poids** the ice gave (way) under the weight

**cédétiste** /sedetist/ ADJ CFDT *(épith)* NMF member of the CFDT

**Cedex** /sedɛks/ NM (abrév de **courrier d'entreprise à distribution exceptionnelle**) express postal service *(for bulk users)*

**cédille** /sedij/ NF cedilla

**cédrat** /sedʀa/ NM *(= fruit)* citron; *(= arbre)* citron (tree)

**cédratier** /sedʀatje/ NM citron (tree)

**cèdre** /sɛdʀ/ NM *(= arbre)* cedar (tree); *(Can = thuya)* cedar, arbor vitae; *(= bois)* cedar (wood) ◆ **le pays du ~** *(= Liban)* Lebanon

**cédrière** /sedʀijɛʀ/ NF *(Can)* cedar grove

**CEE** /seəə/ NF (abrév de **Communauté économique européenne**) EEC

**CEEA** /seəəa/ NF (abrév de **Communauté européenne de l'énergie atomique**) EAEC

**CEGEP, Cegep** /seʒɛp/ NM (abrév de **Collège d'enseignement général et professionnel**)*(Can)* → **collège**

**cégétiste** /seʒetist/ ADJ CGT *(épith)* NMF member of the CGT

**CEI** /seəi/ NF (abrév de **Communauté des États indépendants**) CIS

**ceindre** /sɛ̃dʀ/ ▸ conjug 52 ◂ VT *(littér)* a *(= entourer)* **~ sa tête d'un bandeau** to put a band round one's head ◆ **la tête ceinte d'un diadème** wearing a diadem ◆ **~ une ville de murailles** to encircle a town with walls ◆ **se ~ les reins** *(Bible)* to gird one's loins b *(= mettre) [+ armure, insigne d'autorité]* to don, to put on ◆ **~ son épée** to buckle *ou* gird on one's sword ◆ **~ l'écharpe municipale** ≈ to put on *ou* don the mayoral chain ◆ **~ la couronne** to assume the crown

**ceinture** /sɛ̃tyʀ/ NF a *[de manteau, pantalon]* belt; *[de pyjama, robe de chambre]* cord; *(= écharpe)* sash; *(= gaine)* girdle ◆ **se serrer la ~** * to tighten one's belt *(fig)* ◆ **elle a tout, et nous, ~ !** * she's got everything and we've got zilch *! *ou* sweet FA *! *(Brit) ou* nix *! *(US)* ◆ **faire ~** * to have to go without ◆ **personne ne lui arrive à la ~** no one can hold a candle to him *, no one can touch him *

b *(Couture = taille) [de pantalon, jupe]* waistband

c *(Aut, Aviat)* seat belt ◆ **attacher** *ou* **mettre sa ~** *(Aut)* to put on one's seat belt; *(Aviat)* to fasten one's seat belt

d *(Anat)* waist ◆ **nu jusqu'à la ~** stripped to the waist ◆ **l'eau lui arrivait (jusqu')à la ~** the water came up to his waist, he was waist-deep in *ou* up to his waist in water

e *(Arts martiaux = niveau)* belt ◆ **(prise de) ~** waistlock ◆ **~ noire/blanche** black/white belt ◆ **elle est ~ bleue** she's a blue belt ◆ **coup au-dessous de la ~** *(lit, fig)* blow below the belt ◆ **il a fait des blagues très au-dessous de la ~** the jokes he told were well below the belt

f *[de fortifications, murailles]* ring; *[d'arbres, montagnes]* belt

g *(= métro, bus)* circle line ◆ **petite/grande ~** inner/outer circle

COMP ▷ **ceinture de chasteté** chastity belt ▷ **ceinture de flanelle** flannel binder ▷ **ceinture fléchée** *(Can)* arrow sash ▷ **ceinture de grossesse** maternity girdle *ou* support ▷ **ceinture herniaire** truss ▷ **ceinture médicale** ⇒ **ceinture orthopédique** ▷ **ceinture de natation** swimmer's float belt ▷ **ceinture orthopédique** surgical corset ▷ **ceinture pelvienne** pelvic girdle ▷ **ceinture rouge** *working-class suburbs around Paris which have traditionally voted Communist* ▷ **ceinture de sauvetage** lifebelt *(Brit)*, life preserver *(US)* ▷ **ceinture scapulaire** pectoral girdle ▷ **ceinture de sécurité** seat belt ◆ **~ de sécurité à enrouleur** inertia reel seat *ou* safety belt ▷ **ceinture verte** green belt

**ceinturer** /sɛ̃tyʀe/ ▸ conjug 1 ◂ VT *[+ personne] (gén)* to grasp *ou* seize round the waist; *(Sport)* to tackle (round the waist); *[+ ville]* to surround, to encircle

**ceinturon** /sɛ̃tyʀɔ̃/ NM *(gén)* (wide) belt; *[d'uniforme]* belt

**CEL** /seəɛl/ NM (abrév de **compte d'épargne logement**) → **compte**

**cela** /s(ə)la/ PRON DÉM a *(gén, en opposition à ceci)* that ◆ **qu'est-ce que ~ veut dire ?** what does that *ou* this mean? ◆ **on ne s'attendait pas à ~** that was (quite) unexpected, we weren't expecting that ◆ **~ n'est pas très facile** that's not very easy ◆ **~ m'agace de l'entendre se plaindre** it annoys me to hear him complain ◆ **~ vaut la peine qu'il essaie** it's worth his trying ◆ **~ me donne du souci** it gives me a lot of worry ◆ **faire des études, ~ ne le tentait guère** studying did not really appeal to him

b *(forme d'insistance)* **il ne veut pas venir – pourquoi ~ ?** he won't come – why not? *ou* why won't he? ◆ **comment ~ ?** what do you mean? ◆ **j'ai vu Marie – qui ~ ?/quand ~ ?/où ~ ?** I've seen Marie – who (do you mean)?/when was that?/where was that?

c *(dans le temps)* **il y a deux jours de ~, il y a de ~ deux jours** two days ago ◆ **~ fait dix jours/longtemps qu'il est parti** it is ten days/a long time since he left, he has been gone ten days/a long time, he left ten days/a long time ago

d *(loc)* **voyez-vous ~ !** did you ever hear of such a thing! ◆ **~ ne fait rien** it *ou* that doesn't matter ◆ **et en dehors de** *ou* **à part ~ ?** apart from that? ◆ **à ~ près que ...** except that ..., with the exception that ... ◆ **avec**

**eux, il y a ~ de bien qu'ils ...** there's one thing to their credit and that's that they ..., I'll say this for them, they ... ◆ **et moi dans tout ~, je deviens quoi ?** and what about me in all this?; → **dire**

**céladon** /seladɔ̃/ **NM, ADJ INV** ◆ **(vert) ~** celadon

**Célèbes** /selɛb/ **NFPL** Celebes, Sulawesi

**célébrant** /selebʀɑ̃/ *(Rel)* **ADJ M** officiating **NM** celebrant

**célébration** /selebʀasjɔ̃/ **NF** celebration

**célèbre** /selɛbʀ/ **ADJ** famous *(pour, par* for); ◆ **cette ville est ~ pour son festival** this town is famous for its festival ◆ **cet escroc, tristement ~ par ses vols** this crook, notorious for his robberies *ou* whose robberies have won him notoriety ◆ **se rendre ~ par** to achieve celebrity for *ou* on account of

**célébrer** /selebʀe/ GRAMMAIRE ACTIVE 51.3 ▸ **conjug 6** ◂ **VT** a *[+ anniversaire, fête]* to celebrate; *[+ cérémonie]* to hold; *[+ mariage]* to celebrate, to solemnize ◆ **~ la messe** to celebrate mass b *(= glorifier) [+ exploit]* to celebrate, to extol ◆ **~ les louanges de qn** to sing sb's praises

**célébrité** /selebʀite/ **NF** *(= renommée)* fame, celebrity; *(= personne)* celebrity ◆ **parvenir à la ~** to rise to fame

**celer** /səle/ ▸ **conjug 5** ◂ **VT** *(† ou littér)* to conceal *(à qn* from sb)

**céleri** /sɛlʀi/ **NM** ◆ **~ (en branches)** celery ◆ **~(-rave)** celeriac ◆ **~ rémoulade** celeriac in remoulade (dressing); → **pied**

**célérité** /seleʀite/ **NF** promptness, swiftness ◆ **avec ~** promptly, swiftly

**célesta** /selɛsta/ **NM** celeste, celesta

**céleste** /selɛst/ **ADJ** celestial, heavenly ◆ **colère/puissance ~** celestial anger/power, anger/power of heaven ◆ **le Céleste Empire** the Celestial Empire

**célibat** /seliba/ **NM** *[d'homme]* single life, bachelorhood; *[de femme]* single life; *(par abstinence)* (period of) celibacy; *[de prêtre]* celibacy ◆ **vivre dans le ~** *[prêtre]* to be celibate

**célibataire** /selibatɛʀ/ **ADJ** *(gén)* single, unmarried; *[prêtre]* celibate; *(Admin)* single ◆ **mère ~** unmarried *ou* single mother ◆ **père ~** single father **NM** *(= homme)* single man, bachelor; *(Admin)* single man ◆ **la vie de ~** the life of a bachelor ◆ **club pour ~s** singles club **NF** *(= femme)* single woman, unmarried woman; *(Admin)* single woman ◆ **la vie de ~** the life of a single woman

> ⚠ *L'adjectif* **célibataire** *se traduit par* **celibate** *uniquement quand on parle d'un prêtre.*

**célioscopie** /seljɔskɔpi/ **NF** ⇒ **cœlioscopie**

**celle** /sɛl/ **PRON DÉM** → **celui**

**cellier** /selje/ **NM** storeroom *(for wine and food)*

**cellophane** ® /selɔfan/ **NF** Cellophane ® ◆ **sous ~** *[aliment]* Cellophane-wrapped, wrapped in Cellophane

**cellulaire** /selylɛʀ/ **ADJ** a *(Bio)* cellular ◆ **béton ~** *(Tech)* air-entrained concrete; → **téléphone** b *(= pénitentiaire)* **régime ~** confinement ◆ **voiture** *ou* **fourgon ~** prison van

**cellule** /selyl/ **NF** *(Bio, Bot, Jur, Mil, Photo, Pol)* cell; *(Constr = module)* unit; *[d'avion]* airframe ◆ **6 jours de ~** *(Mil)* 6 days in the cells ◆ **~ familiale** family unit ◆ **~ de réflexion** think tank ◆ **réunir une ~ de crise** to convene an emergency committee ◆ **~ photo-électrique** electric eye, photoelectric cell ◆ **~ photovoltaïque** photovoltaic cell ◆ **~ de lecture** cartridge

**cellulite** /selylit/ **NF** *(= graisse)* cellulite; *(= inflammation)* cellulitis ◆ **avoir de la ~** to have cellulite

**celluloïd** /selylɔid/ **NM** celluloid

**cellulose** /selyloz/ **NF** cellulose ◆ **~ végétale** dietary fibre

**cellulosique** /selylozik/ **ADJ** cellulose *(épith)*

**Celsius** /sɛlsjys/ **N** ◆ **degré ~** degree Celsius

**celte** /sɛlt/ **ADJ** Celtic **NMF** **Celte** Celt

**celtique** /sɛltik/ **ADJ, NM** Celtic

**celtitude** /sɛltityd/ **NF** Celtic identity

**celui** /səlɥi/, **celle** /sɛl/ (mpl **ceux** /sø/) (fpl **celles** /sɛl/) **PRON DÉM** a *(fonction démonstrative)* **~-ci, celle-ci** this one ◆ **ceux-ci, celles-ci** these (ones) ◆ **~-là, celle-là** that one ◆ **ceux-là, celles-là** those (ones) ◆ **vous avez le choix, celle-ci est plus élégante, mais celle-là est plus confortable** you can choose, this one's more elegant, but that one's more comfortable ◆ **une autre citation, plus littéraire celle-là** another quotation, this time a more literary one *ou* this one more literary

b *(référence à un antécédent)* **j'ai rendu visite à mon frère et à mon oncle, ~-ci était malade** I visited my brother and my uncle and the latter was ill ◆ **elle écrivit à son frère : ~-ci ne répondit pas** she wrote to her brother, who did not answer *ou* but he did not answer ◆ **ceux-là, ils auront de mes nouvelles !** as for them *ou* that lot* *(Brit)*, I'll give them a piece of my mind! ◆ **il a vraiment de la chance, ~-là !** that guy* certainly has a lot of luck! ◆ **elle est forte** *ou* **bien bonne, celle-là !** that's a bit much! *ou* steep!* *ou* stiff!*

c *(loc)*

◆ **celui/celle/ceux de** ◆ **je n'aime pas cette pièce, celle de Labiche est meilleure** I don't like this play, Labiche's is better ◆ **il n'a qu'un désir, ~ de devenir ministre** he only wants one thing - (that's) to become a minister ◆ **s'il cherche un local, ~ d'en dessous est libre** if he's looking for a place, the one below is free ◆ **c'est ~ des 3 frères que je connais le mieux** of the 3 brothers he's the one I know (the) best

◆ **celui/celle/ceux d'entre** ◆ **ce livre est pour ~ d'entre vous que la peinture intéresse** this book is for whichever one of you is interested in painting ◆ **pour ceux d'entre vous qui ...** for those of *ou* among you who ...

◆ **celui/celle/ceux dont** ◆ **~ dont je t'ai parlé** the one I told you about

◆ **celui/celle/ceux que** ◆ **c'est celle que l'on accuse** she is the one who is being accused ◆ **donnez-lui le ballon jaune, c'est ~ qu'il préfère** give him the yellow ball - it's *ou* that's the one he likes best

◆ **celui/celle/ceux qui** ◆ **ses romans sont ceux qui se vendent le mieux** his novels are the ones *ou* those that sell best ◆ **il a fait ~ qui ne voyait pas** he acted as if he didn't see

d *(avec adj, participe)* **cette marque est celle recommandée par les fabricants de machines à laver** this brand is the one recommended by washing machine manufacturers, this is the brand recommended by washing machine manufacturers ◆ **~ proche de la fontaine** the one near the fountain ◆ **tous ceux ayant le même âge** all those of the same age

**cément** /semɑ̃/ **NM** *(Métal)* cement; *[de dents]* cementum, cement

**cénacle** /senakl/ **NM** *(frm = cercle)* (literary) coterie *ou* set; *(Rel)* cenacle ◆ **pénétrer dans le ~ des décideurs** to penetrate the inner sanctums of the decision-makers

**cendre** /sɑ̃dʀ/ **NF** a *(= substance)* ash, ashes ◆ **~(s)** *[de charbon]* ash, ashes, cinders ◆ **~ de bois** wood ash ◆ **~s volcaniques** volcanic ash ◆ **des ~s** *ou* **de la ~ (de cigarette)** (cigarette) ash ◆ **réduire en ~s** to reduce to ashes ◆ **cuire qch sous la ~** to cook sth in (the) embers ◆ **couleur de ~** ashen, ash-coloured ◆ **goût de ~** *(littér)* bitter taste; → **couver** b *[de mort]* **~s** ashes ◆ **le jour** *ou* **le mercredi des Cendres, les Cendres** Ash Wednesday; → **renaître**

**cendré, e** /sɑ̃dʀe/ **ADJ** *(= couleur)* ashen ◆ **gris/blond ~** ash grey/blond ◆ **chèvre ~** *goat's cheese coated in wood ash* **NF** **cendrée** *(Sport = piste)* cinder track ◆ **de la ~e** *(Chasse)* dust shot

**cendreux, -euse** /sɑ̃dʀø, øz/ **ADJ** *[terrain, substance]* ashy; *[couleur]* ash *(épith)*, ashy; *[teint]* ashen

**cendrier** /sɑ̃dʀije/ **NM** *[de fumeur]* ashtray; *[de poêle]* ash pan ◆ **~ de foyer** *[de locomotive]* ash box

**Cendrillon** /sɑ̃dʀijɔ̃/ **NF** Cinderella ◆ **la cendrillon de la compétition** the Cinderella of the competition

**cène** /sɛn/ **NF** a *(Peinture, Bible)* **la Cène** the Last Supper b *(= communion protestante)* (Holy) Communion, Lord's Supper, Lord's Table

**cénesthésie** /senɛstezi/ **NF** coen(a)esthesia

**cénesthésique** /senɛstezik/ **ADJ** cenesthesic, cenesthetic

**cénobite** /senɔbit/ **NM** cenobite

**cénotaphe** /senɔtaf/ **NM** cenotaph

**cénozoïque** /senɔzɔik/ **ADJ** Cenozoic **NM** ◆ **le ~** the Cenozoic

**cens** /sɑ̃s/ **NM** *(Hist)* a *(= quotité imposable)* taxable quota *ou* rating *(as an electoral qualification)* b *(= redevance féodale)* rent *(paid by tenant of a piece of land to feudal superior)* c *(= recensement)* census ◆ **~ électoral** ≃ poll tax

**censé, e** /sɑ̃se/ GRAMMAIRE ACTIVE 37.2, 37.4 **ADJ** ◆ **être ~ faire qch** to be supposed to do sth ◆ **je suis ~ travailler** I'm supposed to be *ou* I should be working ◆ **nul n'est ~ ignorer la loi** ignorance of the law is no excuse

**censément** /sɑ̃semɑ̃/ **ADV** *(= en principe)* supposedly; *(= pratiquement)* virtually; *(= pour ainsi dire)* to all intents and purposes

**censeur** /sɑ̃sœʀ/ **NM** a *(Ciné, Presse)* censor b *(fig = critique)* critic c *(† : Scol)* ≃ deputy *ou* assistant head *(Brit)*, assistant *ou* vice-principal *(US)* d *(Hist)* censor

**censitaire** /sɑ̃sitɛʀ/ *(Hist)* **ADJ** ◆ **suffrage** *ou* **système ~** voting system based on the poll tax **NM** ◆ **(électeur) ~** eligible voter *(through payment of the poll tax)*

**censurable** /sɑ̃syʀabl/ **ADJ** censurable

**censure** /sɑ̃syʀ/ **NF** a *(Ciné, Presse) (= examen)* censorship; *(= censeurs)* (board of) censors; *(Psych)* censor b *(† = critique)* censure; *(Jur, Pol = réprimande)* censure ◆ **les ~s de l'Église** the censure of the Church; → **motion**

**censurer** /sɑ̃syʀe/ ▸ **conjug 1** ◂ **VT** a *(= interdire) [+ spectacle, journal, souvenirs]* to censor; *[+ sentiments]* to suppress b *(Jur, Pol, Rel = critiquer)* to censure

> ⚠ *Attention en traduisant* **censurer** *à bien distinguer* **to censure** *et* **to censor.**

**cent[1]** /sɑ̃/ **ADJ** a *(cardinal : gén)* a hundred; *(100 exactement)* one hundred, a hundred; *(multiplié par un nombre)* ◆ **quatre ~s** four hundred ◆ **quatre ~ un/treize** four hundred and one/thirteen ◆ **~/deux ~s chaises** a hundred/two hundred chairs ◆ **il a eu ~ occasions de le faire** he has had hundreds of opportunities to do it ◆ **courir un ~**

**mètres** to run a one-hundred-metre race *ou* sprint *ou* dash *(US)* ◆ **piquer un ~ mètres** * *(pour rattraper qn)* to sprint; *(pour s'enfuir)* to leg it *; → **mot**

**b** *(ordinal)* **en l'an treize ~** *(inv)* in the year thirteen hundred

**c** *(loc)* **il est aux ~ coups** he's frantic, he doesn't know which way to turn ◆ **faire les ~ pas** to pace up and down ◆ **(course de) quatre ~s mètres haies** *(Sport)* 400 metres hurdles ◆ **tu ne vas pas attendre ~ sept ans** * you can't wait for ever ◆ **la guerre de Cent Ans** *(Hist)* the Hundred Years' War ◆ **les Cent-Jours** *(Hist)* the Hundred Days ◆ **s'ennuyer** *ou* **s'emmerder** ‡ **à ~ sous (de) l'heure** * to be bored to tears *, to be bored out of one's mind * ◆ **il vit à ~ à l'heure** * he leads a very hectic life; → **donner, quatre**

**NM** **a** *(= nombre)* a hundred ◆ **il y a ~ contre un à parier que ...** it's a hundred to one that ...; → **gagner**

◆ **pour cent** per cent ◆ **argent placé à cinq pour ~** money invested at five per cent ◆ **j'en suis à quatre-vingt-dix pour ~ sûr** I'm ninety per cent certain of it

◆ **cent pour cent** a hundred per cent ◆ **j'en suis sûr à ~ pour ~** I'm a hundred per cent certain ◆ **être à ~ pour ~ de ses capacités** *[sportif]* to be on top form ◆ **je te soutiens à ~ pour ~** I'm a *ou* one hundred per cent behind you

◆ **cent fois** a hundred times ◆ **je te l'ai dit ~ fois** I've told you a hundred times, if I've told you once I've told you a hundred times ◆ **il a ~ fois raison** he's absolutely right ◆ **~ fois mieux/pire** a hundred times better/worse ◆ **je préférerais ~ fois faire votre travail** I'd far rather do your job, I'd rather do your job any day * ◆ **c'est ~ fois trop grand** it's far too big ◆ **une promesse ~ fois répétée** an oft-repeated promise ◆ **cette réforme ~ fois annoncée** this oft-proclaimed reform

**b** *(Comm)* **un ~** a *ou* one hundred ◆ **un ~ de billes/d'œufs** a *ou* one hundred marbles/eggs ◆ **c'est 2 € le ~** they're €2 a hundred; *pour autres loc voir* **six**

**cent**[2] /sɛnt, (Can)/ sɛn/ **NM** *(aux USA, au Canada = monnaie)* cent; *(= partie de l'euro)* cent

**centaine** /sɑ̃tɛn/ **NF** **a** *(= environ cent)* **une ~ de** about a hundred, a hundred or so ◆ **la ~ de spectateurs qui ...** the hundred or so spectators who ... ◆ **plusieurs ~s (de)** several hundred ◆ **des ~s de personnes** hundreds of people ◆ **ils vinrent par ~s** they came in their hundreds **b** *(= cent unités)* hundred ◆ **10 € la ~** €10 a hundred ◆ **atteindre la ~** *[collection]* to reach the (one) hundred mark ◆ **la colonne des ~s** *(Math)* the hundreds column

**centaure** /sɑ̃tɔʀ/ **NM** *(Myth)* centaur

**centaurée** /sɑ̃tɔʀe/ **NF** centaury

**centenaire** /sɑ̃t(ə)nɛʀ/ **ADJ** hundred-year-old *(épith)* ◆ **cet arbre est ~** this tree is a hundred years old, this is a hundred-year-old tree ◆ **cette maison est plusieurs fois ~** this house is several hundred years old **NMF** *(= personne)* centenarian **NM** *(= anniversaire)* centenary

**centenier** /sɑ̃tənje/ **NM** *(Hist)* centurion

**centésimal, e** (mpl **-aux**) /sɑ̃tezimal, o/ **ADJ** centesimal

**centiare** /sɑ̃tjaʀ/ **NM** centiare

**centième** /sɑ̃tjɛm/ **ADJ, NMF** hundredth ◆ **je n'ai pas retenu le ~ de ce qu'il a dit** I can hardly remember a single word of what he said ◆ **je ne touche pas le ~ de ce que tu touches** I don't get a fraction of what you earn; *pour autres loc voir* **sixième** **NF** *(Théât)* hundredth performance

**centigrade** /sɑ̃tigʀad/ **ADJ** centigrade

**centigramme** /sɑ̃tigʀam/ **NM** centigramme *(Brit)*, centigram *(US)*

**centile** /sɑ̃til/ **NM** (per)centile

**centilitre** /sɑ̃tilitʀ/ **NM** centilitre *(Brit)*, centiliter *(US)*

**centime** /sɑ̃tim/ **NM** centime ◆ **je n'ai pas un ~** *(fig)* I haven't got a penny *ou* a cent *(US)* ◆ **~ additionnel** ≈ additional tax ◆ **ça ne m'a pas coûté un ~** it didn't cost me a thing *ou* a penny *(Brit)* ◆ **être au ~ près** *(= avare)* to be stingy

**centimètre** /sɑ̃timɛtʀ/ **NM** *(= mesure)* centimetre *(Brit)*, centimeter *(US)*; *(= ruban)* tape measure, measuring tape

**centrafricain, e** /sɑ̃tʀafʀikɛ̃, ɛn/ **ADJ** of *ou* from the Central African Republic ◆ **la République ~e** the Central African Republic **NM,F** **Centrafricain(e)** Central African

**centrage** /sɑ̃tʀaʒ/ **NM** centring *(Brit)*, centering *(US)*

**central, e** (mpl **-aux**) /sɑ̃tʀal, o/ **ADJ** **a** *(= du centre) [quartier]* central; *[partie, point]* central, centre *(Brit) (épith)*, center *(US) (épith)* ◆ **mon bureau occupe une position très ~e** my office is very central; → **chauffage, unité**

**b** *(= le plus important) [problème, idée, bureau, comité]* central

**c** *(Jur) [pouvoir, administration]* central

**d** *[voyelle]* centre *(épith) (Brit)*, center *(épith) (US)*

**NM** **a** *(Téléc)* **~ (téléphonique)** (telephone) exchange

**b** *(Tennis = court)* centre *(Brit) ou* center *(US)* court

**NF** **centrale** **a** *(Phys, Élec)* **~e électrique** power station *ou* plant *(US)* ◆ **~e thermique au charbon/au fioul** coal-fired/oil-fired power station *ou* plant *(US)* ◆ **~e nucléaire** nuclear power station *ou* plant *(US)*

**b** *(= groupement)* **~e syndicale** *ou* **ouvrière** *group of affiliated trade unions*

**c** *(Comm)* **~e d'achat(s)** central buying office

**d** *(= prison)* prison, ≈ county jail *(US)*, (state) penitentiary *(US)*

**e** ◆ **Centrale** *(Univ)* → **école**

**centralien, -ienne** /sɑ̃tʀaljɛ̃, jɛn/ **NM,F** student (*ou* former student) of the École centrale

**centralisateur, -trice** /sɑ̃tʀalizatœʀ, tʀis/ **ADJ** centralizing *(épith)*

**centralisation** /sɑ̃tʀalizasjɔ̃/ **NF** centralization

**centraliser** /sɑ̃tʀalize/ ▸ conjug 1 ◂ **VT** to centralize ◆ **économie centralisée** centralized economy

**centralisme** /sɑ̃tʀalism/ **NM** centralism

**centraliste** /sɑ̃tʀalist/ **ADJ** centralist(ic) **NMF** centralist

**centre** /sɑ̃tʀ/ **NM** **a** *(gén)* centre *(Brit)*, center *(US)* ◆ **le ~ (de la France)** central France ◆ **il habite en plein ~ (de la ville)** he lives right in the centre (of town) ◆ **il se croit le ~ du monde** he thinks the universe *ou* the world revolves around him ◆ **au ~ du débat** at the centre of the debate ◆ **mot ~** key word ◆ **idée ~** central idea

**b** *(= lieu d'activités, bâtiment, services)* centre *(Brit)*, center *(US)* ◆ **les grands ~s urbains/industriels/universitaires** the great urban/industrial/academic centres

**c** *(Pol)* centre *(Brit)*, center *(US)* ◆ **~ gauche/droit** centre left/right ◆ **député du ~** deputy of the centre

**d** *(Ftbl = joueur)* centre *(Brit)*, center *(US)*; *(= passe)* centre *(Brit) ou* center *(US)* pass

**COMP** ▹ **centre d'accueil** reception centre ▹ **centre aéré** (school's) outdoor centre ▹ **centre d'animation** youth centre ▹ **centre anti-douleur** pain clinic ▹ **centre d'appels** call centre ▹ **centre d'attraction** centre of attraction ▹ **centre de chèques postaux** *postal banking organization*, ≈ National Girobank *(Brit)* ▹ **centre commercial** shopping centre *ou* arcade, shopping mall *(US)* ▹ **centre de contrôle** *(Espace)* mission control ▹ **centre culturel** arts centre ▹ **centre départemental de documentation pédagogique** *local teachers' resource centre* ▹ **centre de dépression** *(Mét)* depression, low pressure area ▹ **centre de détention préventive** remand centre *ou* prison ▹ **centre de documentation** resource centre, reference library ▹ **centre de documentation et d'information** school library ▹ **centre d'éducation surveillée** reformatory, reform school ▹ **centre d'études** research centre ▹ **centre de formation professionnelle** professional training centre ▹ **centre de gravité** *(Phys)* centre of gravity ▹ **centre de haute pression** *(Mét)* high pressure area ▹ **centre d'hébergement** reception centre ▹ **centre hospitalier** hospital ▹ **centre hospitalier régional** regional hospital ▹ **centre hospitalier spécialisé** psychiatric hospital ▹ **centre hospitalier universitaire** teaching *ou* university hospital ▹ **centre des impôts** tax collection office *(Brit)*, Internal Revenue Service office *(US)* ▹ **centre d'influence** centre of influence ▹ **centre d'information et de documentation de la jeunesse** careers advisory centre ▹ **centre d'information et d'orientation** careers advisory centre ▹ **centre d'intérêt** centre of interest ▹ **centre de loisirs** leisure centre ▹ **centre médical** medical *ou* health centre ▹ **Centre national de cinématographie** *French national film institute*, ≈ British Film Institute *(Brit)*, Academy of Motion Picture Arts and Sciences *(US)* ▹ **Centre national de documentation pédagogique** *national teachers' resource centre* ▹ **Centre national d'enseignement à distance** *national centre for distance learning*, ≈ Open University *(Brit)* ▹ **Centre national de la recherche scientifique** ≈ Science and Engineering Research Council *(Brit)*, National Science Foundation *(US)* ▹ **centres nerveux** *(Physiol, fig)* nerve centres ▹ **Centre régional de documentation pédagogique** *regional teachers' resource centre* ▹ **Centre régional des œuvres universitaires et scolaires** students' welfare office ▹ **centre de rétention (administrative)** detention centre *(for illegal immigrants)* ▹ **centre de tri** *(Poste)* sorting office ▹ **centres vitaux** *(Physiol)* vital organs, vitals; *[d'entreprise]* vital organs; → **serveur**

**centré, e** /sɑ̃tʀe/ (ptp de **centrer**) **ADJ** ◆ **~ sur** *[débat, texte, politique]* centered on, focused on ◆ **le reportage est trop ~ sur la politique** the report focuses *ou* concentrates too much on politics

**centrer** /sɑ̃tʀe/ ▸ conjug 1 ◂ **VT** **a** *(gén, Sport, Tech)* to centre *(Brit)*, to center *(US)* ◆ **le sujet est mal/bien centré** the subject is off-centre *(Brit) ou* off-center *(US)*/right in the centre *(Brit) ou* center *(US)* ◆ **il n'a pas pu** *(Sport)* he was unable to centre the ball **b** *(= orienter)* **~ une pièce/une discussion sur** to focus a play/a discussion (up)on

**centre-ville** (pl **centres-villes**) /sɑ̃tʀəvil/ **NM** town *ou* city centre *(Brit) ou* center *(US)*, downtown *(US)* ◆ **au** *ou* **en ~** in the town *ou* city centre, downtown *(US)*

**centrifugation** /sɑ̃tʀifygasjɔ̃/ NF centrifugation

**centrifuge** /sɑ̃tʀifyʒ/ ADJ centrifugal

**centrifuger** /sɑ̃tʀifyʒe/ ▸ conjug 3 ◂ VT to centrifuge

**centrifugeur** /sɑ̃tʀifyʒœʀ/ NM, **centrifugeuse** /sɑ̃tʀifyʒøz/ NF *(Tech)* centrifuge; *(Culin)* juice extractor

**centripète** /sɑ̃tʀipɛt/ ADJ centripetal

**centrisme** /sɑ̃tʀism/ NM *(Pol)* centrism, centrist policies

**centriste** /sɑ̃tʀist/ ADJ, NMF centrist

**centuple** /sɑ̃typl/ ADJ a hundred times as large (*de* as); ◆ **mille est un nombre ~ de dix** a thousand is a hundred times ten NM ◆ **le ~ de 10** a hundred times 10 ◆ **au ~** a hundredfold ◆ **on lui a donné le ~ de ce qu'il mérite** he was given a hundred times more than he deserves

**centupler** /sɑ̃typle/ ▸ conjug 1 ◂ VTI to increase a hundred times *ou* a hundredfold ◆ **~ un nombre** to multiply a number by a hundred

**centurie** /sɑ̃tyʀi/ NF *(Hist Mil)* century

**centurion** /sɑ̃tyʀjɔ̃/ NM centurion

**CEP** /seəpe/ NM (abrév de **certificat d'études primaires**) → **certificat**

**cep** /sɛp/ NM a ◆ **~ (de vigne)** (vine) stock b *[de charrue]* stock

**cépage** /sepaʒ/ NM (type of) vine

**cèpe** /sɛp/ NM *(Culin)* cep; *(Bot)* (edible) boletus

**cependant** /s(ə)pɑ̃dɑ̃/ GRAMMAIRE ACTIVE 53.3
CONJ a *(= pourtant)* nevertheless, however, yet ◆ **ce travail est dangereux, nous allons ~ essayer de le faire** it's a dangerous job – we shall try to do it nevertheless *ou* but we'll try to do it all the same ◆ **c'est incroyable et ~ c'est vrai** it's incredible and yet it's true b *(littér)* *(= pendant ce temps)* meanwhile, in the meantime ◆ **~ que** *(= tandis que)* while

**céphalée** /sefale/ NF cephalalgia *(SPÉC)*, headache

**céphalique** /sefalik/ ADJ cephalic

**céphalopode** /sefalɔpɔd/ NM cephalopod ◆ **~s** cephalopods, Cephalopoda *(SPÉC)*

**céphalo-rachidien, -ienne** /sefaloʀaʃidjɛ̃, jɛn/ ADJ cephalo-rachidian *(SPÉC)*, cerebrospinal

**céramide** /seʀamid/ NM *(Cosmétique)* ceramide

**céramique** /seʀamik/ ADJ ceramic NF *(= matière, objet)* ceramic ◆ **la ~** *(= art)* ceramics, pottery ◆ **vase en ~** ceramic *ou* pottery vase ◆ **~ dentaire** dental ceramics

**céramiste** /seʀamist/ NMF ceramist

**cerbère** /sɛʀbɛʀ/ NM a *(péj)* fierce doorkeeper *ou* doorman; *(hum = concierge)* janitor b ◆ **Cerbère** *(Myth)* Cerberus

**cerceau** (pl **cerceaux**) /sɛʀso/ NM *[d'enfant, tonneau, crinoline]* hoop; *[de capote, tonnelle]* half-hoop ◆ **jouer au ~** to play with a hoop, to bowl a hoop ◆ **avoir les jambes en ~** to be bandy-legged *ou* bow-legged, to have bandy *ou* bow legs

**cerclage** /sɛʀklaʒ/ NM *(= action)* hooping ◆ **~ du col de l'utérus** cervical cerclage

**cercle** /sɛʀkl/ NM a *(= forme, figure)* circle, ring; *(Géog, Géom)* circle ◆ **l'avion décrivait des ~s** the plane was circling (overhead) ◆ **itinéraire décrivant un ~** circular route ◆ **entourer d'un ~ le chiffre correct** to circle *ou* ring *ou* put a circle *ou* a ring round the correct number ◆ **faire ~ (autour de qn/qch)** to gather round (sb/sth) in a circle *ou* ring, to form a circle *ou* ring (round sb/sth) ◆ **~s imprimés sur la table par les (fonds de) verres** rings left on the table by the glasses ◆ **un ~ de badauds/de chaises** a circle *ou* ring of onlookers/chairs; → **arc, quadrature**

b *(= étendue) [d'activités]* scope, range ◆ **étendre le ~ de ses relations/de ses amis** to widen the circle of one's acquaintances/one's circle of friends

c *(= groupe)* circle ◆ **le ~ de famille** the family circle ◆ **un ~ d'amis** a circle of friends ◆ **~ de qualité** quality circle

d *(= club)* society, club ◆ **~ littéraire** literary circle *ou* society ◆ **aller dîner au ~** to go and dine at the club

e *(= cerceau)* hoop, band ◆ **~ de tonneau** barrel hoop *ou* band ◆ **~ de roue** tyre *(Brit)* *ou* tire *(US)* *(made of metal)*

f *(= instrument)* protractor

COMP ▷ **cercle horaire** horary circle ▷ **cercle polaire** polar circle ◆ **~ polaire arctique** Arctic Circle ◆ **~ polaire antarctique** Antarctic Circle ▷ **cercle vertueux** virtuous circle ▷ **cercle vicieux** vicious circle

**cercler** /sɛʀkle/ ▸ conjug 1 ◂ VT *(gén)* to ring; *[+ tonneau]* to hoop; *[+ roue]* to tyre *(Brit)*, to tire *(US)* (*de* with); ◆ **lunettes cerclées d'écaille** horn-rimmed spectacles

**cercueil** /sɛʀkœj/ NM coffin, casket *(US)*

**céréale** /seʀeal/ NF *(Bot)* cereal ◆ **~s** *(pour petit-déjeuner)* (breakfast) cereal

**céréaliculture** /seʀealikyltyʀ/ NF cereal growing

**céréalier, -ière** /seʀealje, jɛʀ/ ADJ cereal *(épith)* NM *(= producteur)* cereal grower ◆ **(navire) ~** grain carrier *ou* ship

**cérébelleux, -euse** /seʀebelø, øz/ ADJ cerebellar

**cérébral, e** (mpl **-aux**) /seʀebʀal, o/ ADJ *(Méd) [hémisphère, lobe]* cerebral; *(= intellectuel) [travail]* mental ◆ **c'est un ~** he's quite cerebral

**cérébro-spinal, e** (mpl **-aux**) /seʀebʀospinal, o/ ADJ cerebrospinal

**cérémonial** (pl **cérémonials**) /seʀemɔnjal/ NM ceremonial

**cérémonie** /seʀemɔni/ NF ceremony ◆ **sans ~** *[manger]* informally; *[proposer]* without ceremony, unceremoniously; *[réception]* informal ◆ **avec ~** ceremoniously ◆ **faire des ~s** to stand on ceremony ◆ **ne fais pas tant de ~s** there's no need to stand on ceremony ◆ **tenue** *ou* **habit de ~** formal dress *(NonC)*, ceremonial dress *(NonC)* ◆ **tenue de ~** *(Mil)* dress uniform; → **maître**

**cérémoniel, -ielle** /seʀemɔnjɛl/ ADJ ceremonial

**cérémonieusement** /seʀemɔnjøzmɑ̃/ ADV ceremoniously, formally

**cérémonieux, -ieuse** /seʀemɔnjø, jøz/ ADJ *[ton, accueil, atmosphère]* ceremonious, formal; *[personne]* formal ◆ **il est très ~** he has a very formal manner

**cerf** /sɛʀ/ NM stag

**cerfeuil** /sɛʀfœj/ NM chervil

**cerf-volant** (pl **cerfs-volants**) /sɛʀvɔlɑ̃/ NM a *(= jouet)* kite ◆ **jouer au ~** to fly a kite b *(Zool)* stag beetle

**cerisaie** /s(ə)ʀizɛ/ NF cherry orchard

**cerise** /s(ə)ʀiz/ NF cherry ◆ **la ~ sur le gâteau** *(fig)* the icing on the cake ◆ **se refaire la ~** * *(= se renflouer) (dans jeu d'argent)* to get back in the game; *(dans une entreprise)* to get back on one's feet ADJ INV cherry(-red), cerise; → **rouge**

**cerisier** /s(ə)ʀizje/ NM *(= arbre)* cherry (tree); *(= bois)* cherry (wood)

**cérium** /seʀjɔm/ NM cerium

**CERN** /sɛʀn/ NM (abrév de **Conseil européen pour la recherche nucléaire**) CERN

**cerne** /sɛʀn/ NM *[de yeux, lune]* ring; *(= tache)* ring, mark; *[d'arbre]* annual ring ◆ **les ~s de** *ou* **sous ses yeux** the (dark) rings *ou* shadows under his eyes

**cerné, e** /sɛʀne/ ADJ ◆ **avoir les yeux ~s** to have (dark) rings *ou* shadows under one's eyes ◆ **ses yeux ~s trahissaient sa fatigue** the (dark) rings *ou* shadows under his eyes showed how tired he was

**cerneau** (pl **cerneaux**) /sɛʀno/ NM unripe walnut ◆ **~x (de noix)** *(Culin)* shelled walnuts

**cerner** /sɛʀne/ ▸ conjug 1 ◂ VT a *(= entourer)* to encircle, to surround; *(Peinture) [+ visage, silhouette]* to outline (*de* with, in); ◆ **ils étaient cernés de toute(s) part(s)** they were surrounded on all sides, they were completely surrounded b *(= comprendre) [+ problème]* to define; *[+ personne]* to work out, to figure out c *[+ noix]* to shell *(while unripe)*; *[+ arbre]* to ring

**certain, e** /sɛʀtɛ̃, ɛn/ GRAMMAIRE ACTIVE 42.1, 43.1, 53.6

ADJ a *(après nom = incontestable) [fait, succès, événement]* certain; *[indice]* sure; *[preuve]* positive, sure; *[cause]* undoubted, sure ◆ **c'est la raison ~e de son départ** it's undoubtedly the reason he's going ◆ **ils vont à une mort ~e** they're heading for certain death ◆ **il a fait des progrès ~s** he has made definite progress ◆ **la victoire est ~e** victory is assured *ou* certain ◆ **c'est une chose ~e** it's absolutely certain ◆ **c'est ~** there's no doubt about it ◆ **c'est un crétin ! – c'est ~ !** he's a moron! * – that's for sure! * ◆ **il est maintenant ~ qu'elle ne reviendra plus** it's now (quite) certain that she won't come back, she's sure *ou* certain not to come back now ◆ **je le tiens pour ~ !** I'm certain *ou* sure of it!, I know it for a fact! ◆ **il est ~ que ce film ne convient guère à des enfants** this film is definitely unsuitable for children

b *(= convaincu, sûr) [personne]* sure, certain ◆ **es-tu ~ de rentrer ce soir ?** are you sure *ou* certain you'll be back this evening? ◆ **il est ~ de leur honnêteté** he's convinced of their honesty, he's certain *ou* sure they are honest ◆ **on n'est jamais ~ du lendemain** you can never be sure what tomorrow will bring ◆ **elle est ~e qu'ils viendront** she's sure *ou* certain *ou* convinced they'll come; → **sûr**

c *(Comm = déterminé) [date, prix]* definite

ADJ INDÉF *(avant nom)* a *(= plus ou moins défini)* **un ~** a certain, some ◆ **elle a un ~ charme** there's something quite attractive about her, she has a certain charm ◆ **dans une ~e mesure** to a certain extent, to some extent ◆ **il y a un ~ village où** there is a certain *ou* some village where ◆ **dans un ~ sens, je le comprends** in a way *ou* in a certain sense I can see his point ◆ **jusqu'à un ~ point** up to a (certain) point ◆ **il a manifesté un ~ intérêt** he showed a certain (amount of) *ou* some interest ◆ **un ~ nombre d'éléments font penser que ...** a (certain) number of things lead one to think that ...

b *(parfois péj = personne)* **un ~** a (certain) ◆ **un ~ M. Leblanc vous a demandé** a Mr Leblanc asked for you ◆ **un ~ ministre disait même que ...** a certain minister even said that ...

c *(intensif)* some ◆ **c'est à une ~e distance d'ici** it's quite a *ou* some distance from here ◆ **cela demande une ~e patience/un ~ courage** it takes a fair amount of patience/some *ou* a fair amount of courage ◆ **au bout d'un ~ temps** after a while *ou* some time ◆ **il a un ~ âge** he's getting on (in years) ◆ **une personne d'un ~ âge** an elderly person ◆ **il est d'un âge ~** *(hum)* he's past his prime

**d** *(pl = quelques)* **~s** some, certain ◆ **dans ~s cas** in some *ou* certain cases ◆ **~es personnes ne l'aiment pas** some people don't like him ◆ **~es fois, à ~s moments** at (certain) times ◆ **sans ~es notions de base** without some *ou* certain (of the) basic notions

**PRON INDÉF PL certains** *(= personnes)* some (people); *(= choses)* some ◆ **dans ~s de ces cas** in certain *ou* some of these cases ◆ **parmi ses récits ~s sont amusants** some of his stories are amusing ◆ **pour ~s** for some (people) ◆ **~s disent que ...** some (people) say that ... ◆ **~s d'entre vous** some of you ◆ **il y en a ~s qui ...** there are some (people) *ou* there are those who ...

**NM** *(Fin)* fixed *ou* direct rate of exchange

**certainement** /sɛʀtɛnmɑ̃/ **ADV** *(= très probablement)* most probably, most likely; *(= sans conteste)* certainly; *(= bien sûr)* certainly, of course ◆ **il va ~ venir ce soir** he'll most probably *ou* most likely come tonight ◆ **il est ~ le plus intelligent** he's certainly *ou* without doubt the most intelligent ◆ **il y a ~ un moyen de s'en tirer** there must be some way out ◆ **puis-je emprunter votre stylo ? – ~** can I borrow your pen? – certainly *ou* of course

**certes** /sɛʀt/ **ADV** **a** *(de concession) (= sans doute)* certainly, admittedly; *(= bien sûr)* of course, certainly ◆ **il est ~ le plus fort, mais ...** he is admittedly *ou* certainly the strongest, but ... ◆ **~ je n'irai pas jusqu'à le renvoyer mais ...** of course I wouldn't *ou* I certainly wouldn't go as far as dismissing him but ... **b** *(d'affirmation)* indeed, most certainly ◆ **l'avez-vous apprécié ? – ~** did you like it? – I did indeed *ou* I most certainly did

**certif** * /sɛʀtif/ **NM** (abrév de **certificat d'études (primaires)**) → **certificat**

**certificat** /sɛʀtifika/ **NM** *(= attestation)* certificate, attestation; *(= diplôme)* certificate, diploma; *(= recommandation) [de domestique]* testimonial; *(fig)* guarantee

**COMP** ▷ **certificat d'aptitude professionnelle** vocational training certificate ▷ **certificat d'aptitude au professorat de l'enseignement du second degré** *secondary school teacher's diploma* ▷ **certificat d'aptitude au professorat de l'enseignement technique** *technical teaching diploma* ▷ **certificat d'authenticité** certificate of authenticity ▷ **certificat de bonne vie et mœurs** character reference ▷ **certificat de concubinage** *document certifying that an unmarried couple are living together as husband and wife* ▷ **certificat de décès** death certificate ▷ **certificat de dépôt** *(Fin)* certificate of deposit ▷ **certificat d'études primaires** *certificate formerly obtained by pupils at the end of primary school* ▷ **certificat d'hébergement** proof of residence ▷ **certificat d'investissement** non-voting preferred share ▷ **certificat de licence** † *(Univ) part of first degree* ▷ **certificat de mariage** marriage certificate ▷ **certificat médical** medical *ou* doctor's certificate ▷ **certificat de naissance** birth certificate ▷ **certificat de navigabilité** *(Naut)* certificate of seaworthiness; *(Aviat)* certificate of airworthiness ▷ **certificat d'origine** *(Comm)* certificate of origin ▷ **certificat prénuptial** prenuptial medical certificate ▷ **certificat de résidence** *(Admin)* certificate of residence *ou* domicile ▷ **certificat de scolarité** attestation of attendance at school *ou* university ▷ **certificat de travail** attestation of employment

**certificateur** /sɛʀtifikatœʀ/ **ADJ** *[personne]* who acts as a guarantor *ou* as surety ◆ **organisme ~** certification body **NM** *(Jur)* guarantor, certifier ◆ **~ de caution** countersurety, countersecurity

**certification** /sɛʀtifikasjɔ̃/ **NF** **a** *(Jur = assurance)* attestation, witnessing ◆ **~ de signature** attestation of signature **b** *[d'entreprise, produit]* certification ◆ **~ ISO 9000** ISO 9000 certification

**certifié, e** /sɛʀtifje/ (ptp de **certifier**) **NM,F** (qualified) secondary school *(Brit) ou* high-school *(US)* teacher *(holder of the CAPES)*

**certifier** /sɛʀtifje/ ► conjug 7 ◄ **VT** **a** *(= assurer)* **~ qch à qn** to assure sb of sth, to guarantee sb sth *ou* sth to sb ◆ **je te certifie qu'ils vont avoir affaire à moi !** I can assure you *ou* I'm telling you* they'll have me to reckon with! **b** *(Jur = authentifier) [+ document]* to certify, to guarantee; *[+ signature]* to attest, to witness; *[+ caution]* to counter-secure ◆ **copie certifiée conforme à l'original** certified copy of the original

**certitude** /sɛʀtityd/ GRAMMAIRE ACTIVE 42.1 **NF** certainty ◆ **c'est une ~ absolue** it's absolutely certain *ou* an absolute certainty ◆ **avoir la ~ de qch/de faire qch** to be certain *ou* sure of sth/of doing sth ◆ **j'ai la ~ d'être le plus fort** I am certain of being *ou* that I am the strongest ◆ **je peux vous dire avec ~ que ...** I can tell you with certainty that ...

**céruléen, -enne** /seʀyleɛ̃, ɛn/ **ADJ** *(littér)* cerulean

**cérumen** /seʀymɛn/ **NM** (ear) wax, cerumen *(SPÉC)*

**cérumineux, -euse** /seʀyminø, øz/ **ADJ** ceruminous

**céruse** /seʀyz/ **NF** ceruse; → **blanc**

**cérusé, e** /seʀyze/ **ADJ** *[bois, meuble]* white-leaded

**Cervantes** /sɛʀvɑ̃tɛs/ **NM** Cervantes

**cerveau** (pl **cerveaux**) /sɛʀvo/ **NM** **a** *(Anat)* brain; *(fig = intelligence)* brain(s), mind ◆ **le ~ humain** the human brain ◆ **avoir le ~ dérangé** *ou (hum)* **fêlé** to be deranged *ou* (a bit) touched* *ou* cracked* ◆ **fais travailler ton ~** use your brain; → **rhume, transport** **b** *(= personne intelligente)* brain, mind ◆ **c'est un grand ~** he has a great mind ◆ **les grands ~x de l'humanité** the great minds of history ◆ **la fuite** *ou* **l'exode des ~x** the brain drain **c** *(= organisateur)* brains ◆ **c'était le ~ de l'affaire** he was the brains behind the job, he masterminded the job ◆ **le ~ de la bande** the brains of the gang **COMP** ▷ **cerveau antérieur** forebrain ▷ **cerveau électronique** electronic brain ▷ **cerveau moyen** midbrain ▷ **cerveau postérieur** hindbrain

**cervelas** /sɛʀvəla/ **NM** saveloy

**cervelet** /sɛʀvəlɛ/ **NM** cerebellum

**cervelle** /sɛʀvɛl/ **NF** *(Anat)* brain; *(Culin)* brains ◆ **~ d'agneau** *(Culin)* lamb's brains ◆ **~ de canut** *(Culin) fromage blanc with chopped chives (Lyons speciality)* ◆ **se brûler** *ou* **se faire sauter la ~** to blow one's brains out ◆ **quand il a quelque chose dans la ~** when he gets something into his head ◆ **sans ~** brainless ◆ **il n'a rien dans la ~*** he's completely brainless, he's as thick as two short planks* *(Brit)* ◆ **avoir une ~ d'oiseau** *ou* **de moineau** to be feather-brained *ou* bird-brained ◆ **toutes ces ~s folles** all these scatterbrains; → **creuser, trotter**

**cervical, e** (mpl **-aux**) /sɛʀvikal, o/ **ADJ** cervical

**cervidé** /sɛʀvide/ **NM** cervid *(SPÉC)* ◆ **~s** Cervidae *(SPÉC)*

**Cervin** /sɛʀvɛ̃/ **NM** ◆ **le ~** the Matterhorn

**cervoise** /sɛʀvwaz/ **NF** barley beer

**CES** /seəɛs/ **NM** **a** (abrév de **collège d'enseignement secondaire**) → **collège** **b** (abrév de **contrat emploi-solidarité**) → **contrat**

**ces** /se/ **PRON DÉM** → **ce**[1]

**César** /sezaʀ/ **NM** **a** *(Hist)* Caesar ◆ **il faut rendre à ~ ce qui appartient à ~** *(Prov)* render unto Caesar the things which are Caesar's *(Prov)* **b** *(Ciné) French film award,* ≃ Oscar, BAFTA award *(Brit)*

**Césarée** /sezaʀe/ **NF** Caesarea

**césarien, -ienne** /sezaʀjɛ̃, jɛn/ **ADJ** *(Hist)* Caesarean **NF** **césarienne** *(Méd)* Caesarean (section) ◆ **elle a eu** *ou* **on lui a fait une césarienne** she had a Caesarean (birth *ou* delivery)

**césarisé, e** /sezaʀize/ **ADJ** **a** *(Ciné) [comédien]* who has won a César; *[film]* that has won a César **b** *(Méd)* ◆ **les femmes ~es** women who have had Caesareans *ou* Caesarean births *ou* deliveries

**césariser** /sezaʀize/ ► conjug 1 ◄ **VT** *(Méd)* to perform a Caesarean (section) on

**césium** /sezjɔm/ **NM** ⇒ **cæsium**

**cessant, e** /sesɑ̃, ɑ̃t/ **ADJ** → **affaire**

**cessation** /sesasjɔ̃/ **NF** *(frm) [d'activité, pourparlers]* cessation; *[d'hostilités]* cessation, suspension; *[de paiements]* suspension ◆ **être en ~ des paiements** to be insolvent, to be unable to meet one's financial obligations

**cesse** /sɛs/ **NF** **a** ◆ **sans ~** *(= tout le temps)* continually, constantly, incessantly; *(= sans interruption)* continuously, incessantly ◆ **elle est sans ~ après lui** she's continually *ou* constantly nagging (at) him, she's forever nagging (at) him ◆ **la pluie tombe sans ~ depuis hier** it has been raining continuously *ou* non-stop since yesterday **b** *(frm)* **il n'a de ~ que ...** he will not rest until ... ◆ **il n'a eu de ~ qu'elle ne lui cède** he gave her no peace *ou* rest until she gave in to him

**cesser** /sese/ ► conjug 1 ◄ **VT** **a** *[+ bavardage, bruit, activité]* to stop; *[+ relations]* to (bring to an) end, to break off ◆ **nous avons cessé la fabrication de cet article** we have stopped making this item, this line has been discontinued ◆ **~ ses fonctions** to leave office ◆ **~ ses paiements** to stop *ou* discontinue payment ◆ **~ le combat** to stop *ou* cease fighting ◆ **~ le travail** to stop work *ou* working

**b** ◆ **~ de faire qch** to stop doing sth ◆ **il a cessé de fumer** he's given up *ou* stopped *ou* quit* smoking ◆ **il a cessé de venir il y a un an** he stopped coming a year ago ◆ **il n'a pas cessé de pleuvoir de toute la journée** it hasn't stopped raining all day, the rain hasn't let up all day ◆ **la compagnie a cessé d'exister en 1943** the company ceased to exist *ou* ceased trading in 1943 ◆ **quand cesseras-tu** *ou* **tu vas bientôt ~ de faire le clown ?** when are you going to stop *ou* quit* *ou* leave off* acting the fool? ◆ **son effet n'a pas cessé de se faire sentir** its effects are still being felt

**c** *(frm : répétition fastidieuse)* ◆ **ne ~ de il ne cesse de m'importuner** he's constantly *ou* forever bothering me ◆ **il ne cesse de dire que ...** he's constantly *ou* continually saying that ...

**VI** **a** *[bavardage, bruit, activités, combat]* to stop, to cease; *[relations, fonctions]* to come to an end; *[douleur]* to stop; *[fièvre]* to pass, to die down ◆ **le vent a cessé** the wind has stopped (blowing) ◆ **tout travail a cessé** all work has stopped *ou* come to a halt *ou* a standstill

**b** ◆ **faire ~** *[+ bruit]* to put a stop to, to stop; *[+ scandale]* to put an end *ou* a stop to

◆ **pour faire ~ les poursuites** *(Jur)* in order to have the proceedings dropped

**cessez-le-feu** /sesel(ə)fø/ **NM INV** ceasefire

**cessible** /sesibl/ **ADJ** *(Jur)* transferable, assignable

**cession** /sesjɔ̃/ **NF** *[de bail, biens, droit]* transfer ◆ **faire ~ de** to transfer, to assign ◆ **~-bail** lease-back

**cessionnaire** /sesjɔnɛʀ/ **NMF** *[de bien, droit]* transferee, assignee

**c'est-à-dire** /sɛtadiʀ/ **CONJ** a *(= à savoir)* that is (to say), i.e ◆ **un lexicographe, ~ quelqu'un qui fait un dictionnaire** a lexicographer, that is (to say), someone who compiles a dictionary b ◆ **~ que** *(= en conséquence)* **l'usine a fermé, ~ que son frère est maintenant en chômage** the factory has shut down, which means that his brother is unemployed now ◆ **viendras-tu dimanche ? – ~ que j'ai du travail** *(manière d'excuse)* will you come on Sunday? – well actually *ou* well the thing is I've got some work to do ◆ **je suis fatigué – ~ que tu as trop bu hier** *(rectification)* I'm tired – you mean *ou* what you mean is you had too much to drink yesterday

**césure** /sezyʀ/ **NF** caesura

**CET** /seəte/ **NM** (abrév de **collège d'enseignement technique**) → **collège**

**cet** /sɛt/ **ADJ DÉM** → **ce**[1]

**cétacé** /setase/ **NM** cetacean

**ceux** /sø/ **PRON DÉM** → **celui**

**Ceylan** /selɑ̃/ **NM** Ceylon

**cf** /seɛf/ (abrév de **confer**) cf

**CFA** /seɛfa/ (abrév de **Communauté financière africaine**) → **franc**[2]

**CFAO** /seɛfao/ **NF** (abrév de **conception et fabrication assistées par ordinateur**) CADCAM

**CFC** /seɛfse/ **NMPL** (abrév de **chlorofluorocarbures**) CFCs

**CFDT** /seɛfdete/ **NF** (abrév de **Confédération française démocratique du travail**) *French trade union*

**CFF** /seɛfɛf/ **NMPL** (abrév de **Chemins de fer fédéraux**) *(Helv)* → **chemin**

**CFP** /seɛfpe/ **NM** (abrév de **centre de formation professionnelle**) → **centre**

**CFTC** /seɛftese/ **NF** (abrév de **Confédération française des travailleurs chrétiens**) *French trade union*

**cg** (abrév de **centigramme**) cg

**CGC** /segese/ **NF** (abrév de **Confédération générale des cadres**) *French management union*

**CGT** /seʒete/ **NF** (abrév de **Confédération générale du travail**) *French trade union*

**ch** (abrév de **cheval-vapeur**) HP, h.p.

**chablis** /ʃabli/ **NM** a *(= vin)* Chablis *(dry white Burgundy wine)* b *(= bois)* windfall

**chacal** (pl **chacals**) /ʃakal/ **NM** *(Zool)* jackal; *(péj)* vulture

**cha-cha(-cha)** /tʃatʃa(tʃa)/ **NM INV** cha-cha(-cha)

**chacun, e** /ʃakœ̃, yn/ **PRON INDÉF** a *(d'un ensemble bien défini)* each (one) ◆ **~ d'entre eux** each (one) of them, every one of them ◆ **~ des deux** each *ou* both of them, each of the two ◆ **ils me donnèrent ~ 2 €/leur chapeau** they each (of them) gave me €2/their hat, each (one) of them gave me €2/their hat ◆ **il leur donna (à) ~ 5 €, il leur donna 5 € (à) ~** he gave them €5 each, he gave them each €5, he gave each (one) of them €5 ◆ **il remit les livres ~ à sa *ou* leur place** he put each of the books back in its place ◆ **nous sommes entrés ~ à notre tour** we each went in in turn

b *(d'un ensemble indéfini)* everyone, everybody ◆ **comme ~ le sait** as everyone *ou* everybody knows ◆ **~ son tour !** wait your turn!, everyone's got to have a turn! ◆ **~ son goût *ou* ses goûts** each to his own ◆ **~ ses idées** everyone has a right to their (own) opinion, each to his own ◆ **~ pour soi (et Dieu pour tous !)** every man for himself (and God for us all!) ◆ **~ voit midi à sa porte** people always act in their own interests ◆ **(à) ~ son métier(, les vaches seront bien gardées)** *(Prov)* each man to his own trade; → **tout**

**chafouin, e** /ʃafwɛ̃, in/ **ADJ** *[visage, mine, personne]* sly

**chagrin**[1]**, e** /ʃagʀɛ̃, in/ **ADJ** *(littér)* *(= triste) [air, humeur, personne]* despondent, dejected; *(= bougon) [personne]* ill-humoured *(Brit) ou* -humored *(US)*, morose ◆ **les esprits ~s disent que ...** disgruntled people say that ...

**NM** a *(= affliction)* sorrow; *(dans le deuil)* grief ◆ **avoir du ~** to be sad ◆ **alors, on a un gros ~ !** *(à un enfant)* well, you're looking sorry for yourself! ◆ **avoir un ~ d'amour** to have an unhappy love affair, to be disappointed in love ◆ **faire du ~ à qn** to upset sb ◆ **plonger qn dans un profond ~** to plunge sb deep in grief; → **noyer**[2] b *(†† = mélancolie)* ill-humour *(Brit) ou* -humor *(US)*

**chagrin**[2] /ʃagʀɛ̃/ **NM** *(= cuir)* shagreen; → **peau**

**chagrinant, e** /ʃagʀinɑ̃, ɑ̃t/ **ADJ** distressing

**chagriner** /ʃagʀine/ ► conjug 1 ◄ **VT** *(= désoler)* to distress, to upset; *(= tracasser)* to worry, to bother

**chah** /ʃa/ **NM** ⇒ **shah**

**chahut** /ʃay/ **NM** *(= tapage)* uproar ◆ **faire du ~** to make *ou* create an uproar

**chahuter** /ʃayte/ ► conjug 1 ◄ **VI** *(Scol)* *(= faire du bruit)* to make *ou* create an uproar; *(= faire les fous)* to mess around, to lark around * *(avec* with)

**VT** a *[+ professeur]* to play up; † *[+ fille]* to tease; *[+ ministre]* to heckle ◆ **un professeur chahuté** a teacher who can't control his pupils ◆ **il se fait ~ par ses élèves** his pupils create mayhem in his class b *(* = cahoter) [+ objet]* to knock about c *(Bourse) [+ valeur, monnaie]* to put under pressure

**chahuteur, -euse** /ʃaytœʀ, øz/ **ADJ** rowdy, unruly **NM,F** rowdy

**chai** /ʃɛ/ **NM** wine and spirit store(house)

**chaînage** /ʃɛnaʒ/ **NM** a *(Ordin)* chaining b *(Constr)* clamp ◆ **poutre de ~** (wall) tie

**chaîne** /ʃɛn/ **NF** a *(de métal, ornementale)* chain ◆ **~ de bicyclette/de montre** bicycle/watch chain ◆ **attacher un chien à une ~** to chain up a dog, to put a dog on a chain ◆ **~s** *(Aut)* (snow) chains

b *(= esclavage)* **~s** chains, bonds, fetters, shackles ◆ **briser ses ~s** to cast off one's chains *ou* bonds *ou* shackles

c *(= suite) (gén, Anat, Chim, Méd)* chain; *[de montagnes]* chain, range ◆ **la ~ des Alpes** the Alpine range ◆ **faire la ~, former une ~ (humaine)** to form a (human) chain ◆ **en ~** *[catastrophes, faillites]* a series of; → **réaction**

d *(Ind)* **~ (de fabrication)** production line ◆ **produire qch à la ~** to mass-produce sth, to make sth on an assembly line *ou* a production line ◆ **travailler à la ~** to work on an assembly line *ou* a production line ◆ **il produit des romans à la ~** he churns out one novel after another ◆ **en bout de ~** *(fig)* at the end of the chain; → **travail**[1]

e *(TV)* channel ◆ **~ culturelle/musicale** cultural/music channel ◆ **sur la première/deuxième ~** on the first/second channel

f *(Radio)* music system ◆ **~ hi-fi/stéréo** hi-fi/stereo system ◆ **~ compacte** mini-system, music centre *(Brit)*

g *(Comm) [de journaux]* string; *[de magasins]* chain, string

h *(Tex)* warp

i *(= lettre)* chain letter

**COMP** ▷ **chaîne alimentaire** food chain ▷ **chaîne d'arpenteur** (surveyor's) chain, chain measure ▷ **chaîne câblée** cable channel ▷ **chaîne de caractères** *(Ordin)* character string ▷ **chaîne du froid** cold chain ◆ **respecter la ~ du froid** to make sure the recommended low temperature is maintained ▷ **chaîne de montage** assembly line ▷ **la chaîne parlée** *(Ling)* connected speech ▷ **chaîne payante *ou* à péage** *(TV)* pay TV channel ▷ **chaîne privée** *(TV)* private channel ▷ **chaîne publique** *(TV)* publicly-owned channel, public service channel *(US)* ▷ **chaîne sans fin** endless chain ▷ **chaîne de solidarité** support network ▷ **chaîne de sûreté** *(gén)* safety chain; *[de porte]* door *ou* safety chain

**chaîner** /ʃene/ ► conjug 1 ◄ **VT** *(Ordin)* to chain; *(Constr)* to clamp

**chaînette** /ʃɛnɛt/ **NF** (small) chain ◆ **courbe *ou* arc en ~** *(Math)* catenary curve; → **point**[2]

**chaînon** /ʃɛnɔ̃/ **NM** *(lit, fig) [de chaîne]* link; *[de filet]* loop; *(Géog)* secondary range (of mountains) ◆ **le ~ manquant** the missing link ◆ **~ de données** *(Ordin)* data link

**chair** /ʃɛʀ/ **NF** a *[d'homme, animal, fruit]* flesh ◆ **en ~ et en os** in the flesh, as large as life *(hum)* ◆ **ce n'est qu'un être de ~ et de sang** he's only flesh and blood, he's only human ◆ **donner ~ à** *[+ personnage, pièce]* to give life to ◆ **être ni ~ ni poisson** *(indécis)* to be indecisive; *(indéfinissable)* to be neither fish nor fowl ◆ **l'ogre aime la ~ fraîche** the ogre likes a diet of warm young flesh ◆ **il aime la ~ fraîche** *(hum : des jeunes femmes)* he likes firm young flesh ◆ **entrer dans les ~s** to penetrate the flesh ◆ **~ (à saucisse)** sausage meat ◆ **je vais en faire de la ~ à pâté *ou* à saucisse** * I'm going to make mincemeat of him ◆ **bien en ~** well-padded *(hum)*, plump

b *(littér, Rel : opposé à l'esprit)* flesh ◆ **souffrir dans/mortifier sa ~** to suffer in/mortify the flesh ◆ **fils/parents selon la ~** natural son/parents ◆ **sa propre ~, la ~ de sa ~** his own flesh and blood ◆ **la ~ est faible** the flesh is weak; → **péché**

c *(Peinture)* **~s** flesh tones *ou* tints

**ADJ INV** ◆ **(couleur) ~** flesh-coloured *(Brit) ou* -colored *(US)*

**COMP** ▷ **chair à canon** cannon fodder ▷ **chair de poule avoir/donner la ~ de poule** *(froid)* to have/give goosepimples *ou* gooseflesh ◆ **ça vous donne *ou* on en a la ~ de poule** *(chose effrayante)* it makes your flesh creep, it gives you gooseflesh

**chaire** /ʃɛʀ/ **NF** a *(= estrade) [de prédicateur]* pulpit; *[de professeur]* rostrum ◆ **monter en ~** to go up into *ou* ascend the pulpit b *(= poste) (Scol)* post; *(Univ)* chair ◆ **créer une ~ de français** to create a chair of French c ◆ **la ~ pontificale** the papal throne

**chaise** /ʃɛz/ **NF** chair ◆ **faire la ~** *(pour porter un blessé)* to link arms to make a seat *ou* chair ◆ **être assis *ou* avoir le cul** * **entre deux ~s** to be caught between two stools, to be on the horns of a dilemma; → **politique**

**COMP** ▷ **chaise de bébé** highchair ▷ **chaise berçante *ou* berceuse** *(Can)* rocking chair ▷ **chaise de cuisine** kitchen chair ▷ **chaise électrique** electric chair ▷ **chaise haute** highchair ▷ **chaise de jardin** garden chair ▷ **chaise longue** *(= siège pliant)* deckchair; *(= canapé)* chaise longue ◆ **faire de la ~ longue** to lie back *ou* relax in a deckchair; *(= se reposer)* to put one's feet up ▷ **chaises musicales** *(= jeu, fig)* musical chairs ▷ **chaise percée** commode ▷ **chaise (à porteurs)** sedan(-chair) ▷ **chaise de poste** poste chaise ▷ **chaise roulante** wheelchair, bathchair † *(Brit)*

**chaisier, -ière** /ʃɛzje, jɛʀ/ NM,F a *(= loueur)* chair attendant b *(= fabricant)* chair maker

**chaland¹** /ʃalɑ̃/ NM *(Naut)* barge

**chaland², e** † /ʃalɑ̃, ɑ̃d/ NM,F *(= client)* customer

**chalandise** /ʃalɑ̃diz/ NF ◆ **zone de** ~ customer catchment area

**chalazion** /ʃalɑzjɔ̃/ NM *(Méd)* sty(e)

**chalcographie** /kalkɔgʀafi/ NF *(= gravure)* chalcography; *(= salle)* chalcography room

**Chaldée** /kalde/ NF Chaldea

**chaldéen, -enne** /kaldeɛ̃, ɛn/ ADJ Chaldean, Chaldee NM *(Ling)* Chaldean NM,F **Chaldéen(ne)** Chaldean, Chaldee

**châle** /ʃɑl/ NM shawl; → **col**

**chalet** /ʃalɛ/ NM chalet; *(Can)* summer cottage

**chaleur** /ʃalœʀ/ NF a *(gén, Phys)* heat; *(modérée, agréable)* warmth ◆ **quelle** ~ ! it's hot!, it's boiling! * ◆ **il fait une** ~ **accablante** the heat's oppressive, it's oppressively hot ◆ **il faisait une** ~ **lourde** the air was sultry, it was very close ◆ **les grandes** ~**s (de l'été)** the hot (summer) days *ou* weather ◆ **"craint la chaleur"** *(sur étiquette)* "keep in a cool place" ◆ **four à** ~ **tournante** convection oven ◆ ~ **massique** *ou* **spécifique/latente** specific/latent heat ◆ ~ **animale** body heat

b *[de discussion, passion]* heat; *[d'accueil, voix, couleur]* warmth; *[de convictions]* fervour *(Brit)*, fervor *(US)* ◆ **manquer de** ~ **humaine** to lack the human touch ◆ **chercher un peu de** ~ **humaine** to look for a bit of company ◆ **prêcher avec** ~ to preach with fire *ou* fervour ◆ **défendre une cause/un ami avec** ~ to put up a passionate defence of a cause/a friend

c *(Zool)* **la période des** ~**s** the heat ◆ **en** ~ on *(Brit) ou* in *(US)* heat

d *(† = malaise)* flush ◆ **éprouver des** ~**s** to have hot flushes *(Brit) ou* flashes *(US)*; → **bouffée**

**chaleureusement** /ʃalœʀøzmɑ̃/ ADV warmly

**chaleureux, -euse** /ʃalœʀø, øz/ ADJ *[personne, accueil, applaudissements, remerciements]* warm; *[félicitations]* hearty, warm ◆ **il parla de lui en termes** ~ he spoke of him most warmly

**châlit** /ʃɑli/ NM bedstead

**challenge** /ʃalɑ̃ʒ/ NM *(= épreuve)* contest, tournament *(in which a trophy is at stake)*; *(= trophée)* trophy; *(= gageure, défi)* challenge

**challenger** /ʃalɑ̃ʒɛʀ/, **challengeur** /ʃalɑ̃ʒœʀ/ NM challenger

**chaloir** /ʃalwaʀ/ VI → **chaut**

**chaloupe** /ʃalup/ NF launch; *(* : Can)* rowing boat *(Brit)*, rowboat *(US, Can)* ◆ ~ **de sauvetage** lifeboat

**chaloupé, e** /ʃalupe/ ADJ *[danse, rythme]* swaying; *[démarche]* rolling

**chalumeau** (pl **chalumeaux**) /ʃalymo/ NM a *(Tech)* blowtorch, blowlamp *(Brit)* ◆ ~ **oxyacétylénique** oxyacetylene torch ◆ **ils ont découpé le coffre-fort au** ~ they used a blowtorch to cut through the safe b *(Mus)* pipe c *(† = paille)* (drinking) straw d *(Can)* spout *(fixed on the sugar maple tree for collecting maple sap)*

**chalut** /ʃaly/ NM trawl (net) ◆ **pêcher au** ~ to trawl

**chalutage** /ʃalytaʒ/ NM trawling

**chalutier** /ʃalytje/ NM *(= bateau)* trawler; *(= pêcheur)* trawlerman

**chamade** /ʃamad/ NF → **battre**

**chamaille** /ʃamɑj/ NF squabble, (petty) quarrel

**chamailler (se)** /ʃamɑje/ ▸ conjug 1 ◂ VPR to squabble, to bicker

**chamaillerie** /ʃamɑjʀi/ NF squabble, (petty) quarrel ◆ ~**s** squabbling *(NonC)*, bickering *(NonC)*

**chamailleur, -euse** /ʃamɑjœʀ, øz/ ADJ quarrelsome NM,F quarrelsome person

**chaman** /ʃaman/ NM shaman

**chamanisme** /ʃamanism/ NM shamanism

**chamarré, e** /ʃamaʀe/ (ptp de **chamarrer**) ADJ *[étoffe, rideaux, vêtements]* richly coloured *(Brit) ou* colored *(US)* ◆ ~ **d'or/de pourpre** bedecked with gold/purple

**chamarrer** /ʃamaʀe/ ▸ conjug 1 ◂ VT *(littér = orner)* to bedeck, to adorn

**chamarrure** /ʃamaʀyʀ/ NF *(gén pl) [d'étoffe]* vivid *ou* loud *(péj)* combination of colours; *[d'habit, uniforme]* rich trimming

**chambard** * /ʃɑ̃baʀ/ NM *(= vacarme)* racket *, rumpus *, row * *(Brit)*; *(= protestation)* rumpus *, row * *(Brit)*; *(= bagarre)* scuffle, brawl; *(= désordre)* shambles *(sg)*, mess; *(= bouleversement)* upheaval ◆ **faire du** ~ *(= protester)* to kick up a rumpus * *ou* a row * *(Brit)* ◆ **ça va faire du** ~ **!** it's bound to cause a rumpus * *ou* row! * *(Brit)*

**chambardement** * /ʃɑ̃baʀdəmɑ̃/ NM *(= bouleversement)* upheaval; *(= nettoyage)* clear-out ◆ **un grand** ~ **gouvernemental** a major government reshuffle

**chambarder** * /ʃɑ̃baʀde/ ▸ conjug 1 ◂ VT *(= bouleverser) [+ objets, pièce]* to turn upside down; *[+ projets, habitudes]* to turn upside down, to upset; *(= se débarrasser de)* to chuck out *, to throw out

**chambellan** /ʃɑ̃belɑ̃/ NM chamberlain

**chamboulement** * /ʃɑ̃bulmɑ̃/ NM *(= désordre)* chaos, confusion; *(= bouleversement)* upheaval

**chambouler** * /ʃɑ̃bule/ ▸ conjug 1 ◂ VT *(= bouleverser) [+ objets, pièce]* to turn upside down ◆ **cela a chamboulé nos projets** that messed up * our plans *ou* threw our plans right out * ◆ **il a tout chamboulé dans la maison** he has turned the (whole) house upside down

**chamboule-tout** /ʃɑ̃bultu/ NM INV *(= jeu) fairground game in which balls are thrown to knock down a pyramid of tins* ◆ **c'est une vraie partie de** ~ *(fig)* it's a complete shake-up

**chambranle** /ʃɑ̃bʀɑ̃l/ NM *[de porte]* (door) frame, casing; *[de fenêtre]* (window) frame, casing; *[de cheminée]* mantelpiece ◆ **il s'appuya au** ~ he leant against the doorpost

**chambre** /ʃɑ̃bʀ/ NF a *(pour dormir)* bedroom; *(†† = pièce)* chamber †, room ◆ ~ **à un lit/à deux lits** single-/twin-bedded room ◆ ~ **double** *ou* **pour deux personnes** double room ◆ ~ **individuelle** single room ◆ ~ **seule** *(à l'hôpital)* private room ◆ **va dans ta** ~ **!** go to your (bed)room! ◆ **faire** ~ **à part** to sleep apart *ou* in separate rooms; → **femme, musique, orchestre, robe, valet**

b *(Pol)* House, Chamber ◆ **à la Chambre** in the House ◆ **système à deux** ~**s** two-house *ou* -chamber system ◆ **Chambre haute/basse** Upper/Lower House *ou* Chamber ◆ **ce n'est plus qu'une simple** ~ **d'enregistrement** it simply rubber-stamps the government's decisions

c *(Jur = section judiciaire)* division; *(Admin = assemblée, groupement)* chamber

d *(Tech) [de fusil, mine, canon]* chamber

e *(loc)*

◆ **en chambre** ◆ **travailler en** ~ to work at home, to do outwork ◆ **couturière en** ~ dressmaker working at home ◆ **stratège/alpiniste en** ~ *(péj)* armchair strategist/mountaineer ◆ **ces vidéos permettent de voyager en** ~ with these videos, you can travel without leaving the comfort of your armchair

COMP ▷ **chambre d'accusation** court of criminal appeal ▷ **chambre à air** (inner) tube ◆ **sans** ~ **à air** tubeless ▷ **chambre d'amis** spare *ou* guest room ▷ **chambre de bonne** *(lit)* maid's room; *(sous les toits)* garret ▷ **chambre à bulles** bubble chamber ▷ **chambre des cartes** *(Naut)* charthouse ▷ **chambre claire** *(Opt)* camera lucida ▷ **chambre de combustion** combustion chamber ▷ **chambre de commerce (et d'industrie)** Chamber of Commerce (and Industry) ▷ **la Chambre des communes** the House of Commons ▷ **chambre de compensation** clearing house ▷ **chambre correctionnelle** ≃ magistrates' *ou* district court ▷ **chambre à coucher** *(= pièce)* bedroom; *(= mobilier)* bedroom furniture ▷ **chambre criminelle** court of criminal appeal *(in the Cour de Cassation)* ▷ **la Chambre des députés** the Chamber of Deputies ▷ **chambre d'enfant** child's (bed)room, nursery ▷ **chambre d'étudiant** student room ▷ **chambre d'explosion** ⇒ **chambre de combustion** ▷ **chambre forte** strongroom ▷ **chambre frigorifique, chambre froide** cold room ▷ **chambre à gaz** gas chamber ▷ **chambre d'hôpital** hospital room ▷ **chambre d'hôte** ≃ bed and breakfast ▷ **chambre d'hôtel** hotel room ▷ **la Chambre des lords** the House of Lords ▷ **chambre des machines** engine room ▷ **chambre des métiers** guild chamber, chamber of trade ▷ **chambre meublée** furnished room, bed-sitter *(Brit)* ▷ **chambre noire** *(Photo)* darkroom ▷ **les chambres de l'œil** the aqueous chambers of the eye ▷ **la Chambre des représentants** the House of Representatives ▷ **chambre des requêtes** (preliminary) civil appeal court ▷ **chambre sourde** anechoic chamber ▷ **chambre de sûreté** *[de prison]* lockup ▷ **chambre syndicale** employers' federation

**chambrée** /ʃɑ̃bʀe/ NF *(= pièce, occupants)* room; *[de soldats]* barrack-room ◆ **camarades** *ou* **compagnons de** ~ army buddies *(quartered in the same barrack room)*

**chambrer** /ʃɑ̃bʀe/ ▸ conjug 1 ◂ VT a *[+ vin]* to bring to room temperature, to chambré; *[+ personne] (= prendre à l'écart)* to corner, to collar *; *(= tenir enfermé)* to keep in, to confine ◆ **les organisateurs ont chambré l'invité d'honneur** the organisers kept the VIP guest out of circulation *ou* to themselves b *(* = taquiner)* to tease ◆ **tu me chambres ?** *(canular)* are you having me on? *, are you pulling my leg? *

**chambrette** /ʃɑ̃bʀɛt/ NF small bedroom

**chambrière** /ʃɑ̃bʀijɛʀ/ NF *(= béquille de charrette)* cart-prop; *(† = servante)* chambermaid

**chambriste** /ʃɑ̃bʀist/ NMF chamber-music player

**chameau** (pl **chameaux**) /ʃamo/ NM a *(Zool)* camel; → **poil** b *(* : péj) (= enfant)* little beast *; *(= femme)* cow ‡; *(= homme)* swine ‡ ◆ **elle devient** ~ **avec l'âge** the older she gets the nastier she is ◆ **quel vieux** ~ **!** *(= femme)* old bag! ‡; *(= homme)* nasty old man!

**chamelier** /ʃaməlje/ NM camel driver

**chamelle** /ʃamɛl/ NF female camel

**chamelon** /ʃam(ə)lɔ̃/ NM young camel

**chamois** /ʃamwa/ NM *(Zool)* chamois; *(Ski)* skiing badge *(marking degree of proficiency)*; → **peau** ADJ INV fawn, buff(-coloured *(Brit)* ou -colored *(US)*)

**chamoisine** /ʃamwazin/ NF shammy leather

**champ[1]** /ʃɑ̃/ NM a *(Agr)* field ◆ ~ **de blé** wheatfield, field of corn *(Brit)* ou wheat ◆ ~ **d'avoine/de trèfle** field of oats/clover ◆ **travailler aux ~s** to work in the fields ◆ **on s'est retrouvé en plein(s) ~(s)** we found ourselves in the middle of ou surrounded by fields

b *(= campagne)* **~s** country(side) ◆ **la vie aux ~s** life in the country, country life ◆ **fleurs des ~s** wild flowers; → **clé, travers[2]**

c *(= domaine)* field, area ◆ **élargir le ~ de ses recherches/de ses investigations** to broaden the scope of one's research/one's investigations

d *(Élec, Ling, Ordin, Phys)* field

e *(Ciné, Photo)* **dans le ~** in (the) shot ou the picture ◆ **être dans le ~** to be in shot ◆ **sortir du ~** to go out of shot ◆ **pas assez de ~** not enough depth of focus ◆ **hors ~** off-camera *(attrib)*; → **profondeur**

f *(Hér) [d'écu, médaille]* field

g *(loc)* **avoir du ~** to have elbowroom ou room to move ◆ **laisser du ~ à qn** to leave sb room to manoeuvre ◆ **laisser le ~ libre à qn** to leave sb a clear field ◆ **vous avez le ~ libre** you're free to do as you please ◆ **prendre du ~** *(lit)* to step back, to draw back; *(fig)* to stand back ◆ **sonner aux ~s** *(Mil)* to sound the general salute

COMP ▷ **champ d'action** ou **d'activité** sphere of activity ▷ **champ d'aviation** airfield ▷ **champ de bataille** battlefield ▷ **champ clos** combat area ◆ **en ~ clos** *(fig)* behind closed doors ▷ **champ de courses** racecourse ▷ **champ électrique** electric field ▷ **les Champs Élysées** *(Myth)* the Elysian Fields; *(à Paris)* the Champs Élysées ▷ **champ de foire** fairground ▷ **champ d'honneur** field of honour ◆ **mourir** ou **tomber au ~ d'honneur** to be killed in action ▷ **champ d'investissement ils ont élargi leur ~ d'investissement** they've widened their field of investment ▷ **champ lexical** lexical field ▷ **champ magnétique** magnetic field ▷ **champ de manœuvre** parade ground ▷ **champ de Mars** ≃ military esplanade ▷ **champ de mines** minefield ▷ **champ de neige** snowfield ▷ **champ opératoire** operative field ▷ **champ optique** optical field ▷ **champ ouvert** *(Agr)* open field ▷ **champ sémantique** semantic field ▷ **champ de tir** *(= terrain)* rifle ou shooting range, practice ground; *(= angle de vue)* field of fire ▷ **champ visuel** ou **de vision** field of vision ou view, visual field

**champ[2]** * /ʃɑ̃p/ NM (abrév de **champagne**) bubbly *, champers * *(Brit)*

**champagne** /ʃɑ̃paɲ/ ADJ INV champagne NM champagne ◆ **elle a réussi ses examens, ~!** she passed her exams, let's get out the champagne to celebrate! ◆ ~ **rosé** pink champagne NF **Champagne** ◆ **la Champagne** Champagne, the Champagne region; → **fine[2]**

**champagnisation** /ʃɑ̃paɲizasjɔ̃/ NF champagnization

**champagniser** /ʃɑ̃paɲize/ ▸ conjug 1 ◂ VT to champagnize

**champenois, e** /ʃɑ̃pənwa, waz/ ADJ of ou from Champagne ◆ **vin méthode ~e** champagne-type ou sparkling wine NM,F **Champenois(e)** inhabitant ou native of Champagne

**champêtre** /ʃɑ̃pɛtʀ/ ADJ *(gén)* rural; *[vie]* country *(épith)*, rural; *[odeur, route]* country *(épith)*; *[bal, fête]* village *(épith)* ◆ **fleurs ~s** wild flowers ◆ **dans un cadre** ou **décor ~** in a rural setting ◆ **un déjeuner ~** an al fresco lunch; → **garde[2]**

**champignon** /ʃɑ̃piɲɔ̃/ NM a *(gén)* mushroom; *(terme générique)* fungus; *(vénéneux)* toadstool, poisonous mushroom ou fungus; *(Méd)* fungus ◆ **aller aux ~s** to go mushroom-picking, to go collecting mushrooms ◆ ~ **comestible** (edible) mushroom, edible fungus ◆ **certains ~s sont comestibles** some fungi are edible ◆ ~ **de Paris** ou **de couche** cultivated mushroom ◆ ~ **hallucinogène** hallucinogenic mushroom, magic mushroom * ◆ **ces nouvelles industries ont proliféré comme des ~s** these new industries have sprung up ou sprouted like mushrooms ou have mushroomed; → **pousser, ville** b *(Phys Nucl)* ~ **(atomique)** mushroom cloud c *(* : Aut)* accelerator; → **appuyer**

**champignonnière** /ʃɑ̃piɲɔnjɛʀ/ NF mushroom bed

**champion, -ionne** /ʃɑ̃pjɔ̃, jɔn/ ADJ * A1, first-rate ◆ **c'est ~!** that's great! * ou first-rate! NM,F *(Sport = défenseur)* champion ◆ ~ **du monde de boxe** world boxing champion ◆ **se faire le ~ d'une cause** to champion a cause ◆ **c'est le ~ de la gaffe** *(hum)* there's no one to beat him for tactlessness

**championnat** /ʃɑ̃pjɔna/ NM championship ◆ ~ **du monde/d'Europe** world/European championship

**chançard, e** * /ʃɑ̃saʀ, aʀd/ ADJ lucky NM,F lucky devil *, lucky dog *

**chance** /ʃɑ̃s/ GRAMMAIRE ACTIVE 42.2, 42.3, 43.3, 50.5

NF a *(= bonne fortune)* (good) luck ◆ **avec un peu de ~** with a bit of luck ◆ **quelle ~!** what a bit ou stroke of (good) luck!, how lucky! ◆ **c'est une ~ que ...** it's lucky ou fortunate that ..., it's a bit of ou a stroke of luck that ... ◆ **coup de ~** stroke of luck ◆ **il était là, une ~!** ou **un coup de ~!** he was there, luckily ◆ **jour de ~!** lucky day! ◆ **ce n'est pas mon jour de ~!** it's not my day! ◆ **la ~ a voulu qu'il y eût un médecin** by a stroke of luck ou luckily there was a doctor ◆ **par ~** luckily, fortunately ◆ **pas de ~!** hard ou bad ou tough * luck!, hard lines! * *(Brit)* ◆ **c'est bien ma ~!** *(iro)* (that's) just my luck! ◆ **tu as de la ~ d'y aller** you're lucky ou fortunate to be going ◆ **il a la ~ d'y aller** he's lucky ou fortunate enough to be going, he has the good luck ou good fortune to be going

b *(= hasard, fortune)* luck, chance ◆ **courir** ou **tenter sa ~** to try one's luck ◆ **la ~ a tourné** his (ou her etc) luck has changed ◆ **la ~ lui sourit** fortune smiles on him ◆ **mettre toutes les ~s de son côté** to take no chances ◆ **sa mauvaise ~ le poursuit** he is dogged by bad luck ou ill-luck; → **bon[1]**

c *(= possibilité de succès)* chance ◆ **donner sa ~** ou **ses ~s à qn** to give sb his chance ◆ **quelles sont ses ~s (de réussir** ou **de succès)?** what are his chances ou what chance has he got (of success ou of succeeding)? ◆ **il/son tir n'a laissé aucune ~ au gardien de but** he/his shot didn't give the goalkeeper a chance ◆ **les ~s d'un accord ...** the chances of a settlement ...

◆ **avoir + chance(s)** ◆ **elle a ses** ou **des ~s (de gagner)** she stands a good chance (of winning) ◆ **il n'a aucune ~** he hasn't got ou doesn't stand a (dog's) chance ◆ **elle a une ~ sur deux de s'en sortir** she's got a fifty-fifty chance of pulling through ◆ **ils ont des ~s égales** they have equal chances ou an equal chance ◆ **il y a peu de ~s (pour) qu'il la voie** there's little chance (that) he'll see her, there's little chance of his seeing her, the chances of his seeing her are slim ◆ **il y a toutes les ~s que ...** there's every chance that ..., the chances ou odds are that ... ◆ **il y a de grandes** ou **fortes ~s pour qu'il vienne** there's a strong ou good chance he'll come, he's very likely to come ◆ **il y a des ~s** * it's very likely, I wouldn't be surprised ◆ **il y a une ~ sur cent (pour) que ...** there's one chance in a hundred ou a one-in-a-hundred chance that ...

**chancelant, e** /ʃɑ̃s(ə)lɑ̃, ɑt/ ADJ *[objet]* wobbly, unsteady; *[démarche]* unsteady; *[mémoire, santé]* failing; *[autorité]* flagging; *[régime]* tottering

**chanceler** /ʃɑ̃s(ə)le/ ▸ conjug 4 ◂ VI *[personne]* to totter; *[ivrogne]* to reel; *[objet]* to wobble, to totter; *[autorité]* to flag; *[régime]* to totter; *[mémoire]* to fail ◆ **sa santé chancelle** he's in failing health, his health is failing ◆ **il s'avança en chancelant** he tottered forward ◆ **une société qui chancelle sur ses bases** a society which is tottering upon its foundations

**chancelier** /ʃɑ̃səlje/ NM *(en Allemagne, Autriche)* chancellor; *[d'ambassade]* secretary; *(Hist)* chancellor ◆ **le ~ de l'Échiquier** the Chancellor of the Exchequer ◆ **grand ~ de la Légion d'honneur** *high-ranking officer in the French Legion of Honour*; → **recteur**

**chancelière** /ʃɑ̃səljɛʀ/ NF footwarmer

**chancellerie** /ʃɑ̃sɛlʀi/ NF *[d'ambassade, consulat]* chancellery, chancery; *(Hist)* chancellery

**chanceux, -euse** /ʃɑ̃sø, øz/ ADJ lucky, fortunate; *(†† = hasardeux)* hazardous

**chancre** /ʃɑ̃kʀ/ NM *(Bot, Méd, fig)* canker ◆ ~ **syphilitique** chancre ◆ ~ **mou** chancroid, soft chancre ◆ **manger** ou **bouffer comme un ~** ‡ to make a pig of oneself *, to pig out *, to pig oneself * *(Brit)*

**chancrelle** /ʃɑ̃kʀɛl/ NF chancroid

**chandail** /ʃɑ̃daj/ NM (thick) sweater, (thick) jumper *(Brit)*

**Chandeleur** /ʃɑ̃dlœʀ/ NF ◆ **la ~** Candlemas

**chandelier** /ʃɑ̃dəlje/ NM *(à une branche)* candlestick, candleholder; *(à plusieurs branches)* candelabra

> ⚠ **chandelier** *ne se traduit pas par le mot anglais* **chandelier**, *qui a le sens de 'lustre'.*

**chandelle** /ʃɑ̃dɛl/ NF a *(= bougie)* (tallow) candle ◆ **un dîner aux ~s** a dinner by candlelight, a candlelit dinner ◆ ~ **romaine** roman candle b *(Aviat)* chandelle; *(Rugby)* up-and-under; *(Tennis)* lob; *(Gym)* shoulder stand; *(‡ = morve)* trickle of snot ‡ c *(loc)* **tenir la ~** *(hum)* to play gooseberry *(Brit)*, to be a third wheel *(US)* ◆ **je ne tenais pas la ~!** I wasn't there at the time! ◆ **monter en ~** *(Aviat)* to climb vertically ◆ **lancer en ~** *(Golf)* to loft ◆ **voir trente-six ~s** to see stars; → **brûler, économie, jeu**

**chanfrein** /ʃɑ̃fʀɛ̃/ NM a *(Tech)* bevelled edge; *(à 45°C)* chamfer b *[de cheval]* nose

**change** /ʃɑ̃ʒ/ NM a *(Fin) [de devises]* exchange ◆ **faire le ~** *(Banque)* to exchange money ◆ **opération de ~** (foreign) exchange transaction; → **agent, bureau** etc b *(Fin = taux d'échange)* exchange rate ◆ **le ~ est avantageux** the exchange rate is favourable ◆ **la cote des ~s** the (list of) exchange rates ◆ **au cours actuel du ~** at the current rate of exchange c *(Can = petite monnaie)* change d ◆ ~ **(complet)** (disposable) nappy *(Brit)* ou diaper *(US)* e *(loc)* **gagner/perdre au ~** *(Fin)* to gain/lose money on the exchange; *(fig)* to gain/lose on the exchange ou deal ◆ **donner le ~** to allay suspicion ◆ **donner le ~ à qn** to put sb off the scent ou off the track

**changeable** /ʃɑ̃ʒabl/ ADJ *(= transformable)* changeable, alterable

**changeant, e** /ʃɑ̃ʒɑ̃, ɑ̃t/ ADJ *[personne, fortune, humeur]* changeable, fickle, changing *(épith)*; *[couleur, paysage]* changing *(épith)*; *[temps]* changeable, unsettled ♦ **son humeur est ~e** he's a man of many moods *ou* of uneven temper

**changement** /ʃɑ̃ʒmɑ̃/ NM a *(= remplacement)* changing ♦ **le ~ de la roue nous a coûté 20 €** the wheel change cost us €20 ♦ **le ~ de la roue nous a pris une heure** it took us an hour to change the wheel ♦ **j'ai besoin d'un ~ d'air** I need a change of air ♦ **"changement de direction"** *(sur un écriteau)* "under new management" ♦ **il y a eu un ~ de propriétaire** it has changed hands, it has come under new ownership ♦ **~ de décor** *(paysage)* change of scene; *(Théât)* scene-change ♦ **~ à vue** *(Théât)* transformation (scene); *(fig)* (sudden) transformation

b *(= fait de se transformer)* change (*de* in); ♦ **le ~ soudain de la température/de la direction du vent** the sudden change in temperature/wind direction

c *(= modification)* change ♦ **~ d'adresse** change of address ♦ **~ de programme** *[de projet]* change of plan *ou* in the plan(s); *[de spectacle]* change of programme *ou* in the programme ♦ **il n'aime pas le(s) ~(s)** he doesn't like change(s) ♦ **elle a trouvé de grands ~s dans le village** she found the village greatly changed *ou* altered ♦ **il y a eu du ~** *(situation)* things have changed ♦ **il y a eu du ~ dans cette pièce** there have been a few changes (made) in this room ♦ **la situation reste sans ~** there has been no change in the situation, the situation remains unchanged ♦ **~ en bien** *ou* **en mieux** change for the better

d *(Admin = mutation)* transfer ♦ **demander son ~** to apply for a transfer

e *(Aut)* **~ de vitesse** *(= dispositif)* gears, gear change *(Brit)*, gear stick *ou* lever *(Brit)*; *(= action)* change of gears, gear change *(Brit)*, gearshift *(US)*; *[de bicyclette]* gear(s)

f *(Transport)* change ♦ **il y a deux ~s pour aller de Paris à Lamballe** you have to change twice *ou* make two changes to get from Paris to Lamballe

**changer** /ʃɑ̃ʒe/ ▸ conjug 3 ◂ VT a *(= modifier)* *[+ projets, personne]* to change ♦ **on ne le changera pas** nothing will change him *ou* make him change, you'll never change him ♦ **on ne change pas une équipe qui gagne** *(Prov)* you don't change a winning team ♦ **ce chapeau la change** that hat makes her look different ♦ **ça change tout !** that makes all the difference!, that changes everything! ♦ **une promenade lui changera les idées** a walk will take his mind off things ♦ **il n'a pas changé une virgule au rapport** he hasn't changed *ou* altered a single comma in the report ♦ **il ne veut rien ~ à ses habitudes** he doesn't want to change *ou* alter his habits in any way ♦ **je ne vois pas ce que ça change** I don't see what difference that makes ♦ **ça ne change rien (à l'affaire)** it doesn't make the slightest difference, it doesn't alter things one bit ♦ **ça ne change rien au fait que ...** it doesn't change *ou* alter the fact that ... ♦ **vous n'y changerez rien !** there's nothing you can do (about it)!

b *(= remplacer, échanger)* to change; *(Théât)* *[+ décor]* to change, to shift; *(Fin)* *[+ argent, billet]* to change; *(Can)* *[+ chèque]* to cash ♦ **~ 20 € contre des livres** to change 20 euros into pounds, to exchange 20 euros for pounds ♦ **~ les draps/une ampoule** to change the sheets/a bulb ♦ **il a changé sa voiture** he changed his car ♦ **ce manteau était trop petit, j'ai dû le ~** that coat was too small — I had to change *ou* exchange it ♦ **je changerais bien ma place pour la sienne** I'd like to change *ou* swap* places with him ♦ **il a changé sa montre contre celle de son ami** he exchanged his watch for his friend's, he changed *ou* swapped* watches with his friend

c *(= déplacer)* **~ qn de poste** to move sb to a different job ♦ **~ qn/qch de place** to move sb/sth (to a different place), to shift sb/sth ♦ **ils ont changé tous les meubles de place** they've changed *ou* moved all the furniture around; → **fusil**

d *(= transformer)* **~ qch/qn en** to change *ou* turn sth/sb into ♦ **la citrouille fut changée en carrosse** the pumpkin was changed *ou* turned into a carriage

e *(= mettre d'autres vêtements à)* **~ un enfant/malade** to change a child/patient ♦ **~ un bébé** to change a baby's nappy *(Brit) ou* diaper *(US)*

f *(= procurer un changement à)* **des voisins silencieux, ça nous change** it makes a change for us to have quiet neighbours, having quiet neighbours makes a change for us ♦ **ça m'a changé agréablement de ne plus entendre de bruit** it was a pleasant *ou* nice change for me not to hear any noise ♦ **ils vont en Italie, ça les changera de l'Angleterre !** they're going to Italy — it will be *ou* make a change for them after England!

VT INDIR **changer de** a *(= remplacer)* to change; *(= modifier)* to change, to alter ♦ **~ d'adresse/de nom/de voiture** to change one's address/name/car ♦ **~ de domicile** to move (house) ♦ **~ d'appartement** to move (into a new flat *(Brit) ou* apartment *(surtout US)*) ♦ **~ de vêtements** to change (one's clothes) ♦ **elle a changé de coiffure** she's changed her hairstyle, she's got a new hairstyle ♦ **~ de sexe** to have a sex change ♦ **~ de peau** *(Zool)* to shed its skin; *[personne]* to become a different person ♦ **~ d'avis** *ou* **d'idée/de ton** to change one's mind/tune ♦ **il change d'avis comme de chemise*** he's always changing his mind ♦ **elle a changé de couleur quand elle m'a vu** *(= elle a blêmi)* she went pale *ou* she blanched when she saw me; *(= elle a rougi)* she coloured visibly when she saw me ♦ **la rivière a changé de cours** the river has altered *ou* shifted its course ♦ **elle a changé de visage** her face has changed *ou* altered; *(d'émotion)* her expression changed *ou* altered ♦ **change de disque !‡** put another record on!‡, don't keep (harping) on *ou* don't go on about it!*

b *(= passer dans une autre situation)* **~ de train/compartiment** to change trains/compartments ♦ **~ de vitesse** *(Aut)* to change gear ♦ **changeons de crémerie‡** *ou* **d'auberge‡** let's take our business *ou* custom *(Brit)* elsewhere ♦ **pour mieux voir, change de place** move to another seat if you want a better view ♦ **~ de position** to alter *ou* shift *ou* change one's position ♦ **j'ai besoin de ~ d'air** I need a change of air ♦ **pour ~ d'air** for a change of air, to get a change of air ♦ **~ de côté** *(gén)* to go over *ou* across to the other side, to change sides; *(dans la rue)* to cross over (to the other side) ♦ **~ de propriétaire** *ou* **de mains** to change hands ♦ **changeons de sujet** let's change the subject ♦ **il a changé de chemin pour m'éviter** he went a different way to avoid me; → **camp, cap[1]**

c *(= échanger)* to exchange, to change, to swap* (*avec qn* with sb); ♦ **~ de place avec qn** to change *ou* exchange *ou* swap* places with sb ♦ **j'aime bien ton sac, tu changes avec moi ?*** I like your bag — will you swap* (with me)? *ou* will you exchange *ou* do a swap* (with me)?

VI a *(= se transformer)* to change, to alter ♦ **~ en bien** *ou* **en mieux/en mal** *ou* **en pire** to change for the better/the worse ♦ **il n'a pas du tout changé** he hasn't changed *ou* altered at all *ou* a bit ♦ **il a changé du tout au tout** he's transformed ♦ **les temps ont bien changé !** *ou* **sont bien changés !** (how) times have changed! ♦ **le vent a changé** the wind has changed (direction)

b *(Transport)* to change ♦ **j'ai dû ~ à Rome** I had to change at Rome

c *(loc)* **pour ~ !** *(iro)* that makes a change! ♦ **et pour (pas*) ~, c'est nous qui faisons le travail** and as per usual* *ou* and just for a change *(iro)* we'll be doing the work

d *(= procurer un changement)* **ça change des films à l'eau de rose** it makes a change from sentimental films

VPR **se changer** a *(= mettre d'autres vêtements)* to change (one's clothes) ♦ **va te ~ avant de sortir** go and change (your clothes) before you go out

b *(= se transformer)* **se ~ en** to change *ou* turn into

**changeur, -euse** /ʃɑ̃ʒœʀ, øz/ NM,F *(= personne)* moneychanger NM *(= machine)* ♦ **~ (de disques)** record changer ♦ **~ de monnaie** change machine

**chanoine** /ʃanwan/ NM *(Rel)* canon *(person)*; → **gras**

**chanoinesse** /ʃanwanɛs/ NF *(Rel)* canoness

**chanson** /ʃɑ̃sɔ̃/ NF song ♦ **~ d'amour/à boire/de marche/populaire** love/drinking/marching/popular song ♦ **~ enfantine/d'étudiant** children's/student song ♦ **c'est toujours la même ~** *(fig)* it's always the same old story ♦ **l'air ne fait pas la ~** do not judge by appearances, appearances are deceptive ♦ **~s que tout cela ! ††** fiddle-de-dee! †, poppycock! † ♦ **ça, c'est une autre ~** that's quite a different matter *ou* quite another story; → **connaître**

COMP ▷ **chanson folklorique** folksong ▷ **chanson de geste** chanson de geste ▷ **chanson de marins** (sea) shanty ▷ **chanson de Noël** (Christmas) carol ▷ **chanson de toile** chanson de toile, weaving song

> **Chanson française**
>
> The term **la chanson française** refers to a very diverse popular musical genre. Traditional French « chansons » gained international renown in the forties thanks to stars like Édith Piaf and Charles Trenet, and in the fifties and sixties thanks to Yves Montand, Charles Aznavour and Juliette Gréco. **La chanson française** has always been characterized by the quality of its lyrics, exemplified by the work of singer-poets like Jacques Brel, Georges Brassens, Léo Ferré and Barbara.

**chansonnette** /ʃɑ̃sɔnɛt/ NF ditty, light-hearted song

**chansonnier** /ʃɑ̃sɔnje/ NM *(= artiste)* chansonnier, cabaret singer *(specializing in political satire)*, *(= livre)* song-book

**chant[1]** /ʃɑ̃/ NM a *(= sons)* *[de personne]* singing; *[d'oiseau]* singing, warbling; *(= mélodie habituelle)* song; *[d'insecte]* chirp(ing); *[de coq]* crow(ing); *[de mer, vent, instrument]* sound, song *(littér)* ♦ **entendre des ~s mélodieux** to hear melodious singing ♦ **au ~ du coq** at cockcrow ♦ **le ~ du cygne d'un artiste** an artist's swan song ◆ **écouter le ~ des sirènes** to let o.s. be led astray

b *(= chanson)* song ◆ **~ patriotique/populaire** patriotic/popular song ◆ **~ de Noël** (Christmas) carol ◆ **~ religieux** *ou* **sacré** *ou* **d'Église** hymn ◆ **~ de guerre** battle song

c *(= action de chanter, art)* singing ◆ **nous allons continuer par le ~ d'un cantique** we shall continue by singing a hymn ◆ **cours/professeur de ~** singing lessons/teacher ◆ **apprendre le ~** to learn to sing ◆ **j'aime le ~ choral** I like choral *ou* choir singing ◆ **~ grégorien** Gregorian chant ◆ **~ à une/à plusieurs voix** song for one voice/several voices

d *(= mélodie)* melody

e *(Poésie) (= genre)* ode; *(= division)* canto ◆ **~ funèbre** funeral lament ◆ **~ nuptial** nuptial song *ou* poem ◆ **épopée en douze ~s** epic in twelve cantos ◆ **le ~ désespéré de ce poète** *(fig)* the despairing song of this poet

**chant²** /ʃɑ̃/ NM *(= côté)* edge ◆ **de** *ou* **sur ~** on edge, edgewise

**chantage** /ʃɑ̃taʒ/ NM blackmail ◆ **se livrer à un** *ou* **exercer un ~ sur qn** to blackmail sb ◆ **faire du ~** to use blackmail ◆ **~ affectif** emotional blackmail ◆ **il (nous) a fait le ~ au suicide** he threatened suicide to blackmail us, he blackmailed us with suicide *ou* by threatening suicide

**chantant, e** /ʃɑ̃tɑ̃, ɑ̃t/ ADJ a *(= mélodieux) [accent, voix]* singsong, lilting b *(= qui se chante aisément) [air]* tuneful, catchy

**chanter** /ʃɑ̃te/ ▸ conjug 1 ◂ VT a *[+ chanson, opéra, messe]* to sing ◆ **l'oiseau chante ses trilles** the bird sings *ou* warbles its song ◆ **chante-nous quelque chose !** sing us a song!, sing something for us!

b *(= célébrer)* to sing of, to sing ◆ **~ les exploits de qn** to sing (of) sb's exploits ◆ **~ l'amour** to sing of love ◆ **~ les louanges de qn** to sing sb's praises; → **victoire**

c * *(= raconter)* **qu'est-ce qu'il nous chante là ?** what's this he's telling us?, what's he (going) on about now? * ◆ **j'ai eu beau le ~ sur tous les tons** no matter how many times I've said it ◆ **il ne l'a pas chanté sur les toits** he didn't shout it from the rooftops

VI a *[personne]* to sing; *(*: de douleur)* to howl; *[oiseau]* to sing, to warble; *[coq]* to crow; *[poule]* to cackle; *[insecte]* to chirp; *[ruisseau]* to babble; *[bouilloire]* to sing; *[eau qui bout]* to hiss, to sing ◆ **~ juste/faux** to sing in tune/out of tune *ou* flat ◆ **~ pour endormir un enfant** to sing a child to sleep ◆ **chantez donc plus fort !** sing up! *(Brit) ou* out! *(US)* ◆ **c'est comme si on chantait** * it's like talking to a brick wall, it's a waste of breath ◆ **il chante en parlant** he's got a lilting *ou* singsong voice

b *(par chantage)* **faire ~ qn** to blackmail sb

c *(* = plaire)* **vas-y si le programme te chante** (you) go if the programme appeals to you *ou* if you fancy *(Brit)* the programme ◆ **cela ne me chante guère de sortir ce soir** I don't really feel like *ou* fancy *(Brit)* going out tonight ◆ **il vient quand** *ou* **si** *ou* **comme ça lui chante** he comes when *ou* if *ou* as the fancy takes him

**chanterelle** /ʃɑ̃tʀɛl/ NF a *(Bot)* chanterelle b *(Mus)* E-string; → **appuyer** c *(= oiseau)* decoy (bird)

**chanteur, -euse** /ʃɑ̃tœʀ, øz/ NM,F singer ◆ **~ de charme** crooner ◆ **~ de(s) rues** street singer, busker *(Brit)*; → **maître, oiseau**

**chantier** /ʃɑ̃tje/ NM a *(Constr)* building site; *[de plombier, peintre]* job; *(Can) [de bûcherons]* lumber camp *(US, Can)*, shanty *(Can)* ◆ **le matin il est au ~** he's on (the) site in the mornings ◆ **j'ai laissé mes pinceaux sur le ~** I left my brushes at the job ◆ **"chantier interdit au public"** "no entry *ou* admittance (to the public)" ◆ **"fin de chantier"** *(sur une route)* "road clear", "end of roadworks"

b *(= entrepôt)* depot, yard

c *(* = désordre)* shambles * ◆ **quel ~ dans ta chambre !** what a shambles * *ou* mess in your room!

d *(loc)*

◆ **en chantier** ◆ **à la maison nous sommes en ~ depuis deux mois** we've had work *ou* alterations going on in the house for two months now ◆ **il a deux livres en ~** he has two books on the go, he's working on two books ◆ **mettre en ~** *[+ projet]* to get started *ou* going

COMP ▷ **chantier de construction** building site ▷ **chantier de démolition** demolition site ▷ **chantier d'exploitation** *(Min)* opencast working ▷ **chantier d'exploitation forestière** tree-felling *ou* lumber *(US, Can)* site ▷ **chantier naval** shipyard ▷ **chantier de réarmement** refit yard

**chantilly** /ʃɑ̃tiji/ NF ◆ **(crème) ~** ≃ whipped cream

**chantonnement** /ʃɑ̃tɔnmɑ̃/ NM (soft) singing

**chantonner** /ʃɑ̃tɔne/ ▸ conjug 1 ◂ VI *[personne]* to sing to oneself; *[eau qui bout]* to hiss, to sing ◆ **~ pour endormir un bébé** to sing a baby to sleep VT to sing, to hum ◆ **~ une berceuse à un bébé** to sing a lullaby to a baby

**chantoung** /ʃɑ̃tuŋ/ NM Shantung (silk)

**chantourner** /ʃɑ̃tuʀne/ ▸ conjug 1 ◂ VT to jigsaw; → **scie**

**chantre** /ʃɑ̃tʀ/ NM *(Rel)* cantor; *(fig littér) (= poète)* bard, minstrel; *(= laudateur)* exalter, eulogist ◆ **premier ~** *(Rel)* precentor ◆ **le grand ~ de** *(fig)* the high priest of

**chanvre** /ʃɑ̃vʀ/ NM hemp ◆ **de ~** hemp *(épith)* ◆ **~ du Bengale** jute ◆ **~ indien** Indian hemp ◆ **~ de Manille** Manila hemp, abaca; → **cravate**

**chanvrier, -ière** /ʃɑ̃vʀije, ijɛʀ/ ADJ hemp *(épith)* NM,F *(= cultivateur)* hemp grower; *(= ouvrier)* hemp dresser

**chaos** /kao/ NM *(lit, fig)* chaos ◆ **dans le ~** in (a state of) chaos

**chaotique** /kaɔtik/ ADJ chaotic

**chap.** (abrév de **chapitre**) chap

**chapardage** * /ʃapaʀdaʒ/ NM petty theft, pilfering *(NonC)*

**chaparder** * /ʃapaʀde/ ▸ conjug 1 ◂ VTI to pinch, to pilfer (*à* from)

**chapardeur, -euse** * /ʃapaʀdœʀ, øz/ ADJ light-fingered NM,F pilferer, petty thief

**chape** /ʃap/ NF a *(Rel)* cope b *(Tech) [de pneu]* tread; *[de bielle]* strap; *[de poulie]* shell; *[de voûte]* coating; *(sur béton)* screed ◆ **~ de béton** (concrete) screed c *(Hér)* chape

**chapeau** (pl **chapeaux**) /ʃapo/ NM a *(= coiffure)* hat ◆ **saluer qn ~ bas** *(lit)* to doff one's hat to sb; *(fig)* to take one's hat off to sb ◆ **tirer son ~ à qn** * to take one's hat off to sb ◆ **il a réussi ? eh bien ~ !** * he managed it? hats off to him! *ou* well, you've got to hand it to him! ◆ **~, mon vieux !** * well done *ou* jolly good *(Brit)*, old man! * ◆ **il a dû manger son ~ en public** he had to eat his words in public ◆ **je ne peux pas sortir de l'argent de mon ~** I can't just pull money out of a hat ◆ **c'est son nom qui est sorti du ~** *(= tiré au sort)* his name was first out of the hat ◆ **il est sorti du ~ des entraîneurs à la dernière minute** the trainers pulled his name out of the hat at the last minute; → **porter, travailler**

◆ **coup de chapeau** ◆ **saluer qn d'un coup de ~** to raise one's hat to sb ◆ **ça mérite un coup de ~** it's quite an achievement ◆ **coup de ~ à Paul pour sa nouvelle chanson** hats off to Paul for his new song

b *(Tech) [de palier]* cap ◆ **~ de roue** *(Aut)* hub cap ◆ **démarrer sur les ~x de roues** * *[véhicule, personne]* to shoot off at top speed, to take off like a shot; *[affaire, soirée]* to get off to a good start ◆ **prendre un virage sur les ~x de roues** to screech round a corner

c *(Presse) [d'article]* introductory paragraph

d *(Bot) [de champignon]* cap; *(Culin) [de vol-au-vent]* lid, top

COMP ▷ **chapeau de brousse** safari hat ▷ **chapeau chinois** *(Mus)* crescent, jingling Johnny; *(Zool)* limpet ▷ **chapeau cloche** cloche hat ▷ **chapeau de gendarme** *(en papier)* (folded) paper hat ▷ **chapeau haut-de-forme** top hat ▷ **chapeau melon** bowler (hat) *(Brit)*, derby *(US)* ▷ **chapeau mou** trilby (hat) *(Brit)*, fedora *(US)* ▷ **chapeau de paille** straw hat ▷ **chapeau de plage** *ou* **de soleil** sun hat ▷ **chapeau tyrolien** Tyrolean hat

**chapeauté, e** /ʃapote/ (ptp de **chapeauter**) ADJ with a hat on, wearing a hat

**chapeauter** /ʃapote/ ▸ conjug 1 ◂ VT *(= superviser)* to head (up), to oversee

**chapelain** /ʃaplɛ̃/ NM chaplain

**chapelet** /ʃaplɛ/ NM a *(= objet)* rosary, beads; *(= prières)* rosary ◆ **réciter** *ou* **dire son ~** to say the rosary, to tell *ou* say one's beads † ◆ **le ~ a lieu à cinq heures** the rosary is at five o'clock ◆ **dévider** *ou* **défiler son ~** * to recite one's grievances b *(= succession)* **~ de** *[d'oignons, injures, îles]* string of; *[d'images, conflits, déclarations]* series of ◆ **~ de bombes** stick of bombs

**chapelier, -ière** /ʃapəlje, jɛʀ/ ADJ hat *(épith)* NM,F hatter

**chapelle** /ʃapɛl/ NF a *(Rel = lieu)* chapel; *(Mus = chœur)* chapel ◆ **~ absidiale/latérale** absidial/side chapel ◆ **~ de la Sainte Vierge** Lady Chapel ◆ **~ ardente** *(dans une église)* chapel of rest ◆ **l'école a été transformé en ~ ardente** the school was turned into a temporary morgue; → **maître** b *(= coterie)* coterie, clique

**chapellerie** /ʃapɛlʀi/ NF *(= magasin)* hat shop, hatter('s); *(= commerce)* hat trade, hat industry

**chapelure** /ʃaplyʀ/ NF (dried) breadcrumbs

**chaperon** /ʃapʀɔ̃/ NM a *(= personne)* chaperon b *(Constr) [de mur]* coping c *(† = capuchon)* hood

**chaperonner** /ʃapʀɔne/ ▸ conjug 1 ◂ VT a *[+ personne]* to chaperon b *(Constr) [+ mur]* to cope

**chapiteau** (pl **chapiteaux**) /ʃapito/ NM a *[de colonne]* capital; *[de niche]* canopy b *[de cirque]* big top, marquee ◆ **sous le ~** under the big top ◆ **sous le plus grand ~ du monde** in the biggest circus in the world c *[d'alambic]* head

**chapitre** /ʃapitʀ/ NM a *[de livre, traité]* chapter; *[de budget, statuts]* section, item ◆ **inscrire un nouveau ~ au budget** to make out a new budget head ◆ **un nouveau ~ de sa vie** a new chapter of *ou* in his life b *(fig = sujet)* subject, matter ◆ **il est imbattable sur ce ~** he's unbeatable on that subject *ou* score ◆ **il est très strict sur le ~ de la discipline** he's very strict in matters of discipline *ou* about discipline ◆ **au ~ des faits divers** under the heading of news in brief c *(Rel = assemblée)* chapter; → **salle, voix**

**chapitrer** /ʃapitʀe/ ► conjug 1 ◄ VT a (*= réprimander*) to admonish, to reprimand; (*= faire la morale à*) to lecture (*sur* on, about); ♦ **dûment chapitré par sa mère** duly coached by his mother b [*+ texte*] to divide into chapters; [*+ budget*] to divide into headings, to itemize

**chapka** /ʃapka/ NF Russian fur hat

**chapon** /ʃapɔ̃/ NM capon

**chaptalisation** /ʃaptalizasjɔ̃/ NF [*de vin*] chaptalization

**chaptaliser** /ʃaptalize/ ► conjug 1 ◄ VT [*+ vin*] to chaptalize

**chaque** /ʃak/ ADJ a (*ensemble défini*) each, every ♦ ~ **élève (de la classe)** each *ou* every pupil (in the class) ♦ **ils coûtent 2 € ~** * they're €2 each *ou* apiece b (*ensemble indéfini*) every ♦ ~ **homme naît libre** every man is born free ♦ **il m'interrompt à ~ instant** he interrupts me every other second, he keeps interrupting me ♦ ~ **10 minutes, il éternuait** * he sneezed every 10 minutes ♦ ~ **chose à sa place/en son temps** everything in its place/in its own time; → **à**

**char**[1] /ʃaʀ/ NM a (*Mil*) tank ♦ **régiment de ~s** tank regiment b [*de carnaval*] (carnival) float ♦ **le défilé des ~s fleuris** the procession of flower-decked floats c († *= charrette*) wagon, cart d (* : *Can*) car, automobile (*US*) e (*Antiq*) chariot ♦ **le ~ de l'Aurore** (*littér*) the chariot of the dawn ♦ **le ~ de l'État** the ship of state f (*loc*) **arrête ton ~!** ⁑ (*raconter des histoires*) shut up! *, belt up! ⁑ (*Brit*); (*se vanter*) stop showing off! COMP ▷ **char d'assaut** tank ▷ **char à banc** *horse-drawn wagon with seats* ▷ **char à bœufs** oxcart ▷ **char de combat** ⇒ **char d'assaut** ▷ **char funèbre** hearse ▷ **char à voile** sand yacht, land yacht ♦ **faire du ~ à voile** to go sand-yachting *ou* land-yachting

**char**[2] ⁑ /ʃaʀ/ NM (*= bluff*) ♦ **c'est du ~ tout ça !** he's (*ou* they're *etc*) just bluffing, he's (*ou* they're *etc*) just trying it on * (*Brit*) ♦ **sans ~ !** no kidding! *

**charabia** * /ʃaʀabja/ NM gibberish, gobbledygook *

**charade** /ʃaʀad/ NF (*parlée*) riddle, word puzzle; (*mimée*) charade

**charançon** /ʃaʀɑ̃sɔ̃/ NM weevil

**charançonné, e** /ʃaʀɑ̃sɔne/ ADJ weevilly, weevilled

**charbon** /ʃaʀbɔ̃/ NM a (*= combustible*) coal (*NonC*); (*= escarbille*) speck of coal dust, piece of grit ♦ **être sur des ~s ardents** to be like a cat on hot bricks *ou* on a hot tin roof (*US*) ♦ **aller au ~** * (*travail*) to go to work; (*tâche ingrate, risquée*) to stick one's neck out ♦ **il faut aller au ~** (*se démener*) we've got to get out there and do what's got to be done b ♦ **(maladie du) ~** [*de blé*] smut, black rust; [*de bête, homme*] anthrax c (*Art*) (*= instrument*) piece of charcoal; (*= dessin*) charcoal drawing d (*Pharm*) charcoal ♦ **pastilles au ~** charcoal tablets e (*Élec*) [*d'arc électrique*] carbon COMP ▷ **charbon actif** *ou* **activé** active *ou* activated carbon ▷ **charbon animal** animal black ▷ **charbon de bois** charcoal ♦ **cuit au ~ de bois** char-grilled, charcoal-grilled ▷ **charbon de terre** †† coal

**charbonnage** /ʃaʀbɔnaʒ/ NM (*gén pl = houillère*) colliery, coalmine ♦ **les Charbonnages (de France)** the French Coal Board

**charbonner** /ʃaʀbɔne/ ► conjug 1 ◄ VT [*+ inscription*] to scrawl in charcoal ♦ ~ **un mur de dessins** to scrawl (charcoal) drawings on a wall ♦ **avoir les yeux charbonnés** to have eyes heavily rimmed with eyeliner ♦ **se ~ le visage** to blacken *ou* black one's face VI [*lampe, poêle, rôti*] to char, to go black; (*Naut*) to take on coal

**charbonneux, -euse** /ʃaʀbɔnø, øz/ ADJ a [*apparence, texture*] coal-like; (*littér = noirci, souillé*) sooty; [*yeux, regard*] dark b (*Méd*) **tumeur charbonneuse** anthracoid *ou* anthrasic tumour ♦ **mouche charbonneuse** anthrax-carrying fly

**charbonnier, -ière** /ʃaʀbɔnje, jɛʀ/ ADJ coal (*épith*) ♦ **navire ~** collier, coaler; → **mésange** NM (*= personne*) coalman; († † *= fabriquant de charbon de bois*) charcoal burner ♦ ~ **est maître dans sa maison** *ou* **chez soi** (*Prov*) a man is master in his own home, an Englishman's home is his castle (*Brit*), a man's home is his castle (*US*); → **foi** NF **charbonnière** (*= four*) charcoal kiln *ou* oven

**charcutage** /ʃaʀkytaʒ/ NM (*péj*) ♦ ~ **électoral** gerrymandering

**charcuter** * /ʃaʀkyte/ ► conjug 1 ◄ VT [*+ personne*] (*dans une rixe*) to hack about *; (*= opérer*) to butcher *; [*+ rôti, volaille*] to mangle, to hack to bits; [*+ texte*] to hack ♦ **il va se faire ~** he's going to go under the (surgeon's) knife VPR **se charcuter** to cut o.s. to ribbons ♦ **ils se sont charcutés** (*bagarre*) they cut each other to ribbons, they hacked each other to bits

**charcuterie** /ʃaʀkytʀi/ NF (*= magasin*) pork butcher's shop and delicatessen; (*= produits*) cooked pork meats; (*= commerce*) pork meat trade; (*de traiteur*) delicatessen trade

> **Charcuterie**
>
> This is a generic term referring to a wide variety of products made with pork, such as pâté, « rillettes », ham and sausages. The terms **charcuterie** or « boucherie-charcuterie » also refer to the shop where these products are sold. The « charcutier-traiteur » sells ready-prepared dishes to take away as well as **charcuterie**.

**charcutier, -ière** /ʃaʀkytje, jɛʀ/ NM,F pork butcher; (*= traiteur*) delicatessen dealer; (* : *péj = chirurgien*) butcher * (*fig*)

**chardon** /ʃaʀdɔ̃/ NM (*Bot*) thistle ♦ **~s** [*de grille, mur*] spikes

**chardonnay** /ʃaʀdɔnɛ/ NM Chardonnay

**chardonneret** /ʃaʀdɔnʀɛ/ NM goldfinch

**charentais, e** /ʃaʀɑ̃tɛ, ɛz/ ADJ of *ou* from Charente NM,F **Charentais(e)** inhabitant *ou* native of Charente NF **charentaise** carpet slipper

**charge** /ʃaʀʒ/ NF a (*= fardeau lit*) load, burden; (*fig*) burden; [*de véhicule*] load; [*de navire*] freight, cargo; (*Archit = poussée*) load ♦ ~ **maximale** [*de camion*] maximum load ♦ **fléchir** *ou* **plier sous la ~** to bend under the load *ou* burden ♦ ~ **de travail** workload ♦ **c'est une grosse ~ de travail** it's an awful lot of work ♦ **l'éducation des enfants est une lourde ~ pour eux** educating the children is a heavy burden for them ♦ **leur mère infirme est une ~ pour eux** their invalid mother is a burden to *ou* on them

b (*= rôle, fonction*) responsibility; (*Admin*) office; (*Jur*) practice ♦ ~ **publique/élective** public/elective office ♦ **avoir une ~ d'avocat** to have a lawyer's practice ♦ **les hautes ~s qu'il occupe** the high office that he holds ♦ **les devoirs de la ~** the duties of (the) office ♦ **on lui a confié la ~ de (faire) l'enquête** he was given the responsibility of (carrying out) the inquiry ♦ **il a la ~ de faire, il a pour ~ de faire** the onus is upon him to do, he is responsible for doing; → **femme**

c (*envers qn*) **avoir la ~ de qn** to be responsible for sb, to have charge of sb ♦ **les enfants dont j'ai la ~** the children (who are) in my care ♦ **avoir ~ d'âmes** [*prêtre*] to be responsible for people's spiritual welfare, to have the cure of souls; [*personne*] to be responsible for people's welfare

d (*= obligations financières*) **~s** [*de commerçant*] expenses, costs, outgoings; [*de locataire*] maintenance *ou* service charges ♦ **~s familiales** family expenses *ou* outgoings ♦ **la ~ fiscale** the tax burden ♦ **~s fiscales** taxes, taxation ♦ **dans ce commerce, nous avons de lourdes ~s** we have heavy expenses *ou* costs *ou* our overheads are high in this trade ♦ **les ~s de l'État** government expenditure; → **cahier**

e (*Jur*) charge ♦ **les ~s qui pèsent contre lui** the charges against him; → **témoin**

f (*Mil = attaque*) charge ♦ ~ **irrégulière** (*Sport*) illegal tackle; → **pas**[1]**, revenir, sonner**

g (*Tech*) [*de fusil*] (*= action*) loading, charging; (*= explosifs*) charge; (*Élec*) (*= action*) charging; (*= quantité*) charge ♦ ~ **électrique** electric charge

h (*= caricature*) caricature; → **portrait**

i (*Naut = chargement*) loading

j (*loc*)

♦ **à ~** ♦ **il a sa mère à (sa) ~** he has a dependent mother, he has his mother to support ♦ **enfants à ~** dependent children ♦ **personnes à ~** dependents ♦ **à ~ pour lui de payer** on condition that he meets the costs ♦ **être à la ~ de qn** [*frais, réparations*] to be chargeable to sb, to be payable by sb; [*personne*] to be dependent upon sb, to be supported by sb ♦ **les frais sont à la ~ de l'entreprise** the costs will be borne by the firm, the firm will pay the expenses ♦ **j'accepte ton aide à ~ de revanche** I'll let you help me but on condition that you let me return the favour sometime

♦ **en charge** ♦ **conducteur en ~** (*Élec*) live conductor ♦ **mettre une batterie en ~** to charge a battery, to put a battery on charge (*Brit*) ♦ **la batterie est en ~** the battery is being charged *ou* is on charge (*Brit*) ♦ **montée en ~** [*d'effectifs*] increase; [*de secteur*] growth ♦ **prendre en ~** [*+ dossier, frais, remboursement*] to take care of; [*+ passager*] to take on ♦ **prendre un enfant en ~** (*gén*) to take charge of a child; (*Assistance publique*) to take a child into care (*Brit*), to take a child into court custody (*US*) ♦ **l'adolescent doit se prendre en ~** the adolescent must take responsibility for himself ♦ **prise en ~** (*par un taxi*) (*= action*) picking up; (*= prix*) minimum (standard) fare; (*par la Sécurité sociale*) *undertaking to reimburse medical expenses* ♦ **être en ~ de** (*= responsable*) to be in charge of ♦ **le juge en ~ de ce dossier** the judge in charge of the case

COMP ▷ **charge affective** (*Psych*) emotive power ▷ **charge creuse** (*Mil*) hollow-charge ▷ **charge émotionnelle** ⇒ **charge affective** ▷ **charges de famille** dependents ▷ **charges locatives** maintenance *ou* service charges ▷ **charges patronales** employers' contributions ▷ **charges sociales** social security contributions ▷ **charge utile** live load ▷ **charge à vide** weight (when) empty, empty weight ▷ **charge virale** (*Méd*) viral load

**chargé, e** /ʃaʀʒe/ (ptp de **charger**) ADJ a (*lit*) [*personne, véhicule*] loaded, laden (*de* with); ♦ **table ~e de mets appétissants** table laden *ou* loaded with mouth-watering dishes ♦ ~ **comme un mulet** * *ou* **un baudet** * *ou* **une mule** loaded *ou* laden (down) like a mule b *(= responsable de)* **être ~ de** *[+ travail, enfants]* to be in charge of

c *(= rempli de)* ~ **d'honneurs** laden with honours ◆ ~ **d'ans** *ou* **d'années** *(littér)* weighed down by (the) years ◆ **c'est un lieu ~ d'histoire** the place is steeped in history ◆ **mot ~ de sens** word full of *ou* pregnant with meaning ◆ **regard ~ de menaces** menacing *ou* baleful look ◆ **nuage ~ de neige** snow-laden cloud, cloud laden *ou* heavy with snow ◆ **air ~ de parfums** air heavy with scent *ou* fragrance *(littér)*

d *(= occupé)* *[emploi du temps]* full, heavy ◆ **notre programme est très ~** we have a very busy schedule *ou* a very full programme

e *(= lourd)* *[conscience]* troubled; *[ciel]* overcast, heavy; *[style]* overelaborate, intricate ◆ **c'est un homme qui a un passé ~** he is a man with a past; → **hérédité**

f *(Méd)* *[estomac]* overloaded; *[langue]* coated, furred ◆ **il a l'haleine ~e** his breath smells

g *(Tech)* *[arme, appareil]* loaded

h ‡ *(= ivre)* plastered‡ *(attrib)*, sloshed‡ *(attrib)*; *(= drogué)* stoned‡ *(attrib)*, spaced (out)‡ *(attrib)*

COMP ▷ **chargé d'affaires** NM chargé d'affaires ▷ **chargé de cours** NM junior lecturer *ou* fellow ▷ **chargé de famille** ◆ **être ~ de famille** to have family responsibilities ▷ **chargé de mission** *(gén)* project leader; *(Pol)* (official) representative ▷ **chargé de recherches** researcher

**chargement** /ʃaʀʒəmɑ̃/ NM a *(= action)* *[de camion, bagages]* loading b *(= marchandises)* load; *[de navire]* freight, cargo ◆ **le ~ a basculé** the load toppled over c *(Comm)* *(= remise)* registering; *(= paquet)* registered parcel d *[d'arme, caméra, logiciel]* loading; *[de chaudière]* stoking

**charger** /ʃaʀʒe/ ▸ conjug 3 ◂ VT a *[+ animal, personne, véhicule, étagère]* to load ◆ **~ qn de paquets** to load sb up *ou* weigh sb down with parcels ◆ **je vais ~ la voiture** I'll go and load the car (up) ◆ **on a trop chargé cette voiture** this car has been overloaded ◆ **~ le peuple d'impôts** to burden the people with *ou* weigh the people down with taxes ◆ **~ sa mémoire (de faits)/un texte de citations** to overload one's memory (with facts)/a text with quotations ◆ **plat qui charge l'estomac** dish that lies heavy on the stomach

b *(= placer, prendre)* *[+ objet, bagages]* to load (*dans* into); ◆ **il a chargé le sac/le cageot sur son épaule** he loaded the sack/the crate onto his shoulder, he heaved the sack over/the crate onto his shoulder ◆ **~ un client** *[taxi]* to pick up a passenger *ou* a fare

c *[+ fusil, caméra, logiciel]* to load; *[+ batterie]* to charge; *[+ chaudière]* to stoke, to fire; *(Couture)* *[+ bobine, canette]* to load *ou* fill with thread

d *(= donner une responsabilité)* **~ qn de qch** to put sb in charge of sth ◆ **~ qn de faire qch** to give sb the responsibility *ou* job of doing sth, to ask sb to do sth ◆ **être chargé de faire qch** to be put in charge of doing sth, to be made responsible for doing sth ◆ **il m'a chargé d'un petit travail** he gave me a little job to do ◆ **on l'a chargé d'une mission importante** he was given an important job to do ◆ **on l'a chargé de la surveillance des enfants** *ou* **de surveiller les enfants** he was put in charge of the children, he was given the job of looking after the children ◆ **il m'a chargé de mettre une lettre à la poste** he asked me to post a letter ◆ **on m'a chargé d'appliquer le règlement** I've been instructed to apply the rule ◆ **il m'a chargé de m'occuper de la correspondance** he gave me the responsibility *ou* job of seeing to the correspondence ◆ **il m'a chargé de ses amitiés pour vous** *ou* **de vous transmettre ses amitiés** he asked me to give you his regards

e *(= accuser)* *[+ personne]* to bring all possible evidence against ◆ **~ qn de** *[+ crime]* to charge sb with

f *(= attaquer)* *(Mil)* to charge (at); *(Sport)* to charge, to tackle ◆ **chargez !** charge! ◆ **il a chargé dans le tas** * he charged into them

g *(= caricaturer)* *[+ portrait]* to make a caricature of; *[+ description]* to overdo, to exaggerate; *(Théât)* *[+ rôle]* to overact, to ham it up * ◆ **il a tendance à ~** he has a tendency to overdo it *ou* to exaggerate

VPR **se charger** a ◆ **se ~ de** *[+ tâche]* to see to, to take care *ou* charge of, to take on; *[+ enfant, prisonnier]* to see to, to attend to, to take care of; *(iro)* *[+ ennemi]* to see to, to attend to ◆ **se ~ de faire qch** to undertake to do sth, to take it upon o.s. to do sth ◆ **il s'est chargé des enfants** he is seeing to *ou* taking care *ou* charge of the children ◆ **d'accord je m'en charge** OK, I'll see to it *ou* I'll take care of it ◆ **je me charge de le faire venir** I'll make sure *ou* I'll see to it that he comes, I'll make it my business to see that he comes

b ‡ *(= se soûler)* to get plastered‡; *(= se droguer)* to get stoned‡

**chargeur** /ʃaʀʒœʀ/ NM a *(= personne)* *(gén, Mil)* loader; *(Naut)* *(= négociant)* shipper; *(= affréteur)* charterer b *(= dispositif)* *[d'arme à feu]* magazine, cartridge clip; *(Photo)* cartridge ◆ **il vida son ~ sur les gendarmes** he emptied his gun *ou* magazine into the police officers ◆ **~ de batterie** (battery) charger

**charia** /ʃaʀja/ NF sharia, sheria

**chariot** /ʃaʀjo/ NM *(= charrette)* wagon, waggon *(Brit)*; *(plus petit)* truck, cart; *(= table, panier à roulettes)* trolley *(Brit)*, cart *(US)*; *(= appareil de manutention)* truck, float *(Brit)*; *[de machine à écrire, machine-outil]* carriage; *[d'hôpital]* trolley ◆ **~ (à bagages)** (baggage *ou* luggage) trolley *(Brit)* *ou* cart *(US)* ◆ **~ (de caméra)** *(Ciné)* dolly ◆ **~ élévateur (à fourche)** fork-lift truck ◆ **le Petit/Grand Chariot** *(Astron)* the Little/Great Bear

**charismatique** /kaʀismatik/ ADJ charismatic

**charisme** /kaʀism/ NM charisma

**charitable** /ʃaʀitabl/ ADJ a *(= qui fait preuve de charité)* charitable (*envers* towards); ◆ **organisation ~** charitable organization, charity b *(= gentil)* kind (*envers* to, towards); ◆ **ce n'est pas très ~ de votre part** that's rather uncharitable *ou* unkind of you ◆ **merci de tes conseils ~s** *(iro)* thanks for your kind advice *(iro)*; → **âme**

**charitablement** /ʃaʀitabləmɑ̃/ ADV *(= avec charité)* charitably; *(= gentiment)* kindly ◆ **je vous avertis ~ que la prochaine fois ...** *(iro)* let me give you a friendly warning that next time ...

**charité** /ʃaʀite/ NF a *(= bonté, amour)* charity; *(= gentillesse)* kindness; *(Rel)* charity, love ◆ **il a eu la ~ de faire** he was kind enough to do ◆ **faites-moi la ~ de ..., ayez la ~ de ...** be so kind as to ... ◆ **ce serait une ~ à lui faire que de ...** it would be doing him a kindness *ou* a good turn to ... ◆ **faire preuve de ~ chrétienne** to show Christian charity; → **dame, sœur**

b *(= aumône)* charity ◆ **demander la ~** *(lit)* to ask *ou* beg for charity; *(fig)* to come begging ◆ **faire la ~** to give to charity ◆ **faire la ~ à** *[+ mendiants]* to give (something) to ◆ **je ne veux pas qu'on me fasse la ~** I don't want charity ◆ **la ~, ma bonne dame !** could you spare me some change? ◆ **vivre de la ~ publique** to live on (public) charity ◆ **vivre des ~s de ses voisins** to live on the charity of one's neighbours ◆ **~ bien ordonnée commence par soi-même** *(Prov)* charity begins at home *(Prov)* ◆ **fête de ~** charity fète; → **vente**

**charivari** /ʃaʀivaʀi/ NM hullabaloo

**charlatan** /ʃaʀlatɑ̃/ NM *(péj)* *(= médecin)* quack, charlatan; *(= pharmacien, vendeur)* crook, mountebank *(littér)*; *(= plombier, maçon)* cowboy *; *(= politicien)* charlatan, phoney *

**charlatanerie** /ʃaʀlatanʀi/ NF ⇒ **charlatanisme**

**charlatanesque** /ʃaʀlatanɛsk/ ADJ *(de guérisseur)* *[méthodes, remède]* quack *(épith)*; *(de démagogue, d'escroc)* *[méthodes]* phoney *, bogus

**charlatanisme** /ʃaʀlatanism/ NM *[de guérisseur]* quackery, charlatanism; *[de politicien]* charlatanism, trickery

**Charlemagne** /ʃaʀləmaɲ/ NM Charlemagne

**Charles** /ʃaʀl/ NM Charles ◆ **~ le Téméraire** Charles the Bold ◆ **~ Quint** Charles the Fifth (of Spain) ◆ **~ Martel** Charles Martel

**charleston** /ʃaʀlɛstɔn/ NM *(= danse)* charleston

**charlot** /ʃaʀlo/ NM a *(Ciné)* **Charlot** *(= personnage)* Charlie Chaplin; *(= film)* Charlie Chaplin film b *(péj)* *(= peu sérieux)* phoney *; *(= paresseux)* shirker, skiver *

**charlotte** /ʃaʀlɔt/ NF *(= gâteau)* charlotte; *(= coiffure)* mobcap

**charmant, e** /ʃaʀmɑ̃, ɑ̃t/ ADJ a *(= aimable)* *[hôte, jeune fille, employé]* charming; *[enfant]* sweet, delightful; *[sourire, manières]* charming, engaging ◆ **il s'est montré ~** he was charming ◆ **c'est un collaborateur ~** he is a charming *ou* delightful man to work with; → **prince** b *(= agréable)* *[séjour, soirée]* delightful, lovely ◆ **eh bien c'est ~ !** *(iro)* charming! *(iro)* ◆ **~e soirée !** *(iro)* great evening! *(iro)* c *(= ravissant)* *[robe, village, jeune fille, sourire]* lovely, charming

**charme**[1] /ʃaʀm/ NM *(Bot)* hornbeam

**charme**[2] /ʃaʀm/ NM a *(= attrait)* *[de personne, musique, paysage]* charm ◆ **elle a beaucoup de ~** she has great charm ◆ **ça lui donne un certain ~** that gives him a certain charm *ou* appeal ◆ **cette vieille maison a son ~** this old house has its charm ◆ **c'est ce qui en fait (tout) le ~** that's where its attraction lies, that's what is so delightful about it ◆ **ça ne manque pas de ~** it's not without (a certain) charm ◆ **ça a peut-être du ~ pour vous, mais ...** it may appeal to you but ... ◆ **je suis assez peu sensible aux ~s d'une promenade sous la pluie** *(hum)* a walk in the rain holds few attractions for me

◆ **de charme** ◆ **chanteur de ~** crooner ◆ **émission/photos de ~** soft porn programme/photographs ◆ **magazine de ~** *(euph)* girlie * magazine ◆ **hôtel de ~** *attractive privately-run hotel* ◆ **il nous a fait son petit numéro de ~** he turned on the charm * ◆ **opération** *ou* **offensive de ~** charm offensive

b *(= envoûtement)* spell ◆ **subir** *ou* **être sous le ~ de qn** to be under sb's spell ◆ **exercer un ~ sur qn** to have sb under one's spell ◆ **il est tombé sous son ~** he has fallen under her spell ◆ **tenir qn sous le ~ (de)** to captivate sb (with), to hold sb spellbound (with) ◆ **le ~ est rompu** the spell is broken ◆ **le public était sous le ~** the audience was spellbound

c *(loc)* **faire du ~** to turn *ou* switch on the charm ◆ **faire du ~ à qn** to try to charm sb, to use one's charm on sb ◆ **aller** *ou* **se porter comme un ~** to be *ou* feel as fit as a fiddle

NMPL **charmes** *(hum = attraits d'une femme)* charms *(hum)* ◆ **il doit avoir des ~s cachés** he must have hidden talents; → **commerce**

**charmé, e** /ʃaʀme/ (ptp de **charmer**) ADJ ◆ **être ~ de faire qch** to be delighted to do sth

**charmer** /ʃaʀme/ ▸ conjug 1 ◂ VT *[+ public]* to charm, to enchant; *[+ serpents]* to charm; *(†, littér) [+ peine, douleur]* to charm away ◆ **elle a des manières qui charment** she has charming *ou* delightful ways ◆ **spectacle qui charme l'oreille et le regard** performance that charms *ou* enchants both the ear and the eye

**charmeur, -euse** /ʃaʀmœʀ, øz/ ADJ *[sourire, manières]* winning, engaging; *[style]* charming NM,F *(= séducteur)* charmer ◆ ~ **de serpent** snake charmer

**charmille** /ʃaʀmij/ NF arbour *(Brit)*, arbor *(US)*; *(= allée d'arbres)* tree-covered walk

**charnel, -elle** /ʃaʀnɛl/ ADJ *(frm) [amour, désir]* carnal ◆ **l'acte ~, l'union ~le** the carnal act *(frm)* ◆ **le contact** ~ physical contact ◆ **enveloppe ~le** mortal coil ◆ **liens ~s** blood ties

**charnellement** /ʃaʀnɛlmɑ̃/ ADV *(frm, littér) [convoiter]* sexually ◆ **connaître** ~ to have carnal knowledge of *(littér)* ◆ **pécher** ~ to commit the sin of the flesh *(littér)*

**charnier** /ʃaʀnje/ NM *[de victimes]* mass grave; *(†† = ossuaire)* charnel house

**charnière** /ʃaʀnjɛʀ/ NF a *[de porte, fenêtre, coquille]* hinge; *[de timbre de collection]* (stamp) hinge; → **nom** b *(= transition)* turning point ◆ **époque/rôle** ~ pivotal period/ role ◆ **moment** ~ turning point *(de* in*)*; ◆ **un parti** ~ a party that occupies the middle ground ◆ **un roman** ~ a novel that marks a turning point *ou* a transition ◆ **à la ~ de deux époques** at the cusp of two eras ◆ **la ville est située à la ~ de l'Occident et l'Orient** it's a city where East meets West c *(Mil)* pivot

**charnu, e** /ʃaʀny/ ADJ *[lèvres]* fleshy, thick; *[fruit, bras]* plump, fleshy; *[voix, timbre]* rich ◆ **les parties ~es du corps** the fleshy parts of the body ◆ **sur la partie ~e de son individu** *(hum)* on the fleshy part of his person *(hum)*

**charognard** /ʃaʀɔɲaʀ/ NM *(lit)* carrion eater; *(fig)* vulture

**charogne** /ʃaʀɔɲ/ NF *(= cadavre)* carrion *(NonC)*, decaying carcass; *(* ** *= salaud) (femme)* bitch** , *(homme)* bastard** , sod** *(Brit)*

**charolais, e** /ʃaʀɔlɛ, ɛz/ ADJ of *ou* from Charolais NM **Charolais** a **le Charolais** *(= région)* Charolais b *(= viande)* ~ Charolais beef NM,F *(= bétail)* Charolais

**charpente** /ʃaʀpɑ̃t/ NF a *[de bâtiment]* frame(work), skeleton; *[de toit]* (roof) structure ◆ ~ **en bois/métallique** timber/steel frame(work); → **bois** b *[de feuille]* skeleton; *[de roman]* structure, framework ◆ **le squelette est la ~ du corps** the skeleton is the framework of the body c *(= carrure)* build, frame ◆ **quelle solide ~ !** he's well-built! ◆ ~ **fragile/épaisse** fragile/stocky build

**charpenté, e** /ʃaʀpɑ̃te/ ADJ *[vin]* robust ◆ **bien/ solidement** ~ *[personne]* well/solidly built; *[texte, argumentation]* well/solidly structured

**charpentier** /ʃaʀpɑ̃tje/ NM *(Constr)* carpenter ◆ ~ **de marine** shipwright

**charpie** /ʃaʀpi/ NF a *(Hist = pansement)* shredded linen *(used to dress wounds)* b *(loc)* **c'est de la** ~ *[viande]* it's been cooked to shreds; *[vêtements]* they're (all) in shreds *ou* ribbons, they're falling to pieces ◆ **mettre** *ou* **réduire en** ~ *[+ papier, vêtements] (= déchirer)* to tear to shreds; *[+ viande] (= hacher menu)* to mince ◆ **je vais le mettre en ~ !** I'll tear him to shreds!, I'll make mincemeat of him! ◆ **il s'est fait mettre en ~ par le train** he was mangled by the train

**charre** * /ʃaʀ/ NM ⇒ **char²**

**charretée** /ʃaʀte/ NF *(lit)* cartload *(de* of*)*; ◆ **une ~ de** *, **des ~s de** * *(= grande quantité de)* loads * *ou* stacks * of

**charretier, -ière** /ʃaʀtje, jɛʀ/ NM,F carter ◆ **de** ~ *(péj) [langage, manières]* coarse; → **chemin, jurer**

**charrette** /ʃaʀɛt/ NF a *(lit)* cart ◆ ~ **à bras** handcart, barrow ◆ ~ **anglaise** dogcart ◆ ~ **des condamnés** tumbril ◆ **il a fait partie de la dernière** ~ *(= licenciements)* he went in the last round of redundancies *(Brit) ou* layoffs b *(= travail urgent)* urgent job *ou* piece of work ◆ **faire une** ~ * to work flat out * ◆ **être (en pleine)** ~ * to be working against the clock

**charriage** /ʃaʀjaʒ/ NM a *(= transport)* carriage, cartage b *(Géol = déplacement)* overthrusting; → **nappe**

**charrier** /ʃaʀje/ ▸ conjug 7 ◂ VT a *(= transporter) (dans une brouette, sur le dos)* to cart (along); *[camion]* to carry, to cart ◆ **on a passé des heures à ~ du charbon** we spent hours heaving *ou* carting coal
b *(= entraîner) [fleuve, coulée, avalanche]* to carry *ou* sweep along ◆ **le ciel** *ou* **le vent charriait de lourds nuages** *(littér)* the wind sent heavy clouds scudding across the sky ◆ **l'idéologie qu'il charrie** *(péj)* the ideology he propounds ◆ **les obscénités charriées par ses romans** the obscenities with which his novels are littered
c ~ **qn** * *(= taquiner qn)* to tease sb, to take the mickey out of sb * *(Brit)*; *(= raconter des histoires à qn)* to kid sb *, to have sb on * *(Brit)*, to put sb on * *(US)*
VI * *(= abuser)* to go too far, to overstep the mark; *(= plaisanter)* to be kidding *, to be joking * ◆ **tu charries, elle n'est pas si vieille !** come on * *ou* come off it * *(Brit)* – she's not that old! ◆ **faut pas** *ou* **faudrait pas ~ !** that's a bit much! *ou* rich! * *(Brit)*

**charrieur, -euse** * /ʃaʀjœʀ, øz/ NM,F ◆ **c'est un** ~ *(= il abuse)* he's always going too far *ou* overstepping the mark; *(= il plaisante)* he's always having *(Brit) ou* putting *(US)* people on * ◆ **il est un peu** ~ he's a bit of a joker *

**charroi** †† /ʃaʀwa/ NM *(= transport)* cartage

**charron** /ʃaʀɔ̃/ NM cartwright, wheelwright

**charroyer** /ʃaʀwaje/ ▸ conjug 8 ◂ VT *(littér) (par charrette)* to cart; *(laborieusement)* to cart (along), to heave (along)

**charrue** /ʃaʀy/ NF plough *(Brit)*, plow *(US)* ◆ **mettre la ~ devant** *ou* **avant les bœufs** *(fig)* to put the cart before the horse

**charte** /ʃaʀt/ NF *(Hist, Pol = convention)* charter; *(Hist = titre, contrat)* title, deed ◆ **accorder une ~ à** to grant a charter to, to charter ◆ **la Charte des Nations unies** the United Nations Charter ◆ **l'École (nationale) des ~s, les Chartes** the École des Chartes *(French national school of archival studies and palaeography)*

**charter** /ʃaʀtɛʀ/ NM *(= vol)* charter flight; *(= avion)* charter(ed) plane ADJ INV *[vol, billet, prix]* charter *(épith)* ◆ **avion** ~ charter(ed) plane

**chartisme** /ʃaʀtism/ NM *(Pol Brit)* Chartism

**chartiste** /ʃaʀtist/ ADJ *(Pol Brit)* Chartist NMF *(= élève)* student of the École des Chartes; *(Pol Brit)* Chartist; *(= analyste)* chartist

**chartreuse** /ʃaʀtʀøz/ NF *(= liqueur)* chartreuse; *(= couvent)* Charterhouse, Carthusian monastery; *(= religieuse)* Carthusian nun

**chartreux** /ʃaʀtʀø/ NM *(= religieux)* Carthusian monk; *(= chat)* Chartreux

**Charybde** /kaʀibd/ NM Charybdis ◆ **tomber de ~ en Scylla** to jump out of the frying pan into the fire

**chas** /ʃɑ/ NM eye *(of needle)*

**chasse¹** /ʃas/ NF a *(gén)* hunting; *(au fusil)* shooting, hunting ◆ **aller à la** ~ *(gén)* to go hunting; *(avec fusil)* to go shooting *ou* hunting ◆ **aller à la ~ aux papillons** to go catching butterflies ◆ ~ **au faisan** pheasant shooting ◆ ~ **au lapin** rabbit shooting, rabbiting ◆ ~ **au renard/au chamois/au gros gibier** fox/chamois/big game hunting ◆ **air/ habits de** ~ hunting tune/clothes; → **chien, cor¹, fusil** *etc*
b *(= période) (gén)* hunting season; *(au fusil)* hunting season, shooting season ◆ **la ~ est ouverte/fermée** it's the open/close season *(Brit)*, it's open/closed season *(US)*
c *(= gibier)* game ◆ **manger/partager la** ~ to eat/share the game ◆ **faire (une) bonne** ~ to get a good bag ◆ **bonne ~ !** *(lit)* have a good day's shooting!; *(fig)* happy hunting!
d *(= domaine)* shoot, hunting ground ◆ **louer une** ~ to rent a shoot, to rent land to shoot *ou* hunt on ◆ **une ~ giboyeuse** a well-stocked shoot
e *(= chasseurs)* **la** ~ the hunt
f *(Aviat)* **la** ~ the fighters; → **avion, pilote**
g *(= poursuite)* chase ◆ **une ~ effrénée dans les rues** a frantic chase through the streets
h *(loc)* **faire la ~ à** *[+ souris, moustiques]* to hunt down, to chase; *[+ abus, erreurs]* to hunt down, to track down ◆ **faire la ~ aux appartements/occasions** to go flat- *(Brit) ou* apartment- *(US)*/bargain-hunting ◆ **faire la ~ au mari** to be searching *ou* looking for a husband, to be in search of a husband ◆ **prendre en ~, donner la ~ à** *[+ fuyard, voiture]* to give chase to, to chase after; *[+ avion, navire, ennemi]* to give chase to ◆ **donner la** ~ *(Aviat, Mil, Naut)* to give chase ◆ **se mettre en ~ pour trouver qch** to go hunting for sth ◆ **être en** ~ *[chienne]* to be on *(Brit) ou* in *(US)* heat; *[chien]* to be on the trail ◆ **qui va à la ~ perd sa place** *(Prov)* he who leaves his place loses it

COMP ▷ **chasse à l'affût** hunting (from a hide *(Brit) ou* blind *(US)*) ▷ **chasse au chevreuil** deer hunting, deer-stalking ▷ **chasse à courre** *(= sport)* hunting with hounds; *(= partie de chasse)* hunt ▷ **chasse au furet** ferreting ▷ **chasse gardée** *(lit)* private hunting (ground), private shoot; *(fig)* exclusive preserve *ou* domain ◆ **elle est mignonne – attention, c'est ~ gardée !** she's cute – hands off! she's already spoken for *ou* taken * ◆ **"chasse gardée"** *(panneau)* "private, poachers will be prosecuted" ▷ **chasse à l'homme** manhunt ▷ **chasse aux sorcières** witch hunt ◆ **faire la ~ aux sorcières** to conduct a witch hunt ▷ **chasse sous-marine** harpooning, harpoon fishing ▷ **chasse de têtes** headhunting ▷ **chasse à tir** shooting ▷ **chasse au trésor** treasure hunt

**chasse²** /ʃas/ NF a ◆ ~ **(d'eau** *ou* **des cabinets)** (toilet) flush ◆ **actionner** *ou* **tirer la** ~ to flush the toilet; *(avec chaîne)* to pull the chain b *(Typo)* body (width), set (width)

**chassé** /ʃase/ NM *(= danse)* chassé

**châsse** /ʃɑs/ NF *(= reliquaire)* reliquary, shrine; *(* * *= œil)* eye, peeper *; *(= monture) [de bague, bijou]* setting; *[de lancette]* handle

**chasse-clou** (pl **chasse-clous**) /ʃasklu/ NM nail punch

**chassé-croisé** (pl **chassés-croisés**) /ʃasekʀwaze/ NM a *(Danse)* chassé-croisé, set to partners b *(fig)* **avec tous ces chassés-croisés nous ne nous sommes pas vus depuis six mois** with all these to-ings and fro-ings we haven't seen each other for six months ◆ **une période de chassés-croisés sur les routes** a period of heavy two-way traffic ◆ **les**

**ferries vont et viennent en un ~ régulier** the ferries ply to and fro continuously

**chasselas** /ʃasla/ NM chasselas grape

**chasse-mouche** (pl **chasse-mouches**) /ʃasmuʃ/ NM flyswatter, fly whisk *(Brit)*

**chasse-neige** (pl **chasse-neige(s)**) /ʃasnɛʒ/ NM *(= instrument)* snowplough *(Brit)*, snowplow *(US)*; *(= position du skieur)* snowplough *(Brit)*, snowplow *(US)*, wedge ◆ **~ à soufflerie** snow-blower ◆ **descendre une pente en ~** to snowplough *(Brit)* ou snowplow *(US)* down a slope

**chasse-pierres** /ʃaspjɛʀ/ NM INV cowcatcher

**chassepot** /ʃaspo/ NM *(Hist)* chassepot (rifle)

**chasser** /ʃase/ ▸ conjug 1 ◂ VT **a** *(gén)* to hunt; *(au fusil)* to shoot, to hunt ◆ **~ à l'affût/au filet** to hunt from a hide *(Brit)* ou blind *(US)*/with a net ◆ **~ le faisan/le cerf** to go pheasant-shooting/deer hunting ◆ **il chasse le lion en Afrique** he is shooting lions ou lion-shooting in Africa ◆ **il chasse de race** *(il est dans la lignée)* it runs in the family, he is carrying on the family tradition; → **chien**

**b** *(= faire partir) [+ importun, animal, ennemi]* to drive ou chase out ou away; *[+ domestique, fils indigne]* to turn out; *[+ immigrant]* to drive out, to expel; *[+ touristes, clients]* to drive away, to chase away ◆ **chassant de la main les insectes** brushing away ou driving off (the) insects with his hand ◆ **il a chassé les gamins du jardin** he chased ou drove the kids out of the garden ◆ **mon père m'a chassé de la maison** my father has turned ou thrown me out of the house ◆ **le brouillard nous a chassés de la plage** we were driven off the beach by the fog ◆ **ces touristes, ils vont finir par nous ~ de chez nous** these tourists will end up driving us away from our own homes ◆ **il a été chassé de son pays par le nazisme** he was forced to flee his country because of the Nazis, Nazism drove him from his country ◆ **chassez le naturel, il revient au galop** *(Prov)* what's bred in the bone comes out in the flesh *(Prov)* → **faim**

**c** *(= dissiper) [+ odeur]* to dispel, to drive away; *[+ idée]* to dismiss, to chase away; *[+ souci, doute]* to dispel, to drive away, to chase away; *[+ brouillard]* to dispel ◆ **essayant de ~ ces images obsédantes** trying to chase away ou dismiss these haunting images ◆ **il faut ~ cette idée de ta tête** you must get that idea out of your head ou dismiss that idea from your mind ◆ **le soleil a chassé les nuages** the sun has chased the clouds away

**d** *(Tech) [+ clou]* to drive in

**e** *(= éjecter) [+ douille, eau d'un tuyau]* to drive out; → **clou**

VI **a** *(= aller à la chasse) (gén)* to go hunting; *(au fusil)* to go shooting ou hunting ◆ **~ sur les terres de qn** *(fig)* to poach on sb's territory

**b** *(= déraper) [véhicule, roues]* to skid; *[ancre]* to drag ◆ **~ sur ses ancres** to drag its anchors

> ⚠ **chasser** *se traduit par* **to chase** *uniquement au sens de 'courir après'.*

**chasseresse** /ʃasʀɛs/ NF *(littér)* huntress *(littér)*; → **Diane**

**chasseur** /ʃasœʀ/ NM **a** *(gén)* hunter; *(à courre)* hunter, huntsman ◆ **~-cueilleur** *(Anthropologie)* hunter-gatherer ◆ **~ de baleines** whaler ◆ **~ de phoques** sealer ◆ **~ de papillons** butterfly catcher ◆ **c'est un très bon ~** *(gén)* he's a very good hunter; *(au fusil)* he's an excellent shot ◆ **c'est un grand ~ de renards** he's a great one for foxhunting, he's a great foxhunter

**b** *(Mil) (= soldat)* chasseur; *(= avion)* fighter ◆ **le 3ᵉ ~** *(= régiment)* the 3rd (regiment of) chasseurs

**c** *(= garçon d'hôtel)* page (boy), messenger (boy), bellboy *(US)*

**d** *(Culin)* **poulet/lapin ~** chicken/rabbit chasseur *(chicken/rabbit cooked with mushrooms and white wine)*

COMP ▷ **chasseur alpin** mountain infantryman ◆ **les ~s alpins** the mountain infantry, the alpine chasseurs ▷ **chasseur d'autographes** autograph hunter ▷ **chasseur à cheval** *(Hist Mil)* cavalryman ◆ **les ~s à cheval** the cavalry ▷ **chasseur d'images** roving amateur photographer ▷ **chasseur de mines** minesweeper ▷ **chasseur à pied** *(Hist Mil)* infantryman ◆ **les ~s à pied** the infantry ▷ **chasseur de primes** bounty hunter ▷ **chasseur à réaction** jet fighter ▷ **chasseur de sous-marins** submarine chaser ▷ **chasseur de têtes** *(lit, fig)* headhunter

**chasseur-bombardier** (pl **chasseurs-bombardiers**) /ʃasœʀbɔ̃baʀdje/ NM *(Aviat Mil)* fighter-bomber

**chasseuse** /ʃasøz/ NF huntswoman, hunter, huntress *(littér)*

**chassie** /ʃasi/ NF *[de yeux]* sticky matter *(in eye)*, sleep *

**chassieux, -ieuse** /ʃasjø, jøz/ ADJ *[yeux]* sticky, gummy; *[personne, animal]* gummy- ou sticky-eyed ◆ **avoir les yeux ~** to have sleep * in one's eyes

**châssis** /ʃɑsi/ NM **a** *[de véhicule]* chassis; *[de machine]* sub- ou under-frame **b** *(= encadrement) [de fenêtre]* frame; *[de toile, tableau]* stretcher; *(Typo)* chase; *(Photo)* (printing) frame ◆ **~ mobile/dormant** opening/fixed frame **c** *(‡ = corps féminin)* body, figure, chassis ‡ *(US)* ◆ **elle a un beau ~ !** she's got a hell of a figure! ‡ **d** *(Agr)* cold frame

**chaste** /ʃast/ ADJ chaste; *(hum) [oreilles]* delicate ◆ **de ~s jeunes filles** chaste young girls ◆ **mener une vie ~** to lead a celibate life, to live the life of a nun (ou a monk)

**chastement** /ʃastəmɑ̃/ ADV chastely

**chasteté** /ʃastəte/ NF chastity; → **ceinture**

**chasuble** /ʃazybl/ NF chasuble; → **robe**

**chat** /ʃa/ NM **a** *(= animal) (gén)* cat ◆ **~ persan/siamois** Persian/Siamese cat ◆ **petit ~** kitten ◆ **mon petit ~** *(terme d'affection, à un enfant)* pet *, poppet * *(Brit)*; *(à une femme)* sweetie *

**b** *(= jeu)* tag, tig *(Brit)* ◆ **jouer à ~** to play tag ou tig *(Brit)*, to have a game of tag ou tig *(Brit)* ◆ **(c'est toi le) ~ !** you're it!

**c** *(loc)* **il n'y avait pas un ~ dehors** there wasn't a soul outside ◆ **avoir un ~ dans la gorge** to have a frog in one's throat ◆ **il a acheté cette voiture ~ en poche** he bought a pig in a poke when he got that car, he hardly even looked at the car before buying it ◆ **jouer au ~ et à la souris** to play cat and mouse ◆ **j'ai d'autres ~s à fouetter** I've other fish to fry ◆ **il n'y a pas de quoi fouetter un ~** it's nothing to make a fuss about ◆ **~ échaudé craint l'eau froide** *(Prov)* once bitten, twice shy *(Prov)* ◆ **quand le ~ n'est pas là les souris dansent** *(Prov)* when the cat's away the mice will play *(Prov)* ◆ **à bon ~ bon rat** *(Prov)* tit for tat; → **appeler, chien** *etc*

COMP ▷ **chat de gouttière** ordinary cat, alley cat ▷ **chat à neuf queues** cat-o'-nine-tails ▷ **chat perché** *(= jeu)* off-ground tag ou tig *(Brit)* ▷ **chat sauvage** wildcat

**châtaigne** /ʃɑtɛɲ/ NF **a** *(= fruit)* (sweet) chestnut ◆ **~ d'eau** water chestnut **b** *(‡ = coup de poing)* punch, clout * *(Brit)* ◆ **flanquer une ~ à qn** to punch ou clout * *(Brit)* sb, to give sb a clout * *(Brit)* **c** *(* = décharge électrique)* (electric) shock

**châtaigneraie** /ʃɑtɛɲʀɛ/ NF chestnut grove

**châtaignier** /ʃɑteɲe/ NM *(= arbre)* (sweet) chestnut tree; *(= bois)* chestnut

**châtain** /ʃɑtɛ̃/ NM chestnut brown ADJ M *[cheveux]* chestnut (brown); *[personne]* brown-haired ◆ **elle est ~ clair/roux** she has light brown hair/auburn hair

**château** (pl **châteaux**) /ʃɑto/ NM **a** *(= forteresse)* castle; *(= résidence royale)* palace, castle; *(= gentilhommière)* mansion, stately home; *(en France)* château; *(= vignoble)* château ◆ **les ~x de la Loire** the châteaux of the Loire ◆ **le ~ de Versailles** the Palace of Versailles ◆ **bâtir** ou **faire des ~x en Espagne** *(fig)* to build castles in the air ou in Spain ◆ **il est un peu ~ branlant** he's not very steady on his legs, he's a bit wobbly on his pins * *(Brit)*; → **vie** **b** *(* : Culin)* chateaubriand

COMP ▷ **château d'arrière** *(Naut)* aftercastle ▷ **château d'avant** *(Naut)* forecastle, fo'c'sle ▷ **château de cartes** *(Cartes, fig)* house of cards ▷ **château d'eau** water tower ▷ **château fort** stronghold, fortified castle ▷ **château de sable** sand castle

**chateaubriand, châteaubriant** /ʃatobʀijɑ̃/ NM *(Culin)* chateaubriand, chateaubriant

**Château-la-Pompe** /ʃatolapɔ̃p/ NM INV *(hum)* water

**châtelain** /ʃɑt(ə)lɛ̃/ NM **a** *(Hist = seigneur)* (feudal) lord ◆ **le ~** the lord of the manor **b** *(= propriétaire) (d'ancienne date)* squire; *(nouveau riche)* owner of a manor

**châtelaine** /ʃɑt(ə)lɛn/ NF **a** *(= propriétaire)* owner of a manor **b** *(= épouse)* lady (of the manor), chatelaine **c** *(= ceinture)* chatelaine, châtelaine

**chat-huant** (pl **chats-huants**) /ʃayɑ̃/ NM screech owl, barn owl

**châtié, e** /ʃɑtje/ (ptp de **châtier**) ADJ *[style]* polished, refined; *[langage]* refined

**châtier** /ʃɑtje/ ▸ conjug 7 ◂ VT **a** *(littér = punir) [+ coupable]* to chastise *(littér)*, to castigate *(littér)*, to punish; *[+ faute]* to punish; *(Rel) [+ corps]* to chasten, to mortify ◆ **~ l'insolence de qn** to chastise ou punish sb for his insolence; → **qui** **b** *(= soigner) [+ style]* to polish, to refine; *[+ langage]* to refine

**chatière** /ʃatjɛʀ/ NF *(= porte)* cat-flap; *(= trou d'aération)* (air-)vent, ventilation hole; *(= piège)* cat-trap

**châtiment** /ʃɑtimɑ̃/ NM *(littér)* chastisement *(littér)*, castigation *(littér)*, punishment ◆ **~ corporel** corporal punishment

**chatoiement** /ʃatwamɑ̃/ NM *[de vitraux]* glistening; *[de reflet, étoffe]* shimmer(ing); *[de bijoux, plumage]* glistening, shimmer(ing); *[de couleurs, style]* sparkle

**chaton¹** /ʃatɔ̃/ NM **a** *(Zool)* kitten **b** *(Bot)* catkin ◆ **~s de poussière** balls of fluff

**chaton²** /ʃatɔ̃/ NM *(= monture)* bezel, setting; *(= pierre)* stone

**chatouille** * /ʃatuj/ NF tickle ◆ **faire des ~s à qn** to tickle sb ◆ **craindre les ~s** ou **la ~** to be ticklish

**chatouillement** /ʃatujmɑ̃/ NM *(gén)* tickling *(NonC)*; *(dans le nez, la gorge)* tickle

**chatouiller** /ʃatuje/ ▸ conjug 1 ◂ VT **a** *(lit)* to tickle ◆ **arrête, ça chatouille !** don't, that tickles! ou you're tickling! **b** *[+ amour-propre, curiosité]* to tickle, to titillate; *[+ palais, odorat]* to titillate **c** *(† ou hum)* **~ les côtes à qn** to tan sb's hide

**chatouilleux, -euse** /ʃatujø, øz/ **ADJ** a *(lit)* ticklish b *(= susceptible) [personne, caractère]* touchy ◆ **il est un peu ~ sur le sujet** he's a bit touchy about it

**chatouillis** * /ʃatuji/ **NM** light *ou* gentle tickling ◆ **faire des ~ à qn** to tickle sb lightly *ou* gently

**chatoyant, e** /ʃatwajɑ̃, ɑ̃t/ **ADJ** *[reflet, étoffe, bijoux, plumage]* shimmering; *[couleurs, style]* sparkling ◆ **l'éclat ~ des pierreries** the way the gems sparkle in the light

**chatoyer** /ʃatwaje/ ▸ conjug 8 ◂ **VI** *[vitraux]* to glisten; *[reflet, étoffe]* to shimmer; *[bijoux, plumage]* to glisten, to shimmer; *[couleurs, style]* to sparkle

**châtré** ⁑ /ʃɑtʀe/ **NM** *(lit, fig)* eunuch ◆ **voix de ~** squeaky little voice

**châtrer** /ʃɑtʀe/ ▸ conjug 1 ◂ **VT** *[+ taureau, cheval]* to castrate, to geld; *[+ chat]* to neuter, to castrate, to fix *(US)*; *[+ homme]* to castrate, to emasculate; *(littér) [+ texte]* to mutilate, to bowdlerize

**chatte** /ʃat/ **NF** *(Zool)* (female) cat; *(*⁑ *= vagin)* pussy *⁑ ◆ **elle est très ~** she's very kittenish ◆ **ma (petite) ~** *(terme d'affection)* (my) pet *, sweetie(-pie) *

**chatter** /tʃate/ **VI** to chat *(on the Net)*

**chatterie** /ʃatʀi/ **NF** *(= friandise)* titbit, dainty morsel ◆ **aimer les ~s** to love a little delicacy *ou* a dainty morsel **NFPL chatteries** † *(= caresses)* playful attentions *ou* caresses; *(= minauderies)* kittenish ways ◆ **faire des ~s à qn** to make a fuss of sb

**chatterton** /ʃatɛʀtɔn/ **NM** (adhesive) insulating tape

**chatteur, -euse** /tʃatœʀ, øz/ **NM, F** chatter

**chat-tigre** (pl **chats-tigres**) /ʃatigʀ/ **NM** tiger cat

**chaud, chaude** /ʃo, ʃod/ **ADJ** a *[température]* warm; *(très chaud)* hot ◆ **les climats ~s** warm climates; *(très chaud)* hot climates ◆ **l'eau du lac n'est pas assez ~e pour se baigner** the lake isn't warm enough for bathing ◆ **bois ton thé pendant qu'il est ~** drink your tea while it's hot ◆ **repas ~** hot meal ◆ **tous les plats étaient servis très ~s** all the dishes were served up piping hot ◆ **cela sort tout ~ du four** it's (piping) hot from the oven ◆ **il a des nouvelles toutes ~es** he's got some news hot from the press *ou* some hot news ◆ **sa place est encore ~e et il y en a déjà qui se pressent pour le remplacer** he's only just left and some people can't wait to step into his shoes; → **battre, main** *etc*

b *[couverture, vêtement]* warm

c *(= vif, passionné) [félicitations]* warm, hearty; *(littér) [amitié]* warm; *[partisan]* keen, ardent; *[admirateur]* warm, ardent; *[recommandation]* wholehearted, enthusiastic; *[discussion]* heated ◆ **la bataille a été ~e** it was a fierce battle, the battle was fast and furious ◆ **être ~ (pour faire/pour qch)** * to be enthusiastic (about doing/about sth), to be keen (on doing/on sth) *(Brit)* ◆ **il n'est pas très ~ pour conduire de nuit** * he doesn't much like driving at night, he is not very *ou* too keen *(Brit)* on driving at night

d *(= difficile)* **les endroits ~s de la ville** the city's trouble spots ◆ **les points ~s du globe** the world's hot spots *ou* flashpoints ◆ **la rentrée sera ~e** there's going to be a lot of social unrest in the autumn ◆ **l'alerte a été ~e** it was a near *ou* close thing

e *[voix, couleur]* warm

f *(* = sensuel) [personne, tempérament]* hot, randy * *(Brit)* ◆ **quartier ~** red-light district ◆ **c'est un ~ lapin !** he's a bit of a skirt chaser! *, he's a randy devil! * *(Brit)*

g *(Phys Nucl) [produits, zone]* hot

**NM** *(= chaleur)* ◆ **le ~** (the) heat ◆ **elle souffre autant du ~ que du froid** she suffers as much from the heat as from the cold

◆ **au chaud** ◆ **restez donc au ~** stay in the warm ◆ **garder** *ou* **tenir qch au ~** *(lit, fig)* to keep sth warm *ou* hot ◆ **garder un enfant enrhumé au ~** to keep a child with a cold (indoors) in the warmth

◆ **à chaud** *(Tech) [travailler]* under heat ◆ **réaction à ~** knee-jerk reaction ◆ **reportage à ~** on-the-spot report ◆ **il a été opéré à ~** he had an emergency operation; → **souder**

**ADV** ◆ **avoir ~** to be warm, to feel warm; *(très chaud)* to be hot, to feel hot ◆ **avez-vous assez ~ ?** are you warm enough? ◆ **on a trop ~ ici** it's too hot in here ◆ **j'ai eu ~ !** * *(= de la chance)* I had a lucky *ou* narrow escape, it was a close shave ◆ **il fait ~** it's hot *ou* warm ◆ **il fera ~ le jour où il voudra bien travailler** * that'll be the day when he decides to work ◆ **ça ne me fait ni ~ ni froid** I couldn't care less, it makes no difference to me ◆ **ça fait ~ au cœur** it's heart-warming ◆ **manger ~** to have a hot meal, to eat something hot ◆ **boire ~** to have *ou* take hot drinks ◆ **il a fallu tellement attendre qu'on n'a pas pu manger ~** we had to wait so long the food had gone cold ◆ **"servir chaud"** "serve hot" ◆ **~ devant !** mind your back (*ou* backs)! ◆ **une robe qui tient ~** a warm dress ◆ **tenir trop ~ à qn** to make sb too hot ◆ **ça m'a donné ~** *[course]* it made me really hot; → **souffler**

**NF chaude** *(† = flambée)* blaze

**COMP** ▷ **chaud et froid** *(Méd)* chill

**chaudement** /ʃodmɑ̃/ **ADV** *[s'habiller]* warmly; *[féliciter, recommander]* warmly, heartily; *[argumenter]* heatedly, hotly ◆ **~ disputé** hotly disputed ◆ **comment ça va ? – ~ !** *(hum)* how are you? – (I'm) hot!

**chaude-pisse** ⁑ (pl **chaudes-pisses**) /ʃodpis/ **NF** clap *⁑

**chaud-froid** (pl **chauds-froids**) /ʃofʀwɑ/ **NM** *(Culin)* chaudfroid

**chaudière** /ʃodjɛʀ/ **NF** *[de locomotive, chauffage central]* boiler ◆ **~ à gaz** gas-fired boiler

**chaudron** /ʃodʀɔ̃/ **NM** cauldron

**chaudronnerie** /ʃodʀɔnʀi/ **NF** a *(= métier)* boilermaking, boilerwork; *(= industrie)* boilermaking industry b *(= boutique)* coppersmith's workshop; *(= usine)* boilerworks c *(= produits)* **grosse ~** industrial boilers ◆ **petite ~** pots and pans

**chaudronnier, -ière** /ʃodʀɔnje, jɛʀ/ **NM,F** *(= artisan)* coppersmith; *(= ouvrier)* boilermaker

**chauffage** /ʃofaʒ/ **NM** *(= action)* heating; *(= appareils)* heating (system) ◆ **il y a le ~ ?** is there any heating?, is it heated? ◆ **avoir un bon ~** to have a good heating system ◆ **~ au charbon/au gaz/à l'électricité** solid fuel/gas/electric heating ◆ **~ central** central heating ◆ **~ par le sol** underfloor heating ◆ **~ urbain** urban *ou* district heating system ◆ **mets le ~** *(maison)* put the heating on; *(voiture)* put the heater on; → **bois**

**chauffagiste** /ʃofaʒist/ **NM** heating engineer *ou* specialist

**chauffant, e** /ʃofɑ̃, ɑ̃t/ **ADJ** *[surface, élément]* heating *(épith)*; → **couverture, plaque**

**chauffard** * /ʃofaʀ/ **NM** *(péj)* reckless driver; *(qui s'enfuit)* hit-and-run driver ◆ **(espèce de) ~ !** roadhog! * ◆ **c'est un vrai ~** he's a real menace *ou* maniac on the roads ◆ **tué par un ~** killed by a reckless driver ◆ **on n'a pas retrouvé le ~ responsable de l'accident** the driver responsible for the accident has not yet been found

**chauffe** /ʃof/ **NF** *(= lieu)* fire-chamber; *(= processus)* stoking ◆ **surface de ~** heating-surface, fire surface ◆ **chambre de ~** *(Naut)* stokehold ◆ **tour de ~** *[de voiture de course]* warm-up lap; *[de candidat, sportif]* practice run; → **bleu**

**chauffe-assiette(s)** (pl **chauffe-assiettes**) /ʃofasjɛt/ **NM** plate-warmer

**chauffe-bain** (pl **chauffe-bains**) /ʃofbɛ̃/ **NM** water-heater

**chauffe-biberon** (pl **chauffe-biberons**) /ʃofbibʀɔ̃/ **NM** bottle-warmer

**chauffe-eau** /ʃofo/ **NM INV** *(gén)* water-heater; *(électrique)* immersion heater

**chauffe-pieds** /ʃofpje/ **NM INV** foot-warmer

**chauffe-plat** (pl **chauffe-plats**) /ʃofpla/ **NM** dish-warmer, chafing dish

**chauffer** /ʃofe/ ▸ conjug 1 ◂ **VT** a ◆ **(faire) ~** *[+ soupe]* to warm up, to heat up; *[+ assiette]* to warm; *[+ eau du bain]* to heat (up); *[+ eau du thé]* to boil, to heat up ◆ **~ qch au four** to heat sth up in the oven, to put sth in the oven to heat up ◆ **mets l'eau à ~** *(gén)* put the water on; *(dans une bouilloire)* put the water on to boil, put the kettle on ◆ **faites ~ la colle !** *(hum : quand on casse qch)* get the glue out! ◆ **je vais te ~ les oreilles !** I'll box your ears!, you'll get a clip round the ear! * *(Brit)*

b *[+ appartement]* to heat ◆ **on va ~ un peu la pièce** we'll heat (up) the room a bit

c *[soleil]* to warm, to make warm; *[soleil brûlant]* to heat, to make hot

d *(Tech) [+ métal, verre, liquide]* to heat; *[+ chaudière, locomotive]* to stoke (up), to fire ◆ **~ qch à blanc** *(lit, fig)* to make sth white-hot ◆ **~ qn à blanc** to galvanize sb into action ◆ **le public était chauffé à blanc** excitement in the audience had reached fever pitch

e *(* = préparer) [+ candidat]* to cram; *[+ commando]* to train up; *[+ salle, public]* to warm up

f *[+ muscle]* to warm up

g *(* = énerver)* **tu commences à me ~ sérieusement !** you're really starting to get on my nerves!

h *(*⁑ *= draguer)* **elle l'a chauffé toute la soirée** she spent the whole evening trying to pick him up *

i *(† * = voler)* to pinch *, to swipe *

**VI** a *(= être sur le feu) [aliment, eau du bain]* to be heating up, to be warming up; *[assiette]* to be warming (up); *[eau du thé]* to be heating up

b *(= devenir chaud) [moteur, télévision]* to warm up; *[four]* to heat up; *[chaudière, locomotive]* to get up steam

c *(= devenir trop chaud) [freins, appareil, moteur]* to overheat

d *(= donner de la chaleur)* **le soleil chauffe** the sun's really hot ◆ **le poêle chauffe bien** the stove gives out a lot of heat ◆ **ils chauffent au charbon** they use coal for heating ◆ **le mazout chauffe bien** oil gives out a lot of heat

e *(* : loc)* **ça chauffe** *(il y a de la bagarre)* things are getting heated; *(il y a de l'ambiance)* things are livening up ◆ **ça va ~ !** sparks will fly! ◆ **le but/l'essai chauffe!** there must be a goal/try now!, they're on the brink of a goal/try! ◆ **tu chauffes !** *(cache-tampon)* you're getting warm(er)!

**VPR se chauffer** a *(près du feu)* to warm o.s.; *(* : en faisant des exercices)* to warm up ◆ **se ~ au soleil** to warm o.s. in the sun ◆ **se ~ la voix** to warm up

b *(= avoir comme chauffage)* **se ~ au bois/charbon** to burn wood/coal, to use wood/coal for heating ◆ **se ~ à l'électricité** to have electric heating; → **bois**

**chaufferette** /ʃofʀɛt/ **NF** *(= chauffe-pieds)* foot-warmer; *(= réchaud)* plate warmer

**chaufferie** /ʃofʀi/ NF *[de maison, usine]* boiler room; *[de navire]* stokehold

**chauffeur** /ʃofœʀ/ NM a *(= conducteur) (gén)* driver; *(privé)* chauffeur ♦ ~ **d'autobus** bus driver ♦ **voiture avec/sans** ~ chauffeur-driven/self-drive car b *[de chaudière]* fireman, stoker COMP ▷ **chauffeur de camion** lorry *(Brit)* ou truck *(US)* driver ▷ **chauffeur du dimanche** *(hum)* Sunday driver ▷ **chauffeur livreur** delivery driver ▷ **chauffeur de maître** chauffeur ▷ **chauffeur de taxi** taxi driver, cab driver

**chauffeuse** /ʃoføz/ NF low armless chair, unit chair

**chaulage** /ʃolaʒ/ NM *[de sol, arbre, raisins]* liming; *[de mur]* whitewashing

**chauler** /ʃole/ ▸ conjug 1 ◂ VT *[+ sol, arbre, raisins]* to lime; *[+ mur]* to whitewash

**chaume** /ʃom/ NM a *(= reste des tiges)* stubble ♦ **les** ~**s** *(littér = champs)* the stubble fields b *(= toiture)* thatch ♦ **couvrir de** ~ to thatch; → **toit**

**chaumer** /ʃome/ ▸ conjug 1 ◂ VT to clear stubble from VI to clear the stubble

**chaumière** /ʃomjɛʀ/ NF *(littér ou hum)* (little) cottage; *(à toit de chaume)* thatched cottage ♦ **on en parlera encore longtemps dans les** ~**s** people will talk about it for a long time to come ♦ **ça fait pleurer dans les** ~**s** *[feuilleton, film]* it's a real tear-jerker * ♦ **il ne rêve que d'une** ~ **et d'un cœur** he only dreams of the simple life

**chaumine** /ʃomin/ NF *(littér ou †)* small (thatched) cottage

**chaussant, e** /ʃosɑ̃, ɑ̃t/ ADJ *(= confortable)* well-fitting, snug-fitting ♦ **articles** ~**s** footwear *(NonC)* ♦ **ces souliers sont très** ~**s** these shoes are a very good fit ou fit very well

**chausse** /ʃos/ NF *(Tech)* linen funnel NFPL **chausses** *(Hist)* hose

**chaussée** /ʃose/ NF a *(= route, rue)* road, roadway ♦ **traverser la** ~ to cross the road ♦ **ne reste pas sur la** ~ don't stay in ou on the road ou on the roadway ♦ **l'entretien de la** ~ road maintenance ♦ ~ **pavée** *(= rue)* cobbled street; *(= route)* cobbled ou flagged road ♦ ~ **bombée** cambered road ♦ **"chaussée glissante"** "slippery road" ♦ **"chaussée déformée"** "uneven road surface"; → **pont** b *(= chemin surélevé)* causeway; *(= digue)* embankment ♦ **la** ~ **des Géants** the Giants' Causeway

**chausse-pied** (pl **chausse-pieds**) /ʃospje/ NM shoehorn

**chausser** /ʃose/ ▸ conjug 1 ◂ VT a *(= mettre des chaussures à) [+ personne]* to put shoes on; *(= acheter des chaussures à)* to buy shoes for ♦ **chausse les enfants pour sortir** put the children's shoes on ou help the children on with their shoes and we'll go out ♦ **chaussé de bottes/sandales** wearing boots/sandals, with boots/sandals on; → **cordonnier**

b *(= mettre) [+ chaussures, lunettes, skis]* to put on ♦ ~ **les étriers** *(Équitation)* to put one's feet into the stirrups

c *(= fournir en chaussures)* **ce marchand nous chausse depuis 10 ans** this shoemaker has been supplying us with shoes for 10 years

d *(= convenir à)* to fit ♦ **ces chaussures vous chaussent bien** those shoes fit you well ou are a good fit

e *(Agr) [+ arbre]* to earth up

f *(Aut) [+ voiture]* to fit tyres *(Brit)* ou tires *(US)* on ♦ **voiture bien chaussée** car with good tyres *(Brit)* ou tires *(US)*

VI ♦ ~ **du 40** to take size 40 in shoes, to take a (size) 40 shoe ♦ **ces chaussures chaussent grand** ou **large** these shoes are wide-fitting ♦ **chaussures qui chaussent bien le pied** well-fitting shoes

VPR **se chausser** *(= mettre ses chaussures)* to put one's shoes on ♦ **se (faire)** ~ **chez ...** *(= acheter des chaussures)* to buy ou get one's shoes at ... ♦ **se (faire)** ~ **sur mesure** to have one's shoes made to measure

**chausse-trap(p)e** (pl **chausse-trap(p)es**) /ʃostʀap/ NF *(lit, fig)* trap ♦ **tomber dans/éviter une** ~ to fall into/avoid a trap

**chaussette** /ʃosɛt/ NF sock ♦ **j'étais en** ~**s** I was in my socks ♦ ~**s russes** foot-bindings ♦ ~**s tombantes** slouch socks ♦ **elle m'a laissé tomber comme une vieille** ~ * she ditched * ou jilted me

**chausseur** /ʃosœʀ/ NM *(= fabricant)* shoemaker; *(= fournisseur)* footwear specialist

**chausson** /ʃosɔ̃/ NM a *(= pantoufle)* slipper; *[de bébé]* bootee; *[de danseur]* ballet shoe ou pump ♦ ~ **à pointe** blocked shoe ♦ ~**s d'escalade** climbing shoes; → **point²** b *(Culin)* turnover ♦ ~ **aux pommes** apple turnover

**chaussure** /ʃosyʀ/ NF a *(= soulier)* shoe ♦ **rayon** ~**s** shoe ou footwear department ♦ **trouver** ~ **à son pied** to find a suitable match b ♦ **la** ~ *(= industrie)* the shoe industry; *(= commerce)* the shoe trade ou business COMP ▷ **chaussures basses** flat shoes ▷ **chaussures cloutées** ou **à clous** hobnailed boots ▷ **chaussures montantes** ankle boots ▷ **chaussures de ski** ski boots ▷ **chaussures de sport** sports shoes ▷ **chaussures à talon haut** high-heeled shoes, (high) heels * ▷ **chaussures vernies** patent leather shoes ▷ **chaussures de ville** smart shoes

**chaut** /ʃo/ VI *(†† ou hum)* ♦ **peu me** ~ it matters little to me, it is of no import ou matter to me

**chauve** /ʃov/ ADJ *[personne, crâne]* bald; *(littér) [colline, sommet]* bare ♦ ~ **comme un œuf** * ou **une bille** * ou **mon genou** * as bald as a coot

**chauve-souris** (pl **chauves-souris**) /ʃovsuʀi/ NF *(Zool)* bat

**chauvin, e** /ʃovɛ̃, in/ ADJ *(= nationaliste)* chauvinistic; *(en temps de guerre)* jingoistic; *(en sport, dans ses goûts)* biased, prejudiced NM,F *(= nationaliste)* chauvinist; *(en temps de guerre)* jingoist

**chauvinisme** /ʃovinism/ NM *(= nationalisme)* chauvinism; *(en temps de guerre)* jingoism; *(en sport, dans ses goûts)* bias, prejudice

**chaux** /ʃo/ NF lime ♦ ~ **éteinte** slaked lime ♦ ~ **vive** quicklime ♦ **blanchi** ou **passé à la** ~ whitewashed ♦ **bâti à** ~ **et à sable** *(littér) [maison]* as solid as a rock; *[personne]* as strong as an ox

**chavirage** /ʃaviʀaʒ/ NM *[de bateau]* capsizing, keeling over, overturning

**chavirement** /ʃaviʀmɑ̃/ NM upheaval (*de* in)

**chavirer** /ʃaviʀe/ ▸ conjug 1 ◂ VI a *[bateau]* to capsize, to keel over, to overturn; *[gouvernement]* to founder ♦ **faire** ~ **un bateau** to capsize a boat b *[pile d'objets]* to keel over; *[charrette]* to overturn, to tip over; *[yeux]* to roll; *[paysage, chambre]* to reel, to spin; *[esprit]* to reel ♦ **mon cœur a chaviré** *(de dégoût)* my stomach heaved; *(d'émotion)* my heart leapt VT a *(= renverser) [+ bateau] [vagues]* to capsize, to overturn; *(en cale sèche)* to keel over; *[+ meubles]* to overturn b *(= bouleverser)* **j'en étais tout chaviré** * *(ému)* I was quite overcome; *(affligé)* I was quite shaken ♦ **musique qui chavire l'âme** music that tugs at the heartstrings

**chéchia** /ʃeʃja/ NF tarboosh, fez

**check-list** (pl **check-lists**) /(t)ʃɛklist/ NF check list

**check-point** (pl **check-points**) /(t)ʃɛkpɔjnt/ NM checkpoint

**check-up** /(t)ʃɛkœp/ NM INV check-up

**chef¹** /ʃɛf/ NMF a *(= patron, dirigeant)* head, boss *; *[de tribu]* chief(tain), headman ♦ ~ **indien** Indian chief ♦ **il a l'estime de ses** ~**s** he is highly thought of by his superiors ou bosses ♦ **la** ~ * the boss * ♦ **grand** ~ * big chief ou boss * ♦ **faire le** ou **jouer au petit** ~ *(péj)* to throw one's weight around ♦ **c'est qui le** ~ **ici ?** who's in charge around here?

b *[d'expédition, révolte, syndicat]* leader ♦ ~ **spirituel** spiritual leader ♦ **avoir une âme** ou **un tempérament de** ~ to be a born leader

c *( * = champion)* **tu es un** ~ you're the greatest *, you're the tops * ♦ **elle se débrouille comme un** ~ she is doing a first-class job

d *(Mil)* **oui,** ~ **!** yes, Sir!

e *(Culin)* chef ♦ **spécialité du** ~ chef's speciality ♦ **pâté du** ~ chef's special pâté ♦ ~ **de cuisine** head chef ♦ **grand** ~ master chef

f *(Hér)* chief

g *(loc)*

♦ **en chef** ♦ **commandant en** ~ commander-in-chief ♦ **général en** ~ general-in-chief ♦ **ingénieur/économiste en** ~ chief engineer/economist ♦ **le général commandait en** ~ **les troupes alliées** the general was the commander-in-chief of the allied troops

ADJ INV ♦ **gardien/médecin** ~ chief warden/consultant

COMP ▷ **chef d'antenne** branch manager ▷ **chef d'atelier** (shop) foreman ▷ **chef de bande** gang leader ▷ **chef de bataillon** major (in the infantry) ▷ **chef de bureau** head clerk ▷ **chef de cabinet** principal private secretary (*de* to) ▷ **chef de campagne** *(Pol)* campaign leader ▷ **chef de chantier** (works *(Brit)* ou site) foreman ▷ **chef des chœurs** choirmaster ▷ **chef de classe** ≃ class monitor ou prefect *(Brit)* ou president *(US)* ▷ **chef de clinique** ≃ senior registrar ▷ **chef comptable** chief accountant ▷ **chef de dépôt** shed ou yard master ▷ **chef d'école** *(Art, Littérat)* leader of a school ▷ **chef d'entreprise** company director ▷ **chef d'équipe** foreman ▷ **chef d'escadron** major (in the cavalry) ▷ **chef d'État** head of state ♦ **le** ~ **de l'État** the Head of State ▷ **chef d'état-major** chief of staff ♦ ~**s d'état-major** Joint Chiefs of Staff ▷ **chef de famille** head of the family ou household; *(Admin)* householder ▷ **chef de file** *(gén, Art)* leader; *(Pol)* party leader; *(Naut)* leading ship; *(Banque)* lead bank ▷ **chef de gare** station master ▷ **chef de gouvernement** head of government ▷ **chef de guerre** warlord ▷ **chef mécanicien** chief mechanic; *(Rail)* head driver *(Brit)*, chief engineer *(US)* ▷ **chef de musique** bandmaster ▷ **chef de nage** stroke (oar) ▷ **chef d'orchestre** *(gén)* conductor, director *(US)*; *(jazz etc)* (band) leader ▷ **chef de parti** party leader ▷ **chef de patrouille** patrol leader ▷ **chef de pièce** *(Mil)* captain of a gun ▷ **chef de produit** product manager, brand manager ▷ **chef de projet** project manager ▷ **chef de rayon** department(al) supervisor, departmental manager ▷ **chef scout** scout leader ▷ **chef de service** section ou departmental head; *(Méd)* ≃ consultant ▷ **chef de train** guard *(Brit)*, conductor *(US)*

**chef²** /ʃɛf/ NM a *(†† ou hum = tête)* head b *(Jur)* ~ **d'accusation** ou **d'inculpation** *(= charge)* charge c *(loc)* **posséder qch de son** ~ *(Jur)* to own sth in one's own right ♦ **de son propre**

~ *(frm)* on his own initiative, off his own bat ◆ **au premier** ~ *(littér)* greatly, exceedingly ◆ **cela m'intéresse au premier** ~ it's of the greatest *ou* utmost interest to me ◆ **de ce** ~ *(littér)* accordingly, hence

**chef-d'œuvre** (pl **chefs-d'œuvre**) /ʃɛdœvʀ/ **NM** masterpiece, chef-d'œuvre ◆ **c'est un** ~ **d'hypocrisie/d'ironie** *(fig)* it is the ultimate hypocrisy/irony

**chefferie** /ʃɛfʀi/ **NM** *(Anthropologie)* chieftainship; *(Méd)* consultancy

**chef-lieu** (pl **chefs-lieux**) /ʃɛfljø/ **NM** ≈ county town

**cheftaine** /ʃɛftɛn/ **NF** *[de louveteaux]* cubmistress *(Brit)*, den mother *(US)*; *[de jeunes éclaireuses]* Brown Owl *(Brit)*, troop leader *(US)*; *[d'éclaireuses]* (guide) captain, guider

**cheik** /ʃɛk/ **NM** sheik

**chelem** /ʃlɛm/ **NM** *(Cartes)* slam ◆ **petit/grand** ~ small/grand slam ◆ **faire le grand** ~ *(Sport)* to do the grand slam

**chemin** /ʃ(ə)mɛ̃/ **NM** **a** *(gén)* path; *(= route)* lane; *(= piste)* track; → **croisée²**, **voleur**

**b** *(= parcours, trajet, direction)* way (*de, pour* to); ◆ **demander/trouver le** *ou* **son** ~ to ask/find the *ou* one's way ◆ **montrer le** ~ **à qn** to show sb the way ◆ **il y a bien une heure de** ~ it takes a good hour to get there ◆ **quel** ~ **a-t-elle pris ?** which way did she go? ◆ **de bon matin, ils prirent le** ~ **de la côte** they set out *ou* off for the coast early in the morning ◆ **le** ~ **le plus court entre deux points** the shortest distance between two points ◆ **ils ont fait tout le** ~ **à pied/en bicyclette** they walked/cycled all the way *ou* the whole way ◆ **on a fait du** ~ **depuis une heure** we've come quite a way in an hour ◆ **se mettre en** ~ to set out *ou* off ◆ **poursuivre son** ~ to carry on *ou* continue on one's way ◆ **passez votre** ~ *(littér)* go your way *(littér)*, be on your way ◆ ~ **faisant, en** ~ on the way ◆ **pour venir, nous avons pris le** ~ **des écoliers** we came the long way round ◆ **aller son** ~ *(fig)* to go one's own sweet way ◆ **être toujours sur les** ~**s** to be always on the road ◆ **tous les** ~**s mènent à Rome** *(Prov)* all roads lead to Rome *(Prov)* → **rebrousser**

**c** *(fig)* path, way, road ◆ **le** ~ **de l'honneur/de la gloire** the path *ou* way of honour/to glory ◆ **le** ~ **de la ruine** the road to ruin ◆ **nos** ~**s se sont croisés** our paths crossed; → **droit²**

**d** *(loc)* **il a encore du** ~ **à faire** he's still got a long way to go ◆ **faire son** ~ **dans la vie** to make one's way in life ◆ **il a fait du** ~ **!** *(arriviste, jeune cadre)* he has come up in the world; *(savant, chercheur)* he has come a long way ◆ **cette idée a fait son** ~ this idea has gained ground ◆ **faire la moitié du** ~ to meet sb half-way ◆ **se mettre dans** *ou* **sur le** ~ **de qn** to stand *ou* get in sb's way, to stand in sb's path ◆ **il est toujours sur mon** ~ he turns up wherever I go; *(comme obstacle)* he always stands in my way ◆ **montrer le** ~ to lead the way ◆ **l'aîné est un délinquant et le cadet suit le même** ~ the eldest child is a delinquent and his younger brother is going the same way ◆ **être sur le bon** ~ to be on the right track ◆ **ne t'arrête pas en si bon** ~ **!** don't stop now when you're doing so well *ou* after such a good start ◆ **trouver des difficultés sur son** ~ to meet with difficulties ◆ **cela n'en prend pas le** ~ it doesn't look very likely ◆ **est-ce qu'il va réussir ? – il n'en prend pas le** ~ will he succeed? – not if he goes about it like that ◆ **le** ~ **de Damas** *(Rel)* the road to Damascus ◆ **trouver son** ~ **de Damas** to see the light

**COMP** ▷ **chemin d'accès** *(Ordin)* access path ▷ **chemin charretier** cart track ▷ **chemin creux** sunken lane ▷ **chemin critique** *(Ordin)* critical path ▷ **le chemin de croix (du Christ)** the Way of the Cross; *(dans une église)* the Stations of the Cross ◆ **son long** ~ **de croix dans les élections européennes** his long, hard battle in the European elections ◆ **la réforme de l'éducation sera le** ~ **de croix de ce gouvernement** it will be a long, hard road to education reform for this government ▷ **chemin de fer** railway *(Brit)*, railroad *(US)*; *(= moyen de transport)* rail ◆ **par** ~ **de fer** by rail ◆ **employé des** ~**s de fer** railway *(Brit) ou* railroad *(US)* worker ▷ **Chemins de fer fédéraux** Swiss Railways ▷ **chemin de halage** towpath ▷ **chemin de ronde** parapet *ou* rampart walk ▷ **chemin de table** table runner ▷ **chemin de terre** dirt track ▷ **chemin de traverse** path across *ou* through the fields ▷ **chemin vicinal** country road *ou* lane, minor road

**chemineau** (pl **chemineaux**) /ʃ(ə)mino/ **NM** *(littér ou †† = vagabond)* vagabond

**cheminée** /ʃ(ə)mine/ **NF** **a** *(extérieure) [de maison, usine]* chimney (stack); *[de paquebot, locomotive]* funnel, smokestack **b** *(intérieure)* fireplace; *(= foyer)* fireplace, hearth; *(= encadrement)* mantelpiece, chimney piece ◆ **un feu crépitait dans la** ~ a fire was crackling in the hearth *ou* fireplace *ou* grate; → **feu¹** **c** *[de volcan]* vent; *(Alpinisme)* chimney; *[de lampe]* chimney **COMP** ▷ **cheminée d'aération** ventilation shaft ▷ **cheminée des fées** earth pillar ▷ **cheminée prussienne** (closed) stove ▷ **cheminée d'usine** factory chimney

**cheminement** /ʃ(ə)minmɑ̃/ **NM** *(= progression) [de caravane, marcheurs]* progress, advance; *[de troupes]* advance (under cover); *[de sentier, itinéraire, eau]* course, way; *[d'idées, pensée]* development, progression ◆ **il est difficile de suivre son** ~ **intellectuel** it is difficult to follow his reasoning *ou* line of thought

**cheminer** /ʃ(ə)mine/ ▸ conjug 1 ◂ **VI** *(littér)* **a** *(= marcher)* to walk (along); *(Mil = avancer à couvert)* to advance (under cover) ◆ ~ **péniblement** to trudge (wearily) along ◆ **après avoir longtemps cheminé** having plodded along for ages ◆ **nous cheminions vers la ville** we wended *(littér) ou* made our way towards the town **b** *[sentier]* to make its way (*dans* along); *[eau]* to make its way, to follow its course (*dans* along); *[idées]* to follow their course ◆ **l'idée cheminait lentement dans sa tête** the idea was slowly taking root in his mind, he was slowly coming round to the idea ◆ **sa pensée cheminait de façon tortueuse** his thoughts followed a tortuous course ◆ **les eaux de la Durance cheminent entre des falaises** the waters of the Durance flow between cliffs *ou* make their way between cliffs

**cheminot** /ʃ(ə)mino/ **NM** railwayman *(Brit)*, railroad man *(US)*

**chemisage** /ʃ(ə)mizaʒ/ **NM** *(intérieur)* lining; *(extérieur)* jacketing

**chemise** /ʃ(ə)miz/ **NF** **a** *(Habillement) [d'homme]* shirt; †† *[de femme]* chemise †, shift †; *[de bébé]* vest *(Brit)*, undershirt *(US)* ◆ ~ **de soirée/de sport** dress/sports shirt ◆ **être en manches** *ou* **bras de** ~ to be in one's shirt sleeves ◆ **col/manchette de** ~ shirt collar/cuff ◆ **je m'en moque comme de ma première** ~ * I couldn't care less *, I don't care a hoot * *ou* two hoots * **b** *(= dossier)* folder; *(Tech) (= revêtement intérieur)* lining; *(= revêtement extérieur)* jacket ◆ ~ **de cylindre** *(Aut)* cylinder liner **COMP** ▷ **chemise (américaine)** (woman's) vest *(Brit) ou* undershirt *(US)* ▷ **chemises brunes** *(Hist)* Brown Shirts ▷ **chemise d'homme** man's shirt ▷ **chemise de maçonnerie** facing ▷ **chemises noires** *(Hist)* Blackshirts ▷ **chemise de nuit** *[de femme]* nightdress, nightie *; *[d'homme]* nightshirt ▷ **chemises rouges** *(Hist)* Redshirts

**chemiser** /ʃ(ə)mize/ ▸ conjug 1 ◂ **VT** *[+ intérieur]* to line; *[+ extérieur]* to jacket

**chemiserie** /ʃ(ə)mizʀi/ **NF** *(= magasin)* (men's) shirt shop; *(= rayon)* shirt department; *(= commerce)* shirt(-making) trade *ou* business

**chemisette** /ʃ(ə)mizɛt/ **NF** *[d'homme]* short-sleeved shirt; *[de femme]* short-sleeved blouse

**chemisier, -ière** /ʃ(ə)mizje, jɛʀ/ **NM,F** *(= marchand)* (gentlemen's) shirtmaker; *(= fabricant)* shirtmaker **NM** *(= vêtement)* blouse; → **col, robe**

**chênaie** /ʃɛnɛ/ **NF** oak grove

**chenal** (pl **-aux**) /ʃanal, o/ **NM** *(= canal)* channel, fairway; *(= rigole)* channel; *[de moulin]* millrace; *[de forge, usine]* flume **COMP** ▷ **chenal de coulée** *(Ind)* gate, runner ▷ **chenal pro-glaciaire** glaciated valley

**chenapan** /ʃ(ə)napɑ̃/ **NM** *(hum = garnement)* scallywag *(hum)*, rascal *(hum)*; *(péj = vaurien)* scoundrel, rogue

**chêne** /ʃɛn/ **NM** *(= arbre)* oak (tree); *(= bois)* oak **COMP** ▷ **chêne pubescent** pubescent oak ▷ **chêne rouvre** *ou* **sessile** durmast *ou* sessile oaktree ▷ **chêne vert** holm oak, ilex

**chéneau** (pl **chéneaux**) /ʃeno/ **NM** *[de toit]* gutter

**chêne-liège** (pl **chênes-lièges**) /ʃɛnljɛʒ/ **NM** cork oak

**chenet** /ʃ(ə)nɛ/ **NM** firedog, andiron

**chènevis** /ʃɛnvi/ **NM** hempseed

**chenil** /ʃ(ə)nil/ **NM** **a** *(pour chiens)* kennels *(Brit)*, kennel *(US)* ◆ **mettre son chien dans un** ~ to put one's dog in kennels **b** *(Helv = désordre)* mess

**chenille** /ʃ(ə)nij/ **NF** **a** *(Aut, Zool)* caterpillar ◆ **véhicule à** ~**s** tracked vehicle **b** *(Tex)* chenille **c** *(= danse)* conga **COMP** ▷ **chenille du mûrier** silkworm ▷ **chenille processionnaire** processionary caterpillar

**chenillé, e** /ʃ(ə)nije/ **ADJ** *[véhicule]* with caterpillar tracks, tracked

**chenillette** /ʃ(ə)nijɛt/ **NF** *(= véhicule)* tracked vehicle

**chenu, e** /ʃəny/ **ADJ** *(littér) [vieillard, tête]* hoary; *[arbre]* leafless with age

**cheptel** /ʃɛptɛl/ **NM** *(= bétail)* livestock; *(Jur)* livestock *(leased)* ◆ ~ **ovin d'une région** sheep population of an area **COMP** ▷ **cheptel mort** farm implements ▷ **cheptel vif** livestock

**chèque** /ʃɛk/ **NM** **a** *(Banque)* cheque *(Brit)*, check *(US)* ◆ **faire/toucher un** ~ to write *ou* make out/cash a cheque ◆ ~ **de 20 €** cheque for €20; → **barrer**

**b** *(= bon)* voucher ◆ ~**-déjeuner** ® *ou* **-repas** *ou* **-restaurant** ® luncheon voucher *(Brit)*, meal ticket *(US)* ◆ ~**-cadeau** gift token ◆ ~**-essence** petrol *(Brit) ou* gasoline *(US)* coupon *ou* voucher

**COMP** ▷ **chèque bancaire** cheque ▷ **chèque de banque** banker's *ou* cashier's cheque ▷ **chèque en blanc** *(lit, fig)* blank cheque ▷ **chèque en bois** * dud cheque * *(Brit)*, rubber cheque * ▷ **chèque de caution** *cheque given as deposit* ▷ **chèque certifié** certified cheque ▷ **chèque de dépannage** loose cheque *(supplied by bank when customer does not have his own chequebook)* ▷ **chèque emploi service** *automatic welfare deduction system for pay cheques for do-*

*mestic help* ▷ **chèque à ordre** cheque to order, order cheque ▷ **chèque au porteur** bearer cheque ▷ **chèque postal** *cheque drawn on a post office account* ◆ **les ~s postaux** *(= service)* the banking departments of the post office ▷ **chèque sans provision** bad cheque ▷ **chèque de voyage** traveller's cheque

**chéquier** /ʃekje/ NM chequebook *(Brit)*, checkbook *(US)*

**cher, chère[1]** /ʃɛʀ/ ADJ a *(gén après nom = aimé) [personne, souvenir, vœu]* dear *(à* to); ◆ **ceux qui** *ou* **les êtres qui nous sont ~s** our nearest and dearest, our loved ones ◆ **des souvenirs ~s** fond memories ◆ **des souvenirs ~s à mon cœur** memories dear to my heart ◆ **c'est mon vœu le plus ~** it's my fondest *ou* dearest wish ◆ **mon désir le plus ~** *ou* **mon plus ~ désir est de ...** my greatest *ou* most cherished desire is to ... ◆ **l'honneur est le bien le plus ~** honour is one's most precious possession, one's honour is to be treasured above all else ◆ **selon une formule chère au président** as a favourite saying of the president goes, to quote a favourite expression of the president

b *(avant nom)* dear ◆ **(mes) ~s auditeurs** dear listeners ◆ **mes bien ~s frères** *(Rel)* my dear(est) brethren ◆ **Monsieur et ~ collègue** dear colleague ◆ **ce ~ (vieux) Louis !** * dear old Louis! * ◆ **le ~ homme n'y entendait pas malice** *(hum)* the dear man didn't mean any harm by it ◆ **il était content de retrouver ses ~s livres** he was glad to be back with his beloved books ◆ **elle a retrouvé ses chères habitudes** she slipped back into the old habits she holds so dear ◆ **~s tous** *(sur lettre)* dear all

c *(après nom = coûteux)* expensive, dear *(Brit)* ◆ **un petit restaurant pas ~** an inexpensive *ou* a reasonably priced little restaurant ◆ **c'est vraiment pas ~ !** it's really cheap! ◆ **la vie est chère à Paris** the cost of living is high in Paris, Paris is an expensive place to live ◆ **c'est moins ~ qu'en face** it's cheaper than *ou* less expensive than in the shop opposite ◆ **cet épicier est trop ~** this grocer is too expensive *ou* too dear *(Brit)* *ou* charges too much ◆ **c'est trop ~ pour ce que c'est** it's overpriced; → **vie**

NM,F *(frm ou hum)* ◆ **mon ~, ma chère** my dear ◆ **oui, très ~** yes, dearest ◆ **son ~ et tendre** her other *ou* better half *(hum)*

ADV *[valoir, coûter, payer]* a lot (of money), a great deal (of money) ◆ **article qui vaut** *ou* **coûte ~** expensive item, item that costs a lot *ou* a great deal ◆ **as-tu payé ~ ton costume ?** did you pay much *ou* a lot for your suit?, was your suit (very) expensive? ◆ **il se fait payer ~, il prend ~** he charges a lot, he's expensive ◆ **il vend ~** his prices are high, he charges high prices ◆ **ça s'est vendu ~** it went for *ou* fetched a high price *ou* a lot (of money) ◆ **je ne l'ai pas acheté ~, je l'ai eu pour pas ~** * I didn't pay much for it, I got it cheap * ◆ **je donnerais ~ pour savoir ce qu'il fait** * I'd give anything to know what he's doing ◆ **je ne donne pas ~ de sa vie/de sa réussite** I wouldn't like to bet on his chances of survival/succeeding, I wouldn't rate his chances of survival/succeeding very highly ◆ **il ne vaut pas ~** he's a good-for-nothing ◆ **tu ne vaux pas plus ~ que lui** you're no better than he is *ou* than him, you're just as bad as he is ◆ **son imprudence lui a coûté ~** his rashness cost him dear *(Brit)* *ou* a great deal *(US)* ◆ **il a payé ~ son imprudence** he paid dearly *ou* heavily for his rashness ◆ **c'est un peu ~ payé !** * that's a bit steep! *

**chercher** /ʃɛʀʃe/ ▸ conjug 1 ◂ VT a *(= essayer de trouver) [+ personne, chose égarée, emploi]* to look for, to search for, to try to find; *[+ solution, moyen]* to look for, to seek, to try to find; *[+ ombre, lumière, tranquillité]* to seek; *[+ citation, heure de train]* to look up; *[+ nom, terme]* to try to remember; *[+ raison, excuse]* to cast about for, to try to find, to look for ◆ **~ un mot dans un dictionnaire** to look up a word in a dictionary ◆ **~ qn du regard** *ou* **des yeux** to look *ou* glance around for sb ◆ **~ qch à tâtons** to grope *ou* fumble for sth ◆ **attends, je cherche** wait a minute, I'm trying to think ◆ **il n'a pas bien cherché** he didn't look very hard ◆ **~ partout qch/qn** to search *ou* hunt everywhere for sth/sb ◆ **~ sa voie** to look for *ou* seek a path in life ◆ **il cherchait ses mots** he was struggling to find the right words ◆ **cherche ! cherche !** *(à un chien)* fetch! ◆ **ce n'est pas la peine de ~ bien loin, c'est lui qui l'a fait** you don't have to look too far, he's the one who did it

b *(= viser à) [+ gloire, succès]* to seek (after); *(= rechercher) [+ alliance, faveur]* to seek ◆ **il ne cherche que son intérêt** he's only out for himself

c *(= provoquer) [+ danger, mort]* to court ◆ **~ la difficulté** to look for difficulties ◆ **~ la bagarre** to be looking *ou* spoiling for a fight ◆ **tu l'auras cherché !** you've been asking for it! ◆ **il l'a bien cherché** he asked for it, he had it coming to him ◆ **si on me cherche, on me trouve** * if anyone asks for it they'll get it * ◆ **tu me cherches ?** * are you looking for trouble? ◆ **~ le contact avec l'ennemi** to try to engage the enemy in combat

d *(= prendre, acheter)* **aller ~ qch/qn** to go for sth/sb, to go and get *ou* fetch *(Brit)* sth/sb ◆ **il est venu ~ Paul** he called *ou* came for Paul, he came to get *ou* to fetch *(Brit)* Paul ◆ **il est allé me ~ de la monnaie** he's gone to get me some change ◆ **va me ~ mon sac** go and get *ou* fetch *(Brit)* my bag ◆ **qu'est-ce que tu vas ~ ? je n'ai rien dit !** what do you mean? I didn't say a thing! ◆ **où est-ce qu'il va ~ toutes ces idées idiotes !** where does he get all those stupid ideas from! ◆ **monter/descendre ~ qch** to go up/down for sth *ou* to get sth ◆ **aller ~ qch dans un tiroir** to go and get sth out of a drawer ◆ **il est allé/venu le ~ à la gare** he went/came to meet *ou* collect him at the station ◆ **aller ~ les enfants à l'école** to go to get *ou* collect *ou* fetch *(Brit)* the children from school ◆ **envoyer ~ le médecin** to send for the doctor ◆ **envoyer qn ~ le médecin** to send sb to get the doctor ◆ **ça va ~ dans les 50 €** it'll come to around €50 ◆ **ça va ~ dans les 5 ans de prison** it will mean something like 5 years in prison ◆ **ça peut aller ~ loin** *(amende)* it could mean a heavy fine

e ◆ **~ à faire** to try to do, to attempt to do ◆ **~ à comprendre** to try to understand ◆ **faut pas ~ à comprendre** * don't even try and understand ◆ **~ à faire plaisir à qn** to try *ou* endeavour to please sb ◆ **~ à obtenir qch** to try to get *ou* obtain sth ◆ **~ à savoir qch** to try *ou* attempt to find out sth

f *(loc)* **~ midi à quatorze heures** to complicate the issue ◆ **~ la petite bête** to split hairs ◆ **~ une aiguille dans une botte** *ou* **meule de foin** to look for a needle in a haystack ◆ **~ des poux dans la tête de qn** * to try to make trouble for sb ◆ **~ querelle à qn** to try to pick a quarrel with sb ◆ **cherchez la femme !** cherchez la femme!; → **crosse, fortune, histoire, noise, salut**

VPR **se chercher** *(= chercher sa voie)* to search for an identity ◆ **il se cherche encore** he hasn't found himself yet

**chercheur, -euse** /ʃɛʀʃœʀ, øz/ ADJ *[esprit]* inquiring; → **tête** NM *[de télescope]* finder; *[de détecteur à galène]* cat's whisker ◆ **~ de fuites** gas-leak detector NM,F a **~ de** *(gén)* seeker of ◆ **~ d'or** gold digger ◆ **~ de trésors** treasure hunter ◆ **~ d'aventure(s)** adventure seeker, seeker after adventure b *(= scientifique)* researcher, research worker ◆ **~ en biologie** biology researcher

**chère[2]** /ʃɛʀ/ NF *(†† ou hum)* food, fare, cheer † ◆ **faire bonne ~** to eat well, to have a good meal ◆ **aimer la bonne ~** to love one's food

**chèrement** /ʃɛʀmɑ̃/ ADV a *(= durement)* dearly ◆ **~ acquis** *ou* **payé** *[avantage, victoire]* dearly bought *ou* won ◆ **~ défendu** vigorously defended ◆ **vendre** *ou* **faire payer ~ sa vie** to sell one's life dearly b *(= avec affection) [aimer]* dearly c *(† = au prix fort) [vendre]* at a high price, dearly †

**chéri, e** /ʃeʀi/ (ptp de **chérir**) ADJ *(= bien-aimé)* beloved, dear(est) ◆ **quand il a revu son fils ~** when he saw his beloved son again ◆ **c'est l'enfant ~ du parti** he's the darling of the party ◆ **maman ~e** mother dear, mother darling ◆ **"à notre père chéri"** *(sur tombe)* "to our dearly beloved father" NM,F a *(terme d'affection)* darling ◆ **mon ~** (my) darling ◆ **bonjour mes ~s** *(hum)* hullo darlings *(hum)* b *(péj = préféré)* **c'est le ~ à sa maman** * he's mummy's *(Brit)* *ou* mommy's *(US)* little darling *ou* blue-eyed boy ◆ **c'est la ~e de ses parents** she's the apple of her parents' eye, her parents dote on her

**chérif** /ʃeʀif/ NM sherif

**chérir** /ʃeʀiʀ/ ▸ conjug 2 ◂ VT *(littér) [+ personne]* to cherish, to love dearly; *[+ liberté, idée]* to cherish, to hold dear; *[+ souvenir]* to cherish, to treasure

**Cherokee** /ʃeʀoki/ NMF Cherokee

**chérot** * /ʃeʀo/ ADJ M *(= coûteux)* pricey * *(Brit)*, expensive

**cherry** /ʃeʀi/, **cherry brandy** /ʃeʀibʀɑ̃di/ NM cherry brandy

**cherté** /ʃɛʀte/ NF *[d'article]* high price, dearness *(Brit)*; *[d'époque, région]* high prices *(de* in); ◆ **la ~ de la vie** the high cost of living, the cost of things *

**chérubin** /ʃeʀybɛ̃/ NM *(lit, fig)* cherub ◆ **~s** *(Art)* cherubs; *(Rel)* cherubim

**chétif, -ive** /ʃetif, iv/ ADJ a *(= malingre) [personne]* puny, sickly; *[plante]* scrawny, stunted; *[voix]* reedy ◆ **enfant à l'aspect ~** weedy-looking *ou* puny-looking child b *(= minable) [récolte]* meagre *(Brit)*, meager *(US)*, poor; *[existence]* meagre *(Brit)*, meager *(US)*, mean; *[repas]* skimpy, scanty; *[raisonnement]* paltry, feeble

**chétivement** /ʃetivmɑ̃/ ADV *[pousser]* punily

**chevaine** /ʃ(ə)vɛn/ NM ⇒ **chevesne**

**cheval** (pl **-aux**) /ʃ(ə)val, o/ NM a *(= animal)* horse; *(= viande)* horsemeat ◆ **carrosse à deux/à six chevaux** coach and pair/and six ◆ **faire du ~** to go horse-riding ◆ **tu sais faire du ~ ?** can you ride (a horse)? ◆ **c'est un grand ~, cette fille** *(péj)* she's a strapping lass ◆ **au travail, c'est un vrai ~** he works like a Trojan ◆ **ce n'est pas le mauvais ~** he's not a bad sort *ou* soul ◆ **tu as mangé** *ou* **bouffé** ‡ **du ~ !** you're full of beans! * ◆ **c'est changer un ~ borgne pour un aveugle** it's jumping out of the frying pan into the fire ◆ **ça ne se trouve pas sous le pas** *ou* **le sabot d'un ~** it doesn't grow on trees ◆ **on ne change pas de ~ au milieu du gué** you don't change horses in midstream; → **miser, monter[1], petit**

b *(Aut)* horsepower *(NonC)* ◆ **elle fait combien de chevaux ?** how many cc's is it?, what horsepower is it? ◆ **c'est une 6 chevaux** it's a 6 horsepower car

c *(arg Drogue)* horse, (big) H

d (loc) **monter sur ses grands chevaux** to get on one's high horse ◆ **de** ~ * [remède] drastic; [fièvre] raging
◆ **à cheval** on horseback ◆ **se tenir bien à** ~ to have a good seat, to sit well on horseback
◆ **à cheval sur** ◆ **être à** ~ **sur une chaise** to be (sitting) astride a chair, to be straddling a chair ◆ **village à** ~ **sur deux départements** village straddling two departments ◆ **à** ~ **sur deux mois** overlapping two (different) months, running from one month into the next ◆ **être à** ~ **sur deux cultures** [ville, pays] to be at the crossroads of two cultures; [personne] to have roots in two cultures; [œuvre] to be rooted in ou to span two cultures ◆ **être (très) à** ~ **sur le règlement/les principes** to be a (real) stickler for the rules/for principles

COMP ▷ **cheval d'arçons** pommel horse ▷ **cheval d'attelage** plough (Brit) ou plow (US) horse ▷ **cheval à bascule** rocking horse ▷ **cheval de bataille** (Mil) battle horse, charger ◆ **il a ressorti son** ~ **de bataille** (fig) he's back on his hobby-horse ou his favourite theme again ◆ **l'opposition en a fait son** ~ **de bataille** the opposition have made it their key issue ou main concern ▷ **cheval de bois** wooden horse ◆ **monter ou aller sur les chevaux de bois** to go on the merry-go-round ou roundabout (Brit); († ou hum) ◆ **manger avec les chevaux de bois** to miss a meal, to go dinnerless ▷ **cheval de chasse** hunter ▷ **cheval de cirque** circus horse ▷ **cheval de course** racehorse ▷ **cheval de fiacre** carriage horse ▷ **cheval fiscal** horsepower (for tax purposes) ▷ **chevaux de frise** chevaux-de-frise ▷ **cheval de labour** carthorse, plough (Brit) ou plow (US) horse ▷ **cheval de manège** school horse ▷ **cheval marin** ou **de mer** sea horse ▷ **cheval de poste** ou **de relais** post horse ▷ **(vieux) cheval de retour** recidivist, old lag * (Brit) ▷ **cheval de saut** vaulting horse ▷ **cheval de selle** saddle horse ▷ **cheval de trait** draught horse (Brit), draft horse (US) ▷ **le cheval de Troie** (lit, fig) the Trojan horse, the Wooden Horse of Troy

**chevalement** / ʃ(ə)valmɑ̃ / NM [de mur] shoring; [de galerie] (pit)head frame

**chevaler** / ʃ(ə)vale / ▸ conjug 1 ◂ VT [+ mur] to shore up

**chevaleresque** / ʃ(ə)valʀɛsk / ADJ [caractère, conduite] chivalrous, gentlemanly; [amour] courtly ◆ **règles** ~**s** rules of chivalry ◆ **l'honneur** ~ the honour of a knight, knightly honour

**chevalerie** / ʃ(ə)valʀi / NF (Hist = institution) chivalry; (= dignité, chevaliers) knighthood; → **roman**[1]

**chevalet** / ʃ(ə)valɛ / NM a [de peintre] easel; (Menuiserie) trestle, sawhorse (Brit), sawbuck (US); [de violon] bridge; (à feuilles mobiles) flip chart b (Hist) **le** ~ (= torture) the rack

**chevalier** / ʃ(ə)valje / NM a (Hist) knight ◆ **faire qn** ~ to knight sb, to dub sb knight ◆ **"je te fais chevalier"** "I dub you knight"

b (= membre) [d'ordre français] chevalier; [d'ordre britannique] knight ◆ ~ **de la Légion d'honneur** Knight of the Legion of Honour ◆ ~ **des Arts et des Lettres** *person honoured for outstanding achievement in the arts*

c (= oiseau) sandpiper

COMP ▷ **chevalier aboyeur** (Orn) greenshank ▷ **chevalier blanc** (Fin) white knight; (= personne généreuse) defender of good causes ▷ **chevalier du ciel** pilot ▷ **chevalier errant** knight-errant ▷ **chevalier gambette** (Orn) redshank ▷ **chevalier gris** (Fin) grey knight ▷ **chevalier d'industrie** crook, swindler ▷ **chevalier noir** (Fin) black knight ▷ **chevalier servant** (attentive) escort ▷ **chevalier de la Table ronde** Knight of the Round Table ▷ **chevaliers teutoniques** Teutonic Knights ▷ **le chevalier à la Triste Figure** the Knight of the Sorrowful Countenance

**chevalière** / ʃ(ə)valjɛʀ / NF signet ring

**chevalin, e** / ʃ(ə)valɛ̃, in / ADJ [race] of horses, equine; [visage, œil] horsy ◆ **la race** ~**e** horses; → **boucherie**

**cheval-vapeur** (pl **chevaux-vapeur**) / ʃ(ə)valvapœʀ / NM horsepower

**chevauchée** / ʃ(ə)voʃe / NF (= course) ride; (= cavaliers, cavalcade) cavalcade

**chevauchement** / ʃ(ə)voʃmɑ̃ / NM (gén) overlapping; (Géol) thrust fault

**chevaucher** / ʃ(ə)voʃe / ▸ conjug 1 ◂ VT a [+ cheval, âne] to be astride; [+ chaise] to sit astride, to straddle ◆ **de grosses lunettes lui chevauchaient le nez** a large pair of glasses sat on his nose ◆ **le pont chevauche l'abîme** the bridge spans the abyss b [+ tuiles] to overlap, to lap over VPR **se chevaucher** [dents, tuiles, lettres, vacances] to overlap (each other); (Géol) [couches] to overthrust, to override VI a († ou littér = aller à cheval) to ride (on horseback) b ⇒ **se chevaucher**

**chevau-léger** (pl **chevau-légers**) / ʃ(ə)voleʒe / NM (Hist = soldat) member of the Household Cavalry ◆ ~**s** (= troupe) Household Cavalry

**chevêche** / ʃ(ə)vɛʃ / NF little owl

**chevelu, e** / ʃəv(ə)ly / ADJ [personne] long-haired; [tête] hairy; [épi] tufted; [racine] bearded; → **cuir**

**chevelure** / ʃəv(ə)lyʀ / NF a (= cheveux) hair (NonC) ◆ **une** ~ **malade/terne** unhealthy/dull hair ◆ **elle avait une** ~ **abondante/une flamboyante** ~ **rousse** she had thick hair ou a thick head of hair/a shock of flaming red hair ◆ **sa** ~ **était magnifique** her hair was magnificent b [de comète] tail

**chevesne** / ʃ(ə)vɛn / NM chub

**chevet** / ʃ(ə)vɛ / NM a [de lit] bedhead ◆ **au** ~ **de qn** at sb's bedside ◆ **un nouvel entraîneur a été appelé au** ~ **de l'équipe** a new trainer has been brought in to sort the team out; → **lampe, livre**[1]**, table** b (Archit) [d'église] chevet

**cheveu** (pl **cheveux**) / ʃ(ə)vø / NM a (gén pl) hair ◆ ~**x** (= chevelure) hair (NonC) ◆ **il a le** ~ **rare** (collectif) he's balding, his hair is thinning ◆ **une femme aux** ~**x blonds/frisés** a fair-haired/curly-haired woman, a woman with fair/curly hair ◆ **avoir les** ~**x en désordre ou en bataille ou hirsutes** to have untidy ou dishevelled hair ◆ **(les)** ~**x au vent** hair streaming in the wind ◆ **elle s'est trouvé 2** ~**x blancs** she has found 2 white hairs ◆ **en** ~**x** † hatless, bareheaded ◆ **il n'a pas un** ~ **sur la tête ou le caillou** * he hasn't a (single) hair on his head; → **coupe**[2]**, brosse, épingle, filet**

b (loc) **leur survie n'a tenu qu'à un** ~**, il s'en est fallu d'un** ~ **qu'ils ne se tuent** they escaped death by a whisker ◆ **son accord n'a tenu qu'à un** ~ it was touch and go whether he would agree ◆ **il s'en faut d'un** ~ **qu'il ne change d'avis** it's touch and go whether he'll change his mind ◆ **si vous osez toucher à un** ~ **de cet enfant** if you dare touch ou if you so much as touch a hair of this child's head ◆ **avoir mal aux** ~**x** * to have a hangover ◆ **avoir un** ~ **(sur la langue)** * to have a lisp ◆ **se faire des** ~**x (blancs)** * to worry o.s. sick * ◆ **arriver comme un** ~ **sur la soupe** * [personne] to turn up at the most awkward moment; [remarque] to be completely irrelevant ◆ **tiré par les** ~**x** [histoire] far-fetched ◆ **il y a un** ~ * there's a hitch * ou snag * ◆ **il va y trouver un** ~ * he's not going to like it one bit ◆ **se prendre aux** ~**x** to come to blows; → **arracher, couper**

COMP ▷ **cheveux d'ange** (= vermicelle) angel hair pasta; (= décoration) Christmas floss ▷ **cheveux de Vénus** maidenhair (fern)

**chevillard** / ʃ(ə)vijaʀ / NM wholesale butcher

**cheville** / ʃ(ə)vij / NF a (Anat) ankle ◆ **l'eau lui venait ou arrivait à la** ~ **ou aux** ~**s** he was ankle-deep in water, the water came up to his ankles ◆ **aucun ne lui arrive à la** ~ (fig) he's head and shoulders above the others, there's no one to touch him ◆ **avoir les** ~**s qui enflent** * (péj) to be full of oneself, to have a swollen ou swelled head * (US) ◆ **t'as pas les** ~**s qui enflent ?** * (péj) you're very full of yourself, aren't you? ◆ **ça va les** ~**s ?** * (péj) bighead! *

b (= fiche) (pour joindre) dowel, peg, pin; (pour vis) plug; [d'instrument à cordes] peg; (Boucherie = crochet) hook ◆ **vendre de la viande à la** ~ to sell meat wholesale ◆ ~ **ouvrière** (Aut) kingpin; (fig) kingpin, mainspring

c (Littérat) [de poème] cheville; (péj = remplissage) padding (NonC)

d (loc) **être en** ~ **avec qn pour faire qch** to be in cahoots * with sb to do sth, to collude with sb in doing sth

**cheviller** / ʃ(ə)vije / ▸ conjug 1 ◂ VT (Menuiserie) to peg ◆ **avoir l'âme chevillée au corps** to have nine lives ◆ **avoir l'espoir chevillé au cœur ou au corps** to refuse to give up hope, to have a never-say-die attitude ◆ **avoir la méchanceté chevillée au corps** to be nasty through and through, to be downright nasty ou malicious

**chevillette** / ʃ(ə)vijɛt / NF (small) peg

**chèvre** / ʃɛvʀ / NF a (Zool) (gén) goat; (femelle) nanny-goat ◆ **devenir** ~ * to go crazy ◆ **je deviens** ~ **moi avec tous ces formulaires/enfants !** * all these forms/these children are driving me up the wall! * ◆ **rendre ou faire devenir qn** ~ * to drive sb up the wall *; → **fromage** b (Tech) (= treuil) hoist, gin; (= chevalet) sawhorse, sawbuck (US), trestle NM (= fromage) goat('s) cheese, goat's-milk cheese

**chevreau** (pl **chevreaux**) / ʃəvʀo / NM (= animal, peau) kid ◆ **bondir comme un** ~ to gambol like a lamb

**chèvrefeuille** / ʃɛvʀəfœj / NM honeysuckle

**chevrette** / ʃəvʀɛt / NF a (= jeune chèvre) kid, young she-goat b (= chevreuil femelle) roe, doe; (= fourrure) goatskin c (= trépied) (metal) tripod

**chevreuil** / ʃəvʀœj / NM (Zool) roe deer; (= mâle) roebuck; (Can = cerf de Virginie) deer; (Culin) venison

**chevrier** / ʃəvʀije / NM (= berger) goatherd; (= haricot) (type of) kidney bean

**chevrière** / ʃəvʀijɛʀ / NF goatherd

**chevron** / ʃəvʀɔ̃ / NM (= poutre) rafter; (= galon) stripe, chevron; (= motif) chevron, V(-shape) ◆ ~**s** (petits) herringbone (pattern); (grands) chevron pattern ◆ **à** ~**s** (petits) herringbone; (grands) chevron-patterned

**chevronné, e** / ʃəvʀɔne / ADJ experienced

**chevrotant, e** / ʃəvʀɔtɑ̃, ɑ̃t / ADJ [voix] quavering, shaking; [vieillard] with a quavering voice

**chevrotement** / ʃəvʀɔtmɑ̃ / NM [de voix] quavering, shaking; [de vieillard] quavering (voice)

**chevroter** / ʃəvʀɔte / ▸ conjug 1 ◂ VI [personne] to quaver; [voix] to quaver, to shake

**chevrotine** / ʃəvʀɔtin / NF buckshot (NonC)

**chewing-gum** (pl **chewing-gums**) /ʃwiŋgɔm/ NM chewing gum *(NonC)* ◆ **un ~** a piece of chewing-gum

**Cheyenne** /ʃejɛn/ NMF Cheyenne ◆ **les ~s** the Cheyenne

**chez** /ʃe/ PRÉP a *(à la maison)* **~ soi** at home ◆ **être/rester ~ soi** to be/stay at home, to be/stay in ◆ **est-ce qu'elle sera ~ elle aujourd'hui ?** will she be at home *ou* in today? ◆ **venez ~ moi** come to my place ◆ **nous rentrons ~ nous** we are going home ◆ **j'ai des nouvelles de ~ moi** I have news from home ◆ **faites comme ~ vous** make yourself at home ◆ **on n'est plus ~ soi avec tous ces touristes !** it doesn't feel like home any more with all these tourists around! ◆ **nous l'avons trouvée ~ elle** we found her at home

b ◆ **~ qn** *(maison)* at sb's house *ou* place; *(appartement)* at sb's place *ou* flat *(Brit) ou* apartment *(US)*; *(famille)* in sb's family *ou* home ◆ **~ moi nous sommes 6** there are 6 of us in my *ou* our family ◆ **près de/devant/de ~ qn** near/in front of/from sb's place *ou* house ◆ **de/près de ~ nous** from/near (our) home *ou* our place *ou* our house ◆ **~ Robert/le voisin** at Robert's (house)/the neighbour's (house) ◆ **~ moi/son frère, c'est tout petit** my/his brother's place is tiny ◆ **je vais ~ lui/Robert** I'm going to his place/to Robert's (place) ◆ **il séjourne ~ moi** he is staying at my place *ou* with me ◆ **la personne ~ qui je suis allé** the person to whose house I went ◆ **passons par ~ eux/mon frère** let's drop in on them/my brother, let's drop by their place/my brother's place ◆ **~ M. Lebrun** *(sur une adresse)* c/o Mr Lebrun ◆ **~ Rosalie** *(enseigne de café)* Rosalie's, chez Rosalie ◆ **~ nous** *(pays)* in our country, at home, back home *; *(région)* at home, back home *; *(maison)* in our house, at home ◆ **~ nous au Canada/en Bretagne** *(là-bas)* back (home) in Canada/Brittany; *(ici)* here in Canada/Brittany ◆ **c'est une coutume/paysanne (bien) de ~ nous** it/she is one of our typical local customs/country girls ◆ **~ eux/vous, il n'y a pas de parlement** in their/your country there's no parliament ◆ **il a été élevé ~ les Jésuites** he was brought up in a Jesuit school *ou* by the Jesuits

c *(avec nom de métier)* **~ l'épicier/le coiffeur** at the grocer's/the hairdresser's ◆ **je vais ~ le boucher** I'm going to the butcher's ◆ **il va ~ le dentiste/le médecin** he's going to the dentist('s)/the doctor('s)

d *(avec groupe humain ou animal)* among ◆ **~ les Français/les Romains** among the French/the Romans ◆ **~ les fourmis/le singe** in ants/monkeys ◆ **on trouve cet instinct ~ les animaux** you find this instinct in animals ◆ **~ les politiciens** among politicians ◆ **~ les hommes/les femmes** *(Sport)* in the men's/women's

e *(avec personne, œuvre)* **~ Balzac/Picasso on trouve de tout** in Balzac/Picasso you find a bit of everything ◆ **c'est rare ~ un enfant de cet âge** it's rare in a child of that age ◆ **~ lui, c'est une habitude** it's a habit with him ◆ **~ lui c'est le foie qui ne va pas** it's his liver that gives him trouble

f *( * : intensif)* **c'est un abruti de ~ abruti** he's a complete fool ◆ **c'est nul de ~ nul** it's complete rubbish *

**chez-soi** /ʃeswa/ NM INV home (of one's own) ◆ **avoir un ~** to have a home of one's own *ou* a home to call one's own

**chiadé, e** ⁑ /ʃjade/ (ptp de **chiader**) ADJ *(= difficile)* *[problème]* tough *, stiff *; *(= approfondi)* *[exposé]* thorough; *(= perfectionné)* *[appareil]* clever, nifty *

**chiader** ⁑ /ʃjade/ ► conjug 1 ◄ VT *[+ leçon]* to swot up * *(Brit)*, to cram; *[+ examen]* to cram for *, to swot for * *(Brit)*; *[+ exposé]* to work on, to swot up * for *(Brit)* ◆ **il a chiadé sa lettre** he worked on his letter till it was perfect VI *(= travailler)* to swot * *(Brit)*, to slog away * *(Brit)*, to grind away *(US)*

**chialer** * /ʃjale/ ► conjug 1 ◄ VI *(= pleurer)* to blubber *

**chialeur, -euse** * /ʃjalœʀ, øz/ NM,F crybaby *

**chiant, chiante** ⁑ /ʃjɑ̃, ʃjɑ̃t/ ADJ *[personne, problème]* damn ⁑ *ou* bloody ⁑ *(Brit)* annoying ◆ **ce roman est ~** this novel's damn ⁑ *ou* bloody ⁑ *(Brit)* boring ◆ **c'est ~** it's a damn ⁑ *ou* bloody ⁑ *(Brit)* nuisance, it's damn ⁑ *ou* bloody ⁑ *(Brit)* annoying ◆ **~ comme la pluie** *ou* **un lundi** as boring as hell ⁑ ◆ **tu es ~ avec tes questions !** you're a pain in the arse *⁑ *(Brit) ou* ass *⁑ *(US)* with all your questions!

**chiard** ⁑ /ʃjaʀ/ NM brat

**chiasme** /kjasm/ NM *(Littérat)* chiasmus

**chiasse** /ʃjas/ NF ⁑ a *(= colique)* **avoir/attraper la ~** *(lit)* to have/get the runs * *ou* the trots *; *(peur)* to have/get the willies *, to be/get scared witless *ou* shitless *⁑ ◆ **ça lui donne la ~** *(lit)* it gives him the runs *; *(peur)* it scares him witless *ou* shitless *⁑ b *(= poisse)* **c'est la ~, quelle ~** what a damn ⁑ *ou* bloody ⁑ *(Brit)* pain COMP ▷ **chiasse de mouche** fly speck

**chiatique** ⁑ /ʃjatik/ ADJ *[personne, problème]* damn ⁑ *ou* bloody ⁑ *(Brit)* annoying

**chic** /ʃik/ NM a *(= élégance)* *[de toilette, chapeau]* stylishness; *[de personne]* style ◆ **avoir du ~** *[toilette, chapeau]* to have style, to be stylish; *[personne]* to have (great) style ◆ **être habillé avec ~** to be stylishly dressed; → **bon**[1]

b *(loc)* **avoir le ~ pour faire qch** to have the knack of doing sth ◆ **de ~** *[peindre, dessiner]* without a model, from memory ◆ **traduire/écrire qch de ~** to translate/write sth off the cuff

ADJ INV a *(= élégant)* *[chapeau, toilette, personne]* stylish, smart ◆ **~ et choc** smart and stylish

b *(= de la bonne société)* *[dîner]* smart, posh * ◆ **deux messieurs ~** two smart(-looking) gentlemen ◆ **les gens ~** the smart set, posh * people

c *( * = gentil, généreux)* decent *, nice ◆ **c'est une ~ fille** she's a nice girl ◆ **c'est un ~ type** he's a decent sort *ou* a nice guy * *ou* a nice bloke * *(Brit)* ◆ **elle a été très ~ avec moi** she's been very nice *ou* decent to me ◆ **c'est très ~ de sa part** that's very decent *ou* nice of him

EXCL ◆ **~ (alors)!** * great! *

**chicane** /ʃikan/ NF a *(= zigzag)* *[de barrage routier]* ins and outs, twists and turns; *[de circuit automobile]* chicane; *[de gymkhana]* in and out, zigzag ◆ **des camions stationnés en ~ gênaient la circulation** lorries parked at intervals on both sides of the street held up the traffic b *( † : Jur)* *(= objection)* quibble; *(= querelle)* squabble, petty quarrel ◆ **aimer la ~, avoir l'esprit de ~** *(disputes)* to enjoy picking quarrels with people, to enjoy bickering; *(procès)* to enjoy bickering over points of procedure ◆ **chercher ~ à qn, faire des ~s à qn** to pick petty quarrels with sb ◆ **gens de ~** pettifoggers

**chicaner** /ʃikane/ ► conjug 1 ◄ VT a *( † ou littér)* **~ qch à qn** *(= mesurer)* to quibble with sb about *ou* over sth ◆ **nul ne lui chicane son courage** *(= contester)* no one disputes his courage *ou* calls his courage into question b *( † ou littér = chercher querelle à)* **~ qn (sur** *ou* **au sujet de qch)** to quibble *ou* squabble with sb (over sth) ◆ **ils se chicanent continuellement** they're constantly bickering VI a *(= ergoter)* **~ sur** to quibble about b *( † : Jur)* to pettifog †

**chicanerie** † /ʃikanʀi/ NF *(= disputes)* wrangling, petty quarrelling *(NonC)*; *(= tendance à ergoter)* (constant) quibbling ◆ **toutes ces ~s** all this quibbling

**chicaneur, -euse** /ʃikanœʀ, øz/ ADJ argumentative, pettifogging NM,F quibbler

**chicanier, -ière** /ʃikanje, jɛʀ/ ADJ quibbling NM,F quibbler

**chicano** /ʃikano/ ADJ Chicano *(souvent injurieux)* NMF **Chicano** Chicano *(souvent injurieux)*

**chiche**[1] /ʃiʃ/ ADJ → **pois**

**chiche**[2] /ʃiʃ/ ADJ a *(= mesquin)* *[personne]* niggardly, mean; *[rétribution]* niggardly, paltry, mean; *[repas]* scanty, meagre *(Brit)*, meager *(US)*; *[existence]* meagre; *[lumière]* pale ◆ **comme cadeau, c'est un peu ~** it's not much of a gift ◆ **être ~ de paroles/compliments** to be sparing with one's words/compliments b *( * = capable)* **être ~ de faire qch** to be able to do sth *ou* capable of doing sth ◆ **tu n'es pas ~ (de le faire)** you couldn't (do that) ◆ **~ que je le fais !** I bet you I do it!, (I) bet you I will! ◆ **~ ? – ~ !** are you on? * *ou* are you game? * – you're on! *

**chiche-kebab** (pl **chiche(s)-kebab(s)**) /ʃiʃkebab/ NM shish kebab

**chichement** /ʃiʃmɑ̃/ ADV *[récompenser, nourrir]* meanly, meagrely *(Brit)*, meagerly *(US)*; *[vivre, se nourrir]* *(= pauvrement)* poorly; *(= mesquinement)* meanly

**chichi** * /ʃiʃi/ NM a ◆ **~(s)** *(= embarras)* fuss *(NonC)*, carry-on * *(NonC)*; *(= manières)* fuss *(NonC)* ◆ **faire des ~s** *ou* **du ~** *(embarras)* to fuss, to make a fuss; *(manières)* to make a fuss ◆ **ce sont des gens à ~(s)** they're the sort of people who make a fuss ◆ **on vous invite sans ~(s)** we're inviting you informally ◆ **ce sera sans ~** it'll be quite informal b *(= beignet)* ≈ doughnut

**chichiteux, -euse** * /ʃiʃitø, øz/ ADJ *(péj)* *(= faiseur d'embarras)* troublesome; *(= maniéré)* fussy

**chicon** /ʃikɔ̃/ NM *(= romaine)* cos (lettuce) *(Brit)*, romaine *(US)*; *(Belg = endive)* chicory *(NonC)* *(Brit)*, endive *(US)*

**chicorée** /ʃikɔʀe/ NF *(= salade)* endive *(Brit)*, chicory *(US)*; *(à café)* chicory ◆ **~ frisée** curly endive *(Brit)*, escarole *(US)*

**chicos** * /ʃikos/ ADJ *[personne]* stylish, smart; *[quartier, restaurant]* posh * ◆ **c'est ~ chez toi !** your place is very plush! *

**chicot** /ʃiko/ NM *[de dent, arbre]* stump

**chicotin** /ʃikɔtɛ̃/ NM → **amer**[2]

**chié, e**[1] ⁑ /ʃje/ ADJ a *(= bien)* damn ⁑ *ou* bloody ⁑ *(Brit)* good ◆ **elle est ~e, sa moto!** his motorbike's something else! * *ou* wicked! ⁑ b *(= difficile)* tough *, stiff * ◆ **il est ~, ce problème** it's a hell of a problem ⁑ c *(= qui exagère)* **t'es (pas) ~ d'arriver toujours en retard !** it's a bit much you always turning up late! ◆ **avoir menti comme ça, c'est ~** what a nerve * to have lied like that

**chiée**[2] *⁑ /ʃje/ NF ◆ **une ~ de, des ~s de** a hell of a lot of ⁑

**chien** /ʃjɛ̃/ NM a *(= animal)* dog ◆ **petit ~** *(jeune)* puppy, pup; *(de petite taille)* small dog ◆ **le ~ est le meilleur ami de l'homme** a man's best friend is his dog ◆ **"(attention) chien méchant"** "beware of the dog" ◆ **faire le ~ fou** to fool about

b *[de fusil]* hammer, cock

c *(injure)* **quel ~ !** (you) swine! *

d *( * = frange)* **~s** fringe *(Brit)*, bangs *(US)*

e *(Naut)* **coup de ~** squall

f *(loc)* **coiffée à la ~** wearing a fringe *(Brit)*, wearing bangs *(US)* ◆ **oh le beau ~-~ !** nice doggy!, good doggy! ◆ **c'est le ~-~ à sa mémère !** *(péj)* who's mummy's *(Brit)* *ou* mommy's *(US)* little boy then! ◆ **en ~ de fusil** curled up ◆ **quel ~ de temps !** *ou* **temps de ~ !** what filthy *ou* foul weather! ◆ **c'est une vie de ~ !** * it's a dog's life! ◆ **ce métier de ~** this rotten job * ◆ **comme un ~** *[mourir, traiter]* like a dog ◆ **elle a du ~** * she has a certain something *, she's very attractive ◆ **c'est pas fait pour les ~s !** * it's there to be used ◆ **être** *ou* **vivre** *ou* **s'entendre comme ~ et chat** to fight like cat and dog, to always be at one another's throats ◆ **ils se sont regardés en ~s de faïence** they just stood *ou* sat glaring at each other ◆ **arriver comme un ~ dans un jeu de quilles** to turn up when least needed *ou* wanted ◆ **recevoir qn comme un ~ dans un jeu de quilles** to give sb a cold reception ◆ **faire les** *ou* **tenir la rubrique des ~s écrasés** * to write nothing but fillers ◆ **je ne suis pas ton ~ !** I'm not your slave *ou* servant! ◆ **je lui garde** *ou* **réserve un ~ de ma chienne** * I'll get even with him * ◆ **entre ~ et loup** at dusk ◆ **un ~ regarde bien un évêque** *(Prov)* a cat may look at a king *(Prov)* ◆ **les ~s aboient, la caravane passe** *(Prov)* let the world say what it will ◆ **bon ~ chasse de race** *(Prov)* like father like son *(Prov)*

**ADJ INV** a *(= avare)* mean, stingy *

b *(= méchant)* rotten * ◆ **elle n'a pas été ~ avec toi** she was quite decent to you

**COMP** ▷ **chien d'appartement** house dog ▷ **chien d'arrêt** pointer ▷ **chien d'attaque** attack dog ▷ **chien d'avalanche** mountain rescue dog ▷ **chien d'aveugle** guide dog ▷ **chien de berger** sheepdog ▷ **chien de chasse** gun dog ▷ **chien de combat** fighting dog ▷ **chien couchant** setter ◆ **faire le ~ couchant** to kowtow, to toady *(auprès de* to) ▷ **chien courant** hound ▷ **chien de garde** guard dog, watchdog ▷ **chien de manchon** lapdog ▷ **chien de mer** dogfish ▷ **chien de meute** hound ▷ **chien policier** police dog, tracker dog ▷ **chien des Pyrénées** Pyrenean mountain dog, Great Pyrenees *(US)* ▷ **chien de race** pedigree dog ▷ **chien de salon** ⇒ **chien de manchon** ▷ **chien savant** *(lit)* performing dog; *(fig)* know-all ▷ **chien de traîneau** husky

**chien-assis** (pl **chiens-assis**) /ʃjɛ̃asi/ **NM** ≈ dormer window *(Brit)*, dormer *(US)*

**chiendent** /ʃjɛ̃dɑ̃/ **NM** a *(Bot)* couch grass, quitch (grass); → **brosse** b **le ~** † * *(= l'ennui)* the trouble *ou* rub

**chienlit** /ʃjɑ̃li/ **NF** a *(= pagaille)* **c'est la ~** it's havoc *ou* chaos b († *= mascarade)* fancy-dress *(Brit)* *ou* costume *(US)* parade

**chien-loup** (pl **chiens-loups**) /ʃjɛ̃lu/ **NM** wolfhound

**chienne** /ʃjɛn/ **NF** bitch

> Lorsque l'on ne parle pas spécifiquement du sexe de l'animal, **chienne** se traduit par **dog**.

◆ **j'ai sorti la ~** I took the dog out ◆ **c'est un chien ou une ~ ?** is it a dog or a bitch? ◆ **~ !** ⁂ *(= injure)* (you) bitch! ⁂ ◆ **quelle ~ de vie !** ⁑ life's a bitch! ⁑

**chier** ⁂ /ʃje/ ▸ conjug 7 ◂ **VI** a *(= déféquer)* to shit ⁂, to crap ⁂ ◆ **~ un coup** to have a crap ⁂ *ou* shit ⁂

b *(loc)* **faire ~ qn** *[personne] (= ennuyer)* to bore the pants off sb ⁑; *(= tracasser, harceler)* to bug sb ⁑, to piss sb off ⁂, to get up sb's nose ⁑ *(Brit)* ◆ **ça me fait ~** it pisses me off ⁂, it's a pain in the arse ⁂ *(Brit)* *ou* ass ⁂ *(US)* ◆ **envoyer ~ qn** to tell sb to piss off ⁂ *ou* bugger off ⁂ *(Brit)* ◆ **va ~ !** ⁂ fuck off! ⁂ ◆ **je me suis fait ~ pendant trois heures à réparer la voiture** I sweated my guts out ⁑ for three hours repairing the car ◆ **qu'est-ce qu'on se fait ~ à ses conférences !** what a fucking ⁂ *ou* bloody ⁑ *(Brit)* bore his lectures are! ◆ **ça va ~ (des bulles) !** there'll be one hell of a row! ⁑ ◆ **y a pas à ~, c'est lui le meilleur** say what you damn *ou* bloody *(Brit)* well like ⁑, he's the best ◆ **il faut quand même pas ~ dans la colle !** you've got a fucking nerve! ⁂ ◆ **(nul) à ~** *(= mauvais) [film, livre, service]* crappy ⁂, crap ⁂ *(attrib)*; *[personne, appareil]* fucking ⁂ *ou* bloody ⁑ *(Brit)* useless; *(= laid)* fucking ⁂ *ou* bloody ⁑ *(Brit)* hideous ◆ **il a chié dans son froc** ⁂ he crapped himself ⁂

**chierie** ⁂ /ʃiʀi/ **NF** (real) pain in the butt ⁑ *ou* arse ⁂ *(Brit)* *ou* ass ⁂ *(US)*

**chiffe** /ʃif/ **NF** a *(sans volonté)* spineless individual, drip * ◆ **je suis comme une ~ (molle)** *(fatigué)* I feel like a wet rag; → **mou**[1] b *(= chiffon)* rag

**chiffon** /ʃifɔ̃/ **NM** a *(usagé)* (piece of) rag; *(pour essuyer)* duster *(Brit)*, dust cloth *(US)* ◆ **donner un coup de ~ à qch, passer un coup de ~ sur qch** to give sth a wipe *ou* go over sth with a cloth ◆ **vieux ~s** old rags ◆ **votre devoir est un vrai ~** your homework is a dreadful mess ◆ **mettre ses vêtements en ~** to throw down one's clothes in a crumpled heap ◆ **parler ~s** * to talk about clothes ◆ **agiter le ~** *ou* **un ~ rouge** *(fig)* to wave the *ou* a red rag; → **poupée**

b *(Papeterie)* **le ~** rag ◆ **fait avec du ~** made from rags; → **papier**

**COMP** ▷ **chiffon à chaussures** shoe cloth *ou* rag ▷ **chiffon à meubles** ⇒ **chiffon à poussière** ▷ **chiffon de papier** ◆ **écrire qch sur un ~ de papier** to write sth (down) on a (crumpled) scrap of paper ◆ **ce traité n'est qu'un ~ de papier** this treaty isn't worth the paper it's written on *ou* is just a useless scrap of paper ▷ **chiffon à poussière** duster *(Brit)*, dust cloth *(US)*

**chiffonnade** /ʃifɔnad/ **NF** chiffonnade

**chiffonné, e** /ʃifɔne/ (ptp de **chiffonner**) **ADJ** a *(= fatigué) [visage]* worn-looking b *(= sympathique)* **un petit nez ~** a pert little nose ◆ **un joli minois ~** a funny little face

**chiffonner** /ʃifɔne/ ▸ conjug 1 ◂ **VT** a *(lit) [+ papier]* to crumple; *[+ habits]* to crease, to rumple, to crumple; *[+ étoffe]* to crease, to crumple b (* *= contrarier)* **ça me chiffonne** it bothers *ou* worries me ◆ **qu'est-ce qui te chiffonne ?** what's bothering *ou* worrying you? **VPR se chiffonner** ◆ **ce tissu se chiffonne facilement** this material creases easily *ou* is easily creased

**chiffonnier** /ʃifɔnje/ **NM** a *(= personne)* ragman, rag-and-bone man *(Brit)* ◆ **se battre** *ou* **se disputer comme des ~s** to fight like cat and dog ◆ **c'est une bataille de ~s** it's no holds barred; → Emmaüs b *(= meuble)* chiffon(n)ier

**chiffrable** /ʃifʀabl/ **ADJ** ◆ **ce n'est pas ~** it's impossible to put a figure on it

**chiffrage** /ʃifʀaʒ/ **NM** a *[de message]* (en)coding, ciphering; *(Ordin) [de données, télégramme]* ciphering b *[de dépenses, dommages]* assessing c *[de pages]* numbering d *[d'effets personnels, linge]* marking (with one's *ou* sb's initials) e *(Mus) [d'accord]* figuring

**chiffre** /ʃifʀ/ **NM** a *(= caractère)* figure, numeral, digit *(Math)*; *(= nombre)* number ◆ **donne-moi un ~ entre 1 et 8** give me a number between 1 and 8 ◆ **~ arabe/romain** Arab/Roman numeral ◆ **nombre** *ou* **numéro de 7 ~s** 7-figure *ou* 7-digit number ◆ **inflation à deux/trois ~s** double-/triple-digit inflation, two-/three-figure inflation ◆ **écrire un nombre en ~s** to write out a number in figures ◆ **science des ~s** science of numbers ◆ **aligner des ~s** to draw up columns of figures

b *(= résultat)* figure; *(= montant)* total ◆ **15 blessés, c'est le ~ provisoire** there's a total of 15 wounded so far, at the last count there were 15 wounded ◆ **je n'ai pas les ~s en tête** I can't recall the figures ◆ **ça atteint des ~s astronomiques** it reaches an astronomical figure *ou* sum ◆ **selon les ~s officiels** according to official figures ◆ **les ~s du chômage** the unemployment *ou* jobless figures, the number of unemployed ◆ **en ~s ronds** in round figures

c *(Comm)* **~ (d'affaires)** turnover ◆ **il fait un ~ (d'affaires) de 3 millions** he has a turnover of 3 million ◆ **ils font du ~** they're making money ◆ **je n'ai pas fait mon ~ cette année** I didn't get the turnover I wanted this year ◆ **~ net/brut** net/gross figure *ou* turnover ◆ **~s de vente** sales figures ◆ **ils ont doublé leurs ~s de vente** they have doubled their sales; → **impôt**

d *(= code) [de message]* code, cipher; *[de coffre-fort]* combination ◆ **écrire une lettre en ~s** to write a letter in code *ou* cipher ◆ **on a trouvé leur ~** their code has been broken ◆ **le (service du) ~** the cipher office

e *(= initiales)* (set of) initials, monogram ◆ **mouchoir brodé à son ~** handkerchief embroidered with one's initials *ou* monogram

f *(Mus = indice)* figure

**chiffré, e** /ʃifʀe/ (ptp de **chiffrer**) **ADJ** a *(= évalué) [analyse, argument]* backed up by figures ◆ **données ~es** detailed facts and figures ◆ **le rapport fixe des objectifs ~s** the report sets out targets in precise figures ◆ **aucune précision ~e n'a été donnée** no figures were given ◆ **faire une proposition ~e** to propose a figure b *(= codé)* **langage ~** code (language), cipher ◆ **message ~** coded message, message in code *ou* cipher c *(Mus)* **basse ~e** thorough *ou* figured bass

**chiffrement** /ʃifʀəmɑ̃/ **NM** *[de texte]* (en)coding, ciphering

**chiffrer** /ʃifʀe/ ▸ conjug 1 ◂ **VT** a *(= coder) [+ message]* to (en)code, to cipher; *(Ordin) [+ données, télégramme]* to encode; → **message** b *(= évaluer) [+ dépenses, dommages]* to put a figure to, to assess c *(= numéroter) [+ pages]* to number d *(= compter)* to count e *(= marquer) [+ effets personnels, linge]* to mark (with one's *ou* sb's initials) f *(Mus) [+ accord]* to figure **VI** *ou* **VPR se chiffrer** ◆ **(se) ~ à** to add up to, to amount to, to come to ◆ **ça (se) chiffre à combien ?** what *ou* how much does that add up to? *ou* amount to? *ou* come to? ◆ **ça (se) chiffre par millions** it adds up to *ou* amounts to *ou* comes to millions ◆ **ça commence à ~ !** it's starting to mount up! ◆ **ça finit par ~** * it all adds up

**chiffreur, -euse** /ʃifʀœʀ, øz/ **NM,F** coder

**chignole** /ʃiɲɔl/ **NF** *(= outil) (à main)* (hand) drill; *(électrique)* (electric) drill; (* *= voiture)* jalopy * *(hum)*

**chignon** /ʃiɲɔ̃/ **NM** bun, chignon ◆ **~ banane** French pleat ◆ **se faire un ~, relever ses cheveux en ~** to put one's hair into a bun; → **crêper**

**chihuahua** /ʃiwawa/ **NM** Chihuahua

**chiisme** /ʃiism/ **NM** Shiism

**chiite** /ʃiit/ **ADJ, NMF** Shiite

**Chili** /ʃili/ **NM** Chile

**chilien, -ienne** /ʃiljɛ̃, jɛn/ **ADJ** Chilean **NM,F** **Chilien(ne)** Chilean

**chimère** /ʃimɛʀ/ **NF** a *(= illusion)* (wild) dream, pipe dream, chim(a)era *(frm)* ◆ **le bonheur**

**est une** ~ happiness is just a dream *ou* an illusion ◆ **c'est une** ~ **que de croire ...** it's an illusion to think that ... ◆ **tes grands projets, ~s (que tout cela) !** your grand plans are nothing but pipe dreams *ou* (idle) fancies ◆ **un monde peuplé de vagues ~s** a world filled with vague imaginings ◆ **poursuivre** *ou* **caresser des ~s** to chase rainbows **b** *(Myth)* **la Chimère** chim(a)era, Chim(a)era **c** *(Bio)* chim(a)era **d** *(= poisson)* chimaera

**chimérique** /ʃimeʀik/ **ADJ** **a** *(= utopique) [esprit, projet, idée]* fanciful; *[rêve]* wild *(épith)*, idle *(épith)* ◆ **c'est un esprit** ~ he's a real dreamer **b** *(= imaginaire) [personnage]* imaginary, chimerical

**chimie** /ʃimi/ **NF** chemistry ◆ ~ **organique/minérale** organic/inorganic chemistry ◆ **cours/expérience de** ~ chemistry class/experiment ◆ **la merveilleuse** ~ **de l'amour** love's marvellous chemistry

**chimio** * /ʃimjo/ **NF** (abrév de **chimiothérapie**) chemo *

**chimiothérapie** /ʃimjoteʀapi/ **NF** chemotherapy

**chimiothérapique** /ʃimjoteʀapik/ **ADJ** chemotherapeutic

**chimique** /ʃimik/ **ADJ** chemical; → **produit**

**chimiquement** /ʃimikmɑ̃/ **ADV** chemically

**chimiquier** /ʃimikje/ **NM** chemical tanker

**chimiste** /ʃimist/ **NMF** chemist *(scientist)*; → **ingénieur**

**chimpanzé** /ʃɛ̃pɑ̃ze/ **NM** chimpanzee, chimp *

**chinchilla** /ʃɛ̃ʃila/ **NM** *(= animal, fourrure)* chinchilla

**Chine** /ʃin/ **NF** China ◆ ~ **populaire/nationaliste** Communist *ou* Red/nationalist China ◆ **la République populaire de** ~ the Chinese People's Republic, the People's Republic of China; → **crêpe²**, **encre**

**chine¹** /ʃin/ **NM** **a** *(= papier)* rice paper **b** *(= vase)* china vase; *(= porcelaine)* china

**chine²** * /ʃin/ **NF** **a** *(= brocante)* **faire de la** ~ to hunt (around) for antiques **b** *(= porte à porte)* **vente à la** ~ door-to-door selling

**chiné, e** /ʃine/ (ptp de **chiner**) **ADJ** *(Tex)* mottled, chiné *(SPÉC)*

**chiner** /ʃine/ ▸ conjug 1 ◂ **VT** **a** *(Tex) [+ étoffe]* to dye the warp of **b** *(* = taquiner)* to kid, to have on * *(Brit)*, to rag * ◆ **tu ne vois pas qu'il te chine** don't you see he's kidding you *ou* having you on * *(Brit)* ◆ **je n'aime pas qu'on me chine** I don't like being ragged * **VI** * to hunt (around) for antiques

**Chinetoque** ** /ʃintɔk/ **NMF** *(injurieux = Chinois)* Chink ** *(injurieux)*

**chineur, -euse** * /ʃinœʀ, øz/ **NM,F** *(= brocanteur)* antique dealer; *(= amateur)* antique-hunter

**chinois, e** /ʃinwa, waz/ **ADJ** **a** *(de Chine)* Chinese; → **ombre¹** **b** *(péj = pointilleux) [personne]* pernickety, fussy; *[règlement]* hair-splitting **NM** **a** *(Ling)* Chinese ◆ **c'est du** ~ * *(péj)* it's all Greek to me *, it's double Dutch * *(Brit)* **b** ◆ **Chinois** Chinese, Chinese man ◆ **les Chinois** the Chinese **c** *(* : péj = maniaque)* hair-splitter **d** *(Culin = passoire)* (small conical) strainer **NF** **Chinoise** Chinese, Chinese woman

**chinoiser** /ʃinwaze/ ▸ conjug 1 ◂ **VI** to split hairs ◆ ~ **sur** to quibble over

**chinoiserie** /ʃinwazʀi/ **NF** **a** *(= subtilité excessive)* hair-splitting *(NonC)* **b** *(= complications)* **~s** unnecessary complications *ou* fuss ◆ **les ~s de l'administration** red tape ◆ **tout ça, ce sont des ~s** all this is unnecessarily complicated **c** *(Art) (= décoration)* chinoiserie; *(= objet)* Chinese ornament, Chinese curio

**chintz** /ʃints/ **NM** *(Tex)* chintz

**chiot** /ʃjo/ **NM** pup(py)

**chiotte** /ʃjɔt/ **NF** *ou* **m** **a** *(** = WC)* **~s** bog ** *(Brit)*, can ** *(US)*, john ** *(US)* ◆ **aux ~s l'arbitre !** what a shitty referee! ** ◆ **quelle** ~ **!, c'est la** ~ **!** what a pain in the arse! ** *(Brit) ou* ass! ** *(US)* ◆ **quel temps de** ~ **!** what shitty weather! ** ◆ **c'est de la musique de** ~ it's crap(py) music ** ◆ **avoir un goût de** ~ *[personne]* to have crap taste **; → **corvée** **b** *(** = voiture)* jalopy * *(hum)*

**chiper** * /ʃipe/ ▸ conjug 1 ◂ **VT** *(= voler) [+ portefeuille, idée]* to pinch *, to filch *; *[+ rhume]* to catch

**chipeur, -euse** * /ʃipœʀ, øz/ **ADJ** *[gamin]* thieving **NM,F** thief

**chipie** * /ʃipi/ **NF** vixen *(péj)* ◆ **petite** ~ ! you little devil! *

**chipolata** /ʃipɔlata/ **NF** chipolata

**chipotage** * /ʃipɔtaʒ/ **NM** *(= marchandage, ergotage)* quibbling; *(pour manger)* picking *ou* nibbling (at one's food)

**chipoter** * /ʃipɔte/ ▸ conjug 1 ◂ **VI** *(= manger)* to be a fussy eater; *(= ergoter)* to quibble (*sur* about, over); *(= marchander)* to quibble (*sur* over); ◆ ~ **sur la nourriture** to nibble *ou* pick at one's food ◆ **tu chipotes là !** now you're quibbling! ◆ **vous n'allez pas** ~ **pour 2 € !** you're not going to quibble about 2 euros! **VPR** **se chipoter** to squabble (*sur* over)

**chipoteur, -euse** * /ʃipɔtœʀ, øz/ **ADJ** *(= marchandeur)* haggling; *(= ergoteur)* quibbling; *(en mangeant)* fussy **NM,F** *(= marchandeur)* haggler; *(= ergoteur)* quibbler; *(en mangeant)* fussy eater

**chips** /ʃips/ **NFPL** ◆ **(pommes)** ~ (potato) crisps *(Brit) ou* chips *(US)*

> ⚠ **chips** *se traduit par* **chips** *uniquement en anglais américain.*

**chique** /ʃik/ **NF** *(= tabac)* quid, chew; *(* = enflure)* (facial) swelling, lump (on the cheek); *(= puce)* chigoe, chigger; → **couper**

**chiqué** * /ʃike/ **NM** **a** *(= bluff)* pretence *(NonC)*, bluffing *(NonC)* ◆ **il a fait ça au** ~ he bluffed it out ◆ **il prétend que cela le laisse froid mais c'est du** ~ he claims it leaves him cold but it's all put on * **b** *(factice)* sham *(NonC)* ◆ **ces combats de catch c'est du** ~ these wrestling matches are all sham *ou* all put on * *ou* are faked ◆ **combat sans** ~ fight that's for real * ◆ ~ **!, remboursez !** what a sham!, give us our money back! **c** *(= manières)* **faire du** ~ to put on airs (and graces)

**chiquement** * /ʃikmɑ̃/ **ADV** *[s'habiller]* smartly, stylishly; *[traiter, accueillir]* kindly, decently

**chiquenaude** /ʃiknod/ **NF** *(= pichenette)* flick, flip ◆ **il l'enleva d'une** ~ he flicked *ou* flipped it off ◆ **une** ~ **suffirait à renverser le gouvernement** it wouldn't take much to overturn the government

**chiquer** /ʃike/ ▸ conjug 1 ◂ **VT** *[+ tabac]* to chew; → **tabac** **VI** to chew tobacco

**chiqueur, -euse** /ʃikœʀ, øz/ **NM,F** tobacco-chewer

**chirographaire** /kiʀɔgʀafɛʀ/ **ADJ** unsecured

**chirographie** /kiʀɔgʀafi/ **NF** ⇒ **chiromancie**

**chiromancie** /kiʀɔmɑ̃si/ **NF** palmistry, chiromancy *(SPÉC)*

**chiromancien, -ienne** /kiʀɔmɑ̃sjɛ̃, jɛn/ **NM,F** palmist, chiromancer *(SPÉC)*

**chiropracteur** /kiʀɔpʀaktœʀ/ **NM** chiropractor

**chiropracticien, -ienne** /kiʀɔpʀaktisjɛ̃, jɛn/ **NM,F** chiropractor

**chiropractie** /kiʀɔpʀakti/, **chiropraxie** /kiʀɔpʀaksi/ **NF** chiropractic

**chirurgical, e** (mpl **-aux**) /ʃiʀyʀʒikal, o/ **ADJ** *(lit, fig)* surgical ◆ **acte** ~ surgical procedure ◆ **intervention** *ou* **opération** ~**e** operation ◆ **frappe** ~**e** *(Mil)* surgical strike

**chirurgie** /ʃiʀyʀʒi/ **NF** surgery *(science)* ◆ ~ **esthétique/dentaire/réparatrice** cosmetic/dental/reconstructive surgery

**chirurgien, -ienne** /ʃiʀyʀʒjɛ̃, jɛn/ **NM,F** surgeon ◆ **~-dentiste** dental surgeon ◆ **~-major** *(Mil)* army surgeon **NM** ◆ **(poisson)** ~ surgeonfish

**Chisinau** /ʃizino/ **N** Kishinev, Chisinau

**chistera** /(t)ʃisteʀa/ **NF** *ou* **m** wicker basket *(in game of pelota)*

**chiure** /ʃjyʀ/ **NF** ◆ ~ **de mouche** fly speck

**chlamydia** (pl **chlamydiae**) /klamidja/ **NF** chlamydia

**chlâsse** * /ʃlas/ **ADJ** → **schlass**

**chleuh** ** /ʃlø/ *(injurieux)* **ADJ** Kraut ** *(injurieux)* **NMF** **Chleuh** Kraut ** *(injurieux)*

**chlinguer** /ʃlɛ̃ge/ **VI** ⇒ **schlinguer**

**chlorate** /klɔʀat/ **NM** chlorate

**chlore** /klɔʀ/ **NM** chlorine

**chloré, e** /klɔʀe/ (ptp de **chlorer**) **ADJ** chlorinated

**chlorer** /klɔʀe/ ▸ conjug 1 ◂ **VT** to chlorinate

**chlorhydrique** /klɔʀidʀik/ **ADJ** hydrochloric

**chlorique** /klɔʀik/ **ADJ** chloric

**chlorofluorocarbone** /klɔʀoflyɔʀokaʀbɔn/ **NM** chlorofluorocarbon

**chlorofluorocarbure** /klɔʀoflyɔʀokaʀbyʀ/ **NM** chlorofluorocarbon

**chloroforme** /klɔʀɔfɔʀm/ **NM** chloroform

**chloroformer** /klɔʀɔfɔʀme/ ▸ conjug 1 ◂ **VT** to chloroform

**chlorophylle** /klɔʀɔfil/ **NF** chlorophyll

**chlorophyllien, -ienne** /klɔʀɔfiljɛ̃, jɛn/ **ADJ** chlorophyllous

**chlorose** /klɔʀoz/ **NF** *(Méd)* chlorosis, greensickness *(NonC)*; *(Bot)* chlorosis

**chlorure** /klɔʀyʀ/ **NM** chloride ◆ ~ **de sodium** sodium chloride ◆ ~ **de chaux** chloride of lime

**chlorurer** /klɔʀyʀe/ ▸ conjug 1 ◂ **VT** ⇒ **chlorer**

**chnoque** * /ʃnɔk/ **NM** *(péj)* ◆ **quel vieux** ~ **!** what an old fart! ** ◆ **eh ! du** ~ **!** hey! you!

**chnouf** † /ʃnuf/ **NF** *(arg Drogue)* dope *

**choc** /ʃɔk/ **NM** **a** *(= heurt) [d'objets]* impact; *[de vagues]* crash ◆ **la carrosserie s'est déformée sous le** ~ the coachwork twisted with *ou* under the impact ◆ **les barrières de sécurité absorbent les ~s** safety barriers absorb shocks ◆ **cela se brise au moindre** ~ it breaks at the slightest bump *ou* knock ◆ **"résiste au(x) choc(s)"** "shock-resistant" ◆ **la résistance au** ~ **d'un matériau** a material's resistance to shock ◆ **la corde s'est rompue sous le** ~ the sudden wrench made the rope snap *ou* snapped the rope

**b** *(= collision) [de véhicules]* crash; *[de personnes]* blow; *(plus léger)* bump ◆ **le** ~ **entre les véhicules fut très violent** the vehicles crashed together with tremendous force ◆ ~ **meurtrier** fatal crash ◆ **il tituba sous le** ~ the blow *ou* bump threw him off balance

**c** *(= bruit) (violent)* crash, smash; *(sourd)* thud, thump; *(métallique)* clang, clash; *(cristallin)* clink, chink; *[de gouttes, grêlons]* drumming *(NonC)* ◆ **le** ~ **sourd des obus** the thud of shellfire d *(= affrontement) [de troupes, émeutiers, équipes, intérêts, cultures, passions]* clash ◆ **il y a eu un ~ sanglant entre la police et les émeutiers** there has been a violent clash between police and rioters ◆ **la petite armée ne put résister au ~** the little army could not stand up to the onslaught

e *(= émotion)* shock ◆ **le ~ est rude** it comes as *ou* it's quite a shock ◆ **il ne s'est pas remis du ~** he hasn't got over *ou* recovered from the shock ◆ **ça m'a fait un drôle de ~ de le voir dans cet état** it gave me a nasty shock *ou* quite a turn * to see him in that state ◆ **il est encore sous le ~** *(à l'annonce d'une nouvelle)* he's still in a state of shock; *(après un accident)* he's still in shock ◆ **tenir le ~** * *[personne]* to cope; *[machine]* to hold out ◆ **après la mort de sa femme il n'a pas tenu le ~** he couldn't cope after his wife's death ◆ **encaisser le ~** * to cope; → **état**

◆ **de choc** *[troupe, unité, traitement, thérapeutique, tactique]* shock; *[évêque, patron]* high-powered ◆ **duo** *ou* **tandem de ~** dynamic duo

ADJ INV *(= à sensation)* ◆ **argument/discours/formule(-)~** shock argument/speech/formula ◆ **film/photo(-)~** shock film/photo ◆ **mesures(-)~** shock measures ◆ **"notre prix-choc : 15 €"** "our special price: €15"

COMP ▷ **choc anesthésique** shock due to anaesthetics ▷ **choc culturel** culture shock ▷ **choc électrique** electric shock ▷ **choc émotionnel** emotional shock ▷ **choc nerveux** (nervous) shock ▷ **choc opératoire** post-operative shock ▷ **choc pétrolier** *(Écon)* oil crisis ▷ **choc psychologique** psychological shock ▷ **choc en retour** *(Élec)* return shock; *(fig)* backlash ▷ **choc septique** toxic shock ◆ **faire un ~ septique** to suffer from toxic shock ▷ **choc thermique** thermal shock

> ⚠ *Attention à ne pas traduire automatiquement* **choc** *par l'anglais* **shock**, *qui a des emplois spécifiques.*

**chochotte** * /ʃɔʃɔt/ NF *(= femme chichiteuse)* fusspot * *(Brit)*, fussbudget *(US)*; *(= homme : mauviette)* sissy *; *(= homme efféminé)* namby-pamby * ◆ **arrête de faire la** *ou* **ta ~ !** stop making such a fuss (about nothing)! * ADJ INV ◆ **elle est très ~** she fusses too much ◆ **il est très ~** *(mauviette)* he's a real sissy *; *(efféminé)* he's a real namby-pamby *

**choco** * /ʃɔko/ (abrév de **chocolat**) NM chocolate

**chocolat** /ʃɔkɔla/ NM a *(= substance, boisson, bonbon)* chocolate ◆ **mousse/crème au ~** chocolate mousse/cream ◆ **~ au lait/aux noisettes** milk/hazelnut chocolate; → **barre, plaque** b *(= couleur)* chocolate (brown) c ◆ **être ~** †* to be thwarted *ou* foiled ADJ INV chocolate(-brown) COMP ▷ **chocolat amer** bitter chocolate; *(poudre)* cocoa powder ▷ **chocolat blanc** white chocolate ▷ **chocolat chaud** hot chocolate ▷ **chocolat à croquer** plain dark chocolate ▷ **chocolat à cuire** cooking chocolate ▷ **chocolat fondant** fondant chocolate ▷ **chocolat liégeois** chocolate sundae ▷ **chocolat de ménage** ⇒ **chocolat à cuire** ▷ **chocolat noir** dark chocolate ▷ **chocolat à pâtisser** ⇒ **chocolat à cuire** ▷ **chocolat en poudre** drinking chocolate

**chocolaté, e** /ʃɔkɔlate/ ADJ *(= additionné de chocolat)* chocolate-flavoured *(Brit) ou* -flavored *(US)*, chocolate *(épith)*; *(= au goût de chocolat)* chocolate-flavoured *(Brit) ou* -flavored *(US)*, chocolat(e)y *

**chocolaterie** /ʃɔkɔlatʀi/ NF *(= fabrique)* chocolate factory; *(= magasin)* chocolate shop

**chocolatier, -ière** /ʃɔkɔlatje, jɛʀ/ ADJ chocolate *(épith)* NM,F *(= fabricant)* chocolate maker; *(= commerçant)* chocolate seller

**chocolatine** /ʃɔkɔlatin/ NF pain au chocolat, chocolate croissant

**chocottes** ‡ /ʃɔkɔt/ NFPL ◆ **avoir les ~** to have the jitters * *ou* the heebie-jeebies * ◆ **ça m'a filé les ~** it gave me the jitters * *ou* the heebie-jeebies *

**chœur** /kœʀ/ NM a *(= chanteurs : gén, Rel)* choir; *[d'opéra, oratorio]* chorus b *(Théât = récitants)* chorus c *(fig)* **un ~ de récriminations** *(= concert)* a chorus of recriminations ◆ **le ~ des mécontents** *(= groupe)* the band of malcontents d *(Archit)* choir, chancel; → **enfant** e *(Mus) (= composition)* chorus; *(= hymne)* chorale; *(Théât = texte)* chorus ◆ **~ à 4 parties** *(opéra)* 4-part chorus; *(Rel)* 4-part chorale

◆ **en chœur** *(Mus)* in chorus; *(fig = ensemble) [chanter]* in chorus; *[répondre, crier]* in chorus *ou* unison ◆ **on s'ennuyait en chœur** *(hum)* we were all getting bored together ◆ **tous en chœur !** all together now!

**choir** /ʃwaʀ/ VI *(littér ou* † *ou hum)* to fall ◆ **faire ~** to cause to fall ◆ **laisser ~ qch** to drop sth ◆ **laisser ~ ses amis** *(fig)* to let one's friends down ◆ **se laisser ~ dans un fauteuil** to drop into an armchair

**choisi, e** /ʃwazi/ (ptp de **choisir**) ADJ a *(= sélectionné) [morceaux, passages]* selected b *(= raffiné) [langage, termes]* carefully chosen; *[clientèle, société]* select

**choisir** /ʃwaziʀ/ ► conjug 2 ◄ VT a *(gén)* to choose *(entre* between); ◆ **des deux solutions, j'ai choisi la première** I chose *ou* picked the first of the two solutions, I opted *ou* plumped * *(Brit)* for the first of the two solutions ◆ **choisissez une carte/un chiffre** pick a card/a number ◆ **il faut savoir ~ ses amis** you must know how to pick *ou* choose your friends ◆ **dans les soldes, il faut savoir ~** in the sales, you've got to know what to choose *ou* how to be selective ◆ **se ~ un mari** to choose a husband ◆ **on l'a choisi parmi des douzaines de candidats** he was picked (out) *ou* selected *ou* chosen from among dozens of applicants ◆ **tu as (bien) choisi ton moment !** *(iro)* you really choose your moments, don't you? ◆ **tu as mal choisi ton moment si tu veux une augmentation** you picked the wrong time to ask for a rise

b ◆ **~ de faire qch** to choose to do sth ◆ **à toi de ~ si et quand tu veux partir** it's up to you to choose if and when you want to leave

**choix** /ʃwa/ GRAMMAIRE ACTIVE 37.1 NM a *(= décision)* choice ◆ **je n'avais pas le ~** *ou* **d'autre ~** I had no choice, I had no other option ◆ **de ton ~** of your (own) choosing ◆ **le ~ d'un cadeau est souvent difficile** choosing a gift is often difficult, it's often difficult to choose a gift ◆ **avoir le ~** to have a *ou* the choice ◆ **faire son ~** to take *ou* make one's choice, to take one's pick ◆ **mon ~ est fait** I've made my choice ◆ **c'est un ~ à faire** it's a choice you have (*ou* he has *etc*) to make ◆ **faire un ~ de société** to choose the kind of society one wants to live in ◆ **~ de vie** life choice ◆ **faire ~ de qch** *(frm)* to select sth ◆ **laisser le ~ à qn** to leave sb (free) to choose (*de faire* to do); ◆ **donner le ~ à qn** to give sb the choice (*de faire* of doing); ◆ **arrêter** *ou* **fixer** *ou* **porter son ~ sur qch** to fix one's choice on sth, to settle on sth; → **embarras**

b *(= variété)* choice, selection, variety ◆ **ce magasin offre un grand ~** this shop has a wide *ou* large selection (of goods) ◆ **il y a du ~** there is a choice ◆ **il n'y a pas beaucoup de ~** there isn't a great deal of *ou* much choice, there isn't a great selection (to choose from)

c *(= échantillonnage)* **~ de** selection of ◆ **il avait apporté un ~ de livres** he had brought a selection of books

d *(loc)*

◆ **de + choix** ◆ **de ~** *(= de qualité)* choice *(épith)* ◆ **cible de ~** prime target ◆ **morceau de ~** *(viande)* prime cut ◆ **c'est un morceau de ~** *[prestation, poème]* it's first-rate ◆ **de premier ~** *[fruits]* class *ou* grade one; *[agneau, bœuf]* prime *(épith)* ◆ **il n'achète que du premier ~** he only buys top-quality products ◆ **de second ~** *(gén)* low-quality, low-grade; *[fruits, viande]* class *ou* grade two *(Brit)*, market grade *(US)* ◆ **articles de second ~** seconds

◆ **au choix** ◆ **vous pouvez prendre, au ~, fruits ou fromages** you have a choice between *ou* of fruit or cheese ◆ **"dessert au choix"** "choice of desserts" ◆ **avancement au ~** *(Admin)* promotion on merit *ou* by selection ◆ **au ~ du client** as the customer chooses, according to (the customer's) preference

**choke** * /(t)ʃɔk/ NM *(Helv Aut)* choke

**choléra** /kɔleʀa/ NM cholera

**cholérique** /kɔleʀik/ ADJ *(gén)* choleroid; *[patient]* cholera *(épith)* NMF cholera patient *ou* case

**cholestérol** /kɔlɛsteʀɔl/ NM cholesterol

**cholestérolémie** /kɔlɛsteʀɔlemi/ NF cholestorolaemia *(Brit)*, cholestorolemia *(US)*

**chômage** /ʃomaʒ/ NM unemployment ◆ **le ~ des cadres** executive unemployment, unemployment among executives ◆ **le ~ des jeunes** youth unemployment ◆ **le taux de ~** the unemployment *ou* jobless rate ◆ **~ saisonnier/chronique** seasonal/chronic unemployment ◆ **toucher le ~** * to get unemployment benefit *(Brit)*, to be on the dole * *(Brit)*, to be on welfare *(US)*; → **allocation, indemnité**

◆ **au chômage** ◆ **être au ~** to be unemployed *ou* out of work ◆ **s'inscrire au ~** to apply for unemployment benefit *(Brit) ou* welfare *(US)*, to sign on the dole * *(Brit)* ◆ **mettre qn au ~** to lay sb off, to make sb redundant *(Brit)* ◆ **beaucoup ont été mis au ~** there have been many layoffs *ou* redundancies *(Brit)*

COMP ▷ **chômage de longue durée** long-term unemployment ▷ **chômage partiel** short-time working ▷ **chômage structurel** structural unemployment ▷ **chômage technique** ◆ **mettre en ~ technique** to lay off *(temporarily)* ◆ **le nombre de travailleurs en ~ technique** the number of workers laid off, the number of layoffs ◆ **l'ordinateur est en panne, on est en ~ technique** the computer is down so we can't do any work

**chômé, e** /ʃome/ (ptp de **chômer**) ADJ ◆ **jour ~** *(férié)* public holiday, ≃ bank holiday *(Brit)*; *(pour chômage technique)* shutdown day; *(de grève)* strike day ◆ **fête ~e** public holiday, ≃ bank holiday *(Brit)*

**chômedu** ‡ /ʃomdy/ NM *(= inactivité)* unemployment; *(= indemnités)* dole * *(Brit)*, unemployment *(US)* ◆ **être au ~** to be on the dole * *(Brit) ou* on unemployment *(US)*

**chômer** /ʃome/ ► conjug 1 ◄ VI a *(fig = être inactif) [capital, équipements]* to lie idle; *[esprit, imagination]* to be idle, to be inactive ◆ **on n'a pas chômé** we didn't just sit around doing nothing b *(= être sans travail) [travailleur]* to be unemployed, to be out of work *ou* out of a job; *[usine]* to be *ou* stand idle, to be at a standstill; *[industrie]* to be at a standstill c *(†† = être en congé)* to be on holiday *(Brit) ou* vacation *(US)* VT †† *[+ jour férié]* to keep

**chômeur, -euse** /ʃomœʀ, øz/ NM,F *(gén)* unemployed person *ou* worker; *(mis au chômage)* redundant worker *(Brit)*, laid-off worker *(US)* ◆ **les ~s (de longue durée)** the (long-term) unemployed ◆ **le nombre des ~s** the number of unemployed *ou* of people out of work ◆ **3 millions de ~s** 3 million unemployed *ou* people out of work

**chope** /ʃɔp/ NF *(= récipient)* tankard, mug; *(= contenu)* pint

**choper** /ʃɔpe/ ▸ conjug 1 ◂ VT **a** *(* = voler)* to pinch*, to nick* *(Brit)* **b** *(* = attraper)* *[+ balle, personne, maladie]* to catch ◆ **se faire ~ par la police** to get nabbed* by the police **c** *(Tennis)* to chop ◆ **balle chopée** chop

**chopine** /ʃɔpin/ NF *(* = bouteille)* bottle (of wine); *(†† = mesure)* half-litre *(Brit)* *ou* -liter *(US)*, ≃ pint; *(Can = 0,568 l)* pint ◆ **on a été boire une ~** * we went for a drink

**chopper** /(t)ʃɔpœʀ/ NM *(= moto)* chopper

**choquant, e** /ʃɔkɑ̃, ɑ̃t/ ADJ *(= qui heurte le goût)* shocking, appalling; *(= injuste)* outrageous, scandalous; *(= indécent)* shocking, offensive

**choquer** /ʃɔke/ ▸ conjug 1 ◂ VT **a** *(= scandaliser)* to shock; *(plus fort)* to appal; *(= blesser)* to offend, to shock ◆ **ça m'a choqué de le voir dans cet état** I was shocked *ou* appalled to see him in that state ◆ **ce roman risque de ~ some people may find this novel offensive** *ou* shocking ◆ **j'ai été vraiment choqué par son indifférence** I was really shocked *ou* appalled by his indifference ◆ **ne vous choquez pas de ma question** don't be shocked at *ou* by my question ◆ **il a été très choqué de ne pas être invité** he was most offended at not being invited ◆ **cette scène m'a beaucoup choqué** I was deeply shocked by that scene

**b** *(= aller à l'encontre de)* *[+ délicatesse, pudeur, goût]* to offend (against); *[+ raison]* to offend against, to go against; *[+ vue]* to offend; *[+ oreilles] [son, musique]* to jar on, to offend; *[propos]* to shock, to offend ◆ **cette question a choqué sa susceptibilité** the question offended his sensibilities

**c** *(= commotionner)* *[chute]* to shake (up); *[accident]* to shake (up), to shock; *[deuil, maladie]* to shake ◆ **être choqué** *(Méd)* to be in shock ◆ **il sortit du véhicule, durement choqué** he climbed out of the vehicle badly shaken *ou* shocked ◆ **la mort de sa mère l'a beaucoup choqué** the death of his mother has shaken him badly

**d** *(= heurter)* *(gén)* to knock (against); *[+ verres]* to clink ◆ **choquant son verre contre le mien** clinking his glass against mine

**e** *(Naut)* *[+ cordage, écoute]* to slacken

VPR **se choquer** *(= s'offusquer)* to be shocked ◆ **il se choque facilement** he's easily shocked

**choral, e** (mpl **chorals**) /kɔʀal/ ADJ choral NM choral(e) NF **chorale** choral society, choir

**chorée** /kɔʀe/ NF *(Méd)* ◆ **~ (de Huntington)** Huntington's chorea

**chorégraphe** /kɔʀegʀaf/ NMF choreographer

**chorégraphie** /kɔʀegʀafi/ NF choreography

**chorégraphier** /kɔʀegʀafje/ ▸ conjug 7 ◂ VT *(lit, fig)* to choreograph

**chorégraphique** /kɔʀegʀafik/ ADJ choreographic

**choreute** /kɔʀøt/ NM chorist

**choriste** /kɔʀist/ NMF *[d'église]* choir member, chorister; *[d'opéra, théâtre antique]* member of the chorus ◆ **les ~s** the choir, the chorus

**chorizo** /ʃɔʀizo/ NM chorizo

**chorus** /kɔʀys/ NM ◆ **faire ~** to chorus *ou* voice one's agreement *ou* approval ◆ **faire ~ avec qn** to voice one's agreement with sb ◆ **ils ont fait ~ avec lui pour condamner ces mesures** they joined with him in voicing their condemnation of the measures

**chose** /ʃoz/ NF **a** *(= truc)* thing ◆ **je viens de penser à une ~** I've just thought of something ◆ **il a un tas de ~s à faire à Paris** he has a lot of things *ou* lots to do in Paris ◆ **il n'y a pas une seule ~ de vraie là-dedans** there isn't a (single) word of truth in it ◆ **critiquer est une ~, faire le travail en est une autre** criticizing is one thing, doing the work is another ◆ **ce n'est pas ~ facile** *ou* **aisée de ...** it's not an easy thing to ... ◆ **~ étrange** *ou* **curieuse, il a accepté** strangely *ou* curiously enough, he accepted, the strange *ou* curious thing is (that) he accepted ◆ **c'est une ~ admise que ...** it's an accepted fact that ...

**b** *(= événements, activités)* **les ~s** things ◆ **les ~s se sont passées ainsi** it (all) happened like this ◆ **les ~s vont mal** things are going badly ◆ **dans l'état actuel des ~s, au point où en sont les ~s** as things *ou* matters stand (at present), the way things are at the moment ◆ **ce sont des ~s qui arrivent** it's just one of those things, these things happen ◆ **regarder les ~s en face** to face up to things ◆ **prendre les ~s à cœur** to take things to heart ◆ **mettons les ~s au point** let's get things clear *ou* straight ◆ **en mettant les ~s au mieux/au pire** at best/worst ◆ **parler de ~(s) et d'autre(s)** to talk about this and that ◆ **elle a fait de grandes ~s** she has done great things; → **force, ordre¹**

**c** *(= ce dont il s'agit)* **la ~ est d'importance** it's no trivial matter, it's a matter of some importance ◆ **la ~ dont j'ai peur, c'est que ...** what *ou* the thing I'm afraid of is that ... ◆ **il va vous expliquer la ~** he'll tell you all about it *ou* what it's all about ◆ **la ~ en question** the matter in hand ◆ **la ~ dont je parle** the thing I'm talking about ◆ **il a très bien pris la ~** he took it all very well ◆ **c'est la ~ à ne pas faire** that's the one thing *ou* the very thing not to do

**d** *(= réalités matérielles)* **les ~s** things ◆ **les ~s de ce monde** the things of this world ◆ **quand ils reçoivent, ils font bien les ~s** when they have guests they really do things properly ◆ **elle ne fait pas les ~s à demi** *ou* **à moitié** she doesn't do things by halves

**e** *(= mot)* thing ◆ **j'ai plusieurs ~s à vous dire** I've got several things to tell you ◆ **vous lui direz bien des ~s de ma part** give him my regards

**f** *(= objet)* thing ◆ **ils vendent de jolies ~s** they sell some nice things

**g** *(= personne, animal)* thing ◆ **pauvre ~ !** poor thing! ◆ **c'est une petite ~ si fragile encore** he *(ou* she) is still such a delicate little thing ◆ **être la ~ de qn** to be sb's plaything

**h** **la ~ jugée** *(Jur)* the res judicata, the final decision ◆ **la ~ publique** *(Pol)* the state *ou* nation ◆ **la ~ imprimée** *(† ou hum)* the printed word

**i** *(loc)* **c'est ~ faite** it's done ◆ **voilà une bonne ~ de faite** that's one thing out of the way ◆ **c'est bien peu de ~** it's nothing really ◆ **(très) peu de ~** nothing much, very little ◆ **avant toute ~** above all (else) ◆ **toutes ~s égales** all (other) things being equal, all things considered ◆ **de deux ~s l'une : soit ..., soit ...** there are two possibilities: either ..., or ... ◆ **~ promise, ~ due** *(Prov)* promises are made to be kept; → **porté**

NM * **a** *(= truc, machin)* thing, thingumajig* ◆ **qu'est-ce que c'est que ce ~ ?** what's this thing here?, what's this thingumajig?*

**b** *(= personne)* what's-his-name*, thingumajig* ◆ **j'ai vu le petit ~** I saw young what's-his-name* ◆ **Monsieur Chose** Mr what's-his-name* ◆ **eh ! Chose** hey, you!

ADJ INV * ◆ **être/se sentir tout ~** *(bizarre)* to be/feel not quite oneself, to feel a bit peculiar; *(malade)* to be/feel out of sorts *ou* under the weather ◆ **ça l'a rendu tout ~ d'apprendre cette nouvelle** it made him go all funny when he heard the news

**chosifier** /ʃozifje/ ▸ conjug 7 ◂ VT to reify

**chou¹** (pl **choux**) /ʃu/ NM **a** *(Bot)* cabbage

**b** *(= ruban)* rosette

**c** *(= gâteau)* choux bun; → **pâte**

**d** *(‡ = tête)* **il n'a rien dans le ~** he's got nothing up top* ◆ **elle en a dans le ~** she's really brainy*

**e** *(* loc)* **être dans les ~x** *[projet]* to be up the spout* *(Brit)*, to be a write-off; *(Sport)* to be right out of the running; *[candidat]* to have had it ◆ **faire ~ blanc** to draw a blank ◆ **le gouvernement va faire ses ~x gras de la situation** the government will cash in on *ou* capitalize on the situation ◆ **ils vont faire leurs ~x gras de ces vieux vêtements** they'll be only too glad to make use of these old clothes; → **bout**

COMP ▷ **chou de Bruxelles** Brussels sprout ▷ **chou cabus** white cabbage ▷ **chou chinois** Chinese cabbage ▷ **chou chou** chayote ▷ **chou à la crème** cream-puff ▷ **chou frisé** kale ▷ **chou palmiste** cabbage tree ▷ **chou rouge** red cabbage ▷ **chou vert** green cabbage

**chou², -te*** (mpl **choux**) /ʃu, ʃut, ʃu/ NM,F *(= amour)* darling ◆ **c'est un ~** he's a darling *ou* a dear ◆ **oui ma choute** yes, darling *ou* honey *(US)* *ou* poppet* *(Brit)* ADJ INV *(= ravissant)* delightful, cute* *(surtout US)* ◆ **ce qu'elle est ~** *ou* **c'est d'un ~, cette robe !** what a lovely *ou* cute* little dress! ◆ **ce qu'elle est ~ dans ce manteau !** doesn't she look just adorable in that coat?

**chouan** /ʃwɑ̃/ NM *18th century French counter-revolutionary in the Vendée*

**Chouannerie** /ʃwan(ə)ʀi/ NF *18th century French counter-revolutionary movement in the Vendée*

**choucas** /ʃuka/ NM jackdaw

**chouchou, -te** /ʃuʃu, ut/ NM,F *(* = favori)* darling, blue-eyed boy (*ou* girl) ◆ **le ~ du prof** the teacher's pet ◆ **c'est le ~ du chef** he's the boss's blue-eyed boy NM *(= élastique)* scrunchy

**chouchoutage*** /ʃuʃutaʒ/ NM *(= favoritisme)* pampering

**chouchouter*** /ʃuʃute/ ▸ conjug 1 ◂ VT to pamper, to coddle

**choucroute** /ʃukʀut/ NF **a** *(Culin)* sauerkraut ◆ **~ garnie** *sauerkraut with meat* **b** *(* = coiffure)* beehive (hairstyle)

**chouette¹*** /ʃwɛt/ ADJ **a** *(= beau)* *[objet, personne]* great* **b** *(= gentil)* nice; *(= sympathique)* great* ◆ **sois ~, prête-moi 25 €** be a dear *ou* an angel* and lend me €25 EXCL ◆ **~ (alors)!** great!*

**chouette²** /ʃwɛt/ NF *(Zool)* owl ◆ **~ chevêche** little owl ◆ **~ effraie** barn owl, screech owl ◆ **~ hulotte** tawny owl ◆ **quelle vieille ~ !** *(péj)* silly old bag!‡

**chou-fleur** (pl **choux-fleurs**) /ʃuflœʀ/ NM cauliflower ◆ **oreilles en ~** cauliflower ears ◆ **nez en ~** swollen nose

**chouïa*** /ʃuja/ NM *[de sucre, bonne volonté, impatience, place]* smidgin ◆ **c'est pas ~** that's not much ◆ **un ~ trop grand/petit** (just) a shade too big/small ◆ **il manque un ~ pour que tu puisses te garer** there's not quite enough room for you to park

**chouiner*** /ʃwine/ ▸ conjug 1 ◂ VI *(= pleurer)* to whine

**chou-navet** (pl **choux-navets**) /ʃunavɛ/ NM swede *(Brit)*, rutabaga *(US)*

**choupette** /ʃupɛt/ NF *[de cheveux]* top-knot ◆ **ça va ~ ?** * are you alright, sweetie? *

**chouquette** /ʃukɛt/ NF *ball of choux pastry sprinkled with sugar*

**chou-rave** (pl **choux-raves**) /ʃuʀav/ NM kohlrabi

**chouraver** ‡ /ʃuʀave/ ▸ conjug 1 ◂ VT ⇒ **chourer**

**choure** ‡ /ʃuʀ/ NF (= *vol*) theft

**chourer** ‡ /ʃuʀe/ ▸ conjug 1 ◂ VT to pinch *, to swipe ‡, to nick ‡ *(Brit)*

**chow-chow** (pl **chows-chows**) /ʃoʃo/ NM chow *(dog)*

**choyer** /ʃwaje/ ▸ conjug 8 ◂ VT *(frm* = *dorloter)* to cherish; *(avec excès)* to pamper; *[+ idée]* to cherish

**CHR** /seaʃɛʀ/ NM (abrév de **centre hospitalier régional**) → **centre**

**chrême** /kʀɛm/ NM chrism, holy oil

**chrétien, -ienne** /kʀetjɛ̃, jɛn/ ADJ, NM,F Christian

**chrétien-démocrate, chrétienne-démocrate** (mpl **chrétiens-démocrates**) /kʀetjɛ̃demɔkʀat, kʀetjɛndemɔkʀat/ ADJ, NM,F Christian Democrat

**chrétiennement** /kʀetjɛnmɑ̃/ ADV *[agir]* in a Christian way; *[mourir, élever un enfant]* as a Christian ◆ **être enseveli ~** to have a Christian burial

**chrétienté** /kʀetjɛ̃te/ NF Christendom

**christ** /kʀist/ NM **a** ◆ **le Christ** Christ **b** *(Art)* crucifix, Christ *(on the cross)* ◆ **peindre un ~** to paint a figure of Christ

**christiania** /kʀistjanja/ NM *(Ski)* (parallel) christie, christiania

**christianisation** /kʀistjanizasjɔ̃/ NF conversion to Christianity

**christianiser** /kʀistjanize/ ▸ conjug 1 ◂ VT to convert to Christianity

**christianisme** /kʀistjanism/ NM Christianity

**christique** /kʀistik/ ADJ Christlike

**Christmas** /kʀistmas/ N ◆ **île ~** Christmas Island

**chromage** /kʀomaʒ/ NM chromium-plating

**chromate** /kʀɔmat/ NM chromate

**chromatique** /kʀɔmatik/ ADJ **a** *(Mus, Peinture, Opt)* chromatic **b** *(Bio)* chromosomal

**chromatisme** /kʀɔmatism/ NM *(Mus)* chromaticism; *(Opt)* (= *aberration*) chromatum, chromatic aberration; (= *coloration*) colourings *(Brit)*, colorings *(US)*

**chromatographie** /kʀɔmatɔgʀafi/ NF chromatography

**chrome** /kʀom/ NM *(Chim)* chromium ◆ **jaune/vert de ~** *(Peinture)* chrome yellow/green ◆ **faire les ~s** * *(Aut)* to polish the chrome

**chromé, e** /kʀome/ (ptp de **chromer**) ADJ *[métal, objet]* chrome *(épith)*, chromium-plated

**chromer** /kʀome/ ▸ conjug 1 ◂ VT to chromium-plate

**chromo** /kʀomo/ NM chromo

**chromosome** /kʀomozom/ NM chromosome ◆ **~ X/Y** X/Y chromosome

**chromosomique** /kʀomozomik/ ADJ *[anomalie]* chromosomal; *[analyse]* chromosome *(épith)*, chromosomal

**chromosphère** /kʀomosfɛʀ/ NF chromosphere

**chronicité** /kʀɔnisite/ NF chronicity

**chronique** /kʀɔnik/ **ADJ** chronic **NF** *(Littérat)* chronicle; *(Presse)* column, page ◆ **~ financière** financial column *ou* page *ou* news ◆ **~ locale** local news and gossip ◆ **~ mondaine** society news ◆ **~ familiale** family saga ◆ **c'est la ~ d'une catastrophe annoncée** it's the story of an inevitable disaster

**chroniquement** /kʀɔnikmɑ̃/ ADV chronically

**chroniqueur, -euse** /kʀɔnikœʀ, øz/ NM,F *(Littérat)* chronicler; *(Presse, gén)* columnist ◆ **~ parlementaire/sportif** parliamentary/sports editor

**chrono** * /kʀono/ NM (abrév de **chronomètre**) stopwatch ◆ **faire du 80 (km/h) ~** *ou* **au ~** *(Aut)* to be timed *ou* clocked at 80 ◆ **faire un bon ~** *(temps chronométré)* to do a good time

**chronobiologie** /kʀonobjɔlɔʒi/ NF chronobiology

**chronologie** /kʀɔnɔlɔʒi/ NF chronology

**chronologique** /kʀɔnɔlɔʒik/ ADJ chronological

**chronologiquement** /kʀɔnɔlɔʒikmɑ̃/ ADV chronologically

**chronométrage** /kʀɔnɔmetʀaʒ/ NM *(Sport)* timing

**chronomètre** /kʀɔnɔmɛtʀ/ NM (= *montre de précision*) chronometer; *(Sport)* stopwatch ◆ **~ de marine** marine *ou* box chronometer

**chronométrer** /kʀɔnɔmetʀe/ ▸ conjug 6 ◂ VT to time

**chronométreur, -euse** /kʀɔnɔmetʀœʀ, øz/ NM,F *(Sport)* timekeeper

**chronométrique** /kʀɔnɔmetʀik/ ADJ chronometric

**chrysalide** /kʀizalid/ NF chrysalis ◆ **sortir de sa ~** *(fig)* to blossom, to come out of one's shell

**chrysanthème** /kʀizɑ̃tɛm/ NM chrysanthemum

**chrysolithe** /kʀizɔlit/ NF chrysolite, olivine

**CHS** /seaʃɛs/ NM (abrév de **centre hospitalier spécialisé**) → **centre**

**chtarbé, e** ‡ /ʃtaʀbe/ ADJ crazy

**chtimi, ch'timi** * /ʃtimi/ **ADJ** of *ou* from northern France **NM** *(Ling) dialect spoken in northern France* **NM,F** native *ou* inhabitant of northern France

**chtouille** ‡ /ʃtuj/ NF (= *blennorragie*) clap *‡; (= *syphilis*) pox *

**CHU** /seaʃy/ NM (abrév de **centre hospitalier universitaire**) → **centre**

**chu** /ʃy/ ptp de **choir**

**chuchotement** /ʃyʃɔtmɑ̃/ NM *[de personne, vent, feuilles]* whisper, whispering *(NonC)*; *[de ruisseau]* murmur

**chuchoter** /ʃyʃɔte/ ▸ conjug 1 ◂ VTI *[personne, vent, feuilles]* to whisper; *[ruisseau]* to murmur ◆ **~ qch à l'oreille de qn** to whisper sth in sb's ear

**chuchoterie** /ʃyʃɔtʀi/ NF whisper ◆ **~s** whisperings

**chuchoteur, -euse** /ʃyʃɔtœʀ, øz/ **ADJ** whispering **NM,F** whisperer

**chuchotis** /ʃyʃɔti/ NM ⇒ **chuchotement**

**chuintant, e** /ʃɥɛ̃tɑ̃, ɑ̃t/ ADJ, NF *(Ling)* ◆ **(consonne) ~e** palato-alveolar fricative, hushing sound

**chuintement** /ʃɥɛ̃tmɑ̃/ NM *(Ling)* pronunciation of *s* sound as *sh*; (= *bruit*) soft *ou* gentle hiss

**chuinter** /ʃɥɛ̃te/ ▸ conjug 1 ◂ VI **a** *(Ling)* to pronounce *s* as *sh* **b** *[chouette]* to hoot, to screech **c** (= *siffler*) to hiss softly *ou* gently

**chut** /ʃyt/ EXCL sh!, shush!

**chute** /ʃyt/ NF **a** *[de pierre]* fall; *(Théât) [de rideau]* fall ◆ **faire une ~** *[de personne]* to (have a) fall; *[de chose]* to fall ◆ **faire une ~ de 3 mètres/mortelle** to fall 3 metres/to one's death ◆ **faire une ~ de cheval/de vélo** to fall off *ou* come off a horse/bicycle ◆ **faire une mauvaise ~** to have a bad fall ◆ **loi de la ~ des corps** law of gravity ◆ **~ libre** *(en parachutisme)* free fall ◆ **être en ~ libre** *[économie, ventes]* to plummet, to take a nose dive ◆ **"attention, chute de pierres"** "danger, falling rocks"; → **point[1]**
**b** *[de cheveux]* loss; *[de feuilles]* fall(ing) ◆ **lotion contre la ~ des cheveux** hair restorer
**c** (= *ruine*) *[d'empire]* fall, collapse; *[de commerce]* collapse; *[de roi, ministère]* (down)fall; *(Mil) [de ville]* fall; *[de monnaie, cours]* fall, drop (*de* in); *[de pièce, auteur]* failure ◆ **la ~** *(Rel)* the Fall ◆ **la ~ du mur de Berlin** the fall of the Berlin Wall ◆ **il a entraîné le régime dans sa ~** he dragged the régime down with him (in his fall) ◆ **plus dure sera la ~** the harder they fall
**d** *(Géog)* fall ◆ **~ d'eau** waterfall ◆ **les ~s du Niagara/Zambèze** the Niagara/Victoria Falls ◆ **barrage de basse/moyenne/haute ~** dam with a low/medium/high head ◆ **de fortes ~s de pluie/neige** heavy falls of rain/snow, heavy rainfall/snowfalls
**e** (= *baisse*) *[de température, pression]* drop, fall (*de* in) → **tension**
**f** (= *déchet*) *[de papier, tissu]* offcut, scrap; *[de bois]* offcut
**g** (= *fin*) *[de toit]* pitch, slope; *[de vers]* cadence; *[d'histoire drôle]* punch line ◆ **la ~ des reins** the small of the back ◆ **~ du jour** nightfall
**h** *(Cartes)* **faire 3 (plis) de ~** to be 3 (tricks) down

**chuter** /ʃyte/ ▸ conjug 1 ◂ VI **a** (= *tomber*) *[personne]* to fall, to fall flat on one's face, to come a cropper * *(Brit)*; *[prix, bourse]* to fall, to drop ◆ **faire ~ qn** *(lit, fig)* to bring sb down **b** (= *échouer*) to fail, to come a cropper * *(Brit)* ◆ **~ de deux (levées)** *(Cartes)* to go down two

**chyle** /ʃil/ NM *(Physiol)* chyle

**chyme** /ʃim/ NM *(Physiol)* chyme

**Chypre** /ʃipʀ/ N Cyprus ◆ **à ~** in Cyprus

**chypriote** /ʃipʀiɔt/ **ADJ** Cypriot **NMF** **Chypriote** Cypriot

**ci** /si/ ADV **a** *(dans l'espace)* **celui-~, celle-~** this one ◆ **ceux-~** these (ones) ◆ **ce livre-~** this book ◆ **cette table-~** this table ◆ **cet enfant-~** this child ◆ **ces livres-/tables-~** these books/tables **b** *(dans le temps)* **à cette heure-~** (= *à une heure déterminée*) at this time; (= *à une heure indue*) at this hour of the day, at this time of night; (= *à l'heure actuelle*) by now, at this moment ◆ **ces jours-~** *(avenir)* in the next few days; *(passé)* these past few days, in the last few days; *(présent)* these days ◆ **ce dimanche-~/cet après-midi-~ je ne suis pas libre** I'm not free this Sunday/this afternoon ◆ **non, je pars cette nuit-~** no, I'm leaving tonight **c** ◆ **de ~ de là** here and there; → **comme, par-ci par-là**

**CIA** /seia/ NF (abrév de **Central Intelligence Agency**) CIA

**ci-après** /siapʀɛ/ ADV *(gén)* below; *(Jur)* hereinafter

**cibiche** * /sibiʃ/ NF (= *cigarette*) ciggy *, fag * *(Brit)*

**cibiste** /sibist/ NMF CB user, CBer *(US)*

**ciblage** /siblaʒ/ NM *(Comm)* targeting ◆ **~ des prix** target pricing

**cible** /sibl/ NF *(Mil, Écon)* target ◆ **~ mouvante** moving target ◆ **être la ~ de, servir de ~ à** *(lit, fig)* to be a target for, to be the target of ◆ **prendre qch pour ~** *(lit, fig)* to take sth as one's target; → **langue**

**cibler** /sible/ ▸ conjug 1 ◂ VT *[+ catégorie d'acheteurs]* to target ◆ **produit mal ciblé** product not targeted at the right market ◆ **campagne électorale bien ciblée** well-targeted election campaign

**ciboire** /sibwaʀ/ NM *(Rel)* ciborium *(vessel)*

**ciboule** /sibul/ NF *(Bot)* (larger) chive; *(Culin)* chives

**ciboulette** /sibulɛt/ NF *(Bot)* (smaller) chive; *(Culin)* chives

**ciboulot**‡ /sibulo/ NM *(= tête)* head, nut*; *(= cerveau)* brain ◆ **il s'est mis dans le ~ de ...** he got it into his head *ou* nut* to ... ◆ **il n'a rien dans le ~** he's got nothing up top*

**cicatrice** /sikatʀis/ NF *(lit, fig)* scar

**cicatriciel, -ielle** /sikatʀisjɛl/ ADJ cicatricial *(SPÉC)*, scar *(épith)*; → **tissu**

**cicatrisant, e** /sikatʀizɑ̃, ɑ̃t/ ADJ healing NM healing substance

**cicatrisation** /sikatʀizasjɔ̃/ NF *[d'égratignure]* healing; *[de plaie profonde]* closing up, healing

**cicatriser** /sikatʀize/ ▸ conjug 1 ◂ VT *(lit, fig)* to heal (over) ◆ **sa jambe est cicatrisée** his leg has healed VI *[plaie]* to heal (up), to form a scar, to cicatrize *(SPÉC)*; *[personne]* to heal (up) ◆ **je cicatrise mal** I don't heal very easily VPR **se cicatriser** to heal (up), to form a scar, to cicatrize *(SPÉC)*

**Cicéron** /siseʀɔ̃/ NM Cicero

**cicérone** /siseʀɔn/ NM *(hum)* guide, cicerone ◆ **faire le ~** to act as a guide *ou* cicerone

**cichlidé** /siklide/ NM *(Zool)* cichlid ◆ **les ~s** cichlids, Cichlidae *(SPÉC)*

**ciclosporine** /siklospɔʀin/ NF cyclosporin-A

**ci-contre** /sikɔ̃tʀ/ ADV opposite

**CICR** /seiseɛʀ/ NM (abrév de **Comité international de la Croix-Rouge**) → **comité**

**ci-dessous** /sidəsu/ ADV below

**ci-dessus** /sidəsy/ ADV above

**ci-devant** /sidəvɑ̃/ ADV *(†† ou hum)* formerly ◆ **mes ~ collègues** my erstwhile *ou* former colleagues NMF *(Hist)* ci-devant *(aristocrat who lost his title in the French Revolution)*

**CIDEX** /sidɛks/ NM (abrév de **courrier individuel à distribution exceptionnelle**) *special post office sorting service for individual clients*

**CIDJ** /seideʒi/ NM (abrév de **centre d'information et de documentation de la jeunesse**) → **centre**

**cidre** /sidʀ/ NM cider ◆ **~ bouché** *fine bottled cider* ◆ **~ doux** sweet cider

**cidrerie** /sidʀəʀi/ NF *(= industrie)* cider-making; *(= usine)* cider factory

**Cie** (abrév de **compagnie**) Co

**ciel** /sjɛl/ NM a (pl littér **cieux**) *(= espace)* sky, heavens *(littér)* ◆ **les bras tendus vers le ~** with his arms stretched out heavenwards *ou* skywards ◆ **les yeux tournés vers le ~** eyes turned heavenwards *ou* skywards, gazing heavenwards *ou* skywards ◆ **haut dans le ~** *ou* **dans les cieux** *(littér)* high (up) in the sky, high in the heavens ◆ **suspendu entre ~ et terre** *[personne, objet]* suspended in mid-air; *[village]* suspended between sky and earth ◆ **tomber du ~** *(fig)* to be a godsend, to be heaven-sent ◆ **le ~ s'éclaircit** *(fig)* things are looking up ◆ **ça a été un coin de ~ bleu dans sa vie** it was a happy time in his life ◆ **sous un ~ plus clément, sous des cieux plus cléments** *(littér : climat)* beneath more clement skies *ou* a more clement sky; *(hum : endroit moins dangereux)* in healthier climes ◆ **sous d'autres cieux** in other climes ◆ **sous le ~ de Paris/de Provence** beneath the Parisian/Provençal sky ◆ **le ~ ne va pas te tomber sur la tête !** the sky isn't going to fall (in)!, it's not the end of the world!

◆ **à ciel ouvert** *[égout]* open; *[piscine, théâtre, musée]* open-air; *[mine]* opencast *(Brit)*, open cut *(US)*

b (pl **ciels**) *(Peinture = paysage)* sky ◆ **les ~s de Grèce** the skies of Greece ◆ **les ~s de Turner** Turner's skies

c (pl **cieux**) *(Rel)* heaven ◆ **il est au ~** he is in heaven ◆ **le royaume des cieux** the kingdom of heaven ◆ **notre Père qui es aux cieux** our Father who *ou* which art in heaven

d *(= providence)* heaven ◆ **le ~ a écouté leurs prières** heaven heard their prayers ◆ **(juste) ~ !** good heavens! ◆ **le ~ m'est témoin que ...** heaven knows that ... ◆ **le ~ soit loué !** thank heavens! ◆ **c'est le ~ qui vous envoie !** you're heaven-sent!

COMP ▷ **ciel de carrière** quarry ceiling ▷ **ciel de lit** canopy, tester

**cierge** /sjɛʀʒ/ NM *(Rel)* candle; *(Bot)* cereus; → **brûler**

**cieux** /sjø/ pl de **ciel**

**cigale** /sigal/ NF cicada

**cigare** /sigaʀ/ NM *(lit)* cigar; *(* = tête)* head, nut* ◆ **~ (des mers)** * *(= bateau)* powerboat

**cigarette** /sigaʀɛt/ NF a *(à fumer)* cigarette ◆ **~ (à) bout filtre** filter tip, (filter-)tipped cigarette ◆ **la ~ du condamné** the condemned man's last smoke *ou* cigarette ◆ **~ russe** *(= biscuit) rolled sweet biscuit often served with ice cream* b *(* = bateau)* Cigarette ®, cigarette boat

**cigarettier** /sigaʀetje/ NM cigarette manufacturer *ou* maker

**cigarillo** /sigaʀijo/ NM cigarillo

**ci-gît** /siʒi/ ADV here lies

**cigogne** /sigɔɲ/ NF *(Orn)* stork; *(Tech)* crank brace

**ciguë** /sigy/ NF *(Bot = poison)* hemlock ◆ **grande ~** giant hemlock

**ci-inclus, e** /siɛ̃kly, yz/ ADJ enclosed ◆ **l'enveloppe ~e** the enclosed envelope ADV enclosed ◆ **~ une enveloppe** envelope enclosed

**ci-joint, e** (mpl **ci-joints**) /siʒwɛ̃, ɛ̃t/ GRAMMAIRE ACTIVE 46.3, 47.1 ADJ enclosed ◆ **les papiers ~s** the enclosed papers ADV enclosed ◆ **vous trouverez ~ ...** you will find enclosed ..., please find enclosed ...

**cil** /sil/ NM *(Anat)* eyelash ◆ **~s vibratiles** *(Bio)* cilia

**ciliaire** /siljɛʀ/ ADJ *(Anat)* ciliary

**cilice** /silis/ NM hair shirt

**cilié, e** /silje/ ADJ ciliate(d) NMPL **les ciliés** ciliates, the Ciliata *(SPÉC)*

**cillement** /sijmɑ̃/ NM blinking

**ciller** /sije/ ▸ conjug 1 ◂ VI ◆ **~ (des yeux)** to blink (one's eyes) ◆ **il n'a pas cillé** *(fig)* he didn't bat an eyelid

**cimaise** /simɛz/ NF *(Peinture)* picture rail, picture moulding *(Brit)* *ou* molding *(US)*; *(Archit)* cyma; → **honneur**

**cime** /sim/ NF *[de montagne]* summit; *(= pic)* peak; *[d'arbre]* top; *(fig)* *[de gloire]* peak, height

**ciment** /simɑ̃/ NM cement ◆ **~ armé** reinforced concrete ◆ **~ prompt** *ou* **(à prise) rapide** quick-setting cement ◆ **~ colle** glue cement

**cimenter** /simɑ̃te/ ▸ conjug 1 ◂ VT a *(Constr)* *[+ sol]* to cement, to cover with concrete; *[+ bassin]* to cement, to line with cement; *[+ piton, anneau, pierres]* to cement b *(fig)* *[+ amitié, accord, paix]* to cement ◆ **l'amour qui cimente leur union** the love which binds them together

**cimenterie** /simɑ̃tʀi/ NF cement works

**cimentier, -ière** /simɑ̃tje, jɛʀ/ ADJ cement *(épith)* NM cement manufacturer

**cimeterre** /simtɛʀ/ NM scimitar

**cimetière** /simtjɛʀ/ NM *[de ville]* cemetery; *[d'église]* graveyard, churchyard ◆ **~ des chiens** pet cemetery ◆ **~ de voitures** scrapyard ◆ **~ des éléphants** elephant's graveyard ◆ **aller au ~** to visit the cemetery

**cimier** /simje/ NM *[de casque]* crest; *[d'arbre de Noël] decorative bauble for the top of the Christmas tree*

**cinabre** /sinabʀ/ NM cinnabar

**ciné** /sine/ NM (* abrév de **cinéma**) *(= art, procédé)* cinema; *(= salle)* cinema, movie theater *(US)* ◆ **aller au ~** to go to the cinema *ou* the movies *(US)*

**cinéaste** /sineast/ NMF *(gén)* film-maker, moviemaker *(US)*; *(= réalisateur connu)* (film) director ◆ **~-auteur** auteur

**ciné-club** (pl **ciné-clubs**) /sineklœb/ NM film society *ou* club

**cinéma** /sinema/ NM a *(= procédé, art, industrie)* cinema; *(= salle)* cinema, movie theater *(US)* ◆ **roman adapté pour le ~** novel adapted for the cinema *ou* the screen ◆ **faire du ~** to be a film *ou* movie *(US)* actor (*ou* actress) ◆ **de ~** *[technicien, studio]* film *(épith)*; *[projecteur, écran]* cinema *(épith)* ◆ **acteur/vedette de ~** film *ou* movie *(US)* actor/star ◆ **être dans le ~** to be in the film *ou* movie *(US)* business *ou* in films *ou* movies *(US)* ◆ **le ~ français/italien** French/Italian cinema ◆ **le ~ de Carné** Carné films ◆ **aller au ~** to go to the cinema *ou* movies *(US)* ◆ **elle se fait du ~** * she's deluding herself

b *(* = simagrées)* **c'est du ~** it's all put on*, it's all an act ◆ **arrête ton ~ !** give it a rest! ◆ **faire tout un ~** to put on a great act*

c *(* = complication)* fuss ◆ **c'est toujours le même ~** it's always the same old to-do* *ou* business ◆ **tu ne vas pas nous faire ton ~ !** you're not going to make a fuss *ou* a great scene *ou* a song and dance* about it!

COMP ▷ **cinéma d'animation** *(= technique)* animation; *(= films)* animated films ▷ **cinéma d'art et d'essai** avant-garde *ou* experimental films *ou* cinema; *(= salle)* art house ▷ **cinéma d'auteur** art-house cinema *ou* films ▷ **cinéma muet** silent films *ou* movies *(US)* ▷ **cinéma parlant** talking films *ou* pictures, talkies* ▷ **cinéma permanent** continuous performance ▷ **cinéma de plein air** open-air cinema ▷ **cinéma à salles multiples** multiplex cinema

**Cinémascope** ® /sinemaskɔp/ NM Cinemascope ®

**cinémathèque** /sinematɛk/ NF film archive *ou* library; *(= salle)* film theatre *(Brit)*, movie theater *(US)*

**cinématique** /sinematik/ NF kinematics *(sg)*

**cinématographe** /sinematɔgʀaf/ NM cinematograph

**cinématographie** /sinematɔgʀafi/ NF film-making, movie-making *(US)*, cinematography

**cinématographier** /sinematɔgʀafje/ ▸ conjug 7 ◂ VT to film

**cinématographique** /sinematɔgʀafik/ ADJ film *(épith)*, cinema *(épith)*

**cinéma-vérité** /sinemaveʀite/ NM INV cinéma-vérité, ciné vérité

**ciné-parc, cinéparc** (pl **ciné(-)parcs**) /sinepaʀk/ NM *(Can)* drive-in (cinema)

**cinéphile** /sinefil/ ADJ *[public]* cinema-going *(épith)* NMF film *ou* cinema enthusiast, film buff *, movie buff * *(US)*

**cinéraire** /sinerɛr/ ADJ *[vase]* cinerary NF *(Bot)* cineraria

**Cinérama** ® /sinerama/ NM Cinerama ®

**ciné-roman** (pl **ciné-romans**) /sinerɔmɑ̃/ NM film story

**cinétique** /sinetik/ ADJ kinetic NF kinetics *(sg)*

**cing(h)alais, e** /sɛ̃galɛ, ɛz/ ADJ Sin(g)halese NM *(Ling)* Sin(g)halese NM,F **Cing(h)alais(e)** Sin(g)halese

**cinglant, e** /sɛ̃glɑ̃, ɑ̃t/ ADJ *[vent]* biting, bitter; *[pluie]* lashing, driving; *[propos, ironie, humour]* biting, scathing; *[échec]* bitter

**cinglé, e** * /sɛ̃gle/ (ptp de **cingler**) ADJ screwy *, cracked * NM,F crackpot *, nut *

**cingler** /sɛ̃gle/ ▸ conjug 1 ◂ VT *[personne]* to lash; *[vent, branche]* to sting, to whip (against); *[pluie]* to lash (against); *(fig)* to lash, to sting ◆ **il cingla l'air de son fouet** he lashed the air with his whip VI *(Naut)* ◆ ~ **vers** to make for

**cinoche** * /sinɔʃ/ NM a *(= salle)* cinema, movie theater *(US)* ◆ **aller au** ~ to go to the cinema *ou* movies *(US)* b *( * = simagrées)* **arrête de faire du** ~ **!** stop making such a fuss!

**cinoque** ‡ /sinɔk/ ADJ ⇒ **sinoque**

**cinq** /sɛ̃k/ ADJ INV, NM INV five ◆ **dire les** ~ **lettres** *ou* **le mot de** ~ **lettres** to use a rude word *ou* a four-letter word ◆ **je lui ai dit les** ~ **lettres** I told him where to go * ◆ **en** ~ **sec** * in a flash, before you could say Jack Robinson * ◆ ~ **à sept** *(= rendez-vous)* afternoon tryst; *pour autres loc voir* **six;** → **recevoir**

**cinq-dix-quinze** † ‡ /sɛ̃diskɛ̃z/ NM *(Can)* cheap store, dime store *(US, Can)*, five-and-ten *(US, Can)*

**cinquantaine** /sɛ̃kɑ̃tɛn/ NF *(= âge, nombre)* about fifty

**cinquante** /sɛ̃kɑ̃t/ ADJ INV, NM INV fifty; *pour loc voir* **six**

**cinquantenaire** /sɛ̃kɑ̃tnɛr/ ADJ *[arbre, objet]* fifty-year-old *(épith)* ◆ **il est** ~ it (*ou* he) is fifty years old NM *(= anniversaire)* fiftieth anniversary, golden jubilee

**cinquantième** /sɛ̃kɑ̃tjɛm/ ADJ, NMF fiftieth; *pour loc voir* **sixième**

**cinquantièmement** /sɛ̃kɑ̃tjɛmmɑ̃/ ADV in the fiftieth place

**cinquième** /sɛ̃kjɛm/ ADJ fifth ◆ **la** ~ **semaine (de congés payés)** the fifth week of paid holiday *(Brit) ou* vacation *(US)* ◆ **je suis la** ~ **roue du carrosse** * I feel like a spare part * *(Brit)*, I feel like a fifth wheel *(US)* ◆ ~ **colonne** fifth column; *pour autres loc voir* **sixième** NMF fifth NF a *(Scol)* ≈ second form *ou* year *(Brit)*, seventh grade *(US)* b *(Aut)* fifth gear c *(TV)* **la Cinquième** *French cultural TV channel broadcasting in the afternoon*

**cinquièmement** /sɛ̃kjɛmmɑ̃/ ADV in the fifth place

**cintrage** /sɛ̃traʒ/ NM *[de tôle, bois]* bending

**cintre** /sɛ̃tr/ NM a *(Archit)* arch; → **voûte** b *(= porte-manteau)* coathanger c *(Théât)* **les** ~**s** the flies

**cintré, e** /sɛ̃tre/ (ptp de **cintrer**) ADJ a *[porte, fenêtre]* arched; *[galerie]* vaulted, arched; *[veste]* fitted ◆ **chemise** ~**e** close-fitting *ou* slim-fitting shirt b *( ‡ = fou)* nuts *, crackers *

**cintrer** /sɛ̃tre/ ▸ conjug 1 ◂ VT *(Archit)* *[+ porte]* to arch, to make into an arch; *[+ galerie]* to vault, to give a vaulted *ou* arched roof to; *(Habillement)* to take in at the waist; *(Tech)* to bend, to curve

**CIO** /seio/ NM a (abrév de **centre d'information et d'orientation**) → **centre** b (abrév de **Comité international olympique**) IOC

**cirage** /siraʒ/ NM a *(= produit)* (shoe) polish b *(= action) [de chaussures]* polishing; *[de parquets]* polishing, waxing c ◆ **être dans le** ~ * *(après anesthésie)* to be a bit groggy * *ou* whoozy *; *(= être mal réveillé)* to be a bit whoozy *; *(arg Aviat)* to be flying blind ◆ **quand il est sorti du** ~ * when he came to *ou* round; → **noir**

**circa** /sirka/ ADV circa

**circadien, -ienne** /sirkadjɛ̃, jɛn/ ADJ circadian

**circoncire** /sirkɔ̃sir/ ▸ conjug 37 ◂ VT to circumcise

**circoncis** /sirkɔ̃si/ (ptp de **circoncire**) ADJ circumcised

**circoncision** /sirkɔ̃sizjɔ̃/ NF circumcision

**circonférence** /sirkɔ̃ferɑ̃s/ NF circumference

**circonflexe** /sirkɔ̃flɛks/ ADJ ◆ **accent** ~ circumflex

**circonlocution** /sirkɔ̃lɔkysjɔ̃/ NF circumlocution ◆ **employer des** ~**s pour annoncer qch** to announce sth in a roundabout way

**circonscription** /sirkɔ̃skripsjɔ̃/ NF *(Admin, Mil)* district, area ◆ ~ **(électorale)** *[de député]* constituency *(Brit)*, district *(US)*

**circonscrire** /sirkɔ̃skrir/ ▸ conjug 39 ◂ VT *[+ feu, épidémie]* to contain, to confine; *[+ territoire]* to mark out; *[+ sujet]* to define, to delimit ◆ ~ **un cercle/carré à** to draw a circle/square round ◆ **le débat s'est circonscrit à** *ou* **autour de cette seule question** the debate limited *ou* restricted itself to *ou* was centred round *ou* around that one question ◆ **les recherches sont circonscrites au village** the search is being limited *ou* confined to the village

**circonspect, e** /sirkɔ̃spɛ(kt), ɛkt/ ADJ *[personne]* circumspect, cautious; *[silence, remarque]* prudent, cautious ◆ **observer qch d'un œil** ~ to look at sth cautiously

**circonspection** /sirkɔ̃spɛksjɔ̃/ NF caution, circumspection ◆ **faire preuve de** ~ to be cautious

**circonstance** /sirkɔ̃stɑ̃s/ NF a *(= occasion)* occasion ◆ **en la** ~ in this case, on this occasion ◆ **en pareille** ~ in such a case, in such circumstances ◆ **il a profité de la** ~ **pour me rencontrer** he took advantage of the occasion to meet me; → **concours**

b *(= situation)* ~**s** circumstances ◆ ~**s économiques** economic circumstances ◆ **être à la hauteur des** ~**s** to be equal to the occasion ◆ **en raison des** ~**s, étant donné les** ~**s** in view of *ou* given the circumstances ◆ **dans ces** ~**s** under *ou* in these circumstances ◆ **dans les** ~**s présentes** *ou* **actuelles** in the present circumstances

c *[de crime, accident]* circumstance ◆ ~**s atténuantes** *(Jur)* mitigating *ou* extenuating circumstances ◆ ~ **aggravante** *(Jur)* aggravating circumstance, aggravation ◆ ~**s exceptionnelles** *(Jur)* exceptional circumstances ◆ **il y a une** ~ **troublante** there's one disturbing circumstance *ou* point ◆ **dans des** ~**s encore mal définies** in circumstances which are still unclear

d *(loc)*

◆ **de circonstance** *[parole, mine, conseil]* appropriate, apt; *[œuvre, poésie]* occasional *(épith)*; *[habit]* appropriate, suitable; *[union, coalition]* of convenience

**circonstancié, e** /sirkɔ̃stɑ̃sje/ ADJ *[rapport, aveux]* detailed

**circonstanciel, -ielle** /sirkɔ̃stɑ̃sjɛl/ ADJ *(Gram)* adverbial ◆ **complément** ~ **de lieu/temps** adverbial phrase of place/time

**circonvenir** /sirkɔ̃v(ə)nir/ ▸ conjug 22 ◂ VT *(frm)* *[+ personne, opposition]* to circumvent *(frm)*, to get round; *[+ danger]* to avoid

**circonvoisin, e** /sirkɔ̃vwazɛ̃, in/ ADJ *(littér)* surrounding, neighbouring *(Brit)*, neighboring *(US)*

**circonvolution** /sirkɔ̃vɔlysjɔ̃/ NF *(Anat)* convolution; *[de rivière, itinéraire]* twist ◆ **décrire des** ~**s** *[rivière, route]* to twist and turn ◆ ~ **cérébrale** cerebral convolution

**circuit** /sirkɥi/ NM a *(= itinéraire touristique)* tour, (round) trip ◆ ~ **d'autocar** bus trip, coach *(Brit)* tour *ou* trip ◆ **il y a un très joli** ~ **(à faire) à travers bois** there's a very nice trip (you can do) through the woods ◆ **faire le** ~ **(touristique) des volcans d'Auvergne** to tour *ou* go on a tour of the volcanoes in Auvergne

b *(= parcours compliqué)* roundabout *ou* circuitous route ◆ **il faut emprunter un** ~ **assez compliqué pour y arriver** you have to take a rather circuitous *ou* roundabout route to get there ◆ **j'ai dû refaire tout le** ~ **en sens inverse** I had to go right back round the way I'd come *ou* make the whole journey back the way I'd come

c *(Sport)* circuit ◆ ~ **automobile** (motor-) racing circuit ◆ **course sur** ~ circuit racing ◆ ~ **féminin** *(Tennis)* women's circuit ◆ **sur le** ~ **international** on the international circuit

d *(Élec)* circuit ◆ **couper/rétablir le** ~ to break/restore the circuit ◆ **mettre qch en** ~ to connect sth up ◆ **mettre hors** ~ *[+ appareil]* to disconnect; *[+ personne]* to push aside ◆ **tous les** ~**s ont grillé** *(machine)* all the fuses have blown, there's been a burnout

e *(Écon)* circulation

f *(= enceinte) [de ville]* circumference

g *(Ciné)* circuit

h *(loc)* **être dans le** ~ to be around ◆ **est-ce qu'il est toujours dans le** ~ **?** is he still around? ◆ **se remettre dans le** ~ to get back into circulation ◆ **mettre qch dans le** ~ to put sth into circulation, to feed sth into the system

COMP ▷ **circuit de distribution** *(Comm)* distribution network *ou* channels ▷ **circuit électrique** *(Élec)* electric(al) circuit; *[de jouet]* (electric) track ▷ **circuit fermé** *(Élec, fig)* closed circuit ◆ **vivre en** ~ **fermé** to live in a closed world ◆ **ces publications circulent en** ~ **fermé** this literature has a limited *ou* restricted circulation ▷ **circuit hydraulique** *(Aut)* hydraulic circuit ▷ **circuit imprimé** printed circuit ▷ **circuit intégré** integrated circuit ▷ **circuit de refroidissement** cooling system

**circulaire** /sirkylɛr/ ADJ, NF *(gén)* circular ◆ ~ **d'application** *decree specifying how a law should be enforced*

**circulairement** /sirkylɛrmɑ̃/ ADV in a circle

**circulant, e** /sirkylɑ̃, ɑ̃t/ ADJ a *(Fin)* circulating ◆ **actif** ~ current assets ◆ **capitaux** ~**s** circulating capital b *(Bio) [molécule]* circulating in the bloodstream ◆ **sang** ~ circulating blood

**circularité** /sirkylarite/ NF circularity

**circulation** /sirkylasjɔ̃/ NF *[d'air, sang, argent]* circulation; *[de marchandises]* movement; *[de nouvelle]* spread; *[de trains]* running; *(Aut)* traffic ◆ **la** ~ **(du sang)** the circulation ◆ **avoir une bonne/mauvaise** ~ *(Méd)* to have good/bad circulation ◆ **la libre** ~ **des travailleurs** the free movement of labour ◆ **la** ~ **des idées** the free flow of ideas ◆ **pour rendre la** ~ **plus fluide** *(Aut)* to improve traffic flow ◆ **route à grande** ~ major road, main highway *(US)* ◆ **mettre en ~** *[+ argent]* to put into circulation; *[+ livre, produit]* to put on the market, to bring out; *[+ voiture]* to put on the road; *[+ fausse nouvelle]* to circulate, to spread (about) ◆ **mise en ~** *[d'argent]* circulation; *[de livre, produit]* putting on the market, bringing out ◆ **retirer de la ~** *[+ argent]* to take out of *ou* withdraw from circulation; *[+ médicament, produit, livre]* to take off the market, to withdraw; *(euph)* *[+ personne]* to get rid of ◆ **~ aérienne** air traffic ◆ **~ générale** *(Anat)* systemic circulation ◆ **~ monétaire** money *ou* currency circulation ◆ **"circulation interdite"** *(Aut)* "no vehicular traffic" ◆ **disparaître de la ~** *(fig)* to drop out of sight, to disappear from the scene; → **accident, agent**

**circulatoire** /siʀkylatwaʀ/ **ADJ** circulation *(épith)*, circulatory ◆ **troubles ~s** circulatory disorders

**circuler** /siʀkyle/ ▸ conjug 1 ◂ **VI** **a** *[sang, air, marchandise, argent]* to circulate; *[rumeur]* to circulate, to go around *ou* about ◆ **l'information circule mal entre les services** communication between departments is poor ◆ **il circule bien des bruits à son propos** there's a lot of gossip going around about him, there's a lot being said about him ◆ **faire ~** *[+ air, sang, argent, document]* to circulate; *[+ marchandises]* to put into circulation; *[+ bruits]* to spread

**b** *[voiture]* to go, to move; *[train]* to go, to run; *[passant]* to walk; *[foule]* to move (along) ◆ **un bus sur trois circule** one bus in three is running ◆ **~ à droite/à gauche** to drive on the right/on the left ◆ **circulez !** move along! ◆ **faire ~** *[+ voitures, piétons]* to move on ◆ **il est difficile de ~ à Paris** driving in Paris is difficult ◆ **on circule très bien en dehors des heures de pointe** driving is fine except during the rush hour ◆ **ça circule bien sur l'autoroute** traffic is moving freely on the motorway

**c** *[plat, bonbons, lettre]* to be passed *ou* handed round; *[pétition]* to circulate ◆ **faire ~** *[+ plat]* to hand *ou* pass round; *[+ pétition]* to circulate, to pass round

**circumnavigation** /siʀkɔmnavigasjɔ̃/ **NF** circumnavigation

**circumpolaire** /siʀkɔ̃mpɔlɛʀ/ **ADJ** circumpolar

**cire** /siʀ/ **NF** **a** *(gén)* wax; *(pour meubles, parquets)* polish; *(Méd)* *[d'oreille]* (ear)wax ◆ **~ d'abeille** beeswax ◆ **~ à cacheter/à épiler** sealing/depilatory wax ◆ **~ liquide** liquid wax ◆ **s'épiler les jambes à la ~** to wax one's legs ◆ **personnage en ~** waxwork dummy; → **musée** **b** *(Zool)* cirrus **COMP** ▷ **cire anatomique** wax anatomical model ▷ **cire perdue** cire perdue, lost wax

**ciré** /siʀe/ **NM** *(Habillement)* oilskin

**cirer** /siʀe/ ▸ conjug 1 ◂ **VT** to polish ◆ **j'en ai rien à ~** ⁑ I don't give a damn ⁑ ◆ **~ les bottes** *ou* **pompes de qn** * to lick sb's boots *, to suck up to sb ⁑; → **toile**

**cireur, -euse** /siʀœʀ, øz/ **NM,F** *(= personne)* *[de chaussures]* shoe-shiner, bootblack †; *[de planchers]* (floor) polisher ◆ **~ de bottes** *ou* **pompes** * bootlicker * **NF** **cireuse** *(= appareil)* floor polisher

**cireux, -euse** /siʀø, øz/ **ADJ** *[matière]* waxy; *[teint]* waxen

**ciron** /siʀɔ̃/ **NM** *(littér, Zool)* mite

**cirque** /siʀk/ **NM** **a** *(= chapiteau)* big top; *(= spectacle)* circus ◆ **on est allé au ~** we went to the circus **b** *(Antiq = arène)* circus, amphitheatre *(Brit)*, amphitheater *(US)*; → **jeu** **c** *(Géog)* cirque **d** *(* = embarras)* **quel ~ pour garer sa voiture ici !** it's such a performance * *ou* to-do * finding a place to park around here! ◆ **quel ~ il a fait quand il a appris la nouvelle !** what a scene he made when he heard the news! ◆ **arrête ton ~ !** *(= comédie)* give it a rest! * **e** *(* = désordre)* chaos ◆ **c'est le ~ ici aujourd'hui** it's absolute chaos here today, the place is a real circus today *(US)* ◆ **~ médiatique** media circus

**cirrhose** /siʀoz/ **NF** cirrhosis ◆ **~ du foie** cirrhosis of the liver

**cirrocumulus** /siʀokymylys/ **NM** cirrocumulus

**cirrostratus** /siʀostʀatys/ **NM** cirrostratus

**cirrus** /siʀys/ **NM** cirrus

**cisaille(s)** /sizɑj/ **NF(PL)** *[de pour métal]* shears; *[de pour fil métallique]* wire cutters; *[de jardinier]* (gardening) shears

**cisaillement** /sizɑjmɑ̃/ **NM** **a** *[de métal]* cutting; *[de branches]* clipping, pruning **b** *[de rivet, boulon]* shearing off

**cisailler** /sizɑje/ ▸ conjug 1 ◂ **VT** **a** *(= couper)* *[+ métal]* to cut; *[+ branches]* to clip, to prune; *(fig)* *[+ carrière]* to cripple **b** *(= user)* *[+ rivet, boulon]* to shear off **c** *(* = tailler maladroitement)* *[+ tissu, planche, cheveux]* to hack at **VPR** **se cisailler** *(= se couper)* to cut o.s.

**cisalpin, e** /sizalpɛ̃, in/ **ADJ** cisalpine

**ciseau** (pl **ciseaux**) /sizo/ **NM** **a** ◆ **(paire de) ~x** *(pour tissu, papier)* (pair of) scissors; *(pour métal, laine)* shears; *(pour fil métallique)* wire cutters ◆ **~x de brodeuse** embroidery scissors ◆ **~x de couturière** dressmaking shears *ou* scissors ◆ **~x à ongles** nail scissors ◆ **en un coup de ~x** with a snip of the scissors ◆ **donner des coups de ~x dans un texte** * to make cuts in a text **b** *(Sculp, Tech)* chisel ◆ **~ à froid** cold chisel **c** *(Sport = prise)* scissors (hold *ou* grip) ◆ **montée en ~x** *(Ski)* herringbone climb ◆ **~ de jambes** *(Catch)* leg scissors ◆ **faire des ~x** to do scissor kicks; → **sauter**

**ciselage** /siz(ə)laʒ/ **NM** chiselling

**ciseler** /siz(ə)le/ ▸ conjug 5 ◂ **VT** *[+ pierre]* to chisel, to carve; *[+ métal]* to chase, to chisel; *[+ persil]* to chop finely; *[+ style]* to polish ◆ **les traits finement ciselés de son visage** his finely chiselled features

**ciseleur, -euse** /siz(ə)lœʀ, øz/ **NM, F** *[de bois, marbre]* carver; *(en orfèvrerie)* engraver

**ciselure** /siz(ə)lyʀ/ **NF** **a** *[de bois, marbre]* carving, chiselling; *[d'orfèvrerie]* engraving, chasing **b** *(= dessin)* *[de bois]* carving; *[d'orfèvrerie]* engraved *ou* chased pattern *ou* design, engraving

**Cisjordanie** /sisʒɔʀdani/ **NF** ◆ **la ~** the West Bank

**cistercien, -ienne** /sistɛʀsjɛ̃, jɛn/ **ADJ, NM,F** Cistercian

**citadelle** /sitadɛl/ **NF** *(lit, fig)* citadel

**citadin, e** /sitadɛ̃, in/ **ADJ** *(gén)* town *(épith)*, urban; *[de grande ville]* city *(épith)*, urban **NM,F** city dweller, urbanite *(US)* **NF** **citadine** *(= voiture)* city car

**citation** /sitasjɔ̃/ **NF** **a** *[d'auteur]* quotation ◆ **"fin de citation"** "unquote", "end of quotation" **b** *(Jur)* summons ◆ **~ à comparaître** *(à accusé)* summons to appear; *(à témoin)* subpoena **c** *(= mention)* citation ◆ **~ à l'ordre du jour** *ou* **de l'armée** *(Mil)* mention in dispatches

**cité** /site/ **NF** **a** *(littér, Antiq = grande ville)* city; *(= petite ville)* town ◆ **~ balnéaire** seaside town ◆ **~ industrielle** industrial town ◆ **la ~ des Papes** Avignon ◆ **la Cité du Vatican** Vatican City ◆ **la ~ des Doges** Venice **b** *(= quartier)* (housing) estate *(Brit)*, project *(US)* ◆ **le problème des ~s** the problem of social unrest in deprived estates *(Brit)* *ou* projects *(US)* ◆ **~ parlementaire** *(à Québec)* Parliament buildings; → **droit³** **COMP** ▷ **cité ouvrière** ≃ (workers') housing estate *(Brit)* *ou* development *(US)* ▷ **cité de transit** ≃ halfway house *ou* hostel, (temporary) hostel for homeless families ▷ **cité universitaire** (student) hall(s) of residence

> ⚠ *Le mot* **cité** *se traduit par* **city** *uniquement quand il désigne une grande ville.*

**cité-dortoir** (pl **cités-dortoirs**) /sitedɔʀtwaʀ/ **NF** dormitory *(Brit)* *ou* bedroom *(US)* town

**cité-jardin** (pl **cités-jardins**) /siteʒaʀdɛ̃/ **NF** garden city

**citer** /site/ ▸ conjug 1 ◂ **VT** **a** *(= rapporter)* *[+ texte, exemples, faits]* to quote, to cite ◆ **il n'a pas pu ~ 3 pièces de Sartre** he couldn't name 3 plays by Sartre **b** ◆ **~ (en exemple)** *[+ personne]* to hold up as an example *(pour* for*)*; ◆ **~ un soldat (à l'ordre du jour** *ou* **de l'armée)** to mention a soldier in dispatches **c** *(Jur)* **~ (à comparaître)** *[+ accusé]* to summon to appear; *[+ témoin]* to subpoena

**citerne** /sitɛʀn/ **NF** tank; *(à eau)* water tank

**cithare** /sitaʀ/ **NF** zither; *(Antiq)* cithara

**citoyen, -yenne** /sitwajɛ̃, jɛn/ **ADJ** *(= faisant preuve de civisme)* *[entreprise, personne]* socially aware ◆ **une nation citoyenne** a nation where the notion of citizenship is central; → **rendez-vous** **NM,F** citizen ◆ **~/citoyenne d'honneur d'une ville** freeman/freewoman of a town ◆ **~ du monde** citizen of the world

**citoyenneté** /sitwajɛnte/ **NF** citizenship

**citrin, e** /sitʀɛ̃, in/ **ADJ** citrine-coloured **NF** **citrine** *(= pierre)* citrine

**citrique** /sitʀik/ **ADJ** citric

**citron** /sitʀɔ̃/ **NM** *(= fruit)* lemon ◆ **un** *ou* **du ~ pressé** a (fresh) lemon juice ◆ **~ vert** lime ◆ **il n'a vraiment rien dans le ~ !** ⁑ he's got nothing between his ears!; → **thé** **ADJ INV** lemon(-coloured *(Brit)* *ou* -colored *(US)*) ◆ **jaune ~** lemon-yellow

**citronnade** /sitʀɔnad/ **NF** lemon squash *(Brit)*, still lemonade *(Brit)*, lemonade *(US)*

**citronné, e** /sitʀɔne/ **ADJ** *[goût, odeur]* lemony; *[gâteau]* lemon(-flavoured *(Brit)* *ou* -flavored *(US)*); *[liquide]* with lemon juice added, lemon-flavoured *(Brit)* *ou* -flavored *(US)*; *[eau de toilette]* lemon-scented

**citronnelle** /sitʀɔnɛl/ **NF** *(= graminée)* lemon grass; *(= mélisse)* lemon balm; *(= verveine)* lemon verbena; *(= huile)* citronella (oil); *(= liqueur)* lemon liqueur

**citronnier** /sitʀɔnje/ **NM** lemon tree

**citrouille** /sitʀuj/ **NF** pumpkin ◆ **j'ai la tête comme une ~** * I feel like my head's going to explode

**citrus** /sitʀys/ **NM** citrus

**cive** /siv/ **NF** *(Culin)* spring onions

**civet** /sivɛ/ **NM** stew ◆ **lièvre en ~, ~ de lièvre** ≃ jugged hare

**civette¹** /sivɛt/ **NF** *(Zool)* civet (cat); *(= parfum)* civet

**civette²** /sivɛt/ **NF** *(Bot)* chive; *(Culin)* chives

**civière** /sivjɛʀ/ **NF** stretcher

**civil, e** /sivil/ **ADJ** **a** *(= entre citoyens)* *[guerre, mariage]* civil ◆ **personne de la société ~e** *(Pol)* lay person; → **code, partie²** **b** *(= non militaire)* civilian **c** *(littér = poli)* civil, courteous **NM** **a** *(= non militaire)* civilian ◆ **se mettre en ~** *[soldat]* to dress in civilian clothes, to wear civvies *; *[policier]* to dress in plain clothes ◆ **policier en ~** plain-clothes policeman, policeman in plain clothes ◆ **soldat en ~**

soldier in civvies* *ou* in mufti *ou* in civilian clothes ◆ **dans le** ~ in civilian life, in civvy street* *(Brit)* **b** *(Jur)* **poursuivre qn au** ~ to take civil action against sb, to sue sb in the (civil) courts

**civilement** /sivilmɑ̃/ ADV **a** *(Jur)* **poursuivre qn** ~ to take civil action against sb, to sue sb in the (civil) courts ◆ **être** ~ **responsable** to be legally responsible ◆ **se marier** ~ to have a civil wedding, ≃ to get married in a registry office *(Brit)*, to be married by a judge *(US)* **b** *(littér = poliment)* civilly

**civilisable** /sivilizabl/ ADJ civilizable

**civilisateur, -trice** /sivilizatœʀ, tʀis/ ADJ civilizing NM,F civilizer

**civilisation** /sivilizasjɔ̃/ NF civilization

**civilisationnel, -elle** /sivilizasjɔnɛl/ ADJ civilizational ◆ **le problème de l'identité européenne n'est pas uniquement** ~ the problem of European identity is not only a matter of culture and history

**civilisé, e** /sivilize/ (ptp de **civiliser**) ADJ civilized

**civiliser** /sivilize/ ▸ conjug 1 ◂ VT to civilize VPR **se civiliser** *[peuple]* to become civilized; * *[personne]* to become more civilized

**civilité** /sivilite/ NF *(= politesse)* civility ◆ ~**s** *(frm = compliments)* civilities ◆ **faire** *ou* **présenter ses** ~**s à** to pay one's compliments to

**civique** /sivik/ ADJ civic ◆ **avoir le sens** ~ to be public-spirited; → **éducation, instruction**

**civisme** /sivism/ NM public-spiritedness ◆ **cours de** ~ civics *(sg)* ◆ **faire preuve de** ~ to be civic-minded ◆ **le** ~ **sanitaire** ecological *ou* environmental awareness

**cl** (abrév de **centilitre**) cl

**clabaudage** /klabodaʒ/ NM *(littér) [de personne]* moaning, whingeing; *[de chien]* yapping

**clabauder** /klabode/ ▸ conjug 1 ◂ VI *(littér) [personne]* to moan, to whinge (*contre* about); *[chien]* to yap ◆ ~ **contre qn** to make denigrating remarks about sb

**clabauderie** /klabodʀi/ NF *(littér)* ⇒ **clabaudage**

**clabaudeur, -euse** /klabodœʀ, øz/ *(littér)* ADJ *(= médisant)* gossiping; *(= aboyant)* yapping NM,F *(= cancanier)* gossip

**clac** /klak/ EXCL *[de porte]* slam!; *[d'élastique, stylo]* snap!; *[de fouet]* crack!

**clafoutis** /klafuti/ NM clafoutis *(type of tart made of fruit and batter)*

**claie** /klɛ/ NF *[de fruit, fromage]* rack; *(= crible)* riddle; *(= clôture)* hurdle

**clair, e**[1] /klɛʀ/ GRAMMAIRE ACTIVE 42.1, 53.6

ADJ **a** *(= lumineux) [pièce]* bright, light; *[ciel]* clear; *[couleur, flamme]* bright ◆ **par temps** ~ on a clear day, in clear weather

**b** *(= pâle) [teint, couleur]* light; *[tissu, robe]* light-coloured *(Brit)* *ou* -colored *(US)* ◆ **bleu/vert** ~ light blue/green

**c** *(= limpide) [eau, son, voyelle]* clear ◆ **d'une voix** ~**e** in a clear voice

**d** *(= peu consistant) [sauce, soupe]* thin; *[tissu]* thin; *[blés]* sparse

**e** *(= sans ambiguïté) [exposé, pensée, position]* clear ◆ **cette affaire n'est pas** ~**e** there's something slightly suspicious about all this ◆ **avoir un esprit** ~ to be a clear thinker ◆ **je serai** ~ **avec vous** I'll be frank with you ◆ **que ce soit bien** ~... I want this to be perfectly clear... ◆ **c'est** ~ **et net** it's perfectly clear ◆ **son message était** ~ **et net** his message was loud and clear ◆ **je ne ferai jamais ça, c'est** ~ **et net !** I'll never do that, there's no question *ou* no two ways* about it!

**f** *(= évident)* clear, obvious ◆ **il est** ~ **qu'il se trompe** it is clear *ou* obvious that he's mistaken ◆ **son affaire est** ~**e, il est coupable** it's quite clear *ou* obvious that he's guilty ◆ **c'est** ~ **comme le jour** *ou* **comme de l'eau de roche** it's as clear as daylight, it's crystal-clear

◆ **le plus clair de** ◆ **il passe le plus** ~ **de son temps à rêver** he spends most of his time daydreaming ◆ **le plus** ~ **de son argent** the better part of his money

ADV ◆ **il fait** ~ it's light ◆ **il ne fait guère** ~ **dans cette pièce** it's not very light in this room ◆ **il fait aussi** ~ *ou* **on voit aussi** ~ **qu'en plein jour** it's as bright as daylight ◆ **parlons** ~ let's be frank ◆ **voir** ~ *(lit)* to see well ◆ **voir** ~ **dans un problème/une situation** to have a clear understanding of a problem/a situation, to grasp a problem/situation clearly ◆ **maintenant j'y vois plus** ~ now I've got a better idea ◆ **je vois** ~ **dans son jeu** I can see what his game is, I know exactly what he's up to*

◆ **au clair** ◆ **tirer qch au** ~ to clear sth up, to clarify sth ◆ **il faut tirer cette affaire au** ~ we must get to the bottom of this business, we must sort this business out ◆ **être au** ~ **sur qch** to be clear about *ou* on sth ◆ **mettre ses idées au** ~ to organize one's thoughts ◆ **mettre les choses au** ~ to make things clear ◆ **mettre les choses au** ~ **avec qn** to get things straight with sb

◆ **en clair** *(= c'est-à-dire)* to put it plainly; *(= non codé) [message]* in clear; *[émission]* unscrambled

NM **a** *(† = partie usée)* ~**s** worn parts, thin patches

**b** ◆ ~**s** *(Art)* light *(NonC)*, light areas ◆ **les** ~**s et les ombres** the light and shade

COMP ▷ **clair de lune** moonlight ◆ **au** ~ **de lune** in the moonlight ◆ **promenade au** ~ **de lune** stroll in the moonlight

**claire**[2] /klɛʀ/ NF *(= parc)* oyster bed ◆ **(huître de)** ~ fattened oyster; → **fine**[2]

**clairement** /klɛʀmɑ̃/ ADV clearly

**clairet, -ette** /klɛʀɛ, ɛt/ ADJ *[soupe]* thin; *[voix]* high-pitched ◆ **(vin)** ~ light red wine NF **clairette** light sparkling wine

**claire-voie** (pl **claires-voies**) /klɛʀvwa/ NF *(= clôture)* openwork fence; *[d'église]* clerestory ◆ **à** ~ openwork *(épith)*

**clairière** /klɛʀjɛʀ/ NF clearing, glade

**clair-obscur** (pl **clairs-obscurs**) /klɛʀɔpskyʀ/ NM *(Art)* chiaroscuro; *(gén)* twilight

**clairon** /klɛʀɔ̃/ NM *(= instrument)* bugle; *(= joueur)* bugler; *[d'orgue]* clarion (stop)

**claironnant, e** /klɛʀɔnɑ̃, ɑ̃t/ ADJ *[voix]* strident, resonant

**claironner** /klɛʀɔne/ ▸ conjug 1 ◂ VT *[+ succès, nouvelle]* to trumpet, to shout from the rooftops VI *(= parler fort)* to speak at the top of one's voice

**clairsemé, e** /klɛʀsəme/ ADJ *[arbres, maisons, applaudissements, auditoire]* scattered; *[blés, gazon, cheveux]* thin, sparse; *[population]* sparse, scattered

**clairvoyance** /klɛʀvwajɑ̃s/ NF *[de personne]* clear-sightedness, perceptiveness; *[d'esprit]* perceptiveness

**clairvoyant, e** /klɛʀvwajɑ̃, ɑ̃t/ ADJ **a** *(= perspicace) [personne]* clear-sighted, perceptive; *[œil, esprit]* perceptive; *[politique]* far-sighted **b** *(† = doué de vision)* sighted NM,F *(† : doué de vision)* sighted person; *(= médium)* clairvoyant

**clam** /klam/ NM *(Zool)* clam

**clamecer**‡ /klamse/ ▸ conjug 3 ◂ VI *(= mourir)* to kick the bucket‡, to snuff it‡ *(Brit)*

**clamer** /klɑme/ ▸ conjug 1 ◂ VT to shout out, to proclaim ◆ ~ **son innocence/son indignation** to proclaim one's innocence/one's indignation

**clameur** /klɑmœʀ/ NF clamour ◆ **les** ~**s de la foule** the clamour of the crowd ◆ **les** ~**s des mécontents** *(fig)* the protests of the discontented

**clamser**‡ /klamse/ ▸ conjug 1 ◂ VI ⇒ **clamecer**

**clan** /klɑ̃/ NM *(lit, fig)* clan ◆ **esprit de** ~ clannishness

**clandé** /klɑ̃de/ NM *(arg Crime) (= maison close)* brothel, knocking-shop‡ *(Brit)*; *(= maison de jeu)* gambling joint

**clandestin, e** /klɑ̃dɛstɛ̃, in/ ADJ *[réunion]* secret, clandestine; *[revue, organisation, imprimerie]* underground *(épith)*; *[mouvement]* underground *(épith)*, clandestine; *[commerce]* clandestine, illicit; *[travailleur, travail, immigration, avortement]* illegal NM *(= ouvrier)* illegal worker ◆ **(passager)** ~ stowaway

**clandestinement** /klɑ̃dɛstinmɑ̃/ ADV *(= secrètement)* secretly; *(= illégalement)* illegally ◆ **faire entrer qn** ~ **dans un pays** to smuggle sb into a country

**clandestinité** /klɑ̃dɛstinite/ NF **a** *[d'activité]* secret nature ◆ **dans la** ~ *(= en secret) [travailler]* in secret, clandestinely; *(= en se cachant) [vivre]* underground ◆ **entrer dans la** ~ to go underground ◆ **le journal interdit a continué de paraître dans la** ~ the banned newspaper went on being published underground *ou* clandestinely **b** **la** ~ *(Hist = la Résistance)* the Resistance

**clanique** /klanik/ ADJ *[rivalité, société]* clan *(épith)* ◆ **guerre** ~ clan warfare

**clap** /klap/ NM *(Ciné)* clapperboard

**clapet** /klapɛ/ NM **a** *(Tech)* valve; *(Élec)* rectifier ◆ ~ **d'admission/d'échappement** *(Aut)* induction/exhaust valve **b** *(‡ = bouche)* **ferme ton** ~ hold your tongue*, shut up* ◆ **quel** ~ **!** what a chatterbox!*

**clapier** /klapje/ NM **a** *(= cabane à lapins)* hutch; *(péj = logement surpeuplé)* dump‡, hole* **b** *(= éboulis)* scree

**clapotement** /klapɔtmɑ̃/ NM lap(ping) *(NonC)*

**clapoter** /klapɔte/ ▸ conjug 1 ◂ VI *[eau]* to lap

**clapotis** /klapɔti/ NM lap(ping) *(NonC)*

**clappement** /klapmɑ̃/ NM click(ing) *(NonC)*

**clapper** /klape/ ▸ conjug 1 ◂ VI ◆ ~ **de la langue** to click one's tongue

**claquage** /klakaʒ/ NM *(= action)* pulling *ou* straining (of a muscle); *(= blessure)* pulled *ou* strained muscle ◆ **se faire un** ~ to pull *ou* strain a muscle

**claquant, e*** /klakɑ̃, ɑ̃t/ ADJ *(= fatigant)* killing*, exhausting

**claque**[1] /klak/ NF **a** *(= gifle)* slap ◆ **donner** *ou* **flanquer*** *ou* **filer*** **une** ~ **à qn** to slap sb, to give sb a slap *ou* clout* *(Brit)* ◆ **il a pris une** ~ **aux dernières élections*** *(= humiliation)* the last election was a slap in the face for him ◆ **elle a pris une** ~ **quand son mari est parti*** *(= choc)* it was a real blow to her when her husband left ◆ **mes économies ont pris une** ~ **pendant les vacances** the holidays made a hole in my savings; → **tête** **b** *(loc)* **j'en ai ma** ~* *(excédé)* I'm fed up to the back teeth* *(Brit)* *ou* to the teeth* *(US)*; *(épuisé)* I'm dead beat* *ou* all in* **c** *(Théât)* claque ◆ **faire la** ~ to cheer **d** *(Can = protection)* galosh, overshoe

**claque**[2] /klak/ ADJ, NM ◆ **(chapeau)** ~ opera hat

**claque**[3]‡ /klak/ NM brothel, whorehouse†*, knocking-shop‡ *(Brit)*

**claqué, e*** /klake/ (ptp de **claquer**) ADJ *(= fatigué)* all in*, dead beat*, knackered* *(Brit)*

**claquement** /klakmɑ̃/ **NM** a (= bruit répété) [de porte] banging (NonC), slamming (NonC); [de fouet] cracking (NonC); [de langue] clicking (NonC); [de doigts] snap(ping) (NonC); [de talons] click(ing) (NonC); [de dents] chattering (NonC); [de drapeau] flapping (NonC) b (= bruit isolé) [de porte] bang, slam; [de fouet] crack; [de langue] click ◆ **la corde cassa avec un ~ sec** the rope broke with a sharp snap

**claquemurer** /klakmyʀe/ ▸ conjug 1 ◂ **VT** to coop up ◆ **il reste claquemuré dans son bureau toute la journée** he stays cooped up ou shut up ou shut away in his office all day **VPR se claquemurer** to shut o.s. away ou up

**claquer** /klake/ ▸ conjug 1 ◂ **VI** a [porte, volet] to bang; [drapeau] to flap; [fouet] to crack; [coup de feu] to ring out ◆ **faire ~** [+ porte] to bang, to slam; [+ fouet] to crack

b (= produire un bruit) **~ des doigts, faire ~ ses doigts** to click ou snap one's fingers ◆ **~ des talons** (Mil) to click one's heels ◆ **~ du bec** * (= avoir faim) to be famished * ◆ **il claquait des dents** his teeth were chattering ◆ **faire ~ sa langue** to click one's tongue

c (= casser) [ficelle] to snap

d * [télévision, moteur, lampe] to conk out *, to pack in *; (* = mourir) to kick the bucket *, to snuff it * (Brit) ◆ **il a claqué d'une crise cardiaque** a heart attack finished him off ◆ **~ dans les mains ou les doigts de qn** [malade] to die on sb; [entreprise] to go bust on sb * ◆ **le sèche-cheveux m'a claqué entre les mains ou les doigts** the hair-drier packed in on me * ou died on me *

**VT** a (= gifler) [+ enfant] to slap

b (= refermer avec bruit) [+ livre] to snap shut ◆ **~ la porte** (lit) to slam the door; (fig) to storm out ◆ **il a claqué la porte du gouvernement** he left the government in high dudgeon ◆ **il m'a claqué la porte au nez** (lit) he slammed the door in my face; (fig) he refused to listen to me

c (* = fatiguer) [travail] to exhaust, to tire out ◆ **le voyage m'a claqué** I felt dead tired * ou knackered * (Brit) after the journey ◆ **ne travaille pas tant, tu vas te ~** don't work so hard or you'll wear yourself out

d (* = casser) [+ élastique, fermeture éclair] to bust *

e (* = dépenser) [+ argent] to blow * ◆ **j'ai beaucoup claqué à Noël** I blew * a lot of cash at Christmas

f (Tennis) [+ balle, volée] to slam ◆ **~ un but** (Ftbl) to drive the ball home ou into goal

**VPR se claquer** (Sport) **se ~ un muscle** to pull ou strain a muscle

**claquette** /klakɛt/ **NF** a (Danse) **~s** tap-dancing ◆ **faire des ~s** to tap-dance; → **danseur** b (= claquoir) clapper; (Ciné) clapperboard c (= tong) flip-flop, thong (US)

**claquoir** /klakwaʀ/ **NM** clapper

**clarification** /klaʀifikasjɔ̃/ **NF** (lit, fig) clarification

**clarifier** /klaʀifje/ ▸ conjug 7 ◂ **VT** (lit, fig) to clarify **VPR se clarifier** [situation] to become clearer, to be clarified

**clarine** /klaʀin/ **NF** cowbell

**clarinette** /klaʀinɛt/ **NF** clarinet

**clarinettiste** /klaʀinetist/ **NMF** clarinettist

**clarisse** /klaʀis/ **NF** (Poor) Clare

**clarté** /klaʀte/ **NF** a (= lumière) light ◆ **la ~ de la lune** the light of the moon, the moonlight ◆ **à la ~ de la lampe** in the lamplight, in ou by the light of the lamp b (= luminosité) [de flamme, pièce, jour, ciel] brightness; [d'eau, son, verre] clearness; [de teint] (= pureté) clearness; (= pâleur) lightness c [d'explication, pensée, attitude, conférencier] clarity ◆ **~ d'esprit** clear thinking ◆ **pour plus de ~** to be perfectly ou absolutely clear d (= précisions) **avoir des ~s sur une question** to have some (further ou bright) ideas on a subject ◆ **cela projette quelques ~s sur la question** this throws some light on the subject

**clash** /klaʃ/ **NM** clash

**classable** /klɑsabl/ **ADJ** [document, plante] classifiable ◆ **elle est difficilement ~** it's hard to know how to categorize her

**classe** /klɑs/ **NF** a (= catégorie sociale) class ◆ **~s creuses** (Démographie) age groups depleted by war deaths or low natality ◆ **les ~s moyennes** the middle classes ◆ **les basses/hautes ~s (sociales)** the lower/upper (social) classes ◆ **la ~ laborieuse ou ouvrière** the working class ◆ **la ~ politique** the political community ◆ **selon sa ~ sociale** according to one's social status ou social class ◆ **société sans ~** classless society

b (gén, Sci = espèce) class; (Admin = rang) grade ◆ **toutes les ~s d'utilisateurs** every category of user ◆ **il est vraiment à mettre dans une ~ à part** he's really in a class of his own ou a class apart ◆ **hôtel de première ~** first-class hotel ◆ **~ grammaticale ou de mots** grammatical category, part of speech ◆ **~ d'âge** age group ◆ **établissement de ~** high-class establishment ◆ **de ~ internationale** world-class ◆ **hors ~** exceptional

c (Transport) class ◆ **compartiment/billet de 1re/2e ~** 1st/2nd class compartment/ticket ◆ **voyager en 1re ~** to travel 1st class ◆ **~ affaires/club/économique** (Aviat) business/club/economy class

d (gén, Sport = valeur) class ◆ **liqueur/artiste de grande ~** liqueur/artist of great distinction ◆ **c'est un acteur/joueur de première ~** he's a first-class ou first-rate actor/player ◆ **de ~ internationale** of international class ◆ **elle a de la ~** she's got class ◆ **ils n'ont pas la même ~** they're not in the same class ◆ **c'est une robe qui a de la ~** it's a stylish ou chic dress ◆ **ils sont descendus au Ritz – la ~ quoi !** * they stayed at the Ritz — classy, eh? *; → **enterrement**

e (Scol) (= ensemble d'élèves) class, form (Brit), grade (US); (= année d'études secondaires) year ◆ **les grandes/petites ~s** the senior/junior classes ◆ **il est en ~ de 6e** ≃ he is in year 7 (Brit) ou 5th grade (US) ◆ **monter de ~** to go up a class ◆ **il est (le) premier/(le) dernier de la ~** he is top/bottom of the class ◆ **~ enfantine** playschool; → **préparatoire, redoubler**

f (Scol) (= cours) class ◆ **la ~** (= l'école) school ◆ **la ~ d'histoire/de français** the history/French class ◆ **~ de solfège/de danse** musical theory/dancing lesson ◆ **aller en ~** to go to school ◆ **pendant/après la ~ ou les heures de ~** during/after school ou school hours ◆ **la ~ se termine ou les élèves sortent de ~ à 16 heures** school finishes ou classes finish at 4 o'clock ◆ **il est en ~** (en cours) [professeur] he is in class, he is teaching; [élève] he is in class; (à l'école) [élève] he is at school ◆ **c'est M. Renan qui leur fait la ~** (habituellement) Mr Renan is their (primary school) teacher, Mr Renan takes them at (primary) school; (en remplacement) Mr Renan is their replacement (primary school) teacher

g (Scol = salle) classroom; (d'une classe particulière) form room (Brit), homeroom (US) ◆ **il est turbulent en ~** he's disruptive in class ou in the classroom ◆ **les élèves viennent d'entrer en ~** the pupils have just gone into class

h (Mil = rang) **militaire ou soldat de 1re ~** (armée de terre) ≃ private (Brit), private first class (US); (armée de l'air) ≃ leading aircraftman (Brit), airman first class (US) ◆ **militaire ou soldat de 2e ~** (terre) private (soldier); (air) aircraftman (Brit), airman basic (US) ◆ **la ~ de 1997** (= contingent) the class of '97 ◆ **ils sont de la même ~** they were called up at the same time ◆ **faire ses ~s** (lit) to do one's recruit training; (fig) to learn the ropes *, to serve one's apprenticeship (fig)

**ADJ INV** * [personne, vêtements, voiture] classy * ◆ **ça fait ~** it adds a touch of class * ◆ **il a vraiment été ~ avec moi** he was really nice to me

**COMP** ▷ **classe de mer partir en ~ de mer** to go on a school study trip to the seaside ▷ **classe de nature** ⇒ **classe verte** ▷ **classe de neige partir en ~ de neige** to go on a skiing and study trip with the school ▷ **classe(-)relais** *class for special needs or problem pupils* ▷ **classe de transition** *transitional school year designed to help weaker pupils catch up* ▷ **classe verte partir en ~ verte** to go on a school study trip to the countryside

**classé, e** /klɑse/ **ADJ** [bâtiment, monument] listed (Brit), with a preservation order on it; [vins] classified ◆ **joueur ~** (Tennis) ≃ ranked player; (Bridge) graded ou master player

**classement** /klɑsmɑ̃/ **NM** a (= rangement) [de papiers, documents] filing; [de livres] classification; [de fruits] grading ◆ **~ alphabétique** alphabetical classification ◆ **j'ai fait du ~ toute la journée** I've spent all day filing ◆ **j'ai fait un peu de ~ dans mes factures** I've put my bills into some kind of order

b (= classification) [de fonctionnaire, élève] grading; [de joueur] grading, ranking; [d'hôtel] grading, classification

c (= rang) [d'élève] place (Brit) ou rank (US) (in class), position in class; [de coureur] placing ◆ **avoir un bon/mauvais ~** [élève] to get a high/low place in class (Brit), to be ranked high/low in class (US); [coureur] to be well/poorly placed ◆ **le ~ des coureurs à l'arrivée** the placing of the runners at the finishing line

d (= liste) [d'élèves] class list (in order of merit); [de coureurs] finishing list; [d'équipes] league table ◆ **je vais vous lire le ~** I'm going to read you your (final) placings (Brit) (in class) ou rankings (US) ◆ **~ général** (Cyclisme) overall placings (Brit) ou rankings (US) ◆ **premier au ~ général/au ~ de l'étape** first overall/for the stage ◆ **il est second au ~ mondial** he's ranked second in the world ◆ **elle est troisième au ~ provisoire** she's third in the provisional rankings

e (= clôture) [d'affaire, dossier] closing

**classer** /klɑse/ ▸ conjug 1 ◂ **VT** a (= ranger) [+ papiers] to file; [+ livres] to classify; [+ documents] to file, to classify ◆ **~ des livres par sujet** to classify books by ou according to subject (matter) ◆ **~ des factures par année/client** to file invoices according to the year/the customer's name

b (Sci = classifier) [+ animaux, plantes] to classify

c (= hiérarchiser) [+ employé, élève, joueur, copie] to grade; [+ hôtel] to grade, to classify ◆ **~ un édifice monument historique** to list a building (Brit), to put a building on the historical register (US) ◆ **Jean Suchet, que l'on classe parmi les meilleurs violonistes** Jean Suchet, who ranks ou is rated among the top violinists

d (= clore) [+ affaire, dossier] to close ◆ **c'est une affaire classée maintenant** the matter is closed now

e (péj = cataloguer) [+ personne] to categorize ◆ **celui-là, je l'ai classé dès que je l'ai vu** I sized him up * as soon as I saw him

VPR **se classer** ◆ **se ~ premier/parmi les premiers** to come (*Brit*) *ou* come in (*US*) first/among the first ◆ **ce livre se classe au nombre des grands chefs-d'œuvre littéraires** this book ranks among the great works of literature

**classeur** /klasœʀ/ NM (*= meuble*) filing cabinet; (*= dossier*) (loose-leaf) file; (*à tirette*) binder ◆ **~ à anneaux** ring binder ◆ **~ à rideau** roll-top cabinet

**classicisme** /klasisism/ NM (*Art*) classicism; (*= conformisme*) conventionality

**classieux, -ieuse** * /klasjø, jøz/ ADJ classy *

**classificateur, -trice** /klasifikatœʀ, tʀis/ ADJ [*procédé, méthode*] classifying; (*= méthodique*) [*esprit*] methodical, orderly ◆ **obsession classificatrice** mania for categorizing *ou* classifying things NM,F classifier

**classification** /klasifikasjɔ̃/ NF classification

**classificatoire** /klasifikatwaʀ/ ADJ classificatory

**classifier** /klasifje/ ▸ conjug 7 ◂ VT to classify

**classique** /klasik/ ADJ a (*Art*) [*auteur, genre, musique*] classical; (*Ling*) [*langue*] classical

b (*= sobre*) [*coupe, vêtement, décoration*] classic, classical

c (*= habituel*) [*argument, réponse, méthode, maladie*] classic, standard; [*conséquence*] usual; [*symptôme*] classic, usual; [*produit*] ordinary, regular (*US*) ◆ **c'est ~ !** it's classic! ◆ **c'est le coup ~ !** * it's the usual story ◆ **c'est la question/la plaisanterie ~** it's the classic question/joke ◆ **le cambriolage s'est déroulé suivant le plan ~** the burglary followed the standard *ou* recognized pattern ◆ **grâce à une opération maintenant ~** thanks to an operation which is now quite usual *ou* standard

d (*Scol = littéraire*) **faire des études ~s** to study classics, to do classical studies ◆ **il est en section ~** he's in the classics stream (*Brit*), he's in the classic program (*US*); → **lettre**

NM a (*= auteur*) (*Antiq*) classical author; (*classicisme français*) classic, classicist ◆ **(auteur) ~** (*= grand écrivain*) classic (author)

b (*= ouvrage*) classic ◆ **un ~ du cinéma** a cinema classic, a classic film ◆ **c'est un ~ du genre** it's a classic of its kind ◆ **je connais mes ~s !** * (*hum*) I know my classics!

c (*= genre*) **le ~** (*= musique*) classical music; (*= style*) the classic *ou* classical style

NF (*Sport*) classic; (*Cyclisme*) one-day road race

**classiquement** /klasikmɑ̃/ ADV classically

**claudication** /klodikasjɔ̃/ NF (*littér*) limp

**claudiquer** /klodike/ ▸ conjug 1 ◂ VI (*littér*) to limp

**clause** /kloz/ NF (*Gram, Jur*) clause ◆ **~ abusive** unfair condition ◆ **~ de conscience** conscience clause ◆ **~ dérogatoire** *ou* **échappatoire** escape clause, get-out clause ◆ **~ de la nation la plus favorisée** most-favoured-nation trading status ◆ **~ pénale** penalty clause ◆ **~ sociale** social chapter ◆ **~ de style** standard *ou* set clause ◆ **~ résolutoire** resolutive clause; → **sauvegarde**[1]

**claustral, e** (mpl **-aux**) /klostʀal, o/ ADJ monastic

**claustration** /klostʀasjɔ̃/ NF confinement

**claustrer** /klostʀe/ ▸ conjug 1 ◂ VT (*= enfermer*) to confine VPR **se claustrer** to shut o.s. up *ou* away ◆ **se ~ dans** (*fig*) to wrap *ou* enclose o.s. in

**claustro** * /klostʀo/ ADJ abrév de **claustrophobe**

**claustrophobe** /klostʀɔfɔb/ ADJ, NMF claustrophobic

**claustrophobie** /klostʀɔfɔbi/ NF claustrophobia

**clausule** /klozyl/ NF clausula

**clavecin** /klav(ə)sɛ̃/ NM harpsichord

**claveciniste** /klav(ə)sinist/ NMF harpsichordist

**clavette** /klavɛt/ NF (*Tech*) [*de boulon*] key, cotter pin

**clavicorde** /klavikɔʀd/ NM clavichord

**clavicule** /klavikyl/ NF collarbone, clavicle (*SPÉC*)

**clavier** /klavje/ NM (*Mus, Ordin*) keyboard ◆ **à un/deux ~(s)** [*orgue, clavecin*] single-/double-manual (*épith*) ◆ **~ AZERTY/QWERTY** AZERTY/QWERTY keyboard ◆ **au ~, Joey !** on keyboards, Joey!

**claviériste** /klavjeʀist/ NMF (*Mus*) keyboard player

**claviste** /klavist/ NMF keyboard operator, keyboarder

**clayette** /klɛjɛt/ NF (*= étagère*) wicker *ou* wire rack; (*= cageot à fruits*) tray; [*de réfrigérateur*] shelf

**clayon** /klɛjɔ̃/ NM (*= étagère*) rack; (*= plateau*) tray

**clé** /kle/ NF a [*de serrure, pendule, boîte de conserve*] key; [*de poêle*] damper ◆ **la ~ de la porte d'entrée** the (front) door key ◆ **la ~ est sur la porte** the key is in the door ◆ **Avignon, ~ de la Provence** Avignon, the gateway to Provence ◆ **les ~s du Paradis** the keys to the Kingdom ◆ **les ~s de saint Pierre** St Peter's keys; → **fermer, tour**[2]

b (*Tech*) spanner (*Brit*), wrench (*surtout US*) ◆ **un jeu de ~s** a set of spanners *ou* wrenches

c (*Mus*) [*de guitare, violon*] peg; [*de clarinette*] key; [*de gamme*] clef; [*d'accordeur*] key ◆ **~ de fa/de sol/d'ut** bass *ou* F/treble *ou* G/alto *ou* C clef ◆ **il y a trois dièses à la ~** the key signature has 3 sharps ◆ **avec une altération à la ~** with a change in the key signature

d [*de mystère, réussite, code, rêve*] key (*de* to); ◆ **la préface nous fournit quelques ~s** the preface offers a few clues

e (*Lutte*) lock ◆ **il lui a fait une ~ au bras** he got him in an armlock

f (*loc*) **mettre sous ~** to put under lock and key ◆ **mettre la ~ sous la porte** *ou* **le paillasson** (*= faire faillite*) to shut up shop; (*= s'enfuir*) to clear out, to do a bunk ‡ (*Brit*) ◆ **prendre la ~ des champs** to run away *ou* off

♦ **à clés** ◆ **personnage à ~s** real-life character disguised under a fictitious name ◆ **roman à ~s** *novel in which actual persons appear as fictitious characters*

♦ **à la clé** ◆ **il y a une récompense à la ~** a reward is being offered ◆ **je vais les mettre en retenue, avec un devoir à la ~** I'll keep them behind and give them an exercise to do as well

♦ **clé(s) en main** ◆ **acheter un appartement ~s en main** to buy an apartment ready for immediate occupation *ou* with immediate entry ◆ **prix ~s en main** [*voiture*] price on the road, on-the-road price (*Brit*), sticker price (*US*); [*appartement*] price with immediate entry *ou* possession *ou* occupation ◆ **projet/solution/usine ~s en main** turnkey project/solution/factory

ADJ INV [*industrie, mot, position, rôle*] key (*épith*)

COMP ▷ **clé Allen** Allen wrench *ou* key (*Brit*) ▷ **clé anglaise** ⇒ **clé à molette** ▷ **clé à bougie** spark plug swivel ▷ **clé de contact** ignition key ▷ **clé à crémaillère** monkey wrench, shifting spanner *ou* wrench ▷ **clé crocodile** alligator spanner *ou* wrench ▷ **clé en croix** wheel brace ▷ **clé dynamométrique** torque wrench ▷ **clé à ergot** spanner wrench ▷ **clé à fourche** ⇒ **clé plate** ▷ **clé mixte** combination spanner *ou* wrench ▷ **clé à molette** monkey wrench, adjustable spanner *ou* wrench ▷ **clé à pipe** box *ou* socket spanner, socket wrench ▷ **clé plate** open-end spanner *ou* wrench ▷ **clé polygonale** ring spanner *ou* wrench ▷ **clé RIB** personal code (*that appears on official slip giving bank account details*) ▷ **clé en tube** hex key (wrench) ▷ **clé universelle** adjustable spanner *ou* wrench ▷ **clé de voûte** (*Archit, fig*) keystone

**clean** * /klin/ ADJ INV a (*= propre*) clean ◆ **c'est pas très ~ chez lui** his place isn't very clean b (*= soigné*) [*homme*] wholesome-looking, clean-cut; [*femme*] wholesome-looking; [*vêtements*] smart; [*décor*] stark c (*arg Drogue*) clean d (*= sympathique*) **c'était ~ de sa part** that was really nice of him

**clébard** * /klebaʀ/, **clebs** * /klɛps/ NM (*péj = chien*) dog, hound (*hum*), mutt *

**clef** /kle/ NF ⇒ **clé**

**clématite** /klematit/ NF clematis

**clémence** /klemɑ̃s/ NF (*= douceur*) [*de temps*] mildness, clemency (*frm*); (*= indulgence*) [*de juge*] clemency, leniency

**clément, e** /klemɑ̃, ɑ̃t/ ADJ (*= doux*) [*temps*] mild, clement (*frm*); (*= indulgent*) [*personne*] lenient ◆ **se montrer ~** to show clemency (*envers* towards) → **ciel**

**clémentine** /klemɑ̃tin/ NF clementine

**clenche** /klɑ̃ʃ/ NF latch

**Cléopâtre** /kleɔpɑtʀ/ NF Cleopatra

**cleptomane** /klɛptɔman/ NMF ⇒ **kleptomane**

**cleptomanie** /klɛptɔmani/ NF ⇒ **kleptomanie**

**clerc** /klɛʀ/ NM a **~ (de notaire)** clerk; → **pas**[1] b (*Rel*) cleric c († *= lettré*) (learned) scholar ◆ **être (grand) ~ en la matière** to be an expert on the subject ◆ **on n'a pas besoin d'être grand ~ pour deviner ce qui s'est passé !** you don't need to be a genius to guess what happened!

**clergé** /klɛʀʒe/ NM clergy ◆ **le bas/haut ~** the lower/higher clergy

**clérical, e** (mpl **-aux**) /kleʀikal, o/ ADJ (*Rel*) clerical NM,F clerical, supporter of the clergy

**cléricalisme** /kleʀikalism/ NM clericalism

**clic** /klik/ NM a (*= bruit, Ordin*) click ◆ **le menu s'ouvre d'un ~ de souris** the menu opens with a mouse click b (*TV*) **~s** sparkles, sparklies *

**clic-clac** /klikklak/ EXCL [*d'appareil-photo*] click!; [*de pas*] clickety-clack!; [*de sabots*] clip(pety)-clop! NM INV a (*= bruit*) [*de sabots*] clip(pety)-clop; [*de talons*] click b ◆ **(canapé *ou* convertible) ~** sofa bed (*with reclining back*)

**cliché** /kliʃe/ NM (*= lieu commun*) cliché; (*Photo*) negative; (*Typo*) plate

**client, cliente** /klijɑ̃, klijɑ̃t/ NM,F a [*de magasin, restaurant*] customer; [*de coiffeur*] client, customer; [*d'avocat*] client; [*d'hôtel*] guest, patron; [*de médecin*] patient; [*de taxi*] fare ◆ **être ~ d'un magasin** to patronize a shop, to be a regular customer at a shop ◆ **le boucher me sert bien parce que je suis (une) ~e** the butcher gives me good service because I'm a regular customer (of his) *ou* because I'm one of his regulars ◆ **le ~ est roi** the customer is always right ◆ **la France est un gros ~ de l'Allemagne** (*Écon*) France is a large trading customer of Germany ◆ **je ne suis pas ~** (*fig*) it's not my thing * *ou* my cup of tea *

b (* : *péj = individu*) guy *, bloke * (*Brit*) ◆ **c'est un drôle de ~** he's an odd customer *ou* bloke * *(Brit)* ◆ **pour le titre de champion du monde, Suard est un ~ sérieux** Suard is a hot contender for *ou* is making a strong bid for the world championship

c *(Ordin)* client

d *(Antiq = protégé)* client

**clientèle** /klijɑ̃tɛl/ **NF** a *(= ensemble des clients)* *[de restaurant, hôtel, coiffeur]* clientele; *[de magasin]* customers, clientele; *[d'avocat, médecin]* practice; *[de taxi]* fares; *[de parti politique]* supporters ◆ **le boucher a une nombreuse ~** the butcher has many customers ◆ **le candidat a conservé sa ~ électorale au deuxième tour** the candidate held on to his voters in the second round b *(= fait d'être client)* custom, business ◆ **accorder sa ~ à qn** to give sb one's custom *ou* business, to patronize sb ◆ **retirer sa ~ à qn** to withdraw one's custom from sb, to take one's business away from sb c *(Antiq = protégés)* clients

**clientélisme** /klijɑ̃telism/ **NM** *(péj)* vote-catching, clientelism ◆ **c'est du ~** it's just a vote-catching gimmick

**clientéliste** /klijɑ̃telist/ **ADJ** *[système, tradition]* based on patronage, clientelist ◆ **il y a un risque de pressions ~s** there is a danger of pressure being exerted by influential voters

**clignement** /kliɲ(ə)mɑ̃/ **NM** blinking *(NonC)* ◆ **cela l'obligeait à des ~s d'yeux continuels** it made him blink continually ◆ **un ~ d'œil** a wink

**cligner** /kliɲe/ ▸ conjug 1 ◂ **VT, VT INDIR** ◆ **~ les** *ou* **des yeux** *(clignoter)* to blink; *(fermer à moitié)* to screw up one's eyes ◆ **~ de l'œil** to wink *(en direction de* at)

**clignotant, e** /kliɲɔtɑ̃, ɑ̃t/ **NM** *(Aut)* indicator; *(fig = indice de danger)* warning light *(fig)* ◆ **mettre son ~** *(Aut)* to indicate *(Brit)*, to put one's turn signal on *(US)* ◆ **tous les ~s sont allumés** *(fig)* all the warning signs *ou* danger signals are flashing **ADJ** *[lumière] (= vacillant)* flickering; *(= intermittent, pour signal)* flashing, winking

**clignotement** /kliɲɔtmɑ̃/ **NM** *[de yeux]* blinking; *[d'étoile, guirlande]* twinkling; *[de phares]* flashing; *[de lumière] (vacillante)* flickering; *(vue de loin)* twinkling; *(= signal)* flashing ◆ **les ~s de la lampe** the flickering of the lamplight

**clignoter** /kliɲɔte/ ▸ conjug 1 ◂ **VI** *[yeux]* to blink; *[étoile, guirlande]* to twinkle; *[phares]* to flash; *[lumière] (= vaciller)* to flicker; *(vue de loin)* to twinkle; *(= signal)* to flash, to wink ◆ **~ des yeux** to blink

**clim** * /klim/ **NF** abrév de **climatisation**

**climat** /klima/ **NM** *(lit, fig)* climate; *(littér = contrée)* clime *(littér)* ◆ **dans nos** *ou* **sous nos ~s** in our climate ◆ **~ économique/politique** economic/political climate ◆ **le ~ social est très mauvais en ce moment** the public mood is very bad at the moment ◆ **pour améliorer le ~ social dans cette profession/cette usine** to improve relations between management and workers in this profession/this factory

**climatique** /klimatik/ **ADJ** climatic; → **station**

**climatisation** /klimatizasjɔ̃/ **NF** air conditioning

**climatiser** /klimatize/ ▸ conjug 1 ◂ **VT** *[+ pièce, atmosphère]* to air-condition; *(Tech) [+ appareil]* to adapt for use in severe conditions ◆ **bureau climatisé** air-conditioned office

**climatiseur** /klimatizœʀ/ **NM** air conditioner

**climatologie** /klimatɔlɔʒi/ **NF** climatology

**climatologique** /klimatɔlɔʒik/ **ADJ** climatological

**clin** /klɛ̃/ **NM** ◆ **~ d'œil** (pl **clins d'œil** *ou* **d'yeux**) *(lit)* wink; *(fig : dans un roman, un film)* allusion, veiled reference ◆ **c'est un ~ d'œil aux Marx Brothers** *(fig)* it's a nod in the direction of the Marx Brothers ◆ **c'est un ~ d'œil au lecteur** it is a veiled message to the reader ◆ **faire un ~ d'œil** *(lit)* to wink *(à* at); *(fig)* to make a veiled reference *(à* to); ◆ **en un ~ d'œil** in a flash, in the twinkling of an eye

**clinfoc** /klɛ̃fɔk/ **NM** flying jib

**clinicien, -ienne** /klinisjɛ̃, jɛn/ **NM,F** clinician

**clinique** /klinik/ **NF** a *(= établissement)* private hospital, private clinic; *(= section d'hôpital)* clinic ◆ **~ d'accouchement** maternity hospital, maternity home *(Brit)*; → **chef**[1] b *(= enseignement)* clinic **ADJ** clinical; → **mort**[1]

**cliniquement** /klinikmɑ̃/ **ADV** clinically

**clinquant, e** /klɛ̃kɑ̃, ɑ̃t/ **ADJ** *[bijoux, décor, langage]* flashy **NM** *(= lamelles brillantes)* tinsel; *(= faux bijoux)* tawdry jewellery *(Brit)* *ou* jewelery *(US)*; *[d'opéra, style]* flashiness

**clip** /klip/ **NM** a *(= broche)* brooch b *(= boucle d'oreille)* clip-on c ◆ **~ (vidéo)** (pop) video, (music) video clip; *(promotionnel)* (promo) video d *(Chir)* clamp

**clipper** /klipœʀ/ **NM** *(Naut)* clipper

**cliquable** /klikabl/ **ADJ** clickable

**clique** /klik/ **NF** a *(péj = bande)* clique, set b *(Mil = orchestre)* drum and bugle band c ◆ **prendre ses ~s et ses claques (et s'en aller)** * to pack up and go, to pack one's bags and leave

**cliquer** /klike/ ▸ conjug 1 ◂ **VI** *(Ordin)* to click *(sur* on); ◆ **~ deux fois** to double-click

**cliquet** /klikɛ/ **NM** pawl

**cliqueter** /klik(ə)te/ ▸ conjug 4 ◂ **VI** *[monnaie]* to jingle, to clink, to chink; *[clés]* to rattle; *[vaisselle]* to clatter; *[verres]* to clink, to chink; *[chaînes]* to clank; *[ferraille]* to jangle; *[mécanisme]* to go clickety-clack; *[armes]* to clash; *[moteur]* to pink, to knock ◆ **j'entends quelque chose qui cliquette** I can hear something clinking

**cliquetis** /klik(ə)ti/, **cliquettement** /klikɛtmɑ̃/ **NM** *[de clés]* jingle *(NonC)*, clink *(NonC)*, jingling *(NonC)*; *[de vaisselle]* clatter *(NonC)*; *[de verres]* clink *(NonC)*, clinking *(NonC)*; *[de chaînes]* clank *(NonC)*, clanking *(NonC)*; *[de ferraille]* jangle *(NonC)*, jangling *(NonC)*; *[de mécanisme]* clickety-clack *(NonC)*; *[d'armes]* clash *(NonC)*; *[de moteur]* pinking *ou* knocking sound, pinking *(NonC)*; *[de machine à écrire]* rattle *(NonC)*, clicking *(NonC)* ◆ **on entendait un ~** *ou* **des ~ de vaisselle** we could hear the clatter of dishes ◆ **des ~ se firent entendre** clinking noises could be heard

**clisse** /klis/ **NF** a *[de fromage]* wicker tray b *[de bouteille]* wicker covering

**clisser** /klise/ ▸ conjug 1 ◂ **VT** *[+ bouteille]* to cover with wicker(work)

**clitoridectomie** /klitɔʀidɛktɔmi/ **NF** clitoridectomy

**clitoridien, -ienne** /klitɔʀidjɛ̃, jɛn/ **ADJ** clitoral

**clitoris** /klitɔʀis/ **NM** clitoris

**clivage** /klivaʒ/ **NM** a *(Géol = fissure)* cleavage b *(Minér) (= action)* cleaving; *(= résultat)* cleavage c *[de groupes]* split, division; *[d'idées]* distinction, split *(de* in); ◆ **~ politique** political split ◆ **il existe un important ~ entre le nord et le sud** there is a huge divide between north and south

**cliver VT**, **se cliver VPR** /klive/ ▸ conjug 1 ◂ *(Minér)* to cleave

**cloaque** /klɔak/ **NM** a *(Zool)* cloaca b *(= lieu de corruption)* cesspool, cesspit; *(= endroit sale)* pigsty, dump *, tip * *(Brit)*

**clochard, e** /klɔʃaʀ, aʀd/ **NM,F** down-and-out, tramp, bum * *(US)*

**clochardisation** /klɔʃaʀdizasjɔ̃/ **NF** ◆ **les hommes sont plus touchés par la ~ que les femmes** men are more liable than women to become down-and-outs *ou* to end up living on the streets ◆ **marginaux en voie de ~** drop-outs on the road to vagrancy

**clochardiser** /klɔʃaʀdize/ ▸ conjug 1 ◂ **VT** *[+ personne]* to turn into a down-and-out *ou* a tramp *ou* a bum * *(US)* ◆ **les toxicomanes clochardisés** down-and-out drug addicts **VPR se clochardiser** *[personne]* to become a down-and-out *ou* a tramp *ou* a bum * *(US)* ◆ **la ville se clochardise** there are more and more down-and-outs *ou* tramps *ou* bums * *(US)* in the town

**cloche** /klɔʃ/ **NF** a *[d'église]* bell ◆ **en forme de ~** bell-shaped ◆ **courbe en ~** bell curve ◆ **il a été élevé sous ~** he had a very sheltered upbringing, he was wrapped in cotton wool as a child *(Brit)* ◆ **il ne faut pas mettre nos entreprises sous ~** we shouldn't cosset our companies; → **son**[2] b *(= couvercle) [de plat]* lid; *[de plantes, légumes]* cloche c * *(= imbécile)* idiot, clot * *(Brit)*; *(= clochard)* down-and-out, tramp, bum * *(US)* ◆ **la ~** *(= les clochards)* down-and-outs, tramps, bums * *(US)*; *(= style de vie)* the life of a tramp d *(Chim)* bell jar **ADJ** a *(= évasé) [jupe]* bell-shaped; → **chapeau** b ( * = *idiot)* idiotic, silly ◆ **qu'il est ~ ce type !** what an idiot *ou* a clot! * *(Brit)* **COMP** ▷ **cloche à fromage** cheese cover ▷ **cloche à plongeur** *ou* **de plongée** diving bell

**Clochemerle** /klɔʃmɛʀl/ **NM** *(hum)* ◆ **c'est un peu ~ ici** there's a touch of parish-pump politics about this place, a lot of petty small-town squabbling goes on here

> **Clochemerle**
>
> This term is an allusion to the title of a humorous novel, written in 1934 by Gabriel Chevallier, describing the pandemonium that erupts in a French village community following the decision to erect a public urinal next to the local church.

**cloche-pied (à)** /klɔʃpje/ **LOC ADV** hopping ◆ **arriver à ~** to come hopping in, to hop in ◆ **il est parti (en sautant) à ~** he hopped away *ou* off

**clocher**[1] /klɔʃe/ **NM** a *(Archit) (en pointe)* steeple; *(carré)* church tower b *(fig = village)* village ◆ **revoir son ~** to see one's home town again ◆ **de ~** *[mentalité]* parochial, small-town *(épith)*; *[querelles]* local, parochial; → **esprit**

**clocher** *[2] /klɔʃe/ ▸ conjug 1 ◂ **VI** *(= être défectueux) [raisonnement]* to be cockeyed * ◆ **qu'est-ce qui cloche ?** what's up (with you)? * ◆ **pourvu que rien ne cloche** provided nothing goes wrong *ou* there are no hitches ◆ **il y a quelque chose qui cloche (dans ce qu'il dit)** there's something which doesn't quite fit *ou* something not quite right (in what he says) ◆ **il y a quelque chose qui cloche dans le moteur** there's something wrong *ou* there's something up * with the engine

**clocheton** /klɔʃtɔ̃/ **NM** *(Archit)* pinnacle

**clochette** /klɔʃɛt/ **NF** (small) bell; *(= partie de fleur)* bell ◆ **~s** *(= campanules)* bellflowers ◆ **~s bleues** *(= jacinthes des bois)* bluebells

**clodo** * /klodo/ **NM** tramp, bum * *(US)*

**cloison** /klwazɔ̃/ **NF** a *(Constr)* partition (wall) b *(Anat, Bot)* septum, partition ◆ ~

**nasale** nasal septum **c** *(Naut)* bulkhead ◆ **~ étanche** watertight compartment **d** *(fig)* barrier ◆ **les ~s entre les différentes classes sociales** the barriers between the different social classes

**cloisonné, e** /klwazɔne/ (ptp de **cloisonner**) ADJ ◆ **être ~** *[sciences, services administratifs]* to be isolated *ou* cut off from one another ◆ **nous vivons dans un monde ~** we live in a compartmentalized world NM *(Art)* cloisonné

**cloisonnement** /klwazɔnmɑ̃/ NM *[de société, système]* compartmentalization ◆ **le ~ des services** the fact that the departments work in isolation (from one another) ◆ **à cause du ~ culturel et social** because of cultural and social barriers

**cloisonner** /klwazɔne/ ▸ conjug 1 ◂ VT *[+ pièce]* to divide up, to partition off; *[+ tiroir]* to divide up; *[+ société]* to divide, to compartmentalize; *[+ secteurs]* to isolate

**cloître** /klwatʀ/ NM cloister

**cloîtrer** /klwatʀe/ ▸ conjug 1 ◂ VT *(= enfermer)* to shut away (*dans* in); *(Rel)* to cloister ◆ **~ une jeune fille** *(lit)* to put a girl in a convent; *(fig)* to keep a girl shut away (from the rest of society) ◆ **religieuse cloîtrée** nun belonging to an enclosed order VPR **se cloîtrer** *(= s'enfermer)* to shut o.s. up *ou* away, to cloister o.s. (*dans* in); *(Rel)* to enter a convent *ou* monastery ◆ **il est resté cloîtré dans sa chambre pendant 2 jours** he stayed shut up *ou* away in his room for 2 days ◆ **ils vivent cloîtrés chez eux sans jamais voir personne** they cut themselves off from the world *ou* they lead cloistered lives and never see anyone

**clonage** /klonaʒ/ NM *(lit, fig)* cloning ◆ **~ thérapeutique** therapeutic cloning

**clone** /klon/ NM *(lit, fig)* clone

**cloner** /klone/ ▸ conjug 1 ◂ VT *(lit, fig)* to clone

**clope** * /klɔp/ NF *(= cigarette)* cig *, smoke *, fag * *(Brit)* NM *(= mégot)* butt, dog end *

**cloper** * /klɔpe/ ▸ conjug 1 ◂ VI to smoke ◆ **il était en train de ~** he was having a smoke, he was smoking

**clopin-clopant** /klɔpɛ̃klɔpɑ̃/ ADV *(= en boitillant)* ◆ **marcher ~** to hobble *ou* limp along ◆ **il vint vers nous ~** he hobbled towards us ◆ **sortir/entrer ~** to hobble out/in ◆ **les affaires allaient ~** business was struggling along *ou* was just ticking over ◆ **comment ça va ? – ~** how are things? – so-so *

**clopiner** /klɔpine/ ▸ conjug 1 ◂ VI *(= boitiller)* to hobble *ou* limp along ◆ **~ vers** to hobble *ou* limp towards

**clopinettes** * /klɔpinɛt/ NFPL ◆ **travailler pour/gagner des ~** to work for/earn peanuts *

**cloporte** /klɔpɔʀt/ NM *(Zool)* woodlouse; *(péj)* creep *

**cloque** /klɔk/ NF *[de peau, peinture]* blister; *(Bot)* leaf curl *ou* blister ◆ **être en ~** ⁑ to be pregnant, to be in the club ⁑ *(Brit)* ◆ **il l'a mise en ~** ⁑ he knocked her up ⁑, he put her in the club ⁑ *(Brit)*

**cloqué, e** /klɔke/ (ptp de **cloquer**) ADJ *[feuilles, peinture]* blistered ◆ **étoffe ~e** seersucker *(NonC)* NM *(Tex)* seersucker

**cloquer** /klɔke/ ▸ conjug 1 ◂ VI *[peau, peinture]* to blister

**clore** /klɔʀ/ GRAMMAIRE ACTIVE 53.4 ▸ conjug 45 ◂ VT **a** *(= clôturer) [+ liste, débat]* to close; *[+ livre, discours, spectacle]* to end, to conclude; *(Fin) [+ compte]* to close ◆ **la séance est close** the meeting is closed *ou* finished ◆ **l'incident est clos** the matter is closed ◆ **les inscriptions sont closes depuis hier** yesterday was the closing date for registration ◆ **une description clôt le chapitre** the chapter closes *ou* ends *ou* concludes with a description ◆ **le débat s'est clos sur cette remarque** the discussion ended *ou* closed with that remark **b** *(† ou littér = conclure) [+ accord, marché]* to conclude **c** *(littér = entourer) [+ terrain, ville]* to enclose (*de* with) **d** *(littér = fermer) [+ porte, volets]* to close, to shut; *[+ lettre]* to seal; *[+ chemin, passage]* to close off, to seal off; → **bec**

**clos, close** /klo, kloz/ (ptp de **clore**) ADJ *[système, ensemble]* closed; *[espace]* enclosed ◆ **les yeux ~ ou les paupières ~es, il ...** with his eyes closed *ou* shut, he ...; → **huis, maison** NM *(= pré)* (enclosed) field; *(= vignoble)* vineyard ◆ **un ~ de pommiers** an apple orchard

**clôture** /klotyʀ/ NF **a** *(= enceinte) (en planches)* fence, paling; *(en fil de fer)* (wire) fence; *(d'arbustes)* hedge; *(en ciment)* wall ◆ **mur/grille de ~** outer *ou* surrounding wall/railings; → **bris b** *(= fermeture) [de débat, liste, compte]* closing, closure; *[de bureaux, magasins]* closing; *[d'inscriptions]* closing date (*de* for); ◆ **~ annuelle** *(Ciné, Théât)* annual closure ◆ **il faut y aller avant la ~** *(du festival)* we must go before it ends *ou* is over; *(d'une pièce)* we must go before it closes *ou* ends; *(du magasin)* we must go before it closes *ou* shuts ◆ **séance/date de ~** closing session/date ◆ **cours de ~** *(Bourse)* closing price ◆ **combien valait le dollar en ~ ?** what did the dollar close at? ◆ **débat de ~** adjournment debate

**clôturer** /klotyʀe/ ▸ conjug 1 ◂ VT **a** *[+ jardin, champ]* to enclose, to fence **b** *[+ débats, liste, compte]* to close; *[+ inscriptions]* to close (the list of) VI *(Bourse)* to close ◆ **la séance a clôturé en baisse** prices were down at the close (of dealing), prices closed down ◆ **le dollar a clôturé à 1 €** the dollar closed at 1 euro

**clou** /klu/ NM **a** *(gén)* nail; *(décoratif)* stud ◆ **fixe-le avec un ~** nail it up (*ou* down *ou* on) ◆ **pendre son chapeau à un ~** to hang one's hat on a nail

**b** *[de chaussée]* stud ◆ **traverser dans les ~s, prendre les ~s (pour traverser)** to cross at the pedestrian *ou* zebra *(Brit)* crossing, to cross at the crosswalk *(US)* ◆ **être dans les ~s** *(fig)* to be on target ◆ **il a vécu sa vie dans les ~s** he led a very conventional life

**c** *(Méd)* boil

**d** *(= attraction principale) [de spectacle]* star attraction *ou* turn ◆ **le ~ de la soirée** the highlight *ou* the star turn of the evening

**e** *( * = mont-de-piété)* **mettre sa montre au ~** to pawn one's watch, to put one's watch in hock *

**f** *( * = instrument)* ancient machine *ou* implement ◆ **(vieux) ~** *(= voiture)* old jalopy * *ou* banger * *(Brit)*; *(= vélo)* rickety old bike, old boneshaker * *(Brit)*

**g** *(loc)* **des ~s !** ⁑ no way! *, nothing doing! * ◆ **il lui a tout expliqué mais des ~s !** * he explained everything to him but he was just wasting his breath! ◆ **je l'ai fait pour des ~s** * I did it all for nothing, I was just wasting my time ◆ **j'y suis allé pour des ~s** * it was a wild-goose chase ◆ **un ~ chasse l'autre** *(Prov)* one man goes and another steps in *ou* another takes his place; → **valoir**

COMP ▷ **clou à béton** masonry nail ▷ **clou de girofle** *(Culin)* clove ▷ **clou de tapissier** (upholstery) tack ▷ **clou sans tête** brad ▷ **clou à tête homme** veneer pin ▷ **clou à tête plate** flat-headed nail

**clouer** /klue/ ▸ conjug 1 ◂ VT **a** *[+ planches, couvercle, caisse]* to nail down; *[+ tapis]* to tack *ou* nail down; *[+ tapisserie]* to nail up ◆ **il l'a cloué au sol d'un coup d'épée** he pinned him to the ground with a thrust of his sword **b** *(= immobiliser) [+ ennemi]* to pin down ◆ **ça l'a cloué sur place** *[étonnement, peur]* it left him rooted to the spot ◆ **~ qn au lit** to keep sb stuck in bed * *ou* confined to bed ◆ **~ au sol** *[+ personne]* to pin down (to the ground); *[+ avion]* to ground ◆ **~ une pièce** *(Échecs)* to pin a piece ◆ **être** *ou* **rester cloué de stupeur** to be glued *ou* rooted to the spot with amazement; → **bec**

**clouté, e** /klute/ (ptp de **clouter**) ADJ *[ceinture, porte]* studded; *[chaussures]* hobnailed; → **passage**

**clouterie** /klutʀi/ NF nail factory

**clovisse** /klɔvis/ NF clam

**clown** /klun/ NM clown ◆ **faire le ~** to clown (about), to play the fool ◆ **c'est un vrai ~** he's a real comic ◆ **~ blanc** whiteface clown

**clownerie** /klunʀi/ NF clowning *(NonC)*, silly trick ◆ **faire des ~s** to clown (about), to play the fool ◆ **arrête tes ~s** stop your (silly) antics

**clownesque** /klunɛsk/ ADJ *[comportement]* clownish; *[situation]* farcical

**club** /klœb/ NM **a** *(= association)* club ◆ **le ~ des pays riches** the club of rich nations ◆ **bienvenue au ~ !** *(hum)* welcome to the club! **b** *(= crosse de golf)* club ADJ ◆ **sandwich ~** ham salad sandwich ≃ club sandwich ◆ **cravate ~** (diagonally) striped tie; → **fauteuil**

COMP ▷ **club de gymnastique** gym ▷ **club d'investissement** investment club ▷ **club de jazz** jazz club ▷ **club privé** exclusive night club ▷ **club de rencontre(s)** singles club ▷ **club sportif** sports club ▷ **club du troisième âge** club for retired people, Darby and Joan club *(Brit)* ▷ **club de vacances** holiday *(Brit) ou* vacation *(US)* village

**cluse** /klyz/ NF *(Géog)* transverse valley (in the Jura), cluse *(SPÉC)*

**clystère** /klistɛʀ/ NM *(Hist Méd)* clyster

**Clytemnestre** /klitɛmnɛstʀ/ NF Clytemnestra

**CM** /seɛm/ NM (abrév de **cours moyen**) → **cours**

**cm** (abrév de **centimètre**) cm ◆ ~$^2$ $cm^2$, sq. cm ◆ ~$^3$ $cm^3$, cu. cm

**CMU** NF (abrév de **couverture maladie universelle**) *free health care for people on low incomes*

**CNAM** /knam/ NM (abrév de **Conservatoire national des arts et métiers**) → **conservatoire** NF (abrév de **Caisse nationale d'assurance maladie**) → **caisse**

**CNC** /seɛnse/ NM **a** (abrév de **Centre national de cinématographie**) ≃ BFI *(Brit)*, Academy of the Movie Picture *(US)* **b** (abrév de **Comité national de la consommation**) ≃ National Consumer Council *(Brit)*, CA *(Brit)*, CPSC *(US)*

**CNDP** /seɛndepe/ NM (abrév de **Centre national de documentation pédagogique**) → **centre**

**CNED** /knɛd/ NM (abrév de **Centre national d'enseignement à distance**) → **centre**

**CNIL** /knil/ NF (abrév de **Commission nationale de l'informatique et des libertés**) → **commission**

**CNIT** /knit/ NM (abrév de **Centre national des industries et des techniques**) *exhibition centre in Paris*

**CNPF** /seɛnpeɛf/ NM (abrév de **Conseil national du patronat français**) *national council of French employers*, ≃ CBI *(Brit)*

**CNRS** /seɛnɛʀɛs/ NM (abrév de **Centre national de la recherche scientifique**) ≃ SERC *(Brit)*, NSF *(US)*

**coaccusé, e** /koakyze/ NM,F codefendant, co-accused

**coacquéreur** /koakerœr/ NM joint purchaser

**coadjuteur** /koadʒytœr/ NM coadjutor

**coadjutrice** /koadʒytris/ NF coadjutress

**coadministrateur, -trice** /koadministratœr, tris/ NM,F *(Comm)* co-director; *(Jur)* co-trustee

**coagulant, e** /kɔagylɑ̃, ɑ̃t/ ADJ coagulative NM coagulant

**coagulateur, -trice** /kɔagylatœr, tris/ ADJ coagulative

**coagulation** /kɔagylasjɔ̃/ NF coagulation

**coaguler** VTI, **se coaguler** VPR /kɔagyle/ ▸ conjug 1 ◂ *[sang]* to coagulate *(SPÉC)*, to clot, to congeal; *[lait]* to curdle

**coalisé, e** /kɔalize/ (ptp de **coaliser**) ADJ *(= allié) [pays]* allied; *(= conjoint) [efforts]* united NMPL ◆ **les ~s** the members of the coalition

**coaliser** /kɔalize/ ▸ conjug 1 ◂ VT to unite (in a coalition) VPR **se coaliser** *(= se liguer) (gén)* to unite; *[pays]* to form a coalition ◆ **deux des commerçants se sont coalisés contre un troisième** two of the shopkeepers joined forces *ou* united against a third

**coalition** /kɔalisjɔ̃/ NF coalition ◆ **gouvernement de ~** coalition government

**coaltar** /koltar/ NM *(lit)* coal tar ◆ **être dans le ~**⁑ *(après anesthésie)* to be a bit groggy* *ou* whoozy*; *(= être mal réveillé)* to be a bit whoozy*, to be half-asleep

**coassement** /kɔasmɑ̃/ NM croaking *(NonC)*

**coasser** /kɔase/ ▸ conjug 1 ◂ VI to croak

**coassocié, e** /koasɔsje/ NM,F copartner

**coassurance** /koasyrɑ̃s/ NF mutual assurance

**coati** /kɔati/ NM coati

**coauteur** /kootœr/ NM a *(Littérat)* co-author, joint author b *(Jur)* accomplice

**coaxial, e** (mpl **-aux**) /koaksjal, jo/ ADJ coaxial

**COB** /kɔb/ NF (abrév de **Commission des opérations de Bourse**) *French stock exchange regulatory body*, ≃ SIB *(Brit)*, SEC *(US)*

**cobalt** /kɔbalt/ NM cobalt; → **bombe**

**cobaye** /kɔbaj/ NM *(lit, fig)* guinea-pig ◆ **servir de ~ à** to act as *ou* be used as a guinea-pig for

**cobelligérant, e** /kobeliʒerɑ̃, ɑ̃t/ ADJ cobelligerent NMPL ◆ **les ~s** the cobelligerent nations

**Cobol** /kɔbɔl/ NM *(Ordin)* COBOL

**cobra** /kɔbra/ NM cobra

**coca** /kɔka/ NM abrév de **Coca-Cola**® Coke® ◆ **un whisky ~** a whisky and Coke® NF *(= substance)* coca extract NM *ou* NF *(= plante)* coca

**cocagne** /kɔkaɲ/ NF → **mât, pays**[1]

**cocaïne** /kɔkain/ NF cocaine

**cocaïnomane** /kɔkainɔman/ NMF cocaine addict

**cocard*** /kɔkar/ NM black eye, shiner*

**cocarde** /kɔkard/ NF *(en tissu)* rosette; *(Hist : sur la coiffure)* cockade; *[d'avion]* roundel ◆ **~ (tricolore)** *(sur voiture officielle)* ≃ official sticker

**cocardier, -ière** /kɔkardje, jɛr/ ADJ jingoistic, chauvinistic NM,F jingoist, chauvinist

**cocasse** /kɔkas/ ADJ comical, funny

**cocasserie** /kɔkasri/ NF comicalness, funniness ◆ **c'était d'une ~ !** it was so funny! *ou* comical!

**coccinelle** /kɔksinɛl/ NF *(= insecte)* ladybird, ladybug *(US)*; *(* = voiture)* beetle *(Brit)*, bug *(US)*

**coccyx** /kɔksis/ NM coccyx

**coche** /kɔʃ/ NM *(= diligence)* (stage)coach ◆ **~ d'eau** *(Hist)* horse-drawn barge ◆ **louper** *ou* **manquer** *ou* **rater le ~** *(fig)* to miss the boat* *ou* one's chance; → **mouche**

**cochenille** /kɔʃnij/ NF *(gén)* mealybug; *(pour teinture)* cochineal insect

**cocher**[1] /kɔʃe/ ▸ conjug 1 ◂ VT *(au crayon)* to check off, to tick (off) *(Brit)*; *(d'une entaille)* to notch ◆ **cochez la bonne réponse** tick *(Brit)* *ou* check *(US)* the correct answer

**cocher**[2] /kɔʃe/ NM *(gén)* coachman, coach driver; *[de fiacre]* cabman, cabby*

**cochère** /kɔʃɛr/ ADJ F → **porte**

**Cochinchine** /kɔʃɛ̃ʃin/ NF Cochin China

**cochlée** /kɔkle/ NF cochlea

**cochon, -onne** /kɔʃɔ̃, ɔn/ NM a *(= animal)* pig, hog *(US)*; *(* = viande)* pork *(NonC)* ◆ **~ d'Inde** guinea-pig ◆ **~ de lait** *(gén)* piglet; *(Culin)* suck(l)ing-pig

b *(⁑: péj = personne) (sale, vicieux)* dirty pig⁑; *(= goujat)* swine⁑ ◆ **manger/écrire comme un ~** to be a messy eater/writer ◆ **vieux ~** dirty old man ◆ **petit ~ !** you messy thing! ◆ **ce ~ de voisin** that swine⁑ of a neighbour ◆ **eh bien, mon ~ !** *(terme amical)* you old devil!*

c *(loc)* **quel temps de ~ !** what lousy *ou* filthy weather!* ◆ **(et) ~ qui s'en dédit** * *(hum)* let's shake (hands) on it, cross my heart (and hope to die)* ◆ **un ~ n'y retrouverait pas ses petits** it's like a pigsty in there, it's a real mess in there ◆ **si les petits ~s ne te mangent pas** *(hum)* if the bogeyman doesn't get you ◆ **elle ira loin si les petits ~s ne la mangent pas avant** *(hum)* she'll go far if nothing gets in her way ◆ **tout homme a dans son cœur un ~ qui sommeille** there's a bit of the animal in every man; → **confiture, copain**

ADJ a *(⁑ = obscène) [chanson, histoire]* dirty, smutty; *[personne]* dirty-minded

b *(* = sale)* **il est ~** *(sur lui)* he's filthy; *(dans son travail)* he's a messy worker ◆ **c'est pas ~ !** it's not at all bad!

NF **cochonne** *(= personne) (sale)* dirty pig⁑; *(vicieuse)* dirty cow⁑

**cochoncetés*** /kɔʃɔ̃ste/ NFPL *(= obscénités)* filth *(NonC)*, smut *(NonC)*; *(= plaisanteries)* smutty *ou* dirty jokes ◆ **faire des ~** *(saletés)* to make a mess ◆ **arrête de dire des ~** stop talking dirty*

**cochonnaille*** /kɔʃɔnaj/ NF *(= charcuterie)* pork products ◆ **assiette de ~** selection of cold pork *ou* ham

**cochonner*** /kɔʃɔne/ ▸ conjug 1 ◂ VT *(= mal faire) [+ travail]* to botch (up), to bungle; *(= salir) [+ vêtements]* to mess up*, to make filthy

**cochonnerie*** /kɔʃɔnri/ NF *(= nourriture)* disgusting *ou* foul food, pigswill* *(NonC)*; *(= marchandise)* rubbish *(NonC)*, trash *(NonC)*; *(= plaisanterie)* smutty *ou* dirty joke; *(= tour)* dirty *ou* low trick; *(= saleté)* filth *(NonC)* ◆ **manger des ~s** to eat junk food ◆ **faire une ~ à qn** to play a dirty trick on sb ◆ **le chien a fait des ~s dans la cuisine** the dog has made a mess in the kitchen ◆ **ne regarde pas ces ~s !** don't look at that filth!

**cochonnet** /kɔʃɔnɛ/ NM *(Zool)* piglet; *(Boules)* jack

**cocker** /kɔkɛr/ NM cocker spaniel

**cockpit** /kɔkpit/ NM cockpit

**cocktail** /kɔktɛl/ NM *(= réunion)* cocktail party; *(= boisson)* cocktail; *(fig)* mixture, potpourri ◆ **~ de fruits/crevettes** fruit/prawn cocktail ◆ **~ Molotov** Molotov cocktail, petrol bomb ◆ **~ explosif** *(fig)* explosive cocktail *ou* mixture

**coco**[1] /koko/ NM a *(langage enfantin = œuf)* egg b *(terme d'affection)* pet, darling, poppet* *(Brit)* ◆ **oui, mon ~** yes, darling c *(⁑: péj = type)* guy*, bloke* *(Brit)* ◆ **un drôle de ~** an odd guy* *ou* bloke* *(Brit)*, an oddball* *ou* oddbod* *(Brit)* ◆ **toi mon ~, tu vas voir !** you've got it coming to you, buster *ou* mate!* d *(*: péj = communiste)* commie* e *(= réglisse)* liquorice powder; *(= boisson)* liquorice water f *(† = noix)* coconut ◆ **beurre de ~** coconut butter ◆ **tapis en (fibre de) ~** coconut *ou* coir mat *ou* matting *(NonC)*; → **lait, noix** g *(= haricot) small white haricot bean*

**coco**[2] † /koko/ NF *(arg Drogue = cocaïne)* coke*, snow *(arg)*

**cocon** /kɔkɔ̃/ NM *(lit, fig)* cocoon ◆ **sortir du ~ familial** to leave the nest

**cocontractant, e** /kokɔ̃traktɑ̃, ɑ̃t/ NM,F contracting partner

**cocooner** /kɔkune/ VI ▸ conjug 1 ◂ to stay at home ◆ **je vais ~ ce soir** I'm going to have a quiet night in

**cocooning** /kɔkuniŋ/ NM staying at home, cocooning *(US)* ◆ **j'ai envie d'une petite soirée ~** I feel like spending a nice cosy evening at home

**cocorico** /kɔkɔriko/ NM *[de coq]* cock-a-doodle-do; *(fig)* cheer of victory ◆ **pousser un ~, faire ~** *[coq]* to crow; *(fig)* to crow (over one's victory) ◆ **ils ont fait ~ un peu trop tôt** their victory celebrations were premature, they started celebrating a bit too soon EXCL *[de coq]* cock-a-doodle-do! ◆ **~ ! on a gagné !** hooray! we won!

**cocoter**⁑ /kɔkɔte/ ▸ conjug 1 ◂ VI *(= sentir mauvais)* to stink, to pong* *(Brit)*

**cocoteraie** /kɔkɔtrɛ/ NF *(naturelle)* coconut grove; *(cultivée)* coconut plantation

**cocotier** /kɔkɔtje/ NM coconut palm *ou* tree ◆ **sous les ~s** under the palm trees; → **secouer**

**cocotte** /kɔkɔt/ NF a *(langage enfantin = poule)* hen, cluck-cluck *(langage enfantin)* b *(*: péj = femme)* tart⁑ ◆ **ça sent** *ou* **pue la ~** it smells like a perfume factory c *(à un cheval)* **allez ~ !, hue ~ !** gee up! d *(*: terme d'affection)* **(ma) ~** pet, sweetie* e *(= marmite)* casserole ◆ **faire un poulet à la** *ou* **en ~** to casserole a chicken ◆ **poulet/veau (à la) ~** chicken/veal casserole COMP ▷ **Cocotte Minute** ® pressure cooker ▷ **cocotte en papier** paper hen

**cocotter*** /kɔkɔte/ ▸ conjug 1 ◂ VI ⇒ **cocoter**

**cocu, e*** /kɔky/ ADJ deceived, cuckolded † ◆ **elle l'a fait ~** she was unfaithful to him, she cuckolded him † NM deceived husband, cuckold †; → **veine** NF **cocue** deceived wife

**cocufier*** /kɔkyfje/ ▸ conjug 7 ◂ VT to be unfaithful to, to cuckold †

**coda** /kɔda/ NF *(Mus)* coda

**codage** /kɔdaʒ/ NM coding, encoding

**code** /kɔd/ NM a *(Jur)* code ◆ **le ~ civil** the civil code, ≃ common law ◆ **~ pénal** *ou* **de procédure pénale** penal code ◆ **le ~ maritime/de commerce** maritime/commercial law ◆ **~ de la nationalité** nationality law ◆ **~ du travail** labour regulations *ou* laws ◆ **~ de la route** highway code ◆ **il a eu le ~, mais pas la conduite** *(Aut)* he passed on the highway code but not on the driving

b *(= règles)* code ◆ **~ de la politesse/de l'honneur** code of politeness/honour ◆ **~ de**

**bonne conduite** code of good practice ◆ ~ **vestimentaire** dress code

c (= *écriture, message*) (*gén, Sci*) code ◆ ~ **secret** secret code ◆ **écrire qch en** ~ to write sth in code

d (*Aut*) **phares** ~, ~**s** dipped (head)lights (*Brit*), low beams (*US*) ◆ **mettre ses** ~**s** *ou* **ses phares en** ~**(s), se mettre en** ~**(s)** to dip one's (head)lights (*Brit*), to put on the low beams (*US*) ◆ **rouler en** ~**(s)** to drive with dipped (head)lights (*Brit*) *ou* on low beams (*US*)

COMP ▷ **code d'accès** (*à un immeuble*) entry code; (*à une base de données*) access code ▷ **code ASCII** ASCII code ▷ **code à barres** bar code ▷ **code confidentiel** PIN (number) ▷ **code d'entrée** entry code ▷ **code génétique** genetic code ▷ **code personnel** ⇒ **code confidentiel** ▷ **code postal** postcode (*Brit*), zip code (*US*)

**codé, e** /kɔde/ (ptp de **coder**) ADJ (*Ordin*) [*message*] coded; (*TV*) [*émission*] scrambled, coded ◆ **le langage** ~ **de certains milieux** (*fig*) the secret language used by certain social groups ◆ **c'est une société très** ~**e** it's a society where everything is very coded ◆ **je n'aime pas les tailleurs, c'est trop** ~ I don't like wearing suits, they're too bound up with a certain image

**code-barre(s)** (pl **codes-barres**) /kɔdbaʀ/ NM bar code

**codébiteur, -trice** /kodebitœʀ, tʀis/ NM,F joint debtor

**codécision** /kodesizjɔ̃/ NF joint decision

**codéine** /kɔdein/ NF codeine

**codemandeur, -eresse** /kod(ə)mɑ̃dœʀ, dʀɛs/ NM,F joint plaintiff

**coder** /kɔde/ ▸ conjug 1 ◂ VT to code

**codétenteur, -trice** /kodetɑ̃tœʀ, tʀis/ NM,F (*Jur, Sport*) joint holder

**codétenu, e** /kodet(ə)ny/ NM,F prisoner, inmate ◆ **avec ses** ~**s** with his fellow prisoners *ou* inmates

**CODEVI** /kodevi/ NM (abrév de **compte pour le développement industriel**) → **compte**

**codex** /kɔdɛks/ NM (officially approved) pharmacopoeia

**codicillaire** /kɔdisilɛʀ/ ADJ (*Jur*) codicillary

**codicille** /kɔdisil/ NM (*Jur*) codicil

**codification** /kɔdifikasjɔ̃/ NF codification

**codifier** /kɔdifje/ ▸ conjug 7 ◂ VT (*Jur* = *systématiser*) to codify

**codirecteur, -trice** /kodiʀɛktœʀ, tʀis/ NM,F co-director, joint manager (*ou* manageress)

**codirection** /kodiʀɛksjɔ̃/ NF [*d'entreprise*] joint management

**coéditer** /koedite/ ▸ conjug 1 ◂ VT to co-publish

**coéditeur, -trice** /koeditœʀ, tʀis/ NM,F co-publisher

**coédition** /koedisjɔ̃/ NF co-edition

**coef(f)** * /kɔef/ NM abrév de **coefficient**

**coefficient** /kɔefisjɑ̃/ NM (*Math, Phys*) coefficient ◆ **cette matière est affectée d'un** ~ **trois** (*Scol*) marks (*Brit*) *ou* grades (*US*) in this subject are weighted by a factor of three

COMP ▷ **coefficient de dilatation** coefficient of expansion ▷ **coefficient d'élasticité** modulus of elasticity ▷ **coefficient d'erreur** margin of error ▷ **coefficient de marée** tidal range ▷ **coefficient d'occupation des sols** planning density ▷ **coefficient de pénétration dans l'air** drag coefficient *ou* factor ▷ **coefficient de sécurité** safety margin

**cœlacanthe** /selakɑ̃t/ NM coelacanth

**cœlialgie** /seljalʒi/ NF coeliac disease

**cœliochirurgie** /seljɔʃiʀyʀʒi/ NF abdominal surgery, coeliosurgery (*Brit*), celiosurgery (*US*)

**cœlioscopie** /seljɔskɔpi/ NF laparoscopy

**cœnesthésie** /senɛstezi/ NF ⇒ **cénesthésie**

**coentreprise** /koɑ̃tʀəpʀiz/ NF (*Écon*) joint venture

**coépouse** /koepuz/ NF co-wife

**coéquipier, -ière** /koekipje, jɛʀ/ NM,F team mate

**coercibilité** /kɔɛʀsibilite/ NF coercibility

**coercible** /kɔɛʀsibl/ ADJ coercible

**coercitif, -ive** /kɔɛʀsitif, iv/ ADJ coercive

**coercition** /kɔɛʀsisjɔ̃/ NF coercion

## cœur /kœʀ/

| | |
|---|---|
| 1 NOM MASCULIN | 2 COMPOSÉS |

1 - NOM MASCULIN

a Anat (= *organe*) heart; (= *poitrine*) heart, breast ◆ **avoir le** ~ **malade** to have a weak heart *ou* a heart condition ◆ **heureusement que j'ai le** ~ **solide** (*aussi hum*) it's a good thing I haven't got a weak heart ◆ **serrer qn contre** *ou* **sur son** ~ to hold *ou* press sb to one's heart *ou* breast ◆ ~ **de bœuf/de poulet** (*Boucherie*) ox/chicken heart ◆ **opération à** ~ **ouvert** open-heart surgery ◆ **on l'a opéré à** ~ **ouvert** he had open-heart surgery; → **battement, greffe**[1]

b = estomac **il faut avoir le** ~ **bien accroché pour être ambulancier** you need a strong stomach to be an ambulance man ◆ **j'avais le** ~ **au bord des** *ou* **sur les lèvres** I thought I was going to be sick (any minute); → **mal**[2], **soulever**

c = siège de l'amour heart ◆ **donner son** ~ **à qn** to lose one's heart to sb, to give sb one's heart ◆ **je ne le porte pas dans mon** ~ I am not exactly *ou* overly fond of him ◆ **mon** ~ (*forme d'adresse*) sweetheart ◆ **c'est un homme selon mon** ~ he's a man after my own heart ◆ **c'est un film/un paysage selon mon** ~ it's the kind of film/landscape I love ◆ **avoir un** *ou* **le** ~ **sensible** to be sensitive *ou* tender-hearted

◆ **coup de cœur** ◆ **avoir un coup de** ~ **pour qch** to fall in love with sth ◆ **nos coups de** ~ **parmi les livres du mois** our favourites among this month's new books

d = bonté, générosité **avoir bon** ~ to be kind-hearted *ou* good-hearted, to have one's heart in the right place ◆ **à votre bon** ~ **(m'sieurs-dames) !** thank you kindly! ◆ **homme/femme de** ~ kind-hearted *ou* good-hearted man/woman ◆ **avoir le** ~ **sur la main** to be open-handed ◆ **manquer de** ~ to be unfeeling *ou* heartless ◆ **il a** *ou* **c'est un** ~ **d'or** he has a heart of gold ◆ **elle a un** ~ **gros comme ça** * she's really big-hearted ◆ **héros au grand** ~ big-hearted hero ◆ **il a un** ~ **de pierre, il a une pierre** *ou* **un caillou à la place du** ~ he has a heart of stone ◆ **c'est un homme sans** ~**, il n'a pas de** ~ he's really heartless

e = humeur **avoir le** ~ **à faire qch** to feel like doing sth ◆ **je n'ai pas le** ~ **à rire/à sortir** I don't feel like laughing/going out, I'm not in the mood for laughing/going out ◆ **il n'a plus le** ~ **à rien** his heart isn't in anything any more ◆ **si le** ~ **vous en dit** if you feel like it, if you're in the mood ◆ **avoir le** ~ **joyeux** *ou* **gai** to feel happy ◆ **d'un** ~ **léger** light-heartedly ◆ **il est parti le** ~ **léger** he left in a light-hearted mood ◆ **il avait le** ~ **lourd** his heart was heavy, he was heavy-hearted ◆ **il est parti le** ~ **lourd** he left with a heavy heart ◆ **avoir le** ~ **gros** *ou* **serré** to have a heavy heart ◆ **mon** ~ **se serre à cette pensée** my heart sinks at the thought

◆ **de bon cœur** [*manger, rire*] heartily; [*faire, accepter*] willingly, readily

f = âme, pensées intimes **c'est un** ~ **pur** he is a candid soul ◆ **ouvrir son** ~ **à qn** to open one's heart to sb ◆ **ça vient du** ~ **!** it comes *ou* is straight from the heart! ◆ **des paroles venues du** ~ words from the heart, heartfelt words ◆ **je veux en avoir le** ~ **net** I want to be clear in my own mind (about it) ◆ **ce geste/ce discours lui est allé (droit) au** ~ he was (deeply) moved *ou* (very) touched by this gesture/these words, this gesture/these words went straight to his heart; → **cri**

◆ **à cœur** ◆ **avoir à** ~ **de faire qch** to be very keen to do sth ◆ **prendre les choses à** ~ to take things to heart ◆ **ce voyage me tient à** ~ I've set my heart on this trip ◆ **cette cause me tient à** ~ this cause is close to my heart ◆ **c'est un sujet qui me tient vraiment à** ~ it's an issue I feel very strongly about

◆ **à cœur ouvert** ◆ **il m'a parlé à** ~ **ouvert** he opened his heart to me ◆ **nous avons eu une conversation à** ~ **ouvert** we had a heart-to-heart (talk)

◆ **avoir qch sur le cœur** ◆ **ce qu'il m'a dit, je l'ai sur le** ~ *ou* **ça m'est resté sur le** ~ what he said to me still rankles with me, I still feel sore about what he said to me ◆ **je vais lui dire ce que j'ai sur le** ~ (*gén*) I'm going to tell him what's on my mind; (*ce que je pense de lui*) I'm going to give him a piece of my mind

◆ **cœur à cœur** ◆ **on s'est parlé** ~ **à** ~ we had a heart-to-heart (talk)

◆ **de tout (son) cœur** [*remercier, souhaiter*] with all one's heart, from the bottom of one's heart ◆ **être de tout** ~ **avec qn dans la joie/une épreuve** to share (in) sb's happiness/sorrow ◆ **je suis de tout** ~ **avec vous** my thoughts are with you

g = courage, ardeur heart, courage ◆ **comment peut-on avoir le** ~ **de refuser ?** how can one have *ou* find the heart to refuse? ◆ **le** ~ **lui manqua (pour ...)** his courage failed him (when it came to ...) ◆ **mettre tout son** ~ **dans qch/à faire qch** to put all one's heart into sth/into doing sth ◆ **avoir du** ~ **au ventre** * to have guts* ◆ **donner du** ~ **au ventre à qn** * to buck sb up* ◆ **avoir du** ~ **à l' ouvrage** to put one's heart into one's work ◆ **il travaille mais le** ~ **n'y est pas** he does the work but his heart isn't in it ◆ **redonner du** ~ **à qn** to give sb new heart

◆ **à cœur joie** ◆ **s'en donner à** ~ **joie** (= *s'amuser*) to have a tremendous time, to have a whale of a time*; (= *critiquer*) to have a field day, to go to town ◆ **les pillards s'en sont donné à** ~ **joie** the looters really went to town

h = partie centrale [*de chou*] heart; [*d'arbre, poutre*] heart, core; [*de fruit, pile atomique*] core; [*de problème, ville*] heart ◆ ~ **de rumsteck/de filet** (*Boucherie*) prime cut of rump steak/of fillet ◆ **c'est notre** ~ **de cible** (*Comm*) it is our main *ou* key target group ◆ **l'édition est notre** ~ **d'activité** publishing is our core activity

◆ **à cœur** ◆ **fromage fait à** ~ fully ripe cheese ◆ **viande cuite à** ~ medium-cooked meat ◆ **viande tendre à** ~ very tender meat

◆ **au cœur de** [*de région, ville, forêt*] in the heart of ◆ **au** ~ **de l'été** at the height of summer ◆ **au** ~ **de l'hiver** in the depths *ou* heart of winter ◆ **ce problème est au**

~ **du débat** this problem is a central issue

i = objet heart ◆ **en (forme de)** ~ heart-shaped ◆ **volets percés de ~s** shutters with heart-shaped holes; → **bouche**

j Cartes heart ◆ **roi/as de** ~ king/ace of hearts ◆ **avez-vous du ~ ?** have you got any hearts?; → **atout**

k locutions

◆ **par cœur** *[réciter, apprendre]* by heart ◆ **connaître par** ~ *[+ poème, formule]* to know (off) by heart; *[+ endroit]* to know like the back of one's hand ◆ **il connaît Racine par** ~ he knows (the works of) Racine inside out ◆ **je te connais par** ~ I know you inside out, I know you like the back of my hand ◆ **tes arguments, je les connais par ~ !** I've heard all your arguments before!, I know your arguments by heart! ◆ **savoir par** ~ *[+ leçon]* to know (off) by heart

2 - COMPOSÉS

▷ **cœur d'artichaut** *(lit)* artichoke heart ◆ **c'est** *ou* **il a un ~ d'artichaut** *(fig)* he falls in love with every girl he meets ▷ **cœur de céleri** celery heart ▷ **cœur de palmier** heart of palm

**cœur-de-pigeon** (pl **cœurs-de-pigeon**) /kœʀdəpiʒɔ̃/ NM *variety of red cherry*

**coexistence** /kɔɛgzistɑ̃s/ NF coexistence ◆ ~ **pacifique** peaceful coexistence

**coexister** /kɔɛgziste/ ▸ conjug 1 ◂ VI to coexist

**coffrage** /kɔfʀaʒ/ NM *(pour protéger, cacher)* boxing *(NonC)*; *[de galerie, tranchée] (= dispositif, action)* coffering *(NonC)*; *(en béton) (= dispositif)* form, formwork *(NonC)*, shuttering *(NonC)*; *(= action)* framing

**coffre** /kɔfʀ/ NM a *(= meuble)* chest ◆ ~ **à linge/à outils** linen/tool chest b *(Aut)* boot *(Brit)*, trunk *(US)* ◆ ~ **avant/arrière** front/rear boot *(Brit)* *ou* trunk *(US)* c *(= coffrage) (gén)* case; *[de piano]* case; *[de radio]* cabinet d *[de banque, hôtel]* safe; *(= compartiment)* safe- *ou* safety-deposit box; *(Hist, fig = cassette)* coffer ◆ **les ~s de l'État** the coffers of the state ◆ **la salle des ~s** *(Banque)* the strongroom, the (bank) vault e *(* = poitrine)* ◆ **le** ~ the chest ◆ **il a du** ~ he's got a lot of blow * *ou* puff * *(Brit)* COMP ▷ **coffre à bagages** overhead luggage locker ▷ **coffre à bijoux** jewellery *(Brit)* *ou* jewelery *(US)* box ▷ **coffre à jouets** toybox ▷ **coffre de nuit** night safe ▷ **coffre de voyage** † trunk

**coffre-fort** (pl **coffres-forts**) /kɔfʀəfɔʀ/ NM safe

**coffrer** /kɔfʀe/ ▸ conjug 1 ◂ VT a *(* = emprisonner)* to throw *ou* put inside * ◆ **se faire** ~ to get put inside * b *(Tech) [+ béton]* to place a frame *ou* form for; *[+ tranchée, galerie]* to coffer

**coffret** /kɔfʀɛ/ NM *(gén)* casket; *[de disques, livres] (= contenant)* box; *(= contenu)* boxed set ◆ ~ **à bijoux** jewel box, jewellery case ◆ ~-**cadeau** presentation box

**cofinancement** /kofinɑ̃smɑ̃/ NM co-financing

**cofinancer** /kofinɑ̃se/ ▸ conjug 3 ◂ VT to finance jointly, to co-finance

**cofondateur, -trice** /kɔfɔ̃datœʀ, tʀis/ NM,F cofounder

**cogérant** /koʒeʀɑ̃/ NM joint manager

**cogérante** /koʒeʀɑ̃t/ NF joint manageress

**cogérer** /koʒeʀe/ ▸ conjug 6 ◂ VT to manage jointly

**cogestion** /koʒɛstjɔ̃/ NF co-management, joint management

**cogitation** /kɔʒitasjɔ̃/ NF *(hum)* cogitation

**cogiter** /kɔʒite/ ▸ conjug 1 ◂ VI *(hum = réfléchir)* to cogitate VT *[+ histoire]* to think about; *[+ problème]* to mull over ◆ **qu'est-ce qu'il cogite ?** what's he thinking about?

**cogito** /koʒito/ NM *(Philos)* cogito ◆ **le ~ cartésien** Descartes's cogito

**cognac** /kɔɲak/ NM cognac, (French) brandy ADJ INV brandy-coloured *(Brit)* *ou* -colored *(US)*

**cognassier** /kɔɲasje/ NM quince (tree), japonica

**cogne** †* /kɔɲ/ NM *(= policier)* cop * ◆ **les ~s** the cops *, the fuzz *

**cognée** /kɔɲe/ NF felling axe *ou* ax *(US)*; → **manche²**

**cognement** /kɔɲmɑ̃/ NM *(= bruit, action)* banging; *(Aut)* knocking

**cogner** /kɔɲe/ ▸ conjug 1 ◂ VT a *(= heurter)* to knock ◆ **fais attention à ne pas ~ les verres** mind you don't knock the glasses against anything ◆ **quelqu'un m'a cogné en passant** somebody knocked (into) me as they went by

b *(* = battre)* to beat up

VI a *[personne]* ~ **sur** *[+ clou, piquet]* to hammer on; *[+ mur]* to bang *ou* knock on; *(fort)* to hammer on ◆ ~ **du poing sur la table** to bang *ou* thump one's fist on the table ◆ ~ **à la porte/au plafond** to knock at the door/on the ceiling; *(fort)* to bang *ou* rap at the door/on the ceiling

b *[volet, battant, branche]* to bang; *[grêle]* to hammer, to pound (*contre* against); ◆ ~ **contre** *[projectile]* to hit, to strike ◆ **un caillou est venu ~ contre le pare-brise** a stone hit the windscreen ◆ **il y a un volet qui cogne (contre le mur)** there's a shutter banging (against the wall) ◆ **le moteur cogne** the engine's knocking

c * *[boxeur, bagarreur]* to hit out ◆ **ça va ~ à la manif** * there's going to be some rough stuff at the demo * ◆ **ce boxeur-là, il cogne dur** that boxer's a hard hitter, that boxer packs a mean punch * ◆ ~ **sur qn** to lay into sb *

d * *[soleil]* to beat down ◆ **ça cogne !** * it's scorching! *

e *(* = sentir mauvais)* to stink to high heaven *, to pong * *(Brit)*

VPR **se cogner** a ◆ **se ~ contre un mur** to bump into a wall ◆ **se ~ la tête/le genou contre un poteau** to bang one's head/knee on a post ◆ **c'est à se ~ la tête contre les murs** *(fig)* it's like banging your head against a brick wall

b ◆ **se ~ (dessus)** * *(= se battre)* to lay into each other *

**cogneur** * /kɔɲœʀ/ NM *(= bagarreur, boxeur)* bruiser *

**cogniticien, -ienne** /kɔgnitisjɛ̃, jɛn/ NM,F cognitive scientist

**cognitif, -ive** /kɔgnitif, iv/ ADJ cognitive

**cognition** /kɔgnisjɔ̃/ NF cognition

**cognitiviste** /kɔgnitivist/ NMF cognitive scientist

**cohabitant, e** /koabitɑ̃, ɑ̃t/ ADJ ◆ **couple** ~ couple who are living together, cohabiting couple NM,F cohabitee; *(euph = concubin)* live-in lover

**cohabitation** /kɔabitasjɔ̃/ NF *[de couple]* living together, cohabitation; *[de plusieurs personnes]* living under the same roof; *(Pol)* cohabitation ◆ **la ~ avec mon mari était devenue impossible** it had become impossible for me and my husband to carry on living together *ou* living under the same roof

> **Cohabitation**
>
> The situation which occurs when, as a result of a presidential or general election, the French people find themselves with a president who represents one political party and a government which represents another. A recent example of **cohabitation** is the combination of a Socialist Prime Minister, Lionel Jospin, with a Gaullist President, Jacques Chirac.

**cohabiter** /kɔabite/ ▸ conjug 1 ◂ VI *[couple]* to live together, to cohabit; *[plusieurs personnes]* to live under the same roof; *(Pol)* to cohabit ◆ **ils cohabitent avec leurs parents** they live with their parents ◆ **faire ~ deux cultures** to reconcile two cultures

**cohérence** /kɔeʀɑ̃s/ NF a *(= logique) [d'arguments, politique]* coherence; *[de conduite]* consistency ◆ **le manque de ~ de sa politique** the incoherence of his policy ◆ **la ~ d'ensemble du projet** the overall coherence of the project b *(= homogénéité) [de groupe]* cohesion ◆ **pour améliorer la ~ de cette gamme** to make the range more comprehensive ◆ **la ~ de l'équipe laisse à désirer** the team is not as well-knit as it could be c *(Phys)* coherence

**cohérent, e** /kɔeʀɑ̃, ɑ̃t/ ADJ a *(= logique) [arguments]* coherent; *[politique]* coherent; *[conduite]* consistent ◆ **sois ~ (avec toi-même)** be true to yourself b *(= homogène) [équipe]* well-knit; *[groupe]* cohesive; *[gamme de produits]* comprehensive, complete c *(Phys)* coherent

**cohéritier** /koeʀitje/ NM joint heir, coheir

**cohéritière** /koeʀitjɛʀ/ NF joint heiress, coheiress

**cohésif, -ive** /kɔezif, iv/ ADJ cohesive

**cohésion** /kɔezjɔ̃/ NF cohesion

**cohorte** /kɔɔʀt/ NF *(= groupe)* troop; *(Hist Mil)* cohort

**cohue** /kɔy/ NF *(= foule)* crowd; *(= bousculade)* crush ◆ **c'était la ~ à l'entrée du cinéma** there was such a crush at the entrance to the cinema

**coi, coite** /kwa, kwat/ ADJ ◆ **se tenir ~, rester ~** to remain silent ◆ **en rester ~** to be rendered speechless

**coiffage** /kwafaʒ/ NM hairdressing ◆ **produit de ~** hairstyling product

**coiffant, e** /kwafɑ̃, ɑ̃t/ ADJ → **gel, mousse¹**

**coiffe** /kwaf/ NF a *[de costume régional, religieuse]* headdress b *[de chapeau]* lining; *(Tech) [de fusée]* cap; *(Anat) [de nouveau-né]* caul

**coiffé, e** /kwafe/ (ptp de **coiffer**) ADJ a *(= peigné)* **est-ce que tu es ~ ?** have you done your hair? ◆ **comment était-elle ~e ?** what was her hair like?, how did she have her hair? ◆ **il est toujours bien/mal ~** his hair always looks nice/a mess ◆ **être ~ en brosse** to have a crew-cut ◆ **être ~ en chien fou** to have dishevelled hair ◆ **il était ~ en arrière** he had his hair brushed *ou* combed back; → **naître** b *(= couvert)* **être ~ d'un béret** to be wearing a beret ◆ **le clown entra ~ d'une casserole** the clown came in with a saucepan on his head

**coiffer** /kwafe/ ▸ conjug 1 ◂ VT a *(= peigner)* ~ **qn** to do sb's hair ◆ **il coiffe bien** he's a good hairdresser ◆ **cheveux difficiles à ~** unmanageable hair ◆ **(aller) se faire ~** to (go and) have one's hair done

b *(= couvrir la tête de)* ~ **(la tête d')un bébé d'un bonnet** to put a bonnet on a baby's head ◆ **ce chapeau la coiffe bien** that hat suits her *ou* looks good on her ◆ **le béret qui la coiffait** the beret she had on *ou* was wearing

c *(= mettre) [+ chapeau]* to put on ◆ **~ la mitre/la tiare** to be mitred/made Pope ◆ **~ la couronne** to be crowned (king *ou* queen) ◆ **elle allait bientôt ~ sainte Catherine** she would soon be 25 and still unmarried; → CATHERINETTE

d *(= surmonter)* **des nuages coiffaient le sommet** clouds covered the summit, the summit was topped with clouds ◆ **pic coiffé de neige** snow-capped peak

e *(= diriger) [+ services]* to head up, to have overall responsibility for

f *( * = dépasser)* **~ qn à l'arrivée** *ou* **au poteau** to nose sb out *, to pip sb at the post * *(Brit)* ◆ **se faire ~** to be nosed out *, to be pipped at the post * *(Brit)*

VPR **se coiffer** a *(= se peigner)* to do one's hair ◆ **elle se coiffe toujours mal** she never manages to do anything nice with her hair ◆ **tu t'es coiffé avec un râteau** *ou* **un clou** *(hum)* you look like you've been dragged through a hedge backwards ◆ **tu t'es coiffé avec un pétard** your hair's all sticking up

b *(= mettre comme coiffure)* **se ~ d'une casquette** to put on a cap ◆ **d'habitude, elle se coiffe d'un chapeau de paille** she usually wears a straw hat

c *(= acheter ses chapeaux)* **se ~ chez Legrand** to buy one's hats from Legrand

**coiffeur** /kwafœʀ/ NM *[de dames]* hairdresser; *[d'hommes]* hairdresser, barber ◆ **les grands ~s parisiens** top Paris hairstylists

**coiffeuse** /kwaføz/ NF *(= personne)* hairdresser; *(= meuble)* dressing table

**coiffure** /kwafyʀ/ NF *(= façon d'être peigné)* hairstyle, hairdo *; *(= chapeau)* hat, headgear * *(NonC)* ◆ **la ~** *(métier)* hairdressing; → **salon**

**coin** /kwɛ̃/ NM a *(= angle) [d'objet, chambre]* corner ◆ **armoire/place de ~** corner cupboard/seat ◆ **va au ~ !** *(Scol)* go and stand in the corner! ◆ **envoyer** *ou* **mettre un enfant au ~** *(Scol)* to send a child to stand in the corner, to put a child in the corner ◆ **~(-)fenêtre/(-)couloir** *(Rail)* window/aisle seat, seat by the window/on the aisle

b *[de rue]* corner ◆ **le boucher du ~** the butcher's on the corner ◆ **la blanchisserie fait le ~** the laundry is right on the corner ◆ **à tous les ~s de rue** on every street corner

c *[de yeux, bouche]* corner ◆ **sourire en ~** half smile ◆ **regard en ~** sidelong glance ◆ **regarder/surveiller qn du ~ de l'œil** to look at/watch sb out of the corner of one's eye

d *(= espace restreint) [de village, maison]* part ◆ **un ~ de terre/ciel bleu** a patch of land/blue sky ◆ **un ~ de plage** a spot on the beach ◆ **le ~ du bricoleur** *(dans un magasin)* the DIY department *(Brit)*, the home improvement department *(US)*; *(dans un journal)* DIY tips *(Brit)*, home improvement tips *(US)* ◆ **~-bureau/-repas** work/dining area ◆ **~-cuisine** kitchenette ◆ **rester dans son ~** to keep to oneself ◆ **laisser qn dans son ~** to leave sb alone ◆ **dans un ~ de ma mémoire** in the recesses of my mind *ou* memory ◆ **dans quel ~ l'as-tu mis ?** where did you put it? ◆ **je l'ai mis dans un ~** I put it somewhere ◆ **j'ai cherché dans tous les ~s (et recoins)** I looked in every nook and cranny; → **petit**

e *(= région)* area ◆ **dans quel ~ habitez-vous ?** whereabouts do you live? ◆ **les gens du ~** the local people, the locals ◆ **vous êtes du ~ ?** do you live locally? *ou* around here? *ou* in the area? ◆ **je ne suis pas du ~** I'm not from around here, I'm a stranger here ◆ **le supermarché du ~** the local supermarket ◆ **un ~ perdu** *ou* **paumé** * a place miles from anywhere ◆ **un ~ de Paris/de la France que je connais bien** an area of Paris/of France that I know well ◆ **on a trouvé un petit ~ pas cher/tranquille pour le week-end** we found somewhere nice and cheap/nice and quiet for the weekend, we found a nice inexpensive/quiet little spot for the weekend ◆ **de tous les ~s du monde** from every corner of the world ◆ **de tous les ~s du pays** from all over the country

f *(= objet triangulaire) [de reliure, cartable, sous-main]* corner (piece); *(pour coincer, écarter)* wedge; *(pour graver)* die; *(= poinçon)* hallmark ◆ **~ (de serrage)** *(Typo)* quoin ◆ **être frappé** *ou* **marqué au ~ du bon sens** to bear the stamp of commonsense

g *(loc)* **je n'aimerais pas le rencontrer au ~ d'un bois** I wouldn't like to meet him on a dark night ◆ **au ~ du feu** by the fireside ◆ **causerie/rêverie au ~ du feu** fireside chat/daydream; → **boucher[1], quatre**

**coinçage** /kwɛ̃saʒ/ NM wedging

**coincé, e** * /kwɛ̃se/ ADJ *(= complexé) [personne]* hung up *, uptight * ◆ **il est très ~** he has a lot of hang-ups *, he's very uptight *; → aussi **coincer**

**coincement** /kwɛ̃smɑ̃/ NM jamming *(NonC)*

**coincer** /kwɛ̃se/ ▸ conjug 3 ◂ VT a *(= bloquer) (intentionnellement)* to wedge; *(accidentellement) [+ tiroir, fermeture éclair]* to jam ◆ **le tiroir est coincé** the drawer is stuck *ou* jammed ◆ **le vélo était coincé sous le camion** the bike was wedged under the lorry ◆ **il s'est trouvé coincé contre un mur par la foule** he was pinned against a wall by the crowd ◆ **il m'a coincé entre deux portes pour me dire ...** he cornered me to tell me ... ◆ **nous étions coincés dans le couloir/dans l'ascenseur** we were stuck *ou* jammed in the corridor/in the lift ◆ **je suis coincé à la maison/au bureau** *(fig)* I'm stuck at home/at the office ◆ **ils ont coincé l'armoire en voulant la faire passer par la porte** they got the wardrobe jammed *ou* stuck trying to get it through the door ◆ **~ la bulle** ⁑ to bum around *

b *( * = attraper) [+ voleur]* to nab *; *[+ faussaire, fraudeur]* to catch up with

c *( * = mettre dans une position difficile)* to put sb in a tight corner ◆ **nous sommes coincés, nous ne pouvons rien faire** we're stuck *ou* we're in a tight corner and can't do anything ◆ **je me suis fait ~** *ou* **ils m'ont coincé sur cette question** they got me on *ou* caught me out on that question, I was caught out on that question ◆ **coincé entre son désir et la peur** caught between his desire and fear

VI *[porte]* to stick ◆ **ça coince au niveau de la direction** * there are problems at management level

VPR **se coincer** *[fermeture, tiroir]* to jam, to stick, to get jammed *ou* stuck ◆ **se ~ le doigt dans une porte** to catch one's finger in a door ◆ **se ~ un nerf** * to trap *ou* pinch a nerve ◆ **se ~ une vertèbre** * to trap a nerve in one's spine

**coinceur** /kwɛ̃sœʀ/ NM *(Alpinisme)* nut

**coïncidence** /kɔɛ̃sidɑ̃s/ NF *(gén, Géom)* coincidence

**coïncident, e** /kɔɛ̃sidɑ̃, ɑ̃t/ ADJ *[surfaces, faits]* coincident

**coïncider** /kɔɛ̃side/ ▸ conjug 1 ◂ VI *[surfaces, opinions, dates]* to coincide *(avec* with); *[témoignages]* to tally ◆ **nous sommes arrivés à faire ~ nos dates de vacances** we've managed to get the dates of our holidays to coincide

**coin-coin** /kwɛ̃kwɛ̃/ NM INV *[de canard]* quack ◆ **~ !** quack! quack!

**coïnculpé, e** /koɛ̃kylpe/ NM,F co-defendant, co-accused

**coing** /kwɛ̃/ NM quince

**coït** /kɔit/ NM coitus, coition ◆ **~ interrompu** coitus interruptus

**coite** /kwat/ ADJ F → **coi**

**coke[1]** /kɔk/ NM *(= combustible)* coke

**coke[2]** /kok/ NF *(arg Drogue = cocaïne)* coke *

**cokéfaction** /kɔkefaksjɔ̃/ NF coking

**cokéfier** /kɔkefje/ ▸ conjug 7 ◂ VT to coke

**cokerie** /kɔkʀi/ NF cokeworks, coking works

**col** /kɔl/ NM a *[de chemise, manteau]* collar ◆ **ça bâille du ~** it gapes at the neck ◆ **pull à ~ rond** round-neck pullover; → **faux[2]**

b *(Géog)* pass ◆ **le ~ du Simplon** the Simplon pass

c *(= partie étroite) [de carafe, vase]* neck ◆ **~ du fémur/de la vessie** neck of the thighbone/of the bladder ◆ **elle s'est cassé le ~ du fémur** she has broken her hip ◆ **~ de l'utérus** neck of the womb, cervix

d *( † ou littér = cou)* neck ◆ **un homme au ~ de taureau** a man with a bull neck, a bull-necked man

COMP ▷ **col blanc** *(= personne)* white-collar worker ◆ **la criminalité en ~ blanc** white-collar crime ▷ **col bleu** *(= ouvrier)* blue-collar worker; *(= marin)* bluejacket ▷ **col cassé** wing collar ▷ **col châle** shawl collar ▷ **col cheminée** high round neck, turtle-neck *(Brit)* ▷ **col chemisier** shirt collar ▷ **col Claudine** Peter Pan collar ▷ **col dur** stiff collar ▷ **col Mao** Mao collar ▷ **col marin** sailor's collar ▷ **col mou** soft collar ▷ **col officier** mandarin collar ▷ **col polo** polo shirt collar ▷ **col ras du cou** round neck, crew neck *(Brit)* ▷ **col roulé** roll neck *(Brit)*, polo neck *(Brit)*, turtleneck ▷ **col tailleur** tailored collar ▷ **col (en) V** V-neck

**cola** /kɔla/ NM *(= arbre)* cola *ou* kola (tree) ◆ **(noix de) ~** cola *ou* kola nut

**colback** ⁑ /kɔlbak/ NM ◆ **attraper** *ou* **prendre qn par le ~** to grab sb by the collar

**colbertisme** /kɔlbɛʀtism/ NM *economic policy based on a high degree of state control (an allusion to Colbert, chief minister under Louis XIV)*

**colbertiste** /kɔlbɛʀtist/ ADJ *[pays, modèle]* with a policy of strong state intervention in the economy

**colchique** /kɔlʃik/ NM autumn crocus, meadow saffron, colchicum *(SPÉC)*

**col-de-cygne** (pl **cols-de-cygne**) /kɔldəsiɲ/ NM *[de plomberie, mobilier]* swan neck

**colégataire** /kolegatɛʀ/ NMF joint legatee

**coléoptère** /kɔleɔptɛʀ/ NM beetle, coleopterous insect *(SPÉC)* ◆ **~s** Coleoptera *(SPÉC)*

**colère** /kɔlɛʀ/ NF a *(= irritation)* anger ◆ **la ~ est mauvaise conseillère** anger is a bad counsellor ◆ **être/se mettre en ~** to be/get angry *ou* cross ◆ **mettre qn en ~** to make sb angry *ou* cross ◆ **passer sa ~ sur qn** to work off *ou* take out one's anger on sb ◆ **en ~ contre moi-même** angry *ou* cross with myself, mad at myself * ◆ **dit-il avec ~** he said angrily b *(= accès d'irritation)* (fit of) rage ◆ **il fait des ~s terribles** he has terrible fits of anger *ou* rage ◆ **il est entré dans une ~ noire** he flew into a terrible rage ◆ **faire** *ou* **piquer une ~** to throw a tantrum c *(littér)* wrath ◆ **la ~ divine** divine wrath ◆ **la ~ des flots** the rage *ou* wrath of the sea ADJ INV † *(= coléreux)* irascible; *(= en colère)* irate

**coléreux, -euse** /kɔleʀø, øz/, **colérique** /kɔleʀik/ ADJ *[caractère]* quick-tempered, irascible; *[enfant]* quick-tempered, easily angered

**colibacille** /kɔlibasil/ **NM** colon bacillus

**colibacillose** /kɔlibasiloz/ **NF** colibacillosis

**colibri** /kɔlibʀi/ **NM** hummingbird

**colifichet** /kɔlifiʃɛ/ **NM** *(= bijou)* trinket, bauble; *(= babiole)* knickknack

**colimaçon** /kɔlimasɔ̃/ **NM** † snail; → **escalier**

**colin** /kɔlɛ̃/ **NM** *(= merlu)* hake; *(= lieu noir)* coley

**colineau** (pl **colineaux**) /kɔlino/ **NM** ⇒ **colinot**

**colin-maillard** (pl **colin-maillards**) /kɔlɛ̃majaʀ/ **NM** blind man's buff

**colinot** /kɔlino/ **NM** *(= merlu)* small hake; *(= lieu noir)* small coley

**colin-tampon** * (pl **colin-tampons**) /kɔlɛ̃tɑ̃pɔ̃/ **NM** ◆ **il s'en soucie** *ou* **s'en moque comme de** ~ he doesn't give *ou* care a fig * about it

**colique** /kɔlik/ **NF** **a** *(= diarrhée)* diarrhoea ◆ **avoir la** ~ *(lit)* to have diarrhoea; *(fig = avoir peur)* to be scared stiff * **b** *(gén pl = douleur)* stomach pain, colic pain, colic *(NonC)* ◆ **être pris de violentes ~s** to have violent stomach pains ◆ ~ **hépatique/néphrétique** biliary/renal colic ◆ **quelle ~ !** * *(personne)* what a pain in the neck! *; *(chose)* what a drag! * **ADJ** *(Anat)* colonic

**colis** /kɔli/ **NM** parcel ◆ **envoyer/recevoir un ~ postal** to send/receive a parcel through the post *ou* mail ◆ **par ~ postal** by parcel post

**Colisée** /kɔlize/ **NM** ◆ **le ~** the Coliseum *ou* Colosseum

**colistier, -ière** /kɔlistje, jɛʀ/ **NM,F** *(Pol)* fellow candidate

**colite** /kɔlit/ **NF** colitis

**collabo** * /kɔ(l)labo/ **NMF** (abrév de **collaborateur, -trice**) *(péj : Hist Pol)* collaborator, collaborationist

**collaborateur, -trice** /kɔ(l)labɔʀatœʀ, tʀis/ **NM,F** *[de collègue]* colleague; *[de journal]* contributor; *[de livre]* collaborator; *(Hist Pol) [d'ennemi]* collaborator, collaborationist

**collaboration** /kɔ(l)labɔʀasjɔ̃/ **NF** *(Pol, à un travail, un livre)* collaboration *(à* on); *(à un journal)* contribution *(à* to); ◆ **la ~** *(Hist)* the Collaboration ◆ **s'assurer la ~ de qn** to enlist the services of sb ◆ **en ~ (étroite) avec** in (close) collaboration with

**collaborationniste** /kɔ(l)labɔʀasjɔnist/ **ADJ** *[groupe, journal, politique]* collaborationist *(épith)* **NMF** collaborator, collaborationist, quisling

**collaborer** /kɔ(l)labɔʀe/ ▸ conjug 1 ◂ **VI** **a** ◆ ~ **avec qn** to collaborate *ou* work with sb ◆ ~ **à** *[+ travail, livre]* to collaborate on; *[+ journal]* to contribute to **b** *(Pol)* to collaborate

**collage** /kɔlaʒ/ **NM** **a** *(à la colle forte)* sticking, gluing; *(à la colle blanche)* pasting; *[d'étiquettes]* sticking ◆ ~ **de papiers peints** paperhanging ◆ ~ **d'affiches** billposting **b** *(Art)* collage **c** *(= apprêt) [de vin]* fining; *[de papier]* sizing **d** *(† : péj = concubinage)* affair ◆ **c'est un ~** they're living together

**collagène** /kɔlaʒɛn/ **NM** collagen

**collant, e** /kɔlɑ̃, ɑt/ **ADJ** *(= ajusté) [vêtement]* skintight, tight-fitting, clinging; *(= poisseux)* sticky ◆ **être ~** * *[importun]* to cling, to stick like a leech; → **papier** **NM** **a** *(= maillot) [de femme]* body stocking; *[de danseur, acrobate]* leotard **b** *(= bas) (gén)* tights *(Brit)*, pantyhose *(US)*; *[de danseuse]* tights **NF** **collante** *(arg Scol) (= convocation)* notification; *(= feuille de résultats)* results slip

**collapsus** /kɔlapsys/ **NM** *[de malade, organe]* collapse

**collatéral, e** (mpl **-aux**) /kɔ(l)lateʀal, o/ **ADJ** *[parent, artère]* collateral ◆ **(nef) ~e** (side) aisle ◆ **les collatéraux** *(= parents)* collaterals; *(Archit)* (side) aisles ◆ **dommages collatéraux** *(Mil)* collateral damage

**collation** /kɔlasjɔ̃/ **NF** **a** *(= repas)* light meal; *(= en-cas)* snack **b** *(= comparaison) [de manuscrit]* collation; *(= vérification) [de liste]* checking; *(Typo)* collation **c** *(frm) [de titre, grade]* conferment

**collationnement** /kɔlasjɔnmɑ̃/ **NM** *(= comparaison) [de manuscrits]* collation; *(= vérification) [de liste]* checking; *(Typo)* collation

**collationner** /kɔlasjɔne/ ▸ conjug 1 ◂ **VT** *(= comparer) [+ manuscrits]* to collate *(avec* with); *(= vérifier) [+ liste]* to check; *(Typo)* to collate

**colle** /kɔl/ **NF** **a** *(gén)* glue; *[de papiers peints]* wallpaper paste; *(= apprêt)* size ◆ ~ **(blanche** *ou* **d'écolier** *ou* **de pâte)** paste ◆ ~ **(forte)** (strong) glue, adhesive ◆ ~ **à bois** wood glue ◆ ~ **de poisson** fish glue ◆ **ce riz, c'est de la vraie ~ (de pâte)** this rice is like paste *ou* is a gluey *ou* sticky mass; → **chauffer, pot** **b** (* *= question)* teaser, poser * *(Brit)* ◆ **poser une ~ à qn** to set sb a poser * ◆ **là, vous me posez une ~** you've stumped me there * **c** *(arg Scol) (= examen blanc)* mock oral exam; *(= retenue)* detention ◆ **mettre une ~ à qn** to give sb a detention ◆ **j'ai eu trois heures de ~** I got a three-hour detention, I was kept back for three hours **d** **vivre** *ou* **être à la ~** * to live together, to be shacked up together *

**collecte** /kɔlɛkt/ **NF** **a** *(= quête) [de vêtements, verre, sang]* collection; *[d'informations, données]* collection, gathering ◆ ~ **de fonds** fund-raising event **b** *(Rel = prière)* collect

**collecter** /kɔlɛkte/ ▸ conjug 1 ◂ **VT** *(gén)* to collect; *[+ informations, données]* to collect, to gather

**collecteur, -trice** /kɔlɛktœʀ, tʀis/ **ADJ** *[canal]* collecting ◆ **égout ~** main sewer ◆ **organisme ~** collection agency **NM,F** *(= personne)* collector ◆ ~ **d'impôts** tax collector ◆ ~ **de fonds** fund-raiser **NM** *(Aut)* manifold; *(Élec)* commutator ◆ ~ **d'ondes** *(Radio)* aerial ◆ ~ **d'égouts, (grand) ~** main sewer

**collectif, -ive** /kɔlɛktif, iv/ **ADJ** *[travail, responsabilité, punition]* collective; *[sport]* team *(épith)*; *[billet, réservation]* group *(épith)*; *[hystérie, licenciements]* mass *(épith)*; *[installations]* public; *(Ling) [terme, sens]* collective ◆ **faire une démarche collective auprès de qn** to approach sb collectively *ou* as a group ◆ **immeuble ~** (large) block (of flats) *(Brit)*, apartment building *(US)*; → **convention, ferme**[2] **NM** *(= mot)* collective noun; *(= groupe de travail)* collective ◆ ~ **budgétaire** minibudget

**collection** /kɔlɛksjɔ̃/ **NF** **a** *[de timbres, papillons]* collection; *(Comm) [d'échantillons]* line; *(hum = groupe)* collection ◆ **objet/timbre de ~** collector's item/stamp ◆ **faire (la) ~ de** to collect ◆ **voiture de ~** classic car; *(de l'entre-deux-guerres)* vintage car **b** *(Mode)* collection **c** *(Édition = série)* series, collection ◆ **notre ~ "jeunes auteurs"** our "young authors" series *ou* collection ◆ **il a toute la ~ des œuvres de Larbaud** he's got the complete collection *ou* set of Larbaud's works **d** *(Méd)* ~ **de pus** gathering of pus

**collectionner** /kɔlɛksjɔne/ ▸ conjug 1 ◂ **VT** *(gén, hum)* to collect

**collectionneur, -euse** /kɔlɛksjɔnœʀ, øz/ **NM,F** collector

**collectivement** /kɔlɛktivmɑ̃/ **ADV** *(gén)* collectively; *[démissionner, protester]* in a body, collectively

**collectivisation** /kɔlɛktivizasjɔ̃/ **NF** collectivization

**collectiviser** /kɔlɛktivize/ ▸ conjug 1 ◂ **VT** to collectivize

**collectivisme** /kɔlɛktivism/ **NM** collectivism ◆ ~ **d'État** state collectivism

**collectiviste** /kɔlɛktivist/ **ADJ, NMF** collectivist

**collectivité** /kɔlɛktivite/ **NF** **a** *(= groupement)* group ◆ **la ~** *(= le public)* the community ◆ **la ~ nationale** the nation (as a community) ◆ **la ~ des citoyens** the citizens as a whole *ou* a body ◆ **les ~s locales/publiques** the local/public authorities ◆ **~s professionnelles** professional bodies *ou* organizations **b** *(= vie en communauté)* **la ~** community life *ou* living ◆ **vivre en ~** to live in a community **c** *(= possession commune)* collective ownership

**collector** /kɔlɛktɔʀ/ **NM** *(Mus)* collector's edition

**collège** /kɔlɛʒ/ **NM** **a** *(= école)* school; *(privé)* private school ◆ ~ **(d'enseignement secondaire)** secondary school *(Brit)*, junior high school *(US)* ◆ ~ **(d'enseignement) technique** technical school ◆ **le Collège de France** *prestigious state-run institution of higher education which does not grant diplomas* ◆ **Collège d'enseignement général et professionnel** *(Can)* general and vocational college *(Can)*, ≃ sixth-form college *(Brit)*, junior college *(US)*
**b** *(Pol, Rel = assemblée)* college ◆ ~ **électoral** electoral college; → **sacré**[1]

> ### Collège
>
> The term **collège** refers to the type of state secondary school French children attend between the ages of 11 and 15 (ie after « école primaire » and before « lycée »). **Collège** covers the school years referred to as « sixième », « cinquième », « quatrième » and « troisième ». At the end of troisième, pupils take the examination known as the « brevet des collèges ».
> → LYCÉE

> ### Collège de France
>
> The **Collège de France** in Paris is an unusual higher education establishment in that it neither organizes examinations nor confers diplomas. Professors at this prestigious place of learning are appointed by the French President and give lectures that are open to all. **Collège de France** professors in recent times have included such major intellectual figures as Roland Barthes, Michel Foucault and Claude Lévi-Strauss.

**collégial, e** (mpl **-iaux**) /kɔleʒjal, jo/ **ADJ** *(Rel)* collegiate; *(Pol)* collegial, collegiate ◆ **décision ~e** group *ou* collective decision **NF** **collégiale** collegiate church

**collégialement** /kɔleʒjalmɑ̃/ **ADV** collectively

**collégialité** /kɔleʒjalite/ **NF** *(Pol)* collegial administration; *(Rel)* collegiality

**collégien** /kɔleʒjɛ̃/ **NM** schoolboy ◆ **c'est un ~** *(= novice)* he's an innocent, he's a bit green

**collégienne** /kɔleʒjɛn/ **NF** schoolgirl

**collègue** /kɔ(l)lɛg/ **NMF** colleague ◆ **un ~ de travail/bureau** a colleague from work/the office; → **Monsieur**

**coller** /kɔle/ ▸ conjug 1 ◂ **VT** **a** *(à la colle forte)* to stick, to glue; *(à la colle blanche)* to paste; *[+ étiquette, timbre]* to stick; *[+ affiche]* to stick (up) *(à, sur* on); *[+ enveloppe]* to stick down; *[+ papier peint]* to hang; *[+ film]* to splice; *(Ordin) [+ texte, image]* to paste ◆ ~ **deux morceaux (ensemble)** to stick *ou* glue *ou* paste two pieces together ◆ ~ **qch à** *ou* **sur qch** to stick sth on(to) sth ◆ **les cheveux collés de sang** his hair stuck together *ou* matted with blood ◆ **les yeux encore collés de sommeil** his eyes still half-shut with sleep

b *(= appliquer)* ~ **son oreille à la porte/son nez contre la vitre** to press one's ear to *ou* against the door/one's nose against the window ◆ **il colla l'armoire contre le mur** he stood the wardrobe right against the wall ◆ **ils l'ont collé au mur** *(Mil)* they stuck him up against the wall

c *(* = mettre)* to stick, to shove * ◆ **colle tes valises dans un coin** stick *ou* shove * *ou* dump * your bags in a corner ◆ **il en colle des pages** he writes reams * ◆ **dans ses devoirs il colle n'importe quoi** he puts *ou* sticks *ou* shoves * any old thing (down) in his homework ◆ **il se colla devant moi** he plonked * *ou* planted himself in front of me ◆ **ils se collent devant la télé dès qu'ils rentrent** they plonk themselves * in front of the TV as soon as they come in ◆ **se ~ un chapeau sur la tête** to stick *ou* shove a hat on one's head * ◆ **ils l'ont collé ministre** they've gone and made him a minister *; → **poing**

d *(* = donner)* to give ◆ **il m'a collé une contravention/une punition/une gifle** he gave me a fine/a punishment/a slap ◆ **on m'a collé une fausse pièce** I've been palmed off with a false coin ◆ **on lui a collé trois ans de prison** they've stuck him in prison *ou* sent him down * for three years, they've given him three years ◆ **on lui a collé la responsabilité/la belle-mère** he's got (himself) stuck * *ou* lumbered * *(Brit)* with the responsibility/his mother-in-law

e *(arg Scol) (= consigner)* to put in detention, to keep back; *(= recaler)* to fail, to flunk * *(US)* ◆ **se faire ~** *(en retenue)* to be put in detention; *(à l'examen)* to be failed, to be flunked * *(US)*

f *(* = embarrasser par une question)* to catch out

g *(* = suivre) [+ personne]* to cling to ◆ **la voiture qui nous suit nous colle de trop près** the car behind is sitting right on our tail * ◆ **il m'a collé (après) toute la journée** he clung to me all day

h *(= apprêter) [+ vin]* to fine; *[+ papier]* to size

**VI** a *(= être poisseux)* to be sticky; *(= adhérer)* to stick *(à* to)

b *(* = bien marcher)* **ça colle ?** OK? * ◆ **ça ne colle pas entre eux** they aren't hitting it off * *ou* getting on *(Brit) ou* getting along (together) ◆ **il y a quelque chose qui ne colle pas** there's something wrong *ou* not right here ◆ **ça ne colle pas, je ne suis pas libre** that's no good *ou* that won't do, I'm not free ◆ **son histoire ne colle pas** his story doesn't hold together *ou* doesn't gibe *(US)*

c *(jeux d'enfants)* **c'est à toi de ~** it's your turn to be it, you're it now

**VT INDIR** ◆ ~ **à** *(= être près de)* to cling to ◆ ~ **au peloton** to stick close to the pack ◆ **robe qui colle au corps** tight-fitting *ou* clinging dress ◆ **ils nous collent au derrière** * they're right on our tail * ◆ **voiture qui colle à la route** car that grips the road ◆ **un rôle qui lui colle à la peau** a part tailor-made for him, a part which fits him like a glove ◆ **depuis, cette réputation lui colle à la peau** he's been stuck with this reputation ever since ◆ ~ **au sujet** to stick to the subject ◆ **ce roman colle à la réalité** this novel is very faithful to reality ◆ **mot qui colle à une idée** word which fits an idea closely

**VPR se coller** a *(= s'appuyer)* **il s'est collé contre le mur pour les laisser passer** he pressed himself against the wall to let them pass

b *(* = subir) [+ tâche, personne]* to be *ou* get stuck * *ou* landed with * *ou* lumbered with * *(Brit)* ◆ **il va falloir se ~ la belle-mère pendant trois jours !** we'll have to put up with my mother-in-law for three days!

c **se ~ à (faire) qch** * *(= se mettre à)* to get down to (doing) sth, to set about (doing) sth ◆ **allez, on s'y colle ?** right, shall we get down to it?

d *(= s'accrocher)* **se ~ à qn** *[danseur]* to press o.s. against sb, to cling to sb; *[importun]* to stick to sb like glue *ou* like a leech ◆ **elle dansait collée à** *ou* **contre lui** she was dancing tightly pressed against him *ou* clinging tightly to him ◆ **ces deux-là sont toujours collés ensemble** * those two *ou* that pair always go around together *ou* are never apart

e **se ~ ensemble** † * *(= vivre ensemble)* to live together, to shack up together *

**collerette** /kɔlʀɛt/ **NF** a *(= col)* collar; *(Hist = fraise)* ruff b *[de champignon]* ring, annulus; *[de tuyau]* flange

**collet** /kɔlɛ/ **NM** *(= piège)* snare, noose; *(= petite cape)* short cape; *[de dent]* neck; *(Boucherie, Bot)* neck; *(Tech)* collar, flange ◆ **prendre** *ou* **saisir qn au ~** to seize sb by the collar ◆ **mettre la main au ~ de qn** to get hold of sb, to collar sb * ◆ **elle est très ~ monté** she's very strait-laced *ou* stuffy

**colleter** /kɔlte/ ▸ conjug 4 ◂ **VT** *[+ adversaire]* to seize by the collar ◆ **il s'est fait ~ par la police** * he was collared * by the police **VPR se colleter** * *(= se battre)* to have a tussle, to tussle ◆ **se ~ avec** to wrestle *ou* grapple *ou* tussle with ◆ **je me suis colleté tout le travail** I had to do all the work

**colleur, -euse** /kɔlœʀ, øz/ **NM,F** a ◆ ~ **d'affiches** billsticker, billposter b *(arg Scol) mock oral examiner* **NF colleuse** *(Ciné)* splicer; *(Photo)* mounting press

**colley** /kɔlɛ/ **NM** collie

**collier** /kɔlje/ **NM** a *[de femme]* necklace; *[de chevalier, maire]* chain; *[de chien, cheval, chat] (= courroie, pelage)* collar; *(Boucherie)* neck ◆ ~ **de perles** pearl necklace ◆ ~ **de fleurs** garland ◆ ~ **de chien** *ou* **ras du cou** *(= bijou)* choker ◆ ~ **antipuces** flea collar ◆ **reprendre le ~** * to get back into harness ◆ **donner un coup de ~** to put one's back into it *; → **franc¹** b *(= barbe)* ~ **(de barbe)** beard *(along the line of the jaw)* c *(Tech)* ~ **de serrage** clamp collar

**collimateur** /kɔlimatœʀ/ **NM** *(= lunette)* collimator ◆ **avoir qn/qch dans son** *ou* **le ~** *(lit)* to have sb/sth in one's sights; *(fig)* to have one's eye on sb/sth

**colline** /kɔlin/ **NF** hill

**collision** /kɔlizjɔ̃/ **NF** *[de véhicules, bateaux]* collision; *(Phys, Géog)* collision; *(fig) [d'intérêts, manifestants]* clash ◆ **entrer en ~** to collide *(avec* with); ◆ ~ **en chaîne** *(Aut)* pile-up

**collisionneur** /kɔlizjɔnœʀ/ **NM** collider

**collocation** /kɔlɔkasjɔ̃/ **NF** *(Jur) classification of creditors in order of priority; (Ling)* collocation

**collodion** /kɔlɔdjɔ̃/ **NM** collodion

**colloïdal, e** (mpl **-aux**) /kɔlɔidal, o/ **ADJ** colloidal ◆ **solution ~e** colloidal solution *ou* suspension

**colloïde** /kɔlɔid/ **NM** colloid

**colloque** /kɔ(l)lɔk/ **NM** colloquium, symposium; *(hum)* confab *

**collusion** /kɔlyzjɔ̃/ **NF** *(= complicité)* collusion *(avec* with; *entre* between)

**collutoire** /kɔlytwaʀ/ **NM** oral medication *(NonC)*; *(en bombe)* throat spray

**collyre** /kɔliʀ/ **NM** eye lotion, collyrium *(SPÉC)*

**colmatage** /kɔlmataʒ/ **NM** a *[de fuite]* sealing(-off), plugging; *[de fissure, trou]* filling-in, plugging; *[de déficit]* making good b *(Agr) [de terrain]* warping

**colmater** /kɔlmate/ ▸ conjug 1 ◂ **VT** a *[+ fuite]* to seal (off), to plug; *[+ fissure, trou]* to fill in, to plug; *[+ déficit, manque]* to make good, to make up ◆ **la fissure s'est colmatée toute seule** the crack has filled itself in *ou* sealed itself ◆ ~ **une brèche** to close a gap b *(Agr) [+ terrain]* to warp

**colo** * /kɔlo/ **NF** (abrév de **colonie de vacances**) → **colonie**

**coloc** * /kɔlɔk/ **NMF** abrév de **colocataire NF** abrév de **colocation**

**colocataire** /kɔlɔkatɛʀ/ **NMF** *[d'immeuble]* fellow tenant, co-tenant *(Admin)*; *[d'appartement]* flatmate *(Brit)*, roommate *(US)*; *[de maison]* housemate

**colocation** /kɔlɔkasjɔ̃/ **NF** *(dans un appartement)* flat-sharing; *(dans une maison)* house-sharing ◆ **ils sont en ~** they rent a flat (*ou* a house) together

**Cologne** /kɔlɔɲ/ **N** Cologne; → **eau**

**Colomb** /kɔlɔ̃/ **NM** ◆ **Christophe ~** Christopher Columbus

**colombage** /kɔlɔ̃baʒ/ **NM** half-timbering ◆ **maison à ~(s)** half-timbered house

**colombe** /kɔlɔ̃b/ **NF** *(Orn, fig Pol)* dove

**Colombie** /kɔlɔ̃bi/ **NF** Colombia ◆ ~ **britannique** British Columbia

**colombien, -ienne** /kɔlɔ̃bjɛ̃, jɛn/ **ADJ** Colombian **NM,F Colombien(ne)** Colombian

**colombier** /kɔlɔ̃bje/ **NM** dovecote

**colombin¹** /kɔlɔ̃bɛ̃/ **NM** ◆ **(pigeon) ~** stockdove

**colombin²** /kɔlɔ̃bɛ̃/ **NM** *[d'argile] clay coil; (* = étron)* turd **

**Colombine** /kɔlɔ̃bin/ **NF** *(Théât)* Columbine

**Colombo** /kɔlɔ̃bo/ **N** Colombo

**colombophile** /kɔlɔ̃bɔfil/ **ADJ** ◆ **société ~** pigeon-fanciers' club **NMF** pigeon fancier

**colombophilie** /kɔlɔ̃bɔfili/ **NF** pigeon fancying

**colon** /kɔlɔ̃/ **NM** a *(= pionnier)* settler, colonist b *(en vacances)* child *(at a children's holiday camp)* c *(arg Mil)* colonel ◆ **eh bien, mon ~ !** * heck! *, blimey! * *(Brit)*

**côlon** /kolɔ̃/ **NM** *(Anat)* colon

**colonel** /kɔlɔnɛl/ **NM** *[d'armée de terre]* colonel; *[d'armée de l'air]* group captain *(Brit)*, colonel *(US)*

**colonelle** /kɔlɔnɛl/ **NF** a *(= officier) [d'armée de terre]* colonel; *[d'armée de l'air]* group captain *(Brit)*, colonel *(US)* b *(† = épouse) [d'armée de terre]* colonel's wife; *[d'armée de l'air]* group captain's wife *(Brit)*, colonel's wife *(US)*

**colonial, e** (mpl **-iaux**) /kɔlɔnjal, jo/ **ADJ** colonial; → **casque NM** *(= soldat)* soldier of the colonial troops; *(= habitant)* colonial **NF coloniale** ◆ **la ~e** the (French) Colonial Army

**colonialisme** /kɔlɔnjalism/ **NM** colonialism ◆ ~ **culturel** cultural imperialism

**colonialiste** /kɔlɔnjalist/ **ADJ, NMF** colonialist

**colonie** /kɔlɔni/ **NF** *(Bio, Pol, Zool)* colony; *(= communauté ethnique)* community ◆ **vivre aux ~s** to live in the colonies ◆ ~ **de vacances** ≃ (children's) holiday camp *(Brit)*, summer camp *(US)* ◆ ~ **pénitentiaire** penal settlement *ou* colony

> **Colonie de vacances**
>
> The **colonie de vacances** or « colo » is an important part of life for many French children. **Colonies de vacances** are residential centres in the countryside, in the mountains or at the seaside where children, supervised by trained « moniteurs » and « monitrices », can participate in a range of open-air activities. The **colonie de vacances** helps break up the two-month summer holiday for parents and children alike.

**colonisateur, -trice** /kɔlɔnizatœʀ, tʀis/ ADJ colonizing *(épith)* NM,F colonizer

**colonisation** /kɔlɔnizasjɔ̃/ NF colonization

**colonisé, e** /kɔlɔnize/ (ptp de **coloniser**) ADJ colonized NMPL ◆ **les ~s** colonized peoples, those who have been subjected to colonization

**coloniser** /kɔlɔnize/ ► conjug 1 ◄ VT to colonize

**colonnade** /kɔlɔnad/ NF colonnade

**colonne** /kɔlɔn/ NF *(gén)* column; *(Archit)* column, pillar ◆ **en ~ par deux** *[enfants]* in twos, in a crocodile* *(Brit)*; *[soldats]* in twos ◆ **mettez-vous en ~ par quatre** line up four abreast ◆ **titre sur cinq ~s à la une** *(Presse)* headline splashed across the front page ◆ **ils ont largement ouvert leurs ~s à ce problème** *(journal)* they have given many column inches *ou* a lot of coverage to this problem ◆ **~ des unités/dizaines** *[de nombre]* unit/tens column; → **cinquième, titre, titrer**

COMP ▷ **colonne d'air** airstream ▷ **colonne barométrique** barometric column ▷ **colonne blindée** armoured column ▷ **colonne de direction** *(Aut)* steering column ▷ **les Colonnes d'Hercule** the Pillars of Hercules ▷ **colonne montante** rising main ▷ **colonne Morris** (pillar-shaped) billboard ▷ **colonne de rangement** *[de CD]* CD tower ▷ **colonne sèche** dry riser ▷ **colonne de secours** rescue party ▷ **colonne vertébrale** spine, spinal *ou* vertebral column *(SPÉC)*

**colonnette** /kɔlɔnɛt/ NF small column

**colopathie** /kolopati/ NF colitis, colonitis

**colophane** /kɔlɔfan/ NF rosin

**coloquinte** /kɔlɔkɛ̃t/ NF *(Bot)* bitter apple; *(décorative)* gourd

**Colorado** /kɔlɔʀadɔ/ NM Colorado

**colorant, e** /kɔlɔʀɑ̃, ɑ̃t/ ADJ colouring *(Brit) ou* coloring *(US)*; → **shampooing** NM *(gén)* colouring *(Brit) ou* coloring *(US)* agent, colorant; *(pour textiles)* dye ◆ **"sans colorants artificiels"** *(sur étiquette)* "(contains) no artificial colouring" ◆ **~s vitaux** vital stains

**coloration** /kɔlɔʀasjɔ̃/ NF **a** *(= teinture) [de substance]* colouring *(Brit)*, coloring *(US)*; *[de tissu]* dyeing; *[de bois]* staining ◆ **~ naturelle** *ou* **artificielle** natural *ou* artificial colouring **b** *(pour les cheveux)* colour *(Brit)*, color *(US)* ◆ **se faire faire une ~** to have one's hair coloured *(Brit) ou* colored *(US)* **c** *(= couleur, nuance)* shade, colour(ing) *(Brit)*, color(ing) *(US)*; *[de peau]* colouring *(Brit)*, coloring *(US)* **d** *(fig) [de voix, ton]* coloration; *[de discours]* complexion ◆ **~ politique** *[de journal, mouvement]* political complexion ◆ **à** *ou* **de ~ socialiste** with socialist leanings ◆ **les éclairages donnent à ce film une ~ fantastique** the lighting gives the film an element of fantasy

**colorature** /kɔlɔʀatyʀ/ NF coloratura

**coloré, e** /kɔlɔʀe/ (ptp de **colorer**) ADJ *[teint]* florid, ruddy; *[objet]* coloured *(Brit)*, colored *(US)*; *[foule]* colourful *(Brit)*, colorful *(US)*; *[style, récit]* vivid, colourful *(Brit)*, colorful *(US)*

**colorer** /kɔlɔʀe/ ► conjug 1 ◄ VT **a** *(= teindre) [+ substance]* to colour *(Brit)*, to color *(US)*; *[+ tissu]* to dye; *[+ bois]* to stain ◆ **~ qch en bleu** to colour (*ou* dye *ou* stain) sth blue ◆ **le soleil colore les cimes neigeuses** *(littér)* the sun tinges the snowy peaks with colour ◆ **faire ~ la viande dans le beurre** *(Culin)* brown the meat in butter **b** *(littér = enjoliver) [+ récit, sentiments]* to colour *(Brit)*, to color *(US)* (*de* with) VPR **se colorer** **a** *(= prendre de la couleur) [fruit]* to turn red (*ou* yellow *ou* orange *etc*), to colour *(Brit)*, to color *(US)* ◆ **le ciel se colore de rose** the sky takes on a rosy tinge *ou* hue ◆ **son teint se colora** her face became flushed, her colour rose **b** *(= être empreint de)* **se ~ de** to be coloured *(Brit) ou* colored *(US) ou* tinged with

**coloriage** /kɔlɔʀjaʒ/ NM *(= action)* colouring *(NonC) (Brit)*, coloring *(NonC) (US)*; *(= dessin)* coloured *(Brit) ou* colored *(US)* drawing

**colorier** /kɔlɔʀje/ ► conjug 7 ◄ VT *[+ carte, dessin]* to colour *(Brit) ou* color *(US)* (in) ◆ **images à ~** pictures to colour (in)

**coloris** /kɔlɔʀi/ NM *(gén)* colour *(Brit)*, color *(US)*, shade; *[de visage, peau]* colouring *(Brit)*, coloring *(US)* ◆ **carte de ~** *(Comm)* shade card

**colorisation** /kɔlɔʀizasjɔ̃/ NF colourization *(Brit)*, colorization *(US)*

**coloriser** /kɔlɔʀize/ ► conjug 1 ◄ VT to colourize *(Brit)*, to colorize *(US)*

**coloriste** /kɔlɔʀist/ NMF *(= peintre)* colourist *(Brit)*, colorist *(US)*; *(= enlumineur)* colourer *(Brit)*, colorer *(US)* NF *(= coiffeuse)* hairdresser *(specializing in tinting and rinsing)*

**coloscopie** /kɔlɔskɔpi/ NF colonoscopy

**colossal, e** (mpl **-aux**) /kɔlɔsal, o/ ADJ colossal, huge

**colossalement** /kɔlɔsalmɑ̃/ ADV colossally, hugely

**colosse** /kɔlɔs/ NM *(= personne)* giant *(fig) (= institution, État)* colossus, giant ◆ **le ~ de Rhodes** the Colossus of Rhodes ◆ **~ aux pieds d'argile** idol with feet of clay

**colostrum** /kɔlɔstʀɔm/ NM colostrum

**colportage** /kɔlpɔʀtaʒ/ NM *[de marchandises, ragots]* hawking, peddling; → **littérature**

**colporter** /kɔlpɔʀte/ ► conjug 1 ◄ VT *[+ marchandises, ragots]* to hawk, to peddle

**colporteur, -euse** /kɔlpɔʀtœʀ, øz/ NM,F *(= vendeur)* hawker, pedlar ◆ **~ de rumeurs** *ou* **ragots*** gossipmonger

**colt** ® /kɔlt/ NM *(= revolver)* gun, Colt ®

**coltiner** /kɔltine/ ► conjug 1 ◄ VT *[+ fardeau]* to carry, to lug* *ou* hump* *(Brit)* around VPR **se coltiner** * *[+ colis]* to lug* *ou* hump* *(Brit)* around, to carry; ‡ *[+ travail, personne]* to be *ou* get landed* *ou* lumbered* *(Brit)* with ◆ **il va falloir se ~ ta sœur** we'll have to put up with your sister

**columbarium** /kɔlɔ̃baʀjɔm/ NM *(= cimetière)* columbarium

**colvert** /kɔlvɛʀ/ NM mallard; *(Culin)* wild duck

**colza** /kɔlza/ NM rape, colza

**coma** /kɔma/ NM coma ◆ **être/tomber dans le ~** to be in/go into a coma ◆ **dans un ~ dépassé** brain-dead ◆ **~ diabétique** diabetic coma

**comateux, -euse** /kɔmatø, øz/ ADJ comatose ◆ **état ~** comatose state NM,F patient in a coma, comatose patient

**combat** /kɔ̃ba/ NM **a** *(Mil)* battle, fight ◆ **le ~, les ~s** the fighting *(NonC)* ◆ **~ aérien** air battle, dogfight ◆ **~ naval** naval action ◆ **ils s'entraînent au ~ aérien/naval** they're training in aerial/naval combat ◆ **~ d'arrière-garde** *(lit, fig)* rearguard action ◆ **les ~s continuent** the fighting goes on ◆ **le ~ cessa faute de combattants** the fight stopped for lack of fighters

♦ **de combat** *[avion]* combat *(épith)*; *[troupes]* combat *(épith)*, fighting; *[zone]* combat *(épith)*, battle *(épith)* ◆ **chien de ~** fighting dog; → **branle-bas, char[1], sport**

♦ **au combat** ◆ **aller au ~** to go into battle, to enter the fray *(littér)* ◆ **mort au ~** killed in action

♦ **hors de combat** ◆ **mettre hors de ~** *[+ soldat]* to put out of action; *[+ adversaire politique]* to put out of the running; *(Sport)* to put out of the fight *ou* contest

**b** *(fig)* fight (*contre* against; *pour* for); ◆ **des ~s continuels entre parents et enfants** endless fighting between parents and children ◆ **le ~ contre la vie chère** the fight against the high cost of living ◆ **la vie est un ~ de tous les jours** life is a daily struggle ◆ **"étudiants, professeurs : même combat !"** "students and teachers fighting together!", "students and teachers united!" ◆ **quel ~ pour le faire manger !** it's such a struggle getting him to eat! ◆ **discours de ~** fighting speech

**c** *(Sport)* match, fight ◆ **~ de boxe/de catch** boxing/wrestling match

COMP ▷ **combat de coqs** cockfight ◆ **les ~s de coqs ont été interdits** cockfighting has been banned ▷ **combat de gladiateurs** gladiatorial combat *ou* contest ▷ **combat rapproché** close combat ▷ **combat de rues** street fighting *(NonC)*, street battle ▷ **combat singulier** single combat

**combatif, -ive** /kɔ̃batif, iv/ ADJ *[troupes]* ready to fight; *[personne]* with a fighting spirit; *[esprit, humeur]* fighting *(épith)*

**combativité** /kɔ̃bativite/ NF *[de troupe]* readiness to fight; *[de personne]* fighting spirit

**combattant, e** /kɔ̃batɑ̃, ɑ̃t/ ADJ *[troupe]* fighting *(épith)*, combatant *(épith)* NM,F *[de guerre]* combatant; *[de bagarre]* brawler; → **ancien** NM *(= oiseau) (mâle)* ruff; *(femelle)* reeve; *(= poisson)* fighting fish

**combattre** /kɔ̃batʀ/ ► conjug 41 ◄ VT *[+ incendie, adversaire]* to fight; *[+ théorie, politique, inflation, vice]* to combat, to fight (against); *[+ maladie] [malade]* to fight against; *[médecin]* to fight, to combat VI to fight (*contre* against; *pour* for)

> ⚠ *Attention à ne pas traduire automatiquement* **combattre** *par* **to combat**, *qui s'utilise surtout au sens figuré.*

**combe** /kɔ̃b/ NF *(Géog)* coomb, comb(e)

**combien** /kɔ̃bjɛ̃/ ADV **a** ◆ **~ de** *(quantité)* how much; *(nombre)* how many ◆ **~ de lait/de bouteilles veux-tu ?** how much milk/how many bottles do you want? ◆ **~ y en a-t-il en moins ?** *(quantité)* how much less is there (of it)?; *(nombre)* how many fewer are there (of them)? ◆ **tu en as pour ~ de temps ?** how long will you be? ◆ **depuis ~ de temps travaillez-vous ici ?** how long have you been working here? ◆ **~ de fois ?** *(nombre)* how many times?; *(fréquence)* how often?

**b** ◆ **~ (d'entre eux)** how many (of them) ◆ **~ n'ouvrent jamais un livre !** just think of how many people there are who never open a book! ◆ **~ sont-ils ?** how many (of them) are there?, how many are they?

**c** *(frm = à quel point)* **si tu savais ~/~ plus je travaille maintenant !** if you only knew how much/how much more I work now! ◆ **tu vois ~ il est paresseux** you can see how lazy he is ◆ **c'est étonnant de voir ~ il a changé** it's surprising to see how changed he is *ou* how (much) he has changed ◆ ~ **vous avez raison !** how right you are!

d *(= tellement)* ~ **peu de gens/d'argent** how few people/little money ◆ ~ **plus/moins de gens** how many more/fewer people ◆ ~ **plus d'argent** how much more money ◆ **c'est plus long à faire mais** ~ **meilleur !** it takes longer to do but it's so much better! ◆ **il est bête, ô** ~ **!** *(† ou hum)* he is stupid, (oh) so stupid! ◆ ~ **d'ennui je vous cause** what a lot of trouble I'm causing you

e *(= avec mesure)* ~ **est-ce ?,** ~ **ça coûte ?, ça fait** ~ **?** * how much is it? ◆ ~ **pèse ce colis ?** how much does this parcel weigh?, how heavy is this parcel? ◆ ~ **mesure-t-il ?** *(personne)* how tall is he?; *(colis)* how big is it?; *(en longueur)* how long is it?, what length is it? ◆ **vous le voulez en** ~ **de large ?** what width do you want (it)? ◆ **ça va augmenter de** ~ **?** how much more will it go up? *ou* be? ◆ **ça va faire une différence de** ~ **?** what will the difference be? ◆ ~ **y a-t-il d'ici à la ville ?** how far is it from here to the town? ◆ **ça fait** ~ **de haut ?** how high is it?, what height is it? ◆ **il a fait** ~ **aux essais ?** *(Sport)* what was his time in the trials?

**NM** * ◆ **le** ~ **êtes-vous ?** *(rang)* where did you come?, where were you placed? ◆ **le** ~ **sommes-nous ?** *(date)* what's the date?, what date is it? ◆ **il y en a tous les** ~ **?** *(fréquence) [de trains, bus]* how often do they run?

**combientième** * /kɔ̃bjɛ̃tjɛm/ **ADJ** ◆ **Lincoln était le** ~ **président ?** what number president was Lincoln? ◆ **c'est la** ~ **fois que ça arrive !** how many times has that happened now! **NMF** a *(= rang)* **il est le** ~ **?** where did he come?, where was he placed? ◆ **ce coureur est arrivé le** ~ **?** where did this runner come (in)? b *(= énumération)* **encore un attentat, c'est le** ~ **?** another attack, how many does that make *ou* is that? ◆ **donne-moi le troisième – le** ~ **?** give me the third one – which one did you say?

**combinaison** /kɔ̃binɛzɔ̃/ **NF** a *(= action)* combining; *[d'éléments, sons, chiffres]* combination ◆ ~ **(ministérielle)** government ◆ ~ **(chimique)** *(entre plusieurs corps)* combination; *(= corps composé)* compound b *[de coffre-fort, loto]* combination c *(= vêtement) [de femme]* slip; *[d'aviateur]* flying suit; *[de motard]* leathers; *[de mécanicien]* boiler suit *(Brit)*, (one-piece) overalls *(US)*; *(Ski)* ski-suit ◆ ~ **de plongée (sous-marine)** (underwater) diving suit ◆ ~ **spatiale** space suit d *(= astuce)* device, trick; *(= manigance)* scheme ◆ **des ~s louches** shady schemes *ou* scheming *(NonC)*

**combinaison-short** (pl **combinaisons-shorts**) /kɔ̃binɛzɔ̃ʃɔʀt/ **NF** culotte suit

**combinard, e** * /kɔ̃binaʀ, aʀd/ **ADJ, NM,F** ◆ **il est** ~**, c'est un** ~ *(péj) (astuces)* he knows all the tricks; *(manigances)* he's a schemer

**combinat** /kɔ̃bina/ **NM** (industrial) complex

**combinatoire** /kɔ̃binatwaʀ/ **ADJ** *(Ling)* combinative; *(Math)* combinatorial, combinatory **NF** *(= analyse)* combinatorial analysis, combinatorics *(sg)*

**combine** * /kɔ̃bin/ **NF** *(= astuce)* trick (*pour faire* to do); ◆ **la** ~ *(péj = manigance)* scheming ◆ **il est dans la** ~ he knows (all) about it, he's in on it * ◆ **entrer dans la** ~ to play the game ◆ **ça sent la** ~ I smell a rat, it sounds a bit fishy * ◆ **toutes leurs ~s** all their little schemes

**combiné** /kɔ̃bine/ **NM** *(Chim)* compound; *[de téléphone]* receiver, handset ◆ ~ **(gaine-soutien-gorge)** corselette ◆ ~ **(batteur-mixeur)** mixer and liquidizer *ou* blender ◆ ~ **(avion-hélicoptère)** convertible helicopter, convertiplane ◆ ~ **alpin/nordique** *(Ski)* alpine/nordic combination ◆ **il est 3$^e$ au** ~ *(Ski)* he's 3rd overall

**combiner** /kɔ̃bine/ ► conjug 1 ◄ **VT** a *(= grouper) [+ éléments, sons, chiffres]* to combine (*à, avec* with); ◆ **opération combinée** joint *ou* combined operation ◆ **l'oxygène et l'hydrogène combinés** oxygen and hydrogen combined ◆ **l'inquiétude et la fatigue combinées** a combination of anxiety and tiredness b *(= élaborer) [+ mauvais coup, plan]* to devise, to think up; *[+ horaire, emploi du temps]* to devise, to plan ◆ **c'est eux qui ont combiné l'affaire** they thought the whole thing up ◆ **bien combiné** well thought out **VPR se combiner** *[éléments]* to combine (*avec* with)

**combinette** /kɔ̃binɛt/ **NF** slip

**comble** /kɔ̃bl/ **ADJ** *[pièce, autobus]* packed (full), jam-packed *; → **mesure, salle**

**NM** a *(= degré extrême)* height ◆ **c'est le** ~ **du ridicule !** that's the height of absurdity! ◆ **au** ~ **de la joie** overjoyed ◆ **au** ~ **du désespoir** in the depths of despair ◆ **être (porté) à son** ~ *[joie, colère]* to be at its peak *ou* height ◆ **ceci mit le** ~ **à sa fureur** this brought his anger to its climax *ou* a peak

b *(loc)* **c'est le** ~ **!, c'est un** ~ **!** that's the last straw!, that takes the biscuit! * *(Brit) ou* cake! * *(US)* ◆ **le** ~**, c'est qu'il est parti sans payer** and to cap it all * he left without paying ◆ **pour** ~ **(de malheur) il ...** to cap *ou* crown *(Brit)* it all he ...

c *(= charpente)* roof trussing *(SPÉC)*, roof timbers ◆ **les ~s** the attic, the loft ◆ **loger (dans une chambre) sous les ~s** to live in a garret *ou* an attic ◆ **faux** ~**,** ~ **perdu** inconvertible (part of the) attic; → **fond**

**combler** /kɔ̃ble/ ► conjug 1 ◄ **VT** a *(= boucher) [+ trou, fente]* to fill in ◆ **ça comblera un trou dans nos finances** that'll fill a gap in our finances b *(= résorber) [+ déficit]* to make good, to make up; *[+ lacune, vide]* to fill ◆ ~ **son retard** to make up lost time c *(= satisfaire) [+ désir, espoir]* to fulfil; *[+ besoin]* to fulfil, to fill; *[+ personne]* to gratify ◆ **parents comblés par la naissance d'un enfant** parents overjoyed at the birth of a child ◆ **c'est une femme comblée** she has all that she could wish for d *(= couvrir)* ~ **qn de** *[+ cadeaux, honneurs]* to shower sb with ◆ **il mourut comblé d'honneurs** he died laden with honours ◆ **vous me comblez d'aise** *ou* **de joie** you fill me with joy ◆ **vraiment, vous nous comblez !** really, you're too good to us!

**combo** /kɔ̃bo/ **NM** *(Mus)* combo

**comburant, e** /kɔ̃byʀɑ̃, ɑt/ **ADJ** combustive **NM** oxidizer, oxidant

**combustibilité** /kɔ̃bystibilite/ **NF** combustibility

**combustible** /kɔ̃bystibl/ **ADJ** combustible **NM** fuel ◆ **les ~s** fuels, kinds of fuel ◆ ~ **fossile/irradié/nucléaire** fossil/spent/nuclear fuel ◆ ~ **organique** biofuel, organic fuel

**combustion** /kɔ̃bystjɔ̃/ **NF** combustion ◆ **poêle à** ~ **lente** slow-burning stove

**come-back** /kɔmbak/ **NM INV** comeback ◆ **faire son** ~ to make a comeback

**COMECON** /kɔmekɔn/ **NM** (abrév de **Council for Mutual Economic Assistance**) COMECON

**comédie** /kɔmedi/ **NF** a *(Théât)* comedy ◆ **jouer la** ~ to act ◆ ~ **de mœurs/d'intrigue** comedy of manners/of intrigue ◆ ~ **de caractères** character comedy ◆ ~ **de situation** situation comedy ◆ ~ **dramatique** *(Théât, Ciné)* drama ◆ **de** ~ *[personnage, situation] (Théât)* comedy *(épith)*; *(fig)* comical ◆ **cours de** ~ acting course b *(fig = simulation)* playacting ◆ **c'est de la** ~ it's all an act, it's all a sham ◆ **jouer la** ~ to put on an act, to put it on * c *(* = caprice, histoires)* palaver, fuss ◆ **faire la** ~ to make a fuss *ou* a scene ◆ **allons, pas de** ~ come on, no nonsense *ou* fuss ◆ **c'est toujours la même** ~ it's always the same palaver **COMP** ▷ **comédie de boulevard** light comedy ▷ **comédie musicale** musical

**Comédie-Française** /kɔmedifʀɑ̃sɛz/ **NF** ◆ **la** ~ the Comédie-Française *(the French National Theatre)*

> **Comédie-Française**
>
> This historic theatre company, also known as le « Théâtre-Français » or just « le Français », is particularly famous for its association with Molière. It was founded in 1680. It has a mainly classical repertoire, though contemporary plays are also staged. Members of the company belong to a traditional hierarchy of « sociétaires » and « pensionnaires ». The theatre itself, known as « la salle Richelieu », is part of the « Palais-Royal ».

**comédien, -ienne** /kɔmedjɛ̃, jɛn/ **NM** actor; *(= comique)* comedy actor, comedian **NM,F** a *(= hypocrite)* sham ◆ **quel** ~ **tu fais !** you're always putting it on! * b *(= pitre)* show-off **NF comédienne** *(= actrice)* actress; *(= comique)* comedy actress, comedienne

> ⚠ **comédien** *se traduit par* **comedian** *uniquement au sens de 'acteur comique'.*

**comédogène** /kɔmedɔʒɛn/ **ADJ** comedogenic

**comédon** /kɔmedɔ̃/ **NM** blackhead, comedo *(SPÉC)*

**comestible** /kɔmɛstibl/ **ADJ** edible **NMPL comestibles** (fine) foods, delicatessen ◆ **magasin de ~s** ≃ delicatessen

**comète** /kɔmɛt/ **NF** *(Astron)* comet; → **plan**[1]

**cométique** /kɔmetik/ **NM** *(Can)* Eskimo sled, komatik *(US, Can)*

**comice** /kɔmis/ **NM** ◆ ~**(s) agricole(s)** † agricultural show *ou* meeting **NF** Comice pear

**comique** /kɔmik/ **ADJ** *(Théât) [acteur, film, genre]* comic; *(fig) [incident, personnage]* comical **NM** a *[de tenue, aspect physique]* comic look *ou* appearance ◆ **le** ~ **de la situation** the funny side of the situation ◆ **d'un** ~ **irrésistible** hilariously *ou* irresistibly funny ◆ **le** ~ **de la chose, c'est que ...** the funny *ou* amusing thing about it is that ... b *(Littérat)* **le** ~ comedy ◆ ~ **de caractère/de situation** character/situation comedy ◆ ~ **de répétition** comedy of repetition ◆ **le** ~ **de boulevard** light comedy ◆ ~ **troupier** coarse comedy ◆ **avoir le sens du** ~ to have a sense of the comic **NM,F** *(= artiste)* comic; *(= dramaturge)* comedy writer ◆ **t'es un petit** ~ **toi !** *(iro)* quite a little joker, aren't you?

**comiquement** /kɔmikmɑ̃/ **ADV** comically

**comité** /kɔmite/ **NM** *(gén)* committee; *(permanent, élu)* board, committee ◆ ~ **consultatif/exécutif/restreint** advisory/executive/select committee ◆ ~ **de défense/soutien** protection/support committee ◆ **se réunir en petit** ~ *(gén)* to meet in a select group; *(petite réception)* to have a small get-together

**COMP** ▷ **comité central** central committee ▷ **comité directeur** *ou* **de direction** management committee ▷ **Comité économique et social** *French regional commission on economic and social affairs* ▷ **comité d'entreprise** workers' *ou* works council

▷ **comité des fêtes** ≃ recreation committee ▷ **comité de gestion** board of management ▷ **comité interministériel** interministerial committee ▷ **Comité international de la Croix-Rouge** International Committee of the Red Cross ▷ **Comité international olympique** International Olympic Committee ▷ **comité de lecture** reading panel *ou* committee ▷ **comité de liaison** liaison committee ▷ **comité monétaire (européen)** (European) monetary committee ▷ **Comité national de la consommation** ≃ National Consumer Council *(Brit)*, Consumers' Association *(Brit)*, Consumer Product Safety Council *(US)* ▷ **Comité national d'éthique** *national research ethics committee in France* ▷ **comité de pilotage** steering committee

> **Comité d'entreprise**
>
> All French companies with more than fifty employees must have a **comité d'entreprise**, whose members are elected by the staff and whose budget is a mandatory percentage of the wage bill. The « CE » liaises with management on issues relating to staff welfare, salaries etc, and participates in discussions concerning the general running of the company. In practice, its main function is to arrange company-subsidized benefits for the staff such as canteen lunches, cutprice cinema tickets, holidays and even Christmas presents for employees' children.

**commandant** /kɔmɑ̃dɑ̃/ NM *[d'armée de terre]* major; *[d'armée de l'air]* squadron leader *(Brit)*, major *(US)*; *(Aviat, Naut)* captain; *(gén : dans toute fonction de commandement)* commander, commandant ◆ **"oui mon commandant"** "yes Sir" ◆ ~ **suprême** supreme commander COMP ▷ **commandant de bord** *(Aviat)* captain ▷ **commandant en chef** commander-in-chief ▷ **commandant en second** second in command

**commandante** /kɔmɑ̃dɑ̃t/ NF major's (*ou* captain's *etc*) wife

**commande** /kɔmɑ̃d/ GRAMMAIRE ACTIVE 47.2, 47.3, 47.4 NF a *(Comm)* order ◆ **passer (une)** ~ to put in *ou* place an order (*de* for); ◆ **prendre la** ~ to take the order ◆ **on vous livrera vos ~s jeudi** your order will be delivered to you on Thursday ◆ **payable à la** ~ cash with order ◆ **cet article est en** ~ the item is on order ◆ **carnet/bulletin de ~s** order book/form ◆ **les ~s publiques** state *ou* government orders

b *(Littérat, Art)* commission ◆ **passer une ~ à qn** to commission sb

c *(Aviat, Tech) (= action)* control *(NonC)*, controlling *(NonC)* ◆ **les ~s** *(= dispositif)* the controls ◆ ~ **à distance** remote control ◆ ~ **numérique** numerical *ou* digital control ◆ **à ~ vocale** voice-activated ◆ **à ~ par effleurement** touch-controlled ◆ **véhicule à double ~** dual control vehicle, vehicle with dual controls ◆ **se mettre aux ~s, prendre les ~s** *(lit)* to take control, to take (over) the controls; *(fig)* to take control ◆ **passer les ~s à qn** *(lit, fig)* to hand over control *ou* the controls to sb ◆ **être aux ~s, tenir les ~s** *(lit)* to be in control, to be at the controls; *(fig)* to be in control; → **poste²**, **tableau**

d *(loc)*

◆ **sur commande** ◆ **fait sur** ~ made to order ◆ **travailler sur** ~ to work to commission ◆ **ouvrage écrit/composé sur** ~ commissioned work/composition ◆ **agir sur** ~ to act on orders ◆ **je ne peux pas pleurer/m'amuser sur** ~ I can't cry/enjoy myself to order

◆ **de commande** *[sourire]* forced, affected; *[optimisme]* fake ◆ **film/livre de** ~ commissioned film/book ◆ **câble de** ~ control cable ◆ **les organes** *ou* **leviers de** ~ the controls

**commandement** /kɔmɑ̃dmɑ̃/ NM a *(= direction) [d'armée, navire]* command ◆ **avoir/prendre le** ~ **de** to be in *ou* have/take command of ◆ **sur un ton de** ~ in a commanding tone ◆ **avoir l'habitude du** ~ to be used to being in command; → **poste²** b *(= état-major)* command ◆ **le** ~ **a décidé que ...** it has been decided at higher command that ...; → **haut** c *(Rel)* commandment d *(= ordre)* command ◆ **à mon** ~, **marche !** *(Mil)* on my command, march! ◆ **avoir** ~ **de faire qch** † to have orders to do sth e *(Jur)* ~ **d'huissier** court order to pay

**commander** /kɔmɑ̃de/ GRAMMAIRE ACTIVE 47.2 ▸ conjug 1 ◂

VT a *(= demander) [+ marchandise, repas]* to order; *(Art) [+ œuvre]* to commission ◆ **avez-vous déjà commandé ?** *(au café)* have you ordered?, has somebody taken your order? ◆ **qu'as-tu commandé pour Noël ?** what have you asked for for Christmas? ◆ **nous avons commandé le soleil** *(hum)* we've ordered some sunshine *(hum)*

b *(= diriger) [+ armée, navire, expédition, attaque]* to command; *(emploi absolu)* to be in command, to be in charge ◆ ~ **le feu** to give the order to shoot *ou* to (open) fire ◆ **c'est lui qui commande ici** he's in charge here ◆ **je n'aime pas qu'on me commande** I don't like to be ordered about *ou* to be given orders ◆ **à la maison, c'est elle qui commande** she's the boss at home, she's the one who gives the orders at home

c *(= contrôler)* to control ◆ **ce bouton commande la sirène** this switch controls the siren ◆ **forteresse qui commande l'entrée du détroit** fortress which commands the entrance to the straits

d *(= ordonner) [+ obéissance, attaque]* to order, to command ◆ ~ **à qn de faire qch** to order *ou* command sb to do sth ◆ **il me commanda le silence** he ordered *ou* commanded me to keep quiet ◆ **sans vous ~, pourriez-vous taper cette lettre ?** if it's no trouble, could you type this letter?

e *(= imposer) [+ respect, admiration]* to command

f *(= requérir) [événements, circonstances]* to demand ◆ **la prudence commande que ...** prudence demands that ...

VT INDIR **commander à** *[+ passions, instincts]* to have command *ou* control over ◆ **il ne commande plus à sa jambe gauche** he no longer has any control over his left leg ◆ **il ne sait pas se** ~ he can't control himself

VPR **se commander** a *(au négatif)* **l'amitié ne se commande pas** you can't make friends to order ◆ **l'amour ne se commande pas** you don't choose who you love ◆ **je ne peux pas le sentir, ça ne se commande pas** I can't stand him – you can't help these things

b *(= communiquer) [pièces]* to connect, to lead into one another

**commanderie** /kɔmɑ̃dʀi/ NF *(Hist) (= bénéfice)* commandership; *(= maison)* commander's residence

**commandeur** /kɔmɑ̃dœʀ/ NM commander *(of an Order)* ◆ **la statue du** ~ *(Littérat)* the statue of the Commendatore

**commanditaire** /kɔmɑ̃ditɛʀ/ NM *(Comm)* limited *ou* sleeping *(Brit) ou* silent *(US)* partner; *[d'exposition]* sponsor ◆ **les ~s d'un meurtre** the people behind a murder

**commandite** /kɔmɑ̃dit/ NF *(Comm = fonds)* share *(of limited partner)* ◆ **(société en)** ~ limited partnership

**commandité, e** /kɔmɑ̃dite/ NM,F active *ou* acting *ou* ordinary partner

**commanditer** /kɔmɑ̃dite/ ▸ conjug 1 ◂ VT *(Comm = financer)* to finance; *[+ exposition]* to sponsor; *[+ crime]* to be behind

**commando** /kɔmɑ̃do/ NM commando (group) ◆ **les membres du** ~ the commando members, the commandos ◆ **~(-)suicide** suicide squad

## comme /kɔm/

GRAMMAIRE ACTIVE 44.1

| | |
|---|---|
| 1 CONJONCTION | 2 LOCUTION ADVERBIALE |
| 3 ADVERBE | |

### 1 - CONJONCTION

a temps as ◆ **elle entra (juste)** ~ **le rideau se levait** she came in (just) as the curtain was rising

b cause as, since ◆ ~ **il pleuvait, j'ai pris la voiture** as *ou* since it was raining I took the car ◆ ~ **il est lâche, il n'a pas osé parler** being a coward *ou* coward that he is, he didn't dare speak out

◆ **comme quoi**

*(= disant que)* to the effect that ◆ **j'ai reçu une lettre** ~ **quoi j'étais licencié** I got a letter to the effect that *ou* telling me I was fired *(= d'où il s'ensuit que)* which goes to show that ◆ ~ **quoi tout le monde peut se tromper** which (just) goes to show that anybody can make a mistake ◆ ~ **quoi !** it just goes to show!

c comparaison as, like *(devant n et pron)*, *(avec idée de manière)* as, the way * ◆ **elle a soigné son chien** ~ **elle aurait soigné un enfant** she nursed her dog as she would have done a child ◆ **il pense** ~ **nous** he thinks as we do *ou* like us ◆ **c'est un homme** ~ **lui qu'il nous faut** we need a man like him *ou* such as him ◆ **un homme** ~ **lui, on n'en fait plus** they don't make men like that any more ◆ **ce pantalon est pratique pour le travail** ~ **pour les loisirs** these trousers are practical for work as well as leisure ◆ **il s'ennuie en ville** ~ **à la campagne** he gets bored both in town and in the country, he gets bored in town as he does in the country ◆ **il écrit** ~ **il parle** he writes as *ou* the way he speaks ◆ **c'est une excuse** ~ **une autre** it's as good an excuse as any ◆ **c'est un client** ~ **un autre** he's just another customer ◆ **c'est une façon** ~ **une autre de résoudre les problèmes** that's one way of solving problems ◆ **il voudrait une moto** ~ **celle de son frère/la mienne** he would like a motorbike like his brother's/mine ◆ **il voudrait une moto,** ~ **son frère** he would like a motorbike (just) like his brother ◆ **le héros du film n'agit pas** ~ **dans la pièce** the hero in the film does not act as he does *ou* the way he does in the play ◆ **si,** ~ **nous le pensons, il a oublié** if he has forgotten, as we think he has ◆ **faites** ~ **vous voulez** do as you like ◆ **choisissez** ~ **pour vous** choose as you would for yourself, choose as if it were for yourself ◆ ~ **pour faire** as if to do ◆ **il fit un geste** ~ **pour la frapper** he made as if to hit her *ou* he was going to hit her ◆ **il y a** ~ **un problème** there's a bit of a problem; → **dire, hasard, juste, plaire, tout** *etc*

◆ **comme ça** *ou* **cela** *(= ainsi)* like that ◆ **il est** ~ **ça, tu ne le changeras pas** that's the way he is, you won't change him ◆ **vous aimeriez**

**une robe ~ ça ?** would you like a dress like that? ◆ **des choses ~ ça** things like that, that sort of thing ◆ **il a pêché un saumon ~ ça !** he caught a salmon (that was) this big!
*(* : admiratif)* great! *, fantastic! *, terrific! * ◆ **on a vu un film ~ ça !** we saw a great * *ou* fantastic * *ou* terrific * film!

2 - LOCUTION ADVERBIALE

a [intensif] **alors, ~ ça, vous nous quittez ?** *(intensif)* so you're leaving us just like that? ◆ **le docteur m'a dit ~ ça *, prenez des calmants** the doctor just told me to take some tranquillizers

b [= de cette manière] **je l'ai enfermé, ~ ça il ne peut pas nous suivre** I locked him in — that way he can't follow us ◆ **c'est ~ ça et pas autrement** *ou* **un point c'est tout** that's just the way it is, that's all there is to it ◆ **c'est ~ ça que je m'y prendrais** that's how I'd do it ◆ **puisque** *ou* **si c'est ~ ça, je m'en vais !** if that's how *ou* the way it is, I'm leaving!

♦ **comme ci comme ça** so-so *, fair to middling ◆ **comment ça va ? – ~ ci ~ ça** how are you? — so-so * *ou* fair to middling

♦ **comme il faut** *(† ou hum = convenablement)* properly ◆ **mange/tiens-toi ~ il faut** eat/sit up properly; *(= convenable)* ◆ **une dame très ~ il faut** a fine upstanding woman

♦ **comme les autres** *(= ordinaire)* ◆ **c'est un jour/métier ~ les autres** it's just like any other day/job ◆ **il n'est pas ~ les autres** he's not like everybody else, he's different ◆ **un roman/une grève pas ~ les autres** a different kind of novel/strike ◆ **faire ~ les autres** to do as everybody else does *ou* like everybody else

♦ **comme si** as if, as though ◆ **il se conduit ~ si de rien n'était** he behaves as if *ou* as though nothing had happened ◆ **~ si nous ne savions pas !** as if we didn't know! ◆ **ce n'est pas ~ si on ne l'avait pas prévenu !** it's not as if *ou* as though he hadn't been warned! ◆ **tu n'es pas gai mais tu peux faire ~ si** * you're not happy but you can pretend (to be)

♦ *adjectif +* **comme tout** ◆ **elle est gentille ~ tout** she's so nice, she's as nice as can be ◆ **c'est facile ~ tout** it's as easy as can be ◆ **c'était amusant ~ tout** it was so *ou* terribly funny ◆ **il est menteur ~ tout** he's such a liar, he's a terrible *ou* dreadful liar

♦ **comme tout le monde** like everybody else ◆ **il a applaudi pour faire ~ tout le monde** he clapped to be like everybody else ◆ **je veux vivre ~ tout le monde** I want to lead a normal life

c [= en tant que] as ◆ **nous l'avons eu ~ président** we had him as (our) president ◆ **~ étudiant, il est assez médiocre** as a student, he is rather poor

d [= tel que] like, such as ◆ **les fleurs ~ la rose et l'iris sont fragiles** flowers such as *ou* like roses and irises are fragile ◆ **bête ~ il est ...** stupid as he is ... ◆ **elle n'a jamais vu de maison ~ la nôtre** she's never seen a house like ours *ou* such as ours

e

♦ **comme** *+ adjectif ou participe* as though, as if ◆ **il était ~ fasciné par ces oiseaux** it was as though *ou* as if he were fascinated by these birds, he was as though *ou* as if fascinated by these birds ◆ **il était ~ fou** he was behaving like a madman ◆ **il était ~ perdu dans cette foule** it was as though *ou* as if he were lost in this crowd ◆ **~ se parlant à lui-même** as if *ou* as though talking to himself

3 - ADVERBE

how ◆ **~ ces enfants sont bruyants !** how noisy those children are!, those children are so noisy! ◆ **~ il fait beau !** what a lovely day (it is)!, what lovely weather! ◆ **tu sais ~ elle est** you know what she's like *ou* how she is ◆ **écoute ~ elle chante bien** listen (to) how beautifully she sings ◆ **~ vous y allez, vous !** * (now) hold on a minute! *, don't get carried away!; → **voir**

**commémoratif, -ive** /kɔmemɔʀatif, iv/ ADJ *[cérémonie, plaque]* commemorative *(épith)*, memorial *(épith)*; *[service]* memorial *(épith)* ◆ **discours ~** commemorative address ◆ **monument ~** memorial

**commémoration** /kɔmemɔʀasjɔ̃/ NF commemoration ◆ **en ~ de** in commemoration of

**commémorer** /kɔmemɔʀe/ ▸ conjug 1 ◂ VT to commemorate

**commençant, e** /kɔmɑ̃sɑ̃, ɑ̃t/ ADJ beginning *(épith)* NM,F *(= débutant)* beginner ◆ **grand ~** absolute beginner

**commencement** /kɔmɑ̃smɑ̃/ NM a *(= début)* beginning, commencement *(frm)*; *(= départ)* start ◆ **il y a eu un ~ d'incendie** a small fire broke out ◆ **~ d'exécution** *(Jur) initial steps in the commission of a crime* ◆ **~ de preuve** *(Jur)* prima facie evidence ◆ **au/dès le ~** in/from the beginning, at/from the outset *ou* start ◆ **du ~ à la fin** from beginning to end, from start to finish ◆ **c'est le ~ de la fin** it's the beginning of the end ◆ **il y a un ~ à tout** you've (always) got to start somewhere b ◆ **~s** *[de science, métier] (= premiers temps)* beginnings; *(= rudiments)* basic knowledge ◆ **les ~s ont été durs** the beginning was hard

**commencer** /kɔmɑ̃se/ ▸ conjug 3 ◂ VT a *(= entreprendre) [+ travail, opération, repas]* to begin, to start, to commence *(frm)* ◆ **ils ont commencé les travaux de l'autoroute** they've started *ou* begun work on the motorway ◆ **j'ai commencé un nouveau chapitre** I've started *ou* begun (on) a new chapter ◆ **je vais ~ le judo/le violon** I'm going to take up judo/the violin ◆ **quelle façon de ~ l'année !** what a way to begin *ou* start the (new) year!

b *(= entamer) [+ bouteille, produit]* to open

c *[chose]* to begin ◆ **mot/phrase qui commence un chapitre** word/sentence which begins a chapter, opening word/sentence of a chapter ◆ **une heure de méditation commence la journée** the day begins *ou* starts with an hour of meditation

VI a *(= débuter)* to begin, to start, to commence *(frm)* ◆ **le concert va ~** the concert is about to begin *ou* start *ou* commence *(frm)* ◆ **tu ne vas pas ~ ! *, ne commence pas ! *** don't start! * ◆ **ça commence bien !** *(lit ou iro)* that's a good start!, we're off to a good start! ◆ **ça commence mal !** that's a bad start!, that's not a very good start! ◆ **pour ~** *(lit)* to begin *ou* start with; *(fig)* to begin *ou* start with, for a start ◆ **elle commence demain chez Legrand** she starts (work) tomorrow at Legrand's ◆ **c'est lui qui a commencé !** he started it! ◆ **leurs jupes commencent à 15 €** they've got skirts from €15 upwards

b ◆ **~ à (***ou* **de) faire** to begin *ou* start to do, to begin *ou* start doing ◆ **il commençait à neiger** it was beginning *ou* starting to snow ◆ **il commençait à s'inquiéter/à s'impatienter** he was getting *ou* beginning to get nervous/impatient ◆ **je commence à en avoir assez** * I've had just about enough (of it) ◆ **ça commence à bien faire** * it's getting a bit much *

c ◆ **~ par qch/par faire qch** to start *ou* begin with sth/by doing sth ◆ **par quoi voulez-vous ~ ?** what would you like to begin *ou* start with? ◆ **commençons par le commencement** let's begin at the beginning ◆ **commence par faire tes devoirs, on verra après** do your homework for a start, and then we'll see ◆ **ils m'ont tous déçu, à ~ par Jean** they all let me down, especially Jean ◆ **il faut apporter du changement, à ~ par trouver de nouveaux locaux** we have to make some changes, and the first thing to do is to find new premises

**commensal, e** (mpl **-aux**) /kɔmɑ̃sal, o/ NM,F *(littér = personne)* companion at table, table companion; *(Bio)* commensal

**commensalisme** /kɔmɑ̃salism/ NM *(Bio)* commensalism

**commensurable** /kɔmɑ̃syʀabl/ ADJ commensurable

**comment** /kɔmɑ̃/ ADV a *(= de quelle façon)* how ◆ **~ a-t-il fait ?** how did he do it?, how did he manage that? ◆ **je ne sais pas ~ il a fait cela** I don't know how he did it ◆ **~ s'appelle-t-il ?** what's his name?, what's he called? ◆ **~ appelles-tu cela ?** what do you call that? ◆ **~ allez-vous ?** *ou* **vas-tu ?** how are you? ◆ **~ est-il, ce type ?** * what sort of guy * is he?, what's he like? ◆ **~ va-t-il ?** how is he? ◆ **~ faire ?** how shall we do it? *ou* go about it? ◆ **~ se fait-il que ... ?** how is it that ...?, how come ...? * ◆ **~ se peut-il que ... ?** how can it be that ...?

b *(excl)* **~ ?** (I beg your) pardon?, pardon me? *(US)*, sorry?, what? * ◆ **~ cela ?** what do you mean? ◆ **~, il est mort ?** what? he's dead? ◆ **tu as assez mangé ? – et ~ !** have you had enough to eat? — I (most) certainly have! *ou* I should say so! *ou* and how! * ◆ **avez-vous bien travaillé ? – et ~ !** did you work well? — I should say so! *ou* not half! * *(Brit) ou* and how! * ◆ **~ donc !** by all means!, of course! ◆ **Dieu sait ~ !** goodness * *ou* God * knows how!

NM ◆ **le ~** the how ◆ **les ~(s)** the hows; → **pourquoi**

**commentaire** /kɔmɑ̃tɛʀ/ NM a *(= remarque)* comment ◆ **faire des ~s sur qch** to comment on *ou* about sth ◆ **quels ont été ses ~s sur ce qui s'est passé ?** what did he say about what happened? ◆ **~s de presse** press comments ◆ **je vous dispense de vos ~s** I can do without your comments *ou* remarks, I don't want (to hear) any comments *ou* remarks from you ◆ **tu feras comme je te l'ordonne, et pas de ~s !** you will do as I say and no arguments! ◆ **son attitude se passe de ~s** his attitude speaks for itself ◆ **vous avez entendu ce qu'il a dit ! – sans ~ !** did you hear him! — no comment! ◆ **sa conduite donne lieu à bien des ~s !** his behaviour has really set people talking!

b *(= exposé)* commentary *(de* on); *(Radio, TV)* commentary ◆ **~s sportifs** sports commentary ◆ **un bref ~ de la séance** some brief comments on the meeting

c *(Littérat = explication)* commentary ◆ **faire le ~ d'un texte** to do *ou* give a commentary on a text ◆ **édition avec ~(s)** annotated edition

d *(Ordin, Ling)* comment

**commentateur, -trice** /kɔmɑ̃tatœʀ, tʀis/ NM,F *(gén, Radio, TV)* commentator

**commenter** /kɔmɑ̃te/ ▸ conjug 1 ◂ VT a *[+ texte, conduite, événement, actualité]* to comment on b *(Radio, TV) [+ match]* to commentate on; *[+ cérémonie officielle]* to provide the commentary for ◆ **le match sera commenté par André Leduc** André Leduc will be commentating on the match

**commérage** /kɔmeʀaʒ/ NM piece of gossip ◆ **~s** gossip *(NonC)*, gossiping *(NonC)*

**commerçant, e** /kɔmɛʀsɑ̃, ɑ̃t/ ADJ a *[nation]* trading *(épith)*, commercial; *[quartier]* shopping *(épith)*; *[ville, activité]* commercial ◆ **rue très ~e** busy shopping street, street with many shops b *(= habile) [procédé]* commercially shrewd ◆ **il est très ~** he's got good business sense ◆ **ce n'est pas très ~** it's not a very good way to do business NM shopkeeper, tradesman, merchant *(US)*, storekeeper *(US)* ◆ **~ en gros** wholesale dealer ◆ **les ~s du quartier** (the) local tradesmen *ou* shopkeepers *ou* merchants NF **commerçante** shopkeeper, storekeeper *(US)*

**commerce** /kɔmɛʀs/ NM a ◆ **le ~** *(= activité)* trade, commerce; *(= affaires)* business, trade ◆ **le ~ n'y est pas encore très développé** commerce *ou* trade isn't very highly developed there yet ◆ **depuis quelques mois le ~ ne marche pas très bien** business *ou* trade has been bad for a few months ◆ **opération/maison/traité de ~** commercial operation/firm/treaty ◆ **~ en** *ou* **de gros/détail** wholesale/retail trade ◆ **~ extérieur/international** foreign/international trade *ou* commerce ◆ **~ électronique** e-commerce ◆ **faire du ~ (avec)** to trade (with) ◆ **être dans le ~** to be in trade ◆ **faire ~ de** † to trade in ◆ **faire ~ de ses charmes/son nom** to trade on one's charms/name; → **effet**

b *(= circuit commercial)* **dans le ~** *[objet]* in the shops *ou* stores *(US)* ◆ **hors ~** for restricted sale only *(attrib)* ◆ **exemplaires hors ~** privately printed copies

c *(= commerçants)* **le ~** shopkeepers, merchants *(US)* ◆ **le petit ~** small shopkeepers *ou* traders ◆ **le grand ~** large *ou* big retailers ◆ **le monde du ~** the commercial world, trading *ou* commercial circles

d *(= boutique)* business ◆ **tenir** *ou* **avoir un ~ d'épicerie** to have a grocery business ◆ **un gros/petit ~** a big/small business; → **proximité**

e *(† ou littér) (= fréquentation)* (social) intercourse; *(= compagnie)* company; *(= rapport)* dealings ◆ **être d'un ~ agréable** to be pleasant company ◆ **avoir ~ avec qn** to have dealings with sb

**commercer** /kɔmɛʀse/ GRAMMAIRE ACTIVE 53.1, 53.2 ▸ conjug 3 ◂ VI to trade *(avec* with)

**commercial, e** (mpl **-iaux**) /kɔmɛʀsjal, jo/ ADJ *(gén)* commercial; *[activité, société, port]* commercial, trading *(épith)*; *[déficit, stratégie, guerre]* trade *(épith)* ◆ **accord ~** trade *ou* trading agreement ◆ **service ~** *[d'entreprise]* sales department ◆ **chaîne de télévision ~e** commercial television channel ◆ **anglais ~** business English ◆ **sourire ~** *(péj)* phoney professional smile NM marketing man; *(= représentant)* rep ◆ **l'un de nos commerciaux** one of our marketing people NF **commerciale** a *(= véhicule)* estate car *(Brit)*, station wagon *(US)* b *(= femme)* marketing woman

**commercialement** /kɔmɛʀsjalmɑ̃/ ADV commercially

**commercialisable** /kɔmɛʀsjalizabl/ ADJ marketable, tradable

**commercialisation** /kɔmɛʀsjalizasjɔ̃/ NF marketing

**commercialiser** /kɔmɛʀsjalize/ ▸ conjug 1 ◂ VT to market

**commère** /kɔmɛʀ/ NF *(péj = bavarde)* gossip

**commérer** † /kɔmeʀe/ ▸ conjug 6 ◂ VI to gossip

**commettant** /kɔmetɑ̃/ NM *(Jur, Fin)* principal

**commettre** /kɔmɛtʀ/ ▸ conjug 56 ◂ VT a *(= perpétrer) [+ crime, injustice]* to commit; *[+ erreur]* to make ◆ **il a commis 2 ou 3 romans** *(hum)* he's responsible for 2 or 3 novels *(hum)*; → **faute** b *(littér = confier)* **~ qch à qn** to commit sth to sb, to entrust sth to sb c *(frm = nommer) [+ arbitre]* to appoint, to nominate ◆ **~ qn à une charge** to appoint *ou* nominate sb to an office ◆ **avocat commis d'office** lawyer *ou* barrister *(Brit)* appointed by the court VPR **se commettre** *(péj, frm)* to endanger one's reputation, to lower o.s. ◆ **se ~ avec des gens peu recommandables** to associate with rather undesirable people

**comminatoire** /kɔminatwaʀ/ ADJ *[ton, lettre]* threatening; *(Jur) appointing a penalty for non-compliance*

**commis** /kɔmi/ NM *(= vendeur)* (shop *ou* store *(US)*) assistant; *(= employé de bureau)* office clerk ◆ **~ aux écritures** book-keeper ◆ **~-greffier** assistant to the clerk of the court ◆ **~ de cuisine/de salle** apprentice chef/waiter ◆ **~ aux vivres** *(Naut)* ship's steward ◆ **~ voyageur** commercial traveller, travelling salesman ◆ **un grand ~ (de l'État)** a top-ranking *ou* senior civil servant

**commisération** /kɔmizeʀasjɔ̃/ NF commiseration

**commissaire** /kɔmisɛʀ/ NM a ◆ **~ (de police)** ≈ (police) superintendent *(Brit)*, (police) captain *(US)* ◆ **~ principal, ~ divisionnaire** ≈ chief superintendent *(Brit)*, police chief *(US)* ◆ **~ de police judiciaire** detective superintendent *(Brit)*, (police) captain *(US)*

b *(= responsable) [de rencontre sportive, fête]* steward; *[d'exposition]* organizer ◆ **~ de courses** *(Aut)* marshal

c *(= envoyé)* representative

d *[de commission]* commission member, commissioner

COMP ▷ **commissaire de l'Air** chief administrator *(in Air Force)* ▷ **commissaire du bord** purser ▷ **commissaire aux comptes** auditor ▷ **commissaire européen** European Commissioner ▷ **commissaire du gouvernement** government commissioner ▷ **Commissaire aux langues officielles** *(Can)* Commissioner of Official Languages *(Can)* ▷ **commissaire de la Marine** chief administrator *(in the Navy)* ▷ **commissaire au Plan** planning commissioner ▷ **commissaire politique** political commissioner ▷ **commissaire de la République** ≈ prefect

**commissaire-priseur** (pl **commissaires-priseurs**) /kɔmisɛʀpʀizœʀ/ NM auctioneer

**commissariat** /kɔmisaʀja/ NM a *(= poste)* **~ (de police)** police station ◆ **~ central** police headquarters b *(Admin = fonction)* commissionership ◆ **~ du bord** pursership ◆ **~ aux comptes** auditorship c *(= commission)* commission ◆ **Commissariat à l'énergie atomique** Atomic Energy Commission ◆ **Commissariat général du Plan** State Planning Commission d *(= corps)* **~ de la Marine** ≈ Admiralty Board *(Brit)*, Naval Command *(US)* e *(= service)* **~ hôtelier** catering service *(for rail companies and airlines)*

**commission** /kɔmisjɔ̃/ NF a *(= comité restreint)* committee; *(= bureau nommé)* commission ◆ **la ~ du budget** *ou* **budgétaire** *(Pol)* the Budget committee ◆ **les membres sont en ~** the members are in committee ◆ **travail en ~** work in committee ◆ **renvoi d'un texte en ~** *(Pol)* committal of a bill

b *(= message)* message ◆ **est-ce qu'on vous a fait la ~ ?** did you get *ou* were you given the message?

c *(= course)* errand ◆ **faire des ~s** to run errands (*pour* for); ◆ **on l'a chargé d'une ~** he was sent on an errand

d *(= emplettes)* **~s** shopping ◆ **faire les/des ~s** to do the/some shopping ◆ **partir en ~s** to go shopping ◆ **l'argent des ~s** the shopping money

e *(langage enfantin)* **faire la petite/grosse ~** to do number one/two *(langage enfantin)*

f *(= pourcentage)* commission ◆ **toucher 10% de ~** *ou* **une ~ de 10%** to get 10% commission (*sur* on); ◆ **travailler à la ~** to work on commission

g *(Comm, Jur = mandat)* commission ◆ **avoir la ~ de faire** to be empowered *ou* commissioned to do ◆ **~ d'office** court appointment of a barrister *(Brit) ou* counselor *(US)*

COMP ▷ **commission d'arbitrage** arbitration committee ▷ **commission d'armistice** armistice council ▷ **commission bancaire** national banking commission, banking watchdog ▷ **Commission de développement économique régional** *French commission for regional economic development* ▷ **commission d'enquête** committee *ou* commission of inquiry ▷ **Commission européenne** European Commission ▷ **commission d'examen** board of examiners ▷ **commission exécutive** executive commission ▷ **commission des finances** finance committee ▷ **commission interparlementaire** ≈ joint (parliamentary) committee ▷ **commission des lois** law commission ▷ **commission militaire** army exemption tribunal ▷ **Commission nationale de l'informatique et des libertés** *French data protection watchdog* ▷ **Commission des opérations de Bourse** *French stock exchange regulatory body,* ≈ Securities and Investment Board *(Brit)*, Securities and Exchange Commission *(US)* ▷ **commission paritaire** joint commission (with equal representation of both sides) ▷ **commission parlementaire** parliamentary commission *ou* committee ▷ **commission permanente** standing committee, permanent commission ▷ **commission rogatoire** letters rogatory ▷ **commission temporaire** ad hoc committee

**commissionnaire** /kɔmisjɔnɛʀ/ NM a *(= livreur)* delivery boy; *(adulte)* delivery man; *(= messager)* messenger boy; *(adulte)* messenger; *(= chasseur)* page (boy); *(adulte)* commissionaire b *(= intermédiaire)* agent, broker ◆ **~ en douane** customs agent *ou* broker ◆ **~ de transport** forwarding agent ◆ **~ de roulage** carrier, haulage contractor *(Brit)*, haulier *(Brit)*

**commissionner** /kɔmisjɔne/ ▸ conjug 1 ◂ VT *(Comm, Jur = mandater)* to commission

**commissure** /kɔmisyʀ/ NF *(Anat, Bot)* commissure ◆ **la ~ des lèvres** the corner of the mouth

**commode** /kɔmɔd/ ADJ a *(= pratique) [appartement, meuble]* convenient; *[outil]* handy (*pour* for; *pour faire* for doing); *[itinéraire]* handy, convenient ◆ **ce pinceau n'est pas très ~ pour les coins** this brush isn't very practical for doing corners b *(= facile)* easy ◆ **ce n'est pas ~** it's not easy (*à faire* to do); ◆ **ce serait trop ~ !** that would be too easy! c *(† = souple) [morale, caractère]* easy-going ◆ **~ à vivre** easy to get along with *ou* get on *(Brit)* with ◆ **il n'est pas ~** *(= sévère)* he's so strict; *(= difficile)* he's really awkward *ou* difficult NF *(= meuble)* chest of drawers

**commodément** /kɔmɔdemɑ̃/ ADV *[porter]* conveniently; *[s'asseoir, vivre]* comfortably

**commodité** /kɔmɔdite/ NF a *(= confort)* convenience ◆ **pour plus de ~** for greater convenience ◆ **les ~s de la vie moderne** the conveniences *ou* comforts of modern life b *(= facilité)* **~ d'accès** ease of access c **~s** *(†† = toilettes)* toilet

**commotion** /komosjɔ̃/ **NF** *(= secousse)* shock ◆ ~ **cérébrale** concussion ◆ **les grandes ~s sociales** the great social upheavals

**commotionner** /komosjɔne/ ▸ conjug 1 ◂ **VT** *[secousse, nouvelle]* ◆ ~ **qn** to give sb a shock, to shake sb ◆ **être fortement commotionné par qch** to be badly *ou* severely shocked *ou* shaken by sth

**commuable** /kɔmɥabl/ **ADJ** *[peine]* commutable

**commuer** /kɔmɥe/ ▸ conjug 1 ◂ **VT** *[+ peine]* to commute (*en* to)

**commun, e**[1] /kɔmœ̃, yn/ GRAMMAIRE ACTIVE 32.5

**ADJ** **a** *(= collectif, de tous)* common; *(= fait ensemble) [décision, effort, réunion]* joint *(épith)* ◆ **pour le bien** ~ for the common good ◆ **dans l'intérêt** ~ in the common interest ◆ **ils ont une langue ~e qui est l'anglais** they have English as a common language ◆ **d'un ~ accord** of a common accord, of one accord; → **sens**

◆ **en commun** in common ◆ **faire la cuisine/les achats en** ~ to share (in) the cooking/the shopping ◆ **vivre en** ~ to live communally ◆ **faire une démarche en** ~ to take joint steps ◆ **mettre ses ressources en** ~ to share *ou* pool one's resources ◆ **tout mettre en** ~ to share everything ◆ **lui et moi avons en ~ une passion pour les chevaux** he and I share a love of horses ◆ **ces plantes ont en ~ de pousser sur les hauteurs** a feature that these plants have in common is that they grow at high altitudes

**b** *(= partagé) [élément]* common; *[pièce, cuisine]* communal, shared; *[dénominateur, facteur, angle]* common (*à* to); ◆ **ces deux maisons ont un jardin** ~ the two houses share the same garden ◆ **le jardin est ~ aux deux maisons** the garden is shared by the two houses ◆ **les parties ~es de l'immeuble** the communal parts of the building ◆ **tout est ~ entre eux** they share everything ◆ **un ami** ~ a mutual friend ◆ **la vie ~e** *[de couple]* conjugal life, life together; *[de communauté]* communal life ◆ **ils ont beaucoup de points ~s** they have a lot in common

**c** *(= comparable) [goût, intérêt, caractère]* common *(épith)* ◆ **ils n'ont rien de** ~ they have nothing in common ◆ **ce métal n'a rien de ~ avec l'argent** this metal has nothing in common with *ou* is nothing like silver ◆ **il n'y a pas de ~e mesure entre eux** there's no possible comparison between them; → **nom**

**d** *(= ordinaire) [accident, erreur]* common; *[opinion]* commonly held, widespread; *[métal]* common ◆ **peu** ~ out of the ordinary, uncommon ◆ **d'une force peu ~e** unusually *ou* uncommonly strong ◆ **il est ~ de voir...** it is quite common *ou* quite a common thing to see ...; → **lieu**[1]

**e** *(péj = vulgaire) [manières, voix, personne]* common

**NM** *(= le peuple)* ◆ **le ~ des mortels** ordinary mortals, the common run of people ◆ **le ~, les gens du** ~ † *(péj)* the common people *ou* herd

◆ **hors du commun** *[personne, destin]* extraordinary

**NMPL** **les communs** *(= bâtiments)* the outbuildings, the outhouses

**communal, e** (mpl **-aux**) /kɔmynal, o/ **ADJ** *[dépenses]* council *(épith) (Brit)*, community *(épith) (US)*; *[fête, aménagements]* local *(épith)* ◆ **l'école ~e, la ~e** * *(= bâtiment)* the local (primary) school, the local grade *ou* elementary school *(US)*; *(= éducation)* state education ◆ **les (terrains) communaux** common land ◆ **la maison ~e** *(Belg)* the Town Hall

**communard, e** /kɔmynaʀ, aʀd/ **ADJ** *(Hist)* of the Commune **NM,F** *(Hist)* communard; *(péj = communiste)* red *(péj)*, commie * *(péj)*

**communautaire** /kɔmynotɛʀ/ **ADJ** community *(épith)*; *(Pol) [droit, politique]* Community *(épith)* ◆ **le repli** ~ communitarism

**communautariser** /kɔmynotaʀize/ ▸ conjug 1 ◂ **VT** *[+ politique]* to Europeanize

**communautarisme** /kɔmynotaʀism/ **NM** communitarianism

**communautariste** /kɔmynotaʀist/ **ADJ** *[modèle, politique]* communitarian

**communauté** /kɔmynote/ **NF** **a** *(= similitude) [d'intérêts, culture]* community ◆ ~ **d'idées/de sentiments** shared ideas/feelings ◆ ~ **de langue** common *ou* shared language

**b** *(gén, Rel = groupe)* community ◆ **la ~ internationale/scientifique** the international/scientific community ◆ ~ **urbaine** urban community ◆ ~ **linguistique** speech community ◆ **vivre en** ~ to live in a commune ◆ **mettre qch en** ~ to pool sth

**c** *(Jur : entre époux)* **biens qui appartiennent à la** ~ joint estate *(of husband and wife)* ◆ **mariés sous le régime de la ~ (des biens)** married with a communal estate settlement ◆ ~ **légale** communal estate ◆ ~ **réduite aux acquêts** communal estate comprising only property acquired after marriage

**d** *(Pol)* **la Communauté économique européenne** the European Economic Community ◆ **la Communauté européenne de l'énergie atomique** the European Atomic Energy Community ◆ **les pays de la Communauté** the members of the Community ◆ **la Communauté des États indépendants** the Commonwealth of Independent States ◆ **la Communauté européenne du charbon et de l'acier** *(Hist)* the European Coal and Steel Community

**commune**[2] /kɔmyn/ **NF** **a** *(= ville)* town; *(= village)* village; *(= administration)* town (*ou* village) council, municipality *(Admin)* ◆ **sur toute l'étendue de la** ~ *(territoire)* throughout the entire district **b** *(Hist)* **la Commune** the Commune **c** *(Pol)* **la Chambre des ~s, les Communes** the (House of) Commons

> **Commune**
>
> The **commune** is the smallest administrative subdivision in France. There are 38,000 **communes** in all, 90% of them having less than 2,000 inhabitants. Several small villages may make up a single **commune.** Each **commune** is administered by a « maire », who is elected by the « conseil municipal ». The inhabitants of the **commune** vote for the « conseil municipal » in the « élections municipales ». → ARRONDISSEMENT, CANTON, DÉPARTEMENT, ÉLECTIONS, MAIRE

**communément** /kɔmynemɑ̃/ **ADV** commonly

**communiant, e** /kɔmynjɑ̃, jɑ̃t/ **NM,F** *(Rel)* communicant ◆ **(premier)** ~ young boy making his first communion ◆ **me voici en première ~e** this is me in my communion dress

**communicable** /kɔmynikabl/ **ADJ** *[expérience, sentiment]* which can be communicated; *[droit]* transferable; *[dossier]* which may be made available ◆ **ces renseignements ne sont pas ~s par téléphone** this information cannot be given over the telephone

**communicant, e** /kɔmynikɑ̃, ɑ̃t/ **ADJ** **a** *[pièces]* communicating *(épith)*; → **vase**[1] **b** *[entreprise]* that communicates effectively **NM,F** *(= communicateur)* communicator; *(dans un colloque)* speaker *(person giving a paper)*

**communicateur, -trice** /kɔmynikatœʀ, tʀis/ **ADJ** *(Tech) [fil, pièce]* connecting *(épith)* **NM,F** communicator

**communicatif, -ive** /kɔmynikatif, iv/ **ADJ** *[rire, ennui]* infectious; *[personne]* communicative

**communication** /kɔmynikasjɔ̃/ GRAMMAIRE ACTIVE 54.3, 54.6, 54.7 **NF** **a** *(gén, Philos = relation)* communication ◆ **il a des problèmes de** ~ he has trouble *ou* problems communicating ◆ **être en ~ avec** *[+ ami, société savante]* to be in communication *ou* contact with; *[+ esprit]* to communicate *ou* be in communication with ◆ **entrer en ~ avec** *[+ esprit, extraterrestre]* to communicate with; *[+ personne]* to get in touch *ou* contact with ◆ **mettre qn en ~ avec qn** to put sb in touch *ou* in contact with sb

**b** *(= transmission) [de fait, nouvelle]* communication; *[de dossier]* transmission ◆ **avoir ~ d'un fait** to be informed of a fact ◆ **demander ~ d'un dossier** to ask for a file ◆ **donner ~ d'une pièce** to communicate a document (*à qn* to sb); ◆ ~ **interne** *(en entreprise)* internal communications

**c** *(= message)* message, communication; *(à une conférence)* paper ◆ **j'ai une ~ importante à vous faire** I have an important announcement to make ◆ **faire une** ~ *[conférencier]* to read *ou* give a paper

**d** *(Téléc)* ~ **(téléphonique)** (telephone *ou* phone) call ◆ **être en** ~ to be on the (tele)phone (*avec qn* to sb); ◆ **entrer en ~ avec qn** to get through to sb (on the phone) ◆ **mettre qn en** ~ to put sb through (*avec* to) to connect sb (*avec* with); ◆ ~ **interurbaine** inter-city call, trunk call *(Brit)* ◆ ~ **à longue distance** long-distance call ◆ ~ **en PCV** reverse charge call *(Brit)*, collect call *(US)* ◆ ~ **avec préavis** personal call *(Brit)*, person-to-person call *(US)* ◆ **vous avez la** ~ you're through, I'm connecting you now ◆ **je n'ai pas pu avoir la** ~ I couldn't get through

**e** *(= moyen de liaison)* communication ◆ **les grands axes de** ~ the major communication routes ◆ **porte de** ~ communicating door ◆ **moyens de** ~ means of communication ◆ **toutes les ~s ont été coupées** all communications *ou* all lines of communication were cut off; → **voie**

**f** *(= relations publiques)* **la** ~ public relations ◆ **conseil(ler) en** ~ media *ou* communications consultant ◆ **action** *ou* **opération de** ~ public relations exercise ◆ **agence/groupe de** ~ communications firm/group ◆ **campagne de** ~ publicity campaign *ou* drive ◆ **groupe de** ~ communications group ◆ **le service de** ~ the PR department ◆ **un homme de** ~ a communicator

**communier** /kɔmynje/ ▸ conjug 7 ◂ **VI** *(Rel)* to receive communion ◆ ~ **sous les deux espèces** to receive communion under both kinds ◆ ~ **dans** *[+ sentiment]* to be united in ◆ ~ **avec** *[+ sentiment]* to share

**communion** /kɔmynjɔ̃/ **NF** *(Rel, fig)* communion ◆ **faire sa (première)** ~ *ou* **sa ~ privée** to make one's first communion ◆ ~ **solennelle** † solemn communion ◆ **être en ~ avec** *[+ personne]* to be in communion with; *[+ sentiments]* to be in sympathy with ◆ **il vit en ~ avec la nature** he is at one with nature ◆ **être en ~ d'esprit avec qn** to be of the same intellectual outlook as sb ◆ **la ~ des saints** the communion of the saints

**communiqué** /kɔmynike/ **NM** communiqué ◆ ~ **de presse** press release ◆ **selon un ~ officiel, ...** according to an official communiqué, ...

**communiquer** /kɔmynike/ ▸ conjug 1 ◂ **VT** **a** *[+ nouvelle, renseignement, demande]* to pass on (*à* to); *[+ dossier, document] (= donner)* to give (*à* to); *(= envoyer)* to send (*à* to); ◆ ~ **un**

**fait à qn** to inform sb of a fact ◆ **se ~ des renseignements** to exchange information

b *[+ enthousiasme, peur]* to communicate, to pass on (*à* to); *(Méd) [+ maladie]* to pass on, to give (*à qn* to sb)

c *[+ mouvement]* to communicate, to transmit, to impart (*à* to); *[+ lumière, chaleur]* to transmit (*à* to)

VI a *(= correspondre)* to communicate (*avec* with); ◆ **~ avec qn par lettre/téléphone** to communicate with sb by letter/phone ◆ **il communique bien** he's a good *ou* an effective communicator

b *[pièces, salles]* to communicate (*avec* with); ◆ **pièces qui communiquent** connecting rooms, rooms which communicate with one another ◆ **couloir qui fait ~ les chambres** corridor that links *ou* connects the rooms

VPR **se communiquer** *[feu, maladie]* **se ~ à** to spread to ◆ **son rire s'est communiqué aux autres** his laughter set the others off

**communisant, e** /kɔmynizɑ̃, ɑ̃t/ ADJ communistic NM,F communist sympathizer

**communisme** /kɔmynism/ NM communism

**communiste** /kɔmynist/ ADJ, NMF communist

> **Communiste**
>
> The Communist Party has played a far more influential role in French politics than in most other democracies. Evidence of the French Communist Party's importance can be seen in the « banlieues rouges » (Paris suburbs with communist mayors), in the party's annual festival (la « fête de l'Humanité ») which continues to draw huge crowds, and in its newspaper, « L'Humanité », which still has a wide circulation.

**commutable** /kɔmytabl/ ADJ ⇒ **commuable**

**commutateur** /kɔmytatœʀ/ NM *(Élec)* (changeover) switch, commutator; *(Téléc)* commutation switch; *(= bouton)* (light) switch

**commutatif, -ive** /kɔmytatif, iv/ ADJ *(Jur, Ling, Math)* commutative

**commutation** /kɔmytasjɔ̃/ NF *(Jur, Math)* commutation; *(Ling)* substitution, commutation; *(Élec)* commutation, switching ◆ **~ de peine** commutation of sentence *ou* penalty ◆ **~ des messages** *(Ordin)* message switching

**commutativité** /kɔmytativite/ NF *[d'élément]* commutative property, commutability; *[d'addition]* commutative nature

**commuter** /kɔmyte/ ▸ conjug 1 ◂ VT *(Math) [+ éléments]* to commute; *(Ling) [+ termes]* to substitute, to commute

**Comores** /kɔmɔʀ/ NFPL ◆ **les (îles) ~** the Comoro Islands, the Comoros

**comorien, -ienne** /kɔmɔʀjɛ̃, jɛn/ ADJ of *ou* from the Comoros NM,F **Comorien(ne)** inhabitant *ou* native of the Comoros

**compacité** /kɔ̃pasite/ NF *[de foule]* density; *[de véhicule, appareil]* compactness

**compact, e** /kɔ̃pakt/ ADJ *(= dense) [foule, substance]* dense; *[brouillard]* dense, thick; *[quartier]* closely *ou* densely built-up; *(= de faible encombrement) [véhicule, appareil, meuble]* compact; *[poudre]* pressed ◆ **disque ~, Compact Disc** ® compact disc; → **chaîne** NM a *(= chaîne hi-fi)* compact music system; *(= disque)* compact disc, CD ◆ **réédition en ~** CD re-release b *[de poudre]* powder compact c *(Photo)* compact camera NF **compacte** *(Aut)* compact car

**compactage** /kɔ̃paktaʒ/ NM *[de sol, ordures]* compaction; *(Ordin)* compressing

**compacter** /kɔ̃pakte/ ▸ conjug 1 ◂ VT *(gén)* to compact; *[+ données]* to compress

**compagne** /kɔ̃paɲ/ NF *(= camarade)* friend; *(† = épouse)* companion; *(= concubine)* partner; *[d'animal]* mate ◆ **~ de classe** classmate ◆ **~ de jeu** playmate

**compagnie** /kɔ̃paɲi/ NF a *(= présence, société)* company ◆ **il n'a pour toute ~ que sa vieille maman** he has only his old mother for company ◆ **ce n'est pas une ~ pour lui** he (*ou* she) is no company for him ◆ **en ~ de** *[+ personne]* in the company of, in company with; *[+ chose]* alongside, along with ◆ **il n'est heureux qu'en ~ de ses livres** he's only happy when (he's) surrounded by his books ◆ **en bonne/mauvaise/joyeuse ~** in good/bad/cheerful company ◆ **tenir ~ à qn** to keep sb company ◆ **être d'une ~ agréable** *ou* **de bonne ~** to be pleasant *ou* good company ◆ **voyager de ~** to travel together ◆ **aller de ~ avec** to go hand in hand with; → **fausser**

b *(= réunion)* gathering, party ◆ **bonsoir la ~ !** goodnight all!

c *(Comm)* company; *(= groupe de savants, écrivains)* body ◆ **~ d'assurances/théâtrale** insurance/theatrical company ◆ **~ aérienne/maritime** airline/shipping company ◆ **~ de chemin de fer** rail company ◆ **la banque X et ~** the X and company bank, the bank of X and company ◆ **tout ça, c'est voleurs et ~** * they're all a bunch* of thieves

d *(Mil)* company

COMP ▷ **compagnie de discipline** punishment company *(made up of convicted soldiers)* ▷ **la Compagnie des Indes** *(Hist)* the East India Company ▷ **la Compagnie de Jésus** the Society of Jesus ▷ **compagnie de perdreaux** covey of partridges ▷ **compagnies républicaines de sécurité** *state security police force in France*

**compagnon** /kɔ̃paɲɔ̃/ NM a *(= camarade, concubin, littér = époux)* companion; *(= écuyer)* companion ◆ **~ d'études** fellow student ◆ **~ de travail** workmate ◆ **~ d'exil/de misère/d'infortune** companion in exile/in suffering/in misfortune b *(= ouvrier)* journeyman ◆ **il a deux ~s** he has two employees *ou* two people working for him c *(= franc-maçon)* companion COMP ▷ **compagnon d'armes** companion- *ou* comrade-in-arms ▷ **compagnon de bord** shipmate ▷ **compagnon de jeu** playmate ▷ **Compagnon de la Libération** French Resistance fighter ▷ **compagnon de route** *(lit, Pol)* fellow traveller ▷ **compagnon de table** companion at table, table companion ▷ **compagnon du Tour de France, compagnon du voyage** journeyman *(touring France after his apprenticeship)* ▷ **compagnon de voyage** travelling companion, fellow traveller *(lit)*

**compagnonnage** /kɔ̃paɲɔnaʒ/ NM *(Hist)* ≈ (trade) guilds

**comparable** /kɔ̃paʀabl/ GRAMMAIRE ACTIVE 32.3 ADJ *[grandeur, élément, situation]* comparable (*à* to; *avec* with); ◆ **je n'avais jamais rien vu de ~** I'd never seen anything like it ◆ **ce n'est pas ~** there's (just) no comparison

**comparaison** /kɔ̃paʀɛzɔ̃/ GRAMMAIRE ACTIVE 53.5 NF a *(gén)* comparison (*à* to; *avec* with); ◆ **mettre qch en ~ avec** to compare sth with ◆ **faire une ~ entre X et Y** to compare X and Y, to make a comparison between X and Y ◆ **vous n'avez qu'à faire la ~** you only need to compare them ◆ **et c'est mieux ? – aucune ~ !** is it better? – (there's) no comparison! ◆ **ça ne soutient** *ou* **ne souffre pas la ~** that doesn't bear *ou* stand comparison ◆ **nous ne disposons d'aucun élément de ~** we have no point of comparison ◆ **~ n'est pas raison** *(Prov)* comparisons are odious

b *(Gram)* comparison ◆ **adjectif/adverbe de ~** comparative adjective/adverb

c *(Littérat)* simile, comparison

d *(loc)*

◆ **en comparaison (de)** in comparison (with)

◆ **par comparaison** by comparison (*avec, à* with)

◆ **sans comparaison** ◆ **il est sans ~ le meilleur** he is far and away the best ◆ **c'est sans ~ avec ...** it cannot be compared with ...

**comparaître** /kɔ̃paʀɛtʀ/ ▸ conjug 57 ◂ VI *(Jur)* to appear in court ◆ **~ devant un juge** to appear before a judge; → **citation, citer**

**comparant, e** /kɔ̃paʀɑ̃, ɑ̃t/ NM,F *(Jur)* party *(appearing in court)*

**comparatif, -ive** /kɔ̃paʀatif, iv/ ADJ *[publicité, étude]* comparative ◆ **essai ~** comparison test NM a *(Gram)* comparative ◆ **au ~** in the comparative ◆ **~ d'infériorité/de supériorité/d'égalité** comparative of lesser/greater/similar degree b *(= essai)* comparison test

**comparatisme** /kɔ̃paʀatism/ NM comparative studies, comparat(iv)ism

**comparatiste** /kɔ̃paʀatist/ ADJ, NMF comparatist

**comparativement** /kɔ̃paʀativmɑ̃/ ADV comparatively, by comparison ◆ **~ à** in comparison to *ou* with, compared to *ou* with

**comparé, e** /kɔ̃paʀe/ GRAMMAIRE ACTIVE 32.1, 53.5 (ptp de **comparer**) ADJ *[étude, littérature]* comparative

**comparer** /kɔ̃paʀe/ GRAMMAIRE ACTIVE 32.1, 32.4, 32.5 ▸ conjug 1 ◂ VT a *(= confronter)* to compare (*à, avec* with); ◆ **~ deux choses (entre elles)** to compare two things ◆ **vous n'avez qu'à ~** you've only to compare ◆ **comparé à** compared to *ou* with b *(= identifier)* to compare, to liken (*à* to); ◆ **Molière peut se ~** *ou* **être comparé à Shakespeare** Molière can be compared *ou* likened to Shakespeare ◆ **c'est un bon écrivain mais il ne peut quand même pas se ~ à X** he's a good writer but he still can't compare with X ◆ **il ose se ~ à Picasso** he dares to compare himself with Picasso ◆ **ça ne se compare pas** there's no comparison, they can't be compared

**comparse** /kɔ̃paʀs/ NMF *(Théât)* supernumerary, walk-on; *(péj)* associate, stooge * ◆ **rôle de ~** *(Théât)* walk-on part; *(péj)* minor part ◆ **nous n'avons là que les ~s, il nous faut le vrai chef** these are only the small fry, we want the real leader

**compartiment** /kɔ̃paʀtimɑ̃/ NM *(gén, Rail)* compartment; *[de damier]* square; *(Bourse)* section ◆ **~ à bagages** luggage compartment ◆ **~ à glace** freezer compartment ◆ **dans tous les ~s du jeu** in every area of the game

**compartimentage** /kɔ̃paʀtimɑ̃taʒ/ NM, **compartimentation** /kɔ̃paʀtimɑ̃tasjɔ̃/ NF *[d'armoire]* partitioning, compartmentation; *[d'administration, problème]* compartmentalization

**compartimenter** /kɔ̃paʀtimɑ̃te/ ▸ conjug 1 ◂ VT *[+ armoire]* to put compartments in; *[+ problème, administration]* to compartmentalize

**comparution** /kɔ̃paʀysjɔ̃/ NF *(Jur)* appearance in court ◆ **il sera jugé en ~ immédiate** he'll be tried immediately

**compas** /kɔ̃pɑ/ NM *(Géom)* (pair of) compasses; *(Naut)* compass ◆ **tracer qch au ~** to draw sth with (a pair of) compasses ◆ **avoir le ~ dans l'œil** to have an accurate eye; → **naviguer** COMP ▷ **compas à balustre** bow compass ▷ **compas d'épaisseur** callipers *(Brit)*, calipers *(US)* ▷ **compas à pointes sèches** dividers ▷ **compas quart de cercle** wing compass ▷ **compas de réduction** proportional dividers

**compassé, e** /kɔ̃pɑse/ ADJ *(= guindé)* formal, starchy

**compassion** /kɔ̃pɑsjɔ̃/ NF compassion ◆ **avec ~** compassionately

**compatibilité** /kɔ̃patibilite/ NF compatibility (*entre* between); ◆ **~ ascendante/descendante** *(Ordin)* upward/downward compatibility

**compatible** /kɔ̃patibl/ ADJ compatible (*avec* with); ◆ **difficilement/parfaitement ~s** hardly/perfectly *ou* fully compatible NM *(Ordin)* compatible (computer)

**compatir** /kɔ̃patiʀ/ ▸ conjug 2 ◂ VI to sympathize ◆ **~ à la douleur de qn** to share sb's grief

**compatissant, e** /kɔ̃patisɑ̃, ɑ̃t/ ADJ compassionate, sympathetic

**compatriote** /kɔ̃patʀijɔt/ NM compatriot, fellow countryman NF compatriot, fellow countrywoman

**compensable** /kɔ̃pɑ̃sabl/ ADJ a *[perte]* that can be compensated for (*par* by) b *[chèque]* **~ à Paris** to be cleared in Paris

**compensateur, -trice** /kɔ̃pɑ̃satœʀ, tʀis/ ADJ *[indemnité, élément, mouvement]* compensatory, compensating *(épith)* ◆ **repos ~** time off in lieu NM compensator ◆ **(pendule) ~** compensation pendulum

**compensation** /kɔ̃pɑ̃sasjɔ̃/ NF a *(= dédommagement)* compensation ◆ **donner qch en ~ d'autre chose** to give sth in compensation for sth else, to make up for sth with sth else ◆ **en ~ (des dégâts), à titre de ~ (pour les dégâts)** in compensation *ou* by way of compensation (for the damage) ◆ **c'est une piètre *ou* maigre ~ de le savoir** it's not much (of a) compensation to know that ◆ **il y en a peu mais en ~ c'est bon** there's not much of it but on the other hand *ou* but to make up for that it's good ◆ **avec une ~ salariale intégrale** pay fully made up to previous level ◆ **sans ~ salariale** without pay being made up to previous level

b *(= équilibre)* balance; *(= neutralisation)* balancing; *(Phys) [de forces]* compensation; *[de maladie, infirmité]* compensation; *(Naut) [de compas]* correction; *(Psych)* compensation; *[de dette]* set-off *(Brit)*, offsetting; *[de chèques]* clearing ◆ **loi de ~** *(Math)* law of large numbers ◆ **~ des dépens** *(Jur)* division *ou* sharing of the costs; → **chambre**

**compensatoire** /kɔ̃pɑ̃satwaʀ/ ADJ compensatory, compensating ◆ **droits ~s** *(Fin)* countervailing duties; → **montant**

**compensé, e** /kɔ̃pɑ̃se/ (ptp de **compenser**) ADJ *[gouvernail]* balanced; *[horloge]* compensated ◆ **chaussures à semelles ~es** platform shoes, shoes with platform soles

**compenser** /kɔ̃pɑ̃se/ ▸ conjug 1 ◂ VT *[+ perte, dégâts, baisse, effets négatifs]* to compensate for, to make up for, to offset; *[+ absence, handicap]* to make up for, to compensate for; *(Naut) [+ compas]* to correct ◆ **ceci devrait vous permettre de ~ le retard accumulé** this should allow you to make up for lost time ◆ **cette perte a été largement compensée par les gains ultérieurs** this loss was largely offset by later gains ◆ **pour ~** to compensate, to make up for it ◆ **~ les dépens** *(Jur)* to divide *ou* share the costs, to tax each party for its own costs

VPR **se compenser** ◆ **ses qualités et ses défauts se compensent** his qualities compensate for *ou* make up for his faults ◆ **les gains et les pertes se compensent** the gains and losses cancel each other out ◆ **forces qui se compensent** *(Phys)* compensating forces; → **ceci**

> ⚠ *Attention à ne pas traduire automatiquement* **compenser** *par* **to compensate**, *qui est d'un registre plus soutenu.*

**compère** /kɔ̃pɛʀ/ NM a *(gén = complice)* accomplice; *(aux enchères)* puffer b † *(= ami)* crony *, comrade; *(= personne, type)* fellow

**compère-loriot** (pl **compères-loriots**) /kɔ̃pɛʀlɔʀjo/ NM *(Méd = orgelet)* sty(e); *(Orn)* golden oriole

**compète** * /kɔ̃pɛt/ NF ⇒ **compétition**

**compétence** /kɔ̃petɑ̃s/ NF a *(= expérience)* competence (*en* in); ◆ **faire qch avec ~** to do sth competently ◆ **avoir des ~s** to be competent ◆ **faire appel à la ~ *ou* aux ~s d'un spécialiste** to call (up)on the skills of a specialist ◆ **savoir utiliser les ~s** to know how to put people's skills *ou* abilities to the best use b *(= personne)* specialist, expert c *(= rayon d'activité)* scope of activities, domain; *(Jur)* competence ◆ **~ territoriale** *(Jur)* jurisdiction ◆ **c'est de la ~ de ce tribunal** it's within the competence of this court ◆ **champ de ~** area of competence ◆ **ce n'est pas de ma ~, cela n'entre pas dans mes ~s** that's not (in) my sphere *ou* domain

**compétent, e** /kɔ̃petɑ̃, ɑ̃t/ ADJ a *(= capable)* competent, capable ◆ **~ en** competent in ◆ **très ~ en législation du travail** very well-versed in *ou* conversant with labour legislation ◆ **je ne suis pas ~ pour vous répondre** I'm not qualified to answer ◆ **elle est tout à fait ~e en la matière** she's well qualified to deal with this b *(= concerné) [service]* relevant, concerned *(attrib)*; *(Jur)* competent ◆ **adressez-vous à l'autorité ~e** apply to the authority concerned ◆ **être ~ pour faire qch** *[tribunal]* to have the jurisdiction to do sth

**compétiteur, -trice** /kɔ̃petitœʀ, tʀis/ NM,F competitor

**compétitif, -ive** /kɔ̃petitif, iv/ ADJ competitive

**compétition** /kɔ̃petisjɔ̃/ NF a *(Sport = activité)* **la ~** competitive sport ◆ **faire de la ~** to go in for competitive sports ◆ **la ~ automobile** motor racing ◆ **abandonner la ~** to retire from competitive sport, to stop going in for competitions ◆ **sport de ~** competitive sport b *(Sport = épreuve)* event ◆ **~ sportive** sporting event ◆ **une ~ automobile** a motor-racing event ◆ **film présenté hors ~** film presented out of competition c *(gén, Scol, Sport = rivalité)* competition *(NonC)*; *(Comm, Pol)* rivalry, competition *(NonC)* ◆ **entrer en ~ avec** to compete with ◆ **être en ~** to be competing, to be in competition (*avec* with)

**compétitivité** /kɔ̃petitivite/ NF competitiveness

**compil** * /kɔ̃pil/ NF abrév de **compilation**

**compilateur, -trice** /kɔ̃pilatœʀ, tʀis/ NM,F *(souvent péj)* compiler NM *(Ordin)* compiler ◆ **~ croisé** cross compiler

**compilation** /kɔ̃pilasjɔ̃/ NF a *(= action)* compiling, compilation; *[de textes, chansons]* compilation; *(péj = plagiat)* plagiarism ◆ **une ~ des meilleures chansons de Brel** the best of Brel b *(Ordin) [de programme]* compilation

**compiler** /kɔ̃pile/ ▸ conjug 1 ◂ VT a *[+ documents, chansons, ouvrage]* to compile b *(Ordin) [+ programme]* to compile

**complainte** /kɔ̃plɛ̃t/ NF *(Littérat, Mus)* lament

**complaire** /kɔ̃plɛʀ/ ▸ conjug 54 ◂ VT INDIR **complaire à** to (try to) please VPR **se complaire** ◆ **se ~ dans qch/à faire qch** to take pleasure in sth/in doing sth, to delight *ou* revel in sth/in doing sth

**complaisamment** /kɔ̃plɛzamɑ̃/ ADV *(avec obligeance)* obligingly, kindly; *(avec indulgence)* indulgently; *(avec fatuité)* complacently, smugly

**complaisance** /kɔ̃plɛzɑ̃s/ NF a *(= obligeance)* kindness (*envers* to, towards); *(= esprit accommodant)* accommodating attitude ◆ **il a eu la ~ de m'accompagner** *(frm)* he was kind *ou* good enough to accompany me ◆ **par ~** out of kindness

b *(= indulgence coupable)* indulgence, leniency; *(= connivence malhonnête)* connivance; *(= servilité)* servility, subservience; *[de conjoint trompé]* tacit consent ◆ **avoir des ~s pour qn** to treat sb indulgently ◆ **on a reproché à ce pays une certaine ~ à l'égard des terroristes** the country has been criticized for taking a soft line on terrorism ◆ **la commission d'enquête a fait son travail sans ~** the commission of enquiry has done its job very thoroughly ◆ **sourire de ~** polite smile ◆ **certificat *ou* attestation de ~** medical *ou* doctor's certificate *(issued for non-genuine illness to oblige a patient)* ◆ **billet de ~** *(Comm)* accommodation bill; → **pavillon**

c *(= fatuité)* self-satisfaction, complacency ◆ **il parlait avec ~ de ses succès** he spoke smugly about his successes

**complaisant, e** /kɔ̃plɛzɑ̃, ɑ̃t/ ADJ a *(= obligeant)* kind, obliging; *(= arrangeant)* accommodating b *(= trop indulgent)* indulgent, lenient; *(= trop arrangeant)* over-obliging; *(= servile)* subservient ◆ **c'est un mari ~** he turns a blind eye to his wife's goings-on ◆ **prêter une oreille ~e à qn/qch** to listen to sb/sth readily, to lend a willing ear to sb/sth c *(= fat)* smug, complacent

**complément** /kɔ̃plemɑ̃/ NM a *(gén, Bio, Math, Ordin)* complement; *(= reste)* rest, remainder ◆ **~ d'information** further *ou* additional information *(NonC)* ◆ **en ~ de** in addition to b *(Gram) (gén)* complement; *(= complément d'objet)* object ◆ **~ circonstanciel de lieu/de temps** adverbial phrase of place/time ◆ **~ (d'objet) direct/indirect** direct/indirect object ◆ **~ d'agent** agent ◆ **~ de nom** possessive phrase

**complémentaire** /kɔ̃plemɑ̃tɛʀ/ ADJ *(gén, Math)* complementary; *(= additionnel)* supplementary ◆ **nos caractères sont ~s** we complement each other ◆ **couleurs ~s** complementary colours ◆ **pour tout renseignement ~** for any further *ou* additional information; → **cours** NM *(Math)* complement

**complémentarité** /kɔ̃plemɑ̃taʀite/ NF complementarity, complementary nature

**complet, -ète** /kɔ̃plɛ, ɛt/ ADJ a *(= exhaustif, entier) (gén)* complete, full; *[rapport, analyse]* comprehensive, full ◆ **procéder à un examen ~ de qch** to make a full *ou* thorough examination of sth ◆ **il reste encore trois tours/jours ~s** there are still three complete *ou* full laps/three full *ou* whole days to go ◆ **pour vous donner une idée complète de la situation** to give you a fuller idea of the situation ◆ **les œuvres complètes de Voltaire** the complete works of Voltaire ◆ **le dossier est-il ~ ?** is the file complete? ◆ **une collection très complète** a very comprehensive *ou* full collection ◆ **la lecture complète de ce livre prend deux heures** it takes two hours to read this book right through *ou* from cover to cover; → **aliment, pension, riz**

b *(= total) [échec, obscurité]* complete, total, utter; *[découragement]* complete, total ◆ **dans la misère la plus complète** in the most abject poverty ◆ **l'aviron est un sport très ~**

rowing exercises your whole body ◆ **c'est ~ !** * that's all we needed!

c *(après nom = consommé) [homme]* complete ◆ **c'est un athlète ~** he's an all-round athlete

d *(= plein) [autobus, train]* full, full up *(attrib)* ◆ **"complet"** *(écriteau) [hôtel]* "no vacancies"; *[parking]* "full"; *[cinéma]* "sold out"; *[match]* "ground full" ◆ **le théâtre affiche ~ tous les soirs** the theatre has a full house every evening

NM *(= costume)* ◆ **~(-veston)** suit

LOC ADV **au (grand) complet** ◆ **maintenant que nous sommes au ~** now that we are all here ◆ **le groupe/bureau au grand ~** the whole *ou* entire group/office

**complètement** /kɔ̃plɛtmɑ̃/ ADV a *(= en entier) [démonter, nettoyer, repeindre]* completely; *[lire]* right through, from cover to cover; *[citer]* in full ◆ **~ nu** completely *ou* stark naked ◆ **~ trempé/terminé** completely soaked/finished ◆ **~ équipé** fully equipped ◆ **écouter ~ un CD** to listen to a CD right through, to listen to the whole of a CD b *(= absolument) [fou]* completely, absolutely; *[faux]* completely, absolutely, utterly; *[découragé]* completely, totally ◆ **je suis ~ d'accord avec vous** I totally agree with you c *(= à fond) [étudier, faire une enquête]* fully, thoroughly

**compléter** /kɔ̃plete/ ► conjug 6 ◄ VT a *(= terminer, porter au total voulu) [+ somme, effectifs]* to make up; *[+ mobilier, collection, dossier]* to complete ◆ **pour ~ votre travail/l'ensemble ...** to complete your work/the whole ... ◆ **il compléta ses études en suivant un cours d'informatique** he completed *ou* finished off his studies by taking a computing course ◆ **et pour ~ le tableau, il arriva en retard !** and to crown *ou* top it all, he arrived late! b *(= augmenter) [+ formation]* to complement, to supplement; *[+ connaissances, documentation, collection]* to supplement, to add to; *[+ mobilier, garde-robe]* to add to ◆ **sa collection se complète lentement** his collection is slowly building up VPR **se compléter** *[caractères, personnes, fonctions]* to complement one another

**complétif, -ive** /kɔ̃pletif, iv/ ADJ substantival NF **complétive** ◆ **(proposition) complétive** noun *ou* substantival clause

**complétude** /kɔ̃pletyd/ NF completeness

**complexe** /kɔ̃plɛks/ ADJ complex NM a *(Psych)* complex ◆ **~ d'Œdipe/d'infériorité/de supériorité** Oedipus/inferiority/superiority complex ◆ **faire des ~s, être bourré de ~s** * to have loads of hang-ups * ◆ **elle fait un ~ sur la taille de sa poitrine** she's got a complex about the size of her breasts ◆ **il est vraiment sans ~** *(hum)* he's got a nerve * ◆ **c'est une équipe de France sans ~ qui va jouer ce soir** the French team are in a very relaxed frame of mind for tonight's match b *(Écon : industriel, universitaire, touristique)* complex ◆ **~ routier** road network ◆ **~ hôtelier/sportif** hotel/sports complex c *(Chim, Math)* complex

**complexer** /kɔ̃plɛkse/ ► conjug 1 ◄ VT ◆ **ça le complexe terriblement** he's very hung-up * about it ◆ **être très complexé** to be very hung-up * *ou* mixed up * (*par* about)

**complexification** /kɔ̃plɛksifikasjɔ̃/ NF increasing complexity ◆ **cela entraîne une ~ des rapports sociaux** this makes social relationships more and more complex *ou* increasingly complex

**complexifier** /kɔ̃plɛksifje/ ► conjug 7 ◄ VT to make more complex, to complicate VPR **se complexifier** to become more complex *ou* complicated

**complexion** †† /kɔ̃plɛksjɔ̃/ NF *(= constitution)* constitution; *(= teint)* complexion; *(= humeur)* disposition, temperament

**complexité** /kɔ̃plɛksite/ NF complexity

**complication** /kɔ̃plikasjɔ̃/ NF *(= ennui)* complication; *(= complexité)* complexity ◆ **~s** *(Méd)* complications ◆ **faire des ~s** to make life difficult *ou* complicated

**complice** /kɔ̃plis/ ADJ a ◆ **être ~ de qch** to be (a) party to sth b *[regard, sourire]* knowing *(épith)*, of complicity *(attrib)*; *[attitude]* conniving ◆ **la nuit ~ protégeait leur fuite** *(littér)* the friendly night conspired to shelter their flight *(littér)* ◆ **on est très ~s** *[amis]* we're very close, we understand each other completely NMF a *(= criminel)* accomplice ◆ **être (le) ~ de qn** to be sb's accomplice, to be in collusion with sb ◆ **être ~ d'un meurtre** to be an accessory *ou* an accomplice to murder ◆ **~ par instigation/par assistance** accessory before/after the fact b *(dans un adultère) (Jur)* co-respondent; *(= amant)* lover; *(= maîtresse)* mistress c *(= compère) [de farce, projet]* partner ◆ **mon vieux ~** *(hum)* my old partner-in-crime *(hum)*

**complicité** /kɔ̃plisite/ NF a *(pour un crime, un forfait)* complicity ◆ **agir en ~ avec** to act in complicity *ou* collusion with ◆ **accusé de ~ de vol** accused of aiding and abetting a theft *ou* of being an accessory to theft b *(= bonne entente)* closeness, complicity ◆ **grâce à la ~ qui existe entre eux** because they're so close, because of the complicity between them

**complies** /kɔ̃pli/ NFPL compline

**compliment** /kɔ̃plimɑ̃/ NM a *(= louange)* compliment ◆ **elle rougit sous le ~** she blushed at the compliment ◆ **faire un ~ à qn** to pay sb a compliment ◆ **faire des ~s à qn sur sa bonne mine, faire ~ à qn de sa bonne mine** to compliment sb on how well they look ◆ **il lui fait sans cesse des ~s** he's always paying her compliments

b *(= félicitations)* **~s** congratulations ◆ **recevoir les ~s de qn** to receive sb's congratulations, to be congratulated by sb ◆ **faire des ~s à qn** to congratulate sb (*pour* on); ◆ **(je vous fais) mes ~s !** *(lit ou iro)* congratulations!, well done!

c *(= formule de politesse)* **~s** compliments ◆ **avec les ~s de la direction** with the compliments of the management ◆ **faites-lui mes ~s** give him my regards

d *(= petit discours)* congratulatory speech

**complimenter** /kɔ̃plimɑ̃te/ ► conjug 1 ◄ VT a *(= louanger)* to compliment (*pour, sur, de* on) b *(= féliciter)* to congratulate (*pour, sur, de* on)

**compliqué, e** /kɔ̃plike/ (ptp de **compliquer**) ADJ a *(= complexe)* complicated ◆ **ne sois pas si ~ !** don't make life so difficult! ◆ **puisque tu refuses, ce n'est pas ~, moi je pars** since you refuse, that makes it easy *ou* that simplifies things– I'm leaving ◆ **il ne m'écoute jamais, c'est pas ~ !** * it's quite simple, he never listens to a word I say! ◆ **cette histoire est d'un ~ !** what a complicated story! b *[fracture]* compound *(épith)*

**compliquer** /kɔ̃plike/ ► conjug 1 ◄ VT to complicate ◆ **il nous complique l'existence** *ou* **la vie** he makes life difficult *ou* complicated for us ◆ **~ les choses** to complicate matters VPR **se compliquer** a *[situation, problème]* to become *ou* get complicated ◆ **ça se complique** things are getting more and more complicated b *[personne]* **se ~ l'existence** to make life difficult *ou* complicated for o.s.

**complot** /kɔ̃plo/ NM plot ◆ **~ contre la sûreté de l'État** plot to destabilize national security ◆ **mettre qn dans le ~** * to let sb in on the plot ◆ **c'est un véritable ~ contre moi !** it's a conspiracy!

**comploter** /kɔ̃plɔte/ ► conjug 1 ◄ VTI to plot (*de faire* to do; *contre* against); ◆ **qu'est-ce que vous complotez ?** * what are you up to?

**comploteur, -euse** /kɔ̃plɔtœʀ, øz/ NM,F plotter

**componction** /kɔ̃pɔ̃ksjɔ̃/ NF *(péj)* (affected) gravity; *(Rel)* contrition ◆ **avec ~** solemnly, with a great show of dignity

**comportement** /kɔ̃pɔʀtəmɑ̃/ NM behaviour *(Brit)*, behavior *(US)* (*envers, avec* towards); *[de matériel, pneus, monnaie]* performance ◆ **~ d'achat** buying patterns ◆ **~ alimentaire** eating habits ◆ **troubles du ~ alimentaire** eating disorder ◆ **~ politique** *(= habitudes de vote)* voting behaviour ◆ **~ sexuel** sexual behaviour

**comportemental, e** (mpl **-aux**) /kɔ̃pɔʀtəmɑ̃tal, o/ ADJ behavioural *(Brit)*, behavioral *(US)*

**comportementalisme** /kɔ̃pɔʀtəmɑ̃talism/ NM behaviourism *(Brit)*, behaviorism *(US)*

**comportementaliste** /kɔ̃pɔʀtəmɑ̃talist/ ADJ, NMF behaviourist *(Brit)*, behaviorist *(US)*

**comporter** /kɔ̃pɔʀte/ ► conjug 1 ◄ VT a *(= consister en)* to be composed of, to be made up of, to consist of, to comprise ◆ **ce roman comporte deux parties** this novel is in two parts ◆ **la maison comporte 5 pièces et une cuisine** the house comprises 5 rooms and a kitchen ◆ **l'exposition comporte 35 tableaux** the exhibition consists of 35 paintings

b *(= être muni de)* to have, to include ◆ **son livre comporte une préface** his book has *ou* includes a preface ◆ **cette machine ne comporte aucun dispositif de sécurité** this machine has no safety mechanism ◆ **cette règle comporte des exceptions** there are certain exceptions to this rule

c *(= impliquer) [+ risques]* to entail, to involve ◆ **je dois accepter avec tout ce que cela comporte (de désavantages)** I must accept with all (the disadvantages) that it entails *ou* involves

VPR **se comporter** a *(= se conduire)* to behave ◆ **se ~ en** *ou* **comme un enfant gâté** to behave *ou* act like a spoilt child ◆ **il s'est comporté d'une façon odieuse** he behaved horribly (*avec* towards)

b *(= réagir) [personne]* to behave; *[machine, voiture]* to perform ◆ **comment s'est-il comporté après l'accident ?** how did he behave after the accident? ◆ **notre équipe s'est très bien comportée** our team played *ou* acquitted itself very well, our team put up a good performance ◆ **comment le matériel s'est-il comporté en altitude ?** how did the equipment perform at high altitude? ◆ **ces pneus se comportent très bien sur chaussée glissante** these tyres perform very well on slippery roads ◆ **le franc se comporte bien aujourd'hui** *(Bourse)* the franc is performing *ou* doing well today

**composant, e** /kɔ̃pozɑ̃, ɑ̃t/ ADJ, NM component, constituent ◆ **~s électroniques** electronic components NF **composante** *(gén, Phys)* component ◆ **les diverses ~es du parti** *(Pol)* the various elements in the party

**composé, e** /kɔ̃poze/ (ptp de **composer**) ADJ a *(Chim, Gram, Math, Mus)* compound *(épith)*; *(Bot) [fleur]* composite *(épith)*; *[feuille]* compound *(épith)*; *[bouquet, salade]* mixed; → **passé** b *(= guindé) [maintien, attitude]* studied NM *(Chim, Gram)* compound; *(fig)* combination, mixture NF **composée** *(Bot)* composite ◆ **~es** composites, Compositae *(SPÉC)*

**composer** /kɔ̃poze/ ► conjug 1 ◄ VT a *(= confectionner) [+ plat, médicament]* to make (up);

*[+ équipe sportive]* to select, to put together; *[+ assemblée, équipe scientifique]* to form, to set up
**b** *(= élaborer) [+ poème, lettre]* to write, to compose; *[+ musique]* to compose; *[+ tableau]* to paint; *[+ programme]* to work out, to draw up
**c** *[+ numéro de téléphone]* to dial; *[+ code]* to enter
**d** *(= disposer) [+ bouquet]* to arrange, to make up; *[+ vitrine]* to arrange, to lay out
**e** *(= constituer) [+ ensemble, produit, groupe]* to make up; *[+ assemblée]* to form, to make up ◆ **pièces qui composent une machine** parts which (go to) make up a machine ◆ **ces objets composent un ensemble harmonieux** these objects form *ou* make a harmonious group ◆ **être composé de** to be composed of, to be made up of, to consist of ◆ **notre équipe est composée à 70% de femmes** our team is 70% women, 70% of our team are women ◆ **composé à 50% de papier recyclé** made of 50% recycled paper
**f** *(Typo)* to set
**g** *(frm = étudier artificiellement)* ~ **son visage** to compose one's features ◆ ~ **ses gestes** to use affected gestures ◆ **il s'était composé un personnage de dandy** he had established his image as that of a dandy ◆ **se ~ un visage de circonstance** to assume a suitable expression
**VI** **a** *(Scol)* to do a test ◆ ~ **en anglais** to take *ou* sit *(surtout Brit)* an English test
**b** *(= traiter)* to compromise ◆ ~ **avec** *[+ adversaire]* to come to terms with, to compromise with
**VPR** **se composer** *(= consister en)* ◆ **se ~ de, l'exposition se compose principalement de photographies** the exhibition consists mainly of photographs

**composite** /kɔ̃pozit/ **ADJ** **a** *(= hétérogène) [éléments, mobilier, matériau, groupe]* composite; *[public]* mixed; *[foule]* motley *(épith)* **b** *(Archit)* composite **NM** *(Archit)* composite order; *(= matériau)* composite

**compositeur, -trice** /kɔ̃pozitœʀ, tʀis/ **NM,F** *(Mus)* composer; *(Typo)* typesetter, compositor; → **amiable**

**composition** /kɔ̃pozisjɔ̃/ **NF** **a** *(= confection) [de plat, médicament]* making(-up); *[d'assemblée]* formation, setting-up; *[d'équipe sportive]* selection; *[d'équipe de chercheurs]* setting-up; *[de bouquet, vitrine]* arranging ◆ **les boissons qui entrent dans la ~ du cocktail** the drinks that go into the cocktail; → **rôle**
**b** *(= élaboration) [de lettre, poème]* writing, composition; *[de symphonie]* composition; *[de tableau]* painting ◆ **une œuvre de ma ~** a work of my own composition
**c** *(= œuvre) (musicale, picturale)* composition; *(architecturale)* structure ◆ ~ **florale** flower arrangement
**d** *(= structure) [de plan, ensemble]* structure ◆ **quelle est la ~ du passage ?** what is the structure of the passage? ◆ **la répartition des masses dans le tableau forme une ~ harmonieuse** the distribution of the masses in the picture makes for a harmonious composition
**e** *(= constituants) [de mélange]* composition; *[d'équipe, assemblée]* composition, line-up ◆ **quelle est la ~ du gâteau ?** what is the cake made of?, what ingredients go into the cake? ◆ **la nouvelle ~ du Parlement européen** the new line-up in the European Parliament
**f** *(Scol = examen)* test ◆ ~ **de français** *(en classe)* French test *ou* exam; *(à l'examen)* French paper ◆ ~ **française** *(= rédaction)* French essay *ou* composition
**g** *(Typo)* typesetting, composition
**h** *(loc)* **venir à ~** to come to terms ◆ **amener qn à ~** to get sb to come to terms ◆ **être de bonne ~** to be good-natured

**compost** /kɔ̃pɔst/ **NM** compost

**compostage** /kɔ̃pɔstaʒ/ **NM** **a** *(pour mettre une date)* (date) stamping; *(= poinçonnage)* punching **b** *(Agr)* composting

**composter** /kɔ̃pɔste/ ▸ conjug 1 ◂ **VT** **a** *(= dater)* to (date) stamp; *(= poinçonner)* to punch ◆ **n'oubliez pas de ~ votre billet** don't forget to punch your ticket **b** *(Agr)* to compost

**composteur** /kɔ̃pɔstœʀ/ **NM** *(= timbre dateur)* date stamp; *(= poinçon)* ticket punching machine; *(Typo)* composing stick

**compote** /kɔ̃pɔt/ **NF** stewed fruit, compote ◆ ~ **de pommes/de poires** stewed apples/pears, compote of apples/pears ◆ **j'ai les jambes en ~** * *(de fatigue)* my legs are killing me *; *(par l'émotion, la maladie)* my legs are like jelly *ou* cotton wool *(Brit)* ◆ **il a le visage en ~** * his face is black and blue *ou* is a mass of bruises

**compotier** /kɔ̃pɔtje/ **NM** fruit dish *ou* bowl

**compréhensibilité** /kɔ̃pʀeɑ̃sibilite/ **NF** *[de texte]* comprehensibility

**compréhensible** /kɔ̃pʀeɑ̃sibl/ **ADJ** *(= clair)* comprehensible, easily understood; *(= concevable)* understandable

**compréhensif, -ive** /kɔ̃pʀeɑ̃sif, iv/ **ADJ** **a** *(= tolérant)* understanding **b** *(Logique)* comprehensive

> ⚠ *Au sens de 'tolérant',* **compréhensif** *ne se traduit pas par* **comprehensive**, *qui a le sens de 'complet'.*

**compréhension** /kɔ̃pʀeɑ̃sjɔ̃/ **NF** **a** *(= indulgence)* understanding **b** *(= fait ou faculté de comprendre)* understanding, comprehension ◆ **pour faciliter la ~ du formulaire** to make it easier to understand the form ◆ ~ **orale/écrite** *(Scol)* listening *ou* aural/reading comprehension ◆ **exercice de ~** comprehension exercise **c** *(= clarté)* understanding, intelligibility **d** *(Logique, Ling, Math)* comprehension

**comprendre** /kɔ̃pʀɑ̃dʀ/ GRAMMAIRE ACTIVE 53.1 ▸ conjug 58 ◂ **VT** **a** *[+ problème, langue]* to understand; *[+ plaisanterie]* to understand, to get *; *[+ personne] (ce qu'elle dit ou écrit)* to understand ◆ **je ne le comprends pas/je ne comprends pas ce qu'il dit, il parle trop vite** I can't understand him/I can't make out *ou* understand what he says, he speaks too quickly ◆ **vous m'avez mal compris** you've misunderstood me ◆ **il comprend mal ce qu'on lui dit** he doesn't understand what he is told ◆ **il ne comprend pas l'allemand** he doesn't understand German ◆ ~ **la vie/les choses** to understand life/things ◆ **il ne comprend pas la plaisanterie** he can't take a joke ◆ **il ne comprend rien à rien** he hasn't a clue about anything, he doesn't understand a thing (about anything) ◆ **c'est à n'y rien ~** it's completely baffling, it's beyond me ◆ **tu n'as rien compris au film !** * you haven't got a clue ! * ◆ **dois-je ~ que ... ?** am I to take it *ou* understand that ...? ◆ **oui, enfin, je me comprends** well, I know what I mean ◆ **il comprend vite** he's quick, he catches on fast ◆ **tu comprends, ce que je veux c'est ...** you see, what I want is ... ◆ **il a bien su me faire ~ que je le gênais** he made it quite clear *ou* plain to me that I was annoying him
◆ **se faire comprendre** to make o.s. understood ◆ **il est difficile de bien se faire ~** it's difficult to get one's ideas across *(de qn* to sb) ◆ **j'espère que je me suis bien fait ~** I hope I've made myself quite clear
**b** *(= être compréhensif envers) [+ personne]* to understand ◆ **j'espère qu'il comprendra** I hope he'll understand ◆ ~ **les jeunes/les enfants** to understand young people/children ◆ **je le comprends, il en avait assez** I can understand him *ou* I know just how he felt – he'd had enough
**c** *(= concevoir) [+ attitude, point de vue]* to understand ◆ **je comprends mal son attitude** I find it hard to understand his attitude ◆ **c'est comme ça que je comprends les vacances** that's what I think of as a holiday ◆ **c'est comme ça que je comprends le rôle de Hamlet** that's how I see *ou* understand the role of Hamlet ◆ **ça se comprend, il voulait partir** it's quite understandable *ou* it's perfectly natural, he wanted to go ◆ **nous comprenons vos difficultés mais nous ne pouvons rien faire** we understand *ou* appreciate your difficulties but there's nothing we can do
**d** *(= se rendre compte de)* to realize, to understand *(pourquoi* why; *comment* how); ◆ **il n'a pas encore compris la gravité de son acte** he hasn't yet understood *ou* grasped the seriousness of what he did ◆ **j'ai compris ma douleur** * I realized what I'd let myself in for * ◆ **il m'a fait ~ que je devais faire attention** he made me realize that I should be careful ◆ **il a enfin compris qu'elle ne voulait pas revenir** he finally understood that she didn't want to come back
**e** *(= être composé de)* to be composed of, to be made up of, to consist of, to comprise; *(= être muni de, inclure)* to include ◆ **ce manuel comprend 3 parties** this textbook is composed of *ou* is made up of *ou* comprises 3 parts ◆ **cet appareil comprend en outre un flash** this camera also has *ou* comes with a flash ◆ **le loyer ne comprend pas le chauffage** the rent doesn't include *ou* cover heating, the rent is not inclusive of heating ◆ **je n'ai pas compris là-dedans les frais de déménagement** I haven't included the removal expenses

**comprenette** * /kɔ̃pʀənɛt/ **NF** ◆ **il est dur** *ou* **lent à la ~, il a la ~ difficile** he's slow on the uptake *, he's slow to catch on *

**compresse** /kɔ̃pʀɛs/ **NF** compress

**compresser** /kɔ̃pʀese/ ▸ conjug 1 ◂ **VT** *(gén)* to squash; *(Tech)* to compress; *(Ordin, Téléc) [+ images, données, signaux]* to compress; *[+ coûts, dépenses]* to cut, to reduce ◆ **des vêtements compressés dans une valise** clothes squashed *ou* crammed into a suitcase

**compresseur** /kɔ̃pʀesœʀ/ **NM** compressor; → **rouleau**

**compressibilité** /kɔ̃pʀesibilite/ **NF** *(Phys)* compressibility ◆ **la ~ des dépenses** *(Fin)* the extent to which expenses can be reduced *ou* cut

**compressible** /kɔ̃pʀesibl/ **ADJ** *(Phys)* compressible; *[dépenses]* reducible ◆ **ces dépenses ne sont pas ~s à l'infini** these costs cannot be reduced *ou* cut down indefinitely ◆ **20 ans de prison non ~s** a 20 year jail sentence without remission

**compressif, -ive** /kɔ̃pʀesif, iv/ **ADJ** *[pansement]* compressive

**compression** /kɔ̃pʀesjɔ̃/ **NF** **a** *(= action) [de gaz, substance]* compression; *[de dépenses, personnel]* reduction, cutback, cutting-down *(de* in); *(Ordin)* compression ◆ ~ **numérique** digital compression ◆ **procéder à des ~s de crédits** to set up credit restrictions *ou* a credit squeeze ◆ **~s budgétaires** cutbacks in spending, budget restrictions *ou* cuts ◆ ~ **des profits** squeeze on profits, reduction in profits ◆ ~ **des coûts** cost-cutting *(NonC)* ◆ **des mesures de ~ sont nécessaires** restrictions *ou* cutbacks are needed **b** *(Aut, Phys = pression)* compression ◆ **pompe de ~** compression pump ◆ **meurtri par ~** bruised by crushing ◆ **point de ~** *(Méd)* pressure point

**comprimé** /kɔ̃pʀime/ **NM** *(Pharm)* tablet ◆ **médicament en ~s** medicine in tablet form

**comprimer** /kɔ̃pʀime/ ► conjug 1 ◄ **VT** **a** *(= presser) [+ air, gaz, artère]* to compress; *[+ substance à emballer]* to press *ou* pack tightly together ◆ **sa ceinture lui comprimait l'estomac** his belt was pressing *ou* digging into his stomach ◆ **ces chaussures me compriment les pieds** these shoes pinch my feet ◆ **nous étions tous comprimés dans la voiture** we were all jammed together* *ou* packed tightly together in the car; → **air**[1] **b** *(= réduire) [+ dépenses, personnel]* to cut down *ou* back, to reduce; *(Ordin)* to compress **c** *(= contenir) [+ larmes, colère, sentiments]* to hold back, to hold in check

**compris, e** /kɔ̃pʀi, iz/ (ptp de **comprendre**) **ADJ** **a** *(= inclus)* **10 € emballage ~** €10 inclusive of *ou* including packaging, €10 packaging included ◆ **10 € emballage non ~** €10 exclusive of *ou* excluding *ou* not including packaging ◆ **service ~** service included ◆ **service non ~** service not included, service extra ◆ **tout ~** all inclusive, everything included ◆ **c'est 20 € tout ~** it's €20 all inclusive *ou* all in* ◆ **il va vendre ses terres, la ferme comprise/non comprise** he's selling his land including/excluding the farm

**b** ◆ **100 € y ~ l'électricité** *ou* **électricité ~e** €100 including electricity *ou* electricity included ◆ **y ~ moi** myself included, including me *ou* myself

**c** *(= situé)* **être ~ entre** to be contained between *ou* by, to be bounded by ◆ **la zone ~e entre les falaises et la mer** the area (lying) between the cliffs and the sea, the area bounded by the cliffs and the sea ◆ **tous les chapitres qui sont ~ entre les pages 12 et 145** all the chapters (which are) contained *ou* included in pages 12 to 145

**d** *(= d'accord)* **(c'est) ~ !** (it's) agreed! ◆ **alors c'est ~, on se voit demain** so it's agreed then, we'll see each other tomorrow ◆ **tu t'y mets tout de suite, ~ !** start right away, understand? *ou* is that understood?

**compromettant, e** /kɔ̃pʀɔmetɑ̃, ɑ̃t/ **ADJ** compromising ◆ **signer cette pétition, ce n'est pas très ~** you won't commit yourself to very much by signing this petition, there's no great commitment involved in signing this petition ◆ **un homme ~** *(péj)* an undesirable associate

**compromettre** /kɔ̃pʀɔmɛtʀ/ ► conjug 56 ◄ **VT** *[+ personne, réputation]* to compromise; *[+ avenir, chances, santé]* to compromise, to jeopardize **VPR** **se compromettre** *(= s'avancer)* to commit o.s.; *(= se discréditer)* to compromise o.s. ◆ **se ~ dans une affaire louche** to get mixed up *ou* involved in a shady deal

**compromis, e** /kɔ̃pʀɔmi, iz/ (ptp de **compromettre**) **ADJ** ◆ **être ~** *[personne, réputation]* to be compromised; *[avenir, projet, chances]* to be jeopardized *ou* in jeopardy ◆ **notre sortie/collaboration me semble bien** *ou* **très ~e** our trip/continuing collaboration looks very doubtful to me ◆ **un ministre serait ~ dans cette affaire** a minister is alleged to be involved in the affair **NM** compromise ◆ **solution de ~** compromise solution ◆ **~ de vente** (provisional) sales agreement ◆ **trouver un ~ (entre)** to find *ou* reach a compromise (between)

**compromission** /kɔ̃pʀɔmisjɔ̃/ **NF** dishonest compromise ◆ **c'est là une ~ avec votre conscience** now you're compromising with your conscience

**compta*** /kɔ̃ta/ **NF** abrév de **comptabilité**

**comptabilisation** /kɔ̃tabilizasjɔ̃/ **NF** *(Fin)* posting

**comptabiliser** /kɔ̃tabilize/ ► conjug 1 ◄ **VT** *(= compter)* to count; *(Fin)* to post ◆ **tous les chômeurs ne sont pas comptabilisés dans les statistiques** not all the unemployed are included in the statistics

**comptabilité** /kɔ̃tabilite/ **NF** *(= science)* accountancy, accounting; *(d'une petite entreprise)* book-keeping; *(= comptes)* accounts, books; *(= bureau, service)* accounts office *ou* department; *(= profession)* accountancy, accounting ◆ **il s'occupe de la ~ de notre entreprise** he does the accounting *ou* keeps the books for our firm ◆ **~ analytique** cost accounting ◆ **~ publique** public finance ◆ **~ à partie simple/double** single-/double-entry book-keeping

**comptable** /kɔ̃tabl/ **NMF** accountant ◆ **~ agréé** chartered accountant *(Brit)*, certified accountant *(Brit)*, certified public accountant *(US)* ◆ **~ du Trésor** *local Treasury official* ◆ **chèque adressé au ~ du Trésor** cheque addressed to the Treasury; → **chef**[1] **ADJ** **a** *(Fin) [+ règles etc]* accounting, book-keeping ◆ **il manque une pièce ~** one of the accounts is missing **b** **nom ~** *(Ling)* countable *ou* count noun **c** *(= responsable)* accountable (*de* for)

**comptage** /kɔ̃taʒ/ **NM** *(= action)* counting ◆ **faire un ~ rapide** to do a quick count (*de* of)

**comptant** /kɔ̃tɑ̃/ **ADV** *[payer]* cash, in cash; *[acheter, vendre]* for cash ◆ **verser 25 € ~** to pay €25 down, to put down €25 **NM** *(= argent)* cash ◆ **au ~** *[payer]* cash; *[acheter, vendre]* for cash ◆ **achat/vente au ~** cash purchase/sale; → **argent**

## compte /kɔ̃t/

| 1 NOM MASCULIN | 2 COMPOSÉS |
|---|---|

1 - NOM MASCULIN

**a** [= calcul] count ◆ **faire le ~ des visiteurs/erreurs** to count (up) the visitors/mistakes, to make a count of the visitors/mistakes ◆ **faire le ~ des dépenses/de sa fortune** to calculate *ou* work out the expenditure/one's wealth ◆ **comment as-tu fait ton ~ pour arriver si tard ?** *(fig)* how did you manage to arrive so late? ◆ **l'as-tu inclus dans le ~ ?** have you counted *ou* included him? ◆ **prendre qch en ~** to take sth into account ◆ **ils exigent la prise en ~ des préoccupations écologiques** they're demanding that ecological considerations be taken into account

◆ **à ce compte(-là)** *(= dans ce cas)* in that case; *(= à ce train-là)* at this *ou* that rate

◆ **tout compte fait, tous comptes faits** all things considered, when all's said and done

**b** [= nombre exact] (right) number ◆ **le ~ y est** *(paiement)* that's the right amount; *(inventaire)* that's the right number, they're all there ◆ **ça ne fait pas le ~** *(paiement)* that's not enough *ou* the right amount; *(inventaire)* there's (still) something missing, they're not all there ◆ **j'ai ajouté 3 cuillerées/5 € pour faire le ~** I've added 3 spoonfuls/€5 to make up the full amount ◆ **ça devrait faire (largement) le ~** that should be (more than) enough ◆ **avez-vous le bon ~** *ou* **votre ~ de chaises ?** have you got the right number of chairs? *ou* the number of chairs you want? ◆ **je n'arrive jamais au même ~** I never get the same figure *ou* number *ou* total twice ◆ **pour faire bon ~** *(Comm)* to make up the amount; → **loin, rond**

**c** [Comptab] account ◆ **les ~s de la nation** the national accounts ◆ **faire ses ~s** to do one's accounts *ou* books ◆ **tenir les ~s du ménage** to keep the household accounts ◆ **tenir les ~s d'une entreprise** to keep the books *ou* accounts of a firm ◆ **publier à ~ d'auteur** to publish at the author's expense ◆ **passer en ~** to place *ou* pass to account ◆ **nous sommes en ~** we have business to settle; → **apothicaire, ligne**[1]

◆ **de compte à demi** ◆ **ils sont de ~ à demi dans cette affaire** they're equal partners in this venture

◆ **être laissé pour compte** *[question, aspect]* to be neglected *ou* overlooked; *[personne]* to be left by the wayside; → **laissé-pour-compte**

**d** [Banque] **~ (en banque** *ou* **bancaire)** (bank) account ◆ **~ rémunéré** interest-bearing account ◆ **~ non rémunéré** non-interest-bearing account ◆ **avoir un ~ dans une banque/à la Banque de France** to have an account with a bank/with the Banque de France ◆ **avoir de l'argent en ~** to have money in an account

**e** [= dû] **donner** *ou* **régler son ~ à un employé** *(lit)* to settle up with an employee; *(fig = renvoyer)* to give an employee his cards* *(Brit)* *ou* pink slip* *(US)* ◆ **demander son ~** *[employé]* to hand in one's notice ◆ **il a son ~*** *(fig) (épuisé, mort)* he's had it*, he's done for*; *(ivre)* he's had more than he can hold *ou* take ◆ **son ~ est bon** *(fig)* his number's up*, he's had it*; → **régler**

**f** [= facture, addition] *(gén)* account, invoice, bill; *[d'hôtel, restaurant]* bill *(Brit)*, check *(US)* ◆ **pourriez-vous me faire mon ~ ?** would you make me out my bill? ◆ **mettez-le sur mon ~** *(au restaurant, à l'hôtel)* put it on my bill; *(dans un magasin)* charge it to *ou* put it on my account

**g** [= avantage] **cela fait mon ~** that suits me ◆ **il y a trouvé son ~** he's got something out of it, he did well out of it ◆ **chacun y trouve son ~** there's something in it for everybody ◆ **si cette situation continue, c'est parce que le gouvernement y trouve son ~** if this situation continues, it's because it's to the government's advantage *ou* because it suits the government

◆ **à bon compte** *[obtenir]* (on the) cheap, for very little ◆ **s'en tirer à bon ~** to get off lightly

**h** [= explications, justifications] **demander** *ou* **réclamer des ~s à qn** to ask sb for an explanation ◆ **il me doit des ~s à propos de cette perte** he owes me an explanation for this loss ◆ **rendre des ~s à qn** to explain o.s. to sb ◆ **il va bien falloir qu'il me rende des ~s** he's going to have to explain himself to me ◆ **je n'ai de ~s à rendre à personne** I'm accountable to nobody, I don't owe anybody any explanations ◆ **rendre ~ de qch à qn** to give sb an account of sth ◆ **il doit rendre ~ de tous ses déplacements** he has to account for all his movements ◆ **elle rendra ~ de la réunion à ses collègues** she will brief her colleagues on the meeting

**i** [locutions]

◆ **se rendre compte** ◆ **se rendre ~ que ...** to realize that ..., to be aware that ... ◆ **rendez-vous ~ !** just imagine! *ou* think! ◆ **il a osé me dire ça, à moi, tu te rends ~ !** he dared say that to me – can you believe it!

◆ **se rendre compte de qch** *(= réaliser)* to realize sth, to be aware of sth ◆ **je me**

**rends très bien ~ de la situation** I am very well aware of the situation ◆ **est-ce que tu te rends vraiment ~ de ce que tu dis/fais ?** do you realize *ou* do you really know what you are saying/doing? ◆ **tu ne te rends pas ~ du travail que ça représente** you have no idea *ou* you just don't realize how much work that represents

◆ **tenir compte de qch/qn** to take sth/sb into account ◆ **il n'a pas tenu ~ de nos avertissements** he didn't take any notice of our warnings, he disregarded *ou* ignored our warnings ◆ **tenir ~ à qn de son dévouement** to take sb's devotion into account ◆ **on lui a tenu ~ de son passé** they took his past into account *ou* consideration

◆ **compte tenu de** considering

◆ **au compte de qn** *ou* **qch** ◆ **mettre qch au ~ de** *(= attribuer à)* to put sth down to, to attribute *ou* ascribe sth to ◆ **prendre qch à son ~** *(responsabilité financière)* to pay for sth; *(responsabilité morale)* to take responsibility for sth ◆ **je reprends cette maxime à mon ~** I shall make that saying my motto ◆ **il a repris la boutique à son ~** he's taken over the shop in his own name ◆ **être/s'établir** *ou* **se mettre** *ou* **s'installer à son ~** to be/set up in business for o.s., to have/set up one's own business ◆ **travailler à son ~** to be self-employed

◆ **pour le compte de qn** *(= au nom de)* on behalf of ◆ **pour mon ~ (personnel)** *(= en ce qui me concerne)* personally; *(= pour mon propre usage)* for my own use; *(= à mon profit)* for my own benefit ◆ **chacun négocie pour son propre ~** everybody negotiates for himself ◆ **la banque agit pour son propre ~** the bank is acting on its own behalf

◆ **sur le compte de qn** *ou* **qch** *(= à propos de)* about ◆ **on m'en a raconté de belles sur son ~ !** I was told a few interesting stories about him! ◆ **mettre qch sur le ~ de** *(= attribuer à)* to put sth down to, to attribute sth to ◆ **je mets son attitude sur le ~ de la fatigue** I put his attitude down to tiredness

◆ **pour le compte** ◆ **aller au tapis pour le ~** *(Boxe)* to be out for the count ◆ **tes sarcasmes l'ont envoyé au tapis pour le ~** *(hum)* your sarcastic remarks really knocked him for six *

2 - COMPOSÉS

▷ **compte bloqué** escrow account ▷ **compte chèque postal** post office account, ≃ National Girobank account *(Brit)* ▷ **compte(-)chèques** ⇒ **compte courant** ▷ **compte commun** joint account ▷ **compte courant** current *ou* checking *(US)* account ▷ **compte d'épargne en actions** stock market investment savings account ▷ **compte d'épargne logement** *house purchase savings account giving the saver a reduced mortgage rate* ≃ building society account *(Brit)* ▷ **compte d'exploitation** trading *ou* operating *ou* working account ▷ **compte joint** joint account ▷ **compte numéroté** *ou* **à numéro** numbered account ▷ **compte pour le développement industriel** industrial development savings account ▷ **compte des profits et pertes** profit and loss account ▷ **compte à rebours** *(Espace, fig)* countdown ▷ **compte rendu** *(= rapport) (gén)* account, report; *[de livre, film]* review; *(sur travaux en cours)* progress report ◆ **~ rendu d'audience** court record ◆ **faire le ~ rendu d'un match/d'une réunion** to give an account of *ou* a report on a match/meeting, to give a rundown on a match/meeting ▷ **compte sur livret** deposit account

**compte-fils** /kɔ̃tfil/ **NM INV** *(Tech)* linen tester

**compte-gouttes** /kɔ̃tgut/ **NM INV** *(= pipette)* dropper ◆ **au ~** *[distribuer, dépenser]* sparingly; *[rembourser, entrer, sortir]* in dribs and drabs

## compter /kɔ̃te/

▸ conjug 1 ◂

GRAMMAIRE ACTIVE 35.2

1 VERBE TRANSITIF 2 VERBE INTRANSITIF

1 - VERBE TRANSITIF

**a** [= calculer] *[+ choses, personnes, argent, jours]* to count ◆ **combien en avez-vous compté ?** how many did you count?, how many did you make it? ◆ **40 cm ? j'avais compté 30** 40 cm? I made it 30 ◆ **il a 50 ans bien comptés** he's a good 50 (years old) ◆ **on peut ~ (sur les doigts de la main) ceux qui comprennent vraiment** you can count on (the fingers of) one hand the number of people who really understand ◆ **on ne compte plus ses gaffes, ses gaffes ne se comptent plus** we've lost count of his blunders, he's made countless blunders ◆ **~ les jours/les minutes** to count the days/the minutes ◆ **~ les points** *(lit)* to count (up) the points ◆ **pendant qu'ils se disputaient moi je comptais les points** *(fig)* I just sat back and watched while they argued ◆ **pendant qu'ils se battaient je comptais les coups** I just sat back and watched while they fought ◆ **il a été compté 7** *(Boxe)* he took a count of 7; → **mouton**

**b** [= escompter, prévoir] to reckon, to allow ◆ **combien as-tu compté qu'il nous fallait de chaises ?** how many chairs did you reckon we'd need? ◆ **j'ai compté qu'il nous en fallait 10** I reckoned we'd need 10 ◆ **combien de temps/d'argent comptez-vous pour finir les travaux ?** how much time/money do you reckon it'll take to finish the work?, how much time/money are you allowing to finish the work? ◆ **il faut (bien) ~ 10 jours/10 €** you must allow (a good) 10 days/€10, you must reckon on it taking (a good) 10 days/costing (a good) €10 ◆ **j'ai compté 90 cm pour le frigo, j'espère que ça suffira** I've allowed 90 cm for the fridge, I hope that'll do

**c** [= inclure] to include ◆ **cela fait un mètre en comptant l'ourlet** that makes one metre counting *ou* including the hem ◆ **t'es-tu compté ?** did you count *ou* include yourself? ◆ **ne me comptez pas** don't include me

◆ **sans compter** ◆ **nous étions dix, sans ~ l'instituteur** there were ten of us, not counting the teacher ◆ **ils nous apportèrent leurs connaissances, sans ~ leur bonne volonté** they gave us their knowledge, not to mention *ou* to say nothing of their helpfulness; → aussi **verbe intransitif b**

**d** [= tenir compte de] to take into account ◆ **ta bonne volonté te sera comptée** your helpfulness will be taken into account

◆ **sans compter que**
*(= et de plus)* not to mention that
*(= d'autant plus que)* especially since *ou* as ◆ **il aurait dû venir, sans ~ qu'il n'avait rien à faire** he ought to have come especially since *ou* as he had nothing to do

◆ **tout bien compté** *(frm)* all things considered, all in all

**e** [= facturer] to charge for ◆ **~ qch à qn** to charge sb for sth, to charge sth to sb ◆ **ils n'ont pas compté le café** they didn't charge for the coffee ◆ **combien vous ont-ils compté le café ?** how much did they charge you for the coffee? ◆ **ils nous l'ont compté trop cher/10 €/au prix de gros** they charged us too much/€10/the wholesale price (for it)

**f** [= avoir] to have ◆ **la ville compte quelques très beaux monuments** the town has some very beautiful monuments ◆ **il compte 2 ans de règne/de service** he has been on the throne/in the firm for 2 years ◆ **il ne compte pas d'ennemis** he has no enemies ◆ **cette famille compte trois musiciens** there are three musicians in the family

**g** [= classer, ranger] to consider ◆ **on compte ce livre parmi les meilleurs de l'année** this book is considered (to be) *ou* ranks among the best of the year ◆ **il le compte au nombre de ses amis** he considers him one of his friends, he numbers him among his friends

**h** [= verser] to pay ◆ **le caissier va vous ~ 100 €** the cashier will pay you €100 ◆ **vous lui compterez 150 € pour les heures supplémentaires** you will pay him 150 euros' overtime

**i** [= donner avec parcimonie] **il compte chaque sou qu'il nous donne** he counts every penny he gives us ◆ **les permissions leur sont comptées** their leave is rationed ◆ **il ne compte pas sa peine** he spares no trouble ◆ **ses jours sont comptés** his days are numbered ◆ **le temps m'est compté** my time is precious

**j** [= avoir l'intention de] to intend, to plan; *(= s'attendre à)* to expect, to reckon ◆ **ils comptent partir demain** they intend *ou* plan to go tomorrow ◆ **je compte recevoir la convocation demain** I'm expecting (to receive) the summons tomorrow ◆ **je ne compte pas qu'il vienne aujourd'hui** I'm not expecting *ou* I don't expect him to come today

2 - VERBE INTRANSITIF

**a** [= calculer] to count ◆ **il sait ~ (jusqu'à 10)** he can count (up to 10) ◆ **comment est-ce que tu as compté ?** how did you work it out? ◆ **~ sur ses doigts** to count on one's fingers ◆ **~ de tête** to count in one's head ◆ **tu as mal compté** you counted wrong, you miscounted

◆ **à compter de** (starting *ou* as) from ◆ **cette loi prendra effet à ~ du 1^er^ mai** this law will take effect (as) from 1 May

**b** [= être économe] to economize ◆ **avec la montée des prix, il faut ~ sans cesse** with the rise in prices you have to watch every penny (you spend) ◆ **dépenser sans ~** *(= être dépensier)* to spend extravagantly; *(= donner généreusement)* to give without counting the cost ◆ **il s'est dépensé sans ~ pour cette cause** he spared no effort in supporting the cause, he gave himself body and soul to the cause

**c** [= avoir de l'importance] to count, to matter ◆ **c'est le résultat qui compte** it's the result that counts *ou* matters ◆ **c'est le geste qui compte** it's the thought that counts ◆ **35 ans de mariage, ça compte !** 35 years of marriage, that's quite something! ◆ **c'est un succès qui compte** it's an important success ◆ **ce qui compte c'est de savoir dès maintenant** the main thing is to find out right away ◆ **sa mère compte beaucoup pour lui** his mother is very important to him ◆ **ça ne compte pas** that doesn't count

**d** [= valoir] to count ◆ **pour la retraite, les années de guerre comptent double** for the purposes of retirement, war service counts double ◆ **après 60 ans les années comptent double** after 60 every year counts double

**e** [= figurer] **~ parmi** to be *ou* rank among ◆ **~ au nombre de** to be one of ◆ **il compte pour deux** he's worth two men ◆ **il compte pour**

quatre quand il s'agit de bagages/manger he takes enough luggage/eats enough for four ◆ **ça compte pour beaucoup dans sa réussite/dans sa décision** that has a lot to do with his success/his decision, that is a major factor in his success/his decision ◆ **ça ne compte pour rien dans sa réussite/dans sa décision** that had nothing to do with his success/his decision ◆ **ça compte pour du beurre** * that counts for nothing, that doesn't count ◆ **et moi alors ? je compte pour du beurre ?** what am I? chopped liver? *

f locutions

♦ **compter avec** *(= tenir compte de)* to take account of, to allow for ◆ **il faut ~ avec l'opinion** you've got to take account of public opinion ◆ **il faut ~ avec le temps incertain** you have to allow for changeable weather ◆ **un nouveau parti avec lequel il faut ~** a new party to be reckoned with ◆ **il faudra ~ avec lui** you'll have him to reckon with

♦ **compter sans** ◆ **on avait compté sans la grève** we hadn't reckoned on there being a strike, we hadn't allowed for the strike ◆ **c'était ~ sans son formidable courage** that was to ignore how very brave he was

♦ **compter sur** *(= se fier à)* to count on, to rely on ◆ **~ sur la discrétion/la bonne volonté de qn** to count on ou rely on sb's discretion/goodwill ◆ **nous comptons sur vous (pour) demain** we're expecting you (to come) tomorrow ◆ **j'y compte bien !** I should hope so! ◆ **n'y comptez pas trop, ne comptez pas trop là-dessus** don't bank on it, don't count on it ◆ **je compte sur vous** I'm counting *ou* relying on you ◆ **vous pouvez ~ là-dessus** you can depend upon it ◆ **ne comptez pas sur moi** (you can) count me out ◆ **tu peux ~ sur lui pour le répéter partout !** you can bet (your life) he'll go and tell everyone!, you can count on him to go and tell everyone! ◆ **compte (là-)dessus et bois de l'eau (fraîche) !** * you'll be lucky!

**compte-tours** /kɔ̃ttuʀ/ NM INV *(Aut)* rev *ou* revolution counter, tachometer; *(Tech)* rev *ou* revolution counter

**compteur** /kɔ̃tœʀ/ NM meter ◆ **~ d'eau/électrique/à gaz** water/electricity/gas meter ◆ **~ Geiger** Geiger counter ◆ **~ (kilométrique)** milometer *(Brit)*, odometer *(US)* ◆ **~ (de vitesse)** speedometer ◆ **remettre un ~ à zéro** to reset a meter at *ou* to zero ◆ **remettre les ~s à zéro** *(fig)* to wipe the slate clean; → **relever**

**comptine** /kɔ̃tin/ NF *(= chanson)* nursery rhyme; *(= pour compter)* counting rhyme *ou* song

**comptoir** /kɔ̃twaʀ/ NM a *[de magasin]* counter; *[de bar]* bar b *(colonial)* trading post c *(Comm = cartel)* syndicate *(for marketing)* d *(Fin = agence)* branch

**compulsation** /kɔ̃pylsasjɔ̃/ NF consultation

**compulser** /kɔ̃pylse/ ▸ conjug 1 ◂ VT to consult

**compulsif, -ive** /kɔ̃pylsif, iv/ ADJ *(Psych)* compulsive

**compulsion** /kɔ̃pylsjɔ̃/ NF *(Psych)* compulsion

**comput** /kɔ̃pyt/ NM *(Rel)* *reckoning of the dates of movable feasts in the religious calendar*

**computation** /kɔ̃pytasjɔ̃/ NF calculation, computation ◆ **cela échappe aux ~s** this is impossible to calculate

**computationnel, -elle** /kɔ̃pytasjɔnɛl/ ADJ computational ◆ **linguistique ~le** computational linguistics

**comte** /kɔ̃t/ NM count; *(britannique)* earl

**comté** /kɔ̃te/ NM a *(Hist)* earldom; *(Admin Brit, Can)* county b *(= fromage)* comté *(kind of gruyère cheese)*

**comtesse** /kɔ̃tɛs/ NF countess

**con, conne**[1] /kɔ̃, kɔn/ ADJ *(f aussi inv : * = stupide)* damned * ou bloody * *(Brit)* stupid ◆ **qu'il est ~ !** what a stupid bastard ** ou bloody * *(Brit)* fool (he is)! ◆ **qu'elle est ~ !** ou **conne !** silly bitch! **, silly cow! * *(Brit)* ◆ **il est ~ comme la lune** ou **comme un balai** he's a damn * ou bloody * *(Brit)* fool *ou* idiot ◆ **c'est pas ~ comme idée** it's not a bad idea

NM a *(* = crétin)* damn fool *, bloody *(Brit)* idiot *, schmuck * *(US)* ◆ **petit ~ !** ** stupid little bastard! ** ◆ **sale ~ !** ** bastard! ** ◆ **bande de ~s** load of cretins * ou bloody idiots * *(Brit)* ◆ **faire le ~** to mess around *, to muck about * *(Brit)*, to piss about ** ◆ **voiture/gouvernement à la ~** lousy * *ou* crummy * car/government ◆ **comme un ~** like a damn fool * ou bloody idiot * *(Brit)*

b *(** = vagin)* cunt **

**Conakry** /kɔnakʀi/ N Conakry

**conard** * /kɔnaʀ/ NM ⇒ **connard**

**conarde** * /kɔnaʀd/ NF ⇒ **connarde**

**conasse** * /kɔnas/ NF ⇒ **connasse**

**concassage** /kɔ̃kɑsaʒ/ NM crushing

**concasser** /kɔ̃kɑse/ ▸ conjug 1 ◂ VT to crush ◆ **poivre concassé** crushed peppercorns

**concaténation** /kɔ̃katenasjɔ̃/ NF concatenation

**concave** /kɔ̃kav/ ADJ concave

**concavité** /kɔ̃kavite/ NF *(Opt)* concavity; *(gén = cavité)* hollow, cavity ◆ **les ~s d'un rocher** the hollows *ou* cavities in a rock

**concédant** /kɔ̃sedɑ̃/ NM *(Écon)* licensor

**concéder** /kɔ̃sede/ ▸ conjug 6 ◂ VT *[+ privilège, droit, exploitation]* to grant; *[+ point]* to concede; *[+ but, corner]* to concede, to give away ◆ **je vous concède que ...** I'll grant you that ...

**concélébrant** /kɔ̃selebʀɑ̃/ NM concelebrant

**concélébrer** /kɔ̃selebʀe/ ▸ conjug 6 ◂ VT to concelebrate

**concentration** /kɔ̃sɑ̃tʀasjɔ̃/ NF a *(gén, Chim)* concentration ◆ **les grandes ~s urbaines des Midlands** the great conurbations of the Midlands; → **camp** b *(= fusion)* **la ~ des entreprises** the merging of businesses ◆ **~ horizontale/verticale** horizontal/vertical integration c ◆ **~ (d'esprit)** concentration

**concentrationnaire** /kɔ̃sɑ̃tʀasjɔnɛʀ/ ADJ *[système]* concentration camp *(épith)*

**concentré, e** /kɔ̃sɑ̃tʀe/ (ptp de **concentrer**) ADJ a *[acide]* concentrated; *[lait]* condensed b *[candidat]* concentrating hard *(attrib)*; *[athlète]* focused ◆ **je n'étais pas assez ~** I wasn't concentrating NM *(chimique)* concentrated solution; *(= bouillon)* concentrate, extract ◆ **~ de tomates** tomato purée ◆ **ce film est un ~ de sexe et de violence** the film is overloaded with sex and violence

**concentrer** /kɔ̃sɑ̃tʀe/ ▸ conjug 1 ◂ VT *(gén)* to concentrate ◆ **~ son attention sur qch** to concentrate *ou* focus one's attention on sth VPR **se concentrer** *[foule, troupes]* to concentrate ◆ **le candidat se concentra avant de répondre** the candidate gathered his thoughts *ou* thought hard before replying ◆ **je me concentre !** I'm concentrating! ◆ **se ~ sur un problème** to concentrate on a problem ◆ **les regards se concentrèrent sur moi** everybody's gaze was fixed *ou* focused on me

**concentrique** /kɔ̃sɑ̃tʀik/ ADJ *[cercle]* concentric

**concept** /kɔ̃sɛpt/ NM concept

**concepteur, -trice** /kɔ̃sɛptœʀ, tʀis/ NM,F *(Ind, Comm)* designer ◆ **~ graphique** graphic designer ◆ **~-projeteur** project manager ◆ **~ de réseaux** network designer ◆ **~(-rédacteur) publicitaire** advertising copywriter

**conception** /kɔ̃sɛpsjɔ̃/ NF a *(Bio)* conception; → **immaculé** b *[d'objet, machine, décor]* design ◆ **"conception, réalisation : Jean Roudo"** "designed and made by Jean Roudo" ◆ **un avion d'une ~ révolutionnaire** a plane of revolutionary design ◆ **~ assistée par ordinateur** computer-aided *ou* computer-assisted design c *[d'idée]* conception ◆ **notre ~ de la justice** our conception of justice ◆ **voilà quelle est ma ~ de la chose** this is how I see it ◆ **la ~ d'un tel plan est géniale** it is a brilliantly conceived plan

**conceptualisation** /kɔ̃sɛptɥalizasjɔ̃/ NF conceptualization

**conceptualiser** /kɔ̃sɛptɥalize/ ▸ conjug 1 ◂ VT to conceptualize

**conceptuel, -elle** /kɔ̃sɛptɥɛl/ ADJ conceptual

**concernant** /kɔ̃sɛʀnɑ̃/ PRÉP a *(= se rapportant à)* concerning, relating to, regarding ◆ **des mesures ~ ce problème seront bientôt prises** steps will soon be taken concerning *ou* regarding this problem b *(= quant à)* with regard to, as regards ◆ **~ ce problème, des mesures seront bientôt prises** with regard to this problem *ou* as regards this problem *ou* as far as this problem is concerned, steps will soon be taken

**concerner** /kɔ̃sɛʀne/ GRAMMAIRE ACTIVE 33.2 ▸ conjug 1 ◂ VT to concern ◆ **cela ne vous concerne pas** *(= ce n'est pas votre affaire)* it's no concern of yours; *(= on ne parle pas de vous)* it doesn't concern you; *(= ça n'a pas d'incidence sur vous)* it doesn't affect you ◆ **en ce qui concerne cette question** with regard to this question, concerning this question, as far as this question is concerned ◆ **en ce qui me concerne** as far as I'm concerned ◆ **pour affaire vous concernant** *(Admin)* to discuss a matter which concerns you *ou* a matter concerning you ◆ **je ne me sens pas concerné par sa remarque/son rapport** his remark/report doesn't apply to *ou* concern me

**concert** /kɔ̃sɛʀ/ NM a *(Mus)* concert ◆ **~ spirituel** concert of sacred music ◆ **~ de louanges/de lamentations/d'invectives** chorus of praise/lamentation(s)/invective ◆ **on entendit un ~ d'avertisseurs** a chorus of horns started up ◆ **en ~** in concert; → **salle** b *(littér)* *(= harmonie)* chorus; *(= accord)* entente, accord ◆ **un ~ de voix** a chorus of voices ◆ **le ~ des grandes puissances** the entente *ou* accord between the great powers

c *(loc)*

♦ **de concert** *(= ensemble)* *[partir, décider]* together; *[rire]* in unison; *[agir]* together, in concert, in unison ◆ **ils ont agi de ~ pour éviter ...** they took concerted action to avoid ... ◆ **de ~ avec** *(= en accord avec)* in cooperation *ou* conjunction with; *(= ensemble)* together with

**concertant, e** /kɔ̃sɛʀtɑ̃, ɑt/ ADJ → **symphonie**

**concertation** /kɔ̃sɛʀtasjɔ̃/ NF *(= échange de vues, dialogue)* dialogue; *(= rencontre)* meeting ◆ **sans ~ préalable** without preliminary consultation(s)

**concerté, e** /kɔ̃sɛʀte/ (ptp de **concerter**) ADJ concerted

**concerter** /kɔ̃sɛʀte/ ▸ conjug 1 ◂ VT *(= organiser)* *[+ plan, entreprise, projet]* to devise VPR **se concerter** *(= délibérer)* to consult (each other)

**concertina** /kɔ̃sɛʀtina/ NM concertina

**concertino** /kɔ̃sɛʀtino/ NM concertino

**concertiste** /kɔ̃sɛʀtist/ NMF concert artiste *ou* performer

**concerto** /kɔ̃sɛʀto/ NM concerto ◆ ~ **pour piano (et orchestre)** piano concerto, concerto for piano and orchestra ◆ ~ **grosso** concerto grosso

**concessif, -ive** /kɔ̃sesif, iv/ *(Gram)* ADJ concessive NF **concessive** concessive clause

**concession** /kɔ̃sesjɔ̃/ NF a *(= faveur)* concession (*à* to); ◆ **faire des ~s** to make concessions

◆ **sans concession** *[analyse, tableau, récit, personne]* uncompromising; *[débat]* ruthless

b *(= cession) [de terrain, exploitation]* concession ◆ **faire la ~ d'un terrain** to grant a piece of land c *(= exploitation, terrain, territoire)* concession; *[de cimetière]* burial plot ◆ ~ **minière** mining concession ◆ ~ **à perpétuité** burial plot held in perpetuity

**concessionnaire** /kɔ̃sesjɔnɛʀ/ NMF *(= marchand agréé)* agent, dealer; *(= bénéficiaire d'une concession)* concessionaire, concessionary ◆ ~ **automobile** car dealer ◆ **disponible chez votre** ~ available from your dealer ADJ *[entreprise, service]* concessionary ◆ **société** ~ *(travaux publics)* contractor

**concevable** /kɔ̃s(ə)vabl/ ADJ conceivable ◆ **il est très ~ que ...** it's quite conceivable that ...

**concevoir** /kɔ̃s(ə)vwaʀ/ ▸ conjug 28 ◂ VT a *(= penser)* to imagine; *[+ fait, idée]* to conceive of ◆ **je n'arrive pas à ~ que c'est fini** I can't believe that it's finished ◆ **il ne conçoit pas qu'on puisse souffrir de la faim** he cannot imagine *ou* conceive that people can suffer from starvation

b *(= élaborer, étudier) [+ voiture, maison, produit]* to design; *[+ solution, projet, moyen]* to conceive, to devise, to think up ◆ **bien/mal conçu** *[projet, livre]* well/badly thought out; *[voiture, maison]* well/badly designed

c *(= envisager) [+ question]* to see, to view ◆ **voilà comment je conçois la chose** that's how I see it *ou* view it *ou* look at it

d *(= comprendre)* to understand ◆ **je conçois sa déception** *ou* **qu'il soit déçu** I can understand his disappointment *ou* his being disappointed ◆ **cela se conçoit facilement** it's quite understandable, it's easy to understand ◆ **on concevrait mal qu'il puisse refuser** a refusal on his part would be difficult to understand ◆ **ce qui se conçoit bien s'énonce clairement** what is clearly understood can be clearly expressed

e *(= rédiger) [+ lettre, réponse]* to compose ◆ **ainsi conçu, conçu en ces termes** expressed *ou* couched in these terms

f *(littér = éprouver)* to conceive ◆ **je conçois des doutes quant à son intégrité** I have some doubts as to his integrity ◆ **il en conçut une terrible jalousie** he conceived a terrible feeling of jealousy ◆ **il conçut de l'amitié pour moi** he took a liking to me

g *(= engendrer)* to conceive

**conchylicole** /kɔ̃kilikɔl/ ADJ ◆ **entreprise** ~ shellfish farm ◆ **produits ~s** shellfish

**conchyliculteur, -trice** /kɔ̃kilikyltœʀ, tʀis/ NM,F shellfish farmer

**conchyliculture** /kɔ̃kilikyltyʀ/ NF shellfish farming

**concierge** /kɔ̃sjɛʀʒ/ NMF *[d'immeuble]* caretaker, manager (of an apartment building) *(US)*; *[d'hôtel]* porter; *(en France)* concierge ◆ **c'est un(e) vrai(e)** ~ *(fig)* he (*ou* she) is a real gossip

> **Concierge**
>
> Many apartment buildings in French cities still have a « loge » near the entrance where the **concierge** lives with his or her family. The stereotypical image of the **concierge** is that of an amiable busybody with a tendency to spread gossip about tenants. Nowadays the term is considered slightly demeaning, and the words « gardien/gardienne d'immeuble » are often thought more acceptable.

**conciergerie** /kɔ̃sjɛʀʒəʀi/ NF *[de lycée, château]* caretaker's lodge; *(Can)* apartment house ◆ **la Conciergerie** *(Hist)* the Conciergerie

**concile** /kɔ̃sil/ NM *(Rel)* council ◆ ~ **œcuménique** ecumenical council ◆ **le ~ de Trente** the Council of Trent

**conciliable** /kɔ̃siljabl/ ADJ *(= compatible) [opinions]* reconcilable ◆ **ce n'est pas ~ avec ...** it's not compatible with ...

**conciliabule** /kɔ̃siljabyl/ NM a *(= entretien)* consultation, confab * ◆ **tenir de grands ~s** *(iro)* to have great consultations *ou* confabs * b *(† = réunion)* secret meeting

**conciliaire** /kɔ̃siljɛʀ/ ADJ conciliar ◆ **les pères ~s** the fathers of the council

**conciliant, e** /kɔ̃siljɑ̃, jɑ̃t/ ADJ conciliatory, conciliating

**conciliateur, -trice** /kɔ̃siljatœʀ, tʀis/ ADJ conciliatory, conciliating NM,F *(= médiateur)* conciliator

**conciliation** /kɔ̃siljasjɔ̃/ NF *(gén)* conciliation, reconciliation; *(entre époux)* reconciliation ◆ **esprit de** ~ spirit of conciliation ◆ **comité de** ~ arbitration committee ◆ **la ~ d'intérêts opposés** the reconciliation *ou* reconciling of conflicting interests ◆ **tentative de** ~ *(gén, Pol)* attempt at (re)conciliation; *(entre époux)* attempt at reconciliation; → **procédure**

**conciliatoire** /kɔ̃siljatwaʀ/ ADJ *(Jur)* conciliatory

**concilier** /kɔ̃silje/ ▸ conjug 7 ◂ VT a *(= rendre compatible) [+ exigences, opinions, sentiments]* to reconcile (*avec* with) b *(= attirer)* to win, to gain ◆ **son charisme lui a concilié les électeurs** his charisma won him the support of the voters *ou* won over the voters c *(littér, Jur = réconcilier) [+ ennemis]* to reconcile, to conciliate VPR **se concilier** *(= s'attirer)* to win, to gain ◆ **se ~ les bonnes grâces de qn** to win *ou* gain sb's favour

**concis, e** /kɔ̃si, iz/ ADJ concise ◆ **en termes ~** concisely

**concision** /kɔ̃sizjɔ̃/ NF concision, conciseness ◆ **avec** ~ concisely

**concitoyen, -yenne** /kɔ̃sitwajɛ̃, jɛn/ NM,F fellow citizen

**conclave** /kɔ̃klav/ NM *(Rel, Pol)* conclave ◆ **les cardinaux/ministres étaient réunis en** ~ the cardinals/ministers met in conclave

**concluant, e** /kɔ̃klyɑ̃, ɑ̃t/ ADJ conclusive

**conclure** /kɔ̃klyʀ/ GRAMMAIRE ACTIVE 53.4 ▸ conjug 35 ◂

VT a *(= signer) [+ affaire, accord]* to conclude ◆ ~ **un marché** to conclude *ou* clinch a deal ◆ **marché conclu !** it's a deal!

b *(= terminer) [+ débat, discours, texte]* to conclude, to end ◆ **et pour ~** and to conclude ◆ **je vous demande de ~** will you please conclude ◆ **il conclut par ces mots/en disant ...** he concluded with these words/by saying ... ◆ ~ **sa plaidoirie** to rest one's case

c *(= déduire)* to conclude (*qch de qch* sth from sth); ◆ **j'en conclus que ...** I therefore conclude that ...

VI a *(Sport)* to score ◆ **il a conclu** * *(avec une fille)* he scored *

b *(Jur)* ~ **contre qn** *[témoignage]* to convict sb ◆ ~ **contre/en faveur de qn** *[personne]* to find against/in favour *(Brit) ou* favor *(US)* of sb

VT INDIR **conclure à** ◆ **ils ont conclu à son innocence** they concluded that he was innocent ◆ **les juges ont conclu à l'acquittement** the judges decided on an acquittal ◆ **l'enquête a conclu à un accident** the investigation concluded that it was an accident

**conclusif, -ive** /kɔ̃klyzif, iv/ ADJ concluding *(épith)*

**conclusion** /kɔ̃klyzjɔ̃/ GRAMMAIRE ACTIVE 53.4 NF *(gén)* conclusion; *[de discours]* close ◆ **en ~** in conclusion ◆ ~, **il n'est pas venu** * the net result was that he didn't come ◆ ~, **on s'était trompé** * in other words, we had made a mistake NFPL **conclusions** *(Jur) [de demandeur]* pleadings, submissions; *[d'avocat]* summing-up; *[de jury]* findings, conclusions ◆ **déposer des ~s auprès d'un tribunal** to file submissions with a court

**concocter** * /kɔ̃kɔkte/ ▸ conjug 1 ◂ VT to concoct

**concoction** * /kɔ̃kɔksjɔ̃/ NF concoction

**concombre** /kɔ̃kɔ̃bʀ/ NM cucumber

**concomitamment** /kɔ̃kɔmitamɑ̃/ ADV concomitantly

**concomitance** /kɔ̃kɔmitɑ̃s/ NF concomitance

**concomitant, e** /kɔ̃kɔmitɑ̃, ɑ̃t/ ADJ *[événements, expériences]* concomitant (*à* with)

**concordance** /kɔ̃kɔʀdɑ̃s/ NF a *(gén)* agreement ◆ **la ~ de deux témoignages** the agreement of two testimonies, the fact that two testimonies tally *ou* agree ◆ **la ~ de deux résultats/situations** the similarity of *ou* between two results/situations ◆ **mettre ses actes en ~ avec ses principes** to act in accordance with one's principles b *(= index) (Bible)* concordance; *(Géol)* conformability ◆ ~ **des temps** *(Gram)* sequence of tenses ◆ ~ **de phases** *(Phys)* synchronization of phases

**concordant, e** /kɔ̃kɔʀdɑ̃, ɑ̃t/ ADJ *[faits]* corroborating; *(Géol)* conformable ◆ **deux témoignages ~s** two testimonies which agree *ou* which are in agreement *ou* which tally

**concordat** /kɔ̃kɔʀda/ NM *(Rel)* concordat; *(Comm)* composition; *[de faillite]* winding-up arrangement

**concorde** /kɔ̃kɔʀd/ NF *(littér = harmonie)* concord

**concorder** /kɔ̃kɔʀde/ ▸ conjug 1 ◂ VI *[faits, dates, témoignages]* to agree, to tally; *[idées]* to coincide, to match; *[caractères]* to match ◆ **faire ~ des chiffres** to make figures agree *ou* tally ◆ **ses actes concordent-ils avec ses idées ?** is his behaviour in accordance with his ideas?

**concourant, e** /kɔ̃kuʀɑ̃, ɑ̃t/ ADJ *(= convergent) [droites]* convergent; *[efforts]* concerted *(épith)*, united

**concourir** /kɔ̃kuʀiʀ/ ▸ conjug 11 ◂ VI a *[concurrent]* to compete (*pour* for); ◆ **les films qui concourent au festival** the films competing (for a prize) at the festival b *(Math = converger)* to converge (*vers* towards, on)

VT INDIR **concourir à** ◆ ~ **à qch/à faire qch** *[personnes]* to work towards sth/towards doing sth; *[circonstances]* to contribute to sth/to doing sth ◆ **tout concourt à notre réussite** everything is working in our favour ◆ **son intransigeance a concouru à son échec** his inflexibility contributed to *ou* was a factor in his failure

**concours** /kɔ̃kuʀ/ NM a *(= jeu, compétition)* competition; *(= examen)* competitive examination ◆ ~ **agricole** agricultural show ◆ ~ **hippique** *(= sport)* show-jumping ◆ **un ~ hippique** *(= épreuve)* a horse show ◆ **promotion par (voie de) ~** promotion by (competitive) examination ◆ ~ **de beauté** beauty contest ◆ ~ **d'entrée (à)** (competitive) entrance examination (for) ◆ ~ **de recrutement** competitive entry examination ◆ ~ **général** *competitive examination with prizes, open to secondary school children* ◆ **être présenté hors ~** to be shown outside the competition *(because of outstanding merit)* ◆ **être mis hors ~** to be declared ineligible to compete, to be disqualified ◆ **il est hors ~** *(fig)* he's in a class of his own

b *(= participation)* aid, help ◆ **prêter son ~ à qch** to lend one's support to sth ◆ **avec le ~ de** *(participation)* with the participation of; *(aide)* with the support *ou* help *ou* assistance of ◆ **il a fallu le ~ des pompiers** the firemen's help was needed

c *(= rencontre)* ~ **de circonstances** combination of circumstances ◆ **un grand ~ de peuple** † a large concourse † *ou* throng of people

> **Concours**
>
> In France, the cultural significance of competitive examinations with a predetermined quota of successful candidates is considerable. Gruelling « classes préparatoires » after secondary school level are designed to prepare high-flying students for the « grandes écoles » entrance exams, and have tended to promote a competitive and elitist approach to learning in these schools. Other examples of the importance of **concours** are the competitive recruitment procedures for public sector teaching posts (« CAPES » and « agrégation »), civil service appointments in ministries, and even jobs in the Post Office.

**concret, -ète** /kɔ̃kʀɛ, ɛt/ ADJ *[situation, détail, objet]* concrete ◆ **esprit ~** practical mind ◆ **il en a tiré des avantages ~s** it gave him certain real *ou* positive advantages; → **musique** NM ◆ **le ~ et l'abstrait** the concrete and the abstract ◆ **ce que je veux, c'est du ~** I want something concrete

**concrètement** /kɔ̃kʀɛtmɑ̃/ ADV *(gén)* in concrete terms; *(= pratiquement)* in practical terms ◆ **je me représente très ~ la situation** I can visualize the situation very clearly ◆ **~, à quoi ça va servir ?** what practical use will it have?, in concrete terms, what use will it be?

**concrétion** /kɔ̃kʀesjɔ̃/ NF *(Géol, Méd)* concretion

**concrétisation** /kɔ̃kʀetizasjɔ̃/ NF *[de promesse]* realization

**concrétiser** /kɔ̃kʀetize/ ► conjug 1 ◄ VT to give concrete expression to VI *(Sport = marquer)* to score ◆ ~ **avec qn** * *(= sortir avec qn)* to go out with sb VPR **se concrétiser** *[espoir, projet]* to materialize ◆ **ses promesses/menaces ne se sont pas concrétisées** his promises/threats didn't come to anything *ou* didn't materialize ◆ **le projet commence à se ~** the project is beginning to take shape

**concubin, e** /kɔ̃kybɛ̃, in/ NM,F a *(Jur)* cohabitant, cohabitee, common-law husband (*ou* wife) b *(† ou hum)* lover NF **concubine** *(Hist)* concubine

**concubinage** /kɔ̃kybinaʒ/ NM cohabitation ◆ **ils vivent en ~** they're living together *ou* as husband and wife ◆ ~ **notoire** *(Jur)* common-law marriage

**concupiscence** /kɔ̃kypisɑ̃s/ NF concupiscence

**concupiscent, e** /kɔ̃kypisɑ̃, ɑ̃t/ ADJ concupiscent

**concurremment** /kɔ̃kyʀamɑ̃/ ADV a *(= conjointement)* conjointly ◆ **il agit ~ avec le président** he acts conjointly with *ou* in conjunction with the president b *(= en même temps)* concurrently

**concurrence** /kɔ̃kyʀɑ̃s/ NF a *(gén, Comm = compétition)* competition ◆ **prix défiant toute ~** absolutely unbeatable price, rock-bottom price ◆ ~ **déloyale** unfair trading *ou* competition ◆ **faire ~ à qn** to be in competition with sb ◆ **être en ~ avec qn** to be in competition with sb, to compete with sb b *(= limite)* **(jusqu')à ~ de ...** up to ...

**concurrencer** /kɔ̃kyʀɑ̃se/ ► conjug 3 ◄ VT to compete with ◆ **il nous concurrence dangereusement** he is a serious threat *ou* challenge to us ◆ **leurs produits risquent de ~ les nôtres** their products could well pose a serious threat *ou* challenge to ours

**concurrent, e** /kɔ̃kyʀɑ̃, ɑ̃t/ ADJ a *(= rival)* rival, competing b *(† = concourant) [forces, actions]* concurrent, cooperative NM,F *(Comm, Sport)* competitor; *(Scol) [de concours]* candidate

**concurrentiel, -elle** /kɔ̃kyʀɑ̃sjɛl/ ADJ *[secteur, produit, prix]* competitive

**concussion** /kɔ̃kysjɔ̃/ NF misappropriation of public funds

**concussionnaire** /kɔ̃kysjɔnɛʀ/ ADJ embezzling *(épith)* NMF embezzler of public funds

**condamnable** /kɔ̃dɑnabl/ ADJ *[action, opinion]* reprehensible, blameworthy ◆ **il n'est pas ~ d'avoir pensé à ses intérêts** he cannot be blamed for having thought of his own interests

**condamnation** /kɔ̃dɑnasjɔ̃/ NF a *(Jur) [de coupable] (= action)* sentencing (*à* to; *pour* for); *(= peine)* sentence ◆ **il a 3 ~s à son actif** he already has 3 convictions ◆ ~ **à mort** death sentence, sentence of death ◆ ~ **à une amende** imposition of a fine ◆ ~ **à 5 ans de prison** 5-year (prison) sentence ◆ ~ **(aux travaux forcés) à perpétuité** life sentence (of hard labour) ◆ ~ **aux dépens** order to pay costs ◆ ~ **pour meurtre** sentence for murder b *[de livre, délit, conduite, idée]* condemnation c *(= faillite) [d'espoir, théorie, projet]* end ◆ **c'est la ~ du petit commerce** it means the end of *ou* it spells the end for the small trader d *(Aut) (= action)* locking; *(= système)* locking device ◆ ~ **centralisée des portes** central-locking device

**condamné, e** /kɔ̃dɑne/ (ptp de **condamner**) NM,F sentenced person, convict; *(à mort)* condemned person ◆ **un ~ à mort s'est échappé** a man under sentence of death *ou* a condemned man has escaped ◆ **les malades ~s** the terminally ill; → **cigarette**

**condamner** /kɔ̃dɑne/ GRAMMAIRE ACTIVE 41 ► conjug 1 ◄ VT a *[+ coupable]* to sentence (*à* to; *pour* for); ◆ ~ **à mort** to sentence to death ◆ ~ **qn à une amende** to fine sb, to impose a fine on sb ◆ ~ **qn à 5 ans de prison** to sentence sb to 5 years' imprisonment, to pass a 5-year (prison) sentence on sb ◆ **être condamné aux dépens** to be ordered to pay costs ◆ ~ **qn par défaut/par contumace** to sentence sb by default/in his absence *ou* in absentia ◆ ~ **pour meurtre** to sentence for murder ◆ **Serge Despins, plusieurs fois condamné pour vol ...** Serge Despins, several times convicted of theft ...

b *(= interdire) [+ délit, livre]* to condemn ◆ **la loi condamne l'usage de stupéfiants** the law condemns the use of drugs ◆ **ces délits sont sévèrement condamnés** these offences carry heavy sentences *ou* penalties

c *(= blâmer) [+ action, idées, impropriété]* to condemn ◆ **il ne faut pas le ~ d'avoir fait cela** you mustn't condemn *ou* blame him for doing that

d *(= accuser)* to condemn ◆ **sa rougeur le condamne** the fact that he's blushing points to his guilt

e *[+ malade]* to give up hope for; *[+ théorie, espoir]* to put an end to ◆ **ce projet est maintenant condamné** this project is now doomed ◆ **il était condamné depuis longtemps** there had been no hope for him *ou* he had been doomed for a long time ◆ **il est condamné par les médecins** the doctors have given up hope (for him)

f *(= obliger, vouer)* ~ **à** *[+ silence]* to condemn to ◆ **je suis condamné *ou* ça me condamne à me lever tôt** I'm obliged to get up early ◆ **condamné à sombrer dans l'oubli** doomed to sink into oblivion

g *[+ porte, fenêtre] (gén)* to fill in, to block up; *(avec briques)* to brick up; *(avec planches)* to board up; *[+ pièce]* to lock up; *[+ portière de voiture]* to lock ◆ ~ **sa porte à qn** *(fig)* to bar one's door to sb

**condé** /kɔ̃de/ NM *(arg Police = policier)* cop *; *(= accord)* deal *(which allows one to pursue illegal activities in exchange for information)*

**condensable** /kɔ̃dɑ̃sabl/ ADJ condensable

**condensateur** /kɔ̃dɑ̃satœʀ/ NM *(Élec)* capacitor, condenser; *(Opt)* condenser

**condensation** /kɔ̃dɑ̃sasjɔ̃/ NF condensation

**condensé, e** /kɔ̃dɑ̃se/ (ptp de **condenser**) ADJ *[gaz, vapeur, lait]* condensed; *[exposé, pensée]* condensed, compressed NM *(gén)* summary; *(Presse)* digest

**condenser** /kɔ̃dɑ̃se/ ► conjug 1 ◄ VT *[+ gaz, vapeur]* to condense; *[+ exposé, pensée]* to condense, to compress VPR **se condenser** *[vapeur]* to condense

**condenseur** /kɔ̃dɑ̃sœʀ/ NM *(Opt, Phys)* condenser

**condescendance** /kɔ̃desɑ̃dɑ̃s/ NF condescension ◆ **avec ~** condescendingly

**condescendant, e** /kɔ̃desɑ̃dɑ̃, ɑ̃t/ ADJ condescending

**condescendre** /kɔ̃desɑ̃dʀ/ ► conjug 41 ◄ **condescendre à** VT INDIR to condescend to ◆ ~ **à faire qch** to condescend *ou* deign to do sth

**condiment** /kɔ̃dimɑ̃/ NM condiment *(including pickles, spices, and any other seasoning)*

**condisciple** /kɔ̃disipl/ NMF *(Scol)* schoolmate; *(Univ)* fellow student

**condition** /kɔ̃disjɔ̃/ NF a *(= circonstances)* **~s** conditions ◆ **~s atmosphériques/sociologiques** atmospheric/sociological conditions ◆ **~s de travail/vie** working/living conditions ◆ **dans ces ~s, je refuse** under these conditions, I refuse ◆ **dans les ~s actuelles** in *ou* under (the) present conditions ◆ **améliorer la ~ des travailleurs émigrés** to improve the lot of foreign workers

b *(= stipulation) [de traité]* condition; *(= exigence) [d'acceptation]* condition, requirement ◆ ~ **préalable** prerequisite ◆ **la ~ nécessaire et suffisante pour que ...** the necessary and sufficient condition for ... ◆ ~ **sine qua non** sine qua non, necessary condition ◆ **l'honnêteté est la ~ du succès** honesty is the (prime) requirement for *ou* condition of success ◆ **dicter/poser ses ~s** to state/lay down one's conditions ◆ **il ne remplit pas les ~s requises (pour le poste)** he doesn't fulfil the requirements (for the job) ◆ **~s d'admission** terms *ou* conditions of admission *ou* entry (*dans* to); ◆ **sans ~(s)** *[capitulation]* unconditional; *[capituler]* unconditionally

**c** *(Comm)* term ◆ **~s de vente/d'achat** terms of sale/of purchase ◆ **~s de paiement** terms (of payment) ◆ **obtenir des ~s intéressantes** to get favourable terms ◆ **faire ses ~s** to make *ou* name one's (own) terms ◆ **acheter/envoyer à** *ou* **sous ~** to buy/send on approval ◆ **dans les ~s normales du commerce** in the ordinary course of business

**d** *(= état)* condition

♦ **en + condition** ◆ **en bonne ~** *[aliments, envoi]* in good condition ◆ **en bonne** *ou* **grande ~ (physique)** in good condition, fit ◆ **en mauvaise ~ (physique)** out of condition, unfit ◆ **mettre en ~** *[+ sportif]* to make *ou* get fit; *[+ candidat]* to prepare (mentally); *[+ spectateurs]* to condition ◆ **la mise en ~ des téléspectateurs** the conditioning of television viewers ◆ **se mettre en ~** *(avant un examen)* to prepare o.s. mentally ◆ **entrer/être en ~ chez qn** †† to enter sb's service/be in service with sb

**e** *(= rang social)* station, condition ◆ **vivre selon sa ~** to live according to one's station ◆ **étudiant de ~ modeste** student from a modest home *ou* background ◆ **personne de ~** †† person of quality ◆ **la ~ féminine** women's position in society ◆ **la ~ ouvrière** the conditions of working-class life ◆ **la ~ de prêtre** the priesthood ◆ **la ~ d'artisan/d'intellectuel** the situation of the craftsman/intellectual

**f** *(loc)* **à une ~** on one condition ◆ **je le ferai, à la seule ~ que toi aussi tu fasses un effort** I'll do it but only on one condition - you have to make an effort as well ◆ **tu peux rester, à ~ d'être sage** *ou* **à ~ que tu sois sage** you can stay provided (that) *ou* so long as you're good ◆ **sous ~** conditionally

**conditionné, e** /kɔ̃disjɔne/ (ptp de **conditionner**) ADJ **a** *(= emballé)* packaged; *(= sous vide)* vacuum-packed **b** *(= influencé)* conditioned ◆ **réflexe ~** conditioned response *ou* reflex **c** *(= climatisé)* → **air[1]**

**conditionnel, -elle** /kɔ̃disjɔnɛl/ ADJ, NM *(gén)* conditional ◆ **réflexe ~** conditioned response *ou* reflex ◆ **au ~** *(Ling)* in the conditional ◆ **cette information est à mettre au ~** this information has still to be confirmed; → **liberté**

**conditionnellement** /kɔ̃disjɔnɛlmɑ̃/ ADV conditionally

**conditionnement** /kɔ̃disjɔnmɑ̃/ NM *(= emballage)* packaging; *[d'air, personne, textile, blé]* conditioning

**conditionner** /kɔ̃disjɔne/ ▸ conjug 1 ◂ VT *(= emballer)* to package; *(= influencer)* to condition; *[+ textiles, blé]* to condition ◆ **ceci conditionne notre départ** our departure is dependent on *ou* is conditioned by this

**conditionneur, -euse** /kɔ̃disjɔnœʀ, øz/ NM,F *(= emballeur)* packer NM *[de denrées]* packaging machine; *[d'air]* air conditioner; *(pour cheveux)* conditioner

**condoléances** /kɔ̃dɔleɑ̃s/ GRAMMAIRE ACTIVE 51.4 NFPL condolences ◆ **offrir** *ou* **faire ses ~ à qn** to offer sb one's sympathy *ou* condolences ◆ **toutes mes ~** (please accept) all my condolences *ou* my deepest sympathy ◆ **lettre de ~** letter of condolence

**condom** /kɔ̃dɔm/ NM condom

**condominium** /kɔ̃dɔminjɔm/ NM *(= souveraineté, logement)* condominium

**condor** /kɔ̃dɔʀ/ NM condor

**conductance** /kɔ̃dyktɑ̃s/ NF conductance

**conducteur, -trice** /kɔ̃dyktœʀ, tʀis/ ADJ *(Élec)* conductive, conducting; → **fil** NM,F *(Aut, Rail)* driver; *[de machine]* operator ◆ **~ d'engins** heavy plant driver ◆ **~ d'hommes** leader ◆ **~ de travaux** clerk of works NM *(Élec)* conductor; *(TV)* continuity

> ⚠ *Quand il désigne une personne, le mot* **conducteur** *ne se traduit pas par l'anglais* **conductor**, *qui a le sens de 'chef d'orchestre' ou 'contrôleur'.*

**conductibilité** /kɔ̃dyktibilite/ NF conductivity

**conductible** /kɔ̃dyktibl/ ADJ conductive

**conduction** /kɔ̃dyksjɔ̃/ NF *(Méd, Phys)* conduction

**conductivité** /kɔ̃dyktivite/ NF conductivity

**conduire** /kɔ̃dɥiʀ/ ▸ conjug 38 ◂ VT **a** *(= emmener)* **~ qn quelque part** to take sb somewhere; *(en voiture)* to take *ou* drive sb somewhere ◆ **~ un enfant à l'école/chez le médecin** to take a child to school/to the doctor ◆ **~ la voiture au garage** to take the car to the garage ◆ **~ les bêtes aux champs** to take *ou* drive the animals to the fields ◆ **~ qn à la gare** *(en voiture)* to take *ou* drive sb to the station; *(à pied)* to walk *ou* see sb to the station ◆ **il me conduisit à ma chambre** he showed me *ou* took me to my room

**b** *(= guider)* to lead ◆ **il conduisit les hommes à l'assaut** he led the men into the attack ◆ **le guide nous conduisait** the guide was leading us ◆ **il nous a conduits à travers Paris** he guided us through Paris

**c** *(= piloter) [+ véhicule]* to drive; *[+ embarcation]* to steer; *[+ avion]* to pilot; *[+ cheval] [cavalier]* to ride; *[cocher]* to drive ◆ **~ un cheval par la bride** to lead a horse by the bridle

**d** *(Aut : emploi absolu)* to drive ◆ **il conduit bien/mal** he is a good/bad driver, he drives well/badly; → **permis**

**e** *(= mener)* **~ qn quelque part** *[véhicule]* to take sb somewhere; *[route, traces]* to lead *ou* take sb somewhere; *[études, événement]* to lead sb somewhere ◆ **où cela va-t-il nous ~ ?** where will all this lead us? ◆ **cela nous conduit à penser que ...** this leads us to believe that ... ◆ **cet escalier conduit à la cave** this staircase leads (down) to the cellar ◆ **où ce chemin conduit-il ?** where does this road lead *ou* go? ◆ **~ ses pas vers** *(littér)* to bend one's steps towards ◆ **ses dérèglements l'ont conduit en prison** his profligacy landed him in prison

**f** *(= diriger) [+ affaires]* to run, to manage; *[+ travaux]* to supervise; *[+ pays]* to run, to lead; *[+ négociations, enquête]* to lead, to conduct; *[+ orchestre] [chef d'orchestre]* to conduct; *[premier violon]* to lead ◆ **les fouilles sont conduites par P. Brunel** the excavation is being led *ou* directed by P. Brunel

**g** *(= transmettre) [+ chaleur, électricité]* to conduct; *(= transporter)* to carry ◆ **un aqueduc conduit l'eau à la ville** an aqueduct carries water to the town

VPR **se conduire** to behave ◆ **il sait se ~ (en société)** he knows how to behave (in polite company) ◆ **ce ne sont pas des façons de se ~** that's no way to behave ◆ **conduisez-vous comme il faut !** behave properly! ◆ **il s'est mal conduit** he behaved badly

**conduit** /kɔ̃dɥi/ NM **a** *(Tech)* conduit, pipe ◆ **~ de fumée** flue ◆ **~ d'air** *ou* **de ventilation** ventilation shaft ◆ **~ d'alimentation** supply pipe ◆ **~ d'aération** air duct **b** *(Anat)* duct, canal, meatus *(SPÉC)* COMP ▷ **conduit auditif** auditory canal ▷ **conduit lacrymal** tear duct ▷ **conduit urinaire** ureter, urinary canal

**conduite** /kɔ̃dɥit/ NF **a** *(= pilotage) [de véhicule]* driving; *[d'embarcation]* steering; *[d'avion]* piloting ◆ **la ~ d'un gros camion demande de l'habileté** driving a big truck takes a lot of skill ◆ **~ accompagnée** *driving as a learner accompanied by an experienced driver* ◆ **~ en état d'ivresse** drunk driving, driving while under the influence (of alcohol) ◆ **en Angleterre la ~ est à gauche** in England you drive on the left ◆ **voiture avec ~ à gauche/à droite** left-hand-drive/right-hand-drive car ◆ **faire un brin de ~ à qn** * to go *ou* walk part of the way with sb, to walk along with sb for a bit *

**b** *(= direction) [d'affaires]* running, management; *[de travaux]* supervision; *[de pays]* running, leading; *[de négociations, enquête]* leading, conducting; *(Littérat) [d'intrigue]* conducting ◆ **sous la ~ de** *[+ homme politique, capitaine]* under the leadership of; *[+ guide]* accompanied by; *[+ instituteur]* under the supervision of; *[+ chef d'orchestre]* under the baton *ou* leadership of

**c** *(= comportement)* behaviour *(Brit)*, behavior *(US)*; *(Scol)* conduct ◆ **avoir une ~ bizarre** to behave strangely ◆ **quelle ~ adopter ?** what course of action shall we take? ◆ **zéro de ~** zero *ou* no marks *(Brit)* for conduct ◆ **relâché** *ou* **libéré pour bonne ~** *(Prison)* released for good behaviour; → **acheter, écart, ligne[1]**

**d** *(= tuyau)* pipe ◆ **~ d'eau/de gaz** water/gas main

COMP ▷ **conduite d'échec** defeatist behaviour ▷ **conduite forcée** *(Hydro-Élec)* pressure pipeline ▷ **conduite intérieure** *(Aut)* saloon (car) *(Brit)*, sedan *(US)* ▷ **conduite montante** rising main

**condyle** /kɔ̃dil/ NM *(Anat)* condyle

**condylome** /kɔ̃dilom/ NM condyloma

**cône** /kon/ NM *(gén, Sci)* cone ◆ **en forme de ~** cone-shaped ◆ **~ de déjection** alluvial cone ◆ **~ d'ombre/de lumière** cone of shadow/light

**conf** * /kɔ̃f/ NF abrév de **conférence**

**confection** /kɔ̃fɛksjɔ̃/ NF **a** *(= exécution) [d'appareil, vêtement]* making; *[de repas]* making, preparation, preparing ◆ **un plat de ma ~** a dish that I made *ou* prepared myself **b** *(Habillement)* **la ~** the clothing industry ◆ **être dans la ~** to be in the clothing business ◆ **vêtement de ~** ready-made garment ◆ **il achète tout en ~** he buys everything ready-to-wear *ou* off-the-peg *(Brit)* *ou* off-the-rack *(US)*; → **magasin**

**confectionner** /kɔ̃fɛksjɔne/ ▸ conjug 1 ◂ VT *[+ mets]* to prepare, to make; *[+ appareil, vêtement]* to make

**confectionneur, -euse** /kɔ̃fɛksjɔnœʀ, øz/ NM,F clothes manufacturer

**confédéral, e** (mpl **-aux**) /kɔ̃fedeʀal, o/ ADJ confederal

**confédération** /kɔ̃fedeʀasjɔ̃/ NF *(Pol)* confederation, confederacy; *(= syndicats)* confederation ◆ **la Confédération helvétique** the Swiss Confederation

**confédéré, e** /kɔ̃fedeʀe/ (ptp de **confédérer**) ADJ *[nations]* confederate NMPL *(Hist US)* ◆ **les Confédérés** the Confederates

**confédérer** /kɔ̃fedeʀe/ ▸ conjug 6 ◂ VT to confederate

**conférence** /kɔ̃feʀɑ̃s/ NF **a** *(= discours, exposé) (gén)* lecture, talk; *(Univ)* lecture ◆ **faire une ~ sur qch** to lecture on sth, to give a lecture on sth; → **salle, maître b** *(= colloque)* conference, meeting ◆ **être en ~** to be in conference *ou* in a *ou* at a meeting ◆ **~ au sommet** summit (meeting *ou* conference) ◆ **~ de**

**presse** press conference **c** *(= poire)* conference pear

> ⚠ *Au sens de 'discours',* **conférence** *ne se traduit par* **conference.**

**conférencier, -ière** /kɔ̃feʀɑ̃sje, jɛʀ/ NM,F speaker, lecturer

**conférer** /kɔ̃feʀe/ ▸ conjug 6 ◂ **VT** *(= décerner) [+ dignité]* to confer (*à* on); *[+ baptême, ordres sacrés]* to give; *(frm = donner) [+ prestige, autorité]* to impart; *[+ droit]* to give (*à* to); ◆ ~ **un certain sens/aspect à qch** to endow sth with a certain meaning/look, to give sth a certain meaning/look ◆ **ce titre lui confère un grand prestige** the title confers great prestige on him **VI** *(= s'entretenir)* to confer (*sur* on, about)

**confesse** /kɔ̃fɛs/ NF ◆ **être/aller à ~** to be at/go to confession

**confesser** /kɔ̃fese/ ▸ conjug 1 ◂ **VT** **a** *(= avouer) [+ péchés, erreur]* to confess ◆ ~ **que ...** to confess that ... ◆ ~ **sa foi** to confess one's faith **b** ◆ ~ **qn** *(Rel)* to hear sb's confession, to confess sb; *(* = faire parler qn)* to draw the truth out of sb, to make sb talk ◆ **l'abbé X confesse de 4 à 6** Father X hears confession from 4 to 6 **VPR** **se confesser** *(Rel)* to go to confession ◆ **se ~ à** *[+ prêtre]* to confess to, to make confession to; *[+ ami]* to confess to ◆ **se ~ de** *[+ péchés, méfait]* to confess

**confesseur** /kɔ̃fesœʀ/ NM confessor

**confession** /kɔ̃fesjɔ̃/ NF *(= aveu)* confession; *(= acte du prêtre)* hearing of confession; *(= religion)* denomination; → **dieu**

**confessionnal** (pl **-aux**) /kɔ̃fesjɔnal, o/ NM confessional

**confessionnel, -elle** /kɔ̃fesjɔnɛl/ ADJ denominational ◆ **école ~le** denominational *ou* sectarian school ◆ **non ~** nondenominational, nonsectarian

**confetti** /kɔ̃feti/ NM piece of confetti ◆ **des ~s** confetti *(NonC)* ◆ **tu peux en faire des ~s !** * *[+ contrat, chèque]* it's not worth the paper it's written on!

**confiance** /kɔ̃fjɑ̃s/ NF *(en l'honnêteté de qn)* confidence, trust; *(en la valeur de qn, le succès de qch, la solidité d'un appareil)* confidence, faith (*en* in); ◆ **avoir ~ en** *ou* **dans, faire ~ à** to have confidence *ou* faith in, to trust ◆ **quelqu'un en qui on peut avoir ~** someone you can rely on *ou* trust ◆ **je l'aurai, tu peux me faire ~ !** I'll get it — believe me! ◆ **voter la ~ (au gouvernement)** to pass a vote of confidence (in the government) ◆ **restaurer** *ou* **rétablir la ~** to restore peoples' *ou* public confidence ◆ **il faut avoir ~** one must have confidence ◆ **je n'ai pas ~ dans leur matériel** I have no faith *ou* confidence in their equipment ◆ **il a toute ma ~** he has my complete trust *ou* confidence ◆ **mettre qn en ~** to win sb's trust ◆ **placer** *ou* **mettre sa ~ dans** to place *ou* put one's trust in ◆ **avec ~** *[se confier]* trustingly; *[espérer]* confidently ◆ **en (toute) ~, de ~** *[acheter]* with confidence ◆ **de ~** *[personne, maison]* trustworthy, reliable ◆ **c'est l'homme de ~ du ministre** he's the minister's right-hand man ◆ **poste de ~** position of trust ◆ ~ **en soi** self-confidence ◆ **la ~ règne !** *(iro)* I can see you really trust me!; → **abus, inspirer, question**

**confiant, e** /kɔ̃fjɑ̃, jɑ̃t/ ADJ **a** *(= assuré, plein d'espoir)* confident; *(en soi-même)* (self-)confident **b** *(= sans défiance) [caractère, regard]* confiding

**confidence** /kɔ̃fidɑ̃s/ NF *(= secret)* confidence, little (personal) secret ◆ **je vais vous faire une ~** let me tell you a secret ◆ **faire des ~s à qn** to confide in sb ◆ ~ **pour ~, je ne l'aime pas non plus** since we're speaking frankly, I don't like him either ◆ **en ~** in confidence ◆ **mettre qn dans la ~** to let sb into the secret ◆ **sur le ton de la ~** in a confidential tone (of voice) ◆ **~s sur l'oreiller** pillow talk

**confident** /kɔ̃fidɑ̃/ NM *(= personne)* confidant; *(= siège)* tête-à-tête, confidante

**confidente** /kɔ̃fidɑ̃t/ NF confidante

**confidentialité** /kɔ̃fidɑ̃sjalite/ NF confidentiality

**confidentiel, -ielle** /kɔ̃fidɑ̃sjɛl/ ADJ *(= secret)* confidential; *(sur une enveloppe)* private (and confidential); *(pour public limité) [roman]* for a narrow readership; *[film]* for a limited audience

**confidentiellement** /kɔ̃fidɑ̃sjɛlmɑ̃/ ADV confidentially

**confier** /kɔ̃fje/ ▸ conjug 7 ◂ **VT** **a** *(= dire en secret)* to confide (*à* to); ◆ **il me confie ses projets** he confides his plans to me, he tells me about his plans ◆ **il me confie tous ses secrets** he shares all his secrets with me, he tells me all his secrets ◆ **dans ce livre il confie ses joies et ses peines** in this book he tells of *ou* reveals his sorrows and his joys **b** *(= laisser aux soins de qn)* to entrust, to confide (*à* to); ◆ ~ **qn/qch aux soins de qn** to leave sb/sth in sb's care, to entrust sb/sth to sb's care ◆ ~ **qn/qch à la garde de qn** to leave sb to look after sb/sth, to entrust sb/sth to sb's safekeeping ◆ **je vous confie le soin de le faire** I'll leave you to do it, I entrust you with the task of doing it **VPR** **se confier** **a** *(= dire un secret)* **se ~ à qn** to confide in sb ◆ **ils se confièrent l'un à l'autre leur chagrin** they confided their grief to each other **b** *(frm = se fier à)* **se ~ à** *ou* **en qn** to place o.s. in sb's hands

**configuration** /kɔ̃figyʀasjɔ̃/ NF **a** *(= aspect général)* (general) shape, configuration ◆ **la ~ des lieux** the layout of the premises ◆ **suivant la ~ du terrain** following the lie of the land **b** *(Ordin)* configuration ◆ ~ **multipostes** multi-user system

**configurer** /kɔ̃figyʀe/ ▸ conjug 1 ◂ VT *(Ordin)* to configure

**confiné, e** /kɔ̃fine/ (ptp de **confiner**) ADJ **a** *(= enfermé)* **vivre ~ chez soi** to live shut away in one's own home **b** *(= renfermé) [atmosphère]* enclosed; *[air]* stale

**confinement** /kɔ̃finmɑ̃/ NM *[de malade]* confining; *[de déchets, site]* containment; *(Phys)* containment, confinement

**confiner** /kɔ̃fine/ ▸ conjug 1 ◂ **VT** *(= enfermer)* ◆ ~ **qn à** *ou* **dans** to confine sb to *ou* in **VT INDIR** **confiner à** *(= toucher à) (lit)* to border on, to adjoin; *(fig)* to border *ou* verge on **VPR** **se confiner** to confine o.s. (*à* to); ◆ **se ~ chez soi** to confine o.s. to the house, to shut o.s. up at home

**confins** /kɔ̃fɛ̃/ NMPL *(= frontières)* borders; *(= partie extrême)* fringes ◆ **aux ~ de la Bretagne et de la Normandie/du rêve et de la réalité** on the borders of Brittany and Normandy/dream and reality ◆ **aux ~ de la Bretagne/la science** at the outermost *ou* furthermost bounds of Brittany/science ◆ **aux ~ de l'univers** in the far reaches of the universe

**confire** /kɔ̃fiʀ/ ▸ conjug 37 ◂ VT *(au sucre)* to preserve, to candy; *(au vinaigre)* to pickle; *(dans de la graisse)* to preserve; → **confit**

**confirmand, e** /kɔ̃fiʀmɑ̃, ɑ̃d/ NM,F confirmand *(SPÉC)*, confirmation candidate

**confirmation** /kɔ̃fiʀmasjɔ̃/ GRAMMAIRE ACTIVE 47.3 NF *(gén, Rel)* confirmation ◆ **en ~ de** confirming, in confirmation of ◆ **apporter ~ de** to confirm, to provide confirmation of ◆ **c'est la ~ de** it provides *ou* is confirmation of ◆ **j'en attends ~** I'm waiting for confirmation

**confirmer** /kɔ̃fiʀme/ GRAMMAIRE ACTIVE 46.5, 47.3, 48.3 ▸ conjug 1 ◂ VT *(gén, Rel)* to confirm ◆ **il m'a confirmé que ...** he confirmed that ... ◆ **je souhaite ~ ma réservation du ...** *(dans une lettre)* I wish to confirm my reservation of ... ◆ **cela l'a confirmé dans ses idées** it confirmed *ou* strengthened him in his ideas ◆ ~ **qn dans ses fonctions** to confirm sb's appointment ◆ **la nouvelle se confirme** the news has been confirmed, there is some confirmation of the news; → **exception**

**confiscable** /kɔ̃fiskabl/ ADJ liable to confiscation *ou* seizure, confiscable

**confiscation** /kɔ̃fiskasjɔ̃/ NF confiscation, seizure

**confiserie** /kɔ̃fizʀi/ NF *(= magasin)* confectioner's (shop), sweetshop *(Brit)*, candy store *(US)*; *(= métier)* confectionery; *(= bonbons)* confectionery *(NonC)*, sweets *(Brit)*, candy *(NonC) (US)* ◆ **une ~** a sweet *(Brit)*, a candy *(US)*

**confiseur, -euse** /kɔ̃fizœʀ, øz/ NM,F confectioner

**confisquer** /kɔ̃fiske/ ▸ conjug 1 ◂ VT *(gén, Jur)* to confiscate, to seize

**confit, e** /kɔ̃fi, it/ (ptp de **confire**) **ADJ** *[fruit]* crystallized, candied; *[cornichon]* pickled ◆ **gésiers ~s** gizzards preserved in fat ◆ **la salade est ~e** the salad has gone soggy ◆ ~ **de** *ou* **en dévotion** *(fig)* steeped in piety **NM** ◆ ~ **d'oie/de canard** goose/duck confit

**confiture** /kɔ̃fityʀ/ NF jam ◆ ~ **de prunes/d'abricots** plum/apricot jam ◆ ~ **d'oranges** (orange) marmalade ◆ ~ **de citrons** lemon marmalade ◆ **faire des ~s** to make jam ◆ **donner de la ~ aux cochons** to throw pearls before swine

**confiturerie** /kɔ̃fityʀʀi/ NF jam factory

**confiturier, -ière** /kɔ̃fityʀje, jɛʀ/ **NM,F** jam *ou* preserves *(Brit)* maker **NM** *(= pot)* jam jar

**conflagration** /kɔ̃flagʀasjɔ̃/ NF *(frm = conflit)* cataclysm

**conflictualité** /kɔ̃fliktɥalite/ NF conflict, conflictual situations

**conflictuel, -elle** /kɔ̃fliktɥɛl/ ADJ *[pulsions, intérêts]* conflicting ◆ **situation ~le** situation of conflict ◆ **avoir des rapports ~s avec qn** to have a conflictual relationship with sb

**conflit** /kɔ̃fli/ NM *(gén, Mil, Psych)* conflict; *(Ind = grève)* dispute ◆ **pour éviter le ~** to avoid (a) conflict *ou* a clash ◆ **entrer en ~ avec qn** to come into conflict with sb, to clash with sb ◆ **être en ~ avec qn** to be in conflict with sb, to clash with sb ◆ ~ **d'intérêts** conflict *ou* clash of interests ◆ **le ~ des générations** the generation gap ◆ ~ **armé** armed conflict ◆ ~ **social, ~ du travail** industrial dispute ◆ ~**s internes** infighting ◆ ~ **de juridiction** *(Jur)* jurisdictional dispute

**confluence** /kɔ̃flyɑ̃s/ NF *[de cours d'eau]* confluence, flowing together; *(fig)* mingling, merging

**confluent** /kɔ̃flyɑ̃/ NM *(Géog)* confluence ◆ **au ~ de deux cultures** *(fig)* at the bridge of two cultures, where two cultures meet ◆ **au ~ du rêve et de la réalité** *(fig)* where dream meets reality

**confluer** /kɔ̃flye/ ▸ conjug 1 ◂ VI *[cours d'eau]* to join, to flow together; *(littér) [foule, troupes]* to converge (*vers* on); ◆ ~ **avec** to flow into, to join

**confondant, e** /kɔ̃fɔ̃dɑ̃, ɑ̃t/ ADJ astounding

**confondre** /kɔ̃fɔ̃dʀ/ ▸ conjug 41 ◂ **VT** **a** *(= mêler) [+ choses, dates]* to mix up, to confuse ◆ **on**

**confond toujours ces deux frères** people always mix up *ou* confuse the two brothers *ou* get the two brothers mixed up ◆ **les deux sœurs se ressemblent au point qu'on les confond** the two sisters are so alike that you take *ou* mistake one for the other ◆ ~ **qch/qn avec qch/qn d'autre** to mistake sth/sb for sth/sb else ◆ **elle a confondu sa valise avec la mienne** she mistook my suitcase for hers ◆ **j'ai dû** ~ I must have made a mistake, I must have been mistaken ◆ **mes réserves ne sont pas de la lâcheté, il ne faudrait pas** ~ my reservations aren't cowardice, let there be no mistake about that *ou* you shouldn't confuse the two

**b** *(= déconcerter)* to astound ◆ **il me confondit par l'étendue de ses connaissances** he astounded me with the extent of his knowledge ◆ **son insolence a de quoi vous** ~ his insolence is astounding *ou* is enough to leave you speechless ◆ **je suis confondu devant** *ou* **de tant d'amabilité** I'm overcome *ou* overwhelmed by such kindness ◆ **être confondu de reconnaissance** to be overcome with gratitude

**c** *(= démasquer) [+ ennemi, menteur]* to confound

**d** *(= réunir, fusionner)* to join, to meet ◆ **deux rivières qui confondent leurs eaux** two rivers which flow together *ou* join ◆ **toutes classes d'âge/dépenses confondues** all age groups/expenses taken into account ◆ **les députés, toutes appartenances confondues** the deputies, irrespective of which party they belong to

**VPR se confondre** **a** *(= ne faire plus qu'un)* to merge; *(= se rejoindre)* to meet; *(= s'embrouiller)* to become confused ◆ **les silhouettes se confondaient dans la brume** the silhouettes merged (together) in the mist ◆ **les couleurs se confondent de loin** the colours merge in the distance ◆ **tout se confondait dans sa mémoire** everything became confused in his memory ◆ **nos intérêts se confondent** our interests are one and the same ◆ **les deux fleuves se confondent à cet endroit** the two rivers flow together *ou* join here

**b** ◆ **se** ~ **en excuses** to apologize profusely ◆ **il se confondit en remerciements** he thanked me (*ou* them *etc*) profusely *ou* effusively

**conformation** /kɔ̃fɔʀmasjɔ̃/ **NF** conformation; → **vice**

**conforme** /kɔ̃fɔʀm/ **ADJ** **a** *(= semblable)* true (*à* to); ◆ ~ **à l'original/au modèle** true to the original/pattern ◆ **c'est** ~ **à l'échantillon** it matches the sample ◆ **c'est peu** ~ **à ce que j'ai dit** it bears little resemblance to what I said ◆ **ce n'est pas** ~ **à l'original** it does not match the original; → **copie**

**b** *(= fidèle)* **être** ~ **à** *[+ norme, règle, commande]* to be in accordance with, to comply with; *[+ loi]* to be in accordance *ou* conformity with ◆ **l'exécution des travaux est** ~ **au plan prévu** the work is being carried out in accordance with the agreed plan ◆ **être** ~ **aux normes de sécurité** to conform to *ou* meet safety standards

**c** *(= en harmonie avec)* ~ **à** *[+ promesse]* in keeping with, consonant with *(frm)* ◆ **un niveau de vie** ~ **à nos moyens** a standard of living in keeping *ou* consonant with *(frm)* our means ◆ **il a des vues** ~**s aux miennes** his views are in keeping with my own ◆ **ces mesures sont** ~**s à notre politique** these measures are in line with our policy ◆ **c'est** ~ **à ce que j'espérais** it is as I hoped

**conformé, e** /kɔ̃fɔʀme/ (ptp de **conformer**) **ADJ** *[corps, enfant]* ◆ **bien/mal** ~ well-/ill-formed ◆ **bizarrement** ~ strangely shaped *ou* formed

**conformément** /kɔ̃fɔʀmemɑ̃/ **conformément à LOC ADV** **a** *(= en respectant) [+ loi]* in accordance *ou* conformity with; *[+ plan]* in accordance with, according to ◆ **ce travail a été exécuté** ~ **au modèle/à l'original** this piece of work was done to conform to the pattern/original *ou* to match the pattern/original exactly **b** *(= suivant)* in accordance with ◆ ~ **à ce que j'avais promis/prédit** in accordance with what I had promised/predicted

**conformer** /kɔ̃fɔʀme/ ► conjug 1 ◄ **VT** *(= calquer)* ◆ ~ **qch à** to model sth on ◆ ~ **sa conduite à celle d'une autre personne** to model one's (own) conduct on somebody else's ◆ ~ **sa conduite à ses principes** to match one's conduct to one's principles **VPR se conformer** ◆ **se** ~ **à** to conform to

**conformisme** /kɔ̃fɔʀmism/ **NM** *(gén, Rel)* conformism

**conformiste** /kɔ̃fɔʀmist/ **ADJ, NMF** *(gén, Rel)* conformist

**conformité** /kɔ̃fɔʀmite/ **NF** **a** *(= identité)* similarity, correspondence (*à* to); ◆ **la** ~ **de deux choses** the similarity of *ou* between two things, the close correspondence of *ou* between two things

**b** *(= fidélité)* faithfulness (*à* to); ◆ ~ **à la règle/aux ordres reçus** compliance with the rules/orders received ◆ **en** ~ **avec le plan prévu/avec les ordres reçus** in accordance *ou* conformity with the proposed plan/orders received ◆ **en** ~ **avec le modèle** in accordance with the pattern ◆ **certificat de** ~ certificate of compliance

**c** *(= harmonie)* conformity, agreement (*avec* with); ◆ **la** ~ **de nos vues sur la question, notre** ~ **de vues sur la question** the convergence of our views on the question ◆ **sa conduite est en** ~ **avec ses idées** his conduct is in keeping *ou* in conformity with his ideas

**confort** /kɔ̃fɔʀ/ **NM** comfort ◆ **villa tout** ~ *ou* **avec (tout) le** ~ **moderne** villa with all modern conveniences *ou* mod cons *(Brit)* ◆ **il aime le** *ou* **son** ~ he likes his creature comforts *ou* his comfort ◆ **dès que ça dérange son** ~ **personnel il refuse de nous aider** as soon as it inconveniences him *ou* puts him out he refuses to help us ◆ **pour notre** ~ **intellectuel** for our peace of mind ◆ ~ **psychologique** psychological well-being ◆ **améliorer le** ~ **d'écoute** to improve the sound quality ◆ **cette présentation apporte un grand** ~ **de lecture** this presentation makes for easy reading

**confortable** /kɔ̃fɔʀtabl/ **ADJ** **a** *(= douillet) [appartement]* comfortable, cosy; *[vêtement, vie]* comfortable, comfy* ◆ **peu** ~ *[fauteuil]* rather uncomfortable; *[situation]* rather uncomfortable, awkward **b** *(= opulent) [fortune, retraite, situation, vie]* comfortable **c** *(= important) [majorité, marge]* comfortable ◆ **il dispose d'une avance** ~ **sur ses rivaux** he has a comfortable lead over his rivals

**confortablement** /kɔ̃fɔʀtabləmɑ̃/ **ADV** comfortably ◆ **vivre** ~ *(dans le confort)* to live in comfort; *(dans la richesse)* to live very comfortably, to lead a comfortable existence

**conforter** /kɔ̃fɔʀte/ ► conjug 1 ◄ **VT** *[+ thèse]* to reinforce, to back up; *[+ détermination]* to reinforce ◆ **ceci me conforte dans mon analyse** this backs up *ou* reinforces my analysis

**confraternel, -elle** /kɔ̃fʀatɛʀnɛl/ **ADJ** *[relations, amitié]* between colleagues

**confrère** /kɔ̃fʀɛʀ/ **NM** *[de profession]* colleague; *[d'association]* fellow member ◆ **selon notre** ~ **Le Monde** *(= journal)* according to Le Monde

**confrérie** /kɔ̃fʀeʀi/ **NF** brotherhood

**confrontation** /kɔ̃fʀɔ̃tasjɔ̃/ **NF** **a** *[d'opinions, personnes]* confrontation; *[de textes]* comparison, collation ◆ **au cours de la** ~ **des témoins** when the witnesses were brought face to face **b** *(= conflit)* clash, confrontation

**confronter** /kɔ̃fʀɔ̃te/ ► conjug 1 ◄ **VT** *(= opposer) [+ opinions, personnes]* to confront; *(= comparer) [+ textes]* to compare, to collate ◆ **être confronté à** to be confronted with

**confucianisme** /kɔ̃fysjanism/ **NM** Confucianism

**confucianiste** /kɔ̃fysjanist/ **ADJ** Confucian **NMF** Confucian, Confucianist

**Confucius** /kɔ̃fysjys/ **NM** Confucius

**confus, e** /kɔ̃fy, yz/ **ADJ** **a** *(= peu clair) [bruit, texte, souvenir, mélange]* confused; *[esprit, personne, affaire]* confused, muddled **b** *(= honteux) [personne]* ashamed, embarrassed ◆ **il était** ~ **d'avoir fait cela/de son erreur** he was embarrassed at having done that/about his mistake ◆ **vous avez fait des folies, nous sommes** ~ **!** you've been far too kind, we're quite overwhelmed!

> ⚠ *Au sens de 'honteux',* **confus** *ne se traduit pas par* **confused**.

**confusément** /kɔ̃fyzemɑ̃/ **ADV** *[distinguer]* vaguely; *[comprendre, ressentir]* vaguely, in a confused way; *[parler]* unintelligibly, confusedly

**confusion** /kɔ̃fyzjɔ̃/ **NF** **a** *(= honte)* embarrassment, confusion ◆ **à ma grande** ~ to my great embarrassment ◆ **rouge de** ~ red *ou* blushing with embarrassment

**b** *(= erreur) [de noms, personnes, dates]* mix-up, confusion (*de* in); ◆ **vous avez fait une** ~ *(sur la personne)* you've made a mistake; *(sur des choses)* you've got things confused *ou* mixed up ◆ **cela peut prêter à** ~ this could be confusing ◆ **pour éviter la** ~ **des genres entre économique et politique** to avoid bundling economics and politics together ◆ **ce genre d'émission entretient la** ~ **des genres entre divertissement et information** this kind of programme blurs the distinction between entertainment and news

**c** *(= désordre) [d'esprits, idées]* confusion; *[d'assemblée, pièce, papiers]* confusion, disorder (*de* in); ◆ **ses idées sont dans la plus grande** ~ his ideas are extremely confused ◆ **c'était dans une telle** ~ it was in such confusion *ou* disorder ◆ **mettre** *ou* **jeter la** ~ **dans les esprits/l'assemblée** to throw people/the audience into confusion *ou* disarray ◆ ~ **mentale** mental confusion

**d** *(Jur)* ~ **des dettes** confusion ◆ ~ **de part** *ou* **de paternité** doubt over paternity ◆ ~ **des peines** concurrency of sentences ◆ ~ **des pouvoirs** *non-separation of legislative, executive and judicial powers*

**confusionnel, -elle** /kɔ̃fyzjɔnɛl/ **ADJ** *(Psych) [délire, état]* confusional

**confusionnisme** /kɔ̃fyzjɔnism/ **NM** *(Psych) confused thinking of a child; (Pol) policy of spreading confusion in people's minds*

**congé** /kɔ̃ʒe/ **NM** **a** *(= vacances)* holiday *(Brit)*, vacation *(US)*; *(= arrêt momentané de travail)* leave *(NonC)*; *(Mil = permission)* leave *(NonC)* ◆ **c'est son jour de** ~ it's his day off ◆ **avoir** ~ **le mercredi** to have Wednesdays off, to be off on Wednesdays ◆ **quel jour avez-vous** ~ **?** which day do you have off?, which day are you off? ◆ **j'ai pris deux semaines de** ~ **pour** *ou* **à Noël** I took two weeks off *ou* two weeks' leave at Christmas, I took two weeks' holiday *(Brit)* ou vacation *(US)* at Christmas ◆ **il me reste trois jours de ~ à prendre** I've got three days' holiday *(Brit)* ou vacation *(US)* still to come ◆ **~ sans solde** unpaid leave

b ◆ **en ~** *[écolier]* on holiday *(Brit)* ou vacation *(US)*; *[salarié]* on holiday *(Brit)* ou vacation *(US)*, on leave; *[soldat]* on leave ◆ **se mettre en ~ de son parti** *(fig)* to leave the party temporarily

c *(= avis de départ)* notice; *(= renvoi)* notice (to quit ou leave) ◆ **mon locataire m'a donné son ~** my tenant gave me notice that he was leaving ◆ **donner (son) ~ à un locataire/employé** to give a tenant/an employee (his) notice ◆ **donner ~ huit jours à l'avance** to give a week's notice ◆ **il a demandé son ~** he has asked to leave

d *(= adieu)* **prendre ~** to take one's leave (*de qn* of sb); ◆ **donner ~ à qn** *(en fin d'entretien)* to dismiss sb

e *(Admin = autorisation)* clearance certificate; *[de transports d'alcool]* release *(of alcohol from bond)* ◆ **~ (de navigation)** clearance

COMP ▷ **congé annuel** annual holiday *(Brit)* ou vacation *(US)* ou leave ▷ **congé pour convenance personnelle** ≃ compassionate leave ▷ **congé de conversion** retraining period ▷ **congé (individuel) de formation** (personal) training leave ▷ **congé de longue durée** extended ou prolonged leave of absence ▷ **congé (de) maladie** sick leave ◆ **~ de longue maladie** prolonged ou extended sick leave ▷ **congé (de) maternité** maternity leave ▷ **congé parental (d'éducation)** (unpaid) extended maternity (ou paternity) leave ▷ **les congés payés** *(= vacances)* (annual) paid holidays *(Brit)* ou vacation *(US)* ou leave; *(péj = vacanciers)* riff-raff *(péj)* on holiday *(Brit)* ou on vacation *(US)* ▷ **congés scolaires** school holidays *(Brit)* ou vacation *(US)*; → **sabbatique**

**congédier** /kɔ̃ʒedje/ ▸ conjug 7 ◂ VT to dismiss

**congel** * /kɔ̃ʒɛl/ NM abrév de **congélateur**

**congelable** /kɔ̃ʒlabl/ ADJ suitable for freezing

**congélateur** /kɔ̃ʒelatœʀ/ NM *(= meuble)* freezer, deep-freeze; *(= compartiment)* freezer compartment ◆ **~ armoire** upright freezer ◆ **~ bahut** chest freezer

**congélation** /kɔ̃ʒelasjɔ̃/ NF *[d'eau, aliment, embryon]* freezing; *[d'huile]* congealing ◆ **sac de ~** freezer bag; → **point**[1]

**congeler** /kɔ̃ʒ(ə)le/ ▸ conjug 5 ◂ VT *[+ eau]* to freeze; *[+ aliments]* to (deep-)freeze; *[+ huile]* to congeal ◆ **produits congelés** frozen foods VPR **se congeler** to freeze

**congélo** * /kɔ̃ʒelo/ NM abrév de **congélateur**

**congénère** /kɔ̃ʒenɛʀ/ ADJ congeneric NMF *(= semblable)* fellow, fellow creature ◆ **toi et tes ~s** you and your like ou kind

**congénital, e** (mpl **-aux**) /kɔ̃ʒenital, o/ ADJ congenital ◆ **elle est optimiste, c'est ~** *(hum)* she's a born optimist

**congère** /kɔ̃ʒɛʀ/ NF snowdrift

**congestif, -ive** /kɔ̃ʒɛstif, iv/ ADJ congestive

**congestion** /kɔ̃ʒɛstjɔ̃/ NF congestion ◆ **~ (cérébrale)** stroke ◆ **~ (pulmonaire)** congestion of the lungs

**congestionner** /kɔ̃ʒɛstjɔne/ ▸ conjug 1 ◂ VT *[+ rue]* to congest; *[+ personne, visage]* to make flushed ◆ **être congestionné** *[personne, visage]* to be flushed; *[rue]* to be congested

**conglomérat** /kɔ̃glɔmeʀa/ NM *(Écon, Géol)* conglomerate; *(fig = amalgame)* conglomeration

**conglomération** /kɔ̃glɔmeʀasjɔ̃/ NF conglomeration

**conglomérer** /kɔ̃glɔmeʀe/ ▸ conjug 6 ◂ VT to conglomerate

**Congo** /kɔ̃go/ NM ◆ **le ~** *(= fleuve)* the Congo ◆ **au ~** in the Congo ◆ **la République démocratique du ~** the Democratic Republic of (the) Congo

**congolais, e** /kɔ̃gɔlɛ, ɛz/ ADJ Congolese NM,F **Congolais(e)** Congolese NM *(= gâteau)* coconut cake

**congratulations** /kɔ̃gʀatylasjɔ̃/ NFPL *(† ou hum)* congratulations

**congratuler** /kɔ̃gʀatyle/ ▸ conjug 1 ◂ VT *(† ou hum)* to congratulate

**congre** /kɔ̃gʀ/ NM conger (eel)

**congrégation** /kɔ̃gʀegasjɔ̃/ NF *(Rel)* congregation; *(fig)* assembly

**congrès** /kɔ̃gʀɛ/ NM *(gén)* congress; *(Pol = conférence)* conference ◆ **le Congrès** *(Pol US)* Congress ◆ **membre du Congrès** *(gén)* member of Congress; *(homme)* congressman; *(femme)* congresswoman

**congressiste** /kɔ̃gʀesist/ NMF *(gén)* participant at a congress; *(Pol)* participant at a conference

**congru, e** /kɔ̃gʀy/ ADJ a → **portion** b ⇒ **congruent**

**congruence** /kɔ̃gʀyɑ̃s/ NF *(Math)* congruence

**congruent, e** /kɔ̃gʀyɑ̃, ɑ̃t/ ADJ *(Math)* congruent

**conifère** /kɔnifɛʀ/ NM conifer

**conique** /kɔnik/ ADJ conical ◆ **de forme ~** cone-shaped, conical NF conic (section)

**conjectural, e** (mpl **-aux**) /kɔ̃ʒɛktyʀal, o/ ADJ conjectural

**conjecture** /kɔ̃ʒɛktyʀ/ NF conjecture ◆ **se perdre en ~s quant à qch** to lose o.s. in conjectures about sth ◆ **nous en sommes réduits aux ~s** we can only conjecture ou guess (about this)

**conjecturer** /kɔ̃ʒɛktyʀe/ ▸ conjug 1 ◂ VT *(frm)* *[+ causes, résultat]* to conjecture, to speculate about ◆ **~ que ...** to conjecture ou surmise that ...

**conjoint, e** /kɔ̃ʒwɛ̃, wɛ̃t/ ADJ *[démarche, action, débiteurs, legs]* joint *(épith)*; *[problèmes]* linked, related ◆ **financement ~** joint financing ◆ **degrés ~s** *(Mus)* conjunct degrees NM,F *(Admin = époux)* spouse ◆ **lui et sa ~e** he and his spouse ◆ **le maire a félicité les ~s** the mayor congratulated the couple ◆ **les (deux) ~s** the husband and wife ◆ **les futurs ~s** the bride and groom to be

**conjointement** /kɔ̃ʒwɛ̃tmɑ̃/ ADV jointly ◆ **~ avec** together with ◆ **la notice explicative vous sera expédiée ~ (avec l'appareil)** the explanatory leaflet will be enclosed (with the machine) ◆ **~ et solidairement** *(Jur)* jointly and severally

**conjonctif, -ive** /kɔ̃ʒɔ̃ktif, iv/ ADJ *(Gram)* conjunctive; *(Anat)* *[tissu]* connective NF **conjonctive** *(Anat)* conjunctiva

**conjonction** /kɔ̃ʒɔ̃ksjɔ̃/ NF a *(Astron, Gram)* conjunction ◆ **~ de coordination/de subordination** coordinating/subordinating conjunction b *(frm = union)* union, conjunction

**conjonctivite** /kɔ̃ʒɔ̃ktivit/ NF conjunctivitis

**conjoncture** /kɔ̃ʒɔ̃ktyʀ/ NF *(= circonstances)* situation, circumstances ◆ **dans la ~ (économique) actuelle** in the present (economic) situation ou circumstances ◆ **crise de ~** economic crisis ◆ **enquête de ~** study of the overall economic climate ou of the present state of the economy ◆ **institut de ~** economic(s) research institute

**conjoncturel, -elle** /kɔ̃ʒɔ̃ktyʀɛl/ ADJ *[phénomène, reprise]* linked to the present economic climate; *[situation, tendance, prévisions]* economic ◆ **chômage ~** cyclical unemployment ◆ **fluctuations ~les** current economic fluctuations

**conjoncturiste** /kɔ̃ʒɔ̃ktyʀist/ NMF economic analyst

**conjugable** /kɔ̃ʒygabl/ ADJ which can be conjugated

**conjugaison** /kɔ̃ʒygɛzɔ̃/ NF *(Bio, Gram)* conjugation; *(frm = union)* union, uniting ◆ **grâce à la ~ de nos efforts** thanks to our joint efforts

**conjugal, e** (mpl **-aux**) /kɔ̃ʒygal, o/ ADJ *[amour, union]* conjugal ◆ **devoir ~** conjugal duty ◆ **vie ~e** married ou conjugal life; → **domicile**

**conjugalement** /kɔ̃ʒygalmɑ̃/ ADV ◆ **vivre ~** to live (together) as a (lawfully) married couple

**conjugalité** /kɔ̃ʒygalite/ NF conjugality

**conjugué, e** /kɔ̃ʒyge/ (ptp de **conjuguer**) ADJ *(Bot, Math)* conjugate; *[efforts, actions]* joint, combined NFPL **conjuguées** *(Bot)* conjugatae

**conjuguer** /kɔ̃ʒyge/ ▸ conjug 1 ◂ VT a *(Gram)* to conjugate b *(= combiner)* to combine ◆ **cette réforme, conjuguée avec une baisse des prix, devrait relancer l'économie** this reform, combined with a drop in prices, should kick-start the economy VPR **se conjuguer** a *[efforts, qualités]* to combine b *(Gram)* **ce verbe se conjugue avec 'avoir'** this verb is conjugated with 'avoir'

**conjuration** /kɔ̃ʒyʀasjɔ̃/ NF *(= complot)* conspiracy; *(= rite)* conjuration ◆ **c'est une véritable ~ !** * it's a conspiracy!, it's all a big plot!

**conjuré, e** /kɔ̃ʒyʀe/ (ptp de **conjurer**) NM,F conspirator

**conjurer** /kɔ̃ʒyʀe/ ▸ conjug 1 ◂ VT a *(= éviter)* *[+ danger, échec]* to avert b *(littér = exorciser)* *[+ démons]* to ward off, to cast out ◆ **essayer de ~ le sort** to try to ward off ill fortune c *(= implorer)* **~ qn de faire qch** to beseech ou entreat ou beg sb to do sth ◆ **je vous en conjure** I beseech ou entreat ou beg you d *(†† = conspirer)* *[+ mort, perte de qn]* to plot ◆ **~ contre qn** to plot ou conspire against sb VPR **se conjurer** *(= s'unir)* *[circonstances]* to conspire; *[conspirateurs]* to plot, to conspire (*contre* against); ◆ **vous vous êtes tous conjurés contre moi !** *(frm ou hum)* you're all conspiring against me!, you're all in league against me!

**connaissable** /kɔnɛsabl/ ADJ knowable

**connaissance** /kɔnɛsɑ̃s/ GRAMMAIRE ACTIVE 46.2

NF a *(= savoir)* **la ~** knowledge ◆ **la ~ intuitive/expérimentale** intuitive/experimental knowledge ◆ **sa ~ de l'anglais** his knowledge of English ◆ **il a une bonne ~ des affaires** he has a good ou sound knowledge of business matters ◆ **une profonde ~ du cœur humain** a deep understanding of ou insight into the human heart ◆ **la ~ de soi** self-knowledge

b *(= choses connues, science)* **~s** knowledge ◆ **faire étalage de ses ~s** to display one's knowledge ou learning ◆ **approfondir/enrichir ses ~s** to deepen ou broaden/enhance one's knowledge ◆ **avoir** ou **posséder des ~s en** to have some knowledge of ◆ **c'est un garçon qui a des ~s** he's a knowledgeable fellow ◆ **il a de bonnes/vagues ~s en anglais** he has a good command of/a smattering of English ◆ **il a de vagues ~s en physique** he has a vague knowledge of *ou* a nodding acquaintance with physics

**c** *(= personne)* acquaintance ◆ **c'est une vieille/simple** ~ he is an old/a mere acquaintance ◆ **faire de nouvelles ~s** to make new acquaintances, to meet new people

**d** *(= conscience, lucidité)* consciousness ◆ **être sans** ~ to be unconscious ◆ **perdre** ~ to lose consciousness ◆ **reprendre** ~ to regain consciousness, to come to, to come round *(Brit)*

**e** *(loc)* **à ma/sa/leur** ~ to (the best of) my/his/their knowledge, as far as I know/he knows/they know ◆ **pas à ma** ~ not to my knowledge, not as far as I know ◆ **venir à la** ~ **de qn** to come to sb's knowledge ◆ **donner** ~ **de qch à qn** to inform *ou* notify sb of sth ◆ **porter qch à la** ~ **de qn** to notify sb of sth, to bring sth to sb's attention ◆ **avoir** ~ **d'un fait** to be aware of a fact ◆ **en (toute)** ~ **de cause** with full knowledge of the facts ◆ **nous sommes parmi gens de** ~ we are among familiar faces ◆ **un visage de** ~ a familiar face ◆ **en pays de** ~ *(personnes)* among familiar faces; *(sujet)* on familiar ground *ou* territory ◆ **il avait amené quelqu'un de sa** ~ he had brought along an acquaintance of his *ou* someone he knew ◆ **faire** ~ **avec qn, faire la** ~ **de qn** *(rencontrer)* to meet sb, to make sb's acquaintance; *(apprendre à connaître)* to get to know sb ◆ **(je suis) heureux de faire votre** ~ (I am) pleased to meet you ◆ **prendre** ~ **de** *[+ lettre]* to read; *[+ faits]* to become acquainted with, to be informed of ◆ **nous avons fait** ~ **à Paris** we met in Paris ◆ **je leur ai fait faire** ~ I introduced them (to each other)

**connaissement** /kɔnɛsmɑ̃/ **NM** *(Comm)* bill of lading ◆ ~ **sans réserves** clean bill of lading

**connaisseur, -euse** /kɔnɛsœʀ, øz/ **ADJ** *[coup d'œil, air]* expert **NM,F** connoisseur ◆ **être** ~ **en vins** to be a connoisseur of wines ◆ **il juge en** ~ his opinion is that of a connoisseur

**connaître** /kɔnɛtʀ/ ▸ conjug 57 ◂ **VT** **a** *[+ date, nom, adresse]* to know; *[+ fait]* to know, to be acquainted with; *[+ personne] (gén)* to know, to be acquainted with; *(= rencontrer)* to meet ◆ **connaît-il la nouvelle ?** has he heard *ou* does he know the news? ◆ **vous connaissez la dernière (nouvelle) ?** have you heard the latest (news)? ◆ **connais-tu un bon restaurant ?** do you know of a good restaurant? ◆ ~ **qn de vue/nom/réputation** to know sb by sight/by name/by reputation ◆ **chercher à** ~ **qn** to try to get to know sb ◆ **apprendre à** ~ **qn** to get to know sb ◆ **il l'a connu à l'université** he met *ou* knew him at university ◆ **je l'ai connu enfant** *ou* **tout petit** I knew him when he was a child; *(= je le vois encore)* I have known him since he was a child ◆ **si tu te conduis comme ça je ne te connais plus !** *(hum)* if you behave like that (I'll pretend) I'm not with you ◆ **je ne lui connaissais pas ce chapeau/ces talents** I didn't know he had that hat/these talents ◆ **je ne lui connais pas de défauts/d'ennemis** I'm not aware of his having any faults/enemies ◆ **tu le connais mal, c'est mal le** ~ you're underestimating *ou* misjudging him

**b** *[+ langue, science]* to know; *[+ méthode, auteur, texte]* to know, to be acquainted with ◆ ~ **les oiseaux/les plantes** to know about birds/plants ◆ **tu connais la mécanique/la musique ?** do you know anything *ou* much about engineering/music? ◆ ~ **un texte** to know a text, to be familiar with a text ◆ **il connaît son affaire** he knows what he's talking about ◆ **elle connaît son métier** she (really) knows her job ◆ **il en connaît un bout** * *ou* **un rayon** * he knows a thing or two about it * ◆ **un poète qui connaît la vie/l'amour** a poet who knows what life/love is *ou* knows (about) life/love ◆ **tu connais ce village ? – si je connais ! j'y suis né !** * do you know this village? – do I know it! I was born here! ◆ **il ne connaît pas grand-chose à cette machine** he doesn't know (very) much about this machine ◆ **il n'y connaît rien** he doesn't know anything *ou* a thing about it, he doesn't have a clue about it * ◆ **je ne connais pas bien les coutumes du pays** I'm not really familiar with *ou* I'm not (very) well acquainted with *ou* I'm not very well up on * the customs of the country ◆ **je connais la chanson** *ou* **la musique** * I've heard it all before ◆ **il ne connaît pas sa force** he doesn't know *ou* realize his own strength ◆ **il ne connaît pas son bonheur** *ou* **sa chance** he doesn't know how lucky he is ◆ **il ne connaît que son devoir** duty first is his motto

**c** *(= éprouver) [+ faim, privations]* to know, to experience; *[+ crise, événement]* to experience; *[+ humiliations]* to experience, to suffer, to go through ◆ **il ne connaît pas la pitié** he knows no pity ◆ **ils ont connu des temps meilleurs** they have known *ou* seen better days ◆ **nous connaissons de tristes heures** we are going through sad times ◆ **le pays connaît une crise économique grave** the country is going through *ou* experiencing a serious economic crisis

**d** *(= avoir) [+ succès]* to enjoy, to have; *[+ sort]* to experience ◆ ~ **un échec** to fail ◆ **sa patience ne connaît pas de bornes** his patience knows no bounds ◆ **cette règle ne connaît qu'une exception** there is only one exception to this rule ◆ **l'histoire de ce pays ne connaît qu'une tentative de coup d'État** in the history of this country there has only been one attempted coup

**e** ◆ **faire** ~ *[+ idée, sentiment]* to make known; *[+ décision]* to announce, to make public ◆ **faire** ~ **qn à qn** to introduce sb to sb ◆ **cette pièce/ce traducteur l'a fait** ~ **en Angleterre** this play/translator brought him to the attention of the English public ◆ **il m'a fait** ~ **les joies de la pêche** he introduced me to *ou* initiated me in(to) the joys of fishing ◆ **se faire** ~ *(par le succès)* to make a name for o.s., to make one's name; *(aller voir qn)* to introduce o.s., to make o.s. known

**f** *(loc)* **ça le/me connaît !** * he knows/I know all about it! ◆ **je ne connais que lui/que ça !** do I know him/it! *, don't I know him/it! * ◆ **une bonne tasse de café après le repas, je ne connais que ça** there's nothing like a good cup of coffee after a meal ◆ **je ne le connais ni d'Ève ni d'Adam** I don't know him from Adam ◆ **je te connais comme si je t'avais fait** I know you inside out

**VPR** **se connaître** **a** ◆ **se** ~ **(soi-même)** to know o.s. ◆ **connais-toi toi-même** know thyself ◆ **il ne se connaît plus** *(fig)* he's beside himself *(with joy or rage etc)*

**b** *(= se rencontrer)* to meet ◆ **ils se sont connus en Grèce** they met *ou* became acquainted in Greece

**c** ◆ **s'y** ~ **en qch** to know (a lot) about sth, to be well up on * *ou* well versed in sth ◆ **il s'y connaît en voitures** he knows (all) about cars, he's an expert on cars ◆ **c'est de l'or ou je ne m'y connais pas** * unless I'm very much mistaken, this is gold ◆ **quand il s'agit d'embêter les autres, il s'y connaît !** * when it comes to annoying people he's an expert! *

**VT INDIR** **connaître de** *(Jur)* to take cognizance of

**connard** ‡ /kɔnaʀ/ **NM** bloody *(Brit)* idiot ‡, schmuck ‡ *(US)*

**connarde** ‡ /kɔnaʀd/, **connasse** ‡ /kɔnas/ **NF** (silly) bitch *‡ *ou* cow ‡ *(Brit)*

**conne²** ‡ /kɔn/ **NF** (silly) bitch *‡ *ou* cow ‡ *(Brit)* ◆ **quelle** ~ **je fais !** shit, what an idiot I am! ‡ ◆ **et comme une** ~**, j'ai accepté !** and like a bloody idiot *(Brit)* *ou* like a dumb bitch *(US)* I said yes! ‡

**connecter** /kɔnɛkte/ ▸ conjug 1 ◂ **VT** *(Élec, Ordin)* to connect (*à* to; *avec* with) **VPR** **se connecter** *(Ordin) (à la prise)* to get connected, to connect (*à* to); *(à un serveur)* to log on ◆ **se** ~ **sur Internet** to log onto *ou* into the Internet

**connecteur** /kɔnɛktœʀ/ **NM** *(Logique, Ling)* connective; *(Élec)* connector

**Connecticut** /kɔnɛktikɔt/ **NM** Connecticut

**connectique** /kɔnɛktik/ **NF** *(= industrie)* connector industry; *(= connexions)* connections, wiring

**connectivité** /kɔnɛktivite/ **NF** *(Ordin)* connectivity

**connement** ‡ /kɔnmɑ̃/ **ADV** stupidly ◆ **j'ai dit ça un peu** ~ it was a bit stupid of me to say that

**connerie** ‡ /kɔnʀi/ **NF** **a** *(NonC)* damned *ou* bloody *(Brit)* stupidity ‡ **b** *(= remarque, acte)* damned *ou* bloody *(Brit)* stupid thing to say *ou* do ‡; *(= livre, film)* bullshit *‡ *(NonC)*, bloody rubbish ‡ *(Brit) (NonC)* ◆ **arrête de dire des ~s** stop talking bullshit *‡ *ou* such bloody rubbish ‡ *(Brit)* ◆ **il a encore fait une** ~ he's gone and done another damned stupid thing ‡ ◆ **c'est de la** ~ **!** that's (a load of) bullshit! *‡ *ou* cobblers! ‡ *(Brit)*

**connétable** /kɔnetabl/ **NM** *(Hist)* constable

**connexe** /kɔnɛks/ **ADJ** (closely) related

**connexion** /kɔnɛksjɔ̃/ **NF** *(gén)* link, connection; *(Élec)* connection (*entre* between; *avec* with); ◆ **le nombre d'heures de** ~ **sur le réseau** the number of hours people spend on the network ◆ **temps de** ~ connection time

**connivence** /kɔnivɑ̃s/ **NF** connivance ◆ **être/agir de** ~ **avec qn** to be/act in connivance with sb ◆ **un sourire de** ~ a smile of complicity ◆ **ils sont de** ~ they're in league with each other

**connotatif, -ive** /kɔ(n)nɔtatif, iv/ **ADJ** *(Ling) [sens]* connotative

**connotation** /kɔ(n)nɔtasjɔ̃/ **NF** connotation

**connoter** /kɔ(n)nɔte/ ▸ conjug 1 ◂ **VT** to connote, to imply; *(Ling)* to connote

**connu, e** /kɔny/ (ptp de **connaître**) **ADJ** *(= non ignoré) [terre, animal]* known; *(= célèbre) [idée, méthode, auteur, livre]* well-known *(épith)* ◆ **(bien)** ~ well-known *(épith)* ◆ **très** ~ very well known, famous ◆ **ces faits sont mal ~s** these facts are not well *ou* widely known ◆ **il est** ~ **comme le loup blanc** everybody knows him ◆ **chiffres non encore ~s** *(Stat)* figures not yet available; → **ni**

**conque** /kɔ̃k/ **NF** *(= coquille)* conch; *(Anat)* concha

**conquérant, e** /kɔ̃keʀɑ̃, ɑ̃t/ **ADJ** *[pays, peuple]* conquering; *[ardeur]* masterful; *[air, regard]* swaggering **NM,F** conqueror

**conquérir** /kɔ̃keʀiʀ/ ▸ conjug 21 ◂ **VT** *[+ pays, place forte, montagne]* to conquer; *[+ part de marché]* to capture; *(littér) [+ femme, cœur]* to conquer *(littér)*, to win; *(littér) [+ estime, respect]* to win, to gain; *[+ supérieur, personnage influent, public]* to win over ◆ **conquis à une doctrine** won over *ou* converted to a doctrine; → **pays¹**

**conquête** /kɔ̃kɛt/ **NF** conquest ◆ **faire la** ~ **de** *[+ pays, montagne]* to conquer; *[+ femme]* to conquer *(littér)*, to win; *[+ supérieur, personnage influent, électeurs]* to win over ◆ **s'élancer** *ou* **partir à la** ~ **de** *(gén)* to set out to conquer; *[+ record]* to set out to break ◆ **faire des ~s** *(hum)* to break a few hearts, to make a few conquests

**conquis, e** /kɔ̃ki, iz/ ptp de **conquérir**

**conquistador** /kɔ̃kistadɔʀ/ NM conquistador

**consacré, e** /kɔ̃sakʀe/ (ptp de **consacrer**) ADJ a *(= béni) [hostie, église]* consecrated; *[lieu]* consecrated, hallowed b *(= habituel, accepté) [coutume]* established, accepted; *[itinéraire, visite]* traditional; *[écrivain]* established, recognized ◆ **c'est l'expression ~e** it's the accepted way of saying it ◆ **selon la formule ~e** as the expression goes c *(= destiné à)* ~ **à** given over to ◆ **talents ~s à faire le bien** talents given over to *ou* dedicated to doing good

**consacrer** /kɔ̃sakʀe/ ▸ conjug 1 ◂ VT a ◆ ~ **à** *(= destiner, dédier à)* to devote to, to dedicate to; *(= affecter à, utiliser pour)* to devote to, to give (over) to ◆ ~ **son temps à faire qch** to devote one's time to doing sth ◆ ~ **sa vie à Dieu** to devote *ou* dedicate one's life to God ◆ **il consacre toutes ses forces/tout son temps à son travail** he devotes all his energies/time to his work, he gives all his energies/time (over) to his work ◆ **pouvez-vous me ~ un instant ?** can you spare me a moment? ◆ **se ~ à une profession/à Dieu** to dedicate *ou* devote o.s. to a profession/God, to give o.s. to a profession/God ◆ **il a consacré plusieurs articles à ce sujet** he devoted several articles to this subject

b *(Rel) [+ reliques, lieu]* to consecrate, to hallow *(littér)*; *[+ église, évêque, hostie]* to consecrate ◆ **temple consacré à Apollon** temple dedicated to Apollo ◆ **leur mort a consacré cette terre** *(littér)* their death has made this hallowed ground

c *(= entériner) [+ coutume, droit]* to establish; *[+ abus]* to sanction ◆ **expression consacrée par l'usage** expression sanctioned by use *ou* which has become accepted through use ◆ **consacré par le temps** time-honoured *(épith)* ◆ **la fuite de l'ennemi consacre notre victoire** the enemy's flight makes our victory complete

**consanguin, e** /kɔ̃sɑ̃gɛ̃, in/ ADJ ◆ **frère ~** half-brother *(on the father's side)* ◆ **mariage ~** intermarriage, marriage between blood relations ◆ **les mariages ~s sont à déconseiller** marriages between blood relations *ou* intermarrying should be discouraged NM,F ◆ **les ~s** blood relations

**consanguinité** /kɔ̃sɑ̃g(ɥ)inite/ NF *(du même père, d'ancêtre commun)* consanguinity; *(= union consanguine)* intermarrying

**consciemment** /kɔ̃sjamɑ̃/ ADV consciously, knowingly

**conscience** /kɔ̃sjɑ̃s/ NF a *(= faculté psychologique) (gén)* awareness, consciousness (*de* of); *(Philos, Psych)* consciousness ◆ ~ **de soi** self-awareness ◆ ~ **individuelle/collective/nationale/de classe** individual/collective/national/class consciousness ◆ ~ **politique/écologique** ecological/political awareness ◆ **avoir ~ que ...** to be aware *ou* conscious that ... ◆ **avoir ~ de sa faiblesse/de l'importance de qch** to be aware *ou* conscious of one's own weakness/of the importance of sth ◆ **avoir une ~ claire/aiguë de ses responsabilités** to be fully/keenly aware of one's responsibilities ◆ **prendre ~ de qch** to become aware of sth, to realize sth ◆ **il prit soudain ~ d'avoir dit ce qu'il ne fallait pas** he was suddenly aware that *ou* he suddenly realized that he had said something he shouldn't have ◆ **cela lui a donné** *ou* **fait prendre ~ de son importance** it made him aware of his importance, it made him realize how important he was ◆ **prise de ~** awareness, realization ◆ **il faut qu'il y ait une prise de ~ du problème** people must be made aware of the problem

b *(= éveil)* consciousness ◆ **perdre/reprendre ~** to lose/regain consciousness

c *(= faculté morale)* conscience ◆ **avoir la ~ tranquille/chargée, avoir bonne/mauvaise ~** to have a clear/guilty conscience ◆ **il n'a pas la ~ tranquille** he has a guilty *ou* an uneasy conscience, his conscience is troubling him ◆ **j'ai ma ~ pour moi** I have a clear conscience ◆ **avoir qch sur la ~** to have sth on one's conscience ◆ **donner bonne ~ à qn** to ease sb's conscience ◆ **donner mauvaise ~ à qn** to give sb a guilty *ou* bad conscience ◆ **se donner bonne ~** to salve *ou* ease one's conscience ◆ **agir selon sa ~** to act according to one's conscience *ou* as one's conscience dictates ◆ **étouffer les ~s** to stifle consciences *ou* people's conscience ◆ **en (toute) ~** in all conscience *ou* honesty ◆ **sans ~** without conscience ◆ **il a plusieurs morts/un mensonge sur la ~** he has several deaths/a lie on his conscience ◆ **son déjeuner lui est resté sur la ~** * his lunch is lying heavy on his stomach; → **acquit, objecteur**

d ◆ ~ **(professionnelle)** conscientiousness ◆ **faire un travail avec beaucoup de ~** to do a piece of work very conscientiously

**consciencieusement** /kɔ̃sjɑ̃sjøzmɑ̃/ ADV conscientiously

**consciencieux, -ieuse** /kɔ̃sjɑ̃sjø, jøz/ ADJ conscientious

**conscient, e** /kɔ̃sjɑ̃, jɑ̃t/ ADJ *(= non évanoui)* conscious; *(= lucide) [personne]* lucid; *[mouvement, décision]* conscious ◆ ~ **de/que** conscious *ou* aware of/that NM *(Psych)* ◆ **le ~** the conscious

**conscription** /kɔ̃skʀipsjɔ̃/ NF conscription, draft *(US)*

**conscrit** /kɔ̃skʀi/ NM conscript, draftee *(US)*

**consécration** /kɔ̃sekʀasjɔ̃/ NF a *(Rel) [de personne]* consecration; *[de temple]* consecration, dedication (*à* to) b *[de coutume, droit, artiste]* establishment; *[d'abus]* sanctioning ◆ **la ~ du temps** time's sanction ◆ **cette exposition fut la ~ de son œuvre** this exhibition established his reputation as an artist ◆ **ce traité fut la ~ de sa politique** this treaty was the apotheosis of his policy

**consécutif, -ive** /kɔ̃sekytif, iv/ ADJ *(= successif)* consecutive; *(= résultant)* consequential ◆ **pendant trois jours ~s** for three days running, for three consecutive days ◆ **elle a eu trois succès ~s** she had three hits in a row ◆ **sa blessure est consécutive à un accident** his injury is the result of an accident; → **proposition**

**consécution** /kɔ̃sekysjɔ̃/ NF consecution

**consécutivement** /kɔ̃sekytivmɑ̃/ ADV consecutively ◆ **elle eut ~ deux accidents** she had two consecutive accidents, she had two accidents in a row *ou* one after the other ◆ ~ **à** following

**conseil** /kɔ̃sɛj/ GRAMMAIRE ACTIVE 28.1, 29.2, 29.3, 38.3

NM a *(= recommandation)* piece of advice, advice *(NonC)*, counsel *(frm)*; *(= simple suggestion)* hint ◆ **donner des ~s à qn** to give sb some advice ◆ **écouter/suivre le ~** *ou* **les ~s de qn** to listen to/follow sb's advice ◆ **demander ~ à qn** to ask *ou* seek sb's advice, to ask sb for advice ◆ **prendre ~ de qn** to take advice from sb ◆ **je lui ai donné le ~ d'attendre** I advised him to wait ◆ **un petit ~** a word *ou* a few words *ou* a bit of advice ◆ **ne pars pas, c'est un ~ d'ami** don't go – that's (just) a friendly piece of advice ◆ **écoutez mon ~** take my advice, listen to my advice ◆ **un bon ~** a good *ou* sound piece of advice ◆ **un bon ~ : reposez-vous** a bit of advice: get some rest ◆ **ne suivez pas les ~s de la colère** don't let yourself be guided by anger ◆ **il est de bon ~** he gives good *ou* sound advice ◆ **un homme de bon ~** *(frm)* a man of sound advice ◆ **~s à ...** *(Admin, Comm)* advice to ... ◆ **~s à la ménagère/au débutant** hints *ou* tips for the housewife/the beginner; → **nuit**

b *(= activité professionnelle)* consultancy ◆ **cabinet** *ou* **société de ~** consultancy *ou* consulting firm, firm of consultants ◆ **activité de ~** consultancy

c *(= personne)* consultant, adviser (*en* in); ◆ ~ **en brevets d'invention** patent engineer ◆ ~ **fiscal** tax consultant ◆ ~ **juridique** legal consultant *ou* adviser ◆ ~ **en communication** communications *ou* media consultant ◆ ~ **en propriété industrielle** patent lawyer *ou* attorney *(US)* ◆ **ingénieur(-)~** consulting engineer, engineering consultant ◆ **avocat-/esthéticienne-~** legal/beauty consultant

d *(= assemblée) [d'entreprise]* board; *[d'organisme politique ou professionnel]* council, committee; *(= séance)* meeting ◆ **tenir ~** *(= se réunir)* to hold a meeting; *(= délibérer)* to deliberate

COMP ▷ **conseil d'administration** *[de société anonyme]* board of directors; *[d'hôpital, école]* board of governors ▷ **conseil de classe** *(Scol)* staff meeting *(to discuss the progress of individual members of a class)* ▷ **conseil communal** *(Belg)* ≃ local council ▷ **Conseil constitutionnel** Constitutional Council ▷ **conseil départemental** council of a (*ou* the) département ▷ **conseil de discipline** *(Scol, Univ)* disciplinary committee ▷ **Conseil économique et social** Economic and Social Council ▷ **conseil d'établissement** *(Scol)* ≃ governing board *(Brit)*, board of education *(US)* ▷ **Conseil d'État** Council of State; *(Helv)* cantonal government ▷ **Conseil des États** *(Helv) one of the two chambers of the Swiss federal government* ▷ **Conseil de l'Europe** Council of Europe ▷ **Conseil européen** European Council ▷ **conseil exécutif** executive council ▷ **conseil de famille** board of guardians ▷ **Conseil fédéral** *(Helv) the executive of the Swiss federal government* ▷ **conseil général** (French) departmental council, ≃ county council *(Brit)*, county commission *(US)* ▷ **conseil de guerre** *(= réunion)* war council; *(= tribunal)* court-martial ◆ **passer en ~ de guerre** to be court-martialled ◆ **faire passer qn en ~ de guerre** to court-martial sb ▷ **conseil législatif** legislative council ▷ **Conseil des ministres** *(= personnes) (en Grande-Bretagne)* Cabinet; *(en France)* (French) Cabinet, council of ministers; *(= réunion)* Cabinet meeting ▷ **conseil municipal** town council ▷ **Conseil national** *(Helv) one of the two chambers of the Swiss federal government* ▷ **Conseil national du patronat français** *French national employers' federation,* ≃ Confederation of British Industry *(Brit)* ▷ **Conseil œcuménique des Églises** World Council of Churches ▷ **le conseil de l'Ordre** *[d'avocats] lawyers' governing body,* ≃ the Bar Council *(Brit)*, the Bar *(US)*; *[de médecins] doctors' governing body,* ≃ British Medical Association *(Brit)* ▷ **conseil des prud'hommes** industrial arbitration court ≃ industrial tribunal ▷ **conseil régional** regional council ▷ **conseil de révision** *(Mil)* recruiting board, draft board *(US)* ▷ **Conseil de sécurité** Security Council ▷ **Conseil supérieur de l'audiovisuel** *French broadcasting regulatory body,* ≃ Independent Broadcasting Authority *(Brit)*, Federal Communications Commission *(US)*

▷ **Conseil supérieur de la magistrature** *French magistrates' council (which also hears appeals)* ▷ **conseil de surveillance** supervisory board ▷ **conseil d'UFR** *(Univ)* departmental (management) committee ▷ **conseil d'université** university management committee, ≃ governing body *(Brit)*, Board of Trustees *ou* Regents *(US)*

**Conseil**

The **Conseil constitutionnel** is made up of nine appointed members and the surviving former presidents of France. It ensures that the constitution is respected in matters of legislation and during elections.
The **Conseil d'État** examines bills before they are submitted to the **Conseil des ministres**. It is also the highest administrative court in the land, dealing with legal irregularities within public bodies and at government level.
The **Conseil régional**, **Conseil général**, **Conseil municipal** and **Conseil d'arrondissement** are elected local councils, respectively at the level of the « région », the « département », the « commune » and (in Paris, Lyons and Marseilles) the « arrondissement ». → ARRONDISSEMENT, COMMUNE, DÉPARTEMENT, MAIRE, RÉGION

**conseiller**[1] /kɔ̃seje/ GRAMMAIRE ACTIVE 29 ▸ conjug 1 ◂ **VT** **a** *(= recommander) [+ méthode, bonne adresse]* to recommend (*à qn* to sb); ◆ **prix conseillé** recommended price ◆ **il conseille la prudence/le silence** he recommends *ou* counsels caution/silence ◆ **il m'a conseillé ce médecin** he advised me to go to this doctor, he recommended this doctor to me ◆ **~ à qn de faire qch** to advise sb to do sth ◆ **je vous conseille vivement de …** I strongly advise you to … ◆ **la peur/prudence lui conseilla de …** fear/prudence prompted him to … ◆ **il est conseillé de s'inscrire à l'avance** it is advisable to enrol in advance ◆ **il est conseillé aux parents de …** parents are advised to …

**b** *(= guider)* to advise, to give advice to ◆ **~ un étudiant dans ses lectures** to advise a student in his reading ◆ **il a été bien/mal conseillé** he has been given good/bad advice, he has been well/badly advised

**conseiller**[2], **-ère** /kɔ̃seje, ɛʀ/ **NM,F** **a** *(= expert)* consultant, adviser (*en* in); *(= personne d'expérience)* counsellor, adviser ◆ **~ diplomatique/économique/technique** diplomatic/economic/technical adviser ◆ **~ financier** financial consultant *ou* adviser ◆ **il est ~ auprès du président** he is an adviser to the president ◆ **que ta conscience soit ta conseillère** may your conscience be your guide; → **colère**

**b** *(Admin, Pol = fonctionnaire)* council member, councillor

**COMP** ▷ **conseiller conjugal** marriage counsellor ▷ **conseiller d'État** senior member of the Council of State ▷ **conseiller général** (French) departmental councillor ▷ **conseiller en image** image consultant ▷ **conseiller matrimonial** marriage guidance counsellor ▷ **conseiller municipal** town councillor *(Brit)*, city council man *(US)* ▷ **conseiller d'orientation** *(Scol)* careers adviser *(Brit)*, (school) counselor *(US)*, guidance counselor *(US)* ▷ **conseiller pédagogique** educational adviser ▷ **conseiller (principal) d'éducation** year head *(Brit)*, dean *(US)* ▷ **conseiller régional** regional councillor ▷ **conseiller spécial** special adviser

**conseilleur, -euse** /kɔ̃sɛjœʀ, øz/ **NM,F** *(péj)* dispenser of advice ◆ **les ~s ne sont pas les payeurs** *(Prov)* givers of advice don't pay the price

**consensuel, -elle** /kɔ̃sɑ̃sɥɛl/ **ADJ** *[programme, gouvernement, solution]* consensus *(épith)*; *[volonté, point de vue, société]* consensual; *[patron]* who seeks consensus; *[accord]* consensual ◆ **dans un esprit ~** in a spirit of consensus

**consensus** /kɔ̃sɛ̃sys/ **NM** consensus (of opinion) ◆ **~ politique/social/national** political/social/national consensus ◆ **cette évolution fait l'objet d'un très large ~** there is a broad consensus on this development ◆ **~ mou** *(hum, péj)* loose consensus

**consentant, e** /kɔ̃sɑ̃tɑ̃, ɑ̃t/ **ADJ** *[partenaire sexuel, otage, victime]* willing; *(Jur) [personnes, parties]* in agreement, agreeable ◆ **(entre) adultes ~s** (between) consenting adults ◆ **ce mariage ne peut avoir lieu que si les parents sont ~s** this marriage can only take place with the parents' consent *ou* if the parents consent to it

**consentement** /kɔ̃sɑ̃tmɑ̃/ **NM** consent ◆ **divorce par ~ mutuel** divorce by mutual consent ◆ **donner son ~ à qch** to consent to sth, to give one's consent to sth ◆ **le ~ universel** *(littér)* universal *ou* common assent

**consentir** /kɔ̃sɑ̃tiʀ/ GRAMMAIRE ACTIVE 36.2 ▸ conjug 16 ◂ **VI** *(= accepter)* to agree, to consent (*à* to); ◆ **~ à faire qch** to agree to do(ing) sth ◆ **je consens à ce qu'il vienne** I consent *ou* agree to his coming ◆ **espérons qu'il va (y) ~** let's hope he'll agree *ou* consent to it; → **mot** **VT** *(= accorder) [+ permission, délai, prêt]* to grant (*à* to)

**conséquemment** /kɔ̃sekamɑ̃/ **ADV** *(littér = donc)* consequently; *(† ou littér = avec cohérence)* consequentially ◆ **~ à** as a result of

**conséquence** /kɔ̃sekɑ̃s/ **NF** **a** *(= effet, résultat)* consequence, outcome ◆ **cela pourrait avoir** *ou* **entraîner des ~s graves pour …** this could have serious consequences for … ◆ **cela a eu pour ~ de l'obliger à réfléchir** the result of this was that he was forced to think again, he was forced to think again as a result ◆ **accepter/subir les ~s de ses actions** *ou* **de ses actes** to accept/suffer the consequences of one's actions ◆ **c'est une erreur grosse** *ou* **lourde de ~s** this mistake will have serious consequences *ou* repercussions ◆ **avoir d'heureuses ~s** to have a happy outcome

**b** *(Philos = suite logique)* consequence; → **proposition, voie**

**c** *(= conclusion, déduction)* inference, conclusion (*de* to be drawn from); ◆ **tirer les ~s** to draw conclusions *ou* inferences (*de* from)

**d** *(loc)* **cela ne tire** *ou* **ne porte** *ou* **ne prête pas à ~** *(= sans importance)* it's of no consequence; *(= sans suites fâcheuses)* it's unlikely there will be any repercussions

◆ **de conséquence** *[affaire, personne]* of (some) consequence *ou* importance

◆ **en conséquence** *(= donc)* consequently; *(= comme il convient)* accordingly

◆ **en conséquence de** *(= par suite de)* in consequence of, as a result of; *(= selon)* according to ◆ **en ~ de quoi, …** as a result of which, …

◆ **sans conséquence** *(= sans suite fâcheuse)* without repercussions; *(= sans importance)* of no consequence *ou* importance

**conséquent, e** /kɔ̃sekɑ̃, ɑ̃t/ GRAMMAIRE ACTIVE 44.1 **ADJ** **a** *(= logique)* logical, rational; *(= doué d'esprit de suite)* consistent ◆ **~ à** *(littér)* consistent with, in keeping *ou* conformity with ◆ **être ~ avec soi-même** to be consistent ◆ **~ dans ses actions** consistent in one's actions **b** *(* = important)* sizeable **c** *(Géol) [rivière, percée]* consequent **d** *(Mus)* **partie ~e** answer **NM** *(Ling, Logique, Math)* consequent

◆ **par conséquent** consequently, therefore

**NF** **conséquente** *(Mus)* answer

**conservateur, -trice** /kɔ̃sɛʀvatœʀ, tʀis/ **ADJ** *(gén)* conservative; *(Pol Brit)* Conservative, Tory ◆ **le parti ~** *(Can)* the Progressive-Conservative Party *(Can)* **NM,F** **a** *(= gardien) [de musée]* curator; *[de bibliothèque]* librarian ◆ **~ des eaux et forêts** ≃ forestry commissioner ◆ **~ des hypothèques** ≃ land registrar **b** *(Pol)* conservative; *(Pol Brit)* Conservative, Tory; *(Can)* Conservative *(Can)* **NM** *(= produit chimique)* preservative; *(= réfrigérateur)* freezer compartment

**conservation** /kɔ̃sɛʀvasjɔ̃/ **NF** **a** *(= action) [d'aliments]* preserving; *[de monuments]* preserving, preservation; *[d'archives, accent, souplesse]* keeping; *[d'habitudes]* keeping up ◆ **date limite de ~** *(gén)* use-by date; *[d'aliments]* best-before date; → **instinct, long** **b** *(= état) [d'aliments, monuments]* preservation ◆ **en bon état de ~** *[fruits]* well-preserved; *[monument]* well-preserved, in a good state of preservation **c** *(Admin = charge)* ◆ **~ des eaux et forêts** ≃ Forestry Commission ◆ **~ des hypothèques** ≃ Land Registry

**conservatisme** /kɔ̃sɛʀvatism/ **NM** conservatism

**conservatoire** /kɔ̃sɛʀvatwaʀ/ **ADJ** *(Jur)* protective; → **saisie** **NM** school, academy *(of music, drama etc)* ◆ **le Conservatoire (de musique et de déclamation)** the (Paris) Conservatoire ◆ **le Conservatoire national des arts et métiers** *national school of engineering and technology*

**conserve** /kɔ̃sɛʀv/ **NF** **a** ◆ **les ~s** *(en boîtes)* canned *ou* tinned *(Brit)* food(s); *(en bocaux)* preserves ◆ **~s de viande/poisson** canned *ou* tinned *(Brit)* meat/fish ◆ **l'industrie de la ~** the canning industry ◆ **se nourrir de ~s** to live out of cans *ou* tins *(Brit)* ◆ **faire des ~s de haricots** to bottle beans ◆ **tu ne vas pas en faire des ~s !** * *(fig)* you're not going to hoard it away for ever!

◆ **en conserve** ◆ **légumes en ~** tinned *(Brit)* *ou* canned vegetables ◆ **mettre en ~** to can; → **boîte**

**b** *(loc)*

◆ **de conserve** *(= ensemble) [naviguer]* in convoy; *[agir]* in concert

**conserver** /kɔ̃sɛʀve/ ▸ conjug 1 ◂ **VT** **a** *(= garder dans un endroit) [+ objets, papiers]* to keep ◆ **"conserver à l'abri de la lumière"** "keep *ou* store away from light" ◆ **"à conserver au froid"** "keep refrigerated"

**b** *(= ne pas perdre) (gén)* to keep, to retain; *[+ usage, habitude]* to keep up; *[+ espoir]* to retain; *[+ qualité, droits]* to conserve, to retain; *(Sport) [+ titre]* to retain, to hold on to ◆ **~ son calme** to keep *ou* remain calm, to keep cool ◆ **ça conserve tout son sens** it retains its full meaning ◆ **~ la vie** to conserve life ◆ **il a conservé toute sa tête** he still has his wits about him, he's still all there * ◆ **~ l'allure** *(Naut)* to maintain speed ◆ **~ sa position** *(Naut)* to hold one's position ◆ **~ ses positions** *(Mil)* to hold its (*ou* their) positions

**c** *(= maintenir en bon état) [+ aliments, santé, monument]* to preserve ◆ **la vie au grand air, ça conserve !** * the open-air life keeps you young ◆ **bien conservé pour son âge** well-preserved for one's age

**d** *(Culin)* to preserve, to can; *(dans du vinaigre)* to pickle; *(en bocal)* to bottle

**VPR** **se conserver** *[aliments]* to keep

**conserverie** /kɔ̃sɛʀvəʀi/ **NF** *(= usine)* canning factory; *(= industrie)* canning industry

**considérable** /kɔ̃sideʀabl/ ADJ *(gén)* considerable; *[somme]* considerable, sizeable; *[foule]* sizeable; *[succès, changement, risque, dégâts, progrès]* considerable, significant; *[rôle]* major, significant; *[personnage]* eminent, important

**considérablement** /kɔ̃sideʀabləmɑ̃/ ADV considerably ◆ **ceci nous a ~ retardés** this delayed us considerably ◆ **ceci a ~ modifié la situation** this has changed things considerably

**considérant** /kɔ̃sideʀɑ̃/ NM *[de loi, jugement]* preamble

**considération** /kɔ̃sideʀasjɔ̃/ NF **a** *(= examen) [d'argument, problème]* consideration ◆ **ceci mérite ~** this is worth considering *ou* consideration *ou* looking into

♦ **en considération** ◆ **prendre qch en ~** to take sth into consideration *ou* account ◆ **la prise en ~ de qch** taking sth into consideration *ou* account ◆ **il faut prendre les enfants en ~** we must consider the children

♦ **en considération de** ◆ **en ~ de son âge** *(= en raison de)* because of *ou* given his age ◆ **en ~ de ce qui aurait pu se passer** *(= par rapport à)* considering what could have happened ◆ **en ~ des services rendus** for services rendered

**b** *(= motif, aspect)* consideration, issue ◆ **n'entrons pas dans ces ~s** let's not go into these considerations ◆ **c'est une ~ dont nous n'avons pas à nous préoccuper** it's a question *ou* an issue we don't need to bother ourselves with ◆ **~s d'ordre personnel** personal considerations

**c** *(= remarques, observations)* **~s** reflections ◆ **il se lança dans des ~s interminables sur la crise** he launched into lengthy reflections on the crisis

**d** *(= respect)* esteem, respect ◆ **jouir de la ~ de tous** to enjoy everyone's esteem *ou* respect ◆ **par ~ pour** out of respect *ou* regard for; → **agréer**

♦ **sans considération** ◆ **sans ~ des conséquences** heedless *ou* regardless of the consequences ◆ **sans ~ d'âge ni de sexe** regardless of age or sex ◆ **ils agissent sans ~ pour l'opinion publique** they act with no thought for public opinion ◆ **des plans d'urbanisme sans ~ pour l'environnement** town planning that takes no account of the environment

**considérer** /kɔ̃sideʀe/ GRAMMAIRE ACTIVE 53.1 ▸ conjug 6 ◂ VT **a** *(= envisager) [+ problème, situation]* to consider, to think about ◆ **il faut ~ (les) avantages et (les) inconvénients** one must consider *ou* take into account the advantages and disadvantages ◆ **considère bien ceci** think about this carefully ◆ **il ne considère que son intérêt** he only thinks about *ou* considers his own interests ◆ **tout bien considéré** all things considered, taking everything into consideration *ou* account ◆ **c'est à ~** *(pour en tenir compte)* this has to be considered *ou* borne in mind *ou* taken into account; *(à étudier)* this has to be gone into *ou* examined

**b** ◆ **~ comme** *(= juger)* to consider (to be); *(= assimiler à)* to look upon as, to regard as, to consider (to be) ◆ **je le considère comme mon fils** I look upon him as *ou* regard him as my son, I consider him (to be) my son ◆ **je le considère comme intelligent** I consider him intelligent, I deem him to be intelligent *(frm)* ◆ **il se considère comme un personnage important** he sees himself as an important person, he considers himself (to be) an important person

**c** *(= juger)* to consider, to deem *(frm)* ◆ **je le considère intelligent** I consider him intelligent, I deem him to be intelligent *(frm)* ◆ **je considère qu'il a raison** I consider that he is right ◆ **c'est très mal considéré (d'agir ainsi)** that's not an acceptable way to act, it's very bad form (to act like that) *(Brit)* ◆ **considérant que...** *(gén)* considering that ...; *(Jur)* whereas ...

**d** *(frm = regarder)* to consider, to study

**e** *(= respecter : gén ptp)* to respect, to have a high regard for ◆ **il est très considéré** he is highly regarded *ou* respected, he is held in high regard *ou* high esteem ◆ **métier peu considéré** profession held in low esteem *ou* regard ◆ **le besoin d'être considéré** the need to have people's respect *ou* esteem

**consignataire** /kɔ̃siɲatɛʀ/ NM *[de biens, marchandises]* consignee; *[de navire]* consignee, forwarding agent; *[de somme]* depositary

**consignation** /kɔ̃siɲasjɔ̃/ NF *(= dépôt d'argent)* deposit; *(= dépôt de marchandise)* consignment ◆ **la ~ d'un emballage** charging a deposit on a container ◆ **marchandises en ~** goods on consignment ◆ **~ à bord** *[de clandestins]* detention on board; → **caisse**

**consigne** /kɔ̃siɲ/ NF **a** *(= instructions)* instructions ◆ **c'est la ~** those are our instructions ◆ **la ~ c'est la ~** * orders are orders ◆ **donner/observer la ~** to give/follow instructions ◆ **j'ai reçu (la) ~ de ne laisser entrer personne** I've been given instructions not to let anyone in ◆ **ils n'ont pas donné de ~ de vote** they didn't give their supporters guidance on how to vote in the second round

**b** *(pour les bagages)* left-luggage (office) *(Brit)*, checkroom *(US)* ◆ **~ automatique** (left-luggage) lockers

**c** *(Comm = somme remboursable)* deposit ◆ **il y a 50 cents de consigne** *ou* **une consigne de 50 cents sur la bouteille** there's a 50-cent deposit *ou* a deposit of 50 cents on the bottle, you get 50 cents back on the bottle

**d** *(= punition) (Mil)* confinement to barracks; *(† : Scol)* detention

**consigné, e** /kɔ̃siɲe/ (ptp de **consigner**) ADJ *(Comm) [bouteille, emballage]* returnable ◆ **non ~** non-returnable

**consigner** /kɔ̃siɲe/ ▸ conjug 1 ◂ VT **a** *[+ fait, pensée, incident]* to record ◆ **~ qch par écrit** to put sth down in writing *ou* on paper

**b** *(= interdire de sortir à) [+ troupe]* to confine to barracks; *[+ élève]* to give detention to, to keep in (after school); *[+ enfant]* to ground *; *(= interdire l'accès de) [+ salle, établissement]* to bar entrance to ◆ **consigné à la caserne** confined to barracks ◆ **établissement consigné aux militaires** establishment out of bounds to troops

**c** *(= mettre en dépôt) [+ somme, marchandise]* to deposit; *[+ navire]* to consign; *[+ bagages]* to deposit *ou* put in the left-luggage (office) *(Brit) ou* checkroom *(US)*

**d** *(= facturer provisoirement) [+ emballage, bouteille]* to put a deposit on ◆ **les bouteilles sont consignées 50 cents** there is a deposit of 50 cents on the bottles ◆ **je vous le consigne** I'm giving it to you on a deposit

**consistance** /kɔ̃sistɑ̃s/ NF *[de sauce, neige, terre]* consistency; *[de caractère]* strength ◆ **~ sirupeuse/élastique** syrupy/elastic consistency ◆ **manquer de ~** *[sauce]* to lack consistency; *[idée, personnage, texte, film]* to lack substance; *[rumeur]* to be unsupported by evidence ◆ **donner de la ~ à** *[+ pâte]* to give body to; *[+ rumeur]* to give strength to; *[+ idée, théorie]* to give substance to ◆ **prendre ~** *[liquide]* to thicken; *[idée, projet, texte, personnage]* to take shape ◆ **sans ~** *[caractère]* spineless, colourless; *[rumeur]* ill-founded, groundless; *[substance]* lacking in consistency *(attrib)* ◆ **cette rumeur prend de la ~** this rumour is gaining ground

**consistant, e** /kɔ̃sistɑ̃, ɑ̃t/ ADJ *[repas]* solid *(épith)*, substantial; *[nourriture]* solid *(épith)*; *[mélange, peinture, sirop]* thick; *[argument]* solid, sound ◆ **système ~** *(Logique)* consistent system

> ⚠ **consistant** *se traduit rarement par le mot anglais* **consistent**, *qui a le sens de 'cohérent'.*

**consister** /kɔ̃siste/ ▸ conjug 1 ◂ VI **a** *(= se composer de)* **~ en** to consist of, to be made up of ◆ **le village consiste en 30 maisons et une église** the village consists of *ou* is made up of 30 houses and a church ◆ **en quoi consiste votre travail ?** what does your work consist of? **b** *(= résider dans)* **~ dans** to consist in ◆ **leur salut consistait dans l'arrivée immédiate de renforts** their salvation lay in the immediate arrival of reinforcements ◆ **~ à faire** to consist in doing

**consistoire** /kɔ̃sistwaʀ/ NM consistory

**consistorial, e** (mpl **-iaux**) /kɔ̃sistɔʀjal, jo/ ADJ consistorial, consistorian NM consistorian

**conso** * /kɔ̃so/ NF (abrév de **consommation**) *(= boisson)* drink

**consœur** /kɔ̃sœʀ/ NF *(hum)* (lady) colleague

**consolable** /kɔ̃sɔlabl/ ADJ consolable

**consolant, e** /kɔ̃sɔlɑ̃, ɑ̃t/ ADJ consoling, comforting

**consolateur, -trice** /kɔ̃sɔlatœʀ, tʀis/ ADJ consolatory NM,F *(littér)* comforter

**consolation** /kɔ̃sɔlasjɔ̃/ NF *(= action)* consoling, consolation; *(= réconfort)* consolation *(NonC)*, comfort *(NonC)*, solace *(NonC) (littér)* ◆ **nous prodiguant ses ~s** offering us comfort ◆ **paroles de ~** words of consolation *ou* comfort ◆ **elle est sa ~** she is his consolation *ou* comfort *ou* solace *(littér)* ◆ **il n'y a pas de dégâts, c'est une ~** there's no damage, that's one consolation ◆ **lot** *ou* **prix de ~** consolation prize

**console** /kɔ̃sɔl/ NF **a** *(= table)* console (table); *(Archit)* console **b** *(Mus) [de harpe]* neck; *[d'orgue]* console; *(Ordin, Tech : d'enregistrement)* console ◆ **~ de jeu** games console ◆ **~ de jeu vidéo** video game console ◆ **~ de mixage** mixing desk

**consoler** /kɔ̃sɔle/ ▸ conjug 1 ◂ VT *[+ personne]* to console; *[+ chagrin]* to soothe ◆ **ça me consolera de mes pertes** that will console me for my losses ◆ **je ne peux pas le ~ de sa peine** I cannot console *ou* comfort him in his grief ◆ **si ça peut te ~ ...** if it is of any consolation *ou* comfort to you ... ◆ **le temps console** time heals VPR **se consoler** to console o.s., to find consolation ◆ **se ~ d'une perte/de son échec** to be consoled for *ou* to get over a loss/one's failure ◆ **il s'est vite consolé avec une autre** *(hum)* he soon consoled himself with another woman, he soon found comfort *ou* consolation with another woman ◆ **il ne s'en consolera jamais** he'll never get over it

**consolidation** /kɔ̃sɔlidasjɔ̃/ NF **a** *(gén) [de maison, table, mur]* strengthening, reinforcement; *(Méd) [de fracture]* setting **b** *[d'accord, acquis, amitié, parti, fortune]* consolidation; *[de monnaie]* strengthening ◆ **~ de l'unité européenne** strengthening of European unity **c** *(Fin)* funding ◆ **~ de la dette** debt funding *ou* consolidation

**consolidé, e** /kɔ̃sɔlide/ (ptp de **consolider**) ADJ **a** *(Fin) [bénéfice, bilan, chiffre d'affaires]* consolidated ◆ **dette ~e** *(gén)* consolidated debt; *(comptabilité publique)* funded debt ◆ **rente ~e** consolidated government stock, consols **b** *(Méd)* **la fracture est ~e** the fracture has healed, the bone has set ◆ **l'état du patient est ~** the patient's condition has stabilized *ou* is stable NMPL **consolidés** *(Fin)* consols

**consolider** /kɔ̃sɔlide/ ▸ conjug 1 ◂ VT a *[+ maison, table]* to strengthen, to reinforce; *[+ mur]* to reinforce; *(Méd) [+ fracture]* to set b *[+ accord, amitié, parti, fortune]* to consolidate; *(Écon) [+ monnaie]* to strengthen ◆ ~ **sa position** to consolidate one's position ◆ ~ **son avance** to extend one's lead c *(Fin) [+ rente, emprunt]* to guarantee; *[+ dette]* to fund VPR **se consolider** *[régime, parti]* to strengthen *ou* consolidate its position; *[fracture]* to set, to knit ◆ **la position de la gauche/droite s'est encore consolidée** the position of the left/right has been further consolidated *ou* strengthened

**consommable** /kɔ̃sɔmabl/ ADJ *[solide]* edible; *[liquide]* drinkable ◆ **cette viande n'est ~ que bouillie** this meat can only be eaten boiled NM *(gén, Ordin)* consumable

**consommateur, -trice** /kɔ̃sɔmatœʀ, tʀis/ NM,F *(= acheteur)* consumer; *(= client d'un café)* customer ◆ **les plus grands** *ou* **gros ~s de thé** the biggest *ou* largest consumers of tea ◆ **ce sont de gros ~s d'énergie/de médicaments** they consume a lot of energy/medicines ◆ **c'est un grand ~ de romans** he reads a lot of novels ◆ **défense/information des ~s** consumer protection/information ADJ ◆ **industrie consommatrice d'énergie/de pétrole** energy-consuming/oil-consuming industry ◆ **le premier pays ~ d'eau** the country with the highest water consumption

**consommation** /kɔ̃sɔmasjɔ̃/ NF a *[de nourriture, gaz, matière première, essence]* consumption ◆ **faire une grande ~ de** to get through *ou* use a lot of ◆ ~ **aux 100 km** *(Aut)* (fuel) consumption per 100 km, ≃ miles per gallon, gas mileage *(US)* ◆ **ampoule basse ~** low-energy light bulb

b *(Écon)* **la ~** consumption ◆ **la ~ des ménages** household *ou* private consumption ◆ **la ~ intérieure** domestic consumption ◆ ~ **ostentatoire** conspicuous consumption ◆ **de ~** *[biens, société]* consumer *(épith)* ◆ **produits de ~** consumables, consumer goods ◆ **article** *ou* **produit de ~ courante** *ou* **de grande ~** staple

c *(dans un café) (= boisson)* drink; *(= commande)* order

d *(frm) [de mariage]* consummation; *[de ruine]* confirmation; *[de crime]* perpetration ◆ **jusqu'à la ~ des siècles** *(littér)* until the end of time

**consommé, e** /kɔ̃sɔme/ (ptp de **consommer**) ADJ *[habileté]* consummate *(épith)*; *[écrivain, artiste]* accomplished ◆ **tableau qui témoigne d'un art ~** picture revealing consummate artistry NM *(Culin)* consommé ◆ ~ **de poulet** chicken consommé, consommé of chicken

**consommer** /kɔ̃sɔme/ ▸ conjug 1 ◂ VT a *[+ nourriture]* to eat, to consume *(frm)*; *[+ boissons]* to drink, to consume *(frm)* ◆ **on consomme beaucoup de fruits chez nous** we eat a lot of fruit in our family ◆ **la France est le pays où l'on consomme** *ou* **où il se consomme le plus de vin** France is the country with the greatest wine consumption *ou* where the most wine is consumed *ou* drunk ◆ **il est interdit de ~ de l'alcool dans les bureaux** alcohol is not allowed *ou* may not be consumed in the office ◆ **"à consommer de préférence avant le"** "best before" ◆ **"à consommer avec modération"** "to be drunk in moderation"

b *[+ combustible, matière première]* to use, to consume ◆ **cette machine consomme beaucoup d'eau** this machine uses (up) a lot of water ◆ **combien consommez-vous aux 100 km ?** how much do you use per 100 km?, what's your petrol *(Brit) ou* gas *(US)* consumption?, ≃ how many miles per gallon do you get? *(Brit)*, what's your gas mileage? *(US)* ◆ **elle consomme beaucoup d'huile** *(Aut)* it's heavy on oil, it uses a lot of oil

c *(frm = accomplir) [+ acte sexuel]* to consummate; *[+ crime]* to perpetrate, to commit ◆ **le mariage n'a pas été consommé** the marriage has not been consummated ◆ **cela a consommé sa ruine** this finally confirmed his downfall ◆ **ce qui a consommé la rupture ...** what put the seal on the break-up ... ◆ **la rupture est consommée** the break-up is complete

**consomption** /kɔ̃sɔ̃psjɔ̃/ NF *(† ou littér = dépérissement)* wasting; *(† = tuberculose)* consumption †

**consonance** /kɔ̃sɔnɑ̃s/ NF consonance *(NonC)* ◆ **nom aux ~s étrangères/douces** foreign-sounding/sweet-sounding name

**consonant, e** /kɔ̃sɔnɑ̃, ɑ̃t/ ADJ consonant

**consonantique** /kɔ̃sɔnɑ̃tik/ ADJ consonantal, consonant *(épith)* ◆ **groupe ~** consonant cluster

**consonantisme** /kɔ̃sɔnɑ̃tism/ NM consonant system

**consonne** /kɔ̃sɔn/ NF consonant ◆ ~ **d'appui** intrusive consonant ◆ ~ **de liaison** linking consonant

**consort** /kɔ̃sɔʀ/ ADJ → **prince** NMPL *(péj)* ◆ **Pierre Renaud et ~s** *(= acolytes)* Pierre Renaud and company, Pierre Renaud and his bunch* *(péj)*; *(= pareils)* Pierre Renaud and his like *(péj)*

**consortial, e** (mpl **-iaux**) /kɔ̃sɔʀsjal, jo/ ADJ *[prêt]* syndicated

**consortium** /kɔ̃sɔʀsjɔm/ NM consortium ◆ **former un ~ (de prêt)** to syndicate a loan, to form a loan consortium

**conspirateur, -trice** /kɔ̃spiʀatœʀ, tʀis/ ADJ conspiratorial NM,F conspirator, plotter

**conspiration** /kɔ̃spiʀasjɔ̃/ NF conspiracy, plot ◆ **c'est une véritable ~ !** it's a plot! ◆ **la Conspiration des poudres** *(Hist)* the Gunpowder Plot

**conspirer** /kɔ̃spiʀe/ ▸ conjug 1 ◂ VI *(= comploter)* to conspire, to plot (*contre* against) VT INDIR **conspirer à** *(= concourir à)* ~ **à faire qch** to conspire to do sth ◆ **tout semblait ~ à notre succès** everything seemed to be conspiring to bring about our success VT † *[+ mort, ruine de qn]* to conspire †, to plot

**conspuer** /kɔ̃spɥe/ ▸ conjug 1 ◂ VT to boo, to shout down

**constamment** /kɔ̃stamɑ̃/ ADV *(= sans trêve)* constantly, continuously; *(= très souvent)* constantly, continually

**Constance** /kɔ̃stɑ̃s/ N *(Géog)* Constance ◆ **le lac de ~** Lake Constance

**constance** /kɔ̃stɑ̃s/ NF a *(= permanence)* consistency, constancy b *(littér = persévérance, fidélité)* constancy, steadfastness ◆ **travailler avec ~** to work steadfastly ◆ **vous avez de la ~ !** *(iro)* you don't give up easily! c *(† = courage)* fortitude, steadfastness

**constant, e** /kɔ̃stɑ̃, ɑ̃t/ ADJ a *(= invariable)* constant; *(= continu)* constant, continuous; *(= très fréquent)* constant, continual ◆ **francs ~s** inflation-adjusted francs, constant francs b *(littér = persévérant) [effort]* steadfast; *[travail]* constant ◆ **être ~ dans ses efforts** to be steadfast *ou* constant in one's efforts NF **constante** a *(Math, Phys)* constant b *(= caractéristique)* permanent feature ◆ **une ~e de son caractère/sa politique** an abiding feature of his character/policies

**Constantin** /kɔ̃stɑ̃tɛ̃/ NM Constantine

**Constantinople** /kɔ̃stɑ̃tinɔpl/ N Constantinople

**constat** /kɔ̃sta/ NM a *(= procès-verbal)* ~ **(d'huissier)** affidavit drawn up by a bailiff ◆ ~ **(d'accident)** (accident) report ◆ ~ **(à l')amiable** *jointly-agreed statement for insurance purposes* ◆ ~ **d'adultère** recording of adultery ◆ ~ **de décès** death certificate b *(= constatation)* ~ **d'échec/d'impuissance** acknowledgement of failure/impotence ◆ **ce n'est pas une supposition, c'est un ~** it's not a supposition, it's a statement of fact ◆ **je suis forcé de faire le triste ~ que ...** I regret to have to say that ...

**constatation** /kɔ̃statasjɔ̃/ GRAMMAIRE ACTIVE 53.2 NF a *(NonC) [de fait]* noting, noticing; *[d'erreur]* seeing, noticing; *(frm) [d'effraction, état de fait, authenticité]* recording; *[de décès]* certifying b *(= observation)* observation ◆ **~s** *[d'enquête]* findings ◆ **c'est une simple ~ et non un reproche** it's just a statement of fact *ou* an observation, not a criticism ◆ **faire une ~** to make an observation ◆ **procéder aux ~s d'usage** *(Police)* to make a routine report

**constater** /kɔ̃state/ ▸ conjug 1 ◂ VT a *(= remarquer) [+ fait]* to note, to notice; *[+ erreur]* to see ◆ **il constata la disparition de son carnet** he noticed *ou* saw that his notebook had disappeared ◆ **je ne critique pas, je ne fais que ~** I'm not criticizing, I'm merely stating a fact ◆ **je constate que vous n'êtes pas pressé de tenir vos promesses** I see *ou* notice that you aren't in a hurry to keep your promises ◆ **vous pouvez ~ par vous-même les erreurs** you can see the mistakes for yourself b *(frm = consigner) [+ effraction, état de fait, authenticité, dégâts]* to record; *[+ décès]* to certify ◆ **le médecin a constaté le décès** the doctor certified that death had taken place *ou* occurred

**constellation** /kɔ̃stelasjɔ̃/ NF *(Astron)* constellation ◆ ~ **de** *(littér) [+ lumières, poètes]* constellation *ou* galaxy of ◆ **~s de satellites** satellite constellations

**constellé, e** /kɔ̃stele/ (ptp de **consteller**) ADJ ◆ ~ **(d'étoiles)** star-studded, star-spangled ◆ ~ **de** *[+ astres, joyaux, lumières]* spangled *ou* studded with; *[+ taches]* spotted *ou* dotted with

**consteller** /kɔ̃stele/ ▸ conjug 1 ◂ VT ◆ **des lumières constellaient le ciel** the sky was studded with lights ◆ **des taches constellaient le tapis** the carpet was spotted *ou* dotted with marks

**consternant, e** /kɔ̃stɛʀnɑ̃, ɑ̃t/ ADJ distressing ◆ **d'une bêtise ~e** incredibly stupid

**consternation** /kɔ̃stɛʀnasjɔ̃/ NF consternation, dismay

**consterner** /kɔ̃stɛʀne/ ▸ conjug 1 ◂ VT to dismay, to fill with dismay ◆ **avoir l'air consterné** to look dismayed ◆ **je suis absolument consterné par son attitude** his attitude fills me with dismay

**constipation** /kɔ̃stipasjɔ̃/ NF constipation

**constipé, e** /kɔ̃stipe/ (ptp de **constiper**) ADJ *(Méd)* constipated ◆ **avoir l'air** *ou* **être ~** *(péj = guindé)* to look stiff *ou* ill-at-ease

**constiper** /kɔ̃stipe/ ▸ conjug 1 ◂ VT to constipate

**constituant, e** /kɔ̃stitɥɑ̃, ɑ̃t/ ADJ a *[élément]* constituent b *(Pol)* **assemblée ~e** constituent assembly ◆ **l'Assemblée ~e** *(Hist)* the Constituent Assembly NM a *(Jur, Fin)* settlor; *(Gram)* constituent ◆ ~ **immédiat** immediate constituent ◆ **analyse en ~s immédiats** constituent analysis ◆ ~ **ultime** ultimate constituent b *(Hist)* **les ~s** the members of the Constituent Assembly NF **constituante** a *(au Québec) [d'université]* branch b *(Hist)* **la Constituante** the Constituent Assembly

**constitué, e** /kɔ̃stitɥe/ (ptp de **constituer**) ADJ a *(Méd)* **bien/mal ~** of sound/unsound constitution b *(Pol)* → **corps**

**constituer** /kɔ̃stitɥe/ ▸ conjug 1 ◂ VT a *(= fonder) [+ comité, ministère, gouvernement, société anonyme]* to set up, to form; *[+ bibliothèque]* to build up; *[+ collection]* to build up, to put together; *[+ dossier]* to make up, to put together

b *(= composer)* to make up, to constitute, to compose ◆ **les pièces qui constituent cette collection** the pieces that (go to) make up *ou* that constitute this collection ◆ **sa collection est surtout constituée de porcelaines** his collection is made up *ou* is composed *ou* consists mainly of pieces of porcelain

c *(= être, représenter)* to constitute ◆ **ceci constitue un délit/ne constitue pas un motif** that constitutes an offence/does not constitute a motive ◆ **ceci constitue toute ma fortune** this constitutes *ou* represents my entire fortune ◆ **ils constituent un groupe homogène** they make *ou* form a well-knit group

d *(Jur = établir) [+ rente, pension, dot]* to settle (*à* on); ◆ **~ qn son héritier** to appoint sb one's heir

VPR **se constituer** a ◆ **se ~ prisonnier** to give o.s. up

b *(Comm)* **se ~ en société** to form o.s. into a company

c *(= amasser)* **se ~ un capital** to build (up) capital

**constitutif, -ive** /kɔ̃stitytif, iv/ ADJ constituent, component

**constitution** /kɔ̃stitysjɔ̃/ NF a *(NonC = création) [de comité, ministère, gouvernement, société anonyme]* setting-up, forming; *[de bibliothèque]* building-up; *[de collection]* building-up, putting together; *[de dossier]* making-up, putting together; *(Jur) [de rente, pension, dot]* settlement, settling; *[d'avocat]* retaining ◆ **~ de stocks** stockpiling b *(= éléments) [de substance, ensemble, organisation]* make-up, composition; *[d'équipe, comité]* composition c *(Méd = santé)* constitution ◆ **être de ~ délicate** to have a delicate constitution ◆ **il a une robuste ~** he has a sturdy constitution d *(Pol)* constitution ◆ **la Constitution française** the French constitution ◆ **c'est contraire à la ~** it's unconstitutional, it's against the constitution

**constitutionnaliser** /kɔ̃stitysjɔnalize/ ▸ conjug 1 ◂ VT to constitutionalize

**constitutionnalité** /kɔ̃stitysjɔnalite/ NF constitutionality

**constitutionnel, -elle** /kɔ̃stitysjɔnɛl/ ADJ constitutional; → **droit³**

**constitutionnellement** /kɔ̃stitysjɔnɛlmɑ̃/ ADV constitutionally

**constricteur** /kɔ̃striktœr/ ADJ M, NM *(Anat)* ◆ **(muscle) ~** constrictor (muscle) ◆ **boa ~** boa constrictor

**constrictif, -ive** /kɔ̃striktif, iv/ ADJ *(Phon)* constricted

**constriction** /kɔ̃striksjɔ̃/ NF constriction

**constrictor** /kɔ̃striktɔr/ ADJ M, NM ◆ **(boa) ~** (boa) constrictor

**constructeur** /kɔ̃stryktœr/ NM a *(= fabricant)* manufacturer ◆ **~ automobile** *ou* **d'automobiles** car manufacturer *ou* maker ◆ **~ de téléphones portables** mobile phone manufacturer ◆ **~ de navires** shipbuilder b *(= bâtisseur)* builder

**constructible** /kɔ̃stryktibl/ ADJ ◆ **terrain ~** building land ◆ **zone/terrain non ~** *area/land where no building is permitted*

**constructif, -ive** /kɔ̃stryktif, iv/ ADJ constructive

**construction** /kɔ̃stryksjɔ̃/ NF a *(= action) [de machine, bâtiment, route, navire, chemin de fer]* building, construction; *[de théorie, phrase, intrigue]* construction ◆ **la ~ européenne** European construction ◆ **la ~ de l'immeuble/du navire a pris deux ans** building the flats/ship *ou* the construction of the flats/ship took two years, it took two years to build the flats/ship ◆ **la ~ automobile/navale/aéronautique est menacée** the car/shipbuilding/aircraft industry is under threat ◆ **ça va bien dans la ~** things are going well in the building trade *(Brit) ou* construction business ◆ **entreprise de ~** construction company ◆ **matériaux de ~** building materials ◆ **maison de ~ récente** newly *ou* recently built house ◆ **voiture de ~ française** French-built car ◆ **en (cours de) ~** under construction; → **jeu**

b *(= structure) [de roman, thèse]* construction; *[de phrase]* structure ◆ **c'est une simple ~ de l'esprit** it's pure hypothesis

c *(= édifice, bâtiment)* building, construction

d *(Ling = expression, tournure)* construction, structure

e *(Géom = figure)* figure, construction

**constructivisme** /kɔ̃stryktivism/ NM constructivism

**constructiviste** /kɔ̃stryktivist/ ADJ, NMF constructivist

**construire** /kɔ̃strɥir/ ▸ conjug 38 ◂ VT a *[+ machine, bâtiment, route, navire, chemin de fer]* to build, to construct ◆ **ils font ~ à la campagne** they're having a house built in the countryside

b *[+ théorie, phrase, intrigue]* to construct, to put together; *[+ équipe]* to put together, to make up; *[+ famille]* to start ◆ **~ un couple** to build a relationship ◆ **~ l'Europe** to build Europe ◆ **devoir bien construit** well-constructed essay

c *[+ figure géométrique]* to construct

VPR **se construire** a *(= être bâti)* ◆ **ça s'est beaucoup construit ici depuis la guerre** there's been a lot of building here since the war ◆ **le quartier s'est construit en quelques mois** the district was built in a few months ◆ **l'Europe se construit peu à peu** Europe is gradually taking shape ◆ **le film se construit autour de deux personnages** the film is built around two characters

b *[personnalité]* **un parent doit aider son enfant à se ~** parents should help children develop their personality

c *(= créer)* **l'oiseau s'est construit un nid** the bird built itself a nest ◆ **il s'est construit un personnage** he created a personality for himself ◆ **ils se construisent une vie virtuelle** they are creating a virtual life for themselves

d *(Gram)* **ça se construit avec le subjonctif** it takes the subjunctive, it takes a subjunctive construction

**consubstantialité** /kɔ̃sypstɑ̃sjalite/ NF consubstantiality

**consubstantiation** /kɔ̃sypstɑ̃sjasjɔ̃/ NF consubstantiation

**consubstantiel, -elle** /kɔ̃sypstɑ̃sjɛl/ ADJ consubstantial (*à, avec* with)

**consul** /kɔ̃syl/ NM consul ◆ **~ général** consul general ◆ **~ de France** French Consul

**consulaire** /kɔ̃sylɛr/ ADJ consular

**consulat** /kɔ̃syla/ NM a *(= bureaux)* consulate; *(= charge)* consulate, consulship b *(Hist)* **le Consulat** the Consulate

**consultable** /kɔ̃syltabl/ ADJ *(= disponible) [ouvrage, livre]* available for consultation, which may be consulted ◆ **cette carte est trop grande pour être aisément ~** *(= utilisable)* this map is too big to be used easily

**consultant, e** /kɔ̃syltɑ̃, ɑ̃t/ ADJ *[avocat]* consultant *(épith)* ◆ **médecin ~** consulting physician NM,F a *(= conseiller)* consultant ◆ **~ en relations publiques** public relations consultant b *(= patient)* patient

**consultatif, -ive** /kɔ̃syltatif, iv/ ADJ consultative, advisory ◆ **à titre ~** in an advisory capacity

**consultation** /kɔ̃syltasjɔ̃/ NF a *(= action)* consulting, consultation ◆ **pour faciliter la ~ du dictionnaire/de l'horaire** to make the dictionary/timetable easier to consult ◆ **après ~ de son agenda** having consulted his diary ◆ **d'une ~ difficile** *[livre]* difficult to use *ou* consult ◆ **~ électorale** *(= élection)* election; *(= référendum)* referendum ◆ **faire une ~ électorale** to ask the electorate's opinion, to go to the country *(Brit)*

b *(= séance : chez le médecin, un expert)* consultation ◆ **aller à la ~** *(Méd)* to go to the surgery *(Brit) ou* doctor's office *(US)* ◆ **donner une ~** to give a consultation ◆ **les heures de ~** *(Méd)* consulting *ou* surgery *(Brit)* hours ◆ **service (hospitalier) de ~ externe** outpatients' department

c *(= échange de vues)* consultation ◆ **être en ~ avec des spécialistes** to be in consultation with specialists

d *(frm = avis donné)* professional advice *(NonC)*

**consulter** /kɔ̃sylte/ ▸ conjug 1 ◂ VT *[+ médecin, astrologue, base de données]* to consult; *[+ expert, avocat, ami, parents]* to consult, to seek advice from; *[+ dictionnaire, documents]* to consult, to refer to; *[+ courrier électronique, répondeur]* to check; *[+ boussole, baromètre, horaire]* to look at, to check ◆ **la population a été consultée par référendum** the people's opinion was canvassed in a referendum ◆ **ne ~ que sa raison/son intérêt** *(littér)* to be guided only by one's reason/self-interest, to look only to one's reason/self-interest

VI *[médecin]* *(= recevoir)* to hold surgery *(Brit)*, to be in (the office) *(US)*; *(= conférer)* to hold a consultation VPR **se consulter** *(= s'entretenir)* to confer, to consult each other ◆ **ils se consultèrent du regard** they looked questioningly at each other

**consumer** /kɔ̃syme/ ▸ conjug 1 ◂ VT a *(= brûler)* to consume, to burn ◆ **l'incendie a tout consumé** the fire consumed *ou* wiped out everything ◆ **des débris à demi consumés** charred debris b *(= dévorer) [fièvre, mal]* to consume, to devour ◆ **consumé par l'ambition** consumed with *ou* devoured by ambition c *(littér = dépenser) [+ forces]* to expend; *[+ fortune]* to squander ◆ **il consume sa vie en plaisirs frivoles** he fritters away his life in idle pleasures VPR **se consumer** a *(= brûler)* **une bûche se consumait dans l'âtre** a log was burning away in the hearth b *(littér = dépérir)* to waste away ◆ **se ~ de chagrin/de désespoir** to waste away with sorrow/despair ◆ **il se consume à petit feu** he is slowly wasting away

**consumérisme** /kɔ̃symerism/ NM consumerism

**consumériste** /kɔ̃symerist/ ADJ, NMF consumerist

**contact** /kɔ̃takt/ NM a *(= toucher)* contact ◆ **le ~ de deux surfaces** contact between two surfaces ◆ **ça s'attrape par (le) ~** it can be caught through physical contact ◆ **le ~ de**

**la soie est doux** silk is soft to the touch ◆ **au point de ~ des deux lignes** at the point of contact *ou* the meeting point of the two lines; → **lentille, verre**

b *(Aut, Élec)* contact ◆ **mettre/couper le ~** *(Aut)* to switch on/switch off the ignition ◆ **~ électrique** electrical contact ◆ **appuyer sur le ~** to press the contact button *ou* lever ◆ **~ !** *(Aviat)* contact!; *(auto-école)* switch on the ignition!; *(machine)* switch on! ◆ **il y a un faux ~** there's a bad connection, there's a wire loose; → **clé**

c *(= rapport)* contact ◆ **il a beaucoup de ~s (avec l'étranger)** he has got a lot of contacts *ou* connections (abroad) ◆ **notre ~ à Moscou** our contact in Moscow ◆ **dès le premier ~, ils ...** from their first meeting, they ... ◆ **garder le ~ avec qn** to keep in touch *ou* contact with sb ◆ **elle a besoin de ~ humain** she needs human contact ◆ **j'ai un bon/mauvais ~ avec eux** my relations with them are good/bad, I have a good/bad relationship with them ◆ **"bon contact"** *(dans une offre d'emploi)* "ability to get on well with people" ◆ **être de ~ facile/difficile** to be easy/not very easy to talk to ◆ **établir/rompre le ~** *(Mil)* to make/break off contact (*avec* with); ◆ **faire des ~s** to network

d *(loc)*

◆ **au contact de** ◆ **au ~ de sa main** at the touch of his hand ◆ **métal qui s'oxyde au ~ de l'air/de l'eau** metal that oxidizes on contact with air/water ◆ **il est sans cesse au ~ des malades** he is in constant contact with patients ◆ **au ~ de ces jeunes gens il a acquis de l'assurance** through his contact *ou* association with these young people he has gained self-assurance ◆ **j'ai beaucoup appris au ~ de ces gens** I've learned a lot from being with those people

◆ **en contact** ◆ **entrer/être en ~** *[objets]* to come into/be in contact; *[fils électriques]* to make/be making contact ◆ **mettre en ~** *[+ objets]* to bring into contact ◆ **en ~ étroit avec** in close touch *ou* contact with ◆ **rester/être en ~** *(Aviat, Mil, Radio)* to remain in/be in contact (*avec* with); *[+ client, ami]* to keep in/be in touch (*avec* with) to remain in/be in contact (*avec* with); ◆ **être en ~ radio avec qn** to be in radio contact with sb ◆ **mettre en ~** *[+ relations d'affaires]* to put in touch; *(Aviat, Radio)* to put in contact ◆ **se mettre en ~ avec** to make contact with, to contact

◆ **prendre contact, entrer en contact** *(Aviat, Mil, Radio)* to make contact (*avec* with); *[+ ami, clients]* to get in touch *ou* contact (*avec* with)

◆ **prise de contact** *(= première entrevue)* first meeting; *(Mil)* first contact

◆ **perdre (le) contact** *(Aviat, Mil, Radio)* to lose contact (*avec* with); *[+ client, ami]* to lose touch *ou* contact (*avec* with); ◆ **il a perdu le ~ avec la réalité** he's lost touch with reality

**contacter** /kɔ̃takte/ GRAMMAIRE ACTIVE 48.2 ▸ conjug 1 ◂ VT to contact, to get in touch with

**contagieux, -ieuse** /kɔ̃taʒjø, jøz/ ADJ a *[maladie] (gén)* infectious, catching *(attrib)*; *[personne]* infectious b *[enthousiasme, peur, rire]* infectious, contagious; *[bonne humeur, optimisme]* infectious

> ⚠ *Attention à ne pas traduire automatiquement* **contagieux** *par* **contagious**, *qui a le sens de 'communiqué par contact direct'.*

**contagion** /kɔ̃taʒjɔ̃/ NF *(Méd)* contagion, contagiousness; *(fig)* infectiousness ◆ **pour éviter tout risque de ~** to avoid any risk of contagion ◆ **ils n'ont pas pu résister à la ~ de la crise financière** they couldn't escape the effects of the financial crisis ◆ **pour éviter la ~ de la violence dans les grandes villes** to prevent violence spreading further in the big cities

**contagiosité** /kɔ̃taʒjozite/ NF contagiousness

**container** /kɔ̃tɛnɛʀ/ NM ⇒ **conteneur**

**contaminant, e** /kɔ̃taminɑ̃, ɑ̃t/ ADJ infectious (*pour* to)

**contaminateur, -trice** /kɔ̃taminatœʀ, tʀis/ ADJ *[agent]* infectious; *[aiguille]* causing infection NM,F *(Méd)* contaminator

**contamination** /kɔ̃taminasjɔ̃/ NF a *(= contagion) [de personne]* infection, contamination; *(= pollution) [de cours d'eau, zone]* contamination ◆ **~ radioactive** radioactive contamination b *(littér : morale)* pollution c *(Ling)* contamination

**contaminer** /kɔ̃tamine/ ▸ conjug 1 ◂ VT a *(= infecter) [+ personne, animal]* to infect, to contaminate; *[+ aliment, linge]* to contaminate; *(= polluer) [+ cours d'eau, zone]* to contaminate b *(= influencer)* to corrupt ◆ **il s'est laissé ~ par le pessimisme ambiant** he gave in to the prevailing mood of pessimism

**conte** /kɔ̃t/ NM *(= récit)* tale, story; († *ou littér* = *histoire mensongère)* (tall) story ◆ **les ~s pour enfants** children's stories ◆ **les ~s d'Andersen/de Grimm** Andersen's/Grimm's fairy tales COMP ▷ **conte de fée** *(lit, fig)* fairy tale *ou* story ▷ **conte de Noël** Christmas tale

**contemplateur, -trice** /kɔ̃tɑ̃platœʀ, tʀis/ NM,F contemplator

**contemplatif, -ive** /kɔ̃tɑ̃platif, iv/ ADJ *[air, esprit]* contemplative, meditative; *(Rel) [ordre]* contemplative NM *(Rel)* contemplative

**contemplation** /kɔ̃tɑ̃plasjɔ̃/ NF *(= action)* contemplation ◆ **la ~** *(Philos)* contemplation, meditation; *(Rel)* contemplation ◆ **rester en ~ devant qch** to stand gazing at sth

**contempler** /kɔ̃tɑ̃ple/ ▸ conjug 1 ◂ VT *(= regarder)* to contemplate, to gaze at VPR **se contempler** ◆ **se ~ dans un miroir** to gaze at o.s. in a mirror

**contemporain, e** /kɔ̃tɑ̃pɔʀɛ̃, ɛn/ ADJ a *(= de la même époque) [personne]* contemporary; *[événement]* contemporaneous, contemporary (*de* with) b *(= actuel) [problème]* contemporary, present-day *(épith)*; *[art, mobilier, histoire]* contemporary NM,F contemporary (*de* of)

**contemporanéité** /kɔ̃tɑ̃pɔʀaneite/ NF contemporaneousness

**contempteur, -trice** /kɔ̃tɑ̃ptœʀ, tʀis/ NM,F *(littér)* denigrator

**contenance** /kɔ̃t(ə)nɑ̃s/ NF a *(= capacité) [de bouteille, réservoir]* capacity; *[de navire]* (carrying) capacity ◆ **avoir une ~ de 45 litres** to have a capacity of 45 litres, to hold 45 litres b *(= attitude)* bearing, attitude ◆ **~ humble/fière** humble/proud bearing ◆ **~ gênée** embarrassed attitude ◆ **il fumait pour se donner une ~** he was smoking to give an impression of composure *ou* to disguise his lack of composure ◆ **faire bonne ~ (devant)** to put on a bold front (in the face of) ◆ **perdre ~** to lose one's composure

**contenant** /kɔ̃t(ə)nɑ̃/ NM ◆ **le ~ (et le contenu)** the container (and the contents)

**conteneur** /kɔ̃t(ə)nœʀ/ NM container

**contenir** /kɔ̃t(ə)niʀ/ ▸ conjug 22 ◂ VT a *(= avoir une capacité de) [récipient]* to hold, to take; *[cinéma, avion, autocar]* to seat, to hold b *(= renfermer) [récipient, livre, minerai]* to contain ◆ **ce minerai contient beaucoup de fer** this ore contains a lot of iron *ou* has a lot of iron in it c *(= maîtriser) [+ surprise]* to contain; *[+ colère]* to contain, to suppress; *[+ sanglots, larmes]* to contain, to hold back; *[+ foule]* to contain, to restrain; *[+ inflation]* to control, to curb ◆ **~ l'ennemi** *(Mil)* to contain the enemy, to hold the enemy in check VPR **se contenir** to contain o.s., to control one's emotions

**content, e** /kɔ̃tɑ̃, ɑ̃t/ ADJ a *(= heureux)* pleased, glad, happy ◆ **avoir l'air ~** to look happy *ou* pleased ◆ **je serais ~ que vous veniez** I'd be pleased *ou* glad *ou* happy if you came ◆ **je suis ~ d'apprendre cela** I'm pleased to hear that ◆ **il était très ~ de ce changement** he was very pleased *ou* glad about the change ◆ **je suis très ~ ici** I'm very happy *ou* contented here ◆ **voilà, c'est cassé, tu es ~ ?** there, it's broken, are you happy *ou* satisfied now?

b ◆ **~ de** *(= satisfait de) [+ élève, voiture, situation]* pleased *ou* happy with ◆ **être ~ de peu** to be content with little, to be easily satisfied ◆ **être ~ de soi** to be pleased with o.s.

c ◆ **non ~ d'être/d'avoir fait ...** not content with being/with having done ...

NM ◆ **avoir (tout) son ~ de qch** to have had one's fill of sth

**contentement** /kɔ̃tɑ̃tmɑ̃/ NM a *(= état)* contentment, satisfaction ◆ **éprouver un profond ~ à la vue de ...** to feel great contentment *ou* deep satisfaction at the sight of ... ◆ **~ de soi** self-satisfaction ◆ **il a eu un sourire de ~** he smiled contentedly to himself b *(= action de contenter)* satisfaction, satisfying

**contenter** /kɔ̃tɑ̃te/ GRAMMAIRE ACTIVE 53.2 ▸ conjug 1 ◂

VT *[+ personne, besoin, envie, curiosité]* to satisfy ◆ **facile à ~** easy to please, easily pleased *ou* satisfied ◆ **cette explication l'a contenté** he was satisfied *ou* happy with this explanation, this explanation satisfied him ◆ **il est difficile de ~ tout le monde** it's difficult to please everyone

VPR **se contenter** ◆ **se ~ de qch/de faire qch** to content o.s. with sth/with doing sth ◆ **se ~ de peu/de ce qu'on a** to make do *ou* be content with very little/with what one has ◆ **il a dû se ~ d'un repas par jour/de manger les restes** he had to content himself *ou* make do with one meal a day/with eating the left-overs ◆ **contentez-vous d'écouter/de regarder** just listen/watch ◆ **il se contenta d'un sourire/de sourire** he merely gave a smile/smiled

**contentieux, -ieuse** /kɔ̃tɑ̃sjø, jøz/ ADJ *(Jur)* contentious NM *(= litige)* dispute, disagreement; *(Comm)* litigation; *(= service)* legal department ◆ **~ administratif/commercial** administrative/commercial actions *ou* litigation

**contention** /kɔ̃tɑ̃sjɔ̃/ NF *(Méd) (= procédé) [de membre, dents]* support; *(= appareil)* brace ◆ **de ~** *[collants, chaussettes]* support *(épith)*

**contenu, e** /kɔ̃t(ə)ny/ (ptp de **contenir**) ADJ *[colère, sentiments]* restrained, suppressed NM *[de récipient, dossier]* contents; *[de loi, texte]* content; *(Ling)* content ◆ **la table des matières indique le ~ du livre** the contents page shows what's in the book ◆ **le ~ subversif de ce livre** the subversive content of this book

**conter** /kɔ̃te/ ▸ conjug 1 ◂ VT *(frm) [+ histoire]* to recount, to relate ◆ **contez-nous vos malheurs** *(hum)* let's hear your problems, tell us all about your problems ◆ **que me contez-vous là ?** what are you trying to tell me? ◆ **il lui en a conté de belles !** he really spun him some yarns! * *ou* told him some incredible stories! ◆ **elle ne s'en laisse pas ~** she's not easily taken in, she doesn't let herself be taken in (easily) ◆ **il ne faut pas lui en ~** don't bother trying those stories on him, it's no use trying it on with him * *(Brit)* ◆ ~ **fleurette à qn** *(†, ou hum)* to whisper sweet nothings in sb's ear

**contestable** /kɔ̃tɛstabl/ ADJ *[théorie, idée]* questionable, disputable; *[raisonnement]* questionable, doubtful; *[attitude]* questionable

**contestataire** /kɔ̃tɛstatɛʀ/ ADJ *[journal, étudiants, tendances]* anti-establishment NMF ◆ **c'est un** ~ he's anti-establishment *ou* anti-authority ◆ **les ~s ont été expulsés** the protesters were made to leave

**contestateur, -trice** /kɔ̃tɛstatœʀ, tʀis/ ADJ contentious

**contestation** /kɔ̃tɛstasjɔ̃/ NF **a** *(NonC = dénégation) [de succession, droit, compétence, résultats]* contesting; *[légitimité, bien-fondé]* questioning, challenging; *[de fait]* questioning, disputing, contesting; *[de décision]* challenging, disputing, contesting ◆ **il a été condamné pour ~ de crimes contre l'humanité** *(Jur)* he was sentenced for denying the existence of crimes against humanity **b** *(= objection)* dispute ◆ **il y a matière à** ~ there are grounds for contention *ou* dispute ◆ **c'est sans ~ possible, il n'y a aucune ~ possible** it's beyond dispute **c la** ~ *(gén, Pol) (= opposition)* protest ◆ **mouvement de** ~ protest movement

**conteste** /kɔ̃tɛst/ **sans conteste** LOC ADV unquestionably, indisputably

**contester** /kɔ̃tɛste/ ▸ conjug 1 ◂ VT *(Jur) [+ succession, droit, compétence]* to contest; *[+ légitimité, bien-fondé]* to question, to challenge; *[+ fait]* to question, to dispute, to contest; *[+ décision]* to challenge, to dispute, to contest ◆ ~ **les résultats électoraux** to contest *ou* challenge the election results ◆ **je ne conteste pas que vous ayez raison** I don't dispute that you're right ◆ **je ne lui conteste pas ce droit** I don't question *ou* dispute *ou* contest his right ◆ **ce roman/cet écrivain est très contesté** this novel/writer is very controversial

VI *(gén)* to take issue (*sur* over); *(Pol)* to protest ◆ **il ne conteste jamais** he never takes issue over anything ◆ **il conteste toujours sur des points de détail** he's always taking issue over points of detail ◆ **les jeunes ne pensent qu'à** ~ all young people think about is protesting

**conteur, -euse** /kɔ̃tœʀ, øz/ NM,F *(= écrivain)* storywriter; *(= narrateur)* storyteller

**contexte** /kɔ̃tɛkst/ NM context ◆ **pris hors** ~ taken out of context

**contextuel, -elle** /kɔ̃tɛkstɥɛl/ ADJ *(Ling)* contextual; *(Ordin) [aide en ligne]* context-sensitive

**contexture** /kɔ̃tɛkstyʀ/ NF *[d'organisme]* texture; *[d'œuvre]* structure

**contigu, -uë** /kɔ̃tigy/ ADJ *[maison, pièce, jardin]* adjoining, adjacent, contiguous *(frm)*; *[domaines, sujets]* (closely) related ◆ **être ~ à qch** to be adjacent *ou* next to sth

**contiguïté** /kɔ̃tigɥite/ NF *[de choses]* proximity, contiguity *(frm)*; *(fig) [de sujets]* relatedness ◆ **la ~ de ces deux sujets** the fact that the two subjects are (closely) related

**continence** /kɔ̃tinɑ̃s/ NF continence, continency

**continent[1], e** /kɔ̃tinɑ̃, ɑ̃t/ ADJ continent

**continent[2]** /kɔ̃tinɑ̃/ NM *(gén, Géog)* continent; *(par rapport à une île)* mainland ◆ **le ~ noir** the dark continent

**continental, e** (mpl **-aux**) /kɔ̃tinɑ̃tal, o/ ADJ *[région, climat]* continental; *(opposé à côtier, insulaire)* mainland *(épith)* ◆ **petit déjeuner** ~ continental breakfast NM,F *(gén)* mainlander; *(= Européen)* Continental

**continentalité** /kɔ̃tinɑ̃talite/ NF continental character

**contingence** /kɔ̃tɛ̃ʒɑ̃s/ NF **a** *(Philos)* contingency **b** ◆ **les ~s** contingencies ◆ **il ne se soucie pas des ~s matérielles** he doesn't bother with the routine *ou* the chores of everyday life ◆ **les ~s de la vie** the (little) chance happenings of life ◆ **tenir compte des ~s** to take account of all contingencies *ou* eventualities

**contingent, e** /kɔ̃tɛ̃ʒɑ̃, ɑ̃t/ ADJ contingent NM **a** *(Mil = groupe)* contingent ◆ **le ~** *(en France) the conscripts called up for national service*, the draft *(US)* **b** *(Comm, Jur = quota)* quota **c** *(= part, contribution)* share

**contingentement** /kɔ̃tɛ̃ʒɑ̃tmɑ̃/ NM ◆ **le ~ des exportations/importations** the fixing *ou* establishing of export/import quotas, the placing of quotas on exports/imports

**contingenter** /kɔ̃tɛ̃ʒɑ̃te/ ▸ conjug 1 ◂ VT *[+ importations, exportations]* to place *ou* fix a quota on; *[+ produits, matière première]* to distribute by a system of quotas

**continu, e** /kɔ̃tiny/ ADJ *[mouvement, série, bruit]* continuous; *[ligne, silence]* unbroken, continuous; *[effort]* continuous, unremitting; *[souffrance]* endless; *(Math)* continuous ◆ **papier** ~ *(Ordin)* continuous stationery; → **jet[1]**, **journée** NM *(Math, Philos, Phys)* continuum; *(Élec)* direct current

◆ **en continu** ◆ **utilisation en** ~ continuous use ◆ **faire qch en ~ pendant cinq heures** to do sth continuously *ou* non-stop for five hours, to do sth for five hours non-stop ◆ **papier en** ~ *(Ordin)* continuous stationery

NF **continue** *(Phon)* continuant

**continuateur, -trice** /kɔ̃tinɥatœʀ, tʀis/ NM,F *(= successeur)* successor; *[d'œuvre littéraire]* continuator ◆ **les ~s de cette réforme** those who carried on (*ou* carry on *etc*) the reform

**continuation** /kɔ̃tinɥasjɔ̃/ NF continuation ◆ **nous comptons sur la ~ de cette entente** we count on the continuation of this agreement; → **bon[1]**

**continuel, -elle** /kɔ̃tinɥɛl/ ADJ *(= continu)* continuous; *(= très fréquent)* continual, constant ◆ **il lui fait des reproches ~s** he's always *ou* forever criticizing her

**continuellement** /kɔ̃tinɥɛlmɑ̃/ ADV *(= sans interruption)* continuously; *(= très fréquemment)* continually, constantly ◆ **elle se plaint** ~ she's always *ou* she never stops complaining

**continuer** /kɔ̃tinɥe/ ▸ conjug 1 ◂ VT **a** *(= poursuivre) [+ démarches, politique]* to continue (with), to carry on with; *[+ tradition]* to continue, to carry on; *[+ travaux, études]* to continue (with), to carry on with, to go on with ◆ ~ **son chemin** to continue on *ou* along one's way, to go on one's way ◆ ~ **l'œuvre de son maître** to carry on *ou* continue the work of one's master ◆ **Pompidou continua de Gaulle** Pompidou carried on *ou* continued where de Gaulle left off

**b** *(= prolonger) [+ droite, route]* to continue

VI **a** *[bruit, spectacle, guerre]* to continue, to go on; *[voyageur]* to go on, to continue on one's way ◆ **je continuerai par le saumon** I'll have the salmon to follow ◆ **"mais" continua-t-il** "but", he went on *ou* continued ◆ **dis-le, continue !** go on, say it! ◆ **s'il continue, je vais ...** * if he goes on *ou* keeps on *ou* continues, I'm going to ... ◆ **si ça continue, je vais ...** if this keeps up *ou* continues, I'm going to ... ◆ **la route (se) continue jusqu'à la gare** the road goes (on) *ou* continues as far as the station ◆ **le chemin (se) continue par un sentier** the road turns into a path

**b** ◆ ~ **de** *ou* **à marcher/lire** to go on *ou* keep on *ou* continue walking/reading, to continue to walk/read, to walk/read on

**continuité** /kɔ̃tinɥite/ NF *[de politique, tradition]* continuation; *[d'action]* continuity ◆ **la ~ de l'État** the continuity of the state ◆ **assurer la ~ d'une politique** to ensure continuity in applying a policy, to ensure the continuation of a policy; → **solution**

**continûment** /kɔ̃tinymɑ̃/ ADV continuously

**continuum** /kɔ̃tinɥɔm/ NM continuum ◆ **le ~ espace-temps** the space-time continuum

**contondant, e** /kɔ̃tɔ̃dɑ̃, ɑ̃t/ ADJ *[instrument]* blunt ◆ **arme ~e** blunt instrument

**contorsion** /kɔ̃tɔʀsjɔ̃/ NF contortion

**contorsionner (se)** /kɔ̃tɔʀsjɔne/ ▸ conjug 1 ◂ VPR *[acrobate]* to contort o.s.; *(péj)* to contort o.s. ◆ **il se contorsionnait pour essayer de se détacher** he was writhing about *ou* contorting himself in an attempt to get free

**contorsionniste** /kɔ̃tɔʀsjɔnist/ NMF contortionist

**contour** /kɔ̃tuʀ/ NM **a** *[d'objet]* outline; *[de montagne, visage, corps]* outline, contour ◆ **crayon ~ des yeux** eyeliner **b** ◆ **~s** *[de route, rivière]* windings

**contourné, e** /kɔ̃tuʀne/ (ptp de **contourner**) ADJ *(péj) [raisonnement, style]* tortuous; *(péj) [colonne, pied de table]* (over)elaborate

**contournement** /kɔ̃tuʀnəmɑ̃/ NM *[d'obstacle]* bypassing; *[de règle, difficulté]* circumventing, bypassing ◆ **le ~ de la ville** driving round *ou* skirting (round) *ou* bypassing the town ◆ **autoroute de** ~ bypass

**contourner** /kɔ̃tuʀne/ ▸ conjug 1 ◂ VT **a** *[+ ville]* to skirt (round), to bypass; *[+ montagne]* to skirt (round), to walk (*ou* drive *etc*) round; *[+ mur, véhicule]* to walk (*ou* drive *etc*) round; *[+ règle]* to circumvent; *[+ difficulté]* to get round **b** *(= façonner) [+ arabesques]* to trace (out); *[+ vase]* to fashion **c** *(= déformer)* to twist, to contort

**contraceptif, -ive** /kɔ̃tʀasɛptif, iv/ ADJ, NM contraceptive

**contraception** /kɔ̃tʀasɛpsjɔ̃/ NF contraception ◆ **moyens de** ~ methods of contraception, contraceptive methods ◆ **être sous ~ orale** to use oral contraception

**contractant, e** /kɔ̃tʀaktɑ̃, ɑ̃t/ ADJ *(Jur)* contracting NM,F contracting party

**contracté, e** /kɔ̃tʀakte/ (ptp de **contracter**) ADJ **a** *(Ling)* contracted **b** *[personne, muscle]* tense

**contracter[1]** /kɔ̃tʀakte/ ▸ conjug 1 ◂ VT **a** *(= raidir) [+ muscle]* to tense, to contract; *(fig) [+ personne]* to make tense ◆ **la peur lui contracta la gorge** fear gripped his throat ◆ **l'émotion lui contracta la gorge** his throat tightened with emotion ◆ **les traits contractés par la souffrance** his features contorted with pain ◆ **un sourire forcé contracta son visage** his face stiffened into a forced smile **b** *(Phys)* ~ **un corps/fluide** *(= réduire)* to make a body/fluid contract VPR **se contracter a** *[muscle]* to tense (up), to contract; *[gorge]* to tighten; *[traits, visage]* to tense (up); *[cœur]* to contract; *(Phys) [corps]* to contract **b** *[personne]* to become tense ◆ **ne te contracte pas, sinon ça va te faire mal** don't tense up or it'll hurt **c** *[mot, syllabe]* to be (able to be) contracted

**contracter[2]** /kɔ̃tʀakte/ ▸ conjug 1 ◂ VT **a** *[+ dette, obligation]* to contract, to incur; *[+ alliance]* to contract, to enter into ◆ ~ **une assurance** to take out an insurance policy ◆ ~ **un emprunt** to take out a loan ◆ ~ **mariage avec** *(Admin)* to contract (a) marriage with **b** *[+ maladie]* to contract; *[+ manie]* to acquire, to contract

**contractile** /kɔ̃tʀaktil/ ADJ contractile

**contractilité** /kɔ̃tʀaktilite/ NF contractility

**contraction** /kɔ̃tʀaksjɔ̃/ NF a (= action) [de corps, liquide] contraction; [de muscle] tensing, contraction b (= état) [de muscles, traits, visage] tenseness c (= spasme) contraction ◆ **elle a des ~s** [de femme enceinte] she's having contractions d (= résumé) ~ **de texte** summary

**contractualisation** /kɔ̃tʀaktyalizasjɔ̃/ NF [d'accord, rapports] formalization by contract ◆ **une politique de ~ des universités** a policy of setting up contract-based links between universities and the state

**contractualiser** /kɔ̃tʀaktyalize/ ▸ conjug 1 ◂ VT a [+ personne] to put on contract (in a department of the public services) b [+ accord, rapports] to formalize by contract; [+ université] to set up contract-based links with

**contractuel, -elle** /kɔ̃tʀaktyɛl/ ADJ [obligation] contractual; [emploi] under contract (attrib); [clause] contract (épith), in the contract (attrib) NM ◆ **(agent)** ~ (gén) contract worker (in the public sector); (stationnement) ≃ traffic warden (Brit), traffic policeman (US); (sortie d'école) ≃ lollipop man* (Brit), crossing guard (US) NF **contractuelle** (gén) contract worker (working for local authority); (stationnement) ≃ traffic warden (Brit), meter maid* (US); (sortie d'école) ≃ lollipop lady* (Brit), crossing guard (US)

**contractuellement** /kɔ̃tʀaktyɛlmɑ̃/ ADV by contract, contractually

**contracture** /kɔ̃tʀaktyʀ/ NF (Archit) contracture; (Physiol) spasm, (prolonged) contraction ◆ ~ **musculaire** cramp

**contradicteur** /kɔ̃tʀadiktœʀ/ NM opponent, contradictor

**contradiction** /kɔ̃tʀadiksjɔ̃/ NF a (NonC = contestation) **porter la ~ dans un débat** to introduce counter-arguments in a debate, to add a dissenting voice to a debate ◆ **je ne supporte pas la ~** I can't bear to be contradicted; → **esprit**

b (= discordance) contradiction, inconsistency ◆ **texte plein de ~s** text full of contradictions *ou* inconsistencies ◆ **le monde est plein de ~s** the world is full of contradictions ◆ ~ **dans les termes** contradiction in terms ◆ **il y a ~ entre ...** there is a contradiction between ... ◆ **être en ~ avec soi-même** to contradict o.s. ◆ **il est en ~ avec ce qu'il a dit précédemment** he's contradicting what he said before ◆ **leurs témoignages sont en ~** their testimonies contradict each other

**contradictoire** /kɔ̃tʀadiktwaʀ/ ADJ [idées, théories, récits, sentiments] contradictory, conflicting ◆ **débat** ~ debate ◆ **réunion politique** ~ political meeting with an open debate ◆ ~ **à** in contradiction to, in conflict with ◆ **arrêt/jugement** ~ (Jur) order/judgement given after due hearing of the parties

**contradictoirement** /kɔ̃tʀadiktwaʀmɑ̃/ ADV (Jur) after due hearing of the parties

**contraignant, e** /kɔ̃tʀɛɲɑ̃, ɑ̃t/ ADJ [mesures, législation, normes, règlement, système] restrictive ◆ **des horaires de travail très ~s** very inconvenient working hours ◆ **mon travail est très ~** my work doesn't allow me much freedom ◆ **tu n'es pas ~ toi au moins !** you're very easy-going!

**contraindre** /kɔ̃tʀɛ̃dʀ/ ▸ conjug 52 ◂ VT ◆ ~ **qn à faire qch** to force *ou* compel sb to do sth ◆ **contraint à** *ou* **de démissionner** forced *ou* compelled to resign ◆ **il/cela m'a contraint au silence/au repos** he/this forced *ou* compelled me to be silent/to rest ◆ ~ **par voie de justice** to constrain by law (to pay debt) VPR **se contraindre** to restrain o.s. ◆ **se ~ à être aimable** to force o.s. to be polite, to make o.s. be polite

**contraint, e**[1] /kɔ̃tʀɛ̃, ɛ̃t/ GRAMMAIRE ACTIVE 37.1, 48.3 (ptp de **contraindre**) ADJ a (= gêné) constrained, forced ◆ **d'un air ~** with an air of constraint, constrainedly b ~ **et forcé** under duress *ou* compulsion

**contrainte**[2] /kɔ̃tʀɛ̃t/ NF a (= pression) **elle ne m'a imposé aucune ~** she didn't put any pressure on me ◆ **pour moi ce n'est pas une ~, mais une volonté** it's not something I have to do, it's something I want to do ◆ **mon nouveau travail est bien payé, mais il y a beaucoup plus de ~s** my new job is well paid, but I have a lot less freedom ◆ **l'entreprise est soumise à une ~ de rentabilité par ses actionnaires** the company is under obligation to make a profit for its shareholders ◆ **par ~** *ou* **sous la ~** under duress ◆ **agir sous la ~** to act under duress

b (= règle obligatoire) constraint ◆ ~ **administrative/budgétaire/juridique** administrative/budgetary/legal constraint ◆ **double ~** double bind ◆ **la seule ~ est qu'il faut payer d'avance** the only stipulation is that you have to pay in advance

c (= gêne) constraint; (Ling) constraint ◆ **sans ~** unrestrainedly, without restraint *ou* constraint

d (Jur) ~ **par corps** civil imprisonment

e (Phys) stress

> ⚠ *Au sens de 'pression',* **contrainte** *ne se traduit pas par* **constraint.**

**contraire** /kɔ̃tʀɛʀ/ GRAMMAIRE ACTIVE 53.3

ADJ a (= inverse) [sens, effet, mouvement] opposite; (Naut) [vent] contrary, adverse ◆ **dans le cas ~** otherwise; → **avis**

♦ **contraire à** [+ loi] against ◆ **c'est ~ à mes principes/intérêts** it is *ou* goes against my principles/interests ◆ ~ **à la santé** bad for the health ◆ **l'alcool m'est ~** alcohol doesn't agree with me ◆ **le sort lui fut ~** fate was against him

b (= contradictoire) [opinions, propositions, intérêts] conflicting

c (= nuisible) [forces, action] contrary; [destin] adverse

NM [de mot, concept] opposite ◆ **c'est le ~ de son frère** he's the opposite of his brother ◆ **et pourtant c'est tout le ~** and yet it's just the reverse *ou* opposite ◆ **il fait toujours le ~ de ce qu'on lui dit** he always does the opposite of what he's told ◆ **je ne vous dis pas le ~** I'm not saying anything to the contrary, I'm not disputing *ou* denying it ◆ **il dit/promet tout et son ~** he says/promises anything and everything

♦ **au contraire** on the contrary ◆ **je ne te reproche rien, (bien** *ou* **tout) au ~** I'm not criticising you at all, quite the reverse *ou* the opposite

♦ **au contraire de** unlike ◆ **au ~ des autres** unlike the others

**contrairement** /kɔ̃tʀɛʀmɑ̃/ **contrairement à** LOC ADV [+ idées, apparences] contrary to ◆ ~ **à qn** unlike sb ◆ ~ **aux autres** unlike the others

**contralto** /kɔ̃tʀalto/ NM contralto

**contrapuntique** /kɔ̃tʀapɔ̃tik/ ADJ (Mus) contrapuntal

**contrariant, e** /kɔ̃tʀaʀjɑ̃, jɑ̃t/ ADJ [personne] perverse, contrary; [incident] tiresome, annoying ◆ **tu n'es pas ~ !** you're very easy-going!

**contrarier** /kɔ̃tʀaʀje/ GRAMMAIRE ACTIVE 45.3 ▸ conjug 7 ◂ VT a (= irriter) to annoy; (= ennuyer) to bother ◆ **il cherche à vous ~** he's trying to annoy you b (= gêner) [+ projets] to frustrate, to thwart; [+ amour] to thwart ◆ ~ **la marche d'un bateau** to impede a ship's progress ◆ ~ **les mouvements de l'ennemi** to impede the enemy's movements ◆ **forces qui se contrarient** forces which act against each other ◆ **pour lui, la cuisine a été un don contrarié** his gift for cooking was never given a chance to develop c (= contraster) to alternate (for contrast) d [+ gaucher] to force to write with his (*ou* her) right hand

**contrariété** /kɔ̃tʀaʀjete/ NF (= irritation) annoyance, vexation ◆ **éprouver une ~** to feel annoyed *ou* vexed ◆ **un geste de ~** a gesture of annoyance ◆ **toutes ces ~s l'ont rendu furieux** all these annoyances *ou* vexations made him furious

**contrastant, e** /kɔ̃tʀastɑ̃, ɑ̃t/ ADJ [couleurs, figures, effets] contrasting (épith)

**contraste** /kɔ̃tʀast/ GRAMMAIRE ACTIVE 32.1 NM (gén, TV) contrast ◆ **par ~** by contrast ◆ **faire ~ avec** to contrast with ◆ **en ~ avec** in contrast to ◆ **mettre en ~** to contrast

**contrasté, e** /kɔ̃tʀaste/ (ptp de **contraster**) ADJ [composition, image, style] full of contrasts; [bilan, résultats] uneven, mixed ◆ **une photographie trop/pas assez ~e** a photograph with too much/not enough contrast ◆ **couleurs très ~es** strongly contrasting colours ◆ **les marchés ont connu des évolutions très ~es** the markets have developed in very different ways

**contraster** /kɔ̃tʀaste/ ▸ conjug 1 ◂ VT [+ photographie] to give contrast to, to put contrast into ◆ **ce peintre contraste à peine son sujet** this painter hardly brings out his subject (at all) *ou* hardly makes his subject stand out ◆ **éléments contrastés** contrasting elements VI to contrast (*avec* with)

**contrastif, -ive** /kɔ̃tʀastif, iv/ ADJ (Ling) contrastive

**contrat** /kɔ̃tʀa/ NM a (= convention, document) contract, agreement ◆ **passer un ~ (avec qn)** to sign a contract (with sb)

♦ **sous contrat** ◆ **être sous ~** [employé] to be under contract (*avec* to); ◆ **être employé sous ~** to be employed on contract ◆ **établissement privé (placé) sous ~ (d'association)** ≃ grant-aided school

b (= accord, pacte) agreement ◆ **nous allons passer un ~ ensemble : si tu as ton examen, je te laisse partir en Afrique** let's make a deal: if you pass your exam, I'll let you go to Africa ◆ **réaliser** *ou* **remplir son ~** (Bridge) to make one's contract; (fig) to fulfil one's pledges ◆ **notre équipe a rempli son ~, elle a remporté tous ses matches** our team made good its promise and won all its matches

c (arg Crime) contract ◆ **lancer un ~ contre qn** to take a contract out on sb; → **bridge**[1]

COMP ▷ **contrat d'achat** purchase contract ▷ **contrat administratif** public service contract ▷ **contrat d'apprentissage** apprenticeship contract ▷ **contrat d'assurance** insurance contract ▷ **contrat collectif** collective agreement ▷ **contrat conclu dans les conditions normales du commerce** arm's length agreement ▷ **contrat à durée déterminée** fixed-term contract ▷ **contrat à durée indéterminée** permanent *ou* open-ended contract ▷ **contrat emploi-solidarité** *government-sponsored work contract for the unemployed which includes professional training* ▷ **contrat de garantie** guarantee, warranty ▷ **contrat initiative-emploi** *incentive scheme to encourage employers to hire the long-term unemployed* ▷ **contrat de louage de services** contract for services ▷ **contrat de mariage** marriage contract ▷ **contrat de qualification** *short-term employment contract for 16-26 year olds with on-*

*the-job training* ▷ **contrat de retour à l'emploi** *former incentive scheme to encourage employers to hire the long-term unemployed* ▷ **contrat social** *(Hist, Pol)* social contract *ou* compact ▷ **contrat de travail** work contract ▷ **contrat de vente** sales contract ▷ **contrat verbal** verbal agreement ▷ **contrat de ville** urban development programme

**contravention** /kɔ̃tʀavɑ̃sjɔ̃/ **NF** a *(Aut) (pour infraction au code)* fine; *(pour stationnement interdit) (= amende)* (parking) fine; *(= procès-verbal)* parking ticket ◆ **dresser ~ (à qn)** *(stationnement interdit)* to issue a parking ticket (to sb); *(autres infractions)* to fine sb, to book sb* *(Brit)* ◆ **prendre une ~*** to get a fine b *(Jur = infraction)* ~ **à** contravention *ou* infraction of ◆ **être en (état de) ~** to be contravening the law ◆ **être en ~ à** to be in contravention of

**contre** /kɔ̃tʀ/ GRAMMAIRE ACTIVE 39.2, 53.4

**PRÉP**

> Pour des expressions comme **être furieux contre qn**, **joue contre joue** etc, cherchez aussi sous l'autre mot.

a *(contact, juxtaposition)* against ◆ **se mettre ~ le mur** to stand against the wall ◆ **s'appuyer ~ un arbre** to lean against a tree ◆ **(la) face ~ terre** face downwards ◆ **pousse la table ~ la fenêtre** push the table (up) against the window ◆ **son garage est juste ~ notre maison** his garage is built onto our house ◆ **elle s'assit (tout) ~ lui** she sat down (right) next to *ou* beside him ◆ **il s'est cogné la tête ~ le mur** he banged his head against *ou* on the wall ◆ **les voitures étaient pare-chocs ~ pare-chocs** the cars were bumper to bumper

b *(opposition, hostilité)* against ◆ **se battre/voter ~ qn** to fight/vote against sb ◆ **Poitiers ~ Lyon** *(Sport)* Poitiers versus Lyon ◆ **jeter une pierre ~ la fenêtre** to throw a stone at the window ◆ **agir ~ l'avis/les ordres de qn** to act against *ou* contrary to *ou* counter to sb's advice/orders ◆ **aller/nager ~ le courant** to go/swim against the current ◆ **acte ~ nature** unnatural act, act contrary to *ou* against nature ◆ **je n'ai rien ~ (cela)** *ou* **là** ~ *(frm)* I have nothing against it ◆ **il a les ouvriers ~ lui** he's got the workers against him; → **envers**[1], **gré**, **vent**

c *(défense, protection)* **s'abriter ~ le vent/la pluie** to take shelter from the wind/rain ◆ **des comprimés ~ la grippe** flu tablets, tablets for flu ◆ **s'assurer ~ les accidents/l'incendie** to insure (o.s.) against accidents/fire

d *(échange)* (in exchange) for ◆ **échanger** *ou* **troquer qch ~** to exchange *ou* swap* sth for ◆ **donner qch ~** to give sth (in exchange) for ◆ **il a cédé ~ la promesse/l'assurance que ...** he agreed in return for the promise/assurance that ...

e *(proportion, rapport)* **il y a un étudiant qui s'intéresse ~ neuf qui bâillent** for every one interested student there are nine who are bored ◆ **9 voix ~ 4** 9 votes to 4 ◆ **à 100 ~ 1** at 100 to 1

f *(loc)*

◆ **par contre** on the other hand ◆ **il est beau, mais qu'est-ce qu'il est bête par ~ !** he's handsome, but he's so stupid!

**ADV** a *(= opposé à)* **je suis (tout à fait) ~ !** I'm (completely) against it!

b *(= sur)* **appuyez-vous ~** lean against *ou* on it

**NM** a → **pour**

b *(= riposte)* counter, retort; *(Billard)* rebound; *(Sport) (= contre-attaque)* counterattack; *(= blocage)* block; *(Cartes)* double ◆ **faire un ~** *(Rugby)* to charge down a kick ◆ **l'art du ~** the art of repartee

**PRÉF** ◆ **contre-** counter-, anti-

**contre-accusation** /kɔ̃tʀakyzasjɔ̃/ **NF** countercharge, counter-accusation

**contre-alizé** /kɔ̃tʀalize/ **NM** anti-trade (wind)

**contre-allée** /kɔ̃tʀale/ **NF** *(en ville)* service road *(Brit)*, frontage road *(US)*; *(dans un parc)* side path *(running parallel to the main drive)*

**contre-amiral** (pl **contre-amiraux**) /kɔ̃tʀamiʀal, o/ **NM** rear admiral

**contre-analyse** /kɔ̃tʀanaliz/ **NF** second analysis, counter-analysis

**contre-attaque** /kɔ̃tʀatak/ **NF** counter-attack

**contre-attaquer** /kɔ̃tʀatake/ ▸ conjug 1 ◂ **VI** to counter-attack

**contrebalancer** /kɔ̃tʀəbalɑ̃se/ ▸ conjug 3 ◂ **VT** a *[poids]* to counterbalance b *(= égaler, compenser)* to offset **VPR** **se contrebalancer** ◆ **je m'en contrebalance*** I don't give a damn‡

**contrebande** /kɔ̃tʀəbɑ̃d/ **NF** *(= activité)* smuggling; *(= marchandises)* contraband, smuggled goods ◆ **faire de la ~** to be involved in smuggling ◆ **faire la ~ du tabac** to smuggle tobacco ◆ **produits de ~** contraband (goods), smuggled goods

**contrebandier, -ière** /kɔ̃tʀəbɑ̃dje, jɛʀ/ **NM,F** smuggler ◆ **navire ~** smugglers' ship

**contrebas** /kɔ̃tʀəba/ **en contrebas** **LOC ADV** (down) below ◆ **en ~ de** below

**contrebasse** /kɔ̃tʀəbas/ **NF** *(= instrument)* (double) bass; *(= musicien)* (double) bass player

**contrebassiste** /kɔ̃tʀəbasist/ **NMF** (double) bass player

**contrebasson** /kɔ̃tʀəbasɔ̃/ **NM** contrabassoon, double bassoon

**contre-boutant** /kɔ̃tʀəbutɑ̃/ **NM** *(en bois)* shore; *(en pierre)* buttress

**contrebraquage** /kɔ̃tʀəbʀakaʒ/ **NM** *(en dérapage)* steering into the skid *(NonC)* ◆ **grâce à ce ~ instantané** because he immediately steered into the skid

**contrebraquer** /kɔ̃tʀəbʀake/ ▸ conjug 1 ◂ **VI** *(en dérapant)* to steer into the skid; *(pour se garer) to steer in the opposite direction*

**contrebutement** /kɔ̃tʀəbytmɑ̃/ **NM** ⇒ **contre-boutant**

**contrecarrer** /kɔ̃tʀəkaʀe/ ▸ conjug 1 ◂ **VT** *[+ projets]* to thwart, to foil; † *[+ personne]* to thwart

**contrechamp** /kɔ̃tʀəʃɑ̃/ **NM** *(Ciné)* reverse angle (shot)

**contrechant, contre-chant** /kɔ̃tʀəʃɑ̃/ **NM** *(Mus)* descant, discant

**contrechâssis** /kɔ̃tʀəʃasi/ **NM** double (window) frame

**contrechoc** /kɔ̃tʀəʃɔk/ **NM** repercussions, after-effects ◆ **~ pétrolier** impact of the oil slump

**contreclef** /kɔ̃tʀəkle/ **NF** stone adjoining the keystone

**contrecœur**[1] /kɔ̃tʀəkœʀ/ **à contrecœur** **LOC ADV** (be)grudgingly, reluctantly

**contrecœur**[2] /kɔ̃tʀəkœʀ/ **NM** a *(= fond de cheminée)* fire-back b *(Rail)* guardrail

**contrecollé, e** /kɔ̃tʀəkɔle/ **ADJ** *[cuir, laine]* foam-backed ◆ **bois ~** plywood

**contrecoup** /kɔ̃tʀəku/ **NM** a *(= ricochet) [de balle]* ricochet b *(= répercussion)* repercussions ◆ **ce pays subit le ~ de la crise** this country is suffering from the (after-) effects of the crisis ◆ **par ~** as an indirect consequence

**contre-courant** /kɔ̃tʀəkuʀɑ̃/ **NM** *[de cours d'eau]* counter-current

◆ **à contre-courant** *(lit)* upstream, against the current; *(fig)* against the current *ou* tide ◆ **aller à ~ de la tendance générale** to go against the (general) trend ◆ **ramer à ~** *(fig)* to swim against the tide

**contre-culture** /kɔ̃tʀəkyltyʀ/ **NF** counterculture

**contredanse** /kɔ̃tʀədɑ̃s/ **NF** a * *(gén)* fine; *(pour stationnement interdit)* (parking) ticket b *(†† = danse)* quadrille

**contredire** /kɔ̃tʀədiʀ/ ▸ conjug 37 ◂ **VT** *[personne]* to contradict; *[faits]* to be at variance with, to refute **VPR** **se contredire** *[personne]* to contradict o.s.; *[témoins, témoignages]* to contradict each other

**contredit** /kɔ̃tʀədi/ **NM** *(frm)* ◆ **sans ~** unquestionably, without question

**contrée** /kɔ̃tʀe/ **NF** *(littér) (= pays)* land; *(= région)* region

**contre-écrou** (pl **contre-écrous**) /kɔ̃tʀekʀu/ **NM** lock nut

**contre-électromotrice** /kɔ̃tʀelɛktʀɔmɔtʀis/ **ADJ F** → **force**

**contre-emploi** /kɔ̃tʀɑ̃plwa/ **NM** ◆ **il joue** *ou* **est utilisé à ~** *(Théât)* he's cast against type

**contre-enquête** /kɔ̃tʀɑ̃kɛt/ **NF** counter-inquiry

**contre-épreuve** /kɔ̃tʀepʀœv/ **NF** *(Typo)* counter-proof; *(= vérification)* countercheck

**contre-espionnage** /kɔ̃tʀɛspjɔnaʒ/ **NM** counter-espionage

**contre-essai** /kɔ̃tʀesɛ/ **NM** control test, counter test

**contre-étude** /kɔ̃tʀetyd/ **NF** control study

**contre-exemple** /kɔ̃tʀegzɑ̃pl/ **NM** counterexample

**contre-expert** /kɔ̃tʀɛkspɛʀ/ **NM** *[de dommages]* second assessor; *[d'antiquité, bijou]* second valuer

**contre-expertise** /kɔ̃tʀɛkspɛʀtiz/ **NF** *[de dommages]* second assessment; *[d'antiquité, bijou]* second valuation

**contrefaçon** /kɔ̃tʀəfasɔ̃/ **NF** a *(NonC = falsification) [d'argent, signature]* counterfeiting, forgery, forging; *[de produits, édition]* counterfeiting; *[de disques compacts]* pirating ◆ **~ involontaire d'un brevet** innocent infringement of a patent ◆ **poursuivre qn en ~** to take legal action against sb for counterfeiting *ou* forgery b *(= faux) [d'édition]* unauthorized *ou* pirated edition; *[de produit]* imitation; *[de disque compact]* pirate copy; *[de billets, signature]* forgery, counterfeit ◆ **méfiez-vous des ~s** *(Comm)* beware of imitations

**contrefacteur** /kɔ̃tʀəfaktœʀ/ **NM** *(Jur)* forger, counterfeiter

**contrefaire** /kɔ̃tʀəfɛʀ/ ▸ conjug 60 ◂ **VT** a *(littér = imiter)* to imitate; *(† = parodier)* to mimic, to imitate b *(= déguiser) [+ voix, écriture]* to disguise c *(= falsifier) [+ argent, signature]* to counterfeit, to forge; *[+ produits, édition]* to counterfeit; *[+ brevet]* to infringe d *(† = feindre) [+ douleur, folie]* to feign e *(= déformer)* to distort

**contrefait, e** /kɔ̃tʀəfɛ, ɛt/ (ptp de **contrefaire**) **ADJ** *(= difforme)* misshapen, deformed

**contre-fenêtre** /kɔ̃tʀəfənɛtʀ/ **NF** inner window *(of a double window)*

**contre-fer** /kɔ̃tʀəfɛʀ/ **NM** iron cap

**contre-feu** (pl **contre-feux**) /kɔ̃tʀəfø/ **NM** *(= plaque)* fire-back; *(= feu)* backfire

**contreficher (se)** * /kɔ̃tʀəfiʃe/ ► conjug 1 ◄ VPR ◆ **je m'en contrefiche** I don't give a damn‡

**contrefil, contre-fil** /kɔ̃tʀəfil/ NM *(Menuiserie)* ◆ **à ~** against the grain

**contre-filet** /kɔ̃tʀəfilɛ/ NM *(= morceau)* sirloin; *(= tranche)* sirloin steak

**contrefort** /kɔ̃tʀəfɔʀ/ NM **a** *(Archit) [de voûte, terrasse]* buttress **b** *[de chaussure]* stiffener **c** *(Géog) [d'arête]* spur ◆ **~s** *[de chaîne]* foothills

**contrefoutre (se)** ‡ /kɔ̃tʀəfutʀ/ VPR ◆ **je m'en contrefous** I don't give a damn‡

**contre-fugue** /kɔ̃tʀəfyg/ NF counterfugue

**contre-gouvernement** /kɔ̃tʀəguvɛʀnəmɑ̃/ NM shadow government, shadow cabinet *(surtout Brit)*

**contre-haut** /kɔ̃tʀəo/ **en contre-haut** LOC ADV above

**contre-indication** /kɔ̃tʀɛ̃dikasjɔ̃/ NF *(Méd, Pharm)* contraindication

**contre-indiquer** /kɔ̃tʀɛ̃dike/ ► conjug 1 ◄ VT *(Méd)* to contraindicate ◆ **c'est contre-indiqué** *(gén)* it is not recommended

**contre-insurrection** /kɔ̃tʀɛ̃syʀɛksjɔ̃/ NF counterinsurgency

**contre-interrogatoire** /kɔ̃tʀɛ̃teʀɔgatwaʀ/ NM cross-examination ◆ **faire subir un ~ à qn** to cross-examine sb

**contre-jour** /kɔ̃tʀəʒuʀ/ NM *(= éclairage)* backlighting *(NonC)*, contre-jour *(NonC)*; *(= photographie)* backlit *ou* contre-jour shot

◆ **à contre-jour** *[se profiler, se détacher]* against the sunlight; *[photographier]* into the light; *[travailler, coudre]* with one's back to the light

**contremaître** /kɔ̃tʀəmɛtʀ/ NM foreman

**contremaîtresse** /kɔ̃tʀəmɛtʀɛs/ NF forewoman

**contre-manifestant, e** /kɔ̃tʀəmanifɛstɑ̃, ɑ̃t/ NM,F counter demonstrator

**contre-manifestation** /kɔ̃tʀəmanifɛstasjɔ̃/ NF counter demonstration

**contre-manifester** /kɔ̃tʀəmanifɛste/ ► conjug 1 ◄ VI to hold a counter demonstration

**contremarche** /kɔ̃tʀəmaʀʃ/ NF **a** *(Mil)* countermarch **b** *[de marche d'escalier]* riser

**contremarque** /kɔ̃tʀəmaʀk/ NF **a** *(Comm = marque)* countermark **b** *(Ciné, Théât = ticket)* ≈ voucher

**contre-mesure** /kɔ̃tʀəm(ə)zyʀ/ NF **a** *(= action)* countermeasure **b** *(Mus)* **à ~** against the beat, offbeat

**contre-offensive** /kɔ̃tʀɔfɑ̃siv/ NF counter-offensive

**contre-offre** /kɔ̃tʀɔfʀ/ NF counterbid, counter offer

**contre-OPA** /kɔ̃tʀɔpea/ NF INV counterbid, counter offer *(in a takeover battle)*

**contre-ordre, contrordre** /kɔ̃tʀɔʀdʀ/ NM counter order, countermand ◆ **ordres et ~s** orders and counter orders ◆ **il y a ~** there has been a change of orders ◆ **sauf ~** unless otherwise directed

**contrepartie** /kɔ̃tʀəpaʀti/ NF **a** *(gén = compensation)* compensation ◆ **moyennant ~ valable** *(Jur, Fin)* ≈ for a good and valuable consideration ◆ **obtenir de l'argent en ~** to get money in compensation ◆ **prendre qch sans ~** to take sth without offering compensation

◆ **en contrepartie** *(= en échange, en retour)* in return; *(= en revanche)* in compensation, to make up for it **b** *(littér = contre-pied)* opposing view **c** *(Comm) (= registre)* duplicate register; *(= écritures)* counterpart entries

**contrepente, contre-pente** /kɔ̃tʀəpɑ̃t/ NF opposite slope

**contre-performance** /kɔ̃tʀəpɛʀfɔʀmɑ̃s/ NF *(Sport, Écon)* poor performance ◆ **sa ~ aux élections** his poor performance *ou* showing in the elections

**contrepet** /kɔ̃tʀəpɛ/ NM, **contrepèterie** /kɔ̃tʀəpɛtʀi/ NF spoonerism

**contre-pied** /kɔ̃tʀəpje/ NM **a** *[d'opinion, attitude]* (exact) opposite ◆ **prendre le ~** *(d'une opinion)* to take the opposing *ou* opposite view; *(d'une action)* to take the opposite course ◆ **il a pris le ~ de ce qu'on lui demandait** he did the exact opposite of what he was asked **b** *(Chasse)* **prendre le ~** to (run) heel **c** *(loc)*

◆ **à contre-pied** *(Sport)* on the wrong foot ◆ **prendre qn à ~** *(lit)* to wrong-foot sb; *(fig)* to wrong-foot sb, to catch sb off-guard ◆ **les électeurs ont pris à ~ les instituts de sondage** the voters foiled the predictions of the pollsters

**contreplaqué** /kɔ̃tʀəplake/ NM plywood

**contre-plongée** /kɔ̃tʀəplɔ̃ʒe/ NF low-angle shot ◆ **filmer en ~** to film from below

**contrepoids** /kɔ̃tʀəpwɑ/ NM *(lit)* counterweight, counterbalance; *[d'acrobate]* balancing-pole ◆ **faire ~** *(lit, fig)* to act as a counterbalance ◆ **porter un panier à chaque main pour faire ~** to carry a basket in each hand to balance oneself ◆ **servir de ~ à, apporter un ~ à** to counterbalance

**contre-poil** /kɔ̃tʀəpwal/ **à contre-poil** LOC ADV *(lit, fig)* the wrong way

**contrepoint** /kɔ̃tʀəpwɛ̃/ NM *(Mus)* counterpoint ◆ **en ~** *(lit, fig)* in counterpoint ◆ **thème joué en ~** theme played in counterpoint, contrapuntal theme ◆ **en ~ de** as a counterpoint to

**contrepoison** /kɔ̃tʀəpwazɔ̃/ NM antidote, counterpoison

**contre-porte** /kɔ̃tʀəpɔʀt/ NF *[de voiture]* inner door ◆ **dans la ~ du réfrigérateur** in the inside of the fridge door

**contre-pouvoir** /kɔ̃tʀəpuvwaʀ/ NM opposition force ◆ **les syndicats doivent jouer leur rôle de ~** the unions should fulfil their role in challenging established authority

**contre-productif, -ive** /kɔ̃tʀəpʀɔdyktif, iv/ ADJ *[attitude, effet, mesure]* counter-productive

**contre-projet** /kɔ̃tʀəpʀɔʒɛ/ NM counterplan

**contre-propagande** /kɔ̃tʀəpʀɔpagɑ̃d/ NF counter-propaganda

**contre-proposition** /kɔ̃tʀəpʀɔpozisjɔ̃/ NF counterproposal

**contre-publicité** /kɔ̃tʀəpyblisite/ NF adverse publicity ◆ **ça leur fait de la ~** it's bad *ou* adverse publicity for them

**contrer** /kɔ̃tʀe/ ► conjug 1 ◄ VT **a** *[+ personne, menées]* to counter ◆ **se faire ~** to be countered (*par* by) **b** *(Cartes)* to double ◆ **~ un coup de pied** *(Rugby)* to charge down a kick VI *(Cartes)* to double

**contre-rail** (pl **contre-rails**) /kɔ̃tʀəʀɑj/ NM checkrail *(Brit)*, guard-rail

**Contre-Réforme** /kɔ̃tʀəʀefɔʀm/ NF *(Hist)* ◆ **la ~** the Counter-Reformation

**contre-révolution** /kɔ̃tʀəʀevɔlysjɔ̃/ NF counter-revolution

**contre-révolutionnaire** /kɔ̃tʀəʀevɔlysjɔnɛʀ/ ADJ, NMF counter-revolutionary

**contrescarpe** /kɔ̃tʀɛskaʀp/ NF counterscarp

**contreseing** /kɔ̃tʀəsɛ̃/ NM countersignature

**contresens** /kɔ̃tʀəsɑ̃s/ NM *(= erreur)* misinterpretation; *(de traduction)* mistranslation; *(= absurdité)* nonsense *(NonC)*, piece of nonsense ◆ **faire un ~** *(en traduction)* to mistranslate a word (*ou* a phrase); *(sur les intentions de qn)* to misinterpret sb totally

◆ **à contresens** *(sur la route)* the wrong way; *(Couture)* against the grain ◆ **à ~ de** against ◆ **il a pris mes paroles à ~** he misinterpreted what I said

**contresigner** /kɔ̃tʀəsiɲe/ ► conjug 1 ◄ VT to countersign

**contretemps** /kɔ̃tʀətɑ̃/ NM **a** *(= complication, retard)* hitch, contretemps *(fml)* *(aussi hum)* **b** *(Mus)* off-beat rhythm

◆ **à contretemps** *(Mus)* off the beat; *(fig)* at an inopportune moment

**contre-ténor** /kɔ̃tʀətenɔʀ/ NM countertenor

**contre-terrorisme** /kɔ̃tʀəteʀɔʀism/ NM counterterrorism

**contre-terroriste** /kɔ̃tʀəteʀɔʀist/ ADJ, NMF counterterrorist

**contre-torpilleur** /kɔ̃tʀətɔʀpijœʀ/ NM destroyer

**contre-ut** /kɔ̃tʀyt/ NM INV top *ou* high C

**contre-valeur** /kɔ̃tʀəvalœʀ/ NF *(Fin, Écon)* exchange value

**contrevenant, e** /kɔ̃tʀəv(ə)nɑ̃, ɑ̃t/ *(Jur)* ADJ offending NM,F offender

**contrevenir** /kɔ̃tʀəv(ə)niʀ/ ► conjug 22 ◄ **contrevenir à** VT INDIR *(Jur, littér) [+ loi, règlement]* to contravene

**contrevent** /kɔ̃tʀəvɑ̃/ NM **a** *(= volet)* shutter **b** *[de charpente]* brace, strut

**contrevérité** /kɔ̃tʀəveʀite/ NF untruth, falsehood

**contrevirage** /kɔ̃tʀəviʀaʒ/ NM *(Ski)* counterturn

**contre-visite** /kɔ̃tʀəvizit/ NF *(gén)* follow-up inspection; *(Méd)* second examination

**contre-voie** /kɔ̃tʀəvwa/ NF opposite track *(of a railway line)* ◆ **à ~** *(= en sens inverse)* on the wrong track; *(= du mauvais côté)* on the wrong side (of the train)

**contribuable** /kɔ̃tʀibɥabl/ NMF taxpayer ◆ **aux frais du ~** at the taxpayer's expense

**contribuer** /kɔ̃tʀibɥe/ ► conjug 1 ◄ **contribuer à** VT INDIR *[+ résultat, effet]* to contribute to(wards); *[+ effort, dépense]* to contribute towards ◆ **de nombreux facteurs ont contribué au déclin de .../à réduire le ...** numerous factors contributed to(wards) the decline in .../to(wards) the reduction in the ... *ou* to reducing the ...

**contributeur, -trice** /kɔ̃tʀibytœʀ, tʀis/ ADJ contributing ◆ **les pays ~s de** *ou* **en troupes** the countries contributing troops NM,F contributor ◆ **~s de** *ou* **en troupes/de fonds** contributors of troops/funds ◆ **~s de l'ONU** UN contributors

**contributif, -ive** /kɔ̃tʀibytif, iv/ ADJ *(Jur) [part]* contributory ◆ **logiciel ~** shareware

**contribution** /kɔ̃tʀibysjɔ̃/ NF **a** *(= participation)* contribution ◆ **apporter sa ~ à qch** to make one's contribution to sth ◆ **mettre qn à ~** to call upon sb's services, to make use of sb ◆ **mettre qch à ~** to make use of sth ◆ **tous les employés ont été mis à ~ pour terminer le projet** the entire staff were called on so the project would be finished on time **b** *(= impôts)* **~s** *(à la commune)* local taxes; *(à l'État)* taxes ◆ **~s directes/indirectes** direct/indirect taxation ◆ **~ sociale généralisée** *supplementary social security contribution in aid of the underprivileged* c *(= administration)* **~s** tax office, ≃ Inland Revenue *(Brit)*, Internal Revenue Service *(US)* ◆ **travailler aux ~s** to work in the tax office, to work for *ou* in the Inland Revenue *(Brit) ou* Internal Revenue *(US)*

**contrister** /kɔ̃tʀiste/ ► conjug 1 ◄ VT *(littér)* to grieve, to sadden

**contrit, e** /kɔ̃tʀi, it/ ADJ contrite

**contrition** /kɔ̃tʀisjɔ̃/ NF contrition; → **acte**

**contrôlable** /kɔ̃tʀolabl/ ADJ *[opération]* that can be checked; *[affirmation]* that can be checked *ou* verified, verifiable; *[sentiment, inflation]* controllable ◆ **un billet ~ à l'arrivée** a ticket that is inspected *ou* checked on arrival ◆ **le débat était difficilement ~** it was difficult to control the discussion

**contrôle** /kɔ̃tʀol/ NM a *(= vérification)* checking *(NonC)*, check ◆ **~ antidopage** dope test ◆ **~ des comptes** *(Fin)* audit ◆ **~ d'identité** identity check ◆ **~ de police** police check ◆ **~ de vitesse** speed check ◆ **~ fiscal** tax inspection ◆ **le ~ des passeports** passport control ◆ **~ des passeports !** passports please! ◆ **le ~ des billets s'effectue à bord** tickets are checked *ou* inspected on board ◆ **~ de qualité** *(Comm)* quality control ◆ **~ sanitaire** health check ◆ **~ automatique de gain** *(Élec)* automatic gain control ◆ **opérer** *ou* **faire des ~s** to do *ou* run checks (*ou* tests); → **visite**

b *(= surveillance) [d'opérations, agissements, gestion]* controlling, supervising, supervision; *[de prix, loyers]* monitoring, controlling ◆ **exercer un ~ sévère sur les agissements de qn** to maintain strict control over sb's actions ◆ **sous ~ judiciaire** *(Jur)* ≃ on probation ◆ **sous ~ médical** under medical supervision ◆ **~ des changes/des prix** *(Fin)* exchange/price control ◆ **~ des naissances** birth control ◆ **~ radar** *(Aut)* radar speed trap ◆ **~ technique** *(Aut)* MOT (test) *(Brit)*, inspection *(US)*

c *(= maîtrise)* control ◆ **~ de soi** self-control ◆ **garder/perdre le ~ de son véhicule** to remain in/lose control of one's vehicle ◆ **prendre le ~ d'une entreprise** to take control of *ou* take over a firm ◆ **prise de ~** *[d'entreprise]* takeover ◆ **sous ~ étranger** *[firme]* foreign-owned; *[territoire]* under foreign control ◆ **sous ~ militaire** under military control ◆ **avoir une région sous son ~** to be in control of a region, to have a region under one's control ◆ **ne t'inquiète pas, tout est sous ~** don't worry, everything's under control

d *(Scol = épreuve)* (written) test ◆ **le ~ continu** continuous assessment ◆ **le ~ des connaissances** pupil *ou* student assessment ◆ **avoir un ~ de chimie** to have a chemistry test

e *(= bureau) (gén)* office; *(Théât)* booking office *(surtout Brit)*, reservation office *(US)*

f *(Mil = registres)* **~s** rolls, lists ◆ **rayé des ~s de l'armée** removed from the army lists

g *(= poinçon)* hallmark

> ⚠ *Attention à ne pas traduire automatiquement* **contrôle** *par le mot anglais* **control**, *qui a le sens de 'surveillance'.*

**contrôler** /kɔ̃tʀole/ ► conjug 1 ◄ VT a *(= vérifier) [+ billets, passeports]* to inspect, to check; *[+ comptes]* to check, to inspect; *[+ texte, traduction]* to check (*sur* against); *[+ régularité de qch]* to check; *[+ qualité]* to control, to check; *[+ affirmations, alibi]* to check, to verify; *(Scol) [+ connaissances]* to test ◆ **~ le bon fonctionnement d'un appareil** to check that a machine is working properly ◆ **il a été contrôlé positif** *(contrôle antidopage)* he failed a dope test, he returned a positive dope test

b *(= surveiller) [+ opérations, agissements, gestion]* to control, to supervise; *[+ employés, travail]* to supervise; *[+ prix, loyers]* to monitor, to control

c *(= maîtriser) [+ colère, réactions, nerfs, respiration]* to control; *[+ véhicule]* to control, to be in control of; *[+ situation]* to be in control of; *(Mil) [+ zone, pays]* to be in control of; *(Écon) [+ secteur, firme]* to control; *(Aut, Sport) [+ ballon, skis, jeu]* to control ◆ **les rebelles contrôlent l'aéroport** the rebels have taken control of the airport ◆ **nous contrôlons cette société à 80%** we have an 80% (controlling) stake in this company

d *(Orfèvrerie)* to hallmark

VPR **se contrôler** to control o.s. ◆ **il ne se contrôlait plus** he was no longer in control of himself

> ⚠ *Attention à ne pas traduire automatiquement* **contrôler** *par* **to control**, *notamment au sens de 'vérifier'.*

**contrôleur, -euse** /kɔ̃tʀolœʀ, øz/ NM,F a *(dans le train, le métro, le bus)* (ticket) inspector; *(sur le quai)* ticket collector ◆ **~ aérien, ~ de la navigation aérienne** air-traffic controller b *(Fin) [de comptabilité]* auditor; *[de contributions]* inspector ◆ **~ de gestion** financial controller, management *ou* cost accountant c *(Tech)* regulator; *(Ordin)* controller ◆ **~ de ronde** time-clock NM *(Ordin)* controller

**contrordre** /kɔ̃tʀɔʀdʀ/ NM ⇒ **contre-ordre**

**controuvé, e** /kɔ̃tʀuve/ ADJ *(littér) [fait, nouvelle]* fabricated; *[histoire, anecdote]* fabricated, concocted

**controverse** /kɔ̃tʀɔvɛʀs/ NF controversy ◆ **prêter à ~** to be debatable

**controversé, e** /kɔ̃tʀɔvɛʀse/ ADJ ◆ **(très) ~** *[théorie, question]* much debated; *[personne, article, film]* controversial

**contumace** /kɔ̃tymas/ ADJ absconding NF *(Jur)* contumacy, failure to appear in court ◆ **par ~** in absentia, in his (*ou* her *etc*) absence ◆ **il a été condamné à mort par ~** he was sentenced to death in absentia NMF absconder

**contumax** /kɔ̃tymaks/ NMF *person who fails to appear in court*

**contus, e** /kɔ̃ty, yz/ ADJ *(Méd) [membre]* bruised, contused

**contusion** /kɔ̃tyzjɔ̃/ NF bruise, contusion *(SPÉC)*

**contusionner** /kɔ̃tyzjɔne/ ► conjug 1 ◄ VT to bruise, to contuse *(SPÉC)* ◆ **son corps était tout contusionné** his body was covered in bruises

**conurbation** /kɔnyʀbasjɔ̃/ NF conurbation

**convaincant, e** /kɔ̃vɛ̃kɑ̃, ɑ̃t/ GRAMMAIRE ACTIVE 53.4 ADJ convincing

**convaincre** /kɔ̃vɛ̃kʀ/ ► conjug 42 ◄ VT a *[+ personne sceptique]* to convince (*de qch* of sth); *[+ personne hésitante]* to persuade (*de faire qch* to do sth); ◆ **je ne suis pas convaincu par son explication** I'm not convinced by his explanation ◆ **il m'a convaincu de renoncer à cette idée** he persuaded *ou* convinced me to give up the idea, he talked me into giving up the idea ◆ **se laisser ~** to let o.s. be persuaded ◆ **je ne demande qu'à me laisser ~** I'm open to persuasion b *(= déclarer coupable)* **~ qn de meurtre/trahison** to prove sb guilty of *ou* convict sb of murder/treason

**convaincu, e** /kɔ̃vɛ̃ky/ GRAMMAIRE ACTIVE 33.2, 43.1, 53.6 (ptp de **convaincre**) ADJ convinced ◆ **d'un ton ~** with conviction ◆ **c'est un européen ~** he's strongly pro-European

**convalescence** /kɔ̃valesɑ̃s/ NF convalescence ◆ **période de ~** (period of) convalescence ◆ **maison de ~** convalescent home

♦ **en convalescence** ◆ **être en ~** to be convalescing ◆ **entrer en ~** to start one's convalescence ◆ **une économie en ~** a recovering economy ◆ **le pays est en ~** the country is still recovering *ou* getting back on its feet

**convalescent, e** /kɔ̃valesɑ̃, ɑ̃t/ ADJ, NM,F convalescent

**convecteur** /kɔ̃vɛktœʀ/ NM convector (heater)

**convection** /kɔ̃vɛksjɔ̃/ NF convection

**convenable** /kɔ̃vnabl/ ADJ a *(= approprié) [parti]* fitting, suitable; *[moment, endroit]* fitting, suitable, appropriate b *(= décent) [manières]* acceptable, correct; *[vêtements]* decent, respectable; *[personne, famille]* respectable ◆ **peu ~** *[manières]* improper, unseemly; *[vêtements]* unsuitable ◆ **ne montre pas du doigt, ce n'est pas ~** don't point – it's not polite, it's bad manners to point c *(= acceptable) [devoir]* adequate, passable; *[salaire, logement]* decent, acceptable, adequate ◆ **des conditions de vie à peine ~s** barely adequate living conditions

**convenablement** /kɔ̃vnabləmɑ̃/ ADV *[placé, choisi]* suitably, appropriately; *[s'exprimer]* properly; *[payé, logé]* decently ◆ **je vous demande de travailler ~** I'm asking you to do your work properly ◆ **s'habiller ~** *(décemment)* to dress respectably *ou* properly; *(en fonction du temps)* to dress appropriately

**convenance** /kɔ̃vnɑ̃s/ NF a *(frm = ce qui convient)* **trouver qch à sa ~** to find sth to one's liking, to find sth suitable ◆ **la chambre est-elle à votre ~ ?** is the room to your liking? ◆ **le service est-il à votre ~ ?** is the service to your satisfaction? ◆ **choisissez un jour à votre ~** choose a day to suit you *ou* to suit your convenience ◆ **pour des raisons de ~(s) personnelle(s), pour ~s personnelles** for personal reasons; → **mariage** b *(= étiquette)* **les ~s** propriety, the proprieties ◆ **contraire aux ~s** contrary to the proprieties c *(littér = harmonie) [de goûts, caractères]* affinity; († *= caractère adéquat) [de terme, équipement]* appropriateness, suitability

**convenir** /kɔ̃vniʀ/ GRAMMAIRE ACTIVE 36.1 ► conjug 22 ◄

VT INDIR **convenir à** *(= être approprié à)* to suit, to be suitable for; *(= être utile à)* to suit, to be convenient for; *(= être agréable à)* to be agreeable to, to suit ◆ **ce chapeau ne convient pas à la circonstance** this hat is not suitable for the occasion *ou* does not suit the occasion ◆ **le climat ne lui convient pas** the climate doesn't suit him *ou* doesn't agree with him ◆ **oui, cette chambre me convient très bien** yes, this room suits me very well ◆ **cette maison convient à une personne seule** this house is suitable for a person living on their own ◆ **j'irai si cela me convient** I'll go if it is convenient (for me); *(ton péremptoire)* I'll go if it suits me ◆ **si l'heure/la date vous convient** if the time/date is convenient for you *ou* suits you ◆ **c'est tout à fait ce qui me convient** this is exactly what I need *ou* want ◆ **j'espère que cela vous conviendra** I hope you will find this acceptable, I hope this will be acceptable to you

VT INDIR **convenir de** a *(= avouer)* to admit (to), to acknowledge ◆ **tu as eu tort, conviens-en** you were wrong, admit it

b *(= s'accorder sur)* to agree on ◆ **~ d'une date/d'un lieu** to agree on a date/place ◆ **une date a été convenue** a date has been agreed ◆ **nous en avons convenu ensemble** we agreed on it together

**VT convenir que** *(= avouer)* to admit that, to acknowledge the fact that; *(= s'accorder sur)* to agree that ◆ **il est convenu que nous nous réunissons demain** it is agreed that we should meet tomorrow

**VB IMPERS** ◆ **il convient de faire** *(= il vaut mieux)* it is advisable to do; *(= il est bienséant de)* it would be proper to do ◆ **il convient d'être prudent** caution is advised, it is advisable to be cautious ◆ **il convient qu'elle remercie ses hôtes de leur hospitalité** it is proper *ou* right for her to thank her host and hostess for their hospitality ◆ **il convient de faire remarquer ...** *(frm)* we should point out ...

**VPR se convenir** *[personnes]* to be well-suited (to each other)

**convent** /kɔ̃vɑ̃/ **NM** *general assembly of Freemasons*

**convention** /kɔ̃vɑ̃sjɔ̃/ **NF** **a** *(= pacte) (gén)* agreement, covenant *(frm)*; *(Pol)* convention ◆ ~ **collective** *(Ind)* collective agreement ◆ **cela n'entre pas dans nos ~s** that doesn't enter into our agreement **b** *(= accord tacite) (gén)* understanding; *(Art, Littérat)* convention ◆ **les ~s (sociales)** convention, social conventions ◆ **décor/personnage/langage de ~** *(Littérat, Théât)* conventional set/character/language ◆ **mots/amabilité de ~** conventional words/kindness **c** *(= assemblée) (Pol US)* convention ◆ **la Convention** *(Hist)* the Convention

**conventionné, e** /kɔ̃vɑ̃sjɔne/ **ADJ** *[établissement, médecin] linked to the state health scheme,* ≃ National Health *(Brit) (épith)*; *[prix]* government-regulated; *[prêt]* subsidized, low-interest *(épith)*

**conventionnel, -elle** /kɔ̃vɑ̃sjɔnɛl/ **ADJ** *(gén)* conventional; *(Jur) [acte, clause]* contractual **NM** *(Hist)* ◆ **les ~s** the members of the Convention

**conventionnellement** /kɔ̃vɑ̃sjɔnɛlmɑ̃/ **ADV** conventionally

**conventionnement** /kɔ̃vɑ̃sjɔnmɑ̃/ **NM** *state health service contract,* ≃ National Health *(Brit)* contract

**conventionner (se)** /kɔ̃vɑ̃sjɔne/ ▸ conjug 1 ◂ **VPR** *[médecin] to register as a practitioner within the state health scheme*

**conventuel, -elle** /kɔ̃vɑ̃tɥɛl/ **ADJ** *[vie, règle, monde, bâtiment] [de moines]* monastic; *[de nonnes]* convent *(épith)*, conventual; *[simplicité, paix]* monastic

**convenu, e** /kɔ̃vny/ (ptp de **convenir**) **ADJ** **a** *(= décidé) [heure, prix, mot]* agreed ◆ **comme ~** as agreed ◆ **il a été ~ de se réunir toutes les semaines** it was agreed that we should meet every week ◆ **ce qu'il est ~ d'appeler la politesse** what people call politeness **b** *(péj = conventionnel)* conventional

**convergence** /kɔ̃vɛʀʒɑ̃s/ **NF** convergence ◆ **point de ~** *(Sci, Math)* point of convergence; *(Pol)* point of agreement ◆ **nous avons des points de ~** there are points on which we agree ◆ **le point de ~ entre les deux théories** the meeting point between the two theories ◆ **objectif/programme de ~** convergence target/programme; → **critère**

**convergent, e** /kɔ̃vɛʀʒɑ̃, ɑ̃t/ **ADJ** convergent

**converger** /kɔ̃vɛʀʒe/ ▸ conjug 3 ◂ **VI** *[lignes, rayons, routes]* to converge ◆ ~ **sur** *[regards]* to focus on ◆ **nos pensées convergent sur le sujet** we think along the same lines on the subject

**convers, e** /kɔ̃vɛʀ, ɛʀs/ **ADJ** *(Rel)* lay *(épith)*

**conversation** /kɔ̃vɛʀsasjɔ̃/ **NF** **a** *(= entretien) (gén)* conversation; *(politique, diplomatique)* talk ◆ **la ~** conversation ◆ ~ **téléphonique** (tele)phone conversation ◆ **en (grande) ~ avec** (deep) in conversation with ◆ **faire la ~ à** to make conversation with; → **frais²** **b** *(= art de parler)* conversation ◆ **avoir de la ~** to be a good conversationalist ◆ **il n'a pas de ~** he's got no conversation ◆ **elle a de la ~** † she's well-stacked *, she has big breasts **c** *(= langage familier)* **dans la ~ courante** in informal *ou* conversational *ou* everyday speech ◆ **employer le style de la ~** to use a conversational style

**conversationnel, -elle** /kɔ̃vɛʀsasjɔnɛl/ **ADJ** *(Ordin)* conversational

**converser** /kɔ̃vɛʀse/ ▸ conjug 1 ◂ **VI** to converse (*avec* with)

**conversion** /kɔ̃vɛʀsjɔ̃/ **NF** **a** *(à une religion)* conversion (*à* to; *en* into); *(à une théorie)* winning over (*à* to) conversion (*à* to) **b** *(Écon = reconversion) (professionnelle)* retraining; *(industrielle)* conversion ◆ **convention de ~** retraining scheme **c** *[de chiffres, mesures, devises]* conversion ◆ **taux de ~** conversion rate ◆ ~ **de dollars en euros** conversion of dollars into euros ◆ **faire une ~ de fractions en ...** to convert fractions into ... **d** *(= demi-tour) (Mil)* wheel; *(Ski)* kick turn **e** *(Ordin)* conversion **f** *(Psych)* conversion

**converti, e** /kɔ̃vɛʀti/ (ptp de **convertir**) **ADJ** converted **NM,F** convert; → **prêcher**

**convertibilité** /kɔ̃vɛʀtibilite/ **NF** *(Fin)* convertibility

**convertible** /kɔ̃vɛʀtibl/ **ADJ** convertible (*en* into) **NM** *(= avion)* convertiplane; *(= canapé)* sofa bed, bed-settee *(Brit)*

**convertir** /kɔ̃vɛʀtiʀ/ ▸ conjug 2 ◂ **VT** **a** *(= rallier) (à une religion)* to convert (*à* to); *(à une théorie)* to win over, to convert (*à* to) **b** *(= transformer)* to convert (*en* into); ◆ ~ **une terre en blés** to turn a field over to wheat **VPR se convertir** *(= devenir croyant, changer de religion)* to be converted; *(à une théorie)* to be converted (*à* to); ◆ **il s'est converti à l'islam** he converted to Islam

**convertissage** /kɔ̃vɛʀtisaʒ/ **NM** *(Métal)* conversion

**convertissement** /kɔ̃vɛʀtismɑ̃/ **NM** *(Fin)* conversion

**convertisseur** /kɔ̃vɛʀtisœʀ/ **NM** *(Élec, Métal)* converter ◆ ~ **Bessemer** Bessemer converter ◆ ~ **d'images** image converter ◆ ~ **de couple** *(Aut)* torque converter ◆ ~ **numérique** *(Ordin)* digitizer ◆ ~ **numérique analogique** digital-analogue converter ◆ ~ **francs-euros** franc-euro currency converter

**convexe** /kɔ̃vɛks/ **ADJ** convex

**convexion** /kɔ̃vɛksjɔ̃/ **NF** ⇒ **convection**

**convexité** /kɔ̃vɛksite/ **NF** convexity

**conviction** /kɔ̃viksjɔ̃/ **NF** **a** *(= certitude)* conviction, (firm) belief ◆ **j'en ai la ~** I'm convinced of it ◆ **parler avec ~** to speak with conviction **b** *(= sérieux, enthousiasme)* conviction ◆ **faire qch avec/sans ~** to do sth with/without conviction ◆ **manquer de ~** to lack conviction **c** *(= opinions)* **~s** beliefs, convictions **d** → **pièce**

**convier** /kɔ̃vje/ GRAMMAIRE ACTIVE 52.1 ▸ conjug 7 ◂ **VT** *(frm)* ◆ ~ **à** *[+ soirée, concert]* to invite to ◆ ~ **qn à faire qch** *(pousser)* to urge sb to do sth; *(inviter)* to invite sb to do sth ◆ **la chaleur conviait à la baignade** the hot weather made it very tempting to swim

**convive** /kɔ̃viv/ **NMF** guest *(at a meal)*

**convivial, e** (mpl **-iaux**) /kɔ̃vivjal, jo/ **ADJ** *(gén) [ambiance, lieu]* friendly, convivial; *(Ordin)* user-friendly

**convivialité** /kɔ̃vivjalite/ **NF** *(= rapports)* social interaction; *(= jovialité)* friendliness, conviviality; *(Ordin)* user-friendliness

**convoc** * /kɔ̃vɔk/ **NF** abrév de **convocation**

**convocation** /kɔ̃vɔkasjɔ̃/ **NF** **a** *(NonC) [d'assemblée]* convening, convoking; *[de membre de club]* inviting; *[de témoin, prévenu, subordonné]* summoning ◆ **la ~ des membres doit se faire longtemps à l'avance** members must be invited a long time in advance ◆ **cette ~ chez le directeur l'intriguait** he was intrigued to know why the chairman had asked to see him ◆ **la ~ des membres/candidats doit se faire par écrit** members/candidates must be given written notification to attend **b** *(= lettre, carte)* (written) notification to attend; *(Jur)* summons ◆ **je n'ai pas encore reçu ma ~** I haven't had notification yet

**convoi** /kɔ̃vwa/ **NM** **a** *(= cortège funèbre)* funeral procession **b** *(= train)* train ◆ ~ **de marchandises** goods train **c** *[de véhicules, navires, prisonniers]* convoy **d** *(Aut)* ~ **exceptionnel** ≃ wide (*ou* long *ou* dangerous) load

**convoiement** /kɔ̃vwamɑ̃/ **NM** *(= escorte)* escorting; *(Mil, Naut)* escorting, convoying; *(= transport)* conveying

**convoiter** /kɔ̃vwate/ ▸ conjug 1 ◂ **VT** *[+ héritage, objet, poste]* to covet; *[+ personne]* to lust after ◆ **poste très convoité** highly-coveted job

**convoitise** /kɔ̃vwatiz/ **NF** *(= désir) (gén)* covetousness; *(pour une personne)* lust, desire ◆ **la ~ des richesses** the lust for wealth ◆ **la ~ de la chair** the lusts of the flesh ◆ **l'objet de sa ~** the object of his desire ◆ **regarder avec ~** *[+ objet]* to cast covetous looks at; *[+ personne]* to look *ou* gaze lustfully at ◆ **regard brillant de ~** covetous (*ou* lustful) look ◆ **l'objet des ~s de tous** the object of everyone's desire

**convoler** /kɔ̃vɔle/ ▸ conjug 1 ◂ **VI** († *ou hum*) ◆ ~ **(en justes noces)** to be wed † *(aussi hum)*

**convoquer** /kɔ̃vɔke/ ▸ conjug 1 ◂ **VT** *[+ assemblée]* to convene, to convoke; *(= convier)* to invite (*à* to); *[+ témoin, prévenu, subordonné]* to summon ◆ ~ **qn (pour une entrevue)** to call *ou* invite sb for an interview ◆ ~ **un candidat (à un examen)** to send a candidate written notification (of an exam) ◆ **il va falloir ~ les membres** we're going to have to call a meeting of the members *ou* call the members together ◆ **as-tu été convoqué à la réunion ?** have you been invited to (attend) the meeting? ◆ **le président a convoqué la presse pour annoncer ...** the president called a press conference to announce ... ◆ **j'ai été convoqué à dix heures (pour mon oral)** I've been asked to attend at ten o'clock (for my oral) ◆ **le chef m'a convoqué** the boss sent for me *ou* asked to see me ◆ **le chef m'a convoqué dans son bureau** the boss called *ou* summoned me to his office ◆ **le juge m'a convoqué** I was summoned to appear before the judge, I was called before the judge

**convoyage** /kɔ̃vwajaʒ/ **NM** ⇒ **convoiement**

**convoyer** /kɔ̃vwaje/ ▸ conjug 8 ◂ **VT** *(= escorter)* to escort; *(Mil, Naut)* to escort, to convoy; *(= transporter)* to convey

**convoyeur** /kɔ̃vwajœʀ/ **NM** *(= navire)* convoy, escort ship; *(= personne)* escort; *(Tech)* conveyor ◆ ~ **de fonds** security guard, Securicor ® guard *(Brit)*

**convulser** /kɔ̃vylse/ ▸ conjug 1 ◂ **VT** *[+ visage]* to convulse, to distort; *[+ corps]* to convulse ◆ **la douleur lui convulsa le visage** his face was distorted *ou* convulsed with pain ◆ **son visage se convulsait** his face was distorted

**convulsif, -ive** /kɔ̃vylsif, iv/ **ADJ** convulsive

**convulsion** /kɔ̃vylsjɔ̃/ NF *(gén, Méd, fig)* convulsion ◆ **le pays est en proie à des ~s politiques** the country is in political turmoil

**convulsionnaire** /kɔ̃vylsjɔnɛʀ/ NMF convulsionary

**convulsionner** /kɔ̃vylsjɔne/ ▸ conjug 1 ◂ VT to convulse ◆ **visage convulsionné** distorted *ou* convulsed face

**convulsivement** /kɔ̃vylsivmɑ̃/ ADV convulsively

**cooblige, e** /kɔɔbliʒe/ NM,F *(Jur)* joint obligor

**cooccurrence** /kɔɔkyʀɑ̃s/ NF *(Ling)* co-occurrence

**cookie** /kuki/ NM *(Internet, Culin)* cookie

**cool** * /kul/ ADJ *(f inv)* cool *

**coolie** /kuli/ NM coolie

**coopé** /kɔpe/ NF a abrév de **coopération** b (abrév de **coopérative**) co-op

**coopérant, e** /kɔɔpeʀɑ̃, ɑ̃t/ ADJ cooperative NM ≃ VSO volunteer, Peace Corps volunteer *(US)*

**coopérateur, -trice** /k(ɔ)ɔpeʀatœʀ, tʀis/ ADJ cooperative NM,F a *(= associé)* collaborator, cooperator b *(= membre d'une coopérative)* member of a cooperative, cooperator

**coopératif, -ive** /k(ɔ)ɔpeʀatif, iv/ ADJ cooperative NF **coopérative** *(= organisme)* cooperative; *(= magasin)* co-op ◆ **coopérative scolaire** school fund

**coopération** /kɔɔpeʀasjɔ̃/ NF a *(gén = collaboration)* cooperation ◆ **apporter sa ~ à une entreprise** to cooperate *ou* collaborate in an undertaking b *(Pol)* ≃ Voluntary Service Overseas *(Brit)*, VSO *(Brit)*, Peace Corps *(US) (usually as form of military service)* ◆ **il a été envoyé en Afrique comme professeur au titre de la ~** ≃ he was sent to Africa as a VSO teacher *(Brit)*, he was sent to Africa by the Peace Corps to be a teacher *(US)*

> **Coopération**
>
> The French government, through the ministère de la **Coopération**, provides aid to developing countries by setting up and supporting educational and training schemes abroad. → SERVICE MILITAIRE

**coopératisme** /k(ɔ)ɔpeʀatism/ NM *(Écon)* cooperation

**coopérer** /kɔɔpeʀe/ ▸ conjug 6 ◂ VI to cooperate VT INDIR **coopérer à** to cooperate in

**cooptation** /kɔɔptasjɔ̃/ NF coopting, cooptation

**coopter** /kɔɔpte/ ▸ conjug 1 ◂ VT to coopt

**coordinateur, -trice** /kɔɔʀdinatœʀ, tʀis/ NM, F ⇒ **coordonnateur**

**coordination** /kɔɔʀdinasjɔ̃/ NF *(gén, Ling)* coordination ◆ **~ ouvrière/étudiante** workers'/students' committee; → **conjonction**

**coordonnant** /kɔɔʀdɔnɑ̃/ NM *(Ling)* coordinating conjunction

**coordonnateur, -trice** /kɔɔʀdɔnatœʀ, tʀis/ ADJ coordinating NM,F coordinator

**coordonné, e** /kɔɔʀdɔne/ (ptp de **coordonner**) ADJ coordinated ◆ **(proposition) ~e** *(Ling)* coordinate clause ◆ **papiers peints ~s** matching wallpapers ◆ **vêtements ~s** coordinating separates NMPL **coordonnés** *(Habillement)* coordinates NFPL **coordonnées** *(Math)* coordinates ◆ **donnez-moi vos ~es** can I have your name and address please?

**coordonner** /kɔɔʀdɔne/ ▸ conjug 1 ◂ VT to coordinate

**copain** * /kɔpɛ̃/ NM *(= ami)* friend, mate * *(surtout Brit)*, buddy * *(surtout US)* ◆ **son ~** *(= amoureux)* her boyfriend ◆ **de bons ~s** good friends, great pals * ◆ **~ de régiment** army pal * *ou* buddy * ◆ **il est très ~ avec le patron** he's really in with the boss *, he's very pally * *(Brit)* with the boss ◆ **avec eux, c'est** *ou* **on est ~ ~** we're very chummy * *ou* dead pally ⁑ *(Brit)* with them ◆ **ils ont fait ~-copine** they really hit it off * ◆ **ils sont ~s comme cochons** they are great buddies *, they're as thick as thieves ◆ **les meilleurs postes sont toujours pour les petits ~s** *(péj)* they always give the best jobs to their cronies *, it's always jobs for the boys *

**coparentalité** /kopaʀɑ̃talite/ NF co-parenting

**coparticipant, e** /kopaʀtisipɑ̃, ɑ̃t/ *(Jur)* ADJ in copartnership *ou* joint account NM,F copartner

**coparticipation** /kopaʀtisipasjɔ̃/ NF *(Jur)* copartnership ◆ **~ aux bénéfices** profit-sharing

**copeau** (pl **copeaux**) /kɔpo/ NM *[de bois]* shaving; *[de métal]* turning ◆ **brûler des ~x** to burn wood shavings

**Copenhague** /kɔpənag/ N Copenhagen

**Copernic** /kɔpɛʀnik/ NM Copernicus

**copernicien, -ienne** /kɔpɛʀnisjɛ̃, jɛn/ ADJ, NM,F Copernican ◆ **révolution ~ne** Copernican revolution

**copiage** /kɔpjaʒ/ NM *(gén)* copying; *(Scol)* copying, cribbing

**copie** /kɔpi/ NF a *(= reproduction, exemplaire) [de diplôme, film]* copy; *[de tableau]* copy, reproduction; *[de sculpture, bijou]* copy, reproduction, replica ◆ **~ certifiée conforme** *(Admin)* certified copy ◆ **pour ~ conforme** *(Admin)* certified accurate ◆ **~ étalon** *(Ciné, TV)* master print ◆ **~ d'exploitation** *(Ciné)* release print ◆ **~ neuve** *(Ciné)* new copy ◆ **~ papier** *(Ordin)* hard copy ◆ **prendre ~ de qch** to make a copy of sth ◆ **je vous ai mis en ~** I've copied it to you

b *(= action de copier)* copying

c *(= reproduction frauduleuse)* copy, imitation ◆ **pâle ~** pale imitation

d *(Scol) (= feuille de papier)* sheet (of paper), paper; *(= devoir)* exercise; *(= composition, examen)* paper, script ◆ **~ simple/double** single/double sheet (of paper) ◆ **~ d'examen** examination script ◆ **rendre** *ou* **remettre ~ blanche** to hand in a blank sheet of paper ◆ **rendre** *ou* **remettre sa ~** *(lit)* to hand in one's paper; *(fig)* to turn in one's report ◆ **revoir sa ~** *(fig)* to go back to the drawing board; → **mal²**

e *(Typo)* copy

f *(Presse)* copy; → **pisseur**

**copier** /kɔpje/ ▸ conjug 7 ◂ VT a *(= reproduire légalement) [+ écrit, texte, acte]* to copy, to make a copy of; *(Ordin)* to copy; *[+ tableau, sculpture]* to copy, to reproduce ◆ **~ qch au propre** to make a fair copy of sth, to copy sth out neatly ◆ **~ une leçon trois fois** to copy out a lesson three times ◆ **vous me la copierez !** * I won't forget that in a hurry! * b *(= reproduire frauduleusement) [+ tableau, sculpture, bijou, logiciel]* to copy, to make a copy of; *(Scol = tricher)* to copy, to crib ◆ **~ le voisin** to copy *ou* crib from one's neighbour c *(= imiter) [+ style, démarche, auteur]* to copy VI *(Scol = tricher)* to copy, to crib *(sur* from)

**copieur, -ieuse** /kɔpjœʀ, jøz/ NM,F *(Scol)* copier, cribber NM *(= machine)* copier

**copieusement** /kɔpjøzmɑ̃/ ADV *[manger, boire]* copiously, heartily; *[illustré, annoté]* copiously ◆ **repas ~ arrosé** meal generously washed down with wine ◆ **on s'est fait ~ arroser/engueuler** ⁑ we got well and truly soaked/told off * ◆ **il s'est fait ~ siffler après son discours** the crowd booed and whistled loudly when he finished his speech

**copieux, -ieuse** /kɔpjø, jøz/ ADJ *[repas]* copious, hearty; *[portion]* generous; *[notes, exemples]* copious

**copilote** /kopilɔt/ NMF *(Aviat)* co-pilot; *(Aut)* navigator

**copin** * /kɔpɛ̃/ NM ⇒ **copain**

**copinage** * /kɔpinaʒ/ NM *(péj)* pally * *(Brit) ou* buddy-buddy * *(surtout US)* relationship ◆ **obtenir qch par ~** to get sth through friendly contacts

**copine** * /kɔpin/ NF *(= amie)* friend; *(= amoureuse)* girlfriend ◆ **une ~ de ma mère** one of my mother's friends *ou* girlfriends ◆ **~ de classe** school friend *ou* mate ◆ **elles sont très ~s** they're great friends ◆ **elle est très ~ avec le voisin** she's very friendly *ou* pally * *(Brit)* with the next-door neighbour

**copiner** * /kɔpine/ ▸ conjug 1 ◂ VI to be pally ⁑ *(Brit) ou* great buddies * *(surtout US)* *(avec* with)

**copiste** /kɔpist/ NMF *(Hist, Littérat)* copyist, transcriber

**coposséder** /kopɔsede/ ▸ conjug 6 ◂ VT to own jointly

**copossession** /kopɔsesjɔ̃/ NF co-ownership, joint ownership

**copra(h)** /kɔpʀa/ NM copra

**coprésidence** /kopʀezidɑ̃s/ NF co-presidency, co-chairmanship

**coprésident** /kopʀezidɑ̃/ NM co-president, co-chairman

**coprésidente** /kopʀezidɑ̃t/ NF co-president, co-chairwoman

**coprin** /kɔpʀɛ̃/ NM ink cap, coprinus *(SPÉC)*

**coproducteur, -trice** /kopʀɔdyktœʀ, tʀis/ NM,F co-producer

**coproduction** /kopʀɔdyksjɔ̃/ NF *(Ciné, TV)* coproduction, joint production ◆ **une ~ franco-italienne** a French-Italian coproduction, a joint French-Italian production

**coproduire** /kopʀɔdɥiʀ/ ▸ conjug 38 ◂ VT to coproduce

**coprophage** /kɔpʀɔfaʒ/ ADJ coprophagous

**copropriétaire** /kopʀɔpʀijetɛʀ/ NMF co-owner, joint owner

**copropriété** /kopʀɔpʀijete/ NF *(= statut)* co-ownership, joint ownership; *(= propriétaires)* co-owners ◆ **immeuble en ~** block of flats *(Brit) ou* apartment building *(US)* in co-ownership, condominium *(US)*

**copte** /kɔpt/ ADJ Coptic NM *(Ling)* Coptic NMF **Copte** Copt

**copulation** /kɔpylasjɔ̃/ NF copulation

**copule** /kɔpyl/ NF *(Ling)* copulative verb, copula

**copuler** /kɔpyle/ ▸ conjug 1 ◂ VI to copulate

**copyright** /kɔpiʀajt/ NM copyright

**coq¹** /kɔk/ NM *[de basse-cour]* cock, rooster; *(= girouette)* weather cock *ou* vane ◆ **~ faisan/de perdrix** *(= oiseau mâle)* cock pheasant/partridge ◆ **jeune ~** cockerel ◆ **~, poids ~** *(Boxe)* bantam-weight ◆ **être comme un ~ en pâte** to be in clover, to live the life of Riley ◆ **jambes** *ou* **mollets de ~** wiry legs ◆ **sauter** *ou* **passer du ~ à l'âne** to jump from one subject to another; → **chant¹, rouge**

COMP ▷ **coq de bruyère** *(grand)* capercaillie; *(petit)* black grouse ▷ **coq de combat** fighting cock ▷ **le coq gaulois** the French cockerel *(emblem of the French fighting spirit)* ▷ **coq nain** bantam cock ▷ **coq de roche** cock-of-the-rock ▷ **coq au vin** coq au vin

**coq²** /kɔk/ NM *(Naut)* (ship's) cook

**coq-à-l'âne** /kɔkalɑn/ NM INV abrupt change of subject ◆ **faire un** ~ to jump from one subject to another

**coquard**‡, **coquart**‡ /kɔkaʀ/ NM black eye, shiner‡

**coque** /kɔk/ NF a *[de bateau]* hull; *[d'avion]* fuselage; *[d'auto]* shell, body b *[de noix, amande]* shell; † *[d'œuf]* shell ◆ **œuf (à la)** ~ *(Culin)* (soft-)boiled egg ◆ ~ **de noix** *(Naut)* cockleshell c *(= mollusque)* cockle

**coquelet** /kɔklɛ/ NM *(Culin)* cockerel

**coquelicot** /kɔkliko/ NM poppy; → **rouge**

**coqueluche** /kɔklyʃ/ NF a *(Méd)* whooping cough b *(fig)* **être la** ~ **de** to be the idol *ou* darling of

**coquemar** /kɔkmaʀ/ NM cauldron, big kettle

**coqueret** /kɔkʀɛ/ NM Chinese lantern, winter *ou* ground cherry

**coquerico** /kɔk(ə)ʀiko/ NM, EXCL ⇒ **cocorico**

**coquerie** /kɔkʀi/ NF *(Naut) (à bord)* (ship's) galley, caboose *(Brit)*; *(à terre)* cookhouse

**coquet, -ette** /kɔkɛ, ɛt/ ADJ a *(= bien habillé)* smart, well turned-out; *(= soucieux de son apparence)* appearance-conscious, clothes-conscious ◆ **il est trop** ~ he takes too much interest in his appearance, he is too clothes-conscious ◆ **il n'est pas** ~ he doesn't take much interest in his appearance b († = *flirteur)* flirtatious c *[ville]* pretty, charming; *[logement]* charming; *[robe]* smart, stylish d *(* : intensif) [somme d'argent, revenu]* tidy * *(épith)* NF **coquette** ◆ **c'est une coquette** she's a coquette *ou* a flirt, she's very coquettish *ou* flirtatious ◆ **faire sa coquette** to play hard to get * ◆ **jouer les grandes coquettes** *(fig)* to flirt a lot, to be very coquettish

**coquetier** /kɔk(ə)tje/ NM egg cup ◆ **gagner** *ou* **décrocher le** ~ † * to hit the jackpot *

**coquettement** /kɔkɛtmɑ̃/ ADV *[s'habiller]* smartly, stylishly; *[sourire]* coquettishly ◆ **un appartement** ~ **meublé** an elegantly furnished apartment

**coquetterie** /kɔkɛtʀi/ NF a *(= élégance) [de personne]* interest in one's appearance, consciousness of one's appearance; *[de toilette, coiffure]* smartness, stylishness b *(= galanterie)* coquetry, flirtatiousness *(NonC)* ◆ **il mettait sa** ~ **à marcher sans canne/parler sans notes** *(littér = amour propre)* he prided himself on *ou* made a point of walking without a stick/talking without notes c *(hum)* **avoir une** ~ **dans l'œil** * to have a cast in one's eye

**coquillage** /kɔkijaʒ/ NM *(= mollusque)* shellfish *(NonC)*; *(= coquille)* shell

**coquillard**‡ /kɔkijaʀ/ NM → **tamponner**

**coquille** /kɔkij/ NF a *[de mollusque, œuf, noix]* shell ◆ **rentrer dans/sortir de sa** ~ *(fig)* to go *ou* withdraw into/come out of one's shell b *(= récipient)* (shell-shaped) dish, scallop ◆ ~ **de poisson/crabe** *(= mets)* scallop of fish/crab, fish/crab served in scallop shells c *(= décoration)* scallop; *[d'épée]* coquille, shell d *(Typo)* misprint e *(Sport = protection)* box f *(Méd = plâtre)* spinal bed COMP ▷ **coquille de beurre** shell of butter ▷ **coquille de noix** * *(Naut)* cockleshell ▷ **coquille d'œuf** *(= couleur)* eggshell *(épith)* ▷ **coquille Saint-Jacques** *(= animal)* scallop; *(= carapace)* scallop shell

**coquillettes** /kɔkijɛt/ NFPL pasta shells

**coquillier, -ière** /kɔkije, jɛʀ/ ADJ conchiferous *(SPÉC)* NM † shell collection

**coquin, e** /kɔkɛ̃, in/ ADJ a *(= malicieux) [enfant, air]* mischievous ◆ ~ **de sort !** * the devil! *, the deuce! † * b *(= polisson) [histoire, regard]* naughty, suggestive NM,F *(= enfant)* rascal, mischief ◆ **tu es un petit** ~ ! you little monkey! *ou* rascal! NM († † = *gredin)* rascal, rogue NF **coquine** † † *(= débauchée)* loose woman, strumpet †

**coquinerie** /kɔkinʀi/ NF a *(= caractère) [d'enfant]* mischievousness; *[de gredin]* roguery b *(= action) [d'enfant]* mischievous trick; *[de personne peu honnête]* low-down trick

**cor¹** /kɔʀ/ NM *(Mus)* horn ◆ **premier** ~ principal horn

♦ **à cor et à cri** ◆ **réclamer** *ou* **demander qch/qn à** ~ **et à cri** to clamour for sth/sb ◆ **chasser à** ~ **et à cri** to hunt with the hounds

COMP ▷ **cor anglais** cor anglais *(Brit)*, English horn *(US)* ▷ **cor de basset** basset horn ▷ **cor de chasse** hunting horn ▷ **cor d'harmonie** French horn ▷ **cor à pistons** valve horn

**cor²** /kɔʀ/ NM *(Méd)* ◆ ~ **(au pied)** corn

**cor³** /kɔʀ/ NM *[de cerf]* tine ◆ **un (cerf) 10** ~**s** a 10-point stag, a 10-pointer

**corail** (pl **-aux**) /kɔʀaj, o/ NM coral ◆ **la mer de Corail** the Coral Sea ADJ INV a *(= couleur)* coral (pink) b ◆ **(train) Corail** ® ≈ express (train), inter-city train *(Brit)* c *(Zool)* **serpent** ~ coral snake

**corallien, -ienne** /kɔʀaljɛ̃, jɛn/ ADJ coralline *(littér)*, coral *(épith)*

**corallin, e** /kɔʀalɛ̃, in/ ADJ *(littér) [lèvre, coquille]* coralline *(littér)*, coral (red)

**Coran** /kɔʀɑ̃/ NM ◆ **le** ~ the Koran

**coranique** /kɔʀanik/ ADJ Koranic

**corbeau** (pl **corbeaux**) /kɔʀbo/ NM a *(= oiseau) (terme générique)* crow ◆ **(grand)** ~ raven ◆ ~ **freux** rook b († *péj* = *prêtre)* black-coat † *(péj)*, priest c *(Archit)* corbel d (* = *diffamateur)* writer of poison-pen letters

**corbeille** /kɔʀbɛj/ NF a *(= panier)* basket; *(pour courrier)* tray ◆ ~ **de fleurs/de fruits** basket of flowers/fruit ◆ ~ **arrivée/départ** in/out tray ◆ **soutien-gorge** ~ push-up bra

b *(Théât)* (dress) circle

c *(Archit) [de chapiteau]* bell, basket

d ◆ **la** ~ † *(Bourse)* the trading floor *ou* pit *(in Paris Stock Exchange)*

e *(= parterre)* (round *ou* oval) flowerbed

COMP ▷ **corbeille d'argent** *(Bot)* sweet alyssum ▷ **corbeille à courrier** mail tray ▷ **corbeille de mariage** wedding presents ◆ **sa femme a apporté une fortune dans la** ~ **de mariage** his wife brought him a fortune when she married him ◆ **dans cette fusion, leur société apporte 10 millions d'euros dans la** ~ **de mariage** their company brings (a dowry of) 10 million euros to this merger ▷ **corbeille d'or** *(Bot)* golden alyssum ▷ **corbeille à ouvrage** workbasket ▷ **corbeille à pain** breadbasket ▷ **corbeille à papier(s)** wastepaper basket *ou* bin

**corbillard** /kɔʀbijaʀ/ NM hearse

**cordage** /kɔʀdaʒ/ NM a *(= corde, lien)* rope ◆ ~**s** *(gén)* ropes, rigging; *(Naut : de voilure)* rigging b *[de raquette de tennis]* stringing

**corde** /kɔʀd/ NF a *(gén = câble, cordage)* rope ◆ **attacher qn avec une** ~ *ou* **de la** ~ to tie sb up with a (piece of) rope ◆ **attacher** *ou* **lier qn à un arbre avec une** ~ to rope sb to a tree, to tie sb to a tree with a (piece of) rope ◆ **en** ~, **de** ~ *[tapis]* whipcord *(épith)* ◆ **à semelle de** ~ rope-soled ◆ **grimper** *ou* **monter à la** ~ to climb a rope, to pull o.s. up a rope; → **danseur, sauter**

b *(Mus)* string ◆ **instruments à** ~**s** stringed instruments ◆ **les** ~**s** the strings ◆ **orchestre/quatuor à** ~**s** string orchestra/quartet ◆ ~ **à vide** open string ◆ **instrument à** ~**s pincées/frottées** plucked/bowed instrument ◆ **à** ~**s croisées** *[piano]* overstrung

c *(Sport) [de raquette, arc]* string ◆ **être envoyé dans les** ~**s** *(Boxe)* to be thrown against the ropes

d *[de funambule]* tightrope, high wire

e *(Courses)* rails ◆ **à la** ~ *(gén : sur piste)* on the inside; *(Courses)* on the rails *ou* the inside ◆ **prendre un virage à la** ~ to hug a bend, to take a bend on the inside ◆ **prendre/tenir la** ~ *(gén : sur piste)* to get on/be on the inside; *(Courses)* to get close to/be on the rails, to get on/be on the inside ◆ **c'est lui qui tient la** ~ *(fig)* he's in with the best chance (of winning)

f *(= trame d'un tissu)* thread; → **user**

g *(Math)* chord

h († = *mesure)* cord

i *(loc)* **mériter la** ~ † to deserve to hang *ou* be hanged ◆ **il s'est mis la** ~ **au cou** *(= il s'est marié)* he's tied the knot, he's got hitched * ◆ **il a dû y aller la** ~ **au cou** *(humble, soumis)* he had to go cap in hand ◆ **être** *ou* **marcher** *ou* **danser sur la** ~ **raide** to walk a tightrope ◆ **politique de la** ~ **raide** brinkmanship ◆ **parler de (la)** ~ **dans la maison du pendu** to bring up a sore point, to make a tactless remark ◆ **avoir plus d'une** ~ *ou* **plusieurs** ~**s à son arc** to have more than one string to one's bow ◆ **c'est dans ses** ~**s** it's right up his street *(Brit)* *ou* alley *(US)* ◆ **est-ce que c'est dans ses** ~**s ?** is he up to it? ◆ **ce n'est pas dans mes** ~**s** it's not my line (of country) ◆ **tirer sur la** ~ to push one's luck a bit *, to go too far ◆ **toucher** *ou* **faire vibrer la** ~ **sensible** to touch the right chord ◆ **il pleut** *ou* **il tombe des** ~**s** * it's raining cats and dogs * *ou* bucketing (down) * *(Brit)*; → **sac¹**

COMP ▷ **corde cervicale** cervical nerve ▷ **corde dorsale** spinal cord ▷ **corde à linge** clothes line, washing line ▷ **corde lisse** (climbing) rope ▷ **corde à nœuds** knotted climbing rope ▷ **corde à** *ou* **de piano** piano wire ▷ **corde de rappel** abseiling rope ▷ **corde à sauter** skipping rope, jump rope *(US)* ▷ **corde du tympan** chorda tympani ▷ **cordes vocales** vocal cords

**cordeau** (pl **cordeaux**) /kɔʀdo/ NM a *(= corde)* string, line ◆ ~ **de jardinier** gardener's line ◆ **fait** *ou* **tiré au** ~ *(fig)* as straight as a die b *(= mèche)* fuse ◆ ~ **Bickford** Bickford fuse, safety fuse ◆ ~ **détonant** detonator fuse c *(Pêche)* ledger line

**cordée** /kɔʀde/ NF a *[d'alpinistes]* climbers roped together ◆ **premier de** ~ leader b *[de bois]* cord

**cordelette** /kɔʀdəlɛt/ NF cord

**Cordelier** /kɔʀdəlje/ NM *(= religieux)* Cordelier

**cordelière** /kɔʀdəljɛʀ/ NF a *(= corde)* cord b *(Archit)* cable moulding *(Brit)* *ou* molding *(US)* c *(= religieuse)* **Cordelière** Franciscan nun

**corder** /kɔʀde/ ▸ conjug 1 ◂ VT a *(Tech) [+ chanvre, tabac]* to twist b *(= lier) [+ malle]* to tie up (with rope), to rope up c *(= mesurer) [+ bois]* to cord d *[+ raquette]* to string

**corderie** /kɔʀd(ə)ʀi/ NF *(= industrie)* ropemaking industry; *(= atelier)* rope factory

**cordial, e** (mpl **-iaux**) /kɔʀdjal, jo/ ADJ *[accueil]* hearty, warm, cordial; *[sentiment, personne]* warm; *[manières]* cordial; *[antipathie, haine]* cordial, hearty; → **entente** NM heart tonic, cordial

**cordialement** /kɔʀdjalmɑ̃/ ADV a *(gén)* ◆ **se serrer la main** ~ to shake hands warmly ◆ **ils nous ont reçus très** ~ they gave us a hearty *ou* very warm welcome ◆ **vous êtes tous** ~ **invités** you are all cordially invited ◆ **il la déteste** ~ he cordially *ou* heartily detests her **b** *(en fin de lettre)* ~ **(vôtre)** kind regards ◆ **bien** ~ kindest regards

**cordialité** /kɔʀdjalite/ **NF** *[d'accueil]* warmth, cordiality; *[de sentiment, personne]* warmth; *[de manières]* cordiality ◆ **tout s'est passé dans la plus parfaite** ~ it all went off in the most cordial fashion

**cordier** /kɔʀdje/ **NM** **a** *(= fabricant)* ropemaker **b** *(Mus)* tailpiece

**cordillère** /kɔʀdijɛʀ/ **NF** mountain range, cordillera ◆ **la** ~ **des Andes** the Andes cordillera ◆ **la** ~ **australienne** the Great Dividing Range

**cordite** /kɔʀdit/ **NF** cordite

**cordon** /kɔʀdɔ̃/ **NM** **a** *[de sonnette, rideau]* cord; *[de tablier]* tie; *[de sac, bourse]* string; *[de chaussures]* lace ◆ ~ **de sonnette** bell-pull ◆ **tenir/délier/resserrer les ~s de la bourse** *(fig)* to hold/loosen/tighten the purse strings **b** *[de soldats]* cordon **c** *(Archit)* string-course, cordon **d** *(= décoration)* sash ◆ ~ **du Saint-Esprit** ribbon of the order of the Holy Ghost ◆ ~ **de la Légion d'honneur** sash *ou* cordon of the Légion d'Honneur

**COMP** ▷ **cordon Bickford** Bickford fuse, safety fuse ▷ **cordon bleu** *(= cuisinier)* cordon-bleu cook; *(= décoration)* cordon bleu ▷ **cordon littoral** offshore bar ▷ **cordon médullaire** spinal cord ▷ **cordon ombilical** *(lit, fig)* umbilical cord ◆ **couper** *ou* **rompre le** ~ **(ombilical)** *(fig)* to cut *ou* sever the umbilical cord ▷ **cordon sanitaire** *(Méd, Pol)* quarantine line, cordon sanitaire

**cordon-bleu** (pl **cordons-bleus**) /kɔʀdɔ̃blø/ **NM** → **cordon**

**cordonner** /kɔʀdɔne/ ▸ conjug 1 ◂ **VT** *[+ soie, cheveux]* to twist

**cordonnerie** /kɔʀdɔnʀi/ **NF** *(= boutique)* shoe-repair shop, cobbler's †; *(= métier)* shoe-repairing

**cordonnet** /kɔʀdɔnɛ/ **NM** *(= petit cordon)* braid *(NonC)*, cord *(NonC)*; *(pour boutonnière)* buttonhole twist *(NonC)*

**cordonnier, -ière** /kɔʀdɔnje, jɛʀ/ **NM,F** *(= réparateur)* shoe-repairer, cobbler †; *(† = fabricant)* shoemaker ◆ **les ~s sont toujours les plus mal chaussés** *(Prov)* the shoemaker's children always go barefoot *(Prov)*

**Cordoue** /kɔʀdu/ **N** Cordoba

**coréalisateur, -trice** /koʀealizatœʀ, tʀis/ **NM,F** *(Ciné, TV)* codirector

**Corée** /kɔʀe/ **NF** Korea ◆ ~ **du Sud/du Nord** South/North Korea

**coréen, -enne** /kɔʀeɛ̃, ɛn/ **ADJ** Korean **NM** *(Ling)* Korean **NM,F** **Coréen(ne)** Korean

**coreligionnaire** /koʀ(ə)liʒjɔnɛʀ/ **NMF** co-religionist

**coresponsabilité** /koʀɛspɔ̃sabilite/ **NF** joint responsibility

**coresponsable** /koʀɛspɔ̃sabl/ **ADJ** *[personne]* co-responsible, jointly responsible (*de* for) **NMF** person sharing responsibility (*de* for)

**Corfou** /kɔʀfu/ **N** Corfu

**coriace** /kɔʀjas/ **ADJ** *(lit, fig)* tough ◆ **il est** ~ **en affaires** he's a hard-headed *ou* tough businessman

**coriandre** /kɔʀjɑ̃dʀ/ **NF** coriander

**coricide** /kɔʀisid/ **NM** corn remover

**corindon** /kɔʀɛ̃dɔ̃/ **NM** corundum

**Corinthe** /kɔʀɛ̃t/ **N** Corinth; → **raisin**

**corinthien, -ienne** /kɔʀɛ̃tjɛ̃, jɛn/ **ADJ** Corinthian

**Coriolan** /kɔʀjɔlɑ̃/ **NM** Coriolanus

**cormier** /kɔʀmje/ **NM** *(= arbre)* service tree; *(= bois)* service wood

**cormoran** /kɔʀmɔʀɑ̃/ **NM** cormorant ◆ ~ **huppé** shag

**cornac** /kɔʀnak/ **NM** *[d'éléphant]* mahout, elephant driver

**cornaline** /kɔʀnalin/ **NF** carnelian

**cornaquer** * /kɔʀnake/ ▸ conjug 1 ◂ **VT** to show around ◆ **il m'a cornaqué à travers la ville** he showed me round the town

**cornard** *‡ /kɔʀnaʀ/ **NM** cuckold †

**corne** /kɔʀn/ **NF** **a** *[d'escargot, vache]* horn; *[de cerf]* antler; *[de narval]* tusk ◆ **à ~s** horned ◆ **donner un coup de** ~ **à qn** to butt sb ◆ **blesser qn d'un coup de** ~ to gore sb ◆ **avoir** *ou* **porter des ~s** * *(fig)* to be a cuckold † ◆ **sa femme lui fait porter des ~s** * his wife is unfaithful to him ◆ **faire les ~s à qn** to make a face at sb, to make a jeering gesture at sb; → **bête, taureau**

**b** *(= substance)* horn

**c** *(= instrument)* horn; *(Chasse)* hunting horn; *(† = avertisseur)* hooter, horn

**d** *(= coin) [de page]* dog-ear ◆ **faire une** ~ **à la page d'un livre** to turn down the corner of the page in a book

**e** *(* = peau dure)* **avoir de la** ~ to have patches of hard skin, to have calluses

**COMP** ▷ **corne d'abondance** horn of plenty, cornucopia ▷ **la corne de l'Afrique** the Horn of Africa ▷ **corne de brume** foghorn ▷ **corne à chaussures** shoehorn ▷ **cornes de gazelle** *(Culin)* *sugar-covered shortbread crescents*

**cornée** /kɔʀne/ **NF** cornea

**cornéen, -enne** /kɔʀneɛ̃, ɛn/ **ADJ** corneal; → **lentille**

**corneille** /kɔʀnɛj/ **NF** crow ◆ ~ **mantelée** hooded crow ◆ ~ **noire** carrion crow; → **bayer**

**cornélien, -ienne** /kɔʀneljɛ̃, jɛn/ **ADJ** *(Littérat)* Cornelian; *(fig) [situation] where love and duty conflict*; *[héros] who puts duty before everything*

**cornemuse** /kɔʀnəmyz/ **NF** bagpipes ◆ **joueur de** ~ piper, bagpiper

**corner**[1] /kɔʀne/ ▸ conjug 1 ◂ **VT** **a** *[+ livre, carte]* to make *ou* get dog-eared; *[+ page]* to turn down the corner of **b** *(†† = claironner) [+ nouvelle]* to blare out ◆ **arrête de nous** ~ **(ça) aux oreilles !** * stop shouting about it! **VI** *[chasseur]* to sound a horn; † *[automobiliste]* to hoot *(Brit)* *ou* sound one's horn; *[sirène]* to sound

**corner**[2] /kɔʀnɛʀ/ **NM** *(Ftbl)* corner (kick) ◆ **tirer un** ~ to take a corner (kick) ◆ **sortir en** ~ to go out of play for a corner (kick)

**cornet** /kɔʀnɛ/ **NM** **a** *(= récipient)* ~ **(de papier)** paper cone ◆ ~ **de dragées/de frites** cornet *ou* paper cone of sweets/chips, ≃ bag of sweets/chips ◆ ~ **de glace** ice-cream cone *ou* cornet *(Brit)* ◆ **mettre sa main en** ~ to cup one's hand to one's ear **b** *(Belg = combiné téléphonique)* handset, receiver **c** *(Helv = sachet)* (paper *ou* plastic) bag **d** *(Mus) [d'orgue]* cornet stop **COMP** ▷ **cornet acoustique** ear trumpet ▷ **cornet à dés** dice cup ▷ **cornets du nez** turbinate bones ▷ **cornet (à pistons)** cornet ▷ **cornet de poste** *ou* **de postillon** posthorn

**cornette** /kɔʀnɛt/ **NF** *[de religieuse]* cornet; *(Naut = pavillon)* burgee

**cornettiste** /kɔʀnetist/ **NMF** cornet player

**corniaud** /kɔʀnjo/ **NM** *(= chien)* mongrel; *(*‡ = imbécile)* nitwit *, twit * *(Brit)*

**corniche** /kɔʀniʃ/ **NF** **a** *(Archit = moulure)* cornice; *[de piédestal]* entablement **b** *(Alpinisme)* ledge ◆ **(route en)** ~ coast road, cliff road **c** *[de neige]* cornice

**cornichon** /kɔʀniʃɔ̃/ **NM** **a** *(= concombre)* gherkin; *(en condiment)* gherkin *(Brit)*, pickle *(US)* **b** *(* = personne)* nitwit *, nincompoop * **c** *(arg Scol) pupil in the class preparing for Saint-Cyr*

**cornière** /kɔʀnjɛʀ/ **NF** *(= pièce métallique)* corner iron; *(= pièce d'écoulement)* valley

**cornique** /kɔʀnik/ **ADJ** Cornish **NM** *(Ling)* Cornish

**corniste** /kɔʀnist/ **NMF** horn player

**Cornouaille** /kɔʀnwaj/ **NF** ◆ **la** ~ Cornouaille *(area of Brittany)*

**Cornouailles** /kɔʀnwaj/ **NF** ◆ **les** ~ Cornwall

**cornouiller** /kɔʀnuje/ **NM** dogwood

**cornu, e** /kɔʀny/ **ADJ** *[animal, démon]* horned **NF** **cornue** *(= récipient)* retort; *(Tech = four)* retort

**corollaire** /kɔʀɔlɛʀ/ **NM** *(Logique, Math)* corollary; *(gén = conséquence)* consequence, corollary ◆ **et ceci a pour** ~ **...** and this has as a consequence ..., and the corollary of this is ...

**corolle** /kɔʀɔl/ **NF** corolla

**coron** /kɔʀɔ̃/ **NM** *(= maison)* mining cottage; *(= quartier)* mining village

**coronaire** /kɔʀɔnɛʀ/ **ADJ** *(Anat)* coronary

**coronarien, -ienne** /kɔʀɔnaʀjɛ̃, jɛn/ **ADJ** *(Méd)* coronary

**corossol** /kɔʀɔsɔl/ **NM** soursop

**corporatif, -ive** /kɔʀpɔʀatif, iv/ **ADJ** *[mouvement, système]* corporative; *[esprit]* corporate

**corporation** /kɔʀpɔʀasjɔ̃/ **NF** *[de notaires, médecins]* corporate body; *(Hist)* guild ◆ **dans notre** ~ in our profession

**corporatisme** /kɔʀpɔʀatism/ **NM** corporatism

**corporatiste** /kɔʀpɔʀatist/ **ADJ** corporatist

**corporel, -elle** /kɔʀpɔʀɛl/ **ADJ** *[châtiment]* corporal; *[sévices]* physical; *[intégrité]* physical, bodily; *[accident]* involving physical injury; *[besoin]* bodily ◆ **lait** ~ body lotion *ou* milk ◆ **bien** ~ *(Jur)* corporeal property

**corps** /kɔʀ/ **NM** **a** *(Anat)* body; *(= cadavre)* corpse, (dead) body ◆ **le** ~ **humain** the human body ◆ **frissonner** *ou* **trembler de tout son** ~ to tremble all over ◆ **jusqu'au milieu du** ~ up to the waist ◆ **je n'ai rien dans le** ~ I've had nothing to eat ◆ **robe près du** ~ close-fitting dress; → **contrainte**[2], **diable**

**b** *(Astron, Chim, Phys = objet, substance)* body ◆ ~ **simples/composés** simple/compound bodies; → **chute**

**c** *(= partie essentielle) [de bâtiment, lettre, article, ouvrage]* (main) body; *[de meuble]* main part, body; *[de pompe]* barrel; *(Typo)* body

**d** *[de vêtement]* bodice; *[d'armure]* cors(e)let

**e** *(= consistance) [d'étoffe, papier, vin]* body ◆ **ce vin a du** ~ this wine is full-bodied *ou* has (got) body

**f** *(= groupe)* body, corps; *(Mil)* corps ◆ ~ **de sapeurs-pompiers** fire brigade ◆ **les grands** ~ **de l'État** the senior branches of the civil service; → **esprit**

**g** *(= recueil de textes)* corpus, body ◆ ~ **de doctrines** body of doctrines

**h** *(loc)* **se donner** ~ **et âme à qch** to give o.s. body and soul to sth ◆ **sombrer** ~ **et biens** *[bateau]* to go down with all hands; *[entreprise]* to sink without trace ◆ **perdu** ~ **et biens** lost with all hands ◆ **s'élancer** *ou* **se jeter à** ~ **perdu dans une entreprise/la mêlée** to throw o.s. wholeheartedly *ou* headlong into a venture/into the fray ◆ **donner** ~ **à qch** to give substance to sth ◆ **faire** ~ *[idées]* to form one body (*avec* with); *[choses con-*

*crètes]* to be joined (*avec* to); ◆ **prendre** ~ to take shape ◆ **s'ils veulent faire cela, il faudra qu'ils me passent sur le** ~ if they want to do that, it'll be over my dead body ◆ **pour avoir ce qu'il veut, il vous passerait sur le** ~ he'd trample you underfoot to get his own way ◆ **faire qch à son** ~ **défendant** to do sth against one's will *ou* unwillingly ◆ **mais qu'est-ce qu'il a dans le** ~ **?** whatever's got into him? ◆ **j'aimerais bien savoir ce qu'il a dans le** ~ I'd like to know what makes him tick ◆ **tenir au** ~ *[aliment]* to be filling

COMP ▷ **corps d'armée** army corps ▷ **corps de ballet** corps de ballet ▷ **corps de bâtiment** main body (of a building) ▷ **corps caverneux** erectile tissue (of the penis) ▷ **corps céleste** celestial *ou* heavenly body ▷ **corps constitués** constitutional bodies (of the state) ▷ **corps consulaire** consular corps ▷ **corps à corps** clinch ◆ **se battre (au)** ~ **à** ~ to fight hand-to-hand ▷ **corps du délit** *(Jur)* corpus delicti ▷ **le Corps diplomatique** the Diplomatic Corps, the Foreign Service *(US)* ▷ **corps électoral** electorate ▷ **le corps enseignant** *(gén)* the teaching profession, teachers; *[de lycée, collège]* the teaching staff ▷ **corps étranger** *(Méd)* foreign body ▷ **le Corps européen** the Eurocorps ▷ **corps expéditionnaire** task force ▷ **corps franc** irregular force ▷ **corps de garde** *(local)* guardroom; *(= troupe)* guard ◆ **plaisanteries de** ~ **de garde** *(péj)* barrack-room *ou* guardroom jokes ▷ **corps gras** greasy substance, glyceride *(SPÉC)* ▷ **corps jaune** *(Physiol)* yellow body, corpus luteum *(SPÉC)* ▷ **corps législatif** legislative body ▷ **corps de logis** main building, central building ▷ **le corps médical** the medical profession ▷ **corps de métier** trade association, guild ▷ **corps noir** *(Phys)* black body ▷ **corps politique** body politic ▷ **corps préfectoral** prefects ▷ **corps social** *(= société, acteurs sociaux)* society ▷ **corps strié** *(Anat)* striate body ▷ **corps de troupe** unit (of troops) ▷ **corps vitré** *(Anat)* vitreous body

**corps-mort** (pl **corps-morts**) /kɔʀmɔʀ/ NM *(Naut)* mooring

**corpulence** /kɔʀpylɑ̃s/ NF stoutness, corpulence ◆ **(être) de forte/moyenne** ~ (to be) of stout/medium build

**corpulent, e** /kɔʀpylɑ̃, ɑ̃t/ ADJ stout, corpulent

**corpus** /kɔʀpys/ NM *(gén, Jur, Ling)* corpus

**corpusculaire** /kɔʀpyskylɛʀ/ ADJ *(Anat, Phys)* corpuscular

**corpuscule** /kɔʀpyskyl/ NM *(Anat, Phys)* corpuscle

**correct, e** /kɔʀɛkt/ ADJ a *(= exact) [plan, copie]* accurate; *[phrase]* correct, right; *[emploi, fonctionnement]* proper, correct ◆ ~ **!** *(en réponse)* correct!, right! b *(= convenable) [tenue]* proper, correct c *(= courtois) [conduite]* correct; *[personne]* polite ◆ **ce n'est pas très** ~ **de sa part** that's a bit rude of him d *(= honnête)* correct ◆ **il est** ~ **en affaires** he's very correct in business matters e *(= acceptable) [repas, hôtel, salaire]* reasonable, decent; → **politiquement**

**correctement** /kɔʀɛktəmɑ̃/ ADV *[fonctionner, se nourrir, s'habiller]* properly; *[parler, écrire]* properly, correctly; *[évaluer]* accurately; *[rémunérer]* decently, reasonably well ◆ **vivre** ~ to live reasonably well

**correcteur, -trice** /kɔʀɛktœʀ, tʀis/ ADJ *[dispositif]* corrective; → **verre** NM,F *[d'examen]* examiner, marker *(Brit)*, grader *(US)*; *(Typo)* proofreader NM *(Tech = dispositif)* corrector ◆ ~ **de tonalité** tone control ◆ ~ **d'orthographe** *ou* **orthographique** *(Ordin)* spellchecker ◆ ~ **liquide** correcting fluid

**correctif, -ive** /kɔʀɛktif, iv/ ADJ *[gymnastique, substance]* corrective NM *(lit, fig = médicament)* corrective (*à* to); *(= mise au point)* qualifying statement ◆ **apporter un** ~ **à qch** *(= corriger)* to rectify *ou* correct an error in sth; *(= ajouter une précision à)* to qualify sth

**correction** /kɔʀɛksjɔ̃/ NF a *(NonC = action) [d'erreur, abus]* correction, putting right; *[de manuscrit]* correction, emendation; *[de mauvaise habitude]* correction; *(Naut) [de compas]* correction; *[de trajectoire]* correction; *[d'examen] (gén)* correcting; *(en notant)* marking *(Brit)*, grading *(US)*; *(Ordin) [de programme]* patching; *[de mise au point]* debugging ◆ ~ **d'épreuves** *(Édition)* proofreading ◆ **apporter une** ~ **aux propos de qn** to amend what sb has said ◆ **la** ~ **des copies lui a pris toute la soirée** it took him all evening to correct *ou* mark the homework ◆ **j'ai fait la** ~ **du devoir avec les élèves** I went through the pupils' essays with them ◆ **après** ~ **des variations saisonnières** after seasonal adjustments; → **maison**

b *(= surcharge, rature)* correction ◆ ~**s d'auteur** *(Typo)* author's corrections *ou* emendations

c *(= châtiment)* (corporal) punishment, thrashing ◆ **recevoir une bonne** ~ to get a good hiding *ou* thrashing

d *(NonC = exactitude) [de plan, copie]* accuracy; *[de phrase]* correctness; *[d'emploi, fonctionnement]* propriety, correctness

e *(= bienséance) [de tenue]* propriety, correctness; *(= honnêteté) [de conduite, personne]* correctness; *(= courtoisie)* good manners ◆ **il a fait preuve d'une parfaite** ~ he behaved impeccably ◆ **je l'ai fait par** ~ it was the polite thing to do, it was only good manners

**correctionnel, -elle** /kɔʀɛksjɔnɛl/ ADJ ◆ **peine** ~**le** penalty *(imposed by courts)* ◆ **tribunal (de police)** ~ ≃ magistrate's court *(dealing with criminal matters)* NF **correctionnelle** ≃ magistrate's court ◆ **passer en** ~**le** to go before the magistrate ◆ **il a frisé la** ~* he almost ended up in court

**Corrège** /kɔʀɛʒ/ N ◆ **le** ~ Correggio

**corrélat** /kɔʀela/ NM correlate

**corrélatif, -ive** /kɔʀelatif, iv/ ADJ, NM correlative

**corrélation** /kɔʀelasjɔ̃/ NF correlation ◆ **être en** ~ **étroite avec** to be closely related to *ou* connected with, to be in close correlation with ◆ **mettre en** ~ to correlate

**corréler** /kɔʀele/ ▸ conjug 6 ◂ VT to correlate

**correspondance** /kɔʀɛspɔ̃dɑ̃s/ NF a *(= conformité)* correspondence, conformity; *(Archit = symétrie)* balance ◆ ~ **de goûts/d'idées entre deux personnes** conformity of two people's tastes/ideas ◆ **être en parfaite** ~ **d'idées avec qn** to have ideas that correspond perfectly to sb's *ou* that are perfectly in tune with sb's

b *(Math)* relation ◆ ~ **biunivoque** one-to-one mapping, bijection

c *(= échange de lettres)* correspondence ◆ **avoir** *ou* **entretenir une longue** ~ **avec qn** to engage in *ou* keep up a lengthy correspondence with sb ◆ **être en** ~ **commerciale avec qn** to have a business correspondence with sb ◆ **nous avons été en** ~ we have corresponded, we have been in correspondence ◆ **être en** ~ **téléphonique avec qn** to be in touch by telephone with sb ◆ **cours par** ~ correspondence course ◆ **il a appris le latin par** ~ he learned Latin through a *ou* by correspondence course

d *(= ensemble de lettres)* mail, post *(surtout Brit)*, correspondence; *(Littérat) [d'auteur]* correspondence; *(Presse)* letters to the Editor ◆ **il reçoit une volumineuse** ~ he receives large quantities of mail ◆ **dépouiller/lire sa** ~ to go through/read one's mail *ou* one's correspondence

e *(= transports)* connection ◆ ~ **ferroviaire/d'autobus** rail/bus connection ◆ **attendre la** ~ to wait for the connection ◆ **l'autobus n'assure pas la** ~ **avec le train** the bus does not connect with the train ◆ **"correspondance pour Paris, voie 3"** "connecting service to Paris, platform 3"

**correspondancier, -ière** /kɔʀɛspɔ̃dɑ̃sje, jɛʀ/ NM,F correspondence clerk

**correspondant, e** /kɔʀɛspɔ̃dɑ̃, ɑ̃t/ ADJ *(gén : qui va avec, par paires)* corresponding; *(Géom) [angles]* corresponding ◆ **ci-joint un chèque** ~ **à la facture** enclosed a cheque in the amount of *ou* in respect of *(Brit)* the invoice

NM,F a *(gén, Presse)* correspondent; *(épistolaire)* penfriend; *(Banque)* correspondent bank ◆ ~ **de guerre/à l'étranger** war/foreign correspondent ◆ **de notre** ~ **permanent à Londres** from our correspondent in London ◆ **(membre)** ~ *[de société savante]* corresponding member

b *(Téléc)* **mon** ~ *(= appelé)* the person I was calling; *(= appelant)* the caller ◆ **le numéro de votre** ~ **a changé** the number you dialled has been changed ◆ **nous recherchons votre** ~ we are trying to connect you *ou* to put you through

c *(Scol = responsable d'un interne)* guardian *(for child at boarding school)*

**correspondre** /kɔʀɛspɔ̃dʀ/ GRAMMAIRE ACTIVE 32.4 ▸ conjug 41 ◂ VT INDIR **correspondre à** a *(= s'accorder avec) [+ goûts]* to suit; *[+ capacités]* to fit; *[+ description]* to correspond to, to fit ◆ **sa version des faits ne correspond pas à la réalité** his version of the facts doesn't square *ou* tally with what happened in reality b *(= être l'équivalent de) [+ système, institutions, élément symétrique]* to correspond to ◆ **le yard correspond au mètre** the yard corresponds to the metre VI a *(= écrire)* to correspond (*avec* with) b *(= communiquer) [mers]* to be linked; *[chambres]* to communicate (*avec* with) c *(Transport)* ~ **avec** to connect with VPR **se correspondre** *[chambres]* to communicate (with one another); *[éléments d'une symétrie]* to correspond

**corrida** /kɔʀida/ NF bullfight ◆ **ça va être la** ~ **!*** all hell will break loose !*

**corridor** /kɔʀidɔʀ/ NM corridor, passage ◆ ~ **humanitaire** humanitarian corridor ◆ ~ **ferroviaire** rail corridor ◆ ~ **de fluctuation** *[de monnaie]* fluctuation margin

**corrigé** /kɔʀiʒe/ NM *(Scol) [d'exercice]* correct version; *[de traduction]* fair copy ◆ ~**s** *(en fin de manuel)* key to exercises; *(livre du professeur)* answer book; *[d'examens]* past papers

**corriger** /kɔʀiʒe/ ▸ conjug 3 ◂ VT a *(= repérer les erreurs de) [+ manuscrit]* to correct, to emend; *(Typo) [+ épreuves]* to correct, to (proof)read; *(Scol) [+ examen, dictée]* to correct; *(en notant)* to mark *(Brit)*, to grade *(US)*

b *(= rectifier) [+ erreur, défaut]* to correct, to put right; *[+ théorie]* to put right; *[+ abus]* to remedy, to put right; *[+ manières]* to improve; *(Naut) [+ compas]* to correct, to adjust; *[+ trajectoire, vue, vision]* to correct ◆ ~ **ses actions** to mend one's ways ◆ **j'ai corrigé mon jugement sur lui** I've changed my opinion of him ◆ ~ **l'injustice du sort** *(frm)* to mitigate the injustice of fate, to soften the blows of unjust Fate *(littér)* ◆ **corrigé des variations saisonnières** seasonally adjusted; → **tir**

c *(= guérir)* ~ **qn de** *[+ défaut]* to cure *ou* rid sb of ◆ **tu ne le corrigeras pas à son âge** it's too late to make him change his ways now

d *(= punir)* to thrash
VPR **se corriger** *(= devenir raisonnable)* to mend one's ways ◆ **se ~ de** *[+ défaut]* to cure *ou* rid o.s. of

**corrigible** /kɔʀiʒibl/ ADJ rectifiable, which can be put right

**corroboration** /kɔʀbɔʀasjɔ̃/ NF corroboration

**corroborer** /kɔʀbɔʀe/ GRAMMAIRE ACTIVE 38.1 ▸ conjug 1 ◂ VT to corroborate

**corrodant, e** /kɔʀɔdɑ̃, ɑ̃t/ ADJ, NM corrosive

**corroder** /kɔʀɔde/ ▸ conjug 1 ◂ VT *[+ métal]* to corrode, to eat into; *(littér) [+ sentiments]* to erode VPR **se corroder** *[métal]* to corrode

**corrompre** /kɔʀɔ̃pʀ/ ▸ conjug 41 ◂ VT a *(= soudoyer) [+ témoin, fonctionnaire]* to bribe, to corrupt b *(frm = pervertir) [+ mœurs, esprit, jeunesse]* to corrupt; *[+ langage]* to debase ◆ **mots corrompus par l'usage** words corrupted *ou* debased by usage c *[+ air, eau, aliments]* to taint; *(Méd) [+ sang]* to contaminate VPR **se corrompre** *[mœurs, jeunesse]* to become corrupt; *[goût]* to become debased; *[aliments]* to go off *(Brit)*, to go bad

**corrompu, e** /kɔʀɔ̃py/ (ptp de **corrompre**) ADJ corrupt

**corrosif, -ive** /kɔʀozif, iv/ ADJ *[acide, substance]* corrosive; *[ironie, œuvre, écrivain]* caustic, scathing NM corrosive

**corrosion** /kɔʀozjɔ̃/ NF *[de métaux]* corrosion; *[de rochers]* erosion; *[de volonté, bon sens]* erosion

**corroyage** /kɔʀwajaʒ/ NM *[de cuir]* currying; *[de métal]* welding

**corroyer** /kɔʀwaje/ ▸ conjug 8 ◂ VT *[+ cuir]* to curry; *[+ métal]* to weld; *[+ bois]* to trim

**corroyeur** /kɔʀwajœʀ/ NM currier

**corrupteur, -trice** /kɔʀyptœʀ, tʀis/ ADJ *(littér) [spectacle, journal]* corrupting NM,F *(= qui soudoie)* briber; *(littér = qui déprave)* corrupter

**corruptible** /kɔʀyptibl/ ADJ *(littér) [personne]* corruptible; † *[matière]* perishable

**corruption** /kɔʀypsjɔ̃/ NF a *(gén)* corruption; *(en soudoyant)* bribery, corruption ◆ **~ active** bribery ◆ **~ passive** accepting bribes ◆ **~ de fonctionnaire** bribery of a public official b *(= dépravation) [de mœurs, esprit, jeunesse, texte]* corruption; *[de langage]* debasement c *(= décomposition) [d'aliments]* decomposition; *[de sang]* contamination

**corsage** /kɔʀsaʒ/ NM *(= chemisier)* blouse; *[de robe]* bodice

**corsaire** /kɔʀsɛʀ/ NM a *(Hist = marin, navire)* privateer b *(= pirate)* pirate, corsair c ◆ **(pantalon) ~** breeches

**corse** /kɔʀs/ ADJ Corsican NM *(Ling)* Corsican NMF **Corse** Corsican NF **Corse** Corsica

**corsé, e** /kɔʀse/ (ptp de **corser**) ADJ a *[vin]* full-bodied; *[café] (= parfumé)* full-flavoured *(Brit) ou* -flavored *(US)*; *(= fort)* strong; *[mets, sauce]* spicy b *(= scabreux) [histoire]* spicy c *(* intensif) [addition]* high, steep * *(attrib)*; *[exercice, problème]* tough

**corselet** /kɔʀsəlɛ/ NM a *(= cuirasse)* cors(e)let; *(= vêtement)* corselet b *(Zool)* corselet

**corser** /kɔʀse/ ▸ conjug 1 ◂ VT a *[+ repas]* to make spicier, to pep up *; *[+ vin]* to strengthen; *[+ boisson]* to spike; *[+ assaisonnement]* to pep up * b *[+ difficulté]* to intensify, to aggravate; *[+ histoire, intrigue]* to liven up VPR **se corser** ◆ **l'histoire** *ou* **l'affaire se corse !** the plot thickens! *(hum)* ◆ **le premier exercice est facile mais après ça se corse** the first exercise is easy but then it gets much tougher ◆ **les choses ont commencé à se ~ quand il a voulu discuter le prix** things started to get heated when he tried to haggle ◆ **ça se corse entre lui et sa femme** things are getting really tense between him and his wife

**corset** /kɔʀsɛ/ NM *(= sous-vêtement)* corset; *(= pièce de costume)* bodice ◆ **~ orthopédique** *ou* **médical** surgical corset

**corseter** /kɔʀsəte/ ▸ conjug 5 ◂ VT *(lit)* to corset; *(fig = enserrer)* to constrain, to constrict

**corsetier, -ière** /kɔʀsətje, jɛʀ/ NM,F corset-maker

**corso** /kɔʀso/ NM ◆ **~ (fleuri)** procession of floral floats

**cortège** /kɔʀtɛʒ/ NM *[de fête]* procession; *[de président]* cortège, retinue ◆ **~ nuptial** bridal procession ◆ **~ funèbre** funeral procession *ou* cortège ◆ **~ de** *[+ manifestants, grévistes]* procession of; *(littér) [+ malheurs, faillites]* trail of; *[+ visions, souvenirs]* succession of ◆ **la faillite et son ~ de licenciements** bankruptcy and the accompanying lay-offs

**cortex** /kɔʀtɛks/ NM cortex

**cortical, e** (mpl **-aux**) /kɔʀtikal, o/ ADJ *(Anat, Bot)* cortical

**corticoïde** /kɔʀtikɔid/ NM corticoid

**corticostéroïde** /kɔʀtikosteʀɔid/ NM corticosteroid

**corticosurrénale** /kɔʀtikɔsyʀenal/ ADJ F adrenocortical NF adrenal cortex

**corticothérapie** /kɔʀtikoteʀapi/ NF corticosteroid *ou* corticoid therapy

**cortisone** /kɔʀtizɔn/ NF cortisone

**corvéable** /kɔʀveabl/ ADJ *(Hist)* liable to the corvée, required to do unpaid labour ◆ **ils sont ~s à merci** they can be exploited at will; → **taillable**

**corvée** /kɔʀve/ NF a *(Mil) (= travail)* fatigue (duty); *(= soldats)* fatigue party ◆ **être de ~** to be on fatigue (duty) ◆ **~ de chiottes** ‡ latrine duty ◆ **~ de vaisselle** *(Mil)* cookhouse fatigue; *(hum)* dishwashing duty ◆ **~ de ravitaillement** supply duty ◆ **~ de pommes de terre** *ou* **de patates** * spud-bashing *(arg Mil) (NonC)* ◆ **être de ~ de pommes de terre** *ou* **de patates** * to be on spud duty * b *(= tâche pénible)* chore, drudgery *(NonC)* ◆ **quelle ~ !** what drudgery!, what a chore! ◆ **quelle ~ ce type !** * that guy's such a pain! * c *(Hist)* corvée *(statute labour)* d *(Can)* voluntary work, bee * *(US, Can)*

**corvette** /kɔʀvɛt/ NF corvette; → **capitaine**

**coryphée** /kɔʀife/ NM *(Théât)* coryphaeus

**coryza** /kɔʀiza/ NM *(Méd)* coryza *(SPÉC)*, head cold

**COS** /kɔs/ NM (abrév de **coefficient d'occupation des sols**) → **coefficient**

**cosaque** /kɔzak/ NM cossack

**cosécante** /kosekɑ̃t/ NF cosecant

**cosignataire** /kosiɲatɛʀ/ ADJ, NMF cosignatory

**cosigner** /kosiɲe/ ▸ conjug 1 ◂ VT *[+ document] [une personne]* to be a joint signatory to *(frm)*; *[deux personnes]* to be joint signatories to *(frm)*, to sign jointly ◆ **un document cosigné par X et Y** a document signed jointly by X and Y

**cosinus** /kosinys/ NM cosine

**cosmétique** /kɔsmetik/ ADJ, NM cosmetic NF ◆ **la ~** the cosmetics industry

**cosmétologie** /kɔsmetɔlɔʒi/ NF beauty care

**cosmétologue** /kɔsmetɔlɔg/ NMF cosmetics expert

**cosmique** /kɔsmik/ ADJ cosmic; → **rayon**

**cosmogonie** /kɔsmɔgɔni/ NF cosmogony

**cosmogonique** /kɔsmɔgɔnik/ ADJ cosmogonic(al), cosmogonal

**cosmographie** /kɔsmɔgʀafi/ NF cosmography

**cosmographique** /kɔsmɔgʀafik/ ADJ cosmographic

**cosmologie** /kɔsmɔlɔʒi/ NF cosmology

**cosmologique** /kɔsmɔlɔʒik/ ADJ cosmological

**cosmologiste** /kɔsmɔlɔʒist/ NMF cosmologist

**cosmonaute** /kɔsmɔnot/ NMF cosmonaut

**cosmopolite** /kɔsmɔpɔlit/ ADJ cosmopolitan

**cosmopolitisme** /kɔsmɔpɔlitism/ NM cosmopolitanism

**cosmos** /kɔsmos/ NM *(= univers)* cosmos; *(Aviat = espace)* (outer) space

**cossard, e** * /kɔsaʀ, aʀd/ ADJ lazy NM,F lazybones

**cosse** /kɔs/ NF a *[de pois, haricots]* pod, hull b *(Élec)* terminal spade tag ◆ **~ de batterie** *(Aut)* battery lead connection c *(* = flemme)* lazy mood ◆ **avoir la ~** to feel as lazy as anything, to be in a lazy mood

**cossu, e** /kɔsy/ ADJ *[personne]* well-off, well-to-do; *[maison]* rich-looking, opulent(-looking)

**costal, e** (mpl **-aux**) /kɔstal, o/ ADJ *(Anat)* costal

**costar(d)** * /kɔstaʀ/ NM suit; → **tailler**

**Costa Rica** /kɔstaʀika/ NM Costa Rica

**costaricain, e** /kɔstaʀikɛ̃, ɛn/, **costaricien, -ienne** /kɔstaʀisjɛ̃, jɛn/ ADJ Costarican NM,F **Costaricain(e), Costaricien(ne)** Costarican

**costaud, e** * /kɔsto, od/ ADJ *[personne]* strong, sturdy; *[vin, tissu]* strong ◆ **une voiture ~** *ou* **~e** a sturdy car NM a *(= homme)* strong *ou* sturdy *ou* strapping man b ◆ **c'est du ~** *[alcool, tissu]* it's strong stuff; *[maison]* it's strongly built NF **costaude** strong *ou* sturdy *ou* strapping woman

**costume** /kɔstym/ NM a *(régional, traditionnel)* costume, dress ◆ **~ national** national costume *ou* dress ◆ **en ~ d'Adam/d'Ève** *(hum)* in his/her birthday suit *(hum)* b *(Ciné, Théât)* costume c *(= complet)* suit ◆ **~ deux/trois pièces** two-/three-piece suit ◆ **en ~-cravate** in a suit and tie COMP ▷ **costume de bain** bathing suit *ou* costume *(Brit)* ▷ **costume de cérémonie** ceremonial dress *(NonC)* ▷ **costume de chasse** hunting gear *(NonC)* ▷ **costume civil** ordinary clothes ▷ **costume marin** sailor suit

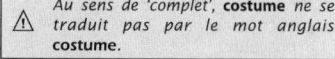

> ⚠ *Au sens de 'complet',* **costume** *ne se traduit pas par le mot anglais* **costume.**

**costumé, e** /kɔstyme/ (ptp de **costumer**) ADJ *[personne] (dans un bal)* in costume, in fancy dress *(Brit)*; *(au théâtre)* in costume; → **bal**

**costumer** /kɔstyme/ ▸ conjug 1 ◂ VT ◆ **~ qn en monstre/en Zorro** to dress sb up as a monster/as Zorro VPR **se costumer** *(= porter un déguisement)* to put on a costume *ou* fancy dress *(Brit)*; *[acteur]* to get into costume ◆ **se ~ en fée** to dress up as a fairy

**costumier** /kɔstymje/ NM *(= fabricant, loueur)* costumier, costumer; *(Théât = employé)* wardrobe master

**costumière** /kɔstymjɛʀ/ NF *(Théât)* wardrobe mistress

**cosy** /kozi/ ADJ *[atmosphère, confort, appartement]* cosy, snug

**cosy(-corner)** (pl **cosys** *ou* **cosy-corners**) /kozi(kɔʀnœʀ)/ NM corner divan *(with shelves attached)*

**cotangente** /kotɑ̃ʒɑ̃t/ NF cotangent

**cotation** /kɔtasjɔ̃/ NF *[de valeur boursière]* listing, quotation; *[de timbre, voiture]* valuation; *[de devoir scolaire]* marking *(Brit)*, grading *(US)*

♦ ~ **en Bourse/au second marché/à New York** listing *ou* quotation on the stock exchange/on the second market/in New York ♦ ~ **électronique** e-listing

**cote** /kɔt/ NF a *(= fixation du prix) [de valeur boursière]* quotation; *[de timbre, voiture d'occasion]* quoted value ♦ ~ **officielle** *(Bourse = liste)* official list ♦ **consulter la** ~ to look at the share prices ♦ **inscrit à la** ~ quoted *(Brit) ou* listed *(US)* on the stock exchange list

b *(= évaluation) [de devoir scolaire]* mark *(Brit)*, grade *(US)*; *(Courses) [de cheval]* odds (*de* on); ♦ **la** ~ **de Banjo est de 3 contre 1** the odds on Banjo are 3 to 1

c *(= popularité)* rating, standing ♦ **avoir une bonne** *ou* **grosse** ~ to be (very) highly thought of, to be highly rated (*auprès de* by); ♦ **avoir la** ~ * to be very popular (*auprès de* with) to be very well thought of *ou* highly rated (*auprès de* by); ♦ **elle a/n'a pas la** ~ * **auprès du patron** she is/isn't in the boss's good books ♦ ~ **de popularité** *ou* **de confiance** popularity *ou* approval rating ♦ **la** ~ **du président** the president's popularity rating

d *(sur une carte = altitude)* spot height; *(sur un croquis = dimension)* dimension ♦ **il y a une** ~ **qui est effacée** one of the dimensions has been rubbed out ♦ **l'ennemi a atteint la** ~ **215** the enemy reached hill 215 ♦ **les explorateurs ont atteint la** ~ **4.550/-190** the explorers reached the 4,550-metre mark above sea level/190-metre mark below ground

e *(= marque de classement) (gén)* classification mark, serial number *ou* mark; *[de livre de bibliothèque]* class(ification) mark *(Brit)*, call number *(US)*

f *(= part)* ~ **mobilière/foncière** *(Fin)* property/land assessment

COMP ▷ **cote d'alerte** *[de rivière]* danger mark *ou* level, flood level ♦ **atteindre la** ~ **d'alerte** *[de chômage, épidémie]* to reach *ou* hit crisis point ▷ **cote d'amour** ♦ **sa** ~ **d'amour remonte/baisse** his popularity rating is rising/falling ▷ **cote mal taillée** rough-and-ready solution

**coté, e** /kɔte/ (ptp de **coter**) ADJ ♦ **être très** ~ to be highly thought of *ou* rated ♦ **il est mal** ~ he's not very highly thought of ♦ **vin (très)** ~ highly-rated wine

**côte** /kot/ NF a *(Anat)* rib ♦ ~**s flottantes** floating ribs ♦ **vraie/fausse** ~ true/false rib ♦ **on peut lui compter les** ~**s, on lui voit les** ~**s** he's all skin and bone ♦ **avoir les** ~**s en long** *(fig)* to feel stiff ♦ **se tenir les** ~**s (de rire)** *(fig)* to split one's sides (with laughter) ♦ ~ **à** ~ side by side; → **caresser**

b *(Boucherie) [de bœuf]* rib; *[de veau, agneau, mouton, porc]* chop ♦ ~ **première** loin chop; → **faux**[2]

c *(= nervure) [de chou, coupole]* rib; *[de tissu]* rib, wale *(US)* ♦ **veste à** ~**s** ribbed jacket ♦ **velours à larges** ~**s** wide rib *ou* wide wale *(US)* corduroy, elephant cord ♦ **faire les poignets en** ~**s** *(Tricot)* to do the cuffs in rib(bing)

d *(= pente) [de colline]* slope, hillside; *(Aut) [de route]* hill ♦ **il a dû s'arrêter dans la** ~ he had to stop on the hill ♦ **ne pas dépasser au sommet d'une** ~ do not overtake when approaching the top of a hill *ou* on the brow of a hill *(Brit)* ♦ **en** ~ *(Aut)* on a hill; → **course, démarrage**

e *(= littoral)* coast; *(= ligne du littoral)* coastline ♦ **les** ~**s de France** the French coast(s) *ou* coastline ♦ **la Côte (d'Azur)** the (French) Riviera ♦ **la** ~ **d'Émeraude** the northern coast of Brittany ♦ **la Côte-d'Ivoire** the Ivory Coast ♦ ~ **rocheuse/découpée/basse** rocky/indented/low coastline ♦ **sur la** ~ *ou* **les** ~**s, il fait plus frais** it is cooler along *ou* on the coast ♦ **la route qui longe la** ~ the coast road ♦ **aller à la** ~ *(Naut)* to run ashore

**côté** /kote/ GRAMMAIRE ACTIVE 32.2, 53.3, 53.5 NM a *(= partie du corps)* side ♦ **être blessé au** ~ to be wounded in the side ♦ **l'épée au** ~ with his sword by his side ♦ **être couché sur le** ~ to be lying on one's side ♦ **à son** ~ at his side, beside him ♦ **aux** ~**s de** by the side of; → **point**[1]

b *(= face, partie latérale) [d'objet, route, feuille]* side ♦ **le** ~ **fermé, le petit** ~ *(Sport)* the inside ♦ **le** ~ **ouvert, le grand** ~ *(Sport)* the outside ♦ **changer de** ~ *(Tennis)* to change ends ♦ **un navire sur le** ~ *(Naut)* a ship on her beam-ends

c *(= aspect)* side, point ♦ **le** ~ **pratique/théorique** the practical/theoretical side ♦ **les bons et les mauvais** ~**s** *(de qn)* the good and bad sides *ou* points; *(de qch)* the pros and cons ♦ **il a un** ~ **sympathique** there's a likeable side to him ♦ **son attitude/ce film a un** ~ **pervers** there's something perverse about his attitude/this film ♦ **prendre qch du bon/mauvais** ~ to take sth well/badly ♦ **par certains** ~**s** in some respects *ou* ways ♦ **d'un** ~ **... d'un autre** ~ **...** *(alternative)* on (the) one hand ... on the other hand ...; *(hésitation)* in one respect *ou* way ... in another respect *ou* way ... ♦ **d'un** ~ **comme de l'autre** on both sides ♦ **(du)** ~ **santé tout va bien** * healthwise * *ou* as far as health is concerned everything is fine ♦ ~ **argent, tout va bien** * all's well on the money side, moneywise * everything is fine

d *(= parti, branche familiale)* side ♦ **de mon** ~ on my side (of the family) ♦ **du** ~ **paternel** on his father's side

e ~ **du vent** windward side ♦ ~ **sous le vent** leeward side ♦ **ils ne sont pas partis du bon** ~ they didn't go the right way *ou* in the right direction

f *(Théât)* ~ **cour** stage left, prompt side *(Brit)* ♦ ~ **jardin** stage right, opposite prompt side *(Brit)* ♦ **une chambre** ~ **rue** a bedroom overlooking the street

g *(locutions)*

♦ **à côté** *(proximité)* near; *(= pièce ou maison adjacente)* next door; *(= en comparaison)* in comparison ♦ **la maison/les gens (d')à** ~ the house/the people next door ♦ **nos voisins d'à** ~ our next-door neighbours ♦ **l'hôtel est (tout) à** ~ the hotel is near *ou* close by ♦ **elle a été très malade, ton rhume n'est rien à** ~ she's been very ill, your cold is nothing in comparison ♦ **ils ont mal visé, les bombes sont tombées à** ~ their aim was bad and the bombs went astray *ou* fell wide ♦ **je suis tombé à** ~ *(= me suis trompé)* I got it all wrong

♦ **à côté de** *(= à proximité de)* next to, beside; *(= en comparaison de)* compared to, by comparison with, beside ♦ **on passe à** ~ **de beaucoup de choses en ne voyageant pas** you miss a lot by not travelling ♦ **il est à** ~ **de la plaque** ‡ he hasn't got a clue * ♦ **à** ~ **de la cible** off target, wide of the target ♦ **il a répondu à** ~ **de la question** *(sans le faire exprès)* his answer was off the point; *(intentionnellement)* he avoided the question ♦ **leur maison est grande à** ~ **de la nôtre** their house is big compared to ours ♦ **il est paresseux, à** ~ **de ça il aime son travail** * he's lazy, but on the other hand he does like his work

♦ **de côté** *(= de biais) [marcher, regarder, se tourner]* sideways; *(= en réserve) [mettre, garder]* aside ♦ **regard de** ~ sidelong look ♦ **porter son chapeau de** ~ to wear one's hat (tilted) to *ou* on one side ♦ **mettre de l'argent de** ~ to put money by *ou* aside ♦ **se jeter de** ~ to leap aside *ou* to the *ou* to one side ♦ **laisser qn/qch de** ~ to leave sb/sth to one side *ou* out ♦ **de** ~ **et d'autre** here and there

♦ **de** + **côté** ♦ **de ce** ~**-ci/-là** this/that way ♦ **de ce** ~**(-là)** *(fig)* in that respect ♦ **de l'autre** ~ the other way, in the other direction ♦ **voir de quel** ~ **vient le vent** *(fig)* to see which way the wind is blowing ♦ **je l'ai entendu dire de divers** ~**s** I've heard it from several quarters *ou* sources ♦ **de chaque** ~ *ou* **des deux** ~**s de la cheminée** on each side *ou* on both sides of the fireplace ♦ **il a sauté de l'autre** ~ **du mur/du ruisseau** he jumped over the wall/across the stream ♦ **le bruit vient de l'autre** ~ **de la rivière/de la pièce** the sound is coming from across *ou* from over the river *ou* from the other side of the river/from the other side of the room ♦ **de l'autre** ~ **de la forêt il y a des prés** on the other side of the forest *ou* beyond the forest there are meadows ♦ **de l'autre** ~ **de la barricade** *ou* **de la barrière** on the other side of the fence

♦ **de mon/ton/son** *etc* **côté** ♦ **de mon** ~**, je ferai tout pour l'aider** for my part, I'll do everything I can to help him ♦ **renseigne-toi de ton** ~**, je me renseignerai du mien** you find out what you can and I'll do the same

♦ **de tous côtés** ♦ **venir de tous** ~**s** to come from all directions ♦ **assiégé de tous** ~**s** besieged on *ou* from all sides ♦ **chercher qn de tous** ~**s** to look for sb everywhere *ou* all over the place, to search high and low for sb

♦ **du côté de** ♦ **nous habitons du** ~ **de la poste** we live over by the post office ♦ **le vent vient du** ~ **de la mer/du** ~ **opposé** the wind is blowing from the sea/from the opposite direction ♦ **ils se dirigeaient du** ~ **des prés/du** ~ **opposé** they were heading towards the meadows/in the opposite direction ♦ **se ranger** *ou* **se mettre du** ~ **du plus fort** to side with the strongest ♦ **nous pourrions regarder du** ~ **de la littérature médiévale** we could take a look at medieval literature

**coteau** (pl **coteaux**) /kɔto/ NM *(= colline)* hill; *(= versant)* slope, hillside; → **flanc**

**côtelé, e** /kot(ə)le/ ADJ ribbed; → **velours**

**côtelette** /kotlɛt/ NF *(Culin)* cutlet ♦ ~**s découvertes** middle neck chops ♦ ~**s** * *(= côtes, flanc)* ribs, side

**coter** /kɔte/ ▸ conjug 1 ◂ VT a *[+ valeur boursière]* to quote, to list; *[+ timbre-poste, voiture d'occasion]* to quote the market price of; *[+ cheval]* to put odds on; *(Scol) [+ devoir]* to mark *(Brit)*, to grade *(US)*; *[+ film, roman]* to rate ♦ **coté en Bourse/au comptant** quoted *ou* listed on the stock exchange/on the spot market ♦ **être coté à l'Argus** to be listed *(in the secondhand car book)* b *[+ carte]* to put spot heights on; *[+ croquis]* to mark in the dimensions on c *[+ pièce de dossier]* to put a classification mark *ou* serial number *ou* serial mark on; *[+ livre de bibliothèque]* to put a class(ification) mark *(Brit) ou* call number *(US) ou* shelf-mark *ou* pressmark *(Brit)* on VI *(Bourse)* ♦ **valeur qui cote 50 €** share quoted *ou* listed at €50

**coterie** /kɔtʀi/ NF *(gén péj)* set ♦ ~ **littéraire** literary coterie *ou* clique *ou* set

**cothurne** /kɔtyʀn/ NM buskin

**côtier, -ière** /kotje, jɛʀ/ ADJ *[pêche]* inshore; *[navigation, région, fleuve, ville]* coastal *(épith)* ♦ **(bateau)** ~ coaster

**cotillon** /kɔtijɔ̃/ NM a *(serpentins etc)* ~**s** party novelties *(confetti, streamers, paper hats etc)* b *(†† = jupon)* petticoat; → **courir** c *(= danse)* cotillion, cotillon

**cotisant, e** /kɔtizɑ̃, ɑ̃t/ NM,F *[de club, syndicat]* subscriber, contributor (*à* to); *[de Sécurité sociale, pension]* contributor (*à* to); ♦ **seuls les** ~**s y ont droit** only those who pay their subscriptions (*ou* dues *ou* contributions) qualify

**cotisation** /kɔtizasjɔ̃/ **NF** *(= quote-part) [de club]* subscription; *[de syndicat]* subscription, dues; *[de Sécurité sociale, pension, mutuelle]* contributions ◆ **la ~ est obligatoire** there is a mandatory subscription charge

**cotiser** /kɔtize/ ▸ conjug 1 ◂ **VI** *(dans un club)* to subscribe, to pay one's subscription; *(à la Sécurité sociale)* to pay one's contributions (*à* to); ◆ **tu as cotisé pour le cadeau ?** did you chip in * for the present? **VPR se cotiser** to club together ◆ **ils se sont cotisés pour lui faire un cadeau** they clubbed together to get him a present

**côtoiement** /kotwamɑ̃/ **NM** *(= contact) [de danger, artistes]* contact (*de* with)

**coton** /kɔtɔ̃/ **NM** **a** *(= plante, fil)* cotton ◆ **~ à broder** embroidery thread ◆ **~ à repriser** darning thread *ou* cotton ◆ **~ hydrophile** cotton wool *(Brit)*, absorbent cotton *(US)* ◆ **robe de** *ou* **en ~** cotton dress **b** *(= tampon)* (cotton-wool *(Brit) ou* cotton *(US)*) swab ◆ **mets un ~ dans ton nez** put some *ou* a bit of cotton wool *(Brit) ou* cotton *(US)* in your nose **c** *(loc)* **avoir du ~ dans les oreilles** * to be deaf, to have cloth ears * *(Brit)* ◆ **j'ai les bras/jambes en ~** my arms/legs feel like jelly *ou* cotton wool *(Brit)* ◆ **c'est ~** * it's tricky *; → **élever, filer**

**cotonnade** /kɔtɔnad/ **NF** cotton (fabric)

**cotonneux, -euse** /kɔtɔnø, øz/ **ADJ** **a** *[fruit, feuille]* downy **b** *[brouillard]* wispy; *[nuage]* fluffy, fleecy, cotton-wool *(Brit) (épith)*; *[bruit]* muffled

**cotonnier, -ière** /kɔtɔnje, jɛʀ/ **ADJ** cotton *(épith)* **NM** *(Bot)* cotton plant

**Coton-tige** ® (pl **Cotons-tiges**) /kɔtɔ̃tiʒ/ **NM** cotton bud *(Brit)*, Q-tip ®

**côtoyer** /kotwaje/ ▸ conjug 8 ◂ **VT** **a** *(= être à côté de)* to be next to; *(= fréquenter)* to mix with, to rub shoulders with ◆ **~ le danger** to flirt with danger **b** *(= longer) (en voiture, à pied etc)* to drive (*ou* walk *etc*) along *ou* alongside; *[rivière]* to run *ou* flow alongside; *[route]* to skirt, to run along *ou* alongside **c** *(= frôler) [procédé, situation]* to be bordering *ou* verging on ◆ **cela côtoie la malhonnêteté** that is bordering *ou* verging on dishonesty ◆ **il aime à ~ l'illégalité** he likes to do things that verge on illegality *ou* that come close to being illegal **VPR se côtoyer** *[individus]* to mix, to rub shoulders; *[genres, extrêmes]* to meet, to come close

**cotre** /kɔtʀ/ **NM** *(Naut)* cutter

**cottage** /kɔtɛdʒ/ **NM** cottage

**cotte** /kɔt/ **NF** **a** *(Hist)* **~ de mailles** coat of mail ◆ **~ d'armes** *(= tunique)* coat of arms *(surcoat)* **b** *(= salopette)* overalls, (pair of) dungarees *(Brit)*; *(†† = jupe)* petticoat

**cotutelle** /kotytɛl/ **NF** joint guardianship

**cotuteur, -trice** /kotytœʀ, tʀis/ **NM,F** joint guardian

**cotylédon** /kɔtiledɔ̃/ **NM** *(Anat, Bot)* cotyledon

**cou** /ku/ **NM** *(Anat, Couture) [de bouteille]* neck ◆ **porter qch au ~** *ou* **autour du ~** to wear sth round one's neck ◆ **elle a un vrai ~ de girafe** she's got a neck like a giraffe ◆ **avoir mal au ~** *(Helv : à la gorge)* to have a sore throat ◆ **jusqu'au ~** *(lit)* up to one's neck ◆ **endetté jusqu'au ~** up to one's eyes in debt ◆ **être impliqué jusqu'au ~ dans un scandale** to be heavily implicated in a scandal ◆ **il est impliqué jusqu'au ~** he's in it up to his neck * ◆ **sauter** *ou* **se jeter au ~ de qn** to throw one's arms around sb's neck, to fall on sb's neck; → **bride, casser, taureau** *etc*

**couac** /kwak/ **NM** *(Mus) [d'instrument]* false note, goose note *(Brit)*; *[de voix]* false note ◆ **il y a eu des ~s pendant les discussions avec les syndicats** *(fig)* there were moments of friction during the talks with the unions

**couard, couarde** /kwaʀ, kwaʀd/ *(frm)* **ADJ** cowardly ◆ **il est trop ~ pour cela** he's too cowardly *ou* too much of a coward for that **NM,F** coward

**couardise** /kwaʀdiz/ **NF** *(frm)* cowardice

**couchage** /kuʃaʒ/ **NM** *(= matelas, draps)* bedding *(NonC)* ◆ **il faudra organiser le ~ en route** *(= installation)* we'll have to organize our sleeping arrangements on the way ◆ **matériel de ~** sleeping equipment, bedding ◆ **pour ~ 90/135** *(= matelas)* for mattress size 90/135 cm; → **sac¹**

**couchant** /kuʃɑ̃/ **ADJ** ◆ **soleil ~** setting sun ◆ **au soleil ~** at sunset *ou* sundown *(US)*; → **chien** **NM** *(= ouest)* west; *(= aspect du ciel, à l'ouest)* sunset, sundown *(US)*

**couche** /kuʃ/ **NF** **a** *(= épaisseur) [de peinture]* coat; *[de beurre, fard, bois, neige]* layer; *(Culin)* layer ◆ **ils avaient une ~ épaisse de crasse** they were covered in *ou* coated with dirt, they were covered in a thick layer of dirt ◆ **en tenir** *ou* **avoir une ~** * to be really thick * *ou* dumb *

**b** *(= zone)* layer, stratum; *(= catégorie sociale)* level, stratum ◆ **la ~ d'ozone** the ozone layer ◆ **~s de l'atmosphère** layers *ou* strata of the atmosphere ◆ **~s ligneuses** *(Bot)* woody *ou* ligneous layers ◆ **dans toutes les ~s de la société** at all levels of society, in every social stratum

**c** *(Hort)* hotbed; → **champignon**

**d** *[de bébé]* nappy *(Brit)*, diaper *(US)* ◆ **~-culotte** disposable nappy *(Brit) ou* diaper *(US)*

**e** *(littér = lit)* bed ◆ **une ~ de feuillage** a bed of leaves

**NFPL couches** *(Méd = accouchement)* confinement † ◆ **mourir en ~s** to die in childbirth ◆ **femme en ~s** woman in labour ◆ **elle a eu des ~s pénibles** she had a difficult confinement † *ou* labour; → **faux², relever, retour**

**couché, e** /kuʃe/ (ptp de **coucher**) **ADJ** **a** *(= étendu)* lying (down); *(au lit)* in bed ◆ **Rex, ~ !** lie down, Rex! ◆ **~ sur son guidon** bent over his handlebars **b** *(= penché) [écriture]* sloping, slanting **c** → **papier**

**couche-dehors** * /kuʃdəɔʀ/ **NM INV** down-and-out, homeless person

**coucher** /kuʃe/ ▸ conjug 1 ◂ **VT** **a** *(= mettre au lit)* to put to bed; *(= donner un lit à)* to put up ◆ **on peut vous ~** we can put you up, we can offer you a bed ◆ **nous pouvons ~ 4 personnes** we can put up *ou* sleep 4 people; → **nom**

**b** *(= étendre) [+ blessé]* to lay out; *[+ échelle]* to lay down; *[+ bouteille]* to lay on its side ◆ **il y a un arbre couché en travers de la route** there's a tree lying across the road ◆ **la rafale a couché le bateau** the gust of wind made the boat keel over *ou* keeled the boat over ◆ **le vent a couché les blés** the wind has flattened the corn; → **joue**

**c** *(frm = inscrire)* to inscribe ◆ **~ qn dans un testament** to name sb in a will ◆ **~ qn sur une liste** to inscribe *ou* include sb's name on a list ◆ **~ un article dans un contrat** to insert a clause into a contract

**d** *(Hort) [+ branches]* to layer

**VI** **a** *(= passer la nuit, séjourner)* to sleep ◆ **nous avons couché à l'hôtel/chez des amis** we spent the night at a hotel/with friends ◆ **nous couchions à l'hôtel/chez des amis** we were staying in a hotel/with friends ◆ **~ sous la tente** to sleep under canvas ◆ **il faudra qu'il couche par terre** he'll have to sleep on the floor ◆ **on peut ~ à 5 dans le bateau** the boat sleeps 5 ◆ **ma voiture couche dehors** * my car stays outside at night; → **étoile**

**b** *(* = se coucher)* to go to bed ◆ **cela nous a fait ~ très tard** that kept us up very late

**c** *(* = avoir des rapports sexuels)* **~ avec qn** to sleep *ou* go to bed with sb ◆ **ils couchent ensemble** they're sleeping together ◆ **avant le mariage, je ne couche pas** I don't believe in (having) sex before marriage

**VPR se coucher** **a** *(= aller au lit)* to go to bed ◆ **se ~ comme les poules** to go to bed early *ou* when the sun goes down ◆ **va te ~ !** * *(fig)* clear off! *; → **comme**

**b** *(= s'étendre)* to lie down ◆ **il s'est couché sur l'enfant pour le protéger** he lay on top of the child to protect him ◆ **le gardien s'est couché sur le ballon** the goalkeeper smothered the ball ◆ **se ~ sur les avirons/le guidon** *(Sport)* to bend over the oars/the handlebars ◆ **un poteau s'est couché au travers de la route** there's a telegraph pole lying across the road ◆ **se ~ devant qn** * *(péj)* to crawl to sb, to grovel before sb

**c** *[soleil, lune]* to set, to go down

**d** *(Naut) [bateau]* to keel over

**e** *(Cartes = s'incliner) (gén)* to throw in one's hand; *(Poker)* to fold

**NM** **a** *(= moment)* **surveiller le ~ des enfants** to see the children into bed ◆ **le ~ était toujours à 9 heures** bedtime was always at 9 o'clock ◆ **le ~ du roi** *(Hist)* the king's going-to-bed ceremony

**b** *(† = logement)* accommodation ◆ **le ~ et la nourriture** board and lodging

**c** *(= tombée de la nuit)* **(au) ~ du soleil** (at) sunset *ou* sundown *(US)* ◆ **le soleil à son ~** the setting sun

**coucherie** /kuʃʀi/ **NF** *(gén pl : péj)* sleeping around *(NonC)*

**couche-tard** * /kuʃtaʀ/ **NMF INV** night owl *

**couche-tôt** * /kuʃto/ **NMF INV** ◆ **c'est un ~** he always goes to bed early

**couchette** /kuʃɛt/ **NF** *(Rail)* couchette, berth; *(Naut) [de voyageur]* couchette, berth; *[de marin]* bunk

**coucheur** /kuʃœʀ/ **NM** → **mauvais**

**couci-couça** * /kusikusa/ **ADV** so-so *

**coucou** /kuku/ **NM** **a** *(= oiseau)* cuckoo; *(= pendule)* cuckoo clock ◆ **maigre comme un ~** * as thin as a rake **b** *(péj = avion)* (old) crate * **c** *(= fleur)* cowslip **d** *(* = bonjour)* **faire un petit ~** to say hello (*à* to); ◆ **elle a fait un ~ à la caméra** she waved to the camera **EXCL** *(à cache-cache)* peek-a-boo!; *(= bonjour)* cooey!, hello! ◆ **~, c'est moi !** hi! *ou* hello!, it's me!

**coude** /kud/ **NM** **a** *(Anat = partie de la manche)* elbow ◆ **~s au corps** *(lit)* (with one's) elbows in; *[courir]* at the double ◆ **se tenir** *ou* **serrer les ~s** to stick together ◆ **coup de ~** nudge ◆ **prendre un coup de ~ dans la figure** to get an elbow in the face ◆ **écarter qn d'un coup de ~** to elbow sb out of the way ◆ **d'un coup de ~ il attira son attention** he nudged him to attract his attention ◆ **donner un coup de ~ à qn** *(légèrement)* to give sb a nudge, to nudge sb; *(plus brutalement)* to elbow sb ◆ **~ à ~** *[travailler]* shoulder to shoulder, side by side ◆ **être au ~ à ~** *[coureurs, candidats]* to be neck and neck (*avec* with); ◆ **j'ai** *ou* **je garde votre dossier sous le ~** I am holding on to your file ◆ **j'ai toujours ce dictionnaire sous le ~** I always keep this dictionary handy; → **doigt, huile** *etc*

**b** *[de rivière]* bend, elbow; *[de route, tuyau, barre]* bend

**coudé, e** /kude/ (ptp de **couder**) ADJ *[tuyau, barre]* angled, bent at an angle, with a bend in it

**coudée** /kude/ NF (†† = *mesure)* cubit † ◆ **avoir ses** *ou* **les ~s franches** *(lit)* to have elbow room; *(fig)* to have complete freedom of action ◆ **laisser les ~s franches à qn** to give sb complete freedom of action

**cou-de-pied** (pl **cous-de-pied**) /kud(ə)pje/ NM instep

**couder** /kude/ ▸ conjug 1 ◂ VT *[+ tuyau, barre de fer]* to put a bend in, to bend (at an angle)

**coudoyer** /kudwaje/ ▸ conjug 8 ◂ VT *[+ gens]* to rub shoulders with, to mix with, to come into contact with ◆ **dans cet article, la stupidité coudoie la mesquinerie** in this article, stupidity stands side by side with pettiness

**coudre** /kudʀ/ ▸ conjug 48 ◂ VT *[+ pièces de tissu]* to sew (together); *[+ pièce, bouton]* to sew on; *[+ vêtement]* to sew up, to stitch up; *(Reliure) [+ cahiers]* to stitch; *(Méd) [+ plaie]* to sew up, to stitch (up) ◆ **~ un bouton/une pièce à une veste** to sew a button/patch on a jacket ◆ **~ une semelle (à l'empeigne)** to stitch a sole (to the upper) ◆ **~ à la main/à la machine** to sew by hand/by machine; → **dé, machine**

**coudrier** /kudʀije/ NM hazel tree

**Coué** /kwe/ N ◆ **méthode ~** autosuggestion, Couéism *(SPÉC)* ◆ **il faut pratiquer** *ou* **utiliser la méthode ~** you need to try self-persuasion

**couenne** /kwan/ NF a *[de lard]* rind; *(Helv) [de fromage]* rind b (* = *peau)* hide * c *(Méd) [de peau]* membrane

**couenneux, -euse** /kwanø, øz/ ADJ → **angine**

**couette** /kwɛt/ NF a (= *couverture)* continental quilt, duvet, comforter *(US)* ◆ **se mettre sous la ~** to go to bed, to turn in * b *[de cheveux]* **~s** bunches

**couffin** /kufɛ̃/ NM *[de bébé]* Moses basket; († = *cabas)* (straw) basket

**coug(o)uar** /kugwaʀ/ NM cougar

**couic** /kwik/ EXCL erk!, squeak! ◆ **je n'y comprends que ~** †* I don't understand a blooming * *(Brit) ou* darn * *(US)* thing ◆ **faire ~** * (= *mourir)* to croak *, to snuff it *

**couille** ** /kuj/ NF a (= *testicule)* ball ** ◆ **~s** balls **, bollocks ** *(Brit)* ◆ **avoir des ~s** *(courage)* to have balls ** ◆ **c'est une ~ molle** he has no balls ** ◆ **se faire des ~s en or** to get filthy rich * b (= *erreur, problème)* balls-up ** *(Brit)*, cock-up * *(Brit)*, ball-up ** *(US)* ◆ **faire une ~** to screw up *, to fuck up ** ◆ **je n'ai eu que des ~s cette semaine** it's been one cock-up ** *(Brit) ou* balls-up ** *(Brit) ou* ball-up ** *(US)* after another this week ◆ **partir en ~** to go down the drain *

**couillon** * /kujɔ̃/ ADJ M damn * *ou* bloody * *(Brit)* stupid NM damn * *ou* bloody * *(Brit)* idiot *ou* cretin *

**couillonnade** * /kujɔnad/ NF bullshit ** *(NonC)* ◆ **c'est de la ~** it's a load of bullshit **

**couillonner** * /kujɔne/ ▸ conjug 1 ◂ VT to con *, to do * *(Brit)* ◆ **on t'a couillonné, tu t'es fait ~** you've been had * *ou* conned * *ou* done * *(Brit)*

**couinement** /kwinmɑ̃/ NM *[de porc, freins]* squealing *(NonC)*, squeal; *[de souris etc]* squeaking *(NonC)*, squeak; *[de porte, ressort]* creaking *(NonC)*; *(péj) [de personne]* whining *(NonC)*, whine ◆ **pousser un ~** *[porc]* to squeal; *[souris etc]* to squeak

**couiner** * /kwine/ ▸ conjug 1 ◂ VI *[porc, freins]* to squeal; *[souris etc]* to squeak; *[porte, ressort]* to creak; *(péj) [personne]* to whine

**coulage** /kulaʒ/ NM a *[de cire, ciment]* pouring; *[de statue, cloche]* casting b *(Écon)* (= *gaspillage)* waste; (= *vol)* pilferage

**coulant, e** /kulɑ̃, ɑ̃t/ ADJ a *[pâte]* runny; *[vin]* smooth; *[style]* (free-)flowing, smooth; → **nœud** b (* = *indulgent) [personne]* easy-going NM a *[de ceinture]* sliding loop b *(Bot)* runner

**coule** /kul/ NF (= *capuchon)* cowl ◆ **être à la ~** †* to know the ropes, to know the tricks of the trade

**coulé, e** /kule/ (ptp de **couler**) ADJ *(jeu de bataille navale)* ◆ **(touché) ~ !** she's gone under!; → **brasse** NM *(Mus)* slur; *(Danse)* glide; *(Billard)* follow NF **coulée** *[de métal]* casting ◆ **~e de lave** lava flow ◆ **~e de boue** mudslide ◆ **~e de neige** snowslide ◆ **il y a une ~e** *[de peinture]* the paint has run ◆ **il y a des/trois ~es** the paint has run (in several places)/in three places ◆ **~e verte** pedestrian zone *(bordered with trees and grass)*

**coulemelle** /kulmɛl/ NF parasol mushroom

**couler** /kule/ ▸ conjug 1 ◂ VI a *[liquide]* to run, to flow; *[sang, larmes]* to flow; *[fromage, bougie]* to run; *[rivière]* to flow ◆ **la sueur coulait sur son visage** he had sweat running down his face; *(plus fort)* he had sweat pouring down his face ◆ **ton rimmel a coulé** your mascara has run ◆ **~ à flots** *[vin, champagne]* to be flowing freely ◆ **le sang a coulé** *(fig)* blood has been shed

b ◆ **faire ~** *[+ eau]* to run ◆ **faire ~ un bain** to run a bath, to run water for a bath ◆ **faire ~ le sang** *(fig)* to cause bloodshed ◆ **ça a fait ~ beaucoup d'encre** *(fig)* it has caused a lot of ink to flow ◆ **ça fera ~ de la salive** that'll set (the) tongues wagging

c *[robinet]* to run; (= *fuir)* to leak; *[récipient, stylo]* to leak ◆ **ne laissez pas ~ les robinets** don't leave the taps *(Brit) ou* faucets *(US)* running *ou* on ◆ **il a le nez qui coule** his nose is running, he has a runny nose

d *[paroles]* to flow; *[roman, style]* to flow (along) ◆ **~ de source** (= *être clair)* to be obvious; (= *s'enchaîner)* to follow naturally

e *[vie, temps]* to slip by, to slip past

f *[bateau, personne]* to sink; *[entreprise]* to go under, to fold ◆ **~ à pic** to sink straight to the bottom

VT a *[+ cire, ciment]* to pour; *[+ métal, statue, cloche]* to cast ◆ **~ une bielle** *(Aut)* to run a big end

b (= *passer)* **~ une existence paisible/des jours heureux** to enjoy a peaceful existence/happy days

c *[+ bateau]* to sink, to send to the bottom; (= *discréditer) [+ personne]* to discredit; (* = *faire échouer) [+ candidat]* to bring down; *[+ entrepreneur, firme]* to wreck, to ruin ◆ **c'est son accent/l'épreuve de latin qui l'a coulé** * it was his accent/the Latin test that brought him down

d (= *glisser) [+ regard, sourire]* to steal; *[+ pièce de monnaie]* to slip

e (= *filtrer) [+ liquide]* to pour

VPR **se couler** a (= *se glisser)* **se ~ dans/à travers** to slip into/through ◆ **se ~ dans un moule** *[personne]* to conform to a norm

b ◆ **se la ~ douce** * (= *avoir la belle vie)* to have it easy *, to have an easy time (of it) *; (= *paresser)* to take it easy

**couleur** /kulœʀ/ NF a (= *coloris)* colour *(Brit)*, color *(US)*; (= *nuance)* shade, tint, hue *(littér)* ◆ **~s fondamentales/complémentaires** primary/complementary colours ◆ **une robe de ~ bleue** a blue dress ◆ **de ~ claire/sombre** light-/dark-coloured ◆ **une belle ~ rouge** a beautiful shade of red, a beautiful red colour ◆ **aux ~s délicates** delicately coloured, with delicate colours ◆ **film/cartes en ~s** colour film/postcards ◆ **vêtements noirs ou de ~** dark or colourful clothes ◆ **la ~, les ~s** (= *linge de couleur)* coloureds ◆ **je n'aime pas les ~s de la chambre** I don't like the colour scheme *ou* the colours in the bedroom ◆ **les feuilles prenaient une ~ dorée** the leaves were turning golden-brown *ou* taking on a golden-brown colour ◆ **se faire faire sa** *ou* **une ~** to have one's hair coloured; → **goût**

b (= *peinture)* paint ◆ **~s à l'eau** watercolours ◆ **~s à l'huile** oil colours, oil paint ◆ **boîte de ~s** paintbox, box of paints; → **crayon, marchand**

c (= *carnation)* **~s** colour *(Brit)*, color *(US)* ◆ **avoir des ~s** to have a good colour ◆ **perdre ses/(re)prendre des ~s** to lose/get back one's colour ◆ **tu as pris des ~s** *(bronzage)* you've caught the sun; → **changer, haut**

d (= *vigueur)* colour *(Brit)*, color *(US)* ◆ **ce récit a de la ~** this tale is very vivid *ou* colourful ◆ **sans ~** colourless

e (= *caractère)* colour *(Brit)*, color *(US)*, flavour *(Brit)*, flavor *(US)* ◆ **le poème prend soudain une ~ tragique** the poem suddenly takes on a tragic colour *ou* note

f *(Pol* = *étiquette)* colour *(Brit)*, color *(US)* ◆ **~ politique** political persuasion

g *(Cartes)* suit; → **annoncer**

h *(Sport)* **~s** *[de club, écurie]* colours *(Brit)*, colors *(US)* ◆ **les ~s** *(drapeau)* the colours *(Brit) ou* colors *(US)*

i ◆ **~ locale** local colour ◆ **ces costumes font très ~ locale** these costumes give plenty of local colour

j *(loc)* **homme/femme de ~** coloured man/woman ◆ **sous ~ de qch** under the guise of sth ◆ **sous ~ de faire** while pretending to do ◆ **montrer/présenter qch sous de fausses ~s** to show/present sth in a false light ◆ **décrire** *ou* **peindre qch sous les plus sombres/vives ~s** to paint the darkest/rosiest picture of sth, to paint sth in the darkest/rosiest colours ◆ **l'avenir se présente sous les plus sombres ~s** the future looks very dark *ou* looks very gloomy ◆ **elle n'a jamais vu la ~ de son argent** * she's never seen the colour of his money * ◆ **il m'a promis un cadeau mais je n'en ai jamais vu la ~** * he promised me a present but I've yet to see it; → **voir**

ADJ INV ◆ **yeux ~ d'azur** sky-blue eyes ◆ **tissu ~ cyclamen/mousse** cyclamen-coloured/moss-green material ◆ **~ chair** flesh-coloured, flesh *(épith)* ◆ **~ paille** straw-coloured

**couleuvre** /kulœvʀ/ NF ◆ **~ (à collier)** grass snake ◆ **~ lisse** smooth snake ◆ **~ vipérine** viperine snake; → **avaler**

**couleuvrine** /kulœvʀin/ NF *(Hist)* culverin

**coulis** /kuli/ ADJ M → **vent** NM a *(Culin)* coulis ◆ **~ de framboise/de cassis/de tomates** raspberry/blackcurrant/tomato coulis ◆ **~ d'écrevisses** crayfish bisque b *(Tech)* (= *mortier)* grout; (= *métal)* molten metal *(filler)*

**coulissant, e** /kulisɑ̃, ɑ̃t/ ADJ *[porte, panneau]* sliding *(épith)* ◆ **ceinture ~e** drawstring belt

**coulisse** /kulis/ NF a *(Théât : gén pl)* wings ◆ **en ~, dans les ~s** *(Théât)* in the wings; *(fig)* behind the scenes ◆ **les ~s de la politique** what goes on behind the political scenes ◆ **rester dans la ~** to work behind the scenes b *[de porte, tiroir]* runner; *[de rideau]* top hem; *[de robe]* casing; (= *panneau mobile)* sliding door; *(Tech* = *glissière)* slide ◆ **porte à ~** sliding door ◆ **regard en ~** sidelong glance *ou* look; → **pied, trombone** c († : *Bourse)* unofficial Stock Market

**coulisseau** (pl **coulisseaux**) /kuliso/ NM *[de tiroir]* runner; *(Tech)* slide

**coulisser** /kulise/ ► conjug 1 ◄ **VT** *[+ tiroir, porte]* to provide with runners; *[+ rideau]* to hem (the top of) ◆ **jupe coulissée** skirt with a drawstring waist **VI** *[porte, rideau, tiroir]* to slide, to run

**coulissier** † /kulisje/ **NM** unofficial broker

**couloir** /kulwaʀ/ **NM** *[de bâtiment]* corridor, passage; *[de wagon]* corridor; *[d'avion, train]* aisle; *[d'appareil de projection]* channel, track; *(Athlétisme, Natation)* lane; *(Tennis)* tramlines *(Brit)*, alley *(surtout US)*; *(Géog)* gully, couloir *(SPÉC)*; *(Ski)* corridor; *(pour bus, taxi)* lane ◆ **~ aérien** air (traffic) lane ◆ **~ humanitaire** safe *ou* humanitarian corridor ◆ **~ de navigation** shipping lane ◆ **~ d'avalanches** *(Géog)* avalanche corridor ◆ **le ~ rhodanien** *(Géog)* the Rhône corridor ◆ **bruits de ~(s)** *(Pol etc)* rumours ◆ **intrigues de ~(s)** *(Pol etc)* backstage manoeuvring

**coulommiers** /kulɔmje/ **NM** Coulommiers cheese *(soft cheese)*

**coulpe** /kulp/ **NF** *(littér ou hum)* ◆ **battre sa ~** to beat one's breast

**coulure** /kulyʀ/ **NF** **a** *[de vigne]* failure to set fruit **b** *(= trace) [de métal]* runoff ◆ **il y a des ~s** *[de peinture]* the paint has run (in several places)

## coup /ku/

> Lorsque **coup** est suivi d'un complément de nom désignant une partie du corps ou un instrument (**coup de main/pied/balai/marteau/téléphone, coup d'œil** etc), cherchez à ce nom.

NOM MASCULIN

**a** [= heurt, choc] knock, blow; *(affectif)* blow, shock; *(marquant l'agression)* blow ◆ **il a pris un ~ sur la tête** *(= il s'est cogné)* he knocked *ou* hit *ou* banged his head, he was hit on the head; *(= on l'a frappé)* he was hit on the head, he got a blow on the head ◆ **la voiture a reçu un ~** the car has had a knock *(Brit) ou* bump ◆ **donner des ~s dans la porte** to bang *ou* hammer at the door ◆ **donner un ~ sec pour dégager qch** to give sth a sharp knock to release it ◆ **ça a porté un ~ sévère à leur moral** it dealt a severe blow to their morale ◆ **en prendre un (bon *ou* sacré *ou* sérieux) ~** * *[carrosserie]* to have a (nasty) bash * *(Brit) ou* bang; *[personne, confiance, moral]* to take a (nasty) blow *ou* a (real) knock ◆ **ça lui a fait *ou* fichu un ~** * it's given him a (bit of a) shock, it was a bit of a blow (for him) ◆ **~ dur** hard blow ◆ **il m'a donné un ~** he hit me ◆ **en venir aux ~s** to come to blows ◆ **les ~s tombaient dru *ou* pleuvaient** the blows rained down ◆ **~s et blessures** *(Jur)* assault and battery, aggravated assault; → **accuser, marquer**

**b** [Sport = geste] *(Cricket, Golf, Tennis)* stroke; *(Boxe)* blow, punch; *(Tir)* shot; *(Échecs)* move; *(aux dés)* throw ◆ **il a fait 421 en deux ~s** he got 421 in two throws ◆ **~ droit** *(Tennis)* drive ◆ **~ droit croisé** *(Tennis)* cross-court drive ◆ **renvoyer la balle en ~ droit** to do a forehand drive ◆ **~ bas** *(Boxe)* blow *ou* punch below the belt; *(fig)* blow below the belt ◆ **c'était un ~ bas** that was below the belt ◆ **~ franc** *(Ftbl, Rugby)* free kick; *(Basket)* free-throw shot ◆ **tous les ~s sont permis** no holds barred ◆ **un ~ pour rien** *(lit)* a go for nothing, a free go ◆ **c'était un ~ pour rien** *(fig)* it was all for nothing; → **discuter, marquer**

**c** [= habileté] **avoir le ~** to have the knack ◆ **attraper *ou* prendre le ~** to get the knack; → **main**

**d** [effort] **en mettre un ~** * to pull out all the stops * ◆ **il en met un sacré ~** * he's really going at it

**e** [= décharge, détonation] *[d'arme à feu]* shot ◆ **à six ~s** six-shot *(épith)* ◆ **il jouait avec le fusil quand le ~ est parti** he was playing with the rifle when it went off ◆ **faire ~ double** *(Chasse)* to do a right and left; *(fig)* to kill two birds with one stone; → **feu¹, grâce, tirer**

**f** [= bruit de choc] knock; *(sec)* rap ◆ **il y eut un ~ à la porte** there was a knock at the door ◆ **sonner 3 ~s** to ring 3 times ◆ **les douze ~s de midi** the twelve strokes of noon ◆ **sur le ~ de minuit** at *ou* on the stroke of midnight ◆ **sur le ~ des 10-11 heures** around 10 or 11; → **frapper**

**g** [= événement fortuit] **~ du sort *ou* du destin** blow dealt by fate ◆ **~ de chance *ou* de veine** *, **~ de pot** * *ou* **de bol** * stroke *ou* piece of luck ◆ **~ de malchance** rotten luck; → **sale**

**h** [* = action concertée, hasardeuse] *[de cambrioleurs]* job * ◆ **~ médiatique** media stunt ◆ **il est sur un ~** he's up to something ◆ **elle voulait cette maison, mais ils étaient plusieurs sur le ~** she wanted that house but there were several people after it ◆ **c'est un ~ à faire *ou* tenter** it's worth (having) a go * *ou* a bash * *(Brit)* ◆ **réussir un beau ~** to pull it off ◆ **il a manqué *ou* raté son ~** he blew it *, he didn't pull it off * ◆ **c'est un ~ à se tuer !** * **/à se faire virer !** * you could get yourself killed doing that!/fired for doing that! ◆ **c'est encore un ~ de 100 €** * that'll be another €100 to fork out *; → **cent¹, quatre**

◆ **dans le coup** ◆ **être dans le ~** *(impliqué)* to be in on it *; *(au courant)* to know all about it; *(expert)* to know what's what; *(à la page)* to be with it * ◆ **une grand-mère dans le ~** a with-it * *ou* hip * grandmother ◆ **mettre qn dans le ~** to get sb involved, to bring sb in ◆ **pendant le match, il n'était pas dans le ~** he wasn't really with it * during the match

◆ **valoir le coup** ◆ **ça vaut le ~** it's worth it ◆ **c'est un film qui vaut le ~** the film is worth seeing ◆ **cela valait le ~ d'essayer** it was worth trying *ou* a try ◆ **ça ne vaut pas le ~ de partir pour 2 jours** it's not worth going just for 2 days ◆ **elle vaut vraiment le ~ qu'on la forme** * it's really worth our while to train her

**i** [= action contre qn] trick ◆ **~ monté** setup ◆ **c'est bien un ~ à lui** that's just like him *ou* typical of him ◆ **tu ne vas pas nous faire le ~ d'être malade** you're not going to go and be ill on us * ◆ **il nous fait le ~ chaque fois** he always does that ◆ **un ~ en vache** * a dirty trick * ◆ **faire un ~ en vache à qn** * to do the dirty on sb *, to pull a dirty trick on sb * ◆ **un ~ en traître** a stab in the back; → **mauvais, panne¹, sale**

**j** [* = fois] time ◆ **à chaque ~, à tous (les) ~s, à tout ~** every time ◆ **à tous les ~s on gagne !** every one a winner! ◆ **du même ~** at the same time ◆ **pleurer/rire un bon ~** to have a good cry/laugh

◆ **au coup par coup** *[agir]* on an ad hoc basis; *[embaucher, acheter]* as and when the need arises ◆ **nous réglerons ce problème au ~ par ~** we'll deal with this problem as we go along

◆ **coup sur coup** in quick succession ◆ **deux victoires ~ sur ~, c'est bon pour l'équipe !** two wins one after the other *ou* two successive wins, that's good for the team!

◆ **d'un seul coup** ◆ **d'un seul ~, les lumières s'éteignirent** all at once *ou* all of a sudden the lights went out ◆ **il a sauté 4 marches d'un seul ~** he leaped *ou* took 4 steps in one go *ou* at a time

◆ **du premier coup, au premier coup** straight away, right away ◆ **il a eu son permis de conduire du premier ~** he got his driving licence first time round *ou* first go *

**k** [* = quantité bue] **boire un ~** to have a drink *ou* something to drink ◆ **aller boire un ~** *(gén)* to go and have something to drink; *(au café)* to go for a drink ◆ **je te paie un ~ (à boire)** I'll buy you a drink ◆ **vous boirez bien un ~ de rouge avec nous ?** come and have a glass of red wine with us ◆ **il a bu un ~ de trop, il a un ~ dans le nez** * he's had one too many *, he's had one over the eight *

**l** [*** = partenaire sexuel] **être un bon ~** to be a good screw*** *ou* fuck***

**m** [locutions]

◆ **à coup(s) de** *(= au moyen de)* ◆ **la société boucle son budget à ~s de subventions** the firm manages to balance its budget by using *ou* through subsidies ◆ **réussir à ~ de publicité** to succeed through advertising

◆ **à coup sûr** *(= sûrement)* definitely

◆ **après coup** afterwards, after the event

◆ **du coup** as a result

◆ **pour le coup** ◆ **c'est pour le ~ qu'il se fâcherait** then he'd really get angry ◆ **là, pour le ~, il m'a étonné** he really surprised me there

◆ **sous le coup de** *(= sous l'effet de) [+ surprise, colère]* in the grip of ◆ **sous le ~ d'une forte émotion** in a highly emotional state, in the grip of a powerful emotion ◆ **être sous le ~ d'une condamnation** to have a current conviction ◆ **être sous le ~ d'une mesure d'expulsion** to be under an expulsion order ◆ **il est sous le ~ d'un mandat d'arrêt** there is a warrant out for his arrest ◆ **tomber sous le ~ de la loi** *[activité, acte]* to be a statutory offence

◆ **sur le coup** *(= instantanément)* outright ◆ **mourir sur le ~** *(assassinat)* to be killed outright; *(accident)* to die *ou* be killed instantly ◆ **sur le ~ je n'ai pas compris** at the time I didn't understand

◆ **tout à coup, tout d'un coup** all of a sudden, suddenly, all at once

**coupable** /kupabl/ **ADJ** **a** *(= fautif) [personne]* guilty *(de* of) ◆ **il s'est rendu ~ de corruption** he was guilty of corruption; → **non, plaider** **b** *(= blâmable) [désirs, amour]* guilty *(épith)*; *[action, négligence]* culpable, reprehensible; *[faiblesse]* reprehensible **NMF** culprit, guilty party *(hum)* ◆ **le grand ~ c'est le jeu** the real culprit is gambling, gambling is chiefly to blame

**coupage** /kupaʒ/ **NM** *[de vin] (avec un autre vin)* blending *(NonC)*; *(avec de l'eau)* dilution *(NonC)*, diluting *(NonC)* ◆ **ce sont des ~s, ce sont des vins de ~** these are blended wines

**coupant, e** /kupɑ̃, ɑ̃t/ **ADJ** *[lame, brin d'herbe]* sharp(-edged); *[ton, réponse]* sharp

**coupe¹** /kup/ **NF** **a** *(à dessert, à glace)* dish, bowl; *(= contenu)* dish(ful), bowl(ful); *(à boire)* goblet ◆ **une ~ de champagne** a glass of champagne ◆ **~ à fruits** *(= saladier)* fruit bowl; *(individuelle)* fruit dish, coupe ◆ **la ~ est pleine** *(fig)* I've had enough, that's the limit; → **boire, loin** **b** *(Sport = objet, épreuve)* cup ◆ **~ d'Europe/du monde** European/World cup ◆ **la ~ de France de football** the French football *(Brit) ou* soccer *(US)* cup ◆ **la Coupe des Coupes** the Cupwinners' Cup

**coupe²** /kup/ **NF** **a** *(Couture) (= action)* cutting(-out); *(= pièce de tissu)* length; *(= façon d'être coupé)* cut ◆ **robe de belle ~/de ~ sobre** beautifully/simply cut dress ◆ **~ nette *ou* franche** clean cut

**b** *(Sylviculture) (= action)* cutting (down); *(= étendue de forêt)* felling area; *(= surface, tranche)* section

**c** *[d'herbe]* cutting; *[de gâteau]* cutting up, slicing; *[de rôti]* carving, cutting up ◆ **fro-**

**mage/beurre vendu à la** ~ cheese/butter sold loose

d *[de cheveux]* cutting ◆ ~ **(de cheveux)** (hair)cut ◆ ~ **au rasoir** razor-cut ◆ **faites-moi une ~ toute simple** just do something simple

e *(pour examen au microscope)* section ◆ ~ **histologique** histological section

f *(= dessin, plan)* section ◆ **le navire vu en ~** a (cross) section of the ship ◆ ~ **transversale** cross *ou* transversal section ◆ ~ **longitudinale** longitudinal section

g *(Littérat) [de vers]* break, caesura

h *(Cartes)* cut, cutting *(NonC)* ◆ **jouer sous la ~ de qn** to lead (after sb has cut)

i *(= réduction)* cut ◆ **faire des ~s dans qch** to make cuts in sth

j *(loc)* **être sous la ~ de qn** *[personne] (= être dominé)* to be under sb's thumb; *(hiérarchiquement)* to be under sb; *[entreprise, organisation]* to be under sb's control ◆ **tomber sous la ~ de qn** to fall prey to sb, to fall into sb's clutches

COMP ▷ **coupe claire** clear-cutting, clear-felling ◆ **faire des ~s claires dans qch** *(fig)* to make drastic cuts in sth ▷ **coupe d'ensemencement** thinning (out) *(to allow space for sowing new trees)* ▷ **coupe réglée** periodic felling ◆ **mettre en ~ réglée** *(fig)* to bleed systematically ▷ **coupe sombre** (slight) thinning (out) ◆ **faire des ~s sombres dans** to make drastic cuts in ◆ **~s sombres dans le personnel** severe staff reductions *ou* cutbacks

**coupé, e**[1] /kupe/ (ptp de **couper**) ADJ a *[vêtement]* **bien/mal** ~ well/badly cut b *[communications, routes]* cut off *(attrib)* c *[vin]* blended d *(Vét = castré)* neutered NM *(Aut, Danse)* coupé

**coupe-chou(x)** * (pl **coupe-choux**) /kupʃu/ NM *(= épée)* short sword; *(= rasoir)* open razor

**coupe-cigare** (pl **coupe-cigares**) /kupsigaʀ/ NM cigar cutter

**coupe-circuit** (pl **coupe-circuits**) /kupsiʀkɥi/ NM cutout, circuit breaker

**coupe-coupe** /kupkup/ NM INV machete

**coupée**[2] /kupe/ NF *(Naut)* gangway *(opening, with ladder)*; → **échelle**

**coupe-faim(s)** (pl **coupe-faim(s)**) /kupfɛ̃/ NM appetite suppressant ◆ **le tabac a un effet ~** smoking takes away your appetite

**coupe-feu** (pl **coupe-feu(x)**) /kupfø/ NM *(= espace)* firebreak; *(= chose)* fireguard ◆ **porte** ~ fire door

**coupe-file** (pl **coupe-files**) /kupfil/ NM *(= carte de priorité)* pass

**coupe-frites** /kupfʀit/ NM INV chip-cutter *ou* -slicer *(Brit)*, French-fry-cutter *ou* -slicer *(US)*

**coupe-gorge** (pl **coupe-gorge(s)**) /kupgɔʀʒ/ NM *(= quartier)* dangerous *ou* no-go area; *(= rue)* dangerous back-alley ◆ **ce café/cette banlieue est un vrai ~ !** you take your life in your hands when you go into that café/area!

**coupe-jarret** (pl **coupe-jarrets**) /kupʒaʀɛ/ NM († *ou hum*) cutthroat

**coupe-légume(s)** (pl **coupe-légumes**) /kuplegym/ NM vegetable-cutter

**coupelle** /kupɛl/ NF a *(= petite coupe)* (small) dish b *(Chim)* cupel

**coupe-œufs** /kupø/ NM INV egg-slicer

**coupe-ongle(s)** (pl **coupe-ongles**) /kupɔ̃gl/ NM *(= pince)* nail clippers; *(= ciseaux)* nail scissors

**coupe-papier** /kuppapje/ NM INV paper knife

**couper** /kupe/ GRAMMAIRE ACTIVE 54.7 ► conjug 1 ◄

VT a *(= sectionner)* to cut; *[+ bois]* to chop; *[+ arbre]* to cut down, to fell; *(= séparer)* to cut off; *(= découper) [+ rôti]* to carve, to cut up; *(= partager) [+ gâteau]* to cut, to slice; *(= entailler)* to slit; *(fig) [vent]* to sting ◆ ~ **qch en (petits) morceaux** to cut sth up, to cut sth into (little) pieces ◆ ~ **qch en tranches** to slice sth, to cut sth into slices ◆ ~ **qch en deux** *(lit)* to cut sth in two *ou* in half ◆ **le parti/l'électorat est coupé en deux** the party is/the voters are split down the middle ◆ **le pays sera coupé en deux** *(Mét)* the country will be split in two ◆ ~ **coller** *(Ordin)* to cut and paste ◆ ~ **la gorge à qn** to slit *ou* cut sb's throat ◆ ~ **la tête** *ou* **le cou à qn** to cut *ou* chop sb's head off ◆ ~ **(les pages d')un livre** to slit open *ou* cut the pages of a book ◆ **livre non coupé** book with uncut pages ◆ **coupez-lui une tranche de pain** cut him a slice of bread ◆ **se faire ~ les cheveux** to get *ou* have one's hair cut, to have a haircut; → **six, tête, vif**

b *(Couture) [+ vêtement]* to cut out; *[+ étoffe]* to cut

c *(= retrancher) [+ passages inutiles]* to cut (out), to take out, to delete; *(= raccourcir) [+ émission]* to cut (down)

d *(= arrêter) [+ eau, gaz, courant]* to cut off; *(au compteur)* to turn off; *[+ communications, route, pont]* to cut off; *[+ relations diplomatiques]* to cut off, to break off; *(Téléc)* to cut off; *[+ crédits]* to cut off; *(Ciné) [+ prise de vues]* to cut ◆ **coupez !** *(Ciné)* cut! ◆ ~ **le contact** *ou* **l'allumage** *(Aut)* to switch off the ignition ◆ ~ **l'appétit à qn** *(un peu)* to take the edge off sb's appetite; *(complètement)* to spoil sb's appetite, to take away sb's appetite ◆ ~ **la faim à qn** to take the edge off sb's hunger ◆ ~ **la fièvre à qn** to bring down sb's fever ◆ ~ **les ponts avec qn** *(fig)* to break off communications with sb ◆ ~ **la retraite à qn** to cut *ou* block off sb's line of retreat ◆ ~ **la route à qn** to cut sb off, to cut in front of sb ◆ ~ **la route d'un véhicule** to cut a vehicle off ◆ **la route était coupée net par le bombardement** the road was completely cut off by the bombing ◆ ~ **le vent** to cut out the wind ◆ ~ **les vivres à qn** to cut off sb's means of subsistence

e *(= interrompre)* ~ **qn** to interrupt sb ◆ ~ **la parole à qn** *[personne]* to cut sb short; *[émotion]* to leave *ou* render sb speechless ◆ ~ **le sifflet** * *ou* **la chique** ‡ **à qn** to shut sb up *, to take the wind out of sb's sails ◆ **ça te la coupe !** ‡ that's shut you up! *

f *(= rompre la continuité de) [+ voyage]* to break; *[+ journée]* to break up ◆ **nous nous arrêterons à Caen pour ~ le voyage** we'll stop at Caen to break the journey, we'll break the journey at Caen

g *(= isoler)* ~ **qn de qch** to cut sb off from sth

h *(= traverser) [ligne]* to intersect, to cut; *[route]* to cut across, to cross ◆ **le chemin de fer coupe la route en 2 endroits** the railway cuts across *ou* crosses the road at 2 points

i *(Cartes) [+ jeu]* to cut; *(= prendre avec l'atout)* to trump

j *(Sport) [+ balle]* to slice, to undercut

k *(= mélanger) [+ lait, vin] (à table)* to dilute, to add water to; *[+ vin] (à la production)* to blend ◆ **vin coupé d'eau** wine diluted with water

l *(Vét = castrer)* to neuter

m *(loc)* ~ **les bras** *ou* **bras et jambes à qn** *[travail]* to wear sb out; *[nouvelle]* to knock sb for six * *(Brit) ou* for a loop * *(US)* ◆ **j'en ai les jambes coupées** I'm stunned ◆ **coupons la poire en deux** let's meet halfway ◆ ~ **les cheveux en quatre** to split hairs, to quibble ◆ ~ **la respiration à qn** *(lit)* to wind sb; *(fig)* to take sb's breath away; → **couteau, effet, herbe, souffle** *etc*

VT INDIR **couper à** *(= échapper à) [+ corvée]* to get out of ◆ **tu n'y couperas pas d'une amende** you won't get away without paying a fine, you won't get out of paying a fine ◆ **tu n'y couperas pas** you won't get out of it; → **court**[1]

VI a *(= être tranchant) [couteau, verre]* to cut; *[vent]* to be biting ◆ **ce couteau coupe bien** this knife cuts well *ou* has a good cutting edge

b *(= prendre un raccourci)* ~ **à travers champs** to cut across country *ou* the fields ◆ ~ **au plus court** to go the quickest way ◆ ~ **par un sentier/la forêt** to cut along a path/through the forest

c *(Cartes) (= diviser le jeu)* to cut; *(= jouer atout)* to trump ◆ ~ **à trèfle/à carreau** *etc* to trump with a club/diamond *etc*

VPR **se couper** a *(= s'entailler la peau)* to cut o.s.

b *(= retrancher une partie de son corps)* **se ~ les cheveux/les ongles** to cut one's hair/nails

c *(= être usé) [tissu]* to come apart; *[cuir]* to crack

d *(= perdre contact)* ◆ **se ~ de** *[+ amis, famille, pays]* to cut o.s. off from, to cut all ties with

e *(= se trahir)* to give o.s. away

**couperet** /kupʀɛ/ NM *[de boucher]* chopper, cleaver; *[de guillotine]* blade, knife ◆ **la décision est tombée comme un ~** the decision came as a bombshell *ou* was a bolt from the blue

**couperose** /kupʀoz/ NF blotches *(on the face)*, rosacea *(SPÉC)*

**couperosé, e** /kupʀoze/ ADJ blotchy, affected by rosacea *(attrib) (SPÉC)*

**coupeur, -euse** /kupœʀ, øz/ NM,F *(Couture)* cutter ◆ ~ **de tête** headhunter ◆ ~ **de cheveux en quatre** hairsplitter, quibbler

**coupe-vent** (pl **coupe-vent(s)**) /kupvɑ̃/ NM *(= haie)* windbreak; *(= vêtement)* windcheater *(Brit)*, windbreaker *(US)*

**couplage** /kuplaʒ/ NM *(Élec, Tech)* coupling

**couple** /kupl/ NM a *(= époux, amoureux, danseurs)* couple; *(= patineurs, animaux)* pair ◆ **le ~ Martin** the Martins ◆ **ils ont des problèmes de ~, leur ~ a des problèmes** they have problems with their relationship ◆ **l'épreuve en** *ou* **par ~s** *(Patinage)* the pairs (event) b *(Phys)* couple ◆ ~ **moteur** torque ◆ ~ **de torsion** torque c *(Naut)* (square) frame; *(Aviat)* frame ◆ **s'amarrer à ~** to moor alongside another boat; → **nage, nager** NF *ou* NM † ◆ **un** *ou* **une ~ de** *(= deux)* a couple of NF *(Chasse)* couple

**couplé** /kuple/ NM ◆ **(pari) ~** first and second place double *(on two horses in the same race)*

**coupler** /kuple/ ► conjug 1 ◄ VT a *(= combiner)* to combine *(à* with); ◆ **la baisse des prix, couplée à l'augmentation de la puissance des ordinateurs** falling prices combined with increased computer power b *(Chasse)* to couple (together), to leash together c *(Tech)* to couple together *ou* up; *(Ordin)* to interface *(avec* with); ◆ **télémètre couplé** *(Photo)* coupled rangefinder ◆ **bielles couplées** *(Rail)* coupling rods

**couplet** /kuplɛ/ NM *(= strophe)* verse; *(péj)* tirade ◆ **~s satiriques** *(= chanson)* satirical song ◆ **y aller de son ~ sur qch** to give a little speech about sth

**coupleur** /kuplœʀ/ NM *(Élec)* coupler ◆ ~ **acoustique** *(Ordin)* acoustic coupler

**coupole** /kupɔl/ NF a *(Archit)* dome ◆ **petite ~** cupola, small dome ◆ **être reçu sous la Coupole** to become *ou* be made a member of the Académie française; → ACADÉMIE b (Mil) [de char d'assaut] revolving gun turret

**coupon** /kupɔ̃/ NM a (Couture, Tex) (= reste) remnant; (= rouleau) roll b (Fin) ~ **(de dividende)** coupon ♦ **avec ~ attaché/détaché** cum-/ex-dividend ♦ ~ **de rente** income coupon ♦ ~ **zéro** zero coupon c (= billet, ticket) coupon ♦ ~ **de théâtre** theatre ticket ♦ ~ **hebdomadaire/mensuel** (Transport) ≃ weekly/monthly season ticket d (Comm) coupon, voucher ♦ ~ **de réduction** coupon, cash premium voucher

**coupon-réponse** (pl **coupons-réponse**) /kupɔ̃ʀepɔ̃s/ NM reply coupon

**coupure** /kupyʀ/ NF a (= blessure, brèche) cut b ♦ ~ **(de presse** ou **de journal)** (newspaper) cutting, (newspaper) clipping c (= suppression : dans un film, livre) cut d (= billet de banque) note, bill (US) ♦ **petites/grosses ~s** small/big notes, notes of small/large denomination e (= interruption) ~ **(de courant)** power cut ♦ **il y aura des ~s ce soir** (électricité) there'll be power cuts tonight; (gaz, eau) the gas (ou water) will be cut off tonight f (= arrêt, pause) break ♦ **la ~ estivale** the summer break ♦ ~ **publicitaire** commercial break g (= division) divide (entre between); ♦ **la ~ droite-gauche** (Pol) the left-right divide

**cour** /kuʀ/ NF a [de bâtiment] yard, courtyard ♦ **être sur (la)** ~ to look onto the (back)yard ♦ **la ~ de la caserne** the barracks square ♦ ~ **de cloître** cloister garth ♦ ~ **d'école** schoolyard, playground ♦ ~ **de ferme** farmyard ♦ **la ~ de la gare** the station forecourt ♦ ~ **d'honneur** main courtyard ♦ ~ **d'immeuble** courtyard of a block of flats (Brit) ou an apartment building (US) ♦ ~ **intérieure** inner courtyard ♦ ~ **de récréation** playground ♦ **la ~ des grands** (lit) the older children's playground ♦ **jouer dans la ~ des grands** (fig) to play with the big boys * ou in the major league (US); → **côté**

b (Jur) court ♦ **Messieurs, la Cour !** ≃ all rise!, be upstanding in court! (Brit) ♦ **la Cour suprême** the Supreme Court; → **haut**

c [de roi] court; [de personnage puissant, célèbre] following ♦ **vivre à la ~** to live at court ♦ **faire sa ~ à** [+ roi] to pay court to; [+ supérieur, femme] to pay one's respects to ♦ **être bien/mal en ~** to be in/out of favour (auprès de qn with sb); ♦ **homme/habit de ~** court gentleman/clothes ♦ **gens de ~** courtiers, people at court ♦ **c'est la ~ du roi Pétaud** it's absolute bedlam *

d [de femme] (= soupirants) following; (= essai de conquête) wooing (NonC), courting (NonC) ♦ **faire la ~ à une femme** to woo ou court a woman ♦ **faire un brin de ~ à une femme** * to flirt a little with a woman

COMP ▷ **cour d'appel** ≃ Court of Appeal, appellate court (US) ▷ **cour d'assises** ≃ Crown Court (Brit), Court of Assizes ▷ **cour de cassation** Court of Cassation; (final) Court of Appeal ▷ **cour des comptes** revenue court, ≃ Government Accounting Office (US) ▷ **cour de discipline budgétaire** Budgetary and Financial Disciplinary Court ▷ **Cour européenne des droits de l'homme** European Court of Human Rights ▷ **Cour européenne de justice** European Court of Justice ▷ **Cour internationale de justice** International Court of Justice ▷ **cour de justice** court of justice ▷ **cour martiale** court martial ♦ **passer en ~ martiale** to be court-martialled ▷ **la Cour des Miracles** (Hist) area of Paris famed for its disreputable population ♦ **chez eux c'est une vraie ~ des miracles** (fig) their place is always full of shady characters ♦ **ce quartier est une vraie ~ des miracles** this is a very unsavoury area ▷ **Cour pénale internationale** International Criminal Court ▷ **Cour de sûreté de l'État** state security court

**courage** /kuʀaʒ/ NM a (= bravoure) courage, bravery, guts * ♦ **avoir du ~** to be brave ou courageous, to have guts * ♦ ~ **physique/moral** physical/moral courage ♦ **se battre avec ~** to fight courageously ou with courage ou bravely ♦ **s'il y va, il a du ~ !** if he goes, it means he has guts! * ♦ **je n'ai pas eu le ~ de lui refuser** I didn't have the heart to refuse

b (= ardeur) will, spirit ♦ **entreprendre une tâche/un travail avec ~** to undertake a task/job with a will ♦ **je voudrais finir ce travail, mais je ne m'en sens pas** ou **je n'en ai pas le ~** I'd like to get this work finished, but I don't feel up to it ♦ **je n'ai pas beaucoup de ~ ce soir** I don't feel up to much this evening ♦ **il se lève tous les jours à 5 heures ? – quel ~ !/il a du ~ !** he gets up at 5am every day? – what willpower!/he must have a lot of willpower! ♦ **un petit verre pour vous donner du ~** * just a little drink to buck you up *

c (loc) ~ **! nous y sommes presque !** cheer up! ou take heart! we're almost there! ♦ **avoir le ~ de ses opinions** to have the courage of one's convictions ♦ **prendre son ~ à deux mains** to take one's courage in both hands ♦ **perdre ~** to lose heart, to become discouraged ♦ **reprendre ~** to take fresh heart

**courageusement** /kuʀaʒøzmɑ̃/ ADV bravely, courageously ♦ **entreprendre ~ une tâche** to tackle a task with a will

**courageux, -euse** /kuʀaʒø, øz/ ADJ brave, courageous ♦ **il n'est pas très ~ pour l'étude** he's lazy when it comes to studying, he hasn't got much will for studying ♦ **je ne suis pas très ~ aujourd'hui** I don't feel up to very much today

**couramment** /kuʀamɑ̃/ ADV a (= aisément) fluently ♦ **parler le français ~** to speak French fluently ou fluent French b (= souvent) commonly ♦ **ce mot s'emploie ~** this word is in current ou common usage ♦ **ça se dit ~** it's a common ou an everyday expression ♦ **cela arrive ~** it's a common occurrence ♦ **cela se fait ~** it's quite a common thing to do, it's quite common practice

**courant, e** /kuʀɑ̃, ɑ̃t/ ADJ a (= normal, habituel) [dépenses] everyday, standard, ordinary; (Comm) [modèle, taille, marque] standard ♦ **l'usage ~** everyday ou ordinary ou standard usage ♦ **en utilisant les procédés ~s on gagne du temps** it saves time to use the normal ou ordinary ou standard procedures ♦ **il nous suffit pour le travail ~** it's OK for routine work; → **vie**

b (= fréquent) common ♦ **c'est un procédé ~** it's quite common practice ou quite a common procedure, it's quite commonplace ♦ **ce genre d'incident est très ~ ici** this kind of incident is very common here, this kind of thing is a common occurrence here

c (= en cours, actuel) [année, semaine] current, present; (Écon) [francs, prix] current ♦ **votre lettre du 5 ~** (Comm) your letter of the 5th inst. ou instant ou of the 5th of this month; → **expédier, monnaie**

d (= qui court) → **chien, compte, eau**

NM a [de cours d'eau, mer, atmosphère] current ♦ ~ **(atmosphérique)** airstream, current ♦ ~ **d'air** draught (Brit), draft (US) ♦ **plein de ~s d'air** very draughty ♦ ~ **d'air froid/chaud** (Mét) cold/warm airstream ♦ **c'est un vrai ~ d'air** (fig) one minute he's there, the next he's gone ♦ **il y a trop de ~** the current's too strong ♦ **suivre le ~** (lit) to go with the current; (fig) to go with the stream, to follow the crowd ♦ **remonter le ~** (lit) to go against the current; (fig) to get back on one's feet

b (= déplacement) [de population, échanges commerciaux] movement ♦ **~s de population** movements ou shifts of (the) population

c (= mouvement) (gén) movement; [d'opinion, pensée] trend, current ♦ **les ~s de l'opinion** the trends of public opinion ♦ **un ~ de scepticisme/de sympathie** a wave of scepticism/sympathy ♦ **le ~ romantique/surréaliste** the romantic/surrealist movement

d (Élec) current, power ♦ ~ **continu/alternatif** direct/alternating current ♦ **couper le ~** to cut off the power ♦ **rétablir le ~** to put the power back on ♦ **on s'est rencontré un soir et le ~ est tout de suite passé** we met one evening and hit it off straight away * ♦ **le ~ ne passe pas entre nous** we don't get on ♦ **entre ce chanteur et le public le ~ passe très bien** this singer really gets through to his audience ou has a really good rapport with his audience; → **coupure, prise²**

e (= cours) **dans le ~ de la semaine/du mois** in the course of the week/month ♦ **je dois le voir dans le ~ de la semaine** I'm to see him some time during the week ♦ **dans le ~ de la conversation** in the course of the conversation ♦ **le projet doit être fini ~ mai** the project is due to finish some time in May

f (loc)

♦ **au courant** ♦ **être au ~** (= savoir la nouvelle) to know (about it); (= bien connaître la question) to be well-informed ♦ **tu m'as l'air très** ou **bien au ~ de ce qu'il fait !** you seem to know a lot about ou to be very well-informed about what he's doing! ♦ **être au ~ de** [+ accident, projet] to know about; [+ théories nouvelles] to be well up on *, to be up to date on ♦ **mettre qn au ~ de** [+ faits, affaire] to tell sb about, to put sb in the picture about *, to fill sb in on *; [+ méthodes nouvelles] to bring sb up to date on ♦ **il s'est vite mis au ~ dans son nouvel emploi** he soon got the hang of things * in his new job ♦ **tenir qn au ~ de** [+ faits, affaire] to keep sb informed of ou posted about *; [+ méthodes] to keep sb up to date on ♦ **si jamais ça recommence, tenez-moi au ~** if it happens again let me know ♦ **s'abonner à une revue scientifique pour se tenir au ~** to subscribe to a science magazine to keep o.s. up to date

NF **courante** a (‡ = diarrhée) **la ~e** the runs ‡

b (Mus = danse, air) courante, courant

**courbatu, e** /kuʀbaty/ ADJ stiff, stiff ou aching all over

**courbature** /kuʀbatyʀ/ NF ache ♦ **ce match de tennis m'a donné des ~s** I'm stiff ou aching all over after that game of tennis ♦ **plein de ~s** stiff ou aching all over

**courbaturé, e** /kuʀbatyʀe/ ADJ stiff, stiff ou aching all over

**courbe** /kuʀb/ NF bend ♦ **le fleuve fait une ~ ici** the river curves here ♦ ~ **de niveau** contour line ♦ ~ **de température** temperature curve ♦ **une femme aux ~s très généreuses** a woman with generous curves ADJ curved

**courber** /kuʀbe/ ► conjug 1 ◄ VT a (= plier) [+ branche, tige] to bend ♦ **branches courbées sous le poids de la neige** branches bowed down with ou bent under the weight of the snow ♦ **l'âge l'avait courbé** he was bowed ou bent with age b (= pencher) ~ **la tête** to bow ou bend one's head ♦ **courbant le front sur son livre** his head bent over a book ♦ ~ **la tête** ou **le front** ou **le dos** (fig) to submit (devant to) → **échine** VI to bend ♦ ~ **sous le poids** to bend under the weight VPR **se courber** a [arbre, branche, poutre] to bend, to curve b [personne] (pour entrer, *passer)* to bend (down), to stoop; *(signe d'humiliation)* to bow down; *(signe de déférence)* to bow (down) ◆ **il se courba pour le saluer** he greeted him with a bow ◆ **se ~ en deux** to bend (o.s.) double **c** *(littér = se soumettre)* to bow down *(devant* before)

**courbette** /kuʀbɛt/ **NF** **a** *(= salut)* low bow ◆ **faire des ~s à** *ou* **devant qn** *(fig)* to kowtow to sb, to bow and scrape to sb **b** *[de cheval]* curvet

**courbure** /kuʀbyʀ/ **NF** *[de ligne, surface]* curvature ◆ ~ **rentrante/sortante/en S** inward/outward/S curve ◆ ~ **du nez/des reins** curve of the nose/the back

**courette** /kuʀɛt/ **NF** (small) courtyard

**coureur, -euse** /kuʀœʀ, øz/ **NM,F** *(Athlétisme)* runner; *(Cyclisme)* cyclist, competitor; *(Aut)* driver, competitor ◆ ~ **de fond/de demi-fond** long-distance/middle-distance runner ◆ ~ **de 110 mètres haies** 110 metres hurdler

**NM** **a** *(Zool)* **(oiseaux)** ~**s** running birds

**b** *(péj = amateur de)* **c'est un ~ de cafés/de bals** he hangs round *(Brit) ou* around cafés/dances ◆ ~ **(de filles** *ou* **femmes** *ou* **jupons)** womanizer, skirt-chaser ◆ **il est assez ~** he's a bit of a womanizer *ou* a skirt-chaser *ou* a wolf *

**NF** **coureuse** *(péj = débauchée)* manhunter ◆ **elle est un peu coureuse** she's always chasing after men, she's a bit of a manhunter

**COMP** ▷ **coureur automobile** racing(-car) driver ▷ **coureur de** *ou* **des bois** *(Hist Can)* trapper, coureur de bois *(US, Can)* ▷ **coureur cycliste** racing cyclist ▷ **coureur de dot** *(péj)* fortune-hunter ▷ **coureur motocycliste** motorcycle *ou* motorbike racer

**courge** /kuʀʒ/ **NF** *(= plante, fruit)* gourd, squash *(US, Can)*; *(Culin)* marrow *(Brit)*, squash *(US, Can)*; (*‡ : péj)* idiot, berk ‡ *(Brit)*

**courgette** /kuʀʒɛt/ **NF** courgette *(Brit)*, zucchini *(US)*

**courir** /kuʀiʀ/ ▸ conjug 11 ◂ **VI** **a** *(gén, Athlétisme)* to run; *(Aut, Cyclisme)* to race; *(Courses)* to run, to race ◆ **entrer/sortir en courant** to run in/out ◆ **se mettre à ~** to break into a run, to start to run, to start running ◆ ~ **sur Ferrari** to race with Ferrari ◆ **il courait à toutes jambes** *ou* **à perdre haleine** he ran as fast as his legs could carry him ◆ ~ **comme un dératé** * *ou* **ventre à terre** to run flat out ◆ **elle court comme un lapin** *ou* **lièvre** she runs *ou* can run like a hare *ou* the wind ◆ **le voleur court encore** *ou* **toujours** the thief is still at large ◆ **faire ~ un cheval** to race *ou* run a horse ◆ **il ne fait plus ~** he doesn't race *ou* run horses any more ◆ **un cheval trop vieux pour ~** a horse too old to race *ou* to be raced

**b** *(= se précipiter)* to rush ◆ ~ **chez le docteur/chercher le docteur** to rush *ou* run to the doctor's/for the doctor ◆ **je cours l'appeler** I'll go *ou* run and call him straight away *(Brit) ou* right away ◆ **ce spectacle fait ~ tout Paris** all Paris is rushing to see the show ◆ **faire qch en courant** to do sth in a rush *ou* hurry ◆ **elle m'a fait ~** she had me running all over the place ◆ **elle est toujours en train de ~** she's always rushing about ◆ **un petit mot en courant** just a (quick) note *ou* a few hurried lines ◆ ~ **partout pour trouver qch** to hunt everywhere for sth ◆ **tu peux toujours ~ !** * you can (go) whistle for it! * ◆ **pour enlever les taches, tu peux toujours ~** * if you think you can get rid of those stains you've got another think coming *

**c** *(avec à, après, sur)* ~ **à l'échec/à une déception** to be heading *ou* headed for failure/a disappointment ◆ ~ **à sa perte** *ou* **ruine** to be on the road to ruin ◆ ~ **à la catastrophe** to be rushing headlong into disaster ◆ ~ **après qch** to chase after sth ◆ ~ **après un ballon** to run after a ball ◆ **l'autobus démarra et il courut après** the bus started and he ran after it ◆ **gardez cet argent pour l'instant, il ne court pas après** keep this money for now as he's not in any hurry *ou* rush for it *ou* he's not desperate for it ◆ **les épinards, je ne cours pas après** * I'm not that keen on spinach ◆ ~ **après qn** *(lit, fig)* to run after sb ◆ ~ **après les femmes** to be a womanizer ◆ ~ **sur ses 60/70 ans** to be approaching *ou* pushing * *ou* getting on for 60/70 ◆ ~ **sur le système** *ou* **le haricot à qn** ‡ to get on sb's nerves * *ou* wick * *(Brit)*

**d** *[nuages]* to speed, to race, to scud *(littér)*; *[ombres, reflets]* to speed, to race; *[eau]* to rush; *[chemin]* to run ◆ **un frisson lui courut par tout le corps** a shiver went *ou* ran through his body ◆ **sa plume courait sur le papier** his pen was racing across the paper ◆ **laisser ~ ses doigts sur un clavier** to tinkle away at a piano

**e** *(= se répandre)* **faire ~ une nouvelle** to spread a piece of news ◆ **le bruit court que ...** rumour has it that ..., there is a rumour that ..., the rumour is that ... ◆ **le bruit a récemment couru que ...** there has been a rumour going around that ... ◆ **il court sur leur compte de curieuses histoires** there are some strange stories going around about them

**f** *(= se passer)* **l'année/le mois qui court** the current *ou* present year/month ◆ **laisser ~** * to let things alone ◆ **laisse ~ !** * forget it! *, drop it! *

**g** *(Naut)* to sail

**h** *(Fin) [intérêt]* to accrue; *[bail]* to run

**VT** **a** *(Sport) [+ épreuve]* to compete in ◆ ~ **un 100 mètres** to run (in) *ou* compete in a 100 metres race ◆ ~ **le Grand Prix** to race in the Grand Prix

**b** *(Chasse)* ~ **le cerf/le sanglier** to hunt stag/boar, to go staghunting/boarhunting; → **lièvre**

**c** *(= rechercher) [+ honneurs]* to seek avidly ◆ ~ **de grands dangers** *(= s'exposer à)* to be in great danger ◆ ~ **les aventures** *ou* **l'aventure** to seek adventure ◆ ~ **un (gros) risque** to run a (high *ou* serious) risk ◆ ~ **sa chance** to try one's luck ◆ **il court le risque d'être accusé** he runs the risk of being accused ◆ **c'est un risque à ~** it's a risk we'll have to take *ou* run

**d** *(= parcourir) [+ mers, monde]* to roam, to rove; *[+ campagne, bois]* to roam *ou* rove (through); *(= faire le tour de) [+ magasins, bureaux]* to go round ◆ **j'ai couru les agences toute la matinée** I've been going round the agencies all morning ◆ ~ **les rues** *(lit)* to wander *ou* roam the streets; *(fig)* to be run-of-the-mill, to be nothing out of the ordinary ◆ **le vrai courage ne court pas les rues** real courage is hard to find ◆ **des gens comme lui, ça ne court pas les rues** * there aren't many like him

**e** *(= fréquenter)* ~ **les théâtres/les bals** to do the rounds of (all) the theatres/dances ◆ ~ **les filles** to chase the girls ◆ ~ **la gueuse** † to go wenching † ◆ ~ **le guilledou** † *ou* **la prétentaine** † *ou* **le cotillon** to go gallivanting †, to go wenching †

**f** (*‡ = ennuyer)* ~ **qn** to bug sb ‡, to get up sb's nose ‡ *(Brit) ou* on sb's wick * *(Brit)*

**courlis** /kuʀli/ **NM** curlew

**couronne** /kuʀɔn/ **NF** **a** *[de fleurs]* wreath, circlet ◆ ~ **funéraire** *ou* **mortuaire** (funeral) wreath ◆ ~ **de fleurs d'oranger** orange-blossom headdress, circlet of orange-blossom ◆ ~ **de lauriers** laurel wreath, crown of laurels ◆ ~ **d'épines** crown of thorns ◆ **en ~** in a ring; → **fleur** **b** *(= diadème) [de roi, pape]* crown; *[de noble]* coronet **c** *(= autorité royale)* **la ~** the Crown ◆ **la ~ d'Angleterre/de France** the crown of England/of France, the English/French crown ◆ **aspirer/prétendre à la ~** to aspire to/lay claim to the throne *ou* the crown ◆ **de la ~** *[joyaux, colonie]* crown *(épith)* **d** *(= objet circulaire)* crown; *(= pain)* ring-shaped loaf; *[de dent]* crown; *(Archit, Astron)* corona ◆ ~ **dentée** *(Aut)* crown wheel ◆ **la grande/petite ~** the outer/inner suburbs (of Paris) **e** *(= monnaie)* crown

**couronnement** /kuʀɔnmɑ̃/ **NM** **a** *[de roi, empereur]* coronation, crowning **b** *[d'édifice, colonne]* top, crown; *[de mur]* coping; *[de toit]* ridge **c** *[de carrière, œuvre, recherche]* crowning achievement

**couronner** /kuʀɔne/ ▸ conjug 1 ◂ **VT** **a** *[+ souverain]* to crown ◆ **on le couronna roi** he was crowned king, they crowned him king; → **tête**

**b** *[+ ouvrage, auteur]* to award a prize to; *(Hist) [+ lauréat, vainqueur]* to crown with a laurel wreath

**c** *(littér = orner, ceindre)* to crown; *[diadème] [+ front]* to encircle ◆ **couronné de fleurs** wreathed *ou* encircled with flowers ◆ **remparts qui couronnent la colline** ramparts which crown the hill ◆ **pic couronné de neige** snow-capped peak, peak crowned with snow

**d** *(= parachever)* to crown ◆ **cela couronne son œuvre/sa carrière** that is the crowning achievement of his work/his career ◆ **et pour ~ le tout** *(iro)* and to crown it all ◆ **ses efforts ont été couronnés de succès** his efforts were successful *ou* crowned with success

**e** *[+ dent]* to crown

**VPR** **se couronner** ◆ **se ~ (le genou)** *[cheval]* to graze its knee; *[personne]* to graze one's knee

**courre** /kuʀ/ **VT** → **chasse**[1]

**courriel** /kuʀjɛl/ **NM** *(Can)* e-mail ◆ **envoyer qch par ~** to e-mail sth

**courrier** /kuʀje/ **NM** **a** *(= lettres reçues)* mail, post *(Brit)*, letters; *(= lettres à écrire)* letters ◆ **le ~ de 11 heures** the 11 o'clock post *(Brit) ou* mail ◆ **avoir** *ou* **recevoir un ~ de ministre** to be inundated with mail *ou* letters, to have a huge postbag * *(Brit)* ◆ **"courrier arrivée/départ"** *(sur bac)* "in/out" ◆ ~ **électronique** *(Ordin)* e-mail, electronic mail ◆ **envoyer qch par ~ électronique** to e-mail sth, to send sth by e-mail; → **retour**

**b** † *(= avion, bateau)* mail; *(Mil = estafette)* courier; *(de diligence)* post ◆ **l'arrivée du ~ de Bogota** the arrival of the Bogota mail; → **long-courrier**

**c** *(Presse) (= rubrique)* column; *(= nom de journal)* ≃ Mail ◆ ~ **du cœur** problem page, agony column *(Brit)* ◆ ~ **des lecteurs** letters to the Editor ◆ ~ **littéraire** literary column ◆ ~ **économique** financial page

> ⚠ **courrier** *se traduit par* **courier** *uniquement au sens de 'estafette'.*

**courriériste** /kuʀjeʀist/ **NMF** columnist

**courroie** /kuʀwa/ **NF** *(= attache)* strap; *(Tech)* belt ◆ ~ **de transmission** *(Tech)* driving belt ◆ **je ne suis qu'une simple ~ de transmission** I'm just a cog in the machine *ou* in the wheel ◆ ~ **de ventilateur** *(Aut)* fan belt

**courroucé, e** /kuʀuse/ (ptp de **courroucer**) **ADJ** *(littér)* wrathful, incensed

**courroucer** /kuʀuse/ ▸ conjug 3 ◂ *(littér)* **VT** to anger, to incense **VPR** **se courroucer** to become incensed

**courroux** /kuʀu/ **NM** *(littér)* ire *(littér)*, wrath

**cours** /kuʀ/ NM **a** *(= déroulement, Astron)* course; *[d'événements]* course, run; *[de saisons]* course, progression; *[de guerre, maladie]* progress, course; *[de pensées, idées]* course ◆ **donner (libre) ~ à** *[+ imagination]* to give free rein to; *[+ douleur]* to give way to; *[+ joie, sentiment]* to give vent to, to give free expression to ◆ **il donna libre ~ à ses larmes** he let his tears flow freely; → **suivre**

**b** *[de rivière]* *(= cheminement)* course; *(= écoulement)* flow ◆ **avoir un ~ rapide/régulier** to be fast-/smooth-flowing ◆ **sur une partie de son ~** on *ou* along part of its course ◆ **descendre le ~ de la Seine** to go down the Seine ◆ **~ d'eau** *(gén)* watercourse; *(= ruisseau)* stream; *(= rivière)* river

**c** *[de valeurs, matières premières]* price; *[de devises]* rate ◆ **avoir ~** *[monnaie]* to be legal tender; *(fig)* to be current, to be in current use ◆ **avoir ~ légal** to be legal tender ◆ **ne plus avoir ~** *[monnaie]* to be no longer legal tender, to be out of circulation; *[expression]* to be obsolete, to be no longer in use *ou* no longer current ◆ **ces plaisanteries n'ont plus ~ ici** jokes like that are no longer appreciated here ◆ **~ d'ouverture** *(Bourse)* opening price ◆ **~ de clôture, dernier ~** closing price, latest quotations ◆ **~ des devises** *ou* **du change** foreign exchange rate ◆ **au ~ (du jour)** at the price of the day ◆ **au ~ du marché** at (the) market price ◆ **le ~ des voitures d'occasion** the (selling) price of secondhand cars

**d** *(= leçon)* class; *(Univ = conférence)* lecture; *(= série de leçons)* course; *(= manuel)* coursebook, textbook ◆ **~ de solfège/de danse** musical theory/dancing lesson ◆ **~ de chimie** *(= leçon)* chemistry class *ou* lesson; *(= conférence)* chemistry lecture; *(= enseignement)* chemistry course; *(= manuel)* chemistry coursebook *ou* textbook ◆ **~ de droit** *(= notes)* law (course) notes ◆ **~ de répétition** *(Helv Mil)* two or three weeks of national service done each year ◆ **faire** *ou* **donner un ~ sur** to give a class (*ou* lecture *ou* course) on ◆ **il donne des ~ en fac*** he lectures at (the) university ◆ **qui vous fait ~ en anglais ?** who takes you for English?, who have you got for English? ◆ **je ne ferai pas ~ demain** I won't be teaching tomorrow ◆ **j'ai (un) ~ d'histoire à quatorze heures** I've got a history class at two o'clock ◆ **~ accéléré** *(Univ)* crash course (*de* in); ◆ **~ du soir** *(pl)* evening classes ◆ **~ par correspondance** correspondence course ◆ **~ de vacances** summer school, holiday course *(Brit)* ◆ **~ intensif** intensive course (*de, en* in); ◆ **donner/prendre des ~ particuliers** to give/have private lessons *ou* tuition *(Brit)* ◆ **~ particuliers de piano** private piano lessons

**e** *(Scol = établissement)* school ◆ **~ privé** private school ◆ **~ de jeunes filles** girls' school *ou* college ◆ **~ de danse** dancing school

**f** *(Scol = enseignement primaire)* class ◆ **~ préparatoire/élémentaire/moyen** *first/second or third/fourth or fifth year in primary school* ◆ **~ complémentaire** *(Hist) final year in elementary school*

**g** *(= avenue)* walk

**h** *(loc)*

◆ **au cours de** in the course of, during

◆ **en cours** *[année]* current *(épith)*; *[affaires]* in hand, in progress; *[essais]* in progress, under way

◆ **en cours de** in the process of ◆ **c'est en ~ de réparation/réfection** it's (in the process of) being repaired/rebuilt ◆ **le projet est en ~ d'étude** the project is under consideration ◆ **en ~ de route** *(lit, fig)* on the way ◆ **brevet en ~ d'agrément** *(Jur)* patent pending

**course** /kuʀs/ NF **a** *(= action de courir)* running ◆ **prendre sa ~** *(littér)* to start running ◆ **le cheval, atteint d'une balle en pleine ~** the horse, hit by a bullet in mid gallop ◆ **il le rattrapa à la ~** he ran after him and caught up with him ◆ **quelle ~ pour attraper le bus !** I had to run like mad* to catch the bus! ◆ **la ~ folle de la voiture s'est terminée dans le ravin** the car careered out of control and ended up in the ravine ◆ **c'est la ~*** it's a race against the clock ◆ **depuis que le bébé est né, c'est la ~*** we've been run off our feet ever since the baby was born; → **pas[1]**

**b** *(= discipline) (Aut, Courses, Cyclisme, Naut)* racing ◆ **la ~ (à pied)** *(Athlétisme)* running ◆ **faire de la ~ pour s'entraîner** to go running to get fit ◆ **tu fais de la ~ ?** *(Aut, Cyclisme)* do you race? ◆ **la ~ de fond/demi-fond** long-distance/middle-distance running ◆ **la ~ sur piste/route** track/road racing ◆ **faire la ~ avec qn** to race with sb ◆ **allez, on fait la ~ !** let's have a race!, I'll race you!; → **champ[1], écurie**

**c** *(= compétition)* race ◆ **~ de fond/sur piste** long-distance/track race ◆ **~ autour du monde (à la voile)** round-the-world (yacht) race ◆ **les ~s** *[de chevaux]* horse racing ◆ **aller aux ~s** to go to the races ◆ **parier aux ~s** to bet on the races ◆ **les ~s de lévriers** greyhound racing ◆ **être/ne plus être dans la ~** *[candidat]* to be in the running/out of the running ◆ **il n'est plus dans la ~*** *(dépassé)* he's out of touch ◆ **pour rester dans la ~, les entreprises françaises doivent faire de gros efforts** French companies will have to make a big effort if they want to remain competitive

◆ **hors course** *[pilote, voiture]* out of the race; *[candidat]* out of the running ◆ **il a été mis hors ~** *(Sport)* he was disqualified; *[candidat]* he was put out of the running; → **solitaire**

**d** *(pour l'obtention de qch)* race ◆ **la ~ aux armements** the arms race ◆ **la ~ à la présidence/à l'Élysée/au pouvoir** the race for the presidency/the Élysée/power ◆ **la ~ à la productivité** the drive to be ultraproductive ◆ **la ~ au diplôme** the rush to obtain as many diplomas as possible

**e** *(= voyage) (en autocar)* trip, journey *(Brit)*; *(en taxi)* ride ◆ **payer (le prix de) la ~** to pay the fare ◆ **il n'a fait que 3 ~s hier** *[taxi]* he only picked up *ou* had 3 fares yesterday

**f** *[de projectile]* flight; *[de navire]* rapid course; *[de nuages, ombres]* racing, swift passage; *[de temps]* swift passage, swift passing *(NonC)*; *[d'étoiles]* path

**g** *(= excursion) (à pied)* hike; *(= ascension)* climb

**h** *(= commission)* errand ◆ **~s** *(dans un magasin)* shopping *(NonC)* ◆ **faire une ~** to (go and) get something from the shop(s) *(Brit) ou* store(s) *(US)* ◆ **faire les ~s** to do the shopping ◆ **il est sorti faire des ~s** he has gone out to do *ou* get some shopping ◆ **j'ai quelques ~s à faire** I've got some shopping to do ◆ **les ~s sont sur la table** the shopping is on the table ◆ **~s à domicile** home shopping

**i** *(Tech) [de pièce mobile]* movement; *[de piston]* stroke

◆ **à bout de course** *(Tech)* at full stroke

◆ **à** *ou* **en bout de course** *[institution, industrie, machine]* on its last legs*; *[personne]* on one's last legs*

◆ **en bout de course** *(= finalement)* at the end of the day, ultimately ◆ **nous n'intervenons qu'en bout de ~** we only intervene in the final stage of the process; → **fin[2]**

**j** *[de corsaire]* privateering ◆ **faire la ~** to privateer, to go privateering

COMP ▷ **course attelée** harness race ▷ **course automobile** motor race ▷ **course de chevaux** horse-race ▷ **course de côte** *(Sport Aut)* hill climb ▷ **course d'école** *(Helv)* school trip ▷ **course par étapes** stage race ▷ **course de haies** hurdling ◆ **faire de la ~ de haies** to hurdle ▷ **course hippique** ⇒ **course de chevaux** ▷ **course d'obstacles** *(Sport)* obstacle race; *(Hippisme)* steeplechase; *(fig)* obstacle course *ou* race ▷ **course d'orientation** orienteering race ▷ **course de relais** relay race ▷ **course en sac** sack race ▷ **course de taureaux** bullfight ▷ **course au trésor** treasure hunt ▷ **course de trot** trotting race ▷ **course au trot attelé** harness race ▷ **course de vitesse** sprint; → **montre[1]**

**course-poursuite** (pl **courses-poursuites**) /kuʀspuʀsɥit/ NF *(Cyclisme)* pursuit; *(après un voleur)* chase

**courser*** /kuʀse/ ▸ conjug 1 ◂ VT to chase *ou* hare* after

**coursier[1]** /kuʀsje/ NM *(littér = cheval)* charger *(littér)*, steed *(littér)*

**coursier[2], -ière** /kuʀsje, jɛʀ/ NM,F *(gén)* messenger, courier; *(à moto)* dispatch rider ◆ **on vous l'enverra par ~** we'll send it to you by courier, we'll courier it over to you

**coursive** /kuʀsiv/ NF *(Naut)* gangway *(connecting cabins)*

**court[1], e** /kuʀ, kuʀt/ ADJ **a** *(gén)* short; *[introduction, séjour]* short, brief ◆ **de ~e durée** *[enthousiasme, ardeur]* short-lived ◆ **il connaît un chemin plus ~** he knows a quicker *ou* shorter way ◆ **la journée m'a paru ~e** the day seemed to go very quickly *ou* to fly by ◆ **avoir l'haleine** *ou* **la respiration ~e** *ou* **le souffle ~** to be out of *ou* short of breath; → **idée, manche[1], mémoire[1]**

**b** *(= insuffisant) [avance, majorité]* narrow, small ◆ **il lui a donné 10 jours, c'est ~** he's given him 10 days, which is (a bit) on the short side *ou* which isn't very long ◆ **10 € pour le faire, c'est ~*** €10 for doing that – that's not very much *ou* that's a bit stingy* ◆ **20 minutes, c'est bien ~** 20 minutes is a bit tight

**c** *(loc)* **tirer à la ~e paille** to draw lots *ou* straws *(US)* ◆ **à sa ~e honte** to his humiliation ◆ **d'une ~e tête** by a short head ◆ **prendre au plus ~** to go the shortest way ◆ **aller au plus ~** *(fig)* to cut corners

ADV **a** **elle s'habille très ~** she wears very short skirts (*ou* dresses) ◆ **les cheveux coupés ~** with short hair

**b** *(loc)* **s'arrêter ~** to stop short ◆ **couper ~ à** *[+ débat, rumeur, critiques]* to put a stop to ◆ **il faut faire ~*** *(= être concis)* you (*ou* we) need to be brief; *(= être rapide)* you'd (*ou* we'd) better make it quick* ◆ **prendre qn de ~** to catch sb unawares *ou* on the hop* *(Brit)* ◆ **rester** *ou* **demeurer ~** to be at a loss ◆ **tourner ~** *[projet, débat]* to come to a sudden end; → **pendre**

◆ **à court de** short of ◆ **être à ~ d'argent/d'arguments** to be short of money/arguments ◆ **être à ~ d'idées** to be short of ideas

◆ **tout court** ◆ **appelez-moi Bob tout ~** just call me Bob ◆ **ils veulent l'indépendance tout ~** they want independence, nothing more and nothing less ◆ **il n'est pas un peu hypocrite, il est hypocrite tout ~** he's not just a bit of a hypocrite - he's a hypocrite full stop *(Brit) ou* he's a hypocrite, period *(US)*

**court[2]** /kuʀ/ NM *(Sport)* (tennis) court ◆ **~ central** centre court

**courtage** /kuʀtaʒ/ NM *(= métier)* brokerage; *(= commission)* commission ◆ **vendre par ~** to sell through a broker; *[+ livres]* to sell door to door ◆ **maison** *ou* **société de** ~ brokerage company; → **vente**

**courtaud, e** /kuʀto, od/ ADJ **a** *[personne]* dumpy, squat **b** ◆ **(chien/cheval)** ~ docked and crop-eared dog/horse

**court-bouillon** (pl **courts-bouillons**) /kuʀbujɔ̃/ NM *(Culin)* court-bouillon ◆ **faire cuire qch au** ~ to cook sth in a court-bouillon

**court-circuit** (pl **courts-circuits**) /kuʀsiʀkɥi/ NM *(Élec)* short(-circuit)

**court-circuitage** * (pl **court-circuitages**) /kuʀsiʀkɥitaʒ/ NM *[de personne, service]* bypassing

**court-circuiter** /kuʀsiʀkɥite/ ▸ conjug 1 ◂ VT *(Élec)* to short(-circuit); *[+ personne]* to bypass, to go over the head of; *[+ service]* to bypass

**courtepointe** /kuʀtəpwɛ̃t/ NF counterpane

**courtier, -ière** /kuʀtje, jɛʀ/ NM,F broker ◆ ~ **d'assurances** *ou* **en assurances** insurance broker ◆ ~ **en vins** wine broker ◆ ~ **maritime** ship broker

**courtilière** /kuʀtiljɛʀ/ NF mole cricket

**courtine** /kuʀtin/ NF curtain

**courtisan** /kuʀtizɑ̃/ NM *(Hist)* courtier; *(fig)* sycophant ◆ **des manières de** ~ sycophantic ways

**courtisane** /kuʀtizan/ NF *(Hist, littér)* courtesan

**courtiser** /kuʀtize/ ▸ conjug 1 ◂ VT († *ou littér*) *[+ femme]* to woo, to court, to pay court to; *(= flatter)* to pay court to, to fawn on *(péj)*

**court-jus** * (pl **courts-jus**) /kuʀʒy/ NM short(-circuit)

**court-métrage** (pl **courts-métrages**) /kuʀmetʀaʒ/ NM → **métrage**

**courtois, e** /kuʀtwa, waz/ ADJ courteous; *(Littérat)* courtly

**courtoisement** /kuʀtwazmɑ̃/ ADV courteously

**courtoisie** /kuʀtwazi/ NF courtesy, courteousness ◆ ~ **internationale** *(Jur)* comity of nations

**court-vêtu, e** (mpl **court-vêtus**) /kuʀvety/ ADJ wearing a short skirt *ou* dress

**couru, e** /kuʀy/ (ptp de **courir**) ADJ **a** *[restaurant, spectacle]* popular ◆ **ce festival est moins** ~ **que l'autre** this festival is less popular *ou* draws less of a crowd than the other one **b** ◆ **c'est** ~ **(d'avance)** * it's a foregone conclusion, it's a sure thing *, it's a (dead) cert * *(Brit)*

**couscous** /kuskus/ NM *(= plat)* couscous

**couscoussier** /kuskusje/ NM couscous-maker

**cousette** † /kuzɛt/ NF *(= ouvrière)* dressmaker's apprentice; *(= nécessaire)* sewing kit

**cousin[1], e** /kuzɛ̃, in/ NM,F cousin ◆ ~ **germain** first cousin ◆ ~**s issus de germains** second cousins ◆ ~**s au 3<sup></sup>e/4e degré** 3rd/4th cousins ◆ **ils sont un peu** ~**s** they are related (in some way) *ou* are distant relations; → **mode[1], petit, roi**

**cousin[2]** /kuzɛ̃/ NM *(Zool)* cranefly, daddy longlegs *(Brit)*

**cousinage** † /kuzinaʒ/ NM *(entre germains)* cousinhood, cousinship; *(= vague parenté)* relationship

**cousiner** † /kuzine/ ▸ conjug 1 ◂ VI to be on familiar terms *(avec* with)

**coussin** /kusɛ̃/ NM *[de siège]* cushion; *(Tech) [de collier de cheval]* padding; *(Belg, Helv = oreiller)* pillow ◆ ~ **d'air** air cushion

**coussinet** /kusinɛ/ NM **a** *[de siège, genoux]* (small) cushion; *[d'animal]* pad **b** *(Tech)* bearing ◆ ~ **de tête de bielle** *[d'arbre de transmission]* big end bearing; *[de rail]* chair **c** *(Archit)* (volute) cushion

**cousu, e** /kuzy/ (ptp de **coudre**) ADJ sewn, stitched ◆ **être (tout)** ~ **d'or** *(fig)* to be extremely wealthy ◆ **c'est** ~ **de fil blanc** *(fig)* it's a blatant lie ◆ ~ **main** *(lit)* handsewn, handstitched ◆ **c'est du** ~ **main** * *(fig)* it's top quality stuff ◆ ~ **machine** machine-sewn; → **bouche, motus**

**coût** /ku/ NM *(lit, fig)* cost ◆ **le** ~ **de la vie** the cost of living ◆ ~ **d'acquisition** original cost ◆ ~**s de base** baseline costs ◆ ~ **du crédit** credit charges ◆ ~ **de distribution** distribution cost ◆ ~ **d'investissement** capital cost ◆ ~ **de production** production cost ◆ ~ **salarial** wage(s) bill ◆ ~ **d'utilisation** cost-in-use; → **indice**

**coûtant** /kutɑ̃/ ADJ M ◆ **prix** ~ cost price ◆ **vendre à prix** ~ to sell at cost (price)

**couteau** (pl **couteaux**) /kuto/ NM **a** *(pour couper)* knife; *[de balance]* knife edge; *(= coquillage)* razor-shell *(Brit)*, razor clam *(US)* ◆ ~ **à beurre/dessert/fromage** butter/dessert/cheese knife ◆ ~ **à pamplemousse/poisson/huîtres** grapefruit/fish/oyster knife ◆ **des frites (coupées) au** ~ hand-cut chips ◆ **tartare (coupé) au** ~ hand-chopped steak tartare; → **lame**

**b** *(loc)* **vous me mettez le** ~ **sous** *ou* **sur la gorge** you're holding a gun to my head ◆ **être à** ~**(x) tiré(s)** to be at daggers drawn *(avec* with); ◆ **remuer** *ou* **retourner le** ~ **dans la plaie** to twist the knife in the wound, to rub it in * ◆ **second** ~ *(fig)* minor figure ◆ **ce ne sont que des seconds** ~**x** they're only the small fry

COMP ▷ **couteau de boucher** butcher's knife ▷ **couteau de chasse** hunting knife ▷ **couteau de cuisine** kitchen knife ▷ **couteau à découper** carving knife ▷ **couteau à désosser** boning knife ▷ **couteau électrique** electric carving knife ▷ **couteau à éplucher, couteau à légumes** (potato) peeler ▷ **couteau à pain** breadknife ▷ **couteau à palette** *ou* **de peintre** *(Art)* palette knife ▷ **couteau suisse** Swiss army knife ▷ **couteau de table** table knife; → **cran**

**couteau-scie** (pl **couteaux-scies**) /kutosi/ NM serrated knife

**coutelas** /kutlɑ/ NM *(= couteau)* large (kitchen) knife; *(= épée)* cutlass

**coutelier, -ière** /kutəlje, jɛʀ/ NM,F *(= fabricant, marchand)* cutler

**coutellerie** /kutɛlʀi/ NF *(= industrie)* cutlery industry; *(= atelier)* cutlery works; *(= magasin)* cutlery shop, cutler's (shop); *(= produits)* cutlery

**coûter** /kute/ ▸ conjug 1 ◂ VTI **a** *(financièrement)* to cost ◆ **combien ça coûte ?** how much is it?, how much does it cost? ◆ **ça coûte cher ?** is it expensive?, does it cost a lot? ◆ **ça m'a coûté 25 €** it cost me €25 ◆ **les vacances, ça coûte !** * holidays *(Brit) ou* vacations *(US)* are expensive *ou* cost a lot! ◆ **ça coûte une fortune** *ou* **les yeux de la tête** * it costs a fortune *ou* the earth * ◆ **ça coûte bonbon** * *ou* **la peau des fesses** * it costs an arm and a leg * ◆ **ça va lui** ~ **cher** *(lit)* it'll cost him a lot; *[erreur, impertinence]* he'll pay for that, it will cost him dear(ly) ◆ **ça coûtera ce que ça coûtera** * never mind the expense *ou* cost, hang the expense *

**b** *(= être pénible)* ◆ **cette démarche me coûte** this is a painful step for me (to take) ◆ **il m'en coûte de refuser** it pains *ou* grieves me to have to refuse; → **premier**

**c** *(= causer, valoir)* ◆ **ça m'a coûté bien des mois de travail** it cost me many months' work ◆ **ça lui a coûté la tête/la vie** it cost him his head/life ◆ **ça ne coûte rien d'essayer** it costs nothing to try ◆ **je sais ce qu'il en coûte** I know what it costs ◆ **tu pourrais le faire, pour ce que ça te coûte !** you could easily do it – it wouldn't make any difference to you *ou* it wouldn't put you to any trouble

◆ **coûte que coûte** at all costs, no matter what ◆ **il faut y arriver coûte que coûte** we must get there at all costs *ou* by hook or by crook

**coûteux, -euse** /kutø, øz/ ADJ *[objet, erreur]* costly, expensive; *[expérience]* painful ◆ **procédé** ~ **en temps/énergie** process costly in time/energy

**coutil** /kuti/ NM *[de vêtements]* drill, twill; *[de matelas]* ticking

**coutre** /kutʀ/ NM coulter *(Brit)*, colter *(US)*

**coutume** /kutym/ NF **a** *(= usage : gén, Jur)* custom; *(Jur = recueil)* customary **b** *(= habitude)* **avoir** ~ **de** to be in the habit of ◆ **plus/moins que de** ~ more/less than usual ◆ **comme de** ~ as usual ◆ **selon sa** ~ as is his custom *ou* wont; → **fois**

**coutumier, -ière** /kutymje, jɛʀ/ ADJ *(gén)* customary, usual; *[loi]* customary ◆ **droit** ~ *(= concept)* customary law; *(= lois)* common law ◆ **il est** ~ **du fait** *(gén péj)* that is what he usually does, that's his usual trick * NM *(Jur)* customary

**couture** /kutyʀ/ NF **a** *(= action, ouvrage)* sewing; *(= profession)* dressmaking ◆ **faire de la** ~ to sew ◆ **veste/robe (haute)** ~ designer jacket/dress; → **haut, maison, point[2]** **b** *(= suite de points)* seam ◆ **sans** ~**(s)** seamless ◆ **faire une** ~ **à grands points** to tack *ou* baste a seam ◆ ~ **apparente** *ou* **sellier** topstitching, overstitching ◆ ~ **anglaise/plate** *ou* **rabattue** French/flat seam ◆ **regarder qch/qn sous toutes les** ~**s** to examine sth/sb from every angle; → **battre** **c** *(= cicatrice)* scar **d** *(= suture)* stitches

**couturé, e** /kutyʀe/ ADJ *[visage]* scarred

**couturier** /kutyʀje/ NM **a** *(= personne)* couturier, fashion designer ◆ **grand** ~ top designer **b** *(Anat)* **(muscle)** ~ sartorial muscle, sartorius

**couturière** /kutyʀjɛʀ/ NF **a** *(= personne)* dressmaker; *(en atelier)* dressmaker, seamstress † **b** *(Théât) rehearsal preceding the full dress rehearsal, when alterations are made to the costumes*

**couvain** /kuvɛ̃/ NM *(= œufs)* brood; *(= rayon)* brood cells

**couvaison** /kuvɛzɔ̃/ NF *(= période)* incubation; *(= action)* brooding, sitting

**couvée** /kuve/ NF *[de poussins]* brood, clutch; *[d'œufs]* clutch; *[d'enfants]* brood; → **naître**

**couvent** /kuvɑ̃/ NM **a** *[de sœurs]* convent, nunnery †; *[de moines]* monastery ◆ **entrer au** ~ to enter a convent **b** *(= internat)* convent (school)

**couventine** /kuvɑ̃tin/ NF *(= religieuse)* conventual; *(= jeune fille élevée au couvent)* convent schoolgirl

**couver** /kuve/ ▸ conjug 1 ◂ VT **a** *[+ œufs] [poule]* to sit on; *[appareil]* to hatch ◆ **la poule était en train de** ~ the hen was sitting on its eggs *ou* was brooding **b** *[+ enfant]* to be overcareful with, to cocoon; *[+ maladie]* to be getting, to be coming down with; *[+ vengeance]* to brew, to plot; *[+ révolte]* to plot ◆ **enfant couvé par sa mère** child cosseted by his mother, child brought up by an overcautious *ou* overprotective mother ◆ ~ **qn/qch des yeux** *ou* **du regard** *(tendresse)* to gaze lovingly *ou* devotedly at sb/sth; *(convoitise)* to look covetously *ou* longingly at sb/sth **VI** *[feu, incendie]* to smoulder; *[haine, passion]* to smoulder, to simmer; *[émeute]* to be brewing; *[complot]* to be hatching ◆ ~ **sous la cendre** *(lit)* to smoulder under the embers; *[passion]* to smoulder, to simmer; *[émeute]* to be brewing

**couvercle** /kuvɛʀkl/ **NM** *[de casserole, boîte, bocal]* lid; *[d'aérosol]* cap, top; *(qui se visse)* (screw-)cap, (screw-)top; *(Tech)* *[de piston]* cover

**couvert, e**[1] /kuvɛʀ, ɛʀt/ (ptp de **couvrir**) **ADJ** **a** *(= habillé)* covered (up) ◆ **il est trop ~ pour la saison** he's dressed too warmly for the time of year ◆ **il est resté ~ dans l'église** he kept his hat on inside the church

**b** ◆ ~ **de** *[+ boutons, taches]* covered in *ou* with ◆ **pics ~s de neige** snow-covered *ou* snow-clad *(littér)* peaks ◆ ~ **de chaume** *[toit, maison]* thatched ◆ **le rosier est ~ de fleurs** the rosebush is a mass of *ou* is covered in flowers

**c** *(= voilé)* *[ciel]* overcast ◆ **par temps ~** when the sky is overcast; → **mot**

**d** *[rue, cour]* covered; *[piscine, court de tennis]* indoor *(épith)*, indoors *(attrib)*; → **marché**

**e** *(= protégé par un supérieur, une assurance)* covered

**f** *[syllabe]* closed

**NM** **a** *(= couteau, fourchette, cuillère, verre, assiette)* place setting ◆ **une ménagère de 12 ~s** a canteen of 12 place settings ◆ **~s** *(= couteaux, fourchettes, cuillères)* cutlery *(Brit)*, flatware *(US)*, silverware *(US)* ◆ **j'ai sorti les ~s en argent** I've brought out the silver *ou* the silver cutlery *(Brit)* ◆ **des ~s en plastique** plastic knives and forks

**b** *(à table)* **mettre le ~** to lay *ou* set the table ◆ **mettre 4 ~s** to lay *ou* set 4 places, to lay *ou* set the table for 4 ◆ **table de 4 ~s** table laid *ou* set for 4 ◆ **mets un ~ de plus** lay *ou* set another place ◆ **il a toujours son ~ mis chez nous** there's always a place for him at our table ◆ **remettre le ~** * *(fig)* to do it again; *(sexuellement)* to be at it again * ◆ **le vivre ou gîte et le ~** board *(Brit)* *ou* food *(US)* and lodging, room *ou* bed *(Brit)* and board

**c** *(au restaurant = prix)* cover charge

**d** *(= abri)* **sous le ~ d'un chêne** *(littér)* under the shelter of an oak tree ◆ **à ~ de la pluie** sheltered from the rain ◆ **être à ~** *(Mil)* to be under cover ◆ **se mettre à ~** *(Mil)* to get under *ou* take cover; *(fig)* to cover *ou* safeguard o.s.

**e** *(= prétexte)* ◆ **sous (le) ~ de** under cover of ◆ **ils l'ont fait sous le ~ de leurs supérieurs** they did it by hiding behind the authority of their superiors ◆ **sous (le) ~ de la plaisanterie** under the guise of a joke ◆ **il a parlé sous ~ de l'anonymat** he spoke anonymously ◆ **Monsieur le Ministre sous ~ de Monsieur le Recteur** the Minister through the person of the Director of Education ◆ **sous ~ de lutter contre la corruption, ils éliminent les ennemis du parti** under the pretext of fighting corruption, they are getting rid of the enemies of the party

**couverte**[2] /kuvɛʀt/ **NF** *(Tech)* glaze

**couverture** /kuvɛʀtyʀ/ **NF** **a** *(= literie)* blanket ◆ ~ **de laine/chauffante** wool *ou* woollen/electric blanket ◆ ~ **de voyage** travelling rug ◆ **tirer la ~ à soi** *(fig)* *(= s'attribuer tout le succès)* to take (all) the credit; *(= monopoliser la parole)* to hog the stage

**b** *(= toiture)* roofing ◆ ~ **de chaume** thatch, thatched roof ◆ ~ **en tuiles** tiles, tiled roof

**c** *[de cahier, livre]* cover; *(= jaquette)* dust cover ◆ **en ~** on the cover ◆ **première/quatrième de ~** (outside) front/back cover

**d** *(Mil)* cover; *(= prétexte)* cover ◆ **troupes de ~** covering troops ◆ ~ **aérienne** aerial cover

**e** *(Fin)* cover, margin ◆ ~ **sociale** social security cover *ou* coverage ◆ ~ **médicale** medical *ou* health cover(age) ◆ ~ **des risques** risk insurance coverage

**f** *(Journalisme)* coverage ◆ **assurer la ~ d'un événement** to provide coverage of an event ◆ ~ **médiatique** media coverage

**g** *(Police)* **servir de ~ à qn** to cover sb

**couveuse** /kuvøz/ **NF** **a** *(= poule)* broody hen ◆ ~ **(artificielle)** incubator **b** *[de bébé]* incubator ◆ **être en ~** to be in an incubator

**couvrant, e** /kuvʀɑ̃, ɑ̃t/ **ADJ** *[peinture, fond de teint]* that covers well **NF** **couvrante** * blanket, cover

**couvre-chef** (pl **couvre-chefs**) /kuvʀəʃɛf/ **NM** *(hum)* hat, headgear *(NonC)* *(hum)*

**couvre-feu** (pl **couvre-feux**) /kuvʀəfø/ **NM** curfew

**couvre-lit** (pl **couvre-lits**) /kuvʀəli/ **NM** bedspread, coverlet

**couvre-livre** (pl **couvre-livres**) /kuvʀəlivʀ/ **NM** book cover *ou* jacket

**couvre-pied(s)** (pl **couvre-pieds**) /kuvʀəpje/ **NM** quilt

**couvre-plat** (pl **couvre-plats**) /kuvʀəpla/ **NM** dish cover

**couvre-théière** (pl **couvre-théières**) /kuvʀətejɛʀ/ **NM** tea cosy

**couvreur** /kuvʀœʀ/ **NM** roofer

**couvrir** /kuvʀiʀ/ ▸ conjug 18 ◂ **VT** **a** *(gén)* *[+ livre, sol, chargement]* to cover *(de, avec* with); *[+ récipient]* to cover (*de, avec* with) to put the lid on; *(Jeux)* *[+ carte]* to cover ◆ ~ **un toit d'ardoises/de chaume/de tuiles** to slate/thatch/tile a roof ◆ **des tableaux couvraient tout un mur** one whole wall was covered in pictures ◆ ~ **le feu** to bank up the fire

**b** *(= habiller)* to cover ◆ **couvre bien les enfants** wrap *ou* cover the children up well ◆ **un châle lui couvrait les épaules** she had a shawl around her shoulders

**c** *(fig)* ~ **qch/qn de** to cover sth/sb with *ou* in ◆ **couvert de bleus** bruised all over, covered in *ou* with bruises ◆ ~ **qn de cadeaux** to shower sb with gifts, to shower gifts (up)on sb ◆ ~ **qn de caresses/baisers** to cover *ou* shower sb with caresses/kisses ◆ ~ **qn d'injures/d'éloges** to shower sb with insults/praise, to heap insults/praise on sb ◆ **cette aventure l'a couvert de ridicule** this affair has covered him with ridicule; → **boue**

**d** *(= masquer)* *[+ son, voix]* to drown (out); *[+ énigme]* to conceal ◆ **le bruit de la rue couvrait la voix du conférencier** the noise from the street drowned (out) the lecturer's voice ◆ ~ **son jeu** *(lit, fig)* to hold *ou* keep one's cards close to one's chest

**e** *(= protéger)* to cover ◆ ~ **qn de son corps** to cover *ou* shield sb with one's body ◆ ~ **sa retraite** *(Mil)* to cover one's retreat ◆ ~ **qn** *(fig)* to cover up for *ou* shield sb ◆ **couvre-moi !** *(lors d'une fusillade)* cover me! ◆ ~ **une erreur** to cover up a mistake

**f** *[+ frais, dépenses]* to cover; *[assurance]* to cover ◆ **pourriez-vous nous ~ de la somme de 100 € ?** *(Admin)* would you remit to us the sum of €100 ? ◆ ~ **l'enchère de qn** to make a higher bid than sb

**g** *(= parcourir)* *[+ kilomètres, distance]* to cover

**h** *(Zool)* *[+ jument]* to cover

**i** *(Journalisme)* *[+ événement]* to cover

**VPR** **se couvrir** **a** *(loc)*

◆ **se couvrir de** ◆ **se ~ de fleurs/feuilles** to come into bloom/leaf ◆ **les prés se couvrent de fleurs** the meadows are becoming a mass of flowers ◆ **se ~ de taches** to get covered with splashes ◆ **se ~ de boutons** to become covered in *ou* with spots ◆ **se ~ de gloire** to cover o.s. with glory ◆ **se ~ de honte/ridicule** to bring shame/ridicule upon o.s., to cover o.s. with shame/ridicule

**b** *(= s'habiller)* to cover up, to wrap up; *(= mettre son chapeau)* to put on one's hat ◆ **il fait froid, couvrez-vous bien** it's cold so wrap *ou* cover (yourself) up well

**c** *[ciel]* to become overcast, to cloud over ◆ **le temps se couvre** it's clouding over, the sky is *ou* it's becoming (very) overcast

**d** *(Boxe, Escrime)* to cover o.s. ◆ **pour se ~** *(fig)* to cover *ou* shield himself

**covalence** /kovalɑ̃s/ **NF** *(Chim)* covalency, covalence *(US)* ◆ **liaison de ~** covalent bond

**covalent, e** /kovalɑ̃, ɑ̃t/ **ADJ** *(Chim)* covalent

**cover-girl** (pl **cover-girls**) /kɔvœʀgœʀl/ **NF** cover girl

**covoiturage** /kovwatyʀaʒ/ **NM** car sharing

**cow-boy** (pl **cow-boys**) /kobɔj/ **NM** cowboy ◆ **jouer aux ~s et aux Indiens** to play (at) cowboys and Indians

**coxalgie** /kɔksalʒi/ **NF** coxalgia

**coyote** /kɔjɔt/ **NM** *(= animal)* coyote

**CP** /sepe/ **NM** (abrév de **cours préparatoire**) → **cours**

**CPAM** /sepeaɛm/ **NF** (abrév de **caisse primaire d'assurance maladie**) → **caisse**

**CQFD** /sekyɛfde/ (abrév de **ce qu'il fallait démontrer**) QED

**crabe** /kʀɑb/ **NM** **a** *(Zool)* crab ◆ **marcher en ~** to walk crabwise *ou* crabways; → **panier** **b** *(= véhicule)* caterpillar-tracked vehicle

**crac** /kʀak/ **EXCL** *[de bois, glace]* crack; *[d'étoffe]* rip

**crachat** /kʀaʃa/ **NM** **a** *(gén)* spit *(NonC)*, spittle *(NonC)* ◆ **il a reçu un ~ dans la figure** someone spat in his face **b** († * *= plaque, insigne)* decoration

**craché, e** * /kʀaʃe/ (ptp de **cracher**) **ADJ** ◆ **c'est son père tout ~** he's the spitting image of his father ◆ **c'est lui tout ~** that's just like him, that's him all over *

**crachement** /kʀaʃmɑ̃/ **NM** **a** *(= expectoration)* spitting *(NonC)* ◆ ~ **de sang** spitting of blood ◆ **~s de sang** spasms of spitting blood *ou* of blood-spitting **b** *(= projection)* *[de flammes, vapeur]* burst; *[d'étincelles]* shower **c** *(= bruit)* *[de radio, mitrailleuses]* crackling *(NonC)*, crackle

**cracher** /kʀaʃe/ ▸ conjug 1 ◂ **VI** **a** *(avec la bouche)* to spit ◆ **rincez-vous la bouche et crachez** rinse your mouth and spit it out ◆ ~ **sur qn** *(lit)* to spit at sb; *(fig)* to spit on sb ◆ **il ne crache pas sur le caviar** * he doesn't turn his nose up at caviar ◆ **il ne faut pas ~ sur cette offre** * this offer is not to be sneezed at ◆ **il ne faut pas ~ dans la soupe** * don't bite the hand that feeds you ◆ **c'est comme si je crachais en l'air** * I might as well be whistling in the wind ◆ ~ **au bassinet** * to cough up *

**b** *[stylo, plume]* to splutter, to splotch; *[micro]* to crackle

**VT** **a** *[personne]* *[+ sang]* to spit; *[+ bouchée]* to spit out; *[+ injures]* to spit (out); ⁑ *[+ argent]* to cough up *, to stump up * *(Brit)* ◆ ~ **ses poumons** ⁑ to cough up one's lungs ⁑; → **venin**

**b** *[canon]* *[+ flammes]* to spit (out); *[+ projectiles]* to spit out; *[cheminée, volcan, dragon]* to belch (out) ◆ **le moteur crachait des étincelles** the engine was sending out showers of sparks ◆ **le tuyau crachait une eau brunâtre** the pipe was spitting out dirty brown water

**cracheur, -euse** /kʀaʃœʀ, øz/ **NM,F** ◆ ~ **de feu** *ou* **de flammes** fire-eater

**crachin** /kʀaʃɛ̃/ NM drizzle

**crachiner** /kʀaʃine/ ▸ conjug 1 ◂ VB IMPERS to drizzle

**crachoir** /kʀaʃwaʀ/ NM spittoon, cuspidor *(US)* ◆ **tenir le ~** * to hold the floor ◆ **j'ai tenu le ~ à ma vieille tante tout l'après-midi** I had to sit and listen to my old aunt spouting all afternoon *

**crachotement** /kʀaʃɔtmɑ̃/ NM *[de haut-parleur, téléphone, radio]* crackling *(NonC)*, crackle; *[de robinet]* spluttering *(NonC)*

**crachoter** /kʀaʃɔte/ ▸ conjug 1 ◂ VI *[haut-parleur, téléphone, radio]* to crackle; *[robinet]* to splutter

**crachouiller** /kʀaʃuje/ ▸ conjug 1 ◂ VI *[personne]* to splutter

**crack**[1] /kʀak/ NM **a** *(= poulain)* crack *ou* star horse **b** *(* = as)* ace ◆ **un ~ en informatique** an ace *ou* a wizard * at computing ◆ **c'est un ~ au saut en longueur** he's a first-class long jumper

**crack**[2] /kʀak/ NM *(Drogue)* crack (cocaine)

**cracking** /kʀakiŋ/ NM *(Chim)* cracking

**Cracovie** /kʀakɔvi/ N Cracow

**cracra** ⁑ /kʀakʀa/ ADJ INV, **crade** ⁑ /kʀad/, **cradingue** ⁑ /kʀadɛ̃g/, **crado** ⁑ /kʀado/, **cradoque** ⁑ /kʀadɔk/ ADJ *[personne, vêtement]* dirty, scuzzy ⁑; *[endroit, meuble]* dirty, grotty * *(Brit)*; *[blague, remarque]* dirty

**craie** /kʀɛ/ NF *(= substance, bâtonnet)* chalk ◆ **~ de tailleur** tailor's chalk, French chalk ◆ **écrire qch à la ~ sur un mur** to chalk sth up on a wall

**craignos** ⁑ /kʀɛɲos/ ADJ INV *[personne, quartier]* shady *, dodgy * *(Brit)* ◆ **il est vraiment ~ ce type** he's a really freaky guy *

**craindre** /kʀɛ̃dʀ/ ▸ conjug 52 ◂ VT **a** *(= avoir peur) [personne]* to fear, to be afraid *ou* scared of ◆ **je ne crains pas la mort/la douleur** I'm not afraid of dying/pain ◆ **ne craignez rien** don't be afraid *ou* frightened ◆ **oui, je le crains !** yes, I'm afraid so! ◆ **je crains le pire** I fear the worst ◆ **il voulait se faire ~** he wanted to be feared

◆ **craindre de faire qch** to be afraid of doing sth ◆ **il craint de se faire mal** he's afraid of hurting himself ◆ **je ne crains pas de dire que ...** I am not afraid of saying that ... ◆ **je crains d'avoir bientôt à partir** I'm afraid *ou* I fear I may have to leave soon ◆ **craignant de manquer le train** afraid of missing *ou* afraid (that) he might miss the train

◆ **craindre que** to be afraid that, to fear that ◆ **je crains qu'il (n')attrape froid** I'm afraid (that) he might catch cold ◆ **ne craignez-vous pas qu'il arrive ?** aren't you afraid he'll come? *ou* he might come? ◆ **je crains qu'il (ne) se soit perdu** I'm afraid that he might *ou* may have got lost ◆ **il est à ~ que ...** it is to be feared that ... ◆ **je crains que vous ne vous trompiez** I fear you are mistaken

◆ **craindre pour** *[+ vie, réputation, personne]* to fear for ◆ **je crains pour mon emploi** I'm afraid I might lose my job

**b** *(= ne pas supporter)* **~ le froid** to be easily damaged by (the) cold ◆ **"craint l'humidité/la chaleur"** "keep *ou* store in a dry place/cool place", "do not expose to a damp atmosphere/to heat" ◆ **vêtement qui ne craint rien** hard-wearing *ou* sturdy garment ◆ **c'est un vieux tapis, ça ne craint rien** don't worry, it's an old carpet ◆ **ces animaux craignent la chaleur** these animals can't stand the heat

VI ⁑ ◆ **il craint, ce type** that guy's really creepy * ◆ **ça craint dans ce quartier** *(louche)* this is a really shady * *ou* dodgy *(Brit)* * area; *(dangereux)* this is a really dangerous area ◆ **ça craint, leur émission** that programme's the pits ⁑ ◆ **s'il est élu, ça craint pour la démocratie** if he gets elected, it'll be a bad day for democracy

**crainte** /kʀɛ̃t/ GRAMMAIRE ACTIVE 44.1 NF **a** *(= peur)* fear ◆ **la ~ de la maladie** *ou* **d'être malade l'arrête** fear of illness *ou* of being ill stops him ◆ **soyez sans ~, n'ayez ~** have no fear, never fear ◆ **j'ai des ~s à son sujet** I'm worried about him ◆ **sans ~** *[personne]* fearless; *[affronter, parler]* without fear, fearlessly ◆ **avec ~** fearfully ◆ **la ~ qu'on ne les entende** the fear that they might be overheard ◆ **la ~ est le commencement de la sagesse** *(Prov)* only the fool knows no fear

**b** *(loc)* **dans la ~ de, par ~ de** for fear of ◆ **de ~ d'une erreur** for fear of (there being) a mistake, lest there be a mistake *(frm)* ◆ **(par) ~ d'être suivi, il courut** he ran for fear of being followed *ou* fearing that he might be followed ◆ **de ~ que ...** for fear that ..., fearing that ... ◆ **de ~ qu'on ne le suive, il courut** he ran for fear of being followed *ou* fearing that he might be followed

**craintif, -ive** /kʀɛ̃tif, iv/ ADJ timid

**craintivement** /kʀɛ̃tivmɑ̃/ ADV timidly

**cramé, e** ⁑ /kʀame/ ADJ **a** *(= brûlé)* burnt, burned *(US)* **b** *(= saoul)* pissed ⁑; *(= drogué)* stoned ⁑ NM ◆ **ça sent le ~** *(lit)* I (can) smell burning; *(fig)* there's trouble brewing ◆ **ça a un goût de ~** it tastes burnt ◆ **ne mange pas le ~** don't eat the burnt bit(s)

**cramer** ⁑ /kʀame/ ▸ conjug 1 ◂ VI *[maison]* to burn down, to go up in flames; *[mobilier]* to go up in flames *ou* smoke; *[tissu, papier]* to burn ◆ **ça crame !** *(= il fait chaud)* it's roasting! * VT *(gén)* to burn; *[+ maison]* to burn down

**cramoisi, e** /kʀamwazi/ ADJ crimson

**crampe** /kʀɑ̃p/ NF cramp ◆ **avoir une ~ au mollet** to have cramp *(Brit)* *ou* a cramp *(US)* in one's calf ◆ **~ d'estomac** stomach cramp ◆ **la ~ de l'écrivain** *(hum)* writer's cramp *(hum)*

**crampon** /kʀɑ̃pɔ̃/ NM **a** *(Tech)* cramp (iron), clamp **b** *[de chaussures de rugby]* stud; *[de chaussures de course]* spike; *[de fer à cheval]* calk ◆ **~ (à glace)** *[d'alpiniste]* crampon **c** *(Bot)* tendril **d** *(* = personne)* leech ◆ **elle est ~** she clings like a leech, you can't shake her off

**cramponnage** /kʀɑ̃pɔnaʒ/ NM *(Alpinisme)* crampon technique, cramponning

**cramponner** /kʀɑ̃pɔne/ ▸ conjug 1 ◂ VT **a** *(Tech)* to cramp (together), to clamp (together) **b** *(* fig)* to cling to VPR **se cramponner** *(pour ne pas tomber)* to hold on, to hang on; *(dans son travail)* to stick at it * ◆ **elle se cramponne** *(= ne vous lâche pas)* she clings like a leech, you can't shake her off; *(= ne veut pas mourir)* she's hanging on (to life) ◆ **se ~ à** *[+ branche, volant, bras]* to cling (on) to, to clutch, to hold on to; *[+ personne] (lit)* to cling (on) to; *(fig) [+ vie, espoir, personne]* to cling to

**cran** /kʀɑ̃/ NM **a** *(pour accrocher, retenir) [de pièce dentée, crémaillère]* notch; *[d'arme à feu]* catch; *[de ceinture, courroie]* hole ◆ **hausser un rayon de plusieurs ~s** to raise a shelf a few notches *ou* holes ◆ **~ de sécurité** *ou* **de sûreté** safety catch ◆ **(couteau à) ~ d'arrêt** flick-knife

**b** *(Couture, Typo : servant de repère)* nick ◆ **~ de mire** bead

**c** *[de cheveux]* wave ◆ **le coiffeur lui avait fait un ~** *ou* **des ~s** the hairdresser had put her hair in waves

**d** *(* = courage)* guts * ◆ **elle a un drôle de ~** * she's got a lot of guts * *ou* bottle ⁑ *(Brit)* ◆ **il faut un sacré ~ pour oser dire ça** it takes a lot of guts * to say something like that

**e** *(loc)* **monter/descendre d'un ~** *(dans la hiérarchie)* to move up/come down a rung *ou* peg ◆ **elle est monté/descendu d'un ~ dans mon estime** she's gone up/down a notch *ou* peg in my estimation ◆ **être à ~** to be very edgy ◆ **ne le mets pas à ~** don't make him mad *

**crâne**[1] /kʀɑn/ NM *(Anat)* skull, cranium *(SPÉC)*; *(fig)* head ◆ **avoir mal au ~** * to have a splitting headache ◆ **avoir le ~ dur** * *(fig)* to be thick(skulled) * ◆ **il n'a rien dans le ~** he's really thick * ◆ **~ d'œuf** * *(= chauve)* bald man, baldy *; *(= intellectuel)* egghead; → **bourrage, bourrer, fracture**

**crâne**[2] † /kʀɑn/ ADJ gallant

**crânement** † /kʀɑnmɑ̃/ ADV gallantly

**crâner** * /kʀɑne/ ▸ conjug 1 ◂ VI to swank *, to show off *, to put on the dog * *(US)* ◆ **ce n'est pas la peine de ~** it's nothing to swank * *ou* show off * about

**crânerie** † /kʀɑnʀi/ NF gallantry

**crâneur, -euse** * /kʀɑnœʀ, øz/ NM,F swank *, show-off * ◆ **faire le** *ou* **son ~** to swank * *ou* show off * ◆ **elle est un peu crâneuse** she's a bit of a show-off *

**crânien, -ienne** /kʀɑnjɛ̃, jɛn/ ADJ cranial; → **boîte**

**craniologie** /kʀanjɔlɔʒi/ NF craniology

**cranter** /kʀɑ̃te/ ▸ conjug 1 ◂ VT *(Tech) [+ pignon, roue]* to put notches in ◆ **~ ses cheveux** to put one's hair in waves ◆ **tige crantée** notched stem

**crapahuter** /kʀapayte/ ▸ conjug 1 ◂ VI **a** *(arg Mil)* to yomp ◆ **on a crapahuté dans la montagne toute la journée** we trekked in the mountains all day **b** * *(= faire l'amour)* to bonk ⁑

**crapaud** /kʀapo/ NM **a** *(Zool)* toad ◆ **quel ~ ce type !** *(= très laid)* he's as ugly as sin!; → **bave, fauteuil, laid, piano**[1] **b** * *(= gamin)* brat * **c** *[de diamant]* flaw COMP ▷ **crapaud de mer** angler(-fish)

**crapaud-buffle** (pl **crapauds-buffles**) /kʀapobyfl/ NM buffalo frog

**crapaudine** /kʀapodin/ NF *[de tuyau]* grating; *[de gond]* gudgeon; *(= pierre)* toadstone

**crapoter** * /kʀapɔte/ ▸ conjug 1 ◂ VI *[fumeur]* ◆ **il crapote** he doesn't inhale

**crapoteux, -euse** * /kʀapɔtø, øz/ ADJ *[lieu]* murky, gloomy; *[personne]* grimy-looking

**crapouillot** /kʀapujo/ NM *(Hist Mil)* trench mortar

**crapule** /kʀapyl/ NF *(= escroc)* crook; *(†† = racaille)* riffraff, scum * ◆ **petite ~ !** *(à un enfant = coquin)* you little rascal!

**crapulerie** /kʀapylʀi/ NF **a** *(= caractère)* villainy **b** *(= acte)* villainy

**crapuleux, -euse** /kʀapylø, øz/ ADJ *[action]* villainous; *[vie]* dissolute; → **crime**

> ⚠ **crapuleux** *ne se traduit pas par* **crapulous**, *qui a le sens de 'ivre'.*

**craquage** /kʀakaʒ/ NM *(Chim)* cracking

**craquant, e** * /kʀakɑ̃, ɑ̃t/ ADJ *[biscuit]* crunchy; *(* = séduisant) [objet, personne]* gorgeous, lovely

**craque** ⁑ † /kʀak/ NF whopper ⁑, whopping lie * ◆ **tu m'as raconté des ~s** you've been trying to put one over on me

**craquelé, e** /kʀakle/ (ptp de **craqueler**) ADJ *[terre, chemin]* covered with cracks; *[glace, peinture, cuir]* cracked ◆ **des chaussures toutes ~es** cracked leather shoes

**craqueler** /kʀakle/ ▸ conjug 4 ◂ VT *[+ vernis, faïence, terre] [usure, âge]* to crack; *(Tech) [artisan]* to crackle VPR **se craqueler** *[vernis, faïence, terre]* to crack

**craquelure** /kʀaklyʀ/ NF *(accidentelle)* crack ◆ **~s** *(volontaires) [de porcelaine, verre]* crackle *(NonC)*; *[de tableau]* craquelure *(NonC) (SPÉC)* ◆ **couvert de ~s** covered in cracks

**craquement** /kʀakmɑ̃/ NM *(= bruit) [d'arbre, branche qui se rompt]* crack, snap; *[de plancher, boiserie]* creak; *[de feuilles sèches, neige]* crackle, crunch; *[de chaussures]* squeak ◆ **le ~ continuel des arbres/de la banquise** the constant creak of the trees/icefield

**craquer** /kʀake/ ▸ conjug 1 ◂ VI **a** *(= produire un bruit) [parquet]* to creak, to squeak; *[feuilles mortes, disque]* to crackle; *[neige]* to crunch; *[chaussures]* to squeak; *[biscuit]* to crunch ◆ **faire ~ ses doigts** to crack one's fingers ◆ **faire ~ une allumette** to strike a match

**b** *(= céder) [bas]* to rip, to go* *(Brit)*; *[bois, couche de glace]* to crack; *[branche]* to crack, to snap ◆ **veste qui craque aux coutures** jacket which is coming apart at the seams; → **plein**

**c** *(= s'écrouler) [entreprise, gouvernement]* to be falling apart (at the seams), to be on the verge of collapse; *[athlète]* to collapse; *[accusé, malade]* to break down, to collapse ◆ **ils ont craqué en deuxième mi-temps** they gave way in the second half ◆ **je craque*** *(= je n'en peux plus)* I've had enough; *(= je deviens fou)* I'm cracking up*; → **nerf**

**d** *( * = être séduit)* **j'ai craqué** I couldn't resist it ◆ **j'ai craqué pour** *ou* **sur lui dès notre première rencontre** I fell for him the first time we met ◆ **il est à ~ !** he's irresistible!

VT **a** *[+ pantalon]* to rip, to split ◆ **~ un bas*** to rip *ou* tear a stocking

**b** *[+ allumette]* to strike

**c** *[+ produit pétrolier]* to crack

**d** *(Ordin) [+ ordinateur]* to crack

**crash*** /kʀaʃ/ NM crash

**crasher (se)*** /kʀaʃe/ ▸ conjug 1 ◂ VPR *[voiture, train]* to crash; *[chauffeur, motard]* to have a crash; *[avion] (= s'écraser)* to crash; *(= atterrir)* to crash-land ◆ **il s'est crashé contre un arbre** he crashed into *ou* hit a tree ◆ **se ~ en moto/voiture** to crash one's motorbike/car

**crassane** /kʀasan/ NF ⇒ **passe-crassane**

**crasse** /kʀas/ NF **a** *(= saleté)* grime, filth **b** *( * = sale tour)* dirty trick* ◆ **faire une ~ à qn** to play a dirty trick on sb*, to do the dirty on sb* **c** *(Tech) (= scorie)* dross, scum, slag; *(= résidus)* scale ADJ *[ignorance, bêtise]* crass; *[paresse]* unashamed ◆ **être d'une ignorance ~** to be abysmally ignorant *ou* pig ignorant‡

**crasseux, -euse** /kʀasø, øz/ ADJ grimy, filthy

**crassier** /kʀasje/ NM slag heap

**cratère** /kʀatɛʀ/ NM crater

**cravache** /kʀavaʃ/ NF (riding) crop, quirt *(US)* ◆ **mener qn à la ~** *(fig)* to drive sb ruthlessly

**cravacher** /kʀavaʃe/ ▸ conjug 1 ◂ VT *[+ cheval]* to use the crop on, to whip, to quirt *(US)*; *[+ personne]* to strike with a riding crop; *(= rouer de coups)* to horsewhip VI *( * = foncer)* to belt along*; *(pour finir un travail)* to work like mad*, to pull out all the stops*

**cravate** /kʀavat/ NF **a** *[de chemise]* tie ◆ **~ de chanvre** *(hum)* hangman's rope ◆ **~ de commandeur de la Légion d'honneur** ribbon of commander of the Legion of Honour; → **épingle, jeter** **b** *(Lutte)* headlock; *(Rugby)* clothes-line tackle **c** *(Naut)* sling

**cravater** /kʀavate/ ▸ conjug 1 ◂ VT **a** *(lit) [+ personne]* to put a tie on ◆ **cravaté de neuf** wearing a new tie ◆ **se ~** to put one's *ou* a tie on **b** *(= prendre au collet) (gén)* to grab round the neck; *(Lutte)* to put in a headlock; *(Rugby)* to do a high tackle on ◆ **se faire ~ par un journaliste** to be collared* *ou* buttonholed* by a journalist

**crawl** /kʀol/ NM *(= nage)* crawl ◆ **nager le ~** to do *ou* swim the crawl

**crawler** /kʀole/ ▸ conjug 1 ◂ VI to do *ou* swim the crawl ◆ **dos crawlé** backstroke

**crayeux, -euse** /kʀɛjø, øz/ ADJ *[terrain, substance]* chalky; *[teint]* chalk-white

**crayon** /kʀɛjɔ̃/ NM **a** *(pour écrire)* pencil ◆ **écrire au ~** to write with a pencil ◆ **écrivez cela au ~** write that in pencil ◆ **notes au ~** pencilled notes ◆ **avoir le ~ facile** to be good at drawing ◆ **coup de ~** pencil stroke ◆ **avoir un bon coup de ~** to be good at sketching

**b** *(= bâtonnet)* pencil

**c** *(Art) (= matière)* crayon; *(= dessin)* crayon (drawing) ◆ **colorier qch au ~** to crayon sth

COMP ▷ **crayon contour des lèvres** ⇒ **crayon à lèvres** ▷ **crayon contour des yeux** ⇒ **crayon pour les yeux** ▷ **crayon de couleur** crayon ▷ **crayon feutre** felt-tip pen ▷ **crayon gomme** pencil with rubber *(Brit) ou* eraser *(US)* ▷ **crayon gras** soft lead pencil ▷ **crayon hémostatique** styptic pencil ▷ **crayon khôl** eyeliner (pencil) ▷ **crayon à lèvres** lip pencil ▷ **crayon lithographique** litho pen ▷ **crayon au nitrate d'argent** silver-nitrate pencil, caustic pencil ▷ **crayon noir** *ou* **à papier** lead pencil ▷ **crayon optique** light pen ▷ **crayon à sourcils** eyebrow pencil ▷ **crayon pour les yeux** eyeliner (pencil)

**crayonnage** /kʀɛjɔnaʒ/ NM *(= gribouillage)* scribble, doodle; *(= dessin)* (pencil) drawing, sketch

**crayonner** /kʀɛjɔne/ ▸ conjug 1 ◂ VT **a** *[+ notes]* to scribble, to jot down (in pencil); *[+ dessin]* to sketch **b** *(péj = gribouiller) [+ traits]* to scribble; *[+ dessins]* to doodle

**CRDP** /seɛʀdepe/ NM (abrév de **Centre régional de documentation pédagogique**) → **centre**

**CRDS** /seɛʀdeɛs/ NF (abrév de **contribution au remboursement de la dette sociale**) → **remboursement**

**créance** /kʀeɑ̃s/ NF **a** *(Fin, Jur)* (financial) claim, debt *(seen from the creditor's point of view)*; *(= titre)* letter of credit ◆ **~ hypothécaire** mortgage loan *(seen from the creditor's point of view)* ◆ **~s** *(Fin)* accounts receivable ◆ **~ irrécouvrable** bad debt; → **lettre** **b** *(† ou littér = crédit, foi)* credence *(frm)* ◆ **donner ~ à qch** *(= rendre croyable)* to lend credibility to sth; *(= ajouter foi à)* to give credence to sth *(frm)*

**créancier, -ière** /kʀeɑ̃sje, jɛʀ/ NM,F creditor ◆ **~-gagiste** lienor ◆ **~ privilégié** preferential creditor

**créateur, -trice** /kʀeatœʀ, tʀis/ NM,F **a** *(gén, Rel)* creator ◆ **les ~s d'entreprise** people who set up companies ◆ **le Créateur** the Creator **b** *(= artiste)* designer ◆ **~ (de mode)** fashion designer ◆ **les grands ~s de meubles** the great furniture designers ◆ **~ publicitaire** commercial artist ADJ **a** *(= créatif)* creative **b** *(= générateur)* ◆ **un secteur ~ d'emplois** a sector which generates employment ◆ **cette solution sera créatrice d'emplois** this will help create *ou* generate new jobs

> ⚠ *Au sens de 'artiste',* **créateur** *ne se traduit pas par* **creator.**

**créatif, -ive** /kʀeatif, iv/ ADJ creative NM,F *(Publicité)* designer ◆ **c'est une créative** *(créativité)* she's very creative

**créatine** /kʀeatin/ NF creatine, creatin

**créatinine** /kʀeatinin/ NF creatinine

**création** /kʀeasjɔ̃/ NF **a** *(= invention, conception) [de style, produit]* creation; *(= chose créée)* creation ◆ **ses ~s les plus originales** his most original creations **b** *(= production, fondation) [d'empire, association]* creation, founding; *[de firme]* creation, setting up ◆ **la ~ d'emplois** job creation ◆ **il y a eu 200 ~s d'emplois/de postes** 200 jobs/posts were created ◆ **je travaille dans cette entreprise depuis sa ~** I've worked in this company since it was first set up ◆ **il y a eu plusieurs ~s d'entreprises** several new companies have been created ◆ **la Création** *(Rel)* (the) Creation ◆ **depuis la ~ du monde** since the world began **c** *(Théât) [de pièce]* first production ◆ **depuis la ~ du spectacle** since the show first opened **d** *(Phys)* **théorie de la ~ continue** steady-state theory

**créationnisme** /kʀeasjɔnism/ NM creationism

**créationniste** /kʀeasjɔnist/ ADJ creationistic NMF creationist

**créativité** /kʀeativite/ NF creativeness, creativity; *(Ling)* creativity

**créature** /kʀeatyʀ/ NF *(gén, péj)* creature

**crécelle** /kʀesɛl/ NF rattle; → **voix**

**crécerelle** /kʀɛs(ə)ʀɛl/ NF kestrel

**crèche** /kʀɛʃ/ NF **a** *(Rel : de Noël)* nativity scene, crib *(Brit)*, crèche *(US)* ◆ **~ vivante** living nativity (scene) **b** *(= établissement)* crèche, day nursery, day-care centre *(Brit) ou* center *(US)*, child care center *(US)* ◆ **~ familiale** *crèche in the home of a registered child minder* ◆ **~ parentale** *crèche run by parents* ◆ **mettre son bébé à la ~** to put one's baby in a crèche

**crécher‡** /kʀeʃe/ ▸ conjug 6 ◂ VI to hang out* ◆ **je ne sais pas où ~ cette nuit** I don't know where I'm going to crash‡ *ou* kip down‡ *(Brit)* tonight ◆ **je crèche à Paris** *(= j'y habite)* I live in Paris

**crédence** /kʀedɑ̃s/ NF **a** *(= desserte)* credence **b** *(Rel)* credence table, credenza

**crédibiliser** /kʀedibilize/ ▸ conjug 1 ◂ VT *[+ histoire]* to back up, to give credibility to; *[+ candidature, situation financière]* to support ◆ **ceci crédibilise la gauche** this gives credibility to the Left

**crédibilité** /kʀedibilite/ NF credibility

**crédible** /kʀedibl/ GRAMMAIRE ACTIVE 53.6 ADJ credible ◆ **peu ~** *[discours, témoin]* unconvincing ◆ **il n'est plus très ~** he's lost his credibility

**crédirentier, -ière** /kʀediʀɑ̃tje, jɛʀ/ NM,F *recipient of an annuity*

**crédit** /kʀedi/ NM **a** *(= paiement différé)* credit ◆ **12 mois de ~** 12 months' credit ◆ **faire ~ à qn** to give sb credit ◆ **faites-moi ~, je vous paierai la semaine prochaine** let me have (it on) credit – I'll pay you next week ◆ **"la maison ne fait pas (de) crédit"** "we are unable to give credit to our customers", "no credit is given here" ◆ **"possibilités de crédit"** "credit (terms) available"

◆ **à crédit** ◆ **acheter/vendre qch à ~** to buy/sell sth on credit ◆ **ces gens qui achètent tout à ~** these people who buy everything on credit *ou* on time *(US)*; → **carte**

**b** *(= prêt)* loan, credit ◆ **établissement de ~** credit institution ◆ **l'ouverture d'un ~** the granting of credit ◆ **~ à taux préférentiel** preferential credit ◆ **~ à taux fixe/révisable** fixed rate/adjustable rate loan ◆ **accorder/**

**obtenir un ~** to grant/obtain credit ◆ **prendre un ~ sur dix ans** to take out a ten-year loan; → **lettre**

c *(dans une raison sociale)* bank

d *(= excédent d'un compte)* credit ◆ **porter une somme au ~ de qn** to credit sb *ou* sb's account with a sum, to credit a sum to sb *ou* sb's account

e *(Pol : gén pl = fonds)* **~s** funds ◆ **~s publics** public funds ◆ **~s budgétaires** budget allocation ◆ **~s extraordinaires** extraordinary funds ◆ **débloquer un ~ de 35 millions de francs** to release 35 million francs of funding ◆ **les ~s alloués à la défense** the funds allocated to defence, defence funding

f *(Can Univ = unité de valeur)* credit

g *(= confiance)* credit; *(= réputation)* reputation ◆ **firme/client qui a du ~** creditworthy firm/client ◆ **jouir d'un très grand ~** to enjoy an excellent reputation ◆ **cette théorie connaît un grand ~** this theory is very widely accepted (*auprès de* by); ◆ **ça donne du ~ à ce qu'il affirme** that lends credibility to what he says ◆ **faire ~ à l'avenir** to put one's trust in the future, to have faith in the future ◆ **bonne action à mettre** *ou* **porter au ~ de qn** good deed which is to sb's credit *ou* which counts in sb's favour ◆ **perdre tout ~ auprès de qn** to lose all credit with sb, to lose sb's confidence ◆ **trouver ~ auprès de qn** *[racontars]* to find credence with sb *(frm)*; *[personne]* to win sb's confidence ◆ **il a utilisé son ~ auprès de lui pour ...** he used his influence with him to ...

COMP ▷ **crédit acheteur** buyer credit ▷ **crédit d'appoint** standby credit ▷ **crédit bancaire** bank credit ▷ **crédit en blanc** loan without security ▷ **crédit à la consommation** consumer credit ▷ **crédit documentaire** documentary (letter of) credit ▷ **crédits d'enseignement** *(Admin Scol)* government grant (to each school) ▷ **crédit à l'exportation** export credit ▷ **crédit fournisseur** supplier credit ▷ **crédit gratuit** (interest-)free credit ▷ **crédit hypothécaire** mortgage ▷ **crédit immobilier** ≃ mortgage ▷ **crédit d'impôt** tax credit ▷ **crédit municipal** state-owned pawnshop *ou* pawnbroker's

**crédit-bail** (pl **crédits-bails**) /kʀedibaj/ NM *(= système)* leasing; *(= contrat)* lease, leasing agreement *ou* arrangement ◆ **acquérir qch en ~** to buy sth under a leasing agreement *ou* arrangement

**créditer** /kʀedite/ ▸ conjug 1 ◂ VT a *(Fin)* **~ qn/un compte de** *[+ somme]* to credit sb/an account with b *(Pol)* **il est crédité de 43% des voix** *ou* **des suffrages** he is expected to win 43% of the vote c *(= complimenter)* **~ qn de qch** to give sb credit for sth

**créditeur, -trice** /kʀeditœʀ, tʀis/ ADJ *[banque, pays]* creditor *(épith)* ◆ **compte/solde ~** credit account/balance ◆ **leur compte est de nouveau ~** their account is in credit *ou* in the black * again NM,F customer in credit

**crédit-relais** (pl **crédits-relais**) /kʀediʀ(ə)lɛ/ NM bridging loan

**credo** /kʀedo/ NM a *(Rel)* **le Credo** the (Apostle's) Creed b *(= principes)* credo, creed

**crédule** /kʀedyl/ ADJ credulous, gullible

**crédulité** /kʀedylite/ NF credulity, gullibility

**créer** /kʀee/ ▸ conjug 1 ◂ VT a *(= inventer, concevoir) [+ vêtement, bijou]* to create, to design; *[+ style, produit]* to create; *[+ mot]* to coin, to invent ◆ **il a créé cette histoire de toutes pièces** he made up the story from beginning to end ◆ **la joie de ~** the joy of making things *ou* creating something b *(= produire, fonder) [+ empire, association]* to create, to found; *[+ entreprise]* to create, to set up, to form; *[+ emplois]* to create ◆ **~ des ennuis/difficultés à qn** to create problems/difficulties for sb, to cause sb problems/difficulties ◆ **~ la surprise** to cause a surprise; → **événement, fonction, précédent** *etc* c *(Théât) [+ rôle]* to create; *[+ pièce]* to produce (for the first time) VPR **se créer** ◆ **se ~ une clientèle** to build up a clientele ◆ **se ~ des problèmes** to create *ou* make problems for o.s.

**crémaillère** /kʀemajɛʀ/ NF a *(= fête)* house-warming party; → **pendre** b *[de cheminée]* trammel c *(Rail, Tech)* rack ◆ **chemin de fer à ~** rack railway, cog railway ◆ **engrenage/direction à ~** rack-and-pinion gear/steering

**crémant** /kʀemɑ̃/ ADJ M, NM cremant *(sparkling wine)*

**crémation** /kʀemasjɔ̃/ NF cremation

**crématoire** /kʀematwaʀ/ ADJ crematory; → **four** NM crematorium, crematory *(furnace)*

**crématorium** /kʀematɔʀjɔm/ NM crematorium

**crème** /kʀɛm/ NF a *(Culin)* *(= produit laitier)* cream; *(= peau sur le lait)* skin; *(= entremets)* cream dessert ◆ **~ d'asperges/de champignons/tomates** *(potage)* cream of asparagus/of mushroom/of tomato (soup) ◆ **~ de cassis** *(= liqueur)* crème de cassis ◆ **~ de marron** sweetened chestnut purée ◆ **fraises à la ~** strawberries and cream ◆ **gâteau à la ~** cream cake; → **chou¹, fromage** *etc*

b *(= produit pour la toilette, le nettoyage)* cream ◆ **~ de beauté** beauty cream ◆ **~ pour le visage/de jour/de nuit** face/day/night cream ◆ **~ pour les chaussures** shoe polish *ou* cream *(Brit)*

c *(= les meilleurs)* **la ~** the cream of the crop, the crème de la crème ◆ **c'est la ~ des pères** he's the best of (all) fathers ◆ **ses amis ce n'est pas la ~** his friends aren't exactly the cream of society *ou* the crème de la crème ◆ **ce garçon est vraiment une ~** he's such a sweetie *

ADJ INV cream(-coloured *(Brit)* *ou* -colored *(US)*)

NM *(= café au lait)* coffee with milk *ou* cream, white coffee *(Brit)* ◆ **un grand/petit ~** a large/small cup of white coffee

COMP ▷ **crème aigre** sour cream ▷ **crème anglaise** *thin custard made with eggs* ▷ **crème antirides** anti-wrinkle cream ▷ **crème au beurre** butter cream ▷ **crème brûlée** crème brûlée ▷ **crème (au) caramel** crème caramel, caramel cream *ou* custard ▷ **crème démaquillante** cleansing cream, make-up removing cream ▷ **crème épaisse** ≃ double cream *(Brit)*, heavy cream *(US)* ▷ **crème fleurette** ≃ single cream *(Brit)*, light cream *(US)* ▷ **crème fond de teint** fluid foundation *ou* makeup ▷ **crème fouettée** (sweetened) whipped cream ▷ **crème fraîche** crème fraîche ◆ **~ fraîche épaisse** ≃ double cream *(Brit)*, heavy cream *(US)* ▷ **crème glacée** ice cream ▷ **crème grasse** dry-skin cream ▷ **crème de gruyère** ≃ cheese spread ▷ **crème hydratante** moisturizing cream, moisturizer ▷ **crème pâtissière** confectioner's custard ▷ **crème à raser** shaving cream ▷ **crème renversée** cream mould *(Brit)*, cup custard *(US)*

**crémerie** /kʀɛmʀi/ NF *(= magasin)* dairy (shop) ◆ **changeons de ~** * let's push off * somewhere else, let's take our custom *(Brit)* *ou* business *(US)* elsewhere *(hum)*

**crémeux, -euse** /kʀemø, øz/ ADJ creamy

**crémier, -ière** /kʀemje, jɛʀ/ NM,F *person working in a dairy*

**crémone** /kʀemɔn/ NF window catch

**créneau** (pl **créneaux**) /kʀeno/ NM a *[de rempart]* crenel, crenelle; *(Mil) [de tranchée]* slit ◆ **les ~x** *(= forme)* the crenelations; *(= chemin de ronde)* the battlements ◆ **monter au ~ pour défendre sa politique** *(fig)* to leap to the defence of one's policies b *(Aut)* **faire un ~** to reverse into a parking space *(between two cars) (Brit)*, to parallel park *(US)* ◆ **j'ai raté mon ~** I've parked badly c *(Comm)* gap, niche; *[d'emploi du temps]* gap ◆ **~ (horaire)** *(TV)* (time) slot ◆ **~ publicitaire** advertising slot ◆ **il y a un ~ pour les voitures économiques** there is a niche *ou* a ready market for fuel-efficient cars ◆ **~ de lancement** *[de fusée]* (launch) window ◆ **trouver un bon ~** to find a good source of income ◆ **le karaoké constitue un ~ porteur pour les bars** karaoke is a good money-maker for bars

**crénelage** /kʀen(ə)laʒ/ NM *(Tech)* milling

**crénelé, e** /kʀen(ə)le/ (ptp de **créneler**) ADJ *[mur, arête]* crenellated; *[feuille, bordure]* scalloped, crenate *(Bot)*

**créneler** /kʀen(ə)le/ ▸ conjug 4 ◂ VT a *[+ muraille]* to crenellate, to crenel; *[+ tranchée]* to make a slit in b *[+ roue]* to notch; *[+ pièce de monnaie]* to mill

**crénom** /kʀenɔ̃/ EXCL ◆ **~ de nom!** † confound it!, dash it all! *(surtout Brit)*

**créole** /kʀeɔl/ ADJ creole; → **riz** NM *(Ling)* Creole NMF Creole NF *(= boucle d'oreille)* large hoop earring

**créolité** /kʀeɔlite/ NF Creole identity

**Créon** /kʀeɔ̃/ NM Creon

**créosote** /kʀeɔzɔt/ NF creosote

**crêpage** /kʀɛpaʒ/ NM a *[de cheveux]* backcombing b ◆ **~ de chignon** * dust-up *, free-for-all, set-to * *(Brit)* c *(Tex)* crimping

**crêpe¹** /kʀɛp/ NF *(Culin)* pancake *(Brit)*, crêpe ◆ **faire sauter une ~** to toss a pancake ◆ **~ Suzette** crêpe suzette; → **dentelle, pâte, retourner**

**crêpe²** /kʀɛp/ NM a *(Tex)* crepe, crêpe, crape ◆ **~ de Chine** crepe de Chine ◆ **~ georgette** georgette (crepe) ◆ **~ de soie** silk crepe b *(noir : de deuil)* black mourning crepe ◆ **voile de ~** mourning veil ◆ **porter un ~** *(au bras)* to wear a black armband; *(autour du chapeau)* to wear a black hatband; *(aux cheveux, au revers)* to wear a black ribbon c *(= matière)* **semelles (de) ~** crepe soles

**crêper** /kʀepe/ ▸ conjug 1 ◂ VT a *[+ cheveux]* to backcomb b *(Tex)* to crimp VPR **se crêper** ◆ **se ~ les cheveux** to backcomb one's hair ◆ **se ~ le chignon** * *(fig)* to tear each other's hair out, to have a dust-up * *ou* a set-to * *(Brit)*

**crêperie** /kʀɛpʀi/ NF crêperie, pancake house *ou* restaurant *(Brit)*

**crépi, e** /kʀepi/ (ptp de **crépir**) ADJ, NM roughcast

**crêpier, -ière** /kʀepje, jɛʀ/ NM,F *(= personne)* pancake *(Brit)* *ou* crêpe seller NF **crêpière** *(= plaque)* pancake *(Brit)* *ou* crêpe griddle; *(= poêle)* shallow frying pan *(for making pancakes)*

**crépine** /kʀepin/ NF a *[de tuyau]* strainer; *[de passementerie]* fringe b *(Zool)* omentum, caul; *(Culin)* caul

**crépinette** /kʀepinɛt/ NF flat sausage *(in caul)*

**crépir** /kʀepiʀ/ ▸ conjug 2 ◂ VT to roughcast

**crépissage** /kʀepisaʒ/ NM roughcasting

**crépitation** /kʀepitasjɔ̃/ NF *[de feu, électricité]* crackling ◆ **~ osseuse** *(Méd)* crepitus ◆ **~ pulmonaire** crepitations

**crépitement** /kʀepitmɑ̃/ **NM** *[de feu, électricité]* crackling *(NonC)*; *[de chandelle, friture]* sputtering *(NonC)*, spluttering *(NonC)*; *[de pluie]* pattering *(NonC)*; *[de mitrailleuse]* rattle *(NonC)*; *[de grésil]* rattle *(NonC)*, patter *(NonC)* ◆ **sous le ~ des flashs** with flashguns going off all around

**crépiter** /kʀepite/ ► conjug 1 ◄ **VI** *[feu, électricité]* to crackle; *[chandelle, friture]* to sputter, to splutter; *[pluie]* to patter; *[flashs]* to go off; *[mitrailleuse]* to rattle out; *[grésil]* to rattle, to patter ◆ **les applaudissements crépitèrent** there was a ripple of applause

**crépon** /kʀepɔ̃/ **NM** ≈ seersucker; → **papier**

**crépu, e** /kʀepy/ **ADJ** *[cheveux]* frizzy ◆ **elle est toute ~e** her hair's all frizzy

**crépusculaire** /kʀepyskylɛʀ/ **ADJ** *(littér, Zool)* crepuscular ◆ **lumière ~** twilight glow

**crépuscule** /kʀepyskyl/ **NM** *(lit)* twilight, dusk; *(fig)* twilight ◆ **au ~** at twilight ◆ **au ~ de sa vie** in his twilight years

**crescendo** /kʀeʃɛndo/ **ADV** **a** *(Mus)* crescendo **b** ◆ **aller ~** *[vacarme, acclamations]* to rise in a crescendo, to grow louder and louder, to crescendo; *[colère, émotion]* to grow *ou* become ever greater **NM** *(Mus)* crescendo ◆ **le ~ de sa colère/de son émotion** the rising tide of his anger/emotion

**cresson** /kʀesɔ̃/ **NM** ◆ **~ (de fontaine)** watercress ◆ **~ des prés** cardamine, lady's-smock

**cressonnette** /kʀesɔnɛt/ **NF** cardamine, lady's-smock

**cressonnière** /kʀesɔnjɛʀ/ **NF** watercress bed

**Crésus** /kʀezys/ **NM** Croesus ◆ **je ne suis pas ~ !** I'm not made of money!; → **riche**

**crésyl, Crésyl** ® /kʀezil/ **NM** *type of disinfectant containing cresol*

**crétacé, e** /kʀetase/ **ADJ** Cretaceous **NM** ◆ **le ~** the Cretaceous period

**crête** /kʀɛt/ **NF** **a** *[de coq]* comb; *[d'oiseau]* crest; *[de batracien]* horn ◆ **~ de coq** cockscomb **b** *[de mur]* top; *[de toit]* ridge; *[de montagne]* ridge, crest; *[de vague]* crest; *[de graphique]* peak ◆ **la ~ du tibia** the edge *ou* crest *(SPÉC)* of the tibia, the shin ◆ **(ligne de) ~** *(Géog)* watershed

**Crète** /kʀɛt/ **NF** Crete

**crétin, e** /kʀetɛ̃, in/ **ADJ** *(péj)* cretinous *, idiotic, moronic * **NM,F** *(péj)* moron *, cretin *

**crétinerie** * /kʀetinʀi/ **NF** **a** *(= caractère)* idiocy, stupidity **b** *(= acte, parole)* idiotic *ou* stupid thing to do *ou* say

**crétiniser** /kʀetinize/ ► conjug 1 ◄ **VT** to turn into a moron * *ou* half-wit

**crétinisme** /kʀetinism/ **NM** *(Méd)* cretinism; *(péj)* idiocy, stupidity

**crétois, e** /kʀetwa, waz/ **ADJ** Cretan ◆ **régime ~** Cretan diet **NM** *(Ling)* Cretan **NM,F** **Crétois(e)** Cretan

**cretonne** /kʀətɔn/ **NF** cretonne

**creusage** /kʀøzaʒ/, **creusement** /kʀøzmɑ̃/ **NM** *[de fondations]* digging; *[de canal]* digging, cutting

**creuser** /kʀøze/ ► conjug 1 ◄ **VT** **a** *(= évider)* *[+ bois, falaise]* to hollow (out); *[+ sol, roc]* to make *ou* dig a hole in, to dig out; *(au marteau-piqueur)* to drill a hole in ◆ **~ la neige de ses mains** to dig out the snow with one's hands

**b** *[+ puits]* to sink, to bore; *[+ fondations, mine]* to dig; *[+ canal]* to dig, to cut; *[+ tranchée, fosse]* to dig (out); *[+ sillon]* to plough *(Brit)*, to plow *(US)*; *[+ trou] (gén)* to dig, to make; *(au marteau-piqueur)* to drill ◆ **~ un tunnel sous une montagne** to bore *ou* drive a tunnel under a mountain ◆ **~ un terrier** to burrow, to make a burrow ◆ **la taupe creuse des galeries** moles make *ou* dig tunnels in the soil ◆ **~ sa propre tombe** to dig one's own grave ◆ **ça a creusé un abîme** *ou* **un fossé entre eux** that has created *ou* thrown a great gulf between them

**c** *(= approfondir) [+ problème, sujet]* to go into (deeply *ou* thoroughly), to look into (closely) ◆ **c'est une idée à ~** it's something to be gone into (more deeply *ou* thoroughly), it's an idea worth pursuing ◆ **si on creuse un peu** *(fig)* if you scratch the surface

**d** *(fig)* **la fatigue lui creusait les joues** he was so tired his face was gaunt ◆ **visage creusé de rides** face furrowed with wrinkles ◆ **~ les reins** to draw o.s. up, to throw out one's chest ◆ **la promenade, ça creuse (l'estomac)** * walking gives you a real appetite ◆ **~ l'écart** *(lit, fig)* to establish a convincing lead *(par rapport à* over)

**VI** *[personne]* to dig; *[lapin]* to burrow ◆ **il a fallu ~ beaucoup** *ou* **profond** we had to dig deep *(dans* into)

**VPR** **se creuser** **a** *[joues, visage]* to become gaunt *ou* hollow ◆ **la mer se creuse** there's a swell coming on ◆ **l'écart se creuse entre eux** *(lit, fig)* the gap between them is widening

**b** * **se ~ (la cervelle** *ou* **la tête)** *[personne]* to rack *ou* cudgel one's brains ◆ **il ne s'est pas beaucoup creusé !** he didn't exactly put himself out *ou* overexert himself! ◆ **ils ne se sont pas beaucoup creusés pour trouver un cadeau** they didn't look very hard to find a present

**creuset** /kʀøzɛ/ **NM** **a** *(Chim, Ind)* crucible; *[de haut fourneau]* heart, crucible ◆ **~ de verrerie** glassmaker's crucible **b** *(= lieu de brassage)* melting pot; *(littér = épreuve)* crucible, trial

**Creutzfeldt-Jakob** /kʀɔjtsfɛldʒakɔb/ **N** ◆ **maladie de ~** Creutzfeldt-Jakob disease, CJD

**creux, creuse** /kʀø, kʀøz/ **ADJ** **a** *[arbre, dent]* hollow; *[toux, voix]* hollow, deep; *[son]* hollow; *[estomac]* empty ◆ **j'ai la tête** *ou* **la cervelle creuse** my mind's a blank; → **nez, sonner, ventre**

**b** *(= concave) [surface]* concave, hollow; *[yeux]* deep-set, sunken; *[joue]* gaunt, hollow; *[visage]* gaunt ◆ **aux yeux ~** hollow-eyed; → **assiette, chemin**

**c** *(= vide de sens) [paroles]* empty, hollow; *[idées]* barren, futile; *[raisonnement]* weak, flimsy

**d** *(= sans activité)* **les jours ~** slack days ◆ **les heures creuses** *(gén)* slack periods; *(métro, électricité, téléphone)* off-peak periods ◆ **période creuse** *(gén)* slack period; *(Tourisme)* low season; → **classe**

**NM** **a** *(= cavité) [d'arbre]* hollow, hole; *[de rocher, dent]* cavity, hole ◆ **avoir un ~ (dans l'estomac)** * to feel *ou* be hungry *ou* peckish * *(Brit)*

**b** *(= dépression)* hollow ◆ **être plein de ~ et de bosses** to be full of bumps and holes *ou* hollows ◆ **le ~ de la main** the hollow of one's hand ◆ **ça tient dans le ~ de la main** it's small enough to hold in your hand ◆ **des écureuils qui mangent dans le ~ de la main** squirrels which eat out of your hand ◆ **le ~ de l'aisselle** the armpit ◆ **le ~ de l'estomac** the pit of the stomach ◆ **le ~ de l'épaule** the hollow of one's shoulder ◆ **au ~ des reins** in the small of one's back; → **gravure**

**c** *(= activité réduite)* slack period

**d** *(Naut) [de voile]* belly; *[de vague]* trough ◆ **il y avait des ~ de 10 mètres** there were 10-metre-high waves, the waves were 10 metres high ◆ **être au** *ou* **dans le ~ de la vague** *(fig) [marché]* to have hit rock bottom; *[économie]* to be in the doldrums, to be at its lowest ebb; *[entreprise]* to be in the doldrums ◆ **il est au** *ou* **dans le ~ de la vague** his fortunes are at their lowest ebb

**e** *(Art)* **graver en ~** to do intaglio engraving

**crevaison** /kʀəvɛzɔ̃/ **NF** *(Aut)* puncture *(Brit)*, flat

**crevant, e** * /kʀəvɑ̃, ɑt/ **ADJ** *(= fatigant)* gruelling, killing * *(Brit)*; *(† = amusant)* priceless *

**crevasse** /kʀəvas/ **NF** *[de mur, rocher]* crack, fissure, crevice; *[de sol]* crack, fissure; *[de glacier]* crevasse; *[de peau]* crack ◆ **avoir des ~s aux mains** to have chapped hands

**crevassé, e** /kʀəvase/ (ptp de **crevasser**) **ADJ** *[sol]* fissured; *[mains, peau]* chapped ◆ **glacier très ~** glacier with a lot of crevasses

**crevasser** /kʀəvase/ ► conjug 1 ◄ **VT** *[+ sol]* to cause cracks *ou* fissures in, to crack; *[+ mains]* to chap **VPR** **se crevasser** *[sol]* to crack, to become cracked; *[mains]* to chap, to become *ou* get chapped

**crevé, e** /kʀəve/ (ptp de **crever**) **ADJ** **a** *[pneu]* burst, punctured ◆ **j'ai un pneu (de) ~** I've got a puncture *(Brit)*, I've got a flat tyre *(Brit) ou* tire *(US)*, I've got a flat * **b** ‡ *(= mort)* dead; *(= fatigué)* dead beat *, bushed *, exhausted, knackered ‡ *(Brit)* **NM** *(Couture)* slash ◆ **des manches à ~s** slashed sleeves

**crève** ‡ /kʀɛv/ **NF** (bad) cold ◆ **j'ai la ~** I've got a bad cold ◆ **elle a attrapé** *ou* **chopé * la ~** she's caught a bad cold

**crève-cœur** (pl **crève-cœurs**) /kʀɛvkœʀ/ **NM** heartbreak

**crève-la-faim** * /kʀɛvlafɛ̃/ **NMF INV** *(péj) (= miséreux)* miserable wretch; *(= clochard)* down-and-out

**crever** /kʀəve/ ► conjug 5 ◄ **VT** **a** *(= percer) [+ pneu]* to burst, to puncture; *[+ ballon]* to burst ◆ **~ les yeux à qn** *(intentionnellement)* to gouge (out) *ou* put out sb's eyes; *(accidentellement)* to blind sb (in both eyes) ◆ **ça crève les yeux** it's as plain as the nose on your face ◆ **ça te crève les yeux !** *(fig)* it's staring you in the face! ◆ **le prix a crevé le plafond** the price has gone through the roof ◆ **~ le cœur à qn** *(fig)* to break sb's heart ◆ **cet acteur crève l'écran** this actor has a tremendous screen presence

**b** *(* = exténuer)* **~ qn** *[personne]* to wear sb out, to work sb to death *; *[tâche, marche]* to wear sb out, to kill sb * ◆ **~ un cheval** to ride *ou* work a horse into the ground *ou* to death

**c** ‡ **~ la faim** *ou* **la dalle** to be starving * *ou* famished * ◆ **on la crève ici !** they starve us here!

**d** *(‡ = tuer)* to kill

**VI** **a** *(= s'ouvrir) [fruit, sac, abcès]* to burst ◆ **les nuages crevèrent** the clouds burst, the heavens opened ◆ **faire ~ du riz** *(Culin)* to boil rice until the grains burst *ou* split

**b** *(péj = être plein de)* **~ de** *[+ orgueil]* to be bursting *ou* puffed up with; *[+ jalousie]* to be full of, to be bursting with; *[+ dépit]* to be full of ◆ **~ d'envie de faire qch** to be dying to do sth *; → **rire**

**c** *(= mourir) [animal, plante]* to die (off); ‡ *[personne]* to die, to kick the bucket ‡, to snuff it ‡ *(Brit)* ◆ **un chien crevé** a dead dog ◆ **~ de faim/froid** ‡ to starve/freeze to death ◆ **on crève de froid ici** * *(fig)* it's freezing (cold) in here ◆ **on crève de chaud ici** * it's boiling in here * ◆ **je crève de faim** * I'm starving * *ou* famished * *ou* ravenous ◆ **je crève de soif** * I'm dying of thirst *, I'm parched * ◆ **~ d'ennui** * to be bored to tears *ou* death *, to be bored out of one's mind * ◆ **tu veux nous faire ~ !** * do you want to kill us or what! ◆ **faire ~ qn de soif** to make sb die of thirst ◆ **tu peux toujours ~ !** * get stuffed! ‡

d *[pneu, automobiliste]* to have a flat tyre *(Brit) ou* tire *(US)*, to have a puncture *(Brit)* ◆ **faire 10 000 km sans ~** to drive 10,000 km without getting a flat * *ou* a puncture *(Brit)*

VPR **se crever** *(* = se fatiguer)* to kill o.s. * *(à faire* doing); ◆ **se ~ (au travail)** * *(gén)* to work o.s. to death; *[ménagère]* to work one's fingers to the bone * ◆ **se ~ le cul** ** to slog one's guts out * *(à faire* doing); ◆ **je ne vais pas me ~ le cul à transporter toutes ces briques !** ** I'm not going to bust a gut * *ou* to kill myself * carrying all those bricks around!

**crevette** /kʀəvɛt/ NF ◆ **~ (rose)** prawn ◆ **~ grise** shrimp; → **filet**

**crevettier** /kʀəvetje/ NM *(= filet)* shrimp net; *(= bateau)* shrimp boat

**cri** /kʀi/ NM a *(= éclat de voix) [de personne]* cry, shout; *(très fort)* scream; *(ton aigu)* shriek, screech; *(= pleurs)* cry, scream; *(de douleur, de peur)* scream, cry, yell ◆ **le ~ du nouveau-né** the cry of the newborn baby ◆ **pousser des ~s de joie/triomphe** to cry out in joy/triumph ◆ **~ de surprise** cry *ou* exclamation of surprise ◆ **~ aigu** *ou* **perçant** piercing cry *ou* scream, shrill cry; *[d'animal]* squeal ◆ **~ sourd** *ou* **étouffé** muffled cry *ou* shout ◆ **pousser un ~ de colère** to shout angrily ◆ **pousser un ~ de rage** to cry out in rage, to give a cry of rage ◆ **jeter** *ou* **pousser des ~s** to shout (out), to cry out ◆ **elle jeta un ~ de douleur** she cried out in pain, she gave a cry of pain ◆ **pousser des ~s d'orfraie** to scream, to shriek; → **étouffer**

b *(= exclamation)* cry, shout ◆ **~ d'alarme/d'approbation** cry *ou* shout of alarm/approval ◆ **le ~ des marchands ambulants** the hawkers' cries ◆ **marchant au ~ de "liberté"** marching to shouts *ou* cries of "freedom" ◆ **le ~ des opprimés** *(fig)* the cries of the oppressed ◆ **une tentative de suicide est souvent un ~ (de détresse)** *(fig)* a suicide attempt is often a cry for help ◆ **ce poème est un véritable ~ d'amour** this poem is a cry of love ◆ **le ~ de la conscience** *(fig)* the voice of conscience; → **haut**

c *(terme générique)* noise; *[d'oiseau]* call; *[de canard]* quack; *[de cochon]* squeal ◆ **le ~ d'un animal** *(terme générique)* the noise an animal makes

d *(littér = crissement)* squeal, screech

e *(loc)* **c'est le dernier ~** it's the (very) latest thing ◆ **un ordinateur dernier ~** a state-of-the-art computer ◆ **à grands ~s** vociferously

COMP ▷ **cri du cœur** heartfelt cry, cry from the heart, cri de cœur ▷ **cri de guerre** *(lit)* war cry; *(fig)* slogan, war cry ▷ **cri primal** primal scream

**criaillement** /kʀijɑjmɑ̃/ NM a *(gén pl) [d'oie]* squawking *(NonC)*; *[de paon]* squawking *(NonC)*, screeching *(NonC)*; *[de bébé]* bawling *(NonC)*, squalling *(NonC)* b ⇒ **criailleries**

**criailler** /kʀijɑje/ ▸ conjug 1 ◂ VI a *[oie]* to squawk; *[paon]* to squawk, to screech; *[bébé]* to bawl, to squall b *(= rouspéter)* to grouse *, to grumble ◆ **~ après qn** *(= houspiller)* to nag (at) sb

**criailleries** /kʀijɑjʀi/ NFPL *(= rouspétance)* grousing * *(NonC)*, grumbling *(NonC)*; *(= houspillage)* nagging *(NonC)*

**criailleur, -euse** /kʀijɑjœʀ, øz/ ADJ grouchy * NM,F *(= rouspéteur)* grouch *, grouser *

**criant, e** /kʀijɑ̃, ɑ̃t/ ADJ *[erreur]* glaring *(épith)*; *[injustice]* rank *(épith)*, blatant, glaring *(épith)*; *[preuve]* striking *(épith)*, glaring *(épith)*; *[contraste, vérité]* striking *(épith)* ◆ **portrait ~ de vérité** amazingly true-to-life portrait

**criard, e** /kʀijaʀ, aʀd/ ADJ *(péj) [enfant]* yelling, squalling; *[oiseau]* squawking; *[son, voix]* piercing; *[couleurs, vêtement]* loud, garish

**criblage** /kʀiblaʒ/ NM *(= tamisage) [de graines]* sifting; *[de sable]* riddling, sifting; *[de minerai]* screening, jigging; *(= calibrage) [de fruits]* grading; *[de charbon]* riddling, screening

**crible** /kʀibl/ NM *(à main)* riddle; *(Ind, Min)* screen, jig, jigger ◆ **~ mécanique** screening machine

♦ **passer au crible** *(lit)* to riddle, to put through a riddle; *[+ idée, proposition]* to examine closely; *[+ déclaration, texte]* to go through with a fine-tooth comb; *[+ établissement]* to do a thorough investigation into

**criblé, e** /kʀible/ (ptp de **cribler**) **criblé de** LOC ADJ *[+ balles, flèches, trous]* riddled with; *[+ taches]* covered in ◆ **visage ~ de boutons** face covered in spots *ou* pimples, spotty face ◆ **~ de dettes** crippled with debts, up to one's eyes in debt

**cribler** /kʀible/ ▸ conjug 1 ◂ VT a *(= tamiser) [+ graines]* to sift; *[+ sable]* to riddle, to sift; *(= trier) [+ minerai]* to screen, to jig; *(= calibrer) [+ charbon]* to riddle, to screen; *[+ fruits]* to grade b *(= percer)* **~ qch/qn de balles/flèches** to riddle sth/sb with bullets/arrows ◆ **~ qn de questions** *(= accabler)* to bombard sb with questions ◆ **~ qn d'injures** to heap insults on sb

**cribleur, -euse** /kʀiblœʀ, øz/ NM,F *(= ouvrier) [de graines]* sifter; *[de fruits]* grader; *[de sable]* riddler, sifter; *[de charbon]* riddler, screener; *[de minerai]* screener, jigger NF **cribleuse** *(= machine)* sifter, sifting machine

**cric** /kʀik/ NM ◆ **~ (d'automobile)** (car) jack ◆ **soulever qch au ~** to jack sth up ◆ **~ hydraulique** hydraulic jack ◆ **~ à vis** screw jack

**cric-crac** /kʀikkʀak/ EXCL, NM *(gén)* creak; *(= bruit de clé)* click

**cricket** /kʀikɛt/ NM *(Sport)* cricket

**cricoïde** /kʀikɔid/ ADJ *(Anat)* cricoid NM ◆ **le ~** the cricoid cartilage

**cricri** NM, **cri-cri** NM INV /kʀikʀi/ *(= cri du grillon)* chirping; *(* = grillon)* cricket

**criée** /kʀije/ NF a ◆ **(vente à la) ~** (sale by) auction ◆ **vendre des poissons à la ~** to auction fish, to sell fish by auction b *(= salle)* auction room, salesroom

**crier** /kʀije/ ▸ conjug 7 ◂ VI a *[personne]* to shout; *(très fort)* to scream; *(ton aigu)* to shriek, to screech; *(= vagir)* to cry, to scream; *(de douleur, peur)* to scream, to cry out, to yell (out) ◆ **~ de douleur** to scream *ou* cry *ou* yell out in pain ◆ **"oh non !" cria-t-il** "oh no!", he cried ◆ **~ à tue-tête** *ou* **comme un sourd** *ou* **comme un putois** to shout one's head off ◆ **tes parents vont ~** your parents are going to make a fuss ◆ **tu ne peux pas parler sans ~ ?** do you have to shout?, can't you talk without shouting?

b *[oiseau]* to call; *[canard]* to quack; *[cochon]* to squeal; *[dindon]* to gobble; *[hibou, singe]* to call, to screech, to hoot; *[mouette]* to cry; *[oie]* to honk; *[perroquet]* to squawk; *[souris]* to squeak

c *(= grincer) [porte, plancher, roue]* to creak, to squeak; *[frein]* to squeal, to screech; *[chaussure, étoffe]* to squeak; *(fig) [couleur]* to scream, to shriek ◆ **faire ~ la craie sur le tableau** to make the chalk squeak on the blackboard

d *(avec prép)* **~ contre** *ou* **après * qn** to nag (at) *ou* scold sb, to go on at sb * ◆ **~ contre qch** to shout about sth ◆ **elle passe son temps à lui ~ après * ou dessus *** she's forever going on at him *, she's always shouting at him ◆ **~ à la trahison/au scandale** to call it treason/a scandal, to start bandying words like treason/scandal about ◆ **~ au miracle** to hail it as a miracle, to call it a miracle ◆ **~ à l'assassin** *ou* **au meurtre** to shout "murder" ◆ **~ au loup/au voleur** to cry wolf/thief ◆ **quand il a demandé une augmentation de 50% son patron a crié au fou** when he asked for a 50% rise his boss called him a madman *ou* said he was crazy

VT a *[+ ordre, injures]* to shout (out), to yell (out); *(= proclamer) [+ mépris, indignation]* to proclaim; *[+ innocence]* to protest ◆ **~ qch sur (tous) les toits** to shout *ou* proclaim sth from the rooftops *ou* housetops ◆ **elle cria qu'elle en avait assez** she shouted that she had had enough; *(plus fort)* she screamed (out) that she had had enough ◆ **~ à qn de se taire** *ou* **qu'il se taise** to shout at sb to be quiet

b *(pour vendre)* **au coin de la rue, un gamin criait les éditions spéciales** at the street corner a kid was shouting out *ou* calling out the special editions

c *(pour avertir, implorer)* **sans ~ gare** without a warning ◆ **~ grâce** *(lit)* to beg for mercy; *(fig)* to beg for mercy *ou* a respite ◆ **quand j'ai parlé de me lancer seul dans l'entreprise, ils ont crié casse-cou** when I spoke of going it alone, they said I was crazy; → **victoire**

> ⚠ *Attention à ne pas traduire automatiquement* **crier** *par* **to cry.**

**crieur, -euse** /kʀijœʀ, øz/ NM,F ◆ **~ de journaux** newspaper seller ◆ **~ public** *(Hist)* town crier

**crime** /kʀim/ NM a *(= meurtre)* murder ◆ **il s'agit bien d'un ~** it's definitely (a case of) murder ◆ **retourner sur les lieux du ~** to go back to the scene of the crime ◆ **la victime/l'arme du ~** the murder victim/weapon ◆ **~ de sang** murder ◆ **~ crapuleux** foul crime ◆ **~ passionnel** crime of passion, crime passionnel ◆ **~ sexuel** sex murder *ou* crime ◆ **le ~ parfait** the perfect crime ◆ **cherchez à qui profite le ~** find someone with a motive

b *(Jur = délit grave)* crime, offence, ≃ felony *(US)* ◆ **~s et délits** crimes ◆ **~ contre la sûreté de l'État** crime against state security ◆ **~ de lèse-majesté** crime of lèse-majesté ◆ **~ contre les mœurs** sexual offence, offence against public decency ◆ **~ contre la paix** crime against peace ◆ **~ contre un particulier** crime against a private individual ◆ **~ contre nature** unnatural act, crime against nature ◆ **~s de guerre** war crimes ◆ **~ contre l'humanité** crime against humanity ◆ **le ~ ne paie pas** *(Prov)* crime doesn't pay *(Prov)* → **syndicat**

c *(sens affaibli)* crime ◆ **c'est un ~ de faire** it's criminal *ou* a crime to do ◆ **il est parti avant l'heure ? ce n'est pas un ~ !** he left early? well, that's hardly a crime!

d *(† ou littér = péché, faute)* sin, crime

**Crimée** /kʀime/ NF ◆ **la ~** the Crimea, the Crimean peninsula ◆ **la guerre de ~** the Crimean War

**criminalisation** /kʀiminalizasjɔ̃/ NF criminalization

**criminaliser** /kʀiminalize/ ▸ conjug 1 ◂ VT *(Jur)* to criminalize

**criminaliste** /kʀiminalist/ NMF criminal lawyer

**criminalité** /kʀiminalite/ NF *(= actes criminels)* criminality, crime ◆ **la ~ juvénile** juvenile criminality ◆ **la grande/petite ~** serious/petty crime ◆ **la ~ organisée** organized crime ◆ **la ~ d'entreprise** corporate crime

**criminel, -elle** /kʀiminɛl/ ADJ *(gén, Jur) [acte, personne, procès]* criminal ◆ **ce serait ~ de laisser ces fruits se perdre** *(sens affaibli)* it would be criminal *ou* a crime to let this fruit go to waste; → **incendie** NM,F *(= meurtrier)* murderer (*ou* murderess); *(Jur = auteur d'un délit grave)* criminal ◆ **~ de guerre** war criminal ◆ **voilà le ~** *(hum = coupable)* there's the culprit *ou* the guilty party NM *(juridiction)* ◆ **avocat au ~** criminal lawyer ◆ **poursuivre qn au ~** to take criminal proceedings against sb, to prosecute sb in a criminal court NF **criminelle** ◆ **la ~le** *(= police)* the crime *ou* murder squad

**criminellement** /kʀiminɛlmɑ̃/ ADV *[agir]* criminally ◆ **poursuivre qn ~** *(Jur)* to take criminal proceedings against sb, to prosecute sb in a criminal court

**criminogène** /kʀiminɔʒɛn/ ADJ *[facteur]* encouraging criminality *ou* crime

**criminologie** /kʀiminɔlɔʒi/ NF criminology

**criminologiste** /kʀiminɔlɔʒist/, **criminologue** /kʀiminɔlɔg/ NMF criminologist

**crin** /kʀɛ̃/ NM a *(= poil) [de cheval]* hair *(NonC)*; *[de matelas, balai]* horse hair ◆ **~ végétal** vegetable (horse)hair; → **gant** b ◆ **à tous ~s, à tout ~** *[conservateur, républicain]* diehard, dyed-in-the-wool ◆ **révolutionnaire à tout ~** out-and-out revolutionary

**crincrin** * /kʀɛ̃kʀɛ̃/ NM *(péj) (= violon)* squeaky fiddle; *(= son)* squeaking, scraping

**crinière** /kʀinjɛʀ/ NF a *[d'animal]* mane b * *[de personne]* mane of hair, flowing mane ◆ **elle avait une ~ rousse** she had a mane of red hair c *[de casque]* plume

**crinoline** /kʀinɔlin/ NF crinoline petticoat ◆ **robe à ~** crinoline (dress)

**crique** /kʀik/ NF creek, inlet

**criquet** /kʀikɛ/ NM *(Zool)* locust; *(gén = sauterelle)* grasshopper

**crise** /kʀiz/ NF a *(= bouleversement, Pol, Écon)* crisis ◆ **en période de ~** in times of crisis *ou* of trouble ◆ **pays/économie en (état de) ~** country/economy in (a state of) crisis ◆ **la ~ de l'immobilier** the property market crisis ◆ **~ financière/politique** financial/political crisis

b *(Méd) [de rhumatisme, goutte]* attack; *[d'épilepsie, apoplexie]* fit ◆ **~ de toux** fit *ou* bout of coughing ◆ **cette affection survient par ~s** this illness manifests itself in recurrent bouts

c *(= accès)* outburst, fit; *(= lubie)* fit ◆ **~ de colère/rage/jalousie** fit of anger/rage/jealousy ◆ **~ de rire** laughing fit ◆ **être pris d'une ~ de rire** to be in fits (of laughter) ◆ **la ~ (de rire) !** * what a scream! * ◆ **j'ai été pris d'une ~ de rangement** I got a sudden urge to tidy the place up ◆ **travailler par ~s** to work in fits and starts ◆ **je vais au cinéma/je lis par ~s** I go through phases when I go to the cinema/I read a lot

d *(* = colère)* rage, tantrum ◆ **piquer** *ou* **faire une** *ou* **sa ~** to throw a tantrum *ou* a fit *, to fly off the handle

e *(= pénurie)* shortage ◆ **~ de main-d'œuvre** shortage of manpower

COMP ▷ **crise d'appendicite** attack of appendicitis ▷ **crise d'asthme** asthma attack, attack of asthma ▷ **crise cardiaque** heart attack ▷ **crise de confiance** crisis of confidence, breakdown in trust ▷ **crise de conscience** crisis of conscience ▷ **crise économique** economic crisis, slump ▷ **crise d'épilepsie** epileptic fit ▷ **crise de foie** bilious attack, bad attack of indigestion ▷ **crise d'identité** identity crisis ▷ **crise de larmes** crying fit ▷ **crise du logement** housing shortage ▷ **crise ministérielle** cabinet crisis ▷ **crise morale** moral crisis ▷ **crise de nerfs** *(Méd)* fit of hysterics; *(caprice)* tantrum ◆ **il nous a fait une ~ de nerfs parce qu'il ne voulait pas manger sa soupe** he threw a tantrum because he didn't want to eat his soup ▷ **crise du pétrole** oil crisis ▷ **crise du pouvoir** leadership crisis ▷ **crise de la quarantaine** midlife crisis ▷ **crise religieuse** crisis of belief

**crispant, e** /kʀispɑ̃, ɑ̃t/ ADJ *(= énervant)* irritating, aggravating *, annoying ◆ **ce qu'il est ~ !** * he really gets on my nerves! *, he's a real pain in the neck! *

**crispation** /kʀispasjɔ̃/ NF a *(= contraction) [de traits, visage]* tensing; *[de muscles]* contraction; *[de cuir]* shrivelling-up b *(= spasme)* twitch ◆ **des ~s nerveuses** nervous twitches *ou* twitching ◆ **une ~ douloureuse de la main** a painful twitching of the hand ◆ **donner des ~s à qn** *(fig)* to get on sb's nerves * c *(= nervosité)* state of tension ◆ **il y a certaines ~s au sein de l'équipe** there is some tension in the team ◆ **c'est un signe de ~ nationaliste** it shows that there is a resurgence in nationalism

**crispé, e** /kʀispe/ (ptp de **crisper**) ADJ *[sourire]* nervous, tense; *[personne]* tense, on edge *(attrib)*; *[style]* tense, awkward

**crisper** /kʀispe/ ▸ conjug 1 ◂ VT a *(= contracter) [+ muscles, membres]* to tense, to flex; *[+ poings]* to clench ◆ **la douleur crispait les visages** their faces were contorted with grief ◆ **les mains crispées sur le volant** clutching the wheel b *(= plisser) [+ cuir]* to shrivel (up) ◆ **le froid crispe la peau** the cold makes one's skin feel taut *ou* tight c *(* = agacer)* ◆ **~ qn** to get on sb's nerves * VPR **se crisper** *[visage]* to tense; *[sourire]* to become strained *ou* tense; *[poings]* to clench; *[personne]* to get edgy * *ou* tense ◆ **ses mains se crispèrent sur le manche de la pioche** his hands tightened on the pickaxe, he clutched the pickaxe

**crispin** /kʀispɛ̃/ NM ◆ **gants à ~** gauntlets

**criss** /kʀis/ NM kris, creese

**crissement** /kʀismɑ̃/ NM *[de neige, gravier]* crunch(ing) *(NonC)*; *[de pneus, freins]* screech(ing) *(NonC)*, squeal(ing) *(NonC)*; *[de soie, taffetas]* rustling *(NonC)*, rustle *(NonC)*; *[de cuir]* squeaking *(NonC)*; *[de plume]* scratching *(NonC)* ◆ **s'arrêter dans un ~ de pneus** to screech to a halt ◆ **le ~ de la craie sur le tableau** the squeaking of chalk on the blackboard

**crisser** /kʀise/ ▸ conjug 1 ◂ VI *[neige, gravier]* to crunch; *[pneus, freins]* to screech, to squeal; *[soie, taffetas]* to rustle; *[cuir]* to squeak; *[plume]* to scratch; *[craie]* to squeak

**cristal** (pl **-aux**) /kʀistal, o/ NM a *(Chim, Min)* crystal ◆ **~ (de roche)** rock crystal *(NonC)*, quartz *(NonC)* ◆ **~ (de plomb)** (lead) crystal ◆ **~ de Baccarat** Baccarat crystal ◆ **cristaux de givre** *(sur arbre)* ice crystals; *(sur vitre)* ice patterns ◆ **cristaux liquides** liquid crystals ◆ **écran à cristaux liquides** liquid crystal screen ◆ **de** *ou* **en ~** crystal *(épith)* ◆ **le ~ de sa voix, sa voix de ~** *(littér)* his crystal-clear voice ◆ **~ de Bohême** Bohemian crystal ◆ **~ d'Islande** Iceland spar; → **boule** b *(= objet)* crystal(ware) *(NonC)*, piece of crystal(ware) *ou* fine glassware ◆ **les cristaux du lustre** the crystal droplets of the chandelier c *(pour le nettoyage)* **cristaux (de soude)** washing soda

**cristallerie** /kʀistalʀi/ NF *(= fabrication)* crystal (glass-)making; *(= fabrique)* (crystal) glassworks; *(= objets)* crystal(ware), fine glassware

**cristallier** /kʀistalje/ NM *(Hist) (= chercheur)* crystal seeker; *(= ouvrier)* crystal engraver

**cristallin, e** /kʀistalɛ̃, in/ ADJ *(Min)* crystalline; *[son, voix]* crystal-clear; *[eau]* crystal(-clear), crystalline NM *(Anat)* crystalline lens

**cristallisation** /kʀistalizasjɔ̃/ NF *(lit, fig)* crystallization ◆ **pour éviter la ~ du débat autour de ce sujet** to stop the debate focusing on this issue

**cristallisé, e** /kʀistalize/ (ptp de **cristalliser**) ADJ *[minerai, sucre]* crystallized

**cristalliser** /kʀistalize/ ▸ conjug 1 ◂ VTI *(lit, fig)* to crystallize ◆ **cette réorganisation a cristallisé le mécontentement du personnel** this reorganisation has crystallized staff discontent VPR **se cristalliser** ◆ **le débat s'est cristallisé autour de la question de la sécurité** the debate focused on the issue of security

**cristallisoir** /kʀistalizwaʀ/ NM crystallizing dish

**cristallographie** /kʀistalɔgʀafi/ NF crystallography

**cristallomancie** /kʀistalomɑ̃si/ NF crystal-gazing, crystallomancy

**criste-marine** (pl **cristes-marines**) /kʀist(ə)maʀin/ NF (rock) samphire

**critère** /kʀitɛʀ/ NM a *(= référence)* criterion ◆ **son seul ~ est l'avis du parti** his only criterion is the opinion of the party ◆ **le style n'est pas le seul ~ pour juger de la valeur d'un roman** style is not the only yardstick *ou* criterion by which one can judge the value of a novel ◆ **~s de sélection** selection criteria

b *(= stipulation)* requirement ◆ **il n'y a pas de ~ d'âge** there are no special requirements as far as age is concerned ◆ **~s de qualité** quality requirements ◆ **~s de convergence** *(Europe)* convergence criteria ◆ **~s d'attribution d'un prêt** loan requirements ◆ **quels sont vos ~s de choix ?** what do you base your choices on?

c *(= preuve)* criterion ◆ **ce n'est pas un ~ suffisant pour prouver l'authenticité du document** this is not a good enough criterion on which to prove the document's authenticity ◆ **la richesse n'est pas un ~ de succès** wealth is not a criterion *ou* an indication of success

**critérium** /kʀiteʀjɔm/ NM a *(Cyclisme)* rally; *(Natation)* gala b † ⇒ **critère**

**criticisme** /kʀitisism/ NM *(Philos)* critical approach

**critiquable** /kʀitikabl/ ADJ *[attitude]* reprehensible; *[politique]* open to criticism *(attrib)* ◆ **les aspects les plus ~s de la procédure** the aspects of the procedure which are most open to criticism

**critique**[1] /kʀitik/ ADJ *(= alarmant) [situation, période]* critical; *(= décisif) [phase, situation, période]* crucial, critical; *(Sci) [vitesse, masse, point]* critical ◆ **dans les circonstances ~s, il perd la tête** in critical situations *ou* in emergencies *ou* in a crisis he loses his head; → **âge**

**critique**[2] /kʀitik/ ADJ a *(= qui analyse) [jugement, notes, édition]* critical; → **apparat, esprit**

b *(= sévère)* critical, censorious *(frm)* ◆ **d'un œil ~** with a critical eye ◆ **il s'est montré très ~ (au sujet de ...)** he was very critical (of ...)

NF a *(= blâme)* criticism ◆ **il ne supporte pas la ~** *ou* **les ~s** he can't tolerate criticism ◆ **malgré les nombreuses ~s** despite the many criticisms ◆ **faire une ~ à (l'endroit de) qch/qn** to criticize sth/sb ◆ **une ~ que je lui ferais est qu'il ...** one criticism I would make of him is that he ... ◆ **la ~ est aisée** it's easy to criticize

b *(= analyse) [de texte, œuvre]* appreciation, critique; *[de livre, spectacle]* review ◆ **la ~** *(= art de juger)* criticism ◆ **la ~ littéraire/musicale** literary/music criticism ◆ **faire la ~ de** *[+ livre, film]* to review, to do a write-up on; *[+ poème]* to write an appreciation *ou* a critique of

**c** *(= personnes)* **la ~** the critics ◆ **la ~ a bien accueilli sa pièce** his play was well received by the critics

**NMF** *(= commentateur)* critic ◆ **~ d'art/de cinéma** art/cinema *ou* film critic ◆ **~ littéraire** literary critic

**critiquer** /kʀitike/ ▸ conjug 1 ◂ **VT** **a** *(= blâmer)* to criticize ◆ **il critique tout/tout le monde** he finds fault with *ou* criticizes everything/everybody **b** *(= juger) [+ livre, œuvre]* to assess, to make an appraisal of; *(= examiner)* to examine (critically)

**croassement** /kʀɔasmɑ̃/ **NM** caw, cawing *(NonC)*

**croasser** /kʀɔase/ ▸ conjug 1 ◂ **VI** to caw

**croate** /kʀɔat/ **ADJ** Croatian **NM** *(Ling)* Croat, Croatian **NMF** **Croate** Croat, Croatian

**Croatie** /kʀɔasi/ **NF** Croatia

**croato-musulman, e** /kʀɔatomyzylmɑ̃, an/ **ADJ** Muslim-Croat *(épith)*

**crobard** * /kʀɔbaʀ/ **NM** sketch

**croc** /kʀo/ **NM** **a** *(= dent)* fang ◆ **montrer les ~s** *[animal]* to bare its teeth, to show its teeth *ou* fangs; * *[personne]* to show one's teeth ◆ **avoir les ~s** * to be starving *, to be famished * **b** *(= objet)* hook ◆ **~ de boucherie/de marinier** meat/boat hook ◆ **~ à fumier** muck rake

**croc-en-jambe** (pl **crocs-en-jambe**) /kʀɔkɑ̃ʒɑ̃b/ **NM** ◆ **faire un ~ à qn** *(lit)* to trip sb (up); *(fig)* to trip sb up, to pull a fast one on sb * ◆ **un ~ me fit perdre l'équilibre** I was tripped up and lost my balance

**croche** /kʀɔʃ/ **NF** *(Mus)* quaver *(Brit)*, eighth (note) *(US)* ◆ **double ~** semiquaver *(Brit)*, sixteenth (note) *(US)* ◆ **triple/quadruple ~** demisemiquaver/hemidemisemiquaver *(Brit)*, thirty-second/sixty-fourth note *(US)*

**croche-patte** * (pl **croche-pattes**) /kʀɔʃpat/ **NM** ⇒ **croc-en-jambe**

**croche-pied** (pl **croche-pieds**) /kʀɔʃpje/ **NM** ⇒ **croc-en-jambe**

**crochet** /kʀɔʃɛ/ **NM** **a** *(= fer recourbé) (gén)* hook; *[de chiffonnier]* spiked stick; *[de patte de pantalon]* fastener, clip, fastening; *[de cambrioleur, serrurier]* picklock ◆ **~ d'attelage** *(Rail)* coupling ◆ **~ de boucherie** *ou* **de boucher** meat hook ◆ **~ à boutons** *ou* **bottines** buttonhook ◆ **vivre aux ~s de qn** * to live off sb, to sponge off * sb

**b** *(= aiguille)* crochet hook; *(= technique)* crochet ◆ **couverture au ~** crocheted blanket ◆ **faire du ~** to crochet ◆ **faire qch au ~** to crochet sth

**c** *(Boxe)* **~ du gauche/du droit** left/right hook

**d** *(= détour) [de véhicule]* sudden swerve; *[de route]* sudden turn; *[de voyage]* detour ◆ **il a fait un ~ pour éviter l'obstacle** he swerved to avoid the obstacle ◆ **faire un ~ par une ville** to make a detour through a town

**e** *(Typo)* **~s** square brackets ◆ **entre ~s** in square brackets

**f** *[de serpent]* fang

**g** *(Archit)* crocket

**h** † **~ radiophonique** *(Radio)* talent show

**crochetage** /kʀɔʃtaʒ/ **NM** *[de serrure]* picking

**crocheter** /kʀɔʃte/ ▸ conjug 5 ◂ **VT** **a** *[+ serrure]* to pick; *[+ porte]* to pick the lock on **b** *(= faire tomber)* to trip (up) **c** *(Tricot)* to crochet

**crocheteur** /kʀɔʃtœʀ/ **NM** *(= voleur)* picklock

**crochu, e** /kʀɔʃy/ **ADJ** *[nez]* hooked; *[mains, doigts]* claw-like ◆ **au nez ~** hook-nosed; → **atome**

**croco** * /kʀɔko/ **NM** (abrév de **crocodile**) crocodile skin ◆ **en ~** crocodile *(épith)*

**crocodile** /kʀɔkɔdil/ **NM** *(= animal, peau)* crocodile; *(Rail)* contact ramp ◆ **sac en ~** crocodile(-skin) handbag; → **larme**

**crocus** /kʀɔkys/ **NM** crocus

## croire /kʀwaʀ/

▸ conjug 44 ◂

GRAMMAIRE ACTIVE 33.2, 53.5

| | |
|---|---|
| 1 VERBE TRANSITIF | 3 VT INDIRECT |
| 2 VERBE INTRANSITIF | 4 VT INDIRECT |
| 5 VERBE PRONOMINAL | |

### 1 - VERBE TRANSITIF

= tenir pour vrai ou sincère *[+ personne, fait, histoire]* to believe ◆ **auriez-vous cru cela de lui ?** would you have believed that of him? ◆ **le croira qui voudra, mais ...** believe it or not (but) ... ◆ **je veux bien le ~** I can quite *ou* well believe it ◆ **je n'en crois rien** I don't believe a word of it ◆ **croyez moi** believe me ; ◆ **non, mais qu'est-ce que vous croyez ?** * what do you imagine? ◆ **je ne suis pas celle que vous croyez !** I'm not that sort of person! → **fer, parole**

◆ **je te** *ou* **vous crois!** * you bet! *

◆ **croire** + *infinitif ou* **que** *(= penser, estimer)* to believe, to think; *(= déduire)* to believe, to assume, to think ◆ **nous croyons qu'il a dit la vérité** we believe *ou* think that he told the truth ◆ **je n'arrive pas à ~ qu'il a réussi** I (just) can't believe he has succeeded ◆ **elle croyait avoir perdu son sac** she thought she had lost her bag ◆ **il a bien cru manquer son train** he really thought he would miss his train ◆ **il n'y avait pas de lumière, j'ai cru qu'ils étaient couchés** there was no light on so I thought *ou* assumed they had gone to bed ◆ **il a cru bien faire** he meant well, he thought he was doing the right thing *ou* acting for the best ◆ **je crois que oui** I think so ◆ **je crois que non** I don't think so, I think not ◆ **il n'est pas là ? – je crois que si** isn't he in? – (yes) I think he is ◆ **on ne croyait pas qu'il viendrait** we didn't think he'd come ◆ **elle ne croit pas/elle ne peut pas ~ qu'il mente** she doesn't think/can't believe he is lying ◆ ; → **dire, rêver**

◆ **à croire que** ◆ (c'est) **à ~ qu'il est amoureux** you'd *ou* anyone would think he was in love ◆ **il est à ~ que ...** *(frm)* it is to be supposed *ou* presumed that ...

◆ **il faut croire que ...** * it would seem *ou* appear that ... ◆ **j'entends rien, faut ~** * **que je deviens sourde** I can't hear a thing, I must be going deaf

◆ **faut pas ~ !** * make no mistake (about it)!

◆ **croire** + *adjectif, adverbe ou pronom (= juger, estimer)* to think, to believe, to consider; *(= supposer)* to think, to believe ◆ **croyez-vous cette réunion nécessaire ?** do you think *ou* believe this meeting is necessary?, do you consider this meeting (to be) necessary? ◆ **il n'a pas cru utile** *ou* **nécessaire de me prévenir** he didn't think it necessary to warn me ◆ **on a cru préférable de refuser** we thought it preferable for us to refuse, we thought that it would be better for us to refuse ◆ **on l'a cru mort** he was believed *ou* presumed (to be) dead ◆ **on les croyait en France** they were believed *ou* thought to be in France ◆ **je la croyais ailleurs/avec vous** I thought she was somewhere else/with you ◆ **où vous croyez-vous ?** where do you think you are? ◆ **tu ne peux pas ~** *ou* **vous ne sauriez ~** *(frm)* **combien il nous manque** you cannot (begin to) imagine how much we miss him

◆ **on croirait, on aurait cru** ◆ **on croirait une hirondelle** it looks like a swallow ◆ **on aurait cru (voir) un fantôme** he looked like a ghost ◆ **on croirait (entendre) une clarinette** it sounds like *ou* it could be a clarinet (playing) ◆ **on croirait entendre son père** it could (almost) be his father talking, you'd think it was his father talking ◆ **on croirait qu'elle ne comprend pas** she doesn't seem to understand, you might almost think she didn't understand

◆ **en croire qn** *ou* **qch** *(= s'en rapporter à)* ◆ **à l'en ~** to listen to *ou* hear him, if you (were to) go by what he says ◆ **s'il faut en ~ les journaux** if we (are to) go by what the papers say, if we are to believe the papers, if the papers are anything to go by ◆ **croyez-m'en** believe me ◆ **vous pouvez m'en ~, croyez-en mon expérience** (you can) take it from me, take it from one who knows ◆ **si vous m'en croyez** if you want my opinion ◆ **il n'en croyait pas ses oreilles/ses yeux** he couldn't believe his ears/his eyes

### 2 - VERBE INTRANSITIF

Rel = avoir la foi to believe, to be a believer

### 3 - VT INDIRECT

**croire à** *[+ innocence de qn, vie éternelle, Père Noël]* to believe in; *[+ justice, médecine]* to have faith *ou* confidence in, to believe in; *[+ promesses]* to believe (in), to have faith in ◆ **il ne croit plus à rien** he no longer believes in anything ◆ **ses histoires, je n'y crois plus** I don't believe his stories any more ◆ **on a cru d'abord à un accident** at first they believed *ou* thought it was accident, at first they took it for an accident ◆ **pour faire ~ à un suicide** to make people think it was suicide, to give the impression *ou* appearance of (a) suicide ◆ **il ne croit pas à la guerre** *(= il pense qu'elle n'aura pas lieu)* he doesn't think *ou* believe there will be a war; *(= il pense qu'elle ne sert à rien)* he doesn't believe in war ◆ **non, mais tu crois au Père Noël !** you really do live in cloud-cuckoo land! *(Brit)*, you must believe in Santa Claus too! ◆ **c'est à n'y pas ~ !** it's beyond belief!, it's unbelievable!, it's hardly credible! ◆ **veuillez ~ à mes sentiments dévoués** *(frm : formule épistolaire)* yours sincerely, I am, sir, your devoted servant *(frm)*

### 4 - VT INDIRECT

**croire en** to believe in ◆ **~ en Dieu** to believe in God ◆ **~ en qn** to believe in sb, to have faith *ou* confidence in sb

### 5 - VERBE PRONOMINAL

**se croire**

**a** = penser être tel ou dans telle situation **se ~ fort/malin** to think one is strong/clever ◆ **il se croit un génie** he thinks he's a genius ◆ **elle se croit tout permis** she thinks she can do whatever she likes *ou* she can get away with anything ◆ **on se croirait en vacances** I feel as if I'm on holiday ◆ **on se croirait en Bretagne/été** it could almost be Brittany/summer ◆ **le patron lui a dit qu'elle avait un espoir de promotion et elle s'y croit déjà** * the boss told her she had a chance of promotion and she acts as if she'd already got it

b [= être prétentieux] **qu'est-ce qu'il se croit, celui-là ?** who does he think he is? * ◆ **il s'y croit** * *(péj)* he thinks he's really something *

**croisade** /kʀwazad/ NF *(Hist, fig)* crusade ◆ **les Croisades** the (Holy) Crusades ◆ **la ~ des Albigeois** the Albigensian Crusade ◆ **partir en ~** *(lit)* to go on a crusade; *(fig)* to launch *ou* mount a crusade (*contre* against); ◆ **se lancer dans une ~ contre le chômage** to go on a crusade for job creation

**croisé[1], e[1]** /kʀwaze/ (ptp de **croiser**) ADJ *[veste]* double-breasted; *[rimes, vers]* alternate ◆ **race ~e** crossbreed ◆ **tissu ~** twill; → **bras, feu[1], mot** NM *(Tex)* twill

**croisé[2]** /kʀwaze/ NM *(Hist)* crusader

**croisée[2]** /kʀwaze/ NF a *(= jonction)* **~ de chemins** crossroads, crossing ◆ **à la ~ des chemins** *(fig)* at a crossroads ◆ **~ d'ogives** ribbed vault ◆ **~ du transept** transept crossing ◆ **leur musique est à la ~ de plusieurs cultures** their music is a blend of several cultural influences b *(littér = fenêtre)* window, casement *(littér)*

**croisement** /kʀwazmɑ̃/ NM a *[de fils, brins]* crossing ◆ **l'étroitesse de la route rendait impossible le ~ des véhicules** the narrowness of the road made it impossible for vehicles to pass (one another); → **feu[1]** b *[de races, espèces]* crossing *(NonC)*, crossbreeding *(NonC)*, interbreeding *(NonC)* (*avec* with); ◆ **faire des ~s de race** to rear *ou* produce crossbreeds, to cross(breed) ◆ **est-ce un ~ ?** *ou* **le produit d'un ~ ?** is it a cross(breed)? c *(= carrefour)* crossroads, junction ◆ **au ~ de la route et de la voie ferrée** where the road crosses the railway

**croiser** /kʀwaze/ ▸ conjug 1 ◂ VT a *[+ bras]* to fold, to cross; *[+ jambes]* to cross; *[+ fils, lignes]* to cross ◆ **elle croisa son châle sur sa poitrine** she folded her shawl across *ou* over her chest ◆ **les jambes croisées** cross-legged ◆ **~ les doigts** *(lit)* to cross one's fingers; *(fig)* to keep one's fingers crossed, to cross one's fingers ◆ **croisons les doigts !** *(fig)* fingers crossed! ◆ **je croise les doigts pour qu'il fasse beau** I'm keeping my fingers crossed that the weather will be good ◆ **~ le fer** *(lit, fig)* to cross swords (*avec* with); ◆ **se ~ les bras** *(fig)* to lounge around, to sit around idly

b *(= couper) [+ route]* to cross, to cut across; *[+ ligne]* to cross, to cut across, to intersect

c *(= passer à côté de) [+ véhicule, passant]* to pass ◆ **notre train a croisé le rapide** our train passed the express going in the other direction ◆ **son regard croisa le mien** his eyes met mine ◆ **je l'ai croisé plusieurs fois dans des réunions** I've seen him several times at meetings ◆ **j'ai croisé Jean dans la rue** I bumped into Jean in the street

d *(= accoupler) [+ espèces, races]* to cross(breed), to interbreed (*avec* with); ◆ **l'âne peut se ~ avec le cheval** an ass can crossbred with a horse

e *(Sport) [+ tir, coup droit]* to angle ◆ **passe croisée** diagonal pass

VI a *(Habillement)* **cette veste croise bien** that jacket has got a nice *ou* good overlap ◆ **cette saison les couturiers font ~ les vestes** this season fashion designers are making jackets double-breasted ◆ **il avait tellement grossi qu'il ne pouvait plus (faire) ~ sa veste** he'd got so fat that he couldn't get his jacket to fasten

b *(Naut)* to cruise

VPR **se croiser** a *[chemins, lignes]* to cross, to cut (across) each other, to intersect ◆ **se ~ à angle droit** to cross at right angles ◆ **nos regards** *ou* **nos yeux se croisèrent** our eyes met ◆ **il a les yeux qui se croisent** * he's cross-eyed

b *[personnes, véhicules]* to pass each other ◆ **ma lettre s'est croisée avec la tienne, nos lettres se sont croisées** my letter crossed yours (in the post), our letters crossed (in the post) ◆ **nous nous sommes croisés hier** we bumped *ou* ran into each other yesterday ◆ **nous nous sommes croisés plusieurs fois dans des réunions** we've seen each other several times at meetings

c *(Hist)* to take the cross, to go on a crusade

**croiseur** /kʀwazœʀ/ NM *(= bateau)* cruiser

**croisière** /kʀwazjɛʀ/ NF cruise ◆ **partir en ~, faire une ~** to go on a cruise ◆ **être en ~** to be on a cruise ◆ **ce voilier est idéal pour la ~** this boat is ideal for cruising ◆ **allure** *ou* **régime** *ou* **rythme** *ou* **vitesse de ~** cruising speed

**croisiériste** /kʀwazjeʀist/ NMF cruise passenger

**croisillon** /kʀwazijɔ̃/ NM *[de croix, charpente]* crosspiece, crossbar; *[d'église]* transept ◆ **~s** *[de fenêtre]* lattice work; *[de tarte]* lattice; → **fenêtre**

**croissance** /kʀwasɑ̃s/ NF *[d'enfant, ville, industrie]* growth, development; *[de plante]* growth ◆ **~ économique** economic growth *ou* development ◆ **~ interne/externe** *[d'entreprise]* internal/external growth ◆ **~ zéro** zero (economic) growth ◆ **arrêté dans sa ~** stunted ◆ **maladie de ~** growth disease ◆ **entreprise en pleine ~** expanding company

**croissant[1]** /kʀwasɑ̃/ NM a *(= forme)* crescent ◆ **~ de lune** crescent of the moon ◆ **en ~** crescent-shaped b *(Culin)* croissant

**croissant[2], e** /kʀwasɑ̃, ɑ̃t/ ADJ *[nombre, tension]* growing, increasing, rising; *[chaleur]* rising; *[froid]* increasing; *(Math) [fonction]* increasing ◆ **aller ~** *[peur, enthousiasme]* to grow, to increase; *[bruit]* to grow *ou* get louder ◆ **le rythme ~ des accidents** the increasing number of accidents, the rising accident rate

**croissanterie** /kʀwasɑ̃tʀi/ NF croissant shop

**Croissant-Rouge** /kʀwasɑ̃ʀuʒ/ NM ◆ **le ~** the Red Crescent

**croître** /kʀwatʀ/ ▸ conjug 55 ◂ VI a *[enfant, plante]* to grow; *[ville]* to grow, to increase in size ◆ **~ en beauté/sagesse** to grow in beauty/wisdom ◆ **~ dans l'estime de qn** to rise *ou* grow in sb's esteem

b *[ambition, bruit, quantité]* to grow, to increase ◆ **les jours croissent** the days are getting longer *ou* are lengthening ◆ **~ en nombre/volume** to increase in number/size *ou* volume ◆ **l'inquiétude sur son état de santé ne cessait de ~** there was increasing concern over the state of his health ◆ **son enthousiasme ne cessa de ~** he grew more and more enthusiastic ◆ **la chaleur ne faisait que ~** the heat got more and more intense, the temperature kept on rising

c *[rivière]* to swell, to rise; *[lune]* to wax; *[vent]* to rise

d *(loc)* **croissez et multipliez !** *(Bible)* go forth and multiply! ◆ **ça ne fait que ~ et embellir !** *(iro)* (things are getting) better and better! *(iro)*

**croix** /kʀwa/ NF a *(gén, Hér, Rel)* cross ◆ **~ ansée** ansate cross ◆ **~ celtique/grecque/latine** Celtic/Greek/Latin cross ◆ **~ de Malte/de Saint-André** Maltese/St Andrew's cross ◆ **~ ancrée/fleuretée** cross moline/fleury *ou* flory ◆ **~ fleuronnée** *ou* **tréflée** cross tréflée ◆ **~ de Jérusalem** cross of Jerusalem ◆ **~ potencée** potent cross ◆ **en ~** crosswise, in the form of a cross ◆ **mettre des bâtons en ~** to lay sticks crosswise ◆ **être disposé en ~** to form a cross *ou* be arranged crosswise ◆ **chemins qui se coupent en ~** paths which cross at right angles (to one another) ◆ **mettre en ~, mettre à mort sur la ~** to crucify ◆ **mise en ~** crucifixion ◆ **mettre les bras en ~** to stretch one's arms out sideways ◆ **pour le faire sortir, c'est la ~ et la bannière** * it's the devil's own job *ou* a devil of a job to get him to go out * ◆ **~ de bois ~ de fer (, si je mens je vais en enfer)** cross my heart (and hope to die); → **chemin, signe**

b *(= décoration)* cross; *(Scol = récompense)* prize, medal

c *(= marque)* cross ◆ **faire** *ou* **mettre une ~ devant un nom** to put a cross in front of *ou* by a name ◆ **(appeler) les noms marqués d'une ~** (to call out) the names with a cross against *(Brit)* *ou* by *(US)* them ◆ **ta prime, tu peux faire une ~ dessus** * you might just as well forget all about your bonus *ou* write your bonus off * ◆ **si tu lui prêtes ton livre, tu peux faire une ~ dessus !** * if you lend him your book, you can say goodbye to it! * *ou* you can kiss it goodbye! * ◆ **il faut faire une ~ à la cheminée** *ou* **sur le calendrier** *(iro)* it's a red-letter day

d *(= souffrance, épreuve)* cross, burden ◆ **chacun a** *ou* **porte sa ~** we all have our cross to bear

COMP ▷ **croix de fer** *(Gym)* crucifix ▷ **croix gammée** swastika ▷ **Croix de guerre** *(Mil)* Military Cross ▷ **croix de Lorraine** cross of Lorraine ▷ **Croix-du-Sud** Southern Cross

**Croix-Rouge** /kʀwaʀuʒ/ NF ◆ **la ~** the Red Cross

**cromlech** /kʀɔmlɛk/ NM cromlech

**cromorne** /kʀɔmɔʀn/ NF krumhorn

**croquant[1]** † /kʀɔkɑ̃/ NM *(péj)* yokel, (country) bumpkin

**croquant[2], e** /kʀɔkɑ̃, ɑ̃t/ ADJ crisp, crunchy NM *[de volaille]* gristle ◆ **le ~ de l'oreille** the cartilage in the ear

**croque** * /kʀɔk/ NM abrév de **croque-monsieur**

**croque au sel** /kʀɔkosɛl/ **à la croque au sel** LOC ADV with salt (and nothing else), with a sprinkling of salt

**croque-madame** /kʀɔkmadam/ NM INV *toasted ham and cheese sandwich with a fried egg on top*

**croquembouche** /kʀɔkɑ̃buʃ/ NM *pyramid of cream-filled choux pastry balls*

**croque-mitaine** (pl **croque-mitaines**) /kʀɔkmitɛn/ NM bog(e)y man, ogre ◆ **ce maître est un vrai ~** this schoolmaster is a real ogre

**croque-monsieur** /kʀɔkməsjø/ NM INV *toasted ham and cheese sandwich*

**croque-mort** * (pl **croque-morts**) /kʀɔkmɔʀ/ NM undertaker's *ou* mortician's *(US)* assistant ◆ **avoir un air de ~** to have a funereal look *ou* a face like an undertaker

**croquenot** * /kʀɔkno/ NM *(= chaussure)* clodhopper *

**croquer** /kʀɔke/ ▸ conjug 1 ◂ VT a *(= manger) [+ biscuits, noisettes, bonbons]* to crunch; *[+ fruit]* to bite into ◆ **Adam croqua la pomme** Adam took a bite out of the apple ◆ **à laisser fondre dans la bouche sans ~** to be sucked slowly and not chewed *ou* crunched ◆ **je ne peux pas ~ avec mon**

**dentier** I can't bite properly with my dentures; → **chocolat**

b (* = dépenser) to squander ◆ ~ **de l'argent** to squander money, to go through money like water * ◆ ~ **un héritage** to squander *ou* blow * an inheritance

c (= dessiner) to sketch ◆ **être (joli) à** ~ to be as pretty as a picture, to look good enough to eat ◆ **tu es à** ~ **avec ce chapeau** you look good enough to eat in that hat

d (= camper) [+ personnage] to sketch, to outline, to give a thumbnail sketch of

e (arg Crime) **il en croque** [indicateur] he's a (copper's) nark ‡; [policier] he gets paid off *

VI a [fruit] to be crunchy; [salade] to be crisp ◆ **le sucre croque sous la dent** sugar is crunchy

b (= mordre) to bite ◆ ~ **dans une pomme** to bite into an apple

**croquet** /kʀɔkɛ/ NM (Sport) croquet

**croquette** /kʀɔkɛt/ NF (Culin) croquette ◆ **~s de chocolat** chocolate croquettes ◆ **~s pour chiens/chats** dry dogfood/catfood

**croqueuse** /kʀɔkøz/ NF ◆ ~ **de diamants** gold digger, fortune-hunter

**croquignolet, -ette** * /kʀɔkiɲɔlɛ, ɛt/ ADJ (= mignon) sweet, cute *, dinky * ◆ **ça promet d'être** ~ (iro) that sounds like great fun (iro)

**croquis** /kʀɔki/ NM (= dessin) (rough) sketch; (= description) sketch ◆ **faire un** ~ **de qch** to sketch sth, to make a (rough) sketch of sth ◆ **faire un rapide** ~ **de la situation** to give a rapid outline *ou* thumbnail sketch of the situation ◆ ~ **d'audience** court-room sketches

**crosne** /kʀon/ NM Chinese artichoke

**cross(-country)** /kʀɔs(kuntʀi)/ NM (= course) (à pied) cross-country race *ou* run; (Équitation) cross-country race; (= sport) (à pied) cross-country racing *ou* running; (Équitation) cross-country racing ◆ **faire du ~(-country)** (à pied) to do cross-country running

**crosse** /kʀɔs/ NF a (= poignée) [de fusil] butt; [de revolver] grip ◆ **frapper qn à coups de** ~ to hit sb with the butt of one's rifle ◆ **mettre** *ou* **lever la** ~ **en l'air** (= se rendre) to show the white flag, to lay down one's arms; (= se mutiner) to mutiny, to refuse to fight b (= bâton) (Rel) crook, crosier, crozier ◆ ~ **de golf** (Sport) golf club ◆ ~ **de hockey** hockey stick c (= partie recourbée) [de violon] head, scroll ◆ ~ **de piston** cross-head ◆ ~ **de l'aorte** arch of the aorta, aortic arch ◆ ~ **de fougère** crosier (of fern) d ‡ **chercher des ~s à qn** to pick a quarrel with sb ◆ **s'il me cherche des ~s** if he's looking for a chance to make trouble *ou* to pick a quarrel with me e (Culin) ~ **de bœuf** knuckle of beef

**crotale** /kʀɔtal/ NM rattlesnake, rattler * (US)

**crotchon** /kʀɔtʃɔ̃/ NM (Helv = entame) crust

**crotte** /kʀɔt/ NF a (= excrément) [de brebis, lapin, souris] dropping ◆ ~ **de nez** * bog(e)y ‡ (Brit), booger ‡ (US) ◆ **son chien a déposé une** ~ **sur le palier** his dog has messed *ou* done its business on the landing ◆ **c'est plein de ~(s) de chien** it's covered in dog mess ◆ **c'est de la** ~ * it's a load of (old) rubbish * ◆ **c'est pas de la** ~ * it's not cheap rubbish ◆ **il ne se prend pas pour une** ~ * he thinks he's God's gift to mankind *ou* the bee's knees * (Brit) ◆ **ma (petite)** ~ * (terme d'affection) my little sausage * b (= bonbon) ~ **de chocolat** chocolate c († = boue) mud EXCL * oh heck! *, blast (it)! * (Brit) ◆ **je te dis** ~ ! * get lost! *

**crotté, e** /kʀɔte/ (ptp de **crotter**) ADJ [chaussure, vêtement] muddy, caked with *ou* covered in mud ◆ **il était tout** ~ he was all covered in mud *ou* all muddy

**crotter** /kʀɔte/ ► conjug 1 ◄ VT to muddy VI [chien] to do its business, to mess

**crottin** /kʀɔtɛ̃/ NM a [de cheval, âne] droppings, dung (NonC), manure (NonC) b (= fromage) small, round goat's milk cheese

**crouillat** *‡ /kʀuja/, **crouille** *‡ /kʀuj/ NM (injurieux) North African

**croulant, e** /kʀulɑ̃, ɑ̃t/ ADJ [mur] crumbling, tumbledown (épith); [maison] ramshackle, tumbledown (épith), crumbling; [autorité, empire] crumbling, tottering NM ◆ **vieux** ~ ‡ old fogey ‡, crumbly (Brit) *

**crouler** /kʀule/ ► conjug 1 ◄ VI a (= s'écrouler) [maison, mur] to collapse, to fall down; [masse de neige] to collapse; [terre] to give (way); [empire] to collapse ◆ **le tremblement de terre a fait** ~ **les maisons** the earthquake has brought the houses down ◆ **nous avons réparé les murs qui croulaient** we've repaired the walls that were crumbling ◆ **la terre croulait sous ses pas** the ground gave (way) beneath *ou* under his feet ◆ ~ **sous le poids de qch** (fig) to collapse under the weight of sth ◆ **la table croulait sous les livres** the table collapsed under the weight of the books

b (= être submergé) **ils croulent sous les dettes** they are crippled by debts ◆ **il croule sous l'argent** he's rolling in money * ◆ **les employés croulent sous le travail** the employees are snowed under with work ◆ **nous croulons sous les demandes de réservation** we're snowed under with bookings ◆ **la salle croulait sous les applaudissements** the auditorium resounded with applause

**croup** /kʀup/ NM (Méd) croup ◆ **faux** ~ spasmodic croup

**croupe** /kʀup/ NF a [de cheval] croup, crupper, rump, hindquarters ◆ **monter en** ~ to ride pillion ◆ **il monta en** ~ **et ils partirent** he got on behind and off they went ◆ **il avait son ami en** ~ he had his friend behind him (on the pillion) b * [de personne] rump * c [de colline] hilltop

**croupetons** /kʀuptɔ̃/ ADV ◆ **se tenir** *ou* **être à** ~ to be crouching, to be squatting, to be down on one's haunches ◆ **se mettre à** ~ to crouch *ou* squat down, to go down on one's haunches

**croupi, e** /kʀupi/ (ptp de **croupir**) ADJ [eau] stagnant

**croupier, -ière**[1] /kʀupje, jɛʀ/ NM,F croupier

**croupière**[2] /kʀupjɛʀ/ NF (= harnais) crupper ◆ **tailler des ~s à qn** † to put a spoke in sb's wheel

**croupion** /kʀupjɔ̃/ NM (Orn) rump; (Culin) parson's nose, pope's nose (US); (‡ hum) [de personne] rear (end) *, backside * ◆ **parlement/parti** ~ (péj) rump parliament/party

**croupir** /kʀupiʀ/ ► conjug 2 ◄ VI [eau] to stagnate ◆ **feuilles qui croupissent dans la mare** leaves rotting in the pond ◆ ~ **dans son ignorance/dans le vice** to wallow *ou* remain sunk in one's own ignorance/in vice ◆ **je n'ai pas envie de** ~ **dans ce bled** * I don't want to stay and rot in this dump * ◆ ~ **en prison** to rot in prison

**croupissant, e** /kʀupisɑ̃, ɑ̃t/ ADJ [eau] stagnant ◆ **une vie ~e** a dreary existence

**CROUS** /kʀus/ NM (abrév de **centre régional des œuvres universitaires et scolaires**) → **centre**

**croustade** /kʀustad/ NF croustade

**croustillant, e** /kʀustijɑ̃, ɑ̃t/ ADJ a [pain, pâte] crusty; [croissant, galette, chips] crisp, crunchy b (= grivois) spicy

**croustiller** /kʀustije/ ► conjug 1 ◄ VI [pain, pâte] to be crusty; [croissant, galette, chips] to be crisp *ou* crunchy

**croûte** /kʀut/ NF a [de pain, pâte] crust; [de fromage] rind; [de vol-au-vent] case

♦ **en croûte** ◆ **jambon en** ~ ham en croute ◆ **morue en** ~ **de pommes de terre** cod baked in a potato crust; → **pâté**

b (* = nourriture) food, grub ‡ ◆ **à la** ~ ! ‡ (= venez manger) come and get it! *, grub's up! ‡ (Brit), grub's on! ‡ (US); (= allons manger) let's go and eat! *; → **casser, gagner**

c (= couche) layer; (sur plaie) scab; (sur pot de peinture) skin ◆ **couvert d'une** ~ **de glace** crusted with ice, covered with a crust *ou* a layer of ice ◆ **recouvert d'une** ~ **de boue** caked with mud ◆ ~ **calcaire** *ou* **de tartre** layer of scale *ou* fur ◆ **gratter des ~s de cire sur une table** to scrape candlewax off a table

d (= apparence) ~ **de culture** veneer of culture ◆ ~ **de bêtise** (thick) layer of stupidity

e ◆ ~ **(de cuir)** undressed leather *ou* hide ◆ **sac en** ~ hide bag

f (péj = tableau) lousy painting

g (péj = personne) old fossil *

COMP ▷ **croûte aux champignons** mushrooms on toast ▷ **croûte au fromage** cheese on toast, toasted cheese, ≃ Welsh rarebit *ou* rabbit ▷ **croûte de pain** crust of bread ◆ **~s de pain** (péj) old crusts; (quignons) hunks *ou* chunks of bread ▷ **la croûte terrestre** (Géol) the earth's crust

**croûté, e** /kʀute/ ADJ (Ski) ◆ **neige ~e** crusted snow

**croûter** ‡ /kʀute/ ► conjug 1 ◄ VI to have some grub ‡, to nosh ‡ (Brit)

**croûteux, -euse** /kʀutø, øz/ ADJ scabby, covered with scabs

**croûton** /kʀutɔ̃/ NM a (= bout du pain) crust; (Culin) crouton b (péj) **(vieux)** ~ (= personne) fuddy-duddy *, old fossil *

**croyable** /kʀwajabl/ ADJ ◆ **ce n'est pas** ~ ! it's unbelievable!, it's incredible! ◆ **c'est à peine** ~ it's hard to believe

**croyance** /kʀwajɑ̃s/ NF a (= foi) ~ **à** *ou* **en** belief in, faith in b (= religion, opinion) belief ◆ **~s religieuses** religious beliefs ◆ **la** ~ **populaire** folk *ou* conventional wisdom

**croyant, e** /kʀwajɑ̃, ɑ̃t/ ADJ ◆ **être** ~ to be a believer ◆ **ne pas être** ~ to be a non-believer NM,F believer ◆ **les ~s** people who believe in God

**CRS** /seɛʀɛs/ (abrév de **Compagnie républicaine de sécurité**) NM member of the state security police ≃ member of the riot police ◆ **les** ~ ≃ the riot police NF company of the state security police ≃ riot police

**cru**[1], **e**[1] /kʀy/ ADJ a (= non cuit) [aliments] raw, uncooked ◆ **je ne vais pas te manger tout** ~ I won't eat you ◆ **je l'aurais avalée** *ou* **mangée toute ~e** * (= j'étais furieux) I could have strangled *ou* murdered her *; (= elle était belle à croquer) she looked good enough to eat *; → **lait**

b (Tech = non apprêté) [soie] raw; [chanvre, toile] raw, untreated; [métal] crude, raw ◆ **cuir** ~ untreated *ou* raw leather, rawhide

c [lumière, couleur] harsh, garish

d (= franc, réaliste) [mot] forthright, blunt; [description] raw, blunt; [réponse] straight, blunt, forthright ◆ **je vous le dis tout** ~ I'll tell you straight out *, I'll give it to you straight *

e (= choquant) [histoire, chanson, langage] crude, coarse ◆ **parler** ~ to speak coarsely *ou* crudely

f (Helv = humide et froid) **il fait** ~ it's cold and damp

g (loc) ◆ **à** ~ **construire à** ~ to build without foundations ◆ **monter à** ~ (Équitation) to ride bareback

**cru**[2] /kʀy/ **NM** a *(= vignoble)* vineyard ◆ **un vin d'un bon** ~ a good vintage b *(= vin)* wine ◆ **un grand** ~ a great wine; → **bouilleur** c *(loc)* **du** ~ local ◆ **les gens du** ~ the locals ◆ **de son (propre)** ~ of his own invention *ou* devising

**cruauté** /kʀyote/ **NF** a *[de personne, destin]* cruelty (*envers* to); *[de bête sauvage]* ferocity b *(= action)* (act of) cruelty, cruel act

**cruche** /kʀyʃ/ **NF** a *(= récipient)* jug *(Brit)*, pitcher *(US)*; *(= contenu)* jug(ful) *(Brit)*, pitcher(ful) *(US)* ◆ **tant va la ~ à l'eau qu'à la fin elle se casse** *(Prov)* if you keep playing with fire you must expect to get burnt b *(* = imbécile)* ass *, twit * *(Brit)* ◆ **ce qu'il est ~ !** he's such a ninny ! *

**cruchon** /kʀyʃɔ̃/ **NM** *(= récipient)* small jug *(Brit) ou* pitcher *(US)*; *(= contenu)* small jug(ful) *(Brit) ou* pitcher(ful) *(US)*

**crucial, e** (mpl **-iaux**) /kʀysjal, jo/ **ADJ** crucial

**crucifère** /kʀysifɛʀ/ **ADJ** cruciferous

**crucifiement** /kʀysifimɑ̃/ **NM** crucifixion ◆ **le ~ de la chair** *(fig)* the crucifying of the flesh

**crucifier** /kʀysifje/ ► conjug 7 ◄ **VT** *(lit, fig)* to crucify

**crucifix** /kʀysifi/ **NM** crucifix

**crucifixion** /kʀysifiksjɔ̃/ **NF** crucifixion

**cruciforme** /kʀysifɔʀm/ **ADJ** cruciform ◆ **tournevis** ~ Phillips screwdriver ® ◆ **vis** ~ Phillips screw ®

**cruciverbiste** /kʀysivɛʀbist/ **NMF** *(= joueur)* crossword enthusiast; *(= inventeur)* crossword compiler

**crudité** /kʀydite/ **NF** a *[de langage]* crudeness, coarseness; *[de description]* bluntness; *[de lumière, couleur]* harshness, garishness b *(= propos)* **~s** coarse remarks, coarseness *(NonC)* ◆ **dire des ~s** to make coarse remarks c *(Culin)* **~s** raw vegetables ◆ **salade de ~s** ≃ mixed salad, crudités

**crue**[2] /kʀy/ **NF** *(= montée des eaux)* rise in the water level; *(= inondation)* flood ◆ **en** ~ in spate ◆ **les ~s du Nil** the Nile floods ◆ **la fonte des neiges provoque des ~s subites** the spring thaw produces a sudden rise in river levels

**cruel, -elle** /kʀyɛl/ **ADJ** a *(= méchant) [personne, acte, paroles]* cruel; *[animal]* ferocious b *(= douloureux) [perte]* cruel; *[destin, sort, épreuve]* cruel, harsh; *[remords, froid, nécessité]* cruel, bitter; *[manque]* desperate, severe

**cruellement** /kʀyɛlmɑ̃/ **ADV** a *(= méchamment)* cruelly ◆ **traiter qn** ~ to be cruel to sb, to treat sb cruelly b *(= douloureusement) [décevoir]* bitterly; *[souffrir]* terribly ◆ **manquer ~ de qch** to be desperately short of sth ◆ **l'argent fait ~ défaut** the lack of money is sorely felt ◆ **~ éprouvé par ce deuil** sorely *ou* grievously distressed by this bereavement

**crûment** /kʀymɑ̃/ **ADV** *[dire, parler] (= nettement)* bluntly, forthrightly; *(= grossièrement)* crudely, coarsely ◆ **éclairer** ~ to cast a harsh *ou* garish light over

**crustacé** /kʀystase/ **NM** *(Zool)* shellfish *(pl inv) (crabs, lobsters and shrimps)*, crustacean *(SPÉC)* ◆ **~s** *(Culin)* seafood, shellfish

**cryobiologie** /kʀijɔbjɔlɔʒi/ **NF** cryobiology

**cryochirurgie** /kʀijɔʃiʀyʀʒi/ **NF** cryosurgery

**cryoconservation** /kʀijokɔ̃sɛʀvasjɔ̃/ **NF** cryogenic preservation

**cryogénie** /kʀijɔʒeni/ **NF** cryogenics *(sg)*

**cryogénique** /kʀijɔʒenik/ **ADJ** cryogenic ◆ **moteur** ~ cryogenic (first-stage) engine ◆ **fusée à propulsion** ~ cryogenically-powered rocket

**cryologie** /kʀijɔlɔʒi/ **NF** cryogenics *(sg)*

**cryptage** /kʀiptaʒ/ **NM** *[de message, émission, données]* encryption

**crypte** /kʀipt/ **NF** *(Archit, Anat)* crypt

**crypter** /kʀipte/ ► conjug 1 ◄ **VT** *[+ message, émission, données]* to encrypt ◆ **chaîne/émission cryptée** encrypted channel/programme

**cryptique** /kʀiptik/ **ADJ** a *(= secret)* cryptic b *(Anat)* cryptal

**cryptocommuniste** † /kʀiptokɔmynist/ **NMF** crypto-communist

**cryptogame** /kʀiptɔgam/ **ADJ** cryptogamic **NM** *ou* **NF** cryptogam

**cryptogramme** /kʀiptɔgʀam/ **NM** cryptogram

**cryptographie** /kʀiptɔgʀafi/ **NF** cryptography, cryptology

**cryptographique** /kʀiptɔgʀafik/ **ADJ** cryptographic

**crypton** /kʀiptɔ̃/ **NM** ⇒ **krypton**

**CSA** /seesa/ **NM** (abrév de **Conseil supérieur de l'audiovisuel**) → **conseil**

**CSCE** /seseseə/ **NF** (abrév de **Conférence sur la Sécurité et la Coopération en Europe**) CSCE

**CSG** /seesʒe/ **NF** (abrév de **contribution sociale généralisée**) → **contribution**

**CSM** /seesɛm/ **NM** (abrév de **Conseil supérieur de la magistrature**) → **conseil**

**Cuba** /kyba/ **N** Cuba ◆ **à ~** in Cuba

**cubage** /kybaʒ/ **NM** a *(= action)* cubage b *(= volume)* cubage, cubature, cubic content ◆ **~ d'air** air space

**cubain, e** /kybɛ̃, ɛn/ **ADJ** Cuban **NM,F** **Cubain(e)** Cuban

**cube** /kyb/ **NM** *(gén, Géom, Math)* cube; *[de jeu]* building block, (wooden) brick ◆ **le ~ de 2 est 8** *(Math)* 2 cubed is 8, the cube of 2 is 8 ◆ **élever au** ~ to cube ◆ **gros ~** * *(= moto)* big bike * **ADJ** ◆ **centimètre/mètre** ~ cubic centimetre/metre; → **cylindrée**

**cuber** /kybe/ ► conjug 1 ◄ **VT** *[+ nombre]* to cube; *[+ volume, solide]* to cube, to measure the volume of; *[+ espace]* to measure the cubic capacity of **VI** *[récipient]* ◆ **~ 20 litres** to have a cubic capacity of 20 litres ◆ **avec l'inflation leurs dépenses vont ~** * *(fig)* with inflation their expenses are going to mount up

**cubique** /kybik/ **ADJ** cubic; → **racine** **NF** *(Math = courbe)* cubic

**cubisme** /kybism/ **NM** Cubism

**cubiste** /kybist/ **ADJ, NMF** Cubist

**cubitainer** ® /kybitɛnɛʀ/ **NM** square plastic container *(for holding liquids)*

**cubital, e** (mpl **-aux**) /kybital, o/ **ADJ** ulnar

**cubitus** /kybitys/ **NM** ulna

**cucu(l)** * /kyky/ **ADJ** ◆ **~(l) (la praline)** *[personne]* silly; *[film, livre]* corny *

**cucurbitacée** /kykyʀbitase/ **NF** cucurbitaceous plant, cucurbit ◆ **les ~s** the Cucurbitaceae *(SPÉC)*

**cueillette** /kœjɛt/ **NF** a *[de fleurs, fraises, mûres]* picking, gathering; *[de pommes, poires etc]* picking; *(Ethnol)* gathering ◆ **la ~ du houblon/des pommes** hop-/apple-picking ◆ **ils vivent de la ~ et de la chasse** they are hunter-gatherers b *(= récolte)* harvest, crop ◆ **elle me montra sa** ~ she showed me what she'd picked ◆ **quelle ~ !** what a harvest! *ou* crop! c *(Can) [de données]* collection

**cueilleur, -euse** /kœjœʀ, øz/ **NM,F** *[de fruits]* gatherer

**cueillir** /kœjiʀ/ ► conjug 12 ◄ **VT** a *[+ fleurs, fraises, mûres]* to pick; *(en quantité)* to gather; *[+ pommes, poires]* to pick ◆ **~ les lauriers de la victoire** to win *ou* bring home the laurels (of victory) b *(= attraper) [+ ballon]* to catch; *[+ baiser]* to snatch, to steal ◆ **il est venu nous ~ à la gare** * he came to collect *ou* get us *ou* pick us up at the station ◆ **il m'a cueilli à froid** *(= pris au dépourvu)* he caught me off guard *ou* on the hop * *(Brit)* c *(* = arrêter)* to nab *, to catch ◆ **le voleur s'est fait ~ par la police** * the thief was *ou* got nabbed by the police *

**cuesta** /kwɛsta/ **NF** cuesta

**cui-cui** /kɥikɥi/ **EXCL, NM** tweet-tweet ◆ **faire** ~ to go tweet-tweet

**cuiller, cuillère** /kɥijɛʀ/ **NF** a *(= ustensile)* spoon; *(= contenu)* spoonful ◆ **petite** ~ *(à thé, à dessert)* teaspoon ◆ **faire manger qn à la** ~ to spoonfeed sb ◆ **manger son dessert à la** *ou* **avec une** ~ to use a spoon to eat one's dessert ◆ **service à la** ~ *(Tennis)* underarm serve ◆ **servir à la** ~ to serve underarm; → **dos, ramasser**

b *(* = main)* **serrer la ~ à qn** to shake sb's paw *

c *(Pêche)* spoon, spoonbait ◆ **~ tournante** spinner ◆ **pêche à la** ~ spoonbait fishing, fishing with a spoon(bait)

d *(Tech) [de grenade]* (safety) catch

**COMP** ▷ **cuiller de bois** *(gén, Rugby)* wooden spoon ◆ **dans ce domaine, la France remporte la ~ de bois** France is the least successful in this field ▷ **cuiller à café** coffee spoon, ≃ teaspoon ◆ **prenez une ~ à café de sirop** take a teaspoonful of cough mixture ▷ **cuiller à dessert** dessertspoon ▷ **cuiller à moka** (small) coffee spoon ▷ **cuiller à moutarde** mustard spoon ▷ **cuiller à pot** ladle ◆ **en deux** *ou* **trois coups de ~ à pot** * in two shakes of a lamb's tail *, in a flash, in no time (at all) ▷ **cuiller à soupe** *(= ustensile)* soup spoon; *(pour mesurer)* tablespoon ▷ **cuiller de verrier** (glassblower's) ladle

**cuillerée** /kɥijʀe/ **NF** spoonful ◆ **~ à soupe** ≃ tablespoonful ◆ **~ à café** ≃ teaspoonful

**cuir** /kɥiʀ/ **NM** a *(= peau apprêtée)* leather; *(= industrie, artisanat)* leathercraft, leatherwork; *(* = blouson)* leather jacket ◆ **ceinture/semelles de** ~ leather belt/soles ◆ **objets** *ou* **articles en** ~ leather articles *ou* goods ◆ **le style** ~ the leather look; → **relier, tanner**

b *(sur l'animal vivant, ou avant tannage)* hide; * *[de personne]* hide * ◆ **avoir le ~ dur** *(= être résistant)* to be as tough *ou* as hard as nails; *(= être insensible à la critique)* to be thick-skinned

c *(* = faute de liaison)* incorrect liaison *(due to an intrusive z- or t-sound)*

d *(arg Ftbl)* ball

**COMP** ▷ **cuir bouilli** cuir-bouilli ▷ **cuir brut** rawhide ▷ **cuir chevelu** *(Anat)* scalp ▷ **cuir de crocodile** crocodile skin ▷ **cuir en croûte** undressed leather ▷ **cuir à rasoir** (barber's *ou* razor) strop ▷ **cuir suédé** suede ▷ **cuir de vache** cowhide ▷ **cuir de veau** calfskin ▷ **cuir verni** patent leather ▷ **cuir vert** ⇒ **cuir brut**

**cuirasse** /kɥiʀas/ **NF** *(Hist) [de chevalier]* breastplate; *(Naut)* armour(-plate *ou* -plating) *(Brit)*, armor(-plate *ou* -plating) *(US)*; *(Zool)* cuirass; *(fig)* armour *(Brit)*, armor *(US)*; → **défaut**

**cuirassé, e** /kɥiʀase/ (ptp de **cuirasser**) **ADJ** *[soldat]* breastplated; *[navire]* armour-plated *(Brit)*, armor-plated *(US)*, armoured *(Brit)*, armored *(US)* ◆ **être ~ contre qch** *(fig)* to be hardened against sth, to be proof against sth **NM** battleship

**cuirasser** /kɥiʀase/ ► conjug 1 ◄ **VT** *[+ chevalier]* to put a breastplate on; *[+ navire]* to armour-plate *(Brit)*, to armor-plate *(US)*; *(fig*

*= endurcir)* to harden (*contre* against) **VPR se cuirasser** *(= s'endurcir)* to harden o.s. (*contre* against); ◆ **se ~ contre la douleur/l'émotion** to harden o.s. against suffering/emotion

**cuirassier** /kɥiʀasje/ **NM** *(Hist)* cuirassier; *(Mil = soldat)* (armoured *(Brit)* *ou* armored *(US)*) cavalryman ◆ **le 3ᵉ ~** *(= régiment)* the 3rd (armoured) cavalry

**cuire** /kɥiʀ/ ▸ conjug 38 ◂ **VT** **a** ◆ **(faire) ~** *[+ plat, dîner]* to cook ◆ **~ à feu doux** *ou* **doucement** to cook gently *ou* slowly ◆ **~ à petit feu** to simmer ◆ **laisser** *ou* **faire ~ à feu doux** *ou* **à petit feu pendant 20 minutes** (allow to) simmer *ou* cook gently for 20 minutes ◆ **~ à la broche** to cook *ou* roast on the spit, to spit-roast ◆ **~ au four** *[+ pain, gâteau, pommes]* to bake; *[+ viande]* to roast; *[+ pommes de terre]* to roast, to bake ◆ **~ qch à la vapeur/au gril/à la poêle/à l'eau/à la casserole** to steam/grill/fry/boil/stew sth ◆ **~ au beurre/à l'huile** to cook in butter/in oil ◆ **faites-le ~ dans son jus** cook *ou* stew it in its own juice ◆ **faire bien/peu ~ qch** to cook sth thoroughly *ou* well/slightly *ou* lightly ◆ **faire trop ~ qch** to overcook sth ◆ **ne pas faire assez ~ qch** to undercook sth ◆ **il l'a fait ~ à point** he cooked it to a turn; → **carotte, cuit, dur, œuf**

◆ **à cuire** *[chocolat]* cooking *(épith)*; *[prunes, poires]* stewing *(épith)* ◆ **pommes à ~** cooking apples

**b** ◆ **four qui cuit mal la viande** oven which cooks *ou* does meat badly *ou* unevenly

**c** *[+ briques, porcelaine]* to fire

**VI** **a** *[aliment]* to cook ◆ **~ à gros bouillon(s)** to boil hard *ou* fast ◆ **le dîner cuit à feu doux** *ou* **à petit feu** the dinner is cooking gently *ou* is simmering *ou* is on low ◆ **~ dans son jus** to cook in its own juice, to stew

**b** *[personne]* **~ au soleil** to roast in the sun ◆ **~ dans son jus*** *(= avoir très chaud)* to be boiling* *ou* roasting*; *(= se morfondre)* to stew in one's own juice ◆ **on cuit ici !*** it's boiling (hot)* *ou* roasting* *ou* sweltering in here!

**c** *(= brûler)* **les mains/yeux me cuisaient** my hands/eyes were smarting *ou* stinging ◆ **mon dos me cuit** my back is burning

**d** *(frm)* **il lui en a cuit** he suffered for it, he had good reason to regret it ◆ **il vous en cuira** you'll rue the day *(frm)*

**cuisant, e** /kɥizɑ̃, ɑt/ **ADJ** **a** *[douleur]* smarting, sharp; *[blessure]* burning, stinging; *[froid]* bitter, biting **b** *[remarque]* caustic, stinging; *[échec, regret, défaite, souvenir]* bitter

**cuisine** /kɥizin/ **NF** **a** *(= pièce)* kitchen; *(= mobilier)* kitchen furniture *(NonC)*; *(Naut)* galley ◆ **les ~s** the kitchens ◆ **la mère est à la caisse et le fils en ~** *(dans un restaurant)* the mother works at the till and the son in the kitchen ◆ **studio avec coin-~** studio flat with kitchen area *ou* kitchenette ◆ **table/couteau de ~** kitchen table/knife; → **batterie, intégré, latin, livre¹**

**b** *(= art culinaire)* cookery, cooking; *(= préparation)* cooking; *(= nourriture apprêtée)* cooking, food ◆ **~ allégée** *ou* **légère** *ou* **minceur** low-fat *ou* low-calorie foods ◆ **la ~ chinoise/italienne** Chinese/Italian food ◆ **faire la ~ au beurre/à l'huile** to cook with butter/oil ◆ **je ne supporte pas la ~ au beurre/à l'huile** I can't stand things cooked in butter/oil ◆ **apprendre la ~** to learn (how) to cook, to learn cookery *ou* cooking ◆ **la ~ prend du temps** cooking takes time ◆ **une ~ épicée** hot *ou* spicy dishes *ou* food ◆ **une ~ soignée** carefully prepared dishes *ou* food ◆ **la bonne ~** good cooking *ou* food ◆ **il est en train de faire la ~** he's busy cooking *ou* making the meal ◆ **chez eux, c'est le mari qui fait la ~** the husband does the cooking *ou* the husband is the cook in their house ◆ **savoir faire la ~, faire de la bonne ~** to be a good cook, to be good at cooking; → **nouveau**

**c** *(= personnel) [de maison privée]* kitchen staff; *[de cantine]* kitchen *ou* catering staff

**d** *(fig péj)* **~ électorale** electoral schemings *ou* jiggery-pokery* *(Brit)* ◆ **je n'aime pas beaucoup sa petite ~** I'm not very fond of his underhand tricks *ou* his little fiddles *(Brit)* ◆ **faire sa petite ~** to do one's own thing

**COMP** ▷ **cuisine américaine** open-plan kitchen ▷ **cuisine bourgeoise** (good) plain cooking *ou* fare ▷ **cuisine de cantine** canteen food ▷ **la cuisine française** French cooking *ou* cuisine ▷ **cuisine de restaurant** restaurant meals *ou* food ▷ **cuisine roulante** *(Mil)* field kitchen

**cuisiner** /kɥizine/ ▸ conjug 1 ◂ **VT** **a** *[+ plat]* to cook **b** *(= interroger)* * *[+ personne]* to grill*, to give the third degree to* ◆ **il m'a cuisiné pour savoir avec qui elle était partie** he gave me the third degree trying to find out who she had left with **VI** to cook ◆ **il cuisine bien** he's a good cook ◆ **ne la dérange pas quand elle cuisine** don't bother her when she's cooking

**cuisinette** /kɥizinɛt/ **NF** kitchenette

**cuisinier, -ière** /kɥizinje, jɛʀ/ **NM,F** *(= personne)* cook **NF** **cuisinière** *(à gaz, électrique)* stove, cooker *(Brit)*; *(à bois)* (kitchen) range, wood-burning stove ◆ **cuisinière à gaz** gas stove *ou* cooker *(Brit)* ◆ **cuisinière à charbon** solid-fuel stove; *(vieux modèle)* kitchen range *(Brit)*, stove *(US)*

**cuissage** /kɥisaʒ/ **NM** → **droit³**

**cuissard** /kɥisaʀ/ **NM** *[d'armure]* cuisse; *[de cycliste]* (cycling) shorts

**cuissardes** /kɥisaʀd/ **NFPL** *[de pêcheur]* waders; *[de femme]* thigh boots

**cuisse** /kɥis/ **NF** *(Anat)* thigh ◆ **~ de mouton** *(Culin)* leg of mutton *ou* lamb ◆ **~ de poulet** chicken leg ◆ **~s de grenouilles** frogs' legs ◆ **il se croit sorti de la ~ de Jupiter*** *(fig)* he thinks he's God's gift to mankind ◆ **elle a la ~ légère*** she is generous with her favours *(euph)*

**cuisseau** (pl **cuisseaux**) /kɥiso/ **NM** haunch (of veal)

**cuisse-madame** (pl **cuisses-madame**) /kɥismadam/ **NF** *(= poire)* cuisse madame pear

**cuissettes** /kɥisɛt/ **NFPL** *(Helv = shorts)* shorts

**cuisson** /kɥisɔ̃/ **NF** **a** *[d'aliments]* cooking; *[de pain, gâteau]* baking; *[de gigot]* roasting ◆ **ceci demande une longue ~** this needs to be cooked (*ou* baked) for a long time ◆ **temps de ~** cooking time ◆ **~ à la vapeur/au four** steam/oven cooking ◆ **la pâte gonfle à la ~** the dough rises as it bakes *ou* is baked ◆ **quelle ~ ?** *(au restaurant)* how would you like it cooked? **b** *[de briques, céramique]* firing **c** *(= sensation de brûlure)* stinging *ou* smarting sensation

**cuissot** /kɥiso/ **NM** haunch (of venison *ou* wild boar)

**cuistance‡** /kɥistɑ̃s/ **NF** *(= préparation)* cooking, preparing the grub‡; *(= nourriture)* grub‡, nosh‡ *(Brit)*

**cuistot*** /kɥisto/ **NM** cook

**cuistre** † /kɥistʀ/ **NM** prig, priggish pedant

**cuistrerie** † /kɥistʀəʀi/ **NF** priggish pedantry

**cuit, e¹** /kɥi, kɥit/ (ptp de **cuire**) **ADJ** **a** *[aliment, plat]* cooked; *[viande]* done *(attrib)*; *[pomme]* baked ◆ **bien ~** well done ◆ **je voudrais une baguette bien ~e** I'd like a nice crisp baguette ◆ **trop ~** overdone ◆ **pas assez ~** underdone ◆ **~ à point** *(= peu saignant)* medium-cooked; *(parfaitement)* done to a turn **b** *(* = perdu)* **il est ~** *(= il va se faire prendre)* he's done for*, his goose is cooked*; *(= il va perdre)* it's all up *(Brit)* *ou* over for him, he's had it* ◆ **c'est ~ (pour ce soir)** we've had it (for tonight)* **c** *(* = ivre)* plastered‡, sloshed‡ **d** *(loc)* **c'est du tout ~*** it's *ou* it'll be a cinch* *ou* a walkover* ◆ **il attend toujours que ça lui arrive** *ou* **tombe tout ~ (dans le bec)*** he expects everything to be handed to him on a plate

**cuite²** /kɥit/ **NF** **a** ‡ **prendre une ~** to get plastered‡ *ou* sloshed‡ ◆ **il a pris une sacrée ~** he got really plastered‡ *ou* roaring drunk* **b** *(Tech = cuisson)* firing

**cuiter (se)‡** /kɥite/ ▸ conjug 1 ◂ **VPR** to get plastered‡ *ou* sloshed‡

**cuit-vapeur** /kɥivapœʀ/ **NM INV** steamer

**cuivre** /kɥivʀ/ **NM** **a** ◆ **~ (rouge)** copper ◆ **~ jaune** brass ◆ **~ blanc** white copper ◆ **objets** *ou* **articles en ~** copperware ◆ **casseroles à fond (de) ~** copper-bottomed pans; → **gravure** **b** *(Art)* copperplate **c** *(= ustensiles)* **~s** *(de cuivre)* copper; *(de cuivre et laiton)* brasses ◆ **faire (briller) les ~s** to do the brass *ou* the brasses **d** *(Mus)* brass instrument ◆ **les ~s** the brass (section) ◆ **orchestre de ~s** brass band

**cuivré, e** /kɥivʀe/ (ptp de **cuivrer**) **ADJ** *[reflets]* coppery; *[peau, teint]* bronzed; *[voix]* resonant, sonorous ◆ **cheveux aux reflets ~s** hair with copper glints *ou* lights in it

**cuivrer** /kɥivʀe/ ▸ conjug 1 ◂ **VT** *(Tech)* to copper(plate), to cover with copper; *[+ peau, teint]* to bronze

**cuivreux, -euse** /kɥivʀø, øz/ **ADJ** *(Chim)* cuprous ◆ **oxyde ~** cuprous oxide, cuprite

**cul** /ky/ **NM** **a** *(** = fesses)* backside*, bum* *(Brit)*, arse** *(Brit)*, ass** *(US)* ◆ **~ nu** bare-bottomed ◆ **il est tombé le ~ dans l'eau** he fell arse first in the water** *(Brit)*, he fell on his ass in the water** *(US)* ◆ **un coup de pied au ~** a kick *ou* boot up the arse** *(Brit)*, a kick in the ass** *(US)* ◆ **gros ~*** *(camion)* heavy truck *ou* lorry *(Brit)*, rig; *(tabac)* ≃ shag; → **faux¹, feu¹, trou** *etc*

**b** *(Hist, Habillement)* **(faux) ~** bustle

**c** *[de bouteille]* bottom ◆ **pousser une voiture au ~*** to give a car a shove

**d** *(** = amour physique)* **le ~** sex ◆ **film de ~** porn movie*, skinflick‡ ◆ **revue** *ou* **magazine de ~** porn mag*; *(montrant des femmes)* girlie mag* ◆ **une histoire de ~** *(= plaisanterie)* a dirty joke ◆ **il nous a raconté ses histoires de ~** he told us all about his sexual exploits

**e** *(loc)* **on l'a dans le ~**** that's really screwed us (up)** ◆ **je suis sur le ~‡** *(= surpris)* I'm speechless, I'm gobsmacked‡ *(Brit)*; *(= fatigué)* I'm dead-beat* *ou* knackered‡ *(Brit)* ◆ **en tomber** *ou* **rester sur le ~*** to be taken aback, to be gobsmacked‡ *(Brit)* ◆ **montrer son ~**** to moon* ◆ **être comme ~ et chemise*** to be as thick as thieves (*avec* with); ◆ **tu peux te le mettre** *ou* **foutre au ~ !**** go fuck yourself!** ◆ **mon ~ !**** my arse!** *(Brit)*, my ass!** *(US)* ◆ **avoir le ~ bordé de nouilles**, avoir du ~**** to be a lucky *ou* jammy *(Brit)* bastard‡ ◆ **parle à mon ~, ma tête est malade**** you don't give a fuck** about what I'm saying, do you? ◆ **il a fait ~ sec** he downed it *ou* his drink in one ◆ **allez, ~ sec !** come on, down in one! ◆ **tout était ~ par-dessus tête** everything was in a mess ◆ **renverser ~ par-dessus tête** to turn head over heels

**ADJ** *(‡ = stupide)* silly ◆ **qu'il est ~, ce type !** that guy's a real twerp‡ *ou* wally‡ *(Brit)*!

**culasse** /kylas/ **NF** **a** *[de moteur]* cylinder head; → **joint¹** **b** *[de canon, fusil]* breech ◆ **~ (mobile)** breechblock; → **bloc**

**cul-bénit** * (pl **culs-bénits**) /kybeni/ NM *(péj)* religious nut *

**cul-blanc** (pl **culs-blancs**) /kyblɑ̃/ NM wheatear

**culbute** /kylbyt/ NF a *(= cabriole)* somersault; *(= chute)* tumble, fall ♦ **faire une** ~ *(cabriole)* to (turn a) somersault; *(chute)* to (take a) tumble, to fall (head over heels) b *(* fig = faillite) [de ministère]* collapse, fall; *[de banque]* collapse ♦ **faire la** ~ *(= être ruiné) [banque]* to collapse; *[entreprise]* to go bust *; *[spéculateur]* to take a tumble, to come a cropper * *(Brit)*; *(= doubler ses gains)* to double one's money

**culbuter** /kylbyte/ ▸ conjug 1 ◂ VI *[personne]* to (take a) tumble, to fall (head over heels); *[chose]* to topple (over), to fall (over); *[voiture]* to somersault, to turn a somersault, to overturn ♦ **il a culbuté dans l'étang** he tumbled *ou* fell into the pond VT *[+ chaise]* to upset, to knock over; *[+ personne]* to knock over; *[+ ennemi]* to overwhelm; *[+ ministère]* to bring down, to topple; ‡ *[+ femme]* to lay ‡, to screw **

**culbuteur** /kylbytœʀ/ NM a *[de moteur]* rocker arm b *[de benne]* tipper c *(= jouet)* tumbler

**culbuto** /kylbyto/ NM wobbly toy, Weeble ®

**cul(-)de(-)basse-fosse** (pl **culs-de-basse-fosse**) /kyd(ə)bɑsfos/ NM dungeon

**cul-de-four** (pl **culs-de-four**) /kyd(ə)fuʀ/ NM *(Archit)* cul-de-four

**cul-de-jatte** (pl **culs-de-jatte**) /kyd(ə)ʒat/ NM legless cripple

**cul-de-lampe** (pl **culs-de-lampe**) /kyd(ə)lɑ̃p/ NM *(Archit)* cul-de-lampe; *(Typo)* tailpiece

**cul-de-poule** /kyd(ə)pul/ **en cul-de-poule** LOC ADJ ♦ **avoir la bouche en** ~ to purse one's lips

**cul-de-sac** (pl **culs-de-sac**) /kyd(ə)sak/ NM *(= rue)* cul-de-sac, dead end; *(fig)* blind alley

**culer** /kyle/ ▸ conjug 1 ◂ VI *(Naut) [bateau]* to go astern; *[vent]* to veer astern ♦ **brasser à** ~ to brace aback

**culinaire** /kylinɛʀ/ ADJ culinary ♦ **l'art** ~ cookery

**culminant, e** /kylminɑ̃, ɑ̃t/ ADJ → **point**[1]

**culminer** /kylmine/ ▸ conjug 1 ◂ VI a *[sommet, massif]* to tower *(au-dessus de* above); ♦ ~ **à** to reach its highest point at ♦ **le Mont-Blanc culmine à 4 807 mètres** Mont Blanc reaches 4,807 metres at its highest point b *[colère, manifestation]* to come to a head; *[salaire, bénéfice, récession]* to peak, to reach a peak *(à* at); ♦ **la crise culmina avec l'abdication du roi** the crisis culminated in the king's abdication c *(Astron)* to reach its highest point

**culot** /kylo/ NM a *(* = effronterie)* nerve *, cheek * *(Brit)* ♦ **il a du** ~ he's got a nerve * *ou* cheek * *(Brit)* ♦ **tu ne manques pas de** ~ **!** you've got a nerve! * *ou* a cheek! * *(Brit)* ♦ **il y est allé au** ~ he bluffed his way through it b *[d'ampoule]* cap; *[de cartouche]* cap, base; *[de bougie]* body; *[d'obus, bombe]* base c *(= dépôt) [de pipe]* dottle; *[de creuset]* residue ♦ ~ **volcanique** *(Géog)* volcanic cone

**culottage** /kylɔtaʒ/ NM *[de pipe]* seasoning

**culotte** /kylɔt/ NF a *(= slip) [de femme]* pants *(Brit)*, knickers *(Brit)*, panties *(US)*; *[d'homme]* underpants ♦ **petite** ~ *[de femme]* panties ♦ **trois ~s** three pairs of underpants

b *(= pantalon)* trousers, pants *(US)*; *(Hist)* breeches; *(= short)* shorts

c *(Boucherie)* rump

d *(loc)* **baisser (sa)** ~ *(lit)* to pull *ou* take one's knickers *(Brit) ou* panties *(US)* down; *(‡ fig)* to back down ♦ **c'est elle qui porte la** ~ she wears the trousers *ou* pants *(US)* ♦ **prendre une** ~ * *(au jeu)* to lose one's shirt, to lose heavily ♦ **faire dans sa** ~ *(uriner)* to wet oneself *ou* one's pants; *(déféquer)* to dirty one's pants ♦ **trembler** *ou* **faire dans sa** ~ ‡, **mouiller sa** ~ ‡ *(fig)* to wet oneself ‡, to pee one's pants ‡ ♦ **il n'a rien dans la** ~ *(impuissant)* he can't get it up ‡; *(lâche)* he has no balls ** *ou* no guts ‡

COMP ▷ **culotte de bain** † (swimming *ou* bathing) trunks ▷ **culotte(s) bouffante(s)** jodhpurs ▷ **culotte(s) de cheval** *(lit)* riding breeches ♦ **avoir une** ~ **de cheval** *(fig)* to have jodhpur thighs *ou* saddlebags ▷ **culotte(s) courte(s)** short trousers *ou* pants *(US)* ♦ **j'étais encore en ~(s) courte(s)** I was still in short trousers *ou* short pants *(US)* ▷ **culotte de golf** plus fours, knickerbockers ▷ **culotte(s) longue(s)** long trousers *ou* pants *(US)* ▷ **culotte de peau** *(péj Mil)* **une (vieille)** ~ **de peau** a colonel Blimp

**culotté, e** /kylɔte/ (ptp de **culotter**) ADJ a *(* = effronté)* cheeky * *(Brit)*, sassy * *(US)* b *[pipe]* seasoned; *[cuir]* mellowed

**culotter** /kylɔte/ ▸ conjug 1 ◂ VT a *[+ pipe, théière]* to season b *[+ enfant]* to put trousers on VPR **se culotter** a *[pipe]* to season b *[enfant]* to put one's trousers on

**culottier, -ière** † /kylɔtje, jɛʀ/ NM,F trouser maker, breeches maker †

**culpabilisant, e** /kylpabilizɑ̃, ɑ̃t/ ADJ *[discours, idée]* that induces feelings of guilt ♦ **c'est un peu** ~ **de laisser les enfants seuls** you feel a bit guilty about leaving the children on their own

**culpabilisation** /kylpabilizasjɔ̃/ NF *(= action)* making guilty; *(= état)* guilt

**culpabiliser** /kylpabilize/ ▸ conjug 1 ◂ VT ♦ ~ **qn** to make sb feel guilty VI **se culpabiliser** VPR to feel guilty, to blame o.s.

**culpabilité** /kylpabilite/ NF *(gén)* guilt; *(Jur)* guilt, culpability; → **sentiment**

**cul-rouge** (pl **culs-rouges**) /kyʀuʒ/ NM great spotted woodpecker

**culte** /kylt/ NM a *(= vénération)* worship ♦ **le** ~ **de Dieu** the worship of God ♦ **le** ~ **du feu/du soleil** fire-/sun-worship ♦ **avoir le** ~ **de** *[+ justice, tradition]* to make a cult *ou* religion of; *[+ argent]* to worship ♦ **avoir un** ~ **pour qn** to (hero-)worship sb ♦ **vouer** *ou* **rendre un** ~ **à qn/la mémoire de qn** to worship sb/sb's memory ♦ ~ **de la personnalité** personality cult ♦ **son** ~ **du secret** his cult of secrecy b *(= pratiques)* form of worship; *(= religion)* religion ♦ **le** ~ **catholique** the Catholic form of worship ♦ **les objets du** ~ liturgical objects ♦ **lieu de** ~ place of worship; → **denier, liberté, ministre** c *(= office protestant)* (church) service ♦ **assister au** ~ to attend a (church) service ADJ *[film, livre]* cult *(épith)* ♦ **c'est un groupe** ~ they're a cult band

**cul-terreux** * (pl **culs-terreux**) /kyteʀø/ NM *(péj)* yokel, country bumpkin, hick * *(US)*

**cultivable** /kyltivabl/ ADJ *[terre]* suitable for cultivation, cultivable

**cultivar** /kyltivaʀ/ NM *(Hort)* cultivar

**cultivateur, -trice** /kyltivatœʀ, tʀis/ ADJ *[peuple]* agricultural, farming *(épith)* NM,F farmer NM *(= machine)* cultivator

**cultivé, e** /kyltive/ (ptp de **cultiver**) ADJ *(= instruit)* cultured, cultivated

**cultiver** /kyltive/ ▸ conjug 1 ◂ VT a *[+ champ]* to cultivate ♦ ~ **la terre** to cultivate the soil, to farm the land ♦ **terrains cultivés** cultivated land, land under cultivation b *[+ céréales, légumes, vigne]* to grow, to cultivate; *[+ moules, huîtres]* to breed, to farm c *(= exercer) [+ goût, don, image]* to cultivate ♦ ~ **son esprit** to improve *ou* cultivate one's mind d *(= pratiquer) [+ art, sciences, genre]* to cultivate ♦ ~ **l'esprit de famille** to have a strong sense of family ♦ **il cultive la grossièreté/le paradoxe** he goes out of his way to be rude/to do the unexpected e *(= fréquenter) [+ personne, amitié]* to cultivate ♦ **c'est une relation à** ~ it's a connection which should be cultivated VPR **se cultiver** to improve *ou* cultivate one's mind

**cultuel, -elle** /kyltɥɛl/ ADJ ♦ **édifices ~s** places of worship ♦ **association ~le** religious organization

**culture** /kyltyʀ/ NF a ♦ **la** ~ *(= connaissances)* culture ♦ **homme de** ~ man of culture, cultured man ♦ **il manque de** ~ he's not very cultured ♦ **la** ~ **occidentale** western culture ♦ ~ **scientifique** scientific knowledge *ou* education ♦ ~ **générale** general knowledge ♦ ~ **classique** classical culture *ou* education ♦ ~ **de masse** mass culture ♦ ~ **d'entreprise** corporate culture, house style

b *[de champ]* cultivation; *[de légumes]* growing, cultivating, cultivation; *[de moules, huîtres]* breeding, farming ♦ **méthodes de** ~ farming methods, methods of cultivation ♦ ~ **mécanique** mechanized farming ♦ ~ **intensive/extensive** intensive/extensive farming ♦ **pays de moyenne/grande** ~ country with a medium-scale/large-scale farming industry ♦ ~ **maraîchère** market gardening ♦ ~ **fruitière** fruit farming ♦ **mettre en** ~ *[+ terre]* to bring under cultivation ♦ **j'ai deux cents hectares en** ~ I have two hundred hectares of farmland *ou* of land under cultivation

c *(= espèce cultivée)* crop ♦ ~ **de rapport,** ~ **commerciale** cash crop ♦ ~ **vivrière** food crop

d *(Bio)* culture ♦ ~ **microbienne/de tissus** microbe/tissue culture ♦ **mettre des tissus en** ~ to put tissue in a culture medium; → **bouillon**

NFPL **cultures** *(= terres cultivées)* land under cultivation, arable land

COMP ▷ **culture physique** physical culture *ou* training, PT ♦ **faire de la** ~ **physique** to do physical training

**culturel, -elle** /kyltyʀɛl/ ADJ cultural

**culturellement** /kyltyʀɛlmɑ̃/ ADV culturally

**culturisme** /kyltyʀism/ NM body-building

**culturiste** /kyltyʀist/ NMF body-builder

**cumin** /kymɛ̃/ NM *(= faux anis)* cumin; *(= carvi)* caraway; *(= graines)* cumin; *(de carvi)* caraway seeds

**cumul** /kymyl/ NM a *[de fonctions]* plurality; *[de salaires]* concurrent drawing ♦ **pour limiter le** ~ **des mandats** in order to limit the number of mandates that may be held at the same time *ou* concurrently b *(Jur) [de droits]* accumulation ♦ **avec** ~ **de peines** sentences to run consecutively ♦ ~ **d'infractions** combination of offences

**cumulable** /kymylabl/ ADJ *[fonctions]* which may be held concurrently *ou* simultaneously; *[traitements]* which may be drawn concurrently *ou* simultaneously ♦ **les réductions sur ces articles ne sont pas ~s** not more than one discount can be applied to each item

**cumulard, e** /kymylaʀ, aʀd/ NM,F *(péj) person drawing several salaries at the same time*

**cumulatif, -ive** /kymylatif, iv/ ADJ cumulative

**cumulativement** /kymylativmɑ̃/ ADV *[exercer des fonctions]* simultaneously, concurrently; *[purger des peines]* consecutively

**cumuler** /kymyle/ ▸ conjug 1 ◂ VT a *[+ fonctions]* to hold concurrently *ou* simultaneously; *[+ salaires]* to draw concurrently *ou* simultaneously ◆ ~ **deux traitements** to draw two separate salaries ◆ ~ **les fonctions de directeur et de comptable** to act simultaneously as manager and accountant, to hold concurrently the positions of manager and accountant ◆ ~ **plusieurs handicaps** to suffer from several handicaps **b** *(Jur)* *[+ droits]* to accumulate ◆ **calcul des intérêts cumulés** calculation of the interests accrued **VPR se cumuler** *[effets, handicaps, facteurs]* to accumulate ◆ **cette augmentation se cumulera avec celle de la TVA** this rise will come along on top of the increase in VAT

**cumulonimbus** /kymylonɛ̃bys/ **NM** cumulonimbus

**cumulus** /kymylys/ **NM** **a** *(Mét)* cumulus ◆ ~ **de beau temps/d'orage** *(pl)* fine-weather/storm clouds **b** *(= chauffe-eau)* water heater

**cunéiforme** /kyneifɔʀm/ **ADJ** **a** *[écriture, caractère]* wedge-shaped, cuneiform *(SPÉC)* **b** *(Anat)* **les (os) ~s** the cuneiform bones *(of the tarsus)*

**cunnilingus** /kynilɛ̃gys/ **NM** cunnilingus, cunnilinctus

**cupide** /kypid/ **ADJ** *[air]* greedy; *[personne]* grasping, greedy, moneygrubbing

**cupidement** /kypidmɑ̃/ **ADV** greedily

**cupidité** /kypidite/ **NF** greed, greediness, cupidity *(littér)*

**Cupidon** /kypidɔ̃/ **NM** Cupid

**cuprifère** /kypʀifɛʀ/ **ADJ** copper-bearing, cupriferous *(SPÉC)*

**cupule** /kypyl/ **NF** *(Bot)* cupule; *[de gland]* (acorn) cup

**curabilité** /kyʀabilite/ **NF** curability

**curable** /kyʀabl/ **ADJ** curable

**curaçao** /kyʀaso/ **NM** curaçao

**curage** /kyʀaʒ/ **NM** *[de fossé, égout]* clearing- *ou* cleaning-out; *[de puits]* cleaning-out

**curaillon** * /kyʀajɔ̃/ **NM** *(péj)* priest

**curare** /kyʀaʀ/ **NM** curare

**curatelle** /kyʀatɛl/ **NF** *(Jur)* *[de mineur, aliéné]* guardianship; *[de succession]* trusteeship

**curateur, -trice** /kyʀatœʀ, tʀis/ **NM,F** *(Jur)* *[de mineur, aliéné]* guardian; *[de succession]* trustee

**curatif, -ive** /kyʀatif, iv/ **ADJ** curative

**curcuma** /kyʀkyma/ **NM** turmeric

**cure**[1] /kyʀ/ **NF** **a** *(= traitement)* course of treatment ◆ ~ **(thermale)** ≃ course of treatment *ou* a cure at a spa ◆ **faire une ~ (thermale) à Vichy, être en ~ à Vichy** to take the waters at Vichy ◆ **suivre une ~ d'amaigrissement** to go on a slimming course *(Brit)*, to have reducing treatment *(US)* ◆ **faire une ~ de sommeil** to have sleep therapy ◆ ~ **de thalassothérapie** course of thalassotherapy ◆ **la ~ (psychanalytique)** the talking cure; → **désintoxication**

**b** *(= consommation)* *[d'aliments]* diet ◆ **j'ai fait une ~ de lecture/théâtre** I've done nothing but read/but go to the theatre ◆ **faire une ~ de fruits** to eat a lot of fruit, to go on a fruit diet

**c** *(littér, hum)* **n'avoir ~ de qch** to care little about sth, to pay no attention to sth ◆ **il n'en a ~** he's not worried about that, he pays no attention to that ◆ **je n'ai ~ de ces formalités** I've no time for these formalities, I can't be doing with these formalities

**cure**[2] /kyʀ/ **NF** *(Rel)* *(= fonction)* cure; *(= paroisse)* cure, ≃ living *(Brit)*; *(= maison)* presbytery, ≃ vicarage

**curé** /kyʀe/ **NM** parish priest ◆ ~ **de campagne** country priest ◆ **se faire ~** * to go in for the priesthood ◆ **les ~s** *(péj)* clerics, priests ◆ **élevé chez les ~s** brought up by priests *ou* clerics; → **bouffer**[2], **Monsieur**

**cure-dent** (pl **cure-dents**) /kyʀdɑ̃/ **NM** toothpick

**curée** /kyʀe/ **NF** **a** *(Chasse)* quarry ◆ **donner la ~ aux chiens** to give the quarry to the hounds **b** *(fig = ruée)* scramble (for the spoils) ◆ **se ruer** *ou* **aller à la ~** to scramble for the spoils ◆ **les journalistes ont donné le signal de la ~** *(attaque violente)* the press had everybody baying for his (*ou* their *etc*) blood

**cure-ongle** (pl **cure-ongles**) /kyʀɔ̃gl/ **NM** nail-cleaner

**cure-oreille** (pl **cure-oreilles**) /kyʀɔʀɛj/ **NM** *(= coton-tige)* cotton bud *(Brit)*, Q-tip ® *(US)*

**cure-pipe** (pl **cure-pipes**) /kyʀpip/ **NM** pipe cleaner

**curer** /kyʀe/ ► conjug 1 ◄ **VT** **a** *[+ fossé, égout]* to clear *ou* clean out; *[+ puits]* to clean out; *[+ pipe]* to clean out, to scrape out **b** ◆ **se ~ les dents/le nez** to pick one's teeth/nose ◆ **se ~ les ongles/oreilles** to clean one's nails/ears

**curetage** /kyʀtaʒ/ **NM** curetting, curettage

**cureter** /kyʀte/ ► conjug 4 ◄ **VT** to curette

**cureton** * /kyʀtɔ̃/ **NM** *(péj)* priestling

**curette** /kyʀɛt/ **NF** *(Tech)* scraper; *(Méd)* curette

**curie**[1] /kyʀi/ **NF** *(Hist romaine)* curia; *(Rel)* Curia

**curie**[2] /kyʀi/ **NM** *(Phys)* curie

**curieusement** /kyʀjøzmɑ̃/ **ADV** *(= avec curiosité)* curiously; *(= étrangement)* strangely, curiously, oddly ◆ **~, ils n'ont pas protesté** strangely *ou* oddly enough, they didn't protest

**curieux, -ieuse** /kyʀjø, jøz/ **ADJ** **a** *(= intéressé)* interested, curious ◆ **esprit ~** inquiring mind ◆ ~ **de tout** curious about everything ◆ ~ **de mathématiques** interested in *ou* keen on *(Brit)* mathematics ◆ ~ **d'apprendre** interested in learning, keen to learn *(Brit)* ◆ **je serais ~ de voir/savoir** I'd be interested *ou* curious to see/know

**b** *(= indiscret)* curious, inquisitive, nos(e)y * ◆ **jeter un regard ~ sur qch** to glance inquisitively *ou* curiously at sth

**c** *(= bizarre)* strange, curious, odd ◆ **ce qui est ~, c'est que ...** the odd *ou* strange *ou* curious thing is that ...; → **bête, chose**

**NM** *(= étrangeté)* ◆ **le ~/le plus ~ de la chose** the funny *ou* strange thing/the funniest *ou* strangest thing about it

**NM,F** **a** *(= indiscret)* inquisitive person, nos(e)y parker *, busybody * ◆ **petite curieuse !** little nos(e)y parker! *, nos(e)y little thing! *

**b** *(gén mpl = badaud)* (inquisitive) onlooker, bystander ◆ **éloigner les ~** to move the bystanders along ◆ **venir en ~** to come just for a look *ou* to have a look

**curiosité** /kyʀjozite/ **NF** **a** *(= intérêt)* curiosity ◆ **cette ~ de tout** this curiosity about everything ◆ **ayant eu la ~ d'essayer** having been curious enough to try ◆ **il n'a pas eu la ~ de vérifier** he didn't even bother to check

**b** *(= indiscrétion)* curiosity, inquisitiveness, nosiness * ◆ ~ **malsaine** unhealthy curiosity ◆ **par (pure) ~** out of (sheer) curiosity ◆ **avec ~** curiously ◆ **la ~ est un vilain défaut** *(Prov)* curiosity killed the cat *(Prov)*

**c** *(= site, monument)* curious *ou* unusual sight *ou* feature; *(= bibelot)* curio ◆ **les ~s de la ville** the (interesting *ou* unusual) sights of the town ◆ **magasin de ~s** curio *ou* curiosity shop ◆ **ce timbre est une ~ pour les amateurs** this stamp has curiosity value for collectors

**d** *(= caractéristique)* oddity ◆ **c'est une des ~s de son esprit** it's one of the quirks *ou* oddities of his mind

**curiste** /kyʀist/ **NMF** person taking the waters *(at a spa)*

**curium** /kyʀjɔm/ **NM** curium

**curling** /kœʀliŋ/ **NM** curling

**curriculum (vitæ)** /kyʀikylɔm(vite)/ **NM INV** curriculum vitae, résumé *(US)*

**curry** /kyʀi/ **NM** curry ◆ **poulet au ~, ~ de poulet** curried chicken, chicken curry

**curseur** /kyʀsœʀ/ **NM** *[de règle]* slide, cursor; *[de fermeture éclair]* slider; *[d'ordinateur]* cursor

**cursif, -ive** /kyʀsif, iv/ **ADJ** **a** *(= lié)* *[écriture, lettre]* cursive ◆ **écrire en cursive** to write in cursive script **b** *(= rapide)* *[lecture, style]* cursory

**cursus** /kyʀsys/ **NM** *(Univ)* ≈ degree course; *[de carrière]* career path

**curule** /kyʀyl/ **ADJ** ◆ **chaise ~** curule chair

**curviligne** /kyʀviliɲ/ **ADJ** curvilinear

**customiser** /kœstɔmize/ ► conjug 1 ◄ **VT** *[+ produit]* to customize

**cutané, e** /kytane/ **ADJ** skin *(épith)*, cutaneous *(SPÉC)* ◆ **affection ~e** skin trouble

**cuti** * /kyti/ **NF** (abrév de **cuti-réaction**) → **virer**

**cuticule** /kytikyl/ **NF** *(Bot, Zool)* cuticle

**cuti-réaction** /kytiʀeaksjɔ̃/ **NF** skin test ◆ **faire une ~** to take a skin test

**cutter** /kœtœʀ/ **NM** *(petit)* craft knife; *(gros)* Stanley knife ®

**cuvage** /kyvaʒ/ **NM**, **cuvaison** /kyvɛzɔ̃/ **NF** *[de raisins]* fermentation *(in a vat)*

**cuve** /kyv/ **NF** *[de fermentation, teinture]* vat; *[de brasserie]* mash tun; *[de mazout]* tank; *[d'eau]* cistern, tank; *[de blanchissage]* laundry vat ◆ ~ **de développement** *(Photo)* developing tank

**cuvée** /kyve/ **NF** *(= contenu)* vatful; *(= cru, année)* vintage; *[d'étudiants, films]* crop ◆ **la ~ 1937** the 1937 vintage ◆ **une excellente ~** *(= examen)* an excellent crop of graduates; → **tête**

**cuver** /kyve/ ► conjug 1 ◄ **VT** ◆ ~ **(son vin)** * to sleep it off * ◆ ~ **sa colère** to sleep (*ou* work *ou* walk) off one's anger **VI** *[vin, raisins]* to ferment

**cuvette** /kyvɛt/ **NF** **a** *(= récipient)* basin, bowl; *(pour la toilette)* washbowl; *(Photo)* dish ◆ ~ **de plastique** plastic bowl **b** *[de lavabo]* washbasin, basin; *[d'évier]* basin; *[de W.-C.]* pan **c** *(Géog)* basin **d** *[de baromètre]* cistern, cup **e** *[de montre]* cap

**CV** /seve/ GRAMMAIRE ACTIVE 46.2 **NM** **a** (abrév de **curriculum vitæ**) CV **b** (abrév de **cheval-vapeur**) hp

**cyanose** /sjanoz/ **NF** cyanosis

**cyanosé, e** /sjanoze/ **ADJ** cyanotic *(SPÉC)* ◆ **avoir le visage ~** to be blue in the face

**cyanure** /sjanyʀ/ **NM** cyanid(e)

**cyber(-)** /sibɛʀ/ **PRÉF** e-, cyber(-) ◆ **~boutique** cyberstore ◆ **~casino** cybercasino, e-casino ◆ **~consommateur** e-customer, cybercustomer

**cybercafé, cyber-café** (pl **cyber-cafés**) /sibɛʀkafe/ **NM** cybercafé

**cybercitoyen, -enne** /sibɛʀsitwajɛ̃, ɛn/ **NM,F** netizen

**cybercriminalité** /sibɛʀkʀiminalite/ **NF** cybercrime

**cyberculture** /sibɛʀkyltyʀ/ NF cyberculture

**cyberespace** /sibɛʀɛspas/ NM cyberspace

**cybermonde** /sibɛʀmɔ̃d/ NM cyberspace

**cybernaute** /sibɛʀnot/ NMF cybersurfer, cybernaut

**cybernéticien, -ienne** /sibɛʀnetisjɛ̃, jɛn/ NM,F cyberneticist

**cybernétique** /sibɛʀnetik/ NF cybernetics *(sg)*

**cyberpunk*** /sibɛʀpœk/ ADJ, NMF, NM cyberpunk

**cyberspace** /sibɛʀspas/ NM cyberspace

**cybersquatter, cybersquatteur** /sibɛʀskwatœʀ/ NM cybersquatter

**cybersquatting** /sibɛʀskwatiŋ/ NM cybersquatting

**cyclable** /siklabl/ ADJ ◆ **piste** ~ cycle track *ou* path *(Brit)*

**cyclamen** /siklamɛn/ NM cyclamen

**cycle[1]** /sikl/ NM **a** *(Astron, Bio, Élec)* cycle ◆ **~ du carbone/de l'azote** carbon/nitrogen cycle ◆ **~ menstruel** *ou* **ovarien** menstrual *ou* ovarian cycle ◆ **le ~ infernal de la violence** the vicious circle of violence

**b** *(Écon)* cycle ◆ **~ de vie d'un produit** product life cycle

**c** *(Littérat)* cycle ◆ **le ~ arthurien** the Arthurian cycle ◆ **~ de chansons** song cycle

**d** *(Scol)* ~ **(d'études)** academic cycle ◆ **~ élémentaire** ≈ first five years of primary school *(Brit)*, grades one through five *(US)* ◆ **~ d'orientation** ≈ middle school *(transition classes)* ◆ **~ long** *studies leading to the baccalauréat* ◆ **~ court** *studies leading to vocational training instead of the baccalauréat* ◆ **premier/deuxième** ~ middle/upper school

**e** *(Univ)* **~ court** two-year vocational course *(taken after the baccalauréat)* ◆ **~ long** higher education course ◆ **premier ~** ≈ first and second year ◆ **deuxième** *ou* **second ~** ≈ Final Honours ◆ **troisième ~** ≈ postgraduate studies ◆ **diplôme de troisième ~** ≈ postgraduate degree, PhD ◆ **étudiant de troisième ~** ≈ postgraduate *ou* PhD student

**f** *(= cours)* course ◆ **~ de conférences** course of lectures ◆ **~ de formation** training course

> **Cycle**
>
> In France, primary and secondary education is split into four broad age-group divisions known as **cycles** (similar to « key stages » in Britain). « Le cycle élémentaire » corresponds to primary school, « le cycle d'observation » covers the first two years of « collège » (referred to as « sixième » and « cinquième »), and « le premier cycle » the final two years of « collège » (« quatrième » and « troisième »). « Le second cycle » corresponds to the three years spent at the « lycée » (referred to as « seconde », « première » and « terminale »).
>
> Higher education in France has three **cycles**: « premier cycle » (up to « DEUG » level), « deuxième cycle » (up to « licence and maîtrise »), and « troisième cycle » (« doctorat », « DEA » and « DESS »).
>
> → COLLÈGE, LYCÉE

**cycle[2]** /sikl/ NM *(= bicyclette)* cycle ◆ **magasin de ~s** cycle shop ◆ **marchand de ~s** bicycle seller ◆ **tarif : ~s 10 €, automobiles 25 €** charge: cycles and motorcycles €10, cars €25

**cyclique** /siklik/ ADJ cyclic(al)

**cyclisme** /siklism/ NM cycling

**cycliste** /siklist/ ADJ ◆ **course/champion ~** cycle race/champion ◆ **coureur ~** racing cyclist NMF cyclist NM *(= short)* cycling shorts

**cyclocross, cyclo-cross** /siklokʀɔs/ NM INV *(= sport)* cyclo-cross; *(= épreuve)* cyclo-cross race

**cycloïdal, e** (mpl **-aux**) /siklɔidal, o/ ADJ cycloid(al)

**cycloïde** /siklɔid/ NF cycloid

**cyclomoteur** /siklomɔtœʀ/ NM moped, motorized bike *ou* bicycle

**cyclomotoriste** /siklomɔtɔʀist/ NMF moped rider

**cyclonal, e** (mpl **-aux**) /siklɔnal, o/ ADJ cyclonic

**cyclone** /siklon/ NM *(= typhon)* cyclone; *(= basse pression)* zone of low pressure; *(= vent violent)* hurricane; *(fig)* whirlwind ◆ **entrer comme un ~** to sweep *ou* come in like a whirlwind; → **œil**

**cyclonique** /siklonik/ ADJ ⇒ **cyclonal**

**cyclope** /siklɔp/ NM **a** *(Myth)* **Cyclope** Cyclops **b** *(Zool)* cyclops

**cyclopéen, -enne** /siklɔpeɛ̃, ɛn/ ADJ *(Myth)* Cyclopean

**cyclopousse** /siklopus/ NM INV (bicycle-powered) rickshaw

**cyclosporine** /siklospɔʀin/ NF ⇒ **ciclosporine**

**cyclothymie** /siklotimi/ NF manic-depression, cyclothymia *(SPÉC)*

**cyclothymique** /siklotimik/ ADJ, NMF manic-depressive, cyclo-thymic *(SPÉC)*

**cyclotourisme** /sikloturism/ NM bicycle touring ◆ **faire du ~** *(vacances)* to go on a cycling holiday

**cyclotron** /siklɔtʀɔ̃/ NM cyclotron

**cygne** /siɲ/ NM swan ◆ **jeune ~** cygnet ◆ **~ mâle** male swan, cob; → **chant[1]**

**cylindre** /silɛ̃dʀ/ NM **a** *(Géom)* cylinder ◆ **~ droit/oblique** right (circular)/oblique (circular) cylinder ◆ **~ de révolution** cylindrical solid of revolution **b** *(= rouleau)* roller; *[de rouleau-compresseur]* wheel, roller ◆ **~ d'impression** printing cylinder; → **bureau, presse** **c** *[de moteur]* cylinder ◆ **moteur à 4 ~s en ligne** straight-4 engine ◆ **moteur à 6 ~s en V** V6 engine ◆ **moteur à 2 ~s opposés** flat-2 engine ◆ **une 6 ~s** a 6-cylinder (car)

**cylindrée** /silɛ̃dʀe/ NF capacity ◆ **une ~ de 1 600 cm³** a capacity of 1,600 ccs ◆ **une (voiture de) grosse/petite ~** a big-/small-engined car ◆ **grosse ~** *(arg Sport) (= personne)* top athlete; *(= équipe)* big-league team

**cylindrer** /silɛ̃dʀe/ ▸ conjug 1 ◂ VT *(= rouler) [+ métal]* to roll; *[+ papier]* to roll (up); *(= aplatir) [+ linge]* to press; *[+ route]* to roll

**cylindrique** /silɛ̃dʀik/ ADJ cylindrical

**cymbale** /sɛ̃bal/ NF cymbal

**cymbalier** /sɛ̃balje/ NM, **cymbaliste** /sɛ̃balist/ NMF cymbalist, cymbale(e)r

**cymbalum** /sɛ̃balɔm/ NM dulcimer, cymbalo

**cynégétique** /sineʒetik/ ADJ cynegetic NF cynegetics *(sg)*

**cynique** /sinik/ ADJ cynical; *(Philos)* Cynic NM cynic; *(Philos)* Cynic

**cyniquement** /sinikmɑ̃/ ADV cynically

**cynisme** /sinism/ NM cynicism; *(Philos)* Cynicism

**cynocéphale** /sinosefal/ NM dog-faced baboon, cynocephalus *(SPÉC)*

**cynodrome** /sinodʀom/ NM greyhound track

**cynor(r)hodon** /sinɔʀɔdɔ̃/ NM rosehip

**cyprès** /sipʀɛ/ NM cypress

**cypriote** /sipʀijɔt/ ADJ, NMF ⇒ **chypriote**

**cyrillique** /siʀilik/ ADJ Cyrillic

**cystite** /sistit/ NF cystitis *(NonC)*

**Cythère** /sitɛʀ/ NF Cythera

**cytise** /sitiz/ NM laburnum

**cytogénéticien, -ienne** /sitoʒenetisjɛ̃, jɛn/ NM,F cytogenetics specialist

**cytogénétique** /sitoʒenetik/ NF cytogenetics *(sg)*

**cytologie** /sitɔlɔʒi/ NF cytology

**cytologique** /sitɔlɔʒik/ ADJ cytological

**cytomégalovirus** /sitomegaloviʀys/ NM cytomegalovirus, CMV

**cytoplasme** /sitɔplasm/ NM cytoplasm

**czar** /tsaʀ/ NM ⇒ **tsar**

**czarewitch** /tsaʀevitʃ/ NM ⇒ **tsarévitch**

**czariste** /tsaʀist/ ADJ ⇒ **tsariste**

# D

**D, d** /de/ **NM** *(= lettre)* D, d; → **système**

**d'** /d/ → **de¹, de²**

**da** /da/ **INTERJ** → **oui**

**DAB** /dab/ **NM** (abrév de **distributeur automatique de billets**) ATM

**dab** †‡ /dab/ **NM** *(= père)* old man *, father

**d'abord** /dabɔʀ/ **LOC ADV** → **abord**

**Dacca** /daka/ **N** Dacca

**d'accord** /dakɔʀ/ **LOC ADV, LOC ADJ** → **accord**

**Dacron** ® /dakʀɔ̃/ **NM** Terylene ® *(Brit)*, Dacron ® *(US)*

**dactyle** /daktil/ **NM** **a** *(Poésie)* dactyl **b** *(Bot)* cocksfoot

**dactylique** /daktilik/ **ADJ** dactylic

**dactylo** /daktilo/ **NF** abrév de **dactylographe, dactylographie**

**dactylographe** † /daktilɔgʀaf/ **NF** typist

**dactylographie** /daktilɔgʀafi/ **NF** typing, typewriting ◆ **elle apprend la** ~ she's learning to type

**dactylographier** /daktilɔgʀafje/ ► conjug 7 ◄ **VT** to type (out)

**dactylographique** /daktilɔgʀafik/ **ADJ** typing *(épith)*

**dactyloscopie** /daktilɔskɔpi/ **NF** fingerprinting

**dada¹** /dada/ **NM** **a** *(langage enfantin = cheval)* horsey *(langage enfantin)*, gee-gee *(Brit) (langage enfantin)* ◆ **viens faire à** ~ come and ride the horsey *ou* the gee-gee ◆ **jeu de ~s** ≈ ludo *(Brit)*, Parcheesi *(US)* **b** *(= marotte)* hobby-horse *(fig)* ◆ **enfourcher son** ~ to get on one's hobby-horse, to launch o.s. on one's pet subject

**dada²** /dada/ **ADJ** *(Art, Littérat)* Dada, dada

**dadais** /dadɛ/ **NM** *(péj)* ◆ **un grand** ~ a great awkward lump of a man ◆ **espèce de grand ~ !** you great lump!

**dadaïsme** /dadaism/ **NM** Dadaism, Dada

**dadaïste** /dadaist/ **ADJ** Dadaist **NMF** Dadaist

**DAF** /daf/ **NM** (abrév de **directeur administratif et financier**) → **directeur**

**dague** /dag/ **NF** **a** *(= arme)* dagger **b** *[de cerf]* spike

**daguerréotype** /dageʀeɔtip/ **NM** daguerreotype

**daguet** /dagɛ/ **NM** young stag, brocket

**dahlia** /dalja/ **NM** dahlia

**dahoméen, -enne** /daɔmeɛ̃, ɛn/ **ADJ** Dahomean **NM,F** **Dahoméen(ne)** Dahomean

**Dahomey** /daɔme/ **NM** Dahomey

**dahu** /day/ **NM** *imaginary animal which gullible people are lured into chasing*

**daigner** /deɲe/ ► conjug 1 ◄ **VT** to deign, to condescend ◆ **il n'a même pas daigné nous regarder** he didn't even deign to look at us ◆ **daignez nous excuser** *(frm)* be so good as to excuse us

**daim** /dɛ̃/ **NM** **a** *(= animal) (gén)* (fallow) deer; *(mâle)* buck **b** *(= peau)* buckskin, doeskin; *(= cuir suédé)* suede ◆ **chaussures en** ~ suede shoes

**daine** /dɛn/ **NF** (fallow) doe

**dais** /dɛ/ **NM** canopy

**Dakar** /dakaʀ/ **N** Dakar

**dakin, Dakin** /dakɛ̃/ **NM** ◆ **solution** *ou* **eau de Dakin** Dakin's solution

**Dakota** /dakɔta/ **NM** Dakota ◆ ~ **du Nord/du Sud** North/South Dakota

**dalaï-lama** (pl **dalaï-lamas**) /dalailama/ **NM** Dalai Lama

**Dalila** /dalila/ **NF** Delilah

**dallage** /dalaʒ/ **NM** *(NonC = action)* paving, flagging; *(= surface, revêtement)* paving, pavement

**dalle** /dal/ **NF** **a** *(= pavement) [de trottoir]* paving stone, flag(stone); *(Constr)* slab ◆ ~ **flottante/de béton** floating/concrete slab ◆ **la ~ de couverture du parking** the concrete slab roof of the car park ◆ ~ **funéraire** tombstone ◆ ~ **de moquette** carpet tile ◆ **couler une** ~ to lay *ou* pour a concrete floor **b** *[de paroi de rocher]* slab **c** *(* = gosier)* **avoir la ~ en pente** to be a bit of a boozer‡ ◆ **avoir** *ou* **crever la** ~ *(= avoir faim)* to be starving * *ou* famished *; → **rincer** **d**

◆ **que dalle**‡ nothing at all, damn all‡ *(Brit)* ◆ **j'y pige** *ou* **entrave que** ~ I don't get it *, I don't understand a bloody‡ *(Brit)* thing ◆ **je n'y vois que** ~ I can't see a damn‡ *ou* bloody‡ *(Brit)* thing

**daller** /dale/ ► conjug 1 ◄ **VT** to pave, to lay paving stones *ou* flagstones on ◆ **cour dallée de marbre** courtyard paved with marble, marble courtyard

**dalleur** /dalœʀ/ **NM** flag layer, paviour

**dalmate** /dalmat/ **ADJ** Dalmatian **NM** *(= langue)* Dalmatian **NMF** **Dalmate** Dalmatian

**Dalmatie** /dalmasi/ **NF** Dalmatia

**dalmatien, -ienne** /dalmasjɛ̃, jɛn/ **NM,F** *(= chien)* dalmatian

**daltonien, -ienne** /daltɔnjɛ̃, jɛn/ **ADJ** colour-blind *(Brit)*, color-blind *(US)* **NM,F** colour-blind *(Brit) ou* color-blind *(US)* person

**daltonisme** /daltɔnism/ **NM** colour blindness *(Brit)*, color-blindness *(US)*, daltonism *(SPÉC)*

**dam** /dɑ̃/ **NM** ◆ **au (grand)** ~ **de qn** to sb's great displeasure

**Damas** /damas/ **N** Damascus; → **chemin**

**damas** /dama(s)/ **NM** *(= tissu)* damask; *(= acier)* Damascus steel, damask; *(= prune)* damson

**damasquinage** /damaskinaʒ/ **NM** damascening

**damasquiner** /damaskine/ ► conjug 1 ◄ **VT** to damascene

**damassé, e** /damase/ **ADJ, NM** damask

**dame** /dam/ **NF** **a** *(= femme)* lady; *(* = épouse)* wife ◆ **il y a une ~ qui vous attend** there is a lady waiting for you ◆ **votre ~ m'a dit que * ...** your wife told me that ... ◆ **alors ma petite ~ ! *** now then, dear! ◆ **vous savez, ma bonne ~ ! *** you know, my dear! ◆ **la ~ Dubois** *(Jur)* Mrs Dubois ◆ **coiffeur pour ~s** ladies' hairdresser ◆ **de ~** *[sac, manteau]* lady's ◆ **la Dame de fer** the Iron Lady ◆ **une vieille ~ indigne** *(hum)* an eccentric old lady ◆ **la finale ~s** *(Sport)* the women's final; → **vertu**

**b** *(de haute naissance)* lady ◆ **une grande ~** *(= noble)* a highborn *ou* great lady; *(= artiste)* a great lady (*de* of); ◆ **la grande ~ du roman policier** the grande dame *ou* the doyenne of crime fiction ◆ **jouer les grandes ~s** to play the fine lady ◆ **les belles ~s des quartiers chic** the fashionable *ou* fine ladies from the posh districts ◆ **la première ~ de France** France's first lady ◆ **la ~ de ses pensées** *(hum)* his lady-love *(hum)* ◆ **la Vieille Dame du Quai Conti** the French Academy

**c** *(Cartes, Échecs)* queen; *(Dames)* crown; *(Jacquet)* piece, man ◆ **le jeu de ~s, les ~s** draughts *(sg) (Brit)*, checkers *(sg) (US)* ◆ **jouer aux ~s** to play draughts *(Brit) ou* checkers *(US)* ◆ **aller à ~** *(Dames)* to make a crown; *(Échecs)* to make a queen ◆ **la ~ de pique** the queen of spades

**d** *(Tech = hie)* beetle, rammer; *(Naut)* rowlock

**EXCL** ◆ ~ **oui/non !** † why yes/no!, indeed yes/no!

**COMP** ▷ **dame blanche** *(= chouette)* barn owl ▷ **dame catéchiste** catechism mistress, ≈ Sunday school teacher ▷ **dame de**

**charité** benefactress ▷ **dame de compagnie** (lady's) companion ▷ **Dame Fortune** Lady Luck ▷ **dame d'honneur** lady-in-waiting ▷ **Dame Nature** Mother Nature ▷ **dame patronnesse** *(† ou péj)* Lady Bountiful ▷ **dame pipi** * lady toilet attendant

**dame-jeanne** (pl **dames-jeannes**) /damʒɑn/ **NF** demijohn

**damer** /dame/ ▸ conjug 1 ◂ **VT** **a** *[+ terre, neige, piste de ski]* to pack (down) **b** *[+ pion] (Dames)* to crown; *(Échecs)* to queen ◆ ~ **le pion à qn** *(fig)* to get the better of sb, to checkmate sb

**dameuse** /damøz/ **NF** *(Ski)* snow-grooming machine

**damier** /damje/ **NM** *(Dames)* draughtboard *(Brit)*, checkerboard *(US)*; *(= dessin)* check (pattern) ◆ **en damier, à damiers** *[motif]* chequered *(Brit)*, checkered *(US)* ◆ **tissu/foulard à ~s** checked *ou* check fabric/scarf ◆ **ville/rues en ~** town/streets in a grid pattern ◆ **les champs formaient un ~** the fields were laid out like a draughtboard *(Brit) ou* a checkerboard *(US)*

**damnable** /dɑnabl/ **ADJ** *(Rel)* damnable; *[passion, idée]* despicable, abominable

**damnation** /dɑnasjɔ̃/ **NF** damnation ◆ ~ **!** † damnation!, tarnation! † *(US)*; → **enfer**

**damné, e** /dɑne/ (ptp de **damner**) **ADJ** *(*, avant le nom = maudit)* cursed *, confounded * †; → **âme** **NM,F** damned person ◆ **les ~s** the damned; → **souffrir**

**damner** /dɑne/ ▸ conjug 1 ◂ **VT** to damn ◆ **faire ~ qn** * to drive sb mad * ◆ **c'est bon à faire ~ un saint** * *(hum)* it's so good it's wicked * ◆ **elle est belle à faire ~ un saint** * *(hum)* she's so lovely she would tempt a saint (in heaven) * **VPR** **se damner** to damn o.s. ◆ **être prêt à se ~ pour qn** to be prepared to do absolutely anything for sb ◆ **se ~ pour qch** to sell one's soul for sth

**Damoclès** /damɔklɛs/ **NM** Damocles; → **épée**

**damoiseau** (pl **damoiseaux**) /damwazo/ **NM** *(Hist)* page, squire; *(†, hum)* young beau †

**damoiselle** /damwazɛl/ **NF** *(Hist)* damsel †

**dan** /dan/ **NM** *(Arts martiaux)* dan ◆ **il est deuxième ~** he's a second dan

**danaïde** /danaid/ **NF** *(Zool)* monarch butterfly

**Danaïdes** /danaid/ **NFPL** → **tonneau**

**dancing** /dɑ̃siŋ/ **NM** dance hall

> ⚠ **dancing** *ne se traduit pas par le mot anglais* **dancing**, *qui désigne une action et non un lieu.*

**dandinement** /dɑ̃dinmɑ̃/ **NM** *[de canard, personne]* waddle

**dandiner (se)** /dɑ̃dine/ ▸ conjug 1 ◂ **VPR** *[canard, personne]* to waddle ◆ **avancer** *ou* **marcher en se dandinant** to waddle along

**dandy** /dɑ̃di/ **NM** dandy

**dandysme** /dɑ̃dism/ **NM** dandyism

**Danemark** /danmaʀk/ **NM** Denmark

**danger** /dɑ̃ʒe/ **NM** danger ◆ **un grave ~ nous menace** we are in serious *ou* grave danger ◆ **courir un ~** to run a risk ◆ **en cas de ~** in case of emergency ◆ **il est hors de ~** he is out of danger, he is safe ◆ **ça ne présente aucun ~, c'est sans ~** it doesn't present any danger (*pour* to) it's quite safe (*pour* for); ◆ **il y aurait (du) ~ à faire cela** it would be dangerous to do that ◆ **cet automobiliste est un ~ public** that driver is a public menace ◆ **les ~s de la route** road hazards ◆ **attention ~ !** look out! ◆ **"danger de mort"** "danger of death" ◆ **(il n'y a) pas de ~ !** * no fear! * ◆ **pas de ~ qu'il vienne !** * there's no danger that he'll come

♦ **en danger** ◆ **être en ~** to be in danger ◆ **ses jours sont en ~** his life is in danger ◆ **mettre en ~** *[+ personne]* to put in danger; *[+ vie, espèce]* to endanger; *[+ chances, réputation, carrière]* to jeopardize ◆ **adolescents en ~ moral** teenagers in danger of being corrupted *ou* led astray ◆ **en ~ de** in danger of ◆ **il est en ~ de mort** he is in danger *ou* peril of his life ◆ **ce pays est en grand ~ de perdre son indépendance** this country is in grave danger of losing its independence

♦ **sans danger** *[opération, expérience]* safe; *[utiliser, agir]* safely

**dangereusement** /dɑ̃ʒʀøzmɑ̃/ **ADV** dangerously

**dangereux, -euse** /dɑ̃ʒʀø, øz/ **ADJ** *[route, ennemi, doctrine, animal]* dangerous (*pour* to); *[entreprise]* dangerous, hazardous, risky ◆ **~ à manipuler** dangerous to handle ◆ **zone dangereuse** danger zone ◆ **il joue un jeu ~** he's playing a dangerous game ◆ **"abus dangereux"** "to be taken in moderation"

**dangerosité** /dɑ̃ʒʀozite/ **NF** dangerousness

**danois, e** /danwa, waz/ **ADJ** Danish **NM** **a** *(Ling)* Danish **b** *(= chien)* **(grand) ~** Great Dane **NM,F** **Danois(e)** Dane

## dans /dɑ̃/

PRÉPOSITION

**a** sans changement de lieu in; *(= à l'intérieur de)* in, inside ◆ **il habite ~ Londres même/l'Est/le Jura** he lives in London itself/the East/the Jura ◆ **le ministère est ~ la rue de Grenelle** the ministry is in the rue de Grenelle ◆ **courir ~ l'herbe/les champs** to run around in *ou* run through the grass/fields ◆ **il a plu ~ toute la France** there has been rain throughout France ◆ **elle erra ~ la ville/les rues/la campagne** she wandered through *ou* round *ou* about the town/the streets/the countryside ◆ **ne marche pas ~ l'eau** don't walk in *ou* through the water ◆ **vous êtes ~ la bonne direction** you are going the right way *ou* in the right direction ◆ **ils ont voyagé ~ le même train/avion** they travelled on the same train/plane ◆ **cherche** *ou* **regarde ~ la boîte** look inside *ou* in the box ◆ **~ le fond/le bas/le haut de l'armoire** at *ou* in the back/the bottom/the top of the wardrobe ◆ **il reconnut le voleur ~ la foule/l'assistance** he recognized the thief in *ou* among the crowd/among the spectators ◆ **qu'est-ce qui a bien pu se passer ~ sa tête ?** what can he have been thinking of? ◆ **il avait ~ l'esprit** *ou* **l'idée que ...** he had a feeling that ... ◆ **elle avait ~ l'idée** *ou* **la tête de ...** she had a mind to ... ◆ **il y a de la tristesse ~ son regard/sourire** there's a certain sadness in his eyes/smile; → **fouiller, recevoir, tomber¹** *etc*

**b** changement de lieu into, to ◆ **s'enfoncer/pénétrer ~ la forêt** to plunge deep into/go into *ou* enter the forest ◆ **ils sont partis ~ la montagne** they have gone off into the mountains ◆ **mettre qch ~ un tiroir** to put sth in *ou* into a drawer ◆ **verser du vin ~ un verre** to pour wine into a glass ◆ **jeter l'eau sale ~ l'évier** to pour the dirty water down the sink

**c** = dans des limites de within ◆ **~ le périmètre/un rayon très restreint** within the perimeter/a very restricted radius ◆ **ce n'est pas ~ ses projets** he's not planning to do *ou* on doing that

**d** indiquant l'action de prélever out of, from ◆ **prendre qch ~ un tiroir** to take sth out of *ou* from a drawer ◆ **boire du café ~ une tasse/un verre** to drink coffee out of *ou* from a cup/glass ◆ **la chèvre lui mangeait ~ la main** the goat was eating out of his hand ◆ **le chien a mangé ~ mon assiette** the dog ate off my plate ◆ **bifteck ~ le filet** fillet steak ◆ **il l'a appris/copié ~ un livre** he learnt/copied it from *ou* out of a book

**e** = pendant in ◆ **~ ma jeunesse/mon jeune temps** in my youth/my younger days ◆ **~ les siècles passés** in previous centuries ◆ **~ les mois à venir** in the months to come ◆ **~ le cours** *ou* **le courant de l'année** in the course of the year ◆ **il est ~ sa 6ᵉ année** he's in his 6th year; → **temps¹, vie**

**f** période ou délai dans l'avenir in; *(= dans des limites de)* within, inside, in (the course of) ◆ **il part ~ deux jours/une semaine** he leaves in two days *ou* two days' time/a week *ou* a week's time ◆ **~ combien de temps serez-vous prêt ?** how long will it be before you are ready? ◆ **il sera là ~ une minute** *ou* **un instant** he'll be here in a minute ◆ **cela pourrait se faire ~ le mois/la semaine** it could be done within the month/week *ou* inside a month/week ◆ **il mourut ~ l'heure qui suivit** he died within the hour ◆ **je l'attends ~ la matinée/la nuit** I'm expecting him some time this morning/some time tonight, I'm expecting him some time in the course of the morning/night

**g** état, condition, manière in ◆ **être ~ les affaires/l'industrie/le textile** to be in business/industry/textiles ◆ **vivre ~ la misère/la peur** to live in poverty/fear ◆ **vivre ~ l'oisiveté** to live a life of idleness ◆ **~ le brouillard/l'obscurité** in fog/darkness, in the fog/the dark ◆ **il n'est pas ~ le complot/le secret** he's not in on * the plot/the secret ◆ **je l'aime beaucoup ~ cette robe/ce rôle** I really like her in that dress/that part ◆ **et ~ tout cela, qu'est-ce que vous devenez ?** and with all this going on, how are things with you? ◆ **il est difficile de travailler ~ ce bruit/ces conditions** it's difficult to work with this noise/in these conditions ◆ **le camion passa ~ un bruit de ferraille** the truck rattled past ◆ **elles sortirent ~ un frou-frou de soie** they left in a rustle of silk ◆ **faire les choses ~ les règles** to work within the rules

**h** situation, cause in, with ◆ **~ son effroi, elle poussa un cri** she cried out in fright ◆ **~ sa hâte il oublia son chapeau** in his haste he forgot his hat ◆ **~ ces conditions** *ou* **ce cas-là, je refuse** in that case *ou* if that's the way it is * I refuse ◆ **elle partit tôt, ~ l'espoir de trouver une place** she left early in the hope of getting *ou* hoping to get a seat ◆ **il l'a fait ~ ce but** he did it with this aim in view

**i** destination **mettre son espoir ~ qn/qch** to pin one's hopes on sb/sth ◆ **avoir confiance ~ l'honnêteté de qn/le dollar** to have confidence in sb's honesty/the dollar

**j** locutions

♦ **dans les** *(= environ) (prix)* (round) about, (something) in the region of; *(temps, grandeur)* (round) about, something like, some ◆ **cela vaut/coûte ~ les 10 €** it's worth/it costs in the region of €10 *ou* (round) about €10 ◆ **il faut compter ~ les 3 ou 4 mois** we'll have to allow something like 3 or 4 months *ou* some 3 or 4 months ◆ **il vous faut ~ les 3 mètres de tissu** you'll need something like 3 metres of fabric *ou* about *ou* some 3 metres of fabric ◆ **cette pièce fait ~ les 8 m²** this room is about *ou* some 8 m² ◆ **il a ~ les 30 ans** he's about 30, he's 30 or so

**dansant, e** /dɑ̃sɑ̃, ɑ̃t/ **ADJ** *[mouvement, lueur]* dancing; *[musique]* lively ◆ **thé ~** tea dance ◆ **soirée ~e** dance

**danse** /dɑ̃s/ **NF** **a** *(= valse, tango etc)* dance ◆ **la ~** *(= art)* dance; *(= action)* dancing ◆ **la ~**

**folklorique** folk *ou* country dancing ◆ ~ **classique** ballet ◆ ~ **contemporaine** contemporary dance ◆ ~ **de salon** ballroom dance ◆ **la ~ du ventre** belly dancing ◆ **faire la ~ du ventre** to belly-dance, to do a belly dance ◆ ~ **de guerre** war dance ◆ ~ **macabre** danse macabre, dance of death ◆ **ouvrir la ~** to open the dancing ◆ **avoir la ~ de Saint-Guy** *(Méd)* to have St Vitus's dance; *(fig)* to have the fidgets ◆ **de ~** *[professeur, leçon]* dancing; *[musique]* dance ◆ **entrer dans la ~** *(lit)* to join in the dance *ou* dancing ◆ **s'il entre dans la ~ ...** *(fig)* if he decides to get involved *ou* to join in ...; → **mener, piste**

b (* = *volée*) belting*, (good) hiding ◆ **filer** *ou* **flanquer une ~ à qn** to belt sb*, to give sb a (good) hiding

**danser** /dɑ̃se/ ▸ conjug 1 ◂ VI *(gén)* to dance; *[ombre, flamme]* to flicker, to dance; *[flotteur, bateau]* to bob (up and down), to dance ◆ **elle danse bien** she's a good dancer ◆ **faire ~ qn** to (have a) dance with sb ◆ **après dîner il nous a fait ~** after dinner he got us dancing ◆ **voulez-vous ~ (avec moi) ?, vous dansez ?** shall we dance?, would you like to dance? ◆ ~ **de joie** to dance for joy ◆ **à l'époque, on dansait devant le buffet** * *(fig)* those were lean times ◆ **les lignes dansaient devant mes yeux** the lines were dancing before my eyes ◆ **personne ne savait sur quel pied ~** nobody knew what to do VT to dance ◆ ~ **le tango** to dance the tango ◆ ~ **un rock** to jive ◆ **elle danse "le Lac des cygnes"** she's dancing "Swan Lake"

**danseur, -euse** /dɑ̃sœʀ, øz/ NM,F *(gén)* dancer; *(= partenaire)* partner ◆ ~ **classique** *ou* **de ballet** ballet dancer ◆ ~ **étoile** *(Opéra)* principal dancer ◆ **danseuse étoile** prima ballerina ◆ ~ **de corde** tightrope walker ◆ ~ **de claquettes** tap dancer ◆ ~ **mondain** *professional ballroom dancing host* NF **danseuse** ◆ **danseuse de cabaret** cabaret dancer ◆ **pédaler en danseuse** to pedal standing up ◆ **entretenir une danseuse** *(maîtresse)* to keep a mistress ◆ **l'État ne peut pas se permettre d'entretenir des danseuses** the state cannot afford to support unprofitable ventures ◆ **les voiliers de course, c'est sa danseuse** he spends all his money on racing yachts

**dantesque** /dɑ̃tɛsk/ ADJ Dantesque, Dantean

**Danube** /danyb/ NM Danube

**DAO** /deao/ NM (abrév de **dessin assisté par ordinateur**) CAD

**daphnie** /dafni/ NF daphnia

**dard** /daʀ/ NM *[d'animal]* sting; *(†, Mil)* javelin, spear

**Dardanelles** /daʀdanɛl/ NFPL ◆ **les ~** the Dardanelles

**darder** /daʀde/ ▸ conjug 1 ◂ VT a *(= lancer) [+ flèche]* to shoot ◆ **le soleil dardait ses rayons sur la maison** the sun was beating down on the house ◆ **il darda un regard haineux sur son rival** he shot a look full of hate at his rival b *(= dresser) [+ piquants, épines]* to point ◆ **le clocher dardait sa flèche vers le ciel** the church spire thrust upwards into the sky

**dare-dare** * /daʀdaʀ/ LOC ADV double-quick * ◆ **accourir ~** to come running up double-quick * *ou* at the double

**darne** /daʀn/ NF *[de poisson]* steak

**dartre** /daʀtʀ/ NF dry patch, scurf *(NonC)*

**darwinien, -ienne** /daʀwinjɛ̃, jɛn/ ADJ Darwinian

**darwinisme** /daʀwinism/ NM Darwinism

**darwiniste** /daʀwinist/ ADJ, NMF Darwinist

**DAT** /deate/ NM (abrév de **Digital Audio Tape**) DAT

**datable** /databl/ ADJ dat(e)able ◆ **manuscrit facilement ~** manuscript which can easily be dated

**DATAR** /dataʀ/ NF (abrév de **Délégation à l'aménagement du territoire et à l'action régionale**) → **délégation**

**datation** /datasjɔ̃/ NF *[de contrat, manuscrit]* dating ◆ ~ **au carbone 14** carbon dating

**datcha** /datʃa/ NF dacha

**date** /dat/ NF date ◆ ~ **de naissance/mariage/paiement** date of birth/marriage/payment ◆ ~ **d'exigibilité** due *ou* maturity date ◆ ~ **de péremption/clôture** expiry/closing date ◆ ~ **butoir** *ou* **limite** deadline ◆ ~ **limite de consommation/de vente** use-by/sell-by date ◆ ~ **limite de fraîcheur** *ou* **de conservation** best-before date ◆ ~ **de valeur** *[de chèque]* processing date ◆ **pourriez-vous faire ce virement avec ~ de valeur le 15 juin ?** could you process this payment on 15 June? ◆ **la ~ à laquelle je vous ai vu** the day I saw you ◆ **j'ai pris ~ avec lui pour le 18 mai** I have set *ou* fixed a date with him for 18 May ◆ **cet événement fait ~ dans l'histoire** this event stands out in *ou* marks a milestone in history ◆ **sans ~** undated

◆ **à + date** ◆ **note ce rendez-vous à la ~ du 12 mai** note down this appointment for 12 May ◆ **à quelle ~ cela s'est-il produit ?** on what date did that occur? ◆ **à cette ~ il ne le savait pas encore** at that time he did not yet know about it ◆ **à cette ~-là il était déjà mort** by that time *ou* by then he was already dead ◆ **le comité se réunit à ~ fixe** the committee meets on a fixed *ou* set date

◆ **en date** ◆ **lettre en ~ du 23 mai** letter dated 23 May ◆ **le premier en ~** the first *ou* earliest ◆ **le dernier en ~** the latest *ou* most recent

◆ **de longue** *ou* **vieille date** *[amitié]* long-standing; *[ami]* long-standing, long-time ◆ **je le connais de longue ~** I've known him for a (very) long time ◆ **nous sommes des amis de longue ~** we go back a long way

◆ **de fraîche date** *[ami]* recent ◆ **arrivé de fraîche ~ à Paris** newly arrived in Paris

**dater** /date/ ▸ conjug 1 ◂ VT *[+ lettre, événement]* to date ◆ **lettre datée du 6/de Paris** letter dated the 6th/from Paris ◆ **non daté** undated VI a ◆ ~ **de** *(= remonter à)* to date back to, to date from ◆ **ça ne date pas d'hier** *ou* **d'aujourd'hui** *[maladie]* it has been going a long time; *[amitié, situation]* it goes back a long way; *[objet]* it's far from new ◆ **à ~ de demain** as from tomorrow, from tomorrow onwards ◆ **de quand date votre dernière rencontre ?** when did you last meet? b *(= être important)* **cet événement a daté dans sa vie** this event marked a milestone in his life c *(= être démodé)* to be dated ◆ **ça commence à ~** it's beginning to date ◆ **le film est un peu daté** the film is a little dated

**dateur** /datœʀ/ NM *[de montre]* date indicator ◆ **(timbre** *ou* **tampon) ~** date stamp

**datif, -ive** /datif, iv/ ADJ, NM dative ◆ **au ~** in the dative

**dation** /dasjɔ̃/ NF *(Jur)* payment in kind; *[d'œuvres d'art]* donation

**datte** /dat/ NF *(Bot, Culin)* date

**dattier** /datje/ NM date palm

**datura** /datyʀa/ NM datura

**daube** /dob/ NF a *(= viande)* stew, casserole ◆ **faire une ~** *ou* **de la viande en ~** to make a stew *ou* casserole ◆ **bœuf en ~** casserole of beef, beef stew b (* = *nullité*) **c'est de la ~** it's crap*

**dauber** /dobe/ ▸ conjug 1 ◂ VI a *(littér)* ~ **sur qn/qch** to jeer (at) sb/sth ◆ **il serait facile de ~ sur nos erreurs** it would be easy to sneer *ou* scoff at our mistakes b (* = *puer*) **ça daube ici !** it stinks in here!

**dauphin** /dofɛ̃/ NM a *(Zool)* dolphin b *(Hist)* **le Dauphin** the Dauphin c *(= successeur)* heir apparent

**Dauphine** /dofin/ NF Dauphine, Dauphiness

**dauphinois, e** /dofinwa, waz/ ADJ of *ou* from the Dauphiné; → **gratin** NM,F **Dauphinois(e)** inhabitant *ou* native of the Dauphiné

**daurade** /dɔʀad/ NF gilthead bream, sea bream ◆ ~ **rose** red sea bream ◆ ~ **royale** gilthead bream

**davantage** /davɑ̃taʒ/ ADV a *(= plus) [gagner, acheter]* more; *(négatif)* any more; *(interrogatif)* (any) more ◆ **en voulez-vous ~ ?** would you like more? ◆ **bien/encore/même ~** much/still/even more ◆ **je n'en sais pas ~** I don't know anything more about it ◆ **il s'approcha ~** he drew closer *ou* nearer

◆ **davantage de** (some) more; *(négatif)* any more ◆ **vouloir ~ de pain/temps** to want (some) more bread/time ◆ **veux-tu ~ de viande ?** do you want (any *ou* some) more meat? ◆ **il n'en a pas voulu ~** he didn't want any more (of it)

◆ **davantage que** *(= plus)* more than; *(= plus longtemps)* longer than ◆ **tu te crois malin mais il l'est ~ (que toi)** you think you're sharp but he is more so than you *ou* but he is sharper (than you)

b *(= plus longtemps)* longer; *(négatif, interrogatif)* any longer ◆ **sans s'attarder/rester ~** without lingering/staying any longer

c *(= de plus en plus)* more and more ◆ **les prix augmentent chaque jour ~** prices go up more and more every day

**David** /david/ NM David

**davier** /davje/ NM *(Chir)* forceps; *(Menuiserie)* cramp

**db** (abrév de **décibel**) dB, db

**DCA** /desea/ NF (abrév de **défense contre avions**) anti-aircraft defence

**DDASS** /das/ NF (abrév de **Direction départementale de l'action sanitaire et sociale**) local department of social services ◆ **un enfant de la ~** *(orphelin)* a state orphan; *(retiré de la garde de ses parents)* a child who has been taken into care *(Brit)*, a child in court custody *(US)*

**DDT** /dedete/ NM (abrév de **dichloro-diphényl-trichloréthane**) DDT

## de[1] /də/

Devant une voyelle ou un **h** muet = **d'**; contraction **de** + **le** = **du**; **de** + **les** = **des**.

Lorsque **de** fait partie d'une locution du type **décider de faire, content de qch, c'est l'occasion de, se nourrir de, s'aider de, de plus en plus** etc, reportez-vous à l'autre mot.

PRÉPOSITION

a déplacement, provenance from ◆ **être/provenir/s'échapper ~** to be/come/escape from ◆ **sauter du toit** to jump off *ou* from the roof ◆ ~ **sa fenêtre elle voit la mer** she can see the sea from her window ◆ **il arrive du Japon** he has just arrived from Japan ◆ **il y a une lettre ~ Paul** there's a letter from Paul ◆ **nous recevons des amis du Canada** we have friends from Canada staying (with us) ◆ **ce sont des gens ~ la campagne/la ville** they are people from the country/town ◆ **on apprend de Londres que ...** we hear *ou* it is announced from London that ... ◆ **des pommes ~ notre jardin** apples from our garden ◆ **le train/l'avion ~ Londres** the

train/plane from London, the London train/plane
◆ **je l'ai vu en sortant ~ la maison** I saw him as I was coming out of the house

**b** [localisation] in ◆ **les magasins ~ Londres/Paris** the shops in London/Paris, the London/ Paris shops ◆ **les gens ~ ma rue** the people in my street ◆ **les voisins du 2ᵉ (étage)** the neighbours on the 2nd floor

**c** [destination] for, to ◆ **le train/l'avion ~ Bruxelles** the Brussels train/plane, the train/ plane for *ou* to Brussels ◆ **la route ~ Tours** the Tours road, the road for Tours

**d** [appartenance]

> Lorsque **de** sert à exprimer l'appartenance, il peut se traduire par **of** ; on préférera toutefois souvent le génitif lorsque le possesseur est une personne ou un pays, plus rarement une chose.

◆ **la maison ~ David/~ notre ami** David's/our friend's house ◆ **le mari ~ la reine d'Angleterre** the Queen of England's husband ◆ **la patte du chien** the dog's paw ◆ **le roi ~ France** the King of France ◆ **l'attitude du Canada** Canada's attitude, the attitude of Canada ◆ **un ami ~ mon père** a friend of my father's ◆ **c'est le médecin ~ mes cousins** he's my cousins' doctor ◆ **un ami ~ la famille** a friend of the family, a family friend ◆ **un programmeur d'IBM** *ou* **~ chez IBM** a programmer with IBM ◆ **ses collègues ~** *ou* **du bureau** his colleagues at work

> Après un pluriel régulier ou un pluriel irrégulier se terminant par un **s**, l'apostrophe s'utilise toujours seule ; après un pluriel irrégulier ne se terminant pas par un **s**, **'s** est obligatoire.

◆ **la maison ~ nos amis** our friends' house ◆ **la loge des actrices** the actresses' dressing-room ◆ **les amis ~ nos enfants** our children's friends

> Après un nom commun se terminant par **ss**, **'s** est obligatoire.

◆ **la loge ~ l'actrice** the actress's dressing-room

> Après un nom propre se terminant par **s** ou **ss**, l'apostrophe peut être utilisée seule dans un registre plus soutenu.

◆ **la vie ~ Jésus** Jesus's life, Jesus' life ◆ **la maison ~ Wells/Burgess** Wells's/Burgess's house, Wells'/Burgess' house

> Dans le cas où le possesseur est un inanimé, l'anglais juxtapose parfois les noms.

◆ **le pied ~ la table** the leg of the table, the table leg ◆ **le bouton ~ la porte** the door knob

**e** [caractérisation]

> Lorsque **de** est utilisé pour la caractérisation, il peut être traduit par **of**, mais l'anglais utilise souvent des tournures adjectivales.

*(caractérisation par le contenu)* ◆ **une bouteille ~ vin/lait** a bottle of wine/milk ◆ **une tasse ~ thé** a cup of tea ◆ **une pincée/cuillerée ~ sel** a pinch/spoonful of salt ◆ **une poignée ~ gens** a handful of people ◆ **une collection ~ timbres** a stamp collection ◆ **une boîte ~ bonbons** a box of sweets
*(caractérisation par la matière)* ◆ **vase ~ cristal** crystal vase ◆ **robe ~ soie** silk dress
*(caractérisation par la qualité)* ◆ **un homme ~ goût/d'une grande bonté** a man of taste/ great kindness ◆ **quelque chose ~ beau/cher** something lovely/expensive ◆ **rien ~ neuf/ d'intéressant** nothing new/interesting *ou* of interest
*(caractérisation par la fonction)* ◆ **il est professeur d'anglais** he's an English teacher *ou* a teacher of English
*(caractérisation par le temps)* ◆ **les romanciers du 20ᵉ siècle** 20th-century novelists, novelists of the 20th century ◆ **les journaux d'hier/du dimanche** yesterday's/the Sunday papers

◆ **de** *+ participe passé* ◆ **il y a deux verres ~ cassés** there are two broken glasses *ou* glasses broken ◆ **il y a cinq enfants ~ disparus** five children are missing

**f** [valeur intensive] **et elle ~ se moquer ~ nos efforts !** and she made fun of our efforts! ◆ **et lui d'ajouter : "jamais !"** "never!" he added

> La valeur intensive de **de + article ou démonstratif** est souvent rendue par un adjectif ou un adverbe en anglais.

◆ **il est d'une bêtise !** he's so stupid!, he's incredibly stupid! ◆ **il a un ~ ces appétits !** he's got an incredible appetite ◆ **j'ai ~ ces douleurs !** I've got this terrible pain ◆ **elle a ~ ces initiatives !** some of the things she gets up to! ◆ **tu as ~ ces idées !** you have the strangest ideas sometimes!

**g**

> Lorsque **de** introduit un nom en apposition, il est rarement traduit.

◆ **le jour ~ Noël** Christmas Day ◆ **le prénom ~ Paul est très courant** the name Paul is very common ◆ **le mot ~ "liberté"** the word "freedom" ◆ **cette saleté ~ temps nous gâche nos vacances** this rotten weather is spoiling our holiday ◆ **ton idiot ~ fils** that stupid son of yours ◆ **la ville ~ Paris** the city of Paris ◆ **le mois ~ juin** (the month of) June

**h** [suivi d'un nombre] **~ six qu'ils étaient (au départ), ils ne sont plus que deux** of the original six there are only two left

> Lorsque **de** est suivi d'une mesure, d'un poids, d'un âge, d'une durée, d'un montant etc, il est souvent rendu en anglais par une simple apposition.

◆ **un rôti ~ 2 kg** a 2-kilo joint ◆ **une table ~ 2 mètres ~ large** a table 2 metres wide *ou* in width ◆ **un enfant ~ 5 ans** a 5-year-old (child) ◆ **un bébé ~ 6 mois** a 6-month(-old) baby, a baby of 6 months ◆ **une attente ~ 2 heures** a 2-hour wait ◆ **un voyage ~ trois jours** a three-day journey ◆ **une promenade ~ 3 km/3 heures** a 3-km/3-hour walk ◆ **une pièce ~ 6 m²** a room 6 metres square ◆ **une plage ~ plusieurs kilomètres** a beach several kilometres long ◆ **un bébé ~ quelques mois** a baby just a few months old ◆ **il y aura une attente ~ quelques heures** there will be a few hours' wait, you will have to wait a few hours [MAIS] **un chèque ~ 20 €** a cheque for €20 ◆ **elle est plus grande que lui ~ 5 cm** she is 5 cm taller than he is, she is taller than him by 5 cm

**i** [agent animé] by ◆ **un film ~ Fellini** a Fellini film, a film by Fellini ◆ **un concerto ~ Brahms** a concerto by Brahms, a Brahms concerto ◆ **le message a été compris ~ tous** the message was understood by everybody ◆ **c'est ~ qui ?** who is it by? ◆ **le poème n'est pas ~ moi** I didn't write the poem ◆ **c'est bien ~ lui ~ sortir sans manteau** it's just like him *ou* it's typical of him to go out without a coat

**j** [agent inanimé]

> Lorsque **de** introduit un agent inanimé, la traduction dépend étroitement du verbe ; reportez-vous à celui-ci.

◆ **couvert ~ boue/d'un drap** covered in mud/ with a sheet ◆ **rempli ~ fumée** filled with smoke

**k** [= avec, manière, cause]

> Lorsque **de** signifie **avec, au moyen de, à l'aide de**, ou exprime la manière ou la cause, la traduction dépend étroitement du contexte ; reportez-vous au verbe ou au nom.

◆ **il l'attrapa ~ la main gauche** he caught it with his left hand ◆ **~ rien/d'un bout ~ bois, il peut faire des merveilles** he can make wonderful things out of nothing/a bit of wood ◆ **il les encourageait ~ la voix** he cheered them on ◆ **marcher d'un pas lent/d'un bon pas** to walk slowly/briskly ◆ **parler d'une voix émue/ferme** to speak emotionally/firmly *ou* in an emotional/a firm voice ◆ **regarder qn d'un air tendre** to look at sb tenderly, to give sb a tender look ◆ **rougir ~ dépit/~ honte** to blush with vexation/with *ou* for shame ◆ **~ colère, il la gifla** he slapped her in anger ◆ **être fatigué du voyage/~ répéter** to be tired from the journey/of repeating ◆ **elle rit ~ le voir si maladroit** she laughed to see him *ou* on seeing him so clumsy ◆ **contrarié ~ ce qu'il se montre si peu coopératif** annoyed at his being so uncooperative

**l** [= par, chaque] **il gagne 15 € ~ l'heure** he earns €15 an hour *ou* per hour ◆ **ça coûte 8 € du mètre** it costs €8 a metre

**m** [= durant] **~ jour/nuit** by day/night, during the day/the night ◆ **3 heures du matin/~ l'après-midi** 3 (o'clock) in the morning/ afternoon, 3 am/pm

> Notez l'emploi de **all** dans les phrases suivantes.

◆ **il n'a rien fait ~ la semaine/l'année** he hasn't done a thing all week/year ◆ **~ (toute) ma vie je n'ai entendu pareilles sottises** I've never heard such nonsense in all my life ◆ **je ne l'avais pas vu ~ la semaine/~ la soirée** I hadn't seen him all week/all evening

**n** [valeur emphatique] **t'en as une, ~ moto ?** * have you got a motorbike? ◆ **moi j'en ai vu deux, ~ lions !** * I saw two lions, I did! ◆ **c'en est un, d'imbécile** * he's a real idiot

◆ **de ... à** from ... to
*(dans l'espace)* ◆ **~ chez moi à la gare, il y a 5 km** it's 5 km from my house to the station
*(dans le temps)* ◆ **je serai là ~ 6 à 8** I'll be there from 6 to 8 ◆ **du 2 au 7 mai** *(écrit)* from 2 to 7 May; *(parlé)* from the 2nd to the 7th of May ◆ **le magasin est ouvert du mardi au samedi** the shop is open from Tuesday to Saturday ◆ **d'une minute/d'un jour à l'autre** *(= très rapidement)* from one minute/day to the next; *(= incessamment, n'importe quand)* any minute/day now
*(avec un âge, une durée, une estimation)* ◆ **les enfants ~ 9 à 12 ans** children from 9 to 12, children between (the ages of) 9 and 12 ◆ **ça peut coûter ~ 20 à 30 €** it can cost from €20 to €30 *ou* between €20 and €30
*(pour exprimer l'exhaustivité)* ◆ **ils ont tout pris, des petites cuillères à l'armoire** they took everything, from the teaspoons to the wardrobe; → **ici, là**

◆ **de ... en** from ... to
*(dans l'espace)* ◆ **il va ~ village en village/~ porte en porte** he goes from village to village/from door to door
*(dans le temps)* ◆ **~ mois en mois/jour en jour** from month to month/day to day ◆ **le nombre diminue d'année en année** the number is decreasing year on year *ou* every year ◆ **~ minute en minute, l'espoir s'amenuisait** hope faded as the minutes went by
*(dans une succession, une évolution)* ◆ **il va d'échec en échec** he goes from one failure to the next ◆ **nous allions ~ surprise en surprise** we had one surprise after another

**de²** /də/

Devant une voyelle ou un **h** muet = **d'** contraction **de** + **le** = **du**; **de** + **les** = **des**.

1 ARTICLE PARTITIF    2 ARTICLE INDÉFINI PL

1 - ARTICLE PARTITIF

a dans une affirmation

**de** se traduit généralement par **some**, mais celui-ci peut être omis.

◆ **au déjeuner, nous avons eu du poulet** we had (some) chicken for lunch ◆ **j'ai du travail à faire** I've got (some) work to do ◆ **il but ~ l'eau au robinet** he drank some water from the tap ◆ **j'ai acheté des pommes/~ la viande** I bought some apples/some meat ◆ **j'ai acheté des fruits, des légumes et du vin** I bought (some) fruit, (some) vegetables and (some) wine ◆ **j'ai acheté ~ la laine** I bought some wool ◆ **il a joué du Chopin/des valses ~ Chopin** he played (some) Chopin/some Chopin waltzes ◆ **cela demande du courage/~ la patience** it takes (some) courage/patience ◆ **c'est du chantage/vol !** that's blackmail/robbery!

**de** ne se traduit pas lorsque l'on ne veut pas ou ne peut pas préciser la quantité.

◆ **boire du vin/~ la bière/~ l'eau** to drink wine/beer/water ◆ **ils vendent des pommes/~ la viande** they sell apples/meat ◆ **on peut acheter ~ la laine chez Dupont** you can buy wool at Dupont's ◆ **il mange des biscuits toute la journée** he eats biscuits all day ◆ **les ânes mangent du foin** donkeys eat hay MAIS **il y avait ~ l'agressivité dans ses paroles** there was something aggressive about what he said

Dans certaines expressions, **de** se traduit par l'article **a, an**.

◆ **faire du bruit** to make a noise ◆ **avoir ~ l'humour** to have a sense of humour

b dans une interrogation, une hypothèse

**de** se traduit généralement par **any** ; **some** est utilisé si l'on s'attend à une réponse positive.

◆ **avez-vous du pain/des œufs à me passer ?** do you have any bread/eggs you could let me have?, I wonder if you could let me have some bread/eggs? ◆ **voulez-vous du pain/des œufs ?** would you like some bread/eggs? ◆ **vous ne voulez vraiment pas ~ vin ?** are you sure you don't want some *ou* any wine? ◆ **si on prenait ~ la bière/du vin ?** what about some beer/wine? ◆ **s'il y avait du pain, j'en mangerais** if there was some *ou* any bread, I'd eat it

Lorsqu'il s'agit d'une alternative, **de** ne se traduit généralement pas.

◆ **voulez-vous du thé ou du café ?** would you like tea or coffee?

c dans une négation

**de** se traduit généralement par **any** ou **no**.

◆ **je n'ai pas acheté ~ pommes/~ laine** I didn't buy (any) apples/wool ◆ **il n'y a pas ~ pain** there's no bread, there isn't any bread

d dans une comparaison **il y a du poète chez cet homme** he has something of the poet about him ◆ **il y a du puritain chez lui** he has something of the puritan about him, there's something puritanical about him ◆ **il y a du Fellini chez lui** his work is somewhat reminiscent of Fellini

2 - ARTICLE INDÉFINI PLURIEL

a dans une affirmation

**des, de** peuvent se traduire par **some** mais ce dernier est souvent omis.

◆ **des enfants ont cassé les carreaux** some children have broken the window panes ◆ **il y a des vers dans le fromage** there are (some) maggots in the cheese ◆ **j'ai des voisins charmants** *ou* **~ charmants voisins** I've got (some) lovely neighbours ◆ **il y a des gens qui attendent** there are (some) people waiting ◆ **il y a des gens qui disent que ...** some people say that ... ◆ **elle a des taches ~ rousseur** she's got freckles ◆ **elle a ~ petites taches ~ rousseur sur les joues** she's got (some) little freckles on her cheeks

Lorsque le nom suivant **de** appartient à un ensemble d'éléments fixes, **some** ne peut être employé.

◆ **elle a ~ jolies mains/~ jolis doigts** she's got lovely hands/lovely fingers ◆ **il a ~ beaux enfants** he's got beautiful kids ◆ **il portait des lunettes** he was wearing glasses

Dans les oppositions, **de** ne se traduit pas.

◆ **elle élève des chats mais pas ~ chiens** she breeds cats but not dogs

b dans une interrogation

**des, de** se traduisent par **any** ; **some** est utilisé lorsque l'on s'attend à une réponse positive.

◆ **as-tu rencontré des randonneurs ?** did you meet any hikers? ◆ **tu veux vraiment des livres pour ton anniversaire ?** do you really want (some) books for your birthday?

c dans une négation

**de** se traduit par **any** ou **no**.

◆ **je n'ai pas ~ voisins** I haven't got any neighbours, I have no neighbours ◆ **il n'a pas eu ~ client ce matin** he hasn't had any customers this morning ◆ **je n'ai jamais vu ~ loups ici** I have never seen (any) wolves here MAIS **je n'ai jamais vu ~ loups** I've never seen a wolf

d valeur intensive **elle est restée des mois et des mois sans nouvelles** she was without news for months and months, she went for months and months without news ◆ **j'ai attendu des heures** I waited (for) hours ◆ **nous n'avons pas fait des kilomètres** we didn't exactly walk miles ◆ **ils en ont cueilli des kilos (et des kilos)** they picked kilos (and kilos) ◆ **il y en a des qui exagèrent** * some people do exaggerate

**dé** /de/ **NM** a ◆ **~ (à coudre)** thimble; *(= petit verre)* tiny glass ◆ **ça tient dans un ~ à coudre** *(fig)* it will fit into a thimble b *(Jeux)* dice ◆ **~s (à jouer)** dice ◆ **jouer aux ~s** to play dice ◆ **les ~s sont jetés** the die is cast ◆ **couper des carottes en ~s** to dice carrots ◆ **sur un coup de ~s** *(lit, fig)* on a throw of the dice ◆ **jouer son avenir sur un coup de ~s** to risk one's future on a throw of the dice, to (take a) gamble with one's future

**DEA** /deəa/ **NM** (abrév de **diplôme d'études approfondies**) → **diplôme**

**deal** /dil/ **NM** a *(Drogue)* drug dealing b *(* = transaction)* deal ◆ **passer un ~** to do *ou* strike a deal (*avec* with)

**dealer¹** /dile/ ▸ conjug 1 ◂ **VI** *(Drogue)* to push drugs *

**dealer²** /dilœʀ/ **NM** *(Drogue)* (drug) dealer *

**déambulateur** /deɑ̃bylatœʀ/ **NM** walking frame, walker, zimmer (aid) ®

**déambulatoire** /deɑ̃bylatwaʀ/ **NM** ambulatory

**déambuler** /deɑ̃byle/ ▸ conjug 1 ◂ **VI** *(gén)* to wander; *[promeneur]* to stroll ◆ **j'aime ~ dans les rues de Paris** I like to stroll through the streets of Paris

**déb** * /dɛb/ **NF** (abrév de **débutante**) deb *

**débâcle** /debɑkl/ **NF** *[d'armée]* debacle, rout; *[de régime]* collapse; *[de glaces]* breaking up, debacle *(SPÉC)* ◆ **c'est une vraie ~ !** it's a complete disaster! ◆ **la ~ de la livre (face au dollar)** the collapse of the pound (against the dollar)

**déballage** /debalaʒ/ **NM** a *(= action) [d'objets]* unpacking b *[de marchandises]* display *(of loose goods)* c *(* = paroles, confession)* revelations ◆ **ce grand ~** all these revelations, this spate of revelations ◆ **ce ~ de linge sale** this public washing of dirty linen ◆ **ce ~ médiatique** these revelations in the media

**déballer** /debale/ ▸ conjug 1 ◂ **VT** *[+ objets]* to unpack; *[+ marchandises]* to display, to lay out; * *[+ histoires, souvenirs]* to let out; * *[+ sentiments]* to pour out, to give vent to; *(* péj) [+ connaissances]* to air *(péj)* ◆ **elle lui a tout déballé** * she poured out her heart to him

**déballonner (se)** * /debalɔne/ ▸ conjug 1 ◂ **VPR** to chicken out *

**débandade** /debɑ̃dad/ **NF** *(= déroute)* frantic retreat; *(= fin)* collapse; *(= confusion)* chaos ◆ **c'était la ~** it was total chaos ◆ **la ~ allemande devant les Russes** the frantic retreat of the Germans ahead of the Russians ◆ **la ~ de Manchester à Rotterdam** *(Sport)* Manchester's disastrous defeat at Rotterdam ◆ **c'est la ~ dans le camp des réformateurs** the reformist camp is in disarray

◆ **en débandade** ◆ **les soldats en ~** the fleeing soldiers ◆ **une foule en ~ (dans les rues)** a crowd fleeing in terror (through the streets) ◆ **les places boursières sont en ~** stock markets are in chaos

**débander** /debɑ̃de/ ▸ conjug 1 ◂ **VT** a *(Méd)* to unbandage, to take the bandages off ◆ **~ les yeux de qn** to remove a blindfold from sb's eyes b *[+ arc, ressort]* to relax, to slacken (off) **VI** (* : sexuellement) to lose one's hard-on ** ◆ **travailler 10 heures sans ~** *(fig)* to work 10 hours without letting up * **VPR se débander** *[armée, manifestants]* to scatter, to break up; *[arc, ressort]* to relax, to slacken

**débaptiser** /debatize/ ▸ conjug 1 ◂ **VT** to change the name of, to rename

**débarbouillage** /debaʀbujaʒ/ **NM** *[de visage]* quick wash, cat-lick * *(Brit)*

**débarbouiller** /debaʀbuje/ ▸ conjug 1 ◂ **VT** *[+ visage]* to give a quick wash *ou* cat-lick * *(Brit)* to **VPR se débarbouiller** to give one's face a quick wash *ou* a cat-lick * *(Brit)*

**débarbouillette** /debaʀbujɛt/ **NF** *(Can)* face cloth, flannel *(Brit)*, wash cloth *(US)*

**débarcadère** /debaʀkadɛʀ/ **NM** landing stage

**débardage** /debaʀdaʒ/ **NM** *(Naut)* unloading, unlading; *(Sylviculture)* skidding

**débarder** /debaʀde/ ▸ conjug 1 ◂ **VT** *(Naut)* to unload, to unlade; *(Sylviculture)* to skid

**débardeur** /debaʀdœʀ/ **NM** a *(Naut)* docker, stevedore; *(Sylviculture)* skidder b *(= vêtement, T-shirt)* singlet, sleeveless T-shirt; *(par-dessus une chemise)* tank top, slipover *(Brit)*

**débarqué, e** /debaʀke/ (ptp de **débarquer**) **NM,F** *(lit)* disembarked passenger ◆ **un nouveau ~ dans le service** * *(fig)* a new arrival in the department **ADJ** ◆ **un jeune auteur fraî-**

**chement ~ de sa province** a young writer just up *ou* newly arrived from the provinces

**débarquement** /debaʀkəmɑ̃/ **NM** *[de marchandises]* unloading, landing; *[de passagers]* disembarkation, landing; *[de troupes]* landing ◆ **navire** *ou* **péniche de ~** landing craft *(inv)* ◆ **le ~** *(Hist : en Normandie)* the Normandy landings

**débarquer** /debaʀke/ ▸ conjug 1 ◂ **VT** **a** *[+ marchandises]* to unload, to land; *[+ passagers]* to disembark, to land; *[+ troupes]* to land **b** *(* = congédier)* to fire, to sack * *(Brit)*, to kick out * ◆ **se faire ~** to get the push * *ou* sack * *(Brit)*, to get kicked out * **VI** **a** *(Aviat, Naut) [passagers]* to disembark *(de* from); *[troupes]* to land **b** *(* = arriver subitement)* to turn up ◆ **il a débarqué chez moi hier soir** he turned up at my place last night ◆ **j'ai débarqué à Paris quand j'avais 20 ans** I arrived in Paris when I was 20 **c** *(* = ne pas être au courant)* **tu débarques !** where have you been? * ◆ **je n'en sais rien, je débarque** I don't know, that's the first I've heard of it

**débarras** /debaʀɑ/ **NM** **a** *(= pièce)* junk room, boxroom *(Brit)*; *(= placard, soupente)* junk cupboard, junk closet *(US)* **b** * **bon ~ !** good riddance! ◆ **il est parti, quel ~ !** thank goodness he's gone!

**débarrasser** /debaʀɑse/ ▸ conjug 1 ◂ **VT** **a** *[+ local]* to clear *(de* of); ◆ **~ (la table)** to clear the table ◆ **débarrasse le plancher !** * beat it! *, hop it! * *(Brit)* **b** ◆ **~ qn de** *[+ fardeau, manteau, chapeau]* to relieve sb of; *[+ habitude]* to break *ou* rid sb of; *[+ ennemi, mal]* to rid sb of; *[+ liens]* to release sb from ◆ **écris ces lettres tout de suite, tu en seras débarrassé** write those letters now to get them out of the way ◆ **je peux vous ~ ?** can I take your coat *(ou* jacket *etc)*? **VPR** **se débarrasser** ◆ **se ~ de** *[+ objet, personne]* to get rid of, to rid o.s. of; *[+ mauvaise habitude]* to rid o.s. of; *(= ôter) [+ vêtement]* to take off, to remove ◆ **débarrassez-vous !** *[+ objets]* put your things down; *[+ manteau]* take your coat off

**débat** /deba/ **NM** *(= polémique)* debate; *(= discussion)* discussion, debate ◆ **~ intérieur** inner struggle ◆ **dîner-~** dinner debate ◆ **émission-~** *(TV)* televised *ou* television debate ◆ **~ de clôture** *(Parl)* ≃ adjournment debate ◆ **~ d'idées** ideological debate ◆ **ouvrir le ~** to open the debate ◆ **un grand ~ de société sur l'éthique médicale** a major public debate *ou* controversy about medical ethics ◆ **avec lui, il n'y a pas de ~ d'idées possible** with him there is no possibility of a discussion about ideas **NMPL** **débats** *(Jur, Pol = séance)* proceedings, debates ◆ **~s à huis clos** *(Jur)* hearing in camera

**débâter** /debɑte/ ▸ conjug 1 ◂ **VT** *[+ bête de somme]* to unsaddle

**débâtir** /debɑtiʀ/ ▸ conjug 2 ◂ **VT** *(Couture)* to take out *ou* remove the tacking *ou* basting

**débatteur** /debatœʀ/ **NM** debater

**débattre** /debatʀ/ ▸ conjug 41 ◂ **VT** *[+ problème, question]* to discuss, to debate; *[+ prix, clauses d'un traité]* to discuss ◆ **le prix reste à ~** the price has still to be discussed ◆ **à vendre 200 € à ~** *(petite annonce)* for sale: €200 or nearest offer **VT INDIR** **débattre de** *ou* **sur** *[+ question]* to discuss, to debate ◆ **les participants au sommet débattront du processus de paix** the participants at the summit will discuss the peace process **VPR** **se débattre** *(contre un adversaire)* to struggle *(contre* with); *(contre le courant)* to struggle *(contre* against); *(contre les difficultés)* to struggle *(contre* against; *avec* with) to wrestle *(contre* with); ◆ **se ~ comme un beau diable** *ou* **comme un forcené** to struggle like the very devil *ou* like one possessed

**débauchage** /deboʃaʒ/ **NM** *(= licenciement)* laying off, dismissal; *[de salarié d'une autre entreprise]* hiring away, poaching ◆ **il y a eu plusieurs ~s** *(licenciements)* there were several layoffs, several people were laid off; *(d'autres entreprises)* several people were hired away *ou* poached

**débauche** /deboʃ/ **NF** **a** *(= vice)* debauchery ◆ **mener une vie de ~, vivre dans la ~** to lead a debauched life *ou* a life of debauchery ◆ **scène de ~** scene of debauchery ◆ **incitation de mineurs à la ~** *(Jur)* corruption of minors; → **lieu**[1] **b** *(= abondance)* **~ de** profusion *ou* abundance *ou* wealth of ◆ **~ de couleurs** riot of colour

**débauché, e** † /deboʃe/ (ptp de **débaucher**) **ADJ** *[personne, vie]* debauched **NM,F** debauched individual ◆ **c'est un ~** he leads a debauched life *ou* a life of debauchery

**débaucher** /deboʃe/ ▸ conjug 1 ◂ **VT** **a** *(= embaucher un salarié d'une autre entreprise)* to hire away, to poach *(de* from); *[chasseur de tête]* to head-hunt ◆ **il s'est fait ~ par un chasseur de tête** he was head-hunted **b** *(= licencier)* to lay off, to make redundant *(Brit)* ◆ **on débauche dans ce secteur** a lot of people are being laid off *ou* made redundant in this sector ◆ **les usines qui débauchent** factories that are laying off workers **c** *(† = détourner) (du droit chemin)* to debauch, to corrupt; *(* : d'une occupation)* to entice away, to tempt away; *(= inciter à la grève)* to incite to strike **VI** *(= sortir du travail)* to stop work for the day, to knock off *

**débecter** ‡ /debɛkte/ ▸ conjug 1 ◂ **VT** *(= dégoûter)* to disgust ◆ **ça me débecte** it makes me sick, it makes me want to throw up * *ou* puke ‡

**débile** /debil/ **ADJ** **a** *(= stupide *) [personne]* moronic *; *[film, discours, raisonnement]* pathetic *, stupid **b** *(= faible) [enfant]* sickly, weak; *[corps, membre]* weak, feeble; *[esprit]* feeble; *[santé]* frail, poor **NMF** *(Méd)* ◆ **~ mental** (mentally) retarded person ◆ **~ léger/moyen/profond** mildly/moderately/severely (mentally) retarded *ou* handicapped person ◆ **quel ~, celui-là !** *(péj)* what a moron! *

**débilitant, e** /debilitɑ̃, ɑ̃t/ **ADJ** *(= anémiant) [climat, régime]* debilitating, enervating; *(= déprimant) [atmosphère]* demoralizing; *(* = abêtissant) [travail]* mind-numbing; *[musique, spectacle]* mindless

**débilité** /debilite/ **NF** *(† = faiblesse)* debility; *(péj) [de propos, attitude]* stupidity ◆ **~ mentale** mental retardation *ou* deficiency ◆ **enfant atteint d'une ~ légère** mildly (mentally) retarded *ou* handicapped child

**débiliter** /debilite/ ▸ conjug 1 ◂ **VT** *(= affaiblir) [climat, régime]* to debilitate, to enervate; *(= déprimer) [endroit, propos]* to demoralize

**débinage** * /debinaʒ/ **NM** knocking *, running down

**débine** † * /debin/ **NF** ◆ **être dans la ~** to be hard up, to be on one's uppers * *(Brit)* ◆ **tomber dans la ~** to fall on hard times

**débiner** * /debine/ ▸ conjug 1 ◂ **VT** *(= dénigrer) [+ personne]* to knock *, to run down **VPR** **se débiner** *(= se sauver)* to clear off *

**débineur, -euse** * /debinœʀ, øz/ **NM,F** backbiter *

**débirentier, -ière** /debiʀɑ̃tje, jɛʀ/ **NM,F** *(Jur)* payer of an annuity

**débit** /debi/ **NM** **a** *(Fin)* debit; *[de relevé de compte]* debit side ◆ **mettre** *ou* **porter 25 € au ~ de qn** to debit sb *ou* sb's account with €25, to charge €25 to sb's account ◆ **pouvez-vous me faire le** *ou* **mon ~ ?** can I pay for it please?

**b** *(Comm = vente)* turnover (of goods), sales ◆ **cet article a un bon/faible ~** this item sells well/poorly ◆ **n'achète pas ton fromage dans cette boutique, il n'y a pas assez de ~** don't buy your cheese in this shop, there isn't a quick enough turnover

**c** *[de fleuve]* (rate of) flow; *[de gaz, électricité]* output; *[de pompe]* flow, outflow; *[de tuyau]* discharge; *[de machine]* output; *[de moyen de transport]* passenger flow; *(Ordin) [de données]* output ◆ **il n'y a pas assez de ~ au robinet** there is not enough pressure in the tap ◆ **~ cardiaque** *(Méd)* cardiac output ◆ **~ sanguin** blood flow (from the heart) ◆ **le haut ~** high-speed Internet access ◆ **connexion haut ~** high-speed connection

**d** *(= élocution)* delivery ◆ **~ rapide/monotone** rapid/monotonous delivery ◆ **elle a un sacré ~** * she's a real chatterbox, she's a great talker *

**e** *(Menuiserie)* cutting up, sawing up

**COMP** ▷ **débit de boissons** *(= petit bar ou café)* bar; *(Admin, terme générique)* drinking establishment ▷ **débit de tabac** tobacconist's (shop) *(Brit)*, tobacco *ou* smoke shop *(US)*

**débitable** /debitabl/ **ADJ** *[bois]* which can be sawn *ou* cut up

**débitant, e** /debitɑ̃, ɑ̃t/ **NM,F** ◆ **~ (de boissons)** ≃ off-license manager *(Brit)*, liquor store manager *(US)* ◆ **~ (de tabac)** tobacconist *(Brit)*, tobacco dealer *(US)*

**débiter** /debite/ ▸ conjug 1 ◂ **VT** **a** *(Fin) [+ personne, compte]* to debit ◆ **j'ai été débité de 300 euros** 300 euros has been debited from my account **b** *(Comm) [+ marchandises]* to retail, to sell **c** *[usine, machine]* to produce; *(Ordin)* to output ◆ **ce fleuve/tuyau débite 3 m³/s** the flow of this river/through this pipe is 3 cu m per second **d** *(péj = dire) [+ sottises, banalités]* to utter, to mouth; *[+ insultes]* to pour forth; *[+ sermon]* to spout, to spiel off * *(US)*; *[+ rôle]* to churn out ◆ **il me débita tout cela sans s'arrêter** he poured all that out to me without stopping **e** *(= découper) [+ bois]* to cut up, to saw up *(en* into); *[+ viande]* to cut up

**débiteur, -trice** /debitœʀ, tʀis/ **ADJ** *(Fin) [compte, solde]* debit *(épith)* ◆ **mon compte est ~ (de 100 €)** my account has a debit balance (of €100) *ou* is (€100) in the red * ◆ **l'organisme ~** the organisation that owes the money ◆ **toute personne débitrice paiera des agios** account holders with a debit balance must pay charges **NM,F** *(Fin, fig)* debtor ◆ **~-gagiste** *(Jur)* lienee ◆ **être le ~ de qn** *(lit, fig)* to be indebted to sb, to be in sb's debt

**déblai** /deblɛ/ **NM** *(= nettoyage)* clearing; *(Tech = terrassement)* earth-moving, excavation **NMPL** **déblais** *(= gravats)* rubble, debris *(sg)*; *(= terre)* (excavated) earth

**déblaiement** /deblɛmɑ̃/ **NM** *[de chemin, espace]* clearing

**déblatérer** * /deblateʀe/ ▸ conjug 6 ◂ **VI** to rant and rave *(contre* about); ◆ **~ contre** *ou* **sur** *(= médire)* to go *ou* rant on about *

**déblayage** /deblɛjaʒ/ **NM** **a** ⇒ **déblaiement** **b** *(fig)* **le ~ d'une question** (doing) the spadework on a question

**déblayer** /debleje/ ▸ conjug 8 ◂ **VT** **a** *(= retirer) [+ décombres]* to clear away, to remove; *[+ neige]* to clear away; *(= dégager) [+ route, porte, espace]* to clear; *[+ pièce]* to clear up, to tidy up; *(Tech) [+ terrain]* to level off **b** *[+ travail]* to prepare, to do the spadework on ◆ **~ le terrain** *(avant des négociations, une réflexion)* to clear the ground *ou* the way ◆ **déblaye (le terrain) !** * *(= déguerpir)* get lost! *, shove off! *, push off! * *(Brit)*

**déblocage** /deblɔkaʒ/ NM a (*Écon*) [*de crédits, fonds, aide, marchandises*] releasing; [*de prix, salaires, loyers*] unfreezing; (*Fin*) [*de compte*] freeing b (*Tech*) [*de machine*] unjamming; [*d'écrou, frein*] releasing; [*de route*] unblocking ◆ **ceci a permis le ~ de la situation/des négociations** this has broken the deadlock in the situation/the negotiations

**débloquer** /deblɔke/ ▸ conjug 1 ◂ VT a (*Écon*) [*+ crédits, fonds, aide, marchandises*] to release; [*+ prix, salaires, loyers*] to unfreeze; (*Fin*) [*+ compte*] to free b (*Tech*) [*+ machine*] to unjam; [*+ écrou, freins*] to release; [*+ route*] to unblock; [*+ négociations, situation*] to break the deadlock in c ◆ **~ qn** (*= le rendre moins timide*) to bring sb out of their shell; (* *= désinhiber*) to rid sb of their complexes *ou* inhibitions VI ⁑ (*= dire des bêtises*) to talk nonsense *ou* rot * (*Brit*); (*= être fou*) to be off one's rocker * VPR **se débloquer** [*personne*] to loosen up ◆ **la situation commence à se ~** things are starting to get moving again

**débobiner** /debɔbine/ ▸ conjug 1 ◂ VT (*Couture*) to unwind, to wind off; (*Élec*) to unwind, to uncoil

**déboguer** /debɔge/ ▸ conjug 1 ◂ VT (*Ordin*) to debug

**débogueur** /debɔgœʀ/ NM (*Ordin*) debugger

**déboires** /debwaʀ/ NMPL (*= déceptions*) disappointments; (*= échecs*) setbacks; (*= ennuis*) trials, difficulties

**déboisage** /debwazaʒ/, **déboisement** /debwazmɑ̃/ NM [*de montagne, région*] deforestation; [*de forêt*] clearing

**déboiser** /debwaze/ ▸ conjug 1 ◂ VT [*+ montagne, région*] to deforest; [*+ forêt*] to clear of trees

**déboîtement** /debwatmɑ̃/ NM a (*Méd*) dislocation b (*Aut*) (*du trottoir*) pulling out; (*d'une file*) changing lanes, pulling out

**déboîter** /debwate/ ▸ conjug 1 ◂ VT [*+ épaule, cheville, mâchoire*] to dislocate; [*+ porte*] to take off its hinges; [*+ tuyaux*] to disconnect; [*+ objet*] to dislodge, to knock out of place ◆ **se ~ l'épaule** to dislocate one's shoulder VI (*Aut*) (*du trottoir*) to pull out; (*d'une file*) to change lanes, to pull out; (*Mil*) to break rank

**débonder** /debɔ̃de/ ▸ conjug 1 ◂ VT [*+ tonneau*] to remove the bung *ou* stopper from; [*+ baignoire*] to pull the plug out of VPR **se débonder** [*personne*] to open one's heart, to pour out one's feelings

**débonnaire** /debɔnɛʀ/ ADJ (*= bon enfant*) easygoing, good-natured; († *= trop bon, faible*) soft, weak ◆ **air ~** kindly appearance

**débordant, e** /debɔʀdɑ̃, ɑ̃t/ ADJ a [*activité*] exuberant; [*enthousiasme, joie*] overflowing, unbounded; [*imagination*] overactive ◆ **elle était ~e de vie** she was bursting with vitality b (*Mil*) **mouvement ~** outflanking manoeuvre

**débordé, e** /debɔʀde/ (ptp de **déborder**) ADJ ◆ **~ (de travail)** snowed under with work, up to one's eyes in work ◆ **les hôpitaux sont ~s** the hospitals are unable to cope

**débordement** /debɔʀdəmɑ̃/ NM a [*de rivière, liquide*] overflowing (*NonC*); [*de liquide en ébullition*] boiling over (*NonC*); (*Ordin*) memory overflow; (*Mil, Sport*) outflanking (*NonC*) ◆ **le ~ du parti par la base** the outflanking of the party by the rank and file b [*de joie, violence*] outburst; [*d'énergie*] burst; [*de paroles, injures*] torrent, rush; [*d'activité*] explosion ◆ **~ de vie** bubbling vitality NMPL **débordements** (*= excès*) excesses ◆ **afin d'éviter les ~s** (*dans une manifestation*) to prevent things from getting out of hand

**déborder** /debɔʀde/ ▸ conjug 1 ◂ VI a [*récipient, liquide*] to overflow; [*fleuve, rivière*] to burst its banks, to overflow; [*liquide bouillant*] to boil over ◆ **les pluies ont fait ~ le réservoir** the rains caused the reservoir to overflow ◆ **faire ~ le lait** to let the milk boil over ◆ **tasse/boîte pleine à ~** cup/box full to the brim *ou* to overflowing (*de* with); ◆ **l'eau a débordé du vase/de la casserole** the water has overflowed out of the vase/has boiled over ◆ **les vêtements débordaient de la valise** the clothes were spilling out of the suitcase ◆ **la foule débordait sur la chaussée** the crowd was overflowing onto the roadway ◆ **cela a fait ~ le vase, c'est la goutte qui a fait ~ le vase** (*fig*) that was the last straw, that was the straw that broke the camel's back ◆ **son cœur débordait, il fallait qu'il parle** his heart was (full to) overflowing and he just had to speak

b (*en coloriant, en mettant du rouge à lèvres*) to go over the edge

c (*fig*) **~ de santé** to be bursting with health ◆ **~ de joie** to be brimming over *ou* bubbling *ou* bursting with joy ◆ **~ d'activité** [*lieu*] to be bustling *ou* buzzing with activity; [*personne*] to be bursting with vitality ◆ **~ de vie** to be bursting with vitality ◆ **~ d'imagination** to be full of imagination ◆ **son cœur débordait de reconnaissance** his heart was overflowing *ou* bursting with gratitude ◆ **il débordait de tendresse pour elle** his heart was overflowing with tenderness for her

VT a (*= dépasser*) [*+ enceinte, limites*] to extend beyond; (*Mil, Pol, Sport*) [*+ ennemi*] to outflank ◆ **leur maison déborde les autres** their house juts out from the others ◆ **la nappe doit ~ la table** the tablecloth should hang over the edge of the table ◆ **le conférencier/cette remarque déborde le cadre du sujet** the lecturer/that remark goes beyond the bounds of the subject ◆ **il a débordé (le temps imparti)** he has run over (the allotted time) ◆ **se laisser ~ sur la droite** (*Mil, Pol, Sport*) to allow o.s. to be outflanked on the right ◆ **le service d'ordre s'est laissé ~** the stewards were unable to cope

b [*+ couvertures*] to untuck ◆ **~ qn** to untuck sb *ou* sb's bed

c (*Couture*) [*+ vêtement*] to remove the border from

VPR **se déborder** ◆ **il s'est débordé en dormant** he *ou* his bed came untucked in his sleep

**débosseler** /debɔs(ə)le/ ▸ conjug 4 ◂ VT [*+ carrosserie*] to beat *ou* hammer (back) into shape; [*+ chapeau*] (*à coups de poing*) to beat back into shape

**débotté** /debɔte/ **au débotté** LOC ADV (*littér*) ◆ **je ne peux pas répondre au ~** I can't answer off the cuff ◆ **prendre qn au ~** to catch sb unawares, to take sb by surprise ◆ **il m'a reçu au ~** he received me straight away

**débotter** /debɔte/ ▸ conjug 1 ◂ VT ◆ **~ qn** to take off sb's boots VPR **se débotter** to take one's boots off

**débouchage** /debuʃaʒ/ NM [*de bouteille*] uncorking, opening; [*de tuyau*] unblocking

**débouché** /debuʃe/ NM a (*gén pl*) (*Comm = marché, créneau*) outlet; (*= carrière*) opening, prospect ◆ **le câble offre de formidables ~s pour le journalisme d'investigation** cable TV offers great prospects for investigative journalism b (*= sortie, ouverture*) opening ◆ **au ~ de la vallée (dans la plaine)** where the valley opens out (into the plain) ◆ **au ~ de la rue** at the end of the street ◆ **la Suisse n'a aucun ~ sur la mer** Switzerland is landlocked

**déboucher** /debuʃe/ ▸ conjug 1 ◂ VT a [*+ lavabo, tuyau*] to unblock b [*+ bouteille de vin*] to uncork, to open; [*+ carafe, flacon*] to unstopper, to take the stopper out of; [*+ tube*] to uncap, to take the cap *ou* top off

VI to emerge, to come out ◆ **~ de** [*personne, voiture*] to emerge from, to come out of ◆ **~ sur** *ou* **dans** [*rue*] to run into, to open onto *ou* into; [*personne, voiture*] to come out onto *ou* into, to emerge onto *ou* into ◆ **sur quoi ces études débouchent-elles ?** what does this course lead on to? ◆ **les négociations ont débouché sur une impasse** the talks have reached an impasse *ou* a dead end ◆ **~ sur des mesures concrètes** to result in *ou* lead to concrete measures ◆ **ne ~ sur rien** to lead nowhere ◆ **les discussions n'ont pas débouché** the discussions led nowhere

VPR **se déboucher** [*bouteille*] to come uncorked; [*tuyau*] to unblock, to come unblocked

**déboucheur** /debuʃœʀ/ NM caustic cleaner, Liquid Plumber ® (*US*)

**débouchoir** /debuʃwaʀ/ NM [*de lavabo*] plunger, plumber's helper (*US*)

**déboucler** /debukle/ ▸ conjug 1 ◂ VT [*+ ceinture*] to unbuckle, to undo ◆ **je suis toute débouclée** my hair has all gone straight, the curl has come out of my hair

**déboulé** /debule/ NM (*Danse*) déboulé; (*Courses*) charge ◆ **tirer un lapin au ~** (*Chasse*) to shoot a rabbit as it breaks cover

**débouler** /debule/ ▸ conjug 1 ◂ VI a (*Chasse*) [*lapin*] to bolt b (* *= surgir*) **attention, les voitures déboulent à toute vitesse ici** watch out, the cars come out of nowhere around here ◆ **le vélo déboula d'une rue adjacente** the bike shot out of a side street ◆ **~ chez qn** to turn up at sb's home c (*= dégringoler*) to tumble down VT (* *= dévaler*) to charge down ◆ **~ l'escalier** to come charging down the stairs *

**déboulonnage** /debulɔnaʒ/, **déboulonnement** /debulɔnmɑ̃/ NM a (*= dévissage*) removal of bolts (*de* from); [*de statue*] dismantling, taking down b * [*de personne*] (*= action de discréditer*) discrediting, debunking; (*= renvoi*) ousting

**déboulonner** /debulɔne/ ▸ conjug 1 ◂ VT a (*= dévisser*) to remove the bolts from, to take the bolts out of ◆ **~ la statue de qn** (*lit*) to dismantle *ou* take down sb's statue; (*fig*) to knock sb off their pedestal b * [*+ personne*] (*= discréditer*) to discredit, to debunk; (*= renvoyer*) to oust

**débourber** /debuʀbe/ ▸ conjug 1 ◂ VT [*+ fossé*] to clear of mud, to clean out; [*+ canal*] to dredge; [*+ véhicule*] to pull out of the mud ◆ **~ du vin** (*Œnol*) to decant wine

**débourrage** /debuʀaʒ/ NM [*de cheval*] breaking in

**débourrer** /debuʀe/ ▸ conjug 1 ◂ VT a [*+ cheval*] to break in b [*+ cuir*] to deburr c [*+ pipe*] to empty VI [*bourgeon*] to open out

**débours** /debuʀ/ NM (*= dépense*) outlay ◆ **pour rentrer dans ses ~** to recover one's outlay ◆ **sans ~ d'argent** without any financial outlay

**déboursement** /debuʀsəmɑ̃/ NM laying out, disbursement (*frm*)

**débourser** /debuʀse/ ▸ conjug 1 ◂ VT to pay out ◆ **sans ~ un sou** without paying out a penny

**déboussoler** * /debusɔle/ ▸ conjug 1 ◂ VT to disorientate ◆ **il est complètement déboussolé** he is completely lost *ou* disorientated

**debout** /d(ə)bu/ ADV, ADJ INV a [*personne*] (*= en position verticale*) standing (up); (*= levé*) up ◆ **être** *ou* **se tenir ~** to stand ◆ **être ~** (*= levé*) to be up; (*= guéri*) to be up (and about) ◆ **se mettre ~** to stand up, to get up ◆ **il préfère être** *ou* **rester ~** he prefers to stand *ou* remain standing ♦ **hier, nous sommes restés ~ jusqu'à minuit** yesterday we stayed up till midnight ♦ **il l'aida à se (re)mettre ~** he helped him (back) up, he helped him (back) to his feet ♦ **leur fils se tient ~ maintenant** their son can stand (up) now ♦ **le plafond est si bas qu'on ne peut pas se tenir ~** the ceiling is so low that it's impossible to stand upright ♦ **il est très fatigué, il tient à peine ~** he's so tired he can hardly stand ♦ **je ne tiens plus ~** I'm fit *ou* ready to drop * ♦ **elle est ~ toute la journée** she's on her feet all day ♦ **ces gens ~ nous empêchent de voir** we can't see because of the people standing in front of us ♦ **~ !** get up!, on your feet! ♦ **~ là-dedans !** * get up, you guys *ou* you lot! * *(Brit)* ♦ **il veut mourir ~** *(fig)* he wants to die on his feet *ou* with his boots on; → **dormir, magistrature, place**

**b** *[bouteille, meuble] (position habituelle)* standing up(right); *(position inhabituelle)* standing (up) on end ♦ **mettre qch ~** to stand sth up(right), to stand sth (up) on end ♦ **les tables, ~ le long du mur** the tables, standing (up) on end along the wall ♦ **mets les bouteilles ~** stand the bottles up(right) ♦ **tenir ~** *[objet]* to stay upright ♦ **je n'arrive pas à faire tenir le livre ~** I can't keep the book upright, I can't make the book stand *ou* stay up

**c** *[édifice, mur]* standing *(attrib)* ♦ **ces institutions sont *ou* tiennent encore ~** *(fig)* these institutions are still going ♦ **cette théorie tient ~** this theory holds up *ou* holds water ♦ **ça ne tient pas ~ ce que tu dis** what you say doesn't stand up ♦ **son histoire ne tient pas ~** his story doesn't make sense *ou* doesn't hold together

**débouté** /debute/ **NM** *(Jur)* ≃ nonsuit

**déboutement** /debutmɑ̃/ **NM** *(Jur)* ≃ nonsuiting

**débouter** /debute/ ▸ conjug 1 ◂ **VT** *(Jur)* ≃ to nonsuit ♦ **~ qn de sa plainte** ≃ to nonsuit a plaintiff ♦ **être débouté de sa demande** to be ruled out of court, to see one's case dismissed by the court, ≃ to be nonsuited

**déboutonner** /debutɔne/ ▸ conjug 1 ◂ **VT** to unbutton, to undo **VPR** **se déboutonner** **a** *[personne]* to unbutton *ou* undo one's jacket (*ou* coat *etc*); *[vêtement]* to come unbuttoned *ou* undone **b** ( * *= se confier)* to open up *

**débraillé, e** /debʀɑje/ (ptp de **débrailler**) **ADJ** *[tenue, personne]* untidy, slovenly-looking; *[manières]* slovenly; *[style]* sloppy, slipshod **NM** *[de tenue, manières]* slovenliness; *[de style]* sloppiness ♦ **être en ~** to be slovenly dressed

**débrailler (se)** * /debʀɑje/ ▸ conjug 1 ◂ **VPR** *[personne]* to loosen one's clothing

**débranchement** /debʀɑ̃ʃmɑ̃/ **NM** *(gén)* disconnecting; *[d'appareil électrique]* unplugging, disconnecting; *(Rail) [de wagons]* splitting up

**débrancher** /debʀɑ̃ʃe/ ▸ conjug 1 ◂ **VT** *[+ appareil électrique]* to unplug, to disconnect; *[+ prise]* to disconnect, to pull out; *[+ téléphone, perfusion]* to disconnect; *(Rail) [+ wagons]* to split up ♦ **ils l'ont débranché** * *[+ malade]* they switched him off * ♦ **quand il commence à en parler, on a du mal à le ~** * once he get's going on that subject there's no stopping him **VI** * *(= ne plus prêter attention)* to switch off * ♦ **débranche un peu, tu veux ?** *(= arrête de parler, de t'agiter)* why don't you give it a break? *

**débrayage** /debʀɛjaʒ/ **NM** **a** *(= objet) [de voiture]* clutch; *[d'appareil-photo]* release button **b** *(= action) [de moteur]* disengagement of the clutch, declutching *(Brit)*; *[d'appareil-photo]* releasing ♦ **faire un double ~** *(Aut)* to double-declutch **c** *(= grève)* stoppage

**débrayer** /debʀeje/ ▸ conjug 8 ◂ **VI** **a** *(Aut)* to disengage the clutch, to declutch *(Brit)*; *(Tech)* to operate the release mechanism **b** *(= faire grève)* to stop work, to come out on strike ♦ **le personnel a débrayé à 4 heures** the staff stopped work at 4 o'clock **VT** *(Tech)* to release

**débridé, e** /debʀide/ (ptp de **débrider**) **ADJ** unbridled, unrestrained

**débridement** /debʀidmɑ̃/ **NM** *[d'instincts]* unbridling, unleashing; *[de plaie]* lancing, incising

**débrider** /debʀide/ ▸ conjug 1 ◂ **VT** *[+ cheval]* to unbridle; *[+ volaille]* to untruss; *[+ plaie]* to lance, to incise ♦ **travailler sans ~** to work non-stop

**débriefer** /debʀife/ ▸ conjug 1 ◂ **VT** to debrief

**débriefing** /debʀifiŋ/ **NM** debriefing ♦ **faire un ~** to debrief

**débris** /debʀi/ **NM** **a** *(pl = morceaux)* fragments, pieces; *(= décombres)* debris *(sg)*; *(= détritus)* rubbish *(NonC)* ♦ **des ~ de métal** scraps of metal **b** *(pl : littér = restes) [de mort]* remains; *[de plat, repas]* left-overs, scraps; *[d'armée, fortune]* remains, remnants; *[d'État]* ruins; *[d'édifice]* ruins, remains **c** *(= éclat, fragment)* fragment **d** *(péj = personne)* **(vieux) ~** old wreck, old dodderer

**débronzer** /debʀɔ̃ze/ ▸ conjug 1 ◂ **VI** to lose one's tan

**débrouillage** /debʀujaʒ/ **NM** *[de fils]* disentangling, untangling; *[d'énigme]* unravelling

**débrouillard, e** /debʀujaʀ, aʀd/ **ADJ** *(= ingénieux)* resourceful; *(= malin)* smart **NM,F** ♦ **c'est un ~** he's resourceful *ou* smart

**débrouillardise** /debʀujaʀdiz/, **débrouille** * /debʀuj/ **NF** *(= ingéniosité)* resourcefulness; *(= astuce)* smartness

**débrouillement** /debʀujmɑ̃/ **NM** ⇒ **débrouillage**

**débrouiller** /debʀuje/ ▸ conjug 1 ◂ **VT** **a** *[+ fils]* to disentangle, to untangle; *[+ affaire]* to sort out; *[+ problème]* to sort out, to untangle; *[+ énigme]* to unravel

**b** ( * *= éduquer)* **~ qn** *(gén)* to teach sb how to look after himself (*ou* herself); *(à l'école)* to teach sb the basics ♦ **~ qn en anglais/en informatique** to teach sb the basics *ou* give sb a grounding in English/computing

**VPR** **se débrouiller** to manage ♦ **débrouillez-vous** you'll have to manage on your own *ou* sort things out yourself ♦ **il m'a laissé me ~ tout seul** he left me to cope alone *ou* on my own ♦ **il a fallu qu'il se débrouille tout seul dans la vie** he had to cope on his own, he had to fend for himself ♦ **il s'est débrouillé pour obtenir la permission d'y aller** he somehow managed to get permission to go, he wangled * permission to go ♦ **c'est toi qui as fait l'erreur, maintenant débrouille-toi pour la réparer** you made the mistake so now you can sort it out yourself ♦ **il faudra bien nous en ~** we'll have to sort it out ♦ **pour les boissons, je me débrouillerai avec mon frère** * I'll look after *ou* I'll organize the drinks with my brother ♦ **elle se débrouille en allemand** * she can get by in German ♦ **il se débrouille bien en anglais** * he gets by fairly well in English ♦ **elle se débrouille bien** * *(= elle gagne bien sa vie)* she does well for herself

**débroussaillage** /debʀusɑjaʒ/, **débroussaillement** /debʀusɑjmɑ̃/ **NM** *[de terrain]* clearing (*de* of); *[de problème]* spadework (*de* on)

**débroussailler** /debʀusɑje/ ▸ conjug 1 ◂ **VT** *[+ terrain]* to clear (of brushwood); *[+ problème]* to do the spadework on

**débroussailleuse** /debʀusɑjøz/ **NF** edge trimmer, Strimmer ® *(Brit)*, weedeater ® *(US)*

**débucher** /debyʃe/ ▸ conjug 1 ◂ **VI** *[animal]* to break cover **VT** to force to break cover

**débudgétisation** /debydʒetizasjɔ̃/ **NF** debudgeting

**débudgétiser** /debydʒetize/ ▸ conjug 1 ◂ **VT** to debudget

**débusquer** /debyske/ ▸ conjug 1 ◂ **VT** *[+ lièvre, cerf]* to drive out (from cover); *[+ oiseau]* to flush out, to drive out (from cover); *[+ personne]* to flush out

**début** /deby/ **NM** beginning, start; *[de discours]* beginning, opening ♦ **le chômage augmente, et ce n'est qu'un ~** unemployment is getting worse, and it's only the beginning ♦ **ce n'est pas mal pour un ~** it's not bad for a first attempt ♦ **j'ai un ~ de grippe** I've got the beginnings *ou* first signs of the flu ♦ **l'incident a déclenché un ~ de panique** the incident caused some initial panic ♦ **trouver un ~ de solution** to find the beginnings of a solution ♦ **il y a *ou* il faut un ~ à tout** there's a first time for everything ♦ **~ mai** at the beginning of May, in early May ♦ **dès le ~** from the outset *ou* the start *ou* the (very) beginning ♦ **du ~ à la fin** from beginning to end, from start to finish ♦ **en ~ de soirée** early on in the evening ♦ **salaire de ~** starting salary ♦ **les scènes du ~ sont très belles** the opening scenes are very beautiful

♦ **au + début** ♦ **au début** at first, in *ou* at the beginning ♦ **au ~ du mois prochain** early next month, at the beginning of next month ♦ **au tout ~ du siècle** right at the beginning of the century, at the very beginning of the century

**NMPL** **débuts** ♦ **ses ~s furent médiocres** he made an indifferent start ♦ **à mes ~s (dans ce métier)** when I started (in this job) ♦ **ce projet n'en est qu'à ses ~s** the project is still in its early stages ♦ **faire ses ~s dans le monde** to make one's début in society ♦ **faire ses ~s sur la scène** to make one's début *ou* one's first appearance on the stage

**débutant, e** /debytɑ̃, ɑt/ **ADJ** novice *(épith)* **NM,F** *(gén)* beginner, novice; *(Théât)* debutant actor ♦ **cours pour ~s** beginners' course ♦ **grand/faux ~ en anglais** absolute/false beginner in English **NF** **débutante** *(Théât)* debutant actress; *(dans la haute société)* debutante

**débuter** /debyte/ ▸ conjug 1 ◂ **VI** **a** *[personne]* to start (out) ♦ **~ bien/mal** to make a good/bad start, to start well/badly ♦ **il a débuté (dans la vie) comme livreur** he started (life) as a delivery boy ♦ **elle a débuté dans mon film** she made her début *ou* her first appearance in my film ♦ **il débute (dans le métier), soyez indulgent** he is just starting (in the business) so don't be too hard on him ♦ **l'orateur a débuté par des excuses** the speaker started (off) *ou* began *ou* opened by apologizing ♦ **~ dans le monde** to make one's début in society ♦ **pour ~** to start (off) with **b** *[livre, concert, manifestation]* to start, to begin, to open (*par, sur* with) **VT** *[+ semaine, réunion, discours]* to start, to begin, to open (*par, sur* with); ♦ **il a bien débuté l'année** he has begun *ou* started the year well

**deçà** /dəsa/ **ADV** ♦ **en ~ de** *(= de ce côté-ci de)* (on) this side of; *(= en dessous de) [+ limite, prévisions]* below ♦ **en ~ du fleuve/de la montagne** this side of the river/of the mountain ♦ **tu**

**vois la rivière, sa maison se trouve en ~** you see the river – his house is this side of it ◆ **en ~ d'une certaine intensité, on ne peut plus rien entendre** below a certain intensity, one can no longer hear anything ◆ **ce qu'il dit est très** *ou* **bien en ~ de la vérité** what he says is well short of the truth ◆ **en ~ de ses moyens** within his means ◆ **~, delà** †† here and there

**déca** * / deka / NM (abrév de **décaféiné**) decaf *

**déca-** / deka / PRÉF deca-

**décabosser** / dekabɔse / ▸ conjug 1 ◂ VT *[+ chapeau] (à coups de poing)* to beat back into shape; *[+ carrosserie]* to beat *ou* hammer (back) into shape

**décachetage** / dekaʃtaʒ / NM unsealing, opening

**décacheter** / dekaʃ(ə)te / ▸ conjug 4 ◂ VT *[+ lettre]* to unseal, to open

**décade** / dekad / NF *(= dix jours)* period of ten days; *(= décennie)* decade

**décadenasser** / dekadnase / ▸ conjug 1 ◂ VT *[+ porte]* to unpadlock, to remove the padlock from

**décadence** / dekadɑ̃s / NF *(= processus)* decline, decadence; *(= état)* decadence ◆ **la ~ de l'empire romain** the decline of the Roman empire ◆ **tomber en ~** to fall into decline; → **grandeur**

**décadent, e** / dekadɑ̃, ɑ̃t / ADJ decadent NM,F decadent

**décaèdre** / dekaɛdʀ / ADJ decahedral NM decahedron

**décaféiné, e** / dekafeine / (ptp de **décaféiner**) ADJ decaffeinated, caffeine-free NM decaffeinated coffee

**décaféiner** / dekafeine / ▸ conjug 1 ◂ VT to decaffeinate

**décagonal, e** (mpl **-aux**) / dekagɔnal, o / ADJ decagonal

**décagone** / dekagon / NM decagon

**décagramme** / dekagʀam / NM decagram(me)

**décaissement** / dekɛsmɑ̃ / NM payment, disbursement

**décaisser** / dekese / ▸ conjug 1 ◂ VT *[+ argent]* to pay out; *[+ objet]* to uncrate, to unpack

**décalage** / dekalaʒ / NM a *(= écart)* gap, interval; *(entre deux concepts)* gap, discrepancy; *(entre deux actions successives)* interval, timelag (*entre* between); ◆ **le ~ entre le rêve et la réalité** the gap between dream and reality ◆ **il y a un ~ entre le coup de feu et le bruit de la détonation** there is an interval *ou* a timelag between firing and the sound of the shot ◆ **ses créations sont en ~ avec son époque/par rapport aux tendances actuelles** *(fig)* his designs are out of step with the times/with contemporary trends

b *(= déplacement)* move forward *ou* back ◆ **il y a eu un ~ d'horaire/de date pour cette réunion** *(avance)* the time/date of this meeting has been brought forward; *(retard)* the time/date of this meeting has been put back

c *(dans l'espace) (= avancée)* jutting out; *(= retrait)* standing back; *(= déplacement) [de meuble, objet]* shifting forward *ou* back

COMP ▷ **décalage horaire** time difference ◆ **le ~ horaire entre l'est et l'ouest des USA** the time difference between the east and west of the USA ◆ **(fatigue due au) ~ horaire** *(en avion)* jet lag ◆ **mal supporter le ~ horaire** to suffer from jet lag

**décalaminage** / dekalaminaʒ / NM decarbonization, decoking *(Brit)*

**décalaminer** / dekalamine / ▸ conjug 1 ◂ VT to decarbonize, to decoke *(Brit)*

**décalcification** / dekalsifikasjɔ̃ / NF decalcification

**décalcifier** VT, **se décalcifier** VPR / dekalsifje / ▸ conjug 7 ◂ to decalcify

**décalcomanie** / dekalkɔmani / NF transfer, decal ◆ **faire des ~s** to do transfers

**décalé, e** / dekale / (ptp de **décaler**) ADJ a *(= non conventionnel) [humour]* quirky, off-beat; *[image]* unconventional, off-beat; *[personne] (marginal)* unconventional; *(en retard sur son temps)* out of touch ◆ **il est complètement ~ par rapport à la réalité** he's completely out of touch with reality b *(= irrégulier) [horaire]* irregular

**décaler** / dekale / ▸ conjug 1 ◂ VT a *[+ horaire, départ, repas] (= avancer)* to bring *ou* move forward; *(= retarder)* to put back ◆ **décalé d'une heure** *(= avancé)* brought *ou* moved forward an hour; *(= retardé)* put back an hour b *[+ pupitre, meuble] (= avancer)* to move *ou* shift forward; *(= reculer)* to move *ou* shift back ◆ **décale le tableau (de 20 cm) vers la droite** move the picture (20 cm) to the right ◆ **une série d'immeubles décalés par rapport aux autres** a row of buildings out of line with *ou* jutting out from the others c *(= déséquilibrer)* **le buffet est décalé** the sideboard isn't straight VPR **se décaler** *[rythme]* to go out of sync * ◆ **décalez-vous d'un rang** move forward (*ou* back) a row ◆ **décalez-vous d'une place** move up a seat

**décalitre** / dekalitʀ / NM decalitre *(Brit)*, decaliter *(US)*

**décalogue** / dekalɔg / NM Decalogue

**décalotter** / dekalɔte / ▸ conjug 1 ◂ VT *(gén)* to take the top off ◆ **~ le pénis** to pull back the foreskin

**décalquer** / dekalke / ▸ conjug 1 ◂ VT *(= reproduire) (avec papier transparent)* to trace; *(par pression, à chaud)* to transfer; *(fig = imiter)* to copy

**décamètre** / dekamɛtʀ / NM decametre *(Brit)*, decameter *(US)*

**décamper** * / dekɑ̃pe / ▸ conjug 1 ◂ VI *(= déguerpir)* to clear out * *ou* off * ◆ **décampez d'ici !** clear off! *, scram! ‡ ◆ **faire ~ qn** to chase sb out (*de* from)

**décan** / dekɑ̃ / NM *(Astrol)* decan

**décanal, e** (mpl **-aux**) / dekanal, o / ADJ decanal

**décanat** / dekana / NM *(= dignité, durée)* deanship

**décaniller** ‡ / dekanije / ▸ conjug 1 ◂ VI *(= partir)* to clear out * *ou* off *, to decamp * ◆ **il nous a fait ~** he sent us packing * (*de* from)

**décantation** / dekɑ̃tasjɔ̃ / NF *[de liquide, vin]* settling (and decanting) ◆ **bassin de ~** settling *ou* sedimentation tank

**décanter** / dekɑ̃te / ▸ conjug 1 ◂ VT *[+ liquide, vin]* to settle, to allow to settle (and decant) ◆ **il faut laisser ~ ce liquide pendant une nuit** this liquid must be allowed to settle overnight ◆ **~ ses idées** *(fig)* to allow the dust to settle around one's ideas VPR **se décanter** *[liquide, vin]* to settle; *(fig) [idées]* to become clear ◆ **il faut laisser les choses se ~, après on verra** we'll have to let things clarify themselves *ou* we'll have to allow the dust to settle and then we'll see ◆ **attendre que la situation se décante** to wait until the situation becomes clearer

**décanteur** / dekɑ̃tœʀ / NM *[de station d'épuration]* settling *ou* sedimentation tank

**décapage** / dekapaʒ / NM *(gén)* cleaning, cleansing; *(à l'abrasif)* scouring; *(à l'acide)* pickling; *(à la brosse)* scrubbing; *(au papier de verre)* sanding; *(à la sableuse)* sandblasting; *(au chalumeau)* burning off; *[de peinture]* stripping

**décapant** / dekapɑ̃ / ADJ *[produit]* abrasive, caustic; *[humour, critique]* scathing, caustic NM *(= abrasif)* scouring agent, abrasive; *(pour peinture, vernis)* paint stripper; *(= acide)* pickle, acid solution

**décaper** / dekape / ▸ conjug 1 ◂ VT *(gén)* to clean, to cleanse; *(à l'abrasif)* to scour; *(à l'acide)* to pickle; *(à la brosse)* to scrub; *(au papier de verre)* to sand; *(à la sableuse)* to sandblast; *(au chalumeau)* to burn off; *(= enlever la peinture)* to strip ◆ **décapez d'abord la surface pour enlever la rouille** first scrub the surface to remove the rust ◆ **un savon qui décape la peau** an abrasive soap ◆ **un humour qui décape** * scathing *ou* caustic humour ◆ **ça décape !** * it's strong stuff!

**décapitation** / dekapitasjɔ̃ / NF *[de personne]* beheading

**décapiter** / dekapite / ▸ conjug 1 ◂ VT *[+ personne]* to behead; *(accidentellement)* to decapitate; *[+ arbre]* to top, to cut the top off ◆ **la police a décapité un réseau terroriste** the police have arrested the ringleaders of a terrorist network ◆ **à la suite de l'attentat le parti s'est trouvé décapité** the party was left leaderless *ou* without a leader as a result of the attack

**décapode** / dekapɔd / NM decapod ◆ **les ~s** the Decapoda

**décapotable** / dekapɔtabl / ADJ, NF ◆ **(voiture) ~** convertible

**décapoter** / dekapɔte / ▸ conjug 1 ◂ VT ◆ **~ une voiture** to put down the top *ou* roof *(Brit)* of a car

**décapsuler** / dekapsyle / ▸ conjug 1 ◂ VT a *[+ bouteille]* to take the cap *ou* top off b *(Méd) [+ rein]* to decapsulate

**décapsuleur** / dekapsylœʀ / NM bottle-opener

**décarcasser (se)** * / dekaʀkase / ▸ conjug 1 ◂ VPR to go to a lot of trouble (*pour faire* to do); ◆ **si tu veux des tickets, il faut que tu te décarcasses** if you want to get tickets, you'd better get a move on *

**décarreler** / dekaʀle / ▸ conjug 4 ◂ VT to remove the tiles from

**décarrer** ‡ / dekaʀe / ▸ conjug 1 ◂ VI to split *, to make tracks *, to hit the road *

**décasyllabe** / dekasi(l)lab / ADJ decasyllabic NM decasyllable

**décasyllabique** / dekasi(l)labik / ADJ decasyllabic

**décathlon** / dekatlɔ̃ / NM decathlon

**décathlonien** / dekatlɔnjɛ̃ / NM decathlete

**décati, e** / dekati / ADJ *(péj) [vieillard]* decrepit; *[visage]* aged; *[beauté]* faded; *[immeuble, façade]* shabby-looking

**décatir** / dekatiʀ / ▸ conjug 2 ◂ VT *[+ étoffe]* to remove the gloss from VPR **se décatir** *[personne]* to become decrepit

**décavé, e** / dekave / ADJ a *(= ruiné) [joueur]* ruined, cleaned out * *(attrib)*; * *[banquier]* ruined b *( * = hâve) [visage]* haggard, drawn

**décéder** / desede / GRAMMAIRE ACTIVE 51.4 ▸ conjug 6 ◂ VI *(frm)* to die ◆ **M. Leblanc, décédé le 14 mai** Mr Leblanc, who died on 14 May ◆ **il est décédé depuis 20 ans** he died 20 years ago, he's been dead 20 years ◆ **les biens des personnes décédées** the property of deceased persons *ou* of those who have died

**décelable** / des(ə)labl / ADJ detectable, discernible

**déceler** / des(ə)le / ▸ conjug 5 ◂ VT a *(= repérer)* to detect ◆ **on a décelé des traces de poison** traces of poison have been detected ◆ **on**

**peut ~ dans ce poème l'influence germanique** the Germanic influence can be discerned *ou* detected in this poem b *(= indiquer)* to indicate, to reveal

**décélération** /deseleʀasjɔ̃/ NF *[de véhicule]* deceleration ◆ **la ~ de la croissance économique** the slowdown in *ou* deceleration of economic growth

**décélérer** /deseleʀe/ ▸ conjug 1 ◂ VI *[véhicule]* to decelerate; *[investissements, rythme]* to slow down

**décembre** /desɑ̃bʀ/ NM December; *pour loc voir* **septembre**

**décemment** /desamɑ̃/ ADV *[vivre, se nourrir]* decently, properly; *[se conduire]* decently ◆ **je ne peux ~ pas accepter** it wouldn't be right for me *ou* proper of me to accept

**décence** /desɑ̃s/ NF *(= bienséance)* decency, propriety; *(= réserve)* (sense of) decency ◆ **il aurait pu avoir la ~ de ...** he could *ou* might have had the decency to ...

**décennal, e** (mpl **-aux**) /desenal, o/ ADJ decennial

**décennie** /deseni/ NF decade

**décent, e** /desɑ̃, ɑ̃t/ ADJ *(= bienséant)* decent, proper; *(= discret, digne)* proper; *(= acceptable) [logement, salaire]* decent; *[prix]* reasonable, fair ◆ **je vais mettre une robe pour être un peu plus ~e** I'm going to put on a dress to look a bit more decent ◆ **il eût été plus ~ de refuser** it would have been more proper to refuse

**décentrage** /desɑ̃tʀaʒ/ NM *(gén)* decentring *(Brit)*, decentering *(US)*; *(Opt)* decentration

**décentralisateur, -trice** /desɑ̃tʀalizatœʀ, tʀis/ ADJ decentralizing *(épith)*, decentralization *(épith)* NM,F advocate of decentralization

**décentralisation** /desɑ̃tʀalizasjɔ̃/ NF *(gén Pol)* decentralization

**décentraliser** /desɑ̃tʀalize/ ▸ conjug 1 ◂ VT *[+ administration, décisions]* to decentralize VPR **se décentraliser** *[d'usine]* to be decentralized

**décentration** /desɑ̃tʀasjɔ̃/ NF, **décentrement** /desɑ̃tʀəmɑ̃/ NM *(Opt)* decentration; *(= action)* decentring *(Brit)*, decentering *(US)*, throwing off centre

**décentrer** /desɑ̃tʀe/ ▸ conjug 1 ◂ VT to decentre *(Brit)*, to decenter *(US)*, to throw off centre VPR **se décentrer** to move off centre

**déception** /desɛpsjɔ̃/ NF disappointment ◆ **c'est la plus grande ~ de ma carrière** it's the worst disappointment of my whole career ◆ **~ sentimentale** unhappy love affair ◆ **j'ai eu la ~ de voir que ...** I was disappointed to see that ...

> ⚠ **déception** *ne se traduit pas par le mot anglais* **deception**, *qui a le sens de 'duperie'.*

**décérébration** /deseʀebʀasjɔ̃/ NF *(Physiol)* decerebration

**décérébrer** /deseʀebʀe/ ▸ conjug 6 ◂ VT *(lit)* to decerebrate; *(fig)* to make moronic

**décernement** /desɛʀnəmɑ̃/ NM awarding

**décerner** /desɛʀne/ ▸ conjug 1 ◂ VT a *[+ prix, récompense]* to give, to award; *[+ titre]* to award b *(Jur) [+ mandat d'arrêt, de dépôt]* to issue

**décervelage** /desɛʀvəlaʒ/ NM *(= abrutissement)* making moronic; *(= lavage de cerveau)* brainwashing ◆ **l'entreprise de ~ menée par la télévision** the way television turns people into morons

**décerveler** /desɛʀvəle/ ▸ conjug 4 ◂ VT *(= abrutir)* to make moronic; *(= laver le cerveau de)* to brainwash ◆ **machine à ~** *(allusion littéraire)* debraining machine; *(péj)* propaganda machine

**décès** /desɛ/ GRAMMAIRE ACTIVE 51.4 NM death ◆ **"fermé pour cause de décès"** "closed owing to bereavement"; → **acte**

**décevant, e** /des(ə)vɑ̃, ɑ̃t/ ADJ disappointing

**décevoir** /des(ə)vwaʀ/ ▸ conjug 28 ◂ VT *[+ personne]* to disappoint ◆ **êtes-vous déçu par le nouveau président ?** are you disappointed in the new president? ◆ **nous avons été très déçus de notre score face à la Nouvelle-Zélande** we were very disappointed by our score against New Zealand ◆ **ils ont été déçus de voir que la France refusait de les accueillir** they were disappointed to find that France would not receive them ◆ **le nouveau gouvernement n'a pas déçu** the new government has not been disappointing ◆ **je ne veux pas ~ vos espoirs** I don't want to dash your hopes ◆ **le gouvernement a déçu l'attente de l'opinion publique** the government failed to meet the public's expectations ◆ **~ en bien** *(Helv)* to turn out better than expected; → **déçu**

> ⚠ **décevoir** *ne se traduit pas par* **to deceive**, *qui a le sens de 'tromper'.*

**déchaîné, e** /deʃene/ (ptp de **déchaîner**) ADJ *[flots, éléments]* raging; *[passion]* unbridled, raging; *[personne]* wild; *[foule]* raging, wild; *[opinion publique]* furious ◆ **il est ~ contre moi** he is furious with me

**déchaînement** /deʃɛnmɑ̃/ NM a *[de fureur, passions, haine]* outburst, explosion ◆ **l'événement a provoqué un ~ de violence** the incident triggered an outburst of violence b *(= colère, violence)* (raging) fury ◆ **un tel ~ contre son fils** such an outburst of fury at his son ◆ **les ~s des médias/du public contre la réforme** angry outbursts from the media/the public against the reform

**déchaîner** /deʃene/ ▸ conjug 1 ◂ VT a *[+ tempête, violence, passions, colère]* to unleash; *[+ enthousiasme]* to arouse; *[+ opinion publique]* to rouse ◆ **~ l'hilarité générale** to cause great *ou* much hilarity ◆ **~ les huées/les cris/les rires** to raise a storm of booing/shouting/laughter ◆ **~ les critiques** to unleash a barrage of criticism b *[+ chien]* to unchain, to let loose VPR **se déchaîner** *[fureur, passions]* to explode; *[personne]* to fly into a rage; *[foule]* to go wild ◆ **il s'est déchaîné contre elle** he blew up at her *ou* let fly at her ◆ **la presse se déchaîna contre lui/cette décision** the press railed against him/the decision ◆ **la tempête se déchaînait** the storm was raging furiously

**déchant** /deʃɑ̃/ NM *(Mus)* descant

**déchanter** /deʃɑ̃te/ ▸ conjug 1 ◂ VI to become disillusioned *ou* disenchanted ◆ **il commence à ~** he is becoming (somewhat) disillusioned *ou* disenchanted

**décharge** /deʃaʀʒ/ NF a **~ (électrique)** electrical discharge ◆ **il a pris une ~ (électrique) dans les doigts** he got an electric shock in his fingers ◆ **~ d'adrénaline** *(Physiol)* rush of adrenalin ◆ **~ émotionnelle** *(Psych)* emotional release

b *(= salve)* volley of shots, salvo ◆ **on entendit le bruit de plusieurs ~s** a volley of shots was heard ◆ **il a reçu une ~ de chevrotines dans le dos** he was hit in the back by a volley of buckshot

c *(= libération) (Jur)* discharge; *(Hôpital) (= action)* discharge; *(= document)* discharge form ◆ **~ (de service)** *(Scol)* reduction in teaching load ◆ **il faut dire à sa ~ que ...** *(fig)* it must be said in his defence that ...; → **témoin**

d *(= reçu Comm)* receipt ◆ **je vais signer la ~ pour ce colis** I'll sign the receipt for this parcel

e *(= dépôt)* **~ (publique** *ou* **municipale)** rubbish tip *ou* dump *(Brit)*, garbage dump *(US)* ◆ **la mise en ~ des déchets toxiques** the dumping of toxic waste; → **sauvage**

f *(Typo)* offset sheet

g *(Archit)* **voûte/arc de ~** relieving *ou* discharging vault/arch

**déchargement** /deʃaʀʒəmɑ̃/ NM *[de cargaison, véhicule, arme]* unloading ◆ **commencer le ~ d'un véhicule** to start unloading a vehicle

**décharger** /deʃaʀʒe/ ▸ conjug 3 ◂ VT a *[+ véhicule, animal]* to unload; *[+ bagages, marchandises]* to unload (*de* from); ◆ **je vais vous ~ : donnez-moi vos sacs/votre manteau** let me take your bags/your coat off you

b *(= soulager) [+ conscience, cœur]* to unburden, to disburden (*auprès de* to); ◆ **~ sa colère** *ou* **bile** *(littér)* to vent one's anger *ou* spleen (*sur qn* (up)on sb)

c *(Jur)* **~ un accusé** to discharge an accused person

d ◆ **~ qn de** *[+ dette]* to release sb from; *[+ impôt]* to exempt sb from; *[+ responsabilité, fonction, tâche]* to relieve sb of *ou* from ◆ **le juge a demandé à être déchargé du dossier** the judge asked to be taken off the case

e *[+ arme] (= enlever le chargeur)* to unload; *(= tirer)* to discharge, to fire ◆ **il déchargea son revolver sur la foule** he emptied his revolver into the crowd

f *(Élec)* to discharge

g *(Tech) [+ bassin]* to drain off the excess from; *[+ support, étai]* to take the load *ou* weight off

VI a *[tissu]* to lose its colour

b (*** = éjaculer*) to come*, to shoot one's load*

VPR **se décharger** a *(Élec) [pile, batterie]* to run down, to go flat

b ◆ **se ~ de** *[+ responsabilité, problème]* to offload, to pass off (*sur qn* onto sb); ◆ **il s'est déchargé sur moi du soin de prévenir sa mère** he offloaded the job of telling his mother onto me

c *(= être expulsé)* **l'excès de vapeur d'eau se décharge dans l'atmosphère** excess steam is released into the atmosphere

**décharné, e** /deʃaʀne/ (ptp de **décharner**) ADJ *[corps, membre]* all skin and bone *(attrib)*, emaciated; *[doigts]* bony, fleshless; *[visage]* fleshless, emaciated; *[squelette]* fleshless; *(fig) [paysage]* bare; *[style]* bald

**décharner** /deʃaʀne/ ▸ conjug 1 ◂ VT *(= amaigrir)* to emaciate ◆ **cette maladie l'a complètement décharné** this illness has left him completely emaciated

**déchaussé, e** /deʃose/ (ptp de **déchausser**) ADJ *[personne]* barefoot(ed); *[pied]* bare; *[carmélite]* discalced *(frm)*; *[dent, pavé]* loose; *[mur]* exposed

**déchaussement** /deʃosmɑ̃/ NM *[de dent]* loosening

**déchausser** /deʃose/ ▸ conjug 1 ◂ VT *[+ arbre]* to expose the roots of; *[+ mur]* to lay bare the foundations of ◆ **~ un enfant** to take a child's shoes off ◆ **~ ses skis** to take one's skis off VI *(Ski)* to lose one's skis VPR **se déchausser** *[personne]* to take one's shoes off; *[skieur]* to take one's skis off; *[dents]* to come *ou* work loose

**dèche*** /dɛʃ/ NF ◆ **on est dans la ~, c'est la ~** we're flat broke*

**déchéance** /deʃeɑ̃s/ NF a *(morale)* decay, decline; *(intellectuelle)* intellectual decline *ou* degeneration; *(physique)* degeneration; *(Rel)* fall; *[de civilisation]* decline, decay **b** *(Pol) [de souverain]* deposition, dethronement ◆ **~ de l'autorité parentale** *(Jur)* loss of parental rights **c** *(Fin)* **remboursement par ~ du terme** repayment by acceleration

**déchet** /deʃɛ/ **NM** **a** *(= reste) [de viande, tissu, métal]* scrap **b** *(gén, Comm = perte)* waste, loss ◆ **il y a du ~** *(dans une marchandise)* there is some waste *ou* wastage; *(dans un examen)* there are (some) failures, there is (some) wastage (of students) *(Brit)*; *(viande)* there's a lot of waste ◆ **~ de route** loss in transit **c** *(péj) (= raté)* failure, wash-out *, dead loss *; *(= épave)* wreck, dead-beat * ◆ **les ~s de l'humanité** the dregs *ou* scum of the earth
**NMPL** **déchets** *(= restes, résidus) [de viande, métal, tissu]* scraps; *(= épluchures)* peelings; *(= ordures)* waste *(NonC)*, refuse *(NonC)*, rubbish *(NonC) (Brit)*; *(Physiol)* waste *(NonC)* ◆ **~s domestiques/industriels** household/industrial waste *ou* wastes *(US)* ◆ **~s nucléaires/radioactifs/toxiques** nuclear/radioactive/toxic waste

**déchetterie** /deʃɛtʀi/ **NF** waste collection centre *ou* site

**déchiffonner** /deʃifɔne/ ▸ conjug 1 ◂ **VT** to smooth out, to uncrease ◆ **sa robe s'est déchiffonnée toute seule** the creases have come out of her dress (on their own)

**déchiffrable** /deʃifʀabl/ **ADJ** *[message, écriture]* decipherable; *[code]* decodable, decipherable

**déchiffrage** /deʃifʀaʒ/, **déchiffrement** /deʃifʀəmɑ̃/ **NM** *[de message, hiéroglyphe]* deciphering; *[de code]* decoding; *[de code-barres]* scanning; *[d'écriture]* deciphering; *(Mus)* sight-reading

**déchiffrer** /deʃifʀe/ ▸ conjug 1 ◂ **VT** *[+ message, hiéroglyphe]* to decipher; *[+ code]* to decode; *[+ code-barres]* to scan; *[+ écriture]* to make out, to decipher; *(Mus)* to sight-read; *[+ énigme]* to unravel, to fathom; *[+ avenir]* to read; *[+ sentiment]* to read, to make out

**déchiffreur, -euse** /deʃifʀœʀ, øz/ **NM,F** *[de code]* decoder; *[d'inscriptions, message]* decipherer

**déchiqueté, e** /deʃikte/ (ptp de **déchiqueter**) **ADJ** *[montagne, relief, côte]* jagged, ragged; *[feuille]* jagged(-edged); *[corps]* mutilated

**déchiqueter** /deʃikte/ ▸ conjug 4 ◂ **VT** *[+ papier, tissu]* to tear to pieces *ou* shreds; *[+ viande, victime]* to pull *ou* tear to pieces ◆ **elle a été déchiquetée par le train/l'explosion** she was mangled by the train/blown to pieces by the explosion ◆ **déchiqueté par un lion** mauled *ou* savaged by a lion

**déchiqueteur** /deʃiktœʀ/ **NM**, **déchiqueteuse** /deʃik(ə)tøz/ **NF** *(= machine)* shredder

**déchiqueture** /deʃik(ə)tyʀ/ **NF** *[de tissu]* slash; *[de feuille]* notch ◆ **~s** *[de côte, montagne]* jagged *ou* ragged outline

**déchirant, e** /deʃiʀɑ̃, ɑ̃t/ **ADJ** *[cri, spectacle]* heartrending, harrowing; *[adieux]* heartbreaking

**déchiré, e** ‡ /deʃiʀe/ (ptp de **déchirer**) **ADJ** ◆ **il était complètement ~** *(= ivre, drogué)* he was completely ripped ‡

**déchirement** /deʃiʀmɑ̃/ **NM** **a** *[de tissu]* tearing, ripping; *[de muscle, tendon]* tearing **b** *(= peine)* wrench, heartbreak ◆ **pour lui, l'exil fut un véritable ~** exile was a heartrending experience for him **c** ◆ **~s** *(= divisions)* rifts, splits

**déchirer** /deʃiʀe/ ▸ conjug 1 ◂ **VT** **a** *(= mettre en morceaux) [+ papier, lettre]* to tear up, to tear to pieces; *(= faire un accroc à) [+ vêtement]* to tear, to rip; *(= arracher) [+ page]* to tear out (de from); *(= ouvrir) [+ sac, enveloppe]* to tear open; *[+ bande de protection]* to tear off; *(= mutiler) [+ corps]* to tear to pieces ◆ **~ un papier/tissu en deux** to tear a piece of paper/cloth in two *ou* in half
**b** *(fig)* **leurs cris déchirèrent le silence** their cries rent pierced the silence ◆ **ce bruit me déchire les oreilles** that noise is ear-splitting ◆ **la toux lui déchirait la poitrine** his chest was racked by a terrible cough ◆ **un spectacle qui déchire (le cœur)** a heartrending *ou* harrowing sight ◆ **elle est déchirée par le remords/la douleur** she is torn by remorse/racked by pain ◆ **les dissensions continuent à ~ le pays** the country continues to be torn (apart) by dissension, dissension is still tearing the country apart ◆ **~ qn à belles dents** to tear *ou* pull sb to pieces ◆ **ça déchire!*** *(= c'est génial)* it's great
**VPR** **se déchirer** **a** *[vêtement]* to tear, to rip; *[sac]* to burst ◆ **attention, tu vas te ~** * be careful, you'll tear your clothes ◆ **se ~ un muscle** to tear a muscle ◆ **se ~ les mains** to graze *ou* skin one's hands ◆ **son cœur se déchira** his heart broke ◆ **le pays se déchira en deux camps** the country was split into two camps
**b** *(mutuellement)* to tear one another apart ◆ **ils ne cessent de se ~** they are constantly tearing each other apart

**déchirure** /deʃiʀyʀ/ **NF** *[de tissu]* tear, rip, rent; *[de ciel]* break *ou* gap in the clouds ◆ **~ musculaire** torn muscle ◆ **se faire une ~ musculaire** to tear a muscle ◆ **le chômage fait planer la menace d'une ~ sociale** unemployment threatens to rip society *ou* the social fabric apart

**déchoir** /deʃwaʀ/ ▸ conjug 25 ◂ *(frm)* **VI** **a** *[personne]* to lower o.s., to demean o.s. ◆ **ce serait ~ que d'accepter** you would be lowering *ou* demeaning yourself if you accepted ◆ **~ de son rang** to fall from rank **b** *[réputation, influence]* to decline, to wane **VT** ◆ **~ qn de sa nationalité/son titre** to strip *ou* deprive sb of their nationality/title ◆ **être déchu de ses droits** to be deprived of one's rights

**déchristianisation** /dekʀistjanizasjɔ̃/ **NF** dechristianization

**déchristianiser** /dekʀistjanize/ ▸ conjug 1 ◂ **VT** to dechristianize **VPR** **se déchristianiser** to become dechristianized

**déchu, e** /deʃy/ (ptp de **déchoir**) **ADJ** *[roi]* deposed, dethroned; *[président, champion]* deposed; *(Rel) [ange, humanité]* fallen

**déci** /desi/ **NM** *(Helv)* decilitre (of wine) ◆ **2 ~s de blanc** two decilitres of white wine

**décibel** /desibɛl/ **NM** decibel

**décidé, e** /deside/ (ptp de **décider**) **ADJ** **a** *(= résolu, volontaire)* determined; *[personne]* determined; *(= net, marqué)* ◆ **maintenant je suis ~** now I have made up my mind ◆ **il est bien ~ à agir** he is determined to act ◆ **il est ~ à tout** he is prepared to do anything ◆ **il était ~ à ce que ça change** he was determined that this should change ◆ **j'y suis tout à fait ~** I am quite determined (to do it) ◆ **avoir l'air ~** to look determined ◆ **les mesures sont ~es en comité** the measures are decided in committee **b** *(= fixé) [question]* settled, decided ◆ **bon, c'est ~** right, that's settled *ou* decided (then) ◆ **c'est une chose ~e** the matter is settled

**décidément** /desidemɑ̃/ **ADV** *(= manifestement)* obviously ◆ **oui, c'est ~ une question de chance** yes, obviously it's a matter of luck ◆ **~, il est fou** it's obvious he's mad ◆ **~, je perds toujours mes affaires !** oh, I'm always losing my things! ◆ **~, tu m'ennuies aujourd'hui** oh, you're really annoying me today

⚠ **décidément** *ne se traduit pas par* **decidedly**, *qui a le sens de 'nettement', 'tout à fait'.*

**décider** /deside/ GRAMMAIRE ACTIVE 35.2
▸ conjug 1 ◂
**VT** **a** *[personne] (= déterminer, établir)* **~ qch** to decide on sth ◆ **~ que** to decide that ◆ **~ de faire qch** to decide to do sth ◆ **comment ~ qui a raison ?** how is one to decide who is right? ◆ **elle décida qu'elle devait démissionner** she decided *ou* came to the decision that she must resign ◆ **ils ont décidé la grève/de faire grève/de ne pas faire grève** they decided on a strike/to go on strike/against a strike *ou* not to go on strike ◆ **c'est à lui de ~** it's up to him to decide ◆ **c'est souvent lui qui décide pour les autres** he often decides for the others
**b** *(= persuader) [personne]* to persuade; *[conseil, événement]* to decide, to convince ◆ **~ qn à faire qch** to persuade *ou* induce sb to do sth ◆ **c'est moi qui l'ai décidé à ce voyage** I'm the one who persuaded *ou* induced him to go on this trip ◆ **la bonne publicité décide les clients éventuels** good advertising wins over potential customers
**c** *[chose] (= provoquer)* to cause, to bring about ◆ **ces scandales ont finalement décidé son renvoi** these scandals finally brought about *ou* caused his dismissal
**VT INDIR** **décider de** *(= être l'arbitre de)* to decide; *(= déterminer)* to decide, to determine ◆ **~ de l'importance/de l'urgence de qch** to decide on the *ou* as to the importance/urgency of sth, to decide how important/urgent sth is ◆ **les résultats de son examen décideront de sa carrière** the results of his exam will decide *ou* determine his career ◆ **le sort en a décidé autrement** fate has decided *ou* ordained *ou* decreed otherwise ◆ **ainsi en a décidé le gouvernement** this was the decision the government reached
**VPR** **se décider** **a** *[personne]* to come to *ou* make a decision, to make up one's mind ◆ **se ~ à qch** to decide on sth ◆ **se ~ à faire qch** to make up one's mind to do sth, to make the decision to do sth ◆ **je ne peux pas me ~ à lui mentir** I cannot bring myself to lie to him ◆ **se ~ pour qch** to decide on sth *ou* in favour of sth ◆ **allez, décide-toi !** come on, make up your mind!
**b** *[problème, affaire]* to be decided *ou* settled *ou* resolved ◆ **la question se décide aujourd'hui** the question is being decided *ou* settled *ou* resolved today ◆ **leur départ s'est décidé très vite** they very quickly decided to leave
**c** *(loc)* * **est-ce qu'il va se ~ à faire beau ?** do you think it'll turn out fine after all? ◆ **ça ne veut pas se ~** it won't make up its mind * ◆ **la voiture ne se décide pas à partir** the car just won't start

**décideur, -euse** /desidœʀ, øz/ **NM,F** decision-maker ◆ **avoir un rôle de ~** to have a decision-making role

**décidu, e** /desidy/ **ADJ** *[forêt]* deciduous

**décigramme** /desigʀam/ **NM** decigram(me)

**décilitre** /desilitʀ/ **NM** decilitre *(Brit)*, deciliter *(US)*

**décimal, e** (mpl **-aux**) /desimal, o/ **ADJ** decimal
**NF** **décimale** decimal place ◆ **nombre à quatre ~es** number given to four decimal places ◆ **jusqu'à la deuxième/troisième ~e** to two/three decimal places

**décimalisation** /desimalizasjɔ̃/ **NF** decimalization

**décimation** /desimasjɔ̃/ **NF** decimation

**décimer** /desime/ ▸ conjug 1 ◂ **VT** to decimate

**décimètre** /desimɛtʀ/ **NM** decimetre *(Brit)*, decimeter *(US)*

**décisif, -ive** /desizif, iv/ **ADJ** *[argument, combat]* decisive, conclusive; *[intervention, influence]* decisive; *[preuve]* conclusive; *[moment, rôle]* decisive, critical; *[ton]* decisive, authoritative ◆ **tournant** ~ watershed ◆ **le facteur** ~ the deciding factor ◆ **porter un coup** ~ **au terrorisme** to deal terrorism a decisive blow; → **jeu**

**décision** /desizjɔ̃/ **NF** a *(= choix)* decision ◆ **prendre une** ~ to take *ou* make a decision ◆ **prendre la** ~ **de faire qch** to take *ou* make the decision to do sth ◆ **il n'a pas encore pris sa** ~ he hasn't yet made his decision ◆ **le processus de prise de** ~ **dans l'entreprise** the decision-making process in the company ◆ **parvenir à une** ~ to come to *ou* reach a decision ◆ **la** ~ **t'appartient** it's your decision, it's for you to decide ◆ **soumettre qch à la** ~ **de qn** to ask sb to make a decision about sth; → **pouvoir²**

b *(= verdict)* decision ◆ ~ **administrative/gouvernementale** administrative/government decision ◆ **par** ~ **judiciaire** *ou* **de justice** by court order ◆ **nommé à un poste de** ~ appointed to a decision-making job ◆ **organe de** ~ decision-making body ◆ **faire la** ~ *(Sport)* to win the match ◆ **leurs trois voix ont fait la** ~ their three votes swung the result

c *(= qualité)* decision, decisiveness ◆ **montrer de la** ~ to be decisive ◆ **avoir l'esprit de** ~ to be decisive

**décisionnaire** /desizjɔnɛʀ/ **ADJ** *[organisme, pouvoir]* decision-making *(épith)* ◆ **il n'est pas** ~ he's not the one who makes the decision **NMF** decision-maker

**décisionnel, -elle** /desizjɔnɛl/ **ADJ** *[rôle, responsabilité]* decision-making *(épith)*

**déclamateur, -trice** /deklamatœʀ, tʀis/ *(péj)* **ADJ** ranting, declamatory **NM,F** ranter, declaimer

**déclamation** /deklamasjɔ̃/ **NF** *(= art)* declamation *(NonC)*; *(péj)* ranting *(NonC)*, spouting *(NonC)* ◆ **toutes leurs belles** ~**s** all their ranting

**déclamatoire** /deklamatwaʀ/ **ADJ** a *(péj)* *[ton]* ranting, bombastic, declamatory; *[style]* bombastic, turgid b *[rythme]* declamatory

**déclamer** /deklame/ ► conjug 1 ◄ **VT** to declaim; *(péj)* to spout **VI** *(péj)* to rant ◆ ~ **contre** *(littér)* to inveigh *ou* rail against

**déclarable** /deklaʀabl/ **ADJ** *[marchandise]* declarable, dutiable; *[revenus]* declarable

**déclarant, e** /deklaʀɑ̃, ɑ̃t/ **NM,F** *(Jur)* informant

**déclaratif, -ive** /deklaʀatif, iv/ **ADJ** *(Jur)* declaratory; *(Ling, Ordin)* declarative

**déclaration** /deklaʀasjɔ̃/ **NF** a *(= discours, commentaire)* statement; *(= aveu)* admission; *(= révélation)* revelation ◆ **dans une** ~ **télévisée** in a televised statement ◆ **le ministre n'a fait aucune** ~ the minister did not make a statement ◆ **je n'ai aucune** ~ **à faire** I have no comment to make ◆ **selon sa propre** ~**, il était ivre** by his own admission he was drunk

b *(= manifeste, proclamation, Ordin)* declaration ◆ **Déclaration (universelle) des droits de l'homme** (Universal) Declaration of Human Rights ◆ **Déclaration d'indépendance** *(Hist US)* Declaration of Independence ◆ ~ **d'intention** declaration of intent ◆ ~ **de principe** statement *ou* declaration of principle

c *(= document) [de naissance, décès]* certificate; *[de vol, perte, changement de domicile]* notification ◆ **envoyer une** ~ **de changement de domicile** to send notification of change of address ◆ **faire une** ~ **d'accident** *(à l'assurance)* to file an accident claim; *(à la police)* to report an accident ◆ ~ **en douane** customs declaration ◆ ~ **de faillite** declaration of bankruptcy ◆ ~ **de guerre** declaration of war ◆ ~ **d'impôts** *ou* **de revenus** tax declaration; *(formulaire)* tax return (form) ◆ **faire sa** ~ **d'impôts** to fill in one's tax return (form) ◆ ~ **d'utilité publique** public notice; → IMPÔTS

d *(amoureuse)* ~ **(d'amour)** declaration of love ◆ **faire une** *ou* **sa** ~ **à qn** to make a declaration of love to sb, to declare one's love to sb

> ⚠ *Au sens de 'discours',* **déclaration** *ne se traduit pas par le mot anglais* **declaration.**

> **La Déclaration des droits de l'homme et du citoyen**
>
> Written in 1789, this document is of great cultural and historical significance in France, reflecting as it does the Republican ideals upon which modern France is founded. Drawing on philosophical ideas that developed during the Enlightenment, it declares the natural and inalienable right of all people to freedom, ownership of property and equality before the law, as well as the universal right of all nations to sovereignty and the separation of powers. It has always been used as a basis for the French Constitution.

**déclaratoire** /deklaʀatwaʀ/ **ADJ** *(Jur)* declaratory

**déclaré, e** /deklaʀe/ (ptp de **déclarer**) **ADJ** *[opinion]* professed; *[athée, révolutionnaire]* declared, self-confessed; *[ennemi]* sworn, avowed; *[intention]* avowed, declared; *[travailleur]* registered, declared ◆ **revenus non** ~**s** undeclared income

**déclarer** /deklaʀe/ ► conjug 1 ◄ **VT** a *(= annoncer)* to announce, to state, to declare; *(= proclamer)* to declare; *(= avouer)* to admit, to confess to; *(= dire)* to say ◆ **"c'est un moment historique" déclara le ministre** "it's an historic moment", the minister declared ◆ ~ **son amour (à qn)** to declare one's love (to sb), to make a declaration of love (to sb) ◆ ~ **la guerre à une nation/à la pollution** to declare war on a nation/on pollution ◆ **le président déclara la séance levée** the chairman declared the meeting closed ◆ ~ **qn coupable/innocent** to find sb guilty/innocent

◆ **déclarer que ...** to declare *ou* say that ... ◆ **je vous déclare que je n'y crois pas** I tell you I don't believe it ◆ **ils ont déclaré que nous avions menti** they claimed that we had lied

b *(Admin) [+ marchandises, revenus, employés]* to declare; *[+ naissance, décès]* to register, to notify ◆ **le père doit aller** ~ **l'enfant à la mairie** the father has to go and register the child at the town hall ◆ ~ **qn en faillite** to declare sb bankrupt ◆ **avez-vous quelque chose à** ~ **?** *(Douane)* do you have anything to declare? ◆ ~ **qch au-dessus/au-dessous de sa valeur** to overvalue/undervalue sth ◆ **rien à** ~ nothing to declare

**VPR se déclarer** a *(= se prononcer)* to declare *ou* state one's opinion ◆ **se** ~ **en faveur de qch** to declare o.s. *ou* profess o.s. in favour of sth ◆ **se** ~ **pour/contre qch** to come out in favour of/against sth ◆ **il s'est déclaré l'auteur de ces poèmes/crimes** he stated that he had written the poems/committed the crimes ◆ **se** ~ **satisfait** to declare o.s. satisfied ◆ **il s'est déclaré prêt à signer ce document** he said he was ready *ou* declared himself ready to sign the document ◆ **se** ~ **incompétent** *(Jur)* to decline a jurisdiction

b *(= apparaître) [incendie, épidémie]* to break out

c *[amoureux]* to make a declaration of one's love, to declare *ou* avow *(littér)* one's love

**déclassé, e** /deklɑse/ (ptp de **déclasser**) **ADJ** a *[coureur]* relegated *(in the placing)*; *[hôtel, restaurant, vin]* downgraded ◆ **valeurs** ~**es** *(Bourse)* displaced stocks *ou* securities b *[fiche, livre]* out of order *(attrib)*

**déclassement** /deklɑsmɑ̃/ **NM** a *(social, dans une hiérarchie)* fall *ou* drop in status b *(Sport) [de coureur]* relegation *(in the placing)*; *(Rail) [de voyageur]* change of class; *(Admin) [d'hôtel]* downgrading; *[de monument]* delisting; *(Bourse) [de valeur]* displacement c *[de fiches, livres]* **pour éviter le** ~ to stop things getting out of order

**déclasser** /deklɑse/ ► conjug 1 ◄ **VT** a *(socialement, dans une hiérarchie)* to lower in status ◆ **il estimait qu'on l'avait déclassé en le mettant dans l'équipe B** he felt that he had suffered a drop in status *ou* that he had been downgraded by being put in the B team ◆ **il se déclassait par de telles fréquentations** he was lowering himself socially *ou* demeaning himself by keeping such company b *(= rétrograder) (Sport) [+ coureur]* to relegate *(in the placing)*; *(Rail) [+ voyageur]* to put in second class; *(Admin) [+ hôtel]* to downgrade; *[+ monument]* to delist; *(Bourse) [+ valeur]* to displace c *(= déranger) [+ fiches, livres]* to get out of order, to put back in the wrong order

**déclenchement** /deklɑ̃ʃmɑ̃/ **NM** a *(= actionnement) [de ressort, mécanisme]* release; *[de sonnerie, alarme]* setting off, activating b *(= provocation) [d'insurrection]* launching, starting; *[de catastrophe, guerre, crise, grève, processus, polémique]* triggering *ou* sparking off; *[d'accouchement]* inducement ◆ **le rôle du psychisme dans le** ~ **de certaines maladies** the role of psychological factors in triggering certain illnesses c *(Mil) [de tir]* opening; *[d'attaque]* launching

**déclencher** /deklɑ̃ʃe/ ► conjug 1 ◄ **VT** a *(= actionner) [+ ressort, mécanisme]* to release; *[+ sonnerie, alarme]* to set off, to activate ◆ **ce bouton déclenche l'ouverture/la fermeture de la porte** this button opens/closes the door ◆ **faire la mise au point avant de** ~ *(Photo)* to focus before releasing the shutter

b *(= provoquer) [+ insurrection]* to launch, to start; *[+ catastrophe, guerre, crise, processus, polémique]* to trigger *ou* spark off; *[+ accouchement]* to induce ◆ **c'est ce mot qui a tout déclenché** this is the word which triggered everything off ◆ ~ **une grève** *[meneur]* to launch *ou* start a strike; *[incident]* to trigger *ou* spark off a strike ◆ **ça m'a déclenché une sciatique** it gave me sciatica ◆ **quand je me penche ça me déclenche une douleur dans le dos** when I bend down my back hurts *ou* I get backache ◆ **ça a déclenché un fou rire général** it caused great hilarity

c *(Mil) [+ tir]* to open; *[+ attaque]* to launch ◆ ~ **l'offensive** to launch the offensive

**VPR se déclencher** *[ressort, mécanisme]* to release itself; *[sonnerie, alarme]* to go off; *[attaque, grève]* to start, to begin; *[catastrophe, crise, réaction nerveuse]* to be triggered off

**déclencheur** /deklɑ̃ʃœʀ/ **NM** *(Tech)* release mechanism; *(Photo)* shutter release ◆ ~ **souple** cable release ◆ ~ **automatique** *ou* **à retardement** self-timer ◆ **cet incident a servi**

**de ~ à la crise** this incident sparked off *ou* triggered (off) the crisis

**déclic** /deklik/ **NM** *(= bruit)* click; *(= mécanisme)* trigger mechanism ◆ **ça a été le ~** *(mentalement)* it triggered something off in my (*ou* his *etc*) mind

**déclin** /deklɛ̃/ **NM** **a** *(gén)* decline; *[de malade, santé, vue]* deterioration; *[de talent, forces, beauté, sentiment]* waning, fading ◆ **~ de la production/de l'activité économique** decline in production/in economic activity ◆ **le ~ du parti** the party's decline, the decline of the party ◆ **le ~ du jour** the close of day ◆ **au ~ de la vie** *(littér)* in the twilight years ◆ **~ démographique** population decline

**b** *(loc)* **être à son ~** *[soleil]* to be setting; *[lune]* to be on the wane, to be waning ◆ **être sur le** *ou* **son ~** *[malade]* to be going downhill; *[acteur, homme politique]* to be on the decline *ou* on the wane ◆ **être en ~** *[talent, prestige]* to be on the decline *ou* on the wane; *[forces, intelligence, civilisation, art]* to be in decline *ou* on the wane; *[marché, secteur]* to be in decline ◆ **marché/industrie en ~** declining market/industry

**déclinable** /deklinabl/ **ADJ** **a** *(= adaptable)* **un espace architectural ~ à l'infini** an infinitely adaptable architectural space ◆ **une coupe de cheveux ~ en trois longueurs** a style that can be adapted to three different lengths of hair ◆ **ce produit est facilement ~** a whole range can easily be developed from this product **b** *(Gram)* declinable

**déclinaison** /deklinɛzɔ̃/ **NF** *(Ling)* declension; *(Astron, Phys)* declination

**déclinant, e** /deklinɑ̃, ɑt/ **ADJ** *[pouvoir]* declining; *[santé]* declining, deteriorating; *[vue]* failing; *[prestige, popularité, forces]* waning, declining; *[beauté, sentiment]* fading

**déclinatoire** /deklinatwaʀ/ **NM** **a** *(= boussole)* surveyor's compass **b** *(Jur)* **~ (de compétence)** *(gén)* challenge to jurisdiction; *(fait par le tribunal)* declining *ou* denial of jurisdiction

**décliner** /dekline/ ► conjug 1 ◄ **VT** **a** *(frm = refuser) [+ offre, invitation, honneur]* to decline, to turn down, to refuse ◆ **la direction décline toute responsabilité en cas de perte ou de vol** the management accepts no responsibility *ou* refuses to accept responsibility for loss or theft of articles ◆ **~ la compétence de qn/la compétence d'une juridiction** *(Jur)* to refuse to recognize sb's competence/the competence of a court

**b** *(Ling)* to decline ◆ **ce mot ne se décline pas** this word does not decline

**c** *(frm = réciter)* **~ son identité** to give one's personal particulars ◆ **déclinez vos nom, prénoms, titres et qualités** state your name, forenames, qualifications and status

**d** *(Comm) [+ produit]* to offer in a variety of forms ◆ **un rouge à lèvres décliné en cinq nuances** a lipstick available in *ou* that comes in five shades

**VI** **a** *(= s'affaiblir)* to decline; *[malade, santé, vue]* to deteriorate, to go downhill; *[talent, forces, beauté, sentiment]* to wane, to fade; *[prestige, popularité]* to wane, to fall off; *[production, ventes]* to fall, to be on the decline; *[marché, secteur]* to be on the decline ◆ **le revenu par habitant décline** per capita income is falling

**b** *[jour]* to draw to a close; *[soleil]* to be setting, to go down; *[lune]* to wane, to be on the wane; *(Tech) [aiguille aimantée]* to deviate

**VPR se décliner** *(Comm) [produit]* to come in a variety of forms ◆ **ce yaourt se décline en trois saveurs** this yoghurt is available in *ou* comes in three flavours

**déclive** /dekliv/ **ADJ** *[terrain]* inclined

**déclivité** /deklivite/ **NF** slope, incline, declivity *(frm)*

**décloisonnement** /deklwazɔnmɑ̃/ **NM** decompartmentalization

**décloisonner** /deklwazɔne/ ► conjug 1 ◄ **VT** to decompartmentalize

**déclouer** /deklue/ ► conjug 1 ◄ **VT** *[+ caisse]* to open; *[+ planche]* to remove

**déco** /deko/ **ADJ INV** (abrév de **décoratif**) → **art** **NF** ( * abrév de **décoration**) ◆ **j'ai refait la ~ de ma chambre** I've redecorated my bedroom

**décocher** /dekɔʃe/ ► conjug 1 ◄ **VT** **a** *[+ flèche]* to shoot, to fire; *[+ coup de pied]* to give, to deliver; *[+ coup de poing]* to throw; *[+ ruade]* to let fly **b** *[+ œillade, regard]* to shoot, to flash, to dart; *[+ sourire]* to flash; *[+ remarque]* to fire, to let fly

**décoction** /dekɔksjɔ̃/ **NF** decoction, brew

**décodage** /dekɔdaʒ/ **NM** *[de code]* decoding, cracking; *(TV, Ordin, Ling)* decoding; *[de message]* deciphering ◆ **système de ~ numérique** digital decoding system

**décoder** /dekɔde/ ► conjug 1 ◄ **VT** *[+ code]* to decode, to break; *(TV, Ordin, Ling)* to decode; *[+ message]* to decipher; *(= comprendre) [+ poème, comportement]* to understand

**décodeur** /dekɔdœʀ/ **NM** *[de code] (TV, Ordin, Ling)* decoder; *[de message]* decipherer

**décoffrage** /dekɔfʀaʒ/ **NM** *(Constr)* removal of the formwork; → **brut**

**décoffrer** /dekɔfʀe/ ► conjug 1 ◄ **VT** *(Constr)* to remove the formwork from

**décoiffer** /dekwafe/ ► conjug 1 ◄ **VT** **a** *(= ébouriffer)* **~ qn** to mess up sb's hair ◆ **il s'est/le vent l'a décoiffé** he/the wind has disarranged *ou* messed up his hair ◆ **je suis toute décoiffée** my hair is in a mess *ou* is (all) messed up ◆ **ça décoiffe ! *** *(fig)* it really takes your breath away! **b** *(= ôter le chapeau)* **~ qn** to take sb's hat off ◆ **il se décoiffa** he took his hat off **c** *(Tech) [+ obus]* to uncap

**décoincement** /dekwɛ̃smɑ̃/ **NM** *(gén)* unjamming, loosening (*de* of); *(Tech)* removal of the wedge (*de* from)

**décoincer** /dekwɛ̃se/ ► conjug 3 ◄ **VT** *(gén)* to unjam, to loosen ◆ **~ qch** *(Tech)* to remove the wedge from sth ◆ **~ qn *** to get sb to loosen up * **VPR se décoincer** *[objet]* to come loose; * *[personne]* to loosen up *

**décolérer** /dekɔleʀe/ ► conjug 6 ◄ **VI** ◆ **ne jamais ~** to be always in a temper ◆ **il ne décolère pas depuis hier** he hasn't calmed down since yesterday, he's still angry from yesterday

**décollage** /dekɔlaʒ/ **NM** **a** *[d'avion]* takeoff; *[de fusée]* lift-off ◆ **au ~** *[d'avion]* at take off; *[de fusée]* at lift-off **b** *(fig)* **depuis le ~ économique de la région** since the region's economy took off ◆ **le ~ de l'informatique n'a pas été facile** information technology had difficulty getting off the ground **c** *[de timbre]* unsticking; *[de papier peint]* stripping, peeling off

**décollation** /dekɔlasjɔ̃/ **NF** decapitation, beheading

**décollectivisation** /dekɔlɛktivizasjɔ̃/ **NF** *[d'agriculture, économie]* decollectivization

**décollement** /dekɔlmɑ̃/ **NM** *[de timbre]* unsticking; *[de rétine]* detachment ◆ **se faire faire un ~ de racines** *(Coiffure)* to have one's hair volumized

**décoller** /dekɔle/ ► conjug 1 ◄ **VT** **a** *(gén)* to unstick; *(en trempant) [+ timbre, étiquette]* to soak off; *(à la vapeur) [+ timbre, papier peint]* to steam off; *[+ lettre]* to steam open ◆ **~ qn de * ** *[+ livre, télévision]* to drag sb away from

**b** ( * *= se débarrasser de) [+ créanciers, poursuivants]* to shake off, to get rid of ◆ **je ne suis pas arrivé à m'en ~** *ou* **le ~ !** I couldn't manage to shake him off *ou* get rid of him!

**VI** **a** *[avion, pays]* to take off; *[fusée]* to lift off (*de* from); *[industrie]* to take off, to get off the ground

**b** ( * *= maigrir)* to lose weight

**c** ( * *= partir) [gêneur]* to budge, to shift; *[drogué]* to get off * ◆ **il n'a pas décollé (d'ici) pendant deux heures** he sat *ou* stayed here for two solid hours without budging * ◆ **~ du peloton** *(Sport) (en avant)* to pull away from *ou* ahead of the pack; *(en arrière)* to fall *ou* drop behind the pack ◆ **~ du réel** to escape from reality

**VPR se décoller** *[timbre]* to come unstuck; *[papier peint]* to peel; *(Méd) [rétine]* to become detached

**décolletage** /dekɔltaʒ/ **NM** **a** *(= forme)* (low-cut) neckline, décolletage; *[de robe] (= action)* cutting out of the neck **b** *(Agr)* topping; *(Tech)* cutting (from the bar)

**décolleté, e** /dekɔlte/ (ptp de **décolleter**) **ADJ** *[robe]* low-necked, low-cut; *[femme]* wearing a low-cut dress; *[chaussure]* low-cut ◆ **robe ~e dans le dos** dress cut low at the back **NM** *[de robe]* low neck(line); *[de femme]* (bare) neck and shoulders; *(plongeant)* cleavage **COMP** ▷ **décolleté bateau** bateau *ou* boat neck ▷ **décolleté en pointe** V-neck ▷ **décolleté rond** round-neck

**décolleter** /dekɔlte/ ► conjug 4 ◄ **VT** **a** *[+ robe]* to cut out the neck of **b** *(Agr)* to top; *(Tech)* to cut (from the bar)

**décolleuse** /dekɔløz/ **NF** *[de papier peint]* steam stripper

**décolonisateur, -trice** /dekɔlɔnizatœʀ, tʀis/ **ADJ** decolonization *(épith)*, decolonizing *(épith)* **NM,F** decolonizer

**décolonisation** /dekɔlɔnizasjɔ̃/ **NF** decolonization

**décoloniser** /dekɔlɔnize/ ► conjug 1 ◄ **VT** to decolonize

**décolorant, e** /dekɔlɔʀɑ̃, ɑt/ **ADJ** decolorizing *(épith)*, bleaching *(épith)* **NM** bleaching agent

**décoloration** /dekɔlɔʀasjɔ̃/ **NF** *(gén)* discolouration *(Brit)*, discoloration *(US)*; *[de tissu]* fading; *[de cheveux]* bleaching, lightening ◆ **se faire faire une ~** *(gén)* to have one's hair lightened; *(en blond)* to have one's hair bleached

**décoloré, e** /dekɔlɔʀe/ (ptp de **décolorer**) **ADJ** *[vêtement]* faded; *[cheveux]* bleached, lightened; *[teint, lèvres]* pale, colourless *(Brit)*, colorless *(US)* ◆ **une blonde ~e** a peroxide *ou* bleached *ou* bottle * blonde

**décolorer** /dekɔlɔʀe/ ► conjug 1 ◄ **VT** *(gén)* to discolour *(Brit)*, to discolor *(US)*; *[+ tissu] [soleil]* to fade; *[lavage]* to take the colour *(Brit) ou* color *(US)* out of, to fade; *[+ cheveux] (gén)* to lighten; *(en blond)* to bleach **VPR se décolorer** *[liquide]* to lose its colour *(Brit) ou* color *(US)*; *[tissu]* to fade, to lose its colour *(Brit) ou* color *(US)* ◆ **elle s'est décolorée, elle s'est décoloré les cheveux** *(gén)* she has lightened her hair; *(en blond)* she has bleached her hair

**décombres** /dekɔ̃bʀ/ **NMPL** rubble, debris *(sg)*; *(fig)* ruins ◆ **les ~ de l'empire/de l'économie soviétique** the ruins of the empire/the Soviet economy

**décommander** /dekɔmɑ̃de/ ► conjug 1 ◄ **VT** *[+ marchandise]* to cancel (an order for); *[+ invités]* to put off; *[+ invitation]* to cancel

VPR **se décommander** to cancel one's appointment

**décompactage** /dekɔ̃paktaʒ/ NM *(Ordin)* decompressing

**décompacter** /dekɔ̃pakte/ ▸ conjug 1 ◂ VT *(Ordin)* to decompress

**décompensation** /dekɔ̃pɑ̃sasjɔ̃/ NF *(Méd)* *(physique)* decompensation; *(nerveuse)* (emotional) collapse

**décompenser** /dekɔ̃pɑ̃se/ ▸ conjug 1 ◂ VI *(Méd)* *(physiquement)* to decompensate; *(nerveusement)* to collapse (emotionally)

**décomplexer** /dekɔ̃plɛkse/ ▸ conjug 1 ◂ VT ◆ ~ **qn** to rid sb of their complexes *ou* hang-ups

**décomposable** /dekɔ̃pozabl(ə)/ ADJ *(Math)* *[nombre]* that can be factorized; *(Chim)* decomposable; *(Phys)* *[lumière]* that can be broken up, that can be split up; *(Tech)* *[forces]* resoluble

**décomposer** /dekɔ̃poze/ ▸ conjug 1 ◂ VT a *(= diviser)* *(gén)* to split up *ou* break up into its component parts; *(Ling)* *[+ phrase]* to break down, to split up; *[+ problème, idée]* to dissect, to break down ◆ **la prof de danse décomposa le mouvement devant nous** the dance teacher broke the movement up for us *ou* went through the movement slowly for us

b *(= altérer)* *[+ visage]* to contort, to distort ◆ **la douleur décomposait ses traits** his face was contorted with pain ◆ **il était décomposé** he looked distraught

c *(= putréfier)* *[+ viande]* to cause to decompose *ou* rot ◆ **la chaleur décomposait les cadavres** the heat was causing the corpses to decompose *ou* to decay

d *(Tech)* *[+ forces]* to resolve; *(Math)* *[+ nombre]* to factorize, to express as a product of prime factors; *(Chim)* to decompose; *(Phys)* *[+ lumière]* to break up, to split up

VPR **se décomposer** a *(= pourrir)* *[viande]* to decompose, to rot; *[cadavre]* to decompose, to decay

b *(= s'altérer)* *[visage]* to become distorted ◆ **à cette nouvelle son visage se décomposa** when he heard this news his face fell

c *(= se diviser)* to be divided ◆ **se ~ en trois parties** to be divided *ou* broken up into three parts ◆ **cela se décompose de la façon suivante ...** it breaks down *ou* is divided up in the following way ... ◆ **la phrase se décompose en trois propositions** the sentence can be broken down *ou* split up into three clauses

d *(= se déstructurer)* *[société]* to break down; *[fédération]* to break up

> ⚠ *Attention à ne pas traduire automatiquement* **décomposer** *par* **to decompose**, *qui a le sens de 'pourrir'.*

**décomposeur** /dekɔ̃pozœʀ/ NM *(Bio)* decomposer

**décomposition** /dekɔ̃pozisjɔ̃/ NF a *(= division)* *(gén)* splitting up, breaking up; *(Math)* *[de nombre]* factorization; *(Chim)* decomposition; *(Phys)* *[de lumière]* breaking up, splitting up; *(Tech)* *[de forces]* resolution; *(Ling)* *[de phrase]* breaking down, splitting up; *[de problème, idée]* dissection, breaking down ◆ **le calcul de l'impôt nécessite la ~ du revenu en tranches** income needs to be divided up into bands for tax calculation purposes b *(= pourriture)* decomposition, decay ◆ **cadavre en ~** corpse in a state of decomposition *ou* decay c *(= déstructuration)* *[de société]* breakdown; *[de fédération]* breakup ◆ **société/système en complète ~** society/system in decay

**décompresser** /dekɔ̃pʀese/ ▸ conjug 1 ◂ VT *(Tech, Ordin)* to decompress VI *(* = se détendre)* to unwind, to relax

**décompresseur** /dekɔ̃pʀesœʀ/ NM decompression tap; *(Aut)* decompressor

**décompression** /dekɔ̃pʀesjɔ̃/ NF a *(Tech, Méd, Ordin)* decompression ◆ **soupape/chambre de ~** decompression valve/chamber ◆ **~ cardiaque** cardiac decompression b *(* = détente)* relaxation

**décomprimer** /dekɔ̃pʀime/ ▸ conjug 1 ◂ VT to decompress

**décompte** /dekɔ̃t/ NM a *(= calcul)* detailed account, breakdown b *(= déduction)* deduction ◆ **faire le ~ des points** to count up the points ◆ **faire le ~ des voix** to count the votes ◆ **vous voulez faire mon ~ ?** will you make out my bill *(Brit)* *ou* check? *(US)*

**décompter** /dekɔ̃te/ ▸ conjug 1 ◂ VT *(= défalquer)* to deduct *(de* from) VI *[horloge]* to strike *ou* chime at the wrong time

**déconcentration** /dekɔ̃sɑ̃tʀasjɔ̃/ NF a *[de personne]* loss of concentration b *(Admin)* devolution, decentralization; *(Ind)* dispersal; *(Chim)* deconcentration

**déconcentré, e** /dekɔ̃sɑ̃tʀe/ (ptp de **déconcentrer**) ADJ a *(Admin)* devolved, regional; *(Ind)* dispersed; *[crédits]* regional ◆ **des services ~s** decentralized services b *[personne]* **être ~** to have lost (one's) concentration ◆ **j'étais un peu/très ~** I wasn't really concentrating/wasn't concentrating at all

**déconcentrer** /dekɔ̃sɑ̃tʀe/ ▸ conjug 1 ◂ VT a *(Admin)* to devolve, to decentralize; *(Ind)* to disperse ◆ **le ministre s'est engagé à ~ 200 emplois** the minister is committed to dispersing 200 jobs ◆ **les difficultés surgissent quand il s'agit de ~ les personnels** the difficulties arise when it comes to moving staff b *(= distraire)* **ça m'a déconcentré** it made me lose (my) concentration ◆ **tu me déconcentres !** you're putting me off! VPR **se déconcentrer** a *[personne]* to lose (one's) concentration b *[institution]* to decentralize

**déconcertant, e** /dekɔ̃sɛʀtɑ̃, ɑ̃t/ ADJ disconcerting

**déconcerter** /dekɔ̃sɛʀte/ ▸ conjug 1 ◂ VT *(= décontenancer)* to disconcert; *(†† = déjouer)* to thwart, to frustrate

**déconditionner** /dekɔ̃disjɔne/ ▸ conjug 1 ◂ VT to decondition

**déconfit, e** /dekɔ̃fi, it/ ADJ a *(= dépité)* *[personne, air, mine]* crestfallen, downcast ◆ **avoir la mine ~e** to look downcast *ou* crestfallen b *(†† = battu)* defeated, discomfited †

**déconfiture** * /dekɔ̃fityʀ/ NF *(= déroute)* *(gén)* failure, collapse; *[de parti, armée]* defeat; *(financière)* (financial) collapse, ruin ◆ **cette entreprise est en ~** the company is in a state of collapse

**décongélation** /dekɔ̃ʒelasjɔ̃/ NF defrosting, unfreezing

**décongeler** /dekɔ̃ʒ(ə)le/ ▸ conjug 5 ◂ VI *[aliment]* to defrost, to thaw VT *[+ aliment]* to defrost, to leave to thaw; *[+ sperme]* to thaw

**décongestionnant, e** /dekɔ̃ʒɛstjɔnɑ̃, ɑ̃t/ ADJ *[gel, crème]* decongestant; *(pour les jambes)* soothing cream

**décongestionner** /dekɔ̃ʒɛstjɔne/ ▸ conjug 1 ◂ VT *(Méd)* *[+ poumons, fosses nasales]* to decongest, to relieve congestion in; *[+ malade]* to relieve congestion in; *[+ rue, centre-ville]* to relieve congestion in; *[+ service, aéroport, université, administration]* to relieve the pressure on

**déconnade** * /dekɔnad/ NF ◆ **il aime la franche ~** he likes to mess around * *ou* to fool around * ◆ **il se moquait d'elle pour la ~** he was teasing her for a laugh * *ou* just for the hell of it *

**déconnecter** /dekɔnɛkte/ ▸ conjug 1 ◂ VT a *(Élec)* to disconnect b *[+ problème]* to dissociate *(de* from); ◆ **il est complètement déconnecté de la réalité/de son pays d'origine** he's completely out of touch with reality/with his native country VI * *[personne]* to switch off *

**déconner** * /dekɔne/ ▸ conjug 1 ◂ VI *[personne]* *(= faire des bêtises)* to mess around *, to fool around *; *(= dire des bêtises)* to talk nonsense; *(= plaisanter)* to joke, to kid *; *[machine]* to act up * ◆ **arrête de ~ !** stop messing around!, quit fooling! ◆ **sans ~, c'était super !** no joke *, it was great! ◆ **faut pas ~ !** come off it! *

**déconneur** * /dekɔnœʀ/ NM ◆ **c'est un sacré ~** he'll do the craziest things for a laugh

**déconneuse** * /dekɔnøz/ NF ◆ **c'est une sacrée ~** she'll do the craziest things for a laugh

**déconnexion** /dekɔnɛksjɔ̃/ NF disconnection

**déconseiller** /dekɔ̃seje/ GRAMMAIRE ACTIVE 29.2 ▸ conjug 1 ◂ VT to advise against ◆ **~ qch à qn/à qn de faire qch** to advise sb against sth/sb against doing sth ◆ **c'est déconseillé** it's not advisable, it's inadvisable ◆ **dans ce régime, le beurre est déconseillé** butter is not recommended in this diet

**déconsidération** /dekɔ̃sideʀasjɔ̃/ NF discredit, disrepute

**déconsidérer** /dekɔ̃sideʀe/ ▸ conjug 6 ◂ VT to discredit VPR **se déconsidérer** to discredit o.s. ◆ **il s'est déconsidéré en agissant ainsi** he has discredited himself *ou* brought discredit upon himself by behaving in this way

**déconsigner** /dekɔ̃siɲe/ ▸ conjug 1 ◂ VT a *[+ valise]* to collect from the left luggage office *(Brit)* *ou* the baggage checkroom *(US)*; *[+ bouteille]* to return the deposit on b *[+ troupes]* to release from confinement to barracks

**déconsommation** /dekɔ̃sɔmasjɔ̃/ NF *(Écon)* drop in consumption (of consumer goods) ◆ **on observe une tendance à la ~ des ménages** there is a growing tendency for households to buy less consumer goods

**déconstruction** /dekɔ̃stʀyksjɔ̃/ NF *[de concept, système]* deconstruction; *[de bâtiment]* dismantling

**déconstruire** /dekɔ̃stʀɥiʀ/ ▸ conjug 38 ◂ VT *[+ concept, système]* to deconstruct; *[+ bâtiment]* to dismantle

**décontamination** /dekɔ̃taminasjɔ̃/ NF decontamination

**décontaminer** /dekɔ̃tamine/ ▸ conjug 1 ◂ VT to decontaminate

**décontenancer** /dekɔ̃t(ə)nɑ̃se/ ▸ conjug 3 ◂ VT to disconcert, to discountenance *(frm)* VPR **se décontenancer** to lose one's composure

**décontract** * /dekɔ̃tʀakt/ ADJ INV laid-back *, cool *

**décontractant, e** /dekɔ̃tʀaktɑ̃, ɑ̃t/ ADJ *[ambiance, massage, médicament]* relaxing NM relaxant

**décontracté, e** /dekɔ̃tʀakte/ (ptp de **décontracter**) ADJ a *[muscles, corps]* relaxed b *[personne]* relaxed, laid-back *; *(= sans-gêne)* casual, offhand; *[atmosphère, attitude]* relaxed, laid-back *; *[vêtements, style]* casual

**décontracter** VT, **se décontracter** VPR /dekɔ̃tʀakte/ ▸ conjug 1 ◂ to relax

**décontraction** /dekɔ̃tʀaksjɔ̃/ NF a *[de muscle, corps]* relaxation b *(= désinvolture)* relaxed *ou* laid-back * attitude ◆ **sa ~ m'a étonné** I was amazed that he was so relaxed *ou* laid-back *

**déconventionner** /dekɔ̃vɑ̃sjɔne/ ▸ conjug 1 ◂ **VT** *[+ établissement, médecin]* to strike off the register *(for financial misconduct)*

**déconvenue** /dekɔ̃v(ə)ny/ **NF** *(= déception)* disappointment

**décor** /dekɔʀ/ **NM** **a** *(Théât)* **le ~, les ~s** the scenery *(NonC)*, the décor *(NonC)* ◆ **~ de cinéma** film set ◆ **on dirait un ~** *ou* **des ~s de théâtre** it looks like a stage setting *ou* a theatre set, it looks like scenery for a play ◆ **tourner en ~s naturels** to shoot on location ◆ **planter le ~** to set the scene ◆ **faire partie du ~** *(lit, fig)* to be part of the furniture ◆ **aller** *ou* **partir dans le ~** * *ou* **les ~s** * *[véhicule, conducteur]* to go off the road ◆ **envoyer qn dans le ~** * *ou* **les ~s** * to force sb off the road; → **changement, envers²**

**b** *(= paysage)* scenery; *(= arrière-plan)* setting; *(= intérieur de maison)* décor *(NonC)*, decoration ◆ **~ de montagnes** mountain scenery ◆ **dans un ~ de verdure** in a green setting ◆ **photographié dans son ~ habituel** photographed in his usual surroundings

**décorateur, -trice** /dekɔʀatœʀ, tʀis/ **NM,F** **a** *(d'intérieurs)* (interior) decorator; → **peintre** **b** *(Théât = architecte)* stage *ou* set designer; *(TV, Ciné)* set designer

**décoratif, -ive** /dekɔʀatif, iv/ **ADJ** *[ornement]* decorative, ornamental; *[arts, effet]* decorative ◆ **elle a un rôle purement ~** *(péj)* she has a purely decorative role

**décoration** /dekɔʀasjɔ̃/ **NF** **a** *(= action)* decoration **b** *(gén pl = ornement)* decorations; *(= ensemble des ornements)* decoration ◆ **~s de Noël** Christmas decorations **c** *(= médaille)* decoration

**décorder (se)** /dekɔʀde/ ▸ conjug 1 ◂ **VPR** *(Alpinisme)* to unrope

**décoré, e** /dekɔʀe/ (ptp de **décorer**) **ADJ** **a** *(= orné)* decorated ◆ **joliment ~** prettily decorated ◆ **richement ~** ornate, richly decorated ◆ **mur ~ de fresques** wall decorated with frescoes ◆ **un vase très ~** an ornate vase **b** *(= récompensé)* wearing a (military) decoration (*ou* decorations), decorated ◆ **un vieux monsieur très ~** an old man bedecked with medals and ribbons ◆ **les ~s de la Première Guerre mondiale** soldiers awarded (military) decorations *ou* decorated during the First World War

**décorer** /dekɔʀe/ ▸ conjug 1 ◂ **VT** **a** *(= embellir)* *(gén)* to decorate; *[+ robe]* to trim ◆ **~ une maison pour Noël** to decorate a house for Christmas ◆ **l'ensemblier qui a décoré leur maison** the interior decorator who did their house **b** *(= médailler)* to decorate (*de* with); ◆ **on va le ~** *(gén)* he is to be decorated; *(Légion d'honneur)* he is to be made a member of the Legion of Honour

**décorner** /dekɔʀne/ ▸ conjug 1 ◂ **VT** *[+ page]* to smooth out; *[+ animal]* to dehorn; → **vent**

**décorticage** /dekɔʀtikaʒ/ **NM** *[de crevettes, amandes]* shelling; *[de riz]* hulling, husking; *[de texte]* dissection

**décortication** /dekɔʀtikasjɔ̃/ **NF** *(Méd, Sylviculture)* decortication

**décortiquer** /dekɔʀtike/ ▸ conjug 1 ◂ **VT** **a** *[+ crevettes, amandes]* to shell; *[+ riz]* to hull, to husk; *[+ texte]* to dissect **b** *(Méd)* to decorticate **c** *(Sylviculture)* to remove the bark from

**décorum** /dekɔʀɔm/ **NM** ◆ **le ~** *(= convenances)* decorum; *(= étiquette)* etiquette

**décote** /dekɔt/ **NF** *(Fin)* *[de devises, valeur]* below par rating; *[d'impôts]* tax relief

**découcher** /dekuʃe/ ▸ conjug 1 ◂ **VI** to spend the night away from home

**découdre** /dekudʀ/ ▸ conjug 48 ◂ **VT** **a** *[+ vêtement]* to take the stitches out of, to unpick *(Brit)*; *[+ bouton]* to take off; *[+ couture]* to take out, to unpick *(Brit)* **b** ◆ **en ~** *(littér, hum = se battre)* to fight, to do battle (*avec* with) **c** *(Chasse)* to gore, to rip open **VPR** **se découdre** *[robe]* to come unstitched; *[bouton]* to come off; *[couture]* to come apart

**découenné, e** /dekwane/ **ADJ** ◆ **jambon ~** rindless bacon

**découler** /dekule/ GRAMMAIRE ACTIVE 53.4 ▸ conjug 1 ◂ **VI** *(= dériver)* to ensue, to follow (*de* from); ◆ **il découle de cela que ...** it ensues *ou* follows that ... ◆ **les changements qui en découleront seront considérables** the changes which will follow on from this will be considerable ◆ **la partition de l'Empire et les terribles massacres qui en ont découlé** the partition of the Empire and the terrible massacres which followed ◆ **des réductions de dépenses découleront de l'accord** the agreement will lead to a reduction in spending

**découpage** /dekupaʒ/ **NM** **a** *[de papier, gâteau]* cutting up; *[de viande]* carving; *[d'image, métal]* cutting out **b** *(= image)* cut-out ◆ **un cahier de ~s** a cut-out book ◆ **faire des ~s** to make cut-out figures **c** *(Ciné)* cutting **d** *(Pol)* **~ électoral** division into constituencies, distribution of constituencies *(Brit)*, ≃ apportionment *(US)*

**découpe** /dekup/ **NF** **a** *(Couture)* *(= coupe)* cut; *(= coupure)* cut-out **b** *[de bois, verre, carrelage]* cutting to shape ◆ **verre/bois à la ~** glass/wood cut to order

**découpé, e** /dekupe/ (ptp de **découper**) **ADJ** *[relief, sommets, côte]* jagged, indented; *[feuille]* jagged, serrated

**découper** /dekupe/ ▸ conjug 1 ◂ **VT** **a** *(Culin)* *[+ viande, volaille]* to carve, to cut; *[+ gâteau]* to cut ◆ **couteau/fourchette à ~** carving knife/fork **b** *[+ papier, tissu]* to cut up; *[+ bois, verre]* to cut to shape; *[+ images, métal]* to cut out ◆ **~ un article dans un magazine** to cut an article out of a magazine ◆ **"découpez suivant le pointillé"** "cut along the dotted line" ◆ **les indentations qui découpent la côte** the indentations which cut into the coastline; → **scie** **VPR** **se découper** **a** *(= se couper)* to be cut out ◆ **les biscuits se découpent avec des emporte-pièce** you cut out the biscuits *(Brit)* *ou* cookies *(US)* with a cutter ◆ **l'identité ne se découpe pas en tranches** one's identity cannot be cut into neat pieces **b** *(= se détacher)* **sa silhouette se découpait dans la lumière** his figure stood out *ou* was outlined against the light

**découpeur, -euse** /dekupœʀ, øz/ **NM,F** *(= personne)* *[de viande]* carver; *[de métal]* cutter; *[de bois]* jigsaw operator **NF** **découpeuse** *(= machine)* *(gén)* cutting machine; *[de bois]* fretsaw, jigsaw

**découplage** /dekuplaʒ/ **NM** **a** *(Élec)* decoupling **b** *(= dissociation)* delinking, decoupling ◆ **le ~ croissance-emploi** the fact that there is no longer any connection between industrial growth and employment

**découplé, e** /dekuple/ **ADJ** ◆ **bien ~** well-built

**découpler** /dekuple/ ▸ conjug 1 ◂ **VT** *(Élec)* to decouple; *(Chasse)* to uncouple; *(= dissocier)* to delink, to decouple (*de* from); ◆ **le pays n'a pas voulu ~ son économie de celles de ses partenaires** the country did not want to delink its economy from that of its partners

**découpure** /dekupyʀ/ **NF** **a** *(= forme, contour)* jagged *ou* indented outline **b** ◆ **~s** *(= échancrures)* *[de côte]* indentations; *[d'arête]* jagged *ou* indented edge *ou* outline; *[de dentelle, guirlande]* scalloped edge **c** *(= morceau)* bit *ou* piece *(that has been cut out)* ◆ **~s de papier** cut-out bits of paper

**décourageant, e** /dekuʀaʒɑ̃, ɑ̃t/ **ADJ** *[nouvelle, situation]* discouraging; *[élève, travail]* unrewarding

**découragement** /dekuʀaʒmɑ̃/ **NM** despondency ◆ **un ~ profond** a feeling of deep despondency ◆ **le ~ gagne** there is a growing feeling of despondency ◆ **le ~ des enseignants** the demoralization felt by teachers

**décourager** /dekuʀaʒe/ ▸ conjug 3 ◂ **VT** **a** *(= démoraliser)* to discourage, to dishearten ◆ **il ne faut pas se laisser ~ par un échec** one must not be discouraged *ou* disheartened by failure **b** *(= dissuader)* *[+ personne]* to discourage, to put off; *[+ chose]* to discourage ◆ **le gouvernement a tout fait pour ~ la spéculation** the government has done everything in its power to discourage speculation ◆ **pour ~ les malfaiteurs** to deter criminals ◆ **~ qn de qch/de faire qch** to discourage sb from sth/from doing sth, to put sb off sth/doing sth ◆ **~ qn d'une entreprise** to discourage *ou* deter sb from an undertaking, to put sb off an undertaking **VPR** **se décourager** to lose heart, to become disheartened *ou* discouraged ◆ **ne nous décourageons pas** let's not lose heart

**découronner** /dekuʀɔne/ ▸ conjug 1 ◂ **VT** *[+ roi]* to dethrone, to depose ◆ **arbre découronné par la tempête** tree that has had its topmost branches blown off by the storm

**décours** /dekuʀ/ **NM** **a** *(Astron)* wane ◆ **au ~ de la lune** when the moon is (*ou* was) waning **b** *(Méd)* regression ◆ **au ~ de la maladie** during the regression phase of the illness ◆ **au ~ de la fièvre** when the fever is (*ou* was) abating

**décousu, e** /dekuzy/ (ptp de **découdre**) **ADJ** **a** *(Couture)* unstitched ◆ **couture ~e** seam that has come unstitched *ou* unsewn ◆ **ourlet ~** hem that has come down ◆ **ta robe est ~e à la manche** your dress is coming apart at the sleeve **b** *[style]* disjointed, desultory; *[idées]* disconnected, unconnected; *[dissertation, travail]* scrappy, disjointed; *[paroles, conversation]* disjointed, desultory **NM** *[de style]* disjointedness, desultoriness; *[d'idées, raisonnement]* disconnectedness

**découvert, e¹** /dekuvɛʀ, ɛʀt/ (ptp de **découvrir**) **ADJ** **a** *(= mis à nu)* *[épaules, corps, tête]* bare, uncovered *(attrib)*; → **visage**

**b** *(= sans protection)* *[lieu]* open, exposed; *[piscine]* open-air *(épith)*, outdoor *(épith)* ◆ **en terrain ~** in open country *ou* terrain ◆ **allée ~e** open avenue

**NM** *(Fin)* *[de firme, compte]* overdraft; *[de caisse]* deficit; *[d'objet assuré]* uncovered amount *ou* sum ◆ **~ du Trésor** Treasury deficit ◆ **~ bancaire** bank overdraft ◆ **~ budgétaire/de trésorerie** budget/cash deficit ◆ **tirer de l'argent à ~** to overdraw one's account ◆ **mon compte est/je suis à ~** my account is/I am overdrawn ◆ **crédit à ~** unsecured credit ◆ **vendre à ~** to sell short ◆ **vente à ~** short sale

♦ **à découvert** ◆ **être à ~ dans un champ** to be exposed *ou* without cover in a field ◆ **la plage laissée à ~ par la marée** the beach left exposed by the tide ◆ **mettre qch à ~** to expose sth, to bring sth into the open ◆ **parler à ~** to speak frankly *ou* openly ◆ **agir à ~** to act openly

**découverte²** /dekuvɛʀt/ **NF** **a** *(= action)* discovery; *(= objet)* find, discovery ◆ **aller** *ou* **partir à la ~ de** to go off to explore ◆ **jeune homme, il part à la ~ de l'Amérique** as a young man, he sets off to explore America ◆ **faire une ~** to make a discovery

◆ **faire la ~ de** to discover ◆ **montre-moi ta ~** show me what you've found ◆ **ce n'est pas une ~ !** * that's hardly news!, so what's new? * **b** *(Art, Photo)* background

**découvreur, -euse** /dekuvʀœʀ, øz/ **NM,F** discoverer ◆ **~ de talents** talent scout

**découvrir** /dekuvʀiʀ/ ► conjug 18 ◄ **VT** **a** *(= trouver) [+ trésor, loi scientifique, terre inconnue]* to discover; *[+ indices, complot]* to discover, to unearth; *[+ cause, vérité]* to discover, to find out, to unearth; *[+ personne cachée]* to discover, to find ◆ **~ que ...** to discover *ou* find out that ... ◆ **il veut ~ comment/pourquoi c'est arrivé** he wants to find out how/why it happened ◆ **je lui ai découvert des qualités insoupçonnées** I have discovered some unsuspected qualities in him ◆ **il a découvert l'amour à 50 ans** he found love at the age of 50 ◆ **il craint d'être découvert** *(percé à jour)* he is afraid of being found out, *(trouvé)* he is afraid of being found ◆ **quand ils découvriront le pot aux roses** * when they find out what's been going on

♦ **faire découvrir** ◆ **faire ~ la musique/la peinture à qn** to introduce sb to music/painting ◆ **ce livre vous fera ~ un Paris insolite** this book will show you Paris as few people see it ◆ **il m'a fait ~ un monde que je ne soupçonnais pas** he showed me a world I never knew existed

**b** *(= enlever ce qui couvre, protège) [+ plat, casserole]* to take the lid *ou* cover off; *[+ voiture]* to open the roof of; *[+ statue]* to unveil; *(Échecs) [+ roi]* to uncover; *(Mil) [+ frontière]* to expose, to uncover; *[+ corps]* to uncover; *[+ membres, poitrine, épaules, tête]* to bare, to uncover; *(= mettre à jour) [+ ruines]* to uncover ◆ **elle enleva les housses et découvrit les meubles** she removed the dust sheets and uncovered the furniture ◆ **il découvrit son torse/avant-bras** he bared *ou* uncovered his torso/forearm ◆ **il resta découvert devant elle** he kept his hat off in her presence ◆ **ils découvrirent leur aile gauche** *(Mil)* they exposed their left wing, they left their left wing open to attack

**c** *(= laisser voir)* to reveal ◆ **une robe qui découvre le dos** a dress cut low at the back ◆ **son sourire découvre des dents superbes** when he smiles he shows his beautiful teeth

**d** *(= voir)* to see, to have a view of; *(Naut) [+ terre]* to sight ◆ **du haut de la falaise on découvre toute la baie** from the top of the cliff you have a view of the whole bay

**e** *(= révéler, dévoiler) [+ projets, intentions, motifs]* to reveal, to disclose (*à qn* to sb); ◆ **~ son cœur** to lay bare *ou* open one's heart ◆ **~ son jeu** to show one's hand

**VI** *[mer]* to recede

**VPR** **se découvrir** **a** *(= ôter son chapeau)* to take off one's hat; *(= ôter ses habits)* to undress, to take off one's clothes; *(= perdre ses couvertures)* to throw off the bedclothes, to uncover o.s. ◆ **en altitude on doit se ~ le moins possible** at high altitudes you must keep covered up as much as possible; → **avril**

**b** *(Boxe, Escrime)* to leave o.s. open; *(Mil, fig)* to expose o.s., to leave o.s. open to attack

**c** *[ciel, temps]* to clear ◆ **ça va se ~** it will soon clear

**d** *(= trouver)* **elle s'est découvert un cousin en Amérique/un talent pour la peinture** she found out *ou* discovered she had a cousin in America/a gift for painting ◆ **c'est dans les épreuves qu'on se découvre** one finds *ou* discovers one's true self in testing situations

**décrassage** /dekʀasaʒ/, **décrassement** /dekʀasmɑ̃/ **NM** *[d'objet boueux, graisseux]* cleaning; *[de chaudière]* cleaning, cleaning-out; *[de bougie de moteur]* cleaning-up ◆ **un bon ~** * *(= toilette)* a good scrubbing-down *ou* clean-up

**décrasser** /dekʀase/ ► conjug 1 ◄ **VT** **a** *[+ enfant]* to scrub clean; *[+ objet boueux, graisseux]* to clean, to get the mud (*ou* grease *etc*) off; *(en frottant)* to scrub; *(en trempant)* to soak the dirt out of; *[+ chaudière]* to clean out, to clean; *[+ bougie de moteur]* to clean (up) ◆ **se ~** *[personne]* to give o.s. a good scrub, to clean o.s. up ◆ **se ~ le visage/les mains** to give one's face/hands a good clean ◆ **le bon air, ça décrasse les poumons** fresh air cleans out the lungs ◆ **rouler à cette vitesse, ça décrasse le moteur** driving at that speed gives the engine a good decoking *(Brit) ou* cleans the engine out well **b** *(fig = dégrossir)* to take the rough edges off

**décrédibilisation** /dekʀedibilizasjɔ̃/ **NF** loss of credibility

**décrédibiliser** /dekʀedibilize/ ► conjug 1 ◄ **VT** *[+ personne, organisation]* to undermine the credibility of

**décrêper** /dekʀepe/ ► conjug 1 ◄ **VT** *[+ cheveux]* to straighten

**décrépir** /dekʀepiʀ/ ► conjug 2 ◄ **VT** *[+ mur]* to remove the roughcast from ◆ **façade décrépie** peeling façade **VPR** **se décrépir** *[mur]* to peel

**décrépit, e** /dekʀepi, it/ **ADJ** *[personne]* decrepit; *[maison, mur]* dilapidated, decrepit

**décrépitude** /dekʀepityd/ **NF** *[de personne]* decrepitude; *[de nation, institution, civilisation]* decay ◆ **tomber en ~** *[personne]* to become decrepit; *[nation]* to decay

**decrescendo** /dekʀeʃɛndo/ **ADV** *(Mus)* decrescendo ◆ **sa réputation va ~** his reputation is declining *ou* waning **NM** *(Mus)* decrescendo

**décret** /dekʀɛ/ **NM** *(Pol, Rel)* decree ◆ **~ d'application** *decree specifying how a law should be enforced* ◆ **gouverner par ~** to rule by decree ◆ **~-loi** government decree ◆ **les ~s de la Providence** *(littér)* the decrees of Providence

**décréter** /dekʀete/ ► conjug 6 ◄ **VT** *[+ mobilisation]* to order; *[+ état d'urgence]* to declare; *[+ mesure]* to decree ◆ **le président a décrété la nomination d'un nouveau ministre** the president ordered the appointment of a new minister ◆ **~ que** *[gouvernement, patron]* to decree *ou* order that; *(Rel)* to ordain *ou* decree that ◆ **il a décrété qu'il ne mangerait plus de betteraves** he swore that he wouldn't eat beetroot any more ◆ **j'ai décrété que je n'irai pas** I have decided that I won't go

**décrier** /dekʀije/ ► conjug 7 ◄ **VT** *[+ œuvre, mesure, principe, auteur]* to decry *(littér)*, to disparage, to downcry *(US)* ◆ **la chasteté, une vertu si décriée de nos jours** chastity, a much disparaged virtue nowadays ◆ **ces auteurs maintenant si décriés par la critique** these authors now so disparaged by the critics ◆ **il décria fort ma conduite** he (strongly) censured my behaviour

**décriminalisation** /dekʀiminalizasjɔ̃/ **NF** decriminalization

**décriminaliser** /dekʀiminalize/ ► conjug 1 ◄ **VT** to decriminalize

**décrire** /dekʀiʀ/ ► conjug 39 ◄ **VT** **a** *(= dépeindre)* to describe **b** *[+ trajectoire]* to follow; *[+ cercle, ellipse]* to describe ◆ **l'oiseau/l'avion décrivait des cercles au-dessus de nos têtes** the bird/plane flew in circles overhead ◆ **la route décrit une courbe** the road makes *ou* follows a curve ◆ **le satellite décrit une ellipse** the satellite follows *ou* makes *ou* describes an elliptical orbit

**décrispation** /dekʀispasjɔ̃/ **NF** *(Pol)* easing of tension (*entre* between); ◆ **il y a des signes de ~ politique** there are signs that the political tension is easing

**décrisper** /dekʀispe/ ► conjug 1 ◄ **VT** *[+ situation]* to defuse; *[+ personne]* to relax ◆ **pour ~ les relations** to make relations less strained, to ease relations

**décrochage** /dekʀɔʃaʒ/ **NM** **a** *[de rideaux]* taking down, unhooking; *[de wagon]* uncoupling **b** *(Mil)* **opérer un ~** to disengage, to break off the action **c** *(Radio, TV)* switchover **d** *(Fin)* **le ~ du franc par rapport au mark** the decoupling *ou* unpegging of the franc from the mark **e** *(Aviat)* stalling ◆ **faire un ~** to stall **f** *(Scol)* ◆ **être en situation de ~ scolaire** to be doing badly at school

**décrochement** /dekʀɔʃmɑ̃/ **NM** **a** *[de wagon]* uncoupling **b** *(Géol)* thrust fault, slide **c** *(Constr) (en retrait)* recess; *(en saillie)* projection ◆ **le mur présente un ~** *(en retrait)* the wall is recessed; *(en saillie)* the wall juts out **d** *(Fin)* ⇒ **décrochage d**

**décrocher** /dekʀɔʃe/ ► conjug 1 ◄ **VT** **a** *(= détacher) [+ tableau]* to take down; *[+ rideau]* to take down, to unhook; *[+ vêtement]* to take down, to take off the hook *ou* peg; *[+ fermoir]* to undo, to unclasp; *[+ poisson]* to unhook; *[+ wagon]* to uncouple ◆ **il n'a pas pu ~ son cerf-volant qui s'était pris dans l'arbre** he couldn't free *ou* unhook his kite which had got caught in the tree ◆ **~ le reste du peloton** *(Sport)* to leave the pack behind ◆ **~ le franc du mark** *(Fin)* to decouple *ou* unpeg the franc from the mark

**b** *[+ téléphone] (pour répondre)* to pick up, to lift; *(pour l'empêcher de sonner)* to take off the hook ◆ **ne décroche pas !** don't answer it! ◆ **le téléphone est décroché** the telephone is off the hook

**c** (* *= obtenir) [+ prix, contrat, poste, récompense]* to get, to land * ◆ **il a décroché une belle situation** he's landed a plum job * ◆ **~ le gros lot** *ou* **la timbale** *(lit, fig)* to hit the jackpot; → **lune, pompon**

**VI** **a** *(Mil)* to pull back, to break off the action; *[coureur]* to fall behind

**b** * *(= abandonner, ne pas suivre)* to fall by the wayside, to fail to keep up; *(= se désintéresser)* to drop out, to opt out; *(= cesser d'écouter)* to switch off *

**c** *(arg Drogue)* to come off

**d** *(Fin)* **le franc a décroché du mark** *(= perdre du terrain)* the franc lost ground against the mark

**e** *(Radio, TV)* to go off the air

**f** *(Aviat)* to stall

**VPR** **se décrocher** *[tableau, vêtement]* to fall down *ou* off; *[rideau]* to fall down, to come unhooked; *[fermoir]* to come undone; *[poisson]* to get unhooked; *[wagon]* to come uncoupled ◆ **le cerf-volant pris dans l'arbre s'est finalement décroché** the kite which had been caught in the tree finally came free; → **bâiller**

**décroiser** /dekʀwaze/ ► conjug 1 ◄ **VT** *[+ jambes]* to uncross; *[+ bras]* to unfold; *[+ fils]* to untwine, to untwist

**décroissance** /dekʀwasɑ̃s/ **NF** *(= diminution)* decline, decrease (*de* in)

**décroissant, e** /dekʀwasɑ̃, ɑ̃t/ **ADJ** *(gén)* decreasing, diminishing, declining; *[bruit]* fading; *[vitesse]* decreasing, falling ◆ **par ordre ~** in decreasing *ou* descending order

**décroissement** /dekʀwasmɑ̃/ **NM** *[de jours]* shortening; *[de lune]* waning

**décroît** /dekʀwa/ **NM** *[de lune]* ◆ **dans** *ou* **sur son ~** in its last quarter

**décroître** /dekʀwatʀ/ ► conjug 55 ◄ **VI** *[nombre, population, intensité, pouvoir]* to decrease, to diminish, to decline; *[eaux, fièvre]* to subside, to go down; *[popularité]* to decline, to drop; *[vitesse]* to drop; *[force]* to decline, to diminish, to fail; *[revenus]* to get less, to diminish; *[lune]* to wane; *[jours]* to get shorter; *[silhouette]* to get smaller and smaller; *[bruit]* to die away, to fade; *[lumière]* to fade, to grow fainter *ou* dimmer ◆ **ses forces vont (en) décroissant** his strength is failing *ou* gradually diminishing *ou* declining ◆ **cette ville a beaucoup décru en importance** this town has greatly declined in importance

**décrotter** /dekʀɔte/ ▸ conjug 1 ◂ VT *[+ chaussures]* to scrape the mud off; *(fig) [+ rustre]* to take the rough edges off

**décrottoir** /dekʀɔtwaʀ/ NM *(= lame)* mudscraper, shoescraper; *(= paillasson)* wire (door)mat

**décrue** /dekʀy/ NF *[d'eaux, rivière]* fall *ou* drop in level (*de* of); *[de taux d'intérêt]* drop (*de* in); *[de popularité]* decline, drop (*de* in); ◆ **la ~ des eaux atteint deux mètres** the water level *ou* flood-level has fallen *ou* dropped by two metres ◆ **au moment de la ~** when the water level drops

**décryptage** /dekʀiptaʒ/, **décryptement** /dekʀiptəmɑ̃/ NM deciphering; *(Ordin, TV)* decryption

**décrypter** /dekʀipte/ ▸ conjug 1 ◂ VT *(= décoder) [+ message, code, génome]* to decipher; *(Ordin, TV)* to decrypt ◆ **~ l'attitude de qn** *(= élucider)* to work sb out, to understand sb's attitude

**déçu, e** /desy/ (ptp de **décevoir**) ADJ disappointed ◆ **j'ai été très ~ d'apprendre que ...** I was very disappointed to find out that ... ◆ **elle ne va pas être ~e du voyage !** * *(iro)* she's going to be over the moon! * *(iro)*

**de cujus** /dekyʒys, dekujus/ NM INV *(Jur)* ◆ **le ~** the deceased

**déculottée**‡ /dekylɔte/ NF *(= défaite)* clobbering*, hammering* ◆ **prendre** *ou* **recevoir une ~** to get a hammering* *ou* clobbering*

**déculotter** /dekylɔte/ ▸ conjug 1 ◂ VT ◆ **~ qn** to take down sb's trousers VPR **se déculotter** *(lit)* to take down one's trousers; *(‡ = s'humilier)* to lie down and take it*

**déculpabilisation** /dekylpabilizasjɔ̃/ NF *[de personne]* removal of guilt feelings ◆ **la ~ du divorce** taking away the guilt associated with divorce

**déculpabiliser** /dekylpabilize/ ▸ conjug 1 ◂ VT ◆ **~ qn** to remove sb's guilt feelings ◆ **~ le divorce** to take away the guilt associated with divorce

**déculturation** /dekyltyʀasjɔ̃/ NF loss of cultural identity

**décuple** /dekypl/ ADJ tenfold ◆ **un revenu ~ du mien** an income ten times as large as mine NM ◆ **20 est le ~ de 2** 20 is ten times 2 ◆ **il gagne le ~ de ce que je gagne** he earns ten times what I earn ◆ **il me l'a rendu au ~** he paid me back tenfold

**décuplement** /dekypləmɑ̃/ NM *(lit)* tenfold increase ◆ **grâce au ~ de nos forces** thanks to our greatly increased strength

**décupler** /dekyple/ ▸ conjug 1 ◂ VTI to increase tenfold ◆ **la colère décuplait ses forces** anger gave him the strength of ten

**dédaignable** /dedɛɲabl/ ADJ ◆ **ce n'est pas ~** it's not to be sniffed at

**dédaigner** /dedeɲe/ ▸ conjug 1 ◂ VT a *(= mépriser) [+ personne]* to despise, to look down on, to scorn; *[+ honneurs, richesse]* to scorn, to despise ◆ **il ne dédaigne pas de rire avec ses subordonnés** he doesn't consider it beneath him to joke with his subordinates ◆ **il ne dédaigne pas un verre de vin de temps à autre** he's not averse to the occasional glass of wine b *(= négliger) [+ offre, adversaire]* to spurn; *[+ menaces, insultes]* to disregard, to discount ◆ **ce n'est pas à ~** *(honneur, offre)* it's not to be sniffed at; *(danger, adversaire)* it can't just be shrugged off ◆ **il dédaigna de répondre/d'y aller** he did not deign to reply/go

**dédaigneusement** /dedɛɲøzmɑ̃/ ADV disdainfully, scornfully, contemptuously

**dédaigneux, -euse** /dedɛɲø, øz/ ADJ *[personne, air]* scornful, disdainful, contemptuous ◆ **~ de** contemptuous *ou* scornful *ou* disdainful of ◆ **il est ~ de plaire** *(littér)* he scorns to please

**dédain** /dedɛ̃/ NM contempt, scorn, disdain (*de* for); ◆ **sourire de ~** disdainful *ou* scornful smile

**dédale** /dedal/ NM a *[de rues, idées, lois]* maze b *(Myth)* **Dédale** Daedalus

**dedans** /dədɑ̃/ ADV a *(= à l'intérieur)* inside; *(= pas à l'air libre)* indoors, inside ◆ **voulez-vous dîner dehors ou ~ ?** do you want to have dinner outside or inside? *ou* outdoors or indoors? ◆ **au-~** inside ◆ **la maison est laide, mais ~** *ou* **au-~ c'est très joli** it's an ugly-looking house but it's lovely inside ◆ **nous sommes restés ~ toute la journée** we stayed in *ou* inside *ou* indoors all day ◆ **elle cherche son sac, tout son argent est ~** she is looking for her bag, it's got all her money in it ◆ **prenez ce fauteuil, on est bien ~** have this chair, you'll be comfortable in it *ou* you'll find it comfortable ◆ **de** *ou* **du ~ on n'entend rien** you can't hear a sound from inside ◆ **passez par ~ pour aller au jardin** go through the house to get to the garden ◆ **la crise ? on est en plein ~ !** the crisis? we're right in the middle of it!

b *(loc)* **être ~** *(Cartes)* to lose (*de* by); ◆ **mettre** * *ou* **ficher** * *ou* **foutre**‡ **qn ~** to get sb confused, to make sb get it wrong ◆ **il s'est fait mettre ~**‡ he got himself put away‡ *ou* put inside‡ ◆ **il s'est fichu** * *ou* **foutu**‡ **~** he got it all wrong* ◆ **un bus lui est rentré ~** * a bus hit him *ou* ran into him ◆ **il a dérapé, il y avait un arbre, il est rentré** *ou* **entré ~** * he skidded, there was a tree and he ran *ou* went *ou* crashed straight into it

◆ **en dedans** ◆ **fleur blanche en dehors et jaune en ~** *(= à l'intérieur)* a flower that's white (on the) outside and yellow (on the) inside ◆ **ces volets s'ouvrent en ~** *(= vers l'intérieur)* these shutters open inwards ◆ **avoir** *ou* **marcher les pieds en ~** to be pigeon-toed ◆ **ne marche pas les pieds en ~** don't walk with your feet turned in

NM *[d'objet, bâtiment]* inside ◆ **le coup a été préparé du ~** it's an inside job

**dédicace** /dedikas/ NF a *(imprimée)* dedication; *(manuscrite) [de livre, photo]* dedication, inscription (*à* to) b *[d'église]* consecration, dedication

**dédicacer** /dedikase/ ▸ conjug 3 ◂ VT *[+ livre, photo] (= signer)* to sign, to autograph (*à qn* for sb); *(= dédier)* to dedicate (*à* to)

> ⚠ *Au sens de 'signer',* **dédicacer** *ne se traduit pas par* **to dedicate**.

**dédicataire** /dedikatɛʀ/ NMF dedicatee

**dédicatoire** /dedikatwaʀ/ ADJ dedicatory, dedicative

**dédié, e** /dedje/ (ptp de **dédier**) ADJ *[équipement, ligne, ordinateur]* dedicated

**dédier** /dedje/ ▸ conjug 7 ◂ **dédier à** VT *(Rel)* to consecrate to, to dedicate to ◆ **~ ses efforts à** to devote *ou* dedicate one's efforts to ◆ **~ un livre à** to dedicate a book to

**dédire (se)** /dediʀ/ ▸ conjug 37 ◂ VPR a *(= manquer à ses engagements)* to go back on one's word ◆ **se ~ d'une promesse** to go back on a promise b *(= se rétracter)* to retract, to recant ◆ **se ~ d'une affirmation** to withdraw a statement, to retract (a statement); → **cochon**

**dédit** /dedi/ NM a *(Comm = somme)* forfeit, penalty ◆ **un ~ de 5 000 €** a 5,000 euro penalty b *(= rétractation)* retraction; *(= manquement aux engagements)* failure to keep one's word; *(= non-paiement)* default ◆ **en cas de ~ il faut payer un supplément** in case of default a supplement must be paid

**dédommagement** /dedɔmaʒmɑ̃/ NM compensation ◆ **en ~, je lui ai donné une bouteille de vin** in compensation *ou* to make up for it, I gave him a bottle of wine ◆ **en ~ des dégâts** *ou* **à titre de ~ pour les dégâts, on va me donner 100 €** they will give me €100 in compensation for the damage ◆ **en ~ du mal que je vous donne** to make up for the trouble I'm causing you

**dédommager** /dedɔmaʒe/ ▸ conjug 3 ◂ VT *(= indemniser)* ◆ **~ qn** to compensate sb (*de* for) to give sb compensation (*de* for); ◆ **je l'ai dédommagé en lui donnant une bouteille de vin** I gave him a bottle of wine in compensation *ou* to make up for it ◆ **~ qn d'une perte** to compensate sb for a loss, to make good sb's loss ◆ **comment vous ~ du dérangement que je vous cause ?** how can I ever make up for the trouble I'm causing? ◆ **le succès le dédommage de toutes ses peines** his success is compensation *ou* compensates for all his troubles

**dédoré, e** /dedɔʀe/ (ptp de **dédorer**) ADJ *[bijou, tableau]* which has lost its gilt, tarnished; *(fig) [noblesse]* faded

**dédorer** /dedɔʀe/ ▸ conjug 1 ◂ VT to remove the gilt from

**dédouanage** /dedwanaʒ/, **dédouanement** /dedwanmɑ̃/ NM *(Comm)* clearing *ou* clearance through customs, customs clearance; * *[de personne]* clearing (the name of), putting in the clear*

**dédouaner** /dedwane/ ▸ conjug 1 ◂ VT *(Comm)* to clear through customs; *(* = réhabiliter) [+ personne]* to clear (the name of), to put in the clear* ◆ **marchandises dédouanées** duty-paid goods ◆ **se ~** to clear one's name

**dédoublement** /dedubləmɑ̃/ NM *[de classe]* dividing *ou* splitting in two; *[d'ongles]* splitting ◆ **le ~ d'un train** the running of a relief train ◆ **le ~ de la personnalité est un trouble grave** *(Psych)* having a split *ou* dual personality is a serious illness ◆ **souffrir d'un ~ de la personnalité** to suffer from a split *ou* dual personality

**dédoubler** /deduble/ ▸ conjug 1 ◂ VT a *[+ manteau]* to remove the lining of b *[+ classe]* to split *ou* divide in two; *[+ ficelle]* to separate the strands of ◆ **~ un train** to run *ou* put on a relief train ◆ **pour Noël on a dû ~ tous les trains** at Christmas they had to run additional trains on all services c *[+ couverture]* to unfold, to open out VPR **se dédoubler** *(= se déplier)* to unfold, to open out; *[ongles]* to split ◆ **dans les cas où la personnalité se dédouble** in cases of split *ou* dual personality ◆ **je ne peux pas me ~** * I can't be in two places at once ◆ **l'image se dédoublait dans l'eau** there was a double outline reflected in the water

**dédramatisation** /dedʀamatizasjɔ̃/ NF *(= minimisation) [événement, situation]* playing down the importance of ◆ **au gouvernement, le ton est à la ~** the government is trying to play things down ◆ **le patient fait un travail de ~ de sa maladie** the patient tries to come to terms with his illness

**dédramatiser** /dedʀamatize/ ▸ conjug 1 ◂ VT *[+ examen, opération]* to make less alarming *ou* awesome; *[+ problème]* to play down the importance of; *[+ débat]* to take the heat out of ◆ **il faut ~ la situation** we mustn't overdramatize the situation

**déductible** /dedyktibl/ ADJ *(Fin) [frais, somme]* deductible (*de* from); ◆ **~ du revenu imposable** tax-deductible ◆ **dépenses non ~s** non-deductible expenses

**déductif, -ive** /dedyktif, iv/ ADJ deductive

**déduction** /dedyksjɔ̃/ NF **a** *(Comm)* deduction ◆ **~ fiscale** tax deduction ◆ **~ forfaitaire** standard deduction ◆ **~ faite de** after deducting, after deduction of ◆ **ça entre en ~ de ce que vous nous devez** that's deductible from what you owe us, that'll be taken off what you owe us **b** *(= forme de raisonnement)* deduction, inference; *(= conclusion)* conclusion, inference

**déduire** /dedɥiʀ/ ▸ conjug 38 ◂ VT **a** *(= soustraire) (Comm)* to deduct (*de* from); ◆ **tous frais déduits** after deduction of expenses **b** *(= conclure)* to deduce, to infer (*de* from)

**déesse** /deɛs/ NF goddess ◆ **elle a un corps/port de ~** she's got the body/bearing of a goddess

**de facto** /defakto/ LOC ADV *[reconnaissance, gouvernement]* de facto ◆ **reconnaître qch ~** to give de facto recognition to sth ◆ **~, il devient président** he becomes de facto president

**défaillance** /defajɑ̃s/ NF **a** *(= évanouissement)* blackout; *(= faiblesse physique)* feeling of weakness *ou* faintness; *(= faiblesse morale)* weakness, failing ◆ **avoir une ~** *(évanouissement)* to faint, to have a blackout; *(faiblesse)* to feel faint *ou* weak ◆ **l'athlète a eu une ~ au troisième kilomètre** the athlete seemed to be in difficulty *ou* to be weakening at the third kilometre ◆ **il a eu plusieurs ~s ces derniers jours** he has had several weak spells these last few days ◆ **faire son devoir sans ~** to do one's duty without flinching

**b** *(= mauvais fonctionnement)* (mechanical) fault, failure, breakdown (*de* in); ◆ **l'accident était dû à une ~ de la machine** the accident was caused by a fault in the machine

**c** *(= insuffisance)* weakness ◆ **élève qui a des ~s (en histoire)** pupil who has certain shortcomings *ou* weak points (in history) ◆ **devant la ~ du gouvernement** faced with the weakness of the government *ou* the government's failure to act ◆ **mémoire sans ~** faultless memory

**d** *(Jur)* default ◆ **~ d'entreprise** bankruptcy

COMP ▷ **défaillance cardiaque** heart failure ▷ **défaillance mécanique** mechanical fault ▷ **défaillance de mémoire** lapse of memory

**défaillant, e** /defajɑ̃, ɑ̃t/ ADJ **a** *(= affaibli) [forces]* failing, declining; *[santé, mémoire, raison]* failing; *[courage, volonté]* faltering, weakening; *[cœur]* weak **b** *(= tremblant) [voix, pas]* unsteady, faltering; *[main]* unsteady **c** *(= près de s'évanouir) [personne]* weak, faint (*de* with) **d** *[matériel, installation]* faulty; *[pouvoir, gouvernement]* shaky **e** *(Jur) [partie, témoin]* defaulting ◆ **client ~** client who defaults *ou* has defaulted ◆ **candidat ~** candidate who fails (*ou* who has failed) to appear

**défaillir** /defajiʀ/ ▸ conjug 13 ◂ VI **a** *(= s'évanouir)* to faint ◆ **elle défaillait de bonheur/de faim** she felt faint with happiness/hunger **b** *(= faiblir) [forces]* to weaken, to fail; *[courage, volonté]* to falter, to weaken; *[mémoire]* to fail ◆ **faire son devoir sans ~** to do one's duty without flinching

**défaire** /defɛʀ/ ▸ conjug 60 ◂ VT **a** *(= démonter) [+ échafaudage]* to take down, to dismantle; *[+ installation électrique]* to dismantle; *[+ sapin de Noël]* to take down

**b** *(= découdre, dénouer) [+ couture, tricot]* to undo, to unpick *(Brit)*; *[+ écheveau]* to undo, to unravel, to unwind; *[+ corde, nœud, ruban]* to undo, to untie; *[+ cheveux, nattes]* to undo

**c** *(= ouvrir) [+ courroie, fermeture, robe]* to undo, to unfasten; *[+ valise]* to unpack ◆ **~ ses bagages** to unpack (one's luggage) ◆ **~ le lit** *(pour changer les draps)* to strip the bed; *(pour se coucher)* to pull back the sheets; *(mettre en désordre)* to unmake *ou* rumple the bed

**d** *(= détruire) [+ mariage]* to break up; *[+ contrat, traité]* to break ◆ **cela défit tous nos plans** it ruined all our plans ◆ **il (faisait et) défaisait les rois** he (made and) unmade kings ◆ **elle se plaît à ~ tout ce que j'essaie de faire pour elle** she takes pleasure in undoing everything I try to do for her ◆ **la maladie l'avait défait** his illness had left him shattered ◆ **la douleur défaisait ses traits** his face was contorted with pain

**e** *(= battre) (littér) [+ ennemi, armée]* to defeat

**f** *(= débarrasser) (littér)* **~ qn de** *[+ liens, gêneur]* to rid sb of, to relieve sb of, to deliver sb from *(littér)*; *[+ habitude]* to break sb of, to cure sb of, to rid sb of; *[+ défaut]* to cure sb of, to rid sb of

VPR **se défaire** **a** *[nœud, ficelle, coiffure]* to come undone; *[couture]* to come undone *ou* apart; *[légumes, viande] (à la cuisson)* to fall to pieces, to disintegrate; *[mariage, amitié]* to break up

**b** *(= se déformer)* **ses traits se défirent, son visage se défit** his face crumpled, his face twisted with grief (*ou* pain *etc*)

**c** *(loc)*

◆ **se défaire de** *(= se débarrasser de) [+ gêneur, vieillerie, odeur]* to get rid of; *[+ image, idée]* to put *ou* get out of one's mind; *[+ habitude]* to break *ou* cure o.s. of, to get rid of; *[+ défaut]* to cure o.s. of; *[+ souvenir]* to part with

**défait, e**[1] /defɛ, ɛt/ (ptp de **défaire**) ADJ **a** *[visage]* ravaged, haggard; *[cheveux]* tousled, dishevelled ◆ **il était complètement ~** he looked terribly haggard **b** *[lit]* unmade, rumpled **c** *[armée]* defeated

**défaite**[2] /defɛt/ NF *(Mil)* defeat; *(= échec)* defeat, failure ◆ **la ~ de notre équipe** our team's defeat ◆ **~ électorale** electoral defeat

**défaitisme** /defetism/ NM defeatism

**défaitiste** /defetist/ ADJ, NMF defeatist

**défalcation** /defalkasjɔ̃/ NF deduction ◆ **~ faite des frais** after deduction of expenses

**défalquer** /defalke/ ▸ conjug 1 ◂ VT to deduct

**défatigant, e** /defatigɑ̃, ɑ̃t/ ADJ *[lait, lotion]* soothing

**défausse** /defos/ NF *(Cartes)* discarding; *(fig)* prevarication ◆ **il excelle dans l'art de la ~** he excels the art of prevarication ◆ **pas question d'une ~ de l'État** there is no way the State can prevaricate

**défausser (se)** /defose/ ▸ conjug 1 ◂ VPR *(Cartes)* to discard, to throw out *ou* away ◆ **se ~ (d'une carte)** to discard ◆ **il s'est défaussé à trèfle** he discarded a club

**défaut** /defo/ NM **a** *[de pierre précieuse, métal]* flaw; *[d'étoffe, verre]* flaw, fault; *[de machine]* defect, fault; *[de bois]* blemish; *[de roman, tableau, système]* flaw, defect ◆ **sans ~** flawless, faultless

**b** *[de personne]* fault, failing; *[de caractère]* defect, fault ◆ **chacun a ses petits ~s** we've all got our little faults *ou* our failings ◆ **il n'a aucun ~** he's perfect ◆ **la gourmandise n'est pas un gros ~** greediness isn't such a bad fault; → **curiosité**

**c** *(= désavantage)* drawback ◆ **ce plan/cette voiture a ses ~s** this plan/car has its drawbacks ◆ **le ~ de** *ou* **avec** * **cette voiture, c'est que ...** the trouble *ou* snag * *ou* drawback with this car is that ...

**d** *(= manque)* **~ de** *[+ raisonnement]* lack of; *[+ main-d'œuvre]* shortage of

**e** *(loc)*

◆ **faire défaut** *[temps, argent, talent]* to be lacking; *(Jur) [prévenu, témoin]* to default ◆ **la patience/le temps lui fait ~** he lacks patience/time ◆ **le courage lui a finalement fait ~** his courage failed him in the end ◆ **ses amis lui ont finalement fait ~** his friends let him down in the end ◆ **si ma mémoire ne me fait pas ~** if my memory serves me right

◆ **à défaut** ◆ **à ~ de** for lack *ou* want of ◆ **à ~ de vin, il boira du cidre** if there's no wine, he'll drink cider ◆ **elle cherche une table ovale, ou, à ~, ronde** she is looking for an oval table, or, failing that, a round one (will do)

◆ **en défaut** ◆ **être en ~** to be at fault *ou* in the wrong ◆ **c'est votre mémoire qui est en ~** it's your memory that's at fault ◆ **se mettre en ~** to put o.s. in the wrong ◆ **prendre qn en ~** to catch sb out ◆ **mettre les chiens en ~** *(Chasse)* to put the dogs off the scent

◆ **par défaut** by default ◆ **condamner/juger qn par ~** *(Jur)* to sentence/judge sb in absentia ◆ **calculer qch par ~** *(Math)* to calculate sth to the nearest decimal point ◆ **il pèche par ~** he doesn't try hard enough ◆ **le lecteur par ~** *(Ordin)* the default drive

COMP ▷ **défaut de comparution** *(Jur)* default, non-appearance, failure to appear ▷ **le défaut de la cuirasse** *(lit, fig)* the chink in the armour ▷ **défaut d'élocution** ⇒ **défaut de prononciation** ▷ **le défaut de l'épaule** the hollow beneath the shoulder ▷ **défaut de fabrication** manufacturing defect ▷ **défaut de masse** *(Phys)* mass defect ▷ **défaut de paiement** *(Jur)* default in payment, non-payment ▷ **défaut de prononciation** speech impediment *ou* defect

**défaut-congé** (pl **défauts-congés**) /defokɔ̃ʒe/ NM *(Jur) dismissal of case through non-appearance of plaintiff*

**défaveur** /defavœʀ/ NF disfavour *(Brit)*, disfavor *(US)* (*auprès de* with); ◆ **être en ~** to be out of favour *(Brit) ou* favor *(US)*, to be in disfavour ◆ **s'attirer la ~ de** to incur the disfavour of

**défavorable** /defavɔʀabl/ ADJ unfavourable *(Brit)*, unfavorable *(US)* (*à* to); ◆ **voir qch d'un œil ~** to view sth with disfavour *(Brit) ou* disfavor *(US)*

**défavorablement** /defavɔʀabləmɑ̃/ ADV unfavourably

**défavoriser** /defavɔʀize/ ▸ conjug 1 ◂ VT *(= désavantager) [décision, loi]* to penalize; *[défaut, timidité]* to put at a disadvantage; *[examinateur, patron]* to put at an unfair disadvantage ◆ **il a défavorisé l'aîné** he treated the eldest less fairly (than the others) ◆ **j'ai été défavorisé par rapport aux autres candidats** I was put at an unfair disadvantage with respect to the other candidates ◆ **aider les couches les plus défavorisées de la population** to help the most underprivileged *ou* disadvantaged sections of the population

**défécation** /defekasjɔ̃/ NF *(Physiol)* defecation; *(Chim)* defecation, purification

**défectif, -ive** /defɛktif, iv/ ADJ *[verbe]* defective

**défection** /defɛksjɔ̃/ NF *[d'amis, alliés politiques]* desertion, defection; *[de troupes]* failure to give *ou* lend assistance; *[de candidats]* failure to attend *ou* appear; *[d'invités]* failure to appear ◆ **faire ~** *[partisans]* to fail to lend support; *[invités]* to fail to appear *ou* turn up ◆ **il y a eu plusieurs ~s** *(membres d'un parti)* a number of people have withdrawn their support; *(invités, candidats)* several people failed to appear

**défectueux, -euse** /defɛktɥø, øz/ ADJ *[matériel]* faulty, defective; *[raisonnement]* faulty

**défectuosité** /defɛktɥozite/ NF *(= état)* defectiveness, faultiness; *(= défaut)* imperfection, (slight) defect *ou* fault (*de* in)

**défendable** /defɑ̃dabl/ ADJ *(Mil)* *[ville]* defensible; *(= soutenable)* *[conduite]* defensible, justifiable; *[position]* tenable, defensible ◆ **il n'est pas ~** *(gén)* he has no excuse; *(Jur)* he cannot be defended

**défendant** /defɑ̃dɑ̃/ (prp de **défendre**) → **corps**

**défendeur, -deresse** /defɑ̃dœʀ, dʀɛs/ NM,F *(Jur)* defendant ◆ **~ en appel** respondent

**défendre** /defɑ̃dʀ/ ► conjug 41 ◄ VT **a** *(= protéger) (gén, Jur, Mil)* to defend; *(= soutenir)* *[+ personne, opinion]* to stand up for, to defend (*contre* against); *[+ cause]* to champion, to defend (*contre* against); ◆ **ville défendue par deux forts** town defended *ou* protected by two forts ◆ **~ son bifteck** * *(fig)* to stand up for one's rights, to defend one's livelihood

**b** *(= interdire)* **~ qch à qn** to forbid sb sth ◆ **~ à qn de faire qch** *ou* **qu'il fasse qch** to forbid sb to do sth ◆ **le médecin lui défend le tabac/la mer** the doctor has forbidden him *ou* won't allow him to smoke/to go to the seaside ◆ **il m'en a défendu l'accès** he forbade me access to it ◆ **~ sa porte à qn** to bar one's door to sb, to refuse to allow sb in ◆ **ne fais pas ça, c'est défendu** don't do that, it's not allowed *ou* it's forbidden ◆ **il est défendu de fumer** smoking is prohibited *ou* not allowed ◆ **il est défendu de parler** talking is not allowed; → **fruit**[1]

VPR **se défendre** **a** *(= se protéger) (gén, Jur, Mil)* to defend o.s. (*contre* against); *(contre brimades, critiques)* to stand up for o.s., to defend o.s. (*contre* against); ◆ **se ~ du froid/de la pluie** to protect o.s. from the cold/rain

**b** *(* = se débrouiller)* to manage, to get along *ou* by ◆ **elle se défend au tennis/au piano** she's not bad at tennis/on the piano ◆ **il se défend bien/mal en affaires** he gets on *ou* does quite well/he doesn't do very well in business ◆ **il se défend** he gets along *ou* by, he can hold his own (quite well)

**c** *(= se justifier)* **se ~ d'avoir fait qch** to deny doing *ou* having done sth ◆ **il se défendit d'être vexé/jaloux** he denied being *ou* that he was annoyed/jealous ◆ **sa position/son point de vue se défend** his position/point of view is quite defensible ◆ **ça se défend !** *(raisonnement)* it holds *ou* hangs together ◆ **il dit que ce serait trop cher, ça se défend** he says it would be too expensive and he has a point *ou* it's a fair point

**d** ◆ **se ~ de** *(= s'empêcher de)* to refrain from ◆ **il ne pouvait se ~ d'un sentiment de pitié/gêne** he couldn't help feeling pity/embarrassment ◆ **elle ne put se ~ de sourire** she could not refrain from smiling, she couldn't suppress a smile

> ⚠ *Au sens de 'interdire',* **défendre** *ne se traduit pas par* **to defend.**

**défenestration** /defənɛstʀasjɔ̃/ NF defenestration

**défenestrer** /defənɛstʀe/ ► conjug 1 ◄ VT to throw out of the (*ou* a) window, to defenestrate *(frm)* VPR **se défenestrer** to throw o.s. out of a window

**défense**[1] /defɑ̃s/ NF **a** *(contre agression)* defence *(Brit)*, defense *(US)* ◆ **~s** *(= fortifications)* defences ◆ **~ nationale/antiaérienne** *ou* **contre avions/passive** national/anti-aircraft/civil defence ◆ **le budget de la ~ (nationale)** the (national) defence budget ◆ **les ~s d'une frontière** border defences ◆ **la ~ du pays** the country's defence *ou* protection ◆ **ligne de ~** line of defence ◆ **ouvrage de ~** fortification ◆ **prendre la ~ de qn** to stand up for sb, to defend sb

**b** *(= protection)* *[de droits, environnement]* protection ◆ **la ~ des opprimés** the defence *ou* protection of the oppressed ◆ **la ~ de l'emploi** job protection

**c** *(= résistance)* defence *(Brit)*, defense *(US)* ◆ **opposer une ~ courageuse** to put up a brave defence ◆ **mécanisme/instinct de ~** *(Physiol, Psych)* defence mechanism/instinct ◆ **moyens de ~** means of defence ◆ **~s immunitaires** immune defence system ◆ **sans ~** *(= trop faible)* defenceless; *(= non protégé)* unprotected ◆ **sans ~ contre les tentations** helpless *ou* defenceless against temptation; → **légitime**

**d** *(Sport)* defence *(Brit)*, defense *(US)* ◆ **jouer en ~** to play in defence

**e** *(Jur)* defence *(Brit)*, defense *(US)*; *(= avocat)* counsel for the defence *(Brit)*, defense attorney *(US)* ◆ **assurer la ~ d'un accusé** to conduct the case for the defence ◆ **la parole est à la ~** (the counsel for) the defence may now speak ◆ **qu'avez-vous à dire pour votre ~ ?** what have you to say in your defence?

**f** *(= interdiction)* **"défense d'entrer"** "no entrance", "no entry", "no admittance" ◆ **"propriété privée, défense d'entrer"** "private property, no admittance *ou* keep out" ◆ **"danger : défense d'entrer"** "danger – keep out" ◆ **"défense de fumer/stationner"** "no smoking/parking", "smoking/parking prohibited" ◆ **"défense d'afficher"** "(stick *ou* post) no bills" ◆ **~ d'en parler à quiconque** it is forbidden to speak of it to anyone ◆ **il est sorti malgré ma ~** he went out in spite of the fact that I'd told him not to *ou* in spite of my having forbidden him to do so

**défense**[2] /defɑ̃s/ NF *[d'éléphant, morse, sanglier]* tusk

**défenseur** /defɑ̃sœʀ/ NM *(gén, Mil, Sport)* defender; *[de cause]* champion, defender; *[de doctrine]* advocate; *(Jur)* counsel for the defence *(Brit)*, defense attorney *(US)* ◆ **l'accusé et son ~** the accused and his counsel ◆ **~ de l'environnement** conservationist, preservationist; → **veuf**

**défensif, -ive** /defɑ̃sif, iv/ ADJ *(Mil, fig)* defensive NF **défensive** ◆ **la défensive** the defensive ◆ **être** *ou* **se tenir sur la défensive** to be on the defensive

**déféquer** /defeke/ ► conjug 6 ◄ VI *(Physiol)* to defecate VT *(Chim)* to defecate, to purify

**déférence** /defeʀɑ̃s/ NF deference ◆ **par ~ pour** in deference to

**déférent, e** /defeʀɑ̃, ɑ̃t/ ADJ deferential, deferent; → **canal**

**déférer** /defeʀe/ ► conjug 6 ◄ VT **a** *(Jur)* **~ une affaire** to refer a case to the court ◆ **~ un coupable à la justice** to hand a guilty person over to the law **b** *(= céder)* to defer (*à* to) **c** *(† = conférer)* to confer (*à* on, upon)

**déferlante** /defɛʀlɑ̃t/ ADJ F, NF ◆ **(vague) ~** breaker ◆ **la ~ de films américains/de produits nouveaux** the flood of American films/of new products

**déferlement** /defɛʀləmɑ̃/ NM *[de vagues]* breaking; *[de violence]* surge, spread; *[de véhicules, touristes]* flood ◆ **ils étaient impuissants devant le ~ des troupes** they were powerless before the advancing tide of troops ◆ **ce ~ d'enthousiasme le surprit** this sudden wave of enthusiasm surprised him ◆ **le ~ de haine/des sentiments anti-catholiques dans tout le pays** the hatred/anti-Catholic feeling which has engulfed the country *ou* swept through the country

**déferler** /defɛʀle/ ► conjug 1 ◄ VI *[vagues]* to break ◆ **la violence/haine déferla sur le pays** violence/hatred swept through the country ◆ **les touristes déferlaient sur les plages** tourists were streaming onto the beaches ◆ **la foule déferla dans la rue/sur la place** the crowd flooded into the street/over the square VT *[+ voile, pavillon]* to unfurl

**déferrer** /defeʀe/ ► conjug 1 ◄ VT *[+ cheval]* to unshoe; *[+ porte]* to remove the iron plates from

**défi** /defi/ NM *(gén)* challenge; *(= bravade)* defiance ◆ **lancer un ~ à qn** to challenge sb ◆ **relever un ~** to take up *ou* accept a challenge ◆ **mettre qn au ~** to challenge *ou* defy sb (*de faire* to do); ◆ **c'est un ~ au bon sens** it defies common sense, it goes against common sense ◆ **d'un air** *ou* **d'un ton de ~** defiantly

**défiance** /defjɑ̃s/ NF mistrust, distrust ◆ **avec ~** with mistrust *ou* distrust, mistrustingly, distrustingly ◆ **sans ~** *[personne]* unsuspecting; *[agir, s'abandonner]* unsuspectingly ◆ **mettre qn en ~** to arouse sb's mistrust *ou* suspicions, to make sb suspicious

**défiant, e** /defjɑ̃, jɑ̃t/ ADJ mistrustful, distrustful

**défibrillateur** /defibʀijatœʀ/ NM defibrillator

**défibrillation** /defibʀijasjɔ̃/ NF defibrillation

**déficeler** /defis(ə)le/ ► conjug 4 ◄ VT to untie VPR **se déficeler** *[paquet]* to come untied *ou* undone

**déficience** /defisjɑ̃s/ NF *(Méd, fig)* deficiency ◆ **~ musculaire** muscular insufficiency ◆ **~ immunitaire** immunodeficiency ◆ **~ de mémoire** lapse of memory ◆ **~ mentale** *ou* **intellectuelle** mental deficiency ◆ **les ~s du système de production** the deficiencies in *ou* shortcomings of the production system

**déficient, e** /defisjɑ̃, jɑ̃t/ ADJ *[force, intelligence]* deficient; *[raisonnement]* weak; *[matériel]* faulty, defective ◆ **enfant ~** *(intellectuellement)* mentally deficient child; *(physiquement)* child with a physical disability, physically disabled *ou* handicapped child NM,F ◆ **~ mental/visuel** mentally/visually handicapped person ◆ **~ moteur** person with motor deficiencies

**déficit** /defisit/ NM **a** *(Fin)* deficit ◆ **être en ~** to be in deficit ◆ **le ~ budgétaire** the budget deficit ◆ **le ~ de notre commerce extérieur** the deficit in our foreign trade ◆ **~ de la balance des paiements** balance of payments deficit ◆ **~ commercial/d'exploitation** trade/operating deficit ◆ **~ de trésorerie** cash deficit ◆ **les ~s sociaux** the social security budget deficit **b** *[manque]* **~ de ressources** resource(s) gap ◆ **~ en main d'œuvre** labour *(Brit)* ou labor *(US)* shortage ◆ **~ en magnésium** *(Méd)* magnesium deficiency ◆ **~ psychologique/intellectuel** psychological/mental defect ◆ **~ immunitaire** immunodeficiency

**déficitaire** /defisitɛʀ/ ADJ *(Fin)* in deficit *(attrib)*; *[récolte]* poor; *[année]* poor (*en* in) bad (*en* for); ◆ ~ **en** *[main-d'œuvre]* short of, deficient in ◆ **année** ~ **en blé** year showing a wheat shortage

**défier** /defje/ ▸ conjug 7 ◂ VT **a** *(= déclarer trop lâche)* to challenge (*à* to); ◆ ~ **qn en combat singulier** to challenge sb to single combat ◆ ~ **qn du regard** to give sb a challenging look ◆ **je te défie de sauter du grand plongeoir** I challenge *ou* dare you to jump off the top board ◆ **je t'en défie !** I dare you (to)!

**b** *(= braver) [+ mort, adversité]* to defy, to brave; *[+ opinion publique]* to fly in the face of, to defy; *[+ autorité]* to defy, to challenge ◆ **je vous défie de faire la différence entre les deux produits** I defy you tell the difference between these two products ◆ **ça défie l'imagination !** it defies the imagination! * ◆ **à des prix qui défient toute concurrence** at absolutely unbeatable prices

VPR **se défier** *(littér)* **se ~ de** to distrust, to mistrust ◆ **je me défie de moi-même** I don't trust myself ◆ **défie-toi de ton caractère impulsif** beware of your impulsiveness ◆ **défie-toi de lui !** beware of him!, be on your guard against him!

> ⚠ **défier** *se traduit par* **to defy** *uniquement au sens de 'braver'.*

**défigurement** /defigyʀmɑ̃/ NM *[de vérité]* distortion; *[de texte, tableau]* mutilation; *[de visage]* disfigurement

**défigurer** /defigyʀe/ ▸ conjug 1 ◂ VT **a** *[blessure, maladie]* to disfigure; *[bouton, larmes] [+ visage]* to spoil ◆ **l'acné qui la défigurait** the acne that spoiled her looks **b** *(= altérer) [+ pensée, réalité, vérité]* to distort; *[+ texte, tableau]* to mutilate, to deface; *[+ monument]* to deface; *[+ paysage]* to disfigure, to mar, to spoil

**défilé** /defile/ NM **a** *(= cortège)* procession; *(= manifestation)* march; *(Mil)* march-past, parade ◆ ~ **de mode** *ou* **de mannequins** fashion show ◆ ~ **aérien** *(Mil)* flypast *(Brit)*, flyover *(US)* **b** *(= succession) [de visiteurs]* procession, stream; *[de voitures]* stream; *[d'impressions, pensées]* stream, succession **c** *(Géog)* (narrow) gorge, defile

**défilement** /defilmɑ̃/ NM *[de film]* projection; *[de bande magnétique]* unreeling, unwinding; *(Ordin)* scrolling ◆ **vitesse de** ~ *(Ciné)* projection speed ◆ ~ **horizontal/vertical** *(Ordin)* horizontal/vertical scrolling

**défiler** /defile/ ▸ conjug 1 ◂ VT **a** *[+ aiguille, perles]* to unthread; *[+ chiffons]* to shred

**b** *(Mil) [+ troupes]* to put under cover *(from the enemy's fire)*

VI **a** *(Mil)* to march past, to parade; *[manifestants]* to march (*devant* past)

**b** *[bande magnétique]* to unreel, to unwind; *[texte de téléprompteur]* to scroll ◆ **faire ~ un document** *(Ordin)* to scroll a document ◆ **faire ~ une bande magnétique** *(vers l'avant)* to forward a tape; *(vers l'arrière)* to rewind a tape ◆ **les souvenirs défilaient dans sa tête** a stream of memories passed through his mind ◆ **les visiteurs défilaient devant le mausolée** the visitors filed past the mausoleum ◆ **la semaine suivante tous les voisins défilèrent chez nous** the following week we were visited by all the neighbours one after the other ◆ **nous regardions le paysage qui défilait devant nos yeux** we watched the scenery pass by *ou (plus vite)* flash by

VPR **se défiler a** *[aiguille]* to come unthreaded; *[perles]* to come unstrung *ou* unthreaded

**b** *(Mil)* to take cover *(from the enemy's fire)*

**c** *(= s'éclipser)* to slip away *ou* off ◆ **il s'est défilé** *(= s'est dérobé)* he wriggled *ou* ducked out of it

**défini, e** /defini/ (ptp de **définir**) ADJ **a** *(= déterminé) [but]* definite, precise ◆ **terme bien** ~ well-defined term **b** *(Gram) [article]* definite ◆ **passé** ~ preterite

**définir** /definiʀ/ ▸ conjug 2 ◂ VT *[+ idée, sentiment, position]* to define; *(Géom, Gram)* to define; *[+ personne]* to define, to characterize; *[+ conditions]* to specify, to define ◆ **il se définit comme un humaniste** he defines himself as a humanist ◆ **notre politique se définit comme étant avant tout pragmatique** our policies can be defined as being essentially pragmatic

**définissable** /definisabl(ə)/ ADJ definable

**définitif, -ive** /definitif, iv/ GRAMMAIRE ACTIVE 53.4 ADJ **a** *(= final) [résultat, destination, résolution]* final; *[mesure, installation, victoire, fermeture]* permanent, definitive; *[solution]* definitive, final; *[étude, édition]* definitive; *[prix]* set, fixed ◆ **son départ était** ~ he was leaving for good, his departure was final ◆ **les bâtiments provisoires sont vite devenus ~s** the temporary buildings quickly became permanent **b** *(= sans appel) [décision]* final; *[refus]* definite, decisive; *[argument]* conclusive ◆ **un jugement** ~ a final judgment ◆ **et c'est ~ !** and that's that *ou* that's final! LOC ADV **en définitive** *(= à la fin)* eventually; *(= somme toute)* in fact, when all is said and done

**définition** /definisjɔ̃/ NF **a** *[de concept, mot]* definition; *[de mots croisés]* clue ◆ **par** ~ by definition ◆ ~ **de poste** job description **b** *(TV)* definition ◆ **la haute** ~ high definition ◆ **(de) haute** ~ high-definition *(épith)*

**définitivement** /definitivmɑ̃/ ADV *[partir, perdre, abandonner]* for good; *[résoudre, décider]* once and for all; *[adopter]* permanently; *[exclure, s'installer]* for good, permanently; *[nommer]* on a permanent basis, permanently

> ⚠ **définitivement** *se traduit rarement par* **definitively**, *qui a le sens de 'avec certitude'.*

**définitoire** /definitwaʀ/ ADJ *(Ling) [vocabulaire]* defining *(épith)*

**défiscalisation** /defiskalizasjɔ̃/ NF tax exemption

**défiscaliser** /defiskalize/ ▸ conjug 1 ◂ VT to exempt from tax(ation)

**déflagration** /deflagʀasjɔ̃/ NF *(gén)* explosion; *(Chim)* deflagration

**déflagrer** /deflagʀe/ ▸ conjug 1 ◂ VI to deflagrate

**déflateur** /deflatœʀ/ NM *(Fin)* deflator

**déflation** /deflasjɔ̃/ NF *(Écon, Fin)* deflation; *[d'effectifs]* reduction, cut (*de* in); ◆ ~ **salariale** declining wage trend

**déflationniste** /deflasjɔnist/ ADJ *[politique, effets]* deflationary; *[économiste]* deflationist NMF deflationist

**déflecteur** /deflɛktœʀ/ NM *(Aut)* quarter-light *(Brit)*, vent *(US)*; *(Tech)* jet deflector; *(Naut)* deflector

**défleurir** /deflœʀiʀ/ ▸ conjug 2 ◂ *(littér)* VT *[+ buisson]* to remove the blossom from VI *[buisson]* to shed its flowers *ou* its blossom

**déflexion** /deflɛksjɔ̃/ NF deflection

**déflocage** /deflɔkaʒ/ NM *(Tech)* removal of asbestos ◆ **le ~ de l'immeuble a duré 6 mois** it took six months to remove the asbestos from the building

**défloquer** /deflɔke/ ▸ conjug 1 ◂ VT *[+ pièce, bâtiment]* to remove asbestos from

**défloraison** /deflɔʀɛzɔ̃/ NF *(Bot, littér)* falling of blossoms

**défloration** /deflɔʀasjɔ̃/ NF *[de jeune fille]* defloration

**déflorer** /deflɔʀe/ ▸ conjug 1 ◂ VT *[+ jeune fille]* to deflower; *(littér) [+ sujet, moments]* to spoil the charm of, to deflower *(littér)*

**défoliant** /defɔljɑ̃/ NM defoliant

**défoliation** /defɔljasjɔ̃/ NF defoliation

**défolier** /defɔlje/ ▸ conjug 7 ◂ VT to defoliate

**défonçage** /defɔ̃saʒ/, **défoncement** /defɔ̃smɑ̃/ NM *[de caisse, barque]* staving in; *[de porte, clôture]* smashing in *ou* down, staving in; *[de sommier, fauteuil]* breaking; *[de route, terrain] (par bulldozers, camions)* ripping *ou* ploughing *ou* breaking up; *(Agr)* deep-ploughing

**défonce** /defɔ̃s/ NF *(arg Drogue)* getting high * ◆ ~ **à la colle/aux solvants** getting high on glue/solvents ◆ **il était en pleine** ~ he was completely out of it *

**défoncé, e** /defɔ̃se/ (ptp de **défoncer**) ADJ **a** *[canapé, fauteuil]* sagging; *[chemin, route]* full of potholes *(attrib)* ◆ **un vieux fauteuil tout** ~ an old sunken armchair ◆ **sur des routes ~es** on roads full of potholes **b** *(arg Drogue)* high * ◆ **il était complètement** ~ he was completely out of it *, he was as high as a kite * NM,F *(= drogué)* junkie *, drug addict ◆ **un ~ au crack** a crack addict

**défoncer** /defɔ̃se/ ▸ conjug 3 ◂ VT *[+ caisse, barque]* to stave in, to knock *ou* smash the bottom out of; *[+ porte, clôture]* to smash in *ou* down, to stave in; *[+ sommier, fauteuil]* to break *ou* burst the springs of; *[+ route, terrain] [bulldozers, camions]* to rip *ou* plough *ou* break up; *(Agr)* to plough deeply, to deep-plough ◆ **il a eu le crâne défoncé** his skull was smashed in VPR **se défoncer a** *(* = travailler dur)* to work like a dog *, to work flat out * ◆ **se ~ pour qn/pour faire qch** to work like a dog * for sb/to do sth **b** *(arg Drogue)* to get high * (*à* on)

**déforcer** /defɔʀse/ ▸ conjug 3 ◂ VT *(Belg)* to dishearten

**déforestation** /defɔʀɛstasjɔ̃/ NF deforestation

**déformant, e** /defɔʀmɑ̃, ɑ̃t/ ADJ *[miroir, prisme]* distorting; *[rhumatisme]* crippling ◆ **le prisme ~ de l'anthropomorphisme** the distorting lens of anthropomorphism

**déformation** /defɔʀmasjɔ̃/ NF **a** *[d'objet, métal]* bending (out of shape), distortion; *[de bois]* warping; *[de visage, image, vision]* distortion; *[de vérité, pensée]* distortion, misrepresentation; *[d'esprit]* warping ◆ **par une curieuse ~ d'esprit, il ...** by a strange twist in his character, he ... ◆ **désolé, c'est de la ~ professionnelle** sorry, I can't help it, it's my job ◆ **par ~ professionnelle** as a result of being so conditioned by one's job **b** *(Méd)* deformation ◆ **souffrir d'une ~ de la hanche** to have a hip deformity

**déformer** /defɔʀme/ ▸ conjug 1 ◂ VT *[+ objet, métal]* to bend (out of shape), to distort; *[+ bois]* to warp; *[+ chaussures, vêtements]* to stretch out of shape; *[+ corps]* to deform; *[+ visage, image, vision]* to distort; *[+ vérité, pensée]* to distort, to misrepresent; *[+ esprit]* to warp ◆ **vieillard au corps déformé** old man with a deformed *ou* misshapen body ◆ **veste déformée** jacket which has lost its shape *ou* has gone out of shape ◆ **pantalon (tout) déformé** trousers that have gone all baggy ◆ **traits déformés par la douleur** features contorted *ou* distorted by pain ◆ **mes propos ont été déformés** *(involontairement)*

I've been misquoted; *(volontairement)* my words have been twisted ◆ **il est déformé par son métier** he has been conditioned by his job; → **chaussée**

**VPR** **se déformer** *[objet]* to be bent (out of shape), to lose its shape; *[métal]* to be bent (out of shape), to be distorted; *[bois]* to warp; *[vêtement]* to lose its shape

**défoulement** /defulmɑ̃/ **NM** *[d'instincts, sentiments]* (psychological) release ◆ **moyen de ~** (psychological) outlet *ou* means of release ◆ **après les examens on a besoin de ~** after the exams you need some kind of (psychological) release *ou* you need to let off steam *

**défouler** /defule/ ▸ conjug 1 ◂ **VT** ◆ **j'ai crié des injures, ça m'a défoulé** I shouted some abuse, it helped relieve my feelings *ou* helped me to get it out of my system * ◆ **ça (vous) défoule de courir** running helps you unwind *ou* relax **VPR** **se défouler** *(= se libérer de tensions)* to let off steam *; *(= se relaxer)* to relax, to unwind ◆ **se ~ sur qn/qch** to take it out on sb/sth

**défourailler** * /defuʀaje/ ▸ conjug 1 ◂ **VI** to draw (one's gun)

**défourner** /defuʀne/ ▸ conjug 1 ◂ **VT** *[+ pain]* to take out of the oven; *[+ poteries]* to take out of the kiln

**défragmentation** /defʀagmɑ̃tasjɔ̃/ **NF** *(Ordin) [de disque dur]* defragmentation

**défragmenter** /defʀagmɑ̃te/ ▸ conjug 1 ◂ **VT** *(Ordin) [+ disque dur]* to defragment

**défraîchi, e** /defʀeʃi/ (ptp de **défraîchir**) **ADJ** *[article]* shopsoiled; *[fleur, couleur]* faded; *[tissu] (= passé)* faded; *(= usé)* worn; *[humour, idée]* dated, stale *(péj)*

**défraîchir** /defʀeʃiʀ/ ▸ conjug 2 ◂ **VT** to take the freshness from **VPR** **se défraîchir** *[fleur, couleur]* to fade; *[tissu] (= passer)* to fade; *(= s'user)* to become worn

**défraiement** /defʀemɑ̃/ **NM** expenses ◆ **vous avez droit à un ~** you can claim expenses ◆ **les comédiens ne touchent qu'un ~** the actors only get their expenses

**défrayer** /defʀeje/ ▸ conjug 8 ◂ **VT** **a** *(= payer)* **~ qn** to pay *ou* settle sb's expenses **b** *(= être en vedette)* **~ la conversation** to be the main topic of conversation ◆ **~ la chronique** to be widely talked about, to be in the news

**défrichage** /defʀiʃaʒ/, **défrichement** /defʀiʃmɑ̃/ **NM** *[de forêt, terrain]* clearing *(for cultivation)* ◆ **le ~ d'un sujet** the spadework (done) on a subject

**défricher** /defʀiʃe/ ▸ conjug 1 ◂ **VT** *[+ forêt, terrain]* to clear *(for cultivation)*; *[+ sujet, question]* to open up, to do the spadework on ◆ **~ le terrain** *(fig)* to prepare the ground *ou* way, to clear the way

**défricheur** /defʀiʃœʀ/ **NM** *(lit)* land-clearer; *(fig)* pioneer

**défriper** /defʀipe/ ▸ conjug 1 ◂ **VT** to smooth out

**défriser** /defʀize/ ▸ conjug 1 ◂ **VT** **a** *[+ cheveux]* to straighten **b** *(* = contrarier) [+ personne]* to bug * ◆ **ce qui me défrise** * what bugs * *ou* gets * me ◆ **et alors ! ça te défrise ?** * so (what)? *, what's it to you? *

**défroisser** /defʀwase/ ▸ conjug 1 ◂ **VT** to smooth out

**défroque** /defʀɔk/ **NF** *(= frusques)* old cast-offs; *(= accoutrement)* getup *; *[de moine]* effects *(left by a dead monk)*

**défroqué, e** /defʀɔke/ (ptp de **défroquer**) **ADJ** defrocked, unfrocked **NM** defrocked *ou* unfrocked priest (*ou* monk)

**défroquer** /defʀɔke/ ▸ conjug 1 ◂ **VT** to defrock, to unfrock **VI** **se défroquer** **VPR** to give up the cloth, to renounce one's vows

**défunt, e** /defœ̃, œt/ **ADJ** *(frm) [personne]* late *(épith)*; *(littér) [espoir, année]* which is dead and gone; *(littér) [assemblée, projet]* defunct ◆ **son ~ père** his late father **NM,F** deceased

**dégagé, e** /degaʒe/ (ptp de **dégager**) **ADJ** **a** *[route]* clear; *[ciel]* clear, cloudless; *[espace, site]* open, clear; *[vue]* wide, open; *[front, nuque]* bare ◆ **c'est un peu trop ~ autour des oreilles** it's a bit short around the ears **b** *[air, allure, manières]* casual, jaunty; *[ton]* airy, casual **NM** *(Danse)* dégagé

**dégagement** /degaʒmɑ̃/ **NM** **a** *(= action de libérer) [de personne]* freeing, extricating; *[d'objet, main]* freeing; *(Mil) [de troupe, ville]* relief; *(Fin) [de crédits, titres]* release *(for a specific purpose)*; *[d'objet en gage]* redemption ◆ **ils ont procédé au ~ des blessés enfouis sous les décombres** they began to free the injured from the rubble ◆ **le ~ d'une promesse** going back on a promise

**b** *(à l'accouchement)* expulsion, delivery ◆ **~ de la tête** crowning

**c** *(= production) [de fumée, gaz, chaleur]* emission, emanation; *[d'énergie]* release ◆ **un ~ de vapeurs toxiques** a discharge *ou* an emission of toxic fumes

**d** *(Escrime)* disengagement; *(Ftbl, Rugby)* clearance ◆ **faire un ~ au pied/au poing** to kick/knock a ball clear ◆ **coup de pied de ~** kick downfield; *(en touche)* kick to touch

**e** *(= espace libre) [de forêt]* clearing; *[d'appartement] (gén)* open space; *(= couloir)* passage; *(Tech) [de camion]* clearance, headroom

**dégager** /degaʒe/ ▸ conjug 3 ◂ **VT** **a** *(= libérer) [+ personne]* to free, to extricate; *[+ objet, main]* to free; *(Mil) [+ troupe, ville]* to relieve, to bring relief to; *(Fin) [+ crédits, titres]* to release *(for a specific purpose)*; *[+ objet en gage]* to redeem, to take out of pawn ◆ **on a dû ~ les blessés au chalumeau** the injured had to be cut loose *ou* free (from the wreckage) ◆ **~ qn de sa promesse/d'une obligation** to release *ou* free sb from his promise/an obligation ◆ **~ qn d'une dette** to cancel sb's debt ◆ **~ sa responsabilité d'une affaire** to disclaim *ou* deny (all) responsibility in a matter ◆ **col/robe qui dégage le cou/les épaules** collar/dress which leaves the neck/shoulders bare

**b** *[+ place, passage, table]* to clear (*de* of); *(Méd) [+ gorge, nez, poitrine]* to clear ◆ **je voudrais que ce soit bien dégagé derrière les oreilles** *(chez le coiffeur)* cut it nice and short around the ears ◆ **dégagez s'il vous plaît !** move away please! ◆ **dégage !** * clear off! *, buzz off! * ◆ **toutes ces vieilleries, à ~ !** * all these old things can go *ou* can be chucked out *

**c** *(= exhaler) [+ odeur, fumée, gaz, chaleur]* to give off, to emit; *[+ enthousiasme]* to radiate ◆ **la maison dégageait une impression de tristesse** there was an aura of gloom about the house, the house had a gloomy feel about it

**d** *(= extraire) [+ conclusion]* to draw; *[+ idée, sens]* to bring out; *[+ bénéfice, marge]* to show ◆ **l'entreprise a dégagé de gros profits cette année** the company showed a high profit this year ◆ **l'idée principale qu'on peut ~ de ce rapport** the main idea that can be drawn *ou* derived from this report ◆ **je vous laisse ~ la morale de cette histoire** I'll let you guess what the moral of the story is

**e** *(Escrime) [+ épées]* to disengage; *(Ftbl, Rugby) [+ ballon]* to clear ◆ **~ (le ballon) en touche** to clear the ball into touch, to kick (the ball) into touch

**f** *(Danse)* to do a dégagé

**VPR** **se dégager** **a** *[personne]* to free *ou* extricate o.s., to get free; *(Mil) [troupe]* to extricate itself (*de* from); ◆ **se ~ de** *[+ dette]* to free o.s. of; *[+ obligation]* to free *ou* release o.s. from; *[+ affaire]* to get *ou* back out of; *[+ promesse]* to go back on ◆ **il s'est dégagé d'une situation très délicate** he extricated himself from a very tricky situation ◆ **j'ai une réunion mais je vais essayer de me ~** I have a meeting but I'll try to get out of it

**b** *[ciel, rue, nez]* to clear; *[objet]* to appear ◆ **le sommet/la silhouette se dégagea du brouillard** the summit/the outline appeared out of the fog

**c** *[odeur, fumée, gaz, chaleur]* to emanate, to be given off; *[enthousiasme]* to emanate, to radiate; *[impression]* to emanate (*de* from); ◆ **il se dégage d'elle une telle vitalité** she exudes such vitality

**d** *[conclusion]* to be drawn; *[impression, idée, sens]* to emerge; *[morale]* to be drawn, to emerge (*de* from); ◆ **il se dégage de tout cela que ...** from all this it emerges that ...

**dégaine** * /degɛn/ **NF** ◆ **il a une drôle de ~** he's got an odd look about him ◆ **je n'aime pas leur ~** I don't like the look of them

**dégainer** /degene/ ▸ conjug 1 ◂ **VT** *[+ épée]* to unsheathe, to draw; *[+ pistolet]* to draw **VI** to draw one's sword (*ou* gun)

**déganter (se)** /degɑ̃te/ ▸ conjug 1 ◂ **VPR** to take off one's gloves ◆ **main dégantée** ungloved hand

**dégarni, e** /degaʀni/ (ptp de **dégarnir**) **ADJ** *[front, arbre, salle, rayon]* bare; *[compte en banque]* low; *[portefeuille]* empty; *[magasin]* low in stock; *[tête, personne]* balding ◆ **il est un peu ~ sur le dessus** he's a bit thin on top

**dégarnir** /degaʀniʀ/ ▸ conjug 2 ◂ **VT** *[+ maison, salle, vitrine]* to empty, to clear; *[+ compte en banque]* to drain, to draw heavily on; *(Mil) [+ ville, place]* to withdraw troops from ◆ **il faut ~ un peu le sapin de Noël** we should take some of the decorations off the Christmas tree **VPR** **se dégarnir** *[salle]* to empty; *[personne]* to go bald; *[arbre]* to lose its leaves; *[bois]* to become sparse; *(Comm) [rayons]* to be cleaned out *ou* cleared; *(Comm) [stock]* to run out, to be cleaned out ◆ **il se dégarnit sur le dessus/au niveau des tempes** he's getting a bit thin on top/he has a receding hairline

**dégât** /dega/ **NM** damage *(NonC)* ◆ **causer** *ou* **faire beaucoup de ~s** *[grêle, inondation, personne etc]* to cause *ou* do a lot of damage; *[alcool]* to do a lot of *ou* great harm ◆ **~ des eaux** *(Assurances)* water damage; → **limiter**

**dégauchir** /degoʃiʀ/ ▸ conjug 2 ◂ **VT** *[+ bois]* to surface; *[+ pierre]* to dress

**dégauchissage** /degoʃisaʒ/, **dégauchissement** /degoʃismɑ̃/ **NM** *[de bois]* surfacing; *[de pierre]* dressing

**dégauchisseuse** /degoʃisøz/ **NF** surface-planing machine

**dégazage** /degɑzaʒ/ **NM** *[de pétrolier]* emptying of fuel tanks ◆ **les pétroliers qui pratiquent le ~** oil tankers which empty their tanks

**dégazer** /degɑze/ ▸ conjug 1 ◂ **VT** to degas **VI** *[navire]* to empty its tanks

**dégel** /deʒɛl/ **NM** *(lit, fig)* thaw ◆ **tu attends le ~ ou quoi ?** * what on earth are you waiting for?, are you waiting for Christmas or what?; → **barrière**

**dégelée** * /deʒ(ə)le/ **NF** *(= coups)* thrashing, hiding, beating; *(= défaite)* thrashing * ◆ **recevoir une ~** *(coups)* to get a hiding; *(défaite)* to be thrashed *

**dégeler** /deʒ(ə)le/ ▸ conjug 5 ◂ **VT** **a** *[+ lac, terre]* to thaw (out); *[+ glace]* to thaw, to melt; * *[+ pieds, mains]* to thaw **b** * *[+ invité, réunion]* to thaw (out) ◆ **pour ~ l'atmosphère** to break the ice **c** *(Fin)* to unfreeze **VI** **a**

*[neige, lac]* to thaw (out) **b** *[aliment]* **faire ~** to thaw, to leave to thaw VB IMPERS ◆ **ça dégèle** it's thawing VPR **se dégeler** *[personne] (lit)* to warm up, to get o.s. warmed up; *(fig)* to thaw (out); *[public]* to warm up

**dégénératif, -ive** /deʒeneʀatif, iv/ ADJ *[affection, maladie]* degenerative, wasting

**dégénéré, e** /deʒeneʀe/ (ptp de **dégénérer**) ADJ *(= abâtardi)* degenerate; *(† : Psych)* defective ◆ **t'es complètement ~ !** * you're such a moron! * NM,F degenerate; *(† : Psych)* defective; *(*, péj)* moron *

**dégénérer** /deʒeneʀe/ ▸ conjug 6 ◂ VI **a** *(= s'abâtardir) [race]* to degenerate; *[qualité]* to deteriorate **b** *(= mal tourner)* to degenerate (*en* into); ◆ **leur dispute a dégénéré en rixe** their quarrel degenerated into a brawl ◆ **un coup de froid qui dégénère en grippe** a chill which develops into flu ◆ **ça a rapidement dégénéré** *[débat, manifestation]* it soon got out of hand

**dégénérescence** /deʒeneʀesɑ̃s/ NF **a** *(physique, mentale)* degeneration; *(morale)* degeneracy **b** *(Méd, Bio, Phys)* degeneration

**dégénérescent, e** /deʒeneʀesɑ̃, ɑ̃t/ ADJ *(Méd)* degenerating, deteriorating

**dégermer** /deʒɛʀme/ ▸ conjug 1 ◂ VT to degerm, to remove the germ from

**dégingandé, e** * /deʒɛ̃gɑ̃de/ ADJ gangling, lanky

**dégivrage** /deʒivʀaʒ/ NM *[de réfrigérateur]* defrosting; *[d'avion, pare-brise]* de-icing ◆ **~ automatique** auto-defrost

**dégivrer** /deʒivʀe/ ▸ conjug 1 ◂ VT *[+ réfrigérateur]* to defrost; *[+ avion, pare-brise]* to de-ice ◆ **rétroviseur dégivrant** heated *ou* de-icer rear-view mirror

**dégivreur** /deʒivʀœʀ/ NM *[de réfrigérateur]* defroster; *[d'avion, pare-brise]* de-icer

**déglaçage** /deglasaʒ/, **déglacement** /deglasmɑ̃/ NM **a** *(Culin)* deglazing ◆ **~ à la crème** deglazing with cream **b** *(Tech) [de papier]* removal of the glaze (*de* from) **c** *[de route]* removal of the ice (*de* from)

**déglacer** /deglase/ ▸ conjug 3 ◂ VT **a** *(Culin)* to deglaze ◆ **déglacez au vinaigre** deglaze with vinegar **b** *(Tech) [+ papier]* to remove the glaze from **c** *[+ route]* to remove the ice from

**déglingue** ‡ /deglɛ̃g/ NF dilapidation, decay ◆ **il est au bord de la ~** he's on his last legs *

**déglingué, e** * /deglɛ̃ge/ (ptp de **déglinguer**) ADJ *[mécanisme]* kaput *; *[valise]* battered, broken; *[banlieue, ville]* dilapidated, run-down ◆ **la chaise était toute ~e** the chair was falling apart ◆ **une voiture toute ~e** a ramshackle car ◆ **nous vivons dans une société ~e** we live in a society that is coming apart at the seams *ou* that is falling apart

**déglinguer** * /deglɛ̃ge/ ▸ conjug 1 ◂ VT *[+ objet, appareil]* to bust * VPR **se déglinguer** *[appareil]* to be on the blink *; *[chaise]* to fall to pieces, to fall *ou* come apart; *[serrure, robinet]* to go bust * ◆ **se ~ l'estomac/la santé** to ruin one's stomach/one's health

**déglutir** /deglytiʀ/ ▸ conjug 2 ◂ VTI *(Méd)* to swallow

**déglutition** /deglytisjɔ̃/ NF *(Méd)* swallowing, deglutition *(SPÉC)*

**dégobiller** ‡ /degɔbije/ ▸ conjug 1 ◂ VTI *(= vomir)* to puke ‡

**dégoiser** * /degwaze/ ▸ conjug 1 ◂ VT *[+ boniments, discours]* to spout * ◆ **qu'est-ce qu'il dégoise ?** what is he rattling on about? * VI *(= parler)* to rattle on *, to go on (and on) * ◆ **~ sur le compte de qn** *(= médire)* to gossip about sb

**dégommer** ‡ /degɔme/ ▸ conjug 1 ◂ VT **a** *(= dégrader)* to demote; *(= détrôner)* to unseat; *(= renvoyer)* to give the push to *, to fire, to sack * *(Brit)* ◆ **se faire ~** to get the push *, to be fired * *ou* sacked * *(Brit)* **b** *[+ avion]* to down *; *[+ quille]* to knock flying *; *[+ bille]* to knock out of the way; *[+ cible sur écran]* to zap *; *[+ cible sur stand de tir]* to hit

**dégonflage** /degɔ̃flaʒ/ NM **a** *[de pneu]* deflating **b** *(‡ = lâcheté)* chickening out * ◆ **j'appelle ça du ~ !** that's what I call being chicken! *, that's what I call chickening out! *

**dégonflard, e** ‡ /degɔ̃flaʀ, aʀd/ NM,F *(= lâche)* chicken *, yellow-belly *

**dégonflé, e** /degɔ̃fle/ (ptp de **dégonfler**) ADJ **a** *[+ pneu]* flat **b** *(‡ = lâche)* chicken * *(attrib)*, yellow(-bellied) * NM,F yellow-belly *, chicken *

**dégonflement** /degɔ̃fləmɑ̃/ NM *[de ballon, pneu]* deflation; *[d'enflure]* reduction

**dégonfler** /degɔ̃fle/ ▸ conjug 1 ◂ VT *[+ pneu]* to let down, to let the air out of, to deflate; *[+ ballon]* to deflate, to let the air out of; *[+ enflure]* to reduce, to bring down; *[+ chiffres, statistiques]* to reduce, to bring down; *[+ effectif]* to reduce; *[+ mythe]* to debunk VI *[chiffre, effectifs]* to go down, to fall ◆ **ses yeux/jambes ont dégonflé** the swelling in his eyes/legs has gone down VPR **se dégonfler a** *[ballon, pneu]* to deflate, to go down; *[enflure]* to go down ◆ **se ~ comme une baudruche** *[espoir, illusion, promesse]* to fade (away); *[mouvement politique, parti]* to fizzle out **b** *(‡ = avoir peur)* to chicken out *

**dégorgement** /degɔʀʒəmɑ̃/ NM **a** *(= débouchage) [d'évier, égout]* clearing out **b** *(= évacuation) [d'eau, bile]* discharge **c** *(= écoulement) [d'égout, rivière]* discharge; *[de gouttière]* discharge, overflow **d** *(Tech = lavage) [de cuir]* cleaning, cleansing; *[de laine]* scouring

**dégorgeoir** /degɔʀʒwaʀ/ NM *(= conduit d'évacuation)* overflow duct *ou* pipe; *(Pêche)* disgorger

**dégorger** /degɔʀʒe/ ▸ conjug 3 ◂ VT **a** *(= déboucher) [+ évier, égout]* to clear out **b** *(= déverser) [tuyau] [+ eau]* to discharge, to pour out; *[rue, train] [+ personnes]* to disgorge, to pour forth *ou* out (*dans* into) **c** *(Tech = laver) [+ cuir, étoffe]* to clean; *[+ laine]* to scour VI **a** *[étoffe]* to soak *(to release impurities)*; *(Culin) [viande]* to soak ◆ **faire ~** *[+ étoffe, viande]* to soak; *[+ escargots] to clean by soaking in salted water* ◆ **faites ~ le concombre** sprinkle the cucumber with salt and leave to drain **b** ◆ **~ dans** *[égout, gouttière]* to discharge into; *[rivière]* to discharge itself into VPR **se dégorger** *[eau]* to be discharged, to pour out (*dans* into); *[foule]* to pour forth *ou* out (*dans* into)

**dégot(t)er** * /degɔte/ ▸ conjug 1 ◂ VT *(= trouver)* to dig up *, to unearth, to find

**dégoulinade** /degulinad/ NF trickle

**dégoulinement** /degulinmɑ̃/ NM *(en filet)* trickling; *(goutte à goutte)* dripping

**dégouliner** /deguline/ ▸ conjug 1 ◂ VI *(en filet)* to trickle; *(goutte à goutte)* to drip ◆ **ça me dégouline dans le cou** it's dripping *ou* trickling down my neck ◆ **je dégoulinais (de sueur)** * I was dripping with sweat ◆ **gâteau dégoulinant de crème** cake oozing with cream ◆ **mélodrame dégoulinant de sentimentalité** melodrama full of treacly sentiment, cloyingly sentimental melodrama

**dégoulinure** /degulinyʀ/ NF ⇒ **dégoulinade**

**dégoupiller** /degupije/ ▸ conjug 1 ◂ VT *[+ grenade]* to pull the pin out of ◆ **grenade dégoupillée** unpinned grenade, grenade with the pin pulled out

**dégourdi, e** * /deguʀdi/ (ptp de **dégourdir**) ADJ *(= malin)* smart, resourceful, bright ◆ **il n'est pas très ~** he's pretty clueless * NM,F ◆ **c'est un ~** he knows what's what *, he's on the ball * ◆ **quel ~ tu fais !** *(iro)* you're a smart one! *ou* a bright one! *ou* a bright spark! * *(Brit)*

**dégourdir** /deguʀdiʀ/ ▸ conjug 2 ◂ VT *[+ membres] (ankylosés)* to bring the circulation back to; *(gelés)* to warm up; *(= donner plus d'aisance à) [+ personne]* to knock the rough edges off, to teach a thing or two to *; *(= réchauffer) [+ eau]* to warm (up) ◆ **le service militaire/habiter à Paris le dégourdira** military service/living in Paris will knock him into shape *ou* teach him a thing or two * ◆ **~ qn en anglais/en physique** to teach sb the basics of English/physics VPR **se dégourdir** ◆ **il est sorti pour se ~ un peu (les jambes)** he went out to stretch his legs a bit ◆ **elle s'est un peu dégourdie depuis l'an dernier** she seems to have learnt a thing or two * since last year

**dégoût** /degu/ NM **a** *(NonC = répugnance)* disgust *(NonC)* (*pour, de* for); ◆ **j'y repensais sans cesse avec ~** I kept thinking back to it with disgust ◆ **par ~** out of feelings of revulsion ◆ **cette attitude m'inspire un profond ~** I am absolutely disgusted by this attitude ◆ **mon ~ pour ce type de nourriture** the revulsion I feel for this sort of food ◆ **je peux manger des cerises jusqu'au ~** I can eat cherries till they come out of my ears ◆ **ce ~ de la vie m'étonnait** such world-weariness surprised me **b** *(= aversion)* dislike ◆ **ses ~s** the things he dislikes

**dégoûtant, e** /degutɑ̃, ɑ̃t/ ADJ **a** *(= sale)* disgusting; *(= répugnant) [manie, image]* revolting **b** *(= ignoble, odieux)* disgusting ◆ **il a été ~ avec elle** the way he treated her was disgusting **c** *(= obscène, vicieux)* disgusting ◆ **il est vraiment ~ ce type !** he's so disgusting! NM,F (dirty) pig ‡ ◆ **espèce de vieux ~ !** * *(vicieux)* you dirty old man! ‡

**dégoûtation** * /degutasjɔ̃/ NF *(= dégoût)* disgust ◆ **quelle ~ !** *(= saleté)* what a disgusting *ou* filthy mess!

**dégoûté, e** /degute/ (ptp de **dégoûter**) ADJ ◆ **je suis ~ !** *(scandalisé)* I'm disgusted!; *(lassé)* I'm sick and tired of it! ◆ **~ de la vie** weary *ou* sick of life ◆ **il leur jeta un regard ~** he looked at them in disgust ◆ **il n'est pas ~ !** *(hum)* he's not (too) fussy! *ou* choosy! * NM,F ◆ **il a fait le ~** *(devant un mets, une offre)* he turned his nose up at it ◆ **ne fais pas le ~ !** don't be so fussy!

**dégoûter** /degute/ ▸ conjug 1 ◂ VT **a** *(= écœurer)* to disgust ◆ **cet homme me dégoûte** that man disgusts me *ou* fills me with disgust, I find that man disgusting *ou* revolting ◆ **ce plat me dégoûte** I find this food disgusting *ou* revolting ◆ **la vie me dégoûte** I'm weary *ou* sick of life

**b** ◆ **~ qn de qch** *(= ôter l'envie de)* to put sb (right) off sth; *(= remplir de dégoût pour)* to make sb feel disgusted with sth ◆ **c'est à vous ~ d'être honnête** it's enough to put you (right) off being honest ◆ **si tu n'aimes pas ça, n'en dégoûte pas les autres** if you don't like it, don't put the others off ◆ **je suis dégoûté par ces procédés** I think this is a disgusting way to act ◆ **ça m'a dégoûté de fumer** it put me (right) off smoking

VPR **se dégoûter** ◆ **se ~ de qn/qch** to get sick of sb/sth ◆ **elle s'est dégoûtée du tabac** she's gone right off smoking ◆ **je me dégoûte d'avoir dit ça !** I'm disgusted with myself for having said that!

**dégoutter** /degute/ ► conjug 1 ◄ VI to drip ◆ **dégouttant de sueur** dripping with sweat ◆ **l'eau qui dégoutte du toit** the water dripping down from *ou* off the roof ◆ **dégouttant de pluie** dripping wet

**dégradant, e** /degʀadɑ̃, ɑ̃t/ ADJ degrading

**dégradation** /degʀadasjɔ̃/ NF a *(= détérioration) [de mur, bâtiment] (par le vandalisme)* damage; *[de monument, façade]* defacement; *(par la pluie)* erosion; *[de roches]* erosion; *[de relations, situation, qualité, santé]* deterioration; *[de valeurs morales, forces]* decline; *[de personne] (= affaiblissement physique)* weakening; *[de temps]* worsening; *[de marché]* decline; *[de monnaie, pouvoir d'achat]* weakening, erosion ◆ **~s** *(= dégâts)* damage *(NonC)* ◆ **les ~s causées au bâtiment** the damage caused to the building ◆ **la ~ des données** the corruption of the data b *(= avilissement)* degradation, debasement; *[de qualité]* debasement; *[de beauté]* defiling, debasement c *(Mil)* demotion ◆ **~ civique** *(Jur)* loss of civil rights d *(Art) [de couleurs]* shading-off, gradation; *[de lumière]* gradation e *(Phys)* **la ~ de l'énergie** the degradation of energy

**dégradé** /degʀade/ NM *[de couleurs]* gradation; *[de lumière]* (gradual) moderation; *(Ciné)* grading; *(Coiffure)* layers, layered cut ◆ **couper en ~** to layer ◆ **un ~ de rouges** a gradation of reds

**dégrader** /degʀade/ ► conjug 1 ◄ VT a *(Mil = destituer) [+ officier]* to demote

b *(= avilir) [+ personne]* to degrade, to debase; *[+ qualité]* to debase; *[+ beauté]* to defile, to debase

c *(= détériorer) [+ mur, bâtiment] [vandales]* to damage, to cause damage to; *[pluie]* to erode, to cause to deteriorate; *[+ monument, façade]* to deface, to damage; *(Géol) [+ roches]* to erode, to wear away; *[+ relations]* to damage ◆ **ils ont dégradé le matériel** they damaged the equipment ◆ **les quartiers dégradés** the rundown areas

d *(Art) [+ couleurs]* to shade off; *[+ lumière]* to subdue ◆ **tons dégradés** shaded tones

e *[+ cheveux]* to layer, to cut in layers

VPR **se dégrader** a *[personne] (= s'avilir moralement)* to degrade o.s., to debase o.s.; *(= s'affaiblir physiquement)* to lose one's physical powers

b *(= empirer) [relations, situation, qualité, santé, bâtiment]* to deteriorate; *[valeurs morales, forces]* to decline; *[mémoire]* to fail; *[marché]* to weaken; *[monnaie]* to grow weaker; *[pouvoir d'achat]* to shrink ◆ **le temps se dégrade** the weather is deteriorating, there's a change for the worse in the weather

c *(Art) [couleurs]* to shade off; *[lumière]* to become subdued

d *(Sci) [énergie]* to become dissipated *ou* degraded

**dégrafer** /degʀafe/ ► conjug 1 ◄ VT *[+ vêtement]* to unfasten, to unhook, to undo; *[+ bracelet, ceinture, collier]* to unfasten, to undo; *[+ papiers]* to unstaple ◆ **tu peux me ~ ?** can you undo me? VPR **se dégrafer** *(accidentellement) [vêtement, collier]* to come undone; *[papiers]* to come apart; *(volontairement) [personne]* to unfasten *ou* unhook *ou* undo one's dress *etc*

**dégrafeur** /degʀafœʀ/ NM staple remover

**dégraissage** /degʀɛsaʒ/ NM a ◆ **le ~ d'un vêtement** dry-cleaning a garment ◆ **le ~ du bouillon** skimming (the fat off) the broth ◆ **"dégraissage et nettoyage à sec"** "dry cleaning" b *(Écon) [d'effectifs]* cutback, rundown *(de* in); ◆ **opérer un ~** *ou* **des ~s** to slim down *ou* cut back the workforce

**dégraissant** /degʀɛsɑ̃/ NM *(= produit)* spot remover

**dégraisser** /degʀese/ ► conjug 1 ◄ VT a *[+ vêtement]* to dry-clean b *(Culin) [+ bouillon]* to skim (the fat off); *[+ viande]* to remove the fat from, to cut the fat off ◆ **jambon dégraissé** extra-lean ham c *(Menuiserie) [+ bois]* to trim the edges of d *(Écon) [+ personnel, effectifs]* to cut back, to slim down

**degré** /dəgʀe/ NM a *(= niveau)* degree; *(= stade de développement)* stage; *(Admin = échelon)* grade ◆ **c'est le ~ zéro de la civilisation/politique** it's civilisation/politics in its most basic form ◆ **haut ~ de civilisation** high degree *ou* level of civilization ◆ **à un ~ avancé de** at an advanced stage of ◆ **mur de 6$^e$ ~** *(Alpinisme)* grade 6 wall ◆ **au plus haut ~** to the highest degree ◆ **avare au plus haut ~** miserly in the extreme ◆ **jusqu'à un certain ~** to some *ou* a certain extent *ou* degree, to a degree ◆ **à un ~ moindre, à un moindre ~** to a lesser degree *ou* extent ◆ **par ~(s)** by degrees ◆ **c'est le dernier ~ de la perfection/passion** it's the height of perfection/passion ◆ **il s'est montré grossier au dernier ~** he was extremely rude

b *(Gram, Mus, Sci)* degree ◆ **équation du 1$^{er}$/2$^e$ ~** equation of the 1st/2nd degree ◆ **il fait 20 ~s dans la chambre** it's 20 degrees (centigrade) in the room ◆ **la température a baissé/est montée de 2 ~s** the temperature has dropped/risen 2 degrees ◆ **~ centigrade/Fahrenheit/Celsius** degree centigrade/Fahrenheit/Celsius

c *(= proportion)* ~ **d'alcool d'une boisson** proof of an alcoholic drink ◆ **~ en alcool d'un liquide** percentage of alcohol in a liquid ◆ **alcool à 90 ~s** 90% proof alcohol, surgical spirit *(Brit)* ◆ **du cognac à 40 ~s** 70° proof cognac ◆ **ce vin fait (du) 11 ~s** this wine is 11° *(on Gay-Lussac scale)* ◆ **~ Baumé** degree Baumé

d *(dans un classement)* degree ◆ **brûlure du premier/deuxième ~** *(Méd)* first/second degree burn ◆ **~ de parenté** *(Sociol)* degree of (family) relationship *ou* of kinship *(frm)* ◆ **cousins au premier ~** first cousins ◆ **parents au premier/deuxième ~** relatives of the first/second degree ◆ **prendre qch au premier ~** to take sth literally ◆ **prendre qch au deuxième** *ou* **second ~** to look below the surface of sth ◆ **c'est de l'humour au second ~** it's tongue-in-cheek (humour) ◆ **c'est à prendre au second ~** it's not to be taken literally

e *(Scol)* **enseignement du premier/second ~** primary/secondary education ◆ **enseignant du premier/second ~** primary/secondary schoolteacher

f *(littér = marche)* step ◆ **les ~s de l'échelle sociale** the rungs of the social ladder

**dégressif, -ive** /degʀesif, iv/ ADJ *[impôt]* degressive ◆ **appliquer un tarif ~** to use a sliding scale of charges

**dégressivité** /degʀesivite/ NF *[d'impôt]* degression

**dégrèvement** /degʀɛvmɑ̃/ NM a *(Fin)* ~ **fiscal, ~s fiscaux** tax exemption *ou* relief ◆ **le ~ d'un produit** reduction of tax(es) on a product ◆ **le ~ d'une industrie** reduction of the tax burden on an industry ◆ **le ~ d'un contribuable** granting tax relief to a taxpayer b *(Jur) [d'hypothèque]* disencumbrance

**dégrever** /degʀəve/ ► conjug 5 ◄ VT *[+ produit]* to reduce the tax(es) on; *[+ industrie]* to reduce the tax burden on; *[+ contribuable]* to grant tax relief to; *[+ immeuble]* to disencumber

**dégriffé, e** /degʀife/ ADJ ◆ **robe ~e** unlabelled designer dress NM ◆ **magasin de ~s** designer seconds store ◆ **ils vendent du ~** they sell designer seconds

**dégringolade** /degʀɛ̃gɔlad/ NF *[de personne, objet]* fall; *[de prix, firme]* tumble; *(Bourse) [de cours, monnaie]* collapse ◆ **pour stopper la ~ des prix** to stop prices (from) collapsing ◆ **après son divorce, ça a été la ~** after his divorce he went downhill

**dégringoler** /degʀɛ̃gɔle/ ► conjug 1 ◄ VI a *[personne, objet]* to tumble (down), to fall ◆ **il a dégringolé jusqu'en bas** he tumbled all the way down, he came *ou* went tumbling down ◆ **elle a dégringolé du toit** she tumbled *ou* fell off the roof ◆ **elle a fait ~ toute la pile de livres** she toppled the whole pile of books over *ou* brought the whole pile of books (crashing) down ◆ **ça dégringole !** * *[pluie]* it's pouring (down) *ou* tipping down * *(Brit)* b *[monnaie, prix]* to collapse, to take a tumble; *[firme, réputation]* to tumble, to take a tumble ◆ **il a dégringolé (jusqu')à la 15$^e$ place/dans les sondages** he tumbled to 15th place/in the polls VT *[+ escalier, pente] (en courant)* to rush *ou* tear down; *(en tombant)* to tumble down

**dégrippant** /degʀipɑ̃/ NM penetrating oil

**dégripper** /degʀipe/ ► conjug 1 ◄ VT to unblock, to unchoke

**dégrisement** /degʀizmɑ̃/ NM *(lit, fig)* sobering up

**dégriser** /degʀize/ ► conjug 1 ◄ VT *(lit)* to sober up; *(fig)* to sober up, to bring back down to earth VPR **se dégriser** *(lit)* to sober up; *(fig)* to sober up, to come back down to earth

**dégrossir** /degʀosiʀ/ ► conjug 2 ◄ VT a *[+ bois]* to trim, to cut down to size; *[+ marbre]* to rough-hew b *[+ projet, travail]* to rough out, to work out roughly, to do the spadework on c *[+ personne]* to knock the rough edges off, to polish up ◆ **individu mal dégrossi** coarse *ou* unpolished *ou* unrefined individual ◆ **il s'est un peu dégrossi** he has lost some of his rough edges

**dégrossissage** /degʀosisaʒ/ NM *[de bois]* trimming; *[de marbre]* rough-hewing

**dégrouiller (se)** * /degʀuje/ ► conjug 1 ◄ VPR *(= se dépêcher)* to hurry up, to get a move on * ◆ **allez, dégrouille(-toi) !** come on, hurry up! *ou* get a move on! * ◆ **se ~ de** *ou* **pour faire qch** to hurry to do sth

**dégroupement** /degʀupmɑ̃/ NM putting *ou* dividing into groups

**dégrouper** /degʀupe/ ► conjug 1 ◄ VT to put *ou* divide into groups

**déguenillé, e** /deg(ə)nije/ ADJ ragged, tattered NM,F ragamuffin

**déguerpir** * /degɛʀpiʀ/ ► conjug 2 ◄ VI *(= s'enfuir)* to clear off *, to scarper ‡ *(Brit)* ◆ **faire ~** *[+ ennemi]* to scatter; *[+ voleur]* to chase *ou* drive off

**dégueu** ‡ /degø/ ADJ abrév de **dégueulasse**

**dégueulasse** ‡ /degœlas/ ADJ a *(= crasseux, sale)* disgusting, filthy b *(= mauvais, injuste)* lousy *, rotten * ◆ **il a fait un temps ~** the weather was lousy * ◆ **c'est ~ de faire ça** that's a lousy * *ou* rotten * thing to do ◆ **il a vraiment été ~ avec elle** he was really rotten * to her ◆ **c'est pas ~** it's not bad at all c *(= vicieux)* disgusting ◆ **il est vraiment ~, ce type** he's a filthy swine ‡ NMF *[personne] (sale)* dirty pig ‡; *(mauvais, vicieux, homme)* swine ‡; *(femme)* bitch, cow ‡ *(Brit)* ◆ **c'est un gros ~** he's a lousy *ou* rotten swine ‡ ◆ **c'est un vieux ~** he's a dirty old man ‡

**dégueulasser** ‡ /degœlase/ ► conjug 1 ◄ VT *(= salir)* to mess up *

**dégueuler** * /degœle/ ► conjug 1 ◄ VTI *(= vomir)* to throw up *, to puke * ◆ **c'est à ~** it's enough to make you throw up * *ou* puke *

**dégueulis** * /degœli/ NM puke *

**déguisé, e** /degize/ (ptp de **déguiser**) ADJ a *(pour tromper)* in disguise *(attrib)*, disguised *(en* as); *(pour s'amuser)* in fancy dress *(Brit)*, in costume *(US)* ◆ **~ en Zorro** dressed up as Zorro b *[voix, écriture, subvention, chômage]* disguised; *[ambition, sentiment]* disguised, masked, veiled; *[prêt, accord]* backdoor *(épith)* ◆ **non ~** unconcealed, undisguised ◆ **à peine ~** thinly disguised ◆ **il parlait avec une hostilité à peine ~e** he spoke with thinly disguised hostility ◆ **les taxes ont augmenté sous une forme ~e** there have been hidden tax increases ◆ **impôt ~** hidden tax

**déguisement** /degizmɑ̃/ NM *(pour tromper)* disguise; *(pour s'amuser)* disguise, fancy dress *(Brit)*, costume *(US)* ◆ **sans ~** *(littér)* without disguise, openly

**déguiser** /degize/ ► conjug 1 ◄ VT *(gén)* *[+ voix, écriture, visage]* to disguise; *[+ pensée, ambition, vérité]* to disguise, to mask; *[+ poupée, enfant]* to dress up *(en* as) ◆ **je ne puis vous ~ ma surprise** I cannot conceal my surprise from you VPR **se déguiser** *(pour tromper)* to disguise o.s.; *(pour s'amuser)* to dress up, to put on fancy dress *(Brit)* ◆ **se ~ en Zorro** to dress up as a Zorro ◆ **se ~ en courant d'air** * to make o.s. scarce *

> ⚠ *Au sens de 'costumer',* **déguiser** *ne se traduit pas par* **to disguise.**

**dégurgiter** /degyʀʒite/ ► conjug 1 ◄ VT *[+ nourriture]* to vomit *ou* bring back (up); *[+ leçon]* to parrot, to regurgitate

**dégustateur, -trice** /degystatœʀ, tʀis/ NM,F *[de vin]* wine taster

**dégustation** /degystasjɔ̃/ NF *[de coquillages, fromages]* sampling; *[de vin]* tasting ◆ **"ici, dégustation d'huîtres à toute heure"** "oysters available at all times"; → **menu**[1]

**déguster** /degyste/ ► conjug 1 ◄ VT *[+ vins]* to taste; *[+ coquillages, fromages]* to sample; *[+ repas, café, spectacle]* to enjoy, to savour ◆ **as-tu fini ton café ? – non, je le déguste** have you finished your coffee? — no, I'm enjoying it *ou* savouring it VI *(* = souffrir)* ◆ **il a dégusté !** he didn't half have a rough time! * ◆ **j'ai une rage de dents, je déguste !** I've got toothache and I'm in agony * *ou* and it's killing me! *

**déhanché, e** /deɑ̃ʃe/ (ptp de **se déhancher**) ADJ *[démarche]* swaying; *[d'infirme]* lop-sided ◆ **il se tenait légèrement ~** he was standing with his weight on one leg

**déhanchement** /deɑ̃ʃmɑ̃/ NM *(= démarche)* swaying walk; *[d'infirme]* lop-sided walk; *(= posture)* standing with one's weight on one hip

**déhancher (se)** /deɑ̃ʃe/ ► conjug 1 ◄ VPR a *(en marchant)* to sway one's hips b *(immobile)* to stand with one's weight on one hip

**dehors** /dəɔʀ/ ADV *(= à l'extérieur)* outside; *(= à l'air libre)* outside, outdoors, out of doors; *(= pas chez soi)* out ◆ **attendez-le ~** wait for him outside ◆ **je serai ~ toute la journée** I'll be out all day ◆ **par beau temps, les enfants passent la journée ~** when it's fine, the children spend the day outdoors *ou* out of doors *ou* outside ◆ **il fait plus frais dedans que ~** it is cooler inside than out(side) *ou* indoors than out(doors) ◆ **cela ne se voit pas de ~** it can't be seen from (the) outside ◆ **passez par ~ pour aller au jardin** go round the outside (of the house) to get to the garden ◆ **dîner ~** *(dans le jardin)* to eat out of doors *ou* outside; *(au restaurant)* to eat *ou* dine out ◆ **jeter** *ou* **mettre** *ou* **ficher** * *ou* **foutre** * **qn ~** *(gén)* to throw *ou* kick * *ou* chuck * sb out; *[patron]* to sack * *ou* fire * sb ◆ **mettre le nez** *ou* **le pied ~** to set foot outside ◆ **il fait un temps à ne pas mettre le nez ~** it's weather for staying indoors

◆ **au dehors** *ou* **au-dehors** *(= à l'extérieur)* outside ◆ **au ~, elle paraît calme, mais c'est une nerveuse** outwardly she looks relaxed, but actually she's quite highly strung ◆ **au ~, la situation est tendue** *(= à l'étranger)* outside the country, the situation is tense

◆ **en dehors** ◆ **avoir les pieds en ~** to have turned-out feet, to be splay-footed ◆ **marcher les pieds en ~** to walk with one's feet *ou* toes turned out, to walk splay-footed

◆ **en dehors de** *(lit)* outside; *(= sans rapport avec)*, irrelevant to; *(= excepté)* apart from ◆ **ce passage est en ~ du sujet** this passage is irrelevant (to the subject) ◆ **en ~ de cela, il n'y a rien de neuf** apart from that *ou* beyond that *ou* otherwise there's nothing new ◆ **cette tâche est en ~ de ses possibilités** this task is beyond his capabilities ◆ **il a voulu rester en ~ de cette affaire** he didn't want to get involved ◆ **en ~ de tout contrôle** *[fabriquer, exporter]* without any form of control

NM *(= extérieur)* outside ◆ **on n'entend pas les bruits du ~** you can't hear the noise from outside ◆ **l'air du ~** the fresh air ◆ **les détenus n'avaient aucune communication avec le ~** the prisoners had no contact with the outside world ◆ **ce sont certainement des gens du ~ qui ont commis ce vol** it must be outsiders *ou* people from outside who are responsible for the theft

NMPL **dehors** *(= apparences)* **les ~ sont trompeurs** appearances are deceptive ◆ **sous des ~ aimables, il est dur** under his friendly exterior, he's a hard man

**déhoussable** /deusabl/ ADJ with loose covers *(attrib)*

**déicide** /deisid/ ADJ deicidal NMF deicide NM *(= crime)* deicide

**déictique** /deiktik/ NM *(Ling)* deictic

**déification** /deifikasjɔ̃/ NF deification

**déifier** /deifje/ ► conjug 7 ◄ VT to deify

**déisme** /deism/ NM deism

**déiste** /deist/ ADJ deistic, deist NMF deist

**déité** /deite/ NF *(littér)* deity

**déjà** /deʒa/ ADV a *(= dès maintenant, dès ce moment)* already ◆ **il a ~ fini** he has finished already, he has already finished ◆ **est-il ~ parti ?** has he left already? ◆ **à trois heures il avait ~ écrit trois lettres** he'd already written three letters by three o'clock ◆ **~ à cette époque** even then ◆ **j'aurais ~ fini si tu ne me dérangeais pas tout le temps** I would have finished by now *ou* already if you didn't keep bothering me all the time ◆ **je l'aurais ~ dit si je n'avais pas craint de le vexer** I would have said it before now *ou* by now *ou* already if I hadn't been afraid of offending him

b *(= auparavant)* before, already ◆ **je suis sûr de l'avoir ~ rencontré** I'm sure I've met him before, I'm sure I've already met him ◆ **j'ai ~ fait ce genre de travail** I've done that sort of work before, I've already done that sort of work

◆ **déjà-vu** ◆ **c'est du ~-vu** we've seen it all before, it's old hat * ◆ **impression de ~-vu** sense *ou* feeling of déjà vu

c *(intensif)* **200 €, c'est ~ pas mal** * €200, that's not bad at all ◆ **30 tonnes, c'est ~ un gros camion** 30 tons, that's quite a big truck *ou* that's a fair-sized truck ◆ **il est ~ assez paresseux** he's lazy enough as it is ◆ **enfin, c'est ~ quelque chose !** anyway, it's better than nothing *ou* it's a start! ◆ **c'est ~ ça** that's something ◆ **~ que** * **je ne suis pas riche, s'il faut encore payer une amende ...** I'm not rich as it is but if I have to pay a fine as well ...

d *(* : interrogatif)* **qu'est-ce qu'il a dit, ~ ?** what was it he said again?, what did he say again? ◆ **c'est combien, ~ ?** how much is it again?, how much did you say it was again?; → **ores**

**déjanté, e** * /deʒɑ̃te/ (ptp de **déjanter**) ADJ ◆ **tu es complètement ~!** you're off your rocker * *ou* trolley * *(Brit)*!

**déjanter** /deʒɑ̃te/ ► conjug 1 ◄ VT *[pneu]* to remove from its rim VI *(* = devenir fou)* to go crazy * ◆ **non mais tu déjantes !** you must be off your rocker! * *ou* trolley! * *(Brit)* VPR **se déjanter** *[pneu]* to come off its rim

**déjection** /deʒɛksjɔ̃/ NF a *(Méd)* evacuation ◆ **~s** faeces, excrement ◆ **~s canines** dog mess b *(Géol)* **~s** ejecta *(SPÉC)*, ejectamenta *(SPÉC)*; → **cône**

**déjeté, e** /deʒ(ə)te/ ADJ *[position, mur, arbre, infirme]* lop-sided, crooked; *[colonne vertébrale]* twisted ◆ **il est tout ~** he's all lop-sided *ou* misshapen

**déjeuner** /deʒœne/ ► conjug 1 ◄ VI a *(gén : à midi)* to have lunch ◆ **nous avons déjeuné de fromage et de pain** we had bread and cheese for lunch ◆ **inviter qn à ~** to invite sb to lunch ◆ **rester à ~ chez qn** to stay and have lunch with sb, to stay for *ou* to lunch at sb's ◆ **viens ~ avec nous demain** come and have lunch with us tomorrow, come to lunch with us tomorrow ◆ **nous avons déjeuné sur l'herbe** we had a picnic lunch ◆ **ne pars pas sans ~** don't go before you've had your lunch

b *(Belg, Helv = le matin)* to have breakfast; → **pouce**

NM a *(= repas de midi) (gén)* lunch ◆ **~ d'affaires** business lunch ◆ **~ de travail** working lunch ◆ **~ sur l'herbe** picnic lunch ◆ **prendre son ~** to have lunch ◆ **j'ai eu du poulet à ~** I had chicken for lunch ◆ **j'ai ma mère à ~** I've got my mother coming for lunch

b *(Belg, Helv : du matin)* breakfast

c *(= tasse et soucoupe)* breakfast cup and saucer

d *(loc)* **ça a été un vrai ~ de soleil** *(vêtement, tissu)* it didn't take long to fade; *(objet)* it soon gave up the ghost *, it didn't last long; *(résolution)* it was a flash in the pan, it didn't last long

**déjouer** /deʒwe/ ► conjug 1 ◄ VT *[+ complot]* to foil, to thwart; *[+ plan]* to thwart, to frustrate; *[+ ruse]* to outsmart; *[+ surveillance]* to elude ◆ **~ les plans de l'ennemi** to frustrate the enemy in his plans, to confound the enemy's plans ◆ **j'ai déjoué ses plans** I thwarted his plans, I outwitted him

**déjuger (se)** /deʒyʒe/ ► conjug 3 ◄ VPR to go back on *ou* reverse one's decision

**de jure** /deʒyʀe/ LOC ADJ, LOC ADV de jure

**delà** /dəla/ ADV

◆ **au-delà** beyond ◆ **au-~ il y a l'Italie** beyond that is Italy ◆ **il a eu ce qu'il voulait et bien au-~** he had all he wanted and more (besides) ◆ **vous avez droit à dix bouteilles et pas au-~/mais au-~ vous payez une taxe** you're entitled to ten bottles and no more/but above that you pay duty ◆ **n'allez pas au-~** *(somme, prix)* don't go beyond *ou* over that figure (*ou* sum *etc*), don't exceed that figure (*ou* sum *etc*) ◆ **mes connaissances ne vont pas au-~** that's as far as my knowledge goes, that's the extent of my knowledge

♦ **par(-)delà** beyond ◆ **devant eux il y a le pont et par(-)~ l'ennemi** in front of them is the bridge and beyond that the enemy *ou* and on the other *ou* far side of it, the enemy

♦ **en delà** beyond, outside ◆ **la clôture était à 20 mètres et il se tenait un peu en ~** the fence was 20 metres away and he was standing just beyond it *ou* outside it; → **deçà**

PRÉP

♦ **au delà de** *[+ lieu, frontière]* beyond, on the other side of; *[+ somme, limite]* over, above ◆ **au ~ des mers** *(littér)* overseas, beyond *ou* over the seas ◆ **ceci va au ~ de tout ce que nous espérions** this goes (far) beyond anything we hoped for ◆ **au ~ de la conscience/douleur** beyond consciousness/pain ◆ **aller au ~ de ses forces/moyens** to go beyond *ou* exceed one's strength/means

♦ **par delà** beyond ◆ **par ~ les mers** overseas, beyond *ou* over the seas ◆ **par ~ les apparences** beneath the surface ◆ **par ~ les siècles** across the centuries; → **par-delà**

**délabré, e** /delabʀe/ (ptp de **délabrer**) ADJ *[maison]* dilapidated, ramshackle *(épith)*, tumbledown *(épith)*; *[mobilier, matériel]* broken-down; *[santé]* ruined; *[mur]* crumbling, in ruins *(attrib)*; *[affaires]* in a poor *ou* sorry state *(attrib)*; *[fortune]* depleted

**délabrement** /delabʀəmɑ̃/ NM *[de maison]* dilapidation, decay, ruin; *[de santé, affaires]* poor *ou* sorry state; *[de vêtements]* raggedness; *[de mobilier, matériel, mur]* decay, ruin; *[de fortune]* depletion ◆ **état de ~** dilapidated state, state of decay *ou* ruin

**délabrer** /delabʀe/ ▸ conjug 1 ◂ VT *[+ maison]* to ruin; *[+ mobilier, matériel]* to spoil, to ruin; *[+ santé]* to ruin, to impair VPR **se délabrer** *[maison, mur, matériel]* to fall into decay; *[santé]* to break down; *[affaires]* to go to rack and ruin

**délacer** /delase/ ▸ conjug 3 ◂ VT *[+ chaussures]* to undo (the laces of); *[+ corset]* to unlace VPR **se délacer** *[chaussures]* to come undone

**délai** /delɛ/ GRAMMAIRE ACTIVE 47.2, 47.3

NM **a** *(= temps accordé)* time limit ◆ **c'est un ~ trop court pour ...** it's too short a time for ... ◆ **je vous donne trois mois, c'est un ~ impératif** I'll give you three months and that's the absolute limit ◆ **avant l'expiration du ~** before the deadline ◆ **dans le ~ imparti** *ou* **prescrit** within the allotted *ou* prescribed time, within the time laid down *ou* allotted ◆ **dans un ~ de six jours** within (a period of) six days ◆ **livrable dans un ~ de quinze jours** *(sur facture)* allow two weeks for delivery ◆ **vous êtes dans les ~s** you're within the time limit ◆ **ce sera fait dans les ~s** it'll be done within the time limit *ou* allotted time ◆ **observer** *ou* **respecter** *ou* **tenir les ~s** *[de travail]* to keep *ou* meet the deadline; *[de livraison]* to keep *ou* meet delivery dates ◆ **prolonger un ~** to extend a time limit *ou* a deadline

**b** *(= période d'attente)* waiting period ◆ **il faut compter un ~ de huit jours** you'll have to allow a week

**c** *(= sursis)* extension ◆ **un dernier ~ de dix jours** a final extension of ten days ◆ **accorder des ~s successifs** to allow further extensions ◆ **il va demander un ~ pour achever le travail** he's going to ask for more time to finish the job

**d** *(loc)* **à bref ~** *[prévenir]* at short notice; *(= très bientôt)* shortly, very soon ◆ **dans le(s) plus bref(s) ~(s), dans les meilleurs ~s** as soon *ou* as quickly as possible ◆ **il faut payer avant le 15, dernier ~** it must be paid by the 15th at the latest, the 15th is the deadline for payment ◆ **15 octobre, dernier ~ pour les inscriptions** 15 October is the closing *ou* final date for registration, registration must be completed by 15 October at the latest ◆ **sans ~** without delay, immediately

COMP ▷ **délai de carence** *(Fin, Jur)* waiting period *(before receiving social security payments)* ▷ **délai d'exécution** *(pour un travail)* turnaround time ▷ **délai de fabrication** production time ▷ **délai de grâce** *(Fin, Jur)* grace period ◆ **un ~ de grâce de cinq jours** five days' grace ▷ **délai de livraison** delivery time *ou* period ▷ **délai de paiement** term of payment, time for payment ▷ **délai de préavis** term *ou* period of notice ▷ **délai de prescription** *(Jur)* limitation period ▷ **délai de réflexion** *(avant réponse)* time to think; *(avant sanctions)* cooling-off period; *(Comm)* right-to-cancel period ▷ **délai de rétractation** cooling-off period ▷ **délai de rigueur** final deadline ◆ **à remettre avant le 15 mai, ~ de rigueur** to be handed in before the final deadline of 15 May

> ⚠ **délai** *se traduit rarement par* **delay**, *qui a le sens de 'retard'.*

**délai-congé** (pl **délais-congés**) /delɛkɔ̃ʒe/ NM term *ou* period of notice

**délaissement** /delɛsmɑ̃/ NM *(= action)* abandonment, desertion; *(= état)* neglect, state of neglect *ou* abandonment; *(Jur)* relinquishment *ou* renunciation *(of a right)*

**délaisser** /delese/ ▸ conjug 1 ◂ VT **a** *(= abandonner) [+ famille, ami]* to abandon, to give up; *[+ travail]* to give up, to quit ◆ **épouse délaissée** deserted wife **b** *(= négliger) [+ famille, ami, travail]* to neglect ◆ **c'est un métier délaissé par les jeunes** young people don't go in for this kind of work ◆ **épouse/fillette délaissée** neglected wife/little girl **c** *(Jur) [+ droit]* to relinquish

**délassant, e** /delɑsɑ̃, ɑ̃t/ ADJ *[massage, bain]* relaxing

**délassement** /delɑsmɑ̃/ NM *(= état)* relaxation, rest; *(= distraction)* relaxation

**délasser** /delɑse/ ▸ conjug 1 ◂ VT *(= reposer) [+ membres]* to refresh; *(= divertir) [+ personne, esprit]* to entertain ◆ **un bon bain, ça délasse** a good bath is very relaxing ◆ **c'est un livre qui délasse** it's an entertaining sort of book VPR **se délasser** *(= se détendre)* to relax *(en faisant qch* by doing sth)

**délateur, -trice** /delatœʀ, tʀis/ NM,F *(frm)* informer

**délation** /delasjɔ̃/ NF *(frm)* denouncement, informing ◆ **lettre de ~** denunciatory letter

**délavage** /delavaʒ/ NM **a** *[d'aquarelle]* watering down; *[de tissu, inscription]* fading **b** *[de terre]* waterlogging

**délavé, e** /delave/ (ptp de **délaver**) ADJ **a** *[tissu]* faded; *[inscription]* washed-out ◆ **jeans ~s** prewashed jeans ◆ **un ciel ~ après la pluie** a watery *ou* washed-out (blue) sky after rain **b** *[terre]* waterlogged

**délaver** /delave/ ▸ conjug 1 ◂ VT **a** *[+ aquarelle]* to water down; *[+ tissu, inscription]* to (cause to) fade *(by the action of water)* **b** *[+ terre]* to waterlog

**Delaware** /dəlawɛʀ/ NM Delaware

**délayage** /delɛjaʒ/ NM **a** *[de couleur]* thinning down; *(Culin) [de farine, poudre]* mixing *(to a certain consistency)* (*dans* with) **b** *(fig péj) [d'idée]* dragging out, spinning out; *[de texte, exposé]* padding out ◆ **faire du ~** *(péj) [personne, écrivain]* to waffle * ◆ **son commentaire est un pur ~** his commentary is pure waffle *

**délayer** /deleje/ ▸ conjug 8 ◂ VT **a** *[+ couleur]* to thin down; *(Culin) [+ farine, poudre]* to mix *(to a certain consistency)* (*dans* with); ◆ **~ 100 g de farine dans un litre d'eau** mix 100 g of flour with a litre of water **b** *(péj) [+ idée]* to drag out, to spin out; *[+ exposé]* to pad out ◆ **quelques idées habilement délayées** a few ideas cleverly spun out

**Delco** ® /dɛlko/ NM distributor; → **tête**

**deleatur** /deleatyʀ/ NM INV delete mark *ou* sign, deleatur *(SPÉC)*

**délectable** /delɛktabl/ ADJ delectable

**délectation** /delɛktasjɔ̃/ NF delight, delectation *(littér)*; *(Rel)* delight ◆ **avec ~** *[écouter]* with delight; *[boire]* with relish ◆ **~ morose** delectatio morosa

**délecter** /delɛkte/ ▸ conjug 1 ◂ VT *(littér)* to delight VPR **se délecter** ◆ **se ~ de qch/à faire** to delight *ou* revel *ou* take delight in sth/in doing ◆ **il se délectait** he was thoroughly enjoying it

**délégataire** /delegatɛʀ/ NMF proxy

**délégation** /delegasjɔ̃/ NF **a** *(= groupe)* delegation; *(= commission)* commission ◆ **ils sont allés en ~ voir le patron** they went as a delegation to see the boss

**b** *(= mandat)* delegation ◆ **quand il est absent, sa secrétaire signe le courrier par ~** when he is away his secretary signs his letters on his authority ◆ **il agit par ~** *ou* **en vertu d'une ~** he is acting on somebody's authority ◆ **~ de créance** *(Jur)* assignment *ou* delegation of debt ◆ **~ de pouvoirs** delegation of powers ◆ **~ de solde** *(Mil)* assignment of pay *(to relatives)*

**c** *(Admin = succursale)* branch, office(s) ◆ **Délégation générale pour l'armement** *state organization responsible for armament programmes* ◆ **Délégation à l'aménagement du territoire et à l'action régionale** *state organization for regional development*

**délégué, e** /delege/ (ptp de **déléguer**) NM,F *(= représentant) (gén)* representative; *(à une réunion, une conférence)* delegate ◆ **~ rectoral** *(Scol)* ≃ temporary teacher ◆ **~ de classe/de parents d'élèves** class/parents' representative ◆ **~ du personnel** staff representative ◆ **~ général** *[de parti politique]* deputy leader; *[d'association, organisme]* chief representative ◆ **~ syndical** union representative

ADJ delegated (*à* to); ◆ **membre ~** delegate ◆ **producteur ~** *(Ciné)* associate producer ◆ **~ à qch** *[adjoint, directeur]* responsible for sth; → **administrateur, juge, ministre**

> **Délégués**
>
> At the start of the new school year in state « collèges » and « lycées », pupils elect two class representatives known as « délégués de classe », as well as two deputies. The role of the **délégués** is to represent the interest of the class as a whole by liaising with teachers and the school administration. At the end-of-term « conseils de classe », for example, the **délégués** are consulted during discussions on whether borderline pupils should move up to the next year, leave school or repeat the year. The **délégués** of the whole school elect two « délégués d'établissement » who attend the « conseil d'établissement », where they participate in discussions on the general running of the school and vote on decisions to be made.

**déléguer** /delege/ ▸ conjug 6 ◂ VT **a** *(= transmettre) [+ compétence, pouvoirs, responsabilité]* to delegate (*à* to); *(Jur) [+ créance]* to assign, to delegate ◆ **il faut savoir ~** it's important to be able to delegate **b** *(= mandater) [+ personne]* to (appoint as a) delegate (*à* to)

**délestage** /delɛstaʒ/ NM *(Élec)* power cut; *(Aut)* diversion; *[de ballon, navire]* removal of ballast (*de* from); ◆ **établir un itinéraire de ~** to signpost an alternative route

**délester** /delɛste/ ▸ conjug 1 ◂ **VT** *[+ navire, ballon]* to remove ballast from, to unballast; *(Élec)* to cut off power from ◆ **on a délesté la N4** a diversion has been signposted on the N4 to relieve congestion ◆ **~ qn d'un fardeau** to relieve sb of a burden ◆ **~ qn de qch** * *(= voler qn)* to relieve sb of sth **VPR se délester** *[bateau, ballon]* to jettison ballast ◆ **se ~ de ses bombes** *(Aviat) (en cas de panne)* to jettison its bombs; *(sur l'objectif)* to release its bombs ◆ **elle se délesta de ses colis** she put down *ou* dropped her parcels ◆ **se ~ de ses responsabilités sur qn** to offload one's responsibilities on sb

**délétère** /deletɛʀ/ ADJ *[émanations, gaz]* noxious; *[influence, pouvoir]* pernicious, deleterious; *[effet]* deleterious; *[climat, ambiance]* poisonous

**délétion** /delesjɔ̃/ NF *(Bio)* deletion

**Delhi** /dɛli/ N Delhi

**déliassage** /deljasaʒ/ NM *(Ordin)* decollation

**déliasser** /deljase/ ▸ conjug 1 ◂ VT *(Ordin)* to decollate

**délibérant, e** /delibeʀɑ̃, ɑ̃t/ ADJ deliberative

**délibératif, -ive** /delibeʀatif, iv/ ADJ *[assemblée, conseil]* deliberative ◆ **avoir voix délibérative** to have voting rights

**délibération** /delibeʀasjɔ̃/ NF **a** *(= débat)* deliberation, debate ◆ **~s** proceedings, deliberations ◆ **mettre une question en ~** to debate *ou* deliberate (over *ou* upon) an issue ◆ **après ~ du jury** after the jury's due deliberation **b** *(= réflexion)* deliberation, consideration **c** *(= décision)* decision, resolution ◆ **~s** resolutions ◆ **par ~ du jury** on the jury's recommendation

**délibéré, e** /delibeʀe/ (ptp de **délibérer**) **ADJ** *(= intentionnel)* deliberate; *(= assuré)* resolute, determined; → **propos NM** *(Jur)* deliberation *(of court at end of trial)* ◆ **mettre en ~** *[+ jugement, affaire, décision, arrêté]* to adjourn for further consultation ◆ **mise en ~** deliberation

**délibérément** /delibeʀemɑ̃/ ADV *(= volontairement)* deliberately, intentionally; *(= après avoir réfléchi)* with due consideration; *(= résolument)* resolutely

**délibérer** /delibeʀe/ ▸ conjug 6 ◂ **VI** *(= débattre)* *(gén)* to deliberate; *[jury]* to confer, to deliberate; *(= réfléchir)* to deliberate, to consider ◆ **après avoir mûrement délibéré** after having pondered the matter, after duly considering the matter ◆ **~ sur une question** to deliberate (over *ou* upon) an issue **VT INDIR délibérer de** *(= décider)* **~ de qch** to deliberate sth ◆ **~ de faire qch** to decide *ou* resolve to do sth (after deliberation)

**délicat, e** /delika, at/ ADJ **a** *(= fin) [dentelle, parfum, forme, couleur]* delicate; *[fil, voile, facture, travail]* fine; *[mets]* dainty ◆ **un objet gravé de facture ~e** an intricately engraved object

**b** *(= fragile) [tissu, fleur, enfant, santé]* delicate ◆ **il a la peau très ~e** he has very delicate *ou* sensitive skin ◆ **lotion pour peaux ~es** lotion for sensitive skins

**c** *(= difficile) [situation, question, opération]* delicate, tricky; *[sujet]* delicate, sensitive ◆ **c'est ~ !** it's rather delicate! *ou* tricky! ◆ **c'est ~ de lui dire ça** it's a bit awkward to tell him that

**d** *(= scrupuleux)* scrupulous ◆ **des procédés peu ~s** unscrupulous *ou* dishonest methods ◆ **il ne s'est pas montré très ~ envers vous** he hasn't behaved very fairly *ou* decently towards you

**e** *(= raffiné) [sentiment, goût, esprit, style]* refined, delicate; *[attention]* thoughtful; *[geste]* delicate, thoughtful ◆ **ces propos conviennent peu à des oreilles ~es** this conversation isn't suitable for delicate *ou* sensitive ears ◆ **avoir le palais ~** to have a discerning palate

**f** *(= précis) [nuance]* subtle, fine, delicate; *[oreille]* sensitive, fine; *[travail]* fine, delicate

**g** *(= léger) [toucher, touche]* gentle, delicate ◆ **prendre qch d'un geste ~** to take sth gently *ou* delicately

**h** *(= plein de tact)* tactful (*envers* to, towards)

**i** *(= exigeant)* fussy, particular ◆ **il est ~ pour manger** he's fussy *ou* particular about his food ◆ **faire le ~** *(nourriture)* to be particular *ou* fussy; *(spectacle)* to be squeamish; *(propos)* to act shocked

**délicatement** /delikatmɑ̃/ ADV **a** *(= finement)* **tableau ~ coloré** finely *ou* delicately coloured painting ◆ **dentelle ~ ouvragée** finely *ou* delicately worked lace ◆ **mets ~ préparé** daintily *ou* delicately prepared dish **b** *(= avec précision)* delicately, finely ◆ **nuance ~ exprimée** subtly *ou* finely *ou* delicately expressed shade of meaning **c** *(= avec légèreté) [poser, saisir]* gently, delicately **d** *(= avec raffinement)* delicately ◆ **sentiment ~ exprimé** delicately expressed feeling

**délicatesse** /delikatɛs/ NF **a** *(= finesse) [de dentelle, parfum, couleur, forme]* delicacy; *[de mets]* daintiness; *[de fil, voile, facture, travail]* fineness

**b** *(= fragilité) [de peau]* sensitiveness; *[de tissu]* delicacy

**c** *(= scrupules) [de personne, procédés]* scrupulousness ◆ **sa manière d'agir manque de ~** his behaviour is somewhat unscrupulous

**d** *(= raffinement) [de sentiment, goût, esprit, style]* refinement, delicacy; *[de geste]* delicacy

**e** *(= tact)* tact; *(= attentions)* thoughtfulness ◆ **par ~ il se retira** he withdrew tactfully *ou* out of politeness

**f** *(= précision) [de nuance]* subtlety, fineness, delicacy; *[d'oreille]* sensitivity, fineness; *[de travail]* fineness, delicacy

**g** *(= légèreté)* gentleness ◆ **il prit le vase avec ~** he picked up the vase gently *ou* delicately

**h** *(= caractère complexe) [de situation, question, opération]* delicacy ◆ **être en ~ avec qn/la justice** *(frm)* to be at odds with sb/the law

**i** *(gén pl = prévenances)* consideration *(NonC)*, (kind) attentions ◆ **avoir des ~s pour qn** to show consideration for sb

**délice** /delis/ NM *(= plaisir)* delight ◆ **quel ~ de s'allonger au soleil !** what a delight to lie in the sun! ◆ **se plonger dans l'eau avec ~** to jump into the water with sheer delight ◆ **ce dessert est un vrai ~** this dessert is quite delightful *ou* delicious

**délices** /delis/ NFPL *(littér = plaisirs)* delights ◆ **les ~ de l'étude** the delights of study ◆ **toutes les ~ de la terre se trouvaient réunies là** every earthly delight was to be found there ◆ **faire ses ~ de qch** to take delight in sth ◆ **cette vie rustique ferait les ~ de mon père** this country life would delight my father

**délicieusement** /delisjøzmɑ̃/ ADV *(= d'une manière délicieuse)* exquisitely; *(= d'une manière charmante)* delightfully, exquisitely ◆ **s'enfoncer ~ dans les couvertures** to snuggle down under the covers with delight

**délicieux, -ieuse** /delisjø, jøz/ ADJ *[fruit]* delicious; *[goût]* delicious, delightful; *[lieu, personne, sensation, anecdote]* charming, delightful

**délictuel, -elle** /deliktɥɛl/ ADJ *[action]* criminal

**délictueux, -euse** /deliktɥø, øz/ ADJ *(Jur)* criminal ◆ **fait ~** criminal act

**délié, e** /delje/ (ptp de **délier**) **ADJ** **a** *(= agile) [doigts]* nimble, agile; *[esprit]* astute, penetrating ◆ **avoir la langue ~e** to be very talkative **b** *(= fin) [taille]* slender; *[fil, écriture]* fine **NM** *[de lettre]* (thin) upstroke ◆ **les pleins et les ~s** the downstrokes and the upstrokes *(in handwriting)* ◆ **avoir un bon ~** *(Mus)* to have a flowing *ou* an even touch

**délier** /delje/ ▸ conjug 7 ◂ **VT** **a** *[+ corde, paquet, prisonnier]* to untie; *[+ gerbe]* to unbind ◆ **déliez-lui les mains** untie his hands ◆ **~ la langue de qn** to loosen sb's tongue; → **bourse** **b** *(= libérer)* ◆ **~ qn de** *[+ obligation, serment]* to free *ou* release sb from; *(Rel) [+ péché]* to absolve sb from **VPR se délier** *[lien]* to come untied; *[prisonnier]* to untie o.s., to get (o.s.) free; *[langue]* to loosen ◆ **sous l'effet de l'alcool les langues se délient** alcohol loosens people's tongues ◆ **se ~ d'un serment** to free *ou* release o.s. from an oath

**délimitation** /delimitasjɔ̃/ NF *[de terrain, frontière]* delimitation; *[de sujet, rôle]* definition, delimitation; *[de responsabilités, attributions]* determination

**délimiter** /delimite/ ▸ conjug 1 ◂ VT *[+ terrain, frontière]* to delimit; *[+ sujet, rôle]* to define (the scope of), to delimit; *[+ responsabilités, attributions]* to determine

**délinquance** /delɛ̃kɑ̃s/ NF criminality ◆ **~ juvénile** juvenile delinquency ◆ **~ financière** financial crime ◆ **~ routière** reckless driving ◆ **la petite/la grande ~** petty/serious crime ◆ **acte de ~** crime ◆ **il a sombré dans la ~** he slid into crime

**délinquant, e** /delɛ̃kɑ̃, ɑ̃t/ **ADJ** delinquent ◆ **la jeunesse ~e** juvenile delinquents *ou* offenders **NM,F** delinquent, offender ◆ **~ primaire** first offender

**déliquescence** /delikesɑ̃s/ NF **a** *(Chim = action)* deliquescence **b** *(= décadence)* decay ◆ **en ~** *[régime, structure]* in decline ◆ **société en complète ~** society in a state of total decay ◆ **tomber en ~** to fall into decay *ou* decline

**déliquescent, e** /delikesɑ̃, ɑ̃t/ ADJ **a** *(Chim)* deliquescent **b** *(= décadent) [régime, mœurs, société]* decaying; *[atmosphère]* devitalizing; *[esprit]* enfeebled; *[personne]* decrepit

**délirant, e** /deliʀɑ̃, ɑ̃t/ ADJ **a** *(= enthousiaste) [foule]* delirious; *[accueil]* rapturous ◆ **un public ~** a frenzied audience ◆ **tu n'es pas d'un optimisme ~ !** you're not exactly overflowing with optimism! **b** *(= extravagant) [idée, architecture]* extraordinary, wild; *[prix, propos]* outrageous; *[comédie, film]* whacky * ◆ **ce projet est complètement ~ !** * this project is completely off the wall! * **c** *(Méd) [malade]* delirious ◆ **crise ~e** bout *ou* spell of delirium

**délire** /deliʀ/ **NM** **a** *(Méd)* delirium ◆ **dans un accès de ~** in a fit of delirium ◆ **être en plein ~** to be totally delirious

**b** *(= frénésie)* frenzy ◆ **sa passion allait jusqu'au ~** his passion was almost frenzied ◆ **dans le ~ de son imagination** in his wild *ou* frenzied imagination ◆ **une foule en ~** a frenzied crowd ◆ **quand l'acteur parut, ce fut le *ou* du ~** * when the actor appeared the crowd went crazy

**c** **c'est du ~ !** *(= chose extravagante)* it's sheer madness! *ou* lunacy! ◆ **aux heures de pointe, c'est du ~ dans cette ville** it's absolute chaos *ou* sheer madness in the city at rush hour ◆ **c'est le ~ !** * *(= c'est super)* it's great! *

COMP ▷ **délire alcoolique** alcoholic mania ▷ **délire de grandeur** delusions of grandeur ▷ **délire hallucinatoire** hallucinatory delirium ▷ **délire de persécution** persecution mania ▷ **délire poétique** *(Littérat)* poetic frenzy

**délirer** /deliʀe/ ▸ conjug 1 ◂ VI *[malade]* to be delirious ◆ ~ **de joie** to be delirious with joy ◆ **il délire !** * he's raving! *, he's out of his mind! * ◆ ~ **sur qch** *(= en parler)* to jabber on * about sth ◆ **il délire complètement sur le rap** he's crazy * about rap music

**delirium tremens** /deliʀjɔmtʀemɛ̃s/ NM delirium tremens

**délit** /deli/ NM *(gén)* crime, offence; *(Jur)* (criminal) offence, misdemeanor *(US)* ◆ **commettre un** ~ to commit an offence ◆ ~ **de fuite** failure to report an accident, hit-and-run offence ◆ **il a été arrêté pour** ~ **de faciès/de sale gueule** they arrested him because of the colour of his skin/because they didn't like the look of him ◆ ~ **financier** financial crime ◆ ~ **d'ingérence** abuse of office ◆ ~ **d'initié** insider dealing *ou* trading ◆ ~ **de presse** violation of the press laws ◆ ~ **sexuel** sexual offence *ou* crime ◆ **être poursuivi pour** ~ **d'opinion** to be prosecuted for one's beliefs *ou* convictions; → **corps, flagrant**

**déliter** /delite/ ▸ conjug 1 ◂ VT *[+ pierre]* to cleave VPR **se déliter** *(lit)* to disintegrate *(because of exposure to moisture)*; *[certitudes, valeurs]* to crumble; *[État, structure]* to fall apart

**délivrance** /delivʀɑ̃s/ NF **a** *[de prisonniers]* release; *[de pays]* deliverance, liberation **b** *(= soulagement)* relief ◆ **il est parti, quelle** ~ **!** he's gone - what a relief! **c** *[de passeport, reçu]* issue, delivery; *[d'ordonnance]* issue; *[de lettre, marchandise]* delivery ◆ ~ **d'un brevet** *(Jur)* issue of a patent **d** *(Méd, littér = accouchement)* delivery

**délivrer** /delivʀe/ ▸ conjug 1 ◂ VT **a** *(= libérer)* *[+ prisonnier, esclave]* to set free ◆ ~ **qn de** *[+ rival]* to relieve *ou* rid sb of; *[+ liens, obligation]* to free sb from, to relieve sb of; *[+ crainte]* to relieve sb of ◆ **être délivré d'un grand poids** to be relieved of a great weight **b** *(= remettre)* *[+ passeport, reçu]* to issue; *[+ lettre, marchandise]* to deliver; *(Comm)* *[+ brevet]* to grant; *[+ ordonnance]* to give, to issue; *[+ médicament]* *[pharmacien]* to dispense; *(Admin)* to sell; → **ordonnance**
VPR **se délivrer** *[personne]* to free o.s. (*de* from)

**délocalisable** /delɔkalizabl/ ADJ *[emploi, entreprise]* that can be relocated

**délocalisation** /delɔkalizasjɔ̃/ NF relocation

**délocaliser** /delɔkalize/ ▸ conjug 1 ◂ VT *[+ activités, entreprise, emplois]* to relocate VPR **se délocaliser** ◆ **l'entreprise va se** ~ **à l'étranger** the company is going to relocate abroad

**déloger** /delɔʒe/ ▸ conjug 3 ◂ VT *[+ locataire]* to turn *ou* throw out; *[+ fugitif]* to flush out; *[+ lièvre]* to start; *[+ objet, ennemi]* to dislodge (*de* from) VI **a** *(= déguerpir)* to clear out ◆ **délogez de là !** clear out of there! * **b** *(Belg = découcher)* to spend the night away from home

**déloguer (se)** /delɔge/ VPR *(Ordin = se déconnecter)* to log off

**déloquer (se)** ✱ /delɔke/ ▸ conjug 1 ◂ VPR *(= se déshabiller)* to strip off

**déloyal, e** (mpl **-aux**) /delwajal, o/ ADJ *[ami]* unfaithful, disloyal (*envers* towards); *[adversaire]* underhand; *[conduite]* disloyal, underhand; *[procédé]* unfair ◆ **concurrence ~e** *(Comm)* unfair competition ◆ **un coup** ~ *(Sport)* a foul

**déloyalement** /delwajalmɑ̃/ ADV disloyally

**déloyauté** /delwajote/ NF *(NonC)* *[d'ami, conduite]* disloyalty (*envers* towards); *[d'adversaire]* underhandedness, unfairness; *[de procédé]* unfairness ◆ **actes de** ~ disloyal acts

**Delphes** /dɛlf/ N Delphi

**delphinarium** /dɛlfinaʀjɔm/ NM dolphinarium

**delphinium** /dɛlfinjɔm/ NM delphinium

**delta** /dɛlta/ NM *(Géog, Ling)* delta ◆ **le** ~ **du Mékong** the Mekong delta ◆ **rayon** ~ *(Phys)* delta ray ◆ **à ailes (en)** ~ *(Aviat)* delta-winged; → **aile**

**deltaïque** /dɛltaik/ ADJ deltaic, delta *(épith)*

**deltaplane** ® /dɛltaplan/ NM *(= appareil)* hang-glider; *(= sport)* hang-gliding ◆ **faire du** ~ to hang-glide, to go hang-gliding

**deltoïde** /dɛltɔid/ ADJ, NM *(Méd)* deltoid

**déluge** /delyʒ/ NM *(= pluie)* downpour, deluge; *[de larmes, paroles, injures]* flood; *[de compliments, coups]* shower ◆ **le** ~ *(Bible)* the Flood, the Deluge ◆ **ça date du** ~**, ça remonte au** ~ it's ancient history ◆ **après moi le** ~ **!** I don't care what happens after I'm gone!, après moi le déluge!

**déluré, e** /delyʀe/ ADJ **a** *(= débrouillard)* smart, resourceful **b** *(= impertinent)* *(gén)* forward; *[fille]* saucy, sassy * *(US)* ◆ **sa sœur est un peu ~e** his sister is a bit wild

**délurer** /delyʀe/ ▸ conjug 1 ◂ VT *(= dégourdir)* to make smart *ou* resourceful, to teach a thing or two to *; *(péj)* to make forward *ou* pert VPR **se délurer** *(= se dégourdir)* to become smart *ou* resourceful; *(péj)* to become forward ◆ **il s'est déluré au régiment** he learnt a thing or two * in the army

**démagnétisation** /demaɲetizasjɔ̃/ NF demagnetization

**démagnétiser** /demaɲetize/ ▸ conjug 1 ◂ VT, **se démagnétiser** VPR to demagnetize

**démago** * /demago/ ADJ abrév de **démagogique** NMF abrév de **démagogue**

**démagogie** /demagɔʒi/ NF ◆ **il se garde de toute** ~ he makes no attempt to court popularity ◆ **absoudre par** ~ **des actes de violence** to excuse acts of violence out of a desire to win popularity ◆ **le magazine s'adresse à un large public sans pour autant tomber dans la** ~ the magazine addresses a wide readership without dumbing down

> ⚠ *Attention à ne pas traduire automatiquement* **démagogie** *par* **demagogy**, *qui a des emplois spécifiques.*

**démagogique** /demagɔʒik/ ADJ ◆ **ce n'est pas réaliste, c'est** ~ it's not realistic, it's just designed to appeal to the public ◆ **son discours est rassurant, paternaliste,** ~ what he says is soothing, paternalistic and calculated to appeal to public opinion ◆ **aucun parti n'a intérêt à faire de surenchère** ~ **à propos de l'immigration** it's not in the interest of any party to get involved in a demagogic slanging match about immigration

> ⚠ *Attention à ne pas traduire automatiquement* **démagogique** *par* **demagogic**, *qui a des emplois spécifiques.*

**démagogue** /demagɔg/ NMF demagogue ADJ ◆ **être** ~ to be a demagogue

**démaillage** /demajaʒ/ NM *[de bas]* laddering *(Brit)*, running *(US)*; *[de tricot]* undoing, unravelling

**démailler** /demaje/ ▸ conjug 1 ◂ VT *[+ bas]* to ladder *(Brit)*, to run *(US)*; *[+ filet]* to undo (the mesh of); *[+ tricot]* to undo, to unravel; *[+ chaîne]* to unlink, to separate the links of ◆ **ses bas sont démaillés** her stockings are laddered *(Brit) ou* have got ladders *(Brit) ou* have runs *(US)* in them VPR **se démailler** *[bas]* to ladder *(Brit)*, to run *(US)*; *[tricot, filet]* to unravel, to come unravelled ◆ **la chaîne s'est démaillée** the links of the chain have come apart

**démailloter** /demajɔte/ ▸ conjug 1 ◂ VT *[+ enfant]* to take the swaddling clothes off

**demain** /d(ə)mɛ̃/ ADV **a** *(= dans un jour)* tomorrow ◆ ~ **matin** tomorrow morning ◆ ~ **soir** tomorrow evening *ou* night ◆ ~ **en huit/en quinze** a week/two weeks tomorrow ◆ **à dater** *ou* **à partir de** ~ (as) from tomorrow, from tomorrow on ◆ ~ **il fera jour** tomorrow is another day ◆ **ce n'est pas** ~ **la veille** *, **ce n'est pas pour** ~ * that won't happen in a hurry ◆ ~ **on rase gratis !** * it's jam tomorrow! ◆ **à** ~ *(gén)* see you tomorrow; *(= je téléphonerai)* I'll talk to you tomorrow ◆ **d'ici (à)** ~ **tout peut changer** everything might be different by tomorrow; → **remettre** **b** *(= l'avenir)* **le monde de** ~ the world of tomorrow, tomorrow's world ◆ **de quoi** ~ **sera-t-il fait ?** what will tomorrow's world hold for us?

**démanché, e** /demɑ̃ʃe/ (ptp de **démancher**) ADJ *[bras]* out of joint *(attrib)*, dislocated; * *[objet]* loose; *[meuble]* rickety ◆ **le marteau est** ~ the hammer has no handle *ou* has lost its handle NM *(Mus)* shift

**démancher** /demɑ̃ʃe/ ▸ conjug 1 ◂ VT *[+ outil]* to take the handle off; *(* = disloquer)* *[+ meuble]* to knock a leg off; *[+ bras]* to put out of joint, to dislocate VI *(Mus)* to shift VPR **se démancher** *[outil]* to lose its handle; *[bras]* to be put out of joint, to be dislocated; * *[meuble, objet]* to fall to bits *ou* pieces ◆ **se** ~ **le bras** to dislocate one's shoulder ◆ **se** ~ **le cou pour voir qch** * to crane one's neck to see sth

**demande** /d(ə)mɑ̃d/ NF **a** *(= requête)* request (*de qch* for sth); *(= revendication)* claim, demand (*de* for); *(Admin)* *[d'autorisation, naturalisation]* application (*de* for); *[de remboursement, dédommagement]* claim (*de* for); *[de renseignement]* enquiry; *(Cartes)* bid ◆ **faire une** ~ *(gén)* to make a request ◆ **faire une** ~ **de remboursement** to make a claim, to claim ◆ **adressez votre** ~ **au ministère** apply to the ministry ◆ **remplir une** ~ *(formulaire)* to fill in a claim form (*de* for); ◆ ~ **d'adhésion** application for membership ◆ ~ **d'asile** request *ou* application for asylum ◆ ~ **de rançon** ransom demand ◆ ~ **d'emploi** job application ◆ **"demandes d'emploi"** *(rubrique de journal)* "situations wanted" ◆ ~ **(en mariage)** proposal (of marriage) ◆ **faire sa** ~ **(en mariage)** to propose ◆ **à** *ou* **sur la** ~ **de qn** at sb's request ◆ **à la** ~**, sur** ~ *(gén)* on request; *(Admin)* on application ◆ **et maintenant, à la** ~ **générale ...** and now, by popular request ...
**b** *(Écon)* **la** ~ demand ◆ **pour répondre à la** ~ **(de pétrole/de fruits)** to meet the demand (for oil/fruit) ◆ **il y a une forte** ~ **de produits importés** imported goods are in great demand, there is a great *ou* high demand for imported goods
**c** *(Jur)* ~ **en divorce** divorce petition ◆ ~ **en renvoi** request for remittal ◆ ~ **principale/accessoire/subsidiaire** chief/secondary/contingency petition
**d** *(= besoins)* *[de malade, enfant]* needs ◆ ~ **d'affection** need for affection

> ⚠ *Attention à ne pas traduire automatiquement* **demande** *par* **demand.**

**demandé, e** /d(ə)mɑ̃de/ (ptp de **demander**) ADJ *(Comm)* in demand ◆ **cet article est très** ~ this item is very much in demand, there is a great demand for this item ◆ **il est très ~** *[médecin, chanteur]* he is very much in demand ◆ **c'est une destination très ~e** it's a very popular destination

**demander** /d(ə)mɑ̃de/ GRAMMAIRE ACTIVE 28.2, 43.1, 53.6 ▸ conjug 1 ◂

VT a *(= solliciter) [+ chose, conseil, réponse, entrevue, volontaire]* to ask for; *(Admin, Jur) [+ délai, emploi, divorce]* to apply for; *[+ indemnité, remboursement]* to claim; *[+ réunion, enquête]* to call for, to ask for ◆ **~ qch à qn** to ask sb for sth ◆ **~ un service** *ou* **une faveur à qn** to ask sb a favour ◆ **~ la paix** to sue for peace ◆ **~ une permission** *(Mil)* to ask for *ou* request *(frm)* leave ◆ **~ la permission de faire qch** to ask *ou* request *(frm)* permission to do sth ◆ **~ aide et assistance** to request aid *(à* from); ◆ **~ à voir qn/à parler à qn** to ask to see sb/to speak to sb ◆ **il a demandé à partir plus tôt** he has asked to leave earlier ◆ **~ à qn de faire** *ou* **qu'il fasse qch** to ask *ou* request *(frm)* sb to do sth ◆ **puis-je vous ~ (de me passer) du pain ?** would you mind passing me some bread? ◆ **vous n'avez qu'à ~, il n'y a qu'à ~** you only have to ask ◆ **que demande le peuple ?** *(hum)* what more could you ask for?; → **aumône, charité, pardon**

b *(= appeler) [+ médecin, prêtre, plombier]* to send for ◆ **le blessé demande un prêtre** the injured man is asking *ou* calling for a priest

c *(au téléphone, au bureau etc) [+ personne, numéro]* to ask for ◆ **demandez-moi M. Leblanc** *(au téléphone)* get me Mr Leblanc ◆ **qui demandez-vous ?** who do you wish to speak to? ◆ **on le demande au bureau/au téléphone** he is wanted at the office/on the phone, someone is asking for him at the office/on the phone ◆ **le patron vous demande** *ou* **demande après** * **vous** the boss wants to see you *ou* speak to you, the boss is asking to see you

d *(= désirer)* to be asking for, to want ◆ **ils demandent 10 € de l'heure et une semaine de congé** they are asking (for) €10 an hour and a week's holiday ◆ **le chat miaule, il demande son lait** the cat's mewing – he's asking for his milk ◆ **je demande à voir !** * I'll believe it when I see it! ◆ **il ne demande qu'à apprendre/à se laisser convaincre** all he wants is to learn/to be convinced, he's more than willing to learn/be convinced ◆ **il demande qu'on le laisse partir** he wants us to *ou* is asking us to let him go ◆ **tout ce que je demande, c'est qu'il vienne** all (that) I ask is that he should come ◆ **je ne demande pas mieux !** *ou* **que ça !** I'll be *ou* I'm only too pleased! ◆ **il ne demandera pas mieux que de vous aider** he'll be only too pleased to help you

e *(= s'enquérir de) [+ heure, nom, chemin]* to ask ◆ **~ l'heure à qn** to ask sb the time ◆ **je lui ai demandé son nom** I asked him his name ◆ **~ un renseignement à qn** to ask sb for some information ◆ **~ quand/comment/pourquoi c'est arrivé** to ask when/how/why it happened ◆ **~ des nouvelles de qn, ~ après qn** * to enquire *ou* ask after sb ◆ **"où est-il ?" demanda-t-elle** "where is he?", she asked ◆ **va ~ !** go and ask! ◆ **je ne t'ai rien demandé** I didn't ask you ◆ **je ne te demande rien** I'm not asking you ◆ **on ne t'a pas demandé l'heure (qu'il est)** * *ou* **ton avis** * who asked you?, who rattled your cage? * ◆ **je vous le demande !, je vous demande un peu !** * *(excl)* honestly! *

f *(= nécessiter) [travail, décision]* to require, to need ◆ **ça demande un effort** it requires an effort ◆ **ces plantes demandent beaucoup d'eau/à être arrosées** these plants need *ou* require a lot of water/watering ◆ **ce travail va (lui) ~ six heures** the job will take (him) 6 hours *ou* will require 6 hours, he'll need 6 hours to do the job ◆ **cette proposition demande réflexion** this proposal needs thinking over ◆ **cette proposition demande toute votre attention** this proposal calls for *ou* requires your full attention

g *(= exiger)* **~ qch à** *ou* **de qn** to ask sth of sb ◆ **~ beaucoup à** *ou* **de la vie/ses élèves** to ask a lot of life/of one's pupils ◆ **il ne faut pas trop lui en ~ !** you mustn't ask too much of him!

h *(Comm)* **ils (en) demandent 100 €** they are asking *ou* want €100 (for it) ◆ **ils m'en ont demandé 100 €** they asked (me) for €100 for it ◆ **ils demandent une vendeuse** *(= ils en cherchent une)* they're looking for a shop assistant ◆ **ils demandent 3 vendeuses** *(par annonce)* they are advertising for *ou* they want 3 shop assistants ◆ **on demande beaucoup de vendeuses en ce moment** shop assistants are very much in demand *ou* are in great demand just now ◆ **"on demande : électricien"** "electrician wanted *ou* required" ◆ **comme vous l'avez demandé dans votre lettre du 25 janvier** as requested in your letter of 25 January

VPR **se demander** a *(= hésiter, douter)* to wonder ◆ **on peut vraiment se ~** *ou* **c'est à se ~ s'il a perdu la tête** it makes you wonder if he isn't out of his mind ◆ **il se demande où aller/ce qu'il doit faire** he is wondering where to go/what to do ◆ **il se demanda : suis-je vraiment aussi bête ?** he asked himself *ou* wondered: am I really so stupid? ◆ **ils se demandent bien pourquoi il a démissionné** they can't think why he resigned, they really wonder why he resigned

b *(sens passif)* **ça ne se demande pas !** that's a stupid question!

⚠ *Attention à ne pas traduire automatiquement* **demander** *par* **to demand**, *qui a le sens de 'exiger'.*

**demandeur[1], -deresse** /d(ə)mɑ̃dœʀ, dʀɛs/ NM,F *(Jur)* plaintiff, complainant; *(en divorce)* petitioner ◆ **~ en appel** appellant ◆ **la partie demanderesse** the moving party

**demandeur[2], -euse** /d(ə)mɑ̃dœʀ, øz/ NM,F ◆ **~ d'emploi** person looking for work, job seeker ◆ **le nombre des ~s d'emploi a baissé** the number of job seekers has fallen ◆ **~ d'asile** asylum seeker ◆ **~ de visa** visa applicant ◆ **ils sont très ~s de nos produits** our goods are very popular with them ◆ **s'il existe un bon dictionnaire, je suis ~** if there's a good dictionary I'm interested

**démangeaison** /demɑ̃ʒɛzɔ̃/ NF itching *(NonC)*, itching sensation ◆ **avoir des ~s** to be itching ◆ **j'ai des ~s dans le dos** my back is itching ◆ **j'ai une ~** I've got an itch

**démanger** /demɑ̃ʒe/ ▸ conjug 3 ◂ VT a *(= gratter)* **son dos/son coup de soleil le** *ou* **lui démange** his back/sunburn itches *ou* is itching ◆ **où est-ce que ça (vous) démange ?** where does it itch? ◆ **ça (me) démange** it itches, it's making me itch b *(fig)* **ses poings le démangent** he's itching * for a fight ◆ **la main me démange** I'm itching * *ou* dying to hit him (*ou* her *etc*) ◆ **la langue me démange** I'm itching * *ou* dying to say something ◆ **ça me démange de faire ..., l'envie me démange de faire ...** I'm dying to do ... ◆ **ça me démangeait de lui dire** I was itching * to tell him

**démantèlement** /demɑ̃tɛlmɑ̃/ NM *(Mil) [de forteresse]* demolition, demolishing; *[d'armes, missiles, centrale nucléaire, entreprise, service]* dismantling; *[de gang, réseau d'espionnage, de trafiquants]* breaking up; *[d'empire]* dismantling, break-up

**démanteler** /demɑ̃t(ə)le/ ▸ conjug 5 ◂ VT *(Mil) [+ forteresse]* to demolish; *[+ armes, missiles, centrale nucléaire, entreprise, service]* to dismantle; *[+ gang, réseau d'espionnage, de trafiquants]* to break up; *[+ empire]* to dismantle, to break up

**démantibuler** * /demɑ̃tibyle/ ▸ conjug 1 ◂ VT *[+ objet]* to demolish, to break up VPR **se démantibuler** to fall apart ◆ **se ~ le bras** to dislocate one's shoulder

**démaquillage** /demakijaʒ/ NM ◆ **elle commença son ~** she started to take off *ou* remove her make-up ◆ **produit de ~** make-up remover ◆ **pour le ~ des yeux, ne jamais frotter** when removing eye make-up, don't rub your eyes

**démaquillant, e** /demakijɑ̃, ɑ̃t/ ADJ ◆ **lait** (*ou* **gel**) **~** make-up remover NM make-up remover ◆ **~ pour les yeux** eye make-up remover

**démaquiller** /demakije/ ▸ conjug 1 ◂ VT *[+ yeux, visage]* to remove the make-up from, to take the make-up off ◆ **~ qn** to take off *ou* remove sb's make-up VPR **se démaquiller** to take one's make-up off, to remove one's make-up ◆ **se ~ les yeux** to remove one's eye make-up

**démarcage** /demaʀkaʒ/ NM ⇒ **démarquage**

**démarcatif, -ive** /demaʀkatif, iv/ ADJ demarcating

**démarcation** /demaʀkasjɔ̃/ NF demarcation *(de, entre* between) → **ligne[1]**

**démarchage** /demaʀʃaʒ/ NM *(Comm)* door-to-door *ou* doorstep selling ◆ **~ téléphonique** cold calling ◆ **~ électoral** canvassing ◆ **faire du ~** *(Comm)* to do door-to-door selling; *(par téléphone)* to work in telesales; *(Pol)* to canvass

**démarche** /demaʀʃ/ NF a *(= façon de marcher)* walk, gait ◆ **avoir une ~ pesante/gauche** to have a heavy/an awkward gait *ou* walk, to walk heavily/awkwardly

b *(= intervention)* step ◆ **faire une ~ auprès de qn (pour obtenir qch)** to approach sb (to obtain sth) ◆ **entreprendre des ~s auprès d'un service** to apply to a department ◆ **toutes nos ~s ont échoué** everything we tried failed ◆ **les ~s nécessaires pour obtenir un passeport** what you have to do to get a passport ◆ **l'idée de (faire) cette ~ m'effrayait** I was frightened at the idea of doing this ◆ **sa ~ m'a surpris** I was surprised by what he did ◆ **faire le test est une ~ volontaire qui ne peut être imposée à quelqu'un** having the test is voluntary and cannot be forced on anyone ◆ **par une ~ volontaire** voluntarily ◆ **la bonne ~ (consiste à faire qch)** the right approach (is to do sth)

c *(= attitude)* approach ◆ **sa ~ politique** his political approach

d *(= raisonnement)* reasoning ◆ **expliquez-moi votre ~** explain your reasoning to me ◆ **~ intellectuelle** reasoning

**démarcher** /demaʀʃe/ ▸ conjug 1 ◂ VT *[+ clients]* to canvass; *[+ produit]* to sell door-to-door

**démarcheur, -euse** /demaʀʃœʀ, øz/ NM,F *(= vendeur)* door-to-door salesman (*ou* saleswoman); *(Pol)* (door-to-door) canvasser

**démarier** /demaʀje/ ▸ conjug 7 ◂ VT *(Agr)* to thin out

**démarquage** /demaʀkaʒ/ NM *[de linge, argenterie]* removal of the identifying mark(s) *(de* on); *[d'auteur, œuvre]* copying *(de* from); ◆ **le ~ d'un joueur** *(Sport)* the drawing away of a player's marker ◆ **cet ouvrage est un ~**

**grossier** this work is a crude plagiarism *ou* copy

**démarque** /demaʀk/ NF *(Comm) [d'article]* markdown, marking-down ◆ ~ **inconnue** shortfall *(in stock)* ◆ **"deuxième démarque"** "further reductions"

**démarqué, e** /demaʀke/ (ptp de **démarquer**) ADJ *(Sport) [joueur]* unmarked ◆ **robe ~e** unlabelled designer dress

**démarquer** /demaʀke/ ▸ conjug 1 ◂ VT a *(= ôter une marque) [+ linge, argenterie]* to remove the (identifying) mark(s) from; *(Comm) (= solder)* to mark down; *(= retirer l'étiquette de)* to remove the (designer) label from b *(= copier) [+ œuvre, auteur]* to plagiarize, to copy c *(Sport) [+ joueur]* to draw a marker away from VPR **se démarquer** a *(Sport)* to lose *ou* shake off one's marker b ◆ **se ~ de** *(= marquer sa différence avec)* to distinguish *ou* differentiate o.s. from

**démarrage** /demaʀaʒ/ NM a *(= départ) [de véhicule]* moving off *(NonC)* ◆ ~ **en trombe** shooting off *(NonC)* ◆ **il a calé au ~** he stalled as he moved off ◆ **secoués à chaque ~ du bus** shaken about every time the bus moved off

b *(= début)* start ◆ **l'excellent/le difficile ~ de la campagne électorale** the excellent/difficult start to the electoral campaign

c *(Sport = accélération) [de coureur]* pulling away *(NonC)* ◆ **il a placé un ~ à 100 m de l'arrivée** he put on a burst of speed *ou* he pulled away 100 metres from the finishing line ◆ **être lent au ~** * to be slow to get going

d *(Naut)* casting off, unmooring

e *(= mise en marche) [de véhicule]* starting ◆ **le ~ d'une affaire/campagne** getting a deal/a campaign off the ground

COMP ▷ **démarrage en côte** hill start ▷ **démarrage à la manivelle** crank-starting

**démarrer** /demaʀe/ ▸ conjug 1 ◂ VI a *[moteur, conducteur]* to start (up); *[véhicule]* to move off; *[affaire, campagne]* to get under way, to get off the ground; *[économie]* to take off; *[élève, débutant]* to start off ◆ **l'affaire a bien démarré** the deal got off to a good start *ou* started off well ◆ ~ **en trombe** to shoot off ◆ **faire ~** *[+ véhicule]* to start, to get started; *[+ affaire, campagne]* to get under way, to get off the ground ◆ **il a bien démarré en latin** he got off to a good start in Latin, he started off well in Latin; → **froid**

b *(= accélérer) [coureur]* to pull away

c *(Naut)* to cast off, to unmoor

VT INDIR **démarrer de** *(= démordre de) [+ idée, projet]* to let go of ◆ **il ne veut pas ~ de son idée** he just won't let go of his idea

VT *[+ véhicule]* to start, to get started; *(Naut) [+ embarcation]* to cast off, to unmoor; * *[+ travail]* to get going on * ◆ ~ **une affaire/une campagne** to get a deal/a campaign started ◆ ~ **qn en anglais** to get sb started in English

**démarreur** /demaʀœʀ/ NM *(Aut)* starter

**démasquer** /demaske/ ▸ conjug 1 ◂ VT a *(= dévoiler) [+ imposteur, espion, hypocrisie]* to unmask; *[+ plan]* to unveil, to uncover b *(= enlever le masque de)* to unmask VPR **se démasquer** *[imposteur]* to drop one's mask; *[personne déguisée]* to take off one's mask

**démâtage** /demɑtaʒ/ NM dismasting

**démâter** /demɑte/ ▸ conjug 1 ◂ VT *(involontairement)* to dismast; *(volontairement)* to unstep the mast(s) of VI *[bateau]* to lose its mast(s), to be dismasted ◆ **j'ai démâté** my boat lost its mast(s)

**dématérialisation** /dematerjalizasjɔ̃/ NF dematerialization

**dématérialiser (se)** /dematerjalize/ ▸ conjug 1 ◂ VPR *[transaction]* to dematerialize ◆ **les frontières de l'Europe se dématérialisent** Europe's borders are becoming less and less visible

**démazouter** /demazute/ ▸ conjug 1 ◂ VT *[+ plage]* to remove the oil from

**d'emblée** /dɑ̃ble/ LOC ADV → **emblée**

**démêlage** /demɛlaʒ/ NM *(lit, fig)* disentangling, untangling

**démêlant, e** /demɛlɑ̃, ɑt/ ADJ (hair) conditioning NM (hair) conditioner

**démêlé** /demele/ NM *(= dispute)* dispute, quarrel ◆ **~s** *(= ennuis)* problems ◆ **il a eu des ~s avec la justice** he has fallen foul of the law *ou* has had some problems *ou* trouble with the law ◆ **il risque d'avoir des ~s avec l'administration** he's likely to have some trouble with the authorities

**démêlement** /demɛlmɑ̃/ NM ⇒ **démêlage**

**démêler** /demele/ ▸ conjug 1 ◂ VT a *[+ ficelle, écheveau]* to disentangle, to untangle; *[+ cheveux]* to untangle; *(avec un peigne)* to comb out b *[+ problème, situation]* to untangle, to sort out; *[+ intentions, machinations]* to unravel, to get to the bottom of ◆ ~ **qch d'avec** *ou* **de** to distinguish *ou* tell sth from ◆ ~ **le vrai du faux** to sort the truth out from the lies c *(littér = débattre)* ~ **qch avec qn** to dispute sth with sb ◆ **je ne veux rien avoir à ~ avec lui** I do not wish to have to contend with him VPR **se démêler de** *(= se tirer de) (littér) [+ embarras, difficultés]* to disentangle o.s. from, to extricate o.s. from

**démêloir** /demɛlwaʀ/ NM (large-toothed) comb

**démêlures** /demelyʀ/ NFPL combings

**démembrement** /demɑ̃bʀəmɑ̃/ NM a *[d'animal]* dismemberment b *[de pays, empire]* dismemberment, break-up; *[d'entreprise]* asset-stripping

**démembrer** /demɑ̃bʀe/ ▸ conjug 1 ◂ VT a *[+ animal]* to dismember b *[+ pays, empire]* to dismember, to break up; *[+ entreprise]* to asset-strip

**déménagement** /demenaʒmɑ̃/ NM a *[de meubles]* moving, removal *(Brit)*; *[de pièce]* emptying (of furniture) *(NonC)* ◆ **camion de ~** removal *(Brit) ou* moving *(US)* van ◆ **le ~ du mobilier s'est bien passé** moving the furniture *ou* the removal of the furniture went well ◆ **le ~ du laboratoire a posé des problèmes** moving the furniture out of the laboratory *ou* emptying the laboratory of (its) furniture proved to be no easy matter ◆ **ils ont fait quatre ~s en trois jours** they did four moves *ou* removals *(Brit)* in three days

b *(= changement de domicile)* move, moving (house) *(NonC)*; *(= changement de bureau)* move, moving (offices) *(NonC)* ◆ **faire un ~** to move (house) ◆ **on a dû perdre ça pendant le ~** we must have lost it during the move ◆ **trois ~s en une année, c'est trop** three moves in one year is too much, moving (house) three times in one year is too much

**déménager** /demenaʒe/ ▸ conjug 3 ◂ VT *[+ meubles, affaires]* to move; *[+ maison, pièce]* to move the furniture out of, to empty (of furniture) VI a *(= changer de maison)* to move (house); *(= changer d'appartement)* to move (into a new flat); *(= changer de locaux)* to move (offices) ◆ ~ **à la cloche de bois** to sneak off in the middle of the night, to do a moonlight flit * *(Brit)* b *(* = partir)* to clear off * ◆ **allez, déménage !** buzz *ou* clear off! * ◆ **il nous a fait ~** he sent us packing * ◆ **avec elle, les dossiers ça déménage** * she gets through files like nobody's business * c *(* = être fou)* to be off one's rocker * d *(* = être excellent)* **il/ça déménage !** he's/it's brill! * *(Brit) ou* awesome! * *(US)*

**déménageur** /demenaʒœʀ/ NM *(= entrepreneur)* furniture remover *(Brit)*, moving company *(US)*; *(= ouvrier)* removal man *(Brit)*, (furniture) mover *(US)* ◆ **il a une carrure de ~** he's built like a tank

**démence** /demɑ̃s/ NF *(Méd)* dementia; *(Jur)* mental disorder; *(gén)* madness, insanity ◆ **c'est de la ~** *(fig)* it's (sheer) madness *ou* lunacy, it's insane ◆ ~ **précoce** *(Méd)* dementia praecox ◆ ~ **sénile** *(Méd)* senile dementia

**démener (se)** /dem(ə)ne/ ▸ conjug 5 ◂ VPR *(= se débattre)* to thrash about, to struggle (violently); *(= se dépenser)* to exert o.s. ◆ **se ~ comme un beau diable** *(pour se sauver)* to thrash about *ou* struggle violently; *(pour obtenir qch)* to make a tremendous effort, to go to great lengths ◆ **si on se démène un peu on aura fini avant la nuit** if we put our backs into it a bit * we'll finish before nightfall ◆ **ils se démenèrent tant et si bien que ...** they exerted themselves to such an extent that ..., they made such a great effort that ... ◆ **il faut que tu te démènes si tu veux des billets** you'll have to get a move on * if you want tickets

**dément, e** /demɑ̃, ɑt/ ADJ *(= fou)* mad, insane, crazy; *(= incroyable)* incredible, unbelievable; *(* = extravagant) [type, musique]* way-out *, weird *; *[prix, projet]* mad, crazy NM,F *(Méd)* lunatic, demented person

**démenti** /demɑ̃ti/ NM *(= déclaration)* denial, refutation; *(apporté par les faits, les circonstances)* refutation ◆ **opposer un ~ à** *[+ nouvelle, allégations, rumeurs]* to deny formally ◆ **publier un ~** to publish a denial ◆ **sa version des faits reste sans ~** his version of the facts remains uncontradicted *ou* unchallenged ◆ **son expression opposait un ~ à ses paroles** his expression belied his words

**démentiel, -ielle** /demɑ̃sjɛl/ ADJ a *(Méd)* dementia *(épith)* b *[projet, prix]* mad, crazy

**démentir** /demɑ̃tiʀ/ ▸ conjug 16 ◂ VT a *[personne] [+ nouvelle, rumeur]* to deny, to refute; *[+ personne]* to contradict ◆ **il dément ses principes par son attitude** his attitude contradicts his principles

b *[faits] [+ témoignage]* to refute; *[+ apparences]* to belie; *[+ espoirs]* to disappoint ◆ **la douceur de son sourire est démentie par la dureté de son regard** the hardness in her eyes belies the sweetness of her smile ◆ **les résultats ont démenti les pronostics** the results have contradicted the predictions

VPR **se démentir** *(nég = cesser)* **son amitié/sa fidélité ne s'est jamais démentie** his friendship/loyalty has never failed ◆ **c'est un roman dont le succès ne s'est jamais démenti** the novel has always maintained its popularity ◆ **leur intérêt pour ces mystères, qui ne s'est jamais démenti** their unfailing *ou* never-failing interest in these mysteries

**démerdard, e** ‡ /demɛʀdaʀ, aʀd/ NM,F ◆ **c'est un ~** he knows how to look after himself ADJ ◆ **il est ~** he's a smart customer *, there are no flies on him *(Brit)* ◆ **il n'est pas ~ pour deux sous** he's really clueless *, he hasn't (got) a clue * ◆ **dans la vie il faut être ~** you have to learn to look out for yourself in life

**démerde** ‡ /demɛʀd/ ADJ ⇒ **démerdard** NF ◆ **la ~** *(= ingéniosité)* resourcefulness; *(= astuce)* smartness ◆ **c'est le roi de la ~** he always knows how to wangle * things

**démerder (se)** ‡ /demɛʀde/ ▸ conjug 1 ◂ **VPR** **a** *(= se débrouiller)* to manage ◆ **il sait se ~ dans la vie** he knows how to look after himself all right * ◆ **elle se démerde (pas mal) au ski/en peinture** she's pretty good at skiing/painting ◆ **si je m'étais mieux démerdé, j'aurais gagné** if I'd known how to handle things better, I'd have won ◆ **il s'est démerdé pour avoir une permission** he wangled himself some leave *, he wangled it so that he got some leave * **b** *(= se tirer d'affaire)* to get out of a mess ◆ **il a voulu y aller, maintenant qu'il se démerde tout seul** he wanted to go so now he can get out of his own bloody ‡ *(Brit) ou* damn ‡ mess

**démérite** /demeʀit/ **NM** *(littér)* demerit *(littér)*, fault ◆ **où est son ~, dans ce cas ?** where is he at fault in this matter?, wherein lies his fault in this matter? *(littér)*

**démériter** /demeʀite/ ▸ conjug 1 ◂ **VT INDIR** **démériter de** *[+ patrie, institution]* to show o.s. unworthy of **VI** *(Rel)* to deserve to fall from grace ◆ **en quoi a-t-il démérité ?** how was he to blame? ◆ **il n'a pas démérité** he hasn't done anything blameworthy ◆ **l'équipe perdante n'a cependant pas démérité** the losing team nevertheless put up a creditable performance

**démesure** /dem(ə)zyʀ/ **NF** *[de personnage]* excessiveness, immoderation; *[de propos, exigences, style]* outrageousness ◆ **je hais la ~** I hate excess

**démesuré, e** /dem(ə)zyʀe/ **ADJ** *[orgueil]* overweening, excessive; *[ambition, prétentions]* overweening; *[taille]* disproportionate; *[territoire, distances]* vast, enormous; *[membres]* enormous

**démesurément** /dem(ə)zyʀemɑ̃/ **ADV** immoderately, inordinately; *[augmenter]* disproportionately ◆ **~ long** disproportionately long

**démettre** /demɛtʀ/ ▸ conjug 56 ◂ **VT** **a** *(= disloquer) [+ articulation]* to dislocate **b** *(= révoquer)* ~ **qn de ses fonctions/son poste** to dismiss sb from his duties/post **c** *(Jur)* ~ **qn de son appel** to dismiss sb's appeal **VPR** **se démettre** **a** *(frm = démissionner)* to resign, to hand in one's resignation ◆ **se ~ de ses fonctions/son poste** to resign (from) one's duties/post **b** *(= se disloquer)* **se ~ le poignet/la cheville** to dislocate one's wrist/ankle, to put one's wrist/ankle out of joint

**demeurant** /d(ə)mœʀɑ̃/ **au demeurant LOC ADV** incidentally, by the way

**demeure** /d(ə)mœʀ/ **NF** *(= maison)* residence; *(littér = domicile)* residence, dwelling place *(littér)*

◆ **à demeure** *[installations]* permanent; *[domestique]* live-in, resident ◆ **s'installer à ~ dans une ville** to make one's permanent home *ou* settle permanently in a town ◆ **il ne faudrait pas qu'ils y restent à ~** they mustn't stay there permanently

◆ **en demeure** ◆ **mettre qn en ~ de faire qch** to instruct *ou* order sb to do sth ◆ **mettre qn en ~ de payer/de partir** *(Jur)* to give sb notice to pay/to quit *ou* leave ◆ **mise en ~** formal demand, notice

**demeuré, e** /d(ə)mœʀe/ (ptp de **demeurer**) **ADJ** half-witted ◆ **il est complètement ~** he's an absolute half-wit **NM,F** half-wit

**demeurer** /d(ə)mœʀe/ ▸ conjug 1 ◂ **VI** **a** *(avec aux avoir)* ~ **quelque part** *(= habiter)* to live somewhere; *(= séjourner)* to stay somewhere ◆ **il demeure au 24 rue d'Ulm** he lives at number 24 (in the) rue d'Ulm **b** *(frm : avec aux être, avec attrib ou adv de lieu) (= rester, = subsister)* to remain ◆ **~ fidèle/quelque part** to remain faithful/somewhere ◆ **il lui faut ~ couché** he must remain in bed ◆ **l'odeur demeurait dans la pièce** the smell lingered in the room ◆ **la conversation en est demeurée là** the conversation was taken no further *ou* was left at that **c** *(† = être transmis)* ~ **à qn** to be left to sb ◆ **la maison leur est demeurée de leur mère** the house was left to them by their mother, they inherited the house from their mother

**demi**[1] /d(ə)mi/ **ADV** half ◆ **~ plein/nu** half-full/-naked

◆ **à demi** ◆ **il n'était qu'à ~ rassuré** he was only half reassured ◆ **il ne te croit qu'à ~** he only half believes you ◆ **il a fait le travail à ~** he has (only) done half the work, he has (only) half done the work ◆ **je ne fais pas les choses à ~** I don't do things by halves ◆ **ouvrir une porte à ~** to half open a door, to open a door halfway

**demi**[2]**, e** /d(ə)mi/ **ADJ** *(après n : avec et, nominal)* ◆ **une livre/heure et ~e** one and a half pounds/hours, a pound/an hour and a half ◆ **un centimètre/kilo et ~** one and a half centimetres/kilos, one centimetre/kilo and a half ◆ **à six heures et ~e** at half past six ◆ **deux fois et ~e plus grand/autant** two and a half times greater/as much; → **malin**

**ADV, PRÉF** **a** *(avant n = moitié)* **une ~-livre/-douzaine/-journée** half a pound/dozen/day, a half-pound/half-dozen/half-day ◆ **un ~-tour de clé** half a turn of the key, a half turn of the key ◆ **un ~-paquet** half a packet **b** *(avant n = incomplet)* **c'est un ~-succès** it's a partial success ◆ **une ~-vérité** a half-truth ◆ **~-cécité** partial blindness ◆ **~-pouvoir** partial power ◆ **~-circulaire** *[canal]* semicircular

**NM,F** *(fonction pronominale)* ◆ **un ~** (a) half ◆ **une bouteille ? – non, une ~e** one bottle? – no, (a) half *ou* no, half a bottle *ou* no, a half-bottle ◆ **deux ~s font un entier** two halves make a whole

**NM** **a** *(= bière)* glass of beer, ≃ half-pint, half * *(Brit)*; *(Helv = vin)* half a litre **b** *(Sport)* half-back ◆ **~ gauche/droit** left/right half ◆ **~ de mêlée** *(Rugby)* scrum half ◆ **~ d'ouverture** *(Rugby)* stand-off half

**NF** **demie** *(à l'horloge)* **la ~e** the half-hour ◆ **la ~e a sonné** the half-hour has struck ◆ **c'est déjà la ~e** it's already half past ◆ **on part à la ~e** we're leaving at half past ◆ **le bus passe à la ~e** the bus comes by at half past (the hour), the bus comes by on the half-hour ◆ **la pendule sonne les heures et les ~es** the clock strikes the hours and the halves *ou* the half-hours

**demiard** /dəmjaʀ/ **NM** *(Can)* half-pint, 0.284 litre

**demi-botte** /d(ə)mibɔt/ **NF** calf-length boot

**demi-bouteille** /d(ə)mibutɛj/ **NF** half-bottle

**demi-canton** (pl **demi-cantons**) /d(ə)mikɑ̃tɔ̃/ **NM** *(en Suisse)* demicanton *(Swiss territorial subdivision)*

**demi-cercle** /d(ə)misɛʀkl/ **NM** *(= figure)* semicircle; *(= instrument)* protractor ◆ **en ~** semicircular ◆ **se mettre en ~** to make a semicircle, to stand (*ou* sit) in a semicircle

**demi-colonne** /d(ə)mikɔlɔn/ **NF** semi-column, demi-column, half-column

**demi-deuil** /d(ə)midœj/ **NM** half-mourning ◆ **poularde ~** *(Culin) chicken served in a white sauce with black truffles*

**demi-dieu** (pl **demi-dieux**) /d(ə)midjø/ **NM** demigod

**demi-douzaine** /d(ə)miduzɛn/ **NF** ◆ **une ~** half-a-dozen, a half-dozen ◆ **une ~ d'œufs** half-a-dozen eggs, a half-dozen eggs ◆ **une bonne ~ de voitures** a good half-a-dozen cars ◆ **cette ~ de joueurs** these half-a-dozen players

**demi-droite** /d(ə)midʀwat/ **NF** half-line, half-ray

**demi-écrémé** /dəmiekʀeme/ **ADJ M, NM** ◆ **(lait) ~** semi-skimmed milk

**demi-fin, e** /d(ə)mifɛ̃, fin/ **ADJ** *[petit pois]* small; *[aiguille]* medium; *[or]* 12-carat

**demi-finale** /d(ə)mifinal/ **NF** semifinal ◆ **arriver en ~** to reach the semifinals ◆ **éliminé en ~** eliminated in the semifinal

**demi-finaliste** /d(ə)mifinalist/ **NMF** semifinalist

**demi-fond** /d(ə)mifɔ̃/ **NM** *(= discipline)* ◆ **le ~** medium-distance *ou* middle-distance running; *(= épreuve)* medium-distance *ou* middle-distance race ◆ **coureur de ~** medium-distance *ou* middle-distance runner

**demi-frère** /d(ə)mifʀɛʀ/ **NM** half-brother

**demi-gros** /d(ə)migʀo/ **NM INV** *(Comm)* retail-wholesale

**demi-heure** /d(ə)mijœʀ, dəmjœʀ/ **NF** ◆ **une ~** half an hour, a half-hour ◆ **la première ~ a passé très lentement** the first half-hour went very slowly

**demi-jour** (pl **demi-jour(s)**) /d(ə)miʒuʀ/ **NM** *(gén)* half-light; *(= le soir)* twilight

**demi-journée** /d(ə)miʒuʀne/ **NF** ◆ **une ~** half a day, a half-day ◆ **faire des ~s de ménage/couture** to work half-days cleaning/sewing ◆ **il travaille deux ~s par semaine** he works two half-days a week

**démilitarisation** /demilitaʀizasjɔ̃/ **NF** demilitarization

**démilitariser** /demilitaʀize/ ▸ conjug 1 ◂ **VT** to demilitarize

**demi-litre** /d(ə)militʀ/ **NM** ◆ **un ~ (de)** half a litre (of), a half-litre (of) ◆ **versez ce ~ de lait sur ...** pour this half-litre of milk over ...

**demi-longueur** /d(ə)milɔ̃gœʀ/ **NF** *(Sport)* ◆ **une ~** half a length, a half-length ◆ **la ~ d'avance qui lui a valu le prix** the half-length lead that won him the prize

**demi-lune** /d(ə)milyn/ **NF** *(Mil)* demilune; *(Rail)* relief line ◆ **en ~** semicircular, half-moon *(épith)* **ADJ** *[table, console]* semicircular ◆ **lunettes ~s** half-moon glasses

**demi-mal** (pl **demi-maux**) /d(ə)mimal, d(ə)mimo/ **NM** ◆ **il n'y a que** *ou* **ce n'est que ~** it could have been worse, there's no great harm done

**demi-mesure** /d(ə)mim(ə)zyʀ/ **NF** **a** *(= compromis)* half-measure ◆ **ils ne se contenteront pas de ~s** they won't be satisfied with half-measures ◆ **elle n'aime pas les ~s** she doesn't do things by halves **b** *(Habillement)* **la ~** semifinished clothing ◆ **s'habiller en ~** to buy semifinished clothing

**demi-mondaine** † /dəmimɔ̃dɛn/ **NF** demi-mondaine

**demi-monde** † /d(ə)mimɔ̃d/ **NM** demi-monde

**demi-mot** /d(ə)mimo/ **à demi-mot LOC ADV** without having to spell things out ◆ **se faire comprendre à ~** to make o.s. understood without having to spell it out ◆ **ils se comprenaient à ~** they didn't have to spell things out to each other

**déminage** /deminaʒ/ **NM** *[de terrain]* mine clearance; *[d'eaux]* minesweeping ◆ **équipe de ~** *(pour mines)* mine-clearing team; *(pour bombes)* bomb disposal unit ◆ **opérations de ~** mine-clearing operations

**déminer** /demine/ ▸ conjug 1 ◂ **VT** to clear of mines (*ou* bombs)

**déminéralisation** /demineʀalizasjɔ̃/ **NF** *(Tech)* demineralization

**déminéraliser** /demineʀalize/ ▸ conjug 1 ◂ **VT** *(Tech)* to demineralize; *(Méd)* to make deficient in essential minerals ◆ **eau déminéralisée** distilled *ou* demineralized water **VPR** **se déminéraliser** *(Méd)* to become deficient in essential minerals

**démineur** /deminœʀ/ **NM** *[de mines]* mine-clearing expert; *[de bombes]* bomb disposal expert

**demi-pause** /d(ə)mipoz/ **NF** *(Mus)* minim *(Brit) ou* half-note *(US)* rest

**demi-pension** /d(ə)mipɑ̃sjɔ̃/ **NF** *(à l'hôtel)* half-board *(Brit)*, bed and breakfast with an evening meal *(Brit)*, modified American plan *(US)*; *(Scol)* half-board ◆ **être en ~** to take school lunches

**demi-pensionnaire** /d(ə)mipɑ̃sjɔnɛʀ/ **NMF** day pupil ◆ **être ~** to take school lunches

**demi-place** /d(ə)miplas/ **NF** *(Transport)* half-fare; *(Ciné, Théât etc)* half-price ticket *ou* seat

**demi-point** (pl **demi-points**) /d(ə)mipwɛ̃/ **NM** *(Écon)* half point ◆ **abaisser un taux d'un ~** to lower a rate by a half point *ou* by half a point

**demi-pointe** (pl **demi-pointes**) /d(ə)mipwɛ̃t/ **NF** *(Danse)* *(= position)* demi-pointe ◆ **(chausson de) ~** ballet shoe ◆ **faire des ~s** to dance on points

**demi-portion** * /d(ə)mipɔʀsjɔ̃/ **NF** *(péj)* weed *, weedy person *

**demi-queue** /d(ə)mikø/ **ADJ, NM** ◆ **(piano) ~** baby grand (piano)

**demi-reliure** /d(ə)miʀəljyʀ/ **NF** half-binding

**démis, e** /demi, iz/ (ptp de **démettre**) **ADJ** *[membre]* dislocated

**demi-saison** /d(ə)misɛzɔ̃/ **NF** spring (*ou* autumn), cool season ◆ **un manteau de ~** a spring (*ou* an autumn) coat

**demi-sang** (pl **demi-sang(s)**) /d(ə)misɑ̃/ **NM** *(= cheval)* half-breed (horse)

**demi-sel** /d(ə)misɛl/ **ADJ INV** slightly salted ◆ **(fromage) ~** slightly salted cream cheese **NM** *(† : arg Crime)* small-time crook *

**demi-siècle** (pl **demi-siècles**) /d(ə)misjɛkl/ **NM** half-century ◆ **l'organisation fête son ~ d'existence** the organization is celebrating its fiftieth anniversary ◆ **les grands enjeux médicaux de ce dernier ~** the big medical issues of the last fifty years *ou* half-century

**demi-sœur** /d(ə)misœʀ/ **NF** half-sister

**demi-solde** /d(ə)misɔld/ **NF** *(Mil)* half-pay

**demi-sommeil** /d(ə)misɔmɛj/ **NM** half-sleep ◆ **dans un ~ il entendit des rires** in his half-sleep, he heard laughter ◆ **le marché est en ~** the market is rather sluggish

**demi-soupir** /d(ə)misupiʀ/ **NM** *(Mus)* quaver *(Brit) ou* eighth note *(US)* rest

**démission** /demisjɔ̃/ **NF** *(d'un poste)* resignation; *(de ses responsabilités)* abdication ◆ **donner sa ~** to hand in *ou* tender *(frm)* one's resignation ◆ **la ~ des politiques/de la police** the politicians'/the police's failure to take responsibility ◆ **la ~ des parents** the abdication of parental responsibility

**démissionnaire** /demisjɔnɛʀ/ **ADJ** *(= en train de démissionner)* resigning; *(= qui a démissionné)* who has resigned **NMF** person resigning

**démissionner** /demisjɔne/ ▸ conjug 1 ◂ **VI** **a** *[employé]* to resign, to hand in one's notice ◆ **il a démissionné de ses fonctions de président** he resigned from his post as president **b** *(= abandonner) [parents, enseignants]* to give up **VT** ◆ **~ qn** * to give sb his cards * *(Brit) ou* his pink slip * *(US)* ◆ **on l'a démissionné** they persuaded him to resign

**demi-tarif** /d(ə)mitaʀif/ **NM** half-price; *(Transport)* half-fare ◆ **billet d'avion (à) ~** half-price *ou* half-fare plane ticket ◆ **voyager à ~** to travel (at) half-fare

**demi-teinte** /d(ə)mitɛ̃t/ **NF** *(Art)* halftone ◆ **en ~** *(= nuancé, discret) [film, déclaration, humour]* low-key ◆ **notre équipe a eu une saison en ~** *(= mitigé)* our team had a season with mixed results

**demi-ton** /d(ə)mitɔ̃/ **NM** *(Mus)* semitone, half step *(US)*, half-tone *(US)*

**demi-tonneau** (pl **demi-tonneaux**) /d(ə)mitɔno/ **NM** *(Aviat)* half flick roll *(Brit)*, snap roll *(US)*

**demi-tour** /d(ə)mituʀ/ **NM** **a** *(lit, fig)* about-turn, U-turn; *(Aut)* U-turn ◆ **faire un ~** to make an about-turn *ou* a U-turn ◆ **faire ~** *(fig)* to do a U-turn, to make an about-turn **b** *(= moitié d'un tour)* **le coureur a fini dernier, à un ~ de ses concurrents** the athlete finished last, half a lap behind the other competitors ◆ **il avait déjà bouclé un ~ du monde** he had already completed half of a world tour, he had already travelled halfway round the world

**démiurge** /demjyʀʒ/ **NM** demiurge

**demi-vie** /d(ə)mivi/ **NF** *[de radiation]* half-life

**demi-vierge** † /d(ə)mivjɛʀʒ/ **NF** virgin in name only

**demi-volée** /d(ə)mivɔle/ **NF** half-volley

**demi-volte** (pl **demi-voltes**) /d(ə)mivɔlt/ **NF** *(Équitation)* demivolt(e)

**démo** * /demo/ **NF** abrév de **démonstration**

**démobilisateur, -trice** /demɔbilizatœʀ, tʀis/ **ADJ** *[discours, mesure]* demobilizing, disarming

**démobilisation** /demɔbilizasjɔ̃/ **NF** *(Mil)* demobilization, demob * *(Brit)*; *(= apathie)* apathy, demobilization

**démobiliser** /demɔbilize/ ▸ conjug 1 ◂ **VT** *(Mil)* to demobilize, to demob * *(Brit)*; *(= démotiver)* to demobilize ◆ **se ~** to become demobilized *ou* apathetic

**démocrate** /demɔkʀat/ **ADJ** democratic **NMF** democrat

**démocrate-chrétien, -ienne** (mpl **démocrates-chrétiens**) /demɔkʀatkʀetjɛ̃, jɛn/ **ADJ, NM,F** Christian Democrat

**démocratie** /demɔkʀasi/ **NF** democracy ◆ **~ directe/représentative** direct/representative democracy ◆ **~ libérale** liberal democracy ◆ **~ populaire** people's democracy ◆ **~ parlementaire/présidentielle** parliamentary/presidential democracy

**démocratique** /demɔkʀatik/ **ADJ** democratic ◆ **le Nouveau Parti Démocratique** *(Can)* the New Democratic Party

**démocratiquement** /demɔkʀatikmɑ̃/ **ADV** democratically

**démocratisation** /demɔkʀatizasjɔ̃/ **NF** democratization

**démocratiser** /demɔkʀatize/ ▸ conjug 1 ◂ **VT** to democratize **VPR** **se démocratiser** to become (more) democratic

**démodé, e** /demɔde/ (ptp de **se démoder**) **ADJ** *[vêtement, style]* old-fashioned; *[procédé, théorie]* outmoded, old-fashioned

**démoder** /demɔde/ ▸ conjug 1 ◂ **VT** *[+ principe]* to make obsolete; *[+ vêtement]* to make old-fashioned **VPR** **se démoder** *[vêtement, style]* to go out of fashion, to become old-fashioned; *[procédé, théorie]* to become outmoded *ou* old-fashioned

**démodulateur** /demɔdylatœʀ/ **NM** demodulator

**démographe** /demɔgʀaf/ **NMF** demographer

**démographie** /demɔgʀafi/ **NF** **a** *(= science)* demography **b** *(= chiffres de population)* population size ◆ **~ galopante** massive population growth

**démographique** /demɔgʀafik/ **ADJ** demographic ◆ **poussée ~** increase in population, population increase

**demoiselle** /d(ə)mwazɛl/ **NF** **a** *(frm, hum) (jeune)* young lady; *(d'un certain âge)* single lady, maiden lady ◆ **votre ~** * *(dial : = fille)* your daughter **b** *(Hist = noble)* young noblewoman **c** *(Zool)* dragonfly **d** *(Tech)* rammer **COMP** ▷ **demoiselle de compagnie** (lady's) companion ▷ **demoiselle d'honneur** *(à un mariage)* bridesmaid; *(d'une reine)* maid of honour

**démolir** /demɔliʀ/ ▸ conjug 2 ◂ **VT** **a** *(= détruire) [+ maison, quartier]* to demolish, to pull down ◆ **on démolit beaucoup dans le quartier** they are pulling down *ou* demolishing a lot of houses *ou* they are doing a lot of demolition in the area

**b** *(= abîmer) [+ jouet, radio, voiture]* to wreck, to demolish, to smash up * ◆ **cet enfant démolit tout !** that child wrecks *ou* demolishes everything! ◆ **ces boissons vous démolissent l'estomac/la santé** * these drinks play havoc with *ou* ruin your stomach/health

**c** *[+ autorité, influence]* to destroy; *[+ doctrine]* to demolish, to crush; *[+ espoir]* to crush, to shatter; *[+ foi]* to shatter, to destroy

**d** * *[+ personne] (= épuiser)* to do for *, to do in *; *(= frapper)* to bash up *, to duff up * *(Brit)*; *(= critiquer)* to tear to pieces, to slam *, to slate * *(Brit)* ◆ **ce travail/cette maladie l'avait démoli** this work/this illness had just about done for him * ◆ **je vais lui ~ le portrait** I'm going to smash his face in * ◆ **cette marche m'a complètement démoli** I'm whacked * *ou* shattered * *(Brit)* after that walk, that walk has done for me * *ou* shattered me * *(Brit)*

**démolissage** * /demɔlisaʒ/ **NM** *(= critique)* panning *, slating * *(Brit)*

**démolisseur, -euse** /demɔlisœʀ, øz/ **NM,F** *(= ouvrier)* demolition worker; *(= entrepreneur)* demolition contractor; *[de doctrine]* demolisher

**démolition** /demɔlisjɔ̃/ **NF** *[d'immeuble, quartier]* demolition, pulling down; *[de doctrine, idéal]* demolition, crushing ◆ **entreprise de ~** *(lit)* demolition company; *[de droits, institution]* demolition job *(de* on) ◆ **l'immeuble est en ~** the building is (in the course of) being demolished; → **chantier** **NFPL** **démolitions** *(= décombres)* debris *(sg)*, ruins

**démon** /demɔ̃/ **NM** **a** *(Rel)* demon, fiend; *(= enfant)* devil, demon ◆ **sa femme est un vrai ~** his wife is a real harpy ◆ **le ~** the Devil ◆ **le ~ de midi** middle-aged lust ◆ **le ~ du jeu** gambling fever ◆ **le ~ de l'alcool** the demon drink ◆ **le ~ de la luxure/de la curiosité** the demon of lechery/curiosity ◆ **réveiller les vieux ~s du racisme** to reawaken the old demons of racism; → **possédé** **b** *(Myth)* genius, daemon ◆ **écoutant son ~ familier/son mauvais ~** listening to his familiar/evil spirit

**démonétisation** /demɔnetizasjɔ̃/ **NF** *(Fin)* demonetization, demonetarization

**démonétiser** /demɔnetize/ ▸ conjug 1 ◂ **VT** **a** *(Fin)* to demonetize, to demonetarize **b** *(fig) [+ théorie]* to devalue, to discredit; *[+ personne]* to discredit

**démoniaque** /demɔnjak/ ADJ diabolical, fiendish NMF person possessed by the devil *ou* by an evil spirit

**démonisation** /demɔnizasjɔ̃/ NF demonization

**démoniser** /demɔnize/ ► conjug 1 ◄ VT *[+ personne, pays, parti]* to demonize

**démonisme** /demɔnism/ NM demonism

**démonologie** /demɔnɔlɔʒi/ NF demonology

**démonstrateur, -trice** /demɔ̃stʀatœʀ, tʀis/ NM,F demonstrator *(of commercial products)*

**démonstratif, -ive** /demɔ̃stʀatif, iv/ ADJ a *[personne, caractère]* demonstrative ♦ **peu** ~ undemonstrative b *[argument, preuve]* demonstrative, illustrative c *(Gram)* demonstrative NM *(Gram)* demonstrative

**démonstration** /demɔ̃stʀasjɔ̃/ NF a *(gén, Math) [de vérité, loi]* demonstration; *[de théorème]* proof ♦ **cette** ~ **est convaincante** this demonstration is convincing b *(Comm) [de fonctionnement, appareil]* demonstration ♦ **faire une** ~ to give a demonstration ♦ **faire la** ~ **d'un appareil** to demonstrate an appliance ♦ **appareil de** ~ demonstration model ♦ **disquette de** ~ *(Ordin)* demo disk c *(= manifestation) [de joie, tendresse]* demonstration, show, display ♦ **accueillir qn avec des** ~**s d'amitié** to welcome sb with a great show of friendship ♦ ~ **de force** *(Mil)* show of force ♦ ~ **aérienne/navale** *(Mil)* display of air/naval strength

**démontable** /demɔ̃tabl/ ADJ *(gén)* that can be dismantled ♦ **armoire** ~ wardrobe that can be dismantled *ou* taken to pieces, knock-down wardrobe *(US)*

**démontage** /demɔ̃taʒ/ NM a *[d'installation, échafaudage, étagères]* taking down, dismantling; *[de tente]* taking down; *[de moteur, arme]* stripping; *[d'armoire, appareil, horloge]* dismantling, taking to pieces, taking apart ♦ **pièces perdues lors de** ~**s successifs** parts lost during successive dismantling operations ♦ **le** ~ **de la tente se fait en 5 minutes** it takes 5 minutes to take the tent down b *[de pneu, porte]* taking off c *[de raisonnement]* dissection, taking apart; *(pour contrecarrer)* demolishing

**démonté, e** /demɔ̃te/ (ptp de **démonter**) ADJ *[mer]* raging, wild; *[personne] (= déconcerté)* disconcerted

**démonte-pneu** (pl **démonte-pneus**) /demɔ̃t(ə)pnø/ NM tyre lever *(Brit)*, tire iron *(US)*

**démonter** /demɔ̃te/ ► conjug 1 ◄ VT a *(= désassembler) [+ installation, échafaudage, étagères]* to take down, to dismantle; *[+ tente]* to take down; *[+ moteur, arme]* to strip down; *[+ armoire, appareil, horloge]* to dismantle, to take to pieces, to take apart; *[+ circuit électrique]* to dismantle

b *(= enlever) [+ pneu, porte]* to take off

c *(= déconcerter)* to disconcert ♦ **ça m'a complètement démonté** I was completely taken aback by that, that really disconcerted me ♦ **il ne se laisse jamais** ~ he never gets flustered, he always remains unruffled

d *[+ argumentation, raisonnement]* to dissect, to take apart; *(pour contrecarrer)* to demolish

e *(= désarçonner) [+ cavalier]* to throw, to unseat

VPR **se démonter** a *[assemblage, pièce] (accidentellement)* to come apart *ou* to pieces ♦ **est-ce que ça se démonte ?** can it be dismantled *ou* taken apart?

b *(= perdre son calme : gén nég)* to get flustered ♦ **répondre sans se** ~ to reply without getting flustered *ou* without losing one's cool ♦ **il ne se démonte pas pour si peu** he's not that easily flustered, it takes more than that to ruffle him

**démontrable** /demɔ̃tʀabl/ ADJ demonstrable

**démontrer** /demɔ̃tʀe/ GRAMMAIRE ACTIVE 53.4 ► conjug 1 ◄ VT *(= prouver) [+ loi, vérité]* to demonstrate; *[+ théorème]* to prove; *(= expliquer) [+ fonctionnement]* to demonstrate; *(= faire ressortir) [+ urgence, nécessité]* to show, to demonstrate ♦ ~ **l'égalité de deux triangles** to demonstrate *ou* prove *ou* show that two triangles are equal ♦ **sa hâte démontrait son inquiétude** his haste clearly indicated his anxiety ♦ **tout cela démontre l'urgence de ces réformes** all this shows *ou* demonstrates the urgency of these reforms

**démoralisant, e** /demɔʀalizɑ̃, ɑ̃t/ ADJ demoralizing

**démoralisateur, -trice** /demɔʀalizatœʀ, tʀis/ ADJ demoralizing

**démoralisation** /demɔʀalizasjɔ̃/ NF demoralization

**démoraliser** /demɔʀalize/ ► conjug 1 ◄ VT to demoralize VPR **se démoraliser** to lose heart, to become demoralized

**démordre** /demɔʀdʀ/ ► conjug 41 ◄ VI ♦ **il ne démord pas de son avis/sa décision** he is sticking to *ou* standing by his opinion/decision ♦ **il ne veut pas en** ~ he won't budge an inch, he's sticking to his guns

**Démosthène** /demɔstɛn/ NM Demosthenes

**démotivant, e** /demɔtivɑ̃, ɑ̃t/ ADJ demotivating

**démotivation** /demɔtivasjɔ̃/ NF loss of motivation, demotivation

**démotiver** /demɔtive/ ► conjug 1 ◄ VT ♦ ~ **qn** to demotivate sb, to take sb's motivation away ♦ **je suis totalement démotivé** I've lost all my motivation, I am *ou* I feel completely demotivated

**démoucheté, e** /demuʃte/ ADJ *[fleuret]* unbuttoned

**démoulage** /demulaʒ/ NM *[de statue]* removal from the mould; *[de flan, gâteau]* turning out ♦ **procédez au** ~ **du gâteau** turn out the cake

**démouler** /demule/ ► conjug 1 ◄ VT *[+ statue]* to remove from the mould; *[+ flan, gâteau]* to turn out

**démoustiquer** /demustike/ ► conjug 1 ◄ VT to clear *ou* rid of mosquitoes

**démultiplicateur, -trice** /demyltiplikatœʀ, tʀis/ ADJ reduction *(épith)*, reducing *(épith)* NM reduction system

**démultiplication** /demyltiplikasjɔ̃/ NF *(= procédé)* reduction; *(= rapport)* reduction ratio

**démultiplier** /demyltiplije/ ► conjug 7 ◄ VT *[+ force]* to reduce, to gear down; *[+ moyens]* to increase

**démuni, e** /demyni/ (ptp de **démunir**) ADJ a *(= sans ressources)* destitute ♦ **nous sommes** ~**s** *(sans argent)* we are destitute; *(sans défense)* we are powerless (*devant* in the face of) b *(= privé de)* ~ **de** without, lacking in ♦ ~ **d'ornements** unornamented, unadorned ♦ ~ **de protection** unprotected ♦ ~ **de talents/d'attraits** without talent/attraction, devoid of talent/charm ♦ ~ **d'intérêt** devoid of *ou* without interest, uninteresting ♦ ~ **de tout** destitute ♦ ~ **d'argent** penniless, without money ♦ ~ **de papiers d'identité** without identity papers NMPL **les démunis** the destitute ♦ **un centre d'hébergement pour les** ~**s** a hostel for the destitute

**démunir** /demyniʀ/ ► conjug 2 ◄ VT ♦ ~ **qn de** *[+ vivres]* to deprive sb of; *[+ ressources, argent]* to divest *ou* deprive sb of ♦ ~ **qch de** to divest sth of VPR **se démunir** *(financièrement)* to part with one's money ♦ **se** ~ **de** *(= se défaire de)* to part with, to give up

**démystification** /demistifikasjɔ̃/ NF *[de personne]* enlightenment; *(= banalisation)* demystification

**démystifier** /demistifje/ ► conjug 7 ◄ VT *(= détromper)* to enlighten, to disabuse; *(= banaliser)* to demystify, to take the mystery out of

**démythification** /demitifikasjɔ̃/ NF demythologization, demystification

**démythifier** /demitifje/ ► conjug 7 ◄ VT to demythologize, to demystify

**dénasalisation** /denazalizasjɔ̃/ NF denasalization

**dénasaliser** /denazalize/ ► conjug 1 ◄ VT to denasalize

**dénatalité** /denatalite/ NF fall *ou* decrease in the birth rate

**dénationalisation** /denasjɔnalizasjɔ̃/ NF denationalization

**dénationaliser** /denasjɔnalize/ ► conjug 1 ◄ VT to denationalize

**dénatter** /denate/ ► conjug 1 ◄ VT *[+ cheveux]* to unplait

**dénaturation** /denatyʀasjɔ̃/ NF *(Tech)* denaturation

**dénaturé, e** /denatyʀe/ (ptp de **dénaturer**) ADJ a *(Tech) [alcool, sel]* denatured b *[goût, mœurs, parents]* unnatural

**dénaturer** /denatyʀe/ ► conjug 1 ◄ VT a *[+ vérité, faits]* to distort, to misrepresent; *[+ propos]* to distort, to twist; *[+ intentions]* to misrepresent b *(Tech) [+ alcool, substance alimentaire]* to denature; *(= altérer) [+ goût, aliment]* to alter completely, to change the nature of

**dénazification** /denazifikasjɔ̃/ NF denazification

**dendrite** /dɑ̃dʀit, dɛ̃dʀit/ NF *(Géol, Anat)* dendrite

**dénébuliser** /denebylize/, **dénébuler** /denebyle/ ► conjug 1 ◄ VT to dispel the fog from

**dénégation** /denegasjɔ̃/ NF *(gén, Jur)* denial

**déneigement** /denɛʒmɑ̃/ NM snow-clearing (operation), snow removal

**déneiger** /deneʒe/ ► conjug 3 ◄ VT *[+ objet]* to clear of snow, to clear the snow from

**déni** /deni/ NM denial ♦ ~ **de justice** *(Jur)* denial of justice ♦ ~ **(de la réalité)** *(Psych)* denial

**déniaiser** /denjeze/ ► conjug 1 ◄ VT ♦ ~ **qn** *(= dégourdir qn)* to teach sb a thing or two; *(= dépuceler qn)* to take away sb's innocence VPR **se déniaiser** to learn about life, to lose one's innocence

**dénicher** /deniʃe/ ► conjug 1 ◄ VT a *(* = trouver) [+ objet]* to unearth; *[+ magasin, restaurant]* to discover; *[+ personne]* to track *ou* hunt down b *(= débusquer) [+ fugitif, animal]* to drive out (of hiding), to flush out c *(= enlever du nid) [+ œufs, oisillons]* to take out of the nest VI *[oiseau]* to leave the nest

**dénicheur, -euse** /deniʃœʀ, øz/ NM,F a **c'est un vrai** ~ **d'objets rares** he's really good at finding rare objects ♦ ~ **de talents** talent scout b *(d'oiseaux)* bird's-nester

**denier** /dənje/ NM a *(= monnaie) (Hist romaine)* denarius; *(Hist française)* denier ♦ **ça ne leur a pas coûté un** ~ † it didn't cost them a farthing *(Brit) ou* a cent *(US)* ♦ **l'ayant payé de ses propres** ~**s** having paid for it out of his own pocket ♦ **les trente** ~**s de Judas** Judas's thirty pieces of silver b *(Tex = unité* *de poids)* denier ◆ **bas de 30 ~s** 30-denier stockings COMP ▷ **le denier du culte** the contribution to parish costs *(paid yearly)* ▷ **les deniers publics** *ou* **de l'État** public moneys *ou* monies

**dénier** /denje/ ▸ conjug 7 ◂ VT a *[+ responsabilité]* to deny, to disclaim; *[+ faute]* to deny b *(= refuser)* ~ **qch à qn** to deny *ou* refuse sb sth

**dénigrement** /denigʀəmɑ̃/ NM denigration, defamation ◆ **ce mot s'emploie par ~** this word is used disparagingly ◆ **campagne de ~** smear campaign

**dénigrer** /denigʀe/ ▸ conjug 1 ◂ VT to denigrate, to run down

**denim** /dənim/ NM denim

**dénivelé** NM, **dénivelée** NF /deniv(ə)le/ difference in height (*entre* between)

**déniveler** /deniv(ə)le/ ▸ conjug 4 ◂ VT *(= rendre inégal)* to make uneven; *(= abaisser)* to lower, to put on a lower level

**dénivellation** /denivelasjɔ̃/ NF, **dénivellement** /denivɛlmɑ̃/ NM a *(= pente)* slope; *(= cassis, creux)* unevenness *(NonC)*, dip b *(= différence de niveau)* difference in level *ou* altitude c *(NonC) (= fait de rendre inégal)* making uneven; *(= abaissement)* lowering, putting on a lower level

**dénombrable** /denɔ̃bʀabl/ ADJ countable ◆ **nom ~** *(Ling)* countable *ou* count noun ◆ **non ~** uncountable

**dénombrement** /denɔ̃bʀəmɑ̃/ NM counting ◆ **~ de la population** population census *ou* count

**dénombrer** /denɔ̃bʀe/ ▸ conjug 1 ◂ VT *(= compter)* to count; *(= énumérer)* to enumerate, to list ◆ **on dénombre trois morts et cinq blessés** there are three dead and five wounded

**dénominateur** /denɔminatœʀ/ NM *(Math)* denominator ◆ **(plus petit) ~ commun** *(fig, Math)* (lowest) common denominator

**dénominatif, -ive** /denɔminatif, iv/ ADJ, NM denominative

**dénomination** /denɔminasjɔ̃/ NF *(= nom)* designation, appellation *(frm)*, denomination *(frm)*; *(= action)* denomination *(frm)*, naming

**dénommé, e** /denɔme/ (ptp de **dénommer**) ADJ *(parfois péj)* ◆ **le ~ X** a certain X, the man called X ◆ **on m'a présenté un ~ Dupont** I was introduced to a certain Mr Dupont, I was introduced to someone by the name of Dupont

**dénommer** /denɔme/ ▸ conjug 1 ◂ VT *(frm = donner un nom à)* to denominate *(frm)*, to name; *(= désigner)* to designate, to denote; *(Jur)* to name

**dénoncer** /denɔ̃se/ ▸ conjug 3 ◂ VT a *(= révéler) [+ coupable]* to denounce; *[+ forfait, abus]* to expose ◆ **sa hâte l'a dénoncé** his haste gave him away *ou* betrayed him ◆ **~ qn à la police** to inform against sb, to give sb away to the police b *(= signaler publiquement) [+ danger, injustice]* to denounce c *(= annuler) [+ contrat, traité]* to denounce d *(littér = dénoter)* to announce, to indicate VPR **se dénoncer** *[criminel]* to give o.s. up, to come forward ◆ **se ~ à la police** to give o.s. up to the police

**dénonciateur, -trice** /denɔ̃sjatœʀ, tʀis/ ADJ denunciatory, accusatory NM,F *[de criminel]* denouncer, informer; *[de forfait]* exposer ◆ **les ~s d'injustices/de malhonnêtetés** those who denounce injustices/dishonesty

**dénonciation** /denɔ̃sjasjɔ̃/ NF *[de criminel]* denunciation; *[de forfait, abus]* exposure *(NonC)*; *[de traité]* denunciation, denouncement; *[de contrat]* termination ◆ **emprisonné sur la ~ de qn** imprisoned on the strength of a denunciation by sb

**dénotatif, -ive** /denɔtatif, iv/ ADJ *(Ling)* denotative

**dénotation** /denɔtasjɔ̃/ NF *(Ling)* denotation

**dénoter** /denɔte/ ▸ conjug 1 ◂ VT *(= révéler)* to indicate, to denote; *(Ling)* to denote

**dénouement** /denumɑ̃/ NM *(Théât)* dénouement; *[d'affaire, aventure, intrigue]* outcome, conclusion ◆ **~ heureux** *[de film]* happy ending

**dénouer** /denwe/ ▸ conjug 1 ◂ VT a *[+ nœud, lien]* to untie, to undo; *[+ cravate]* to undo; *[+ cheveux]* to let down, to undo ◆ **les cheveux dénoués** with her hair (falling) loose b *[+ situation]* to untangle, to resolve; *[+ difficultés, intrigue]* to untangle, to unravel VPR **se dénouer** a *[lien, nœud]* to come untied, to come undone; *[cheveux]* to come undone, to come down; → **langue** b *[intrigue, situation]* to be resolved

**dénoûment** /denumɑ̃/ NM ⇒ **dénouement**

**dénoyautage** /denwajotaʒ/ NM *[de fruit]* stoning *(Brit)*, pitting *(US)*

**dénoyauter** /denwajote/ ▸ conjug 1 ◂ VT *[+ fruit]* to stone *(Brit)*, to pit *(US)*

**dénoyauteur** /denwajotœʀ/ NM stoner *(Brit)*, pitter *(US)*

**denrée** /dɑ̃ʀe/ NF commodity, foodstuff ◆ **~s alimentaires** foodstuffs ◆ **~s de base** basic foods ◆ **~s de consommation courante** basic consumer goods ◆ **~s périssables** perishable foods *ou* foodstuffs ◆ **l'honnêteté devient une ~ rare** honesty is in short supply these days

**dense** /dɑ̃s/ ADJ a *(Phys)* dense b *(= épais) [forêt, feuillage, brouillard]* dense c *(= abondant) [foule]* tightly packed; *[circulation]* heavy ◆ **un réseau ~ de succursales** a wide network of branches d *(= complexe) [texte, livre]* complex; *[style]* compact, condensed

**densifier** /dɑ̃sifje/ ▸ conjug 7 ◂ VT *[+ bois]* to make denser VPR **se densifier** *[population, trafic]* to get denser

**densimètre** /dɑ̃simɛtʀ/ NM densimeter

**densité** /dɑ̃site/ NF *(Démographie, Phys)* density; *[de brouillard]* denseness, thickness; *[de circulation]* heaviness; *[de foule]* denseness ◆ **région à forte/faible ~ de population** densely/sparsely populated area, area with a high/low population density ◆ **~ d'implantation** *(Ordin)* packing density

**dent** /dɑ̃/ NF a *[d'homme, animal]* tooth ◆ **~s du haut/du bas/de devant/du fond** upper/lower/front/back teeth ◆ **~ de lait/de sagesse** milk *ou* baby/wisdom tooth ◆ **~ définitive** *ou* **de remplacement** permanent *ou* second tooth ◆ **donner un coup de ~ à** to bite into, to take a bite at; → **arracher, brosse, faux²**

b *[de herse, fourche, fourchette]* prong; *[de râteau]* tooth, prong; *[de scie, peigne]* tooth; *[de roue, engrenage]* tooth, cog; *[de feuille]* serration; *[d'arête rocheuse]* jag; *[de timbre]* perforation

◆ **en dents de scie** *[couteau]* serrated; *[montagne]* jagged ◆ **graphique/carrière en ~s de scie** switchback graph/career

c *(loc)* **avoir la ~** * to be hungry ◆ **avoir la ~ dure** to be scathing (in one's comments) (*envers* about); ◆ **avoir/garder une ~ contre qn** to have/hold a grudge against sb ◆ **avoir les ~s longues** *(= être ambitieux)* to be very ambitious, to have one's sights fixed high ◆ **avoir les ~s qui rayent le parquet** *(hum)* to have one's sights fixed high, to want it all * ◆ **montrer les ~s** *(lit, fig)* to bare one's teeth ◆ **être sur les ~s** *(fébrile)* to be keyed up; *(très occupé)* to be under great pressure ◆ **faire** *ou* **percer ses ~s** to teethe, to cut (one's) teeth ◆ **il vient de percer une ~** he has just cut a tooth ◆ **se faire les ~s** *[animal]* to cut its teeth; *(fig = s'exercer)* to cut one's teeth (*sur* on); ◆ **croquer/manger qch à belles ~s** to bite into sth/eat sth with gusto ◆ **manger du bout des ~s** to eat half-heartedly, to pick at one's food ◆ **parler/marmotter entre ses ~s** to talk/mumble between one's teeth ◆ **ils n'ont rien à se mettre sous la ~** they have nothing to eat ◆ **on voudrait bien quelque chose à se mettre sous la ~** we wouldn't say no to a bite to eat *ou* something to eat ◆ **il mange tout ce qui lui tombe sous la ~** he eats everything he can lay his hands on; → **armé, casser**

**dentaire** /dɑ̃tɛʀ/ ADJ dental ◆ **faire l'école ~** * to study dentistry; → **fil, formule, prothèse** NF ◆ **faire ~** * to study dentistry

**dental, e** (mpl **-aux**) /dɑ̃tal, o/ *(Ling)* ADJ dental NF **dentale** dental

**dent-de-lion** (pl **dents-de-lion**) /dɑ̃dəljɔ̃/ NF dandelion

**denté, e** /dɑ̃te/ ADJ *(Tech)* toothed; *(Bot)* dentate; → **roue**

**dentelé, e** /dɑ̃t(ə)le/ (ptp de **denteler**) ADJ *[arête]* jagged; *[timbre]* perforated; *[contour, côte]* indented, jagged; *(Bot)* dentate; *(Anat)* serrate

**denteler** /dɑ̃t(ə)le/ ▸ conjug 4 ◂ VT *(Tech) [+ timbre-poste]* to perforate ◆ **l'érosion avait dentelé la côte** *(fig = découper)* erosion had indented the coastline *ou* had given the coast a jagged outline ◆ **les pics qui dentelaient l'horizon** the peaks that stood in a jagged line along the horizon

**dentelle** /dɑ̃tɛl/ NF lace *(NonC)* ◆ **de** *ou* **en ~** lace *(épith)* ◆ **~ à l'aiguille** *ou* **au point** needlepoint lace ◆ **~ au(x) fuseau(x)** bobbin lace ◆ **~ de papier** lacy paper ◆ **~ de pierre** (stone) filigree ◆ **crêpe ~** thin pancake ◆ **il ne fait pas dans la ~** * he's not particular about details

**dentellerie** /dɑ̃tɛlʀi/ NF *(= fabrication)* lacemaking; *(Comm)* lace manufacture

**dentellier, -ière** /dɑ̃təlje, jɛʀ/ ADJ *[industrie]* lace *(épith)* NM,F lacemaker NF **dentellière** *(= machine)* lacemaking machine

**dentelure** /dɑ̃t(ə)lyʀ/ NF *[de timbre-poste]* perforations; *[de feuille]* serration; *[d'arête]* jagged outline ◆ **les ~s d'une côte** the indentations *ou* jagged outline of a coastline

**dentier** /dɑ̃tje/ NM dentures ◆ **porter un ~** to wear dentures

**dentifrice** /dɑ̃tifʀis/ NM toothpaste ADJ ◆ **eau ~** mouthwash ◆ **poudre ~** tooth powder ◆ **pâte ~** toothpaste

**dentine** /dɑ̃tin/ NF *(Anat)* dentine

**dentiste** /dɑ̃tist/ NMF dentist; → **chirurgien**

**dentisterie** /dɑ̃tistəʀi/ NF dentistry

**dentition** /dɑ̃tisjɔ̃/ NF *(= dents)* teeth *(pl)*; *(= croissance)* dentition ◆ **~ de lait** milk *ou* baby teeth, deciduous dentition *(SPÉC)* ◆ **~ définitive** permanent teeth *ou* dentition *(SPÉC)*

**denture** /dɑ̃tyʀ/ NF *(humaine, animale)* a teeth *(pl)*, set of teeth, dentition *(SPÉC)* b *(Tech) [de roue]* teeth *(pl)*, cogs

**dénucléarisation** /denykleaʀizasjɔ̃/ NF denuclearization

**dénucléariser** /denykleaʀize/ ▸ conjug 1 ◂ VT to denuclearize ◆ **zone dénucléarisée** nuclear-free zone

**dénudé, e** /denyde/ (ptp de **dénuder**) ADJ *(gén)* bare; *[crâne]* bald; *[colline]* bare, bald

**dénuder** /denyde/ ▸ conjug 1 ◂ VT a *(Tech) [+ fil]* to bare, to strip; *(Méd) [+ os]* to strip b

*[+ arbre, sol, colline]* to bare, to strip **c** *[+ bras, dos] [robe]* to leave bare; *[mouvement]* to bare **VPR se dénuder** **a** *[personne]* to strip (off) **b** *[colline, arbre]* to become bare, to be bared; *[crâne]* to be balding, to be going bald

**dénudeur** /denydœʀ/ **NM** ◆ ~ **de fil** wire stripper

**dénué, e** /denɥe/ (ptp de **dénuer**) **dénué de ADJ** devoid of ◆ ~ **de sens** unreasonable ◆ ~ **d'intérêt** devoid of interest, uninteresting ◆ ~ **de talent/d'imagination** lacking in *ou* without talent/imagination, untalented/ unimaginative ◆ **il n'est pas ~ d'humour** he is not without a sense of humour ◆ ~ **de tout** destitute ◆ ~ **de tout fondement** completely unfounded *ou* groundless, entirely without foundation

**dénuement** /denymɑ̃/ **NM** *[de personne]* destitution ◆ **le ~ de la recherche/du système de soins** the impoverished state of research/of the care system ◆ **dans le ~ le plus total** in utter destitution

**dénuer (se)** /denɥe/ ▸ conjug 1 ◂ **VPR** *(littér)* to deprive o.s. (*de* of)

**dénûment** /denymɑ̃/ **NM** ⇒ **dénuement**

**dénutri, e** /denytʀi/ **ADJ** *(Méd) [enfant]* malnourished ◆ **bébé gravement** ~ severely malnourished baby

**dénutrition** /denytʀisjɔ̃/ **NF** undernutrition, undernourishment

**déo** * /deo/ **NM** abrév de **déodorant**

**déodorant** /deɔdɔʀɑ̃/ **NM** deodorant **ADJ** *[spray, stick]* deodorant

**déontologie** /deɔ̃tɔlɔʒi/ **NF** professional code of ethics, deontology *(SPÉC)*

**déontologique** /deɔ̃tɔlɔʒik/ **ADJ** ethical, deontological *(SPÉC)*

**déontologue** /deɔ̃tɔlɔg/ **NMF** deontologist

**dép.** (abrév de **département**) **a** *[d'organisme, entreprise]* dept **b** *(= division du territoire)* → **département**

**dépailler** /depaje/ ▸ conjug 1 ◂ **VT** *[+ chaise]* to remove the straw seating from

**dépannage** /depanaʒ/ **NM** *[de véhicule, appareil]* fixing, repairing ◆ **ils ont fait trois ~s aujourd'hui** *(de véhicules)* they've dealt with three breakdowns today; *(d'appareils)* they've done three repair jobs today ◆ **camion de** ~ breakdown lorry *(Brit)*, tow truck *(US)* ◆ **service de** ~ *(pour véhicules)* breakdown service; *(pour appareils)* repair service ◆ **c'est une lampe/une bouilloire de** ~ * it's a spare lamp/kettle ◆ **solution de** ~ stopgap solution, temporary fix

**dépanner** /depane/ ▸ conjug 1 ◂ **VT** **a** *(= réparer) [+ véhicule, appareil]* to fix, to repair; *[+ automobiliste]* to fix the car of ◆ **j'ai dû me faire ~ sur l'autoroute** I had to call the breakdown service on the motorway **b** *(* = tirer d'embarras) [+ personne]* to help out ◆ ~ **qn d'un ticket restaurant** to help sb out with a luncheon voucher ◆ **il m'avait donné 20 € pour me** ~ he gave me €20 to tide me over *ou* to help me out ◆ **tu peux me ~ d'une cigarette ?** can you spare me a cigarette?

**dépanneur** /depanœʀ/ **NM** *(gén)* repairman; *(Aut)* breakdown mechanic; *(TV)* television engineer *ou* repairman; *(Can = épicerie)* convenience store

**dépanneuse** /depanøz/ **NF** breakdown lorry *(Brit)*, tow truck *(US)*, wrecker *(US)*

**dépaqueter** /depak(ə)te/ ▸ conjug 4 ◂ **VT** to unpack

**déparasiter** /depaʀazite/ ▸ conjug 1 ◂ **VT** *[+ poste de radio]* to fit a suppressor to; *[+ animal, local]* to rid of parasites

**dépareillé, e** /depaʀeje/ (ptp de **dépareiller**) **ADJ** *[collection]* incomplete; *[objet]* odd *(épith)* ◆ **articles ~s** oddments ◆ **couverts ~s** odd cutlery

**dépareiller** /depaʀeje/ ▸ conjug 1 ◂ **VT** *[+ collection, service de table]* to make incomplete, to spoil ◆ **en cassant cette assiette tu as dépareillé le service** you've spoilt the set now that you've broken that plate

**déparer** /depaʀe/ ▸ conjug 1 ◂ **VT** *[+ paysage]* to spoil, to disfigure, to mar; *[+ visage]* to disfigure; *[+ beauté, qualité]* to detract from, to mar ◆ **cette pièce ne déparerait pas ma collection** this piece would go well in my collection ◆ **cette lampe ne déparerait pas dans la chambre** this lamp wouldn't look bad in the bedroom

**déparié, e** /depaʀje/ (ptp de **déparier**) **ADJ** *[chaussures, gants]* odd *(épith)*

**déparier** /depaʀje/ ▸ conjug 7 ◂ **VT** *[+ chaussures, gants]* to split up

**départ**[1] /depaʀ/ **NM** **a** *[de voyageur, véhicule, excursion]* departure; *[de fusée]* launch; *(= endroit)* point of departure ◆ **observer le ~ du train** to watch the train leave ◆ **le ~ est à huit heures** the train (*ou* coach *etc*) leaves at eight o'clock ◆ **fixer l'heure/le jour de son** ~ to set a time/day for one's departure ◆ **être sur le** ~ to be about to leave *ou* go ◆ **excursions au ~ de Chamonix** excursions (departing) from Chamonix, (day) trips from Chamonix ◆ **"départ des grandes lignes"** *(Rail)* "main-line departures" ◆ **dès son ~ j'ai ...** as soon as he had left I ... ◆ **peu après mon ~ de l'hôtel** soon after I had left the hotel, soon after my departure from the hotel ◆ **c'est bientôt le ~ en vacances** we'll soon be off on holiday *(Brit) ou* vacation *(US)* ◆ **alors, c'est pour bientôt le grand ~ ?** when's the big trip then? ◆ **le ~ du train/bateau est imminent** the train/boat will be leaving any time now *ou* is about to depart ◆ **son ~ précipité** his hasty departure ◆ **il a essayé de reculer son ~ pour Glasgow** he tried to put off his trip to Glasgow, he tried to postpone his departure for Glasgow ◆ **la levée du matin est à sept heures et le ~ du courrier se fait à neuf heures** the morning collection is at seven and the mail leaves town at nine o'clock; → **tableau**

**b** *(Sport)* start ◆ **un faux** ~ *(lit, fig)* a false start ◆ ~ **lancé/arrêté** flying/standing start ◆ ~ **décalé** staggered start ◆ **donner le ~ aux coureurs** to give the runners the starting signal, to start the race ◆ **les coureurs se rassemblent au** ~ the runners are assembling at the start ◆ **être au ~ d'une course, prendre le ~ d'une course** to take part in a race ◆ **47 concurrents ont pris le** ~ 47 competitors took part in the race ◆ **prendre un bon/mauvais** ~ *(lit, fig)* to get off to a good/bad start

**c** *[de salarié, ministre]* leaving *(NonC)*, departure ◆ **le ministre annonça son** ~ the minister announced that he was going to quit *ou* that he was leaving ◆ **demander le ~ d'un fonctionnaire** to demand the resignation of a civil servant ◆ **réduire le personnel par ~s naturels** to reduce the staff gradually by natural wastage ◆ **indemnité de** ~ severance pay ◆ ~ **anticipé** *ou* **en préretraite** early retirement ◆ ~ **à la retraite** retirement ◆ ~ **volontaire** *ou* **négocié** voluntary redundancy

**d** *(= origine) [de processus, transformation]* start ◆ **au** ~ at the start *ou* outset ◆ **de** ~ *[hypothèse]* initial ◆ **salaire de** ~ starting salary ◆ **de la langue de ~ à la langue d'arrivée** from the source language to the target language ◆ **il y a eu plusieurs ~s de feu** fire broke out in several places; → **point**[1]

**départ**[2] /depaʀ/ **NM** *(littér)* distinction *(entre* between*)*; ◆ **faire le ~ entre le vrai et le faux** to draw *ou* make a distinction between truth and falsehood

**départager** /depaʀtaʒe/ ▸ conjug 3 ◂ **VT** *[+ concurrents]* to decide between; *[+ votes]* to settle, to decide; *(littér) [+ opinions]* to decide between; *(littér) [+ camps opposés]* to separate ◆ ~ **l'assemblée** to settle the voting in the assembly

**département** /depaʀtəmɑ̃/ **NM** *[d'organisme, université, entreprise]* department; *(= division du territoire)* département *(administrative division)* ◆ ~ **(ministériel)** ministry, department ◆ **le ~ d'État** *(aux USA)* the State Department ◆ ~ **d'outre-mer** French overseas département

> **Département**
>
> Since 1790, France has been divided into 95 metropolitan **départements** and four overseas **départements.** Each is run by its own local council, the « conseil général », which has its headquarters in the principal town (« le chef-lieu du département »). Every **département** has a code number which appears as the first two figures of postcodes and the last two figures on vehicle registration plates. → ARRONDISSEMENT, CANTON, COMMUNE, RÉGION, DOM-TOM

**départemental, e** (mpl **-aux**) /depaʀtəmɑ̃tal, o/ **ADJ** *(gén)* departmental; *(Admin) of a département; (= ministériel)* ministerial ◆ **route ~e** secondary road **NF** **départementale** secondary road

**départementalisation** /depaʀtəmɑ̃talizasjɔ̃/ **NF** *(Admin) [de territoire]* giving the status of département to; *[de compétence]* devolution to the départements ◆ **la ~ des services judiciaires** basing legal services in the départements

**départir** /depaʀtiʀ/ ▸ conjug 16 ◂ **VT** *(†, littér = attribuer) [+ tâche]* to assign; *[+ faveur]* to accord *(frm)* **VPR se départir** ◆ **se ~ de** *(gén nég = abandonner) [+ ton, attitude]* to abandon, to depart from; *[+ sourire]* to drop ◆ **sans se ~ de sa prudence/sa bonne humeur** without abandoning his caution/his good humour ◆ **il a répondu sans se ~ de son calme** he answered without losing his composure

**départiteur** /depaʀtitœʀ/ **NM** ◆ **(juge)** ~ arbitrator

**dépassé, e** /depɑse/ **ADJ** *(= périmé)* outmoded, old-fashioned, out of date; *(* = désorienté)* out of one's depth *(attrib)*

**dépassement** /depɑsmɑ̃/ **NM** **a** *(Aut)* passing *(NonC)*, overtaking *(Brit) (NonC)* ◆ **tout ~ est dangereux** overtaking is always dangerous, it is always dangerous to overtake ◆ **"dépassement interdit"** "no overtaking" ◆ **après plusieurs ~s dangereux ...** after perilously overtaking several vehicles ...

**b** *[de limite, prix] (= action)* exceeding; *(= excès)* excess ◆ ~ **d'honoraires** charge exceeding the statutory fee ◆ **faire des ~s d'honoraires** to charge more than the statutory fee ◆ **il a eu une amende pour ~ de vitesse** *ou* **de la vitesse autorisée** he was fined for speeding *ou* for exceeding the speed limit

**c** *(Fin)* ~ **(de crédit)** overspending *(NonC)* ◆ **un ~ de crédit de 5 millions** overspending by 5 million francs ◆ ~ **budgétaire** overspend on budget, overspending

**d** ~ **(de soi)** setting new targets (for oneself) ◆ **la notion de ~ de soi** the idea of setting new targets for oneself *ou* of seeking new challenges

**dépasser** /depɑse/ ▸ conjug 1 ◂ VT a *(= aller plus loin que) [+ endroit]* to pass, to go past; *(Aviat) [+ piste]* to overshoot; *(= distancer) [+ véhicule, personne]* to pass, to overtake *(Brit)* ◆ **dépassez les feux et prenez la première rue à gauche** take the first on the left after the lights

b *(= déborder de) [+ alignement] (horizontalement)* to jut out over, to overhang; *(verticalement)* to jut out above, to stand higher than ◆ **son succès a dépassé les frontières** his success has reached beyond *ou* transcended national boundaries

c *(= excéder) [+ limite, quantité mesurable]* to exceed ◆ **~ qch en hauteur/largeur** to be higher *ou* taller/wider than sth, to exceed sth in height/width ◆ **il a dépassé son père (de 10 cm) maintenant** he's (10 cm) taller than his father now ◆ **cette plante a dépassé l'autre** this plant has outgrown the other one *ou* is now taller than the other one ◆ **~ en nombre** to outnumber ◆ **tout colis qui dépasse 20 kg/la limite (de poids)** all parcels in excess of *ou* exceeding *ou* over 20 kg/the (weight) limit ◆ **~ le nombre prévu** to be more than expected ◆ **la réunion ne devrait pas ~ trois heures** the meeting shouldn't go on longer than *ou* last longer than three hours, the meeting shouldn't exceed three hours (in length) ◆ **il ne veut pas ~ 75 €** he won't go above *ou* over €75 ◆ **ça va ~ 20 €** it'll be more than *ou* over €20 ◆ **elle a dépassé la quarantaine** she is over forty, she has turned forty ◆ **"ne pas dépasser la dose prescrite"** "do not exceed the prescribed dose" ◆ **le prix de cette maison dépasse nos moyens** this house is beyond our means *ou* is more than we can afford

d *(= surpasser) [+ valeur, prévisions]* to exceed; *[+ réputation]* to outshine; *[+ rival]* to outmatch, to outstrip ◆ **~ qn en violence/intelligence** to be more violent/intelligent than sb, to surpass sb in violence/intelligence ◆ **pour la paresse/l'appétit il dépasse tout le monde** he beats everybody for laziness/appetite ◆ **il dépasse tous ses camarades** he is ahead of *ou* he surpasses all his friends ◆ **sa bêtise dépasse tout ce qu'on peut imaginer** his stupidity beggars belief, he's more stupid than you could possibly imagine ◆ **les résultats ont dépassé notre attente** the results exceeded *ou* surpassed our expectations ◆ **cela dépasse toutes mes espérances** it is beyond my wildest dreams, it is better than anything I had ever hoped for

e *(= outrepasser) [+ moyens, instructions]* to go beyond; *[+ attributions]* to go beyond, to overstep; *[+ crédits]* to exceed ◆ **cela dépasse les bornes** *ou* **les limites** *ou* **la mesure** that's the absolute limit, that's going too far ◆ **il a dépassé les bornes** *ou* **la mesure** he has really gone too far *ou* overstepped the mark *ou* passed over the bounds *(US)* ◆ **cela a dépassé le stade de la plaisanterie** it has gone beyond a joke ◆ **les mots ont dû ~ sa pensée** he must have got carried away ◆ **cela dépasse mes forces/ma compétence** it's beyond my strength/capabilities ◆ **cela me dépasse** it's beyond me ◆ **il a dépassé ses forces** he has overtaxed himself *ou* overdone it

f *(= dérouter)* **cela/cet argument me dépasse !** it/this argument is beyond me! ◆ **être dépassé (par les événements)** to be overtaken by events

VI a *(Aut)* to overtake *(Brit)*, to pass *(US)* ◆ **"défense de dépasser"** "no overtaking" *(Brit)*, "no passing" *(US)*

b *(= faire saillie) [bâtiment, tour]* to stick out; *[planche, balcon, rocher]* to stick out, to jut out, to protrude; *[clou]* to stick out; *[jupon]* to show *(de, sous* below); *[chemise]* to be hanging out *(de* of) to be untucked ◆ **il y a quelque chose qui dépasse du tiroir** something's sticking out *ou* hanging out of the drawer ◆ **leur chien a toujours un bout de langue qui dépasse** their dog always has the end of his tongue hanging out

VPR **se dépasser** to surpass o.s., to excel o.s.

**dépassionner** /depasjɔne/ ▸ conjug 1 ◂ VT *[+ débat]* to take the heat out of

**dépatouiller (se)** * /depatuje/ ▸ conjug 1 ◂ VPR ◆ **se ~ de** *[+ situation difficile]* to get out of ◆ **laisse-le se ~ !** leave him to *ou* let him get out of it on his own! ◆ **savoir se ~** to (manage to) get by

**dépavage** /depavaʒ/ NM removal of the cobbles *ou* cobblestones *(de* from)

**dépaver** /depave/ ▸ conjug 1 ◂ VT to dig up the cobbles *ou* cobblestones from

**dépaysant, e** /depeizɑ̃, ɑ̃t/ ADJ exotic ◆ **un restaurant au décor ~** a restaurant with an exotic décor ◆ **l'Inde est un pays ~** India is so different ◆ **j'ai passé un séjour très ~ en Inde** my stay in India provided me with a complete change of scene

**dépaysé, e** /depeize/ (ptp de **dépayser**) ADJ *(gén)* disoriented ◆ **je me sens très ~ ici** I feel very much like a fish out of water here, I feel very disoriented here, I don't feel at home at all here ◆ **il ne sera pas ~ dans notre service** he'll feel quite at home *ou* he won't feel at all out of place in our department

**dépaysement** /depeizmɑ̃/ NM *(= changement salutaire)* change of scene *ou* scenery; *(= désorientation)* disorientation, feeling of strangeness ◆ **partez en Inde, c'est le ~ assuré !** go to India, you're guaranteed exotic new surroundings!

**dépayser** /depeize/ ▸ conjug 1 ◂ VT *(= désorienter)* to disorientate, to disorient; *(= changer agréablement)* to give a change of scenery to, to give a welcome change of surroundings to ◆ **ce séjour m'a dépaysé** this stay has given me a change of scenery *ou* a welcome change of surroundings

**dépeçage** /depəsaʒ/, **dépècement** /depɛsmɑ̃/ NM *[d'animal] (par un boucher)* cutting up; *(par un fauve)* dismembering; *[de territoire, état]* carving up, dismembering; *[de groupe, entreprise]* carving up

**dépecer** /depəse/ ▸ conjug 5 ◂ VT *[+ animal] [boucher]* to cut up; *[fauve]* to dismember, to tear limb from limb; *[+ territoire, état]* to carve up, to dismember; *[+ groupe, entreprise]* to carve up

**dépêche** /depɛʃ/ NF a *(Journalisme)* **~ (d'agence)** dispatch, agency *ou* wire *(US)* story ◆ **je reçois à l'instant une ~ de notre correspondant** I've just received a dispatch *ou* story from our correspondent b *(Admin)* dispatch ◆ **~ diplomatique** diplomatic dispatch c *(Téléc)* **~ (télégraphique)** telegram, wire *(US)* ◆ **envoyer une ~ à qn** to send sb a telegram *ou* wire *(US)*, to telegraph sb, to wire sb *(US)*

**dépêcher** /depeʃe/ ▸ conjug 1 ◂ VT to dispatch, to send *(auprès de* to) VPR **se dépêcher** to hurry ◆ **il se dépêchait** *(en marchant, courant)* he was hurrying (along); *(en travaillant)* he was hurrying ◆ **dépêche-toi !** hurry (up)!, (be) quick! ◆ **se ~ de faire qch** to hurry to do sth ◆ **dépêche-toi de les commander, il n'y en aura bientôt plus** hurry up and order them or there soon won't be any left

**dépeigner** /depeɲe/ ▸ conjug 1 ◂ VT ◆ **~ qn** to make sb's hair untidy, to ruffle sb's hair ◆ **dépeigné par le vent** with windswept hair ◆ **elle entra toute dépeignée** she came in with tousled *ou* dishevelled hair

**dépeindre** /depɛ̃dʀ/ ▸ conjug 52 ◂ VT to depict

**dépenaillé, e** /dep(ə)naje/ ADJ *[personne, vêtements] (= débraillé)* messy; *(= en haillons)* tattered, ragged; *[drapeau, livre]* tattered

**dépénalisation** /depenalizasjɔ̃/ NF *[de délit, drogue]* decriminalization

**dépénaliser** /depenalize/ ▸ conjug 1 ◂ VT to decriminalize

**dépendance** /depɑ̃dɑ̃s/ NF a *(= interdépendance)* dependence *(NonC)*, dependency ◆ **la ~ de qch vis-à-vis de qch d'autre** the dependence of sth (up)on sth else ◆ **un réseau subtil de ~s** a subtle network of dependencies *ou* interdependencies b *(= asservissement, subordination)* subordination *(à l'égard de* to); ◆ **la ~ de qn vis-à-vis de qn d'autre** the subordination of sb to sb else ◆ **être sous** *ou* **dans la ~ de qn** to be subordinate to sb c *(= bâtiment) [d'hôtel, château, ferme]* outbuilding, outhouse d *(Hist, Pol = territoire)* dependency e *(à une drogue, à l'alcool)* dependence, dependency *(à* on) addiction *(à* to) f *(Ling)* dependency

**dépendant, e** /depɑ̃dɑ̃, ɑ̃t/ ADJ a *(= non autonome)* dependent *(de* (up)on); ◆ **personnes âgées ~es** elderly dependants b *[drogué]* dependent *(à* on) addicted *(à* to)

**dépendre** /depɑ̃dʀ/ GRAMMAIRE ACTIVE 52.6

▸ conjug 41 ◂

VT INDIR **dépendre de** a *[décision, résultat, phénomène]* to depend (up)on, to be dependent (up)on

◆ **ça dépend** it all depends

◆ **ça dépend de** it depends on ◆ **ça dépend du temps** it depends on the weather ◆ **ça va ~ du temps** it'll depend on the weather

◆ **il dépend de qn de** *ou* **que** ◆ **il dépend de vous/de ceci que ...** it depends (up)on you/this whether ... ◆ **il ne dépend que de vous que ...** it depends entirely (up)on you whether ..., it's entirely up to you whether ... ◆ **il dépend de toi de réussir** it depends on you *ou* it's up to you whether you succeed (or not)

b *(= être sous l'autorité de) [employé]* to be answerable to, to be responsible to; *[organisation]* to be dependent (up)on; *[territoire]* to be dependent (up)on, to be a dependency of ◆ **~ (financièrement) de ses parents** to be financially dependent (up)on one's parents ◆ **ce pays dépend économiquement de la France** this country is economically dependent (up)on France ◆ **je ne veux ~ de personne** I don't wish to be dependent (up)on anyone *ou* to have to depend (up)on anyone ◆ **ce terrain dépend de leur domaine** this piece of land is part of *ou* belongs to their property ◆ **ne ~ que de soi-même** to be answerable only to oneself

VT *[+ lustre, guirlandes, pendu]* to take down

> ⚠ *Au sens de 'être sous l'autorité de',* **dépendre de** *ne se traduit pas par* **to depend on.**

**dépens** /depɑ̃/ NMPL a *(Jur)* costs ◆ **être condamné aux ~** to be ordered to pay costs, to have costs awarded against one b ◆ **aux ~ de** at the expense of ◆ **rire aux ~ de qn** to (have a) laugh at sb's expense ◆ **vivre aux ~ de qn** to live off sb ◆ **je l'ai appris à mes ~** I learnt this to my cost *ou* at my expense ◆ **notre équipe s'est qualifiée aux ~ de Toulon** our team qualified after *ou* by beating Toulon

**dépense** /depɑ̃s/ NF a *(= argent dépensé, frais)* spending *(NonC)*, expense, expenditure *(NonC)*; *(= sortie)* outlay, expenditure *(NonC)*

♦ **une ~ de 300 €** an outlay *ou* expenditure of €300 ♦ **les ~s du ménage** household expenses ♦ **contrôler les ~s de qn** to control sb's expenditure *ou* spending ♦ **je n'aurais pas dû faire cette ~** I shouldn't have spent that money ♦ **j'hésite, c'est une grosse ~** I can't decide, it's a large outlay *ou* it's a lot to lay out ♦ **calculer ~s et recettes** to calculate expenditure and receipts ♦ **~s diverses** sundries ♦ **~s publiques** public *ou* government expenditure *ou* spending ♦ **les ~s de santé/militaires** health/military expenditure *ou* spending ♦ **~ d'investissement** *ou* **d'équipement** capital expenditure *(NonC)* ♦ **pousser qn à la ~** to make sb spend some money ♦ **faire la ~ d'une voiture** to lay out money *ou* spend money on a car ♦ **ne pas regarder à la ~** to spare no expense

b *[d'électricité, essence]* consumption ♦ **~ physique** (physical) exercise

**dépenser** /depɑ̃se/ ► conjug 1 ◄ VT a *[+ argent]* to spend; *[+ électricité, essence]* to use ♦ **~ sans compter** to spend without counting the cost, to spend lavishly ♦ **elle dépense peu pour la nourriture** she doesn't spend much on food, she spends little on food

b *[+ forces, énergie]* to expend, to use up; *[+ temps, jeunesse]* to spend, to use up ♦ **~ son trop-plein d'énergie** to use up one's surplus energy ♦ **vous dépensez inutilement votre salive** you're wasting your breath

VPR **se dépenser** *(= faire des efforts)* to exert o.s.; *(= se défouler)* to let off steam * ♦ **se ~ en démarches inutiles** to waste one's energies in useless procedures ♦ **pour ce projet il s'est dépensé sans compter** he has put all his energy *ou* energies into this project ♦ **les enfants ont besoin de se ~ physiquement** children need to expend their energy

**dépensier, -ière** /depɑ̃sje, jɛʀ/ ADJ, NM,F extravagant ♦ **c'est une dépensière, elle est dépensière** she's a spendthrift

**déperdition** /depɛʀdisjɔ̃/ NF *(Sci, gén)* loss

**dépérir** /depeʀiʀ/ ► conjug 2 ◄ VI *[personne]* to fade away, to waste away; *[santé, forces]* to fail, to decline; *[plante]* to wither; *[commerce]* to (be on the) decline, to fall off; *[affaire, région, économie]* to be in decline, to go downhill

**dépérissement** /depeʀismɑ̃/ NM *[de personne]* fading away, wasting away; *[de santé, forces]* failing, decline; *[de plante]* withering; *[de commerce]* decline, falling off; *[d'affaire, région, économie]* decline

**déperlant, e** /depɛʀlɑ̃, ɑ̃t/ ADJ *[tissu]* waterproof

**dépersonnalisation** /depɛʀsɔnalizasjɔ̃/ NF depersonalization

**dépersonnaliser** /depɛʀsɔnalize/ ► conjug 1 ◄ VT to depersonalize VPR **se dépersonnaliser** *[relations, débat]* to become impersonal *ou* depersonalized; *(Psych)* to become depersonalized

**dépêtrer** /depetʀe/ ► conjug 1 ◄ VT ♦ **~ qn de** *[+ bourbier, ronces, harnachement]* to extricate sb from, to free sb from; *[+ situation]* to extricate sb from, to get sb out of VPR **se dépêtrer** *(lit, fig)* to extricate o.s., to free o.s. ♦ **se ~ de** *[+ ronces, situation]* to extricate *ou* free o.s. from, to get out of; *[+ liens]* to free o.s. from; *[+ gêneur]* to get rid of

**dépeuplement** /depœpləmɑ̃/ NM *[de région, ville]* depopulation ♦ **le ~ de la rivière** the depletion of fish stocks in the river ♦ **le ~ des forêts** the disappearance of wildlife from forests

**dépeupler** /depœple/ ► conjug 1 ◄ VT a *[+ région, ville]* to depopulate ♦ **zones rurales dépeuplées** depopulated rural areas b *[+ rivière]* to deplete the fish stocks in; *[+ forêt]* to kill off the wildlife in VPR **se dépeupler** a *[région, ville]* to be depopulated ♦ **les campagnes se dépeuplent** the countryside is becoming depopulated b *[rivière]* to be depleted of fish; *[région, forêt]* to be emptied of wildlife

**déphasage** /defɑzaʒ/ NM *(Phys)* phase difference; *(* = perte de contact)* being out of touch ♦ **il y a ~ entre les syndicats et leurs dirigeants** the unions and their leaders are out of phase *ou* step

**déphasé, e** /defɑze/ (ptp de **déphaser**) ADJ a *(Phys)* out of phase b *(* = désorienté)* **il était ~** he was out of step

**déphaser** /defɑze/ ► conjug 1 ◄ VT a *(Phys)* to cause a phase difference in b *(* = désorienter)* to confuse, to disorientate

**déphosphatation** /defɔsfatasjɔ̃/ NF removal of phosphates (*de* from)

**déphosphater** /defɔsfate/ ► conjug 1 ◄ VT *[+ eau]* to remove phosphates from

**dépiauter** * /depjote/ ► conjug 1 ◄ VT *[+ animal]* to skin; *[+ paquet]* to undo; *[+ texte]* to pull to pieces

**dépigmentation** /depigmɑ̃tasjɔ̃/ NF depigmentation

**dépilation** /depilasjɔ̃/ NF *(Méd)* hair loss

**dépilatoire** /depilatwaʀ/ ADJ depilatory, hair-removing *(épith)* NM depilatory *ou* hair-removing cream

**dépiler** /depile/ ► conjug 1 ◄ VT *(Méd)* to cause hair loss to; *(Tech) [+ peaux]* to grain

**dépiquer** /depike/ ► conjug 1 ◄ VT *(Couture)* to unstitch, to unpick *(Brit)*; *(Agr) [+ laitue]* to transplant; *[+ blé]* to thresh; *[+ riz]* to hull

**dépistage** /depistaʒ/ NM *[de maladie, virus, dopage]* screening (*de* for); ♦ **centre de ~ du sida** HIV testing centre ♦ **examen** *ou* **test de ~** screening test ♦ **test de ~ du sida** AIDS test

**dépister** /depiste/ ► conjug 1 ◄ VT a *(Méd) [+ maladie, virus, dopage]* to detect; *(= faire passer un test à)* to screen b *(= détecter) [+ gibier, criminel]* to track down; *[+ influence, cause]* to unearth, to detect

**dépit** /depi/ NM *(= amertume)* pique, (great) vexation ♦ **causer du ~ à qn** to vex sb greatly ♦ **il en a conçu du ~** he was very piqued at it ♦ **il l'a fait par ~** he did it out of pique *ou* in a fit of pique ♦ **par ~ amoureux elle a épousé le premier venu** she married the first man she met on the rebound *

♦ **en dépit de** in spite of, despite ♦ **faire qch en ~ du bon sens** to do sth any old how

**dépité, e** /depite/ (ptp de **dépiter**) ADJ (greatly) vexed, piqued

**dépiter** /depite/ ► conjug 1 ◄ VT to vex

**dépitonner** /depitɔne/ ► conjug 1 ◄ VTI *(Alpinisme)* to depeg

**déplacé, e** /deplase/ (ptp de **déplacer**) ADJ *[présence]* uncalled-for; *[intervention, scrupule]* misplaced, out of place *(attrib)*; *[remarque, propos]* uncalled-for, out of place *(attrib)*; → **personne**

**déplacement** /deplasmɑ̃/ NM a *[d'objet, meuble]* moving, shifting

b *(Méd) [d'articulation, os]* displacement ♦ **~ de vertèbre** slipped disc ♦ **~ d'organe** organ displacement

c *[d'usine, fonctionnaire]* transfer; *[de collectivité]* moving ♦ **le ~ forcé des populations** the forced movement *ou* transfer of people ♦ **j'ai demandé le ~ du rendez-vous** I asked for the appointment to be changed

d *[de pièce mobile]* movement; *[de substance]* movement, displacement ♦ **~ d'air** displacement of air ♦ **~ de troupes** movement of troops

e *(= voyage)* trip ♦ **les ~s coûtent cher** travelling *ou* travel is expensive ♦ **être en ~ (pour affaires)** to be away on business ♦ **ça vaut le ~** * it's worth the trip; → **frais**[2]

f *(Naut)* displacement ♦ **~ de 10 000 tonnes** 10,000-ton displacement

g *(Psych)* displacement

**déplacer** /deplase/ ► conjug 3 ◄ VT a *(= bouger) [+ objet, meuble]* to move, to shift ♦ **il déplace beaucoup d'air** *(hum)* he's all talk (and no action) ♦ **~ des montagnes** to move mountains

b *(Méd) [+ articulation, os]* to displace

c *[+ usine, fonctionnaire]* to transfer, to move; *[+ collectivité]* to move; *[+ rendez-vous]* to change ♦ **personnes déplacées** *(Pol, Mil)* displaced persons

d *(= attirer)* **le spectacle a déplacé plus de 60 000 personnes** the show brought in *ou* drew more than 60,000 people

e *[+ problème, question]* to shift the emphasis of

f *(Naut)* to displace ♦ **navire qui déplace 10 000 tonnes** ship with a 10,000-ton displacement

VPR **se déplacer** a *[pièce mobile]* to move; *[air, substance]* to move, to be displaced

b *[personne]* to move; *(= circuler)* to move (around); *[animal]* to move (along) ♦ **il ne se déplace qu'avec peine** he has difficulty getting about ♦ **il est interdit de se ~ pendant la classe** no moving around during class ♦ **pouvez-vous vous ~ sur la droite ?** can you move (over) to the right?

c *(= se déranger) [médecin]* to come out ♦ **avec le téléachat on peut faire ses courses sans se ~** teleshopping means you can do your shopping in the comfort of your own home ♦ **il ne s'est même pas déplacé pour le mariage de sa sœur** he didn't event bother to go to his sister's wedding

d *(= voyager)* to travel ♦ **il ne se déplace qu'en avion** he only travels by air ♦ **il se déplace fréquemment** he travels a lot, he's a frequent traveller

e *(Méd) [os]* to be displaced ♦ **se ~ une articulation** to put a joint out, to displace a joint ♦ **se ~ une vertèbre** to slip a disc

**déplafonnement** /deplafɔnmɑ̃/ NM *[de crédit]* derestriction ♦ **ils réclament le ~ des cotisations** they are asking for the ceiling on contributions to be lifted

**déplafonner** /deplafɔne/ ► conjug 1 ◄ VT *[+ crédit]* to derestrict; *[+ cotisations]* to lift the ceiling on

**déplaire** /deplɛʀ/ GRAMMAIRE ACTIVE 34.3 ► conjug 54 ◄

VT INDIR a *(= n'être pas aimé de)* **il déplaît à tout le monde** he is disliked by everyone ♦ **cette mode/ville/femme me déplaît** I dislike *ou* I don't like *ou* I don't care for this fashion/town/woman ♦ **au bout d'un moment, cela risque de ~** after a while it can become disagreeable *ou* unpleasant ♦ **ça ne me déplairait pas de le faire** I wouldn't mind doing it ♦ **il me déplaît de faire ...** *(frm)* I dislike doing ... ♦ **il me déplairait d'avoir à vous renvoyer** *(frm)* I would be sorry to have to dismiss you

b *(= irriter)* **~ à qn** to displease sb ♦ **il fait tout pour nous ~** he does all he can to displease us ♦ **ceci a profondément déplu** this gave profound *ou* great displeasure ♦ **il cherche à ~** he is trying to be disagreeable *ou* unpleasant

c *(† ou hum)* **c'est, ne t'en déplaise, beaucoup plus pratique** whether you like it or not, it's more practical ♦ **j'irai la voir, n'en déplaise à votre père** whatever your father's views on the matter, I shall go and see her

VPR **se déplaire** a *(= être malheureux)* ◆ **elle se déplaît ici/à la campagne** she dislikes it *ou* doesn't like it here/in the country ◆ **se ~ dans son nouvel emploi** to be unhappy in one's new job, to dislike one's new job

b *(mutuellement)* **ils se sont déplu dès leur première rencontre** they disliked each other right from the start

**déplaisant, e** /deplɛzɑ̃, ɑ̃t/ ADJ disagreeable, unpleasant

**déplaisir** /deplezir/ NM *(= contrariété)* displeasure, annoyance ◆ **je le ferai sans ~** I'm quite willing *ou* happy to do it, I don't mind doing it ◆ **faire qch avec (le plus grand) ~** to do sth with (the greatest) displeasure

**déplantage** /deplɑ̃taʒ/ NM, **déplantation** /deplɑ̃tasjɔ̃/ NF *[de plante]* transplanting; *[de plate-bande]* digging up; *[de piquet]* pulling out

**déplanter** /deplɑ̃te/ ▸ conjug 1 ◂ VT a *[+ plante]* to transplant; *[+ plate-bande]* to dig up; *[+ piquet]* to pull out b *[+ ordinateur]* to get going again

**déplâtrage** /deplɑtʀaʒ/ NM ◆ **le ~ d'un mur** *(Constr)* stripping the plaster off a wall ◆ **le ~ d'un membre** *(Méd)* taking a limb out of plaster *ou* out of its (plaster) cast, taking a (plaster) cast off a limb

**déplâtrer** /deplɑtʀe/ ▸ conjug 1 ◂ VT *(Constr)* to strip the plaster off; *(Méd)* to take out of plaster, to take the (plaster) cast off ◆ **je me fais ~ lundi** I'm going to have my cast taken off on Monday

**déplétion** /deplesjɔ̃/ NF depletion

**dépliage** /deplijaʒ/ NM *[de serviette, vêtement]* unfolding; *[de carte, journal, canapé-lit]* opening out, unfolding

**dépliant, e** /deplijɑ̃, ijɑ̃t/ ADJ extendible NM *(= prospectus)* leaflet; *(= grande page)* fold-out page ◆ **~ touristique** travel brochure

**déplier** /deplije/ ▸ conjug 7 ◂ VT a *[+ serviette, vêtement]* to unfold; *[+ carte routière, journal, canapé-lit]* to open out, to unfold ◆ **~ les jambes** to stretch one's legs out b *(† = déballer) [+ paquet]* to open out, to open up ◆ **~ sa marchandise** to spread (out) one's wares VPR **se déplier** *[carte routière]* to open out; *[feuille d'arbre]* to open out, to unfold ◆ **ça peut se ~, ça se déplie** it unfolds *ou* opens out, it can be unfolded ◆ **le canapé se déplie pour faire lit** the sofa opens out *ou* unfolds into a bed

**déplissage** /deplisaʒ/ NM *[d'étoffe plissée]* taking the pleats out of; *(= défroissage)* flattening (out), smoothing (out)

**déplisser** /deplise/ ▸ conjug 1 ◂ VT *(= défaire les plis de)* to take the pleats out of; *(= défroisser)* to flatten (out), to smooth (out); *(littér) [+ front]* to smooth VPR **se déplisser** *[jupe]* to come unpleated, to lose its pleats

**déploiement** /deplwamɑ̃/ NM *[de voile, drapeau]* unfurling; *[d'ailes]* spreading; *[de troupes]* deployment; *[de richesses, forces, amabilité, talents]* display ◆ **le ~ d'une force internationale** the deployment of an international force

**déplomber** /deplɔ̃be/ ▸ conjug 1 ◂ VT *[+ colis, compteur]* to unseal; *[+ dent]* to remove the filling from, to take the filling out of; *(Ordin)* to hack into, to gain unauthorized access to

**déplorable** /deplɔʀabl/ ADJ a *(= regrettable) [incident, situation]* deplorable b *(= très mauvais) [conduite, gestion, notes]* appalling, deplorable ◆ **sa chambre est dans un état ~** his room is in an appalling *ou* a terrible state

**déplorablement** /deplɔʀabləmɑ̃/ ADV deplorably

**déploration** /deplɔʀasjɔ̃/ NF *(Art)* ◆ **~ du Christ** lamentation

**déplorer** /deplɔʀe/ ▸ conjug 1 ◂ VT to lament ◆ **on déplore 5 morts** (unfortunately,) 5 people have died ◆ **on ne déplore aucune victime** there have been no deaths *ou* victims ◆ **ils déploraient que la presse ne les ait pas soutenus** they lamented the fact that the press had not lent them any support ◆ **nous déplorons le manque d'informations sur les arrestations** we are deeply concerned about the lack of information on the arrests

**déployer** /deplwaje/ ▸ conjug 8 ◂ VT a *(= ouvrir) [+ carte, tissu]* to open out, to spread out; *[+ voile, drapeau]* to unfurl; *[+ ailes]* to spread; *[+ assortiment, échantillons]* to spread out, to lay out b *(Mil) [+ troupes, forces de police]* to deploy ◆ **il a déployé ses troupes en éventail** he made his troops fan out c *(= montrer, manifester) [+ richesses, fastes]* to make a display of, to display; *[+ talents, ressources, forces]* to display, to exhibit ◆ **~ beaucoup d'activité** to be very active ◆ **~ beaucoup d'efforts/d'énergie** to expend a lot of effort/energy; → **rire** VPR **se déployer** *[voile, drapeau]* to unfurl; *[ailes]* to spread; *[troupes]* to deploy; *[cortège]* to spread out

**déplumé, e** /deplyme/ (ptp de **déplumer**) ADJ a *[oiseau]* featherless, that has lost its feathers b *(* = chauve)* bald ◆ **il est un peu ~ sur le dessus** he's a bit thin on top ◆ **son crâne ~** his bald *ou* hairless head c *(* = démuni)* broke *, skint * *(Brit)* ◆ **il s'est retrouvé complètement ~** he ended up completely skint * *(Brit) ou* with no money at all

**déplumer** /deplyme/ ▸ conjug 1 ◂ VT † to pluck VPR **se déplumer** *[oiseau]* to moult, to lose its feathers; *(* = perdre ses cheveux)* to go bald, to lose one's hair

**dépoétiser** /depɔetize/ ▸ conjug 1 ◂ VT to take the romance out of, to make prosaic

**dépoitraillé, e** /depwatʀɑje/ ADJ *(péj)* ◆ **il était tout ~** his shirt was open, revealing his chest

**dépolarisant, e** /depɔlaʀizɑ̃, ɑ̃t/ ADJ depolarizing NM depolarizer

**dépolarisation** /depɔlaʀizasjɔ̃/ NF depolarization

**dépolariser** /depɔlaʀize/ ▸ conjug 1 ◂ VT to depolarize

**dépoli, e** /depɔli/ (ptp de **dépolir**) ADJ → **verre**

**dépolir** /depɔliʀ/ ▸ conjug 2 ◂ VT *[+ argent, étain]* to tarnish; *[+ verre]* to frost VPR **se dépolir** to tarnish

**dépolissage** /depɔlisaʒ/ NM *[d'argent, étain]* tarnishing; *[de verre]* frosting

**dépolitisation** /depɔlitizasjɔ̃/ NF depoliticization

**dépolitiser** /depɔlitize/ ▸ conjug 1 ◂ VT to depoliticize VPR **se dépolitiser** to become depoliticized

**dépolluant, e** /depɔlɥɑ̃, ɑ̃t/ ADJ *[produit]* depolluting, anti-pollutant NM depollutant, anti-pollutant

**dépolluer** /depɔlɥe/ ▸ conjug 1 ◂ VT to clean up, to rid *ou* clear of pollution

**dépollution** /depɔlysjɔ̃/ NF getting rid of pollution (*de* from); ◆ **la ~ des plages souillées par le mazout** the cleaning (up) of oil-polluted beaches

**déponent, e** /depɔnɑ̃, ɑ̃t/ ADJ *(Ling)* deponent NM deponent (verb)

**dépopulation** /depɔpylasjɔ̃/ NF depopulation

**déportation** /depɔʀtasjɔ̃/ NF *(= exil)* deportation, transportation; *(= internement)* imprisonment (in a concentration camp) ◆ **ils sont morts en ~** they died in the (Nazi concentration) camps

**déporté, e** /depɔʀte/ (ptp de **déporter**) NM,F *(= exilé)* deportee; *(= interné)* prisoner (in a concentration camp)

**déportement** /depɔʀtəmɑ̃/ NM a *(= embardée)* **~ vers la gauche** swerve to the left b *(† = écarts de conduite)* **~s** misbehaviour *(Brit)*, misbehavior *(US)*

**déporter** /depɔʀte/ ▸ conjug 1 ◂ VT a *[+ personne]* *(= exiler)* to deport, to transport; *(= interner)* to send to a concentration camp b *(= faire dévier)* to carry off course ◆ **le vent l'a déporté** the wind carried *ou* blew him off course VPR **se déporter** *(Aut)* to swerve ◆ **se ~ sur la gauche** to swerve to the left

**déposant, e** /depozɑ̃, ɑ̃t/ NM,F a *(= épargnant)* depositor b *(Jur)* bailor; *(= témoin)* deponent

**dépose** /depoz/ NF *[de tapis]* lifting, taking up; *[de serrure, moteur]* taking out, removal; *[de rideau]* taking down ◆ **"dépose des passagers"** "setting down only"

**déposer** /depoze/ ▸ conjug 1 ◂ VT a *(= poser)* to put down, to set down; *[+ ordures]* to dump ◆ **"défense de déposer des ordures"** "no dumping", "no tipping" *(Brit)* ◆ **~ les armes** to lay down (one's) arms ◆ **~ un baiser sur le front de qn** *(littér)* to plant a kiss on sb's forehead

b *(= laisser) [+ chose]* to leave; *(= conduire) [+ personne]* to drop ◆ **~ sa carte** to leave one's card ◆ **on a déposé une lettre/un paquet pour vous** somebody left a letter/a parcel for you, somebody dropped a letter/a parcel in for you ◆ **~ une valise à la consigne** to deposit *ou* leave a suitcase at the left-luggage office *(Brit) ou* baggage check *(US)* ◆ **je te dépose à la gare** I'll drop you (off) at the station ◆ **l'autobus le déposa à la gare** the bus dropped him *ou* set him down at the station ◆ **est-ce que je peux vous ~ quelque part ?** can I give you a lift *(Brit) ou* ride *(US)* anywhere?, can I drop you anywhere?

c *(Fin) [+ argent, valeur]* to deposit ◆ **~ de l'argent sur un compte** to put money into an account, to deposit money in an account

d *(Admin, Jur) [+ plainte]* to lodge; *[+ réclamation]* to file; *[+ conclusions]* to present; *[+ brevet, marque de fabrique]* to register; *[+ projet de loi]* to bring in, to table *(Brit)*; *[+ rapport]* to send in, to file ◆ **~ son bilan** to go into (voluntary) liquidation ◆ **~ un préavis de grève** to give notice of strike action; → **marque**

e *(= destituer) [+ souverain]* to depose

f *[eau, vin] [+ sable, lie]* to deposit

g *(= démonter) [+ tenture]* to take down; *[+ tapis]* to take up, to lift; *[+ serrure, moteur]* to take out, to remove

VI a *[liquide]* to form a sediment *ou* a deposit ◆ **laisser ~** to leave to settle

b *(Jur)* to give evidence, to testify

VPR **se déposer** *[poussière, lie]* to settle

**dépositaire** /depozitɛʀ/ NMF a *[d'objet confié]* depository; *[de secret, vérité]* possessor, guardian; *(Jur)* bailee ≃ authorized depository ◆ **~ public** *(Jur)* ≃ authorized depository ◆ **~ légal** *(Fin)* escrow agent b *(Comm = agent)* agent (*de* for); ◆ **~ exclusif** sole agent (*de* for); ◆ **nous ne sommes pas ~s** we are not agents for them, it's not a line we carry

**déposition** /depozisjɔ̃/ NF a *(Jur) (à un procès)* evidence *(NonC)*; *(écrite)* (sworn) statement, deposition ◆ **faire une ~** *(à un procès)* to give evidence; *(écrite)* to write a statement ◆ **signer sa ~** to sign one's statement *ou* deposition **b** *[de souverain]* deposition, deposing **c** *(Art)* ~ **de croix** Deposition

**déposséder** /depɔsede/ ▸ conjug 6 ◂ VT ◆ ~ **qn de** *[+ terres]* to dispossess sb of; *[+ place, biens]* to deprive sb of; *[+ charge]* to divest *ou* deprive sb of ◆ **ils se sentaient dépossédés** they felt dispossessed

**dépossession** /depɔsesjɔ̃/ NF *(de terres)* dispossession; *(d'une place, de biens)* deprivation; *(d'une charge)* divesting ◆ **leur sentiment de ~** their feeling of being dispossessed ◆ ~ **de soi** *(littér)* loss of a sense of self

**dépôt** /depo/ NM **a** *(= action de déposer) [d'argent, valeurs]* deposit(ing) ◆ **le ~ des manteaux au vestiaire est obligatoire** coats must be left *ou* deposited in the cloakroom ◆ **le ~ d'une marque de fabrique** the registration of a trademark ◆ ~ **de bilan** (voluntary) liquidation ◆ ~ **légal** *(Jur)* registration of copyright ◆ **en ~ fiduciaire** *(Fin)* in escrow; → **mandat**

**b** *(= garde)* **avoir qch en ~** to hold sth in trust ◆ **confier qch en ~ à qn** to entrust sth to sb

**c** *(= chose confiée)* **restituer un ~** to return what has been entrusted to one ◆ ~ **sacré** sacred trust ◆ ~ **(bancaire)** *(Fin)* (bank) deposit ◆ ~ **à vue** *(Fin)* deposit on current account *(Brit)*, checking deposit *(US)* ◆ ~ **à terme** fixed term deposit; → **banque, compte**

**d** *(= garantie)* deposit ◆ ~ **préalable** advance deposit ◆ **verser un ~** to put down *ou* pay a deposit

**e** *(= sédiment) [de liquide, lie]* sediment, deposit ◆ ~ **de sable** silt *(NonC)* ◆ ~ **de tartre** layer of sediment, fur *(Brit) (NonC)* ◆ **l'eau a formé un ~ calcaire dans la bouilloire** the water has formed a layer of sediment on the kettle *ou* has furred up the kettle *(Brit)*

**f** *(= entrepôt)* warehouse, store; *[d'autobus]* depot, garage; *[de trains]* depot, shed; *(Mil)* depot

**g** *(Comm)* **il y a un ~ de pain/de lait à l'épicerie** *(= point de vente)* bread/milk can be bought at the grocer's

**h** *(= prison)* jail, prison ◆ **il a passé la nuit au ~** he spent the night in the cells *ou* in jail

COMP ▹ **dépôt d'essence** *(Aut)* petrol *(Brit)* *ou* gasoline *(US)* depot ▹ **dépôt de marchandises** goods *(Brit)* *ou* freight *(US)* depot *ou* station ▹ **dépôt de munitions** ammunition *ou* munitions dump ▹ **dépôt d'ordures** (rubbish) dump *ou* tip *(Brit)*, garbage dump *(US)*

**dépotage** /depɔtaʒ/, **dépotement** /depɔtmɑ̃/ NM *[de plante]* transplanting; *[de liquide]* decanting

**dépoter** /depɔte/ ▸ conjug 1 ◂ VT *[+ plante]* to take out of the pot; *[+ liquide]* to decant

**dépotoir** /depɔtwaʀ/ NM **a** *(lit, fig = décharge)* dumping ground, (rubbish) dump *ou* tip *(Brit)*, garbage dump *(US)* ◆ **classe ~** class of rejects ◆ **c'est devenu une banlieue ~** it's become a suburban dumping ground **b** *(= usine)* sewage works

**dépôt-vente** (pl **dépôts-ventes**) /depovɑ̃t/ NM second-hand shop *(Brit)* *ou* store *(US)* *(where items are sold on commission)*

**dépouille** /depuj/ NF **a** *(= peau)* skin, hide; *(Zool : de mue)* cast; *[de serpent]* slough **b** *(littér = cadavre)* ~ **(mortelle)** (mortal) remains **c** *(littér = butin)* **~s** plunder, spoils **d** *(Pol US)* **système des ~s** spoils system

**dépouillé, e** /depuje/ (ptp de **dépouiller**) ADJ *[décor]* bare, austere; *[style]* plain ◆ ~ **de** *[poésie]* lacking in; *[ornements]* shorn *ou* stripped of ◆ **des vêtements au style simple, pur et ~** clothes that are simple, classic and uncluttered ◆ **une maison élégante, au style ~** an elegant, uncluttered house ◆ **les journaux télévisés sont revenus à un style ~ et prudent** the style of television news has reverted to being plain and careful

**dépouillement** /depujmɑ̃/ NM **a** *(= examen) [de comptes, journal, documents, courrier]* going through, perusal *(frm)*; *[d'auteur]* going through, studying ◆ **le ~ du courrier a pris trois heures** it took three hours to go through the mail ◆ **le ~ du scrutin** counting the votes ◆ **lors du ~** when the votes are (*ou* were) being counted, during the count ◆ **pendant le ~ des données** while sifting through the data **b** *(= ascèse, pauvreté)* asceticism; *(= sobriété)* spareness, sobriety ◆ **vivre dans le ~** to lead an ascetic life **c** *(= spoliation)* stripping

**dépouiller** /depuje/ ▸ conjug 1 ◂ VT **a** *(= examiner en détail) [+ comptes, documents, courrier]* to go through, to peruse; *[+ auteur]* to go through, to study (in detail) ◆ ~ **un scrutin** to count the votes

**b** *(= écorcher)* to skin; *(= écorcer)* to bark, to strip the bark from

**c** *(= priver)* ◆ ~ **qn de** *[+ vêtements]* to strip sb of; *[+ économies, honneurs]* to strip *ou* divest sb of; *[+ droits]* to strip *ou* deprive sb of ◆ ~ **qch de** *[+ ornements]* to strip *ou* divest *ou* denude sth of; *[+ feuilles, fleurs]* to strip *ou* denude sth of ◆ **un livre qui dépouille l'amour de son mystère** a book that strips *ou* divests love of its mystery

**d** *(littér = dénuder)* to strip, to denude ◆ **le vent dépouille les arbres** the wind strips *ou* denudes the trees (of their leaves) ◆ **l'hiver dépouille les champs** winter lays the fields bare ◆ ~ **un autel** to remove the ornaments from an altar, to strip an altar (of its ornaments) ◆ ~ **son style** to strip one's style of all ornament

**e** *(littér = spolier)* ~ **un voyageur** to despoil *(littér)* *ou* strip a traveller of his possessions ◆ ~ **un héritier** to deprive *ou* divest an heir of his inheritance ◆ **il a dépouillé ses enfants** he's deprived *ou* stripped his children of everything ◆ **ils ont dépouillé le pays** they have plundered the country *ou* laid the country bare

VPR **se dépouiller** **a** *(littér)* **se ~ de** *[+ vêtements]* to shed, to divest o.s. of; *[+ possessions]* to divest *ou* deprive o.s. of; *[+ arrogance]* to cast off *ou* aside, to divest o.s. of; *[arbre] [+ feuilles, fleurs]* to shed; *[pré] [+ verdure, fleurs]* to become stripped *ou* denuded of ◆ **les arbres se dépouillent (de leurs feuilles)** the trees are shedding their leaves ◆ **la campagne se dépouille (de son feuillage** *ou* **de sa verdure)** the countryside is losing *ou* shedding its greenery ◆ **son style s'était dépouillé de toute redondance** his style had been stripped *ou* shorn of all unnecessary repetition

**b** *[animal qui mue]* to shed its skin

**dépourvu, e** /depuʀvy/ ADJ ◆ ~ **de** without ◆ **être ~ de qch** to lack sth ◆ ~ **de moyens** *ou* **de ressources** without means *ou* resources ◆ **les organisations humanitaires sont ~es de moyens** the humanitarian organizations lack money ◆ **une présence militaire ~e de moyens de dissuasion** a military presence which has no means of deterrence ◆ **cet article est totalement ~ d'intérêt** this article is not of the slightest interest ◆ **une réponse ~e d'ambiguïté** an unambiguous reply ◆ ~ **de tout diplôme, il accomplit une carrière brillante** although he had no qualifications he had a very successful career ◆ **ce n'est pas une question totalement ~e de sens** this question is not entirely unreasonable ◆ **des gens ~s (de tout)** destitute people

NM ◆ **prendre qn au ~** to catch sb off their guard ◆ **il a été pris au ~ par cette question inattendue** he was caught off his guard by this unexpected question

**dépoussiérage** /depusjeʀaʒ/ NM *(lit)* dusting (*de* of); *(fig) [d'administration, parti]* revamping (*de* of)

**dépoussiérant** /depusjeʀɑ̃/ NM anti-static furniture polish

**dépoussiérer** /depusjeʀe/ ▸ conjug 6 ◂ VT *(lit)* to dust; *(fig) [+ texte, institution]* to blow *ou* brush away the cobwebs from ◆ ~ **l'image d'un parti** to revamp a party's image, to get rid of a party's old-fashioned image

**dépravation** /depʀavasjɔ̃/ NF *(= état)* depravity

**dépravé, e** /depʀave/ (ptp de **dépraver**) ADJ depraved NM,F depraved person

**dépraver** /depʀave/ ▸ conjug 1 ◂ VT to deprave ◆ **les mœurs se dépravent** morals are becoming depraved

**dépréciateur, -trice** /depʀesjatœʀ, tʀis/ NM,F disparager

**dépréciatif, -ive** /depʀesjatif, iv/ ADJ *[propos, jugement]* depreciatory, disparaging; *[mot, sens]* derogatory, disparaging

**dépréciation** /depʀesjasjɔ̃/ NF depreciation

**déprécier** /depʀesje/ ▸ conjug 7 ◂ VT *(= faire perdre de la valeur à)* to depreciate; *(= dénigrer)* to belittle, to disparage, to depreciate VPR **se déprécier** *[monnaie, objet]* to depreciate; *[personne]* to belittle o.s., to put o.s. down

**déprédateur, -trice** /depʀedatœʀ, tʀis/ ADJ *(= voleur)* plundering *(épith)*; *(= destructeur) [personne]* destructive ◆ **insectes ~s** insect pests NM,F *(= pilleur)* plunderer; *(= escroc)* embezzler; *(= vandale)* vandal

**déprédation** /depʀedasjɔ̃/ NF **a** *(gén pl) (= pillage)* plundering *(NonC)*, depredation *(frm)*; *(= dégâts)* damage *(NonC)*, depredation *(frm)* ◆ **commettre des ~s** to cause damage **b** *(Jur = détournement)* misappropriation, embezzlement

**déprendre (se)** /depʀɑ̃dʀ/ ▸ conjug 58 ◂ VPR *(littér)* ◆ **se ~ de** *[+ personne, chose]* to lose one's fondness for; *[+ habitude]* to lose

**dépressif, -ive** /depʀesif, iv/ ADJ, NM,F depressive

**dépression** /depʀesjɔ̃/ NF **a** ◆ ~ **(de terrain)** depression; *(petite)* dip **b** *(Mét)* ~ **(atmosphérique)** (atmospheric) depression, low ◆ **une ~ centrée sur le nord** an area of low pressure in the north **c** *(Psych = état)* depression ◆ ~ **(nerveuse)** (nervous) breakdown ◆ **il a fait une ~** he had a (nervous) breakdown ◆ **elle fait de la ~** she suffers from depression **d** *(Écon)* ~ **(économique)** (economic) depression *ou* slump

**dépressionnaire** /depʀesjɔnɛʀ/ ADJ *(Mét)* ◆ **zone ~** area of low pressure

**dépressurisation** /depʀesyʀizasjɔ̃/ NF *(Astron, Aviat)* depressurization ◆ **en cas de ~ de la cabine** should the pressure drop in the cabin

**dépressuriser** /depʀesyʀize/ ▸ conjug 1 ◂ VT *(Astron, Aviat)* to depressurize

**déprimant, e** /depʀimɑ̃, ɑ̃t/ ADJ *(moralement)* depressing; *(physiquement)* enervating, debilitating

**déprime** * /depʀim/ NF depression ◆ **faire de la ~** to be depressed ◆ **c'est la ~ dans les milieux financiers** financial circles are depressed ◆ **période de ~** low period

**déprimé, e** /depʀime/ (ptp de **déprimer**) ADJ **a** *[personne] (moralement)* depressed, low *(attrib)* **b** *[terrain]* low-lying

**déprimer** /depʀime/ ▸ conjug 1 ◂ **VT** **a** *(moralement)* to depress; *(physiquement)* to debilitate, to enervate **b** *(= enfoncer)* to depress **VI** * to be depressed, to feel down *

**déprise** /depʀiz/ NF ◆ ~ **(agricole)** abandonment of farmland

**De profundis** /depʀɔfɔ̃dis/ NM de profundis

**déprogrammation** /depʀɔgʀamasjɔ̃/ NF cancellation

**déprogrammer** /depʀɔgʀame/ ▸ conjug 1 ◂ VT *(TV) (définitivement)* to take off the air; *(temporairement)* to cancel; *[+ magnétoscope]* to cancel the programming on; *[+ rendez-vous, visite]* to cancel

**déprotéger** /depʀɔteʒe/ ▸ conjug 6 et 3 ◂ VT *(Ordin)* to remove the write protection from

**dépucelage** * /depys(ə)laʒ/ NM ◆ ~ **d'une fille/d'un garçon** taking of a girl's/boy's virginity

**dépuceler** * /depys(ə)le/ ▸ conjug 4 ◂ VT *[+ fille] (hum) [+ garçon]* to take the virginity of ◆ **se faire** ~ to lose one's virginity *ou* one's cherry ‡ ◆ **c'est lui qui l'a dépucelée** she lost it to him ‡

## depuis /dəpɥi/

| 1 PRÉPOSITION | 2 ADVERBE |
|---|---|

### 1 - PRÉPOSITION

Notez l'emploi de **for** lorsque l'on parle d'une durée, et de **since** lorsque l'on parle d'un point de départ dans le temps.

Pour exprimer une durée, le présent français devient un parfait en anglais, et l'imparfait un pluperfect.

**a** durée for ◆ **il est malade** ~ **une semaine** he has been ill for a week ◆ **il était malade** ~ **une semaine** he had been ill for a week ◆ **elle cherche du travail** ~ **plus d'un mois** she's been looking for a job for over *ou* more than a month ◆ **il est mort** ~ **deux ans** he has been dead (for) two years ◆ **il dormait** ~ **une heure quand le réveil a sonné** he had been sleeping *ou* asleep for an hour when the alarm went off ◆ **mort** ~ **longtemps** long since dead ◆ **nous n'avons pas été au théâtre** ~ **des siècles** we haven't been to the theatre for *ou* in ages

Dans les questions, **for** est généralement omis.

◆ ~ **combien de temps travaillez-vous ici ? –** ~ **cinq ans** how long have you been working here? – five years ◆ **tu le connais** ~ **longtemps ? –** ~ **toujours** have you known him long? – I've known him all my life

**b** point de départ dans le temps since ◆ ~ **le 3 octobre** since 3 October ◆ **il attend** ~ **hier/ce matin** he has been waiting since yesterday/this morning ◆ **il attendait** ~ **lundi** he had been waiting since Monday ◆ ~ **leur dispute ils ne se parlent/parlaient plus** they haven't/hadn't spoken to each other since their quarrel *ou* since they quarrelled ◆ **je ne l'ai pas vue** ~ **qu'elle/~ le jour où elle s'est cassé la jambe** I haven't seen her since she/since the day she broke her leg ◆ **elle joue du violon** ~ **son plus jeune âge** she has played the violin since early childhood ◆ ~ **quand le connaissez-vous ?** how long have you known him? ◆ ~ **quelle date êtes-vous ici ?** when did you arrive here? ◆ ~ **cela** since then *ou* that time ◆ ~ **lors** *(littér)* from that time forward *(littér)* ◆ ~ **quand es-tu (devenu) expert sur la question ?** since when have you been an expert on the matter? ◆ ~ **le matin jusqu'au soir** from morning till night

♦ **depuis peu** ◆ ~ **peu elle a recommencé à sortir** lately *ou* recently she has started going out again ◆ **je la connaissais** ~ **peu quand elle est partie** I hadn't known her long *ou* I had known her (for) only a short time when she left

♦ **depuis que** since ◆ ~ **qu'il habite ici, il n'a cessé de se plaindre** he hasn't stopped complaining since he moved here ◆ ~ **qu'il est ministre il ne nous parle plus** now that he is *ou* since he became a minister he doesn't speak to us any more ◆ ~ **qu'il avait appris son succès il désirait la féliciter** he'd been wanting to congratulate her ever since he heard of her success ◆ ~ **que le monde est monde** since the beginning of time, from time immemorial

♦ **depuis le temps que** ◆ ~ **le temps qu'il apprend le français, il devrait pouvoir le parler** considering how long he's been learning French, he ought to be able to speak it ◆ ~ **le temps qu'il est ici, il ne nous a jamais dit un mot** in all the time he has been here he has never said a word to us ◆ ~ **le temps qu'on ne s'était pas vus !** it's ages since we (last) saw each other!, long time no see! * ◆ ~ **le temps que je voulais voir ce film !** I had been wanting to see that film for ages! *ou* for such a long time! ◆ ~ **le temps que je dis que je vais lui écrire !** I've been saying I'll write to him for ages! ◆ ~ **le temps qu'il essaie !** he has been trying long enough! ◆ ~ **le temps que je te le dis !** I've told you often enough!

**c** lieu *(= à partir de)* from ◆ **le concert est retransmis** ~ **Paris/nos studios** the concert is broadcast from Paris/our studios ◆ **nous roulons/roulions sous la pluie** ~ **Londres** it's been raining/it rained all the way from London ◆ ~ **Nice il a fait le plein trois fois** he's filled up three times since Nice

**d** rang, ordre from ◆ ~ **le simple soldat jusqu'au général** from private (right up) to general ◆ ~ **le premier jusqu'au dernier** from the first to the last ◆ **robes** ~ **50 € jusqu'à ...** dresses from €50 to ..., dresses starting at €50 (and) going up to ... ◆ ~ **5 grammes jusqu'à ...** from 5 grammes (up) to ... ◆ **ils ont toutes les tailles** ~ **le 36** they have all sizes from 36 upwards

### 2 - ADVERBE

since then ◆ ~, **nous sommes sans nouvelles** we've had no news since then ◆ **nous étions en vacances ensemble, je ne l'ai pas revu** ~ we went on holiday together, but I haven't seen him since then

**dépuratif, -ive** /depyʀatif, iv/ ADJ, NM depurative

**députation** /depytasjɔ̃/ NF *(= envoi, groupe)* deputation, delegation; *(= mandat de député)* post of deputy ◆ **candidat à la** ~ parliamentary candidate ◆ **se présenter à la** ~ to stand *(Brit) ou* run *(US)* for parliament

**député, e** /depyte/ **NM,F** *(au parlement)* deputy; *(en Grande-Bretagne)* Member of Parliament, MP; *(aux États-Unis)* congressman, congresswoman ◆ **elle a été élue** ~ **de Metz** she has been elected (as) deputy *ou* member for Metz ◆ ~ **au Parlement européen,** ~ **européen** Member of the European Parliament, MEP ◆ **le ~-maire de Rouen** the deputy and mayor of Rouen ◆ ~ **en exercice** present incumbent, sitting member *(Brit)* **NM** *(= envoyé d'un prince)* envoy; *(= envoyé d'une assemblée)* delegate

⚠ *La traduction de* **député** *varie en fonction du système politique.*

### Député

577 **députés**, elected in the « élections législatives » held every five years, make up the lower house of the French parliament (the « Assemblée nationale »). Each **député** represents a constituency (« circonscription »). Their role is comparable to that of Members of Parliament in Britain and Congressmen and women in the United States. → ASSEMBLÉE NATIONALE, ÉLECTIONS, MAIRE

**députer** /depyte/ ▸ conjug 1 ◂ VT ◆ ~ **qn pour faire/aller** to delegate sb to do/go ◆ ~ **qn à** *ou* **auprès d'une assemblée/auprès de qn** to send sb (as representative) to an assembly/to sb

**déqualification** /dekalifikasjɔ̃/ NF deskilling ◆ **la** ~ **est de plus en plus courante** more and more people are being given jobs for which they are overqualified *ou* which don't match their qualifications

**déqualifié, e** /dekalifje/ (ptp de **déqualifier**) ADJ *[personnel, emploi]* deskilled

**déqualifier** /dekalifje/ ▸ conjug 7 ◂ VT *[+ personnel, emploi]* to deskill

**der** * /dɛʀ/ NF (abrév de **dernière**) ◆ **dix de** ~ *(Cartes) ten points awarded for the last trick taken in belote* ◆ **la** ~ **des ~s** *(gén)* the very last one; *(= guerre de 1914-1918)* the war to end all wars

**déraciné, e** /deʀasine/ (ptp de **déraciner**) **ADJ** *[personne]* rootless **NM,F** person without roots ◆ **toute ma vie, je serai un** ~ I'll always feel rootless

**déracinement** /deʀasinmɑ̃/ NM *[d'arbre, personne]* uprooting; *[d'erreur, préjugé]* eradication ◆ **il a souffert de ce** ~ he suffered as a result of being uprooted like this

**déraciner** /deʀasine/ ▸ conjug 1 ◂ VT *[+ arbre, personne]* to uproot; *[+ erreur]* to eradicate; *[+ préjugé]* to root out, to eradicate

**déraillement** /deʀɑjmɑ̃/ NM derailment

**dérailler** /deʀɑje/ ▸ conjug 1 ◂ VI **a** *[train]* to be derailed, to go off *ou* leave the rails ◆ **faire** ~ **un train** to derail a train ◆ **faire** ~ **le processus de paix/les négociations** to derail the peace process/the negotiations **b** * *(= divaguer)* to talk nonsense *ou* twaddle * *(Brit)*; *(= mal fonctionner)* to be on the blink *, to be up the spout * *(Brit)* ◆ **tu dérailles !** *(= tu es fou)* you're nuts! *, you're off your rocker! *; *(= tu te trompes)* you're talking through your hat! *, you're talking nonsense! ◆ **son père déraille complètement** *(= être gâteux)* his father is completely gaga * *ou* has lost his marbles *

**dérailleur** /deʀɑjœʀ/ NM *[de bicyclette]* derailleur; *(Rail)* derailer, derailing stop

**déraison** /deʀɛzɔ̃/ NF *(littér)* insanity

**déraisonnable** /deʀɛzɔnabl/ ADJ unreasonable

**déraisonnablement** /deʀɛzɔnabləmɑ̃/ ADV unreasonably

**déraisonner** /deʀɛzɔne/ ▸ conjug 1 ◂ VI *(littér) (= dire des bêtises)* to talk nonsense; *(= être fou)* to rave

**dérangé, e** /deʀɑ̃ʒe/ (ptp de **déranger**) **ADJ** **a** *( * = fou)* crazy ◆ **il est complètement** ~ **!** he's a real head case! *, he's nuts! * ◆ **il a le cerveau** *ou* **l'esprit** ~ he's deranged *ou* unhinged **b** *(= malade)* **il a l'estomac** ~ he has an upset stomach *ou* a stomach upset ◆ **il est (un peu)** ~ *(= malade)* he has (a bit of) diarrhoea, his bowels are (a bit) loose **c** *[coiffure]* dishevelled, untidy ◆ **mes papiers étaient tout ~s** my papers were all in a mess **NM,F** * nutcase *

**dérangeant, e** /deʀɑ̃ʒɑ̃, ɑ̃t/ **ADJ** disturbing

**dérangement** /deʀɑ̃ʒmɑ̃/ GRAMMAIRE ACTIVE 54.7 **NM** **a** *(= gêne)* trouble ◆ **(toutes) mes excuses pour le** ~ my apologies for the trouble I'm causing *ou* for the inconvenience **b** *(= déplacement)* **pour vous éviter un autre** ~ to save you another trip ◆ **voilà 10 € pour votre** ~ here's €10 for coming *ou* for taking the trouble to come **c** *(= bouleversement) [d'affaires, papiers]* disorder *(de* in); ◆ **en** ~ *[machine, téléphone]* out of order

**déranger** /deʀɑ̃ʒe/ GRAMMAIRE ACTIVE 36.1 ► conjug 3 ◄

**VT** **a** *(= gêner, importuner)* to trouble, to bother; *(= surprendre) [+ animal, cambrioleur]* to disturb ◆ **je ne vous dérange pas ?** am I disturbing you?, I hope I'm not disturbing you? ◆ **les cambrioleurs ont été dérangés** the burglars were disturbed ◆ **elle viendra vous voir demain, si cela ne vous dérange pas** she'll come and see you tomorrow, if that's all right by you * *ou* if that's no trouble to you ◆ **elle ne veut pas ~ le médecin inutilement** she doesn't want to bother the doctor unnecessarily ◆ **ne me dérangez pas toutes les cinq minutes** don't come bothering me every five minutes ◆ ~ **qn dans son sommeil** to disturb sb's sleep ◆ **on le dérange toutes les nuits en ce moment** he is disturbed every night at the moment ◆ **ça vous dérange si je fume ?** do you mind *ou* will it bother you if I smoke? ◆ **cela vous dérangerait-il de venir ?** would you mind coming? ◆ **alors, ça te dérange ?** * what does it matter to you?, what's it to you? * ◆ **"ne pas déranger"** "do not disturb" ◆ **ses films dérangent** his films are disturbing

**b** *(= déplacer) [+ papiers]* to disturb, to mix *ou* muddle up; *[+ coiffure]* to ruffle, to mess up; *[+ vêtements]* to rumple, to disarrange

**c** *(= dérégler) [+ projets, routine]* to disrupt, to upset; *[+ machine]* to put out of order ◆ **les essais atomiques ont dérangé le temps** the nuclear tests have unsettled *ou* upset the weather ◆ **ça lui a dérangé l'esprit** this has unsettled his mind

**VPR** **se déranger** **a** *[médecin, réparateur]* to come out

**b** *(pour une démarche, une visite)* to go along, to come along ◆ **sans vous ~, sur simple appel téléphonique, nous vous renseignons** without leaving your home, you can obtain information simply by telephoning us ◆ **je me suis dérangé pour rien, c'était fermé** it was a waste of time going *ou* it was a wasted trip *ou* journey *(Brit)* — it was closed

**c** *(= changer de place)* to move ◆ **il s'est dérangé pour me laisser passer** he moved *ou* stepped aside to let me pass

**d** *(= se gêner)* **surtout, ne vous dérangez pas pour moi** please don't put yourself out *ou* go to any inconvenience on my account

**dérapage** /deʀapaʒ/ **NM** **a** *[de véhicule]* skid; *(Ski)* sideslipping; *(Aviat)* sideslip ◆ **faire un** ~ to skid ◆ **faire un ~ contrôlé** to do a controlled skid ◆ **descendre une piste en** ~ *(Ski)* to sideslip down a slope **b** *(fig) [de prix]* unexpected increase; *(= maladresse)* blunder, faux pas ◆ **~s budgétaires** overspending ◆ **le ~ des dépenses publiques** government overspending ◆ ~ **verbal** slip, verbal faux pas ◆ **pour éviter tout ~ inflationniste** to prevent inflation from getting out of control

**déraper** /deʀape/ ► conjug 1 ◄ **VI** **a** *[véhicule]* to skid; *[piéton, semelles, échelle]* to slip; *(Ski)* to sideslip ◆ **ça dérape** *[chaussée]* it's slippery **b** *[ancre]* to drag; *[bateau]* to trip her anchor **c** *(fig) [prix, salaires]* to get out of hand, to soar; *[conversation]* to veer onto slippery ground; *[personne]* to make a faux pas

**dératé, e** /deʀate/ **NM,F** → **courir**

**dératisation** /deʀatizasjɔ̃/ **NF** rat extermination

**dératiser** /deʀatize/ ► conjug 1 ◄ **VT** ◆ ~ **un lieu** to exterminate the rats in a place, to rid a place of rats

**derby** /dɛʀbi/ **NM** *(Ftbl, Rugby)* derby; *(Équitation)* Derby; *(= chaussure) kind of lace-up shoe,* blucher *(US)*

**derche** ** /dɛʀʃ/ **NM** arse ** *(Brit)*, ass ** *(US)* ◆ **c'est un faux** ~ he's a two-faced bastard **

**déréalisation** /deʀealizasjɔ̃/ **NF** *(Psych)* derealization

**déréaliser** /deʀealize/ ► conjug 1 ◄ **VT** to derealize

**derechef** /dəʀəʃɛf/ **ADV** *(†† ou littér)* once more, once again

**déréférencement** /deʀefeʀɑ̃smɑ̃/ **NM** *(Comm) [de produit]* withdrawal from sale

**déréférencer** /deʀefeʀɑ̃se/ ► conjug 3 ◄ **VT** *(Comm) [+ produit]* to withdraw from sale

**déréglé, e** /deʀegle/ (ptp de **dérégler**) **ADJ** **a** *(= détraqué) [mécanisme]* out of order *(attrib)*; *[esprit]* unsettled; *[habitudes, temps]* upset, unsettled; *[estomac, appétit, pouls]* upset ◆ **les élucubrations de son imagination ~e** the ravings of his wild *ou* disordered imagination **b** *(= corrompu) [vie, mœurs]* dissolute

**dérèglement** /deʀɛgləmɑ̃/ **NM** *[de machine, mécanisme]* disturbance; *[de pouls, estomac, temps]* upset; *[d'esprit]* unsettling *(NonC)*; *[de mœurs]* dissoluteness *(NonC)* ◆ **~s** *(littér) (= dépravations)* dissoluteness ◆ ~ **hormonal** hormone imbalance

**déréglementation** /deʀɛgləmɑ̃tasjɔ̃/ **NF** deregulation

**déréglementer** /deʀɛgləmɑ̃te/ ► conjug 1 ◄ **VT** to deregulate

**dérégler** /deʀegle/ ► conjug 6 ◄ **VT** **a** *(= détraquer) [+ mécanisme]* to throw out, to disturb; *[+ machine]* to disturb the mechanism of, to put out of order; *[+ esprit]* to unsettle; *[+ habitudes, temps]* to upset, to unsettle; *[+ estomac, appétit, pouls]* to upset; *[+ métabolisme]* to disrupt, to upset **b** *(= corrompre) [+ vie, mœurs]* to make dissolute **VPR** **se dérégler** **a** *[mécanisme, machine, appareil]* to go wrong; *[pouls, estomac, temps]* to be upset; *[esprit]* to become unsettled ◆ **cette montre se dérègle tout le temps** this watch keeps going wrong **b** *(= se corrompre) [mœurs]* to become dissolute

**dérégulation** /deʀegylasjɔ̃/ **NF** *[de marché, secteur]* deregulation ◆ ~ **économique/sociale** economic/social deregulation

**déréguler** /deʀegyle/ ► conjug 1 ◄ **VT** *[+ marché, secteur]* to deregulate

**déréliction** /deʀeliksjɔ̃/ **NF** *(Rel, littér)* dereliction

**déremboursement** /deʀɑ̃buʀs(ə)mɑ̃/ **NM** *(Admin)* ◆ **le ~ des médicaments** *cutting back on the reimbursement of medicines by the French Social Security system* ◆ **le gouvernement a annoncé des mesures de ~** the government have announced measures to cut back on the reimbursement of medicines

**dérembourser** /deʀɑ̃buʀse/ ► conjug 1 ◄ **VT** *[+ médicament]* to no longer reimburse the cost of

**déresponsabiliser** /deʀɛspɔ̃sabilize/ ► conjug 1 ◄ **VT** ◆ ~ **qn** to take away sb's sense of responsibility ◆ **il est essentiel de ne pas les ~** it's essential not to take away their sense of responsibility ◆ **l'interventionnisme systématique et déresponsabilisant des pouvoirs publics** the authorities' constant interference, which destroys a sense of individual responsibility ◆ **les employés déresponsabilisés deviennent moins productifs** employees become less productive when they have less of a feeling of responsibility

**dérider** /deʀide/ ► conjug 1 ◄ **VT** *[+ personne]* to brighten up; *[+ front]* to uncrease **VPR** **se dérider** *[personne]* to cheer up; *[front]* to uncrease

**dérision** /deʀizjɔ̃/ **NF** derision, mockery ◆ **par** ~ derisively, mockingly ◆ **de** ~ *[parole, sourire]* of derision, derisive ◆ **esprit de** ~ sense of mockery *ou* ridicule ◆ **tourner en** ~ *(= ridiculiser)* to ridicule; *(= minimiser)* to make a mockery of

**dérisoire** /deʀizwaʀ/ **ADJ** *(gén)* derisory, pathetic, laughable ◆ **pour une somme** ~ for a derisory sum

**dérisoirement** /deʀizwaʀmɑ̃/ **ADV** pathetically

**dérivant** /deʀivɑ̃/ **ADJ M** ◆ **filet** ~ drift net

**dérivatif, -ive** /deʀivatif, iv/ **ADJ** derivative **NM** distraction ◆ **dans son travail il cherche un ~ à sa douleur** he throws himself into his work to try and take his mind off his grief

**dérivation** /deʀivasjɔ̃/ **NF** **a** *[de rivière]* diversion; *[de circulation routière]* diversion *(Brit)*, detour *(US)*; → **canal** **b** *(Ling, Math)* derivation ◆ ~ **régressive** back formation **c** *(Élec)* shunt **d** *(Aviat, Naut)* drift, deviation

**dérive** /deʀiv/ **NF** **a** *(= déviation)* drift, leeway; *(= errance)* drift ◆ ~ **sur bâbord** drift to port ◆ **navire en** ~ ship adrift ◆ ~ **des continents** continental drift ◆ ~ **nord-atlantique** North Atlantic Drift

◆ **à la dérive** adrift ◆ **être à la** ~ *[personne]* to be adrift, to be drifting ◆ **être à la** ~ *[personne]* to be adrift, to be drifting ◆ **tout va à la** ~ everything is going to the dogs *ou* is going downhill ◆ **partir à la** ~ to go drifting off **b** *(= dispositif) (Aviat)* fin, vertical stabilizer *(US)*; *(Naut)* centre-board *(Brit)*, center-board *(US)* **c** *(= abus)* excess, abuse; *(= évolution)* drift ◆ ~ **droitière/totalitaire** drift towards the right/towards totalitarianism

**dérivé, e** /deʀive/ (ptp de **dériver**) **ADJ** *(gén, Chim, Math)* derived **NM** *(Chim, Ling, Math)* derivative; *(= produit)* by-product **NF** **dérivée** *(Math)* derivative

**dériver** /deʀive/ ► conjug 1 ◄ **VT** **a** *[+ rivière, circulation]* to divert **b** *(Chim, Ling, Math)* to derive **c** *(Élec)* to shunt **d** *(Tech = dériveter)* to unrivet **VT INDIR** **dériver de** to derive *ou* stem from; *(Ling)* to derive from, to be derived from, to be a derivative of **VI** *(Aviat, Naut)* to drift; *[orateur]* to wander *ou* drift (away) from the subject; *[marginal]* to be adrift, to be drifting ◆ **la conversation a dérivé sur ...** the conversation drifted onto ...

**dériveur** /deʀivœʀ/ **NM** *(= voile)* storm sail; *(= bateau)* sailing dinghy *(with centre-board)*

**dermabrasion** /dɛʀmabʀazjɔ̃/ **NF** *(Méd)* dermabrasion

**dermatite** /dɛʀmatit/ **NF** ⇒ **dermite**

**dermato** * /dɛʀmato/ **NF** abrév de **dermatologie** **NMF** abrév de **dermatologiste** *ou* **dermatologue**

**dermatologie** /dɛrmatɔlɔʒi/ NF dermatology

**dermatologique** /dɛrmatɔlɔʒik/ ADJ dermatological

**dermatologue** /dɛrmatɔlɔg/, **dermatologiste** /dɛrmatɔlɔʒist/ NMF dermatologist, skin specialist

**dermatose** /dɛrmatoz/ NF dermatosis

**derme** /dɛrm/ NM dermis

**dermique** /dɛrmik/ ADJ dermic, dermal

**dermite** /dɛrmit/ NF dermatitis

**dernier, -ière** /dɛrnje, jɛr/ ADJ a *(dans le temps)* last ◆ **arriver** ~ to come in last ◆ **arriver bon** ~ to come in a long way behind the others ◆ **durant les ~s jours du mois** in the last few days of the month ◆ **l'artiste, dans ses dernières œuvres ...** the artist, in his final *ou* last works ... ◆ **les dernières années de sa vie** the last few years of his life ◆ **après un** ~ **regard/effort** after one last *ou* final look/effort ◆ **on prend un** ~ **verre ?** one last drink?, one for the road?

b *(dans l'espace) [étage]* top *(épith)*; *[rang]* back *(épith)*; *[branche]* upper *(épith)*, highest ◆ **la dernière marche de l'escalier** *(en bas)* the bottom step; *(en haut)* the top step ◆ **le** ~ **mouchoir de la pile** *(dessus)* the top handkerchief in the pile; *(dessous)* the bottom handkerchief in the pile ◆ **en dernière page** *(Presse)* on the back page ◆ **les 100 dernières pages** the last 100 pages; → **jugement, premier**

c *(dans une hiérarchie, un ordre) [élève]* bottom, last ◆ **être reçu** ~ to come last *ou* bottom (*à* in); ◆ **il est toujours** ~ **(en classe)** he's always bottom (of the class), he's always last (in the class) ◆ **c'est bien la dernière personne à qui je demanderais !** he's the last person I'd ask!

d *(= le plus récent) (gén avant n)* last, latest ◆ **son** ~ **roman** his latest *ou* last novel ◆ **ces ~s mois/jours** (during) the last *ou* past couple of *ou* few months/days ◆ **ces ~s incidents/événements** these latest *ou* most recent incidents/events; → **temps**[1]

e *(= précédent)* last, previous ◆ **les ~s propriétaires sont partis à l'étranger** the last *ou* previous owners went abroad ◆ **le** ~ **détenteur du record était américain** the last *ou* previous record holder was American ◆ **l'an/le mois** ~ last year/month ◆ **samedi** ~ last Saturday

f *(= extrême)* **il a protesté avec la dernière énergie** he protested most vigorously *ou* with the utmost vigour ◆ **examiner qch dans les ~s détails** to study sth in the most minute *ou* in the minutest detail ◆ **c'est du** ~ **ridicule** it's utterly ridiculous, it's ridiculous in the extreme ◆ **c'est du** ~ **chic** it's the last word in elegance ◆ **c'est de la dernière importance** it is of the utmost importance ◆ **il est du** ~ **bien avec le patron** he's on the best of terms with his boss

g *(= pire) [qualité]* lowest, poorest ◆ **c'était la dernière chose à faire !** that was the last thing to do!

h *(= meilleur) [échelon, grade]* top, highest

i *(évoquant la mort)* last ◆ **ses ~s moments** *ou* **instants** his last *ou* dying moments ◆ **jusqu'à mon** ~ **jour** until the day I die, until my dying day ◆ **je croyais que ma dernière heure était venue** I thought my last *ou* final hour had come ◆ **à sa dernière heure** on his deathbed ◆ **dans les ~s temps il ne s'alimentait plus** towards the end he stopped eating ◆ **rendre les ~s devoirs** *(littér, frm)* to pay one's last respects (*à* to); ◆ **accompagner qn à sa dernière demeure** to accompany sb to his final resting place ◆ **les dernières dispositions du défunt** the deceased's last will and testament; → **soupir**

NM,F a *(dans le temps)* last (one) ◆ **parler/sortir le** ~ to speak/leave last ◆ **les ~s arrivés n'auront rien** the last ones to arrive *ou* the last arrivals will get nothing ◆ ~ **entré, premier sorti** last in, first out ◆ **tu seras servi le** ~ you'll be served last, you'll be the last to get served ◆ **elle a tendance à gâter son (petit)** ~ she's inclined to spoil her youngest (child)

b *(dans une hiérarchie, un ordre)* **il est le** ~ **de sa classe/de la liste** he's (at the) bottom of the class/list ◆ **il a été reçu dans les ~s** he was nearly bottom among those who passed the exam ◆ **ils ont été tués jusqu'au** ~ they were all killed (right down) to the last man, every single one of them was killed ◆ **c'est la dernière à qui vous puissiez demander un service** she's the last person you can ask a favour of ◆ **il est le** ~ **à pouvoir** *ou* **qui puisse faire cela** he's the last person to be able to do that

◆ **ce dernier, cette dernière** the latter ◆ **enseignants et chercheurs étaient présents ; ces ~s ...** there were teachers and researchers there; the latter ... ◆ **Luc, Marc et Jean étaient là et ce** ~ **a dit que ...** Luc, Marc and Jean were there, and Jean said that ... ◆ **Paul, Pierre et Maud sont venus ; cette dernière ...** Paul, Pierre and Maud came; she ...; → **souci**[2]

c *(péj : intensif)* **le** ~ **des imbéciles** an absolute imbecile, a complete and utter fool ◆ **le** ~ **des filous** an out-and-out scoundrel ◆ **c'est le** ~ **des ~s !** he's the lowest of the low!

NM *(= étage)* top floor *ou* storey *(Brit) ou* story *(US)*

◆ **en dernier** last ◆ **j'ai été servi en** ~ I was served last, I was the last to be served

NF **dernière** a *(Théât)* last performance

b *(* = nouvelle)* **vous connaissez la dernière ?** have you heard the latest?

**dernièrement** /dɛrnjɛrmɑ̃/ ADV *(= il y a peu de temps)* recently; *(= ces derniers temps)* lately, recently, of late

**dernier-né, dernière-née** (mpl **derniers-nés**) /dɛrnjene, dɛrnjɛrne/ NM,F *(= enfant)* lastborn, youngest child; *(= œuvre)* latest *ou* most recent creation ◆ **le** ~ **de leurs logiciels** the latest in their line of software

**dérobade** /derɔbad/ NF evasion; *(Équitation)* refusal ◆ ~ **fiscale** tax evasion

**dérobé, e** /derɔbe/ (ptp de **dérober**) ADJ *[escalier, porte]* secret, hidden LOC ADV **à la dérobée** secretly, surreptitiously ◆ **regarder qn à la ~e** to give sb a surreptitious *ou* stealthy glance

**dérober** /derɔbe/ ▸ conjug 1 ◂ VT a *(= voler)* to steal ◆ ~ **qch à qn** to steal sth from sb ◆ ~ **un baiser (à qn)** to steal a kiss (from sb)

b *(= cacher)* ~ **qch à qn** to hide *ou* conceal sth from sb ◆ **une haie dérobait la palissade aux regards** a hedge hid *ou* screened the fence from sight, a hedge concealed the fence ◆ ~ **qn à la justice/au danger/à la mort** to shield sb from justice/danger/death

c *(littér = détourner) [+ regard, front]* to turn away

VPR **se dérober** a *(= refuser d'assumer)* to shy away ◆ **se** ~ **à son devoir/à ses obligations** to shy away from *ou* shirk one's duty/obligations ◆ **se** ~ **à une discussion** to shy away from a discussion ◆ **je lui ai posé la question mais il s'est dérobé** I put the question to him but he evaded *ou* side-stepped it

b *(= se cacher de)* to hide, to conceal o.s. ◆ **se** ~ **aux regards** to hide from view ◆ **se** ~ **à la justice** to hide from justice ◆ **pour se** ~ **à la curiosité dont il était l'objet** in order to escape the curiosity surrounding him

c *(= se libérer)* to slip away ◆ **se** ~ **à l'étreinte de qn** to slip out of sb's arms ◆ **il voulut la prendre dans ses bras mais elle se déroba** he tried to take her in his arms but she shrank *ou* slipped away

d *(= s'effondrer) [sol]* to give way ◆ **ses genoux se dérobèrent (sous lui)** his knees gave way (beneath him)

e *(Équitation)* to refuse

**dérocher** /derɔʃe/ ▸ conjug 1 ◂ VI **se dérocher** VPR *[alpiniste]* to fall off (a rock face) VT *[+ métal]* to pickle; *[+ terrain]* to clear of rocks

**dérogation** /derɔgasjɔ̃/ NF (special) dispensation ◆ **ceci constitue une** ~ **par rapport à la loi** this constitutes a departure from the law ◆ **aucune** ~ **ne sera permise** no exemption will be granted, no special dispensation will be allowed ◆ **il a obtenu ceci par** ~ he obtained this by special dispensation

**dérogatoire** /derɔgatwar/ ADJ dispensatory, exceptional ◆ **appliquer un régime** ~ **à** to apply exceptional arrangements to *ou* in respect of ◆ **à titre** ~ by special dispensation

**déroger** /derɔʒe/ ▸ conjug 3 ◂ VI a ~ **à qch** *(= enfreindre)* to go against sth, to depart from sth ◆ ~ **aux règles** to depart from the rules ◆ **ce serait** ~ **à la règle établie** that would go against the established order *ou* procedure b *(= déchoir) (gén)* to lower o.s., to demean o.s.; *(Hist)* to lose rank and title

**dérouillée**‡ /deruje/ NF thrashing, belting * ◆ **recevoir une** ~ *(coups)* to get a thrashing *ou* belting *; *(défaite)* to get a thrashing * *ou* hammering *

**dérouiller** /deruje/ ▸ conjug 1 ◂ VT a *[+ métal]* to remove the rust from; *[+ mémoire]* to refresh ◆ **je vais me** ~ **les jambes** I'm going to stretch my legs b *(‡ = battre)* to give a thrashing *ou* belting * to, to thrash VI *(‡ = souffrir)* to have a hard time of it, to go through it * *(surtout Brit)*; *(= se faire battre)* to catch it *, to cop it ‡ *(Brit)* ◆ **j'ai une rage de dents, qu'est-ce que je dérouille !** I've got toothache, it's agony! * *ou* it's driving me mad! *ou* it's killing me! *

**déroulant** /derulɑ̃/ ADJ M ◆ **menu** ~ pull-down menu

**déroulement** /derulmɑ̃/ NM a *(= fait de se passer)* ~ **de carrière** career development ◆ **rappelez-moi le** ~ **des événements** go over the sequence of events for me again ◆ **pendant le** ~ **des opérations** during the course of (the) operations, while the operations were in progress ◆ **pendant le** ~ **du film** while the film was on, during the film ◆ **rien n'est venu troubler le** ~ **de la manifestation** the demonstration went off *ou* passed off without incident, nothing happened to disturb the course of the demonstration ◆ **veiller au bon** ~ **des élections** to make sure the elections go smoothly b *[de fil, bobine, film, bande magnétique]* unwinding; *[de cordage]* uncoiling; *[de carte]* unrolling

**dérouler** /derule/ ▸ conjug 1 ◂ VT a *[+ fil, bobine, pellicule, ruban]* to unwind; *[+ cordage]* to uncoil; *[+ carte, parchemin]* to unroll; *[+ tapis]* to roll out; *[+ store]* to roll down ◆ ~ **le tapis rouge à qn** to roll out the red carpet for sb ◆ **la rivière déroule ses méandres** the river snakes *ou* winds along its tortuous course

b *(Tech) [+ tronc d'arbre]* to peel a veneer from

c *(= passer en revue)* **il déroula dans son esprit les événements de la veille** in his mind he went over *ou* through the events of the previous day

**VPR se dérouler** a *(= avoir lieu) (comme prévu)* to take place; *(accidentellement)* to happen, to occur ◆ **la ville où la cérémonie s'est déroulée** the town where the ceremony took place

b *(= progresser) [histoire]* to unfold, to develop ◆ **à mesure que l'histoire se déroulait** as the story unfolded *ou* developed

c *(= se passer)* to go (off) ◆ **la manifestation s'est déroulée dans le calme** the demonstration went off peacefully ◆ **comment s'est déroulé le match ?** how did the match go? ◆ **ça s'est bien déroulé** it went well ◆ **son existence se déroulait, calme et morne** his life went on *ou* pursued its course, dreary and uneventful ◆ **c'est là que toute ma vie s'est déroulée** that was where I spent my whole life

d *[fil, bobine, pellicule, ruban]* to unwind, to come unwound; *[bande magnétique]* to unwind; *[cordage]* to unreel, to uncoil; *[carte, drapeau, parchemin]* to unroll, to come unrolled; *[tapis]* to unroll; *[store]* to roll down ◆ **le paysage se déroulait devant nos yeux** the landscape unfolded before our eyes

**dérouleur** /deʀulœʀ/ **NM** *[de papier]* holder ◆ **~ de bande magnétique** *(Ordin)* magnetic tape drive

**dérouleuse** /deʀuløz/ **NF** *(Tech)* winding machine

**déroutant, e** /deʀutɑ̃, ɑ̃t/ **ADJ** disconcerting

**déroute** /deʀut/ **NF** *[d'armée, équipe]* rout; *[de régime, entreprise]* collapse ◆ **armée en ~** routed army ◆ **mettre en ~** *[+ armée]* to rout, to put to rout *ou* flight; *[+ adversaire]* to rout

**déroutement** /deʀutmɑ̃/ **NM** *(Aviat, Naut)* rerouting, diversion

**dérouter** /deʀute/ ► conjug 1 ◄ **VT** *[+ avion, navire]* to reroute, to divert; *[+ candidat, orateur]* to disconcert, to throw *; *[+ poursuivants, police]* to throw *ou* put off the scent

**derrick** /deʀik/ **NM** derrick

**derrière** /dɛʀjɛʀ/ **PRÉP** a *(= à l'arrière de, à la suite de)* behind ◆ **il se cache ~ le fauteuil** he's hiding behind the armchair ◆ **il avait les mains ~ le dos** he had his hands behind his back ◆ **sors de ~ le lit** come out from behind the bed ◆ **passe (par) ~ la maison** go round the back of *ou* round behind the house ◆ **marcher l'un ~ l'autre** to walk one behind the other ◆ **il a laissé les autres loin ~ lui** *(lit, fig)* he left the others far *ou* a long way behind (him) ◆ **disparaître ~ une colline** to disappear behind a hill

b *(fig)* behind ◆ **il faut chercher ~ les apparences** you must look beneath (outward) appearances ◆ **~ sa générosité se cache l'intérêt le plus sordide** behind his generosity lurks *ou* his generosity hides the most sordid self-interest ◆ **faire qch ~ (le dos de) qn** to do sth behind sb's back ◆ **dire du mal ~ (le dos de) qn** to say (unkind) things behind sb's back ◆ **il a laissé trois enfants ~ lui** he left three children ◆ **le président avait tout le pays ~ lui** the president had the whole country behind him *ou* had the backing of the whole country ◆ **ayez confiance, je suis ~ vous** take heart, I'll support you *ou* back you up *ou* I'm on your side ◆ **il laisse tout le monde ~ (lui) pour le talent/le courage** his talent/courage puts everyone else in the shade ◆ **il laisse tout le monde ~ en chimie** he's head and shoulders above *ou* miles ahead of the others in chemistry ◆ **il faut toujours être ~ lui** *ou* **son dos** you've always got to keep an eye on him ◆ **un vin de ~ les fagots** * an extra-special (little) wine ◆ **une bouteille de ~ les fagots** * a bottle of the best; → **idée**

c *(Naut) (dans le bateau)* aft, abaft; *(sur la mer)* astern of

**ADV** a *(= en arrière)* behind ◆ **vous êtes juste ~** you're just *ou* right behind (it *ou* us *etc*) ◆ **on l'a laissé (loin) ~** we (have) left him (far *ou* a long way) behind ◆ **il est assis trois rangs ~** he's sitting three rows back *ou* three rows behind (us *ou* them *etc*) ◆ **il a pris des places ~** he has got seats at the back ◆ **il a préféré monter ~** *(Aut)* he preferred to sit in the back ◆ **chemisier qui se boutonne ~** blouse which buttons up *ou* does up at the back ◆ **passe le plateau ~** pass the tray back ◆ **regarde ~, on nous suit** look behind (you) *ou* look back - we're being followed ◆ **il est ~** he's behind (us *ou* them *etc*) ◆ **regarde ~** *(au fond de la voiture)* look in the back; *(derrière un objet)* look behind (it) ◆ **arrêtez de pousser, ~ !** stop pushing back there! ◆ **tu peux être sûr qu'il y a quelqu'un ~** *(fig)* you can be sure that there's somebody behind it (all)

b *(Naut) (dans le bateau)* aft, abaft; *(sur la mer)* astern

**LOC ADV par-derrière** ◆ **c'est fermé, entre** *ou* **passe par-~** it's locked, go in by the back *ou* go in the back way ◆ **attaquer par-~** *[+ ennemi]* to attack from behind *ou* from the rear; *[+ adversaire]* to attack from behind ◆ **dire du mal de qn par-~** to say (unkind) things behind sb's back ◆ **il fait tout par-~** he does everything behind people's backs *ou* in an underhand way

**NM** a *[de personne]* bottom, behind *; *[d'animal]* hindquarters, rump ◆ **donner un coup de pied au ~** *ou* **dans le ~ de qn** to give sb a kick in the behind * *ou* up the backside * *ou* in the pants * ◆ **quand j'ai eu 20 ans mon père m'a chassé à coups de pied dans le ~** when I was 20 my father sent me packing *ou* kicked me out *; → **botter**

b *[d'objet]* back; *[de maison]* back, rear ◆ **le ~ de la tête** the back of the head ◆ **habiter sur le ~** to live at the back (of the house) ◆ **roue de ~** back *ou* rear wheel ◆ **porte de ~** *[de maison]* back door; *[de véhicule]* back *ou* rear door; → **patte[1]**

**NMPL derrières** † *[d'édifice]* back, rear; *[d'armée]* rear

**derviche** /dɛʀviʃ/ **NM** dervish ◆ **~ tourneur** whirling dervish

**des** /de/ → **de[1], de[2]**

**dès** /dɛ/ **PRÉP** a *(dans le temps)* from ◆ **dimanche il a commencé à pleuvoir ~ le matin** on Sunday it rained from the morning onwards *ou* it started raining in the morning ◆ **~ le 15 août nous ne travaillerons plus qu'à mi-temps** (as) from 15 August we will only be working part-time ◆ **~ le début** from the (very) start *ou* beginning, right from the start *ou* beginning ◆ **~ son retour il fera le nécessaire** as soon as he's back *ou* immediately upon his return he'll do what's necessary ◆ **~ son retour il commença à se plaindre** as soon as he was back he started complaining ◆ **il se précipita vers la sortie ~ la fin du spectacle** as soon as *ou* immediately the performance was over he rushed towards the exit ◆ **~ l'époque romaine on connaissait le chauffage central** as early as *ou* as far back as Roman times people used central heating ◆ **~ son enfance il a collectionné les papillons** he has collected butterflies from (his) childhood *ou* ever since he was a child ◆ **on peut dire ~ maintenant** *ou* **à présent** it can be said here and now ◆ **~ l'abord/ce moment** from the very beginning *ou* the outset/that moment

b *(dans l'espace)* **~ Lyon il se mit à pleuvoir** we ran into rain *ou* it started to rain as *ou* when we got to Lyons ◆ **~ Lyon il a plu sans arrêt** it never stopped raining from Lyons onwards *ou* after Lyons ◆ **~ l'entrée vous êtes accueillis par des slogans publicitaires** advertising slogans hit you as soon as *ou* immediately you walk in the door ◆ **~ le seuil je sentis qu'il se passait quelque chose** as I walked in at the door I sensed that something was going on

c *(dans une gradation)* **~ sa première année il brilla en anglais** he was good at English right from the first year ◆ **~ le premier verre il roula sous la table** after the (very) first glass he collapsed under the table ◆ **~ la troisième chanson elle se mit à pleurer** at the third song she started to cry

◆ **dès que** as soon as, immediately ◆ **~ qu'il aura fini il viendra** as soon as *ou* immediately he's finished he'll come

◆ **dès lors** *(= depuis lors)* from that moment *ou* time on, from then on; *(= conséquemment)* that being the case, consequently ◆ **~ lors il ne fuma plus** from that time on he never smoked again ◆ **~ lors il décida de ne plus fumer** at that moment he decided he wouldn't smoke any more ◆ **vous ne pouvez rien prouver contre lui, ~ lors vous devez le relâcher** you can prove nothing against him and that being the case *ou* and so you'll have to release him

◆ **dès lors que** *(temporel)* as soon as; *(= si)* if; *(= puisque)* since, as ◆ **~ lors que vous décidez de partir, nous ne pouvons plus rien pour vous** if you choose to go, we can do nothing more for you ◆ **~ lors qu'il a choisi de démissionner, il n'a plus droit à rien** since *ou* as he has decided to hand in his notice he is no longer entitled to anything ◆ **peu m'importe, ~ lors qu'ils sont heureux** I don't mind so long as they are happy

**désabonnement** /dezabɔnmɑ̃/ **NM** non-renewal *ou* cancellation of one's subscription

**désabonner** /dezabɔne/ ► conjug 1 ◄ **VT** ◆ **~ qn d'un journal** to cancel sb's subscription to a newspaper **VPR se désabonner** to cancel one's subscription, not to renew one's subscription

**désabusé, e** /dezabyze/ (ptp de **désabuser**) **ADJ** *[personne, air]* disenchanted, disillusioned; *(† = détrompé)* disabused, undeceived *(frm)* ◆ **geste ~** gesture of disillusion ◆ **"non" dit-il d'un ton ~** "no" he said in a disillusioned voice

**désabusement** /dezabyzmɑ̃/ **NM** disillusionment

**désabuser** /dezabyze/ ► conjug 1 ◄ **VT** to disabuse (*de* of) to undeceive *(frm)* (*de* of)

**désacclimater** /dezaklimate/ ► conjug 1 ◄ **VT** to disacclimatize

**désaccord** /dezakɔʀ/ **NM** a *(= mésentente)* discord ◆ **être en ~ avec sa famille/son temps** to be at odds *ou* at variance with one's family/time

b *(= divergence) (entre personnes, points de vue)* disagreement; *(entre idées, intérêts)* conflict, clash ◆ **le ~ qui subsiste entre leurs intérêts** their unresolved conflict *ou* clash of interests ◆ **leurs intérêts sont en ~ avec les nôtres** their interests conflict *ou* clash with ours

c *(= contradiction)* discrepancy ◆ **~ entre la théorie et la réalité** discrepancy between theory and reality ◆ **les deux versions de l'accident sont en ~ sur bien des points** the two versions of the accident conflict *ou* diverge on many points ◆ **ce qu'il dit est en ~ avec ce qu'il fait** he says one thing and does another, there is a discrepancy between what he says and what he does

**désaccordé, e** /dezakɔʀde/ (ptp de **désaccorder**) **ADJ** *[piano]* out of tune

**désaccorder** /dezakɔʀde/ ▸ conjug 1 ◂ **VT** *[+ piano]* to put out of tune **VPR** **se désaccorder** to go out of tune

**désaccoupler** /dezakuple/ ▸ conjug 1 ◂ **VT** *[+ wagons, chiens]* to uncouple; *(Élec)* to disconnect

**désaccoutumance** /dezakutymɑ̃s/ **NF** ◆ **~ de qch** losing the habit of (doing) sth ◆ **méthode utilisée dans les cures de ~ du tabac** method used in breaking nicotine dependency *ou* to wean smokers off nicotine

**désaccoutumer** /dezakutyme/ ▸ conjug 1 ◂ **VT** ◆ **~ qn de qch/de faire** to get sb out of the habit of sth/of doing **VPR** **se désaccoutumer** ◆ **se ~ de qch/de faire** to lose the habit of sth/of doing

**désacralisation** /desakʀalizasjɔ̃/ **NF** ◆ **la ~ de la fonction présidentielle** the removal of the mystique surrounding the presidency

**désacraliser** /desakʀalize/ ▸ conjug 1 ◂ **VT** *[+ institution, profession]* to take away the sacred aura of ◆ **la médecine se trouve désacralisée** medicine has lost its mystique ◆ **il désacralise tout** he debunks everything, nothing escapes his cynicism

**désactiver** /dezaktive/ ▸ conjug 1 ◂ **VT** *(= neutraliser) [+ engin explosif]* to deactivate; *[+ réseau d'espionnage]* to break up; *(Chim)* to deactivate; *(Phys Nucl)* to decontaminate; *(Ordin)* to disable

**désadapté, e** /dezadapte/ ▸ conjug 1 ◂ **ADJ** ◆ **personne ~e** misfit ◆ **le système judiciaire est ~ par rapport à son époque** the legal system has not moved with the times

**désaffectation** /dezafɛktasjɔ̃/ **NF** *[de lieu]* closing down; *[de somme d'argent]* withdrawal

**désaffecté, e** /dezafɛkte/ (ptp de **désaffecter**) **ADJ** *[usine, gare]* disused; *[église]* deconsecrated

**désaffecter** /dezafɛkte/ ▸ conjug 1 ◂ **VT** *[+ lieu]* to close down; *[+ somme d'argent]* to withdraw ◆ **l'école a été désaffectée pour en faire une prison** the school was closed down and converted into a prison

**désaffection** /dezafɛksjɔ̃/ **NF** *(gén)* loss of interest (*pour* in); *(Pol)* disaffection (*pour* with)

**désaffectionner (se)** † /dezafɛksjɔne/ ▸ conjug 1 ◂ **VPR** ◆ **se ~ de** to lose one's affection *ou* fondness for

**désagréable** /dezagʀeabl/ **ADJ** unpleasant ◆ **ce n'est pas ~** it's quite pleasant, it's not unpleasant

**désagréablement** /dezagʀeabləmɑ̃/ **ADV** unpleasantly

**désagrégation** /dezagʀegasjɔ̃/ **NF** *[de roche]* crumbling; *[d'État]* breakup; *(Psych)* disintegration (of the personality)

**désagréger** /dezagʀeʒe/ ▸ conjug 3 et 6 ◂ **VT** *[+ roches]* to crumble ◆ **pour ~ la cellulite** to break down cellulite ◆ **ça a désagrégé leur couple** it was the end of *ou* it broke up their relationship **VPR** **se désagréger** **a** *[cachet, sucre]* to break up, to disintegrate; *[roche]* to crumble **b** *[amitié, État]* to break up; *[couple]* to break *ou* split up

**désagrément** /dezagʀemɑ̃/ **NM** **a** *(gén pl = inconvénient, déboire)* annoyance, inconvenience, trouble *(NonC)* ◆ **malgré tous les ~s que cela entraîne** despite all the annoyances *ou* trouble it involves ◆ **c'est un des ~s de ce genre de métier** it's one of the inconveniences of *ou* it's part of the trouble with this kind of job ◆ **cette voiture m'a valu bien des ~s** this car has given me a great deal of trouble ◆ **"la direction vous prie d'excuser les désagréments causés par les travaux"** "the management apologizes for any inconvenience caused to customers during renovations" **b** *(frm = déplaisir)* displeasure ◆ **causer du ~ à qn** to cause sb displeasure

**désaimantation** /dezɛmɑ̃tasjɔ̃/ **NF** demagnetization

**désaimanter** /dezɛmɑ̃te/ ▸ conjug 1 ◂ **VT** to demagnetize

**désaisonnaliser** /desɛzɔnalize/ ▸ conjug 1 ◂ **VT** to make seasonal adjustments to ◆ **le chiffre du chômage, en données désaisonnalisées** the seasonally adjusted unemployment figure

**désalpe** /dezalp/ **NF** *(Helv) process of bringing cattle down from the high alps for winter*

**désalper** /dezalpe/ ▸ conjug 1 ◂ **VI** *(Helv) to bring cattle down from the high mountain pastures*

**désaltérant, e** /dezalteʀɑ̃, ɑ̃t/ **ADJ** thirst-quenching

**désaltérer** /dezalteʀe/ ▸ conjug 6 ◂ **VT** to quench the thirst of ◆ **le vin ne désaltère pas** wine does not quench your thirst *ou* stop you feeling thirsty **VPR** **se désaltérer** to quench one's thirst

**désambiguïsation** /dezɑ̃biguizasjɔ̃/ **NF** disambiguation

**désambiguïser** /dezɑ̃biguize/ ▸ conjug 1 ◂ **VT** to disambiguate

**désamiantage** /dezamjɑ̃taʒ/ **NM** *(Tech)* removal of asbestos ◆ **le ~ du bâtiment a pris 3 mois** it took 3 months to remove the asbestos from the building

**désamianter** /dezamjɑ̃te/ ▸ conjug 1 ◂ **VT** *(Tech) [+ bâtiment]* to remove asbestos from

**désamorçage** /dezamɔʀsaʒ/ **NM** **a** *[de fusée, pistolet]* removal of the primer (*de* from); *[de bombe, situation, conflit]* defusing **b** *[de dynamo]* failure

**désamorcer** /dezamɔʀse/ ▸ conjug 3 ◂ **VT** **a** *[+ fusée, pistolet]* to remove the primer from; *[+ bombe]* to defuse **b** *[+ pompe]* to drain **c** *[+ situation explosive, crise]* to defuse; *[+ mouvement de revendication]* to forestall

**désamour** /dezamuʀ/ **NM** *(gén)* disenchantment; *(entre deux amoureux)* falling out of love ◆ **le ~ des citoyens vis-à-vis de la politique** people's disillusionment *ou* disenchantment with politics ◆ **il a quitté son amie par ~** he left his girlfriend because he no longer loved her *ou* because he had fallen out of love with her

**désaper** * /dezape/ ▸ conjug 1 ◂ **VT** to undress **VPR** **se désaper** to peel off one's clothes *, to get undressed

**désapparié, e** /dezapaʀje/ (ptp de **désapparier**) **ADJ** ⇒ **déparié**

**désapparier** /dezapaʀje/ ▸ conjug 7 ◂ **VT** ⇒ **déparier**

**désappointé, e** /dezapwɛ̃te/ (ptp de **désappointer**) **ADJ** disappointed

**désappointement** /dezapwɛ̃tmɑ̃/ **NM** disappointment

**désappointer** /dezapwɛ̃te/ ▸ conjug 1 ◂ **VT** to disappoint

**désapprendre** /dezapʀɑ̃dʀ/ ▸ conjug 58 ◂ **VT** *(littér)* to forget; *(volontairement)* to unlearn ◆ **~ à faire qch** to forget how to do sth ◆ **ils ont dû ~ à être exigeants** they had to learn not to be so demanding

**désapprobateur, -trice** /dezapʀɔbatœʀ, tʀis/ **ADJ** disapproving

**désapprobation** /dezapʀɔbasjɔ̃/ **NF** disapproval, disapprobation *(frm)*

**désapprouver** /dezapʀuve/ GRAMMAIRE ACTIVE 41 ▸ conjug 1 ◂ **VT** *[+ acte, conduite]* to disapprove of ◆ **je le désapprouve de les inviter** I disagree with his inviting them, I disapprove of his inviting them ◆ **elle désapprouve qu'il vienne** she disapproves of his coming ◆ **le public désapprouva** the audience showed its disapproval

**désarçonner** /dezaʀsɔne/ ▸ conjug 1 ◂ **VT** *(= faire tomber) [cheval]* to throw, to unseat; *[adversaire]* to unseat, to unhorse; *(= déconcerter) [argument]* to throw *, to baffle ◆ **son calme/sa réponse me désarçonna** I was completely thrown * *ou* nonplussed by his calmness/reply

**désargenté, e** /dezaʀʒɑ̃te/ (ptp de **désargenter**) **ADJ** **a** *(= terni)* **couverts ~s** cutlery with the silver worn off **b** *(* = sans un sou)* broke * *(attrib)*, penniless ◆ **je suis ~ en ce moment** I'm a bit short of cash *ou* a bit strapped for cash * at the moment

**désargenter** /dezaʀʒɑ̃te/ ▸ conjug 1 ◂ **VT** **a** *[+ métal]* to rub *ou* wear the silver off **b** ◆ **~ qn** * to leave sb broke * *ou* penniless **VPR** **se désargenter** ◆ **cette fourchette se désargente** the silver is wearing off this fork

**désarmant, e** /dezaʀmɑ̃, ɑ̃t/ **ADJ** disarming

**désarmé, e** /dezaʀme/ (ptp de **désarmer**) **ADJ** **a** *[pays, personne]* unarmed **b** *(fig = démuni)* helpless (*devant* before)

**désarmement** /dezaʀməmɑ̃/ **NM** **a** *[de personne, forteresse]* disarming; *[de pays]* disarmament **b** *[de navire]* laying up

**désarmer** /dezaʀme/ ▸ conjug 1 ◂ **VT** **a** *[+ adversaire, pays]* to disarm **b** *[+ mine]* to disarm, to defuse; *[+ fusil]* to unload; *(= mettre le cran de sûreté)* to put the safety catch on **c** *(Naut)* to lay up **d** *(= émouvoir) [sourire, réponse]* to disarm **VI** *[pays]* to disarm; *[haine]* to yield, to abate ◆ **il ne désarme pas contre son fils** he is unrelenting in his attitude towards his son ◆ **il ne désarme pas et veut intenter un nouveau procès** he won't give in and wants a new trial

**désarrimage** /dezaʀimaʒ/ **NM** shifting (of the cargo)

**désarrimer** /dezaʀime/ ▸ conjug 1 ◂ **VT** to shift, to cause to shift

**désarroi** /dezaʀwa/ **NM** *[de personne]* (feeling of) helplessness; *[d'armée, équipe]* confusion ◆ **ceci l'avait plongé dans le ~ le plus profond** this had left him feeling totally helpless and confused ◆ **être en plein ~** *[personne] (= être troublé)* to be utterly distraught; *(= se sentir impuissant)* to feel quite helpless; *[marché, pays]* to be in total disarray ◆ **sa mort laisse le pays en plein ~** his death has left the nation numb with grief, the entire nation is deeply distressed by his death

**désarticulation** /dezaʀtikylasjɔ̃/ **NF** *[de membre]* dislocation; *(Chir)* disarticulation

**désarticuler** /dezaʀtikyle/ ▸ conjug 1 ◂ **VT** *[+ membre] (= déboîter)* to dislocate; *(= amputer)* to disarticulate; *[+ mécanisme]* to upset ◆ **il s'est désarticulé l'épaule** he dislocated his shoulder **VPR** **se désarticuler** *[acrobate]* to contort o.s.

**désassemblage** /dezasɑ̃blaʒ/ **NM** dismantling

**désassembler** /dezasɑ̃ble/ ▸ conjug 1 ◂ **VT** to dismantle, to take apart

**désassorti, e** /dezasɔʀti/ (ptp de **désassortir**) **ADJ** *[service de table]* unmatching, unmatched; *[+ assiettes etc]* odd *(épith)*; *[magasin, marchand]* poorly stocked

**désassortir** /dezasɔʀtiʀ/ ▸ conjug 2 ◂ **VT** *[+ service de table]* to break up, to spoil

**désastre** /dezastʀ/ **NM** *(lit, fig)* disaster ◆ **courir au ~** to be heading (straight) for disaster ◆ **les ~s causés par la tempête** the damage caused by the storm

**désastreusement** /dezastʀøzmɑ̃/ ADV disastrously

**désastreux, -euse** /dezastʀø, øz/ ADJ disastrous; *[état]* appalling

**désavantage** /dezavɑ̃taʒ/ NM *(= inconvénient)* disadvantage, drawback; *(= handicap)* disadvantage, handicap ◆ **avoir un ~ sur qn** to be at a disadvantage compared to sb ◆ **cela présente bien des ~s** it has many disadvantages *ou* drawbacks ◆ **être/tourner au ~ de qn** to be/turn to sb's disadvantage ◆ **malgré le ~ du terrain, ils ont gagné** they won even though the ground put them at a disadvantage

**désavantager** /dezavɑ̃taʒe/ ▸ conjug 3 ◂ VT to disadvantage, to put at a disadvantage ◆ **cette mesure nous désavantage par rapport aux autres** this measure puts us at a disadvantage compared to the others ◆ **cela désavantage les plus pauvres** this penalizes the very poor ◆ **nous sommes désavantagés par rapport à eux dans le domaine économique** in the economic field we are handicapped *ou* at a disadvantage compared to them ◆ **se sentir désavantagé par rapport à son frère** to feel unfavourably treated by comparison with one's brother, to feel one is treated less fairly than one's brother ◆ **les couches sociales les plus désavantagées** the most under-privileged *ou* disadvantaged sectors of society

**désavantageusement** /dezavɑ̃taʒøzmɑ̃/ ADV unfavourably, disadvantageously

**désavantageux, -euse** /dezavɑ̃taʒø, øz/ ADJ unfavourable, disadvantageous

**désaveu** /dezavø/ NM *(= rétractation)* retraction; *(= reniement) [d'opinion, propos]* disowning, disavowal *(frm)*; *(= blâme)* repudiation, disowning; *[de signature]* disclaiming, repudiation ◆ **encourir le ~ de qn** to be disowned by sb ◆ **~ de paternité** *(Jur)* repudiation *ou* denial of paternity

**désavouer** /dezavwe/ ▸ conjug 1 ◂ VT **a** *(= renier) [+ livre, opinion, propos]* to disown, to disavow *(frm)*; *[+ signature]* to disclaim; *[+ paternité]* to disclaim, to deny **b** *(= blâmer) [+ personne, action]* to disown

**désaxé, e** /dezakse/ (ptp de **désaxer**) ADJ *[personne]* unhinged NM,F lunatic ◆ **ce crime est l'œuvre d'un ~** this crime is the work of a lunatic *ou* a psychotic

**désaxer** /dezakse/ ▸ conjug 1 ◂ VT *[+ roue]* to put out of true; *[+ personne, esprit]* to unbalance, to unhinge

**descellement** /desɛlmɑ̃/ NM *[de pierre]* freeing; *[de grille]* pulling up; *[d'acte]* unsealing, breaking the seal on *ou* of

**desceller** /desele/ ▸ conjug 1 ◂ VT *(= arracher) [+ pierre]* to (pull) free; *[+ grille]* to pull up; *(= ouvrir) [+ acte]* to unseal, to break the seal on *ou* of VPR **se desceller** *[objet]* to come loose

**descendance** /desɑ̃dɑ̃s/ NF *(= enfants)* descendants; *(= origine)* descent, lineage *(frm)* ◆ **mourir sans ~** to die without issue

**descendant, e** /desɑ̃dɑ̃, ɑ̃t/ ADJ *[direction, chemin]* downward, descending; *(Mus) [gamme]* falling, descending; *(Mil) [garde]* coming off duty *(attrib)*; *(Rail) [voie, train]* down *(épith)*; *[bateau]* sailing downstream ◆ **marée ~e** ebb tide ◆ **à marée ~e** when the tide is going out *ou* on the ebb NM,F descendant (*de* of)

**descendeur, -euse** /desɑ̃dœʀ, øz/ NM,F *(Ski, Cyclisme)* downhill specialist *ou* racer, downhiller NM *(Alpinisme)* descender, abseil device

**descendre** /desɑ̃dʀ/ ▸ conjug 41 ◂ VI *(avec aux être)* **a** *(= aller vers le bas) [personne] (vu d'en haut)* to go down; *(vu d'en bas)* to come down (*à, vers* to; *dans* into); *[fleuve]* to flow down; *[oiseau]* to fly down; *[avion]* to come down, to descend ◆ **descends me voir** come down and see me ◆ **descends le prévenir** go down and warn him ◆ **~ à pied/à bicyclette/en voiture/en parachute** to walk/cycle/drive/parachute down ◆ **on descend par un sentier étroit** the way down is by a narrow path ◆ **~ en courant/en titubant** to run/stagger down ◆ **~ en train/par l'ascenseur** to go down by train/in the lift *(Brit) ou* elevator *(US)* ◆ **~ par la fenêtre** to get down through the window ◆ **nous sommes descendus en 10 minutes** we got down in 10 minutes ◆ **~ à Marseille** to go down to Marseilles ◆ **~ en ville** to go into town; → **arène, rappel, rue**[1]

**b** *(d'un lieu élevé)* **~ de** *[+ toit, rocher, arbre]* to climb *ou* come down from; *[+ balançoire, manège]* to get off ◆ **il descendait de l'échelle** he was climbing *ou* coming down the ladder ◆ **il est descendu de sa chambre** he came down from his room ◆ **~ de la colline** to come *ou* climb *ou* walk down the hill ◆ **fais ~ le chien du fauteuil** get the dog (down) off the armchair ◆ **descends de ton nuage !** * come back (down) to earth!

**c** *(d'un moyen de transport)* **~ de voiture/du train** to get out of the car/off *ou* out of the train, to alight from the car/train *(frm)* ◆ **"tout le monde descend !"** "all change!" ◆ **vous descendez (à la prochaine) ?** *(dans le métro, le bus)* are you getting off (at the next stop)? ◆ **beaucoup de passagers sont descendus à Lyon** a lot of people got off at Lyons ◆ **ça descend pas mal à Châtelet** a lot of people get off at Châtelet ◆ **~ à terre** to go ashore ◆ **~ de cheval** to dismount ◆ **~ de bicyclette** to get off one's bicycle

**d** *(= atteindre)* **~ à** *ou* **jusqu'à** *[habits, cheveux]* to come down to ◆ **son manteau lui descendait jusqu'aux chevilles** his coat came down to his ankles

**e** *(= loger)* **~ dans un hôtel** *ou* **à l'hôtel** to stay at *ou* put up at a hotel ◆ **~ chez des amis** to stay with friends

**f** *(= s'étendre de haut en bas)* **~ en pente douce** *[colline, route]* to slope gently down ◆ **~ en pente raide** to drop *ou* fall away sharply ◆ **la route descend en tournant** *ou* **en lacets** the road winds downwards

**g** *(= s'enfoncer)* **le puits descend à 60 mètres** the well goes down 60 metres

**h** *(= tomber) [obscurité, neige]* to fall; *[soleil]* to go down, to sink ◆ **le brouillard descend sur la vallée** the fog is coming down over the valley ◆ **le soleil descend sur l'horizon** the sun is going down on the horizon ◆ **le soir descendait** night was falling ◆ **les impuretés descendent au fond** the impurities fall *ou* drop to the bottom ◆ **la neige descend en voltigeant** the snow is fluttering down ◆ **qu'est-ce que ça descend !, qu'est-ce qu'il descend !** * *[pluie]* it's pouring, it's tipping it down! * *(Brit)*; *[neige]* it's snowing really hard

**i** *(= baisser) [baromètre, température]* to fall, to drop; *[mer, marée]* to go out, to ebb; *[prix]* to come down, to fall, to drop; *[valeurs boursières, cote de popularité]* to fall ◆ **il est descendu à la dixième place** he's fallen back into tenth position ◆ **l'équipe est descendue en seconde division** the team moved down into the second division ◆ **~ dans l'échelle sociale** to move down the social scale ◆ **faire ~ le taux d'inflation/le nombre des chômeurs** to bring down the inflation rate/the number of unemployed ◆ **dans le 200 m, il est descendu en dessous de** *ou* **sous les 21 secondes** in the 200 metres he brought his time down to less than 21 seconds ◆ **ma voix ne descend pas plus bas** my voice doesn't *ou* won't go any lower

**j** *(= s'abaisser)* **~ dans l'estime de qn** to go down in sb's estimation ◆ **il est descendu bien bas/jusqu'à mendier** he has stooped very low/to begging

**k** *(= faire irruption)* **la police est descendue dans cette boîte de nuit** the police raided the night club, there was a police raid on the night club

**l** *(* = être avalé ou digéré)* **ça descend bien** *[vin, repas]* that goes down well, that goes down a treat * *(Brit)* ◆ **se promener pour faire ~ son déjeuner** to take a walk in order to help digest one's lunch ◆ **il a bu une bière pour faire ~ son sandwich** he washed his sandwich down with a beer

VT INDIR **descendre de** *(= avoir pour ancêtre)* to be descended from ◆ **l'homme descend du singe** man is descended from the apes

VT *(avec aux avoir)* **a** *(= parcourir vers le bas) [+ escalier, colline, pente]* to go down, to descend *(frm)* ◆ **~ l'escalier/les marches précipitamment** to dash downstairs/down the steps ◆ **la péniche descend le fleuve** the barge goes down the river ◆ **~ une rivière en canoë** to go down a river in a canoe, to canoe down a river ◆ **~ la rue en courant** to run down the street ◆ **~ une piste en slalom** to slalom down a slope ◆ **~ la gamme** *(Mus)* to go down the scale

**b** *(= porter, apporter en bas) [+ valise]* to get down, to take down, to bring down; *[+ meuble]* to take down, to bring down ◆ **faire ~ ses bagages** to have one's luggage brought *ou* taken down ◆ **tu peux me ~ mes lunettes ?** can you bring my glasses down for me? ◆ **il faut ~ la poubelle tous les soirs** the rubbish *(Brit) ou* garbage *(US)* has to be taken down every night ◆ **~ des livres d'un rayon** to reach *ou* take books down from a shelf ◆ **je te descends en ville** I'll take *ou* drive you into town, I'll give you a lift into town ◆ **le bus me descend à ma porte** the bus drops me right outside my front door

**c** *(= baisser) [+ étagère, rayon]* to lower ◆ **descends les stores** pull the blinds down, lower the blinds ◆ **~ une étagère d'un cran** to lower a shelf (by) a notch, to take a shelf down a notch

**d** * *(= abattre) [+ avion]* to bring down, to shoot down; *(= tuer) [+ personne]* to do in ‡, to bump off ‡ ◆ **le patron du bar s'est fait ~** the bar owner got himself done in ‡ *ou* bumped off ‡ ◆ **l'auteur s'est fait ~ en beauté (par la critique)** *(fig)* the author was shot down in flames (by the critics); → **flamme**

**e** *(* = boire) [+ bouteille]* to down * ◆ **qu'est-ce qu'il descend !** he drinks like a fish! *

> ⚠ **descendre** *se traduit rarement par* **to descend** *; l'anglais préfère employer un verbe à particule.*

**descente** /desɑ̃t/ NF **a** *(= action)* going down *(NonC)*, descent; *(Aviat, Alpinisme)* descent ◆ **le téléphérique est tombé en panne dans la ~** the cable-car broke down on the *ou* its way down ◆ **en montagne, la ~ est plus fatigante que la montée** in mountaineering, coming down *ou* the descent is more tiring than going up *ou* the climb ◆ **la ~ dans le puits est dangereuse** it's dangerous to go down the well ◆ **accueillir qn à la ~ du train/bateau** to meet sb off the train/boat ◆ **à ma ~ de voiture** as I got out of the car ◆ **~ en feuille morte** *(Aviat)* falling leaf ◆ **~ en tire-bouchon** *(Aviat)* spiral dive ◆ **~ en parachute** parachute drop ◆ **l'épreuve de ~** *(Ski)* the downhill (race) ◆ **~ en slalom** slalom descent ◆ **~ en rappel** *(Alpinisme)* abseiling, roping down; → **tuyau**

b *(= raid, incursion)* raid ◆ ~ **de police** police raid ◆ **faire une** ~ **sur** *ou* **dans** to raid, to make a raid on ◆ **les enfants ont fait une** ~ **dans le frigidaire** * the children have raided the fridge

c *(en portant)* **la** ~ **des bagages prend du temps** it takes time to bring down the luggage ◆ **pendant la** ~ **du tonneau à la cave** while taking the barrel down to the cellar

d *(= partie descendante)* (downward) slope, incline ◆ **s'engager dans la** ~ to go off on the downward slope ◆ **la** ~ **est rapide** it's a steep (downward) slope ◆ **freiner dans les** ~**s** to brake going downhill *ou* on the downhill ◆ **les freins ont lâché au milieu de la** ~ the brakes went halfway down (the slope) ◆ **la** ~ **de la cave** the stairs *ou* steps down to the cellar ◆ **la** ~ **du garage** the slope down to the garage ◆ **il a une bonne** ~ * he can really knock it back * *ou* put it away *

COMP ▷ **descente de croix** *(Art, Rel)* Deposition ▷ **descente aux enfers** *(Rel, fig)* descent into hell ▷ **descente de lit** bedside rug ▷ **descente d'organe** *(Méd)* prolapse of an organ

> ⚠ *Attention à ne pas traduire automatiquement* **descente** *par le mot anglais* **descent**, *qui a des emplois spécifiques et est d'un registre plus soutenu.*

**déscolarisation** /deskɔlaʀizasjɔ̃/ NF ◆ **les enfants en voie de** ~ children who are dropping out of the school system

**déscolarisé, e** /deskɔlaʀize/ ADJ ◆ **un enfant** ~ a child who has dropped out of the school system

**déscotcher** * /deskɔtʃe/ ▸ conjug 1 ◂ VT ◆ **je n'ai pas réussi à le** ~ **de la télévision** I couldn't drag him away from the television

**descriptible** /dɛskʀiptibl/ ADJ ◆ **ce n'est pas** ~ it's indescribable

**descriptif, -ive** /dɛskʀiptif, iv/ ADJ descriptive NM *(= brochure)* explanatory leaflet; *[de travaux]* specifications, specification sheet; *[de projet]* outline

**description** /dɛskʀipsjɔ̃/ NF description ◆ **faire la** ~ **de** to describe

**descriptivisme** /dɛskʀiptivism/ NM descriptivism

**descriptiviste** /dɛskʀiptivist/ NMF descriptivist

**désectorisation** /desɛktɔʀizasjɔ̃/ NF *(Scol)* removal of catchment area *(Brit)* *ou* school district *(US)* boundaries

**désectoriser** /desɛktɔʀize/ ▸ conjug 1 ◂ VT *(Scol)* ◆ ~ **une région** to remove a region's catchment area *(Brit)* *ou* school district *(US)* boundaries

**déségrégation** /desegʀegasjɔ̃/ NF desegregation

**désembourber** /dezɑ̃buʀbe/ ▸ conjug 1 ◂ VT to get out of the mud

**désembourgeoiser** /dezɑ̃buʀʒwaze/ ▸ conjug 1 ◂ VT to make less bourgeois VPR **se désembourgeoiser** to become less bourgeois, to lose some of one's bourgeois habits *ou* attitudes

**désembouteiller** /dezɑ̃buteje/ ▸ conjug 1 ◂ VT *(Aut)* to unblock; *[+ lignes téléphoniques]* to unjam

**désembuage** /dezɑ̃bɥaʒ/ NM demisting

**désembuer** /dezɑ̃bɥe/ ▸ conjug 1 ◂ VT *[+ vitre]* to demist

**désemparé, e** /dezɑ̃paʀe/ (ptp de **désemparer**) ADJ a *[personne, air]* helpless, distraught b *[navire]* crippled

**désemparer** /dezɑ̃paʀe/ ▸ conjug 1 ◂ VI ◆ **sans** ~ without stopping VT *(Naut)* to cripple

**désemplir** /dezɑ̃pliʀ/ ▸ conjug 2 ◂ VT to empty VI ◆ **le magasin ne désemplit jamais** the shop is never empty *ou* is always full VPR **se désemplir** to empty (*de* of)

**désencadrer** /dezɑ̃kadʀe/ ▸ conjug 1 ◂ VT a *[+ tableau]* to take out of its frame b *(Écon)* ~ **le crédit** to ease credit controls

**désenchaîner** /dezɑ̃ʃene/ ▸ conjug 1 ◂ VT to unchain, to unfetter *(frm)*

**désenchantement** /dezɑ̃ʃɑ̃tmɑ̃/ NM *(= désillusion)* disillusionment, disenchantment

**désenchanter** /dezɑ̃ʃɑ̃te/ ▸ conjug 1 ◂ VT a *[+ personne]* to disillusion, to disenchant b *(littér)* *[+ activité]* to dispel the charm of; *(†† = désensorceler)* to free from a *ou* the spell, to disenchant

**désenclavement** /dezɑ̃klavmɑ̃/ NM *[de région, quartier, ville]* opening up ◆ **cela a permis le** ~ **de la région** this has opened up the region

**désenclaver** /dezɑ̃klave/ ▸ conjug 1 ◂ VT *[+ région, quartier]* to open up

**désencombrement** /dezɑ̃kɔ̃bʀəmɑ̃/ NM reduction of congestion

**désencombrer** /dezɑ̃kɔ̃bʀe/ ▸ conjug 1 ◂ VT *[+ passage]* to clear

**désencrasser** /dezɑ̃kʀase/ ▸ conjug 1 ◂ VT to clean out

**désencroûter** * /dezɑ̃kʀute/ ▸ conjug 1 ◂ VT ◆ ~ **qn** to get sb out of the *ou* a rut, to shake sb up * VPR **se désencroûter** to get (o.s.) out of the *ou* a rut, to shake o.s. up *

**désendettement** /dezɑ̃dɛtmɑ̃/ NM *[d'entreprise, pays]* reduction in debt ◆ **l'entreprise poursuit son** ~ the company is progressively clearing its debts ◆ **une politique de** ~ **de l'État** a policy of reducing the national debt

**désendetter** /dezɑ̃dete/ ▸ conjug 1 ◂ VT *(= annuler la dette de)* to get out of debt; *(= réduire la dette)* to reduce the debt of VPR **se désendetter** to get (o.s.) out of debt

**désenfiler** /dezɑ̃file/ ▸ conjug 1 ◂ VT *[+ aiguille]* to unthread; *[+ perles]* to unstring ◆ **mon aiguille s'est désenfilée** my needle has come unthreaded

**désenfler** /dezɑ̃fle/ ▸ conjug 1 ◂ VI to go down, to become less swollen

**désengagement** /dezɑ̃gaʒmɑ̃/ NM *(gén, Mil)* withdrawal, disengagement; *(Fin)* disinvestment ◆ **le** ~ **progressif des forces militaires** the gradual withdrawal of military forces ◆ **le** ~ **de l'État** the withdrawal of state funding

**désengager** /dezɑ̃gaʒe/ ▸ conjug 3 ◂ VT *[+ troupes]* to disengage, to withdraw ◆ ~ **qn d'une obligation** to free sb from an obligation VPR **se désengager** *[troupes]* to disengage, to withdraw; *[entreprise, État]* to withdraw, to pull out (*de* from)

**désengorger** /dezɑ̃gɔʀʒe/ ▸ conjug 3 ◂ VT *[+ tuyau]* to unblock; *[+ route]* to relieve the traffic congestion on; *[+ service]* to relieve

**désenivrer** /dezɑ̃nivʀe/ ▸ conjug 1 ◂ VTI to sober up

**désennuyer** /dezɑ̃nɥije/ ▸ conjug 8 ◂ VT ◆ ~ **qn** to relieve sb's boredom ◆ **la lecture désennuie** reading relieves (one's) boredom VPR **se désennuyer** to relieve the *ou* one's boredom

**désensabler** /dezɑ̃sable/ ▸ conjug 1 ◂ VT *[+ voiture]* to dig out of the sand; *[+ chenal]* to dredge

**désensibilisant, e** /desɑ̃sibilizɑ̃, ɑ̃t/ ADJ *[produit]* desensitizing

**désensibilisation** /desɑ̃sibilizasjɔ̃/ NF *(Méd, Photo, fig)* desensitization

**désensibiliser** /desɑ̃sibilize/ ▸ conjug 1 ◂ VT *(Méd, Photo, fig)* to desensitize ◆ **se faire** ~ **au pollen** *(Méd)* to be desensitized to pollen ◆ **des enfants totalement désensibilisés à la violence** children totally inured to violence

**désensorceler** /dezɑ̃sɔʀsəle/ ▸ conjug 4 ◂ VT to free *ou* release from a *ou* the spell

**désentortiller** /dezɑ̃tɔʀtije/ ▸ conjug 1 ◂ VT to disentangle, to unravel

**désentraver** /dezɑ̃tʀave/ ▸ conjug 1 ◂ VT to unshackle

**désenvaser** /dezɑ̃vaze/ ▸ conjug 1 ◂ VT *(= sortir)* to get out of the mud; *(= nettoyer)* to clean the mud off; *[+ port, chenal]* to dredge

**désenvenimer** /dezɑ̃vnime/ ▸ conjug 1 ◂ VT *[+ plaie]* to take the poison out of; *[+ relations]* to take the bitterness out of ◆ **pour** ~ **la situation** to defuse *ou* take the heat out of the situation

**désenvoûtement** /dezɑ̃vutmɑ̃/ NM release from a *ou* the spell

**désenvoûter** /dezɑ̃vute/ ▸ conjug 1 ◂ VT to free *ou* release from a *ou* the spell

**désépaissir** /dezepesiʀ/ ▸ conjug 2 ◂ VT *[+ cheveux]* to thin (out); *[+ sauce]* to thin (down), to make thinner

**désépargne** /dezepaʀɲ/ NF ◆ **on enregistre une tendance à la** ~ there is a tendency for people to save less

**désépargner** /dezepaʀɲe/ ▸ conjug 1 ◂ VI to save less

**déséquilibrant, e** /dezekilibʀɑ̃, ɑ̃t/ ADJ destabilizing

**déséquilibre** /dezekilibʀ/ NM *(= manque d'assise)* unsteadiness; *(dans un rapport de forces, de quantités)* imbalance *(entre* between); *(mental, nerveux)* unbalance, disequilibrium *(frm)* ◆ **l'armoire est en** ~ the cupboard is unsteady ◆ **le budget est en** ~ the budget is not balanced ◆ ~ **commercial** trade gap *ou* imbalance

**déséquilibré, e** /dezekilibʀe/ (ptp de **déséquilibrer**) ADJ *[budget]* unbalanced; *[esprit]* disordered, unhinged NM,F unbalanced *ou* mentally disturbed person

**déséquilibrer** /dezekilibʀe/ ▸ conjug 1 ◂ VT *(lit)* to throw off balance; *[+ esprit, personne]* to unbalance; *[+ budget]* to create an imbalance in

**désert, e** /dezɛʀ, ɛʀt/ ADJ deserted; → **île** NM *(Géog)* desert; *(fig)* desert, wilderness ◆ ~ **de Gobi/du Kalahari/d'Arabie** Gobi/Kalahari/Arabian Desert ◆ ~ **culturel** cultural desert; → **prêcher, traversée**

**déserter** /dezɛʀte/ ▸ conjug 1 ◂ VT *[+ lieu]* to desert, to abandon ◆ **village déserté par ses habitants** village deserted *ou* abandoned by its inhabitants VI *(Mil, fig)* to desert

**déserteur** /dezɛʀtœʀ/ NM deserter ADJ M deserting

**désertification** /dezɛʀtifikasjɔ̃/ NF a *(Écol, Géog)* desertification b *(fig)* *[de campagnes, région]* depopulation ◆ **la** ~ **rurale** *ou* **des campagnes** rural depopulation

**désertifier (se)** /dezɛʀtifje/ ▸ conjug 7 ◂ VPR a *(Écol, Géog)* to turn into a desert ◆ **zone désertifiée** desertified area b *[campagnes, région]* to become depopulated ◆ **région désertifiée** depopulated area

**désertion** /dezɛʀsjɔ̃/ NF *(Mil, fig)* desertion

**désertique** /dezɛʀtik/ ADJ *[lieu]* *(= de sable)* desert *(épith)*; *(= aride)* barren; *[climat, plante]* desert *(épith)*

**désescalade** /dezɛskalad/ NF **a** *(Mil)* de-escalation **b** *(Écon) [de taux]* de-escalation

**désespérance** /dezɛspeʀɑ̃s/ NF *(littér)* desperation, desperateness

**désespérant, e** /dezɛspeʀɑ̃, ɑ̃t/ ADJ *[lenteur, nouvelle, bêtise]* appalling; *[enfant]* hopeless; *[temps]* depressing ◆ **d'une naïveté ~e** hopelessly naïve

**désespéré, e** /dezɛspeʀe/ (ptp de **désespérer**) ADJ *[personne]* in despair *(attrib)*, desperate; *[situation]* desperate, hopeless; *[cas]* hopeless; *[tentative]* desperate ◆ **appel/regard ~** cry/look of despair, desperate cry/look ◆ **je suis ~ d'avoir à le faire** *(sens affaibli)* I'm desperately sorry to have to do it NM,F desperate person, person in despair ◆ **la ~e s'est jetée dans la Seine** the woman committed suicide by jumping into the Seine

**désespérément** /dezɛspeʀemɑ̃/ ADV *(= avec acharnement)* desperately; *(= sans espoir de changement)* hopelessly ◆ **la salle restait ~ vide** the room remained hopelessly empty

**désespérer** /dezɛspeʀe/ ► conjug 6 ◄ VT *(= décourager)* to drive to despair ◆ **il désespère ses parents** he drives his parents to despair, he is the despair of his parents

VI *(= se décourager)* to despair, to lose hope, to give up hope ◆ **c'est à ~** it's enough to drive you to despair, it's hopeless

VT INDIR **désespérer de** to despair of ◆ **je désespère de toi/de la situation** I despair of you/of the situation ◆ **je désespère de son succès** I despair of his (ever) being successful ◆ **~ de faire qch** to have lost (all) hope *ou* have given up (all) hope of doing sth, to despair of doing sth ◆ **il désespère de leur faire entendre raison** he has lost all hope of making them see reason, he despairs of (ever) making them see reason ◆ **je ne désespère pas de les amener à signer** I haven't lost hope *ou* given up hope of getting them to sign

VPR **se désespérer** to despair ◆ **elle passe ses nuits à se ~** her nights are given over to despair

**désespoir** /dezɛspwaʀ/ NM *(= perte de l'espoir)* despair; *(= chagrin)* despair ◆ **il fait le ~ de ses parents** he is the despair of his parents ◆ **sa paresse fait mon ~** his laziness drives me to despair *ou* to desperation ◆ **sa supériorité fait le ~ des autres athlètes** his superiority makes other athletes despair ◆ **être au ~** to be in despair ◆ **je suis au ~ de ne pouvoir venir** *(sens affaibli)* I'm desperately sorry that I can't come ◆ **en ~ de cause, on fit appel au médecin** in desperation, we called in the doctor COMP ▷ **désespoir des peintres** *(Bot)* London pride, saxifrage

**désétatisation** /dezetatizasjɔ̃/ NF denationalization

**désétatiser** /dezetatize/ ► conjug 1 ◄ VT to denationalize

**désexualiser** /desɛksɥalize/ ► conjug 1 ◄ VT to desexualize

**déshabillage** /dezabijaʒ/ NM undressing

**déshabillé** /dezabije/ NM négligé

**déshabiller** /dezabije/ ► conjug 1 ◄ VT to undress ◆ **~ Pierre pour habiller Paul** *(fig)* to rob Peter to pay Paul VPR **se déshabiller** to undress, to take off one's clothes; *(* = ôter son manteau, sa veste)* to take off one's coat ◆ **déshabillez-vous dans l'entrée** leave your coat *ou* things in the hall

**déshabituer** /dezabitɥe/ ► conjug 1 ◄ VT ◆ **~ qn de (faire) qch** to get sb out of the habit of (doing) sth, to break sb of the habit of (doing) sth VPR **se déshabituer** ◆ **se ~ de qch/de faire qch** *(volontairement)* to get (o.s.) out of the habit *ou* break o.s. of the habit of sth/of doing sth; *(par inaction, inertie)* to get out of *ou* lose the habit of sth/of doing sth

**désherbage** /dezɛʀbaʒ/ NM weeding

**désherbant** /dezɛʀbɑ̃/ NM weed-killer

**désherber** /dezɛʀbe/ ► conjug 1 ◄ VT to weed

**déshérence** /dezeʀɑ̃s/ NF escheat ◆ **tomber en ~** to escheat

**déshérité, e** /dezeʀite/ (ptp de **déshériter**) ADJ *(= désavantagé) [quartier, région]* deprived; *[famille, population]* destitute, deprived, underprivileged ◆ **l'enfance ~e** deprived children NM,F ◆ **les ~s** the underprivileged

**déshériter** /dezeʀite/ ► conjug 1 ◄ VT *[+ héritier]* to disinherit

**déshonnête** /dezɔnɛt/ ADJ *(littér = impudique)* unseemly, immodest

**déshonnêteté** /dezɔnɛtte/ NF *(littér = impudeur)* unseemliness, immodesty

**déshonneur** /dezɔnœʀ/ NM disgrace, dishonour *(Brit)*, dishonor *(US)* ◆ **il n'y a pas de ~ à avouer son échec** there's no disgrace in admitting one's failure

**déshonorant, e** /dezɔnɔʀɑ̃, ɑ̃t/ ADJ dishonourable *(Brit)*, dishonorable *(US)*, degrading

**déshonorer** /dezɔnɔʀe/ ► conjug 1 ◄ VT **a** *(= discréditer) [+ profession]* to disgrace, to dishonour *(Brit)*, to dishonor *(US)*; *[+ personne, famille]* to dishonour *(Brit)*, to dishonor *(US)*, to be a disgrace to, to bring disgrace on ◆ **il se croirait déshonoré de travailler** he would think it beneath him to work **b** † *[+ femme]* to dishonour *(Brit)*, to dishonor *(US)* VPR **se déshonorer** to disgrace o.s.

**déshumaniser** /dezymanize/ ► conjug 1 ◄ VT to dehumanize

**déshumidificateur** /dezymidifikatœʀ/ NM dehumidifier

**déshydratation** /dezidʀatasjɔ̃/ NF dehydration

**déshydraté, e** /dezidʀate/ (ptp de **déshydrater**) ADJ *[peau, aliment]* dehydrated

**déshydrater** VT, **se déshydrater** VPR /dezidʀate/ ► conjug 1 ◄ to dehydrate

**déshydrogénation** /dezidʀɔʒenasjɔ̃/ NF dehydrogenation, dehydrogenization

**déshydrogéner** /dezidʀɔʒene/ ► conjug 6 ◄ VT to dehydrogenate, to dehydrogenize

**déshypothéquer** /dezipɔteke/ ► conjug 6 ◄ VT to free from mortgage

**desiderata** /dezideʀata/ NMPL *(= souhaits)* wishes, desiderata *(frm)*

**design** /dizajn/ NM ◆ **le ~** *(= activité)* design; *(= style)* the designer look; *(= mobilier)* designer furniture ◆ **le ~ industriel** industrial design ADJ INV designer ◆ **un modèle/briquet très ~** a designer model/lighter

**désignation** /deziɲasjɔ̃/ NF *(= appellation)* name, designation *(frm)*; *(= élection)* naming, appointment, designation

**designer** /dizajnœʀ/ NM *(= décorateur)* designer

**désigner** /deziɲe/ ► conjug 1 ◄ VT **a** *(= montrer)* to point out, to indicate ◆ **~ qn du doigt** to point sb out ◆ **ces indices le désignent clairement comme coupable** these signs point clearly to his guilt ◆ **~ qch à l'attention de qn** to draw *ou* call sth to sb's attention ◆ **~ qch à l'admiration de qn** to point sth out for sb's admiration

**b** *(= nommer)* to name, to appoint, to designate ◆ **le gouvernement a désigné un nouveau ministre** the government has named *ou* appointed a new minister ◆ **~ qn pour remplir une mission** to designate sb to undertake a mission ◆ **~ qn à un poste** to appoint sb to a post ◆ **que des volontaires se désignent !** volunteers step forward!, could we have some volunteers! ◆ **membre/successeur désigné** member/successor elect *ou* designate

**c** *(= qualifier)* to mark out ◆ **sa hardiesse le désigne pour (faire) cette tentative** his boldness marks him out for this attempt ◆ **c'était le coupable désigné/la victime désignée** he was the classic culprit/victim ◆ **être tout désigné pour faire qch** *[personne]* to be cut out to do sth, to be altogether suited to doing sth ◆ **l'endroit est tout désigné pour ce genre de festival** the place is perfect for this kind of festival

**d** *(= dénommer)* to designate, to refer to ◆ **~ qn par son nom** to refer to sb by (their) name ◆ **on désigne sous ce nom toutes les substances toxiques** this name designates all toxic substances ◆ **ces métaphores désignent toutes le héros** these metaphors all refer to the hero ◆ **les mots qui désignent des objets concrets** the words which denote *ou* designate concrete objects

**désillusion** /dezi(l)lyzjɔ̃/ NF disillusion

**désillusionnement** /dezi(l)lyzjɔnmɑ̃/ NM disillusionment

**désillusionner** /dezi(l)lyzjɔne/ ► conjug 1 ◄ VT to disillusion

**désincarcération** /dezɛ̃kaʀseʀasjɔ̃/ NF ◆ **la ~ des victimes a pris deux heures** it took two hours to cut the victims (free) from the wreckage

**désincarcérer** /dezɛ̃kaʀseʀe/ ► conjug 6 ◄ VT *[+ accidenté]* to free *(from a wrecked vehicle)*

**désincarné, e** /dezɛ̃kaʀne/ ADJ *(Rel) [âme]* disembodied ◆ **on dirait qu'il est ~** you'd think he wasn't flesh and blood

**désincrustant, e** /dezɛ̃kʀystɑ̃, ɑ̃t/ ADJ **a** *(Tech)* (de)scaling **b** *[crème, masque]* (deep) cleansing *(épith)* NM *(Tech)* (de)scaling agent

**désincruster** /dezɛ̃kʀyste/ ► conjug 1 ◄ VT *[+ chaudière]* to descale, to remove the fur *(Brit) ou* sediment *(US)* from; *[+ peau]* to cleanse

**désindexation** /dezɛ̃dɛksasjɔ̃/ NF de-indexation

**désindexer** /dezɛ̃dɛkse/ ► conjug 1 ◄ VT to de-index

**désindustrialisation** /dezɛ̃dystʀijalizasjɔ̃/ NF de-industrialization

**désindustrialiser** /dezɛ̃dystʀijalize/ ► conjug 1 ◄ VT to de-industrialize

**désinence** /dezinɑ̃s/ NF *(Ling)* ending, inflexion

**désinentiel, -ielle** /dezinɑ̃sjɛl/ ADJ inflexional

**désinfectant, e** /dezɛ̃fɛktɑ̃, ɑ̃t/ ADJ, NM disinfectant

**désinfecter** /dezɛ̃fɛkte/ ► conjug 1 ◄ VT to disinfect

**désinfection** /dezɛ̃fɛksjɔ̃/ NF disinfection

**désinflation** /dezɛ̃flasjɔ̃/ NF ⇒ **déflation**

**désinformation** /dezɛ̃fɔʀmasjɔ̃/ NF disinformation

**désinformer** /dezɛ̃fɔʀme/ ► conjug 1 ◄ VT to give false information to

**désinhiber** /dezinibe/ ► conjug 1 ◄ VT ◆ **~ qn** to rid sb of his (*ou* her) inhibitions

**désinhibition** /dezinibisjɔ̃/ NF loss of inhibitions

**désinsectisation** /dezɛ̃sɛktizasjɔ̃/ NF spraying *ou* treatment with insecticide, ≃ pest control

**désinsectiser** /dezɛ̃sɛktize/ ► conjug 1 ◄ VT to spray *ou* treat with insecticide

**désinsertion** /dezɛ̃sɛʀsjɔ̃/ NF ◆ **la ~ sociale provoquée par le chômage** the social exclusion caused by unemployment

**désinstallation** /dezɛ̃stalasjɔ̃/ NF *[de logiciel]* deinstalling

**désinstaller** /dezɛ̃stale/ ► conjug 1 ◄ VT *[+ logiciel]* to deinstall

**désintégration** /dezɛ̃tegʀasjɔ̃/ NF *[de groupe]* splitting-up, breaking-up; *[d'État]* disintegration, breakup; *[de roche]* disintegration, breaking-up; *[de fusée]* self-destructing; *(Phys Nucl) [d'atome]* splitting ◆ **la ~ de la matière** the disintegration of matter

**désintégrer** /dezɛ̃tegʀe/ ► conjug 6 ◄ VT *[+ groupe]* to split up, to break up; *[+ État, roche]* to break up, to disintegrate; *(Phys Nucl) [+ atome, matière]* to disintegrate VPR **se désintégrer** *[groupe]* to split up, to break up; *[État]* to break up, to disintegrate; *[roche]* to disintegrate, to crumble, to break up; *[fusée]* to self-destruct; *(Phys Nucl)* to disintegrate

**désintéressé, e** /dezɛ̃teʀese/ (ptp de **désintéresser**) ADJ *(= généreux)* disinterested, unselfish; *(= impartial)* disinterested ◆ **elle n'était pas complètement ~e en l'invitant** she had an ulterior motive in inviting him

**désintéressement** /dezɛ̃teʀɛsmɑ̃/ NM **a** *(= générosité)* unselfishness, selflessness; *(= impartialité)* disinterestedness ◆ **avec ~** unselfishly **b** *(Fin) [de créancier]* paying off; *[d'associé]* buying out

**désintéresser** /dezɛ̃teʀese/ ► conjug 1 ◄ VT *[+ créancier]* to pay off; *[+ associé]* to buy out VPR **se désintéresser** ◆ **se ~ de** to lose interest in

**désintérêt** /dezɛ̃teʀɛ/ NM disinterest, lack of interest (*pour* in)

**désintoxication** /dezɛ̃tɔksikasjɔ̃/ NF *(Méd) [d'alcoolique]* detoxification, treatment for alcoholism; *[de drogué]* detoxification, treatment for drug addiction ◆ **il fait une** *ou* **est en cure de ~** *[alcoolique]* he's undergoing treatment for alcoholism, he's in detox*; *[drogué]* he's undergoing treatment for drug addiction, he's in detox* ◆ **centre de ~** detoxification centre *(Brit) ou* center *(US)*

**désintoxiqué, e** /dezɛ̃tɔksike/ (ptp de **désintoxiquer**) ADJ *[ancien alcoolique]* dried out, detoxed*; *[ancien drogué]* clean, detoxed*

**désintoxiquer** /dezɛ̃tɔksike/ ► conjug 1 ◄ VT **a** *(Méd) [+ alcoolique]* to treat for alcoholism, to detoxify, to dry out*; *[+ drogué]* to treat for drug addiction, to detoxify ◆ **il s'est fait ~** *[alcoolique]* he was treated for alcoholism; *[drogué]* he was treated for drug addiction **b** *[+ citadin, gros mangeur]* to cleanse the system of **c** *(= désaccoutumer)* **tu veux un café ? – non, j'essaie de me ~** do you want a coffee? – no, I'm trying to give it up ◆ **pour ~ les enfants de la télévision** to wean children off *ou* from the television ◆ **il faut ~ l'opinion publique** *(= déconditionner)* the record has to be set straight with the public

**désinvestir** /dezɛ̃vɛstiʀ/ ► conjug 2 ◄ VI **a** *(Écon)* to disinvest (*dans* in); ◆ **la société a désinvesti dans le secteur immobilier** the company has disinvested in *ou* withdrawn its investments from the real estate market **b** *(Psych)* to cease to invest o.s. VT *(Mil)* to lift the siege of VPR **se désinvestir** to lose interest (*de* in); ◆ **elle s'est complètement désinvestie de sa relation amoureuse/de son travail** she has completely lost interest in her relationship/her work, she no longer puts anything into her relationship/her work

**désinvestissement** /dezɛ̃vɛstismɑ̃/ NM **a** *(Écon)* disinvestment, withdrawal of investments ◆ **la société a procédé à des ~s dans ces secteurs** the company began to disinvest in *ou* to withdraw its investments from these areas **b** *(Psych)* loss of interest ◆ **on note chez certains cadres un grand ~** some managers are putting less and less of themselves into their jobs *ou* are less and less committed to their jobs

**désinvolte** /dezɛ̃vɔlt/ ADJ *(= sans gêne)* casual, offhand, airy; *(= à l'aise)* casual, relaxed

**désinvolture** /dezɛ̃vɔltyʀ/ NF casualness ◆ **avec ~** casually, in an offhand way

**désir** /deziʀ/ NM **a** *(= souhait)* wish, desire (*de qch* for sth); ◆ **le ~ de faire qch** the desire to do sth ◆ **vos ~s sont des ordres** your wish is my command ◆ **selon le ~ de qn** in accordance with sb's wishes ◆ **prendre ses ~s pour des réalités** to indulge in wishful thinking, to delude o.s. **b** *(= convoitise, sensualité)* desire (*de qch* for sth); ◆ **yeux brillants de ~** eyes burning with desire ◆ **éprouver du ~ pour qn** to feel desire for sb

**désirabilité** /deziʀabilite/ NF desirability

**désirable** /deziʀabl/ ADJ desirable ◆ **peu ~** undesirable

**désirer** /deziʀe/ GRAMMAIRE ACTIVE 48.1 ► conjug 1 ◄ VT **a** *(= vouloir)* to want ◆ **~ faire qch** to want *ou* wish to do sth ◆ **que désirez-vous ?** *(dans un magasin)* what would you like?, what can I do for you? ◆ **désirez-vous prendre du café ?** would you care for *ou* would you like some coffee? ◆ **Madame désire ?** *(dans une boutique)* can I help you, madam?; *(domestique)* yes, madam? ◆ **il désire que tu viennes tout de suite** he wants you to come at once ◆ **désirez-vous qu'on vous l'envoie ?** would you like it sent to you?, do you wish to have it sent to you?

◆ **laisser à désirer** ◆ **la cuisine/son travail laisse à ~** the food/his work leaves something to be desired *ou* is not (quite) up to the mark* *(Brit)* ◆ **ça laisse beaucoup à ~** it leaves much *ou* a lot to be desired ◆ **la décoration ne laisse rien à ~** the decor is all that one could wish for *ou* leaves nothing to be desired

**b** *(sexuellement)* to desire ◆ **se faire ~*** to play hard-to-get*

**désireux, -euse** /deziʀø, øz/ ADJ ◆ **~ de faire** anxious to do, desirous of doing *(frm)* ◆ **il est très ~ de faire votre connaissance** he is most anxious to make your acquaintance ◆ **ils sont peu ~ d'entamer les négociations** they aren't very eager to *ou* they are reluctant to start negotiations ◆ **~ de qch** avid for sth, desirous of sth *(frm)*

**désistement** /dezistəmɑ̃/ NM *(Jur, Pol)* withdrawal

**désister (se)** /deziste/ ► conjug 1 ◄ VPR **a** *(Pol)* to withdraw, to stand down *(Brit)* (*en faveur de qn* in sb's favour) **b** *(Jur)* **se ~ de** *[+ action, appel]* to withdraw

**désobéir** /dezɔbeiʀ/ ► conjug 2 ◄ VI to disobey ◆ **~ à qn/à un ordre** to disobey sb/an order ◆ **il désobéit tout le temps** he never does what he's told

**désobéissance** /dezɔbeisɑ̃s/ NF disobedience *(NonC)* (*à* to); ◆ **~ civile** civil disobedience

**désobéissant, e** /dezɔbeisɑ̃, ɑ̃t/ ADJ disobedient

**désobligeamment** /dezɔbliʒamɑ̃/ ADV *(frm) [répondre, se conduire]* disagreeably

**désobligeance** /dezɔbliʒɑ̃s/ NF *(frm)* disagreeableness

**désobligeant, e** /dezɔbliʒɑ̃, ɑ̃t/ ADJ rude ◆ **~ à l'égard de** *ou* **pour qn/qch** offensive to sb/sth

**désobliger** /dezɔbliʒe/ ► conjug 3 ◄ VT *(frm)* to offend

**désocialisation** /desɔsjalizasjɔ̃/ NF ◆ **la ~ des chômeurs de longue durée** the social exclusion of the long-term unemployed

**désocialiser** /desɔsjalize/ ► conjug 1 ◄ VT *[+ personne]* to turn into a social misfit *ou* outcast

**désodé, e** /desɔde/ ADJ *[régime]* sodium-free

**désodorisant, e** /dezɔdɔʀizɑ̃, ɑ̃t/ ADJ *[savon]* deodorizing *(épith)*, deodorant *(épith)*; *[filtre]* deodorizing *(épith)* ◆ **bombe ~e** air freshener NM *(pour le corps)* deodorant; *(pour l'air)* air freshener

**désodoriser** /dezɔdɔʀize/ ► conjug 1 ◄ VT to deodorize

**désœuvré, e** /dezœvʀe/ ADJ idle ◆ **il restait ~ pendant des heures** he did nothing *ou* he sat idle for hours on end ◆ **le voyant ~, elle lui a demandé de l'aider** seeing that he was at a loose end, she asked him to help her NM,F ◆ **pour occuper les ~s** to occupy people with nothing to do

**désœuvrement** /dezœvʀəmɑ̃/ NM idleness ◆ **lire par ~** to read for something to do *ou* for want of anything better to do

**désolant, e** /dezɔlɑ̃, ɑ̃t/ ADJ *[nouvelle, situation, spectacle]* distressing ◆ **cet enfant est vraiment ~** this child is absolutely hopeless ◆ **ce serait ~ qu'elle ne puisse pas venir** it would be a terrible shame *ou* such a pity if she couldn't come ◆ **il est ~ de bêtise/paresse** he's hopelessly *ou* desperately stupid/lazy

**désolation** /dezɔlasjɔ̃/ NF **a** *(= consternation)* distress, grief ◆ **être plongé dans la ~** to be plunged in grief ◆ **il fait la ~ de sa mère** he causes his mother great distress, he breaks his mother's heart **b** *(= dévastation)* desolation, devastation

**désolé, e** /dezɔle/ GRAMMAIRE ACTIVE 39.2, 45.1, 45.3, 48.1, 52.5 (ptp de **désoler**) ADJ **a** *[personne, air]* *(= contrit)* sorry ◆ **(je suis) ~ de vous avoir dérangé** (I'm) sorry to have disturbed you ◆ **~, je dois partir** sorry, I have to go ◆ **je suis ~ d'avoir appris que vous avez perdu votre mari** I am sorry to hear that you have lost your husband **b** *[endroit]* desolate

**désoler** /dezɔle/ ► conjug 1 ◄ VT **a** *(= affliger)* to distress, to grieve, to sadden; *(= contrarier)* to upset ◆ **cet enfant me désole !** I despair of that child! **b** *(littér = dévaster)* to desolate, to devastate VPR **se désoler** to be upset ◆ **inutile de vous ~** it's no use upsetting yourself

**désolidariser** /desɔlidaʀize/ ► conjug 1 ◄ VT *(gén)* to divide; *(Tech)* to separate VPR **se désolidariser** *[syndicats]* to go in different directions ◆ **se ~ de** to dissociate o.s. from

**désopilant, e** /dezɔpilɑ̃, ɑ̃t/ ADJ screamingly funny*, hilarious

**désordonné, e** /dezɔʀdɔne/ ADJ **a** *[pièce, personne]* untidy; *[mouvements]* uncoordinated; *[combat, fuite]* disorderly; *[esprit]* muddled, disorganized ◆ **être ~ dans son travail** to be disorganized in one's work **b** *(littér) [vie]* disorderly; *[dépenses, imagination]* reckless, wild

**désordre** /dezɔʀdʀ/ NM **a** *(= état) [de pièce, vêtements, cheveux]* untidiness; *[d'affaires publiques, service]* disorderliness, disorder ◆ **il ne supporte pas le ~** he can't bear disorder *ou* untidiness ◆ **quel ~ !** what a mess! ◆ **il régnait dans la pièce un ~ indescriptible** the room was in a terrible mess ◆ **les mauvaises herbes sur la terrasse, ça fait ~*** the weeds on the terrace are rather unsightly, the terrace looks messy with weeds growing all over it ◆ **un service sans chef, ça fait ~** * it doesn't look good, having a department without a manager ◆ **dans le ~** in no particular order ◆ **mettre du ~ dans une pièce** to mess up a room

◆ **en désordre** ◆ **être en ~** *[pièce, affaires]* to be untidy *ou* in disorder *ou* in a mess; *[cheveux, vêtements]* to be untidy *ou* in a mess ◆ **mettre une pièce en ~** to mess up a room, to make a room untidy ◆ **jeter quelques idées en ~ sur le papier** to jot down a few random ideas; → **tiercé**

b *(= agitation)* disorder ◆ **des agitateurs ont semé le ~ dans l'armée** agitators spread unrest in the army ◆ **faire du ~ (dans la classe/dans un lieu public)** to cause a commotion *ou* a disturbance (in class/in a public place) ◆ **arrêté pour ~ sur la voie publique** arrested for disorderly conduct ◆ **jeter le ~ dans les esprits** to throw people's minds into confusion ◆ **c'est un facteur de ~** it's a disruptive influence

c *(littér = débauche)* dissoluteness, licentiousness ◆ **mener une vie de ~** to lead a dissolute *ou* licentious life ◆ **regretter les ~s de sa jeunesse** to regret the dissolute *ou* licentious ways of one's youth

d *(Méd)* ~ **fonctionnel/hépatique** functional/liver disorder

NMPL **désordres** *(= émeutes)* disturbances, disorder *(NonC)* ◆ **de graves ~s ont éclaté** serious disturbances have broken out, there have been serious outbreaks of violence ◆ **~s monétaires/politiques** *(= perturbations)* monetary/political chaos

**désorganisation** /dezɔʀganizasjɔ̃/ NF disorganization

**désorganiser** /dezɔʀganize/ ► conjug 1 ◄ VT *(gén)* to disorganize; *[+ projet, service]* to disrupt, to disorganize ◆ **à cause de la grève, nos services sont désorganisés** our services have been disrupted by the strike

**désorientation** /dezɔʀjɑ̃tasjɔ̃/ NF disorientation

**désorienté, e** /dezɔʀjɑ̃te/ (ptp de **désorienter**) ADJ *(= égaré)* disorientated; *(= déconcerté)* bewildered, confused *(par* by)

**désorienter** /dezɔʀjɑ̃te/ ► conjug 1 ◄ VT *(= égarer)* to disorientate; *(= déconcerter)* to bewilder, to confuse

**désormais** /dezɔʀmɛ/ ADV *(au présent)* from now on, henceforth *(frm)*; *(au passé)* from then on, henceforth *(frm)*

**désossé, e** /dezɔse/ (ptp de **désosser**) ADJ *[viande]* boned; *(fig) [personne]* supple

**désossement** /dezɔsmɑ̃/ NM *[de viande]* boning

**désosser** /dezɔse/ ► conjug 1 ◄ VT *[+ viande]* to bone; *[+ objet, texte]* to take to pieces; *[+ voiture]* to strip (down) VPR **se désosser** ◆ **acrobate qui se désosse** acrobat who can twist himself in every direction

**désoxydant, e** /dezɔksidɑ̃, ɑ̃t/ ADJ deoxidizing NM deoxidizer

**désoxyder** /dezɔkside/ ► conjug 1 ◄ VT to deoxidize

**désoxyribonucléique** /dezɔksiʀibonykleik/ ADJ desoxyribonucleic

**desperado** /dɛspeʀado/ NM desperado

**despote** /dɛspɔt/ ADJ despotic NM *(lit, fig)* despot, tyrant

**despotique** /dɛspɔtik/ ADJ despotic

**despotiquement** /dɛspɔtikmɑ̃/ ADV despotically

**despotisme** /dɛspɔtism/ NM *(lit, fig)* despotism, tyranny

**desquamation** /dɛskwamasjɔ̃/ NF desquamation

**desquamer** /dɛskwame/ ► conjug 1 ◄ VT to remove *(in scales)* VI **se desquamer** VPR to flake off, to desquamate *(SPÉC)*

**desquels, desquelles** /dekɛl/ → **lequel**

**DESS** /deəɛsɛs/ NM (abrév de **diplôme d'études supérieures spécialisées**) → **diplôme**

**dessaisir** /desezir/ ► conjug 2 ◄ VT *(Jur)* ◆ ~ **un tribunal d'une affaire** to remove a case from a court ◆ **être dessaisi du dossier** to be taken off the case VPR **se dessaisir** ◆ **se ~ de** to give up, to part with, to relinquish

**dessaisissement** /desezismɑ̃/ NM ◆ ~ **d'un tribunal/juge (d'une affaire)** removal of a case from a court/judge

**dessalage** /desalaʒ/ NM a *(= chavirement)* capsizing, turning turtle * b ⇒ **dessalement**

**dessalé, e** * /desale/ (ptp de **dessaler**) ADJ *(= déluré)* ◆ **il est drôlement ~ depuis qu'il a fait son service militaire** he has really learnt a thing or two * since he did his military service

**dessalement** /desalmɑ̃/ NM *[d'eau de mer]* desalination; *[de poisson]* soaking

**dessaler** /desale/ ► conjug 1 ◄ VT a *[+ eau de mer]* to desalinate; *[+ poisson]* to soak *(to remove the salt)* ◆ **faire ~** *ou* **mettre à ~ de la viande** to put meat to soak b (* *= délurer*) ~ **qn** to teach sb a thing or two *, to teach sb about life VI *(Naut)* to capsize, to turn turtle * VPR **se dessaler** ◆ **il s'était dessalé au contact de ses camarades** he had learnt a thing or two * *ou* learnt about life through contact with his friends

**dessangler** /desɑ̃gle/ ► conjug 1 ◄ VT *[+ cheval]* to ungirth; *[+ paquetage]* to unstrap

**dessaouler** * /desule/ ► conjug 1 ◄ VTI ⇒ **dessoûler**

**desséchant, e** /deseʃɑ̃, ɑ̃t/ ADJ *[vent]* parching, drying; *[travail]* soul-destroying

**dessèchement** /desɛʃmɑ̃/ NM *(= action)* drying (out *ou* up), parching; *(= état)* dryness; *(= amaigrissement)* emaciation

**dessécher** /deseʃe/ ► conjug 6 ◄ VT a *[+ terre, végétation]* to dry out, to parch; *[+ plante, feuille]* to wither, to dry out ◆ **le vent dessèche la peau** the wind dries (out) the skin ◆ **la soif me dessèche la bouche** my mouth is dry *ou* parched ◆ **lèvres desséchées** parched lips ◆ **cheveux desséchés** dry and damaged hair b *(volontairement) [+ aliments]* to dry, to dehydrate, to desiccate c *(= racornir) [+ cœur]* to harden ◆ **l'amertume/la vie lui avait desséché le cœur** bitterness/life had hardened his heart *ou* left him stony-hearted ◆ **desséché par l'étude** fossilized by years of study VPR **se dessécher** *[terre]* to dry out, to become parched; *[plante, feuille]* to wither, to dry out; *[aliments]* to dry out, to go dry; *[bouche, lèvres]* to go dry, to become parched; *[peau]* to dry out

**dessein** /desɛ̃/ NM *(littér) (= intention)* intention, design; *(= projet)* plan ◆ **son ~ est** *ou* **il a le ~ de faire** he intends *ou* means to do ◆ **former le ~ de faire qch** to make up one's mind to do sth, to form a plan to do sth ◆ **avoir des ~s sur qn** to have designs on sb ◆ **c'est dans ce ~ que** it is with this in mind *ou* with this intention that ◆ **il est parti dans le ~ de** *ou* **à ~ de faire fortune** he went off meaning *ou* intending to make his fortune *ou* with the intention of making his fortune ◆ **faire qch à ~** to do sth intentionally *ou* deliberately *ou* on purpose

**desseller** /desele/ ► conjug 1 ◄ VT to unsaddle

**desserrage** /deseʀaʒ/ NM *[de vis, écrou]* unscrewing, undoing, loosening; *[de câble]* loosening, slackening; *[de frein]* releasing; *[de crédit]* relaxation

**desserré, e** /deseʀe/ (ptp de **desserrer**) ADJ *[vis, écrou]* loose, undone *(attrib)*; *[ficelle]* loose, slack; *[cravate, ceinture, nœud]* loose; *[frein]* off *(attrib)*, released *(attrib)*

**desserrement** /desɛʀmɑ̃/ NM *[de ficelle, câble]* loosening, slackening; *[de nœud, écrou, étau]* loosening; *[de frein]* releasing; *[d'étreinte, contrainte]* relaxation ◆ ~ **de la politique monétaire** relaxation of *ou* in monetary policy

**desserrer** /deseʀe/ ► conjug 1 ◄ VT a *[+ nœud, ceinture, ficelle, écrou]* to loosen; *[+ poing, dents]* to unclench; *[+ frein]* to release, to take off; *[+ étreinte]* to relax, to loosen; *[+ objets alignés, mots, lignes]* to space out ◆ ~ **sa ceinture de 2 crans** to let one's belt out 2 notches ◆ ~ **les cordons de la bourse** *(fig)* to loosen the purse strings ◆ **il n'a pas desserré les dents de toute la soirée** he didn't say a word *ou* open his mouth all evening ◆ ~ **l'étau** *(lit)* to loosen the vice; *(fig)* to loosen one's grip (*autour de* on) b *(Écon) [+ contrainte, politique monétaire]* to relax, to ease VPR **se desserrer** *[ficelle, câble]* to come loose, to slacken; *[nœud]* to come loose; *[écrou]* to work *ou* come loose; *[frein]* to release itself; *[étreinte]* to relax

**dessert** /desɛʀ/ NM dessert, pudding *(Brit)*, sweet *(Brit)* ◆ **ils en sont au ~** they're on to the dessert

**desserte** /desɛʀt/ NF a *(= meuble)* sideboard b *(Transport)* **la ~ d'une localité par bateau** the servicing of an area by water transport ◆ **la ~ de la ville est assurée par un car** there is a bus service to the town ◆ **cette compagnie aérienne assure une ~ quotidienne entre ces deux villes** the airline operates a daily scheduled flight between these two cities c *[de prêtre]* cure

**dessertir** /desɛʀtiʀ/ ► conjug 2 ◄ VT to unset, to remove from its setting

**desservant** /desɛʀvɑ̃/ NM priest in charge

**desservir**[1] /desɛʀviʀ/ ► conjug 14 ◄ VT a *[+ repas, plat]* to clear away ◆ **vous pouvez ~ (la table)** you can clear away, you can clear the table b *(= nuire à) [+ personne, cause]* to do a disservice to; *[+ intérêts]* to harm ◆ **son mauvais caractère le dessert** his bad temper goes against him *ou* doesn't do him any favours ◆ **il m'a desservi auprès de mes amis** he turned my friends against me

**desservir**[2] /desɛʀviʀ/ ► conjug 14 ◄ VT a *(Transport)* to serve ◆ **le village est desservi par 3 autobus chaque jour** there is a bus service from the village *ou* a bus runs from the village 3 times daily ◆ **le village est desservi par 3 lignes d'autobus** the village is served by *ou* has 3 bus services ◆ **ville bien desservie** town well served by public transport b *[porte, couloir]* to lead to c *[prêtre]* to serve ◆ ~ **une paroisse** to minister to a parish

**dessiccatif, -ive** /desikatif, iv/ ADJ desiccative NM desiccant

**dessiccation** /desikasjɔ̃/ NF *(Chim)* desiccation; *[d'aliments]* drying, desiccation, dehydration

**dessiller** /desije/ ► conjug 1 ◄ VT *(fig)* ◆ ~ **les yeux de** *ou* **à qn** to open sb's eyes ◆ **mes yeux se dessillèrent** my eyes were opened, the scales fell from my eyes *(Brit)*

**dessin** /desɛ̃/ NM a *(= image)* drawing ◆ **il a fait un (joli) ~** he drew a (nice) picture, he did a (nice) drawing ◆ **il passe son temps à faire des ~s** he spends his time drawing ◆ **il fait toujours des petits ~s sur son cahier** he's always doodling on his exercise book ♦ ~ **à la plume/au fusain/au trait** pen-and-ink/charcoal/line drawing ♦ ~ **animé** cartoon (film) ♦ ~ **humoristique** cartoon *(in a newspaper or magazine)* ♦ ~ **publicitaire/de mode** advertisement/fashion drawing ♦ **il n'a rien compris, fais lui donc un ~ !** * *(hum)* he hasn't understood a word – explain it in words of one syllable *ou* you'll have to spell it out for him; → **carton**

**b** *(= art)* **le ~** drawing ♦ **il est doué pour le ~** he has a gift for drawing ♦ **école de ~** *(Art)* art school; *(technique)* technical college (for draughtsmen) ♦ **professeur de ~** art teacher ♦ ~ **technique** technical drawing ♦ ~ **de mode** fashion design ♦ ~ **industriel** draughtsmanship *(Brit)*, draftsmanship *(US)* ♦ **table/planche à ~** drawing table/board ♦ ~ **assisté par ordinateur** computer-aided design

**c** *(= motif)* pattern, design ♦ **tissu avec des ~s jaunes** material with a yellow pattern on it ♦ **le ~ des veines sur la peau** the pattern of the veins on the skin

**d** *(= contour)* outline, line ♦ **la bouche a un joli ~** the mouth has a good line *ou* is finely delineated

**dessinateur, -trice** /desinatœʀ, tʀis/ **NM,F** *(= artiste)* artist *(who draws)*; *(= technicien)* draughtsman *(Brit)*, draftsman *(US)*; *(= technicienne)* draughtswoman *(Brit)*, draftswoman *(US)* ♦ **son talent de ~** his skill at drawing; *(professionnel)* his skill as a draughtsman ♦ ~ **humoristique** cartoonist ♦ ~ **de mode** fashion designer ♦ ~ **industriel** draughtsman *(Brit)*, draftsman *(US)* ♦ ~ **de publicité** commercial artist ♦ **~-cartographe** cartographic designer, cartographer ♦ ~ **concepteur** designer

**dessiner** /desine/ ▸ conjug 1 ◂ **VT** **a** *(Art)* to draw ♦ **il dessine bien** he's good at drawing, he draws well ♦ ~ **qch à grands traits** to draw a broad outline of sth ♦ ~ **au pochoir** to stencil ♦ ~ **au crayon/à l'encre** to draw in pencil/ink

**b** *(= faire le plan, la maquette de)* *[+ véhicule, meuble]* to design; *[+ plan d'une maison]* to draw; *[+ jardin]* to lay out, to landscape ♦ **une bouche/oreille bien dessinée** *(fig)* a finely delineated mouth/ear

**c** *[chose]* to make, to form ♦ **les champs dessinent un damier** the fields form *ou* are laid out like a checkerboard *ou* (a) patchwork ♦ **un vêtement qui dessine bien la taille** a garment that shows off the waist well

**VPR se dessiner** **a** *[contour, forme]* to stand out, to be outlined ♦ **des collines se dessinaient à l'horizon** hills stood out on the horizon

**b** *[tendance]* to become apparent; *[projet]* to take shape ♦ **on voit se ~ une tendance à l'autoritarisme** a tendency towards authoritarianism is becoming apparent *ou* is emerging ♦ **un sourire se dessina sur ses lèvres** a smile played *ou* formed on his lips

**dessouder** /desude/ ▸ conjug 1 ◂ **VT** **a** *(Tech)* to unsolder **b** (* = tuer) to bump off *, to do in * **VPR se dessouder** *(Tech)* to come unsoldered ♦ **leur couple s'est dessoudé** they broke up

**dessoûler** * /desule/ ▸ conjug 1 ◂ **VTI** to sober up ♦ **il n'a pas dessoûlé depuis 2 jours** he's been drunk for the past 2 days, he's been on a bender * for the past 2 days

**dessous** /d(ə)su/ **ADV** *(= sous)* *[placer, passer, suspendre]* underneath; *(= plus bas)* below ♦ **mettez votre valise ~** put your suitcase underneath (it) *ou* under it ♦ **soulevez ces dossiers, la liste est ~** lift up those files – the list is underneath (them) *ou* under them *ou* beneath them ♦ **passez (par) ~** go underneath (it) *ou* under it ♦ **tu as mal lu, il y a une note ~** you misread it – there's a note underneath ♦ **retirer qch de ~ le lit/la table** to get sth from under(neath) *ou* beneath the bed/table ♦ **ils ont pris le buffet par (en) ~** they took hold of the sideboard from underneath

♦ **au-dessous** below ♦ **ils habitent au-~** they live downstairs ♦ **des articles à 15 € et au-~** items at 15 euros and less *ou* below

♦ **au-dessous de** *(lit)* below, underneath; *[+ possibilités, limite]* below; *(= indigne de)* beneath ♦ **sa jupe lui descend au-~ du genou** her skirt comes down to below her knees *ou* reaches below her knees ♦ **les enfants au-~ de 7 ans ne paient pas** children under 7 don't pay, the under-sevens don't pay ♦ **20° au-~ de zéro** 20° below (zero) ♦ **il considère que c'est au-~ de lui de faire la vaisselle** he considers it beneath him to do the dishes ♦ **il est au-~ de sa tâche** *(incapable)* he's not up to the job ♦ **il est au-~ de tout !** he's the absolute limit!, he's the end! ♦ **le service est au-~ de tout** the service is hopeless *ou* a disgrace

♦ **en dessous** *(= sous)* underneath; *(= plus bas)* below; *(= hypocritement)* in an underhand *ou* underhanded *(US)* manner ♦ **en ~ de** below ♦ **il s'est glissé en ~** he slid underneath ♦ **les locataires d'en ~** the people who rent the flat below *ou* downstairs ♦ **jeter un coup d'œil en ~ à qn, regarder qn en ~** to give sb a shifty look ♦ **faire qch en ~** to do sth in an underhand *ou* underhanded *(US)* manner ♦ **il est très en ~ de la moyenne** he's well below (the) average

**NM** **a** *[d'objet]* bottom, underside; *[de pied]* sole; *[d'avion, voiture, animal]* underside; *[de tissu]* wrong side; *[de tapis]* back ♦ **le ~ de la table est poussiéreux** the table is dusty underneath ♦ **avoir le ~** to get the worst of it, to come off worst

♦ **du dessous** *[feuille, drap]* bottom ♦ **les voisins du ~** the downstairs neighbours, the people below (us *ou* them *etc*), the people downstairs (from us *ou* them *etc*) ♦ **à l'étage du ~** on the floor below ♦ **les fruits du ~ sont moisis** the fruit at the bottom *ou* the fruit underneath is mouldy

**b** *(= côté secret)* **le ~ de l'affaire** *ou* **l'histoire** the hidden side of the affair ♦ **les ~ de la politique** the unseen *ou* hidden side of politics ♦ **connaître le ~ des cartes** to have inside information

**c** *(Habillement)* undergarment ♦ **les ~** underwear, undies *

**COMP** ▷ **dessous de caisse** *(Aut)* underbody ▷ **dessous de robe** slip, petticoat ▷ **dessous de verre** coaster

**dessous-de-bouteille** /d(ə)sud(ə)butɛj/ **NM INV** bottle mat

**dessous-de-bras** /d(ə)sud(ə)bʀɑ/ **NM INV** dress shield

**dessous-de-plat** /d(ə)sud(ə)pla/ **NM INV** table mat *(for hot serving dishes)*, hot pad *(US)*

**dessous-de-table** /d(ə)sud(ə)tabl/ **NM INV** bribe, under-the-counter payment, backhander *

**dessus** /d(ə)sy/ GRAMMAIRE ACTIVE 43.4

**ADV** *(= sur)* *[placer, poser, monter]* on top (of it); *[coller, écrire, fixer]* on it; *[passer, lancer]* over it; *(= plus haut)* above ♦ **mettez votre valise ~** put your suitcase on top (of it) ♦ **regardez ces dossiers, la liste doit être ~** have a look at those files - the list must be on top (of them) ♦ **il n'y a pas de timbre ~** there's no stamp on it ♦ **c'est écrit ~** it's written on it ♦ **montez ~** *[+ tabouret, échelle]* get up on it ♦ **passez (par) ~** go over it ♦ **il a sauté par ~** he jumped over it ♦ **ôter qch de ~ la table** to take sth (from) off the table ♦ **il n'a même pas levé la tête de ~ son livre** he didn't even look up from his book, he didn't even take his eyes off his book ♦ **il lui a tapé/tiré ~** he hit him/shot at him ♦ **il nous sont arrivés** *ou* **tombés ~ à l'improviste** they dropped in on us unexpectedly

♦ **au-dessus** above; *(= à l'étage supérieur)* upstairs; *(= posé sur)* on top; *(= plus cher)* over, above ♦ **pour le confort, il n'y a rien au-~** there's nothing to beat it for comfort

♦ **au-dessus de** *(= plus haut que )* above; *(= sur)* on top of; *[+ prix, limite]* over, above; *[+ possibilités]* beyond ♦ **la valise est au-~ de l'armoire** the suitcase is on top of the wardrobe ♦ **les enfants au-~ de 7 ans paient** children over 7 pay, the over-sevens pay ♦ **20° au-~ de zéro** 20° above zero ♦ **il n'y a pas d'articles au-~ de 25 €** there are no items over €25 ♦ **c'est au-~ de ce que je peux mettre** *(prix)* it's beyond my means, it's more than I can afford ♦ **cette tâche est au-~ de ses capacités** this task is beyond his capabilities ♦ **c'est au-~ de mes forces** it's too much for me ♦ **il ne voit rien au-~ de son fils** he thinks no one can hold a candle to his son ♦ **il est au-~ de ces petites mesquineries** he's above this kind of pettiness ♦ **être au-~ de tout soupçon/reproche** to be above suspicion/beyond reproach

♦ **en dessus** above ♦ **leur plumage est fauve en ~, blanc en dessous** their feathers are reddish brown above and white below ♦ **en ~ de** above ♦ **la France se situe un peu en ~ de la moyenne européenne** France is slightly above the European average

**NM** **a** *[d'objet, pied, tête]* top; *[de tissu]* right side ♦ **le ~ de la table est en marbre** the table-top *ou* the top of the table is marble ♦ **le ~ du panier** *(= les meilleurs)* the pick of the bunch; *(= l'élite sociale)* the upper crust

♦ **du dessus** *[feuille, drap]* top ♦ **les voisins du ~** the upstairs neighbours, the people above (us *ou* them *etc*) *ou* upstairs (from us *ou* them *etc*) ♦ **à l'étage du ~** on the floor above ♦ **les fraises du ~ sont plus belles** the strawberries on top are nicer ♦ **elle portait deux pulls, celui du ~ était bleu** she was wearing two jumpers and the top one was blue

**b** *(loc)* **avoir/prendre le ~** to have/get the upper hand ♦ **reprendre le ~** to get over it ♦ **il a été très malade/déprimé mais il a repris le ~ rapidement** he was very ill/depressed but he soon got over it

**COMP** ▷ **dessus de cheminée** *(= tablette)* mantlepiece; *(= bibelots)* mantlepiece ornaments ▷ **dessus de table** table runner

**dessus-de-lit** /d(ə)syd(ə)li/ **NM INV** bedspread

**dessus-de-porte** /d(ə)syd(ə)pɔʀt/ **NM INV** overdoor

**DEST** /deɛste/ **NM** (abrév de **diplôme d'études supérieures techniques**) → **diplôme**

**déstabilisant, e** /destabilizɑ̃, ɑ̃t/, **déstabilisateur, -trice** /destabilizatœʀ, tʀis/ **ADJ** *[influence, événement]* destabilizing

**déstabilisation** /destabilizasjɔ̃/ **NF** destabilization

**déstabiliser** /destabilize/ ▸ conjug 1 ◂ **VT** to destabilize

**déstalinisation** /destalinizasjɔ̃/ **NF** destalinization

**déstaliniser** /destalinize/ ▸ conjug 1 ◂ **VT** to destalinize

**destin** /dɛstɛ̃/ **NM** *(= fatalité, sort)* fate; *(= existence, vocation)* destiny; *(= avenir)* future ♦ **le ~ de l'Europe** the future of Europe ♦ **le ~ contraire** ill-fortune ♦ **elle connut un ~ tragi-**

**que** she met with a tragic end ◆ **c'est le ~ !** it was meant to be!

**destinataire** /dɛstinatɛʀ/ **NMF** *[de lettre]* addressee; *[de marchandise]* consignee; *[de mandat]* payee; *(Ling)* person addressed ◆ **remettre une lettre à son ~** to hand a letter to the person it is addressed to

**destinateur** /dɛstinatœʀ/ **NM** *(Ling)* speaker

**destination** /dɛstinasjɔ̃/ **NF** **a** *(= direction)* destination ◆ **à ~ de** *[avion, train, bateau]* to, bound for; *[voyageur]* travelling to; *[lettre]* sent to ◆ **arriver à ~** to reach one's *ou* its destination, to arrive (at one's *ou* its destination) ◆ **train/vol 702 à ~ de Paris** train number 702/flight (number) 702 to *ou* for Paris ◆ **partir pour une ~ inconnue/lointaine** to leave for an unknown/a faraway destination **b** *(= usage) [d'appareil, édifice, somme d'argent]* purpose ◆ **quelle ~ comptez-vous donner à cette somme/pièce ?** to what purpose do you intend to put this money/room?, what do you intend to use this money/room for? ◆ **on a rendu à ce local sa ~ première** these premises have been restored to their original purpose

**destiné, e**[1] /dɛstine/ (ptp de **destiner**) **ADJ** **a** *(= prévu pour)* **~ à faire qch** intended *ou* meant to do sth ◆ **ces mesures sont ~es à freiner l'inflation** these measures are intended *ou* meant to curb inflation ◆ **cette pommade est ~e à guérir les brûlures** this ointment is intended for healing burns ◆ **livre ~ aux enfants** book (intended *ou* meant) for children ◆ **édifice ~ au culte** building intended for worship **b** *(= voué à)* **~ à qch** destined for sth ◆ **~ à faire** destined to do ◆ **il était ~ à une brillante carrière** he was destined for a brilliant career ◆ **elle était ~e à mourir jeune** she was destined *ou* fated *ou* doomed to die young

**destinée**[2] /dɛstine/ **NF** *(= fatalité, sort)* fate; *(= existence, avenir, vocation)* destiny ◆ **unir sa ~ à celle de qn** to unite one's destiny with sb's ◆ **promis à de hautes ~s** destined for great things

**destiner** /dɛstine/ ▸ conjug 1 ◂ **VT** **a** *(= attribuer)* **~ sa fortune à qn** to intend *ou* mean sb to have one's fortune, to intend that sb should have one's fortune ◆ **il vous destine ce poste** he intends *ou* means you to have this post ◆ **~ une allusion à qn** to intend an allusion for sb ◆ **~ un coup à qn** to aim a blow at sb ◆ **nous destinons ce livre à tous ceux qui souffrent** this book is intended *ou* meant for all who are suffering, we have written this book with all those who are suffering in mind ◆ **il ne put attraper le ballon qui lui était destiné** he couldn't catch the ball thrown to him ◆ **sans deviner le sort qui lui était destiné** not knowing what fate had in store for him ◆ **cette lettre t'était/ne t'était pas destinée** this letter was/was not (meant *ou* intended) for you

**b** *(= affecter)* **~ une somme à l'achat de qch** to intend to use a sum to buy sth, to earmark a sum for sth ◆ **~ un local à un usage précis** to intend a place to be used for a specific purpose, to have a specific use in mind for a place ◆ **les fonds seront destinés à la recherche** the money will be devoted to *ou* used for research

**c** *(= vouer)* to destine ◆ **~ qn à une fonction** to destine sb for a post ◆ **sa famille la destinait à être médecin/à un vicomte** her family wanted her to be a doctor/wanted to marry her off to a viscount ◆ **sa bravoure le destinait à mourir de mort violente** his boldness marked him out *ou* destined him to die a violent death ◆ **il se destine à l'enseignement/à être ingénieur** he intends to go into teaching/to be an engineer, he has set his sights on teaching/being an engineer

**destituer** /dɛstitɥe/ ▸ conjug 1 ◂ **VT** *[+ ministre]* to dismiss; *[+ roi]* to depose; *[+ officier]* to discharge ◆ **~ un officier de son commandement** to relieve an officer of his command ◆ **~ qn de ses fonctions** to relieve sb of his duties

**destitution** /dɛstitysjɔ̃/ **NF** *[de ministre, fonctionnaire]* dismissal; *[d'officier]* discharge; *[de roi]* deposition

**déstockage** /destɔkaʒ/ **NM** destocking ◆ **"déstockage massif"** *(dans une vitrine)* "massive clearance sale"

**déstocker** /destɔke/ ▸ conjug 1 ◂ **VT** *[+ produit, or]* to sell off ◆ **vêtements déstockés** end-of-line garments **VI** to reduce stocks, to destock

**déstresser** /destʀese/ ▸ conjug 1 ◂ **VTI** **se déstresser VPR** to relax

**destrier** /dɛstʀije/ **NM** *(Hist)* charger

**destroy*** /dɛstʀɔj/ **ADJ INV** *[musique]* wild ◆ **il avait une allure complètement ~** he looked wild and wasted ◆ **l'égérie la plus ~ du rock américain** the grunge-queen of American rock

**destroyer** /dɛstʀwaje/ **NM** *(Naut)* destroyer

**destructeur, -trice** /dɛstʀyktœʀ, tʀis/ **ADJ** destructive ◆ **produits ~s d'ozone** products that deplete *ou* destroy the ozone layer, ozone-depleting *ou* -destroying products **NM,F** destroyer

**destructible** /dɛstʀyktibl/ **ADJ** destructible

**destructif, -ive** /dɛstʀyktif, iv/ **ADJ** destructive

**destruction** /dɛstʀyksjɔ̃/ **NF** *(gén)* destruction *(NonC)*; *[de rats, insectes]* extermination *(NonC)* ◆ **les ~s causées par la guerre** the destruction caused by the war

**déstructuration** /destʀyktyʀasjɔ̃/ **NF** *[de texte]* taking apart, deconstruction ◆ **pour empêcher la ~ de l'esprit** *(Psych)* to prevent the mind from becoming destructured ◆ **la ~ de la société** the breakdown of social structures

**déstructurer** /destʀyktyʀe/ ▸ conjug 1 ◂ **VT** *[+ société, organisation]* to dismantle the structure of; *[+ texte]* to take apart, to deconstruct ◆ **veste déstructurée** unstructured jacket ◆ **~ l'emploi** to dismantle traditional job structures ◆ **des gens déstructurés par le chômage** people who have been devastated by unemployment **VPR** **se déstructurer** *[société]* to disintegrate, to come apart at the seams; *[esprit, personnalité]* to become destructured

**désuet, -ète** /dezɥɛ, ɛt/ **ADJ** *(gén)* outdated, antiquated, outmoded; *[charme]* old-fashioned, quaint; *[vêtement]* old-fashioned; *[mode]* outdated

**désuétude** /desɥetyd/ **NF** disuse, obsolescence, desuetude *(littér)* ◆ **tomber en ~** *[loi]* to fall into abeyance; *[expression, coutume]* to become obsolete, to fall into disuse

**désuni, e** /dezyni/ (ptp de **désunir**) **ADJ** *[couple, famille]* divided, disunited; *[mouvements]* uncoordinated; *[coureur, cheval]* off his stride *(attrib)* ◆ **l'équipe était un peu ~e** the team wasn't really working together

**désunion** /dezynjɔ̃/ **NF** *[de couple, parti]* disunity, dissension (*de* in)

**désunir** /dezyniʀ/ ▸ conjug 2 ◂ **VT** *[+ famille, couple]* to divide, to disunite, to break up; *[+ pierres, planches]* to separate **VPR** **se désunir** *[athlète]* to lose one's stride; *[cheval]* to lose its stride; *[équipe]* to lose its coordination

**désynchronisation** /desɛ̃kʀɔnizasjɔ̃/ **NF** desynchronization

**désynchroniser** /desɛ̃kʀɔnize/ ▸ conjug 1 ◂ **VT** to desynchronize

**désyndicalisation** /desɛ̃dikalizasjɔ̃/ **NF** decrease in union membership

**détachable** /detaʃabl/ **ADJ** detachable

**détachage** /detaʃaʒ/ **NM** *(= nettoyage)* stain removal

**détachant** /detaʃɑ̃/ **ADJ** stain-removing *(épith)* **NM** stain remover

**détaché, e** /detaʃe/ (ptp de **détacher**) **ADJ** **a** *(= indifférent)* detached ◆ **"peut-être", dit-il d'un ton ~** "maybe", he said with detachment ◆ **elle prit un air ~** she assumed an indifferent air **b** *(Admin) [fonctionnaire]* on temporary assignment (*auprès de* to) on secondment *(Brit)* (*auprès de* to) **c** *(Mus)* detached; → **pièce**

**détachement** /detaʃmɑ̃/ **NM** **a** *(= indifférence)* detachment (*envers, à l'égard de* from); ◆ **regarder/dire qch avec ~** to look at/say sth with (an air of) detachment ◆ **le ~ qu'il montrait pour les biens matériels** the disregard he showed for material goods **b** *(Mil)* detachment **c** *[de fonctionnaire]* temporary assignment, secondment *(Brit)*

◆ **en détachement** ◆ **être en ~** to be on a temporary assignment *ou* on secondment *(Brit)* ◆ **en ~ à l'ambassade de France** on a temporary assignment at *ou* on secondment *(Brit)* to the French embassy

**détacher**[1] /detaʃe/ ▸ conjug 1 ◂ **VT** **a** *(= délier) [+ chien, cheval]* to untie, to let loose; *[+ prisonnier]* to untie, to unbind; *[+ paquet, objet]* to undo, to untie; *[+ wagon, remorque]* to take off, to detach ◆ **~ un wagon d'un convoi** to detach a carriage *(Brit)* *ou* car *(US)* from a train ◆ **il détacha la barque/le prisonnier de l'arbre** he untied the boat/the prisoner from the tree

**b** *(= dénouer) [+ vêtement, ceinture]* to undo, to unfasten; *[+ lacet, nœud]* to undo, to untie; *[+ chaussure, chaîne]* to unfasten, to undo ◆ **il détacha la corde du poteau** he untied *ou* removed the rope from the post

**c** *(= ôter) [+ peau, écorce]* to remove (*de* from) to take off; *[+ papier collé]* to remove, to unstick (*de* from); *[+ rideau, tableau]* to take down (*de* from); *[+ épingle]* to take out (*de* of) to remove; *[+ reçu, bon]* to tear out (*de* of) to detach (*de* from); ◆ **l'humidité avait détaché le papier** the paper had come unstuck because of the damp ◆ **~ des feuilles d'un bloc** to tear *ou* take some sheets out of a pad, to detach some sheets from a pad ◆ **~ un morceau de plâtre du mur** to remove a piece of plaster from the wall, to take a piece of plaster from *ou* off the wall ◆ **il détacha une pomme de l'arbre** he took an apple from the tree, he picked an apple off the tree ◆ **détachez bien les bras du corps** keep your arms well away from your body ◆ **il ne pouvait ~ son regard du spectacle** he could not take his eyes off the sight ◆ **"partie à détacher"** *(sur un coupon)* "tear off (this section)" ◆ **"détacher suivant le pointillé"** "tear off along the dotted line"

**d** *(= envoyer) [+ personne]* to send, to dispatch; *(Admin = affecter : à un ministère, une organisation)* to assign temporarily, to second *(Brit)* (*à* to); ◆ **il a été détaché auprès du Premier ministre** he was temporarily assigned *ou* he was seconded *(Brit)* to work with the Prime Minister

**e** *(= mettre en relief) [+ lettres]* to separate; *[+ syllabes, mots]* to articulate, to separate; *(Peinture) [+ silhouette, contour]* to bring out, to make stand out; *(Mus) [+ notes]* to detach f (= éloigner) ~ **qn de qch/qn** to turn sb away from sth/sb ◆ **son cynisme a détaché de lui tous ses amis** his cynicism has turned his friends away from him

VPR **se détacher** a (= se délier) [chien] to free itself, to get loose (de from); [prisonnier] to free o.s., to get loose (de from); [paquet] to come undone ou untied; [barque] to come untied, to loose itself (de from); [wagon] to come off, to detach itself (de from); ◆ **la boule s'était détachée de l'arbre de Noël** the bobble had fallen off the Christmas tree

b (= se dénouer) [ceinture, chaussure] to come undone ou unfastened; [lacet, ficelle] to come undone ou untied

c (= se séparer) [fruit, ficelle] to come off; [page] to come loose, to come out; [peau, écorce] to come off; [papier collé] to come unstuck, to come off; [épingle] to come out, to fall out; [rideau] to come down ◆ **le papier s'était détaché à cause de l'humidité** the paper had come unstuck because of the damp ◆ **un bloc de pierre se détacha du rocher** a block of stone broke away from ou detached itself from the rock ◆ **l'écorce se détachait de l'arbre** the bark was coming off the tree ou was coming away from the tree ◆ **la capsule spatiale s'est détachée de la fusée** the space capsule has separated from ou come away from the rocket

d (Sport) [coureur] to pull ou break away (de from); ◆ **un petit groupe se détacha du reste des manifestants** a small group broke away from ou detached itself from the rest of the demonstrators

e (= ressortir) to stand out ◆ **la forêt se détache sur le ciel clair** the forest stands out against the clear sky

f (fig) ◆ **se ~ de** (= renoncer à) to turn one's back on, to renounce; (= se désintéresser de) to grow away from ◆ **se ~ des plaisirs de la vie** to turn one's back on ou renounce the pleasures of life ◆ **ils se sont détachés l'un de l'autre** they have grown apart

**détacher**[2] /detaʃe/ ▸ conjug 1 ◂ VT to remove the stains from, to clean ◆ **donner une robe à ~** to take a dress to be cleaned ou to the cleaner's ◆ **~ au savon/à la benzine** to clean with soap/benzine

**détail** /detaj/ NM a (= particularité) detail ◆ **dans les (moindres) ~s** in (minute) detail ◆ **se perdre dans les ~s** to lose o.s. in details ◆ **entrer dans les ~s** to go into detail(s) ou particulars ◆ **je n'ai pas remarqué ce ~** I didn't notice that detail ou point ◆ **c'est un ~ !** that's just a minor detail!; → **revue**

b (= description précise) [de facture, compte] breakdown ◆ **examiner le ~ d'un compte** to examine a breakdown of ou the particulars of an account ◆ **pourriez-vous nous faire le ~ de la facture/de ce que l'on vous doit ?** could you give us a breakdown of the invoice/of what we owe you? ◆ **il nous a fait le ~ de ses aventures** he gave us a detailed account ou a rundown* of his adventures ◆ **en ~, dans le ~** in detail ◆ **il ne fait pas de ou le ~ !*** he doesn't make any exceptions!, he doesn't discriminate!

c (Comm) retail ◆ **commerce/magasin/prix de ~** retail business/shop ou store/price ◆ **vendre au ~** [+ marchandise, vin] to (sell) retail; [+ articles, couverts] to sell separately ◆ **il fait le gros et le ~** he deals in wholesale and retail

> ⚠ **détail** *se traduit par* **detail** *uniquement au sens de 'particularité'.*

**détaillant, e** /detajɑ̃, ɑ̃t/ NM,F retailer, retail dealer

**détaillé, e** /detaje/ (ptp de **détailler**) ADJ [récit, plan, explications] detailed; [facture] itemized

**détailler** /detaje/ ▸ conjug 1 ◂ VT a (Comm) [+ articles] to sell separately; [+ marchandise] to (sell) retail ◆ **nous détaillons les services de table** we sell dinner services in separate pieces ◆ **est-ce que vous détaillez cette pièce de tissu ?** do you sell lengths of this piece of material? b (= passer en revue) [+ plan] to detail, to explain in detail; [+ facture] to itemize; [+ récit] to tell in detail; [+ incidents, raisons] to detail, to give details of ◆ **il m'a détaillé (de la tête aux pieds)** he examined me ou looked me over (from head to foot)

**détaler** /detale/ ▸ conjug 1 ◂ VI [lapin] to bolt; * [personne] to take off *, to clear off * ◆ **il a détalé comme un lapin** he bolted *, he skedaddled *

**détartrage** /detaʀtʀaʒ/ NM [de dents] scaling; [de chaudière] descaling; [de lave-vaisselle, WC] removal of limescale from ◆ **se faire faire un ~** to have one's teeth scaled (and polished)

**détartrant** /detaʀtʀɑ̃/ ADJ descaling NM descaling agent

**détartrer** /detaʀtʀe/ ▸ conjug 1 ◂ VT [+ dents] to scale (and polish); [+ chaudière] to descale; [+ lave-vaisselle, WC] to remove limescale from

**détaxation** /detaksasjɔ̃/ NF (= réduction) reduction in tax; (= suppression) removal of tax (de from)

**détaxe** /detaks/ NF (= réduction) reduction in tax; (= suppression) removal of tax (de from); (= remboursement) tax refund ◆ **~ à l'exportation** duty-free for export ◆ **marchandises en ~** duty-free ou tax-free goods

**détaxer** /detakse/ ▸ conjug 1 ◂ VT (= réduire) to reduce the tax on; (= supprimer) to remove the tax on, to take the tax off ◆ **produits détaxés** duty-free ou tax-free goods

**détectable** /detɛktabl/ ADJ detectable, detectible

**détecter** /detɛkte/ ▸ conjug 1 ◂ VT to detect

**détecteur, -trice** /detɛktœʀ, tʀis/ ADJ [dispositif] detecting (épith), detector (épith); [lampe, organe] detector (épith) NM detector ◆ **~ d'approche** intrusion-detection device ◆ **~ de faux billets** forged banknote detector ◆ **~ de fumée/de métaux** metal/smoke detector ◆ **~ de mensonges** polygraph, lie detector ◆ **~ de mines/particules** mine/particle detector

**détection** /detɛksjɔ̃/ NF detection ◆ **~ sous-marine/électromagnétique** underwater/electromagnetic detection

**détective** /detɛktiv/ NM ◆ **~ (privé)** private detective ou investigator, private eye *

**déteindre** /detɛ̃dʀ/ ▸ conjug 52 ◂ VI (au lavage) [étoffe] to run, to lose its colour; [couleur] to run, to come out; (par l'humidité) [couleur] to come off; (au soleil) [étoffe] to fade, to lose its colour; [couleur] to fade

◆ **déteindre sur** [couleur] to run into; (= influencer) [trait de caractère] to rub off on ◆ **le pantalon a déteint sur la chemise** some of the colour has come out of the trousers onto the shirt ◆ **elle a déteint sur sa fille** something of her character rubbed off on her daughter VT [personne, produit] to take the colour out of; [soleil] to fade, to take the colour out of

**dételer** /det(ə)le/ ▸ conjug 4 ◂ VT [+ bœufs] to unyoke; [+ chevaux] to unharness; [+ voiture] to unhitch; [+ wagon] to uncouple, to unhitch VI (* = arrêter de travailler) to knock off * ◆ **sans ~** [travailler, faire qch] without a break, non-stop

**détendeur** /detɑ̃dœʀ/ NM [de bouteille de gaz, installation frigorifique] regulator

**détendre** /detɑ̃dʀ/ ▸ conjug 41 ◂ VT a (= relâcher) [+ ressort] to release; [+ corde] to slacken, to loosen; (Phys) [+ gaz] to release the pressure of; [+ corps, esprit] to relax ◆ **~ ses jambes** to unbend one's legs ◆ **je vais me ~ les jambes** I'm going to stretch my legs

b (= décontracter) **ces vacances m'ont détendu** this holiday has relaxed me ◆ **pour ~ un peu ses nerfs** to calm ou soothe his nerves a little ◆ **pour ~ la situation/les relations** to relieve ou ease the situation/the tension in relations ◆ **il n'arrivait pas à ~ l'atmosphère** he couldn't ease the strained ou tense atmosphere ◆ **~ le climat social** to reduce social tensions

VPR **se détendre** a [ressort] to lose its tension; [corde] to become slack, to slacken; (Phys) [gaz] to be reduced in pressure

b [visage, esprit, corps] to relax; [nerfs] to calm down; [atmosphère] to become less tense ◆ **aller à la campagne pour se ~** to go to the country to relax ou to unwind ◆ **détendez-vous !** relax! ◆ **la situation internationale s'est détendue** the international situation has grown less tense ou has relaxed ◆ **pour que leurs rapports se détendent** to make their relations less strained

**détendu, e** /detɑ̃dy/ (ptp de **détendre**) ADJ [personne, visage, atmosphère] relaxed; [câble] slack; [ressort] unextended

**détenir** /det(ə)niʀ/ ▸ conjug 22 ◂ VT a [+ record, grade, titres] to hold; [+ secret, objets volés] to hold, to be in possession of, to have in one's possession; [+ moyen] to have (in one's possession) ◆ **~ le pouvoir** to be in power, to have ou hold the power ◆ **il détient la clé de l'énigme** he holds the key to the enigma ◆ **il détient 25% du capital de l'entreprise** he holds 25% of the company's capital b [+ prisonnier] to detain; [+ otage] to hold ◆ **il a été détenu dans un camp** he was held prisoner in a camp

**détente** /detɑ̃t/ NF a (= délassement) relaxation ◆ **avoir besoin de ~** to need to relax ou unwind ◆ **ce voyage a été une (bonne) ~** this trip has been (very) relaxing b (= décrispation) [de relations] easing (dans of); ◆ **la ~** (Pol) détente c (= élan) [de sauteur] spring; [de lanceur] thrust ◆ **ce sauteur a de la ~ ou une bonne ~** this jumper has plenty of spring ou a powerful spring ◆ **d'une ~ rapide, il bondit sur sa victime** with a swift bound he leaped upon his victim d (= relâchement) [de ressort, arc] release; [de corde] slackening, loosening e (lit, fig = gâchette) trigger; → **dur** f (Tech) [de pendule] catch; [de gaz] reduction in pressure; [de moteur à explosion] expansion

**détenteur, -trice** /detɑ̃tœʀ, tʀis/ NM,F [de secret] keeper; [de record, objet volé] holder ◆ **le ~ du titre** the title-holder ◆ **les ~s de titres** the shareholders ◆ **un homme puissant, ~ de bien des secrets d'État** a powerful man, keeper of many state secrets

**détention** /detɑ̃sjɔ̃/ NF a (= possession) [d'armes, drogue, faux passeport] possession; [de titres] holding; (Jur) [de bien] holding b (= captivité) detention ◆ **en ~ provisoire ou † préventive** remanded in custody, on remand ◆ **mettre ou placer qn en ~ provisoire** to remand in custody, to put on remand ◆ **~ abusive** false imprisonment

**détenu, e** /det(ə)ny/ (ptp de **détenir**) NM,F prisoner ◆ **~ politique/de droit commun** political/ordinary prisoner ◆ **jeune ~** young offender (in prison)

**détergent, e** /detɛʀʒɑ̃, ɑ̃t/ ADJ, NM detergent

**détérioration** /deteʀjɔʀasjɔ̃/ NF [d'objet] damaging (de of) damage (de to); [de matériel, bâtiment, santé, temps] deterioration (de in); [de relations, situation] deterioration (de in) worsening (*de* in); ◆ **la ~ irréversible des muscles** the progressive wasting of the muscles ◆ **la ~ du niveau de vie** the deterioration *ou* decline in living standards ◆ **la ~ du climat économique** the deterioration in the economic climate

**détériorer** /deteʀjɔʀe/ ▸ conjug 1 ◂ VT *[+ objet]* to damage, to spoil; *[+ santé, bâtiment, relations]* to damage VPR **se détériorer** to deteriorate; *[relations, situation, climat économique]* to deteriorate, to worsen

**déterminable** /detɛʀminabl/ ADJ determinable

**déterminant, e** /detɛʀminɑ̃, ɑ̃t/ ADJ *(= décisif)* determining *(épith)*; *(= prépondérant)* decisive ◆ **la taille est-elle un facteur ~ dans votre secteur ?** is size a determining factor in your line of business? ◆ **la qualité de la direction est l'élément ~ du succès d'une entreprise** the quality of the management is the decisive factor in a company's success ◆ **l'influence ~e d'une enfance perturbée** the decisive influence of a troubled childhood ◆ **ça a été ~** that was the decisive factor NM *(Ling)* determiner; *(Math, Bio)* determinant

**déterminatif, -ive** /detɛʀminatif, iv/ ADJ determinative; *[proposition]* defining *(épith)* NM determiner, determinative

**détermination** /detɛʀminasjɔ̃/ NF a *[de cause, sens]* determining, establishing; *[de date, quantité]* determining, fixing b *(= résolution)* decision, resolution c *(= fermeté)* determination ◆ **il le regarda avec ~** he looked at him determinedly *ou* with (an air of) determination d *(Philos)* determination

**déterminé, e** /detɛʀmine/ GRAMMAIRE ACTIVE 35.2 (ptp de **déterminer**) ADJ a *[personne, air]* determined, resolute b *(= précis) [but, intentions]* specific, definite; *(= spécifique) [quantité, distance, date]* determined, given *(épith)* c *(Philos) [phénomènes]* predetermined NM *(Gram)* determinatum

**déterminer** /detɛʀmine/ ▸ conjug 1 ◂ VT a *(= préciser) [+ cause, distance, sens d'un mot]* to determine, to establish; *[+ date, lieu, quantité]* to determine, to fix ◆ **~ par des calculs où une météorite va tomber** to calculate *ou* work out where a meteorite will fall b *(= décider)* to decide, to determine ◆ **~ qn à faire qch** to decide *ou* determine sb to do sth ◆ **ils se sont déterminés à agir** they have made up their minds *ou* resolved to act c *(= motiver) [+ chose]* to determine ◆ **c'est ce qui a déterminé mon choix** that's what decided me ◆ **ceci a déterminé d'importants retards** this brought about *ou* caused long delays d *(Gram)* to determine

**déterminisme** /detɛʀminism/ NM determinism

**déterministe** /detɛʀminist/ ADJ deterministic) NMF determinist

**déterré, e** /detere/ (ptp de **déterrer**) NM,F *(péj)* ◆ **avoir une tête** *ou* **une mine de ~** to look deathly pale *ou* like death warmed up* *(Brit) ou* warmed over* *(US)*

**déterrer** /detere/ ▸ conjug 1 ◂ VT *[+ objet enfoui]* to dig up, to unearth; *[+ arbre]* to uproot, to dig up; *[+ mort]* to dig up, to disinter; * *[+ vieil objet, bouquin]* to dig out*, to unearth

**détersif, -ive** /detɛʀsif, iv/ ADJ, NM detergent, detersive

**détersion** /detɛʀsjɔ̃/ NF cleaning

**détestable** /detɛstabl/ ADJ *[personne]* detestable; *[attitude]* appalling, dreadful; *[habitude, caractère]* foul ◆ **leur image de marque est ~** their public image is appalling ◆ **cela a fait une impression ~** it made a dreadful impression

**détestablement** /detɛstabləmɑ̃/ ADV *[jouer, chanter]* appallingly *ou* dreadfully badly

**détestation** /detɛstasjɔ̃/ NF *(littér) (= haine)* abhorrence ◆ **avoir de la ~ pour qn/qch** to abhor sb/sth

**détester** /detɛste/ GRAMMAIRE ACTIVE 34.3 ▸ conjug 1 ◂ VT to hate ◆ **il déteste la peinture/le fromage** he hates painting/cheese ◆ **elle déteste attendre/les enfants** she hates *ou* can't stand waiting/children ◆ **il déteste qu'on range son bureau/qu'on l'appelle Michou** he hates *ou* can't stand people tidying his desk/being called Michou ◆ **il ne déteste pas le chocolat** he's partial to chocolate ◆ **il ne déteste pas (de) faire parler de lui** he's not averse to having people talk about him

> ⚠ *Attention à ne pas traduire automatiquement* **détester** *par* **to detest**, *qui est d'un registre plus soutenu.*

**déthéiné, e** /deteine/ ADJ decaffeinated

**détonant, e** /detɔnɑ̃, ɑ̃t/ ADJ ◆ **cocktail** *ou* **mélange ~** *(lit, fig)* explosive mixture

**détonateur** /detɔnatœʀ/ NM *(Tech)* detonator ◆ **être le ~ de** *(fig)* to trigger off

**détonation** /detɔnasjɔ̃/ NF *[de bombe, obus]* detonation, explosion; *[de fusil]* report, bang

**détoner** /detɔne/ ▸ conjug 1 ◂ VI to detonate, to explode

**détonner** /detɔne/ ▸ conjug 1 ◂ VI a *[couleurs]* to clash (with each other); *[meuble, bâtiment, personne]* to be out of place ◆ **ses manières vulgaires détonnent dans ce milieu raffiné** his vulgar manners are out of place in this refined milieu b *(Mus) (= sortir du ton)* to go out of tune; *(= chanter faux)* to sing out of tune

**détordre** /detɔʀdʀ/ ▸ conjug 41 ◂ VT to untwist ◆ **le câble s'est détordu** the cable came untwisted

**détortiller** /detɔʀtije/ ▸ conjug 1 ◂ VT to untwist

**détour** /detuʀ/ NM a *(= sinuosité)* bend, curve ◆ **la rivière fait des ~s** the river meanders ◆ **ce sentier est plein de ~s** this path is full of twists and turns, it's a very winding path ◆ **au détour de** ◆ **au ~ du chemin** at the bend in the path ◆ **on devine au ~ d'une phrase ...** you begin to guess as you are reading ... ◆ **au ~ de la conversation** in the course of the conversation ◆ **des personnes rencontrées au ~ de son enquête** people he met during the course of his investigation

b *(= déviation)* detour ◆ **faire un ~** to make a detour (*par* via); ◆ **le musée valait le ~** the museum was worth the detour *ou* was worth seeing; → **tour²**

c *(= moyen indirect)* roundabout means; *(= circonlocution)* circumlocution ◆ **explique-toi sans ~(s)** just say straight out what you mean ◆ **user de longs ~s** *ou* **prendre beaucoup de ~s pour demander qch** to ask for sth in a very roundabout way ◆ **il ne s'embarrasse pas de ~s pour arriver à ses fins** he doesn't shilly-shally when it comes to getting what he wants

**détourné, e** /deturne/ (ptp de **détourner**) ADJ *[chemin]* roundabout *(épith)*; *[moyen]* roundabout *(épith)*, indirect; *[reproche]* indirect, oblique ◆ **je l'ai appris de façon ~e** I heard it in a roundabout way *ou* indirectly

**détournement** /deturnəmɑ̃/ NM *[de rivière]* diversion, rerouting ◆ **~ d'avion** hijacking, skyjacking* ◆ **~ de fonds** embezzlement, misappropriation of funds ◆ **~ de mineur** corruption of a minor ◆ **~ de pouvoir** abuse of power

**détourner** /deturne/ ▸ conjug 1 ◂ VT a *(= dévier) [+ route, ruisseau, circulation, convoi]* to divert, to reroute; *[+ bus] [pirate]* to hijack; *[+ avion] [pirate de l'air]* to hijack, to skyjack*; *[+ soupçon]* to divert (*sur* on to); *[+ coup]* to parry, to ward off; *(Sport) [+ ballon, tir au but]* to deflect ◆ **~ l'attention de qn** to divert *ou* distract sb's attention ◆ **~ la conversation** to change the subject ◆ **pour ~ leur colère** to ward off *ou* avert their anger

b *(= tourner d'un autre côté)* to turn away ◆ **~ les yeux** *ou* **le regard** to look away, to avert one's gaze ◆ **~ la tête** to turn one's head away

c *(= écarter)* to divert ◆ **~ qn de sa route** *ou* **de son chemin** to divert sb, to take sb out of his way ◆ **si ça ne te détourne pas (de ton chemin) ...** *(à un conducteur)* if it's not out of your way ... ◆ **~ qn d'un projet/de faire qch** to dissuade sb from a plan/from doing sth, to put sb off a plan/off doing sth ◆ **~ qn de qn** to put sb off sb, to turn sb away from sb ◆ **~ qn du droit chemin** to lead sb astray, to lead sb off the straight and narrow ◆ **~ qn de son devoir** to lead sb away *ou* divert sb from his duty ◆ **pour le ~ de ses soucis** to divert him from his worries, to take his mind off his worries

d *(= modifier l'objectif de) [+ loi, réglementation]* to twist ◆ **elle a détourné le sens de mes paroles** she twisted my words ◆ **il a su ~ le système à son profit** he managed to work the system to his advantage ◆ **~ un médicament de son usage normal** to use a drug for something it wasn't meant for

e *(= voler) [+ fonds]* to embezzle, to misappropriate; *[+ marchandises]* to misappropriate

VPR **se détourner** to turn away (*de* from); ◆ **se ~ de sa route** *(pour aller ailleurs)* to make a detour *ou* diversion; *(par erreur)* to go off the right road ◆ **il s'est détourné de tous ses amis** he has turned away *ou* aside from all his friends ◆ **le public s'est détourné de ce produit** the public have turned their backs on *ou* spurned this product

**détracteur, -trice** /detʀaktœʀ, tʀis/ NM,F critic, detractor *(frm)* ADJ disparaging

**détraqué, e** /detʀake/ (ptp de **détraquer**) ADJ *[machine]* broken down; * *[personne]* unhinged, cracked*; *[temps]* unsettled; *[nerfs, santé]* shaky; *[imagination]* unbalanced ◆ **cette horloge est ~e** this clock is on the blink* *ou* is bust* ◆ **il a l'estomac ~** he's got an upset stomach ◆ **avoir le cerveau ~*** to be unhinged *ou* cracked*, to have a screw loose* ◆ **c'est un ~*** he's a headcase*, he's off his head* ◆ **c'est un ~ sexuel** he's a pervert

**détraquement** /detʀakmɑ̃/ NM *[de machine]* breakdown; *[de santé, nerfs]* shakiness; *[d'économie]* shakiness, instability

**détraquer** /detʀake/ ▸ conjug 1 ◂ VT *[+ machine]* to put out of order; *[+ personne] (physiquement)* to put out of sorts; *[+ estomac]* * to upset; *[+ nerfs]* * to shake up, to upset ◆ **ces orages ont détraqué le temps** these storms have unsettled the weather ◆ **ce drame lui a détraqué le cerveau*** *ou* **l'a détraqué*** this tragedy unhinged him *ou* sent him out of his mind* VPR **se détraquer** *[machine]* to go wrong, to break down; *[estomac]* to be upset; *[économie]* to become unstable ◆ **le temps se détraque*** the weather is becoming unsettled ◆ **tout, dans sa vie, s'est soudain détraqué** suddenly everything started going wrong for him

**détrempe¹** /detʀɑ̃p/ NF *(Peinture) (= substance) (gén)* distemper; *(à base d'œuf)* tempera; *(= tableau)* distemper *ou* tempera painting ◆ **peindre en** *ou* **à la ~** to paint in tempera *ou* distemper

**détrempe²** /detʀɑ̃p/ NF *(Tech)* *[d'acier]* softening

**détremper¹** /detʀɑ̃pe/ ▸ conjug 1 ◂ VT *(= délayer)* *[+ terre, pain]* to soak; *[+ couleurs]* to dilute, to water down; *[+ chaux]* to mix with water, to slake; *[+ mortier]* to mix with water, to temper ◆ **chemins détrempés** sodden *ou* waterlogged paths ◆ **ma chemise est détrempée** my shirt is soaking (wet) *ou* soaked

**détremper²** /detʀɑ̃pe/ ▸ conjug 1 ◂ VT *(Tech)* *[+ acier]* to soften

**détresse** /detʀɛs/ NF a *(= sentiment)* distress ◆ **son cœur en ~** his anguished heart b *(= situation)* distress ◆ **être dans la ~** to be in distress ◆ **bateau/avion en ~** boat/plane in distress ◆ **entreprise en ~** business in dire straits ◆ **envoyer un appel/un signal de ~** to send out a distress call/signal; → **feu¹**

**détricotage** /detʀikɔtaʒ/ NM *(= démantèlement)* dismantling

**détricoter** /detʀikɔte/ ▸ conjug 1 ◂ VT *[+ pull, manche]* to unpick

**détriment** /detʀimɑ̃/ **au détriment de** LOC PRÉP to the detriment of

**détritique** /detʀitik/ ADJ *[roche]* detrital

**détritivore** /detʀitivɔʀ/ ADJ *[bactérie, insecte]* detritivorous

**détritus** /detʀity(s)/ NMPL litter *(NonC)*, rubbish *(NonC)* *(Brit)*; *(Méd)* detritus *(NonC)*

**détroit** /detʀwa/ NM *(Géog)* strait ◆ **le ~ de Gibraltar/du Bosphore** the Strait of Gibraltar/of the Bosphorus ◆ **le ~ de Magellan** the Magellan Strait

**détromper** /detʀɔ̃pe/ ▸ conjug 1 ◂ VT *[+ personne]* to disabuse (*de* of); ◆ **je croyais à cette histoire mais son frère m'a détrompé** I believed that story but his brother put me right VPR **se détromper** ◆ **détrompez-vous, il n'est pas venu** you're quite mistaken, he didn't come ◆ **si tu crois que je vais accepter, détrompe-toi !** if you think I'm going to accept you'll have to think again!

**détrôner** /detʀone/ ▸ conjug 1 ◂ VT *[+ souverain]* to dethrone, to depose; *(= supplanter)* *[+ champion]* to oust, to dethrone; *[+ mode, produit]* to supplant

**détrousser** /detʀuse/ ▸ conjug 1 ◂ VT *(† ou hum)* ◆ **~ qn** to rob sb

**détrousseur** /detʀusœʀ/ NM *(† ou hum)* robber

**détruire** /detʀɥiʀ/ ▸ conjug 38 ◂ VT a *(= ravager)* to destroy ◆ **un incendie a détruit l'hôtel** the hotel was destroyed by fire ◆ **la ville a été complètement détruite** the town was wiped out *ou* razed to the ground *ou* completely destroyed ◆ **cet enfant détruit tout** this child wrecks *ou* ruins everything *ou* smashes everything up ◆ **la tempête a détruit les récoltes** the storm has ruined the crops

b *(= tuer)* *[+ animaux, insectes]* to destroy, to exterminate; *[+ armée]* to wipe out

c *(= ruiner)* *[+ empire]* to destroy; *[+ santé, réputation]* to ruin, to wreck; *[+ sentiment]* to destroy, to kill; *[+ espoir, théorie, projet]* to ruin, to wreck, to put paid to *(Brit)* ◆ **cela détruit tous ses beaux arguments** that destroys *ou* puts paid to *(Brit)* all his fine arguments

VPR **se détruire** a *(soi-même)* **il a essayé de se ~** he tried to do away with himself

b *(mutuellement)* *[personnes]* to destroy one another ◆ **les effets se détruisent** the effects cancel each other out

**dette** /dɛt/ NF a *(Fin)* debt ◆ **avoir des ~s** to be in debt, to have debts ◆ **faire des ~s** to get into debt, to run up debts ◆ **avoir 2 000 € de ~s** to be €2,000 in debt, to be in debt to the tune of €2,000 ◆ **~ de jeu, ~ d'honneur** a gambling *ou* gaming debt is a debt of honour ◆ **la ~ publique** *ou* **de l'État/extérieure** the national/foreign debt; → **reconnaissance** b *(morale)* debt ◆ **~ d'amitié/de reconnaissance** debt of friendship/gratitude ◆ **je suis en ~ envers vous** I am indebted to you ◆ **il a payé sa ~ envers la société** he has paid his debt to society ◆ **j'ai une ~ de reconnaissance envers vous** I am eternally grateful to you

**DEUG** /døg/ NM (abrév de **diplôme d'études universitaires générales**) → **diplôme**

> **DEUG, DEUST**
>
> French students sit their **DEUG** or their **DEUST** after two years of university study. Students can leave university after the **DEUG** or **DEUST**, which may be awarded with distinction, or proceed to the « licence ». The certificate obtained specifies the principal subject area studied.
> → DIPLÔMES

**deuil** /dœj/ NM a *(= perte)* bereavement ◆ **il a eu un ~ récemment** he was recently bereaved, he recently suffered a bereavement *(frm)*, there has recently been a death in his family

b *(= affliction)* mourning *(NonC)*, grief ◆ **cela nous a plongés dans le ~** it has plunged us into mourning *ou* grief ◆ **si nous pouvons vous réconforter dans votre ~** if we can comfort you in your grief *ou* sorrow ◆ **décréter un ~ national de trois jours** to declare three days of national mourning

c *(= vêtements)* mourning (clothes) ◆ **quitter le ~** to come out of mourning ◆ **prendre/porter le ~ d'un ami** to go into/be in mourning for a friend ◆ **porter le ~ de ses espoirs/illusions** to grieve for one's lost hopes/illusions

◆ **en + deuil** ◆ **être/se mettre en ~** to be in/go into mourning ◆ **la nature/la forêt est en ~** *(littér)* nature/the forest is in mourning ◆ **en grand ~** in deep mourning

◆ **faire son deuil de qch** to kiss sth goodbye *, to say goodbye to sth * ◆ **il n'arrive pas à faire le ~ de cette relation** he hasn't come to terms with the fact that they have split up ◆ **les vacances sont annulées, j'en ai fait mon ~** the holidays have been cancelled but I'm resigned to it *ou* it's no use crying about it

d *(= durée)* mourning ◆ **le ~ du président dura un mois** the mourning for the president lasted a month

e *(= cortège)* funeral procession ◆ **conduire** *ou* **mener le ~** to head the funeral procession, to be (the) chief mourner

**deus ex machina** /deusɛksmakina/ NM deus ex machina

**deusio** * /døzjo/ ADV ⇒ **deuzio**

**DEUST** /døst/ NM (abrév de **diplôme d'études universitaires scientifiques et techniques**) → **diplôme**

**deutérium** /døteʀjɔm/ NM deuterium

**Deutéronome** /døteʀɔnɔm/ NM Deuteronomy

**deux** /dø/ ADJ INV a *(= nombre)* two ◆ **les ~ yeux/mains** *etc* both eyes/hands *etc* ◆ **ses ~ jambes** both his legs, his two legs ◆ **montrez-moi les ~** show me both (of them) *ou* the two of them ◆ **~ fois** twice, two times *(US)* ◆ **il ne peut être en ~ endroits/aux ~ endroits à la fois** he can't be in two places/in both places at once ◆ **je les ai vus tous (les) ~** I saw them both, I saw both of them, I saw the two of them ◆ **inflation à ~ chiffres** double-figure *ou* two-figure inflation ◆ **des ~ côtés de la rue** on both sides *ou* on either side of the street ◆ **tous les ~ jours/mois** every other *ou* every second day/month, every two days/months ◆ **habiter** *ou* **vivre à ~** to live together *ou* as a couple ◆ **~ t/l** *(gén)* two t's/l's; *(en épelant)* double t/l

b *(= quelques)* a couple, a few ◆ **c'est à ~ pas/à ~ minutes d'ici** it's only a short distance/just a few minutes from here, it's only a stone's throw/only a couple of minutes from here ◆ **pouvez-vous attendre ~ (ou trois) minutes ?** could you wait two (or three) minutes? *ou* a couple of minutes? ◆ **vous y serez en ~ secondes** you'll be there in no time (at all) ◆ **j'ai ~ mots à vous dire** I want to have a word with you

c *(= deuxième)* second ◆ **volume/acte ~** volume/act two ◆ **le ~ janvier** the second of January ◆ **Jacques II** James the Second; *pour autres loc voir* **six**

d *(Mus)* **mesure à ~-~/à ~-quatre/à ~-huit** two-two/two-four/two-eight time

e *(loc)* **un homme entre ~ âges** a middle-aged man ◆ **pris entre ~ feux** caught in the crossfire ◆ **faire** *ou* **avoir ~ poids ~ mesures** to have double standards *ou* two sets of rules ◆ **être assis** *ou* **avoir le cul** ** **entre ~ chaises** to be caught between two stools ◆ **~ précautions valent mieux qu'une** *(Prov)* better safe than sorry *(Prov)* ◆ **~ avis valent mieux qu'un** two heads are better than one *(Prov)* ◆ **en ~ temps, trois mouvements il l'a réparé** * he repaired it in no time *ou* before you could say Jack Robinson * *(hum)* ◆ **il ne reste pas les ~ pieds dans le même sabot** he doesn't just sit back and wait for things to happen

◆ **ça fait deux** ◆ **lui et les maths, ça fait ~ !** * he hasn't got a clue about maths ◆ **lui et la tendresse, ça fait ~ !** * he doesn't know the meaning of tenderness ◆ **essayer et réussir, ça fait ~** to try is one thing but to succeed is another thing altogether, to try and to succeed are two (entirely) different things

NM INV *(= chiffre)* two ◆ **le ~** *(Cartes, Dés)* the two, the deuce ◆ **couper en ~** to cut in two *ou* in half ◆ **marcher ~ par ~** *ou* **à ~** to walk two by two *ou* in pairs *ou* two abreast ◆ **à nous ~** *(= parlons sérieusement)* let's talk; *(= je m'occupe de vous)* I'm all yours; *(à un ennemi)* now let's fight it out!; *(à un appareil à réparer)* now let's see what we can do with you, now let's get you fixed ◆ **quand il y en a pour ~, il y en a pour trois** there's always enough to go around ◆ **il cuisine comme pas ~** * he's a hell of a cook * ◆ **elle est rapide comme pas ~** * she's damn quick * ◆ **quel bricoleur/gardien de but de mes ~ !** ** what a crap ** *ou* lousy * handyman/goalie!; *pour autres loc voir* **six** *et* **moins, pas¹**

**deuxième** /døzjɛm/ ADJ, NMF second; *pour loc voir* **sixième** COMP ▷ **le Deuxième Bureau** *(Admin)* the intelligence branch *ou* service

**deuxièmement** /døzjɛmmɑ̃/ GRAMMAIRE ACTIVE 53.5 ADV second(ly)

**deux-mâts** /døma/ NM INV *(Naut)* two-master

**deux-pièces** /døpjɛs/ NM INV a *(= ensemble)* two-piece suit; *(= maillot)* two-piece (swimsuit) b *(= appartement)* two-room flat *(Brit)* *ou* apartment *(US)* ◆ **"à louer : deux-pièces cuisine"** "for rent: two-room flat with separate kitchen"

**deux-points** /døpwɛ̃/ NM INV colon

**deux-ponts** /døpɔ̃/ ADJ, NM INV *(Naut)* two-decker; *(Aviat)* double-decker

**deux-roues** /døʀu/ NM INV two-wheeled vehicle ◆ **~ motorisé** motorcycle

**deux-temps** /døtɑ̃/ ADJ INV *(Aut)* two-stroke NM INV *(= moteur)* two-stroke (engine); *(Mus)* half-common time

**deuzio** * /døzjo/ ADV secondly

**dévaler** /devale/ ▸ conjug 1 ◂ VT *(en courant)* to tear down, to hurtle down; *(en tombant)* to tumble down ◆ **il dévala les escaliers quatre à quatre** he tore *ou* hurtled down the stairs four at a time, he came tearing *ou* hurtling down the stairs four at a time VI *[rochers]* to hurtle down; *[lave]* to rush down, to gush down; *[terrain]* to fall away sharply ◆ **il a dévalé dans les escaliers et s'est cassé le bras** he tumbled down the stairs and broke his arm

**dévaliser** /devalize/ ▸ conjug 1 ◂ VT *[+ maison]* to burgle, to burglarize *(US)*; *[+ banque]* to rob ◆ **~ qn** to strip sb of what he has on him ◆ **~ un magasin** *[voleurs]* to burgle *ou* burglarize *(US)* a shop; *[clients]* to buy up a shop ◆ **~ le réfrigérateur** to raid the fridge

**dévalorisant, e** /devalɔʀizɑ̃, ɑ̃t/ ADJ *[emploi, tâche]* demeaning ◆ **cette expérience a été très ~e pour lui** this experience was very damaging to his sense of self-worth

**dévalorisation** /devalɔʀizasjɔ̃/ NF depreciation

**dévaloriser** /devalɔʀize/ ▸ conjug 1 ◂ VT *[+ marchandises, collection]* to reduce the value of; *[+ monnaie, diplôme]* to undermine the value of ◆ **son patron le dévalorise sans cesse** his boss is forever running *ou* putting him down ◆ **ce type de publicité dévalorise les femmes** this type of advertising degrades women ◆ **cette situation le dévalorise aux yeux de sa famille** this situation undermines his standing *ou* status in the eyes of his family VPR **se dévaloriser** *[monnaie, marchandise]* to fall in value, to depreciate; *[personne]* to run o.s. down ◆ **ce métier s'est dévalorisé** this profession has lost its prestige

**dévaluation** /devalɥasjɔ̃/ NF devaluation

**dévaluer** /devalɥe/ ▸ conjug 1 ◂ VT *[+ monnaie, métier, diplôme]* to devalue, to devaluate *(US)*; *[+ rôle, statut]* to undermine VPR **se dévaluer** *[monnaie]* to devalue, to be devalued, to fall in value

**devancement** /d(ə)vɑ̃smɑ̃/ NM ◆ **~ d'une échéance** payment in advance *ou* before time ◆ **~ d'appel** *(Mil)* enlistment before call-up

**devancer** /d(ə)vɑ̃se/ ▸ conjug 3 ◂ VT **a** *(= distancer) [+ coureur]* to get ahead of, to get in front of; *[+ concurrent, rival]* to get ahead of, to forestall ◆ **il m'a devancé de 3 minutes/de 3 points** he beat me by 3 minutes/3 points, he was 3 minutes/3 points ahead of me **b** *(= précéder)* to arrive before, to arrive ahead of ◆ **il m'a devancé au carrefour** he got to the crossroads before me ◆ **~ son siècle** to be ahead of *ou* in advance of one's time **c** *(= aller au-devant de) [+ question, objection, désir]* to anticipate ◆ **j'allais le faire mais il m'a devancé** I was going to do it but he did it first *ou* got there first **d** *(= faire qch en avance)* **~ l'appel** *(Mil)* to enlist before call-up ◆ **~ la date d'un paiement** to make a payment before it is due

**devancier, -ière** /d(ə)vɑ̃sje, jɛʀ/ NM,F predecessor

**devant** /d(ə)vɑ̃/ PRÉP **a** *(position = en face de)* in front of, before *(littér)*; *(mouvement = le long de)* past ◆ **ma voiture est ~ la porte** my car is (just) outside *ou* at the door ◆ **~ nous se dressait un vieux chêne** before us *ou* in front of us stood an old oak tree ◆ **le bateau est ancré ~ le port** the boat is anchored outside the port ◆ **il est passé ~ moi sans me voir** he walked past me *ou* he passed me *ou* he went right by me without seeing me ◆ **elle était assise ~ la fenêtre** she was sitting at *ou* by the window ◆ **il est passé** *ou* **a filé ~ nous comme une flèche** he shot past us (like an arrow), he flashed past us ◆ **va-t-en de ~ la vitrine** move away from (in front of) the window ◆ **va-t-en de ~ la lumière** get out of the *ou* my light

**b** *(= en avant de) (proximité)* in front of; *(distance)* ahead of ◆ **il marchait ~ moi** he was walking in front of *ou* ahead of me ◆ **il est loin ~ nous** he is a long way ahead of us ◆ **regarde ~ toi** look in front of you *ou* straight ahead (of you) ◆ **il est ~ moi en classe** *(banc)* he sits in front of me at school; *(résultats)* he is ahead of me at *ou* in school ◆ **fuir ~ qn** to flee before *ou* from sb ◆ **(droit) ~ nous se dressait la muraille** the wall rose up (straight) in front of *ou* ahead of us ◆ **allez droit ~ vous, vous trouverez le village** go straight on *ou* ahead and you'll come to the village ◆ **aller droit ~ soi (sans s'occuper des autres)** *(fig)* to go straight on (regardless of others) ◆ **passe ~ moi si tu es pressé** you go first *ou* in front of me if you're in a hurry ◆ **elle est passée ~ moi chez le boucher** she pushed (in) in front of me at the butcher's ◆ **avoir du temps/de l'argent ~ soi** to have time/money to spare ◆ **il avait du temps ~ lui** he had time to spare, he had time on his hands ◆ **il a toute la vie ~ lui** he has his whole life ahead of him

**c** *(= en présence de)* before, in front of ◆ **s'incliner ~ qn** to bow before sb ◆ **comparaître ~ ses juges** to appear before one's judges ◆ **ne dis pas cela ~ les enfants/tout le monde** don't say that in front of the children/everyone ◆ **cela s'est passé juste ~ nous** *ou* **nos yeux** it happened before *ou* in front of our very eyes ◆ **imperturbable ~ le malheur d'autrui** unmoved by *ou* in the face of other people's misfortune ◆ **reculer ~ ses responsabilités** to shrink from one's responsibilities ◆ **par-~ notaire/Maître Durand** *(Jur)* in the presence of a notary/Maître Durand

**d** *(= face à)* faced with, in the face of; *(= étant donné)* in view of, considering ◆ **~ la gravité de la situation** in view of *ou* considering the gravity of the situation ◆ **rester ferme ~ le danger** to stand fast in the face of danger ◆ **il ne sut quelle attitude prendre ~ ces faits** he did not know what line to adopt when faced *ou* confronted with these facts ◆ **tous égaux ~ la loi** everyone (is) equal in the eyes of the law

ADV **a** *(position)* in front ◆ **vous êtes juste ~** you're right in front of it ◆ **vous êtes passé ~** you came past *ou* by it ◆ **je suis garé juste ~** I'm parked just out at the front *ou* just outside ◆ **en passant ~, regarde si la boutique est ouverte** see if the shop is open as you go past ◆ **corsage qui se boutonne (par-)~** blouse which buttons up *ou* does up at the front ◆ **tu as mis ton pull ~ derrière** you've put your sweater on back-to-front *(Brit) ou* backwards *(US)* ◆ **entre par-~, la grille du jardin est fermé** go in the front, the garden gate is locked

**b** *(= en avant)* ahead, in front ◆ **il est parti ~** he went on ahead *ou* in advance ◆ **il est loin ~** he's a long way ahead ◆ **attention, obstacle (droit) ~ !** *(Naut)* stand by, hazard ahead! ◆ **il est assis 3 rangs ~** he's sitting 3 rows in front (of us) ◆ **fais passer le plateau ~** pass the tray forward ◆ **il a pris des places ~** he has got front seats *ou* seats at the front *ou* up front* ◆ **il a préféré monter ~** *(Aut)* he preferred to sit in (the) front ◆ **marchez ~, les enfants** walk in front, children ◆ **passe ~, je te rejoindrai** go on ahead and I'll catch up with you ◆ **passe ~, il roule trop lentement** go past him *ou* overtake him *(Brit)*, he's going too slowly ◆ **passez ~, je ne suis pas pressé** after you *ou* you go first *ou* you go in front of me, I'm in no hurry

NM *[de maison, voiture, objet]* front; *[de bateau]* fore, bow(s) ◆ **habiter sur le ~** to live at the front (of the house *etc*) ◆ **de ~** *[roue, porte]* front

♦ **au-devant** ◆ **je l'ai vu de loin et je suis allé au-~ de lui** I saw him in the distance and went (out) to meet him ◆ **aller au-~ des désirs de qn** to anticipate sb's wishes ◆ **courir au-~ du danger** to court danger ◆ **aller au-~ des ennuis** *ou* **difficultés** to be asking for trouble ◆ **nous avons bien assez de problèmes sans aller au-~** we've got enough problems as it is without asking for more

♦ **prendre les devants** ◆ **voyant qu'il hésitait, j'ai pris les ~s pour lui parler** as he was hesitating I made the first move *ou* took the initiative and spoke to him ◆ **nous étions plusieurs sur cette affaire, j'ai dû prendre les ~s en offrant un contrat plus intéressant** there were several of us after the job so I had to pre-empt *ou* forestall the others and offer a more competitive contract ◆ **prendre les ~s en attaquant** *(Mil)* to launch a pre-emptive strike *ou* attack

**devanture** /d(ə)vɑ̃tyʀ/ NF **a** *(= étalage)* display; *(= vitrine)* shop *ou* store *(US)* window ◆ **à la** *ou* **en ~** on display; *(dans la vitrine)* in the window **b** *(= façade)* (shop *ou* store) front

**dévastateur, -trice** /devastatœʀ, tʀis/ ADJ *[torrent, orage]* devastating; *[passion]* destructive

**dévastation** /devastasjɔ̃/ NF devastation ◆ **les ~s de la guerre/de la tempête** the ravages of war/the storm, the devastation *ou* havoc wreaked by war/the storm

**dévasté, e** /devaste/ (ptp de **dévaster**) ADJ *[pays, ville, cultures]* devastated; *[maison]* ruined; *[visage]* ravaged

**dévaster** /devaste/ ▸ conjug 1 ◂ VT *[+ pays, ville, cultures]* to devastate, to lay waste; *[+ esprit, cœur]* to devastate, to ravage

**déveine** * /devɛn/ NF rotten luck * ◆ **être dans la ~** to be down on one's luck *ou* out of luck ◆ **avoir la ~ de** to have the rotten luck to * ◆ **quelle ~ !** what rotten luck! *

**développable** /dev(ə)lɔpabl/ ADJ *(gén, Géom)* developable

**développé, e** /dev(ə)lɔpe/ (ptp de **développer**) ADJ *[pays]* developed; *[sens, intuition, musculature]* well-developed ◆ **bien/peu ~** well-developed/underdeveloped ◆ **sens olfactif très ~** highly developed sense of smell NM *(Haltérophilie)* press; *(Danse)* développé

**développement** /dev(ə)lɔpmɑ̃/ NM **a** *(= croissance) [d'intelligence, corps, science, maladie]* development; *[d'économie, affaire, commerce, région]* development, expansion, growth; *[de chômage]* growth ◆ **une affaire en plein ~** a fast-expanding *ou* fast-developing business ◆ **l'entreprise a connu un ~ important** the firm has expanded *ou* developed greatly *ou* has undergone a sizeable expansion ◆ **la crise a connu un ~ inattendu** the crisis has taken an unexpected turn, there has been an unexpected development in the crisis ◆ **principe du ~ durable** *(École)* principle of sustainable development; → **pays**[1]

**b** *(= prolongement)* ◆ **~s** *[d'affaire, enquête]* developments ◆ **cette affaire pourrait connaître de nouveaux ~s** there could be some new developments in this affair c *[de sujet]* exposition; *(Mus)* *[de thème]* development ◆ **entrer dans des ~s inutiles** to go into unnecessary details, to develop the subject unnecessarily

d *(Ind = mise au point)* development ◆ **on évalue le ~ de ce missile à 1 milliard d'euros** it is estimated that it will cost 1 billion euros to develop this missile

e *(Photo)* developing, development, processing ◆ **appareil/photo à ~ instantané** instant camera/photograph

f *(Cyclisme)* **choisir un grand/petit ~** to choose a high/low gear

g *(Géom)* *[de solide]* development; *(Algèbre)* *[de fonction]* development; *[d'expression algébrique]* simplification

**développer** /dev(ə)lɔpe/ GRAMMAIRE ACTIVE 53.2 ► conjug 1 ◄

VT a *[+ corps, muscle, intelligence, stratégie]* to develop; *[+ commerce, industrie]* to develop, to expand ◆ **~ le goût de l'aventure chez les enfants** to bring out *ou* develop adventurousness in children ◆ **il faut ~ les échanges entre les pays** exchanges between countries must be developed

b *[+ récit, argument, projet]* to develop, to enlarge (up)on, to elaborate upon ◆ **il faut ~ ce paragraphe** this paragraph needs developing *ou* expanding

c *(Photo)* *[+ film]* to develop ◆ **envoyer une pellicule à ~** to send a film to be developed *ou* processed

d *(Méd)* *[+ maladie]* to develop

e *(= déballer)* *[+ paquet]* to unwrap

f *(= déployer)* *[+ parchemin]* to unroll; *[+ coupon]* to unfold; *[+ armée, troupes]* to deploy

g *(Math)* *[+ solide, fonction, série]* to develop; *[+ expression algébrique]* to simplify

h ◆ **vélo qui développe 6 mètres** bicycle which moves forward 6 metres for every complete revolution of the pedal

VPR **se développer** a *[personne, intelligence, plante]* to develop, to grow; *[entreprise]* to expand, to develop, to grow; *[pays, région]* to develop b *[armée]* to spread out c *[habitude]* to spread d *[maladie, symptôme]* to develop

**développeur** /dev(ə)lɔpœʀ/ NM *(Photo, Ordin)* developer

**devenir** /dəv(ə)niʀ/ ► conjug 22 ◄ VI a *(= passer d'un état à un autre)* to become ◆ **~ capitaine/médecin** to become a captain/a doctor ◆ **cet enfant maladif est devenu un homme solide** that sickly child has turned out *ou* turned into *ou* has become a strong man ◆ **il est devenu tout rouge** he turned *ou* went quite red ◆ **il devient de plus en plus agressif** he's becoming *ou* growing *ou* getting more and more aggressive ◆ **~ vieux/grand** to grow *ou* get old/tall ◆ **arrête, tu deviens grossier** stop it, you're starting to be rude ◆ **c'est à ~ fou !** it's enough to drive you mad!

b *(pour demander des nouvelles)* ◆ **bonjour, que devenez-vous?** * hullo, how are you doing * *ou* getting on? *(Brit)* ◆ **et Chantal, qu'est-ce qu'elle devient ?** how's Chantal these days? ◆ **qu'étais-tu devenu ? nous te cherchions partout** where were you ? we were looking for you everywhere ◆ **que sont devenues mes lunettes ?** where have my glasses gone *ou* got to? *(Brit)* ◆ **que sont devenus tes grands projets ?** what has become of your great plans? ◆ **que deviendrais-je sans toi ?** what(ever) would I do *ou* what(ever) would become of me without you? ◆ **qu'allons-nous ~ ?** what is going to happen to us?, what will become of us?

NM *(= progression)* evolution; *(= futur)* future ◆ **quel est le ~ de l'homme ?** what is man's destiny? ◆ **en ~** constantly evolving

**déverbal** (pl **-aux**) /devɛʀbal, o/ NM deverbal *(noun formed from verb)*

**dévergondage** /devɛʀgɔ̃daʒ/ NM licentious *ou* loose living

**dévergondé, e** /devɛʀgɔ̃de/ (ptp de **se dévergonder**) ADJ *[femme]* shameless, loose; *[homme]* wild; *[conversation]* licentious, bawdy ◆ **vie ~e** licentious *ou* loose living NM,F ◆ **c'est une ~e** she's a shameless hussy ◆ **c'est un ~** he leads a wild life

**dévergonder** /devɛʀgɔ̃de/ ► conjug 1 ◄ VT *[+ personne]* to debauch VPR **se dévergonder** to run wild, to get into bad ways

**déverrouillage** /deveʀujaʒ/ NM a *[de porte]* unbolting b *[de mécanisme, arme à feu]* unlocking

**déverrouiller** /deveʀuje/ ► conjug 1 ◄ VT a *[+ porte]* *(avec un verrou)* to unbolt; *(avec une serrure)* to unlock b *[+ mécanisme]* to unlock, to release; *[+ arme à feu]* to release the bolt of; *[+ train d'atterrissage]* to release ◆ **ils déverrouillent la grille des salaires** they are introducing greater flexibility into the salary structure ◆ **pour tenter de ~ le débat** to try and break the deadlock in the debate

**devers** /dəvɛʀ/ → **par-devers**

**dévers** /devɛʀ/ NM *[de route]* banking; *[de mur]* slant

**déversement** /devɛʀsəmɑ̃/ NM *[de liquide]* pouring (out); *[de sable, ordures]* tipping (out); *[de bombes]* unloading ◆ **~ accidentel de pétrole** oil spill ◆ **le ~ en mer de déchets toxiques** the dumping of toxic waste at sea ◆ **le ~ de produits sur le marché européen** the dumping of goods onto the European market

**déverser** /devɛʀse/ ► conjug 1 ◄ VT a *[+ liquide]* to pour (out) ◆ **la rivière déverse ses eaux dans le lac** the river flows into the lake ◆ **une fenêtre ouverte déversait des flots de musique** strains of music wafted from an open window

b *[+ sable, ordures]* to tip (out); *[+ bombes]* to unload ◆ **~ des produits sur un marché** to dump *ou* unload products onto a market ◆ **le train déversa des milliers de banlieusards** the train disgorged *ou* discharged thousands of commuters ◆ **des tonnes de pommes de terre ont été déversées sur la route** tons of potatoes were dumped on the road

c *(= épancher)* **il déversa toute sa colère sur moi** he poured out *ou* vented his anger on me ◆ **~ des injures sur qn** to shower abuse on sb ◆ **~ sa bile sur qn** to vent one's spleen on sb

VPR **se déverser** to pour (out) ◆ **la rivière se déverse dans le lac** the river flows into *ou* pours its waters into the lake ◆ **du trou se déversaient des torrents d'eaux boueuses** torrents of muddy water poured out of the hole ◆ **les produits qui se déversent sur le marché européen** the products being dumped *ou* unloaded onto the European market

**déversoir** /devɛʀswaʀ/ NM *[de canal]* overflow; *[de réservoir]* spillway, overflow; *(fig)* outlet

**dévêtir** /devetiʀ/ ► conjug 20 ◄ VT *[+ personne, poupée]* to undress ◆ **~ un enfant** to undress a child, to take a child's clothes off VPR **se dévêtir** to undress, to get undressed, to take one's clothes off

**déviance** /devjɑ̃s/ NF *(Psych)* deviancy, deviance

**déviant, e** /devjɑ̃, jɑ̃t/ ADJ *[comportement]* deviant; *[discours, opinion]* dissenting NM,F deviant ◆ **~ sexuel** sexual deviant

**déviation** /devjasjɔ̃/ NF a *[de circulation]* diversion *(Brit)*, detour *(US)* b *(= écart)* deviation ◆ **~ par rapport à la norme** deviation from the norm ◆ **le parti l'a accusé de ~** he was accused of deviating from the party line ◆ **il n'admettra aucune ~ par rapport à ses objectifs** he will not be deflected from his goals c *(Méd)* *[d'organe]* inversion; *[d'utérus]* displacement; *[de colonne vertébrale]* curvature

> ⚠ **déviation** *se traduit par le mot anglais* **deviation** *uniquement au sens de 'écart'.*

**déviationnisme** /devjasjɔnism/ NM deviationism ◆ **faire du ~ de droite** to veer to the right

**déviationniste** /devjasjɔnist/ ADJ, NMF deviationist

**dévidage** /devidaʒ/ NM *(= déroulement)* *[de pelote, bobine]* unwinding; *(= mise en pelote)* *[de fil]* reeling

**dévider** /devide/ ► conjug 1 ◄ VT a *(= dérouler)* *[+ pelote, bobine]* to unwind; *[+ cordage, câble]* to unreel ◆ **~ son chapelet** *(lit)* to tell one's beads ◆ **~ un chapelet de clichés** to reel off a string of clichés ◆ **elle m'a dévidé tout son chapelet** * she gave me a catalogue of her woes b *(= mettre en pelote)* *[+ fil]* to wind into a ball *ou* skein; *[+ écheveau]* to wind up

**dévideur** /devidœʀ/ NM, **dévideuse** /devidøz/ NF *[de ruban adhésif]* dispenser

**dévidoir** /devidwaʀ/ NM *[de fil, tuyau]* reel; *[de câbles]* drum, reel

**dévier** /devje/ ► conjug 7 ◄ VI a *[aiguille magnétique]* to deviate; *[ballon, bateau, projectile]* to veer (off course), to turn (off course) ◆ **le ballon a dévié vers la gauche** the ball veered to the left ◆ **le poteau a fait ~ le ballon** the post deflected the ball ◆ **le vent nous a fait ~ (de notre route)** the wind blew us off course *ou* made us veer off course ◆ **nous avons dévié par rapport à notre route** we've gone off course, we're off course

b *(fig)* *[doctrine]* to alter; *[conversation]* to turn (*sur* (on)to); ◆ **voyant que la conversation déviait dangereusement** seeing that the conversation was taking a dangerous turn ◆ **il fit ~ la conversation vers des sujets plus neutres** he turned *ou* diverted the conversation onto more neutral subjects ◆ **nous avons dévié par rapport au projet initial** we have moved away *ou* departed from the original plan ◆ **on m'accuse de ~ de ma ligne politique** I'm accused of straying from my political principles ◆ **rien ne me fera ~ de mes principes** nothing will turn me away from my principles

VT *[+ route, circulation]* to divert *(Brit)*, to detour *(US)*; *[+ projectile, coup]* to deflect, to divert ◆ **avoir la colonne vertébrale déviée** to have curvature of the spine

**devin, devineresse** /dəvɛ̃, dəvin(ə)ʀɛs/ NM,F soothsayer, seer ◆ **je ne suis pas ~** * I don't have second sight, I can't see into the future

**devinable** /d(ə)vinabl/ ADJ *[résultat]* foreseeable; *[énigme]* solvable; *[secret, raison]* that can be guessed, guessable

**deviner** /d(ə)vine/ ► conjug 1 ◄ VT a *[+ secret, raison]* to guess; *[+ énigme]* to solve; *[+ avenir]* to foresee, to foretell ◆ **devine pourquoi/qui** guess why/who ◆ **vous ne devinez pas ?** can't you guess? ◆ **tu devines le reste** you can imagine the rest ◆ **~ qn** to read sb's mind ◆ **je crois ~ où il veut en venir** I think I know *ou* I think I can guess what he's getting at ◆ **rien ne laissait ~ leur liaison**

nothing hinted that they were having an affair

**b** *(= apercevoir)* to make out ◆ **je devinais son sourire dans la pénombre** I could make out his smile in the darkness ◆ **sa robe laissait ~ son corps souple** you could make out the contours of her lithe body through her dress ◆ **une silhouette se devinait à la place du conducteur** you could just make out a figure in the driver's seat ◆ **ses véritables sentiments se devinaient derrière son apparente indifférence** his true feelings showed through his apparent indifference

**devineresse** /dəvin(ə)ʀɛs/ **NF** → **devin**

**devinette** /d(ə)vinɛt/ **NF** riddle, conundrum ◆ **poser une ~ à qn** to ask *ou* set sb a riddle ◆ **jouer aux ~s** *(lit)* to play at riddles ◆ **arrête de jouer aux ~s** * stop playing guessing games *ou* talking in riddles

**déviriliser** /deviʀilize/ ▸ conjug 1 ◂ **VT** ◆ **~ qn** to emasculate sb

**devis** /d(ə)vi/ **NM** estimate, quotation, quote ◆ **~ descriptif/estimatif** detailed/preliminary estimate ◆ **faire faire des réparations sur ~** to have repairs carried out on the basis of an estimate ◆ **il a établi un ~ de 3 000 €** he drew up *ou* made out an estimate for €3,000

**dévisager** /devizaʒe/ ▸ conjug 3 ◂ **VT** to stare at, to look hard at

**devise** /dəviz/ **NF** **a** *(Fin = monnaie)* currency ◆ **~ forte** hard *ou* strong currency ◆ **~ faible** soft *ou* weak currency ◆ **~s étrangères** foreign currency ◆ **~ convertible** convertible currency ◆ **payer en ~s** to pay in foreign currency; → **cours** **b** *[de maison de commerce]* slogan; *[de parti]* motto, slogan ◆ **simplicité est ma ~** simplicity is my motto **c** *(Hér) (= formule)* motto; *(= figure emblématique)* device

**deviser** /dəvize/ ▸ conjug 1 ◂ **VI** *(littér)* to converse (*de* about, on)

**dévissage** /devisaʒ/ **NM** **a** *[de bouchon, couvercle, boulon]* unscrewing, undoing; *[d'ampoule électrique]* unscrewing **b** *[d'alpiniste]* fall

**dévisser** /devise/ ▸ conjug 1 ◂ **VT** *[+ bouchon, couvercle, boulon]* to unscrew, to undo; *[+ ampoule électrique]* to unscrew ◆ **se ~ la tête** *ou* **le cou** *(fig)* to crane one's neck **VI** *[alpiniste]* to fall

**de visu** /devizy/ **LOC ADV** ◆ **constater qch ~** to see sth for oneself ◆ **vérifier qch ~** to check sth personally

**dévitalisation** /devitalizasjɔ̃/ **NF** ◆ **~ d'une dent** removal of a nerve from a tooth, devitalization *(SPÉC)* of a tooth

**dévitaliser** /devitalize/ ▸ conjug 1 ◂ **VT** *[+ dent]* to remove the nerve from, to devitalize *(SPÉC)*

**dévoiement** /devwamɑ̃/ **NM** *(littér) [de personne]* leading astray; *[d'idéal, principe]* corruption ◆ **ils réprouvaient les ~s du régime établi** they condemned the corrupt behaviour of the regime in power ◆ **il voit dans cette expérience un ~ pervers de la science** he regards this experiment as a perverse misuse of science

**dévoilement** /devwalmɑ̃/ **NM** **a** *[de statue, plaque commémorative]* unveiling **b** *[d'intentions, secret, vérité, identité, date]* revelation, disclosure; *[de projet]* unveiling, revealing; *[de complot, scandale]* exposure

**dévoiler** /devwale/ ▸ conjug 1 ◂ **VT** **a** *[+ statue, plaque commémorative]* to unveil ◆ **~ ses charmes** *(hum)* to reveal one's charms **b** *[+ intentions, secret, vérité, identité, date]* to reveal, to disclose; *[+ projet]* to unveil, to reveal; *[+ complot, scandale]* to expose, to uncover ◆ **~ son vrai visage** to show one's true face

**VPR** **se dévoiler** *[femme]* to take off one's veil ◆ **le mystère s'est dévoilé** the mystery has been revealed *ou* unfolded

## devoir /d(ə)vwaʀ/

▸ conjug 28 ◂

GRAMMAIRE ACTIVE 28.1, 28.2, 29, 36.3, 37.1, 37.2, 37.4, 41, 42.2

1 VERBE TRANSITIF
2 VERBE AUXILIAIRE
3 VERBE PRONOMINAL
4 NOM MASCULIN
5 NOM MASCULIN PLURIEL

### 1 - VERBE TRANSITIF

**a** = avoir à payer *[+ chose, somme d'argent]* to owe ◆ **~ qch à qn** to owe sb sth ◆ **elle (lui) doit 50 €/2 jours de travail** she owes (him) €50/2 days' work ◆ **il réclame seulement ce qui lui est dû** he is asking only for what he's owed *ou* for what is owing to him

**b** = être redevable de **~ qch à qn** to owe sth to sb, to owe sb sth ◆ **c'est à son courage qu'elle doit la vie** she owes her life to his courage, it's thanks to his courage that she's alive ◆ **je dois à mes parents d'avoir réussi** I have my parents to thank for my success, I owe my success to my parents ◆ **c'est à lui que l'on doit cette découverte** we have him to thank for this discovery, it is to him that we owe this discovery MAIS **à qui doit-on ce délicieux gâteau?** who do we have to thank for this delicious cake? ◆ **à qui doit-on la découverte du radium?** who discovered radium? ◆ **il ne veut rien ~ à personne** he doesn't want to be indebted to anyone ◆ **sa réussite ne doit rien au hasard** his success has nothing to do with luck

**c** = être tenu à **~ (l')obéissance à qn** to owe sb obedience ◆ **les enfants doivent le respect à leurs parents** children ought to respect their parents ◆ **il lui doit bien cela !** it's the least he can do for him! ◆ **avec les honneurs dus à son rang** with honours befitting his rank

### 2 - VERBE AUXILIAIRE

**a** obligation

> Lorsque **devoir** exprime une obligation, il se traduit généralement par **have to** ou la forme plus familière **have got to** lorsqu'il s'agit de contraintes extérieures ; notez que **have got to** ne s'utilise qu'au présent. Le verbe **must** a généralement une valeur plus impérative ; **must** étant défectif, on utilise **have to** aux temps où il ne se conjugue pas.

◆ **elle doit (absolument) partir ce soir** she (really) has to *ou* she (really) must go tonight, she's (really) got to go tonight ◆ **il avait promis, il devait le faire** he'd promised, so he had to do it ◆ **dois-je lui écrire tout de suite ?** must I *ou* do I have to *ou* have I got to write to him immediately? ◆ **vous ne devez pas entrer sans frapper** you are not to *ou* must not come in without knocking MAIS **il a cru ~ accepter** he thought he should accept ◆ **dois-je comprendre par là que ...** am I to understand from this that ...

**b** conseil, suggestion

> Lorsque **devoir** est au conditionnel et qu'il a donc un sens proche du conseil, de la suggestion ou qu'il introduit ce qu'il est raisonnable de supposer, il se traduit par **should** ou **ought to**.

◆ **tu devrais t'habiller plus chaudement** you should *ou* ought to dress more warmly ◆ **il aurait dû la prévenir** he should have *ou* ought to have warned her ◆ **il devrait maintenant connaître le chemin** he ought to *ou* should know the way by now

**c** fatalité

> Lorsque **devoir** exprime une fatalité ou le caractère très vraisemblable d'un événement, il se traduit généralement par **have to ou be bound to**.

◆ **nos chemins devaient se croiser un jour ou l'autre** our paths were bound to *ou* had to cross some time ◆ **cela devait arriver !** it was bound to happen!, it (just) had to happen! ◆ **on doit tous mourir un jour** we all have to die some time MAIS **les choses semblent ~ s'arranger/empirer** things seem to be sorting themselves out/getting worse

> Notez l'emploi de **be to** dans les exemples suivants.

◆ **elle ne devait pas les revoir vivants** she was never to see them alive again ◆ **il devait devenir premier ministre trois mois plus tard** he was to become prime minister three months later

**d** prévision

> Lorsque **devoir** exprime une prévision, il est souvent traduit par **be going to**.

◆ **elle doit vous téléphoner demain** she's going to ring you tomorrow ◆ **il devait acheter une moto mais c'était trop cher** he was going to buy a motorbike but it was too expensive

> Notez l'emploi de **be due to** et **be supposed to** dans les contextes où la notion de temps est importante.

◆ **son train doit** *ou* **devrait arriver dans cinq minutes** his train is due to arrive in five minutes ◆ **il devait partir à 6 heures mais ...** he was supposed to be leaving at 6 but ... ◆ **elle doit nous rejoindre ce soir** she's supposed to be joining us this evening ◆ **nous ne devions pas arriver avant 8 heures** we weren't supposed to come before 8

**e** probabilité, hypothèse

> Lorsque **devoir** exprime une probabilité, une hypothèse, il se traduit généralement par **must** dans les phrases affirmatives.

◆ **il doit faire froid ici en hiver** it must be cold here in winter ◆ **vous devez vous tromper** you must be mistaken ◆ **il a dû se tromper** *ou* **il doit s'être trompé de chemin** he must have lost his way ◆ **il devait être 6 heures quand il est sorti** it must have been 6 when he went out

> Au conditionnel, on utilise **should** ou **ought to**.

◆ **ça devrait pouvoir se faire** it should be *ou* ought to be feasible ◆ **ça devrait tenir dans le coffre** it should go *ou* ought to go in the boot

> Dans les phrases négatives, on utilise généralement **can't**.

◆ **elle ne doit pas être bête, vous savez** she can't be stupid, you know ◆ **il ne devait pas être loin du sommet quand il a abandonné** he can't have been far from the top when he gave up

**f** supposition **dussé-je** *(frm)* **perdre de l'argent, j'irai jusqu'au procès** I'll go to court even if it means losing money

> Notez l'emploi possible de **be to**.

◆ **même s'il devait** *ou* **dût-il** *(littér)* **être condamné, il refuserait de parler** even if he were (to be) found guilty he would refuse to talk

3 - VERBE PRONOMINAL

**se devoir**

a [réciproque] **les époux se doivent (mutuellement) fidélité** husband and wife have a duty to be faithful to one another ◆ **nous nous devons la vérité** we owe it to each other to tell the truth

b [locutions]

♦ **se devoir à qn/qch** ◆ **il se doit à sa famille** he has a duty to his family ◆ **quand on gagne un salaire pareil, on se doit à son métier** when you earn that much, you've got to be committed to your job

♦ **se devoir de** *+ infinitif (= être obligé de)* ◆ **nous nous devons de le lui dire** it is our duty *ou* we are duty bound to tell him ◆ **l'ONU se devait de réagir/prendre des sanctions** the UN was duty bound to react/to introduce sanctions ◆ **je me devais de la prévenir** I owed it to myself to warn her ◆ **je me devais d'essayer** I had to try for my own sake ◆ **nos deux pays se doivent de coopérer davantage** our two countries must cooperate more ◆ **nous nous devons de satisfaire nos clients** we must satisfy our customers ◆ **pour être acceptée, la nouvelle procédure se devait d'être simple** the new procedure had to be simple if it was going to be accepted

♦ **comme il se doit/se devait** ◆ **j'en ai informé mon chef, comme il se doit** I informed my boss, of course ◆ **il a convié le ministre, comme il se devait** he invited the minister to attend, as was right and proper ◆ **on a fêté l'événement, comme il se doit** and naturally *ou* of course, we celebrated the event ◆ **le premier tome est consacré, comme il se doit, au Moyen Âge** not surprisingly, the first volume is devoted to the Middle Ages ◆ **comme il se doit en pareil cas, on a procédé à un vote** as is usual in these cases, we put it to a vote ◆ **ils ont été punis comme il se doit** they were duly punished ◆ **et il est arrivé en retard, comme il se doit !** *(hum)* and naturally he arrived late!

4 - NOM MASCULIN

a [= obligation] duty ◆ **agir par** ~ to act from a sense of duty ◆ **un homme de** ~ a man of conscience *ou* with a sense of duty ◆ **accomplir** *ou* **faire** *ou* **remplir son** ~ to carry out *ou* do one's duty *(envers* towards); ◆ **les ~s du citoyen/d'une charge** the duties of a citizen/a post ◆ **se faire un ~ de faire qch** to make it one's duty to do sth ◆ **il est de mon/ton/son** *etc* **~ de ...** it is my/your/his *etc* duty to ... ◆ **croire de son ~ de faire qch** to think *ou* feel it one's duty to do sth ◆ **~s religieux** religious duties

♦ **se mettre en devoir de** *+ infinitif (frm)* ◆ **il se mit en ~ de répondre à la lettre** he proceeded to reply to the letter ◆ **il se mit immédiatement en ~ de le faire** he set about doing it immediately

b [Scol] *(= dissertation)* essay, paper; *(= exercice) (fait à la maison)* homework *(NonC)*; *(fait en classe)* exercise ◆ **faire ses ~s** to do one's homework ◆ **~s de vacances** holiday homework ◆ **~ (à la) maison** homework *(NonC)* ◆ **~ sur table** *ou* **surveillé** (written) test

5 - NOM MASCULIN PLURIEL

**devoirs** *(† ou hum = hommages)* respects ◆ **présenter ses ~s à qn** to pay one's respects to sb

**dévoisé, e** /devwaze/ ADJ *(Ling) [consonne]* devoiced

**dévoisement** /devwazmɑ̃/ NM *(Ling)* devoicing

**dévolter** /devɔlte/ ▸ conjug 1 ◂ VT to reduce the voltage of

**dévolu, e** /devɔly/ ADJ ◆ **être ~ à qn** *[succession, droits]* to be devolved upon *ou* to sb; *[charge]* to be handed down *ou* passed on to sb ◆ **le budget qui a été ~ à la recherche** the funds that have been allotted *ou* granted to research ◆ **la part de gâteau qui m'avait été ~e** the piece of cake that had been allotted to me ◆ **c'est à moi qu'il a été ~ de commencer** it fell to me to start ◆ **le sort qui lui sera ~** the fate that is in store for him NM ◆ **jeter son ~ sur qn/qch** to set one's heart on sb/sth

**dévolution** /devɔlysjɔ̃/ NF devolution

**dévonien, -ienne** /devɔnjɛ̃, jɛn/ ADJ Devonian NM ◆ **le ~** the Devonian

**dévorant, e** /devɔʀɑ̃, ɑ̃t/ ADJ *[faim]* raging *(épith)*; *[curiosité, soif]* burning *(épith)*; *[passion]* devouring *(épith)*, consuming *(épith)*; *(littér) [flammes]* all-consuming

**dévorer** /devɔʀe/ ▸ conjug 1 ◂ VT a *(= manger) [fauve]* to devour; *[personne]* to devour, to wolf down* ◆ **des limaces ont dévoré mes laitues** my lettuces have been eaten by slugs ◆ **cet enfant dévore !** this child has a huge appetite! ◆ **on est dévoré par les moustiques !** we're being eaten alive by mosquitoes! ◆ **~ un livre** to devour a book ◆ **~ qch à belles dents** to wolf sth down* ◆ **~ qn/qch du regard** *ou* **des yeux** to eye sb/sth greedily *ou* hungrily ◆ **~ qn de baisers** to smother sb with kisses ◆ **la barbe qui lui dévorait les joues** the beard that covered his face; → **loup**

b *(= consumer)* to consume ◆ **le feu dévore le bâtiment** the building is being consumed by fire ◆ **il a dévoré sa fortune** he has consumed his (whole) fortune ◆ **voiture qui dévore les kilomètres** *ou* **la route** car which eats up the miles ◆ **c'est une tâche qui dévore tous mes loisirs** it's a task which takes up *ou* swallows up all my free time

c *(littér = tourmenter) [jalousie, remords, soucis]* to consume, to devour; *[maladie]* to consume ◆ **la soif le dévorait** he had a burning *ou* raging thirst ◆ **être dévoré de remords/jalousie** to be eaten up with *ou* consumed with *ou* devoured by remorse/jealousy ◆ **dévoré par l'ambition** consumed with ambition

d *(frm = cacher)* ~ **ses larmes** to choke back *ou* gulp back one's tears

> ⚠ *Attention à ne pas traduire automatiquement* **dévorer** *par* **to devour**, *qui est d'un registre plus soutenu.*

**dévoreur, -euse** /devɔʀœʀ, øz/ NM,F devourer ◆ **un ~ de livres** an avid reader ◆ **ce projet est un gros ~ de crédits** this project eats up money *ou* is a great drain on funds

**dévot, e** /devo, ɔt/ ADJ *(gén)* devout, pious; *(péj = bigot)* sanctimonious, churchy* NM,F *(gén)* deeply religious person; *(péj)* sanctimonious person ◆ **une vieille ~e** *(péj)* a churchy* *ou* sanctimonious old woman; → **faux²**

**dévotement** /devɔtmɑ̃/ ADV devoutly, piously

**dévotion** /devosjɔ̃/ NF a *(= piété)* devoutness, religious devotion; → **faux²** b *(= culte)* devotion ◆ **avoir une ~ pour qn** to worship sb ◆ **être à la ~ de qn** to be totally devoted to sb ◆ **il avait à sa ~ plusieurs employés** he had several totally devoted employees NFPL **dévotions** devotions ◆ **faire ses ~s** to perform one's devotions

**dévoué, e** /devwe/ (ptp de **se dévouer**) ADJ *[employé]* devoted, dedicated; *[époux, ami]* devoted ◆ **être ~ à qn/qch** to be devoted to sb/sth ◆ **votre ~ serviteur** †† *(formule de lettre)* your devoted servant; → **croire**

**dévouement** /devumɑ̃/ NM *[de mère, ami, voisin]* devotion; *[d'infirmière, sauveteur, soldat]* devotion, dedication ◆ **~ à un parti** devotion to a party ◆ **avec ~** devotedly ◆ **avoir un ~ aveugle pour qn** to be blindly devoted to sb ◆ **elle a fait preuve d'un grand ~ pour lui/à leur cause** she showed great devotion to him/to their cause

**dévouer (se)** /devwe/ ▸ conjug 1 ◂ VPR a *(= se sacrifier)* to sacrifice o.s. ◆ **il se dévoue pour les autres** he sacrifices himself for others ◆ **c'est toujours moi qui me dévoue !** it's always me who makes the sacrifices! ◆ **personne ne veut le manger ? bon, je me dévoue** *(hum)* so nobody wants to eat it? all right, I'll be a martyr *(hum)* b *(= se consacrer à)* **se ~ à qn/qch** to devote *ou* dedicate o.s. to sb/sth

**dévoyé, e** /devwaje/ (ptp de **dévoyer**) ADJ *[personne]* depraved ◆ **un nationalisme ~** warped nationalism NM,F corrupt individual ◆ **une bande de jeunes ~s** a gang of young delinquents

**dévoyer** /devwaje/ ▸ conjug 8 ◂ VT to lead astray VPR **se dévoyer** to go astray

**dextérité** /dɛksteʀite/ NF skill, dexterity ◆ **avec ~** skilfully, dextrously, with dexterity

**dextre** /dɛkstʀ/ ADJ *[coquille]* dextral; *(Hér)* dexter NF *(††, hum)* right hand

**dextrine** /dɛkstʀin/ NF dextrin(e)

**dey** /dɛ/ NM dey

**dézonage** /dezɔnaʒ/ NM *[de DVD]* dezoning

**dézoner** /dezɔne/ ▸ conjug 1 ◂ VT *[+ DVD]* to dezone

**DG** /deʒe/ NM (abrév de **directeur général**) → **directeur** NF (abrév de **direction générale**) *(= siège social)* head office; *(de l'UE)* DG

**dg** (abrév de **décigramme**) dg

**DGA** /deʒeɑ/ NM (abrév de **directeur général adjoint**) → **directeur** NF (abrév de **Délégation générale pour l'armement**) → **délégation**

**DGE** /deʒeə/ NF (abrév de **dotation globale d'équipement**) *state contribution to local government budget*

**DGI** /deʒei/ NF abrév de **Direction générale des impôts**

**DGSE** /deʒeɛsə/ NF (abrév de **Direction générale de la sécurité extérieure**) ≈ MI6 *(Brit)*, CIA *(US)*

**Dhaka** /daka/ N Dhaka

**dia** /dja/ EXCL → **hue**

**diabète** /djabɛt/ NM diabetes *(sg)* ◆ **avoir du ~** to have diabetes ◆ **~ insipide/sucré** diabetes insipidus/mellitus ◆ **~ gras** maturity-onset diabetes ◆ **~ maigre** insulin-dependent *ou* juvenile-onset diabetes

**diabétique** /djabetik/ ADJ, NMF diabetic

**diabétologie** /djabetɔlɔʒi/ NF study of diabetes

**diabétologue** /djabetɔlɔg/ NMF diabetes specialist

**diable** /djɑbl/ NM a *(Myth, Rel)* devil ◆ **le ~** the Devil ◆ **s'agiter comme un beau ~** to thrash about like the (very) devil ◆ **j'ai protesté comme un beau ~** I protested for all I was worth *ou* as loudly as I could ◆ **il a le ~ au corps** he's the very devil ◆ **faire le ~ à quatre** † to create the devil* of a rumpus ◆ **que le ~ l'emporte !** the devil take him!* ◆ **le ~ m'emporte si j'y comprends quelque chose !** the devil take me † *ou* the deuce † if I understand any of it!, I'll be damned if I understand it!* ◆ **c'est bien le ~ si on ne**

**trouve pas à les loger** it would be most surprising if we couldn't find anywhere for them to stay ◆ **ce n'est pas le** ~ it's not that bad ◆ **(fait) à la** ~ (done) any old how ◆ **tirer le** ~ **par la queue** * to live from hand to mouth, to be on one's uppers *(Brit)* ◆ **se démener comme un** ~ **dans un bénitier** to be like a cat on a hot tin roof *ou* on hot bricks *(Brit)* ◆ **envoyer qn à tous les ~s** † to tell sb to go to the devil *; → **avocat**[1], **île**

**b** *(dans excl)* **Diable !** † **c'est difficile !** it's dashed *ou* deuced difficult! † ◆ ~ **oui/non !** good gracious yes/no! ◆ **du** ~ **si je le sais !** the devil take me † *ou* the deuce † if I know! ◆ **allons, du courage que** ~ **!** cheer up, dash it! * † ◆ **où/quand/qui/pourquoi** ~ **... ?** where/when/who/why the blazes * *ou* the devil * ...?

**c** *(loc)*

◆ **au diable** ◆ **être situé/habiter au** ~ **(vauvert)** to be/live miles from anywhere *ou* at the back of beyond *(Brit)* ◆ **envoyer qn au** ~ to tell sb to go to the devil * ◆ **il peut aller au** ~ **!, qu'il aille au** ~ **!** he can go to the devil! * ◆ **au** ~ **l'avarice !** hang the expense! ◆ **au** ~ **le percepteur !** the devil take the tax collector! *

**d** *(* = enfant)* devil, rogue ◆ **pauvre** ~ * *(= personne)* poor devil *ou* wretch ◆ **grand** ~ * tall fellow ◆ **c'est un bon/ce n'est pas un mauvais** ~ * he's a nice/he's not a bad sort * *ou* fellow

**e** *(en intensif)* **il fait un froid du** ~ *ou* **de tous les ~s** it's fearfully *ou* fiendishly cold ◆ **il faisait un vent du** ~ *ou* **de tous les ~s** there was the *ou* a devil * of a wind ◆ **on a eu un mal du** ~ **à le faire avouer** we had the *ou* a devil * of a job making him own up ◆ **il est menteur en** ~ he is a deuced † *ou* damned * liar ◆ **il est courageux/robuste en** ~ he is devilishly brave/strong ◆ **ce** ~ **d'homme** that wretched fellow ◆ **cette** ~ **d'affaire** this wretched business ◆ **avec ce** ~ **de temps on ne peut pas sortir** we can't go out in this wretched weather

**f** *(= chariot)* hand truck ◆ ~ **(à ressort)** *(= jouet)* jack-in-the-box

**g** *(= casserole)* earthenware braising pot

**h** *(Culin)* **à la** ~ in a piquant sauce, à la diable

**diablement** * /djɑbləmɑ̃/ **ADV** *(= très)* darned * ◆ **il y a** ~ **longtemps que ...** it's a heck * of a long time since ... ◆ **il m'a** ~ **surpris** he gave me a heck * of a surprise

**diablerie** /djɑbləʀi/ **NF** **a** *(= espièglerie)* roguishness; *(= acte)* mischief *(NonC)* ◆ **leurs ~s me feront devenir folle** their mischief will drive me mad **b** *(†† = machination)* machination, evil intrigue **c** *(†† = sorcellerie)* devilry **d** *(Théât) mystery play featuring devils*

**diablesse** /djɑblɛs/ **NF** *(= diable femelle)* she-devil; *(† = mégère)* shrew, vixen; *(* = bonne femme)* wretched woman ◆ **cette enfant est une vraie** ~ that child is a little devil

**diablotin** /djɑblɔtɛ̃/ **NM** *(lit, fig)* imp; *(= pétard)* (Christmas) cracker *(Brit)*, favor *(US)*

**diabolique** /djabɔlik/ **ADJ** diabolic(al), devilish

**diaboliquement** /djabɔlikmɑ̃/ **ADV** diabolically

**diabolisation** /djabɔlizasjɔ̃/ **NF** *[d'adversaire, ennemi]* demonization ◆ **la** ~ **du cannabis** the way cannabis is portrayed as an evil *ou* dangerous drug

**diaboliser** /djabɔlize/ ► conjug 1 ◄ **VT** *[+ personne, État]* to demonize

**diabolo** /djabɔlo/ **NM** *(= jouet)* diabolo ◆ ~ **grenadine/menthe** *(= boisson)* grenadine/mint (cordial) and lemonade

**diachronie** /djakʀɔni/ **NF** diachrony

**diachronique** /djakʀɔnik/ **ADJ** diachronic

**diaclase** /djaklɑz/ **NF** *(Géol)* joint *(in rock)*

**diaconal, e** (mpl **-aux**) /djakɔnal, o/ **ADJ** diaconal

**diaconat** /djakɔna/ **NM** diaconate

**diaconesse** /djakɔnɛs/ **NF** deaconess

**diacre** /djakʀ/ **NM** deacon

**diacritique** /djakʀitik/ **ADJ** diacritic(al) ◆ **signe** ~ diacritic, diacritical mark **NM** diacritic, diacritical mark

**diadème** /djadɛm/ **NM** *(lit, fig = couronne)* diadem; *(= bijou)* tiara

**diagnostic** /djagnɔstik/ **NM** *[de médecin, expert]* diagnosis ◆ ~ **prénatal** prenatal *ou* antenatal diagnosis ◆ **faire** *ou* **établir** *ou* **poser un** ~ to make a diagnosis ◆ **erreur de** ~ error in diagnosis ◆ **il a un bon** ~ he's a good diagnostician ◆ **le** ~ **des économistes est pessimiste** the economists' diagnosis *ou* prognosis is pessimistic

**diagnostique** /djagnɔstik/ **ADJ** diagnostic

**diagnostiquer** /djagnɔstike/ ► conjug 1 ◄ **VT** *(lit, fig)* to diagnose

**diagonal, e** (mpl **-aux**) /djagɔnal, o/ **ADJ** diagonal **NF** **diagonale** diagonal ◆ **couper un tissu dans la ~e** to cut a fabric on the bias *ou* on the cross *(Brit)*

◆ **en diagonale** diagonally, crosswise ◆ **tirer un trait en ~e** to draw a line across the page ◆ **lire** *ou* **parcourir en ~e** to skim through

**diagonalement** /djagɔnalmɑ̃/ **ADV** diagonally

**diagramme** /djagʀam/ **NM** *(= schéma)* diagram; *(= courbe, graphique)* chart, graph ◆ ~ **à barres** *ou* **à bâtons** *ou* **en tuyaux d'orgue** bar chart *ou* graph ◆ ~ **sagittal/en arbre** sagittal/tree diagram ◆ ~ **en secteurs** pie chart

**dialectal, e** (mpl **-aux**) /djalɛktal, o/ **ADJ** dialectal

**dialecte** /djalɛkt/ **NM** dialect; *(Helv = suisse allemand)* Swiss German

**dialecticien, -ienne** /djalɛktisjɛ̃, jɛn/ **NM,F** dialectician

**dialectique** /djalɛktik/ **ADJ** dialectic(al) **NF** dialectics *(sg)*

**dialectiquement** /djalɛktikmɑ̃/ **ADV** dialectically

**dialectologie** /djalɛktɔlɔʒi/ **NF** dialectology

**dialogue** /djalɔg/ **NM** *(gén)* dialogue, dialog *(US)* ◆ **le** ~ **social** the dialogue between employers (*ou* government) and trade unions ◆ **c'est un** ~ **de sourds** it's a dialogue of the deaf ◆ **c'est un** ~ **de sourds entre le syndicat et la direction** the union and the management are not listening to each other ◆ **sa volonté de** ~ his willingness to engage in dialogue ◆ **c'est un homme de** ~ he is a man who is open to dialogue *ou* who is prepared to discuss matters ◆ **il faut établir un** ~ **entre parents et enfants** it's important to get parents and children to talk to each other *ou* to get a dialogue going between parents and children

**dialoguer** /djalɔge/ ► conjug 1 ◄ **VI** to have talks, to enter into dialogue *(Brit)* *ou* dialog *(US)* ◆ ~ **avec un ordinateur** to interact with a computer ◆ **il veut faire** ~ **syndicats et patronat** he wants to get unions and employers to enter into dialogue **VT** *[+ roman]* to put into dialogue (form)

**dialoguiste** /djalɔgist/ **NMF** dialogue writer, screen writer

**dialyse** /djaliz/ **NF** dialysis ◆ ~ **rénale** kidney dialysis ◆ **être en** ~ to be on dialysis ◆ **subir une** ~ to have dialysis ◆ **patient sous** ~ dialysis patient

**dialysé, e** /djalize/ (ptp de **dialyser**) **ADJ** ◆ **patient** ~ dialysis patient **NM,F** dialysis patient

**dialyser** /djalize/ ► conjug 1 ◄ **VT** to dialyse *(Brit)*, to dialyze *(US)*

**dialyseur** /djalizœʀ/ **NM** dialyser *(Brit)*, dialyzer *(US)*

**diam** * /djam/ **NM** (abrév de **diamant**), diamond

**diamant** /djamɑ̃/ **NM** *(gén)* diamond ◆ **le** ~ **noir** *(fig)* the truffle; → **croqueuse**

**diamantaire** /djamɑ̃tɛʀ/ **NM** *(= tailleur)* diamond-cutter; *(= vendeur)* diamond merchant

**diamanté, e** /djamɑ̃te/ **ADJ** *(Tech)* diamond-tipped; *(littér) [eau, lumière]* glittering

**diamantifère** /djamɑ̃tifɛʀ/ **ADJ** diamantiferous

**diamétral, e** (mpl **-aux**) /djametʀal, o/ **ADJ** diametral, diametric(al)

**diamétralement** /djametʀalmɑ̃/ **ADV** *(Géom)* diametrally, diametrically ◆ **points de vue** ~ **opposés** diametrically opposite *ou* opposed views

**diamètre** /djamɛtʀ/ **NM** diameter ◆ **10 m de** ~ 10 m in diameter

**Diane** /djan/ **NF** Diane, Diana ◆ ~ **chasseresse** Diana the Huntress

**diane** /djan/ **NF** *(† Mil)* reveille ◆ **sonner/battre la** ~ to sound/beat the reveille

**diantre** † /djɑ̃tʀ/ **EXCL** *(aussi hum)* by Jove *ou* gad! ◆ **qui/pourquoi/comment** ~ **... ?** who/why/how the deuce *ou* the devil ...?

**diantrement** /djɑ̃tʀəmɑ̃/ **ADV** *(†, hum)* devilish †, deuced †

**diapason** /djapazɔ̃/ **NM** **a** *(Mus) (= registre)* compass, range, diapason; *(= instrument) (en métal)* tuning fork, diapason; *(à vent)* pitch pipe, diapason ◆ ~ **de Scheibler** tonometer **b** *(fig)* **être au** ~ **d'une situation** to be in tune with a situation ◆ **se mettre au** ~ **de qn** to get in tune with sb, to get onto sb's wavelength ◆ **il s'est vite mis au** ~ he soon fell *ou* got in step *ou* tune with the others

**diaphane** /djafan/ **ADJ** *[tissu, vêtement]* see-through; *[parchemin, porcelaine]* translucent; *[mains]* diaphanous

**diaphragme** /djafʀagm/ **NM** *(Anat, Bot, Tech)* diaphragm; *(= contraceptif)* diaphragm; *(Photo)* aperture ◆ **ouvrir de deux ~s** to open two stops

**diaphragmer** /djafʀagme/ ► conjug 1 ◄ **VI** *(Photo)* to adjust the aperture

**diaphyse** /djafiz/ **NF** *(Anat)* shaft

**diapo** * /djapo/ **NF** abrév de **diapositive**

**diaporama** /djapɔʀama/ **NM** slide show

**diapositive** /djapozitiv/ **NF** slide, transparency *(Brit)* ◆ **passer** *ou* **projeter des ~s** to show slides *ou* transparencies *(Brit)*

**diapré, e** /djapʀe/ (ptp de **diaprer**) **ADJ** mottled, variegated

**diaprer** /djapʀe/ ► conjug 1 ◄ **VT** *(littér)* to mottle, to variegate

**diaprure** /djapʀyʀ/ **NF** *(NonC, littér)* variegation, mottled effect

**diarrhée** /djaʀe/ **NF** diarrhoea *(Brit)* *(NonC)*, diarrhea *(US)* *(NonC)* ◆ **avoir la** ~ *ou* **des ~s** to have diarrhoea *(Brit)* *ou* diarrhea *(US)* ◆ ~ **verbale** * *(péj)* verbal diarrhoea *

**diarrhéique** /djaʀeik/ **ADJ** diarrh(o)eal, diarrh(o)eic

**diarthrose** /djaʀtʀoz/ **NF** *(Anat)* hinge joint ◆ ~ **rotatoire** pivot joint

**diaspora** /djaspɔʀa/ NF *(gén)* diaspora ◆ **la Diaspora (juive)** the (Jewish) Diaspora

**diastase** /djastɑz/ NF diastase

**diastasique** /djastɑzik/ ADJ diastatic, diastasic

**diastole** /djastɔl/ NF diastole

**diathermie** /djatɛʀmi/ NF diathermy, diathermia

**diatomique** /diatɔmik/ ADJ diatomic

**diatonique** /djatɔnik/ ADJ diatonic

**diatribe** /djatʀib/ NF diatribe ◆ **se lancer dans une longue ~ contre qn** to launch into a long diatribe against sb

**dichotomie** /dikɔtɔmi/ NF *(Bot, fig)* dichotomy

**dichotomique** /dikɔtɔmik/ ADJ ◆ **cela perpétue une vision ~ du monde** this perpetuates the view that the world is a dichotomy

**dichromatique** /dikʀɔmatik/ ADJ dichromatic

**dico** * /diko/ NM abrév de **dictionnaire**

**dicotylédone** /dikɔtiledɔn/ ADJ dicotyledonous NF dicotyledon

**Dictaphone** ® /diktafɔn/ NM Dictaphone ®

**dictateur** /diktatœʀ/ NM dictator ◆ **ton/allure de ~** dictatorial tone/manner

**dictatorial, e** (mpl **-iaux**) /diktatɔʀjal, jo/ ADJ dictatorial

**dictature** /diktatyʀ/ NF dictatorship ◆ **la ~ du prolétariat** dictatorship of the proletariat ◆ **~ militaire** military dictatorship ◆ **sous la ~ de** under the dictatorship of ◆ **c'est de la ~ !** *(fig)* this is tyranny!

**dictée** /dikte/ NF *(= action)* dictating, dictation; *(= exercice)* dictation ◆ **écrire qch sous la ~** to take down a dictation of sth ◆ **écrire sous la ~ de qn** to take down sb's dictation *ou* what sb dictates ◆ **~ musicale** musical dictation ◆ **les ~s de son cœur** *(littér)* the dictates of his heart

**dicter** /dikte/ ▸ conjug 1 ◂ VT *[+ lettre, action]* to dictate ◆ **ils nous ont dicté leurs conditions** they laid down *ou* dictated their conditions to us ◆ **les mesures que nous dicte la situation** the steps that the situation imposes upon us ◆ **il m'a dicté sa volonté** he imposed his will upon me ◆ **sa réponse (lui) est dictée par sa femme/par la peur** his reply was dictated by his wife/by fear ◆ **je n'aime pas qu'on me dicte ce que je dois faire !** I won't be dictated to! ◆ **une paix dictée par l'ennemi** peace on the enemy's terms

**diction** /diksjɔ̃/ NF *(= débit)* diction; *(= art)* speech ◆ **professeur/leçons de ~** speech lesson/speech teacher

**dictionnaire** /diksjɔnɛʀ/ NM dictionary ◆ **~ analogique** thesaurus ◆ **~ de langue/de rimes** language/rhyme dictionary ◆ **~ de données** *(Ordin)* data directory *ou* dictionary ◆ **~ électronique** electronic dictionary ◆ **~ encyclopédique/étymologique** encyclopaedic/etymological dictionary ◆ **~ géographique** gazetteer ◆ **~ des synonymes** dictionary of synonyms ◆ **c'est un vrai ~** *ou* **un ~ vivant** he's a walking encyclopaedia

**dicton** /diktɔ̃/ NM saying, dictum ◆ **il y a un ~ qui dit ...** there's a saying that goes ...

**didacticiel** /didaktisjɛl/ NM educational software *(NonC)*, piece of educational software ◆ **des ~s** educational software

**didactique** /didaktik/ ADJ a *(= destiné à instruire) [ouvrage]* educational; *[exposé, style]* didactic ◆ **matériel ~** teaching aids b *(= savant) [mot, terme]* technical c *(Psych)* **psychanalyse ~** training analysis NF didactics *(sg)*

**didactiquement** /didaktikmɑ̃/ ADV didactically

**didactisme** /didaktism/ NM didacticism

**didascalie** /didaskali/ NF *(Théât)* stage direction

**Didon** /didɔ̃/ NF Dido

**dièdre** /djɛdʀ/ ADJ *[angle]* dihedral NM dihedron, dihedral; *(Alpinisme)* dièdre, corner

**diérèse** /djeʀɛz/ NF *(Ling)* di(a)eresis

**dièse** /djɛz/ NM *(gén)* hash mark *ou* sign; *(Mus)* sharp ◆ **fa/sol ~** F/G sharp

**diesel** /djezɛl/ NM diesel; *(= moteur)* diesel engine; *(= camion)* diesel lorry *(Brit) ou* truck ADJ diesel

**diéser** /djeze/ ▸ conjug 6 ◂ VT *(Mus)* to sharpen, to make sharp

**diète**[1] /djɛt/ NF *(Méd) (= jeûne)* starvation diet; *(= régime)* diet ◆ **~ lactée/végétale** milk/vegetarian diet ◆ **mettre qn à la ~** to put sb on a starvation diet ◆ **il est à la ~** he has been put on a starvation diet

**diète**[2] /djɛt/ NF *(Hist)* diet

**diététicien, -ienne** /djetetisjɛ̃, jɛn/ NM,F dietician, dietitian

**diététique** /djetetik/ ADJ *[restaurant, magasin]* health-food *(épith)* NF dietetics *(sg)*

**dieu** (pl **dieux**) /djø/ NM a *(= divinité, idole)* god ◆ **les ~x de l'Antiquité** the gods of Antiquity ◆ **le ~ Chronos** the god Chronos
b *(dans le monothéisme)* **Dieu** God ◆ **le Dieu des chrétiens/musulmans** the God of the Christians/Muslims ◆ **Dieu le père** God the Father ◆ **c'est Dieu le père dans l'entreprise** *(hum)* he's God *ou* he's the big white chief in the company ◆ **une société/génération sans Dieu** a godless society/generation ◆ **le bon Dieu** the good *ou* dear Lord ◆ **donner/recevoir le bon Dieu** to offer/receive the Lord (in Sacrament) ◆ **on lui donnerait le bon Dieu sans confession** he looks as if butter wouldn't melt in his mouth ◆ **faire de qn son ~** to idolize *ou* worship sb, to put sb on a pedestal ◆ **il n'a ni ~ ni maître** he has neither lord nor master; → **âme, homme**
c *(loc)* **mon Dieu !** my God!, my goodness! ◆ **(grand) Dieu !, grands Dieux !** good God!, good heavens! ◆ **Dieu qu'il est beau/bête !** he's so good-looking/stupid! ◆ **mon Dieu oui, on pourrait ...** well yes, we could ... ◆ **Dieu vous bénisse !** God bless you! ◆ **que Dieu vous assiste !** may God be with you! ◆ **à Dieu ne plaise !, Dieu m'en garde !** God forbid! ◆ **Dieu vous entende/aide !** may God hear your prayer/help you! ◆ **Dieu seul le sait** God only *ou* alone knows ◆ **Dieu sait s'il est généreux/si nous avons essayé !** God knows he's generous/we've tried! ◆ **Dieu sait pourquoi elle l'a épousé** heaven *ou* God (only) knows why she married him ◆ **Dieu merci, Dieu soit loué !** *(frm)* thank God!, praise the Lord! ◆ **Dieu merci, il n'a pas plu** it didn't rain, thank goodness *ou* thank God *ou* thank heaven(s) ◆ **c'est pas Dieu possible !** * that's just not possible ◆ **à-Dieu-vat !** † *(entreprise risquée)* it's in God's hands; *(départ)* Godspeed ◆ **Dieu m'est témoin que je n'ai jamais ...** as God is my witness I have never ... ◆ **tu vas te taire bon Dieu !** ‡ for Christ's sake ‡ *ou* sakes ‡ *(US)* will you be quiet!; → **amour, grâce, plaire**

**diffamant, e** /difamɑ̃, ɑ̃t/ ADJ *[propos]* slanderous, defamatory; *[écrits]* libellous, defamatory

**diffamateur, -trice** /difamatœʀ, tʀis/ ADJ *[propos]* slanderous, defamatory; *[écrit]* libellous, defamatory NM,F slanderer

**diffamation** /difamasjɔ̃/ NF a *(NonC, gén)* defamation (of character); *(en paroles)* slander; *(par écrit)* libel ◆ **campagne de ~** smear campaign ◆ **procès en ~** action for slander (*ou* libel) ◆ **engager des poursuites en ~ contre qn** to sue sb for slander (*ou* libel) ◆ **il a été condamné pour ~ envers X** he was found guilty of slander (*ou* libel) against X *ou* of slandering (*ou* libelling) X b *(= propos)* slander *(NonC)*; *(= pamphlet)* libel *(NonC)* ◆ **les ~s des journaux** the libellous reports in the newspapers

**diffamatoire** /difamatwaʀ/ ADJ *(gén)* defamatory; *[propos]* slanderous; *[écrit]* libellous ◆ **avoir un caractère ~** to be slanderous (*ou* libellous)

**diffamer** /difame/ ▸ conjug 1 ◂ VT *(en paroles)* to slander, to defame; *(par écrit)* to libel, to defame

**différé, e** /difeʀe/ (ptp de **différer**) ADJ *(TV)* (pre-)recorded NM ◆ **(émission en) ~** (pre-)recorded programme, recording ◆ **le match sera retransmis en ~** the match will be broadcast at a later time

**différemment** /difeʀamɑ̃/ ADV differently

**différence** /difeʀɑ̃s/ GRAMMAIRE ACTIVE 32.1, 32.4, 53.5 NF a *(gén)* difference ◆ **~ d'opinion** difference of opinion ◆ **~ d'âge/de prix** difference in age/price, age/price difference ◆ **ils ont neuf ans de ~** there are nine years between them ◆ **quelle ~ avec les autres !** what a difference from the others! ◆ **ne pas faire de ~** to make no distinction (*entre* between); ◆ **ils savent faire la ~ entre vérité et mensonge** they can tell the difference *ou* distinguish between truth and falsehood ◆ **c'est son service qui a fait la ~** *(Tennis)* it was his serve that made all the difference ◆ **il fait des ~s entre ses enfants** he doesn't treat all his children in the same way *ou* equally ◆ **tu auras à payer la ~** you will have to make up *ou* pay the difference ◆ **~ de buts** *(Ftbl)* goal difference
b *(= identité)* **marquer sa ~** to assert one's (*ou* its) distinctive identity ◆ **il fait entendre sa ~ au sein du parti** he voices his dissent in the party
c *(loc)* **à la ~ de** unlike ◆ **à la ~** *ou* **à cette ~ que** except (for the fact) that

**différenciateur, -trice** /difeʀɑ̃sjatœʀ, tʀis/ ADJ differentiating, differential

**différenciation** /difeʀɑ̃sjasjɔ̃/ NF differentiation

**différencié, e** /difeʀɑ̃sje/ (ptp de **différencier**) ADJ *(Bio) [cellule, tissu]* differentiated; *(Sociol) [groupe ethnique]* diverse; *(Scol) [enseignement, filières]* specialized

**différencier** /difeʀɑ̃sje/ GRAMMAIRE ACTIVE 32.1 ▸ conjug 7 ◂ VT to differentiate VPR **se différencier** *(= être différent de)* to differ (*de* from); *(= devenir différent)* to become differentiated (*de* from); *(= se rendre différent)* to differentiate o.s. (*de* from)

**différend** /difeʀɑ̃/ NM difference of opinion, disagreement; *(Jur, Fin)* controversy ◆ **avoir un ~ avec qn** to have a difference of opinion with sb

**différent, e** /difeʀɑ̃, ɑ̃t/ GRAMMAIRE ACTIVE 53.3 ADJ a *(= dissemblable)* different (*de* from); ◆ **dans des circonstances ~es, je vous aurais aidé** if things had been different *ou* in other *ou* different circumstances, I would have helped you ◆ **chercher des solutions ~es** to try to find alternative *ou* other solutions b *(pl, gén avant n) (= divers)* different, various ◆ **à ~es reprises** on several different *ou* on various occasions ◆ **à ~es heures de la journée** at different times of the day ◆ **pour ~es raisons** for various *ou* diverse *(frm)* reasons

**différentialisme** /difeʀɑ̃sjalism/ NM differentialism

**différentiation** /difeʀɑ̃sjasjɔ̃/ NF *(Math)* differentiation

**différentiel, -ielle** /difeʀɑ̃sjɛl/ ADJ, NM *(gén)* differential ◆ ~ **d'inflation** inflation differential NF **différentielle** differential

**différentier** /difeʀɑ̃sje/ ▸ conjug 7 ◂ VT *(Math)* to differentiate

**différer** /difeʀe/ ▸ conjug 6 ◂ VI a *(= être dissemblable)* to differ, to be different (*de* from; *en, par* in); ◆ **leur politique ne diffère en rien de celle de leurs prédécesseurs** their policy is no different *ou* is in no way different from their predecessors b *(= diverger)* to differ ◆ **elle et moi différons sur** *ou* **en tout** she and I differ about everything c *(= varier)* to differ, to vary ◆ **la mode diffère de pays à pays** fashions differ *ou* vary from one country to the next VT *[+ travail]* to postpone, to put off; *[+ jugement, paiement, départ]* to defer, to postpone ◆ ~ **une décision** to defer *ou* postpone making *ou* put off making a decision ◆ **à quoi bon ~ plus longtemps ?** why delay any longer? ◆ ~ **de** *ou* **à faire qch** *(frm)* to delay *ou* defer *ou* postpone doing sth; → **crédit**

**difficile** /difisil/ GRAMMAIRE ACTIVE 33.3, 43.4 ADJ a *(= ardu) [travail, problème]* difficult ◆ **il nous est ~ de prendre une décision tout de suite** it is difficult *ou* hard for us *ou* we find it difficult *ou* hard to make a decision straight away ◆ **il a eu un moment ~ lorsque sa femme est morte** he went through a difficult *ou* hard time when his wife died ◆ **il a trouvé l'expédition ~** he found the expedition hard going *ou* heavy going ◆ ~ **à faire** difficult *ou* hard to do ◆ **morceau ~ (à jouer)** *ou* **d'exécution** ~ difficult *ou* hard piece to play

b *(= délicat) [position, situation]* difficult, awkward ◆ **ils ont des fins de mois ~s** they have a hard time making ends meet

c *[personne] (= contrariant)* difficult, trying; *(= exigeant)* hard *ou* difficult to please *(attrib)*, fussy ◆ **un enfant ~** a difficult *ou* a problem child ◆ **elle a un caractère ~** she's difficult *ou* awkward ◆ **elle est ~ pour ce qui est de** *ou* **en ce qui concerne la propreté** she's a stickler for cleanliness, she's very fussy *ou* particular about cleanliness ◆ **être** *ou* **se montrer ~ sur la nourriture** to be difficult *ou* fussy *ou* finicky about one's food ◆ **il ne faut pas être trop ~** *ou* **(trop) faire le ~** it's no good being too fussy *ou* over-fussy ◆ **cette chambre ne vous plaît pas ? vous êtes vraiment ~ !** don't you like this room? you really are hard *ou* difficult to please! ◆ **elle est ~ dans le choix de ses amis** she's very selective *ou* choosy* about her friends; → **vivre¹**

d *[banlieue, quartier]* tough

**difficilement** /difisilmɑ̃/ ADV *[marcher, s'exprimer]* with difficulty ◆ **c'est ~ visible/croyable** it's difficult *ou* hard to see/believe ◆ **il gagne ~ sa vie** he finds it difficult *ou* hard to earn a living

**difficulté** /difikylte/ NF a *(NonC)* difficulty ◆ **selon la ~ du travail** depending on how difficult the work is, according to the difficulty of the work ◆ **faire qch avec ~** to do sth with difficulty ◆ **avoir** *ou* **éprouver de la ~ à faire qch** to have difficulty (in) doing sth, to find it difficult *ou* hard to do sth ◆ **j'ai eu beaucoup de ~ à trouver des arguments** I had great difficulty finding *ou* I was hard put to find any arguments

◆ **en difficulté** ◆ **être** *ou* **se trouver en ~** *[personne]* to find o.s. in difficulty, to be in difficulties *ou* in trouble; *[entreprise]* to be having difficulties ◆ **avion/navire en ~** aircraft/ship in distress ◆ **couple en ~** couple with problems ◆ **enfant en ~** *(Scol)* child with learning difficulties; *(Psych)* child with emotional difficulties ◆ **mettre qn en ~** to put sb in a difficult position ◆ **notre gardien de but a été plusieurs fois en ~** our goalkeeper ran into trouble several times

b *(= embarras, obstacle)* difficulty, problem; *[de texte, morceau de musique]* difficult passage, difficulty ◆ **il s'est heurté à de grosses ~s** he has come up against grave difficulties ◆ **cela ne fait** *ou* **ne présente aucune ~** that presents *ou* poses no problem ◆ **il y a une ~** there's a problem *ou* hitch* *ou* snag* ◆ **c'est là la ~** that's where the trouble lies, that's the difficulty ◆ **il a fait des ~s pour accepter nos conditions** he made *ou* raised difficulties about accepting our conditions ◆ **il n'a pas fait de ~s pour nous suivre** he followed us without protest *ou* fuss ◆ **sans ~** easily, without any difficulty ◆ **en cas de ~** in case of difficulty

◆ **avoir des difficultés** ◆ **avoir des ~s pour faire qch** to have some difficulty (in) doing sth ◆ **enfant qui a des ~s (à l'école/en orthographe)** child who has difficulty *ou* difficulties (at school/with spelling) ◆ **avoir des ~s financières** to be in financial difficulties *ou* straits ◆ **ils ont des ~s avec leurs enfants** they have problems *ou* trouble with their children

**difficultueux, -euse** † /difikyltɥø, øz/ ADJ difficult, awkward

**difforme** /difɔʀm/ ADJ *[corps, membre, visage]* deformed, misshapen; *[arbre]* twisted

**difformité** /difɔʀmite/ NF deformity ◆ **présenter des ~s** to have deformities, to be deformed

**diffracter** /difʀakte/ ▸ conjug 1 ◂ VT to diffract

**diffraction** /difʀaksjɔ̃/ NF diffraction; → **réseau**

**diffus, e** /dify, yz/ ADJ *(gén)* diffuse; *[douleur]* diffuse, not localized

**diffuser** /difyze/ ▸ conjug 1 ◂ VT a *[+ lumière, chaleur]* to diffuse b *[+ rumeur, idée, nouvelle]* to spread; *[+ connaissances]* to disseminate, to spread ◆ **la police a diffusé le signalement du ravisseur** the police have issued a description of the kidnapper c *(Radio, TV) [+ émission]* to broadcast ◆ **le concert était diffusé en direct/en différé** the concert was broadcast live/was pre-recorded ◆ **des slogans diffusés par haut-parleur** slogans broadcast over a loudspeaker d *(= distribuer) [+ livres, revues]* to distribute; *[+ tracts]* to distribute, to circulate ◆ **hebdomadaire diffusé à 80 000 exemplaires** weekly magazine with a circulation of 80,000 VI *(Sci)* to diffuse VPR **se diffuser** *[chaleur, lumière]* to be diffused; *[rumeur, idée, nouvelle, phénomène]* to spread

**diffuseur** /difyzœʀ/ NM a *[de parfum]* diffuser *(for room fragrance)* ◆ ~ **d'insecticide** electric mosquito killer b *(Presse = distributeur)* distributor c *(TV)* broadcaster d *(= personne qui propage un art, etc)* publicist e *(Aut, Tech = appareil)* diffuser

**diffusion** /difyzjɔ̃/ NF a *[de lumière, chaleur]* diffusion b *[de rumeur, idée, nouvelle]* spreading; *[de connaissances]* dissemination, diffusion c *(Radio, TV) [d'émission]* broadcasting ◆ **des films en première ~** films being shown *ou* broadcast for the first time on television ◆ ~ **numérique** digital broadcasting d *(= distribution) [de livres, revues]* distribution; *[de tracts]* distribution, circulation ◆ **journal de grande ~** large *ou* wide circulation paper ◆ **pour ~ restreinte** *[rapport] (gén)* restricted; *(secret d'État)* classified e *(Méd) [de maladie, virus]* spread, spreading

**digérer** /diʒeʀe/ ▸ conjug 6 ◂ VT a *[+ aliment, connaissance]* to digest ◆ **je l'ai bien/mal digéré** I had no trouble/I had trouble digesting it ◆ **c'est du Marx mal digéré** it's ill-digested Marx b *(* = supporter) [+ insulte, attitude]* to stomach*, to put up with; *[+ échec, choc]* to accept, to come to terms with ◆ **je ne peux plus ~ son insolence** I won't put up with *ou* stand for his insolence any longer

**digest** /dajʒɛst, diʒɛst/ NM digest

**digeste** /diʒɛst/ ADJ *[aliment]* easily digested, easily digestible ◆ **c'est un livre peu ~** * this book's rather heavy going

**digesteur** /diʒɛstœʀ/ NM *(Chim)* digester

**digestibilité** /diʒɛstibilite/ NF digestibility

**digestible** /diʒɛstibl/ ADJ easily digested, easily digestible

**digestif, -ive** /diʒɛstif, iv/ ADJ digestive; → **tube** NM *(Méd)* digestive; *(= liqueur)* liqueur

**digestion** /diʒɛstjɔ̃/ NF digestion ◆ **j'ai une ~ difficile** I have trouble digesting, I have digestive problems

**digicode** ® /diʒikɔd/ NM (press-button) door-entry system ◆ **y a-t-il un ~ pour entrer chez toi ?** do you have a door code?

**digit** /diʒit/ NM *(Ordin) (= chiffre)* digit; *(= caractère)* character

**digital, e¹** (mpl **-aux**) /diʒital, o/ ADJ *(gén)* digital; → **empreinte²**

**digitale²** /diʒital/ NF digitalis ◆ ~ **pourprée** foxglove

**digitaline** /diʒitalin/ NF digitalin

**digitaliser** /diʒitalize/ ▸ conjug 1 ◂ VT *[+ données, images]* to digitize ◆ **son digitalisé** digital sound

**diglossie** /diglɔsi/ NF diglossia

**digne** /diɲ/ ADJ a *(= auguste)* dignified ◆ **il avait un air très ~** he had a very dignified air (about him)

b ~ **de** *(= qui mérite) [+ admiration, intérêt]* worthy of, deserving (of) ◆ ~ **de ce nom** worthy of the name ◆ ~ **d'être remarqué** noteworthy ◆ ~ **d'éloges** praiseworthy ◆ ~ **de foi** trustworthy ◆ ~ **de pitié** pitiable ◆ ~ **d'envie** enviable ◆ **vous devez vous montrer ~s de représenter la France** you must show that you are fit *ou* worthy to represent France ◆ **livre à peine ~ d'être lu** book which is scarcely worth reading *ou* which scarcely deserves to be read ◆ **il n'est pas ~ de vivre** he's not fit to live ◆ **je ne suis pas ~ que vous m'offriez votre soutien** I am not worthy of your offering me your support *(littér)*

c *(= à la hauteur)* worthy ◆ **son ~ fils/père/représentant** his worthy son/father/representative ◆ **tu es le ~ fils** *ou* **tu es ~ de ton père** *(lit, péj)* you're fit to be your father's son, you take after your father ◆ **avoir un adversaire ~ de soi** to have an opponent worthy of oneself ◆ **œuvre ~ de son auteur** work worthy of its author ◆ **avec une attitude peu ~ d'un juge** with an attitude little befitting a judge *ou* unworthy of a judge ◆ **un dessert ~ d'un si fin repas** a fitting dessert for such a fine meal

**dignement** /diɲ(ə)mɑ̃/ ADV a *(= noblement)* with dignity ◆ **garder ~ le silence** to maintain a dignified silence b *(= justement)* fittingly, justly ◆ **être ~ récompensé** to receive a fitting *ou* just reward, to be fittingly *ou* justly rewarded

**dignitaire** /diɲitɛʀ/ NM dignitary

**dignité** /diɲite/ NF a *(= noblesse)* dignity ◆ **la ~ du travail** the dignity of labour ◆ **la ~ de la personne humaine** human dignity ◆ **avoir de la ~** to be dignified, to have dignity ◆ **man-**

**quer de** ~ to be lacking in dignity, to be undignified ◆ **c'est contraire à sa** ~ *(hum)* it is beneath his dignity ◆ **elle entra, pleine de** ~ she came in with great dignity **b** *(= fonction)* dignity ◆ **être élevé à la** ~ **de juge** to be promoted to the dignity *ou* rank of judge

**digramme** /digʀam/ **NM** digraph

**digression** /digʀesjɔ̃/ **NF** digression ◆ **faire une** ~ to digress, to make a digression

**digue** /dig/ **NF** *(gén)* dyke, dike; *(pour protéger la côte)* sea wall; *(fig)* barrier ◆ **élever des ~s contre qch** to erect barriers against sth

**diktat** /diktat/ **NM** diktat

**dilapidateur, -trice** /dilapidatœʀ, tʀis/ **ADJ** wasteful **NM,F** spendthrift, squanderer ◆ ~ **des fonds publics** embezzler of public funds

**dilapidation** /dilapidasjɔ̃/ **NF** *[d'héritage, fortune]* squandering; *[de fonds publics, biens]* embezzlement, misappropriation

**dilapider** /dilapide/ ▸ conjug 1 ◂ **VT** *[+ héritage, fortune]* to squander; *[+ énergie]* to waste; *[+ fonds publics, biens]* to embezzle, to misappropriate

**dilatabilité** /dilatabilite/ **NF** dilatability

**dilatable** /dilatabl/ **ADJ** *[corps]* dilatable

**dilatant, e** /dilatɑ̃, ɑ̃t/ **ADJ** dilative **NM** dilat(at)or

**dilatateur, -trice** /dilatatœʀ, tʀis/ **ADJ** dilative ◆ **muscle** ~ dilatator **NM** *(Méd)* dilator

**dilatation** /dilatasjɔ̃/ **NF** *[de pupille, narine, vaisseau, col de l'utérus]* dilation, dilatation; *[d'estomac]* distension; *[de métal, gaz, liquide]* expansion; *[de pneu]* swelling, distension ◆ **avoir une** ~ **d'estomac** to have a distended stomach

**dilater** /dilate/ ▸ conjug 1 ◂ **VT** *[+ pupille, narine, vaisseau, col de l'utérus, cœur]* to dilate; *[+ estomac]* to distend; *[+ métal, gaz, liquide]* to cause to expand; *[+ pneu]* to cause to swell **VPR** **se dilater** *[pupille, narine]* to dilate; *[estomac]* to distend; *[métal, gaz, liquide]* to expand; *[pneu]* to swell ◆ **se** ~ **les poumons** to open one's lungs ◆ **pupilles dilatées** dilated pupils ◆ **pores dilatés** enlarged pores ◆ **se** ~ **la rate** † to split one's sides (laughing) *

**dilatoire** /dilatwaʀ/ **ADJ** ◆ **manœuvres** *ou* **moyens ~s** delaying *ou* stalling tactics ◆ **donner une réponse** ~ to play for time

**dilemme** /dilɛm/ **NM** dilemma ◆ **sortir du** ~ to resolve the dilemma ◆ **enfermer qn dans un** ~ to put sb in a dilemma

**dilettante** /dilɛtɑ̃t/ **NMF** *(= amateur d'art)* dilettante; *(péj = amateur)* dilettante, dabbler ◆ **faire qch en** ~ *(en amateur)* to dabble in sth; *(péj)* to do sth in an amateurish way

**dilettantisme** /dilɛtɑ̃tism/ **NM** amateurishness ◆ **faire qch avec** ~ to do sth in an amateurish way *ou* amateurishly

**diligemment** /diliʒamɑ̃/ **ADV** *(littér) (= avec soin)* diligently; *(= avec célérité)* promptly, speedily

**diligence** /diliʒɑ̃s/ **NF** **a** *(littér = soin)* diligence, conscientiousness ◆ **à la** ~ **du ministre** *(Jur)* at the minister's behest *(littér) ou* request **b** *(†, littér = empressement)* haste, dispatch ◆ **faire** ~ to make haste, to hasten ◆ **en** ~ posthaste †, speedily **c** *(Hist = voiture)* diligence, stagecoach

**diligent, e** /diliʒɑ̃, ɑ̃t/ **ADJ** *(littér)* **a** *(= actif) [serviteur]* prompt **b** *(= assidu) [employé, travail]* diligent, conscientious; *[soins, attention]* diligent, sedulous *(frm)*

**diligenter** /diliʒɑ̃te/ ▸ conjug 1 ◂ **VT** *(Admin)* ◆ ~ **une enquête** to launch an immediate inquiry ◆ ~ **une inspection** to carry out an (immediate) assessment

**diluant** /dilɥɑ̃/ **NM** thinner

**diluer** /dilɥe/ ▸ conjug 1 ◂ **VT** **a** *[+ liquide]* to dilute; *[+ peinture]* to thin (down); *(péj) [+ discours]* to pad out ◆ **alcool dilué** alcohol diluted with water ◆ **ce médicament se dilue dans l'eau** this medicine should be diluted with water **b** *[+ force, pouvoir]* to dilute, to weaken **c** *(Fin) [+ participation, capital, bénéfice]* to dilute ◆ **capital dilué** diluted capital

**dilution** /dilysjɔ̃/ **NF** **a** *[de liquide]* dilution; *[de peinture]* thinning (down); *(péj) [de discours]* padding out ◆ **à haute** ~ highly diluted **b** *[de force, pouvoir]* dilution, weakening **c** *(Fin)* dilution

**diluvien, -ienne** /dilyvjɛ̃, jɛn/ **ADJ** *[pluie]* torrential; *(Bible) [époque]* diluvian

**dimanche** /dimɑ̃ʃ/ **NM** Sunday ◆ **le** ~ **des Rameaux/de Pâques** Palm/Easter Sunday ◆ **le** ~ **de Noël** the Sunday after Christmas ◆ **les ~s de l'Avent/de Carême** the Sundays in Advent/Lent ◆ **mettre son costume** *ou* **ses habits du** ~ to put on one's Sunday clothes *ou* one's Sunday best ◆ **promenade/journal du** ~ Sunday walk/(news)paper ◆ **peintre/sportif du** ~ *(péj)* amateur *ou* spare-time painter/sportsman ◆ **chauffeur du** ~ Sunday driver ◆ **sauf** ~ **et jours fériés** Sundays and holidays excepted ◆ **ici, c'est pas tous les jours** ~ **!** life isn't always much fun here! ◆ **allez, encore un verre, c'est pas tous les jours** ~ **!** go on, have another, it's not every day we have an excuse for celebrating!; *pour autres loc voir* **samedi**

**dîme** /dim/ **NF** *(Hist)* tithe ◆ **lever une** ~ **sur qch** to tithe sth ◆ **payer la** ~ **du vin/des blés** to pay tithes *ou* the tithe on wine/corn ◆ **le grossiste/l'État prélève sa** ~ **(sur la marchandise)** *(fig)* the wholesaler takes his/the State takes its cut (on the goods)

**dimension** /dimɑ̃sjɔ̃/ **NF** **a** *(= taille) [de pièce, terrain]* size ◆ **avoir la même** ~ to be the same size, to have the same dimensions ◆ **de grande/petite** ~ large/small-sized, of large/small dimensions ◆ **faire une étagère à la** ~ **d'un recoin** to make a shelf to fit (into) an alcove

**b** *(= mesure)* **~s** dimensions ◆ **quelles sont les ~s de la pièce ?** what are the dimensions *ou* measurements of the room?, what does the room measure? ◆ **ce placard est fait aux ~s du mur** the cupboard has been built to the dimensions of the wall *ou* built to fit the wall ◆ **mesurez-le dans la plus grande** ~ measure it at the widest *ou* longest point ◆ **prendre la** ~ **de qn/d'un problème** to size sb/a problem up

**c** *(= importance)* **une entreprise de** ~ **internationale** a company of international standing ◆ **une erreur de cette** ~ a mistake of this magnitude ◆ **un repas à la** ~ **de son appétit** a meal commensurate with one's appetite ◆ **une tâche à la** ~ **de son talent** a task equal to *ou* commensurate with one's talent ◆ **il n'a pas la** ~ **d'un premier ministre** he hasn't got what it takes to be a prime minister

**d** *(Philos, Phys)* dimension ◆ **la troisième/quatrième** ~ the third/fourth dimension ◆ **à** *ou* **en 2/3 ~s** 2-/3-dimensional

**dimensionner** /dimɑ̃sjɔne/ ▸ conjug 1 ◂ **VT** to proportion ◆ **objet bien dimensionné** well-proportioned object

**diminué, e** /diminɥe/ (ptp de **diminuer**) **ADJ** **a** *(= affaibli)* **il est (très)** *ou* **c'est un homme (très)** ~ **depuis son accident** he's not (at all) the man he was since his accident ◆ **très** ~ **physiquement** in very poor health ◆ **très** ~ **mentalement** mentally much less alert **b** *(Mus)* diminished; *(Tricot) [vêtement]* fully-fashioned; *[rang de tricot]* decreased

**diminuer** /diminɥe/ ▸ conjug 1 ◂ **VT** **a** *(= réduire)* to reduce; *[+ durée, volume, nombre]* to reduce, to decrease; *[+ son]* to lower, to turn down; *[+ ardeur]* to dampen; *[+ chances de succès, intérêt]* to lessen, to reduce, to diminish ◆ ~ **les effectifs** to cut staff ◆ ~ **le plaisir de qn** to lessen sb's pleasure ◆ ~ **les forces de qn** to diminish sb's strength

**b** *(= affaiblir) [+ personne]* to weaken ◆ **ça l'a beaucoup diminué physiquement/moralement** it greatly weakened him physically/mentally

**c** *(= rabaisser) [+ personne]* to belittle; *[+ mérite, talent]* to belittle, to depreciate

**d** *(Tricot)* to decrease

**VI** **a** *[violence, intensité]* to diminish, to lessen; *[lumière]* to fade; *[bruit]* to die down; *[pluie]* to let up; *[orage]* to die down, to subside; *[intérêt, ardeur]* to decline, to decrease ◆ **le bruit diminue d'intensité** the noise is dying down ◆ **les combats diminuent d'intensité** the fighting is subsiding

**b** *[effectifs, nombre, valeur, pression]* to decrease, to diminish, to fall; *[provisions]* to diminish, to run low; *[forces]* to decline, to diminish ◆ ~ **de longueur/largeur** to grow shorter/narrower, to decrease in length/width ◆ **le (prix du) beurre a diminué** butter has gone *ou* come down *ou* dropped in price ◆ **ça a diminué de volume** it has got smaller ◆ **les jours diminuent** the days are growing shorter *ou* drawing in *(Brit)*

**VPR** **se diminuer** *(= se rabaisser)* ◆ **il cherche toujours à se** ~ he's always putting himself down

> ⚠ *Attention à ne pas traduire automatiquement* **diminuer** *par* **to diminish** *qui a des emplois spécifiques.*

**diminutif, -ive** /diminytif, iv/ **ADJ** *[suffixe]* diminutive **NM** *(Ling)* diminutive; *(= petit nom)* pet name (*de* for) diminutive (*de* of)

**diminution** /diminysjɔ̃/ **NF** **a** *[de longueur, largeur, vitesse]* reduction, decreasing; *[de durée, volume, nombre, quantité]* reduction, decreasing; *[de prix, impôts, consommation, valeur]* reduction, bringing down, cutting back ◆ **il nous a consenti une petite** ~ he gave us a small reduction ◆ **une** ~ **très nette du nombre des accidents** a marked decrease *ou* drop *ou* fall-off in the number of accidents ◆ **être en nette** ~ to be falling rapidly

**b** *[de chances de succès, plaisir, intérêt]* lessening, reduction; *[de violence, intensité]* diminishing, lessening

**c** *[de lumière, bruit]* fading, diminishing; *[de circulation]* dying down; *[de pluie]* letting up, diminishing; *[d'orage]* dying down, dying away, subsiding; *[d'ardeur]* dying down, diminishing, decrease (*de* in)

**d** *(Tricot)* decreasing ◆ **faire une** ~ to decrease ◆ **commencer les ~s** to begin decreasing

**dimorphe** /dimɔʀf/ **ADJ** dimorphous, dimorphic

**dimorphisme** /dimɔʀfism/ **NM** dimorphism

**DIN** /din/ **NM INV** (abrév de **Deutsche Industrie Norm**) DIN ◆ **les** ~ **et les ASA** DIN and ASA standards

**dinanderie** /dinɑ̃dʀi/ **NF** *(= commerce)* copperware trade; *(= articles)* copperware

**dinandier** /dinɑ̃dje/ **NM** copperware manufacturer and retailer

**dinar** /dinaʀ/ **NM** dinar

**dînatoire** /dinatwaʀ/ **ADJ** *(frm)* ◆ **goûter** ~ substantial afternoon meal, ≃ high tea *(Brit)* ◆ **buffet** ~ ≃ buffet dinner

**dinde** /dɛ̃d/ NF **a** *(Zool)* turkey hen; *(Culin)* turkey ◆ ~ **rôtie/de Noël** roast/Christmas turkey **b** *(péj = fille stupide)* silly little goose

**dindon** /dɛ̃dɔ̃/ NM **a** *(gén)* turkey; *(mâle)* turkey cock **b** *(* = homme sot)* **être le ~ (de la farce)** to be the fall guy *; → **pavaner**

**dindonneau** (pl **dindonneaux**) /dɛ̃dɔno/ NM *(Zool)* turkey poult; *(Culin)* turkey

**dîner** /dine/ ▸ conjug 1 ◂ VI **a** *(le soir)* to have dinner, to dine *(frm)* ◆ ~ **aux chandelles** to have dinner *ou* to dine by candlelight ◆ ~ **d'une tranche de pain** to have a slice of bread for dinner ◆ **avoir qn à ~** to have sb to dinner; → **dormir** **b** *(Can, Helv, Belg)* to have lunch NM **a** *(= repas du soir)* dinner ◆ **ils donnent un ~ demain** they are having a dinner party tomorrow ◆ ~ **de famille/d'affaires** family/business dinner ◆ ~ **en ville** (formal) dinner party ◆ **avant le ~** before dinner **b** *(Can, Helv, Belg)* lunch

**dînette** /dinɛt/ NF **a** *(= jeu d'enfants)* doll's tea party ◆ **jouer à la ~** to play at having a tea party ◆ **venez à la maison, on fera (la) ~** * come round and we'll have a bite to eat **b** *(= jouet)* ~ **de poupée** doll's tea set, toy tea set

**dîneur, -euse** /dinœʀ, øz/ NM,F diner

**ding** /diŋ/ EXCL ding ◆ ~ **dong !** ding dong!

**dingo**[1] /dɛ̃go/ NM *(= chien)* dingo

**dingue** * /dɛ̃g/, **dingo**[2] * † /dɛ̃go/ ADJ *[personne]* nuts *, crazy *, barmy * *(Brit)* ◆ **il y avait un bruit ~** it was incredibly noisy ◆ **tu verrais les prix, c'est ~ !** you should see the prices, they're crazy *ou* incredible! ◆ **un film ~** a really way-out * film ◆ **un vent ~** a hell of * a wind, an incredible wind ◆ **il est ~ de cette fille/de ce chanteur** he's crazy * *ou* nuts * *ou* mad * about that girl/singer NMF nutcase *, loony * ◆ **on devrait l'envoyer chez les ~s** he ought to be locked up *ou* to be sent to the loony bin ‡ ◆ **c'est un ~ de la voiture/de la guitare** he's crazy * *ou* nuts * *ou* mad * about cars/guitar-playing

**dinguer** * /dɛ̃ge/ ▸ conjug 1 ◂ VI ◆ **aller ~** *[personne]* to fall flat on one's face, to go sprawling; *[chose]* to go crashing down, to go flying * ◆ **envoyer ~ qn** *(= faire tomber)* to send sb flying *; *(= chasser)* to tell sb to buzz off * *ou* push off * ◆ **envoyer ~ qch** to send sth flying *

**dinguerie** * /dɛ̃gʀi/ NF craziness, stupidity ◆ **toutes ces ~s** all these stupidities

**dinosaure** /dinɔzɔʀ/ NM *(Zool, fig)* dinosaur

**diocésain, e** /djɔsezɛ̃, ɛn/ ADJ, NM,F diocesan

**diocèse** /djɔsɛz/ NM diocese

**diode** /djɔd/ NF diode

**Diogène** /djɔʒɛn/ NM Diogenes

**dionysiaque** /djɔnizjak/ ADJ Dionysian, Dionysiac ◆ **les ~s** the Dionysia

**Dionysos** /djɔnizɔs/ NM Dionysus, Dionysos

**dioptrie** /djɔptʀi/ NF dioptre

**dioptrique** /djɔptʀik/ ADJ dioptric(al) NF dioptrics *(sg)*

**diorama** /djɔʀama/ NM diorama

**dioxine** /diɔksin/ NF dioxin

**dioxyde** /diɔksid/ NM dioxide

**diphasé, e** /difaze/ ADJ diphase, diphasic, two-phase

**diphtérie** /diftеʀi/ NF diphtheria

**diphtérique** /difteʀik/ ADJ diphther(it)ic, diphtherial

**diphtongaison** /diftɔ̃gɛzɔ̃/ NF diphthongization

**diphtongue** /diftɔ̃g/ NF diphthong

**diphtonguer** VT, **se diphtonguer** VPR /diftɔ̃ge/ ▸ conjug 1 ◂ to diphthongize

**diplodocus** /diplɔdɔkys/ NM diplodocus

**diplômant, e** /diplomɑ̃, ɑ̃t/ ADJ ◆ **formation ~e** *course leading to a qualification,* ≃ certificate course

**diplomate** /diplɔmat/ ADJ diplomatic NMF *(= ambassadeur, personne habile)* diplomat NM *(Culin)* ≃ trifle ◆ ~ **au chocolat** ≃ chocolate charlotte russe

**diplomatie** /diplɔmasi/ NF **a** *(Pol)* diplomacy ◆ **le personnel de la ~** the diplomatic staff ◆ **entrer dans la ~** to enter the diplomatic service ◆ **le chef de la ~ allemande** the head of the German diplomatic staff **b** *(fig)* diplomacy ◆ **faire preuve de ~ envers qn** to treat sb diplomatically, to be diplomatic towards sb ◆ **il a déployé des trésors de ~** he showed wonderful diplomatic skills

**diplomatique** /diplɔmatik/ ADJ *(gén)* diplomatic ◆ **c'est une maladie ~** it's a case of diplomatic toothache; → **valise**

**diplomatiquement** /diplɔmatikmɑ̃/ ADV *(Pol, fig)* diplomatically

**diplôme** /diplom/ NM *(= titre) (gén)* diploma, certificate; *(Univ)* ≃ degree ◆ **avoir des ~s** to have qualifications ◆ ~ **d'études universitaires générales** *diploma taken after two years at university* ◆ ~ **d'études approfondies** *post-graduate diploma taken before completing a PhD* ◆ ~ **d'études supérieures spécialisées** *one-year post-graduate diploma in an applied subject* ◆ ~ **d'études supérieures techniques** *university post-graduate technical degree* ◆ ~ **d'études universitaires scientifiques et techniques** *qualification in science taken after two years at university* ◆ ~ **universitaire de technologie** *two-year qualification taken at a technical college after the baccalauréat*

> **Diplômes**
>
> The initial university qualifications in France are the DEUG or DEUST (taken after two years, the latter in science and technology), and the « licence », taken after three years. The one-year « maîtrise » follows the « licence », and is assessed mainly on the basis of a written dissertation known as a « mémoire ». Higher post-graduate study usually begins with a « DEA », a preparatory research qualification that precedes the « doctorat ».

**diplômé, e** /diplome/ (ptp de **diplômer**) ADJ qualified NM,F holder of a diploma ◆ **il est ~ d'Harvard** he has a Harvard degree, he has a degree from Harvard

**diplômer** /diplome/ ▸ conjug 1 ◂ VT to award a diploma to

**diplopie** /diplɔpi/ NF double vision, diplopia *(SPÉC)*

**dipôle** /dipol/ NM *(Phys)* dipole; *(Élec)* dipole (aerial)

**dipsomane** /dipsɔman/ ADJ dipsomaniacal NMF dipsomaniac

**dipsomanie** /dipsɔmani/ NF dipsomania

**diptère** /diptɛʀ/ ADJ *[temple]* dipteral; *[insecte]* dipterous, dipteran NM *(Zool)* dipteran ◆ **les ~s** dipterans, the Diptera *(SPÉC)*

**diptyque** /diptik/ NM *(Hist, Art = tablette)* diptych; *(= roman, film)* work in two parts

**dir.** abrév de **direction**

**dircom** * /diʀkɔm/ NMF abrév de **directeur, -trice de la communication**

## dire /diʀ/

▸ conjug 37 ◂

GRAMMAIRE ACTIVE 28.1, 30, 53.1, 53.5

1 VERBE TRANSITIF
2 VERBE PRONOMINAL
3 NOM MASCULIN

### 1 - VERBE TRANSITIF

**a** gén = déclarer to say ◆ **avez-vous quelque chose à ~ ?** have you got anything to say? ◆ **"j'ai froid", dit-il** "I'm cold", he said ◆ **on peut commencer ? – elle a dit oui** can we start? – she said yes *ou* she said we could ◆ ~ **bonjour/quelques mots à qn** to say hello/a few words to sb ◆ **il m'a dit : "je comprends"** he said to me, "I understand" ◆ **que dites-vous ?, qu'est-ce que vous dites ?** (I beg your) pardon?, what did you say? ◆ **comment dit-on ça en anglais ?** what's the English for that?, how do you say that in English? ◆ **comme disent les spécialistes** as the experts say ◆ ~ **ce que l'on pense** to speak one's mind, to say what one thinks ◆ **je ne fais que ~ tout haut ce que tout le monde pense tout bas** I'm only saying aloud what everyone else is thinking ◆ **je ne savais plus quoi ~** I was at a loss for words ◆ **il n'a pas dit un mot** he didn't say *ou* utter a (single) word ◆ **l'argent ne fait pas le bonheur, dit-on** money can't buy you happiness, as the saying goes *ou* as they say ◆ **qu'est-ce que les gens vont ~ ?, qu'en dira-t-on ?** whatever will people *ou* they say? ◆ **il sait ce qu'il dit** he knows what he's talking about ◆ **il ne sait pas ce qu'il dit** *(= il déraisonne)* he doesn't know what he's saying; *(= il ne sait pas de quoi il parle)* he doesn't know what he's talking about ◆ **à *ou* d'après ce qu'il dit** according to him, according to what he says ◆ **tu ne crois pas si bien ~ !** you don't know how right you are! ◆ **ce n'est pas une chose à ~** some things are better left unsaid ◆ **où va-t-il ? – il ne l'a pas dit** where's he going? – he didn't say ◆ **c'est à vous de ~** *(Cartes)* your call; → **bien, mal**[2]**, parler**

◆ **dire que** to say that ◆ ~ **à qn que ...** to tell sb that ..., to say to sb that ... ◆ **il dit qu'il nous a écrit** he says that he wrote to us ◆ **il a bien dit qu'il ne rentrerait pas** he did say that he would not be coming home ◆ **est-ce qu'il doit venir ? – elle dit que oui/que non** is he coming? – she says he is/he isn't *ou* she says so/not ◆ **la radio et les journaux avaient dit qu'il pleuvrait** the radio and the papers had said it would rain ◆ **vous nous dites dans votre lettre que ...** you tell us *ou* you say in your letter that ... ◆ **votre lettre/la loi dit clairement que ...** your letter/the law says clearly that *ou* clearly states that ... ◆ **qu'est-ce qui me dit que c'est vrai ?** how can I tell it's the truth?, how am I to know *ou* how do I know it's the truth?

◆ **on dit que ...** rumour has it that ..., they say that ...

◆ **que dis-je** ◆ **il a au moins 70 ans, que dis-je, plutôt 80** he must be at least 70 – what am I saying? – more like 80 ◆ **il est très économe, que dis-je, il est avare !** he's very thrifty, not to say mean!

◆ **ceci *ou* cela dit** *(avec restriction)* nevertheless, having said this; *(= à ces mots)* thereupon, having said this

◆ **cela va sans dire** it goes without saying

◆ **il va sans dire que ...** needless to say

◆ **comme on dit, comme dit *ou* dirait l'autre** * as they say, so to speak

◆ **comme qui dirait** * as you might say ◆ **j'entends comme qui dirait des grogne-**

**ments** I can hear what sounds like groans ◆ **cette maison c'est comme qui dirait un énorme cube** the house looks a bit like a huge cube

◆ **comment dirais-je?** how shall I put it?

◆ **je ne te** *ou* **vous dis que ça!** * that's all I can say! ◆ **il nous a fait un dîner, je ne te dis que ça !** *(admiratif)* he made us one hell of a dinner! *

◆ **pour ne pas dire** ◆ **il est gros, pour ne pas ~ obèse** he's fat, not to say obese

◆ **soit dit en passant** by the way, let me say in passing, incidentally

**b** [= communiquer] *[+ mensonges, nouvelle, adresse, nom]* to tell; *[+ sentiment]* to tell of, to express ◆ **~ qch à qn** to tell sb sth ◆ **il m'a dit quelque chose qui m'a fait rire** he told me something *ou* he said something to me that made me laugh ◆ **j'ai quelque chose à vous ~** there's something I want to tell you *ou* say to you ◆ **~ des bêtises** to talk nonsense ◆ **il nous a dit sa joie/son soulagement** he told us how happy/how relieved he was ◆ **je ne te le dirai pas deux fois** I won't tell you again ◆ **je suis sûr, je te dis !** * I'm certain, I tell you! ◆ **je vous l'avais bien dit !** I told you so!, didn't I tell you? ◆ **quelque chose me dit que ...** something tells me (that) ..., I've got the feeling (that) ... ◆ **rien ne dit que ...** there's nothing to say that ...; → **aventure**

◆ **entre nous soit dit, soit dit entre nous** (just) between the two of us, between you and me

◆ **pour mieux dire** ◆ **sa franchise, ou pour mieux ~ son manque de tact** his frankness, or rather his tactlessness

◆ **pour tout dire** actually, in fact ◆ **pour tout ~, ce film m'a paru sans intérêt** actually, I found the film totally uninteresting ◆ **il n'est pas bricoleur, pour tout ~ il a horreur des travaux manuels** he's not much of a handyman - in fact he hates manual work

**c** [= ordonner, prévenir] to tell ◆ **dites-lui de partir/qu'il parte ce soir** tell him to go/that he must leave tonight ◆ **il a dit de venir tôt** he said we were to come *ou* he said to come * early, he told us to come early ◆ **fais ce qu'on te dit !** do as *ou* what you are told! ◆ **ça suffit, j'ai dit !** I said that's enough! ◆ **on nous a dit de l'attendre** we were told to wait for him; → **envoyer**

**d** [= objecter] to say (*à, contre* against); ◆ **que veux-tu que je dise à** *ou* **contre ça ?** what can I say against that? ◆ **je n'ai rien à ~ sur son travail** I can't complain about his work ◆ **tu n'as rien à ~, tu aurais fait la même chose !** you can talk! you would have done exactly the same thing! ◆ **tais-toi, tu n'as rien à ~ !** be quiet, you're in no position to comment! ◆ **tu n'as rien à ~, tu es bien servi** you can't complain, you've done very well out of it

◆ **c'est pas pour dire** * ◆ **c'est pas pour ~, mais je l'ai bien réussi, ce gâteau !** I don't mean to boast, but I made a really good job of that cake! ◆ **c'est pas pour ~, mais il aurait pu m'inviter !** I don't mean to complain, but he could have invited me!

◆ **il n'y a pas à dire *, on ne peut pas dire** * there's no doubt about it, there's no getting away from it

**e** [= réciter] *[+ poèmes]* to say, to recite; *[+ prière]* to say; *[+ rôle]* to speak ◆ **~ la messe** to say mass ◆ **l'acteur a très mal dit ce passage** the actor spoke the lines very badly; → **chapelet**

**f** [= plaire] **ça vous dit de sortir ?** do you feel like going out?, do you fancy *(Brit)* going out? ◆ **ça ne me dit rien** I don't feel like it at all, it doesn't appeal to me at all, I don't fancy *(Brit)* it at all ◆ **il y a des fraises mais ça ne me dit pas** there are strawberries but I don't fancy them *(Brit)* *ou* I'm not in the mood for them ◆ **rien ne me dit en ce moment** I'm not in the mood for anything *ou* I don't feel like doing anything just now ◆ **si le cœur vous en dit** if you feel like it, if you feel so inclined

**g** [= penser] to think ◆ **qu'est-ce que tu dis de ma robe ?** what do you think of *ou* how do you like my dress? ◆ **qu'est-ce que vous dites de ça ?** what do you think *ou* how do you feel about it?, what are your feelings on the subject? ◆ **qu'est-ce que vous diriez d'une promenade ?** what would you say to a walk?, how about a walk? ◆ **on dirait qu'il n'aime pas cette ville** he doesn't seem to like this town ◆ **on dirait qu'il le fait exprès !** you'd almost think he does it on purpose! ◆ **qui aurait dit qu'elle allait gagner ?** who would have thought (that) she would win? ◆ **on dirait qu'il va pleuvoir** it looks like rain ◆ **on dirait qu'il va pleurer** he looks as though he is going to cry ◆ **cette eau est noire, on dirait de l'encre** this water is black – it looks like ink ◆ **on dirait du poulet** it tastes like *ou* it's like chicken ◆ **on dirait du Brahms** it sounds like *ou* it's like Brahms ◆ **on dirait du parfum** it's like *ou* it smells like perfume ◆ **on dirait de la soie** it's like *ou* it feels like silk ◆ **qui l'eût dit !** who'd have thought it!

◆ **dire que ...!** *(dans une phrase exclamative)* ◆ **et ~ qu'il aurait pu se tuer !** to think he might have killed himself!

**h** [= supposer, prétendre] **on le dit malade/à Londres** he's rumoured to be ill/in London ◆ **des gens dits cultivés** supposedly educated people

**i** [= décider] **venez bientôt, disons demain** come soon, let's make it tomorrow *ou* (let's) say tomorrow ◆ **tout n'est pas dit** the last word has not been said, it isn't all over yet ◆ **il est dit** *ou* **il a été dit que je ne gagnerai jamais** I'm destined *ou* fated never to win ◆ **bon, c'est dit** *ou* **voilà qui est dit** right, that's settled *ou* it's all arranged ◆ **ce qui est dit est dit** what's said is said ◆ **à l'heure dite** at the appointed time *ou* hour ◆ **au jour dit** on the appointed day; → **aussitôt, facile, tenir**

**j** [= admettre] to say, to admit ◆ **il faut bien ~ que ...** I must say *ou* admit that ... ◆ **disons-le, il nous ennuie** let's be frank *ou* let's face it *, we find him boring

**k** [= évoquer] **ce nom me dit quelque chose** this name rings a bell ◆ **ça ne me dit rien du tout** that doesn't mean a thing to me

**l** [* = avoir tel aspect] **et tes plantations, qu'est-ce que ça dit ?** how are your plants doing? ◆ **pour l'instant, ça ne dit rien †, mais attendez que ce soit fini !** for the moment it doesn't look up to much *, but just wait until it's finished!

**m** [= indiquer] to say, to show ◆ **ma montre dit 6 heures** my watch says 6 o'clock, it's 6 o'clock by my watch ◆ **son visage disait sa déception** his face gave away his disappointment, disappointment was written all over his face; → **long**

**n** [locutions] **tu me l'envoies, dis, cette lettre ?** you will send me that letter, won't you? ◆ **dis Papa, quand est-ce qu'on part ?** hey daddy, when are we going? ◆ **dis** *ou* **dites donc !** *(= à propos)* by the way; *(= holà)* hey!, say! *(US)* ◆ **c'est joli dis donc !** oh, isn't that pretty! ◆ **ça lui a rapporté 10 000 € – ben dis donc !** * that earned him €10,000 – goodness me *ou* well I never! * *(Brit)* ◆ **tu l'as dit (bouffi *) !** how right you are!, you said it! ◆ **quand je vous le disais !** I told you so!, what did I tell you! ◆ **c'est moi qui vous le dis** take my word for it ◆ **c'est vous qui le dites** that's what YOU say ◆ **c'est (vous) ~ s'il est content/s'il a eu peur** that just shows you how pleased he is/how frightened he was ◆ **c'est beaucoup/trop ~** that's saying a lot/too much ◆ **c'est peu ~** that's an understatement ◆ **et ce n'est pas peu ~ !, ce qui n'est pas peu ~ !** and that's really saying something! ◆ **c'est une superproduction hollywoodienne, c'est tout ~ !** it's a Hollywood spectacular, which says it all! ◆ **est-ce à ~ que ... ?** does that mean (that) ...? ◆ **qu'est-ce à ~ ?** *(frm)* what does that mean? ◆ **que tu dis (***ou* **qu'il dit** *etc***) !** ⁑ that's YOUR (*ou* HIS *etc*) story!, that's what YOU say (*ou* HE says *etc*)! ◆ **qui dit argent, dit problèmes** money means problems ◆ **à qui le dites-vous !** don't I know it! *, you're telling me! * ◆ **qui dit mieux ?** *(aux enchères)* any advance? ◆ **il a fait 50% de bénéfice, qui dit mieux ?** he made a 50% profit, you can't get much better than that, can you?

◆ **faire dire** ◆ **faire ~ qch à qn** to send word of sth to sb ◆ **faire ~ à qn de venir** to send for sb ◆ **faire ~ à qn qu'on a besoin de lui** to let sb know that he is needed ◆ **faire ~ à qn des choses (qu'il n'a pas dites)** to put words in sb's mouth ◆ **je ne vous le fais pas ~ !** you said it! ◆ **il ne se l'est pas fait ~ deux fois** he didn't need *ou* have to be told twice ◆ **elle partit sans se le faire ~ deux fois** she left without having to be told twice ◆ **sous la torture, on fait ~ aux gens ce qu'on veut** people can be made to say *ou* you can make people say anything under torture

◆ **laisser dire** to let people talk ◆ **laisse ~ !** let them talk!, never mind what they say! ◆ **je me suis laissé ~ que ...** I heard that ..., I was told that ...

◆ **vouloir dire** *(= signifier)* to mean ◆ **qu'est-ce que ça veut ~ ?** *[mot, texte]* what does that mean?; *[attitude de qn]* what does that imply? *ou* mean? ◆ **cette phrase ne veut rien ~** this sentence doesn't mean a thing ◆ **que veux-tu ~ par là ?** what do you mean? ◆ **ça ne veut pas ~ qu'il viendra** it doesn't mean (to say) that *ou* it doesn't follow that he'll come ◆ **ça veut tout ~ !** that says it all! ◆ **ça dit bien ce que ça veut ~** it means exactly *ou* just what it says ◆ **non mais, qu'est-ce que ça veut ~ de crier comme ça ?** what on earth is all this shouting about?

2 - VERBE PRONOMINAL

**se dire**

**a** [= penser] to say to o.s ◆ **il se dit qu'il était inutile de rester** he said to himself that there was no point in staying ◆ **je me dis que j'aurais dû l'acheter** I feel now *ou* I'm thinking now that I should have bought it ◆ **il faut bien se ~ que ...** one has to realize *ou* accept that ...

**b** [= se prétendre] to claim to be ◆ **il se dit malade** he claims to be ill *ou* that he is ill ◆ **elle se dit sa cousine** she claims to be his cousin, she says she is his cousin

**c** [= se croire] **on se dirait en Grèce/au Moyen Âge** you'd think we were in Greece/back in the Middle Ages

**d** [mutuellement] **elles se dirent au revoir** they said goodbye (to each other)

**e** [= être dit] **ça ne se dit pas** *(inusité)* you don't say that; *(impoli)* it's not polite ◆ **cela ne se dit plus en français** the expression is no longer used *ou* in use in French ◆ **ça se dit de la même façon en anglais et en français** it's the same in English and in French ◆ **comment ça se dit en français ?** how do you say that in French? ◆ **se dit d'un objet/d'une personne** *etc (dans un dictionnaire)* of an object/a person *etc*

3 - NOM MASCULIN

[= déclaration] statement ◆ **d'après** *ou* **selon ses ~s** according to him *ou* to what he says ◆ **au ~ de, aux ~s de** according to ◆ **au ~ de** *ou* **selon le ~ de tous** by all accounts ◆ **leurs ~s ne concordent pas** *(Jur)* their statements do not agree

**direct, e** /diʀɛkt/ ADJ a *(= sans détour) [route, personne, reproche, regard]* direct; *[question]* direct, straight; *[allusion]* direct, pointed *(épith)* ◆ **c'est le chemin le plus ~** it's the most direct route ◆ **c'est ~ en bus** there's a bus that goes direct ◆ **il m'a parlé de manière très ~e, il a été très ~** he spoke to me in a very direct *ou* straightforward way, he didn't beat about the bush

b *(= sans intermédiaire) (gén)* direct; *[cause, conséquence]* immediate, direct; *(Jur) [action]* direct ◆ **ses chefs ~s** his immediate superiors ◆ **vente ~e** direct selling ◆ **ligne téléphonique ~e** *(privée)* private *ou* direct line; *(automatique)* automatic dialling system ◆ **être en rapport** *ou* **en contact ~** *ou* **en relations ~es avec** to deal directly *ou* be in direct contact with ◆ **se mettre en rapport ~ avec qn** to contact sb *ou* make contact with sb directly ◆ **il n'y a pas de rapport** *ou* **lien ~ entre les deux faits** there is no direct connection *ou* link between the two facts ◆ **il a pris une part très ~e à cette affaire** he was directly involved in the deal

c *(= absolu)* **en contradiction/opposition ~e avec** in direct contradiction/opposition to

d *(Astron)* direct; *(Ling) [style, discours, objet]* direct; *(Logique) [proposition]* positive; → **complément**

e *(Transport) [train]* through *(épith)*, non-stop *(épith)*; *[vol]* direct, non-stop *(épith)* ◆ **ce train est ~ jusqu'à Paris** this is a through *ou* non-stop train to Paris

NM a *(Rail)* express (train), fast *ou* non-stop train ◆ **le ~ Paris-Dijon** the Paris-Dijon express

b *(Boxe)* jab ◆ **~ du gauche/du droit** straight left/right, left/right jab ◆ **il lui a envoyé un ~ dans l'estomac** he delivered a punch straight to his stomach

c *(Radio, TV)* **c'est du ~** it's live ◆ **émission en ~** live broadcast ◆ **parler/faire un reportage en ~ de New York** to be speaking/reporting live from New York ◆ **ce sont les risques du ~** those are the risks of live broadcasting *ou* of broadcasting live

ADV * straight ◆ **tu fais la traduction ~ ?** do you translate straight off? ◆ **on l'a emmené ~ à l'hôpital** he was taken straight to hospital

**directement** /diʀɛktəmɑ̃/ ADV a *(= immédiatement)* straight, right away, straight away *(Brit)* ◆ **il est allé se coucher ~** he went straight *ou* directly to bed, he went to bed right *ou* straight *(Brit)* away ◆ **en rentrant il est allé ~ au réfrigérateur** when he came home he went straight to the fridge *ou* he made a beeline for the fridge

b *(= sans détour)* straight, directly ◆ **cette rue mène ~ à la gare** this street leads straight to the station ◆ **cet escalier communique ~ avec la cave** this staircase leads straight *ou* directly to the cellar ◆ **il est entré ~ dans le vif du sujet** he came straight to the point

c *(= personnellement)* directly ◆ **il m'a très ~ accusé de ce crime** he accused me of the crime straight out ◆ **sa bonne foi est ~ mise en cause** it's a direct challenge to his good faith ◆ **tout ceci ne me concerne pas ~ mais ...** none of this concerns me directly *ou* personally but ..., none of this is of any direct *ou* immediate concern to me but ... ◆ **les secteurs les plus ~ touchés par la crise** the sectors most directly *ou* immediately affected by the crisis

d *(= sans intermédiaire)* direct, straight ◆ **adressez-vous ~ au patron** apply to the boss direct *ou* in person, go straight to the boss ◆ **j'ai été ~ le trouver pour le lui demander** I went straight to him to ask him about it ◆ **~ du producteur au consommateur** direct *ou* straight from the producer to the consumer ◆ **colis expédié ~ à l'acheteur** parcel sent direct to the buyer

e *(= diamétralement) (lit)* directly; *(fig)* completely, utterly, directly ◆ **la maison ~ en face** the house directly *ou* straight opposite

**directeur, -trice** /diʀɛktœʀ, tʀis/ ADJ *(= dirigeant)* directing; *(= principal) [idée]* principal, main; *[principe]* guiding; *[force]* guiding, driving; *(Tech) [bielle]* driving; *[roue]* front ◆ **le taux ~ de la Banque de France** the Bank of France's key interest rate; → **comité, ligne[1], plan[1]**

NM a *(= responsable, gérant) [de banque, usine]* manager; *(Admin)* head; *(Police)* ≃ chief constable *(Brit)*, police chief *(US)*; *(Ciné, TV)* director ◆ **~ général** *[d'entreprise]* general manager; *(au conseil d'administration)* managing director, chief executive officer *(US)*; *[d'organisme international]* director general ◆ **~ général adjoint** assistant general manager ◆ **le ~ de l'UFR d'anglais** *(Univ)* the head of the English department ◆ **~ des achats** *ou* **d'achat** *(Comm)* chief buyer, purchasing manager

b *(= administrateur, propriétaire)* director

c ◆ **~ (d'école)** headmaster, principal *(US)*

NF **directrice** a *[d'entreprise]* manageress; *(= propriétaire)* director; *(Admin)* head

b ◆ **directrice (d'école)** headmistress, principal *(US)*

c *(Math)* directrix

COMP ▷ **directeur administratif et financier** financial and administrative director ▷ **directeur artistique** artistic director ▷ **directeur de cabinet** *(d'un ministre)* principal private secretary ▷ **directeur commercial** commercial manager ▷ **directeur de la communication** head of communications ▷ **directeur de conscience** spiritual adviser ▷ **directeur financier** financial director ▷ **directeur gérant** managing director ▷ **directeur de journal** newspaper editor ▷ **directeur de la photographie** director of photography ▷ **directeur de prison** prison governor *(Brit)*, head warden *(US)* ▷ **directeur des programmes** *(Radio, TV)* programme *(Brit) ou* program *(US)* director ▷ **directeur des ressources humaines** human resources manager ▷ **directeur spirituel** ⇒ **directeur de conscience** ▷ **directeur de théâtre** theatre *(Brit) ou* theater *(US)* manager ▷ **directeur de thèse** *(Univ)* supervisor *(Brit)*, (dissertation) director *(US)* ▷ **directeur des ventes** sales manager

**directif, -ive[1]** /diʀɛktif, iv/ ADJ directive ◆ **il est très ~** he's very directive, he's always telling people what to do ◆ **ne soyez pas trop ~** try not to exert too much control

**direction** /diʀɛksjɔ̃/ NF a *(= sens)* direction; *(= route, chemin)* direction, way ◆ **vous n'êtes pas dans** *ou* **vous n'avez pas pris la bonne ~** you're not going the right way, you're going in the wrong direction ◆ **dans quelle ~ est-il parti ?** which way did he go? ◆ **aller dans la ~ de** *ou* **en ~ de Paris, prendre la ~ de Paris** to go towards *ou* in the direction of Paris ◆ **prendre la ~ Châtelet** *(en métro)* take the line that goes to Châtelet ◆ **train/avion en ~ de ...** train/plane for *ou* going to ... ◆ **bateau en ~ de ...** ship bound *ou* heading for ... ◆ **nous devons chercher dans une autre ~** we must look in some other *ou* a different direction ◆ **l'enquête a pris une nouvelle ~** the inquiry has taken a new turn ◆ **dans toutes les ~s** in all directions ◆ **"autres directions"** *(Aut)* "all other routes" ◆ **"toutes directions"** "all routes"

b *(= action de diriger) [d'entreprise, usine, théâtre]* management, running; *[de journal, pays, gouvernement, parti]* running; *[d'orchestre]* conducting; *(Ciné, Théât, TV) [d'acteurs]* directing; *[d'opération, manœuvre]* supervision ◆ **il a été chargé de** *ou* **on lui a confié la ~ de l'enquête/des travaux** he has been put in charge of the inquiry/the work ◆ **prendre la ~ de** *[+ service]* to become head of, to take over the running of; *[+ usine, entreprise]* to become manager of, to take over the running *ou* management of; *[+ équipe, travaux]* to take charge of, to take over the supervision of; *[+ mouvement, pays]* to become leader of, to take over the leadership of; *[+ débats]* to take control of; *[+ journal]* to take over the editorship of ◆ **~ par objectifs** management by objectives ◆ **prendre la ~ des opérations** to take charge *ou* control (of operations) ◆ **sous sa ~** under his leadership (*ou* management *etc*) ◆ **il a travaillé sous la ~ d'un spécialiste** he has worked under the supervision of an expert ◆ **il a fait ses études sous la ~ de M. Borel** he studied under M. Borel ◆ **orchestre (placé) sous la ~ de Luc Petit** orchestra conducted by Luc Petit

c *(= fonction de responsable)* post of manager, managership; *(= fonction d'administrateur)* post of director, directorship; *[d'école]* headship, post of head *ou* principal *(US)*; *[de journal]* editorship, post of editor; *[de pays, gouvernement, parti]* leadership ◆ **on lui a offert la ~ de l'usine/d'une équipe de chercheurs** he was offered the post of factory manager/of head of a research team ◆ **on lui a donné la ~ générale** he was given the director-generalship

d *(= personnel dirigeant) [d'usine, service, équipe]* management; *[de journal]* editorial board ◆ **la ~ générale/commerciale** the general/sales management ◆ **se plaindre à la ~** to make a complaint to the board *ou* the management ◆ **la ~ décline toute responsabilité** the management accepts no responsibility; → **changement**

e *(= bureau) [d'usine]* manager's (*ou* director's) office; *[d'école]* headmaster's (*ou* headmistress's) office, principal's office *(US)*; *[de journal]* editor's office

f *(= service)* department ◆ **la ~ des ressources humaines** the human resources department ◆ **adressez-vous à la ~ du personnel** apply to the personnel department ◆ **notre ~ générale est à Paris** our head office is in Paris ◆ **Direction générale** *(de l'UE)* Directorate General ◆ **la Direction de la surveillance du territoire** the counter-espionage services, ≃ MI5 *(Brit)*, the CIA *(US)* ◆ **Direction départementale de l'action sanitaire et sociale** ≃ social services ◆ **Direction générale des impôts** *government tax authority*

g *(Aut = mécanisme)* steering ◆ **~ assistée** power steering ◆ **il n'y a plus de ~** the steering has gone; → **rupture**

> ⚠ *Dans le monde des affaires,* **direction** *ne se traduit pas par le mot anglais* **direction.**

**directionnel, -elle** /diʀɛksjɔnɛl/ ADJ *(Tech)* directional

**directive[2]** /diʀɛktiv/ NF *(gén pl)* directive, order, instruction ◆ **~ communautaire/européenne** Community/European directive

**directoire** /diʀɛktwaʀ/ NM a (*Comm etc*) board of directors *ou* management ◆ **membre/président du** ~ member/chairman of the board (of directors) b (*Hist*) **le Directoire** the (French) Directory, the Directoire ◆ **fauteuil/table** ~ Directoire chair/table

**directorat** /diʀɛktɔʀa/ NM [*d'administration*] directorship; [*d'entreprise*] managership; [*d'école*] headship, principalship (*US*)

**directorial, e** (mpl **-iaux**) /diʀɛktɔʀjal, jo/ ADJ [*fonction, responsabilité*] (*Comm, Ind*) managerial; (*Admin*) of directors; (*Scol*) of headmaster (*ou* headmistress), of principal (*US*) ◆ **fauteuil/bureau** ~ manager's (*ou* director's *ou* head's *ou* principal's (*US*)) chair/office

**directrice** /diʀɛktʀis/ NF → **directeur**

**dirham** /diʀam/ NM dirham

**dirigeable** /diʀiʒabl/ ADJ, NM ◆ **(ballon)** ~ dirigible, airship

**dirigeant, e** /diʀiʒɑ̃, ɑ̃t/ NM,F [*de parti, syndicat, pays*] leader; (= *monarque, dictateur*) ruler ◆ ~ **d'entreprise** company director; (*salarié*) company manager ADJ [*classe*] ruling

**diriger** /diʀiʒe/ ▸ conjug 3 ◂ VT a [*+ service*] to run, to be in charge of; [*+ entreprise, usine, théâtre*] to manage, to run; [*+ journal*] to run, to edit; [*+ pays*] (*gén*) to lead; [*dictateur, monarque*] to rule; [*+ mouvement, parti*] to lead; [*+ orchestre*] to conduct ◆ **mal** ~ **une entreprise** to mismanage a business, to run a business badly ◆ **savoir** ~ to be a good manager *ou* leader ◆ **équipe bien/mal dirigée** team under good/poor leadership *ou* management, well-/badly-run team; → **économie**

b (= *superviser*) [*+ opération, manœuvre*] to direct, to be in charge of; [*+ recherches, travaux*] to supervise, to oversee, to be in charge of

c (= *mener*) [*+ enquête, procès*] to conduct; [*+ débat*] to conduct, to lead ◆ **a-t-il bien su** ~ **sa vie ?** did he manage to run his life properly? ◆ **cette idée dirige toute notre politique** this idea guides *ou* determines our whole policy ◆ **l'ambition dirige tous ses actes** he is entirely ruled by ambition

d (*Mil*) ~ **le tir** to direct the firing

e (= *piloter*) [*+ voiture*] to steer; [*+ avion*] to pilot, to fly; [*+ bateau*] to steer, to navigate; (= *guider*) [*+ cheval*] (*de trait*) to steer; (*de selle*) to guide ◆ **bateau qui se dirige facilement** boat which is easy to steer

f (= *acheminer*) [*+ marchandises, convoi*] to send (*vers, sur* to)

g (= *orienter*) [*+ personnes*] to direct, to send (*sur, vers* to); ◆ **on m'a mal dirigé** I was misdirected *ou* sent the wrong way ◆ ~ **ses pas vers un lieu** to make for *ou* make one's way to *ou* head for a place ◆ **la flèche est dirigée vers la gauche** the arrow is pointing left *ou* to(wards) the left ◆ **on devrait** ~ **ce garçon vers les sciences** we should advise this boy to specialize in science, we should guide this boy towards the sciences ◆ **cet élève a été mal dirigé** this pupil has been badly advised *ou* guided ◆ **nous dirigeons notre enquête/nos travaux dans une voie nouvelle** we are conducting *ou* directing our inquiry/carrying out *ou* directing our work along new lines ◆ ~ **un article/une allusion contre qn/qch** to aim *ou* direct an article/an allusion at sb/sth ◆ ~ **une critique contre qn/qch** to aim *ou* direct *ou* level a criticism at sb/sth ◆ **les poursuites dirigées contre lui** the proceedings brought against him

h (= *braquer*) ~ **une arme sur** to point *ou* level *ou* aim a weapon at ◆ ~ **un canon/télescope sur** to train a gun/telescope on, to point a gun/telescope at ◆ ~ **une lampe de poche/lumière sur** to shine a torch/light on ◆ **le pompier dirigea sa lance vers les flammes** the fireman aimed *ou* pointed his hose at *ou* trained his hose on the flames ◆ ~ **son attention sur qn/qch** to turn one's attention to *ou* on sb/to sth ◆ ~ **son regard** *ou* **ses yeux sur** *ou* **vers qch** to look towards *ou* in the direction of sth ◆ **son regard se dirigea vers elle** he turned his gaze towards *ou* on her

i (*Ciné, Théât, TV*) [*+ acteurs*] to direct

VPR **se diriger** a ◆ **se** ~ **vers** (= *aller, avancer vers*) to make for, to head for, to make one's way towards ◆ **il se dirigea vers la sortie** he made his way towards *ou* made for the exit ◆ **le bateau/la voiture semblait se** ~ **vers le port** the boat/car seemed to be heading *ou* making for the harbour ◆ **l'avion se dirigea vers le nord** the plane flew *ou* headed northwards ◆ **se** ~ **droit sur qch/qn** to make a beeline *ou* make straight for sth/sb ◆ **nous nous dirigeons vers une solution/un match nul** we seem to be heading towards a solution/a draw ◆ **se** ~ **vers les sciences** (*Scol*) to specialize in science ◆ **se** ~ **vers une carrière juridique** to opt for *ou* be headed for a career in law

b (= *se guider*) to find one's way ◆ **se** ~ **sur les étoiles/le soleil** to navigate by the stars/the sun ◆ **se** ~ **au radar** to navigate by radar ◆ **il n'est pas facile de se** ~ **dans le brouillard** it isn't easy to find one's way in the fog

**dirigisme** /diʀiʒism/ NM (*Écon*) interventionism, state intervention

**dirigiste** /diʀiʒist/ ADJ, NMF interventionist

**dirlo** /diʀlo/ NMF (abrév de **directeur, -trice**) (*arg Scol*) head

**disant** /dizɑ̃/ → **soi-disant**

**discal, e** (mpl **-aux**) /diskal, o/ ADJ (*Méd*) of the intervertebral discs; → **hernie**

**discernable** /disɛʀnabl/ ADJ discernible, detectable

**discernement** /disɛʀnəmɑ̃/ NM a (= *sagesse*) judgment, discernment ◆ **manquer de** ~ to be lacking in judgment *ou* discernment

◆ **sans discernement** (= *distinction*) without (making a) distinction ◆ **agir sans** ~ (*à la légère*) to act without proper judgment b (= *action*) distinguishing, discriminating, distinction

**discerner** /disɛʀne/ ▸ conjug 1 ◂ VT a (= *distinguer*) [*+ forme*] to discern, to make out, to perceive; [*+ bruit*] to detect, to hear, to make out; [*+ nuance*] to discern, to detect b (= *différencier*) to distinguish, to discriminate (*entre* between); ◆ ~ **une couleur d'une** *ou* **d'avec une autre/le vrai du faux** to distinguish *ou* tell one colour from another/truth from falsehood

**disciple** /disipl/ NM (= *élève*) disciple; (= *adepte*) follower, disciple

**disciplinable** /disiplinabl/ ADJ disciplinable

**disciplinaire** /disiplinɛʀ/ ADJ disciplinary ◆ **au quartier** ~ in the punishment cells

**disciplinairement** /disiplinɛʀmɑ̃/ ADV ◆ **poursuivre qn** ~ to take disciplinary action against sb ◆ **le comportement** ~ **fautif d'un magistrat** behaviour by a magistrate that would lead to disciplinary action

**discipline** /disiplin/ NF a (= *règle*) discipline ◆ **une** ~ **de fer** an iron discipline ◆ ~ **de vote d'un parti** party discipline; (*Pol Brit*) party whip ◆ **elle n'a aucune** ~ she has no self-discipline ◆ **il s'entraîne tous les matins avec** ~ he makes himself train every morning ◆ **il fait régner la** ~ **dans sa classe** he imposes discipline on his class ◆ **s'imposer une** ~ **alimentaire** to be very strict *ou* careful about what one eats; → **compagnie, conseil** b (= *matière*) (*Scol, Univ*) subject, discipline; (*Sport*) sport ◆ ~ **olympique** Olympic sport ◆ **c'est le meilleur dans sa** ~ he's the best in his field

**discipliné, e** /disipline/ (ptp de **discipliner**) ADJ [*soldat*] well-disciplined; [*citoyen, peuple*] law-abiding; [*parti*] disciplined; [*enfant, élève*] well-behaved

**discipliner** /disipline/ ▸ conjug 1 ◂ VT [*+ soldats, élèves*] to discipline; [*+ impulsions*] to discipline, to control; [*+ cheveux*] to control, to keep tidy ◆ **cheveux difficiles à** ~ unruly *ou* unmanageable hair ◆ **il faut apprendre à se** ~ one must learn self-discipline *ou* to discipline oneself

**disc-jockey** (pl **disc-jockeys**) /disk(ə)ʒɔkɛ/ NM disc jockey, DJ

**disco** /disko/ ADJ [*musique*] disco NM ◆ **le** ~ disco music

**discobole** /diskɔbɔl/ NM discus thrower; (*Antiq*) discobolus

**discographie** /diskɔgʀafi/ NF discography ◆ **sa** ~ **est abondante** he's made a lot of records

**discoïde** /diskɔid/ ADJ discoid(al), disc- *ou* disk-shaped

**discontinu, e** /diskɔ̃tiny/ ADJ (*Ling, Math*) discontinuous; (= *intermittent*) [*trait*] broken; [*bruit, effort*] intermittent ◆ **bande** *ou* **ligne blanche** ~**e** (*sur route*) broken white line NM (*Philos*) discontinuity ◆ **en** ~ intermittently

**discontinuer** /diskɔ̃tinɥe/ ▸ conjug 1 ◂ VTI (*littér*) to discontinue, to cease, to stop ◆ **sans** ~ without stopping, without a break ◆ **pendant deux heures sans** ~ for two hours at a stretch *ou* without stopping *ou* without a break

**discontinuité** /diskɔ̃tinɥite/ NF discontinuity

**disconvenir** /diskɔ̃v(ə)niʀ/ ▸ conjug 22 ◂ VI (*littér* = *nier*) ◆ **je n'en disconviens pas** I don't deny it ◆ **il ne peut** ~ **que ce soit vrai** he cannot deny the truth of it *ou* that it's true

**discophile** /diskɔfil/ NMF record collector

**discordance** /diskɔʀdɑ̃s/ NF a [*de caractères*] conflict, clash; [*d'opinions*] difference, conflict; [*de sons*] discord (*NonC*), discordance, dissonance; [*de couleurs*] clash(ing) (*NonC*) ◆ **leurs déclarations présentent des** ~**s graves** there were major discrepancies between their statements b (*Géol*) unconformability, discordance

**discordant, e** /diskɔʀdɑ̃, ɑ̃t/ ADJ a [*caractères, opinions, témoignages*] conflicting; [*sons, cris, bruits*] discordant, harsh; [*instruments*] out of tune; [*couleurs*] clashing, discordant ◆ **elle a une voix** ~**e** she has a harsh *ou* grating voice, her voice grates b (*Géol*) unconformable, discordant

**discorde** /diskɔʀd/ NF (*littér*) discord, dissension ◆ **mettre** *ou* **semer la** ~ to sow discord, to cause dissension (*chez, parmi* among) → **pomme**

**discorder** /diskɔʀde/ ▸ conjug 1 ◂ VI [*sons*] to be discordant; [*couleurs*] to clash; [*témoignages*] to conflict

**discothécaire** /diskɔtekɛʀ/ NMF record librarian

**discothèque** /diskɔtɛk/ NF a (= *club*) discotheque b (= *collection*) record collection c (= *bâtiment*) record library d (= *meuble*) record cabinet

**discount** /diskunt/ NM (= *rabais*) discount ◆ **billets/vols en** ~ discount tickets/flights ◆ **(magasin)** ~ discount store *ou* shop ◆ **à des prix** ~ at discount prices

**discounter**[1] /diskunte/ ▸ conjug 1 ◂ VT to discount, to sell at a discount ◆ **tout est discounté** everything is cut-price *ou* is at a discount price

**discounter**[2], **discounteur** /diskuntœʀ/ NM discount dealer

**discoureur, -euse** /diskuʀœʀ, øz/ NM,F *(péj)* speechifier, windbag *

**discourir** /diskuʀiʀ/ ▸ conjug 11 ◂ VI **a** *(= faire un discours)* to discourse *(frm)*, to expatiate *(frm)* (*sur, de* (up)on); *(péj)* to hold forth (*sur, de* on) to speechify **b** *(= bavarder)* to talk (away)

**discours** /diskuʀ/ NM **a** *(= allocution)* speech ◆ **~ d'ouverture/de clôture** opening/closing speech *ou* address ◆ **~ inaugural** inaugural address *ou* speech ◆ **~ d'investiture** nomination speech ◆ **~-programme** keynote speech ◆ **~ du trône** Queen's (*ou* King's) speech, speech from the throne ◆ **~ sur l'état de l'Union** *(Pol US)* State of the Union Address ◆ **faire** *ou* **prononcer un ~** to make *ou* deliver a speech ◆ **prononcer un ~ sur la tombe de qn** to deliver a funeral oration for sb

**b** *(péj)* talking *(NonC)*, chatter *(NonC)* ◆ **tous ces beaux ~ n'y changeront rien** all these fine words *ou* all this fine talk won't make any difference ◆ **suis-moi sans faire de ~ !** follow me and don't argue! ◆ **que de ~ !** what a lot of fuss (about nothing)! ◆ **perdre son temps en ~** to waste one's time talking ◆ **assez de ~, des faits !** that's enough talk, let's see some action! ◆ **elle me tenait des ~ sans fin sur la morale/la politique** she gave me endless lectures on morality/politics, she lectured me endlessly on morality/politics ◆ **il aime tenir de grands ~** he likes to hold forth ◆ **elle m'a tenu des ~ à n'en plus finir** she went on and on as if she was never going to stop ◆ **un dessin vaut mieux qu'un long ~** a picture is worth a thousand words

**c** *(= idées exprimées)* views ◆ **le ~ des intellectuels/des extrémistes** the views expressed by intellectuals/extremists ◆ **le ~ dominant** the prevailing attitude *ou* view ◆ **c'est le ~ officiel** it's the official line ◆ **leur ~ rassurant/optimiste** their reassuring/optimistic words ◆ **changer de ~** to change one's position ◆ **il tient rarement ce ~ en public** he seldom expresses these views in public ◆ **ce parti tient un ~ nouveau** the party is taking a new line ◆ **il m'a déjà tenu ce ~** he's already told me that ◆ **ils tiennent tous le même ~** they all say the same thing

**d** ◆ **le ~** *(= expression verbale)* speech; *(Ling, Rhétorique)* discourse; *(Philos = raisonnement)* discursive reasoning *ou* thinking ◆ **(au) ~ direct/indirect** *(Ling)* (in) direct/indirect *ou* reported speech ◆ **les parties du ~** *(Ling)* the parts of speech; *(Rhétorique)* the parts of discourse

**e** *(Philos = traité)* discourse, treatise

**discourtois, e** /diskuʀtwa, waz/ ADJ discourteous

**discourtoisie** /diskuʀtwazi/ NF *(littér)* discourtesy

**discrédit** /diskʀedi/ NM *[de personne]* discredit, disfavour; *[d'idée, théorie, œuvre]* discredit, disrepute ◆ **tomber dans le ~** to fall into disrepute ◆ **être en ~** to be discredited *ou* in disrepute ◆ **jeter le ~ sur qch/qn** to discredit sth/sb

**discréditer** /diskʀedite/ ▸ conjug 1 ◂ VT *[+ personne]* to discredit; *[+ théorie, œuvre]* to discredit, to bring into disrepute ◆ **c'est une opinion tout à fait discréditée de nos jours** it is an opinion which has gone right out of favour *ou* which is quite discredited nowadays VPR **se discréditer** *[idée, théorie]* to become discredited, to fall into disrepute; *[personne]* to bring discredit upon o.s., to discredit o.s. (*aux yeux de qn, auprès de qn* in sb's eyes)

**discret, -ète** /diskʀɛ, ɛt/ ADJ **a** *(= réservé, retenu)* discreet ◆ **soyez ~, ne lui parlez pas de sa défaite** mind what you say - don't mention his defeat to him **b** *(= qui n'attire pas l'attention) [personne, manière]* unobtrusive; *[parfum, maquillage]* discreet, light; *[vêtement]* plain, simple; *[endroit, couleur]* quiet; *[lumière]* subdued; *[parole, regard]* discreet ◆ **il lui remit un paquet sous emballage ~** he handed her a parcel wrapped in plain paper ◆ **"envoi discret"** "sent under plain cover" ◆ **n'y a-t-il pas une façon plus discrète de m'avertir ?** couldn't you have told me in a more discreet way? **c** *(= qui garde les secrets)* discreet **d** *(Math) [quantité]* discrete; *(Phys) [fonction]* discontinuous; *(Ling) [unité]* discrete

**discrètement** /diskʀɛtmɑ̃/ ADV **a** *(= avec tact) [se tenir à l'écart, parler, reprocher]* discreetly, quietly ◆ **il a ~ fait allusion à ...** he gently hinted at ..., he made a discreet allusion to ... **b** *(= pour ne pas se faire remarquer)* discreetly; *[se maquiller]* lightly; *[s'habiller]* plainly, simply ◆ **il s'est éclipsé ~** he made a discreet exit, he slipped away *ou* out quietly ◆ **parler ~ à l'oreille de qn** to have a quiet word in sb's ear, to have a discreet word with sb

**discrétion** /diskʀesjɔ̃/ NF **a** *(= fait de garder un secret)* discretion ◆ **"discrétion assurée"** "discretion assured" ◆ **j'aimerais que vous gardiez la plus grande ~ sur le sujet** I'd appreciate it if you could be as discreet as possible about this ◆ **ils se sont mariés dans la plus grande ~** they had a very quiet wedding **b** *(= réserve) [de personne]* discretion, tact ◆ **sa ~ est exemplaire** he's a model of discretion *ou* tact **c** *(= modération) [de maquillage, parfum]* lightness; *[de vêtement]* plainness, simpleness ◆ **avec ~** *[s'habiller]* soberly, plainly, simply; *[se conduire]* discreetly, unobtrusively; *[parler]* discreetly **d** *(littér = discernement)* discretion **e** *(loc)* **vin/pain à ~** unlimited wine/bread, as much wine/bread as you want ◆ **être à la ~ de qn** *(littér)* to be in sb's hands

**discrétionnaire** /diskʀesjɔnɛʀ/ ADJ discretionary

**discriminant, e** /diskʀiminɑ̃, ɑ̃t/ ADJ discriminating, distinguishing NM *(Math)* discriminant

**discrimination** /diskʀiminasjɔ̃/ NF discrimination (*contre, à l'égard de, envers* against); ◆ **~ raciale/sexuelle** race *ou* racial/sex *ou* sexual discrimination ◆ **sans ~ d'âge ni de sexe** regardless of age or sex ◆ **ce métier est accessible à tous sans ~** this profession is open to everyone without discrimination ◆ **tirer sans ~ (dans la foule)** to fire indiscriminately (into the crowd) ◆ **~ positive** affirmative action

**discriminatoire** /diskʀiminatwaʀ/ ADJ *[mesures]* discriminatory, discriminating

**discriminer** /diskʀimine/ ▸ conjug 1 ◂ VT **a** *(littér = distinguer)* to distinguish ◆ **apprendre à ~ les méthodes** to learn how to discriminate *ou* distinguish between methods **b** *(surtout ptp) [+ personnes]* to discriminate against

**disculpation** /diskylpasjɔ̃/ NF exoneration, exculpation *(frm)*

**disculper** /diskylpe/ ▸ conjug 1 ◂ VT to exonerate, to exculpate *(frm)* (*de* from) VPR **se disculper** to exonerate o.s., to vindicate o.s., to exculpate o.s. *(frm)* (*auprès de qn* in sb's eyes)

**discursif, -ive** /diskyʀsif, iv/ ADJ discursive

**discussion** /diskysjɔ̃/ NF **a** *[de problème]* discussion (*de* of); *[de projet de loi]* debate (*de* on) discussion (*de* of); ◆ **mettre une question en ~** to bring a matter up for discussion ◆ **le projet de loi est en ~** the bill is being debated *ou* is under discussion **b** *(= débat)* discussion, debate; *(= pourparlers, échanges de vues)* discussion(s), talks; *(= conversation)* discussion, talk ◆ **les délégués sont en ~** the delegates are in conference ◆ **sans ~ possible** indisputably, undoubtedly ◆ **de la ~ jaillit la lumière** *(Prov)* truth is reached through discussion **c** *(= querelle)* argument, quarrel ◆ **avoir une violente ~ avec qn** to have a violent disagreement *ou* quarrel *ou* argument with sb ◆ **suis-moi et pas de ~s** follow me and don't argue *ou* no argument

**discutable** /diskytabl/ ADJ **a** *(= contestable)* debatable, questionable, arguable ◆ **il est compétent – c'est tout à fait ~** he's competent – that's debatable **b** *(= mauvais, douteux) [goût]* doubtful, questionable

**discutailler** * /diskytɑje/ ▸ conjug 1 ◂ VI *(péj) (= bavarder)* to chat (away), to natter (away) * *(Brit)*; *(= débattre sans fin)* to argue (*sur* over) to go on * (*sur* about); *(= ergoter)* to wrangle, to quibble (*sur* over); ◆ **~ dans le vide** to argue *ou* quibble over nothing

**discute** * /diskyt/ NF ◆ **taper la ~** to have a chin-wag *

**discuté, e** /diskyte/ (ptp de **discuter**) ADJ *(= contesté)* ◆ **ministre très ~** very controversial minister ◆ **question très ~e** vexed question, much debated *ou* disputed question ◆ **théorie très ~e** very *ou* highly controversial theory

**discuter** /diskyte/ ▸ conjug 1 ◂ VT **a** *(= débattre) [+ problème]* to discuss; *[+ projet de loi]* to debate, to discuss; *[+ prix]* to argue about, to haggle over ◆ **cette question se discute actuellement au Parlement** this issue is now being debated *ou* discussed in Parliament ◆ **~ le coup** * *ou* **le bout de gras** * *(= bavarder)* to have a chat *ou* natter * *(Brit)*; *(= parlementer)* to argue away

**b** *(= contester) [+ ordre, droits de qn]* to question, to dispute ◆ **ça se discute, ça peut se ~** that's debatable ◆ **cela ne se discute pas** the question doesn't even arise

VI **a** *(= être en conférence)* to have a discussion, to confer (*avec* with); *(= parler)* to talk (*avec* with); *(= parlementer)* to argue (*avec* with); ◆ **~ de** *ou* **sur qch** to discuss sth ◆ **~ (de) politique/(d') affaires** to discuss *ou* talk politics/business ◆ **on ne peut pas ~ avec lui !** you just can't argue with him!, there's no arguing with him!

**b** *(= protester)* to argue ◆ **suivez-moi sans ~** follow me and don't argue *ou* no argument ◆ **il a obéi sans ~** he obeyed without question ◆ **pour moi c'est décidé, il n'y a pas à ~** my mind's made up about it and that's that *ou* and that's final *ou* and there's nothing further to be said

**c** *(= débattre)* **~ de** *ou* **sur** *[+ question, problème]* to discuss, to debate ◆ **ensuite, nous avons discuté du prix** then we discussed the price ◆ **~ sur le cas de qn** to discuss *ou* debate sb's case ◆ **j'en ai discuté avec lui et il est d'accord** I have discussed the matter *ou* talked the matter over with him and he agrees ◆ **vous discutez sur des points sans importance** you are arguing about *ou* niggling over trifles ◆ **~ du sexe des anges** *(hum)* to discuss futilities, to discuss how many angels can dance *ou* sit on the head of a pin *(hum)*

**disert, e** /dizɛʀ, ɛʀt/ ADJ *(frm, hum)* talkative ◆ **il s'est montré peu ~ sur ses intentions** he was less than *ou* not very forthcoming about his intentions

**disette** /dizɛt/ NF a *(= manque) [de vivres, idées]* scarcity, shortage, dearth b *(= famine)* food shortage, scarcity (of food)

**diseur, -euse** /dizœʀ, øz/ NM,F ◆ **diseuse de bonne aventure** fortune-teller ◆ **~ de bons mots** wit, wag

**disgrâce** /disgʀɑs/ NF a *(= défaveur, déchéance)* disgrace ◆ **encourir** *ou* **mériter la ~ de qn** to incur sb's disfavour *(Brit)* *ou* disfavor *(US)* *ou* displeasure ◆ **être en ~ auprès de** to be out of favour *(Brit)* *ou* favor *(US)* with ◆ **tomber en ~** to fall into disgrace b *(† = malheur)* misfortune ◆ **pour comble de ~** most unfortunately of all

**disgracié, e** /disgʀasje/ (ptp de **disgracier**) ADJ *(= en disgrâce)* in disgrace, disgraced; *(frm = laid)* ill-favoured *(Brit)* *ou* -favored *(US)*, ugly

**disgracier** /disgʀasje/ ►conjug 7◄ VT to disgrace, to dismiss from favour *(Brit)* *ou* favor *(US)*

**disgracieux, -ieuse** /disgʀasjø, jøz/ ADJ *[geste]* inelegant, awkward; *[démarche]* inelegant, awkward, ungainly; *[visage]* ugly; *[forme, objet]* unsightly

**disharmonie** /dizaʀmɔni, disaʀmɔni/ NF disharmony

**disjoindre** /disʒwɛ̃dʀ(ə)/ ►conjug 49◄ VT *[+ planches, tôles, tuiles]* to take apart, to separate; *[+ tuyaux]* to disconnect, to take apart; *[+ pierres]* to break apart; *[+ problèmes]* to separate, to split; *(Jur) [+ causes]* to deal with *ou* hear separately VPR **se disjoindre** *[planches, tôles, tuiles]* to come apart *ou* loose, to separate; *[tuyaux, pierres]* to come apart

**disjoint, e** /disʒwɛ̃, wɛ̃t/ (ptp de **disjoindre**) ADJ ◆ **ces deux questions sont ~es** these two matters are not connected ◆ **planches/tuiles ~es** planks/tiles which are coming apart *ou* loose, loose planks/tiles ◆ **tuyaux ~s** pipes which have come apart *ou* undone

**disjoncter** /disʒɔ̃kte/ ►conjug 1◄ VT *[+ courant]* to cut off, to disconnect VI a *(Élec)* **ça a disjoncté** the trip-switch has gone b * *[personne]* to crack up*, to lose it* ◆ **cette musique la fait carrément ~** she really goes crazy* when she listens to that music

**disjoncteur** /disʒɔ̃ktœʀ/ NM *(Élec)* circuit-breaker, cutout

**disjonctif, -ive** /disʒɔ̃ktif, iv/ ADJ disjunctive NF **disjonctive** disjunctive

**disjonction** /disʒɔ̃ksjɔ̃/ NF *(gén, Logique)* disjunction; *(Jur)* separation

**dislocation** /dislɔkasjɔ̃/ NF a *(Méd) [d'articulation]* dislocation b *[de machine, meuble] (= démontage)* dismantling; *(= casse)* smashing, breaking up c *[de rassemblement, cortège]* dispersal, breaking up; *[de troupes]* dispersal, scattering d *[de pays, empire]* dismantling, breaking up ◆ **~ de la cellule familiale** breakdown of the family unit e *(Géol)* fault

**disloquer** /dislɔke/ ►conjug 1◄ VT a *(Méd) [+ articulation]* to dislocate, to put out of joint ◆ **avoir l'épaule disloquée** to have a dislocated shoulder

b *(= démonter) [+ machine, meuble]* to dismantle, to take apart *ou* to pieces; *(= casser)* to smash, to break up ◆ **la chaise est toute disloquée** the chair's completely broken

c *(= disperser) [+ rassemblement, cortège]* to disperse, to break up; *[+ troupes]* to disperse, to scatter

d *(= démembrer) [+ pays, empire]* to dismantle, to break up ◆ **les familles disloquées par la guerre** families broken up *ou* torn apart by war

VPR **se disloquer** a ◆ **se ~ le bras** to dislocate one's arm, to put one's arm out of joint ◆ **son épaule s'est disloquée** he has dislocated his shoulder

b *[meuble]* to come apart, to fall to pieces

c *[troupes]* to disperse, to scatter; *[cortège]* to disperse, to break *ou* split up

d *[empire]* to break up, to disintegrate

**disparaître** /dispaʀɛtʀ/ ►conjug 57◄ VI a *(= s'en aller, devenir invisible)* to disappear, to vanish ◆ **il disparut au coin de la rue/dans la foule** he disappeared *ou* vanished round the corner of the street/into the crowd ◆ **~ discrètement** to slip away quietly ◆ **~ furtivement** to sneak away *ou* out ◆ **je ne veux pas le voir, je disparais** I don't want to see him so I'll just slip away *ou* so I'll be off ◆ **le voilà, disparais !** there he is, make yourself scarce! * ◆ **~ aux regards** to vanish out of sight, to disappear from view ◆ **~ à l'horizon** *[soleil]* to disappear *ou* vanish *ou* sink below the horizon; *[bateau]* to vanish *ou* disappear over the horizon ◆ **l'arbre disparut dans le brouillard** the tree vanished *ou* was swallowed up in the fog ◆ **le bâtiment disparaît sous le lierre** the building is (half-)hidden under the ivy

◆ **faire disparaître** *[+ objet] (gén)* to remove, to hide away *ou* out of sight; *[prestidigitateur]* to make vanish *ou* disappear; *[+ document]* to dispose of, to get rid of; *[+ tache, trace, obstacle, difficulté]* to remove; *[+ personne]* to eliminate, to get rid of, to do away with *; *[+ crainte]* to dispel, to eliminate ◆ **cela a fait ~ la douleur/la rougeur** it made the pain/red mark go away, it got rid of the pain/all trace of the red mark ◆ **le voleur fit ~ le bijou dans sa poche** the thief concealed the jewel *ou* hid the jewel in his pocket ◆ **il prenait de gros morceaux de pain qu'il faisait ~ dans sa bouche** he was taking large hunks of bread and cramming them into his mouth ◆ **ils firent ~ toute trace de leur passage** they destroyed *ou* removed all trace of their visit ◆ **faire ~ une inscription** *[temps]* to erase *ou* efface *ou* wear away an inscription; *[personne]* to erase *ou* wipe out *ou* remove an inscription

b *(= être porté manquant) [personne]* to disappear, to go missing *(Brit)*; *[objet]* to disappear ◆ **il a disparu de son domicile** he is missing *ou* has gone missing *(Brit)* *ou* has disappeared from home ◆ **trois voitures ont disparu (du garage)** three cars have disappeared *ou* are missing *ou* have gone (from the garage) ◆ **~ sans laisser de traces** to disappear *ou* vanish without trace ◆ **il a disparu de la circulation** * he dropped out of circulation

c *(= passer, s'effacer) [joie, crainte, sourire]* to disappear, to vanish, to evaporate; *[rougeur, douleur, cicatrice]* to disappear, to vanish, to go away; *(graduellement)* to fade; *[jeunesse]* to vanish, to be lost; *[brouillard]* to lift

d *(= mourir) [race, civilisation]* to die (out), to vanish; *[coutume]* to die out, to disappear; *[personne]* to die; *(= se perdre) [navire]* to sink, to be lost ◆ **si je venais à ~, tu n'aurais pas de soucis matériels** if I were to die, you wouldn't have any financial worries ◆ **tout le charme de la Belle Époque disparaît avec elle** all the charm of the Belle Époque dies *ou* vanishes with her ◆ **~ en mer** to be lost at sea ◆ **~ corps et biens** *(Naut)* to go down with all hands

**disparate** /dispaʀat/ ADJ *[éléments]* disparate; *[objets, mobilier]* disparate, ill-assorted; *[couple, couleurs]* ill-assorted, badly matched

**disparité** /dispaʀite/ NF *[d'éléments, salaires]* disparity *(de* in); *[d'objets, couleurs]* mismatch *(NonC)* *(de* of)

**disparition** /dispaʀisjɔ̃/ NF a *[de personne]* disappearance; *[de cicatrice, rougeur] (gén)* disappearance; *(graduelle)* fading; *[de brouillard]* lifting; *[de soleil]* sinking, setting; *[de tache, obstacle]* disappearance, removal ◆ **la ~ de la douleur sera immédiate** the pain will be relieved *ou* will go away *ou* vanish immediately b *(= mort, perte) [de personne]* death; *[d'espèce]* extinction, disappearance; *[de coutume, langue]* disappearance, dying out; *[d'objet, bateau]* loss, disappearance ◆ **menacé** *ou* **en voie de ~** *[espèce]* endangered; *[civilisation, langue, tradition]* dying, fast disappearing; *[emploi, métier]* dying ◆ **cette espèce est en voie de ~** *(animaux)* this species is becoming extinct *ou* is dying out, this is an endangered species; *(fig)* they're a dying breed

**disparu, e** /dispaʀy/ (ptp de **disparaître**) ADJ a *(= révolu) [monde, époque]* bygone *(épith)*, vanished; *[bonheur, jeunesse]* lost

b *(= effacé)* **une lueur menaçante, aussitôt ~e, brilla dans ses yeux** a dangerous gleam flickered and died in his eyes, his eyes glinted dangerously for a brief moment ◆ **un sentiment d'espoir, bientôt ~, l'anima un court instant** hope filled him for a brief moment only to fade again

c *(= mort) [personne]* dead, deceased; *[espèce]* extinct; *[race, coutume, langue]* vanished, dead, extinct; *(= dont on est sans nouvelles) [victime]* missing ◆ **il a été porté ~** *(Mil)* he has been reported missing; *(dans une catastrophe)* he is missing, believed dead ◆ **marin ~ en mer** sailor lost at sea

NM,F *(= mort)* dead person; *(= dont on a perdu la trace)* missing person ◆ **le cher ~** the dear departed ◆ **l'incendie a fait cinq morts et trois ~s** the fire left five people dead and three unaccounted for *ou* missing

**dispatcher**[1] /dispatʃe/ ►conjug 1◄ VT to dispatch

**dispatcher**[2], **dispatcheur** /dispatʃœʀ/ NM dispatcher

**dispatching** /dispatʃiŋ/ NM *(gén)* dispatching; *[de courrier]* routing, dispatching

**dispendieusement** /dispɑ̃djøzmɑ̃/ ADV *(frm) [vivre]* extravagantly, expensively

**dispendieux, -ieuse** /dispɑ̃djø, jøz/ ADJ a *(frm) [goûts, luxe]* extravagant, expensive b *(Can) (= cher)* expensive

**dispensaire** /dispɑ̃sɛʀ/ NM community *(Brit)* *ou* free *(US)* clinic, health centre *(Brit)* *ou* center *(US)*, people's dispensary

**dispensateur, -trice** /dispɑ̃satœʀ, tʀis/ *(littér)* ADJ dispensing NM,F dispenser

**dispense** /dispɑ̃s/ NF a *(= exemption, Rel)* exemption *(de* from) dispensation *(de* from) b *(= permission)* special permission ◆ **~ d'âge pour passer un examen** permission to sit an exam under the statutory age limit ◆ **~ de recherche d'emploi** *(pour un chômeur)* exemption from the actively seeking work rule ◆ **~ du service militaire/d'un examen** exemption from military service/from an exam

**dispenser** /dispɑ̃se/ ►conjug 1◄ VT a *(= exempter)* to exempt, to excuse *(de faire* from doing; *de qch* from sth); ◆ **~ qn d'un vœu** *(Rel)* to release sb from a vow ◆ **je vous dispense de vos réflexions** I can do without your comments, you can spare me your comments ◆ **dispensez-moi d'en dire plus** *(frm)* spare me the necessity of saying any more ◆ **se faire ~** to get exempted ◆ **il est dispensé de gymnastique** he's excused from gym

b *(littér = distribuer) [+ bienfaits]* to dispense; *[+ charme]* to radiate; *[+ lumière]* to dispense, to give out ◆ **~ des soins à un malade** to give medical care to a patient

VPR **se dispenser** ◆ **se ~ de** *[+ corvée]* to avoid, to get out of; *[+ remarque]* to refrain from ◆ **se ~ de faire qch** to get out of doing sth, not to bother doing sth ◆ **il peut se ~ de travailler** he doesn't need to work, he has no need to work ◆ **je me dispenserais bien d'y aller** I'd gladly save myself the bother of going if I could ◆ **il s'est dispensé de s'excuser** *(iro)* he didn't see any necessity for excusing himself

**dispersant, e** /dispɛʀsɑ̃, ɑ̃t/ ADJ dispersive NM dispersant

**dispersé, e** /dispɛʀse/ (ptp de **disperser**) ADJ *[habitat, famille]* scattered ◆ **en ordre ~** in a disorganised manner ◆ **leur actionnariat est très ~** they have many small shareholders ◆ **nos efforts sont trop ~s** our efforts aren't focused enough

**disperser** /dispɛʀse/ ▸ conjug 1 ◂ VT a *[+ papiers, feuilles]* to scatter; *[+ brouillard, pétrole]* to disperse, to break up; *[+ collection]* to break up ◆ **~ les cendres de qn** to scatter sb's ashes b *[+ forces]* to dissipate; *[+ foule, ennemi]* to scatter, to disperse ◆ **~ l'attention de qn** to distract sb ◆ **il ne faut pas ~ tes efforts** you shouldn't spread yourself too thin ◆ **tous nos amis sont maintenant dispersés** all our friends are now scattered VPR **se disperser** *[foule]* to scatter, to disperse, to break up; *[élève, artiste]* to overdiversify ◆ **ne vous dispersez pas trop !** don't spread yourself too thin!, don't attempt to do too many things at once!

**dispersion** /dispɛʀsjɔ̃/ NF a *(Chim, Phys, Stat)* dispersion; *[de papiers, feuilles]* scattering; *[de brouillard, pétrole]* dispersal, breaking up; *[de collection]* breaking up b *[de forces]* dissipation; *[de foule, ennemi]* scattering, dispersal ◆ **évitez la ~ dans votre travail** don't attempt to do too many things at once

**disponibilité** /dispɔnibilite/ NF *[de choses]* availability ◆ **~ des biens** *(Jur) (faculté du possesseur)* ability to transfer one's property; *(caractère des possessions)* transferability of property ◆ **en fonction des ~s ou de la ~ de chacun** depending on each person's availability ◆ **~s** *(Fin)* available funds, liquid assets

◆ **mettre en disponibilité** *[+ fonctionnaire]* to free from duty temporarily, to grant leave of absence to; *[+ officier]* to place on reserve

◆ **mise en disponibilité** *[de fonctionnaire]* leave of absence; *[d'officier]* transfer to reserve duty d *[d'élève, esprit, auditoire]* alertness, receptiveness ◆ **~ d'esprit** alertness *ou* receptiveness of mind

**disponible** /dispɔnibl/ GRAMMAIRE ACTIVE 46.3

ADJ a *[appartement, fonds, produit]* available ◆ **avez-vous des places ~s pour ce soir ?** are there any seats (available) for this evening? ◆ **il n'y a plus une seule place ~** there's not a single seat left *ou* not one spare seat ◆ **je ne suis pas ~ ce soir** I'm not free tonight ◆ **elle est toujours ~ pour écouter ses amis** she's always ready to listen to her friends ◆ **biens ~s** *(Jur)* transferable property b *(Admin)* **fonctionnaire ~** civil servant on leave of absence *ou* temporarily freed from duty ◆ **officier ~** officer on reserve c *[élève, esprit, auditoire]* alert, receptive NM *(Fin)* available assets *ou* funds

**dispos, e** /dispo, oz/ ADJ *[personne]* refreshed, in good form *(attrib)*, full of energy *(attrib)* ◆ **avoir l'esprit ~** to have a fresh mind; → **frais**[1]

**disposé, e** /dispoze/ (ptp de **disposer**) ADJ a *(= prêt)* **être ~ à faire qch** to be willing *ou* prepared to do sth ◆ **être peu ~ à faire** to be unwilling to do, not to be prepared to do b ◆ **bien/mal ~** in a good/bad mood ◆ **bien/mal ~ à l'égard de** *ou* **pour** *ou* **envers qn** well-disposed/ill-disposed towards sb c *[terrain]* situated, sited ◆ **bâtiments ~s face à la mer** buildings facing the sea ◆ **pièces bien/mal ~es** well/badly laid-out rooms

**disposer** /dispoze/ ▸ conjug 1 ◂ VT a *(= arranger) [+ personnes, meubles, fleurs]* to arrange; *[+ couverts]* to set, to lay ◆ **~ des troupes sur le terrain** to draw up *ou* range troops on the battlefield ◆ **~ des objets en ligne/en cercle** to place *ou* lay *ou* arrange things in a row/in a circle ◆ **on avait disposé le buffet dans le jardin** they had laid out *ou* set out the buffet in the garden

b *(= engager)* ◆ **~ qn à faire/à qch** to incline *ou* dispose *(frm)* sb to do/towards sth; *(frm = préparer à)* to prepare sb to do/for sth ◆ **cela ne dispose pas à l'optimisme** it doesn't exactly make you feel optimistic

VI *(frm = partir)* to leave ◆ **vous pouvez ~** you may leave *ou* go (now), that will be all

VT INDIR **disposer de** *(= avoir l'usage de)* to have at one's disposal; *(= avoir)* to have ◆ **~ d'une voiture** to have a car (at one's disposal) ◆ **~ d'une somme d'argent** to have a sum of money at one's disposal *ou* available ◆ **il disposait de quelques heures pour visiter Lille** he had a few hours to visit Lille ◆ **je ne dispose que de quelques minutes** I've only got a few minutes ◆ **il peut ~ de son temps** his time is his own, he can do what he likes with his time ◆ **avec les moyens dont il dispose** with the means at his disposal *ou* available to him ◆ **si vous voulez vous pouvez en ~** if you wish you can use it ◆ **~ d'un domaine (par testament)** *(Jur)* to dispose of an estate (in one's will) ◆ **il se croit autorisé à ~ de ses amis** he thinks his friends are just there to do his bidding ◆ **droit des peuples à ~ d'eux-mêmes** right of nations to self-determination ◆ **le droit de chacun à ~ de son corps** *(pendant sa vie)* the individual's right to own and control his own body; *(après sa mort)* the individual's right to determine what shall be done to his body

VPR **se disposer** ◆ **se ~ à faire** *(= se préparer à)* to prepare to do, to be about to do ◆ **il se disposait à quitter le bureau** he was about to *ou* was preparing to *ou* was getting ready to leave the office

> ⚠ **disposer de** *se traduit rarement par* **to dispose of**, *qui veut dire 'se débarrasser de'.*

**dispositif** /dispozitif/ NM a *(= mécanisme)* device, mechanism ◆ **~ d'alarme** alarm *ou* warning device ◆ **~ de contrôle** control mechanism ◆ **~ de sécurité** safety device ◆ **~ scénique** *(Opéra, Théât)* set ◆ **~ intra-utérin** *(Méd)* intra-uterine (contraceptive) device, IUD

b *(= moyens prévus)* plan (of action) ◆ **~ d'attaque** *(Mil)* plan of attack ◆ **~ de combat** *(Mil)* fighting plan ◆ **~ de contrôle** control system ◆ **~ de défense** *(Mil)* defence *(Brit) ou* defense *(US)* system ◆ **~ législatif** legislation, laws ◆ **~ de lutte contre le chômage** measures to combat unemployment ◆ **~ de lutte contre l'incendie** fire-fighting system *ou* arrangements ◆ **renforcer/alléger le ~ militaire** to increase/decrease the military presence ◆ **un important ~ de sécurité a été mis en place à la frontière** a major security operation has been mounted on the border ◆ **~ de surveillance** surveillance *ou* monitoring system

c *(Jur) [de jugement]* pronouncement; *[de loi]* purview

**disposition** /dispozisjɔ̃/ GRAMMAIRE ACTIVE 46.3

NF a *(= arrangement, action)* arrangement, arranging, placing; *(= résultat)* arrangement, layout ◆ **selon la ~ des pions/des joueurs** according to how the pawns/players are placed ◆ **ils ont changé la ~ des objets dans la vitrine** they have changed the arrangement *ou* layout of the things in the window ◆ **la ~ des lieux/pièces** the layout of the premises/rooms

b *(= usage)* disposal ◆ **avoir la libre ~ de qch** *(Jur)* to have free disposal of sth, to be free to dispose of sth ◆ **mettre qch/être à la ~ de qn** to put sth/be at sb's disposal ◆ **la maison/la bibliothèque est à votre ~** the house/library is at your disposal, you can have the run of the house/library ◆ **les moyens (mis) à notre ~ sont insuffisants** we have insufficient means at our disposal ◆ **je me mets** *ou* **tiens à votre entière ~ pour de plus amples renseignements** I am entirely at your disposal *ou* service should you require further information ◆ **il a été mis à la ~ de la justice** *(Jur)* he was handed over to the law

c *(= mesure)* measure ◆ **~s** *(= préparatifs)* arrangements, preparations; *(= précautions)* measures, precautions, steps ◆ **prendre des** *ou* **ses ~s pour que qch soit fait** to make arrangements *ou* take steps to have sth done *ou* for sth to be done ◆ **prendre ses ~s pour partir** to make arrangements for *ou* prepare for one's departure ◆ **nous avons prévu des ~s spéciales** we have arranged for special steps *ou* measures *ou* precautions to be taken

d *(= manière d'être)* mood, humour, frame of mind ◆ **être dans de bonnes/mauvaises ~s** to be in a good/bad mood, to be in (a) good/bad humour ◆ **être dans de bonnes ~s pour faire qch** to be in the right mood to do sth, to be in the right frame of mind for doing sth ◆ **être dans les meilleures ~s** to be in the best of moods ◆ **être dans de bonnes/de mauvaises/les meilleures ~s à l'égard de qn** to feel well-disposed/ill-disposed/very well-disposed towards sb ◆ **est-il toujours dans les mêmes ~s à l'égard de ce projet/candidat ?** does he still feel the same way about this plan/candidate? ◆ **~ d'esprit** mood, state *ou* frame of mind

e *(= tendance) [de personne]* predisposition, tendency; *[d'objet]* tendency *(à* to) ◆ **avoir une ~ au rhumatisme** to have a tendency to rheumatism ◆ **ce bateau a une curieuse/fâcheuse ~ à ...** this boat has a strange/an annoying tendency to ...

f *(Jur)* clause ◆ **~s testamentaires** provisions of a will, testamentary provisions; → **dernier**

NFPL **dispositions** *(= inclinations, aptitudes)* bent, aptitude, natural ability ◆ **avoir des ~s pour la musique/les langues/le tennis** to have a special aptitude for *ou* a gift for music/languages/tennis

**disproportion** /dispʀɔpɔʀsjɔ̃/ NF disproportion *(entre* between; *de* in)

**disproportionné, e** /dispʀɔpɔʀsjɔne/ ADJ disproportionate *(par rapport à, avec* to) out of (all) proportion *(par rapport à, avec* to, with); ◆ **il a une tête ~e** his head is out of proportion with his body

**dispute** /dispyt/ NF a *(= querelle)* argument, quarrel ◆ **~ d'amoureux** lovers' tiff *ou* quarrel ◆ **tu cherches la ~ !** you're looking for an argument! ◆ **c'est leur principal sujet de ~** it's a major bone of contention between them b (†† = *débat polémique)* debate, dispute

**disputé, e** /dispyte/ (ptp de **disputer**) ADJ ♦ **très ~** *[course, élection, siège]* hotly *ou* closely contested; *[match]* close, closely fought; *[marché]* competitive

**disputer** /dispyte/ ► conjug 1 ◄ VT a (= *contester*) ~ **qch/qn à qn** to fight with sb for *ou* over sth/sb ♦ **~ la victoire/la première place à son rival** to fight for victory/for first place with one's rival, to fight one's rival for victory/first place ♦ **elle essaya de lui ~ la gloire de son invention** she tried to rob him of the glory of his invention ♦ **le ~ en beauté/en grandeur à qn** *(littér)* to vie with *ou* rival sb in beauty/greatness ♦ **~ le terrain** *(Mil)* to fight for every inch of ground; *(fig)* to fight every inch of the way

b (= *livrer) [+ combat]* to fight; *[+ match]* to play ♦ **le match a été disputé** *ou* **s'est disputé en Angleterre** the match was played *ou* took place in England

c (= *gronder)* to tell off*, to tick off* *(Brit)* ♦ **se faire ~ par son père** to get a telling-off* *ou* ticking-off* *(Brit)* from one's father

VPR **se disputer** a (= *se quereller)* to quarrel, to argue, to have a quarrel *ou* an argument (*avec* with); ♦ **il s'est disputé avec son oncle** (= *s'est querellé avec lui)* he quarrelled *ou* had a quarrel *ou* an argument with his uncle; (= *s'est brouillé avec lui)* he fell out with his uncle

b (= *se battre pour)* **se ~ qch** to fight over sth, to contest sth ♦ **deux chiens se disputent un os** two dogs are fighting over a bone ♦ **deux candidats se disputent un siège à l'Académie** there are two contenders for *ou* two candidates are contesting a seat at the Academy

**disquaire** /diskɛʀ/ NMF (= *commerçant)* record dealer

**disqualification** /diskalifikasjɔ̃/ NF *(Sport)* disqualification

**disqualifier** /diskalifje/ ► conjug 7 ◄ VT a *(Sport = exclure)* to disqualify b (= *discréditer)* to dishonour *(Brit)*, to dishonor *(US)*, to bring discredit on ♦ **il s'est disqualifié aux yeux de l'opinion** he has destroyed people's trust in him *ou* people's good opinion of him

**disque** /disk/ NM a *(gén, Méd, Photo)* disc, disk *(surtout US)* ♦ **~ d'embrayage** clutch plate ♦ **~ de stationnement** parking disc ♦ **~ à démaquiller** make-up remover pad; → **frein** b *(Sport)* discus c *(Mus) (gén, en vinyle)* record ♦ **~ compact** compact disc, CD ♦ **~ (compact) audio/interactif/laser/vidéo** audio (compact)/interactive/laser/video disc ♦ **~ d'or/de platine** gold/platinum disc ♦ **mettre/passer un ~** *(compact)* to put on/play a CD; *(vinyle)* to put on/play a record ♦ **ça vient de sortir en ~ compact** it's just come out on compact disc *ou* CD; → **changer** d *(Ordin)* disk, disc ♦ **~ dur/souple/optique** hard/floppy/optical disk ♦ **~ optique compact** compact optical disk ♦ **~ optique numérique** digital optical disk

**disquette** /diskɛt/ NF *(Ordin)* floppy (disk *ou* disc), diskette

**dissection** /disɛksjɔ̃/ NF dissection ♦ **de ~** *[instrument, table]* dissecting, dissection

**dissemblable** /disɑ̃blabl/ ADJ dissimilar, different (*de* from, to)

**dissemblance** /disɑ̃blɑ̃s/ NF dissimilarity, difference (*de* in)

**dissémination** /diseminasjɔ̃/ NF a (= *action) [de graines]* scattering; *[de troupes, maisons, usines]* scattering, spreading; *[d'idées]* dissemination b (= *état) [de maisons, points de vente]* scattered layout *ou* distribution ♦ **à cause de la ~ de notre famille** because our family is scattered

**disséminer** /disemine/ ► conjug 1 ◄ VT *[+ graines]* to scatter; *[+ troupes, maisons]* to scatter, to spread (out); *[+ idées]* to disseminate ♦ **les points de vente sont très disséminés** the (sales) outlets are widely scattered *ou* thinly distributed ♦ **des milliers de familles de réfugiés sont disséminées dans les villages** thousands of refugee families are dispersed among the villages VPR **se disséminer** *[graines]* to scatter; *[personnes]* to spread (out) ♦ **les pique-niqueurs se disséminèrent aux quatre coins de la forêt** the picnickers spread out *ou* scattered to the four corners of the forest

**dissension** /disɑ̃sjɔ̃/ NF dissension (*entre, au sein de* between, within)

**dissentiment** /disɑ̃timɑ̃/ NM disagreement, difference of opinion

**disséquer** /diseke/ ► conjug 6 ◄ VT *[+ cadavre, plante]* to dissect; *[+ texte, problème]* to dissect, to analyze minutely

**dissert** /disɛʀt/ NF (abrév de **dissertation**) *(arg Scol)* essay

**dissertation** /disɛʀtasjɔ̃/ NF *(Scol, hum)* essay; *(péj : †† = traité)* dissertation

**disserter** /disɛʀte/ ► conjug 1 ◄ VI a *(Scol)* ~ **sur** (= *parler)* to speak on; (= *écrire)* to write an essay on b *(péj)* to hold forth (*de, sur* about, on)

**dissidence** /disidɑ̃s/ NF (= *sécession) (Pol)* dissidence, rebellion; *(Rel)* dissent; (= *dissidents)* dissidents, rebels; *(littér = divergence)* disagreement, dissidence ♦ **entrer en ~ contre** *[+ régime]* to rebel against; *[+ parti]* to break away from ♦ **rejoindre la ~** to join the dissidents *ou* the rebels

**dissident, e** /disidɑ̃, ɑ̃t/ ADJ *(Pol)* dissident; *(Rel)* dissenting ♦ **groupe ~** breakaway *ou* splinter group ♦ **une fraction ~e de cette organisation terroriste** a dissident minority in this terrorist organization ♦ **une voix ~e à l'intérieur du parti** a dissenting voice within the party ♦ **un candidat socialiste ~** a socialist candidate who has broken away from the party NM,F *(Pol)* dissident, rebel; *(Rel)* dissenter

**dissimilitude** /disimilityd/ NF dissimilarity

**dissimulateur, -trice** /disimylatœʀ, tʀis/ ADJ dissembling NM,F dissembler

**dissimulation** /disimylasjɔ̃/ NF *(NonC)* (= *duplicité)* dissimulation, dissembling; (= *cachotterie)* dissimulation *(NonC)*, dissembling *(NonC)*; (= *action de cacher)* concealment ♦ **agir avec ~** to act in an underhand way ♦ **~ d'actif** *(Jur)* (fraudulent) concealment of assets ♦ **~ de salariés** *(Jur)* non-declaration of workers ♦ **~ de preuve(s)** withholding of evidence

**dissimulé, e** /disimyle/ (ptp de **dissimuler**) ADJ ♦ **sentiments mal ~s** ill-concealed feelings ♦ **avec un plaisir non ~** with undisguised glee *ou* pleasure

**dissimuler** /disimyle/ ► conjug 1 ◄ VT (= *cacher) [+ objet, personne, sentiment, difficulté]* to conceal, to hide (*à qn* from sb); *(Fin) [+ bénéfices]* to conceal ♦ **son visage dissimulé par un foulard** her face hidden by a scarf ♦ **ces arbustes dissimulent la cabane** the shrubs hide the shed from view ♦ **il sait bien ~** he's good at pretending *ou* dissembling *(frm)* ♦ **il parvenait mal à ~ son impatience/son envie de rire** he had great difficulty concealing *ou* hiding his annoyance/his urge to laugh ♦ **je ne vous dissimulerai pas qu'il y a de gros problèmes** I won't disguise *ou* conceal the fact that there are serious problems

VPR **se dissimuler** to conceal *ou* hide o.s. ♦ **il essaie de se ~ la vérité/qu'il a tort** he's trying to close his eyes to the truth/to the fact that he's wrong, he's trying to conceal the truth from himself/to conceal from himself the fact that he's wrong

**dissipateur, -trice** /disipatœʀ, tʀis/ NM,F *(littér)* spendthrift, squanderer *(Brit)*

**dissipation** /disipasjɔ̃/ NF a (= *indiscipline)* misbehaviour *(Brit)*, misbehavior *(US)*, unruliness; *(littér = débauche)* dissipation ♦ **une vie de ~** a dissipated life, a life of dissipation b (= *dilapidation) [de fortune]* squandering, dissipation; (= *folle dépense)* extravagance c *[de fumée, nuages]* dissipation, dispersal; *[de brouillard]* clearing, lifting; *[de craintes]* dispelling ♦ **après ~ des brouillards matinaux** after the early morning fog has lifted *ou* cleared

**dissipé, e** /disipe/ (ptp de **dissiper**) ADJ *[élève]* undisciplined, unruly; *[vie]* dissolute, dissipated

**dissiper** /disipe/ ► conjug 1 ◄ VT a (= *chasser) [+ brouillard, fumée]* to dispel, to disperse, to clear away; *[+ nuages]* to break up, to disperse; *[+ soupçon, crainte]* to dissipate, to dispel; *[+ malentendu]* to clear up b (= *dilapider) [+ fortune]* to squander, to fritter away, to dissipate; *(littér) [+ jeunesse]* to waste, to dissipate, to idle away c ♦ **~ qn** to lead sb astray *ou* into bad ways ♦ **il dissipe ses camarades en classe** he is a distracting influence on *ou* he distracts his classmates d *(Sci)* to dissipate VPR **se dissiper** a (= *disparaître) [fumée]* to drift away, to disperse; *[nuages]* to break (up), to disperse; *[brouillard]* to clear, to lift, to disperse; *[inquiétude]* to vanish, to melt away; *[malaise, fatigue]* to disappear, to go away, to wear off b *[élève]* to become undisciplined *ou* unruly, to misbehave

**dissociable** /disɔsjabl/ ADJ *[molécules]* dissociable, separable; *[problèmes]* separable

**dissociation** /disɔsjasjɔ̃/ NF *[de molécules, problèmes]* dissociation, separation

**dissocier** /disɔsje/ ► conjug 7 ◄ VT *[+ molécules, problèmes]* to dissociate VPR **se dissocier** *[éléments, groupe, équipe]* to break up, to split up ♦ **nous tenons à nous ~ de ces groupes/vues** we are anxious to dissociate ourselves from these groups/views

**dissolu, e** /disɔly/ ADJ dissolute

**dissolution** /disɔlysjɔ̃/ NF a *(Jur) [d'assemblée, gouvernement, mariage]* dissolution; *[d'association, groupe, parti]* dissolution, disbanding ♦ **prononcer la ~ de** *[+ mariage]* to dissolve; *[+ parti, groupement]* to disband b (= *désagrégation) [de groupe, association]* breaking-up, splitting-up; *[d'empire]* crumbling, decay, dissolution ♦ **l'unité nationale est en pleine ~** national unity is crumbling *ou* disintegrating *ou* falling apart c *[de sucre]* dissolving ♦ **jusqu'à ~ complète du cachet** until the tablet has completely dissolved d (= *colle)* rubber solution e *(littér = débauche)* dissoluteness, dissipation

**dissolvant, e** /disɔlvɑ̃, ɑ̃t/ ADJ solvent NM (= *produit)* solvent ♦ **~ (gras)** *(pour les ongles)* nail polish *ou* varnish remover

**dissonance** /disɔnɑ̃s/ NF *(Mus = intervalle)* dissonance, discord; *[de couleurs, styles]* mismatch; *(fig)* clash; (= *manque d'harmonie)* discord, dissonance ♦ **des ~s de tons dans un tableau** clashes of colour in a painting

**dissonant, e** /disɔnɑ̃, ɑ̃t/ ADJ *[sons, accord]* dissonant, discordant; *[couleurs]* clashing *(épith)*

**dissoudre** /disudʀ/ ► conjug 51 ◄ VT a *[+ sel]* to dissolve ♦ **(faire) ~ du sucre** to dissolve sugar b *(Jur, Pol) [+ assemblée, gouvernement]* to dissolve; *[+ parti, groupement, association]* to disband; *[+ mariage]* to dissolve VPR **se dissoudre** a *[sel, sucre]* to dissolve, to be dissolved b *[association]* to disband

**dissuader** /disɥade/ ▸ conjug 1 ◂ VT ◆ ~ **qn de faire qch** to persuade sb not to do sth; *[circonstances]* to deter sb from doing sth ◆ **il m'a dissuadé d'y aller** he talked me out of going, he persuaded me not to go ◆ **rien ne pouvait l'en** ~ nothing could dissuade him

**dissuasif, -ive** /disɥazif, iv/ ADJ a *[mesures, sanction, rôle, caractère]* deterrent *(épith)* ◆ **avoir un effet** ~ **sur** to have a deterrent effect on ◆ **à un prix** ~ at a prohibitive price b *(Mil) [arme, force, capacité]* deterrent *(épith)*

**dissuasion** /disɥazjɔ̃/ NF *(gén)* dissuasion; *(Mil)* deterrence ◆ **la** ~ **nucléaire** nuclear deterrence ◆ **de** ~ *[mesures, force, stratégie]* deterrent

**dissyllabe** /disi(l)lab/ ADJ disyllabic NM disyllable

**dissyllabique** /disi(l)labik/ ADJ disyllabic

**dissymétrie** /disimetʀi/ NF dissymmetry

**dissymétrique** /disimetʀik/ ADJ dissymmetric(al)

**distance** /distɑ̃s/ NF a *(= éloignement, intervalle, trajet)* distance ◆ ~ **focale** *(Photo)* focal length ◆ ~ **de freinage** braking distance ◆ **respectez les ~s (de freinage)** keep your distance ◆ **parcourir de grandes/petites ~s** to cover great/small distances ◆ **il est meilleur sur les grandes ~s** *(Sport)* he's better over long distances ◆ **quelle** ~ **parcourue depuis son dernier roman !** what a long way *ou* how far he has come since his last novel!

b *(= écart)* gap ◆ **la** ~ **qui sépare deux générations/points de vue** the gap between *ou* which separates two generations/points of view ◆ **la guerre a mis une grande** ~ **entre ces deux peuples** the war has left a great gulf between these two nations

c *(loc)* **garder ses ~s** to keep one's distance (*vis à vis de* from); ◆ **prendre ses ~s** *(Mil)* to form open order; *(Scol etc)* to space out; *(fig)* to stand aloof (*à l'égard de* from) to distance o.s. (*par rapport à* from); ◆ **les syndicats ont pris leurs ~s vis-à-vis du gouvernement** the unions have distanced themselves from the government ◆ **tenir la** ~ *[coureur]* to go *ou* do *ou* cover the distance, to last *ou* stay the course; *[conférencier]* to stay *ou* last the course ◆ **à deux ou trois ans de** ~ **je m'en souviens encore** two or three years later I can still remember it ◆ **nés à quelques années de** ~ born within a few years of one another, born a few years apart ◆ **de** ~ **en** ~ at intervals, here and there ◆ **téléphone/communication/vol longue** ~ long-distance (tele)phone/call/flight

◆ **à distance** *(dans l'espace)* at *ou* from a distance, from afar; *(dans le temps)* at *ou* from a distance ◆ **le prestidigitateur fait bouger des objets à** ~ the conjurer moves objects from a distance ◆ **mettre en marche à** ~ *[+ appareil]* to switch on by remote control ◆ **tenir qn à** ~ to keep sb at a distance *ou* at arm's length ◆ **se tenir à** ~ to keep one's distance, to stand aloof

◆ **à + distance** ◆ **à quelle** ~ **est la gare ?** how far (away) is the station?, what's the distance to the station? ◆ **se tenir à une** ~ **respectueuse de** to keep *ou* stay a respectful distance from ◆ **habiter à une grande ~/à quelques kilomètres de** ~ to live a great distance away *ou* a long way away/a few kilometres away (*de* from); ◆ **à grande** ~ *[détection]* long-range *(épith)*, at long range; *[apercevoir]* from a long way off *ou* away ◆ **entendre un bruit/distinguer qch à une** ~ **de 30 mètres** to hear a noise/make out sth from a distance of 30 metres *ou* from 30 metres away

**distancer** /distɑ̃se/ ▸ conjug 3 ◂ VT a *[+ coureur]* to outrun, to outdistance, to leave behind; *[+ voiture]* to outdistance, to leave behind; *[+ concurrent, élève]* to outstrip, to outclass, to leave behind ◆ **se laisser** *ou* **se faire** ~ to be left behind, to be outdistanced (*par* by); ◆ **ne nous laissons pas** ~ let's not fall behind *ou* be left behind b *(Sport = disqualifier)* to disqualify

**distanciation** /distɑ̃sjasjɔ̃/ NF distance ◆ **sa** ~ **par rapport aux événements** the way he has distanced himself from events

**distancier (se)** /distɑ̃sje/ ▸ conjug 7 ◂ VPR to distance o.s. (*de* from)

**distant, e** /distɑ̃, ɑ̃t/ ADJ a *[lieu]* far-off, faraway, distant; *[événement]* distant, far-off ◆ ~ **de la gare** far away from the station ◆ **une ville ~e de 10 km** a town 10 km away ◆ **deux villes ~es de 10 km (l'une de l'autre)** two towns 10 km apart *ou* 10 km away from one another b *[attitude]* distant, aloof; *[voix]* distant ◆ **il s'est montré très** ~ he was very stand-offish

**distendre** /distɑ̃dʀ/ ▸ conjug 41 ◂ VT *[+ peau]* to distend; *[+ corde, pull, col]* to stretch VPR **se distendre** *[lien]* to slacken, to become looser; *[ventre, peau]* to distend, to become distended *ou* bloated

**distendu, e** /distɑ̃dy/ (ptp de **distendre**) ADJ *[ventre]* distended, bloated; *[corde]* slack, loose; *[élastique, ressort]* slack

**distension** /distɑ̃sjɔ̃/ NF *[de peau, estomac]* distension; *[de corde]* slackening, loosening

**distillat** /distila/ NM *(Chim)* distillate

**distillateur** /distilatœʀ/ NM *(= personne)* distiller

**distillation** /distilasjɔ̃/ NF distillation, distilling

**distiller** /distile/ ▸ conjug 1 ◂ VT *[+ alcool]* to distil; *[+ suc]* to elaborate; *[+ ennui]* to exude ◆ **eau distillée** distilled water VI *(Sci)* to distil

**distillerie** /distilʀi/ NF *(= usine)* distillery; *(= industrie)* distilling

**distinct, e** /distɛ̃(kt), ɛ̃kt/ ADJ a *(= indépendant)* distinct, separate (*de* from) b *(= net)* distinct, clear

**distinctement** /distɛ̃ktəmɑ̃/ ADV distinctly, clearly

**distinctif, -ive** /distɛ̃ktif, iv/ ADJ distinctive

**distinction** /distɛ̃ksjɔ̃/ NF a *(= différentiation)* distinction ◆ **faire la** ~ **entre** to make a distinction between ◆ **sans** ~ without distinction ◆ **sans** ~ **de race/d'âge** irrespective of race/age, without distinction of race/age b *(= décoration, honneur)* distinction c *(= raffinement)* distinction, refinement ◆ **il a de la** ~ he is very distinguished *ou* refined, he has great distinction d *(= éminence)* distinction, eminence ◆ **un pianiste de la plus haute** ~ *(frm)* a pianist of the highest distinction

**distinguable** /distɛ̃gabl/ ADJ distinguishable (*de* from)

**distingué, e** /distɛ̃ge/ (ptp de **distinguer**) ADJ a *(= élégant, bien élevé) [personne]* distinguished; *[allure]* elegant, refined, distinguished ◆ **il a l'air très** ~ he looks very distinguished, he has a very distinguished look about him ◆ **ça fait très** ~ it's very distinguished; → **agréer** b *(= illustre)* distinguished, eminent ◆ **notre ~ collègue, le professeur Campbell** our distinguished *ou* eminent colleague, Professor Campbell

**distinguer** /distɛ̃ge/ ▸ conjug 1 ◂ VT a *(= percevoir) [+ objet, bruit]* to make out, to distinguish ◆ ~ **qn dans la foule** to pick out *ou* spot sb in the crowd ◆ **on commença à** ~ **les collines à travers la brume** the hills began to be visible through the mist ◆ **il distingue mal sans lunettes** he can't see very well without his glasses

b *(= différencier)* to distinguish ◆ ~ **une chose d'une autre** *ou* **d'avec une autre** to distinguish *ou* tell one thing from another ◆ **savoir** ~ **les oiseaux/plantes** to be able to distinguish different species of birds/plants ◆ **les deux sœurs sont difficiles à** ~ **(l'une de l'autre)** the two sisters are difficult to tell apart ◆ ~ **le bien du mal/un Picasso d'un** *ou* **d'avec un Braque** to tell good from evil/a Picasso from a Braque, to distinguish between good and evil/between a Picasso and a Braque ◆ **tu la distingueras à sa veste rouge** you will recognize her *ou* pick her out by her red jacket ◆ **distinguons, il y a chanteur et chanteur** we must make a distinction, there are good singers and bad singers

c *(= rendre différent)* to distinguish, to set apart (*de* from) to mark off ◆ **c'est son accent qui le distingue des autres** it is his accent which distinguishes him from *ou* makes him different from the others *ou* which sets him apart

d *(frm) (= choisir)* to single out; *(= honorer)* to honour *(Brit)*, to honor *(US)* ◆ **on l'a distingué pour faire le discours d'adieu** he was singled out to make the farewell speech ◆ **l'Académie française a distingué X pour son œuvre poétique** the Académie Française has honoured X for his works of poetry

VPR **se distinguer** a *(= différer)* to distinguish o.s., to be distinguished (*de* from); ◆ **ces objets se distinguent par** *ou* **grâce à leur couleur** these objects can be distinguished by their colour ◆ **les deux frères se distinguent (l'un de l'autre) par leur taille** you can tell the two brothers apart by their (different) height ◆ **il se distingue par son accent/sa démarche** his accent/his walk makes him stand out *ou* makes him seem quite different

b *(= se signaler, réussir)* to distinguish o.s. ◆ **se** ~ **(pendant une guerre) par son courage** to distinguish o.s. (in a war) by one's courage ◆ **il s'est distingué par ses découvertes en physique** he has become famous for *ou* from his discoveries in physics, he's made a name for himself by his discoveries in physics ◆ **il se distingue par son absence** *(hum)* he is noticeable *ou* conspicuous by his absence ◆ **il s'est particulièrement distingué en latin** he has done particularly well *ou* he has particularly distinguished himself in Latin

**distinguo** /distɛ̃go/ NM *(= nuance)* distinction ◆ **faire le** ~ **entre l'homme et l'animal** to make a distinction between humans and animals

**distique** /distik/ NM distich

**distordre** VT, **se distordre** VPR /distɔʀdʀ/ ▸ conjug 41 ◂ to twist, to distort

**distorsion** /distɔʀsjɔ̃/ NF a *(gén, Anat, Téléc)* distortion ◆ **la** ~ **des faits/de la réalité** distortion of the facts/of reality ◆ ~ **de concurrence** *(Écon)* distortion of competition ◆ ~ **du temps** time warp b *(= déséquilibre : entre des chiffres, salaires, taux)* imbalance (*entre* between); ◆ **la** ~ **entre les textes et la réalité** *(= décalage)* the discrepancy between the texts and reality

**distractif, -ive** /distʀaktif, iv/ ADJ entertaining

**distraction** /distʀaksjɔ̃/ NF a (= *inattention*) absent-mindedness, lack of attention ◆ **j'ai eu une ~** my concentration lapsed, my attention wandered ◆ **cette ~ lui a coûté la vie** this one lapse in concentration cost him his life ◆ **les ~s proverbiales des savants** the proverbial absent-mindedness of scientists b (= *passe-temps*) leisure *ou* recreational activity, pastime ◆ **ça manque de ~** there's not much in the way of entertainment ◆ **c'est sa seule ~** it's his only form of entertainment c (*Jur* = *vol*) abstraction ◆ **~ de fonds** misappropriation of funds

**distraire** /distʀɛʀ/ ▸ conjug 50 ◂ VT a (= *divertir*) to entertain, to amuse b (= *déranger*) to distract, to divert (*de* from); ◆ **~ l'attention de qn** to distract sb's attention ◆ **il distrait ses camarades** he distracts his friends ◆ **se laisser facilement ~ de son travail** to be easily distracted from one's work ◆ **~ qn de ses soucis** to take sb's mind off his worries c (*frm* = *voler*) to abstract (*de* from); ◆ **~ des fonds** to misappropriate funds VPR **se distraire** to amuse o.s., to enjoy o.s. ◆ **je vais au cinéma, j'ai besoin de me ~** I'm going to the cinema, I need a break ◆ **je lis des romans pour me ~** I read novels for entertainment

**distrait, e** /distʀɛ, ɛt/ (ptp de **distraire**) ADJ [*personne, caractère*] absent-minded ◆ **d'un air ~** distractedly ◆ **il n'y a prêté qu'une attention ~e** he wasn't giving it his full attention ◆ **d'une oreille ~e** with only half an ear, abstractedly ◆ **je l'ai lu d'un œil ~** I glanced through it

**distraitement** /distʀɛtmɑ̃/ ADV absent-mindedly, distractedly

**distrayant, e** /distʀɛjɑ̃, ɑ̃t/ ADJ entertaining ◆ **les romans policiers sont d'une lecture ~e** detective stories are entertaining

**distribuer** /distʀibɥe/ ▸ conjug 1 ◂ VT a (= *donner*) [+ *objets*] to distribute, to give out, to hand out; [+ *vivres*] to distribute, to share out; [+ *courrier*] to deliver; [+ *récompense*] to present; (*Fin*) [+ *actions*] to allot; [+ *travail*] to distribute; [+ *argent, dividendes*] to distribute, to hand out; [+ *cartes*] to deal (out); [+ *ordres*] to hand out, to deal out; [+ *coups*] to deal, to deliver; [+ *saluts, sourires, enseignement*] to dispense (*à* to); ◆ **~ les rôles d'une pièce** to cast a play ◆ **~ des claques à qn** to slap sb
b (= *répartir*) to distribute, to arrange; (*Typo*) [+ *caractères*] to distribute ◆ **on distribue ces plantes en quatre espèces** these plants are divided into four species ◆ **savoir ~ son temps** to know how to allocate *ou* divide (up) one's time ◆ **comment les pièces sont-elles distribuées ?** how are the rooms set out? *ou* laid out? ◆ **~ les masses dans un tableau** to arrange *ou* distribute the masses in a picture ◆ **mon emploi du temps est mal distribué** my schedule is badly arranged
c (= *amener*) to distribute, to carry ◆ **~ l'eau dans les villages** to distribute *ou* carry *ou* supply water to villages ◆ **le sang est distribué dans tout le corps par le cœur** blood is pumped *ou* carried round the body by the heart ◆ **chaîne de télévision distribuée par câble** cable television channel
d (*Comm*) [+ *film, produit*] to distribute

**distributeur, -trice** /distʀibytœʀ, tʀis/ ADJ [*compagnie, entreprise*] distributing ◆ **société distributrice de films** film distribution company, film distributor NM,F (= *agent commercial*) distributor ◆ **~ d'essence** petrol company ◆ **~ de films** film distributor NM (= *appareil*) machine; [*de savon, papier absorbant*] dispenser; (*Aut*) distributor ◆ **~ (automatique)** vending machine ◆ **~ de boissons/préservatifs** drinks/condom(-vending) machine, drinks/condom dispenser ◆ **~ (automatique) de billets** (*Banque*) cash dispenser *ou* machine, automatic *ou* automated teller machine; (*Rail*) (automatic) ticket machine ◆ **~ d'engrais** (*Agr*) manure- *ou* muck-spreader

**distributif, -ive** /distʀibytif, iv/ ADJ distributive

**distribution** /distʀibysjɔ̃/ NF a [*d'objets*] distribution, giving out, handing out; [*de vivres*] distribution, sharing out; [*d'argent, dividendes*] distribution; [*de cartes*] deal; [*de courrier*] delivery; (*Fin*) [*d'actions*] allotment ◆ **la ~ du travail sera faite suivant l'âge** the work will be shared out *ou* allotted *ou* allocated according to age ◆ **~ gratuite** free gifts ◆ **(jour de la) ~ des prix** prize giving (day)
b (= *répartition*) distribution, arrangement; (*Ling*) distribution ◆ **la ~ des mots dans une phrase** the distribution of words in a sentence ◆ **la ~ des meubles dans une pièce** the arrangement of the furniture in a room ◆ **cet appartement a une bonne/mauvaise ~ (des pièces)** the flat is well/badly laid out ◆ **ce résultat a conduit à une nouvelle ~ des cartes** (*fig*) this result has shifted *ou* altered the balance of power *ou* has put a new complexion on the situation
c (*Ciné, Théât* = *acteurs*) cast ◆ **~ par ordre d'entrée en scène** cast *ou* characters in order of appearance ◆ **qui est responsable de la ~ de cette pièce ?** who's in charge of casting this play?
d (= *acheminement*) [*d'eau, électricité*] supply ◆ **~ par câble/par satellite** (*TV*) cable/satellite distribution
e (*Comm*) [*de livres, films*] distribution ◆ **réseau de ~** distribution network ◆ **la grande ~** mass marketing
f (*Aut, Tech*) distribution

**distributionnel, -elle** /distʀibysjɔnɛl/ ADJ distributional

**distributivement** /distʀibytivmɑ̃/ ADV distributively

**distributivité** /distʀibytivite/ NF distributiveness

**district** /distʀikt/ NM district ◆ **~ urbain** urban district

**dit, e** /di, dit/ (ptp de **dire**) ADJ a (= *appelé*) **Louis XIV, ~ le Roi Soleil** Louis XIV, known as the Sun King ◆ **Jean Petit, ~ le Chacal** Jean Petit, also known as the Jackal *ou* aka *ou* alias the Jackal ◆ **une émission ~e culturelle** a so-called cultural programme b (= *fixé*) **à l'heure ~e** at the appointed time *ou* hour ◆ **le jour ~** on the appointed day NM (*Psych*) ◆ **le ~ et le non-~** what is said and what is left unsaid

**dithyrambe** /ditiʀɑ̃b/ NM a (= *poème*) dithyramb b (= *éloge*) panegyric, eulogy

**dithyrambique** /ditiʀɑ̃bik/ ADJ [*paroles*] laudatory, eulogistic; [*éloges*] extravagant; (*Littérat*) dithyrambic ◆ **une critique ~** a rave review

**dito** /dito/ ADV (*Comm*) ditto

**DIU** /deiy/ NM (abrév de **dispositif intra-utérin**) IUD

**diurèse** /djyʀɛz/ NF (*Physiol*) diuresis

**diurétique** /djyʀetik/ ADJ, NM diuretic

**diurne** /djyʀn/ ADJ diurnal

**diva** /diva/ NF († *, aussi hum*) diva, prima donna ◆ **elle a des caprices de ~** she's a bit of a prima donna

**divagation** /divagasjɔ̃/ NF (*gén pl*) (= *délire*) wandering, rambling; (= *bêtises*) raving

**divaguer** /divage/ ▸ conjug 1 ◂ VI (= *délirer*) to ramble; (= *dire des bêtises*) to rave ◆ **il commence à ~** he's beginning to ramble ◆ **tu divagues !** you're off your head! *

**divan** /divɑ̃/ NM (= *siège*) divan; (*Hist*) divan ◆ **le ~ du psychanalyste** the psychoanalyst's couch

**dive** /div/ ADJ F ◆ **la ~ bouteille** the bottle, drink ◆ **il aime la ~ bouteille** he likes his drink

**divergence** /divɛʀʒɑ̃s/ NF a [*d'opinions*] divergence, difference; [*de témoignages*] discrepancy b (*Opt, Phys Nucl*) divergence

**divergent, e** /divɛʀʒɑ̃, ɑ̃t/ ADJ a [*opinions*] divergent, differing; [*témoignages*] differing b (*Opt, Phys Nucl*) divergent; → **strabisme**

**diverger** /divɛʀʒe/ GRAMMAIRE ACTIVE 39.1 ▸ conjug 3 ◂ VI a [*opinions*] to diverge, to differ; [*témoignages*] to differ b [*chemins, rayons*] to diverge c (*Phys Nucl*) to go critical

**divers, e** /divɛʀ, ɛʀs/ ADJ a (*pl*) (= *varié*) [*couleurs, opinions*] various; [*coutumes*] diverse; (= *différent*) [*sens d'un mot, moments, occupations*] different, various ◆ **frais ~, dépenses ~es** sundries, miscellaneous expenses ◆ **ses dons/écrits ~ et variés** his many and various talents/writings ◆ **elle a suivi des traitements ~ et variés** (*hum*) she has undergone all manner of treatments; → **fait**[1] b (*pl* = *plusieurs*) various, several ◆ **~es personnes m'en ont parlé** various *ou* several people have spoken to me about it c (*littér* = *changeant*) [*spectacle*] varied, changing (*épith*)

**diversement** /divɛʀsəmɑ̃/ ADV in various ways ◆ **son livre a été ~ accueilli** his book has had a mixed reception ◆ **son discours a été ~ apprécié** there were mixed reactions to his speech

**diversification** /divɛʀsifikasjɔ̃/ NF diversification ◆ **l'entreprise poursuit la ~ de ses activités** the company is continuing to diversify (its activities)

**diversifier** /divɛʀsifje/ ▸ conjug 7 ◂ VT [+ *méthodes, exercices*] to vary; [+ *activités, centres d'intérêt, production*] to diversify ◆ **une économie/une gamme de produits diversifiée** a varied *ou* diversified economy/range of products VPR **se diversifier** [*entreprise*] to diversify; [*activités*] to be diversified; [*clientèle, public*] to become more diverse ◆ **nous devons nous ~ davantage** we must diversify more

**diversion** /divɛʀsjɔ̃/ NF (*Mil, littér*) diversion ◆ **faire ~** to create a diversion

**diversité** /divɛʀsite/ NF (= *grand nombre*) range, variety; (= *variété*) variety, diversity

**divertir** /divɛʀtiʀ/ ▸ conjug 2 ◂ VT a (= *amuser*) to amuse, to entertain b (*Jur*) **~ des fonds/une succession** (= *détourner*) to misappropriate funds/an inheritance VPR **se divertir** (= *se distraire*) to amuse o.s.; (= *prendre du bon temps*) to enjoy o.s. ◆ **se ~ de qn** (*littér*) to make fun of sb, to laugh at sb

**divertissant, e** /divɛʀtisɑ̃, ɑ̃t/ ADJ (= *qui fait rire*) amusing; (= *qui occupe agréablement*) entertaining

**divertissement** /divɛʀtismɑ̃/ NM a (*NonC* = *action de distraire*) entertainment ◆ **la boxe est un ~ populaire** boxing is a popular form of entertainment ◆ **le spectacle est organisé pour le ~ des touristes** the show is put on to entertain the tourists ◆ **émission de ~** light-entertainment programme b (= *distraction, passe-temps*) entertainment ◆ **le jazz était considéré d'abord comme un ~** jazz was considered as being primarily entertainment ◆ **les ~s sont rares dans ce village** there isn't much to do in this village, there's not much by way of entertainment in this village **c** *(Mus)* divertimento, divertissement **d** *(††, Philos)* distraction

**dividende** /dividɑ̃d/ **NM** *(Fin, Math)* dividend ◆ **~ sous forme d'actions** share *ou* stock dividend ◆ **~ prioritaire** preferential *ou* preference dividend ◆ **avec ~** cum div(idend), dividend on *(US)* ◆ **sans ~** ex div(idend), dividend off *(US)*

**divin, e** /divɛ̃, in/ **ADJ** **a** *[caractère, justice, service]* divine ◆ **la loi ~e** divine law, the law of God ◆ **le ~ Achille** the divine Achilles ◆ **la ~e Providence** divine Providence ◆ **notre ~ Sauveur** our Divine Saviour ◆ **notre ~ Père** our heavenly Father ◆ **l'amour ~** divine *ou* heavenly love ◆ **le sens du ~** the sense of the divine; → **bonté, droit³** **b** *(= excellent) [poésie, beauté, mets, robe, temps]* divine, heavenly

**divinateur, -trice** /divinatœʀ, tʀis/ **ADJ** divining, foreseeing **NM,F** †† diviner, soothsayer

**divination** /divinasjɔ̃/ **NF** divination

**divinatoire** /divinatwaʀ/ **ADJ** *[science]* divinatory

**divinement** /divinmɑ̃/ **ADV** divinely

**divinisation** /divinizasjɔ̃/ **NF** deification

**diviniser** /divinize/ ▸ conjug 1 ◂ **VT** to deify

**divinité** /divinite/ **NF** *(= essence divine)* divinity; *(lit, fig = dieu)* deity, divinity

**diviser** /divize/ ▸ conjug 1 ◂ **VT** **a** *(= fractionner) (gén)* to divide; *[+ tâche, ressources]* to share out, to split up; *[+ gâteau]* to cut up, to divide up ◆ **~ une somme en trois/en trois parties** to divide *ou* split a sum of money in three/into three parts ◆ **~ une somme entre plusieurs personnes** to share (out) *ou* divide (out) a sum among several people ◆ **le pays est divisé en deux par des montagnes** the country is split *ou* divided in two by mountains ◆ **~ un groupe en plusieurs équipes** to split a group up into several teams **b** *(= désunir) [+ famille, adversaires]* to divide, to set at variance ◆ **"diviser pour (mieux) régner"** "divide and rule" ◆ **une famille divisée** a broken family ◆ **les historiens sont très divisés à ce sujet** historians are very divided on this subject ◆ **l'opinion est divisée en deux par cette affaire** opinion is split *ou* divided over this affair **c** *(† = séparer)* to divide, to separate ◆ **un rideau divise la chambre d'avec le salon** *ou* **du salon** a curtain separates the bedroom (off) from the drawing room **d** *(Math)* to divide ◆ **~ 4 par 2** to divide 4 by 2

**VPR** **se diviser** **a** *(= se scinder) [groupe, cellules]* to split up, to divide (*en* into) **b** *(= se ramifier) [route]* to fork, to divide; *[tronc d'arbre]* to fork ◆ **ce livre se divise en plusieurs chapitres** this book is divided into several chapters

**diviseur** /divizœʀ/ **NM** **a** *(Math)* divisor ◆ **nombre/fraction ~** divisor number/fraction ◆ **plus grand commun ~** highest common factor ◆ **~ de fréquence** *(Élec)* frequency divider **b** *(= personne)* divisive force *ou* influence

**divisibilité** /divizibilite/ **NF** divisibility

**divisible** /divizibl/ **ADJ** divisible ◆ **le nombre est ~ par 2** the number is divisible by *ou* can be divided by 2

**division** /divizjɔ̃/ **NF** **a** *(Math)* division ◆ **faire une ~** to do a division (sum) **b** *(= désaccord)* division ◆ **il y a une ~ au sein du parti** there's a split *ou* rift within the party ◆ **semer la ~** to sow discord (*entre* among) **c** *(Ftbl etc)* division ◆ **~ d'honneur** 4th division ◆ **club de première/deuxième ~** first/second division club ◆ **ils sont montés en première ~** they've gone up to *ou* have been promoted to the first division **d** *(Mil, Admin)* division ◆ **~ blindée/d'infanterie** armoured/infantry division; → **général²** **e** *(= fractionnement)* division; *(= partage)* sharing out, division (*en* into); ◆ **~ du travail** division of labour ◆ **~ cellulaire** cellular division **f** *(= graduation)* division **g** *(= partie, compartiment)* division; *(= branche) [de science]* division

**divisionnaire** /divizjɔnɛʀ/ **ADJ** divisional **NM** *(† Mil)* major-general ◆ **(commissaire) ~** *(Police)* ≈ chief superintendent *(Brit)*, police chief *(US)*

**divorce** /divɔʀs/ **NM** *(lit, fig)* divorce (*avec, d'avec* from; *entre* between); ◆ **demander le ~** *(gén)* to ask for a divorce; *(Jur)* to sue for (a) divorce ◆ **obtenir le ~** to obtain *ou* get a divorce ◆ **~ par consentement mutuel** divorce by consent *(Brit)*, no-fault divorce *(US)* ◆ **les enfants du ~** children of divorced parents *ou* of divorce

**divorcé, e** /divɔʀse/ (ptp de **divorcer**) **ADJ** *(lit, fig)* divorced (*de* from) **NM,F** divorcee

**divorcer** /divɔʀse/ ▸ conjug 3 ◂ **VI** **a** *[personne]* to get a divorce; *[couple]* to get divorced ◆ **~ d'avec sa femme/son mari** to divorce one's wife/one's husband **b** *(fig)* to break (*d'avec, de* with)

**divulgateur, -trice** /divylgatœʀ, tʀis/ **NM,F** divulger

**divulgation** /divylgasjɔ̃/ **NF** disclosure

**divulguer** /divylge/ ▸ conjug 1 ◂ **VT** to divulge, to disclose

**dix** /dis/ **ADJ INV, NM INV** ten ◆ **les ~ commandements** the Ten Commandments ◆ **elle a eu ~ sur ~** *(Scol)* she got ten out of ten, she got full marks *(Brit)* ◆ **avoir ~ dixièmes à chaque œil** to have twenty-twenty vision ◆ **répéter/recommencer ~ fois la même chose** to repeat/start the same thing over and over (again); *pour autres loc voir* **six**

**dix-huit** /dizɥit/ **ADJ INV, NM INV** eighteen ◆ **un (golf) ~ trous** an eighteen-hole golf course

**dix-huitième** /dizɥitjɛm/ **ADJ, NMF** eighteenth ◆ **un fauteuil fin ~** a late eighteenth-century armchair

**dixième** /dizjɛm/ **ADJ, NMF** tenth ◆ **je ne sais pas le ~ de ce qu'il sait** I don't know one tenth *ou* a tenth of the things he knows

**dixièmement** /dizjɛmmɑ̃/ **ADV** tenthly, in (the) tenth place

**dixit** /diksit/ **LOC VERB** dixit

**dix-neuf** /diznœf/ **ADJ INV, NM INV** nineteen

**dix-neuvième** /diznœvjɛm/ **ADJ, NMF** nineteenth ◆ **les romans du ~** nineteenth-century novels

**dix-sept** /di(s)sɛt/ **ADJ INV, NM INV** seventeen

**dix-septième** /di(s)sɛtjɛm/ **ADJ, NMF** seventeenth ◆ **les auteurs du ~** seventeenth-century writers

**dizain** /dizɛ̃/ **NM** ten-line poem

**dizaine** /dizɛn/ **NF** *(= dix)* ten; *(= quantité voisine de dix)* about ten, ten or so ◆ **des ~s de fois** dozens of times, over and over again ◆ **les ~s** *(= colonne)* the tens column

**DJ** /didʒi/ **NM** (abrév de **disque-jockey**) DJ

**Djakarta** /dʒakaʀta/ **N** Jakarta, Djakarta

**djebel** /dʒebɛl/ **NM** jebel

**djellaba** /dʒɛ(l)laba/ **NF** jellaba

**Djibouti** /dʒibuti/ **NM** Djibouti, Djibouti

**djiboutien, -ienne** /dʒibusjɛ̃, jɛn/ **ADJ** of *ou* from Djibouti **NM,F** **Djiboutien(ne)** inhabitant *ou* native of Djibouti

**djihad** /dʒi(j)ad/ **NF** jihad, jehad ◆ **le Djihad islamique** Islamic Jihad

**djinn** /dʒin/ **NM** jinn, djinn

**dl** (abrév de **décilitre**) dl

**DM** (abrév de **Deutsche Mark**) DM

**dm** (abrév de **décimètre**) dm

**do** /do/ **NM INV** *(Mus) (= note)* C; *(en chantant la gamme)* doh ◆ **le ~ du milieu du piano** middle C

**doberman** /dɔbɛʀman/ **NM** Doberman pinscher

**doc** * /dɔk/ **NF** abrév de **documentation**

**docile** /dɔsil/ **ADJ** *[personne, caractère]* docile, obedient; *[animal]* docile; *[cheveux]* manageable

**docilement** /dɔsilmɑ̃/ **ADV** docilely, obediently

**docilité** /dɔsilite/ **NF** docility, obedience

**docimologie** /dɔsimɔlɔʒi/ **NF** (statistical) analysis of test *ou* exam results

**dock** /dɔk/ **NM** **a** *(= bassin)* dock; *(= cale de construction)* dockyard ◆ **~ de carénage/flottant** dry/floating dock **b** *(= hangar, bâtiment)* warehouse

**docker** /dɔkɛʀ/ **NM** docker, stevedore

**docte** /dɔkt/ **ADJ** *(littér, hum)* learned

**doctement** /dɔktəmɑ̃/ **ADV** *(littér, hum)* learnedly

**docteur** /dɔktœʀ/ **NM** **a** *(Méd)* doctor ◆ **~ en médecine** doctor of medicine ◆ **aller chez le ~** to go to the doctor's ◆ **le ~ Lebrun** Dr Lebrun **b** *(Univ)* doctor (*ès, en* of); ◆ **maintenant que tu es ~** *(Univ)* now you've got your doctorate *ou* PhD ◆ **Monsieur Leroux, ~ ès lettres** Dr Leroux, PhD ◆ **les ~s de l'Église** *(Rel)* the Doctors of the Church

**doctoral, e** (mpl **-aux**) /dɔktɔʀal, o/ **ADJ** **a** *(Univ)* doctoral ◆ **école ~e** graduate school *(US)* **b** *(péj = pédant) [ton, air]* pompous

**doctorant, e** /dɔktɔʀɑ̃, ɑ̃t/ **NM,F** PhD student *(Brit)*, doctoral student *(US)*

**doctorat** /dɔktɔʀa/ **NM** doctorate (*ès, en* in); ◆ **~ de 3ᵉ cycle, ~ d'État** doctorate, PhD; → DIPLÔMES

**doctoresse** /dɔktɔʀɛs/ **NF** woman *ou* lady doctor

**doctrinaire** /dɔktʀinɛʀ/ **ADJ** *(= dogmatique)* doctrinaire; *(= sentencieux)* pompous, sententious **NMF** doctrinarian

**doctrinal, e** (mpl **-aux**) /dɔktʀinal, o/ **ADJ** doctrinal

**doctrine** /dɔktʀin/ **NF** doctrine

**docu** * /dɔky/ **NM** (abrév de **documentaire**) documentary ◆ **~-soap** docu-soap

**docudrame** /dɔkydʀam/ **NM** docudrama

**document** /dɔkymɑ̃/ **NM** document ◆ **nous avons des ~s le prouvant** we have documentary evidence, we have documents to prove it ◆ **~s de travail** working documents ◆ **~ de référence** *ou* **d'information** background paper ◆ **~s d'expédition** dispatch documents ◆ **~s d'archives** archives; *(Ciné, TV)* archive footage *(NonC)* *ou* material *(NonC)* ◆ **~ administratif unique** Single Administrative Document

**documentaire** /dɔkymɑ̃tɛʀ/ **ADJ** *[intérêt]* documentary ◆ **à titre ~** for your (*ou* his *etc*) information ◆ **logiciel ~** documentation software *(NonC)* **NM** *(= film)* documentary (film)

**documentaliste** /dɔkymɑ̃talist/ **NMF** *(Presse, TV)* researcher; *(Scol)* librarian; *(dans une entreprise)* archivist

**documentariste** /dɔkymɑ̃taʀist/ NMF documentary maker

**documentation** /dɔkymɑ̃tasjɔ̃/ NF *(= brochures)* information, literature; *(Presse, TV = service)* research department

**documenter** /dɔkymɑ̃te/ ▸ conjug 1 ◂ VT *[+ situation, conditions, conflit]* to document ◆ **bien documenté** *[rapport, cas]* well-documented; *[article, livre]* well-researched; *[+ personne]* well-informed VPR **se documenter** to gather information *ou* material (*sur* on, about)

**dodécaèdre** /dɔdekaɛdʀ/ NM dodecahedron

**dodécagonal, e** (mpl **-aux**) /dɔdekagɔnal, o/ ADJ dodecagonal

**dodécagone** /dɔdekagɔn/ NM dodecagon

**dodécaphonique** /dɔdekafɔnik/ ADJ dodecaphonic

**dodécaphonisme** /dɔdekafɔnism/ NM dodecaphony

**dodécaphoniste** /dɔdekafɔnist/ ADJ *[compositeur, œuvre]* dodecaphonic NMF dodecaphonist

**dodeliner** /dɔd(ə)line/ ▸ conjug 1 ◂ VI ◆ **il dodelinait de la tête** his head was nodding gently ◆ **sa tête dodelinait par instants** his head would nod every now and again

**dodo**[1] /dodo/ NM *(langage enfantin) (= sommeil)* sleep, beddy-byes *(langage enfantin)* ◆ **faire** ~ to be asleep ◆ **il est temps d'aller au** ~ *ou* **d'aller faire** ~ it's time to go to beddy-byes *(langage enfantin)* ◆ **(fais)** ~ ! come on, sleepy-time! ◆ **un bon gros/un petit** ~ a nice long/a short sleep

**dodo**[2] /dodo/ NM *(Orn)* dodo

**Dodoma** /dodoma/ N Dodoma

**dodu, e** /dɔdy/ ADJ *[personne, poule, bras]* plump; *[enfant, joue]* chubby

**doge** /dɔʒ/ NM doge

**dogmatique** /dɔgmatik/ ADJ dogmatic

**dogmatiquement** /dɔgmatikmɑ̃/ ADV dogmatically

**dogmatiser** /dɔgmatize/ ▸ conjug 1 ◂ VI to dogmatize

**dogmatisme** /dɔgmatism/ NM dogmatism

**dogme** /dɔgm/ NM *(lit, fig)* dogma ◆ **le** ~ *(Rel)* the dogma

**dogon** /dɔgɔ̃/ ADJ *[art, pays]* Dogon NMF **Dogon** Dogon ◆ **les Dogons** the Dogon people

**dogue** /dɔg/ NM *(Zool)* ◆ ~ **(anglais)** mastiff ◆ ~ **allemand** German mastiff

**doigt** /dwa/ NM a *[de main, gant]* finger; *[d'animal]* digit ◆ ~ **de pied** toe ◆ **le petit** ~ the little finger ◆ **se mettre** *ou* **se fourrer** * **les ~s dans le nez** to pick one's nose ◆ **le** ~ **de Dieu** the hand of God ◆ **montrer qn du** ~ *(lit)* to point sb out; *(fig)* to point the finger at sb ◆ **désigner qn d'un** ~ **accusateur** to point an accusing finger at sb; → **bague, bout, compter** *etc*

b *(= mesure)* **raccourcir une jupe de 2/3 ~s** to shorten a skirt by 1 inch/2 inches ◆ **un** ~ **de vin** a drop of wine ◆ **un** ~ **de whisky/vodka** a finger of whisky/vodka

c *(loc)* **avoir des ~s de fée** *[couturière, tricoteuse]* to have nimble fingers; *[infirmière]* to have gentle hands ◆ **il ne fait rien de ses dix ~s** he's an idle *ou* a lazy good-for-nothing, he's bone idle *(Brit)* ◆ **il ne sait rien faire de ses dix ~s** he's useless ◆ **faire marcher** *ou* **mener qn au** ~ **et à l'œil** to keep a tight rein on sb ◆ **avec lui, ils obéissent au** ~ **et à l'œil** with him, they have to toe the line ◆ **le (petit)** ~ **sur la couture du pantalon** *(lit)* standing to attention ◆ **c'est devenu un employé modèle, le petit** ~ **sur la couture du pantalon** *(fig)* he's become a model employee, always ready to jump to attention ◆ **mon petit** ~ **me l'a dit** *(fig)* a little bird told me ◆ **se mettre** *ou* **se fourrer** * **le** ~ **dans l'œil (jusqu'au coude)** to be kidding o.s. * ◆ **là tu te mets** *ou* **te fourres** * **le** ~ **dans l'œil** you've got another think coming * ◆ **il n'a pas levé** *ou* **bougé** *ou* **remué le petit** ~ **pour nous aider** he didn't lift a finger to help us ◆ **mettre le** ~ **sur le problème** to put one's finger on the problem ◆ **mettre le** ~ **sur la plaie** *(fig)* to touch a raw nerve ◆ **toucher du** ~ *(lit)* to touch sth (with one's finger); *[+ réalité, sentiment, difficulté]* to grasp fully ◆ **faire toucher du** ~ **qch (à qn)** *(fig)* to bring sth home (to sb) ◆ **mettre le** ~ **dans l'engrenage** to get involved ◆ **filer** *ou* **glisser entre les ~s de qn** to slip through sb's fingers ◆ **ils sont unis comme les (deux) ~s de la main** they're joined at the hip *, they're very close ◆ **je le ferais les ~s dans le nez** * I could do it standing on my head *ou* with my eyes closed ◆ **il a gagné les ~s dans le nez** * he won hands down * ◆ **avoir un morceau de musique dans les ~s** to know a piece of music like the back of one's hand ◆ **avoir les ~s de pied en éventail** * to have one's feet up ◆ **être à deux ~s** *ou* **un** ~ **de faire** to come very close to doing ◆ **il a été à deux ~s de la mort/de réussir** he was within an ace *ou* an inch of death/of succeeding ◆ **la balle est passée à un** ~ **de sa tête** the bullet passed within a hairbreadth *ou* an inch of his head ◆ **c'est la pratique du** ~ **mouillé** it's guess work

**doigté** /dwate/ NM a *(Mus) (= jeu des doigts)* fingering technique; *(= position des doigts)* fingering b *[de chirurgien, dactylo, pianiste]* touch; *(= tact)* diplomacy, tact ◆ **avoir du** ~ *(lit)* to be nimble-fingered; *(fig)* to be tactful ◆ **manquer de** ~ to be heavy-handed ◆ **il faudra du** ~ **pour mener à bien cette négociation** a certain amount of diplomacy will be needed to bring these negotiations to a successful conclusion

**doigter** /dwate/ ▸ conjug 1 ◂ VTI *(Mus)* to finger

**doigtier** /dwatje/ NM fingerstall

**doit** /dwa/ NM debit ◆ ~ **et avoir** debit and credit

**dojo** /dɔʒo/ NM dojo

**dol** /dɔl/ NM *(Jur)* fraud, wilful misrepresentation *(SPÉC)*

**dolby** ® /dɔlbi/ NM Dolby ®

**dolce vita** /dɔltʃevita/ NF dolce vita

**doléances** /dɔleɑ̃s/ NFPL *(= plaintes)* complaints; *(= réclamations)* grievances

**dolent, e** /dɔlɑ̃, ɑ̃t/ ADJ *(littér)* doleful, mournful

**doline** /dɔlin/ NF doline

**dollar** /dɔlaʀ/ NM dollar ◆ ~ **australien/canadien** Australian/Canadian dollar ◆ ~ **titre** security dollar

**dollarisation** /dɔlaʀizasjɔ̃/ NF *[d'économie, échanges]* dollarization

**dolman** /dɔlmɑ̃/ NM *(Hist = veste)* dolman

**dolmen** /dɔlmɛn/ NM dolmen

**dolomie** /dɔlɔmi/, **dolomite** /dɔlɔmit/ NF dolomite ◆ **les Dolomites** the Dolomites

**dolomitique** /dɔlɔmitik/ ADJ dolomitic

**DOM** /dɔm/ NM (abrév de **département d'outre-mer**) → **département**

**Dom** /dɔ̃/ NM *(= titre)* Dom

**domaine** /dɔmɛn/ NM a *(= propriété)* estate, property ◆ **le** ~ **de la couronne** Crown lands *ou* property ◆ **le** ~ **(de l'État)** *(Jur) (= propriété)* state(-owned) property; *(= service)* the state property department ◆ **dans le** ~ **public/privé** in the public/private domain, in public/private ownership ◆ **ses œuvres sont maintenant tombées dans le** ~ **public** his works are now out of copyright ◆ **la salle de jeux est le** ~ **des enfants** the playroom belongs to the children; → **skiable** b *(= sphère)* field, domain, sphere ◆ **ce n'est pas (de) mon** ~ it's not my field *ou* sphere ◆ **dans tous les ~s** in every domain *ou* field ◆ ~ **d'activité stratégique** *(Gestion)* strategic business unit ◆ ~ **réservé** *(fig)* preserve c *(dans un dictionnaire)* field ◆ **indication de** ~ field label

**domanial, e** (mpl **-iaux**) /dɔmanjal, jo/ ADJ *(= d'un domaine privé)* belonging to a private estate; *(= d'un domaine public)* national *(épith)*, state *(épith)*

**dôme** /dom/ NM *(= voûte)* dome; *(= cathédrale)* cathedral ◆ **le** ~ **du ciel** *(littér)* the vault of heaven ◆ **un** ~ **de verdure** a canopy of foliage *ou* greenery ◆ ~ **volcanique** volcanic dome

**domestication** /dɔmɛstikasjɔ̃/ NF *(= action)* domestication, domesticating; *(= résultat)* domestication

**domesticité** /dɔmɛstisite/ NF a *(= condition de domestique)* domestic service b *(= personnel)* (domestic) staff, household ◆ **une nombreuse** ~ a large staff of servants c *[d'animal]* domesticity

**domestique** /dɔmɛstik/ NMF servant, domestic ◆ **les ~s** the servants, the staff (of servants) ◆ **je ne suis pas ton** ~ ! I'm not your servant! ADJ a *(= ménager) [travaux]* domestic, household *(épith)*; *[soucis, querelle]* domestic, family *(épith)* ◆ **accidents ~s** accidents in the home ◆ **déchets ~s** kitchen waste *ou* wastes *(US)* ◆ **les dieux ~s** the household gods b *(Comm) [marché, consommation]* domestic, home *(épith)* c *(Zool)* domestic ◆ **animal** ~ domestic animal

**domestiquer** /dɔmɛstike/ ▸ conjug 1 ◂ VT *[+ animal]* to domesticate; *[+ énergie solaire, marée, vent]* to harness

**domicile** /dɔmisil/ NM place of residence, home; *(sur formulaire)* address; *[de société]* domicile ◆ ~ **légal** official domicile ◆ ~ **conjugal/parental** marital/parental home ◆ **dernier** ~ **connu** last known address ◆ **sans** ~ **fixe** of no fixed abode

◆ **à domicile** ◆ **je vous l'apporterai à** ~ I'll bring it to your home ◆ **le travail** *ou* **l'emploi à** ~ homeworking ◆ **il cherche du travail à** ~ he's looking for work at home ◆ **travailler à** ~ to work at *ou* from home ◆ **"réparations à domicile"** "home repairs carried out" ◆ **service de courses à** ~ home delivery service ◆ **la banque à** ~ home banking ◆ **le cinéma à** ~ home cinema ◆ **jouer à** ~ *(Sport)* to play at home

**domiciliaire** /dɔmisiljɛʀ/ ADJ domiciliary, house *(épith)*

**domiciliataire** /dɔmisiljatɛʀ/ NM paying agent

**domiciliation** /dɔmisiljasjɔ̃/ NF *[de personne, données]* address; *[de société]* registered address ◆ **leurs ~s bancaires** the address of their banks

**domicilier** /dɔmisilje/ ▸ conjug 7 ◂ VT *[+ facture]* to pay by banker's order ◆ **être domicilié** to be domiciled *(Admin)*, to have one's home (*à* in); ◆ **je me suis fait** ~ **à Lyon** I gave Lyons as my official address *ou* place of residence ◆ **faire** ~ **ses factures** to have one's bills paid by banker's order

**dominance** /dɔminɑ̃s/ NF *[de gène]* dominance

**dominant, e** /dɔminɑ̃, ɑ̃t/ ADJ *[pays, rôle]* dominant; *[idéologie, opinion, vent]* prevailing *(épith)*; *[idée, trait]* dominant, main *(épith)*;

*[passion]* ruling *(épith)*; *[problème, préoccupation]* main *(épith)*, chief *(épith)*; *[position]* dominating *(épith)*, leading *(épith)*; *(Bio, Jur)* dominant **NF dominante** *(= caractéristique)* dominant characteristic; *(= couleur)* dominant *ou* predominant colour; *(Mus)* dominant ◆ **tableau à ~e rouge** painting with red as the dominant *ou* predominant colour ◆ **septième de ~e** *(Mus)* dominant seventh chord

**dominateur, -trice** /dɔminatœʀ, tʀis/ **ADJ** *[personne, caractère]* domineering, overbearing; *[voix, geste, regard]* imperious; *[pays]* dominating *(épith)*; *[passion]* ruling *(épith)* **NM,F** *(littér)* ruler

**domination** /dɔminasjɔ̃/ **NF** **a** *(Pol = autorité)* domination; *(fig = emprise)* domination, influence ◆ **la ~ de la Gaule (par Rome)** the domination of Gaul (by Rome) ◆ **la ~ de Rome (sur la Gaule)** Roman rule *ou* domination (over Gaul) ◆ **les pays sous (la) ~ britannique** countries under British rule *ou* domination *ou* dominion ◆ **tomber sous la ~ de** to fall *ou* come under the domination of ◆ **exercer sa ~ sur qn** to exert one's influence on sb, to hold sway over sb ◆ **exercer une ~ morale sur qn** to exert a moral influence on sb ◆ **un besoin insatiable de ~** an insatiable need to dominate ◆ **~ de soi-même** self-control, self-possession **b** *(Rel)* **~s** dominations

**dominer** /dɔmine/ ▸ conjug 1 ◂ **VT** **a** *(= être maître de) [+ personne, pays]* to dominate ◆ **il voulait ~ le monde** he wanted to rule the world ◆ **ces enfants sont dominés par leur père** these children are kept down *ou* dominated by their father ◆ **il se laisse ~ par sa femme** he's dominated by his wife, he's under his wife's sway ◆ **se laisser ~ par ses passions** to let o.s. be ruled by one's passions ◆ **elle ne sait pas ~ ses élèves** she can't keep her pupils in order *ou* under control, she can't keep control over her pupils

**b** *(= surpasser) [+ adversaire, concurrent]* to outclass, to tower above ◆ **il domine de loin les autres étudiants** he is way ahead of the other students ◆ **écrivain qui domine son siècle** writer who dominates his century ◆ **se faire ~ par l'équipe adverse** to be dominated *ou* outclassed by the opposing team ◆ **parler fort pour ~ le bruit de la rue** to speak loudly to be heard above the noise from the street ◆ **chez lui cette passion domine toutes les autres** this is his overriding passion ◆ **le problème de la pollution domine tous les autres** the problem of pollution overshadows all others

**c** *(= être le meilleur dans) [+ course, match, marché]* to dominate

**d** *(= maîtriser) [+ sentiment]* to control, to master, to overcome; *[+ problème]* to overcome, to master; *[+ sujet]* to master; *[+ situation]* to dominate, to master ◆ **elle ne put ~ son trouble** she couldn't overcome her confusion

**e** *(= diriger, gouverner)* to dominate, to govern ◆ **l'idée maîtresse/la préoccupation qui domine toute son œuvre** the key idea/the main concern which dominates his whole work

**f** *(= surplomber)* to tower above, to dominate ◆ **rocher/terrasse qui domine la mer** rock/terrace which overlooks the sea ◆ **la tour domine la ville** the tower dominates the town ◆ **il dominait la foule de sa haute taille** he towered above the crowd with his great height ◆ **de là-haut on domine la vallée** from up there you look down over the whole valley

**VI** **a** *(= être le meilleur) [nation]* to hold sway; *[orateur, concurrent]* to be in the dominant position; *(Sport) [équipe]* to be in the dominant position, to be on top; *[coureur]* to be in a commanding position ◆ **l'Angleterre a dominé sur les mers pendant des siècles** England ruled the seas *ou* held dominion over the seas for centuries ◆ **dans les débats, il domine nettement** in debates, he clearly has the edge on everyone else *ou* he's definitely the strongest speaker ◆ **leur équipe a dominé pendant tout le match** their team was on top throughout the match ◆ **ce coureur a dominé pendant les premiers kilomètres** this runner was out in front for the first few kilometres ◆ **~ de la tête et des épaules** *(fig)* to be head and shoulders above the others

**b** *(= prédominer) [caractère, défaut, qualité]* to predominate; *[idée, théorie]* to prevail; *[préoccupation, intérêt]* to be dominant, to predominate; *[parfum]* to predominate; *[couleur]* to stand out, to predominate ◆ **c'est l'ambition qui domine chez lui** ambition is his dominant characteristic ◆ **c'est le jaune qui domine** it is yellow which stands out *ou* which is the predominant colour

**VPR se dominer** to control o.s., to keep o.s. under control ◆ **il ne sait pas se ~** he has no self-control

**dominicain, e** /dɔminikɛ̃, ɛn/ **ADJ** *(Géog, Rel)* Dominican ◆ **République ~e** Dominican Republic **NM,F Dominicain(e)** **a** *(Rel)* Dominican **b** *(Géog)* Dominican

**dominical, e** (mpl **-aux**) /dɔminikal, o/ **ADJ** Sunday *(épith)*; → **repos**

**dominion** /dɔminjɔn/ **NM** *(Pol Brit)* dominion *(of the British Commonwealth)*

**Dominique** /dɔminik/ **NF** *(Géog)* ◆ **la ~** Dominica

**domino** /dɔmino/ **NM** **a** *(= jeu)* domino ◆ **les ~s** dominoes *(sg)* ◆ **un jeu de ~s** a domino set ◆ **la théorie des ~s** *(Pol)* the domino theory ◆ **l'effet ~** the domino effect **b** *(= costume)* domino **c** *(Élec)* connecting block

**dommage** /dɔmaʒ/ GRAMMAIRE ACTIVE 45.3

**NM** **a** *(= préjudice)* harm *(NonC)*, injury ◆ **causer un ~ à qn** to cause *ou* do sb harm ◆ **pour réparer le ~ que je vous ai causé** to repair the injury I've done you ◆ **s'en tirer sans ~(s)** to emerge *ou* escape unscathed ◆ **~ causé avec intention de nuire** *(Jur)* malicious damage

**b** *(loc)* **c'est ~ !, quel ~ !** what a pity! *ou* shame! ◆ **il est vraiment ~ que ...** it's such a pity *ou* it's a great pity that ... ◆ **(c'est *ou* quel) ~ que tu ne puisses pas venir** it's a *ou* what a pity *ou* shame (that) you can't come ◆ **le spectacle était formidable, ~ pour les absents !** the show was fantastic, too bad for those who missed it! ◆ **ça ne te plaît pas ? c'est bien ~ !** *(iro)* you don't like it? well, that really is a shame! *(iro)*

**NMPL dommages** *(= ravages)* damage *(NonC)* ◆ **causer des ~s aux récoltes** to damage *ou* cause damage to the crops ◆ **les ~s sont inestimables** there is incalculable damage

**COMP** ▷ **dommage(s) corporel(s)** physical injury ▷ **dommages de guerre** war damages ▷ **dommages et intérêts** damages ◆ **il réclame 1 000 € de ~s et intérêts** he is claiming €1,000 (in) damages ▷ **dommage(s) matériel(s)** material damage

**dommageable** /dɔmaʒabl/ **ADJ** harmful (*à* to)

**dommages-intérêts** /dɔmaʒɛ̃teʀɛ/ **NMPL** *(Jur)* damages

**domotique** /dɔmɔtik/ **NF** home automation

**domptable** /dɔ̃(p)tabl/ **ADJ** tam(e)able

**domptage** /dɔ̃(p)taʒ/ **NM** taming

**dompter** /dɔ̃(p)te/ ▸ conjug 1 ◂ **VT** *[+ fauve]* to tame; *[+ cheval]* to break in; *[+ enfant insoumis]* to subdue; *[+ rebelles]* to put down, to subdue; *[+ sentiments, passions]* to master, to control, to overcome; *[+ nature, fleuve]* to tame

**dompteur, -euse** /dɔ̃(p)tœʀ, øz/ **NM,F** *(gén)* tamer, trainer ◆ **~ (de lions)** lion-tamer

**DOM-TOM** /dɔmtɔm/ **NMPL** (abrév de **départements et territoires d'outre-mer**) *French overseas departments and territories*

> **DOM-TOM**
>
> There are four « Départements d'outre-mer »: Guadeloupe, Martinique, La Réunion and French Guyana (« Guyane »). They are run in the same way as metropolitan « départements » and their inhabitants are French citizens.
> The « Territoires d'outre-mer » include French Polynesia, Wallis-and-Futuna, New Caledonia and polar territories. They are independent, but each is supervised by a representative of the French government.

**Don** /dɔ̃/ **NM** **a** *(Géog)* Don **b** *(= titre)* Don

**don** /dɔ̃/ **NM** **a** *(= aptitude)* gift, talent ◆ **~s littéraires** literary gifts *ou* talents ◆ **avoir un ~ pour** to have a gift *ou* talent for ◆ **avoir le ~ des maths** to have a gift for maths ◆ **avoir des ~s** to be gifted *ou* talented ◆ **elle a le ~ de m'énerver** she has a knack *ou* a genius for getting on my nerves ◆ **cette proposition n'a pas eu le ~ de lui plaire** this proposal was not destined to *ou* didn't happen to please him

**b** *(= cadeau)* gift; *(= offrande)* donation ◆ **~ en argent** cash donation ◆ **~ en nature** donation in kind ◆ **~ d'organes** donation of organs ◆ **les ~s de la terre** *(littér)* the gifts of the earth ◆ **faire ~ de** *[+ fortune, maison]* to donate ◆ **je lui ai fait ~ de ce livre** I made him a present *ou* gift of that book, I gave him that book as a gift ◆ **cette tâche exige le ~ de soi** this task demands real self-sacrifice ◆ **faire (le) ~ de sa vie pour sauver qn** to give one's life to save sb, to lay down one's life for sb ◆ **c'est un ~ du ciel** *(fig)* it's a godsend

**Doña** /dɔɲa/ **NF** Doña

**donataire** /dɔnatɛʀ/ **NMF** donee

**donateur, -trice** /dɔnatœʀ, tʀis/ **NM,F** donor

**donation** /dɔnasjɔ̃/ **NF** *(Jur)* ≈ settlement ◆ **faire une ~ à qn** to make a settlement on sb ◆ **~ entre vifs** donation inter vivos

**donation-partage** (pl **donations-partages**) /dɔnasjɔ̃partaʒ/ **NF** *(Jur)* inter vivos settlement, deed of gift

**donc** /dɔ̃k *en tête de proposition ou devant voyelle ; ailleurs/* dɔ̃/ GRAMMAIRE ACTIVE 44.1 **CONJ**

**a** *(= par conséquent)* therefore, so, thus; *(= après une digression)* so, then ◆ **il partit ~ avec ses amis et ...** so he left with his friends and ... ◆ **je n'étais pas d'accord, ~ j'ai refusé** I didn't agree (and) so I refused *ou* and I therefore refused ◆ **j'ai raté le train, ~ je n'ai pas pu venir** I missed the train and was thus not able to come *ou* and so I couldn't come ◆ **si ce n'est pas la variole c'est ~ la rougeole** if it's not smallpox then it's measles

**b** *(intensif : marque la surprise)* then, so ◆ **c'était ~ un espion ?** he was a spy then?, so he was a spy? ◆ **voilà ~ ce dont il s'agissait** that's what it was (all) about then, so that's what it was (all) about

**c** *(de renforcement)* **allons ~ !** come on!, come now! ◆ **écoute-moi ~** do listen to me

♦ **demande-lui** ~ go on, ask him ♦ **tais-toi ~ !** do be quiet! ♦ **regardez ~ ça comme c'est joli** just look at that, isn't it pretty? ♦ **pensez ~ !** just imagine *ou* think! ♦ **comment ~ ?** how do you mean? ♦ **quoi ~ ?** what was that?, what did you say? ♦ **dis ~, dites ~** *(introduit une question)* tell me, I say; *(introduit un avertissement, une injonction)* look (here) ...; *(ton indigné)* well really ... ♦ **non mais dis ~, ne te gêne pas !** well, don't mind me! ♦ **dites ~, où l'avez-vous mis ?** I say, where did you put it? ♦ **tiens ~ !** well, well!, I say! ♦ **et moi ~** me too!

**dondon** * /dɔ̃dɔ̃/ **NF** big *ou* fat woman (*ou* girl) ♦ **une grosse ~** a big lump * of a woman (*ou* girl)

**donf** /dɔ̃f/ **à donf LOC ADJ** * ♦ **rouler à ~** to drive like crazy * ♦ **on s'est éclaté à ~** we had a fantastic time * ♦ **elle est jolie ? – à ~ !** is she pretty? – fantastic! *

**donjon** /dɔ̃ʒɔ̃/ **NM** keep, donjon

**don Juan** /dɔ̃ʒɥɑ̃/ **NM** Don Juan

**donjuanesque** /dɔ̃ʒɥanɛsk/ **ADJ** of Don Juan, typical of Don Juan ♦ **un vieux marquis ~** an elderly marquis and Don Juan

**donjuanisme** /dɔ̃ʒɥanism/ **NM** Don Juanism

**donnant-donnant, donnant, donnant** /dɔnɑ̃dɔnɑ̃/ **NM** quid pro quo ♦ **stratégie/principe du ~** strategy/principle of quid pro quo ♦ **les belligérants ont insisté sur le ~** the belligerents insisted on a quid pro quo arrangement **LOC ADV** ♦ **avec lui, c'est donnant, donnant** he always wants something in return ♦ **donnant, donnant : je te prête mon livre, tu me prêtes ton stylo** fair's fair - I lend you my book and you lend me your pen

**donne** /dɔn/ **NF** *(Cartes)* deal; *(fig)* *(= situation)* order ♦ **à vous la ~** your deal ♦ **faire la ~** to deal (out) the cards ♦ **il y a fausse ~** it's a misdeal ♦ **la nouvelle ~ politique** the new political order

**donné, e** /dɔne/ GRAMMAIRE ACTIVE 44.1 (ptp de **donner**) **ADJ** **a** *(= déterminé)* *[lieu, date]* given, fixed; → **moment**

♦ **étant donné** ♦ **étant ~ la situation** in view of *ou* given *ou* considering the situation ♦ **étant ~ que tu es parti** seeing *ou* given that you left

**b** *(= pas cher *)* (dirt) cheap *

**NF donnée** **a** *(Math, Sci)* *[de problème]* datum ♦ **~es** data ♦ **selon les ~es corrigées des variations saisonnières** *(Écon)* according to the seasonally adjusted figures ♦ **le taux de chômage en ~es corrigées des variations saisonnières** the seasonally adjusted unemployment rate **b** *(= chose connue)* piece of information ♦ **~es** facts, particulars ♦ **manquer de ~es** to be short of facts ♦ **modifier les ~es du problème** to redefine the problem **NM** ♦ **le ~, c'est ...** the facts of the situation are ...

## donner /dɔne/

► conjug 1 ◄

| | |
|---|---|
| 1 VERBE TRANSITIF | 3 VT INDIRECT |
| 2 VERBE INTRANSITIF | 4 VT INDIRECT |
| 5 VERBE PRONOMINAL | |

### 1 - VERBE TRANSITIF

**a** [= offrir] **~ qch à qn** to give sth to sb, to give sb sth ♦ **je le lui ai donné** I gave it to him ♦ **~ son cœur/son amitié (à qn)** to give one's heart/one's friendship (to sb) ♦ **~ à manger/boire à qn** to give sb something to eat/drink ♦ **~ son corps à la science** to donate one's body to science ♦ **il a donné ses tableaux au Louvre** he donated his paintings to the Louvre ♦ **~ sa vie/son temps pour une cause** to give (up) one's life/one's time for a cause ♦ **~ qch pour *ou* contre qch d'autre** to give sth in exchange for sth else, to exchange sth for sth else ♦ **en ~ à qn pour son argent** to give sb their money's worth ♦ **on ne les vend pas, on les donne** we're not selling them, we're giving them away ♦ **j'ai déjà donné !** *(hum = on ne m'y reprendra plus !)* I've been there! ♦ **~ c'est ~ (, reprendre c'est voler)** *(Prov)* a gift is a gift ♦ **qui donne aux pauvres prête à Dieu** *(Prov)* charity will be rewarded in heaven; → **change, matière, sang**

**b** [= remettre, confier] to give, to hand; *[+ copie d'examen]* to hand in, to give in ♦ **~ quelque chose à faire à qn** to give sb something to do ♦ **je donnerai la lettre au concierge** I shall give the letter to the caretaker ♦ **donnez-moi les outils** give me *ou* hand me *ou* pass me the tools ♦ **donnez-moi un kilo d'oranges** I'd like a kilo of oranges ♦ **~ ses chaussures à ressemeler/au cordonnier** to take one's shoes (in) to be resoled/to the shoe-repair shop

**c** [= accorder] *[+ moyen, occasion]* to give; *[+ permission, interview]* to grant, to give; *[+ prix, décoration, subvention]* to award, to give ♦ **donnez-moi le temps d'y réfléchir** give me time to think about it ♦ **on lui a donné 24 heures pour quitter le pays** he was given 24 hours to leave the country ♦ **le médecin lui donne trois mois (à vivre)** the doctor has given him three months (to live) ♦ **~ sa fille en mariage à qn** to give one's daughter to sb in marriage ♦ **il m'a été donné d'assister à cet événement historique** I was privileged enough to be there when this historic event took place ♦ **il *ou* ça n'est pas donné à tout le monde de ...** not everyone is lucky *ou* fortunate enough to ... ♦ **l'intelligence n'est pas donnée à tout le monde** not everyone is gifted with intelligence ♦ **je vous le donne en cent *ou* en mille !** * you'll never guess (in a million years)!; → **dieu**

**d** [= administrer] *[+ médicament, bain]* to give; *(Rel)* *[+ communion]* to give; *[+ sacrement]* to administer ♦ **~ une punition à qn** to punish sb ♦ **~ un baiser/un coup de pied à qn** to give sb a kiss/a kick ♦ **~ un coup de balai à la pièce** to give the room a quick sweep ♦ **~ un coup de chiffon à la pièce** to flick a duster over the room, to give the room a quick dust

**e** [= céder] *[+ vieux vêtements]* to give away ♦ **~ sa place à une dame** to give up one's seat to a lady ♦ **je donnerais beaucoup pour savoir** I would give a lot to know; → **langue**

**f** [= distribuer] to hand out, to give out; *[+ cartes]* to deal (out) ♦ **c'est à vous de ~** *(Cartes)* it's your deal

**g** [= communiquer, indiquer] *[+ description, détails, idée, avis]* to give; *[+ sujet de devoir]* to set ♦ **il lui a donné l'ordre de partir** he has ordered him to go ♦ **pouvez-vous me ~ l'heure ?** can you tell me the time?; → **alarme, alerte**

**h** [= causer] *[+ plaisir, courage]* to give (*à* to); *[+ peine, mal]* to cause, to give (*à* to); ♦ **ça donne chaud/froid/soif/faim** it makes you (feel) hot/cold/thirsty/hungry ♦ **~ le vertige/le mal de mer (à qn)** to make sb (feel) giddy/seasick ♦ **ça donne des maux de tête** it causes headaches *ou* gives you headaches ♦ **mangez ça, ça va vous ~ des forces** eat this, it'll give you some energy *ou* it'll make you feel stronger ♦ **rajoute des fines herbes, ça donnera du goût** add some herbs to give it some flavour; → **appétit**

**i** [= organiser] *[+ réception, bal]* to give, to hold (*à* for); *[+ film]* to show; *[+ pièce]* to perform, to put on

**j** [= conférer] *[+ poids, valeur]* to add, to give; *[+ importance]* to give ♦ **le brouillard donne un air triste à la ville** the fog makes the town look really dismal

**k** [= attribuer] **quel âge lui donnez-vous ?** how old would you say he was? ♦ **je lui donne 50 ans** I'd say he was 50; → **raison, tort**

**l** [locutions]

♦ **donner à** + *infinitif (= faire)* ♦ **cela m'a donné à penser que ...** it made me think that ... ♦ **tout donne à croire que ...** everything points to the fact that ... ♦ **ces événements nous ont donné (beaucoup) à réfléchir** these events have given us (much) food for thought *ou* have really set us thinking ♦ **c'est ce qu'on m'a donné à entendre** that's what I was given to understand *ou* led to believe ♦ **~ à rire** to be laughable

♦ **donner qch/qn pour** *(= présenter comme)* ♦ **~ un fait pour certain** to present a fact as a certainty ♦ **on le donne pour un homme habile** he is said *ou* made out to be a clever man ♦ **il se donne pour un tireur d'élite** he makes himself out *ou* claims to be a crack shot ♦ **on l'a donné pour mort** he was given up for dead ♦ **on m'a dit qu'il démissionnait, je te le donne pour ce que ça vaut** * for what it's worth, somebody told me he's resigning

**m** [Mus] *[+ le la, la note, le ton]* to give

**n** [= produire] *[+ fruits, récolte]* to yield; *[+ résultat]* to produce ♦ **cette vigne donne un très bon vin** this vine produces a very good wine ♦ **elle lui a donné un fils** she gave *ou* bore him a son ♦ **cet écrivain donne un livre tous les ans** this writer produces a book every year ♦ **cette méthode ne donne rien** this method is totally ineffective ♦ **j'ai essayé de le convaincre, mais ça n'a pas donné grand-chose** I tried to convince him, but without much success ♦ **qu'est-ce que ça donne ?** * *(= qu'en penses-tu)* how's that?, what do you think?; *(= comment ça se passe)* how's it going? ♦ **essaie la robe, pour que je voie ce que ça donne** try the dress on so I can see what it looks like

**o** [* = dénoncer] *[+ complice]* to squeal *ou* grass on *, to shop * *(Brit)*

### 2 - VERBE INTRANSITIF

**a** [= frapper] **le voilier est allé ~ sur les rochers** the boat ran onto *ou* struck the rocks ♦ **le soleil donne en plein sur la voiture** the sun is beating down on *ou* shining right onto the car ♦ **~ de la tête contre une porte** to knock *ou* bump one's head against a door ♦ **je ne sais plus où ~ de la tête** I don't know which way to turn

**b** [= attaquer] to attack ♦ **l'artillerie va ~** the artillery is going to fire ♦ **faites ~ la garde !** send in the guards!

**c** [= produire] to yield ♦ **les pommiers ont bien donné cette année** the apple trees have produced a good crop *ou* given a good yield this year ♦ **cet arbre ne donnera pas avant trois ans** this tree won't bear fruit for three years ♦ **les tomates donnent à plein** it is the height of the tomato season ♦ **la radio donne à plein** *(fig)* the radio is turned right up ♦ **ça donne !** * *(= l'ambiance est fantastique)* it's cool * *ou* magic * *ou* brill! *

### 3 - VT INDIRECT

**donner dans** ♦ **~ dans le piège de la propagande communiste** to fall for communist propaganda ♦ **elle a donné dans le roman à la fin de sa vie** she took to writing novels at the end of her life ♦ **si vous donnez dans le luxueux, optez pour ...** if luxury is what you're after, go for ... ♦ **~ dans le snobisme**

to be rather snobbish, to have a tendency to be snobbish; → **panneau**

4 - VT INDIRECT

**donner sur** *(= s'ouvrir sur) [pièce, porte]* to give onto, to open onto; *[fenêtre]* to overlook, to open onto, to look onto ◆ **la maison donne sur la mer** the house faces *ou* looks onto the sea

5 - VERBE PRONOMINAL

**se donner**

a [= se consacrer] **se ~ à** *[+ cause, parti, travail]* to devote o.s. to

b [= agir avec énergie] **il s'est donné à fond** he gave his all ◆ **il se donne pour réussir dans la vie** he works hard to succeed in life

c [sexuellement] **elle s'est donnée à lui** † she gave herself to him

d [= donner à soi-même] **donne-toi un coup de peigne** give your hair a quick comb, run a comb through your hair ◆ **se ~ bien du mal** *ou* **de la peine** to go to a lot of trouble ◆ **il s'est donné la peine de me prévenir** he took the trouble to warn me ◆ **se ~ bonne conscience** to ease *ou* soothe one's conscience ◆ **elle se donne des airs de jeune fille naïve** she makes herself out to be an innocent young thing ◆ **se ~ un maire/un président** to choose a mayor/a president ◆ **il s'est donné 6 mois pour fonder son entreprise** he gave *ou* allowed himself 6 months to set up the company ◆ **s'en ~ (à cœur joie)** to have a whale of a time*, to have the time of one's life ◆ **se la ~** to show off; → **cœur**

e [= échanger] **ils se donnaient des baisers** they were kissing each other ◆ **ils se sont donné des coups/des nouvelles** they exchanged blows/news; → **main, rendez-vous,** *etc*

f [= être joué, montré] *[pièce]* to be on; *[film]* to be on, to be showing

**donneur, -euse** /dɔnœʀ, øz/ **NM,F** a *(gén)* giver ◆ **~ de leçons** *(péj)* sermonizer *(péj)* ◆ **~ de conseils** person who hands out advice ◆ **~ d'ordre** *(Comm)* principal ◆ **le tribunal a condamné l'un des ~s d'ordres de la purification ethnique** the court sentenced one of the people who gave the order for ethnic cleansing *ou* who ordered ethnic cleansing b *(Méd)* donor ◆ **~ de sang/de sperme** blood/sperm donor ◆ **~ universel** universal donor c *(Cartes)* dealer d *(* = dénonciateur)* squealer*, grass*, informer

**Don Quichotte** /dɔ̃kiʃɔt/ **NM** Don Quixote

**don-quichottisme** /dɔ̃kiʃɔtism/ **NM** quixotism

**dont** /dɔ̃/ **PRON REL** a *(provenant d'un complément de nom : indique la possession, la qualité etc)* whose, of which; *(antécédent humain)* whose ◆ **la femme ~ vous apercevez le chapeau** the woman whose hat you can see ◆ **c'est un pays ~ j'aime le climat** it's a country whose climate I like *ou* which has a climate I like ◆ **un vagabond ~ les chaussures laissaient voir les doigts de pied** a tramp whose toes showed through his shoes ◆ **les enfants ~ la mère travaille sont plus indépendants** children whose mothers go out to work *ou* children with working mothers are more independent ◆ **l'histoire, ~ voici l'essentiel, est ...** the story, of which these are the main points, is ...

b *(indiquant la partie d'un tout)* **il y a eu plusieurs blessés, ~ son frère** there were several casualties, among which *ou* among whom was his brother *ou* including his brother ◆ **des livres ~ j'ai lu une dizaine environ/~ une dizaine sont reliés** books of which I have read about ten/of which about ten are bound ◆ **ils ont trois filles ~ deux sont mariées** they have three daughters, two of whom are married *ou* of whom two are married, they have three daughters, two of them married ◆ **il a écrit deux romans ~ un est autobiographique** he has written two novels one of which is autobiographical

c *(indique la manière, la provenance)* **la façon ~ elle marche/s'habille** the way (in which) she walks/dresses, her way of walking/dressing ◆ **la pièce ~ il sort** the room (which) he is coming out of *ou* out of which he is coming ◆ **mines ~ on extrait de l'or** mines from which gold is extracted, mines (that) gold is extracted from ◆ **la classe sociale ~ elle est issue** the social class (which) she came from; → aussi **de**[1]

d *(provenant d'un complément prépositionnel d'adjectif, de verbe : voir aussi les adjectifs et verbes en question)* **l'outil ~ il se sert** the tool (which) he is using ◆ **la maladie ~ elle souffre** the illness she suffers from *ou* from which she suffers ◆ **le vase ~ la maison m'a fait cadeau** the vase (which) the firm gave me, the vase with which the firm presented me ◆ **le film/l'acteur ~ elle parle tant** the film/actor she talks so much about *ou* about which/whom she talks so much ◆ **voilà ce ~ il faut vous assurer** that is what you must make sure of *ou* about ◆ **l'accident ~ il a été responsable** the accident he was responsible for *ou* for which he was responsible ◆ **le collier/l'enfant ~ elle est si fière** the necklace/child she is so proud of *ou* of which/whom she is so proud

**donzelle** /dɔ̃zɛl/ **NF** *(péj)* young madam *(péj)*

**dopage** /dɔpaʒ/ **NM** doping ◆ **l'athlète a été disqualifié pour ~** the athlete was disqualified for a doping offence *ou* for failing a dope test

**dopamine** /dɔpamin/ **NF** dopamine

**dopant, e** /dɔpɑ̃, ɑt/ **ADJ** ◆ **produit ~** drug **NM** drug

**dope** /dɔp/ **NF** *(arg Drogue)* dope *(arg)*

**doper** /dɔpe/ ▸ conjug 1 ◂ **VT** *[+ athlète, cheval]* to dope; *[+ économie, ventes]* to boost ◆ **semi-conducteur dopé** *(Tech)* doped semiconductor **VPR** **se doper** to take drugs ◆ **il se dope aux amphétamines** he takes amphetamines

**doping** /dɔpiŋ/ **NM** ⇒ **dopage**

**Doppler** /dɔplɛʀ/ **NM** Doppler test ◆ **se faire faire un ~** to have a Doppler test ◆ **effet ~(-Fizeau)** Doppler effect

**dorade** /dɔʀad/ **NF** ⇒ **daurade**

**Dordogne** /dɔʀdɔɲ/ **NF** ◆ **la ~** the Dordogne

**doré, e** /dɔʀe/ (ptp de **dorer**) **ADJ** a *(= couvert d'une dorure)* gilt, gilded ◆ **~ sur tranche** gilt-edged, with gilded edges b *(= couleur d'or) [peau]* bronzed, tanned; *[blé, cheveux, lumière]* golden; *[gâteau, viande]* browned ◆ **des rêves ~s** *(fig)* golden dreams ◆ **~ comme les blés** golden-blond, flaxen; → **jeunesse** **NM** a *(= dorure)* gilt, gilding ◆ **le ~ du vase s'en va** the gilt *ou* gilding is coming off the vase b *(Can = poisson)* yellow pike, wall-eyed pike **NF** **dorée** John Dory, dory

**dorénavant** /dɔʀenavɑ̃/ **ADV** *(dans le futur)* from now on, henceforth *(frm)*; *(dans le passé)* from then on

**dorer** /dɔʀe/ ▸ conjug 1 ◂ **VT** a *(= couvrir d'or) [+ objet]* to gild ◆ **faire ~ un cadre** to have a frame gilded ◆ **~ la pilule à qn*** *(fig)* to sugar *ou* sweeten the pill for sb b *(Culin) [+ gâteau]* to glaze *(with egg yolk)* ◆ **le four dore bien la viande** the oven browns the meat well c *[soleil] [+ peau]* to bronze, to tan ◆ **le soleil dore les blés** *(littér)* the sun turns the corn gold ◆ **le soleil dore les dunes** the sun tinges the dunes with gold **VI** *(Culin) [rôti]* to brown ◆ **faire ~ un poulet** to brown a chicken **VPR** **se dorer** *(= bronzer)* **se ~ au soleil, se ~ la pilule*** to lie (and get brown) in the sun, to sunbathe

**d'ores et déjà** /dɔʀzedeʒa/ **ADV** → **ores**

**doreur, -euse** /dɔʀœʀ, øz/ **NM,F** gilder

**dorien, -ienne** /dɔʀjɛ̃, jɛn/ **ADJ** *(Géog)* Dorian, Doric; *[dialecte]* Doric; *(Mus) [mode]* Dorian **NM** *(Ling)* Doric (dialect)

**dorique** /dɔʀik/ **ADJ, NM** Doric

**dorlotement** /dɔʀlɔtmɑ̃/ **NM** pampering, (molly)coddling, cosseting

**dorloter** /dɔʀlɔte/ ▸ conjug 1 ◂ **VT** to pamper ◆ **il est trop dorloté** he's mollycoddled ◆ **se faire ~** to be pampered *ou* cosseted **VPR** **se dorloter** to pamper o.s.

**dormance** /dɔʀmɑ̃s/ **NF** *(Bot, Méd)* dormancy ◆ **la ~ cancéreuse** dormancy of cancer cells

**dormant, e** /dɔʀmɑ̃, ɑt/ **ADJ** *[eau]* still; *(Tech) [châssis]* fixed ◆ **compte ~** *(Jur, Fin)* dormant account ◆ **agent ~** *(Espionnage)* sleeper **NM** *[de porte, châssis]* casing, frame; *(Naut)* standing end

**dormeur, -euse** /dɔʀmœʀ, øz/ **NM,F** sleeper ◆ **c'est un gros** *ou* **grand ~** he likes his sleep, he's a real sleepyhead* **NM** *(= crabe)* (common *ou* edible) crab **NF** **dormeuse** *(† = boucle d'oreille)* stud (earring) **ADJ** *[poupée]* with eyes that shut

**dormir** /dɔʀmiʀ/ ▸ conjug 16 ◂ **VI** a *(gén)* to sleep; *(= être en train de dormir)* to be asleep, to be sleeping ◆ **~ d'un sommeil léger/lourd** to sleep lightly/heavily ◆ **parler en dormant** to talk in one's sleep ◆ **il dormait d'un sommeil agité** he was tossing and turning in his sleep ◆ **je n'ai pas dormi de la nuit/de trois jours** I haven't slept a wink (all night)/for three days ◆ **avoir envie de ~** to feel sleepy ◆ **essayez de ~ un peu** try to get some sleep ◆ **ça m'empêche de ~** *[café]* it keeps me awake; *[soucis]* I'm losing sleep over it ◆ **ce n'est pas ça qui va m'empêcher de ~** I'm not going to lose any sleep over that ◆ **il n'en dort pas** *ou* **plus** he's losing sleep over it, he can't sleep for thinking of it

b *(= rester inactif) [eau]* to be still; *[argent, capital]* to lie idle; *[machines]* to be *ou* lie idle; *[nature, forêt]* to be still, to be asleep ◆ **tout dormait dans la maison/ville** everything was quiet *ou* still in the house/town ◆ **la brute qui dormait en lui** the beast within *ou* inside ◆ **investis ton capital plutôt que de le laisser ~** invest your capital rather than leave it idle ◆ **ce n'est pas le moment de ~ !** this is no time for slacking *ou* idling! ◆ **il dormait sur son travail** he wasn't concentrating on his work ◆ **voilà six ans que le projet dort dans un tiroir** the project has been lying dormant *ou* has been in mothballs* for six years; → **pire**

c *(loc)* **je dors debout** I'm asleep on my feet, I can't keep my eyes open ◆ **une histoire à ~ debout** a cock-and-bull story ◆ **~ (de) son dernier sommeil** *(frm)* to sleep one's last sleep ◆ **~ comme un bienheureux** to sleep like a baby ◆ **~ comme un loir** *ou* **une marmotte** *ou* **une souche** *ou* **un sonneur** to sleep like a log ◆ **ne ~ que d'un œil** to sleep with one eye open ◆ **il dort à poings fermés** he is sound *ou* fast asleep, he's dead to the world* ◆ **cette nuit je vais ~ à poings fermés** I'm going to sleep very soundly tonight ◆ **~ du sommeil du juste** to sleep the sleep of the just ◆ **~ tranquille** *ou* **sur ses deux oreilles** *(sans soucis)* to sleep soundly; *(sans danger)* to sleep safely (in one's bed)

◆ **qui dort dîne** *(Prov)* he who sleeps forgets his hunger

**dormitif, -ive** /dɔʀmitif, iv/ **ADJ** soporific

**dorsal, e** (mpl **-aux**) /dɔʀsal, o/ **ADJ** *(gén)* dorsal; *[douleur]* back *(épith)*; → **épine, parachute**
**NF dorsale** a *(Ling)* dorsal consonant b *(Géog)* ridge ◆ **~e barométrique** *(Mét)* ridge of high pressure

**dortoir** /dɔʀtwaʀ/ **NM** dormitory ◆ **banlieue(-)~** dormitory *ou* bedroom *(US)* suburb

**dorure** /dɔʀyʀ/ **NF** a *(= couche d'or)* gilt, gilding ◆ **uniforme couvert de ~s** uniform covered in gold decorations b *(= action)* gilding

**doryphore** /dɔʀifɔʀ/ **NM** Colorado beetle

**DOS, Dos** ® /dɔs/ **NM** (abrév de **Disc Operating System**) DOS ®

**dos** /do/ **NM** a *[d'être animé, main, vêtement, siège, page]* back; *[de livre]* spine; *[de lame, couteau]* blunt edge ◆ **avoir le ~ rond** to be round-shouldered ◆ **couché sur le ~** lying on one's (*ou* its) back ◆ **écrire au ~ d'une lettre/enveloppe** to write on the back of a letter/an envelope ◆ **robe décolletée dans le ~** low-backed dress ◆ **"voir au dos"** "see over *ou* overleaf" ◆ **aller à ~ d'âne/de chameau** to ride on a donkey/a camel ◆ **les vivres sont portés à ~ de chameau/d'homme** the supplies are carried by camel/men ◆ **ils partirent, sac au ~** they set off, (with) their rucksacks on their backs ◆ **avoir les cheveux dans le ~** to wear one's hair loose ◆ **(vu) de ~ il a une allure jeune** (seen) from behind *ou* from the back he looks quite young ◆ **le chat fait le gros ~** the cat is arching its back
b *(= nage)* **~ (crawlé)** backstroke
c *(loc)* **il s'est mis tout le monde à ~** he has turned everybody against him ◆ **être ~ à ~** to be back to back ◆ **renvoyer deux adversaires ~ à ~** to send away *ou* dismiss two opponents without pronouncing in favour of either ◆ **le train/ta mère a bon ~** * *(fig)* (that's right) blame the train/your mother *(iro)* ◆ **il n'y va pas avec le ~ de la cuiller** * he certainly doesn't go in for half-measures *, there are no half-measures with him ◆ **faire qch dans** *ou* **derrière le ~ de qn** to do sth behind sb's back ◆ **nous avions la mer/l'ennemi dans le ~** we had the sea/the enemy behind us *ou* at our back(s) ◆ **on l'a dans le ~ !** ‡ we've had it! * ◆ **j'ai toujours mon patron sur le ~** my boss is always breathing down my neck *ou* is always standing over me ◆ **mettre qch sur le ~ de qn** *[+ responsabilité]* to saddle sb with sth, to make sb shoulder the responsibility for sth; *[+ accusation]* to pin sth on sb ◆ **il s'est mis une sale affaire sur le ~** he has got himself mixed up in a nasty bit of business ◆ **faire des affaires sur le ~ de qn** to do a bit of business at sb's expense ◆ **il a tout pris sur le ~** * he bore the brunt of the whole thing ◆ **je n'ai rien à me mettre sur le ~** I haven't a thing to wear ◆ **tomber sur le ~ de qn** *(= arriver à l'improviste)* to drop in on sb, to pay sb an unexpected visit; *(= attaquer) (physiquement)* to fall on sb, to go for sb; *(en paroles)* to jump down sb's throat, to go for sb ◆ **tourner le ~ à** to turn one's back on ◆ **avoir le ~ tourné à la mer/à la porte** to have one's back to the sea/door ◆ **dès qu'il a le ~ tourné** as soon as his back is turned; → **froid, laine, plein**
**COMP** ▷ **dos brisé** *(Reliure)* hollow *ou* open *ou* loose back

**dosage** /dozaʒ/ **NM** a *[de mélange]* correct proportioning, mixture ◆ **se tromper dans le ~ d'un cocktail/d'une solution chimique** to mix a cocktail/a chemical solution in the wrong proportions b *(= équilibre)* **tout est question de ~** it's all a matter of striking a balance *ou* the right balance ◆ **un savant ~ de prudence et d'audace** a judicious combination of caution and audacity c *(= action) [d'ingrédient, élément]* measuring out; *[de remède]* dosage

**dos-d'âne** /dodan/ **NM INV** hump ◆ **pont en ~** humpback bridge

**dose** /doz/ **NF** a *(Pharm)* dose ◆ **~ mortelle** lethal dose ◆ **absorber une ~ excessive de barbituriques** to take an overdose of barbiturates ◆ **s'en tenir à la ~ prescrite** to keep to the prescribed dose *ou* dosage
b *(= proportion) [d'ingrédient, élément]* amount, quantity ◆ **il a eu sa ~ quotidienne** *(hum)* he has had his daily dose *ou* fix * *(hum)* ◆ **forcer la ~** *(fig)* to overdo it, to overstep the mark ◆ **introduire une petite ~ d'ironie dans un récit** to introduce a touch of irony into a story ◆ **pour faire cela, il faut une ~ de courage peu commune** you need an extraordinary amount of courage to do that ◆ **affligé d'une forte ~ de stupidité** afflicted with more than one's fair share of stupidity ◆ **j'aime bien la poésie/ce chanteur mais seulement par petites ~s** *ou* **à petites ~s** I like poetry/that singer but only in small doses ◆ **le travail, c'est bien mais à ~s homéopathiques** *(hum)* work's fine but only in small doses
◆ **en avoir sa dose** * to have had more than one's share ◆ **les mecs, elle en a eu sa ~** * she's had enough of men ◆ **les ennuis, elle en aura sa ~ !** she'll have more than her share of trouble!

**doser** /doze/ ► conjug 1 ◄ **VT** a *(= mesurer) [+ ingrédient, élément]* to measure out; *[+ remède]* to measure out a dose of b *(= proportionner) [+ mélange]* to proportion correctly, to mix in the correct proportions ◆ **mal ~ un cocktail/une solution chimique** to mix a cocktail/a chemical solution in the wrong proportions ◆ **gélules dosées à 100 mg** 100 mg capsules ◆ **pilule faiblement dosée (en œstrogènes)** low-dose (oestrogen) pill c *(= équilibrer)* to strike a balance between; *[+ exercices, difficultés]* to grade ◆ **il faut savoir ~ compréhension et sévérité** you must strike a balance *ou* the right balance between understanding and severity ◆ **~ ses efforts** to pace o.s. ◆ **cet auteur sait ~ l'ironie** this author has a gift for using irony in just the right amounts

**dosette** /dozɛt/ **NF** *[de moutarde, sauce]* sachet

**doseur** /dozœʀ/ **NM** measure ◆ **bouchon ~** measuring cap ◆ **flacon ~** pump dispenser

**dosimètre** /dozimɛtʀ/ **NM** dosimeter

**dossard** /dosaʀ/ **NM** *(Sport)* number *(worn by competitor)* ◆ **avec le ~ numéro 9** wearing number 9

**dosseret** /dosʀɛ/ **NM** headboard

**dossier** /dosje/ **NM** a *[de siège]* back
b *(= documents)* file, dossier ◆ **~ d'inscription** *(Scol, Univ)* registration forms ◆ **~ médical** medical file *ou* records ◆ **~ de presse** press kit ◆ **~ scolaire** school record, student file *(US)* ◆ **constituer un ~ sur qn** to draw up a file on sb ◆ **connaître** *ou* **posséder ses ~s** to know what one is about, to know what's what ◆ **être sélectionné sur ~** to be selected on the basis of one's application
c *(Jur) (= affaire)* case; *(= papiers)* case file ◆ **il n'y a rien dans le ~** the case has no substance ◆ **ils ont fermé le ~** they closed the case ◆ **verser une pièce au ~** to add a piece of evidence to the case file
d *(= question à traiter)* issue, question; *(Scol, Univ = travail de recherche)* project ◆ **le ~ agricole** the agriculture issue ◆ **le ~ brûlant de l'immigration** the burning *ou* highly sensitive issue of immigration ◆ **ils ont un ~ à faire sur les ours** they've got to do a project on bears
e *(Presse = article)* special report (*sur* on) survey (*sur* of); ◆ **~ spécial sur la Mafia** *(TV)* special programme *(Brit) ou* program *(US)* on the Mafia
f *(= classeur)* file, folder

**dot** /dɔt/ **NF** *[de mariage]* dowry ◆ **apporter qch en ~** to bring a dowry of sth, to bring sth as one's dowry; → **coureur**

**dotal, e** (mpl **-aux**) /dɔtal, o/ **ADJ** dotal, dowry *(épith)*

**dotation** /dɔtasjɔ̃/ **NF** *(Jur) [d'institution]* endowment; *(Hist) [de fonctionnaire, dignitaire]* emolument; *(Admin = allocation)* grant ◆ **l'État a diminué les ~s en capital des entreprises publiques** the government has reduced subsidies to state-owned companies

**doter** /dɔte/ ► conjug 1 ◄ **VT** a *(= pourvoir)* ◆ **~ qn/qch de** to equip sb/sth with ◆ **la nature l'avait doté d'un grand talent** nature had endowed him with great talent, nature had bestowed great talent upon him ◆ **doté de** *[équipement, matériel, dispositif]* equipped with; *[talent, courage, pouvoir]* endowed with b *(Jur) [+ fille à marier]* to provide with a dowry; *[+ institution]* to endow; *(Hist) [+ fonctionnaire, dignitaire]* to endow with an emolument; *(Admin) [+ université, organisme]* to grant money to, to give a grant to ◆ **richement dotée** *[fille]* with a handsome dowry; *[compétition]* with big prize-money

**douaire** /dwɛʀ/ **NM** dower

**douairière** /dwɛʀjɛʀ/ **NF** dowager

**douane** /dwan/ **NF** a *(= service)* Customs ◆ **les ~s britanniques** British Customs ◆ **il est employé aux ~s** *ou* **à la ~** he's employed in the Customs department ◆ **marchandises (entreposées) en ~** bonded goods, goods in bond ◆ **zone/port sous ~** zone/port under the authority of the Customs b *(= lieu)* customs ◆ **poste** *ou* **bureau de ~** customs house ◆ **passer (à) la ~** *(à l'aéroport etc)* to go through customs ◆ **la visite de la ~** *(dans le train)* the customs check ◆ **il s'est fait contrôler à la ~** he was stopped by customs (officers) *ou* at customs, he had his baggage checked *ou* examined by customs (officers) c *(= argent)* ◆ **(droits de) ~** customs duty *ou* dues, duty ◆ **exempté de ~** duty-free, non-dutiable

**douanier, -ière** /dwanje, jɛʀ/ **NM,F** customs officer **ADJ** customs *(épith)*; → **barrière, union**

**doublage** /dublaʒ/ **NM** a *[de film]* dubbing ◆ **le ~ d'un acteur** *(voix)* dubbing an actor; *(rôle)* using a double for an actor b *[de vêtement, paroi, boîte, tableau]* lining; *(Naut) [de coque]* sheathing c *[de somme, quantité, lettre]* doubling d *[de fil]* doubling; *[de revêtement]* doubling, laying double; *[de couverture]* doubling, folding (in half)

**double** /dubl/ **ADJ** a *(gén)* double; *[inconvénient, avantage]* double, twofold ◆ **feuille ~** double sheet (of paper) ◆ **~ whisky** double *ou* large whisky ◆ **le prix est ~ de ce qu'il était** the price is double *ou* twice what it was ◆ **vous avez fait une ~ erreur** you have made two mistakes ◆ **faire qch en ~ exemplaire** to make two copies of sth, to do sth in duplicate ◆ **à ~ action** *[rasoir]* dual-action; *[crème]* double-acting; *[shampooing]* two-in-one ◆ **ustensile à ~ usage** dual-purpose utensil ◆ **faire ~ emploi** to be redundant ◆ **cet appareil fait maintenant ~ emploi avec l'ancien** this appliance makes the old one redundant ◆ **"à vendre voiture, cause double emploi"** "for sale: car, surplus to requirements" ◆ **fermer une porte à ~ tour** to double-lock a door ◆ **enfermer qn à ~ tour** to put sb under lock and key ◆ **à ~ tranchant** *(lit, fig)* double-edged, two-edged ◆ **boîte/valise à ~ fond** box/case with a false bottom ◆ **foyer à ~ revenu** dual-income *ou* double-income household ◆ **mettre un fil (en) ~** to use a double thread ◆ **mettre une couverture (en) ~** to put a blanket on double ◆ **en ~ aveugle** double-blind *(épith)*; → **bouchée², coup**

b *(= qui a des aspects opposés) [vie, aspect]* double ◆ **à ~ face** *[tissu]* reversible; *[adhésif]* double-sided ◆ **accusé de jouer un ~ jeu** accused of double-dealing *ou* of playing a double game *(Brit)* ◆ **phrase à ~ sens** *ou* **entente** sentence with a double meaning ◆ **mener une ~ vie** to lead a double life ◆ **personnage à personnalité ~** person with a dual personality *ou* a Jekyll-and-Hyde personality; → **agent**

NM a *(= quantité)* **manger/gagner le ~ (de qn)** to eat/earn twice as much (as sb) *ou* double the amount (that sb does) ◆ **il pèse le ~ de vous** he's twice your weight, he weighs twice as much as you do ◆ **4 est le ~ de 2** 4 is two times *ou* twice 2 ◆ **c'est le ~ du prix normal** it is twice *ou* double the normal price ◆ **c'est le ~ de la distance Paris-Lyon** it's twice *ou* double the distance from Paris to Lyons ◆ **hier il a mis le ~ de temps à faire ce travail** yesterday he took twice as long *ou* double the time to do this job ◆ **nous attendons le ~ de gens** we expect twice as many people *ou* double the number of people ◆ **plier qch en ~** to fold sth in half *ou* in two; → **quitte**

b *(= copie, duplicata) [de facture, acte]* copy; *[de timbre]* duplicate, double; *[de personne]* double; *[d'objet d'art]* replica, exact copy ◆ **se faire faire un ~ de clé** to have a second key cut ◆ **avoir des timbres en ~** to have duplicates *ou* doubles *ou* two of a stamp ◆ **il a tous les documents/toutes les photos en ~** he has copies of all the documents/all the photos ◆ **on a tout en ~, pour plus de sûreté** we have two of everything to be on the safe side

c *(Sport)* doubles ◆ **le ~ dames/messieurs/mixte** the ladies'/men's/mixed doubles ◆ **faire un ~, jouer en ~** to play a doubles match

d *(Jeux) [de dés, dominos]* double ◆ **faire un ~** to throw a double ◆ **~-six** double six ◆ **~-blanc** double blank

ADV *[payer, compter]* double

COMP ▷ **double allumage** *(Tech)* NM dual ignition ▷ **double barre** *(Mus)* NF double bar ▷ **doubles cordes** *(Mus)* NFPL double stopping ▷ **double dièse** *(Mus)* NM double sharp ▷ **double fenêtre** NF double window ▷ **double nœud** NM double knot ▷ **double page** NF double page (spread) ▷ **doubles rideaux** NMPL double curtains *(Brit) ou* drapes *(US)*

**doublé, e** /duble/ (ptp de **doubler**) ADJ a *[vêtement]* lined (de with); ◆ **~ de cuir/cuivre** *[boîte, paroi]* lined with leather/copper ◆ **non ~** unlined ◆ **~ de fourrure** fur-lined ◆ **~ (de) coton/nylon** cotton/nylon-lined, lined with cotton/nylon b **~ de** *(= qui est aussi)* as well as ◆ **c'est un savant ~ d'un pédagogue** he's a teacher as well as a scholar NM a *(Sport, fig = victoire, réussite)* double; *(Chasse = coup double)* right and left b *(Orfèvrerie)* rolled gold c *(Mus)* turn

**double-cliquer** /dubləklike/ ▸ conjug 1 ◂ VI to double-click (*sur* on)

**double-crème** (pl **doubles-crèmes**) /dubləkʀɛm/ NM cream cheese

**double-croche** (pl **doubles-croches**) /dubləkʀɔʃ/ NF semiquaver *(Brit)*, sixteenth note *(US)*

**double-décimètre** (pl **doubles-décimètres**) /dubldesimɛtʀ/ NM (20 cm) rule

**doublement** /dubləmɑ̃/ ADV *(= pour deux raisons; (= à un degré double)* doubly NM a *[de somme, quantité, lettre]* doubling b *[de feuille]* doubling, folding (in half); *[de fil]* doubling c *[de véhicule]* passing, overtaking *(Brit)*

**double-mètre** (pl **doubles-mètres**) /dubləmɛtʀ/ NM two-metre *(Brit) ou* -meter *(US)* rule

**doubler** /duble/ ▸ conjug 1 ◂ VT a *(= augmenter) [+ fortune, dose, longueur, salaire]* to double ◆ **~ le pas** to quicken one's pace, to speed up ◆ **il a doublé son poids** he has doubled in weight

b *(= mettre en double) [+ fil, ficelle]* to double; *[+ revêtement]* to double, to lay double; *[+ couverture]* to double, to fold (in half)

c *(Scol) [+ classe, année]* to repeat

d *(Ciné) [+ film, acteur]* to dub ◆ **~ (la voix de) qn** to dub sb, to dub sb's voice

e *(Théât, Ciné = remplacer)* to understudy, to act as an understudy for; *(dans une scène dangereuse)* to stand in for ◆ **il s'est fait ~ par un cascadeur** a stuntman stood in for him

f *(= revêtir) [+ boîte, paroi, tableau, veste]* to line (*de* with); ◆ **~ une veste de fourrure** to line a jacket with fur

g *(= dépasser) [+ véhicule]* to pass, to overtake *(Brit)*; *(Naut) [+ cap]* to round ◆ **il a doublé ce cap important** *(fig)* he has got over this important hurdle *ou* turned this important corner ◆ **~ le cap des 50 ans** to turn 50, to pass the 50 mark

h *(* = tromper)* **~ qn** to pull a fast one on sb *, to double-cross sb

VI a *(= augmenter) [nombre, quantité, prix]* to double, to increase twofold ◆ **~ de poids/valeur** to double in weight/value ◆ **le nombre des crimes a doublé** the number of crimes has doubled *ou* increased twofold

b *(Aut)* to pass, to overtake *(Brit)*

VPR **se doubler** ◆ **se ~ de** to be coupled with ◆ **chez lui le sens de l'honneur se double de courage** with him a sense of honour is coupled with *ou* goes hand in hand with courage ◆ **ce dispositif se double d'un système d'alarme** this device works *ou* functions in conjunction with an alarm system

**doublet** /dublɛ/ NM a *(Ling)* doublet b *(Orfèvrerie)* doublet

**doubleur, -euse** /dublœʀ, øz/ NM,F *(Ciné)* dubber

**doublon** /dublɔ̃/ NM a *(= monnaie)* doubloon b *(= redondance)* duplication c *(Typo)* double

**doublonner** /dublɔne/ ▸ conjug 1 ◂ VI ◆ **~ avec** to duplicate

**doublure** /dublyʀ/ NF a *(= étoffe)* lining b *(Théât)* understudy; *(Ciné)* stand-in; *(pour scènes dangereuses)* stuntman (*ou* stuntwoman)

**douce** /dus/ ADJ F, NF → **doux**

**douceâtre** /dusɑtʀ/ ADJ *[odeur]* sickly sweet

**doucement** /dusmɑ̃/ ADV a *(= légèrement) [toucher, prendre, soulever]* gently; *[frapper, parler]* gently, softly; *[éclairer]* softly ◆ **marcher ~** to tread carefully *ou* softly ◆ **allez-y ~ !** * easy *ou* gently does it! *, go easy! *

b *(= graduellement) [monter, progresser]* gently, gradually; *(= lentement) [rouler, avancer]* slowly; *[démarrer]* smoothly ◆ **la route monte/descend ~** the road climbs/descends gradually *ou* goes gently up/down ◆ **la température monte/descend ~** the temperature is slowly *ou* gradually rising/falling

c *(* = plus ou moins bien)* so-so * ◆ **comment allez-vous ? – (tout) ~** how are you? – so-so *

d *(* = en cachette)* **s'amuser ~ de voir qn dans l'embarras** to have a quiet laugh * (to o.s.) at seeing sb in difficulties ◆ **ça me fait ~ rigoler !** it makes me want to laugh!

EXCL gently!, easy! ◆ **~ avec le whisky !** go easy on the whisky! *, careful with the whisky! ◆ **~ les basses !** ⁑ take it easy! *, go easy! *

**doucereux, -euse** /dus(ə)ʀø, øz/ ADJ *[goût, saveur]* sickly sweet; *(péj) [ton, paroles]* sugary, honeyed; *(péj) [personne, manières]* suave, smooth *

**doucet, -ette** /dusɛ, ɛt/ ADJ † meek, mild NF **doucette** *(Bot)* corn-salad, lamb's lettuce

**doucettement** * /dusɛtmɑ̃/ ADV *[commencer, avancer]* gently; *[vivre]* quietly

**douceur** /dusœʀ/ NF a *[de peau, tissu]* softness, smoothness; *[de matelas, brosse, suspension]* softness

b *[de temps, climat, température, saison]* mildness; *[de brise]* gentleness

c *(= goût sucré) [de fruit, liqueur, saveur]* sweetness; *(= goût faible) [de fromage, tabac, moutarde, piment]* mildness

d *[de son, musique, voix]* sweetness, gentleness; *[de parfum]* sweetness; *[de lumière, couleur]* softness

e *(= modération) [de pente]* gentleness

f *(= affabilité, gentillesse) [de caractère, personne, sourire, geste]* gentleness ◆ **c'est un homme d'une grande ~** he's a very gentle man ◆ **elle est d'une ~ angélique** she's as sweet as an angel ◆ **prendre qn par la ~** to deal gently with sb; *(pour convaincre)* to use gentle persuasion on sb ◆ **~ de vivre** gentle way of life

g *(gén pl) (= sucrerie)* sweet; *(= flatterie)* sweet talk *(NonC)* ◆ **les ~s de l'amitié** the (sweet) pleasures of friendship

LOC ADJ **en douceur** LOC ADV *[démarrage]* smooth *[démarrer]* smoothly; *[commencer, manœuvrer]* gently ◆ **il faut y aller en ~** we must go about it gently ◆ **ça s'est passé en ~** it went off smoothly; → **atterrissage**

**Douchanbe** /duʃɑ̃be/ N Dushanbe

**douche** /duʃ/ NF a *(= jet, système)* shower ◆ **prendre une ~** to have *ou* take a shower ◆ **passer à la ~** to go for a shower ◆ **il est sous la ~** he's in the *ou* having a shower b *(= salle)* **~s** shower room, showers c * *(= déception)* let-down *, bummer ⁑; *(= réprimande)* (good) telling-off * *ou* ticking-off * *(Brit)*; *(= averse, arrosage)* soaking, drenching ◆ **on a pris une bonne ~** we got drenched *ou* soaked ◆ **ça nous a fait l'effet d'une ~ (froide) quand nous l'avons appris** it was a real let-down * when we found out COMP ▷ **douche écossaise** *(lit)* alternately hot and cold shower ◆ **ça a été la ~ écossaise** * *(fig)* it came as a bit of a blow *ou* shock

**doucher** /duʃe/ ▸ conjug 1 ◂ VT a ◆ **~ qn** to give sb a shower ◆ **se faire ~** *(par l'averse)* to get a soaking, to get soaked *ou* drenched; *(† * = se faire réprimander)* to get a (good) telling-off * *ou* ticking-off * *(Brit)* b *[+ espoirs, enthousiasme]* to dampen ◆ **ce qu'il m'a dit, ça m'a douché** * what he said really knocked me back * VPR **se doucher** to have *ou* take a shower

**douchette** /duʃɛt/ NF *[de douche]* shower rose; *(pour codes-barres)* bar-code reader *ou* scanner

**doudou¹** * /dudu/ NF *(terme des Antilles) (= femme)* woman; *(= jeune fille)* girl

**doudou²** /dudu/ NM *(langage enfantin)* ≃ security blanket

**doudoune** /dudun/ **NF** **a** *(= anorak)* down jacket **b** *(* = sein)* boob *, breast

**doué, e** /dwe/ (ptp de **douer**) **ADJ** **a** *(= talentueux)* gifted, talented *(en* in); ◆ **être ~ pour** to have a gift for ◆ **il n'est pas ~** * *(iro)* he's not exactly bright *ou* clever ◆ **~ sur le plan scolaire** academically able **b** *(= pourvu)* **~ de** *[+ vie, raison]* endowed with; *[+ intelligence, talent, mémoire]* blessed with, endowed with

**douer** /dwe/ ► conjug 1 ◄ **VT douer qn de** *[+ vie, raison]* to endow sb with; *[+ intelligence, talent, mémoire]* to bless sb with, to endow sb with

**douille** /duj/ **NF** *[de cartouche]* (cartridge) case, cartridge; *[de fil électrique]* (electric light) socket; *[de manche]* socket; *(Culin)* piping socket ◆ **~ à vis/à baïonnette** *(Élec)* screw/bayonet socket

**douiller** * /duje/ ► conjug 1 ◄ **VI** *(= payer cher)* to pay through the nose *, to fork out * a lot ◆ **ça douille** it's damn expensive *ou* pricey *

**douillet, -ette** /dujɛ, ɛt/ **ADJ** **a** *(= sensible à la douleur) [personne]* soft *(péj)* ◆ **je suis ~** I can't stand pain ◆ **je ne suis pas ~** I can take it **b** *(= confortable) [maison, atmosphère]* cosy, snug; *[nid, lit, vie]* soft, cosy **NF douillette** † *[d'ecclésiastique]* (clerical) overcoat; *[de bébé]* quilted coat

**douillettement** /dujɛtmɑ̃/ **ADV** cosily, snugly

**douleur** /dulœʀ/ GRAMMAIRE ACTIVE 51.4 **NF** **a** *(physique)* pain ◆ **~s rhumatismales** rheumatic pains ◆ **~s dorsales** backache *(NonC)*, back pains ◆ **les ~s (de l'accouchement)** labour *(Brit) ou* labor *(US)* pains ◆ **j'ai une ~ dans le bras** I have a sore arm, I have a pain in my arm, my arm hurts ◆ **mes vieilles ~s me font souffrir** my old aches and pains are bothering me; → **accouchement**

**b** *(morale)* grief, distress ◆ **il a eu la ~ de perdre son frère** he had the distress of *ou* had to suffer the grief of losing his brother ◆ **"nous avons la douleur de vous faire part du décès de ..."** "it is our sad duty to tell you *ou* it is with great sorrow that we have to tell you of the death of ..." ◆ **"nous avons la douleur d'apprendre que ..."** "it is with great sorrow that we've learned that ..." ◆ **j'ai compris ma ~** * *(fig)* I realized my mistake, I could have kicked myself * ◆ **les grandes ~s sont muettes** *(Prov)* great sorrow is often silent

**douloureusement** /duluʀøzmɑ̃/ **ADV** painfully ◆ **une perte de pouvoir d'achat ~ ressentie** the loss of purchasing power that makes itself painfully felt

**douloureux, -euse** /duluʀø, øz/ **ADJ** **a** *[sensation, maladie, opération, membre]* painful **b** *[perte]* grievous, distressing; *[décision, spectacle]* painful, distressing, harrowing; *[séparation, circonstances, moment]* painful, distressing; *[regard, expression]* sorrowful **NF douloureuse** *(*, hum) (= addition)* bill *(Brit)*, check *(US)*; *(= facture)* bill ◆ **apportez-nous la douloureuse** what's the damage? *, let's hear the worst *

**douma** /duma/ **NF** duma

**doute** /dut/ GRAMMAIRE ACTIVE 42.1, 43.1, 53.6 **NM** **a** *(= état d'incertitude)* doubt, uncertainty; *(Philos, Rel)* doubt ◆ **être dans le ~** to be doubtful *ou* uncertain ◆ **laisser qn dans le ~** to leave sb in a state of uncertainty ◆ **être dans le ~ au sujet de qch** to be in doubt *ou* doubtful *ou* uncertain about sth ◆ **le ~ l'envahit** he was overcome by doubt ◆ **le ~ n'est plus permis quant à...** there is no more room for doubt concerning... ◆ **un air de ~** a doubtful air

**b** *(= soupçon, perplexité)* doubt ◆ **je n'ai pas le moindre ~ à ce sujet** I haven't the slightest doubt about it ◆ **avoir des** *ou* **ses ~s sur** *ou* **au sujet de qch/qn** to have misgivings *ou* (one's) doubts about sth/sb ◆ **malgré tout, j'ai des ~s** nevertheless, I have my doubts ◆ **il a émis des ~s à propos de ...** he expressed (his) doubts *ou* misgivings about ... ◆ **un ~ plane sur l'affaire** a certain amount of *ou* an element of doubt hangs over the matter

**c** *(loc)* **dans le ~, abstiens-toi** *(Prov)* when in doubt, don't! ◆ **il ne fait aucun ~ que ...** there is (absolutely) no doubt that ..., there is no question that ... ◆ **ceci ne fait aucun ~** there is no doubt *ou* question about it ◆ **il est hors de ~ qu'il a raison** he's undoubtedly right, it's beyond doubt that he's right ◆ **mettre hors de ~** *[+ authenticité]* to prove beyond doubt ◆ **nul ~ que ...** (there is) no doubt that ...

♦ **sans doute** *(= vraisemblablement)* doubtless, no doubt, probably ◆ **sans ~ s'est-il trompé** he's doubtless *ou* no doubt mistaken ◆ **tu viendras demain ? – sans ~** are you coming tomorrow – yes, probably *ou* most likely ◆ **sans (aucun** *ou* **nul) ~** *(= incontestablement)* without (a) doubt, undoubtedly

♦ **en doute** ◆ **mettre en ~** *[+ affirmation, honnêteté de qn]* to question, to challenge, to cast doubt on ◆ **mettre en ~ que ...** to question whether ...

**douter** /dute/ GRAMMAIRE ACTIVE 43.1 ► conjug 1 ◄

**VT INDIR douter de** **a** *(sentiment d'incertitude) [+ identité, authenticité, existence de qch]* to doubt, to question, to have doubts as to; *[+ réussite]* to be doubtful of ◆ **au début il le croyait, maintenant il doute** at first he believed it, but now he's not so sure ◆ **il le dit mais j'en doute** he says so but I have my doubts *ou* but I doubt it ◆ **il a dit la vérité, n'en doutez pas** he's telling the truth, you can be sure of that *ou* there's no doubt about that ◆ **je doute d'avoir jamais fait/dit cela** I doubt that I ever did/said that ◆ **je n'ai jamais douté du résultat** I never had any doubts about *ou* as to the result ◆ **je doute qu'il vienne** I doubt (if *ou* whether) he'll come ◆ **je ne doute pas qu'il le fera** *ou* **ne le fasse** I don't doubt *ou* I dare say that he'll do it ◆ **à n'en pas ~** *(= sans aucun doute)* without (a) doubt; *(= vraisemblablement)* doubtless, no doubt ◆ **~ si** *(littér)* to doubt whether

**b** *(Philos, Rel : esprit de réfutation)* **~ de** *[+ dogme]* to have *ou* entertain *(frm)* doubts about, to doubt ◆ **mieux vaut ~ que tout accepter** it is better to doubt than to accept everything

**c** *(sentiment de méfiance)* **~ de** *[+ allié, sincérité de qn]* to have (one's) doubts about, to doubt ◆ **je n'ai jamais douté de vous** I never doubted you, I never had any doubts about you ◆ **~ de la parole de qn** to doubt sb's word ◆ **il ne doute de rien !** * he's got some nerve! * ◆ **il doute de lui(-même)** he has feelings of self-doubt ◆ **je te dis que c'était lundi – ah, tu me fais ~ de moi, j'étais sûr que c'était mardi** I tell you it was Monday – oh, I was sure it was Tuesday, but now you're making me wonder

**VPR se douter** ◆ **se ~ de qch** to suspect sth ◆ **je me doute de son inquiétude quand il apprendra la nouvelle** I can (just) imagine his anxiety when he learns the news ◆ **je ne m'en suis jamais douté** I never guessed *ou* suspected it for a moment ◆ **ça, je m'en doutais depuis longtemps** I've thought so *ou* thought as much *ou* suspected as much for a long time ◆ **j'étais (bien) loin de me ~ que ...** little did I know that ... ◆ **se ~ que** to suspect that, to have an idea that ◆ **il ne se doutait pas qu'elle serait là** he had no idea *ou* hadn't suspected (that) she would be there ◆ **je me doute qu'il a dû accepter** I expect *ou* imagine that he must have accepted ◆ **qu'il soit fâché, je m'en doute** I can well imagine that he's angry ◆ **on s'en serait douté !** * surprise, surprise! *(iro)*

**douteux, -euse** /dutø, øz/ **ADJ** **a** *(= incertain) [fait]* doubtful, questionable, uncertain; *[résultat, issue]* doubtful, uncertain; *[sens, date, réponse]* doubtful ◆ **il est ~ que ...** it is doubtful *ou* questionable that *ou* whether ... ◆ **il n'est pas ~ que ...** there is no doubt that ... ◆ **d'origine douteuse** of uncertain *ou* doubtful origin **b** *(péj) (= médiocre) [raisonnement, propreté, qualité, mœurs]* doubtful, dubious, questionable; *(= peu solide ou peu propre) [vêtements, individu, aliment]* dubious-looking; *[amarrage, passerelle]* shaky, dubious-looking ◆ **d'un goût ~** *[décoration, cravate, plaisanterie]* in doubtful *ou* questionable *ou* dubious taste

**douve** /duv/ **NF** **a** *(Agr)* drainage ditch; *(Équitation)* water jump ◆ **~(s)** *[de château]* moat **b** *[de tonneau]* stave

**c** *(Vét, Zool)* fluke ◆ **~ du foie** liver fluke

**Douvres** /duvʀ/ **N** Dover

**doux, douce** /du, dus/ **ADJ** **a** *(= lisse, souple) [peau, tissu]* soft, smooth; *[matelas, suspension, brosse]* soft; → **fer, lime**

**b** *[eau] (= non calcaire)* soft; *(= non salé)* fresh

**c** *(= clément) [temps, climat, température]* mild; *[brise, chaleur]* gentle ◆ **il fait ~ aujourd'hui** it's mild today

**d** *(au goût) (= sucré) [fruit, saveur, liqueur]* sweet; *(= pas fort) [moutarde, fromage, tabac, piment]* mild ◆ **~ comme le miel** as sweet as honey; → **orange, patate**

**e** *(à l'ouïe, la vue) [son, musique, accents]* sweet, gentle; *[voix]* soft, gentle; *[lumière, couleur]* soft, mellow, subdued ◆ **un nom aux consonances douces** a mellifluous *ou* sweet-sounding name

**f** *(= modéré) [pente, montée]* gentle, gradual ◆ **en pente douce** gently sloping ◆ **nous pratiquons des prix très ~** our prices are easy on the pocket; → **drogue, feu[1], médecine** *etc*

**g** *(= non brutal, gentil) [caractère, manières, reproche]* mild, gentle; *[personne, sourire]* gentle; *[punition]* mild ◆ **il a l'air ~** he looks gentle ◆ **elle a eu une mort douce** she died peacefully ◆ **il est ~ comme un agneau** he's as gentle *ou* meek *(Brit)* as a lamb ◆ **d'un geste très ~** very gently; → **œil**

**h** *(gén avant nom) (= agréable) [victoire, revanche, repos, tranquillité]* sweet; *[parfum, souvenirs, pensées]* sweet, agreeable, pleasant ◆ **cette pensée lui était douce** this thought gave him great pleasure ◆ **qu'il m'était ~ de repenser à ces moments** what pleasure it gave me *ou* how pleasant *ou* agreeable for me to think over those moments; → **billet, couler, folie**

**LOC ADV en douce** * on the quiet, on the q.t. *

**LOC ADV tout doux** ◆ **ça va tout ~** * things are going so-so * ◆ **tout ~ !** († *ou hum*) gently (now)!, careful (now)!; → **filer**

**NM,F** *(parfois péj) (= personne douce)* mild (-natured) person

**NF douce** (†, *aussi hum = amoureuse)* sweetheart †

**doux-amer, douce-amère** (mpl **doux-amers**, fpl **douces-amères**) /du(z)amɛʀ, dusamɛʀ/ **ADJ** *(lit, fig)* bittersweet **NF douce-amère** *(Bot)* woody nightshade, bittersweet

**douzain** /duzɛ̃/ **NM** *(Poésie)* twelve-line poem; *(Hist = monnaie)* douzain

**douzaine** /duzɛn/ **NF** *(= douze)* dozen ◆ **une ~** *(= environ douze)* about twelve, a dozen (or so) ◆ **une ~ d'huîtres/d'œufs** a dozen oysters/eggs ◆ **il y a une ~ d'années** about twelve years ago, twelve or so years ago

◆ **elle a une ~ d'années** she's about twelve ◆ **vendre qch à la ~** to sell sth by the dozen ◆ **il y en a à la ~** *(fig)* there are dozens of them; → **treize**

**douze** /duz/ ADJ INV twelve ◆ **~ douzaines** *(Comm)* a gross, twelve dozen; *pour autres loc voir* **six** NM INV twelve ◆ **les Douze** *(Hist)* the Twelve; *pour autres loc voir* **six**

**douzième** /duzjɛm/ ADJ, NMF twelfth; *pour loc voir* **sixième**

**douzièmement** /duzjɛmmɑ̃/ ADV in twelfth place, twelfthly

**Dow Jones** /dodʒɔns/ NM *(Bourse)* ◆ **le ~, l'indice ~** the Dow Jones (index)

**doyen, -enne** /dwajɛ̃, jɛn/ NM,F *(Rel, Univ)* ≈ dean; *[d'équipe, groupe]* most senior member ◆ **~ (d'âge)** *[d'assemblée, corps constitué]* most senior member, doyen ◆ **la doyenne des Français** France's oldest citizen

**doyenné** /dwajene/ NM *(Rel)* *(= circonscription)* deanery; *(= charge)* deanery, deanship NF *(= poire)* ◆ **~ (du comice)** comice (pear)

**dpi** /depei/ NMPL (abrév de **dots per inch**) *(Comput)* dpi

**DPLG** /depeɛlʒe/ ADJ (abrév de **diplômé par le gouvernement**) ◆ **ingénieur ~** (state) certified engineer

**Dr** (abrév de **docteur**) Dr

**drachme** /dʀakm/ NF drachma

**draconien, -ienne** /dʀakɔnjɛ̃, jɛn/ ADJ *[loi]* draconian; *[mesure]* drastic, draconian; *[régime alimentaire]* strict

**dragage** /dʀagaʒ/ NM *(pour nettoyer)* dredging; *(pour trouver qch)* dragging ◆ **~ des mines** minesweeping

**dragée** /dʀaʒe/ NF **a** *(= friandise)* sugared almond; *(Méd)* sugar-coated pill **b** *(= plomb de chasse)* small shot; *(* = balle)* slug *, bullet **c** *(Agr)* dredge **d** *(loc)* **tenir la ~ haute à qn** to hold out on sb

**dragéifier** /dʀaʒeifje/ ▸ conjug 7 ◂ VT to sugar, to coat with sugar ◆ **comprimé dragéifié** sugared *ou* sugar-coated tablet

**drageon** /dʀaʒɔ̃/ NM *(Bot)* sucker

**dragon** /dʀagɔ̃/ NM **a** *(Myth, fig)* dragon ◆ **~ volant** flying lizard *ou* dragon ◆ **~ de Komodo** Komodo dragon ◆ **un ~ de vertu** a dragon of virtue **b** *(Hist Mil)* dragoon

**dragonnade** /dʀagɔnad/ NF *(Hist)* dragonnade

**dragonne** /dʀagɔn/ NF *[d'épée]* sword-knot; *[de parapluie]* loop *(for wrist)*; *[de bâton de ski]* wrist-strap; *(Alpinisme)* wrist loop

**dragonnier** /dʀagɔnje/ NM dragon tree

**dragster** /dʀagstɛʀ/ NM dragster

**drague** /dʀag/ NF **a** *(Pêche)* dragnet **b** *(Tech)* *(= machine)* dredge; *(= navire, ponton)* dredger **c** *(* : pour séduire)* **la ~** trying to pick people up *, chatting people up * *(Brit)*

**draguer** /dʀage/ ▸ conjug 1 ◂ VT **a** *(* : pour séduire)* **~ qn** to try and pick sb up *, to chat sb up * *(Brit)* ◆ **elle s'est fait ~ par un mec** some guy tried to pick her up * **b** *(Tech)* *[+ rivière, port, canal]* *(pour nettoyer)* to dredge; *(pour trouver qch)* to drag; *[+ mines]* to sweep **c** *(Pêche)* to dredge for **d** *(Naut)* **~ (le fond)** *[ancre]* to drag VI * to try and pick up * girls (*ou* guys), to chat up * *(Brit)* girls (*ou* guys), to be on the pull * *(Brit) ou* make * *(US)* ◆ **~ en voiture** to go cruising *, to go kerb-crawling ◆ **~ dans les boîtes** *(gén)* to go to night-clubs to try and pick somebody up; *[homosexuel]* to go cruising (in night-clubs) *

**dragueur¹** /dʀagœʀ/ NM *(= pêcheur)* dragnet fisherman; *(= ouvrier)* dredger; *(= bateau)* dredger ◆ **~ de mines** minesweeper

**dragueur², -euse** * /dʀagœʀ, øz/ NM,F ◆ **c'est un sacré ~** he's a great one for trying to pick up * girls *ou* women ◆ **quelle dragueuse !** she's always trying to pick up guys

**drain** /dʀɛ̃/ NM *(Agr)* (underground) drain; *(Méd, Élec)* drain ◆ **poser un ~ à qn** to insert a drain in sb

**drainage** /dʀɛnaʒ/ NM **a** *[de marais, sol]* drainage **b** *(Méd)* drainage ◆ **~ lymphatique** lymphatic drainage **c** *[de main-d'œuvre, capitaux]* drain

**draine** /dʀɛn/ NF mistlethrush

**drainer** /dʀene/ ▸ conjug 1 ◂ VT **a** *[+ marais, sol]* to drain **b** *(Méd)* *[+ plaie, rein]* to drain **c** *(= attirer)* *[+ main-d'œuvre, capitaux]* to bring in; *[+ public, clientèle]* to attract ◆ **~ l'épargne vers l'immobilier** to encourage savers to invest in real estate

**draisienne** /dʀɛzjɛn/ NF *(Hist)* dandy horse

**draisine** /dʀezin/ NF *(Rail)* track motorcar *(Brit)*, gang car *(US)*, handcar *(US)*

**drakkar** /dʀakaʀ/ NM longship

**Dralon** ® /dʀalɔ̃/ NM Dralon ®

**dramatique** /dʀamatik/ ADJ **a** *(= grave)* tragic ◆ **ce n'est pas ~ !** it's not the end of the world! ◆ **la situation est ~** it's a terrible situation **b** *(Théât)* **artiste ~** stage actor (*ou* actress) ◆ **auteur ~** playwright, dramatist ◆ **centre ~** drama school ◆ **critique ~** drama critic; → **art, comédie** **c** *(= épique)* *[récit, puissance, intensité]* dramatic NF *(TV)* ◆ **~** (television) play *ou* drama

> ⚠ *Au sens de 'grave', 'terrible',* **dramatique** *ne se traduit pas par* **dramatic**.

**dramatiquement** /dʀamatikmɑ̃/ ADV **a** *(= beaucoup)* dramatically **b** *(= de façon épique)* dramatically; *(= tragiquement)* tragically

**dramatisation** /dʀamatizasjɔ̃/ NF dramatization

**dramatiser** /dʀamatize/ ▸ conjug 1 ◂ VT to dramatize ◆ **il ne faut pas ~ (la situation)** you shouldn't dramatize things

**dramaturge** /dʀamatyʀʒ/ NMF dramatist, playwright

**dramaturgie** /dʀamatyʀʒi/ NF *(= art)* dramatic art; *(= traité)* treatise on dramatic art

**drame** /dʀam/ NM **a** *(Théât)* *(= genre littéraire)* drama; *(= œuvre)* play, drama **b** *(= événement tragique)* tragedy ◆ **le ~ du tunnel du Mont-Blanc** the tragedy in the Mont-Blanc tunnel ◆ **~ de la jalousie** drama of jealousy, crime of passion ◆ **la farce tournait au ~** the joke was going tragically wrong ◆ **faire un ~ de qch** to make a drama out of sth ◆ **n'en faites pas un ~** don't make such a fuss *ou* to-do * about it ◆ **ce n'est pas un ~ !** it's not the end of the world!

> ⚠ *Au sens de 'événement tragique',* **drame** *ne se traduit pas par l'anglais* **drama**.

**drap** /dʀa/ NM **a** *(= pièce de tissu)* **~ (de lit)** sheet ◆ **~s de soie/nylon** silk/nylon sheets ◆ **~ de dessus/dessous** top/bottom sheet ◆ **~ de bain** bath sheet ◆ **~ de plage** beach towel ◆ **~ mortuaire** *ou* **funéraire** pall ◆ **être dans les ~s** to be between the sheets ◆ **être dans de beaux** *ou* **sales ~s** *(fig)* to be in a right fix * *ou* mess * ◆ **tu m'as mis dans de beaux ~s** you got me in a right fix *, you really landed me in it * **b** *(= tissu)* woollen cloth

**drapé, e** /dʀape/ (ptp de **draper**) ADJ draped ◆ **tambours ~s** muffled drums NM ◆ **le ~ d'un rideau** *etc* the hang *ou* drape of a curtain *etc*

**drapeau** (pl **drapeaux**) /dʀapo/ NM **a** *(gén)* flag ◆ **le ~ tricolore** the (French) tricolour ◆ **le ~ blanc/rouge** the white/red flag ◆ **hisser le ~ blanc** to wave the white flag ◆ **~ à damier** *(Courses)* chequered *(Brit) ou* checkered *(US)* flag ◆ **~ de trou** *(Golf)* pin ◆ **le respect du ~** respect for the flag ◆ **être sous les ~x** *(Mil)* to be doing one's military service ◆ **le ~ de la liberté** the flag of liberty ◆ **mettre son ~ dans sa poche** *(fig)* to keep one's views well hidden **b** *(Aviat, Naut)* **en ~** feathered ◆ **mettre une hélice en ~** to feather a propeller

**draper** /dʀape/ ▸ conjug 1 ◂ VT to drape; *(Tex)* *[+ laine]* to process ◆ **un foulard de soie drapait ses épaules** a silk scarf was draped over her shoulders, her shoulders were draped in a silk scarf VPR **se draper** ◆ **se ~ dans** to drape o.s. in ◆ **se ~ dans sa dignité** to stand on one's dignity ◆ **se ~ dans sa vertu/son honnêteté** to cloak o.s. in one's virtue/one's honesty

**draperie** /dʀapʀi/ NF *(= tenture)* drapery, hanging; *(Comm)* drapery, cloth; *(Art)* drapery

**drap-housse** (pl **draps-housses**) /dʀaus/ NM fitted sheet

**drapier, -ière** /dʀapje, jɛʀ/ ADJ ◆ **industrie drapière** clothing industry ◆ **ouvrier ~** clothworker NM *(= fabricant)* (woollen) cloth manufacturer ◆ **(marchand) ~** clothier, draper *(Brit)*

**drastique** /dʀastik/ ADJ *(Méd, gén)* drastic

**drave** * /dʀav/ NF *(Can Hist)* *[de bois]* drive, rafting

**draver** * /dʀave/ ▸ conjug 1 ◂ VT *(Can Hist)* *[+ bois]* to drive, to raft

**draveur** * /dʀavœʀ/ NM *(Can Hist)* (log *ou* timber) driver, raftsman

**dravidien, -ienne** /dʀavidjɛ̃, jɛn/ ADJ, NM Dravidian

**dreadlocks** /dʀɛdlɔks/ NFPL dreadlocks

**Dresde** /dʀɛzd/ N Dresden

**dressage** /dʀesaʒ/ NM **a** *[d'animal sauvage]* taming; *[de jeune cheval]* breaking in; *(pour le cirque)* *[de chien, cheval]* training; * *[de recrue]* knocking *ou* licking into shape * ◆ **épreuve de ~** *(Équitation)* dressage event **b** *[de tente]* pitching; *[d'échafaudage]* erection, putting up **c** *[de pierre, planche, tôle]* dressing

**dresser** /dʀese/ ▸ conjug 1 ◂ VT **a** *(= établir)* *[+ inventaire, liste]* to draw up, to make out; *[+ plan, carte]* to draw up ◆ **~ un acte** *(Jur)* to draw up a deed ◆ **il a dressé un bilan encourageant de la situation** he gave an encouraging review of the situation *ou* an encouraging run-down * on the situation **b** *(= ériger)* *[+ monument, statue, échafaudage]* to put up, to erect; *[+ barrière, échelle]* to put up, to set up; *[+ tente]* to pitch, to put up; *[+ mât]* to raise, to put up, to erect; *[+ lit]* to put up ◆ **nous avons dressé un buffet dans le jardin** we laid out a buffet in the garden ◆ **~ le couvert** *ou* **la table** to lay *ou* set the table ◆ **dressez les filets sur un plat** *(Culin)* arrange the fillets on a dish **c** *(= lever)* *[+ tête]* to raise, to lift; *[+ menton]* to stick out ◆ **~ l'oreille** *(fig)* to prick up one's ears ◆ **~ l'oreille** *ou* **ses oreilles** *[chien]* to prick up *ou* cock (up) its ears ◆ **faire ~ les cheveux sur la tête à qn** to make sb's hair stand on end ◆ **une histoire à faire ~ les cheveux sur la tête** a spine-chilling *ou* spine-tingling tale, a tale to make your hair stand on end **d** *(= braquer)* **~ qn contre** to set sb against e *(= dompter) [+ animal sauvage]* to tame; *[+ jeune cheval]* to break (in); *(pour le cirque) [+ chien, cheval]* to train ◆ **~ un chien à rapporter** to train a dog to retrieve

f *( * = mater) [+ recrue]* to knock *ou* lick into shape * ◆ **ça le dressera !** that will knock *ou* lick him into shape * ◆ **~ un enfant** to teach a child his place ◆ **les enfants/les élèves, ça se dresse !** children/pupils should be taught their place! ◆ **enfant mal dressé** badly brought-up child

g *(Tech) [+ pierre, planche, tôle]* to dress

VPR **se dresser** a *[personne] (debout)* to stand up; *(assis)* to sit up (straight) ◆ **se ~ sur la pointe des pieds** to stand on tiptoe ◆ **se ~ de toute sa taille** to draw o.s. up to one's full height ◆ **se ~ sur ses pattes de derrière** *[cheval]* to rear (up); *[autre animal]* to stand up on its hind legs; → **ergot**

b *[cheveux]* to stand on end; *[oreille]* to prick up

c *[statue, bâtiment, obstacle]* to stand; *(de façon imposante, menaçante)* to tower (up) ◆ **un navire se dressa soudain dans le brouillard** a ship suddenly loomed (up) out of the fog

d *(= s'insurger)* to rise up *(contre, face à* against)

**dresseur, -euse** /dʀesœʀ, øz/ NM,F *(gén)* trainer; *[d'animaux sauvages]* tamer ◆ **~ de lions** lion tamer ◆ **~ de chevaux** *(débourrage)* horse-breaker; *(dans un cirque)* horse-trainer

**dressing** /dʀesiŋ/, **dressing-room** (pl **dressing-rooms** /dʀesiŋʀum/) NM dressing room

**dressoir** /dʀeswaʀ/ NM dresser

**dreyfusard, e** /dʀefyzaʀ, aʀd/ ADJ *(Hist)* supporting *ou* defending Dreyfus NM,F supporter *ou* defender of Dreyfus

**DRH** /deɛʀaʃ/ NF (abrév de **direction des ressources humaines**) → **direction** NMF (abrév de **directeur, -trice des ressources humaines**) → **directeur, -trice**

**dribble** /dʀibl/ NM *(Sport)* dribble

**dribbler** /dʀible/ ► conjug 1 ◄ *(Sport)* VI to dribble VT *[+ ballon]* to dribble; *[+ joueur]* to dribble past *ou* round

**drill**[1] /dʀil/ NM *(Zool)* drill

**drill**[2] /dʀil/ NM *(Scol etc = exercice)* drill

**drille**[1] /dʀij/ NM † ◆ **bon** *ou* **joyeux ~** jolly fellow, cheerful character

**drille**[2] /dʀij/ NF *(Tech)* hand-drill

**dring** /dʀiŋ/ EXCL, NM ding, ding-a-ling

**drisse** /dʀis/ NF *(Naut)* halyard

**drive** /dʀajv/ NM *(Golf, Ordin)* drive

**driver**[1] /dʀajve, dʀive/ ► conjug 1 ◄ VT *[jockey]* to drive VI *(Golf)* to drive

**driver**[2], **driveur** /dʀajvœʀ, dʀivœʀ/ NM *(Équitation, Golf, Ordin)* driver

**drogue** /dʀɔg/ NF a *(= stupéfiant)* drug ◆ **la ~** drugs ◆ **une ~ dure/douce** a hard/soft drug; → **trafic** b *(fig, o.f) (Pharm)* drug; *(péj)* patent medicine, quack remedy *(péj)* ◆ **le café est une ~** coffee is a drug

**drogué, e** /dʀɔge/ (ptp de **droguer**) NM,F drug addict

**droguer** /dʀɔge/ ► conjug 1 ◄ VT a *(péj) [+ malade]* to dose up *(péj)*; *( † Méd)* to give drugs to b *[+ victime]* to drug VPR **se droguer** a *(péj : de médicaments)* to dose o.s. (up) *(de* with) b *(de stupéfiants)* to take drugs ◆ **il se drogue** he's on drugs, he's taking drugs ◆ **se ~ à la cocaïne** to be on *ou* take cocaine

**droguerie** /dʀɔgʀi/ NF *(= magasin)* hardware shop; *(= commerce)* hardware trade

**droguet** /dʀɔgɛ/ NM *(Tex)* drugget

**droguiste** /dʀɔgist/ NMF owner *ou* keeper of a hardware shop

**droit**[1], **e**[1] /dʀwa, dʀwat/ ADJ *(après nom : opposé à gauche) [main, bras, jambe]* right; *[poche, chaussure]* right(-hand) ◆ **du côté ~** on the right-hand side; → **bras, centre, main**

NM *(Boxe = coup)* right ◆ **direct du ~** *(= poing)* straight right ◆ **crochet du ~** right hook

NF **droite** a *(opposé à la gauche)* **la ~e** the right (side), the right-hand side ◆ **à ~e** on the right; *(direction)* to the right ◆ **troisième rue à ~e** third street on the right ◆ **à ma/sa ~e** on my/his right (hand), on my/his right(-hand) side ◆ **le tiroir/chemin de ~e** the right-hand drawer/path ◆ **il ne connaît pas sa ~e de sa gauche** he can't tell (his) right from (his) left ◆ **à ~e de la fenêtre** to the right of the window ◆ **de ~e à gauche** from right to left ◆ **à ~e et à gauche, de ~e et de gauche** this way and that ◆ **il a couru à ~e et à gauche pour se renseigner** he tried everywhere *ou* all over the place to get some information ◆ **c'est ce qu'on entend dire de ~e et de gauche** that's what one hears from all sides *ou* quarters

b *(Aut)* **la ~e** the right ◆ **rouler à ~e** to drive on the right (-hand side of the road) ◆ **garder** *ou* **tenir sa ~e** to keep to the right; → **conduite**

c *(Pol)* **la ~e** the right (wing) ◆ **candidat/idées de ~e** right-wing candidate/ideas ◆ **un homme de ~e** a man of the right ◆ **membre de la ~e** right-winger ◆ **elle est très à ~e** she's very right-wing ◆ **la ~e est divisée** the right wing is split; → **extrême**

d *(Boxe = coup)* right

**droit**[2], **e**[2] /dʀwa, dʀwat/ ADJ a *(= sans déviation, non courbe) [barre, ligne, route, nez]* straight ◆ **ça fait 4 km en ligne ~e** it's 4 km as the crow flies ◆ **cela vient en ~e ligne de ...** *(fig)* that comes straight *ou* direct from ... ◆ **le ~ chemin** *(Rel)* the straight and narrow ◆ **~ fil** *(Couture)* straight grain ◆ **cette décision s'inscrit dans le ~ fil de leur politique** *(fig)* this decision is totally in keeping with *ou* in line with their policy; → **coup**

b *(= vertical, non penché) [arbre, mur]* upright, straight; *(Géom) [prisme, cylindre, cône]* right; *[écriture]* upright ◆ **ce tableau n'est pas ~** this picture isn't (hanging) straight ◆ **est-ce que mon chapeau est ~ ?** is my hat (on) straight? ◆ **jupe ~e** straight skirt ◆ **veston ~** single-breasted jacket ◆ **tiens ta tasse ~e** hold your cup straight *ou* level ◆ **être ~ comme un pieu** *ou* **un piquet** *(péj, hum)* to be as stiff as a poker *ou* ramrod *(péj)* ◆ **être ~ comme un i** to have a very upright posture, to hold o.s. very erect ◆ **se tenir ~ comme un i** to stand bolt upright *ou* very erect ◆ **tiens-toi ~** *(debout)* stand up (straight); *(assis)* sit up (straight); → **angle**

c *(= honnête, loyal) [personne]* upright, straight(forward)

d *(= sensé) [jugement]* sound, sane

NF **droite** *(Géom)* straight line

ADV *[viser, couper, marcher]* straight ◆ **aller/marcher ~ devant soi** to go/walk straight ahead ◆ **écrire ~** to have upright handwriting ◆ **c'est ~ devant vous** it's straight ahead of you *ou* right in front of you ◆ **aller ~ à la faillite** to be heading *ou* headed straight for bankruptcy ◆ **aller ~ au but** *ou* **au fait** *(fig)* to go straight to the point ◆ **cela lui est allé ~ au cœur** *(fig)* it went straight to his heart; → **marcher**

**droit**[3] /dʀwa/ GRAMMAIRE ACTIVE 36, 37.4

NM a *(= prérogative)* right ◆ **~ de pêche/chasse** fishing/hunting rights ◆ **~ du sang/du sol** *right to nationality based on parentage/on place of birth* ◆ **les ~s du sang** *(fig)* rights of kinship ◆ **le ~ des peuples à disposer d'eux-mêmes** the right of peoples to self-determination ◆ **le ~ à l'enfant** the right to have a child ◆ **le ~ du plus fort** the law of the jungle ◆ **avoir le ~ de faire** *(gén : simple permission, possibilité)* to be allowed to do; *(Admin, Jur : autorisation)* to have the right to do ◆ **avoir le ~ pour soi** to have right on one's side ◆ **avoir ~ à** *[+ allocation]* to be entitled to, to be eligible for; *[+ critique]* to come in for ◆ **il a eu ~ à une bonne raclée */réprimande** *(hum)* he got *ou* earned himself a good hiding/telling-off * ◆ **avoir (le) ~ de vie ou de mort sur** to have (the) power of life and death over ◆ **avoir ~ de regard sur** *[+ documents]* to have the right to examine *ou* to inspect; *[+ affaires, choix, décision]* to have a say in ◆ **avoir ~ de regard dans la comptabilité** *(Fin, Jur)* to be entitled to have access to the books and records ◆ **avoir des ~s sur** to have rights over ◆ **il n'a aucun ~ sur ce terrain** he has no right to this land ◆ **cette carte vous donne ~ à des places gratuites** this card entitles you to free seats ◆ **être en ~ de faire** to have a *ou* the right to do, to be entitled to do ◆ **on est en ~ de se demander pourquoi ...** *(fig)* one has every right *ou* one is entitled to wonder why ... ◆ **être dans son (bon) ~** to be (quite) within one's rights ◆ **faire ~ à** *[+ requête]* to grant, to accede to ◆ **l'humour ne perd jamais ses ~s** there is always a place for humour ◆ **c'est (bien) votre ~** you've every right to do so, you are perfectly entitled to do so, you're perfectly within your rights ◆ **à bon ~** with good reason, legitimately ◆ **membre de ~** ex officio member ◆ **monarque de ~ divin** monarch by divine right ◆ **cela lui revient de ~** it's his by right(s), it is rightfully his ◆ **de quel ~ est-il entré ?** what right did he have *ou* what gave him the right to come in? ◆ **de ~ comme de fait** both legitimately and effectively ◆ **être membre de plein ~** to be a fully-fledged member ◆ **réclamer qch de plein ~** to claim sth as one's right; → **force, qui**

b **le ~** *(Jur)* law ◆ **faire son ~** *(Univ)* to study law ◆ **~ civil/pénal** civil/criminal law ◆ **~ constitutionnel/international** constitutional/international law ◆ **~ canon** canon law ◆ **~ romain** Roman law ◆ **~ privé/public** private/public law ◆ **~ coutumier** *(= concept)* customary law; *(= lois)* common law ◆ **~ écrit** statute law ◆ **~ administratif/commercial/fiscal/du travail** administrative/commercial/tax/employment law ◆ **~ des affaires** company *ou* corporate law ◆ **le ~ des gens** the law of nations ◆ **~ de la famille** family law ◆ **une société de ~ anglais** a firm that comes under English law

c *(gén pl = taxe)* duty, tax; *(d'inscription etc)* fee(s) ◆ **~ d'entrée** entrance (fee) ◆ **~s d'inscription/d'enregistrement** enrolment/registration fee(s) ◆ **~s portuaires** *ou* **de port** *(Comm)* harbour fees *ou* dues ◆ **exempt de ~s** duty-free ◆ **passible de ~s** liable to duty, dutiable

COMP ▷ **droit d'aînesse** birthright ▷ **droit d'asile** right of asylum ▷ **droit d'auteur** *(= propriété artistique, littéraire)* copyright ◆ **~s d'auteur** *(= rémunération)* royalties ▷ **droit de cité** *(fig)* ◆ **avoir ~ de cité parmi/dans** to be established among/in ▷ **droits civils** civil rights ▷ **droits civiques** civic rights ▷ **droit commun** ◆ **condamné/délit de ~ commun** common law criminal/crime ▷ **droits compensatoires** *(Fin)* countervailing duties ▷ **droit de cuissage** *(Hist)* droit du seigneur; *(hum) right to subject employees to sexual harassment* ▷ **droits de douane** customs duties ▷ **les droits de la femme** women's rights ◆ **les ~s de la femme mariée** the rights of married women *ou* a married woman ▷ **droit de gage** *(Jur)* lien ▷ **droit de garde** *[d'enfant]* custody ▷ **droit de grâce** right of reprieve ▷ **le droit de grève** the right to strike ▷ **les droits de l'homme** human rights ▷ **droit d'initiative** *(Pol) citizens' right to initiate legislation (in Switzerland etc)* ▷ **droit de mutation** *(Fin)* transfer tax ▷ **les droits naturels** natural rights ▷ **droit de passage** right of way, easement *(US)* ▷ **droit de propriété** right of property ◆ **nous avons un ~ de propriété sur notre corps** we should have jurisdiction over our own bodies ▷ **droit réel** *(Jur)* title ▷ **droit de réponse** right of reply ▷ **droits de reproduction** reproduction rights ◆ **"tous droits (de reproduction) réservés"** "all rights reserved" ▷ **droit de souscription** application right ▷ **droits de succession** inheritance tax ▷ **droit de timbre** stamp duty ▷ **droits de tirage spéciaux** special drawing rights ▷ **droit d'usage** *(Jur)* right of user ▷ **droit de visite** *(Jur)* (right of) access ▷ **le droit de vote** the right to vote, the vote, franchise

**droitement** /dʀwatmɑ̃/ ADV *[agir, parler]* uprightly, honestly; *[juger]* soundly

**droitier, -ière** /dʀwatje, jɛʀ/ ADJ *(= non gaucher)* right-handed; *(Pol)* right-wing NM,F right-handed person; *(Pol)* right-winger ◆ **c'est un ~** *(Tennis etc)* he's a right-handed player *ou* a right-hander

**droiture** /dʀwatyʀ/ NF *[de personne]* uprightness, honesty; *[de conscience]* honesty ◆ **~ de caractère** uprightness, rectitude (of character)

**drolatique** /dʀɔlatik/ ADJ *(littér)* comical, droll

**drôle** /dʀol/ ADJ a *(= amusant) [situation, accoutrement]* funny, comical, amusing; *(= spirituel) [personne]* funny, amusing ◆ **je ne trouve pas ça ~** I don't find that funny *ou* amusing ◆ **la vie n'est pas ~** life's no joke ◆ **tu es ~, je ne pouvais pourtant pas l'insulter !** * you must be joking *ou* kidding – I could hardly insult him!; → **histoire**

b *(= bizarre)* funny, strange ◆ **c'est ~, j'aurais juré l'avoir rangé** that's funny *ou* strange, I could have sworn I had put it away ◆ **avoir un ~ d'air** to look funny *ou* peculiar *ou* strange ◆ **un ~ de type** a strange *ou* peculiar fellow, an oddbod * ◆ **c'est un ~ de numéro** he's a bit of a character ◆ **une ~ d'idée/d'odeur** a funny *ou* strange *ou* peculiar idea/smell ◆ **il a fait une ~ de tête !** he pulled a wry *ou* funny face! ◆ **la ~ de guerre** *(Hist)* the Phoney War ◆ **se sentir tout ~** to feel funny *ou* strange *ou* peculiar ◆ **ça me fait (tout) ~ (de le voir)** * it gives me a funny *ou* strange *ou* odd feeling (to see him)

c *(* : intensif)* **un ~ d'orage** a fantastic * *ou* terrific * storm ◆ **de ~s de muscles/progrès** fantastic * *ou* terrific * muscles/progress ◆ **une ~ de correction** a hell of a punishment * ◆ **on en a vu de ~s pendant la guerre** we had a hard time (of it) during the war

NM *(dial = gamin)* child, kid *; *(† : péj = coquin)* scamp, rascal

**drôlement** /dʀolmɑ̃/ ADV a *(= bizarrement)* strangely ◆ **il m'a regardé ~** he gave me a strange *ou* funny look b *(* = extrêmement)* **~ bon/sage** awfully *ou* terribly good/well-behaved ◆ **il fait ~ froid** it's awfully *ou* terribly cold, it isn't half cold * ◆ **il est ~ musclé** he's really muscular, he's got a lot of muscle * ◆ **il est ~ culotté** he's got some cheek *, he hasn't half got a cheek * *(Brit)* ◆ **il a ~ changé** he really has changed, he's changed an awful lot * ◆ **ça lui a fait ~ plaisir** it pleased him no end * c *(= spirituellement)* funnily, comically, amusingly

**drôlerie** /dʀolʀi/ NF a *(NonC)* funniness, drollness ◆ **la ~ de la situation m'échappe** I don't see *ou* I fail to see what's so funny *ou* amusing ◆ **c'est d'une ~ !** it's so funny *ou* comical! b *(= propos, action)* funny *ou* amusing thing (to say *ou* do)

**drôlesse** † /dʀolɛs/ NF *(péj)* hussy † *(péj)*

**dromadaire** /dʀɔmadɛʀ/ NM dromedary

**dronte** /dʀɔ̃t/ NM dodo

**drop** /dʀɔp/, **drop-goal** (pl **drop-goals** /dʀɔpgol/) NM *(= coup de pied)* drop kick; *(= but)* drop goal ◆ **passer un ~** to score a drop goal

**drosophile** /dʀozɔfil/ NF *(Zool)* fruit fly, drosophila *(SPÉC)*

**drosser** /dʀɔse/ ▸ conjug 1 ◂ VT *(Naut) [vent, courant]* to drive (*contre* onto, against)

**dru, e** /dʀy/ ADJ *[herbe]* thick; *[barbe]* thick, bushy; *[haie]* thick, dense; *[pluie]* heavy ADV *[pousser]* thickly, densely; *[tomber] [pluie]* heavily, fast; *[coups]* thick and fast

**drug(-)store** (pl **drug(-)stores**) /dʀœgstɔʀ/ NM drugstore

**druide** /dʀɥid/ NM druid

**druidesse** /dʀɥidɛs/ NF druidess

**druidique** /dʀɥidik/ ADJ druidic

**druidisme** /dʀɥidism/ NM druidism

**drupe** /dʀyp/ NF drupe

**druze** /dʀyz/ ADJ Drusean, Drusian NMPL **Druzes** ◆ **les Druzes** the Druse *ou* Druze

**dryade** /dʀijad/ NF *(Myth)* dryad, wood-nymph; *(Bot)* dryas

**DST** /deɛste/ NF (abrév de **Direction de la surveillance du territoire**) ≈ MI5 *(Brit)*, CIA *(US)*

**DT** /dete/ NM (abrév de **diphtérie, tétanos**) *vaccine against diphtheria and tetanus*

**du** /dy/ ART PARTITIF → **de²** PRÉP + ART DÉF → **de¹**

**dû, due** /dy/ GRAMMAIRE ACTIVE 47.5 (ptp de **devoir**) ADJ *(= à restituer)* owing, owed; *(= arrivé à échéance)* due ◆ **la somme due** the sum owing *ou* owed, the sum due ◆ **la somme qui lui est due** the sum owing *ou* owed *ou* due to him; → **chose, port²**

◆ **dû à** due to ◆ **ces troubles sont dus à ...** these troubles are due to ...

◆ **en (bonne et) due forme** in due form

NM due; *(= somme d'argent)* dues

**dual, e** /dɥal/ ADJ *[économie, système]* dual ◆ **société ~e** two-tier society

**dualisme** /dɥalism/ NM dualism

**dualiste** /dɥalist/ ADJ dualistic NMF dualist

**dualité** /dɥalite/ NF duality

**Dubaï, Dubay** /dybaj/ N Dubai

**dubitatif, -ive** /dybitatif, iv/ ADJ doubtful ◆ **d'un air ~** doubtfully

**dubitativement** /dybitativmɑ̃/ ADV doubtfully

**Dublin** /dyblɛ̃/ N Dublin

**dublinois, e** /dyblinwa, waz/ ADJ of *ou* from Dublin NM,F **Dublinois(e)** Dubliner

**duc** /dyk/ NM duke

**ducal, e** (mpl **-aux**) /dykal, o/ ADJ ducal

**ducasse** /dykas/ NF *(Belg)* fair

**ducat** /dyka/ NM ducat

**duché** /dyʃe/ NM *(= fonction)* dukedom; *(= territoire)* dukedom, duchy

**duchesse** /dyʃɛs/ NF a *(= noble)* duchess ◆ **elle fait la** *ou* **sa ~** *(péj)* she's playing the grand lady *ou* putting on airs b ◆ **(poire) ~** Duchesse pear

**ductile** /dyktil/ ADJ ductile

**ductilité** /dyktilite/ NF ductility

**dudit** /dydi/, **de ladite** /dəladit/ (mpl **desdits** /dedi/) (fpl **desdites** /dedit/) ADJ *(Jur, hum)* of the aforementioned, of the said ◆ **le propriétaire ~ édifice/chien** the owner of the aforementioned *ou* said building/dog

**duègne** /dɥɛɲ/ NF duenna

**duel¹** /dɥɛl/ NM duel ◆ **provoquer qn en ~** to challenge sb to a duel ◆ **se battre en ~** to fight a duel (*avec* with); ◆ **deux malheureux bouts de viande se battaient en ~ au fond du plat** *(péj)* there were just two measly bits of meat on the plate ◆ **~ oratoire** verbal duel *ou* battle ◆ **~ d'artillerie** artillery battle

**duel²** /dɥɛl/ NM *(Ling)* dual (number)

**duelliste** /dɥelist/ NM duellist

**duettiste** /dɥetist/ NMF duettist

**duffle-coat** (pl **duffle-coats**), **duffel-coat** (pl **duffel-coats**) /dœfœlkot/ NM duffel coat

**dugong** /dygɔ̃g/ NM dugong

**dulcinée** /dylsine/ NF *(†, aussi hum)* lady-love † *(aussi hum)*

**dum-dum** /dumdum/ NF INV ◆ **(balle) ~** dum-dum (bullet)

**dûment** /dymɑ̃/ ADV duly

**dumping** /dœmpiŋ/ NM *(Écon)* dumping ◆ **faire du ~** to dump goods ◆ **~ social** social dumping

**dune** /dyn/ NF dune ◆ **~ de sable** sand dune

**dunette** /dynɛt/ NF *(Naut)* poop deck

**Dunkerque** /dœ̃kɛʀk/ N Dunkirk

**duo** /dɥo/ NM *(Mus)* duet; *(Théât)* double act, duo; *[de plaisantins]* pair, duo; *(= dialogue)* exchange ◆ **chanter en ~** to sing a duet ◆ **~ de poissons sur lit de poireaux** *(sur menu)* two types of fish on a bed of leeks

> ⚠ *Au sens musical,* **duo** *ne se traduit pas par le mot anglais* **duo.**

**duodécimal, e** (mpl **-aux**) /dɥɔdesimal, o/ ADJ duodecimal

**duodénal, e** (mpl **-aux**) /dɥɔdenal, o/ ADJ duodenal

**duodénum** /dɥɔdenɔm/ NM duodenum

**duopole** /dɥɔpɔl/ NM duopoly

**dupe** /dyp/ NF dupe ◆ **prendre pour ~** to fool, to take in, to dupe ◆ **être la ~ de qn** to be taken in *ou* fooled by sb; → **jeu, marché** ADJ ◆ **être ~ (de)** to be taken in (by), to be fooled (by) ◆ **je ne** *ou* **n'en suis pas ~** I'm not taken in (by it), he (*ou* it *etc*) doesn't fool me

**duper** /dype/ ▸ conjug 1 ◂ VT to dupe, to deceive, to fool VPR **se duper** ◆ **se ~ (soi-même)** to deceive o.s.

**duperie** /dypʀi/ NF *(= tromperie)* dupery *(NonC)*, deception

**duplex** /dyplɛks/ ADJ INV *(Téléc)* duplex, two-way NM *(= appartement)* split-level apartment, duplex *(US)*; *(Can)* duplex (house), maisonette ◆ **(émission en) ~** *(Téléc)* link-up

**duplicata** /dyplikata/ NM INV *(Admin, Jur)* duplicate

**duplicateur** /dyplikatœʀ/ NM duplicator, duplicating machine

**duplication** /dyplikasjɔ̃/ NF *(Math)* duplication; *(Bio)* doubling; *[de ADN]* replication; *[d'enregistrement]* duplication

**duplicité** /dyplisite/ NF duplicity

**dupliquer** /dyplike/ ▸ conjug 1 ◂ VT to duplicate

**duquel** /dykɛl/ → **lequel**

**dur, e** /dyʀ/ ADJ a *[roche, métal, lit, crayon, sol]* hard; *[carton, col, brosse]* stiff; *[viande]* tough; *[porte, serrure, levier]* stiff ◆ **être ~ d'oreille,**

**être ~ de la feuille *, avoir l'oreille ~e †** to be hard of hearing ◆ ~ **comme le roc** as hard as (a) rock, rock-hard; → **blé, œuf, pain** *etc*

**b** *[problème, travail, parcours]* hard, stiff, tough ◆ ~ **à manier/digérer/croire** hard to handle/digest/believe ◆ **leur fils est un enfant très** ~ their son is a very difficult child ◆ **être ~ à la détente** * *(= avare)* to be tight-fisted *; *(= difficile à persuader)* to be pigheaded; *(= obtus)* to be slow on the uptake *

**c** *[climat, lumière, punition, combat]* harsh, hard; *[couleur, épreuve]* harsh; *[leçon]* hard; *(= âpre) [vin, cidre]* harsh; *(= calcaire) [eau]* hard ◆ **il lui est ~ d'avoir à partir** it's hard for him to have to leave ◆ **ce sont des vérités ~es à avaler** *ou* **digérer** * these are hard truths to take ◆ **la vie est ~e** it's a hard life, life's no bed of roses ◆ ~ **!** * *ou* ~, ~ **!** * not easy! ◆ **les temps sont ~s** *(souvent hum)* times are hard ◆ **il nous mène la vie ~e** he makes life difficult for us, he gives us a hard time ◆ **le plus ~ est passé** the worst is over; → **coup**

**d** *(= sévère) [personne, voix, regard, traits, visage]* hard, harsh, severe; *[loi, critique]* harsh, severe ◆ **être ~ avec** *ou* **pour** *ou* **envers qn** to be harsh with sb, to be hard on sb; → **dent, école**

**e** *(= insensible, cruel) [personne]* hard(-hearted) ◆ **il a le cœur ~** he's a hard-hearted man, he has a heart of stone

**f** *(= endurant)* **être ~ au mal** *ou* **à la douleur** to be tough ◆ **être ~ à la peine** *ou* **à l'ouvrage** to be a tireless *ou* hard worker; → **peau**

**g** *(= sans concession)* uncompromising ◆ **le gouvernement adopte une ligne ~e sur le commerce international** the government is taking a hard line on *ou* a hardline stance on international trade; → **pur**

**ADV** * *[travailler, frapper]* hard ◆ **le soleil tape ~** the sun is beating down ◆ **le vent souffle ~** the wind is blowing hard *ou* strongly ◆ **croire à qch ~ comme fer** to have a blind belief in sth

**NM** **a** *(* = résistant)* tough one; *(= meneur, casseur)* tough nut *, tough guy *; *(gén, Pol = intransigeant)* hard-liner ◆ **c'est un ~ au cœur tendre** his bark is worse than his bite ◆ **c'est un ~ à cuire** *ou* **un ~ de ~** * he's a hard nut to crack * ◆ **jouer les ~s** to act the tough guy *, to act tough

**b** *(loc)* **c'est du ~** * it's solid *ou* tough stuff, it's sturdy

♦ **en dur** ◆ **construire en ~** to build a permanent structure ◆ **une construction en ~** a permanent structure ◆ **un court (de tennis) en ~** a hard court

**c** *[de corde]* tension ◆ ~ **!** *(Alpinisme)* pull tight!

**NF** **dure** **a** * **c'est une ~e** *(= résistante)* she's a tough one; *(= meneuse)* she's a hard one

**b** *(loc)* **coucher sur la ~e** to sleep on the ground, to sleep rough *(surtout Brit)*

♦ **à la dure** ◆ **être élevé à la ~e** to be brought up the hard way ◆ **vivre à la ~e** to live rough

**c** *(* : loc)* **en dire de ~es à qn** to give sb a good telling-off * ◆ **en entendre de ~es** *(= reproches)* to get a good telling-off * *ou* ticking-off * *(Brit)* ◆ **en voir de ~es** to have a hard time (of it) * ◆ **en faire voir de ~es à qn** to give sb a hard time (of it) *

**durabilité** /dyʀabilite/ **NF** *(gén)* durability; *[de produit]* life span

**durable** /dyʀabl/ **ADJ** *[croissance, développement, reprise]* lasting; *[solution, paix]* lasting, durable; *[bonheur, monument, souvenir, succès]* lasting, enduring; *[emploi]* long-term *(épith)*; → **bien**

**durablement** /dyʀabləmɑ̃/ **ADV** *[s'installer]* on a long-term basis ◆ **bâtir ~** to build something to last ◆ **bâti ~** built to last

**duraille** * /dyʀaj/ **ADJ** *[problème]* tough, hard; *[matelas, viande]* hard

**duralumin** ® /dyʀalymɛ̃/ **NM** Duralumin ®

**durant** /dyʀɑ̃/ **PRÉP** **a** *(= pendant)* for ◆ **il peut rêvasser ~ des heures** *ou* **des heures ~** he can daydream for hours (on end) ◆ **deux heures ~** for (a full *ou* whole) two hours ◆ **des années ~** for years (and years) ◆ **sa vie ~** throughout his life, for as long as he lived (*ou* lives) **b** *(= au cours de)* during, in the course of ◆ ~ **le spectacle** during the show ◆ **il a plu ~ la nuit** it rained in (the course of) *ou* during the night

**duratif, -ive** /dyʀatif, iv/ **ADJ** durative

**durcir** /dyʀsiʀ/ ▸ conjug 2 ◂ **VT** *[+ attitude]* to harden; *[+ contrôle, embargo, sanctions]* to tighten ◆ ~ **ses positions** to take a tougher stand ◆ ~ **un mouvement de grève** to step up strike action ◆ **il a durci son discours** he has taken a tougher stand **VI** **se durcir** **VPR** *[sol, colle, visage, attitude, ton]* to harden; *[mouvement de grève]* to become more firmly entrenched; *[conflit]* to become more serious

**durcissement** /dyʀsismɑ̃/ **NM** *[d'attitude, positions]* hardening; *[de sanctions, embargo]* tightening ◆ ~ **des mouvements de grève** stepping up of strike action

**durcisseur** /dyʀsisœʀ/ **NM** hardener

**durée** /dyʀe/ **NF** **a** *[de spectacle, opération]* duration, length; *[de bail]* term; *[de prêt]* period; *[de matériau, pile, ampoule]* life; *(Mus) [de note]* value ◆ **la ~ d'une mode dépend de ...** how long a fashion lasts depends on ... ◆ **je m'étonne de la ~ de ce spectacle** I'm amazed at how long this show is ◆ **pour une ~ illimitée** for an unlimited length of time, for an unlimited period ◆ **pendant une ~ d'un mois** for (the period of) one month ◆ **pour la ~ des négociations** while negotiations continue, for the duration of the negotiations ◆ **pendant la ~ des réparations** for the duration of repairs, while repairs are being carried out ◆ **de courte ~** *[séjour]* short; *[bonheur, répit]* short-lived ◆ **(de) longue ~** *[effet]* long-lasting *(épith)*; *[contrat, chômage, visa]* long-term *(épith)*; *[pile]* long-life *(épith)*, long-lasting *(épith)* ◆ ~ **de vie utile** useful life

**b** *(= permanence)* continuance ◆ **il n'osait croire à la ~ de cette prospérité** he didn't dare to believe that this prosperity would last *ou* to believe in the continuance of this prosperity

**c** *(Philos)* duration

> *Attention à ne pas traduire automatiquement* **durée** *par* **duration** *; l'anglais préfère des tournures verbales.*

**durement** /dyʀmɑ̃/ **ADV** **a** *(= sévèrement)* harshly, severely; *(= brutalement)* harshly ◆ **élever qn ~** to bring sb up the hard way ◆ **parler ~ à qn** to speak harshly *ou* severely to sb ◆ **la manifestation a été ~ réprimée** the demonstration was suppressed using force **b** *(= cruellement) [éprouvé, ressenti]* sorely ◆ **région ~ touchée par la crise** region hard hit by the recession

**dure-mère** (pl **dures-mères**) /dyʀmɛʀ/ **NF** *(Anat)* dura mater

**durer** /dyʀe/ ▸ conjug 1 ◂ **VI** **a** *(= avoir une durée de)* to last ◆ **combien de temps cela dure-t-il ?** how long does it last? ◆ **l'effet dure deux minutes/mois** the effect lasts (for) two minutes/months ◆ **le festival dure (pendant) deux semaines** the festival lasts (for) two weeks

**b** *(= se prolonger) [mode, maladie, tempête]* to last ◆ **la fête a duré toute la nuit/jusqu'au matin** the party went on *ou* lasted all night/until morning ◆ **sa maladie dure depuis deux mois** he has been ill for two months (now), his illness has lasted for two months (now) ◆ **ça fait deux mois que ça dure** it has been going on *ou* it has lasted for two months (now) ◆ **ça n'a que trop duré !** it's gone on too long already! ◆ **ça va ~ longtemps, cette plaisanterie ?** how much longer is this joke going to go on? *ou* continue? ◆ **ça durera ce que ça durera** I don't know if it'll last, it might last and it might not ◆ **ça ne peut plus ~ !** this can't go on (any longer)! ◆ **elle dure, leur conversation !** they've been talking for ages! ◆ **faire ~ un travail** to prolong *ou* spin out * *(Brit)* a job ◆ **faire ~ le plaisir** *(iro)* to prolong the agony ◆ **le temps me dure** *(littér)* time hangs heavy on my hands ◆ **l'inaction me dure** *(littér)* I am growing impatient at this inactivity; → **pourvu²**

**c** *(littér = subsister) [coutume]* to linger on; *(péj) [mourant]* to hang on *(péj)*, to linger on

**d** *(= se conserver) [matériau, vêtement, outil]* to last ◆ **faire ~ des chaussures** to make shoes last ◆ **cette somme doit te ~ un mois** this money will have to last you a month

**dureté** /dyʀte/ **NF** **a** *[de roche, métal, lit, crayon]* hardness; *[de carton, col, brosse]* stiffness; *[de viande]* toughness **b** *[de problème, travail, parcours]* hardness, stiffness, toughness ◆ **la ~ des temps** the hard times we live in ◆ **la ~ de la vie quotidienne** the harshness of daily life **c** *[de climat, lumière, punition, combat]* harshness, hardness; *[de vin, cidre]* harshness **d** *(= sévérité) [de personne, voix, regard, traits, visage]* hardness, harshness, severity; *[de loi, critique]* harshness, severity ◆ **sa ~ de ton m'a surpris** his harsh tone surprised me **e** *(= insensibilité, cruauté)* ~ **(de cœur)** hard-heartedness ◆ **traiter qn avec ~** to treat sb harshly **f** *[d'eau]* hardness ◆ **tester la ~ de l'eau** to test how hard the water is

**durian** /dyʀjɑ̃, dyʀjan/ **NM** *(= arbre)* durian; *(= fruit)* durian (fruit)

**durillon** /dyʀijɔ̃/ **NM** *(aux mains)* callus, hard skin *(NonC)*; *(aux pieds)* callus, corn

**durit ®, durite** /dyʀit/ **NF** *(Aut)* (radiator) hose

**DUT** /deyte/ **NM** (abrév de **diplôme universitaire de technologie**) → **diplôme**

**duty-free** /djutifʀi/ **ADJ** duty-free **NM** duty-free (shop) ◆ **en ~** duty-free ◆ **j'ai acheté du parfum en ~** I bought some duty-free perfume, I bought some perfume in the duty-free

**duvet** /dyvɛ/ **NM** **a** *[d'oiseau, fruit, joues]* down **b** *(= sac de couchage)* (down-filled) sleeping bag **c** *(Helv = couette)* duvet

**duveté, e** /dyv(ə)te/ **ADJ** *[pêche, joue]* downy ◆ **elle avait la lèvre ~e** she had a faint moustache

**duveter (se)** /dyv(ə)te/ ▸ conjug 5 ◂ **VPR** to become downy

**duveteux, -euse** /dyv(ə)tø, øz/ **ADJ** downy

**DVD** /devede/ **NM** (abrév de **digital versatile disc**) DVD ◆ **lecteur ~** DVD drive ◆ ~ **multiangle** multi-angle DVD ◆ ~ **musicale** music DVD ◆ **~-RAM** DVD-RAM ◆ **~-ROM** DVD-ROM ◆ **~-RW** DVD-RW

**dynamique** /dinamik/ **ADJ** *(Phys, gén)* dynamic; → **cadre** **NF** **a** *(Phys, Mus)* dynamics *(sg)* ◆ **la ~ de groupe** *(Sociol)* group dynamics **b** *(= processus)* ◆ **nous sommes dans une ~ de croissance** we are in a growth phase ◆ **relancer la ~ de croissance** to get (the process of) growth going ◆ **créer une ~ de croissance** to create growth ◆ **accélérer la ~**

**de paix** to speed up the peace process ◆ **la ~ en cours** the current state of affairs

**dynamiquement** /dinamikmɑ̃/ ADV dynamically

**dynamisant, e** /dinamizɑ̃, ɑ̃t/ ADJ *[effet, changement]* stimulating

**dynamisation** /dinamizasjɔ̃/ NF *[de secteur, marché]* stimulation

**dynamiser** /dinamize/ ► conjug 1 ◄ VT *[+ économie, marché]* to stimulate, to give a boost to; *[+ personnel]* to energize; *[+ affiche, image de marque]* to make more dynamic; *(Méd) [+ médicament]* to potentiate *(SPÉC)*

**dynamisme** /dinamism/ NM *(Philos, gén)* dynamism

**dynamitage** /dinamitaʒ/ NM dynamiting

**dynamite** /dinamit/ NF dynamite ◆ **faire sauter qch à la ~** to blow sth up with dynamite ◆ **c'est de la ~ !** * *(fig)* it's dynamite!

**dynamiter** /dinamite/ ► conjug 1 ◄ VT *(lit)* to dynamite, to blow up with dynamite; *[+ certitudes, mythe]* to explode

**dynamiteur, -euse** /dinamitœʀ, øz/ NM,F dynamiter

**dynamo** /dinamo/ NF dynamo

**dynamoélectrique** /dinamoelɛktʀik/ ADJ dynamoelectric

**dynamogène** /dinamɔʒɛn/, **dynamogénique** /dinamɔʒenik/ ADJ dynamogenic

**dynamographe** /dinamɔgʀaf/ NM dynamograph

**dynamomètre** /dinamɔmɛtʀ/ NM dynamometer

**dynamométrique** /dinamɔmetʀik/ ADJ dynamometric; → **clé**

**dynastie** /dinasti/ NF dynasty

**dynastique** /dinastik/ ADJ dynastic

**dyne** /din/ NF dyne

**dysenterie** /disɑ̃tʀi/ NF dysentery

**dysentérique** /disɑ̃teʀik/ ADJ dysenteric

**dysfonction** /disfɔ̃ksjɔ̃/ NF dysfunction ◆ **de très graves ~s sont apparues dans le département** serious failures have been apparent in the department

**dysfonctionnel, -elle** /disfɔ̃ksjɔnɛl/ ADJ dysfunctional

**dysfonctionnement** /disfɔ̃ksjɔnmɑ̃/ NM *(Méd)* dysfunction ◆ **il n'y a pas eu de ~ dans les procédures d'alerte** no failure was found in the warning systems, the warning systems were found to be functioning properly ◆ **il y a des ~s dans la gestion du service** there are problems in the management of the department ◆ **chaque fois qu'il y a un ~, on demande la démission d'un ministre** every time something goes wrong there are calls for a minister to resign

**dysfonctionner** /disfɔ̃ksjɔne/ ► conjug 1 ◄ VI to become dysfunctional

**dysgraphie** /disgʀafi/ NF dysgraphia

**dysharmonie** /disaʀmɔni/ NF ⇒ **disharmonie**

**dyslexie** /dislɛksi/ NF dyslexia

**dyslexique** /dislɛksik/ ADJ, NMF dyslexic

**dysménorrhée** /dismenɔʀe/ NF dysmenorrhoea, painful periods

**dyspareunie** /dispaʀøni/ NF dyspareunia

**dyspepsie** /dispɛpsi/ NF dyspepsia

**dyspepsique** /dispɛpsik/, **dyspeptique** /dispɛptik/ ADJ, NMF dyspeptic

**dysphasie** /disfazi/ NF dysphasia

**dysplasie** /displazi/ NF *(Méd)* dysplasia

**dyspnée** /dispne/ NF dyspnoea *(Brit)*, dyspnea *(US)*

**dysprosium** /dispʀozjɔm/ NM dysprosium

**dystrophie** /distʀɔfi/ NF ◆ **~ musculaire progressive** muscular dystrophy

# E

**E¹, e** /ə/ NM *(= lettre)* E, e ◆ **e dans l'o** o and e joined together, o and e ligature

**E²** (abrév de **Est**) E

**e-** /i/ PRÉF *(= électronique)* e- ◆ **~entreprise** e-business

**EAO** /əao/ NM (abrév de **enseignement assisté par ordinateur**) CAI, CAL

**EAU** /əay/ NMPL (abrév de **Émirats arabes unis**) UAE

**eau** (pl **eaux**) /o/ NF **a** *(gén)* water; *(= pluie)* rain ◆ **sans ~** *[alcool]* neat, straight ◆ **cuire à l'~** to boil ◆ **se passer les mains à l'~** to rinse one's hands, to give one's hands a quick wash ◆ **passer qch sous l'~** to give sth a quick rinse ◆ **laver à grande ~** *[+ sol]* to wash *ou* sluice down; *(avec un tuyau)* to hose down; *[+ légumes]* to wash thoroughly ◆ **port en ~ profonde** deep-water port ◆ **que d'~, que d'~ !** *(hum)* it's coming down in buckets * *ou* in torrents!

**b** *(Bijouterie)* water ◆ **diamant de la plus belle ~** diamond of the first water ◆ **un escroc de la plus belle ~** an out-and-out crook ◆ **de la même ~** *(fig)* of the same ilk

**c** *(loc)* **tout cela apporte de l'~ à son moulin** it's all grist to his mill ◆ **aller sur l'~** *(Naut) (= flotter)* to be buoyant; *(= naviguer)* to sail ◆ **aller à l'~** to go for a dip * ◆ **j'en avais l'~ à la bouche** my mouth was watering, it made my mouth water ◆ **être en ~** to be bathed in perspiration *ou* sweat ◆ **faire de l'~** *(Naut, Rail)* to take on (a supply of) water ◆ **faire ~ (de toutes parts)** to leak (like a sieve) ◆ **mettre à l'~** *(Naut)* to launch ◆ **mise à l'~** launch, launching ◆ **se mettre à l'~** *(= nager)* to get into the water; *(= être sobre)* to go on the wagon *, to keep off alcohol ◆ **mettre de l'~ dans son vin** *(lit)* to water down one's wine; *(= modérer ses prétentions)* to climb down; *(= faire des concessions)* to make concessions ◆ **prendre l'~** *[chaussures, objet]* to let in water; *[projet]* to founder ◆ **il passera** *ou* **coulera beaucoup d'~ sous les ponts avant que ...** it will be a long time before ... ◆ **porter de l'~ à la rivière** *(Prov)* to carry coals to Newcastle *(Prov)* ◆ **l'~ va à la rivière** *(Prov)* money makes money, to him that has shall more be given ◆ **s'en aller** *ou* **tourner en ~ de boudin** * to flop ◆ **notre projet est (tombé) à l'~** our project has fallen through ◆ **il y a de l'~ dans le gaz** * things aren't running too smoothly ◆ **ils sont comme l'~ et le feu** they're as different as night and day *ou* as chalk and cheese *(Brit)*

NFPL **eaux** **a** *[de fleuve]* **hautes ~x** high water ◆ **basses ~x** *(lit)* low water ◆ **pendant les basses ~x** when the waters are low, when the water level is low ◆ **en période de basses ~x** *(fig)* when the economy is at a low ebb, during a period of economic stagnation ◆ **être dans les ~x d'un navire** *(Naut)* to be in the wake of a ship ◆ **nager** *ou* **naviguer en ~x troubles** *(fig)* to move in shady circles ◆ **dans ces ~x-là** * or thereabouts ◆ **entre deux ~x** just below the surface ◆ **nager entre deux ~x** *(fig)* to keep a foot in both camps, to run with the hare and hunt with the hounds

**b** *(Méd)* **elle a perdu les ~x** her waters have broken

**c** *(station thermale)* **prendre les ~x** † to take the waters; → **ville**

**d** *(Admin)* **la Compagnie des Eaux et de l'Ozone** the French water utility

COMP ▷ **eau bénite** holy water ▷ **eau blanche** lead acetate, sugar of lead ▷ **eau de Cologne** eau de Cologne, cologne ▷ **eau courante** running water ▷ **eau de cuisson** cooking water ▷ **eau douce** fresh water ▷ **eau écarlate** ® (liquid) stain remover ▷ **eau d'érable** maple sap *(Can)* ▷ **eau de fleur d'oranger** orange-flower water ▷ **les Eaux et Forêts** ≃ the Forestry Commission *(Brit)*, the Forest Service *(US)* ▷ **eau gazeuse** sparkling (mineral) water ▷ **eaux grasses** swill, slops ▷ **eaux internationales** international waters ▷ **eau de Javel** bleach ▷ **eau lourde** heavy water ▷ **eau de mélisse** melissa water ▷ **eaux ménagères** (household) waste water ▷ **eau de mer** sea water ▷ **eaux mères** mother liquids ▷ **eau minérale** mineral water ▷ **eau oxygénée** hydrogen peroxide ▷ **eau de parfum** eau de parfum ▷ **eau plate** plain *ou* still water ▷ **eau de pluie** rainwater ▷ **eau potable** drinking water ▷ **eaux profondes** deep waters ▷ **eau de refroidissement** cooling water ▷ **eaux résiduaires** waste water ▷ **eau du robinet** tap water ▷ **eau de rose** rose water ◆ **roman/histoire à l'~ de rose** sentimental *ou* schmaltzy * novel/story ▷ **eau rougie** wine and water ▷ **eaux de ruissellement** run-off water ▷ **eau salée** salt water ▷ **eau savonneuse** soapy water ▷ **eau de Seltz** soda (water), seltzer water *(US)* ▷ **eau de source** spring water ▷ **eaux superficielles** surface water(s) ▷ **eaux territoriales** territorial waters ◆ **dans les ~x territoriales françaises** in French (territorial) waters ▷ **eaux thermales** thermal springs *ou* waters ▷ **eau de toilette** eau de toilette, toilet water ▷ **eaux usées** waste water ▷ **eau de vaisselle** dishwater, washing-up *(Brit)* water

**eau-de-vie** (pl **eaux-de-vie**) /od(ə)vi/ NF ≃ brandy ◆ **~ de prune/poire** plum/pear brandy ◆ **cerises à l'~** cherries in brandy

**eau-forte** (pl **eaux-fortes**) /ofɔʀt/ NF *(Art)* etching; *(Chim)* aqua fortis

**ébahi, e** /ebai/ (ptp de **ébahir**) ADJ astounded

**ébahir** /ebaiʀ/ ▸ conjug 2 ◂ VT to astound

VPR **s'ébahir** to wonder (*de voir* at seeing)

**ébahissement** /ebaismɑ̃/ NM astonishment, amazement

**ébarber** /ebaʀbe/ ▸ conjug 1 ◂ VT *[+ papier, poisson]* to trim; *[+ métal]* to (de)burr, to trim; *[+ plante]* to clip, to trim

**ébats** /eba/ NMPL frolics ◆ **~ amoureux** *ou* **sexuels** lovemaking

**ébattre (s')** /ebatʀ/ ▸ conjug 41 ◂ VPR *[animaux]* to frolic, to frisk, to gambol (about); *[enfants]* to play *ou* romp about, to frolic

**ébaubi, e** /ebobi/ (ptp de **s'ébaubir**) ADJ († , *hum*) bowled over, flabbergasted (*de* at); ◆ **être tout ~** to be agog (*devant* at)

**ébaubir (s')** /ebobiʀ/ ▸ conjug 2 ◂ VPR († , *hum*) to wonder (*de voir* at seeing)

**ébauche** /eboʃ/ NF *[de livre]* skeleton, outline; *[de tableau, dessin]* draft, sketch; *[de statue]* rough shape; *[de projet, roman]* (rough) outline ◆ **une ~ de sourire** the ghost of a smile ◆ **l'~ d'un geste** a slight movement ◆ **ce n'est que la première ~** this is just a rough draft ◆ **c'est encore à l'état d'~** it's still in the early stages ◆ **l'~ d'une amitié** the beginnings of a friendship ◆ **il a proposé l'~ d'une solution** he offered the beginnings of a solution

**ébaucher** /eboʃe/ ▸ conjug 1 ◂ VT **a** *(= esquisser) [+ livre, plan, tableau]* to sketch out; *[+ statue]* to rough out; *[+ programme, solution]* to outline **b** *(= commencer) [+ amitié, conversation]* to start up; *[+ relations]* to open up ◆ **~ un sourire** to give a faint smile ◆ **~ un geste** to start to make a movement **c** *(= dégrossir) [+ poutre]* to rough-hew; *[+ pierre]* to rough-hew, to boast; *[+ diamant]* to begin to cut

VPR **s'ébaucher** *[plan]* to form, to take shape *ou* form; *[livre]* to take shape *ou* form; *[amitié]* to form; *[conversation]* to start; *[relations]* to open up ◆ **une solution s'ébauche lentement** a solution is gradually taking shape ◆ **une idée à peine ébauchée** the bare bones *ou* the mere outline of an idea

**ébaudir** VT, **s'ébaudir** VPR /ebodiʀ/ ► conjug 2 ◄ († , *hum*) to rejoice (*de, à* over, at)

**ébène** /ebɛn/ NF ebony ◆ **cheveux/table d'~** ebony hair/table; → **bois**

**ébénier** /ebenje/ NM ebony (tree); → **faux²**

**ébéniste** /ebenist/ NMF cabinetmaker

**ébénisterie** /ebenist(ə)ʀi/ NF (= *métier*) cabinet-making; (= *façon, meuble*) cabinetwork

**éberlué, e** /ebɛʀlɥe/ (ptp de **éberluer**) ADJ flabbergasted, dumbfounded ◆ **il avait un regard ~** he looked dazed

**éberluer** /ebɛʀlɥe/ ► conjug 1 ◄ VT to flabbergast, to dumbfound

**éblouir** /ebluiʀ/ ► conjug 2 ◄ VT (*lit, fig*) to dazzle

**éblouissant, e** /ebluisɑ̃, ɑ̃t/ ADJ (*lit, fig*) dazzling ◆ **~ de talent/de beauté** dazzlingly talented/beautiful

**éblouissement** /ebluismɑ̃/ NM **a** [*de lampe*] dazzle **b** (= *émerveillement*) bedazzlement; (= *spectacle*) dazzling sight **c** (*Méd*) **avoir un ~** to have a dizzy spell

**ébonite** /ebɔnit/ NF vulcanite, ebonite

**éborgner** /ebɔʀɲe/ ► conjug 1 ◄ VT ◆ **~ qn** to blind sb in one eye, to put *ou* poke sb's eye out ◆ **j'ai failli m'~ contre la cheminée** * I nearly put *ou* poked my eye out on the corner of the mantelpiece

**éboueur** /ebwœʀ/ NM dustman (*Brit*), refuse collector (*Brit Admin*), garbage man *ou* collector (*US*), sanitation man (*US Admin*)

**ébouillanter** /ebujɑ̃te/ ► conjug 1 ◄ VT (*gén*) to scald; [*+ légumes*] to scald, to blanch; [*+ théière*] to warm VPR **s'ébouillanter** to scald o.s.

**éboulement** /ebulmɑ̃/ NM **a** [*de falaise*] (*progressif*) crumbling; (*soudain*) collapsing; [*de mur, toit*] falling in, caving in ◆ **~ de rochers** rock fall ◆ **~ de terrain** landslide, landslip **b** (= *éboulis*) heap of rocks (*ou* earth)

**ébouler** /ebule/ ► conjug 1 ◄ VT to cause to collapse *ou* crumble, to bring down VI **s'ébouler** VPR [*pente, falaise*] (*progressivement*) to crumble; (*soudainement*) to collapse; [*mur, toit*] to fall in, to cave in; [*terre*] to slip, to slide

**éboulis** /ebuli/ NM mass of fallen rocks (*ou* earth) ◆ **pente couverte d'~** scree-covered slope

**ébouriffant, e** * /ebuʀifɑ̃, ɑ̃t/ ADJ [*vitesse, prix*] hair-raising

**ébouriffé, e** /ebuʀife/ (ptp de **ébouriffer**) ADJ [*cheveux*] tousled, dishevelled; [*plumes, poils*] ruffled; [*personne*] dishevelled ◆ **il était tout ~** his hair was all tousled *ou* dishevelled

**ébouriffer** /ebuʀife/ ► conjug 1 ◄ VT **a** [*+ cheveux*] to tousle, to ruffle; [*+ plumes, poil*] to ruffle **b** (* = *surprendre*) to amaze, to astound

**ébrancher** /ebʀɑ̃ʃe/ ► conjug 1 ◄ VT to prune, to lop (the branches off)

**ébranchoir** /ebʀɑ̃ʃwaʀ/ NM billhook

**ébranlement** /ebʀɑ̃lmɑ̃/ NM **a** (= *tremblement*) shaking **b** (= *affaiblissement*) [*de confiance, gouvernement*] weakening **c** (= *choc*) shock ◆ **l'~ provoqué par cette nouvelle** the shock caused by the news

**ébranler** /ebʀɑ̃le/ ► conjug 1 ◄ VT **a** (= *faire trembler*) [*+ vitres, mur, sol*] to shake **b** (= *troubler*) to shake ◆ **le monde entier a été ébranlé par cette nouvelle** the whole world was shaken by the news ◆ **la nouvelle a ébranlé les esprits** people were shaken by the news ◆ **ces paroles l'ont ébranlé** he was very shaken by what he heard ◆ **se laisser ~ par qch** to allow o.s. to be swayed by sth **c** (= *affaiblir*) [*+ résolution, confiance, gouvernement*] to shake; [*+ santé*] to affect; [*+ conviction, marché*] to undermine ◆ **ça a fortement ébranlé ses nerfs** it has shattered his nerves VPR **s'ébranler** [*train, véhicule, cortège*] to move off, to set off; [*cloche*] to start swinging

**ébrécher** /ebʀeʃe/ ► conjug 6 ◄ VT [*+ assiette*] to chip; [*+ lame*] to nick; [*+ fortune*] [*personne*] to break into; [*achat*] to make a hole *ou* a dent in

**ébréchure** /ebʀeʃyʀ/ NF [*d'assiette*] chip; [*de lame*] nick

**ébriété** /ebʀijete/ NF (*frm*) intoxication, inebriation ◆ **en état d'~** intoxicated, inebriated

**ébrouement** /ebʀumɑ̃/ NM [*de cheval*] snort

**ébrouer (s')** /ebʀue/ ► conjug 1 ◄ VPR **a** [*cheval*] to snort **b** [*personne, chien, oiseau*] to shake o.s.

**ébruiter** /ebʀɥite/ ► conjug 1 ◄ VT [*+ nouvelle, rumeur*] to spread; [*+ secret*] to divulge, to disclose VPR **s'ébruiter** ◆ **il ne faut pas que ça s'ébruite** people mustn't get to know about this ◆ **pour que rien ne s'ébruite** so that nothing leaks out ◆ **l'affaire s'est ébruitée** news of the affair got out

**ébullition** /ebylisjɔ̃/ NF [*d'eau*] boiling; (= *agitation*) turmoil ◆ **au moment de/avant l'~** as/before boiling point is reached, as/before it begins to boil ◆ **porter à ~** (*dans une recette*) bring to the boil ◆ **maintenir à ~ trois minutes** boil for three minutes

◆ **en ébullition** ◆ **être en ~** [*liquide*] to be boiling; [*ville, pays, maison*] to be in turmoil; [*personne*] (*par la surexcitation*) to be bubbling over with excitement; (*par la colère*) to be seething (with anger)

**écaillage** /ekɑjaʒ/ NM **a** [*de poisson*] scaling **b** [*d'huîtres*] opening **c** [*de peinture*] flaking, peeling

**écaille** /ekɑj/ NF [*de poisson, reptile, bourgeon, pomme de pin*] scale; [*de tortue, huître*] shell; [*d'oignon*] layer, scale; [*de peinture sèche*] flake ◆ **lunettes (à monture) d'~** tortoiseshell *ou* horn-rimmed glasses ◆ **en ~** tortoiseshell (*épith*) ◆ **les ~s lui sont tombées des yeux** (*frm*) the scales fell from his eyes ◆ **chat ~** tortoiseshell (cat)

**écaillé, e** /ekɑje/ (ptp de **écailler¹**) ADJ [*peinture, surface*] chipped, flaking; [*façade*] peeling, flaking; [*baignoire*] chipped; [*poisson*] scaled

**écailler¹** /ekɑje/ ► conjug 1 ◄ VT **a** [*+ poisson*] to scale **b** [*+ huîtres*] to open **c** [*+ peinture*] to chip VPR **s'écailler** [*peinture*] to flake (off), to peel (off), to chip; [*vernis à ongles*] to chip

**écailler², -ère** /ekɑje, jɛʀ/ NM,F (= *marchand*) oyster seller; (= *restaurateur*) owner of an oyster bar

**écailleux, -euse** /ekɑjø, øz/ ADJ [*poisson, peau*] scaly; [*peinture, ardoise*] flaky, flaking

**écaillure** /ekɑjyʀ/ NF **a** (= *morceau de peinture*) chip, flake; (= *surface écaillée*) chipped *ou* flaking patch **b** [*de poisson*] scales

**écale** /ekal/ NF [*de noix*] husk

**écaler** /ekale/ ► conjug 1 ◄ VT [*+ noix*] to husk; [*+ œuf dur*] to peel

**écarlate** /ekaʀlat/ ADJ scarlet ◆ **devenir ~** (*de honte*) to turn scarlet *ou* crimson (*de* with) → **eau** NF scarlet

**écarquiller** /ekaʀkije/ ► conjug 1 ◄ VT ◆ **~ les yeux** to stare wide-eyed (*devant* at)

**écart** /ekaʀ/ NM **a** [*d'objets*] distance, space, gap; [*de dates*] interval, gap; [*de chiffres, températures*] difference; [*d'opinions*] difference, divergence; [*d'explications*] discrepancy, disparity (*entre* between); ◆ **~ par rapport à la règle** deviation *ou* departure from the rule ◆ **il y a un ~ important de prix entre ...** there's a big difference in price between ... ◆ **il y a un gros ~ d'âge entre eux** there's a big age gap *ou* age difference between them ◆ **ils ont 11 ans d'~** there are 11 years between them ◆ **réduire l'~ entre** (*lit, fig*) to narrow *ou* close the gap between ◆ **réduire l'~ à la marque** (*Sport*) to narrow *ou* close the gap ◆ **faire un ~** [*cheval apeuré*] to shy; [*voiture*] to swerve; [*personne surprise*] to jump out of the way, to leap aside ◆ **faire un ~ de régime** to allow o.s. a break *ou* a lapse in one's diet ◆ **grand ~** (*Gym, Danse*) splits (*sg*); (*fig*) balancing act ◆ **faire le grand ~** (*lit*) to do the splits; (*fig*) to do a balancing act

**b** (*Cartes*) discard

**c** (*Admin* = *hameau*) hamlet

**d** (*locutions*)

◆ **à l'écart** ◆ **être à l'~** [*hameau*] to be out of the way *ou* isolated ◆ **tirer qn à l'~** to take sb aside *ou* to one side ◆ **mettre** *ou* **tenir qn à l'~** (= *empêcher de participer*) to keep sb in the background, to keep sb out of things; (= *empêcher d'approcher*) to keep *ou* hold sb back ◆ **se tenir** *ou* **rester à l'~** (= *s'isoler*) to stand *ou* remain aloof, to stand apart; (= *ne pas approcher*) to stay in the background, to keep out of the way; (= *ne pas participer*) to stay on the sidelines, to keep out of things

◆ **à l'écart de** ◆ **la maison est à l'~ de la route** the house is (well) off the road ◆ **ils habitent un peu à l'~ du village** they live just outside the village ◆ **tenir qn à l'~ d'un lieu** to keep sb (well) away from a place ◆ **tenir qn à l'~ d'une affaire** to keep sb out of a deal ◆ **se tenir** *ou* **rester à l'~ des autres** to keep out of the way of the others ◆ **se tenir** *ou* **rester à l'~ d'une affaire/de la politique** to steer clear of *ou* keep out of an affair/out of politics

COMP ▷ **écart de conduite** misdemeanour ▷ **écart d'inflation** inflation differential ▷ **écart de jeunesse** youthful misdemeanour ▷ **écart de langage** strong *ou* bad language (*NonC*) ◆ **faire un ~ de langage** to use unacceptable language ▷ **écart type** standard deviation

**écarté, e** /ekaʀte/ (ptp de **écarter**) ADJ [*lieu, hameau*] remote, isolated, out-of-the-way; [*yeux*] set far apart ◆ **avoir les dents ~es** to have gap(py) teeth, to have gaps between one's teeth ◆ **il se tenait debout, les jambes ~es/les bras ~s** he stood with his feet apart/with his arms outspread NM (*Cartes*) écarté

**écartelé, e** /ekaʀtəle/ (ptp de **écarteler**) ADJ (*Hér*) [*écu*] quartered

**écartèlement** /ekaʀtɛlmɑ̃/ NM (*Hist* = *supplice*) quartering; (= *tiraillement*) agonizing struggle

**écarteler** /ekaʀtəle/ ► conjug 5 ◄ VT (*Hist* = *supplicier*) to quarter; (= *tirailler*) to tear apart ◆ **écartelé entre ses obligations familiales et professionnelles** torn between family and professional obligations

**écartement** /ekaʀtəmɑ̃/ NM space, distance, gap (*de, entre* between); ◆ **~ (des rails)** (*Rail*) gauge ◆ **~ des essieux** (*Aut*) wheelbase

**écarter** /ekaʀte/ ► conjug 1 ◄ VT **a** (= *séparer*) [*+ objets*] to move apart, to move away from each other; [*+ bras, jambes*] to open, to spread; [*+ doigts*] to spread (open), to part; [*+ rideaux*] to draw (back) ◆ **il écarta la foule pour passer** he pushed his way through the crowd

**b** (= *exclure*) [*+ objection, solution*] to dismiss, to set *ou* brush aside; [*+ idée*] to dismiss, to rule out; [*+ candidature*] to dismiss, to turn down; [*+ personne*] (*d'une liste*) to remove, to strike off; *(d'une équipe)* to remove, to exclude (*de* from)

c *(= éloigner)* *[+ meuble]* to move away, to push away *ou* back; *[+ foule, personne]* to push back (*de* from) to push aside ◆ **elle essaie d'~ son mari de ses parents** *(= brouiller)* she's trying to cut her husband off from his parents ◆ ~ **qn de la tentation** to keep sb (away) from temptation ◆ **tout danger est maintenant écarté** the danger's passed now ◆ **ce chemin nous écarte du village** this road takes *ou* leads us away from the village ◆ **ça nous écarte de notre propos** this is getting us off the subject ◆ **ça l'écarte de l'étude** it distracts him from his studies

d *(Cartes)* to discard

**VPR** **s'écarter** a *(= se séparer)* *[foule]* to draw aside, to part; *[nuages]* to part ◆ **la foule s'écarta pour le laisser passer** the crowd drew aside *ou* parted to let him through

b *(= s'éloigner)* to withdraw, to move away, to step back (*de* from); ◆ **la foule s'écarta du lieu de l'accident** the crowd moved away from the scene of the accident ◆ **écartez-vous !** (move) out of the way! ◆ **s'~ de sa route** to stray *ou* wander from one's path ◆ **avec ce chemin nous nous écartons** this path is taking us out of our way ◆ **les deux routes s'écartent l'une de l'autre** the two roads diverge ◆ **s'~ du droit chemin** *(fig)* to wander from the straight and narrow ◆ **le mur s'écarte dangereusement de la verticale** the wall is dangerously out of plumb ◆ **s'~ de la norme** to deviate *ou* depart from the norm ◆ **s'~ d'un sujet** to stray *ou* wander from a subject ◆ **nous nous écartons !** we are getting away from the point!

**écarteur** /ekaRtœR/ **NM** *(Méd)* retractor

**ecchymose** /ekimoz/ **NF** bruise, ecchymosis *(SPÉC)*

**Ecclésiaste** /eklezjast/ **NM** ◆ **(le livre de) l'~** (the Book of) Ecclesiastes

**ecclésiastique** /eklezjastik/ **ADJ** *[vie, charge]* ecclesiastical; *[revenus]* church *épith*; → **habit** **NM** ecclesiastic, clergyman

**écervelé, e** /esɛRvəle/ **ADJ** *(= étourdi)* scatterbrained, birdbrained **NM,F** scatterbrain, birdbrain

**échafaud** /eʃafo/ **NM** a *(pour l'exécution)* scaffold ◆ **monter à l'~** to mount the scaffold ◆ **finir sur l'~** to die on the scaffold ◆ **tu finiras sur l'~** † you'll end up on the gallows ◆ **il risque l'~** he's risking his neck b *(†† = estrade)* platform, stand

**échafaudage** /eʃafodaʒ/ **NM** a *(Constr)* scaffolding *NonC* ◆ **ils ont mis un ~** they have put up scaffolding b *(= pile)* *[d'objets]* heap, pile c *(= élaboration)* *[de fortune]* building up, amassing; *[de théorie]* building up, construction ◆ **l'~ financier de cette affaire** the financial framework of the deal

**échafauder** /eʃafode/ ► conjug 1 ◄ **VT** a *[+ fortune]* to build (up), to amass; *[+ projet]* to construct, to build; *[+ théorie]* to construct, to build up ◆ **il a échafaudé toute une histoire pour ne pas venir** he made up *ou* fabricated a whole story so he wouldn't have to come b *(= empiler)* to pile up, to stack up **VI** *(Tech)* to put up *ou* erect scaffolding

**échalas** /eʃalɑ/ **NM** *(= perche)* stake, pole; *(* = personne)* beanpole *

**échalier** /eʃalje/ **NM** *(= échelle)* stile; *(= clôture)* gate

**échalote** /eʃalɔt/ **NF** shallot

**échancré, e** /eʃɑ̃kRe/ (ptp de **échancrer**) **ADJ** *[côte]* indented, jagged; *[feuille]* serrated, jagged ◆ **robe ~e dans le dos** dress cut low in the back ◆ **robe très ~e sur le devant** dress with a plunging neckline

**échancrer** /eʃɑ̃kRe/ ► conjug 1 ◄ **VT** *[+ robe]* *(devant)* to cut (out) a neckline in; *(dans le dos)* to cut (out) the back of; *[+ manche]* to widen the top of, to widen at the top

**échancrure** /eʃɑ̃kRyR/ **NF** *[de robe]* neckline; *[de côte]* indentation; *[de feuille]* serration

**échange** /eʃɑ̃ʒ/ GRAMMAIRE ACTIVE 44.1

**NM** a *(gén, Échecs, Sci)* exchange (*avec* with); *(= troc)* swap, trade off (*entre* between); ◆ ~ **de prisonniers** exchange of prisoners ◆ **programme d'~ de seringues** needle *ou* syringe exchange scheme ◆ ~ **de vues** exchange of views ◆ **~s de coups avec la police** scuffles with the police ◆ **de vifs ~s entre des orateurs** heated exchanges between speakers ◆ **nous avons de bons ~s entre collègues** there's good communication between colleagues here ◆ **c'est un ~ de bons procédés** it's an exchange of favours, one good turn deserves another ◆ ~ **standard** standard part replacement ◆ **faire l'~ standard d'un moteur** to replace an engine by a standard one

b *(loc)* ◆ **faire (l')~ de qch** to swap *ou* exchange sth ◆ **on a fait ~** we've done a swap *ou* an exchange ◆ **ils ont fait (l')~ de leurs maisons** they've swapped houses ◆ **faire ~** *(Échecs)* to exchange pieces

◆ **en échange** *(= par contre)* on the other hand; *(= en guise de troc)* in exchange; *(= pour compenser)* to make up for it

◆ **en échange de** in exchange for, in return for

c *(= relations)* exchange ◆ ~ **culturel** cultural exchange ◆ ~ **scolaire/universitaire** school/university *ou* academic exchange

d *(Tennis, Ping-Pong)* rally ◆ **faire des ~s** to have a knock-up, to knock up

**NMPL** *(Écon)* ◆ **~s (commerciaux)** trade, trading ◆ **le volume des ~s** the volume of trade ◆ **~s extérieurs/internationaux** foreign/international trade ◆ **dès les premiers ~s entre banques** as soon as trading between banks got under way

**échangeabilité** /eʃɑ̃ʒabilite/ **NF** exchangeability

**échangeable** /eʃɑ̃ʒabl/ **ADJ** exchangeable (*contre* for)

**échanger** /eʃɑ̃ʒe/ ► conjug 3 ◄ **VT** a *(= troquer)* to exchange, to swap (*contre* for; *avec* with); ◆ **"articles ni repris ni échangés"** "goods can neither be returned nor exchanged" ◆ **ce titre s'échange à 200 dollars** *(Bourse)* this security is traded at $200 b *[+ idées, regards, lettres, coups]* to exchange; *[+ injures]* to trade, to exchange ◆ **ils ont échangé des remerciements** they thanked one another ◆ ~ **des balles** *(Tennis, Ping-Pong)* to have a knock-up, to knock up

**échangeur** /eʃɑ̃ʒœR/ **NM** a *(Aut = route)* interchange b *(Tech)* ~ **(de chaleur** *ou* **thermique)** heat exchanger ◆ ~ **d'ions** *(Chim)* ion exchanger

**échangisme** /eʃɑ̃ʒism/ **NM** *(gén)* partner-swapping; *(d'épouses)* wife-swapping

**échangiste** /eʃɑ̃ʒist/ **ADJ** *[club, soirée]* partner-swapping ◆ **couples ~s** couples who engage in partner-swapping, swingers * **NMF** partner-swapper, swinger *

**échanson** /eʃɑ̃sɔ̃/ **NM** *(Hist)* cupbearer; *(hum)* wine waiter

**échantillon** /eʃɑ̃tijɔ̃/ **NM** *(Stat, Ordin)* sample; *[de parfum, crème]* *(pour tester)* tester; *(en cadeau)* sample; *(fig)* example ◆ ~ **de tissu** fabric sample, swatch (of material) ◆ **choisir un tissu sur ~** to choose a material from a sample *ou* swatch ◆ **catalogue** *ou* **livre d'~s** swatch book ◆ ~ **de sang** *(Méd)* blood sample *ou* specimen ◆ ~ **représentatif** *[de personnes sondées]* cross-section, representative sample ◆ **prendre** *ou* **prélever des ~s de** to take samples of, to sample

**échantillonnage** /eʃɑ̃tijɔnaʒ/ **NM** a *(= collection)* range *ou* selection of samples ◆ ~ **d'outils** selection of tools ◆ ~ **de tissus** swatch ◆ **le festival représente un ~ intéressant du jeune cinéma français** the festival brings together an interesting cross-section of young French film directors b *(Stat, Ordin, Mus)* sampling; *[de population]* sampling ◆ ~ **par couches** *ou* **par strates** stratified sampling ◆ ~ **au hasard** random sampling ◆ **l'~ de la population a été fait de manière rigoureuse** the population samples were very carefully selected

**échantillonner** /eʃɑ̃tijɔne/ ► conjug 1 ◄ **VT** *(Stat, Ordin, Mus)* to sample; *[+ population à sonder]* to take a sample of

**échappatoire** /eʃapatwaR/ **NF** *(= faux-fuyant)* way out ◆ **sa réponse n'était qu'une ~** his answer was just a way of evading the issue ◆ **il nous faut trouver une ~** we need to find a way out ◆ **il n'y a pas d'~ à la guerre** there's no way of avoiding war; → **clause**

**échappé, e** /eʃape/ (ptp de **échapper**) **NM,F** a *(Sport)* breakaway ◆ **les ~s** the breakaway group b *(†† ou hum)* ~ **de l'asile** bedlamite † **NF** **échappée** a *(Sport)* breakaway ◆ **échappée solitaire** solo breakaway ◆ **il ne faisait pas partie de l'échappée** he wasn't in the breakaway group ◆ **faire une échappée de 100 km** to be ahead of the pack for 100 km b *(= vue)* vista; *(= rayon de soleil)* gleam c *[d'escalier]* headroom

**échappement** /eʃapmɑ̃/ **NM** a *(Aut)* exhaust (system) ◆ **rouler en ~ libre** to drive without a silencer *(Brit)* *ou* a muffler *(US)* ◆ **soupape d'~** exhaust valve; → **pot** b *(Horlogerie, Tech)* escapement c *(Ordin)* escape

**échapper** /eʃape/ ► conjug 1 ◄ **VI**

◆ **échapper à** ◆ **un cri de douleur lui échappa** he let out *ou* gave a cry of pain ◆ **un gros mot lui a échappé** he let slip *ou* let out a swearword ◆ **je ne voulais pas le dire mais ça m'a échappé** I didn't mean to say it but it just slipped out

◆ **échapper de** ◆ ~ **des mains de qn** to slip out of *ou* slip from sb's hands ◆ ~ **des lèvres de qn** *[cri, parole]* to burst from sb's lips

◆ **laisser échapper** *[+ gros mot]* to let out, to let slip; *[+ cri]* to let out, to give; *[+ objet]* to drop; *[+ secret]* to let out; *[+ occasion]* to let slip, to let go; *[+ détail, faute]* to overlook ◆ **laisser ~ un prisonnier** to let a prisoner escape *ou* get away

◆ **faire échapper** ◆ **faire ~ un prisonnier** to help a prisoner (to) escape *ou* get out ◆ **il a fait ~ l'oiseau** he let the bird out

◆ **l'échapper belle** ◆ **il l'a échappé belle** he had a narrow escape, it was a close shave (for him)

**VT INDIR** **échapper à** a *[+ danger, destin, punition, mort]* to escape; *[+ poursuivants]* *(en fuyant)* to escape (from), to get away from; *(par ruse)* to evade, to elude; *[+ obligations, responsabilités]* to evade; *[+ corvée]* to get out of; *[+ ennuis]* to avoid ◆ ~ **aux recherches** to escape detection ◆ ~ **à l'impôt** *(Écon)* *(par privilège)* to be exempt from tax; *(illégalement)* to evade *ou* dodge * tax, to avoid paying tax ◆ ~ **à la règle** to be an exception to the rule ◆ **cela échappe à toute tentative de définition** it defies definition ◆ **il échappe à tout contrôle** he is beyond (any) control ◆ **cela échappe à notre juridiction** *(Jur)* it is outside *ou* beyond our jurisdiction ◆ **tu ne m'échapperas pas !** *(lit)* you won't get away from me!; *(fig)* you won't get off as easily as that!, I'll get you yet! ◆ **son fils lui**

**échappe** *(gén)* her son is slipping from her clutches; *(en grandissant)* her son is growing away from her ◆ **essaie d'~ pour quelques jours à ton travail** try and get away from work for a few days ◆ ~ **à la vue** *ou* **aux regards de qn** to escape sb's notice ◆ **nous n'échapperons pas à une tasse de thé** *(hum)* we won't get away without having a cup of tea

b *(= être oublié)* ~ **à l'esprit de qn** to escape sb ◆ **son nom m'échappe** his name escapes me *ou* has slipped my mind ◆ **ce détail m'avait échappé** this detail had escaped my attention, I had overlooked this detail ◆ **ce détail ne lui a pas échappé** this detail was not lost on him ◆ **ce qu'il a dit m'a échappé** *(= je n'ai pas entendu)* I didn't catch what he said; *(= je n'ai pas compris)* I didn't understand what he said ◆ **ça a échappé à mon attention** it escaped my notice ◆ **l'opportunité d'une telle mesure m'échappe** I can't see *ou* I fail to see the point of such a measure ◆ **l'intérêt de la chose m'échappe** I don't see the point ◆ **rien ne lui échappe** *(= il voit tout)* nothing escapes him, he doesn't miss a thing

VPR **s'échapper** a *[prisonnier]* to escape (*de* from) to break out (*de* of); *[cheval]* to get out (*de* of); *[oiseau]* to fly away; *[cri]* to escape, to burst (*de* from); ◆ **l'oiseau s'est échappé de la cage** the bird got out of *ou* escaped from the cage ◆ **la voiture réussit à s'~ malgré la foule** the car got away in spite of the crowd ◆ **je m'échappe un instant pour préparer le dîner** I'll slip away for a moment *ou* I must leave you for a moment to get dinner ready ◆ **j'ai pu m'~ du bureau de bonne heure** I managed to get away *ou* slip out early from the office ◆ **le coureur s'est échappé dans la côte** *(Sport)* the runner drew ahead *ou* pulled away on the uphill stretch

b *[gaz]* to escape, to leak; *[odeur, lumière]* to come, to issue *(littér)* (*de* from); ◆ **de la fumée s'échappait de la cheminée** smoke was coming from *ou* out of the chimney ◆ **l'eau s'est échappée de la casserole** the water boiled over ◆ **des flammes s'échappaient du toit** flames were coming out of the roof

**écharde** /eʃaʀd/ NF splinter

**écharpe** /eʃaʀp/ NF *(= cache-nez)* scarf; *(= bandage)* sling; *[de maire]* sash ◆ **porter** *ou* **avoir le bras en** ~ to have one's arm in a sling ◆ **prendre une voiture en** ~ to hit a car broadside *ou* sideways on *(Brit)*

**écharper** /eʃaʀpe/ ▸ conjug 1 ◂ VT *(lit, fig)* to tear to pieces ◆ **se faire** ~ to be torn to pieces

**échasse** /eʃas/ NF *(= objet, oiseau)* stilt ◆ **marcher avec des ~s** to walk on stilts ◆ **être monté sur des ~s** *(hum)* to have long legs

**échassier** /eʃasje/ NM wading bird, wader *(Brit)*

**échauder** /eʃode/ ▸ conjug 1 ◂ VT a *(= faire réfléchir)* ~ **qn** to teach sb a lesson ◆ **se faire** ~ to burn one's fingers, to get one's fingers burnt; → **chat** b *(= laver à l'eau chaude)* to wash in hot water; *(= ébouillanter)* to scald; *[+ théière]* to warm

**échauffement** /eʃofmɑ̃/ NM a *(Sport)* warm-up ◆ **exercices/séance d'~** warm-up exercises/session b *[de terre]* heating; *[de moteur]* overheating c († *= constipation)* constipation; *(= inflammation)* inflammation; *[de sang]* overheating

**échauffer** /eʃofe/ ▸ conjug 1 ◂ VT a *[+ moteur, machine]* to overheat ◆ **il était échauffé par la course, la course l'avait échauffé** he was hot after the race b *[+ imagination]* to fire, to excite ◆ **cette remarque a échauffé le débat** this remark made for a heated discussion ◆ **après une heure de discussion les esprits étaient très échauffés** after arguing for an hour people were getting very heated *ou* worked up* ◆ **tu commences à m'~*** (**les oreilles** *ou* **la bile** †) you're getting on my nerves *ou* wick* *(Brit)* c († *: Méd)* ~ **la peau** to inflame the skin ◆ **je suis un peu échauffé** I'm a bit constipated VPR **s'échauffer** a *(Sport)* to warm up b *(= s'animer) [personne]* to become heated, to get worked up*; *[conversation]* to become heated

**échauffourée** /eʃofuʀe/ NF *(avec la police)* brawl, clash; *(Mil)* skirmish

**échauguette** /eʃogɛt/ NF bartizan, watchtower

**èche** /ɛʃ/ NF *(Pêche)* bait

**échéance** /eʃeɑ̃s/ NF a *(= date limite) [de délai]* expiration *ou* expiry *(Brit)* date; *[de bon, action]* maturity date; *[de traite, emprunt]* redemption date; *[de loyer]* date of payment; *[de facture, dette]* due date, settlement date; *(Bourse)* settling day ◆ **~s politiques** elections ◆ **payable à l'~** *(Jur, Fin, Comm)* payable when due ◆ **venir à** ~ to fall due

b *(= règlements à effectuer)* **l'~ de fin de mois** the end-of-month payments ◆ **faire face à ses ~s** to meet one's financial obligations *ou* commitments ◆ **avoir de lourdes ~s** to be heavily committed, to have heavy financial commitments

c *(= laps de temps)* term ◆ **à longue** ~ in the long run *ou* term ◆ **à courte** *ou* **brève** ~ before long ◆ **à plus ou moins brève** *ou* **longue** ~ sooner or later ◆ **à longue/courte** ~ *[traite]* long-/short-term *(épith)*; *[bon]* long-/short-dated

**échéancier** /eʃeɑ̃sje/ NM *[d'effets]* billbook; *[d'emprunt]* schedule of repayments; *[de travaux]* schedule

**échéant** /eʃeɑ̃, ɑ̃t/ ADJ M → **cas**

**échec[1]** /eʃɛk/ NM a *(= insuccès)* failure; *(= défaite)* defeat; *(= revers)* setback ◆ **subir un** ~ *(gén)* to suffer a setback; *(Mil)* to suffer a defeat ◆ **son troisième** ~ **dans une élection** his third defeat in an election ◆ **l'~ des pourparlers** the breakdown in *ou* the failure of the talks ◆ **après l'~ des négociations** after negotiations broke down ◆ **sa tentative s'est soldée par un** ~ his attempt has failed *ou* has ended in failure ◆ **voué à l'~** bound to fail, doomed to failure ◆ **avoir une conduite d'~** *(Psych)* to be self-defeating ◆ **être/mettre qn en situation** *ou* **position d'~** to be in/put sb in a hopeless *ou* no-win situation ◆ **l'~ scolaire** academic failure ◆ **des élèves en situation d'~ scolaire** children who perform poorly at school

b *(loc)* **tenir qn en** ~ to hold sb in check ◆ **faire** ~ **à qn** to foil sb

**échec[2]** /eʃɛk/ NM *(Jeux)* ◆ **les ~s** chess ◆ **jeu d'~s** *(= échiquier)* chessboard; *(= pièces)* chessmen ◆ **jouer aux ~s** to play chess ◆ **mettre/être en** ~ to put/be in check ◆ **faire** ~ **au roi** to put the king in check ◆ ~ **au roi !** check! ◆ ~ **et mat** checkmate ◆ **faire** ~ **et mat** to checkmate

**échelle** /eʃɛl/ NF a *(= objet)* ladder ◆ **courte** ~ *(= appui)* leg up, boost *(US)* ◆ **faire la courte** ~ **à qn** to give sb a leg up *ou* a boost *(US)* ◆ **la grande** ~ **(des pompiers)** the (firemen's) turntable ladder ◆ **faire grimper** *ou* **monter qn à l'~** *(fig)* to pull sb's leg*, to have sb on* *(Brit)* ◆ **il a grimpé à** *ou* **est monté à l'~*** he fell for it, he was taken in (by it) ◆ **il n'y a plus qu'à tirer l'~** *(hum)* we may as well give it up ◆ **après lui, il n'y a plus qu'à tirer l'~** nobody can hold a candle to him, he's the best by a long shot

b *(= dimension)* scale ◆ **à l'~ (de) 1/100 000** on a scale of 1 to 100,000 ◆ **croquis à l'~** scale drawing ◆ **le dessin est/n'est pas à l'~** the drawing is/is not to scale ◆ **carte à grande/petite** ~ large-/small-scale map ◆ **sur une grande** ~ on a large scale ◆ **à l'~ nationale/mondiale** on a national/world(wide) scale ◆ **un monde à l'~ de l'homme** a world on a human scale ◆ **à l'~ de la firme** *(et non d'une seule usine)* at the level of the firm as a whole; *(en rapport avec son importance)* in proportion to the firm's size (*ou* requirements *etc*)

c *[de bas, collant]* run, ladder *(Brit)*

d *(dans les cheveux)* **faire des ~s à qn** to cut sb's hair all unevenly

e *(= gradation, Mus)* scale; *(= hiérarchie)* ladder, scale ◆ **être au sommet de l'~** *[poste]* to be at the top of the ladder; *[salaire]* to be at the top of the scale

COMP ▷ **les échelles de Barbarie** the Ports of the Barbary Coast ▷ **échelle de Beaufort** Beaufort scale ▷ **échelle chromatique** *(Mus)* chromatic scale ▷ **échelle de corde** rope ladder ▷ **échelle coulissante** extending *ou* extension ladder ▷ **échelle de coupée** accommodation ladder ▷ **échelle double** high stepladder ▷ **échelle de gravité** *[d'accidents nucléaires]* international nuclear event scale ▷ **échelle d'incendie** fire escape ▷ **l'échelle de Jacob** *(Bible)* Jacob's ladder ▷ **les échelles du Levant** the Ports of the Levant ▷ **échelle de meunier** (wooden) step ladder ▷ **échelle mobile** *[de pompiers]* extending ladder; *(Écon)* sliding scale ▷ **échelle de Richter** Richter scale ▷ **échelle des salaires** salary scale ▷ **échelle à saumons** salmon ladder ▷ **échelle sociale** social scale *ou* ladder ▷ **échelle des traitements** ⇒ **échelle des salaires** ▷ **échelle des valeurs** scale of values

**échelon** /eʃ(ə)lɔ̃/ NM a *[d'échelle]* rung; *[de hiérarchie]* step, grade ◆ **fonctionnaire au 8e** ~ *(Admin)* official on grade 8 (of the salary scale) ◆ **être au dernier/premier** ~ *(Admin)* to be on the highest/lowest grade ◆ **monter d'un** ~ **dans la hiérarchie** to go up one step in the hierarchy ◆ **grimper rapidement les ~s** to climb the career ladder quickly b *(= niveau)* level ◆ **à l'~ national** at the national level ◆ **à tous les ~s** at every level c *(Mil = troupe)* echelon

**échelonnement** /eʃ(ə)lɔnmɑ̃/ NM a *[d'objets]* spacing out, spreading out b *[de paiements]* spreading (*sur* over); *[de congés, vacances]* staggering (*sur* over) c *[d'exercices] (dans la complexité)* grading; *(dans le temps)* gradual introduction

**échelonner** /eʃ(ə)lɔne/ ▸ conjug 1 ◂ VT a *[+ objets]* to space out, to spread out, to place at intervals (*sur* over); ◆ **les bouées sont échelonnées à 50 mètres l'une de l'autre** the buoys are spaced *ou* placed 50 metres apart ◆ **les membres du service d'ordre sont échelonnés tout au long du parcours** the police are positioned *ou* stationed at intervals all along the route ◆ **les bâtiments s'échelonnent sur 3 km** the buildings are spaced out over 3 km b *[+ paiements]* to spread (out) (*sur* over); *[+ congés, vacances]* to stagger (*sur* over) c *[+ exercices, difficultés] (dans la complexité)* to grade; *(dans le temps)* to introduce gradually d *(Mil)* to place in echelon, to echelon

**échenilloir** /eʃ(ə)nijwaʀ/ NM billhook, pruning hook

**écheveau** (pl **écheveaux**) /eʃ(ə)vo/ NM skein, hank; *(fig)* tangle, web

**échevelé, e** /eʃəv(ə)le/ (ptp de **écheveler**) ADJ *[course, danse, rythme]* wild, frenzied ◆ **il était tout** ~ his hair was all dishevelled

**écheveler** /eʃəv(ə)le/ ► conjug 4 ◄ VT *(littér)* *[+ personne]* to dishevel the hair of

**échevin** /eʃ(ə)vɛ̃/ NM *(Hist)* alderman, principal county magistrate; *(en Belgique)* deputy burgomaster; *(au Canada)* municipal councillor, alderman

**échiffer** * /eʃife/ ► conjug 1 ◄ VT *(Can)* to tease, to unravel

**échine** /eʃin/ NF **a** *(Anat)* backbone, spine; *(Culin)* loin, chine ◆ **côte de porc dans l'~** pork loin chop ◆ **il a l'~ souple** *(fig)* he kowtows to his superiors, he's a bit of a doormat ◆ **plier** *ou* **courber l'~** to submit (*devant* to) **b** *(Archit)* echinus

**échiner (s')** /eʃine/ ► conjug 1 ◄ VPR *(= travailler dur)* to work o.s. to death *ou* into the ground (*à faire qch* doing sth) ◆ **je m'échine à lui dire que c'est impossible** I've told him time and time again it can't be done

**échiquier** /eʃikje/ NM *(Échecs)* chessboard ◆ **l'~ politique/économique** the political/economic scene ◆ **notre place sur l'~ mondial** our place in the field *ou* on the scene of world affairs ◆ **en ~** in a chequered pattern ◆ **l'Échiquier** *(Pol Brit)* the Exchequer

**écho** /eko/ NM **a** *(= son)* echo ◆ **il y a de l'~** *(lit, fig)* there's an echo ◆ **"toujours", répondit-il en ~** "always", he echoed

**b** *(= nouvelle, réponse)* **avez-vous eu des ~s de la réunion ?** did you get any inkling of what went on at the meeting?, did anything come back to you from the meeting? ◆ **se faire l'~ de** *[+ souhaits, opinions, inquiétudes]* to echo, to repeat; *[+ rumeurs]* to repeat, to spread ◆ **sa proposition est restée sans ~** his suggestion wasn't taken up, nothing further came of his suggestion ◆ **l'~ donné par les médias à cette nouvelle** the coverage *ou* publicity given to this news item by the media ◆ **cette nouvelle n'a eu aucun ~ dans la presse** this item got no coverage *ou* was not mentioned in the press ◆ **trouver un ~ (chez)** to find an echo (among)

**c** *(Presse = nouvelle)* miscellaneous news item, item of gossip ◆ **(rubrique des) ~s** gossip column

**échographie** /ekɔgʀafi/ NF *(= technique)* ultrasound; *(= examen)* ultrasound (scan), sonogram *(US)* ◆ **passer une ~** to have an ultrasound (scan) *ou* a sonogram *(US)* ◆ **à l'~** on the ultrasound, on the sonogram *(US)*

> ⚠ *Attention à ne pas traduire automatiquement* **échographie** *par le mot anglais* **echography**, *qui est d'un emploi peu courant.*

**échographier** /ekɔgʀafje/ ► conjug 7 ◄ VT ◆ **~ qn** to give sb an ultrasound (scan)

**échographique** /ekɔgʀafik/ ADJ *[étude, compte rendu]* ultrasound *(épith)*, ultrasonographic ◆ **guidage ~** ultrasound guidance

**échoir** /eʃwaʀ/ VI **a** *(littér)* **~ (en partage) à qn** to fall to sb's share *ou* lot ◆ **il vous échoit de ...** it falls to you to ... **b** *[loyer, dettes]* to fall due; *[délai]* to expire

**échoppe** † /eʃɔp/ NF *(= boutique)* workshop; *(sur un marché)* stall, booth

**échotier, -ière** /ekɔtje, jɛʀ/ NM,F gossip columnist

**échouage** /eʃwaʒ/, **échouement** /eʃumɑ̃/ NM *(Naut)* *(= état)* state of being aground; *(= action)* grounding, running aground

**échouer** /eʃwe/ ► conjug 1 ◄ VI **a** *[personne]* to fail ◆ **~ à un examen/dans une tentative** to fail an exam/in an attempt

**b** *[tentative]* to fail; *[plan]* to fail, to fall through

◆ **faire échouer** *[+ complot]* to foil; *[+ projet]* to wreck, to ruin ◆ **faire ~ les plans de l'ennemi** to foil the enemy's plans, to thwart the enemy in his plans ◆ **on a fait ~ leur tentative** they were foiled in their attempt

**c** *(= aboutir)* to end up ◆ **nous avons échoué dans un petit hôtel** we ended up *ou* landed up in a small hotel

**d** *(Naut)* *[bateau]* to run aground; *[débris d'épave]* to be washed up; *[baleine]* to be beached ◆ **le bateau s'est échoué** *ou* **a échoué sur un écueil** the boat ran onto a reef ◆ **le bateau s'est échoué** *ou* **a échoué sur un banc de sable** the boat ran aground on *ou* ran onto a sandbank ◆ **bateau échoué** boat lying high and dry

VT *(Naut)* *(accidentellement)* to ground; *(volontairement)* to beach ◆ **il a échoué sa barque sur un écueil** he ran his boat onto a reef

VPR **s'échouer** → vi d

**échu, e** /eʃy/ (ptp de **échoir**) ADJ *(Fin)* due, outstanding ◆ **intérêts ~s** outstanding interest ◆ **billets ~s** bills overdue ◆ **obligations ~es** matured bonds ◆ **effet non ~** unmatured bill ◆ **à terme ~** at the expiry date, when the fixed period has expired ◆ **les loyers sont versés à terme ~** rents are paid at the end of each rental period

**écimer** /esime/ ► conjug 1 ◄ VT *[+ arbre]* to pollard, to poll

**éclaboussement** /eklabusmɑ̃/ NM splash

**éclabousser** /eklabuse/ ► conjug 1 ◄ VT **a** *(= salir)* to splash, to spatter ◆ **~ de sang** to spatter with blood ◆ **~ qn de son luxe** *(éblouir)* to dazzle sb with a show of wealth; *(humilier)* to overwhelm sb with a show of wealth **b** *(moralement)* ◆ **~ qn** *[affaire, scandale]* to tarnish sb's reputation ◆ **ils ont été éclaboussés par le scandale** they have been tainted by the scandal, their reputations have been tarnished by the scandal

**éclaboussure** /eklabusyʀ/ NF *[de boue]* splash; *[de sang]* spatter; *(sur la réputation)* stain, smear, blot ◆ **il y a des ~s sur la glace** there are smears *ou* spots on the mirror

**éclair** /eklɛʀ/ NM **a** *(Mét)* flash of lightning; *(Photo)* flash ◆ **il y a des ~s** there's lightning, there are flashes of lightning ◆ **~s de chaleur** summer lightning ◆ **~ de magnésium** magnesium flash

**b** *[d'intelligence, génie]* flash, spark ◆ **~ de malice** mischievous glint ◆ **dans un ~ de lucidité** in a moment *ou* flash of lucidity ◆ **ses yeux lançaient des ~s (de colère)** her eyes blazed with anger

**c** *(loc)* **comme un ~** like a flash, like greased lightning * ◆ **passer comme un ~** *[coureur]* to flash past *ou* by; *[moment]* to fly by ◆ **en un ~** in a flash, in a split second; → **rapide**

**d** *(Culin)* éclair

ADJ INV *[attaque, victoire]* lightning *(épith)*; *[visite]* lightning *(épith)*, flying *(épith)*; *(Échecs)* *[partie]* lightning *(épith)* ◆ **voyage ~** flying visit ◆ **raid ~** *(Aviat)* blitz raid; *(Mil)* hit-and-run raid ◆ **son passage ~ au pouvoir** his brief spell in power; → **fermeture, guerre**

**éclairage** /eklɛʀaʒ/ NM **a** *(artificiel)* lighting; *(= niveau de luminosité)* light (level) ◆ **sous cet ~** in this light ◆ **~ à l'électricité** electric lighting ◆ **~ au néon** neon lighting ◆ **~ direct/indirect/d'ambiance** direct/indirect *ou* concealed/subdued lighting ◆ **l'~ est insuffisant pour faire une bonne photo** there isn't enough light to take a good photograph ◆ **les ~s** *(Théât, Ciné)* *(= projecteurs)* the lights; *(= effets de lumière)* the lighting effects ◆ **l'~** *ou* **les ~s du Tintoret** *(Art)* Tintoretto's use of light

**b** *(= action d'éclairer)* lighting ◆ **l'~ public** *ou* **des rues** street lighting

**c** *(= point de vue)* light ◆ **sous cet ~** in this light ◆ **donner** *ou* **apporter un nouvel ~ à qch** to shed *ou* cast new light on sth ◆ **apporter un ~ intéressant/différent sur qch** to give an interesting/different perspective to sth ◆ **ces informations apportent un premier ~ sur ce qui s'est passé** this information provides us with a first indication of what happened

**éclairagiste** /eklɛʀaʒist/ NMF *(Théât)* electrician; *(Ciné)* lighting engineer

**éclairant, e** /eklɛʀɑ̃, ɑ̃t/ ADJ *(lit)* *[pouvoir, propriétés]* lighting *(épith)*; *(fig)* illuminating, enlightening; → **fusée**

**éclaircie** /eklɛʀsi/ NF **a** *(Mét)* bright interval, sunny spell **b** *(dans la vie)* bright spot; *(dans une situation)* upturn, upswing

**éclaircir** /eklɛʀsiʀ/ ► conjug 2 ◄ VT **a** *[+ teinte]* to lighten; *[+ pièce]* to brighten up, to make brighter ◆ **cela éclaircit le teint** it brightens the complexion **b** *(= désépaissir)* *[+ soupe]* to make thinner, to thin (down); *[+ plantes]* to thin (out); *[+ arbres, cheveux]* to thin **c** *[+ mystère]* to clear up, to solve; *[+ question, pensée, situation]* to clarify, to make clear; *[+ meurtre]* to solve ◆ **pouvez-vous nous ~ sur ce point ?** can you enlighten us on this point? VPR **s'éclaircir** **a** *[ciel]* to clear; *[temps]* to clear up ◆ **s'~ la voix** *ou* **la gorge** to clear one's throat **b** *[arbres, foule]* to thin out; *[cheveux]* to thin, to get thinner ◆ **les rangs de leurs alliés se sont éclaircis** their allies are getting thin on the ground **c** *[idées, situation]* to become clearer; *[mystère]* to be solved *ou* explained

**éclaircissant, e** /eklɛʀsisɑ̃, ɑ̃t/ ADJ ◆ **shampooing ~** shampoo for lightening the hair

**éclaircissement** /eklɛʀsismɑ̃/ NM **a** *[de mystère]* solving, clearing up; *[de texte obscur]* clarification; *(= explication)* explanation ◆ **j'exige des ~s sur votre attitude** I demand some explanation of your attitude ◆ **demande d'~** *(Jur)* request for clarification **b** *[de cheveux]* **se faire faire un ~** to have one's hair lightened

**éclairé, e** /eklere/ (ptp de **éclairer**) ADJ *[public, minorité, avis, despote]* enlightened; *[conseil]* knowledgeable ◆ **un amateur ~** an informed amateur ◆ **l'opération réclame le consentement ~ du patient** the operation requires the patient's informed consent

**éclairement** /eklɛʀmɑ̃/ NM *(Phys)* illumination

**éclairer** /eklere/ ► conjug 1 ◄ VT **a** *[lampe]* to light (up); *[soleil]* to shine (down) on ◆ **une seule fenêtre était éclairée** there was a light in only one window, only one window was lit up ◆ **café éclairé au néon** café with neon lights ◆ **une grande baie éclairait l'entrée** a large bay window brought light into the hall ◆ **ce papier peint éclaire le couloir** this wallpaper makes the passage look lighter *ou* brighter ◆ **deux grands yeux éclairaient son visage** *(littér)* her large eyes seemed to light up her face ◆ **un sourire éclaira son visage** a smile lit up his face ◆ **bien/mal éclairé** well-/badly-lit

**b** *[+ problème, situation]* to throw *ou* shed light on, to clarify; *[+ auteur, texte]* to throw light on ◆ **~ qch d'un jour nouveau** to shed *ou* cast new light on sth

**c** ◆ **~ qn** *(= montrer le chemin)* to light the way for sb; *(= renseigner)* to enlighten sb (*sur* about); ◆ **~ la lanterne de qn** to put sb in the picture *

**d** *(Mil)* **~ le terrain** to reconnoitre *(Brit)* *ou* reconnoiter *(US)* the area, to scout the area ◆ **~ un régiment** to reconnoitre *(Brit)* *ou* reconnoiter *(US)* for a regiment ◆ ~ **la route** to scout out the route

**VI** ◆ ~ **bien/mal** to give a good/poor light

**VPR** **s'éclairer** **a** *[rue]* to be lit; *[visage]* to light up, to brighten (up)

**b** *[situation]* to get clearer ◆ **tout s'éclaire !** it's all becoming clear!

**c** ◆ **s'~ à l'électricité** to have electric light ◆ **s'~ à la bougie** to use candlelight ◆ **prends une lampe pour t'~** take a lamp to light the way

**éclaireur** /eklɛʀœʀ/ **NM** **a** *(Mil)* scout ◆ **avion ~** reconnaissance plane ◆ **partir en ~** *(lit)* to go and scout around; *(fig)* to go on ahead **b** *(Scoutisme)* (boy) scout

**éclaireuse** /eklɛʀøz/ **NF** (girl) guide *(Brit)*, girl scout *(US)*

**éclat** /ekla/ **NM** **a** *[d'os, verre]* splinter, fragment; *[de bois]* splinter, sliver; *[de grenade, pierre]* fragment ◆ ~ **d'obus** piece of shrapnel ◆ **des ~s d'obus** shrapnel; → **voler**[1]

**b** *[de lumière, métal, soleil]* brightness, brilliance; *(aveuglant)* glare; *[de diamant, pierreries]* flash, brilliance, sparkle; *[de couleur]* brightness, vividness; *[de braise]* glow; *[de vernis]* shine, gloss; *[de satin, bronze]* sheen; *[de perle]* lustre ◆ **l'~ des phares** *(Aut)* the glare of the headlights ◆ **l'~ (des lumières) de la rampe** *(Théât)* the blaze *ou* glare of the footlights

**c** *[de yeux]* brightness, sparkle; *[de teint, beauté]* radiance ◆ **dans tout l'~ de sa jeunesse** in the full radiance *ou* bloom of her youth ◆ **perdre son ~** *[personne]* to lose one's sparkle ◆ **pour retrouver l'~ de votre sourire** to put the sparkle back into your smile

**d** *[de cérémonie]* glamour *(Brit)*, glamor *(US)*, splendour *(Brit)*, splendor *(US)*; *[de nom]* fame; *[de richesse, époque]* brilliance, glamour *(Brit)*, glamor *(US)*; *[de personnage]* glamour *(Brit)*, glamor *(US)* ◆ **donner de l'~ à qch** to lend glamour to sth ◆ **réception donnée avec ~** sumptuous *ou* dazzling reception ◆ **ça s'est déroulé sans ~** it passed off quietly *ou* without fuss ◆ **sans ~** *[personnalité, interprétation]* lacklustre *(Brit)*, lackluster *(US)* ◆ **coup** *ou* **action d'~** *(= exploit)* (glorious) feat

**e** *(= scandale)* fuss *(NonC)*, commotion *(NonC)* ◆ **faire un ~** *ou* **un coup d'~** to make *ou* cause a fuss, to create a commotion

**f** *(= bruit)* **~s de voix** shouts ◆ **sans ~ de voix** without voices being raised ◆ **avec un soudain ~ de colère** in a sudden blaze of anger ◆ ~ **de rire** roar *ou* burst of laughter ◆ **on l'accueillit avec des ~s de rire** his arrival was greeted with roars *ou* shouts of laughter ◆ **"oui", dit-il dans un ~ de rire** "yes", he said with a peal of laughter

**éclatant, e** /eklatɑ̃, ɑ̃t/ **ADJ** **a** *[lumière]* bright, brilliant; *(= aveuglant)* glaring; *[couleur]* bright, vivid; *[feu, soleil]* blazing; *[blancheur]* dazzling ◆ **des murs ~s de blancheur** dazzling white walls **b** *[teint]* radiant; *[beauté, sourire]* dazzling ◆ ~ **de santé** radiant with health ◆ **la santé ~e de l'économie** the excellent state of health of the economy **c** *[succès]* dazzling, resounding; *[revanche]* shattering, devastating; *[victoire]* resounding; *[gloire]* shining; *[vérité]* manifest, self-evident; *[exemple]* striking, shining; *[mensonge]* blatant ◆ **cela démontre de façon ~e que ...** this provides striking proof that ... **d** *[rire, bruit]* loud; *[voix]* loud, ringing; *[musique]* blaring *(péj)*, loud **e** ⁑ *[fête, musique]* super, fab * *(Brit)*

**éclate** ⁑ /eklat/ **NF** ◆ **c'est l'~ totale** it's brilliant *

**éclaté, e** /eklate/ **ADJ** **a** *[initiatives, marché]* fragmented; *[paysage politique]* confused, fragmented ◆ **des enfants issus de familles ~es** children from broken homes **b** ◆ **j'étais ~ (de rire)** * I was splitting my sides (with laughter) * **NM** exploded view

**éclatement** /eklatmɑ̃/ **NM** *[de bombe, mine]* explosion; *[d'obus]* bursting, explosion; *[de pneu, ballon]* bursting; *[de veine]* rupture; *[de parti, fédération, coalition]* break-up, split (*de* in); *[de marché]* fragmentation ◆ **à cause de l'~ d'un pneu** as a result of a burst tyre ◆ **l'~ d'une bombe/d'un obus le couvrit de terre** an exploding bomb/shell covered him with earth ◆ **au moment de l'~ du conflit** when the conflict broke out ◆ **l'~ des familles favorise la délinquance** broken homes contribute to delinquency

**éclater** /eklate/ ▸ conjug 1 ◂ **VI** **a** *[mine, bombe]* to explode, to blow up; *[obus]* to burst, to explode; *[veine]* to rupture; *[bourgeon]* to burst open; *[pneu, chaudière]* to burst; *[verre]* to splinter, to shatter; *[parti, ville, services, structures familiales]* to break up ◆ **j'ai cru que ma tête allait ~** I thought my head was going to burst

**b** *[crise, dispute, incendie, épidémie, guerre, polémique]* to break out; *[orage, scandale, nouvelle]* to break ◆ **des troubles ont éclaté dans la capitale** unrest has broken out in the capital ◆ **la nouvelle a éclaté comme un coup de tonnerre** the news came as *ou* was a bolt from the blue, the news was a real bombshell

**c** *(= retentir)* **des cris ont éclaté** shouts were raised ◆ **une détonation éclata** there was an explosion ◆ **une fanfare éclata** there was a sudden flourish of trumpets ◆ **un coup de fusil a éclaté** there was the crack of a rifle ◆ **un coup de tonnerre éclata** there was a sudden peal of thunder ◆ **des rires/des applaudissements ont éclaté** there was a roar of laughter/a burst of applause, laughter/applause broke out

**d** *(= se manifester)* *[vérité, bonne foi]* to shine out, to shine forth *(littér)*; *[mauvaise foi]* to be blatant ◆ **sa joie** *ou* **la joie éclate dans ses yeux/sur son visage** his eyes are/face is shining with joy

**e** ◆ ~ **de rire** to burst out laughing ◆ **il éclata (de rage)** he exploded (with rage) ◆ ~ **en menaces** *ou* **en reproches** to inveigh (*contre* against) to rail (*contre* at, against); ◆ ~ **en sanglots** to burst into tears ◆ **nous avons éclaté en protestations devant sa décision** we protested angrily at his decision

**f** ◆ **faire ~** *[+ mine]* to detonate, to blow up; *[+ bombe, obus]* to explode; *[+ poudrière]* to blow up; *[+ pétard]* to let *ou* set off; *[+ ballon]* to burst; *[+ tuyau]* to burst, to crack; *[+ verre]* to shatter, to splinter ◆ **cette remarque l'a fait ~ (de colère)** he exploded at this remark ◆ **faire** *ou* **laisser ~ sa joie** to give free rein to one's joy ◆ **faire** *ou* **laisser ~ sa colère** to give vent to one's anger

**VT** * ◆ **je vais l'~, je vais lui ~ la tête** *(= frapper)* I'm going to smash his face in ⁑

**VPR** **s'éclater** ⁑ *(= se défouler)* to have a ball * ◆ **s'~ à faire** *ou* **en faisant qch** to get one's kicks * doing sth

**éclateur** /eklatœʀ/ **NM** *(Élec)* spark gap

**éclectique** /eklɛktik/ **ADJ** eclectic

**éclectisme** /eklɛktism/ **NM** eclecticism

**éclipse** /eklips/ **NF** *(Astron, fig)* eclipse ◆ ~ **partielle/totale (de soleil/lune)** partial/total eclipse (of the sun/moon) ◆ ~ **annulaire** annular eclipse ◆ **carrière à ~s** career with ups and downs ◆ **personnalité à ~s** public figure who comes and goes, figure who is in and out of the public eye

**éclipser** /eklipse/ ▸ conjug 1 ◂ **VT** *(Astron)* to eclipse; *[événement, gloire]* to eclipse, to overshadow; *[personne]* to eclipse, to overshadow, to outshine **VPR** **s'éclipser** *[personne]* to slip away, to slip out

**éclisse** /eklis/ **NF** *(Méd)* splint; *(Rail)* fishplate; *[de violon]* rib; *(à fromage)* wicker tray

**éclisser** /eklise/ ▸ conjug 1 ◂ **VT** *(Méd)* to splint, to put in splints; *(Rail)* to join with fishplates

**éclopé, e** /eklɔpe/ **ADJ** *[personne]* limping, lame; *[cheval]* lame **NM,F** *(hum)* *(dans une bagarre)* (slightly) wounded person; *(dans un accident)* (slightly) injured person

**éclore** /eklɔʀ/ ▸ conjug 45 ◂ **VI** **a** *[œuf]* to hatch; *[poussin, larve]* to hatch (out) ◆ **faire ~** *[+ œuf]* to hatch **b** *[plan, idée]* to take form; *[association, secte]* to appear **c** *[fleur]* to open; *(littér)* *[amour, talent, jour]* to be born ◆ **fleur à peine éclose/fraîche éclose** budding/fresh-blown flower ◆ **faire ~** *[+ sentiment]* to kindle; *[+ qualités]* to draw forth

**éclosion** /eklozjɔ̃/ **NF** **a** *[d'œuf, poussin, larve]* hatching **b** *[d'idée]* forming; *[d'association, secte]* appearance **c** *[de fleur]* opening; *(littér)* *[d'amour, talent, jour]* birth, dawn

**écluse** /eklyz/ **NF** *(Naut)* lock ◆ **porte d'~** lock gate ◆ **lâcher** *ou* **ouvrir les ~s** * *(fig)* to turn on the waterworks *

**éclusée** /eklyze/ **NF** sluice *(amount of water contained in a lock)*

**écluser** /eklyze/ ▸ conjug 1 ◂ **VT** **a** (⁑ *= boire)* to down *, to knock back ⁑ ◆ **qu'est-ce qu'il a éclusé !** he really knocked it back! ⁑ **b** *(Tech)* *[+ canal]* to lock, to sluice; *[+ bateau]* to lock

**éclusier, -ière** /eklyzje, jɛʀ/ **NM,F** lock keeper

**écobilan** /ekobilɑ̃/ **NM** life-cycle analysis

**écodéveloppement** /ekodevlɔpmɑ̃/ **NM** eco-development

**écoemballage** /ekoɑ̃balaʒ/ **NM** eco-packaging

**écœurant, e** /ekœʀɑ̃, ɑ̃t/ **ADJ** **a** *[gâteau, boisson, goût, odeur]* sickly ◆ **les sauces à la crème, je trouve ça ~** I find cream sauces too rich **b** *[conduite]* disgusting, sickening; *[personne]* loathsome; *[richesse]* obscene; *[talent, succès]* sickening ◆ **elle a une chance ~e** she is so lucky it makes you sick *ou* it's sickening

**écœurement** /ekœʀmɑ̃/ **NM** *(= dégoût)* *(lit)* nausea; *(fig)* disgust; *(= lassitude)* disillusionment, discouragement ◆ **manger/boire jusqu'à ~** to eat/drink until one feels sick

**écœurer** /ekœʀe/ ▸ conjug 1 ◂ **VT** ◆ ~ **qn** *[gâteau, boisson]* to make sb feel sick; *[conduite, personne]* to disgust sb, to nauseate sb, to make sb sick; *[avantage, chance]* to make sb sick, to sicken sb; *[échec, déception]* to discourage sb, to sicken sb

**éco-industrie** (pl **éco-industries**) /ekoɛ̃dystʀi/ **NF** green-technology industry

**écolabel** /ekolabɛl/ **NM** eco-label

**école** /ekɔl/ **NF** **a** *(= établissement)* school ◆ **avion-/navire-~** training plane/ship ◆ **ferme-~** teaching farm ◆ **l'~ reprend dans une semaine** school starts again in a week's time ◆ **aller à l'~** *[élève]* to go to school; *[visiteur]* to go to the school ◆ **envoyer** *ou* **mettre un enfant à l'~** to send a child to school ◆ **grande ~** *(Univ)* *prestigious higher education institute with competitive entrance examination* ◆ **il va/est à la grande ~** * *(école primaire)* he goes to/is at primary school

**b** *(= enseignement)* schooling; *(= système scolaire)* school system ◆ **l'~ gratuite** free education ◆ **l'~ en France** the French school system ◆ **les partisans de l'~ laïque** the supporters of secular state education ◆ **elle fait l'~ depuis 15 ans** † she's been teaching for 15 years

**c** *(Art, Philos)* school ◆ **un tableau/peintre de l'~ florentine** a painting/painter of the Florentine School ◆ **querelle d'~s** petty quarrel between factions ◆ **son œuvre est une ~ de courage/de vertu** his work presents us with an inspiring model of courage/ virtue ◆ **la lexicographie est une ~ de rigueur** you learn to be very rigorous when doing lexicography

**d** *(loc)* **être à bonne ~** to be in good hands ◆ **il a été à dure** *ou* **rude ~** he learned about life the hard way ◆ **à l'~ de qn** under sb's guidance ◆ **apprendre la vie à l'~ de la pauvreté** to be schooled by poverty ◆ **faire l'~ buissonnière** to play truant *(Brit) ou* hooky *(US)* ◆ **faire ~** *[personne]* to acquire a following; *[théorie]* to gain widespread acceptance ◆ **il est de la vieille ~** he belongs to *ou* is one of the old school

COMP ▷ **école de l'air** flying school ▷ **école d'application** *(Mil)* officers' training school ▷ **école des Beaux-Arts** ≈ art college ▷ **École centrale (des arts et manufactures)** *prestigious college of engineering* ▷ **école de commerce** business school ◆ **elle a fait une ~ de commerce** she went to business school ▷ **école de conduite** driving school ▷ **école de danse** *(gén)* dancing school; *(classique)* ballet school ▷ **école de dessin** art school ▷ **école élémentaire** elementary school ▷ **école enfantine** *(Helv)* nursery school ▷ **école hôtelière** catering school, hotel management school ▷ **école libre** sectarian *ou* denominational school ▷ **école militaire** military academy ▷ **École nationale d'administration** *prestigious college training senior civil servants* ▷ **École nationale supérieure de chimie** *national college of chemical engineering* ▷ **École nationale supérieure d'ingénieurs** *national college of engineering* ▷ **école de neige** ski school ▷ **École normale** ≈ teacher training college ▷ **École normale supérieure** *grande école for training of teachers* ▷ **école de pensée** school of thought ▷ **école de police** police academy ▷ **école de recrues** *(Helv Mil)* military service ▷ **école secondaire** *(Helv)* secondary school ▷ **école de secrétariat** secretarial college; → **haut**; → GRANDES ÉCOLES

> **École nationale d'administration**
>
> The « École nationale d'administration » or « ENA », in Strasbourg (formerly in Paris), is a competitive-entrance college training top civil servants such as diplomats, « préfets » and « inspecteurs des finances ». Because so many ministers and high-ranking decision-makers are « énarques » (ex-students of ENA), the school has often been criticized for exercising too much influence, and French political life is perceived by some as being monopolised by the so-called « énarchie ». → CONCOURS

**écolier** /ekɔlje/ NM schoolboy; *(= novice)* novice ◆ **papier (format) ~** exercise (book) paper; → **chemin**

**écolière** /ekɔljɛʀ/ NF schoolgirl

**écolo** * /ekɔlo/ ADJ (abrév de **écologique, écologiste**) ◆ **il est très ~** he's very ecology-minded, he's an eco-freak * NMF (abrév de **écologiste**) ecologist

**écologie** /ekɔlɔʒi/ NF ecology

**écologique** /ekɔlɔʒik/ ADJ **a** *[catastrophe]* ecological, environmental; *[équilibre]* ecological **b** *[produit]* eco-friendly, environmentally friendly **c** *(Pol) [association]* ecological, environmentalist; *[discours, politique]* on ecological issues; *[conscience, préoccupation]* ecological ◆ **mouvement ~** ecological *ou* ecology *ou* green movement, ecomovement ◆ **la cause ~** the green cause

**écologisme** /ekɔlɔʒism/ NM environmentalism

**écologiste** /ekɔlɔʒist/ ADJ *[candidat]* green *épith*, ecological *épith*, ecologist *épith*; *[vote]* green *épith*; *[action, idée]* green *épith*, ecologist *épith*, ecology *épith* ◆ **militant ~** green *ou* ecology activist ◆ **mouvement ~** ecological *ou* ecology *ou* green movement, ecomovement NMF *(= spécialiste d'écologie)* ecologist, environmentalist; *(Pol)* ecologist; *(= partisan)* environmentalist

**écologue** /ekɔlɔg/ NMF ecology expert, ecologist ◆ **ingénieur ~** ecological engineer

**écomusée** /ekomyze/ NM eco-museum

**éconduire** /ekɔ̃dɥiʀ/ ▸ conjug 38 ◂ VT *[+ visiteur]* to dismiss; *[+ soupirant]* to reject; *[+ solliciteur]* to turn away

**éconocroques** ‡ /ekɔnɔkʀɔk/ NFPL savings

**économat** /ekɔnɔma/ NM *(= fonction)* bursarship, stewardship; *(= bureau)* bursar's office, steward's office; *(= magasin)* staff cooperative *ou* store

**économe** /ekɔnɔm/ ADJ thrifty ◆ **elle est très ~** she's very careful with money ◆ **être ~ de son temps/ses efforts** to be sparing of one's time/efforts ◆ **il n'est jamais ~ de conseils** he's always full of advice ◆ **une production de plus en plus ~ de main-d'œuvre** a system of production which requires less and less manpower ◆ **une gestion ~ des ressources énergétiques** careful management of energy resources NMF bursar, steward NM ◆ **(couteau) ~** (vegetable) peeler, paring knife

**économétrie** /ekɔnɔmetʀi/ NF econometrics *sg*

**économétrique** /ekɔnɔmetʀik/ ADJ econometric

**économie** /ekɔnɔmi/ NF **a** *(= science)* economics *sg* ◆ **elle fait des études d'~** she's studying economics ◆ **il est étudiant en ~** he's an economics student ◆ **~ domestique** *(Scol)* home economics

**b** *(Pol = système)* economy ◆ **~ politique/monétaire** political/cash economy ◆ **~ de troc** barter economy ◆ **~ dirigée** state-controlled *ou* centrally-planned economy ◆ **~ de marché** free market *ou* free enterprise economy ◆ **nouvelle ~** new economy ◆ **~ souterraine** underground economy

**c** *(NonC = épargne)* economy, thrift ◆ **par ~** for the sake of economy ◆ **il a le sens de l'~** he's careful with money, he's thrifty

**d** *(= gain)* saving ◆ **faire une ~ de temps/d'argent** to save time/money ◆ **représenter une ~ de temps** to represent a saving in time ◆ **procédé permettant une ~ de temps/de main-d'œuvre** time-saving/labour-saving process ◆ **elle fait l'~ d'un repas par jour** she goes *ou* does without one meal a day ◆ **on aurait pu faire l'~ de ces négociations** we could have dispensed with the negotiations ◆ **j'ai fait l'~ d'une visite** I've saved myself a visit ◆ **avec une grande ~ de moyens** with very restricted *ou* limited means ◆ **~ d'échelle** economy of scale

**e** *[de livre]* arrangement; *[de projet]* organization

NFPL **économies** *(= gains)* savings ◆ **avoir des ~s** to have (some) savings, to have some money saved up ◆ **faire des ~s** to save up, to put money by ◆ **faire des ~s de chauffage** to economize on heating ◆ **les ~s d'énergie sont nécessaires** energy conservation is essential ◆ **réaliser d'importantes ~s d'énergie** to make significant energy savings ◆ **~s budgétaires** budget savings ◆ **il n'y a pas de petites ~s** every little helps look after the pennies and the pounds will look after themselves *(Brit) (Prov)* ◆ **faire des ~s de bouts de chandelle** *(péj)* to make cheeseparing economies

> ⚠ *Au sens de 'science économique',* **économie** *ne se traduit pas par le mot anglais* **economy**.

**économique** /ekɔnɔmik/ ADJ **a** *(Écon)* economic **b** *(= bon marché)* economical; *(Aut)* fuel-efficient ◆ **cycle ~** *[de machine à laver]* economy cycle ◆ **classe ~** *(Aviat)* economy class

**économiquement** /ekɔnɔmikmɑ̃/ ADV economically ◆ **les ~ faibles** the lower-income groups

**économiser** /ekɔnɔmize/ ▸ conjug 1 ◂ VT *[+ électricité]* to economize on, to save on; *[+ énergie]* to conserve, to save; *[+ temps]* to save; *[+ argent]* to save up, to put aside ◆ **~ ses forces** to save one's strength ◆ **~ sur le chauffage** to economize on *ou* cut down on heating ◆ **économise ta salive** *ou* **tes paroles** don't waste your breath

**économiseur** /ekɔnɔmizœʀ/ NM ◆ **~ (de carburant)** *(Aut)* fuel-saving device ◆ **~ d'écran** *(Ordin)* screen saver

**économisme** /ekɔnɔmism/ NM economism

**économiste** /ekɔnɔmist/ NMF economist

**écope** /ekɔp/ NF *(Naut)* bailer, baler, scoop

**écoper** /ekɔpe/ ▸ conjug 1 ◂ VTI **a** *(Naut)* to bail *ou* bale (out) **b** *(* = prendre)* **~ (d')une punition** to catch it *, to get it *, to cop it ‡ *(Brit)* ◆ **~ de trois ans de prison** * to get a three-year sentence, to be sent down for three years * ◆ **c'est moi qui ai écopé** I was the one that took the rap * ◆ **il a écopé pour les autres** he took the rap for the others *

**écoproduit** /ekopʀɔdɥi/ NM environmentally-friendly *ou* eco-friendly product

**écorce** /ekɔʀs/ NF *[d'arbre]* bark; *[d'orange]* peel, skin ◆ **l'~ terrestre** *(Géol)* the earth's crust ◆ **canot d'~** *(Can)* bark canoe

**écorcer** /ekɔʀse/ ▸ conjug 3 ◂ VT *[+ fruit]* to peel; *[+ arbre]* to bark, to strip the bark from

**écorché** /ekɔʀʃe/ NM *(Anat)* écorché; *(Tech)* cut-away (diagram) ◆ **c'est un ~ vif** *(fig)* he's a tormented soul

**écorchement** /ekɔʀʃəmɑ̃/ NM *[d'animal]* skinning

**écorcher** /ekɔʀʃe/ ▸ conjug 1 ◂ VT **a** *(= dépecer) [+ animal]* to skin ◆ **écorché vif** flayed alive **b** *(= égratigner) [+ peau, visage]* to scratch, to graze; *[+ genoux]* to graze, to scrape ◆ **il s'est écorché les genoux** he grazed his knees **c** *(par frottement)* to chafe, to rub; *[+ cheval]* to gall **d** *[+ mot, nom]* to mispronounce ◆ **il écorche l'allemand** his German's terrible **e** *(† = escroquer)* **~ le client** to fleece * one's customers **f** ◆ **~ les oreilles de qn** *[bruit]* to grate on sb's ears; *[personne]* to hurt sb's ears

**écorchure** /ekɔʀʃyʀ/ NF *[de peau, visage]* scratch, graze; *[de genou]* graze

**éco-recharge** (pl **éco-recharges**) /ekoʀ(ə)ʃaʀʒ/ NF eco-refill

**écorner** /ekɔʀne/ ▸ conjug 1 ◂ VT *[+ meuble]* to chip the corner of; *[+ livre]* to turn down the corner of; *[+ économies, fortune]* to make a hole *ou* a dent in ◆ **livre tout écorné** dog-eared book

**écornifler** * † /ekɔʀnifle/ ▸ conjug 1 ◂ VT to cadge, to scrounge *(chez qn* from sb)

**écornifleur, -euse** * † /ekɔʀniflœʀ, øz/ **NM,F** cadger, scrounger

**écossais, e** /ekɔsɛ, ɛz/ **ADJ** *(gén)* Scottish, Scots *(épith)*; *[whisky]* Scotch; *[tissu]* tartan; → **douche** **NM** **a** ◆ **Écossais** Scot, Scotsman ◆ **les Écossais** the Scots **b** *(Ling) (= dialecte anglais)* Scots; *(= dialecte gaélique)* Gaelic **c** *(= tissu)* tartan (cloth) **NF** **Écossaise** Scot, Scotswoman

**Écosse** /ekɔs/ **NF** Scotland

**écosser** /ekɔse/ ▸ conjug 1 ◂ **VT** to shell, to pod ◆ **petits pois à** ~ peas in the pod; → **haricot**

**écosystème** /ekosistɛm/ **NM** ecosystem

**écot** /eko/ **NM** *(= quote-part)* share (of a bill) ◆ **chacun de nous a payé son** ~ we all paid our share

**écotaxe** /ekotaks/ **NF** green tax, environment tax

**écotoxicologie** /ekotɔksikɔlɔʒi/ **NF** ecotoxicology

**écoulement** /ekulmɑ̃/ **NM** **a** *[d'eau]* flow ◆ **tuyau/fossé d'**~ drainage pipe/ditch ◆ ~ **d'air** air flow **b** *[d'humeur, pus]* discharge ◆ ~ **de sang** flow of blood, bleeding **c** *[de foule]* dispersal; *[de temps]* passage, passing ◆ **l'**~ **des voitures** the flow of traffic **d** *(Comm)* selling ◆ **articles d'**~ **facile** quick-selling *ou* fast-moving articles

**écouler** /ekule/ ▸ conjug 1 ◂ **VT** *(Comm)* to sell ◆ ~ **des faux billets** to dispose of counterfeit money ◆ **on n'arrive pas à** ~ **ce stock** this stock isn't moving *ou* selling, we can't shift this stock ◆ **nous avons écoulé tout notre stock** we've cleared all our stock

**VPR** **s'écouler** **a** *[liquide] (= suinter)* to seep *ou* ooze (out); *(= fuir)* to leak (out); *(= couler)* to flow (out); *[pus]* to ooze out ◆ **s'**~ **à grands flots** to pour out

**b** *[temps]* to pass (by), to go by; *[argent]* to disappear, to melt away; *[foule]* to disperse, to drift away ◆ **en réfléchissant sur sa vie écoulée** thinking over his past life ◆ **10 ans s'étaient écoulés** 10 years had passed *ou* had elapsed *ou* had gone by ◆ **les fonds s'écoulent vite** funds are rapidly disappearing

**c** *(Comm)* to sell ◆ **marchandise qui s'écoule bien** quick-selling *ou* fast-moving item ◆ **nos produits se sont bien écoulés** our products have sold well

**écourter** /ekuʀte/ ▸ conjug 1 ◂ **VT** *[+ bâton]* to shorten; *[+ visite, attente, supplice, adieux]* to cut short, to shorten; *[+ texte, discours]* to shorten, to cut down; *[+ queue]* to dock

**écoutant, e** /ekutɑ̃, ɑ̃t/ **NM,F** telephone counsellor

**écoute** /ekut/ **NF** **a** *(= attention)* **ces personnes recherchent un réconfort, une** ~ what these people are looking for is some consolation and a sympathetic ear ◆ **une** ~ **attentive du patient peut ...** listening attentively to what the patient has to say can ...

**b** **être aux** ~**s** † to be listening (*de* to); *(= épier)* to listen in, to eavesdrop (*de* on); *(= être aux aguets)* to be on the look-out (*de* for) to keep one's ears open (*de* for)

**c** *(Radio)* listening (*de* to); ◆ **se mettre à** *ou* **prendre l'**~ to tune in ◆ **nous restons à l'**~ we are staying tuned ◆ **reprendre l'**~ to retune ◆ **heures de grande** ~ *(Radio)* peak listening hours; *(TV)* prime time, peak viewing hours ◆ **avoir une grande** ~ *(Radio, TV)* to have a large audience ◆ **avoir une grande** ~ **féminine** to have a large female audience *ou* a large number of women listeners *(Radio) ou* viewers *(TV)* ◆ **indice d'**~ audience ratings

**d** *(Mil, Police)* ~**s téléphoniques** phone-tapping ◆ **ils sont sur** ~**(s)** their phone is being tapped ◆ **mettre qn sur** ~**(s)** to tap sb's phone ◆ **la mise sur** ~**(s) du ministre** tapping the minister's phone; → **table**

**e** *(Mus)* **pour une meilleure** ~ for better sound quality; → **confort**

**f** *(Naut)* sheet

**g** *[de sanglier]* ~**s** ears

**h** *(loc)*

◆ **être à l'écoute de** *[+ radio]* to be tuned in to, to be listening to; *[+ opinion publique, pays]* to be in touch with, to listen to; *[+ enfant, revendications]* to listen to; *[+ marché]* to have one's finger on the pulse of ◆ **il faut être à l'**~ **de son corps** you should listen to what your body is telling you ◆ **soyez à l'**~ **de votre partenaire** be in touch with your partner's needs

**écouter** /ekute/ ▸ conjug 1 ◂ **VT** **a** *[+ discours, chanteur, radio, disque]* to listen to ◆ **écoute !** listen! ◆ **(allô, oui) j'écoute** hello! ◆ **j'ai été** ~ **sa conférence** I went to hear his lecture ◆ **écoutons ce qu'il dit** let's listen to *ou* hear what he has to say ◆ ~ **qn jusqu'au bout** to hear sb out ◆ ~ **qch/qn secrètement** to eavesdrop on sth/sb ◆ ~ **qn parler** to hear sb speak ◆ **savoir** ~ to be a good listener ◆ ~ **aux portes** to eavesdrop ◆ ~ **de toutes ses oreilles** to be all ears, to listen with both ears ◆ **n'**~ **que d'une oreille** to listen with only half an ear ◆ **faire** ~ **un disque/une chanson à qn** to play sb a record/a song

**b** *[+ justification, confidence]* to listen to; *(Jur, Rel)* to hear ◆ **écoute-moi au moins !** at least listen to *ou* hear what I have to say!

**c** *[+ conseil]* to listen to, to take notice of ◆ **écoute-moi** listen to me ◆ **refuser d'**~ **un conseil** to turn a deaf ear to advice, to disregard a piece of advice ◆ **bon, écoute !** look!, listen! ◆ **aide-moi, écoute !** come on — help me! ◆ **écoute, c'est bien simple** look *ou* listen — it's quite simple ◆ **il se fait** ~ **du ministre** he has the ear of the minister ◆ **c'est quelqu'un de très écouté** his opinion is highly valued ◆ **ses conseils sont très écoutés** his advice is greatly valued *ou* greatly sought after

**d** *(= obéir à)* to listen to ◆ ~ **ses parents** to listen to *ou* obey one's parents ◆ **vas-tu (m')**~ **!** will you listen to me! ◆ **faire** ~ **qn** to get sb to listen ◆ **son père saura le faire** ~ his father will get him to do as he's told ◆ **il sait se faire** ~ he's good at getting people to do what he says ◆ ~ **ses envies/son cœur** to be guided by one's desires/one's heart ◆ **il faut apprendre à** ~ **son corps** you must listen to what your body is telling you ◆ **n'écoutant que son courage** letting (his) courage be his only guide

**VPR** **s'écouter** *[malade]* **elle s'écoute trop** she coddles herself ◆ **si je m'écoutais je n'irais pas** if I were to take my own advice I wouldn't go ◆ **s'**~ **parler** to savour one's words ◆ **il aime s'**~ **parler** he loves the sound of his own voice

**écouteur, -euse** /ekutœʀ, øz/ **NM,F** *(littér = personne) (attentif)* listener; *(indiscret)* eavesdropper **NM** *[de téléphone]* earpiece ◆ ~**s** *(Radio)* earphones, headphones

**écoutille** /ekutij/ **NF** *(Naut)* hatch(way)

**écouvillon** /ekuvijɔ̃/ **NM** *[de fusil]* swab; *[de bouteille]* (bottle-)brush; *[de boulanger]* scuffle

**écouvillonner** /ekuvijɔne/ ▸ conjug 1 ◂ **VT** *[+ fusil]* to swab; *[+ bouteille, four]* to clean

**écrabouiller** * /ekʀabuje/ ▸ conjug 1 ◂ **VT** to squash, to crush ◆ **se faire** ~ **par une voiture** to get flattened *ou* crushed by a car

**écran** /ekʀɑ̃/ **NM** **a** *(gén)* screen ◆ **ce mur fait** ~ **et nous isole du froid/du bruit** this wall screens *ou* shields us from the cold/noise, this wall acts as a screen *ou* shield against the cold/noise ◆ **faire** ~ **à qn** *(= abriter)* to screen *ou* shelter sb; *(= gêner)* to get in sb's way; *(= éclipser)* to stand in sb's way ◆ **son renom me fait** ~ he puts me in the shade because he's so famous ◆ ~ **de fumée/de protection** smoke/protective screen ◆ ~ **de verdure** screen of foliage ◆ ~ **publicitaire** advertising slot ◆ ~ **solaire** *(= crème)* sun screen ◆ ~ **total** total sunblock

**b** *(Ordin, TV)* screen ◆ **télévision grand** ~ large-screen television ◆ ~ **cathodique** cathode-ray screen ◆ ~ **de contrôle** monitor (screen) ◆ ~ **plat** flat screen ◆ ~ **pleine page** *(Ordin)* full page display ◆ ~ **vidéo** video screen ◆ ~ **de visualisation** (visual) display screen ◆ ~ **tactile** touch-sensitive screen ◆ ~ **16/9**[e] wide screen ◆ **le petit** ~ *(= télévision)* the small screen, television ◆ **une vedette du petit** ~ a television *ou* TV star ◆ **travailler sur** ~ *(Ordin)* to work on screen

**c** *(Ciné)* ~ **(de cinéma)** *(= toile)* screen ◆ ~ **de projection** projector screen ◆ **sur** ~ **géant** on a giant screen ◆ **porter un roman à l'**~ to adapt a novel for the screen ◆ **prochainement sur vos** ~**s** coming soon to a cinema near you ◆ **ce film sera la semaine prochaine sur les** ~**s londoniens** this film will open *ou* be showing next week in London ◆ **le grand** ~ *(= le cinéma)* the big *ou* silver screen ◆ **sur grand** ~ on the big screen ◆ **une vedette de l'**~ *ou* **du grand** ~ a star of the silver screen, a film *ou* movie *(US)* star

**écrasant, e** /ekʀazɑ̃, ɑ̃t/ **ADJ** *[impôts, mépris, poids]* crushing; *[preuve, responsabilité, nombre]* overwhelming; *[travail]* gruelling, back-breaking; *[défaite, supériorité]* crushing, overwhelming; *[chaleur]* overpowering, overwhelming ◆ **majorité/victoire** ~**e** *(Pol)* landslide *ou* crushing majority/victory

**écrasé, e** /ekʀaze/ (ptp de **écraser**) **ADJ** *[nez]* flat, squashed; *[perspective, relief]* dwarfed

**écrasement** /ekʀazmɑ̃/ **NM** **a** *[d'objet, révolte, ennemi]* crushing **b** *(Ordin) [de données, fichier]* overwriting

**écraser** /ekʀaze/ ▸ conjug 1 ◂ **VT** **a** *(gén)* to crush; *[+ mouche]* to squash; *[+ mégot]* to stub out; *(en purée)* to mash; *(en poudre)* to grind (*en* to); *(au pilon)* to pound; *(pour le jus)* to squeeze; *(en aplatissant)* to flatten (out); *(en piétinant)* to trample down; *(Tennis) [+ balle]* to flatten, to kill ◆ ~ **sous la dent** *[+ biscuit]* to crunch; *[+ noix]* to crush between one's teeth ◆ **écrasé par la foule** squashed *ou* crushed in the crowd ◆ **aïe, vous m'écrasez les pieds !** ouch, you're standing *ou* treading on my feet! ◆ ~ **la pédale d'accélérateur** * to step on it *

**b** *(= tuer) [voiture, train]* to run over; *[avalanche]* to crush ◆ **il s'est fait** ~ **par une voiture** he was run over by a car

**c** *(= accabler)* to crush ◆ **nous sommes écrasés d'impôts** we are overburdened *ou* crushed by taxation ◆ **il nous écrase de son mépris** he crushes us with his scornful attitude ◆ **écrasé de chaleur** overcome by the heat ◆ **écrasé de sommeil/de douleur** overcome by sleep/with grief ◆ **écrasé de travail** snowed under with * *ou* overloaded with work

**d** *(= vaincre) [+ ennemi]* to crush; *[+ rébellion]* to crush, to suppress, to put down ◆ **notre équipe a été écrasée** *ou* **s'est fait** ~ we were hammered * *ou* we were beaten hollow *(Brit)*

**e** *(Ordin) [+ données, fichiers]* to overwrite

**VI** **a** *(* = ne pas insister)* to drop the subject ◆ **oh écrase !** oh shut up! * *ou* belt up! ‡ *(Brit)*

**b** *(= dormir)* ◆ **en** ~ ‡ to sleep like a log *

**VPR** **s'écraser** **a** *[avion, voiture]* to crash (*contre* into, against; *sur* on); *[objet, corps]* to be crushed (*contre* on, against) b *[foule]* to be *ou* get crushed *(dans* in); ◆ **on s'écrase pour en acheter** they're falling over each other *ou* they're rushing to buy them ◆ **on s'écrase devant les cinémas** there's a great crush to get into the cinemas

c *(* = ne pas protester)* to pipe down* ◆ **il s'écrase toujours devant son chef** he never says a word when the boss is around ◆ **il a intérêt à s'~ !** he'd better keep quiet!

**écraseur, -euse*** /ekʀɑzœʀ, øz/ NM,F roadhog*

**écrémage** /ekʀemaʒ/ NM a *[de lait]* skimming b *(fig)* creaming off

**écrémer** /ekʀeme/ ▸ conjug 6 ◂ VT a *[+ lait]* to skim ◆ **lait écrémé** skimmed milk b *[+ candidats]* to cream off the best from

**écrémeuse** /ekʀemøz/ NF creamer, (cream) separator

**écrêter** /ekʀete/ ▸ conjug 1 ◂ VT *(= niveler)* to lop

**écrevisse** /ekʀəvis/ NF (freshwater) crayfish *(Brit)*, crawfish *(US)*; → **rouge**

**écrier (s')** /ekʀije/ ▸ conjug 7 ◂ VPR to exclaim, to cry out

**écrin** /ekʀɛ̃/ NM *(= coffret)* case, box ◆ **niché dans un ~ de verdure** *(littér)* nestling in a green setting ◆ **le musée est un merveilleux ~ pour ces œuvres** the museum is a wonderful showcase for these works

**écrire** /ekʀiʀ/ GRAMMAIRE ACTIVE 48.1, 48.2 ▸ conjug 39 ◂

VT a *(gén) [+ mots, livres]* to write; *(= orthographier)* to spell; *(= inscrire, marquer)* to write down ◆ **je lui ai écrit que je viendrais** I wrote and told him I would be coming ◆ **~ des commentaires au crayon** to pencil in comments, to make notes *ou* comments in pencil

b *(loc)* **c'était écrit** it was bound to happen, it was inevitable ◆ **il est écrit que je ne pourrai jamais y arriver !** I'm fated *ou* doomed never to succeed! ◆ **c'est écrit sur sa figure** it's written all over his face ◆ **c'est écrit noir sur blanc** *ou* **en toutes lettres** it's written in black and white

VI *(gén)* to write; *(= être écrivain)* to be a writer, to write ◆ **vous écrivez très mal** your writing is really bad ◆ **~ gros/fin** *[personne]* to have large/small (hand)writing; *[stylo]* to have a thick/fine nib ◆ **~ au crayon/à l'encre** to write in pencil/in ink

VPR **s'écrire** *[personnes]* to write to each other ◆ **comment ça s'écrit ?** how do you spell it? ◆ **ça s'écrit comme ça se prononce** it's spelt how it sounds, you write it the same way as you pronounce it

**écrit, e** /ekʀi, it/ (ptp de **écrire**) ADJ ◆ **épreuve ~e** *(Scol)* written exam *ou* paper ◆ **le texte/scénario est très ~** it's a very carefully written *ou* crafted text/script NM *(= ouvrage)* piece of writing, written work; *(= examen)* written exam *ou* paper; *(Jur)* document ◆ **par ~** in writing ◆ **être bon à l'~** *(Scol)* to do well in the written papers

**écriteau** (pl **écriteaux**) /ekʀito/ NM notice, sign

**écritoire** /ekʀitwaʀ/ NF writing case

**écriture** /ekʀityʀ/ NF a *(à la main)* (hand)writing *(NonC)* ◆ **il a une belle ~** he has beautiful (hand)writing ◆ **~ de chat** spidery (hand)writing b *(= alphabet)* writing *(NonC)*, script ◆ **~ hiéroglyphique** hieroglyphic writing ◆ **~ phonétique** phonetic script c *(littér = style)* writing *(NonC)* d *(= rédaction)* writing ◆ **se consacrer à l'~ (de romans)** to devote one's time to writing (novels) ◆ **~ automatique** *(Littérat)* automatic writing e *(Fin)* entry ◆ **passer une ~** to make an entry f *(Rel)* **les (Saintes) Écritures, l'Écriture (sainte)** Scripture, the Scriptures, (the) Holy Writ

NFPL **écritures** *(Comm)* accounts, books ◆ **employé aux ~s** ledger clerk ◆ **tenir les ~s** to keep the books

**écrivailler** /ekʀivɑje/ ▸ conjug 1 ◂ VI *(péj)* to scribble

**écrivailleur, -euse** /ekʀivɑjœʀ, øz/ NM,F, **écrivaillon** /ekʀivɑjɔ̃/ NM *(péj)* scribbler

**écrivain** /ekʀivɛ̃/ NM writer ◆ **femme-~** woman writer ◆ **~ public** (public) letter-writer

**écrivassier, -ière** /ekʀivasje, jɛʀ/ NM,F ⇒ **écrivailleur, -euse**

**écrou** /ekʀu/ NM a *(Tech)* nut ◆ **~ à ailettes** wing nut b *(Jur)* commitment, committal, mittimus *(SPÉC)* ◆ **mettre qn sous ~** to enter sb on the prison register ◆ **mise sous ~** entering on the prison register; → **levée**²

**écrouelles** †† /ekʀuɛl/ NFPL scrofula

**écrouer** /ekʀue/ ▸ conjug 1 ◂ VT *(= incarcérer)* to imprison, to lock away (in prison) ◆ **il a été écroué sous le numéro 3489** he was entered on the prison register under the number 3489

**écroulé, e** /ekʀule/ (ptp de **s'écrouler**) ADJ a *[maison, mur]* ruined ◆ **à moitié ~** half-ruined, tumbledown *(épith)*, dilapidated b ◆ **être ~ * (de rire)** to be doubled up with laughter

**écroulement** /ekʀulmɑ̃/ NM collapse ◆ **l'explosion a provoqué l'~ du toit** the explosion caused the roof to collapse *ou* cave in

**écrouler (s')** /ekʀule/ ▸ conjug 1 ◂ VPR a *[mur]* to fall (down), to collapse; *[rocher]* to fall; *[toit]* to collapse, to cave in, to fall in; *(Rugby) [mêlée]* to collapse b *[empire]* to collapse, to crumble; *[entreprise]* to collapse, to crash; *[prix, cours]* to collapse, to plummet; *[espoir, théorie]* to collapse ◆ **tous nos projets se sont écroulés** all our plans have fallen through c *[personne] (= tomber)* to collapse; *(* = s'endormir)* to fall fast asleep; *[coureur, candidat]* to collapse ◆ **s'~ de sommeil/de fatigue** to be overcome with *ou* collapse with sleepiness/weariness ◆ **il s'écroula dans un fauteuil*** he flopped down *ou* collapsed into an armchair ◆ **être près de s'~** to be on the verge of collapse

**écru, e** /ekʀy/ ADJ *[tissu]* raw, in its natural state; *[vêtement]* ecru ◆ **couleur ~e** ecru ◆ **toile ~e** unbleached linen ◆ **soie ~e** raw silk *(before dyeing)*

**ecstasy** /ɛkstazi/ NF ecstasy

**ectoplasme** /ɛktoplasm/ NM ectoplasm

**écu** /eky/ NM *(= monnaie ancienne, papier)* crown; *(= monnaie européenne)* ecu; *(Hér, Hist = bouclier)* shield

**écubier** /ekybje/ NM hawse-hole

**écueil** /ekœj/ NM *(lit)* reef, shelf; *(= pierre d'achoppement)* stumbling block; *(= piège, danger)* pitfall

**écuelle** /ekɥɛl/ NF *(= assiette creuse) (pour chien)* bowl; *(= contenu)* bowlful; *(Hist)* platter

**éculé, e** /ekyle/ (ptp de **éculer**) ADJ *[chaussure]* down-at-heel; *[plaisanterie]* hackneyed, worn; *[mot]* overused

**éculer** /ekyle/ ▸ conjug 1 ◂ VT *[+ chaussure]* to wear down at the heel VPR **s'éculer** *[plaisanterie]* to wear thin; *[mot]* to be overused

**écumage** /ekymaʒ/ NM skimming

**écumant, e** /ekymɑ̃, ɑ̃t/ ADJ *[mer, torrent, vague]* foamy; *[lait]* frothy; *[bouche]* foaming

**écume** /ekym/ NF *[de mer]* foam; *[de bouche, bière]* foam, froth; *[de métal]* dross; *[de confiture, bouillon]* scum; *[de savon, cheval]* lather ◆ **pipe en ~ de mer** meerschaum pipe ◆ **l'~ de la société** *(péj)* the scum *ou* dregs of society

**écumer** /ekyme/ ▸ conjug 1 ◂ VT a *[+ bouillon]* to skim; *[+ confiture]* to take the scum off, to skim; *[+ métal]* to scum b *(= piller)* to clean out, to plunder ◆ **~ les mers** to scour the seas ◆ **~ la ville à la recherche de** to scour the town in search of VI *[mer, confiture]* to foam; *[métal]* to scum; *[bouche, liquide]* to froth, to foam; *[cheval]* to lather ◆ **~ (de rage)** to foam *ou* froth at the mouth *(fig)*, to foam with rage

**écumeur** /ekymœʀ/ NM *(Hist)* ◆ **~ des mers** *(hum)* pirate, buccaneer

**écumeux, -euse** /ekymø, øz/ ADJ foamy, frothy

**écumoire** /ekymwaʀ/ NF skimmer ◆ **troué comme une ~** riddled with holes

**écureuil** /ekyʀœj/ NM squirrel ◆ **~ roux/gris** red/grey squirrel ◆ **~ de Corée** chipmunk ◆ **~ volant** flying squirrel

**écurie** /ekyʀi/ NF *[de chevaux, cyclistes etc]* stable; *(péj = endroit sale)* pigsty ◆ **mettre un cheval à l'~** to stable a horse ◆ **~ de course** racing stable ◆ **nettoyer les ~s d'Augias** to clean the Augean stables; → **sentir**

**écusson** /ekysɔ̃/ NM *(= insigne)* badge; *(Mil)* tab; *(Hér)* escutcheon; *[de serrure]* escutcheon; *[d'insecte]* scutellum ◆ **(greffe en) ~** *(Agr)* shield-graft

**écuyer** /ekɥije/ NM a *(= cavalier)* rider, horseman; *(= professeur d'équitation)* riding master ◆ **~ de cirque** circus rider b *(Hist) (d'un chevalier)* squire; *(à la cour)* equerry

**écuyère** /ekɥijɛʀ/ NF rider, horsewoman ◆ **~ de cirque** circus rider ◆ **bottes à l'~** riding boots

**eczéma** /ɛgzema/ NM eczema ◆ **avoir** *ou* **faire de l'~** to have eczema

**eczémateux, -euse** /ɛgzematø, øz/ ADJ eczematous, eczema *(épith)*

**édam** /edam/ NM *(Culin)* Edam

**edelweiss** /edɛlvɛs, edɛlvajs/ NM edelweiss

**Éden** /edɛn/ NM ◆ **l'~, le jardin d'~** (the garden of) Eden

**édenté, e** /edɑ̃te/ (ptp de **édenter**) ADJ *(totalement)* toothless; *(partiellement)* gap-toothed NM edentate mammal ◆ **les ~s** edentate mammals, the Edentata *(SPÉC)*

**édenter** /edɑ̃te/ ▸ conjug 1 ◂ VT to break the teeth of

**EDF** /ədeɛf/ NF (abrév de **Électricité de France**) ◆ **l'~** the French Electricity Board ◆ **l'~-GDF** the French Electricity and Gas Board

**édicter** /edikte/ ▸ conjug 1 ◂ VT *[+ loi]* to enact, to decree; *[+ peine]* to decree

**édicule** /edikyl/ NM *(hum = cabinets)* public lavatory *ou* convenience *(Brit)*, (public) rest room *(US)*; *(= kiosque)* kiosk

**édifiant, e** /edifjɑ̃, jɑ̃t/ ADJ *[livre, conduite, histoire]* edifying; *[exemple]* salutary

**édification** /edifikasjɔ̃/ NF *[de bâtiment]* erection, construction; *[de personne]* edification *(frm)*, enlightenment

**édifice** /edifis/ NM building, edifice *(frm)* ◆ **~ public** public building ◆ **l'~ social** the social structure *ou* fabric

**édifier** /edifje/ ▸ conjug 7 ◂ VT a *[+ maison]* to build, to construct, to erect; *[+ fortune, empire]* to build (up); *[+ système]* to build, to develop b *(moralement)* to edify *(frm)*, to enlighten

**édile** /edil/ NM *(frm, hum)* (town) councillor

**Édimbourg** /edɛ̃buʀ/ N Edinburgh

**édit** /edi/ NM *(Hist)* edict ◆ **l'Édit de Nantes** the Edict of Nantes

**éditer** /edite/ ► conjug 1 ◄ VT *(= publier)* to publish; *[+ disques]* to produce; *(= annoter, présenter)* to edit

**éditeur, -trice** /editœʀ, tʀis/ NM,F *(= annotateur)* editor NM **a** *(= personne ou entreprise qui publie)* publisher ◆ **~ de disques** record producer **b** *(Ordin)* **~ de textes** text editor

> ⚠ *Au sens de 'personne ou entreprise qui publie',* **éditeur** *ne se traduit pas par le mot anglais* **editor**.

**édition** /edisjɔ̃/ NF **a** *(= action de publier)* publishing; *[de disques]* production ◆ **travailler dans l'~** to be in publishing *ou* in the publishing business ◆ **l'~ électronique** electronic publishing
**b** *(= livre, journal)* edition ◆ **~ spéciale** *(= journal)* special edition; *(= magazine)* special issue ◆ **"édition spéciale !"** *(cri du vendeur)* "extra! extra!" ◆ **~ de 5 heures** *(= journal)* five o'clock edition ◆ **notre ~ de 13 heures** *(Radio, TV = informations)* our 1 o'clock news bulletin ◆ **dernière ~** *(Presse)* late edition; *(TV)* late news bulletin ◆ **deuxième/troisième ~ !** * *(hum)* for the second/third time!
**c** *(= annotation)* editing; *(= texte)* edition ◆ **établir l'~ critique d'un texte** to produce a critical edition of a text ◆ **~ revue et corrigée/revue et augmentée** revised/revised and enlarged edition
**d** *(Ordin)* editing

> ⚠ *Au sens de 'action de publier',* **édition** *ne se traduit pas par le mot anglais* **edition**.

**édito** * /edito/ NM abrév de **éditorial**

**éditorial, e** (mpl **-iaux**) /editɔʀjal, jo/ ADJ *[comité, politique, projet]* editorial ◆ **il y a un superbe travail ~** it's beautifully edited NM leading article, leader, editorial

**éditorialiste** /editɔʀjalist/ NMF leader *ou* editorial writer

**Édouard** /edwaʀ/ NM Edward ◆ **~ le Confesseur** Edward the Confessor

**édredon** /edʀədɔ̃/ NM eiderdown

**éducable** /edykabl/ ADJ educable, teachable

**éducateur, -trice** /edykatœʀ, tʀis/ ADJ educational NM,F *(gén)* teacher; *(en prison)* tutor, instructor; *(= théoricien)* educationalist ◆ **~ spécialisé** *(gén)* teacher of children with special needs; *[de maison de jeunes]* youth worker ◆ **~ sportif** sports teacher

**éducatif, -ive** /edykatif, iv/ ADJ *[rôle, valeur, processus]* educational, educative; *[chaîne, programme, jeu]* educational ◆ **système ~** education system ◆ **équipe éducative** *(Scol)* teaching staff; *[de services sociaux]* (social services) support team

**éducation** /edykasjɔ̃/ NF **a** *(= enseignement)* education ◆ **les problèmes de l'~** educational problems ◆ **j'ai fait mon ~ à Paris** I was educated *ou* I went to school in Paris ◆ **j'ai fait mon ~ musicale à Paris** I studied music in Paris ◆ **il a reçu une bonne ~** he had a good education ◆ **il a reçu une ~ religieuse** he had a religious upbringing ◆ **toute une ~ à refaire !** *(hum)* you've got a few things to learn! ◆ **~ manuelle et technique** technical education *(Brit)*, industrial arts *(US)* ◆ **l'Éducation nationale** *(= système)* state education; *(= ministère)* the Ministry *(Brit) ou* Department *(US)* of Education ◆ **~ religieuse** religious education ◆ **~ civique** civic education, civics *(sg)* ◆ **~ permanente** continuing education ◆ **~ physique et sportive** physical training *ou* education, PE ◆ **~ sexuelle** sex education ◆ **le roman raconte l'~ sentimentale d'un jeune homme** the novel recounts a young man's first experience of love; → **maison, ministère** *etc*
**b** *(= discipline familiale)* upbringing
**c** *(= bonnes manières)* **avoir de l'~** to be well brought up ◆ **manquer d'~** to be badly brought up, to be ill-mannered ◆ **sans ~** ill-mannered
**d** *[de goût, volonté]* training

> **Éducation nationale**
>
> The French state education system is the responsibility of the « Ministre de l'Éducation nationale ». Schools administration at local level is the responsibility of the « recteur d'académie ».
> State education in France is divided into four levels: « maternelle » (for children 2-6 years old), « primaire » (including « école élémentaire » and « école primaire », for 7 to 11-year-olds), « secondaire » (including collège and « lycée », for 12 to 18-year-olds) and « supérieur » (universities and other higher education establishments).
> State education as a whole is designed to follow key republican principles, the concept of « laïcité » (secular education) being of particular significance. Private education (mainly in Catholic schools) is structured in a similar way to the state system. → ACADÉMIE, COLLÈGE, CONCOURS, DIPLÔMES, LYCÉE

**édulcorant, e** /edylkɔʀɑ̃, ɑ̃t/ ADJ sweetening NM sweetener ◆ **sans ~** unsweetened

**édulcorer** /edylkɔʀe/ ► conjug 1 ◄ VT **a** *(= expurger) [+ doctrine, propos]* to water down; *[+ texte osé]* to tone down ◆ **ils ont adopté une version édulcorée des thèses de l'extrême droite** they have adopted a toned-down version of the ideas of the far right ◆ **il a beaucoup édulcoré les passages violents du livre** he has really toned down the violent parts of the book **b** *(Pharm)* to sweeten

**éduquer** /edyke/ ► conjug 1 ◄ VT *[+ enfant] (à l'école)* to educate; *(à la maison)* to bring up, to raise; *[+ peuple]* to educate; *[+ goût, volonté, œil, oreille]* to train ◆ **bien éduqué** well-mannered, well-bred, well brought up ◆ **mal éduqué** ill-mannered, ill-bred, badly brought up

**EEE** /əəə/ NM (abrév de **espace économique européen**) EEA

**effaçable** /efasabl/ ADJ *[inscription]* erasable

**effacé, e** /efase/ (ptp de **effacer**) ADJ **a** *[couleur] (= qui a passé)* faded; *(= sans éclat)* subdued **b** *[personne, manières]* unassuming, self-effacing; *[vie]* retiring; *[rôle]* unobtrusive **c** *[menton]* receding; *[poitrine]* flat ◆ **en position ~e** *(Escrime)* sideways (on)

**effacement** /efasmɑ̃/ NM **a** *[d'inscription, faute, souvenir]* obliteration, effacing; *[de bande magnétique]* erasing; *[de craintes]* dispelling; *(Ling)* deletion ◆ **~ du corps/des épaules** *(Escrime)* drawing o.s./one's shoulders in ◆ **l'~ progressif des frontières** the gradual elimination of borders **b** *[de personne] (par modestie)* unassuming *ou* self-effacing manner ◆ **son ~ progressif au profit du jeune sous-directeur** the way in which he was gradually being eclipsed by the young deputy director

**effacer** /efase/ ► conjug 3 ◄ VT **a** *(= enlever) [+ inscription, traces]* to erase, to obliterate, to efface; *[+ bande magnétique]* to erase; *[+ tableau noir]* to clean, to wipe; *(à la gomme)* to erase, to rub out *(Brit)*; *(à l'éponge)* to wipe off, to sponge off; *(en lavant)* to wash off *ou* out; *(au chiffon)* to wipe off, to rub out; *(Ling)* to delete ◆ **cette gomme efface bien** this is a good rubber *(Brit) ou* eraser *(US)*, this rubber *(Brit) ou* eraser *(US)* works well ◆ **prends un chiffon pour ~** use a cloth to rub it out *ou* wipe it off ◆ **un chemin à demi effacé** a barely distinguishable track
**b** *[+ mauvaise impression, souvenir]* to erase, to efface; *[+ faute]* to erase, to obliterate; *[+ craintes]* to dispel ◆ **pour ~ vos rides** to smooth out your wrinkles ◆ **on efface tout et on recommence** *(on oublie le passé)* we'll let bygones be bygones, we'll wipe the slate clean; *(on reprend à zéro)* let's go back to square one, let's make a fresh start ◆ **tenter d'~ son passé** to try to blot out one's past ◆ **le temps efface tout** everything fades in *ou* with time ◆ **ce moyen de communication efface les frontières** this means of communication cuts across borders
**c** *(= éclipser)* to outshine, to eclipse
**d** *(Sport) [+ adversaire]* to smash
**e** **~ le corps** *(Escrime)* to stand sideways on; *(gén)* to draw o.s. in ◆ **effacez les épaules !** shoulders back! ◆ **effacez le ventre !** stomach in!
VPR **s'effacer** **a** *[inscription]* to wear away; *[couleurs]* to fade; *[sourire]* to fade, to die ◆ **le crayon s'efface mieux que l'encre** it is easier to erase *ou* rub out *(Brit)* pencil than ink, pencil erases *ou* rubs out *(Brit)* more easily than ink ◆ **les frontières s'effacent** borders are coming down *ou* disappearing
**b** *[crainte, impression, souvenir]* to fade, to diminish ◆ **tout s'efface avec le temps** everything fades in *ou* with time ◆ **un mauvais souvenir qui s'efface difficilement** an unpleasant memory that is hard to forget *ou* that is slow to fade
**c** *(= s'écarter)* to move aside, to step back *ou* aside; *(= se faire discret)* to keep in the background; *(= se retirer)* to withdraw ◆ **l'auteur s'efface derrière ses personnages** the author hides behind his characters ◆ **elle s'efface le plus possible** she keeps (herself) in the background as much as possible ◆ **s'~ devant** *ou* **au profit de qn** to step aside in favour of sb ◆ **le romantisme s'efface devant** *ou* **derrière le réalisme** romanticism is giving way to realism

**effaceur** /efasœʀ/ NM ◆ **~ d'encre** (ink) eraser pen

**effarant, e** /efaʀɑ̃, ɑ̃t/ ADJ *[prix]* outrageous; *[vitesse]* alarming, breathtaking; *[bêtise]* astounding, incredible

**effaré, e** /efaʀe/ (ptp de **effarer**) ADJ alarmed *(attrib)* (de by, at) aghast *(attrib)* (de at); ◆ **son regard ~** his wild eyes, his look of alarm

**effarement** /efaʀmɑ̃/ NM alarm, trepidation

**effarer** /efaʀe/ ► conjug 1 ◄ VT *(= alarmer)* to alarm ◆ **cette bêtise/hausse des prix m'effare** *(= stupéfier)* I find such stupidity/this rise in prices most alarming

**effaroucher** /efaʀuʃe/ ► conjug 1 ◄ VT *(= alarmer) [+ animal]* to frighten away *ou* off, to scare away *ou* off; *[+ personne timide]* to frighten, to scare; *(= choquer)* to shock, to upset VPR **s'effaroucher** *(par timidité) [animal, personne]* to shy (de at) to take fright (de at); *(par pudeur)* to be shocked *ou* upset (de by)

**effectif, -ive** /efɛktif, iv/ ADJ *[aide]* real *(épith)*, positive *(épith)*; *[travail]* effective, actual *(épith)*, real *(épith)*; *(Fin) [capital]* real *(épith)* ◆ **le couvre-feu sera ~ à partir de 22 heures** the curfew will take effect *ou* become effective as from 10pm
NM *[d'armée]* strength *(NonC)*; *[de classe]* size, (total) number of pupils; *[de parti]* size; *[d'entreprise]* staff, workforce ◆ **~s** *(Mil)* numbers, strength ◆ **l'école n'a jamais atteint son ~ ou l'~ prévu** the school has never

reached its full complement ◆ **l'~ de la classe a triplé en deux ans** the (total) number of pupils in the class has *ou* the (size of the) class has trebled in two years ◆ **l'~ est au complet** *(Mil)* we are at full strength *ou* up to strength ◆ **augmenter ses ~s** *[parti, lycée]* to increase its numbers; *[entreprise]* to increase its workforce ◆ **l'usine a un ~ de 70 personnes** the factory has 70 people on the payroll *ou* has a workforce of 70 ◆ **maintenir le niveau des ~s** *(Ind)* to keep up manning levels

**effectivement** /efɛktivmɑ̃/ **ADV** **a** *(= réellement)* actually, really ◆ **cet incident s'est ~ produit** the incident really did happen *ou* actually happened ◆ **heures ~ travaillées** hours actually worked **b** *(= en effet)* actually, in fact; *(dans une réponse = oui)* quite, indeed ◆ **c'est ~ plus rapide** it's true that it's faster, it is in fact faster ◆ **n'y a-t-il pas risque de conflit ? – ~ !** isn't there a risk of conflict? – there is indeed! ◆ **~, quand ce phénomène se produit ...** indeed *ou* in fact, when this phenomenon occurs ...

> ⚠ **effectivement** *ne se traduit pas par* **effectively**, *qui veut dire 'efficacement'.*

**effectivité** /efɛktivite/ **NF** *(frm) [d'action, démarche, aide, travail]* effectiveness, efficacy

**effectuer** /efɛktɥe/ ▸ conjug 1 ◂ **VT** *[+ manœuvre, opération, mission, réparation]* to carry out; *[+ expérience]* to carry out, to perform; *[+ mouvement, geste]* to make; *[+ paiement]* to make, to effect; *[+ trajet]* to make, to complete; *[+ reprise économique]* to undergo, to stage ◆ **le franc/le coureur a effectué une remontée spectaculaire** the franc/the runner made *ou* staged a spectacular recovery **VPR s'effectuer** ◆ **le trajet s'effectue en 2 heures** the journey takes 2 hours (to complete) ◆ **le paiement peut s'~ de deux façons** payment may be made in two ways ◆ **le rapatriement des prisonniers s'est effectué sans incident** the repatriation of the prisoners went off without a hitch ◆ **la rentrée scolaire s'est effectuée dans de bonnes conditions** the new school year got off to a good start

**efféminé, e** /efemine/ **ADJ** effeminate

**efféminer** /efemine/ ▸ conjug 1 ◂ **VT** *[+ personne]* to make effeminate; *[+ peuple, pensée]* to emasculate ◆ **s'~** to become effeminate

**effervescence** /efɛʀvesɑ̃s/ **NF** *(lit)* effervescence; *(fig)* agitation ◆ **mettre la ville en ~** to plunge the town into a turmoil ◆ **être en ~** to be bubbling with excitement ◆ **l'~ révolutionnaire** the stirrings of revolution

**effervescent, e** /efɛʀvesɑ̃, ɑ̃t/ **ADJ** *(lit)* effervescent; *(fig)* agitated, in turmoil *(attrib)*

## effet /efɛ/

| | |
|---|---|
| 1 NOM MASCULIN | 3 LOCUTION ADVERBIALE |
| 2 NOM MASCULIN PLURIEL | 4 COMPOSÉS |

1 - NOM MASCULIN

**a** [= résultat] *[d'action, médicament]* effect ◆ **~ pervers** pernicious effect ◆ **c'est un ~ de son inexpérience** it is because of *ou* a result of his inexperience ◆ **c'est l'~ du hasard** it's pure chance, it is the result of chance ◆ **avoir** *ou* **produire beaucoup d'~/l'~ voulu** to have *ou* produce a considerable effect/the desired effect ◆ **ces livres ont un ~ nocif sur la jeunesse** these books have a harmful effect on young people ◆ **créer un ~ de surprise** to create a surprise ◆ **il espérait créer un ~ de surprise** he was hoping to surprise them (*ou* us *etc*) ◆ **avoir pour ~ de faire qch** to have the effect of doing sth ◆ **avoir pour ~ une augmentation/diminution de** to result in an increase/a decrease in ◆ **faire ~** *[médicament]* to take effect ◆ **le médicament (me) fait de l'~/a fait son ~** the medicine works (on me)/has worked ◆ **la bière me fait beaucoup d'~** beer goes straight to my head ◆ **la bière ne me fait aucun ~** beer has no effect on me ◆ **être** *ou* **rester sans ~** to be ineffective, to have no effect ◆ **ces mesures sont demeurées sans ~** these measures had no effect *ou* were ineffective; → **relation**

**b** [= impression] impression ◆ **faire** *ou* **produire un ~ considérable/déplorable (sur qn)** to make a great/dreadful impression (on sb) ◆ **il a fait** *ou* **produit son petit ~** he managed to cause a bit of a stir *ou* a minor sensation ◆ **il aime faire de l'~** he likes to create a stir ◆ **c'est tout l'~ que ça te fait ?** is that all it means to you?, is that all you feel about it? ◆ **quel ~ ça te fait d'être revenu ?** what does it feel like *ou* how does it feel to be back? ◆ **ça m'a fait un drôle d'~ de le revoir après si longtemps** I found it strange seeing him again after so long ◆ **cela m'a fait de l'~ de le voir dans cet état** it really affected me *ou* it gave me quite a turn to see him in that state ◆ **faire bon/mauvais ~ sur qn** to make a good/bad impression on sb ◆ **il m'a fait bon ~** he made a good impression on me, I was favourably impressed by him ◆ **ce tableau fait bon ~/beaucoup d'~ ici** this picture is quite/very effective here ◆ **il me fait l'~ d'(être) une belle crapule** he strikes me as being a real crook, he seems like a real crook to me; → **bœuf**

**c** [= artifice, procédé] effect ◆ **~ de contraste/de style/comique** contrasting/stylistic/comic effect ◆ **~ d'optique** visual effect ◆ **~s de lumière** *(au théâtre)* lighting effects; *(naturels, sur l'eau)* play of light *(NonC)* ◆ **~s spéciaux** *(Ciné)* special effects ◆ **rechercher les ~s** *ou* **l'~** to strive for effect ◆ **soigner ses ~s** to take great trouble over one's effects ◆ **elle lui a coupé ses ~s** she stole his thunder ◆ **manquer** *ou* **rater son ~** *[personne]* to spoil one's effect; *[plaisanterie]* to fall flat, to misfire ◆ **faire des ~s de voix** to use one's voice to dramatic effect, to make dramatic use of one's voice ◆ **il fait des ~s de manches** *[avocat]* he waves his arms about in a most dramatic fashion

**d** [Phys, Tech] effect ◆ **machine à simple/double ~** single-/double-effect machine; → **boomerang, larsen, placebo, secondaire**

**e** [Sport] spin ◆ **donner de l'~ à une balle** to put spin on a ball ◆ **tu as mis trop d'~** you've put too much spin on the ball

**f** [Admin, Jur] **augmentation de salaire avec ~ rétroactif au 1er janvier** payrise backdated to 1 January, retrospective payrise from 1 January ◆ **prendre ~ à la date de** to take effect from, to be operative from ◆ **à l'~ de** in order to

**g** [Comm = valeur] **~ bancaire, ~ de commerce** bill of exchange ◆ **~ à vue** sight bill, demand note ◆ **~ au porteur** bill payable to bearer ◆ **~s à payer** notes payable ◆ **~s à recevoir** bills receivable ◆ **~s publics** government securities

**h** [loc] **mettre à ~** to put into operation *ou* effect

◆ **à cet effet** ◆ **utilisez la boîte prévue à cet ~** use the box provided ◆ **un bâtiment construit à cet ~** a building designed for that purpose

◆ **sous l'effet de** *[+ alcool]* under the effect(s) *ou* influence of; *[+ drogue]* under the effect(s) of ◆ **sous l'~ de la colère il me frappa** in his anger he hit me

2 - NOM MASCULIN PLURIEL

**effets** *(= affaires, vêtements)* things, clothes ◆ **~s personnels** personal effects

3 - LOCUTION ADVERBIALE

**en effet**

**a** [introduit une explication] because ◆ **cette voiture me plaît beaucoup, en ~, elle est rapide et confortable** I like this car very much because it's fast and comfortable

**b** [= effectivement] **cela me plaît beaucoup, en ~** yes (indeed), I like it very much ◆ **c'est en ~ plus rapide** it's true that it's faster

**c** [dans une réponse] **étiez-vous absent mardi dernier ? – en ~, j'avais la grippe** were you absent last Tuesday? – yes (I was) *ou* that's right, I had flu ◆ **tu ne travaillais pas ? – en ~** you weren't working? – no, I wasn't as it happens

4 - COMPOSÉS

▷ **effet d'annonce** ◆ **c'est un ~ d'annonce** it's hype ◆ **créer un ~ d'annonce** to create hype ▷ **effet papillon** butterfly effect ▷ **effet retard** *[de médicament]* delayed action ▷ **effet de serre** greenhouse effect ▷ **effet de souffle** blast ◆ **bombe à ~ de souffle** blast bomb ▷ **effet tunnel** tunnel effect; → **domino, gaz, levier**

**effeuillage** /efœjaʒ/ **NM** *(Agr)* thinning-out of leaves; *(hum)* striptease

**effeuiller** /efœje/ ▸ conjug 1 ◂ **VT** *[+ arbre, branche] [arboriculteur]* to thin out the leaves of; *[vent]* to blow the leaves off ◆ **~ une branche/une fleur** *(par jeu)* to pull *ou* pick the leaves off a branch/the petals off a flower ◆ **~ la marguerite** to play "she-loves-me, she-loves-me-not" **VPR s'effeuiller** *[arbre]* to shed *ou* lose its leaves

**effeuilleuse** /efœjøz/ **NF** *(hum = strip-teaseuse)* stripper

**efficace** /efikas/ **ADJ** *[remède, mesure]* effective; *[personne, machine]* efficient; → **grâce**

**efficacement** /efikasmɑ̃/ **ADV** efficiently, effectively

**efficacité** /efikasite/ **NF** *[de remède, mesure]* effectiveness; *[de personne, machine]* efficiency

**efficience** /efisjɑ̃s/ **NF** efficiency

**efficient, e** /efisjɑ̃, jɑ̃t/ **ADJ** efficient

**effigie** /efiʒi/ **NF** effigy ◆ **à l'~ de** bearing the effigy of ◆ **en ~** in effigy

**effilé, e** /efile/ **ADJ** *[doigt, silhouette]* slender; *[pointe, outil]* highly-sharpened; *[carrosserie]* streamlined; *[tissu]* frayed ◆ **amandes ~es** flaked almonds ◆ **poulet ~** oven-ready chicken **NM** *[de jupe, serviette]* fringe

**effiler** /efile/ ▸ conjug 1 ◂ **VT** **a** *[+ objet]* to taper; *[+ lignes, forme]* to streamline **b** *[+ étoffe]* to fray; *[+ cheveux]* to thin (out) **VPR s'effiler** *[objet]* to taper; *[étoffe]* to fray

**effilochage** /efilɔʃaʒ/ **NM** fraying

**effilocher** /efilɔʃe/ ▸ conjug 1 ◂ **VT** *[+ tissu]* to fray **VPR s'effilocher** to fray ◆ **veste effilochée** frayed jacket

**efflanqué, e** /eflɑ̃ke/ **ADJ** raw-boned ◆ **c'était un cheval ~** the horse was just skin and bones

**effleurement** /eflœʀmɑ̃/ **NM** *(= frôlement)* light touch; *(Ordin)* touch ◆ **elle sentit sur son bras l'~ d'une main** she felt the light touch of a hand on her arm, she felt a hand brush against her arm ◆ **massage par ~** effleurage

**effleurer** /eflœʀe/ ▸ conjug 1 ◂ VT a *(= frôler)* to touch lightly, to brush (against); *(= érafler)* to graze; *[+ sujet]* to touch (lightly) on *ou* upon, to skim over; *(Ordin)* to touch ◆ **les oiseaux effleuraient l'eau** the birds skimmed (across) the water ◆ **une idée lui effleura l'esprit** an idea crossed his mind ◆ **ça ne m'a pas effleuré** it didn't cross my mind, it didn't occur to me ◆ **ayant oublié le désir qui l'avait effleuré** having forgotten his fleeting desire b *[+ cuir]* to buff

**efflorescence** /eflɔʀesɑ̃s/ NF *(Bot, Chim)* efflorescence

**effluent, e** /eflyɑ̃, ɑ̃t/ ADJ effluent NM *(Géog)* effluent ◆ **~ urbain** urban effluent ◆ **~s radioactifs** radioactive effluent *(NonC) ou* discharges

**effluves** /eflyv/ NMPL *(littér) (agréables)* fragrance; *(désagréables)* smell, effluvia *(frm)*

**effondré, e** /efɔ̃dʀe/ (ptp de **s'effondrer**) ADJ *(gén = abattu)* shattered, crushed (*de* by); ◆ **~ de douleur** prostrate with grief ◆ **les parents ~s** the grief-stricken parents

**effondrement** /efɔ̃dʀəmɑ̃/ NM a *[de mur, édifice]* collapse ◆ **ça a provoqué l'~ du plancher** it caused the floor to cave in *ou* collapse b *[d'empire, entreprise]* collapse, fall; *[de prix, marché]* collapse c *(= abattement)* utter dejection

**effondrer** /efɔ̃dʀe/ ▸ conjug 1 ◂ VT *(Rugby) [+ mêlée]* to collapse VPR **s'effondrer** a *[toit, plancher]* to collapse, to cave in, to fall in; *[mur]* to collapse, to fall down; *[terre]* to fall away, to collapse; *[pont]* to collapse; *(Rugby) [mêlée]* to collapse b *[empire, projet]* to collapse; *[prix, marché]* to collapse, to plummet; *[argument]* to collapse, to fall to pieces; *[espoirs]* to be dashed; *[rêves]* to come to nothing c *[personne]* to collapse; *(fig) [accusé]* to break down ◆ **elle s'est effondrée en larmes** she dissolved *ou* collapsed into tears, she broke down and wept ◆ **effondré sur sa chaise** slumped on his chair

**efforcer (s')** /efɔʀse/ ▸ conjug 3 ◂ VPR ◆ **s'~ de faire qch** to try hard *ou* endeavour to do sth, to do one's best to do sth ◆ **il s'efforçait à une politesse dont personne n'était dupe** *(littér)* he was striving to remain polite but he convinced nobody ◆ **ils s'efforçaient en vain** *(littér)* they were striving in vain

**effort** /efɔʀ/ NM a *(physique, intellectuel)* effort ◆ **après bien des ~s** after much exertion *ou* effort ◆ **la récompense de nos ~s** the reward for our efforts ◆ **nécessiter un (gros) ~ financier** to require a (large) financial outlay ◆ **l'~ financier de la France dans le domaine de l'énergie** France's investment in the field of energy ◆ **~ de guerre** war effort ◆ **~ de volonté** effort of will ◆ **cela demande un ~ de réflexion** that requires careful thought ◆ **cela demande un ~ d'attention** you have to make an effort to concentrate ◆ **faire un ~** to make an effort ◆ **faire un ~ de mémoire** to make an effort *ou* try hard to remember ◆ **tu dois faire un ~ d'imagination** you should try to use your imagination ◆ **faire de gros ~s pour réussir** to make a great effort *ou* great efforts to succeed, to try very hard to succeed ◆ **faire un ~ sur soi-même pour rester calme** to make an effort *ou* force o.s. to stay calm ◆ **faire un ~ financier en faveur des petites entreprises** to give financial help to small businesses ◆ **tu dois faire un peu plus d'~s** you must try a bit harder ◆ **faire l'~ de** to make the effort to ◆ **faire porter son *ou* l'~ sur** to concentrate one's efforts on ◆ **plier sous l'~** to bend with the effort ◆ **il est resté en deçà de son ~** *(Sport)* he didn't go all out, he didn't stretch himself to his limit ◆ **encore un ~** just a little more effort ◆ **sans ~** effortlessly, easily ◆ **avec ~** with some effort; → **moindre**

b *(Tech)* stress, strain; *(Vét)* strain ◆ **~ de torsion** torsional stress ◆ **~ de traction** traction, pull ◆ **l'~ que subissent les fondations** the strain on the foundations

**effraction** /efʀaksjɔ̃/ NF *(Jur)* breaking and entering ◆ **entrer par ~** to break in ◆ **ils sont entrés par ~ dans la maison** they broke into the house ◆ **~ informatique** (computer) hacking; → **vol²**

**effraie** /efʀɛ/ NF ◆ **(chouette) ~** barn-owl

**effrangé, e** /efʀɑ̃ʒe/ (ptp de **effranger**) ADJ fringed; *(= effiloché)* frayed

**effranger** /efʀɑ̃ʒe/ ▸ conjug 3 ◂ VT to fringe *(by fraying)* VPR **s'effranger** to fray ◆ **ces manches s'effrangent** these sleeves are fraying (at the edges)

**effrayant, e** /efʀɛjɑ̃, ɑ̃t/ ADJ *(= qui fait peur)* frightening; *(= alarmant)* alarming

**effrayé, e** /efʀeje/ (ptp de **effrayer**) ADJ frightened, scared ◆ **il me regarda d'un air ~** he looked at me in alarm

**effrayer** /efʀeje/ ▸ conjug 8 ◂ VT *(= faire peur à)* to frighten, to scare VPR **s'effrayer** to be frightened *ou* scared *ou* afraid (*de* of)

**effréné, e** /efʀene/ ADJ *[spéculation]* rampant ◆ **la consommation ~e** rampant consumerism ◆ **ils se sont engagés dans une course ~e à la productivité** they went all out to increase productivity ◆ **la recherche ~e du profit** the reckless pursuit of profit ◆ **se livrer à une concurrence ~e** to compete savagely ◆ **à un rythme ~** at a furious pace ◆ **les fusions se sont succédé à un rythme ~** it was just one merger after another

**effritement** /efʀitmɑ̃/ NM *[de roche]* crumbling; *[de valeurs morales, majorité]* crumbling; *[de monnaie]* erosion; *[de fortune, valeurs boursières]* dwindling; *[de relation]* disintegration

**effriter** /efʀite/ ▸ conjug 1 ◂ VT *[+ biscuit, sucre]* to crumble; *[+ roche, falaise]* to cause to crumble VPR **s'effriter** *[roche]* to crumble; *[valeurs, marché]* to decline; *[majorité électorale]* to crumble; *[fortune]* to dwindle; *[consensus]* to crack; *[relation]* to disintegrate, to fall apart ◆ **son avance s'effrite** *(Sport)* he's losing his lead ◆ **la livre s'effrite face au dollar** *(Bourse)* sterling is falling against the dollar ◆ **Radio Soleil voit son audience s'~** Radio Soleil is losing listeners

**effroi** /efʀwa/ NM *(littér)* terror, dread ◆ **saisi d'~** terror-stricken

**effronté, e** /efʀɔ̃te/ ADJ *[personne, air, réponse]* insolent, impudent, cheeky *(Brit)*, sassy *(US)*; *[mensonge, menteur]* barefaced *(épith)*, shameless NM,F insolent *ou* impudent person ◆ **petit ~ !** you cheeky *(Brit) ou* sassy *(US)* little thing!

**effrontément** /efʀɔ̃temɑ̃/ ADV *[mentir]* brazenly; *[sourire]* impudently, cheekily *(Brit)*

**effronterie** /efʀɔ̃tʀi/ NF *[de réponse, personne]* insolence, impudence, cheek *(Brit)*; *[de mensonge]* shamelessness, effrontery

**effroyable** /efʀwajabl/ ADJ appalling, horrifying

**effroyablement** /efʀwajabləmɑ̃/ ADV appallingly, horrifyingly

**effusion** /efyzjɔ̃/ NF *[de tendresse]* outpouring ◆ **après ces ~s** after all this effusiveness ◆ **remercier qn avec ~** to thank sb effusively ◆ **~ de sang** bloodshed

**égailler (s')** /egaje/ ▸ conjug 1 ◂ VPR to scatter, to disperse

**égal, e** (mpl **-aux**) /egal, o/ GRAMMAIRE ACTIVE 34.5

ADJ a *(= de même valeur)* equal (*à* to); ◆ **de poids ~** of equal weight ◆ **à poids ~** weight for weight ◆ **à nombre/prix ~** for the same number/price ◆ **égaux en nombre** equal in numbers ◆ **à ~e distance de deux points** equidistant *ou* exactly halfway between two points ◆ **Orléans est à ~e distance de Tours et de Paris** Orléans is equidistant from Tours and Paris *ou* is the same distance from Tours as from Paris ◆ **Tours et Paris sont à ~e distance d'Orléans** Tours and Paris are the same distance from *ou* are equidistant from Orléans ◆ **d'adresse/d'audace ~e** of equal skill/boldness, equally skilful/bold ◆ **toutes choses ~es par ailleurs** all *ou* other things being equal; → **signe**

b *(= sans variation) [justice]* even, unvarying; *[climat]* equable, unchanging; *[terrain]* even, level; *[bruit, rumeur, vent]* steady ◆ **de caractère ~** even-tempered ◆ **marcher d'un pas ~** to walk with a regular *ou* an even step

c *(loc)* **ça m'est ~** *(= je n'y attache pas d'importance)* I don't mind, it's all one *ou* the same to me; *(= je m'en fiche)* I don't care ◆ **pense ce que tu veux, ça m'est bien ~** you can think what you like, I really don't care ◆ **tout lui est ~** he doesn't feel strongly about anything ◆ **c'est ~, il aurait pu m'écrire** all the same *ou* be that as it may, he might have written ◆ **sa probité n'a d'~e que sa générosité** his integrity is matched *ou* equalled only by his generosity ◆ **rester ~ à soi-même** to remain true to form; → **arme, jeu**

NM,F a *(= personne)* equal ◆ **il ne fréquente que ses égaux** he only associates with his equals

b *(loc)* **il a traité d'~ à ~ avec moi** he treated me as his *ou* an equal ◆ **nous parlions d'~ à ~** we talked to each other as equals ◆ **sa probité est à l'~ de sa générosité** his generosity is equalled *ou* matched by his integrity ◆ **c'est une vraie mégère à l'~ de sa mère** she's a real shrew just like her mother ◆ **sans ~** *[beauté, courage]* matchless, unequalled, peerless

**égalable** /egalabl/ ADJ ◆ **difficilement ~** difficult to equal *ou* match

**également** /egalmɑ̃/ ADV a *(= aussi)* also, too, as well ◆ **elle lui a ~ parlé** *(elle aussi)* she also *ou* too spoke to him; *(à lui aussi)* she spoke to him as well *ou* too b *(= sans aspérités)* evenly; *(= sans préférence)* equally

**égaler** /egale/ ▸ conjug 1 ◂ VT a *[+ personne, record]* to equal (*en* in); ◆ **2 plus 2 égalent 4** *(Math)* 2 plus 2 equals 4 ◆ **personne ne l'a encore égalé en adresse** so far there has been no one to equal *ou* match his skill, so far no one has matched him for skill ◆ **son intégrité égale sa générosité** his generosity is matched *ou* equalled by his integrity, his integrity matches *ou* equals his generosity b *(= comparer)* ◆ **~ qn à** to rank sb with ◆ **c'est un bon compositeur mais je ne l'égalerais pas à Ravel** he's a good composer but I wouldn't rank him with *ou* put him beside Ravel c *(† = rendre égal)* **la mort égale tous les êtres** death is the great leveller VPR **s'égaler** ◆ **s'~ à** *(= se montrer l'égal de)* to equal, to be equal to; *(= se comparer à)* to liken o.s. to, to compare o.s. to

**égalisateur, -trice** /egalizatœʀ, tʀis/ ADJ equalizing *(Brit)*, tying *(US)* ◆ **le but ~** *(Sport)* the equalizer *(Brit)*, the tying goal *(US)* ◆ **le jeu ~** *(Tennis)* the game which evened (up) the score

**égalisation** /egalizasjɔ̃/ NF *(Sport)* equalization *(Brit)*, tying *(US)*; *[de sol, revenus]* levelling ◆ **c'est l'~** *(Sport)* they've scored the equalizer *(Brit) ou* the tying goal *(US)*, they've equalized *(Brit) ou* tied *(US)*

**égaliser** /egalize/ ▸ conjug 1 ◂ VT [+ chances] to equalize, to make equal; [+ cheveux] to straighten up; [+ sol, revenus] to level (out) VI (Sport) to equalize (Brit), to tie (US) VPR **s'égaliser** [chances] to become (more) equal; [sol] to level (out), to become (more) level

**égaliseur** /egalizœʀ/ NM ◆ ~ **graphique** graphic equalizer

**égalitaire** /egalitɛʀ/ ADJ egalitarian

**égalitarisme** /egalitaʀism/ NM egalitarianism

**égalitariste** /egalitaʀist/ ADJ, NMF egalitarian

**égalité** /egalite/ GRAMMAIRE ACTIVE 32.4 NF a [d'hommes] equality; (Math) identity ◆ **comparatif d'~** (Gram) comparative of similar degree ◆ **~ des chances** equal opportunities, equality of opportunity b [de climat] equableness, equability; [de pouls] regularity; [de surface] evenness, levelness ◆ **~ d'humeur** evenness of temper, equableness ◆ **~ d'âme** equanimity c (Tennis) **"égalité !"** "deuce!"

◆ **à égalité** ◆ **être à ~** (après un but) to be equal; (fin du match) to draw (Brit), to tie (US); (Tennis : à 40/40) to be at deuce ◆ **ils sont à ~** (Sport) the score is ou the scores are even ◆ **à ~ de qualification on prend le plus âgé** in the case of equal qualifications we take the oldest

**égard** /egaʀ/ NM a (= respect) **~s** consideration ◆ **il la reçut avec de grands ~s** he welcomed her with every ou great consideration ◆ **être plein d'~s pour qn, avoir beaucoup d'~s pour qn** to be very considerate towards sb, to show great consideration for sb ◆ **manquer d'~s envers qn** to be inconsiderate to(wards) sb, to show a lack of consideration for sb ◆ **vous n'avez aucun ~ pour votre matériel** you have no respect for your equipment

b (loc) **avoir ~ à qch** to take sth into account ou consideration ◆ **par ~ pour** out of consideration for ◆ **sans ~ pour** without regard for, without consideration for ◆ **à bien des ~s, à maints ~s** in many respects ◆ **à tous (les) ~s** in all respects

◆ **eu égard à** in view of, considering

◆ **à l'égard de** ◆ **aimable à l'~ des enfants** (envers) friendly towards children ◆ **des mesures ont été prises à son ~** (contre) measures have been taken against him ◆ **à l'~ de ce que vous me dites ...** (en ce qui concerne) concerning ou regarding ou with regard to what you're saying ...

**égaré, e** /egaʀe/ (ptp de **égarer**) ADJ a [voyageur] lost; [animal] stray (épith), lost; → **brebis** b [air, regard] distraught, wild

**égarement** /egaʀmɑ̃/ NM (littér = trouble affectif) distraction ◆ **dans un moment d'~** in a moment of distraction NMPL **égarements** (littér = dérèglements) aberrations ◆ **elle est revenue de ses ~s** she's seen the error of her ways

**égarer** /egaʀe/ ▸ conjug 1 ◂ VT a [+ voyageur] to lead out of his way; [+ enquêteurs] to mislead; (moralement) [+ jeunes, esprits] to lead astray ◆ **la douleur vous égare** (frm) you are distraught ou distracted with grief

b [+ objet] to mislay

VPR **s'égarer** a [voyageur] to lose one's way, to get lost; [animal] (gén) to get lost; (du troupeau) to stray; [colis, lettre] to get lost, to go astray; [discussion, auteur] to wander from the point ◆ **ne nous égarons pas !** let's stick to the point!, let's not wander from the point! ◆ **il s'égare dans des détails** he loses himself ou he gets lost in details ◆ **une espèce d'original égaré dans notre siècle** an eccentric individual who seems out of place in the age we live in ◆ **s'~ du droit chemin** (fig, Rel) to wander ou stray from the straight and narrow ◆ **quelques votes d'extrême droite se sont égarés sur ce candidat socialiste** a few votes from the far right have been lost to the socialist candidate

b (= perdre la raison) to lose one's reason ◆ **mon esprit s'égare à cette pensée** the thought of it makes me feel quite distraught

**égayer** /egeje/ ▸ conjug 8 ◂ VT [+ personne] to cheer up; [+ pièce] to brighten up; [+ conversation] to enliven VPR **s'égayer** to have fun ◆ **s'~ aux dépens de qn** to amuse o.s. at sb's expense ◆ **s'~ à voir ...** to be highly amused ou entertained at seeing ...

**Égée** /eʒe/ ADJ ◆ **la mer ~** the Aegean Sea ◆ **les îles de la mer ~** the Aegean Islands

**égérie** /eʒeʀi/ NF a [de poète] muse ◆ **c'est la nouvelle ~ de Chanel** (= mannequin) she's Chanel's new icon ◆ **une ~ du cinéma américain** an American movie queen ◆ **elle est l'~ du président** the president looks to her for inspiration ◆ **la police a arrêté l'~ de la bande** the police have arrested the woman who was the brains behind the gang b ◆ **Égérie** (Hist) Egeria

**égide** /eʒid/ **sous l'égide de** LOC PRÉP under the aegis of

**églantier** /eglɑ̃tje/ NM wild ou dog rose

**églantine** /eglɑ̃tin/ NF wild ou dog rose, eglantine

**églefin** /egləfɛ̃/ NM ⇒ **aiglefin**

**église** /egliz/ NF a (= bâtiment) church ◆ **aller à l'~** to go to church ◆ **il est à l'~** (pour l'office) he's at ou in church; (en curieux) he's in the church ◆ **se marier à l'~** to get married in church, to have a church wedding ◆ **à l'~ Ste Marie** at St Mary's (church) b ◆ **l'Église** (= secte, clergé) the Church ◆ **l'Église anglicane** the Church of England, the Anglican Church ◆ **l'Église catholique** the Church of Rome, the Roman Catholic Church ◆ **l'Église réformée** the Reformed Church ◆ **l'Église orthodoxe** the Orthodox Church ◆ **l'Église de France/Rome** The Church of France/Rome ◆ **l'Église militante/triomphante** the Church militant/triumphant; → **gens**[1], **homme**

**églogue** /eglɔg/ NF eclogue

**ego** /ego/ NM (Philos, Psych) ego ◆ **il a un ~ démesuré** he has an inflated ego

**égocentrique** /egosɑ̃tʀik/ ADJ egocentric, self-centred NMF egocentric ou self-centred person

**égocentrisme** /egosɑ̃tʀism/ NM (gén) egocentricity, self-centredness; (Psych) egocentricity

**égocentriste** /egosɑ̃tʀist/ ADJ, NMF ⇒ **égocentrique**

**égoïne** /egɔin/ NF ◆ **(scie) ~** handsaw

**égoïsme** /egɔism/ NM selfishness, egoism

**égoïste** /egɔist/ ADJ selfish, egoistic NMF selfish person, egoist

**égoïstement** /egɔistəmɑ̃/ ADV selfishly, egoistically

**égorgement** /egɔʀʒəmɑ̃/ NM ◆ **l'~ d'un mouton** slitting ou cutting a sheep's throat

**égorger** /egɔʀʒe/ ▸ conjug 3 ◂ VT (lit) to slit ou cut the throat of; * [+ débiteur, client] to bleed white

**égorgeur, -euse** /egɔʀʒœʀ, øz/ NM,F cut-throat

**égosiller (s')** /egozije/ ▸ conjug 1 ◂ VPR (= crier) to shout o.s. hoarse; (= chanter fort) to sing at the top of one's voice ou lungs (US)

**égotisme** /egɔtism/ NM egotism

**égotiste** /egɔtist/ (littér) ADJ egotistic(al) NMF egotist

**égout** /egu/ NM sewer ◆ **réseau** ou **système d'~s** sewerage system ◆ **eaux d'~** sewage ◆ **aller à l'~** [d'eaux usées] to go down the drain ◆ **~ pluvial** storm drain ou sewer

**égoutier** /egutje/ NM sewer worker

**égoutter** /egute/ ▸ conjug 1 ◂ VT [+ légumes] (avec une passoire) to strain; [+ linge] (en le tordant) to wring out; [+ fromage] to drain VI [vaisselle] to drain; [linge, eau] to drip ◆ **faire ~ l'eau** to drain off the water ◆ **mettre le linge à ~** to hang up the washing to drip ◆ **ne l'essore pas, laisse-le ~** don't wring it out, leave it to drip dry VPR **s'égoutter** [arbre, linge, eau] to drip; [vaisselle] to drain

**égouttoir** /egutwaʀ/ NM [de vaisselle] (intégré dans l'évier) draining (Brit) ou drain (US) board; (mobile) draining rack (Brit), drainer (US), dish rack (US); [de légumes] strainer, colander

**égratigner** /egʀatiɲe/ ▸ conjug 1 ◂ VT [+ peau] to scratch, to graze; [+ genou] to graze, to scrape; (fig) [+ adversaire] to have a dig at ◆ **il s'est égratigné le genou** he grazed his knee ◆ **le film/l'auteur s'est fait ~ par la critique** the film/the author was given a bit of a rough ride by the critics

**égratignure** /egʀatiɲyʀ/ NF [de peau] scratch, graze; [de genou] graze, scrape ◆ **il s'en est sorti sans une ~** he came out of it without a scratch ◆ **ce n'était qu'une ~ faite à son amour-propre** it just dented his self-esteem

**égrènement** /egʀɛnmɑ̃/ NM ◆ **l'~ des heures/minutes** marking out the hours/minutes ◆ **l'~ des hameaux le long de la vallée** (littér) the hamlets dotted along the valley

**égrener** /egʀəne/ ▸ conjug 5 ◂ VT a [+ pois] to shell, to pod; [+ blé, maïs, épi] to shell; [+ coton] to gin; [+ grappe] to pick grapes off ◆ **~ des raisins** to pick grapes off the bunch b (fig) **~ son chapelet** to tell one's beads † (aussi littér), to say the rosary ◆ **la pendule égrène les heures** the clock marks out the hours ◆ **~ la liste de ses succès** to go through a list of one's successes VPR **s'égrener** [raisins] to drop off the bunch; [blé] to drop off the stalk; [rire] to break out ◆ **les maisons s'égrenaient le long de la route** the houses were dotted along the road ◆ **les notes du piano s'égrenaient dans le silence** the notes of the piano fell one by one in the silence

**égreneuse** /egʀənøz/ NF [de céréales] cornsheller; [de coton] gin

**égrillard, e** /egʀijaʀ, aʀd/ ADJ [ton, regard] ribald; [plaisanterie, rire, propos] ribald, bawdy

**Égypte** /eʒipt/ NF Egypt ◆ **la basse/haute ~** Lower/Upper Egypt ◆ **la République arabe d'~** the Arab Republic of Egypt

**égyptien, -ienne** /eʒipsjɛ̃, jɛn/ ADJ Egyptian NM,F **Égyptien(ne)** Egyptian

**égyptologie** /eʒiptɔlɔʒi/ NF Egyptology

**égyptologue** /eʒiptɔlɔg/ NMF Egyptologist

**eh** /e/ EXCL hey! ◆ **~ oui !/non !** I'm afraid so!/not! ◆ **~ bien** well

**éhonté, e** /eɔ̃te/ ADJ [action] shameless, brazen; [menteur, mensonge] shameless, barefaced, brazen

**eider** /ɛdɛʀ/ NM eider

**Eiffel** /ɛfɛl/ N ◆ **la tour ~** the Eiffel Tower

**einsteinien, -ienne** /ɛnstajnjɛ̃, jɛn/ ADJ Einsteinian

**einsteinium** /ɛnstɛnjɔm/ NM einsteinium

**Eire** /ɛʀ/ NF Eire

**éjaculateur** /eʒakylatœʀ/ **NM** ◆ **être un ~ précoce** to suffer from premature ejaculation, to be a premature ejaculator

**éjaculation** /eʒakylasjɔ̃/ **NF** *(Physiol)* ejaculation ◆ **~ précoce** premature ejaculation

**éjaculer** /eʒakyle/ ▸ conjug 1 ◂ **VI** *(Physiol)* to ejaculate

**éjectable** /eʒɛktabl/ **ADJ** → **siège**[1]

**éjecter** /eʒɛkte/ ▸ conjug 1 ◂ **VT** **a** *(Tech)* to eject **b** *[+ personne] (accidentellement)* to throw out ◆ **le choc l'a éjecté de la voiture** he was thrown out of the car **c** * *(= congédier)* to sack *; *(= expulser)* to kick out * ◆ **se faire ~** *(de son travail)* to get the sack *; *(d'une boîte de nuit)* to get kicked out * **VPR** **s'éjecter** *[pilote]* to eject

**éjection** /eʒɛksjɔ̃/ **NF** **a** *(Tech)* ejection **b** *(= licenciement)* sacking *

**élaboration** /elabɔʀasjɔ̃/ **NF** *[de plan, système]* working-out, elaboration; *[de bile, sève, aliments]* elaboration

**élaboré, e** /elabɔʀe/ (ptp de **élaborer**) **ADJ** *(= sophistiqué) [théorie, savoir]* elaborate; *[cuisine, coiffure, système]* elaborate, sophisticated

**élaborer** /elabɔʀe/ ▸ conjug 1 ◂ **VT** *[+ plan, système, solution]* to work out, to elaborate; *[+ document]* to draw up; *[+ bile, sève, aliments]* to elaborate

**élagage** /elagaʒ/ **NM** *(lit, fig)* pruning

**élaguer** /elage/ ▸ conjug 1 ◂ **VT** *(lit, fig)* to prune

**élagueur, -euse** /elagœʀ, øz/ **NM,F** pruner

**élan**[1] /elɑ̃/ **NM** *(Zool)* elk, moose

**élan**[2] /elɑ̃/ **NM** **a** *(= vitesse acquise)* momentum; *[de sauteur, joueur]* run up ◆ **prendre son ~** to take a run up ◆ **prendre de l'~** *[sauteur, joueur]* to take a run up; *[coureur]* to gather speed; *[mouvement, campagne]* to gather momentum ◆ **perdre son ~** to lose one's (*ou* its) momentum ◆ **saut avec/sans ~** running/standing jump ◆ **il a continué dans** *ou* **sur son ~** he continued to run at the same pace *ou* speed ◆ **emporté par son ~, il n'a pas pu s'arrêter à temps** he was going so fast he couldn't stop ◆ **emportée par son ~, elle a eu des paroles malheureuses** she got carried away and said some unfortunate things ◆ **rien ne peut l'arrêter dans son ~** *(= dans sa carrière, son projet)* nothing can stop him now ◆ **je vais te donner de l'~ !** * you're going to get a slap!

**b** *(= accès)* **dans un ~ d'enthousiasme/de générosité/de colère** in a fit of enthusiasm/of generosity/of anger ◆ **il eut un ~ de tendresse pour elle** he felt a surge of affection for her ◆ **les ~s lyriques de l'orateur** the lyrical outbursts of the speaker ◆ **maîtriser les ~s de son cœur** to control the impulses of one's heart ◆ **'bien sûr !' dit-il avec ~** 'of course!', he exclaimed

**c** *(= ardeur)* fervour *(Brit)*, fervor *(US)* ◆ **~ patriotique/révolutionnaire** patriotic/revolutionary fervour

**d** *(= dynamisme)* boost ◆ **redonner de l'~** *ou* **donner un nouvel ~ à une politique/une institution/l'économie** to give new impetus to a policy/an institution/the economy ◆ **l'~ vital** the life force

**élancé, e** /elɑ̃se/ (ptp de **élancer**) **ADJ** *[clocher, colonne, taille, personne]* slender

**élancement** /elɑ̃smɑ̃/ **NM** *(Méd)* shooting *ou* sharp pain

**élancer** /elɑ̃se/ ▸ conjug 3 ◂ **VT** *(littér)* ◆ **le clocher élance sa flèche vers le ciel** the church steeple soars up *ou* thrusts upwards into the sky **VI** *[blessure]* to give shooting *ou* sharp pains ◆ **mon doigt m'élance** I get shooting *ou* sharp pains in my finger **VPR** **s'élancer** **a** *(= se précipiter)* to rush forward; *(= prendre son élan)* to take a run up ◆ **s'~ au-dehors** to rush *ou* dash outside ◆ **s'~ comme une flèche vers** to dart towards ◆ **s'~ d'un bond sur** to leap onto ◆ **s'~ au secours de qn** to rush *ou* dash to help sb ◆ **s'~ à la poursuite de qn** to rush off in pursuit of sb, to dash after sb ◆ **s'~ vers qn** to leap *ou* dash towards sb ◆ **s'~ sur qn** to hurl *ou* throw o.s. at sb, to rush at sb ◆ **s'~ à l'assaut d'une montagne/forteresse** to launch an attack on a mountain/fortress **b** *(littér = se dresser)* to soar *ou* thrust (upwards) ◆ **la tour s'élance vers le ciel** the tower soars *ou* thrusts up into the sky

**élargir** /elaʀʒiʀ/ ▸ conjug 2 ◂ **VT** **a** *(pour agrandir) [+ rue]* to widen; *[+ robe]* to let out; *[+ chaussures]* to stretch, to widen; *(= déformer) [+ vêtement, chaussures]* to stretch ◆ **ça lui élargit la taille** it makes her look bigger round the waist ◆ **une veste qui élargit les épaules** a jacket that makes the shoulders look broader *ou* wider **b** *[+ débat, connaissances]* to broaden, to widen ◆ **majorité élargie** *(Pol)* increased majority ◆ **~ son horizon** to enlarge *ou* widen one's horizons ◆ **~ son champ d'action** to extend one's field of operations **c** *(Jur = libérer)* to release, to free **VPR** **s'élargir** *[vêtement]* to stretch; *[route]* to widen, to get wider; *[esprit, débat]* to broaden; *[idées]* to broaden, to widen

**élargissement** /elaʀʒismɑ̃/ **NM** **a** *(= agrandissement) [de rue]* widening; *[de robe]* letting out; *[de chaussures]* stretching, widening **b** *[de débat, connaissances]* broadening, widening ◆ **elle réclame un ~ de ses pouvoirs** she wants her powers to be extended **c** *(Jur = libération)* release, freeing

**élasthanne** /elastan/ **NM** spandex ®, elastane ® *(Brit)*

**élasticité** /elastisite/ **NF** **a** *[d'objet]* elasticity; *[de démarche]* springiness; *(Écon) [d'offre, demande]* elasticity **b** *[de sens, esprit, principes]* flexibility; *(péj) [de conscience]* accommodating nature; *[de règlement]* elasticity, flexibility

**élastine** /elastin/ **NF** elastin

**élastique** /elastik/ **ADJ** **a** *[objet]* elastic; *[démarche]* springy; *(Écon) [offre, demande]* elastic ◆ **taille ~** *(Couture)* elasticated *(Brit)* *ou* elasticized *(US)* waist **b** *[sens, esprit, principes]* flexible; *(péj) [conscience]* accommodating; *[règlement]* elastic, flexible **NM** **a** *(de bureau)* elastic *ou* rubber band; → **lâcher** **b** *(pour couture, jeu etc)* elastic *(NonC)*; *(Sport)* bungee cord ◆ **en ~** elasticated, elastic; → **saut**

**élastiqué, e** /elastike/ **ADJ** *[encolure, ceinture, manche, taille]* elasticated *(Brit)*, elasticized *(US)*; *[pantalon]* with an elasticated *(Brit)* *ou* elasticized *(US)* waist

**élastomère** /elastɔmɛʀ/ **NM** elastomer ◆ **en ~** *[chaussures]* man-made

**Elbe** /ɛlb/ **N** ◆ **l'île d'~** (the island of) Elba ◆ **l'~** *(= fleuve)* the Elbe

**Eldorado** /ɛldɔʀado/ **NM** El Dorado

**électeur, -trice** /elɛktœʀ, tʀis/ **NM,F** **a** *(Pol, gén)* voter, elector; *(dans une circonscription)* constituent ◆ **le député et ses ~s** ≈ the member of parliament and his constituents ◆ **les ~s** *(corps électoral)* the electorate, the voters ◆ **grand ~** *(en France) elector who votes in the elections for the French Senate; (aux USA)* presidential elector **b** *(Hist)* **Électeur** Elector ◆ **Électrice** Electress; → Sénat

**électif, -ive** /elɛktif, iv/ **ADJ** *(Pol)* elective

**élection** /elɛksjɔ̃/ **NF** **a** *(Pol, gén)* election ◆ **jour des ~s** polling *ou* election day ◆ **se présenter aux ~s** to stand *(Brit)* *ou* run *(US)* as a candidate (in the election) ◆ **~ présidentielle** presidential election ◆ **~ partielle** ≈ by(e)-election ◆ **~s législatives** legislative elections, ≈ general election ◆ **~s municipales/cantonales** municipal/cantonal elections ◆ **~s régionales** regional elections **b** *(littér = choix)* choice ◆ **lieu/patrie d'~** place/country of one's (own) choosing *ou* choice ◆ **la France est une patrie** *ou* **terre d'~ pour les poètes** France is a country much favoured by poets ◆ **~ de domicile** *(Jur)* choice of residence

### Élections

Presidential elections and legislative elections (for the « députés » who make up the « Assemblée nationale ») take place every five years in France. Elections for one third of the « Sénat » are held every three years, but these are collegiate and only « grands électeurs » (high-ranking officials and party representatives) vote in them.

There are two kinds of local election in France, and both are held every six years. They are the « élections cantonales » in which people vote for the « Conseil régional » and « Conseil général », and the « élections municipales » for the « Conseil municipal » (or the « Conseil d'arrondissement » in Paris, Marseille and Lyon).

All public elections take place on a Sunday in France, usually in school halls and « mairies ». → Canton, Commune, Département *etc*

**électoral, e** (mpl **-aux**) /elɛktɔʀal, o/ **ADJ** *[affiche, réunion]* election *(épith)* ◆ **campagne ~e** election *ou* electoral campaign ◆ **pendant la période ~e** during election time, during the run-up to the election ◆ **il m'a promis son soutien ~** he promised me his backing in the election; → **agent, circonscription, corps**

**électoralisme** /elɛktɔʀalism/ **NM** electioneering

**électoraliste** /elɛktɔʀalist/ **ADJ** electioneering

**électorat** /elɛktɔʀa/ **NM** **a** *(= électeurs)* electorate; *(dans une circonscription)* constituency; *(= droit de vote)* franchise ◆ **l'~ socialiste** the voters for the socialist party, the socialist vote **b** *(Hist = principauté)* electorate

**Électre** /elɛktʀ/ **NF** Electra

**électricien, -ienne** /elɛktʀisjɛ̃, jɛn/ **NM,F** electrician

**électricité** /elɛktʀisite/ **NF** electricity ◆ **allumer l'~** to turn the light on ◆ **ça marche à l'~** it runs on electricity, it's electrically operated ◆ **refaire l'~** to rewire the house (*ou* shop *etc*) ◆ **être sans ~** *(gén)* to have no electricity; *(suite à une panne, à une grève)* to be without power ◆ **~ statique** static electricity ◆ **l'~ d'origine nucléaire** nuclear(-generated) electricity ◆ **~ atmosphérique** atmospherics ◆ **il y a de l'~ dans l'air** * the atmosphere is electric; → **panne**[1]

**électrification** /elɛktʀifikasjɔ̃/ **NF** electrification

**électrifier** /elɛktʀifje/ ▸ conjug 7 ◂ **VT** to electrify ◆ **~ un village** to bring electricity *ou* electric power to a village

**électrique** /elɛktʀik/ **ADJ** *(lit)* electric(al); *(fig)* electric ◆ **atmosphère ~** highly-charged atmosphere ◆ **bleu ~** electric blue ◆ **j'ai les cheveux ~s** * I've got static (electricity) in my hair

**électriquement** /elɛktʀikmɑ̃/ ADV electrically

**électrisable** /elɛktʀizabl/ ADJ *[foule]* easily roused; *[substance]* chargeable, electrifiable

**électrisant, e** /elɛktʀizɑ̃, ɑ̃t/ ADJ *[discours, contact]* electrifying

**électrisation** /elɛktʀizasjɔ̃/ NF *[de substance]* charging, electrifying

**électriser** /elɛktʀize/ ▸ conjug 1 ◂ VT *[+ substance]* to charge, to electrify; *[+ public]* to electrify

**électroacoustique, électro-acoustique** (pl **électro-acoustiques**) /elɛktʀoakustik/ ADJ electroacoustic NF acoustoelectronics *sg*, electroacoustics *sg*

**électro-aimant** (pl **électro-aimants**) /elɛktʀoɛmɑ̃/ NM electromagnet

**électrocardiogramme** /elɛktʀokaʀdjɔgʀam/ NM electrocardiogram ◆ **faire un ~ à qn** to give sb an electrocardiogram *ou* an ECG

**électrocardiographe** /elɛktʀokaʀdjɔgʀaf/ NM electrocardiograph

**électrocardiographie** /elɛktʀokaʀdjɔgʀafi/ NF electrocardiography

**électrochimie** /elɛktʀoʃimi/ NF electrochemistry

**électrochimique** /elɛktʀoʃimik/ ADJ electrochemical

**électrochoc** /elɛktʀoʃɔk/ NM *(= procédé)* electric shock treatment, electroconvulsive therapy *(SPÉC)* ◆ **on lui a fait des ~s** he was given electric shock treatment *ou* ECT ◆ **sa proposition a provoqué un ~** his proposal sent shock waves through the country

**électrocuter** /elɛktʀɔkyte/ ▸ conjug 1 ◂ VT to electrocute VPR **s'électrocuter** to electrocute o.s.

**électrocution** /elɛktʀɔkysjɔ̃/ NF electrocution

**électrode** /elɛktʀɔd/ NF electrode

**électrodynamique** /elɛktʀodinamik/ ADJ electrodynamic NF electrodynamics *sg*

**électro-encéphalogramme** (pl **électro-encéphalogrammes**) /elɛktʀoɑ̃sefalɔgʀam/ NM electroencephalogram

**électro-encéphalographie** (pl **électro-encéphalographies**) /elɛktʀoɑ̃sefalɔgʀafi/ NF electroencephalography

**électrogène** /elɛktʀɔʒɛn/ ADJ *(Zool)* electric; → **groupe**

**électrolyse** /elɛktʀɔliz/ NF electrolysis

**électrolyser** /elɛktʀɔlize/ ▸ conjug 1 ◂ VT to electrolyse

**électrolyseur** /elɛktʀɔlizœʀ/ NM electrolyser

**électrolyte** /elɛktʀɔlit/ NM electrolyte

**électrolytique** /elɛktʀɔlitik/ ADJ electrolytic(al)

**électromagnétique** /elɛktʀomaɲetik/ ADJ electromagnetic

**électromagnétisme** /elɛktʀomaɲetism/ NM electromagnetism

**électromécanicien, -ienne** /elɛktʀomekanisjɛ̃, jɛn/ NM,F electromechanical engineer

**électromécanique** /elɛktʀomekanik/ ADJ electromechanical NF electromechanical engineering

**électroménager** /elɛktʀomenaʒe/ ADJ ◆ **appareil ~** (household *ou* domestic) electrical appliance NM ◆ **l'~** *(= appareils)* (household *ou* domestic) electrical appliances; *(= industrie)* the electrical goods industry ◆ **le petit/gros ~** small/large electrical appliances ◆ **magasin d'~** electrical goods shop *(Brit)* *ou* store *(US)*

**électrométallurgie** /elɛktʀometalyʀʒi/ NF electrometallurgy

**électrométallurgique** /elɛktʀometalyʀʒik/ ADJ electrometallurgical

**électromètre** /elɛktʀɔmɛtʀ/ NM electrometer

**électromoteur, -trice** /elɛktʀomɔtœʀ, tʀis/ ADJ electromotive NM electric motor, electromotor

**électron** /elɛktʀɔ̃/ NM electron

**électronégatif, -ive** /elɛktʀonegatif, iv/ ADJ electronegative

**électronicien, -ienne** /elɛktʀɔnisjɛ̃, jɛn/ NM,F electronics engineer

**électronique** /elɛktʀɔnik/ ADJ *(gén)* electronic; *[microscope]* electron *épith* ◆ **groupe/industrie ~** electronics group/industry; → **adresse**[1], **autoroute**, **courrier**, **dictionnaire** NF electronics *sg*

**électronucléaire** /elɛktʀonykleeʀ/ ADJ nuclear power *épith* NM ◆ **l'~** nuclear power

**électrophone** /elɛktʀɔfɔn/ NM record player

**électropositif, -ive** /elɛktʀopozitif, iv/ ADJ electropositive

**électrostatique** /elɛktʀostatik/ ADJ electrostatic NF electrostatics *sg*

**électrotechnicien, -ienne** /elɛktʀotɛknisjɛ̃, jɛn/ NM,F electrotechnician

**électrotechnique** /elɛktʀotɛknik/ ADJ electrotechnical ◆ **institut ~** institute of electrical engineering *ou* of electrotechnology NF *(= science)* electrical engineering, electrotechnology, electrotechnics *sg*; *(= secteur)* electrical engineering

**électrothérapie** /elɛktʀoteʀapi/ NF electrotherapy

**élégamment** /elegamɑ̃/ ADV elegantly

**élégance** /elegɑ̃s/ NF a *[de personne, toilette]* elegance, stylishness ◆ **l'~ féminine** feminine elegance b *[de conduite]* generosity; *[de solution]* elegance, neatness ◆ **~s (de style)** ornaments (of style) ◆ **perdre avec ~** to be a good loser ◆ **concours d'~** *parade of elegant women in beautiful cars* ◆ **il aurait pu avoir l'~ de s'excuser** he might have had the good grace to apologize

**élégant, e** /elegɑ̃, ɑ̃t/ ADJ a *[personne, toilette]* elegant, stylish ◆ **tu es très ~ habillé comme ça** you're looking very elegant b *[conduite]* generous; *[solution]* elegant, neat ◆ **user de procédés peu ~s** to use crude methods ◆ **c'était une façon ~e de le remettre à sa place** it was a neat way of putting him in his place NM († = dandy) elegant *ou* stylish man, man of fashion NF **élégante** † elegant *ou* stylish woman, woman of fashion

**élégiaque** /eleʒjak/ ADJ elegiac

**élégie** /eleʒi/ NF elegy

**élément** /elemɑ̃/ NM a *[de structure, ensemble]* element, component; *[de problème]* element; *[de mélange]* ingredient, element; *[de réussite]* factor, element; *[d'appareil]* part, component ◆ **~ comique (d'un roman)** comic element (of a novel)

b *(= meuble)* unit ◆ **~s de rangement** storage units ◆ **~s de cuisine/de bibliothèque** kitchen/bookshelf units

c *(Mil)* **~s blindés/aéroportés** armoured/airborne units

d *(Chim)* element ◆ **l'~ hydrogène** the element hydrogen

e *(Tech) [de pile]* cell

f *(= fait)* fact ◆ **nous manquons d'~s** we lack information *ou* facts ◆ **aucun ~ nouveau n'est survenu** there have been no new developments, no new facts have come to light ◆ **~s de tir** *(Mil)* range data

g *(Comptab, Fin)* item ◆ **après/hors ~s exceptionnels** after/before extraordinary items

h *(= individu)* **c'est le meilleur ~ de ma classe** he's the best pupil in my class ◆ **bons et mauvais ~s** good and bad elements ◆ **~s subversifs/ennemis** subversive/hostile elements

i *(= milieu)* element ◆ **les quatre ~s** the four elements ◆ **les ~s (naturels)** the elements ◆ **l'~ liquide** the liquid element ◆ **quand on parle d'électronique il est dans son ~** * when you talk about electronics he's in his element ◆ **parmi ces artistes il ne se sentait pas dans son ~** he didn't feel at home *ou* he felt like a fish out of water among those artists

NMPL **éléments** *(= rudiments)* basic principles, rudiments, elements ◆ **il a quelques ~s de chimie** he has some elementary knowledge of chemistry ◆ **"Éléments de Mécanique"** *(titre d'ouvrage)* "Elementary Mechanics"

**élémentaire** /elemɑ̃tɛʀ/ ADJ a *(= facile) [problème]* elementary; *(= de base) [notion]* elementary, basic; *[forme]* rudimentary, basic; *(Scol) [cours, niveau]* elementary; *(= évident) [précaution]* elementary, basic ◆ **c'est ~ !** it's elementary! ◆ **~, mon cher Watson !** elementary, my dear Watson! ◆ **cela relève de la plus ~ courtoisie** it's only good manners b *(Chim)* elemental ◆ **particules ~s** *(Phys Nucl)* elementary *ou* fundamental particles

**Éléonore** /eleɔnɔʀ/ NF Eleanor

**éléphant** /elefɑ̃/ NM elephant ◆ **~ femelle** cow elephant ◆ **~ d'Asie/d'Afrique** Indian/African elephant ◆ **~ de mer** sea elephant, elephant seal ◆ **comme un ~ dans un magasin de porcelaine** like a bull in a china shop ◆ **les ~s du parti** *(fig)* the party old guard

**éléphanteau** (pl **éléphanteaux**) /elefɑ̃to/ NM elephant calf, baby elephant

**éléphantesque** /elefɑ̃tɛsk/ ADJ *(= énorme)* elephantine, gigantic

**éléphantiasis** /elefɑ̃tjazis/ NM elephantiasis

**élevage** /el(ə)vaʒ/ NM a *[de bétail]* rearing, breeding; *[de chiens, porcs, chevaux, vers à soie]* breeding; *[de volailles]* farming ◆ **l'~ (du bétail)** cattle breeding *ou* rearing ◆ **l'~ des abeilles** beekeeping ◆ **~ intensif de porcs/poulets** intensive farming of pigs/chickens ◆ **faire de l'~** to breed *ou* rear cattle ◆ **faire l'~ de** *[+ bétail]* to rear, to breed; *[+ chiens, porcs, chevaux, vers à soie]* to breed; *[+ abeilles]* to keep ◆ **région** *ou* **pays d'~** cattle-rearing *ou* -breeding area ◆ **truite/saumon d'~** farmed trout/salmon b *(= ferme) [de bétail]* cattle farm ◆ **~ de poulets/de truites** poultry/trout farm ◆ **~ de chiens** breeding kennels

**élévateur, -trice** /elevatœʀ, tʀis/ ADJ, NM,F ◆ **(muscle) ~** elevator ◆ **(appareil) ~** elevator ◆ **(appareil** *ou* **transformateur) ~ de tension** *(Élec)* step-up transformer; → **chariot**

**élévation** /elevasjɔ̃/ NF a *(= action d'élever) [de rempart, statue]* putting up, erection; *[d'objet, niveau]* raising; *[de pensée, âme]* elevation ◆ **~ d'un nombre au carré** *(Math)* squaring of a number ◆ **~ d'un nombre à une puissance** *(Math)* raising of a number to a power ◆ **son ~ au rang de capitaine** his being raised *ou* elevated to the rank of captain b *(= action de s'élever) [de température, niveau]* rise (de in) c *(Rel)* **l'~** the Elevation d *(= tertre)* elevation, mound ◆ **~ de terrain** rise e *(Archit, Géom = coupe, plan)* elevation f *(= noblesse) [de pensée, style]* elevation, loftiness

**élevé, e** /el(ə)ve/ (ptp de **élever**) ADJ a *[prix, niveau, température]* high; *[pertes]* heavy ◆ **peu ~** *[prix, niveau]* low; *[pertes]* slight

◆ **dommages-intérêts ~s** *(Jur)* substantial damages **b** *[cime, arbre]* tall; *[colline]* high **c** *[rang, grade]* high, elevated ◆ **être de condition ~e** *(frm)* to be of high birth ◆ **occuper une position ~e** to hold a high position, to be high-ranking **d** *(= noble) [pensée, style]* elevated, lofty; *[principes]* high ◆ **avoir une conception ~e de qch** to have a lofty view of sth **e** *(= éduqué)* **bien** ~ well-mannered ◆ **mal** ~ *(= rustre)* bad-mannered, ill-mannered; *(= impoli)* rude, impolite ◆ **espèce de mal ~ !** you rude thing! ◆ **c'est mal ~ de parler en mangeant** it's bad manners *ou* it's rude to talk with your mouth full

**élève** /elɛv/ **NMF** *(gén)* pupil, student; *(Grande École)* student; *(Mil)* cadet ◆ ~ **professeur** student teacher, trainee teacher ◆ ~ **infirmière** student nurse ◆ ~ **officier** officer cadet ◆ **~-officier de réserve** officer cadet

**élever** /el(ə)ve/ ▸ conjug 5 ◂ **VT** **a** *(= éduquer) [+ enfant]* to bring up, to raise ◆ **il a été élevé dans du coton** he had a sheltered upbringing, he was wrapped (up) in cotton wool as a child *(Brit)* ◆ **elle a été élevée selon des principes stricts** she had a strict upbringing ◆ **son fils est élevé maintenant** his son is grown-up now

**b** *(= faire l'élevage de) [+ bétail]* to rear, to breed; *[+ chiens, porcs, chevaux, vers à soie]* to breed; *[+ abeilles]* to keep; *[+ volailles]* to farm; *[+ vin]* to produce ◆ **vin élevé dans nos chais** wine matured in our cellars

**c** *(= dresser) [+ rempart, mur, statue]* to put up, to erect, to raise ◆ **la maison élevait sa masse sombre** *(littér)* the dark mass of the house rose up *ou* reared up *(littér)* ◆ ~ **des objections/des protestations** to raise objections/a protest ◆ ~ **des critiques** to make criticisms

**d** *(= hausser) [+ édifice]* to raise, to make higher ◆ ~ **une maison d'un étage** to raise a house by one storey, to make a house one storey higher

**e** *(= lever, mettre plus haut) [+ poids, objet]* to lift (up), to raise; *[+ niveau, taux, prix]* to raise; *[+ voix]* to raise; *(littér) [+ yeux, bras]* to raise, to lift (up) ◆ **pompe qui élève l'eau** pump which raises water

**f** *[+ débat]* to raise the tone of ◆ **musique qui élève l'âme** elevating *ou* uplifting music ◆ **élevons nos cœurs vers le Seigneur** *(Rel)* let us lift up our hearts unto the Lord

**g** *(= promouvoir)* to raise, to elevate ◆ **il a été élevé au grade de capitaine** he was raised *ou* elevated to the rank of captain ◆ **chez eux l'abstinence est élevée à la hauteur d'une institution** they've given abstinence the status of an institution, they have made abstinence a way of life

**h** *(Math)* ~ **une perpendiculaire** to raise a perpendicular ◆ ~ **un nombre à la puissance 5** to raise a number to the power of 5 ◆ ~ **un nombre au carré** to square a number

**VPR** **s'élever** **a** *(= augmenter) [température, niveau, prix]* to rise, to go up ◆ **le niveau des élèves/de vie s'est élevé** the standard of the pupils/of living has risen *ou* improved

**b** *(= se dresser) [montagne, tour]* to rise ◆ **la tour s'élève à 50 mètres au-dessus du sol** the tower is 50 metres tall ◆ **un mur s'élevait entre ces deux jardins** a wall stood between the two gardens ◆ **la cime s'élève majestueusement au-dessus des forêts** the peak rises (up) *ou* towers majestically above the forests

**c** *(= monter) [avion]* to go up, to ascend; *[oiseau]* to fly up, to ascend ◆ **l'avion s'élevait régulièrement** the plane was climbing *ou* ascending steadily ◆ **la pensée s'élève vers l'absolu** thought soars *ou* ascends towards the absolute ◆ **l'âme s'élève vers Dieu** the soul ascends to(wards) God ◆ **le ton s'élève, les voix s'élèvent** voices are beginning to rise ◆ **s'~ au-dessus des querelles** to rise above petty quarrels

**d** *[objections, doutes]* to be raised, to arise ◆ **sa voix s'éleva dans le silence** his voice broke the silence ◆ **aucune voix ne s'éleva en sa faveur** not a (single) voice was raised in his favour

**e** *(dans la société)* to rise ◆ **s'~ jusqu'au sommet de l'échelle** to climb to the top of the ladder ◆ **s'~ à la force du poignet/par son seul travail** to work one's way up unaided/by the sweat of one's brow

**f** *(= protester)* **s'~ contre** to rise up against

**g** *(= se bâtir)* to go up, to be put up *ou* erected ◆ **la maison s'élève peu à peu** the house is going up bit by bit *ou* is gradually going up

**h** *(= se monter)* **s'~ à** *[prix, pertes]* to total, to add up to, to amount to

**éleveur, -euse** /el(ə)vœʀ, øz/ **NM,F** *(Agr)* stockbreeder; *[de vin]* producer ◆ ~ **(de bétail)** cattle breeder *ou* rearer ◆ ~ **de chiens/chevaux/porcs** dog/horse/pig breeder ◆ ~ **de volailles** poultry farmer ◆ ~ **de vers à soie** silkworm breeder, sericulturist *(SPÉC)* ◆ ~ **d'abeilles** beekeeper; → **propriétaire** **NF** **éleveuse** *(pour poussins)* brooder

**elfe** /ɛlf/ **NM** elf

**élider** **VT**, **s'élider** **VPR** /elide/ ▸ conjug 1 ◂ to elide ◆ **article élidé** elided article

**Élie** /eli/ **NM** Elijah

**éligibilité** /eliʒibilite/ **NF** eligibility (*à* for)

**éligible** /eliʒibl/ **ADJ** eligible (*à* for)

**élimé, e** /elime/ (ptp de **élimer**) **ADJ** *[vêtement, tissu]* threadbare, worn ◆ **manteau un peu** ~ rather worn overcoat ◆ **chemise ~e au col/aux poignets** shirt with a frayed collar/with frayed cuffs

**élimer** /elime/ ▸ conjug 1 ◂ **VT** *[+ vêtement, tissu]* to wear thin **VPR** **s'élimer** *[vêtement, tissu]* to wear thin, to become threadbare

**élimination** /eliminasjɔ̃/ **NF** *(gén)* elimination ◆ **procéder par** ~ to work by a process of elimination

**éliminatoire** /eliminatwaʀ/ **ADJ** *[match, épreuve]* qualifying *(épith)*; *[note, temps]* disqualifying *(épith)* ◆ **les phases ~s de la Coupe du monde** the qualifying stages of the World Cup **NFPL** **éliminatoires** *(Sport)* qualifying heats

**éliminer** /elimine/ ▸ conjug 1 ◂ **VT** *(gén, Math, Méd)* to eliminate; *[+ possibilité]* to rule out, to eliminate; *[+ données secondaires]* to discard, to eliminate ◆ **éliminé au second tour** *(Pol)* eliminated in the second ballot ◆ **être éliminé à l'oral** to be eliminated in *ou* to fail (in) the oral ◆ **éliminé !** *(Jeux)* you're out! ◆ **éliminé en quart de finale** knocked out *ou* eliminated in the quarter finals ◆ **les petits exploitants seront éliminés du marché** small farmers will be forced out of the market ◆ **boire de l'eau minérale fait** ~ drinking mineral water cleans out the system

**élire** /eliʀ/ ▸ conjug 43 ◂ **VT** to elect ◆ **il a été élu président** he was elected president, he was voted in as president ◆ ~ **domicile** to take up residence (*à, dans* in)

**Élisabeth** /elizabɛt/ **NF** Elizabeth

**élisabéthain, e** /elizabetɛ̃, ɛn/ **ADJ** Elizabethan **NM,F** **Élisabéthain(e)** Elizabethan

**Élisée** /elize/ **NM** Elisha

**élision** /elizjɔ̃/ **NF** elision

**élitaire** /elitɛʀ/ **ADJ** *[club, festival]* exclusive

**élite** /elit/ **NF** **a** *(= groupe)* elite, élite ◆ **l'~ de** the cream *ou* elite of ◆ **les ~s (de la nation)** the elite (of the nation) ◆ **être** *ou* **personnalité d'~** exceptional person ◆ **corps/cavalerie d'~** *(Mil)* crack corps/cavalry ◆ **soldat d'~** elite soldier ◆ **joueur/pilote d'~** ace player/pilot ◆ **tireur d'~** crack shot ◆ **troupes d'~** elite *ou* crack troops ◆ **école d'~** elite school **b** *(Imprim)* **caractères** ~ elite (type)

**élitisme** /elitism/ **NM** elitism ◆ **faire de l'~** to be elitist

**élitiste** /elitist/ **ADJ, NMF** elitist

**élixir** /eliksiʀ/ **NM** elixir ◆ ~ **de longue vie** elixir of life ◆ ~ **d'amour** love potion, elixir of love

**elle** /ɛl/ **PRON PERS F** **a** *(fonction sujet, personne)* she; *(chose)* it; *(nation)* it, she; *(animal, bébé)* she, it ◆ **~s** they ◆ ~ **est couturière** she is a dressmaker ◆ **prends cette chaise, ~ est plus confortable** have this chair - it's more comfortable ◆ **je me méfie de sa chienne, ~ mord** I don't trust his dog - she *ou* it bites ◆ **~, furieuse, a refusé** furious, she refused ◆ **la Suisse a décidé qu'~ resterait neutre** Switzerland decided that it *ou* she would remain neutral ◆ **qu'est-ce qu'ils ont dit ? – ~, rien** what did they say? — she said nothing ◆ **il est venu mais pas ~/~s** he came but she/they didn't, he came but not her/them ◆ ~ **partie, j'ai pu travailler** with her gone *ou* after she had gone I was able to work ◆ **~, ~ n'aurait jamais fait ça** she would never have done that ◆ **~, renoncer ? ce n'est pas son genre** her give up? it wouldn't be like her; → aussi **même**

**b** *(fonction objet, souvent emphatique, personne)* her; *(chose)* it; *(nation)* it, her; *(animal)* her, it ◆ **~s** them ◆ **il n'admire qu'~** he only admires her, she's the only one he admires ◆ **je les ai bien vus, ~ et lui** I definitely saw both *ou* the two of them ◆ **la revoir ~ ? jamais !** see her again? never!

**c** *(emphatique avec qui, que)* **c'est ~ qui me l'a dit** she was the one who *ou* that told me ◆ **ce fut ~ qui lança le mouvement** she was the one *ou* it was her that launched the movement ◆ **voilà la pluie, et ~ qui est sortie sans manteau !** here comes the rain and to think she has gone out without a coat! *ou* and there she is out without a coat! ◆ **chasse cette chienne, c'est ~ qui m'a mordu** chase that dog away, it's the one that bit me ◆ **c'est ~ que j'avais invitée** it was her I had invited ◆ **c'est à ~ que je veux parler** it's her I want to speak to, I want to speak to her ◆ **il y a une chouette dans le bois, c'est ~ que j'ai entendue cette nuit** there's an owl in the wood - that's what I heard last night

**d** *(avec prép, personne)* her; *(animal)* her, it; *(chose)* it ◆ **ce livre est à** ~ this book belongs to her *ou* is hers ◆ **ces livres sont à ~s** these books belong to them *ou* are theirs ◆ **c'est à ~ de décider** it's up to her to decide, it's her decision ◆ **c'est gentil à ~ d'avoir écrit** it was kind of her to write ◆ **un ami à ~** a friend of hers, one of her friends ◆ **~ ne pense qu'à ~** she only thinks of herself ◆ **~ a une maison à ~** she has a house of her own ◆ **ses enfants à ~** her children ◆ **qu'est-ce qu'il ferait sans ~ ?** what would he do without her? ◆ **ce poème n'est pas d'~** this poem is not by her ◆ **il veut une photo d'~** he wants a photo of her

**e** *(dans comparaisons, sujet)* she; *(objet)* her ◆ **il est plus grand qu'~/~s** he is taller than she is/they are *ou* than her/them ◆ **je le connais aussi bien qu'~** *(aussi bien que je la connais)* I know him as well as (I know) her; *(aussi bien qu'elle le connaît)* I know him as well as she does ◆ **ne faites pas comme ~** don't do as *ou* what she does, don't do like her *

**f** *(interrog, emphatique : gén non traduit)* **Alice est-~ rentrée ?** is Alice back? ◆ **sa lettre est-~**

**arrivée ?** has his letter come? ◆ **les infirmières sont-~s bien payées ?** are nurses well paid? ◆ **tu sais, ta tante, ~ n'est pas très aimable !** you know, your aunt isn't very nice!

**ellébore** /elebɔʀ/ NM hellebore

**elle-même** (pl **elles-mêmes**) /ɛlmɛm/ PRON → **même**

**ellipse** /elips/ NF *(Géom)* ellipse; *(Ling)* ellipsis

**ellipsoïde** /elipsɔid/ NM ellipsoid ADJ *(Géom)* elliptical

**elliptique** /eliptik/ ADJ *(Géom)* elliptic(al); *(Ling)* elliptical ◆ **il a fait une réponse assez ~** he gave a somewhat succinct reply ◆ **il a été très ~ à ce propos** he was tight-lipped about the matter

**elliptiquement** /eliptikmɑ̃/ ADV *(Ling)* elliptically

**élocution** /elɔkysjɔ̃/ NF *(= débit)* delivery; *(= clarté)* diction ◆ **défaut d'~** speech impediment *ou* defect ◆ **professeur d'~** elocution teacher

**éloge** /elɔʒ/ NM **a** *(= louange)* praise ◆ **couvert d'~s** showered with praise ◆ **digne d'~** praiseworthy, commendable ◆ **faire des ~s à qn** to praise sb; → **tarir** **b** *(= apologie)* praise ◆ **faire l'~ de** to praise, to speak (very) highly of ◆ **son ~ n'est plus à faire** I do not need to add to the praise he has already received ◆ **c'est le plus bel ~ à lui faire** it's the highest praise one can give him ◆ **faire son propre ~** to sing one's own praises, to blow one's own trumpet * *(Brit)* *ou* horn * *(US)* ◆ **l'~ que vous avez fait de cette œuvre** your praise *ou* commendation of this work **c** *(littér = panégyrique)* eulogy ◆ **prononcer l'~ funèbre de qn** to deliver a funeral oration for sb

**élogieusement** /elɔʒjøzmɑ̃/ ADV ◆ **parler ~ de qn** to speak very highly *ou* most favourably of

**élogieux, -ieuse** /elɔʒjø, jøz/ ADJ laudatory, eulogistic(al) ◆ **parler de qn/qch en termes ~** to speak very highly of sb/sth, to speak of sb/sth in the most laudatory terms

**éloigné, e** /elwaɲe/ (ptp de **éloigner**) ADJ **a** *(dans l'espace)* distant, remote ◆ **les deux écoles ne sont pas très ~es (l'une de l'autre)** the two schools are not very far away from each other *ou* not very far apart ◆ **est-ce très ~ de la gare ? – oui, c'est très ~** is it a long way from the station? — yes, it's a long way ◆ **~ de 3 km** 3 km away ◆ **le village est trop ~ pour qu'on puisse y aller à pied** the village is too far away to walk *ou* isn't within walking distance

**b** *(dans le temps) [époque, événement, échéance]* distant (*de* from) remote (*de* from); ◆ **dans un avenir peu ~** in the not-too-distant future, in the near future

**c** *[parent]* distant; *[ancêtre]* remote ◆ **la famille ~e** distant relatives

**d** *(locutions)*

♦ **être éloigné de** *(= être sans rapport avec)* to be far from, to be a long way from ◆ **sa version est très ~e de la vérité** his version is very far from the truth ◆ **les prévisions étaient très ~es de la réalité** the forecasts were a long way off the mark ◆ **ces statistiques sont très ~es de la réalité** these statistics bear no relation to reality *ou* do not reflect reality ◆ **un sentiment pas très ~ de la haine** a feeling not far removed from hatred ◆ **rien n'est plus ~ de mes pensées** nothing is *ou* could be further from my thoughts ◆ **je suis fort ~ de ses positions** my point of view is very far removed from his ◆ **certains hommes politiques sont très ~s des préoccupations des gens** some politicians have little idea of people's real concerns

♦ **tenir éloigné de** to keep away from ◆ **cette conférence m'a tenu ~ de chez moi** the conference kept me away from home ◆ **se tenir ~ du feu** to keep away from *ou* clear of the fire ◆ **se tenir ~ du danger/des querelles** to steer *ou* keep clear of danger/of quarrels

**éloignement** /elwaɲmɑ̃/ NM **a** *(= action d'éloigner) [de personne indésirable]* taking away, removal; *[de soupçons]* removal, averting; *[d'échéance]* putting off, postponement ◆ **leur ~ de la cour, ordonné par le roi** their having been ordered away *ou* their banishment from the court by the king ◆ **~ du territoire** expulsion ◆ **il prône l'~ des délinquants** he advocates the forcible removal of young offenders

**b** *(= action de s'éloigner) [d'être aimé]* estrangement ◆ **son ~ des affaires** his progressive disinvolvement with business

**c** *(= état spatial, temporel)* distance ◆ **l'~ rapetisse les objets** distance makes objects (look) smaller ◆ **notre ~ de Paris complique le travail** our being so far from Paris makes the work more complicated ◆ **la région souffre de cet ~ géographique** the region suffers from being so remote ◆ **en amour, l'~ rapproche** absence makes the heart grow fonder *(Prov)* ◆ **avec l'~, on juge mieux les événements** it is easier to judge events from a distance

**éloigner** /elwaɲe/ ► conjug 1 ◄ VT **a** *[+ objet]* to move away, to take away (*de* from); ◆ **éloigne ce coussin du radiateur** move *ou* take that cushion away from the radiator ◆ **la lentille éloigne les objets** the lens makes objects look further away than they really are

**b** *[+ personne]* **~ qn de** *[+ endroit, activité, tentations]* to take sb away from, to remove sb from; *[+ être aimé, compagnons]* to estrange sb from; *(= exiler, écarter)* to send sb away from ◆ **~ les curieux du lieu d'un accident** to move onlookers *ou* bystanders away from the scene of an accident ◆ **ce chemin nous éloigne du village** this path takes *ou* leads us away from the village ◆ **il veut ~ les jeunes délinquants de leurs cités** he wants to forcibly remove young offenders from the areas where they live ◆ **allumer du feu pour ~ les bêtes sauvages** to light a fire to keep off the wild animals ◆ **son penchant pour la boisson a éloigné ses amis** his drinking lost him his friends *ou* made his friends drift away from him

**c** *[+ souvenir, idée]* to banish, to dismiss; *[+ crainte]* to remove, to dismiss; *[+ danger]* to ward off, to remove; *[+ soupçons]* to remove, to avert (*de* from); ◆ **ces résultats ont éloigné la perspective d'une baisse des taux d'intérêt** these figures have made the prospect of a cut in interest rates less likely

**d** *(= espacer) [+ visites]* to make less frequent, to space out

VPR **s'éloigner** **a** *[objet, véhicule en mouvement]* to move away; *[cycliste]* to ride away; *[orage]* to go away, to pass; *[bruit]* to go away, to grow fainter ◆ **le village s'éloignait et finit par disparaître dans la brume** the village got further (and further) away *ou* grew more and more distant and finally disappeared in the mist

**b** *[personne] (par prudence)* to go away (*de* from); *(par pudeur, discrétion)* to go away, to withdraw (*de* from); ◆ **s'~ de** *[+ être aimé, compagnons]* to become estranged from, to grow away from; *[+ sujet traité]* to wander from; *[+ position, objectif]* to move away from; *[+ devoir]* to swerve *ou* deviate from ◆ **éloigne-toi du feu** come away from the fire ◆ **s'~ en courant/en hâte** to run/hurry away *ou* off ◆ **éloignez-vous, ça risque d'éclater !** move away *ou* stand back, it might explode! ◆ **ne t'éloigne pas trop** don't go (too) far (away) ◆ **il suffit de s'~ de quelques kilomètres pour se retrouver à la campagne** the countryside is just a few kilometres away, you only have to go a few kilometres to get to the countryside ◆ **là vous vous éloignez du sujet** you're wandering from *ou* getting off the point *ou* subject ◆ **je la sentais s'~ de moi** I felt her growing away from me ◆ **le gouvernement s'éloigne des objectifs qu'il s'était fixés** the government is retreating from the targets it set itself ◆ **s'~ du droit chemin** to stray *ou* wander from the straight and narrow ◆ **s'~ de la vérité** to wander from the truth

**c** *[souvenir, échéance]* to grow more (and more) distant *ou* remote; *[danger]* to pass, to go away; *[craintes]* to go away

**élongation** /elɔ̃gasjɔ̃/ NF **a** *(Méd)* strained *ou* pulled muscle ◆ **les ~s font très mal** straining *ou* pulling a muscle is very painful, a pulled muscle is very painful ◆ **se faire une ~** to strain *ou* pull a muscle ◆ **je me suis fait une ~ à la jambe** I've strained *ou* pulled a muscle in my leg **b** *(Astron)* elongation; *(Phys)* displacement

**éloquemment** /elɔkamɑ̃/ ADV eloquently

**éloquence** /elɔkɑ̃s/ NF eloquence ◆ **avec ~** eloquently ◆ **il m'a fallu toute mon ~ pour la convaincre** I needed all the eloquence I could muster to convince her ◆ **l'~ de ces chiffres rend tout commentaire superflu** these figures speak for themselves *ou* need no comment

**éloquent, e** /elɔkɑ̃, ɑ̃t/ ADJ *[orateur, discours, geste]* eloquent; *[exemple]* clear ◆ **ces chiffres sont ~s** these figures speak for themselves ◆ **une étreinte plus ~e que toute parole** an embrace that spoke louder than any words, an embrace more eloquent *ou* meaningful than any words ◆ **un silence ~** a silence that speaks volumes, a meaningful *ou* an eloquent silence

**élu, e** /ely/ (ptp de **élire**) ADJ *(Rel)* chosen; *(Pol)* elected NM,F **a** *(Pol) (= député)* elected member, ≃ member of parliament, M.P. *(Brit)*; *(= conseiller)* elected representative, councillor ◆ **les nouveaux ~s** the newly elected members, the newly elected councillors ◆ **les ~s locaux** the local *ou* town councillors ◆ **les citoyens et leurs ~s** the citizens and their elected representatives **b** *(hum = fiancé)* **l'~ de son cœur** her beloved ◆ **quelle est l'heureuse ~e ?** who's the lucky girl? **c** *(Rel)* **les Élus** the Chosen ones, the Elect ◆ **être l'~ de Dieu** to be chosen by God

**élucidation** /elysidasjɔ̃/ NF elucidation

**élucider** /elyside/ ► conjug 1 ◄ VT to clear up, to elucidate

**élucubrations** /elykybʀasjɔ̃/ NFPL *(péj)* wild imaginings

**élucubrer** /elykybʀe/ ► conjug 1 ◄ VT *(péj)* to dream up

**éluder** /elyde/ ► conjug 1 ◄ VT *[+ difficulté]* to evade, to elude; *[+ loi, problème]* to evade, to dodge

**élusif, -ive** /elyzif, iv/ ADJ *(frm)* elusive

**Élysée** /elize/ NM *(Myth)* ◆ **l'~** the Elysium ◆ **(le palais de) l'~** the Élysée palace *(official residence of the French President)*; → **champ**[1]

**élyséen, -enne** /elizeɛ̃, ɛn/ ADJ *(Myth)* Elysian; *(Pol française)* of the Élysée palace

**élytre** /elitʀ/ NM wing case, elytron *(SPÉC)*

**émaciation** /emasjasjɔ̃/ NF emaciation

**émacié, e** /emasje/ (ptp de **émacier**) ADJ *[corps, visage]* emaciated, wasted; *[personne]* emaciated

**émacier** /emasje/ ▸ conjug 7 ◂ VT to emaciate
VPR **s'émacier** to become emaciated *ou* wasted

**émail** (pl **-aux**) /emaj, o/ NM *(= substance)* enamel; *(= objet)* piece of enamel, enamel; *(Hér)* colour ◆ **en** *ou* **d'~** enamel(led) ◆ **cendrier en émaux** enamelled ashtray ◆ **peinture sur ~** enamel painting ◆ **faire des émaux** to do enamel work

**e-mail** /imel/ NM e-mail ◆ **envoyer qch par ~** to e-mail sth

**émaillage** /emajaʒ/ NM enamelling

**émaillé, e** /emaje/ (ptp de **émailler**) ADJ a *(lit)* enamelled b ◆ **~ de** *(= parsemé de) [+ étoiles]* spangled *ou* studded with; *[+ fautes, citations]* peppered *ou* dotted with ◆ **voyage ~ d'incidents** journey punctuated by unforeseen incidents

**émailler** /emaje/ ▸ conjug 1 ◂ VT a *(lit)* to enamel b *(= parsemer) [étoiles]* to stud, to spangle ◆ **~ un texte de citations/d'erreurs** to pepper a text with quotations/errors

**émailleur, -euse** /emajœʀ, øz/ NM,F enameller, enamellist

**émanation** /emanasjɔ̃/ NF a ◆ **~s** *(= odeurs)* smells, emanations ◆ **~s fétides** fetid emanations ◆ **~s volcaniques** volatiles ◆ **~s toxiques** toxic fumes b *(= produit)* product ◆ **le pouvoir est l'~ du peuple** power issues from the people, power is a product of the will of the people c *(Phys)* emanation; *(Rel)* procession

**émancipateur, -trice** /emɑ̃sipatœʀ, tʀis/ ADJ liberating, emancipatory NM,F liberator, emancipator

**émancipation** /emɑ̃sipasjɔ̃/ NF *(Jur)* emancipation; *[de colonie, femme]* liberation, emancipation

**émancipé, e** /emɑ̃sipe/ (ptp de **émanciper**) ADJ emancipated, liberated

**émanciper** /emɑ̃sipe/ ▸ conjug 1 ◂ VT *(Jur)* to emancipate; *[+ femme]* to emancipate, to liberate; *[+ esprit]* to liberate, to (set) free
VPR **s'émanciper** *[femme]* to become emancipated *ou* liberated, to liberate o.s.; *[esprit, art]* to become liberated, to liberate *ou* free itself

**émaner** /emane/ ▸ conjug 1 ◂ **émaner de** VT INDIR *(Pol, Rel) [pouvoir]* to issue from; *[ordres, note]* to come from, to be issued by; *[chaleur, lumière, odeur]* to emanate *ou* issue *ou* come from; *[charme]* to emanate from

**émargement** /emaʀʒəmɑ̃/ NM a *(NonC)* signing; *(= annotation)* annotating ◆ **feuille d'~** *(= feuille de paye)* paysheet; *(= feuille de présence)* attendance sheet b *(= signature)* signature; *(= annotation)* annotation

**émarger** /emaʀʒe/ ▸ conjug 3 ◂ VT a *(frm)* *(= signer)* to sign; *(= mettre ses initiales)* to initial b *(= annoter)* to annotate c *(Typo)* to trim
VI a († = *toucher son salaire)* to draw one's salary ◆ **à combien émarge-t-il par mois ?** what is his monthly salary? b *(= recevoir)* ~ **d'une certaine somme à un budget** to receive a certain sum out of a budget

**émasculation** /emaskylasjɔ̃/ NF *(lit, fig)* emasculation

**émasculer** /emaskyle/ ▸ conjug 1 ◂ VT *(lit, fig)* to emasculate

**emballage** /ɑ̃balaʒ/ NM a *(= action d'emballer) (dans un carton)* packing(-up), packaging; *(dans du papier)* wrapping(-up) b *(Comm) (= boîte, carton)* package, packaging *NonC*; *(= papier)* wrapping *NonC* ◆ **carton d'~, ~ carton** cardboard packaging ◆ **~ perdu** throwaway packaging ◆ **produit sous ~ (plastique)** plastic-wrapped product

**emballant, e*** /ɑ̃balɑ̃, ɑ̃t/ ADJ *(gén au nég)* thrilling ◆ **ce n'est pas un film/un projet très ~** it's not a very inspiring film/project

**emballement** /ɑ̃balmɑ̃/ NM a * *(= enthousiasme)* flight of enthusiasm; *(= colère)* flash of anger ◆ **méfiez-vous de ses ~s** *(= passade)* beware of his (sudden) crazes* b *[de moteur]* racing; *[de cheval]* bolting c *(Écon)* **cela a provoqué l'~ du dollar/de l'économie** it caused the dollar/the economy to race out of control

**emballer** /ɑ̃bale/ ▸ conjug 1 ◂ VT a *(= empaqueter) (dans un carton, de la toile)* to pack (up); *(dans du papier)* to wrap (up) ◆ **emballé sous vide** vacuum-packed ◆ **emballez, c'est pesé !** * *(fig)* it's a deal!* b (*‡ *= arrêter)* to run in*, to nick‡ *(Brit)* c *[+ moteur]* to race d (* *= enthousiasmer) [idée, film]* to thrill to bits* ◆ **je n'ai pas été très emballé par ce film** the film didn't do much for me*, I didn't go a bundle on the film* *(Brit)* e (*‡ *= séduire) [+ personne]* to pick up*, to get off with*
VPR **s'emballer** a * *[personne] (enthousiasme)* to get *ou* be carried away*, to get worked up*; *(colère)* to fly off the handle* b *[moteur]* to race; *[cheval]* to bolt ◆ **cheval emballé** runaway *ou* bolting horse c *[économie, monnaie]* to race out of control

**emballeur, -euse** /ɑ̃balœʀ, øz/ NM,F packer

**embarcadère** /ɑ̃baʀkadɛʀ/ NM landing stage, pier

**embarcation** /ɑ̃baʀkasjɔ̃/ NF (small) boat, (small) craft *pl inv*

**embardée** /ɑ̃baʀde/ NF *(Aut)* swerve; *(Naut)* yaw ◆ **faire une ~** *(Aut)* to swerve; *(Naut)* to yaw

**embargo** /ɑ̃baʀgo/ NM embargo *(à l'encontre de, contre* against) ◆ **~ économique/commercial/total** economic/trade/total embargo ◆ **~ pétrolier/militaire** oil/military embargo ◆ **imposer un ~ sur qch, mettre l'~ sur qch** to impose *ou* put an embargo on sth, to embargo sth ◆ **lever l'~ (mis sur qch/un pays)** to lift *ou* raise the embargo (on sb/a country) ◆ **pays/marchandises sous ~** country/goods (placed) under embargo

**embarquement** /ɑ̃baʀkəmɑ̃/ NM *[de marchandises]* loading; *[de passagers] (en bateau)* embarkation, boarding; *(en avion, en train)* boarding ◆ **vol 134, ~ porte 9** flight 134 now boarding at gate 9 ◆ **carte d'~** boarding pass *ou* card

**embarquer** /ɑ̃baʀke/ ▸ conjug 1 ◂ VT a *[+ passagers]* to embark, to take on board ◆ **je l'ai embarqué dans le train*** I saw him onto the train, I put him on the train
b *[+ cargaison] (en train, gén)* to load; *(en bateau)* to load, to ship ◆ **le navire embarque des paquets d'eau** the boat is taking in *ou* shipping water
c ‡ *(= emporter)* to cart off*, to lug off*; *(= voler)* to pinch*, to nick‡ *(Brit)*; *(pour emprisonner)* to cart off* *ou* away* ◆ **se faire ~ par la police** to get picked up by the police*
d (* *= entraîner)* **~ qn dans** to get sb mixed up in *ou* involved in, to involve sb in ◆ **il s'est laissé ~ dans une sale histoire** he has got (himself) mixed up in *ou* involved in a nasty bit of business ◆ **une affaire bien/mal embarquée** an affair that has got off to a good/bad start
VI a *(= partir en voyage)* to embark ◆ **il a embarqué** *ou* **il s'est embarqué hier pour le Maroc** he sailed for Morocco yesterday
b *(= monter à bord)* to board, to go aboard *ou* on board
c *(Naut)* **le navire embarque, la mer embarque** we are *ou* the boat is shipping water
VPR **s'embarquer** a → vi a
b ◆ **s'~ dans*** *[+ aventure, affaire]* to embark (up)on, to launch into; *[+ affaire louche]* to get mixed up in *ou* involved in

**embarras** /ɑ̃baʀa/ NM a *(= ennui)* trouble ◆ **cela constitue un ~ supplémentaire** that's yet another problem ◆ **je ne veux pas être un ~ pour vous** I don't want to be a nuisance to you, I don't want to bother you ◆ **causer** *ou* **faire toutes sortes d'~ à qn** to give *ou* cause sb no end* of trouble *ou* bother ◆ **ne vous mettez pas dans l'~ pour moi** don't put yourself out *ou* go to any trouble for me
b *(= gêne)* confusion, embarrassment ◆ **dit-il avec ~** he said in some confusion *ou* with (some) embarrassment ◆ **il remarqua mon ~ pour répondre** he noticed that I was at a loss for a reply *ou* that I was stuck* for a reply
c *(= situation délicate)* **mettre** *ou* **plonger qn dans l'~** to put sb in an awkward position *ou* on the spot* ◆ **tirer qn d'~** to get *ou* help sb out of an awkward position *ou* out of a predicament ◆ **être dans l'~** *(en mauvaise position)* to be in a predicament *ou* an awkward position; *(dans un dilemme)* to be in a quandary *ou* in a dilemma
d *(= gêne financière)* **~ (d'argent** *ou* **financiers)** financial difficulties, money worries ◆ **être dans l'~** to be in financial straits *ou* difficulties, to be short of money
e *(Méd)* **~ gastrique** upset stomach, stomach upset
f († *= encombrement)* **~ de circulation** *ou* **de voitures** (road) congestion *NonC*, traffic holdup ◆ **les ~ de Paris** the congestion in the streets of Paris
g *(= chichis, façons)* **faire des ~** to make a fuss ◆ **c'est un faiseur d'~** he's a fusspot*, he's always making a fuss
h *(loc)* **avoir l'~ du choix, n'avoir que l'~ du choix** to be spoilt for choice

**embarrassant, e** /ɑ̃baʀasɑ̃, ɑ̃t/ ADJ a *[situation]* embarrassing, uncomfortable; *[problème]* awkward, thorny ◆ **c'est ~ de devoir lui dire** it's embarrassing to have to tell him b *[paquets]* cumbersome, awkward ◆ **ce que cet enfant peut être ~ !** that child is always in the way!

**embarrassé, e** /ɑ̃baʀase/ (ptp de **embarrasser**) ADJ a *(= gêné) [personne]* embarrassed, ill-at-ease *attrib*; *[sourire]* embarrassed, uneasy ◆ **être ~ de sa personne** to feel self-conscious ◆ **je serais bien ~ de choisir entre les deux** I'd really be at a loss *ou* I'd be hard put to choose between the two b *(= peu clair) [explication, phrase]* muddled, confused c *(Méd)* **avoir l'estomac ~** to have an upset stomach ◆ **j'ai la langue ~e** my tongue is coated d *(= encombré) [table, corridor]* cluttered (up) ◆ **j'ai les mains ~es** my hands are full

**embarrasser** /ɑ̃baʀase/ ▸ conjug 1 ◂ VT a *(= encombrer) [paquets]* to clutter (up); *[vêtements]* to hinder, to hamper ◆ **enlève ce manteau qui t'embarrasse** take that coat off – you'll be more comfortable without it ◆ **je ne t'embarrasse pas au moins ?** are you sure I'm not bothering you? *ou* I'm not in your way?
b *(= désorienter)* **~ qn par des questions indiscrètes** to embarrass sb with indiscreet questions ◆ **sa demande m'embarrasse** his request puts me in a predicament *ou* an awkward position *ou* on the spot* ◆ **ça m'embarrasse de te le dire mais ...** I don't like

to tell you this but ... ♦ **il y a quelque chose qui m'embarrasse là-dedans** there's something about it that bothers *ou* worries me c *(Méd)* ~ **l'estomac** to lie heavy on the stomach

VPR **s'embarrasser** a *(= s'encombrer)* **s'~ de** *[+ paquets, compagnon]* to burden o.s. with ♦ **il s'embarrasse dans ses explications** *(fig)* he gets in a muddle with his explanations, he ties himself in knots* trying to explain things

b *(= se soucier)* to trouble o.s. (*de* about) to be troubled (*de* by); ♦ **sans s'~ des détails** without troubling *ou* worrying about the details ♦ **il ne s'embarrasse pas de scrupules** he doesn't let scruples get in his way

**embastillement** /ɑ̃bastijmɑ̃/ NM *(††, hum)* imprisonment

**embastiller** /ɑ̃bastije/ ► conjug 1 ◄ VT *(††, hum)* to imprison

**embauche** /ɑ̃boʃ/ NF *(= action d'embaucher)* taking on, hiring; *(= travail disponible)* vacancy ♦ **ils devront recourir à l'~ cet été** they will have to start taking people on *ou* hiring new staff this summer ♦ **la surqualification peut être un obstacle à l'~** being overqualified can be an obstacle to finding employment ♦ **est-ce qu'il y a de l'~ ?** are there any vacancies?, are you taking anyone on? *ou* hiring anyone? ♦ **il n'y a pas d'~ (chez eux)** they're not hiring, they're not taking anybody on ♦ **bureau d'~** employment office ♦ **salaire d'~** starting salary ♦ **quelles sont les conditions d'~ ?** what kind of package are you (*ou* are they) offering? ♦ **aide(s)** *ou* **prime(s) à l'~** employment incentive(s) ♦ **le questionnaire leur est remis à l'~** they are given the questionnaire when they start work *ou* on their first day at work

**embaucher** /ɑ̃boʃe/ ► conjug 1 ◄ VT to take on, to hire ♦ **il s'est fait ~ par l'entreprise** he was taken on *ou* hired by the company ♦ **je t'embauche pour écosser les petits pois** I'll put you to work shelling the peas, you've got yourself a job shelling the peas ♦ **s'~ comme peintre** to get o.s. taken on *ou* hired as a painter ♦ **on embauche** *[entreprise]* we are recruiting new staff, we have vacancies (for new staff) ♦ **le nouvel embauché** the new recruit *ou* employee VI *(= commencer le travail)* to start work

**embaucheur, -euse** /ɑ̃boʃœʀ, øz/ NM,F employment *ou* labour *(Brit)* contractor

**embauchoir** /ɑ̃boʃwaʀ/ NM shoetree

**embaumé, e** /ɑ̃bome/ (ptp de **embaumer**) ADJ *[air]* fragrant, balmy *(littér)*

**embaumement** /ɑ̃bommɑ̃/ NM embalming

**embaumer** /ɑ̃bome/ ► conjug 1 ◄ VT a *[+ cadavre]* to embalm b *(= parfumer)* **le lilas embaumait l'air** the scent of lilac hung heavy in the air c *(= avoir l'odeur de)* to smell of ♦ **l'air embaumait le lilas** the air was fragrant *ou* balmy *(littér)* with the scent of lilac VI *[fleur]* to give out a fragrance, to be fragrant; *[jardin]* to be fragrant; *[mets]* to fill the air with a nice smell; *[fromage]* to smell strong ♦ **ça n'embaume pas !*** it doesn't smell too sweet!

**embaumeur, -euse** /ɑ̃bomœʀ, øz/ NM,F embalmer

**embellie** /ɑ̃beli/ NF *[de temps]* slight improvement (*de* in); *[d'économie]* slight improvement *ou* upturn (*de* in)

**embellir** /ɑ̃beliʀ/ ► conjug 2 ◄ VT *[+ personne, jardin]* to beautify, to make more attractive; *[+ ville]* to smarten up *(Brit)*, to give a face-lift to*; *[+ vérité, récit]* to embellish VI *[personne]* to grow lovelier *ou* more attractive, to grow in beauty *(littér)*

**embellissement** /ɑ̃belismɑ̃/ NM *[de récit, vérité]* embellishment ♦ **les récents ~s de la ville** the recent improvements to the town, the recent face-lift the town has been given*

**embellisseur** /ɑ̃belisœʀ/ ADJ M ♦ **shampooing ~** beauty shampoo

**emberlificoter*** /ɑ̃bɛʀlifikɔte/ ► conjug 1 ◄ VT *(= enjôler)* to get round*; *(= embrouiller)* to mix up*, to muddle (up); *(= duper)* to hoodwink*, to bamboozle* VPR **s'emberlificoter** *(dans un vêtement)* to get tangled *ou* caught up (*dans* in); ♦ **il s'emberlificote dans ses explications** he gets in a terrible muddle *ou* he gets himself tied up in knots with his explanations*

**embêtant, e** /ɑ̃bɛtɑ̃, ɑ̃t/ ADJ *(gén)* annoying; *[situation, problème]* awkward, tricky ♦ **c'est ~ !** *(ennuyeux)* what a nuisance!, how annoying!; *(alarmant)* it's worrying! ♦ **j'ai oublié de lui dire – ~ !** I forgot to tell him – oh dear!

**embêté, e** /ɑ̃bete/ (ptp de **embêter**) ADJ ♦ **je suis très ~** *(= je ne sais pas quoi faire)* I'm in a real state, I just don't know what to do ♦ **elle a eu l'air ~ quand je lui ai demandé ça** she looked embarrassed when I asked her that ♦ **je suis très ~, je ne pourrai vous donner la réponse que dans trois jours** I'm really sorry, I can't give you an answer for another three days

**embêtement** /ɑ̃bɛtmɑ̃/ NM problem, trouble ♦ **causer des ~s à qn** to make trouble for sb ♦ **ce chien/four ne m'a causé que des ~s** this dog/oven has brought me nothing but trouble

**embêter** /ɑ̃bete/ ► conjug 1 ◄ VT *(= gêner, préoccuper)* to bother, to worry; *(= importuner)* to pester, to bother; *(= irriter)* to annoy; *(= lasser)* to bore VPR **s'embêter** a *(= se morfondre)* to be bored, to be fed up* ♦ **qu'est-ce qu'on s'embête ici !** it's so boring *ou* such a drag* here! b *(= s'embarrasser)* to bother o.s. (*à faire* doing); ♦ **ne t'embête pas avec ça** don't bother *ou* worry about that ♦ **pourquoi s'~ à le réparer ?** why go to all the trouble *ou* bother of repairing it?, why bother yourself repairing it? ♦ **il ne s'embête pas !** *(= il a de la chance)* he does all right for himself!*; *(= il ne se gêne pas)* he's got a nerve!*

**embeurrée** /ɑ̃bøʀe/ NF ♦ **~ de choux** cabbage cooked in butter

**emblaver** /ɑ̃blave/ ► conjug 1 ◄ VT to sow *(with a cereal crop)*

**emblavure** /ɑ̃blavyʀ/ NF field *(sown with a cereal crop)*

**emblée** /ɑ̃ble/ **d'emblée** LOC ADV straightaway, right away, at once ♦ **détester qn d'~** to detest sb on sight, to take an instant dislike to sb

**emblématique** /ɑ̃blematik/ ADJ *(lit)* emblematic; *(fig)* symbolic ♦ **c'est la figure ~ de l'opposition** he's the figurehead of the opposition ♦ **un personnage ~ du football français** a French football icon

**emblème** /ɑ̃blɛm/ NM *(lit)* emblem; *(fig)* symbol, emblem

**embobiner*** /ɑ̃bɔbine/ ► conjug 1 ◄ VT *(= enjôler)* to get round*; *(= embrouiller)* to mix up*, to muddle (up); *(= duper)* to hoodwink*, to bamboozle* ♦ **elle sait ~ son père** she can twist her father round her little finger, she knows how to get round her father

**emboîtement** /ɑ̃bwatmɑ̃/ NM fitting, interlocking

**emboîter** /ɑ̃bwate/ ► conjug 1 ◄ VT a *[+ pièces, parties]* to fit together, to fit into each other; *[+ livre]* to case ♦ **~ qch dans** to fit sth into b ♦ **~ le pas à qn** *(lit)* to follow close behind sb *ou* close on sb's heels; *(= imiter)* to follow suit VPR **s'emboîter** *[pièces]* to fit together, to fit into each other ♦ **ces deux pièces s'emboîtent exactement** these two parts fit together exactly ♦ **des chaises qui peuvent s'~ pour le rangement** chairs that can be stacked (together) when not in use

**embolie** /ɑ̃bɔli/ NF embolism ♦ **~ gazeuse/pulmonaire** air/pulmonary embolism ♦ **faire une ~** to have an embolism

**embonpoint** /ɑ̃bɔ̃pwɛ̃/ NM stoutness, portliness ♦ **avoir/prendre de l'~** to be/become rather stout

**embossage** /ɑ̃bɔsaʒ/ NM fore and aft mooring

**embosser** /ɑ̃bɔse/ ► conjug 1 ◄ VT a *[+ navire]* to moor fore and aft b *[+ carte]* to emboss

**embouché, e** /ɑ̃buʃe/ (ptp de **emboucher**) ADJ ♦ **mal ~** *(= grossier)* foul-mouthed; *(= de mauvaise humeur)* in a foul mood

**emboucher** /ɑ̃buʃe/ ► conjug 1 ◄ VT *[+ instrument]* to raise to one's lips ♦ **~ un cheval** to put the bit in a horse's mouth ♦ **~ les trompettes de la victoire/du nationalisme** *(fig)* to launch into triumphalist/nationalist rhetoric

**embouchure** /ɑ̃buʃyʀ/ NF *[de fleuve]* mouth; *[de mors]* mouthpiece; *(Mus)* mouthpiece, embouchure

**embourber** /ɑ̃buʀbe/ ► conjug 1 ◄ VT ♦ **~ une voiture** to get a car stuck in the mud VPR **s'embourber** *[voiture]* to get stuck in the mud, to get bogged down (in the mud) ♦ **notre voiture s'est embourbée dans le marais** our car got stuck in *ou* got bogged down in the marsh ♦ **s'~ dans** *[+ détails]* to get bogged down in; *[+ monotonie]* to sink into

**embourgeoisement** /ɑ̃buʀʒwazmɑ̃/ NM *[de personne, parti]* adoption of middle-class attitudes

**embourgeoiser** /ɑ̃buʀʒwaze/ ► conjug 1 ◄ VPR **s'embourgeoiser** *[parti, personne]* to become middle-class, to adopt a middle-class outlook; *[quartier]* to become middle-class VT *[+ personne]* to make middle-class (in outlook)

**embout** /ɑ̃bu/ NM *[de canne]* tip, ferrule; *[de tuyau]* nozzle

**embouteillage** /ɑ̃butɛjaʒ/ NM *(Aut)* traffic jam, (traffic) holdup; *(† = mise en bouteilles)* bottling

**embouteiller** /ɑ̃buteje/ ► conjug 1 ◄ VT *(Aut)* to jam, to block; *(Téléc)* *[+ lignes]* to block; † *[+ vin, lait]* to bottle ♦ **les routes sont très embouteillées** the roads are very congested

**emboutir** /ɑ̃butiʀ/ ► conjug 2 ◄ VT *[+ métal]* to stamp; *(Aut)* to crash *ou* run into ♦ **avoir une aile emboutie** to have a dented *ou* damaged wing ♦ **il s'est fait ~ par une voiture** he was hit by another car

**emboutisseur, -euse** /ɑ̃butisœʀ, øz/ NM,F *(= personne)* stamper NF **emboutisseuse** *(= machine)* stamping press *ou* machine

**embranchement** /ɑ̃bʀɑ̃ʃmɑ̃/ NM a *[de voies, routes, tuyaux]* junction ♦ **à l'~ des deux routes** where the road forks b *(= route)* side road, branch road; *(Rail = voie)* branch line; *(= tuyau)* branch pipe; *(= rivière)* embranchment c *(Bot, Zool = catégorie)* branch

**embrancher** /ɑ̃bʀɑ̃ʃe/ ► conjug 1 ◄ VT *[+ tuyaux, voies]* to join (up) ♦ **~ qch sur** to join sth (up) to VPR **s'embrancher** *[tuyaux, voies]* to join (up) ♦ **s'~ sur** to join (up) to

**embrasement** /ɑ̃bʀɑzmɑ̃/ NM a *(littér = incendie)* fire, conflagration *(frm)* ♦ **ce qui a**

**provoqué l'~ de la maison** what set the house on fire ◆ **l'~ du ciel au couchant** the blazing *ou* fiery sky at sunset ◆ **des ~s soudains** *(lueurs)* sudden blazes of light **b** *[de pays]* unrest ◆ **l'~ des esprits** the stirring *ou* rousing of people's passions

**embraser** /ɑ̃bʀaze/ ▸ conjug 1 ◂ **VT** **a** *(littér)* *[+ maison, forêt]* to set ablaze, to set fire to; *[+ ciel]* to set aglow *ou* ablaze **b** *[+ pays]* to cause unrest in **VPR** **s'embraser** **a** *(littér)* *[maison]* to blaze up, to flare up; *[ciel]* to flare up, to be set ablaze (*de* with); *[cœur]* to become inflamed, to be fired (*de* with) **b** *[pays]* to be thrown into a state of unrest

**embrassade** /ɑ̃bʀasad/ **NF** *(gén pl)* hugging and kissing *NonC*

**embrasse** /ɑ̃bʀas/ **NF** tieback ◆ **rideaux à ~s** curtains with tiebacks

**embrassement** /ɑ̃bʀasmɑ̃/ **NM** *(littér)* ⇒ **embrassade**

**embrasser** /ɑ̃bʀase/ GRAMMAIRE ACTIVE 48.2 ▸ conjug 1 ◂ **VT** **a** *(= donner un baiser à)* to kiss ◆ **~ qn à pleine bouche** to kiss sb (full) on the lips ◆ **je t'embrasse** *(en fin de lettre)* with love; *(au téléphone)* big kiss **b** *(† ou frm = étreindre)* to embrace ◆ **qui trop embrasse mal étreint** *(Prov)* you shouldn't bite off more than you can chew; → **rime** **c** *(frm = choisir)* *[+ doctrine, cause]* to embrace, to espouse *(frm)*; *[+ carrière]* to take up, to enter upon **d** *(= couvrir)* *[+ problèmes, sujets]* to encompass, to embrace ◆ **il embrassa la plaine du regard** *(littér)* he surveyed the plain **VPR** **s'embrasser** to kiss (each other)

> ⚠ *Au sens de 'donner un baiser à',* **embrasser** *ne se traduit pas par* **to embrace.**

**embrasure** /ɑ̃bʀɑzyʀ/ **NF** *(Constr = créneau)* embrasure ◆ **il se tenait dans l'~ de la porte/la fenêtre** he stood in the doorway/the window

**embrayage** /ɑ̃bʀɛjaʒ/ **NM** **a** *(= mécanisme)* clutch **b** *(= action)* engaging *ou* letting out *(Brit)* the clutch, clutching *(US)*

**embrayer** /ɑ̃bʀeje/ ▸ conjug 8 ◂ **VT** *(Aut, Tech)* to put into gear **VI** *(Aut)* to engage *ou* let out *(Brit)* the clutch, to clutch *(US)* ◆ **~ sur** *[+ sujet]* to switch to

**embrigadement** /ɑ̃bʀigadmɑ̃/ **NM** *(= endoctrinement)* indoctrination; *(= recrutement)* recruitment (*dans* into)

**embrigader** /ɑ̃bʀigade/ ▸ conjug 1 ◂ **VT** *(péj)* *(= endoctriner)* to indoctrinate; *(= recruter)* to recruit (*dans* into)

**embringuer*** /ɑ̃bʀɛ̃ge/ ▸ conjug 1 ◂ **VT** to mix up, to involve ◆ **il s'est laissé ~ dans une sale histoire** he got (himself) mixed up *ou* involved in some nasty business

**embrocation** /ɑ̃bʀɔkasjɔ̃/ **NF** embrocation

**embrocher** /ɑ̃bʀɔʃe/ ▸ conjug 1 ◂ **VT** *(Culin)* *(sur broche)* to spit, to put on a spit; *(sur brochette)* to skewer ◆ **~ qn** *(fig : avec une épée)* to run sb through ◆ **il m'a embroché avec son parapluie** he ran into me with his umbrella

**embrouillage** /ɑ̃bʀujaʒ/ **NM** ⇒ **embrouillement**

**embrouillamini*** /ɑ̃bʀujamini/ **NM** muddle, jumble

**embrouille*** /ɑ̃bʀuj/ **NF** ◆ **il y a de l'~ là-dessous** there's something funny at the bottom of this ◆ **toutes ces ~s** all this carry-on* ◆ **il y a eu une ~ administrative** there was an administrative mix-up*

**embrouillé, e** /ɑ̃bʀuje/ (ptp de **embrouiller**) **ADJ** *[style, problème, idées]* muddled, confused; *[papiers]* muddled, mixed-up

**embrouillement** /ɑ̃bʀujmɑ̃/ **NM** muddle ◆ **l'~ de ses explications** his muddled explanations

**embrouiller** /ɑ̃bʀuje/ ▸ conjug 1 ◂ **VT** **a** *[+ fils]* to tangle (up), to snarl up; *[+ affaire, problème]* to muddle (up), to confuse **b** *[+ personne]* to muddle, to confuse, to mix up **VPR** **s'embrouiller** **a** *[idées, style, situation]* to become muddled *ou* confused **b** *[personne]* to get in a muddle, to become confused *ou* muddled ◆ **s'~ dans un discours/ses explications** to get in a muddle with a speech/with one's explanations

**embroussaillé, e** /ɑ̃bʀusaje/ **ADJ** *[chemin]* overgrown; *[barbe, sourcils, cheveux]* bushy, shaggy

**embrumer** /ɑ̃bʀyme/ ▸ conjug 1 ◂ **VT** *(littér)* to mist over, to cloud over (*de* with); *(fig)* to cloud (*de* with); ◆ **à l'horizon embrumé** on the misty *ou* hazy horizon ◆ **l'esprit embrumé par l'alcool** his mind fuddled *ou* clouded with drink

**embruns** /ɑ̃bʀœ̃/ **NMPL** sea spray *NonC*, spindrift *NonC*

**embryogenèse** /ɑ̃bʀijoʒənɛz/ **NF** embryogeny, embryogenesis

**embryologie** /ɑ̃bʀijɔlɔʒi/ **NF** embryology

**embryologique** /ɑ̃bʀijɔlɔʒik/ **ADJ** embryologic(al)

**embryologiste** /ɑ̃bʀijɔlɔʒist/ **NMF** embryologist

**embryon** /ɑ̃bʀijɔ̃/ **NM** *(lit, fig)* embryo ◆ **à l'état d'~** *(fig)* in embryo, in an embryonic state ◆ **un ~ de réseau/gouvernement** an embryonic network/government

**embryonnaire** /ɑ̃bʀijɔnɛʀ/ **ADJ** *(Méd)* embryonic, embryonal; *(fig)* embryonic ◆ **à l'état ~** *(fig)* in embryo, in an embryonic state

**embûche** /ɑ̃byʃ/ **NF** pitfall, trap ◆ **semé d'~s** treacherous, full of pitfalls *ou* traps

**embuer** /ɑ̃bɥe/ ▸ conjug 1 ◂ **VT** to mist (up), to mist over ◆ **vitre embuée** misted(-up) window pane ◆ **yeux embués de larmes** eyes misted (over) *ou* clouded with tears

**embuscade** /ɑ̃byskad/ **NF** ambush ◆ **être** *ou* **se tenir en ~** to lie in ambush ◆ **tendre une ~ à qn** to set (up) *ou* lay an ambush for sb ◆ **tomber dans une ~** *(Mil)* to fall into an ambush; *(tendue par des brigands)* to fall into an ambush, to be waylaid

**embusqué, e** /ɑ̃byske/ (ptp de **embusquer**) **ADJ** ◆ **être ~** *[soldats]* to lie *ou* wait in ambush; → **tireur** **NM** *(arg Mil)* shirker

**embusquer (s')** /ɑ̃byske/ ▸ conjug 1 ◂ **VPR** to lie *ou* wait in ambush

**éméché, e*** /emeʃe/ **ADJ** tipsy*, merry*

**émeraude** /em(ə)ʀod/ **NF, ADJ INV** emerald

**émergence** /emɛʀʒɑ̃s/ **NF** *(gén)* emergence ◆ **(point d')~ d'une source** source of a spring

**émergent, e** /emɛʀʒɑ̃, ɑ̃t/ **ADJ** **a** *(= en développement)* *[marché, économie, démocratie, besoins]* emerging ◆ **pays ~s** emerging countries **b** *(Géol, Opt, Phys)* emergent

**émerger** /emɛʀʒe/ ▸ conjug 3 ◂ **VI** **a** *(= apparaître)* to emerge ◆ **il émergea de sa chambre** he emerged from his room ◆ **le sommet émergea du brouillard** the summit rose out of *ou* emerged from the fog **b** *(* = se réveiller)* to surface **c** *(= faire saillie)* *[rocher, fait, artiste]* to stand out **d** *(d'une situation difficile)* to begin to see light at the end of the tunnel

**émeri** /em(ə)ʀi/ **NM** emery ◆ **toile** *ou* **papier ~** emery paper; → **bouché**

**émerillon** /em(ə)ʀijɔ̃/ **NM** *(Orn)* merlin; *(Tech)* swivel

**émérite** /emeʀit/ **ADJ** *(= chevronné)* highly skilled, outstanding ◆ **professeur ~** professor emeritus, emeritus professor

**émersion** /emɛʀsjɔ̃/ **NF** emersion

**émerveillement** /emɛʀvɛjmɑ̃/ **NM** *(= sentiment)* wonder; *(= vision, sons)* wonderful thing, marvel

**émerveiller** /emɛʀveje/ ▸ conjug 1 ◂ **VT** to fill with wonder **VPR** **s'émerveiller** to be filled with wonder ◆ **s'~ de** to marvel at, to be filled with wonder at

**émétique** /emetik/ **ADJ, NM** emetic

**émetteur, -trice** /emetœʀ, tʀis/ **ADJ** **a** *(Radio)* transmitting; → **poste²**, **station** **b** *(Fin)* issuing *épith* ◆ **banque émettrice** issuing bank **NM** *(Radio)* transmitter ◆ **~-récepteur** transmitter-receiver, transceiver **NM,F** *(Fin)* issuer

**émettre** /emɛtʀ/ ▸ conjug 56 ◂ **VT** **a** *[+ lumière]* *[lampe]* to give (out), to send out; *(Phys)* to emit; *[+ son, radiation, liquide]* to give out, to send out, to emit; *[+ odeur]* to give off **b** *(Radio, TV)* to transmit; *[+ avion, bateau]* to send out ◆ **son bateau n'émet plus** he's no longer sending out signals ◆ **~ sur ondes courtes** to broadcast *ou* transmit on shortwave **c** *(Fin)* *[+ monnaie, actions]* to issue; *[+ emprunt]* to issue, to float; *[+ chèque]* to draw **d** *[+ idée, hypothèse, doute]* to voice, to put forward

**émeu** /emø/ **NM** emu

**émeute** /emøt/ **NF** riot ◆ **~s** riots, rioting

**émeutier, -ière** /emøtje, jɛʀ/ **NM,F** rioter

**émiettement** /emjɛtmɑ̃/ **NM** *[de pain, terre]* crumbling; *[de territoire]* breaking up, splitting up; *[de pouvoir, responsabilités]* dispersion; *[d'énergie, effort, temps]* dissipation; *[de fortune]* frittering away

**émietter** /emjete/ ▸ conjug 1 ◂ **VT** *[+ pain, terre]* to crumble; *[+ territoire]* to break up, to split up; *[+ pouvoir, responsabilités]* to disperse; *[+ énergie, effort, temps]* to dissipate **VPR** **s'émietter** *[pain, terre]* to crumble; *[pouvoir]* to disperse; *[énergie, existence]* to dissipate; *[fortune]* to be frittered *ou* whittled away

**émigrant, e** /emigʀɑ̃, ɑ̃t/ **NM,F** emigrant

**émigration** /emigʀasjɔ̃/ **NF** emigration

**émigré, e** /emigʀe/ (ptp de **émigrer**) **NM,F** *(Hist)* émigré; *(Pol)* expatriate, émigré ◆ **(travailleur) ~** migrant worker

**émigrer** /emigʀe/ ▸ conjug 1 ◂ **VI** to emigrate; *(Zool)* to migrate

**émincé** /emɛ̃se/ **NM** *(= plat)* émincé; *(= tranche)* sliver, thin slice ◆ **~ de veau/de foie de veau** émincé of veal/calves' liver

**émincer** /emɛ̃se/ ▸ conjug 3 ◂ **VT** to slice thinly, to cut into slivers *ou* thin slices

**éminemment** /eminamɑ̃/ **ADV** eminently

**éminence** /eminɑ̃s/ **NF** **a** *[de terrain]* knoll, hill; *(Méd)* protuberance **b** *[de qualité, rang]* distinction, eminence **c** *(= cardinal)* Eminence ◆ **Son/Votre Éminence** his/your Eminence ◆ **l'~ grise** *(fig)* the power behind the throne, the éminence grise

**éminent, e** /eminɑ̃, ɑ̃t/ **ADJ** distinguished, eminent ◆ **mon ~ collègue** *(frm)* my learned *ou* distinguished colleague

**émir** /emiʀ/ **NM** emir

**émirat** /emiʀa/ **NM** emirate ◆ **les Émirats arabes unis** the United Arab Emirates

**émissaire** /emisɛʀ/ **NM** *(= personne)* emissary; → **bouc**

**émission** /emisjɔ̃/ **NF** **a** *(Phys)* *[de son, lumière, signaux]* emission ◆ **source d'~ (de lumière/chaleur)** (emitting) source (of light/heat)

**b** *(Radio, TV) (= transmission de sons, d'images)* broadcasting; *(= programme)* broadcast, programme *(Brit)*, program *(US)* ◆ **~ télévisée/radiophonique** television/radio programme *ou* broadcast ◆ **~ (de télévision) par câble** cablecast ◆ **les ~s de la semaine** this week's programmes ◆ **"nos émissions sont terminées"** "that's the end of today's broadcasts *ou* programmes *ou* broadcasting"

**c** *(Fin) [de monnaie, actions, emprunt]* issue, flotation; *[de chèque]* drawing ◆ **monopole d'~** monopoly of issue ◆ **cours d'~** issue par ◆ **prix d'~** offering price; → **banque**

**d** *[d'idée, hypothèse]* voicing, putting forward

**e** *(Physiol)* **~ d'urine/de sperme** emission of urine/semen

**f** *(Phon)* **~ de voix** utterance

**emmagasiner** /ɑ̃magazine/ ▸ conjug 1 ◂ **VT** *(gén = amasser)* to store up, to accumulate; *[+ chaleur]* to store; *[+ souvenirs, connaissances]* to amass, to accumulate; *(Comm)* to store, to put into store, to warehouse

**emmailloter** /ɑ̃majɔte/ ▸ conjug 1 ◂ **VT** *[+ doigt, pied]* to bind (up), to bandage; *[+ enfant]* to wrap up

**emmanché, e** † ‡ /ɑ̃mɑ̃ʃe/ (ptp de **emmancher**) **NM,F** *(= crétin)* twit *, jerk *, berk ‡ *(Brit)*

**emmanchement** /ɑ̃mɑ̃ʃmɑ̃/ **NM** *[d'outil]* fitting of a handle (*de* to, on, onto)

**emmancher** /ɑ̃mɑ̃ʃe/ ▸ conjug 1 ◂ **VT** *[+ pelle]* to fix *ou* put a handle on ◆ **~ une affaire** * to get a deal going, to set up a deal ◆ **l'affaire s'emmanche mal** * things are getting off to a bad start ◆ **l'affaire est bien/mal emmanchée** * the deal has got off to a good/bad start

**emmanchure** /ɑ̃mɑ̃ʃyʀ/ **NF** armhole

**Emmaüs** /emays/ **N** Emmaus

> **Emmaüs**
>
> This is the name of a well-known charity founded in 1949 by l'abbé Pierre that provides help for homeless people. It is partly financed by the proceeds of jumble sales organized by a community of volunteers known as « les chiffonniers d'Emmaüs ».

**emmêlement** /ɑ̃mɛlmɑ̃/ **NM** *(= action)* tangling; *(= état)* tangle, muddle

**emmêler** /ɑ̃mele/ ▸ conjug 1 ◂ **VT** *[+ cheveux]* to tangle (up), to knot; *[+ fil]* to tangle (up), to entangle, to muddle up; *[+ affaire]* to confuse, to muddle ◆ **tes cheveux sont tout emmêlés** your hair is all tangled ◆ **tu emmêles tout** *(fig)* you're getting everything mixed up *ou* muddled (up) *ou* confused **VPR** **s'emmêler** *[corde, cheveux]* to tangle, to get in a tangle ◆ **s'~ les pieds dans le tapis** to get one's feet caught in the carpet ◆ **s'~ dans ses explications** to get in a muddle with one's explanations ◆ **s'~ les pieds** * *ou* **crayons** * *ou* **pinceaux** * *ou* **pédales** * to get all confused, to get in a right muddle * *(Brit)* ◆ **tout s'emmêle dans ma tête** everything's muddled up *ou* confused in my head

**emménagement** /ɑ̃menaʒmɑ̃/ **NM** moving in *(NonC)* ◆ **au moment de leur ~ dans la nouvelle maison** when they moved into the new house

**emménager** /ɑ̃menaʒe/ ▸ conjug 3 ◂ **VI** to move in ◆ **~ dans** to move into

**emmener** /ɑ̃m(ə)ne/ ▸ conjug 5 ◂ **VT** **a** *[+ personne] (comme otage)* to take away; *(comme invité, compagnon)* to take (along) ◆ **~ qn au cinéma** to take sb to the cinema ◆ **~ qn en prison** to take sb (away *ou* off) to prison ◆ **~ qn en promenade** *ou* **faire une promenade** to take sb (off) for a walk ◆ **~ déjeuner qn** to take sb out to *ou* for lunch ◆ **voulez-vous que je vous emmène (en voiture) ?** shall I give you *ou* would you like a lift *(Brit) ou* ride *(US)*? **b** *(* = emporter) [+ chose]* to take ◆ **tu vas ~ cette grosse valise ?** are you going to take that huge suitcase (with you)? **c** *(Mil, Sport = guider) [+ équipe, troupe]* to lead

**emment(h)al** /emɛtal/ **NM** Emmenthal (cheese)

**emmerdant, e** ‡ /ɑ̃mɛʀdɑ̃, ɑt/ **ADJ** **a** *(= irritant, gênant)* damned *ou* bloody *(Brit)* annoying ‡ ◆ **elle n'est pas trop ~e** she isn't too much of a pain * **b** *(= ennuyeux)* damned *ou* bloody *(Brit)* boring ‡ ◆ **qu'est-ce qu'il est ~ avec ses histoires** what a damned *ou* bloody *(Brit)* bore *ou* pain (in the neck) he is with his stories ‡

**emmerde** ‡ /ɑ̃mɛʀd/ **NF** ⇒ **emmerdement**

**emmerdement** ‡ /ɑ̃mɛʀdəmɑ̃/ **NM** hassle * ◆ **quel ~ !** what a damned *ou* bloody *(Brit)* nuisance! ‡ ◆ **j'ai eu tellement d'~s avec cette voiture** that car has given me so much damned *ou* bloody *(Brit)* trouble ‡ ◆ **je n'ai que des ~s en ce moment** it's just one damned *ou* bloody *(Brit)* hassle after the other at the moment ‡ ◆ **ça risque de m'attirer des ~s** it's likely to get me into hot water * *ou* to land me in the shit **

**emmerder** ‡ /ɑ̃mɛʀde/ ▸ conjug 1 ◂ **VT** ◆ **~ qn** *(= irriter)* to bug sb *, to get on sb's nerves; *(= préoccuper, contrarier)* to bug sb *, to bother sb; *(= lasser)* to bore the pants off sb ‡, to bore sb stiff * *ou* to death *; *(= mettre dans l'embarras)* to get sb into trouble, to land sb in it * ◆ **on n'a pas fini d'être emmerdé avec ça** we haven't heard the last of it ◆ **je suis drôlement emmerdé** I'm in deep trouble *, I'm really in the shit ** ◆ **il m'emmerde à la fin, avec ses questions** he really bugs me * *ou* gets up my nose ‡ *(Brit)* with his questions ◆ **ça m'emmerde qu'il ne puisse pas venir** it's a damned nuisance ‡ *ou* a hell of a nuisance ‡ that he can't come ◆ **je les emmerde !** to hell with them! ‡, bugger them! ** *(Brit)*

**VPR** **s'emmerder** *(= s'ennuyer)* to be bored stiff * *ou* to death *; *(= s'embarrasser)* to put o.s. out ◆ **ne t'emmerde pas avec ça** don't bother *ou* worry about that ◆ **je me suis drôlement emmerdé à réparer ce poste !** I really put myself out repairing that damned ‡ radio! ◆ **on ne s'emmerde pas avec eux !** there's never a dull moment with them! ◆ **tu ne t'emmerdes pas !** you've got a damn ‡ nerve *ou* cheek! ◆ **elle a trois voitures – dis donc, elle ne s'emmerde pas !** she has three cars – (it's) all right for some! *

**emmerdeur, -euse** ‡ /ɑ̃mɛʀdœʀ, øz/ **NM,F** damned nuisance ‡, pain in the neck *

**emmieller** /ɑ̃mjele/ ▸ conjug 1 ◂ **VT** **a** *[+ tisane]* to sweeten with honey **b** *(* = ennuyer)* **~ qn** to bug sb * ◆ **je suis drôlement emmiellé** I'm in a bit of a fix *, I've run into a spot of bother * *(Brit)* **c** *(= enjôler) [+ personne]* to soft-soap *, to cajole

**emmitoufler** /ɑ̃mitufle/ ▸ conjug 1 ◂ **VT** to wrap up (warmly), to muffle up ◆ **s'~ (dans un manteau)** to wrap o.s. up (in a coat)

**emmouscailler** * † /ɑ̃muskaje/ ▸ conjug 1 ◂ **VT** ◆ **~ qn** *(= irriter)* to bug sb *; *(= préoccuper)* to bother sb; *(= mettre dans l'embarras)* to land sb in the soup * ◆ **être bien emmouscaillé** to be in deep trouble * *ou* in a real mess ◆ **s'~ à faire qch** to go to the bother of doing sth

**emmurer** /ɑ̃myʀe/ ▸ conjug 1 ◂ **VT** *(lit)* to wall up, to immure *(frm)* ◆ **emmuré vivant** walled up alive ◆ **s'~ dans** *[+ silence, sentiment]* to retreat into ◆ **emmuré dans ses convictions** entrenched in his convictions

**émoi** /emwa/ **NM** *(littér) (= trouble)* agitation, emotion; *(de joie)* excitement; *(= tumulte)* commotion ◆ **doux ~** pleasant agitation ◆ **l'affaire a suscité un grand ~ dans le pays** the affair plunged the country into turmoil ◆ **dit-elle non sans ~** she said with some confusion ◆ **en ~** *[cœur]* in a flutter *(attrib)*; *[sens]* agitated, excited ◆ **la rue était en ~** the street was in turmoil

**émollient, e** /emɔljɑ̃, jɑt/ **ADJ, NM** emollient

**émoluments** /emɔlymɑ̃/ **NMPL** *(Admin) [d'officier ministériel]* fees, emoluments *(frm)*; *[d'employé]* remuneration, emoluments *(frm)*

**émondage** /emɔ̃daʒ/ **NM** *[d'arbre]* pruning, trimming

**émonder** /emɔ̃de/ ▸ conjug 1 ◂ **VT** *[+ arbre]* to prune, to trim; *[+ amandes]* to blanch

**émondeur, -euse** /emɔ̃dœʀ, øz/ **NM,F** *(= personne)* pruner

**émondoir** /emɔ̃dwaʀ/ **NM** pruning hook

**émoticône** /emɔtikon/ **NM** emoticon

**émotif, -ive** /emɔtif, iv/ **ADJ** **a** *[personne, choc, réaction]* emotional ◆ **charge émotive** emotional charge **b** *(Ling)* emotive **NM,F** emotional person ◆ **c'est un ~** he's very emotional

**émotion** /emosjɔ̃/ **NF** **a** *(= sentiment)* emotion; *(= peur)* fright ◆ **ils ont évité l'accident mais l'~ a été grande** they avoided an accident but it gave them a bad fright ◆ **ce scandale a suscité une vive ~ dans le pays** this scandal has caused a real stir in the country ◆ **pour nous remettre de nos ~s ...** to get over all the excitement *ou* commotion ... ◆ **pour les amateurs d'~s fortes** for those who are looking for thrills, for thrill-seekers ◆ **grand moment d'~** very *ou* highly emotional moment ◆ **c'est avec une grande ~ que nous recevons ...** it is with great pleasure that we welcome ... **b** *(= sensibilité)* emotion, feeling ◆ **parler avec ~** to speak with emotion *ou* feeling, to speak feelingly (*de* about); ◆ **se laisser gagner par l'~** to get emotional

**émotionnel, -elle** /emosjɔnɛl/ **ADJ** emotional

**émotionner** * /emosjɔne/ ▸ conjug 1 ◂ **VT** to upset ◆ **j'en suis encore tout émotionné** it gave me quite a turn *, I'm still upset about it **VPR** **s'émotionner** to get worked up *, to get upset (*de* about)

**émotivité** /emɔtivite/ **NF** emotionalism

**émoulu, e** /emuly/ **ADJ** → **frais**[1]

**émoussé, e** /emuse/ (ptp de **émousser**) **ADJ** *[couteau]* blunt; *[goût, sensibilité]* blunted, dulled

**émousser** /emuse/ ▸ conjug 1 ◂ **VT** *[+ couteau]* to blunt; *[+ appétit]* to take the edge off; *[+ souvenir, désir]* to dull **VPR** **s'émousser** *[intérêt, enthousiasme]* to wane; *[talent]* to lose its fine edge

**émoustillant, e** * /emustijɑ̃, ɑt/ **ADJ** *[présence]* tantalizing, titillating; *[propos]* titillating

**émoustiller** * /emustije/ ▸ conjug 1 ◂ **VT** to titillate, to tantalize

**émouvant, e** /emuvɑ̃, ɑt/ **ADJ** *(nuance de compassion)* moving, touching; *(nuance d'admiration)* stirring

**émouvoir** /emuvwaʀ/ ▸ conjug 27 ◂ **VT** **a** *[+ personne] (gén)* to move, to stir; *(= perturber)* to disturb; *(= indigner)* to rouse (the indignation of); *(= effrayer)* to disturb, to worry, to upset ◆ **leur attitude ne l'émut/leurs menaces**

**ne l'émurent pas le moins du monde** their attitude/threats didn't disturb *ou* worry *ou* upset him in the slightest ◆ **plus ému qu'il ne voulait l'admettre par ce baiser** more aroused than he wished to admit by this kiss ◆ **leur misère l'émouvait profondément** their wretchedness moved him deeply *ou* upset him greatly ◆ ~ **qn jusqu'aux larmes** to move sb to tears ◆ **se laisser** ~ **par des prières** to be moved by entreaties, to let o.s. be swayed by entreaties ◆ **encore tout ému d'avoir frôlé l'accident/de cette rencontre** still very shaken *ou* greatly upset at having been so close to an accident/over that encounter

**b** *(littér) [+ colère]* to arouse ◆ ~ **la pitié de qn** to move sb to pity, to arouse sb's pity

**VPR** **s'émouvoir** *(gén)* to be moved, to be stirred; *(= être perturbé)* to be disturbed; *(= s'inquiéter)* to be *ou* get worried, to be *ou* get upset ◆ **il ne s'émeut de rien** nothing upsets him ◆ **dit-il sans s'~** he said calmly *ou* impassively ◆ **s'~ à la vue de qch** to be moved at the sight of sth ◆ **le pays entier s'est ému de l'affaire** the affair aroused the indignation of the whole country ◆ **le gouvernement s'en est ému** the government was roused to action

**empailler** /ɑ̃pɑje/ ► conjug 1 ◄ **VT** *[+ animal]* to stuff; *[+ chaise]* to bottom (with straw)

**empailleur, -euse** /ɑ̃pɑjœʀ, øz/ **NM,F** *[de chaise]* chair-bottomer; *[d'animal]* taxidermist

**empalement** /ɑ̃palmɑ̃/ **NM** impalement

**empaler** /ɑ̃pale/ ► conjug 1 ◄ **VT** *(= supplicier)* to impale; *(= embrocher)* to put on a spit **VPR** **s'empaler** to impale o.s. (*sur* on)

**empan** /ɑ̃pɑ̃/ **NM** *(Hist = mesure)* span

**empanaché, e** /ɑ̃panaʃe/ **ADJ** plumed

**empanner** /ɑ̃pane/ ► conjug 1 ◄ **VI** *(Naut)* to gibe *(Brit)*, to jibe *(US)*

**empaquetage** /ɑ̃paktaʒ/ **NM** *(gén)* wrapping (up); *(Comm = conditionnement)* packing, packaging

**empaqueter** /ɑ̃pakte/ ► conjug 4 ◄ **VT** *(gén)* to wrap (up); *(Comm = conditionner)* to pack, to package

**emparer (s')** /ɑ̃paʀe/ ► conjug 1 ◄ **VPR** **a** ◆ **s'~ de** *[+ objet]* to seize *ou* grab (hold of); *[+ butin]* to seize, to grab; *[+ otage]* to seize; *[+ conversation, sujet]* to take over; *[+ prétexte]* to seize (up)on; *(Mil) [+ ville, territoire, ennemi, pouvoir]* to seize ◆ **s'~ des moyens de production/d'information** to take over *ou* seize the means of production/the information networks ◆ **ils se sont emparés du caissier** they grabbed (hold of) the cashier ◆ **s'~ du ballon** *(Rugby)* to get possession (of the ball) ◆ **les journaux se sont emparés de l'affaire** the papers picked up the story **b** ◆ **s'~ de** *[jalousie, colère, remords]* to take possession of, to take *ou* lay hold of ◆ **cette obsession s'empara de son esprit** his mind was taken over by this obsession ◆ **une grande peur s'empara d'elle** she suddenly became very afraid

**empâté, e** /ɑ̃pɑte/ (ptp de **empâter**) **ADJ** *[visage]* fleshy, bloated; *[personne, silhouette]* heavy; *[langue]* coated; *[voix]* slurred

**empâtement** /ɑ̃pɑtmɑ̃/ **NM** **a** *[de personne, silhouette, visage]* thickening-out, fattening-out; *[de traits]* thickening **b** *(Peinture)* impasto

**empâter** /ɑ̃pɑte/ ► conjug 1 ◄ **VT** *[+ langue, bouche]* to coat, to fur (up) *(Brit)*; *[+ traits]* to thicken, to coarsen ◆ **la maladie l'a empâté** his illness has made him put on weight **VPR** **s'empâter** *[personne, silhouette, visage]* to thicken out, to fatten out; *[traits]* to thicken, to grow fleshy; *[voix]* to become thick

**empathie** /ɑ̃pati/ **NF** empathy

**empathique** /ɑ̃patik/ **ADJ** empath(et)ic

**empattement** /ɑ̃patmɑ̃/ **NM** *(Constr)* footing; *(Aut)* wheelbase; *(Typo)* serif

**empêché, e** /ɑ̃peʃe/ (ptp de **empêcher**) **ADJ** **a** *(= retenu)* detained, held up ◆ ~ **par ses obligations, il n'a pas pu venir** because of his commitments he was prevented from coming **b** *(= embarrassé)* **avoir l'air** ~ to look *ou* seem embarrassed *ou* ill-at-ease **c** † **tu es bien** ~ **de me le dire** you seem at a (complete) loss to know what to tell me ◆ **je serais bien** ~ **de vous le dire** I'd be hard put (to it) to tell you, I'd be at a loss to know what to tell you

**empêchement** /ɑ̃pɛʃmɑ̃/ **NM** *(= obstacle)* (unexpected) obstacle *ou* difficulty, hitch; *(Jur)* impediment ◆ **il n'est pas venu, il a eu un** ~ he couldn't come – something cropped up ◆ **en cas d'~** if there's a hitch, if something crops up

**empêcher** /ɑ̃peʃe/ ► conjug 1 ◄ **VT** **a** *[+ chose, action]* to prevent, to stop ◆ ~ **que qch (ne) se produise,** ~ **qch de se produire** to prevent sth from happening, to stop sth happening ◆ ~ **que qn (ne) fasse qch** to prevent sb from doing sth, to stop sb (from) doing sth

**b** ◆ ~ **qn de faire qch** to prevent sb from doing sth, to stop sb (from) doing sth ◆ **rien ne nous empêche de partir** there's nothing stopping us (from) going *ou* preventing us from going ◆ ~ **qn de sortir/d'entrer** to prevent sb from *ou* stop sb going out/coming in, to keep sb in/out ◆ **s'il veut le faire, on ne peut pas l'en** ~ *ou* **l'~** if he wants to do it, we can't prevent him (from doing it) *ou* stop him (doing it) ◆ **ça ne m'empêche pas de dormir** *(lit)* it doesn't prevent me from sleeping *ou* stop me sleeping *ou* keep me awake; *(fig)* I don't lose any sleep over it

**c** *(loc)* **qu'est-ce qui empêche (qu'on le fasse) ?** what's there to stop us (doing it)? *ou* to prevent us (from doing it)?, what's stopping us (doing it)? * ◆ **qu'est-ce que ça empêche ?** * what odds * *ou* difference does that make? ◆ **ça n'empêche rien** * it makes no odds * *ou* no difference ◆ **(il) n'empêche qu'il a tort** all the same *ou* be that as it may, he's wrong ◆ **j'ai peut-être tort, n'empêche, il a un certain culot !** * maybe I'm wrong, but all the same *ou* even so he's got a nerve! *

**VPR** **s'empêcher** **a** *(littér)* **s'~ de faire qch** to stop o.s. (from) doing sth, to refrain from doing sth ◆ **par politesse, il s'empêcha de bâiller** out of politeness he stifled a yawn *ou* he stopped himself yawning

**b** ◆ **il n'a pas pu s'~ de rire** he couldn't help laughing, he couldn't stop himself (from) laughing ◆ **je ne peux m'~ de penser que ...** I cannot help thinking that ... ◆ **je n'ai pu m'en** ~ I couldn't help it, I couldn't stop myself

**empêcheur, -euse** /ɑ̃pɛʃœʀ, øz/ **NM,F** ◆ ~ **de danser** *ou* **de tourner en rond** *(= trouble-fête)* spoilsport; *(= gêneur)* troublemaker

**empeigne** /ɑ̃pɛɲ/ **NF** *[de chaussure]* upper ◆ **quelle gueule** *ou* **face d'~ !** ⁑ *(péj)* what a jerk ⁑ *ou* a prat ⁑ *(Brit)*!

**empennage** /ɑ̃penaʒ/ **NM** *(Aviat)* stabilizer, tailplane *(Brit)*; *[de flèche] (= action)* feathering; *(= plumes)* feathers, fletchings

**empenner** /ɑ̃pene/ ► conjug 1 ◄ **VT** *[+ flèche]* to feather, to fledge

**empereur** /ɑ̃pʀœʀ/ **NM** emperor ◆ **l'~ à la barbe fleurie** Charlemagne

**empesé, e** /ɑ̃pəze/ (ptp de **empeser**) **ADJ** *[col]* starched; *(péj) [personne, air]* stiff, starchy

**empeser** /ɑ̃pəze/ ► conjug 5 ◄ **VT** to starch

**empester** /ɑ̃pɛste/ ► conjug 1 ◄ **VT** *(= sentir) [+ odeur, fumée]* to stink of, to reek of; *(= empuantir) [+ pièce]* to stink out (*de* with) to make stink (*de* of); *(littér = empoisonner)* to poison, to taint (*de* with); ◆ **ça empeste ici** it stinks in here, there's a foul smell in here

**empêtrer (s')** /ɑ̃petʀe/ ► conjug 1 ◄ **VPR** ◆ **s'~ dans** *(lit)* to get tangled up in, to get entangled in, to get caught up in; *[+ mensonges]* to get o.s. tangled up in; *[+ affaire]* to get (o.s.) involved in, to get (o.s.) mixed up in ◆ **s'~ dans des explications** to tie o.s. up in knots trying to explain *, to get tangled up in one's explanations

**emphase** /ɑ̃fɑz/ **NF** **a** *(= pompe)* bombast, pomposity ◆ **avec** ~ bombastically, pompously ◆ **sans** ~ in a straightforward manner, simply **b** *( † = force d'expression)* vigour

**emphatique** /ɑ̃fatik/ **ADJ** **a** *(= grandiloquent)* bombastic, pompous **b** *(Ling)* emphatic

**emphysémateux, -euse** /ɑ̃fizematø, øz/ **ADJ** emphysematous **NM,F** emphysema sufferer

**emphysème** /ɑ̃fizɛm/ **NM** emphysema

**empiècement** /ɑ̃pjɛsmɑ̃/ **NM** *[de corsage]* yoke

**empierrement** /ɑ̃pjɛʀmɑ̃/ **NM** **a** *(= action) [de route]* metalling *(Brit)*, gravelling *(US)*; *[de voie de chemin de fer]* ballasting; *[de bassin, cour, fossé]* lining with stones **b** *(= pierres) [de route]* roadbed, road metal *(Brit)*; *[de chemin de fer]* ballast

**empierrer** /ɑ̃pjeʀe/ ► conjug 1 ◄ **VT** *[+ route]* to metal *(Brit)*, to gravel *(US)*; *[+ voie de chemin de fer]* to ballast; *[+ bassin, cour, fossé]* to line with stones

**empiètement** /ɑ̃pjɛtmɑ̃/ **NM** *(sur territoire, mer, route)* encroachment (*sur* on); *(sur droits, libertés)* infringement (*sur* of) encroachment (*sur* on); *(sur des attributions)* trespassing (*sur* on)

**empiéter** /ɑ̃pjete/ ► conjug 6 ◄ **empiéter sur VT INDIR** *[+ territoire, mer, route]* to encroach (up)on; *[+ droit, liberté]* to infringe, to encroach (up)on; *[+ domaine, attributions]* to encroach (up)on, to trespass on ◆ ~ **sur un couloir** *(Athlétisme)* to run into a lane

**empiffrer (s')** ⁑ /ɑ̃pifʀe/ ► conjug 1 ◄ **VPR** to stuff one's face ⁑, to stuff o.s. * (*de* with)

**empilable** /ɑ̃pilabl/ **ADJ** *[siège]* stackable

**empilage** /ɑ̃pilaʒ/, **empilement** /ɑ̃pilmɑ̃/ **NM** *(= action)* piling up, stacking up; *(= pile)* pile, stack

**empiler** /ɑ̃pile/ ► conjug 1 ◄ **VT** **a** *(= mettre en pile)* to pile (up), to stack (up) **b** *(⁑ = voler)* to rook ⁑, to do * *(Brit)* ◆ **se faire** ~ to be had * *ou* done ⁑ *(Brit)* (*de* out of) **VPR** **s'empiler** **a** *(= s'amonceler)* to be piled up (*sur* on) **b** *(= s'entasser)* **s'~ dans** *[+ local, véhicule]* to squeeze *ou* pile into

**empire** /ɑ̃piʀ/ **NM** **a** *(Pol, fig)* empire ◆ ~ **colonial/industriel/financier** colonial/industrial/financial empire ◆ **pas pour un** ~ **!** not for all the tea in China!, not for all the world! ◆ **premier/second Empire** First/Second Empire ◆ **pendule Empire** Empire clock

**b** *(= autorité, emprise)* influence, authority ◆ **avoir de l'~ sur** to have influence *ou* a hold on *ou* over, to hold sway over ◆ **prendre de l'~ sur** to gain influence *ou* a hold over ◆ **exercer son** ~ **sur** to exert one's authority over, to use one's influence on *ou* over ◆ ~ **sur soi-même** self-control

♦ **sous l'empire de** *[+ peur, colère]* in the grip of; *[+ jalousie]* possessed by ♦ **sous l'~ de la boisson** under the influence of alcohol

COMP ▷ **l'Empire byzantin** the Byzantine Empire ▷ **l'Empire du Milieu** the Middle Kingdom ▷ **l'Empire romain d'Occident/d'Orient** the Western/Eastern Roman Empire ▷ **l'Empire du Soleil-Levant** the Land of the Rising Sun

**empirer** /ɑ̃piʀe/ ▸ conjug 1 ◂ VI to get worse, to deteriorate VT to make worse, to worsen

**empirique** /ɑ̃piʀik/ ADJ *(Philos, Phys)* empirical; *(†† Méd)* empiric NM *(†† Méd)* empiric

**empiriquement** /ɑ̃piʀikmɑ̃/ ADV empirically

**empirisme** /ɑ̃piʀism/ NM empiricism

**empiriste** /ɑ̃piʀist/ ADJ, NMF *(Philos, Phys)* empiricist; *(†† Méd)* empiric

**emplacement** /ɑ̃plasmɑ̃/ NM *(= endroit)* place; *(= site)* site; *(pour construire)* site, location; *[de parking]* parking space ♦ **à** *ou* **sur l'~ d'une ancienne cité romaine** on the site of an ancient Roman city ♦ **pour indiquer l'~ du chemin** to show the location of the path ♦ **~ publicitaire** *(sur un mur)* advertising site *ou* space *(NonC)*; *(dans un journal)* advertising space *(NonC)*

**emplafonner** * /ɑ̃plafɔne/ ▸ conjug 1 ◂ VT to slam * *ou* smash * into ♦ **il s'est fait ~ par un camion** a lorry slammed * *ou* smashed * into his car *ou* him

**emplâtre** /ɑ̃plɑtʀ/ NM *(Méd)* plaster; *(Aut)* patch; *(* = personne)* (great) lump *, clot * ♦ **ce plat vous fait un ~ sur l'estomac** * this kind of food lies heavy on your stomach; → **jambe**

**emplette** † /ɑ̃plɛt/ NF purchase ♦ **faire l'~ de qch** to purchase sth ♦ **faire des** *ou* **quelques ~s** to do some shopping, to make some purchases

**emplir** /ɑ̃pliʀ/ ▸ conjug 2 ◂ VT *(†, littér)* a *[+ verre, récipient]* to fill (up) *(de* with) b *[foule, meubles]* to fill VPR **s'emplir** ♦ **s'~ de** to fill with ♦ **la pièce s'emplissait de lumière/de gens** the room was filling with light/people

**emploi** /ɑ̃plwa/ NM a *(= poste, travail)* job ♦ **l'~** *(Écon)* employment ♦ **créer de nouveaux ~s** to create new jobs ♦ **la situation de l'~** the employment situation ♦ **plein(-)~** full employment ♦ **~s de service** service jobs; → **demande, offre, proximité**

b *(= mode d'utilisation) [d'appareil, produit]* use; *[de mot, expression]* use, usage ♦ **un ~ nouveau de cet appareil** a new use for this piece of equipment ♦ **divers ~s d'un mot** different uses of a word ♦ **c'est un ~ très rare de cette expression** it's a very rare use *ou* usage of this expression; → **mode²**

c *(= usage)* use ♦ **je n'en ai pas l'~** I have no use for it ♦ **l'~ qu'il fait de son argent/temps** how he uses his money/time, the use he makes of his money/time; → **double**

d *(Théât = rôle)* role, part ♦ **avoir le physique** *ou* **la tête de l'~** * to look the part

e *(loc)*

♦ **sans emploi** *(= sans travail)* unemployed; *(= inutilisé)* unused

COMP ▷ **emploi-jeune la création de 3 500 ~s-jeunes** the creation of 3,500 jobs for young people ▷ **emploi du temps** timetable, schedule; *(Scol)* timetable ♦ **~ du temps chargé** heavy *ou* busy timetable, busy schedule

**employabilité** /ɑ̃plwajabilite/ NF *[de personne]* employability

**employable** /ɑ̃plwajabl/ ADJ *[appareil, produit]* usable, employable; *[personne]* employable

**employé, e** /ɑ̃plwaje/ (ptp de **employer**) NM,F employee ♦ **~ de banque** bank employee *ou* clerk ♦ **~ de commerce** business employee ♦ **~ de bureau** office worker *ou* clerk ♦ **~ municipal** council worker *ou* employee ♦ **~ des postes/des chemins de fer/du gaz** postal/railway *(Brit)* *ou* railroad *(US)*/gas worker ♦ **on a sonné, c'est l'~ du gaz** there's someone at the door – it's the gasman * ♦ **~ de maison** domestic employee ♦ **les ~s de cette firme** the staff *ou* employees of this firm

**employer** /ɑ̃plwaje/ ▸ conjug 8 ◂ VT a *(= utiliser)* to use, to employ ♦ **~ toute son énergie à faire qch** to apply *ou* devote all one's energies to doing sth ♦ **~ son temps à faire qch/à qch** to spend one's time doing sth/on sth ♦ **~ son argent à faire qch/à qch** to spend *ou* use one's money doing sth/on sth ♦ **bien ~** *[+ temps, argent]* to put to good use, to make good use of; *[+ mot, expression]* to use properly *ou* correctly ♦ **mal ~** *[+ temps, argent]* to misuse; *[+ mot, expression]* to misuse, to use wrongly *ou* incorrectly ♦ **ce procédé emploie énormément de matières premières** this process uses (up) huge amounts of raw materials

b *(= faire travailler) [+ main-d'œuvre]* to employ ♦ **ils l'emploient comme vendeur/à trier le courrier** they employ him as a salesman/to sort the mail ♦ **il est mal employé à ce poste** he has been given the wrong sort of job *ou* is not suited to the post ♦ **il est employé par cette société** he is employed by that firm, he is on the staff of that firm

VPR **s'employer** ♦ **s'~ à faire qch/à qch** to apply *ou* devote o.s. to doing sth/to sth

**employeur, -euse** /ɑ̃plwajœʀ, øz/ GRAMMAIRE ACTIVE 46.3 NM,F employer

**emplumé, e** /ɑ̃plyme/ ADJ feathered, plumed

**empocher** * /ɑ̃pɔʃe/ ▸ conjug 1 ◂ VT *(= mettre en poche)* to pocket; *(= obtenir) [+ argent]* to pocket; *[+ prix]* to carry off; *[+ médaille]* to win

**empoignade** /ɑ̃pwaɲad/ NF *(= bagarre)* fight; *(= altercation)* argument, row *(Brit)*

**empoigne** /ɑ̃pwaɲ/ NF → **foire**

**empoigner** /ɑ̃pwaɲe/ ▸ conjug 1 ◂ VT a *(= saisir)* to grasp, to grab (hold of) b *(= émouvoir)* to grip VPR **s'empoigner** * *(= se battre)* to fight, to have a go at one another *

**empois** /ɑ̃pwa/ NM starch *(for linen etc)*

**empoisonnant, e** * /ɑ̃pwazɔnɑ̃, ɑ̃t/ ADJ *(= irritant)* irritating; *(= contrariant)* annoying, aggravating * ♦ **il est ~ avec ses questions** he's so irritating *ou* he's such a nuisance *ou* such a pain * with his questions

**empoisonnement** /ɑ̃pwazɔnmɑ̃/ NM *(Méd)* poisoning

**empoisonner** /ɑ̃pwazɔne/ ▸ conjug 1 ◂ VT a *(= intoxiquer, tuer)* **~ qn** *[assassin]* to poison sb; *[aliments avariés]* to give sb food poisoning ♦ **empoisonné à la strychnine** poisoned with strychnine ♦ **flèches empoisonnées** poisoned arrows ♦ **propos empoisonnés** poisonous words; → **cadeau**

b *(= altérer) [+ relations, vie politique]* to poison; *[+ air]* to stink out ♦ **elle empoisonne la vie de ses proches** she's making her family's life a misery

c *(* = ennuyer)* **~ qn** *[gêneur]* to get on sb's nerves; *[contretemps]* to annoy sb, to bug sb * ♦ **il m'empoisonne avec ses jérémiades** he's so irritating *ou* such a nuisance *ou* such a pain * with his constant complaints ♦ **il est bien empoisonné maintenant** he's in a real mess now *, he's really in the soup now *

VPR **s'empoisonner** a *(lit)* to poison o.s.; *(par intoxication alimentaire)* to get food poisoning

b *(* = s'ennuyer)* to be bored stiff * *ou* to death * ♦ **qu'est-ce qu'on s'empoisonne** this is such a drag * ♦ **s'~ (l'existence) à faire qch** *(= s'embarrasser)* to go to the trouble *ou* bother of doing sth

**empoisonneur, -euse** /ɑ̃pwazɔnœʀ, øz/ NM,F a *(lit)* poisoner b *(* = gêneur)* pain in the neck *

**empoissonner** /ɑ̃pwasɔne/ ▸ conjug 1 ◂ VT to stock with fish

**emporté, e** /ɑ̃pɔʀte/ (ptp de **emporter**) ADJ *[caractère, personne]* quick-tempered, hot-tempered; *[ton, air]* angry

**emportement** /ɑ̃pɔʀtəmɑ̃/ NM fit of anger, rage, anger *(NonC)* ♦ **avec ~** angrily ♦ **aimer qn avec ~** *(littér)* to love sb passionately, to be madly in love with sb

**emporte-pièce** /ɑ̃pɔʀt(ə)pjɛs/ NM INV *(Tech)* punch; *(Culin)* pastry cutter

♦ **à l'emporte-pièce** *[déclaration, jugement]* cut-and-dried

**emporter** /ɑ̃pɔʀte/ ▸ conjug 1 ◂ VT a *(= prendre comme bagage) [+ vivres, vêtements]* to take ♦ **emportez des vêtements chauds** take warm clothes (with you) ♦ **j'emporte de quoi écrire** I'm taking something to write with ♦ **si vous gagnez, vous pouvez l'~ (avec vous)** if you win, you can take it away (with you) ♦ **plats chauds/boissons à ~** *ou* *(Helv)* **à l'~** take-away *(Brit)* *ou* take-out *(US)* hot meals/drinks, hot meals/drinks to go *(US)* ♦ **~ un secret dans la tombe** to take *ou* carry a secret to the grave ♦ **il ne l'emportera pas en** *ou* **au paradis !** he'll soon be smiling on the other side of his face!

b *(= enlever) [+ objet inutile]* to take away, to remove; *[+ prisonniers]* to take away; *[+ blessés]* to carry *ou* take away; *(* = dérober)* to take ♦ **emportez ces papiers/vêtements, nous n'en avons plus besoin** take those papers/clothes away, we don't need them any more ♦ **ils ont emporté l'argenterie !** they've made off with * *ou* taken the silver!; → **diable**

c *(= entraîner) [courant, vent]* to sweep along, to carry along; *[navire, train]* to carry along; *[imagination, colère]* to carry away; *[enthousiasme]* to carry away *ou* along, to sweep along ♦ **le courant emportait leur embarcation** the current swept *ou* carried their boat along ♦ **emporté par son élan** carried *ou* borne along by his own momentum ♦ **emporté par son imagination/enthousiasme** carried away by his imagination/enthusiasm ♦ **se laisser ~ par la colère** to lose one's temper ♦ **le train qui m'emportait vers de nouveaux horizons** the train which carried *ou* bore me away towards new horizons

d *(= arracher) [+ jambe, bras]* to take off; *[+ cheminée, toit]* to blow away *ou* off; *[+ pont, berge]* to wash away, to carry away; *(euph = tuer) [maladie]* to carry off ♦ **l'obus lui a emporté le bras gauche** the shell blew off *ou* took off his left arm ♦ **pont emporté par le torrent** bridge swept *ou* carried away by the flood ♦ **la vague a emporté trois passagers** the wave washed *ou* swept three passengers overboard ♦ **ça emporte la bouche** *ou* **la gueule** * it takes the roof of your mouth off *

e *(= gagner) [+ prix]* to carry off; *(Mil) [+ position]* to take, to win ♦ **~ la décision** to carry *ou* win the day ♦ **~ l'adhésion de qn** to win sb over

f ♦ **l'~ (sur)** *[personne]* to gain *ou* get the upper hand (over); *[solution, méthode]* to prevail (over) ♦ **il a fini par l'~** he finally gained *ou* got the upper hand, he finally came out on top ◆ **il l'a emporté (sur Sampras) 6-4/7-5/6-2** *(Tennis)* he won (against Sampras) 6-4/7-5/6-2 ◆ **il va l'~ sur son adversaire** he's going to get the better of his opponent ◆ **la modération/cette solution finit par l'~** moderation/this solution prevailed in the end *ou* finally won the day ◆ **cette méthode l'emporte sur l'autre** this method has the edge on the other one *ou* is more satisfactory than the other one ◆ **cette voiture l'emporte sur ses concurrents sur tous les plans** this car outperforms its competitors on every score ◆ **il l'emporte sur ses concurrents en adresse** he outmatches his opponents in skill, his opponents can't match *ou* rival him for skill

VPR **s'emporter** a *(= s'irriter)* to lose one's temper (*contre* with) to blow up * (*contre* at) b *(= s'emballer) [cheval]* to bolt ◆ **faire (s')~ son cheval** to make one's horse bolt

**empoté, e** * /ɑ̃pɔte/ ADJ awkward, clumsy NM,F *(péj)* awkward lump *

**empourprer** /ɑ̃puʀpʀe/ ▸ conjug 1 ◂ VT *[+ visage, ciel]* to turn crimson VPR **s'empourprer** *[visage]* to flush, to turn crimson; *[ciel]* to turn crimson

**empoussiérer** /ɑ̃pusjeʀe/ ▸ conjug 6 ◂ VT to cover with dust, to make dusty

**empreindre** /ɑ̃pʀɛ̃dʀ/ ▸ conjug 52 ◂ *(littér)* VT *(= imprimer)* to imprint; *(fig) (= marquer)* to stamp; *(= nuancer)* to tinge (*de* with) VPR **s'empreindre** ◆ **s'~ de** *[+ mélancolie]* to be tinged with

**empreint, e**[1] /ɑ̃pʀɛ̃, ɛ̃t/ (ptp de **empreindre**) ADJ **empreint de** *[nostalgie, tristesse, regret, jalousie]* tinged with; *[autorité]* marked *ou* stamped with; *[menaces]* fraught *ou* heavy with ◆ **~ de mystère/poésie** with a certain mysterious/poetic quality ◆ **d'un ton ~ de gravité** in a somewhat solemn voice ◆ **dire qch d'un ton ~ de respect** to say sth respectfully

**empreinte**[2] /ɑ̃pʀɛ̃t/ NF a *(lit, gén)* imprint, impression; *[d'animal]* track ◆ **~ (de pas)** footprint ◆ **~s (digitales)** (finger)prints ◆ **~ génétique** genetic fingerprint ◆ **~ vocale** voiceprint ◆ **prendre l'~ d'une dent** to take an impression of a tooth ◆ **relever** *ou* **prendre des ~s digitales** to take fingerprints b *(= influence)* stamp, mark ◆ **laisser une ~ indélébile sur qn** to make a lasting impression on sb ◆ **son œuvre laissera son ~ dans ce siècle** his work will leave its mark on this century

**empressé, e** /ɑ̃pʀese/ (ptp de **s'empresser**) ADJ a *(= prévenant) [infirmière, serveur]* attentive; *[aide]* willing; *(gén péj) [admirateur, prétendant]* assiduous, overattentive; *[subordonné]* overanxious to please *(attrib)*, overzealous ◆ **faire l'~ (auprès d'une femme)** to be overattentive (towards a woman) b *(littér = marquant de la hâte)* eager ◆ **~ à faire qch** eager *ou* anxious to do sth

**empressement** /ɑ̃pʀɛsmɑ̃/ NM a *(= prévenance) [d'infirmière, serveur]* attentiveness; *[d'aide]* willingness; *(gén péj) [d'admirateur, prétendant]* overzealousness, overattentiveness; *[de subordonné]* overzealousness ◆ **son ~ auprès des femmes** the way he fusses around women, his overattentiveness towards women ◆ **il me servait avec ~** he waited upon me attentively b *(= hâte)* eagerness, anxiousness ◆ **son ~ à partir me paraît suspect** his eagerness *ou* anxiousness to leave seems suspicious to me ◆ **il montrait peu d'~ à ...** he seemed in no hurry to ..., he was obviously not anxious to ... ◆ **il s'exécuta avec ~** he complied eagerly

**empresser (s')** /ɑ̃pʀese/ ▸ conjug 1 ◂ VPR a *(= s'affairer)* to bustle about; *(péj)* to fuss about *ou* around, to bustle about *ou* around ◆ **s'~ auprès** *ou* **autour de** *[+ blessé, invité]* to surround with attentions; *[+ femme courtisée]* to dance attendance upon, to fuss around ◆ **ils s'empressèrent autour de la victime** they rushed to help *ou* assist the victim ◆ **ils s'empressaient auprès de l'actrice** they surrounded the actress with attentions b *(= se hâter)* **s'~ de faire qch** to hasten to do sth

**emprise** /ɑ̃pʀiz/ NF a *(= influence)* hold, ascendancy (*sur* over); ◆ **avoir beaucoup d'~ sur qn** to hold sway over sb

◆ **sous l'emprise de** ◆ **sous l'~ de la colère** in the grip of anger, gripped by anger ◆ **sous l'~ de l'alcool/de la drogue** under the influence of alcohol/of drugs b *(Jur = mainmise)* expropriation

**emprisonnement** /ɑ̃pʀizɔnmɑ̃/ NM imprisonment ◆ **condamné à 10 ans d'~** sentenced to 10 years in prison, given a 10-year prison sentence

**emprisonner** /ɑ̃pʀizɔne/ ▸ conjug 1 ◂ VT a *(en prison)* to imprison, to put in prison *ou* jail, to jail; *(dans une chambre, un couvent)* to shut up, to imprison b *[vêtement]* to confine; *[doctrine, milieu]* to trap ◆ **ce corset lui emprisonne la taille** this corset grips her too tightly around the waist ◆ **~ qn dans un système/un raisonnement** to trap sb within a system/by a piece of reasoning ◆ **emprisonné dans ses habitudes/la routine** imprisoned within *ou* a prisoner of his habits/routine

**emprunt** /ɑ̃pʀœ̃/ NM a *(= action d'emprunter) [d'argent, objet]* borrowing ◆ **ce n'était pas un vol, mais seulement un ~** it wasn't really stealing, only borrowing ◆ **recourir à l'~** *(Fin)* to resort to borrowing *ou* to a loan

b *(= demande, somme)* loan ◆ **ses ~s successifs l'ont mis en difficulté** successive borrowing has *ou* his successive loans have put him in difficulty ◆ **~ d'État/public** government/public loan ◆ **~ du Trésor (américain)** (American *ou* US) Treasury bond ◆ **~ à 5%** loan at 5% (interest) ◆ **~s russes** Soviet loans ◆ **faire un ~ d'un million à une banque** to take out a loan of one million from a bank, to borrow a million from a bank ◆ **faire un ~ pour payer sa voiture** to borrow money *ou* take out a loan to pay for one's car

c *(Littérat, Ling)* borrowing; *(= terme)* loan word, borrowed word, borrowing ◆ **c'est un ~ à l'anglais** it's a loan word *ou* borrowing from English

d ◆ **d'~** *[nom, autorité]* assumed; *[matériel]* borrowed

**emprunté, e** /ɑ̃pʀœ̃te/ (ptp de **emprunter**) ADJ a *(= gauche) [air, personne]* ill-at-ease *(attrib)*, self-conscious, awkward b *(= artificiel) [gloire, éclat]* sham, feigned

**emprunter** /ɑ̃pʀœ̃te/ ▸ conjug 1 ◂ VT a *[+ argent, objet]* to borrow (*à* from) b *[+ mot, expression] (directement)* to borrow, to take (*à* from); *(par dérivation)* to derive, to take (*à* from); *[+ nom, autorité]* to assume, to take on; *[+ idée]* to borrow, to take (*à* from); ◆ **cette pièce emprunte son sujet à l'actualité** this play is based on a topical subject ◆ **métaphores empruntées à la musique** metaphors derived from music ◆ **mot emprunté à l'anglais** loan word from English c *[+ escalier, route]* to take; *[+ itinéraire]* to follow ◆ **"empruntez le passage souterrain"** "use the underpass" ◆ **les trains n'empruntent plus cette ligne** trains don't run on this line any more

**emprunteur, -euse** /ɑ̃pʀœ̃tœʀ, øz/ NM,F borrower

**empuantir** /ɑ̃pɥɑ̃tiʀ/ ▸ conjug 2 ◂ VT to stink out (*de* with)

**empyrée** /ɑ̃piʀe/ NM empyrean

**EMT** † /əɛmte/ NF (abrév de **éducation manuelle et technique**) → **éducation**

**ému, e** /emy/ (ptp de **émouvoir**) ADJ *[personne] (compassion)* moved; *(gratitude)* touched; *(joie)* excited; *(timidité, peur)* nervous, agitated; *[air]* filled with emotion; *[voix]* emotional, trembling with emotion; *[souvenirs]* tender, touching ◆ **~ jusqu'aux larmes** moved to tears (*devant* by); ◆ **très ~ lors de la remise des prix** very excited *ou* agitated at the prize giving ◆ **encore tout ~, il la remercia** still quite overcome *ou* still (feeling) very touched, he thanked her ◆ **dit-il d'une voix ~e** he said with emotion ◆ **trop ~ pour les remercier/leur annoncer la nouvelle** too overcome to thank them/announce the news to them

**émulateur** /emylatœʀ/ NM *(Ordin)* emulator

**émulation** /emylasjɔ̃/ NF *(gén, Ordin)* emulation ◆ **esprit d'~** spirit of competition, competitive spirit

**émule** /emyl/ NMF *(littér) (= imitateur)* emulator; *(= égal)* equal ◆ **ce fripon et ses ~s** *(péj)* this scoundrel and his like ◆ **être l'~ de qn** to emulate sb ◆ **il fait des ~s** people emulate him

**émuler** /emyle/ ▸ conjug 1 ◂ VT *(Ordin)* to emulate

**émulsif, -ive** /emylsif, iv/ ADJ *(Pharm)* emulsive; *(Chim)* emulsifying NM emulsifier

**émulsifiant, e** /emylsifjɑ̃, jɑ̃t/ ADJ emulsifying NM emulsifier

**émulsion** /emylsjɔ̃/ NF emulsion

**émulsionner** /emylsjɔne/ ▸ conjug 1 ◂ VT to emulsify

**EN** (abrév de **Éducation nationale**) → **éducation**

## en[1] /ɑ̃/

Lorsque **en** se trouve dans des expressions figées telles que **avoir confiance en qn, se mettre en tête de, couper qch en dés** etc, reportez-vous à l'autre mot.

PRÉPOSITION

a [dans l'espace, lieu où l'on est] in; *(lieu où l'on va)* to ◆ **vivre ~ France/Normandie** to live in France/Normandy ◆ **aller** *ou* **partir ~ Angleterre/Normandie** to go to England/Normandy ◆ **il habite ~ banlieue/ville** he lives in the suburbs/the town ◆ **être ~ ville** to be in town ◆ **aller ~ ville** to go to (in)to town ◆ **les objets ~ vitrine** the items in the window ◆ **il voyage ~ Grèce/Corse** he's travelling around Greece/Corsica

◆ **en** + *pronom personnel* ◆ **~ lui-même, il n'y croit pas** deep down *ou* in his heart of hearts he doesn't believe it ◆ **je me disais ~ moi-même que ...** I was thinking to myself that ... ◆ **ce que j'aime ~ lui, c'est son courage** what I like about him is his courage ◆ **on voit ~ lui un futur champion du monde** they see him as a future world champion

b [dans le temps] in ◆ **~ semaine** in *ou* during the week ◆ **~ soirée** in the evening ◆ **~ automne/été/mars/1999** in autumn/summer/March/1999 ◆ **il peut le faire ~ 3 jours** he can do it in 3 days ◆ **~ 6 ans je lui ai parlé deux fois** in (all of) 6 years I've spoken to him twice; → **de**[1]

c [avec moyen de transport] **~ taxi/train/avion** by taxi/train *ou* rail/air ◆ **faire une promenade ~ bateau/voiture** to go for a trip in a boat/car, to go for a boat-/car-trip ◆ **ils y sont allés ~ voiture** they went by car ◆ **ils y sont allés ~ Rolls-Royce** they went in a Rolls-Royce ◆ **ils sont arrivés ~ voiture** they arrived in a car ◆ **je suis malade ~ bateau/voiture** I get seasick/carsick ◆ **il y est allé ~**

**pousse-pousse** he went there in a *ou* by rickshaw

Notez que l'anglais emploie souvent un verbe spécifique.

◆ **aller à Londres ~ avion** to fly to London ◆ **ils ont remonté le fleuve ~ pirogue** they canoed up the river, they rowed up the river in a canoe

**d** = habillé de in ◆ **être ~ noir/blanc** to be (dressed) in black/white, to be wearing black/white ◆ **elle est arrivée ~ manteau de fourrure** she arrived wearing *ou* in a fur coat ◆ **la femme ~ manteau de fourrure** the woman in the fur coat *ou* with a fur coat on ◆ **il était ~ chemise/pyjama** he was wearing a shirt/wearing pyjamas ◆ **être ~ chaussettes** to be in one's stockinged feet ◆ **elle était ~ bergère** she was disguised *ou* dressed as a shepherdess

**e** description, présentation in ◆ **~ cercle/rang** in a circle/row ◆ **enregistré ~ stéréo** recorded in stereo ◆ **ils y vont ~ groupe** they are going in a group ◆ **l'œuvre de Proust ~ six volumes** Proust's works in six volumes ◆ **une pièce ~ trois actes** a three-act play, a play in three acts ◆ **ça se vend ~ boîtes de douze** they are sold in boxes of twelve ◆ **c'est écrit ~ anglais/vers/prose/lettres d'or** it's written in English/verse/prose/gold letters ◆ **image ~ trois dimensions** 3-D image, image in 3-D

♦ **en** + *adjectif* ◆ **nous avons le même article ~ vert** we have the same item in green

♦ **en** + *comparatif* ◆ **c'est son frère ~ mieux** he's like his brother, only better ◆ **c'est son père ~ plus jeune/petit** he's just like his father only younger/smaller, he's a younger/smaller version of his father ◆ **je veux la même valise ~ plus grand** I want the same suitcase only bigger *ou* only in a bigger size

**f** = composé de, fait de **le plat est ~ or/argent** the dish is made of gold/silver ◆ **l'escalier sera ~ marbre** the staircase will be (in *ou* made of) marble ◆ **~ quoi est-ce** *ou* **c'est fait ?, c'est ~ quoi ?** * what's it made of?

Notez qu'en anglais le substantif est souvent utilisé en apposition comme adjectif.

◆ **une bague ~ or/argent** a gold/silver ring ◆ **une table ~ acajou** a mahogany table ◆ **une jupe ~ soie imprimée** a printed silk skirt, a skirt made (out) of printed silk

**g** transformation into ◆ **se changer ~** to change into ◆ **convertir/transformer qch ~** to convert/transform sth into ◆ **traduire ~ italien** to translate into Italian ◆ **casser qch ~ morceaux** to break sth in(to) pieces

**h** = comme **agir ~ tyran/lâche** to act like a tyrant/coward ◆ **c'est ~ expert qu'il ~ a parlé** he spoke as an expert ◆ **~ bon politicien (qu'il est), il ...** good politician that he is, he ..., being the skilled politician he is, he ... ◆ **je le lui ai donné ~ cadeau/souvenir** I gave it to him as a present/souvenir

**i** = concernant **~ politique/art/musique** in politics/art/music ◆ **~ affaires, il faut de l'audace** you have to take risks in business ◆ **je n'y connais rien ~ informatique** I don't know anything about computers ◆ **ce que je préfère ~ musique, c'est ...** what I like best in the way of music is ... ◆ **être bon** *ou* **fort ~ géographie** to be good at geography ◆ **diplôme ~ droit/histoire** law/history degree

**j** mesure in ◆ **mesurer ~ mètres** to measure in metres ◆ **compter ~ euros** to count in euros ◆ **ce tissu se fait ~ 140 (cm)** this material comes in 140 cm width ◆ **nous avons ce manteau ~ trois tailles** we have this coat in three sizes

**k** locutions

♦ **en** + *participe présent*

*(manière)* ◆ **il me regarda ~ fronçant les sourcils** he looked at me with a frown ◆ **"je ne sais pas", dit-il ~ haussant les épaules** "I don't know" he said with a shrug ◆ **endormir un enfant ~ le berçant/chantant** to rock/sing a child to sleep

Avec un verbe de mouvement ou d'énonciation, l'anglais préférera souvent un verbe suivi éventuellement d'une préposition.

◆ **monter/entrer ~ courant** to run up/in ◆ **sortir ~ rampant/boitant** to crawl/limp out ◆ **dire qch ~ murmurant/criant** to murmur/shout sth

Là où le français emploie **en** suivi d'un verbe au participe présent pour exprimer la simultanéité, l'anglais utilise une proposition temporelle ou une forme en **ing**.

◆ **fermez la porte ~ sortant** shut the door as *ou* when you go out ◆ **elle est arrivée ~ chantant** she was singing when she arrived ◆ **j'ai écrit une lettre (tout) ~ vous attendant** I wrote a letter while I was waiting for you ◆ **il s'est endormi ~ lisant le journal** he fell asleep (while) reading the newspaper, he fell asleep over the newspaper ◆ **il s'est coupé ~ essayant d'ouvrir une boîte** he cut himself trying to open a tin ◆ **~ apprenant la nouvelle, elle s'est évanouie** she fainted when she heard the news ◆ **il a buté ~ montant dans l'autobus** he tripped as he got onto *ou* getting onto the bus MAIS **il a fait une folie ~ achetant cette bague** it was very extravagant of him to buy this ring *(nuance causale)* by ◆ **~ disant cela, il s'est fait des ennemis** he made enemies by saying that ◆ **~ refusant de coopérer, vous risquez de tout perdre** by refusing to cooperate, you risk losing everything

♦ **en être à**

*(= avoir atteint)* ◆ **~ être à la page 9** to be at page 9, to have reached page 9 ◆ **où ~ est-il de** *ou* **dans ses études ?** how far has he got with his studies?, what point has he reached in his studies? ◆ **il ~ est à sa troisième année de médecine** he has reached his third year in medicine ◆ **l'affaire ~ est là** that's how the matter stands, that's as far as it's got ◆ **je ne sais plus où j'~ suis** I feel totally lost

*(= se voir réduit à)* ◆ **j'~ suis à me demander si** I'm beginning to wonder if, I've come to wonder if, I've got to wondering if * ◆ **il ~ est à mendier** he has come down to *ou* stooped to begging, he has been reduced to begging

**en**[2] /ɑ̃/ **a** *(lieu)* **quand va-t-il à Nice ? – il ~ revient** when is he off to Nice? — he's just (come) back ◆ **elle était tombée dans une crevasse, on a eu du mal à l'~ sortir** she had fallen into a crevasse and they had difficulty *ou* trouble (in) getting her out (of it) ◆ **le bénéfice qu'il ~ a tiré** the profit he got out of it *ou* from it ◆ **il faut ~ tirer une conclusion** we must draw a conclusion (from it) ◆ **où ~ sommes-nous ?** *(livre, leçon)* where have we got (up) to?, where are we?; *(situation)* where do we stand?

**b** *(cause, agent, instrument)* **je suis si inquiet que je n'~ dors pas** I can't sleep for worrying, I am so worried that I can't sleep ◆ **il saisit sa canne et l'~ frappa** he seized his stick and struck her with it ◆ **ce n'est pas moi qui ~ perdrai le sommeil** I won't lose any sleep over it ◆ **quelle histoire ! nous ~ avons beaucoup ri** what a business! we had a good laugh over *ou* about it ◆ **~ mourir** *(maladie)* to die of it; *(blessure)* to die because of it *ou* as a result of it ◆ **elle ~ est aimée** she is loved by him

**c** *(complément de vb, d'adj, de n)* **rendez-moi mon stylo, j'~ ai besoin** give me back my pen — I need it ◆ **qu'est-ce que tu ~ feras ?** what will you do with it (*ou* them)? ◆ **c'est une bonne classe, les professeurs ~ sont contents** they are a good class and the teachers are pleased with them ◆ **elle, mentir ? elle ~ est incapable** she couldn't lie if she tried ◆ **elle a réussi et elle n'~ est pas peu fière** she has been successful and she is more than a little proud of herself *ou* of it ◆ **il ne fume plus, il ~ a perdu l'habitude** he doesn't smoke any more — he has got out of *ou* has lost the habit ◆ **sa décision m'inquiète car j'~ connais tous les dangers** her decision worries me because I am aware of all the dangers *ou* of all its possible dangers ◆ **je t'~ donne/offre 5 €** I'll give/offer you €5 for it

**d** *(quantitatif, indéf)* of it, of them *(souvent omis)* ◆ **si vous aimez les pommes, prenez-~ plusieurs** if you like apples, take several ◆ **il avait bien des lettres à écrire mais il n'~ a pas écrit la moitié/beaucoup** he had a lot of letters to write but he hasn't written half of them/many (of them) ◆ **le vin est bon mais il n'y ~ a pas beaucoup** the wine is good but there isn't much (of it) ◆ **si j'~ avais** if I had any ◆ **voulez-vous du pain/des pommes ? il y ~ a encore** would you like some bread/some apples? we have still got some (left) ◆ **il n'y ~ a plus** *(pain)* there isn't any left, there's none left; *(pommes)* there aren't any left, there are none left ◆ **si vous cherchez un crayon, vous ~ trouverez des douzaines/un dans le tiroir** if you are looking for a pencil you will find dozens (of them)/one in the drawer ◆ **élevé dans le village, j'~ connaissais tous les habitants** having been brought up in the village I knew all its inhabitants ◆ **a-t-elle des poupées ? – oui, elle ~ a deux/trop/de belles** has she any dolls? — yes, she has two/too many/some lovely ones ◆ **nous avons du vin, j'~ ai acheté une bouteille hier** we have some wine, I bought a bottle yesterday ◆ **des souris ici ? nous n'~ avons jamais vu** mice here? we've never seen any ◆ **il ~ aime une autre** he loves another *(littér)*, he loves somebody else

**e** *(renforcement : non traduit)* **il s'~ souviendra de cette réception** he'll certainly remember that party ◆ **je n'~ vois pas, moi, de places libres** well (I must say), I don't see any empty seats ◆ **tu ~ as eu de beaux jouets à Noël !** well you did get some lovely toys *ou* what lovely toys you got for Christmas!; → **accroire, aussi, entendre, venir** *etc*

**ENA** /ena/ **NF** (abrév de **École nationale d'administration**) → **école**

**enamouré, e** /enamuʀe/ (ptp de **s'enamourer**) **ADJ** *[regard]* adoring

**enamourer (s')** †† /enamuʀe, ɑ̃namuʀe/ ▸ conjug 1 ◂ **VPR** ◆ **s'~ de** to become enamoured of

**énarchie** /enaʀʃi/ **NF** *power of the énarques*

**énarque** /enaʀk/ **NMF** énarque *(student or former student of the École nationale d'administration)*

**énarthrose** /enaʀtʀoz/ **NF** socket joint

**en-avant** /ɑ̃navɑ̃/ **NM INV** *(Rugby)* forward pass, knock on

**en-but** /ɑ̃by(t)/ **NM INV** *(Rugby)* in-goal area

**encablure** /ɑ̃kɑblyʀ/ **NF** cable's length ◆ **à 3 ~s de ...** 3 cables' length away from ...

**encadré** /ɑ̃kɑdʀe/ (ptp de **encadrer**) **NM** box

**encadrement** /ɑ̃kɑdʀəmɑ̃/ **NM** **a** *(NonC)* *[de tableau]* framing ◆ **"tous travaux d'encadre-**

**ment"** "all framing (work) undertaken" **b** *(NonC) [d'étudiants, débutants, recrues]* training, supervision **c** *(= embrasure) [de porte, fenêtre]* frame ◆ **il se tenait dans l'~ de la porte** he stood in the doorway **d** *(= cadre)* frame ◆ **cet ~ conviendrait mieux au sujet** this frame would be more appropriate to the subject **e** *(Admin) (= instructeurs)* training personnel; *(= cadres)* managerial staff **f** *(Écon)* ~ **du crédit** credit restriction

**encadrer** /ɑ̃kadʀe/ ▸ conjug 1 ◂ **VT** **a** *[+ tableau]* to frame ◆ **c'est à ~ !** *(iro)* that's priceless!, that's one to remember!

**b** *(= instruire) [+ étudiants, débutants, recrues]* to train (and supervise); *(= contrôler) [+ enfant]* to take in hand; *[+ équipe sportive, employés]* to manage; *(Écon) [+ crédit]* to restrict; *[+ prix, loyers]* to control

**c** *(= entourer) [+ cour, plaine, visage]* to frame, to surround; *[+ prisonnier]* to surround; *(par deux personnes)* to flank ◆ **les collines qui encadrent la plaine** the hills surrounding the plain ◆ **encadré de ses gardes du corps** surrounded by his bodyguards ◆ **l'accusé, encadré de deux gendarmes** the accused, flanked by two policemen

**d** *(*, gén nég = supporter)* **je ne peux pas l'~** I can't stick * *ou* stand * him

**e** *(Mil) [+ objectif]* to straddle

**f** *(* = heurter) [+ véhicule, maison]* to smash into ◆ **il s'est fait ~** * someone smashed into his car

**VPR s'encadrer** **a** *(= apparaître) [visage, silhouette]* to appear

**b** * *(en voiture)* to crash one's car *(dans* into)

**encadreur, -euse** /ɑ̃kadʀœʀ, øz/ **NM,F** (picture) framer

**encager** /ɑ̃kaʒe/ ▸ conjug 3 ◂ **VT** *[+ animal, oiseau]* to cage (up)

**encagoulé, e** /ɑ̃kagule/ **ADJ** *[moine]* cowled; *[pénitent]* hooded, cowled; *[bandit, visage]* hooded, masked

**encaissable** /ɑ̃kɛsabl/ **ADJ** cashable, encashable *(Brit)*

**encaisse** /ɑ̃kɛs/ **NF** cash in hand, cash balance ◆ **~ métallique** gold and silver reserves ◆ **~ or** gold reserves

**encaissé, e** /ɑ̃kese/ (ptp de **encaisser**) **ADJ** *[vallée]* deep, steep-sided; *[rivière]* hemmed in by steep banks *ou* hills; *[route]* hemmed in by steep hills

**encaissement** /ɑ̃kɛsmɑ̃/ **NM** **a** *[d'argent, loyer]* collection, receipt; *[de facture]* receipt of payment *(de* for); *[de chèque]* cashing; *[d'effet de commerce]* collection **b** *[de vallée]* depth, steep-sidedness ◆ **l'~ de la route/rivière faisait que le pont ne voyait jamais le soleil** the steep hills hemming in the road/river stopped the sun from ever reaching the bridge

**encaisser** /ɑ̃kese/ ▸ conjug 1 ◂ **VT** **a** *[+ argent, loyer]* to collect, to receive; *[+ facture]* to receive payment for; *[+ chèque]* to cash; *[+ effet de commerce]* to collect

**b** * *[+ coups, affront, défaite]* to take ◆ **savoir ~** *[boxeur]* to be able to take a lot of beating *ou* punishment; *(dans la vie)* to know how to roll with the punches ◆ **qu'est-ce qu'il a encaissé !** *(coups)* what a hammering he got! *, what a beating he took!; *(injures, réprimande)* what a hammering he got! *, he certainly got what for! *

**c** *(*, gén nég = supporter)* **je ne peux pas ~ ce type** I can't stand * that guy ◆ **il n'a pas encaissé cette décision** he couldn't stomach * the decision ◆ **il n'a pas encaissé cette remarque** he didn't appreciate that remark one little bit *

**d** *(Tech) [+ route, fleuve, voie ferrée]* to embank ◆ **les montagnes qui encaissent la vallée** the mountains on either side of the valley ◆ **la route s'encaisse entre les collines** the road is hemmed in by the hills

**e** *[+ objets]* to pack in(to) boxes; *[+ plantes]* to plant in boxes *ou* tubs

**encaisseur** /ɑ̃kɛsœʀ/ **NM** collector *(of debts etc)*

**encalminé, e** /ɑ̃kalmine/ **ADJ** *[navire]* becalmed

**encan** /ɑ̃kɑ̃/ **NM** ◆ **mettre** *ou* **vendre à l'~** to sell off by auction

**encanaillement** /ɑ̃kanajmɑ̃/ **NM** mixing with the riffraff

**encanailler (s')** /ɑ̃kanaje/ ▸ conjug 1 ◂ **VPR** *(hum)* to mix with the riffraff, to slum it * ◆ **son style/langage s'encanaille** his style/language is becoming vulgar

**encapuchonner** /ɑ̃kapyʃɔne/ ▸ conjug 1 ◂ **VT** ◆ **~ un enfant** to put a child's hood up ◆ **la tête encapuchonnée** hooded ◆ **un groupe de bambins encapuchonnés** a group of toddlers snug in their hoods

**encart** /ɑ̃kaʀ/ **NM** *(Typo)* insert, inset ◆ **~ publicitaire** publicity *ou* advertising insert

**encarté, e** /ɑ̃kaʀte/ **ADJ** *(Pol) [militant]* card-carrying *(épith)* ◆ **être ~ à un parti** to be a card-carrying member of a party

**encarter** /ɑ̃kaʀte/ ▸ conjug 1 ◂ **VT** *(Typo)* to insert, to inset ◆ **le supplément télé est encarté dans le magazine** the TV listings are enclosed as an insert in the magazine

**en-cas** /ɑ̃ka/ **NM INV** *(= nourriture)* snack

**encaserner** /ɑ̃kazɛʀne/ ▸ conjug 1 ◂ **VT** to quarter *ou* lodge in barracks

**encastrable** /ɑ̃kastʀabl/ **ADJ** *[four, lave-vaisselle]* slot-in *(Brit) (épith)*, ready to be installed *(US) (attrib)*

**encastré, e** /ɑ̃kastʀe/ (ptp de **encastrer**) **ADJ** *[four, placard]* built-in ◆ **spot ~ dans le plafond** recessed spotlight ◆ **baignoire ~e (dans le sol)** sunken bath ◆ **une église ~e entre deux gratte-ciel** a church hemmed *ou* boxed in between two skyscrapers ◆ **de gros blocs ~s dans la neige/le sol** great blocks sunk in *ou* embedded in the snow/ground

**encastrement** /ɑ̃kastʀəmɑ̃/ **NM** *[d'interrupteur]* flush fitting; *[d'armoire, rayonnage]* recessed fitting

**encastrer** /ɑ̃kastʀe/ ▸ conjug 1 ◂ **VT** *(dans un mur)* to embed *(dans* in(to)) to sink *(dans* into); *[+ interrupteur]* to fit flush *(dans* with); *[+ rayonnages, armoire]* to recess *(dans* into) to fit *(dans* into); *(dans un boîtier) [+ pièce]* to fit *(dans* into); ◆ **tous les boutons sont encastrés dans le mur** all the switches are flush with the wall ◆ **l'aquarium est encastré dans le mur** the aquarium is built into the wall ◆ **la voiture s'est encastrée sous le train** the car jammed itself underneath the train ◆ **ces pièces s'encastrent l'une dans l'autre/dans le boîtier** these parts fit exactly into each other/into the case

**encaustique** /ɑ̃kostik/ **NF** wax polish

**encaustiquer** /ɑ̃kostike/ ▸ conjug 1 ◂ **VT** to polish, to wax

**enceindre** /ɑ̃sɛ̃dʀ/ ▸ conjug 52 ◂ **VT** *(gén ptp)* to encircle, to surround *(de* with); ◆ **enceint de** encircled *ou* surrounded by

**enceinte**[1] /ɑ̃sɛ̃t/ **ADJ F** pregnant, expecting * *(attrib)* ◆ **tomber/se retrouver ~** to get *ou* become/find o.s. pregnant ◆ **femme ~** pregnant woman, expectant mother ◆ **~ de cinq mois** five months pregnant ◆ **j'étais ~ de Paul** *(= Paul était le bébé)* I was pregnant with *ou* was expecting Paul; *(= Paul était le père)* I was pregnant by Paul ◆ **il l'a mise ~** he got *ou* made her pregnant ◆ **~ jusqu'aux yeux** * very pregnant *

**enceinte**[2] /ɑ̃sɛ̃t/ **NF** **a** *(= mur)* wall; *(= palissade)* enclosure, fence ◆ **une ~ de fossés défendait la place** the position was surrounded by defensive ditches *ou* was defended by surrounding ditches ◆ **mur d'~** outer walls **b** *(= espace clos)* enclosure; *[de couvent]* precinct ◆ **dans l'~ de la ville** within *ou* inside the town ◆ **dans l'~ du tribunal** in(side) the court room ◆ **dans l'~ de cet établissement** within *ou* in(side) this establishment ◆ **~ militaire** military area *ou* zone ◆ **~ de confinement** *(Phys)* protective shield **c** ◆ **~ (acoustique)** speaker

**encens** /ɑ̃sɑ̃/ **NM** incense ◆ **l'~ des louanges/de leur flatterie** the heady wine of praise/of their flattery

**encensement** /ɑ̃sɑ̃smɑ̃/ **NM** **a** *(Rel)* incensing **b** *(= louanges)* praising *(NonC)* to the skies

**encenser** /ɑ̃sɑ̃se/ ▸ conjug 1 ◂ **VT** **a** *(= louanger)* to heap *ou* shower praise (up)on, to praise to the skies **b** *(Rel)* to incense

**encenseur, -euse** /ɑ̃sɑ̃sœʀ, øz/ **NM,F** *(Rel)* thurifer, censer-bearer; *(fig, †)* flatterer

**encensoir** /ɑ̃sɑ̃swaʀ/ **NM** censer, thurible ◆ **manier l'~** *(péj)* to pour out flattery, to heap on the praise ◆ **coups d'~** *(fig)* excessive flattery

**encéphale** /ɑ̃sefal/ **NM** encephalon

**encéphalique** /ɑ̃sefalik/ **ADJ** encephalic

**encéphalite** /ɑ̃sefalit/ **NF** encephalitis

**encéphalogramme** /ɑ̃sefalɔgʀam/ **NM** encephalogram

**encéphalopathie** /ɑ̃sefalɔpati/ **NF** encephalopathy ◆ **~ bovine spongiforme** BSE, bovine spongiform encephalopathy *(SPÉC)*

**encerclement** /ɑ̃sɛʀkləmɑ̃/ **NM** *(par des murs)* surrounding, encircling; *(par l'armée, la police)* surrounding

**encercler** /ɑ̃sɛʀkle/ ▸ conjug 1 ◂ **VT** *[murs]* to surround, to encircle; *[armée, police]* to surround

**enchaîné** /ɑ̃ʃene/ **NM** *(Ciné)* change; → **fondu**

**enchaînement** /ɑ̃ʃɛnmɑ̃/ **NM** **a** *(= suite logique) [d'épisodes, preuves]* linking ◆ **l'~ de la violence** the spiral of violence **b** *[de scènes, séquences] (= action)* linking; *(= résultat)* link **c** *(= série) [de circonstances]* sequence, series, string ◆ **~ d'événements** chain *ou* series *ou* string *ou* sequence of events **d** *(Danse)* enchaînement ◆ **faire un ~** *(Gym)* to do a sequence of movements ◆ **un bel ~** a fluid sequence of movements ◆ **~ des accords** *(Mus)* chord progression

**enchaîner** /ɑ̃ʃene/ ▸ conjug 1 ◂ **VT** **a** *(= lier) [+ animal]* to chain up; *[+ prisonnier]* to put in chains, to chain up ◆ **~ qn à un arbre** to chain sb to a tree ◆ **enchaînés l'un à l'autre** chained together

**b** *(littér) [secret, souvenir, sentiment]* to bind ◆ **l'amour enchaîne les cœurs** love binds hearts (together) ◆ **ses souvenirs l'enchaînaient à ce lieu** his memories tied *ou* bound *ou* chained him to this place

**c** *(= asservir) [+ peuple]* to enslave; *[+ presse]* to muzzle, to gag ◆ **~ la liberté** to put freedom in chains

**d** *(= assembler) [+ faits, épisodes, séquences]* to connect, to link (together *ou* up); *[+ paragraphes, pensées, mots]* to link (together *ou* up), to string together ◆ **incapable d'~ deux pensées** incapable of stringing two thoughts together ◆ **elle enchaînait réunion sur réunion** she had meeting after meeting *ou* one meeting after another ◆ **~ (la scène**

**suivante)** *(Ciné)* to change to *ou* move on to the next scene ◆ **on va ~ les dernières scènes** *(Ciné)* we'll carry on with the last scenes, we'll go on to the last scenes

**VI** *(Ciné, Théât)* to move on *ou* carry on *(Brit)* (to the next scene) ◆ **sans laisser à Anne le temps de répondre, Paul enchaîna : "d'abord ..."** without giving Anne the time to reply, Paul went on *ou* continued: "first ..." ◆ **on enchaîne, enchaînons** *(Théât)* let's keep going *ou* carry on; *(Ciné)* let's keep rolling; *( * : dans un débat)* let's go on *ou* carry on, let's continue

**VPR s'enchaîner** *[épisodes, séquences]* to follow on from each other, to be linked (together); *[preuves, faits]* to be linked (together) ◆ **tout s'enchaîne** it's all linked *ou* connected, it all ties up ◆ **paragraphes/raisonnements qui s'enchaînent bien** well-linked paragraphs/pieces of reasoning

**enchanté, e** /ɑ̃ʃɑ̃te/ GRAMMAIRE ACTIVE 38.3 (ptp de **enchanter**) **ADJ** a *(= ravi)* enchanted (*de* by) delighted (*de* with); ◆ ~ **(de vous connaître)** how do you do?, (I'm) very pleased to meet you b *(= magique) [forêt, demeure]* enchanted

**enchantement** /ɑ̃ʃɑ̃tmɑ̃/ **NM** a *(= action)* enchantment; *(= effet)* (magic) spell, enchantment ◆ **comme par ~** as if by magic b *(= ravissement)* delight, enchantment ◆ **ce spectacle fut un ~** it was an enchanting *ou* a delightful sight ◆ **être dans l'~** to be enchanted *ou* delighted

**enchanter** /ɑ̃ʃɑ̃te/ ▸ conjug 1 ◂ **VT** a *(= ensorceler)* to enchant, to bewitch b *(= ravir)* to enchant, to delight ◆ **ça ne m'enchante pas beaucoup** I'm not exactly taken with it, it doesn't exactly thrill me **VPR s'enchanter** *(littér)* to rejoice (*de* at)

**enchanteur, -teresse** /ɑ̃ʃɑ̃tœʀ, tʀɛs/ **ADJ** enchanting, bewitching **NM** *(= sorcier)* enchanter; *(fig)* charmer **NF enchanteresse** enchantress

**enchâssement** /ɑ̃ʃɑsmɑ̃/ **NM** a *[de pierre]* setting (*dans* in) b *(Ling)* embedding

**enchâsser** /ɑ̃ʃɑse/ ▸ conjug 1 ◂ **VT** *(gén)* to set (*dans* in); *(Ling)* to embed ◆ ~ **une citation dans un texte** *(littér)* to insert a quotation into a text **VPR s'enchâsser** *(l'un dans l'autre)* to fit exactly together ◆ **s'~ dans** to fit exactly into

**enchère** /ɑ̃ʃɛʀ/ **NF** a *(Comm = offre)* bid ◆ **faire une ~** to bid, to make a bid ◆ **faire monter les ~s** *(lit)* to raise *ou* push up the bidding; *(fig)* to raise *ou* up the stakes *ou* the ante ◆ **les deux entreprises le veulent mais il laisse monter les ~s** the two companies want him but he's waiting for the highest possible bid b *(Cartes)* bid ◆ **le système des ~s** the bidding system **NFPL enchères** *(Comm)* **mettre qch aux ~s (publiques)** to put sth up for auction ◆ **le tableau a été mis aux ~s** the picture was put up for auction *ou* went under the hammer ◆ **vendre aux ~s** to sell by auction ◆ **acheté aux ~s** bought at an auction (sale); → **vente**

**enchérir** /ɑ̃ʃeʀiʀ/ ▸ conjug 2 ◂ **VI** a *(Comm)* ~ **sur une offre** to make a higher bid ◆ ~ **sur qn** to bid higher than sb, to make a higher bid than sb ◆ ~ **sur (l'offre d') une somme** to go higher than *ou* go above *ou* go over an amount b *(fig)* ~ **sur** to go further than, to go beyond, to go one better than

**enchérissement** † /ɑ̃ʃeʀismɑ̃/ **NM** ⇒ **renchérissement**

**enchérisseur, -euse** /ɑ̃ʃeʀisœʀ, øz/ **NM,F** bidder

**enchevêtrement** /ɑ̃ʃ(ə)vɛtʀəmɑ̃/ **NM** *[de ficelles, branches]* entanglement; *[de situation]* confusion ◆ **l'~ de ses idées** the confusion *ou* muddle his ideas were in ◆ **un ~ de branches barrait la route** a tangle of branches blocked the way

**enchevêtrer** /ɑ̃ʃ(ə)vetʀe/ ▸ conjug 1 ◂ **VT** *[+ ficelle]* to tangle (up), to entangle, to muddle up; *[+ idées, intrigue]* to confuse, to muddle **VPR s'enchevêtrer** a *[ficelles]* to get in a tangle, to become entangled, to tangle; *[branches]* to become entangled ◆ **s'~ dans des cordes** to get caught up *ou* tangled up in ropes b *[situations, paroles]* to become confused *ou* muddled ◆ **mots qui s'enchevêtrent les uns dans les autres** words that run into each other ◆ **s'~ dans ses explications** to tie o.s. up in knots * explaining (something), to get tangled up in one's explanations

**enchifrené, e** † /ɑ̃ʃifʀəne/ **ADJ** *[nez]* blocked up

**enclave** /ɑ̃klav/ **NF** *(lit, fig)* enclave

**enclavement** /ɑ̃klavmɑ̃/ **NM** *(= action)* enclosing, hemming in ◆ **l'~ de la région par les montagnes** *(= état)* the way the region is enclosed by *ou* hemmed-in by mountains ◆ **cette province souffre de son ~** this province suffers from its isolation *ou* from its hemmed-in position

**enclaver** /ɑ̃klave/ ▸ conjug 1 ◂ **VT** a *(= entourer)* to enclose, to hem in ◆ **terrain complètement enclavé dans un grand domaine** piece of land completely enclosed within *ou* hemmed in by a large property ◆ **pays enclavé** landlocked country b *(= encastrer)* ~ **l'un dans l'autre** to fit together, to interlock ◆ ~ **dans** to fit into c *(= insérer)* ~ **entre** to insert between

**enclenchement** /ɑ̃klɑ̃ʃmɑ̃/ **NM** a *(Tech) (= action)* engaging; *(= état)* engagement; *(= dispositif)* interlock b *(= début)* start ◆ **l'~ du processus de paix** the start of the peace process ◆ **cela a provoqué l'~ d'une spirale déflationniste** this has set off a deflationary spiral

**enclencher** /ɑ̃klɑ̃ʃe/ ▸ conjug 1 ◂ **VT** *[+ mécanisme]* to engage; *[+ affaire, processus]* to get under way, to set in motion ◆ **j'ai laissé une vitesse enclenchée** *(Aut)* I left the car in gear ◆ **l'affaire est enclenchée** things are under way **VPR s'enclencher** *[mécanisme]* to engage; *[processus]* to get under way

**enclin, e** /ɑ̃klɛ̃, in/ **ADJ** ◆ ~ **à qch/à faire qch** inclined *ou* prone to sth/to do sth

**enclore** /ɑ̃klɔʀ/ ▸ conjug 45 ◂ **VT** to enclose, to shut in ◆ ~ **qch d'une haie/d'une palissade/d'un mur** to hedge/fence/wall sth in

**enclos** /ɑ̃klo/ **NM** *(= terrain, clôture)* enclosure; *[de chevaux]* paddock; *[de moutons]* pen, fold

**enclume** /ɑ̃klym/ **NF** anvil; *(Aut)* engine block; *(Anat)* anvil (bone), incus *(SPÉC)*

**encoche** /ɑ̃kɔʃ/ **NF** *(gén)* notch; *[de flèche]* nock ◆ **faire une ~ à** *ou* **sur qch** to notch sth, to make a notch in sth

**encocher** /ɑ̃kɔʃe/ ▸ conjug 1 ◂ **VT** *(Tech)* to notch; *[+ flèche]* to nock

**encodage** /ɑ̃kɔdaʒ/ **NM** encoding

**encoder** /ɑ̃kɔde/ ▸ conjug 1 ◂ **VT** to encode

**encodeur** /ɑ̃kɔdœʀ/ **NM** encoder

**encoignure** /ɑ̃kɔɲyʀ/ **NF** a *(= coin)* corner b *(= meuble)* corner cupboard

**encoller** /ɑ̃kɔle/ ▸ conjug 1 ◂ **VT** to paste

**encolure** /ɑ̃kɔlyʀ/ **NF** *[de cheval, personne, robe]* neck; *(Comm = tour de cou)* collar size ◆ **battre d'une ~** *(Équitation)* to beat by a neck

**encombrant, e** /ɑ̃kɔ̃bʀɑ̃, ɑ̃t/ **ADJ** *[paquet]* cumbersome, unwieldy, bulky; *[présence]* burdensome, inhibiting ◆ **cet enfant est très ~** this child is a real nuisance ◆ **c'est devenu un collaborateur ~** he's become a bit of a liability

**encombre** /ɑ̃kɔ̃bʀ/ **sans encombre LOC ADV** without mishap *ou* incident

**encombré, e** /ɑ̃kɔ̃bʀe/ (ptp de **encombrer**) **ADJ** a *[pièce]* cluttered (up); *[passage]* obstructed; *[lignes téléphoniques]* jammed, overloaded; *[profession]* overcrowded; *[marché]* glutted ◆ **table ~e de papiers** table cluttered *ou* littered with papers ◆ **les bras ~s de paquets** his arms laden with parcels ◆ **j'ai les bronches ~es** my chest is congested ◆ **le parking est très ~** the car park is very full b *(= embouteillé) [espace aérien, route]* congested

**encombrement** /ɑ̃kɔ̃bʀəmɑ̃/ GRAMMAIRE ACTIVE 27.5 **NM** a *(= obstruction) [de bronches]* congestion ◆ **à cause de l'~ des lignes téléphoniques** because the telephone lines are jammed *ou* overloaded ◆ **l'~ du couloir rendait le passage malaisé** all the clutter in the corridor made it difficult to get through ◆ **un ~ de vieux meubles** a clutter *ou* jumble of old furniture b *(= embouteillage)* traffic jam, congestion *NonC* ◆ **être pris dans un ~** to be stuck in a traffic jam c *(= volume)* bulk; *(= taille)* size; *[d'ordinateur]* footprint ◆ **objet de faible ~** compact *ou* small objet ◆ **l'~ au sol de la tente est de 10 m²** the surface area of this tent is 10m² ◆ **l'~ sur le disque/de la mémoire** *(Ordin)* the amount of space used on the disk/in the memory

**encombrer** /ɑ̃kɔ̃bʀe/ ▸ conjug 1 ◂ **VT** a *[+ pièce]* to clutter (up) (*de* with); *[+ couloir]* to obstruct (*de* with); *[+ rue]* to congest; *[+ lignes téléphoniques]* to jam; *[+ marché]* to glut (*de* with); ◆ **ces fichiers encombrent le disque** *(Ordin)* these files are using up too much space on the disk ◆ ~ **le passage** to block the way, to be in the way ◆ **toutes ces informations inutiles encombrent ma mémoire** my mind is cluttered (up) with all this useless information

b *[personne]* **il m'encombre plus qu'il ne m'aide** he's more of a hindrance than a help (to me) ◆ **je ne veux pas vous ~** *(être à votre charge)* I don't want to be a burden to you; *(empiéter sur votre espace)* I don't want to get in your way ◆ **ces boîtes m'encombrent** *(je les porte)* I'm loaded down with these boxes; *(elles gênent le passage)* these boxes are in my way

**VPR s'encombrer** ◆ **s'~ de** *[+ paquets]* to load o.s. down with; *[+ enfants]* to burden *ou* saddle * o.s. with ◆ **il ne s'encombre pas de scrupules** he's not overburdened with scruples, he's quite unscrupulous

**encontre** /ɑ̃kɔ̃tʀ/ **LOC PRÉP à l'encontre de** *(= contre)* against, counter to; *(= au contraire de)* contrary to ◆ **aller à l'~ de** *[+ décision, faits]* to go against, to run counter to ◆ **je n'irai pas à l'~ de ce qu'il veut/fait** I won't go against his wishes/what he does ◆ **cela va à l'~ du but recherché** it's counterproductive, it defeats the purpose ◆ **action qui va à l'~ du but recherché** self-defeating *ou* counterproductive action ◆ **à l'~ de ce qu'il dit, mon opinion est que ...** contrary to what he says, my opinion is that ... **LOC ADV à l'encontre** in opposition, against it ◆ **je n'irai pas à l'~** I won't go against it

**encor** /ɑ̃kɔʀ/ **ADV** *(††, Poésie)* ⇒ **encore**

**encorbellement** /ɑ̃kɔʀbɛlmɑ̃/ **NM** *(Archit)* corbelled construction ◆ **fenêtre en ~** oriel window ◆ **balcon en ~** corbelled balcony

**encorder** /ɑ̃kɔʀde/ ▸ conjug 1 ◂ **VT** to rope up **VPR s'encorder** to rope up ◆ **les alpinistes s'encordent** the climbers are roping themselves together *ou* are roping up

**encore** /ɑ̃kɔʀ/ ADV a *(= toujours)* still ◆ **il restait ~ quelques personnes** there were still a few people left ◆ **il en était ~ au brouillon** he was still working on the draft ◆ **tu en es ~ là !** *(péj)* haven't you got beyond *ou* past that yet! ◆ **il n'est ~ qu'en première année/que caporal** he's still only in the first year/a corporal ◆ **il n'est ~ que 8 heures** it's (still) only 8 o'clock ◆ **le malfaiteur court ~** the criminal is still at large ◆ **ça ne s'était ~ jamais vu** it had never happened before ◆ **il reste une question non ~ résolue** one thing remains to be settled

♦ **pas encore** not yet ◆ **il n'est pas ~ prêt** he's not ready yet, he's not yet ready ◆ **ça ne s'était pas ~ vu** it had never happened before

b *(= pas plus tard que)* only ◆ **~ ce matin** *ou* **ce matin ~, il semblait bien portant** only this morning he seemed quite well ◆ **il me le disait ~ hier** *ou* **hier ~** he was saying that to me only yesterday

c *(= de nouveau)* again ◆ **~ une fois** (once) again, once more, one more time ◆ **~ une fois, je n'affirme rien** but there again, I'm not absolutely positive about it ◆ **~ une fois non !** how many times do I have to tell you - no! ◆ **ça s'est ~ défait** it has come undone (yet) again ◆ **il a ~ laissé la porte ouverte** he has left the door open (yet) again ◆ **elle a ~ acheté un nouveau chapeau** she has bought yet another new hat ◆ **~ vous !** (not) you again! ◆ **c'était Léo au téléphone – ~ !** it was Léo on the phone – again! ◆ **quoi ~ ?, qu'y a-t-il ~ ?** what's the matter with you this time?, what is it this time *ou* now?

♦ **encore et encore** again and again

d *(= de plus, en plus)* more ◆ **~ un !** yet another!, one more! ◆ **~ un rhume** (yet) another cold ◆ **~ une tasse ?** another cup? ◆ **vous prendrez bien ~ quelque chose ?** *ou* **quelque chose ~ ?** surely you'll have something more? *ou* something else? ◆ **~ un peu de thé ?** a little more tea?, (any) more tea? ◆ **~ quelques gâteaux ?** (some *ou* any) more cakes? ◆ **j'en veux ~** I want some more ◆ **~ un mot, avant de terminer** (just) one more word before I finish ◆ **que te faut-il ~ ?** what else *ou* more do you want? ◆ **qu'est-ce que j'oublie ~ ?** what else have I forgotten? ◆ **qui y avait-il ~ ?** who else was there? ◆ **pendant ~ deux jours** for another two days, for two more days ◆ **il y a ~ quelques jours avant de partir** there are a few (more) days to go before we leave ◆ **~ un fou du volant !** (yet) another roadhog! ◆ **en voilà ~ deux** here are two more *ou* another two ◆ **mais ~ ?** is that all?, what else?

e *(avec compar)* even ◆ **il fait ~ plus froid qu'hier** it's even *ou* still colder than yesterday ◆ **il fait ~ moins chaud qu'hier** it's even cooler than it was yesterday ◆ **il est ~ plus grand que moi** he is even taller than I am ◆ **ils veulent l'agrandir ~ (plus)** they want to make it even *ou* still larger, they want to enlarge it even further ◆ **~ pire, pire ~** even *ou* still worse, worse and worse ◆ **~ autant** as much again (*que* as)

f *(= aussi)* too, also, as well ◆ **ce n'est pas seulement triste, mais ~ ridicule** it's not just sad, it's also ridiculous

g *(valeur restrictive)* even then, even at that ◆ **~ ne sait-il pas tout** even then he doesn't know everything, and he doesn't even know everything (at that) ◆ **il en est sûrement capable, ~ faut-il le faire** he's obviously capable, but whether he does it or not is another matter ◆ **~ une chance** *ou* **~ heureux qu'il ne se soit pas plaint au patron** (still) at least he didn't complain to the boss, let's think ourselves lucky that he didn't complain to the boss

♦ **et encore** ◆ **on t'en donnera peut-être 10 €, et ~** they might give you €10 for it, if that ◆ **c'est passable, et ~ !** it's passable but only just! ◆ **et ~, ça n'a pas été sans mal** and even that wasn't easy

♦ **si encore** if only ◆ **si ~ je savais où ça se trouve, j'irais bien** if only I knew where it was, I would willingly go

♦ **encore que** *(littér = quoique)* even though ◆ **~ que je n'en sache rien** though I don't really know ◆ **ça devrait être faisable, ~ que ...** * it should be feasible, though come to think of it ...

**encorner** /ɑ̃kɔʀne/ ▸ conjug 1 ◂ VT to gore

**encornet** /ɑ̃kɔʀnɛ/ NM squid

**encoubler (s')** /ɑ̃kuble/ VPR *(Helv = trébucher)* to trip

**encourageant, e** /ɑ̃kuʀaʒɑ̃, ɑ̃t/ ADJ encouraging

**encouragement** /ɑ̃kuʀaʒmɑ̃/ NM a *(= soutien)* encouragement ◆ **message/mot d'~** message/word of encouragement ◆ **il est arrivé sur scène sous les ~s du public** he came on stage to shouts of encouragement from *ou* to the cheers of the audience b *(Pol, Écon = avantage financier)* encouragement, incentive ◆ **mesures d'~** incentive measures ◆ **multiplier les ~s à l'épargne** to offer more incentives for people to save

**encourager** /ɑ̃kuʀaʒe/ ▸ conjug 3 ◂ VT a *(gén)* to encourage (*à faire* to do); *[+ équipe]* to cheer ◆ **~ qn au meurtre** to encourage sb to commit murder, to incite sb to murder ◆ **~ qn du geste et de la voix** to cheer sb on ◆ **encouragé par ses camarades, il a joué un vilain tour au professeur** egged on *ou* encouraged by his classmates, he played a nasty trick on the teacher b *(Pol, Écon) [+ emploi, investissement, production]* to encourage

**encourir** /ɑ̃kuʀiʀ/ ▸ conjug 11 ◂ VT *[+ amende, frais]* to incur; *[+ mépris, reproche, punition]* to bring upon o.s., to incur

**encours, en-cours** /ɑ̃kuʀ/ NM INV *(= effets)* outstanding discounted bills; *(= dettes)* outstanding debt

**encrage** /ɑ̃kʀaʒ/ NM inking

**encrassement** /ɑ̃kʀasmɑ̃/ NM *[d'arme]* fouling (up); *[de cheminée, bougie de moteur]* sooting up; *[de piston, poêle, tuyau, machine]* clogging (up), fouling up

**encrasser** /ɑ̃kʀase/ ▸ conjug 1 ◂ VT a *[+ arme]* to foul (up); *[+ cheminée, bougie de moteur]* to soot up; *[+ piston, poêle, tuyau, machine]* to clog (up), to foul up b *(= salir)* to make filthy, to (make) dirty ◆ **ongles encrassés de cambouis** nails encrusted *ou* filthy with engine grease VPR **s'encrasser** *(gén)* to get dirty; *[arme]* to foul (up); *[cheminée, bougie de moteur]* to soot up; *[piston, poêle, tuyau, machine]* to clog (up), to foul up; *[filtre]* to clog up

**encre** /ɑ̃kʀ/ NF a *(pour écrire)* ink; *(en poudre, pour imprimante)* toner ◆ **écrire à l'~** to write in ink ◆ **d'un noir d'~** as black as ink, ink(y) black ◆ **de sa plus belle ~** *(littér)* in his best style; → **bouteille, couler, sang** b *(Zool)* ink ◆ **calmars à l'~** *(Culin)* squid cooked in ink COMP ▷ **encre blanche** white ink ▷ **encre de Chine** Indian ink *(Brit)*, India ink *(US)* ▷ **encre d'imprimerie** printing ink ▷ **encre sympathique** invisible ink

**encrer** /ɑ̃kʀe/ ▸ conjug 1 ◂ VT to ink

**encreur** /ɑ̃kʀœʀ/ ADJ M *[rouleau, tampon]* inking NM inker

**encrier** /ɑ̃kʀije/ NM *(= bouteille)* inkpot *(Brit)*, ink bottle *(US)*; *(décoratif)* inkstand; *(encastré)* inkwell

**encroûté, e** * /ɑ̃kʀute/ (ptp de **encroûter**) ADJ ◆ **être ~** to stagnate, to be in a rut ◆ **quel ~ tu fais !** you're really stagnating!, you're really in a rut!

**encroûtement** /ɑ̃kʀutmɑ̃/ NM a *[de personne]* getting into a rut ◆ **essayons de le tirer de son ~** let's try and get him out of his rut b *[d'objet]* encrusting, crusting over

**encroûter** /ɑ̃kʀute/ ▸ conjug 1 ◂ VT *(= entartrer)* to encrust, to crust over VPR **s'encroûter** a * *[personne]* to stagnate, to get into a rut ◆ **s'~ dans** *[+ habitudes, préjugés]* to become entrenched in ◆ **s'~ dans la vie de province** to get into the rut of provincial life b *[objet]* to crust over, to form a crust

**encryptage** /ɑ̃kʀiptaʒ/ NM *[de données]* encrypting

**encrypter** /ɑ̃kʀipte/ ▸ conjug 1 ◂ VT *[+ données]* to encrypt

**enculé** ****** /ɑ̃kyle/ NM dickhead ******

**enculer** ****** /ɑ̃kyle/ ▸ conjug 1 ◂ VT to fuck ****** ◆ **va te faire ~ !** fuck off! ****** ◆ **ils enculent les mouches** they're nit-picking *

**encyclique** /ɑ̃siklik/ ADJ, NF ◆ **(lettre) ~** encyclical

**encyclopédie** /ɑ̃siklɔpedi/ NF encyclopedia, encyclopaedia *(Brit)*

**encyclopédique** /ɑ̃siklɔpedik/ ADJ encyclopedic, encyclopaedic *(Brit)*

**encyclopédiste** /ɑ̃siklɔpedist/ NMF *(Hist)* encyclopedist, encyclopaedist *(Brit)*

**endémie** /ɑ̃demi/ NF endemic disease

**endémique** /ɑ̃demik/ ADJ *(Méd, fig)* endemic

**endetté, e** /ɑ̃dete/ (ptp de **endetter**) ADJ in debt *(attrib)* ◆ **l'entreprise est ~e à hauteur de 3 millions d'euros** the company has a debt amounting to 3 million euros ◆ **très ~** heavily *ou* deep in debt ◆ **l'un des pays les plus ~s** one of the biggest *ou* largest debtor countries ◆ **(très) ~ envers qn** *(frm)* (greatly) indebted to sb

**endettement** /ɑ̃dɛtmɑ̃/ NM *(= dette)* debt ◆ **notre ~ extérieur** our foreign debt ◆ **causer l'~ d'une l'entreprise** to put a company in debt ◆ **le fort ~ des ménages** the high level of household debt ◆ **notre ~ envers la banque** our indebtedness to the bank

**endetter** /ɑ̃dete/ ▸ conjug 1 ◂ VT to put into debt VPR **s'endetter** *[particulier, entreprise]* to get into debt ◆ **s'~ sur dix ans** to take out a loan over ten years *ou* a ten-year loan

**endeuiller** /ɑ̃dœje/ ▸ conjug 1 ◂ VT *[+ personne, pays] (= toucher par une mort)* to plunge into mourning; *(= attrister)* to plunge into grief; *[+ épreuve sportive, manifestation]* to cast a pall over; *(littér) [+ paysage]* to make (look) dismal, to give a dismal aspect to

**endiablé, e** /ɑ̃djable/ ADJ *[danse, rythme]* boisterous, furious; *[course]* furious, wild; *[personne]* boisterous

**endiguer** /ɑ̃dige/ ▸ conjug 1 ◂ VT a *[+ fleuve]* to dyke (up) b *[+ foule, invasion]* to hold back, to contain; *[+ révolte]* to check, to contain; *[+ sentiments, progrès]* to check, to hold back; *[+ inflation, chômage]* to curb

**endimanché, e** /ɑ̃dimɑ̃ʃe/ (ptp de **s'endimancher**) ADJ *[personne]* (all done up) in one's Sunday best; *[style]* fancy, florid ◆ **il a l'air ~** *(péj)* he's terribly overdressed

**endimancher (s')** /ɑ̃dimɑ̃ʃe/ ▸ conjug 1 ◂ VPR to put on one's Sunday best

**endive** /ɑ̃div/ NF chicory *(Brit) (NonC)*, endive *(US)* ◆ **cinq ~s** five pieces *ou* heads of chicory *(Brit)*, five endives *(US)*

**endocarde** /ɑ̃dɔkaʀd/ NM endocardium

**endocardite** /ɑ̃dɔkaʀdit/ NF endocarditis

**endocarpe** /ɑ̃dɔkaʀp/ NM endocarp

**endocrine** /ɑ̃dɔkʀin/ ADJ ◆ **glande ~** endocrine (gland)

**endocrinien, -ienne** /ɑ̃dɔkʀinjɛ̃, jɛn/ ADJ endocrinal, endocrinous

**endocrinologie** /ɑ̃dɔkʀinɔlɔʒi/ NF endocrinology

**endocrinologue** /ɑ̃dɔkʀinɔlɔg/, **endocrinologiste** /ɑ̃dɔkʀinɔlɔʒist/ NMF endocrinologist

**endoctrinement** /ɑ̃dɔktʀinmɑ̃/ NM indoctrination

**endoctriner** /ɑ̃dɔktʀine/ ► conjug 1 ◄ VT to indoctrinate

**endoderme** /ɑ̃dɔdɛʀm/ NM endoderm

**endogamie** /ɑ̃dɔgami/ NF endogamy

**endogène** /ɑ̃dɔʒɛn/ ADJ endogenous

**endolori, e** /ɑ̃dɔlɔʀi/ ADJ painful, aching, sore

**endomètre** /ɑ̃dɔmɛtʀ/ NM endometrium

**endométriose** /ɑ̃dɔmetʀijoz/ NF endometriosis

**endommagement** /ɑ̃dɔmaʒmɑ̃/ NM damaging

**endommager** /ɑ̃dɔmaʒe/ ► conjug 3 ◄ VT to damage

**endomorphine** /ɑ̃dɔmɔʀfin/ NF ⇒ **endorphine**

**endormeur, -euse** /ɑ̃dɔʀmœʀ, øz/ NM,F *(péj = trompeur)* beguiler

**endormi, e** /ɑ̃dɔʀmi/ (ptp de **endormir**) ADJ **a** *(lit) [personne]* sleeping, asleep *attrib* **b** *(= apathique)* sluggish; *(= engourdi)* numb; *(= assoupi) [passion]* dormant; *[facultés]* dulled; *[ville, rue]* sleepy, drowsy ◆ **j'ai la main tout ~e** my hand has gone to sleep *ou* is completely numb ◆ **à moitié ~** half asleep ◆ **quel ~ !** what a sleepyhead!

**endormir** /ɑ̃dɔʀmiʀ/ ► conjug 16 ◄ VT **a** *[somnifère, discours]* to put *ou* send to sleep; *(en berçant)* to send *ou* lull to sleep ◆ **elle chantait pour l'~** she used to sing him to sleep

**b** *(* = ennuyer)* to send to sleep*, to bore stiff*

**c** *(= anesthésier)* to put to sleep, to put under*, to anaesthetize; *(= hypnotiser)* to hypnotise, to put under*

**d** *(= dissiper) [+ douleur]* to deaden; *[+ soupçons]* to allay, to lull

**e** *(= tromper)* to beguile ◆ **se laisser ~ par des promesses** to let o.s. be beguiled by promises

VPR **s'endormir** **a** *[personne]* to go to sleep, to fall asleep, to drop off to sleep

**b** *(= se relâcher)* to let up, to slacken off ◆ **ce n'est pas le moment de nous ~** now is not the time to slow up *ou* slacken off ◆ **allons, ne vous endormez pas !** come on, don't go to sleep on the job! *; → **laurier**

**c** *[rue, ville]* to fall asleep; *[passion, douleur]* to subside, to die down; *[facultés]* to go to sleep*

**d** *(euph = mourir)* to go to sleep, to pass away

**endormissement** /ɑ̃dɔʀmismɑ̃/ NM ◆ **médicament qui facilite l'~** medicine which helps one to sleep, sleep-inducing medicine ◆ **au moment de l'~** as one falls asleep

**endorphine** /ɑ̃dɔʀfin/ NF endorphin

**endos** /ɑ̃do/ NM endorsement

**endoscope** /ɑ̃dɔskɔp/ NM endoscope

**endoscopie** /ɑ̃dɔskɔpi/ NF endoscopy

**endoscopique** /ɑ̃dɔskɔpik/ ADJ endoscopic

**endosmose** /ɑ̃dɔsmoz/ NF endosmosis

**endossable** /ɑ̃dosabl/ ADJ *(Fin)* endorsable

**endossataire** /ɑ̃dosatɛʀ/ NMF endorsee

**endossement** /ɑ̃dosmɑ̃/ NM endorsement

**endosser** /ɑ̃dose/ ► conjug 1 ◄ VT **a** *(= revêtir) [+ vêtement]* to put on ◆ **~ l'uniforme/la soutane** *(= devenir soldat/prêtre)* to enter the army/the Church **b** *(= assumer) [+ responsabilité]* to take, to shoulder (*de* for); ◆ **il a voulu me faire ~ son erreur** he wanted me to take *ou* shoulder the responsibility for his mistake **c** *(Fin)* to endorse

**endosseur** /ɑ̃dosœʀ/ NM endorser

**endothermique** /ɑ̃dotɛʀmik/ ADJ endothermic

**endroit** /ɑ̃dʀwa/ NM **a** *(= localité, partie du corps)* place, spot; *(= lieu de rangement, partie d'objet)* place ◆ **un ~ idéal pour le pique-nique/une usine** an ideal spot *ou* place for a picnic/a factory ◆ **je l'ai mis au même ~** I put it in the same place ◆ **manteau usé à plusieurs ~s** coat worn in several places, coat with several worn patches ◆ **à** *ou* **en quel ~ ?** where(abouts)?, where exactly? ◆ **les gens de l'~** the local people, the locals *; → **petit**

**b** *[de livre, récit]* passage, part ◆ **à quel ~ du récit t'es-tu arrêté ?** what part of the story did you stop at? ◆ **il arrêta sa lecture à cet ~** he stopped reading at that point

**c** *(loc)* **à l'~ où** *(lieu)* (at the place) where; *(dans un livre, un film)* at the part *ou* bit where ◆ **de/vers l'~ où** from/to (the place) where ◆ **en quelque ~ que ce soit** wherever it may be ◆ **en plusieurs ~s** in several places ◆ **par ~s** in places ◆ **au bon ~** in *ou* at the right place; *(littér)*

♦ **à l'endroit de** *(= à l'égard de)* towards ◆ **ses sentiments à mon ~** his feelings about me

**d** *(= bon côté)* right side ◆ **faites les diminutions sur l'~** *(Tricot)* decrease on the knit row

♦ **à l'endroit** *[vêtement]* the right way round; *[objet posé]* the right way round; *(verticalement)* the right way up ◆ **remets tes chaussettes à l'~** put your socks on the right way out ◆ **une maille à l'~, une maille à l'envers** *(Tricot)* knit one – purl one, one plain – one purl ◆ **tout à l'~** *(Tricot)* knit every row

**enduire** /ɑ̃dɥiʀ/ ► conjug 38 ◄ VT **a** *[personne, appareil]* **~ une surface de** *[+ peinture, vernis, colle]* to coat a surface with; *[+ huile, boue]* to coat *ou* smear a surface with ◆ **~ ses cheveux de brillantine** to grease one's hair with brilliantine, to plaster brilliantine on one's hair ◆ **surface enduite d'une substance visqueuse** surface coated *ou* smeared with a sticky substance ◆ **s'~ de crème** to cover o.s. with cream **b** *[substance]* to coat ◆ **la colle qui enduit le papier** the glue coating the paper

**enduit** /ɑ̃dɥi/ NM *(pour recouvrir, lisser)* coating; *(pour boucher)* filler

**endurable** /ɑ̃dyʀabl/ ADJ endurable, bearable

**endurance** /ɑ̃dyʀɑ̃s/ NF *(moral)* endurance; *(physique)* stamina, endurance ◆ **coureur qui a de l'~** runner with stamina *ou* staying power

**endurant, e** /ɑ̃dyʀɑ̃, ɑ̃t/ ADJ tough, hardy ◆ **peu** *ou* **pas très ~** † *(= patient)* not very patient (*avec* with)

**endurci, e** /ɑ̃dyʀsi/ (ptp de **endurcir**) ADJ *[cœur]* hardened; *[personne]* hardened, hard-hearted ◆ **criminel ~** hardened criminal ◆ **célibataire ~** confirmed bachelor

**endurcir** /ɑ̃dyʀsiʀ/ ► conjug 2 ◄ VT *(physiquement)* to toughen; *(psychologiquement)* to harden VPR **s'endurcir** *(physiquement)* to become tough; *(moralement)* to harden, to become hardened ◆ **s'~ à la douleur** to become hardened *ou* inured to pain

**endurcissement** /ɑ̃dyʀsismɑ̃/ NM **a** *(= action) [de corps]* toughening; *[d'âme]* hardening **b** *(= état) [de corps]* toughness; *[d'âme]* hardness ◆ **~ à la douleur** resistance to pain

**endurer** /ɑ̃dyʀe/ ► conjug 1 ◄ VT to endure, to bear ◆ **~ de faire qch** to bear to do sth ◆ **il fait froid, on endure un pull** it's cold, you need a pullover

**enduro** /ɑ̃dyʀo/ NM enduro, trial

**Énée** /ene/ NM Aeneas

**Énéide** /eneid/ NF ◆ **l'~** the Aeneid

**énergéticien, -ienne** /enɛʀʒetisjɛ̃, jɛn/ NM,F energetics specialist

**énergétique** /enɛʀʒetik/ ADJ **a** *(Écon, Phys) [besoins, politique, ressources]* energy *épith* ◆ **nos dépenses ~s** our fuel *ou* energy bill **b** *(Physiol) [aliment]* energy-giving, energizing; *[valeur]* energy *épith* ◆ **aliment très ~** high-energy food ◆ **dépense ~** energy expenditure NF energetics *sg*

**énergie** /enɛʀʒi/ NF **a** *(= force physique)* energy ◆ **dépenser beaucoup d'~ à faire qch** to expend *ou* use up a great deal of energy doing sth ◆ **j'ai besoin de toute mon ~** I need all my energy ◆ **nettoyer/frotter avec ~** to clean/rub energetically ◆ **être** *ou* **se sentir sans ~** to be *ou* feel lacking in energy, to be *ou* feel unenergetic ◆ **avec l'~ du désespoir** with the strength born of despair

**b** *(= fermeté, ressort moral)* spirit, vigour *(Brit)*, vigor *(US)* ◆ **protester/refuser avec ~** to protest/refuse energetically *ou* vigorously *ou* forcefully ◆ **mobiliser toutes les ~s d'un pays** to mobilize all a country's resources ◆ **l'~ de son style/d'un terme** *(littér)* the vigour *ou* energy of his style/of a term

**c** *(Écon, Phys)* energy; *(Tech)* power, energy ◆ **réaction qui libère de l'~** reaction that releases energy ◆ **l'~ fournie par le moteur** the power supplied by the motor ◆ **consommation d'~** *[de moteur, véhicule]* power consumption; *[d'industrie, pays]* energy consumption ◆ **source d'~** source of energy

COMP ▷ **énergie atomique** atomic energy ▷ **énergie cinétique** kinetic energy ▷ **les énergies douces** alternative energy ▷ **énergie électrique** electrical power *ou* energy ▷ **énergie éolienne** wind power *ou* energy ▷ **les énergies fossiles** fossil fuels ▷ **énergie mécanique** mechanical power *ou* energy ▷ **énergies nouvelles** new energy sources ▷ **énergie nucléaire** nuclear power *ou* energy ▷ **énergie potentielle** potential energy ▷ **énergie psychique** psychic energy ▷ **énergies renouvelables** renewable energy sources ▷ **énergie solaire** solar energy *ou* power ▷ **les énergies de substitution** substitute fuels ▷ **énergie thermique** thermal energy ▷ **énergie vitale** vital energy *ou* force

**énergique** /enɛʀʒik/ ADJ **a** *(physiquement) [personne]* energetic; *[mouvement, geste, effort]* vigorous, energetic **b** *(moralement) [personne, style]* vigorous, energetic; *[intervention]* forceful, vigorous; *[protestation]* vigorous, fierce; *[mesures]* drastic, stringent; *[punition]* severe, harsh; *[médicament]* powerful, strong

**énergiquement** /enɛʀʒikmɑ̃/ ADV *[agir, parler]* energetically; *[refuser]* emphatically; *[condamner]* vigorously

**énergisant, e** /enɛʀʒizɑ̃, ɑ̃t/ ADJ energizing ◆ **boisson ~e** energy drink NM energizer, tonic

**énergivore** /enɛʀʒivɔʀ/ ADJ *[secteur, activité, produit]* energy-guzzling

**énergumène** /enɛʀgymɛn/ NMF *(gén)* bizarre individual; *(= fou)* maniac ◆ **qu'est-ce que c'est que cet ~ ?** who's that nutcase? *

**énervant, e** /enɛʀvɑ̃, ɑ̃t/ ADJ *(= agaçant)* irritating, annoying

**énervé, e** /enɛʀve/ (ptp de **énerver**) ADJ *(= agacé)* irritated, annoyed; *(= agité)* nervous, edgy * *(Brit)*

**énervement** /enɛʀvəmɑ̃/ NM *(= agacement)* irritation, annoyance; *(= agitation)* nervousness, edginess * *(Brit)* ◆ **après les ~s du départ** after the upsets of the departure

**énerver** /enɛʀve/ ▸ conjug 1 ◂ VT ◆ **~ qn** *(= agiter)* to overexcite sb; *(= agacer)* to irritate sb, to annoy sb, to get on sb's nerves * ◆ **ça m'énerve** it really gets on my nerves * ◆ **le vin blanc énerve** white wine is bad for your nerves VPR **s'énerver** to get excited *, to get worked up * ◆ **ne t'énerve pas !** * don't get all worked up! *, take it easy! ◆ **ne t'énerve pas pour cela** don't let it get to you *

**enfance** /ɑ̃fɑ̃s/ NF **a** *(= jeunesse)* childhood; *[de garçon]* boyhood; *[de fille]* girlhood; *(= début)* infancy ◆ **petite ~** infancy ◆ **science encore dans son ~** science still in its infancy ◆ **c'est l'~ de l'art** it's child's play *ou* kid's stuff *; → **retomber** **b** *(= enfants)* children *(pl)* ◆ **la naïveté de l'~** the naivety of children *ou* of childhood ◆ **l'~ déshéritée** deprived children

**enfant** /ɑ̃fɑ̃/ NMF **a** *(gén)* child; *(= garçon)* (little) boy; *(= fille)* (little) girl ◆ **quand il était ~** when he was a child, as a child ◆ **il se souvenait que, tout ~, il avait une fois ...** he remembered that, while still *ou* only a child, he had once ... ◆ **c'est un grand ~** *(fig)* he's such a child, he's a big kid * ◆ **il est resté très ~** he has remained very childlike ◆ **faire l'~** to behave childishly, to behave like a child ◆ **ne faites pas l'~** don't be (so) childish, stop behaving like a child; → **bon[1], bonne[2], jardin**

**b** *(= descendant)* child ◆ **sans ~** childless ◆ **M. Leblanc, décédé sans ~** Mr Leblanc who died childless *ou* without issue *(frm)* ◆ **faire un ~ à une femme** * to get a woman pregnant ◆ **elle a fait un ~ dans le dos à son mari** * she got pregnant without telling her husband; *(= lui a fait un mauvais coup)* she did the dirty on her husband * ◆ **ce livre est son ~** this book is his baby; → **attendre**

**c** *(= originaire)* **c'est un ~ du pays/de la ville** he's a native of these parts/of the town ◆ **~ de l'Auvergne/de Paris** child of the Auvergne/of Paris ◆ **un ~ du peuple** a (true) child of the people

**d** *( * = adulte)* **les ~s !** folks *, guys * ◆ **bonne nouvelle, les ~s !** good news, folks! * *ou* guys! *

COMP ▷ **enfant de l'amour** love child ▷ **enfant de la balle** child of the theatre *(ou circus etc)* ▷ **enfant bleu** *(Méd)* blue baby ▷ **enfant de chœur** *(Rel)* altar boy ◆ **il me prend pour un ~ de chœur !** * *(ingénu)* he thinks I'm still wet behind the ears! * ◆ **ce n'est pas un ~ de chœur !** * he's no angel! * ▷ **enfant gâté** spoilt child ◆ **c'était l'~ gâté du service** he was the blue-eyed boy of the department ▷ **l'Enfant Jésus** *(Rel)* the baby Jesus ▷ **enfants de Marie** *(Rel)* children of Mary ◆ **c'est une ~ de Marie** *(lit)* she's in the children of Mary; *( * : ingénue)* she's a real innocent ◆ **ce n'est pas une ~ de Marie !** she's no cherub! *, she's no innocent! ▷ **enfant naturel** natural child ▷ **enfant prodige** child prodigy ▷ **enfant prodigue** *(Bible, fig)* prodigal son ▷ **enfant terrible** *(lit)* unruly child; *(fig)* enfant terrible ▷ **enfant de troupe** child reared by the army ▷ **enfant trouvé** foundling ▷ **enfant unique** only child ◆ **famille à ~ unique** one-child family, family with one child

**enfantement** /ɑ̃fɑ̃tmɑ̃/ NM *( †, Bible = accouchement)* childbirth; *(littér) [d'œuvre]* giving birth (*de* to)

**enfanter** /ɑ̃fɑ̃te/ ▸ conjug 1 ◂ VT *( †, Bible = mettre au monde)* to give birth to, to bring forth *(littér, Bible)*; *(littér) (= élaborer)* to give birth to *(littér)* VI to give birth, to be delivered *(littér, Bible)*

**enfantillage** /ɑ̃fɑ̃tijaʒ/ NM childishness *(NonC)* ◆ **se livrer à des ~s** to do childish things, to behave childishly ◆ **c'est de l'~** you're just being childish ◆ **arrête ces ~s !** don't be so childish!

**enfantin, e** /ɑ̃fɑ̃tɛ̃, in/ ADJ *(= typique de l'enfance) [joie, naïveté, confiance]* childlike, childish; *(= puéril) [attitude, réaction]* childish, infantile ◆ **c'est ~** *(facile)* it's simple, it's child's play *, it's dead easy * *(Brit)* ◆ **rire/jeu ~** *(propre à l'enfant)* child's laugh/game ◆ **ses amours ~es** his childhood loves; → **classe, langage**

**enfariné, e** /ɑ̃faʀine/ ADJ *(lit)* dredged with flour ◆ **arriver la gueule ~e** ** *ou* **le bec ~** * to breeze in *

**enfer** /ɑ̃fɛʀ/ NM **a** *(Rel)* **l'~** hell, Hell ◆ **les Enfers** *(Myth)* Hell, the Underworld ◆ **l'~ est pavé de bonnes intentions** *(Prov)* the road to hell is paved with good intentions *(Prov)*

◆ **d'enfer** *[bruit, vision]* hellish, infernal; *[vie, rythme]* hellish ◆ **feu d'~** raging fire ◆ **jouer un jeu d'~** to play for very high stakes ◆ **chevaucher à un train d'~** to ride hell *(Brit)* *ou* hellbent *(US)* for leather * ◆ **rouler à un train d'~** to tear along at breakneck speed ◆ **la pièce est menée à un rythme d'~** the play goes along at a furious pace ◆ **c'est d'~ !** it's magic! * ◆ **sa copine est d'~** * his girlfriend is a real stunner *

**b** *(fig)* hell ◆ **cette usine est un ~** this factory is (absolute) hell ◆ **cette vie est un ~** it's a hellish life ◆ **l'~ de l'alcoolisme** the hellish world of alcoholism ◆ **vivre un véritable ~** to go through a living hell

**c** *[de bibliothèque]* forbidden books department

EXCL ◆ **~ et damnation!** * hell and damnation! *

**enfermement** /ɑ̃fɛʀməmɑ̃/ NM *(lit)* confinement ◆ **son ~ dans le silence** *(volontaire)* his retreat into silence; *(involontaire)* his silent isolation

**enfermer** /ɑ̃fɛʀme/ ▸ conjug 1 ◂ VT **a** *(= mettre sous clé) [+ enfant puni, témoin gênant]* to shut up, to lock up; *(par erreur)* to lock in; *[+ prisonnier]* to shut up *ou* away, to lock up; * *[+ aliéné]* to lock up *; *[+ objet précieux]* to lock away *ou* up; *[+ animaux]* to shut up (*dans* in); ◆ **~ qch dans** *[+ coffre]* to lock sth away *ou* up in; *[+ boîte, sac]* to shut sth up *ou* away in ◆ **il est bon à ~** * he ought to be locked up * *ou* certified *, he's certifiable * ◆ **ils ont dû l'~ à clé** they had to lock him in ◆ **ne reste pas enfermé par ce beau temps** don't stay indoors *ou* inside in this lovely weather

**b** *(= emprisonner)* to imprison; *(dans un dilemme)* to trap ◆ **l'école enferme la créativité dans un carcan de conventions** school traps *ou* imprisons *ou* confines creativity in a straitjacket of convention ◆ **~ le savoir dans des livres inaccessibles** to shut *ou* lock knowledge away in inaccessible books

**c** *(littér = contenir, entourer)* to enclose, to shut in ◆ **les collines qui enfermaient le vallon** the hills that shut in *ou* enclosed the valley

**d** *(Sport) [+ concurrent]* to hem *ou* box in

VPR **s'enfermer** **a** *(lit)* to shut o.s. up *ou* in ◆ **il s'est enfermé dans sa chambre** he shut himself away *ou* up in his room ◆ **zut, je me suis enfermé !** *(à l'intérieur)* damn, I've locked myself in!; *(à l'extérieur)* damn, I've locked myself out! ◆ **il s'est enfermé à clé dans son bureau** he has locked himself (away) in his office ◆ **ils se sont enfermés dans le bureau pour discuter** they have closeted themselves in the office *ou* shut themselves away in the office to have a discussion ◆ **elle s'enferme toute la journée** she stays shut up indoors all day long

**b** ◆ **s'~ dans** *[+ mutisme]* to retreat into; *[+ rôle, attitude]* to stick to ◆ **s'~ dans sa décision** to keep *ou* stick stubbornly *ou* rigidly to one's decision ◆ **s'~ dans un système** to lock o.s. into a rigid pattern of behaviour

**enferrer (s')** /ɑ̃feʀe/ ▸ conjug 1 ◂ VPR **a** *(= s'embrouiller)* to tie o.s. up in knots * ◆ **s'~ dans ses contradictions/ses mensonges** to tie *ou* tangle o.s. up in one's own contradictions/one's lies, to ensnare o.s. in the mesh of one's own contradictions/lies ◆ **s'~ dans une analyse/une explication** to tie o.s. up in knots * trying to make an analysis/trying to explain ◆ **il s'enferre de plus en plus** he's getting himself in more and more of a mess *ou* into deeper and deeper water **b** *(= s'empaler)* to spike o.s. (*sur* on)

**enfeu** /ɑ̃fø/ NM funereal recess

**enfiévré, e** /ɑ̃fjevʀe/ (ptp de **enfiévrer**) ADJ *[atmosphère]* feverish; *[paroles]* impassioned

**enfiévrer** /ɑ̃fjevʀe/ ▸ conjug 6 ◂ VT **a** *[+ imagination]* to fire, to stir up; *[+ esprits]* to rouse; *[+ assistance]* to inflame, to rouse **b** *[+ malade]* to make feverish; *[+ visage, joues]* to inflame

**enfilade** /ɑ̃filad/ NF *(= série)* ◆ **une ~ de** *[maisons]* a row *ou* string of; *[colonnes, couloirs]* a row *ou* series of ◆ **pièces/couloirs en ~** series of linked rooms/corridors ◆ **maisons en ~** houses in a row ◆ **prendre en ~** *(Mil)* to rake, to enfilade *(SPÉC)* ◆ **prendre les rues en ~** *[conducteur]* to go from one street to the next ◆ **tir d'~** *(Mil)* raking, enfilading *(SPÉC)*

**enfiler** /ɑ̃file/ ▸ conjug 1 ◂ VT **a** *[+ aiguille]* to thread; *[+ perles]* to string, to thread ◆ **on n'est pas là pour ~ des perles** * let's get on with it *, let's get down to it * *ou* to business ◆ **~ des anneaux sur une tringle** to slip rings onto a rod

**b** *( * = passer) [+ vêtement]* to slip on, to put on

**c** *( * = fourrer)* **~ qch dans qch** to stick * *ou* shove * sth into sth

**d** *(= s'engager dans) [+ ruelle, chemin]* to take; *[+ corridor]* to enter, to take ◆ **il tourna à gauche et enfila la rue de la Gare** he turned left into Rue de la Gare, he turned left and took the Rue de la Gare

**e** *( **: sexuellement)* to screw **, to shag ** *(Brit)*

VPR **s'enfiler** **a** *(= s'engager dans)* **s'~ dans** *[+ escalier, couloir, ruelle]* to disappear into

**b** *( * = consommer) [+ verre de vin]* to knock back *, to down *; *[+ nourriture]* to wolf down *; *[+ corvée]* to land o.s. with *, to get lumbered with * *ou* landed with *

**enfin** /ɑ̃fɛ̃/ GRAMMAIRE ACTIVE 53.2, 53.5 ADV **a** *(= à la fin, finalement)* at last, finally ◆ **il y est ~ arrivé** he has finally succeeded, he has succeeded at last ◆ **quand va-t-il ~ y arriver ?** when on earth is he going to manage it? ◆ **~, après bien des efforts, ils y arrivèrent**

eventually, after much effort, they managed it, after much effort they finally *ou* eventually managed it ◆ ~ **seuls !** alone at last! ◆ ~, **ils se sont décidés !** they've made up their minds at last! ◆ ~ **ça va commencer !** at long last it's going to begin!

**b** *(= en dernier lieu)* lastly, finally ◆ **on y trouvait des noisetiers, des framboisiers, ~ des champignons de toutes sortes** there were hazel trees, raspberry bushes and all kinds of mushrooms as well ◆ ~, **je voudrais te remercier pour ...** finally, I'd like to thank you for ... ◆ **... ensuite des manuels et des ouvrages de référence, ~ et surtout, des dictionnaires** ... and next manuals and reference works, and last but not least *ou* and last but by no means least, dictionaries

**c** *(= en conclusion)* in short, in a word ◆ **rien n'était prêt, ~ (bref), la vraie pagaille !** nothing was ready – in actual fact, it was absolute chaos! *ou* it was absolute chaos, in fact!

**d** *(restrictif = disons, ou plutôt)* well ◆ **elle était assez grosse, ~, potelée** she was rather fat, well, chubby ◆ **pas exactement, ~, dans un sens, oui** not exactly, well – in a way, yes

**e** *(= somme toute)* after all ◆ **c'est un élève qui, ~, n'est pas bête** he's not a stupid pupil after all ◆ **c'est une méthode qui, ~, a fait ses preuves** it's a well-tried method after all

◆ **car enfin** because (after all) ◆ **on va lui donner l'argent, car ~ il l'a bien mérité** we're going to give him the money because he deserves it

**f** *(= toutefois)* still ◆ ~, **si ça vous plaît/si vous le voulez, prenez-le** still, if you like it/if you want it, take it ◆ **moi je veux bien, ~ ... !** I don't mind, but ...!

◆ **mais enfin** but ◆ **j'irai, mais ~ ce ne sera pas de gaieté de cœur** I'll go, but not willingly

**g** *(valeur exclamative)* ~ **! que veux-tu y faire !** anyway *ou* still, what can you do! ◆ ~, **tu aurais pu le faire !** all the same *ou* even so, you could have done it! ◆ **(mais) ~ ! je viens de te le dire !** but I've just told you!, (but) for goodness sake *, I've just told you! ◆ ~ **! un grand garçon comme toi !** oh, come on, a big boy like you! ◆ **c'est son père, ~ !** he is his father, after all! ◆ ~ **quoi ! ce n'est pas si difficile !** oh come on, it's not that difficult!

**enflammé, e** /ɑ̃flɑme/ (ptp de **enflammer**) ADJ **a** *[allumette, torche]* burning, blazing, ablaze *attrib*; *[ciel]* ablaze *attrib*, blazing, flaming **b** *[visage, yeux]* blazing, ablaze *attrib*; *[caractère]* fiery, ardent, passionate; *[esprit]* afire *attrib*, burning, on fire *attrib*; *[paroles]* inflamed, fiery, ardent; *[déclaration]* impassioned, passionate, ardent **c** *[plaie]* inflamed

**enflammer** /ɑ̃flɑme/ ► conjug 1 ◄ VT **a** *(= mettre le feu à) [+ bois]* to set on fire, to set fire to; *[+ allumette]* to strike; *(littér) [+ ciel]* to set ablaze **b** *(= exciter) [+ visage, regard]* to set ablaze; *[+ colère, désir, foule]* to inflame; *[+ imagination]* to fire, to kindle; *[+ esprit]* to set on fire **c** *[+ plaie]* to inflame VPR **s'enflammer a** *(= prendre feu)* to catch fire, to ignite ◆ **le bois sec s'enflamme bien** dry wood catches fire *ou* ignites *ou* kindles easily **b** *[visage, regard]* to blaze; *[sentiment, désir]* to flare up; *[imagination]* to be fired; *[orateur]* to become inflamed *ou* impassioned ◆ **s'~ (de colère)** to flare up (in anger)

**enflé, e** /ɑ̃fle/ (ptp de **enfler**) ADJ *[membre]* swollen; *[style]* bombastic, turgid NM,F *(* = imbécile)* jerk *, twit * *(Brit)*, clot * *(Brit)*

**enfler** /ɑ̃fle/ ► conjug 1 ◄ VT **a** *[+ membre]* to cause to swell (up), to make swell (up); *(littér) [+ voiles]* to fill, to swell; *(littér) [+ fleuve]* to (cause to) swell; *[+ voix]* to raise; *[+ addition, facture]* to inflate ◆ ~ **son style** to adopt a bombastic *ou* turgid style **b** *(* = voler)* ~ **qn** to diddle * *ou* do * sb *(de* out of) ◆ **se faire ~ de 10 €** * to be done out of 10 euros * VI *(lit) [membre]* to become swollen, to swell (up); *(* = prendre du poids)* to fill out VPR **s'enfler a** *[voix]* to rise; *[style]* to become bombastic *ou* turgid; *[son]* to swell **b** *(littér) [fleuve]* to swell, to become swollen; *[vagues]* to surge, to swell; *[voiles]* to fill (out), to swell (out)

**enflure** /ɑ̃flyʀ/ NF **a** *(Méd)* swelling **b** *[de style]* turgidity **c** *(* = imbécile)* jerk *, twit *, clot * *(Brit)*

**enfoiré, e** * /ɑ̃fwaʀe/ NM,F *(= homme)* bastard **; *(= femme)* bitch **

**enfoncé, e** /ɑ̃fɔ̃se/ (ptp de **enfoncer**) ADJ *[yeux]* deep-set; *[recoin]* deep ◆ **il avait la tête ~e dans les épaules** his head was sunk between his shoulders

**enfoncement** /ɑ̃fɔ̃smɑ̃/ NM **a** *(= action d'enfoncer) [de pieu]* driving in; *[de porte]* breaking down *ou* open; *[de lignes ennemies]* breaking through ◆ **il souffre d'un ~ de la cage thoracique/de la boîte crânienne** *(Méd)* he has crushed ribs/a fractured skull **b** *(= action de s'enfoncer) [de sol]* giving way; *[de fondations]* sinking ◆ **cet ~ progressif dans le vice/la misère** this gradual slide into vice/poverty **c** *(= recoin) [de mur]* recess, nook ◆ **dissimulé dans un ~ de la muraille** hidden in a recess *ou* nook in the wall ◆ **chalet enfoui dans un ~ du vallon** chalet tucked away in a corner of the valley

**enfoncer** /ɑ̃fɔ̃se/ ► conjug 3 ◄ VT **a** *(= faire pénétrer) [+ pieu, clou]* to drive (well) in; *[+ épingle, punaise]* to stick (well) in, to push (well) in ◆ ~ **un pieu dans** to drive a stake in(to) ◆ ~ **une épingle dans** to stick *ou* push a pin in(to) ◆ ~ **un couteau dans** to thrust *ou* plunge a knife into ◆ ~ **qch à coups de marteau** to hammer sth in, to knock sth in with a hammer ◆ ~ **le clou** *(fig)* to hammer it in, to drive the point home

**b** *(= mettre)* ~ **les mains dans ses poches** to thrust *ou* dig one's hands (deep) into one's pockets ◆ ~ **son chapeau jusqu'aux yeux** to ram *ou* pull one's hat (right) down over one's eyes ◆ **il lui enfonça sa canne dans les côtes** he prodded *ou* poked *ou* stuck him in the ribs with his walking stick ◆ **qui a bien pu lui ~ ça dans le crâne ?** *ou* **la tête ?** who on earth put that idea into his head? ◆ **ça les a enfoncés davantage dans les frais** it involved them in even greater expense

**c** *(= défoncer) [+ porte]* to break open *ou* down; *[+ véhicule]* to smash in; *[+ lignes ennemies]* to break through ◆ ~ **le plancher** to make the floor give way *ou* cave in, to cause the floor to give way *ou* cave in ◆ **le choc lui a enfoncé les côtes** the blow smashed his rib cage *ou* his ribs ◆ **il a eu les côtes enfoncées** he had his ribs broken, his ribs were broken *ou* smashed ◆ **le devant de sa voiture a été enfoncé** the front of his car has been smashed *ou* bashed * in ◆ ~ **une porte ouverte** *ou* **des portes ouvertes** *(fig)* to state the obvious ◆ **c'est une porte ouverte que d'affirmer ...** it's stating the obvious to say ...

**d** * *(= battre)* to beat hollow *, to hammer *; *(= surpasser)* to lick * ◆ **ils se sont fait ~ !** they got beaten hollow! *, they got hammered! * ◆ **il les enfonce tous** he's got them all licked * ◆ ~ **son complice** *(causer la perte de)* to put all the blame on one's accomplice ◆ ~ **un candidat** to destroy a candidate

VI **a** *(= pénétrer)* to sink in ◆ **attention, on enfonce ici** careful, you'll sink in here ◆ **on enfonçait dans la neige jusqu'aux cuisses** we sank up to our thighs in the snow

**b** *(= céder) [sol]* to yield, to give way ◆ **ça enfonce sous le poids du corps** it yields beneath the weight of the body

VPR **s'enfoncer a** *[lame, projectile]* **s'~ dans** to plunge *ou* sink into ◆ **l'éclat d'obus s'est enfoncé dans le mur** the shell fragment embedded itself in the wall ◆ **j'ai une épine enfoncée sous l'ongle** I've got a thorn stuck under my nail

**b** *(= disparaître) (dans l'eau, la vase etc)* to sink *(dans* into, in); ◆ **s'~ dans** *[+ forêt, rue, brume]* to disappear into; *[+ fauteuil, coussins]* to sink deep into, to sink back in(to); *[+ misère]* to sink into, to be plunged into; *[+ vice, rêverie]* to plunge into, to sink into ◆ **chemin qui s'enfonce dans les bois** path which disappears into the woods ◆ **je le regardais s'~, impuissant à le secourir** I watched him sinking (in), powerless to help him ◆ **s'~ sous les couvertures** to bury o.s. under *ou* snuggle down under the covers ◆ **il s'est enfoncé jusqu'au cou dans une sale histoire** he's up to his neck in a nasty bit of business ◆ **à mentir, tu ne fais que t'~ davantage** by lying, you're just getting yourself into deeper and deeper water *ou* into more and more of a mess

**c** *(= céder)* to give way ◆ **le sol s'enfonce sous nos pas** the ground is giving way *ou* caving in beneath us ◆ **les coussins s'enfoncèrent sous son poids** the cushions sank under his weight

**d** *(= faire pénétrer)* **s'~ une arête dans la gorge** to get a bone stuck in one's throat ◆ **s'~ une aiguille dans la main** to stick *ou* run a needle into one's hand ◆ **enfoncez-vous bien ça dans le crâne** * now get this firmly into your head

**enfonceur, -euse** /ɑ̃fɔ̃sœʀ, øz/ NM,F *(hum)* ◆ **c'est un ~ de porte(s) ouverte(s)** he's always stating the obvious

**enfouir** /ɑ̃fwiʀ/ ► conjug 2 ◄ VT *(gén)* to bury *(dans* in); ◆ **il l'a enfoui dans sa poche** he tucked it (away) in his pocket ◆ **chalet enfoui dans la neige** chalet buried beneath the snow ◆ **la photo était enfouie sous des livres** the photo was buried under *ou* beneath a pile of books VPR **s'enfouir** ◆ **s'~ dans/sous** to bury o.s. (*ou* itself) in/under ◆ **s'~ sous les draps** to bury o.s. *ou* burrow beneath the covers

**enfouissement** /ɑ̃fwismɑ̃/ NM burying ◆ **site d'~ de déchets industriels** landfill site for industrial waste

**enfourcher** /ɑ̃fuʀʃe/ ► conjug 1 ◄ VT *[+ cheval, bicyclette]* to mount, to get on ◆ ~ **son dada** to get on one's hobby-horse

**enfourner** /ɑ̃fuʀne/ ► conjug 1 ◄ VT **a** *[+ plat]* to put in the oven; *[+ poterie]* to put in the kiln **b** *(* = avaler)* to guzzle down, to gulp down, to wolf down **c** *(* = enfoncer)* ~ **qch dans qch** to shove * *ou* stuff * sth into sth VPR **s'enfourner** ◆ **s'~ dans** *[personne]* to dive into; *[foule]* to rush into

**enfreindre** /ɑ̃fʀɛ̃dʀ/ ► conjug 52 ◄ VT *(frm)* to infringe, to break

**enfuir (s')** /ɑ̃fɥiʀ/ ► conjug 17 ◄ VPR *(= se sauver)* to run away, to run off, to flee *(chez, dans* to); *(= s'échapper)* to run away, to escape *(de* from); *(littér) [temps, souffrance]* to fly away *(littér)*, to flee *(littér)*

**enfumer** /ɑ̃fyme/ ► conjug 1 ◄ VT *[+ pièce]* to fill with smoke; *[+ personne, renard, ruche]* to smoke out ◆ **atmosphère/pièce enfumée** smoky atmosphere/room ◆ **tu nous enfumes avec ta cigarette** you're smoking us out

**enfutailler** /ɑ̃fytɑje/, **enfûter** /ɑ̃fyte/ ► conjug 1 ◄ VT to cask

**engagé, e** /ɑ̃gaʒe/ (ptp de **engager**) ADJ **a** *[écrivain, littérature]* (politically) committed

◆ **non** ~ *(Pol)* uncommitted **b** *(Archit) [colonne]* engaged **c** *[match]* hard-fought **NM a** *(= soldat)* enlisted man ◆ ~ **volontaire** volunteer **b** *(Sport) (= coureur)* entrant, competitor; *(= cheval)* runner

**engageant, e** /ɑ̃gaʒɑ̃, ɑ̃t/ **ADJ** *[air, sourire]* engaging, winning, appealing; *[proposition]* attractive, appealing, tempting; *[repas, gâteau]* tempting, inviting ◆ **elle a eu des paroles ~es** what she said sounded most appealing

**engagement** /ɑ̃gaʒmɑ̃/ **NM a** *(= promesse)* commitment, promise; *(= accord)* agreement, undertaking ◆ **sans ~ de votre part** without obligation *ou* commitment on your part ◆ **signer un ~** to sign an undertaking *ou* agreement ◆ **prendre l'~ de** to make a commitment to, to undertake to ◆ **manquer à ses ~s** to fail to honour one's commitments, to fail to keep one's promises ◆ **faire face à/tenir** *ou* **honorer ses ~s** to fulfil/honour one's commitments *ou* promises

**b** *(= embauche) [d'ouvrier]* taking on, engaging; *(= recrutement) [de soldats]* enlistment ◆ **lettre d'~** letter of appointment

**c** *(Théât = contrat)* engagement; *(Sport = inscription pour un match, un combat)* entry ◆ **artiste sans ~** out-of-work actor

**d** *(Fin) [de capitaux]* investing; *[de dépenses]* incurring ◆ **~s financiers** financial commitments *ou* liabilities ◆ **cela a nécessité l'~ de nouveaux frais** this incurred further expenses ◆ **faire face à ses ~s (financiers)** to meet one's (financial) commitments

**e** *(= amorce) [de débat, négociations]* opening, start

**f** *(Sport) (= coup d'envoi)* kick-off; *(Boxe)* attack; *(Escrime)* engagement; *(Ping-Pong)* service

**g** *(Mil) [de combat]* engaging; *[de troupes fraîches]* throwing in, engaging ◆ **tué dans un ~** killed in an engagement

**h** *(= prise de position)* commitment (*dans* to); ◆ ~ **personnel/politique/militaire** personal/political/military commitment ◆ **politique de non-~** policy of non-commitment

**i** *(= mise en gage) [de montre]* pawning

**j** *(= encouragement)* encouragement ◆ **c'est un ~ à persévérer** it encourages one to persevere

**k** *(= introduction) [de clé]* introduction, insertion (*dans* in, into); *[de voiture]* entry (*dans* into)

**l** *(Méd) [de fœtus]* engagement

**engager** /ɑ̃gaʒe/ GRAMMAIRE ACTIVE 33.3, 52.6 ► conjug 3 ◄

**VT a** *(= lier)* to bind, to commit ◆ **nos promesses nous engagent** we are bound to honour our promises, we are bound by our promises ◆ **ça l'engagerait trop** that would commit him too far ◆ **ça n'engage à rien** it doesn't commit you to anything ◆ ~ **sa parole** *ou* **son honneur** to give *ou* pledge one's word (of honour)

**b** *(= embaucher) [+ ouvrier]* to take on, to hire; *[+ artiste]* to engage ◆ **je vous engage (à mon service)** you've got the job, you're hired

**c** *(= entraîner)* to involve ◆ **ça l'a engagé dans de gros frais/dans une affaire louche** it involved him in great expense/in a shady deal ◆ **le pays est engagé dans une politique d'inflation** the country is pursuing an inflationary policy

**d** *(= encourager)* ~ **qn à faire qch** to urge *ou* encourage sb to do sth ◆ **je vous engage à la circonspection** I advise you to be very cautious

**e** *(= introduire)* to insert (*dans* in, into); *(Naut) [+ ancre]* to foul ◆ **il engagea sa clé dans la serrure** he fitted *ou* inserted his key into the lock ◆ ~ **sa voiture dans une ruelle** to enter a lane, to drive into a lane ◆ **c'était à lui de passer puisqu'il était engagé** *(Aut)* it was up to him to go since he had already pulled out ◆ ~ **le fer** *(Escrime)* to engage, to cross blades

**f** *(= amorcer) [+ discussion]* to open, to start (up); *[+ négociations]* to enter into; *[+ procédure]* to instigate (*contre* against); ◆ ~ **la conversation** to engage in conversation, to start up a conversation (*avec* with); ◆ **l'affaire semble bien/mal engagée** things seem to have got off to a good/bad start ◆ ~ **le combat contre l'ennemi** to engage the enemy, to join battle with the enemy †

**g** *(= mettre en gage)* to pawn, to put in pawn; *(= investir)* to invest, to lay out ◆ **les frais engagés** the expenses incurred

**h** *(Sport) [+ concurrents]* to enter ◆ **15 chevaux sont engagés dans cette course** 15 horses are running in this race ◆ ~ **la partie** to begin the match ◆ **la partie est bien engagée** the match is well under way

**i** *(Mil) [+ recrues]* to enlist; *[+ troupes fraîches]* to throw in, to bring in, to engage ◆ ~ **toutes ses forces dans la bataille** to throw all one's troops into the battle

**VPR s'engager a** *(= promettre)* to commit o.s. ◆ **s'~ à faire qch** to commit o.s. to doing sth, to undertake *ou* promise to do sth ◆ **il n'a pas voulu s'~ trop** he didn't want to commit himself (too far) *ou* to stick his neck out too far * ◆ **sais-tu à quoi tu t'engages ?** do you know what you're letting yourself in for? *ou* what you're committing yourself to?

**b** *(= s'embaucher)* to take a job (*chez* with); ◆ **il s'est engagé comme garçon de courses** he took a job as an errand boy, he got himself taken on as an errand boy

**c** *(= se lancer)* **s'~ dans** *[+ frais]* to incur; *[+ discussion, pourparlers]* to enter into; *[+ affaire, entreprise]* to become involved in ◆ **le pays s'engage dans une politique dangereuse** the country is embarking on a dangerous policy *ou* is steering a dangerous course ◆ **le pays s'est engagé dans la voie des réformes/du capitalisme** the country is on the road to reform/to capitalism ◆ **ne nous engageons pas dans cette voie-là** let's not go down that particular road

**d** *(= s'emboîter)* **s'~ dans** to engage into, to fit into ◆ **s'~ dans** *(= pénétrer) [véhicule]* to enter, to turn into; *[piéton]* to take, to turn into ◆ **s'~ sur la chaussée** to step (out) onto the road ◆ **la voiture s'engagea sous le pont** the car drove under the bridge ◆ **j'avais la priorité puisque je m'étais engagé (dans la rue)** I had (the) right of way since I had already pulled out (into the street)

**e** *(= s'amorcer) [pourparlers]* to begin, to start (up), to get under way ◆ **une conversation s'engagea entre eux** they struck up a conversation

**f** *(Sport)* to enter (one's name) (*dans* for)

**g** *(Mil) [recrues]* to enlist ◆ **s'~ dans l'armée de l'air** to join the air force ◆ **le combat s'engagea avec vigueur** the fight began briskly ◆ **s'~ dans la bataille** to join in the fighting

**h** *(Littérat, Pol = prendre position)* to commit o.s.

**engazonner** /ɑ̃gazɔne/ ► conjug 1 ◄ **VT** *(= recouvrir)* to turf; *(= ensemencer)* to plant with grass

**engeance** † /ɑ̃ʒɑ̃s/ **NF** *(péj)* mob, crew ◆ **quelle ~ !** they're such a pain! *

**engelure** /ɑ̃ʒ(ə)lyʀ/ **NF** chilblain

**engendrement** /ɑ̃ʒɑ̃dʀəmɑ̃/ **NM** *[d'enfant]* begetting, fathering

**engendrer** /ɑ̃ʒɑ̃dʀe/ ► conjug 1 ◄ **VT a** *[+ colère, problèmes, tensions, violence]* to cause ◆ **ils n'engendrent pas la mélancolie** they're (always) a good laugh * **b** *(frm) [+ enfant]* to beget, to father **c** *(Ling, Math, Phys)* to generate

**engin** /ɑ̃ʒɛ̃/ **NM** *(= machine)* machine; *(= outil)* instrument, tool; *(Aut)* heavy vehicle; *(Aviat)* aircraft; *(* = objet)* contraption *, gadget; *(= bombe)* bomb, device ◆ **"attention : sortie d'engins"** "heavy plant crossing", "beware – lorries turning" *(Brit)*

**COMP** ▷ **engin balistique** ballistic missile ▷ **engin blindé** armoured vehicle ▷ **engin explosif** explosive device ▷ **engins de guerre** † engines of war † *(aussi littér)* ▷ **engin spatial** space vehicle ▷ **engins (spéciaux)** missiles ▷ **engin de terrassement** earth-mover

**englober** /ɑ̃glɔbe/ ► conjug 1 ◄ **VT** *(= inclure)* to include, to encompass (*dans* in); *(= annexer)* to take in, to incorporate

**engloutir** /ɑ̃glutiʀ/ ► conjug 2 ◄ **VT** *[+ nourriture]* to gobble up, to gulp *ou* wolf down; *[+ navire]* to engulf, to swallow up; *[+ fortune] [personne]* to squander; *[dépenses]* to eat *ou* swallow up ◆ **qu'est-ce qu'il peut ~ !** * it's amazing what he puts away! * ◆ **la ville a été engloutie par un tremblement de terre** the town was swallowed up *ou* engulfed by an earthquake **VPR s'engloutir** *[navire]* to be engulfed

**engloutissement** /ɑ̃glutismɑ̃/ **NM** *[de nourriture]* gobbling up; *[de navire]* engulfing; *[de fortune]* squandering

**engluer** /ɑ̃glye/ ► conjug 1 ◄ **VT** *[+ arbre, oiseau]* to lime **VPR s'engluer** *[oiseau]* to get caught *ou* stuck in (bird) lime ◆ **s'~ les doigts** to get one's fingers sticky ◆ **s'~ dans ses problèmes/une situation** to get bogged down in one's problems/a situation

**engoncer** /ɑ̃gɔ̃se/ ► conjug 3 ◄ **VT** to restrict, to cramp ◆ **ce manteau l'engonce** he looks cramped in that coat, that coat restricts his movements ◆ **engoncé dans ses vêtements** (looking) cramped in his clothes ◆ **le cou engoncé dans un gros col** his neck (stiffly) encased in a big collar ◆ **engoncé dans cette petite vie bourgeoise** cooped up in this petty middle-class life

**engorgement** /ɑ̃gɔʀʒəmɑ̃/ **NM** *[de tuyau]* obstruction, clogging, blocking (*de* of); *(Méd)* engorgement; *(Comm)* glut (*de* in)

**engorger** /ɑ̃gɔʀʒe/ ► conjug 3 ◄ **VT** *[+ tuyau]* to obstruct, to clog, to block; *(Méd)* to engorge; *(Comm)* to glut, to saturate **VPR s'engorger** *[tuyau]* to become blocked; *[route]* to get congested; *(Comm) [marché]* to become glutted *ou* saturated

**engouement** /ɑ̃gumɑ̃/ **NM** *(pour qn)* infatuation, fancy (*pour* for); *(pour qch)* fad, craze (*pour* for); ◆ ~ **passager** passing fancy, brief craze

**engouer (s')** /ɑ̃gwe/ ► conjug 1 ◄ **VPR** ◆ **s'~ de** *ou* **pour qch** to develop a passion for sth ◆ **s'~ de qn** to become infatuated with sb

**engouffrer** /ɑ̃gufʀe/ ► conjug 1 ◄ **VT** *[+ charbon]* to shovel (*dans* into); * *[+ fortune]* to swallow up, to devour; * *[+ nourriture]* to gobble up, to gulp down, to wolf down ◆ **qu'est-ce qu'il peut ~ !** * it's amazing what he puts away! * **VPR s'engouffrer** *[vent]* to rush, to sweep; *[flot, foule]* to surge, to rush; *[personne]* to rush, to dive; *[navire]* to sink (*dans* into) ◆ **s'~ dans la brèche** to step into the breach

**engoulevent** /ɑ̃gul(ə)vɑ̃/ **NM** ◆ ~ **(d'Europe)** nightjar, goatsucker *(US)* ◆ ~ **(d'Amérique)** nighthawk

**engourdi, e** /ɑ̃guʀdi/ (ptp de **engourdir**) ADJ *[membre]* numb; *[esprit]* dull, dulled ◆ **j'ai la main ~e** my hand is numb *ou* has gone to sleep *ou* gone dead

**engourdir** /ɑ̃guʀdiʀ/ ▸ conjug 2 ◂ VT **a** *[+ membres]* to numb, to make numb ◆ **être engourdi par le froid** *[+ membre]* to be numb with cold; *[+ animal]* to be sluggish with the cold **b** *[+ esprit]* to dull, to blunt; *[+ douleur]* to deaden, to dull ◆ **la chaleur et le vin l'engourdissaient** the heat and the wine were making him sleepy *ou* drowsy VPR **s'engourdir** *[corps]* to become *ou* go numb; *[bras, jambe]* to become *ou* go numb, to go to sleep, to go dead; *[esprit]* to grow dull *ou* sluggish

**engourdissement** /ɑ̃guʀdismɑ̃/ NM **a** (= *état*) *[de membre, corps]* numbness; *[d'esprit]* (= *torpeur*) sleepiness, drowsiness; (= *affaiblissement*) dullness **b** (= *action*) *[de membre]* numbing; *[d'esprit]* dulling

**engrais** /ɑ̃gʀɛ/ NM **a** *(chimique)* fertilizer; *(animal)* manure ◆ **~ vert** green manure ◆ **~ azoté** nitrogen fertilizer **b** (= *engraissement*) **mettre un animal à l'~** to fatten up an animal

**engraissement** /ɑ̃gʀɛsmɑ̃/, **engraissage** /ɑ̃gʀɛsaʒ/ NM *[de bœufs]* fattening (up); *[de volailles]* cramming

**engraisser** /ɑ̃gʀese/ ▸ conjug 1 ◂ VT *[+ animal]* to fatten (up); *[+ terre]* to manure, to fertilize; * *[+ personne]* to fatten up ◆ **quel pique-assiette, c'est nous qui devons l'~** * we seem to be expected to feed this scrounger * *ou* provide for this scrounger * ◆ **~ l'État** * to enrich the state VI * *[personne]* to get fat(ter), to put on weight VPR **s'engraisser** ◆ **l'État s'engraisse sur le dos du contribuable** the state grows fat at the taxpayer's expense

**engrangement** /ɑ̃gʀɑ̃ʒmɑ̃/ NM *[de foin]* gathering in, garnering *(littér)*

**engranger** /ɑ̃gʀɑ̃ʒe/ ▸ conjug 3 ◂ VT *[+ foin, moisson]* to gather *ou* get in, to garner *(littér)*; *[+ bénéfices]* to reap, to rake in *; *[+ connaissances]* to amass, to store (up)

**engrenage** /ɑ̃gʀənaʒ/ NM gears, gearing; *[d'événements]* chain ◆ **~ à chevrons** double helical gearing ◆ **quand on est pris dans l'~** *(fig)* when one is caught up in the system ◆ **l'~ de la violence** the spiral of violence; → **doigt**

**engrosser** ‡ /ɑ̃gʀose/ ▸ conjug 1 ◂ VT ◆ **~ qn** to knock sb up *‡, to get sb pregnant ◆ **se faire ~** to get (o.s.) knocked up *‡, to get (o.s.) pregnant (*par* by)

**engueulade** ‡ /ɑ̃gœlad/ NF (= *dispute*) row, slanging match * *(Brit)*; (= *réprimande*) bawling out ‡, rocket ‡ *(Brit)* ◆ **passer une ~ à qn** to bawl sb out ‡, to give sb a rocket ‡ *(Brit)* ◆ **avoir une ~ avec qn** to have a screaming match *ou* a row *ou* slanging match * *(Brit)* with sb ◆ **lettre d'~** stinking letter ‡

**engueuler** ‡ /ɑ̃gœle/ ▸ conjug 1 ◂ VT ◆ **~ qn** to bawl sb out ‡, to give sb a rocket ‡ *(Brit)* ◆ **se faire ~** to get bawled out ‡, to get a rocket ‡ *(Brit)*; → **poisson** VPR **s'engueuler** to have a row *ou* slanging match * *(Brit)* (*avec* with)

**enguirlander** /ɑ̃giʀlɑ̃de/ ▸ conjug 1 ◂ VT **a** (* = *disputer*) **~ qn** to give sb a telling-off * *ou* ticking-off * *(Brit)*, to tear sb off a strip ‡ *(Brit)* ◆ **se faire ~** to get a telling-off * *ou* ticking-off * *(Brit)*, to get torn off a strip ‡ *(Brit)* **b** (= *orner*) to garland

**enhardir** /ɑ̃aʀdiʀ/ ▸ conjug 2 ◂ VT to make bolder ◆ **enhardi par** emboldened by VPR **s'enhardir** to become *ou* get bolder ◆ **s'~ (jusqu')à dire** to make so bold as to say, to be bold enough to say

**enharmonique** /ɑ̃naʀmɔnik/ ADJ enharmonic

**énième** /ɛnjɛm/ ADJ ⇒ **n-ième**

**énigmatique** /enigmatik/ ADJ enigmatic

**énigmatiquement** /enigmatikmɑ̃/ ADV enigmatically

**énigme** /enigm/ NF (= *mystère*) enigma, riddle; (= *jeu*) riddle, puzzle ◆ **tu es une ~ pour moi** you are an enigma to *ou* for me ◆ **trouver la clé** *ou* **le mot de l'~** to find the key *ou* clue to the puzzle *ou* riddle ◆ **parler par ~s** to speak in riddles

**enivrant, e** /ɑ̃nivʀɑ̃, ɑ̃t/ ADJ *[parfum, vin, succès]* heady, intoxicating; *[beauté]* intoxicating; *[vitesse]* intoxicating, dizzying

**enivrement** /ɑ̃nivʀəmɑ̃/ NM († = *ivresse*) intoxication; *(fig = exaltation)* exhilaration ◆ **l'~ du succès** the intoxication of success

**enivrer** /ɑ̃nivʀe/ ▸ conjug 1 ◂ VT *(lit)* to intoxicate, to make drunk; *(fig)* to intoxicate ◆ **le parfum m'enivrait** I was intoxicated by the perfume VPR **s'enivrer** *(lit)* to get drunk (*de* on) to become intoxicated (*de* with); *(fig)* to become intoxicated (*de* with); ◆ **il passe son temps à s'~** he spends all his time getting drunk ◆ **s'~ de mots** to get drunk on words ◆ **enivré de succès** intoxicated with *ou* by success

**enjambée** /ɑ̃ʒɑ̃be/ NF stride ◆ **d'une ~** in a stride ◆ **faire de grandes ~s** to stride out, to take big *ou* long strides ◆ **il allait à grandes ~s vers ...** he was striding (along) towards ...

**enjambement** /ɑ̃ʒɑ̃bmɑ̃/ NM *(Littérat)* enjambement; *(Bio)* crossing-over

**enjamber** /ɑ̃ʒɑ̃be/ ▸ conjug 1 ◂ VT *[+ obstacle]* to stride *ou* step over; *[+ fossé]* to step *ou* stride across; *[pont]* to span, to straddle, to stretch across ◆ **il enjamba la rampe et s'assit dessus** he sat down astride the banister

**enjeu** (pl **enjeux**) /ɑ̃ʒø/ NM *[de pari]* stake, stakes (*de* in); *(fig)* issue ◆ **quel est le véritable ~ de ces élections ?** what is the real issue in these elections? ◆ **c'est un match sans ~** nothing is at stake in this match ◆ **les OGM constituent des ~x économiques considérables** the economic stakes involved in GMOs are huge ◆ **la sécurité est devenue un ~ politique de taille** security has become an important political issue

**enjoindre** /ɑ̃ʒwɛ̃dʀ/ ▸ conjug 49 ◂ VT *(frm)* ◆ **~ à qn de faire** to enjoin *ou* charge sb to do *(frm)*

**enjôlement** /ɑ̃ʒolmɑ̃/ NM bewitching

**enjôler** /ɑ̃ʒole/ ▸ conjug 1 ◂ VT (= *ensorceler*) to bewitch; (= *amadouer*) to get round ◆ **elle a si bien su l'~ qu'il a accepté** she coaxed *ou* wheedled *ou* cajoled him into accepting it

**enjôleur, -euse** /ɑ̃ʒolœʀ, øz/ ADJ *[sourire, paroles]* coaxing, wheedling, winning NM,F (= *charmeur*) coaxer, wheedler; (= *escroc*) twister NF **enjôleuse** (= *séductrice*) wily woman

**enjolivement** /ɑ̃ʒɔlivmɑ̃/ NM **a** (= *action*) *[d'objet]* embellishment; *[de réalité, récit]* embroidering, embellishment **b** (= *ornement*) embellishment, adornment ◆ **les ~s apportés aux faits par le narrateur** the narrator's embellishment of the facts

**enjoliver** /ɑ̃ʒɔlive/ ▸ conjug 1 ◂ VT *[+ objet]* to embellish; *[+ réalité, récit]* to embroider, to embellish

**enjoliveur** /ɑ̃ʒɔlivœʀ/ NM *(Aut)* hub cap

**enjolivure** /ɑ̃ʒɔlivyʀ/ NF ⇒ **enjolivement**

**enjoué, e** /ɑ̃ʒwe/ ADJ cheerful ◆ **d'un ton ~** cheerfully, in a cheerful way

**enjouement** /ɑ̃ʒumɑ̃/ NM cheerfulness

**enkystement** /ɑ̃kistəmɑ̃/ NM encystment

**enkyster (s')** /ɑ̃kiste/ ▸ conjug 1 ◂ VPR to encyst

**enlacement** /ɑ̃lasmɑ̃/ NM (= *étreinte*) embrace; (= *enchevêtrement*) intertwining, interlacing

**enlacer** /ɑ̃lase/ ▸ conjug 3 ◂ VT **a** (= *étreindre*) to embrace, to clasp, to hug ◆ **le danseur enlaça sa cavalière** the dancer put his arm round his partner's waist **b** (= *enchevêtrer*) *[+ fils]* to intertwine, to interlace **c** (= *entourer*) *[lianes]* to wind round, to enlace, to entwine VPR **s'enlacer** **a** *[amants]* to embrace, to hug each other; *[lutteurs]* to take hold of each other, to clasp each other ◆ **amoureux enlacés** lovers clasped in each other's arms *ou* clasped in a fond embrace **b** (= *s'entrecroiser*) to intertwine, to interlace ◆ **fils inextricablement enlacés** hopelessly tangled threads **c** *[lianes]* **s'~ autour de** to twine round, to wind round

**enlaidir** /ɑ̃lediʀ/ ▸ conjug 2 ◂ VT *[+ personne]* to make look ugly; *[+ paysage]* to deface, to ruin ◆ **cette coiffure l'enlaidit** that hair style makes her look very plain *ou* rather ugly VI *[personne]* to become ugly VPR **s'enlaidir** to make o.s. look ugly

**enlaidissement** /ɑ̃ledismɑ̃/ NM ◆ **l'~ du paysage** the way the countryside is being defaced *ou* ruined

**enlevé, e** /ɑ̃l(ə)ve/ (ptp de **enlever**) ADJ *[récit]* spirited; *[scène, morceau de musique]* played with spirit *ou* brio; → **trot**

**enlèvement** /ɑ̃lɛvmɑ̃/ NM **a** *[de personne]* kidnapping, abduction ◆ **~ de bébé** baby snatching ◆ **"l'Enlèvement des Sabines"** *(Art)* "the Rape of the Sabine Women" **b** *[de meuble, objet]* removal, taking *ou* carrying away; *[de tache]* removal; *[d'organe]* removal; *[d'ordures]* collection, clearing (away); *[de bagages, marchandises]* collection; *[de voiture en infraction]* towing away **c** *(Mil) [de position]* capture, taking

**enlever** /ɑ̃l(ə)ve/ ▸ conjug 5 ◂ VT **a** *(gén)* to remove; *[+ couvercle]* to remove, to lift (off); *[+ meuble]* to remove, to take away; *[+ étiquette, housse]* to remove, to take off; *[+ tache]* to remove; *(en frottant ou lavant etc)* to brush *ou* wash *etc* out *ou* off; *[+ tapis]* to take up, to remove; *[+ lustre, tableau]* to take down; *[+ peau de fruit]* to take off, to peel off, to remove; *[+ mauvaises herbes]* to clear, to remove; *[+ organe]* to remove, to take out ◆ **se faire ~ une dent** to have a tooth out *ou* pulled *(US)* ◆ **enlève tes mains de tes poches/de là** take your hands out of your pockets/off there, remove your hands from your pockets/from there ◆ **~ le couvert** to clear the table ◆ **enlève tes coudes de la table** take your elbows off the table

**b** *[+ vêtements]* to take off, to remove ◆ **il enleva son chapeau pour dire bonjour** he raised his hat in greeting ◆ **j'enlève ma robe pour mettre quelque chose de plus confortable** I'll just slip out of this dress into something more comfortable, I'll just take off this dress and put on something more comfortable

**c** ◆ **~ à qn** *[+ objet, argent]* to take (away) from sb ◆ **on lui a enlevé son commandement** he was relieved of his command ◆ **on lui a enlevé la garde de l'enfant** the child was taken *ou* removed from his care ◆ **ça lui enlèvera peut-être le goût de recommencer** perhaps that'll cure him of trying that again, perhaps that'll make him think twice before he does it again ◆ **ça n'enlève rien à son mérite** that doesn't in any way detract from his worth ◆ **pour vous ~ tout scrupule** in order to dispel your misgivings ◆ **enlève-toi cette idée de la tête** get that idea out of your head ◆ **cela lui a enlevé son dernier espoir** it took away his last hope

**d** *(= emporter) [+ objet, meuble]* to take away, to carry away, to remove; *[+ ordures]* to collect, to clear (away); *[+ voiture en infraction]* to tow away ◆ **il a fait ~ ses vieux meubles** he had his old furniture taken away ◆ **il fut enlevé dans les airs** he was borne (up) *ou* lifted (up) into the air ◆ **il a été enlevé par un mal foudroyant** *(frm)* he was borne off by a sudden illness ◆ **la mort nous l'a enlevé** *(littér)* death has snatched *ou* taken him from us

**e** *(= kidnapper)* to kidnap, to abduct ◆ **se faire ~ par son amant** to elope with one's lover, to be carried off by one's lover ◆ **je vous enlève votre femme pour quelques instants** *(hum)* I'll just steal *ou* borrow your wife for a moment (if I may) *(hum)*

**f** *(= remporter) [+ siège d'élu, victoire]* to win; *[+ titre de champion]* to win, to take; *(Mil) [+ position]* to capture, to take ◆ **il a facilement enlevé la course** he won the race easily ◆ **elle enlève tous les suffrages** she wins everyone's sympathies, she wins everyone over ◆ **~ la décision** to carry the day ◆ **~ une affaire** *(tractation)* to pull off a deal; *(commande)* to get *ou* secure an order; *(marchandise)* to carry off *ou* get away with a bargain ◆ **ça a été vite enlevé** *(marchandise)* it sold *ou* went quickly, it was snapped up; *(* : travail)* it was done in no time *ou* in a jiffy *

**g** *(Mus) [+ morceau, mouvement]* to play with spirit *ou* brio

**h** *(Sport) [+ cheval]* to urge on

**i** *(= enthousiasmer) [+ public]* to fill with enthusiasm

**VPR s'enlever** **a** *[tache]* to come out, to come off; *(en brossant ou lavant etc)* to brush *ou* wash *etc* out *ou* off; *[peinture, peau, écorce]* to peel off, to come off ◆ **enlève-toi de là** * get out of the way *, mind out of the way! * *(Brit)* ◆ **comment est-ce que ça s'enlève ?** *[étiquette, housse]* how do you remove it *ou* take it off?; *[vêtement]* how do you get out of it *ou* take it off?

**b** *(Sport)* **le cheval s'enlève sur l'obstacle** *(= sauter)* the horse takes off to clear the obstacle

**c** *(† = se vendre)* to sell

**enlisement** /ɑ̃lizmɑ̃/ **NM** ◆ **causer l'~ d'un bateau** to cause a ship to get stuck in the mud (*ou* sand *etc*)

**enliser** /ɑ̃lize/ ▸ conjug 1 ◂ **VT** ◆ **~ sa voiture** to get one's car stuck in the mud (*ou* sand *etc*) **VPR s'enliser** **a** *(dans le sable)* to sink (*dans* into) to get stuck (*dans* in) **b** *(dans les détails)* to get bogged down (*dans* in); ◆ **s'~ (dans la monotonie)** to sink into *ou* get bogged down in a monotonous routine ◆ **en mentant, tu t'enlises davantage** you're getting in deeper and deeper (water) with your lies

**enluminer** /ɑ̃lymine/ ▸ conjug 1 ◂ **VT** *[+ manuscrit]* to illuminate

**enlumineur, -euse** /ɑ̃lyminœʀ, øz/ **NM,F** illuminator

**enluminure** /ɑ̃lyminyʀ/ **NF** illumination

**enneigé, e** /ɑ̃neʒe/ **ADJ** *[pente, montagne]* snowy, snow-covered; *[sommet]* snow-capped; *[maison]* snowbound, snowed up *attrib*; *[col, route]* blocked by snow, snowed up *attrib*, snowbound

**enneigement** /ɑ̃nɛʒmɑ̃/ **NM** snow coverage ◆ **à cause du faible ~** because of the poor snow coverage ◆ **bulletin d'~** snow report ◆ **conditions d'~** snow conditions

**ennemi, e** /ɛn(ə)mi/ **ADJ** *(Mil)* enemy *épith*; *(= hostile)* hostile ◆ **en pays ~** in enemy territory **NM,F** **a** *(= adversaire)* enemy, foe † *(aussi littér)* ◆ **se faire des ~s** to make enemies (for o.s.) ◆ **se faire un ~ de qn** to make an enemy of sb ◆ **passer à l'~** to go over to the enemy ◆ **~ public numéro un** public enemy number one **b** ◆ **être ~ de qch** to be opposed to sth, to be against sth ◆ **être ~ de la poésie/de la musique** to be strongly averse to poetry/music ◆ **la hâte est l'ennemie de la précision** speed and accuracy don't mix *ou* don't go together more haste less speed *(Prov)* → **mieux**

**ennoblir** /ɑ̃nɔbliʀ/ ▸ conjug 2 ◂ **VT** *(moralement)* to ennoble

**ennoblissement** /ɑ̃nɔblismɑ̃/ **NM** *(moral)* ennoblement

**ennuager (s')** /ɑ̃nɥaʒe/ ▸ conjug 3 ◂ **VPR** *(littér) [ciel]* to cloud over ◆ **ennuagé** cloudy, clouded

**ennui** /ɑ̃nɥi/ **NM** **a** *(= désœuvrement)* boredom; *(littér = spleen)* ennui *(littér)*, world-weariness; *(= monotonie)* tedium, tediousness ◆ **écouter avec ~** to listen wearily ◆ **c'est à mourir d'~** it's enough to bore you to tears *ou* death * *ou* to bore you stiff *

**b** *(= tracas)* trouble, worry, problem ◆ **avoir des ~s** to have problems, to be in difficulty ◆ **il a eu des ~s avec la police** he's been in trouble with the police ◆ **avoir des ~s de santé** to be troubled with bad health, to have problems with one's health ◆ **~s d'argent** money worries ◆ **elle a des tas d'~s** she has a great many worries, she has more than her share of troubles ◆ **faire** *ou* **créer** *ou* **causer des ~s à qn** to make trouble for sb ◆ **ça peut lui attirer des ~s** that could get him into trouble *ou* hot water * ◆ **j'ai eu un ~ avec mon vélo** I had some trouble *ou* bother with my bike, something went wrong with my bike ◆ **si ça vous cause le moindre ~** if it is in any way inconvenient to you ◆ **l'~, c'est que ...** the trouble *ou* the hitch is that ...

**c** *(littér, †† = peine)* grief

**ennuyant, e** /ɑ̃nɥijɑ̃, ɑ̃t/ **ADJ** *(†, Can)* ⇒ **ennuyeux**

**ennuyé, e** /ɑ̃nɥije/ (ptp de **ennuyer**) **ADJ** *(= préoccupé)* worried, bothered (*de* about); *(= contrarié)* annoyed, put out (*de* at, about)

**ennuyer** /ɑ̃nɥije/ GRAMMAIRE ACTIVE 36.1 ▸ conjug 8 ◂

**VT** **a** *(= lasser)* to bore, to weary ◆ **ce spectacle m'a profondément ennuyé** I was thoroughly bored by the show ◆ **cela (vous) ennuie à force** it palls (on you) *ou* it gets boring in the long run

**b** *(= préoccuper)* to worry; *(= importuner)* to bother, to put out ◆ **il y a quelque chose qui m'ennuie là-dedans** there's something that worries *ou* bothers me about it ◆ **ça m'ennuierait beaucoup de te voir fâché** I should be really upset to see you cross ◆ **ça m'ennuie de te le dire, mais ...** I'm sorry to have to tell you but ..., I hate to say it but ... ◆ **ça m'ennuierait beaucoup d'y aller** it would really put me out to go ◆ **si cela ne vous ennuie pas trop** if it wouldn't put you to any trouble *ou* inconvenience, if you wouldn't mind ◆ **je ne voudrais pas vous ~** I don't want to put you to any trouble *ou* inconvenience, I don't want to bother you *ou* put you out ◆ **ça m'ennuie, ce que tu me demandes de faire** what you're asking me to do is rather awkward *ou* a nuisance

**c** *(= irriter)* **~ qn** to annoy sb, to get on sb's nerves ◆ **tu m'ennuies avec tes jérémiades** I'm tired of your constant complaints, you're getting on my nerves with your constant complaints

**VPR s'ennuyer** **a** *(= se morfondre)* to be bored (*de, à* with); ◆ **il s'ennuie à faire un travail monotone** he's getting bored doing a humdrum job ◆ **s'~ à mourir** to be bored to tears *ou* to death *, to be bored stiff * ◆ **on ne s'ennuie jamais avec lui** there's never a dull moment when he's around

**b** ◆ **s'~ de qn** to miss sb

**ennuyeux, -euse** /ɑ̃nɥijø, øz/ **ADJ** **a** *(= lassant) [personne, spectacle, livre]* boring, tedious; *[travail]* boring, tedious, wearisome ◆ **~ comme la pluie** deadly dull, dull as ditchwater *(Brit)* **b** *(= qui importune)* annoying, tiresome; *(= préoccupant)* worrying ◆ **ce qui t'arrive est bien ~** this is a very annoying *ou* tiresome thing to happen to you

**énoncé** /enɔ̃se/ **NM** **a** *(= termes) [de sujet scolaire]* wording; *[de problème]* terms; *[de loi]* terms, wording ◆ **pendant l'~ du sujet** while the subject is being read out **b** *(Ling)* utterance

**énoncer** /enɔ̃se/ ▸ conjug 3 ◂ **VT** *[+ idée]* to express; *[+ faits, conditions]* to state, to set out, to set forth ◆ **pour m'~ plus clairement** *(†, littér)* to express myself more clearly, to put it more clearly; → **concevoir**

**énonciatif, -ive** /enɔ̃sjatif, iv/ **ADJ** *(Ling) [phrase]* enunciative

**énonciation** /enɔ̃sjasjɔ̃/ **NF** *[de faits]* statement; *(Ling)* enunciation

**enorgueillir** /ɑ̃nɔʀgœjiʀ/ ▸ conjug 2 ◂ **VT** to make proud **VPR s'enorgueillir** ◆ **s'~ de** *(= être fier de)* to pride o.s. on, to boast about; *(= avoir)* to boast ◆ **la ville s'enorgueillit de deux opéras** the town boasts two opera houses

**énorme** /enɔʀm/ **ADJ** **a** *(= très grand)* enormous, huge; *(Mét) [mer]* phenomenal ◆ **mensonge ~** enormous *ou* whopping * lie, whopper * ◆ **ça lui a fait un bien ~** it's done him a great deal *ou* a world *ou* a power * *(Brit)* of good **b** *(= exceptionnel)* amazing ◆ **c'est un type ~ !** * he's an amazing guy! ◆ **c'est ~ ce qu'ils ont fait !** what they've done is absolutely amazing! ◆ **il a accepté, c'est déjà ~** he has accepted and that's quite something

**énormément** /enɔʀmemɑ̃/ **ADV** *(= beaucoup)* enormously, tremendously, hugely ◆ **ça m'a ~ amusé** I was greatly *ou* hugely amused by it ◆ **ça m'a ~ déçu** it greatly disappointed me, I was tremendously *ou* greatly disappointed by it ◆ **il boit ~** he drinks a tremendous *ou* an enormous *ou* a huge *ou* a terrific * amount

♦ **énormément de** *[d'argent, eau, bruit]* a tremendous *ou* an enormous *ou* a huge amount of, a great deal of ◆ **~ de gens** a great many people

**énormité** /enɔʀmite/ **NF** **a** *[de poids, somme]* hugeness; *[de demande, injustice]* enormity **b** *(= propos inconvenant)* outrageous remark; *(= erreur)* big blunder, howler *

**enquérir (s')** /ɑ̃keʀiʀ/ ▸ conjug 21 ◂ **VPR** to inquire, to enquire, to ask (*de* about); ◆ **s'~ (de la santé) de qn** to ask *ou* inquire after sb *ou* after sb's health ◆ **je m'en suis enquis à la mairie** I inquired at the town hall about it ◆ **je m'en suis enquis auprès de lui** I asked him about it

**enquête** /ɑ̃kɛt/ **NF** *(gén, Jur)* inquiry, enquiry; *(après un décès)* inquest; *(Police)* investigation; *(Comm, Sociol = sondage)* survey, (opinion) poll ◆ **ouvrir une ~** *(Jur)* to set up *ou* open an inquiry ◆ **faire une ~** *(Police)* to make an investigation, to make investigations, to investigate; *(Comm, Sociol)* to do *ou* conduct a survey (*sur* on); ◆ **mener** *ou* **conduire une ~** *(Police)* to be in charge of *ou* lead an investigation ◆ **j'ai fait** *ou* **mené ma**

**petite** ~ I've done a little investigating (myself), I've done a little private investigation ◆ ~ **administrative** public inquiry *(into planning proposals etc)* ◆ ~ **parlementaire** parliamentary inquiry *(by parliamentary committee)* ◆ ~ **statistique** statistical survey ◆ ~ **préliminaire** preliminary inquiry ◆ **commission d'**~ commission of inquiry ◆ **"notre grande enquête"** *(Presse)* "our big investigation *ou* survey *ou* inquiry"

**enquêter** /ɑ̃kete/ ► conjug 1 ◄ VI *(Jur)* to hold an inquiry (*sur* on); *(Police)* to investigate; *(Comm, Sociol)* to conduct a survey (*sur* on); ◆ **ils vont** ~ **sur l'origine de ces fonds** they'll investigate the origin of these funds *ou* carry out an investigation into the origin of these funds

**enquêteur** /ɑ̃kɛtœʀ/ NM **a** *(Police)* officer in charge of *ou* leading the investigation ◆ **les ~s poursuivent leurs recherches** the police are continuing their investigations ◆ **les ~s sont aidés par la population du village** the police are being helped in their inquiries *ou* investigations by the villagers ◆ **un des ~s a été abattu** one of the officers involved in the investigation was shot dead **b** *(Comm, Sociol)* investigator; *(pour sondages)* pollster, interviewer ◆ **des ~s sont venus dans le village** some people doing *ou* conducting a survey came to the village

**enquêteuse** /ɑ̃kɛtøz/ NF *(Police)* officer in charge of *ou* leading an investigation; *(Sociol)* ⇒ **enquêtrice**

**enquêtrice** /ɑ̃ketʀis/ NF *(Comm, Sociol)* investigator; *(pour sondages)* pollster, interviewer; → aussi **enquêteur**

**enquiquinant, e** * /ɑ̃kikinɑ̃, ɑ̃t/ ADJ *(= qui importune)* annoying, irritating; *(= préoccupant)* worrying; *(= lassant)* boring

**enquiquinement** * /ɑ̃kikinmɑ̃/ NM ◆ **quel ~!** what a darned *ou* flipping *(Brit)* nuisance! * ◆ **j'ai eu tellement d'~s avec cette voiture** I had so many darned *ou* flipping *(Brit)* problems with that car *

**enquiquiner** * /ɑ̃kikine/ ► conjug 1 ◄ VT *(= importuner)* to annoy, to bother; *(= préoccuper)* to worry; *(= lasser)* to bore VPR **s'enquiquiner** *(= se morfondre)* to be fed up *, to be bored ◆ **s'~ à faire** *(= se donner du mal)* to go to a heck of a lot of trouble to do *, to put o.s. out to do ◆ **ne t'enquiquine pas avec ça** don't bother (yourself) with that

**enquiquineur, -euse** * /ɑ̃kikinœʀ, øz/ NM,F pest *, pain in the neck *

**enracinement** /ɑ̃ʀasinmɑ̃/ NM **a** *[d'idée, arbre]* taking root **b** *[d'immigrant]* settling

**enraciner** /ɑ̃ʀasine/ ► conjug 1 ◄ VT *[+ arbre]* to root; *[+ idée]* to fix, to cause to take root ◆ **solidement enraciné** *[+ préjugé]* deep-rooted, firmly *ou* deeply entrenched; *[+ famille]* firmly rooted *ou* fixed; *[+ arbre]* well-rooted VPR **s'enraciner** *[arbre, préjugé]* to take root; *[importun]* to settle o.s. down; *[immigrant]* to put down roots, to settle

**enragé, e** /ɑ̃ʀaʒe/ (ptp de **enrager**) ADJ **a** (* *= passionné) [chasseur, joueur]* keen ◆ **être ~ de** to be mad * *ou* crazy about *, to be mad keen on * *(Brit)* ◆ **un ~ de la voiture** a car fanatic **b** *(= en colère)* furious ◆ **les ~s de Mai 68** the rebels of May '68 **c** *(Vét)* rabid; → **vache**

**enrageant, e** /ɑ̃ʀaʒɑ̃, ɑ̃t/ ADJ annoying, infuriating ◆ **c'est vraiment ~ de devoir partir si tôt** it's a real pain * *ou* it's really annoying having to leave so early

**enrager** /ɑ̃ʀaʒe/ ► conjug 3 ◄ VI **a** ◆ **faire ~ qn** * *(= taquiner)* to tease sb; *(= importuner)* to pester sb **b** *(frm)* to be furious, to be in a rage ◆ **j'enrage d'avoir fait cette erreur** I'm furious at having made this mistake ◆ **il enrageait dans son coin** he was fretting and fuming

**enraiement** /ɑ̃ʀɛmɑ̃/ NM ⇒ **enrayement**

**enrayage** /ɑ̃ʀɛjaʒ/ NM *[de machine, arme]* jamming

**enrayement** /ɑ̃ʀɛjmɑ̃/ NM *[de maladie, évolution]* checking; *[de chômage, inflation]* checking, curbing

**enrayer** /ɑ̃ʀeje/ ► conjug 8 ◄ VT **a** *[+ maladie, évolution]* to check; *[+ chômage, inflation]* to check, to curb; *[+ machine, arme]* to jam **b** *[+ roue]* to spoke VPR **s'enrayer** *[machine, arme]* to jam

**enrégimenter** /ɑ̃ʀeʒimɑ̃te/ ► conjug 1 ◄ VT **a** *(péj : dans un parti)* to enlist, to enrol ◆ **se laisser ~ dans** *[+ parti]* to let o.s. be dragooned into **b** *(† Mil)* to enlist

**enregistrable** /ɑ̃ʀ(ə)ʒistʀabl/ ADJ *[CD, disquette]* recordable

**enregistrement** /ɑ̃ʀ(ə)ʒistʀəmɑ̃/ NM **a** *[de fait, son, souvenir]* recording **b** *(= disque, bande)* recording ◆ ~ **vidéo/magnétique** video/tape recording **c** *(Jur) [d'acte]* registration ◆ **l'Enregistrement** the Registration Department *(for legal transactions)* ◆ **droits** *ou* **frais d'~** registration fees **d** *(Transport)* ~ **des bagages** *(à l'aéroport)* check-in; *(à la gare)* registration of luggage ◆ **se présenter à l'~** to go to the check-in desk ◆ **comptoir d'~** check-in desk

**enregistrer** /ɑ̃ʀ(ə)ʒistʀe/ ► conjug 1 ◄ VT **a** *(sur bande)* to record, to tape; *(sur CD, en studio)* to record; *(sur magnétoscope)* to record, to video(-tape) ◆ **vous écoutez un message enregistré** *(Téléc)* this is a recorded message **b** *(Jur) [+ acte, demande]* to register; *(Comm) [+ commande]* to enter, to book **c** *(Fin, Comm) [+ profit, perte]* to show ◆ **nous avons enregistré de bonnes ventes** we've had good sales ◆ **ils ont enregistré un bénéfice de 5 millions** they showed a profit of 5 million ◆ **le PIB a enregistré une hausse de 12%** the GDP has shown *ou* recorded an increase of 12% **d** *(= constater)* **on enregistre une progression de l'épidémie** the epidemic is spreading ◆ **on enregistre une amélioration de la situation** we have seen *ou* there has been an improvement in the situation ◆ **la plus forte hausse enregistrée** the biggest rise recorded *ou* on record **e** *(= mémoriser) [+ information]* to take in ◆ **d'accord, j'enregistre** * *ou* **c'est enregistré** * all right, I'll make *ou* I've made a mental note of it *ou* I'll bear it in mind **f** *(Transport)* **(faire)** ~ **ses bagages** *(à l'aéroport)* to check in (one's luggage); *(à la gare)* to register one's luggage

**enregistreur, -euse** /ɑ̃ʀ(ə)ʒistʀœʀ, øz/ ADJ *[appareil]* recording; → **caisse** NM *(= instrument)* recorder, recording device ◆ ~ **de vol** flight recorder ◆ ~ **de temps** time recorder

**enrhumé, e** /ɑ̃ʀyme/ (ptp de **enrhumer**) ADJ ◆ **être ~** to have a cold ◆ **je suis un peu/très ~** I have a bit of a cold/a terrible *ou* bad cold

**enrhumer** /ɑ̃ʀyme/ ► conjug 1 ◄ VT to give a cold to VPR **s'enrhumer** to catch a cold

**enrichi, e** /ɑ̃ʀiʃi/ (ptp de **enrichir**) ADJ **a** *(péj)* nouveau riche **b** *[pain]* enriched; *[lessive]* improved (*de* with); ◆ **shampooing formule ~e** enriched formula shampoo; → **uranium**

**enrichir** /ɑ̃ʀiʃiʀ/ ► conjug 2 ◄ VT *[+ œuvre, esprit, langue, collection]* to enrich; *[+ catalogue]* to expand; *(financièrement)* to make rich VPR **s'enrichir** *(financièrement)* to get *ou* grow rich; *[esprit]* to grow richer (*de* in); *[collection]* to be enriched (*de* with); ◆ **leur collection s'enrichit d'année en année** their collection is becoming richer from year to year

**enrichissant, e** /ɑ̃ʀiʃisɑ̃, ɑ̃t/ ADJ *[expérience]* rewarding ◆ **ce stage a été très ~ pour moi** I got a lot out of the course ◆ **j'ai trouvé ça très ~** it was very rewarding

**enrichissement** /ɑ̃ʀiʃismɑ̃/ NM enrichment *NonC*

**enrobage** /ɑ̃ʀɔbaʒ/, **enrobement** /ɑ̃ʀɔbmɑ̃/ NM coating

**enrobé, e** /ɑ̃ʀɔbe/ (ptp de **enrober**) ADJ *(= empâté) [personne]* plump

**enrober** /ɑ̃ʀɔbe/ ► conjug 1 ◄ VT *[+ bonbon, comprimé]* to coat (*de* with); *[+ paroles]* to wrap up (*de* in)

**enrochement** /ɑ̃ʀɔʃmɑ̃/ NM rip-rap

**enrôlé** /ɑ̃ʀole/ NM recruit

**enrôlement** /ɑ̃ʀolmɑ̃/ NM *(Mil)* enlistment; *(dans un parti)* enrolment, signing up

**enrôler** VT, **s'enrôler** VPR /ɑ̃ʀole/ ► conjug 1 ◄ *(Mil)* to enlist; *(dans un parti)* to enrol, to sign up

**enroué, e** /ɑ̃ʀwe/ (ptp de **enrouer**) ADJ ◆ **être ~** to be hoarse, to have a hoarse *ou* husky voice ◆ **j'ai la voix ~e** my voice is hoarse *ou* husky

**enrouement** /ɑ̃ʀumɑ̃/ NM hoarseness, huskiness

**enrouer** /ɑ̃ʀwe/ ► conjug 1 ◄ VT *[froid, cris]* to make hoarse VPR **s'enrouer** *(par le froid)* to go hoarse *ou* husky; *(en criant)* to make o.s. hoarse ◆ **s'~ à force de chanter** to sing o.s. hoarse

**enroulement** /ɑ̃ʀulmɑ̃/ NM **a** *(NonC) [de tapis]* rolling up; *[de cheveux]* coiling; *[de corde, ruban, fil]* winding (*sur, autour de* round); *[de bobine]* winding **b** *(Archit, Art)* volute, scroll, whorl **c** *(Élec)* coil

**enrouler** /ɑ̃ʀule/ ► conjug 1 ◄ VT *[+ tapis]* to roll up; *[+ cheveux]* to coil; *[+ corde, ruban, fil]* to wind (*sur, autour de* round); *[+ bobine]* to wind ◆ ~ **une feuille autour de/dans** to roll a sheet of paper round/up in VPR **s'enrouler** *[serpent]* to coil up; *[film, fil]* to wind ◆ **s'~ dans une couverture** to wrap *ou* roll o.s. up in a blanket

**enrouleur, -euse** /ɑ̃ʀulœʀ, øz/ ADJ *[mécanisme, cylindre]* winding NM *[de tuyau d'arrosage]* drum ◆ **(galet)** ~ idle pulley, idler ◆ ~ **(automatique) de cordon** automatic cord winder ◆ **laisse à ~** retractable lead; → **ceinture**

**enrubanner** /ɑ̃ʀybane/ ► conjug 1 ◄ VT to decorate *ou* trim with ribbon(s); *(en attachant)* to tie up *ou* do up with (a) ribbon

**ENS** /eɛnɛs/ NF (abrév de **École normale supérieure**) → **école**

**ensablement** /ɑ̃sabləmɑ̃/ NM **a** *[de port]* silting-up; *[de tuyau]* choking *ou* blocking (with sand); *[de bateau]* stranding; *[de voiture]* getting stuck (in the sand) **b** *(= tas de sable) (formé par le vent)* (sand) dune; *(formé par l'eau)* sandbank

**ensabler** /ɑ̃sable/ ► conjug 1 ◄ VT *[+ port]* to silt up, to sand up; *[+ tuyau]* to choke *ou* block with sand; *[+ bateau]* to strand (on a sandbank); *[+ voiture]* to get stuck (in the sand) VPR **s'ensabler** *[port]* to silt up; *[bateau, voiture]* to get stuck in the sand ◆ **je m'étais ensablé jusqu'aux essieux** my car had sunk into the sand up to the axles

**ensacher** /ɑ̃saʃe/ ► conjug 1 ◄ VT to bag, to pack (into bags)

**ensanglanter** /ɑ̃sɑ̃glɑ̃te/ ► conjug 1 ◄ VT *[+ visage]* to cover with blood; *[+ vêtement]* to soak with blood ◆ **manche ensanglantée** blood-soaked sleeve ◆ ~ **un pays** to bathe a country in blood ◆ **l'accident qui a ensanglanté la course** the accident which cast a tragic shadow over the race ◆ **l'attentat qui a ensanglanté la visite du président** the terrorist attack which brought an element of bloodshed to the president's visit

**enseignant, e** /ɑ̃sɛɲɑ̃, ɑ̃t/ ADJ teaching; → **corps** NM,F teacher ◆ **~-chercheur** teacher and researcher ◆ **poste d'~** teaching position *ou* post *ou* job ◆ **les ~s de l'école** the teaching staff *ou* the teachers at the school

**enseigne** /ɑ̃sɛɲ/ NF a *(Comm)* (shop) sign ◆ **~ lumineuse** neon sign ◆ **"à l'enseigne du Lion Noir"** *(restaurant)* "the Black Lion" ◆ **loger à l'~ du Lion Noir** †† to put up at (the sign of) the Black Lion † b *(Mil, Naut)* ensign ◆ **(défiler) ~s déployées** (to march) with colours flying c *(littér)* **à telle(s) ~(s) que ...** so much so that ... NM a *(Hist)* ensign b ◆ **~ de vaisseau** *(de 1^re^ classe)* lieutenant; *(de 2^e^ classe)* sub-lieutenant *(Brit)*, ensign *(US)*

**enseignement** /ɑ̃sɛɲ(ə)mɑ̃/ NM a *(= cours, leçons)* education, instruction ◆ **recevoir un ~ dans une discipline** to receive instruction in a subject ◆ **~ assisté par ordinateur** computer-aided instruction ◆ **~ général** general education ◆ **~ obligatoire** compulsory education ◆ **~ musical** musical education ◆ **~ agricole** agricultural training ◆ **~ des langues** language teaching ◆ **~ ménager** home economics *(sg)* ◆ **~ mixte** coeducation ◆ **~ par correspondance** correspondence courses ◆ **~ à distance** distance learning ◆ **~ professionnel** professional *ou* vocational training ◆ **~ programmé** programmed learning ◆ **~ spécialisé** special education *ou* schooling ◆ **~ technique** technical education, industrial arts *(US)*

b *(= système scolaire)* education ◆ **l'~ en France** (the system of) education in France ◆ **~ primaire** *ou* **du premier degré/secondaire** *ou* **du second degré** primary/secondary education ◆ **~ supérieur/universitaire** higher/university education ◆ **~ libre/privé/public** denominational/private/state education ◆ **l'~ public et gratuit** free public education; → ÉDUCATION NATIONALE

c *(= art d'enseigner)* teaching ◆ **~ moderne** modern (methods of) teaching

d *(= carrière)* **l'~** the teaching profession, teaching ◆ **entrer dans l'~** to enter the teaching profession, to go into teaching ◆ **être dans l'~** to be a teacher, to be a member of the teaching profession

e *(= leçon donnée par l'expérience)* teaching, lesson ◆ **on peut en tirer plusieurs ~s** it has taught us several things, we can draw several lessons from it ◆ **les ~s du Christ** the teachings of Christ

**enseigner** /ɑ̃seɲe/ ▸ conjug 1 ◂ VT to teach ◆ **~ qch à qn** to teach sb sth ◆ **~ à qn à faire qch** to teach sb (how) to do sth

**ensemble**[1] /ɑ̃sɑ̃bl/ ADV a *(= l'un avec l'autre)* together ◆ **ils sont partis ~** they left together ◆ **tous ~** all together

b *(= simultanément) (deux personnes)* together, both at once; *(plusieurs)* together, at the same time ◆ **ils ont répondu ~** *(deux)* they both answered together *ou* at once; *(plusieurs)* they all answered together *ou* at the same time, they answered all together

c *(littér = à la fois)* **tout ~** *(deux)* both, at once; *(plus de deux)* at (one and) the same time ◆ **il était tout ~ triste et joyeux** he was both *ou* at once sad and happy

d ◆ **aller ~** *[objets]* to go together; *[idées]* to go together *ou* hand in hand ◆ **aller bien ~** *[couple]* to be well-matched; *[escrocs]* to make a pretty *ou* a fine pair; *(plus de deux)* to make a fine bunch ◆ **l'armoire et la table ne vont pas (bien) ~** *ou* **vont mal ~** the wardrobe and the table don't go (very well) together

e *[personnes]* **être bien ~** to get along *ou* on *(Brit)* well (together) ◆ **ils sont mal ~** they don't get along *ou* on *(Brit)* (well) (together)

**ensemble**[2] /ɑ̃sɑ̃bl/ NM a *(= totalité)* whole ◆ **former un ~ harmonieux** to form a harmonious whole ◆ **l'~ du personnel** the entire *ou* whole staff ◆ **on reconnaît cette substance à l'~ de ses propriétés** you can identify this substance from all its various properties

b *(= groupement) [de personnes]* set, group, body; *[d'objets, poèmes]* set, collection; *[de faits]* set, series; *[de meubles]* suite; *[de lois]* body, corpus ◆ **tout un ~ de choses** a whole combination of things ◆ **bel ~ architectural** fine architectural grouping ◆ **~ immobilier de 500 logements** residential complex with 500 housing units ◆ **grand ~** high-rise estate

c *(Mus)* ensemble ◆ **~ instrumental/vocal** instrumental/vocal ensemble

d *(Math)* set ◆ **~ vide** empty set ◆ **théorie des ~s** set theory

e *(Couture)* outfit, suit, ensemble ◆ **~ de ville** town suit ◆ **~ de voyage** travelling outfit ◆ **~ de plage** beach ensemble *ou* outfit ◆ **~ pantalon** trouser suit, pantsuit

f *(loc)* **d'~** *[vue, étude]* overall, comprehensive, general; *[impression]* overall, general ◆ **mouvement d'~** ensemble movement

◆ **dans + ensemble** ◆ **les spectateurs dans leur ~** the audience as a whole ◆ **examiner la question dans son ~** to examine the question in its entirety *ou* as a whole

◆ **dans l'ensemble** on the whole, in the main, by and large ◆ **dans l'~ nous sommes d'accord** basically we agree

◆ **avec ensemble** *[répondre]* as one, with one accord

**ensemblier** /ɑ̃sɑ̃blije/ NM *(= décorateur)* interior designer; *(Ciné)* assistant (set) designer; *(= entreprise)* factory design consultancy

**ensemencement** /ɑ̃s(ə)mɑ̃smɑ̃/ NM sowing

**ensemencer** /ɑ̃s(ə)mɑ̃se/ ▸ conjug 3 ◂ VT *(Agr)* to sow (*de, en* with); *(Bio)* to culture

**enserrer** /ɑ̃seʀe/ ▸ conjug 1 ◂ VT *[vêtement]* to hug tightly; *(dans ses bras)* to hold, to clasp ◆ **vallée enserrée par des montagnes** valley shut in *ou* hemmed in by mountains

**ensevelir** /ɑ̃səv(ə)liʀ/ ▸ conjug 2 ◂ VT *(frm = enterrer)* to bury; *(d'un linceul)* to shroud (*de* in); *[+ peine, honte]* to hide, to bury; *[avalanche, décombres]* to bury ◆ **enseveli sous la neige/la lave** buried beneath the snow/lava

**ensevelissement** /ɑ̃səv(ə)lismɑ̃/ NM *(gén)* burying; *(dans un linceul)* shrouding

**ENSI** /ɛnsi/ NF (abrév de **École nationale supérieure d'ingénieurs**) → **école**

**ensilage** /ɑ̃silaʒ/ NM ensilage

**ensiler** /ɑ̃sile/ ▸ conjug 1 ◂ VT to ensilage, to ensile

**en-soi** /ɑ̃swa/ NM *(Philos)* en-soi

**ensoleillé, e** /ɑ̃sɔleje/ (ptp de **ensoleiller**) ADJ sunny

**ensoleillement** /ɑ̃sɔlɛjmɑ̃/ NM *(= durée)* period *ou* hours of sunshine ◆ **ce versant jouit d'un ~ exceptionnel** this side of the mountain gets a lot of sunshine ◆ **'~ moyen'** *(sur étiquette de plantes)* 'moderate sunlight'

**ensoleiller** /ɑ̃sɔleje/ ▸ conjug 1 ◂ VT *(lit)* to fill with *ou* bathe in sunshine *ou* sunlight; *(fig)* to brighten, to light up

**ensommeillé, e** /ɑ̃sɔmeje/ ADJ sleepy, drowsy

**ensorcelant, e** /ɑ̃sɔʀsəlɑ̃, ɑ̃t/ ADJ *[regard, sourire]* bewitching; *[personne]* bewitching, captivating; *[paroles, roman, œuvre, rythme, musique]* spellbinding

**ensorceler** /ɑ̃sɔʀsəle/ ▸ conjug 4 ◂ VT *(lit, fig)* to bewitch, to put *ou* cast a spell on *ou* over

**ensorceleur, -euse** /ɑ̃sɔʀsəlœʀ, øz/ ADJ bewitching, spellbinding NM *(lit)* sorcerer, enchanter; *(fig)* charmer NF **ensorceleuse** *(lit)* witch, enchantress, sorceress; *(fig = femme)* enchantress; *(hum = enfant)* charmer

**ensorcellement** /ɑ̃sɔʀsɛlmɑ̃/ NM *(= action)* bewitching, bewitchment; *(= charme)* charm, enchantment

**ensuite** /ɑ̃sɥit/ GRAMMAIRE ACTIVE 53.2 ADV *(= puis)* then, next; *(= par la suite)* afterwards, later ◆ **il nous dit ~ que ...** then *ou* next he said that ... ◆ **d'accord mais ~ ?** all right but what now? *ou* what next? *ou* then what? ◆ **il se mit à crier, ~ de quoi il claqua la porte** he started shouting, after which *ou* and after that he slammed the door ◆ **je le reçois d'abord et je vous verrai ~** I'll meet him first and I'll see you after *ou* afterwards

**ensuivre (s')** /ɑ̃sɥivʀ/ ▸ conjug 40 ◂ VPR to follow, to ensue ◆ **il s'ensuit que** it follows that ◆ **et tout ce qui s'ensuit** and all that goes with it ◆ **torturé jusqu'à ce que mort s'ensuive** tortured to death

**ensuqué, e** * /ɑ̃syke/ ADJ droopy

**entablement** /ɑ̃tabləmɑ̃/ NM entablature

**entacher** /ɑ̃taʃe/ ▸ conjug 1 ◂ VT *[+ honneur]* to soil, to sully, to taint; *[+ joie]* to taint, to blemish ◆ **entaché de nullité** *(Jur)* null and void ◆ **entaché d'erreurs** spoilt *ou* marred by mistakes

**entaille** /ɑ̃taj/ NF a *(sur le corps, gén)* cut; *(profonde)* gash; *(petite)* nick ◆ **se faire une ~** to cut o.s. b *(sur un objet)* notch; *(allongée)* groove; *(dans une falaise)* gash

**entailler** /ɑ̃taje/ ▸ conjug 1 ◂ VT *[+ corps] (gén)* to cut; *(profondément)* to gash; *(légèrement)* to nick; *[+ objet]* to notch ◆ **carrière qui entaille la colline** quarry which cuts a gash in the hill ◆ **s'~ la main** to cut *ou* gash one's hand

**entame** /ɑ̃tam/ NF *(= tranche)* first slice; *(Cartes)* first card

**entamer** /ɑ̃tame/ ▸ conjug 1 ◂ VT a *[+ pain, jambon]* to start (on); *[+ tonneau]* to broach, to tap; *[+ bouteille, boîte, sac]* to start, to open; *[+ tissu]* to cut into; *[+ patrimoine]* to make a hole in, to dip into ◆ **mes économies sont bien entamées** it has made a big dent *ou* hole in my savings ◆ **la boîte est à peine entamée** the box has hardly been touched

b *(= inciser) [+ chair, tissu]* to cut (into); *[+ métal]* to cut *ou* bite into

c *(= amorcer) [+ journée, livre]* to start; *[+ travail]* to start on; *[+ négociations, discussion]* to start, to open; *[+ poursuites]* to institute, to initiate ◆ **la journée est déjà bien entamée** we are already well into the day, the day is already quite far advanced

d *(= ébranler) [+ résistance]* to wear down, to break down; *[+ conviction]* to shake, to weaken; *[+ optimisme, moral]* to wear down

e *(= salir) [+ réputation]* to damage, to harm, to cast a slur on

f *(Cartes = commencer)* **~ la partie** to open the game ◆ **c'est à toi d'~** it's you to lead ◆ **~ d'un pique** *(enchères)* to open (with) one spade; *(partie)* to lead a spade

**entartage** /ɑ̃taʀtaʒ/ NM custard pie attack

**entarter** /ɑ̃taʀte/ ▸ conjug 1 ◂ VT *[+ personne]* to throw a custard pie at

**entarteur** /ɑ̃taʀtœʀ/ NM *prankster who throws custard pies at celebrities*

**entartrage** /ɑ̃taʀtʀaʒ/ **NM** *[de chaudière, tuyau, bouilloire]* scaling, furring-up *(Brit)*; *[de dents]* scaling

**entartrer** /ɑ̃taʀtʀe/ ► conjug 1 ◄ **VT** *[+ chaudière, tuyau, bouilloire]* to scale, to fur up *(Brit)*; *[+ dents]* to scale **VPR** **s'entartrer** *[chaudière, tuyau, bouilloire]* to scale, to fur up *(Brit)*; *[dents]* to get covered in tartar

**entassement** /ɑ̃tasmɑ̃/ **NM** **a** *(= action) [d'objets]* piling up, heaping up; *[de personnes]* cramming in, packing together **b** *(= tas)* pile, heap

**entasser** /ɑ̃tase/ ► conjug 1 ◄ **VT** **a** *(= amonceler) [+ objets, arguments]* to pile up, to heap up (*sur* onto) **b** *(= tasser) [+ personnes, objets]* to cram, to pack (*dans* into) **VPR** **s'entasser** *(= s'amonceler) [déchets, erreurs]* to pile up; *[personnes]* to cram, to pack (*dans* into); ◆ **ils s'entassent à 10 dans cette pièce** there are 10 of them crammed *ou* packed into that room ◆ **s'~ sur la plage** to pack onto the beach

**ente** /ɑ̃t/ **NF** *(Agr)* graft

**entendement** /ɑ̃tɑ̃dmɑ̃/ **NM** *(Philos)* understanding ◆ **cela dépasse l'~** that's beyond all understanding *ou* comprehension ◆ **perdre l'~** *(frm)* to lose one's reason

**entendeur** /ɑ̃tɑ̃dœʀ/ **NM** ◆ **à bon ~, salut** a word to the wise is enough

**entendre** /ɑ̃tɑ̃dʀ/ ► conjug 41 ◄ **VT** **a** *(= percevoir) [+ voix, bruit]* to hear ◆ **il entendit du bruit** he heard a noise ◆ **il entend mal de l'oreille droite** he can't hear very well with his right ear ◆ **il ne l'entend pas de cette oreille** *(fig)* he's not prepared to accept that ◆ **il entendit parler quelqu'un** he heard somebody speak ◆ **j'entendais quelqu'un parler** *ou* **parler quelqu'un** I heard *ou* could hear somebody talking ◆ **faire ~ un son** to make a sound ◆ **elle fit ~ sa voix mélodieuse, sa voix mélodieuse se fit ~** her sweet voice was heard ◆ **faire ~ sa voix** *ou* **se faire ~ dans un débat** to make oneself heard in a debate ◆ **qu'est-ce que j'entends ?** what did you say?, am I hearing right? ◆ **tu vas être sage, tu entends !** *(menace)* you're to be good, do you hear (me)! ◆ **ce qu'il faut ~ tout de même !** * really — the things you hear! *ou* the things people say! ◆ **il vaut mieux ~ ça que d'être sourd !** * really, the things you hear! *; → **voler**[1]

**b** *(par ouï-dire)* **~ parler de qn/qch** to hear of *ou* about sb/sth ◆ **j'en ai vaguement entendu parler** I did vaguely hear something about *ou* of it ◆ **on n'entend plus parler de lui** you don't hear anything of him these days, you never hear of him any more ◆ **il ne veut pas en ~ parler** *(fig)* he won't hear of it ◆ **~ dire que ...** to hear it said that ... ◆ **d'après ce que j'ai entendu dire** from what I have heard, by all accounts ◆ **on entend dire que ...** it is said *ou* rumoured that ..., rumour has it that ... ◆ **on entend dire des choses étranges** there are strange rumours going about ◆ **je l'ai entendu dire que ...** I heard him say that ...

**c** *(= écouter)* to hear, to listen to ◆ **le patron a entendu les syndicats pendant une heure** the boss listened to *ou* heard the unions for an hour ◆ **j'ai entendu son discours jusqu'au bout** I listened right to the end of his speech ◆ **~ les témoins** *(Jur)* to hear the witnesses ◆ **à l'~, c'est lui qui a tout fait** to hear him talk *ou* to listen to him you'd think he had done everything ◆ **il ne veut rien ~** he doesn't want to hear *ou* know about it, he just won't listen ◆ **il raconte à qui veut l'~ que c'est lui qui l'a quittée** he tells anyone who'll listen that he's the one who left her ◆ **si ça continue, il va m'~ !** *(menace)* if he doesn't stop I'll give him a piece of my mind!; → **messe, raison**

**d** *(frm = comprendre)* to understand ◆ **oui, j'entends bien, mais ...** yes, I fully *ou* quite understand but ... ◆ **je vous entends** I see what you mean, now I understand (you) ◆ **il n'entend rien à la musique** he doesn't know the first thing *ou* he doesn't have the first idea about music ◆ **il n'entend pas la plaisanterie** † he can't take a joke, he doesn't know how to take a joke ◆ **laisser ~ à qn que ..., donner à ~ à qn que ...** *(= faire comprendre)* to give sb to understand that ...; *(= donner l'impression que ...)* to let it be understood that ..., to give sb the impression that ...; → **malice, pire**

**e** *(frm avec infin = vouloir)* to intend, to mean ◆ **j'entends bien y aller** I certainly intend *ou* mean to go ◆ **faites comme vous l'entendez** do as you see fit *ou* think best ◆ **j'entends être obéi** *ou* **qu'on m'obéisse** I intend *ou* mean to be obeyed, I will be obeyed ◆ **j'entends ne pas céder, je n'entends pas céder** I have no intention of giving in

**f** *(= vouloir dire)* to mean ◆ **qu'entendez-vous par là ?** what do you mean by that? ◆ **entendez-vous par là que ... ?** are you trying to say that ...?, do you mean that ...?

**VPR** **s'entendre** **a** *(soi-même)* **je me suis entendu à la radio** I heard myself on the radio ◆ **tu ne t'entends pas !** you don't know what you're saying!

**b** *(= être d'accord, s'accorder)* to agree ◆ **ils se sont entendus sur plusieurs points** they have agreed on several points ◆ **hier tu m'as dit le contraire, il faudrait s'~ !** yesterday you told me exactly the opposite, make up your mind!

**c** *(= sympathiser)* to get on ◆ **ils ne s'entendent pas** they don't get along *ou* on *(Brit)* (together *ou* with each other) ◆ **ils s'entendent à merveille** they get along *ou* on *(Brit)* extremely well (together *ou* with each other), they get on like a house on fire *(Brit)*; → **larron**

**d** *(= s'y connaître)* **s'y ~ pour** *ou* **s'~ à** *(frm)* **faire qch** to be very good at doing sth ◆ **il s'y entend !** he knows what he's doing!, he knows his onions! * *(Brit) ou* stuff! *

**e** *(= se comprendre)* **quand je dis magnifique, je m'entends, disons que c'est très joli** when I say it's magnificent, what I really mean is that it's very attractive ◆ **il le fera, moyennant finances, (cela) s'entend** he will do it — for a fee, of course *ou* naturally ◆ **entendons-nous bien !** let's be quite clear about *ou* on this, let's make quite sure we understand one another ◆ **ça peut s'~ différemment suivant les contextes** that can be taken to mean different things depending on the context

**f** *(= être entendu)* **le bruit s'entendait depuis la route** the noise could be heard *ou* was audible from the road ◆ **cette expression ne s'entend plus guère** *(fig)* that phrase is hardly ever used *ou* heard nowadays, you hardly ever hear that phrase nowadays ◆ **on ne s'entend plus ici** you can't hear yourself think in here

**entendu, e** /ɑ̃tɑ̃dy/ (ptp de **entendre**) **ADJ** **a** *(= convenu)* agreed ◆ **étant ~ que** it being understood *ou* agreed that, since ◆ **il est bien ~ que vous n'en dites rien** of course it's understood *ou* it must be understood that you make no mention of it ◆ **c'est (bien) ~, n'est-ce pas ?** that's (all) agreed, isn't it? ◆ **(c'est) ~ !** right!, agreed!, right-oh! * *(Brit)*

◆ **bien entendu** *(= évidemment)* of course ◆ **(comme de) bien ~, tu dormais !** as I might have known *ou* expected (you to be), you were asleep! **b** *(concessif)* all right, granted, so we all agree ◆ **c'est ~** *ou* **c'est une affaire ~e, il t'a poussé** all right, so he pushed you **c** *(= complice) [sourire, air]* knowing ◆ **d'un air ~** with a knowing look, knowingly **d** *(†† = habile)* competent

**enténébrer** /ɑ̃tenebʀe/ ► conjug 6 ◄ **VT** *(littér) [+ salle]* to make dark *ou* gloomy; *[+ vie, voyage]* to cast a shadow over

**entente** /ɑ̃tɑ̃t/ **NF** **a** *(= amitié)* harmony, understanding; *(= alliance)* understanding ◆ **politique d'~ avec un pays** policy of friendship with a country ◆ **l'Entente cordiale** the Entente Cordiale ◆ **la Triple Entente** the Triple Alliance ◆ **vivre en bonne ~** to live in harmony *ou* harmoniously ◆ **vivre en bonne ~ avec les voisins** to be on good terms with the neighbours **b** *(= accord)* agreement, understanding; *(Écon = cartel)* combine ◆ **~s illicites** illegal agreements *ou* arrangements ◆ **faire une demande d'~ préalable** *to request the Social Security to agree to help with costs before one is treated* **c** *(= connaissance)* grasp, understanding; *(= habileté)* skill; → **double**

**enter** /ɑ̃te/ ► conjug 1 ◄ **VT** *(Agr)* to graft

**entérinement** /ɑ̃teʀinmɑ̃/ **NM** ratification, confirmation

**entériner** /ɑ̃teʀine/ ► conjug 1 ◄ **VT** to ratify, to confirm

**entérite** /ɑ̃teʀit/ **NF** enteritis

**enterrement** /ɑ̃tɛʀmɑ̃/ **NM** **a** *(= action) [de mort]* burial; *[d'espoir]* end, death **b** *(= cérémonie)* funeral, burial (service); *(= convoi)* funeral procession ◆ **~ civil/religieux** non-religious/religious burial (service) *ou* funeral ◆ **faire** *ou* **avoir une tête** *ou* **mine d'~** * to look down in the mouth *, to look gloomy *ou* glum ◆ **il a eu un ~ de première classe** *(hum) [politicien, cadre]* he was shunted off into the wings

**enterrer** /ɑ̃teʀe/ ► conjug 1 ◄ **VT** **a** *(= inhumer)* to bury, to inter *(frm)* ◆ **hier il a enterré sa mère** yesterday he attended his mother's burial *ou* funeral ◆ **on l'enterre ce matin** he is being buried this morning ◆ **tu nous enterreras tous !** you'll outlive us all! ◆ **s'~ dans un trou perdu** to bury o.s. in the sticks *ou* in the back of beyond *(Brit)* **b** *(= enfouir) [+ os, trésor]* to bury **c** *(= oublier) [+ projet]* to lay aside, to forget about; *[+ scandale]* to hush up; *[+ espoir]* to forget about ◆ **enterrons cette querelle** (let's) let bygones be bygones ◆ **c'est une querelle enterrée depuis longtemps** that quarrel has long since been (dead and) buried ◆ **~ son passé** to put one's past behind one ◆ **~ sa vie de garçon** to have *ou* throw a stag party (before one's wedding)

**entêtant, e** /ɑ̃tɛtɑ̃, ɑ̃t/ **ADJ** *[vin, parfum]* heady *épith*, which goes to the head

**en-tête** (pl **en-têtes**) /ɑ̃tɛt/ **NM** heading; *(Ordin)* header ◆ **papier à lettres à ~** headed notepaper

**entêté, e** /ɑ̃tete/ (ptp de **entêter**) **ADJ** stubborn, pigheaded * **NM,F** mule, stubborn individual ◆ **quel ~ tu fais !** you're so stubborn!

**entêtement** /ɑ̃tɛtmɑ̃/ **NM** *(= obstination)* stubbornness, pigheadedness *; *(= persévérance)* doggedness

**entêter** /ɑ̃tete/ ► conjug 1 ◄ **VT** *[vin, parfum]* to go to the head of ◆ **ce parfum entête** this perfume goes to your head **VPR** **s'entêter** to persist (*dans qch* in sth; *à faire qch* in doing sth)

**enthousiasmant, e** /ɑ̃tuzjasmɑ̃, ɑ̃t/ **ADJ** *[spectacle, livre, idée]* exciting, exhilarating

**enthousiasme** /ɑ̃tuzjasm/ **GRAMMAIRE ACTIVE 40.2** **NM** enthusiasm ◆ **avec ~** enthusiastically, with enthusiasm ◆ **avoir des ~s soudains** to have sudden fits of enthusiasm *ou* sudden crazes

**enthousiasmer** /ɑ̃tuzjasme/ GRAMMAIRE ACTIVE 34.3 ▸ conjug 1 ◂ VT to fill with enthusiasm VPR **s'enthousiasmer** to be *ou* get enthusiastic (*pour* about, over); ◆ **il s'enthousiasma tout de suite pour ...** he was immediately enthusiastic about *ou* over ..., he was immediately filled with enthusiasm for ... ◆ **c'est quelqu'un qui s'enthousiasme facilement** he's easily carried away (*pour* by)

**enthousiaste** /ɑ̃tuzjast/ ADJ enthusiastic (*de* about, over) NMF enthusiast

**entichement** /ɑ̃tiʃmɑ̃/ NM *(pour une personne)* infatuation (*pour, de* for, with); *(pour une chose)* passion, craze (*de, pour* for)

**enticher (s')** /ɑ̃tiʃe/ ▸ conjug 1 ◂ VPR *(frm, péj)* ◆ **s'~ de** *[+ personne]* to become infatuated *ou* besotted *(Brit)* with; *[+ activité, théorie]* to get completely hooked* on

**entier, -ière** /ɑ̃tje, jɛʀ/ ADJ **a** *(= total) [quantité, prix]* whole, full; *[surface, endroit, année]* whole, entire ◆ **boire une bouteille entière** to drink a whole *ou* full *ou* an entire bottle ◆ **payer place entière** *(Théât)* to pay the full price; *(Rail)* to pay the full fare *ou* price ◆ **une heure entière** a whole hour ◆ **des heures entières** for hours (on end *ou* together) ◆ **dans le monde ~** in the whole *ou* entire world, in the whole of the world, throughout the world ◆ **dans la France entière** throughout France, in the whole of France; → **nombre**

◆ **tout entier** *(= complètement)* entirely, completely ◆ **je m'y suis consacré tout ~** I devoted all my energies to it ◆ **le pays tout ~** the whole country

**b** *(= intact) [objet, vertu]* intact; *(Vét = non châtré)* entire ◆ **aucune assiette n'était entière** there wasn't one unbroken plate ◆ **la question reste entière** the question still remains unresolved ◆ **c'est un miracle qu'il en soit sorti ~** it's a miracle he escaped unscathed *ou* in one piece

**c** *(= absolu) [liberté, confiance]* absolute, complete ◆ **mon accord plein et ~** my full *ou* entire (and) wholehearted agreement ◆ **donner entière satisfaction** to give complete satisfaction

**d** *(= sans demi-mesure) [personne, caractère]* uncompromising; *[opinion]* strong

**e** *(Culin)* → **lait**

NM *(Math)* whole, integer; *(Ordin)* integer ◆ **deux demis font un ~** two halves make a whole ◆ **la nation dans son ~** the nation as a whole, the entire nation

◆ **en entier** totally, in its entirety ◆ **occupé en ~ par des bureaux** totally occupied by offices, occupied in its entirety by offices ◆ **boire une bouteille en ~** to drink a whole *ou* a full *ou* an entire bottle ◆ **lire/voir qch en ~** to read/see the whole of sth, to read/watch sth right through

**entièrement** /ɑ̃tjɛʀmɑ̃/ ADV completely ◆ **je suis ~ d'accord avec vous** I fully *ou* entirely agree with you ◆ **la ville a été ~ détruite** the town was wholly *ou* entirely destroyed ◆ **c'est ~ fait main** it's completely handmade ◆ **ce site Internet est ~ consacré au bricolage** this website is devoted exclusively to home improvements ◆ **je m'y suis ~ consacré** I devoted all my energies to it

**entièreté** /ɑ̃tjɛʀte/ NF entirety

**entité** /ɑ̃tite/ NF entity

**entoiler** /ɑ̃twale/ ▸ conjug 1 ◂ VT *[+ estampe]* to mount on canvas; *[+ vêtement]* to stiffen (with canvas)

**entôler**‡ /ɑ̃tole/ ▸ conjug 1 ◂ VT to con‡, to fleece* (*de* of) to do* *(Brit)* (*de* out of)

**entomologie** /ɑ̃tɔmɔlɔʒi/ NF entomology

**entomologique** /ɑ̃tɔmɔlɔʒik/ ADJ entomological

**entomologiste** /ɑ̃tɔmɔlɔʒist/ NMF entomologist

**entonner** /ɑ̃tɔne/ ▸ conjug 1 ◂ VT ◆ **~ une chanson** to break into song, to strike up a song, to start singing ◆ **~ des louanges au sujet de qn** to start singing sb's praises ◆ **~ un psaume** to strike up a psalm, to start singing a psalm

**entonnoir** /ɑ̃tɔnwaʀ/ NM *(Culin)* funnel; *(Géog)* swallow hole, doline; *(= trou) [d'obus]* shell-hole; *[de bombe]* crater ◆ **en ~** *[forme, conduit]* funnel-shaped

**entorse** /ɑ̃tɔʀs/ NF **a** *(Méd)* sprain ◆ **se faire une ~ au poignet** to sprain one's wrist **b** *[de loi]* infringement (*à* of); ◆ **faire une ~ à** *[+ vérité]* to twist; *[+ habitudes, régime]* to break ◆ **faire une ~ au règlement** to bend *ou* stretch the rules

**entortillement** /ɑ̃tɔʀtijmɑ̃/ NM *(= action)* twisting, winding, twining; *(= état)* entwinement

**entortiller** /ɑ̃tɔʀtije/ ▸ conjug 1 ◂ VT **a** *[+ ruban]* to twist, to twine, to wind; *[+ bonbons]* to wrap (up) **b** * *(= enjôler)* to get round, to wheedle, to cajole; *(= embrouiller)* to mix up, to muddle (up); *(= duper)* to hoodwink* VPR **s'entortiller** *[liane]* to twist, to wind, to twine ◆ **s'~ dans ses réponses** to tie o.s. in knots* with one's answers ◆ **s'~ dans les couvertures** *(volontairement)* to wrap *ou* roll o.s. up in the blankets; *(involontairement)* to get caught up *ou* tangled up *ou* entangled in the blankets

**entour** /ɑ̃tuʀ/ NM *(littér)* ◆ **les ~s de qch** the surroundings of sth ◆ **à l'~ de qch** around sth

**entourage** /ɑ̃tuʀaʒ/ NM **a** *(= famille)* family circle; *(= compagnie) (gén)* set, circle; *[de roi, président]* entourage ◆ **les gens de son ~/dans l'~ du président** people around him/around the president **b** *(= bordure) [de fenêtre]* frame, surround *(Brit)*; *[de massif floral]* border, surround *(Brit)*

**entouré, e** /ɑ̃tuʀe/ (ptp de **entourer**) ADJ **a** *(= admiré)* popular ◆ **cette jeune femme est très ~e** this young woman is the centre of attraction ◆ **pendant cette épreuve il était très ~** during this difficult time many people rallied around (him) ◆ **c'est un titre très ~** *(Bourse)* everyone's rallying around that stock **b** *(= encerclé)* **~ de** surrounded with *ou* by

**entourer** /ɑ̃tuʀe/ ▸ conjug 1 ◂ VT **a** *(= mettre autour)* **~ de** to surround with ◆ **~ un champ d'une clôture** to put a fence round a field, to surround a field with a fence ◆ **il entoura ses épaules d'un châle** he put *ou* wrapped a shawl (a)round her shoulders ◆ **~ qn de ses bras** to put one's arms (a)round sb

**b** *(= être autour) (gén)* to surround; *[cadre]* to frame, to surround; *[couverture, écharpe]* to be round; *[soldats]* to surround, to encircle ◆ **le monde qui nous entoure** the world around *ou* about us, the world that surrounds us

**c** *(= soutenir) [+ personne souffrante]* to rally round ◆ **~ qn de son affection** to surround sb with love

VPR **s'entourer** ◆ **s'~ de** *[+ amis, gardes du corps, luxe]* to surround o.s. with ◆ **s'~ de mystère** to surround o.s. with *ou* shroud o.s. in mystery ◆ **s'~ de précautions** to take elaborate precautions ◆ **nous voulons nous ~ de toutes les garanties** we wish to have *ou* avail ourselves of all possible guarantees

**entourloupe*** /ɑ̃tuʀlup/, **entourloupette*** /ɑ̃tuʀlupɛt/ NF mean *ou* rotten* trick ◆ **faire une ~ à qn** to play a (rotten* *ou* mean) trick on sb

**entournure** /ɑ̃tuʀnyʀ/ NF armhole; → **gêné**

**entracte** /ɑ̃tʀakt/ NM **a** *(= pause) (Théât)* interval, interlude, intermission *(US)*; *(Ciné)* interval, intermission; *(fig = interruption)* interlude, break **b** *(Théât = divertissement)* entr'acte, interlude

**entraide** /ɑ̃tʀɛd/ NF mutual aid ◆ **~ judiciaire internationale** international judicial cooperation ◆ **service d'~** *(Admin)* support service

**entraider (s')** /ɑ̃tʀede/ ▸ conjug 1 ◂ VPR to help one another *ou* each other

**entrailles** /ɑ̃tʀɑj/ NFPL **a** *[d'animaux]* entrails, guts **b** *(littér) [de personne]* entrails; *(= ventre maternel)* womb ◆ **sans ~** *(fig)* heartless, unfeeling ◆ **la faim le mordait aux ~** hunger gnawed at him *ou* at his guts ◆ **spectacle qui vous prend aux ~** *ou* **qui vous remue les ~** sight that shakes your very soul *ou* shakes you to the core **c** *(littér) [d'édifice, terre]* bowels, depths

**entrain** /ɑ̃tʀɛ̃/ NM *[de personne]* spirit, drive; *[de réunion]* spirit, liveliness, go ◆ **avec ~** *[répondre, travailler]* enthusiastically; *[manger]* with gusto, heartily ◆ **sans ~** *[travailler]* half-heartedly, unenthusiastically ◆ **être plein d'~, avoir de l'~** to have plenty of *ou* be full of drive *ou* go* ◆ **ça manque d'~** *(soirée)* it's dragging, it's not exactly lively, it's a bit dead*

**entraînant, e** /ɑ̃tʀɛnɑ̃, ɑ̃t/ ADJ *[paroles, musique]* stirring, rousing; *[rythme]* brisk, lively

**entraînement** /ɑ̃tʀɛnmɑ̃/ NM **a** *(= action) [de roue, bielle]* driving; *[d'athlète]* training, coaching; *[de cheval]* training ◆ **~ à chaîne** chain drive **b** *(= impulsion, force) [de passions]* (driving) force, impetus; *[d'habitude]* force ◆ **des ~s dangereux** dangerous impulses **c** *(Sport = préparation, exercice)* training NonC ◆ **deux heures d'~ chaque matin** two hours of training every morning ◆ **course/terrain d'~** training race/ground ◆ **manquer d'~** to be out of training ◆ **il a de l'~** he's highly trained ◆ **il est à l'~** he's in a training session, he's training ◆ **il est à l'~ de rugby** he's at rugby practice ◆ **il s'est blessé à l'~** he hurt himself at *ou* while training *ou* during a training session ◆ **j'ai de l'~ !** *(hum)* I've had lots of practice!

**entraîner** /ɑ̃tʀene/ ▸ conjug 1 ◂ VT **a** *(lit) (= charrier) [+ épave, objets arrachés]* to carry *ou* drag along; *(Tech = mouvoir) [+ machine]* to drive; *(= tirer) [+ wagons]* to pull ◆ **le courant les entraîna vers les rapides** the current carried *ou* dragged *ou* swept them along towards the rapids ◆ **le poids de ses habits l'entraîna vers le fond** the weight of his clothes dragged him (down) towards the bottom ◆ **il entraîna son camarade dans sa chute** he pulled *ou* dragged his friend down in his fall

**b** *(= emmener) [+ personne]* to take (off) (*vers* towards); ◆ **il m'entraîna vers la sortie/dans un coin** he dragged *ou* took me (off) towards the exit/into a corner ◆ **il les entraîna à sa suite vers ...** he took them (along *ou* off) with him towards ...

**c** *(= influencer)* to lead ◆ **~ qn à voler qch** to get sb to steal sth ◆ **~ ses camarades à boire/dans la débauche** to lead one's friends into drinking/bad ways ◆ **se laisser ~ par ses camarades** to let o.s. be led by one's friends ◆ **cela l'a entraîné à de grosses dépenses** that meant great expense for him, that led him into great expense

**d** *(= causer)* to bring about, to lead to; *(= impliquer)* to entail, to mean ◆ **ceci a entraîné des compressions budgétaires** this has brought about *ou* led to budgetary restraints ◆ **si je vous comprends bien, ceci entraîne la perte de nos avantages** if I understand you, this will mean *ou* will entail the loss of our advantages

**e** *(= emporter) [rythme]* to carry along; *[passion, enthousiasme]* to carry away ◆ **son enthousiasme l'a entraîné trop loin** his enthusiasm carried him too far ◆ **se laisser ~ (par ses passions)** to (let o.s.) get *ou* be carried away (by one's passions)

**f** *(= préparer) [+ athlète]* to train, to coach; *[+ cheval]* to train (*à* for)

**VPR** **s'entraîner** to practise; *(Sport)* to train ◆ **où est-il ? – il s'entraîne au stade** where is he? – he's (doing some) training at the stadium ◆ **s'~ à la course/pour le championnat** to get in training *ou* to train for running/for the championship ◆ **s'~ à faire qch** to practise doing sth ◆ **s'~ à faire un certain mouvement** to practise a certain movement, to work on a certain movement ◆ **entraînez-vous à respirer lentement** practise breathing slowly

**entraîneur** /ɑ̃tʀɛnœʀ/ **NM** *[de cheval]* trainer; *[d'équipe, coureur, boxeur]* coach, trainer ◆ **un ~ d'hommes** *(littér)* a leader of men

**entraîneuse** /ɑ̃tʀɛnøz/ **NF** *[de bar]* hostess; *(Sport)* coach, trainer

**entrant, e** /ɑ̃tʀɑ̃, ɑ̃t/ **NM,F** *(gén pl)* ◆ **les ~s** the people coming (*ou* going) in

**entrapercevoir** /ɑ̃tʀapɛʀsəvwaʀ/ ► conjug 28 ◄ **VT** to catch a (brief) glimpse of

**entrave** /ɑ̃tʀav/ **NF** **a** *(= obstacle)* hindrance (*à* to); ◆ **~ à la circulation** hindrance to traffic ◆ **~ à la liberté d'expression** constraint upon *ou* obstacle to freedom of expression ◆ **sans ~** *[liberté, bonheur]* total ◆ **vivre sans ~s** to lead an unfettered existence **b** *[d'animal]* hobble, fetter, shackle ◆ **~s** *[de prisonnier]* chains, fetters *(littér)* ◆ **se débarrasser des ~s de la rime** *(littér)* to free o.s. from the shackles *ou* fetters of rhyme *(littér)*

**entravé, e** /ɑ̃tʀave/ (ptp de **entraver**) **ADJ** *[voyelle]* checked ◆ **jupe ~e** pencil skirt

**entraver** /ɑ̃tʀave/ ► conjug 1 ◄ **VT** **a** *(= gêner) [+ circulation]* to hold up; *[+ mouvements]* to hamper, to hinder; *[+ action, plans, processus]* to hinder, to hamper, to impede ◆ **~ la carrière de qn** to hinder sb in his career **b** *[+ animal]* to hobble, to shackle, to fetter; *[+ prisonnier]* to chain (up), to fetter *(littér)* **c** *(* = comprendre)* to get* ◆ **je n'y entrave que couic** *ou* **que dalle** I just don't get it*, I don't twig (it) at all* *(Brit)*

**entre** /ɑ̃tʀ/ **PRÉP** **a** *(= à mi-chemin de, dans l'intervalle de) [+ objets, dates, opinions]* between ◆ **~ le vert et le jaune** between green and yellow ◆ **~ la vie et la mort** between life and death ◆ **~ ciel et terre** between heaven and earth ◆ **vous l'aimez saignant, à point ou ~ les deux ?** do you like it rare, medium or between the two? *ou* or in-between? ◆ **la vérité est ~ les deux** the truth is somewhere between the two *ou* somewhere in between; → **lire**[1]

**b** *(= entouré par) [+ murs]* within, between; *[+ montagnes]* among, between ◆ **enfermé ~ quatre murs** *(fig)* shut in ◆ **encaissé ~ les hautes parois** enclosed between the high walls

**c** *(= au milieu de, parmi) [+ objets épars, personnes]* among, amongst ◆ **il aperçut un objet brillant ~ les pierres** he saw an object shining among(st) the stones ◆ **choisir ~ plusieurs choses** to choose from among *ou* between several things ◆ **il hésita ~ plusieurs routes** he hesitated between several roads ◆ **je le compte ~ mes amis** *(frm)* I number him among my friends ◆ **l'un d'~ eux** one of them ◆ **plusieurs d'~ nous** several of us, several of our number *(frm)* ◆ **intelligent ~ tous** supremely intelligent ◆ **problème difficile ~ tous** inordinately *ou* particularly difficult problem ◆ **cette heure ~ toutes** this (hour) of all hours ◆ **je le reconnaîtrais ~ tous** I would know *ou* recognize him anywhere ◆ **c'est le meilleur ~ tous mes amis** he's the best friend I have ◆ **il l'a partagé ~ tous ses amis** he shared it out among all his friends

♦ **entre autres** ◆ **lui, ~ autres, n'est pas d'accord** he, for one *ou* among others, doesn't agree ◆ **~ autres (choses)** among other things ◆ **~ autres (personnes)** among others ◆ **il est, ~ autres, musicien et poète** he is, among other things, a musician and a poet ◆ **il m'a dit ~ autres que le projet avait été abandonné** one of the things he told me was that the project had been abandoned

**d** *(= dans)* in, into ◆ **j'ai eu ce livre ~ les mains** I had that book in my (very) hands ◆ **prendre ~ ses bras** to take in one's arms ◆ **ma vie est ~ vos mains** my life is *ou* lies in your hands ◆ **tomber ~ les mains de l'ennemi/d'escrocs** to fall into the hands of the enemy/of crooks

**e** *(= à travers)* through, between ◆ **je l'ai aperçu ~ les branches** I saw it through *ou* between the branches

**f** *(indiquant une relation, deux choses)* between; *(plus de deux)* among ◆ **rapports ~ deux personnes/choses** relationship between two people/things ◆ **nous sommes ~ nous** *ou* **~ amis** we're all friends here, we're among friends ◆ **~ nous** between you and me, between ourselves ◆ **~ nous c'est à la vie, à la mort** we are *ou* shall be friends for life ◆ **~ eux 4** among the 4 of them ◆ **qu'y a-t-il exactement ~ eux ?** what exactly is there between them? ◆ **il n'y a rien de commun ~ eux** they have nothing in common *ou* no common ground ◆ **ils se marient ~ eux** they intermarry ◆ **ils préfèrent rester ~ eux** they prefer to keep (themselves) to themselves *ou* to be on their own ◆ **ils se sont entendus ~ eux** they reached a mutual agreement ◆ **entendez-vous ~ vous** sort it out among yourselves ◆ **ils se sont disputés ~ eux** they have quarrelled (with each other *ou* with one another) ◆ **laissons-les se battre ~ eux** let's leave them to fight it out (between *ou* among themselves) ◆ **on ne va pas se battre ~ nous** we're not going to fight (among ourselves)

**entrebâillement** /ɑ̃tʀəbɑjmɑ̃/ **NM** ◆ **dans/par l'~ de la porte** in/through the half-open door

**entrebâiller** /ɑ̃tʀəbɑje/ ► conjug 1 ◄ **VT** to half-open ◆ **la porte est entrebâillée** the door is ajar *ou* half-open

**entrebâilleur** /ɑ̃tʀəbɑjœʀ/ **NM** door chain

**entrechat** /ɑ̃tʀəʃa/ **NM** *(Danse)* entrechat; *(hum = saut)* leap, spring ◆ **faire des ~s** *(Danse)* to do entrechats; *(hum)* to leap about

**entrechoquement** /ɑ̃tʀəʃɔkmɑ̃/ **NM** *(gén)* knocking, banging; *[de verres]* clinking; *[de dents]* chattering; *[d'épées]* clashing

**entrechoquer** /ɑ̃tʀəʃɔke/ ► conjug 1 ◄ **VT** *(gén)* to knock *ou* bang together; *[+ verres]* to clink *ou* chink (together) **VPR** **s'entrechoquer** *(gén)* to knock *ou* bang together; *[verres]* to clink *ou* chink (together); *[dents]* to chatter; *[épées]* to clash *ou* clang together; *[idées, mots]* to jostle together

**entrecôte** /ɑ̃tʀəkot/ **NF** entrecôte steak, rib steak

**entrecouper** /ɑ̃tʀəkupe/ ► conjug 1 ◄ **VT** ◆ **~ de** *[+ citations]* to intersperse *ou* pepper with; *[+ rires, sarcasmes]* to interrupt with; *[+ haltes]* to interrupt with, to break with ◆ **voix entrecoupée de sanglots** voice broken with sobs ◆ **parler d'une voix entrecoupée** to speak in a broken voice, to have a catch in one's voice as one speaks **VPR** **s'entrecouper** *[lignes]* to intersect, to cut across each other

**entrecroisement** /ɑ̃tʀəkʀwazmɑ̃/ **NM** *[de fils, branches]* intertwining; *[de lignes, routes]* intersecting

**entrecroiser** **VT**, **s'entrecroiser** **VPR** /ɑ̃tʀəkʀwaze/ ► conjug 1 ◄ *[fils, branches]* to intertwine; *[lignes, routes]* to intersect

**entre-déchirer (s')** /ɑ̃tʀədeʃiʀe/ ► conjug 1 ◄ **VPR** *(littér)* to tear one another *ou* each other to pieces

**entre-deux** /ɑ̃tʀədø/ **NM INV** **a** *(= intervalle)* intervening period, period in between **b** *(Sport)* jump ball **c** *(Couture)* **~ de dentelle** lace insert

**entre-deux-guerres** /ɑ̃tʀədøgɛʀ/ **NM INV** ◆ **l'~** the interwar years *ou* period ◆ **pendant l'~** between the wars, in *ou* during the interwar years *ou* period

**entre-dévorer (s')** /ɑ̃tʀədevɔʀe/ ► conjug 1 ◄ **VPR** *(littér)* to tear one another *ou* each other to pieces

**entrée** /ɑ̃tʀe/ **NF** **a** *(= arrivée) [de personne] (gén)* entry, entrance; *(dans pays, ville)* entry; *[de véhicule, bateau, armée occupante]* entry ◆ **à son ~, tous se sont tus** as he came *ou* walked in *ou* entered, everybody fell silent ◆ **à son ~ dans le salon** as he came *ou* walked into *ou* entered the lounge ◆ **elle a fait une ~ remarquée** she made quite an entrance, she made a dramatic entrance ◆ **faire son ~ dans le salon** to enter the lounge ◆ **l'~ en gare du train** the train's entry into the station ◆ **l'~ au port du navire** the ship's entry into the port ◆ **~ illégale dans un pays** illegal entry into a country

**b** *(Théât)* **faire son ~** to make one's entry *ou* entrance ◆ **rater son ~** *(sur scène)* to miss one's entrance; *(première réplique)* to miss one's cue

**c** *(= accès)* entry, admission (*de, dans* to); ◆ **"entrée"** *(sur pancarte)* "way in" ◆ **"entrée libre"** *(dans boutique)* "come in and look round"; *(dans musée)* "admission free" ◆ **"entrée interdite"** "no admittance", "no entry" ◆ **"entrée interdite à tout véhicule"** "vehicles prohibited" ◆ **l'~ est gratuite/payante** there is no admission charge/there is an admission charge ◆ **on lui a refusé l'~ de l'amphithéâtre** he was refused admission *ou* entrance *ou* entry to the lecture hall

**d** *(Comm) [de marchandises]* entry; *(Fin) [de capital]* inflow ◆ **droits d'~** import duties

**e** *(dans un domaine, un milieu)* entry; *(dans un club)* entry, admission ◆ **l'~ de la Finlande dans l'Union européenne** Finland's entry into *ou* admission to the European Union ◆ **se voir refuser son ~ dans un club/une école** to be refused admission *ou* entry to a club/school, to be rejected by a club/school ◆ **l'~ des jeunes dans la vie active est souvent difficile** young people often find it difficult to enter the job market ◆ **ce parti a fait une ~ fracassante sur la scène politique** this party burst onto the political scene ◆ **ce produit/l'entreprise a fait une ~ discrète sur le marché** the product/company has crept onto the market ◆ **il a fait une ~ discrète au gouvernement** he entered the government unobtrusively ◆ **faire son ~ dans le monde** † *[débutante]* to come out †, to make one's début in society; → **concours, examen**

**f** *(= billet)* ticket ◆ **j'ai pris 2 ~s** I got 2 tickets ◆ **billet d'~** entrance ticket ◆ **les ~s couvriront tous les frais** the receipts *ou* takings will cover all expenses ◆ **ils ont fait 10 000 ~s** they sold 10,000 tickets ◆ **le film a fait 200 000 ~s** 200,000 people went to see the film

**g** *(= porte, portail)* entry, entrance; *[de tunnel, port, grotte]* entry, entrance, mouth ◆ **~ principale** main entrance

**h** *(= vestibule)* entrance (hall)

**i** *(Tech) [de fluide, air]* entry

**j** *(= début)* outset; *(Mus = motif)* entry ◆ **à l'~ de l'hiver/de la belle saison** as winter/the warm weather set (*ou* sets *etc*) in, at the onset *ou* beginning of winter/the warm weather ◆ **produit d'~ de gamme** entry-level product

♦ **d'entrée de jeu** from the outset

**k** *(Culin) (= mets)* first course, starter *(Brit)*; *(sur menu)* starter *(Brit)*, entrée *(Brit)*, appetizer *(US)*

**l** *(Comm, Stat)* entry; *(Lexicographie = mot)* headword *(Brit)*, entry word *(US)* ◆ **tableau à double ~** double-entry table

**m** *(Ordin)* input ◆ **~-sortie** input-output

**NFPL** **entrées** ◆ **avoir ses ~s auprès de qn** to have free *ou* easy access to sb ◆ **il a ses ~s au gouvernement** he has privileged access to government ministers

**COMP** ▷ **entrée d'air** *(Tech)* air inlet ▷ **entrée des artistes** stage door ▷ **entrée de service** *[d'hôtel]* service *ou* tradesmen's entrance; *[de villa]* tradesmen's entrance

**entre-égorger (s')** /ɑ̃tʀegɔʀʒe/ ► conjug 3 ◄ **VPR** to cut each other's *ou* one another's throats

**entrefaites** /ɑ̃tʀəfɛt/ **sur ces entrefaites LOC ADV** *(= à ce moment-là)* at that moment, at this juncture

**entrefer** /ɑ̃tʀəfɛʀ/ **NM** air-gap

**entrefilet** /ɑ̃tʀəfilɛ/ **NM** *(= petit article)* paragraph

**entregent** /ɑ̃tʀəʒɑ̃/ **NM** savoir-faire ◆ **avoir de l'~** to have a good manner with people

**entrejambe** /ɑ̃tʀəʒɑ̃b/ **NM** *(Couture, euph)* crotch

**entrelacement** /ɑ̃tʀəlasmɑ̃/ **NM** *(= action, état)* intertwining, interlacing ◆ **un ~ de branches** a network *ou* crisscross of branches

**entrelacer VT , s'entrelacer VPR** /ɑ̃tʀəlase/ ► conjug 3 ◄ to intertwine, to interlace ◆ **lettres entrelacées** intertwined *ou* interlaced letters ◆ **intrigues entrelacées** intertwined *ou* interwoven plots ◆ **voluptueusement entrelacés** locked in a sensual embrace ◆ **écran à balayage entrelacé/non entrelacé** *(Ordin)* screen with interleaved *ou* interlaced scanning/non-interleaved *ou* non-interlaced scanning

**entrelacs** /ɑ̃tʀəla/ **NM** *(Archit)* interlacing *(NonC)*; *(Peinture)* interlace *(NonC)*

**entrelardé, e** /ɑ̃tʀəlaʀde/ (ptp de **entrelarder**) **ADJ** *(= gras) [viande]* streaked with fat

**entrelarder** /ɑ̃tʀəlaʀde/ ► conjug 1 ◄ **VT** *(Culin)* to lard ◆ **~ de citations** to (inter)lard *ou* intersperse with quotations

**entremêler** /ɑ̃tʀəmele/ ► conjug 1 ◄ **VT** **a** *[+ choses]* to (inter)mingle, to intermix ◆ **~ des scènes tragiques et des scènes comiques** to (inter)mingle *ou* intermix tragic and comic scenes **b** *(= truffer de)* **~ un récit de** to intersperse *ou* pepper a tale with **VPR** **s'entremêler** *[branches, cheveux]* to become entangled (*à* with); *[idées]* to become intermingled

**entremets** /ɑ̃tʀəmɛ/ **NM** dessert *(made with cream)*

**entremetteur** /ɑ̃tʀəmetœʀ/ **NM** **a** *(péj) (gén)* go-between; *(= proxénète)* procurer, go-between **b** *(= intermédiaire)* mediator, go-between

**entremetteuse** /ɑ̃tʀəmɛtøz/ **NF** *(péj) (gén)* go-between; *(= proxénète)* procuress, go-between

**entremettre (s')** /ɑ̃tʀəmɛtʀ/ ► conjug 56 ◄ **VPR** **a** *(dans une querelle)* to act as mediator, to mediate, to intervene (*dans* in); *(péj)* to interfere (*dans* in) **b** *(= intercéder)* to intercede (*auprès de* with)

**entremise** /ɑ̃tʀəmiz/ **NF** intervention ◆ **offrir son ~** to offer to act as mediator *ou* to mediate ◆ **grâce à son ~** thanks to his intervention ◆ **apprendre qch par l'~ de qn** to hear about sth through sb

**entrepont** /ɑ̃tʀəpɔ̃/ **NM** *(Naut)* steerage ◆ **dans l'~** in steerage

**entreposage** /ɑ̃tʀəpozaʒ/ **NM** storing, storage

**entreposer** /ɑ̃tʀəpoze/ ► conjug 1 ◄ **VT** *(gén)* to store, to put into storage; *(en douane)* to put in a bonded warehouse

**entrepôt** /ɑ̃tʀəpo/ **NM** *(gén)* warehouse; *(Douane)* bonded warehouse; *(= ville, port)* entrepôt

**entreprenant, e** /ɑ̃tʀəpʀənɑ̃, ɑ̃t/ **ADJ** *(gén)* enterprising; *(sexuellement)* forward

**entreprendre** /ɑ̃tʀəpʀɑ̃dʀ/ ► conjug 58 ◄ **VT** **a** *(= commencer)* to begin *ou* start (upon); *[+ travail, démarche]* to set about; *[+ voyage]* to set out (up)on; *[+ procès]* to start up **b** *(= se lancer dans) [+ voyage, travail, recherches]* to undertake, to embark upon, to launch upon ◆ **~ de faire qch** to undertake to do sth ◆ **la peur d'~** the fear of undertaking things **c** *[+ personne] († = courtiser)* to woo †, to court †; *(pour raconter une histoire)* to buttonhole, to collar *; *(pour poser des questions)* to tackle ◆ **il m'entreprit sur le sujet de ...** he tackled me on the question of ...

**entrepreneur, -euse** /ɑ̃tʀəpʀənœʀ, øz/ **NM,F** **a** *(= patron)* businessman; *(en menuiserie etc)* contractor ◆ **~ (en *ou* de bâtiment)** building contractor ◆ **~ de travaux publics** civil engineering contractor ◆ **~ de transports** haulage contractor *(Brit)*, trucking firm *(US)* ◆ **~ de pompes funèbres** undertaker, funeral director *(Brit)*, mortician *(US)* **b** *(= brasseur d'affaires)* entrepreneur

**entrepreneurial, e** (mpl **-iaux**) /ɑ̃ntʀəpʀənøʀjal, jo/ **ADJ** entrepreneurial

**entreprise** /ɑ̃tʀəpʀiz/ GRAMMAIRE ACTIVE 46.1 **NF** **a** *(= firme)* firm, company ◆ **la grande ~ se porte mieux en France** big companies *ou* firms are doing better in France ◆ **~ agricole/familiale** farming/family business ◆ **~ de construction** building firm ◆ **~ de camionnage *ou* de transport** haulage firm *(Brit)*, trucker *(US)* ◆ **~ de déménagement** removal *(Brit)* *ou* moving *(US)* firm ◆ **~ de pompes funèbres** undertaker's *(Brit)*, funeral director's *(Brit)*, funeral parlor *(US)* ◆ **~ publique** state-owned company ◆ **~ de service public** public utility ◆ **~ de travaux publics** civil engineering firm ◆ **dirigeant d'~** company director ◆ **accords d'~** company agreements ◆ **financement des ~s** corporate financing; → **chef¹, culture**

**b** *(= secteur d'activité)* **l'~** business ◆ **le monde de l'~** the business world

**c** *(= dessein)* undertaking, venture, enterprise ◆ **se livrer à une ~ de démoralisation** to set out to demoralize sb; → **esprit, libre**

**d** *(hum : envers une femme)* **~s** advances

## entrer /ɑ̃tʀe/

► conjug 1 ◄

| 1 VERBE INTRANSITIF | 2 VERBE TRANSITIF |
|---|---|

### 1 - VERBE INTRANSITIF

avec auxilaire être

**a** gén *(vu du dehors)* to go in, to enter; *(vu du dedans)* to come in, to enter; *(à pied)* to walk in; *(en voiture)* to drive in; *[véhicule]* to drive in, to go *ou* come in, to enter ◆ **~ dans** *[+ pièce, jardin]* to go *ou* come into, to enter; *[+ voiture]* to get in(to); *[+ région, pays] [voyageurs]* to go *ou* come into, to enter; *[armée]* to enter ◆ **entrez !** come in! ◆ **entre donc !** come on in! ◆ **qu'il entre !** tell him to come in, show him in ◆ **entrons voir** let's go in and see ◆ **je ne fais qu'~ et sortir** I can't stop ◆ **les gens entraient et sortaient** people were going *ou* coming in and out ◆ **c'est à gauche en entrant** it's on the left as you go in ◆ **il entra discrètement** he came in *ou* entered discreetly, he slipped in ◆ **~ chez qn** to come (*ou* go) into sb's house ◆ **je suis entré chez eux en passant** I called in *ou* dropped in at their house ◆ **je suis entré chez le fleuriste** I went to *ou* I called in at the florist's ◆ **~ en courant** to run in, to come running in ◆ **~ en boitant** to limp in, to come limping in, to come in limping ◆ **ils sont entrés par la porte de la cave/par la fenêtre** they got in *ou* entered by the cellar door/the window ◆ **~ sans payer** to get in without paying ◆ **entrez sans frapper** come *ou* go *ou* walk straight in (without knocking); → **gare¹, scène**, *etc*

♦ **laisser entrer** *[+ visiteur, intrus]* to let in; *[+ lumière, air]* to let in, to allow in; *(involontairement) [+ eau, air, poussière]* to let in ◆ **ne laisser ~ personne** don't let anybody in ◆ **laisser ~ qn dans** *[+ pièce]* to let sb into; *[+ pays]* to let sb into *ou* enter, to allow sb into *ou* to enter ◆ **on l'a laissé ~ au parti/club/dans l'armée** they've let him into *ou* let him join the party/club/army

♦ **faire entrer** *(= introduire) [+ invité, visiteur, client]* to show in; *[+ pièce, tenon, objet à emballer]* to fit in; *(en fraude) [+ marchandises, immigrants]* to smuggle in, to take *ou* bring in; *[+ accusé, témoin]* to bring in, to call ◆ **faire ~ la voiture dans le garage** to get the car into the garage ◆ **il me fit ~ dans la cellule** he showed me into the cell ◆ **faire ~ une clé dans la serrure** to insert *ou* fit a key in the lock ◆ **il m'a fait ~ dans leur club/au jury** *(m'a persuadé)* he had me join *ou* got me to join their club/the panel; *(a fait jouer son influence)* he got me into their club/onto the panel, he helped me join their club/the panel; *(m'a contraint)* he made me join their club/the panel ◆ **on l'a fait ~ comme serveur/livreur** they got him taken on as a waiter/delivery boy ◆ **faire ~ qch de force dans un emballage** to force *ou* stuff sth into a package ◆ **son roman nous fait ~ dans un univers fantastique** his novel takes us into a fantasy world

**b** Comm *[marchandises, devises]* to enter ◆ **tout ce qui entre (dans le pays) est soumis à une taxe** everything entering (the country) is subject to duty ◆ **~ sur un marché** *[entreprise]* to enter a market ◆ **~ dans un fichier** *(Ordin)* *(légalement)* to enter a file, to get into a file; *(illégalement)* to hack into a file ◆ **appuyez sur (la touche) "entrer"** *(sur ordinateur)* press "enter" *ou* "return"

**c** = s'enfoncer **la boule est entrée dans le trou** the ball went into the hole ◆ **le tenon entre dans la mortaise** the tenon fits into the mortice ◆ **la balle est entrée dans le poumon**

**gauche/le montant de la porte** the bullet went into *ou* lodged itself in the left lung/the doorframe ◆ **son coude m'entrait dans les côtes** his elbow was digging into my ribs ◆ **l'eau entre (à l'intérieur) par le toit** the water gets *ou* comes in through the roof ◆ **l'air/la lumière entre dans la pièce** air/light comes into *ou* enters the room ◆ **pour que l'air/la lumière puisse** ~ to allow air/light to enter *ou* get in ◆ **le vent entre de partout** the wind blows in everywhere ◆ ~ **dans l'eau** *[baigneur]* to get into the water; *(en marchant)* to wade into the water; *[embarcation]* to enter the water ◆ ~ **dans le bain** to get into the bath ◆ ~ **dans le brouillard** *[randonneurs, avion]* to enter *ou* hit* fog ◆ **la rage/jalousie est entrée dans son cœur** his heart filled with rage/jealousy ◆ **l'argent entre dans les caisses** money is coming in ◆ **à force d'explications ça finira par** ~ * explain it for long enough and it'll sink in ◆ **alors ces maths, ça entre ?** * are you getting the hang of maths then? *; → **beurre**

d [= tenir] **ça n'entre pas dans la boîte** it won't go *ou* fit into the box ◆ **ça n'entre pas** it won't go *ou* fit in ◆ **nous n'entrerons jamais tous dans ta voiture** we're never all get *ou* fit into your car ◆ **il faut que je perde 3 kg pour** ~ **dans cette robe** I'll have to lose 3 kilos if I want to get *ou* fit into this dress

e [= devenir membre de] ~ **dans** *[+ club, parti, entreprise]* to join; *[+ groupe]* to go *ou* come into; *[+ métier]* to go into ◆ ~ **dans l'Union européenne** to join the European Union ◆ ~ **dans la magistrature** to become a magistrate, to enter the magistracy ◆ ~ **dans l'armée** to join the army ◆ ~ **dans les affaires** to go into business ◆ ~ **à l'hôpital/en maison de retraite** to go into hospital/a retirement home ◆ ~ **en religion** to become a monk (*ou* a nun) ◆ **elle entre en dernière année** *(Scol)* she's just going into her final year ◆ ~ **à l'université/au lycée** to go to university *ou* college/secondary school ◆ ~ **au service de qn** to enter sb's service ◆ ~ **dans l'histoire** to go down in history ◆ **il veut** ~ **dans le livre Guinness des records** he wants to get into the Guinness Book of Records; → **jeu, légende, scène, usage**

f [= heurter] ~ **dans** *[+ arbre, poteau]* to go *ou* crash into

g [= être une composante de] ~ **dans** *[+ catégorie]* to fall into, to come into; *[+ mélange]* to go into ◆ **les substances qui entrent dans ce mélange** the substances which go into *ou* make up this mixture ◆ **tous ces frais entrent dans le prix de revient** all these costs (go to) make up the cost price ◆ **ces chiffres n'entrent pas dans nos statistiques** these figures are not included in our statistics ◆ **il y entre un peu de jalousie** a bit of jealousy comes into it ◆ **ça n'entre pas du tout dans son mode de réflexion** that's not something he thinks about ◆ **ça n'entre pas dans mes intentions** I don't have any intention of doing so; → **ligne**[1]

h [= commencer] ~ **dans** *[+ phase, période]* to enter (into) ◆ ~ **dans une profonde rêverie/une colère noire** to go (off) into a deep daydream/a towering rage ◆ ~ **dans la vie active,** ~ **dans le monde du travail** to begin one's working life ◆ ~ **dans la cinquantaine** to turn fifty; → **danse, contact, fonction, guerre, relation, vigueur**

i [= aborder] ~ **dans** *[+ sujet, discussion]* to enter into ◆ **sans** ~ **dans les détails/ces considérations** without going into details/these considerations ◆ **il est entré dans des considérations futiles** he raised some trivial points ◆ **je n'arrive pas à** ~ **dans ce roman** I can't get into this novel ◆ **en quelques phrases, on entre dans la psychologie du héros** in just a few sentences you get right into the main character's mind; → **vif**

2 - VERBE TRANSITIF

[avec auxiliaire avoir]

a [Ordin] *[+ données]* to key in ◆ **entrez votre code secret** key in *ou* enter your PIN (number)

b [+ marchandises] *(par la douane)* to take *ou* bring in, to import; *(en contrebande)* to take *ou* bring in, to smuggle in

c [= faire pénétrer] ~ **les bras dans les manches** to put one's arms into the sleeves

d [= faire s'ajuster] *[+ pièce]* to make fit (*dans qch* in sth); ◆ **comment allez-vous** ~ **cette armoire dans la chambre ?** how are you going to get that wardrobe into the bedroom?

**entresol** /ɑ̃tʀəsɔl/ **NM** entresol, mezzanine *(between ground floor and first floor)*

**entre-temps** /ɑ̃tʀətɑ̃/ **ADV** meanwhile, (in the) meantime **NM** ◆ **dans l'**~ meanwhile, (in the) meantime

**entretenir** /ɑ̃tʀət(ə)niʀ/ ► conjug 22 ◄ **VT** a *(= conserver en bon état)* *[+ propriété, bâtiment]* to maintain, to see to the upkeep of, to look after; *[+ vêtement]* to look after; *[+ route, machine]* to maintain ◆ ~ **un jardin** to look after a garden ◆ **maison difficile à** ~ house which is difficult to clean

b *(= faire vivre)* *[+ famille]* to support, to keep, to maintain; *[+ maîtresse]* to keep, to support; *[+ armée]* to keep, to maintain; *[+ troupe de théâtre]* to support ◆ **se faire** ~ **par qn** to be kept *ou* supported by sb

c *(= faire durer)* *[+ souvenir]* to keep alive; *[+ amitié]* to keep alive, to keep going; *[+ haine]* to fuel ◆ **j'entretiens de grands espoirs** I have high hopes ◆ ~ **l'inquiétude de qn** to keep sb feeling uneasy, to keep sb in a state of anxiety ◆ ~ **des rapports suivis avec qn** to be in constant contact with sb ◆ ~ **une correspondance suivie avec qn** to keep up a regular correspondence with sb, to correspond regularly with sb ◆ ~ **l'illusion que ...** to maintain the illusion that ... ◆ **l'air marin entretient une perpétuelle humidité** the sea air maintains a constant level of humidity ◆ ~ **le feu** to keep the fire going *ou* burning ◆ **il m'a entretenu dans l'erreur** he didn't disabuse me (of it) ◆ **j'entretiens des craintes à son sujet** I am somewhat anxious about him ◆ ~ **sa forme** to keep o.s. in (good) shape, to keep (o.s.) fit

d *(frm = converser)* ~ **qn** to converse with *ou* speak to sb ◆ **il m'a entretenu pendant une heure** we conversed for an hour, he conversed with me for an hour ◆ **il a entretenu l'auditoire de ses voyages** he addressed the audience *ou* spoke to the audience about his travels

**VPR s'entretenir** a *(= converser)* **s'**~ **avec qn** to converse with *ou* speak to sb (*de* about); ◆ **ils s'entretenaient à voix basse** they were conversing in hushed tones

b *(= pourvoir à ses besoins)* to support o.s., to be self-supporting ◆ **il s'entretient tout seul maintenant** he is completely self-supporting now, he supports himself entirely on his own now

c *(= prendre soin de soi)* **s'**~ **(en bonne forme)** to keep o.s. in (good) shape, to keep (o.s.) fit

> ⚠ **entretenir** *se traduit rarement par* **to entertain**, *qui a le sens de 'amuser' ou 'recevoir'.*

**entretenu, e** /ɑ̃tʀət(ə)ny/ (ptp de **entretenir**) **ADJ** *[personne]* kept *(épith)* ◆ **jardin bien/mal** ~ well-/badly-kept garden, well-/badly-tended garden ◆ **maison bien** ~**e** *(propre et rangée)* well-kept house; *(en bon état)* house in a good state of repair, well-maintained house ◆ **maison mal** ~**e** *(sale et mal rangée)* badly-kept house; *(en mauvais état)* house in a bad state of repair, badly-maintained house

**entretien** /ɑ̃tʀətjɛ̃/ GRAMMAIRE ACTIVE 46.3, 46.5 **NM** a *(= conservation)* *[de jardin, maison]* upkeep; *[de route]* maintenance, upkeep; *[de machine]* maintenance ◆ **cher à l'**~ expensive to maintain ◆ **d'un** ~ **facile** *[vêtement]* easy to look after; *[surface]* easy to clean; *[voiture, appareil]* easy to maintain ◆ **visite d'**~ service ◆ **agent d'**~ cleaning operative ◆ **l'**~**, le service d'**~ *(maintenance)* the maintenance services; *(nettoiement)* the cleaning service; → **produit**

b *(= aide à la subsistance)* *[de famille, étudiant]* keep, support; *[d'armée, corps de ballet]* maintenance, keep ◆ **pourvoir à l'**~ **de** *[+ famille]* to keep, to support, to maintain; *[+ armée]* to keep, to maintain

c *(= conversation)* conversation; *(= entrevue)* interview; *(= discussion)* discussion ◆ ~**(s)** *(Pol)* talks, discussions ◆ ~ **télévisé** televised interview ◆ ~ **téléphonique** telephone conversation ◆ ~ **d'embauche** job interview ◆ **passer un** ~ to have an interview ◆ **nous aurons un** ~ **à Francfort avec nos collègues** we shall be having discussions in Frankfurt with our colleagues ◆ **il est en** ~ *(gén)* he's seeing someone, he's with someone; *(avec un candidat)* he's interviewing

**entretoise** /ɑ̃tʀətwaz/ **NF** *[de charpente]* diagonal *ou* angle brace, cross strut *ou* tie; *[de machine]* cross arm

**entre(-)tuer (s')** /ɑ̃tʀətɥe/ ► conjug 1 ◄ **VPR** to kill one another *ou* each other

**entrevoir** /ɑ̃tʀəvwaʀ/ ► conjug 30 ◄ **VT** a *(= voir indistinctement)* to make out; *(= pressentir)* *[+ objections, solutions, complications]* to foresee, to anticipate; *[+ amélioration]* to glimpse ◆ **je commence à** ~ **la vérité** I'm beginning to see the truth, I'm beginning to have an inkling of the truth ◆ ~ **la lumière au bout du tunnel** *(lit, fig)* to see (the) light at the end of the tunnel b *(= apercevoir brièvement) (gén)* to catch a glimpse of, to catch sight of; *[+ visiteur]* to see briefly ◆ **vous n'avez fait qu'**~ **les difficultés** you have only half seen the difficulties

**entrevue** /ɑ̃tʀəvy/ **NF** *(= discussion)* meeting; *(= audience)* interview; *(Pol)* talks, discussions, meeting ◆ **se présenter à** *ou* **pour une** ~ to come for *ou* to an interview

**entrisme** /ɑ̃tʀism/ **NM** entryism

**entriste** /ɑ̃tʀist/ **ADJ, NMF** entryist

**entropie** /ɑ̃tʀɔpi/ **NF** entropy

**entrouvert, e** /ɑ̃tʀuvɛʀ, ɛʀt/ (ptp de **entrouvrir**) **ADJ** *(gén)* half-open; *[fenêtre, porte]* ajar *(attrib)*, half-open ◆ **ses lèvres** ~**es** her parted lips

**entrouvrir** /ɑ̃tʀuvʀiʀ/ ► conjug 18 ◄ **VT** to half-open **VPR s'entrouvrir** *(gén)* to half-open; *[lèvres]* to part

**entuber** ‡ /ɑ̃tybe/ ► conjug 1 ◄ **VT** *(= duper)* to con ‡, to do * *(Brit)* ◆ **se faire** ~ to be conned ‡ *ou* be done * *(Brit)* ◆ **il m'a entubé de 10 €** he did *ou* diddled * me out of €10

**enturbanné, e** /ɑ̃tyʀbane/ **ADJ** turbaned

**énucléation** /enykleasjɔ̃/ **NF** *(Méd)* enucleation; *[de fruit]* pitting, stoning *(Brit)*

**énucléer** /enyklee/ ► conjug 1 ◄ **VT** *(Méd)* to enucleate; *[+ fruit]* to pit, to stone

**énumératif, -ive** /enymeʀatif, iv/ ADJ enumerative

**énumération** /enymeʀasjɔ̃/ NF enumeration, listing

**énumérer** /enymeʀe/ ▸ conjug 6 ◂ VT to enumerate, to list

**énurésie** /enyʀezi/ NF enuresis

**énurétique** /enyʀetik/ ADJ enuretic NMF enuretic person

**env.** (abrév de **environ**) approx.

**envahir** /ɑ̃vaiʀ/ ▸ conjug 2 ◂ VT a *(Mil, gén)* to invade, to overrun; *[douleur, sentiment]* to overcome, to sweep through ◆ **le sommeil l'envahissait** he was overcome by sleep, sleep was creeping *ou* stealing over him ◆ **le jardin est envahi par les orties** the garden is overrun *ou* overgrown with nettles ◆ **la foule envahit la place** the crowd swarmed *ou* swept into the square ◆ **cette mode a déjà envahi le pays** this fashion has already swept across the country *ou* taken the country by storm ◆ **leurs produits envahissent notre marché** our market is becoming flooded *ou* overrun with their products b *(gén hum)* ~ **qn** *(= déranger)* to invade sb's privacy, to intrude on sb's privacy

**envahissant, e** /ɑ̃vaisɑ̃, ɑ̃t/ ADJ *[personne, présence]* intrusive; *[enfant]* demanding; *[passion]* all-consuming; *[odeur, goût]* strong, pervasive

**envahissement** /ɑ̃vaismɑ̃/ NM invasion

**envahisseur** /ɑ̃vaisœʀ/ ADJ M invading NM invader

**envasement** /ɑ̃vɑzmɑ̃/ NM *[de port]* silting up

**envaser** /ɑ̃vɑze/ ▸ conjug 1 ◂ VT *[+ port]* to silt up VPR **s'envaser** *[port]* to silt up; *[bateau]* to stick in the mud; *[épave]* to sink in(to) the mud

**enveloppant, e** /ɑ̃v(ə)lɔpɑ̃, ɑ̃t/ ADJ enveloping *(épith)*; *(Mil)* surrounding *(épith)*, encircling *(épith)* ◆ **mouvement** ~ encircling movement

**enveloppe** /ɑ̃v(ə)lɔp/ NF a *(= pli postal)* envelope ◆ ~ **gommée/autocollante** *ou* **auto-adhésive** stick-down/self-seal envelope ◆ ~ **rembourrée** *ou* **matelassée** padded bag ◆ ~ **à fenêtre** window envelope ◆ **sous** ~ *[envoyer]* under cover ◆ **mettre une lettre sous** ~ to put a letter in an envelope

b *(= emballage) (gén)* covering; *(en papier, toile)* wrapping; *(= gaine) [de graine]* husk; *[d'organe]* covering membrane; *[de pneu]* cover, casing; *[de dirigeable]* envelope; *[de chaudière]* lagging, jacket ◆ **dans une** ~ **de métal** in a metal casing

c *(= apparence)* outward appearance, exterior ◆ **un cœur d'or sous une rude** ~ a heart of gold beneath a rough exterior

d *(littér = corps)* **il a quitté son** ~ **mortelle** he has shuffled off *ou* shed his mortal coil *(littér)*

e *(Math)* envelope

f *(= somme d'argent)* sum of money; *(= crédits)* budget ◆ **toucher une** ~ *(pot-de-vin)* to get a bribe; *(gratification)* to get a bonus; *(départ en retraite)* to get a golden handshake ◆ ~ **de départ** gratuity ◆ ~ **budgétaire** budget ◆ **l'**~ **de la recherche** the research budget ◆ **le projet a reçu une** ~ **de 10 millions** the project was budgeted at 10 million

**enveloppement** /ɑ̃v(ə)lɔpmɑ̃/ NM a *(Méd)* *(= action)* packing; *(= emplâtre)* pack ◆ ~ **d'algues** seaweed wrap b *(Mil) [d'ennemi]* surrounding, encirclement ◆ **manœuvre d'**~ pincer *ou* encircling movement

**envelopper** /ɑ̃v(ə)lɔpe/ ▸ conjug 1 ◂ VT a *[+ objet, enfant]* to wrap (up) ◆ **voulez-vous que je vous l'enveloppe ?** shall I wrap it up for you? ◆ **elle est assez enveloppée** *(hum)* she's well-padded * ◆ **c'était très bien enveloppé** * *(propos)* it was phrased nicely

b *(= voiler) [+ pensée, parole]* to veil

c *(gén littér = entourer) [brume]* to envelop, to shroud ◆ **le silence enveloppe la ville** the town is wrapped *ou* shrouded in silence ◆ **la lumière enveloppe la campagne** the countryside is bathed in light ◆ **événement enveloppé de mystère** event shrouded *ou* veiled in mystery ◆ ~ **qn du regard** to gaze at sb ◆ **il l'enveloppa d'un regard tendre** he gave her a long loving look ◆ **il enveloppa la plaine du regard** he took in the plain with his gaze, his eyes swept the plain ◆ ~ **qn de son affection** to envelop sb in one's affection, to surround sb with one's affection ◆ ~ **dans sa réprobation** † to include in one's disapproval

d *(Mil) [+ ennemi]* to surround, to encircle

VPR **s'envelopper** *(dans une couverture, un châle)* to wrap o.s. *(dans* in); ◆ **il s'enveloppa dans une cape** he wrapped *ou* swathed himself in a cape ◆ **il s'enveloppa dans sa dignité** *(hum)* he assumed an air of dignity

**envenimement** /ɑ̃v(ə)nimmɑ̃/ NM *[de plaie]* poisoning; *[de querelle]* embittering; *[de situation]* worsening

**envenimer** /ɑ̃v(ə)nime/ ▸ conjug 1 ◂ VT *[+ plaie]* to make septic, to poison; *[+ querelle]* to inflame, to fan the flames of; *[+ situation]* to inflame, to aggravate VPR **s'envenimer** *[plaie]* to go septic, to fester; *[querelle, situation]* to grow more bitter *ou* acrimonious

**envergure** /ɑ̃vɛʀgyʀ/ NF a *[d'oiseau, avion]* wingspan; *[de voile]* breadth b *[de personne]* calibre; *[d'entreprise]* scale, scope; *[d'intelligence]* scope, range ◆ **prendre de l'**~ *[entreprise, projet]* to expand ◆ **ce projet manque d'**~ this project is not far-reaching enough ◆ **personnage sans** ~ insignificant figure ◆ **il a l'**~ **d'un chef d'État** he has the calibre *ou* stature of a head of state ◆ **d'**~, **de grande** ~ *[entreprise]* large-scale *(épith)*; *[auteur, politicien]* of great stature; *[projet, réforme]* far-reaching; *[opération]* large-scale *(épith)*, ambitious ◆ **projet d'**~ **européenne** project of European dimensions

**envers**[1] /ɑ̃vɛʀ/ PRÉP towards, to ◆ **cruel/traître** ~ **qn** cruel/a traitor to sb ◆ ~ **et contre tous** *ou* **tout** in the face of *ou* despite all opposition ◆ **son attitude** ~ **moi** his attitude towards *ou* to me ◆ **son dédain** ~ **les biens matériels** his disdain for *ou* of material possessions ◆ **sa patience** ~ **elle** his patience with her

**envers**[2] /ɑ̃vɛʀ/ NM *[d'étoffe]* wrong side; *[de vêtement]* wrong side, inside; *[de papier]* back; *[de médaille]* reverse (side); *[de feuille d'arbre]* underside; *[de peau d'animal]* inside ◆ **sur l'**~ *(Tricot)* on the wrong side ◆ **l'**~ **et l'endroit** the wrong (side) and the right side ◆ **quand on connaît l'**~ **du décor** *ou* **du tableau** *(fig)* when you know what is going on underneath it all, when you know the other side of the picture

◆ **à l'envers** *(verticalement)* upside down, wrong side up; *(dans l'ordre inverse)* backwards ◆ **mettre sa chemise à l'**~ *(devant derrière)* to put one's shirt on back to front; *(dedans dehors)* to put one's shirt on inside out ◆ **il a mis la maison à l'**~ * he turned the house upside down *ou* inside out ◆ **tout marche** *ou* **va à l'**~ everything is haywire *ou* is upside down *ou* is going wrong ◆ **faire qch à l'**~ *(fig) (à rebours)* to do sth the wrong way round; *(mal)* to do sth all wrong ◆ **elle avait la tête à l'**~ *(fig)* her mind was in a whirl; → **maille, monde**

**envi** /ɑ̃vi/ **à l'envi** LOC ADV *(littér) [répéter]* over and over again ◆ **ils dénoncent ces abus à l'**~ they ceaselessly condemn these abuses ◆ **je pourrais multiplier les exemples à l'**~ I could reel off a whole string of examples

**enviable** /ɑ̃vjabl/ ADJ enviable ◆ **peu** ~ unenviable

**envie** /ɑ̃vi/ GRAMMAIRE ACTIVE 35.4 NF a *(= désir)* desire *(de qch* for sth); *(plus fort)* craving, longing *(de qch* for sth); ◆ **cette** ~ **de changement lui passa vite** he soon lost this desire *ou* longing for change ◆ **avoir** ~ **de qch/qn** to want sth/sb ◆ **j'ai** ~ **de ce livre** I want *ou* would like that book ◆ **je n'ai pas** ~ **de lui** I don't want him ◆ **avoir une** ~ **de chocolat** to have a craving *ou* longing for chocolate ◆ **avoir des** ~**s de vacances** to feel like a holiday ◆ **j'ai des** ~**s de meurtre** I could kill somebody, I feel like killing somebody ◆ **des** ~**s de femme enceinte** pregnant woman's cravings ◆ **elle a des** ~**s de femme enceinte** *(fig)* she has sudden cravings ◆ **ce gâteau me fait** ~ I like the look of that cake, I fancy *(Brit)* that cake ◆ **si ça te fait** ~ if you like, if you feel like it ◆ **je vais lui faire passer l'**~ **de recommencer** * I'll make sure he won't feel like doing that again in a hurry ◆ **l'**~ **l'a pris de** *ou* **il lui a pris l'**~ **d'y aller** he suddenly felt like *ou* fancied *(Brit)* going there, he suddenly felt the urge to go there

b ◆ **avoir** ~ **de faire qch** to want to do sth, to feel like doing sth ◆ **j'ai** ~ **d'y aller** I feel like going, I would like to go ◆ **je n'ai aucune** ~ **de le revoir** I have absolutely no desire to see him again ◆ **avoir bien/presque** ~ **de faire qch** to have a good *ou* great mind/half a mind to do sth ◆ **avoir** ~ **de rire** to feel like laughing ◆ **avoir** ~ **de vomir** to feel sick, to feel like vomiting ◆ **cela lui a donné (l')**~ **de rire** it made him want to laugh ◆ **j'ai** ~ **qu'il s'en aille** I would like him to go away, I wish he would go away; → **mourir**

c *(euph)* **avoir** ~ * to need the toilet *ou* the loo * *(Brit)* ◆ **être pris d'une** ~ **pressante** to have a sudden urge to go to the toilet, to be taken short * *(Brit)*; → **pisser**

d *(= convoitise)* envy ◆ **mon bonheur lui fait** ~ he envies my happiness, my happiness makes him envious (of me) ◆ **ça fait** ~ it makes you envious ◆ **regarder qch avec (un œil d')**~, **jeter des regards d'**~ **sur qch** to look enviously at sth, to cast envious eyes *ou* glances at sth ◆ **digne d'**~ enviable ◆ **il vaut mieux faire** ~ **que pitié** *(Prov) (gén)* it's better to be envied than pitied; *(pour personne grosse)* it's better to be a bit on the plump side than too thin

e *(Anat) (sur la peau)* birthmark; *(autour des ongles)* hangnail

**envier** /ɑ̃vje/ ▸ conjug 7 ◂ VT *[+ personne, bonheur]* to envy, to be envious of ◆ **je vous envie votre maison** I envy you your house, I wish I had a house like yours ◆ **je vous envie (de pouvoir le faire)** I envy you *ou* I'm envious of you (being able to do it) ◆ **ce pays n'a rien à** ~ **au nôtre** *(il est mieux)* that country has no cause to be jealous of us; *(il est aussi mauvais)* that country is just as badly off as we are, there's nothing to choose between that country and ours

**envieusement** /ɑ̃vjøzmɑ̃/ ADV enviously

**envieux, -ieuse** /ɑ̃vjø, jøz/ ADJ envious ◆ **être** ~ **de** to be envious of, to envy NM,F envious person ◆ **faire des** ~ to excite *ou* arouse envy

**environ** /ɑ̃viʀɔ̃/ ADV about, or thereabouts, or so ◆ **c'est à 100 km** ~ **d'ici** it's about 100 km from here, it's 100 km or so from here ◆ **il était** ~ **3 heures** it was about 3 o'clock, it was 3 o'clock or thereabouts

**NMPL** **les environs** *[de ville]* surroundings; *(= la banlieue)* outskirts ◆ **les ~s sont superbes** the surrounding area is gorgeous

◆ **dans les environs, aux environs** in the vicinity *ou* neighbourhood ◆ **qu'y a-t-il à voir dans les ~s ?** what is there to see around here?

◆ **aux environs de** ◆ **il habite aux ~s de Lille** he lives in the Lille area ◆ **aux ~s de 3 heures** 3 o'clock or thereabouts, some time around 3 o'clock, (round) about *(Brit)* 3 o'clock ◆ **aux ~s de 1 000 €** in the region of €1,000

**environnant, e** /ɑ̃viʀɔnɑ̃, ɑ̃t/ **ADJ** surrounding

**environnement** /ɑ̃viʀɔnmɑ̃/ **NM** *(gén, Écol, Ordin)* environment ◆ **~ économique/international/fiscal** economic/international/tax environment ◆ **~ familial** family background

**environnemental, e** (pl **-aux**) /ɑ̃viʀɔnmɑ̃tal, o/ **ADJ** environmental

**environnementaliste** /ɑ̃viʀɔnmɑ̃talist(ə)/ **NMF** environmentalist

**environner** /ɑ̃viʀɔne/ ▸ conjug 1 ◂ **VT** to surround, to encircle ◆ **s'~ d'experts** to surround o.s. with experts

**envisageable** /ɑ̃vizaʒabl/ **ADJ** conceivable

**envisager** /ɑ̃vizaʒe/ GRAMMAIRE ACTIVE 35.3, 53.3 ▸ conjug 3 ◂ **VT** **a** *(= considérer)* to view, to envisage, to contemplate ◆ **il envisage l'avenir de manière pessimiste** he views *ou* contemplates the future with pessimism, he has a pessimistic view of the future **b** *(= prévoir)* to envisage, to consider ◆ **~ de faire** to be thinking of doing, to consider *ou* contemplate doing ◆ **nous envisageons des transformations** we are thinking of *ou* envisaging changes ◆ **nous n'avions pas envisagé cela** we hadn't envisaged that ◆ **on ne peut raisonnablement ~ qu'il accepte** he cannot reasonably be expected to accept

**envoi** /ɑ̃vwa/ **NM** **a** *(NonC) [de colis, lettre]* sending (off); *[de vœux, amitiés, message radio]* sending; *(Comm) [de marchandises]* dispatching, sending off; *(par bateau)* shipment; *[d'argent]* sending, remittance ◆ **faire un ~ de vivres** to send (a consignment of) supplies ◆ **faire un ~ de fonds** to remit cash ◆ **~ contre remboursement** cash on delivery ◆ **l'~ des couleurs** the hoisting of the colours ◆ **coup d'~** *(Sport)* kick-off; *[de festival]* start, opening; *[de série d'événements]* start, beginning ◆ **le spectacle qui donnera le coup d'~ du festival** the show which will kick off * *ou* open the festival **b** *(= colis)* parcel ◆ **~ de bouteilles** consignment of bottles ◆ **"envoi en nombre"** "mass mailing" **c** *(Littérat)* envoi

**envol** /ɑ̃vɔl/ **NM** *[d'oiseau]* taking flight *ou* wing; *[d'avion]* takeoff; *[d'âme, pensée]* flight ◆ **prendre son ~** *[d'oiseau]* to take flight *ou* wing; *[d'avion]* to take off; *[de pensée]* to soar, to take off

**envolée** /ɑ̃vɔle/ **NF** **a** *(dans un discours, un texte)* flight ◆ **~ oratoire/poétique** flight of oratory/poetry ◆ **dans une belle ~ lyrique, il a décrit les vertus du système** he waxed lyrical about the virtues of the system **b** *(= augmentation) [de chômage, prix, monnaie]* surge (*de* in); ◆ **l'~ de leur parti dans les sondages** their party's dramatic *ou* meteoric rise in the polls **c** *[d'oiseaux]* flight

**envoler (s')** /ɑ̃vɔle/ ▸ conjug 1 ◂ **VPR** **a** *[oiseau]* to fly away; *[avion]* to take off ◆ **je m'envole pour Tokyo dans deux heures** my flight leaves *ou* I take off for Tokyo in two hours **b** *(= être emporté) [chapeau]* to blow off, to be blown off; *[fumée, feuille, papiers]* to blow away **c** *(= passer) [temps]* to fly (past *ou* by); *[espoirs]* to vanish (into thin air); *(* = disparaître) [portefeuille, personne]* to disappear *ou* vanish (into thin air) **d** *(= augmenter) [prix, cours, chômage]* to soar ◆ **il s'est envolé dans les sondages** his popularity rating has soared in the opinion polls

**envoûtant, e** /ɑ̃vutɑ̃, ɑ̃t/ **ADJ** entrancing, bewitching, spellbinding

**envoûtement** /ɑ̃vutmɑ̃/ **NM** bewitchment

**envoûter** /ɑ̃vute/ ▸ conjug 1 ◂ **VT** to bewitch, to cast a spell on ◆ **être envoûté par qn** to be under sb's spell

**envoûteur** /ɑ̃vutœʀ/ **NM** sorcerer

**envoûteuse** /ɑ̃vutøz/ **NF** witch, sorceress

**envoyé, e** /ɑ̃vwaje/ (ptp de **envoyer**) **ADJ** *[remarque, réponse]* ◆ **(bien)** ~ well-aimed, sharp ◆ **ça, c'est ~ !** well said!, well done! **NM,F** *(gén)* messenger; *(Pol)* envoy; *(Presse)* correspondent ◆ **notre ~ spécial** *(Presse)* our special correspondent ◆ **un ~ du ministère** a government official ◆ **vous êtes l'~ du ciel !** you're heaven-sent!

**envoyer** /ɑ̃vwaje/ GRAMMAIRE ACTIVE 47.1, 48.1 ▸ conjug 8 ◂

**VT** **a** *(= expédier) [+ colis, lettre]* to send (off); *[+ vœux, amitiés, message radio]* to send; *(Comm) [+ marchandises]* to dispatch, to send off; *(par bateau)* to ship; *[+ argent]* to send, to remit *(Admin)* ◆ **~ sa démission** to send in one's resignation ◆ **~ sa candidature** to send in one's *ou* an application ◆ **n'envoyez pas d'argent par la poste** do not send money by post ◆ **envoie-moi un mot** drop me a line *

**b** *[+ personne] (gén)* to send; *(en vacances, en courses)* to send (off) (*chez, auprès de* to); *(en mission) [+ émissaire, troupes]* to dispatch, to send out; *(de médecin à médecin)* to refer ◆ **envoie David à l'épicerie/aux nouvelles** send David to the grocer's/to see if there's any news ◆ **ils l'avaient envoyé chez sa grand-mère pour les vacances** they had sent him (off) to his grandmother's for the holidays ◆ **~ qn à la mort** *(fig)* to send sb to their death; → **monde**

**c** *(= lancer) [+ objet]* to throw, to fling; *(avec force)* to hurl; *[+ obus]* to fire; *[+ signaux]* to send (out); *(Sport) [+ ballon]* to send ◆ **~ des baisers à qn** to blow sb kisses ◆ **~ des sourires à qn** to smile at sb ◆ **~ des coups de pied/poing à qn** to kick/punch sb ◆ **ne m'envoie pas ta fumée dans les yeux** don't blow (your) smoke in(to) my eyes ◆ **il le lui a envoyé dans les dents** ‡ *ou* **les gencives** ‡ he really let him have it! * ◆ **~ le ballon au fond des filets** *(Ftbl)* to put *ou* send the ball into the back of the net ◆ **~ qn à terre** *ou* **au tapis** to knock sb down, to knock sb to the ground, to floor sb ◆ **~ un homme sur la Lune** to send a man to the moon ◆ **~ par le fond** *(Naut)* to send down *ou* to the bottom

**d** *(Mil)* ~ **les couleurs** to run up *ou* hoist the colours

**e** *(loc)* ~ **chercher qn/qch** to send for sb/sth ◆ **~ promener qn** * *ou* **balader qn** *, ~ **qn coucher** *, ~ **qn sur les roses** * to send sb packing *, to send sb about their business ◆ **~ valser** *ou* **dinguer qch** * to send sth flying * ◆ **il a tout envoyé promener** * he chucked the whole thing in ◆ **il ne le lui a pas envoyé dire** * he gave it to him straight *, he told him straight to his face

**VPR** **s'envoyer** ‡ *(= subir, prendre) [+ corvée]* to get stuck * *ou* landed * with; *[+ bouteille]* to knock back *; *[+ nourriture]* to scoff * ◆ **je m'enverrais des gifles** * I could kick myself * ◆ **s'~ une fille/un mec** to have it off *(Brit) ou* get off *(US)* with a girl/a guy ‡, to make it with a girl/a guy ‡ ◆ **s'~ en l'air** to have it off ‡ *(Brit)*, to get some ‡ *(US)*

**envoyeur, -euse** /ɑ̃vwajœʀ, øz/ **NM,F** sender; → **retour**

**enzymatique** /ɑ̃zimatik/ **ADJ** enzymatic, enzymic

**enzyme** /ɑ̃zim/ **NM** *ou* **NF** enzyme ◆ **~ de restriction** restriction enzyme

**éocène** /eɔsɛn/ **ADJ** Eocene **NM** ◆ **l'~** the Eocene

**Éole** /eɔl/ **NM** Aeolus

**éolien, -ienne** /eɔljɛ̃, jɛn/ **ADJ** wind *(épith)*, aeolian *(littér)*; → **énergie, harpe** **NF** **éolienne** windmill, windpump

**EOR** /eoɛʀ/ **NM** (abrév de **élève officier de réserve**) → **élève**

**éosine** /eozin/ **NF** eosin

**épagneul, e** /epaɲœl/ **NM,F** spaniel ◆ **~ breton** Brittany spaniel

**épais, -aisse** /epɛ, ɛs/ **ADJ** **a** *(gén) [chevelure, peinture]* thick; *[neige]* thick, deep; *[barbe]* bushy, thick; *[silence]* deep; *[personne, corps]* thickset; *[nuit]* pitch-black ◆ **cloison épaisse de 5 cm** partition 5 cm thick ◆ **j'ai la langue épaisse** my tongue is coated *ou* furred up *(Brit)* ◆ **au plus ~ de la forêt** in the depths of the forest ◆ **tu n'es pas bien ~** you're not exactly fat **b** *(péj = inhabile) [esprit]* dull; *[personne]* dense, thick(headed); *[mensonge, plaisanterie]* clumsy **ADV** ◆ **semer ~** to sow thick *ou* thickly ◆ **il n'y en a pas ~ !** ‡ there's not much of it!

**épaisseur** /epɛsœʀ/ **NF** **a** *(gén)* thickness; *[de neige, silence]* depth ◆ **la neige a un mètre d'~** there is a metre of snow, the snow is a metre deep ◆ **creuser une niche dans l'~ d'un mur** to hollow out a niche in a wall **b** *(= couche)* layer, thickness ◆ **prenez deux ~s de tissu** take two thicknesses *ou* a double thickness of material ◆ **plier une couverture en double ~** to fold a blanket double **c** *(= richesse) [d'œuvre]* substance, depth; *[de personne]* depth ◆ **ce personnage manque d'~** this character lacks depth *ou* is rather flat

**épaissir** /epesiʀ/ ▸ conjug 2 ◂ **VT** *[+ substance]* to thicken; *[+ mystère]* to deepen ◆ **l'air était épaissi par les fumées** the air was thick with smoke ◆ **l'âge lui épaissit les traits** his features are becoming coarse with age ◆ **ce manteau m'épaissit beaucoup** this coat makes me look much broader *ou* fatter **VI** to get thicker, to thicken ◆ **il a beaucoup épaissi** he has filled out a lot **VPR** **s'épaissir** *[substance, brouillard]* to thicken, to get thicker; *[chevelure, feuillage]* to get thicker; *[ténèbres]* to deepen ◆ **sa taille s'épaissit** his waist is getting thicker, he's getting stouter around the waist ◆ **le mystère s'épaissit** the mystery deepens, the plot thickens

**épaississant, e** /epesisɑ̃, ɑ̃t/ **ADJ** thickening **NM** thickener

**épaississement** /epesismɑ̃/ **NM** thickening

**épanchement** /epɑ̃ʃmɑ̃/ **NM** *[de sang]* effusion; *[de sentiments]* outpouring ◆ **avoir un ~ de synovie** *(Méd)* to have water on the knee

**épancher** /epɑ̃ʃe/ ▸ conjug 1 ◂ **VT** *[+ sentiments] (irrités)* to give vent to, to vent; *(tendres)* to pour forth **VPR** **s'épancher** *[personne]* to open one's heart, to pour out one's feelings (*auprès de* to); *[sang]* to pour out

**épandage** /epɑ̃daʒ/ **NM** *(Agr)* manure spreading, manuring

**épandre** /epɑ̃dʀ/ ▸ conjug 41 ◂ **VT** *(†, littér) [+ liquide, tendresse]* to pour forth *(littér)*; *(Agr) [+ fumier]* to spread **VPR** **s'épandre** *(littér)* to spread

**épanoui, e** /epanwi/ (ptp de **épanouir**) **ADJ** *[fleur]* in full bloom *(attrib)*; *[visage, sourire]* radiant, beaming *(épith)*; *[personne]* totally fulfilled *(attrib)* ◆ **c'est quelqu'un de très ~** he's very much at one with himself *ou* with the world

**épanouir** /epanwiʀ/ ▸ conjug 2 ◂ VT *(littér)* *[+ fleur]* to open out; *[+ branches, pétales]* to open *ou* spread out; *[+ visage]* to light up ◆ **la maternité l'a épanouie** she really blossomed when she became a mother VPR **s'épanouir** *[fleur]* to bloom, to come out, to open up *ou* out; *[visage]* to light up; *[personne]* to blossom, to bloom; *[vase]* to open out, to curve outwards ◆ **à cette nouvelle il s'épanouit** his face lit up at the news ◆ **s'~ dans sa profession** to find one's profession very fulfilling

**épanouissant, e** /epanwisɑ̃, ɑ̃t/ ADJ totally fulfilling

**épanouissement** /epanwismɑ̃/ NM *[de fleur]* blooming, coming out, opening up *ou* out; *[de visage]* lighting up; *[de personne]* blossoming, blooming ◆ **c'est une industrie en plein ~** it's a booming industry

**épargnant, e** /epaʀɲɑ̃, ɑ̃t/ NM,F saver, investor ◆ **petits ~s** small savers *ou* investors

**épargne** /epaʀɲ/ NF *(= somme)* savings ◆ **l'~** *(= action d'épargner)* saving ◆ **~ de temps/d'argent** saving of time/money ◆ **~ forcée/longue/liquide** forced/long-term/liquid savings ◆ **~-logement** home-buyers' savings scheme ◆ **~-retraite** retirement savings scheme ◆ **~ salariale** employee savings plan; → **caisse, compte, plan**[1]

**épargner** /epaʀɲe/ ▸ conjug 1 ◂ VT a *(= économiser)* *[+ argent, nourriture, temps, forces]* to save ◆ **~ 10 € sur une somme** to save €10 out of a sum ◆ **~ sur la nourriture** to save *ou* make a saving on food ◆ **ils n'ont pas épargné le poivre !** * they haven't stinted *ou* skimped on the pepper! ◆ **~ pour ses vieux jours** to save (up) for one's old age, to put something aside for one's old age ◆ **je n'épargnerai rien pour le faire** I'll spare nothing to get it done ◆ **il n'a pas épargné sa peine** he spared no effort *(pour* to)

b *(= éviter)* **~ qch à qn** to spare sb sth ◆ **je vous épargne les détails** I'll spare you the details ◆ **pour t'~ des explications inutiles** to spare you useless explanations ◆ **pour m'~ la peine de venir** to save *ou* spare myself the bother of coming

c *(= ménager)* *[+ ennemi]* to spare ◆ **l'épidémie a épargné cette région** that region was spared the epidemic

**éparpillement** /epaʀpijmɑ̃/ NM *(= action)* *[d'objets]* scattering; *[de troupes]* dispersal; *[de points de vente]* distribution, scattering; *[d'efforts, talent]* dissipation; *(= état)* *[de troupes, succursales]* dispersal ◆ **l'~ des maisons rendait les communications très difficiles** the fact that the houses were so scattered made communications difficult

**éparpiller** /epaʀpije/ ▸ conjug 1 ◂ VT *[+ objets, cendres]* to scatter; *[+ troupes]* to disperse; *[+ points de vente]* to distribute, to scatter; *[+ efforts, talent]* to dissipate VPR **s'éparpiller** a *[feuilles, foule]* to scatter ◆ **maisons qui s'éparpillent dans la campagne** houses dotted about the countryside b *[personne]* **il s'éparpille beaucoup trop** he spreads himself too thin ◆ **tu t'es trop éparpillé dans tes lectures/recherches** you've spread yourself too thin in your reading/research

**épars, e** /epaʀ, aʀs/ ADJ *(littér)* scattered

**épatant, e** * /epatɑ̃, ɑ̃t/ ADJ great *

**épate** * /epat/ NF *(péj)* ◆ **l'~** showing off * ◆ **faire de l'~** to show off *

**épaté, e** /epate/ (ptp de **épater**) ADJ *[vase]* flat-bottomed; *[nez]* flat

**épatement** /epatmɑ̃/ NM a *[de nez]* flatness b *(* = surprise)* amazement

**épater** /epate/ ▸ conjug 1 ◂ VT * *(= étonner)* to amaze, to stagger *; *(= impressionner)* to impress ◆ **pour ~ le bourgeois** to shake *ou* shock middle-class attitudes ◆ **ça t'épate, hein !** how about that! *, what do you think of that!; → **galerie** VPR **s'épater** *[objet, colonne]* to spread out

**épaulard** /epolaʀ/ NM killer whale

**épaule** /epol/ NF *(Anat, Culin)* shoulder ◆ **large d'~s** broad-shouldered ◆ **~ d'agneau** shoulder of lamb ◆ **donner un coup d'~ à qn** to knock *ou* bump sb with one's shoulder ◆ **tout repose sur vos ~s** everything rests on your shoulders ◆ **il n'ont pas les ~s assez larges** *ou* **solides** *(fig) (financièrement)* they are not in a strong enough financial position; → **hausser, tête**

**épaulé-jeté** (pl **épaulés-jetés**) /epoleʒ(ə)te/ NM clean-and-jerk ◆ **il soulève 150 kg à l'~** he can do a clean-and-jerk using 150 kg

**épaulement** /epolmɑ̃/ NM *(= mur)* retaining wall; *(= rempart)* breastwork, epaulement; *(Géol)* escarpment

**épauler** /epole/ ▸ conjug 1 ◂ VT a *[+ personne]* to back up, to support ◆ **il faut s'~ dans la vie** people must help *ou* support each other in life ◆ **il a été bien épaulé par son frère** his brother gave him a lot of help *ou* support b *[+ fusil]* to raise (to the shoulder) ◆ **il épaula puis tira** he took aim *ou* he raised his rifle and fired c *(Tech)* *[+ mur]* to support, to retain d *(Couture)* *[+ vêtement]* to add shoulder pads to

**épaulette** /epolɛt/ NF *(Mil)* epaulette; *(= bretelle)* shoulder strap; *(= rembourrage d'un vêtement)* shoulder pad

**épave** /epav/ NF a *(= navire, voiture)* wreck; *(= débris)* piece of wreckage, wreckage *(NonC)*; *(= déchets)* flotsam (and jetsam) *(NonC)* b *(Jur = objet perdu)* derelict c *(= restes)* ruins; *(= loque humaine)* human wreck

**épée** /epe/ NF a *(= arme)* sword; *(Escrime)* épée ◆ **~ de Damoclès** Sword of Damocles ◆ **l'~ nue** *ou* **à la main** with drawn sword ◆ **c'est un coup d'~ dans l'eau** it's a complete waste of time; → **cape, noblesse, rein** b *(= escrimeur)* swordsman; *(= escrimeuse)* swordswoman

**épeiche** /epɛʃ/ NF great spotted woodpecker

**épeichette** /epɛʃɛt/ NF lesser-spotted woodpecker

**épeire** /epɛʀ/ NF garden spider

**épéiste** /epeist/ NMF épéeist

**épeler** /ep(ə)le/ ▸ conjug 4 ◂ VT *[+ mot]* to spell; *[+ texte]* to spell out

**épépiner** /epepine/ ▸ conjug 1 ◂ VT to deseed, to seed ◆ **raisins épépinés** seedless grapes

**éperdu, e** /epɛʀdy/ ADJ a *[personne]* distraught, overcome ◆ **~ de douleur/de terreur** distraught *ou* frantic *ou* out of one's mind with grief/terror ◆ **~ de joie** overcome *ou* beside o.s. with joy b *[gratitude]* boundless; *[regard]* wild, distraught; *[amour]* passionate; *[fuite]* headlong, frantic ◆ **désir/besoin ~ de bonheur** frantic desire for/need of happiness

**éperdument** /epɛʀdymɑ̃/ ADV *[crier, travailler]* frantically, desperately; *[aimer]* passionately, madly ◆ **je m'en moque ~** I couldn't care less

**éperlan** /epɛʀlɑ̃/ NM *(Zool)* smelt

**éperon** /ep(ə)ʀɔ̃/ NM *[de cavalier, coq, montagne]* spur; *(Naut) [de galère]* ram; *[de pont]* cutwater ◆ **~ rocheux** rocky outcrop *ou* spur

**éperonner** /ep(ə)ʀɔne/ ▸ conjug 1 ◂ VT *[+ cheval]* to spur (on); *[+ navire]* to ram; *[+ personne]* to spur on

**épervier** /epɛʀvje/ NM a *(Orn)* sparrowhawk b *(= filet)* cast(ing) net

**éphèbe** /efɛb/ NM *(Hist)* ephebe; *(iro, péj)* beautiful young man

**éphémère** /efemɛʀ/ ADJ *[bonheur, succès]* fleeting, short-lived, ephemeral *(frm)*; *[moment]* fleeting; *[mouvement, règne, publication]* short-lived ◆ **le caractère ~ de la gloire** the transient nature of fame ◆ **~ ministre, il ...** having made a brief appearance as a minister, he ... NM mayfly, ephemera *(SPÉC)*

**éphéméride** /efemeʀid/ NF a *(= calendrier)* block calendar, tear-off calendar b *(Astron)* **~s** *(= tables)* ephemeris *(sg)*

**Éphèse** /efɛz/ N Ephesus

**épi** /epi/ NM a *[de blé, maïs]* ear; *[de fleur]* spike; *[de cheveux]* tuft ◆ **les blés sont en ~s** the corn is in the ear b *(= jetée)* breakwater, groyne, groin c *(Aut)* **être garé en ~** to be parked at an angle to the kerb d ◆ **~ de faîtage** finial

**épice** /epis/ NF spice ◆ **quatre ~s** allspice; → **pain**

**épicé, e** /epise/ (ptp de **épicer**) ADJ *[viande, plat]* highly spiced, spicy; *[goût]* spicy; *[histoire]* spicy, juicy *

**épicéa** /episea/ NM spruce

**épicentre** /episɑ̃tʀ/ NM epicentre

**épicer** /epise/ ▸ conjug 3 ◂ VT *[+ mets]* to spice; *[+ histoire]* to add spice to

**épicerie** /episʀi/ NF *(= magasin)* grocery, grocer's (shop *(Brit)* *ou* store *(US)*); *(= nourriture)* groceries; *(= métier)* grocery trade ◆ **rayon ~** grocery stand *ou* counter ◆ **aller à l'~** to go to the grocer's *ou* grocery ◆ **~ fine** ≈ delicatessen

**épicier, -ière** /episje, jɛʀ/ NM,F *(gén)* grocer; *(en fruits et légumes)* greengrocer *(Brit)*, grocer *(US)*; *(péj)* ◆ **d'~** *[idées, mentalité]* small-town *(épith)*, parochial

**Épicure** /epikyʀ/ NM Epicurus

**épicurien, -ienne** /epikyʀjɛ̃, jɛn/ ADJ, NM,F *(= gourmet)* epicurean; *(Philos)* Epicurean

**épicurisme** /epikyʀism/ NM epicureanism

**épidémie** /epidemi/ NF epidemic ◆ **~ de grippe** flu epidemic

**épidémiologie** /epidemjɔlɔʒi/ NF epidemiology

**épidémiologique** /epidemjɔlɔʒik/ ADJ epidemiological

**épidémique** /epidemik/ ADJ *(lit)* epidemic; *(fig)* contagious, catching *(attrib)*

**épiderme** /epidɛʀm/ NM epidermis *(SPÉC)*, skin ◆ **elle a l'~ délicat** she has delicate skin

**épidermique** /epidɛʀmik/ ADJ a *(Anat)* skin *(épith)*, epidermal *(SPÉC)*, epidermic *(SPÉC)* ◆ **blessure ~** (surface) scratch, skin wound b *(fig)* *[réaction]* instinctive, visceral ◆ **je le déteste, c'est ~** I hate him, I just can't help it

**épididyme** /epididim/ NM epididymis

**épier** /epje/ ▸ conjug 7 ◂ VT *[+ personne]* to spy on; *[+ geste]* to watch closely; *[+ bruit]* to listen out for; *[+ occasion]* to be on the look-out for, to look (out) for, to watch for

**épieu** /epjø/ NM spear

**épigastre** /epigastʀ/ NM epigastrium

**épiglotte** /epiglɔt/ NF epiglottis

**épigone** /epigɔn/ NM *(Littérat)* epigone

**épigramme** /epigʀam/ NF epigram

**épigraphe** /epigʀaf/ NF epigraph ◆ **mettre un vers en ~** to use a line as an epigraph

**épigraphique** /epigʀafik/ ADJ epigraphic

**épilateur** /epilatœʀ/ NM hair remover

**épilation** /epilasjɔ̃/ NF removal of (unwanted) hair; *[de sourcils]* plucking ◆ **~ à la cire** waxing ◆ **~ électrique** hair removal by electrolysis

**épilatoire** /epilatwaʀ/ ADJ depilatory, hair-removing *(épith)*

**épilepsie** /epilɛpsi/ NF epilepsy

**épileptique** /epilɛptik/ ADJ, NMF epileptic

**épiler** /epile/ ► conjug 1 ◄ VT *[+ jambes]* to remove the hair from; *[+ sourcils]* to pluck ◆ **se faire ~ les aisselles** to have one's underarm hair removed VPR **s'épiler** ◆ **elle s'épilait les jambes** she was removing the hair(s) from her legs ◆ **s'~ les jambes à la cire** to wax one's legs ◆ **s'~ les sourcils** to pluck one's eyebrows

**épilogue** /epilɔg/ NM *(Littérat)* epilogue; *(fig)* conclusion, dénouement

**épiloguer** /epilɔge/ ► conjug 1 ◄ VI *(parfois péj)* to hold forth (*sur* on) to go on * (*sur* about) to expatiate *(frm)* (*sur* upon)

**épinard** /epinaʀ/ NM *(Bot)* spinach ◆ **~s** *(Culin)* spinach *(NonC)*; → **beurre**

**épine** /epin/ NF a *[de buisson, rose]* thorn; *[de hérisson, oursin]* spine, prickle; *[de porc-épic]* quill ◆ **~ dorsale** backbone ◆ **vous m'enlevez une belle ~ du pied** you have got me out of a spot * b *(= arbre)* thorn bush ◆ **~ blanche** hawthorn ◆ **~ noire** blackthorn

**épinette** /epinɛt/ NF a *(Mus)* spinet b *(Can)* spruce ◆ **~ blanche/noire** white/black spruce ◆ **~ rouge** tamarack, hackmatack c *(Agr)* coop

**épineux, -euse** /epinø, øz/ ADJ *[plante]* thorny, prickly; *[problème]* thorny, tricky, ticklish; *[situation]* tricky, ticklish, sensitive; *[caractère]* prickly, touchy NM prickly shrub *ou* bush

**épinglage** /epɛ̃glaʒ/ NM pinning

**épingle** /epɛ̃gl/ NF pin ◆ **~ à chapeau** hatpin ◆ **~ à cheveux** hairpin ◆ **virage en ~ à cheveux** hairpin bend *(Brit) ou* curve *(US)* ◆ **~ de cravate** tie clip, tiepin ◆ **~ à linge** clothes peg *(Brit) ou* pin *(US)* ◆ **~ de nourrice** *ou* **de sûreté** safety pin; *(grand modèle)* nappy *(Brit) ou* diaper *(US)* pin ◆ **tirer son ~ du jeu** *(= bien manœuvrer)* to play one's game well; *(= s'en sortir à temps)* to extricate o.s.; → **monter²**, **quatre**

**épingler** /epɛ̃gle/ ► conjug 1 ◄ VT a *(= attacher)* to pin (on) (*à, sur* to); ◆ **~ ses cheveux** to pin up one's hair ◆ **~ une robe** *(Couture)* to pin up a dress b *(* = arrêter)* to nab *, to nick ‡ *(Brit)* ◆ **se faire ~** to get nabbed * *ou* nicked ‡ *(Brit)* c *(= dénoncer)* to slam *, to criticize (severely) ◆ **il a épinglé le gouvernement** he laid into * *ou* slammed * the government, he took a swipe at the government

**épinglette** /epɛ̃glɛt/ NF lapel badge

**épinière** /epinjɛʀ/ ADJ F → **moelle**

**épinoche** /epinɔʃ/ NF stickleback

**Épiphanie** /epifani/ NF ◆ **l'~** Epiphany, Twelfth Night ◆ **à l'~** at Epiphany, on *ou* at Twelfth Night

**épiphénomène** /epifenɔmɛn/ NM epiphenomenon

**épiphyse** /epifiz/ NF epiphysis

**épiphyte** /epifit/ ADJ epiphytic(al), epiphytal NM epiphyte

**épique** /epik/ ADJ *(lit, fig)* epic; *(hum)* epic, dramatic

**épiscopal, e** (mpl **-aux**) /episkɔpal, o/ ADJ episcopal ◆ **palais ~** Bishop's *ou* episcopal palace

**épiscopalien, -ienne** /episkɔpaljɛ̃, jɛn/ ADJ episcopalian ◆ **l'Église épiscopalienne** the Episcopal Church

**épiscopat** /episkɔpa/ NM episcopate, episcopacy

**épiscope** /episkɔp/ NM episcope *(Brit)*, opaque projector *(US)*

**épisiotomie** /epizjɔtɔmi/ NF episiotomy

**épisode** /epizɔd/ NM a *(gén)* episode ◆ **roman/film à ~s** serial ◆ **ce nouvel ~ de l'affaire Paloma** the latest development in the Paloma case ◆ **j'ai dû rater un ~** * I must have missed something b *(Méd)* **~ dépressif/infectieux** depressive/infectious phase

**épisodique** /epizɔdik/ ADJ a *(= occasionnel)* *[événement]* occasional; *[rôle]* fleeting, transitory ◆ **de façon ~** occasionally ◆ **nous avons eu une relation ~ pendant deux ans** we had an on-off relationship for two years ◆ **faire des apparitions ~s** to show up from time to time *ou* once in a while ◆ **sa présence ~ au sein de la commission** his occasional presence on the committee b *(= secondaire)* *[événement]* minor, of secondary importance; *[personnage]* minor, secondary

**épisodiquement** /epizɔdikmɑ̃/ ADV occasionally

**épisser** /epise/ ► conjug 1 ◄ VT to splice

**épissoir** /episwaʀ/ NM marlin(e) spike, splicing fid

**épissure** /episyʀ/ NF splice ◆ **on a dû faire une ~** we had to splice the two bits together

**épistémologie** /epistemɔlɔʒi/ NF *(Philos)* epistemology; *(Sci)* epistemics *(sg)*

**épistémologique** /epistemɔlɔʒik/ ADJ epistemological

**épistolaire** /epistɔlɛʀ/ ADJ *[style]* epistolary ◆ **être en relations ~s avec qn** to correspond with sb, to be in correspondence with sb

**épistolier, -ière** /epistɔlje, jɛʀ/ NM,F *(littér)* letter writer

**épitaphe** /epitaf/ NF epitaph

**épithélial, e** (mpl **-iaux**) /epiteljal, jo/ ADJ epithelial

**épithélium** /epiteljɔm/ NM epithelium

**épithète** /epitɛt/ NF a *(Gram)* attribute ◆ **adjectif ~** attributive adjective b *(= qualificatif)* epithet

**épître** /epitʀ/ NF epistle

**épizootie** /epizɔɔti, epizooti/ NF epizootic (disease)

**éploré, e** /eplɔʀe/ ADJ *(littér)* *[visage]* bathed in tears; *[personne]* tearful, weeping, in tears *(attrib)*; *[voix]* tearful

**épluchage** /eplyʃaʒ/ NM a *[de fruits, légumes, crevettes]* peeling; *[de salade, radis]* cleaning b *[de journaux, comptes]* dissection

**épluche-légumes** /eplyʃlegym/ NM INV (potato) peeler

**éplucher** /eplyʃe/ ► conjug 1 ◄ VT a *[+ fruits, légumes, crevettes]* to peel; *[+ salade, radis]* to clean b *[+ journaux, comptes]* to go over with a fine-tooth comb, to dissect

**épluchette** /eplyʃɛt/ NF *(Can)* corn-husking bee *ou* party

**éplucheur, -euse** /eplyʃœʀ, øz/ ADJ, NM ◆ **(couteau) ~** (potato) peeler NM,F *(= personne)* peeler; *(péj)* faultfinder NF **éplucheuse** *(= machine)* potato-peeler

**épluchure** /eplyʃyʀ/ NF ◆ **~ de pomme de terre** *etc* piece of potato *etc* peeling ◆ **~s** peelings

**EPO** /əpeo/ NM (abrév de **érythropoïétine**) EPO

**épointer** /epwɛ̃te/ ► conjug 1 ◄ VT *[+ aiguille]* to blunt ◆ **crayon épointé** blunt pencil

**éponge** /epɔ̃ʒ/ NF a *(Zool, gén)* sponge ◆ **passer un coup d'~ sur qch** to give sth a (quick) sponge, to wipe sth with a sponge ◆ **passons l'~ !** *(fig)* let's let bygones be bygones!, let's forget all about it! ◆ **passons l'~ sur cette vieille querelle !** let's forget all about that old quarrel!, let's put that old quarrel behind us! ◆ **jeter l'~** *(Boxe, fig)* to throw in the sponge *ou* towel ◆ **~ métallique** scouring pad, scourer ◆ **~ végétale** loofah *(Brit)*, luffa *(US)*; → **boire** b *(Tex)* **(tissu) ~** (terry) towelling c *(* = ivrogne)* drunk *, drunkard

**éponger** /epɔ̃ʒe/ ► conjug 3 ◄ VT *[+ liquide]* to mop *ou* sponge up; *[+ plancher, visage]* to mop; *[+ dette]* to soak up, to absorb ◆ **s'~ le front** to mop one's brow

**éponyme** /epɔnim/ ADJ *(frm)* eponymous *(frm)* ◆ **le héros ~ de la pièce** the play's eponymous hero ◆ **la chanson ~ de l'album** the title track of the album NM eponym

**épopée** /epɔpe/ NF *(lit, fig)* epic

**époque** /epɔk/ NF a *(gén)* time ◆ **les chansons de l'~** the songs of the time *ou* day ◆ **j'étais jeune à l'~** I was young at the time ◆ **à cette ~(-là)** at that time ◆ **à l'~ où nous sommes** in this day and age ◆ **être de son ~** to be in tune with one's time ◆ **quelle ~ !** what times these are! ◆ **nous vivons une drôle d'~** these are strange times we're living in ◆ **l'accordéon, les bals populaires, toute une ~ !** accordions, open-air dances - a bygone era!

b *(Hist)* age, era, epoch ◆ **chaque ~ a ses problèmes** every era has its problems ◆ **l'~ révolutionnaire** the revolutionary era *ou* age *ou* epoch ◆ **à l'~ des Grecs** at the time of *ou* in the age of the Greeks ◆ **la Belle Époque** the Belle Époque, ≃ the Edwardian era ◆ **cette invention a fait ~** it was an epoch-making invention ◆ **il s'est trompé d'~** he was born in the wrong century ◆ **à toutes les ~s** in every era ◆ **documents d'~** contemporary (historical) documents ◆ **sur instruments d'~** *(Mus)* on period *ou* authentic instruments

c *(Géol)* period ◆ **à l'~ glaciaire** in the ice age

d *(Art = style)* period ◆ **tableaux de la même ~** pictures of *ou* from the same period ◆ **meubles d'~** antique *ou* period furniture ◆ **ce vase n'est pas d'~** this vase isn't a genuine antique

**épouiller** /epuje/ ► conjug 1 ◄ VT to delouse

**époumoner (s')** /epumɔne/ ► conjug 1 ◄ VPR *(lit, fig)* to shout o.s. hoarse ◆ **il s'époumonait à chanter** he was singing himself hoarse

**épousailles** /epuzɑj/ NFPL *(† ou hum)* nuptials † *(aussi hum)*

**épouse** /epuz/ NF wife, spouse *(frm ou hum)* ◆ **voulez-vous prendre pour ~ Jeanne Dumont ?** do you take Jeanne Dumont to be your lawful wedded wife?

**épousée** /epuze/ NF *(† ou dial)* bride

**épouser** /epuze/ ► conjug 1 ◄ VT a *[+ personne]* to marry, to wed †; *[+ idée]* to embrace, to espouse *(frm)*; *[+ cause]* to espouse *(frm)*, to take up ◆ **~ une grosse fortune** to marry into money b *[vêtement]* to mould, to hug; *[route, tracé]* to follow; *(étroitement)* to hug ◆ **cette robe épouse parfaitement les formes du corps** this dress moulds the curves of the body perfectly VPR **s'épouser** *(littér)* *[personnes]* to marry, to wed *(littér)*

**épousseter** /epuste/ ► conjug 4 ◄ VT *(= nettoyer)* to dust; *(= enlever)* to dust *ou* flick off

**époustouflant, e** * /epustuflɑ̃, ɑ̃t/ ADJ staggering, amazing

**époustoufler** * /epustufle/ ► conjug 1 ◄ VT to stagger, to flabbergast

**épouvantable** /epuvɑ̃tabl/ ADJ *(gén)* terrible, dreadful; *(= très choquant)* appalling ◆ **il a un caractère** ~ he has a foul temper

**épouvantablement** /epuvɑ̃tabləmɑ̃/ ADV terribly, dreadfully

**épouvantail** /epuvɑ̃taj/ NM **a** *(à oiseaux)* scarecrow **b** *(= spectre)* spectre ◆ **l'~ de la guerre/du chômage** the spectre of war/unemployment ◆ **ils se servaient du communisme comme d'un ~** they were raising the bogeyman of communism **c** *(péj = personne)* scruff * ◆ **j'ai l'air d'un ~ dans cette robe** I look a fright *(Brit)* *ou* like a scarecrow in this dress

**épouvante** /epuvɑ̃t/ NF terror, (great) fear ◆ **saisi d'~** terror-stricken ◆ **il voyait arriver ce moment avec ~** he saw with dread the moment approaching ◆ **roman/film d'~** horror story/film

**épouvanter** /epuvɑ̃te/ ► conjug 1 ◄ VT to terrify, to appal, to frighten ◆ **s'~ de qch** to be appalled *ou* horrified by sth

**époux** /epu/ NM husband, spouse *(frm ou hum)* ◆ **les ~** the (married) couple, the husband and wife ◆ **les ~ Durand** the Durands, Mr and Mrs Durand ◆ **voulez-vous prendre pour ~ Jean Legrand ?** do you take Jean Legrand to be your lawful wedded husband?

**époxy** /epɔksi/ ADJ INV epoxy ◆ **résine ~** epoxy resin

**époxyde** /epɔksid/ NM epoxide

**éprendre (s')** /epʀɑ̃dʀ/ ► conjug 58 ◄ VPR *(littér)* ◆ **s'~ de** to fall in love with, to become enamoured of *(littér)*

**épreuve** /epʀœv/ NF **a** *(= essai)* test ◆ **~ de résistance** strength test ◆ **~ de résistance au choc/à la chaleur** impact/heat test ◆ **~ de force** trial of strength, confrontation ◆ **~ de vérité** litmus *ou* acid test *(fig)* ◆ **faire l'~ d'un métal** to test a metal; → **rude**

**b** *(= malheur)* ordeal, trial, hardship ◆ **subir de rudes ~s** to suffer great hardships, to undergo great trials *ou* ordeals ◆ **savoir réagir dans l'~** to cope well in the face of adversity

**c** *(Scol)* test ◆ **corriger les ~s d'un examen** to mark the examination papers ◆ **~ orale** oral test ◆ **~ écrite** written test *ou* paper

**d** *(Sport)* event ◆ **~ de sélection** heat ◆ **~ contre la montre** time trial ◆ **~s sur piste** track events ◆ **~ d'endurance** *[de personne]* test of endurance, endurance test; *(Aut)* endurance test

**e** *(Typo)* proof ◆ **premières/secondes ~s** first/second proofs ◆ **corriger les ~s d'un livre** to proofread a book, to correct the proofs of a book

**f** *(Photo)* print; *(= gravure)* proof ◆ **~ (par) contact** contact print ◆ **~s (de tournage)** *(Ciné)* rushes

**g** *(Hist : initiatique)* ordeal ◆ **~ du feu** ordeal by fire

**h** *(loc)*

♦ **à l'épreuve** ◆ **mettre à l'~** to put to the test ◆ **mise à l'~** *(Jur)* ≃ probation

♦ **à l'épreuve de** ◆ **gilet à l'~ des balles** bulletproof vest ◆ **à l'~ du feu** fireproof ◆ **résister à l'~ du temps** to stand the test of time

♦ **à toute épreuve** *[amitié, foi]* staunch; *[mur]* solid as a rock ◆ **il a un courage à toute ~** he has unfailing courage, his courage is equal to anything

**épris, e** /epʀi, iz/ (ptp de **s'éprendre**) ADJ *(frm)* *(d'une personne)* smitten (*de* with) enamoured *(littér)* (*de* of) in love (*de* with); ◆ **être ~ de justice/liberté** to have a great love of justice/liberty ◆ **~ d'histoire** enamoured of history

**éprouvant, e** /epʀuvɑ̃, ɑ̃t/ ADJ *[travail, climat]* trying, testing ◆ **~ pour les nerfs** nerve-racking

**éprouvé, e** /epʀuve/ (ptp de **éprouver**) ADJ *(= sûr) [moyen, remède]* well-tried, proven; *[spécialiste, qualités]* (well-)proven; *[ami]* staunch, true, steadfast

**éprouver** /epʀuve/ ► conjug 1 ◄ VT **a** *(= ressentir) [+ sensation, sentiment]* to feel, to experience **b** *(= subir) [+ perte]* to suffer, to sustain; *[+ difficultés]* to meet with, to experience **c** *(= tester) [+ métal]* to test; *[+ personne]* to put to the test, to test **d** *(frm = affliger)* to afflict, to distress ◆ **très éprouvé par la maladie** sorely afflicted by illness *(frm)* ◆ **la ville a été durement éprouvée pendant la guerre** the city suffered greatly during the war

**éprouvette** /epʀuvɛt/ NF test tube; → **bébé**

**EPS** /əpeɛs/ NF (abrév de **éducation physique et sportive**) PE, PT

**epsilon** /ɛpsilɔn/ NM epsilon

**épuisant, e** /epɥizɑ̃, ɑ̃t/ ADJ exhausting

**épuisé, e** /epɥize/ (ptp de **épuiser**) ADJ *[personne, cheval, corps]* exhausted, worn-out; *(Comm) [article]* sold out *attrib*; *[stocks]* exhausted *attrib*; *[livre]* out of print ◆ **~ de fatigue** exhausted, tired out, worn-out

**épuisement** /epɥizmɑ̃/ NM *(gén)* exhaustion ◆ **devant l'~ de ses finances** seeing that his money had run out ◆ **jusqu'à ~ des stocks** while stocks last ◆ **jusqu'à l'~ du filon** until the seam is (*ou* was) worked out ◆ **faire marcher qn jusqu'à (l')~** to make sb walk till he drops (with exhaustion) ◆ **dans un grand état d'~** in a completely *ou* an utterly exhausted state, in a state of complete *ou* utter exhaustion

**épuiser** /epɥize/ ► conjug 1 ◄ VT *[+ personne]* to exhaust, to tire out, to wear out; *[+ terre, sujet]* to exhaust; *[+ réserves, munitions]* to use up, to exhaust; *[+ filon]* to exhaust, to work out; *[+ patience]* to wear out, to exhaust VPR **s'épuiser** *[réserves]* to run out; *[source]* to dry up; *[personne]* to exhaust o.s., to wear o.s. out, to tire o.s. out (*à faire qch* doing sth); ◆ **les stocks s'étaient épuisés** the stocks had run out ◆ **ses forces s'épuisent peu à peu** his strength is gradually failing ◆ **je m'épuise à vous le répéter** I'm sick and tired of telling you

**épuisette** /epɥizɛt/ NF *(Pêche)* landing net; *(à crevettes)* shrimping net

**épurateur** /epyʀatœʀ/ NM *(Tech)* purifier

**épuration** /epyʀasjɔ̃/ NF *[d'eau, huile]* purification; *[de langue, goût, style]* refinement, refining; *(Pol)* purge ◆ **station d'~ des eaux** water purification plant

**épure** /epyʀ/ NF working drawing

**épuré, e** /epyʀe/ ADJ *[style, décor]* uncluttered; *[lignes]* clean ◆ **la forme ~e de la sculpture** the sculpture's clean lines

**épurer** /epyʀe/ ► conjug 1 ◄ VT *[+ eau, huile]* to purify; *[+ langue, goût, style]* to refine; *(Pol)* to purge

**équanimité** /ekwanimite/ NF *(frm)* equanimity

**équarrir** /ekaʀiʀ/ ► conjug 2 ◄ VT **a** *[+ pierre, tronc]* to square (off) ◆ **poutre mal équarrie** rough-hewn beam **b** *[+ animal]* to cut up

**équarrissage** /ekaʀisaʒ/ NM **a** *[de pierre, tronc]* squaring (off) **b** *[d'animal]* quartering, cutting up ◆ **envoyer un animal à l'~** to send an animal to the abattoir

**équarrisseur** /ekaʀisœʀ/ NM *(gén)* renderer; *[de chevaux]* knacker *(Brit)*

**Équateur** /ekwatœʀ/ NM *(= pays)* ◆ **(la république de l')** ~ (the Republic of) Ecuador

**équateur** /ekwatœʀ/ NM equator ◆ **sous l'~** at *ou* on the equator

**équation** /ekwasjɔ̃/ NF **a** *(Math)* equation ◆ **~ du premier/second degré** simple/quadratic equation ◆ **mettre en ~** to put in an equation **b** *(fig)* equation ◆ **l'~ politique** the political equation ◆ **~ personnelle** *(Psych)* personal equation

**équatorial, e** (mpl **-iaux**) /ekwatɔʀjal, jo/ ADJ equatorial NM *(Astron)* equatorial (telescope)

**équatorien, -ienne** /ekwatɔʀjɛ̃, jɛn/ ADJ Ecuadorian, Ecuadoran NM,F **Équatorien(ne)** Ecuadorian, Ecuadoran

**équerre** /ekɛʀ/ NF *(pour tracer)* (set) square; *(de soutien)* brace ◆ **double ~** T-square ◆ **en ~** at right angles ◆ **ce tableau n'est pas d'~** this picture isn't straight *ou* level

**équestre** /ekɛstʀ/ ADJ *[statue, activités]* equestrian ◆ **centre ~** riding school ◆ **le sport ~** equestrian sport, horse-riding

**équeuter** /ekøte/ ► conjug 1 ◄ VT *[+ cerises]* to remove the stalk from, to pull the stalk off; *[+ fraises]* to hull

**équi(-)** /ekɥi/ PRÉF equi(-) ◆ **~ possible** equally possible

**équidé** /ekide/ NM member of the horse family ◆ **les ~s** the Equidae *(SPÉC)*

**équidistance** /ekɥidistɑ̃s/ NF equidistance ◆ **à ~ de Paris et de Dijon** half-way between Paris and Dijon

**équidistant, e** /ekɥidistɑ̃, ɑ̃t/ ADJ equidistant (*de* between)

**équilatéral, e** (mpl **-aux**) /ekɥilateʀal, o/ ADJ *(lit)* equilateral ◆ **ça m'est complètement ~** †* I don't give a damn*

**équilibrage** /ekilibʀaʒ/ NM *(Aut) [de roues]* balancing

**équilibrant, e** /ekilibʀɑ̃, ɑ̃t/ ADJ stabilizing *épith* ◆ **shampooing ~** shampoo which restores the hair's natural balance

**équilibre** /ekilibʀ/ NM **a** *(gén) [de corps, objet]* balance, equilibrium ◆ **perdre/garder l'~** to lose/keep one's balance ◆ **avoir le sens de l'~** to have a (good) sense of balance ◆ **~ stable/instable** stable/unstable equilibrium ◆ **exercice/tour d'~** balancing exercise/act

♦ **en équilibre** ◆ **se tenir** *ou* **être en ~ (sur)** *[personne]* to balance (on); *[objet]* to be balanced (on) ◆ **mettre qch en ~** to balance sth (*sur* on); ◆ **en ~ instable sur le bord du verre** precariously balanced on the edge of the glass

**b** *(Psych)* **~ (mental)** (mental) equilibrium, (mental) stability ◆ **il manque d'~** he's rather unstable

**c** *(= harmonie) [de couple]* harmony; *[d'activités]* balance, equilibrium ◆ **préserver les grands ~s économiques** to keep the economy on a sound footing

**d** *(Écon, Pol)* balance; *[de course aux armements]* parity ◆ **~ budgétaire/économique** balance in the budget/economy ◆ **budget en ~** balanced budget ◆ **atteindre l'~ financier** to break even (financially) ◆ **~ des pouvoirs** balance of power ◆ **~ politique** political balance ◆ **l'~ du monde** the world balance of power ◆ **~ de la terreur** balance of terror

**e** *(Sci)* equilibrium ◆ **solution en ~** *(Chim)* balanced solution

**f** *(Archit, Mus, Peinture)* balance

**équilibré, e** /ekilibʀe/ (ptp de **équilibrer**) ADJ *[personne]* stable, well-balanced, level-headed; *[régime alimentaire]* (well-)balanced; *[esprit]* well-balanced; *[vie]* well-regulated, regular ◆ **mal** ~ unstable, unbalanced

**équilibrer** /ekilibʀe/ ► conjug 1 ◄ VT a *(= contrebalancer) [+ forces, poids, poussée]* to counterbalance ◆ **les avantages et les inconvénients s'équilibrent** the advantages and the disadvantages counterbalance each other *ou* cancel each other out b *(= mettre en équilibre) [+ balance]* to equilibrate, to balance; *[+ charge, embarcation, avion, roues]* to balance; *(Archit, Art)* to balance c *(= harmoniser) [+ emploi du temps, budget, pouvoirs]* to balance ◆ ~ **qn** *(fig)* to restore sb's mental equilibrium

**équilibriste** /ekilibʀist/ NMF *(= funambule)* tightrope walker

**équille** /ekij/ NF sand eel

**équin, e** /ekɛ̃, in/ ADJ *(gén)* equine ◆ **pied bot** ~ *(Méd)* talipes equinus

**équinoxe** /ekinɔks/ NM equinox ◆ **marée d'~** equinoctial tide ◆ ~ **de printemps/d'automne** spring/autumn equinox

**équinoxial, e** (mpl **-iaux**) /ekinɔksjal, jo/ ADJ equinoctial

**équipage** /ekipaʒ/ NM a *(Aviat)* (air)crew; *(Naut)* crew; → **homme, rôle** b (* = *attirail*) gear* *(NonC)* c † *[de seigneur, chevaux]* equipage † ◆ ~ **à deux/à quatre chevaux** carriage and pair/and four ◆ **en grand** ~ in state, in grand *ou* great style d *(Tech)* equipment *(NonC)*, gear *(NonC)*

**équipe** /ekip/ NF a *(Sport)* team; *[de rameurs]* crew ◆ **jeu** *ou* **sport d'~** team game ◆ **jouer en** *ou* **par** ~**s** to play in teams ◆ **il joue en** ~ **de France** he plays for the French team; → **esprit** b *(= groupe)* team ◆ ~ **de chercheurs** research team, team of researchers ◆ ~ **de secours** *ou* **de sauveteurs** *ou* **de sauvetage** rescue party *ou* squad *ou* team ◆ ~ **pédagogique** teaching staff ◆ **l'~ de jour/de 8 heures** *(Ind)* the day/8 o'clock shift ◆ **travailler en** *ou* **par** ~**s** to work in teams; *(sur un chantier)* to work in gangs; *(Ind)* to work in shifts ◆ **on travaille en** ~ we work as a team ◆ **faire** ~ **avec** to team up with; → **chef**[1] c (* = *bande)* team; *(péj)* bunch*, crew* ◆ **c'est la fine** ~ they're a right bunch*

**équipée** /ekipe/ NF *[de prisonnier]* escape, flight; *[d'aventurier]* undertaking, venture; *[de promeneur, écolier]* jaunt ◆ **aller là-bas, c'est tout une** ~ it's quite a palaver getting there ◆ **la folle** ~ **des terroristes** the mad dash of the terrorists

**équipement** /ekipmɑ̃/ NM a *(= matériel)* equipment ◆ **l'~ complet du skieur** a complete set of skiing equipment b *(= aménagement)* ~ **électrique** electrical fittings ◆ ~ **hôtelier** hotel facilities *ou* amenities ◆ ~ **industriel** industrial plant ◆ ~**s collectifs** *(Admin)* community facilities *ou* amenities ◆ **prime** *ou* **subvention d'~** equipment grant c *(= action)* equipping ◆ **assurer l'~ de qch** to equip sth

**équipementier** /ekipmɑ̃tje/ NM components manufacturer ◆ ~ **automobile** car *ou* auto *(US)* parts manufacturer

**équiper** /ekipe/ ► conjug 1 ◄ VT *[+ troupe]* to equip (*de* with); *[+ local]* to equip, to fit out (*de* with); *[+ usine]* to tool up; *[+ ville, pays]* to equip, to provide (*de* with); *[+ sportif]* to equip, to fit out, to kit out *(Brit)* (*de* with); ◆ **cuisine tout équipée** fully equipped kitchen ◆ ~ **une machine d'un dispositif de sécurité** to fit a machine with a safety device VPR **s'équiper** *[usine]* to tool up; *[personne]* to equip o.s. (*de, en* with); *[sportif]* to equip o.s., to kit o.s. out *(Brit)*, to get o.s. kitted out *(Brit)* ◆ **l'école s'équipe en micro-ordinateurs** the school is acquiring some computers

**équipier, -ière** /ekipje, jɛʀ/ NM,F *(Sport)* team member; *(= rameur)* crew member; *(dans la restauration rapide)* fast food worker

**équiprobable** /ekɥipʀɔbabl/ ADJ equiprobable

**équitable** /ekitabl/ ADJ *[partage, jugement]* equitable, fair; *[personne]* impartial, fair(-minded)

**équitablement** /ekitabləmɑ̃/ ADV equitably, fairly

**équitation** /ekitasjɔ̃/ NF (horse-)riding, equitation *(frm)* ◆ **faire de l'~** to go horse-riding ◆ **école d'~** riding school

**équité** /ekite/ NF equity ◆ **avec** ~ equitably, fairly

**équivalence** /ekivalɑ̃s/ NF *(gén)* equivalence ◆ **diplômes étrangers admis en** ~ *(Univ)* recognized foreign diplomas ◆ **demande d'~** *request for an equivalent rating of one's degree* ◆ **j'ai eu ma licence par** ~ I obtained my degree by being granted an equivalent rating of my qualifications *ou* by transfer of credits

**équivalent, e** /ekivalɑ̃, ɑ̃t/ GRAMMAIRE ACTIVE 32.4 ADJ equivalent (*à* to); ◆ **ces solutions sont** ~**es** these solutions are equivalent ◆ **à prix** ~, **ce produit est meilleur** for the same *ou* equivalent price this is the better product NM *(= chose semblable, mot)* equivalent (*de* of); ◆ **vous ne trouverez l'~ nulle part** you won't find the *ou* its like *ou* equivalent anywhere ◆ ~ **pétrole** fuel oil equivalent

**équivaloir** /ekivalwaʀ/ ► conjug 29 ◄ VI *(lit) [quantité]* to be equivalent (*à* to); *[effet]* to be equivalent (*à* to) to amount (*à* to); ◆ **ça équivaut à dire que ...** it amounts to *ou* is equivalent *ou* tantamount to saying that ... VPR **s'équivaloir** to be the same ◆ **ça s'équivaut** it amounts to the same thing

**équivoque** /ekivɔk/ ADJ *(= ambigu)* equivocal, ambiguous; *(= louche)* dubious, questionable NF *(= ambiguïté)* equivocation, ambiguity; *(= incertitude)* doubt; *(= malentendu)* misunderstanding ◆ **conduite sans** ~ unequivocal *ou* unambiguous behaviour ◆ **pour lever l'~** to remove any doubt (on the matter)

**érable** /eʀabl/ NM maple (tree) ◆ ~ **du Canada** *ou* **à sucre** silver maple

**érablière** /eʀablijɛʀ/ NF maple grove

**éradication** /eʀadikasjɔ̃/ NF eradication

**éradiquer** /eʀadike/ ► conjug 1 ◄ VT to eradicate

**éraflement** /eʀɑfləmɑ̃/ NM scratching

**érafler** /eʀɑfle/ ► conjug 1 ◄ VT *[+ peau, genou]* to scratch, to graze; *[+ surface]* to scratch, to scrape

**éraflure** /eʀɑflyʀ/ NF *(sur peau)* scratch, graze; *(sur objet)* scratch, scrape (mark)

**éraillé, e** /eʀɑje/ (ptp de **érailler**) ADJ *[voix]* rasping, hoarse, croaking *(épith)*

**éraillement** /eʀɑjmɑ̃/ NM *[de voix]* hoarseness

**érailler** /eʀɑje/ ► conjug 1 ◄ VT *[+ voix]* to make hoarse; *(= rayer) [+ surface]* to scratch ◆ **s'~ la voix** to ruin one's voice

**Érasme** /eʀasm/ NM ◆ ~ **(de Rotterdam)** Erasmus

**erbium** /ɛʀbjɔm/ NM erbium

**ère** /ɛʀ/ NF era ◆ **400 avant notre** ~ 400 BC ◆ **en l'an 1600 de notre** ~ in the year of our Lord 1600, in the year 1600 AD ◆ **l'~ chrétienne** the Christian era ◆ ~ **secondaire/tertiaire** secondary/tertiary era ◆ **les** ~**s géologiques** the geological eras ◆ **une** ~ **nouvelle commence** it's the beginning *ou* dawn of a new era ◆ **l'~ Mitterrand/Thatcher** the Mitterrand/Thatcher era ◆ **l'~ atomique/glaciaire/spatiale** the atomic/ice/space age

**érectile** /eʀɛktil/ ADJ erectile

**érection** /eʀɛksjɔ̃/ NF a *[de monument]* erection, raising; *(fig)* establishment, setting-up b *(Physiol)* erection ◆ **avoir une** ~ to have an erection

**éreintant, e** /eʀɛ̃tɑ̃, ɑ̃t/ ADJ *[travail]* exhausting, backbreaking

**éreintement** /eʀɛ̃tmɑ̃/ NM *(= épuisement)* exhaustion; *(= critique)* savage attack (*de* on) panning*, slating* *(Brit)*

**éreinter** /eʀɛ̃te/ ► conjug 1 ◄ VT a *(= épuiser) [+ animal]* to exhaust; * *[+ personne]* to shatter*, to wear out ◆ **être éreinté** to be shattered* *ou* all in* *ou* worn out ◆ **s'~ à faire qch** to wear o.s. out doing sth b *(= critiquer) [+ auteur, œuvre]* to pull to pieces, to pan*, to slate* *(Brit)*

**érémiste** /'eʀemist/ NMF *person receiving welfare payment,* ≃ person on income support *(Brit)*, person on welfare *(US)*

**Erevan** /əʀəvɑ̃/ N Yerevan

**erg** /ɛʀg/ NM *(Géog, Phys)* erg

**ergatif, -ive** /ɛʀgatif, iv/ ADJ, NM *(Gram)* ergative

**ergol** /ɛʀgɔl/ NM propellant

**ergonome** /ɛʀgɔnɔm/ NMF ergonomist

**ergonomie** /ɛʀgɔnɔmi/ NF ergonomics *(sg)*

**ergonomique** /ɛʀgɔnɔmik/ ADJ ergonomic(al)

**ergonomiste** /ɛʀgɔnɔmist/ NMF ergonomist

**ergot** /ɛʀgo/ NM a *[de coq]* spur; *[de chien]* dewclaw ◆ **monter** *ou* **se dresser sur ses** ~**s** *(fig)* to get one's hackles up b *[de blé]* ergot c *(Tech)* lug

**ergotage** /ɛʀgɔtaʒ/ NM quibbling *(NonC)*, cavilling *(NonC)*, petty argument

**ergoter** /ɛʀgɔte/ ► conjug 1 ◄ VI to quibble (*sur* about) to cavil (*sur* at)

**ergoteur, -euse** /ɛʀgɔtœʀ, øz/ NM,F quibbler, hairsplitter

**ergothérapeute** /ɛʀgoteʀapøt/ NMF occupational therapist

**Érié** /eʀje/ N ◆ **le lac** ~ Lake Erie

**ériger** /eʀiʒe/ ► conjug 3 ◄ VT *(frm) [+ monument, bâtiment]* to erect; *[+ société]* to set up, to establish ◆ ~ **le dogmatisme en vertu** to make a virtue of dogmatism ◆ ~ **un criminel en héros** to set a criminal up as a hero ◆ **il s'érige en maître/juge** he sets himself up as a master/judge

**ermitage** /ɛʀmitaʒ/ NM *(d'ermite)* hermitage; *(fig)* retreat

**ermite** /ɛʀmit/ NM hermit

**éroder** /eʀɔde/ ► conjug 1 ◄ VT to erode

**érogène** /eʀɔʒɛn/ ADJ erogenous

**Éros** /eʀos/ NM *(Myth)* Eros ◆ **l'éros** *(Psych)* Eros

**érosif, -ive** /eʀozif, iv/ ADJ erosive

**érosion** /eʀozjɔ̃/ NF *(lit, fig)* erosion ◆ ~ **monétaire** (monetary) depreciation

**érotique** /eʀɔtik/ ADJ erotic

**érotiquement** /eʀɔtikmɑ̃/ ADV erotically

**érotisation** /eʀɔtizasjɔ̃/ NF eroticization

**érotiser** /eʀɔtize/ ► conjug 1 ◄ VT to ero

**érotisme** /eʀɔtism/ NM eroticism

**érotomane** /eʀɔtɔman/ NMF

**errance** /eʀɑ̃s/ NF *(littér)*

**errant, e** /eʀɑ̃, ɑ̃t/ AD

~ stray dog; →

**errata** /eʀata/ NM PL errata

**erratique** /eʀatik/ ADJ *(Géol, Méd)* erratic

**erratum** /eʀatɔm/ (pl **errata**) /eʀata/ NM erratum

**erre** /ɛʀ/ NF a *(Naut)* headway *(made after the engines have stopped)* ◆ **se laisser glisser sur son ~, courir sur son ~** *(fig)* to drift along b *(Vénerie)* **~s** tracks

**errements** /ɛʀmɑ̃/ NMPL *(littér)* erring ways, bad habits

**errer** /eʀe/ ► conjug 1 ◄ VI *(littér)* a *[voyageur]* to wander, to roam; *[regard]* to rove, to roam, to wander (*sur* over); *[pensée]* to wander, to stray ◆ **un sourire errait sur ses lèvres** a smile played on his lips b (= *se tromper*) to err

**erreur** /eʀœʀ/ GRAMMAIRE ACTIVE 45.2, 45.4 NF a *(gén)* mistake, error; *(Stat)* error ◆ **~ matérielle** technical error ◆ **~ d'écriture** clerical error ◆ **~ de calcul** mistake in calculation, miscalculation ◆ **faire une ~ de date** to make a mistake in *ou* be mistaken about the date ◆ **~ d'impression, ~ typographique** misprint, typographical error ◆ **~ de sens** wrong meaning ◆ **~ de traduction** mistranslation ◆ **~ (de) tactique** tactical error ◆ **~ de jugement** error of judgment

b *(loc)* **par suite d'une ~** due to an error *ou* a mistake ◆ **sauf ~** unless I'm (very much) mistaken ◆ **sauf ~ ou omission** errors and omissions excepted ◆ **par ~** by mistake ◆ **cherchez l'~ !** *(hum)* spot the deliberate mistake! ◆ **~ profonde !, grave ~ !** not at all!, absolutely not! ◆ **commettre** *ou* **faire une ~, tomber dans l'~** to make a mistake *ou* an error (*sur* about); ◆ **faire ~, être dans l'~** to be wrong *ou* mistaken ◆ **vous faites ~** *(Téléc)* you've got the wrong number ◆ **il y a ~** there's been a mistake *ou* there's some mistake ◆ **il n'y a pas d'~ (possible)** there's no mistake! ◆ **ce serait une ~ de croire que ...** it would be a mistake *ou* be wrong to think that ..., you would be mistaken in thinking that ... ◆ **il n'a pas droit à l'~** he's got to get it right ◆ **l'~ est humaine** to err is human ◆ **il y a ~ sur la personne** you've *etc* got the wrong person ◆ **cherchez l'~ !** *(hum)* spot the deliberate mistake!

c (= *dérèglements*) **~s** errors, lapses ◆ **~s de jeunesse** youthful indiscretions ◆ **retomber dans les ~s du passé** to lapse (back) into bad habits

d *(Jur)* **~ judiciaire** miscarriage of justice

**erroné, e** /eʀɔne/ ADJ erroneous

**ersatz** /ɛʀzats/ NM *(lit, fig)* ersatz, substitute ◆ **~ de café** ersatz coffee

**erse**[1] /ɛʀs/ NM, ADJ *(Ling)* Erse

**erse**[2] /ɛʀs/ NF *(Naut)* grommet

**éructation** /eʀyktasjɔ̃/ NF *(frm)* eructation *(frm)*

**éructer** /eʀykte/ ► conjug 1 ◄ VI *(frm)* to eructate *(frm)*

**érudit, e** /eʀydi, it/ ADJ erudite, learned, scholarly NM,F erudite *ou* learned person, scholar

**érudition** /eʀydisjɔ̃/ NF erudition, scholarship

**éruptif, -ive** /eʀyptif, iv/ ADJ eruptive

**éruption** /eʀypsjɔ̃/ NF a *(Géol)* eruption ◆ **~ (solaire)** solar flare ◆ **volcan en ~** erupting volcano ◆ **entrer en ~** to erupt b *(Méd)* **~ de boutons** outbreak of spots ◆ **~ cutanée** (skin) rash c (= *manifestation*) **~ de violence** outbreak *ou* outburst of violence

**érysipèle** /eʀizipɛl/ NM erysipelas

**érythème** /eʀitɛm/ NM rash ◆ **~ fessier** nappy *(Brit)* *ou* diaper *(US)* rash ◆ **~ solaire** sunburn

**Érythrée** /eʀitʀe/ NF Eritrea

**érythrocyte** /eʀitʀɔsit/ NM erythrocyte

**érythromycine** /eʀitʀɔmisin/ NF erythromycin

**ès** /ɛs/ PRÉP ◆ **licencié ~ lettres/sciences** ≃ Bachelor of Arts/Science ◆ **docteur ~ lettres** ≃ PhD ◆ **~ qualités** *[agir, être invité]* in one's official capacity ◆ **membre ~ qualités** ex officio member

**Ésaü** /ezay/ NM Esau

**esbigner (s')**‡ † /ɛsbiɲe/ ► conjug 1 ◄ VPR to skedaddle *, to clear off *

**esbroufe** * /ɛsbʀuf/ NF ◆ **faire de l'~** to show off ◆ **il essaie de nous la faire à l'~** he's shooting us a line‡, he's bluffing

**esbroufeur, -euse** * /ɛsbʀufœʀ, øz/ NM,F big talker *

**escabeau** (pl **escabeaux**) /ɛskabo/ NM (= *tabouret*) (wooden) stool; (= *échelle*) stepladder, pair of steps *(Brit)* ◆ **tu me prêtes ton ~ ?** can I borrow your stepladder? *ou* your steps *(Brit)*?

**escadre** /ɛskadʀ/ NF *(Naut)* squadron ◆ **~ (aérienne)** wing

**escadrille** /ɛskadʀij/ NF flight, ≃ squadron ◆ **~ de chasse** fighter squadron

**escadron** /ɛskadʀɔ̃/ NM *(Mil)* squadron; (= *bande*) bunch *, crowd ◆ **~ de gendarmerie** platoon of gendarmes ◆ **~ de la mort** death squad

**escagasser** * /ɛskagase/ ► conjug 1 ◄ VT *(terme du Midi)* (= *assommer*) to knock senseless, to stun; (= *ennuyer, agacer*) to bore to death * ◆ **ils l'ont escagassé d'un grand coup sur la tête** they landed him a blow to the head that knocked him senseless ◆ **tu m'escagasses avec tes questions** you're being a real pain * with your questions

**escalade** /ɛskalad/ NF a (= *action*) *[de montagne, rocher]* climbing; *[de mur]* climbing, scaling; *(Hist)* *[de forteresse]* scaling ◆ **partir faire l'~ d'une montagne** to set off to climb a mountain b *(Sport)* **l'~** (rock) climbing ◆ **~ libre** free climbing ◆ **~ artificielle** aid *ou* peg *ou* artificial climbing ◆ **une belle ~** a beautiful climb ◆ **faire de l'~** to go (rock) climbing c (= *aggravation*) escalation ◆ **on craint une ~ de la violence en France** an escalation of violence is feared in France ◆ **pour éviter l'~** to stop things getting out of control

**escalader** /ɛskalade/ ► conjug 1 ◄ VT *[+ montagne, rocher]* to climb; *[+ mur]* to climb, to scale; *(Hist)* *[+ forteresse]* to scale

**escalator** /ɛskalatɔʀ/ NM escalator

**escale** /ɛskal/ NF a (= *endroit*) *(Naut)* port of call; *(Aviat)* stop ◆ **faire ~ à** *(Naut)* to call at, to put in at; *(Aviat)* to stop over at b (= *temps d'arrêt*) *(Naut)* call; *(Aviat)* stop(over); *(brève)* touchdown ◆ **vol sans ~** nonstop flight ◆ **faire une ~ à Marseille** *(Naut)* to put in at Marseilles; *(Aviat)* to stop (over) at Marseilles ◆ **~ technique** *(Aviat)* refuelling stop

**escalier** /ɛskalje/ NM (= *marches*) stairs; *(à l'extérieur)* stairs, steps; (= *cage*) staircase, stairway ◆ **assis dans l'~** sitting on the stairs ◆ **grand ~** main staircase ◆ **~ en colimaçon** spiral staircase ◆ **montée en ~** *(Ski)* side-stepping *(NonC)* ◆ **il m'a fait des ~s dans les cheveux** * he's cut my hair all unevenly; → **esprit** COMP ▷ **escalier d'honneur** grand staircase ▷ **escalier mécanique** *ou* **roulant** escalator ▷ **escalier de secours** fire escape ▷ **escalier de service** *[de maison]* backstairs, servants' stairs; *[d'hôtel]* service stairs

**escalope** /ɛskalɔp/ NF escalope ◆ **~ cordon-bleu** *breaded veal escalope or turkey breast stuffed with ham and cheese*

**escaloper** /ɛskalɔpe/ ► conjug 1 ◄ VT *[+ volaille, poisson]* to cut into escalopes

**escamotable** /ɛskamɔtabl/ ADJ *[train d'atterrissage, antenne]* retractable; *[lit, siège]* collapsible, foldaway *(épith)*; *[escalier]* foldaway *(épith)*

**escamotage** /ɛskamɔtaʒ/ NM a *[de cartes]* conjuring away b *[de difficulté]* evading, getting *ou* skirting round; *[de question]* dodging, evading; *[de mot]* skipping c * *[de portefeuille]* filching *, pinching * d *[de train d'atterrissage]* retraction

**escamoter** /ɛskamɔte/ ► conjug 1 ◄ VT a (= *faire disparaître*) *[+ cartes etc]* to conjure away b *[+ difficulté]* to evade, to get round, to skirt round; *[+ question]* to dodge, to evade; *[+ mot, repas]* to skip c (* = *voler*) *[+ portefeuille]* to filch *, to pinch * d *[+ train d'atterrissage]* to retract

**escamoteur, -euse** † /ɛskamɔtœʀ, øz/ NM,F (= *prestidigitateur*) conjurer

**escampette** * /ɛskɑ̃pɛt/ NF → **poudre**

**escapade** /ɛskapad/ NF ◆ **faire une ~** *[d'écolier]* to run away *ou* off, to do a bunk‡ *(Brit)* ◆ **on a fait une petite ~ ce week-end** we went for a little trip this weekend ◆ **~ de trois jours** *(Tourisme)* three-day break

**escarbille** /ɛskaʀbij/ NF bit of grit

**escarboucle** /ɛskaʀbukl/ NF (= *pierre*) carbuncle

**escarcelle** /ɛskaʀsɛl/ NF († † = *portefeuille*) moneybag ◆ **tomber dans l'~ de qn** *(hum)* *[argent, prime]* to wind up in sb's pocket; *[entreprise]* to get caught in sb's net

**escargot** /ɛskaʀgo/ NM *(Zool)* snail; (* = *lambin*) slowcoach * *(Brit)*, slowpoke * *(US)* ◆ **avancer comme un ~** *ou* **à une allure d'~** to go at a snail's pace ◆ **~ de mer** whelk ◆ **opération ~** (= *manifestation*) go-slow *(Brit)*, slow-down *(US)*

**escargotière** /ɛskaʀgɔtjɛʀ/ NF (= *parc*) snail farm; (= *plat*) snail-dish

**escarmouche** /ɛskaʀmuʃ/ NF *(lit, fig)* skirmish

**escarpé, e** /ɛskaʀpe/ ADJ steep

**escarpement** /ɛskaʀpəmɑ̃/ NM (= *côte*) steep slope, escarpment *(SPÉC)*; (= *raideur*) steepness ◆ **~ de faille** *(Géol)* fault scarp

**escarpin** /ɛskaʀpɛ̃/ NM low-fronted shoe, court shoe *(Brit)*, pump *(US)*

**escarpolette** † /ɛskaʀpɔlɛt/ NF (= *balançoire*) swing; *(Alpinisme)* etrier *(Brit)*, stirrup *(US)*

**escarre** /ɛskaʀ/ NF bedsore, decubitus ulcer *(SPÉC)*

**Escaut** /ɛsko/ NM ◆ **l'~** the Scheldt

**eschatologie** /ɛskatɔlɔʒi/ NF eschatology

**Eschyle** /eʃil/ NM Aeschylus

**escient** /esjɑ̃/ NM ◆ **à bon ~** advisedly ◆ **à mauvais ~** ill-advisedly ◆ **utiliser qch à bon ~** to use sth wisely ◆ **les statistiques peuvent être utilisées à mauvais ~** statistics can be misused

**esclaffer (s')** /ɛsklafe/ ► conjug 1 ◄ VPR to burst out laughing, to guffaw

**esclandre** /ɛsklɑ̃dʀ/ NM (= *scandale*) scene; *(public)* scandal ◆ **faire** *ou* **causer un ~** *(scandale)* to make a scene; *(public)* to cause *ou* create a scandal

**esclavage** /ɛsklavaʒ/ NM slavery, bondage *(littér)* ◆ **réduire en ~** to enslave ◆ **tomber en ~** to become enslaved ◆ **c'est de l'~ !** *(fig)* it's sheer slavery!

**esclavagisme** /ɛsklavaʒism/ NM proslavery

**esclavagiste** /ɛsklavaʒist/ ADJ proslavery *(épith)* ◆ **États ~s** slave states NMF person in favour of slavery; *(fig)* slave driver

**esclave** /ɛsklav/ **NMF** slave (*de qn/qch* to sb/sth); ◆ **vie d'~** slave's life, life of slavery ◆ **être ~ de la mode/d'une habitude** to be a slave of fashion/to habit ◆ **devenir l'~ de qn** to become enslaved to sb ◆ **se rendre ~ de qch** to become a slave to sth

**escogriffe** /ɛskɔɡʀif/ **NM** ◆ **(grand) ~** (great) beanpole *, string bean * *(US)*

**escomptable** /ɛskɔ̃tabl/ **ADJ** *(Banque)* discountable

**escompte** /ɛskɔ̃t/ **NM** *(Banque)* discount ◆ **présenter à l'~** to tender *ou* remit for discount

**escompter** /ɛskɔ̃te/ ▸ conjug 1 ◂ **VT** *(Banque)* to discount; *(fig)* to expect ◆ **~ faire qch** to expect to do sth, to reckon *ou* count on doing sth

**escompteur** /ɛskɔ̃tœʀ/ **NM** discounter

**escopette** † /ɛskɔpɛt/ **NF** blunderbuss

**escorte** /ɛskɔʀt/ **NF** *(gén, Mil, Naut)* escort; *(= suite)* escort, retinue ◆ **(toute) une ~ de** *(fig)* a whole train *ou* suite of ◆ **sous bonne ~** under escort ◆ **faire ~ à** to escort

**escorter** /ɛskɔʀte/ ▸ conjug 1 ◂ **VT** to escort ◆ **il est toujours escorté de jolies femmes** he's always surrounded by pretty women

**escorteur** /ɛskɔʀtœʀ/ **NM** ◆ **(navire) ~** escort (ship)

**escouade** /ɛskwad/ **NF** *(Mil)* squad; *[d'ouvriers]* gang, squad; *(= groupe de gens)* group, squad

**escrime** /ɛskʀim/ **NF** fencing ◆ **faire de l'~** to fence

**escrimer (s')** * /ɛskʀime/ ▸ conjug 1 ◂ **VPR** ◆ **s'~ à faire qch** to wear *ou* knock * o.s. out doing sth ◆ **s'~ sur qch** to struggle away at sth

**escrimeur, -euse** /ɛskʀimœʀ, øz/ **NM,F** *(Sport)* fencer

**escroc** /ɛskʀo/ **NM** crook, swindler, con man *

**escroquer** /ɛskʀɔke/ ▸ conjug 1 ◂ **VT** to swindle, to con * ◆ **~ qn de qch** to swindle sb out of sth, to swindle *ou* con * sth out of sb ◆ **se faire ~ par qn** to be swindled *ou* conned * by sb

**escroquerie** /ɛskʀɔkʀi/ **NF** *(gén)* swindle, swindling *(NonC)*; *(Jur)* fraud ◆ **être victime d'une ~** *(gén)* to be swindled; *(Jur)* to be a victim of fraud ◆ **8 € pour un café, c'est de l'~** €8 for a coffee, that's a rip-off * *ou* that's daylight *(Brit) ou* highway *(US)* robbery ◆ **~ intellectuelle** intellectual fraud

**escudo** /ɛskydo/ **NM** escudo

**Esculape** /ɛskylap/ **NM** Aesculapius

**esgourde** † ‡ /ɛsɡuʀd/ **NF** ear, lug * *(Brit)* ◆ **ouvre bien tes ~s** pin back your lugholes * *(Brit)*, listen up

**Ésope** /ezɔp/ **NM** Aesop

**ésotérique** /ezɔteʀik/ **ADJ** esoteric

**ésotérisme** /ezɔteʀism/ **NM** esotericism

**espace[1]** /ɛspas/ **NM** **a** *(gén)* space ◆ **~-temps** space-time ◆ **~ disque** *(Ordin)* disk space ◆ **c'est un bel ~** *(musée, salle)* it's a beautiful space ◆ **l'~ public/urbain** public/urban space ◆ **l'~ publicitaire** advertising space ◆ **la musique est pour moi un ~ de liberté** music is an area in which I can express myself freely

**b** *(= zone géographique)* area ◆ **l'~ monétaire européen** the European monetary area, Euroland ◆ **l'~ francophone** French-speaking countries

**c** *(= place)* space, room ◆ **avoir assez d'~ pour bouger/vivre** to have enough room to move/live ◆ **manquer d'~** to lack space, to be short of space *ou* room

**d** *(= intervalle)* space ◆ **~ de temps** space of time ◆ **~ parcouru** distance covered, interval (of time) ◆ **laisser de l'~** to leave some space ◆ **laisser un ~** to leave a space *ou* gap *(entre* between)

◆ **en l'espace de** ◆ **en l'~ de trois minutes** within (the space of) three minutes ◆ **en l'~ d'un instant** in no time at all

**COMP** ▷ **l'espace aérien** air space ▷ **l'Espace économique européen** the European Economic Area ▷ **l'espace Schengen** the Schengen area ▷ **espaces verts** parks ▷ **espace vital** *(Hist)* lebensraum; *(fig)* personal space

**espace[2]** /ɛspas/ **NF** *(Typo) (= tige)* quad; *(= blanc)* space

**espacé, e** /ɛspase/ (ptp de **espacer**) **ADJ** *[arbres, objets]* spaced (out) ◆ **elle a mis des bibelots sur l'étagère, bien ~s** she placed ornaments on the shelves, setting them neatly apart ◆ **des crises assez régulièrement ~es** attacks occurring at fairly regular intervals ◆ **ses visites sont très ~es ces temps-ci** his visits are few and far between these days ◆ **réunions ~es de huit à dix jours** meetings taking place every eight to ten days

**espacement** /ɛspasmɑ̃/ **NM** *(= action)* spacing out; *(= résultat)* spacing ◆ **devant l'~ de ses visites** in view of the growing infrequency of his visits

**espacer** /ɛspase/ ▸ conjug 3 ◂ **VT** *[+ objets]* to space out; *[+ visites]* to space out, to make less frequent **VPR** **s'espacer** *[visites, symptômes]* to become less frequent

**espadon** /ɛspadɔ̃/ **NM** swordfish

**espadrille** /ɛspadʀij/ **NF** espadrille

**Espagne** /ɛspaɲ/ **NF** Spain; → **château, grand**

**espagnol, e** /ɛspaɲɔl/ **ADJ** Spanish **NM** **a** *(Ling)* Spanish **b** ◆ **Espagnol** Spanish man, Spaniard ◆ **les Espagnols** the Spanish, the Spaniards **NF** **Espagnole** Spanish woman, Spaniard

**espagnolette** /ɛspaɲɔlɛt/ **NF** (window) catch ◆ **fenêtre fermée à l'~** *window resting on the catch*

**espalier** /ɛspalje/ **NM** *(Agr)* espalier; *(Sport)* wall bars ◆ **arbre en ~** espaliered tree

**espar** /ɛspaʀ/ **NM** *(Naut)* spar

**espèce** /ɛspɛs/ **NF** **a** *(Bio)* species ◆ **~s** species ◆ **~ humaine** human race ◆ **~ animale/végétale** animal/plant species; → **propagation**

**b** *(= sorte)* sort, kind, type ◆ **de toute ~** of all kinds *ou* sorts *ou* types ◆ **ça n'a aucune ~ d'importance** that is of absolutely no importance *ou* not of the slightest importance ◆ **c'est une ~ de boîte** it's a kind *ou* sort of box ◆ **un voyou de la pire ~** a hoodlum of the worst kind *ou* sort; → **cas**

**c** *(*, péj)* **une** *ou* **un ~ d'excentrique est venu** some eccentric turned up ◆ **qu'est-ce que c'est que cette** *ou* **cet ~ de crétin ?** who's this stupid twit? ‡ *ou* idiot? ◆ **~ de maladroit !** you clumsy oaf! * *ou* clot! * *(Brit)*

**d** *(Fin)* **~s** cash ◆ **versement en ~s** payment in cash *ou* in specie *(SPÉC)* ◆ **en ~s sonnantes et trébuchantes** *(†, hum)* in coin of the realm *(hum)*

**e** *(Philos, Rel)* species ◆ **les Saintes Espèces** the Eucharistic *ou* sacred species; → **communier**

**f** *(loc)*

◆ **en l'espèce** in the case in point

◆ **sous les espèces de** in the form of

**espérance** /ɛspeʀɑ̃s/ **NF** **a** *(= espoir)* hope (*de* for) expectation(s) ◆ **l'~** *(Rel, gén)* hope ◆ **au delà de toute ~** beyond all expectations ◆ **ça a dépassé toutes nos ~s** it was far more than we'd hoped for ◆ **contre toute ~** against all expectations *ou* hope, contrary to expectation(s) ◆ **avoir** *ou* **nourrir de grandes ~s** to have *ou* cherish great hopes ◆ **bâtir** *ou* **fonder des ~s sur** to build *ou* base one's hopes on ◆ **mettre son ~** *ou* **ses ~s en** *ou* **dans** to pin one's hopes on **b** *(= sujet d'espoir)* hope ◆ **c'est là toute mon ~** that is my greatest hope, it's what I hope for most **c** *(Sociol)* **~ de vie** life expectancy

**espérantiste** /ɛspeʀɑ̃tist/ **ADJ, NMF** Esperantist

**espéranto** /ɛspeʀɑ̃to/ **NM** Esperanto

**espérer** /ɛspeʀe/ GRAMMAIRE ACTIVE 31, 35.2 ▸ conjug 6 ◂

**VT** *(= souhaiter) [+ succès, récompense, aide]* to hope for ◆ **~ réussir** to hope to succeed ◆ **~ que** to hope that ◆ **nous ne vous espérions plus** we'd given up (all) hope of seeing you, we'd given up on you ◆ **je n'en espérais pas tant** I wasn't hoping *ou* I hadn't dared to hope for as much ◆ **viendra-t-il ? – je l'espère (bien)** *ou* **j'espère (bien)** will he come? – I (certainly) hope so ◆ **ceci (nous) laisse** *ou* **fait ~ un succès rapide** this gives us hope *ou* makes us hopeful of quick success ◆ **n'espérez pas qu'il change d'avis** there is no point in hoping he'll change his mind ◆ **j'espère bien n'avoir rien oublié** I hope I haven't forgotten anything

**VI** *(= avoir confiance)* to have faith ◆ **il faut ~** you must have faith ◆ **~ en** *[+ Dieu, honnêteté de qn, bienfaiteur]* to have faith in, to trust in

**esperluette** /ɛspɛʀlɥɛt/ **NF** ampersand

**espiègle** /ɛspjɛɡl/ **ADJ** *[enfant]* mischievous, impish; *[air]* roguish, mischievous **NMF** imp, monkey *

**espièglerie** /ɛspjɛɡləʀi/ **NF** **a** *(= caractère) [d'enfant]* mischievousness, impishness; *[d'air]* roguishness, mischievousness **b** *(= tour)* piece of mischief, prank

**espion, -ionne** /ɛspjɔ̃, jɔn/ **NM,F** spy

**espionite** /ɛspjɔnit/ **NF** spy mania

**espionnage** /ɛspjɔnaʒ/ **NM** espionage, spying ◆ **film/roman d'~** spy film/novel *ou* thriller ◆ **~ industriel** industrial espionage

**espionner** /ɛspjɔne/ ▸ conjug 1 ◂ **VT** *[+ personne, actions]* to spy (up)on, to keep a close watch on ◆ **~ pour le compte de qn** to spy for sb

**espionnite** /ɛspjɔnit/ **NF** ⇒ **espionite**

**esplanade** /ɛsplanad/ **NF** esplanade

**espoir** /ɛspwaʀ/ **NM** **a** *(= espérance)* hope ◆ **~s chimériques** wild hopes ◆ **dans l'~ de vous voir bientôt** hoping to see you soon, in the hope of seeing you soon ◆ **avoir l'~/le ferme ~ que** to be hopeful/very hopeful that ◆ **il n'y a plus d'~** all hope is lost *ou* there's no longer any hope ◆ **avoir bon ~ de faire/que** to have great hopes of doing/that, to be confident of doing/that ◆ **reprendre ~** to (begin to) feel hopeful again, to take heart once more ◆ **sans ~** *[amour, situation]* hopeless ◆ **aimer sans ~** to love without hope ◆ **l'~ fait vivre** *(gén)* hope keeps us going; *(hum)* there's always hope ◆ **tous les ~s sont permis** there's no limit to what we can hope for; → **lueur, rayon**

**b** *(= personne)* hope ◆ **vous êtes mon dernier ~** you are my last hope ◆ **les jeunes ~s du ski/de la chanson** the young hopefuls of the skiing/singing world ◆ **un des grands ~s de la boxe française** one of the great hopes in French boxing, one of France's great boxing hopes

**esprit** /ɛspʀi/ **NM** **a** *(gén, = pensée)* mind ◆ **l'~ humain** the mind of man, the human mind *ou* intellect ◆ **se reporter en ~** *ou* **par l'~ à** to cast one's mind back to ◆ **avoir l'~ large/étroit** to be broad-/narrow-minded ◆ **avoir l'~ vif/lent** to be quick-/slow-witted ◆ **vivacité/lenteur d'~** quickness/slowness of wit *ou* mind ◆ **avoir l'~ clair** to have a clear head *ou* mind ◆ **avoir l'~ mal tourné** to have a dirty mind, to have that sort of mind *(Brit)* ◆ **il a l'~ ailleurs** his mind is elsewhere *ou* on other things ◆ **où ai-je l'~ ?** what am I thinking of? ◆ **j'ai l'~ plus libre maintenant** my mind is freer now ◆ **il n'a pas l'~ à ce qu'il fait** his mind is not on what he's doing ◆ **je n'ai pas l'~ à rire** I'm not in the mood for laughing ◆ **dans mon ~ ça voulait dire ...** to my mind it meant ... ◆ **l'~ est fort *ou* prompt, mais la chair est faible** *(hum)* the spirit is willing but the flesh is weak ◆ **il m'est venu à l'~ que ...** it crossed my mind that ..., it occurred to me that ... ◆ **un ~ sain dans un corps sain** *(Prov)* a healthy *ou* sound mind in a healthy body; → **aventure, disposition, état, faible**

**b** *(= humour)* wit ◆ **avoir de l'~** to be witty ◆ **faire de l'~** to try to be witty *ou* funny ◆ **manquer d'~** to lack sparkle *ou* wit; → **femme, mot, trait**

**c** *(= être humain)* **son pouvoir sur les ~s/jeunes ~s** his power over people's minds/young minds ◆ **il joue les ~s forts** he claims to be a rational man ◆ **c'est un ~ subtil** he is a shrewd man, he has a shrewd mind ◆ **un des plus grands ~s du siècle** one of the greatest minds of the century ◆ **bel ~** wit ◆ **faire le bel ~** to show off one's wit ◆ **les grands *ou* beaux ~s se rencontrent** great minds think alike

**d** *(Rel, Spiritisme)* spirit ◆ **~, es-tu là ?** is (there) anybody there? ◆ **je ne suis pas un pur ~** I'm flesh and blood (and I have to eat)

**e** *[de loi, époque, texte]* spirit

**f** *(= aptitude)* **avoir l'~ mathématique/d'analyse/d'entreprise** to have a mathematical/an analytical/an enterprising mind ◆ **avoir l'~ critique** to be critical, to have a critical mind ◆ **avoir l'~ de critique** to like criticizing for its own sake ◆ **avoir l'~ de synthèse** to have a global approach ◆ **avoir le bon ~ de** to have enough sense to, to have the (good) sense to

**g** *(= attitude)* spirit ◆ **l'~ de cette classe *ou* qui règne dans cette classe** the (general) attitude of this class ◆ **~ de révolte/sacrifice** spirit of rebellion/sacrifice ◆ **dans un ~ de conciliation** in a spirit of conciliation ◆ **comprenez l'~ dans lequel je le dis** you must understand the spirit in which I say it ◆ **avoir mauvais ~** to be negative about things ◆ **faire du mauvais ~** to make snide remarks

**h** *(Ling)* **~ doux/rude** smooth/rough breathing

**COMP** ▷ **esprit de caste** class consciousness ▷ **esprits chagrins** *(péj)* fault-finders ◆ **il y aura toujours des ~s chagrins pour critiquer** there'll always be miserable people who'll find fault ▷ **esprit de chapelle** cliquishness ▷ **esprit de clan** clannishness ▷ **esprit de clocher** parochialism ◆ **avoir l'~ de clocher** to have a small-town mentality ▷ **esprit de compétition** competitive spirit ▷ **esprit de contradiction** argumentativeness ◆ **il a l'~ de contradiction** he likes to contradict people just for the sake of it ▷ **esprit de corps** esprit de corps ▷ **esprit d'équipe** team spirit ▷ **esprit d'escalier** ◆ **tu as l'~ d'escalier** you never think of an answer until it's too late ▷ **esprit de famille** family feeling; *(péj)* clannishness ▷ **esprit frappeur** poltergeist ▷ **esprit malin *ou* du mal** evil spirit ▷ **l'Esprit saint** *(Rel)* the Holy Spirit *ou* Ghost ▷ **esprit de suite** consistency *(of thought)* ▷ **esprit de système** methodical *ou* systematic mind; → **conquête, initiative, ouverture**

**esprit-de-bois** /ɛspʀidbwa/ **NM** wood alcohol

**esprit-de-sel** /ɛspʀidsɛl/ **NM** spirits of salt

**esprit-de-vin** /ɛspʀidvɛ̃/ **NM** spirits of wine

**esquif** /ɛskif/ **NM** *(littér)* boat ◆ **frêle ~** frail barque *(littér)*

**esquille** /ɛskij/ **NF** splinter (of bone)

**esquimau, -aude** (mpl **esquimaux**) /ɛskimo, od/ **ADJ** Eskimo ◆ **chien ~** husky **NM** **a** *(Ling)* Eskimo **b** (® *= glace*) choc-ice *(Brit)*, ice-cream bar *(US)* **NM,F** **Esquimau(de)** Eskimo

**esquintant, e** * /ɛskɛ̃tɑ̃, ɑ̃t/ **ADJ** exhausting

**esquinter** * /ɛskɛ̃te/ ▸ conjug 1 ◂ **VT** **a** *(= abîmer) [+ objet]* to mess up *; *[+ yeux]* to do in *, to ruin; *[+ santé]* to ruin; *[+ adversaire]* to beat up, to bash up *; *[+ voiture]* to smash up ◆ **se faire ~ par une voiture** *[automobiliste]* to have *ou* get one's car bashed * *ou* smashed into by another; *[cycliste, piéton]* to get badly bashed up * by a car ◆ **aile esquintée** *(Aut)* damaged *ou* dented wing ◆ **vieux râteau tout esquinté** battered old rake

**b** *(= critiquer) [+ film, livre]* to pull to pieces, to pan *, to slate * *(Brit)*

**VPR** **s'esquinter** *(= se fatiguer)* to tire *ou* knock * o.s. out; *(= se blesser)* to hurt o.s. ◆ **s'~ le bras** to hurt one's arm ◆ **s'~ à travailler** to work o.s. to death, to work o.s. into the ground ◆ **s'~ à étudier** to wear o.s. out studying, to work o.s. into the ground studying ◆ **s'~ les yeux (à lire)** to strain one's eyes (reading)

**esquisse** /ɛskis/ **NF** *(Peinture)* sketch; *[de projet]* outline, sketch; *[de geste, sourire]* beginnings, suggestion

**esquisser** /ɛskise/ ▸ conjug 1 ◂ **VT** *(Peinture)* to sketch (out); *[+ projet]* to outline, to sketch ◆ **~ un geste** to make a slight *ou* vague gesture, to half-make a gesture ◆ **~ un pas de danse** to have a quick dance, to have a quick twirl * ◆ **un sourire à peine esquissé** the ghost of a smile, the faintest of smiles ◆ **un certain progrès commence à s'~** one can begin to detect some progress

**esquive** /ɛskiv/ **NF** *(Boxe)* dodge; *(en politique)* evasion, sidestepping *(NonC)* ◆ **il est passé maître dans l'art de l'~** he's a past master in the art of sidestepping *ou* dodging his opponents (*ou* the issue)

**esquiver** /ɛskive/ ▸ conjug 1 ◂ **VT** *[+ difficulté, piège, danger, responsabilité]* to evade; *[+ coup, question]* to dodge, to evade; *[+ personne]* to elude, to evade; *[+ obligation]* to shirk, to dodge **VPR** **s'esquiver** to slip *ou* sneak away

**essai** /esɛ/ **NM** **a** *(= mise à l'épreuve) [de produit]* testing; *[de voiture]* trying out, testing ◆ **faire l'~ de** *[+ produit]* to try out; *[+ nouvelle voiture]* to test drive, to try (out) ◆ **nous avons procédé par ~s et erreurs** we did it by trial and error; → **banc, bout**

**b** *(= test)* test ◆ **~s nucléaires** nuclear tests ◆ **~s** *(Aut, Aviat = tests techniques)* trials ◆ **~s de résistance** resistance tests

**c** *(= tentative)* attempt, try; *(Sport)* attempt ◆ **faire plusieurs ~s** to have several tries, to make *ou* have several attempts ◆ **faire des ~s infructueux** to make fruitless attempts ◆ **où en sont tes ~s de plantations ?** how are your efforts at growing things *ou* your attempts at gardening progressing? ◆ **ce n'est pas mal pour un premier ~** that's not bad for a first try *ou* attempt *ou* go ◆ **se livrer à des forages d'~** *[compagnie pétrolière]* to test drill

♦ **coup d'essai** first attempt ◆ **huit ans après ce coup d'~, il écrit un second roman** eight years after this first attempt, he wrote a second novel ◆ **il n'en est pas à son coup d'~** it's not a novice

♦ **à l'essai** ◆ **être à l'~** *[personne]* to be on trial ◆ **c'est à l'~** *[procédé]* it's being tried out *ou* tested ◆ **prendre qn à l'~** to take sb on for a trial period *ou* on a trial basis ◆ **mettre à l'~** to test (out), to put to the test ◆ **mise à l'~** *[de procédé]* test; → **ballon[1], bout, période**

**d** *(Rugby)* try ◆ **marquer un ~** to score a try

**e** *(Littérat)* essay

**f** *(Tech) [d'or, argent]* assay

**essaim** /esɛ̃/ **NM** *(lit, fig)* swarm ◆ **~ de jeunes filles** bevy *ou* gaggle of girls

**essaimage** /esɛmaʒ/ **NM** *[d'abeilles]* swarming; *[de famille]* scattering; *[de firme] (= développement)* spreading, expansion; *(= séparation)* hiving off

**essaimer** /eseme/ ▸ conjug 1 ◂ **VI** *[abeilles]* to swarm; *[famille]* to scatter; *[firme] (= se développer)* to spread, to expand; *(= se séparer)* to hive off

**essayage** /esɛjaʒ/ **NM** *(Couture)* fitting, trying on; → **cabine, salon**

**essayer** /eseje/ ▸ conjug 8 ◂ **VT** **a** *(= mettre à l'épreuve) [+ produit]* to test (out), to try (out); *[+ médicament, vaccin]* to try out; *[+ voiture]* to test ◆ **venez ~ notre nouveau modèle** come and test drive *ou* try (out) our new model ◆ **~ sa force/son talent** to try *ou* test one's strength/skill

**b** *(= utiliser pour la première fois) [+ voiture, produit]* to try (out) ◆ **avez-vous essayé le nouveau boucher ?** * have you tried the new butcher('s)?; → **adopter**

**c** *[+ vêtement]* to try on ◆ **il faut que je vous l'essaie** I must try it on you

**d** *(= tenter) [+ méthode]* to try ◆ **~ de faire** to try *ou* attempt to do ◆ **as-tu essayé les petites annonces ?** have you tried the classified ads? ◆ **essaie de le faire** try to do it, try and do it ◆ **il a essayé de s'échapper** he attempted *ou* tried to run away ◆ **je vais ~** I'll try, I'll have a go *ou* a try *ou* a shot (at it) ◆ **essaie un coup** * have a crack at it *, have a bash (at it) * ◆ **essaie un peu pour voir** *(si tu y arrives)* have a try *ou* a go and see; *( * si tu l'oses)* just you try! *, just let me see you try it! ◆ **n'essaie pas de ruser avec moi** don't try being clever with me, don't try it on with me * *(Brit)*

**e** *(Tech) [+ or, argent]* to assay

**VPR** **s'essayer** ◆ **s'~ à qch/à faire** to try one's hand at sth/at doing, to have a go at sth/at doing

**essayeur, -euse** /esɛjœʀ, øz/ **NM,F** *(Couture)* fitter; *(Tech)* assayer

**essayiste** /esejist/ **NMF** essayist

**esse** /ɛs/ **NF** *(= crochet)* hook; *(= goupille)* linchpin; *[de violon]* sound-hole

**ESSEC** /esɛk/ **NF** (abrév de **École supérieure des sciences économiques et commerciales**) *grande école for management and business students*

**essence** /esɑ̃s/ **NF** **a** *(= carburant)* petrol *(Brit)*, gas(oline) *(US)*; *(= solvant)* spirit ◆ **~ minérale** mineral oil ◆ **~ ordinaire** two-star petrol *(Brit)*, regular gas *(US)* ◆ **~ sans plomb** unleaded petrol *(Brit)*, unleaded gas *(US)* ◆ **~ de térébenthine** turpentine ◆ **à ~** petrol-driven *(Brit)*, gasoline-powered *(US)* ◆ **prendre *ou* faire * de l'~** to get petrol *(Brit)* *ou* gas *(US)*, to fill up with petrol *(Brit)* *ou* gas *(US)*; → **distributeur, panne[1]**

**b** *(= extrait) [de plantes]* essential oil, essence; *[d'aliments]* essence ◆ **~ de vanille/de violette/de café** vanilla/violet/coffee essence ◆ **~ de citron/de rose** lemon/rose oil ◆ **~ de lavande** lavender essence *ou* oil

**c** *(= fondement) [de conversation, question, doctrine]* gist, essence; *[de livre]* gist; *(Philos)* essence; *(littér)* ◆ **par ~** in essence, essentially d (= espèce) [d'arbres] species ◆ ~ **à feuilles persistantes** evergreen species ◆ **se croire d'une ~ supérieure** (littér) to think of o.s. as a superior being *ou* as of a superior species

**essentiel, -elle** /esɑ̃sjɛl/ GRAMMAIRE ACTIVE 37.1, 53.2

ADJ a (= indispensable) essential ◆ **ces formalités sont essentielles** these formalities are essential (à to; *pour* for)

b (= de base) essential, basic, main (épith) ◆ ~ **à** essential to; → **huile**

NM a ◆ **l'~** (= objets nécessaires) the basic essentials; (= points principaux) the essentials, the essential *ou* basic points ◆ **c'est l'~** that's the main thing ◆ **l'~ est de ...** the main *ou* important thing is to ... ◆ **vous avez oublié l'~ : le coût** you've forgotten the most important thing: the cost ◆ **je suis passé à côté de l'~** (dans ma vie, ma carrière) I've missed out on the most important things

b ◆ **l'~ de** [+ conversation] the main part of; [+ fortune] the best *ou* main part of, the bulk of ◆ **l'~ de ce qu'il dit** most of what he says ◆ **l'~ de leur temps** the best part of their time

**essentiellement** /esɑ̃sjɛlmɑ̃/ ADV (gén) basically, essentially, mainly; (= en majorité) essentially, mainly; (Philos) essentially ◆ **c'est ~ grâce à .../dû à ...** it is basically *ou* essentially thanks to .../due to ...

**esseulé, e** /esœle/ ADJ (littér) forsaken (littér), forlorn (littér)

**essieu** (pl **essieux**) /esjø/ NM axle(-tree)

**essor** /esɔʀ/ NM (frm = envol) [d'oiseau, imagination] flight; (= croissance) [d'entreprise, pays] rapid development *ou* expansion; [d'art, civilisation] blossoming ◆ **entreprise en plein ~** firm in full expansion ◆ **prendre son ~** [d'oiseau] to soar up into the sky; [de société] to develop *ou* expand rapidly ◆ **le cinéma connaît un nouvel ~** the cinema is enjoying a new boom

**essorage** /esɔʀaʒ/ NM (avec essoreuse à rouleaux) wringing; (à la main) wringing out; (par la force centrifuge) spin-drying ◆ **mettre sur la position "essorage"** to put on "spin" ◆ ~ **court/doux** *ou* **léger** short/gentle spin

**essorer** /esɔʀe/ ▸ conjug 1 ◂ VT a (avec essoreuse à rouleaux) to wring; (à la main) to wring out; (par la force centrifuge) to spin-dry b (Hér) **oiseau essoré** soaring bird

**essoreuse** /esɔʀøz/ NF (à rouleaux) wringer, mangle; (à tambour) spin-dryer ◆ ~ **à salade** salad spinner

**essoufflement** /esufləmɑ̃/ NM breathlessness (NonC), shortness of breath (NonC); [de mouvement] running out of steam

**essouffler** /esufle/ ▸ conjug 1 ◂ VT to make breathless, to wind ◆ **il était essoufflé** he was out of breath *ou* winded *ou* puffed* (Brit) VPR **s'essouffler** [coureur] to get out of breath, to get puffed* (Brit); [roman, travail] to tail off, to fall off; [romancier] to exhaust o.s. *ou* one's talent, to dry up*; [reprise économique, mouvement de grève] to run out of steam

**essuie** /esɥi/ NM (Belg) (pour les mains) hand towel; (= serviette de bain) bath towel; (= torchon) cloth

**essuie-glace** (pl **essuie-glaces**) /esɥiglas/ NM windscreen (Brit) *ou* windshield (US) wiper ◆ ~ **arrière** rear windscreen wiper ◆ ~ **à balayage intermittent** intermittent wiper

**essuie-mains** /esɥimɛ̃/ NM INV hand towel

**essuie-meuble(s)** (pl **essuie-meubles**) /esɥimœbl/ NM duster

**essuie-tout** /esɥitu/ NM INV kitchen paper (Brit), paper towels (US), Scott towels ® (US)

**essuie-verre(s)** (pl **essuie-verres**) /esɥivɛʀ/ NM glass cloth

**essuyage** /esɥijaʒ/ NM [d'objet mouillé, assiettes] wiping, drying; [de sol, surface mouillée] wiping, mopping; [de tableau noir] cleaning, wiping; [de surface poussiéreuse] dusting; [de liquide] wiping up, mopping up

**essuyer** /esɥije/ ▸ conjug 8 ◂ VT a (= nettoyer) [+ objet mouillé, assiettes] to wipe, to dry; [+ sol, surface mouillée] to wipe, to mop; [+ tableau noir] to clean, to wipe; [+ surface poussiéreuse] to dust; [+ liquide] to wipe up, to mop up ◆ **essuie-toi les pieds** *ou* **essuie tes pieds avant d'entrer** wipe your feet before you come in ◆ ~ **la vaisselle** to dry the dishes, to do the drying-up (Brit) ◆ **le tableau est mal essuyé** the blackboard hasn't been cleaned *ou* wiped properly ◆ **nous avons essuyé les plâtres** * we had all the initial problems to put up with

b (= subir) [+ pertes, reproches, échec, insultes] to endure; [+ refus] to meet with; [+ tempête] to weather, to ride out ◆ ~ **le feu de l'ennemi** to come under enemy fire ◆ ~ **un coup de feu** to be shot at

VPR **s'essuyer** [personne] to dry o.s. ◆ **s'~ les mains** to dry one's hands ◆ **s'~ la bouche** to wipe one's mouth ◆ **s'~ les pieds** (= sécher) to dry one's feet; (= nettoyer) to wipe one's feet

**est** /ɛst/ NM INV a (= point cardinal) east ◆ **le vent d'~** the east wind ◆ **un vent d'~** an east (erly) wind, an easterly (Naut) ◆ **le vent tourne/est à l'~** the wind is veering east (wards) *ou* towards the east/is blowing from the east ◆ **regarder vers l'~** to look east(wards) *ou* towards the east ◆ **le soleil se lève à l'~** the sun rises in the east ◆ **à l'~ de** east of, to the east of ◆ **la maison est exposée plein ~** the house faces *ou* looks due east ◆ **d'~ en ouest** from east to west

b (= régions orientales) east ◆ **l'Est** (Pol) the East ◆ **la France de l'Est, l'~ (de la France)** the East (of France) ◆ **les pays/le bloc de l'Est** the Eastern countries/bloc ◆ **l'Europe de l'Est** Eastern Europe

ADJ INV [région, partie] eastern; [entrée, paroi] east; [versant, côte] east(ern); [côté] east (ward); [direction] eastward, easterly; → **longitude**

**estacade** /ɛstakad/ NF landing stage

**estafette** /ɛstafɛt/ NF (Mil) courier; (= camionnette) van

**estafilade** /ɛstafilad/ NF gash, slash

**est-allemand, e** (mpl **est-allemands**) /ɛstalmɑ̃, ɑ̃d/ (Hist) ADJ East German NM,F **Est-Allemand(e)** East German

**estaminet** † /ɛstaminɛ/ NM tavern; (péj) pothouse † (péj), (low) dive (péj)

**estampage** /ɛstɑ̃paʒ/ NM a († * = escroquerie) fleecing, swindling ◆ **c'est de l'~** it's a plain swindle b (Tech) stamping

**estampe** /ɛstɑ̃p/ NF (= image) engraving, print; (= outil) stamp ◆ ~ **japonaise** Japanese print ◆ **venez voir mes ~s japonaises** (euph, hum) you must let me show you my etchings (hum)

**estamper** /ɛstɑ̃pe/ ▸ conjug 1 ◂ VT a († * = voler) to fleece, to swindle ◆ **se faire ~** to be fleeced *ou* swindled b (Tech) to stamp

**estampeur, -euse** /ɛstɑ̃pœʀ, øz/ NM,F a * swindler, shark * b (Tech) stamper

**estampillage** /ɛstɑ̃pijaʒ/ NM stamping, marking

**estampille** /ɛstɑ̃pij/ NF stamp

**estampiller** /ɛstɑ̃pije/ ▸ conjug 1 ◂ VT to stamp

**estarie** /ɛstaʀi/ NF (Naut) lay-days

**ester**[1] /ɛste/ VI (s'emploie uniquement à l'infinitif) ◆ ~ **en justice** [plaignant] to go to court; [accusé] to appear

**ester**[2] /ɛstɛʀ/ NM (Chim) ester ◆ ~ **de colza** rape methyl ester

**esthète** /ɛstɛt/ NMF aesthete (Brit), esthete (US)

**esthéticien, -ienne** /ɛstetisjɛ̃, jɛn/ NM,F (de salon de beauté) beautician; (Art) aesthetician (Brit), esthetician (US)

**esthétique** /ɛstetik/ ADJ a (= beau) attractive ◆ **ce bâtiment n'a rien d'~** there is nothing attractive about this building; → **chirurgie, soin** b [jugement, sentiment] aesthetic (Brit), esthetic (US) ◆ **sens ~** aesthetic sense NF [de visage, pose] aesthetic (Brit) *ou* esthetic (US) quality, attractiveness ◆ **l'~** (= discipline) aesthetics (sg), esthetics (US) (sg) ◆ **l'~ industrielle** industrial design ◆ **juste pour l'~** just for overall effect

**esthétiquement** /ɛstetikmɑ̃/ ADV aesthetically (Brit), esthetically (US)

**esthétisant, e** /ɛstetizɑ̃, ɑ̃t/ ADJ (péj) [caractère, film] mannered

**esthétisme** /ɛstetism/ NM aestheticism (Brit), estheticism (US)

**estimable** /ɛstimabl/ ADJ a (frm = digne d'estime) respectable, estimable (frm), worthy (frm) b (= déterminable) assessable, calculable ◆ **ces dégâts sont difficilement ~s** it is difficult to assess the extent of this damage

**estimatif, -ive** /ɛstimatif, iv/ ADJ [coût, valeur] estimated, appraised ◆ **état ~** estimated statement

**estimation** /ɛstimasjɔ̃/ NF a (= évaluation) [d'objet] appraisal, valuation; [de dégâts, prix] assessment, estimation; [de distance, quantité] estimation, reckoning; [de propriété] valuation, assessment b (= chiffre donné) estimate, estimation ◆ **d'après mes ~s** according to my estimations *ou* reckonings ◆ ~ **des coûts** cost estimate c (= sondage d'opinion, prévision) **~s** projections

**estime** /ɛstim/ GRAMMAIRE ACTIVE 40.4 NF (= considération) esteem, respect, regard ◆ **jouir d'une grande ~** to be highly respected *ou* regarded, to be held in high esteem *ou* regard ◆ **il a baissé dans mon ~** he has gone down in my estimation *ou* in my esteem ◆ **ce succès mérite l'~ de tous** this success deserves the respect of everyone ◆ **avoir de l'~ pour** to have (a) great esteem *ou* respect *ou* great regard for ◆ **tenir en piètre ~** to have little regard *ou* respect for

◆ **à l'estime** ◆ **naviguer à l'~** (Naut) to sail by dead reckoning; (fig) to sail in the dark ◆ **calculer à l'~** to make a rough estimate; → **succès**

**estimer** /ɛstime/ ▸ conjug 1 ◂ VT a (= expertiser) [+ objet, propriété] to appraise, to value, to assess; [+ dégâts] to assess, to estimate, to evaluate (à at); ◆ **faire ~ un bijou** to have a piece of jewellery valued *ou* appraised ◆ **cette bague est estimée à 3 000 €** this ring is valued at €3,000

b (= calculer approximativement) [+ prix] to assess, to estimate, to evaluate (à at); [+ distance, quantité] to estimate, to reckon ◆ **les pertes sont estimées à 2 000 morts** 2,000 people are estimated to have died, an estimated 2,000 people have died, the number of those dead is estimated at *ou* put at 2,000 ◆ **j'estime sa vitesse à 80 km/h** I reckon his speed to be 80 km/h, I would put his speed at 80 km/h

c (= respecter) [+ personne] to esteem, to hold in esteem *ou* high esteem *ou* regard, to respect ◆ **estimé de tous** respected *ou* esteemed *ou* highly regarded by everyone ◆ **notre estimé collègue** our esteemed colleague ◆ **savoir se faire ~** to know how to win people's respect *ou* regard *ou* esteem

**d** *(= faire cas de) [+ qualité]* to appreciate ◆ **j'estime beaucoup sa loyauté** I greatly value his loyalty ◆ **c'est un plat très estimé** this dish is considered a great delicacy

**e** *(= considérer)* **~ que ...** to consider *ou* judge *ou* reckon that ... ◆ **j'estime qu'il est de mon devoir de ...** I consider it *ou* judge it *ou* deem it † (to be) my duty to ... ◆ **il estime que vous avez tort de faire cela** he considers it wrong for you to do that ◆ **il estime avoir raison** he considers he is right *ou* in the right ◆ **nous estimons nécessaire de dire/que** we consider it *ou* judge it *ou* deem it † necessary to say/that ◆ **~ inutile de faire** to see no point in doing, to consider it pointless to do ◆ **s'~ heureux d'avoir/que** to consider o.s. fortunate to have/that

**estivage** /ɛstivaʒ/ NM *summering of cattle on mountain pastures*

**estival, e** (mpl **-aux**) /ɛstival, o/ ADJ *(lit)* summer *(épith)*; *(= agréable) [temps, température]* summery ◆ **station ~e** summer resort ◆ **la période ~e** the summer season *ou* months

**estivant, e** /ɛstivɑ̃, ɑ̃t/ NM,F holiday-maker *(Brit)*, vacationer *(US)*, summer visitor

**est-nord-est** /ɛstnɔʀɛst/ ADJ INV, NM INV east-north-east

**estoc** /ɛstɔk/ NM → **frapper**

**estocade** /ɛstɔkad/ NF *(Tauromachie)* death-blow, final thrust ◆ **donner l'~ à un taureau** to deal a bull the death-blow ◆ **donner l'~ à une personne/un projet** to give *ou* deal the finishing blow to a person/a plan

**estomac** /ɛstɔma/ NM **a** *(= organe)* stomach ◆ **avoir mal à l'~** to have (a) stomach ache *ou* tummy ache * ◆ **partir l'~ creux** *ou* **vide** to set off on an empty stomach ◆ **avoir l'~ plein** *ou* **bien rempli** to be full (up), to have eaten one's fill ◆ **j'ai l'~ dans les talons** I'm starving *ou* famished ◆ **avoir un ~ d'autruche** to have a cast-iron stomach ◆ **prendre de l'~** * to develop a paunch; → **aigreur, creux, rester** **b** ⁑ **avoir de l'~** *(= avoir du culot)* to have a nerve; *(= avoir du courage)* to have guts * ◆ **il la lui a fait à l'~** he bluffed him

**estomaquer** * /ɛstɔmake/ ▸ conjug 1 ◂ VT to flabbergast, to stagger

**estompe** /ɛstɔ̃p/ NF *(Art)* stump

**estompé, e** /ɛstɔ̃pe/ (ptp de **estomper**) ADJ *(= voilé) [couleurs, image]* blurred, soft

**estomper** /ɛstɔ̃pe/ ▸ conjug 1 ◂ VT *(Art) [+ dessin]* to stump *(SPÉC)*, to shade off *(with a stump)*; *(= voiler) [+ contours, souvenir]* to blur, to dim, to soften VPR **s'estomper** *[contours, souvenir]* to fade; *[différences]* to become less marked ◆ **la côte s'estompait dans la brume** the coastline became blurred *ou* hazy *ou* indistinct in the mist

**Estonie** /ɛstɔni/ NF Estonia

**estonien, -ienne** /ɛstɔnjɛ̃, jɛn/ ADJ Estonian NM *(Ling)* Estonian NM,F **Estonien(ne)** Estonian

**estouffade** /ɛstufad/ NF *(Culin)* ◆ **~ de bœuf** ≃ beef stew ◆ **c'est de l'~** *(fig)* it's very stodgy

**estourbir** * /ɛstuʀbiʀ/ ▸ conjug 2 ◂ VT *(= assommer)* to stun; *(= tuer)* to do in ⁑, to bump off ⁑

**estrade** /ɛstʀad/ NF platform

**estradiol** /ɛstʀadjɔl/ NM ⇒ **œstradiol**

**estragon** /ɛstʀagɔ̃/ NM tarragon

**estran** /ɛstʀɑ̃/ NM foreshore

**estrapade** /ɛstʀapad/ NF strappado

**estrogène** /ɛstʀɔʒɛn/ NM → **œstrogène**

**estropié, e** /ɛstʀɔpje/ (ptp de **estropier**) NM,F cripple, maimed person

**estropier** /ɛstʀɔpje/ ▸ conjug 7 ◂ VT **a** *[+ personne]* to cripple, to disable, to maim **b** *[+ texte, citation]* to twist, to distort, to mangle; *[+ nom]* to mutilate, to mangle; *[+ langue étrangère, morceau de musique]* to mangle, to murder

**est-sud-est** /ɛstsydɛst/ ADJ INV, NM INV east-south-east

**estuaire** /ɛstɥɛʀ/ NM estuary; *(en Écosse)* firth ◆ **l'~ de la Seine** the Seine estuary

**estudiantin, e** /ɛstydjɑ̃tɛ̃, in/ ADJ student *(épith)*

**esturgeon** /ɛstyʀʒɔ̃/ NM sturgeon

**et** /e/ CONJ **a** *(lie des termes)* and ◆ **c'est vert ~ rouge** it's green and red ◆ **pour piano ~ orchestre** for piano and orchestra ◆ **je n'ai rien vu, ~ toi ?** I didn't see anything, did you? *ou* what about you? ◆ **j'aime beaucoup ça, ~ vous ?** I'm very fond of that, aren't you? *ou* what about you?, I like that very much — do you? ◆ **je n'aime pas ça ~ lui non plus** I don't like that and nor does he *ou* and he doesn't either ◆ **Chantal y alla, ~ Madeleine** *(littér)* Chantal went, as did Madeleine ◆ **une belle ~ grande maison** a beautiful, big house ◆ **il y a mensonge ~ mensonge** *(littér)* there are lies and lies, there's lying and lying ◆ **je suis né à Genève ~ mes parents aussi** I was born in Geneva and so were my parents, I was born in Geneva, as were my parents

**b** *(lie des propositions)* and ◆ **j'ai payé ~ je suis parti** I paid and left ◆ **il est travailleur ~ ne boit pas** he works hard and (he) doesn't drink ◆ **lui ~ moi nous nous entendons bien** he and I get along well ◆ **~ lui ~ vous l'avez dit** he and you have both said so, both he and you have said so ◆ **2 ~ 2 font 4** 2 and 2 make 4 ◆ **il ne peut ~ ne doit pas y aller** he cannot and must not go ◆ **il a ri ~ ri/pleuré ~ pleuré** *(répétition)* he laughed and laughed/cried and cried ◆ **je ne l'approuve pas ~ ne l'approuverai jamais** I don't approve of it and (I) never shall *ou* will ◆ **plus j'en mange ~ plus j'en ai envie** the more of it I eat the more I want

**c** *(valeur emphatique)* **~ alors/ensuite/après ?** and so/then/afterwards? ◆ **~ alors ?** *(= peu importe)* so (what)? * ◆ **~ moi alors ?** (and) what about me then? ◆ **~ puis** and then ◆ **~ puis (après) ?** * so (what)? * ◆ **~ moi, je peux venir ?** can I come too? ◆ **~ vous osez revenir ?** *(indignation)* and you dare (to) come back? ◆ **~ lui alors qu'est-ce qu'il va dire ?** what's he going to say? ◆ **~ ces livres que tu devais me prêter ?** what about these books (then) *ou* and what's happened to these books that you were supposed to lend me? ◆ **~ vous, vous y allez ?** and what about you, are you going? ◆ **~ si nous y allions aussi ?** what about (us) going as well?, why don't we go too? ◆ **~ voilà !** and there you are! ◆ **~ voilà que le voisin revient ...** and then the next-door neighbour comes back ... ◆ **~ voici qu'arrive notre ami** (and) along comes our friend ◆ **~ alors eux, voyant cela, ils sont partis** (and) so, seeing that, they left ◆ **~ lui de sourire/se fâcher** *(littér)* whereupon he smiled/grew angry ◆ **~ d'un il est paresseux, ~ de deux il est menteur** for one thing he's lazy, and for another thing he's a liar

**d** ◆ **vingt/trente ~ un** twenty-/thirty-one ◆ **à midi/deux heures ~ quart** at (a) quarter past twelve/two ◆ **le vingt ~ unième** the twenty-first; → **mille**[1]

**ETA** /ǝtea/ NF (abrév de **Euzkadi Ta Azkatasunra**) ETA

**êta** /ɛta/ NM eta

**étable** /etabl/ NF cowshed

**établi** /etabli/ NM (work) bench

**établir** /etabliʀ/ ▸ conjug 2 ◂ VT **a** *(= installer dans un lieu) [+ immeuble]* to put up, to erect; *[+ usine]* to set up; *[+ liaisons, communications]* to establish, to set up; *[+ empire]* to build, to found ◆ **~ son domicile** *ou* **sa demeure à** to set up house in, to make one's home in ◆ **l'ennemi a établi son camp/son quartier général dans le village** the enemy has pitched camp/has set up its headquarters in the village

**b** *(= instaurer) [+ usage]* to establish, to institute; *[+ gouvernement]* to form, to set up; *[+ impôt]* to introduce, to bring in; *[+ règlement]* to lay down, to establish; *[+ normes]* to establish

**c** *(= asseoir) [+ démonstration]* to base (*sur* on); *[+ réputation]* to found, to base (*sur* on); *[+ droits]* to establish; *[+ fortune]* to found (*sur* on); ◆ **~ son pouvoir sur la force** to found *ou* base one's power on force

**d** *(= faire régner) [+ autorité, paix]* to establish (*sur* over); ◆ **~ son pouvoir sur un pays** to get control of a country, to establish control over a country

**e** *(= dresser) [+ liste, devis]* to draw up, to make out; *[+ programme]* to arrange; *[+ facture, chèque]* to make out; *[+ plans]* to draw up, to draft; *[+ prix]* to fix, to work out

**f** *(= montrer) [+ fait, comparaison]* to establish ◆ **~ l'innocence de qn** to establish sb's innocence ◆ **il est établi que ...** it's an established fact that ...

**g** *(= nouer) [+ relations]* to establish ◆ **ils ont établi une amitié solide** they have established a firm friendship

**h** *(Sport)* **~ un record** to set (up) *ou* establish a record

**i** † *[+ personne]* **il a cinq enfants à ~** he has five children to set up in life ◆ **il a établi son fils médecin** he has set his son up *ou* established his son in medical practice

VPR **s'établir** **a** *(= s'installer dans un lieu) [jeune couple]* to settle ◆ **une usine s'est établie dans le village** a factory has been set up *ou* they've set up a factory in the village ◆ **l'ennemi s'est établi sur la colline** the enemy has taken up position on the hill

**b** *(= s'instaurer)* **l'usage s'est établi de ...** it has become customary to ...

**c** *(= prendre un emploi)* **s'~ boulanger** to set o.s. up as a baker ◆ **il s'est établi médecin** he has established himself *ou* set himself up in medical practice ◆ **s'~ à son compte** to set up one's own business

**d** *(= régner) [pouvoir, régime]* to become established ◆ **son pouvoir s'est établi sur le pays** his rule has become (firmly) established throughout the country ◆ **un grand silence s'établit, il s'établit un grand silence** there was a great silence, a great silence fell ◆ **un consensus a fini par s'~** a consensus was eventually reached

**e** *(= se nouer) [amitié, contacts]* to develop, to be established ◆ **une amitié solide s'est établie entre eux** a firm friendship has developed *ou* has been established between them

**établissement** /etablismɑ̃/ NM **a** *(= bâtiment)* establishment; *(= société)* establishment, firm, company; *(= institution)* institution; *(= hôtel)* hotel ◆ **~ (scolaire)** school ◆ **~ hospitalier** hospital ◆ **~ pénitentiaire** prison ◆ **~ religieux** religious institution ◆ **~ bancaire** bank ◆ **avec les compliments des ~s Minot** with the compliments of Minot and Co.

**b** *(= mise en place) [d'immeuble]* putting up, erecting; *[d'empire]* building, founding; *[de programme]* arranging; *[de relations, autorité]* establishing (*sur* over); *[de fortune]* founding (*sur* on); *[d'usine, liaisons, communications]* setting up, establishing, institution; *[de gouvernement]* setting up, forming; *[de règlement]* laying down, establishing, institution; *[de droits]* establishing; *[de liste]* drawing up, making out; *[de facture, chèque]* making out; *[de plans]* drawing up, drafting; *[de prix]* fixing, working out; *[de fait, comparaison]* establishing; *[personne]* *(dans un emploi)* setting up, establishing; *(dans un lieu)* settling; *[de pouvoir, régime]* establishment; *[d'amitié, contacts]* development, establishment ◆ **ils préconisent l'~ de relations diplomatiques** they call for the establishment of diplomatic relations, they wish to establish diplomatic relations ◆ **l'~ d'une paix durable dans la région** the establishment of a lasting peace in the area

**c** *(= colonie)* settlement

**étage** /etaʒ/ **NM** **a** *[de bâtiment]* floor, storey *(Brit)*, story *(US)* ◆ **au premier ~** *(en France)* on the first floor *(Brit)*, on the second floor *(US)*; *(au Canada)* on the ground floor *(Brit)*, on the first floor *(US)* ◆ **maison à** *ou* **de deux ~s** three-storeyed *(Brit)* *ou* -storied *(US)* house, house with three floors ◆ **monter à l'~** to go upstairs ◆ **monter à l'~ supérieur** to go to the next floor up ◆ **il grimpa trois ~s** he went up *ou* walked up three floors *ou* flights ◆ **les trois ~s de la tour Eiffel** the three levels of the Eiffel Tower

**b** *[de fusée]* stage; *[de mine]* level; *[de jardin]* terrace, level; *[de gâteau]* tier ◆ **~s de végétation** *(Géog)* levels of vegetation ◆ **~ de pression** *(Tech)* pressure stage

**c** ◆ **de bas ~** *(† = humble)* lowborn; *(péj = médiocre)* poor, second-rate ◆ **ce sont des trafiquants de bas ~** they are low-level *ou* common dealers

**étagement** /etaʒmɑ̃/ **NM** *[de vignobles]* terracing

**étager** /etaʒe/ ▸ conjug 3 ◂ **VT** *[+ objets]* to set out in tiered rows, to lay out in tiers **VPR** **s'étager** *[jardins, maisons]* to rise in tiers *ou* terraces ◆ **la foule s'étage sur les gradins** the crowd is gathered on the terraces *ou* the steps ◆ **vignobles étagés sur la colline** vines in terraced rows on the hillside

**étagère** /etaʒɛʀ/ **NF** *(= tablette, rayon)* shelf ◆ **~s** *(= meuble)* shelves

**étai** /etɛ/ **NM** *(= support)* stay, prop, strut; *(Naut = cordage)* stay

**étaiement** /etɛmɑ̃/ **NM** ⇒ **étayage**

**étain** /etɛ̃/ **NM** *(Min)* tin; *(Orfèvrerie)* *(= matière)* pewter; *(= objet)* piece of pewterware, pewterware *(NonC)* ◆ **pot en** *ou* **d'~** pewter pot; → **papier**

**étal** (pl **étals**) /etal/ **NM** *[de boucherie, marché]* stall

**étalage** /etalaʒ/ **NM** **a** *(Comm)* *(= action)* display, displaying; *(= devanture)* shop window, show window, display window; *(= tréteaux)* stall, stand; *(= articles exposés)* display ◆ **présentation de l'~** window dressing ◆ **disposer l'~** to dress the window, to do the window display ◆ **chemise qui a fait l'~** shop-soiled shirt ◆ **droit d'~** stallage; → **vol²** **b** *(= déploiement)* *[de luxe, connaissances]* display, show ◆ **faire ~ de** *[+ luxe, savoir]* to flaunt, to show off, to parade; *[+ malheurs]* to make a show of **c** *(Métal)* **~s** bosh **d** *(Tex)* roving

**étalagiste** /etalaʒist/ **NMF** *(= décorateur)* window dresser; *(† = marchand)* stallkeeper

**étale** /etal/ **ADJ** *[mer]* slack; *[vent, situation]* steady ◆ **navire ~** becalmed ship **NF** *[de mer]* slack (water)

**étalement** /etalmɑ̃/ **NM** **a** *[de papiers, objets]* spreading (*sur* over); *[de journal, tissu]* spreading out (*sur* on); *(Comm)* *[de marchandise]* displaying, laying out, spreading out (*sur* on) **b** *[de beurre]* spreading (*sur* on); *[de peinture, crème solaire]* application **c** *[de paiements]* spreading, staggering (*sur* over); *[de vacances]* staggering (*sur* over); *[de travaux, opération]* spreading (*sur* over)

**étaler** /etale/ ▸ conjug 1 ◂ **VT** **a** *(= déployer)* *[+ papiers, objets]* to spread (*sur* over); *[+ journal, tissu]* to spread out (*sur* on); *(Comm)* *[+ marchandise]* to display, to lay out, to spread out (*sur* on); ◆ **~ son jeu** *ou* **ses cartes** *(Cartes)* to display *ou* lay down one's hand *ou* one's cards

**b** *(= étendre)* *[+ beurre, colle]* to spread (*sur* on); *[+ peinture]* to apply, to put on; *[+ crème solaire]* to apply, to smooth on; *(Culin)* *[+ pâte]* to roll out ◆ **une peinture qui s'étale bien** paint that is easy to apply

**c** *(= répartir)* *[+ paiements]* to spread, to stagger (*sur* over); *[+ vacances]* to stagger (*sur* over); *[+ travaux, opération]* to spread (*sur* over); ◆ **étalez vos envois** *(Poste)* space out your consignments ◆ **les vacances/paiements s'étalent sur quatre mois** holidays/payments are staggered *ou* spread over a period of four months

**d** *[+ luxe, savoir, richesse]* to parade, to flaunt, to show off; *[+ malheurs]* to make a show of; *[+ secrets]* to give away, to disclose ◆ **il faut toujours qu'il étale sa science** he doesn't miss an opportunity to display his knowledge ◆ **il aime à en ~** * he likes to cause a stir

**e** *(* = frapper)* to floor, to lay out ◆ **se faire ~ à un examen** to flunk * an exam ◆ **on s'est fait ~** *(Sport)* we got a real hammering *

**VPR** **s'étaler** **a** *[plaine, cultures]* to stretch out, to spread out ◆ **le titre s'étale sur trois colonnes** the headline is spread *ou* splashed across three columns

**b** *[richesse, vanité]* to be flaunted; *[vaniteux]* to flaunt o.s. ◆ **son ignominie s'étale au grand jour** his ignominy is plain for all to see

**c** *(= se vautrer)* **s'~ sur un divan** to sprawl *ou* lounge on a divan ◆ **étalé sur le tapis** sprawling on *ou* stretched out on the carpet ◆ **tu t'étales ! je n'ai plus de place sur la table !** stop spreading yourself, you're not leaving me any room

**d** *(* = tomber)* **s'~ (par terre)** to fall flat on the ground, to come a cropper * *(Brit)* ◆ **attention, tu vas t'~ !** look out, you're going to fall flat on your face! *

**e** *(* = échouer)* **s'~ à un examen/en chimie** to flunk * an exam/one's chemistry exam

**étalon¹** /etalɔ̃/ **NM** *(= cheval)* stallion

**étalon²** /etalɔ̃/ **NM** *(= mesure)* *(Comm, Fin)* standard; *(fig)* yardstick ◆ **kilogramme/balance ~** standard kilogram/scales ◆ **~-or** *(Écon)* gold standard ◆ **c'est devenu l'~ de la beauté** it has become the yardstick by which we measure beauty ◆ **copie ~** *(Ciné)* master print; → **mètre**

**étalonnage** /etalɔnaʒ/, **étalonnement** /etalɔnmɑ̃/ **NM** **a** *(= graduation)* calibration **b** *(= vérification)* standardization

**étalonner** /etalɔne/ ▸ conjug 1 ◂ **VT** **a** *(= graduer)* to calibrate **b** *(= vérifier)* to standardize **c** *[+ test]* to set the standards for

**étambot** /etɑ̃bo/ **NM** stern-post

**étamer** /etame/ ▸ conjug 1 ◂ **VT** *(gén)* to tin, to tinplate; *[+ glace]* to silver ◆ **cuivre étamé** tinned copper

**étameur** /etamœʀ/ **NM** tinsmith

**étamine** /etamin/ **NF** *(Bot)* stamen; *(= tissu)* muslin; *(pour laitage)* cheesecloth, butter muslin *(Brit)*

**étanche** /etɑ̃ʃ/ **ADJ** *[vêtements, chaussures, montre]* waterproof; *[bateau, compartiment]* watertight; *[cuve]* leakproof; *[toit, mur]* impervious, impermeable; *(fig)* watertight ◆ **~ à l'air** airtight ◆ **enduit ~** sealant ◆ **la montre est ~ à 30 mètres** the watch is waterproof to a depth of 30 metres, the watch is water-resistant to 30 metres; → **cloison**

**étanchéité** /etɑ̃ʃeite/ **NF** *(à l'eau)* *[de bateau, compartiment]* watertightness ◆ **pour assurer son ~** *[de vêtement, montre]* to make sure it is waterproof ◆ **tester l'~ d'une montre** to test how waterproof *ou* water-resistant a watch is ◆ **~ (à l'air)** airtightness

**étancher** /etɑ̃ʃe/ ▸ conjug 1 ◂ **VT** **a** *[+ sang]* to staunch, to stem; *(littér)* *[+ larmes]* to dry, to stem; *(littér)* *[+ soif]* to quench, to slake; *(Naut)* *[+ voie d'eau]* to stop (up) **b** *(= rendre étanche)* to make watertight; *[+ écoulement, source]* to dam up, to stem

**étançon** /etɑ̃sɔ̃/ **NM** *(Tech)* stanchion, shore, prop

**étançonner** /etɑ̃sɔne/ ▸ conjug 1 ◂ **VT** to shore up, to prop up

**étang** /etɑ̃/ **NM** pond; *(grand)* lake

**étape** /etap/ **NF** **a** *(= trajet)* *(gén, Sport)* stage, leg; *(= lieu d'arrêt)* *(gén)* stop, stopping place; *(Sport)* stopover point, staging point ◆ **faire ~ à** to stop off at, to break the journey at *(Brit)* ◆ **par petites ~s** in easy stages ◆ **~ de ravitaillement** staging post ◆ **ville-~** *(Cyclisme)* stopover town ◆ **Valence est une ville-~ entre Lyon et Nice** Valence is a stopping-off point *ou* place between Lyons and Nice **b** *(= phase)* stage; *(= palier)* stage, step ◆ **les ~s de sa vie** the various stages of his life; → **brûler**

**état** /eta/ **NM** **a** *(= condition physique)* state, condition ◆ **dans un tel ~ d'épuisement** in such a state of exhaustion ◆ **bon ~ général** good general state of health ◆ **~ (de santé)** health ◆ **en ~ d'ivresse** *ou* **d'ébriété** under the influence (of alcohol) ◆ **il n'est pas en ~ de le faire** he's in no condition *ou* (fit) state to do it ◆ **dans quel ~ es-tu ! tu saignes !** what a state you're in! you're bleeding! ◆ **être dans un triste ~** to be in a sad *ou* sorry state

**b** *(= condition psychique)* state ◆ **être dans un grand ~ de nervosité** to be in a state of extreme nervousness, to be extremely nervous ◆ **il ne faut pas te mettre dans un ~ pareil** *ou* **des ~s pareils** you mustn't get yourself into such a state ◆ **être dans tous ses ~s** to be beside o.s. (with anger *ou* anxiety *etc*), to be all worked up *, to be in a terrible state ◆ **ça l'a mis dans tous ses ~s** that got him all worked up * *ou* into a terrible state ◆ **il n'était pas dans son ~ normal** he wasn't his usual *ou* normal self ◆ **être dans un ~ second** to be in a trance, to be spaced out * ◆ **je ne suis pas en ~ de le recevoir** I'm in no fit state to receive him

**c** *[de chose abstraite]* state; *(Chim)* *[de corps]* state ◆ **~ liquide/solide/gazeux** liquid/solid/gaseous state ◆ **dans l'~ actuel de nos connaissances** in the present state of our knowledge, as our knowledge stands at (the) present ◆ **dans l'~ actuel des choses** as things stand at present ◆ **réduit à l'~ de cendres** reduced to cinders ◆ **quel est l'~ de la question ?** how do things stand?

**d** *[d'objet, article d'occasion]* condition, state ◆ **en bon/mauvais ~** in good/poor *ou* bad condition ◆ **en ~** in (working) order ◆ **en ~ de naviguer** sea-worthy ◆ **en (parfait) ~ de marche** in (perfect) working order ◆ **remettre en ~** *[+ voiture]* to repair, to do up *; *[+ maison]* to renovate, to do up * ◆ **tenir en ~** *[+ voiture]* to maintain in good order, to keep in good repair; *[+ maison]* to keep in good repair, to look after ◆ **sucre/pétrole à**

l'~ **brut** sugar/oil in its raw *ou* unrefined *ou* crude state ◆ **à l'~ (de) neuf** as good as new ◆ **remettre qch en l'~** to put sth back *ou* leave sth as it was

e *(= nation)* **État** state ◆ **un État de droit** a constitutional state ◆ **être un État dans l'État** to be a law unto itself ◆ **les États pontificaux** *ou* **de l'Église** the Papal States ◆ **coup d'État** coup (d'État) ◆ **l'État-patron** the state as an employer ◆ **l'État-providence** the welfare state; → **affaire, chef**[1]

f † *(= métier)* profession, trade; *(= statut social)* station ◆ **l'~ militaire** the military profession ◆ **boucher/tailleur de son ~** a butcher/tailor by trade ◆ **donner un ~ à qn** to set sb up in a trade ◆ **honteux de son ~** ashamed of his station in life †

g *(= registre, comptes)* statement, account; *(= inventaire)* inventory ◆ **faire un ~ des recettes** to draw up a statement *ou* an account of the takings ◆ **~ appréciatif** evaluation, estimation ◆ **~ vérifié des comptes** audited statement of accounts

h *(loc)* **faire ~ de** *[+ ses services]* to instance; *[+ craintes, intentions]* to state; *[+ conversation, rumeur]* to report ◆ **en tout ~ de cause** anyway, in any case ◆ **c'est un ~ de fait** it is an established *ou* irrefutable fact ◆ **dans un ~ intéressant** *(hum)* in an interesting condition, in the family way * ◆ **à l'~ latent** in a latent state ◆ **en ~ de péché (mortel)** *(Rel)* in a state of (mortal) sin

COMP ▷ **état d'alerte** *(Mil)* state of alert ▷ **état d'âme** mood, frame of mind ◆ **avoir des ~s d'âme** *(scrupules)* to have scruples *ou* qualms; *(hésitation)* to have doubts ▷ **état d'apesanteur** weightlessness ◆ **être en ~ d'apesanteur** to be weightless ◆ **expérience en ~ d'apesanteur** experiment carried out under conditions of weightlessness ▷ **état de choc** ◆ **être en ~ de choc** to be in (a state of) shock ▷ **état de choses** state of affairs, situation ▷ **état civil** civil status ◆ **(le bureau de) l'~ civil** the registry office *(Brit)*, the Public Records Office *(US)* ▷ **état de conscience** *(Psych)* state of consciousness ▷ **état de crise** state of crisis ▷ **état d'esprit** frame *ou* state of mind ▷ **les états** *ou* **États généraux** *(Hist)* the States General ◆ **réunir les États généraux de l'université/de la santé** to organize a convention on university/health issues ▷ **état de grâce** *(Rel)* state of grace ◆ **en ~ de grâce** *(fig)* inspired ▷ **état de guerre** state of war ▷ **état des lieux** inventory of fixtures ▷ **l'état de nature** the natural state ▷ **états de service** service record ▷ **état de siège** state of siege ▷ **état d'urgence** state of emergency ◆ **décréter l'~ d'urgence** to declare a state of emergency ▷ **état de veille** waking state

**étatique** /etatik/ ADJ state *(épith)* ◆ **système ~** system of state control ◆ **l'appareil ~** the state apparatus

**étatisation** /etatizasjɔ̃/ NF *(= doctrine)* state control ◆ **~ d'une entreprise** placing of a concern under direct state control, takeover of a concern by the state

**étatiser** /etatize/ ▸ conjug 1 ◂ VT to establish state control over, to put *ou* bring under state control ◆ **économie/entreprise étatisée** state-controlled economy/firm

**étatisme** /etatism/ NM state socialism, state *ou* government control

**étatiste** /etatist/ ADJ *[système, doctrine]* of state control NMF partisan of state control, state socialist

**état-major** (pl **états-majors**) /etamaʒɔʀ/ NM a *(Mil) (= officiers)* staff; *(= bureaux)* staff headquarters ◆ **officier d'~** staff officer; → **chef**[1] b *[de parti politique]* administrative staff; *[d'entreprise]* top *ou* senior management

**état-nation** (pl **états-nations**) /etanasjɔ̃/ NM nation-state

**États-Unis** /etazyni/ NMPL ◆ **les ~ (d'Amérique)** the United States (of America) ◆ **les ~ d'Europe** the United States of Europe

**étau** (pl **étaux**) /eto/ NM *(Tech)* vice ◆ **~ limeur** shaper ◆ **l'~ se resserre (autour des coupables)** the noose is tightening (around the guilty men) ◆ **se trouver pris (comme) dans un ~** to find o.s. caught in a stranglehold ◆ **j'ai la tête comme dans un ~** I feel like my head's in a vice

**étayage** /etɛjaʒ/, **étayement** /etɛjmɑ̃/ NM a *[de mur]* propping up, shoring up b *[de théorie]* support(ing), backing up c *[de régime, société]* support(ing), propping up

**étayer** /eteje/ ▸ conjug 8 ◂ VT a *[+ mur]* to prop up, to shore up b *[+ argumentation, hypothèse, théorie]* to support, to back up; *[+ accusations]* to substantiate, to back up; *[+ soupçons]* to confirm ◆ **pour ~ ses dires, il a pris plusieurs exemples** he used several examples to back up what he said ◆ **les preuves nécessaires pour ~ le dossier de l'accusation** the evidence required to back up *ou* support the prosecution's case

**etc** /ɛtseteʀa/ LOC (abrév de **et cætera**) etc

**et cætera, et cetera** /ɛtseteʀa/ LOC etcetera, and so on (and so forth)

**été** /ete/ NM summer(time) ◆ **~ de la Saint-Martin, ~ indien, ~ des Indiens** *(Can)* Indian summer ◆ **~ comme hiver** summer and winter alike ◆ **en ~** in (the) summer(time) ◆ **jour d'~** summer's day ◆ **mois d'~** summer month ◆ **résidence d'~** summer residence

**éteignoir** /etɛɲwaʀ/ NM a *[de bougie]* extinguisher b († = rabat-joie) wet blanket, killjoy

**éteindre** /etɛ̃dʀ/ GRAMMAIRE ACTIVE 51.4 ▸ conjug 52 ◂

VT a *[+ incendie, poêle]* to put out, to extinguish; *[+ bougie]* to blow out; *(avec éteignoir)* to snuff out; *[+ cigarette]* to put out, to extinguish *(frm)*; *(en l'écrasant)* to stub out

b *[+ gaz, lampe]* to switch off, to put out, to turn off; *[+ électricité, chauffage, radio]* to turn off, to switch off ◆ **éteins dans la cuisine** put the kitchen light(s) out, switch out *ou* off the light(s) in the kitchen

c *[+ pièce, endroit]* to put out *ou* turn off the lights in ◆ **sa fenêtre était éteinte** his window was dark, there was no light at *ou* in his window

d *[+ colère]* to subdue, to quell; *[+ amour, envie]* to kill; *[+ soif]* to quench, to slake

e *[+ dette]* to extinguish

VPR **s'éteindre** a *[cigarette, feu, gaz]* to go out ◆ **la fenêtre s'est éteinte** the light at the window went out, the window went dark

b *[agonisant]* to pass away, to die ◆ **famille qui s'est éteinte** family which has died out

c *[colère]* to abate, to evaporate; *[amour, envie]* to die, to fade

**éteint, e** /etɛ̃, ɛ̃t/ (ptp de **éteindre**) ADJ *[couleur]* faded; *[race, volcan]* extinct; *[regard]* dull, lacklustre; *[voix]* feeble, faint, dying; (* = épuisé) exhausted, tired out ◆ **chaux ~e** slaked lime ◆ **c'est un homme ~ maintenant** his spirit is broken now, he's a broken man now

**étendard** /etɑ̃daʀ/ NM a *(= drapeau, fig)* standard ◆ **brandir** *ou* **lever l'~ de la révolte** to raise the standard of revolt b *(Bot)* standard, vexillum *(SPÉC)*

**étendoir** /etɑ̃dwaʀ/ NM *(= corde)* clothes *ou* washing line; *(sur pied)* clotheshorse

**étendre** /etɑ̃dʀ/ ▸ conjug 41 ◂ VT a *(= étaler) [+ journal, tissu]* to spread out, to open out; *[+ tapis]* to roll out; *[+ beurre]* to spread; *[+ pâte]* to roll out; *[+ bras, jambes, blessé]* to stretch out; *[+ ailes]* to spread; *(Ling) [+ sens]* to stretch, to extend ◆ **~ le linge** *(sur un fil)* to hang out the washing ◆ **veux-tu ~ le bras pour me passer ...** would you mind reaching out and passing me ...

b * *[+ adversaire] (= frapper)* to floor, to lay out; *(= vaincre)* to thrash *, to knock out; *[+ candidat] (Scol)* to fail, to clobber ⁑; *(Pol)* to hammer * ◆ **se faire ~** *[adversaire]* to be laid out cold, to be flattened *; *[candidat] (Scol)* to flunk it *; *(Pol)* to be hammered * ◆ **il s'est fait ~ en anglais** he flunked * his English exam

c *(= agrandir) [+ pouvoirs]* to extend (*sur* over); *[+ fortune]* to increase; *[+ connaissances, cercle d'amis, recherches]* to broaden ◆ **~ ses activités** *[firme]* to expand ◆ **~ son action à d'autres domaines** to extend *ou* widen one's action to other fields ◆ **~ une idée à une autre** to extend one idea to (cover) another, to apply one idea to another

d *(= diluer) [+ vin]* to dilute; *[+ sauce]* to thin (*de* with); ◆ **étendu d'eau** watered down

VPR **s'étendre** a *(= s'allonger)* to stretch out (*sur* on); *(= se reposer)* to lie down, to have a lie down *(Brit)*; *(en expliquant)* to elaborate ◆ **s'~ sur son lit** to stretch out *ou* lie down on one's bed

b *(= insister)* **s'~ sur un sujet** to elaborate on *ou* enlarge on a subject ◆ **ne nous étendons pas là-dessus** let's not dwell on that ◆ **si je m'étends un peu là-dessus, c'est que c'est important** if I'm going on about it a bit, it's because it's important

c *(= occuper un espace, une période) [côte, forêt]* to stretch (out), to extend; *[cortège]* to stretch (out) (*jusqu'à* as far as, to); *[vacances, travaux]* to stretch, to extend (*sur* over); ◆ **la plaine s'étendait à perte de vue** the plain stretched (away) as far as the eye could see

d *(= augmenter) [brouillard, épidémie]* to spread; *[parti politique]* to expand; *[ville]* to spread, to expand; *[pouvoirs, domaine, fortune]* to increase, to expand; *[cercle d'amis]* to expand, to widen; *[recherches]* to broaden in scope; *[connaissances, vocabulaire]* to increase, to widen

e *(= s'appliquer) [loi, avis]* to apply (*à* to); ◆ **sa bonté s'étend à tous** his kindness extends to everyone ◆ **cette mesure s'étend à tous les citoyens** this measure applies *ou* is applicable to *ou* covers all citizens ◆ **la domination romaine s'est étendue sur tout le monde méditerranéen** Roman rule spread *ou* expanded throughout the Mediterranean world

f *(= s'étaler) [substance]* to spread ◆ **cette peinture s'étend facilement** this paint goes on *ou* spreads easily

**étendu, e**[1] /etɑ̃dy/ (ptp de **étendre**) ADJ a *(= vaste) [ville]* sprawling *(épith)*, spread out *(attrib)*; *[domaine]* extensive, large; *[connaissances, pouvoirs]* extensive, wide, wide-ranging; *[vue]* wide, extensive; *[vocabulaire]* wide, large, extensive; *[sens d'un mot]* broad *(épith)*, wide; *[dégâts]* extensive, widespread; *[famille]* extended b *(= allongé) [personne, jambes]* stretched out ◆ **~ sur l'herbe** lying *ou* stretched out on the grass ◆ **~ les bras en croix** spreadeagled ◆ **le cadavre, ~ sur le sol** the corpse, stretched (out) on the ground

**étendue**[2] /etɑ̃dy/ NF a *(= surface)* area, expanse ◆ **pays d'une grande ~** country with a large surface area *ou* which covers a large area ◆ **sur une ~ de 16 km** over an expanse *ou* area of 16 km ◆ **sur toute l'~ de la province** throughout the whole province, throughout the length and breadth of the province ◆ **grande ~ de sable** large stretch *ou* expanse of sand ◆ **surpris par l'~ de ce territoire** amazed at the sheer size *ou* extent of the territory

b *(= durée) [de vie]* duration, length ◆ **sur une ~ de trois ans** over a period of three years

c *(= importance) [de pouvoir, dégâts]* extent; *[de connaissances, recherches]* range, scope, extent ◆ **pouvoir/culture d'une grande ~** wide *ou* wide-ranging *ou* extensive power/culture ◆ **devant l'~ du désastre** faced with the scale of the disaster

d *(Mus) [de voix]* compass, range; *[d'instrument]* range

e *(Philos) [de matière]* extension, extent

**éternel, -elle** /etɛʀnɛl/ ADJ a *(Philos, Rel)* eternal ◆ **je ne suis pas ~ !** I won't live forever! ◆ **la vie éternelle** eternal *ou* everlasting life b *(= sans fin)* eternal, everlasting, endless ◆ **ma reconnaissance sera éternelle** I'll be eternally grateful to you; → **neige** c *(= perpétuel)* perpetual, eternal ◆ **c'est un ~ insatisfait** he's never happy with anything, he's perpetually *ou* eternally dissatisfied ◆ **c'est l'~ problème de ...** it's the eternal problem of ... d *(* = inamovible : avant n)* inevitable ◆ **il était là, son ~ chapeau sur la tête** there he was, wearing the same old hat NM a *(Rel)* **l'Éternel** the Eternal, the Everlasting; *(Bible)* the Lord ◆ **grand joueur devant l'Éternel** *(hum)* inveterate gambler b ◆ **l'~ féminin** the eternal feminine *ou* woman

**éternellement** /etɛʀnɛlmɑ̃/ ADV eternally; *[attendre, durer, rester]* forever ◆ **~ jeune** forever young

**éterniser** /etɛʀnize/ ▸ conjug 1 ◂ VT a *[+ débats, supplice, situation]* to drag out, to draw out b *(littér) [+ nom, mémoire]* to immortalize, to perpetuate VPR **s'éterniser** *[situation, débat, attente]* to drag on, to go on and on; *[visiteur]* to stay *ou* linger too long, to linger on ◆ **le jury s'éternise** the jury is taking ages ◆ **on ne peut pas s'~ ici** we can't stay here for ever ◆ **ne nous éternisons pas sur ce sujet** let's not dwell forever on that subject

**éternité** /etɛʀnite/ NF eternity ◆ **cela fait une ~ *ou* des ~s que je ne l'avais rencontré** it's ages *ou* donkey's years * *(Brit)* since I'd met him, I hadn't met him in ages ◆ **il y a des ~s que tu m'as promis cela** you promised me that ages ago, it's ages since you promised me that ◆ **ça a duré une ~** it lasted for ages ◆ **ça va durer une ~** it'll take forever ◆ **de toute ~** from the beginning of time, from time immemorial ◆ **pour l'~** for all eternity, eternally

**éternuement** /etɛʀnymɑ̃/ NM sneeze

**éternuer** /etɛʀnɥe/ ▸ conjug 1 ◂ VI to sneeze

**étêter** /etete/ ▸ conjug 1 ◂ VT *[+ arbre]* to pollard, to poll; *[+ clou, poisson]* to cut the head off

**éthane** /etan/ NM ethane

**éthanol** /etanɔl/ NM ethanol

**éther** /etɛʀ/ NM *(Chim)* ether

**éthéré, e** /eteʀe/ ADJ *(Chim, littér)* ethereal

**Ethernet** /etɛʀnɛt/ NM Ethernet

**éthéromane** /eteʀɔman/ NMF ether addict

**éthéromanie** /eteʀɔmani/ NF addiction to ether

**Éthiopie** /etjɔpi/ NF Ethiopia

**éthiopien, -ienne** /etjɔpjɛ̃, jɛn/ ADJ Ethiopian NM,F **Éthiopien(ne)** Ethiopian

**éthique** /etik/ ADJ ethical NF *(Philos)* ethics *(sg)*; *(= code moral)* moral code, code of ethics

**ethmoïde** /ɛtmɔid/ NM ethmoid

**ethnicité** /ɛtnisite/ NF ethnicity

**ethnie** /ɛtni/ NF ethnic group

**ethnique** /ɛtnik/ ADJ ethnic ◆ **minorité ~** ethnic minority ◆ **nettoyage *ou* purification ~** ethnic cleansing

**ethnocentrisme** /ɛtnosɑ̃tʀism/ NM ethnocentrism

**ethnographe** /ɛtnɔgʀaf/ NMF ethnographer

**ethnographie** /ɛtnɔgʀafi/ NF ethnography

**ethnographique** /ɛtnɔgʀafik/ ADJ ethnographic(al)

**ethnolinguistique** /ɛtnolɛ̃gɥistik/ NF ethnolinguistics *(sg)*

**ethnologie** /ɛtnɔlɔʒi/ NF ethnology

**ethnologique** /ɛtnɔlɔʒik/ ADJ ethnologic(al)

**ethnologue** /ɛtnɔlɔg/ NMF ethnologist

**ethnomusicologie** /ɛtnomyzikɔlɔʒi/ NF ethnomusicology

**ethnomusicologue** /ɛtnɔmyzikɔlɔg/ NMF ethnomusicologist

**éthologie** /etɔlɔʒi/ NF ethology

**éthologique** /etɔlɔʒik/ ADJ ethological

**éthologiste** /etɔlɔʒist/ NMF ethologist

**éthologue** /etɔlɔg/ NMF ethologist

**éthyle** /etil/ NM ethyl

**éthylène** /etilɛn/ NM ethylene

**éthylique** /etilik/ ADJ *[coma]* alcoholic; *[délire]* alcohol-induced ◆ **alcool ~** ethyl alcohol ◆ **gastrite ~** alcoholic gastritis NMF alcoholic

**éthylisme** /etilism/ NM alcoholism ◆ **crise d'~** alcoholic fit

**éthylomètre** /etilɔmɛtʀ/ NM ⇒ **éthylotest**

**éthylotest** /etilɔtɛst/ NM Breathalyser ® *(Brit)*, Breathalyzer ® *(US)*

**étiage** /etjaʒ/ NM *(= baisse)* low water *(NonC) (of a river)*; *(= niveau)* low-water level; *(= marque)* low-water mark

**étincelant, e** /etɛ̃s(ə)lɑ̃, ɑ̃t/ ADJ a *[lame, métal]* gleaming; *[étoile]* glittering, twinkling; *[diamant]* sparkling, glittering ◆ **~ de propreté** sparkling clean b *[yeux] (de colère)* flashing; *(de joie)* shining c *[conversation]* scintillating, brilliant; *[beauté]* dazzling ◆ **il a été ~** he was brilliant

**étinceler** /etɛ̃s(ə)le/ ▸ conjug 4 ◂ VI a *[lame, métal]* to gleam; *[étoile]* to glitter, to twinkle; *[diamant]* to sparkle, to glitter ◆ **la mer étincelle au soleil** the sea is sparkling *ou* glittering in the sun ◆ **~ de mille feux** *(littér) [soleil, nuit, bague]* to glitter with a myriad lights *(littér)* b *[yeux]* **~ de colère** to glitter *ou* flash with anger ◆ **~ de joie** to sparkle *ou* shine with joy c *[conversation, esprit, intelligence]* to sparkle; *[beauté]* to sparkle, to shine

**étincelle** /etɛsɛl/ NF a *(= parcelle incandescente)* spark ◆ **~ électrique** electric spark ◆ **jeter des ~s** to throw out sparks ◆ **c'est l'~ qui a mis le feu aux poudres** *(fig)* it was this which sparked off *ou* touched off the incident ◆ **faire des ~s** * *(= se distinguer)* to scintillate, to shine ◆ **ça va faire des ~s** * *(= exploser)* sparks will fly b *[de lame, regard]* flash, glitter ◆ **jeter *ou* lancer des ~s** *[diamant, regard]* to flash c *[de raison, intelligence]* gleam, flicker, glimmer ◆ **~ de génie** spark *ou* flash of genius

**étincellement** /etɛ̃sɛlmɑ̃/ NM a *[de lame]* gleam *(NonC)*; *[d'étoile]* glitter *(NonC)*, twinkling *(NonC)*; *[de diamant]* sparkle *(NonC)*, glitter *(NonC)* b *[de yeux] (de colère)* flashing *(NonC)*; *(de joie)* sparkle *(NonC)*, shining *(NonC)*

**étiolement** /etjɔlmɑ̃/ NM a *[de plante]* blanching, etiolation *(SPÉC)* b *[de personne, intelligence]* decline

**étioler** /etjɔle/ ▸ conjug 1 ◂ VT a *[+ plante]* to blanch, to etiolate *(SPÉC)* b *[+ personne]* to weaken, to make sickly VPR **s'étioler** a *[plante]* to wilt b *[personne]* to languish, to decline; *[intelligence]* to decline

**étiologie** /etjɔlɔʒi/ NF etiology

**étiologique** /etjɔlɔʒik/ ADJ etiological

**étique** /etik/ ADJ skinny, bony

**étiquetage** /etik(ə)taʒ/ NM *[de paquet]* labelling; *[de prix]* marking, labelling

**étiqueter** /etik(ə)te/ ▸ conjug 4 ◂ VT *[+ paquet]* to label; *[+ prix]* to mark, to label; *[+ personne]* to label, to classify (*comme* as); ◆ **il étiquette toujours les gens** he's always putting people in little boxes, he's always pigeonholing people *(Brit)*

**étiquette** /etikɛt/ NF a *(sur paquet, Ordin)* label; *(de prix)* price tag ◆ **~ autocollante** self-stick *ou* self-adhesive *ou* stick-on label ◆ **~ politique** political label ◆ **les sans ~** *(Pol)* the independents ◆ **mettre une ~ à qn** *(fig)* to label sb, to stick a label on sb, to pigeonhole sb *(Brit)* b *(= protocole)* **l'~** etiquette

**étirable** /etiʀabl/ ADJ → **film**

**étirement** /etiʀmɑ̃/ NM stretching ◆ **exercice d'~** stretching exercise ◆ **faire des ~s** to do stretching exercises *ou* stretches

**étirer** /etiʀe/ ▸ conjug 1 ◂ VT *[+ peaux]* to stretch; *[+ métal, verre]* to draw (out) ◆ **~ ses membres** to stretch one's limbs VPR **s'étirer** *[personne]* to stretch; *[vêtement]* to stretch; *[convoi]* to stretch out; *[route]* to stretch out *ou* away

**Etna** /ɛtna/ NM ◆ **l'~** Etna, Mount Etna

**étoffe** /etɔf/ NF a *(Tex)* material, fabric; *[de livre]* material, stuff b *(fig)* **avoir l'~ de** to have the makings of, to be cut out to be ◆ **avoir l'~ d'un héros** to be of the stuff heroes are made of, to have the makings of a hero ◆ **il a de l'~** *[personne]* he has a strong personality; *[roman]* it's really meaty ◆ **manquer d'~** *[personne]* to lack personality; *[roman]* to lack substance

**étoffé, e** /etɔfe/ (ptp de **étoffer**) ADJ *[personne]* fleshy; *[discours]* meaty; *[catalogue, bibliothèque, palmarès]* substantial; *[équipe]* beefed up *, strengthened ◆ **carnet de commandes bien ~** full order book ◆ **volumes (de transactions) ~s** *(Bourse)* heavy trading ◆ **dans un marché ~ de 404 600 titres** in a market buoyed up *ou* bolstered by 404,600 bonds

**étoffer** /etɔfe/ ▸ conjug 1 ◂ VT *[+ style]* to enrich; *[+ discours, personnage]* to fill out, to flesh out; *[+ répertoire]* to extend; *[+ équipe]* to beef up *, to strengthen (*de* with); *[+ carnet de commandes]* to fill out ◆ **~ ses sourcils au crayon** to fill out one's eyebrows with eyebrow pencil VPR **s'étoffer** *[personne]* to fill out, to thicken, to get thicker; *[carnet de commandes]* to fill up

**étoile** /etwal/ NF a *(Astron)* star ◆ **~ filante** shooting star ◆ **~ polaire** pole star, north star ◆ **~ du berger *ou* du soir** evening star ◆ **~ du matin** morning star, daystar ◆ **~ de David** star of David ◆ **~ jaune** *(Hist)* yellow star ◆ **semé d'~s** starry, star-studded ◆ **sans ~** starless ◆ **à la clarté des ~s** by starlight ◆ **dormir *ou* coucher à la belle ~** to sleep out in the open, to sleep under the stars

b *(= dessin, objet)* star; *(= fêlure)* crack ◆ **général à deux ~s** two-star general ◆ **trois ~s** *[cognac, restaurant]* three-star *(épith)* ◆ **un trois ~s** *(= restaurant)* a three-star restaurant;

(= *hôtel*) a three-star hotel ◆ **moteur en ~** radial engine

c (*Ciné, Danse*) star ◆ **~ du cinéma** film star, movie star (*US*) ◆ **~ de la danse** dancing star ◆ **~ montante** rising *ou* up-and-coming star

d (= *destinée*) **avoir foi en son ~** to trust one's lucky star, to trust to one's luck ◆ **être né sous une bonne/mauvaise ~** to be born under a lucky/an unlucky star ◆ **son ~ a pâli** his star has faded

COMP ▷ **étoile d'argent** (*Bot*) edelweiss ▷ **étoile de mer** starfish

**étoiler** /etwale/ ► conjug 1 ◄ VT a (= *parsemer*) to stud (*de* with); ◆ **nuit étoilée** starry *ou* starlit night ◆ **ciel étoilé** starry *ou* star-studded sky b (= *fêler*) (*gén*) to crack; [+ *pare-brise*] to craze

**étole** /etɔl/ NF (*Rel, gén*) stole

**étonnamment** /etɔnamɑ̃/ ADV surprisingly; (*plus fort*) amazingly, astonishingly

**étonnant, e** /etɔnɑ̃, ɑ̃t/ ADJ a (= *surprenant*) surprising; (*plus fort*) amazing, astonishing ◆ **rien d'~ à cela, cela n'a rien d'~** no wonder, there's nothing (so) surprising about that b (= *remarquable*) [*personne*] amazing, incredible ◆ **vous êtes ~ !** you're incredible *ou* amazing! NM ◆ **l'~ est que** the astonishing *ou* amazing thing *ou* fact is that, what's astonishing *ou* amazing is that

**étonné, e** /etɔne/ (ptp de **étonner**) ADJ surprised; (*plus fort*) amazed, astonished ◆ **il a pris un air ~ *ou* a fait l'~ quand je lui ai dit** he acted surprised when I told him ◆ **je ne serais pas autrement ~** I wouldn't be that surprised ◆ **j'ai été très ~ de l'apprendre** I was really surprised *ou* I was amazed to hear that ◆ **sous les yeux ~s du public** before the astonished gaze of the audience ◆ **il a été le premier ~ de sa réussite/de réussir** nobody was more surprised than he was at his success/to have succeeded

**étonnement** /etɔnmɑ̃/ NM surprise; (*plus fort*) amazement, astonishment (*devant* at); ◆ **à mon grand ~** to my amazement *ou* astonishment ◆ **quel ne fut pas mon ~ quand je le vis !** imagine my surprise when I saw him!

**étonner** /etɔne/ ► conjug 1 ◄ VT to surprise; (*plus fort*) to amaze, to astonish ◆ **ça m'étonne que ...** I am surprised that ..., it surprises me that ... ◆ **ça ne m'étonne pas** I'm not surprised, it doesn't surprise me (*que* that) ◆ **vous serez étonnés du résultat** you'll be surprised by *ou* at the result ◆ **ça m'étonnerait** I should be very surprised ◆ **tu m'étonnes !** * (*iro*) you don't say! * (*iro*)

VPR **s'étonner** to be surprised; (*plus fort*) to be amazed (*de qch* at sth; *de voir qch* at seeing sth); ◆ **je m'étonne que ...** I am surprised that ..., it surprises me that ... ◆ **il ne faut pas s'~ si ...** it's hardly surprising that ...

**étouffant, e** /etufɑ̃, ɑ̃t/ ADJ stifling

**étouffe-chrétien** * /etufkʀetjɛ̃/ NM INV ◆ **c'est de l'~ *ou* un ~** it's stodgy

**étouffée** /etufe/ **à l'étouffée** LOC ADV ◆ **cuire à l'~** [*poisson, légumes, viande*] to steam LOC ADJ [*poisson, légumes, viande*] steamed

**étouffement** /etufmɑ̃/ NM a (= *mort*) suffocation ◆ **tuer qn par ~** to kill sb by suffocating *ou* smothering him ◆ **mourir d'~** to die of suffocation b (*Méd*) **sensation d'~** feeling of suffocation *ou* breathlessness ◆ **avoir des ~s** to have fits of breathlessness c (= *action*) [*de scandale*] hushing-up; [*de rumeurs*] suppression, stifling; [*de révolte*] quelling, suppression; [*de scrupules*] stifling, overcoming d [*de pas*] muffling

**étouffer** /etufe/ ► conjug 1 ◄ VT a [*assassin*] to suffocate, to smother; [*chaleur, atmosphère*] to suffocate, to stifle; [*sanglots, colère, aliment*] to choke; (*fig*) to stifle, to suffocate ◆ **mourir étouffé** to die of suffocation, to suffocate to death ◆ **~ qn de baisers** to smother sb with kisses ◆ **les scrupules ne l'étouffent pas** he isn't hampered *ou* overburdened by scruples, he doesn't let scruples cramp his style ◆ **ce n'est pas la politesse qui l'étouffe !** * politeness is not his forte! *ou* his strong suit! ◆ **ça l'étoufferait de dire merci** it would kill him to say thank you ◆ **plantes qui étouffent les autres** plants which choke *ou* smother others

b [+ *bruit*] to muffle, to deaden; [+ *bâillement*] to stifle, to smother, to suppress; [+ *sanglots, cris*] to smother, to choke back, to stifle ◆ **~ un juron** to stop o.s. swearing ◆ **rires étouffés** suppressed *ou* smothered laughter ◆ **dit-il d'une voix étouffée** he said in a low *ou* hushed tone ◆ **voix étouffées** (*discrètes*) subdued voices; (*confuses*) muffled voices

c [+ *scandale, affaire*] to hush up, to keep quiet; [+ *rumeurs, scrupules, sentiments*] to smother, to suppress, to stifle; [+ *révolte*] to put down, to quell, to suppress

d [+ *flammes*] to smother, to extinguish, to quench (*littér*) ◆ **~ un feu** to put out *ou* smother a fire

VI (= *mourir étouffé*) to die of suffocation, to suffocate to death; (= *être mal à l'aise*) to feel stifled, to suffocate ◆ **~ de colère/de rire** to choke with anger/with laughter ◆ **~ de chaleur** to be stifled, to be overcome with the heat ◆ **on étouffe dans cette pièce** it's stifling in here, the heat is suffocating *ou* overpowering in here

VPR **s'étouffer** (*gén*) to suffocate ◆ **s'~ en mangeant** to choke on something

**étouffoir** /etufwaʀ/ NM (*Mus*) damper ◆ **quel ~ ici !** * it's very stuffy in here!

**étoupe** /etup/ NF (*de lin, chanvre*) tow; (*de cordages*) oakum

**étourderie** /etuʀdəʀi/ NF (= *caractère*) absent-mindedness ◆ **(faute d')~** (= *bévue*) careless mistake *ou* blunder ◆ **agir par ~** to act without thinking *ou* carelessly

**étourdi, e** /etuʀdi/ (ptp de **étourdir**) ADJ [*personne, action*] scatterbrained, absent-minded NM,F scatterbrain ◆ **agir en ~** to act without thinking *ou* carelessly

**étourdiment** /etuʀdimɑ̃/ ADV carelessly, rashly

**étourdir** /etuʀdiʀ/ ► conjug 2 ◄ VT a (= *assommer*) to stun, to daze b ◆ **~ qn** [*bruit*] to deafen sb; [*succès, parfum, vin*] to go to sb's head ◆ **l'altitude m'étourdit** heights make me dizzy *ou* giddy, I've no head for heights (*Brit*) ◆ **ce vacarme m'étourdit** this row is deafening ◆ **ce mouvement m'étourdit** this movement makes my head spin *ou* makes me feel quite dizzy VPR **s'étourdir** ◆ **il s'étourdit par la boisson** he drowns his sorrows in drink ◆ **il s'étourdit par les plaisirs** he tries to forget *ou* to deaden his sorrows by living a life of pleasure ◆ **il s'étourdit pour oublier** he keeps up a whirl of activity to forget ◆ **s'~ de paroles** to get drunk on words, to be carried away by the sound of one's own voice

**étourdissant, e** /etuʀdisɑ̃, ɑ̃t/ ADJ [*bruit*] deafening, earsplitting; [*succès*] staggering, stunning; [*beauté*] stunning ◆ **à un rythme ~** at a tremendous *ou* breakneck pace ◆ **~ de beauté** stunningly beautiful

**étourdissement** /etuʀdismɑ̃/ NM a (= *syncope*) blackout; (= *vertige*) dizzy spell, fit of giddiness ◆ **ça me donne des ~s** it makes me feel dizzy, it makes my head swim * *ou* spin b (*littér* = *surprise*) surprise c (*littér* = *griserie*) exhilaration, intoxication

**étourneau** (pl **étourneaux**) /etuʀno/ NM a (*Orn*) starling b (* = *distrait*) scatterbrain, featherbrain (*Brit*), birdbrain (*US*)

**étrange** /etʀɑ̃ʒ/ ADJ strange, odd, peculiar ◆ **et chose ~** strangely *ou* funnily enough, the odd thing is ◆ **aussi ~ que cela puisse paraître** strange as it may seem ◆ **cela n'a rien d'~** there is nothing strange about *ou* in that NM ◆ **l'~** the bizarre ◆ **l'~ dans tout cela, c'est que ...** the odd *ou* strange *ou* funny thing is that ...

**étrangement** /etʀɑ̃ʒmɑ̃/ ADV (= *bizarrement*) strangely, oddly, peculiarly; (= *étonnamment*) surprisingly, amazingly ◆ **ressembler ~ à** to be surprisingly *ou* amazingly *ou* suspiciously like

**étranger, -ère** /etʀɑ̃ʒe, ɛʀ/ ADJ a (= *d'un autre pays*) foreign; (*Pol*) [*politique, affaires*] foreign ◆ **être ~ au pays** to be a foreigner ◆ **visiteurs ~s** foreign visitors, visitors from abroad

b (= *d'un autre groupe*) strange, unknown (*à* to); ◆ **être ~ à un groupe** not to belong to a group, be an outsider ◆ **il est ~ à notre famille** he is not a relative of ours, he is not a member of our family ◆ **"entrée interdite à toute personne étrangère à l'établissement *ou* au service"** "no entry for unauthorized persons", "no unauthorized entry"

c (= *inconnu*) [*nom, usage, milieu*] strange, unfamiliar (*à* to); [*idée*] strange, odd ◆ **son nom/son visage ne m'est pas ~** his name/face is not unknown *ou* not unfamiliar to me ◆ **cette personne/technique lui est étrangère** this person/technique is unfamiliar *ou* unknown to him, he is unfamiliar *ou* unacquainted with this person/technique ◆ **ce sentiment ne lui est pas ~** this feeling is not unknown to him; → **corps**

d (= *extérieur*) [*donnée, fait*] extraneous (*à* to); ◆ **~ au sujet** irrelevant (to the subject), beside the point ◆ **il est ~ au complot** he is not involved *ou* mixed up in the plot, he has nothing to do with the plot

NM,F a (*d'un autre pays*) foreigner; (*péj, Admin*) alien ◆ **une étrangère** a foreign lady *ou* woman ◆ **c'est une étrangère** she's a foreigner

b (= *inconnu*) stranger; (*à un groupe*) outsider, stranger

NM (= *pays*) ◆ **l'~** foreign countries, foreign parts ◆ **vivre/voyager à l'~** to live/travel abroad ◆ **rédacteur pour l'~** foreign editor ◆ **nouvelles de l'~** (*Journalisme*) news from abroad

**étrangeté** /etʀɑ̃ʒte/ NF (= *caractère*) [*de conduite*] strangeness, oddness; (= *fait ou événement bizarre*) odd *ou* strange fact (*ou* event *etc*)

**étranglé, e** /etʀɑ̃gle/ (ptp de **étrangler**) ADJ a [*voix*] tight, strangled ◆ **elle a poussé un petit cri ~** she let out a strangled little cry b (= *resserré*) **taille ~e** tightly constricted waist

**étranglement** /etʀɑ̃gləmɑ̃/ NM a [*de victime*] strangulation; (*Hist* = *supplice*) garotting; [*de presse, libertés*] stifling b [*de vallée*] neck; [*de rue*] bottleneck, narrowing; [*de taille, tuyau*] constriction c [*de voix*] strain, tightness d (*Méd*) strangulation e (*Sport*) stranglehold ◆ **faire un ~ à qn** to get sb in a stranglehold

**étrangler** /etʀɑ̃gle/ ► conjug 1 ◄ VT a (= *tuer*) [+ *personne*] to strangle, to choke, to throttle; [+ *poulet*] to wring the neck of; (*Hist* = *supplicier*) to garotte ◆ **mourir étranglé (par son écharpe)** to be strangled (by one's scarf) ◆ **cette cravate m'étrangle** this tie is choking *ou* throttling me; → **hernie**

b [*rage*] to choke ◆ **la fureur l'étranglait** he was choking with rage ◆ **voix étranglée par l'émotion** voice choking *ou* strained *ou* tight with emotion

**c** *[+ presse, libertés]* to stifle ◆ **taxes qui étranglent les commerçants** taxes which cripple shopkeepers

**d** *(= resserrer)* to squeeze (tightly)

**VPR s'étrangler** **a** *[personne]* to strangle o.s. ◆ **elle s'est étranglée accidentellement** she was strangled accidentally, she accidentally strangled herself ◆ **s'~ de rire/colère** to choke with laughter/anger ◆ **s'~ en mangeant** to choke on something

**b** *[voix, sanglots]* to catch in one's throat ◆ **un cri s'étrangla dans sa gorge** a cry caught *ou* died in his throat

**c** *[rue, couloir]* to narrow (down), to make a bottleneck

**étrangleur, -euse** /etʀɑ̃glœʀ, øz/ **ADJ M** ◆ **collier ~** choke chain **NM,F** strangler

**étrave** /etʀav/ **NF** *(Naut)* stem

## être /ɛtʀ/

► conjug 61 ◄

1 VERBE COPULE
2 VERBE AUXILIAIRE
3 VERBE INTRANSITIF
4 VERBE IMPERSONNEL
5 NOM MASCULIN

Pour les expressions figées telles que **être sur le point de, être en colère, étant donné que, il est de règle de** etc, reportez-vous au nom ou au verbe ; pour les expressions telles que **c'est à relire, être en robe, en être à, être pour faire qch** etc, reportez-vous à la préposition.

### 1 - VERBE COPULE

**a** [pour qualifier] to be ◆ **le ciel est bleu** the sky is blue ◆ **elle veut ~ médecin** she wants to be a doctor ◆ **soyez sages !** be good! ◆ **tu n'es qu'un enfant** you are only a child ◆ **si j'étais vous, je lui parlerais** if I were you I'd speak to her ◆ **il est tout pour elle** he's everything to her, he means the world to her ◆ **il n'est plus rien pour moi** he doesn't mean anything to me any more ◆ **nous sommes dix à vouloir partir** ten of us want to go

**b** [pour indiquer la date] **nous sommes** *ou* **on est le 12 janvier** it's the 12 January ◆ **on était en juillet** it was (in) July ◆ **quel jour sommes-nous ?** *(date)* what's the date today?, what's today's date?; *(jour)* what day is it (today)?

**c** [appartenance, participation à une activité]

◆ **être de** ◆ **nous sommes de la même religion** we are of the same faith ◆ **~ de la fête/de l'expédition** to take part in the celebration/in the expedition ◆ **~ de noce/de baptême** to be at a wedding/christening ◆ **je ne serai pas du voyage** I won't be going ◆ **elle est des nôtres** *(= elle vient avec nous)* she's coming with us; *(= elle appartient à notre groupe, à la même communauté d'esprit)* she's one of us ◆ **je ne pourrai pas ~ des vôtres jeudi** I won't be able to come on Thursday ◆ **serez-vous des nôtres demain ?** will you be coming tomorrow?

◆ **en être** ◆ **vous en êtes ?** are you taking part? ◆ **il y avait une conférence, et bien sûr elle en était** there was a conference, and of course she was there ◆ **il en est *, c'en est une *** *(péj = homosexuel)* he's one of them * *(péj)*

### 2 - VERBE AUXILIAIRE

**être** se traduit par **have** pour former les temps composés de verbes intransitifs ou pronominaux ; ne pas oublier toutefois qu'un passé composé peut être rendu par un prétérit en anglais.

◆ **est-il déjà passé ?** has he been already? ◆ **nous étions montés** we had gone upstairs ◆ **il est passé hier** he came yesterday ◆ **elle serait tombée** she would *ou* might have fallen ◆ **il s'est assis** he sat down ◆ **ils s'étaient écrit** they had written to each other

**être** se traduit par **be** pour former le passif ; notez l'emploi du present perfect pour rendre certains présents français.

◆ **~ donné/fabriqué par ...** to be given/made by ... ◆ **il est soutenu par son patron** he is backed up by his boss ◆ **l'eau est changée tous les jours** the water is changed every day ◆ **il a été blessé dans un accident** he was injured in an accident ◆ **elle n'a pas été invitée** she hasn't been invited ◆ **le contrat est signé** the contract has been signed ◆ **la maison est vendue** the house has been sold

### 3 - VERBE INTRANSITIF

**a** [= exister] to be ◆ **je pense, donc je suis** I think, therefore I am ◆ **elle n'est plus** she is no more ◆ **le temps n'est plus où ...** the time is past when ... ◆ **que la lumière soit** let there be light ◆ **un menteur s'il en est** a liar if ever there was one ◆ **le meilleur homme qui soit** the kindest man imaginable

**b** [= se trouver] to be ◆ **il est maintenant à Lille/au Japon** he is now in Lille/in Japan ◆ **le village est à 10 km d'ici** the village is 10 km from here ◆ **les verres étaient dans le placard** the glasses were in the cupboard ◆ **où étais-tu ?** where were you? ◆ **je suis à la page 25** I've got to *ou* reached page 25, I'm up to page 25

**c**

La tournure familière **avoir été** signifiant **être allé** est rendue par **be** sauf lorsque l'on a un prétérit en anglais ; dans ce cas, on utilise **go**.

◆ **il n'avait jamais été à Londres** he'd never been to London ◆ **as-tu déjà été à l'étranger ? – oui j'ai été en Italie l'an dernier** have you ever been abroad? – yes I went to Italy last year ◆ **elle a été lui téléphoner** *(elle est partie)* she's gone to phone him; *(elle est revenue)* she's been to phone him ◆ **elle a été lui téléphoner à 3 heures** she went to phone him at 3 o'clock ◆ **il a été dire que c'était de ma faute** he went and said that it was my fault

**d** [littér] **il s'en fut la voir** he went to see her ◆ **elle s'en fut, furieuse** she left in a terrible rage

### 4 - VERBE IMPERSONNEL

**a** [gén] to be

◆ **il est** + *adjectif* ◆ **il est étrange que ...** it's odd that ... ◆ **il fut facile de le convaincre** it was easy to convince him ◆ **il serait très agréable de voyager** it would be very nice to travel

**b** [pour dire l'heure] **quelle heure est-il ?** what time is it? ◆ **il est 10 heures** it's 10 o'clock ◆ **il n'était pas encore 8 heures quand il est arrivé** it wasn't (even) 8 o'clock when he arrived ◆ **il n'était pas encore 10 heures que la place était pleine de monde** it wasn't (even) 10 o'clock and the square was already full of people

**c** [littér = il y a]

◆ **il est** + *nom singulier* there is

◆ **il est** + *nom pluriel* there are ◆ **il est un pays où ...** there is a country where ... ◆ **il est des gens qui ...** there are people who ... ◆ **il n'est pas un jour sans que ...** not a single day passes without ... ◆ **il était une fois ...** once upon a time there was ...

**d** [autres locutions]

◆ **c'est, ce sont** + *nom ou pronom* ◆ **c'est le médecin** *(en désignant)* he's *ou* that's the doctor; *(au téléphone, à la porte)* it's the doctor ◆ **c'est la plus intelligente de la classe** she's the most intelligent girl in the class ◆ **c'est la camionnette du boucher** it's *ou* that's the butcher's van ◆ **c'est une voiture rapide** it's a fast car ◆ **ce sont des mannequins/de bons souvenirs** they are models/happy memories

Notez l'emploi possible d'un auxiliaire en anglais pour traduire les propositions tronquées. Pour la forme **qui est-ce qui**, reportez-vous à **qui**.

◆ **qui a crié ? – c'est lui** who shouted? – he did *ou* it was him ◆ **qui le fera ? – c'est moi** who'll do it? – I will

◆ **c'est** + *adjectif* it is ◆ **c'est impossible** it's impossible ◆ **c'était bruyant/formidable** it was noisy/wonderful ◆ **c'est vrai** it's *ou* that's true ◆ **ça c'est vrai !** that's true ◆ **c'est vrai que ...** it's true that ...

Pour traduire des tournures emphatiques mettant en relief un sujet ou un complément, on peut employer soit un pronom suivi d'une relative, soit l'accent tonique.

◆ **c'est ... qui** ◆ **c'est le vent qui a emporté la toiture** it was the wind that blew the roof off ◆ **c'est eux *** *ou* **ce sont eux** *ou* **c'étaient eux qui mentaient** they are the ones who *ou* it's they who were lying ◆ **c'est toi qui le dis !** that's what YOU say! ◆ **c'est lui qui me l'a dit** he's the one who told me, he told me ◆ **c'est elle qui a voulu** SHE wanted it

◆ **c'est ... que** ◆ **c'est une bonne voiture que vous avez là** that's a good car you've got there ◆ **c'est ici que je l'ai trouvé** this is where I found it ◆ **c'était elle que je voulais rencontrer** she was the one I wanted to meet ◆ **ne partez pas, c'est à vous que je veux parler** don't go, it's you I want to talk to ◆ **c'est moi qu'on attendait** I was the one they were waiting for, it was me they were waiting for

Notez que l'anglais n'emploie pas de tournure avec le sujet réel antéposé.

◆ **voler, c'est quelque chose que je ne ferai jamais** stealing is something I'll never do

◆ **c'est que** *(pour expliquer)* ◆ **quand il écrit, c'est qu'il a besoin d'argent** when he writes, it's because he needs money ◆ **c'est qu'elle n'entend rien, la pauvre !** but the poor woman can't hear a thing!, but she can't hear, poor woman! ◆ **c'est que je le connais bien !** I know him so well! ◆ **c'est qu'elle n'a pas d'argent** it's because *ou* just that she has no money; *(exclamatif)* but she has no money!

◆ **ce n'est pas que** ◆ **ce n'est pas qu'il soit beau !** it's not that he's good-looking! ◆ **ce n'est pas qu'elle soit bête, mais elle est paresseuse** it's not that she's stupid, she's just lazy

◆ **est-ce que**

La forme interrogative **est-ce que** est rendue en anglais par l'auxiliaire suivi du pronom.

◆ **est-ce que tu m'entends ?** can you hear me? ◆ **est-ce que c'est/c'était vrai ?** is/was it true? ◆ **est-ce que vous saviez ?** did you know? ◆ **est-ce que c'est toi qui l'as battu ?** was it you who beat him? ◆ **quand est-ce que ce sera réparé ?** when will it be fixed?

♦ **où est-ce que tu l'as mis ?** where have you put it?

♦ **n'est-ce pas**

La forme interrogative **n'est-ce pas**, qui demande une confirmation, est rendue en anglais par l'auxiliaire suivi du pronom ; cette tournure est négative si la proposition est affirmative et inversement.

♦ **vous viendrez, n'est-ce pas ?** you will come, won't you?, you are coming, aren't you? ♦ **n'est-ce pas qu'il a promis ?** he did promise, didn't he? ♦ **il fait beau, n'est-ce pas ?** it's a lovely day, isn't it? ♦ **elle n'est pas partie, n'est-ce pas ?** she hasn't left, has she?

Notez les traductions possibles de la valeur intensive de **n'est-ce pas**.

♦ **le problème, n'est-ce pas, reste entier** you see the problem still hasn't been solved ♦ **ce n'est pas moi, n'est-ce pas, qui vais lui dire** I'm certainly not going to tell him ♦ **mais moi, n'est-ce pas, je ne suis qu'un raté** but I'm just a failure, aren't I?

e [pour exprimer la supposition] **si ce n'était** were it not for, if it were not for, but for ♦ **n'était son orgueil** *(littér)* were it not for *ou* but for his pride, if it were not for his pride ♦ **ne serait-ce que pour quelques jours** if (it were) only for a few days ♦ **ne serait-ce que pour nous ennuyer** if only to annoy us

5 - NOM MASCULIN

a [gén] *(Sci)* being ♦ ~ **humain/animé/vivant** human/animate/living being

b [= individu] person ♦ **les ~s qui nous sont chers** our loved ones, those who are dear to us ♦ **un ~ cher** a loved one ♦ **c'était un ~ merveilleux** he was a wonderful person

c [= âme] **il l'aimait de tout son ~** he loved her with all his heart ♦ **au plus profond de notre ~** deep down in our hearts ♦ **tout son ~ se révoltait** his whole being rebelled

d [Philos] **l'~** being ♦ **l'Être suprême** the Supreme Being

**étreindre** /etʀɛ̃dʀ/ ▸ conjug 52 ◂ VT a *(frm) (dans ses bras) [+ ami]* to embrace, to hug, to clasp in one's arms; *[+ ennemi]* to seize, to grasp; *(avec les mains)* to clutch, to grip, to grasp ♦ **les deux amis s'étreignirent** the two friends embraced each other; → **embrasser** b *[douleur]* to grip

**étreinte** /etʀɛ̃t/ NF *(frm) [d'ami]* embrace, hug; *[d'ennemi]* stranglehold, grip; *[de main, douleur]* clutch, grip, grasp ♦ **l'armée resserre son ~ autour de ...** the army is tightening its grip round ...

**étrenner** /etʀene/ ▸ conjug 1 ◂ VT to use (*ou* wear *etc*) for the first time VI († * = *écoper)* to catch it*, to cop it** *(Brit)*, to get it*

**étrennes** /etʀɛn/ NFPL *(à un enfant)* New Year's gift, Christmas present; *(au facteur etc)* ≈ Christmas box ♦ **que veux-tu pour tes ~ ?** what would you like for Christmas? *ou* as a Christmas present? ♦ **donner ses ~ à la femme de ménage** to give a Christmas box to the cleaning lady

**étrier** /etʀije/ NM *(Équitation, Constr, Méd)* stirrup; *(Anat)* stirrup bone, stapes *(SPÉC)*; *(Alpinisme)* étrier *(Brit)*, stirrup *(US)* ♦ **boire le coup de l'~** * *(gén)* to have one for the road*; *[cavalier]* to have a stirrup cup; → **pied, vider**

**étrille** /etʀij/ NF *(= brosse)* currycomb; *(= crabe)* velvet swimming crab

**étriller** /etʀije/ ▸ conjug 1 ◂ VT a *[+ cheval]* to curry(-comb) b *(†, hum = rosser)* to trounce †

**étripage** /etʀipaʒ/ NM gutting

**étriper** /etʀipe/ ▸ conjug 1 ◂ VT *[+ lapin]* to disembowel, to gut; *[+ volaille]* to draw; *[+ poisson]* to gut; * *[+ adversaire]* to cut open, to hack about *(Brit)* VPR **s'étriper** * to make mincemeat of each other*, to tear each other's guts out**

**étriqué, e** /etʀike/ (ptp de **étriquer**) ADJ *[vêtement, budget]* tight; *[esprit, conception, victoire, vision, vie]* narrow; *[marché]* tiny ♦ **il fait tout ~ dans son manteau** his coat looks far too small for him ♦ **le cadre ~ de ce domaine d'études** the narrow confines of this field (of study)

**étriquer** /etʀike/ ▸ conjug 1 ◂ VT ♦ **ce vêtement l'étrique** this garment is too tight-fitting for him

**étrivière** /etʀivjɛʀ/ NF stirrup leather

**étroit, e** /etʀwa, wat/ ADJ a *[rue, fenêtre, ruban]* narrow; *[espace]* narrow, cramped, confined; *[vêtement, chaussure]* tight ♦ **nous avons une marge de manœuvre très ~e** we have very little room for manoeuvre ♦ **être ~ des hanches** *ou* **du bassin** to have narrow hips

b *(= borné) [vues]* narrow, limited ♦ **être ~ d'esprit** to be narrow-minded

c *(= intime) [amitié]* close *(épith)*; *[liens]* close *(épith)*, intimate *(épith)* ♦ **en collaboration ~e avec ...** in close collaboration with ...

d *(= strict) [surveillance]* close *(épith)*, strict *(épith)*; *[coordination, subordination]* strict *(épith)*

e *(Ling) [acception]* narrow *(épith)*, strict *(épith)*, restricted ♦ **au sens ~ du terme** in the narrow *ou* strict sense of the term

f *(= serré) [nœud, étreinte]* tight

LOC ADV **à l'étroit** cramped ♦ **vivre** *ou* **être logé à l'~** to live in cramped *ou* confined conditions ♦ **être à l'~ dans ses vêtements** to be wearing clothes that are too small, to be bursting out of one's clothes ♦ **il se sent un peu à l'~** *(dans un département, un parti)* he feels a bit cramped

**étroitement** /etʀwatmɑ̃/ ADV *[lier, unir]* closely; *[obéir]* strictly; *[surveiller]* closely, strictly; *[tenir]* tightly ♦ **être ~ logé** to live in cramped *ou* confined conditions

**étroitesse** /etʀwatɛs/ NF a *[de rue, fenêtre, espace, hanches]* narrowness ♦ **à cause de l'~ de ce logement** because of the cramped accommodation here b *[de vues]* narrowness ♦ ~ **(d'esprit)** narrow-mindedness

**étron** /etʀɔ̃/ NM *(hum)* (piece of) excrement, turd**

**Étrurie** /etʀyʀi/ NF Etruria

**étrusque** /etʀysk/ ADJ Etruscan NM *(Ling)* Etruscan NMF **Étrusque** Etruscan

**étude** /etyd/ NF a *(= action) (gén)* study ♦ **l'~ d'un instrument** *(Mus)* the study of an instrument, learning to play an instrument ♦ **ce projet est à l'~** this project is under consideration *ou* is being studied ♦ **mettre un projet à l'~, procéder à l'~ d'un projet** to investigate *ou* go into *ou* study a project ♦ **avoir le goût de l'~** to like study *ou* studying ♦ **une ~ gratuite de vos besoins** a free assessment of your needs ♦ **voyage/frais d'~** study trip/costs ♦ ~ **de marché** *(Écon)* market research *(NonC)* ♦ ~ **de cas** case study ♦ ~ **complémentaire** *(Fin)* follow-up study; → **bureau**

b *(Scol, Univ)* **~s** studies ♦ **~s secondaires/supérieures** secondary/higher education ♦ **faire ses ~s à Paris** to study in Paris, to be educated in Paris ♦ **travailler pour payer ses ~s** to work to pay for one's education ♦ **faire des ~s de droit** to study law ♦ **quand je faisais mes ~s** when I was studying

c *(= ouvrage)* study; *(Écon, Sci)* paper, study; *(Littérat)* study, essay ♦ **~s de fleurs** *(Art)* studies of flowers ♦ **~s pour piano** *(Mus)* studies *ou* études for (the) piano

d *(Scol)* **(salle d')~** study *ou* prep room, private study room *(Brit)*, study hall *(US)* ♦ **l'~ (du soir)** preparation, prep* *(Brit)* ♦ ~ **surveillée** (supervised) study period *(Brit)*, study hall *(US)* ♦ **être en ~** to have a study period ♦ **mettre des élèves en ~** to leave pupils to study on their own

e *(Jur) (= bureau)* office; *(= charge, clientèle)* practice

**étudiant, e** /etydjɑ̃, jɑ̃t/ ADJ *[vie, problèmes, allures]* student *(épith)* NM,F student ♦ ~ **en médecine/en lettres** medical/arts student ♦ ~ **de première année** first-year student *ou* undergraduate, fresher *(Brit)*, freshman *(US)* ♦ ~ **de troisième cycle** post-graduate (student)

**étudié, e** /etydje/ (ptp de **étudier**) ADJ a *(= calculé) [jeu de scène]* studied; *[coupe, conception]* carefully designed; *[prix]* competitive, keen *(épith) (Brit)* ♦ **à des prix très ~s** at the lowest possible *ou* the keenest *(Brit)* prices ♦ **maison d'une conception très ~e** very carefully *ou* thoughtfully designed house b *(= affecté) [allure]* studied; *[sentiments]* affected, assumed

**étudier** /etydje/ GRAMMAIRE ACTIVE 53.2 ▸ conjug 7 ◂

VT a *(= apprendre) [+ matière] (gén)* to study; *(Univ)* to study, to read *(Brit)*; *[+ instrument]* to study, to learn to play; *(Scol) [+ leçon]* to learn; *[+ texte, auteur]* to study ♦ **s'amuser au lieu d'~** to have a good time instead of studying

b *(= examiner) [+ projet, possibilités]* to study, to examine, to go into; *[+ dossier, cas]* to study, to examine ♦ ~ **une proposition sous tous ses aspects** to study a proposal from every angle ♦ ~ **qch de près** to study sth closely, to make a close study of sth, to take a close look at sth

c *(= observer) [+ terrain, adversaire]* to study, to observe closely; *[+ visage]* to study, to examine ♦ **je sentais qu'il m'étudiait constamment** I sensed that he was observing me all the time

d *(= concevoir) [+ procédé, dispositif]* to devise; *[+ machine, coupe]* to design ♦ **c'est étudié pour** * that's what it's for

e *(= calculer) [+ gestes, ton, effets]* to study, to calculate

VPR **s'étudier** *(= s'analyser)* to analyse o.s., to be introspective; *(= se regarder)* to study o.s. *ou* one's appearance ♦ **les deux adversaires s'étudiaient** the two opponents studied *ou* observed each other closely

**étui** /etɥi/ NM *[de violon, cigares]* case; *[de parapluie]* cover; *[de revolver]* holster ♦ ~ **à lunettes** spectacle *ou* glasses case

**étuve** /etyv/ NF *(= bains)* steamroom; *(de désinfection)* sterilizer; *(= incubateur)* incubator ♦ **quelle ~ !** *(fig)* it's like a sauna in here!

**étuvée** /etyve/ **à l'étuvée** LOC ADV ♦ **cuire à l'~** *[+ poisson, légumes, viande]* to braise LOC ADJ *[poisson, légumes, viande]* braised

**étuver** /etyve/ ▸ conjug 1 ◂ VT a *[+ poisson, légumes]* to steam; *[+ viande]* to braise b *(= stériliser)* to sterilize

**étymologie** /etimɔlɔʒi/ NF etymology

**étymologique** /etimɔlɔʒik/ ADJ etymological

**étymologiquement** /etimɔlɔʒikmɑ̃/ ADV etymologically

**étymologiste** /etimɔlɔʒist/ NMF etymologist

**étymon** /etimɔ̃/ NM etymon

**eu, e** /y/ ptp de **avoir**

**E.-U.(A.)** NMPL (abrév de **États-Unis (d'Amérique)**) US(A)
**eucalyptus** /økaliptys/ NM eucalyptus
**eucharistie** /økaʀisti/ NF ◆ **l'Eucharistie, l'~** the Eucharist
**eucharistique** /økaʀistik/ ADJ eucharistic
**Euclide** /øklid/ NM Euclid
**euclidien, -ienne** /øklidjɛ̃, jɛn/ ADJ Euclidean
**eudiomètre** /ødjɔmɛtʀ/ NM eudiometer
**eugénique** /øʒenik/ NF eugenics *(sg)* ADJ eugenic
**eugénisme** /øʒenism/ NM eugenics *(sg)*
**euh** /ø/ EXCL er
**eunuque** /ønyk/ NM eunuch
**euphémique** /øfemik/ ADJ euphemistic(al)
**euphémiquement** /øfemikmɑ̃/ ADV euphemistically
**euphémisme** /øfemism/ NM euphemism
**euphonie** /øfɔni/ NF euphony
**euphonique** /øfɔnik/ ADJ euphonious, euphonic
**euphoniquement** /øfɔnikmɑ̃/ ADV euphoniously, euphonically
**euphonium** /øfɔnjɔm/ NM euphonium
**euphorbe** /øfɔʀb/ NF euphorbia, spurge
**euphorie** /øfɔʀi/ NF euphoria
**euphorique** /øfɔʀik/ ADJ euphoric
**euphorisant, e** /øfɔʀizɑ̃, ɑt/ ADJ *[effet, nouvelle]* exhilarating NM ◆ **(médicament) ~** antidepressant, pep pill *
**euphoriser** /øfɔʀize/ ▸ conjug 1 ◂ VT to make exhilarated
**Euphrate** /øfʀat/ NM ◆ **l'~** the Euphrates
**eurafricain, e** /øʀafʀikɛ̃, ɛn/ ADJ Eurafrican NM,F **Eurafricain(e)** Eurafrican
**eurasiatique** /øʀazjatik/ ADJ Eurasian NMF **Eurasiatique** Eurasian
**Eurasie** /øʀazi/ NF Eurasia
**eurasien, -ienne** /øʀazjɛ̃, jɛn/ ADJ Eurasian NM,F **Eurasien(ne)** Eurasian
**EURATOM** /øʀatɔm/ NF (abrév de **European Atomic Energy Commission**) EURATOM
**eurêka** /øʀeka/ EXCL eureka!
**Euripide** /øʀipid/ NM Euripides
**euristique** /øʀistik/ ADJ, NF ⇒ **heuristique**
**euro** /øʀo/ NM *(= monnaie)* euro
**euro-américain, e** (pl **euro-américains**) /øʀoameʀikɛ̃, ɛn/ ADJ Euro-American ◆ **alliance de défense ~e** Euro-American defence alliance
**eurocentrisme** /øʀosɑ̃tʀism/ NM *(péj)* Eurocentrism ◆ **nous sommes accusés d'~** we are accused of being Eurocentric *ou* of Eurocentrism
**eurochèque** /øʀɔʃɛk/ NM Eurocheque
**eurocommunisme** /øʀɔkɔmynism/ NM Eurocommunism
**Eurocorps** /øʀɔkɔʀ/ NM ◆ **l'~** the Eurocorps
**eurocrate** /øʀɔkʀat/ NMF Eurocrat
**eurocratie** /øʀɔkʀasi/ NF Eurocracy
**eurodéputé** /øʀodepyte/ NM Euro-MP
**eurodevise** /øʀɔdəviz/ NF Eurocurrency
**eurodollar** /øʀodɔlaʀ/ NM Eurodollar
**eurofranc** /øʀofʀɑ̃/ NM *(Fin)* eurofranc
**Euroland** /øʀolɑ̃d/ NM Euroland
**euromissile** /øʀomisil/ NM European missile
**euro-obligations** /øʀoɔbligasjɔ̃/ NF Euro-bond

**Europe** /øʀɔp/ NF Europe ◆ **l'~ centrale/occidentale** central/Western Europe ◆ **l'~ de l'est** Eastern Europe ◆ **l'~ des quinze** the fifteen countries of the European Union ◆ **l'~ politique** political union in Europe ◆ **l'~ verte** European agriculture ◆ **il faut construire l'~ sociale** we must strive to build a Europe with a common social policy
**européanisation** /øʀɔpeanizasjɔ̃/ NF Europeanization
**européaniser** /øʀɔpeanize/ ▸ conjug 1 ◂ VT to Europeanize VPR **s'européaniser** to become Europeanized
**européen, -enne** /øʀɔpeɛ̃, ɛn/ ADJ European ◆ **les (élections) européennes** the European elections NM,F **Européen(ne)** *(Géog)* European; *(= partisan de l'Union européenne)* European, pro-European
**europessimisme** /øʀopesimism/ NM Euro-pessimism
**europhile** /øʀofil/ ADJ, NMF Europhile
**Europol** /øʀɔpɔl/ N Europol
**euroscepticisme** /øʀosɛptisism/ NM Euroscepticism
**eurosceptique** /øʀosɛptik/ ADJ Eurosceptic(al) NMF Eurosceptic
**Eurostar** ® /øʀɔstaʀ/ NM Eurostar ® ◆ **voyager en ~** to travel by Eurostar
**Eurovision** /øʀɔvizjɔ̃/ NF Eurovision
**Eurydice** /øʀidis/ NF Eurydice
**eurythmie** /øʀitmi/ NF *(Mus)* eurhythmy; *(Méd)* eurhythmia
**Eustache** /østaʃ/ NM Eustace; → **trompe**
**euthanasie** /øtanazi/ NF euthanasia
**eutrophisation** /øtʀɔfizasjɔ̃/ NF eutrophication
**eux** /ø/ PRON PERS **a** *(sujet)* they ◆ **si j'étais ~** if I were *ou* was them, if I were they *(frm)* ◆ **nous y allons, ~ non** *ou* **pas** ~ we are going but they aren't *ou* they're not *ou* not them ◆ **~ mentir ? ce n'est pas possible** them tell a lie? I can't believe it ◆ **ce sont ~ qui répondront** they are the ones who will reply, they'll reply ◆ **~ ils n'ont rien à dire** they've got nothing to say ◆ **ils l'ont bien fait, ~** they did it all right ◆ **~, pauvres innocents, ne l'ont jamais su** they, poor fools, never knew; → **même**
**b** *(objet)* them ◆ **il n'obéit qu'à ~** they are the only ones he obeys, he'll only obey them ◆ **les aider, ~ ? jamais !** help them? never!
**c** *(avec prép)* **à ~ tout seuls, ils ont tout acheté** they bought everything all on their own ◆ **cette maison est-elle à ~ ?** does this house belong to them?, is this house theirs? ◆ **ils ont cette grande maison pour ~ seuls** they have this big house all to themselves ◆ **ils ne pensent qu'à ~, ces égoïstes** these selfish people only think of themselves
**eux-mêmes** /ømɛm/ PRON → **même**
**E.V.** † /əve/ (abrév de **en ville**) by hand
**évacuateur, -trice** /evakɥatœʀ, tʀis/ ADJ evacuation *(épith)* NM sluice
**évacuation** /evakɥasjɔ̃/ NF *[de pays, personnes]* evacuation; *[de liquide]* draining; *(Méd)* evacuation ◆ **procéder à l'~ de** to evacuate
**évacué, e** /evakɥe/ (ptp de **évacuer**) NM,F evacuee
**évacuer** /evakɥe/ ▸ conjug 1 ◂ VT *[+ pays, ville, population]* to evacuate; *[+ salle, maison]* to evacuate, to clear; *(Méd)* to evacuate, to discharge; *[+ liquide]* to drain (off); * *[+ problème]* to dispose of ◆ **faire ~** *[+ salle, bâtiment]* to clear

**évadé, e** /evade/ (ptp de **s'évader**) NM,F escapee, escaped prisoner
**évader (s')** /evade/ ▸ conjug 1 ◂ VPR **a** *[prisonnier]* to escape *(de* from); ◆ **faire ~ qn** to help sb (to) escape **b** *(pour se distraire)* **s'~ de la réalité** to escape from reality ◆ **la musique me permet de m'~** music is an escape for me ◆ **j'ai besoin de m'~** *(= partir)* I need to get away from it all
**évaluable** /evalɥabl/ ADJ assessable ◆ **difficilement ~** difficult to assess *ou* evaluate
**évaluation** /evalɥasjɔ̃/ NF **a** *(= expertise) [de maison, bijou]* appraisal, evaluation, assessment, valuation; *[de dégâts, prix]* assessment, evaluation **b** *(approximative) [de fortune, nombre, distance]* estimation, assessment **c** *(= appréciation) [de besoins, risques, conséquences]* assessment **d** *[d'élève]* assessment ◆ **entretien d'~** *(en entreprise) [d'employé]* appraisal
**évaluer** /evalɥe/ ▸ conjug 1 ◂ VT **a** *(= expertiser) [+ maison, bijou]* to value *(à* at); *[+ dégâts, prix]* to assess, to evaluate *(à* at); ◆ **faire ~ qch par un expert** *[+ bijou, voiture]* to have sth valued by an expert ◆ **ils ont fait ~ les dégâts par un professionnel** they had an expert assess the damage **b** *(= juger approximativement) [+ fortune, nombre, distance]* to estimate, to assess *(à* at); ◆ **on évalue à 60 000 le nombre des réfugiés** there are an estimated 60,000 refugees, the number of refugees is estimated at *ou* put at 60,000 **c** *(= apprécier) [+ risques, besoins, conséquences]* to assess ◆ **bien/mal ~ qch** to be correct/mistaken in one's assessment of sth ◆ **j'ai mal évalué la distance** I misjudged the distance **d** *[+ élève, employé]* to assess
**évanescence** /evanesɑ̃s/ NF evanescence
**évanescent, e** /evanesɑ̃, ɑt/ ADJ *(littér)* evanescent
**évangélique** /evɑ̃ʒelik/ ADJ evangelic(al)
**évangélisateur, -trice** /evɑ̃ʒelizatœʀ, tʀis/ ADJ evangelistic NM,F evangelist
**évangélisation** /evɑ̃ʒelizasjɔ̃/ NF evangelization
**évangéliser** /evɑ̃ʒelize/ ▸ conjug 1 ◂ VT to evangelize
**évangélisme** /evɑ̃ʒelism/ NM evangelicalism, evangelism
**évangéliste** /evɑ̃ʒelist/ NM evangelist; *(Bible)* Evangelist
**évangile** /evɑ̃ʒil/ NM **a** *(Rel)* **l'Évangile** the Gospel ◆ **l'Évangile selon saint Jean** the Gospel according to St John ◆ **l'~ du jour** the gospel for the day, the day's reading from the gospel ◆ **les Évangiles synoptiques** the synoptic Gospels **b** *(fig)* gospel ◆ **c'est parole d'~** it's (the) gospel truth, it's gospel
**évanoui, e** /evanwi/ (ptp de **s'évanouir**) ADJ *[blessé]* unconscious ◆ **tomber ~** to faint, to pass out
**évanouir (s')** /evanwiʀ/ ▸ conjug 2 ◂ VPR *[personne]* to faint *(de* from) to pass out *(de* with), to black out *; *[rêves, apparition, craintes]* to vanish, to disappear
**évanouissement** /evanwismɑ̃/ NM **a** *(= syncope)* fainting fit, blackout **b** *[de rêves, apparition, craintes]* disappearance, fading
**évaporation** /evapɔʀasjɔ̃/ NF evaporation
**évaporé, e** /evapɔʀe/ (ptp de **évaporer**) ADJ *(péj) [personne]* giddy, scatterbrained, featherbrained *(Brit)* NM,F scatterbrain, featherbrain *(Brit)*, birdbrain
**évaporer** /evapɔʀe/ ▸ conjug 1 ◂ VTI ◆ **(faire) ~** to evaporate VPR **s'évaporer** *(lit)* to evaporate; ( * *= disparaître)* to vanish *ou* disappear (into thin air)

**évasé, e** /evɑze/ (ptp de **évaser**) ADJ *[vallée, conduit]* which widens *ou* opens out; *[manches, jupe, pantalon]* flared ♦ **verre à bords ~s** glass with a curving *ou* bell-shaped rim

**évasement** /evɑzmɑ̃/ NM *[de passage, tuyau]* opening out; *[de manche, jupe]* flare ♦ **à cause de l'~ de la vallée** because of the way the valley opens out

**évaser** /evɑze/ ▸ conjug 1 ◂ VT *[+ tuyau, ouverture]* to widen, to open out; *[+ manche, jupe]* to flare VPR **s'évaser** *[passage, tuyau]* to open out; *[manche, jupe]* to flare

**évasif, -ive** /evazif, iv/ ADJ evasive

**évasion** /evazjɔ̃/ NF a *[de prisonnier]* escape (*de* from) b (*= divertissement*) **l'~** escape; (*= tendance*) escapism ♦ **littérature d'~** escapist literature ♦ **besoin d'~** need to escape ♦ **rechercher l'~ dans la drogue** to seek escape in drugs COMP ▷ **évasion des capitaux** flight of capital ▷ **évasion fiscale** tax evasion

> ⚠ **évasion** *se traduit par* **evasion** *uniquement au sens fiscal.*

**évasivement** /evazivmɑ̃/ ADV evasively

**Ève** /ɛv/ NF Eve; *(hum)* ♦ **en tenue d'~** in the altogether*, in one's birthday suit; → **connaître**

**évêché** /eveʃe/ NM (*= région*) bishopric; (*= palais*) bishop's palace; (*= ville*) cathedral town

**éveil** /evɛj/ NM *(littér)* *[de dormeur, intelligence]* awakening; *[d'amour]* awakening, dawning; *[de soupçons, jalousie]* arousing ♦ **être en ~** *[personne]* to be on the alert *ou* on the qui vive; *[sens]* to be alert *ou* wide awake, to be aroused ♦ **donner l'~** to raise the alarm *ou* alert ♦ **mettre qn en ~, donner l'~ à qn** to alert *ou* arouse sb's suspicions, to put sb on his guard ♦ **activités d'~** *(Scol)* early-learning activities

**éveillé, e** /eveje/ (ptp de **éveiller**) ADJ (*= alerte*) *[enfant, esprit, air]* alert, sharp, bright; (*= à l'état de veille*) (wide-)awake ♦ **tenir qn ~** to keep sb awake ♦ **rêve** *ou* **songe ~** daydream

**éveiller** /eveje/ ▸ conjug 1 ◂ VT a *(littér)* (*= réveiller*) to awaken, to waken b (*= faire naître*) *[+ curiosité, sentiment, souvenirs]* to arouse, to awaken; *[+ passion]* to kindle, to arouse ♦ **pour ne pas ~ l'attention** so as not to attract attention ♦ **sans ~ les soupçons** without arousing suspicion c (*= développer*) *[+ esprit]* to stimulate ♦ **~ l'intelligence de l'enfant** to awaken the child's intelligence VPR **s'éveiller** a (*= se réveiller*) *(lit)* to wake up, to awaken, to waken; *[ville, nature]* to come to life, to wake (up) b (*= naître*) *[sentiment, curiosité, soupçons]* to be aroused; *[amour]* to dawn, to be aroused *ou* born c (*= se développer*) *[intelligence, esprit]* to develop d *(littér = ressentir)* **s'~ à** *[+ amour]* to awaken to

**événement, évènement** /evɛnmɑ̃/ NM a *(gén)* event ♦ **semaine chargée en ~s** eventful week, action-packed week ♦ **l'~ de la semaine** the main story *ou* news of the week ♦ **faire** *ou* **créer l'~** *[personne, film]* to make a splash, to be big news ♦ **c'est un véritable ~ quand il dit merci** *(hum)* it's quite an event *ou* occasion when he says thank you ♦ **les ~s de mai 68** the events of May 1968 ♦ **les ~s d'Algérie** *the Algerian war of independence* ♦ **livre(-)/film(-)~** blockbuster; → **dépasser, heureux, tournure** b *(Ordin)* event

**événementiel, -ielle** /evɛnmɑ̃sjɛl/ ADJ factual ♦ **histoire événementielle** history of events ♦ **ils sont spécialisés dans la communication ~le** they specialize in organizing publicity events

**évent** /evɑ̃/ NM *[de baleine]* blowhole, spout (hole), spiracle *(SPÉC)*

**éventail** /evɑ̃taj/ NM a (*= instrument*) fan ♦ **en ~** *[objet]* fan-shaped; *[plusieurs objets]* fanned out ♦ **se déployer en ~** *(Mil)* to fan out; → **doigt, voûte** b (*= gamme*) *[de produits, prix, mesures]* range ♦ **~ des salaires** salary range, wage range *ou* spread *(US)* ♦ **l'~ politique** the political spectrum ♦ **il y a tout un ~/un large ~ de possibilités** there is a whole range/a wide range of possibilities

**éventaire** /evɑ̃tɛʀ/ NM (*= corbeille*) tray, basket; (*= étalage*) stall, stand

**éventé, e** /evɑ̃te/ (ptp de **éventer**) ADJ a (*= exposé au vent*) windy ♦ **rue très ~e** very windy *ou* exposed street b *[parfum, vin]* stale, musty; *[bière]* stale, flat c (*= connu*) well-known ♦ **c'est un truc* ~** it's a well-known *ou* a rather obvious trick ♦ **le secret est ~** the secret is out

**éventer** /evɑ̃te/ ▸ conjug 1 ◂ VT a (*= rafraîchir*) to air; *(avec un éventail)* to fan b *[+ secret]* to let out; *[+ complot]* to discover VPR **s'éventer** a *[bière]* to go flat; *[vin, parfum]* to go stale *ou* musty b *(avec éventail)* to fan o.s. ♦ **s'~ avec un journal** to fan o.s. with a newspaper

**éventration** /evɑ̃tʀasjɔ̃/ NF *(Méd)* rupture

**éventrer** /evɑ̃tʀe/ ▸ conjug 1 ◂ VT a *(avec un couteau)* to disembowel; *(d'un coup de corne)* to gore b *[+ boîte, sac]* to tear open; *[+ muraille, coffre]* to smash open; *[+ matelas]* to rip open VPR **s'éventrer** *[boîte, sac]* to burst open; *[personne]* to rip one's stomach open ♦ **le bateau s'est éventré sur les rochers** the ship's hull was ripped open on the rocks

**éventreur** /evɑ̃tʀœʀ/ NM ripper ♦ **Jack l'Éventreur** Jack the Ripper

**éventualité** /evɑ̃tɥalite/ NF a (*= hypothèse*) possibility ♦ **dans cette ~** if this happens, should that arise ♦ **dans l'~ d'un refus de sa part** should he refuse, in the event of his refusal b (*= circonstance*) eventuality, contingency, possibility ♦ **pour parer à toute ~** to guard against all eventualities

**éventuel, -elle** /evɑ̃tɥɛl/ ADJ (*= possible*) possible; *[client, revenu]* potential ♦ **l'achat ~ d'un ordinateur** the possibility of buying a computer ♦ **ils ont évoqué l'~le reprise des pourparlers** they have mentioned the possible resumption of talks

> ⚠ **éventuel** *ne se traduit pas par le mot anglais* **eventual**, *qui a le sens de 'final'.*

**éventuellement** /evɑ̃tɥɛlmɑ̃/ ADV possibly ♦ **~, nous pourrions ...** we could possibly *ou* perhaps ... ♦ **~ je prendrai ma voiture** I may take my car ♦ **tu vas l'inviter ? – ~** are you going to invite him? – maybe

> ⚠ **éventuellement** *ne se traduit pas par* **eventually**, *qui a le sens de 'finalement'.*

**évêque** /evɛk/ NM bishop ♦ **~ suffragant** suffragan (bishop)

**Everest** /ev(ə)ʀɛst/ NM ♦ **le mont ~, l'~** Mount Everest

**évertuer (s')** /evɛʀtɥe/ ▸ conjug 1 ◂ VPR (*= s'efforcer de*) ♦ **s'~ à faire** to strive to do, to do one's utmost to do ♦ **j'ai eu beau m'~ à lui expliquer ...** no matter how hard I tried to explain to him ...

**éviction** /eviksjɔ̃/ NF *(Jur)* eviction; *[de rival]* ousting, supplanting ♦ **procéder à l'~ de** *[+ locataires]* to evict ♦ **~ scolaire** *temporary suspension from school of a child with an infectious illness*

**évidage** /evidaʒ/, **évidement** /evidmɑ̃/ NM hollowing-out, scooping-out

**évidemment** /evidamɑ̃/ ADV a (*= bien sûr*) of course, obviously ♦ **(bien) ~ !** of course! ♦ **~ que j'irai !** of course I'll go! b *(frm = d'une manière certaine)* obviously ♦ **il l'aura ~ prévenue** obviously he will have told her

> ⚠ **évidemment** *ne se traduit pas par* **evidently**, *qui a le sens de 'apparemment'.*

**évidence** /evidɑ̃s/ GRAMMAIRE ACTIVE 53.1, 53.6 NF a (*= caractère flagrant*) **c'est l'~ même !** it's quite *ou* perfectly obvious! ♦ **se rendre à l'~** to face the facts ♦ **nier l'~** to deny the obvious *ou* the facts ♦ **son incompétence est d'une telle ~ que ...** his incompetence is so obvious that ...

b (*= fait*) obvious fact ♦ **trois ~s se dégagent de ce discours** this speech brings three obvious facts to light ♦ **pour moi c'est une ~** to me it's obvious ♦ **c'est une ~ que de le dire** it's stating the obvious

c *(loc)*

♦ **en évidence** ♦ **laissez les clés bien en ~ sur la table** put the keys where they can be seen on the table ♦ **la lettre était bien en ~ sur le bureau** the letter was in full view on the desk ♦ **essayez de ne pas laisser en ~ vos objets de valeur** try not to leave your valuables lying around ♦ **c'était un personnage très en ~ dans les années 20** he was very much in the public eye in the 20s ♦ **mettre en ~** *[+ fait]* (*= montrer*) to show; (*= souligner*) to emphasize; (*= révéler*) to reveal; *[+ personne]* to bring to the fore ♦ **se mettre en ~** to make one's presence felt ♦ **ce test met en ~ la présence d'anticorps** the test reveals the presence of antibodies ♦ **depuis la mise en ~ du rôle de la pollution dans l'effet de serre** since the role of pollution in the greenhouse effect has been demonstrated

♦ **de toute évidence** quite obviously *ou* evidently

♦ **contre toute évidence** against all the evidence

> ⚠ *Attention à ne pas traduire automatiquement* **évidence** *par le mot anglais* **evidence**, *qui a le sens de 'preuve'.*

**évident, e** /evidɑ̃, ɑ̃t/ ADJ a (*= flagrant, manifeste*) obvious, evident ♦ **il est ~ que** it is obvious *ou* evident that ♦ **il est ~ qu'ils s'aiment** it's obvious that they're in love, they're obviously in love

b (*= certain*) **elle va démissionner, c'est ~** it's obvious she's going to resign ♦ **ils vont perdre – rien de plus ~ !** they're going to lose – that's quite obvious!; *(au négatif)* ♦ **c'est lui qui va gagner – ce n'est pas si ~** he's going to win – that's not certain ♦ **il n'est pas du tout ~ qu'elle vienne** it's not at all certain that she'll come ♦ **rien de moins ~ !** nothing could be less certain!

c (*= simple*) *(au négatif)* **ce n'est pas ~ !*** (*= ce n'est pas si simple*) it's not that easy *ou* simple! ♦ **c'est pas ~ à traduire** it's not easy to translate

> ⚠ *Au sens de 'certain' ou 'simple',* **évident** *ne se traduit pas par le mot anglais* **evident**.

**évider** /evide/ ▸ conjug 1 ◂ VT to hollow out, to scoop out; *[+ pomme]* to core

**évier** /evje/ NM sink ♦ **~ (à) un bac/deux bacs** single/double sink

**évincement** /evɛ̃smɑ̃/ NM *[de rival]* ousting, supplanting

**évincer** /evɛ̃se/ ► conjug 3 ◄ VT *[+ concurrent]* to oust, to supplant; *(Jur) [+ locataire]* to evict

**éviscérer** /eviseʀe/ ► conjug 6 ◄ VT to eviscerate

**évitable** /evitabl/ ADJ avoidable ◆ **difficilement ~** hard to avoid

**évitage** /evitaʒ/ NM *(Naut) (= mouvement)* swinging; *(= espace)* swinging room

**évitement** /evitmɑ̃/ NM *[de risque, véhicule]* avoidance ◆ **voie d'~** *(Transport)* loop line ◆ **gare d'~** station with a loop line ◆ **manœuvre d'~** *(Aut, Aviat)* evasive action ◆ **réaction** *ou* **comportement d'~** *(Bio, Psych)* avoidance behaviour

**éviter** /evite/ GRAMMAIRE ACTIVE 29.2, 29.3 ► conjug 1 ◄

VT a *[+ coup, projectile]* to avoid, to dodge; *[+ obstacle, danger, maladie, situation]* to avoid, to steer clear of; *[+ gêneur, créancier]* to avoid, to keep clear of, to evade; *[+ regard]* to avoid, to evade ◆ **~ qu'une situation n'empire** to prevent a situation from getting worse, to avoid a deterioration in a situation ◆ **~ d'être repéré** to escape detection, to avoid being detected

b *[+ erreur, méthode]* to avoid ◆ **~ de faire qch** to avoid doing sth ◆ **~ le sel** to avoid *ou* keep off salt ◆ **on lui a conseillé d'~ la marche** he has been advised to avoid walking *ou* advised against walking ◆ **évite de m'interrompre/de dire des bêtises** try not to interrupt me/say anything stupid

c ◆ **~ qch à qn** to spare *ou* save sb sth ◆ **ça lui a évité d'avoir à se déplacer** that spared *ou* saved him the bother *ou* trouble of going

VI *(Naut)* to swing

VPR **s'éviter** a *(= se fuir)* to avoid each other *ou* one another ◆ **ils s'évitaient depuis quelque temps** they had been avoiding each other *ou* keeping clear of each other for some time

b ◆ **s'~ qch** to avoid sth ◆ **je voudrais m'~ le trajet** I'd rather not have to make the trip, I'd like to save myself the trip ◆ **s'~ toute fatigue** to spare o.s. any fatigue, to save o.s. from getting at all tired

**évocateur, -trice** /evɔkatœʀ, tʀis/ ADJ evocative, suggestive (*de* of)

**évocation** /evɔkasjɔ̃/ NF a *[de souvenirs, faits]* evocation, recalling; *[de scène, idée]* conjuring-up, evocation ◆ **ces ~s la faisaient s'attendrir** she became more tender as she recalled these memories ◆ **la simple ~ de cette question** the mere mention of this issue ◆ **pouvoir** *ou* **puissance d'~ d'un mot** evocative *ou* suggestive power of a word b *(littér) [de démons]* evocation, calling-up, conjuring-up

**évolué, e** /evɔlɥe/ (ptp de **évoluer**) ADJ *[peuple, civilisation]* (highly) developed, advanced; *[personne]* broad-minded, enlightened; *[espèce animale]* evolved; *[procédé, industrie, technologie]* advanced; *(Ordin) [langage]* high-level ◆ **jeune fille ~e** *(hum)* liberated young woman

**évoluer** /evɔlɥe/ ► conjug 1 ◄ VI a *(= changer) [civilisation, idées, marché, situation, technique]* to evolve, to develop; *[personne, goûts]* to change; *[maladie, tumeur]* to develop; *[espèce]* to evolve ◆ **la situation évolue/n'évolue pas dans le bon sens** the situation is/isn't moving in the right direction ◆ **voyons comment les choses vont ~** let's wait and see how things develop ◆ **faire ~** *[+ situation, société]* to bring about some change in; *[+ réglementation]* to make changes to; *(Ordin) [+ matériel]* to upgrade b *(professionnellement) [personne]* to advance c *(= se mouvoir) [danseur]* to move about; *[avion]* to fly around, to wheel about; *[bateau à voile]* to sail around; *[troupes]* to manoeuvre *(Brit)*, to maneuvre *(US)* ◆ **le monde dans lequel il évolue** the world in which he moves

**évolutif, -ive** /evɔlytif, iv/ ADJ *(gén, Bio)* evolutionary, evolutional; *[maladie, processus]* progressive; *[poste]* with potential (for advancement *ou* promotion) ◆ **l'histoire évolutive de cette espèce** the evolutionary history of this species ◆ **compte tenu de la situation très évolutive** given the fact that the situation is changing all the time ◆ **on élargira l'Europe de manière évolutive** Europe will be enlarged step by step *ou* gradually; → **ski**

**évolution** /evɔlysjɔ̃/ NF a *(= changement) [de civilisation, idées, situation, technique]* evolution, development; *[de goûts]* change; *[de maladie, tumeur]* development; *[d'espèce]* evolution ◆ **il faut tenir compte de l'~ du marché/des prix** market/price trends have to be taken into account ◆ **~ positive** *(gén)* positive development; *(économique)* improvement ◆ **théorie de l'~** *(Bio)* theory of evolution b *(professionnelle)* **~ de carrière** career advancement NFPL **évolutions** *(= mouvements)* movements ◆ **il regardait les ~s du danseur/de l'avion** he watched the dancer as he moved about gracefully/the plane as it wheeled *ou* circled overhead ◆ **les ~s des troupes** troop manoeuvres *(Brit) ou* maneuvers *(US)*

**évolutionnisme** /evɔlysjɔnism/ NM evolutionism

**évolutionniste** /evɔlysjɔnist/ ADJ evolutionary NMF evolutionist

**évolutivité** /evɔlytivite/ NF *(Méd) [de maladie]* progressive nature ◆ **pour évaluer l'~ du cancer** to assess to what extent the cancer is likely to progress *ou* develop

**évoquer** /evɔke/ ► conjug 1 ◄ VT a *(= remémorer) [+ souvenirs]* to recall, to call up, to evoke; *[+ fait, événement]* to evoke, to recall; *[+ mémoire d'un défunt]* to recall b *(= faire penser à) [+ scène, idée]* to call to mind, to evoke, to conjure up ◆ **ça évoque mon enfance** it reminds me of my childhood c *(= effleurer) [+ problème, sujet]* to touch on, to bring up d *(littér = invoquer) [+ démons]* to evoke, to call up, to conjure up e *(Jur)* to transfer to a higher court

**evzone** /ɛvzɔn, ɛvzon/ NM evzone

**ex** * /ɛks/ NMF ex *

**ex.** (abrév de **exemple**) eg, e.g.

**ex-** /ɛks/ PRÉF ex- ◆ **l'~URSS** former soviet Union

**exacerbation** /ɛgzasɛʀbasjɔ̃/ NF *[de tensions]* exacerbation; *[de concurrence]* intensification ◆ **pour éviter l'~ nationaliste** to prevent the heightening *ou* exacerbation of nationalist tensions

**exacerber** /ɛgzasɛʀbe/ ► conjug 1 ◄ VT *[+ douleur]* to aggravate, to exacerbate; *[+ émotion, passion]* to intensify, to heighten; *[+ problème, tensions]* to exacerbate; *[+ concurrence]* to intensify ◆ **sensibilité exacerbée** heightened sensibility VPR **s'exacerber** *[concurrence, passion]* to become more intense, to intensify; *[tensions]* to increase, to be heightened; *[polémique]* to become more intense

**exact, e** /ɛgza(kt), ɛgzakt(ə)/ ADJ a *(= fidèle) [reproduction, compte rendu]* exact, accurate ◆ **réplique ~e** exact *ou* faithful replica ◆ **c'est l'~e vérité** that's the absolute truth b *(= correct) [définition, raisonnement]* correct, exact; *[réponse, calcul]* correct, right ◆ **ce n'est pas le terme ~** that's not the right word ◆ **est-il ~ que ... ?** is it right *ou* correct *ou* true that ...? ◆ **ce n'est pas tout à fait ~** that's not quite right *ou* accurate, that's not altogether correct ◆ **~ !** absolutely!, exactly!

c *(= précis) [dimension, nombre, valeur]* exact, precise; *[donnée]* accurate, precise, correct; *[pendule]* accurate, right ◆ **l'heure ~e** the right *ou* exact *ou* correct time ◆ **la nature ~e de son travail** the precise nature of his work; → **science**

d *(= ponctuel)* punctual, on time ◆ **c'est quelqu'un de très ~ d'habitude** he's usually on time *ou* very punctual ◆ **être ~ à un rendez-vous** to arrive at an appointment on time, to arrive punctually for an appointment

e *(littér) [discipline]* exact, rigorous, strict; *[obéissance]* rigorous, strict, scrupulous

**exactement** /ɛgzaktəmɑ̃/ GRAMMAIRE ACTIVE 40.1, 40.2 ADV a *(gén)* exactly ◆ **c'est à 57 km ~** it's exactly *ou* precisely 57 km away ◆ **au troisième top, il sera ~ huit heures** at the third stroke, it will be eight o'clock precisely ◆ **c'est ~ ce que je pensais** that's exactly *ou* just *ou* precisely what I was thinking ◆ **ce n'est pas ~ un expert** *(hum)* he's not exactly an expert b *(= tout à fait)* exactly ◆ **oui, ~ !** yes, exactly! *ou* precisely!

**exaction** /ɛgzaksjɔ̃/ NF *(littér = extorsion)* exaction NFPL **exactions** *(= abus de pouvoir)* abuses (of power); *(= violences)* acts of violence, violent acts

**exactitude** /ɛgzaktityd/ NF a *(= fidélité) [de reproduction, compte rendu]* exactness, exactitude *(frm)*, accuracy b *(= justesse) [de définition, raisonnement]* correctness, exactness; *[de réponse, calcul]* correctness ◆ **je ne mets pas en doute l'~ de vos informations** I'm not saying your information is wrong c *(= précision) [de dimension, nombre, valeur]* exactness, precision; *[de donnée]* accuracy, precision, correctness; *[de pendule]* accuracy d *(= ponctualité)* punctuality ◆ **l'~ est la politesse des rois** *(Prov)* punctuality is the essence of courtesy e *(littér = minutie)* exactitude

**ex æquo** /ɛgzeko/ ADJ INV *(Scol, Sport)* placed equal *(attrib)* ◆ **ils sont ~** they tied NM INV ◆ **les ~** those who are (*ou* were) placed equal ◆ **il y a deux ~ pour la deuxième place** there is a tie for second place ADV ◆ **être (classé) premier ~** to be placed first equal *ou* joint first, to tie for first place

**exagération** /ɛgzaʒeʀasjɔ̃/ NF *(gén)* exaggeration ◆ **on peut dire sans ~ que ...** one can say without any exaggeration *ou* without exaggerating that ... ◆ **il est sévère sans ~** he's severe without taking it to extremes ◆ **on lui a reproché des ~s dans sa biographie** he has been accused of exaggerating in his biography

**exagéré, e** /ɛgzaʒeʀe/ (ptp de **exagérer**) ADJ *(= excessif) [dépenses, optimisme]* excessive; *(= surfait, amplifié) [commentaires]* exaggerated ◆ **donner une importance ~e à** to exaggerate the importance of ◆ **je suis peut-être d'un optimisme ~** maybe I'm being overly optimistic ◆ **venir se plaindre après ça, c'est un peu ~** it was too much *ou* a bit much * *(Brit)* to come and complain after all that ◆ **il serait ~ de dire** it would be an exaggeration *ou* an overstatement to say, it would be going too far to say ◆ **la polémique a pris des proportions ~es** the controversy has been blown out of all proportion

**exagérément** /ɛgzaʒeʀemɑ̃/ ADV *[cher]* excessively; *[optimiste, méfiant, simpliste]* overly, excessively

**exagérer** /ɛgzaʒeʀe/ GRAMMAIRE ACTIVE 53.1, 53.6 ► conjug 6 ◄ VT *(gén)* to exaggerate ◆ **on a beaucoup exagéré leur rôle** their role has been hugely exaggerated VI a *(en paroles)* to exaggerate ◆ **n'exagérons rien !** let's not exaggerate! ◆ **sans ~, ça a duré trois heures** without any exaggeration *ou* I'm not exaggerating, it lasted three hours **b** *(en action)* to go too far ◆ **quand même il exagère !** really he goes too far *ou* oversteps the mark! ◆ **500 € pour ça ? – ils exagèrent !** €500 for that? – they must be joking *ou* that's a bit steep! ◆ **joue le personnage plus passionné, mais sans ~** make the character more passionate but don't overdo it **VPR s'exagérer** *[+ difficultés]* to exaggerate; *[+ plaisirs, avantages]* to exaggerate, to overrate

**exaltant, e** /ɛgzaltɑ̃, ɑ̃t/ **ADJ** *[vie, aventure]* exciting, thrilling

**exaltation** /ɛgzaltasjɔ̃/ **NF** **a** *(= surexcitation)* intense excitement; *(joyeuse)* elation; *(Psych)* overexcitement ◆ **~ mystique** exaltation **b** *(littér = glorification)* extolling, praising, exalting **c** *(Rel)* **~ de la Sainte Croix** Exaltation of the Cross

**exalté, e** /ɛgzalte/ (ptp de **exalter**) **ADJ** *[imagination]* wild, vivid; *[esprit]* excited **NM,F** *(= impétueux)* hothead; *(= fanatique)* fanatic

**exalter** /ɛgzalte/ ▸ conjug 1 ◂ **VT** **a** *(= surexciter)* *[+ esprit, imagination]* to fire ◆ **exalté par cette nouvelle** *(très excité)* excited by *ou* keyed up with excitement over this piece of news; *(euphorique)* elated *ou* overjoyed by *ou* at this piece of news **b** *(= glorifier)* to extol, to praise, to exalt **VPR s'exalter** to get excited, to get carried away

**exam** * /ɛgzam/ **NM** (abrév de **examen**) exam

**examen** /ɛgzamɛ̃/ **GRAMMAIRE ACTIVE 53.2**

**NM** **a** *(= action d'étudier, d'analyser) (gén)* examination; *[de question, demande, cas, projet de loi]* examination, consideration; *[de possibilité]* examination, investigation ◆ **l'~ détaillé** *ou* **minutieux du rapport ...** detailed *ou* close examination of the report ... ◆ **la question est à l'~** the matter is under consideration ◆ **son argument ne résiste pas à l'~** his argument doesn't stand up to scrutiny ◆ **procéder à l'~ de** *[+ demande, question]* to consider, to look into; *[+ ordre du jour]* to go through ◆ **le livre vous sera envoyé en ~ gratuit** *(Comm)* the book will be sent to you on approval

**b** *(Jur)* **mettre qn en ~** to indict sb (*pour* for); ◆ **mise en ~** indictment ◆ **il a demandé la mise en ~ de Luc Dufour** he asked that Luc Dufour be indicted

**c** *(Méd)* **~ (médical)** *[de patient]* (medical) examination; *(= analyse de sang etc)* (medical) test ◆ **l'~ clinique** clinical examination ◆ **se faire faire des ~s** to have some tests done ◆ **subir un ~ médical complet** to undergo *ou* have a complete *ou* thorough checkup, to have a thorough medical examination

**d** *(Scol)* exam, examination ◆ **~ écrit/oral** written/oral examination ◆ **passer un ~** to take *ou* sit *(Brit)* an exam; → **rattrapage**

**COMP** ▷ **examen blanc** *(Scol)* mock exam *(Brit)*, practice test *(US)* ▷ **examen de conscience** self-examination; *(Rel)* examination of conscience ◆ **faire son ~ de conscience** to examine one's conscience, to take stock of o.s. ▷ **examen de passage** *(Scol)* end-of-year exam *(Brit)*, final exam *(US)*; *(fig)* ultimate test ◆ **il a réussi son ~ de passage** he has proved himself, he has passed the ultimate test ▷ **examen prénuptial** *(Méd)* pre-marital examination ▷ **examen de santé** (medical) check-up ▷ **examen spécial d'entrée à l'université** university entrance examination ▷ **examen spectroscopique** *(Sci)* spectroscopic examination ▷ **examen de la vue** *(Méd)* eye *ou* sight test ◆ **passer un ~ de la vue** to have one's eyes tested

**examinateur, -trice** /ɛgzaminatœʀ, tʀis/ **NM,F** examiner ◆ **~ extérieur/à l'oral** external/oral examiner

**examiner** /ɛgzamine/ **GRAMMAIRE ACTIVE 53.1, 53.2** ▸ conjug 1 ◂

**VT** **a** *(= analyser) [+ document, faits, situation]* to examine, to take a look at; *[+ possibilité]* to examine, to investigate; *[+ question, demande, cas]* to consider, to look into; *[+ comptes, dossier]* to examine, to go through; *[+ projet de loi]* to discuss ◆ **~ qch dans le** *ou* **en détail** to examine sth in detail ◆ **~ qch de près** to look closely at sth, to take a close look at sth ◆ **~ qch de plus près** to take a closer look at sth

**b** *(= regarder) [+ objet, personne, visage]* to examine; *[+ ciel, horizon]* to scan; *[+ appartement, pièce]* to look over, to have a (close) look round *(Brit)* ◆ **~ les lieux** to look over the place, to have a look round *(Brit)* ◆ **~ qn de la tête aux pieds** to look sb up and down (contemptuously)

**c** *(Méd) [+ malade]* to examine ◆ **se faire ~ par un spécialiste** to be examined by a specialist

**VPR s'examiner** *[personne]* to examine o.s. ◆ **s'~ devant la glace** to examine o.s. in the mirror ◆ **ils s'examinaient à la dérobée** they were looking at each other furtively

**exanthème** /ɛgzɑ̃tɛm/ **NM** exanthem

**exarque** /ɛgzaʀk/ **NM** exarch

**exaspérant, e** /ɛgzaspeʀɑ̃, ɑ̃t/ **ADJ** exasperating

**exaspération** /ɛgzaspeʀasjɔ̃/ **NF** exasperation

**exaspérer** /ɛgzaspeʀe/ ▸ conjug 6 ◂ **VT** **a** *(= irriter)* to exasperate **b** *(littér = aviver) [+ douleur]* to exacerbate, to aggravate; *[+ émotion, désir]* to exacerbate

**exaucement** /ɛgzosmɑ̃/ **NM** *[de vœu]* fulfilment, granting; *[de prière]* granting

**exaucer** /ɛgzose/ ▸ conjug 3 ◂ **VT** *[+ vœu]* to fulfil, to grant; *(Rel) [+ prière]* to grant, to answer ◆ **~ qn** to grant sb's wish, to answer sb's prayer

**ex cathedra** /ɛkskatedʀa/ **ADV** ex cathedra

**excavateur** /ɛkskavatœʀ/ **NM** *(= machine)* excavator, mechanical digger *(Brit)*, steam shovel *(US)*

**excavation** /ɛkskavasjɔ̃/ **NF** *(= trou)* excavation ◆ **~ naturelle** natural hollow (*ou* cave *etc*); *(= creusement)* excavation

**excavatrice** /ɛkskavatʀis/ **NF** ⇒ **excavateur**

**excaver** /ɛkskave/ ▸ conjug 1 ◂ **VT** to excavate

**excédant, e** /ɛksedɑ̃, ɑ̃t/ **ADJ** *(= énervant)* exasperating, infuriating

**excédent** /ɛksedɑ̃/ **NM** surplus (*sur* over); ◆ **~ de la balance des paiements** balance of payments surplus ◆ **~ budgétaire/commercial** budget/trade surplus ◆ **~ (du commerce) extérieur** foreign trade surplus, external surplus ◆ **~ de trésorerie** cash surplus ◆ **~ de poids/bagages** excess weight/luggage *ou* baggage ◆ **il y a 2 kg d'~** *ou* **en ~** it's 2 kg over (weight) ◆ **budget en ~** surplus budget ◆ **payer 30 € d'~** to pay €30 excess charge; → **recette**

**excédentaire** /ɛksedɑ̃tɛʀ/ **ADJ** *[graisse, réserves]* excess *(épith)*; *[production]* surplus *(épith)*, excess *(épith)*; *[balance commerciale]* positive ◆ **budget ~** surplus budget ◆ **la production est ~** production is over target ◆ **leur balance commerciale est fortement ~** they have a huge trade surplus ◆ **les régions ~s en céréales** regions with a grain surplus

**excéder** /ɛksede/ ▸ conjug 6 ◂ **VT** **a** *(= dépasser) [+ longueur, temps, prix]* to exceed, to be greater than ◆ **le prix excédait (de beaucoup) ses moyens** the price was (way *ou* far) beyond *ou* far exceeded his means ◆ **les avantages excèdent les inconvénients** the advantages outweigh the disadvantages ◆ **l'apprentissage n'excède pas trois ans** the apprenticeship doesn't last more than three years *ou* lasts no more than *ou* does not exceed three years

**b** *(= outrepasser) [+ pouvoir, droits]* to overstep, to exceed, to go beyond; *[+ forces]* to overtax

**c** *(gén pass = accabler)* to exhaust, to weigh down, to weary ◆ **excédé de fatigue** overcome by tiredness, exhausted, tired out ◆ **excédé de travail** overworked

**d** *(gén pass = agacer)* to exasperate, to irritate, to infuriate ◆ **je suis excédé** I'm furious ◆ **tu m'excèdes avec tes jérémiades !** your whining irritates me!, you exasperate me with your moaning!

**excellemment** /ɛkselamɑ̃/ **ADV** *(littér)* excellently

**excellence** /ɛkselɑ̃s/ **NF** **a** *(littér)* excellence
♦ **par excellence** ◆ **il est le poète surréaliste par ~** he is the surrealist poet par excellence ◆ **il aime la musique par ~** he loves music above all else **b** ◆ **Son Excellence** His (*ou* Her) Excellency ◆ **merci (Votre) Excellence** thank you, Your Excellency

**excellent, e** /ɛkselɑ̃, ɑ̃t/ **ADJ** excellent

**exceller** /ɛksele/ ▸ conjug 1 ◂ **VI** to excel (*dans ou en qch* at *ou* in sth; *à faire* in doing)

**excentré, e** /ɛksɑ̃tʀe/ **ADJ** **a** *[quartier, région]* outlying *(épith)* ◆ **le magasin est trop ~ pour fidéliser une clientèle** the shop is (located) too far out (of town) to attract regular customers **b** *(Tech) [pièce]* off-centre *(Brit)*, off-center *(US)*

**excentricité** /ɛksɑ̃tʀisite/ **NF** *(gén, Math, Astron)* eccentricity; *[de quartier]* outlying location

**excentrique** /ɛksɑ̃tʀik/ **ADJ** *[personne] (Math) [cercle]* eccentric; *[quartier]* outlying *(épith)* **NMF** eccentric, crank *(péj)*

**excentriquement** /ɛksɑ̃tʀikmɑ̃/ **ADV** *(gén)* eccentrically

**excepté, e** /ɛksɛpte/ (ptp de **excepter**) **ADJ** ◆ **il n'a plus de famille sa mère ~e** he has no family left apart from *ou* aside from *(US)* *ou* except his mother, excluding his mother he has no family left **PRÉP** except, but for, apart from, aside from *(US)* ◆ **~ quand** except *ou* apart from when ◆ **~ que** except that ◆ **tous ~ sa mère** everyone but his mother, everyone except for *ou* aside from *(US)* his mother

**excepter** /ɛksɛpte/ ▸ conjug 1 ◂ **VT** to except (*de* from) to make an exception of ◆ **sans ~ personne** without excluding anyone, no one excepted

**exception** /ɛksɛpsjɔ̃/ **NF** **a** *(= dérogation)* exception ◆ **à quelques ~s près** with a few exceptions ◆ **c'est l'~ qui confirme la règle** it's the exception which proves the rule
♦ **d'exception** *[tribunal]* special; *[régime, mesure]* special, exceptional **b** *(Jur)* objection, plea ◆ **~ péremptoire** ≃ demurrer **c** *(loc)* **faire une ~ à** *[+ règle]* to make an exception to ◆ **faire ~ (à la règle)** to be an exception (to the rule) ◆ **faire ~ de** to make an exception of
♦ **exception faite de, à l'exception de** except for, apart from, aside from *(US)*, with the exception of
♦ **sans exception** without exception
♦ **sauf exception** allowing for exceptions

**exceptionnel, -elle** /ɛksɛpsjɔnɛl/ **ADJ** *(= rare)* exceptional ◆ **offre exceptionnelle** *(Comm)* special offer, special *(US)* ◆ **fait ~, il a accepté** he accepted for once ◆ **d'un talent**

~ exceptionally talented; → **élément** NM ◆ **l'~** the exceptional

**exceptionnellement** /ɛksɛpsjɔnɛlmɑ̃/ ADV a *(= à titre d'exception)* **ils se sont réunis ~ un dimanche** contrary to their general practice *ou* in this particular instance they met on a Sunday ◆ **le magasin sera ~ ouvert dimanche** the store will open on Sunday just for this week *ou* for this week only ◆ **~, je vous recevrai lundi** just this once I will see you on Monday b *[difficile, élevé, fort]* exceptionally

**excès** /ɛksɛ/ NM a *(= surplus) [d'argent]* excess, surplus; *[de marchandises, produits]* glut, surplus ◆ **il y a un ~ d'acide** *(= il en reste)* there is some acid left over *ou* some excess acid; *(= il y en a trop)* there is too much acid ◆ **~ de cholestérol dans le sang** excess of cholesterol in the blood ◆ **~ de précautions** excessive care *ou* precautions ◆ **~ de zèle** overzealousness; → **pécher**

b *(gén, Méd, Pol = abus)* excess ◆ **des ~ de langage** extreme *ou* immoderate language ◆ **tomber dans l'~** to go to extremes ◆ **tomber dans l'~ inverse** to go to the opposite extreme ◆ **~ de boisson** overindulgence in drink, intemperance ◆ **des ~ de table** overindulgence at (the) table, surfeit of (good) food ◆ **faire des ~ de table** to overindulge, to eat too much ◆ **se laisser aller à des ~** to go overboard* ◆ **je me suis trompé, par ~ de confiance en moi/d'optimisme** I made a mistake by being over-confident/over-optimistic

c *(loc)* **il est sévère, mais sans ~** he's strict, but not excessively so ◆ **l'~ en tout est un défaut** *(Prov)* everything in moderation

◆ **(jusqu')à l'excès** to excess, excessively, inordinately ◆ **généreux à l'~** inordinately generous, overgenerous, generous to a fault

◆ **avec excès** to excess, excessively ◆ **il fait tout avec ~** he does everything to excess, he is excessive in everything he does ◆ **boire avec ~** to drink to excess *ou* excessively ◆ **dépenser avec ~** to be excessive in one's spending

COMP ▷ **excès de pouvoir** *(Jur)* abuse of power, actions ultra vires *(SPÉC)* ▷ **excès de vitesse** *(Aut)* breaking *ou* exceeding the speed limit, speeding ◆ **coupable de plusieurs ~ de vitesse** guilty of having broken *ou* of exceeding the speed limit on several occasions

**excessif, -ive** /ɛksesif, iv/ ADJ a *[+ colère, enthousiasme, prix]* excessive; *[+ fierté]* excessive, inordinate ◆ **des horaires de travail ~s** excessively long working hours ◆ **300 €, c'est ~ !** €300, that's far too much! ◆ **50 €, ce n'est vraiment pas ~ !** €50 isn't what you'd call expensive! b *[+ personne]* **elle est excessive (en tout)** she's a woman of extremes, she takes everything to extremes *ou* too far

**excessivement** /ɛksesivmɑ̃/ ADV *(gén)* excessively; *[cher, fier]* excessively, inordinately ◆ **~ difficile/grave** extremely difficult/serious

**exciper** /ɛksipe/ ▸ conjug 1 ◂ **exciper de** VT INDIR *(frm) [+ bonne foi, précédent]* to plead

**excipient** /ɛksipjɑ̃/ NM excipient

**exciser** /ɛksize/ ▸ conjug 1 ◂ VT to excise

**excision** /ɛksizjɔ̃/ NF excision

**excitabilité** /ɛksitabilite/ NF *(Bio)* excitability

**excitable** /ɛksitabl/ ADJ excitable, easily excited

**excitant, e** /ɛksitɑ̃, ɑ̃t/ ADJ a *(= enthousiasmant) [idée, livre, projet]* exciting ◆ **ce n'est pas très ~ !** it's not very exciting! b *(= stimulant) [effet, substance]* stimulating c *(sexuellement)* arousing, sexy NM stimulant

**excitation** /ɛksitasjɔ̃/ NF a *(= enthousiasme, nervosité)* excitement ◆ **dans un état de grande ~** in a state of great excitement b *(= désir)* **~ (sexuelle)** (sexual) excitement *ou* arousal c *(Méd) [de nerf, muscle]* excitation, stimulation; *(Élec) [d'électro-aimant]* excitation d *(Jur = incitation)* **~ à** incitement to ◆ **~ des mineurs à la débauche** incitement of minors to immoral behaviour

**excité, e** /ɛksite/ (ptp de **exciter**) ADJ a (* *= enthousiasmé)* excited ◆ **il ne semblait pas très ~ à l'idée de me revoir** * he didn't seem too thrilled at the idea of *ou* too wild* about seeing me again; → **puce** b *(= nerveux) [animal]* restless; *[enfant]* excitable ◆ **des soldats, très ~s, ont commencé à tirer** some of the soldiers were very jumpy* and started to shoot c *(* = irrité)* worked-up d *(sexuellement)* excited NM,F * *(= impétueux)* hothead; *(= fanatique)* fanatic ◆ **une poignée d'~s** a bunch of hotheads ◆ **ne fais pas attention, c'est un ~** don't take any notice, he gets carried away

**exciter** /ɛksite/ ▸ conjug 1 ◂ VT a *(= provoquer) [+ intérêt, désir]* to (a)rouse; *[+ curiosité]* to rouse, to excite; *[+ imagination]* to stimulate, to fire, to stir; *[+ appétit]* to whet, to stimulate ◆ **tous ses sens étaient excités** all his senses were aroused

b *(= aviver) [+ colère, douleur, ardeur]* to intensify, to increase ◆ **cela ne fit qu'~ sa colère** that only increased *ou* intensified his anger, that only made him even more angry

c *(= enthousiasmer) [+ personne]* to thrill ◆ **ça ne m'excite guère d'y aller** I'm not exactly thrilled at the thought of going

d *(= rendre nerveux)* **~ un animal/un enfant** to get an animal/a child excited ◆ **le vent les excite** the wind makes them restless ◆ **le café, ça m'excite trop** coffee makes me too nervous *ou* hyper *

e *(sexuellement)* to arouse *ou* excite (sexually)

f (* *= irriter) [situation, réunion]* to get worked-up ◆ **il commence à m'~** he's getting on my nerves

g *(= encourager)* to urge on, to spur on ◆ **excitant ses chiens de la voix** urging on *ou* spurring on his dogs with shouts, shouting to urge on his dogs ◆ **~ qn contre qn** to set sb against sb

h *(= inciter)* **~ à** to exhort to, to incite to, to urge to ◆ **~ qn à faire qch** to push sb into doing sth, to provoke *ou* urge sb to do sth ◆ **~ des soldats au combat** to incite *ou* exhort soldiers to combat *ou* battle

i *(Méd) [+ nerf, muscle]* to stimulate, to excite; *(Élec, Phys) [+ électro-aimant, noyau]* to excite

VPR **s'exciter** a * *(= s'enthousiasmer)* to get excited *(sur, à propos de* about, over) to get carried away; *(= devenir nerveux)* to get worked up *, to get in a flap *; *(= se fâcher)* to get annoyed ◆ **pas la peine de t'~ (bêtement) !** calm down!

b *(sexuellement)* to become (sexually) excited, to be (sexually) aroused

**exclamatif, -ive** /ɛksklamatif, iv/ ADJ exclamatory

**exclamation** /ɛksklamasjɔ̃/ NF exclamation; → **point**[1]

**exclamer (s')** /ɛksklame/ ▸ conjug 1 ◂ VPR to exclaim ◆ **"dommage !" s'exclama-t-il** "what a pity!", he exclaimed ◆ **s'~ de colère/d'admiration** *(littér)* to exclaim *ou* cry out in anger/admiration ◆ **s'~ sur qch** *(littér = protester)* to shout *ou* make a fuss about sth

**exclu, e** /ɛkskly/ ADJ a *(= non accepté) [personne]* excluded ◆ **se sentir ~ de la société** to feel excluded from society b *(= excepté)* **tous les jours, mardi ~** every day, except Tuesday c *(= hors de question)* **c'est tout à fait ~** it's completely out of the question ◆ **aucune hypothèse n'est ~e** no possibility has been ruled out ◆ **il n'est pas ~ que ...** it is not impossible that ... ◆ **une défaite n'est pas ~e** defeat cannot be ruled out NM,F ◆ **les ~s (de la société)** victims of social exclusion ◆ **les ~s de la croissance économique** those left out of the economic boom

**exclure** /ɛksklyʀ/ ▸ conjug 35 ◂ VT a *(= chasser) (d'un parti, d'une équipe)* to expel; *(d'un club)* to expel, to ban; *(temporairement)* to suspend; *(d'une école)* to expel, to exclude; *(temporairement)* to suspend, to exclude; *(d'une université)* to expel, to send down *(Brit)* *(de* from) b *(= écarter) [+ solution]* to exclude, to rule out; *[+ hypothèse]* to dismiss, to rule out ◆ **~ qch de son régime** to cut sth out of one's diet c *(= être incompatible avec) [fait]* to preclude VPR **s'exclure** ◆ **s'~ mutuellement** *[idées]* to be mutually exclusive; *[actions, mesures]* to be (mutually) incompatible

**exclusif, -ive**[1] /ɛksklyzif, iv/ ADJ a *[privilège]* exclusive *(épith)* ◆ **à l'usage/au profit ~ de** for the sole use/benefit of ◆ **pour mon usage ~** for my use alone ◆ **dans le but ~ de faire ...** with the sole *ou* exclusive aim of doing ...

b *(Comm) [droits, distributeur]* sole *(épith)*, exclusive *(épith)*; *[représentant]* sole *(épith)*; *[photo, reportage, fabrication]* exclusive *(épith)*

c *(Math, Logique)* exclusive ◆ **le ou ~** the exclusive or

d *(dans ses sentiments)* **il lui porte un amour ~** he loves her to the exclusion of all others, he loves her alone ◆ **elle est exclusive en amour** she's a one-man woman ◆ **il a un caractère (trop) ~** he's (too) exclusive in his relationships ◆ **très ~ dans ses amitiés** very selective *ou* exclusive in his friendships ◆ **très ~ dans ses goûts** very selective in his tastes

**exclusion** /ɛksklyzjɔ̃/ NF a *(= expulsion) [de parti, équipe, club]* expulsion; *(temporaire)* suspension; *[d'école]* expulsion, exclusion; *(temporaire)* suspension, exclusion *(de* from) → **zone**

◆ **à l'exclusion de** *(= en écartant)* to the exclusion of; *(= sauf)* with the exclusion *ou* exception of ◆ **aimer les pommes à l'~ de tous les autres fruits** to love apples to the exclusion of all other fruit ◆ **il peut manger de tous les fruits à l'~ des pommes** he can eat any fruit excluding apples *ou* with the exclusion *ou* exception of apples b *(= marginalisation)* **l'~ (sociale)** social exclusion ◆ **personne en voie d'~** person who is in danger of becoming a social outcast

**exclusive**[2] /ɛksklyziv/ NF *(frm)* bar, debarment ◆ **tous sans ~** with none debarred ◆ **frapper qn d'~, prononcer l'~ contre qn** to debar sb

**exclusivement** /ɛksklyzivmɑ̃/ ADV a *(= seulement)* exclusively, solely ◆ **~ réservé au personnel** reserved for staff only b *(= non inclus)* **du 10 au 15 du mois ~** from the 10th to the 15th exclusive c *(littér = de manière entière ou absolue)* exclusively

**exclusivité** /ɛksklyzivite/ NF a *(Comm)* exclusive rights ◆ **avoir l'~ de la couverture d'un événement** to have (the) exclusive coverage of an event ◆ **avoir l'~ de la distribution de qch** to have exclusive distribution rights to sth ◆ **il n'en a pas l'~** *(fig)* he's not the only one to have it, he hasn't (got) a monopoly on it * ◆ **contrat d'~** exclusive contract

◆ **en + exclusivité** ◆ **en ~ dans notre journal** exclusive to our paper ◆ **films en première ~** new releases ◆ **ce film passe en ~ à** this film is showing only *ou* exclusively at

b *(= reportage) (gén)* exclusive; *(à sensation)* scoop ◆ **c'est une ~ de notre maison** it's made (*ou* sold) exclusively by our company, it's exclusive to our company

c *[de sentiment]* **l'~ en amour est rare** it is rare for somebody to love one person alone

**excommunication** /ɛkskɔmynikasjɔ̃/ **NF** excommunication

**excommunier** /ɛkskɔmynje/ ▸ conjug 7 ◂ **VT** to excommunicate

**excrément** /ɛkskʀemɑ̃/ **NM** excrement *(NonC)* ◆ **~s** excrement, faeces

**excrémenteux, -euse** /ɛkskʀemɑ̃tø, øz/, **excrémentiel, -elle** /ɛkskʀemɑ̃sjɛl/ **ADJ** excremental, excrementitious

**excréter** /ɛkskʀete/ ▸ conjug 6 ◂ **VT** to excrete

**excréteur, -trice** /ɛkskʀetœʀ, tʀis/ **ADJ** excretory

**excrétion** /ɛkskʀesjɔ̃/ **NF** excretion ◆ **~s** excreta

**excrétoire** /ɛkskʀetwaʀ/ **ADJ** ⇒ **excréteur**

**excroissance** /ɛkskʀwasɑ̃s/ **NF** *(Méd)* excrescence, outgrowth; *(fig)* outgrowth, development

**excursion** /ɛkskyʀsjɔ̃/ **NF** *(en car)* excursion, (sightseeing) trip; *(en voiture)* drive; *(à vélo)* ride; *(à pied)* walk, hike ◆ **~ en mer** boat trip ◆ **~ de trois jours** three-day tour *ou* (sightseeing) trip ◆ **partir en ~** *ou* **faire une ~** *(en car)* to go on an excursion *ou* a trip; *(en voiture)* to go for a drive; *(à vélo)* to go for a ride; *(à pied)* to go on a walk *ou* hike, to go walking *ou* hiking

**excursionner** /ɛkskyʀsjɔne/ ▸ conjug 1 ◂ **VI** to go on an excursion *ou* trip

**excursionniste** /ɛkskyʀsjɔnist/ **NMF** *(en car)* (day) tripper *(Brit)*, traveler *(US)*; *(à pied)* hiker, walker

**excusable** /ɛkskyzabl/ **ADJ** *[acte]* excusable, forgivable ◆ **il n'est pas ~** what he did is unforgivable

**excuse** /ɛkskyz/ GRAMMAIRE ACTIVE 45.1, 45.2 **NF** a *(= prétexte)* excuse ◆ **bonne/mauvaise ~** good/poor *ou* lame excuse ◆ **sans ~** inexcusable ◆ **il a pris pour ~ qu'il avait à travailler** he made *ou* gave the excuse that he had work to do, he used his work as an excuse ◆ **~s légales** *(Jur)* lawful *ou* legal excuses ◆ **la belle ~ !** *(iro)* that's a fine excuse! *(iro)*; → **mot** b ◆ **~s** *(= regrets)* apology ◆ **faire des ~s, présenter ses ~s** to apologize, to offer one's apologies *(à* to); ◆ **je vous dois des ~s** I owe you an apology ◆ **exiger des ~s** to demand an apology ◆ **mille ~s** do forgive me, I'm so sorry ◆ **faites ~** *(* ou hum)* excuse me, 'scuse me * c *(Tarot)* excuse

**excuser** /ɛkskyze/ GRAMMAIRE ACTIVE 45.1 ▸ conjug 1 ◂

**VT** a *(= pardonner) [+ personne, faute]* to excuse, to forgive ◆ **veuillez ~ mon retard** please excuse my being late *ou* my lateness, I do apologize for being late ◆ **je vous prie de l'~** please excuse *ou* forgive him ◆ **veuillez m'~** *(frm)*, **je vous prie de m'~** I beg your pardon, please forgive me (*pour avoir fait* for having done); ◆ **excusez-moi** excuse me, I'm sorry ◆ **je m'excuse** * (I'm) sorry ◆ **excusez-moi de vous le dire mais ...** excuse *ou* forgive *ou* pardon my saying so but ... ◆ **excusez-moi de ne pas venir** excuse my not coming, I'm sorry I can't come ◆ **vous êtes tout excusé** please don't apologize, you are quite forgiven ◆ **excusez-moi, vous avez l'heure s'il vous plaît ?** excuse me, have you got the time please? ◆ **ils ont invité 500 personnes, excusez du peu !** * they invited 500 people if you please! * ◆ **vous invitez 500 personnes ? excusez du peu !** * you're inviting 500 people? is that all? *(iro)*

b *(= justifier)* to excuse ◆ **cette explication n'excuse rien** this explanation is no excuse

c *(= dispenser)* to excuse ◆ **il a demandé à être excusé pour la réunion de demain** he asked to be excused from tomorrow's meeting ◆ **se faire ~** to ask to be excused ◆ **"M. Dupont : (absent) excusé"** "Mr Dupont has sent an apology", "apologies for absence received from Mr Dupont"

**VPR s'excuser** to apologize (*de qch* for sth); ◆ **(aller) s'~ auprès de qn** to apologize to sb ◆ **qui s'excuse s'accuse** *(Prov)* apologizing is a way of admitting one's guilt

**exécrable** /ɛgzekʀabl/ **ADJ** atrocious, execrable

**exécrablement** /ɛgzekʀabləmɑ̃/ **ADV** atrociously, execrably

**exécration** /ɛgzekʀasjɔ̃/ **NF** *(littér = haine)* execration, loathing ◆ **avoir qch en ~** to hold sth in abhorrence

**exécrer** /ɛgzekʀe/ ▸ conjug 6 ◂ **VT** to loathe, to abhor, to execrate

**exécutable** /ɛgzekytabl/ **ADJ** *[tâche]* possible, manageable; *[projet]* workable, feasible; *(Ordin) [fichier]* executable

**exécutant, e** /ɛgzekytɑ̃, ɑ̃t/ **NM,F** *(Mus)* performer, executant; *(péj = agent)* underling ◆ **il n'est qu'un ~** he just carries out (his) orders, he's just an underling

**exécuter** /ɛgzekyte/ ▸ conjug 1 ◂ **VT** a *(= accomplir) [+ plan, ordre, mouvements]* to execute, to carry out; *[+ projet, mission]* to execute, to carry out, to accomplish; *[+ promesse]* to fulfil, to carry out; *[+ travail]* to do, to execute; *[+ tâche]* to execute, to discharge, to perform ◆ **travail exécuté à la hâte** work done in a hurry ◆ **il a fait ~ des travaux dans sa maison** he had some work done on his house

b *(= réaliser) [+ objet]* to make; *[+ tableau]* to paint, to execute

c *(= préparer) [+ ordonnance]* to make up; *[+ commande]* to fulfil, to carry out ◆ **faire ~ une ordonnance** to have a prescription made up

d *(Mus) [+ morceau]* to perform, to play ◆ **brillamment exécuté** brilliantly executed *ou* played

e *(= tuer)* to execute

f *(= vaincre)* to trounce; *(= critiquer)* to demolish

g *(Jur) [+ traité, loi, décret]* to enforce; *[+ contrat]* to perform; *[+ débiteur]* to distrain upon

h *(Ordin) [+ programme]* to run; *[+ instruction]* to carry out

**VPR s'exécuter** *(en s'excusant)* to comply; *(en payant)* to pay up ◆ **je lui demandai de s'excuser et il finit par s'~** I asked him to apologize and finally he complied *ou* did ◆ **au moment de l'addition, il s'exécuta de mauvaise grâce** when the time came to settle the bill he paid up with bad grace

**exécuteur, -trice** /ɛgzekytœʀ, tʀis/ **NM,F** *[d'arrêt, décret]* enforcer **NM** *(Hist)* ◆ **~ (des hautes œuvres)** executioner ◆ **~ des basses œuvres** *(péj = homme de main)* henchman ◆ **~ (testamentaire)** *(Jur)* *(= homme)* executor; *(= femme)* executrix

**exécutif, -ive** /ɛgzekytif, iv/ **ADJ** ◆ **pouvoir ~** executive power **NM** ◆ **l'~** the executive

**exécution** /ɛgzekysjɔ̃/ **NF** a *(= accomplissement) [de plan, ordre, mouvement]* execution; *[de projet, mission]* execution, accomplishment; *[de promesse]* fulfilment; *[de travail, tâche]* execution ◆ **l'~ des travaux a été ralentie** the work has been slowed down *ou* delayed ◆ **~ !** get on with it!

◆ **mettre à exécution** *[+ projet, idées, menaces]* to carry out

◆ **mise à exécution** *[de loi]* enforcement ◆ **pour empêcher la mise à ~ de cette menace** to prevent the threat from being carried out; → **voie**

b *(= réalisation) [d'objet]* production; *[de tableau]* execution

c *(= préparation) [de commande]* fulfilment, carrying out; *[d'ordonnance]* making up

d *(Mus) [de morceau]* performance ◆ **d'une ~ difficile** difficult to play

e *(= mise à mort)* execution ◆ **~ capitale/sommaire** capital/summary execution

f *(Jur) [de traité, loi, décret]* enforcement; *[de contrat]* performance ◆ **en ~ de la loi** in compliance *ou* accordance with the law

g *(Ordin) [de programme]* running; *[d'instruction]* carrying out

**exécutoire** /ɛgzekytwaʀ/ **ADJ** *(Jur)* executory, enforceable ◆ **mesure ~ pour chaque partie contractante** measure binding on each contracting party

**exégèse** /ɛgzeʒɛz/ **NF** exegesis ◆ **faire l'~ d'un discours politique** to analyse a political speech

**exégète** /ɛgzeʒɛt/ **NM** exegete

**exemplaire** /ɛgzɑ̃plɛʀ/ **ADJ** *[mère]* model *(épith)*, exemplary; *[punition]* exemplary ◆ **infliger une punition ~ à qn** to make an example of sb (by punishing him) **NM** a *[de livre, formulaire]* copy ◆ **en deux ~s** in duplicate ◆ **en trois ~s** in triplicate ◆ **25 ~s de cet avion ont été vendus** 25 aeroplanes of this type have been sold; → **tirer** b *(= échantillon)* specimen, example

**exemplairement** /ɛgzɑ̃plɛʀmɑ̃/ **ADV** exemplarily

**exemplarité** /ɛgzɑ̃plaʀite/ **NF** exemplary nature

**exemple** /ɛgzɑ̃pl/ GRAMMAIRE ACTIVE 53.1, 53.5 **NM** a *(= modèle)* example ◆ **l'~ de leur faillite/de sa sœur lui sera bien utile** their failure/his sister will be a useful example for him ◆ **il est l'~ de la vertu/l'honnêteté** he sets an example of virtue/honesty, he is a model of virtue/honesty ◆ **citer qn/qch en ~** to quote sb/sth as an example ◆ **donner l'~ de l'honnêteté/de ce qu'il faut faire** to give *ou* set an example of honesty/of what to do ◆ **donner l'~** to set an example ◆ **suivre l'~ de qn** to follow sb's example ◆ **prendre ~ sur qn** to take sb as a model ◆ **servir d'~ à qn** to serve as an example to sb ◆ **faire un ~ de qn** *(punir)* to make an example of sb ◆ **il faut absolument faire un ~** we must make an example of somebody ◆ **il faut les punir pour l'~** they must be punished as an example *ou* as a deterrent to others; → **prêcher**

◆ **à l'exemple de** like ◆ **à l'~ de son père** just like his father

◆ **par exemple** *(explicatif)* for example *ou* instance ◆ **(ça) par ~ !** *(surprise)* well I never!, my word!; *(indignation)* honestly!, well really!

b *(= cas, spécimen)* example ◆ **un bel ~ du gothique flamboyant** a fine example of flamboyant gothic ◆ **il en existe plusieurs : ~, le rat musqué** there are several, for example *ou* for instance the muskrat ◆ **être d'une bêtise/avarice sans ~** *(frm)* to be of unparalleled stupidity/meanness

**exemplification** /ɛgzɑ̃plifikasjɔ̃/ **NF** exemplification

**exemplifier** /ɛgzɑ̃plifje/ ► conjug 7 ◄ VT to exemplify

**exempt, e** /ɛgzɑ̃, ɑ̃(p)t/ ADJ a (= *dispensé de*) ~ **de** [+ *service militaire, corvée, impôts*] exempt from ◆ ~ **de taxes** tax-free, duty-free ◆ ~ **de TVA** zero-rated for VAT b (= *dépourvu de*) ~ **de** [+ *vent, dangers, arrogance, erreurs*] free from ◆ **entreprise ~e de dangers** danger-free undertaking, undertaking free from all danger ◆ **d'un ton qui n'était pas ~ d'humour** in a voice which was not without humour, with the faintest tinge of humour in his voice NM (*Hist: Mil, Police*) exempt

**exempté, e** /ɛgzɑ̃(p)te/ NM,F (*Mil*) *person who is exempt from military service*

**exempter** /ɛgzɑ̃(p)te/ ► conjug 1 ◄ VT a (= *dispenser*) to exempt (*de* from) b (= *préserver de*) ~ **qn de** [+ *soucis*] to save sb from

**exemption** /ɛgzɑ̃psjɔ̃/ NF exemption

**exerçant, e** /ɛgzɛʀsɑ̃, ɑ̃t/ ADJ ◆ **médecin ~** practising doctor

**exercé, e** /ɛgzɛʀse/ (ptp de **exercer**) ADJ [*œil, oreille*] keen, trained; [*personne*] experienced

**exercer** /ɛgzɛʀse/ ► conjug 3 ◄ VT a (= *pratiquer*) [+ *métier*] to have; [+ *fonction*] to fulfil, to exercise; [+ *talents*] to exercise; (*littér*) [+ *charité, hospitalité*] to exercise, to practise ◆ **dans le métier que j'exerce** [*médecin, avocat*] in my profession *ou* job ◆ **il exerce encore** he's still practising *ou* in practice

b [+ *droit, pouvoir*] to exercise (*sur* over); [+ *contrôle, influence*] to exert, to exercise (*sur* over); [+ *représailles*] to take (*sur* on); [+ *poussée, pression*] to exert (*sur* on); ◆ ~ **des pressions sur qn** to bring pressure to bear on sb, to exert pressure on sb ◆ ~ **ses sarcasmes contre qn** to use one's sarcasm on sb, to make sb the butt of one's sarcasm ◆ ~ **des poursuites contre qn** to bring an action against sb

c (= *aguerrir*) [+ *corps, esprit, mémoire, voix*] to train, to exercise (*à* to, for); ◆ ~ **des élèves à lire** *ou* **à la lecture** to get pupils to practise their reading ◆ ~ **un chien à rapporter le journal** to train a dog to bring back the newspaper

d (= *éprouver*) [+ *sagacité, habileté*] to tax; [+ *patience*] to try, to tax

VPR **s'exercer** a [*pianiste, sportif*] to practise ◆ **s'~ à** [+ *technique, mouvement*] to practise ◆ **s'~ à la patience** to learn how to be patient ◆ **s'~ à faire qch** to practise doing sth

b (*Phys*) **les forces qui s'exercent sur le levier** the force exerted on the lever

**exercice** /ɛgzɛʀsis/ NM a (= *pratique*) [*de métier*] practice; [*de droit*] exercising; [*de facultés*] exercise ◆ **l'~ du pouvoir** the exercise of power ◆ **après 40 ans d'~** after 40 years in practice ◆ **condamné pour ~ illégal de la médecine** sentenced for practising medicine illegally *ou* for the illegal practice of medicine ◆ **dans l'~ de ses fonctions** in the exercise *ou* execution *ou* discharge of his duties

◆ **en exercice** ◆ **être en ~** [*médecin*] to be in practice; [*juge, fonctionnaire*] to be in *ou* hold office ◆ **juge en ~** sitting judge ◆ **président en ~** serving chairman ◆ **entrer en ~** to take up *ou* assume one's duties

b (= *activité physique*) **l'~ (physique)** (physical) exercise ◆ **prendre** † *ou* **faire de l'~** to take some exercise

c (*Mil*) **l'~** exercises, drill ◆ **aller à l'~** to go on exercises ◆ **faire l'~** to drill, to be at drill

d (*Mus, Scol, Sport* = *travail d'entraînement*) exercise ◆ ~ **pour piano** piano exercise ◆ ~ **de prononciation** pronunciation exercise *ou* drill ◆ ~ **d'application** practise *ou* application exercise ◆ **~s au sol** (*Gym*) floor exercises ◆ ~ **d'évacuation** fire drill ◆ **l'interview est un ~ difficile** interviewing is a difficult business; → **cahier**

e (*Admin, Fin* = *période*) year ◆ **l'~ 1996** the 1996 fiscal *ou* tax year

COMP ▷ **exercices d'assouplissement** limbering up exercises, bending and stretching exercises ▷ **exercice budgétaire** budgetary year ▷ **exercice comptable** accounting year ▷ **exercice du culte** religious worship ▷ **exercice fiscal** fiscal *ou* tax year ▷ **exercice de style** (*Littérat*) stylistic composition; (*fig*) exercise in style ▷ **exercices de tir** (*Mil*) shooting drill *ou* practice

**exerciseur** /ɛgzɛʀsizœʀ/ NM (*gén*) exercise machine; (*pour poitrine*) chest expander

**exergue** /ɛgzɛʀg/ NM [*de texte*] ◆ **porter qch en ~** to bear sth as an epigraph ◆ **cette médaille porte en ~ l'inscription ...** (*lit*) this medal is inscribed below ... ◆ **mettre en ~** (= *mettre en évidence*) [+ *idée, phrase*] to bring out, to underline ◆ **mettre une citation en ~ à un chapitre** to head a chapter with a quotation, to put in a quotation as (an) epigraph to a chapter ◆ **mettre un proverbe en ~ à un tableau** to inscribe a painting with a proverb

**exfoliant, e** /ɛksfɔljɑ̃, jɑ̃t/ ADJ exfoliating (*épith*)

**exfoliation** /ɛksfɔljasjɔ̃/ NF exfoliation

**exfolier** /ɛksfɔlje/ ► conjug 7 ◄ VT [+ *peau*] to exfoliate VPR **s'exfolier** [*peau, os, roche, bois*] to exfoliate

**exhalaison** /ɛgzalɛzɔ̃/ NF (*littér*) (*désagréable*) exhalation; (*agréable*) fragrance, exhalation

**exhalation** /ɛgzalasjɔ̃/ NF (*Physiol*) exhalation

**exhaler** /ɛgzale/ ► conjug 1 ◄ VT (*littér*) a [+ *odeur, vapeur*] to exhale, to give off b [+ *soupir*] to breathe; [+ *plainte*] to utter, to give forth (*littér*); [+ *joie, douleur*] to give vent *ou* expression to c (*Physiol* = *souffler*) to exhale VPR **s'exhaler** [*odeur*] to rise (up) (*de* from); ◆ **un soupir s'exhala de ses lèvres** a sigh rose from his lips

**exhaussement** /ɛgzosmɑ̃/ NM raising

**exhausser** /ɛgzose/ ► conjug 1 ◄ VT [+ *construction*] to raise (up) ◆ ~ **une maison d'un étage** to add a floor to a house

**exhausteur** /ɛgzostœʀ/ NM ◆ ~ **de goût** *ou* **de saveur** flavour enhancer

**exhaustif, -ive** /ɛgzostif, iv/ ADJ exhaustive ◆ **c'est une liste non exhaustive** it's not an exhaustive list ◆ **de manière exhaustive** [*analyser*] exhaustively ◆ **décrire qch de manière exhaustive** to give a comprehensive description of sth

**exhaustivement** /ɛgzostivmɑ̃/ ADV exhaustively

**exhaustivité** /ɛgzostivite/ NF exhaustiveness ◆ **la liste ne prétend pas à l'~** the list doesn't claim to be exhaustive

**exhiber** /ɛgzibe/ ► conjug 1 ◄ VT a (*frm*) (= *produire*) [+ *document, passeport*] to present, to show, to produce b (= *montrer au public*) [+ *animal*] to show, to exhibit c (*péj*) [+ *partie du corps*] to show off, to display; [+ *savoir, richesse, diplômes*] to display, to show off, to flaunt VPR **s'exhiber** a (*péj*) (= *parader*) to show o.s. off (in public), to parade around b [*exhibitionniste*] to expose o.s.

**exhibition** /ɛgzibisjɔ̃/ NF a (*Sport*) **match (d')~** exhibition match b [*de partie du corps*] showing off c [*d'animal*] exhibiting, showing; (= *concours*) show d (= *comportement*) outrageous behaviour (*NonC*) e (*frm*) [*de document, passeport*] presentation, production

**exhibitionnisme** /ɛgzibisjɔnism/ NM exhibitionism

**exhibitionniste** /ɛgzibisjɔnist/ NMF exhibitionist ◆ **il est un peu ~** he's a bit of an exhibitionist

**exhortation** /ɛgzɔʀtasjɔ̃/ NF exhortation

**exhorter** /ɛgzɔʀte/ ► conjug 1 ◄ VT to exhort (*à faire* to do; *à qch* to sth) to urge (*à faire* to do)

**exhumation** /ɛgzymasjɔ̃/ NF [*de corps*] exhumation; [*de ruines, vestiges*] excavation; [*de faits, vieux livres*] unearthing, digging up *ou* out; [*de souvenirs*] recollection, recalling

**exhumer** /ɛgzyme/ ► conjug 1 ◄ VT [+ *corps*] to exhume; [+ *ruines, vestiges*] to excavate; [+ *faits, vieux livres*] to unearth, to dig up *ou* out; [+ *souvenirs*] to recall

**exigeant, e** /ɛgziʒɑ̃, ɑ̃t/ ADJ [*client, public, enfant*] demanding, hard to please (*attrib*); [*parents, patron, travail, amour*] demanding, exacting; [*œuvre*] demanding ◆ **je ne suis pas ~*, donnez-moi 10 €** I'm not asking for much - give me €10 ◆ **il est très ~ envers lui-même** he sets very high standards for himself ◆ **les consommateurs sont devenus plus ~s en matière de prix/sur la qualité** consumers are demanding better prices/quality

**exigence** /ɛgziʒɑ̃s/ NF a (*gén pl* = *revendication, condition*) demand, requirement ◆ **produit satisfaisant à toutes les ~s** product which meets all requirements ◆ **répondre aux ~s de qualité** to meet quality requirements ◆ **les ~s du marché** the demands of the market ◆ **~s (salariales)** salary expectations ◆ **~s démocratiques** demands for democracy b (= *caractère*) [*de client*] demanding nature; [*de maître*] strictness ◆ **il est d'une ~ insupportable** he's impossibly demanding ◆ **son ~ de rigueur** his requirement *ou* demand for accuracy ◆ ~ **morale** high moral standards

**exiger** /ɛgziʒe/ GRAMMAIRE ACTIVE 35.4, 37.1, 37.3 ► conjug 3 ◄ VT a (= *réclamer*) to demand, to require (*qch de qn* sth of *ou* from sb) to insist on (*qch de qn* sth from sb); ◆ **j'exige de le faire** I insist on doing it ◆ **j'exige que vous le fassiez** I insist on your doing it, I demand *ou* insist that you do it ◆ **j'exige (de vous) des excuses** I demand an apology (from you), I insist on an apology (from you) ◆ **la loi l'exige** the law requires *ou* demands it ◆ **des titres universitaires sont exigés pour ce poste** university degrees are required *ou* needed *ou* are a requirement for this post ◆ **trop ~ de ses forces** to overtax one's strength b (= *nécessiter*) to require, to call for ◆ **cette plante exige beaucoup d'eau** this plant needs *ou* requires a lot of water

**exigibilité** /ɛgziʒibilite/ NF [*de dette*] payability ◆ **~s** current liabilities

**exigible** /ɛgziʒibl/ ADJ [*dette*] payable, due for payment ◆ ~ **le 15 mai** payable *ou* due on 15 May

**exigu, -uë** /ɛgzigy/ ADJ [*lieu*] cramped, exiguous (*littér*); [*ressources*] scanty, meagre, exiguous (*littér*); (*Écon*) [*marché*] limited

**exiguïté** /ɛgzigɥite/ NF [*de lieu*] smallness; [*de ressources*] scantiness, meagreness, exiguity (*littér*); (*Écon*) [*de marché*] limited size

**exil** /ɛgzil/ NM exile ◆ ~ **volontaire** voluntary *ou* self-imposed exile ◆ **deux années d'~** two years in *ou* of exile ◆ **lieu d'~** place of exile ◆ **en ~** [*personne*] in exile (*attrib*), exiled; [*vivre*] in exile ◆ **envoyer qn en ~** to send sb into exile, to exile sb

**exilé, e** /ɛgzile/ (ptp de **exiler**) NM,F exile (*de* from); ◆ ~ **politique/volontaire** political/voluntary exile

**exiler** /ɛgzile/ ▸ conjug 1 ◂ VT a *(Pol)* to exile b *(littér)* to banish ◆ **se sentir exilé (loin de)** to feel like an outcast *ou* exile (far from) ◆ **une note exilée en bas de page** a note tucked away at the bottom of the page VPR **s'exiler** a *(Pol)* to go into exile b **s'~ à la campagne** to bury o.s. in the country ◆ **s'~ en Australie** to exile o.s. to Australia, to take o.s. off to Australia ◆ **s'~ loin du monde** to cut o.s. off from the world

**existant, e** /ɛgzistɑ̃, ɑ̃t/ ADJ *[coutume, loi, prix]* existing NM ◆ **l'~** *(gén)* what already exists; *(Comm)* *(= stock)* the existing stock; *(= circonstances)* the existing circumstances

**existence** /ɛgzistɑ̃s/ NF a *(Philos, Rel = présence)* existence b *(= vie quotidienne)* existence, life ◆ **dans l'~** in life ◆ **cette coutume a plusieurs siècles d'~** this custom has existed *ou* has been in existence for several centuries; → **moyen**²

**existentialisme** /ɛgzistɑ̃sjalism/ NM existentialism

**existentialiste** /ɛgzistɑ̃sjalist/ ADJ, NMF existentialist

**existentiel, -ielle** /ɛgzistɑ̃sjɛl/ ADJ existential ◆ **arrête de te poser des questions ~les !** stop worrying about the meaning of life!

**exister** /ɛgziste/ ▸ conjug 1 ◂ VI a *(= vivre)* to exist ◆ **il se contente d'~** *(péj)* he is content with just getting by *ou* just existing
b *(= être réel)* to exist, to be ◆ **pour lui, la peur n'existe pas** there is no such thing as fear *ou* fear doesn't exist as far as he is concerned ◆ **quoi que vous pensiez, le bonheur ça existe** whatever you may say, there is such a thing as happiness
c *(= se trouver)* to be, to be found ◆ **la vie existe-t-elle sur Mars ?** is there life on Mars? ◆ **produit qui existe en magasin** product (to be) found in shops ◆ **ce modèle existe-t-il en rose ?** is this model available in pink? ◆ **le costume régional n'existe plus guère** regional dress is scarcely ever (to be) found *ou* seen these days ◆ **les bateaux à aubes n'existent plus/existent encore** paddle steamers no longer/still exist ◆ **il existe encore une copie** there is still one copy extant *ou* in existence ◆ **pourquoi monter à pied ? les ascenseurs ça existe !** why walk up? there are lifts, you know! *ou* lifts have been invented! ◆ **si Hélène/la machine à café n'existait pas, il faudrait l'inventer !** *(hum)* if Hélène/the coffee machine didn't exist, we would have to invent her/it!
VB IMPERS *(= il y a)* ◆ **il existe** *(avec sg)* there is; *(avec pl)* there are ◆ **il n'existe pas de meilleur exemple** there is no better example ◆ **il existe des bégonias de plusieurs couleurs** begonias come *ou* are found in several colours

**exit** /ɛgzit/ VI, NM *(Théât)* exit ◆ ~ **le directeur** *(hum)* out goes the manager, exit the manager ◆ ~ **les pauses-café** *(hum)* no more coffee breaks, that's the end of the coffee breaks

**ex-libris** /ɛkslibʀis/ NM INV ex-libris

**ex nihilo** /ɛksniilo/ ADV ex nihilo

**exocet** /ɛgzɔsɛ/ NM a *(= poisson)* flying fish b ® *(= missile)* exocet ®

**exode** /ɛgzɔd/ NM *(lit, fig)* exodus ◆ **l'~** *(Hist) the flight of civilians from the north of France during the German invasion in 1940* ◆ **l'Exode** *(Bible)* the Exodus ◆ **(le livre de) l'Exode** (the Book of) Exodus ◆ ~ **rural** drift from the land, rural exodus ◆ ~ **des cerveaux** brain drain ◆ ~ **des capitaux** flight *ou* outflow of capital

**exogame** /ɛgzɔgam/ ADJ exogamous, exogamic

**exogamie** /ɛgzɔgami/ NF exogamy

**exogène** /ɛgzɔʒɛn/ ADJ exogenous

**exonération** /ɛgzɔneʀasjɔ̃/ NF *(Fin)* exemption (*de* from); ◆ ~ **fiscale** *ou* **d'impôt** tax exemption

**exonérer** /ɛgzɔneʀe/ ▸ conjug 6 ◂ VT *(Fin)* to exempt (*de* from); ◆ **placement à 3,5% exonéré d'impôts** investment at 3.5% free of tax ◆ **les plus-values seront fiscalement exonérées** capital gains will be tax-exempt *ou* will be exempted from tax

**exorbitant, e** /ɛgzɔʀbitɑ̃, ɑ̃t/ ADJ *[prix, demande, prétention]* exorbitant, outrageous; *[privilèges]* scandalous

**exorbité, e** /ɛgzɔʀbite/ ADJ *[yeux]* bulging (*de* with)

**exorcisation** /ɛgzɔʀsizasjɔ̃/ NF exorcizing

**exorciser** /ɛgzɔʀsize/ ▸ conjug 1 ◂ VT to exorcize

**exorciseur** /ɛgzɔʀsizœʀ/ NM exorcizer

**exorcisme** /ɛgzɔʀsism/ NM exorcism

**exorciste** /ɛgzɔʀsist/ NM exorcist

**exorde** /ɛgzɔʀd/ NM introduction, exordium *(SPÉC)*

**exosmose** /ɛgzɔsmoz/ NF exosmosis

**exotique** /ɛgzɔtik/ ADJ *[pays, plante]* exotic

**exotisme** /ɛgzɔtism/ NM exoticism ◆ **aimer l'~** to love all that is exotic

**expansé, e** /ɛkspɑ̃se/ ADJ expanded

**expansibilité** /ɛkspɑ̃sibilite/ NF expansibility

**expansible** /ɛkspɑ̃sibl/ ADJ expansible

**expansif, -ive** /ɛkspɑ̃sif, iv/ ADJ a *(de caractère)* expansive, out-going ◆ **il s'est montré peu ~** he was not very forthcoming *ou* communicative b *(Phys)* expansionary

**expansion** /ɛkspɑ̃sjɔ̃/ NF a *(= extension)* expansion ◆ **l'~ d'une doctrine** the spreading of a doctrine ◆ ~ **économique** economic expansion ◆ ~ **démographique** population growth ◆ **en pleine ~** *[marché, économie, secteur]* booming, fast-expanding ◆ **univers en ~** expanding universe b *(= effusion)* expansiveness *(NonC)*, effusiveness *(NonC)*

**expansionnisme** /ɛkspɑ̃sjɔnism/ NM expansionism

**expansionniste** /ɛkspɑ̃sjɔnist/ ADJ *(Écon, Math, Phys)* expansionary; *(Pol : péj)* expansionist NMF *(Pol)* expansionist

**expansivité** /ɛkspɑ̃sivite/ NF expansiveness

**expatriation** /ɛkspatʀijasjɔ̃/ NF expatriation

**expatrié, e** /ɛkspatʀije/ (ptp de **expatrier**) NM,F expatriate

**expatrier** /ɛkspatʀije/ ▸ conjug 7 ◂ VT to expatriate VPR **s'expatrier** to expatriate o.s., to leave one's country

**expectative** /ɛkspɛktativ/ NF *(= incertitude)* state of uncertainty; *(= attente prudente)* cautious approach ◆ **être** *ou* **rester dans l'~** *(incertitude)* to be still waiting *ou* hanging on (to hear *ou* see *etc*); *(attente prudente)* to hold back, to wait and see

**expectorant, e** /ɛkspɛktɔʀɑ̃, ɑ̃t/ ADJ, NM expectorant

**expectoration** /ɛkspɛktɔʀasjɔ̃/ NF expectoration

**expectorer** /ɛkspɛktɔʀe/ ▸ conjug 1 ◂ VTI to expectorate

**expédient, e** /ɛkspedjɑ̃, jɑ̃t/ ADJ *(frm)* expedient NM expedient ◆ **vivre d'~s** *[personne]* to live by one's wits

**expédier** /ɛkspedje/ GRAMMAIRE ACTIVE 47.3 ▸ conjug 7 ◂ VT a *[+ lettre, paquet]* to send, to dispatch ◆ ~ **par la poste** to send through the post *ou* mail ◆ ~ **par le train** to send by rail *ou* train ◆ ~ **par bateau** *[+ lettres, colis]* to send surface mail; *[+ matières premières]* to ship, to send by sea ◆ **je l'ai expédié en vacances chez sa grand-mère** * I sent *ou* packed * him off to his grandmother's for the holidays; → **monde** b * *[+ client, visiteur]* to dismiss ◆ ~ **une affaire** to dispose of *ou* dispatch a matter, to get a matter over with ◆ ~ **son déjeuner en cinq minutes** to polish off * one's lunch in five minutes c *(Admin)* ~ **les affaires courantes** to dispose of *ou* dispatch day-to-day matters

**expéditeur, -trice** /ɛkspeditœʀ, tʀis/ ADJ dispatching, forwarding NM,F *[de courrier]* sender, addresser, addressor; *[de marchandises]* consignor, shipper; → **retour**

**expéditif, -ive** /ɛkspeditif, iv/ ADJ *[personne]* quick, expeditious; *[méthode, solution]* expeditious; *[justice, licenciement, procès, procédure]* summary; *[victoire]* easy ◆ **il a des jugements un peu ~s** he tends to jump to conclusions

**expédition** /ɛkspedisjɔ̃/ NF a *(Mil)* *(= voyage, raid)* expedition ◆ ~ **de police** police raid ◆ **partir en ~** to set off on an expedition ◆ **quelle ~ !** *(fig)* what an expedition!, what a palaver! b *(= action)* *[de lettre, vivres, renforts]* dispatch; *[de colis]* dispatch, shipping; *(par bateau)* shipping ◆ **notre service ~** our shipping department c *(= paquet)* consignment, shipment; *(par bateau)* shipment d *(Admin)* **l'~ des affaires courantes** the dispatching of day-to-day matters

**expéditionnaire** /ɛkspedisjɔnɛʀ/ ADJ *(Mil)* expeditionary NMF *(Comm)* forwarding agent; *(Admin)* copyist

**expéditivement** /ɛkspeditivmɑ̃/ ADV expeditiously

**expérience** /ɛkspeʀjɑ̃s/ GRAMMAIRE ACTIVE 46.2 NF a *(= pratique)* experience ◆ **avoir de l'~** to have experience, to be experienced (*en* in); ◆ **avoir l'~ du monde** *(frm)* to have experience of the world, to know the ways of the world ◆ **sans ~** inexperienced ◆ **il est sans ~ de la vie** he has no experience of life ◆ **savoir par ~** to know by *ou* from experience ◆ **il a une longue ~ de l'enseignement** he has a lot of teaching experience
b *(= aventure humaine)* experience ◆ ~ **amoureuse** *ou* **sexuelle** sexual experience ◆ **tente l'~, tu verras bien** try it and see ◆ **faire l'~ de qch** to experience sth ◆ **ils ont fait une ~ de vie communautaire** they experimented with communal living
c *(= test scientifique)* experiment ◆ **vérité/fait d'~** experimental truth/fact ◆ **faire une ~ sur un cobaye** to do *ou* carry out an experiment on a guinea-pig

> ⚠ *Au sens de 'test scientifique',* **expérience** *ne se traduit pas par le mot anglais* **experience**.

**expérimental, e** (mpl **-aux**) /ɛkspeʀimɑ̃tal, o/ ADJ experimental ◆ **à titre ~** on a trial *ou* an experimental basis

**expérimentalement** /ɛkspeʀimɑ̃talmɑ̃/ ADV experimentally

**expérimentateur, -trice** /ɛkspeʀimɑ̃tatœʀ, tʀis/ NM,F *(gén)* experimenter; *(Sci)* bench scientist

**expérimentation** /ɛkspeʀimɑ̃tasjɔ̃/ NF experimentation ◆ ~ **animale** *(= pratique)* animal experimentation; *(= expériences, tests)* animal experiments

**expérimenté, e** /ɛkspeʀimɑ̃te/ (ptp de **expérimenter**) ADJ experienced (*en, dans* in)

**expérimenter** /ɛkspeʀimɑ̃te/ ▸ conjug 1 ◂ VT *[+ appareil]* to test; *[+ remède]* to experiment with, to try out; *[+ méthode]* to test out, to try out ◆ ~ **en laboratoire** to experiment *ou* do experiments in a laboratory

**expert, e** /ɛkspɛʀ, ɛʀt/ ADJ *[personne]* expert, skilled (*en* in; *à* at); *[mains, œil]* expert ◆ **être ~ en la matière** to be an expert on the subject; → **système** NM *(= connaisseur)* expert (*en* in, at) connoisseur (*en* in, of); *(= spécialiste)* expert; *(d'assurances après dégâts)* assessor; *(d'objet de valeur)* valuer, assessor; *(Naut)* surveyor ◆ **médecin(-)~** medical expert ◆ **géomètre(-)~** ≃ chartered surveyor

**expert-comptable** /ɛkspɛʀkɔ̃tabl/, **experte-comptable** /ɛkspɛʀtkɔ̃tabl/ (mpl **experts-comptables**) NM,F chartered accountant *(Brit)*, certified public accountant *(US)*

**expertise** /ɛkspɛʀtiz/ NF a *(= évaluation) [de bijou]* valuation; *[de dégâts]* assessment ◆ ~ **d'avarie** damage survey ◆ ~ **comptable** chartered accountancy *(Brit)* ◆ ~ **psychiatrique** psychiatric examination ◆ **(rapport d')~** valuer's *ou* assessor's *ou* expert's report b *(= compétence)* expertise ◆ **notre ~ technique dans ce domaine** our technical expertise in this field

**expertiser** /ɛkspɛʀtize/ ▸ conjug 1 ◂ VT *[+ bijou]* to value, to evaluate; *[+ dégâts]* to assess, to evaluate ◆ **faire ~ un diamant** to have a diamond valued

**expiable** /ɛkspjabl/ ADJ expiable

**expiation** /ɛkspjasjɔ̃/ NF expiation (*de* of) atonement (*de* for); ◆ **en ~ de ses crimes** in expiation of *ou* atonement for his crimes

**expiatoire** /ɛkspjatwaʀ/ ADJ expiatory

**expier** /ɛkspje/ ▸ conjug 7 ◂ VT *[+ péchés, crime]* to expiate, to atone for ◆ ~ **une imprudence** *(fig)* to pay for an imprudent act

**expirant, e** /ɛkspiʀɑ̃, ɑ̃t/ ADJ dying

**expiration** /ɛkspiʀasjɔ̃/ NF a *(= terme)* expiration, expiry *(Brit)* ◆ **venir à ~** to expire ◆ **à l'~ du délai** when the deadline expires b *(= respiration)* expiration, exhalation ◆ **une profonde ~** a complete exhalation

**expirer** /ɛkspiʀe/ ▸ conjug 1 ◂ VT *[+ air]* to breathe out, to exhale, to expire *(SPÉC)* VI a *[délai, passeport]* to expire ◆ **le contrat/la carte expire le 5 mai** the contract/the card expires on 5 May b *(frm = mourir)* to expire c *(= respirer)* to exhale, to breathe out ◆ **expirez lentement !** breathe out slowly!

**explétif, -ive** /ɛkspletif, iv/ ADJ expletive, expletory ◆ **le ne ~** "ne" used as an expletive NM expletive

**explicable** /ɛksplikabl/ ADJ explicable, explainable ◆ **difficilement ~** difficult to explain

**explicatif, -ive** /ɛksplikatif, iv/ ADJ explanatory ◆ **une notice explicative accompagne l'appareil** the machine comes with an explanatory leaflet ◆ **proposition relative explicative** *(Gram)* non-restrictive relative clause

**explication** /ɛksplikasjɔ̃/ GRAMMAIRE ACTIVE 53.4 NF a *[de méthode, phénomène]* explanation (*de* of); ◆ **~s** *(= marche à suivre)* instructions b *(= justification)* explanation (*de* for); ◆ **votre conduite demande des ~s** your conduct requires some explanation ◆ **j'exige des ~s** I demand an explanation c *(= discussion)* discussion; *(= dispute)* argument; *(= bagarre)* fight ◆ **j'ai eu une petite ~ avec lui** I had a bit of an argument with him d *(Scol) [d'auteur, passage]* commentary (*de* on) analysis (*de* of); ◆ ~ **de texte** critical analysis *ou* appreciation of a text, textual analysis

**explicitation** /ɛksplisitasjɔ̃/ NF *[de symbole]* making explicit, explaining, clarifying ◆ **faire un effort d'~** to try to explain in more detail

**explicite** /ɛksplisit/ ADJ *[clause, terme]* explicit ◆ **il n'a pas été très ~ sur ce point** he wasn't very clear on that point

**explicitement** /ɛksplisitmɑ̃/ ADV explicitly

**expliciter** /ɛksplisite/ ▸ conjug 1 ◂ VT *[+ clause]* to make explicit; *[+ pensée]* to explain, to clarify

**expliquer** /ɛksplike/ ▸ conjug 1 ◂ VT a *(= faire comprendre)* to explain ◆ **il m'a expliqué comment faire** he told me *ou* explained to me how to do it ◆ **je lui ai expliqué qu'il avait tort** I pointed out to him *ou* explained to him that he was wrong ◆ **explique-moi comment/pourquoi** explain how/why, tell me how/why ◆ **il m'a expliqué le pourquoi du comment** he explained to me the how and the why of it
b *(= rendre compte de)* to account for, to explain ◆ **cela explique qu'il ne soit pas venu** that explains why he didn't come, that accounts for his not coming
c *(Scol) [+ texte]* to comment on, to criticize, to analyse ◆ ~ **un passage de Flaubert** to give a critical analysis *ou* a critical appreciation *ou* a critical interpretation of a passage from Flaubert
VPR **s'expliquer** a *(= donner des précisions)* to explain o.s., to make o.s. clear ◆ **je m'explique** let me explain, let me make myself clear ◆ **le président s'explique** the president gives his reasons ◆ **s'~ sur ses projets** to talk about *ou* explain one's plans ◆ **s'~ devant qn** to justify o.s. to sb, to explain one's actions to sb
b *(= comprendre)* to understand ◆ **je ne m'explique pas bien qu'il soit parti** I can't see *ou* understand *ou* it isn't at all clear to me why he should have left
c *(= être compréhensible)* **son retard s'explique par le mauvais temps** his lateness is explained by the bad weather, the bad weather accounts for *ou* explains his lateness ◆ **leur attitude s'explique : ils n'ont pas reçu notre lettre** that explains their attitude: they didn't get our letter ◆ **tout s'explique !** it's all clear now!, I see it all now!
d *(= parler clairement)* **s'~ bien/mal** to express o.s. well/badly ◆ **je me suis peut-être mal expliqué** perhaps I have expressed myself badly, perhaps I didn't make myself (quite) clear
e ◆ **s'~ avec qn** *(= discuter)* to have a talk with sb; *(= se disputer, se battre)* to have it out with sb * ◆ **va t'~ avec lui** go and sort it out with him ◆ **après s'être longuement expliqués ils sont tombés d'accord** after having discussed the matter *ou* after having talked the matter over for a long time they finally reached an agreement ◆ **ils sont allés s'~ dehors** * they went to fight it out outside *ou* to finish it off outside ◆ **s'~ à coups de fusil** to shoot it out

**exploit** /ɛksplwa/ NM exploit, feat, achievement ◆ **quel ~ !** what a feat! *ou* an achievement! ◆ **~s amoureux** amorous exploits ◆ ~ **sportif** sporting achievement *ou* feat ◆ **il a réussi l'~ d'arriver le premier** he came first, which was quite an achievement ◆ ~ **d'huissier** writ

**exploitable** /ɛksplwatabl/ ADJ *(gén)* exploitable ◆ **des données immédiatement ~s** data that can be used immediately ◆ **ces craintes sont facilement ~s en période électorale** these fears can easily be exploited during an election period

**exploitant, e** /ɛksplwatɑ̃, ɑ̃t/ NM,F a *(= fermier)* ~ **(agricole)** farmer ◆ **petit ~ (agricole)** small farmer, smallholder *(Brit)* ◆ ~ **forestier** forestry developer b *(Ciné) (= propriétaire)* cinema owner; *(= gérant)* cinema manager

**exploitation** /ɛksplwatasjɔ̃/ NF a *(= action) [de mine, sol]* working, exploitation; *[d'entreprise]* running, operating ◆ **mettre en ~** *[+ domaine, ressources]* to exploit, to develop ◆ **frais/méthodes d'~** running *ou* operating costs/methods ◆ **satellite en ~** working satellite ◆ **copie d'~** *(Ciné)* release print; → **visa**
b *(= entreprise)* ~ **familiale** family business ◆ ~ **(agricole)** farm ◆ **petite ~ (agricole)** small farm, smallholding *(Brit)* ◆ ~ **vinicole** vineyard ◆ ~ **commerciale/industrielle** business/industrial concern ◆ ~ **minière** mine ◆ ~ **forestière** commercial forest
c *[d'idée, situation, renseignement]* exploiting, using ◆ **la libre ~ de l'information** the free use of information
d *(= abus)* exploitation ◆ **l'~ de l'homme par l'homme** man's exploitation of man *ou* of his fellow man ◆ **l'~ sexuelle des enfants** sexual exploitation of children

**exploité, e** /ɛksplwate/ (ptp de **exploiter**) ADJ *[personne]* exploited ◆ **terres non ~es** unfarmed land ◆ **richesses non ~es** unexploited *ou* untapped riches ◆ **un créneau peu ~** a niche in the market that has not been fully tapped *ou* exploited NM,F exploited person

**exploiter** /ɛksplwate/ ▸ conjug 1 ◂ VT a *[+ mine]* to work, to exploit; *[+ sol, terres]* to farm, to work; *[+ entreprise]* to run, to operate; *[+ ligne aérienne, réseau]* to operate; *[+ brevet]* to use; *[+ ressources]* to exploit b *[+ idée, situation]* to exploit, to make the most of; *[+ don]* to make use of; *[+ personne, bonté, crédulité]* to exploit; *[+ avantage]* to capitalize on, to exploit ◆ **ils exploitent la xénophobie à des fins politiques** they're capitalizing on *ou* exploiting xenophobia for political ends

**exploiteur, -euse** /ɛksplwatœʀ, øz/ NM,F exploiter

**explorateur, -trice** /ɛksplɔʀatœʀ, tʀis/ NM,F *(= personne)* explorer

**exploration** /ɛksplɔʀasjɔ̃/ NF *(gén)* exploration; *[de possibilité, problème]* investigation, examination, exploration; *(Méd)* exploration ◆ ~ **spatiale** space exploration

**exploratoire** /ɛksplɔʀatwaʀ/ ADJ exploratory

**explorer** /ɛksplɔʀe/ ▸ conjug 1 ◂ VT *(gén)* to explore; *[+ possibilité, problème]* to investigate, to examine, to explore; *(Méd)* to explore

**exploser** /ɛksploze/ ▸ conjug 1 ◂ VI a *[bombe, chaudière]* to explode, to blow up; *[gaz]* to explode ◆ **j'ai cru que ma tête allait ~** I thought my head was going to explode *ou* burst ◆ **faire ~** *[+ bombe]* to explode, to detonate; *[+ bâtiment]* to blow up; *[+ monopole, système, coalition]* to break up; *[+ contraintes]* to sweep away b *[de sentiments]* ~ **(de colère)** to blow up, to explode (with anger) ◆ **laisser ~ sa colère** to give vent to one's anger ◆ ~ **de joie** to go wild with joy c *(= augmenter) [chômage, demande, production, prix]* to soar, to rocket; *[marché]* to boom d *(‡ = abîmer) [+ objet]* to smash up ◆ **il s'est explosé le genou** he did his knee in * ◆ **je vais lui ~ la gueule** *‡ I'm going to smash his face in ‡

**explosible** /ɛksplozibl/ ADJ *[mélange]* explosive

**explosif, -ive** /ɛksplozif, iv/ ADJ a *[engin, charge]* explosive; → **cocktail, mélange** b *[dossier, rapport, sujet]* highly sensitive; *[situation, climat]* explosive ◆ **une affaire politiquement explosive** a politically explosive issue c *[croissance]* explosive NM explosive ◆ **attentat à l'~** bomb attack

**explosion** /ɛksplozjɔ̃/ NF a *[de bombe, gaz, chaudière]* explosion; → **moteur**[1] b *[de joie, violence]* outburst, explosion; *[de dépenses, nombre]* explosion, dramatic rise (*de* in); ◆ ~ **de colère** angry outburst, explosion of anger ◆ ~ **démographique** population explosion ◆ ~ **sociale** outburst *ou* explosion of social unrest

**expo** * /ɛkspo/ NF abrév de **exposition**

**exponentiel, -ielle** /ɛkspɔnɑ̃sjɛl/ ADJ exponential

**export** /ɛkspɔʀ/ NM (abrév de **exportation**) export ◆ **se lancer dans l'~** to go into exports ◆ **les bénéfices réalisés à l'~** profits earned on exports

**exportable** /ɛkspɔʀtabl/ ADJ exportable

**exportateur, -trice** /ɛkspɔʀtatœʀ, tʀis/ ADJ export *(épith)*, exporting ◆ **pays** ~ exporting country ◆ **être** ~ **de** to export, to be an exporter of NM,F exporter ◆ ~ **de pétrole** oil exporter

**exportation** /ɛkspɔʀtasjɔ̃/ NF *(= action)* export, exportation; *(= produit)* export ◆ **faire de l'~** to be in the export business ◆ **produit d'~** export product

**exporter** /ɛkspɔʀte/ ▸ conjug 1 ◂ VT *(Comm, Ordin)* to export ◆ **notre mode s'exporte bien/mal** our fashions are popular/not very popular abroad

**exposant, e** /ɛkspozɑ̃, ɑ̃t/ NM,F *[de foire, salon]* exhibitor NM *(Math)* exponent ◆ **chiffre en** ~ superscript number

**exposé** /ɛkspoze/ NM *(= action)* account, statement, exposition *(frm)*; *(= conférence)* talk; *(Scol) (oral)* presentation; *(écrit)* (written) paper ◆ **faire un** ~ **oral sur** to give a presentation on ◆ **faire un** ~ **de la situation** to give an account *ou* overview of the situation ◆ ~ **des motifs** *(Jur)* preamble *(in bill, stating grounds for its adoption)*

**exposer** /ɛkspoze/ ▸ conjug 1 ◂ VT a *(= exhiber) [+ marchandises]* to put on display, to display; *[+ tableaux]* to exhibit, to show ◆ **ce peintre expose dans leur galerie** that painter shows *ou* exhibits at their gallery ◆ **exposé en vitrine** on display ◆ **les œuvres exposées** the works on show ◆ **son corps est exposé dans l'église** *(frm)* he is lying in state in the church

b *(= expliquer) [+ faits, raisons]* to set out, to state; *[+ griefs]* to air; *[+ idées, théories]* to expound, to set out; *[+ situation]* to explain

c *(= soumettre)* ~ **qn à qch** to expose sb to sth ◆ **ils ont été exposés à des doses massives de radiations** they were exposed to massive doses of radiation

d *(= mettre en danger) [+ vie, réputation]* to risk ◆ **c'est une personnalité très exposée** his position makes him an easy target for criticism ◆ **sa conduite l'expose à des reproches** his behaviour lays him open to censure

e *(= orienter, présenter)* to expose; *(Photo)* to expose ◆ ~ **au soleil/aux regards** to expose to sunlight/to view ◆ **maison exposée au sud** house facing (due) south, house with a southern aspect ◆ **maison bien exposée** house with a good aspect ◆ **endroit très exposé** *(au vent, à l'ennemi)* very exposed place

f *(Littérat) [+ action]* to set out; *(Mus) [+ thème]* to introduce

VPR **s'exposer** to expose o.s. ◆ **s'~ à** *[+ danger, reproches, poursuites]* to expose o.s. to, to lay o.s. open to ◆ **s'~ au soleil** to expose o.s. to the sun

**exposition** /ɛkspozisjɔ̃/ NF a *(= foire, salon)* exhibition, show ◆ **l'Exposition universelle** the World Fair ◆ **faire une** ~ *[visiteur]* to go to an exhibition; *[artiste]* to put on an exhibition b *(= orientation) [de maison]* aspect ◆ **nous avons une** ~ **plein sud** our house faces south *ou* has a southerly aspect *(frm)* c *(à des radiations, à la chaleur)* exposure (*à* to); ◆ **évitez les ~s prolongées au soleil** avoid prolonged exposure to the sun d *(Photo)* exposure e *[de marchandises]* display; *[de faits, raisons, situation, idées]* exposition; *[de condamné, enfant]* exposure ◆ **grande** ~ **de blanc** *(Comm)* special linen week *ou* event f *(Littérat, Mus)* exposition ◆ **scène d'~** expository *ou* introductory scene

**exposition-vente** (pl **expositions-ventes**) /ɛkspozisjɔ̃vɑ̃t/ NF *[d'artisanat, art]* show *(with goods on display for sale)*

**expo-vente** * (pl **expos-ventes**) /ɛkspovɑ̃t/ NF abrév de **exposition-vente**

**exprès**[1] /ɛkspʀɛ/ GRAMMAIRE ACTIVE 45.4 ADV *(= spécialement)* specially; *(= intentionnellement)* on purpose, deliberately, intentionally ◆ **venir (tout)** ~ **pour** to come specially to ◆ **il l'a fait** ~ he did it on purpose *ou* deliberately *ou* intentionally ◆ **il ne l'a pas fait** ~ he didn't do it on purpose, he didn't mean to do it ◆ **c'est fait** ~ it's meant to be like that, it's deliberate ◆ **comme par un fait** ~ almost as if it was meant to happen

**exprès**[2]**, -esse** /ɛkspʀɛs/ ADJ *[interdiction, ordre]* formal, express; *(Jur) [clause]* express NM, ADJ INV ◆ **(lettre/colis)** ~ express *(Brit) ou* special delivery *(US)* letter/parcel ◆ **(messager)** ~ † express messenger ◆ **envoyer qch en** ~ to send sth by express post *(Brit) ou* special delivery *(US)*, to send sth express *(Brit)*

**express** /ɛkspʀɛs/ ADJ, NM a ◆ **(train)** ~ fast train b *(= café)* espresso (coffee)

**expressément** /ɛkspʀesemɑ̃/ ADV *(= formellement) [dire, interdire]* expressly; *(= spécialement) [fait, conçu]* specially ◆ **il ne l'a pas dit** ~ he didn't say it in so many words

**expressif, -ive** /ɛkspʀesif, iv/ ADJ *[geste, regard]* expressive, meaningful; *[physionomie]* expressive; *[langage]* expressive, vivid; *[silence]* eloquent

**expression** /ɛkspʀesjɔ̃/ NF a *(gén)* expression ◆ **au-delà de toute** ~ beyond (all) expression, inexpressible ◆ **visage plein d'~/sans** ~ expressive/expressionless face ◆ **jouer avec beaucoup d'~** to play with great feeling *ou* expression ◆ ~ **corporelle** music and movement ◆ **journal d'~ française/anglaise** French/English-language newspaper; → **agréer, liberté, moyen**[2]**, réduire** b *(Math = formule)* expression; *(Gram = locution)* phrase, expression ◆ ~ **figée** set *ou* fixed expression, set phrase ◆ ~ **toute faite** stock phrase ◆ ~ **nominale** nominal ◆ **réduit à sa plus simple** ~ reduced to its simplest terms *ou* expression

**expressionnisme** /ɛkspʀesjɔnism/ NM expressionism

**expressionniste** /ɛkspʀesjɔnist/ ADJ expressionist *(épith)*, expressionistic NMF expressionist

**expressivement** /ɛkspʀesivmɑ̃/ ADV expressively

**expressivité** /ɛkspʀesivite/ NF expressiveness

**expresso** /ɛkspʀeso/ NM *(= café)* espresso ◆ **machine/cafetière (à)** ~ espresso machine/coffee maker

**exprimable** /ɛkspʀimabl/ ADJ expressible ◆ **c'est difficilement** ~ it's hard to put it into words *ou* to express ◆ **cette opinion n'est pas** ~ **publiquement** this view cannot be expressed publicly

**exprimer** /ɛkspʀime/ ▸ conjug 1 ◂ VT a *(= signifier)* to express; *[+ pensée]* to express, to give expression *ou* utterance to *(frm)*; *[+ opinion]* to voice, to express ◆ **mots qui expriment un sens** words which express *ou* convey a meaning ◆ **regards qui expriment la colère** looks which express *ou* indicate anger ◆ **œuvre qui exprime parfaitement l'artiste** work which expresses the artist completely

b *(Écon, Math)* to express ◆ **somme exprimée en euros** sum expressed in euros ◆ **le signe + exprime l'addition** the sign + indicates *ou* stands for addition

c *(littér) [+ jus]* to press *ou* squeeze out

VPR **s'exprimer** to express o.s. ◆ **s'~ par gestes** to use gestures to express o.s. ◆ **je me suis peut-être mal exprimé** perhaps I have expressed myself badly, I may not have made myself clear ◆ **si je peux m'~ ainsi** if I may put it like that ◆ **il faut permettre au talent de s'~** talent must be allowed free expression *ou* to express itself ◆ **la joie s'exprima sur son visage** (his) joy showed in his expression, his face expressed his joy

**expropriation** /ɛkspʀɔpʀijasjɔ̃/ NF *(= action)* expropriation, compulsory purchase *(Brit)*; *(= arrêté)* expropriation order, compulsory purchase order *(Brit)*

**exproprier** /ɛkspʀɔpʀije/ ▸ conjug 7 ◂ VT *[+ propriété]* to expropriate, to place a compulsory purchase order on *(Brit)* ◆ **ils ont été expropriés** their property has been expropriated, they have had a compulsory purchase order made on their property

**expulsable** /ɛkspylsabl/ ADJ *[locataire]* liable to be evicted; *[immigré clandestin]* liable to be deported

**expulser** /ɛkspylse/ ▸ conjug 1 ◂ VT a *(gén) [+ élève]* to expel (*de* from); *[+ étranger]* to deport, to expel (*de* from); *[+ locataire]* to evict (*de* from) to throw out (*de* of); *(Sport) [+ joueur]* to send off; *[+ manifestant]* to eject (*de* from) to throw out, to turn out (*de* of) b *(Anat) [+ déchets]* to evacuate, to excrete; *[+ placenta]* to deliver

**expulsion** /ɛkspylsjɔ̃/ NF a *(gén) [d'élève]* expulsion (*de* from); *[d'étranger]* deportation, expulsion (*de* from); *[de locataire]* eviction (*de* from); *[de joueur]* sending off; *[de manifestant]* ejection (*de* from) b *(Anat) [de déchets]* evacuation, excretion; *[de placenta]* delivery

**expurger** /ɛkspyʀʒe/ ▸ conjug 3 ◂ VT to expurgate, to bowdlerize ◆ **version expurgée** sanitized *ou* expurgated *ou* bowdlerized version

**exquis, -ise** /ɛkski, iz/ ADJ *[plat, choix, politesse]* exquisite; *[personne, temps]* delightful; *(Méd) [douleur]* exquisite

**exsangue** /ɛksɑ̃g/ ADJ *[visage, lèvres]* bloodless; *[économie]* battered ◆ **le pays est** ~ the country is on its knees ◆ **les guerres ont laissé le pays** ~ wars have bled the country white

**exsudation** /ɛksydasjɔ̃/ NF *(frm)* exudation *(frm)*

**exsuder** /ɛksyde/ ▸ conjug 1 ◂ VTI *(frm, lit)* to exude ◆ **son visage exsude la joie** his face radiates joy

**extase** /ɛkstɑz/ NF *(Rel)* ecstasy; *(sexuelle)* climax; *(fig)* ecstasy, rapture ◆ **il est en** ~ **devant sa fille** he is rapturous about his daughter, he goes into raptures over his daughter ◆ **tomber/rester en** ~ **devant un tableau** to go into ecstasies at/stand in ecstasy before a painting

**extasié, e** /ɛkstɑzje/ (ptp de **s'extasier**) ADJ ecstatic, enraptured

**extasier (s')** /ɛkstɑzje/ ▸ conjug 7 ◂ VPR to go into ecstasies *ou* raptures (*devant, sur* over)

**extatique** /ɛkstatik/ ADJ ecstatic, enraptured

**extenseur** /ɛkstɑ̃sœʀ/ ADJ ◆ **(muscle)** ~ extensor NM *(Sport)* chest expander

**extensibilité** /ɛkstɑ̃sibilite/ NF extensibility

**extensible** /ɛkstɑ̃sibl/ ADJ *[matière]* extensible; *[définition]* extendable ◆ **le budget de l'État n'est pas ~ à l'infini** the state budget is not inexhaustible

**extensif, -ive** /ɛkstɑ̃sif, iv/ ADJ a *(Agr) [culture, élevage]* extensive, non-intensive b *(fig) [conception, interprétation, sens]* broad; *[usage, lecture]* wide, extensive

**extension** /ɛkstɑ̃sjɔ̃/ NF a *(= étirement) [de ressort]* stretching; *[de membre] (gén)* stretching, extension; *(Méd)* traction ◆ **le ressort atteint son ~ maximum** the spring is fully stretched *ou* is stretched to its maximum ◆ **être en ~** *[personne]* to be stretching; *[bras]* to be stretched out *ou* extended ◆ **en ~ sur la pointe des pieds, levez les bras** stand on tiptoe and raise your arms b *(= augmentation) [d'épidémie, grève, incendie]* extension, spreading; *[de commerce, domaine]* expansion; *[de pouvoirs]* extension, expansion ◆ **prendre de l'~** *[épidémie]* to spread; *[entreprise]* to expand c *(= élargissement) [de loi, mesure, sens d'un mot]* extension (*à* to); *(Logique)* extension ◆ **par ~ (de sens)** by extension d *(Ordin)* extension; → **carte**

**exténuant, e** /ɛkstenɥɑ̃, ɑ̃t/ ADJ exhausting

**exténuer** /ɛkstenɥe/ ▸ conjug 1 ◂ VT to exhaust, to tire out VPR **s'exténuer** to exhaust o.s., to tire o.s. out (*à faire qch* doing sth)

> ⚠ **exténuer** *ne se traduit pas par* **to extenuate**, *qui a le sens de 'atténuer'.*

**extérieur, e** /ɛksteʀjœʀ/ ADJ a *(à un lieu) [paroi]* outer, outside, exterior; *[escalier, WC]* outside; *[quartier, cour, boulevard]* outer; *[bruit]* external, outside; *[décoration]* exterior, outside; *[collaborateur]* outside ◆ **apparence ~e** *[de personne]* outward appearance; *[de maison]* outside

b *(à l'individu) [monde, influences]* external, outside; *[activité, intérêt]* outside; *[réalité]* external ◆ **manifestation ~e de colère** outward show *ou* display of anger

c *(= étranger) [commerce, vente]* external, foreign; *[politique, nouvelles]* foreign

d *(= superficiel) [amabilité]* surface *(épith)*, superficial ◆ **sa gaieté est toute ~e** his gaiety is all on the surface *ou* all an outward display

e *(= sans relation avec)* **être ~ à une question** to be external to *ou* outside a question, to be beyond the scope of a question ◆ **c'est tout à fait ~ à moi** it has nothing to do with me, it doesn't concern me in the least ◆ **rester ~ à un conflit** to stay *ou* keep out of a conflict ◆ **"interdit à toute personne extérieure à l'usine/au chantier"** "factory employees/site workers only", "no entry for unauthorized personnel"

f *(Géom) [angle]* exterior

NM a *[d'objet, maison]* outside, exterior; *[de piste, circuit]* outside ◆ **il l'a débordé par l'~** *[joueur]* he overtook him on the outside ◆ **juger qch de l'~** *(d'après son apparence)* to judge sth by appearances; *(en tant que profane)* to judge sth from the outside

◆ **à l'extérieur** *(= au dehors)* outside ◆ **travailler à l'~** *(hors de chez soi)* to work outside the home ◆ **il a été recruté à l'~** *(de l'entreprise)* he was recruited from outside ◆ **téléphoner à l'~** to make an outside *ou* external call ◆ **jouer à l'~** to play an away match, to play away ◆ **c'est à l'~ (de la ville)** it's outside (the town)

b ◆ **l'~** *(gén)* the outside world; *(= pays étrangers)* foreign countries ◆ **vendre beaucoup à l'~** to sell a lot abroad *ou* to foreign countries ◆ **nouvelles de l'~** news from abroad

c *(frm = apparence)* exterior, (outward) appearance

NMPL **extérieurs** *(Ciné)* location shots ◆ **tourner en ~s** to shoot on location

**extérieurement** /ɛksteʀjœʀmɑ̃/ ADV a *(= du dehors)* on the outside, externally b *(= en apparence)* on the surface, outwardly

**extériorisation** /ɛksteʀjɔʀizasjɔ̃/ NF *[de sentiment]* display, outward expression; *(Psych)* externalization, exteriorization

**extérioriser** /ɛksteʀjɔʀize/ ▸ conjug 1 ◂ VT *[+ sentiment]* to show, to express; *(Psych)* to exteriorize, to externalize VPR **s'extérioriser** *[personne]* to express o.s.; *[sentiment]* to be expressed

**extériorité** /ɛksteʀjɔʀite/ NF *(Philos)* exteriority

**exterminateur, -trice** /ɛkstɛʀminatœʀ, tʀis/ ADJ exterminating; → **ange** NM,F exterminator

**extermination** /ɛkstɛʀminasjɔ̃/ NF extermination; → **camp**

**exterminer** /ɛkstɛʀmine/ ▸ conjug 1 ◂ VT *(lit, fig)* to exterminate, to wipe out

**externalisation** /ɛkstɛʀnalizasjɔ̃/ NF *[d'activité, service]* outsourcing

**externaliser** /ɛkstɛʀnalize/ ▸ conjug 1 ◂ VT *[+ activité, service]* to outsource

**externat** /ɛkstɛʀna/ NM *(Scol)* day school ◆ **faire son ~ à** *(Méd)* to be a non-resident student *ou* an extern *(US)* at

**externe** /ɛkstɛʀn/ ADJ *[surface]* external, outer; *[angle]* exterior; *[candidature, recrutement, croissance]* external NMF *(= élève)* day pupil ◆ **~ (des hôpitaux)** non-resident student at a teaching hospital, extern *(US)*

**exterritorialité** /ɛksteʀitɔʀjalite/ NF exterritoriality

**extincteur, -trice** /ɛkstɛ̃ktœʀ, tʀis/ ADJ extinguishing NM (fire) extinguisher

**extinction** /ɛkstɛ̃ksjɔ̃/ NF *[d'incendie, lumières]* extinction, extinguishing, putting out; *[de peuple]* extinction, dying out; *[de dette, droit]* extinguishment ◆ **~ de voix** loss of voice, aphonia *(SPÉC)* ◆ **avoir une ~ de voix** to lose one's voice ◆ **avant l'~ des feux** *(Mil, fig)* before lights out ◆ **espèce en voie d'~** endangered species

**extirpation** /ɛkstiʀpasjɔ̃/ NF *(littér) [d'abus, vice]* eradication; *(Chir)* extirpation; *[de plante]* uprooting, pulling up

**extirper** /ɛkstiʀpe/ ▸ conjug 1 ◂ VT *(littér) [+ abus, vice]* to eradicate, to root out; *(Chir)* to extirpate; *[+ herbes]* to uproot, to pull up ◆ **elle a extirpé un chéquier de son sac** * she rooted around in her handbag and pulled out a chequebook ◆ **impossible de lui ~ une parole !** * it's impossible to drag *ou* get a word out of him! ◆ **~ qn de son lit** * to drag *ou* haul sb out of bed VPR **s'extirper** ◆ **s'~ de son manteau** to extricate o.s. from one's coat ◆ **s'~ du lit** to drag o.s. out of bed

**extorquer** /ɛkstɔʀke/ ▸ conjug 1 ◂ VT *[+ argent]* to extort; *[+ aveu, promesse]* to extract, to extort (*à qn* from sb); ◆ **ils lui ont extorqué une signature** they forced a signature out of him

**extorqueur, -euse** /ɛkstɔʀkœʀ, øz/ NM,F extortioner

**extorsion** /ɛkstɔʀsjɔ̃/ NF extortion ◆ **~ de fonds** extortion of money

**extra** /ɛkstʀa/ NM *(= serveur)* catering assistant; *(= gâterie)* (special) treat ◆ **s'offrir un ~** to give o.s. a treat, to treat o.s. to something special ADJ INV *(Comm = supérieur) [fromage, vin]* first-rate, extra-special; *[tissu]* top-quality; *(* = excellent) [film, personne, week-end]* fantastic, terrific *, great * ◆ **de qualité ~** of the finest *ou* best quality

**extraconjugal, e** (mpl **-aux**) /ɛkstʀakɔ̃ʒygal, o/ ADJ extramarital

**extracteur** /ɛkstʀaktœʀ/ NM extractor

**extractif, -ive** /ɛkstʀaktif, iv/ ADJ *[industrie]* extractive, mining

**extraction** /ɛkstʀaksjɔ̃/ NF a *[de pétrole]* extraction; *[de charbon]* mining; *[de marbre]* quarrying b *(Math, Méd)* extraction c *(† = origine)* extraction *(frm)* ◆ **de haute/basse ~** of high/low birth

**extrader** /ɛkstʀade/ ▸ conjug 1 ◂ VT to extradite

**extradition** /ɛkstʀadisjɔ̃/ NF extradition

**extrafin, e, extra-fin, e** /ɛkstʀafɛ̃, fin/ ADJ *[haricots, petits pois]* super-fine; *[aiguille]* extra fine

**extrafort, extra-fort, e** /ɛkstʀafɔʀ, fɔʀt/ ADJ *[carton, moutarde]* extra-strong NM *(Couture)* binding

**extraire** /ɛkstʀɛʀ/ ▸ conjug 50 ◂ VT a *[+ minerai, pétrole]* to extract; *[+ charbon]* to mine; *[+ marbre]* to quarry b *[+ gaz, jus]* to extract; *(en pressant)* to squeeze out; *(en tordant)* to wring out c *[+ dent]* to extract, to pull out; *[+ clou]* to pull out; *[+ racine carrée]* to extract; *[+ balle]* to extract, to remove (*de* from) d ◆ **~ de** *[+ placard, poche]* to take *ou* bring out of; *[+ avalanche, prison]* to rescue from, to get out of ◆ **passage extrait d'un livre** passage taken from a book VPR **s'extraire** ◆ **s'~ de son manteau** to extricate o.s. from one's coat ◆ **s'~ de sa voiture** to climb out of one's car

**extrait** /ɛkstʀɛ/ NM a *[de discours, journal]* extract; *[d'auteur, film, livre]* extract, excerpt; *[de chanson]* excerpt ◆ **~ de naissance/baptême** birth/baptismal certificate ◆ **~ de compte** abstract of accounts ◆ **un court ~ de l'émission** a clip from the programme b *[de plante]* essence ◆ **~ de viande** meat extract

**extrajudiciaire** /ɛkstʀaʒydisjɛʀ/ ADJ *(Jur) [exécution]* extrajudicial

**extralégal, e** (mpl **-aux**) /ɛkstʀalegal, o/ ADJ extra-legal

**extralinguistique** /ɛkstʀalɛ̃gɥistik/ ADJ extralinguistic

**extra-lucide, extralucide** /ɛkstʀalysid/ ADJ, NMF clairvoyant

**extra-marital, e** (mpl **-aux**) /ɛkstʀamaʀital, o/ ADJ extra-marital

**extra-muros** /ɛkstʀamyʀos/ ADJ INV extramural ◆ **un campus ~** a campus outside town ◆ **Paris ~** outer Paris ADV outside the town

**extranet** /ɛkstʀanɛt/ NM extranet

**extraordinaire** /ɛkstʀaɔʀdinɛʀ/ ADJ a *(= étrange) [costume, événement, opinions]* extraordinary ◆ **l'~, c'est que ...** the extraordinary thing is that ... b *(= exceptionnel) [beauté, force]* extraordinary, exceptional, outstanding; *[succès]* resounding ◆ **ce roman n'est pas ~** this isn't a particularly great novel c *(Pol) [assemblée, mesures, moyens]* extraordinary, special; → **ambassadeur** d ◆ **si par ~** if by some unlikely chance ◆ **quand par ~** on those rare occasions when

**extraordinairement** /ɛkstʀaɔʀdinɛʀmɑ̃/ ADV *(= exceptionnellement)* extraordinarily, exceptionally; *(= d'une manière étrange)* extraordinarily

**extraparlementaire** /ɛkstʀapaʀləmɑ̃tɛʀ/ ADJ extra-parliamentary

**extraplat, e** /ɛkstʀapla, at/ ADJ *[télévision, montre, calculatrice]* slimline ◆ **télévision à écran ~** flat screen television

**extrapolation** /ɛkstʀapɔlasjɔ̃/ NF extrapolation

**extrapoler** /ɛkstʀapɔle/ ▸ conjug 1 ◂ VTI to extrapolate (*à partir de* from)

**extrascolaire** /ɛkstʀaskɔlɛʀ/ ADJ *[activités]* extracurricular

**extrasensible** /ɛkstʀasɑ̃sibl/ ADJ extrasensible *(frm)*, that cannot be perceived by the senses

**extrasensoriel, -ielle** /ɛkstʀasɑ̃sɔʀjɛl/ ADJ *[perception]* extrasensory

**extrasystole** /ɛkstʀasistɔl/ NF extrasystole

**extraterrestre** /ɛkstʀateʀɛstʀ/ ADJ extraterrestrial NMF extra-terrestrial, alien

**extraterritorialité** /ɛkstʀateʀitɔʀjalite/ NF extraterritoriality

**extra-utérin, e** (mpl **extra-utérins**) /ɛkstʀa yteʀɛ̃, in/ ADJ extrauterine ◆ **grossesse ~e** ectopic pregnancy

**extravagance** /ɛkstʀavagɑ̃s/ NF a *(= caractère) [de costume, conduite]* eccentricity, extravagance b *(= acte)* eccentric *ou* extravagant behaviour *(NonC)* ◆ **dire des ~s** to talk wildly *ou* extravagantly

**extravagant, e** /ɛkstʀavagɑ̃, ɑ̃t/ ADJ *[idée, théorie]* extravagant, wild, crazy; *[prix]* outrageous, excessive

**extraversion** /ɛkstʀavɛʀsjɔ̃/ NF extroversion

**extraverti, e** /ɛkstʀavɛʀti/ ADJ, NM,F extrovert

**extrême** /ɛkstʀɛm/ ADJ a *(le plus éloigné)* extreme, furthest ◆ **à l'~ bout de la table** at the far *ou* furthest end of the table, at the very end of the table ◆ **dans son ~ jeunesse** in his very young days, in his earliest youth ◆ **à l'~ opposé** at the opposite extreme ◆ **l'~ droite/gauche** *(Pol)* the far right/left

b *(le plus intense)* extreme, utmost ◆ **dans la misère ~** in extreme *ou* the utmost poverty ◆ **c'est avec un plaisir ~ que** it is with the greatest *ou* the utmost pleasure that ◆ **il m'a reçu avec une ~ amabilité** he received me in the friendliest possible way *ou* with the utmost kindness ◆ **il fait une chaleur ~** it is extremely hot ◆ **d'une pâleur/difficulté ~** extremely pale/difficult; → **rigueur, urgence**

c *(après n = excessif, radical) [théories, moyens]* extreme ◆ **ça l'a conduit à des mesures ~s** that drove him into taking drastic *ou* extreme steps ◆ **il a un caractère ~** he tends to go to extremes, he is an extremist by nature

NM extreme ◆ **les ~s se touchent** extremes meet ◆ **passer d'un ~ à l'autre** to go from one extreme to the other *ou* to another

◆ **(jusqu')à l'extrême** in the extreme, to an extreme degree ◆ **cela lui répugnait à l'~** he was extremely loath to do it ◆ **noircir une situation à l'~** to paint the blackest possible picture of a situation ◆ **scrupuleux à l'~** scrupulous to a fault

**extrêmement** /ɛkstʀɛmmɑ̃/ ADV extremely, exceedingly

**extrême-onction** (pl **extrêmes-onctions**) /ɛkstʀɛmɔ̃ksjɔ̃/ NF Extreme Unction

**Extrême-Orient** /ɛkstʀɛmɔʀjɑ̃/ NM INV Far East

**extrême-oriental, e** (mpl **extrême-orientaux**) /ɛkstʀɛmɔʀjɑ̃tal, o/ ADJ far eastern, oriental NM,F **Extrême-Oriental(e)** person from the Far East

**extrémisme** /ɛkstʀemism/ NM extremism

**extrémiste** /ɛkstʀemist/ ADJ, NMF extremist

**extrémité** /ɛkstʀemite/ NF a *(= bout) (gén)* end; *[d'aiguille]* point; *[d'objet mince]* tip; *[de village, île]* extremity, limit; *[de péninsule]* head b *(frm = situation critique)* plight, straits ◆ **être dans la pénible ~ de devoir** to be in the unfortunate necessity of having to ◆ **réduit à la dernière ~** in the most dire plight *ou* straits ◆ **être à toute ~, être à la dernière ~** to be on the point of death c *(frm = action excessive)* extremes, extreme lengths ◆ **se porter à une ~** *ou* **à des ~s** to go to extremes ◆ **pousser qn à une ~** *ou* **à des ~s** to push *ou* drive sb to extremes *ou* into taking extreme action ◆ **se livrer à des ~s (sur qn)** to assault sb ◆ **d'une ~ dans l'autre** from one extreme to another d *(= pieds et mains)* **~s** extremities

**extrinsèque** /ɛkstʀɛ̃sɛk/ ADJ extrinsic

**extruder** /ɛkstʀyde/ ▸ conjug 1 ◂ VT to extrude

**extrusion** /ɛkstʀyzjɔ̃/ NF extrusion

**exubérance** /ɛgzybeʀɑ̃s/ NF *(= caractère)* exuberance *(NonC)*; *(= action)* exuberant behaviour *(NonC)* (*ou* talk *(NonC)* *etc*) ◆ **parler avec ~** to speak exuberantly

**exubérant, e** /ɛgzybeʀɑ̃, ɑ̃t/ ADJ *(gén)* exuberant

**exultation** /ɛgzyltasjɔ̃/ NF exultation

**exulter** /ɛgzylte/ ▸ conjug 1 ◂ VI to exult

**exutoire** /ɛgzytwaʀ/ NM *(Tech)* outlet; *(= dérivatif)* outlet (*à* for)

**ex-voto** /ɛksvɔto/ NM INV thanksgiving *ou* commemorative plaque

**eye-liner** (pl **eye-liners**) /ajlajnœʀ/ NM eyeliner

**Ézéchiel** /ezekjɛl/ NM Ezekiel ◆ **(le livre d') ~** (the Book of) Ezekiel

# F

**F¹, f** /ɛf/ **NM** *(= lettre)* F, f ◆ **un F2** *(= appartement)* a 2-roomed flat *(Brit)* *ou* apartment *(surtout US)*

**F²** **a** (abrév de **franc**) F, fr **b** (abrév de **Fahrenheit**) F **c** abrév de **frère**

**fa** /fa/ **NM INV** *(Mus)* F; *(en chantant la gamme)* fa; → **clé**

**FAB** /ɛfabe/ (abrév de **franco à bord**) FOB

**fable** /fabl/ **NF** *(= genre)* fable; *(= légende)* fable, legend; *(= mensonge)* tale, story ◆ **quelle ~ va-t-il inventer ?** what yarn will he spin? ◆ **cette rumeur est une pure ~** this rumour is completely unfounded *ou* untrue ◆ **être la ~ de toute la ville** † to be the laughing stock of the whole town

**fabliau** (pl **fabliaux**) /fablijo/ **NM** fabliau

**fablier** /fablije/ **NM** book of fables

**fabricant, e** /fabʀikɑ̃, ɑ̃t/ **NM,F** manufacturer ◆ **un gros ~ d'ordinateurs** a big computer manufacturer ◆ **~ de pneus** tyre-maker *(Brit)*, tire-maker *(US)*

**fabricateur, -trice** /fabʀikatœʀ, tʀis/ **NM,F** *[de fausse monnaie, faux papiers]* counterfeiter, forger; *[de fausses nouvelles]* fabricator

**fabrication** /fabʀikasjɔ̃/ **NF** **a** *(industrielle)* manufacture, manufacturing; *(artisanale, personnelle)* making ◆ **la ~ industrielle/en série** factory *ou* industrial/mass production ◆ **~ par lots** batch production ◆ **de ~ française** made in France, French-made ◆ **de ~ étrangère** foreign-made ◆ **de ~ locale** made locally ◆ **c'est une ~ maison** * it's home-made ◆ **de bonne ~** well-made, of good *ou* high-quality workmanship ◆ **~ assistée par ordinateur** computer-aided manufacturing ◆ **une robe de sa ~** a dress of her own making, a dress she made herself; → **artisanal, défaut, procédé** *etc* **b** *[de faux]* forging; *[de fausses nouvelles]* fabricating, making up ◆ **~ de fausse monnaie** counterfeiting *ou* forging money

**fabrique** /fabʀik/ **NF** **a** *(= établissement)* factory ◆ **~ de gants** glove factory ◆ **~ de papier** paper mill; → **marque, prix** **b** *(littér = facture)* workmanship ◆ **de bonne ~** well-made, of good *ou* high-quality workmanship

**fabriquer** /fabʀike/ ► **conjug 1** ◄ **VT** **a** *(industriellement)* to manufacture; *(de façon artisanale, chez soi)* to make; *[+ cellules, anticorps]* to make, to produce; *[+ faux document]* to forge; *[+ fausses nouvelles, fausses preuves]* to fabricate, to make up; *[+ incident, histoire]* to invent, to make up ◆ **~ de la fausse monnaie** to counterfeit *ou* forge money ◆ **~ en série** to mass-produce ◆ **~ industriellement** to manufacture, to produce industrially ◆ **~ de façon artisanale** to handcraft, to make *ou* produce on a small scale ◆ **c'est une histoire fabriquée de toutes pièces** this story is made up from start to finish *ou* is a complete fabrication ◆ **il s'est fabriqué un personnage de prophète** he created *ou* invented a prophet-like character for himself ◆ **il s'est fabriqué un poste de radio/une cabane** he built *ou* made himself a radio set/a shed

**b** *(* = faire)* to do ◆ **qu'est-ce qu'il fabrique ?** what (on earth) is he doing? *ou* is he up to? * ◆ **quelquefois, je me demande ce que je fabrique ici !** sometimes I wonder what on earth I'm doing here!

**fabulateur, -trice** /fabylatœʀ, tʀis/ **NM,F** storyteller

**fabulation** /fabylasjɔ̃/ **NF** *(= fait d'imaginer)* fantasizing; *(= fait de mentir)* storytelling; *(= fable)* tale, fable; *(= mensonge)* story, yarn, tale

**fabuler** /fabyle/ ► **conjug 1** ◄ **VI** to make up *ou* invent stories

**fabuleusement** /fabyløzmɑ̃/ **ADV** fabulously, fantastically

**fabuleux, -euse** /fabylø, øz/ **ADJ** **a** *(= prodigieux)* fabulous ◆ **il est d'une hypocrisie, c'est ~ !** it's amazing what a hypocrite he is! **b** *(= des temps anciens, de la mythologie)* mythical, legendary; *(= de la légende, du merveilleux)* fabulous

**fabuliste** /fabylist/ **NM** writer of fables *ou* tales

**fac** * /fak/ **NF** (abrév de **faculté**) → **faculté a**

**façade** /fasad/ **NF** **a** *(= devant de maison) (gén)* façade, front, frontage; *(Archéol)* façade; *(= côté de maison)* side; *[de magasin]* front, frontage ◆ **~ latérale** side wall ◆ **~ ouest** west side *ou* wall ◆ **la ~ arrière de la maison** the back of the house ◆ **les ~s des magasins** the shop fronts ◆ **3 pièces en ~** 3 rooms at *ou* facing the front ◆ **sur la ~ atlantique** *(Mét)* along the Atlantic shoreline

**b** *(= apparence)* façade, appearance; *(= couverture)* cover ◆ **~ de respectabilité/de vertu** façade *ou* outward show *ou* appearance of respectability/virtue ◆ **ce n'est qu'une ~** it's just a front *ou* façade, it's a mere façade *ou* pretence ◆ **de ~** *[luxe]* apparent; *[optimisme]* fake ◆ **maintenir une unité de ~** to preserve an appearance *ou* outward show of unity ◆ **pour la ~** for the sake of appearances, for appearances' sake ◆ **ce restaurant est une ~ qui cache un tripot clandestin** this restaurant is a cover for an illegal dive *

**c** *(* = visage)* **se refaire la ~** *(= se maquiller)* to redo one's face *; *(= se faire faire un lifting)* to have a face-lift ◆ **il va te démolir la ~** he's going to smash your face in *

**face** /fas/ **NF** **a** *(frm, Méd = visage)* face ◆ **les blessés de la ~** people with facial injuries ◆ **tomber ~ contre terre** to fall flat on the ground *ou* flat on one's face ◆ **se prosterner ~ contre terre** to prostrate o.s. with one's face to the ground ◆ **~ de rat/de singe** * rat/monkey face * ◆ **sauver/perdre la ~** to save/lose face ◆ **opération destinée à sauver la ~** face-saving move; → **voiler¹**

**b** *(= côté) [d'objet, organe]* side; *[de médaille, pièce de monnaie]* front, obverse; *(Math) [de cube, figure]* side, face; *(Alpinisme)* face, wall ◆ **~ A/B** *[de disque]* A-/B-side ◆ **la ~ interne des cuisses** the inner thighs ◆ **la ~ cachée de la lune** the dark side of the moon ◆ **examiner un objet/une question sous** *ou* **sur toutes ses ~s** to examine an object/a problem from all sides ◆ **question à double ~** two-sided question ◆ **la pièce est tombée sur ~** *ou* **côté ~** the coin fell face up ◆ **~ !** *(jeu de pile ou face)* heads!; → **pile**

**c** *(= aspect)* face ◆ **la ~ changeante des choses** the changing face of things ◆ **changer la ~ du monde** to change the face of the world ◆ **le monde a changé de ~** (the face of) the world has changed

**d** *(littér = surface)* **la ~ de la terre** *ou* **du globe** the face of the earth ◆ **la ~ de l'océan** the surface of the ocean

**e** *(loc)*

◆ **faire face** to face up to things ◆ **faire ~ à** *[+ lieu, objet, personne]* to face, to be opposite; *[+ épreuve, adversaire, obligation, concurrence]* to face; *[+ dette, engagement]* to honour *(Brit)* *ou* honor *(US)* ◆ **ils ne disposent pas de fonds suffisants pour faire ~ à la situation** they have insufficient funds to deal with the situation ◆ **il a dû faire ~ à des dépenses élevées** he has been faced with *ou* he has had to face considerable expense

◆ **se faire face** *[maisons]* to be facing *ou* opposite each other; *[adversaires]* to be face to face

◆ **face à** *(physiquement)* facing; *(moralement)* faced with; *(= contre)* against ◆ **il était ~ à moi** he was facing me ◆ **~ à ces problèmes, il se sentait impuissant** faced with *ou* in the face of such problems, he felt helpless ◆ **~ à cette situation, que peut la diplomatie ?** what can diplomacy do when faced with such a situation? ◆ **il a fait part de son inquiétude ~ à la baisse de l'euro** he spoke of his concern about the fall in the euro ◆ **l'euro reste ferme ~ au dollar** the euro remains stable against the dollar ◆ **la science est impuissante ~ à ce virus** science is powerless against this virus ◆ **leur victoire/défaite ~ à l'Islande** their victory over/defeat against Iceland

♦ **face à face** *[lieux, objets]* opposite *ou* facing each other; *[personnes, animaux]* face to face, facing each other ◆ ~ **à** ~ **avec** *[+ lieu, objet]* opposite, facing; *[+ personne, animal]* face to face with ◆ ~ **à** ~ **avec une difficulté** faced with *ou* up against a difficulty

♦ **à la face de** ◆ **il éclata de rire à la ~ de son professeur** he laughed in his teacher's face ◆ **proclamer qch à la ~ du monde** to proclaim sth to the whole world

♦ **en face** *(= de l'autre côté de la rue)* across the street, opposite, over the road ◆ **j'habite en** ~ I live across the street *ou* over the road *ou* opposite ◆ **la maison d'en** ~ the house across the street *ou* over the road *ou* opposite ◆ **le trottoir d'en** ~ the opposite pavement ◆ **la dame d'en** ~ the lady (from) across the street *ou* (from) over the road, the lady opposite ◆ **regarder qn (bien) en** ~ to look sb (straight) in the face ◆ **je lui ai dit en ~ ce que je pensais d'elle** I told her to her face what I thought of her ◆ **regarder la mort en** ~ to look death in the face ◆ **il faut voir les choses en** ~ one must see things as they are, one must face facts ◆ **avoir le soleil en** ~ to have the sun in one's eyes

♦ **en face de** *(= en vis-à-vis de)* opposite; *(= en présence de)* in front of ◆ **au banquet, on les a mis l'un en ~ de l'autre** *ou* **en ~ l'un de l'autre** they were placed opposite each other at the banquet ◆ **ils étaient l'un en ~ de l'autre** they were sitting (*ou* standing) opposite each other ◆ **il n'ose rien dire en ~ de son patron** he daren't say anything in front of his boss ◆ **ne te mets pas en ~ de moi/de ma lumière** don't stand in my way/in my light ◆ **se trouver en ~ d'un danger/problème** to be confronted *ou* faced with a danger/problem ◆ **mettre qn en ~ de ses responsabilités** to make sb face up to their responsibilities ◆ **en ~ de cela** *(= cependant)* on the other hand

♦ **de face** *[portrait]* full-face; *[nu, portrait en pied]* full-frontal; *[attaque]* (full-)frontal; *[place] (au théâtre)* in the centre *(Brit) ou* center *(US)* ◆ **un personnage/cheval de** ~ the front view of a person/horse ◆ **avoir une vue de ~ sur qch** to have a front view of sth ◆ **voir qn de** ~ to see sb face on ◆ **vu/filmé de** ~ seen/filmed from the front ◆ **attaquer de** ~ to make a frontal attack on, to attack from the front ◆ **un vent de** ~ a facing wind ◆ **avoir le vent de** ~ to have the wind in one's face

**face-à-face** /fasafas/ **NM INV** *(= rencontre)* (face-to-face) meeting *ou* encounter; *(= rivalité)* showdown; *(= conflit)* confrontation ◆ ~ **télévisé** one-to-one *ou* face-to-face TV debate ◆ **le ~ Bordeaux-Nantes** *(Sport)* the encounter between Bordeaux and Nantes

**face-à-main** (pl **faces-à-main**) /fasamɛ̃/ **NM** lorgnette

**facétie** /fasesi/ **NF** *(= drôlerie)* joke; *(= farce)* prank, trick ◆ **faire des ~s** to play pranks *ou* tricks ◆ **dire des ~s** to crack jokes

**facétieusement** /fasesjøzmɑ̃/ **ADV** mischievously

**facétieux, -ieuse** /fasesjø, jøz/ **ADJ** *[personne, caractère]* mischievous

**facette** /fasɛt/ **NF** *(lit, fig)* facet ◆ **à ~s** *[pierre]* faceted; *[caractère, personnage]* multi-faceted, many-sided; *[histoire, réalité]* multifaceted ◆ **yeux à ~s** compound eyes ◆ **étudier un problème sous toutes ses ~s** to examine a problem from every angle

**facetter** /fasete/ ► conjug 1 ◄ **VT** to facet

**fâché, e** /fɑʃe/ (ptp de **fâcher**) **ADJ** **a** *(= en colère)* angry, cross *(surtout Brit)* (*contre* with); ◆ **elle a l'air ~(e)** she looks angry *ou* cross *(surtout Brit)* ◆ **tu n'es pas ~, au moins ?** you're not angry *ou* cross *(surtout Brit)*, are you?

**b** *(= brouillé)* **ils sont ~s** they have fallen out ◆ **elle est ~e avec moi** she has fallen out with me ◆ **nous sommes ~s à mort** we can't stand the sight of each other, we are mortal enemies ◆ **il est ~ avec les chiffres** *(hum)* he's hopeless with numbers ◆ **il est ~ avec l'orthographe** *(hum)* he can't spell to save his life ◆ **il est ~ avec son peigne** *(hum)* his hair has never seen a comb

**c** *(= contrarié)* sorry (*de qch* about sth); ◆ **je suis ~ de ne pas pouvoir vous aider** *(frm)* I'm sorry that I can't help you ◆ **je ne suis pas ~ d'avoir fini ce travail** I'm not sorry to have finished this job ◆ **je ne serais pas ~ que vous me laissiez tranquille** *(hum)* I wouldn't mind being left alone *ou* in peace, I wouldn't object to a bit of peace and quiet

**fâcher** /fɑʃe/ ► conjug 1 ◄ **VT** **a** *(= mettre en colère)* to anger, to make angry, to vex ◆ **tu ne réussiras qu'à le ~ davantage** you will only make him more angry *ou* angrier **b** *(frm = contrarier)* to grieve *(frm)*, to distress ◆ **cette triste nouvelle me fâche beaucoup** this sad news grieves me *(frm) ou* greatly distresses me **VPR** **se fâcher** **a** *(= se mettre en colère)* to get angry *ou* cross *(surtout Brit)*, to lose one's temper ◆ **se ~ contre qn/pour** *ou* **au sujet de qch** to get angry *ou* annoyed with sb/about *ou* over sth ◆ **va au lit ou je me fâche !** go to bed or I'll get angry! ◆ **si tu continues, je vais me ~ tout rouge** * *(hum)* if you go on like that, I'll get really angry *ou* cross *(surtout Brit)* **b** *(= se brouiller)* to quarrel, to fall out (*avec* with)

**fâcherie** /fɑʃʀi/ **NF** *(= brouille)* quarrel

**fâcheusement** /fɑʃøzmɑ̃/ **ADV** *[survenir]* (most) unfortunately *ou* awkwardly ◆ ~ **surpris** (most) unpleasantly surprised

**fâcheux, -euse** /fɑʃø, øz/ **ADJ** unfortunate, regrettable ◆ **il est ~ qu'il ne soit pas venu** it's unfortunate *ou* a pity that he didn't come ◆ **le ~ dans tout ça c'est que ...** the unfortunate thing about it is that ... **NM,F** *(littér = importun)* bore

**facho** * /fafo/ **ADJ, NMF** (abrév de **fasciste**) *(péj)* fascist ◆ **il est un peu** ~ he's a bit of a fascist

**facial, e** (mpl **facials** *ou* **-iaux**) /fasjal, jo/ **ADJ** facial; → **angle**

**faciès** /fasjɛs/ **NM** **a** *(= visage)* features; *(Ethnol, Méd)* facies; → **délit** **b** *(Bot, Géog)* facies

**facile** /fasil/ **ADJ** **a** *(= aisé) [travail, problème, succès, proie]* easy ◆ **un livre ~ à lire** an easy book to read ◆ **c'est** *ou* **il est ~ de ...** it's easy to ... ◆ ~ **d'emploi, ~ à utiliser** easy to use ◆ ~ **d'accès, d'accès** ~ easy to reach *ou* get to, of easy access ◆ **avoir la vie** ~ to have an easy life ◆ **ils ne lui rendent pas la vie** ~ they don't make life easy for him ◆ **c'est ~ à dire !** that's easy to say! ◆ **plus ~ à dire qu'à faire** easier said than done ◆ **c'est trop ~ de s'indigner** it's too easy to get indignant ◆ **ce n'est pas si** ~ it's not as simple as that ◆ ~ **comme tout** * *ou* **comme bonjour** * (as) easy as pie *, dead easy *

**b** *(= spontané)* **avoir la parole** ~ *(= parler aisément)* to be a fluent *ou* an articulate speaker; *(= parler volontiers)* to have a ready tongue *ou* the gift of the gab * ◆ **il a la plume** ~ *(= écrire aisément)* he has an eloquent pen; *(= être toujours prêt à écrire)* he finds it easy to write, writing comes easily to him ◆ **avoir la larme** ~ to be quick to cry, to be easily moved to tears ◆ **il a l'argent** ~ * he's very casual about money, money just slips through his fingers ◆ **l'argent** ~ easy money ◆ **avoir la gâchette** ~ to be trigger-happy ◆ **il a le couteau** ~ he's all too quick to use his knife, he's very ready with his knife

**c** *(péj = superficiel)* **effet/ironie** ~ facile effect/irony ◆ **littérature** ~ cheap literature

**d** *[caractère]* easy-going ◆ **il est d'humeur** ~ he's easy-going ◆ **il est ~ à vivre/contenter** he's easy to get along with *ou* on with *(Brit)*/to please ◆ **il n'est pas ~ tous les jours** he's not always easy to get along with *ou* on with *(Brit)* ◆ **il n'est pas ~ en affaires** he's a tough businessman, he drives a hard bargain ◆ **ce n'est pas un adversaire** ~ he's a formidable adversary ◆ **c'est un bébé très** ~ he's a very easy baby

**e** *(péj) [femme]* loose *(épith)* ◆ **une fille** ~ a woman of easy virtue

**ADV** * *(= facilement)* easily; *(= au moins)* at least, easily ◆ **il y est arrivé** ~ he managed it easily ◆ **il fait du 200 km/h** ~ he's doing at least 200 km/h ◆ **elle a 50 ans** ~ she's at least *ou* easily 50

**facilement** /fasilmɑ̃/ **ADV** *(gén)* easily ◆ **médicament ~ toléré par l'organisme** medicine easily *ou* readily tolerated by the body ◆ **il se fâche** ~ he loses his temper easily, he's quick to lose his temper, he's quick-tempered ◆ **on met ~ 10 jours** * it takes 10 days easily *ou* at least 10 days

**facilité** /fasilite/ **NF** **a** *(= simplicité) [de devoir, problème, travail]* easiness ◆ **aimer la** ~ to like things that are easy *ou* simple ◆ **tâche d'une grande** ~ extremely easy *ou* straightforward task ◆ **d'une grande ~ d'emploi** *[outil]* very easy to use; *[logiciel]* very user-friendly

**b** *(= aisance) [de succès, victoire]* ease; *[d'expression, style]* fluency, ease ◆ **il a choisi la ~ en ne venant pas** he took the easy way out by not coming ◆ **réussir qch avec** ~ to manage sth with ease *ou* easily ◆ **la ~ avec laquelle il a appris le piano** the ease with which he learnt the piano ◆ **il travaille avec** ~ he works with ease ◆ **il s'exprime avec** ~ *ou* **avec une grande ~ de parole** he expresses himself with (great) fluency *ou* ease *ou* fluently; → **solution**

**c** *(= aptitude)* ability, aptitude ◆ **cet élève a beaucoup de** ~ this pupil has great ability *ou* aptitude ◆ **il a beaucoup de ~ pour les langues** he has a great aptitude *ou* facility for languages

**d** *(gén pl = possibilité)* facility ◆ **avoir la ~/toutes (les) ~s de** *ou* **pour faire qch** to have the/every opportunity to do sth *ou* of doing sth ◆ **~s de transport** transport facilities ◆ **~s d'accès à un lieu/à des services** easy access *ou* ease of access to a place/services ◆ **~s de crédit** credit facilities *ou* terms ◆ **~s de paiement** easy terms ◆ **consentir des ~s de caisse** to grant an overdraft facility

**e** *(= tendance)* tendency ◆ **il a une certaine ~ à se mettre en colère** he has a tendency to lose his temper

**f** *(littér = complaisance)* readiness ◆ **il a une grande ~ à croire ce que l'on raconte/à se plier à une règle** he has a great tendency *ou* is very ready to believe what people tell him/to comply with the rules

**faciliter** /fasilite/ ► conjug 1 ◄ **VT** *(gén)* to make easier, to facilitate ◆ **ça ne va pas ~ les choses** that's not going to make matters *ou* things (any) easier, that's not going to ease matters ◆ **pour lui ~ sa mission/la tâche** to make his mission/work easier, to make the mission/work easier for him

**façon** /fasɔ̃/ NF a *(= manière)* way, manner ◆ **voilà la ~ dont il procède** this is how *ou* the way he does it ◆ **il s'y prend de** *ou* **d'une ~ curieuse** he has a strange way of going about things ◆ **de quelle ~ est-ce arrivé ?** how did it happen? ◆ **il faut le faire de la ~ suivante** you must do it in the following way *ou* as follows ◆ **je le ferai à ma ~** I shall do it my own way ◆ **il raconte l'histoire à sa ~** he tells the story in his own way ◆ **à la ~ de** like ◆ **à la ~ d'un enfant** like a child, as a child would do ◆ **sa ~ d'agir/de répondre** the way he behaves/answers, his way of behaving/answering ◆ **c'est une ~ de parler** it's (just) a figure of speech ◆ **je vais lui dire ma ~ de penser** *(point de vue)* I'll tell him what I think about it *ou* how I feel about it; *(colère)* I'll give him a piece of my mind, I'll tell him what I think about it ◆ **c'est une ~ de voir (les choses)** it's one way of seeing things *ou* of looking at things ◆ **la ~ de donner vaut mieux que ce qu'on donne** *(Prov)* it's the thought that counts

b *(loc)* **rosser qn de (la) belle ~** †† to give sb a sound thrashing ◆ **d'une certaine ~, c'est vrai** it is true in a way *ou* in some ways ◆ **de cette ~, tu n'auras rien à payer** that way, you won't have to pay anything ◆ **d'une ~ ou d'une autre** somehow or other, one way or another ◆ **en aucune ~** in no way ◆ **de quelque ~ qu'il s'y prenne** however *ou* no matter how he goes about it ◆ **et sans plus de ~s** and without further ado

◆ **de ma/sa** *etc* **façon** ◆ **je vais lui jouer un tour de ma ~** I'm going to play a trick of my own on him ◆ **un poème de ma ~** a poem written by me ◆ **un plat de ma ~** a dish of my own making *ou* made by me

◆ **d'une façon générale** generally speaking, as a general rule

◆ **de la même façon** in the same way ◆ **il a réagi de la même ~ que l'an dernier** he reacted (in the same way) as he did last year ◆ **il n'a pas réagi de la même ~ que son frère** he didn't react in the same way as his brother, his reaction was different from his brother's

◆ **de toute(s) façon(s)** in any case, at any rate, anyway

◆ **de façon à** ◆ **de ~ à ne pas le déranger** so as not to disturb him ◆ **de ~ à ce qu'il puisse regarder** so that he can see

◆ **de (telle) façon que ...** in such a way that ... ◆ **de (telle) ~ qu'il puisse regarder** so that he can see

◆ **sans façon** ◆ **accepter sans ~** to accept without fuss ◆ **il est sans ~** he's unaffected ◆ **merci, sans ~** no thanks, really *ou* honestly ◆ **repas sans ~** simple *ou* unpretentious meal

c *(Couture)* *[de robe]* cut, making-up *(Brit)* ◆ **payer la ~** to pay for the tailoring *ou* making-up *(Brit)* ◆ **le travail à ~** tailoring, dressmaking ◆ **travailler à ~** to (hand) tailor *ou* make up *(Brit)* customers' own material ◆ **tailleur à ~** bespoke tailor *(Brit)*, custom tailor *(US)* ◆ **vêtements à ~** tailor-made garments, bespoke garments *(Brit)*

d *(= imitation)* **veste ~ daim/cuir** jacket in imitation suede/leather ◆ **châle ~ cachemire** cashmere-style shawl ◆ **bijoux ~ antique** old-fashioned *ou* antique style jewellery ◆ **gigot ~ chevreuil** leg of lamb cooked like *ou* done like venison

e *(Agr)* tillage ◆ **donner une ~ à la terre** to till the land

f *(Artisanat)* *(= fabrication)* making, crafting; *(= facture)* workmanship, craftsmanship ◆ **payer la ~** to pay for the workmanship

g *(† = genre)* **une ~ de maître d'hôtel** a head waiter of sorts ◆ **une ~ de roman** a novel of sorts

NFPL **façons** manners, behaviour *(Brit)*, behavior *(US)* ◆ **ses ~s me déplaisent profondément** I find his manners extremely unpleasant, I don't like his behaviour at all ◆ **en voilà des ~s !** what a way to behave!, that's no way to behave! ◆ **faire des ~s** *(minauderies)* to put on airs and graces; *(chichis)* to make a fuss

**faconde** /fakɔ̃d/ NF *(littér)* loquaciousness ◆ **avoir de la ~** to be very loquacious ◆ **quelle ~ !** what a talker!, he's (*ou* she's) got the gift of the gab! *

**façonnage** /fasɔnaʒ/ NM a *[d'argile, métal]* shaping, fashioning; *[de tronc d'arbre, bloc de pierre]* hewing, shaping b *[de pièce, clé]* *(industriel)* manufacturing; *(artisanal)* making, crafting; *[de chapeau, robe, statuette]* fashioning, making c *(Imprim)* forwarding

**façonnement** /fasɔnmɑ̃/ NM *[d'esprits, caractère]* moulding *(Brit)*, molding *(US)*, shaping, forming

**façonner** /fasɔne/ ▸ conjug 1 ◂ VT a *[+ argile, métal]* to shape, to fashion; *[+ tronc d'arbre, bloc de pierre]* to hew, to shape; *[+ terre]* to till b *[+ pièce, clé]* *(industriellement)* to manufacture; *(artisanalement)* to make, to craft; *[+ chapeau, robe, statuette]* to fashion, to make c *[+ caractère, personne]* to mould *(Brit)*, to mold *(US)*, to shape, to form ◆ **l'éducation puritaine qui a façonné son enfance** the puritanical upbringing that shaped his childhood

**façonnier, -ière** /fasɔnje, jɛʀ/ NM,F *(= fabricant)* manufacturer

**fac-similé** (pl **fac-similés**) /faksimile/ NM facsimile

**factage** /faktaʒ/ NM *(= transport)* cartage, forwarding ◆ **entreprise de ~** parcel delivery company, transport company ◆ **frais de ~** cartage, delivery charge, carriage

**facteur** /faktœʀ/ NM a *(Poste)* postman *(Brit)*, mailman *(US)*; → **factrice** b *(= élément, Math)* factor *(de, dans* in*)*; ◆ **le ~ chance/prix/humain** the chance/price/human factor ◆ **~ de risque** risk factor ◆ **~ de croissance** *(Méd)* growth factor ◆ **le libre-échange a été un ~ de croissance** *(Écon)* free trade has been a factor in economic growth ◆ **~ commun** *(Math, gén)* common factor ◆ **mettre en ~s** to factorize ◆ **mise en ~s** factorization ◆ **~ Rhésus** Rhesus *ou* Rh factor c *(= fabricant)* **~ de pianos** piano maker ◆ **~ d'orgues** organ builder

**factice** /faktis/ ADJ *[marbre, beauté]* artificial; *[cuir, bijou]* imitation *(épith)*, artificial; *[barbe]* false; *[bouteilles, articles exposés]* dummy *(épith)*; *[enthousiasme, amabilité]* false, feigned ◆ **tout semblait ~, le marbre du sol et la civilité des employés** everything seemed phoney * *ou* artificial, from the marble floor to the politeness of the staff ◆ **ils vivent dans un monde ~** they live in an artificial world NM *(= objet)* dummy

**factieux, -ieuse** /faksjø, jøz/ ADJ factious, seditious NM,F seditionary

**faction** /faksjɔ̃/ NF a *(= groupe factieux)* faction b *(= garde)* *[de sentinelle]* sentry duty, guard duty; *[de soldat]* guard duty; *[de personne qui attend]* long watch ◆ **être de** *ou* **en ~** *[soldat]* to be on guard (duty), to stand guard; *[sentinelle]* to be on guard (duty) *ou* (sentry) duty, to stand guard; *[personne qui attend]* to keep *ou* stand watch ◆ **mettre qn de ~** to put sb on guard (duty) c *(Ind)* (eight hour) shift

**factionnaire** /faksjɔnɛʀ/ NM *(= sentinelle, garde)* sentry *ou* guard (on duty) NMF *(Ind)* shift worker

**factitif, -ive** /faktitif, iv/ ADJ *(Ling)* factitive, causative

**factoriel, -ielle** /faktɔʀjɛl/ ADJ *(Math)* factorial ◆ **analyse factorielle** factor analysis NF **factorielle** *(Math)* factorial

**factoring** /faktɔʀiŋ/ NM factoring

**factorisation** /faktɔʀizasjɔ̃/ NF factorization

**factoriser** /faktɔʀize/ ▸ conjug 1 ◂ VT to factorize

**factotum** /faktɔtɔm/ NM *(= homme à tout faire)* odd-job man, general handyman, (general) factotum *(hum)*; *(péj = larbin)* gofer *, (general) dogsbody *(Brit)* *(péj)*

**factrice** /faktʀis/ NF *(Poste)* postwoman *(Brit)*, mailwoman *(US)*

**factuel, -elle** /faktɥɛl/ ADJ factual

**factum** /faktɔm/ NM *(littér)* lampoon

**facturation** /faktyʀasjɔ̃/ NF *(= opération)* invoicing, billing; *(= bureau)* invoice office ◆ **~ détaillée** itemized billing

**facture** /faktyʀ/ GRAMMAIRE ACTIVE 47.5 NF a *(= note)* *(gén)* bill; *(Comm)* invoice ◆ **~ d'électricité/de téléphone** electricity/(tele)phone bill ◆ **notre ~ pétrolière/énergétique** *(Écon)* the nation's oil/energy bill ◆ **fausse ~** false invoice ◆ **l'affaire des fausses ~s** *(Pol)* *scandal involving the use of false invoices to fund French political parties* ◆ **établir une ~** to make out a bill *ou* an invoice ◆ **qui va payer la ~ ?** *(fig)* who will foot the bill?; → **pro forma** b *(= manière, style)* *[d'objet]* workmanship, craftsmanship; *[de roman, symphonie]* construction; *[d'artiste]* technique ◆ **roman de ~ classique/originale** classic/original novel ◆ **meubles de bonne/belle ~** well-made/beautifully made furniture, furniture of good/beautiful workmanship c *[d'instrument de musique]* making

**facturer** /faktyʀe/ ▸ conjug 1 ◂ VT *(= établir une facture pour)* to invoice; *(= compter)* to charge (for), to put on the bill, to include in the bill ◆ **~ qch 200 € (à qn)** to charge *ou* bill (sb) €200 for sth ◆ **~ l'emballage** to charge for the packing, to include the packing in the bill

**facturette** /faktyʀɛt/ NF credit card slip

**facturier** /faktyʀje/ NM *(= registre)* invoice register; *(= employé)* invoice clerk

**facturière** /faktyʀjɛʀ/ NF *(= employée)* invoice clerk; *(= machine)* invoicing machine, biller *(US)*

**facultatif, -ive** /fakyltatif, iv/ ADJ *[travail, cours]* optional; *[halte, arrêt]* request *(épith)* ◆ **option** *ou* **matière facultative** optional subject, elective (subject) *(US)* ◆ **épreuve facultative** *(d'un examen)* optional paper ◆ **la réponse à cette question est tout à fait facultative** there is no obligation to answer this question

**facultativement** /fakyltativmɑ̃/ ADV optionally

**faculté** /fakylte/ NF a *(Univ)* faculty ◆ **la ~ des Lettres/de Médecine** the Faculty of Arts/Medicine, the Arts/Medical Faculty *(Brit)*, the School *ou* College of Arts/Medicine *(US)* ◆ **Faculté des Arts/Sciences** *(Can)* Faculty of Arts/Science ◆ **Faculté des études supérieures** *(au Québec)* graduate and postgraduate studies ◆ **quand j'étais en ~** *ou* **à la ~** when I was at university *ou* college *ou* school *(US)* ◆ **professeur de ~** university professor ◆ **la Faculté me défend le tabac** *(hum)* I'm not allowed to smoke on doctor's orders

b *(= don)* faculty; *(= pouvoir)* power; *(= propriété)* property ◆ **avoir une grande ~ de**

**concentration** to have great powers of concentration *ou* a great faculty for concentration ◆ **avoir la ~ de marcher/de la préhension** to have the ability to walk/grasp, to have the power of walking/grasping ◆ **~s** *(= aptitudes intellectuelles)* faculties ◆ **ce problème dépasse mes ~s** this problem is beyond my powers ◆ **jouir de** *ou* **avoir toutes ses ~s** to be in full possession of one's faculties, to have all one's faculties

**c** *(= droit)* right, option; *(= possibilité)* power, freedom, possibility ◆ **le propriétaire a la ~ de vendre son bien** the owner has the right to sell *ou* the option of selling his property ◆ **je te laisse la ~ de choisir** I'll give you the freedom to choose *ou* the possibility *ou* option of choosing ◆ **le Premier ministre a la ~ de révoquer certains fonctionnaires** *(frm)* the Prime Minister has the faculty *ou* power of dismissing certain civil servants ◆ **l'acheteur aura la ~ de décider** the buyer shall have the option to decide

**fada** * /fada/ **ADJ** *(= fou)* cracked *, crackers * *(attrib)*, barmy * *(Brit)* **NM** crackpot *

**fadaise** /fadɛz/ **NF** *(littér : gén pl) (= bagatelle)* trifle ◆ **dire des ~s** *(= platitude)* to mouth insipid *ou* empty phrases

**fadasse** /fadas/ **ADJ** *(péj) [plat, boisson]* tasteless, insipid; *[couleur, style, propos]* wishy-washy, insipid ◆ **des cheveux d'un blond ~** dull blond hair

**fade** /fad/ **ADJ** *[goût, odeur]* insipid, bland; *[soupe, cuisine]* tasteless, insipid; *[lumière, teinte]* dull; *[compliment, plaisanterie]* tame, insipid; *[décor, visage, individu, conversation, style]* dull, insipid; *[politesses, amabilité]* insipid ◆ **l'odeur ~ du sang** the sickly smell of blood ◆ **des cheveux d'un blond ~** dull blond hair

**fader (se)** * /fade/ ▸ conjug 1 ◂ **VPR** *[+ corvée, personne]* to get landed with *, to get lumbered with * *(Brit)*

**fadeur** /fadœʀ/ **NF** **a** *[de soupe, cuisine]* tastelessness, insipidness; *[de goût]* insipidness, blandness; *[de lumière, teinte]* dullness; *[de compliment, plaisanterie, conversation, style]* dullness, insipidness; *[de politesses, amabilité]* insipidness; *[d'odeur]* sickliness **b** *(† = platitude)* **~s** sweet nothings, bland compliments ◆ **dire des ~s à une dame** to say sweet nothings to *ou* pay bland compliments to a lady

**fading** /fadiŋ/ **NM** *(Radio)* fading

**faf** * /faf/ **ADJ, NMF** (abrév de **fasciste**) *(péj)* fascist

**fagot** /fago/ **NM** bundle of sticks *ou* firewood; → **derrière, sentir**

**fagoter** /fagɔte/ ▸ conjug 1 ◂ **VT** *(péj = accoutrer) [+ enfant]* to dress up, to rig out * *(Brit)* ◆ **il est drôlement fagoté** *(déguisé)* he's wearing the strangest getup * *ou* rig-out * *(Brit)*; *(mal habillé)* he's really oddly dressed **VPR** **se fagoter** to dress o.s., to rig o.s. out * *(Brit)* *(en* as a)

**Fahrenheit** /faʀɛnajt/ **ADJ, NM** Fahrenheit ◆ **32 degrés ~** 32 degrees Fahrenheit

**faiblard, e** * /fɛblaʀ, aʀd/ **ADJ** *(péj) (en classe)* weak, on the slow *ou* weak side *(attrib)*; *(physiquement)* (rather) feeble; *[argument, démonstration]* feeble, weak; *[lumière]* weak **NM,F** weakling

**faible** /fɛbl/ GRAMMAIRE ACTIVE 34.2

**ADJ** **a** *(physiquement)* weak; *[monnaie]* weak, soft ◆ **je me sens encore très ~ sur mes jambes** I still feel very shaky on my legs ◆ **avoir le cœur ~** to have a weak heart; → **économiquement, sexe**

**b** *(moralement)* weak ◆ **il est ~ de caractère** he has a weak character ◆ **il est trop ~ avec elle/ses élèves** he's too soft with her/with his pupils

**c** *(en importance) [rendement, revenu, demande]* low, poor; *[marge]* small; *[débit]* slow; *[quantité]* small, slight; *[écart, différence]* slight, small; *[espoir]* faint, slight, slender; *[avantage]* slight ◆ **il a de ~s chances de s'en tirer** *(optimiste)* he has a slight chance of pulling through; *(pessimiste)* his chances of pulling through are slight *ou* slim ◆ **à une vitesse plus ~** more slowly ◆ **à une ~ hauteur** low down, not very high up ◆ **à une ~ profondeur** not far below the surface ◆ **à une ~ majorité** *(Pol)* by a narrow *ou* slight majority ◆ **pays à ~ natalité** country with a low birth rate

**d** *(en qualité) [élève]* weak; *[expression, devoir, style]* weak, poor; *[raisonnement, argument]* weak, poor, feeble ◆ **il est ~ en français** he's weak *ou* poor at *ou* in French ◆ **le côté ~ de ce raisonnement** the weak side of this argument; → **esprit, point¹, temps¹**

**e** *(en intensité) [pouls, voix]* weak, faint, feeble; *[lumière]* dim, weak, faint; *[bruit, odeur]* faint, slight; *[résistance, protestation]* mild, weak; *[vent]* light, faint ◆ **vent ~ à modéré** wind light to moderate ◆ **~ en alcool** low in alcohol ◆ **à ~ teneur en sucre/cuivre** with a low sugar/copper content ◆ **c'est un escroc, et le terme est ~** he's a crook, and that's putting it mildly *ou* and that's an understatement ◆ **vous n'avez qu'une ~ idée de sa puissance** you have only a slight *ou* faint idea of his power

**f** *(Ling) [conjugaison, verbe]* weak

**NM** **a** *(= personne)* weak person ◆ **les ~s et les opprimés** the weak *ou* feeble and the oppressed ◆ **un ~ d'esprit** a feeble-minded person ◆ **c'est un ~, elle en fait ce qu'elle veut** he's a weakling – she does what she wants with him

**b** *(† = déficience)* weak point ◆ **le ~ de ce livre, ce sont les dialogues** the dialogues are the weak point in this book

**c** *(= penchant)* weakness ◆ **il a un ~ pour le chocolat** he has a weakness for chocolate ◆ **il a un ~ pour sa fille** he has a soft spot for his daughter

**faiblement** /fɛbləmɑ̃/ **ADV** **a** *(= avec peine)* weakly ◆ **la demande reprend ~** demand is picking up slightly **b** *(= peu) [éclairer]* dimly; *[augmenter]* slightly ◆ **~ alcoolisé/gazéifié** slightly alcoholic/gaseous ◆ **~ éclairé** dimly *ou* poorly lit ◆ **zones ~ peuplées** sparsely populated areas

**faiblesse** /fɛblɛs/ **NF** **a** *(physique)* weakness ◆ **sa ~ de constitution** his weak *ou* frail constitution ◆ **il a une ~ dans le bras gauche** he has a weakness in his left arm

**b** *(morale)* weakness ◆ **sa ~ de caractère** his weak character, his weakness of character ◆ **avoir la ~ d'accepter** to be weak enough to accept ◆ **sa ~ à l'égard de son frère** his softness *ou* weakness towards his brother ◆ **chacun a ses petites ~s** we all have our little foibles *ou* weaknesses *ou* failings

**c** *(= niveau peu élevé)* **la ~ de la demande** the low level of demand ◆ **la ~ du revenu par habitant** the low per capita income

**d** *(Bourse) [de monnaie, cours, marché]* weakness

**e** *(= médiocrité) [d'argument, raisonnement]* feebleness, weakness; *[d'œuvre]* weakness ◆ **sa ~ en anglais est un vrai problème** the fact that he's so weak in English is a real problem

**f** *(= défaut)* weak point, weakness ◆ **le film/l'intrigue présente quelques ~s** the film/the plot has several weak points *ou* weaknesses

**faiblir** /fɛbliʀ/ ▸ conjug 2 ◂ **VI** **a** *[malade, branche]* to get weaker, to weaken; *[cœur, vue, intelligence]* to fail; *[forces, courage]* to fail, to flag, to give out; *[influence]* to wane, to fall off; *[résolution, autorité]* to weaken ◆ **elle a faibli à la vue du sang/à sa vue** she felt weak *ou* faint when she saw the blood/when she saw him ◆ **il a faibli devant leurs prières** he weakened *ou* relented in the face of their pleas ◆ **pièce qui faiblit au 3e acte** play that falls off *ou* weakens in the 3rd act ◆ **la première ligne a faibli sous le choc** the front line weakened under the impact ◆ **ce n'est pas le moment de ~ !** don't give up now!

**b** *[voix]* to weaken, to get weaker *ou* fainter; *[bruit, protestation]* to die down; *[lumière]* to dim, to get dimmer *ou* fainter; *[pouls]* to weaken, to get weaker; *[vent]* to drop, to abate; *[rendement]* to slacken (off); *[intensité, espoir]* to diminish, to decrease; *[résistance, demande]* to weaken, to slacken; *[chances]* to weaken, to run out ◆ **l'écart faiblit entre eux** the gap is closing *ou* narrowing between them

**faïence** /fajɑ̃s/ **NF** *(= substance)* (glazed) earthenware; *(= objets)* crockery *(NonC)*, earthenware *(NonC)*; *(= vase, objet)* piece of earthenware, earthenware *(NonC)* ◆ **assiette en/carreau de ~** earthenware plate/tile ◆ **~ fine** china ◆ **~ de Delft** delft, delftware; → **chien**

**faïencerie** /fajɑ̃sʀi/ **NF** earthenware factory

**faïencier, -ière** /fajɑ̃sje, jɛʀ/ **ADJ** earthenware *(épith)* **NM,F** *(= fabricant)* earthenware maker; *(= marchand)* earthenware seller

**faignant, e** /fɛɲɑ̃, ɑ̃t/ **ADJ, NM,F** ⇒ **fainéant, e**

**faille¹** /faj/ **NF** *(Géol)* fault; *(fig = point faible)* flaw, weakness; *(= cassure)* rift ◆ **il y a une ~ dans votre raisonnement** there's a flaw in your argument ◆ **ce qui a causé une ~ dans leur amitié ...** what caused a rift in their friendship ... *ou* a rift between them ... ◆ **sans ~** *[fidélité, soutien]* unfailing, unwavering; *[organisation]* faultless, impeccable; *[volonté, détermination]* unfailing; → **ligne¹**

**faille²** /faj/ → **falloir**

**failli¹** /faji/ ptp de **faillir**

**failli², e** /faji/ **ADJ, NM,F** *(Comm)* bankrupt

**faillibilité** /fajibilite/ **NF** fallibility

**faillible** /fajibl/ **ADJ** fallible

**faillir** /fajiʀ/ ▸ conjug 2 ◂ **VI** **a** *(= manquer)* **j'ai failli tomber/réussir** I almost *ou* very nearly fell/succeeded, I all but fell/succeeded ◆ **il a failli se faire écraser** he almost *ou* very nearly got run over, he narrowly missed getting run over ◆ **j'ai failli attendre** *(iro)* I hope you didn't rush on my account *(iro)*

**b** *(frm)* ◆ **~ à** *(= manquer à) [+ engagement, mission]* to fail in; *[+ promesse, parole]* to fail to keep ◆ **il a failli/n'a pas failli à la tradition** he broke with/kept with *ou* to tradition ◆ **il n'a pas failli à sa parole** he was true to *ou* kept his word ◆ **le cœur lui faillit** † his heart missed a beat ◆ **le cœur** *ou* **le courage lui faillit** † his courage failed him ◆ **il résista jusqu'au bout sans ~** he resisted unfailingly *ou* unflinchingly to the end ◆ **ne pas ~ à sa réputation** to live up to one's reputation

**c** *(†† ou hum = fauter)* to lapse

**faillite** /fajit/ **NF** **a** *(Comm)* bankruptcy **b** *(= échec) [d'espoir, tentative, méthode]* collapse, failure ◆ **la ~ du gouvernement en matière économique** the government's failure on the economic front **c** *(loc)* **en ~** *[entreprise]* bankrupt ◆ **être en ~** to be bankrupt ◆ **faire ~** *(Comm)* to go bankrupt; *(fig)* to collapse ◆ **faire une ~ de 800 000 €** to go bankrupt with debts of €800,000 ◆ **déclarer/mettre qn**

**en** ~ to declare *ou* adjudge/make sb bankrupt ◆ **se déclarer en** ~ to file (a petition) for bankruptcy COMP ▷ **faillite frauduleuse** fraudulent bankruptcy ▷ **faillite personnelle** personal bankruptcy ▷ **faillite simple** bankruptcy

**faim** /fɛ̃/ NF a *(= envie de manger)* hunger ◆ **avoir (très *ou* grand †)** ~ to be (very) hungry ◆ **j'ai une** ~ **de loup *ou* une de ces** ~**s** * I'm ravenous *ou* famished *ou* starving * ◆ **je n'ai plus** ~ *(après un repas)* I'm (quite) full; *(plus envie de manger)* I'm not hungry any more ◆ **manger sans** ~ *(sans besoin réel)* to eat for the sake of eating; *(sans appétit)* to pick at one's food, to toy with one's food ◆ **manger à sa** ~ to eat one's fill ◆ **ça m'a donné** ~ it made me hungry ◆ **il fait** ~ * we're hungry ◆ **la** ~ **dans le monde** world hunger ◆ **la** ~ **fait sortir *ou* chasse le loup du bois** *(Prov)* hunger will drive him out; → **crever, mourir** *etc*

b *(= besoin)* hunger ◆ **avoir** ~ **de** *[+ honneur, tendresse, justice]* to hunger for, to crave (for) ◆ **sa** ~ **de richesses** his hunger *ou* yearning for wealth ◆ **son discours a laissé les journalistes sur leur** ~ his speech left the journalists hungry for more *ou* unsatisfied; → **rester**

**faîne** /fɛn/ NF beechnut ◆ ~**s (tombées)** beechmast *(NonC)*

**fainéant, e** /fɛneɑ̃, ɑ̃t/ ADJ lazy, idle, bone idle *; → **roi** NM,F idler, loafer, lazybones *

**fainéanter** /fɛneɑ̃te/ ▸ conjug 1 ◂ VI to idle *ou* loaf about

**fainéantise** /fɛneɑ̃tiz/ NF laziness, idleness

## faire /fɛʀ/

▸ conjug 60 ◂

| | |
|---|---|
| 1 VERBE TRANSITIF | 4 VERBE SUBSTITUT |
| 2 VERBE INTRANSITIF | 5 VERBE AUXILIAIRE |
| 3 VERBE IMPERSONNEL | 6 VERBE PRONOMINAL |

Lorsque **faire** est suivi d'un nom dans une expression figée telle que **faire une faute, faire une promesse, se faire des idées** etc, cherchez sous le nom.

### 1 - VERBE TRANSITIF

a

Lorsque **faire** est utilisé pour parler d'une activité non précisée, ou qu'il remplace un verbe plus spécifique, il se traduit par **do**.

◆ **que fais-tu ce soir ?** what are you doing tonight? ◆ **j'ai beaucoup/je n'ai rien à** ~ I have a lot/nothing to do ◆ **ils sont en retard, qu'est-ce qu'ils peuvent bien** ~ **?** they're late – what on earth are they doing? *ou* what are they up to? * ◆ **que voulez-vous qu'on y fasse ?** what do you expect us to do (about it)? ◆ ~ **ses chaussures/l'argenterie/la chambre** to do one's shoes/the silver/the bedroom

b

Lorsque **faire** veut dire **créer, être l'auteur de**, il se traduit souvent par **make** ou par un verbe plus spécifique ; cherchez sous le nom.

◆ ~ **un film** to make *ou* do a film ◆ ~ **un tableau** to do a painting, to paint a picture ◆ ~ **un plan** to make *ou* draw a map ◆ **fais-moi un joli chat** *(dessin)* do a nice cat for me; *(pâte à modeler)* make a nice cat for me

c [= fabriquer, produire] *[+ meuble, voiture]* to make; *[+ mur, nid]* to make, to build; *[+ maison]* to build; *[+ blé, betteraves]* to grow ◆ **ils font du mouton** * they raise sheep ◆ **cette école fait de bons ingénieurs** the school turns out good engineers

d [Culin]

Dans le sens de **préparer, confectionner, faire** peut se traduire par **do** de façon assez vague, mais **make** est beaucoup plus courant.

◆ ~ **de la confiture/du vin/un cocktail** to make jam/wine/a cocktail ◆ **elle fait du lapin ce soir** she's doing rabbit tonight ◆ **je vais** ~ **quelques pommes de terre** I'll do a few potatoes

e [Sport] *[+ football, tennis, rugby]* to play; *[+ sport de combat]* to do; → **natation, ski** *etc*

f [Scol] *[+ matière, roman, auteur]* to do ◆ ~ **l'école hôtelière** to go to a catering school

g [Mus] *(= jouer)* to play; *(= s'entraîner)* to practise ◆ ~ **du piano/du violon** to play the piano/the violin ◆ **va** ~ **ton piano** * go and practise your piano

h [Méd] *[+ diabète, tension]* to have ◆ **il m'a encore fait une otite** he's gone and got another ear infection *

i [= parcourir, visiter] to do ◆ ~ **10 km** to do *ou* cover 10 km ◆ ~ **100 km/h** to do 100 km/h ◆ ~ **Rome/la Grèce en trois jours** to do Rome/Greece in three days ◆ **on a fait Lyon-Paris en cinq heures** we did Lyons to Paris in five hours

j [= chercher dans] **j'ai fait tous les placards/toutes les pièces, je ne l'ai pas trouvé** I looked in all the cupboards/in every room but I didn't find it ◆ **il a fait toute la ville pour en trouver** he's been all over town looking for some ◆ **j'ai fait toutes les librairies mais sans succès** I went round all the bookshops but I didn't have any luck

k [= vendre] ~ **l'épicerie** to sell groceries ◆ **nous ne faisons pas les boutons/cette marque** we don't do *ou* stock *ou* carry *(US)* buttons/that make ◆ **je vous fais ce fauteuil (à) 90 €** I'll let you have this armchair for €90

l [= mesurer, peser, coûter] **la cuisine fait 6 mètres de large** the kitchen is 6 metres wide ◆ **il fait 23 degrés** it is 23 degrees ◆ **ce rôti fait bien 3 kg** this joint weighs *ou* is a good 3 kg ◆ **ça fait encore loin jusqu'à Paris** it's still a long way to Paris ◆ **combien fait cette chaise ?** how much is this chair? ◆ **cette table fera un bon prix** this table will go for *ou* will fetch a high price ◆ **ça nous fera 1 000 €** *(dépense)* it will cost us €1,000; *(gain)* it will give *ou* bring us €1,000

m [dans un calcul] to make ◆ **24 en tout, ce qui en fait 2 chacun** 24 altogether, which makes 2 each ◆ **deux et deux font quatre** two and two make four ◆ **cela fait combien en tout ?** how much does that make altogether?

n [Gram] **"canal" fait "canaux" au pluriel** the plural of "canal" is "canaux" ◆ **qu'est-ce ça fait au subjonctif ?** what's the subjunctive?

o [= imiter] **il a fait celui qui ne comprenait pas** he pretended not to understand ◆ **ne fais pas l'enfant/l'idiot** don't be so childish/so stupid ◆ **il fait bien le train** he does a really good imitation of a train

p [= faire fonction de, servir de] *[personne]* to be; *(Théât)* to play; *[objet]* to be used as, to serve as ◆ **tu fais l'arbitre ?** will you be referee? ◆ **il fait le fantôme dans "Hamlet"** he plays the ghost in "Hamlet" ◆ **une vieille malle faisait table basse** an old trunk was being used as a coffee table ◆ **la cuisine fait salle à manger** the kitchen doubles as *ou* is used as *ou* serves as a dining room MAIS **cette branche fera une bonne canne** this branch will make a nice walking stick ◆ **cet hôtel fait aussi restaurant** the hotel has its own restaurant ◆ **cette montre fait aussi boussole** this watch doubles as a compass

q [= être, constituer] **quel imbécile je fais !** what a fool I am! ◆ **ils font un beau couple** they make such a lovely couple ◆ **il veut** ~ **médecin** he wants to be a doctor ◆ **il fera un bon musicien** he'll make a good musician

r [= avoir la forme de, ressembler à] to look like ◆ **ça fait comme une cloche** it looks a bit like a bell

s [= représenter] to make out ◆ **on le fait plus riche qu'il n'est** he's made out *ou* people make him out to be richer than he is

t [= dire] to say ◆ **"vraiment ?" fit-il** "really?", he said ◆ **il fit un "ah" de surprise** "ah", he said, surprised ◆ **le chat fait miaou** the cat goes *ou* says miaow

u [= agir sur] **qu'est-ce qu'on lui fait à l'hôpital ?** what's he gone into hospital for? ◆ **qu'est-ce que tu as fait à ton frère ?** what have you been doing to your brother? ◆ **ils ne peuvent rien me** ~ they can't do anything to me ◆ **on ne me la fait pas à moi !** * I wasn't born yesterday!

v [= constituer] to make ◆ **cela fait la richesse du pays** that's what makes the country rich ◆ **c'est ce qui fait tout son charme** that's what makes him so charming

w [= importer] **qu'est-ce que cela peut bien te** ~ **?** what's it to you? ◆ **qu'est-ce que ça fait ?** so what? * ◆ **la mort de son père ne lui a rien fait** he was completely unaffected by his father's death ◆ **cela ne vous ferait rien de sortir ?** would you mind leaving the room?

◆ **faire** + **de** + *complément (= utiliser)* to do with ◆ **qu'as-tu fait de ta vie ?** what have you done with your life? ◆ **je ne sais pas quoi** ~ **de mon temps libre** I don't know what to do with my spare time ◆ **qu'avez-vous fait de votre sac/de vos enfants ?** what have you done with your bag/your children? ◆ **qu'ai-je bien pu** ~ **de mes lunettes ?** what on earth have I done with my glasses? ◆ **la vie a fait de lui un aigri** life has made him a bitter man ◆ **il a fait d'une grange une demeure agréable** he has turned *ou* made a barn into a comfortable home ◆ **il veut en** ~ **un avocat** he wants to make a lawyer of him

◆ **ne faire que**
*(constamment)* ◆ **il ne fait que se plaindre** he's always *ou* forever complaining ◆ **il ne fait que bavarder** he won't stop chattering, he does nothing but chatter
*(seulement)* ◆ **je ne fais que dire la vérité** I'm only telling the truth ◆ **je ne fais que passer** I'm just passing
◆ **je ne fais que d'arriver** *(récemment)* I've only just come

◆ **n'avoir que faire de** ◆ **je n'ai que** ~ **de vos conseils !** I don't need your advice! ◆ **je n'ai que** ~ **de gens comme lui !** I have no use for people like him!

### 2 - VERBE INTRANSITIF

a [= agir, procéder] ~ **vite** to act quickly ◆ **faites vite !** be quick (about it)! ◆ **faites comme chez vous** *(aussi hum)* make yourself at home

b [= durer] **ce chapeau (me) fera encore un hiver** this hat will do *ou* last me another winter

c [= paraître] to look ◆ **ce vase fait bien sur la table** the vase looks nice on the table ◆ ~ **vieux/jeune** *[personne]* to look old/young (for one's age) ◆ **elle fait très femme** she looks very grown-up

d [* besoins naturels] *[personne]* to go; *[animal]* to do its business ◆ **as-tu fait ce matin ?** have you been this morning?

3 - VERBE IMPERSONNEL

Lorsque **faire** est suivi d'une expression de temps et exprime une durée écoulée, on utilise généralement **since** ou **for** ; **for** se construit avec le present perfect ou le pluperfect.

◆ **cela fait deux ans/très longtemps que je ne l'ai pas vu** it's two years/a very long time since I last saw him, I haven't seen him for two years/for a very long time ◆ **ça fait trois ans qu'il est parti** it's three years since he left, he's been gone (for) three years

♦ **ce qui fait que ..., ça fait que ...** *(= ce qui implique que)* that means ... ◆ **ça fait que nous devons partir** that *ou* which means we have to go ◆ **et ça fait qu'il est arrivé en retard** and that meant he arrived late

4 - VERBE SUBSTITUT

to do ◆ **il travaille mieux que je ne fais** he works better than I do ◆ **as-tu payé la note ? – non, c'est lui qui l'a fait** did you pay the bill? – no, he did ◆ **puis-je téléphoner ? – faites, je vous en prie** could I use the phone? – (yes) please do *ou* (yes) by all means ◆ **n'en faites rien !** (please) don't! ◆ **je n'en ferai rien !** I'll do nothing of the sort!

5 - VERBE AUXILIAIRE

♦ **faire** + *infinitif*

**a** [= provoquer un acte, une situation] to make ◆ **l'idée m'a fait sourire** the thought made me smile ◆ **ça m'a fait pleurer** it made me cry ◆ **ma mère me faisait manger des épinards quand j'étais petit** my mother made me eat spinach when I was little ◆ **il lui a fait boire du whisky** *(pour la remonter)* he got her to drink some whisky, he made her drink some whisky; *(pour qu'elle goûte)* he gave her some whisky to drink MAIS **ce genre de musique me fait dormir** that kind of music puts me to sleep ◆ **j'ai fait démarrer la voiture** I got the car going *ou* started

**b** [= aider] to help ◆ ~ **traverser la rue à un aveugle** to help a blind man across the road ◆ **je lui ai fait ~ ses devoirs** I helped him with his homework MAIS ~ **manger un patient** to feed a patient

**c** [= laisser volontairement] ~ **entrer qn** *(qn que l'on attendait)* to let sb in; *(qn que l'on attendait pas)* to ask sb in ◆ ~ **venir** *[+ employé]* to send for; *[+ médecin]* to call ◆ ~ **entrer/sortir le chien** to let the dog in/out ◆ **faites entrer le patient** ask the patient to come in

**d**

Lorsque **faire** signifie **laisser involontairement**, sa traduction dépend étroitement du contexte ; reportez-vous au second verbe.

◆ **il a fait déborder le lait** he let the milk boil over ◆ **elle a fait s'échapper le chien** she let the dog out ◆ **il a fait glisser son frère** he (accidentally) made his brother slip over ◆ **elle a fait tomber une tasse** she dropped a cup

**e** [= donner une tâche à exécuter] ~ ~ **qch par qn** to have sth done (*ou* made) by sb ◆ ~ ~ **qch à qn** *(gén)* to get sb to do (*ou* to make) sth, to have sb do (*ou* make) sth *(surtout US)*; *(en le forçant)* to make sb do sth ◆ **(se)** ~ ~ **une robe** to have a dress made ◆ ~ **réparer une voiture/une montre** to have a car/a watch repaired ◆ ~ ~ **la vaisselle à qn** to get sb to do *ou* have sb do *(surtout US)* the dishes ◆ **elle a fait lire les enfants** she made the children read, she got the children to read ◆ **il m'a fait ouvrir le coffre-fort** he made me open the safe

6 - VERBE PRONOMINAL

**se faire**

**a** [pour soi] **il se fait la cuisine** he cooks for himself ◆ **il s'est fait beaucoup d'amis/d'ennemis** he has made himself a great many friends/enemies ◆ **on s'est fait un restaurant/un film** * we went to a restaurant/the cinema

**b** [* = gagner] to make ◆ **il se fait 7 000 € par mois** he makes €7,000 a month

**c** [= mûrir, évoluer] *[fromage]* to ripen, to mature; *[vin]* to mature ◆ **il s'est fait tout seul** *[personne]* he's a self-made man

**d** [= être accompli] **les choses finissent toujours par se** ~ things always get done in the end ◆ **rien ne se fera sans son aide** nothing will get done without his help ◆ **si ça doit se ~, ça se fera sans moi** if it's going to happen, it'll happen without me

**e** [= convenir] **ça se fait d'offrir des fleurs à un homme ?** is it done *ou* OK to give flowers to a man? ◆ **cela ne se fait pas** it's not done ◆ **mais tu sais, ça se fait de vivre ensemble sans être marié !** people do live together without being married, you know!

**f** [= être courant, à la mode] **les jupes longues se font beaucoup cette année** long skirts are in this year *ou* are being worn a lot this year ◆ **ça se fait encore ce style-là ?** are people still wearing that style? ◆ **ça se fait de plus en plus, ces chaussures** more and more people are wearing these shoes

**g** [sexuellement] **se ~ qn** *‡* to have sb *‡*

**h** [‡ = agresser] to get * ◆ **un jour, je me le ferai !** I'll get him one of these days *

**i** [* = cambrioler] *[+ banque, bijouterie]* to do *

**j** [= se passer] *(gén avec subjonctif)* **il peut/il pourrait se ~ qu'il pleuve** it may/it might (well) rain ◆ **comment se fait-il qu'il soit absent ?, comment ça se fait qu'il est absent ?** * how come he's not here? *

♦ **se faire** + *adjectif*

*(= devenir involontairement)* to get, to become ◆ **se ~ vieux** to be getting old ◆ **il se faisait tard** it was getting late ◆ **il se fit violent** he became violent

*(= devenir volontairement)* ◆ **se ~ beau** to make o.s. beautiful ◆ **il se fit menaçant** he became threatening ◆ **elle se fit implorante** she started pleading ◆ **sa voix se fit plus douce** his voice became softer

*(= faire semblant d'être)* to make o.s. out to be ◆ **il se fait plus bête qu'il n'est** he makes himself out to be more stupid than he really is

♦ **se faire** + *infinitif*

Lorsque cette tournure implique un ordre, elle se traduit généralement par **have + verbe** ; lorsqu'elle implique une demande polie, elle se traduit par **ask** ou **get + verbe**.

◆ **il se faisait apporter le journal tous les matins** he had the paper brought to him every morning ◆ **il s'est fait ouvrir par le voisin** he got his neighbour to let him in ◆ **elle s'est fait apporter un sandwich** she got somebody to bring her a sandwich ◆ **fais-toi expliquer le règlement** ask someone to explain the rules to you

Notez les différentes traductions possibles et en particulier l'emploi de la forme passive en anglais lorsque **se faire + infinitif** exprime une action subie par quelqu'un ; reportez-vous à l'autre verbe.

◆ **il s'est fait frapper par deux jeunes** he was hit by two youths, two youths hit him ◆ **elle s'est fait renvoyer** she was sacked ◆ **tu vas te ~ gronder** you'll get yourself into trouble, you'll get yourself told off *

♦ **se faire à** *(= s'habituer à)* to get *ou* become used to ◆ **il ne peut pas se ~ au climat** he can't get used to the climate

♦ **(il) faut se le/la/les faire !** *‡* ◆ **(il) faut se le ~ !** *[+ travail]* it's a hell of a chore! *, it's really heavy going! *‡*; *[+ personne]* he's a real pain in the neck! *

♦ **s'en faire** *(= s'angoisser)* to worry ◆ **il ne s'en fait pas** he doesn't worry; *(= a du culot)* he's got a nerve! ◆ **je viens de m'acheter un bateau – dis donc, tu t'en fais pas toi !** I've just bought a boat – you lucky devil! *

**faire-part** /fɛʀpaʀ/ NM INV announcement (of birth *ou* marriage *ou* death) ◆ ~ **de mariage** wedding announcement; *(avec carton d'invitation)* wedding invitation

**faire-valoir** /fɛʀvalwaʀ/ NM INV **a** *(Agr)* farming, working (of land) ◆ ~ **direct/indirect** farming by the owner/tenant **b** *(= personne)* foil; *(dans une comédie)* stooge ◆ **son mari lui sert de** ~ her husband serves as a foil to her

**fair-play** /fɛʀplɛ/ NM INV fair play ADJ INV ◆ **être** ~ to play fair ◆ **c'est un joueur** ~ he plays fair

**faisabilité** /fəzabilite/ NF feasibility ◆ **étude de** ~ feasibility study

**faisable** /fəzabl/ GRAMMAIRE ACTIVE 39.2 ADJ feasible ◆ **est-ce ~ en deux jours ?** can it be done in two days? ◆ **est-ce ~ à pied ?** can it be done on foot?

**faisan** /fəzɑ̃/ NM **a** *(= oiseau) (gén)* pheasant; *(mâle)* cock pheasant ◆ ~ **doré** golden pheasant **b** *(† = escroc)* shark

**faisandé, e** /fəzɑ̃de/ (ptp de **faisander**) ADJ **a** *(Culin) [gibier]* well hung; *(désagréablement)* high ◆ **je n'aime pas le** ~ I don't like high game ◆ **viande trop ~e** meat which has hung for too long **b** *(péj, †) [littérature, société]* corrupt, decadent; *[milieu]* crooked

**faisandeau** (pl **faisandeaux**) /fəzɑ̃do/ NM young pheasant

**faisander** /fəzɑ̃de/ ► conjug 1 ◄ VT *(Culin)* ◆ **(faire** *ou* **laisser)** ~ to hang VPR **se faisander** to become high

**faisanderie** /fəzɑ̃dʀi/ NF pheasantry

**faisane** /fəzan/ NF, ADJ F ◆ **(poule)** ~ hen pheasant

**faisceau** (pl **faisceaux**) /fɛso/ NM **a** *(= fagot)* bundle ◆ ~ **de preuves** *(= réseau)* body of evidence ◆ ~ **de faits/raisons** range of facts/reasons ◆ **nouer en ~x** to tie into bundles **b** *(Mil)* **~x (d'armes)** stack (of arms) ◆ **mettre en ~x** *[fusils]* to stack ◆ **former/rompre les ~x** to stack/unstack arms **c** *(Phys)* beam **d** *(Antiq, Hist)* **~x** *(= emblème)* fasces COMP ▷ **faisceau d'électrons** *ou* **électronique** electron beam ▷ **faisceau hertzien** electro-magnetic wave ▷ **faisceau laser** laser beam ▷ **faisceau lumineux** *ou* **de lumière** beam of light ▷ **faisceau musculaire** fasciculus *ou* fascicule of muscle fibres ▷ **faisceau nerveux** fasciculus *ou* fascicule of nerve fibres ▷ **faisceau de particules** particle beam

**faiseur, -euse** /fəzœʀ, øz/ NM,F ◆ ~ **de** † *[+ monuments, meubles]* maker of; *(hum, péj) [+ romans, tableaux, opéras]* producer of NM *(† péj) (= hâbleur)* show-off; *(= escroc)* shark ◆ **(bon)** ~ *(frm = tailleur)* good tailor COMP ▷ **faiseuse d'anges** backstreet abortionist ▷ **faiseur de bons mots** punster, wag ▷ **faiseur d'embarras** fusspot *(Brit)*, fussbudget *(US)* ▷ **faiseur d'intrigues** *(péj)* schemer ▷ **faiseur de littérature** *(péj)* scribbler ▷ **faiseur de marché** *(Bourse)* market maker ▷ **faiseur de mariages** matchmaker ▷ **faiseur de miracles** miracle-worker ▷ **faiseur de phrases** *(péj)* speechifier ▷ **faiseur de vers** *(péj)* poetaster *(péj)*, versifier

**faisselle** /fɛsɛl/ NF *(= passoire)* cheese strainer; *(= fromage)* fromage frais *(packed in its own strainer)*

**fait[1]** /fɛ/ GRAMMAIRE ACTIVE 44.1, 53.6

NM a *(= événement)* event, occurrence; *(= donnée)* fact; *(= phénomène)* phenomenon ◆ **il s'agit d'un ~ courant/rare** this is a common/rare occurrence *ou* event ◆ **aucun ~ nouveau n'est survenu** no new facts have come to light, there have been no new developments ◆ **il me faut des ~s concrets** I must have facts *ou* concrete evidence ◆ **reconnaissez-vous les ~s ?** *(Jur)* do you accept the facts? ◆ **les ~s qui lui sont reprochés** *(Jur)* the charges (brought) against him ◆ **ces ~s remontent à 3 ans** these events go back 3 years ◆ **il s'est produit un ~ curieux** a strange thing has happened ◆ **s'incliner devant les ~s** to bow to (the) facts ◆ **les ~s marquants de ces dix dernières années** the key events of the last ten years; → **erreur, état, gestion, incriminer**

b *(= acte)* **le ~ de manger/bouger** the fact of eating/moving, eating/moving ◆ **être puni pour ~ d'insoumission** *(Jur, Mil)* to be punished for (an act of) insubordination; → **haut**

c *(pour exprimer la cause)* **c'est le ~ du hasard** it's a matter of chance ◆ **c'est le ~ de son inexpérience** it's because of *ou* owing to his inexperience, it comes of his inexperience ◆ **par le ~** in fact ◆ **par ce ~** by this very fact ◆ **par le ~ même que/de** by the very fact that/of ◆ **par le (simple) ~ de** by the simple fact of ◆ **par le ~ même de son obstination** because of *ou* by his very obstinacy, by the very fact of his obstinacy

d *(loc)* **le ~ est que** the fact is that ◆ **le ~ que** the fact that ◆ **les ~s sont là** *ou* **sont têtus** there's no denying the facts, the facts speak for themselves ◆ **le ~ est là** that's the fact of the matter ◆ **être le ~ de** *(= être typique de)* to be typical *ou* characteristic of; *(= être le résultat de)* to be the result of ◆ **de son (propre) ~** through *ou* by his (own) doing ◆ **c'est un ~** that's a fact ◆ **c'est un ~ que** it's a fact that ◆ **dire son ~ à qn** to tell sb what's what, to talk straight to sb, to give sb a piece of one's mind ◆ **prendre ~ et cause pour qn** to fight for sb's cause ◆ **de ce ~** therefore, for this reason ◆ **du ~ de sa démission, du ~ qu'il a démissionné** on account of *ou* as a result of his resignation

◆ **au fait** *(= à propos)* by the way ◆ **au ~ !** *(= à l'essentiel)* come to the point! ◆ **aller droit/en venir au ~** to go straight/get to the point ◆ **au ~ de** *(= au courant)* conversant *ou* acquainted with, informed of ◆ **mettre qn au ~ (d'une affaire)** to acquaint *ou* familiarize sb with the facts (of a matter), to inform sb of the facts (of a matter)

◆ **de fait** *[gouvernement, dictature]* de facto; *(= en vérité)* in fact ◆ **il est de ~ que** it is a fact that

◆ **en fait** in (actual) fact, in point of fact, as a matter of fact

◆ **en fait de** *(= en guise de)* by way of; *(= en matière de)* as regards, in the way of ◆ **en ~ de repas on a eu droit à un sandwich** we were allowed a sandwich by way of a meal ◆ **en ~ de spécialiste, c'est plutôt un charlatan !** as for being an expert, charlatan more like! *

COMP ▷ **fait accompli** fait accompli ◆ **mettre qn devant le ~ accompli, pratiquer avec qn la politique du ~ accompli** to present sb with a fait accompli ▷ **fait d'armes** feat of arms ▷ **fait divers** *(= nouvelle)* (short) news item; *(= événement insignifiant)* trivial event ◆ **"faits divers"** *(= rubrique)* "(news) in brief" ▷ **faits et gestes** actions, doings ◆ **épier les moindres ~s et gestes de qn** to watch sb's every move ▷ **faits de guerre** acts of war ▷ **fait de langue** fait de langue, language event ▷ **fait de parole** fait de parole, speech event ▷ **le fait du prince** the government fiat ◆ **c'est le ~ du prince** there's no going against authority ▷ **faits de résistance** acts of resistance

**fait[2], faite** /fɛ, fɛt/ (ptp de **faire**) ADJ a ◆ **être ~ pour** to be made *ou* meant for ◆ **voitures ~es pour la course** cars (specially) made *ou* designed *ou* conceived for racing ◆ **ces chaussures ne sont pas ~es pour la marche** these are not proper walking shoes, these shoes are not suitable *ou* designed for walking in ◆ **c'est ~ pour** * that's what it's for ◆ **ce que tu lui as dit l'a énervé – c'était ~ pour** * what you said annoyed him – it was meant to ◆ **ceci n'est pas ~ pour lui plaire** this is not going to *ou* is not likely to please him ◆ **ce discours n'est pas ~ pour le rassurer** this is not the kind of speech to reassure him, this sort of speech isn't likely to reassure him ◆ **il est ~ pour être médecin** he's got the makings of a doctor ◆ **il n'est pas ~ pour être professeur** he's not cut out to be a teacher ◆ **ils sont ~s l'un pour l'autre** they are made for each other

b *(= fini)* **c'en est ~ de notre vie calme** that's the end of our quiet life, it's goodbye to peace and quiet ◆ **c'en est ~ de moi** I'm done for *, I've had it * ◆ **c'est toujours ça de ~** that's one job done, that's one thing out of the way

c *(= constitué)* **bien ~** *[femme]* shapely; *[homme]* well-built ◆ **avoir la jambe/main bien ~e** to have shapely *ou* nice legs/pretty *ou* nice hands ◆ **le monde est ainsi ~** that's the way of the world ◆ **les gens sont ainsi ~s que** people are such that ◆ **comment est-il ~ ?** what is he like?, what does he look like? ◆ **regarde comme tu es ~ !** * look at the state of you! *, what a sight you are!

d *(= mûr)* *[personne]* mature; *[fromage]* ripe ◆ **fromage ~ à cœur** fully ripened cheese

e *(= maquillé)* made-up ◆ **avoir les yeux ~s** to have one's eyes made up ◆ **avoir les ongles ~s** to have painted nails

f ◆ **tout ~** *[objet, idée, solution]* ready-made ◆ **vêtements tout ~s** ready-made *ou* ready-to-wear clothes; → **expression, phrase**

g *(loc)* **il est ~ (comme un rat)** * he's in for it now *, he's cornered ◆ **c'est bien ~ pour toi !** it serves you right!, you asked for it! * ◆ **c'est bien ~ (pour eux) !** it serves them right! ◆ **ce n'est ni ~ ni à faire** it's a botched job *; → **vite**

**faîtage** /fɛtaʒ/ NM *(= poutre)* ridgepole; *(= couverture)* roofing; *(littér = toit)* roof

**faîte** /fɛt/ NM a *(= poutre)* ridgepole b *(= sommet)* *[de montagne]* summit; *[d'arbre]* top; *[de maison]* rooftop ◆ **~ du toit** rooftop; → **ligne[1]** c *(= summum)* **~ de la gloire** pinnacle *ou* height of glory ◆ **parvenu au ~ des honneurs** having attained the highest honours

**faîtière** /fɛtjɛʀ/ ADJ F, NF ◆ **(tuile) ~** ridge tile ◆ **lucarne ~** skylight

**faitout** NM, **fait-tout** NM INV /fɛtu/ stewpot

**faix** /fɛ/ NM († *ou littér*) burden ◆ **sous le ~** under the weight *ou* burden (*de* of)

**fakir** /fakiʀ/ NM *(Rel)* fakir; *(Music-Hall)* wizard

**falaise** /falɛz/ NF cliff

**falbalas** /falbala/ NMPL frills and flounces, furbelows; *(péj)* frippery *(NonC)* *(péj)*, furbelows *(péj)*

**Falkland(s)** /fɔlklɑd/ NPL ◆ **les (îles) ~(s)** the Falkland Islands, the Falklands ◆ **la guerre des ~(s)** the Falklands war

**fallacieusement** /fa(l)lasjøzmɑ̃/ ADV *[promettre]* deceptively

**fallacieux, -ieuse** /fa(l)lasjø, jøz/ ADJ *[apparence]* deceptive; *[arguments, raisonnement]* fallacious; *[accusation, promesse, appellation]* false; *[espoir]* illusory, delusive ◆ **il est entré sous un prétexte ~** he got in under false pretences ◆ **ils nous ont présenté l'image fallacieuse d'un pays paisible** they gave us a false image of the country as a peaceful place

## falloir /falwaʀ/

▸ conjug 29 ◂

GRAMMAIRE ACTIVE 37.1, 37.2

1 VERBE IMPERSONNEL 2 VERBE PRONOMINAL

### 1 - VERBE IMPERSONNEL

a besoin, nécessité

> Lorsque **falloir** exprime un besoin ou une nécessité, il se traduit généralement par **need** ; il a alors pour sujet la personne, exprimée ou non en français, qui a besoin de quelque chose ; si l'on ne veut ou ne peut pas mentionner cette personne en anglais, **falloir** se traduit le plus souvent par **take**.

◆ **falloir** + *nom ou pronom* ◆ **il va ~ 10 000 €** we're going to need €10,000 ◆ **il faut du temps/de l'argent pour faire cela** it takes time/money to do that, you need time/money to do that ◆ **faut-il aussi de l'ail ?** do we need *ou* want garlic as well? ◆ **c'est juste ce qu'il faut** *(outil etc)* that's just what we need *ou* want; *(en quantité)* that's just the right amount ◆ **c'est plus qu'il n'en faut** that's more than we need ◆ **trois mètres de tissu ? – oui, il faudra au moins ça** three metres of material? – yes, we'll need *ou* want at least that much ◆ **trois heures ? – oh oui, il faut bien ça** three hours? – yes, it'll take at least that long ◆ **il n'en faut pas beaucoup pour qu'il se mette à pleurer** it doesn't take much to make him cry ◆ **il lui faut quelqu'un pour l'aider** he needs somebody to help him ◆ **une bonne fessée, voilà ce qu'il lui faut !** what he needs *ou* wants is a good hiding! ◆ **il ne me faut pas plus de dix minutes pour y aller** it won't take me more than ten minutes to get there ◆ **et avec ça, vous faut-il autre chose ?** (is there) anything else? ◆ **s'il le faut** if necessary, if need be ◆ **il vous le faut pour quand ?** when do you need it for? ◆ **il t'en faut combien ?** how many (*ou* much) do you need? ◆ **il a fait ce qu'il fallait pour la rendre heureuse/pour l'énerver** he did just the right thing to make her happy/to annoy her ◆ **il me faudrait trois steaks, s'il vous plaît** I'd like three steaks, please ◆ **il me le faut absolument** *ou* **à tout prix** I absolutely must have it, I've absolutely got to have it

◆ **falloir** + *infinitif* ◆ **faut-il réserver à l'avance ?** do you have to *ou* need to book in advance?, is it necessary to book in advance? ◆ **il vous faut tourner à gauche ici** you need *ou* want to turn left here ◆ **il faudrait avoir plus de temps** we need more time ◆ **il faut bien vivre/manger** you have to live/eat

**b** obligation

Lorsque **falloir** exprime une obligation, il se traduit généralement par **have to** ou la forme plus familière **have got to** lorsqu'il s'agit de contraintes extérieures. Le verbe **must** a généralement une valeur plus impérative ; attention, **must** étant un verbe défectif, on utilise **have to** aux temps où il se ne conjugue pas.

◆ **tu pars déjà ? – il le faut** are you leaving already? — I have to *ou* I've got to ◆ **je le ferai s'il le faut** I'll do it if I have to *ou* if I must ◆ **il a bien fallu !** I (*ou* we *etc*) had to!

♦ **falloir** + *infinitif* ◆ **il va ~ le faire** we'll have to do it, it'll have to be done ◆ **il faut opérer** they're (*ou* we're *etc*) going to have to operate ◆ **il m'a fallu obéir** I had to do as I was told ◆ **que vous fallait-il faire ?** *(frm)* what did you have to do? ◆ **c'est dans le règlement, il faut le faire** those are the rules, you must do it ◆ **à l'époque, il fallait porter l'uniforme** in those days you had to wear a uniform ◆ **que faut-il leur dire ?** what should I (*ou* we *etc*) tell them?

♦ **falloir que** + *subjonctif* ◆ **il va ~ qu'il parte bientôt** he'll have to go soon ◆ **allez, il faut que je parte !** right, I must go! ◆ **il faut que tu y ailles, c'était ce qu'on avait prévu** you have to go *ou* you must go, that was the arrangement ◆ **il faudra bien que tu me le dises un jour** you'll have to tell me some time

**c** suggestion, conseil, exhortation

Lorsque **falloir** est utilisé pour exprimer une suggestion, un conseil ou une exhortation au présent, il se traduit souvent par **must** ; au passé, au conditionnel ou dans une phrase négative, il se traduit généralement par **should** ou **ought to**.

◆ **il faut voir ce spectacle** you must see this show ◆ **il faut m'excuser, je ne savais pas** you must excuse me, I didn't know ◆ **il faut que vous veniez nous voir à Toulouse !** you must come and see us in Toulouse! ◆ **il faut vous dire que ...** I must *ou* I have to tell you that ... ◆ **il faut éviter de tirer des conclusions hâtives** it's important to *ou* we must avoid jumping to conclusions ◆ **dans pareil cas, il faut surtout rester calme** in cases like these, it's very important to stay calm *ou* you must above all stay calm ◆ **des fleurs ! il ne fallait pas !** flowers! you shouldn't have! ◆ **il fallait me le dire** you ought to *ou* should have told me ◆ **il ne fallait pas faire ça, c'est tout** you shouldn't have done it and that's all there is to it ◆ **il aurait fallu lui téléphoner** you (*ou* we *etc*) should have phoned him MAIS **il s'est mis en colère – il faut le comprendre** he got angry — that's understandable ◆ **il faudrait que tu viennes m'aider** I'm going to need your help ◆ **faudrait pas qu'il essaie** * he'd better not try *

**d** probabilité, hypothèse

Lorsque **falloir** exprime une probabilité, une hypothèse, il se traduit généralement par **must** dans les phrases affirmatives ; **must** étant défectif, on utilise **have to** aux temps où il ne se conjugue pas.

♦ **falloir + être** ◆ **il faut être fou pour parler comme ça** you (*ou* he *etc*) must be mad to talk like that ◆ **il fallait être désespéré pour faire ça** they must have been desperate to do something like that MAIS **il ne faut pas être intelligent pour dire ça** that's a pretty stupid thing to say ◆ **faut-il donc être bête!** some people are so *ou* really stupid! ◆ **faut (pas) être gonflé!** * it takes some nerve! *

♦ **falloir que** + *subjonctif* ◆ **il faut que tu te sois trompé** you must have made a mistake ◆ **faut-il qu'il soit bête !** he must be so *ou* really stupid!

**e** dans des exclamatives, exprimant l'admiration ou l'agacement **il faut entendre ce qu'ils disent sur elle !** you should hear the sort of things they say about her! ◆ **il faut l'entendre chanter !** you should hear him sing! ◆ **faut dire qu'il est culotté** * you've got to *ou* you must admit he's got a nerve ◆ **(il) faut le faire !** *(admiratif)* that takes some doing!; *(*, péj)* that takes some beating! ◆ **ce qu'il faut entendre !** the things you hear! ◆ **quand faut y aller faut y aller !** * a man's gotta do what a man's gotta do! *

**f** fatalité

♦ **falloir que** + *subjonctif* ◆ **il a fallu qu'elle l'apprenne** she WOULD have to hear about it ◆ **il a fallu qu'il arrive à ce moment-là** of course, he had to arrive just then ◆ **il fallait bien que ça arrive** it was bound to happen ◆ **il faut toujours qu'elle se trouve des excuses** she always has to find some excuse ◆ **faut-il toujours que tu te plaignes ?** do you always have to complain?

**g** locutions ◆ **elle a ce qu'il faut** * *(hum)* she's got what it takes * ◆ **il faut ce qu'il faut** * you've got to do things properly ◆ **il faut de tout pour faire un monde** it takes all sorts to make a world

♦ **il faut/fallait/faudrait + voir** ◆ **il faut voir !** *(réserve)* we'll have to see! ◆ **elle danse superbement, il faut (la) voir !** you should see her dance, it's wonderful! ◆ **(il) faut le voir pour le croire** it has to be seen to be believed ◆ **faudrait voir à voir !** * come on! *, come off it! * ◆ **(il) faudrait voir à faire/ne pas faire ...** * you'd better make sure you do/don't do ... ◆ **son travail est fait faut voir (comme) !** * *ou* **(il) faut voir comment !** * you should see what a job he's made of it! ◆ **il faut voir comment tu t'y prends, aussi !** look at how you're going about it though! ◆ **il faut voir comment il s'habille !** you should see the way he dresses! ◆ **(il) faudrait voir à ne pas nous ennuyer !** * you'd better see you don't cause us any trouble! *

2 - VERBE PRONOMINAL

**s'en falloir**

♦ **s'en falloir de** ◆ **j'ai raté le train, il s'en est fallu de 5 minutes** I missed the train by 5 minutes ◆ **il ne s'en fallait que de 10 € pour qu'il ait la somme** he was only *ou* just €10 short of the full amount ◆ **il s'en est fallu de peu (pour) que ça (n')arrive** it came very close to happening, it very nearly happened ◆ **elle ne l'a pas injurié, mais il s'en est fallu de peu** she very nearly insulted him

♦ **loin s'en faut!, tant s'en faut!, il s'en faut (de beaucoup)!** far from it! ◆ **il s'en faut de beaucoup qu'il soit heureux** he is far from being happy, he is by no means happy

♦ **peu s'en faut** ◆ **il a fini, ou peu s'en faut** he has as good as finished, he has just about finished ◆ **ça m'a coûté 500 € ou peu s'en faut** it cost me the best part of €500, it cost me very nearly €500 ◆ **peu s'en est fallu (pour) qu'il pleure** he almost wept, he very nearly wept

---

**falot¹** /falo/ **NM** **a** (= *lanterne*) lantern **b** *(arg Mil = tribunal militaire)* court martial

**falot², e** /falo, ɔt/ **ADJ** *[personne]* colourless *(Brit)*, colorless *(US)*; *[lumière]* wan, pale

**falsifiable** /falsifjabl/ **ADJ** *[document, papiers d'identité, signature]* forgeable; *[écriture]* that can be copied easily

**falsificateur, -trice** /falsifikatœʀ, tʀis/ **NM,F** *[de document, signature]* forger ◆ **les ~s de l'histoire** those who distort history, the distorters of history

**falsification** /falsifikasjɔ̃/ **NF** *[de comptes, faits, document]* falsification; *[de signature]* forgery, forging; *[d'aliment]* doctoring, adulteration

**falsifier** /falsifje/ ▸ conjug 7 ◂ **VT** *[+ comptes, faits, document]* to falsify; *[+ signature]* to forge; *[+ aliment]* to doctor, to adulterate

**falzar** ⁑ /falzaʀ/ **NM** (pair of) trousers, (pair of) pants *(US)*

**famé, e** /fame/ **mal famé** **LOC ADJ** disreputable

**famélique** /famelik/ **ADJ** scrawny, scraggy, rawboned

**fameusement** * /famøzmɑ̃/ **ADV** (= *très*) remarkably, really ◆ **c'est ~ bon** it's remarkably *ou* really good

**fameux, -euse** /famø, øz/ **ADJ** **a** (* : *après n = de qualité) [mets, vin]* first-rate, first-class

**b** ◆ **pas ~** * *[mets, travail, temps]* not too good, not so great *; *[roman, auteur]* no great shakes *, not up to much * *(Brit)* ◆ **et le temps pour demain ? – pas ~** and tomorrow's weather? — not all that good *ou* not up to much * *(Brit)* ◆ **il n'est pas ~ en latin** he's not too good *ou* not all that good at Latin

**c** *(avant n : intensif)* real ◆ **c'est un ~ trajet/problème/travail** it's quite a *ou* one hell of a * journey/problem/piece of work ◆ **c'est une fameuse erreur/raclée** it's quite a *ou* it's a real mistake/thrashing ◆ **un ~ salaud** ⁑ a downright *ou* an out-and-out *ou* a real bastard *⁑ ◆ **une fameuse assiettée** a huge *ou* great plateful ◆ **c'est un ~ gaillard** *(bien bâti)* he's a strapping fellow; *(chaud lapin)* he's one for the ladies, he's a bit of a lad * *(Brit)*

**d** *(avant n = bon) [idée, voiture]* first-rate, great *, fine ◆ **c'est une fameuse aubaine** it's a real *ou* great stroke of luck ◆ **il a fait un ~ travail** he's done a first-class *ou* first-rate *ou* fine job ◆ **elle était fameuse, ton idée !** what a bright *ou* great * idea you had!

**e** (* : *avant n = fonction de référence)* famous ◆ **quel est le nom de cette fameuse rue ?** what's the name of that (famous) street? ◆ **ah, c'est ce ~ Paul dont tu m'as tant parlé** so this is the famous Paul you've told me so much about ◆ **c'est ça, sa fameuse honnêteté** so this is his much-vaunted honesty

**f** *(après n = célèbre)* famous *(pour, par* for)

**familial, e** (mpl **-iaux**) /familjal, jo/ **ADJ** *[problème]* family *(épith)*, domestic *(épith)*; *[liens, vie, entreprise, ambiance]* family *(épith)*; *[boîte, paquet]* family-size(d); *[modèle de voiture]* family *(épith)*; → **aide²**, **allocation** **NF** **familiale** (family) estate car *(Brit)*, station wagon *(US)*

**familialiste** /familjalist/ **ADJ** *[mouvement, modèle, groupe]* promoting family values

**familiarisation** /familjaʀizasjɔ̃/ **NF** familiarization

**familiariser** /familjaʀize/ ▸ conjug 1 ◂ **VT** ◆ **~ qn avec** to familiarize sb with, to get sb used to **VPR** **se familiariser** to familiarize o.s. ◆ **se ~ avec** *[+ lieu, personne, méthode, langue]* to familiarize o.s. with, to get to know, to become acquainted with; *[+ bruit, danger]* to get used *ou* accustomed to ◆ **ses pieds, peu familiarisés avec le sol rocailleux** his feet, unused *ou* unaccustomed to the stony ground

**familiarité** /familjaʀite/ **NF** **a** (= *bonhomie)* familiarity; (= *désinvolture)* offhandedness, (over)familiarity **b** (= *privautés)* **~s** familiarities ◆ **cessez ces ~s** stop these familiarities, stop taking liberties **c** (= *habitude)* **~ avec** *[+ langue, auteur, méthode]* familiarity with **d** (= *atmosphère amicale)* informality ◆ **dans la ~ de** *(littér)* on familiar terms with

**familier, -ière** /familje, jɛʀ/ ADJ a *(= bien connu) [problème, spectacle, objet]* familiar ◆ **sa voix/cette technique m'est familière** I'm familiar with his voice/this technique, his voice/this technique is familiar *ou* well-known to me ◆ **la langue anglaise lui est devenue familière** he has become (thoroughly) familiar with *ou* at home with the English language

b *(= routinier) [tâche]* familiar ◆ **cette attitude lui est familière** this is a typical attitude of his ◆ **le mensonge lui était devenu ~** lying had become quite a habit of his *ou* had become almost second nature to him

c *(= amical) [entretien, atmosphère]* informal, friendly, casual

d *(= désinvolte) [personne]* (over)familiar; *[surnom]* familiar; *[ton, remarque]* (over)familiar, offhand; *[attitude, manières]* offhand ◆ **il devient vite ~** he soon gets too familiar ◆ **(trop) ~ avec ses supérieurs/ses clients/les femmes** overfamiliar with his superiors/his customers/women

e *(= non recherché) [mot]* informal, colloquial; *[style, registre]* informal, conversational, colloquial ◆ **expression familière** colloquialism, colloquial phrase *ou* expression

f *[divinités]* household *(épith)*; → **démon**

NM *[de club, théâtre]* regular visitor (*de* to); ◆ **le crime a été commis par un ~ (de la maison)** the crime was committed by a very good friend of the household *ou* by a regular visitor to the house

**familièrement** /familjɛʀmɑ̃/ ADV *(= amicalement) [s'entretenir]* informally; *(= cavalièrement) [se conduire]* familiarly; *(= sans recherche) [s'exprimer]* informally, colloquially ◆ **comme on dit ~** as you say colloquially *ou* in conversation ◆ **le ficus elastica, ~ appelé caoutchouc** ficus elastica, commonly known as the rubber plant ◆ **il te parle un peu (trop) ~** he's being a bit too familiar with you

**famille** /famij/ NF a *(gén)* family ◆ **~ éloignée/proche** distant/close family *ou* relations *ou* relatives ◆ **avez-vous de la ~ à Londres ?** do you have any family *ou* relations *ou* relatives in London? ◆ **on a prévenu la ~** the relatives *ou* the next of kin *(Admin)* have been informed ◆ **~ d'accueil** host family ◆ **~ nombreuse** large family ◆ **la ~ étendue/nucléaire** the extended/nuclear family ◆ **elle promenait (toute) sa petite ~ *** she was taking her (entire) brood* for a walk ◆ **comment va la petite ~ ?** how are the little ones? ◆ **entrer dans une ~** to become part of a family ◆ **leur mariage a consacré son entrée dans la ~** their marriage made him an official member of the family ◆ **elle fait partie de la ~, elle est de la ~** she is part *ou* one of the family ◆ **c'est une ~ de musiciens** they're a family of musicians; → **monoparental, recomposé**

b *[de plantes, langues]* family ◆ **la ~ des cuivres** the brass family ◆ **~ de mots** word family ◆ **~ de produits** family of products, product family ◆ **ils sont de la même ~ politique** they're of the same political persuasion

c *(loc)* **de bonne ~** from a good family *ou* background ◆ **il est sans ~** he has no family ◆ **un (petit) bridge des ~s *** a quiet *ou* cosy little game of bridge ◆ **il est très ~ *** he's very family-oriented, he's a real family man ◆ **de ~** *[possessions, réunion, dîner]* family *(épith)* ◆ **tableau de ~** *(= peinture)* family portrait; *(= spectacle)* family scene; *(légué par les ancêtres)* family heirloom ◆ **c'est de ~, ça tient de ~** it runs in the family

◆ **en famille** *(= avec la famille)* with the family; *(= comme une famille)* as a family ◆ **tout se passe en ~** it's all kept in the family ◆ **il vaut mieux régler ce problème en ~** it's best to sort this problem out within the family ◆ **passer ses vacances en ~** to spend one's holidays with the family

**famine** /famin/ NF *(= épidémie)* famine, starvation *(NonC)* ◆ **nous allons à la ~** we are heading for starvation, we are going to starve ◆ **crier ~** to complain that the wolf is at the door; → **salaire**

**fan *** /fan/ NM,F *(= admirateur)* fan

**fana *** /fana/ (abrév de **fanatique**) ADJ crazy* (*de* about) mad keen* *(Brit)* (*de* on) NMF fanatic ◆ **~ de ski/de varappe** skiing/rock-climbing fanatic ◆ **~ d'informatique/de cinéma** computer/cinema buff* ◆ **~ d'écologie** eco-freak*

**fanage** /fanaʒ/ NM tossing, turning, tedding

**fanal** (pl **-aux**) /fanal, o/ NM *(= feu) [de train]* headlight, headlamp; *[de mât]* lantern; *(= phare)* beacon, lantern; *(= lanterne à main)* lantern, lamp

**fanatique** /fanatik/ ADJ fanatical (*de* about) NMF *(gén, Sport)* fanatic; *(Pol, Rel)* fanatic, zealot ◆ **~ du ski/du football/des échecs** skiing/football/chess fanatic

**fanatiquement** /fanatikmɑ̃/ ADV fanatically

**fanatisation** /fanatizasjɔ̃/ NF rousing to fanaticism, fanaticization *(frm)*

**fanatiser** /fanatize/ ► conjug 1 ◄ VT to rouse to fanaticism, to fanaticize *(frm)*

**fanatisme** /fanatism/ NM fanaticism

**fan-club** (pl **fan-clubs**) /fanklœb/ NM *[de vedette]* fan club ◆ **il fait partie de mon ~** *(hum)* he's one of my fans

**fane** /fan/ NF *(surtout pl) [de légume]* top ◆ **~s de carottes/radis** carrot/radish tops ◆ **~s de haricots/pommes de terre** bean/potato haulms

**fané, e** /fane/ (ptp de **faner**) ADJ *[fleur, bouquet]* withered, wilted; *[couleur, teint, beauté, étoffe]* faded

**faner** /fane/ ► conjug 1 ◄ VI *(littér)* to make hay VT a *[+ herbe]* to toss, to turn, to ted ◆ **on fane (l'herbe) après la fauchaison** the tossing *ou* turning of the hay *ou* the tedding is done after the mowing b *(littér) [+ couleur, beauté]* to fade ◆ **femme que l'âge a fanée** woman whose looks have faded VPR **se faner** *[plante]* to fade, to wither, to wilt; *[peau]* to wither; *[teint, beauté, couleur]* to fade

**faneur, -euse** /fanœʀ, øz/ NM,F *(= ouvrier)* haymaker NF **faneuse** *(= machine)* tedder

**fanfare** /fɑ̃faʀ/ NF a *(= orchestre)* brass band ◆ **la ~ du régiment** the regimental band

b *(= musique)* fanfare ◆ **~ de clairons** fanfare of bugles ◆ **~ de trompettes** flourish *ou* fanfare of trumpets ◆ **des ~s éclatèrent** there was the sound of fanfares

◆ **en fanfare** *[réveil, départ]* clamorous, tumultuous; *[réveiller, partir]* noisily, with a great commotion ◆ **il est arrivé en ~** *(avec bruit)* he came in noisily *ou* with a great commotion; *(fièrement)* he came in triumphantly ◆ **l'entreprise a fait son entrée en ~ sur le marché** the company came onto the market with *ou* amid much fanfare ◆ **c'est le retour en ~ de la mode des années 60** sixties fashion is making a spectacular comeback *ou* is back with a vengeance ◆ **le plan a été annoncé en grande ~ en avril** the plan was announced with *ou* amid much fanfare in April

**fanfaron, -onne** /fɑ̃faʀɔ̃, ɔn/ ADJ *[personne, attitude]* boastful; *[air, propos]* bragging, boastful ◆ **il avait un petit air ~** he was quite full of himself, he looked very pleased with himself NM,F braggart ◆ **faire le ~** to brag, to boast

**fanfaronnade** /fɑ̃faʀɔnad/ NF bragging *(NonC)*, boasting *(NonC)*, boast ◆ **arrête tes ~s** stop boasting

**fanfaronner** /fɑ̃faʀɔne/ ► conjug 1 ◄ VI to brag, to boast

**fanfreluche** /fɑ̃fʀəlyʃ/ NF *(sur rideau, ameublement)* trimming ◆ **robe ornée de ~s** dress trimmed with frills and flounces

**fange** /fɑ̃ʒ/ NF *(littér)* mire *(littér)*; → **traîner, vautrer (se)**

**fanion** /fanjɔ̃/ NM *[de vélo, club, bateau]* pennant; *(Rugby)* flag; *(Ski)* pennant ◆ **~ de commandement** *(Mil)* commanding officer's pennant

**fanon** /fanɔ̃/ NM a *[de baleine]* plate of whalebone *ou* baleen; *(= matière)* whalebone *(NonC)* b *[de cheval]* fetlock c *[de bœuf]* dewlap; *[de dindon]* wattle d *[de mitre]* lappet

**fantaisie** /fɑ̃tezi/ NF a *(= caprice)* whim ◆ **elle se plie à toutes ses ~s, elle lui passe toutes ses ~s** she gives in to his every whim ◆ **s'offrir une ~ en allant** *ou* **s'offrir la ~ d'aller au restaurant** to give o.s. a treat by having a meal out *ou* by eating out ◆ **je me suis payé une petite ~** *(bibelot, bijou, gadget)* I bought myself a little present

b *(= extravagance)* extravagance ◆ **ces ~s vestimentaires** such extravagance *ou* extravagances of dress ◆ **bijoux de ~** costume jewellery

c *(littér = bon plaisir)* **il agit selon** *ou* **il n'en fait qu'à sa ~** he does as the fancy takes him ◆ **il lui a pris la ~ de ...** he took it into his head to ... ◆ **à votre ~** as it may please you

d *(= imagination)* imagination ◆ **être plein de ~** to be full of imagination, to be imaginative ◆ **manquer de ~** *[vie]* to be monotonous *ou* uneventful; *[personne]* to be lacking in imagination *ou* be unimaginative

e *(en adj)* **boucles d'oreilles ~** *(originales)* fancy *ou* novelty earrings; *(imitation)* imitation gold (*ou* silver *etc*) earrings ◆ **bijoux ~** costume jewellery ◆ **rideaux ~** fancy curtains ◆ **boutons ~** fancy *ou* novelty buttons ◆ **kirsch ~** kirsch-flavoured brandy

f *(= œuvre) (Littérat)* fantasy; *(Mus)* fantasy, fantasia

**fantaisiste** /fɑ̃tezist/ ADJ a *[nouvelle, explication]* fanciful; *[horaires]* unpredictable ◆ **il a annoncé des chiffres de chômage tout à fait ~s** the unemployment figures he announced were pure fantasy b *[personne] (= farceur)* whimsical; *(= capricieux)* fanciful; *(= peu sérieux)* unreliable; *(= bizarre)* eccentric, unorthodox NMF a *(Théât)* variety artist *ou* entertainer b *(= original)* eccentric, oddball*

**fantasmagorie** /fɑ̃tasmagɔʀi/ NF phantasmagoria

**fantasmagorique** /fɑ̃tasmagɔʀik/ ADJ phantasmagorical

**fantasmatique** /fɑ̃tasmatik/ ADJ *[rêve, vision]* fantastical

**fantasme** /fɑ̃tasm/ NM fantasy ◆ **il vit dans ses ~s** he lives in a fantasy world

**fantasmer** /fɑ̃tasme/ ► conjug 1 ◄ VI to fantasize (*sur* about) VT to fantasize about

**fantasque** /fɑ̃task/ ADJ *(littér) [personne, humeur]* whimsical, capricious; *[chose]* weird, fantastic

**fantassin** /fɑ̃tasɛ̃/ NM foot soldier, infantryman ◆ **2 000 ~s** 2,000 foot *ou* infantry

**fantastique** /fɑ̃tastik/ ADJ a * *(= excellent)* fantastic*, terrific*, great*; *(= énorme, in-*

*croyable)* fantastic *, incredible ◆ **tu es vraiment ~ ! tu crois que c'est facile ?** you are incredible! do you think this is easy? **b** *(= étrange) [atmosphère]* weird, eerie; *[rêve]* weird, fantastic ◆ **conte ~** tale of fantasy *ou* of the supernatural ◆ **roman ~** *(gén)* fantasy; *(= romantique)* Gothic novel ◆ **film ~** fantasy film ◆ **le cinéma ~** science fiction, horror and fantasy films **NM** ◆ **le ~** the fantastic, the uncanny; *(Littérat) (gén)* fantasy, the fantastic; *(romantique)* Gothic literature; *(Ciné)* science fiction, horror and fantasy

**fantastiquement** /fɑ̃tastikmɑ̃/ **ADV** fantastically

**fantoche** /fɑ̃tɔʃ/ **NM, ADJ** puppet ◆ **gouvernement ~** puppet government

**fantomatique** /fɑ̃tɔmatik/ **ADJ** ghostly

**fantôme** /fɑ̃tom/ **NM** *(= spectre)* ghost, phantom ◆ **les ~s du passé** ghosts from the past ◆ **ce n'est plus qu'un ~** *(= personne amaigrie)* he's a shadow of his former self **ADJ** *[société]* dummy, bogus ◆ **salarié ~** ghost *ou* phantom employee ◆ **bateau ~** ghost *ou* phantom ship ◆ **train/ville ~** ghost train/town ◆ **étudiants ~s** *students who do not attend classes* ◆ **membre ~** *(Méd)* phantom limb ◆ **image ~** *(Phys)* ghost ◆ **cabinet/gouvernement ~** *(Pol)* shadow cabinet/government; → **vaisseau**

**fanzine** /fɑ̃zin/ **NM** fanzine

**FAO** /ɛfao/ **NF** **a** (abrév de **fabrication assistée par ordinateur**) CAM **b** (abrév de **Food and Agriculture Organization**) FAO

**faon** /fɑ̃/ **NM** *(Zool)* fawn

**faquin** †† /fakɛ̃/ **NM** wretch, rascal

**far** /faʀ/ **NM** ◆ **~ (breton)** custard flan with prunes ◆ **~ aux poires** custard flan with pears

**farad** /faʀad/ **NM** farad

**faraday** /faʀadɛ/ **NM** faraday

**faramineux, -euse** * /faʀaminø, øz/ **ADJ** *[bêtise, inconscience]* staggering *, fantastic *, mind-boggling *; *[prix, somme, salaire, coût]* astronomical *; *[projet, vitesse]* fantastic * ◆ **toi et tes idées faramineuses !** you and your brilliant ideas!

**farandole** /faʀɑ̃dɔl/ **NF** *(= danse)* farandole ◆ **la ~ des desserts** a selection of desserts

**faraud, e** † /faʀo, od/ **ADJ** boastful ◆ **tu n'es plus si ~** you are no longer quite so boastful *ou* full of yourself *ou* pleased with yourself **NM,F** braggart ◆ **faire le ~** to brag, to boast

**farce**[1] /faʀs/ **NF** **a** *(= tour)* practical joke, prank, hoax ◆ **faire une ~ à qn** to play a practical joke *ou* a prank on sb ◆ **~s (et) attrapes** *(= objets)* (assorted) tricks ◆ **magasin de ~s-attrapes** joke (and novelty) shop **b** *(fig, Théât)* farce ◆ **grosse ~** slapstick comedy ◆ **ce procès est une ~** this trial is a farce; → **dindon**

**farce**[2] /faʀs/ **NF** *(Culin) (gén)* stuffing; *(à la viande)* forcemeat

**farceur, -euse** /faʀsœʀ, øz/ **NM,F** *(= facétieux) (en actes)* practical joker, prankster; *(en paroles)* joker, wag; *(péj = fumiste)* clown *(péj)* ◆ **sacré ~ !** you're (*ou* he's *etc*) a sly *ou* crafty one! **ADJ** *(= espiègle)* mischievous ◆ **il est très ~** he likes playing tricks *ou* practical jokes

**farcir** /faʀsiʀ/ ► conjug 2 ◄ **VT** **a** *(Culin)* to stuff ◆ **tomates farcies** stuffed tomatoes

**b** *(fig)* **farci de fautes** crammed *ou* littered with mistakes ◆ **j'en ai la tête farcie** I've had about as much as I can take

**VPR se farcir** **a** *(péj)* **se ~ la mémoire** *ou* **la tête de** to fill one's head with

**b** ‡ *[+ lessive, travail, personne]* to get stuck *ou* landed with *; *[+ bouteille]* to knock back *, to polish off *; *[+ gâteaux]* to gobble down *, to guzzle *, to scoff * *(Brit)* ◆ **se ~ une fille/un mec** *‡ to make it with ‡ a girl/a guy, to have it off with ‡ *(Brit)* a girl/a guy ◆ **il faudra se ~ ton cousin pendant 3 jours** we'll have to put up with your cousin for 3 days ◆ **il faut se le ~ !** *[+ importun]* he's a real pain (in the neck)! *; *[+ livre]* it's really heavy going! ◆ **je me suis farci le voyage à pied** I bloody well ‡ walked the whole way

**fard** /faʀ/ **NM** *(= maquillage)* make-up; *(† = poudre)* rouge †, paint ◆ **~ (gras)** *[d'acteur]* greasepaint ◆ **~ à joues** blusher ◆ **~ à paupières** eye shadow ◆ **sans ~** *[parler]* openly; *[élégance]* unpretentious, simple; → **piquer**

**fardé, e** /faʀde/ (ptp de **farder**) **ADJ** *[personne]* wearing make-up ◆ **elle est trop ~e** she's wearing too much make-up ◆ **elle avait les paupières/joues ~es** she was wearing eye-shadow/blusher ◆ **elle avait les lèvres ~es** she was wearing lipstick

**fardeau** (pl **fardeaux**) /faʀdo/ **NM** *(lit)* load, burden *(littér)*; *(fig)* burden ◆ **sous le ~ de** under the weight *ou* burden of ◆ **il a traîné** *ou* **porté ce ~ toute sa vie** he carried *ou* bore this burden all his life

**farder** /faʀde/ ► conjug 1 ◄ **VT** **a** *(Théât) [+ acteur]* to make up; †† *[+ visage]* to rouge †, to paint **b** *[+ bilan, marchandise]* to dress up; *(littér) [+ vérité]* to disguise, to mask, to veil **VPR se farder** *(= se maquiller)* to make (o.s.) up; *(† = se poudrer)* to paint one's face †; *[acteur]* to make up

**farfadet** /faʀfadɛ/ **NM** sprite, elf

**farfelu, e** * /faʀfəly/ **ADJ** *[idée, projet]* hare-brained; *[personne, conduite]* eccentric, scatty * *(Brit)* **NM,F** eccentric

**farfouiller** * /faʀfuje/ ► conjug 1 ◄ **VI** to rummage about (*dans* in)

**faribole** /faʀibɔl/ **NF** *(littér)* (piece of) nonsense ◆ **conter des ~s** to talk nonsense *ou* twaddle *(Brit)* ◆ **~s (que tout cela) !** (stuff and) nonsense!, fiddlesticks! † *, poppycock! † *

**farine** /faʀin/ **NF** *[de blé]* flour ◆ **de (la) même ~** *(littér)* of the same ilk; → **fleur, rouler** **COMP** ▷ **farines animales** bone meal ▷ **farine d'avoine** oatmeal ▷ **farine de blé** ⇒ **farine de froment** ▷ **farine complète** wheatmeal *ou* whole wheat *ou* wholemeal *(Brit)* flour ▷ **farine de froment** wheat flour ▷ **farine à gâteaux** cake flour ▷ **farine de gruau** fine wheat flour ▷ **farine lactée** baby cereal ▷ **farine de lin** linseed meal ▷ **farine de maïs** cornflour *(Brit)*, cornstarch *(US)* ▷ **farine de manioc** cassava, manioc flour ▷ **farine de moutarde** mustard powder ▷ **farine de poisson** fish meal ▷ **farine de riz** rice flour ▷ **farine de sarrasin** buckwheat flour ▷ **farine de seigle** rye flour ▷ **farine tamisée** sifted flour

**fariner** /faʀine/ ► conjug 1 ◄ **VT** to flour ◆ **moule beurré et fariné** buttered and floured tin *(Brit) ou* pan *(US)*

**farineux, -euse** /faʀinø, øz/ **ADJ** *[consistance, aspect, goût]* floury, chalky; *[chocolat]* powdery, chalky; *[fromage]* chalky; *[pomme de terre]* floury; *[pomme]* dry, mushy **NM** starchy food, starch ◆ **les ~** starchy foods, starches

**farniente** /faʀnjɛnte/ **NM** idle life, idleness ◆ **faire du ~ sur la plage** to lounge *ou* laze on the beach

**farouche** /faʀuʃ/ **ADJ** **a** *(= timide) [personne, animal]* shy, timid; *(= peu sociable) [voisin]* unsociable ◆ **ces daims ne sont pas ~s** these deer are not a bit shy *ou* timid *ou* are quite tame ◆ **elle n'est pas ~** *(péj)* she's no shrinking violet **b** *(= acharné) [opposition, attachement, adversaire]* fierce; *[volonté]* unshakeable, inflexible; *[énergie]* irrepressible; *[partisan, défenseur]* staunch; *[haine, ennemi]* bitter; *(= hostile) [regard]* fierce, hostile **c** *(= indompté)* savage, wild

**farouchement** /faʀuʃmɑ̃/ **ADV** fiercely ◆ **nier ~ qch** to deny sth fiercely *ou* vehemently

**farsi** /faʀsi/ **NM** Farsi

**fart** /faʀt/ **NM** (ski) wax ◆ **~ de montée** climbing wax

**fartage** /faʀtaʒ/ **NM** *[de skis]* waxing

**farter** /faʀte/ ► conjug 1 ◄ **VT** *[+ skis]* to wax

**Far-West, Far West** /faʀwɛst/ **NM INV** ◆ **le ~** the Wild West

**fascicule** /fasikyl/ **NM** part, instalment, fascicule *(SPÉC)* ◆ **ce livre est vendu avec un ~ d'exercices** this book is sold with a manual of exercises ◆ **~ de mobilisation** *(Mil)* instructions for mobilization

**fascinant, e** /fasinɑ̃, ɑt/ **ADJ** *(gén)* fascinating; *[beauté]* bewitching, fascinating

**fascination** /fasinasjɔ̃/ **NF** fascination ◆ **exercer une grande ~** to exert (a) great fascination (*sur* on, over) to have (a) great fascination (*sur* for)

**fascine** /fasin/ **NF** *(= fagot)* faggot *(of brushwood)*, *(Constr)* fascine

**fasciner**[1] /fasine/ ► conjug 1 ◄ **VT** *(gén)* to fascinate; *(= soumettre à son charme)* to bewitch ◆ **il s'est laissé ~ par cette idéologie** he allowed himself to come under the spell of this ideology ◆ **être fasciné par le pouvoir** to be fascinated *ou* mesmerized by power

**fasciner**[2] /fasine/ ► conjug 1 ◄ **VT** *(Constr)* to line with fascines

**fascisant, e** /faʃizɑ̃, ɑt/ **ADJ** fascistic

**fascisation** /faʃizasjɔ̃/ **NF** fascistization

**fascisme** /faʃism/ **NM** fascism

**fasciste** /faʃist/ **ADJ, NMF** fascist

**faste**[1] /fast/ **NM** splendour *(Brit)*, splendor *(US)*, pomp ◆ **sans ~** *[cérémonie]* simple, low-key; *[célébrer]* quietly, simply

**faste**[2] /fast/ **ADJ** *(littér) [année, période] (= de chance)* lucky; *(= prospère)* prosperous ◆ **jour ~** lucky day

**fastes** /fast/ **NMPL** *(= annales)* annals

**fast-food** (pl **fast-foods**) /fastfud/ **NM** *(= restaurant)* fast-food restaurant; *(= restauration)* fast food

**fastidieusement** /fastidjøzmɑ̃/ **ADV** tediously, tiresomely, boringly

> ⚠ **fastidieusement** *ne se traduit pas par* **fastidiously**, *qui a le sens de 'méticuleusement'.*

**fastidieux, -ieuse** /fastidjø, jøz/ **ADJ** tedious, boring; *[travail]* tedious ◆ **long et ~** long and boring ◆ **il serait ~ de les énumérer** it would be tedious to list them

> ⚠ **fastidieux** *ne se traduit pas par* **fastidious**, *qui a le sens de 'méticuleux'.*

**fastoche** ‡ /fastɔʃ/ **ADJ** dead easy * ◆ **c'est vachement ~ !** it's dead easy * *ou* a cinch! ‡

**fastueusement** /fastyøzmɑ̃/ **ADV** sumptuously, luxuriously ◆ **recevoir qn ~** *(pour dîner)* to entertain sb lavishly; *(à son arrivée)* to give sb a lavish reception

**fastueux, -euse** /fastyø, øz/ **ADJ** sumptuous, luxurious ◆ **réception fastueuse** lavish reception ◆ **mener une vie fastueuse** to lead a sumptuous *ou* luxurious existence, to live a life of great luxury

**fat** † /fa(t), fat/ ADJ conceited, smug, complacent NM conceited *ou* smug *ou* complacent person

**fatal, e** (mpl **fatals**) /fatal/ ADJ a *(= funeste) [accident, issue]* fatal; *[coup]* fatal, deadly ◆ **erreur ~e !** fatal error *ou* mistake! ◆ **être ~ à qn** *[chute, accident]* to kill sb; *[erreur, bêtise]* to prove fatal *ou* disastrous for *ou* to sb b *(= inévitable)* inevitable ◆ **c'était ~** it was inevitable, it was bound to happen ◆ **il était ~ qu'elle le fasse** she was bound *ou* fated to do it, it was inevitable that she should do it c *(= marqué par le destin) [instant, heure]* fatal, fateful; → **femme**

**fatalement** /fatalmɑ̃/ ADV *(= inévitablement)* inevitably ◆ **~, il est tombé !** inevitably, he fell! ◆ **il y aura ~ des conséquences** inevitably, there will be consequences ◆ **ça devait ~ arriver** it was bound *ou* fated to happen

> ⚠ **fatalement** *ne se traduit pas par* **fatally**, *qui a le sens de 'mortellement'.*

**fatalisme** /fatalism/ NM fatalism

**fataliste** /fatalist/ ADJ fatalistic NMF fatalist

**fatalité** /fatalite/ NF a *(= destin)* fate, fatality *(littér)* ◆ **être poursuivi par la ~** to be pursued by fate ◆ **c'est la ~** it's fate b *(= nécessité)* **le chômage est-il une ~ ?** is unemployment inevitable? ◆ **par quelle ~ se sont-ils rencontrés ?** by what terrible *ou* unfortunate coincidence did they meet? c *(= caractère inévitable)* inevitability ◆ **la ~ de la mort/de cet événement** the inevitability of death/this event

**fatidique** /fatidik/ ADJ *(= lourd de conséquences) [décision, paroles]* fateful; *(= crucial) [moment]* fatal, fateful ◆ **la data ~** the fateful day ◆ **le chômage a passé la barre** *ou* **le seuil ~ des 10%** unemployment has passed the critical 10% threshold ◆ **enfin, le jour ~ est arrivé** at last the fateful day arrived ◆ **puis vint la question ~ : qui allait faire le travail ?** then came the big question *ou* the sixty-four thousand dollar question*: who was going to do the work?

**fatigabilité** /fatigabilite/ NF *[de personne]* fatigability

**fatigant, e** /fatigɑ̃, ɑ̃t/ ADJ *(= épuisant)* tiring; *(= agaçant) [personne]* annoying, tiresome, tedious; *[conversation]* tiresome, tedious ◆ **c'est ~ pour la vue** it's tiring *ou* a strain on the eyes ◆ **c'est ~ pour le cœur** it's a strain on the heart ◆ **tu es vraiment ~ avec tes questions** you really are annoying *ou* tiresome *ou* a nuisance with your questions ◆ **c'est ~ de devoir toujours tout répéter** it's annoying *ou* tiresome *ou* a nuisance to have to repeat everything all the time

**fatigue** /fatig/ NF a *[de personne] (gén)* tiredness; *(Méd)* fatigue ◆ **tomber** *ou* **être mort de ~** *(fig)* to be dead tired*, to be exhausted ◆ **il a voulu nous épargner cette ~** he wanted to save *ou* spare us the strain ◆ **dans un état d'extrême** *ou* **de grande ~** in a state of utter exhaustion ◆ **se remettre des ~s du voyage** to get over the strain *ou* the tiring effects of the journey ◆ **pour se reposer de la ~ du voyage** to rest after a tiring journey ◆ **cette ~ dans le bras gauche** this weakness in the left arm ◆ **~ oculaire** *ou* **visuelle** eyestrain; → **recru** b *(Tech)* fatigue ◆ **la ~ des métaux** metal fatigue

**fatigué, e** /fatige/ (ptp de **fatiguer**) ADJ a *[personne, voix]* tired; *[traits, membres]* tired; *[cœur]* strained, overworked; *[cerveau]* overtaxed, overworked; *[estomac, foie]* upset ◆ **il a les bras ~s** his arms are tired ◆ **j'ai les yeux ~s** my eyes are tired *ou* strained ◆ **~ par le voyage** tired after travelling ◆ **il est né ~** *(péj)* he's bone-lazy *ou* bone-idle *(Brit)* b ◆ **~ de** tired of ◆ **~ de la vie** tired of life *ou* living ◆ **je suis ~ de me répéter** I'm tired of repeating myself c *[poutre, joint, moteur, habits]* worn

**fatiguer** /fatige/ ▸ conjug 1 ◂ VT a *[+ personne] [effort, maladie, études]* to make tired, to tire; *[professeur, patron]* to overwork ◆ **ces efforts fatiguent, à la longue** all this effort tires *ou* wears you out in the end ◆ **ça fatigue les yeux/le cœur/l'organisme** it is *ou* puts a strain on the eyes/heart/whole body ◆ **se ~ les yeux/le cœur** to strain one's eyes/heart

b *[+ animal, objet, cheval]* to tire, to put a strain on; *[cavalier]* to overwork; *[+ moteur]* to put (a) strain on, to strain; *[+ poutre, pièce]* to put (a) strain on; *[+ chaussures, vêtement]* to wear out; *[+ sol]* to exhaust, to impoverish

c *(= agacer)* to annoy; *(= lasser)* to wear out ◆ **tu commences à me ~** you're beginning to annoy me ◆ **tu me fatigues avec tes questions !** you're getting on my nerves with all your questions! ◆ **il vous fatigue avec ses problèmes !** his problems are enough to tire anybody out!

d *[+ salade]* to toss

VI *[moteur]* to labour *(Brit)*, to labor *(US)*, to strain; *[poutre, pièce, joint]* to become strained, to show (signs of) strain; *[personne]* to tire, to grow tired *ou* weary ◆ **je commence à ~** I'm starting to get tired

VPR **se fatiguer** a *(physiquement)* to get tired ◆ **se ~ à faire qch** to tire o.s. out doing sth ◆ **il ne s'est pas trop fatigué** *(iro)* he didn't overdo it, he didn't kill himself*

b *(= se lasser de)* **se ~ de qch/de faire** to get tired *ou* weary of sth/of doing

c *(= s'évertuer à)* **se ~ à répéter/expliquer** to wear o.s. out repeating /explaining ◆ **ne te fatigue pas** *ou* **pas la peine de te ~, il est borné*** he's just dim so don't waste your time *ou* your breath

**fatras** /fatʀɑ/ NM *[de choses]* jumble; *[d'idées]* jumble, hotchpotch *(Brit)*, hodgepodge *(US)*

**fatuité** /fatɥite/ NF self-complacency, self-conceit, smugness

**fatwa** /fatwa/ NF fatwa ◆ **prononcer une ~ contre qn** to declare *ou* issue a fatwa against sb

**faubourg** /fobuʀ/ NM (inner) suburb ◆ **avoir l'accent des ~s** to have a working-class Paris accent

**faubourien, -ienne** /fobuʀjɛ̃, jɛn/ ADJ *[accent, manières]* working-class Paris

**fauchage** /foʃaʒ/ NM *[de blé]* reaping; *[de champs, prés]* mowing; *[d'herbe] (avec une faux)* scything, mowing, cutting; *(mécanique)* mowing, cutting

**fauchaison** /foʃɛzɔ̃/ NF a *(= époque) [de pré]* mowing (time), reaping (time); *[de blés]* reaping (time) b *(= action)* ⇒ **fauchage**

**fauche** /foʃ/ NF a *(* = vol)* thieving ◆ **il y a beaucoup de ~** a lot of thieving goes on ◆ **lutter contre la ~ dans les supermarchés** to combat shoplifting *ou* thieving in supermarkets b †† ⇒ **fauchaison**

**fauché, e** * /foʃe/ (ptp de **faucher**) ADJ *(= sans argent)* (flat *ou* dead) broke* *(attrib)*, hard up*, stony-broke* *(Brit) (attrib)* ◆ **il est ~ comme les blés** he hasn't got a penny to his name, he hasn't got a bean* *(Brit)* *ou* a brass farthing *(Brit)* ◆ **c'est un éternel ~** he's permanently broke*, he never has a penny ◆ **avec toi, on n'est pas ~ !** *(iro)* you're a dead loss!*, you're a fat lot of good!* *(Brit)*

**faucher** /foʃe/ ▸ conjug 1 ◂ VT a *[+ blé]* to reap; *[+ champs, prés]* to mow, to reap; *[+ herbe] (avec une faux)* to scythe, to mow, to cut; *(mécaniquement)* to mow, to cut b *(= abattre) [vent]* to flatten; *[véhicule]* to knock over *ou* down, to mow down; *[tir]* to mow down; *[explosion]* to flatten, to blow over; *(Ftbl)* to bring down ◆ **la mort l'a fauché en pleine jeunesse** he was cut down in his prime ◆ **ils ont été fauchés par un obus de mortier** they were blown up by a shell ◆ **avoir une jambe fauchée par un train** to have a leg cut off *ou* taken off by a train c *(* = voler)* to swipe*, to pinch* *(Brit)*, to nick* *(Brit)* ◆ **elle fauche dans les magasins** she pinches* things from shops VI *[cheval]* to dish

**faucheur, -euse** /foʃœʀ, øz/ NM,F *(= personne)* mower, reaper NM ⇒ **faucheux** NF **faucheuse** *(= machine)* reaper, mower ◆ **la Faucheuse** *(littér = mort)* the (Grim) Reaper

**faucheux** /foʃø/ NM harvestman *(Brit)*, harvest spider, daddy-longlegs *(US)*

**faucille** /fosij/ NF sickle ◆ **la ~ et le marteau** the hammer and sickle

**faucon** /fokɔ̃/ NM *(lit)* falcon, hawk; *(Pol)* hawk ◆ **~ crécerelle** kestrel ◆ **~ pèlerin** peregrine falcon ◆ **chasser au ~** to hawk ◆ **chasse au ~** hawking

**fauconneau** (pl **fauconneaux**) /fokɔno/ NM young falcon *ou* hawk

**fauconnerie** /fokɔnʀi/ NF *(= art)* falconry; *(= chasse)* hawking, falconry; *(= lieu)* hawk house

**fauconnier** /fokɔnje/ NM falconer, hawker

**faufil** /fofil/ NM tacking *ou* basting thread

**faufilage** /fofilaʒ/ NM tacking, basting

**faufiler** /fofile/ ▸ conjug 1 ◂ VT to tack, to baste

VPR **se faufiler** ◆ **se ~ dans** to worm *ou* inch *ou* edge one's way into ◆ **se ~ entre** to dodge in and out of, to thread one's way through ◆ **se ~ parmi la foule** to worm *ou* inch *ou* thread one's way through the crowd, to slip through the crowd ◆ **se ~ entre les** *ou* **au milieu des voitures** to nip *ou* dodge in and out of the traffic, to thread one's way through the traffic ◆ **il se faufila à l'intérieur/au dehors** he wormed *ou* inched *ou* edged his way in/out

**faune**[1] /fon/ NM *(Myth)* faun

**faune**[2] /fon/ NF *(Zool)* wildlife, fauna; *(péj = personnes)* bunch, crowd ◆ **la ~ et la flore** the flora and fauna ◆ **la ~ marine** marine fauna *ou* animal life

**faunesque** /fonɛsk/ ADJ faunlike

**faussaire** /fosɛʀ/ NMF forger

**fausse** /fos/ ADJ F → **faux**[2]

**faussement** /fosmɑ̃/ ADV *[accuser]* wrongly, wrongfully; *[croire]* wrongly, erroneously, falsely ◆ **~ modeste** falsely modest ◆ **~ intéressé** pretending to be interested ◆ **d'un ton ~ indifférent** in a tone of feigned indifference, in a deceptively detached tone of voice

**fausser** /fose/ ▸ conjug 1 ◂ VT a *[+ calcul, statistique, fait]* to distort, to alter; *[+ réalité, pensée]* to distort, to pervert; *[+ sens d'un mot]* to distort; *[+ esprit]* to unsettle, to disturb; *[+ jugement]* to distort

◆ **fausser compagnie à qn** to give sb the slip, to slip *ou* sneak away from sb ◆ **vous nous avez de nouveau faussé compagnie hier soir** you gave us the slip again last night, you sneaked *ou* slipped off again last night b *[+ clé]* to bend; *[+ serrure]* to break; *[+ poulie, manivelle, charnière]* to buckle, to bend; *[+ essieu, volant, hélice, lame]* to warp, to buckle, to bend ◆ **soudain il se troubla, sa**

**voix se faussa** suddenly he became flustered and his voice became strained

**fausset**[1] /fosɛ/ **NM** falsetto (voice) ◆ **d'une voix de** ~ in a falsetto voice

**fausset**[2] /fosɛ/ **NM** *[de tonneau]* spigot

**fausseté** /foste/ **NF** **a** *[d'idée, accusation, dogme]* falseness, falsity **b** *[de caractère, personne]* duplicity, deceitfulness **c** *(† = propos mensonger)* falsity †, falsehood

**Faust** /fost/ **NM** Faust

**faustien, -ienne** /fostjɛ̃, jɛn/ **ADJ** Faustian, of Faust

**faut** /fo/ → **falloir**

**faute** /fot/ GRAMMAIRE ACTIVE 44.1, 45.2

**NF** **a** *(= erreur)* mistake, error ◆ **faire** *ou* **commettre une** ~ to make a mistake *ou* an error ◆ ~ **de grammaire** grammatical mistake *ou* error ◆ ~ **de ponctuation** mistake in punctuation, error of punctuation ◆ ~ **de prononciation** mispronunciation ◆ **faire des ~s de prononciation** to mispronounce words ◆ **dictée sans** ~ error-free dictation

**b** *(= mauvaise action)* misdeed; *(Jur)* offence; *(† = péché de chair)* lapse (from virtue), sin (of the flesh) ◆ **commettre une** ~ *(gén)* to commit a misdeed *ou* misdemeanour; *(† = péché de chair)* to sin ◆ **une** ~ **contre** *ou* **envers la religion** a sin *ou* transgression against religion

**c** *(Sport)* foul; *(Tennis)* fault ◆ **le joueur a fait une** ~ the player committed a foul ◆ **faire une** ~ **sur qn** to foul sb ◆ **faire une** ~ **de filet** *(Volley)* to make contact with the net ◆ **faire une** ~ **de main** to handle the ball ◆ ~ **personnelle** *(Basket)* personal foul ◆ ~ **de pied** *(Tennis)* foot fault ◆ **faire une** ~ **de pied** to foot-fault ◆ **faire une double** ~ **(de service)** *(Tennis)* to serve a double fault, to double-fault ◆ ~ **!** *(pour un joueur)* foul!; *(pour la balle)* fault! ◆ **la balle est** ~ *(Tennis)* the ball was out; → **parcours, sans-faute**

**d** *(= responsabilité)* fault ◆ **par la** ~ **de Richard/sa** ~ because of Richard/him ◆ **c'est (de) la** ~ **de** *ou* **à*** **Richard/(de) sa** ~ it's Richard's fault/his fault ◆ **la** ~ **lui en revient** the fault lies with him ◆ **à qui la** ~ **?** whose fault is it?, who is to blame? ◆ **c'est la** ~ **à pas de chance** * it's just bad *ou* hard luck

**e** *(loc)* ~ **avouée est à demi** *ou* **à moitié pardonnée** *(Prov)* a sin confessed is a sin half pardoned ◆ **il ne se fait pas** ~ **de faire** *(littér)* he doesn't shy from *ou* at doing, he doesn't fail to do ◆ **il ne se fit pas** ~ **d'en parler** *(littér)* he didn't miss a chance to talk about it

◆ **en faute** ◆ **être/se sentir en** ~ to be/feel at fault *ou* in the wrong ◆ **prendre qn en** ~ to catch sb out

◆ **faute de** for *ou* through lack of ◆ ~ **d'argent** for want of *ou* through lack of money ◆ ~ **de temps** for *ou* through lack of time ◆ ~ **de mieux** for lack of *ou* want of anything better ◆ ~ **de quoi** failing which, otherwise ◆ **relâché** ~ **de preuves** released for *ou* through lack of evidence ◆ ~ **de réponse sous huitaine** failing a reply within a week, if we receive no reply within a week ◆ ~ **d'avis contraire** unless otherwise informed ◆ ~ **d'y être allé, je ...** since I didn't go, I ... ◆ **je n'y suis pas arrivé, mais ce n'est pas** ~ **d'avoir essayé** I didn't manage to do it but it wasn't for want *ou* lack of trying ◆ **le combat cessa** ~ **de combattants** the battle died down, there being nobody left to carry on the fight ◆ ~ **de grives, on mange des merles** *(Prov)* you have to cut your coat according to your cloth *(Prov)* beggars can't be choosers *(Prov)*

**COMP** ▷ **faute d'accord** *(Ling)* mistake in (the) agreement ▷ **faute de calcul** miscalculation, error in calculation ▷ **faute de carres** *(Ski)* edging mistake ▷ **faute civile** *(Jur)* civil wrong ▷ **faute de conduite** *(Aut)* *(= erreur)* driving error; *(= infraction)* driving offence ▷ **faute d'étourderie** ⇒ **faute d'inattention** ▷ **faute de français** grammatical mistake *(in French)* ▷ **faute de frappe** typing error ▷ **faute de goût** error of taste ▷ **faute grave** *(professionnelle)* gross misconduct *(NonC)* ▷ **faute d'impression** misprint ▷ **faute d'inattention** careless *ou* thoughtless mistake ▷ **faute d'orthographe** spelling mistake ▷ **faute pénale** *(Jur)* criminal offence ▷ **faute professionnelle** professional misconduct *(NonC)* ▷ **faute de service** *(Admin)* act of (administrative) negligence

**fauter** † /fote/ ▸ conjug 1 ◂ **VI** *[femme]* to sin

**fauteuil** /fotœj/ **NM** *(gén)* armchair; *(avec dos rembourré, moderne)* easy chair, armchair; *[de président]* chair; *[de théâtre, académicien]* seat ◆ **occuper le** ~ *(= siéger comme président)* to be in the chair ◆ **il s'est installé dans le** ~ **de la présidence/du maire** he became chairman/mayor ◆ **il est arrivé dans un** ~ * he romped home *, he walked it * *(Brit)*

**COMP** ▷ **fauteuil de balcon** *(Théât)* balcony seat, seat in the dress circle ◆ **~s de balcon** *(= région de la salle)* dress circle ▷ **fauteuil à bascule** rocking chair ▷ **fauteuil club** (big) leather armchair ▷ **fauteuil crapaud** squat armchair ▷ **fauteuil de dentiste** dentist's chair ▷ **fauteuil de jardin** garden chair ▷ **fauteuil d'orchestre** *(Théât)* seat in the front *ou* orchestra stalls *(Brit) ou* the orchestra *(US)* ◆ **~s d'orchestre** *(= région de la salle)* front *ou* orchestra stalls *(Brit)*, orchestra *(US)* ▷ **fauteuil à oreillettes** winged chair ▷ **fauteuil pivotant** swivel chair ▷ **fauteuil pliant** folding chair ▷ **fauteuil roulant** wheelchair ▷ **fauteuil tournant** ⇒ **fauteuil pivotant**; → **voltaire**

**fauteur** /fotœʀ/ **NM** ◆ ~ **de troubles** *ou* **de désordre** troublemaker, mischief-maker, rabble-rouser ◆ ~ **de guerre** warmonger

**fautif, -ive** /fotif, iv/ **ADJ** **a** *[conducteur]* at fault *(attrib)*, in the wrong *(attrib)*; *[élève, enfant]* guilty ◆ **il se sentait** ~ he felt he was at fault *ou* in the wrong, he felt guilty **b** *[texte, liste, calcul]* faulty, incorrect; *[citation]* incorrect, inaccurate; *(littér)* *[mémoire]* poor, faulty **NM,F** ◆ **c'est moi le** ~ I'm the one to blame *ou* the guilty one *ou* the culprit

**fautivement** /fotivmɑ̃/ **ADV** by mistake, in error

**fauve** /fov/ **ADJ** **a** *[tissu, couleur]* tawny, fawn(-coloured *(Brit) ou* -colored *(US)*); *(littér)* *[odeur]* musky; → **bête** **b** *(Art)* **période** ~ Fauvist period **NM** **a** *(= animal)* wildcat ◆ **la chasse aux ~s** big-game hunting ◆ **les (grands) ~s** the big cats ◆ **ça sent le** ~ **ici** * there's a strong smell of BO in here *, it really stinks (of sweat) in here * **b** *(= couleur)* fawn **c** *(Art)* Fauvist, painter of the Fauvist school ◆ **les Fauves** the Fauvists *ou* Fauves

**fauverie** /fovʀi/ **NF** big-cat house

**fauvette** /fovɛt/ **NF** warbler ◆ ~ **d'hiver** *ou* **des haies** hedge sparrow, dunnock ◆ ~ **des marais** sedge warbler ◆ ~ **des roseaux** reed warbler

**fauvisme** /fovism/ **NM** Fauvism

**faux**[1] /fo/ **NF** *(Agr)* scythe; *(Anat)* falx

**faux**[2]**, fausse** /fo, fos/ GRAMMAIRE ACTIVE 53.6

**ADJ** **a** *(= imité)* *[argent, billet]* forged, fake; *[marbre, bijoux, meuble]* *(= en toc)* imitation *(épith)*; *(pour duper)* false, fake; *[documents, signature]* false, fake, forged; *[tableau]* fake ◆ **fausse pièce** forged *ou* fake coin, dud * ◆ **une fausse carte** a trick card ◆ ~ **papiers** false papers, forged identity papers ◆ **fausse monnaie** forged currency ◆ **fausse perle** artificial *ou* imitation pearl ◆ **c'est du** ~ **Renaissance** it's mock-Renaissance ◆ **il peint des** ~ **Picasso** he does Picasso forgeries; → **facture**

**b** *(= postiche)* *[dent, nez]* false

**c** *(= simulé)* *[bonhomie, colère, désespoir, modestie]* feigned ◆ **un** ~ **air de prude** an air of false modesty ◆ **fausse dévotion** false piety

**d** *(= mensonger)* *[déclaration, promesse, prétexte]* false, spurious *(frm)* ◆ **c'est** ~ it's wrong *ou* untrue

**e** *(= prétendu)* *[médecin, policier, étudiant]* bogus; *[écrivain]* sham *(épith)* ◆ **un** ~ **intellectuel/savant** a pseudo-intellectual/-scientist ◆ ~ **chômeur** false claimant

**f** *(= fourbe)* *[personne, attitude]* false, deceitful; *[regard]* deceitful

**g** *(= inexact)* *[calcul, numéro, rue]* wrong; *[idée]* wrong, mistaken; *[affirmation, faits]* wrong, untrue; *[instrument de mesure]* inaccurate, faulty; *[instrument de musique, voix]* out of tune; *[raisonnement, vers]* faulty ◆ **c'est** ~ *[résultat]* that's wrong; *[fait]* that's wrong *ou* untrue ◆ **il est** ~ **(de dire) qu'il y soit allé** it's wrong *ou* incorrect to say that he went, it's not true (to say) that he went ◆ **dire quelque chose de** ~ to say something (that's) wrong *ou* untrue ◆ **faire fausse route** *(lit)* to go the wrong way, to take the wrong road; *(fig)* to be on the wrong track ◆ **faire un** ~ **pas** *(lit)* to trip (over), to stumble; *(fig)* to make a foolish mistake; *(par manque de tact)* to make a faux pas ◆ **avoir tout** ~ * *(gén = avoir tort)* to get it all wrong; *(à un examen)* to get everything wrong

**h** *(= non fondé)* *[espoir, rumeur, soupçons, principe]* false ◆ **avoir de fausses craintes** to have groundless *ou* ill-founded fears

**i** *(= gênant, ambigu)* *[position, situation, atmosphère]* awkward, false

**NM** **a** *(= mensonge, Philos)* **le** ~ falsehood ◆ **plaider** *ou* **prêcher le** ~ **pour savoir le vrai** to tell a lie (in order) to get at the truth

**b** *(= contrefaçon)* forgery; *(= tableau, meuble, document)* fake, forgery ◆ **faire un** ~ to do a forgery ◆ **pour** ~ **et usage de** ~ for forgery and the use of forgeries ◆ ~ **en écriture** false entry; → **inscrire**

**ADV** **a** *[chanter, jouer]* out of tune, off key; → **sonner**

**b** *(loc)* **tomber à** ~ to come at the wrong moment ◆ **accuser qn à** ~ to accuse sb unjustly *ou* wrongly; → **porter**

**COMP** ▷ **faux acacia** locust tree, false acacia ▷ **fausse alerte** false alarm ▷ **faux ami** *(= traître)* false friend; *(Ling)* false friend, faux ami, deceptive cognate ▷ **faux bond** ◆ **faire** ~ **bond à qn** to let sb down, to leave sb in the lurch ▷ **faux bourdon** *(= insecte)* drone ▷ **faux bruit** false rumour ▷ **faux chignon** hairpiece ▷ **faux col** *[de chemise]* detachable collar; *[de bière]* head ▷ **fausses côtes** false ribs ▷ **fausse couche** miscarriage ◆ **faire une fausse couche** to have a miscarriage, to miscarry ▷ **faux cul** *** *(= homme)* two-faced bastard ***; *(= femme)* two-faced bitch *** ▷ **faux départ** *(lit, fig)* false start ▷ **faux derche** ⇒ **faux-cul** ▷ **faux dévot**, **fausse dévote** **NM,F** pharisee ▷ **faux ébénier** laburnum ▷ **fausse fenêtre** blind window ▷ **fausse fourrure** fake *ou* fun fur ▷ **faux frais** **PL** extras, incidental expenses ▷ **faux frère** false friend ▷ **faux jeton** * two-faced person ▷ **fausse joie** vain joy ▷ **faux jour** ◆ **il y a un** ~ **jour** there's a reflection that makes it difficult to see properly ◆ **sous un** ~ **jour** in a false light ▷ **faux mouvement** awkward movement ◆ **j'ai fait un** ~ **mouvement et maintenant j'ai**

**un torticolis** I turned round too quickly and now I've got a crick in my neck ▷ **faux nom** false *ou* assumed name ▷ **fausse note** *(Mus)* wrong note; *(fig)* sour note ◆ **sans une fausse note** *(fig)* without a sour note, smoothly ▷ **fausse nouvelle** false report ▷ **faux ongles** false nails ▷ **faux ourlet** false hem ▷ **fausse piste** *(lit, fig)* wrong track ▷ **faux plafond** false ceiling ▷ **faux plat** *(= montée)* slight incline; *(= creux)* dip (in the road) ▷ **faux pli** crease ▷ **fausse porte** false door ▷ **faux problème** non-problem, non-issue ▷ **fausse pudeur** false modesty ▷ **faux seins** falsies * ▷ **faux serment** false oath ▷ **fausse sortie** *(Théât)* sham exit ◆ **il a fait une fausse sortie** *(fig)* he made a pretence of leaving ▷ **faux témoignage** *(= déposition mensongère)* false evidence *(NonC)*; *(= délit)* perjury ▷ **faux témoin** lying witness

**faux-bourdon** (pl **faux-bourdons**) /fobuʀdɔ̃/ **NM** *(Mus)* faux bourdon

**faux-filet** (pl **faux-filets**) /fofilɛ/ **NM** sirloin

**faux-fuyant** (pl **faux-fuyants**) /fofɥijɑ̃/ **NM** prevarication, evasion, equivocation ◆ **assez de ~s** stop dodging *ou* evading the issue, stop hedging *ou* prevaricating ◆ **user de ~s** to equivocate, to prevaricate, to evade the issue ◆ **dire qch sans ~s** to say sth without beating about the bush

**faux-monnayeur** (pl **faux-monnayeurs**) /fomɔnɛjœʀ/ **NM** forger, counterfeiter

**faux(-)pont** (pl **faux(-)ponts**) /fopɔ̃/ **NM** *(Naut)* orlop deck

**faux-semblant** (pl **faux-semblants**) /fosɑ̃blɑ̃/ **NM** sham, pretence ◆ **user de ~s** to put up a pretence

**faux(-)sens** /fosɑ̃s/ **NM INV** mistranslation

**faux(-)titre** (pl **faux(-)titres**) /fotitʀ/ **NM** half-title, bastard title

**favela** /favela/ **NF** favela

**faveur**[1] /favœʀ/ GRAMMAIRE ACTIVE 53.2 **NF** **a** *(frm = gentillesse)* favour *(Brit)*, favor *(US)* ◆ **faites-moi la ~ de ...** would you be so kind as to ... ◆ **fais-moi une ~** do me a favour ◆ **obtenir qch par ~** to get sth as a favour ◆ **par ~ spéciale (de la direction)** by special favour (of the management)

**b** *(= considération)* favour *(Brit)*, favor *(US)* ◆ **avoir la ~ du ministre** *(littér, hum)* to be in favour with the minister ◆ **gagner/perdre la ~ du public** to win/lose public favour, to find favour/fall out of favour with the public ◆ **être en ~** *(littér)* to be in favour (*auprès de qn* with sb)

**c** *(littér, hum)* **~s** favours *(Brit)*, favors *(US)* ◆ **elle lui a refusé ses ~s** she refused him her favours ◆ **elle lui a accordé ses dernières ~s** she bestowed her (ultimate) favours upon him *(littér) (aussi hum)*

**d** *(loc)* **de ~** *[prix, taux]* preferential, special ◆ **billet de ~** complimentary ticket ◆ **régime** *ou* **traitement de ~** preferential treatment

◆ **à la faveur de** thanks to, owing to ◆ **à la ~ de la nuit** under cover of darkness *ou* the night

◆ **en faveur de** *(= à cause de)* in consideration of, on account of; *(= au profit de)* in favour of, for; *(= dans un but charitable)* in aid of, on behalf of, for ◆ **en ma/sa ~** in my/his (*ou* her) favour

**faveur**[2] /favœʀ/ **NF** *(= ruban)* ribbon, favour *(Brit)*, favor *(US)*

**favorable** /favɔʀabl/ GRAMMAIRE ACTIVE 40.2 **ADJ** **a** *(= propice) [moment, occasion]* right, favourable *(Brit)*, favorable *(US)*; *[terrain, position, vent]* favourable *(Brit)*, favorable *(US)* ◆ **par temps ~** in favourable weather ◆ **se montrer sous un jour ~** to show o.s. in a favourable light ◆ **un projet ~ à l'emploi** a scheme designed to promote employment

**b** *(exprimant l'accord)* **avoir un préjugé ~ envers** to be biased in favour of, to be favourably disposed towards ◆ **jouir d'un préjugé ~** to be favourably thought of ◆ **recevoir un accueil ~** to meet with a favourable reception ◆ **prêter une oreille ~ à** to lend a sympathetic *ou* kindly ear to ◆ **voir qch d'un œil ~** to view sth favourably *ou* with a favourable eye ◆ **le change nous est ~** the exchange rate is in our favour ◆ **je ne suis pas ~ à cette solution** I'm not in favour of that solution ◆ **ils ne sont pas ~s à sa candidature** they do not support his candidacy ◆ **ils ont donné un avis ~** they gave their approval ◆ **ils ont donné** *ou* **émis un avis ~ au projet** they came down *ou* decided in favour of the project

**favorablement** /favɔʀabləmɑ̃/ **ADV** favourably *(Brit)*, favorably *(US)*

**favori, -ite** /favɔʀi, it/ GRAMMAIRE ACTIVE 34.3 **ADJ** favourite *(Brit)*, favorite *(US)* **NM** **a** *(= préféré, gagnant probable)* favourite ◆ **le ~ des jeunes** the favourite with *ou* of young people ◆ **ils sont partis ~s** *(Sport)* they started off favourites ◆ **c'est le grand ~ de la course** he's the firm favourite for the race **b** *(Hist)* king's favourite *(Brit)* *ou* favorite *(US)* **NMPL** **favoris** side whiskers, sideburns, sideboards *(Brit)* **NF** **favorite** *(gén)* favourite *(Brit)*, favorite *(US)*; *(Hist)* king's favourite *ou* mistress

**favorisant, e** /favɔʀizɑ̃, ɑ̃t/ **ADJ** *(Méd)* ◆ **facteurs ~s** predisposing factors

**favoriser** /favɔʀize/ ▸ conjug 1 ◂ **VT** **a** *(= avantager) [+ candidat, ambitions, commerce, parti]* to favour *(Brit)*, to favor *(US)* ◆ **les événements l'ont favorisé** events favoured him *ou* were to his advantage ◆ **la fortune le favorise** luck is on his side ◆ **les classes les plus favorisées** the most fortunate *ou* favoured classes **b** *(= faciliter) [+ dialogue, intégration]* to favour *(Brit)*, to favor *(US)*; *[+ développement]* to favour *(Brit)*, to favor *(US)*, to encourage ◆ **ceci a favorisé sa fuite** this helped him to escape ◆ **ces facteurs favorisent l'apparition du cancer** these factors contribute to the development of cancer ◆ **la hausse des salaires ne favorise pas l'emploi** raising salaries is not good for jobs

**favorite** /favɔʀit/ **NF** → **favori**

**favoritisme** /favɔʀitism/ **NM** favouritism *(Brit)*, favoritism *(US)* ◆ **faire du ~** to show favouritism

**fax** /faks/ **NM** *(= machine)* fax (machine); *(= document)* fax ◆ **envoyer par ~** to send by fax, to fax ◆ **~-modem** fax modem

**faxer** /fakse/ ▸ conjug 1 ◂ **VT** to fax

**fayot** /fajo/ **NM** **a** (* *Culin*) bean **b** (‡ *péj = lèche-bottes*) bootlicker, crawler *, brown-nose ‡ *(US)*

**fayo(t)tage** ‡ /fajɔtaʒ/ **NM** *(péj)* bootlicking, crawling *, brown-nosing ‡ *(US)*

**fayo(t)ter** ‡ /fajɔte/ ▸ conjug 1 ◂ **VI** *(péj = faire du zèle)* to crawl *, to suck up ‡, to brown-nose ‡ *(US)*

**FB** (abrév de **franc belge**) → **franc**[2]

**FBI** /ɛfbiaj/ **NM** (abrév de **Federal Bureau of Investigation**) FBI

**Fco** abrév de **franco**

**féal, e** (mpl **-aux**) /feal, o/ **ADJ** †† loyal, trusty **NM,F** *(littér, hum)* loyal supporter

**fébrifuge** /febʀifyʒ/ **ADJ, NM** febrifuge, antipyretic

**fébrile** /febʀil/ **ADJ** *(lit, fig)* feverish, febrile *(frm)*

**fébrilement** /febʀilmɑ̃/ **ADV** *[s'activer, attendre]* feverishly

**fébrilité** /febʀilite/ **NF** feverishness

**fécal, e** (mpl **-aux**) /fekal, o/ **ADJ** faecal ◆ **matières ~es** faeces

**fèces** /fɛs/ **NFPL** faeces

**fécond, e** /fekɔ̃, ɔ̃d/ **ADJ** **a** *(= non stérile) [femelle, fleur]* fertile **b** *(= prolifique) [auteur]* prolific **c** *(= fertile) [période]* productive; *[imagination]* fertile; *[dialogue, sujet, idée]* fruitful; *[esprit]* creative, fertile; *(littér) [terre]* fruitful, rich ◆ **une journée ~e en événements** an eventful day ◆ **ce fut une période ~e en innovations** it was a highly innovative period

**fécondable** /fekɔ̃dabl(ə)/ **ADJ** *[ovule]* capable of being fertilized; *[femme, femelle]* capable of becoming pregnant

**fécondateur, -trice** /fekɔ̃datœʀ, tʀis/ **ADJ** *(littér)* fertilizing

**fécondation** /fekɔ̃dasjɔ̃/ **NF** *[de femme]* impregnation; *[d'animal]* insemination, fertilization; *[de fleur]* pollination, fertilization ◆ **~ in vitro** in vitro fertilization ◆ **~ in vitro et transfert d'embryon** zygote intra-fallopian transfer

**féconder** /fekɔ̃de/ ▸ conjug 1 ◂ **VT** *[+ femme]* to make pregnant, to impregnate; *[+ animal]* to inseminate, to fertilize; *[+ fleur]* to pollinate, to fertilize; *(littér) [+ terre]* to make fruitful; *(littér) [+ esprit]* to enrich

**fécondité** /fekɔ̃dite/ **NF** *(lit)* fertility, fecundity *(littér)*; *[de terre, sujet, idée]* fruitfulness, richness, fecundity *(littér)* ◆ **les pays à forte/faible ~** countries with a high/low fertility rate

**fécule** /fekyl/ **NF** starch ◆ **~ (de pommes de terre)** potato flour

**féculent, e** /fekylɑ̃, ɑ̃t/ **ADJ** starchy **NM** starchy food, starch

**FED** /ɛfəde/ **NM** (abrév de **Fonds européen de développement**) EDF

**fedayin** /fedajin/ **NM** *(surtout au pl)* fedayee

**fédéral, e** (mpl **-aux**) /fedeʀal, o/ **ADJ** federal ◆ **le français ~** *(Helv)* French showing the influence of German

**fédéraliser** /fedeʀalize/ ▸ conjug 1 ◂ **VT** to federalize

**fédéralisme** /fedeʀalism/ **NM** federalism

**fédéraliste** /fedeʀalist/ **ADJ, NMF** federalist

**fédérateur, -trice** /fedeʀatœʀ, tʀis/ **ADJ** federative **NM,F** unifier

**fédératif, -ive** /fedeʀatif, iv/ **ADJ** federative

**fédération** /fedeʀasjɔ̃/ **NF** federation ◆ **~ syndicale** trade union ◆ **Fédération syndicale mondiale** World Federation of Trade Unions ◆ **la Fédération de Russie** the Russian Federation

**fédéré, e** /fedeʀe/ (ptp de **fédérer**) **ADJ** federate

**fédérer** /fedeʀe/ ▸ conjug 6 ◂ **VT** to federate

**fée** /fe/ **NF** fairy ◆ **une vraie ~ du logis** *(hum)* a real homebody ◆ **la ~ Carabosse** the wicked fairy; → **conte, doigt**

**feed-back** /fidbak/ **NM INV** feedback

**feeder** /fidœʀ/ **NM** *(Tech)* feeder

**feeling** /filiŋ/ **NM** feeling ◆ **faire qch au ~** to do sth intuitively

**féerie** /fe(e)ʀi/ **NF** **a** *(Ciné, Théât)* extravaganza, spectacular *(incorporating features from pantomime)* **b** *(littér = vision enchanteresse)* **la ~ des soirées d'été/d'un ballet** the enchantment of summer evenings/of a ballet ◆ **la ~ à jamais perdue de l'enfance** the fairy-tale world of childhood which is gone forever

**féerique** /fe(e)ʀik/ ADJ magical

**feignant, e** /fɛɲɑ̃, ɑ̃t/ ADJ, NM,F ⇒ **fainéant, e**

**feindre** /fɛ̃dʀ/ ▸ conjug 52 ◂ VT (= *simuler*) [+ *enthousiasme, ignorance, innocence*] to feign ◆ ~ **la colère** to pretend to be angry, to feign anger ◆ ~ **d'être/de faire** to pretend to be/do ◆ **il feint de ne pas comprendre** he pretends not to understand ◆ ~ **de dormir** to feign sleep, to pretend to be asleep VI (*frm*) to dissemble, to dissimulate ◆ **inutile de ~ (avec moi)** no use pretending (with me)

**feint, e**[1] /fɛ̃, fɛ̃t/ (ptp de **feindre**) ADJ a [*émotion, maladie*] feigned, affected ◆ **non ~** [*plaisir, larmes*] genuine b (*Archit*) [*arcade, fenêtre, porte*] false

**feinte**[2] /fɛ̃t/ NF a (= *manœuvre*) (*gén*) dummy move; (*Ftbl, Rugby*) dummy (*Brit*), fake (*US*); (*Boxe, Escrime*) feint ◆ **faire une ~** (*Rugby*) to dummy (*Brit*), to fake (*US*) ◆ ~ **de passe** (*Rugby*) dummy (*Brit*) *ou* fake (*US*) pass ◆ ~ **de corps** dodge b (*littér*) (= *ruse*) sham (*NonC*), pretence ◆ **agir/parler sans ~** to act/speak without dissimulation

**feinter** /fɛ̃te/ ▸ conjug 1 ◂ VT a (*Ftbl, Rugby*) to dummy (*Brit*) *ou* fake (*US*) (one's way past); (*Boxe, Escrime*) to feint at b (* = *duper*) to trick, to fool, to take in ◆ **j'ai été feinté** I've been had * *ou* taken in VI (*Escrime*) to feint

**feldspath** /fɛldspat/ NM fel(d)spar

**fêlé, e** /fele/ (ptp de **fêler**) ADJ a [*assiette, voix*] cracked b (* = *fou*) **être ~** [*personne*] to have a screw loose * ◆ **elle est complètement ~e** she's completely nuts * *ou* cracked * ◆ **il a le cerveau ~** *ou* **la tête ~e** he's cracked * *ou* crackers * NM,F (* = *personne*) crackpot *, nutcase *

**fêler** /fele/ ▸ conjug 1 ◂ VT to crack VPR **se fêler** to crack ◆ **se ~ le bras** to crack a bone in one's arm

**félicitations** /felisitasjɔ̃/ GRAMMAIRE ACTIVE 50.6, 51 NFPL congratulations (*pour* on); ◆ ~ ! congratulations! ◆ **faire ses ~ à qn pour** to congratulate sb on ◆ **avec les ~ du jury** (*Scol, Univ*) highly commended, summa cum laude

**félicité** /felisite/ NF (*littér, Rel*) bliss (*NonC*)

**féliciter** /felisite/ GRAMMAIRE ACTIVE 40.4, 50.6 ▸ conjug 1 ◂ VT to congratulate (*qn de ou sur qch* sb on sth); ◆ **je vous félicite !** (*iro*) congratulations! (*iro*), well done! (*iro*) ◆ **eh bien je ne vous félicite pas** you don't get any praise for that VPR **se féliciter** to congratulate o.s. (*de* on) to be very glad *ou* pleased (*de* about); ◆ **je n'y suis pas allé et je m'en félicite** I didn't go and I'm glad *ou* very pleased I didn't ◆ **il se félicitait d'avoir refusé d'y aller** he was congratulating himself on having refused to go

**félidé** /felide/ NM feline, felid (*SPÉC*) ◆ **les ~s** the Felidae (*SPÉC*)

**félin, e** /felɛ̃, in/ ADJ [*allure, grâce*] feline, catlike ◆ **la race ~e** cats, the cat family NM feline ◆ **les ~s** cats, the cat family ◆ **les grands ~s** the big cats

**fellah** /fela/ NM fellah

**fellation** /felasjɔ̃/ NF fellatio(n) ◆ **faire une ~ à qn** to perform fellatio on sb

**fellinien, -ienne** /felinjɛ̃, jɛn/ ADJ [*fantaisie*] Felliniesque ◆ **des femmes à la silhouette fellinienne** full-bodied *ou* buxom women

**félon, -onne** /felɔ̃, ɔn/ (*frm*) ADJ perfidious (*frm*), disloyal, treacherous NM (*aussi hum*) traitor NF **félonne** (*aussi hum*) traitress

**félonie** /felɔni/ NF (*frm*) (= *caractère*) perfidy (*frm*), disloyalty; (= *acte*) act of treachery, perfidy

**felouque** /fəluk/ NF felucca

**fêlure** /felyʀ/ NF (*lit, fig*) crack; (*affective*) rift

**femelle** /fəmɛl/ ADJ (*Bot, Tech, Zool*) female ◆ **panthère ~** female panther ◆ **merle ~** hen-blackbird, female blackbird ◆ **éléphant ~** cow elephant, female elephant NF (*Zool*) female; (* *péj* = *femme*) female * (*péj*)

**féminin, e** /feminɛ̃, in/ ADJ a [*personne, traits*] feminine; [*hormone, corps, population, sexe, sport, tennis, tournoi*] female; [*silhouette*] womanly; [*mode, magazine, épreuve sportive, équipe*] women's ◆ **elle est peu ~e** she's not very feminine ◆ **elle est déjà très ~e** she's already quite a young woman ◆ **il a des traits assez ~s** he has rather feminine features ◆ **premier rôle ~** female lead ◆ **ses conquêtes ~es** his conquests ◆ **la condition ~e** the condition of women ◆ **le taux d'activité ~** the number of women in work; → **éternel, intuition, presse**
b (*Ling*) feminine; → **rime** *etc*
NM (*Ling*) feminine ◆ **au ~** in the feminine ◆ **ce mot est du ~** this word is feminine

> ⚠ *Attention à ne pas traduire automatiquement l'adjectif* **féminin** *par* **feminine** *; la traduction varie en fonction du contexte.*

**féminisant, e** /feminizɑ̃, ɑ̃t/ ADJ feminizing

**féminisation** /feminizasjɔ̃/ NF feminization

**féminiser** /feminize/ ▸ conjug 1 ◂ VT (*Bio*) to feminize; (*Ling*) to make feminine, to put in the feminine; (= *rendre efféminé*) to make effeminate ◆ ~ **une profession** to increase the number of women in a profession ◆ **profession féminisée** largely female profession ◆ **c'est un secteur féminisé à 80%** women make up 80% of the workforce in this sector VPR **se féminiser** (*Bio*) to feminize; (= *devenir efféminé*) to become effeminate ◆ **la profession se féminise** an increasing number of women are entering the profession

**féminisme** /feminism/ NM (*Sociol*) feminism

**féministe** /feminist/ ADJ, NMF feminist

**féminité** /feminite/ NF femininity

**femme** /fam/ NF a (= *individu*) woman ◆ **la ~** (= *espèce*) woman ◆ **une jeune ~** a young woman ◆ **c'est la ~ de sa vie** she is his one true love *ou* the love of his life ◆ **elle n'est pas ~ à faire ceci** she's not the type (of woman) to do that ◆ **ce que ~ veut ...** what a woman wants ... ◆ **les ~s et les enfants d'abord !** women and children first! ◆ **une ~-enfant** a childlike woman ◆ **souvent ~ varie (bien fol est qui s'y fie)** (*Prov*) woman is fickle
b (= *épouse*) wife ◆ **prendre qn pour ~** † to take sb as one's wife † ◆ **chercher/prendre ~** † to seek/take a wife †
c (*profession*) ~ **médecin** woman *ou* lady doctor ◆ **professeur ~** woman *ou* female teacher
d (*Jur*) **la ~ Dupuis** Mrs Dupuis
ADJ INV ◆ **être/devenir ~** (*nubile*) to have reached *ou* attained/reach *ou* attain womanhood; (*n'être plus vierge*) to be/become a woman ◆ **être très ~** (*féminine*) to be very much a woman, to be very womanly
COMP ▹ **femme d'affaires** businesswoman ▹ **femme auteur** authoress ▹ **femme battue** battered woman ▹ **femme de chambre** (*dans un hôtel*) chambermaid; (*de qn*) (lady's) maid ▹ **femme de charge** † housekeeper ▹ **femme entretenue** († *péj*) kept woman ▹ **femme d'esprit** woman of wit and learning ▹ **femme fatale** femme fatale ▹ **la femme au foyer** the housewife, the woman (who stays) at home ▹ **femme galante** † loose woman, courtesan ▹ **femme d'intérieur** housewife ◆ **être ~ d'intérieur** to take pride in one's home, to be houseproud (*Brit*) ▹ **femme de lettres** woman of letters ▹ **femme de mauvaise vie** † loose woman ▹ **femme de ménage** domestic help, cleaning lady ▹ **femme du monde** society woman ▹ **femme de service** (*nettoyage*) cleaner; (*cantine*) dinner lady ▹ **femme soldat** woman soldier ▹ **femme de tête** strong-minded intellectual woman; → **vertu**

**femmelette** /famlɛt/ NF (*péj*) (= *homme*) weakling; (= *femme*) frail female

**femme-objet** (pl **femmes-objets**) /famɔbʒɛ/ NF (woman as a) sex object ◆ **elle refuse d'être une ~** she refuses to be treated as a sex object

**fémoral, e** (mpl **-aux**) /femɔʀal, o/ ADJ femoral

**fémur** /femyʀ/ NM thighbone, femur (*SPÉC*); → **col**

**FEN** /fɛn/ NF (abrév de **Fédération de l'éducation nationale**) *confederation of teachers' unions*

**fenaison** /fənɛzɔ̃/ NF (= *époque*) haymaking time; (= *action*) haymaking

**fendant** /fɑ̃dɑ̃/ NM Swiss white wine (*from the Valais region*)

**fendard**[1] * /fɑ̃daʀ/ NM (pair of) trousers, (pair of) pants (*US*)

**fendard**[2], **e** * /fɑ̃daʀ, aʀd/ ADJ hilarious ◆ **ce film est vraiment ~** that film's a real scream *

**fendart** * /fɑ̃daʀ/ NM ⇒ **fendard**[1]

**fendillé, e** /fɑ̃dije/ (ptp de **fendiller**) ADJ [*glace, plâtre, porcelaine, terre, vernis*] crazed; [*bois*] sprung; [*lèvres, peau*] chapped

**fendillement** /fɑ̃dijmɑ̃/ NM [*de glace, plâtre, porcelaine, terre, vernis*] crazing; [*de bois*] springing; [*de lèvres, peau*] chapping

**fendiller** /fɑ̃dije/ ▸ conjug 1 ◂ VT [+ *glace, plâtre, porcelaine, terre, vernis*] to craze; [+ *bois*] to spring; [+ *lèvres, peau*] to chap VPR **se fendiller** [*glace, plâtre, porcelaine, terre, vernis*] to craze (over); [*bois*] to spring; [*lèvres, peau*] to chap

**fendoir** /fɑ̃dwaʀ/ NM chopper, cleaver

**fendre** /fɑ̃dʀ/ ▸ conjug 41 ◂ VT a [*personne*] (= *couper en deux*) [+ *bûche, ardoise*] to split; [+ *tissu*] to slit, to slash ◆ ~ **du bois** to chop wood ◆ **il lui a fendu le crâne** he split his skull open
b [*éléments, cataclysme, accident*] [+ *rochers*] to cleave; [+ *mur, plâtre, meuble*] to crack ◆ **cette chute lui a fendu le crâne** the fall cracked *ou* split his skull open; → **geler**
c (= *pénétrer*) to cut *ou* slice through, to cleave through (*littér*) ◆ ~ **les flots/l'air** to cleave through (*littér*) the waves/air ◆ **le soc fend la terre** the ploughshare cuts through the earth ◆ ~ **la foule** to push *ou* cleave (*littér*) one's way through the crowd
d (*Habillement*) [+ *jupe*] to put a slit in; [+ *veste*] to put a vent in; [+ *manche*] to put a slash in
e (*loc*) **ce récit me fend le cœur** *ou* **l'âme** this story breaks my heart *ou* makes my heart bleed ◆ **spectacle à vous ~ le cœur** heartrending *ou* heartbreaking sight ◆ **soupirs à ~ l'âme** heartrending *ou* heartbreaking sighs
VPR **se fendre** a (= *se fissurer*) to crack
b [+ *partie du corps*] **il s'est fendu le crâne** he has cracked his skull open ◆ **se ~ la lèvre** to cut one's lip ◆ **se ~ la pipe** * *ou* **la pêche** * *ou* **la poire** * *ou* **la gueule** ** (= *rire*) to laugh one's head off, to split one's sides *; (= *s'amuser*) to have a good laugh
c (*Escrime*) to lunge

d * **se ~ de** *[+ somme]* to shell out *; *[+ bouteille, cadeau]* to lash out on * ◆ **il ne s'est pas fendu !** he didn't exactly break himself! *

**fendu, e** /fɑ̃dy/ (ptp de **fendre**) ADJ a *[crâne]* cracked; *[lèvre]* cut; *[manche]* slashed; *[veste]* with a vent; *[jupe]* slit ◆ **la bouche ~e jusqu'aux oreilles** grinning from ear to ear b *(* = hilare)* **j'étais ~** I fell about (laughing) *, I cracked up *

**fenestrage** /fənɛstʀaʒ/ NM ⇒ **fenêtrage**

**fenestration** /fənɛstʀasjɔ̃/ NF *(Archit, Méd)* fenestration

**fenêtrage** /fənɛtʀaʒ/ NM *(Archit)* windows, fenestration *(SPÉC)*

**fenêtre** /f(ə)nɛtʀ/ NF a *(Archit)* window ◆ **regarder/sauter par la ~** to look out of *ou* through/jump out of the window ◆ **se mettre à la ~** *(se diriger vers)* to go to the window; *(s'asseoir)* to sit by the window ◆ **coin ~** window seat, seat by the window ◆ **~ à guillotine** sash window ◆ **~ à battants/à meneaux** casement/mullioned window ◆ **~ à croisillons** lattice window ◆ **~ en saillie** bow window, bay window ◆ **~ à tabatière** skylight ◆ **~ d'observation** *(Ciné)* port, (projectionist's) window ◆ **c'est une ~ ouverte sur ...** *(fig)* it's a window on ...; → **faux**[2]

b *[d'enveloppe]* window; *[de formulaire]* space

c *(Ordin)* window ◆ **~ de dialogue** dialogue box ◆ **~ d'aide/d'édition** help/text-editing window

d *(Anat : dans l'oreille)* fenestra

e *(Espace)* **~ de lancement** launch window ◆ **~ météo** *(Naut)* weather window

**fenêtrer** /fənetʀe/ ▸ conjug 1 ◂ VT *(Archit)* to make windows in

**fenil** /fəni(l)/ NM hayloft

**fennec** /fenɛk/ NM fennec

**fenouil** /fənuj/ NM fennel

**fente** /fɑ̃t/ NF a *[de mur, terre, rocher]* crack, fissure, cleft; *[de bois]* crack, split b *[de volet, palissade]* slit; *[de boîte à lettres]* slot, opening; *[de tirelire]* slit, slot; *[de tête d'une vis]* groove, slot; *[de jupe]* slit; *[de veste]* vent; *[de pèlerine, cape]* slit, armhole; *(Anat)* fissure c *(Escrime)* lunge

**fenugrec** /fənygʀɛk/ NM fenugreek

**féodal, e** (mpl **-aux**) /feɔdal, o/ ADJ feudal NM feudal lord

**féodaliser** /feɔdalize/ ▸ conjug 1 ◂ VT to feudalize

**féodalisme** /feɔdalism/ NM feudalism

**féodalité** /feɔdalite/ NF *(Hist)* feudal system, feudalism

**fer** /fɛʀ/ NM a *(= métal)* iron ◆ **de ~** *(lit, fig)* iron *(épith)* ◆ **volonté de ~** will of iron, iron will ◆ **croire qch dur comme ~** * to believe sth firmly, to be absolutely convinced of sth; → **âge, chemin, fil** *etc*

b *(= barre, poutre)* iron girder ◆ **~ en T/U** T/U girder

c *(= embout) [de cheval]* shoe; *[de chaussure]* steel tip; *[de club de golf]* iron; *[de flèche, lance]* head, point; *[de rabot]* blade, iron ◆ **mettre un ~ à un cheval** to shoe a horse ◆ **avoir plusieurs ~s au feu** to have several irons in the fire; → **plaie, quatre**

d *(= outil) (pour repasser)* iron; *[de relieur]* blocking stamp ◆ **donner un coup de ~ à qch** to run the iron over sth, to give sth an iron; *(plus soigneusement)* to press sth

e *(= arme)* **engager/croiser le ~** *(Escrime)* to engage/cross swords ◆ **par le ~ et par le feu** by fire and by sword

f *(†† = chaînes)* **~s** chains, fetters, irons ◆ **mettre un prisonnier aux ~s** to clap a prisoner in irons ◆ **être dans les ~s** *(littér)* to be in chains *ou* irons

g ◆ **~s** †† *(Méd)* forceps

COMP ▷ **fer à béton** *(Constr)* steel reinforcement bar ▷ **fer à cheval** *(lit, fig)* horseshoe ◆ **en ~ à cheval** *[table, bâtiment]* horseshoe-shaped, U-shaped ◆ **disposer qch en ~ à cheval** to arrange sth in a U-shape ▷ **fer doux** soft iron ▷ **fer forgé** wrought iron ▷ **fer à friser** curling tongs ▷ **fer à gaufrer** goffering iron ▷ **fer de lance** *(fig)* spearhead ▷ **fer à repasser** *(électrique)* (electric) iron; *(ancien modèle)* (flat) iron; *(* : pour cartes bancaires)* credit-card machine; → **nager** ▷ **fer rouge** brand, branding iron ◆ **marquer au ~ rouge** to brand ▷ **fer à souder** soldering iron ▷ **fer à vapeur** steam iron

**féra** /feʀa/ NF *(Zool)* féra, ferra

**fer-blanc** (pl **fers-blancs**) /fɛʀblɑ̃/ NM tin(plate) ◆ **une boîte en** *ou* **de ~** a (tin) can

**ferblanterie** /fɛʀblɑ̃tʀi/ NF *(= métier)* tinplate making; *(= produit)* tinware; *(= commerce)* tin trade; *(= boutique)* ironmonger's (shop) *(Brit)*, hardware store *(US)*

**ferblantier** /fɛʀblɑ̃tje/ NM *(= fabricant)* tinsmith; *(= vendeur)* ironmonger *(Brit)*, hardware dealer *(US)* ◆ **ouvrier ~** tinplate worker

**féria** /feʀja/ NF feria *(Spanish and Southern French festival)*

**férié, e** /feʀje/ ADJ ◆ **jour ~** public holiday, official holiday ◆ **le lundi suivant est ~** the following Monday is a holiday

**férir** /feʀiʀ/ **sans coup férir** LOC ADV without meeting *ou* encountering any opposition

**ferler** /fɛʀle/ ▸ conjug 1 ◂ VT *(Naut)* to furl

**fermage** /fɛʀmaʒ/ NM *(= procédé)* tenant farming; *(= loyer)* (farm) rent

**ferme**[1] /fɛʀm/ ADJ a *[chair, fruit]* firm; *[sol]* firm, solid ◆ **cette viande est un peu ~** this meat is a bit tough ◆ **pour des cuisses plus ~s** to tone up the thigh muscles; → **terre**

b *(= assuré) [main, écriture]* steady, firm; *[voix]* firm; *[style, exécution, trait]* confident, assured; *[marché, cours]* steady ◆ **être ~ sur ses jambes** to be steady on one's legs *ou* feet ◆ **marcher d'un pas ~** to walk with a firm stride *ou* step ◆ **rester ~ dans l'adversité** to remain steadfast in adversity

c *(= déterminé) [personne, ton]* firm; *[décision, résolution, prise de position]* firm, definite ◆ **avec la ~ intention de faire qch** with the firm intention of doing sth

d *(Comm : = irrévocable) [achat, vente]* firm; *[acheteur, vendeur]* firm, definite ◆ **prix ~s et définitifs** *(Bourse)* firm prices ◆ **ces prix sont ~s** these prices are binding ◆ **"prix : 200 000 € ferme"** "price: €200,000 (not negotiable)"

ADV a *(* : intensif) [travailler, cogner]* hard ◆ **boire ~** to drink hard, to be a hard drinker ◆ **discuter ~** to discuss vigorously ◆ **s'ennuyer ~** to be bored stiff *; → **tenir**

b *(Comm) [acheter, vendre]* definitely

c *(Jur)* **condamné à sept ans (de prison) ~** sentenced to seven years imprisonment without remission

**ferme**[2] /fɛʀm/ NF a *(= domaine)* farm; *(= habitation)* farmhouse ◆ **~ collective** collective farm ◆ **~ d'élevage** cattle(-breeding) farm ◆ **~ marine** fish farm; → **cour, fille, valet** b *(Jur = contrat)* farm lease; *(Hist = perception)* farming *(of taxes)* ◆ **donner à ~** *[+ terres]* to let, to farm out ◆ **prendre à ~** *[+ terres]* to farm (on lease)

**ferme**[3] /fɛʀm/ NF *(Constr)* roof timbers, truss

**ferme**[4] /fɛʀm/ EXCL ◆ **la ~ !** * shut up! *, shut your mouth! *, pipe down! *; → aussi **fermer**

**fermé, e** /fɛʀme/ (ptp de **fermer**) ADJ a *[porte, magasin, valise]* shut, closed; *[col, route]* closed; *[espace]* closed-in; *[voiture]* locked; *[angle]* narrow; *[voyelle]* close(d), high; *[syllabe]* closed; *[série, ensemble]* closed; *[robinet]* off *(attrib)*; *[chemise]* fastened *(attrib)*, done up *(attrib)* ◆ **la porte est ~e à clé** the door is locked ◆ **la station est ~e au public** the station is closed to the public ◆ **pratiquer un jeu ~** *(Ftbl)* to play a tight game b *[milieu, club]* exclusive, select ◆ **cette carrière lui est ~e** this career is not open to him *ou* is closed to him ◆ **économie ~e** closed economy c *[visage, air]* inscrutable, impenetrable; *[caractère, personne]* uncommunicative d ◆ **être ~ à** *[+ sentiment, qualité]* to be impervious to *ou* untouched by *ou* closed to; *[+ science, art]* to have no interest in

**fermement** /fɛʀməmɑ̃/ ADV *(lit, fig)* firmly

**ferment** /fɛʀmɑ̃/ NM *(= micro-organisme)* ferment, fermenting agent, leaven *(NonC)*; *(fig)* ferment *(NonC)* ◆ **~ lactique** starter culture

**fermentation** /fɛʀmɑ̃tasjɔ̃/ NF fermentation ◆ **en ~** fermenting

**fermenté, e** /fɛʀmɑ̃te/ (ptp de **fermenter**) ADJ *[aliment, boisson]* fermented ◆ **bière non ~e** unfermented beer ◆ **cidre très peu ~** barely fermented cider

**fermenter** /fɛʀmɑ̃te/ ▸ conjug 1 ◂ VI to ferment ◆ **faire ~** to ferment

**fermer** /fɛʀme/ ▸ conjug 1 ◂ VT a *[+ porte, fenêtre, tiroir, paquet]* to close, to shut; *[+ rideaux]* to draw, to close; *[+ store]* to pull down, to close; *[+ magasin, café, musée] (le soir)* to shut, to close; *(pour cause de vacances)* to shut (up), to close ◆ **~ à clé** *[+ porte]* to lock; *[+ chambre]* to lock (up) ◆ **~ au verrou** to bolt ◆ **il ferma violemment la porte** he slammed the door (shut) ◆ **~ (la porte) à double tour** to double-lock the door ◆ **~ la porte au nez de qn** to shut *ou* slam the door in sb's face ◆ **~ sa porte** *ou* **sa maison à qn** *(fig)* to close one's door to sb ◆ **maintenant, toutes les portes lui sont fermées** all doors are closed to him now ◆ **~ la porte aux abus** to close the door to abuses ◆ **va ~** go and close *ou* shut the door ◆ **on ferme !** (it's) closing time!, we're closing! ◆ **on ferme en juillet** we close in July, we're closed *ou* shut in July ◆ **on ferme un jour par semaine** we close *ou* shut one day a week, we are closed *ou* shut one day a week; → **parenthèse**

b *[+ yeux, bouche, paupières]* to close, to shut ◆ **la ferme** *, **ferme-la** * shut *ou* belt up * ◆ **je n'ai pas fermé l'œil de la nuit** I didn't get a wink of sleep *ou* I didn't sleep a wink all night ◆ **~ les yeux** *(fig)* to turn a blind eye, to look the other way ◆ **~ les yeux sur** *[+ misère, scandale]* to close *ou* shut one's eyes to; *[+ abus, fraude, défaut]* to turn a blind eye to ◆ **~ son cœur à la pitié** to close one's heart to pity

c *[+ canif, livre, éventail]* to close, to shut; *[+ lettre]* to close; *[+ parapluie]* to close, to shut; *[+ main, poing]* to close; *[+ manteau, gilet]* to do up, to fasten

d *(= boucher) [+ chemin, passage]* to block, to bar; *[+ accès]* to shut off, to close off ◆ **des montagnes fermaient l'horizon** mountains blocked off the horizon ◆ **le champ était fermé par une haie** the field had a hedge round it ◆ **~ le jeu** *(Sport)* to tighten up play

e *(= interdire l'accès de) [+ frontière, col, route]* to close; *[+ aéroport]* to close (down), to shut (down)

f *(= cesser l'exploitation de) [+ magasin, restaurant, école]* to close (down), to shut (down) ◆ **~ boutique** to close down, to shut up shop ◆ **obliger qn à ~ (boutique)** to put sb out of business ◆ **ils ont dû ~ pour raisons financières** they had to close down *ou* cease trading because of financial difficulties

**g** *(= arrêter) [+ liste, souscription, compte en banque, débat]* to close ◆ **~ la marche** to bring up the rear ◆ **~ le cortège** to bring up the rear of the procession

**h** *[+ gaz, électricité, radio]* to turn off, to switch off; *[+ eau, robinet]* to turn off; *[+ lumière]* to turn off *ou* out, to switch off; *[+ vanne]* to close

**VI** **a** *[fenêtre, porte, boîte]* to close, to shut ◆ **cette porte/boîte ferme mal** this door/box doesn't close *ou* shut properly ◆ **ce robinet ferme mal** this tap doesn't turn off properly

**b** *[magasin] (le soir)* to close, to shut; *(définitivement, pour les vacances)* to close down, to shut down ◆ **ça ferme à 7 heures** they close *ou* shut at 7 o'clock

**VPR se fermer** **a** *[porte, fenêtre, livre]* to close, to shut; *[fleur, coquillage]* to close (up); *[blessure]* to close (up); *[paupières, yeux]* to close, to shut ◆ **ça se ferme par devant** it does up *ou* fastens at the front ◆ **l'avenir se fermait devant lui** the future was closing before him ◆ **quand on essaie de lui expliquer ça, son esprit se ferme** when you try to explain it to him he closes his mind to it ◆ **son cœur se fermait à la vue de cette misère** he refused to be moved *ou* touched by the sight of this poverty ◆ **son visage se ferma** his face became expressionless ◆ **pays qui se ferme aux produits étrangers** country which closes its markets to foreign products

**b** *[personne]* **se ~ à la pitié/l'amour** to close one's heart *ou* mind to pity/love ◆ **il se ferme tout de suite** he just clams up* *ou* closes up

**fermeté** /fɛʀmәte/ **NF** **a** *[de chair, fruit, sol]* firmness **b** *(= assurance) [de main, écriture]* steadiness, firmness; *[de voix]* firmness; *[de style, exécution, trait]* confidence, assurance **c** *(= détermination)* firmness ◆ **avec ~** firmly, resolutely **d** *(= autorité)* firmness ◆ **il manque de ~ avec son fils** he's not firm enough with his son ◆ **elle lui a parlé avec beaucoup de ~** she spoke to him very firmly **e** *(Bourse)* firmness

**fermette** /fɛʀmɛt/ **NF** (small) farmhouse

**fermeture** /fɛʀmәtyʀ/ **NF** **a** *[de porte]* **la ~ est automatique** the doors close automatically ◆ **"ne pas gêner la fermeture des portes"** "do not obstruct the doors (when closing)"

**b** *[de magasin, musée, aéroport, route]* closing ◆ **les jours de ~ du magasin** the days when the shop is closed ◆ **~ annuelle** *(gén)* annual closure; *(sur la devanture)* closed for the holidays ◆ **à (l'heure de) la ~** at closing time ◆ **"fermeture pour (cause de) travaux"** "closed for repairs (*ou* redecoration *ou* refurbishment *etc*)" ◆ **faire la ~** *(Comm)* to close ◆ **on a fait la ~** *(clients d'un bar)* we stayed until closing time ◆ **la ~ de la chasse** the end of the hunting season

**c** *(= cessation d'activité) [de magasin, restaurant, école]* closing down, closure ◆ **~ définitive** permanent closure

**d** *(Comptab)* closing

**e** *(= mécanisme) [de coffre-fort]* catch, latch; *[de vêtement]* fastener, fastening; *[de sac]* fastener, catch, clasp ◆ **~ à glissière, ~ éclair** ® zip (fastener) *(Brit)*, zipper *(US)*

**fermier, -ière** /fɛʀmje, jɛʀ/ **ADJ** ◆ **poulet ~** ≃ free-range chicken, farm chicken ◆ **beurre ~** dairy butter ◆ **fromage ~** farmhouse cheese **NM** **a** *(= cultivateur) (gén)* farmer; *(= locataire)* tenant farmer **b** *(Hist)* **~ général** farmer general **NF** **fermière** farmer's wife; *(indépendante)* (woman) farmer

**fermium** /fɛʀmjɔm/ **NM** fermium

**fermoir** /fɛʀmwaʀ/ **NM** *[de livre, collier, sac]* clasp

**féroce** /feʀɔs/ **ADJ** **a** *[animal, regard, personne]* ferocious, fierce; → **bête** **b** *(fig) [répression, critique]* fierce, savage; *[envie]* savage, raging; *[appétit]* ferocious, ravenous; *[concurrence]* fierce, harsh, cut-throat ◆ **une satire ~ de la société** a ferocious social satire ◆ **avec une joie ~** with savage joy

**férocement** /feʀɔsmɑ̃/ **ADV** ferociously ◆ **un marché ~ compétitif** a ferociously competitive market

**férocité** /feʀɔsite/ **NF** *[d'animal, regard, personne]* ferocity, ferociousness, fierceness; *[de répression, critique]* fierceness, savagery; *[de satire, appétit]* ferociousness; *[de concurrence]* fierceness

**Féroé** /feʀɔe/ **N** ◆ **les îles ~** the Fa(e)roe Islands

**ferrage** /feʀaʒ/ **NM** *[de cheval]* shoeing

**ferraillage** /feʀɑjaʒ/ **NM** *(Constr)* (iron) framework

**ferraille** /feʀɑj/ **NF** **a** *(= déchets de fer)* scrap (iron), old iron ◆ **tas de ~** scrap heap ◆ **bruit de ~** clanking *ou* rattling noise ◆ **mettre une voiture à la ~** to scrap a car, to send a car for scrap ◆ **bon à mettre à la ~** ≃ good *ou* fit for the scrap heap ◆ **la voiture n'était plus qu'un amas de ~** the car was no more than a heap of twisted metal **b** *(* = monnaie)* small *ou* loose change

**ferrailler** /feʀɑje/ ► conjug 1 ◄ **VI** *(lit)* to clash swords ◆ **~ contre** *[+ injustice, préjugés]* to fight against ◆ **~ avec qn** *(= se disputer)* to cross swords with sb

**ferrailleur** /feʀɑjœʀ/ **NM** **a** *(= marchand de ferraille)* scrap (metal) merchant **b** *(†† péj)* swashbuckler

**Ferrare** /fɛʀaʀ/ **NF** Ferrara

**ferrate** /feʀat/ **NM** ferrate

**ferré, e** /feʀe/ (ptp de **ferrer**) **ADJ** **a** *[canne, bâton]* steel-tipped; *[chaussure]* hobnailed; *[lacet]* tagged; *[cheval]* shod; *[roue]* steel-rimmed ◆ **à bout ~** *[canne, bâton]* with a steel *ou* metal tip, steel-tipped; → **voie** **b** *(* = calé)* clued up* *(en, sur* about); ◆ **être ~ sur un sujet** to be well up* in a subject *ou* hot* at a subject, to know a subject inside out

**ferrement** /fɛʀmɑ̃/ **NM** **a** *(= garniture)* iron fitment **b** ⇒ **ferrage**

**ferrer** /feʀe/ ► conjug 1 ◄ **VT** **a** *[+ cheval]* to shoe; *[+ roue]* to rim with steel; *[+ chaussure]* to nail; *[+ lacet]* to tag; *[+ bâton]* to tip, to fit a metal tip to; *[+ porte]* to fit with iron corners **b** *[+ poisson]* to strike

**ferret** /feʀɛ/ **NM** **a** *[de lacet]* (metal) tag **b** *(Minér)* **~ d'Espagne** red haematite

**ferreux, -euse** /feʀø, øz/ **ADJ** ferrous

**ferrique** /feʀik/ **ADJ** ferric

**ferrite** /feʀit/ **NF** ferrite

**ferro-** /fɛʀɔ/ **PRÉF** *(Chim, Phys)* ferro-

**ferro-alliage** (pl **ferro-alliages**) /fɛʀɔaljaʒ/ **NM** iron alloy

**ferronnerie** /feʀɔnʀi/ **NF** *(= atelier)* ironworks; *(= métier)* ironwork; *(= objets)* ironwork, ironware ◆ **faire de la ~ d'art** to be a craftsman in wrought iron ◆ **grille en ~** wrought-iron gate ◆ **c'est un beau travail de ~** that's a fine piece of wrought iron work

**ferronnier** /feʀɔnje/ **NM** *(= artisan)* craftsman in (wrought) iron; *(= commerçant)* ironware merchant ◆ **~ d'art** craftsman in wrought iron

**ferroutage** /fɛʀʀutaʒ/ **NM** *(Rail)* piggyback

**ferrouter** /fɛʀʀute/ ► conjug 1 ◄ **VT** *(Rail)* to piggyback

**ferroviaire** /feʀɔvjɛʀ/ **ADJ** *[réseau, trafic]* railway *(épith) (Brit)*, railroad *(épith) (US)*, rail *(épith)*; *[transport]* rail *(épith)*

**ferrugineux, -euse** /feʀyʒinø, øz/ **ADJ** *[roche]* ferruginous, iron-bearing; *[eau, source]* chalybeate, iron-bearing

**ferrure** /feʀyʀ/ **NF** **a** *(= charnière)* (ornamental) hinge ◆ **~s** *[de porte]* (door) fittings **b** *[de cheval]* shoeing

**ferry** (pl **ferries**) /feʀi/ **NM** abrév de **ferry-boat**

**ferry-boat** (pl **ferry-boats**) /feʀibot/ **NM** *[de voitures]* (car) ferry; *[de trains]* (train) ferry

**fertile** /fɛʀtil/ **ADJ** fertile ◆ **l'affaire a été ~ en rebondissements** the affair triggered off a whole series of events ◆ **journée ~ en événements/en émotions** eventful/emotion-packed day

**fertilisant, e** /fɛʀtilizɑ̃, ɑt/ **ADJ** fertilizing

**fertilisation** /fɛʀtilizasjɔ̃/ **NF** fertilization

**fertiliser** /fɛʀtilize/ ► conjug 1 ◄ **VT** to fertilize

**fertilité** /fɛʀtilite/ **NF** *(lit, fig)* fertility

**féru, e** /feʀy/ **ADJ** *(frm)* ◆ **être ~ de** to be very interested in *ou* keen on *(Brit)* ◆ **c'est un ~ d'informatique** he's a computer buff* ◆ **les ~s d'histoire** history buffs*

**férule** /feʀyl/ **NF** *(Hist Scol)* ferula ◆ **être sous la ~ de qn** *(fig)* to be under sb's (firm *ou* iron) rule

**fervent, e** /fɛʀvɑ̃, ɑt/ **ADJ** fervent, ardent ◆ **un catholique ~** a devout Catholic ◆ **son admiration ~e pour l'écrivain** his deep admiration for the writer **NM,F** devotee ◆ **~ de musique** music lover, devotee of music

**ferveur** /fɛʀvœʀ/ **NF** fervour *(Brit)*, fervor *(US)*, ardour *(Brit)*, ardor *(US)* ◆ **avec ~** fervently, ardently

**fesse** /fɛs/ **NF** **a** *(Anat)* buttock ◆ **les ~s** the buttocks, the bottom, the backside* ◆ **coup de pied aux ~s*** kick up the backside* *ou* in the pants* ◆ **gare à tes ~s*** watch out or you'll get spanked ◆ **le bébé a les ~s rouges** the baby's got a bit of nappy *(Brit)* *ou* diaper *(US)* rash ◆ **on a les flics aux ~s*** the cops are on our tail* ◆ **où je pose mes ~s ?*** where can I park myself?*; → **pousser, serrer** **b** *(*̣* = sexe)* **il y a de la ~ dans ce film** there's a lot of bare flesh *ou* there are a lot of tits and bums*̣* in that film ◆ **magazine de ~s** girlie *ou* porn magazine* ◆ **histoire de ~s** dirty story

**fessée** /fese/ **NF** spanking, smack on the bottom ◆ **je vais te donner une ~** I'm going to smack your bottom

**fesse-mathieu** †† (pl **fesse-mathieux**) /fɛsmatjø/ **NM** skinflint

**fesser** /fese/ ► conjug 1 ◄ **VT** to give a spanking to, to spank

**fessier, -ière** /fesje, jɛʀ/ **ADJ** ◆ **les (muscles) ~s** the buttock muscles **NM** *(Anat)* gluteus *(SPÉC)*

**festif, -ive** /fɛstif, iv/ **ADJ** festive

**festin** /fɛstɛ̃/ **NM** feast ◆ **c'était un vrai ~** it was a real feast

**festival** (pl **festivals**) /fɛstival/ **NM** *(Mus, Théât)* festival ◆ **ce fut un vrai ~ (de talents) !** what a brilliant display (of talent) it was!

**festivalier, -ière** /fɛstivalje, jɛʀ/ **NM,F** festival-goer

**festivités** /fɛstivite/ **NFPL** *(gén)* festivities; *(* = repas joyeux)* festivities, merrymaking ◆ **les ~ du couronnement** the coronation festivities *ou* celebrations

**festoiement** /fɛstwamɑ̃/ **NM** feasting

**feston** /fɛstɔ̃/ **NM** *(= guirlande, Archit)* festoon; *(Couture)* scallop ◆ **à ~** scalloped; → **point²**

**festonner** /fɛstɔne/ ▸ conjug 1 ◂ **VT** *[+ façade]* to festoon; *[+ robe]* to scallop

**festoyer** /fɛstwaje/ ▸ conjug 8 ◂ **VI** to feast

**feta** /feta/ **NF** feta (cheese)

**fêtard, e** * /fɛtaʀ, aʀd/ **NM,F** *(péj)* reveller ◆ **réveillé par une bande de ~s** woken up by a band of merrymakers *ou* revellers

**fête** /fɛt/ GRAMMAIRE ACTIVE 50.2

**NF** a *(= réception)* party ◆ **donner une ~** to give *ou* throw a party ◆ **faire une ~ (pour son anniversaire** *etc***)** to have a (birthday *etc*) party ◆ **les ~s en l'honneur d'un souverain étranger** the celebrations in honour of a foreign monarch ◆ **~s galantes** *(Art)* scenes of gallantry, fêtes galantes

b *(= commémoration) (religieuse)* feast; *(civile)* holiday ◆ **la Toussaint est la ~ de tous les saints** All Saints' Day is the feast of all the saints ◆ **le 11 novembre est la ~ de la Victoire** 11 November is the day we celebrate the Victory (in the First World War) ◆ **Noël est la ~ des enfants** Christmas is for children

c *(= jour du prénom)* name day, saint's day ◆ **la ~ de la Saint-Jean** Saint John's day ◆ **souhaiter sa** *ou* **bonne ~ à qn** to wish sb a happy name day

d *(= congé)* holiday ◆ **les ~s (de fin d'année)** the (Christmas and New Year) celebrations *ou* holidays ◆ **demain c'est ~** tomorrow is a holiday

e *(= foire)* fair; *(= kermesse)* fête, fair; *(= exposition, salon)* festival, show ◆ **~ paroissiale/communale** parish/local fête *ou* fair ◆ **~ de la bière/du jambon** beer/ham festival ◆ **~ de l'aviation** air show ◆ **~ de la moisson** harvest festival ◆ **~ de la vendange** festival of the grape harvest ◆ **c'est la ~ au village** the fair is on in the village ◆ **la ~ de la ville a lieu le premier dimanche de mai** the town festival takes place on the first Sunday in May; → **comité, jour** *etc*

f *(= allégresse collective)* **la ~** celebration ◆ **c'est la ~ !** everyone's celebrating!, everyone's in a festive mood! ◆ **c'est la ~ chez nos voisins** our neighbours are celebrating ◆ **toute la ville était en ~** the whole town was celebrating ◆ **la foule en ~** the festive crowd ◆ **air/atmosphère de ~** festive air/atmosphere

g *(loc)* **hier il était à la ~** he had a field day yesterday, it was his day yesterday ◆ **je n'étais pas à la ~** it was no picnic (for me) *, I was feeling pretty uncomfortable ◆ **il n'avait jamais été à pareille ~** he'd never had such a fine time, he was having the time of his life ◆ **être de la ~** to be one of the party ◆ **ça va être ta ~** ‡ you've got it coming to you *, you're going to get it in the neck ‡ ◆ **faire sa ~ à qn** ‡ to bash sb up ‡ ◆ **faire la ~** * to live it up *, to have a wild time ◆ **faire ~ à qn** to give sb a warm welcome *ou* reception ◆ **le chien fit ~ à son maître** the dog made a fuss of its master ◆ **elle se faisait une ~ d'y aller/de cette rencontre** she was really looking forward to going/to this meeting ◆ **ce n'est pas tous les jours ~** it's not everyday that we have an excuse to celebrate

**COMP** ▷ **fête carillonnée** great feast day ▷ **fête de charité** charity bazaar *ou* fair ▷ **fête de famille** family celebration ▷ **fête fixe** fixed festival ▷ **fête foraine** fun fair ▷ **la fête du Grand Pardon** the Day of Atonement ▷ **fête légale** public holiday ▷ **la fête des Mères** Mother's Day, Mothering Sunday *(Brit)* ▷ **fête mobile** movable feast ▷ **la fête des Morts** All Souls' Day ▷ **fête nationale** *(gén)* national holiday; *(en France)* Bastille Day; *(aux États-Unis)* Independence Day; *(au Canada)* Confederation Day; *(en Irlande)* St Patrick's Day ▷ **la fête des Pères** Father's Day ▷ **la fête des Rois** Twelfth Night ▷ **la fête du travail** Labour Day ▷ **fête de village** village fête

> **Fêtes légales**
>
> Holidays to which employees are entitled in addition to their paid leave in France are as follows:
> **Religious holidays**: Christmas Day, New Year's Day, Easter Monday, Ascension Day, Pentecost, Assumption (15 August) and All Saints' Day (1 November).
> **Other holidays**: 1 May (la fête du travail), 8 May (commemorating the end of the Second World War), 14 July (Bastille Day) and 11 November (Armistice Day).
> When a holiday falls on a Tuesday or a Thursday, many people take an extra day off to fill in the gap before or after the weekend. Doing this is called « faire le pont ».

**Fête-Dieu** (pl **Fêtes-Dieu**) /fɛtdjø/ **NF** ◆ **la ~** Corpus Christi

**fêter** /fete/ GRAMMAIRE ACTIVE 52.2 ▸ conjug 1 ◂ **VT** *[+ anniversaire, victoire]* to celebrate; *[+ personne]* to fête ◆ **il faut ~ cela !** this calls for a celebration!

**fétiche** /fetiʃ/ **NM** *(lit)* fetish; *(= mascotte)* mascot ◆ **son acteur/son équipe ~** his favourite actor/team ◆ **film/roman ~** cult film/novel

**fétichiser** /fetiʃize/ ▸ conjug 1 ◂ **VT** to fetishize

**fétichisme** /fetiʃism/ **NM** fetishism

**fétichiste** /fetiʃist/ **ADJ, NMF** fetishist

**fétide** /fetid/ **ADJ** fetid

**fétidité** /fetidite/ **NF** fetidness

**fétu** /fety/ **NM** ◆ **~ (de paille)** wisp of straw ◆ **emporté comme un ~ (de paille)** *[avion, pont]* swept away as if it were weightless; *[personne]* swept along helplessly

**fétuque** /fetyk/ **NF** *ou* **m** fescue (grass)

## feu¹ /fø/

GRAMMAIRE ACTIVE 36.1

| | |
|---|---|
| 1 NOM MASCULIN | 2 ADJECTIF INVARIABLE |
| 3 COMPOSÉS | |

### 1 - NOM MASCULIN

a *= source de chaleur* fire ◆ **~ de bois/tourbe** wood/peat fire ◆ **allumer/faire un ~** to light/make a fire ◆ **faire du ~** to have *ou* make a fire ◆ **jeter qch au ~** to throw sth on the fire ◆ **un ~ d'enfer brûlait dans la cheminée** a fire blazed brightly *ou* a hot fire blazed in the fireplace ◆ **sur un ~ de braises** on glowing embers ◆ **avez-vous du ~ ?** *(pour un fumeur)* have you got a light? ◆ **donner du ~ à qn** to give sb a light ◆ **le ~ éternel** *(Rel)* eternal fire (and damnation) ◆ **l'épreuve du ~** *(Hist)* ordeal by fire ◆ **une soirée du ~ de Dieu** * a fantastic evening ◆ **avoir le ~ au derrière** * *ou* **aux fesses** * *ou* **au cul** ***** *(= être pressé)* to be in a hell of a hurry *; *(sexuellement)* to be really horny ‡ ◆ **faire ~ des quatre fers** *(littér) [cheval]* to run like lightning, to make the sparks fly; *[personne]* to go all out, to pull out all the stops * ◆ **faire ~ de tout bois** to use all available means *ou* all the means at one's disposal ◆ **jeter** *ou* **lancer ~ et flammes** to breathe fire and fury, to be in a towering rage ◆ **pousser les ~x** *(Naut)* to stoke the boiler ◆ **il faut pousser les ~x pour réduire les inégalités sociales** we must speed up the process of reducing social inequalities; → **coin, long**

b *= incendie* fire ◆ **mettre le ~ à qch** *(lit)* to set fire to sth, to set sth on fire ◆ **l'assassinat a mis le ~ au pays** the assassination has plunged the country into chaos *ou* turmoil ◆ **ça a mis le ~ aux poudres** it sparked things off ◆ **prendre ~** *[maison, forêt]* to catch fire ◆ **il prend ~ facilement dans la discussion** he's apt to get carried away in arguments ◆ **le ~ a pris dans la grange** fire has broken out in the barn ◆ **au ~ !** fire! ◆ **il y a le ~** there's a fire ◆ **il y a le ~ au grenier !** the attic's on fire! ◆ **il n'y a pas le ~ (au lac) !** * there's no panic! *

◆ **à feu et à sang** ◆ **mettre une ville à ~ et à sang** to put a town to fire and sword ◆ **la région est à ~ et à sang** the region is being torn apart *ou* laid waste by war

◆ **en feu** on fire *(attrib)* ◆ **devant la maison en ~** in front of the burning house ◆ **le piment m'a mis la bouche en ~** the chilli made my mouth burn ◆ **il avait les joues en ~** his cheeks were on fire

c *Culin = brûleur* burner; *(= plaque électrique)* burner, ring *(Brit)* ◆ **cuisinière à trois ~x** stove with three burners *ou* rings *(Brit)* ◆ **faire cuire à ~ doux/vif** *(sur brûleur ou plaque)* to cook over *ou* on a low/high heat; *(au four)* to cook in a low/hot oven ◆ **plat qui va au ~** *ou* **sur le ~** fireproof dish ◆ **mettre qch/être sur le ~** to put sth/be on the stove ◆ **sur le ~** *(= en préparation)* in the pipeline

◆ **à petit feu** *[cuire]* gently; *[empoisonner]* slowly (but surely) ◆ **tuer** *ou* **faire mourir qn à petit ~** to kill sb by inches

d

◆ **mettre à feu** *[+ fusée]* to fire off; *[+ charge explosive, bombe]* to set off, to trigger; *[+ moteur]* to fire

◆ **mise à feu** *[de fusée, moteur]* firing; *[d'explosif, bombe]* setting off, triggering ◆ **au moment de la mise à ~ de la fusée** at blast-off

e *= sensation de brûlure, de chaleur* **j'ai le ~ aux joues** my cheeks are burning ◆ **le ~ lui monta au visage** the blood rushed to his face ◆ **le ~ du rasoir** shaving rash, razor burn ◆ **le bébé a des ~x de dents** the baby's cutting a tooth *ou* teething

f *= ardeur* fire ◆ **plein de ~** full of fire ◆ **parler avec ~** to speak passionately ◆ **un tempérament de ~** a fiery temperament ◆ **avoir du ~ dans les veines** to have fire in one's blood ◆ **avoir le ~ sacré** to burn with zeal ◆ **dans le ~ de l'action/de la discussion** in the heat of (the) action/the discussion

◆ **tout feu tout flamme** wildly enthusiastic, burning with enthusiasm

g *Mil = tir* fire; *(= combat)* action ◆ **faire ~** to fire ◆ **~ !** fire! ◆ **~ à volonté !** fire at will! ◆ **sous le ~ de l'ennemi** under enemy fire ◆ **~ nourri/rasant/roulant** sustained/grazing/running fire ◆ **un ~ roulant de questions** a barrage of questions ◆ **des ~x croisés** crossfire ◆ **être pris entre deux ~x** *(lit, fig)* to be caught in the crossfire ◆ **aller au ~** to go to the firing line ◆ **tué au ~** killed in action; → **arme, baptême**

h

◆ **coup de feu** *(d'une arme)* (gun)shot ◆ **il a reçu un coup de ~** he has been shot ◆ **faire le coup de ~ avec qn** to fight alongside sb ◆ **c'est le coup de ~** *(fig = précipitation, bousculade)* it's all go * ◆ **ma pizza a eu un coup de ~** my pizza's a bit burnt

**i** = revolver (*arg Crime*) gun, shooter*, rod* (*US*)

**j** = signal lumineux (*Aut, Aviat, Naut*) light ♦ **le ~ était (au) rouge** the lights were (on) red ♦ **s'arrêter aux ~x** to stop at the lights ♦ **naviguer/rouler tous ~x éteints** to sail/drive without lights ♦ **les ~x de la côte** the lights of the shore

**k** = éclairage light ♦ **les ~x de la rampe** the footlights ♦ **pleins ~x sur ...** spotlight on ... ♦ **être sous le ~ des projecteurs** (*lit*) to be in the glare of the spotlights; (*fig*) to be in the limelight ♦ **les ~x de l'actualité sont braqués sur eux** they are under *ou* in the full glare of the media spotlight

**l** littér = éclat **les ~x d'une pierre précieuse** the fire of a precious stone ♦ **les diamants jetaient mille ~x** the diamonds were sparkling ♦ **le ~ de son regard** his fiery gaze

**m** littér = lumière **les ~x de la nuit** the lights in the night ♦ **les ~x du couchant** the fiery glow of sunset ♦ **les ~x de la ville** the lights of the town ♦ **les ~x de l'été** (*= chaleur*) the summer heat

**n** †† = maison hearth †, homestead ♦ **un hameau de 15 ~x** a hamlet of 15 homesteads

♦ **sans feu ni lieu** (*littér*) with neither hearth nor home †

2 - ADJECTIF INVARIABLE

flame-coloured ♦ **rouge ~** flame red ♦ **chien noir et ~** black and tan dog

3 - COMPOSÉS

▷ **feu antibrouillard** fog light *ou* lamp ▷ **feu arrière** tail light, rear light (*Brit*) ▷ **feu d'artifice** firework display, fireworks ♦ **un beau ~ d'artifice** beautiful fireworks ♦ **le texte est un ~ d'artifice d'images et de métaphores** the text is a virtuoso display of imagery and metaphor ▷ **feu de Bengale** Bengal light ▷ **feu de brouillard** ⇒ **feu antibrouillard** ▷ **feu de brousse** bush fire ▷ **feu de camp** campfire ▷ **feu de cheminée** (*= flambée*) fire; (*= incendie*) chimney fire ▷ **feu clignotant** flashing light ▷ **feux de croisement** dipped headlights (*Brit*), low beams (*US*) ▷ **feux de détresse** hazard (warning) lights ▷ **feu follet** (*lit, fig*) will-o'-the-wisp ▷ **feu de forêt** forest fire ▷ **feu grégeois** Greek fire ▷ **feu de joie** bonfire ▷ **feu orange** amber light (*Brit*), yellow light (*US*) ▷ **feu de paille** (*fig*) flash in the pan ▷ **feu de plancher*** (*= pantalon*) high-riders*, clam-diggers* ▷ **feu de position** sidelight ▷ **feux de recul** reversing lights (*Brit*), back-up lights (*US*) ▷ **feu rouge** (*couleur*) red light; (*= objet*) traffic light ♦ **tournez au prochain ~ rouge** turn at the next set of traffic lights ▷ **feux de route** headlamps *ou* headlights on full beam ▷ **feux de la Saint-Jean** *bonfires lit to celebrate the summer solstice* ▷ **feux de signalisation** traffic lights ▷ **feux de stationnement** parking lights ▷ **feu de stop** stop *ou* brake light ▷ **feux tricolores** traffic lights ▷ **feu vert** green light ♦ **donner le ~ vert à qn/qch** (*fig*) to give sb/sth the green light *ou* the go-ahead

---

**feu², e** /fø/ ADJ ♦ **~ ma tante, ma ~e tante** (*frm*) my late aunt

**feuillage** /fœjaʒ/ NM (*sur l'arbre*) foliage (*NonC*); (*coupé*) greenery (*NonC*) ♦ **les oiseaux gazouillaient dans le ~** *ou* **les ~s** the birds were twittering among the leaves *ou* the foliage

**feuillaison** /fœjɛzɔ̃/ NF leafing, foliation (*SPÉC*) ♦ **à l'époque de la ~** when the trees come into leaf

**feuille** /fœj/ NF **a** [*d'arbre, plante*] leaf; (*littér = pétale*) petal ♦ **~ de laurier** bay leaf ♦ **à ~s caduques/persistantes** deciduous/evergreen; → **trèfle, trembler**

**b** [*de papier, plastique, bois, ardoise, acier*] sheet ♦ **les ~s d'un cahier** the leaves of an exercise book ♦ **or en ~s** gold leaf ♦ **doré à la ~ d'or** gilded with gold leaf ♦ **bonnes ~s** (*Imprim*) advance sheets ♦ **alimentation ~ à ~** sheet feed ♦ **une ~ d'aluminium** (*Culin*) (a sheet of) aluminium foil

**c** (*= bulletin*) slip; (*= formulaire*) form; (*= journal*) paper ♦ **~ à scandales*** scandal sheet ♦ **~ d'appel** (*Scol*) daily register (sheet) (*Brit*), attendance sheet (*US*)

**d** (*Ordin*) **~ de programmation** work *ou* coding sheet ♦ **~ de style** style sheet ♦ **~ de calcul** spread sheet

**e** (* *= oreille*) ear, lug* (*Brit*) ♦ **dur de la ~** hard of hearing

COMP ▷ **feuille de chêne** (*Bot*) oak-leaf; (*Mil*) general's insignia ▷ **feuille de chou** (*péj = journal*) rag ▷ **feuille de garde** endpaper ▷ **feuille d'impôt** tax form *ou* slip ▷ **feuille d'impression** folded sheet ▷ **feuille de maladie** *form given by doctor to patient for forwarding to the Social Security* ▷ **feuille morte** dead leaf ♦ **descendre en ~ morte** (*Aviat*) to do the falling leaf ▷ **feuille de paye** *ou* **paie** pay slip ▷ **feuille de présence** attendance sheet ▷ **feuille de route** (*Mil*) travel warrant ▷ **feuille de soins** ⇒ **feuille de maladie** ▷ **feuille de température** temperature chart ▷ **feuilles de thé** tea leaves ▷ **feuille de vigne** (*Bot, Culin*) vine leaf; (*Sculp*) fig leaf ▷ **feuille volante** loose sheet; → **oreille**

**feuille-morte** /fœjmɔʀt/ ADJ INV (*= couleur*) russet

**feuillet** /fœjɛ/ NM **a** [*de cahier, livre*] leaf, page; [*de bois*] layer ♦ **~s embryonnaires** (*Bio*) germ layers **b** [*de ruminants*] omasum, manyplies

**feuilleté, e** /fœjte/ (ptp de **feuilleter**) ADJ [*roche*] foliated; [*verre, pare-brise*] laminated NM (*= pâtisserie*) ≈ Danish pastry ♦ **~ au jambon/aux amandes** ham/almond pastry

**feuilleter** /fœjte/ ▸ conjug 4 ◂ VT **a** [*+ pages, livre*] to leaf *ou* flick *ou* flip through; (*= lire rapidement*) to leaf *ou* skim *ou* glance through **b** (*Culin*) [*+ pâte*] to turn and roll

**feuilleton** /fœjtɔ̃/ NM (*Presse, Radio, TV*) serial ♦ **~ télévisé** television serial; (*populaire et de longue durée*) soap (opera) ♦ **publié en ~** serialized ♦ **ses amours, c'est un véritable ~** his love life is like a soap opera ♦ **~ judiciaire** (*fig*) judicial saga

**feuilletoniste** /fœjtɔnist/ NMF serial writer

**feuillette** /fœjɛt/ NF cask, barrel (*containing 114-140 litres*)

**feuillu, e** /fœjy/ ADJ leafy NM broad-leaved tree

**feuillure** /fœjyʀ/ NF rebate, rabbet

**feulement** /følmɑ̃/ NM growl

**feuler** /føle/ ▸ conjug 1 ◂ VI to growl

**feutrage** /føtʀaʒ/ NM felting

**feutre** /føtʀ/ NM (*Tex*) felt; (*= chapeau*) felt hat, trilby (*Brit*), fedora (*US*); (*= stylo*) felt-tip (pen), felt pen

**feutré, e** /føtʀe/ (ptp de **feutrer**) ADJ **a** [*étoffe, surface*] felt-like, felt (*épith*); [*lainage*] matted **b** [*atmosphère, bruit*] muffled ♦ **marcher à pas ~s** to walk with a muffled tread, to pad along *ou* about ♦ **elle descendit l'escalier à pas ~s** she crept down the stairs

**feutrer** /føtʀe/ ▸ conjug 1 ◂ VT **a** (*= garnir de feutre*) to line with felt; (*= mettre en feutre*) to mat **b** (*= amortir*) [*+ bruit*] to muffle VI to felt VPR **se feutrer** to felt, to mat ♦ **mon pull-over s'est feutré** my jumper has gone all matted *ou* has felted

**feutrine** /føtʀin/ NF (lightweight) felt

**fève** /fɛv/ NF **a** (*Bot*) broad bean ♦ **~ de cacao** cocoa bean **b** [*de galette*] charm (*hidden in cake for Twelfth Night*); → LES ROIS **c** (* : *Can*) bean ♦ **~s jaunes** wax beans ♦ **~s vertes** string *ou* French beans ♦ **~s au lard** pork and beans

**février** /fevʀije/ NM February; *pour loc voir* **septembre**

**fez** /fɛz/ NM fez

**FF** **a** (abrév de **franc français**) FF **b** (abrév de **frères**) bros

**FFI** /ɛfɛfi/ NFPL (abrév de **Forces françaises de l'intérieur**) → **force**

**FFL** /ɛfɛfɛl/ NFPL (abrév de **Forces françaises libres**) → **force**

**Fg** abrév de **faubourg**

**fi** /fi/ EXCL (††, *hum*) bah!, pooh! ♦ **faire ~ de** [*+ loi, conventions, conseils*] to flout; [*+ danger*] to snap one's fingers at

**fiabiliser** /fjabilize/ ▸ conjug 1 ◂ VT [*+ machine*] to make (more) reliable; [*+ méthode*] to make (more) accurate *ou* reliable

**fiabilité** /fjabilite/ NF [*de chiffres*] accuracy, reliability; [*de personnel*] reliability, dependability; [*de machine*] reliability

**fiable** /fjabl/ ADJ [*chiffres, données, méthode*] accurate, reliable; [*personne*] reliable, dependable; [*information, machine, produit*] reliable

**fiacre** /fjakʀ/ NM (hackney) cab *ou* carriage, hackney

**fiançailles** /fjɑ̃saj/ GRAMMAIRE ACTIVE 51.2 NFPL engagement, betrothal (*littér*) ♦ **ils m'ont invité à leurs ~** they invited me to their engagement party

**fiancé, e** /fjɑ̃se/ GRAMMAIRE ACTIVE 51.2 ADJ engaged NM (*= homme*) fiancé ♦ **les ~s** (*= couple*) the engaged couple NF **fiancée** fiancée

**fiancer** /fjɑ̃se/ ▸ conjug 3 ◂ VT to betroth (*littér*) (*avec, à* to) VPR **se fiancer** to become *ou* get engaged *ou* betrothed (*littér*) (*avec, à* to)

**fiasco** /fjasko/ NM fiasco ♦ **être un ~** to be a fiasco ♦ **faire (un) ~** [*personne*] to fail miserably; [*négociations, projet*] to end in a fiasco

**fiasque** /fjask/ NF wine flask

**fibranne** /fibʀan/ NF bonded fibre

**fibre** /fibʀ/ NF **a** (*lit : gén*) fibre (*Brit*), fiber (*US*) ♦ **dans le sens des ~s** with the grain ♦ **~ de bois/carbone** wood/carbon fibre ♦ **~s musculaires** muscle fibres ♦ **~s nerveuses** nerve fibres ♦ **~ de verre** fibreglass (*Brit*), fiberglass (*US*), Fiberglas ® (*US*) ♦ **~ optique** (*= câble*) optical fibre; (*= procédé*) fibre optics ♦ **câble en ~s optiques** fibre-optic cable ♦ **riche en ~s (alimentaires)** high in (dietary) fibre **b** (*= âme*) **avoir la ~ maternelle/militaire** to be a born mother/soldier ♦ **faire vibrer la ~ patriotique** to play on *ou* stir patriotic feelings ♦ **sa ~ paternelle n'est pas très développée** he's lacking in paternal feelings

**fibreux, -euse** /fibʀø, øz/ ADJ [*texture*] fibrous; [*viande*] stringy

**fibrillation** /fibʀijasjɔ̃/ NF fibrillation

**fibrille** /fibʀij/ NF fibril, fibrilla

**fibrine** /fibʀin/ NF fibrin

**fibrinogène** /fibʀinɔʒɛn/ NM fibrinogen

**fibroblaste** /fibʀoblast/ NM fibroblast

**fibrociment** ® /fibʀosimɑ̃/ NM fibrocement

**fibromateux, -euse** /fibʀɔmatø, øz/ ADJ fibromatous

**fibrome** /fibʀom/ NM fibroid, fibroma

**fibroscope** /fibʀɔskɔp/ NM fibrescope *(Brit)*, fiberscope *(US)*

**fibroscopie** /fibʀɔskɔpi/ NF *endoscopy produced by fibroscope*

**fibule** /fibyl/ NF *(= broche)* fibula

**ficaire** /fikɛʀ/ NF lesser celandine, pilewort

**ficelage** /fis(ə)laʒ/ NM *(= action)* tying (up); *(= liens)* string

**ficeler** /fis(ə)le/ ▸ conjug 4 ◂ VT a *[+ paquet, rôti, prisonnier]* to tie up ◆ **ficelé comme un saucisson** tied up in a bundle b *(* = habiller)* to get up*, to rig out* *(Brit)* ◆ **ta mère t'a drôlement ficelé !** that's some get-up* *ou* rig-out* *(Brit)* your mother has put you in! ◆ **c'est bien ficelé** *[scénario, film]* it's well put together

**ficelle** /fisɛl/ NF a *(= matière)* string; *(= morceau)* piece *ou* length of string; *(= pain)* stick (of French bread); *(arg Mil)* stripe *(of officer)* b *(loc)* **tirer les ~s** to pull the strings ◆ **connaître les ~s du métier** to know the tricks of the trade, to know the ropes ◆ **la ~ est un peu grosse** you can see right through it

**fichage** /fiʃaʒ/ NM ◆ **le ~ de la population** filing *ou* recording information on the population

**fiche**[1] /fiʃ/ NF a *(= carte)* (index) card; *(= feuille)* sheet, slip; *(= formulaire)* form ◆ **~ client** customer card ◆ **~ d'état civil** *record of civil status,* ≃ birth and marriage certificate ◆ **~ d'inscription** enrolment form ◆ **~ perforée** perforated card ◆ **~ cartonnée** index card ◆ **~ de paye** *ou* **de paie** pay slip ◆ **~ de police** police record ◆ **~ technique** specification sheet ◆ **mettre en ~** to index ◆ **~-cuisine/-tricot** *[de magazine]* (pull-out) recipe/knitting pattern card; → **signalétique** b *(= cheville)* pin, peg; *(Élec)* *(= broche)* pin; *(= prise)* plug

**fiche**[2] * /fiʃ/ VB → **ficher**[2]

**ficher**[1] /fiʃe/ ▸ conjug 1 ◂ VT a *(= mettre en fiche)* *[+ renseignements]* to file; *[+ suspects]* to put on file ◆ **tous les meneurs sont fichés à la police** the police have files on all subversives b *(= enfoncer)* to stick in, to drive in ◆ **~ qch en terre** to drive sth into the ground ◆ **j'ai une arête fichée dans le gosier** I've got a fishbone stuck in my throat, a fishbone has got stuck in my throat

**ficher**[2] * /fiʃe/ ▸ conjug 1 ◂ (ptp courant **fichu**) VT a *(= faire)* to do ◆ **qu'est-ce qu'il fiche, il est déjà 8 heures** what on earth *ou* what the heck* is he doing *ou* is he up to* — it's already 8 o'clock ◆ **qu'est-ce que tu as fichu aujourd'hui ?** what have you been up to* *ou* what have you done today? ◆ **il n'a rien fichu de la journée** he hasn't done a thing *ou* a stroke *(Brit)* all day* ◆ **(pour) ce que j'en ai à fiche, de leurs histoires** I couldn't care less about what they're up to*

b *(= donner)* to give ◆ **~ une trempe à qn** to give sb a slap in the face ◆ **ça me fiche la trouille** it gives me the jitters* *ou* the willies* ◆ **cette odeur/musique me fiche la migraine** that smell/music is giving me a damn‡ *ou* blinking* *(Brit)* headache ◆ **fiche-moi la paix !** leave me alone! ◆ **eux, faire ça ? je t'en fiche !** you think they'd do that? not a hope!* *ou* you'll be lucky!* ◆ **ça va nous ~ la poisse** that'll bring us bad luck *ou* put a jinx* on us ◆ **je vous fiche mon billet que ...** I bet you anything (you like) *ou* my bottom dollar* that ... ◆ **qui est-ce qui m'a fichu un idiot pareil !** how stupid can you get!*, of all the blinking *(Brit)* idiots!*

c *(= mettre)* to put ◆ **fiche-le dans le tiroir** stick* *ou* bung* *(Brit)* it in the drawer ◆ **~ qn à la porte** to chuck* *ou* kick* sb out ◆ **se faire ~** *ou* **fiche à la porte** to get o.s. chucked* *ou* kicked* out, to get the push* *ou* the sack* ◆ **~ qch par la fenêtre/à la corbeille** to chuck* sth out of the window/in the wastebasket ◆ **ce médicament me fiche à plat** this medicine knocks me right out* *ou* knocks me for six* ◆ **il a fiché le vase par terre** *(qui était posé)* he knocked the vase off; *(qu'il avait dans les mains)* he dropped the vase ◆ **ça fiche tout par terre** *(fig)* that mucks* *ou* messes everything up ◆ **~ qn dedans** *(= emprisonner)* to put sb inside*; *(= faire se tromper)* to get sb all confused ◆ **ça m'a fichu en colère** that made me really *ou* hopping mad*; → **air**[2]

d ◆ **~ le camp** to clear off*, to shove off‡, to push off* ◆ **fiche-moi le camp !** clear off!*, push off!*

VPR **se ficher** a *(= se mettre)* **attention, tu vas te ~ ce truc dans l'œil** careful, you're going to stick that thing in your eye ◆ **se ~ qch dans le crâne** to get sth into one's head *ou* noddle* ◆ **je me suis fichu dedans** I (really) boobed‡ ◆ **se ~ par terre** to go sprawling, to come a cropper* *(Brit)* ◆ **il s'est fichu en l'air avec sa voiture** he smashed himself up* in his car

b ◆ **se ~ de qn** *(= rire de)* to make fun of sb; *(= raconter des histoires à)* to pull sb's leg ◆ **se ~ de qch** to make fun of sth ◆ **se ~ de qn/de qch/de faire qch** *(= être indifférent)* not to give a darn about sb/about sth/about doing sth*, not to care two hoots about sb/about sth/about doing sth* ◆ **laisse-le tomber, tu vois bien qu'il se fiche de toi** drop him — it's perfectly obvious that he's leading you on* *ou* he couldn't care less about you ◆ **ils se fichent de nous, 8 € pour une bière !** what (on earth) do they take us for *ou* they really must think we're idiots, €8 for a beer! ◆ **il se fiche de nous, c'est la troisième fois qu'il se décommande** he's giving us the runaround* *ou* really messing us about* *(Brit)* — that's the third time he has cancelled his appointment ◆ **il se fiche du monde !** he's the absolute limit!* ◆ **là, ils ne se sont vraiment pas fichus de nous** they really did us proud! ◆ **je m'en fiche pas mal !** I couldn't care less!, I don't give a damn!* ◆ **il s'en fiche comme de sa première chemise** *ou* **comme de l'an quarante** he couldn't care two hoots* (about it), what the heck does he care!*

c ‡ **va te faire fiche !** get lost!*, go to blazes!*, take a running jump!* ◆ **j'ai essayé, mais je t'en fiche** *ou* **va te faire fiche ! ça n'a pas marché** I did try but blow me* *(Brit)*, it didn't work, I did try but I'll be darned* *(US)* if it worked

**fichier** /fiʃje/ NM *(gén, Ordin)* file; *[de bibliothèque]* catalogue *(Brit)*, catalog *(US)* ◆ **~ d'adresses** mailing list ◆ **~ ASCII** ASCII file ◆ **~ (des) clients** customer file ◆ **~ (informatisé)** data file ◆ **~ de travail** *(Ordin)* scratch *ou* work file ◆ **~ système** system file ◆ **~ (de) texte** text file

**fichiste** † /fiʃist(ə)/ NMF filing clerk

**fichtre** * † /fiʃtʀ/ EXCL *(étonnement, admiration)* gosh!*, by Jove! †* ◆ **~ non !** gosh* *ou* goodness, no!

**fichtrement** * † /fiʃtʀəmɑ̃/ ADV darned*, dashed* *(Brit)* ◆ **ça a coûté ~ cher** it was darned *ou* dashed *(Brit)* expensive*

**fichu**[1] /fiʃy/ NM (head)scarf; *(Hist : couvrant le corsage)* fichu

**fichu**[2]**, e** * /fiʃy/ (ptp de **ficher**[2]) ADJ a *(avant n)* *(= sale)* *[métier, idée]* wretched*, lousy*; *(= mauvais)* rotten*, lousy*, foul*; *(= sacré)* one heck of a*, a heck of a* ◆ **avec ce ~ temps on ne peut rien faire** with this lousy* *ou* wretched* weather we can't do a thing ◆ **il fait un ~ temps** what rotten* *ou* lousy* *ou* foul* weather ◆ **il a un ~ caractère** he's got a rotten* *ou* lousy* temper, he's a nasty piece of work* ◆ **il y a une ~e différence** there's one heck of a *ou* a heck of a difference*

b *(après n = perdu, détruit)* *[malade, vêtement]* done for*; *[appareil]* done for*, bust* ◆ **il/ce veston est ~** he/this jacket has had it* *ou* is done for* ◆ **avec ce temps, le pique-nique est ~** with weather like this, we've had it for the picnic*

c *(= habillé)* got up*, rigged out* *(Brit)* ◆ **regarde comme il est ~ !** look at the way he's got up!* *ou* rigged out!* *(Brit)* ◆ **~ comme l'as de pique** looking like a scarecrow

d *(= bâti, conçu)* **elle est bien ~e** she's well put together*, she's got a nice body ◆ **cet appareil/ce livre est bien ~** this is a clever little gadget/book ◆ **cet appareil/ce livre est mal ~** this gadget/book is hopeless *ou* useless ◆ **il est tout mal ~** he's a fright ◆ **comment c'est ~ ce truc ?** how does this thing work?

e ◆ **être mal ~** *ou* **pas bien ~** *[malade]* to feel rotten*, to be under the weather* *ou* out of sorts*; *(euph)* *[femme]* to have the curse*, to be on the rag‡ *(US)*

f *(= capable)* **il est ~ d'y aller, tel que je le connais** knowing him he's quite capable of going ◆ **il n'est (même) pas ~ de réparer ça** he can't even mend the darned thing*

**fictif, -ive** /fiktif, iv/ ADJ a *(= imaginaire)* fictitious, imaginary ◆ **naturellement, tout ceci est ~** of course this is all fictitious *ou* imaginary b *(= faux)* *[nom, adresse, facture]* false ◆ **des emplois ~s** bogus jobs ◆ **il a reçu un salaire ~** he received a salary for a bogus job ◆ **c'était des prestations fictives** the services were never actually provided c *(Fin)* *[prêt, actifs, contrat]* fictitious ◆ **valeur fictive** *[monnaie]* face value

**fiction** /fiksjɔ̃/ NF a *(= imagination)* fiction, imagination ◆ **cette perspective est encore du domaine de la ~** this prospect still belongs in the realms of fiction ◆ **livre de ~** work of fiction b *(= fait imaginé)* invention; *(= situation imaginaire)* fiction; *(= roman)* (work of) fiction, fictional work; *(= film de télévision)* TV drama; *(= mythe)* illusion, myth ◆ **heureusement, ce que je vous décris est une ~** fortunately all that I've been telling you is imaginary

**fictivement** /fiktivmɑ̃/ ADV *(= faussement)* ◆ **il était ~ employé par la société** he had a bogus job with the company ◆ **facturer ~ des prestations à une société** to present a company with false invoices for services

**ficus** /fikys/ NM ficus

**fidéicommis** /fideikɔmi/ NM *(= régime)* trust; *(= fonction)* trusteeship

**fidéicommissaire** /fideikɔmisɛʀ/ NM trustee

**fidèle** /fidɛl/ ADJ a *(= loyal)* *(gén)* faithful, loyal; *[époux]* faithful ◆ **~ serviteur/épée** trusty *ou* loyal servant/sword ◆ **demeurer ~ au poste** *(lit, fig)* to be loyal *ou* faithful to one's post ◆ **rester ~ à** *[+ personne]* to remain faithful to; *[+ promesse]* to be *ou* remain faithful to, to keep; *[+ principe, idée]* to remain true *ou* faithful to, to stand by; *[+ habitude, mode]* to keep to; *[+ marque, produit]* to remain loyal to, to stay *ou* stick* with ◆ **être ~ à une tradition** to remain faithful to *ou* to follow a tradition ◆ **~ à la tradition, ...** in keeping with tradition, ... ◆ **~ à ses convictions, il ...** true to his convictions, he ... ◆ **être ~ à soi-même** to be true to o.s. ◆ **~ à lui-même** *ou* **à son habitude, il est arrivé en retard** true to form *ou* true to character he arrived late b (= habituel) [lecteur, client] regular, faithful ◆ **nous informons nos ~s clients que ...** we wish to inform our customers that ...

c (= exact) [historien, narrateur, son, reproduction] faithful; [souvenir, récit, portrait, traduction] faithful, accurate; [mémoire, appareil, montre] accurate, reliable ◆ **sa description est ~ à la réalité** his description is a true ou an accurate picture of the situation

NMF a (Rel) believer ◆ **les ~s** (= croyants) the faithful; (= assemblée) the congregation

b (= client) regular (customer); (= lecteur) regular (reader) ◆ **je suis un ~ de votre émission depuis 10 ans** I have been a regular listener to (ou viewer of) your programme for 10 years

c (= adepte) [de doctrine, mode, écrivain] follower, devotee

**fidèlement** /fidɛlmɑ̃/ ADV a (= conformément à la réalité) faithfully, accurately ◆ **le combat est ~ décrit dans ce livre** the fight is accurately ou faithfully described in this book ◆ **ces images reproduisent ~ ce qui se passe dans la réalité** these pictures are an accurate reflection of reality ◆ **mes propos ont été ~ rapportés** what I said was accurately reported b (= loyalement) faithfully, loyally c (= régulièrement) faithfully, regularly ◆ **j'écoute ~ vos émissions depuis 10 ans** I have been listening to your programmes regularly ou I have been a regular listener to your programmes for the past 10 years d (= scrupuleusement) faithfully

**fidélisation** /fidelizasjɔ̃/ NF ◆ **~ de la clientèle** development of customer loyalty

**fidéliser** /fidelize/ ► conjug 1 ◄ VT ◆ **~ sa clientèle/son personnel** to establish ou develop customer/staff loyalty ◆ **~ un public** to build up a loyal audience

**fidélité** /fidelite/ NF a (= loyauté) (gén) faithfulness, loyalty; [de conjoint, lecteur, client] faithfulness; (à un produit, un parti) loyalty, fidelity ◆ **la ~ (conjugale)** fidelity; → **carte, jurer** b (= exactitude) [d'historien, narrateur, son, reproduction] faithfulness; [de souvenir, récit, portrait, traduction] faithfulness, accuracy; [de mémoire, appareil, montre] accuracy, reliability

**Fidji** /fidʒi/ NFPL ◆ **les (îles) ~** Fiji, the Fiji Islands

**fidjien, -ienne** /fidʒjɛ̃, jɛn/ ADJ Fiji, Fijian NM,F **Fidjien(ne)** Fiji, Fijian

**fiduciaire** /fidysjɛʀ/ ADJ fiduciary ◆ **circulation ~** fiduciary circulation ◆ **héritier ~** heir, trustee ◆ **monnaie ~** fiat ou paper money ◆ **société ~** trust company NM (Jur) trustee NF (= société) trust company

**fiducie** /fidysi/ NF trust ◆ **société de ~** trust company

**fief** /fjɛf/ NM (Hist) fief; (= zone d'influence) [de firme, organisation] preserve; [de parti, secte] stronghold; (hum = domaine) private kingdom ◆ **~ (électoral)** electoral stronghold ◆ **ce bureau est son ~** (hum) this office is his kingdom

**fieffé, e** /fjefe/ ADJ ◆ **un ~ menteur** a downright liar ◆ **un ~ réactionnaire** a dyed-in-the-wool reactionary ◆ **il m'a rendu un ~ service** he did me a huge favour

**fiel** /fjɛl/ NM (lit) gall ◆ **propos pleins de ~** words filled with venom ou gall

**fielleux, -euse** /fjelø, øz/ ADJ venomous, spiteful

**fiente** /fjɑ̃t/ NF [d'oiseau] droppings

**fienter** /fjɑ̃te/ ► conjug 1 ◄ VI to leave droppings

**fier, fière** /fjɛʀ/ ADJ a (= arrogant) proud ◆ **~ comme Artaban** ou **comme un coq** ou **comme un paon** (as) proud as a peacock ◆ **trop ~ pour accepter** too proud to accept ◆ **faire le ~** (= être méprisant) to be aloof, to give o.s. airs; (= faire le brave) to be full of o.s. ◆ **c'est quelqu'un de pas ~** * he's not stuck-up * ◆ **devant le danger, il n'était plus si ~** when he found himself faced with danger, he wasn't so full of himself any more; → **fier-à-bras**

b (littér = noble) [âme, démarche] proud, noble ◆ **avoir fière allure** to cut a fine figure, to cut a dash

c ◆ **~ de qch/de faire qch** proud of sth/to do sth ◆ **elle est fière de sa beauté** she's proud of her beauty ◆ **toute fière de sortir avec son papa** as proud as could be to be going out with her daddy ◆ **il n'y a pas de quoi être ~** there's nothing to feel proud about ou to be proud of ou to boast about ◆ **je n'étais pas ~ de moi** I didn't feel very proud of myself, I felt pretty small * ◆ **elle est fière qu'il ait réussi** she's proud he has succeeded ◆ **il n'était pas peu ~** he was really proud

d (intensif : avant n) ◆ **~ imbécile** first-class ou prize * idiot ◆ **fière canaille** out-and-out ou downright scoundrel ◆ **il a un ~ toupet** he has the devil of a nerve * ou cheek * (Brit) ◆ **je te dois une fière chandelle** I'm terribly indebted to you

e (littér = fougueux) [cheval] mettlesome ◆ **le ~ Aquilon** the harsh ou chill north wind

**fier (se)** /fje/ ► conjug 7 ◄ VPR a (loyauté) **se ~ à** [+ allié, promesses, discrétion] to trust ◆ **on ne peut pas se ~ à lui** you can't trust him, he's not to be trusted, he can't be trusted ◆ **ne vous fiez pas à ce qu'il dit** don't go by ou trust what he says ◆ **il a l'air calme mais il ne faut pas s'y ~** he looks calm but that's nothing to go by b (fiabilité) **se ~ à** [+ appareil, collaborateur, instinct, mémoire] to trust, to rely on; [+ destin, hasard] to trust to ◆ **ne te fie pas à ta mémoire, prends des notes** don't trust to memory, make notes

**fier-à-bras** (pl **fiers-à-bras**) /fjɛʀabʀɑ/ NM braggart

**fièrement** /fjɛʀmɑ̃/ ADV (= dignement) proudly

**fiérot, e** * /fjeʀo, ɔt/ ADJ cocky * ◆ **faire le ~** to show off * ◆ **tout ~ (d'avoir gagné/de son succès)** as pleased as Punch (about winning/about ou at his success)

**fierté** /fjɛʀte/ NF (gén) pride; (péj = arrogance) pride, haughtiness ◆ **tirer ~ de** to get a sense of pride from ◆ **sa ~ est d'avoir réussi tout seul** he takes pride in having succeeded all on his own ◆ **son jardin est sa ~** his garden is his pride and joy ◆ **je n'ai pas accepté son aide, j'ai ma ~ !** I didn't accept his help — I have my pride!

**fiesta** * /fjɛsta/ NF rave-up * ◆ **faire la** ou **une ~** to have a rave-up *

**fieu** /fjø/ NM († ou dial) son, lad

**fièvre** /fjɛvʀ/ NF a (= température) fever, temperature ◆ **accès de ~** bout of fever ◆ **avoir (de) la ~/beaucoup de ~** to have ou run a temperature/a high temperature ◆ **avoir 39 de ~** to have a temperature of 104(°F) ou 39(°C) ◆ **une ~ de cheval** * a raging fever ◆ **il a les yeux brillants de ~** his eyes are bright with fever; → **bouton**

b (= maladie) fever ◆ **~ jaune/typhoïde** yellow/typhoid fever ◆ **~ hémorragique** haemorrhagic fever ◆ **~ aphteuse** foot-and-mouth disease ◆ **~ quarte** †† quartan fever ou ague ◆ **avoir les ~s** † to have marsh fever ◆ **~ acheteuse** (hum) compulsive shopping

c (= agitation) fever, excitement ◆ **parler avec ~** to speak excitedly ◆ **dans la ~ du départ** in the heat of departure, in the excitement of going away ◆ **la ~ de l'or/des élections** gold/election fever ◆ **pays saisi par la ~ du nationalisme** country caught in the grip of nationalist fervour

d (= envie) fever ◆ **être pris d'une ~ d'écrire** to be seized with a frenzied ou feverish urge to write

**fiévreusement** /fjevʀøzmɑ̃/ ADV feverishly, excitedly

**fiévreux, -euse** /fjevʀø, øz/ ADJ (Méd, fig) feverish

**FIFA** /fifa/ NF (abrév de **Fédération internationale de football association**) FIFA

**fifille** * † /fifij/ NF (terme affectueux) ◆ **viens par ici, ~** come here, my little girl ou sweetheart ◆ **~ à sa maman** (péj) mummy's (Brit) ou mommy's (US) little girl

**fifre** /fifʀ/ NM (= instrument) fife; (= joueur) fife player

**fifrelin** † /fifʀəlɛ̃/ NM ◆ **ça ne vaut pas un ~** it's not worth a brass farthing (Brit) ou nickel (US)

**fifty-fifty** * /fiftififti/ LOC ADV ◆ **faire ~** to go fifty-fifty *, to go Dutch * ◆ **on partage, ~ ?** shall we go fifty-fifty * ou Dutch *?

**figé, e** /fiʒe/ (ptp de **figer**) ADJ [style] stilted; [manières] stiff, constrained; [société, mœurs] rigid, ossified; [attitude, sourire] set, fixed; [forme, expression] set ◆ **une société ~e dans la tradition** a hidebound society ◆ **le village semble ~ dans le temps** the village seems to be stuck in a timewarp ◆ **être ~ dans des structures anciennes** to be set rigidly in outdated structures

**figement** /fiʒmɑ̃/ NM [d'huile, sauce] congealing; [de sang] clotting, coagulation, congealing

**figer** /fiʒe/ ► conjug 3 ◄ VT [+ huile, sauce] to congeal; [+ sang] to clot, to coagulate, to congeal ◆ **le cri le figea sur place** the scream froze ou rooted him to the spot ◆ **figé par la peur** terror-stricken ◆ **histoire à vous ~ le sang** bloodcurdling story, story to make one's blood run cold ◆ **des corps figés par la mort** rigid corpses VI [sauce, huile] to congeal; [sang] to clot, to coagulate, to congeal VPR **se figer** [sauce, huile] to congeal; [sang] to clot, to coagulate, to congeal; [sourire, regard] to freeze; [visage] to stiffen, to freeze ◆ **il se figea au garde-à-vous** he stood rigidly to attention ◆ **son sang se figea dans ses veines** his blood froze in his veins

**fignolage** * /fiɲɔlaʒ/ NM touching up, polishing ◆ **on a pratiquement terminé, le reste c'est du ~** just a few more finishing touches and we'll be done

**fignoler** * /fiɲɔle/ ► conjug 1 ◄ VT (= soigner) to polish up, to put the finishing touches to ◆ **c'est du travail fignolé** that's a really neat job

**fignoleur, -euse** /fiɲɔlœʀ, øz/ NM,F meticulous worker, perfectionist

**figue** /fig/ NF (Bot) fig ◆ **~ de Barbarie** prickly pear ◆ **~ de mer** (edible) sea squirt

**figuier** /figje/ NM fig tree ◆ **~ de Barbarie** prickly pear ◆ **~ banian** banyan tree

**figurant, e** /figyʀɑ̃, ɑ̃t/ NM,F (Ciné) extra; (Théât) walk-on, supernumerary; (fig) (= pantin) puppet, cipher; (= complice) stooge ◆ **avoir un rôle de ~** (dans un comité, une conférence) to play a minor part, to be a mere onlooker; (dans un crime) to be a stooge; (Ciné) to be an extra; (Théât) to have a walk-on part

**figuratif, -ive** /figyʀatif, iv/ ADJ a (Art) representational, figurative b [plan, écriture] figurative NM,F representational ou figurative artist

**figuration** /figyʀasjɔ̃/ NF a (Théât) (= métier) playing walk-on parts; (= rôle) walk-on (part); *(= figurants)* walk-on actors; *(Ciné) (= métier)* working as an extra; *(= rôle)* extra part; *(= figurants)* extras ◆ **faire de la ~** *(Théât)* to do walk-on parts; *(Ciné)* to work as an extra **b** *(= représentation)* representation

**figure** /figyʀ/ NF **a** *(= visage)* face; *(= mine)* face, countenance *(frm)* ◆ **sa ~ s'allongea** his face fell ◆ **elle lui a jeté** *ou* **lancé ses lettres à la ~** she threw his letters in his face ◆ **il lui a jeté** *ou* **lancé à la ~ qu'elle en était incapable** he told her to her face that she wasn't up to it; → **casser**

**b** *(= personnage)* figure ◆ **~ équestre** equestrian figure ◆ **les grandes ~s de l'histoire** the great figures of history ◆ **les ~s** *(Cartes)* the court *ou* face cards

**c** *(= image)* illustration, picture; *(Danse, Ling, Patinage)* figure; *(Math = tracé)* diagram, figure ◆ **~ géométrique** geometrical figure ◆ **faire une ~** to draw a diagram

**d** *(loc)* **faire ~ de favori** to be generally thought of *ou* be looked on as the favourite ◆ **faire ~ d'idiot** to look a fool ◆ **faire ~ dans le monde** †† to cut a figure in society † ◆ **faire bonne ~** to put up a good show ◆ **faire pâle ~** to pale into insignificance (*à côté de* beside, next to); ◆ **faire triste** *ou* **piètre ~** to cut a sorry figure, to look a sorry sight ◆ **il n'a plus ~ humaine** he is disfigured beyond recognition ◆ **prendre ~** *[construction, projet]* to take shape

COMP ▷ **figure de ballet** balletic figure ▷ **figure chorégraphique** choreographic figure ▷ **figures imposées** *(Patinage)* compulsory figures ◆ **ça fait partie des ~s imposées** *(fig)* it's part of the compulsory ritual ▷ **figures libres** *(Patinage)* freestyle (skating) ▷ **figure mélodique** figure ▷ **figure de proue** *(Naut)* figurehead; *(= chef)* key figure, figurehead ▷ **figure de rhétorique** rhetorical figure ▷ **figure de style** stylistic device

**figuré, e** /figyʀe/ (ptp de **figurer**) ADJ *[langage, style, sens]* figurative; *[prononciation]* symbolized; *[plan, représentation]* diagrammatic; *(Archit)* figured ◆ **mot employé au ~** word used figuratively *ou* in the figurative ◆ **au propre comme au ~** both literally and figuratively, in the literal as well as the figurative sense

**figurer** /figyʀe/ ▸ conjug 1 ◂ VT to represent ◆ **le peintre l'avait figuré sous les traits de Zeus** the painter had shown *ou* represented him in the guise of Zeus ◆ **la scène figure un palais** the scene is a palace ◆ **la balance figure la justice** scales are the symbol of justice

VI **a** *(= être mentionné)* to appear ◆ **mon frère figure parmi les gagnants** my brother is listed among the winners *ou* is in the list of winners ◆ **son nom figure en bonne place/ne figure pas parmi les gagnants** his name is high up among/does not appear among the winners ◆ **~ sur une liste/dans l'annuaire** to appear on a list/in the directory ◆ **cet article ne figure plus sur votre catalogue** this item is no longer featured *ou* listed in your catalogue

**b** *(Théât)* to have a walk-on part; *(Ciné)* to be an extra

VPR **se figurer** to imagine ◆ **figurez-vous une grande maison** picture *ou* imagine a big house ◆ **si tu te figures que tu vas gagner ...** if you think *ou* imagine you're going to win ... ◆ **figurez-vous que j'allais justement vous téléphoner** it so happens I was just about to phone you ◆ **je ne tiens pas à y aller, figure-toi !** believe it or not, I've no particular desire to go! ◆ **tu ne peux pas te ~ comme il est bête** you wouldn't believe *ou* you can't imagine how stupid he is

**figurine** /figyʀin/ NF figurine

**fil** /fil/ NM **a** *(= brin) [de coton, nylon]* thread; *[de laine]* yarn; *[de cuivre, acier]* wire; *[de haricot, marionnette]* string; *[d'araignée]* thread; *[d'appareil électrique]* cord ◆ **haricots pleins de ~s/sans ~s** stringy/stringless beans ◆ **~ de trame/de chaîne** weft/warp yarn ◆ **tu as tiré un ~ à ton manteau** you have pulled a thread in your coat ◆ **j'ai tiré un ~ à mon collant** I've laddered my tights *(Brit)*, my hose have a run in them *(US)* ◆ **il suffit de tirer un ~ et on découvre l'ampleur du scandale** you only have to scratch the surface to see the true scale of the scandal ◆ **n'avoir plus un ~ de sec** to be soaked through ◆ **~ (à linge)** (washing *ou* clothes) line ◆ **~ (à pêche)** (fishing) line

**b** *(= téléphone)* **j'ai ta mère au bout du ~** I have your mother on the line *ou* phone

◆ **coup de fil** * (phone) call ◆ **donner** *ou* **passer un coup de ~ à qn** * to give sb a ring *ou* call *ou* buzz *, to call *ou* phone *ou* ring *(Brit)* sb (up) ◆ **il faut que je passe un coup de ~** * I've got to make a phone call

**c** *(Tex = matière)* linen ◆ **chemise de ~** linen shirt ◆ **chaussettes pur ~ (d'Écosse)** lisle socks

**d** *(= sens) [de bois, viande]* grain ◆ **couper dans le sens du ~** to cut with the grain ◆ **dans le sens contraire du ~** against the grain; → **droit²**

**e** *(= tranchant)* edge ◆ **donner du ~ à un rasoir** to sharpen a razor ◆ **être sur le ~ du rasoir** to be on the razor's edge *ou* on a razor-edge ◆ **passer un prisonnier au ~ de l'épée** to put a prisoner to the sword

**f** *(= cours) [de discours, pensée]* thread ◆ **suivre/interrompre le ~ d'un discours/de ses pensées** to follow/interrupt the thread of a speech/of one's thoughts ◆ **tu m'as interrompu et j'ai perdu le ~** you've interrupted me and I've lost the thread ◆ **au ~ des jours/des ans** with the passing days/years, as the days/years go (*ou* went) by ◆ **raconter sa vie au ~ de ses souvenirs** to reminisce about one's life ◆ **suivre le ~ de l'eau** to follow the current ◆ **le bateau/papier s'en allait au ~ de l'eau** the boat/paper was drifting away with the stream *ou* current

**g** *(loc)* **maigre** *ou* **mince comme un ~** (as) thin as a rake ◆ **donner du ~ à retordre à qn** to make life difficult for sb ◆ **avoir un ~ à la patte** * to be tied down ◆ **ne tenir qu'à un ~** to hang by a thread ◆ **de ~ en aiguille** one thing leading to another, gradually

COMP ▷ **fil d'Ariane** *(Myth)* Ariadne's thread; *(fig)* vital lead ▷ **fil conducteur** *[d'enquête]* vital lead; *[de récit]* main theme *ou* thread ▷ **fil à coudre** (sewing) thread ▷ **fil à couper le beurre** cheesewire ▷ **fil dentaire** dental floss ▷ **fil électrique** electric wire ▷ **fil de fer** wire ◆ **avoir les jambes comme des ~s de fer** *(fig)* to have legs like matchsticks ▷ **fil de fer barbelé** barbed wire ▷ **fil à plomb** plumbline ▷ **fil rouge** ◆ **le ~ rouge de ses émissions** the common theme linking his programmes ▷ **fil de soie dentaire** ⇒ **fil dentaire** ▷ **fil à souder** soldering wire ▷ **fil de terre** earth wire *(Brit)*, ground wire *(US)* ▷ **fils de la vierge** gossamer *(NonC)*, gossamer threads; → **inventer**

**fil-à-fil** /filafil/ NM INV *(= tissu)* pepper-and-salt (fabric)

**filage** /filaʒ/ NM *[de laine]* spinning; *(Ciné)* ghost image; *(Théât)* run-through

**filament** /filamɑ̃/ NM *(Bio, Élec)* filament; *[de glu, bave]* strand, thread

**filamenteux, -euse** /filamɑ̃tø, øz/ ADJ filamentous

**filandière** /filɑ̃djɛʀ/ NF (hand-)spinner

**filandreux, -euse** /filɑ̃dʀø, øz/ ADJ *[viande, légume]* stringy; *[scénario, récit]* incoherent

**filant, e** /filɑ̃, ɑ̃t/ ADJ *[liquide]* free-flowing; *(Culin)* runny; *(Méd) [pouls]* very weak; → **étoile**

**filao** /filao/ NM beefwood

**filasse** /filas/ NF tow ◆ **~ de chanvre/lin** hemp/flax tow ADJ INV ◆ **cheveux (blond) ~** tow-coloured hair ◆ **aux cheveux (blond) ~** tow-haired, tow-headed

**filateur** /filatœʀ/ NM mill owner

**filature** /filatyʀ/ NF **a** *(Tex) (= action)* spinning; *(= usine)* mill **b** *(= surveillance)* shadowing *(NonC)*, tailing * *(NonC)* ◆ **prendre qn en ~** to shadow *ou* tail * sb

**fildefériste, fil-de-fériste** (pl **fil-de-féristes**) /fildəfeʀist/ NMF high-wire artist

**file** /fil/ NF *[de personnes, objets]* line ◆ **~ (d'attente)** queue *(Brit)*, line *(US)* ◆ **~ de voitures** *(en stationnement)* line of cars; *(roulant)* line *ou* stream of cars ◆ **se mettre sur** *ou* **prendre la ~ de gauche** *(Aut)* to move into the left-hand lane ◆ **se garer en double ~** to double-park ◆ **il est en double ~** he's double-parked ◆ **prendre la ~** to join the queue *(Brit)* *ou* the line *(US)*

◆ **à la file, en file** ◆ **se mettre à la ~** to join the queue *(Brit)* *ou* the line *(US)* ◆ **se mettre en ~** to line up ◆ **marcher à la ~** *ou* **en ~** to walk in line ◆ **entrer/sortir en ~** *ou* **à la ~** to file in/out ◆ **en ~ indienne** in single file ◆ **chanter plusieurs chansons à la ~** to sing several songs in a row *ou* in succession *ou* one after the other

**filé** /file/ (ptp de **filer**) NM *(Tex)* thread, yarn ◆ **~ d'or/d'argent** golden/silver thread

**filer** /file/ ▸ conjug 1 ◂ VT **a** *[+ laine, coton, acier, verre]* to spin; *[araignée, chenille]* to spin ◆ **~ un mauvais coton** *(au physique)* to be in a bad way; *(au moral)* to get into bad ways ◆ **verre/sucre filé** spun glass/sugar

**b** *(= prolonger) [+ image, métaphore]* to spin out, to extend; *[+ son, note]* to draw out ◆ **~ le parfait amour** to spin out love's sweet dream ◆ **~ une pièce de théâtre** to run through a play

**c** *(Police = suivre)* to shadow, to tail * ◆ **~ le train à qn** * to be hard *ou* close on sb's heels ◆ **j'ai quitté la salle et il m'a filé le train** * I left the room and he followed after me

**d** *(Naut) [+ amarre]* to veer out ◆ **navire qui file 20 nœuds** ship doing 20 knots

**e** (* *= donner*) **~ qch à qn** to give sth to sb, to give sb sth ◆ **il m'a filé son rhume** he's given me his cold ◆ **~ un coup de poing à qn** to punch sb, to give sb a punch ◆ **file-toi un coup de peigne** run a comb through your hair

**f** *(= démailler) [+ bas, collant]* to get a run in, to ladder *(Brit)*

VI **a** *[liquide]* to run, to trickle; *[fromage fondu]* to go stringy; *[sirop]* to thread; *[lampe, flamme]* to smoke ◆ **il faisait ~ du sable entre ses doigts** he was running *ou* trickling sand through his fingers

**b** (* *= courir, passer*) *[personne]* to fly, to dash; *[temps]* to fly (by) ◆ **~ bon train/comme le vent/à toute allure** to go at a fair speed/like the wind/at top speed ◆ **il fila comme une flèche devant nous** he darted *ou* zoomed * straight past us ◆ **~ à la poste/voir qn** to dash to the post office/to see sb

**c** (* *= s'en aller*) to go off ◆ **le voleur avait déjà filé** the thief had already made off * ◆ **il faut que je file** I must dash *ou* fly * ◆ **file dans ta chambre** off to your room with you ◆ **allez, file, garnement !** clear off, you little pest! * ◆ **~ à l'anglaise** to run off *ou* away, to take French leave *(Brit)* ◆ **~ entre les doigts de qn** *[poisson]* to slip between sb's fingers;

*[voleur, argent]* to slip through sb's fingers ◆ **les billets de 20 €, ça file vite** 20 euro notes disappear in no time ◆ **~ doux** to toe the line

d *(= se démailler) [maille]* to run; *[bas, collant]* to run, to ladder *(Brit)* ◆ **mon collant a filé** I've got a run *ou* ladder in my tights *(Brit)*, my hose have a run in them *(US)*

e *[monnaie]* to slide, to slip ◆ **laisser ~ le dollar** to let the dollar slide

**filet** /filɛ/ **NM** a *(= petite quantité) [d'eau, sang]* dribble, trickle; *[de fumée]* wisp; *[de lumière]* (thin) shaft; *(= trait)* thin line ◆ **il avait un ~ de voix** he had a reedy voice ◆ **mettez un ~ de vinaigre** add a drop *ou* a dash of vinegar ◆ **arrosez d'un ~ d'huile d'olive** drizzle with olive oil

b *[de poisson]* fillet; *[de viande]* fillet *(Brit) ou* filet *(US)* steak ◆ **donnez-moi un rôti dans le ~** I'd like some fillet *(Brit) ou* filet *(US)* of beef ◆ **~ mignon** (pork) tenderloin ◆ **~ américain** *(Belg)* steak tartare

c *(= nervure) [de langue]* frenum; *[de pas de vis]* thread; *(Typo)* rule; *(Archit)* fillet, list(el) ◆ **~s nerveux** nerve endings

d *(Pêche, Sport)* net ◆ **~ (à provisions)** string bag ◆ **~ (à bagages)** (luggage) rack ◆ **~ à crevettes/à papillons/à cheveux** shrimping/ butterfly/hair net ◆ **~ à poissons** *ou* **de pêche** fishing net, fishnet *(US)* ◆ **~ dérivant** drift net ◆ **envoyer la balle au fond des ~s** *(Ftbl)* to send the ball into the back of the net ◆ **~ !** *(Tennis)* let! ◆ **envoyer la balle dans le ~** *(Tennis)* to put the ball into the net, to net the ball ◆ **monter au ~** *(Tennis)* to go up to the net ◆ **il a dû monter au ~ pour défendre son projet** *(fig)* he had to stick his neck out to defend his proposal ◆ **travailler sans ~** *[acrobates]* to perform without a safety net; *(fig)* to be out on one's own ◆ **tendre un ~** *[chasseur]* to set a snare; *[police]* to set a trap ◆ **le ~ se resserre** the net is closing in *ou* tightening ◆ **coup de ~** *(fig)* haul ◆ **attirer qn dans ses ~s** *(fig)* to ensnare sb

**filetage** /filtaʒ/ **NM** *(= action)* thread cutting, threading; *[de pas de vis]* thread

**fileter** /filte/ ▸ **conjug 5** ◂ **VT** a *[+ vis, tuyau]* to thread; *(= étirer) [+ métal]* to draw ◆ **tissu violet fileté d'or** purple cloth shot through with gold threads b *(Culin) [+ poisson]* to fillet

**fileur, -euse** /filœʀ, øz/ **NM,F** spinner

**filial, e**[1] **(mpl -iaux)** /filjal, jo/ **ADJ** filial

**filiale**[2] /filjal/ **NF** *(Comm)* ◆ **(société) ~** subsidiary (company) ◆ **~ commune** joint venture ◆ **~ à 100%** wholly-owned subsidiary ◆ **~ de distribution/vente** distribution/sales subsidiary

**filiation** /filjasjɔ̃/ **NF** *[de personnes]* filiation; *[d'idées, mots]* relation ◆ **être issu de qn par ~ directe** to be a direct descendant of sb

**filière** /filjɛʀ/ **NF** a *(= succession d'étapes) [de carrière]* path; *[d'administration]* channels, procedures ◆ **la ~ administrative** the administrative procedures *ou* channels ◆ **passer par** *ou* **suivre la ~ pour devenir directeur** to work one's way up to become a director ◆ **il a suivi la ~ classique pour devenir professeur** he followed the classic route into teaching ◆ **de nouvelles ~s sont offertes aux jeunes ingénieurs** new paths are open to young engineers

b *(Scol, Univ = domaine d'études spécifique)* course, subjects ◆ **~s technologiques/scientifiques/artistiques** technology/science/ arts courses ◆ **nouvelles ~s** new subjects ◆ **suivre une ~ courte/longue** to do a short/ long course

c *(= réseau)* network ◆ **les policiers ont réussi à remonter toute la ~** the police have managed to trace the network right through to the man at the top ◆ **de nouvelles ~s pour le passage de la drogue** new channels for drug trafficking

d *(Écon = secteur d'activité)* industry ◆ **~ bois/ pêche/agroalimentaire** timber/fishing/ food-processing industry ◆ **ce pays a choisi la ~ nucléaire** this country chose the nuclear(-power) option *ou* opted to use nuclear power

e *(Phys Nucl)* **~ à eau légère/à eau pressurisée** light-water/pressurized water reactor technology

f *(Tech) (pour étirer)* drawplate; *(pour fileter)* screwing die

g *(Zool) [d'araignée, chenille]* spinneret

**filiforme** /filifɔʀm/ **ADJ** *[antenne, patte]* thread-like, filiform *(SPÉC)*; *[jambes]* long and slender; *[corps]* lanky; *(Méd) [pouls]* thready

**filigrane** /filigʀan/ **NM** *[de papier, billet]* watermark; *[d'objet]* filigree

◆ **en filigrane** *(lit)* as a watermark ◆ **ce projet apparaît** *ou* **est inscrit en ~ dans le texte** this project is hinted at in the text ◆ **cette possibilité est inscrite en ~ dans la loi** this possibility is implicit in the law ◆ **sa haine apparaissait en ~ dans ses paroles** there was veiled hatred in his words ◆ **la frustration qui apparaît en ~ dans ses toiles** the sense of frustration that runs through his paintings

**filigraner** /filigʀane/ ▸ **conjug 1** ◂ **VT** *[+ papier, billet]* to watermark; *[+ objet]* to filigree

**filin** /filɛ̃/ **NM** rope

**fille** /fij/ **NF** a *(dans une famille)* daughter ◆ **la ~ de la maison** the daughter of the house ◆ **la ~ Martin** *(souvent péj)* the Martin girl ◆ **la peur, ~ de la lâcheté** *(littér)* fear, the daughter of cowardice ◆ **oui, ma ~** *(Rel)* yes, my child ◆ **c'est bien la ~ de son père/de sa mère** she's very much her father's/her mother's daughter, she's just like her father/ her mother; → **jouer**

b *(= enfant)* girl; *(= femme)* woman; *(† = vierge)* maid † ◆ **c'est une grande/petite ~** she's a big/little girl ◆ **elle est belle ~** she's a good-looking girl ◆ **c'est une bonne** *ou* **brave ~** she's a nice girl *ou* a good sort ◆ **elle n'est pas ~ à se laisser faire** she's not the type to let herself *ou* the type of girl who lets herself be messed about ◆ **être encore/ rester ~** † to be still/stay unmarried ◆ **mourir ~** † to die an old maid; → **jeune, vieux**

c *(† = servante)* **~ de ferme** farm girl ◆ **~ d'auberge/de cuisine** serving/kitchen maid ◆ **ma ~** †† my girl

d *(† péj = prostituée)* whore ◆ **~ en carte** registered prostitute

COMP ▹ **fille d'Ève** daughter of Eve ▹ **fille d'honneur** *(Hist)* maid of honour ▹ **fille de joie** prostitute ▹ **fille publique** streetwalker ▹ **fille des rues** streetwalker ▹ **fille de salle** *(restaurant)* waitress; *(hôpital)* ward orderly ▹ **fille à soldats** *(péj †)* soldiers' whore ▹ **fille soumise** † registered prostitute

**fille-mère** † **(pl filles-mères)** /fijmɛʀ/ **NF** *(péj)* unmarried mother

**fillette** /fijɛt/ **NF** a *(= petite fille)* (little) girl ◆ **rayon ~s** girls' department ◆ **elle chausse du 42 ~** * *(hum)* her feet are like boats * b *(= bouteille)* ≈ (half-)bottle

**filleul** /fijœl/ **NM** godson, godchild ◆ **~ de guerre** adoptive son (in wartime)

**filleule** /fijœl/ **NF** goddaughter, godchild

**film** /film/ **NM** a *(Ciné) (= pellicule)* film; *(= œuvre)* film, movie *(surtout US)* ◆ **le ~ fantastique/d'avant-garde** *(genre)* fantasy/avant-garde films ◆ **le grand ~** † the feature (film) ◆ **repasser le ~ des événements de la journée** *(fig)* to go over the sequence of the day's events ◆ **il n'a rien compris au ~** * *(fig)* he didn't get it at all; → **métrage**

b *(= mince couche)* film ◆ **~ alimentaire** *ou* **étirable** *(transparent)* Clingfilm ® *(Brit)*, clingwrap *(Brit)*, Saran Wrap ® *(US)* ◆ **~ plastique de congélation** freezer film

COMP ▹ **film d'animation** animated film ▹ **film d'archives** archive film ▹ **film documentaire** documentary (film) ▹ **film d'épouvante** ⇒ **film d'horreur** ▹ **film de guerre** war film ▹ **film d'horreur** horror film ▹ **film muet** silent film ▹ **film noir** film noir ▹ **film parlant** talking film, talkie * ▹ **film policier** detective film ▹ **film publicitaire** *(= publicité)* advertising film; *(= film promotionnel)* promotional film ▹ **film à sketches** film made up of sketches; → **action**[1]**, aventure, espionnage**

**filmage** /filmaʒ/ **NM** *[de personne, paysage]* filming; *[de film, scène]* filming, shooting

**filmer** /filme/ ▸ **conjug 1** ◂ **VT** *[+ personne, paysage]* to film; *[+ film, scène]* to film, to shoot ◆ **théâtre filmé** film drama

**filmique** /filmik/ **ADJ** film *(épith)*, cinematic ◆ **l'œuvre ~ de Renoir** Renoir's film work

**filmographie** /filmɔgʀafi/ **NF** filmography

**filmologie** /filmɔlɔʒi/ **NF** film studies

**filoguidé, e** /filogide/ **ADJ** wire-guided

**filon** /filɔ̃/ **NM** a *(Minér)* vein, seam ◆ **il exploite ce ~ depuis des années** he's worked that seam for years b *(= opportunité, secteur)* **trouver le ~** * to strike it lucky *ou* rich ◆ **ils ont flairé le (bon) ~** they're on to something good ◆ **on n'a pas fait de recherches sur ce sujet, c'est un ~ qu'il faudrait exploiter** no research has been done on that subject - it's a line worth developing ◆ **c'est un bon ~** * *[métier]* it's a cushy number *; *[secteur lucratif]* there's a lot of money to be made in it

**filou** /filu/ **NM** *(= escroc)* crook, swindler; *(= enfant espiègle)* rascal

**filouter** * /filute/ ▸ **conjug 1** ◂ VT *[+ personne]* to cheat, to do * *(Brit)*, to diddle * *(Brit)*; *[+ argent, objets]* to snaffle *, to filch * ◆ **il m'a filouté (de) 5 €** he's cheated *ou* diddled *(Brit)* me out of 5 euros * VI *(= tricher)* to cheat ◆ **il est difficile de ~ avec le fisc** it's hard to cheat *ou* diddle *(Brit)* the taxman *

**filouterie** /filutʀi/ **NF** fraud *(NonC)*, swindling *(NonC)*

**fils** /fis/ **NM** son ◆ **le ~ de la maison** the son of the house ◆ **M. Martin ~** young Mr Martin ◆ **Martin ~** *(Comm)* Mr Martin junior ◆ **Martin et Fils** *(Comm)* Martin and Son (*ou* Sons) ◆ **le ~ Martin** the Martin boy ◆ **elle est venue avec ses deux ~** she came with her two sons *ou* boys ◆ **c'est bien le ~ de son père** he's very much his father's son, he's just like his father ◆ **les ~ de la France/de Charlemagne** *(frm)* the sons of France/of Charlemagne ◆ **être le ~ de ses œuvres** *(frm)* to be a self-made man ◆ **oui, mon ~** *(Rel)* yes, my son ◆ **le Fils de l'homme/de Dieu** *(Rel)* the Son of Man/of God COMP ▹ **fils de famille** young man of means *ou* with money ▹ **fils de garce** ** †, **fils de pute** ** son of a bitch ** ▹ **fils spirituel** spiritual son; → **papa**

**filtrage** /filtʀaʒ/ **NM** *[de liquide]* filtering; *(Élec)* filtration; *[de nouvelles, spectateurs]* screening

**filtrant, e** /filtʀɑ̃, ɑ̃t/ **ADJ** *[substance]* filtering *(épith)*; *[verre]* filter *(épith)* ◆ **barrage ~** *(sur route)* roadblock *(letting through a few vehicles)* ◆ **virus ~** filterable virus ◆ **le pouvoir ~ de ces lunettes de soleil** the way these sunglasses filter sunlight

**filtrat** /filtʀa/ **NM** filtrate

**filtration** /filtʀasjɔ̃/ **NF** *[de liquide]* filtering, filtration

**filtre** /filtʀ/ **NM** *(gén)* filter; *[de cigarette]* filter tip ◆ ~ **à café** coffee filter ◆ **papier-~** filter paper ◆ **cigarette à bout** ~ filter-tipped cigarette ◆ **"avec ou sans filtre ?"** "tipped or plain?" ◆ ~ **à air/huile/essence** air/oil/fuel filter ◆ ~ **anti-UV** UV filter ◆ ~ **solaire** sunscreen

**filtrer** /filtʀe/ ▸ conjug 1 ◂ **VT** *[+ liquide, lumière, son]* to filter; *[+ nouvelles, spectateurs, appels téléphoniques]* to screen **VI** *[liquide]* to filter (through), to seep through; *[lumière, son]* to filter through; *[information]* to leak out, to filter through ◆ **rien n'a filtré de leur conversation** none of their conversation got out

**fin**[1], **fine**[1] /fɛ̃, fin/ **ADJ** a (= *mince*) *[tranche, couche, papier, tissu]* thin; *[cheveux, sable, poudre, papier de verre]* fine; *[pointe, pinceau]* fine; *[bec d'oiseau]* thin, pointed; *[lame]* sharp, keen; *[écriture]* small; *[taille, doigt, jambe]* slender, slim ◆ **plume** ~**e** fine-nibbed pen ◆ **petits pois** ~**s/très** ~**s** high-quality/top-quality garden peas ◆ **une petite pluie** ~**e** a fine drizzle; → **peigne, sel**

b (= *raffiné, supérieur*) *[lingerie, porcelaine, travail]* fine, delicate; *[traits, visage, or, pierres]* fine; *[silhouette, membres]* neat, shapely; *[produits, aliments]* high-class, top-quality; *[mets]* choice, exquisite; *[chaussures]* fine-leather ◆ **faire un repas** ~ to have a gourmet meal ◆ **vins** ~**s** fine wines ◆ **perles** ~**es** real pearls ◆ ~**e fleur de froment** finest wheat flour ◆ **la** ~**e fleur de l'armée française** the pride *ou* flower of the French army ◆ **le** ~ **du** ~ the last word *ou* the ultimate (*de* in) → **épicerie, partie**[2]

c (= *très sensible*) *[vue, ouïe]* sharp, keen; *[goût, odorat]* fine, discriminating ◆ **avoir l'oreille** *ou* **l'ouïe** ~**e** to have a keen ear, to have keen hearing; → **nez**

d (= *subtil*) *[personne]* astute; *[esprit, observation]* shrewd, sharp; *[allusion, nuance]* subtle; *[sourire]* wise, shrewd ◆ **faire des plaisanteries** ~**es sur qch** to joke wittily about sth ◆ **il n'est pas très** ~ he's not very bright ◆ **ce n'est pas très** ~ **de sa part** that's not very clever of him ◆ **comme c'est** ~ **!** *(iro)* (that's) very clever! *(iro)* ◆ **c'est** ~ **ce que tu as fait !** *(iro)* that was clever of you! *(iro)* ◆ **il se croit plus** ~ **que les autres** he thinks he's smarter than everybody else ◆ **bien** ~ **qui pourrait le dire !** who knows! ◆ **tu as l'air** ~ **!** you look a right idiot! * ◆ **jouer au plus** ~ **avec qn** to try to outsmart sb

e *(avant n = habile)* expert ◆ ~ **connaisseur** connoisseur ◆ ~**e cuisinière** skilled cook ◆ ~ **gourmet**, ~**e bouche** *ou* **gueule** * gourmet ◆ ~**e lame** expert swordsman ◆ ~ **stratège** expert strategist ◆ ~ **tireur** crack shot

f *(avant n : intensif)* **au** ~ **fond de la campagne** right in the heart of the country, in the depths of the country ◆ **au** ~ **fond du tiroir** right at the back of the drawer ◆ **du** ~ **fond de ma mémoire** from the depths *ou* recesses of my memory ◆ **savoir le** ~ **mot de l'histoire** to know the real story

**ADV** *[moudre, tailler]* finely; *(Billard)* fine ◆ **écrire** ~ to write small ◆ ~ **prêt** quite *ou* all ready ◆ ~ **soûl** dead *ou* blind drunk *

**COMP** ▷ **fines herbes** (sweet) herbs, fines herbes ▷ **fin limier** (keen) sleuth ▷ **fine mouche**, **fin renard** sharp customer; → aussi **adj e**

**fin**[2] /fɛ̃/ GRAMMAIRE ACTIVE 53.4

**NF** a *(gén)* end; *[d'année, réunion]* end, close; *[de compétition]* end, finish, close ◆ **"Fin"** *[de film, roman]* "The End" ◆ **vers** *ou* **sur la** ~ towards the end ◆ **le quatrième en partant de** *ou* **en commençant par la** ~ the fourth from the end, the last but three *(Brit)* ◆ ~ **juin, à la** ~ **(de) juin** at the end of June ◆ ~ **courant** *(Comm)* at the end of the current month ◆ **jusqu'à la** ~ to the very end ◆ **jusqu'à la** ~ **des temps** *ou* **des siècles** until the end of time ◆ **la** ~ **du monde** the end of the world ◆ **avoir des** ~**s de mois difficiles** to have difficulty making ends meet ◆ **en** ~ **de semaine** towards *ou* at the end of the week ◆ **on n'en verra jamais la** ~ we'll never see the end of this ◆ **à la** ~ **il a réussi à se décider** he eventually managed *ou* in the end he managed to make up his mind ◆ **tu m'ennuies, à la** ~ **!** * you're beginning to get on my nerves! ◆ **en** ~ **d'après-midi** towards the end of the afternoon, in the late afternoon ◆ **en** ~ **de liste** at the end of the list ◆ **en** ~ **de compte** (= *tout bien considéré*) when all is said and done, in the end, at the end of the day; (= *en conclusion*) in the end, finally ◆ **sans** ~ *[discussion, guerre, histoire]* endless, never-ending; *[errer, tourner]* endlessly ◆ **arriver en** ~ **de course** *[vis]* to screw home; *[piston]* to complete its stroke; *[batterie]* to wear out; * *[personne]* to be worn out, to come to the end of the road ◆ **en** ~ **de séance** *(Bourse)* at the close ◆ **un chômeur en** ~ **de droits, un** ~ **de droits** * *an unemployed person no longer entitled to benefit* ◆ **prendre** ~ *[réunion]* to come to an end; *[contrat]* to terminate, to expire (*le* on); ◆ **être sur sa** ~, **toucher à** *ou* **tirer à sa** ~ to be coming to an end, to be drawing to a close ◆ **on arrive à la** ~ **du spectacle** we're getting near the end of the show ◆ **mettre** ~ **à** to put an end to, to end ◆ **mettre** ~ **à ses jours** to put an end to one's life ◆ **mener qch à bonne** ~ to bring sth to a successful conclusion, to carry sth off successfully ◆ **faire une** ~ † (= *se marier*) to settle down; → **début, mot** *etc*

b (= *ruine*) end ◆ **c'est la** ~ **de tous mes espoirs** that's the end of all my hopes ◆ **c'est la** ~ **de tout !** * *ou* **des haricots !** * that's the last straw!

c (= *mort*) end, death ◆ **avoir une** ~ **tragique** to die a tragic death, to meet a tragic end ◆ **il a eu une belle** ~ he had a fine end ◆ **la** ~ **approche** the end is near

d (= *but*) end, aim, purpose; *(Philos)* end ◆ ~ **en soi** end in itself ◆ **il est arrivé** *ou* **parvenu à ses** ~**s** he achieved his aim *ou* ends ◆ **à cette** ~ to this end, with this end *ou* aim in view ◆ **à quelle** ~ **faites-vous cela ?** what is your purpose *ou* aim in doing that? ◆ **c'est à plusieurs** ~**s** it has a variety of uses ◆ **à seule** ~ **de faire** for the sole purpose of doing ◆ **à toutes** ~**s utiles** *(frm)* for your information ◆ **aux** ~**s de la présente loi** *(Jur)* for the purposes of this Act ◆ **la** ~ **justifie les moyens** *(Prov)* the end justifies the means

**COMP** ▷ **fin d'exercice** *(Comptab)* end of the financial year ▷ **fin de section** *[d'autobus]* stage limit, fare stage ▷ **fin de semaine** *(Can)* weekend ▷ **fin de série** *(Comm)* end-of-line stock *(NonC)* ▷ **fin de siècle** *(péj)* **ADJ INV** decadent, fin de siècle; → **non-recevoir**

**final, e**[1] (mpl **finals** *ou* **-aux**) /final, o/ **ADJ** a (= *terminal*) final ◆ **la scène** ~**e** the final *ou* last scene ◆ **quand le coup de sifflet** ~ **a retenti** when the final whistle went *ou* blew; → **point**[1] b (= *marquant la finalité : Ling, Philos*) final ◆ **proposition** ~**e** *(Ling)* purpose *ou* final clause ◆ **au** *ou* **en** ~ in the end

**finale**[2] /final/ **NF** a *(Sport)* final ◆ **quart de** ~ quarterfinal ◆ **demi-**~ semifinal ◆ **huitième/seizième de** ~ third/second round *(in a six-round tournament)* ◆ **elle a joué la** ~ she played in the final ◆ **ils sont arrivés en** ~ they're through to the final b (= *syllabe*) final *ou* last syllable; (= *voyelle*) final *ou* last vowel

**finale**[3] /final/ **NM** *(Mus)* finale

**finalement** /finalmɑ̃/ **ADV** *(gén)* a (= *à la fin*) in the end, finally ◆ **ils se sont** ~ **réconciliés** in the end they were reconciled ◆ **il a** ~ **décidé de s'abstenir** in the end he decided to abstain; *(après hésitation, réflexion)* he finally decided to abstain b (= *en fin de compte*) after all ◆ **ce n'est pas si mal** ~ it's not so bad after all ◆ ~ **je ne suis pas plus avancé** I've ended up no further forward

> ⚠ *Au sens de 'en fin de compte',* **finalement** *ne se traduit pas par* **finally**.

**finalisation** /finalizasjɔ̃/ **NF** *[d'accord, contrat]* finalization ◆ **un protocole en voie de** ~ a protocol in the process of being finalized

**finaliser** /finalize/ ▸ conjug 1 ◂ **VT** a (= *achever*) to finalize b (= *orienter*) to target

**finalisme** /finalism/ **NM** finalism

**finaliste** /finalist/ **ADJ** *(Philos)* finalist **NMF** *(Philos, Sport)* finalist

**finalité** /finalite/ **NF** (= *but*) end, aim; (= *fonction*) purpose, function

**finance** /finɑ̃s/ **NF** a *(Pol = recettes et dépenses)* ~**s** finances ◆ **les Finances** (= *administration*) the Ministry of Finance, ≃ the Treasury, the Exchequer *(Brit)*, the Treasury Department *(US)* ◆ **il est aux Finances** *(employé)* he works at the Ministry of Finance; *(ministre)* he is Minister of Finance ◆ ~**s publiques** public funds ◆ **l'état de mes** ~**s** * the state of my finances, my financial state ◆ **les** *ou* **mes** ~**s sont à sec** * I'm right out of funds *; → **loi, ministre** b *(Fin)* finance ◆ **la (haute)** ~ (= *activité*) (high) finance; (= *personnes*) (top) financiers ◆ **le monde de la** ~ the financial world ◆ **il est dans la** ~ he's in banking *ou* finance; → **moyennant**

**financement** /finɑ̃smɑ̃/ **NM** financing ◆ **plan de** ~ financial plan ◆ ~ **à court/long terme** short-/long-term financing ◆ ~**-relais** bridge *ou* interim financing ◆ ~ **à taux fixe** fixed-rate financing ◆ ~ **par emprunt** debt financing

**financer** /finɑ̃se/ ▸ conjug 3 ◂ **VT** to finance, to back, to put up the money for **VI** * to fork out *

**financier, -ière** /finɑ̃sje, jɛʀ/ **ADJ** a *(Fin)* financial ◆ **soucis** ~**s** money *ou* financial worries; → **place** b *(Culin)* **(sauce) financière** sauce financière **NM** *(Fin)* financier; *(Culin)* *almond sponge finger*

**financièrement** /finɑ̃sjɛʀmɑ̃/ **ADV** financially

**finasser** * /finase/ ▸ conjug 1 ◂ **VI** to use trickery ◆ **inutile de** ~ **avec moi !** there's no point trying to use your tricks on me!

**finasserie** * /finasʀi/ **NF** trick, dodge *, ruse

**finasseur, -euse** /finasœʀ, øz/, **finassier, -ière** /finasje, jɛʀ/ **NM,F** trickster, dodger *

**finaud, e** /fino, od/ **ADJ** wily **NM,F** ◆ **c'est un petit** ~ he's a crafty one *, there are no flies on him *, he's nobody's fool

**finauderie** /finodʀi/ **NF** (= *caractère*) wiliness, guile; (= *action*) wile, dodge * *(Brit)*

**fine**[2] /fin/ **NF** a (= *alcool*) liqueur brandy ◆ ~ **Champagne** fine champagne cognac b (= *huître*) ~ **de claire** green oyster

**finement** /finmɑ̃/ **ADV** *[ciselé, brodé]* finely, delicately; *[faire remarquer]* subtly; *[agir, manœuvrer]* cleverly, shrewdly

**finesse** /finɛs/ **NF** a (= *minceur*) *[de cheveux, poudre, pointe]* fineness; *[de lame]* keenness, sharpness; *[d'écriture]* smallness; *[de taille]* slenderness, slimness; *[de couche, papier]* thinness b (= *raffinement*) *[de broderie, porcelaine, travail, traits]* delicacy, fineness; *[d'aliments, mets]* delicacy, choiceness ◆ **son**

**visage est d'une grande** ~ he has very refined *ou* delicate features **c** *(= sensibilité) [de sens]* sharpness, sensitivity; *[de vue, odorat, goût, ouïe]* sharpness, keenness **d** *(= subtilité) [de personne]* sensitivity; *[d'esprit, observation, allusion]* subtlety **NFPL finesses** *[de langue, art]* niceties, finer points; *[d'affaire]* ins and outs ♦ **il connaît toutes les ~s** he knows all the ins and outs

**finette** /finɛt/ **NF** brushed cotton

**fini, e** /fini/ (ptp de **finir**) **ADJ** **a** *(= terminé)* finished, over ♦ **tout est ~ entre nous** it's all over between us, we're finished, we're through * ♦ **~e la rigolade !** * the party * *ou* the fun is over! ♦ **(c'est) ~ de rire maintenant** the fun *ou* joke is over now ♦ **ça n'est pas un peu ~ ce bruit * ?** will you stop that noise! **b** *(* = fichu) [acteur, homme politique, chose]* finished ♦ **il est ~** he's finished, he's a has-been * **c** *(= usiné, raffiné)* finished ♦ **costume bien/mal ~** well-/badly-finished suit **d** *(péj = complet) [menteur, escroc, salaud]* out-and-out, downright; *[ivrogne, bon à rien]* absolute, complete **e** *(Math, Philos, Ling)* finite ♦ **grammaire à états ~s** finite state grammar **NM** *[d'ouvrage]* finish ♦ **ça manque de ~** it needs a few finishing touches

**finir** /finiʀ/ ► conjug 2 ◄ **VT** **a** *(= achever) [+ travail, études, parcours]* to finish, to complete; *(= clôturer) [+ discours, affaire]* to finish, to end, to conclude ♦ **finis ton travail** *ou* **de travailler avant de partir** finish your work before you leave ♦ **il a fini ses jours à Paris** he ended his days in Paris ♦ **~ son verre** to finish one's glass, to drink up ♦ **finis ton pain !** finish your bread!, eat up your bread! ♦ **il finira (d'user) sa veste en jardinant** he can wear out his old jacket (doing the) gardening ♦ **il a fini son temps** *[soldat, prisonnier]* he has done *ou* served his time

**b** *(= arrêter)* to stop *(de faire* doing); ♦ **finissez donc !** do stop it! ♦ **finissez de vous plaindre !** stop complaining! ♦ **vous n'avez pas fini de vous chamailler ?** haven't you quite finished squabbling? ♦ **tu as fini de m'embêter ?** have you quite finished?

**c** *(= parachever) [+ œuvre d'art, meuble, mécanisme]* to put the finishing touches to

**VI** **a** *(= se terminer)* to finish, to end ♦ **le cours finit à deux heures** the class finishes *ou* ends at two ♦ **les vacances finissent demain** the holidays end *ou* are over tomorrow ♦ **la réunion/le jour finissait** the meeting/the day was drawing to a close ♦ **le sentier finit ici** the path ends *ou* comes to an end here ♦ **il est temps que cela finisse** it is time it (was) stopped ♦ **ce film finit bien** this film has a happy ending ♦ **tout cela va mal ~** it will all end in disaster ♦ **et pour ~** and finally

♦ **finir en qch** to end in sth ♦ **ça finit en pointe/en chemin de terre** it ends in a point/in a dirt track ♦ **mots finissant en -ble** words ending in *ou* with -ble

♦ **finir par** ♦ **~ par une dispute/un concert** to end in an argument/with a concert ♦ **ils vont ~ par avoir des ennuis** they'll end up getting into trouble ♦ **il a fini par se décider** he finally *ou* eventually made up his mind, he made up his mind in the end ♦ **tu finis par m'ennuyer** you're beginning to annoy me ♦ **ça finira bien par s'arranger** it'll work out all right in the end *ou* eventually

♦ **en finir** ♦ **en ~ avec qch/qn** to have *ou* be done with sth/sb ♦ **il faut en ~ avec cette situation** we'll have to put an end to this situation ♦ **nous en aurons bientôt fini** we'll soon be finished with it, we'll soon have it over and done with ♦ **quand en auras-tu fini avec tes jérémiades ?** when will you ever stop moaning? ♦ **je vais lui parler pour qu'on en finisse** I'll talk to him so that we can get the matter settled ♦ **qui n'en finit pas, à n'en plus ~** *[route, discours, discussion]* never-ending, endless ♦ **elle n'en finit pas de se préparer** she takes ages to get ready ♦ **on n'en aurait jamais fini de raconter ses bêtises** you could go on for ever talking about the stupid things he's done ♦ **il a des jambes qui n'en finissent pas** he's all legs *

**b** *[personne]* to finish up, to end up ♦ **il finira mal** he will come to a bad end ♦ **il a fini directeur/en prison** he ended up as (a) director/in prison ♦ **~ dans la misère** to end one's days in poverty, to end up in poverty ♦ **~ troisième/cinquième** *(Sport)* finish third/fifth

**c** *(= mourir)* to die ♦ **il a fini dans un accident de voiture** he died in a car accident

**finish** /finiʃ/ **NM** *(Sport)* finish ♦ **combat au ~** fight to the finish ♦ **il a du ~** *ou* **un bon ~** he has good finish

**finissage** /finisaʒ/ **NM** *(Couture, Tech)* finishing

**finissant, e** /finisɑ̃, ɑ̃t/ **ADJ** *[règne, siècle, millénaire]* that is (*ou* was) drawing to an end; *[pouvoir, monarchie, république, régime]* declining ♦ **la lumière du jour ~e** the dusky light ♦ **le soleil de l'été ~** the sun of late summer

**finisseur, -euse** /finisœʀ, øz/ **NM,F** **a** *(Couture, Tech)* finisher **b** *(Sport)* good *ou* strong finisher

**finition** /finisjɔ̃/ **NF** *(= action)* finishing; *(= résultat)* finish ♦ **la ~ est parfaite** the finish is perfect ♦ **faire les ~s** *(Couture)* to finish off; *(Tricot)* to sew up ♦ **travaux de ~** *(Constr)* finishing off

**finitude** /finityd/ **NF** finiteness

**finlandais, e** /fɛ̃lɑ̃dɛ, ɛz/ **ADJ** Finnish **NM** *(Ling)* Finnish **NM,F** **Finlandais(e)** Finn

**Finlande** /fɛ̃lɑ̃d/ **NF** Finland

**finlandisation** /fɛ̃lɑ̃dizasjɔ̃/ **NF** Finlandization

**finnois, e** /finwa, waz/ **ADJ** Finnish **NM** *(Ling)* Finnish **NM,F** **Finnois(e)** Finn

**finno-ougrien, -ienne** /finougʀijɛ̃, ijɛn/ **ADJ, NM** *(Ling)* Finno-Ugric, Finno-Ugrian

**fiole** /fjɔl/ **NF** *(= flacon)* phial, flask; *(* = tête)* face, mug *

**fiord** /fjɔʀ(d)/ **NM** ⇒ **fjord**

**fioriture** /fjɔʀityʀ/ **NF** *[de dessin]* flourish; *(Mus)* fioritura ♦ **~s de style** flourishes *ou* embellishments of style ♦ **sans ~s** plain, unadorned, unembellished; *[répondre]* in no uncertain terms

**fioul** /fjul/ **NM** ⇒ **fuel**

**firmament** /fiʀmamɑ̃/ **NM** *(littér)* firmament *(littér)* ♦ **au ~** in the firmament ♦ **elle a été propulsée au ~ des stars** she shot to stardom ♦ **leurs noms brillent au ~ de la couture** they are some of the top names in the fashion world

**firme** /fiʀm/ **NF** firm

**FIS** /fis/ **NM** (abrév de **Front islamique de** *ou* **du Salut**) FIS

**fisc** /fisk/ **NM** tax department, ≃ Inland Revenue *(Brit)*, Internal Revenue Service *(US)* ♦ **agent du ~** official of the tax department, ≃ Inland Revenue official *(Brit)*, collector of the Internal Revenue Service *(US)* ♦ **avoir des ennuis avec le ~** to have problems with the taxman *, to have tax problems

**fiscal, e** (mpl **-aux**) /fiskal, o/ **ADJ** *(gén)* fiscal; *[abattement, avantage]* tax *(épith)* ♦ **l'année ~e** the tax *ou* fiscal year ♦ **politique ~e** tax *ou* fiscal policy; → **abri, fraude, paradis**

**fiscalement** /fiskalmɑ̃/ **ADV** fiscally ♦ **c'est ~ avantageux** it's advantageous from a tax point of view ♦ **~ domicilié en France** resident in France for tax purposes

**fiscalisation** /fiskalizasjɔ̃/ **NF** *[de revenus]* making subject to tax; *[de prestation sociale]* funding by taxation

**fiscaliser** /fiskalize/ ► conjug 1 ◄ **VT** *[+ revenus]* to make subject to tax; *[+ prestation sociale]* to fund by taxation

**fiscaliste** /fiskalist/ **NMF** tax consultant *ou* adviser *ou* expert ♦ **avocat ~** tax lawyer

**fiscalité** /fiskalite/ **NF** *(= système)* tax system; *(= impôts)* taxation, taxes

**fish-eye** (pl **fish-eyes**) /fiʃaj, fiʃajz/ **NM** fish-eye lens

**fissa** * /fisa/ **ADV** ♦ **faire ~** to get a move on *

**fissible** /fisibl/ **ADJ** fissile, fissionable

**fissile** /fisil/ **ADJ** *(Géol)* tending to split; *(Phys)* fissile, fissionable

**fission** /fisjɔ̃/ **NF** fission ♦ **~ de l'atome** atomic fission, splitting of the atom

**fissuration** /fisyʀasjɔ̃/ **NF** *(NonC)* fissuring, cracking, splitting ♦ **des ~s ont été observées sur les tuyaux** cracks were seen in the pipes

**fissure** /fisyʀ/ **NF** *(lit)* crack, fissure; *(fig)* crack; *(Anat)* fissure ♦ **des ~s sont apparues dans la coalition** cracks have appeared in the coalition

**fissurer** /fisyʀe/ ► conjug 1 ◄ **VT** to crack, to fissure; *(fig)* to split **VPR** **se fissurer** to crack, to fissure; *(fig)* to crack

**fiston** * /fistɔ̃/ **NM** son ♦ **dis-moi, ~** tell me, son *ou* sonny *

**fistulaire** /fistylɛʀ/ **ADJ** fistular

**fistule** /fistyl/ **NF** fistula

**fistuleux, -euse** /fistylø, øz/ **ADJ** fistulous

**fitness** /fitnɛs/ **NM** *(Sport)* fitness ♦ **centre de ~** fitness centre *ou* club ♦ **salle de ~** gym

**FIV** /ɛfive/ **NF** (abrév de **fécondation in vitro**) IVF

**five o'clock** † /fajvɔklɔk/ **NM** *(hum)* (afternoon) tea

**FIVETE, Fivete** /fivɛt/ **NF** (abrév de **fécondation in vitro et transfert d'embryon**) ZIFT

**fixage** /fiksaʒ/ **NM** *(Art, Photo, Tex, Fin)* fixing

**fixateur** /fiksatœʀ/ **NM** *(Art)* fixative; *(Coiffure) (= laque)* hair spray; *(= crème)* hair cream; *(avant la mise en plis)* setting lotion; *(Photo)* fixer

**fixatif** /fiksatif/ **NM** fixative; *(Can = laque)* hair spray

**fixation** /fiksasjɔ̃/ **NF** **a** *(Chim, Psych, Zool)* fixation; *(Photo)* fixing ♦ **faire une ~ sur qch** *(Psych)* to have a fixation about sth **b** *(= attache)* fastening ♦ **~s (de sécurité)** *(Ski)* (safety) bindings ♦ **~s de randonnée** *(Ski)* touring bindings **c** *[de peuple]* settling **d** *[de salaires, date]* fixing

**fixe** /fiks/ **ADJ** **a** *(= immobile) [point, panneau]* fixed; *[personnel]* permanent; *[emploi]* permanent, steady; *[regard]* vacant, fixed ♦ **regarder qn les yeux ~s** to gaze *ou* look fixedly *ou* intently at sb ♦ **~ !** *(commandement)* eyes front!; → **barre** **b** *(= prédéterminé) [revenu]* fixed; *[jour, date]* fixed, set ♦ **à heure ~** at set times; → **prix** **c** *(= inaltérable) [couleur]* fast, permanent ♦ **encre bleu ~** permanent blue ink; → **beau, idée** **NM** **a** *(= salaire)* basic *ou* fixed salary **b** *(arg Drogue)* fix ♦ **se faire un ~** to get a fix

**fixe-chaussette** (pl **fixe-chaussettes**) /fiksəʃosɛt/ **NM** garter, suspender *(Brit)*

**fixement** /fiksəmɑ̃/ **ADV** *[regarder]* fixedly

**fixer** /fikse/ ▸ conjug 1 ◂ VT a *(= attacher)* to fix, to fasten (*à, sur* to); ◆ ~ **qch dans sa mémoire** to fix sth firmly in one's memory
b *(= décider)* *[+ date]* to set, to arrange, to fix ◆ ~ **la date/l'heure d'un rendez-vous** to set *ou* arrange *ou* fix the date/the time for a meeting ◆ **mon choix s'est fixé sur celui-ci** I settled *ou* decided on this one ◆ **je ne suis pas encore fixé sur ce que je ferai** I haven't made up my mind what to do yet, I haven't got any fixed plans in mind yet ◆ **avez-vous fixé le jour de votre départ ?** have you decided what day you are leaving (on)? ◆ **à l'heure fixée** at the agreed *ou* appointed time ◆ **au jour fixé** on the appointed day
c *[+ regard, attention]* to fix ◆ ~ **les yeux sur qn/qch,** ~ **qn/qch du regard** to stare at sb/sth ◆ **il la fixa longuement** he stared at her, he looked hard at her ◆ **mon regard se fixa sur lui** I fixed my gaze on him ◆ **tous les regards étaient fixés sur lui** all eyes were on him ◆ ~ **son attention sur** to focus *ou* fix one's attention on
d *(= déterminer)* *[+ prix, impôt, délai]* to set, to fix; *[+ règle, principe]* to lay down, to determine; *[+ idées]* to clarify, to sort out; *[+ conditions]* to lay down, to set ◆ **les droits et les devoirs fixés par la loi** the rights and responsibilities laid down *ou* determined by law ◆ ~ **ses idées sur le papier** to set one's ideas down on paper ◆ **mot fixé par l'usage** word fixed by usage ◆ **l'orthographe s'est fixée** the spelling became fixed
e *(= renseigner)* ~ **qn sur qch** * to put sb in the picture about sth *, to enlighten sb as to sth ◆ **être fixé sur le compte de qn** to be wise to sb *, to have sb weighed up * *(Brit)* ◆ **alors, tu es fixé maintenant ?** * have you got the picture now? *
f *(= stabiliser)* ~ **qn** to make sb settle (down) ◆ **seul le mariage pourra le** ~ marriage is the only thing that will make him settle down
g *(Photo)* to fix
VPR **se fixer** a *(= s'installer)* to settle ◆ **il s'est fixé à Lyon** he settled in Lyon
b *(= s'assigner)* **se** ~ **un objectif** to set o.s. a target ◆ **je me suis fixé fin mai pour terminer** I've decided the end of May is my deadline

**fixing** /fiksiŋ/ NM *(Fin)* fixing

**fixité** /fiksite/ NF *[d'opinions]* fixedness; *[de regard]* fixedness, steadiness

**fjord** /fjɔʀ(d)/ NM fiord, fjord

**Fl** (abrév de **florin**) fl

**flac** /flak/ EXCL splash! ◆ **faire (un)** ~ to splash

**flaccidité** /flaksidite/ NF flabbiness, flaccidity

**flacon** /flakɔ̃/ NM (small) bottle; *(Chim)* flask ◆ ~ **à parfum** perfume bottle

**flafla** * /flafla/ NM ◆ **faire des** ~**s** to show off ◆ **sans** ~ without fuss (and bother)

**flagada** * /flagada/ ADJ INV ◆ **être** ~ to be washed-out *

**flagellateur, -trice** /flaʒelatœʀ, tʀis/ NM,F flogger, scourger, flagellator

**flagellation** /flaʒelasjɔ̃/ NF *(gén)* flogging; *(Rel)* flagellation, scourging; *(= pratique sexuelle)* flagellation

**flagelle** /flaʒɛl/ NM flagellum

**flagellé, e** /flaʒele/ (ptp de **flageller**) ADJ, NM *(Zool)* flagellate ◆ **les** ~**s** flagellates, Mastigophora, Flagellata

**flageller** /flaʒele/ ▸ conjug 1 ◂ VT *(gén)* to flog; *(Rel)* to flagellate, to scourge; *(fig)* to flay

**flageolant, e** /flaʒɔlɑ̃, ɑ̃t/ ADJ shaky, trembling

**flageoler** /flaʒɔle/ ▸ conjug 1 ◂ VI ◆ **il flageolait (sur ses jambes), ses jambes flageolaient** *(de faiblesse, de fatigue)* his legs were giving way, his legs were trembling *ou* shaking; *(de peur)* he was quaking at the knees, his legs were trembling *ou* shaking

**flageolet** /flaʒɔlɛ/ NM a *(Mus)* flageolet b *(Bot)* flageolet, dwarf kidney bean

**flagorner** /flagɔʀne/ ▸ conjug 1 ◂ VT *(frm, hum)* to toady to, to fawn upon

**flagornerie** /flagɔʀnəʀi/ NF *(frm, hum)* toadying *(NonC)*, fawning *(NonC)*, sycophancy *(NonC)*

**flagorneur, -euse** /flagɔʀnœʀ, øz/ *(frm, hum)* ADJ toadying, fawning, sycophantic NM,F toady, sycophant

**flagrance** /flagʀɑ̃s/ NF *(Jur)* blatancy, flagrance

**flagrant, e** /flagʀɑ̃, ɑ̃t/ ADJ *[violation, erreur, injustice, exemple]* flagrant, blatant; *[inégalités, manque]* glaring; *[preuve]* clear; *[mensonge]* blatant ◆ **prendre qn en** ~ **délit** to catch sb red-handed *ou* in the act *ou* in flagrante delicto *(SPÉC)* ◆ **pris en** ~ **délit de mensonge** caught lying ◆ **il ment, c'est** ~ **!** it's obvious he's lying! ◆ **les cas les plus** ~**s d'injustice** the most blatant cases of injustice

**flair** /flɛʀ/ NM *[de chien]* sense of smell, nose; *[de personne]* intuition, sixth sense ◆ **avoir du** ~ *[chien]* to have a good nose; *[personne]* to have intuition *ou* a sixth sense ◆ **pour les investissements, il a du** ~ he has a (good) nose for investments ◆ **son manque de** ~ **politique** his lack of political acumen

**flairer** /fleʀe/ ▸ conjug 1 ◂ VT a *(= humer)* to smell (at), to sniff (at); *(Chasse)* to scent b *(= deviner)* to sense ◆ **il a tout de suite flairé que quelque chose n'allait pas** he immediately sensed that something wasn't right ◆ ~ **quelque chose de louche** to smell a rat ◆ ~ **le danger** to sense *ou* scent danger ◆ ~ **le vent** to see which way the wind is blowing, to read the wind

**flamand, e** /flamɑ̃, ɑ̃d/ ADJ Flemish NM a *(Ling)* Flemish b ◆ **Flamand** Fleming, Flemish man ◆ **les Flamands** the Flemish NF **Flamande** Fleming, Flemish woman

**flamant** /flamɑ̃/ NM flamingo ◆ ~ **rose** (pink) flamingo

**flambage** /flɑ̃baʒ/ NM a *[de volaille]* singeing; *[d'instrument]* sterilizing *(in a flame)* b *(Tech)* buckling

**flambant, e** /flɑ̃bɑ̃, ɑ̃t/ ADJ *(= qui brûle)* burning; *( * = superbe)* great * ◆ ~ **neuf** brand new

**flambart** * †, **flambard** * † /flɑ̃baʀ/ NM swankpot * ◆ **faire le** *ou* **son** ~ to swank *

**flambé, e**[1] * /flɑ̃be/ (ptp de **flamber**) ADJ *[personne]* finished ◆ **il est** ~ **!** he's had it! * ◆ **l'affaire est** ~**e !** it's all over! *

**flambeau** (pl **flambeaux**) /flɑ̃bo/ NM a *(= torche)* (flaming) torch ◆ **aux** ~**x** *[dîner, défiler]* by torchlight ◆ **marche aux** ~**x** torchlight *ou* torchlit procession; → **retraite** b *(fig)* torch ◆ **passer le** ~ **à qn** to pass on *ou* hand on the torch to sb ◆ **reprendre le** ~ to take up the torch c *(= chandelier)* candlestick

**flambée**[2] /flɑ̃be/ NF a *(= feu)* blazing fire ◆ **faire une** ~ **dans la cheminée** to make *ou* light a fire in the fireplace b *[de violence]* outburst; *[de cours, prix]* explosion ◆ ~ **de colère** angry outburst, flare-up ◆ **la** ~ **de la Bourse** the sudden rise in the stock exchange

**flambement** /flɑ̃bmɑ̃/ NM *(Tech)* buckling

**flamber** /flɑ̃be/ ▸ conjug 1 ◂ VI a *[bois]* to burn; *[feu, incendie]* to blaze ◆ **la maison a flambé en quelques minutes** in a few minutes the house was burnt to the ground b * *[joueur]* to gamble huge sums, to play for high stakes c *[cours, prix, Bourse]* to shoot up, to rocket d ( * = *crâner)* to show off VT a *(Culin)* to flambé ◆ **bananes flambées** bananas flambé b *[+ volaille, cheveux]* to singe; *[+ aiguille, instrument de chirurgie]* to sterilize *(in a flame)*

**flambeur, -euse** * /flɑ̃bœʀ, øz/ NM,F big-time gambler

**flamboiement** /flɑ̃bwamɑ̃/ NM *[de flammes]* blaze, blazing; *[de lumière]* blaze; *[de yeux]* flash, gleam ◆ **dans un** ~ **de couleurs** in a blaze of colour

**flamboyant, e** /flɑ̃bwajɑ̃, ɑ̃t/ ADJ a *[feu, lumière, ciel, soleil]* blazing; *[yeux]* flashing, blazing; *[couleur]* flaming; *[regard]* fiery; *[épée, armure]* gleaming, flashing b *(Archit)* flamboyant NM a *(Archit)* flamboyant style b *(Bot)* flamboyant, royal poinciana

**flamboyer** /flɑ̃bwaje/ ▸ conjug 8 ◂ VI *[flamme, soleil, ciel]* to blaze; *[yeux]* to flash, to blaze; *[couleur]* to flame; *[épée, armure]* to gleam, to flash

**flamenco** /flamɛnko/, **flamenca** /flamɛnka/ ADJ *[fête, chants]* flamenco ◆ **guitare flamenca** *ou* ~ flamenco guitar NM flamenco

**flamiche** /flamiʃ/ NF leek pie

**flamingant, e** /flamɛ̃gɑ̃, ɑ̃t/ ADJ Flemish-speaking NM,F **Flamingant(e)** Flemish speaker; *(Pol)* Flemish nationalist

**flamme** /flɑm/ NF a *(lit)* flame ◆ **être en** ~**s, être la proie des** ~**s** to be ablaze *ou* on fire *ou* in flames ◆ **dévoré par les** ~**s** consumed by fire *ou* the flames ◆ **la** ~ **olympique** the Olympic flame ◆ **les** ~**s de l'enfer** the flames *ou* fires of hell ◆ **descendre (qch/qn) en** ~**s** * to shoot (sth/sb) down in flames b *(= ardeur)* fire, fervour *(Brit)*, fervor *(US)* ◆ **discours plein de** ~ passionate *ou* fiery speech ◆ **jeune homme plein de** ~ young man full of fire c *(= éclat)* fire, brilliance ◆ **la** ~ **de ses yeux** *ou* **de son regard** his flashing *ou* blazing eyes d *(littér ou hum = amour)* love, ardour *(Brit)*, ardor *(US)* ◆ **il lui a déclaré sa** ~ he declared his undying love to her e *(= drapeau)* pennant, pennon f *(Poste)* postal logo

**flammé, e** /flɑme/ ADJ *[céramique]* flambé

**flammèche** /flamɛʃ/ NF (flying) spark

**flan** /flɑ̃/ NM a *(Culin)* custard tart b *(Tech)* *[d'imprimeur]* flong; *[de monnaie]* blank, flan; *[de disque]* mould c * **c'est du** ~ **!** it's a load of hooey! *; → **rond**

**flanc** /flɑ̃/ NM a *[de personne]* side; *[d'animal]* side, flank ◆ **l'enfant qu'elle portait dans son** ~ *(†, littér)* the child she was carrying in her womb ◆ **être couché sur le** ~ to be lying on one's side ◆ **tirer au** ~ * to shirk, to skive * *(Brit)* ◆ **être sur le** ~ *(= malade)* to be laid up; *(= fatigué)* to be all in * ◆ **cette grippe m'a mis sur le** ~ this flu has really knocked me out *; → **battre** b *[de navire]* side; *[d'armée, bastion, écu]* flank; *[de montagne]* slope, side ◆ **à** ~ **de coteau** *ou* **de colline** on the hillside ◆ **prendre de** ~ *(fig, Naut)* to catch broadside on; *(Mil)* to attack on the flank; → **prêter**

**flancher** * /flɑ̃ʃe/ ▸ conjug 1 ◂ VI *[cœur]* to give out, to pack up * *(Brit)*; *[troupes]* to give way ◆ **sa mémoire a flanché** his memory failed him ◆ **c'est le moral qui a flanché** he lost his nerve ◆ **il a flanché en math** he fell down *ou* came down in maths ◆ **sans** ~ without flinching ◆ **ce n'est pas le moment de** ~ this is no time for weakness

**flanchet** /flɑ̃ʃɛ/ NM *(Boucherie)* flank

**Flandre** /flɑ̃dʀ/ NF ◆ **la** ~, **les** ~**s** Flanders

**flanelle** /flanɛl/ **NF** *(Tex)* flannel ◆ **~ de coton** cotton flannel ◆ **pantalon de ~ grise** grey flannel trousers, grey flannels

**flâner** /flɑne/ ▸ conjug 1 ◂ **VI** to stroll; *(péj)* to hang about, to lounge about ◆ **va chercher du pain, et sans ~ !** go and get some bread, and don't hang about! *ou* and be quick about it!

**flânerie** /flɑnʀi/ **NF** stroll ◆ **perdre son temps en ~s** *(péj)* to waste one's time lounging about

**flâneur, -euse** /flɑnœʀ, øz/ **ADJ** idle **NM,F** stroller; *(péj)* idler, loafer

**flanquer**[1] /flɑ̃ke/ ▸ conjug 1 ◂ **VT** to flank ◆ **la boutique qui flanque la maison** the shop adjoining *ou* flanking the house ◆ **flanqué de ses gardes du corps** flanked by his bodyguards ◆ **il est toujours flanqué de sa mère** *(péj)* he always has his mother in tow*

**flanquer**[2] * /flɑ̃ke/ ▸ conjug 1 ◂ **VT** **a** *(= jeter)* **~ qch par terre** *(lit)* to fling sth to the ground; *(fig)* to knock sth on the head*, to put paid to sth *(Brit)* ◆ **~ qn par terre** to fling sb to the ground ◆ **~ qn à la porte** to chuck sb out*; *(= licencier)* to fire sb, to sack sb* *(Brit)*, to give sb the sack* *(Brit)* ◆ **~ tout en l'air** to chuck* *ou* pack it all in* *(Brit)* **b** *(= donner)* **~ une gifle à qn** give sb a slap *ou* a clout* *(Brit)* ◆ **~ la trouille à qn** to give sb a scare, to put the wind up sb* *(Brit)* **VPR** **se flanquer** ◆ **se ~ par terre** to fall flat on one's face

**flapi, e** * /flapi/ **ADJ** washed-out*

**flaque** /flak/ **NF** ◆ **~ de sang/d'huile** pool of blood/oil ◆ **~ d'eau** *(petite)* puddle; *(grande)* pool of water

**flash** (pl **flashs** *ou* **flashes**) /flaʃ/ **NM** **a** *(Photo)* flash ◆ **au ~** using a flash, with a flash ◆ **~ anti-yeux rouges** flash with a red-eye reduction feature **b** *(Radio, TV)* **~ (d'informations)** newsflash ◆ **~ publicitaire** *(Radio)* commercial break **c** ◆ **avoir un ~** *(arg Drogue)* to be on a high*; *(= se souvenir)* to have a flashback

**flash-back** (pl **flash-back** *ou* **flashs-back** *ou* **flashes-back**) /flaʃbak/ **NM** flashback

**flasher** * /flaʃe/ ▸ conjug 1 ◂ **VI** ◆ **j'ai flashé pour** *ou* **sur cette robe** I fell in love with this dress ◆ **à chaque fois que je le vois, je flashe** *ou* **il me fait ~** every time I see him I go weak at the knees *ou* my heart skips a beat

**flashmètre** /flaʃmɛtʀ/ **NM** flash meter

**flasque**[1] /flask/ **ADJ** *[peau]* flaccid, flabby; *[ventre]* flabby

**flasque**[2] /flask/ **NF** *(= bouteille)* flask

**flatté, e** /flate/ (ptp de **flatter**) **ADJ** *[portrait]* flattering

**flatter** /flate/ ▸ conjug 1 ◂ **VT** **a** *(= flagorner)* to flatter ◆ **~ servilement** *ou* **bassement qn** to fawn on sb, to toady to sb ◆ **cette photo la flatte** this photo flatters her ◆ **sans vous ~** without meaning to flatter you

**b** *(= faire plaisir) [compliment, décoration]* to flatter, to gratify ◆ **je suis très flatté de cet honneur** I am most flattered by this honour ◆ **cela le flatte dans son orgueil, cela flatte son orgueil** it flatters his pride

**c** *(frm = favoriser) [+ manie, goûts]* to pander to; *[+ vice, passion]* to encourage

**d** *(littér = tromper)* **~ qn d'un espoir** to hold out false hopes to sb

**e** *(frm = charmer) [+ oreille, regard]* to delight, to be pleasing to; *[+ goût]* to flatter ◆ **~ le palais** to delight the taste buds

**f** *(frm = caresser)* to stroke

**VPR** **se flatter** *(frm)* **a** *(= prétendre)* **se ~ de faire qch** to claim *ou* profess to be able to do sth ◆ **il se flatte de tout comprendre** he professes to understand everything ◆ **je me flatte d'avoir quelque influence sur lui** I like to think that I have some influence over him ◆ **je me flatte de m'y connaître un peu en informatique** I flatter myself that I know a little about computers

**b** *(= s'enorgueillir)* **se ~ de qch** to pride o.s. on sth ◆ **elle se flatte de son succès** she prides herself on her success ◆ **et je m'en flatte !** and I'm proud of it!

**c** *(= se leurrer)* to delude o.s. ◆ **se ~ d'un vain espoir** to cherish a forlorn hope ◆ **s'il croit réussir, il se flatte !** if he thinks he can succeed, he's deluding himself!

**flatterie** /flatʀi/ **NF** flattery *(NonC)* ◆ **vile ~** *(littér, hum)* base flattery

**flatteur, -euse** /flatœʀ, øz/ **ADJ** flattering ◆ **comparaison flatteuse** flattering comparison ◆ **faire un tableau ~ de la situation** to paint a rosy picture of the situation ◆ **ce n'est pas ~ !** that's not very flattering! **NM,F** flatterer ◆ **vil ~** *(littér, hum)* base flatterer

**flatulence** /flatylɑ̃s/ **NF** wind, flatulence

**flatulent, e** /flatylɑ̃, ɑ̃t/ **ADJ** flatulent

**flatuosité** /flatɥozite/ **NF** *(Méd)* flatus *(SPÉC)* ◆ **avoir des ~s** to have wind

**fléau** (pl **fléaux**) /fleo/ **NM** **a** *(= calamité)* scourge, curse ◆ **le chômage est un véritable ~ social** unemployment is the scourge of society ◆ **quel ~, ce type !*** that guy's such a pest!* **b** *[de balance]* beam; *(Agr)* flail

**fléchage** /fleʃaʒ/ **NM** signposting *(with arrows)*

**flèche**[1] /flɛʃ/ **NF** **a** *(= arme)* arrow; *(Ordin)* arrow ◆ **~ en caoutchouc** rubber-tipped dart ◆ **les ~s de l'Amour** *ou* **de Cupidon** Cupid's darts *ou* arrows ◆ **monter en ~** *[avion]* to soar; *[prix]* to soar, to rocket ◆ **il monte en ~** *[chanteur]* he's on the up and up, he's rocketing to fame ◆ **les prix sont montés en ~** prices have soared *ou* shot up *ou* rocketed ◆ **la montée en ~ des prix** the surge in prices ◆ **partir comme une ~** to set off like a shot ◆ **il est passé devant nous comme une ~** he shot past us ◆ **ce n'est pas une ~ !*** he's no Einstein!* ◆ **se trouver en ~** *ou* **prendre une position en ~ dans un débat** to take up an extreme position in a debate ◆ **leur équipe se trouve en ~ dans la recherche génétique** their team is at the cutting edge of genetic research

**b** *(= critique)* **diriger ses ~s contre qn** to direct one's shafts against sb ◆ **la ~ du Parthe** *(Hist)* the Parthian shot ◆ **c'était la ~ du Parthe** *(fig)* it was his parting shot ◆ **faire ~ de tout bois** to use all available means

**c** *(= direction)* (direction) arrow, pointer

**d** *[d'église]* spire; *[de grue]* jib; *[de mât]* pole; *[d'affût, canon]* trail; *[de balance]* pointer, needle; *[de charrue]* beam; *[d'attelage]* pole ◆ **atteler en ~** to drive tandem ◆ **cheval de ~** lead horse

**COMP** ▷ **flèche lumineuse** *(sur l'écran)* arrow; *(= torche)* arrow pointer

**flèche**[2] /flɛʃ/ **NF** *(Culin)* flitch

**fléché, e** /fleʃe/ (ptp de **flécher**) **ADJ** ◆ **parcours ~** arrowed course, course marked *ou* signposted with arrows ◆ **croix ~e** crosslet; → **mot**

**flécher** /fleʃe/ ▸ conjug 1 ◂ **VT** to mark (with arrows) ◆ **ils ont fléché le parcours** they marked the route (out) with arrows, they put arrows along the route

**fléchette** /fleʃɛt/ **NF** dart ◆ **jouer aux ~s** to play darts

**fléchi, e** /fleʃi/ (ptp de **fléchir**) **ADJ** **a** *(= plié) [bras, jambe, genou]* bent, flexed; *[corps]* bent ◆ **avec les jambes légèrement ~es** with the legs slightly bent *ou* flexed **b** *(Ling)* inflected

**fléchir** /fleʃiʀ/ ▸ conjug 2 ◂ **VT** **a** *(= plier)* to bend; *(Méd) [+ articulation]* to flex ◆ **~ le genou devant qn** to go down on one knee in front of sb

**b** *(= faire céder) [+ personne]* to sway; *[+ colère]* to soothe ◆ **il s'est laissé ~** he let himself be swayed

**VI** **a** *(= plier) (gén)* to bend; *[planches]* to sag, to bend; *[poutre, genoux]* to sag ◆ **ses jambes** *ou* **ses genoux fléchirent** his legs gave way

**b** *(= faiblir) [armée]* to give ground, to yield; *[volonté]* to weaken ◆ **sans ~** with unflinching determination

**c** *(= diminuer) [attention]* to flag; *[recettes, talent, nombre]* to fall off; *[cours de Bourse]* to ease, to drop; *[monnaie]* to weaken, to drop ◆ **la courbe de l'inflation fléchit** there is a downturn in inflation ◆ **les pétrolières ont fléchi en début de séance** *(Bourse)* oils were down *ou* dropped slightly in early trading

**d** *(= céder)* to yield, to soften ◆ **il fléchit devant leurs prières** he yielded to their entreaties

**e** *(Ling)* **forme fléchie** inflected form

**fléchissement** /fleʃismɑ̃/ **NM** **a** *[objet, membre]* bending; *(Méd) [d'articulation]* flexing **b** *[d'armée]* yielding; *[de volonté]* weakening **c** *[d'attention]* flagging; *[de recettes, talent, nombre]* falling off; *[de cours de Bourse]* easing off (*de* of) drop (*de* in); *[de monnaie]* weakening, dropping (*de* of); *[de natalité, exportations]* drop (*de* in)

**fléchisseur** /fleʃisœʀ/ **ADJ M, NM** *(Anat)* ◆ **(muscle) ~** flexor

**flegmatique** /flɛgmatik/ **ADJ** phlegmatic

**flegme** /flɛgm/ **NM** composure, phlegm ◆ **il perdit son ~** he lost his composure *ou* cool* ◆ **le ~ britannique** *(hum)* the British stiff upper lip

**flémingite** * /flemɛ̃ʒit/ **NF** *(hum)* bone idleness ◆ **il a une ~ aiguë** he's suffering from acute inertia *(hum)*

**flemmard, e** * /flemaʀ, aʀd/ **ADJ** workshy, bone-idle* *(Brit)* **NM,F** idler, lazybones

**flemmarder** * /flemaʀde/ ▸ conjug 1 ◂ **VI** to loaf about, to lounge about

**flemmardise** * /flemaʀdiz/ **NF** laziness, idleness

**flemme** * /flɛm/ **NF** laziness ◆ **j'ai la ~ de le faire** I can't be bothered ◆ **tirer sa ~** to idle around, to loaf about

**fléole** /fleɔl/ **NF** ◆ **~ des prés** timothy

**flet** /flɛ/ **NM** flounder

**flétan** /fletɑ̃/ **NM** halibut

**flétri, e** /fletʀi/ (ptp de **flétrir**[1]) **ADJ** *[feuille, fleur]* withered, wilted; *[peau, visage]* withered; *[beauté]* faded

**flétrir**[1] /fletʀiʀ/ ▸ conjug 2 ◂ **VT** *(= faner)* to wither, to fade ◆ **l'âge a flétri son visage** his face is wizened with age **VPR** **se flétrir** *[fleur]* to wither, to wilt; *[beauté]* to fade; *[peau, visage]* to become wizened; *[cœur]* to wither

**flétrir**[2] /fletʀiʀ/ ▸ conjug 2 ◂ **VT** **a** *(= stigmatiser) [+ personne, conduite]* to condemn; *[+ réputation]* to blacken **b** *(Hist)* to brand

**flétrissement** /fletʀismɑ̃/ **NM** *[de fleur]* withering, wilting; *[de peau]* withering; *[de beauté]* fading

**flétrissure**[1] /fletʀisyʀ/ **NF** *[de fleur, peau]* withering; *[de teint]* fading

**flétrissure**[2] /fletʀisyʀ/ **NF** **a** *[de réputation, honneur]* stain, blemish (*à* on) **b** *(Hist)* brand

**fleur** /flœʀ/ **NF** **a** *(Bot)* flower; *[d'arbre]* blossom ◆ **en ~(s)** *[plante]* in bloom, in flower; *[arbre]* in blossom, in flower ◆ **papier à ~s** flowered *ou* flower-patterned *ou* flowery paper ◆ **assiette à ~s** flower-patterned *ou* flowery plate ◆ **chapeau à ~s** flowery hat ◆ **"ni fleurs ni couronnes"** "no flowers by request"

**b** *[de cuir]* grain side ◆ **cuir pleine ~** finest quality leather

**c** *(= le meilleur)* **la ~ de** the flower of ◆ **à** *ou* **dans la ~ de l'âge** in the prime of life, in one's prime ◆ **perdre sa ~** *(†, hum)* to lose one's honour † *(aussi hum)*; → **fin¹**

**d** *(loc)* **comme une ~** * *(= sans effort)* without trying; *(= sans prévenir)* unexpectedly ◆ **il est arrivé le premier comme une ~** he romped home ◆ **à ~ de terre** just above the ground ◆ **un écueil à ~ d'eau** a reef just above the water *ou* which just breaks the surface of the water ◆ **j'ai les nerfs à ~ de peau** I'm all on edge, my nerves are all on edge ◆ **il a une sensibilité à ~ de peau** he's very touchy ◆ **avoir les yeux à ~ de tête** to have protruding eyes ◆ **faire une ~ à qn** * to do sb a favour *ou* a good turn ◆ **lancer des ~s à qn, couvrir qn de ~s** *(fig)* to shower praise on sb ◆ **s'envoyer des ~s** *(réfléchi)* to pat o.s. on the back *; *(réciproque)* to pat each other on the back * ◆ **~ bleue** *(hum)* naïvely sentimental ◆ **il est resté ~ bleue en vieillissant** even in his old age he is still a bit of a romantic ◆ **ils sont partis la ~ au fusil** they went to battle full of innocent enthusiasm

COMP ▷ **fleurs des champs** wild flowers ▷ **fleur de farine** fine wheat flour ▷ **fleurs de givre** frost patterns ▷ **fleur de lis** *(Hér)* fleur-de-lis ▷ **fleur(s) d'oranger** orange blossom ▷ **fleur(s) de pommier** apple blossom ▷ **fleurs de rhétorique** flowers of rhetoric ▷ **fleur de sel** *best quality unrefined salt* ▷ **fleur de soufre** flowers of sulphur *(Brit)* *ou* sulfur *(US)*

**fleuraison** /flœʀɛzɔ̃/ NF ⇒ **floraison**

**fleurdelisé, e** /flœʀdəlize/ ADJ decorated with fleurs-de-lis ◆ **croix ~e** fleurettée *ou* fleurty cross NM *(Can)* ◆ **le ~** the Quebec flag

**fleurer** /flœʀe/ ▸ conjug 1 ◂ VT *(littér)* to have the scent of, to smell of ◆ **ça fleure bon le pain grillé** there's a lovely smell of toast ◆ **~ bon la lavande** to smell (sweetly) of lavender ◆ **sa musique fleure bon l'exotisme** his music has an exotic feel to it

**fleuret** /flœʀɛ/ NM *(= épée)* foil ◆ **propos à ~s mouchetés** discussion full of barbed remarks

**fleurette** † /flœʀɛt/ NF *(hum)* floweret; → **conter, crème**

**fleuri, e** /flœʀi/ (ptp de **fleurir**) ADJ **a** *[fleur]* in bloom; *[branche]* in blossom; *[jardin, pré]* in flower *ou* bloom; *[tissu, papier]* flowered, flowery; *[appartement, table]* decorated *ou* decked with flowers ◆ **à la boutonnière ~e** *(avec une fleur)* wearing *ou* sporting a flower in his buttonhole; *(avec une décoration)* wearing a decoration on his lapel ◆ **"Annecy, ville fleurie"** "Annecy, town in bloom" **b** *[teint]* florid; *[style]* flowery, florid ◆ **barbe ~e** *(hum)* flowing white beard **c** *[croûte de fromage]* mouldy

**fleurir** /flœʀiʀ/ ▸ conjug 2 ◂ VI **a** *[arbre]* to blossom, to (come into) flower; *[fleur]* to flower, to (come into) bloom; *(littér)* *[qualité, sentiment]* to blossom *(littér)* ◆ **un sourire fleurit sur ses lèvres** a smile appeared on his lips **b** (imparfait **florissait**) *[commerce, arts]* to flourish, to prosper, to thrive VT *[+ salon]* to decorate *ou* deck with flowers ◆ **~ une tombe/un mort** to put flowers on a grave/on sb's grave ◆ **~ sa boutonnière** to put a flower in one's buttonhole ◆ **un ruban fleurissait (à) sa boutonnière** he was wearing a decoration on his lapel ◆ **fleurissez-vous, mesdames, fleurissez-vous !** † treat yourselves to some flowers, ladies!, buy yourselves a buttonhole *(Brit)* *ou* boutonnière *(US)*, ladies!

**fleuriste** /flœʀist/ NMF *(= personne)* florist; *(= boutique)* florist's (shop), flower shop

**fleuron** /flœʀɔ̃/ NM *[de couronne]* floweret; *[de bâtiment]* finial; *(Bot)* floret; *[de collection]* jewel; *(Écon)* flagship ◆ **c'est le plus beau ~ de ma collection** it's the jewel of my collection ◆ **l'un des ~s de l'industrie française** a flagship French industry

**fleuve** /flœv/ NM *(lit)* river *(flowing into the sea)* ◆ **~ de boue/de lave** river of mud/of lava ◆ **le ~ Jaune** the Yellow River ◆ **~ de larmes** flood of tears ◆ **~ de sang** river of blood ◆ **sa vie n'a pas été un long ~ tranquille** *(hum)* his life hasn't been a bed of roses ADJ INV *[discours, film]* marathon *(épith)*

**flexibilisation** /flɛksibilizasjɔ̃/ NF *[de temps de travail, salaires, marché du travail]* increased flexibility ◆ **nous allons vers une plus grande ~ du temps de travail** working hours are becoming increasingly flexible

**flexibiliser** /flɛksibilize/ ▸ conjug 1 ◂ VT *[+ méthode, horaires]* to make more flexible

**flexibilité** /flɛksibilite/ NF flexibility ◆ **la ~ de l'emploi** flexibility in employment

**flexible** /flɛksibl/ ADJ *[métal]* flexible, pliable, pliant; *[branche, roseau]* pliable, pliant; *[caractère]* *(= accommodant)* flexible, adaptable; *(= malléable)* pliant, pliable ◆ **taux de change ~** floating exchange rate ◆ **atelier** *ou* **usine ~** flexible manufacturing system, FMS; → **horaire** NM *(= câble)* flexible coupling; *(= tuyau)* flexible tubing *ou* hose

**flexion** /flɛksjɔ̃/ NF **a** *(= courbure)* *[de ressort, lame d'acier]* flexion, bending; *[de poutre, pièce]* bending, sagging ◆ **résistance à la ~** bending strength **b** *[de membre, articulation]* flexing *(NonC)*, bending *(NonC)*; *(Ski)* knee-bend ◆ **faire plusieurs ~s du bras/du corps** to flex the arm/bend the body several times **c** *(Ling)* inflection, inflexion ◆ **langue à ~** inflecting *ou* inflected language

**flexionnel, -elle** /flɛksjɔnɛl/ ADJ *[désinence]* inflexional, inflectional, inflected ◆ **langue flexionnelle** inflecting *ou* inflected language

**flexueux, -euse** /flɛksɥø, øz/ ADJ flexuous, flexuose

**flexuosité** /flɛksɥozite/ NF flexuosity

**flexure** /flɛksyʀ/ NF flexure

**flibuste** /flibyst/ NF *(= piraterie)* freebooting, buccaneering; *(= pirates)* freebooters, buccaneers

**flibustier** /flibystje/ NM *(= pirate)* freebooter, buccaneer; *(† = escroc)* swindler, crook

**flic** * /flik/ NM cop *, policeman ◆ **les ~s** the cops *, the police

**flicage** ⁑ /flikaʒ/ NM *[de quartier]* heavy policing ◆ **le ~ des ouvriers par la direction** the way the management keeps tabs on the workers

**flicaille** ⁑ /flikaj/ NF ◆ **la ~** the fuzz ⁑, the pigs ⁑, the filth ⁑ *(Brit)*

**flicard** ⁑ /flikaʀ/ NM cop *, pig ⁑

**flic flac** /flikflak/ NM, EXCL plop, splash ◆ **le ~ des vagues** the lapping of the waves ◆ **ses chaussures faisaient ~ dans la boue** his shoes went splash splash through the mud

**flingue** ⁑ /flɛ̃g/ NM gun, rifle

**flinguer** ⁑ /flɛ̃ge/ ▸ conjug 1 ◂ VT **a** *(= tuer)* *[+ personne]* to gun down, to put a bullet in, to shoot up * *(US)* ◆ **il y a de quoi se ~ !** it's enough to make you want to shoot yourself! **b** *(= détruire)* *[+ appareil]* to bust ⁑; *[+ voiture]* to smash (up) ⁑, to total * *(US)* **c** *(= critiquer)* to shoot down in flames * *(Brit)*, to shoot down * *(US)*

**flingueur** ⁑ /flɛ̃gœʀ/ NM *(= tueur à gages)* hitman *, contract killer ◆ **c'est un ~** *(= il a la gâchette facile)* he's trigger-happy *

**flingueuse** ⁑ /flɛ̃gøz/ NF contract killer

**flint(-glass)** /flint(glas)/ NM flint glass

**flip¹** * /flip/ NM *(arg Drogue)* (fit of) depression ◆ **un jour de ~** a day on a downer *

**flip²** /flip/ NM ◆ **porto ~** egg flip *(with port)*

**flippant, e** ⁑ /flipɑ̃, ɑ̃t/ ADJ *[situation, film]* grim *, depressing; *[personne]* depressing

**flipper¹** /flipœʀ/ NM *(= billard électrique)* pinball machine ◆ **jouer au ~** to play pinball

**flipper²** * /flipe/ ▸ conjug 1 ◂ VI *(fig, Drogue)* to freak out *; *(= être déprimé)* to feel down * ◆ **son examen la fait ~** she's freaking out * at the thought of her exam

**fliqué, e** ⁑ /flike/ ADJ *[endroit]* full of *ou* crawling with cops * ◆ **le coin est très ~** the place is full of *ou* crawling with cops *

**fliquer** ⁑ /flike/ ▸ conjug 1 ◂ VT **a** *[police]* *[+ quartier]* to bring the cops * into **b** *[+ personne]* to keep under close surveillance ◆ **ma mère n'arrête pas de me ~** my mother watches my every move *ou* has always got her beady eye on me

**flirt** /flœʀt/ NM **a** *(= action)* flirting *(NonC)*; *(= amourette)* flirtation, brief romance; *(= rapprochement)* flirtation ◆ **avoir un ~ avec qn** to have a brief romance with sb **b** *(= amoureux)* boyfriend (*ou* girlfriend) ◆ **un de mes anciens ~s** an old flame of mine

> ⚠ **flirt** *ne se traduit pas par le mot anglais* **flirt**, *qui désigne une personne.*

**flirter** /flœʀte/ ▸ conjug 1 ◂ VI to flirt ◆ **~ avec qn** *(= fréquenter)* to go around with sb ◆ **~ avec** *[+ idée, parti]* to flirt with ◆ **le taux de chômage flirte avec la barre des 10%** unemployment is hovering around 10% ◆ **il a beaucoup flirté avec le cinéma avant de passer au théâtre** he did quite a bit of work in the cinema before becoming involved in theatre ◆ **des jeunes qui flirtent avec la mort** young people who court death

**flirteur, -euse** † /flœʀtœʀ, øz/ ADJ flirtatious NM,F flirt

**FLN** /ɛfɛlɛn/ NM (abrév de **Front de libération nationale**) FLN

**FLNC** /ɛfɛlɛnse/ NM (abrév de **Front de libération nationale de la Corse**) → **front**

**floc** /flɔk/ NM, EXCL plop, splash ◆ **faire ~** to splash, to (go) plop

**flocage** /flɔkaʒ/ NM **a** *(Tex)* flocking **b** *(Tech)* **~ à l'amiante** asbestos fireproofing

**flocon** /flɔkɔ̃/ NM *[d'écume]* fleck; *[de laine]* flock ◆ **~ de neige** snowflake ◆ **~s d'avoine** oatflakes, rolled oats ◆ **~s de maïs** cornflakes ◆ **la neige tombe à gros ~s** the snow is falling in big flakes ◆ **purée en ~s** instant mashed potato

**floconneux, -euse** /flɔkɔnø, øz/ ADJ *[nuage, étoffe]* fluffy; *[écume, substance, liquide]* frothy

**flonflons** /flɔ̃flɔ̃/ NMPL *(gén)* oompah, oompahpah ◆ **les ~ de la musique foraine** the pom-pom of the fairground music

**flop** * /flɔp/ NM flop * ◆ **sa tournée a fait un ~** his tour was a real flop *

**flopée** * /flɔpe/ NF ◆ **une ~ de** loads of *, masses of ◆ **il y a une ~** *ou* **des ~s de touristes** there are loads * *ou* masses of tourists ◆ **elle a une ~ d'enfants** she's got loads * of children

**floqué, e** /flɔke/ ADJ *[moquette, papier, tissu]* flock *(épith)*, flocked ◆ **plafond ~ à l'amiante** ceiling insulated with asbestos

**floraison** /flɔʀɛzɔ̃/ NF a *(lit) (= épanouissement)* flowering, blossoming; *(= époque)* flowering time ◆ **rosiers qui ont plusieurs ~s** rosebushes which have several flowerings *ou* which flower several times a year b *[de talents]* flowering, blossoming; *[d'affiches, articles]* rash, crop

**floral, e** (mpl **-aux**) /flɔʀal, o/ ADJ a *(gén)* flower *(épith)* ◆ **art ~** flower arranging ◆ **composition ~e** flower arrangement ◆ **exposition ~e** flower show ◆ **parc ~** flower garden b *(Bot) [enveloppe, organes]* floral

**floralies** /flɔʀali/ NFPL flower show

**flore** /flɔʀ/ NF *(= plantes)* flora; *(= livre)* plant guide ◆ **~ intestinale** intestinal flora

**floréal** /flɔʀeal/ NM Floreal *(eighth month in the French Republican calendar)*

**Florence** /flɔʀɑ̃s/ N *(= ville)* Florence

**florentin, e** /flɔʀɑ̃tɛ̃, in/ ADJ Florentine NM *(Ling)* Florentine dialect NM,F **Florentin(e)** Florentine

**florès** /flɔʀɛs/ NM *(littér, hum)* ◆ **faire ~** *[personne]* to shine, to enjoy great success; *[théorie]* to be in vogue

**floriculture** /flɔʀikyltyʀ/ NF flower-growing, floriculture *(SPÉC)*

**Floride** /flɔʀid/ NF Florida

**florifère** /flɔʀifɛʀ/ ADJ *(= qui a des fleurs)* flower-bearing ◆ **cette variété est très ~** this variety produces a lot of flowers *ou* flowers abundantly

**florilège** /flɔʀilɛʒ/ NM anthology

**florin** /flɔʀɛ̃/ NM florin

**florissant, e** /flɔʀisɑ̃, ɑ̃t/ ADJ *[pays, économie, théorie]* flourishing; *[santé, teint]* blooming

**flot** /flo/ NM a *(littér)* **~s** *[de lac, mer]* waves ◆ **les ~s** the waves ◆ **voguer sur les ~s bleus** to sail the ocean blue

b *(= grande quantité) [de lumière, boue, sang, véhicules]* stream; *[de paroles, informations, images]* stream, flood; *[de souvenirs, larmes, lettres]* flood ◆ **un ~ *ou* des ~s de rubans/dentelle** a cascade of ribbons/lace ◆ **les ~s de sa chevelure** her flowing locks *ou* mane *(littér)*

c *(= marée)* **le ~** the floodtide, the incoming tide

d *(loc)*

◆ **à flot** ◆ **être à ~** *[bateau]* to be afloat; *[entreprise]* to be on an even keel; *[personne]* to have one's head above water ◆ **remettre à ~** *[+ bateau]* to refloat; *[+ entreprise]* to bring back onto an even keel ◆ **ces mesures devraient permettre la remise à ~ de l'économie** these measures should help get the economy back onto an even keel ◆ **classes de remise à ~** *(Scol)* remedial classes ◆ **mettre à ~** *(lit, fig)* to launch ◆ **la mise à ~ d'un bateau** the launching of a ship

◆ **à (grands) flots** in streams *ou* torrents ◆ **le vin coulait à ~s** the wine flowed like water ◆ **l'argent coule à ~s** there's plenty of money around ◆ **la lumière entre à ~s** light is streaming in *ou* flooding in *ou* pouring in

**flottabilité** /flɔtabilite/ NF buoyancy

**flottable** /flɔtabl/ ADJ *[bois, objet]* buoyant; *[rivière]* floatable

**flottage** /flɔtaʒ/ NM floating *(of logs down a river)*

**flottaison** /flɔtɛzɔ̃/ NF a *(Naut)* **(ligne de) ~** waterline ◆ **~ en charge** load line, Plimsoll line b *(Fin)* flotation, floatation

**flottant, e** /flɔtɑ̃, ɑ̃t/ ADJ a *[bois, glace, mine]* floating; *[brume]* drifting; *(Ordin) [virgule]* floating; → **île** b *[cheveux, cape]* flowing; *[vêtement]* loose c *[capitaux, taux de change, dette]* floating; *[effectifs]* fluctuating ◆ **électorat ~** floating voters d *[caractère, esprit]* irresolute, vacillating ◆ **rester ~** to be unable to make up one's mind *(devant* when faced with) e *[côte, rein]* floating NM a *(= short)* shorts ◆ **son ~ est usé** his shorts are worn out ◆ **deux ~s** two pairs of shorts b *(Fin)* float

**flotte** /flɔt/ NF a *(Aviat, Naut)* fleet ◆ **~ aérienne** air fleet ◆ **~ de guerre** naval fleet ◆ **~ marchande *ou* de commerce** merchant fleet b * *(= pluie)* rain; *(= eau)* water ◆ **son café, c'est de la ~** *(péj)* his coffee's like dishwater c *(= flotteur)* float

**flottement** /flɔtmɑ̃/ NM a *(= hésitation)* wavering, hesitation ◆ **on observa un certain ~ dans la foule** the crowd seemed to hesitate ◆ **il y a eu un ~ électoral important** there was strong evidence *ou* a strong element of indecision among voters b *(Mil : dans les rangs)* swaying, sway c *(= relâchement) (dans une œuvre, copie)* vagueness, imprecision; *(dans le travail)* unevenness *(dans* in); ◆ **le ~ de son esprit/imagination** his wandering mind/roving imagination d *(= ondulation) [de fanion]* fluttering ◆ **le ~ du drapeau dans le vent** the fluttering *ou* flapping of the flag in the wind e *(Fin)* floating

**flotter** /flɔte/ ▸ conjug 1 ◂ VI a *(sur l'eau)* to float ◆ **faire ~ qch sur l'eau** to float sth on the water b *[brume]* to drift, to hang; *[parfum]* to hang; *[cheveux]* to stream (out); *[drapeau]* to fly; *[fanion]* to flutter ◆ **~ au vent** *[cape, écharpe]* to flap *ou* flutter in the wind ◆ **un drapeau flottait sur le bâtiment** a flag was flying over *ou* from the building c *(= être trop grand) [vêtement]* to hang loose ◆ **il flotte dans ses vêtements** his clothes are too big for him d *(littér = errer) [pensée, imagination]* to wander, to rove ◆ **un sourire flottait sur ses lèvres** a smile hovered on *ou* played about his lips e *(= hésiter)* to waver, to hesitate f *(Fin) [devise]* to float ◆ **faire ~** to float VB IMPERS (* *= pleuvoir)* to rain VT *[+ bois]* to float (down a waterway)

**flotteur** /flɔtœʀ/ NM *[de filet, hydravion, carburateur, trimaran]* float; *[de chasse d'eau]* ballcock *(Brit)*, floater *(US)*

**flottille** /flɔtij/ NF *[de bateaux]* flotilla; *[d'avions]* squadron

**flou, e** /flu/ ADJ a *[dessin, trait]* blurred; *[image, contour]* hazy, vague; *[photo]* blurred, fuzzy, out of focus; *[couleur]* soft b *[robe]* loose(-fitting); *[coiffure]* soft c *[idée, pensée, théorie]* woolly, vague; *(Ordin) [logique]* fuzzy NM *[de photo, tableau]* fuzziness; *[de couleur]* softness; *[de robe]* looseness; *[de contours]* haziness ◆ **le ~ de son esprit** the vagueness of his mind ◆ **le ~ artistique** *(lit)* soft focus ◆ **c'est le ~ artistique** *(fig)* it's all very vague ◆ **~ juridique** vagueness of the law ◆ **sur ses intentions, il est resté dans le ~** he remained vague about his intentions

**flouer** * /flue/ ▸ conjug 1 ◂ VT *(= duper)* to swindle, to diddle * *(Brit)* ◆ **se faire ~** to be had *

**flouse** ‡ †, **flouze** ‡ † /fluz/ NM *(= argent)* bread ‡, dough ‡, lolly ‡

**fluctuant, e** /flyktɥɑ̃, ɑ̃t/ ADJ *[prix, monnaie]* fluctuating; *[humeur]* changing

**fluctuation** /flyktɥasjɔ̃/ NF *[de prix]* fluctuation; *[d'opinion publique]* swing, fluctuation *(de* in); ◆ **~s du marché** market fluctuations

**fluctuer** /flyktɥe/ ▸ conjug 1 ◂ VI to fluctuate

**fluet, -ette** /flyɛ, ɛt/ ADJ *[corps]* slight, slender; *[personne]* slightly built, slender; *[taille, membre, doigt]* slender, slim; *[voix]* thin, reedy, piping

**fluide** /flɥid/ ADJ *[liquide, substance]* fluid; *[style, mouvement]* fluid, flowing; *[ligne, silhouette, robe]* flowing; *(Écon) [main-d'œuvre]* flexible ◆ **la circulation est ~** the traffic is moving freely ◆ **la situation politique reste ~** the political situation remains fluid NM a *(= gaz, liquide)* fluid ◆ **~ de refroidissement** coolant b *(= pouvoir)* (mysterious) power ◆ **il a du ~, il a un ~ magnétique** he has mysterious powers

**fluidification** /flɥidifikasjɔ̃/ NF fluidification, fluxing

**fluidifier** /flɥidifje/ ▸ conjug 7 ◂ VT to fluidify, to flux

**fluidité** /flɥidite/ NF *[de liquide, style]* fluidity; *[de ligne, silhouette]* flow; *[de circulation]* free flow; *(Écon) [de main-d'œuvre]* flexibility

**fluo** * /flyo/ ADJ INV (abrév de **fluorescent**) fluorescent ◆ **vert/rose ~** fluorescent green/pink

**fluor** /flyɔʀ/ NM fluorine ◆ **dentifrice au ~** fluoride toothpaste

**fluoré, e** /flyɔʀe/ ADJ *[dentifrice]* fluoride *(épith)*; *[eau]* fluoridated

**fluorescéine** /flyɔʀesein/ NF fluorescein

**fluorescence** /flyɔʀesɑ̃s/ NF fluorescence

**fluorescent, e** /flyɔʀesɑ̃, ɑ̃t/ ADJ fluorescent ◆ **écran/tube ~** fluorescent screen/lamp

**fluorine** /flyɔʀin/ NF fluorspar, fluorite, calcium fluoride

**fluorure** /flyɔʀyʀ/ NM fluoride

**flush** /flœʃ/ NM *(Cartes)* flush

**flûte** /flyt/ NF a *(= instrument)* flute ◆ **petite ~** piccolo b *(= verre)* flute (glass) ◆ **une ~ de champagne** a flute of champagne c *(= pain)* baguette, French stick *(Brit)* d *(= jambes)* **~s** * legs, pins * *(Brit)*, gams * *(US)* ◆ **se tirer les ~s** ‡ † to leg it *, to scarper *; → **jouer** EXCL * drat! * COMP ▷ **flûte basse** bass flute ▷ **flûte à bec** recorder ▷ **flûte à champagne** champagne flute ▷ **flûte de Pan** panpipes ▷ **flûte traversière** flute

**flûté, e** /flyte/ ADJ *[voix]* fluty

**flûteau** (pl **flûteaux**) /flyto/, **flûtiau** (pl **flûtiaux**) /flytjo/ NM *(= flûte)* penny whistle, reed pipe; *(= mirliton)* kazoo

**flûtiste** /flytist/ NMF flautist, flutist *(US)*

**fluvial, e** (mpl **-iaux**) /flyvjal, jo/ ADJ *[eaux, pêche, navigation]* river *(épith)*; *[érosion]* fluvial *(épith)*

**fluvioglaciaire** /flyvjoglasjɛʀ/ ADJ fluvioglacial

**flux** /fly/ NM a *(= grande quantité) [d'argent, paroles]* flood; *[de récriminations]* spate; *[de personnes]* influx ◆ **~ de capitaux** *(Écon)* capital flow ◆ **~ monétaire** flow of money ◆ **~ de trésorerie** cash flow ◆ **travailler en ~ tendus** *(Comm)* to use just-in-time methods b *(= marée)* **le ~** the floodtide, the incoming tide ◆ **le ~ et le reflux** the ebb and flow c *(Phys)* flux, flow ◆ **~ électrique/magnétique/lumineux** electric/magnetic/luminous flux d *(Méd)* **~ de sang** flow of blood ◆ **~ menstruel** menstrual flow

**fluxion** /flyksjɔ̃/ NF *(Méd)* swelling, inflammation; *(dentaire)* gumboil ◆ **~ de poitrine** pneumonia

**FM** /ɛfɛm/ NM (abrév de **fusil-mitrailleur**) MG NF (abrév de **fréquence modulée**) FM

**FMI** /ɛfɛmi/ NM (abrév de **Fonds monétaire international**) IMF

**FN** /ɛfɛn/ NM (abrév de **Front national**) → **front**

**FNE** /ɛfɛnə/ NM (abrév de **Fonds national de l'emploi**) → **fonds**

**FNSEA** /ɛfɛnɛsəa/ NF (abrév de **Fédération nationale des syndicats d'exploitants agricoles**) *French farmers' union*

**FO** /ɛfo/ NF (abrév de **Force ouvrière**) *French trade union*

**foc** /fɔk/ NM jib ◆ **grand/petit** ~ outer/inner jib ◆ ~ **d'artimon** mizzen-topmast staysail

**focal, e** (mpl **-aux**) /fɔkal, o/ ADJ focal ◆ **point** ~ focal point NF **focale** *(Géom, Opt)* focal distance *ou* length

**focalisation** /fɔkalizasjɔ̃/ NF focus (*sur* on); ◆ **les raisons de la ~ de l'opinion publique sur le chômage** the reasons why public attention is focused on unemployment

**focaliser** /fɔkalize/ ▸ conjug 1 ◂ VT *(fig, Phys)* to focus (*sur* on) VPR **se focaliser** *[personne]* to focus; *[attention]* to be focused (*sur* on)

**foehn** /føn/ NM a *(Mét)* foehn b *(Helv)* hairdryer

**foène, foëne** /fwɛn/ NF pronged harpoon, fishgig

**fœtal, e** (mpl **-aux**) /fetal, o/ ADJ foetal, fetal

**fœtus** /fetys/ NM foetus, fetus

**fofolle** /fɔfɔl/ ADJ F → **foufou**

**foi** /fwa/ NF a (= *croyance*) faith ◆ **avoir la ~** to have faith ◆ **perdre la ~** to lose one's faith ◆ **il faut avoir la ~ !** * you've got to be (really) dedicated! ◆ **il n'y a que la ~ qui sauve !** faith is a marvellous thing! ◆ **la ~ transporte** *ou* **fait bouger les montagnes** faith can move mountains ◆ **la ~ du charbonnier** blind faith ◆ **sans ~ ni loi** fearing neither God nor man; → **article, profession**

b (= *confiance*) faith, trust ◆ **avoir ~ en Dieu** to have faith *ou* trust in God ◆ **avoir ~ en qn/qch/l'avenir** to have faith in sb/sth/the future ◆ **digne de ~** *[témoin]* reliable, trustworthy; *[témoignage]* reliable; → **ajouter**

c (= *assurance*) word ◆ **respecter la ~ jurée** to honour one's word ◆ ~ **d'honnête homme !** on my word as a gentleman!, on my word of honour! ◆ **cette lettre en fait ~** this letter proves it ◆ **les deux textes feront ~** *(Jur)* both texts shall be deemed authentic ◆ **sous la ~ du serment** under *ou* on oath ◆ **sur la ~ de vagues rumeurs** on the strength of vague rumours ◆ **sur la ~ des témoins** on the word *ou* testimony of witnesses ◆ **en ~ de quoi j'ai décidé ...** *(gén)* on the strength of which I have decided ...; *(Jur)* in witness whereof I have decided ... ◆ **être de bonne ~** to be sincere *ou* honest ◆ **c'était de bonne ~** it was done (*ou* said *etc*) in good faith ◆ **faire qch en toute bonne ~** to do sth in all good faith ◆ **en toute bonne ~ je l'ignore** honestly I don't know ◆ **la mauvaise ~** *(gén)* dishonesty; *(Philos)* bad faith, mauvaise foi ◆ **tu es de mauvaise ~** you're being dishonest; → **cachet**

d ◆ **ma ~ ...** well ... ◆ **ma ~, c'est comme ça, mon vieux** * well, that's how it is, old man ◆ **ça, ma ~, je n'en sais rien** well, I don't know anything about that ◆ **c'est ma ~ vrai que ...** well it's certainly *ou* undeniably true that ...

**foie** /fwa/ NM liver ◆ ~ **de veau/de volaille** calves'/chicken liver ◆ **avoir mal au ~** to have a stomach ache ◆ **avoir une crise de ~** to have a bad stomach upset ◆ **avoir les ~s** ⁑ to be scared to death * COMP ▷ **foie gras** foie gras

**foie-de-bœuf** (pl **foies-de-bœuf**) /fwadbœf/ NM beefsteak fungus

**foil** /fɔjl/ NM *(Naut)* (hydro)foil

**foin**[1] /fwɛ̃/ NM hay ◆ **faire les ~s** to make hay ◆ **à l'époque des ~s** in the haymaking season ◆ ~ **d'artichaut** choke ◆ **faire du ~** * (= *faire un scandale*) to kick up a fuss; (= *faire du bruit*) to make a row *ou* racket; → **rhume**

**foin**[2] /fwɛ̃/ EXCL (††, *hum*) ◆ ~ **des soucis d'argent/des créanciers !** a plague on money worries/on creditors!, the devil take money worries/creditors!

**foire** /fwaʀ/ NF a (= *marché*) fair; (= *exposition commerciale*) trade fair; (= *fête foraine*) (fun) fair ◆ ~ **agricole** agricultural show ◆ ~ **aux bestiaux** cattle fair *ou* market ◆ ~ **exposition** exposition, expo; → **larron** b *(loc)* **avoir la ~** †⁑ to have the runs * *ou* trots * ◆ **faire la ~** * to whoop it up * ◆ **il aime faire la ~** he's a party animal *, he loves partying * ◆ **c'est la ~ ici !, c'est une vraie ~ !** * it's bedlam in here! * ◆ ~ **d'empoigne** free-for-all

**foirer** /fwaʀe/ ▸ conjug 1 ◂ VI * *[vis]* to slip; *[obus]* to fail to go off; ⁑ *[projet]* to fall through, to bomb * *(US)* ◆ **il a tout fait ~** he ballsed *(Brit)* *ou* balled *(US)* everything up ⁑ VT (⁑ = *rater*) to flunk * ◆ **j'ai foiré l'histoire** I flunked history *

**foireux, -euse** ⁑ /fwaʀø, øz/ ADJ († = *peureux*) yellow(-bellied) *, chicken * *(attrib)*; (= *raté*) *[idée, projet]* useless ◆ **ce projet/film est ~** this project/film is a washout *

**fois** /fwa/ NF a *(gén)* time ◆ **une ~** once ◆ **deux ~** twice ◆ **trois ~** three times ◆ **une ~, deux ~, trois ~, adjugé !** *(aux enchères)* going, going, gone! ◆ **pour la (toute) première ~** for the (very) first time ◆ **quand je l'ai vu pour la première/dernière ~** when I first/last saw him, the first/last time I saw him ◆ **cette ~-ci/-là** this/that time ◆ **c'est bon** *ou* **ça va pour cette ~** I'll let you off this time *ou* (just) this once ◆ **une seule ~** only once ◆ **elle ne s'est trompée qu'une seule ~** she only got it wrong once ◆ **cela a été payé en une seule ~** it was paid for in one go ◆ **c'est la seule ~ que ...** it's the only time that ... ◆ **plusieurs ~** several times, a number of times ◆ **peu de ~** on few occasions ◆ **bien des ~, maintes (et maintes) ~** many a time, many times ◆ **autant de ~ que** as often as, as many times as ◆ **y regarder à deux** *ou* **à plusieurs ~ avant d'acheter qch** to think twice *ou* very hard before buying sth ◆ **s'y prendre à** *ou* **en deux/plusieurs ~ pour faire qch** to take two/several attempts *ou* goes to do sth ◆ **payer en plusieurs ~** to pay in several instalments ◆ **frapper qn par deux/trois ~** to hit sb twice/three times ◆ **je suis trois ~ grand-père** I am a grandfather three times over ◆ **vous avez mille ~ raison** you're absolutely right; → **autre, cent**[1], **encore** *etc*

b *(dans un calcul)* **une ~** once ◆ **deux ~** twice, two times ◆ **trois/quatre ~** three/four times ◆ **une ~ tous les deux jours** once every two days, every other *ou* second day ◆ **trois ~ par an, trois ~ l'an** † three times a year ◆ **neuf ~ sur dix** nine times out of ten ◆ **quatre ~ plus d'eau/de voitures** four times as much water/as many cars ◆ **quatre ~ moins d'eau** four times less water, a quarter as much water ◆ **quatre ~ moins de voitures** four times fewer cars, a quarter as many cars ◆ **3 ~ 5 (font 15)** *(Math)* 3 times 5 (is *ou* makes 15) ◆ **il avait trois ~ rien** *(argent)* he had hardly any money; *(blessure)* there was hardly a scratch on him ◆ **et encore merci ! – oh, c'est trois ~ rien !** and thanks again! – oh, please don't mention it!

c *(loc)*

◆ **une fois** once ◆ **il était une ~ ..., il y avait une ~ ...** once upon a time there was ... ◆ **pour une ~ !** for once! ◆ **en une ~** at *ou* in one go ◆ **une (bonne) ~ pour toutes** once and for all ◆ **il faudrait qu'il pleuve une bonne ~** what's needed is a good downpour ◆ **une ~ (qu'il sera) parti** once he has left ◆ **une ~ qu'il n'était pas là** once *ou* on one occasion when he wasn't there ◆ **viens ici une ~** *(Belg)* just come over here ◆ **une ~ n'est pas coutume** *(Prov)* just the once won't hurt

◆ **une nouvelle fois** once again ◆ **cela démontre une nouvelle ~ l'inefficacité du système** it shows once again how inefficient the system is

◆ **à la fois** ◆ **ne répondez pas tous à la ~** don't all answer at once ◆ **c'est à la ~ drôle et grave** it's both funny and serious ◆ **il est à la ~ metteur en scène et romancier** he's both a director and novelist ◆ **il était à la ~ grand, gros et fort** he was tall, fat and strong ◆ **faire deux choses à la ~** to do two things at once *ou* at the same time ◆ **l'appareil permet à la ~ de téléphoner et d'accéder à Internet** the device allows you to make phone calls and access the Internet at the same time

◆ **des fois** * (= *parfois*) sometimes ◆ **des ~, il est très méchant** he can be very nasty at times, sometimes he's pretty nasty ◆ **si des ~ vous le rencontrez** if you should happen *ou* chance to meet him ◆ **non mais, des ~ !** *(scandalisé)* do you mind!; *(en plaisantant)* you must be joking! ◆ **non mais des ~, pour qui te prends-tu ?** look here, who do you think you are! ◆ **des ~ que** (just) in case ◆ **attendons, des ~ qu'il viendrait** let's wait in case he comes ◆ **allons-y, des ~ qu'il resterait des places** let's go – there may be some seats left

**foison** /fwazɔ̃/ NF ◆ **une ~ de** any number of ◆ **il existe une ~ d'ouvrages sur le sujet** there are any number of books on the subject

◆ **à foison** ◆ **il y a du poisson/des légumes à ~** there is an abundance of fish/of vegetables, there is fish/there are vegetables in plenty ◆ **il y en avait à ~ au marché** there was plenty of it (*ou* there were plenty of them) at the market

**foisonnant, e** /fwazɔnɑ̃, ɑt/ ADJ *[végétation]* luxuriant, lush; *[documentation]* abundant, lavish ◆ **une œuvre ~e** a rich and diverse oeuvre ◆ **un roman ~** a rich and lively novel

**foisonnement** /fwazɔnmɑ̃/ NM (= *abondance*) profusion, abundance ◆ **le ~ culturel des années 70** the cultural explosion that took place in the 70s ◆ **le ~ d'idées qu'on trouve dans ses romans** the wealth of ideas in his novels

**foisonner** /fwazɔne/ ▸ conjug 1 ◂ VI to abound ◆ **pays qui foisonne de** *ou* **en talents** country which has a profusion *ou* an abundance of talented people *ou* which is teeming with talented people ◆ **texte foisonnant d'idées/de fautes** text teeming with ideas/with mistakes

**fol** /fɔl/ ADJ M → **fou**

**folâtre** /fɔlɑtʀ/ ADJ *[enfant]* playful, frolicsome; *[jeux]* lively; *[caractère]* lively, sprightly ◆ **il n'est pas d'humeur ~** *(frm, hum)* he's not in a very playful mood

**folâtrer** /fɔlɑtʀe/ ▸ conjug 1 ◂ VI *[enfants]* to frolic, to romp; *[chiots, poulains]* to gambol, to frolic, to frisk ◆ **au lieu de ~ tu ferais mieux de travailler** you should do some work instead of fooling around

**folâtrerie** /fɔlɑtʀəʀi/ NF *(littér)* *(NonC* = *caractère)* playfulness; (= *action*) frolicking *(NonC)*, romping *(NonC)*, gambolling *(NonC)*

**foldingue** * /fɔldɛ̃g/ ADJ *[personne]* nuts *, crazy *; *[soirée, musique]* wild ◆ **tu es complètement ~ !** you're nuts! * *ou* crazy! * NMF nutcase * ◆ **les ~s de l'informatique** computer fanatics *ou* freaks *

**foliacé, e** /fɔljase/ ADJ foliated, foliaceous

**foliation** /fɔljasjɔ̃/ NF (= *développement*) foliation, leafing; (= *disposition*) leaf arrangement

**folichon, -onne** * /fɔliʃɔ̃, ɔn/ ADJ *(gén nég)* pleasant, interesting, exciting ◆ **aller à ce dîner, ça n'a rien de ~** going to this dinner won't be much fun *ou* won't be very exciting ◆ **la vie n'est pas toujours folichonne avec lui** life's not always fun with him

**folie** /fɔli/ NF **a** *(= maladie)* madness, insanity, lunacy ◆ **il a un petit grain de ~** * there's something eccentric about him ◆ **~ furieuse** *(Méd)* raving madness ◆ **c'est de la ~ douce** *ou* **pure** *ou* **furieuse** it's utter *ou* sheer madness *ou* lunacy ◆ **~ meurtrière** killing frenzy ◆ **c'était un coup de ~** it was a moment's madness ◆ **avoir la ~ des grandeurs** to have delusions of grandeur ◆ **il a la ~ des timbres-poste** he's mad * *ou* crazy * about stamps ◆ **aimer qn à la ~** to be madly in love with sb, to love sb to distraction ◆ **il a eu la ~ de refuser** he was mad enough *ou* crazy enough to refuse ◆ **c'est ~ d'y aller** it would be pure folly to go there ◆ **sortir en mer par un temps pareil, c'est de la ~ !** it's sheer madness going out to sea in weather like that!

◆ **en folie** *[public]* wild ◆ **les soldats en ~ ont tout saccagé** the soldiers went mad and ransacked the place ◆ **un monde en ~** a world gone mad

◆ **de folie*** *(fig = extraordinaire)* amazing, incredible

**b** *(= bêtise, erreur, dépense)* extravagance ◆ **il a fait des ~s dans sa jeunesse** he had his fling *ou* a really wild time in his youth ◆ **des ~s de jeunesse** youthful indiscretions ◆ **ils ont fait une ~ en achetant cette voiture** they were mad *ou* crazy to buy that car ◆ **vous avez fait des ~s en achetant ce cadeau** you have been far too extravagant in buying this present ◆ **il ferait des ~s pour elle** he would do anything for her ◆ **il ferait des ~s pour la revoir** he'd give anything to see her again ◆ **je ferais des ~s pour un morceau de fromage** *(hum)* I'd give *ou* do anything for a piece of cheese ◆ **une nouvelle ~ de sa part** *(dépense)* another of his extravagances; *(projet)* another of his hare-brained schemes

**c** *(Hist Archit)* folly

**folié, e** /fɔlje/ ADJ foliate

**folingue** * /fɔlɛ̃g/ ADJ nuts *, crazy *

**folio** /fɔljo/ NM folio

**foliole** /fɔljɔl/ NF *(Bot)* leaflet

**folioter** /fɔljɔte/ ▸ conjug 1 ◂ VT to folio

**folique** /fɔlik/ ADJ ◆ **acide ~** folic acid

**folk** /fɔlk/ NM folk music ADJ ◆ **chanteur/musique ~** folk singer/music COMP ▷ **folk song** folk music

**folklo** * /fɔlklo/ ADJ (abrév de **folklorique**) *(= excentrique)* weird, outlandish ◆ **c'est un peu ~ chez lui** his house (*ou* apartment *etc*) is a bit weird ◆ **cette soirée, c'était ~** it was a really way-out * *ou* whacky * party

**folklore** /fɔlklɔʀ/ NM folklore ◆ **c'est du ~ !** * *(péj) (ridicule, dépassé)* it's all terribly quaint ◆ **le ~ habituel des visites princières** *(péj)* the usual razzmatazz of royal visits

**folklorique** /fɔlklɔʀik/ ADJ **a** *[chant, costume]* folk *(épith)* **b** (* *= excentrique) [personne, tenue, ambiance]* weird, outlandish ◆ **la réunion a été assez ~** the meeting was pretty bizarre

**folle** /fɔl/ ADJ F, NF → **fou**

**follement** /fɔlmɑ̃/ ADV **a** *(= très, énormément) [original, ambitieux, content, intéressant, drôle]* incredibly ◆ **on s'est ~ amusé** we had a fantastic time * ◆ **il désire ~ lui parler** he's dying * to speak to her, he desperately wants to speak to her **b** *[espérer]* desperately; *[dépenser]* madly ◆ **~ amoureux** madly in love, head over heels in love ◆ **il se lança ~ à leur poursuite** he dashed after them in mad pursuit ◆ **avant de te lancer ~ dans cette aventure** before rushing headlong into *ou* jumping feet first into this business

**follet, -ette** /fɔlɛ, ɛt/ ADJ *(= étourdi)* scatter-brained; → **feu¹, poil**

**folliculaire** /fɔlikylɛʀ/ ADJ follicular

**follicule** /fɔlikyl/ NM follicle

**folliculine** /fɔlikylin/ NF oestrone

**fomentateur, -trice** /fɔmɑ̃tatœʀ, tʀis/ NM,F troublemaker, agitator ◆ **les ~s des grèves** the people behind the strikes, the people who instigated the strikes

**fomentation** /fɔmɑ̃tasjɔ̃/ NF fomenting, fomentation

**fomenter** /fɔmɑ̃te/ ▸ conjug 1 ◂ VT *(lit, fig)* to foment, to stir up

**foncé, e** /fɔ̃se/ (ptp de **foncer²**) ADJ *[couleur] (gén)* dark; *(tons pastels)* deep ◆ **à la peau ~e** dark-skinned

**foncer¹** /fɔ̃se/ ▸ conjug 3 ◂ VI **a** (* *= aller à vive allure) [conducteur, voiture]* to tear * *ou* belt * *(Brit)* along; *[coureur]* to charge * *ou* tear * along; *(dans un travail)* to get a move on * ◆ **maintenant, il faut que je fonce** I must dash *ou* fly * now ◆ **fonce le chercher** go and fetch him straight away *(Brit) ou* right away *(US)* ◆ **il a foncé chez le directeur** he rushed off to see the manager ◆ **allez, fonce !** come on, hurry up!

**b** * *(= être dynamique)* to have drive; *(= aller de l'avant)* to go for it *

**c** *(= se précipiter)* to charge (*vers* at; *dans* into); ◆ **~ sur** *ou* **vers l'ennemi/l'obstacle** to charge at *ou* make a rush at the enemy/the obstacle ◆ **le camion a foncé sur moi** the truck drove straight at me ◆ **~ sur un objet** *(lit, fig)* to make straight for *ou* make a beeline for an object ◆ **~ dans la foule** *[taureau, police]* to charge into the crowd; *[camion]* to plough into the crowd ◆ **~ (tête baissée) dans la porte/dans le piège** to walk straight into the door/straight *ou* headlong into the trap ◆ **~ dans le brouillard** *(fig)* to forge ahead regardless *ou* in the dark ◆ **la police a foncé dans le tas** * the police charged (into the crowd)

**foncer²** /fɔ̃se/ ▸ conjug 3 ◂ VT *[+ couleur]* to make darker VI *[liquide, couleur, cheveux]* to turn *ou* go darker

**foncer³** /fɔ̃se/ ▸ conjug 3 ◂ VT *[+ tonneau]* to bottom; *[+ puits]* to sink, to bore; *(Culin) [+ moule]* to line

**fonceur, -euse** * /fɔ̃sœʀ, øz/ NM,F go-getter * ◆ **c'est un ~** he's a go-getter *, he's got tremendous drive

**foncier, -ière** /fɔ̃sje, jɛʀ/ ADJ **a** *[impôt]* property *(épith)*, land *(épith)*; *[noblesse, propriété]* landed *(épith)*; *[problème, politique]* (relating to) land ownership ◆ **propriétaire ~** property owner ◆ **revenus ~s** income from property **b** *[qualité, différence]* fundamental, basic ◆ **la malhonnêteté foncière de ces pratiques** the fundamental *ou* basic dishonesty of these practices ◆ **être d'une foncière malhonnêteté** to be fundamentally dishonest NM ◆ **le ~** real estate

**foncièrement** /fɔ̃sjɛʀmɑ̃/ ADV fundamentally

**fonction** /fɔ̃ksjɔ̃/ NF **a** *(= métier)* post, office ◆ **~s** *(= tâches)* office, duties ◆ **entrer en ~(s), prendre ses ~s** *[employé]* to take up one's post; *[maire, président]* to come into *ou* take office, to take up one's post ◆ **depuis son entrée en ~(s)** *ou* **sa prise de ~(s)** since he came into *ou* took office ◆ **ça n'entre pas dans mes ~s** it's not part of my duties ◆ **de par ses ~s** by virtue of his office ◆ **être en ~** to be in office ◆ **la ~ publique** the civil service ◆ **logement de ~** *(gén)* company accommodation; *[de concierge, fonctionnaire]* on-site accommodation *(with low or free rent)* ◆ **avoir une voiture de ~** *(gén)* to have a car that goes with one's job; *(firme privée)* to have a company car; → **démettre, exercice**

**b** *(= rôle) (gén, Gram, Ordin)* function ◆ **~ biologique** biological function ◆ **remplir une ~** to fulfil a function ◆ **cet organe a pour ~ de ..., la ~ de cet organe est de ...** the function of this organ is to ... ◆ **avoir** *ou* **faire ~ de sujet** *(Gram)* to function *ou* act as a subject

**c** *(Math)* **~ (algébrique)** (algebraic) function ◆ **~ acide** *(Chim)* acid(ic) function ◆ **être ~ de** *(Math)* to be a function of

**d** *(loc)* **faire ~ de directeur/d'ambassadeur** to act as manager/as ambassador ◆ **il n'y a pas de porte, ce rideau en fait ~** there is no door but this curtain serves the purpose ◆ **sa réussite est ~ de son travail** his success depends on how well he works

◆ **en fonction de** according to ◆ **salaire en ~ des diplômes** salary according to *ou* commensurate with qualifications

> ⚠ *Quand il renvoie à un métier ou à une charge,* **fonction** *ne se traduit pas par le mot anglais* **function**.

> **Fonction publique**
>
> The term **la fonction publique** has great cultural significance in France, and covers a much broader range of activities than the English term 'civil service'. There are almost three million « fonctionnaires » (also known as « agents de l'État ») in France. They include teachers, social services staff, post office workers and employees of the French rail service.
>
> Recruitment for jobs in the **fonction publique** is by competitive examination, and successful candidates gain the official status of « titulaire ». Because this status theoretically guarantees total job security, « fonctionnaires » are sometimes stereotyped as being unfairly privileged compared to private sector employees.
> → CONCOURS

**fonctionnaire** /fɔ̃ksjɔnɛʀ/ NMF *(gén)* state employee; *(dans l'administration) [de ministère]* government official, civil servant; *[de municipalité]* local government officer *ou* official ◆ **haut ~** high-ranking *ou* top-ranking civil servant, senior official ◆ **petit ~** minor (public) official ◆ **les ~s de l'enseignement** state-employed teachers ◆ **~ de (la) police** police officer, officer of the law ◆ **il a une mentalité de ~** *(péj)* he has the mentality of a petty bureaucrat ◆ **c'est un vrai ~** he's a petty bureaucrat *ou* a real jobsworth * *(Brit)*

**fonctionnalisme** /fɔ̃ksjɔnalism/ NM functionalism

**fonctionnaliste** /fɔ̃ksjɔnalist/ ADJ, NMF functionalist

**fonctionnalité** /fɔ̃ksjɔnalite/ NF *(gén)* practicality; *(Ordin)* functionality

**fonctionnariat** /fɔ̃ksjɔnaʀja/ NM state employee status

**fonctionnarisation** /fɔ̃ksjɔnaʀizasjɔ̃/ NF ◆ **la ~ de la médecine** the state takeover of medicine ◆ **le gouvernement propose la ~ des médecins** the government proposes taking doctors into the public service *ou* making doctors employees of the state

**fonctionnariser** /fɔ̃ksjɔnaʀize/ ▸ conjug 1 ◂ VT ◆ **~ qn** to make sb an employee of the state; *(dans l'administration)* to take sb into the public service ◆ ~ **un service** to take over a service (to be run by the state)

**fonctionnarisme** /fɔ̃ksjɔnaʀism/ NM *(péj)* officialdom ◆ **c'est le règne du** ~ bureaucracy rules, officialdom has taken over

**fonctionnel, -elle** /fɔ̃ksjɔnɛl/ ADJ functional ◆ **mot** ~ *(Ling)* function word NM staff manager ◆ **les ~s et les opérationnels** managers and operatives, staff and line

**fonctionnellement** /fɔ̃ksjɔnɛlmɑ̃/ ADV functionally

**fonctionnement** /fɔ̃ksjɔnmɑ̃/ NM *[d'appareil]* functioning; *[d'entreprise, institution]* operation, running; *(Méd) [d'organisme]* functioning ◆ **expliquer le ~ d'un moteur** to explain how a motor works ◆ **en parfait** ~ in perfect working order ◆ **pour assurer le (bon) ~ de l'appareil** to keep the machine in (good) working order ◆ **pour assurer le (bon) ~ du service** to ensure the smooth running of the department ◆ **panne due au mauvais ~ du carburateur** breakdown due to a fault *ou* a malfunction in the carburettor ◆ **pendant le ~ de l'appareil** while the machine is in operation *ou* is running ◆ **budget de** ~ operating budget ◆ **dépenses** *ou* **frais de** ~ running costs ◆ ~ **en réseau** *(Ordin)* networking

**fonctionner** /fɔ̃ksjɔne/ ▸ conjug 1 ◂ VI *[mécanisme, machine]* to work, to function; *[entreprise]* to function, to operate; * *[personne]* to function, to operate ◆ **faire** ~ *[+ machine]* to operate ◆ **je n'ai jamais vraiment compris comment il fonctionne** * I've never really understood what makes him tick * ◆ **notre téléphone/télévision fonctionne mal** there's something wrong with our phone/television, our phone/television isn't working properly ◆ **le courrier fonctionne mal** the mail isn't reliable ◆ **ça ne fonctionne pas** it's out of order, it's not working ◆ **sais-tu faire ~ la machine à laver ?** do you know how to work the washing machine? ◆ ~ **au gaz/à l'énergie solaire/sur piles** to be gas-powered/solar-powered/battery-operated, to run on gas/on solar power/on batteries ◆ **il a du mal à ~ au sein d'une équipe** he doesn't work well in a team

**fond** /fɔ̃/ NM **a** *[de récipient, vallée]* bottom; *[d'armoire]* back; *[de jardin]* bottom, far end; *[de pièce]* far end, back; *[d'utérus]* fundus ◆ **le** ~ *(Min)* the (coal) face ◆ **travailler au** ~ *(Min)* to work at *ou* on the (coal) face ◆ **être/tomber au ~ de l'eau** to be at/fall to the bottom of the water ◆ **le ~ de la gorge** the back of the throat ◆ **les mots lui sont restés au ~ de la gorge** the words stuck in his throat ◆ **envoyer un navire par le** ~ to send a ship to the bottom ◆ **y a-t-il beaucoup de ~ ?** is it very deep? ◆ **l'épave repose par 10 mètres de** ~ the wreck is lying 10 metres down ◆ **les grands ~s** the ocean depths ◆ **à ~ de cale** *(Naut)* (down) in the hold; *( * = vite)* at top speed ◆ **au ~ du couloir** at the far end of the corridor ◆ **au ~ de la boutique** at the back of the shop ◆ **ancré au ~ de la baie** anchored at the (far) end of the bay ◆ **village perdu au ~ de la province** village in the depths *ou* heart of the country ◆ **venir du ~ des âges** *[dynastie, réflexe, sagesse]* to be age-old ◆ **sans** ~ *(lit, fig)* bottomless; → **double, fin**[1]

**b** *(= tréfonds)* **le ~ de son cœur est pur** deep down his heart is pure ◆ **savoir lire au ~ des cœurs** to be able to see deep (down) into people's hearts ◆ **merci du ~ du cœur** I thank you from the bottom of my heart ◆ **il pensait au ~ de son cœur** *ou* **de lui(-même) que ...** deep down he thought that ..., in his heart of hearts he thought that ... ◆ **vous avez deviné/je vais vous dire le ~ de ma pensée** you have guessed/I shall tell you what I really think *ou* what my feelings really are ◆ **regarder qn au ~ des yeux** to look deep into sb's eyes ◆ **il a un bon ~, il n'a pas un mauvais** ~ he's basically a good person, he's a good person at heart *ou* bottom ◆ **il y a chez lui un ~ d'honnêteté/de méchanceté** there's a streak of honesty/of maliciousness in him ◆ **il y a un ~ de vérité dans ce qu'il dit** there's an element of truth in what he says ◆ **toucher le** ~ *(lit)* to touch the bottom; *(fig) [personne]* to hit rock bottom; *[récession, productivité]* to bottom out ◆ **j'ai touché le ~ du désespoir** I hit rock bottom

**c** *(= essentiel) [d'affaire, question, débat]* heart ◆ **c'est là le ~ du problème** that's the heart *ou* root *ou* core of the problem ◆ **aller au ~ du problème** to get to the heart *ou* root of the problem ◆ **aller au ~ des choses** to do things thoroughly ◆ **il faut aller jusqu'au ~ de cette histoire** we must get to the root of this business ◆ **débat de** ~ fundamental discussion ◆ **problème de** ~ basic *ou* fundamental problem ◆ **ouvrage de** ~ basic work ◆ **article de** ~ *(Presse)* feature article

**d** *(= contenu)* content ◆ **le ~ et la forme** content and form ◆ **le ~ de l'affaire** *(Jur)* the substance of the case

**e** *(= arrière-plan) [de tableau, situation]* background ◆ ~ **sonore** *ou* **musical** background music ◆ **blanc sur ~ noir** white on a black background ◆ **avec cette sombre perspective pour** ~ with this gloomy prospect in the background; → **bruit, toile**

**f** *(= petite quantité)* drop ◆ **versez-m'en juste un ~ (de verre)** pour me just a drop ◆ **ils ont vidé les ~s de bouteilles** they emptied what was left in the bottles *ou* the dregs from the bottles ◆ **il va falloir racler** *ou* **gratter** *ou* **faire les ~s de tiroirs** we'll have to scrape together what we can

**g** *(= lie)* sediment, deposit

**h** *(Sport)* **le** ~ long-distance running ◆ **de** ~ *[course, coureur]* long-distance *(épith)*; → **ski**

**i** *[de chapeau]* crown; *[de pantalon]* seat ◆ **c'est là que j'ai usé mes ~s de culotte** that's where I spent my early school years

**j** *(loc)* **le ~ de l'air est frais** it's a bit chilly, there's a nip in the air

◆ **à fond** ◆ **étudier une question à** ~ to study a question thoroughly *ou* in depth ◆ **il est soutenu à ~ par ses amis** his friends back him up all the way ◆ **il exploite à ~ la situation** he's exploiting the situation to the full ◆ **il joue à ~ de son charisme** he makes full use of his charisma ◆ **il se donne à ~ dans son travail** he really throws himself into his work ◆ **il connaît le sujet à** ~ he knows the subject inside out ◆ **visser un boulon à** ~ to screw a bolt (right) home ◆ **respirer à** ~ to breathe deeply ◆ **à ~ de train, à ~ la caisse** *, **à ~ les manettes** * at top speed

◆ **au fond, dans le fond** *(= sous les apparences)* basically, at bottom; *(= en fait)* basically, really, in fact ◆ **il n'est pas méchant au ~** he's not a bad sort at heart ◆ **il fait semblant d'être désolé, mais dans le ~ il est bien content** he makes out he's upset but he's quite pleased really *ou* but deep down he's quite pleased ◆ **dans le** ~ *ou* **au ~, ça ne change pas grand-chose** basically, it makes no great difference, it makes no great difference really ◆ **ce n'est pas si stupide, au** ~ it's not such a bad idea after all

◆ **de fond en comble** *[fouiller]* from top to bottom; *[détruire]* completely, utterly ◆ **ce retard bouleverse mes plans de ~ en comble** this delay throws my plans right out, this delay completely overturns my plans

COMP ▷ **fond d'artichaut** artichoke heart ▷ **fond de court** *(Tennis)* **jeu/joueur de ~ de court** baseline game/player ▷ **fond de magasin** *(= invendus)* leftover stock ▷ **les fonds marins** the sea bed ▷ **fond d'œil** fundus ◆ **faire un ~ d'œil à qn** to look into the back of sb's eye, to perform a funduscopy on sb *(SPÉC)* ▷ **fond de portefeuille** *(Bourse)* portfolio base ▷ **fond de robe** slip ▷ **fond de tarte** *(= pâte)* pastry base; *(= crème)* custard base ▷ **fond de teint** foundation (cream)

**fondamental, e** (mpl **-aux**) /fɔ̃damɑ̃tal, o/ GRAMMAIRE ACTIVE 53.2 ADJ *(= essentiel) [question, recherche, changement]* fundamental, basic; *[vocabulaire]* basic; *[couleurs]* primary; *(= foncier) [égoïsme, incompréhension]* basic, inherent, fundamental ◆ **son ~, note ~e** fundamental (note) ◆ **matière ~e** *(Scol)* core subject *(Brit)* NF **fondamentale** *(Mus)* root, fundamental (note) NMPL **fondamentaux** *(= principes, bases)* fundamentals

**fondamentalement** /fɔ̃damɑ̃talmɑ̃/ ADV fundamentally

**fondamentalisme** /fɔ̃damɑ̃talism/ NM fundamentalism

**fondamentaliste** /fɔ̃damɑ̃talist/ ADJ, NMF fundamentalist

**fondant, e** /fɔ̃dɑ̃, ɑ̃t/ ADJ *[neige]* thawing, melting; *[fruit]* luscious; *[viande]* tender, melt-in-the-mouth *(épith)* ◆ **température de la glace ~e** temperature of melting ice ◆ **bonbon** ~ fondant ◆ **chocolat** ~ high-quality plain chocolate NM *(Chim)* flux; *(= bonbon, Culin)* fondant ◆ ~ **au chocolat** *(= gâteau)* chocolate fondant cake

**fondateur, -trice** /fɔ̃datœʀ, tʀis/ ADJ *[mythe, texte, idée]* founding; → **père** NM,F founder; *(Jur, Fin) [de société]* incorporator

**fondation** /fɔ̃dasjɔ̃/ NF *(= action, institut)* foundation ◆ **~s** *(Constr)* foundations

**fondé, e** /fɔ̃de/ (ptp de **fonder**) ADJ **a** *[crainte, réclamation]* well-founded, justified ◆ **bien** ~ well-founded, fully justified ◆ **mal** ~ ill-founded, groundless ◆ **ce qu'il dit n'est pas** ~ there are no grounds *ou* there is no justification for what he says ◆ ~ **sur des ouï-dire** based on hearsay **b** ◆ **être ~ à faire/croire/dire qch** to have good reason to do/believe/say sth, to have (good) grounds for doing/believing/saying sth NM ◆ ~ **(de pouvoir)** *(Jur)* authorized representative; *(= cadre bancaire)* senior banking executive

**fondement** /fɔ̃dmɑ̃/ NM **a** *(= base)* foundation ◆ ~ **d'une action en justice** cause of action ◆ **sans** ~ without foundation, unfounded, groundless ◆ **jeter les ~s de qch** to lay the foundations of sth **b** *(hum = derrière)* posterior *(hum)*, backside; *(= fond de pantalon)* trouser seat

**fonder** /fɔ̃de/ ▸ conjug 1 ◂ VT **a** *(= créer) [+ ville, parti, prix littéraire]* to found; *[+ commerce]* to set up; *[+ famille]* to start ◆ ~ **un foyer** to set up home and start a family ◆ **"maison fondée en 1850"** *(Comm)* "Established 1850" **b** *(= baser)* to base, to found (*sur* on); ◆ ~ **sa richesse sur qch** to build one's wealth on sth ◆ ~ **une théorie sur qch** to base a theory on sth ◆ ~ **tous ses espoirs sur qch/qn** to place *ou* pin all one's hopes on sth/sb **c** *(= justifier) [+ réclamation]* to justify VPR **se fonder** ◆ **se ~ sur** *[personne]* to go by, to go on, to base o.s. on; *[théorie, décision]* to be based on ◆ **sur quoi vous fondez-vous pour l'affirmer ?** what grounds do you have for saying this?

**fonderie** /fɔ̃dʀi/ NF **a** *(= usine d'extraction)* smelting works; *(= atelier de moulage)* foundry **b** *(= action)* founding, casting

**fondeur, -euse** /fɔ̃dœʀ, øz/ NM,F *(Ski)* cross-country skier NM *(Métal) (= industriel)* foundry owner; *(= ouvrier)* foundry worker

**fondre** /fɔ̃dʀ/ ▸ conjug 41 ◂ **VT** **a** *(= liquéfier)* *[+ substance]* to melt; *[+ argenterie, objet de bronze]* to melt down; *[+ minerai]* to smelt; *[+ neige]* to melt, to thaw

**b** *(= diminuer, attendrir) [+ dureté, résolution]* to melt

**c** *(= couler) [+ cloche, statue]* to cast, to found

**d** *(= réunir)* to combine, to fuse together, to merge (*en* into)

**e** *(Peinture) [+ couleur, ton]* to merge, to blend

**VI** **a** *(à la chaleur, gén)* to melt; *[neige]* to melt, to thaw; *(dans l'eau)* to dissolve ◆ **faire ~** *[+ beurre]* to melt; *[+ graisse]* to render down; *[+ sel, sucre]* to dissolve; *[+ neige]* to melt, to thaw ◆ **ça fond dans la bouche** it melts in your mouth

**b** *[colère, résolution]* to melt away; *[provisions, réserves]* to vanish ◆ **~ comme neige au soleil** to melt away ◆ **l'argent fond entre ses mains** money runs through his fingers, he spends money like water ◆ **cela fit ~ sa colère** at that his anger melted away ◆ **~ en larmes** to dissolve *ou* burst into tears

**c** *(* = maigrir)* to slim down ◆ **j'ai fondu de 5 kg** I've lost 5 kg

**d** *(* = s'attendrir)* to melt ◆ **j'ai fondu** my heart melted, I melted ◆ **son sourire me fait ~, je fonds devant son sourire** his smile makes me melt *ou* makes me go weak at the knees

**e** *(= s'abattre)* **~ sur qn** *[vautour, ennemi]* to swoop down on sb; *[malheurs]* to sweep down on sb

**VPR** **se fondre** **a** *(= se réunir) [cortèges, courants]* to merge (*en* into)

**b** *(= disparaître)* **se ~ dans la nuit/brume** to fade (away) *ou* merge into the night/mist ◆ **se ~ dans la masse** *ou* **foule** *[personne]* to melt into the crowd ◆ **ce détail se fond dans la masse** this detail is lost among the rest ◆ **se ~ dans le décor** *[personne]* to melt into the background; *[appareil, objet]* to blend in with the decor

**fondrière** /fɔ̃dʀijɛʀ/ **NF** pothole

**fonds** /fɔ̃/ **NM** **a** *(Comm)* **~ de commerce** *(lit)* business; *(fig = source de revenus)* moneymaker ◆ **il possède le ~ mais pas les murs** he owns the business but not the property ◆ **vendre son ~** to sell up ◆ **~ de terre** land *(NonC)*

**b** *(= ressources) [de musée, bibliothèque]* collection ◆ **ce pays a un ~ folklorique très riche** this country has a rich folk heritage ◆ **~ de secours/de solidarité/d'amortissement** relief/solidarity/sinking fund ◆ **~ de garantie** guarantee fund ◆ **Fonds national de l'emploi** *French state fund to provide retraining and redundancy payments for the unemployed* ◆ **Fonds européen de coopération monétaire** European Monetary Cooperation Fund ◆ **Fonds européen de développement** European Development Fund ◆ **Fonds social européen** European Social Fund ◆ **le Fonds monétaire international** the International Monetary Fund

**c** *(= organisme)* **~ commun de placement** investment *ou* mutual fund ◆ **~ de développement économique et social** fund for economic and social development ◆ **~ de pension** pension fund ◆ **~ de prévoyance** contingency fund *ou* reserve ◆ **~ régulateur** buffer fund ◆ **~ de retraite** pension fund ◆ **~ de stabilisation des changes** (currency) stabilization fund, Foreign Exchange Equalization Account *(Brit)*

**d** *(Fin : souvent pl) (= argent)* money; *(= capital)* funds, capital; *(pour une dépense précise)* funds ◆ **pour transporter les ~** to transport the money ◆ **investir des ~ importants dans qch** to invest large sums of money *ou* a large amount of capital in sth ◆ **réunir les ~ nécessaires à un achat** to raise the necessary funds for a purchase ◆ **mise de ~** capital outlay ◆ **faire une mise de ~** to lay out capital ◆ **mise de ~ initiale** initial (capital) outlay ◆ **ne pas être/être en ~** to be out of/be in funds ◆ **je lui ai prêté de l'argent, ça a été à ~ perdus** I lent him some money, but I never saw it again *ou* but I never got it back ◆ **~ de caisse** cash in hand ◆ **~ de roulement** *(gén)* working capital; *[de syndic]* contingency fund ◆ **~ bloqués** frozen assets ◆ **~ disponibles** liquid assets ◆ **~ d'État** government securities ◆ **~ propres** shareholders' equity, stockholders' equity *(US)*, equity capital ◆ **~ publics** *(Bourse)* government stock *ou* securities; *(= recettes de l'État)* public funds *ou* money ◆ **~ secrets** secret funds; → **appel, bailleur, détournement**

**fondu, e** /fɔ̃dy/ (ptp de **fondre**) **ADJ** **a** *(= liquide) [beurre]* melted; *[métal]* molten ◆ **neige ~e** slush; → **fromage**

**b** *(Métal)* **statue de bronze ~** *(= moulé)* cast bronze statue

**c** *(= flou, estompé) [contours]* blurred, hazy; *[couleurs]* blending

**d** *(* = fou)* nuts*, loopy* ◆ **t'es complètement ~ !** you're nuts! *

**NM,F** * ◆ **c'est un ~ de jazz/télévision** *(= fanatique)* he's a jazz/television freak *

**NM** **a** *(Peinture) [de couleurs]* blend ◆ **le ~ de ce tableau me plaît** I like the way the colours blend in this picture

**b** *(Ciné)* **~ (enchaîné)** dissolve, fade in-fade out ◆ **fermeture en ~, ~ en fermeture** fade-out ◆ **ouverture en ~, ~ en ouverture** fade-in ◆ **faire un ~ au noir** to fade to black

**NF** **fondue** *(Culin)* **~e (savoyarde)** (cheese) fondue ◆ **~e bourguignonne** fondue bourguignonne, meat fondue ◆ **~e de poireaux/tomates** leek/tomato fondue

**fongible** /fɔ̃ʒibl/ **ADJ** fungible

**fongicide** /fɔ̃ʒisid/ **ADJ** fungicidal **NM** fungicide

**fontaine** /fɔ̃tɛn/ **NF** *(ornementale)* fountain; *(naturelle)* spring; *(murale)* fountain; *(= distributeur d'eau potable) (à jet d'eau)* drinking fountain; *(avec gobelets)* water dispenser ◆ **cette petite, c'est une vraie ~** * *(hum)* she's a real little crybaby ◆ **il ne faut pas dire ~ je ne boirai pas de ton eau** *(Prov)* never say never, you never know; → **jouvence**

**fontainier** /fɔ̃tenje/ **NM** hydraulic engineer

**fontanelle** /fɔ̃tanɛl/ **NF** fontanel(le)

**fonte** /fɔ̃t/ **NF** **a** *(= action) [de substance]* melting; *[d'argenterie, objet de bronze]* melting down; *[de minerai]* smelting; *[de neige]* melting, thawing; *[de cloche, statue]* casting, founding ◆ **à la ~ des neiges** when the thaw comes, when the snow melts *ou* thaws **b** *(= métal)* cast iron ◆ **~ brute** pig-iron ◆ **en ~** *[tuyau, radiateur]* cast-iron *(épith)* **c** *(Typo)* fount **d** *(Agr)* **~ des semis** damping off

**fontes** /fɔ̃t/ **NFPL** holsters *(on saddle)*

**fonts** /fɔ̃/ **NMPL** ◆ **~ baptismaux** (baptismal) font ◆ **tenir un enfant sur les ~ baptismaux** to be godfather (*ou* godmother) to a child

**foot** * /fut/ **NM** abrév de **football**

**football** /futbol/ **NM** football *(Brit)*, soccer ◆ **~ américain** American football *(Brit)*, football *(US)* ◆ **jouer au ~** to play football; → **ballon**[1]

**footballeur, -euse** /futbolœʀ, øz/ **NM,F** footballer *(Brit)*, football *(Brit)* *ou* soccer player

**footballistique** /futbolistik/ **ADJ** soccer *(épith)*, football *(épith) (Brit)*

**footeux, -euse** * /futø, øz/ **NM,F** *(= joueur)* football *ou* soccer player; *(= amateur)* football *ou* soccer enthusiast

**footing** /futiŋ/ **NM** jogging *(NonC)* ◆ **faire du ~** to go jogging ◆ **faire un (petit) ~** to go for a (little) jog

**for** /fɔʀ/ **NM** ◆ **dans** *ou* **en mon ~ intérieur** in my heart of hearts, deep down inside

**forage** /fɔʀaʒ/ **NM** *[de roche, paroi]* drilling, boring; *[de puits]* sinking, boring ◆ **effectuer plusieurs ~s** to drill several bare holes ◆ **se livrer à des ~s d'exploration** to test-drill ◆ **faire des ~s de prospection pétrolière** to prospect for oil, to wildcat *(US)*

**forain, e** /fɔʀɛ̃, ɛn/ **ADJ** fairground *(épith)*, carnival *(US) (épith)*; → **baraque, fête** **NM** *(= acteur)* (fairground) entertainer ◆ **(marchand) ~** *(= commerçant)* stallholder ◆ **les ~s** *(fête foraine)* fairground people, carnies * *(US)*

**forban** /fɔʀbɑ̃/ **NM** *(Hist = pirate)* pirate; *(= escroc)* shark, crook

**forçage** /fɔʀsaʒ/ **NM** *(Agr)* forcing

**forçat** /fɔʀsa/ **NM** *(= bagnard)* convict; *(= galérien, fig)* galley slave ◆ **travailler comme un ~** to work like a slave ◆ **c'est une vie de ~** it's sheer slavery

**force** /fɔʀs/ GRAMMAIRE ACTIVE 43.4

**NF** **a** *(= vigueur)* strength ◆ **avoir de la ~** to be strong ◆ **avoir de la ~ dans les bras** to have strong arms ◆ **je n'ai plus la ~ de parler** I have no strength left to talk ◆ **il ne connaît pas sa ~** he doesn't know his own strength ◆ **à la ~ du poignet** *[grimper]* using only one's arms; *[obtenir qch, réussir]* by the sweat of one's brow ◆ **cet effort l'avait laissé sans ~** the effort had left him completely drained ◆ **c'est une ~ de la nature** he's a real Goliath ◆ **dans la ~ de l'âge** in the prime of life ◆ **~ morale/intellectuelle** moral/intellectual strength ◆ **c'est ce qui fait sa ~** that is where his great strength lies ◆ **bracelet** *ou* **poignet de ~** (leather) wristband; → **bout, union**

**b** *(= violence)* force ◆ **recourir/céder à la ~** to resort to/give in to force ◆ **employer la ~ brutale** *ou* **brute** to use brute force ◆ **la ~ prime le droit** might is right

**c** *(= ressources physiques)* **~s** strength ◆ **reprendre des ~s** to get one's strength back, to regain one's strength ◆ **ses ~s l'ont trahi** his strength failed *ou* deserted him ◆ **c'est au-dessus de mes ~s** it's too much for me, it's beyond me ◆ **frapper de toutes ses ~s** to hit as hard as one can *ou* with all one's might ◆ **désirer qch de toutes ses ~s** to want sth with all one's heart

**d** *[de coup, vent]* force; *[d'argument]* strength, force; *[de sentiment, alcool, médicament]* strength ◆ **vent de ~ 4** force 4 wind ◆ **dans toute la ~ du terme** in the fullest *ou* strongest sense of the word ◆ **la ~ de l'évidence** the weight of evidence ◆ **la ~ de l'habitude** force of habit ◆ **par la ~ des choses** *(gén)* by force of circumstance; *(= nécessairement)* inevitably ◆ **les ~s naturelles** *ou* **de la nature** the forces of nature ◆ **les ~s aveugles du destin** the blind forces of fate ◆ **les ~s vives du pays** the lifeblood of the country ◆ **avoir ~ de loi** to have force of law; → **cas, idée-force, ligne**[1]

**e** *(Mil)* strength ◆ **~s** forces ◆ **notre ~ navale** our naval strength ◆ **les ~s de l'opposition** *(Pol)* the opposition forces ◆ **armée d'une ~ de 10 000 hommes** army with a strength of 10,000 men

**f** *(= valeur)* **les deux joueurs sont de la même ~** the two players are evenly *ou* well matched ◆ **ces deux cartes sont de la même ~** these two cards have the same value ◆ **il est de première ~ au bridge** he's a first-class bridge player, he's first-rate at bridge ◆ **il**

**est de ~ à le faire** he's equal to it, he's up to (doing) it * ◆ **tu n'es pas de ~ à lutter avec lui** you're no match for him ◆ **à ~s égales, à égalité de ~s** on equal terms

g *(Phys)* force ◆ ~ **de gravité** force of gravity ◆ ~ **centripète/centrifuge** centripetal/centrifugal force

h *(Typo) [de corps, caractère]* size

i *(loc)* ~ **nous est/lui est d'accepter** we have/he has no choice but to accept, we are/he is forced to accept ◆ ~ **m'est de reconnaître que ...** I am forced *ou* obliged to recognize that ... ◆ ~ **(nous) est de constater que ...** we have to admit that ... ◆ **affirmer avec ~** to insist, to state firmly ◆ **insister avec ~ sur un point** to emphasize a point strongly ◆ **vouloir à toute ~** to want absolutely *ou* at all costs ◆ **faire ~ de rames** *(Naut)* to ply the oars ◆ **faire ~ de voiles** *(Naut)* to cram on sail; → **tour²**

♦ **à force** ◆ **à ~ de chercher on va bien trouver** if we keep on looking we'll end up finding it ◆ **à ~ de gentillesse** by dint of kindness ◆ **à ~, tu vas le casser** you'll end up breaking it

♦ **de force, par force** ◆ **faire entrer qch de ~ dans qch** to cram *ou* force sth into sth ◆ **faire entrer qn de ~** *ou* **par la ~ dans qch** to force sb into sth ◆ **obtenir qch par ~** to get sth by *ou* through force ◆ **enlever qch de ~ à qn** to remove sth forcibly from sb, to take sth from sb by force ◆ **entrer de ~ chez qn** to force one's way into *ou* force an entry into sb's house ◆ **être en position de ~** to be in a position of strength

♦ **en force** ◆ **attaquer/arriver** *ou* **venir en ~** to attack/arrive in force ◆ **la montée en ~ du chômage** the dramatic rise in unemployment ◆ **passer un obstacle en ~** *(Sport)* to get past an obstacle by sheer effort

♦ **coup de force** *(= coup d'état)* coup; *(= action militaire)* offensive action; *(pour racheter une entreprise)* hostile takeover ◆ **ils craignent un coup de ~ de l'aile droite de leur parti** they fear that the right wing will try to take over the party *ou* will make a play for power

**ADV** († *hum*) many, a goodly number of *(hum)* ◆ **boire ~ bouteilles** to drink a goodly number of bottles ◆ **avec ~ remerciements** with profuse thanks

**COMP** ▷ **force d'âme** fortitude, moral strength ▷ **la force armée** the army, the military ▷ **les forces armées** the armed forces ▷ **force de caractère** strength of character ▷ **force de dissuasion** deterrent power ▷ **force d'extraction** extraction force ▷ **les Forces françaises de l'intérieur** *Resistance forces operating within France during World War II* ▷ **les Forces françaises libres** the Free French (Forces *ou* Army) ▷ **force de frappe** strike force ▷ **force d'inertie** force of inertia ▷ **force d'interposition** intervention force ▷ **forces d'intervention** *(Mil, Police)* rapid deployment force ▷ **forces de maintien de la paix** peace-keeping force(s) ▷ **force nucléaire stratégique** strategic nuclear force ▷ **les forces de l'ordre, les forces de police** the police ◆ **d'importantes ~s de police** large contingents *ou* numbers of police ▷ **la force publique, les forces de sécurité** the police ▷ **force de vente** sales force

**forcé, e** /fɔʀse/ (ptp de **forcer**) **ADJ** a *(= imposé) [cours, mariage]* forced; *(= poussé) [comparaison]* forced ◆ **atterrissage ~** forced *ou* emergency landing ◆ **prendre un bain ~** to take an unintended dip ◆ **conséquence ~e** inevitable consequence; → **marche¹, travail¹** b *(= feint) [rire, sourire]* forced; *[amabilité]* affected, put-on c *(= évident)* **c'est ~** * there's no way round it, it's inevitable ◆ **je suis malade – c'est ~, tu as mangé trop de chocolat !** I'm ill – of course you are, you've eaten too much chocolate! ◆ **c'est ~ que tu sois en retard** it's obvious you're going to be late

**forcement** /fɔʀsəmɑ̃/ **NM** forcing

**forcément** /fɔʀsemɑ̃/ **ADV** inevitably ◆ **ça devait ~ arriver** it was bound to happen, it was inevitable ◆ **il le savait ~, puisqu'on le lui a dit** he obviously knew, because he'd been told ◆ **il est enrhumé – ~, il ne se couvre pas** he's got a cold – of course he has, he doesn't dress warmly enough ◆ **c'est voué à l'échec – pas ~** it's bound to fail – not necessarily ◆ **c'est ~ vrai/plus simple** it has to be true/simpler ◆ **il a ~ raison** he must be right

**forcené, e** /fɔʀsəne/ **ADJ** *(= fou)* deranged, out of one's wits *(attrib) ou* mind *(attrib)*; *(= acharné) [ardeur, travail]* frenzied; *(= fanatique) [joueur, travailleur]* frenzied; *[partisan, critique]* fanatical **NM,F** maniac ◆ **travailler comme un ~** to work like a maniac * ◆ **~ du travail** *(hum)* workaholic * ◆ **les ~s du vélo/de la canne à pêche** *(hum)* cycling/angling fanatics

**forceps** /fɔʀsɛps/ **NM** pair of forceps, forceps *(pl)* ◆ **accouchement au ~** forceps delivery

**forcer** /fɔʀse/ ▸ conjug 3 ◂ **VT** a *(= contraindre)* to force, to compel ◆ **~ qn à faire qch** to force sb to do sth, to make sb do sth ◆ **il est forcé de garder le lit** he is forced to stay in bed ◆ **il a essayé de me ~ la main** he tried to force my hand ◆ **~ qn au silence/à des démarches/à la démission** to force sb to keep silent/to take action/to resign

b *(= faire céder) [+ coffre, serrure, barrage]* to force; *[+ porte, tiroir]* to force (open); *[+ blocus]* to run; *[+ ville]* to take by force ◆ **~ le passage** to force one's way through ◆ **~ la porte** to force one's way in ◆ **~ la porte de qn** to force one's way into sb's home ◆ **~ la consigne** to bypass orders ◆ **sa conduite force le respect/l'admiration** his behaviour commands respect/admiration ◆ **il a réussi à ~ la décision** he managed to settle *ou* decide the outcome

c *(= traquer) [+ cerf, lièvre]* to run *ou* hunt down; *[+ ennemi]* to track down ◆ **la police a forcé les bandits dans leur repaire** the police tracked the gangsters down to their hideout

d *(= pousser) [+ cheval]* to override; *[+ fruits, plantes]* to force; *[+ talent, voix]* to strain; *[+ allure]* to increase; *[+ destin]* to tempt, to brave ◆ **votre interprétation force le sens du texte** your interpretation stretches the meaning of the text ◆ **~ sa nature** *(timidité)* to overcome one's shyness; *(volonté)* to force o.s. ◆ **~ le pas** to quicken one's pace ◆ **il a forcé la dose** * *ou* **la note** * he overdid it ◆ **~ le trait** *(= exagérer)* to exaggerate

**VI** to overdo it ◆ **j'ai voulu ~, et je me suis claqué un muscle** I overdid it and pulled a muscle ◆ **il a gagné sans ~** * he had no trouble winning, he won easily ◆ **ne force pas, tu vas casser la corde** don't force it or you'll break the rope ◆ **arrête de tirer, tu vois bien que ça force** stop pulling, can't you see it's jammed? ◆ **~ sur ses rames** to strain at the oars ◆ **il force un peu trop sur l'alcool** * once he starts drinking he doesn't know when to stop ◆ **il avait un peu trop forcé sur l'alcool** * he'd had a few too many *

**VPR** **se forcer** to force o.s., to make an effort (*pour faire* to do); ◆ **il se force à travailler** he forces himself to work, he makes himself work ◆ **elle se force pour manger** she forces herself to eat

**forces** /fɔʀs/ **NMPL** *(= ciseaux)* shears

**forcing** /fɔʀsiŋ/ **NM** *(gén, Boxe)* pressure (*auprès de* with); ◆ **faire le ~** to pile on the pressure ◆ **on a dû faire le ~ pour avoir le contrat** we had to put on a lot of pressure *ou* we really had to push to get the contract ◆ **on a dû faire le ~ pour combler notre retard** we had to pull out all the stops to make up the time ◆ **négociations menées au ~** negotiations conducted under pressure

> ⚠ **forcing** *ne se traduit pas par le mot anglais* **forcing.**

**forcir** /fɔʀsiʀ/ ▸ conjug 2 ◂ **VI** *[personne]* to broaden out; *[vent]* to strengthen

**forclore** /fɔʀklɔʀ/ ▸ conjug 45 ◂ **VT** *(Jur)* to debar ◆ **il s'est laissé ~** he didn't make his claim within the prescribed time limit

**forclusion** /fɔʀklyzjɔ̃/ **NF** *(Jur)* debarment

**forer** /fɔʀe/ ▸ conjug 1 ◂ **VT** *[+ roche, paroi]* to drill, to bore; *[+ puits]* to drill, to sink, to bore

**forestier, -ière** /fɔʀɛstje, jɛʀ/ **ADJ** *[région, végétation, chemin]* forest *(épith)* ◆ **exploitation forestière** *(= activité)* forestry, lumbering; *(= lieu)* forestry site ◆ **perdreau (à la) forestière** *(Culin)* partridge (cooked) with mushrooms; → **garde²** **NM** forester

**foret** /fɔʀɛ/ **NM** *(= outil)* drill

**forêt** /fɔʀɛ/ **NF** *(lit, fig)* forest ◆ **~ vierge** virgin forest ◆ **~ pluviale** rain forest ◆ **~ tropicale** tropical (rain) forest ◆ **~ domaniale** national *ou* state-owned forest ◆ **~-galerie** gallery forest; → **arbre, eau**

**forêt-noire** (pl **forêts-noires**) /fɔʀɛnwaʀ/ **NF** a *(Culin)* Black Forest gâteau b ◆ **la Forêt-Noire** *(Géog)* the Black Forest

**foreuse** /fɔʀøz/ **NF** drill

**forfaire** /fɔʀfɛʀ/ ▸ conjug 60 ◂ **VI** *(frm)* ◆ **~ à qch** to be false to sth, to betray sth ◆ **~ à l'honneur** to forsake honour

**forfait** /fɔʀfɛ/ **NM** a *(Comm) (= prix fixe)* fixed *ou* set price; *(= prix tout compris)* all-inclusive price; *(= ensemble de prestations)* package ◆ **travailler au** *ou* **à ~** to work for a flat rate *ou* a fixed sum ◆ **notre nouveau ~-vacances** our new package tour *ou* holiday *(Brit)* ◆ **~ avion-hôtel** flight and hotel package ◆ **~ hôtelier** hotel package ◆ **~-skieur(s)** ski-pass ◆ **être au (régime du) ~** *(impôts)* to be taxed on estimated income b *(Sport = abandon)* withdrawal ◆ **gagner par ~** to win by default ◆ **déclarer ~** *(Sport)* to withdraw; *(fig)* to give up c *(littér = crime)* crime

**forfaitaire** /fɔʀfɛtɛʀ/ **ADJ** *(= fixe)* fixed, set; *(= tout compris)* inclusive ◆ **montant ~** lump *ou* fixed sum ◆ **indemnité ~** inclusive payment, lump sum payment ◆ **prix ~** fixed *ou* set price

**forfaitairement** /fɔʀfɛtɛʀmɑ̃/ **ADV** *[payer, évaluer]* on an inclusive basis, inclusively ◆ **une pension calculée ~** an all-inclusive pension

**forfaitiser** /fɔʀfɛtize/ ▸ conjug 1 ◂ **VT** ◆ **~ les coûts** to charge a flat rate ◆ **les communications locales sont forfaitisées** there is a flat-rate charge for local calls ◆ **la consommation d'eau est forfaitisée à 10 euros par mois** there is a standard charge of 10 euros a month for water

**forfaiture** /fɔʀfetyʀ/ **NF** *(Jur)* abuse of authority; *(Hist)* felony; *(littér = crime)* act of treachery

**forfanterie** /fɔʀfɑ̃tʀi/ **NF** *(= caractère)* boastfulness; *(= acte)* bragging *(NonC)*

**forge** /fɔʀʒ/ **NF** *(= atelier)* forge, smithy; *(= fourneau)* forge ◆ **~s** († *= fonderie*) ironworks; → **maître**

**forger** /fɔʀʒe/ ▸ conjug 3 ◂ **VT** a *[+ métal]* to forge; *(littér)* ◆ **~ des liens** to forge links ◆ **~ les fers** *ou* **les chaînes de qn** to enslave *ou* enchain sb ◆ **c'est en forgeant qu'on devient**

forgeron (Prov) practice makes perfect (Prov) → fer b (= aguerrir) [+ caractère] to form, to mould c (= inventer) [+ mot] to coin; [+ exemple, prétexte] to make up; [+ histoire, mensonge, plan] to concoct ◆ **cette histoire est forgée de toutes pièces** this story is a complete fabrication VPR **se forger** ◆ **il s'est forgé une réputation d'homme sévère** he has won ou earned himself the reputation of being a stern man ◆ **se ~ un idéal** to create an ideal for o.s. ◆ **se ~ des illusions** to build up illusions

**forgeron** /fɔʀʒəʀɔ̃/ NM blacksmith, smith; → forger

**formalisation** /fɔʀmalizasjɔ̃/ NF formalization

**formaliser** /fɔʀmalize/ ▸ conjug 1 ◂ VT to formalize VPR **se formaliser** to take offence (de at)

**formalisme** /fɔʀmalism/ NM a (péj) formality ◆ **pas de ~ ici** we don't stand on ceremony here ◆ **s'encombrer de ~** to weigh o.s. down with formalities b (Art, Philos, Math) formalism

**formaliste** /fɔʀmalist/ ADJ a (péj) formalistic b (Art, Philos) formalist NMF formalist

**formalité** /fɔʀmalite/ NF (Admin) formality ◆ **les ~s à accomplir** ou **à remplir** the necessary procedures, the procedures involved ◆ **pas de ~s entre nous, appelle-moi Maud** no need to be formal, call me Maud ◆ **ce n'est qu'une ~** (fig) it's a mere formality ◆ **sans autre ~** (fig) without any more ou further ado

**formant** /fɔʀmɑ̃/ NM (Ling, Phon) formant

**format** /fɔʀma/ NM [de livre] format, size; [de papier, objet] size; (Ordin) format ◆ **papier ~ A4** A4 paper ◆ **~ portrait** ou **à la française** (Ordin) portrait ◆ **~ paysage** ou **à l'italienne** landscape ◆ **~ de données** (Ordin) data format ◆ **photo (en) petit ~** small format print ◆ **enveloppe grand ~** large envelope ◆ **les petits/grands ~s** (livres) small/large (format) books ◆ **il aime les blondes et préfère les petits ~s** (fig, hum) he likes blondes, preferably of the petite variety; → poche²

**formatage** /fɔʀmataʒ/ NM formatting

**formater** /fɔʀmate/ ▸ conjug 1 ◂ VT (Ordin) to format

**formateur, -trice** /fɔʀmatœʀ, tʀis/ ADJ [élément, expérience] formative; [stage] training NM,F trainer

**formatif, -ive** /fɔʀmatif, iv/ ADJ [langue] inflected, flexional; [préfixe] formative NF **formative** (Ling) formative

**formation** /fɔʀmasjɔ̃/ NF a (= apprentissage) training; (= stage, cours) training course ◆ **il a reçu une ~ littéraire** he received a literary education ◆ **~ des maîtres, ~ pédagogique** teacher training, teacher education (US) ◆ **sa ~ d'ingénieur** his training as an engineer ◆ **je suis juriste de ~** I trained as a lawyer ◆ **~ professionnelle** vocational training ◆ **~ permanente** continuing education ◆ **~ continue (au sein de l'entreprise)** (in-house) training ◆ **~ alternée** ou **en alternance** [de salarié] ≈ block-release training; [d'élève en apprentissage] school course combined with work experience ◆ **~ courte/longue** short/long training course ◆ **stage de ~ accélérée** intensive (training) course, crash course ◆ **centre de ~** training centre ◆ **suivre une ~ en informatique** to do a computer (training) course; → tas

b (= développement) [de gouvernement, croûte, fruits] formation, forming ◆ **à (l'époque de) la ~** [de fruit] when forming; [d'enfant] at puberty ◆ **en voie** ou **en cours de ~** being formed, in the process of formation ◆ **la ~ des mots** word formation ◆ **la ~ du caractère** the forming ou moulding of character

c (gén, Mil = groupe) formation ◆ **voler en ~** to fly in formation ◆ **~ serrée** close formation ◆ **~ musicale** music group ◆ **~ politique** political grouping ou formation

> ⚠ Au sens de 'apprentissage' ou 'stage', **formation** ne se traduit pas par le mot anglais **formation**.

**forme** /fɔʀm/ NF a (= contour, apparence) shape, form ◆ **cet objet est de ~ ronde/carrée** this object is round/square (in shape) ◆ **en ~ de poire/cloche** pear-/bell-shaped ◆ **elle a des ~s gracieuses** she has a graceful figure ◆ **elle prend des ~s** she's filling out ◆ **vêtement qui moule les ~s** clinging ou figure-hugging garment ◆ **une ~ apparut dans la nuit** a form ou figure ou shape appeared out of the darkness ◆ **n'avoir plus ~ humaine** to be unrecognizable ◆ **sans ~** [chapeau] shapeless; [pensée] formless ◆ **prendre la ~ d'un rectangle** to take the form ou shape of a rectangle ◆ **prendre la ~ d'un entretien** to take the form of an interview ◆ **prendre ~** [statue, projet] to take shape ◆ **sous ~ de comprimés** in tablet form ◆ **sous la ~ d'un vieillard** in the guise of ou as an old man ◆ **sous toutes ses ~s** in all its forms

b (= genre) [de civilisation, gouvernement] form ◆ **~ d'énergie** form of energy ◆ **~ de vie** (= présence effective) form of life, life form; (= coutumes) way of life ◆ **une ~ de pensée différente de la nôtre** a way of thinking different from our own ◆ **les animaux ont-ils une ~ d'intelligence ?** do animals have a form of intelligence?

c (Art, Jur, Littérat, Philos) form ◆ **soigner la ~** to be careful about form ◆ **mettre en ~** [+ texte] to finalize the presentation ou layout of; [+ idées] to formulate ◆ **poème à ~ fixe** fixed-form poem ◆ **poème en ~ d'acrostiche** poem forming an acrostic ◆ **de pure ~** [aide, soutien] token (épith), nominal ◆ **remarques de pure ~** purely formal remarks ◆ **pour la ~** as a matter of form, for form's sake ◆ **en bonne (et due) ~** in due form ◆ **faites une réclamation en ~** put in a formal request ◆ **sans autre ~ de procès** without further ado; → fond, vice

d (Ling) form ◆ **mettre à la ~ passive** to put in the passive ◆ **~ contractée** contracted form ◆ **~ de base** base form

e (= moule) mould; (Typo) forme (Brit), form (US); [de cordonnier] last; [de couturier] (dress) form; (= partie de chapeau) crown ◆ **mise en ~** (Typo) imposition

f (gén, Sport) ~ **(physique)** form, fitness ◆ **être en (pleine** ou **grande) ~, tenir la ~** * (gén) to be in (great) form, to be in ou on top form; (physiquement) to be very fit ◆ **il n'est pas en ~, il n'a pas la ~** * (gén) he's not on form, he's off form; (physiquement) he's not very fit, he's unfit ◆ **baisse de ~** loss of form ◆ **retrouver la ~** to get back into shape, to get fit again ◆ **ce n'est pas la grande ~** * I'm (ou he's etc) not feeling too good * ◆ **centre de remise en ~** ≈ health spa; → péter

g (Mus) **~ sonate** sonata form

h (Naut) ~ **de radoub** ou **sèche** dry ou graving dock

NFPL **formes** (= convenances) proprieties, conventions ◆ **respecter les ~s** to respect the proprieties ou conventions ◆ **refuser en y mettant des ~s** to decline as tactfully as possible ◆ **faire une demande dans les ~s** to make a request in the correct form

**formé, e** /fɔʀme/ (ptp de **former**) ADJ a [jeune fille] pubescent; [fruit, épi] formed ◆ **cette jeune fille est ~e maintenant** this girl is fully developed now b [goût, jugement] (well-)developed ◆ **son jugement n'est pas encore ~** his judgment is as yet unformed

**formel, -elle** /fɔʀmɛl/ ADJ a (= catégorique) definite, positive ◆ **dans l'intention formelle de refuser** with the definite intention of refusing ◆ **il a l'obligation formelle de le faire** he is obliged to do so ◆ **interdiction formelle d'en parler à quiconque** you mustn't talk about this to anyone ◆ **je suis ~ !** I'm absolutely sure! b (Art, Philos) formal c (= extérieur) [politesse] formal

> ⚠ Au sens de 'catégorique', **formel** ne se traduit pas par le mot anglais **formal**.

**formellement** /fɔʀmɛlmɑ̃/ ADV a (= catégoriquement) [démentir, contester] categorically; [identifier] positively; [interdire] strictly b (= officiellement) [demander] formally; [condamner] officially c (Art, Philos) formally

> ⚠ Au sens de 'catégoriquement', **formellement** ne se traduit pas par **formally**.

**former** /fɔʀme/ ▸ conjug 1 ◂ VT a (= éduquer) [+ soldats, ingénieurs] to train; [+ intelligence, caractère, goût] to form, to develop ◆ **les voyages forment la jeunesse** travel broadens the mind ◆ **le personnel est peu formé** the staff is relatively untrained

b [+ gouvernement] to form; [+ entreprise, équipe] to set up; [+ liens d'amitié] to form, to create; [+ croûte, dépôt] to form ◆ **il s'est formé des liens entre nous** bonds have formed ou been created between us ◆ **le cône que forme la révolution d'un triangle** the cone formed by the revolution of a triangle

c [+ collection] to form, to build up; [+ convoi] to form; [+ forme verbale] to form, to make up ◆ **~ correctement ses phrases** to form proper sentences ◆ **phrase bien formée** well-formed sentence ◆ **phrase mal formée** ill-formed sentence ◆ **le train n'est pas encore formé** they haven't made up the train yet

d (= être le composant de) to make up, to form ◆ **article formé de trois paragraphes** article made up of ou consisting of three paragraphs ◆ **ceci forme un tout** this forms a whole ◆ **ils forment un beau couple** they make a nice couple

e (= dessiner) to make, to form ◆ **ça forme un rond** it makes ou forms a circle ◆ **la route forme des lacets** the road winds ◆ **il forme bien/mal ses lettres** he forms his letters well/badly

f ◆ **~ l'idée** ou **le projet de faire qch** to form ou have the idea of doing sth ◆ **nous formons des vœux pour votre réussite** we wish you every success

VPR **se former** a (= se rassembler) to form, to gather ◆ **des nuages se forment à l'horizon** clouds are forming ou gathering on the horizon ◆ **se ~ en cortège** to form a procession ◆ **il s'est formé un attroupement** a crowd gathered ou formed ◆ **l'armée se forma en carré** ou **forma le carré** the army took up a square formation

b [dépôt, croûte] to form

c (= apprendre un métier) to train o.s.; (= éduquer son goût, son caractère) to educate o.s.

d (= se développer) [goût, caractère, intelligence] to form, to develop; [fruit] to form ◆ **les fruits commencent à se ~ sur l'arbre** the fruit is beginning to form on the tree

> ⚠ Quand il s'agit de la formation d'une personne, **former** ne se traduit pas par **to form**.

**Formica** ® /fɔʀmika/ **NM** Formica ® ◆ **table en ~** Formica table

**formidable** /fɔʀmidabl/ **ADJ** **a** *(= très important) [coup, obstacle, bruit]* tremendous **b** *(* = très bien)* fantastic *, great * **c** *(* = incroyable)* incredible ◆ **c'est tout de même ~ qu'on ne me dise jamais rien !** it's a bit much * that nobody ever tells me anything! ◆ **il est ~ : il convoque une réunion et il est en retard !** he's marvellous *(iro) ou* incredible - he calls a meeting and then he's late! **d** *(littér = effrayant)* fearsome

**formidablement** /fɔʀmidabləmɑ̃/ **ADV** *(= très bien)* fantastically * ◆ **on s'est ~ amusé** we had a fantastic time * ◆ **comment ça a marché ? – ~ !** how did it go? – great * *ou* fantastic! *

**formique** /fɔʀmik/ **ADJ** formic

**formol** /fɔʀmɔl/ **NM** formalin, formol

**formosan, e** /fɔʀmozɑ̃, an/ **ADJ** Formosan **NM,F** **Formosan(e)** Formosan

**Formose** /fɔʀmoz/ **NF** Formosa

**formulable** /fɔʀmylabl/ **ADJ** which can be formulated ◆ **difficilement ~** difficult to formulate

**formulaire** /fɔʀmylɛʀ/ **NM** **a** *(à remplir)* form ◆ **~ de demande** application form ◆ **~ E111** form E111 **b** *[de pharmaciens, notaires]* formulary

**formulation** /fɔʀmylasjɔ̃/ **NF** *[de plainte, requête]* formulation, wording; *[de sentiment]* formulation, expression; *[d'ordonnance, acte notarié]* drawing up; *(Chim, Math)* formulation ◆ **changer la ~ d'une demande** to change the way an application is formulated, to change the wording of an application

**formule** /fɔʀmyl/ **NF** **a** *(Chim, Math)* formula ◆ **~ dentaire** dentition, dental formula

**b** *(= expression)* phrase, expression; *(magique, prescrite par l'étiquette)* formula ◆ **~ heureuse** happy turn of phrase ◆ **~ de politesse** polite phrase; *(en fin de lettre)* letter ending ◆ **~ publicitaire** advertising slogan ◆ **~ toute faite** ready-made phrase ◆ **~ incantatoire** incantation; → **consacré**

**c** *(= méthode)* system, way ◆ **~ de paiement** method of payment ◆ **~ de vacances** holiday programme *ou* schedule ◆ **trouver la bonne ~** to hit on *ou* find the right formula ◆ **c'est la ~ idéale pour des vacances avec de jeunes enfants** it's the ideal solution for going on holiday with young children ◆ **~ à 12 €** *(dans un restaurant)* 12 euro menu ◆ **ils proposent différentes ~s de location/de crédit** they offer several different rental/credit options

**d** *(= formulaire)* form ◆ **~ de chèque** *cheque and stub*

**e** *(Aut)* **la ~ 1/2/3** Formula One/Two/Three ◆ **une (voiture de) ~ 1** a Formula-One car

**formuler** /fɔʀmyle/ ▸ conjug 1 ◂ **VT** *[+ exigences, plainte, requête, demande, proposition, recommandation]* to make, to formulate *(frm)*; *[+ critiques, sentiment, souhaits]* to express; *[+ accusation]* to make; *[+ ordonnance, acte notarié]* to draw up ◆ **il a mal formulé sa question** he didn't word *ou* phrase his question very well

**fornicateur, -trice** /fɔʀnikatœʀ, tʀis/ **NM,F** *(littér, hum)* fornicator

**fornication** /fɔʀnikasjɔ̃/ **NF** *(littér, hum)* fornication

**forniquer** /fɔʀnike/ ▸ conjug 1 ◂ **VI** *(littér, hum)* to fornicate

**FORPRONU, Forpronu** /fɔʀpʀɔny/ **NF** (abrév de **Force de protection des Nations unies**) ◆ **la ~** Unprofor

**fors** †† /fɔʀ/ **PRÉP** save, except

**forsythia** /fɔʀsisja/ **NM** forsythia

## fort[1], e[1] /fɔʀ, fɔʀt/

1 ADJECTIF — 2 ADVERBE

### 1 - ADJECTIF

**a** [= puissant] *[personne, État, lunettes, monnaie]* strong ◆ **il est ~ comme un bœuf** *ou* **un Turc** he's as strong as an ox *ou* a horse ◆ **il est de ~e constitution** he has a strong constitution ◆ **le dollar est une monnaie ~e** the dollar is a strong *ou* hard currency ◆ **la dame est plus ~e que le valet** *(Cartes)* the queen is higher than the jack ◆ **c'est plus ~ que moi** I can't help it ◆ **il est ~ en gueule** * he's loud-mouthed * *ou* a loudmouth *; → **partie²**

◆ **fort de** ◆ **une armée ~e de 20 000 hommes** an army 20,000 strong ◆ **une équipe ~e de 15 personnes** a team of 15 people ◆ **~ de leur soutien/de cette garantie** armed with their support/with this guarantee ◆ **~ de son expérience, il ...** wiser for this experience, he ... ◆ **être ~ de son bon droit** to be confident of one's rights

**b** [euph = gros] *[personne]* stout, large; *[hanches]* broad, wide, large; *[poitrine]* large, ample; *[nez]* big ◆ **il s'habille au rayon (pour) hommes ~s** he gets his clothes from the outsize department ◆ **elle est un peu ~e des hanches** she has rather wide *ou* broad *ou* large hips, she's a bit broad in the beam *

**c** [= solide, résistant] *[carton]* strong, stout; *[colle]* strong; → **château, place**

**d** [= intense] *[lumière, rythme, battements]* strong; *[bruit, voix]* loud; *[sentiments]* strong, intense; *[dégoût, crainte]* great; *[impression]* great, strong; *[colère, douleur, chaleur]* great, intense; *[fièvre]* high ◆ **une ~e grippe** a bad bout of flu ◆ **une œuvre ~e** a powerful work ◆ **il y a quelques moments ~s dans son film** there are some powerful scenes in his film ◆ **au sens ~ du terme** in the strongest sense of the term ◆ **génie ? le terme est un peu ~ !** a genius? I wouldn't go so far as to say that!; → **envie, temps¹**

**e** [= marqué] *[pente]* pronounced, steep; *[accent]* strong, marked, pronounced; *[goût, odeur, moutarde, café]* strong

**f** [= violent] *[secousse, coup]* hard; *[houle, pluies]* heavy; *[vent]* strong, high ◆ **mer ~e/très ~e** *(Mét Naut)* rough/very rough sea

**g** [= excessif] **c'est trop ~ !** that's too much!, that's going too far! ◆ **c'est un peu ~ (de café)** * that's a bit much *, that's going a bit (too) far * ◆ **génie ! le mot est un peu ~** genius is a bit strong a word ◆ **elle est ~e celle-là !** *, **c'est plus ~ que de jouer au bouchon !** * that beats everything! *, that takes the biscuit! * *(Brit)* ◆ **et le plus ~** *ou* **et ce qu'il y a de plus ~, c'est que ...** and the best (part) of it is that ...

**h** [= important] *[somme]* large, great; *[hausse, baisse, différence]* big, great; *[dose, augmentation]* large, big; *[consommation]* high ◆ **vin ~ en alcool** strong wine, wine with a high alcohol content; → **prix**

**i** [= courageux, obstiné] *[personne]* strong ◆ **être ~ dans l'adversité** to be strong *ou* to stand firm in (the face of) adversity ◆ **âme ~e** steadfast soul ◆ **esprit ~** † freethinker ◆ **c'est une ~e tête** he (*ou* she) is a rebel

**j** [= doué] good (*en, à* at) able ◆ **il est ~ en histoire/aux échecs** he's good at history/at chess ◆ **il est très ~ !** he's very good (at it)! ◆ **être ~ sur un sujet** to be well up on * *ou* good at a subject ◆ **il a trouvé plus ~ que lui** he has (more than) found *ou* met his match ◆ **quand il s'agit de critiquer, il est ~ !** he can criticize all right!, he's very good at criticizing! ◆ **ce n'est pas très ~ (de sa part)** * that's not very clever *ou* bright of him ◆ **c'est trop ~ pour moi** it's beyond me; → **point¹**

**k** [Ling] **consonne ~e** hard consonant ◆ **forme ~e** strong form; → **verbe**

### 2 - ADVERBE

**a** [= intensément] *[lancer, serrer, souffler]* hard ◆ **frapper ~** *(bruit)* to knock loudly; *(force)* to knock *ou* hit hard ◆ **sentir ~** to have a strong smell, to smell strong ◆ **respirez bien ~** breathe deeply, take a deep breath ◆ **son cœur battait très ~** his heart was pounding *ou* was beating hard ◆ **le feu marche trop ~** the fire is burning too fast ◆ **tu y vas un peu ~ tout de même** * even so, you're overdoing it a bit * *ou* going a bit far * ◆ **tu as fait ~ !** * that was a bit much! * ◆ **comment vont les affaires ? – ça ne va pas ~** * how is business? – it's not going too well

**b** [= bruyamment] *[parler, crier]* loudly, loud ◆ **parlez plus ~** speak up *ou* louder ◆ **mets la radio moins/plus ~** turn the radio down/up

**c** [littér = beaucoup] greatly ◆ **cela me déplaît ~** that displeases me greatly *ou* a great deal ◆ **j'en doute ~** I very much doubt it ◆ **il y tient ~** he sets great store by it ◆ **j'ai ~ à faire avec lui** I have a hard job with him, I've got my work cut out with him

**d** [frm = très] *[simple, différent, rare, ancien]* extremely, very; *[aimable]* most; *[mécontent, intéressant]* most, highly ◆ **il est ~ apprécié de ses chefs** he is highly regarded by his bosses ◆ **il est ~ inquiet** he is very *ou* most anxious ◆ **c'est ~ bon** it is very *ou* exceedingly good, it is most excellent ◆ **il y avait ~ peu de monde** there were very few people; → **aise**

◆ **fort bien** *[dessiné, dit, conservé]* extremely well ◆ **tu sais ~ bien que ...** you know very well *ou* full well that ... ◆ **nous avons été ~ bien accueillis** we were made most welcome ◆ **je peux ~ bien le faire moi-même/m'en passer** I can quite easily do it myself/do without it ◆ **~ bien !** very good!, excellent! ◆ **tu refuses ? ~ bien, tu l'auras voulu** you refuse? very well, on your own head be it

**e** [locutions]

◆ **se faire fort de** ◆ **nos champions se font ~ de gagner** our champions are confident they will win *ou* confident of winning ◆ **je me fais ~ de le réparer** I'm (quite) sure I can mend it, I can mend it, don't worry *ou* you'll see

**fort²** /fɔʀ/ **NM** **a** *(= forteresse)* fort **b** *(= personne)* **le ~ l'emporte toujours contre le faible** the strong will always win against the weak ◆ **un ~ en thème** *(péj Scol)* an egghead *, a swot * *(Brit)*; → **raison** **c** *(= spécialité)* strong point, forte ◆ **l'amabilité n'est pas son ~** kindness is not his strong point *ou* his forte **LOC PRÉP** **au fort de** *(littér) [+ été]* at the height of; *[+ hiver]* in the depths of ◆ **au plus ~ du combat** *(lieu)* in the thick of the battle; *(intensité)* when the battle was at its most intense, at the height of the battle **COMP** ▷ **fort des Halles** market porter

**Fort-de-France** /fɔʀdəfʀɑ̃s/ **N** Fort-de-France

**forte²** /fɔʀte/ **ADV** *(Mus)* forte

**fortement** /fɔʀtəmɑ̃/ **ADV** *[conseiller]* strongly; *[tenir]* fast, tight(ly); *[frapper]* hard; *[serrer]* hard, tight(ly) ◆ **il est ~ probable que ...** it is highly *ou* most probable that ... ◆ **~ marqué/attiré** strongly marked/attracted ◆ **il**

**en est ~ question** it is being seriously considered ◆ **j'espère ~ que vous le pourrez** I very much hope that you will be able to ◆ **boiter ~** to have a pronounced limp, to limp badly ◆ **il est ~ intéressé par l'affaire** he is highly *ou* most interested in the matter

**forteresse** /fɔʀtəʀɛs/ NF *(lit)* fortress, stronghold; *(fig)* stronghold ◆ **la ~ Europe** Fortress Europe ◆ **ils voient leur pays comme une ~ assiégée** they regard their country as being under siege ◆ **une mentalité de ~ assiégée** a siege mentality

**fortiche*** /fɔʀtiʃ/ ADJ *[personne]* terrific*, great* (*en* at)

**fortifiant, e** /fɔʀtifjɑ̃, jɑ̃t/ ADJ *[médicament, boisson]* fortifying; *[air]* invigorating, bracing; *(littér) [exemple, lecture]* uplifting NM *(Pharm)* tonic

**fortification** /fɔʀtifikasjɔ̃/ NF fortification

**fortifier** /fɔʀtifje/ ▸ conjug 7 ◂ VT *[+ corps, âme]* to strengthen, to fortify; *[+ position, opinion, impression]* to strengthen; *[+ ville]* to fortify ◆ **l'air marin fortifie** (the) sea air is invigorating *ou* bracing ◆ **cela m'a fortifié dans mes résolutions** that strengthened my resolve VPR **se fortifier** *(Mil)* to fortify itself; *[opinion, amitié, position]* to grow stronger, to be strengthened; *[santé]* to grow more robust

**fortin** /fɔʀtɛ̃/ NM (small) fort

**fortiori** /fɔʀsjɔʀi/ → **a fortiori**

**fortran** /fɔʀtʀɑ̃/ NM Fortran, FORTRAN

**fortuit, e** /fɔʀtɥi, it/ ADJ *[événement, circonstance, remarque, rencontre, coïncidence]* chance *(épith)*, fortuitous *(frm)*; *[découverte]* accidental, fortuitous *(frm)*, chance *(épith)* ◆ **la simultanéité des deux faits n'est pas totalement ~e** the fact that the two things happened at the same time was not completely accidental *ou* was not entirely a coincidence *ou* was not entirely fortuitous ◆ **c'était tout à fait ~** it was quite accidental, it happened quite by chance; → **ressemblance**

**fortuitement** /fɔʀtɥitmɑ̃/ ADV by chance, fortuitously *(frm)*

**fortune** /fɔʀtyn/ NF **a** *(= richesse)* fortune ◆ **situation de ~** financial situation ◆ **ça vaut** *ou* **coûte une (petite) ~** it costs a fortune ◆ **cet homme est l'une des plus grosses ~s de la région** that man is one of the wealthiest in the area ◆ **avoir de la ~** to be independently wealthy ◆ **faire ~** to make one's fortune (*dans* in); ◆ **le mot a fait ~** the word has really caught on; → **impôt, revers**

**b** *(= chance)* luck *(NonC)*, fortune *(NonC)*; *(= destinée)* fortune ◆ **chercher ~** to seek one's fortune ◆ **connaître des ~s diverses** *(sujet pluriel)* to enjoy varying fortunes; *(sujet singulier)* to have varying luck ◆ **il a eu la (bonne) ~ de le rencontrer** he was fortunate enough to meet him, he had the good fortune to meet him ◆ **ayant eu la mauvaise ~ de le rencontrer** having had the misfortune *ou* the ill-fortune to meet him ◆ **faire contre mauvaise ~ bon cœur** to make the best of it ◆ **venez dîner à la ~ du pot** come to dinner and take pot luck with us ◆ **~s de mer** *(Jur, Naut)* sea risks, perils of the sea ◆ **la ~ sourit aux audacieux** *(Prov)* fortune favours the brave ◆ **de ~** *[abri, embarcation, réparation, moyen]* makeshift; *[installation]* makeshift, rough-and-ready; *[compagnon]* chance *(épith)* ◆ **mât/gouvernail de ~** jury mast/rudder

**c** *(Naut)* **~ (carrée)** crossjack

**fortuné, e** /fɔʀtyne/ ADJ *(= riche)* wealthy, well-off; *(littér = heureux)* fortunate

**forum** /fɔʀɔm/ NM *(= place, colloque)* forum ◆ **~ de discussion** *(Internet)* chat room ◆ **participer à un ~ de discussion** to chat

**fosse** /fos/ NF *(= trou)* pit; *(= tombe)* grave; *(Sport : pour le saut)* (sand)pit; *(Anat)* fossa COMP ▷ **fosse d'aisances** cesspool ▷ **fosse commune** common *ou* communal grave ▷ **fosse à fumier** manure pit ▷ **fosse aux lions** *(lit, fig)* lions' den ▷ **fosse marine** ocean trench ▷ **fosses nasales** nasal fossae ▷ **fosse d'orchestre** orchestra pit ▷ **fosse aux ours** bear pit ▷ **fosse à purin** slurry pit ▷ **fosse septique** septic tank

**fossé** /fose/ NM **a** *(dans le sol)* ditch ◆ **~ d'irrigation** irrigation channel *ou* ditch ◆ **~ antichar** anti-tank ditch **b** *(= écart)* gap ◆ **~ culturel** cultural gap ◆ **le ~ des** *ou* **entre les générations** the generation gap ◆ **le ~ entre riches et pauvres se creuse** the gap between rich and poor is widening ◆ **un ~ les sépare** a gulf lies between them

**fossette** /fosɛt/ NF dimple

**fossile** /fosil/ NM *(lit, fig)* fossil ADJ *[combustibles, énergie]* fossil *(épith)*; *[société]* fossilized; → **rayonnement**

**fossilisation** /fosilizasjɔ̃/ NF fossilization

**fossiliser** /fosilize/ ▸ conjug 1 ◂ VT *(lit, fig)* to fossilize ◆ **nous ne devons pas ~ notre langue** we mustn't let our language become fossilized VPR **se fossiliser** to fossilize, to become fossilized ◆ **des plantes fossilisées** fossilized plants

**fossoyeur** /foswajœʀ/ NM gravedigger ◆ **les ~s de notre société** those who precipitate the decline of society ◆ **ils considèrent que la monnaie unique sera le ~ de l'emploi** they think the single currency will be disastrous for employment

**fou, folle** /fu, fɔl/ *(m : devant voyelle ou h muet* **fol***)* ADJ **a** *(Méd)* mad, insane; *(gén)* mad, crazy ◆ **~ à lier, ~ furieux** raving mad ◆ **il est devenu subitement ~** he suddenly went mad *ou* crazy ◆ **ça l'a rendu ~** *(lit, fig)* it drove him mad *ou* crazy ◆ **c'est à devenir ~** it's enough to drive you mad *ou* crazy ◆ **~ de colère/de désir/de chagrin** out of one's mind with anger/with desire/with grief ◆ **~ de joie** delirious *ou* out of one's mind with joy ◆ **~ d'amour (pour), amoureux ~ (de)** madly in love (with) ◆ **elle est folle de lui/de ce musicien** she's mad* *ou* crazy* about him/about that musician ◆ **tu es complètement ~ de refuser** you're completely mad *ou* absolutely crazy to refuse ◆ **y aller ? (je ne suis) pas si ~ !** go there?, I'm not that crazy! ◆ **pas folle, la guêpe*** he's (*ou* she's) no fool! ◆ **elle est folle de son corps*** *(hum)* she's sex-mad*

**b** *(= insensé) [terreur, rage, course]* mad, wild; *[amour, joie, espoir]* mad, insane; *[idée, désir, tentative, dépense]* mad, insane, crazy; *[audace]* insane; *[imagination]* wild, insane; *[regard, gestes]* wild, crazed ◆ **avoir le ~ rire** to have the giggles ◆ **prix ~s sur les chemises** shirts at give-away prices ◆ **folle jeunesse** († *, hum)* wild youth ◆ **folle enchère** irresponsible bid

**c** *(* = énorme) [courage, énergie, succès]* fantastic*, terrific, tremendous; *[peur]* terrific, tremendous ◆ **j'ai une envie folle de chocolat/d'y aller** I'm dying for some chocolate/to go ◆ **j'ai eu un mal ~ pour venir** I had a terrific *ou* terrible job* getting here ◆ **tu as mis un temps ~** it took you ages* ◆ **gagner/dépenser un argent ~** to earn/spend loads of money* ◆ **payer un prix ~** to pay a ridiculous *ou* an astronomical price ◆ **rouler à une vitesse folle** to drive at a tremendous speed ◆ **il y a un monde ~** it's really crowded ◆ **c'est ~ ce qu'il y a comme monde** it's incredible how many people there are ◆ **c'est ~ ce qu'on s'amuse !** we're having such a great *ou* fantastic time!* ◆ **c'est ~ ce qu'il a changé** it's incredible *ou* unbelievable how much he has changed ◆ **c'est ~ ce que tu me racontes là !** I can't believe what you're telling me!

**d** *(= déréglé) [boussole, aiguille]* erratic; *[camion, cheval]* runaway *(épith)*; *[mèche de cheveux]* stray, unruly ◆ **elle a les cheveux ~s** her hair's all over the place ◆ **folle avoine** wild oats; → **herbe, patte**[1]

NM **a** *(Méd, fig)* madman, lunatic ◆ **arrêtez de faire les ~s** stop messing *ou* fooling about* ◆ **ce jeune ~** this young lunatic ◆ **espèce de vieux ~** you silly old fool; → **histoire, maison, plus**

◆ **comme un fou** ◆ **courir comme un ~** to run like a madman *ou* lunatic ◆ **travailler comme un ~** to work like mad* *ou* crazy* ◆ **il faut se battre comme un ~ pour réussir dans cette profession** you have to fight like crazy* to succeed in this profession

**b** *(* = fanatique)* fanatic ◆ **c'est un ~ de jazz/tennis** he's a jazz/tennis fanatic

**c** *(Échecs)* bishop

**d** *(Hist = bouffon)* jester, fool ◆ **le ~ du roi** the king's fool, the court jester

**e** *(Zool)* **~ (de Bassan)** gannet

NF **folle** **a** *(Méd, fig)* madwoman, lunatic ◆ **cette vieille folle** that old madwoman, that mad old woman ◆ **la folle du logis** *(littér)* the imagination

**b** *(*, péj = homosexuel)* **(grande) folle** queen*

**foucade** /fukad/ NF *(littér)* caprice, whim, passing fancy; *(= emportement)* outburst

**foudre**[1] /fudʀ/ NF *(Mét)* lightning; *(Myth)* thunderbolt ◆ **frappé par la ~** struck by lightning ◆ **la ~ est tombée sur la maison** the house was struck by lightning ◆ **comme la ~, avec la rapidité de la ~** like lightning, as quick as a flash ◆ **ce fut le coup de ~** it was love at first sight ◆ **j'ai eu le coup de ~ pour Julie** I fell head over heels in love with Julie ◆ **elle a eu le coup de ~ pour l'Écosse** she fell in love with Scotland NFPL *(= colère)* ◆ **~s** *(Rel)* anathema *(sg)* ◆ **il s'est attiré les ~s de l'opposition** he provoked an angry response from the opposition

**foudre**[2] /fudʀ/ NM († *, hum)* ◆ **~ de guerre** outstanding *ou* great leader (in war) ◆ **ce n'est pas un ~ de guerre** he's no firebrand ◆ **~ d'éloquence** brilliant orator

**foudre**[3] /fudʀ/ NM *(= tonneau)* tun

**foudroiement** /fudʀwamɑ̃/ NM striking (by lightning)

**foudroyant, e** /fudʀwajɑ̃, ɑ̃t/ ADJ *[progrès, vitesse, attaque]* lightning *(épith)*; *[poison, maladie]* violent *(épith)*; *[mort]* instant; *[succès]* stunning *(épith)* ◆ **une nouvelle ~e** a devastating piece of news ◆ **il lui lança un regard ~** he looked daggers at him

**foudroyer** /fudʀwaje/ ▸ conjug 8 ◂ VT *[foudre]* to strike; *[coup de feu, maladie, malheur]* to strike down ◆ **il a été foudroyé** he was struck by lightning ◆ **la décharge électrique la foudroya** the electric shock killed her ◆ **cette nouvelle le foudroya** he was thunderstruck by the news ◆ **~ qn du regard** to look daggers at sb, to glare at sb ◆ **dans le champ il y avait un arbre foudroyé** in the field was a tree that had been struck by lightning

**fouet** /fwɛ/ NM **a** *(= cravache)* whip; *(Culin = batteur)* whisk ◆ **donner le ~ à qn** to give sb a whipping *ou* flogging; → **plein**

◆ **coup de fouet** *(lit)* lash; *(fig)* boost ◆ **donner un coup de ~ à l'économie** to stimulate the economy, to give the economy a boost, to kick-start the economy ◆ **le café/la douche**

**froide lui a donné un coup de** ~ the coffee/the cold shower perked him up **b** *(Zool) [d'aile, queue]* tip

**fouettard** /fwetaʀ/ **ADJ** → **père**

**fouetté, e** /fwete/ (ptp de **fouetter**) **ADJ** ◆ **crème ~e** whipped cream **NM** *(Danse)* fouetté

**fouettement** /fwɛtmɑ̃/ **NM** *[de pluie]* lashing

**fouetter** /fwete/ ▸ conjug 1 ◂ **VT** **a** *[+ personne]* to whip, to flog; *[+ cheval]* to whip; *(Culin) [+ crème]* to whip; *[+ blanc d'œuf]* to whisk ◆ **la pluie fouettait les vitres** the rain lashed against the window panes ◆ **le vent le fouettait au visage** the wind whipped his face ◆ **fouette cocher !** *(hum)* don't spare the horses! *(hum)*; → **chat** **b** *(= stimuler) [+ imagination]* to fire; *[+ désir]* to whip up ◆ **l'air frais fouette le sang** fresh air is a real tonic **VI** **a** ◆ **la pluie fouettait contre les vitres** the rain lashed against the window panes **b** *(* = avoir peur)* to be scared stiff * *ou* to death * **c** *(* = puer)* to reek, to stink ◆ **ça fouette ici !** there's one hell of a stench *ou* stink in here! *

**foufou, fofolle** * /fufu, fɔfɔl/ **ADJ** crazy, scatty * *(Brit)*

**foufoune** * /fufun/, **foufounette** * /fufunɛt/ **NF** pussy **, fanny ** *(Brit)*

**fougasse** /fugas/ **NF** *(= galette)* fougasse *(flat bread made with olive oil and flavoured with herbs, olives etc)*; *(= pain brioché)* ≃ brioche

**fougère** /fuʒɛʀ/ **NF** fern ◆ **clairière envahie de ~s** clearing overgrown with bracken ◆ **~ arborescente** tree fern

**fougue** /fug/ **NF** *[de personne]* spirit; *[de discours, attaque]* fieriness ◆ **plein de ~** *[orateur, réponse]* fiery; *[cheval]* mettlesome, fiery ◆ **la ~ de la jeunesse** the hotheadedness of youth ◆ **avec ~** spiritedly

**fougueusement** /fugøzmɑ̃/ **ADV** spiritedly ◆ **se ruer ~ sur qn** to hurl o.s. impetuously at sb

**fougueux, -euse** /fugø, øz/ **ADJ** *[réponse, tempérament, orateur]* fiery; *[jeunesse]* hotheaded, fiery; *[cheval]* mettlesome, fiery; *[attaque]* spirited

**fouille** /fuj/ **NF** **a** *[de personne]* searching, frisking; *[de maison, bagages]* search, searching ◆ **~ corporelle** body search **b** *(Archéol)* **~s** excavation(s), dig * ◆ **faire des ~s** to carry out excavations **c** *(Constr) (= action)* excavation; *(= lieu)* excavation (site) **d** *(* = poche)* pocket ◆ **s'en mettre plein les ~s** *(= gagner de l'argent)* to make a packet *

**fouillé, e** /fuje/ (ptp de **fouiller**) **ADJ** *[analyse, étude]* detailed, in-depth *(épith)*, thorough ◆ **fronton très ~** finely detailed pediment

**fouille-merde** * /fujmɛʀd/ **NMF INV** muckraker, shit-stirrer **

**fouiller** /fuje/ ▸ conjug 1 ◂ **VT** *[+ pièce, mémoire]* to search; *[+ personne]* to search, to frisk; *[+ poches]* to search, to go *ou* rummage through; *[+ région, bois]* to search, to scour, to comb; *[+ question]* to go (deeply) into; *[+ sol]* to dig; *[+ terrain]* to excavate, to dig up; *[+ bas-relief]* to undercut ◆ **on a fouillé mes bagages à la frontières** my bags were searched at the border ◆ **il fouillait l'horizon avec ses jumelles** he scanned *ou* searched the horizon with his binoculars ◆ **il fouilla l'obscurité des yeux** he peered into the darkness ◆ **il le fouilla du regard** he gave him a searching look ◆ **étude/analyse très fouillée** very detailed study/analysis ◆ **rinceaux très fouillés** finely detailed mouldings

**VI** ◆ **~ dans** *[+ tiroir, armoire]* to rummage in, to dig about in; *[+ poches, bagages]* to go *ou* rummage through; *[+ mémoire]* to delve into, to search ◆ **qui a fouillé dans mes affaires ?** who's been rummaging about in my things? ◆ **~ dans les archives** to delve into the files ◆ **~ dans le passé de qn** to delve into sb's past

**VPR** **se fouiller** to go through one's pockets ◆ **tu peux toujours te ~ !** * no way! *, nothing doing! *

**fouilleur, -euse** /fujœʀ, øz/ **NM,F** **a** *(Archéol)* digger **b** *(Police)* searcher, frisker * **NF** **fouilleuse** *(Agr)* subsoil plough *(Brit) ou* plow *(US)*

**fouillis** /fuji/ **NM** *[de papiers, objets]* jumble, muddle; *[de branchages]* tangle; *[d'idées]* jumble, hotchpotch *(Brit)*, hodgepodge *(US)* ◆ **faire du ~** *(dans une pièce) [personne]* to make a mess; *[objets]* to look a mess, to look messy ◆ **sa chambre est en ~** his room is a dreadful mess ◆ **il régnait un ~ indescriptible** everything was in an indescribable mess ◆ **il est très ~** * he's very untidy ◆ **un exposé ~** * a muddled account

**fouinard, e** * /fwinaʀ, aʀd/ **ADJ, NM,F** ⇒ **fouineur, -euse**

**fouine** /fwin/ **NF** *(Zool)* stone marten ◆ **c'est une vraie ~** *(fig)* he's a real snoop(er) * *(péj)* ◆ **visage** *ou* **tête de ~** weasel face

**fouiner** /fwine/ ▸ conjug 1 ◂ **VI** *(péj)* to nose around *ou* about ◆ **je n'aime pas qu'on fouine dans mes affaires** I don't like people nosing *ou* ferreting about in my things ◆ **il est toujours à ~ partout** he's always poking his nose into things

**fouineur, -euse** /fwinœʀ, øz/ *(péj)* **ADJ** prying, nosey * **NM,F** nosey parker *, snoop(er) *

**fouir** /fwiʀ/ ▸ conjug 2 ◂ **VT** to dig

**fouisseur, -euse** /fwisœʀ, øz/ **ADJ** burrowing, fossorial *(SPÉC)* **NM** burrower, fossorial animal *(SPÉC)*

**foulage** /fulaʒ/ **NM** *[de raisin]* pressing; *[de drap]* fulling; *[de cuir]* tanning

**foulant, e** * /fulɑ̃, ɑ̃t/ **ADJ** ◆ **ce n'est pas trop ~** it won't kill you *(ou* him *etc)* *; → **pompe**[1]

**foulard** /fulaʀ/ **NM** **a** *(= écharpe) (carré)* (head)scarf; *(long)* scarf ◆ **~ islamique** chador **b** *(= tissu)* foulard

**foule** /ful/ **NF** **a** *(gén)* crowd; *(péj = populace)* mob ◆ **la ~** *(= le peuple)* the masses ◆ **une ~ hurlante** a howling mob ◆ **la ~ et l'élite** the masses and the élite ◆ **la ~ des badauds** the crowd of onlookers; → **psychologie** **b** *(loc)* **il y avait ~ à la réunion** there were lots of people at the meeting ◆ **il n'y avait pas ~ !** there was hardly anyone there! ◆ **une ~ de** *[+ livres, questions]* masses * *ou* loads * of ◆ **il y avait une ~ de gens** there was a crowd *ou* there were crowds of people ◆ **une ~ de gens pensent que c'est faux** lots *ou* masses * of people think it's wrong ◆ **j'ai une ~ de choses à te dire** I've got loads * *ou* masses * (of things) to tell you ◆ **ils vinrent en ~ à l'exposition** they flocked to the exhibition ◆ **les idées me venaient en ~** my head was teeming with ideas

**foulée** /fule/ **NF** *[de cheval, coureur]* stride; *[d'animal sauvage]* spoor ◆ **suivre qn dans la ~, être dans la ~ de qn** *(Sport)* to follow (close) on sb's heels ◆ **courir à petites ~s** *(Sport)* to jog *ou* trot along ◆ **dans la ~ je vais repeindre le couloir** I'll paint the corridor while I'm at it

**fouler** /fule/ ▸ conjug 1 ◂ **VT** *[+ raisins]* to press; *[+ drap]* to full; *[+ cuir]* to tan ◆ **~ le sol de sa patrie** *(littér)* to walk upon *ou* tread (upon) native soil ◆ **~ aux pieds quelque chose de sacré** to trample something sacred underfoot, to trample on something sacred **VPR** **se fouler** **a** ◆ **se ~ la cheville/le poignet** to sprain one's ankle/one's wrist **b** *(* = travailler dur)* **il ne se foule pas beaucoup, il ne se foule pas la rate** he doesn't exactly overtax himself *ou* strain himself ◆ **ils ne se sont pas foulés !** they didn't exactly go to a lot of trouble!

**fouleur, -euse** /fulœʀ, øz/ **NM,F** *[de drap]* fuller; *[de cuir]* tanner

**fouloir** /fulwaʀ/ **NM** *[de drap]* fulling mill; *[de cuir]* tanning drum

**foulon** /fulɔ̃/ **NM** → **terre**

**foulque** /fulk/ **NF** coot

**foultitude** * /fultityd/ **NF** ◆ **une ~ de** heaps of *, loads of *, masses of * ◆ **j'ai une ~ de choses à faire** I've got a thousand and one things *ou* heaps * *ou* masses * of things to do

**foulure** /fulyʀ/ **NF** sprain ◆ **se faire une ~ à la cheville/au poignet** to sprain one's ankle/one's wrist

**four** /fuʀ/ **NM** **a** *[de boulangerie, cuisinière]* oven; *[de potier]* kiln; *[d'usine]* furnace ◆ **~ à céramique/à émaux** pottery/enamelling kiln ◆ **cuire au ~** *[+ gâteau]* to bake; *[+ viande]* to roast ◆ **plat allant au ~** ovenproof *ou* fireproof dish ◆ **poisson cuit au ~** baked fish ◆ **il a ouvert la bouche comme un ~** * he opened his great cavern of a mouth ◆ **je ne peux pas être au ~ et au moulin** I can't be in two places at once; → **banal**[2], **noir**

**b** *(Théât)* flop, fiasco ◆ **cette pièce est** *ou* **a fait un ~** the play is a complete flop

**c** *(= gâteau)* **(petit) ~** small pastry, petit four ◆ **petits ~s frais** miniature pastries ◆ **petits ~s salés** savoury appetizers *(bite-size pizzas, quiches etc)*

**COMP** ▷ **four à air pulsé** fan(-assisted) oven ▷ **four à chaux** lime kiln ▷ **four crématoire** *[de crématorium]* crematorium *ou* crematory (furnace) ◆ **les ~s crématoires** *(Hist)* the ovens *(in Nazi concentration camps)* ▷ **four électrique** *(gén)* electric oven; *(Ind)* electric furnace ▷ **four à pain** baker's oven ▷ **four solaire** solar furnace; → **micro-onde**

**fourbe** /fuʀb/ **ADJ** *[personne, caractère, air, regard]* deceitful, treacherous ◆ **c'est un ~** he's deceitful *ou* treacherous

**fourberie** /fuʀbəʀi/ **NF** *(littér) (= nature)* deceitfulness, treachery; *(= acte, geste)* deceit, treachery ◆ **à cause de ses ~s** because of his treachery *ou* deceit

**fourbi** * /fuʀbi/ **NM** *(= attirail)* gear * *(NonC)*, clobber * *(NonC) (Brit)*; *(= fouillis)* mess ◆ **canne à pêche, hameçons et tout le ~** fishing rod, hooks and all the rest of the gear ◆ **partir en vacances avec le bébé, ça va en faire du** *ou* **un ~** going on holiday with the baby will mean taking a whole heap of gear * with us

**fourbir** /fuʀbiʀ/ ▸ conjug 2 ◂ **VT** *[+ arme]* to polish, to furbish ◆ **~ ses armes** *(fig)* to prepare for battle, to get ready for the fray

**fourbissage** /fuʀbisaʒ/ **NM** polishing, furbishing

**fourbu, e** /fuʀby/ **ADJ** exhausted

**fourche** /fuʀʃ/ **NF** **a** *(pour le foin)* pitchfork; *(pour bêcher)* fork **b** *[d'arbre, chemin, bicyclette]* fork; *[de pantalon, jambes]* crotch; *[de cheveu]* split end ◆ **la route faisait une ~** the road forked **c** *(Hist)* **les Fourches Caudines** the Caudine Forks ◆ **passer sous les ~s Caudines** *(frm)* to be subjected to stringent checks **d** *(Belg = temps libre)* break

**fourcher** /fuʀʃe/ ▸ conjug 1 ◂ **VI** *[arbre, chemin]* † to fork ◆ **avoir les cheveux qui fourchent** to have split ends ◆ **ma langue a fourché** it was a slip of the tongue

**fourchette** /fuʀʃɛt/ **NF** **a** *(pour manger)* fork ◆ **~ à gâteaux/à huîtres** pastry/oyster fork

◆ **manger avec la ~ d'Adam** *(hum)* to eat with one's fingers ◆ **il a une bonne ~ ou un bon coup de ~** he has a hearty appetite, he's a good *ou* hearty eater **b** *[d'oiseau]* wishbone; *[de cheval]* frog; *(Aut)* selector fork; *(Tech)* fork ◆ **~ vulvaire** *(Anat)* fourchette ◆ **~ sternale** *(Anat)* suprasternal notch **c** *(Stat)* margin ◆ **la ~ se rétrécit** the margin is narrowing ◆ **~ d'âge** age bracket ◆ **~ d'imposition** tax bracket *ou* band ◆ **~ de prix** price range **d** *(Échecs)* fork ◆ **prendre la dame en ~** *(Cartes)* to finesse the queen

**fourchu, e** /fuʀʃy/ **ADJ** *[arbre, chemin]* forked; *[menton]* jutting *(épith)* ◆ **animal au pied ~** cloven-hoofed animal ◆ **elle a les cheveux ~s** she's got split ends; → **langue**

**fourgon** /fuʀgɔ̃/ **NM** *(= wagon)* wag(g)on; *(= camion)* (large) van, lorry *(Brit)*; *(= diligence)* coach, carriage; *(= tisonnier)* poker ◆ **~ à bagages** luggage van ◆ **~ à bestiaux** cattle truck ◆ **~ blindé** armoured van ◆ **~ cellulaire** prison *ou* police van *(Brit)*, patrol wagon *(US)* ◆ **~ de déménagement** removal *(Brit) ou* moving *(US)* van ◆ **~ funéraire ou mortuaire** hearse ◆ **~ de munitions** munitions wagon ◆ **~ postal** mail van ◆ **~ de queue** rear brake van ◆ **~ de vivres** *(Mil)* supply wagon

**fourgonner** /fuʀgɔne/ ► conjug 1 ◄ **VT** *[+ poêle, feu]* to poke, to rake **VI** *(* : parmi des objets)* to rummage about, to poke about ◆ **je l'entendais qui fourgonnait dans la cuisine/dans le placard** I heard him rummaging *ou* poking about in the kitchen/in the cupboard

**fourgonnette** /fuʀgɔnɛt/ **NF** (small) van, delivery van

**fourgue** /fuʀg/ *(arg Crime)* **NM** *(= personne)* fence * **NF** *(= trafic)* fencing *; *(= marchandise)* fenced goods *

**fourguer** * /fuʀge/ ► conjug 1 ◄ **VT** *(= vendre)* *[+ mauvaise marchandise]* to flog * *(à* to) to unload * *(à* onto); *(= donner)* to unload *(à* onto); ◆ **il m'a fourgué aux flics** * *(= dénoncer)* he squealed on me to the cops *

**fouriérisme** /fuʀjeʀism/ **NM** Fourierism

**fouriériste** /fuʀjeʀist/ **ADJ** Fourieristic **NMF** Fourierist, Fourierite

**fourme** /fuʀm/ **NF** *type of French blue-veined cheese*

**fourmi** /fuʀmi/ **NF** **a** *(Zool)* ant; *(= personne affairée)* beaver ◆ **~ noire/rouge/volante** black/red/flying ant ◆ **~ maçonne** builder *ou* worker ant ◆ **avoir des ~s dans les jambes** to have pins and needles in one's legs ◆ **vus de si haut les gens ont l'air de ~s** seen from so high up the people look like ants ◆ **elle s'affaire comme une ~** she bustles about as busy as a bee ◆ **tu es plutôt ~ ou plutôt cigale ?** do you put money aside or does it burn a hole in your pocket?; → **travail¹** **b** *(arg Drogue)* small-time runner, mule *(arg)*

**fourmilier** /fuʀmilje/ **NM** anteater

**fourmilière** /fuʀmiljɛʀ/ **NF** *(= monticule)* anthill; *(= nid)* ants' nest; *(fig)* hive of activity ◆ **cette ville/ce bureau est une (vraie) ~** this town/this office is a hive of activity

**fourmilion** /fuʀmiljɔ̃/ **NM** antlion, doodlebug *(US)*

**fourmillant, e** /fuʀmijɑ̃, jɑ̃t/ **ADJ** *[foule]* milling, swarming; *[cité]* teeming

**fourmillement** /fuʀmijmɑ̃/ **NM** **a** *[d'insectes, personnes]* swarming ◆ **le ~ de la rue** the swarming *ou* milling crowds in the street ◆ **un ~ d'insectes** a mass of swarming insects ◆ **un ~ d'idées** a welter of ideas **b** *(gén pl)* **~s** *(= picotement)* pins and needles

**fourmiller** /fuʀmije/ ► conjug 1 ◄ **VI** *[insectes, personnes]* to swarm ◆ **dissertation où fourmillent les erreurs** essay riddled with mistakes ◆ **~ de** *[+ insectes, personnes]* to be swarming *ou* crawling *ou* teeming with; *[+ idées, erreurs]* to be teeming with

**fournaise** /fuʀnɛz/ **NF** *(= feu)* blaze, blazing fire; *(= endroit surchauffé)* furnace, oven

**fourneau** (pl **fourneaux**) /fuʀno/ **NM** **a** *(† = cuisinière, poêle)* stove ◆ **être aux ~x** to do the cooking **b** *[de forge, chaufferie]* furnace; *[de pipe]* bowl ◆ **~ de mine** blast hole; → **haut**

**fournée** /fuʀne/ **NF** *(lit, fig)* batch

**fourni, e** /fuʀni/ (ptp de **fournir**) **ADJ** *[herbe]* luxuriant, lush; *[cheveux]* thick, abundant; *[barbe, sourcils]* bushy, thick ◆ **chevelure peu ~e** sparse *ou* thin head of hair ◆ **carte bien ~e** extensive menu ◆ **boutique bien ~e** well-stocked shop

**fournil** /fuʀni/ **NM** bakery, bakehouse

**fourniment** * /fuʀnimɑ̃/ **NM** gear * *(NonC)*, clobber ‡ *(NonC) (Brit)* ◆ **il va falloir emporter tout un ~** we'll have to take a whole heap of gear * *ou* stuff *

**fournir** /fuʀniʀ/ ► conjug 2 ◄ **VT** **a** *(= approvisionner) [+ client, restaurant]* to supply ◆ **~ qn en viande/légumes** to supply sb with meat/vegetables

**b** *(= procurer) [+ matériel, main-d'œuvre]* to supply, to provide; *[+ preuves, secours]* to supply, to furnish; *[+ renseignements]* to supply, to provide, to furnish; *[+ pièce d'identité]* to produce; *[+ prétexte, exemple]* to give, to supply ◆ **~ qch à qn** to supply *ou* provide sb with sth ◆ **~ à qn l'occasion/les moyens de faire qch** to provide sb with the opportunity of doing sth/the means to do sth ◆ **~ du travail à qn** to provide sb with work ◆ **~ le vivre et le couvert** to provide board and lodging

**c** *(= produire) [+ effort]* to put in; *[+ prestation]* to give; *[+ récolte]* to supply ◆ **~ un gros effort** to put in a lot of effort, to make a great deal of effort

**d** *(Cartes)* **~ (une carte)** to follow suit ◆ **~ à cœur** to follow suit in hearts

**VT INDIR** **fournir à** † *[+ besoins]* to provide for; *[+ dépense, frais]* to defray ◆ **ses parents fournissent à son entretien** his parents give him his keep *ou* provide for his maintenance

**VPR** **se fournir** to provide o.s. *(de* with); ◆ **se ~ en ou de charbon** to get (in) supplies of coal ◆ **je me fournis toujours chez le même épicier** I always buy *ou* get my groceries from the same place, I always shop at the same grocer's

**fournisseur** /fuʀnisœʀ/ **NM** *(Comm, Ind)* supplier; *(= détaillant)* retailer, stockist *(Brit)* ◆ **~ exclusif** sole supplier ◆ **~ de viande/papier** supplier *ou* purveyor *(frm)* of meat/paper, meat/paper supplier ◆ **~ d'accès** *(Internet)* access *ou* service provider ◆ **les pays ~s de la France** countries that supply France (with goods *ou* imports) ◆ **les ~s de l'armée** army contractors ◆ **chez votre ~ habituel** at your local retailer('s) *ou* stockist('s) *(Brit)* ◆ **nos ~s manquent de matière première** our suppliers are out of raw materials

**fourniture** /fuʀnityʀ/ **NF** **a** *(= action) [de matériel, marchandises]* supply(ing), provision **b** *(= objet)* **~s (de bureau)** office supplies, stationery ◆ **~s scolaires** school stationery

**fourrage** /fuʀaʒ/ **NM** *(Agr)* fodder, forage ◆ **~ vert** silage

**fourrager¹** /fuʀaʒe/ ► conjug 3 ◄ **fourrager dans** **VT INDIR** *[+ papiers, tiroir]* to rummage through, to dig about in

**fourrager², -ère¹** /fuʀaʒe, ɛʀ/ **ADJ** ◆ **plante/betterave/culture fourragère** fodder plant/beet/crop ◆ **céréales fourragères** feed grains

**fourragère²** /fuʀaʒɛʀ/ **NF** **a** *(Mil)* fourragère **b** *(= champ)* fodder *ou* forage field; *(= charrette)* haywagon

**fourre** /fuʀ/ **NF** *(Helv = taie)* pillowcase, pillowslip; *[d'édredon]* cover; *(= chemise cartonnée ou plastifiée)* folder; *[de livre]* (dust) jacket *ou* cover; *[de disque]* sleeve, jacket *(US)*

**fourré¹** /fuʀe/ **NM** thicket ◆ **se cacher dans les ~s** to hide in the bushes

**fourré², e** /fuʀe/ (ptp de **fourrer**) **ADJ** *[bonbon, chocolat]* filled; *[manteau, gants]* fur-lined; *(= molletonné)* fleecy-lined ◆ **~ d'hermine** ermine-lined ◆ **chocolats ~s** chocolate creams ◆ **gâteau ~ à la crème** cream(-filled) cake ◆ **tablette de chocolat ~ à la crème** bar of cream-filled chocolate ◆ **coup ~** underhand trick

**fourreau** (pl **fourreaux**) /fuʀo/ **NM** **a** *[d'épée]* sheath, scabbard; *[de parapluie]* cover ◆ **mettre au/tirer du ~ son épée** to sheathe/unsheathe one's sword **b** ◆ **(robe) ~** sheath dress

**fourrer** /fuʀe/ ► conjug 1 ◄ **VT** **a** * *(= enfoncer)* to stick *, to shove *, to stuff *; *(= mettre)* to stick * ◆ **où ai-je bien pu le ~ ?** where on earth *ou* the heck * did I put it? ◆ **~ ses mains dans ses poches** to stuff * *ou* stick * *ou* shove * one's hands in one's pockets ◆ **~ qch dans un sac** to stuff * *ou* shove * sth into a bag ◆ **qui t'a fourré ça dans le crâne ?** who put that (idea) into your head? ◆ **~ son nez partout/dans les affaires des autres** to poke *ou* stick * one's nose into everything/into other people's business ◆ **~ qn dans le pétrin** to land sb in the soup * *ou* in it * *(Brit)* ◆ **~ qn en prison** to stick sb in prison *

**b** *[+ gâteau]* to fill; *[+ manteau]* to line (with fur)

**VPR** **se fourrer** * **a** ◆ **se ~ une idée dans la tête** to get an idea into one's head ◆ **il s'est fourré dans la tête que ...** he has got it into his head that ...

**b** ◆ **se ~ dans un coin** to go into a corner ◆ **se ~ sous la table** to get under the table ◆ **où a-t-il encore été se ~ ?** where has he got to now? ◆ **il ne savait plus où se ~** he didn't know where to put himself ◆ **tu es toujours fourré dans mes pattes !** you're always getting under my feet! ◆ **il est toujours fourré chez eux** he's always round at their place ◆ **son ballon est allé se ~ dans la niche du chien** his ball ended up in *ou* landed in the dog kennel; → **doigt, guêpier**

**fourre-tout** /fuʀtu/ **NM INV** *(= pièce)* junk room; *(= placard)* junk cupboard; *(= sac)* holdall ◆ **sa chambre est un vrai ~** his bedroom is an absolute dump * *ou* tip * *(Brit)* ◆ **sa dissertation/son livre est un vrai ~** *(péj)* his essay/his book is a real hotchpotch *(Brit) ou* hodgepodge *(US)* of ideas ◆ **un discours/une loi ~** a rag-bag of a speech/law

**fourreur** /fuʀœʀ/ **NM** furrier

**fourrier** /fuʀje/ **NM** *(littér = propagateur)* ◆ **ils accusent l'ancien roi d'avoir été le ~ du communisme dans ce pays** they accuse the former king of having paved the way for communism in the country; → **sergent¹**

**fourrière** /fuʀjɛʀ/ **NF** *(gén, Aut)* pound; *[de chiens]* dog pound ◆ **emmener une voiture à la ~** to tow away a car, to impound a car

**fourrure** /fuʀyʀ/ **NF** *(= pelage)* coat; *(= matériau, manteau)* fur

**fourvoiement** /fuʀvwamɑ̃/ **NM** *(littér)* mistake

**fourvoyer** /fuʀvwaje/ ► conjug 8 ◄ **VT** ◆ **~ qn** *[personne]* to get sb lost, to mislead sb;

*[mauvais renseignement]* to mislead sb; *[mauvais exemple]* to lead sb astray **VPR se fourvoyer** *(= s'égarer)* to lose one's way; *(= se tromper)* to go astray ◆ **se ~ dans un quartier inconnu** to stray into an unknown district (by mistake) ◆ **dans quelle aventure s'est-il encore fourvoyé ?** what has he got involved in now? ◆ **il s'est complètement fourvoyé en faisant son problème** he has gone completely wrong *ou* completely off the track with his problem

**foutaise** ** /futɛz/ **NF** ◆ **(des) ~s !, (c'est de la) ~ !** (that's) bullshit! ***, that's crap! *** ◆ **dire des ~s** to talk bullshit *** *ou* crap *** ◆ **se disputer pour une ~** *ou* **des ~s** to quarrel over nothing

**foutoir** ** /futwaʀ/ **NM** damned ** *ou* bloody ** *(Brit)* shambles *(sg)* ◆ **sa chambre est un vrai ~** his bedroom is a pigsty *ou* a dump * *ou* a bloody shambles ** *(Brit)*

**foutre** ** /futʀ/ **VT** **a** *(= faire)* to do ◆ **qu'est-ce qu'il fout, il est déjà 8 heures** what the hell ** is he doing *ou* up to — it's already 8 o'clock ◆ **il n'a rien foutu de la journée** he hasn't done a damned ** *ou* bloody ** *(Brit)* thing all day, he's done damn all ** *ou* bugger all *** *(Brit)* today ◆ **j'en n'ai rien à ~ de leurs histoires** I don't give a damn ** about what they're up to ◆ **qu'est-ce que ça peut me ~ ?, qu'est-ce que j'en ai à ~ ?** what the hell do I care? **

**b** *(= donner)* **~ une raclée à qn** to beat the hell out of sb ** ◆ **~ une gifle à qn** to belt sb one * ◆ **ça me fout la trouille** it gives me the willies * *ou* creeps * ◆ **fous-moi la paix !** lay off! **, bugger off! *** *(Brit)* ◆ **je croyais qu'il avait compris mais je t'en fous !** I thought he'd understood but he damn well hadn't! ** ◆ **qu'est-ce qui m'a foutu un idiot pareil !** of all the flaming idiots! * ◆ **je t'en foutrai des amis comme ça !** who the hell needs friends like that? ** ◆ **je t'en foutrai, moi, du champagne !** I'll give you goddam ** *ou* bloody ** *(Brit)* champagne!

**c** *(= mettre)* **fous-le là/dans ta poche** shove * it in here/in your pocket ◆ **c'est lui qui a foutu le feu** he was the one who set fire to the place ◆ **~ qn à la porte** to give sb the boot *, to kick sb out * ◆ **il a foutu le vase par terre** *(qui était posé)* he knocked the vase off, he sent the vase flying * *(Brit)*; *(qu'il avait dans les mains)* he dropped the vase ◆ **ça fout tout par terre** that screws *** *ou* buggers *** *(Brit)* everything up ◆ **ça l'a foutu en rogne** that made him as mad as hell ** ◆ **ça la fout mal** it looks pretty bad *; → **bordel, merde**

**d** ◆ **~ le camp** *[personne]* to split *, to bugger off *** *(Brit)*; *[bouton, rimmel, vis]* to come off ◆ **fous-moi le camp !** get lost! **, bugger off! *** *(Brit)*, sod off! *** *(Brit)* ◆ **tout fout le camp** everything's falling apart *ou* going to hell **

**VPR se foutre** **a** *(= se mettre)* **je me suis foutu dedans** I really screwed up *** ◆ **tu vas te ~ par terre** you're going to fall flat on your face ◆ **se ~ dans une sale affaire** to get mixed up in a messy business ◆ **ils se sont foutu sur la gueule** they beat (the) hell out of each other **

**b** *(= se moquer)* **se ~ de qn/qch** to take the mickey * *ou* piss *** *(Brit)* out of sb/sth; *(= être indifférent)* not to give a damn about sb/sth ** ◆ **se ~ de qn** *(= dépasser les bornes)* to mess * *ou* muck * *(Brit)* sb about ◆ **25 € pour ça, ils se foutent de nous** *ou* **du monde** €25 for that! — what the hell do they take us for! ** ◆ **ça, je m'en fous pas mal** I couldn't give a damn ** about that ◆ **je me fous qu'il parte ou qu'il reste** I couldn't give a damn ** whether he goes or stays ◆ **tu te fous de ma gueule ?** *(= tu te moques de moi)* are you making fun of me?, are you taking the piss? *** *(Brit)*; *(= tu me fais marcher)* are you having *(Brit)* ou putting *(US)* me on? * ◆ **quelle belle bague ! il s'est pas foutu de toi !** what a beautiful ring! he really treats you right! * ◆ **du champagne et du caviar ! elle ne s'est pas foutue de nous !** champagne and caviar! she's really done us proud!

**c** *** **va te faire ~ !** fuck off! ***, fuck you! ***, bugger off! *** *(Brit)*, get stuffed! ** *(Brit)* ◆ **je lui ai bien demandé, mais va te faire ~ : il n'a jamais voulu** I did ask him but no fucking *** way would he do it

**d** ◆ **se ~ à faire qch** to start to do sth ◆ **il s'est foutu à chialer** he started to blubber *

**foutre[2]** † *** /futʀ/ **EXCL, ADV** damnation! **, bloody hell! ** *(Brit)* ◆ **je n'en sais ~ rien !** I haven't got a fucking *** clue!

**foutrement** ** /futʀəmɑ̃/ **ADV** damn **, bloody ** *(Brit)* ◆ **il s'est ~ bien défendu** he stood up for himself damn well ** *ou* bloody well ** *(Brit)*

**foutriquet** † * /futʀikɛ/ **NM** *(péj)* nobody, little runt *

**foutu, e** ** /futy/ (ptp de **foutre**) **ADJ** **a** *(avant n : intensif) [objet, appareil, personne]* damned **, bloody ** *(Brit)*; *(= mauvais) [temps, pays, travail]* damned awful **, bloody awful *(Brit)* ** ◆ **il a un ~ caractère** he's got one hell of a temper **

**b** *(après n) [malade, vêtement]* done for * *(attrib)*; *[appareil]* bust *, buggered ** *(Brit)* ◆ **il est ~** he's had it * ◆ **c'est ~ pour mon avancement** there *ou* bang * goes my promotion

**c** *(= habillé)* got up *, rigged out *

**d** *(= bâti, conçu)* **bien/mal ~** *[appareil, émission, documentaire]* well-/badly-made; *[manuel]* well-/badly-written ◆ **montre-moi comment c'est ~** show me what it looks like ◆ **elle est bien ~e** she's got a nice body

**e** *(= malade)* **être mal** *ou* **pas bien ~** to feel lousy *, to feel bloody ** *(Brit)* awful

**f** *(= capable)* **il est ~ de le faire** he's quite likely *ou* liable to go and do it ◆ **il est même pas ~ de réparer ça** he can't even mend the damned thing **

**fox(-terrier)** (pl **fox(-terriers)**) /fɔks(tɛʀje)/ **NM** fox terrier

**fox(-trot)** /fɔks(tʀɔt)/ **NM INV** foxtrot

**fox-hound** (pl **fox-hounds**) /fɔksaund/ **NM** foxhound

**foyer** /fwaje/ **NM** **a** *(frm) (= maison)* home; *(= famille)* family ◆ **~ uni** close *ou* united family ◆ **les joies du ~** the joys of family life ◆ **revenir au ~** to come back home ◆ **un jeune ~** a young couple ◆ **~ fiscal** *household (as defined for tax purposes)*; → **femme, fonder, renvoyer**

**b** *[de locomotive, chaudière]* firebox; *(= âtre)* hearth, fireplace; *(= dalle)* hearth(stone)

**c** *(= résidence) [de vieillards, soldats]* home; *[de jeunes]* hostel; *[d'étudiants]* hostel, hall ◆ **~ éducatif** special (residential) school ◆ **~ socio-éducatif** community home ◆ **~ d'étudiants** students' hall (of residence) *ou* hostel

**d** *(= lieu de réunion) [de jeunes, retraités]* club; *(Théât)* foyer ◆ **~ des artistes** greenroom ◆ **~ des jeunes** youth club

**e** *(Math, Opt, Phys)* focus ◆ **à ~ variable** variable-focus *(épith)* ◆ **verres à double ~** bifocal lenses

**f** ◆ **~ de** *[+ incendie]* seat of, centre of; *[+ lumière, infection]* source of; *[+ agitation]* centre of ◆ **~ d'extrémistes** centre of extremist activities

**FP** (abrév de **franchise postale**) → **franchise**

**FR3** † /ɛfɛʀtʀwa/ (abrév de **France Régions 3**) *former name of the third French television channel (now called France 3)*

**frac** /fʀak/ **NM** tails, tail coat ◆ **être en ~** to be in tails, to be wearing a tail coat

**fracas** /fʀaka/ **NM** *[d'objet qui tombe]* crash; *[de train, tonnerre, vagues]* roar; *[de bataille]* din ◆ **tomber avec ~** to fall with a crash, to come crashing down ◆ **la nouvelle a été annoncée à grand ~** the news was announced amid a blaze of publicity ◆ **démissionner avec ~** to resign dramatically ◆ **ils ont quitté la conférence avec ~** they stormed out of the conference; → **perte**

**fracassant, e** /fʀakasɑ̃, ɑ̃t/ **ADJ** *[bruit]* thunderous, deafening; *[nouvelle]* shattering, staggering, sensational; *[déclaration]* sensational; *[succès]* resounding, thundering *(épith)*

**fracasser** /fʀakase/ ▸ conjug 1 ◂ **VT** *[+ objet, mâchoire, épaule]* to smash, to shatter; *[+ porte]* to smash (down), to shatter ◆ **il est fracassé** ** *(= saoul)* he's pissed **; *(= drogué)* he's stoned ** **VPR se fracasser** ◆ **se ~ contre** *ou* **sur qch** *[vagues]* to crash against sth; *[bateau, véhicule]* to be smashed (to pieces) against sth ◆ **la voiture est allée se ~ contre l'arbre** the car smashed *ou* crashed into the tree

**fractal, e** /fʀaktal/ **ADJ** fractal **NF fractale** fractal

**fraction** /fʀaksjɔ̃/ **NF** *(Math)* fraction; *[de groupe, somme, terrain]* part ◆ **en une ~ de seconde** in a fraction of a second, in a split second ◆ **par ~ de 3 jours/de 10 unités** for every 3-day period/10 units ◆ **une ~ importante du groupe** a large proportion of the group

**fractionnaire** /fʀaksjɔnɛʀ/ **ADJ** *[nombre]* fractional ◆ **livre ~** *(Comm)* day book

**fractionné, e** /fʀaksjɔne/ (ptp de **fractionner**) **ADJ** *(Chim) [distillation, cristallisation]* fractional; *[groupe de personnes]* fragmented ◆ **mon emploi du temps est trop ~** my timetable is too disjointed *ou* fragmented ◆ **paiement ~** payment in instalments *(Brit)* *ou* installments, installment payment *(US)*

**fractionnel, -elle** /fʀaksjɔnɛl/ **ADJ** *[attitude, menées]* divisive

**fractionnement** /fʀaksjɔnmɑ̃/ **NM** splitting up, division ◆ **~ d'actions** *(Bourse)* stock splitting

**fractionner** /fʀaksjɔne/ ▸ conjug 1 ◂ **VT** *[+ groupe, somme, travail]* to divide (up), to split up **VPR se fractionner** *[groupe]* to split up, to divide

**fracture** /fʀaktyʀ/ **NF** **a** *(Géol, Méd)* fracture ◆ **~ du crâne** fractured skull ◆ **~ ouverte** open fracture ◆ **~s multiples** multiple fractures **b** *(= écart)* split *(entre* between); ◆ **la ~ sociale** the gap between the haves and the have-nots ◆ **ceci ne réduira pas la ~ entre syndicats et patronat** this will not heal the rift *ou* split between unions and employers ◆ **cette question constitue la ligne de ~ entre la droite et la gauche** left and right are split over this issue

**fracturer** /fʀaktyʀe/ ▸ conjug 1 ◂ **VT** *(Géol, Méd)* to fracture; *[+ serrure]* to break (open); *[+ coffre-fort, porte]* to break open ◆ **il s'est fracturé la jambe** he's fractured his leg

**fragile** /fʀaʒil/ **ADJ** **a** *[corps, vase]* fragile; *[organe, peau, tissu]* delicate; *[cheveux]* brittle; *[surface, revêtement]* easily damaged ◆ **"attention fragile"** *(sur étiquette)* "fragile, handle with care" **b** *(fig) [économie, prospérité, santé, bonheur, paix]* fragile; *[preuve, argument]* flimsy; *[équilibre]* delicate ◆ **ne soyez pas**

**trop brusque, elle est encore** ~ don't be too rough with her - she's still rather fragile ◆ **avoir l'estomac ~, être ~ de l'estomac** to have a weak stomach ◆ **être de constitution** ~ to have a weak constitution

**fragilisation** /fʀaʒilizasjɔ̃/ NF weakening ◆ **c'est un facteur de ~ de l'entreprise** this is a factor that might undermine *ou* weaken the company ◆ **cela entraîne la ~ des liens parents-enfants** this puts a great strain on the relationship between parents and children

**fragiliser** /fʀaʒilize/ ▸ conjug 1 ◂ VT *[+ position, secteur]* to weaken; *[+ personne]* to make vulnerable; *[+ régime politique]* to undermine, to weaken ◆ **des familles fragilisées par le chômage** families made vulnerable by unemployment ◆ **des maires fragilisés par les affaires** mayors whose position has been weakened by political scandals

**fragilité** /fʀaʒilite/ NF *[de corps, vase]* fragility; *[d'organe, peau]* delicacy; *[de cheveux]* brittleness; *[de santé]* fragility, delicacy, frailty; *[de construction, économie, preuve, argument]* flimsiness, frailty; *[de bonheur, paix]* frailty, flimsiness, fragility; *[de gloire]* fragility; *[de pouvoir, prospérité]* fragility, flimsiness

**fragment** /fʀagmɑ̃/ NM a *[de vase, roche, papier]* fragment, bit, piece; *[d'os, vitre]* fragment, splinter, bit b *[de conversation]* bit, snatch; *[de chanson]* snatch; *[de lettre]* bit, part; *[de roman] (= bribe)* fragment; *(= extrait)* passage, extract

**fragmentaire** /fʀagmɑ̃tɛʀ/ ADJ *[connaissances]* sketchy, patchy; *[données]* fragmentary ◆ **nous avons une vue très ~ des choses** we have only a sketchy *ou* an incomplete picture of the situation

**fragmentation** /fʀagmɑ̃tasjɔ̃/ NF *[de matière]* breaking up, fragmentation; *[d'État, terrain]* fragmentation, splitting up, breaking up; *[d'étude, travail, livre, somme]* splitting up, division; → **bombe**

**fragmenter** /fʀagmɑ̃te/ ▸ conjug 1 ◂ VT *[+ matière]* to break up, to fragment; *[+ État, terrain]* to fragment, to split up, to break up; *[+ étude, travail, livre, somme]* to split up, to divide (up) ◆ **nous vivons dans une société fragmentée** we live in a fragmented society ◆ **avoir une vision fragmentée du monde** to have a fragmented view of the world ◆ **ce travail est trop fragmenté** this work is too fragmented VPR **se fragmenter** *[roches]* to fragment, to break up

**fragrance** /fʀagʀɑ̃s/ NF *(littér)* fragrance

**frai** /fʀɛ/ NM *(= œufs)* spawn; *(= alevins)* fry; *(= époque)* spawning season; *(ponte)* spawning

**fraîche** /fʀɛʃ/ ADJ, NF → **frais¹**

**fraîchement** /fʀɛʃmɑ̃/ ADV a *(= récemment)* freshly, newly ◆ ~ **arrivé** newly *ou* just arrived ◆ **fruit ~ cueilli** freshly picked fruit ◆ **amitié ~ nouée** newly-formed friendship b *(= froidement) [accueillir]* coolly ◆ **comment ça va ? – ~ !** * how are you? – a bit chilly! *

**fraîcheur** /fʀɛʃœʀ/ NF a *[de boisson]* coolness; *[de pièce] (agréable)* coolness; *(trop froid)* chilliness ◆ **la ~ du soir/de la nuit** the cool of the evening/of the night ◆ **chercher un peu de ~** to look for a cool spot *ou* place ◆ **ce déodorant procure une agréable sensation de ~** this deodorant leaves you feeling pleasantly cool b *[d'accueil]* coolness, chilliness c *[d'âme]* purity; *[de sentiment, jeunesse, teint]* freshness; *[de couleurs]* freshness, crispness d *[d'aliment]* freshness ◆ **de première** ~ very fresh

**fraîchir** /fʀeʃiʀ/ ▸ conjug 2 ◂ VI *[temps, température]* to get cooler; *[vent]* to freshen

**frais¹, fraîche** /fʀɛ, fʀɛʃ/ ADJ a *(= légèrement froid) [eau, endroit]* cool; *[vent]* cool, fresh ◆ **vent ~** *(Mét Naut)* strong breeze

b *(= sans cordialité) [accueil]* chilly, cool

c *(= sain, éclatant) [couleur]* fresh, clear, crisp; *[joues, teint]* fresh; *[parfum]* fresh; *[haleine]* fresh, sweet; *[voix]* clear; *[joie, âme, histoire d'amour]* pure ◆ **ses vêtements ne sont plus très ~** his clothes don't look very fresh ◆ **un peu d'air ~** a breath of *ou* a little fresh air

d *(= récent) [plaie]* fresh; *[traces, souvenir]* recent, fresh; *[peinture]* wet, fresh; *[nouvelles]* recent ◆ **l'encre est encore fraîche** the ink is still wet; → **date**

e *(opposé à sec, en conserve) [poisson, légumes, lait, pâtes]* fresh; *[œuf]* fresh, new-laid; *[pain]* new, fresh; → **chair**

f *(= jeune, reposé) [troupes]* fresh ◆ ~ **et dispos** fresh (as a daisy) ◆ ~ **comme un gardon** bright as a button ◆ **je ne suis pas très ~ ce matin** I'm feeling a bit seedy this morning ◆ **fraîche comme une rose** *ou* **la rosée** as fresh as a daisy ◆ **elle est encore très fraîche pour son âge** she's very young-looking for her age

g *(Comm)* **argent ~** *(disponible)* ready cash; *(à investir)* fresh money

h *( * = en difficulté)* **eh bien, on est ~ !** *ou* **nous voilà ~ !** well, we're in a fine mess now! *

ADV a ◆ **il fait ~** *(agréable)* it's cool; *(froid)* it's chilly ◆ **en été, il faut boire ~** in summer you need cool *ou* cold drinks ◆ **"servir frais"** "serve cold *ou* chilled"

b *(= récemment)* newly ◆ **herbe ~** *ou* **fraîche coupée** newly *ou* freshly cut grass ◆ ~ **émoulu de l'université** fresh from *ou* newly graduated from university ◆ ~ **débarqué de sa province** fresh *ou* newly up from the country ◆ **habillé/rasé de ~** freshly changed/shaven

NM a *(= fraîcheur)* **prendre le ~** to take a breath of fresh air ◆ **mettre (qch) au ~** *(lit)* to put (sth) in a cool place ◆ **mettre qn au ~** * *(en prison)* to put sb in the cooler * ◆ **le linge sent le ~** the washing smells lovely and fresh

b *(Mét, Naut)* **joli** *ou* **bon ~** strong breeze ◆ **grand ~** near gale

c *(Comm)* **le ~** fresh produce

NF **fraîche** ◆ **(sortir) à la fraîche** (to go out) in the cool of evening

**frais²** /fʀɛ/ NMPL a *(gén = débours)* expenses, costs; *(facturés)* charges; *(Admin = droits)* charges, fee(s) ◆ **tous ~ compris** inclusive of all costs ◆ **voyage d'affaires tous ~ payés** business trip with all expenses paid ◆ **tous ~ payés** *(Comm)* after costs ◆ **faire de grands ~** to go to great expense ◆ **ça m'a fait beaucoup de ~** it cost me a great deal of money ◆ **avoir de gros ~** to have heavy outgoings; → **arrêter, faux²**

b *(loc)* **se mettre en ~** *(lit)* to go to great expense ◆ **se mettre en ~ pour qn/pour recevoir qn** to put o.s. out for sb/to entertain sb ◆ **faire les ~ de la conversation** *(parler)* to keep the conversation going; *(en être le sujet)* to be the (main) topic of conversation ◆ **nous ne voulons pas faire les ~ de cette erreur** we do not want to have to pay for this mistake ◆ **rentrer dans** *ou* **faire ses ~** to recover one's expenses ◆ **j'ai essayé d'être aimable mais j'en ai été pour mes ~** I tried to be friendly but I might just as well have spared myself the trouble ◆ **aux ~ de la maison** at the firm's expense ◆ **à ses ~** at one's own expense ◆ **aux ~ de la princesse** * *(de l'État)* at the taxpayer's expense; *(de l'entreprise)* at the firm's expense; *(= gratuitement)* with all expenses paid ◆ **à grands ~** at great expense ◆ **il se l'est procuré à grands ~** he acquired it at great expense, he paid a great deal for it ◆ **il se l'est procuré à moindre(s) ~** it didn't cost him a lot, he paid very little for it ◆ **à peu de ~** cheaply ◆ **il s'en est tiré à peu de ~** he got off lightly

COMP ▷ **frais d'agence** agency fees ▷ **frais d'avocats** solicitors' *ou* legal fees ▷ **frais bancaires** banking charges ▷ **frais de démarrage** start-up costs ▷ **frais de déplacement** travelling expenses *ou* costs ▷ **frais divers** miscellaneous expenses, sundries ▷ **frais d'encaissement** collection charges ▷ **frais d'enregistrement** registration fee(s) ▷ **frais d'entretien** *[de jardin, maison]* (cost of) upkeep; *[de machine, équipement]* maintenance costs ▷ **frais d'envoi, frais d'expédition** forwarding charges ▷ **frais d'exploitation** running costs ▷ **frais financiers** *(gén)* interest charges; *[de crédit]* loan charges ▷ **frais fixes** fixed *ou* standing charges *ou* expenses *ou* costs ▷ **frais de fonctionnement** running *ou* upkeep costs ▷ **frais de garde** *[d'enfant]* childminding fees *ou* costs; *[de malade]* nursing fees; *(Fin)* management charges ▷ **frais généraux** overheads *(Brit)*, overhead *(US)* ▷ **frais de gestion** *(= charges)* running costs; *(= prix d'un service)* management fees; *(Fin)* management charges ▷ **frais d'hébergement** accommodation costs *ou* expenses *ou* fees ▷ **frais d'hospitalisation** hospital fees *ou* expenses ▷ **frais d'hôtel** hotel expenses ▷ **frais d'inscription** registration fees ▷ **frais de justice** (legal) costs ▷ **frais de logement** accommodation expenses *ou* costs ▷ **frais de main-d'œuvre** labour costs ▷ **frais de manutention** handling charges ▷ **frais médicaux** medical costs *ou* expenses *ou* fees ▷ **frais de notaire** legal fees ▷ **frais de personnel** staff(ing) costs ▷ **frais de port et d'emballage** postage and packing ▷ **frais de premier établissement** start-up costs, organization expenses ▷ **frais professionnels** business expenses ▷ **frais réels** *(Impôts)* allowable expenses ▷ **frais de représentation** entertainment expenses ▷ **frais de scolarité** *(à l'école, au lycée)* school fees *(Brit)*, tuition (fees) *(US)*; *(pour un étudiant)* tuition (fees) ▷ **frais de timbre** stamp charges ▷ **frais de transport** transportation costs; → **étude, installation**

**fraisage** /fʀɛzaʒ/ NM *(pour agrandir)* reaming; *(pour mettre une vis)* countersinking; *(pour usiner)* milling

**fraise** /fʀɛz/ NF a *(= fruit)* strawberry ◆ ~ **des bois** wild strawberry; → **sucrer** b *(Tech) (pour agrandir un trou)* reamer; *(pour trou de vis)* countersink (bit); *[de métallurgiste]* milling-cutter; *[de dentiste]* drill c *(Boucherie)* ~ **de veau/de porc** calf's/pig's caul d *(Hist = col)* ruff, fraise; *(Zool = caroncule)* wattle e *(Méd)* strawberry mark f *( * = visage)* face; → **ramener** ADJ INV *[couleur]* strawberry pink

**fraiser** /fʀeze/ ▸ conjug 1 ◂ VT *(= agrandir)* to ream; *(pour mettre une vis)* to countersink; *(= usiner)* to mill ◆ **à tête fraisée** countersunk

**fraiseur** /fʀɛzœʀ/ NM milling-machine operator

**fraiseuse** /fʀɛzøz/ NF a *(= machine)* milling machine b *(= ouvrière)* (woman) milling-machine operator

**fraisier** /fʀɛzje/ NM a *(Bot)* strawberry plant b *(Culin)* strawberry gateau

**fraisure** /fʀɛzyʀ/ NF countersink, countersunk hole

**framboise** /fʀɑ̃bwaz/ **NF** *(= fruit)* raspberry; *(= liqueur)* raspberry liqueur

**framboisier** /fʀɑ̃bwazje/ **NM** **a** *(Bot)* raspberry bush ◆ **~s** raspberry canes *ou* bushes **b** *(Culin)* raspberry gateau

**franc[1], franche** /fʀɑ̃, fʀɑ̃ʃ/ **ADJ** **a** *(= loyal) [personne, réponse]* frank, straightforward; *[entretien, entrevue]* frank, candid; *[rire]* hearty; *[gaieté]* open ◆ **pour être ~ avec vous** to be frank with you ◆ **~ comme l'or, ~ du collier** straight as a die; → **jouer**

**b** *(= net) [situation]* clear-cut; *[différence]* clear; *[cassure]* clean; *[hostilité, répugnance]* unconcealed; *[couleur]* clear, pure ◆ **accord ~ et massif** overwhelming *ou* unequivocal acceptance ◆ **5 jours ~s** *(Jur)* 5 clear days

**c** *(péj = total) [imbécile]* utter, downright, absolute; *[canaille]* downright, out-and-out, absolute; *[ingratitude]* downright, sheer ◆ **c'est une franche comédie/grossièreté** it's downright *ou* utterly hilarious/rude, it's sheer comedy/rudeness

**d** *(= libre) [zone, ville, port]* free ◆ **boutique franche** duty-free shop ◆ **~ de** *(Comm)* free of ◆ **(livré) ~ de port** *[marchandises]* carriage-paid; *[paquet]* post-free, postage paid ◆ **~ d'avaries communes/particulières** free of general/particular average; → **corps, coudée, coup**

**e** *(Agr)* **(arbre) ~ (de pied)** cultivar ◆ **greffer sur ~** to graft onto a cultivar

**ADV** ◆ **à vous parler ~** to be frank with you ◆ **je vous le dis tout ~** I'm being frank *ou* candid with you

**franc[2]** /fʀɑ̃/ **NM** *(= monnaie)* franc ◆ **ancien/nouveau ~** old/new franc ◆ **~ lourd** revalued franc ◆ **~ constant** constant *ou* inflation-adjusted franc ◆ **~ courant** franc at the current rate ◆ **~ belge/français/suisse** Belgian/French/Swiss franc ◆ **~ CFA** CFA franc *(unit of currency used in certain African states)* ◆ **le ~ fort** the strong franc ◆ **demander/obtenir le ~ symbolique** to demand/obtain token damages ◆ **racheter une entreprise pour le** *ou* **un ~ symbolique** to buy up a company for a nominal *ou* token sum ◆ **trois ~s six sous** peanuts *, next to nothing

**franc[3], franque** /fʀɑ̃, fʀɑ̃k/ **ADJ** Frankish **NM** **Franc** Frank **NF** **Franque** Frank

**français, e** /fʀɑ̃sɛ, ɛz/ **ADJ** French **ADV** ◆ **acheter ~** to buy French (products) ◆ **boire/rouler ~** to buy French wine/cars **NM** **a** *(Ling)* French ◆ **tu ne comprends pas le ~ ?** * ≃ don't you understand (plain) English? ◆ **c'est une faute de ~** ≃ it's a grammatical mistake **b** ◆ **Français** Frenchman ◆ **les Français** *(= gens)* the French, French people; *(= hommes)* Frenchmen ◆ **le Français moyen** the average Frenchman, the man in the street **NF** **française** **a** ◆ **Française** Frenchwoman **b** ◆ **à la ~e** *[démocratie, socialisme, capitalisme]* French-style, à la française; *[humour]* French; → **jardin**

**franc-bord** (pl **francs-bords**) /fʀɑ̃bɔʀ/ **NM** *(Naut)* freeboard

**franc-comtois, e** (mpl **francs-comtois**) /fʀɑ̃kɔ̃twa, az/ **ADJ** of *ou* from Franche-Comté **NM,F** **Franc-Comtois(e)** inhabitant *ou* native of Franche-Comté

**France** /fʀɑ̃s/ **NF** France ◆ **histoire/équipe/ambassade de ~** French history/team/embassy ◆ **le roi de ~** the King of France ◆ **la ~ libre** *(Hist)* free France ◆ **la ~ d'en bas** ordinary French people ◆ **la ~ d'en haut** the privileged classes (in France) ◆ **~2/3** *(TV) state-owned channels on French television*; → **profond, vieux**

> **France Télévision**
>
> There are two state-owned television channels in France: France 2 and France 3, a regionally-based channel. Broadly speaking, France 2 is a general-interest and light entertainment channel, while France 3 offers more cultural and educational viewing and local news programmes.

**Francfort** /fʀɑ̃kfɔʀ/ **N** Frankfurt ◆ **~-sur-le-Main** Frankfurt am Main; → **saucisse**

**franchement** /fʀɑ̃ʃmɑ̃/ **ADV** **a** *(= honnêtement) [parler, répondre]* frankly; *[agir]* openly ◆ **pour vous parler ~** to be frank (with you) ◆ **avouez ~ que ...** you've got to admit that ... ◆ **~ ! j'en ai assez !** quite frankly, I've had enough! ◆ **il y a des gens, ~ !** really! *ou* honestly! some people! ◆ **~ non** frankly no

**b** *(= sans hésiter) [entrer, frapper]* boldly ◆ **il entra ~** he strode in, he walked straight *ou* boldly in ◆ **appuyez-vous ~ sur moi** put all your weight on me, lean hard on me ◆ **allez-y ~** *(explication)* get straight to the point, say it straight out; *(manœuvre)* go right ahead

**c** *(= sans ambiguïté)* clearly; *(= nettement)* definitely ◆ **je lui ai posé la question ~** I put the question to him straight ◆ **dis-moi ~ ce que tu veux** tell me straight out *ou* clearly what you want ◆ **c'est ~ rouge** it's clearly *ou* quite obviously red ◆ **c'est ~ au-dessous de la moyenne** it's well below average

**d** *(intensif = tout à fait) [mauvais, laid]* utterly, downright, really; *[bon]* really; *[impossible]* downright, utterly; *[irréparable]* completely, absolutely ◆ **ça m'a ~ dégoûté** it really *ou* utterly disgusted me ◆ **ça s'est ~ mal passé** it went really badly ◆ **on s'est ~ bien amusé** we really *ou* thoroughly enjoyed ourselves ◆ **c'est ~ trop (cher)** it's far too expensive

**franchir** /fʀɑ̃ʃiʀ/ ► conjug 2 ◄ **VT** *[+ obstacle]* to clear, to get over; *[+ fossé]* to clear, to jump over; *[+ rue, rivière, ligne d'arrivée]* to cross; *[+ seuil]* to cross, to step across; *[+ porte]* to go through; *[+ distance]* to cover; *[+ mur du son]* to break (through); *[+ difficulté]* to get over, to surmount; *[+ borne, limite]* to overstep, to go beyond ◆ **~ les mers** *(littér)* to cross the sea ◆ **~ le Rubicon** to cross the Rubicon ◆ **il lui reste 10 mètres à ~** he still has 10 metres to go ◆ **~ le cap de la soixantaine** to turn sixty ◆ **le pays vient de ~ un cap important** the country has just passed an important milestone ◆ **ne pas réussir à ~ la barre de ...** *[chiffres, vote]* to be *ou* fall short of ... ◆ **sa renommée a franchi les frontières** his fame has spread far and wide ◆ **l'historien, franchissant quelques siècles ...** the historian, passing over a few centuries ...

**franchisage** /fʀɑ̃ʃizaʒ/ **NM** franchising

**franchise** /fʀɑ̃ʃiz/ **NF** **a** *(= sincérité) [de personne, réponse]* frankness, straightforwardness, candour *(Brit)*, candor *(US)* ◆ **en toute ~** quite frankly **b** *(= exemption) (gén)* exemption; *(Hist) [de ville]* franchise ◆ **~ fiscale** tax exemption ◆ **~ (douanière)** exemption from (customs) duties ◆ **colis en ~** duty-free parcel ◆ **importer qch en ~** to import sth duty-free ◆ **"franchise postale"** ≃ official paid ◆ **~ de bagages** baggage allowance **c** *(Assurances)* excess *(Brit)*, deductible *(US)* **d** *(Comm)* franchise ◆ **agent/magasin en ~** franchised dealer/shop *(Brit) ou* store *(US)*

> ⚠ *Au sens de 'sincérité',* **franchise** *ne se traduit pas par le mot anglais* **franchise**.

**franchisé, e** /fʀɑ̃ʃize/ **ADJ** ◆ **boutique ~e** franchised outlet **NM,F** franchisee

**franchiser** /fʀɑ̃ʃize/ ► conjug 1 ◄ **VT** to franchise

**franchiseur** /fʀɑ̃ʃizœʀ/ **NM** franchisor

**franchissable** /fʀɑ̃ʃisabl/ **ADJ** surmountable

**franchissement** /fʀɑ̃ʃismɑ̃/ **NM** *[d'obstacle]* clearing; *[de rivière, seuil]* crossing; *[de limite]* overstepping

**franchouillard, e** * /fʀɑ̃ʃujaʀ, aʀd/ *(péj)* **ADJ** typically French **NM** typically narrow-minded Frenchman **NF** **franchouillarde** typically narrow-minded French woman

**francilien, -ienne** /fʀɑ̃siljɛ̃, jɛn/ **ADJ** from *ou* of the Île-de-France **NM,F** **Francilien(ne)** inhabitant of the Île-de-France **NF** **Francilienne** ◆ **la Francilienne** *(= autoroute) motorway that encircles the Parisian region*

**francique** /fʀɑ̃sik/ **NM** Frankish

**francisation** /fʀɑ̃sizasjɔ̃/ **NF** *(Ling)* gallicizing, Frenchifying; *(Naut) [de navire]* registration as French

**franciscain, e** /fʀɑ̃siskɛ̃, ɛn/ **ADJ, NM,F** Franciscan

**franciser** /fʀɑ̃size/ ► conjug 1 ◄ **VT** *(Ling)* to gallicize, to Frenchify; *(Naut)* to register as French ◆ **il a francisé son nom** he made his name sound more French, he Frenchified his name

**francisque** /fʀɑ̃sisk/ **NF** francisc

**francité** /fʀɑ̃site/ **NF** Frenchness

**francium** /fʀɑ̃sjɔm/ **NM** francium

**franc-jeu** /fʀɑ̃ʒø/ **NM** *(Sport)* fair-play ◆ **jouer ~** *(fig)* to play fair

**franc-maçon, -onne** (mpl **francs-maçons**, fpl **franc-maçonnes**) /fʀɑ̃masɔ̃, ɔn/ **NM,F** freemason **ADJ** ◆ **loge ~ne** masonic lodge, freemasons' lodge ◆ **la solidarité ~ne** freemason solidarity

**franc-maçonnerie** (pl **franc-maçonneries**) /fʀɑ̃masɔnʀi/ **NF** freemasonry

**franco** /fʀɑ̃ko/ **ADV** *(Comm)* ◆ **~ (de port)** *[marchandise]* carriage-paid; *[colis]* postage paid ◆ **~ de port et d'emballage** free of charge ◆ **~ à bord/sur wagon** free on board/on rail ◆ **~ (le) long du bord** free alongside ship ◆ **~ (le long du) quai** free alongside quay ◆ **y aller ~** * *(explication)* to go straight to the point, to come straight out with it *; *(coup, manœuvre)* to go right ahead

**franco-** /fʀɑ̃ko/ **PRÉF** Franco- ◆ **les relations ~britanniques** Franco-British relations ◆ **le sommet ~allemand** the Franco-German summit

**franco-canadien, -ienne** /fʀɑ̃kokanadjɛ̃, jɛn/ **ADJ, NM,F** French Canadian

**franco-français, e** /fʀɑ̃kofʀɑ̃sɛ, ɛz/ **ADJ** purely French; *(péj)* typically French

**François** /fʀɑ̃swa/ **NM** Francis ◆ **saint ~ d'Assise** Saint Francis of Assisi

**francophile** /fʀɑ̃kɔfil/ **ADJ, NMF** francophile

**francophilie** /fʀɑ̃kɔfili/ **NF** francophilia

**francophobe** /fʀɑ̃kɔfɔb/ **ADJ, NMF** francophobe

**francophobie** /fʀɑ̃kɔfɔbi/ **NF** francophobia

**francophone** /fʀɑ̃kɔfɔn/ **ADJ** French-speaking; *(Can)* primarily French-speaking **NMF** (native) French speaker; *(Can)* Francophone *(Can)*

**francophonie** /fʀɑ̃kɔfɔni/ **NF** French-speaking world

**franco-québécois** /fʀɑ̃kɔkebekwa/ NM *(Ling)* Quebec French

**franc-parler** /fʀɑ̃paʀle/ NM INV outspokenness ◆ **avoir son ~** to speak one's mind, to be outspoken

**franc-tireur** (pl **francs-tireurs**) /fʀɑ̃tiʀœʀ/ NM a *(Mil) (= combattant)* irregular, franc tireur; *(= tireur isolé)* sniper b *(fig)* maverick ◆ **un ~ de la politique** a maverick politician ◆ **faire qch/agir en ~** to do sth/act independently *ou* off one's own bat *(Brit)*

**frange** /fʀɑ̃ʒ/ NF a *[de tissu]* fringe; *[de cheveux]* fringe *(Brit)*, bangs *(US)* ◆ **une ~ de lumière** a band of light ◆ **~s d'interférence** interference fringes ◆ **~s synoviales** synovial folds *ou* fringes b *(= limite) [de conscience, sommeil]* threshold c *(= minorité)* fringe (group) ◆ **toute une ~ de la population** a whole swathe *ou* chunk of the population

**franger** /fʀɑ̃ʒe/ ► conjug 3 ◄ VT *(gén ptp)* to fringe (*de* with)

**frangin** * /fʀɑ̃ʒɛ̃/ NM brother

**frangine** * /fʀɑ̃ʒin/ NF sister

**frangipane** /fʀɑ̃ʒipan/ NF *(Culin)* almond paste, frangipane ◆ **gâteau fourré à la ~** frangipane (pastry)

**frangipanier** /fʀɑ̃ʒipanje/ NM frangipani (tree)

**franglais** /fʀɑ̃glɛ/ NM Franglais

**franque** /fʀɑ̃k/ ADJ, NF → **franc³**

**franquette** * /fʀɑ̃kɛt/ **à la bonne franquette** LOC ADV *[inviter]* informally; *[recevoir]* without any fuss ◆ **venez déjeuner, ce sera à la bonne ~** come and have lunch with us – it'll be a simple meal *ou* it won't be anything special ◆ **on a dîné à la bonne ~** we had an informal *ou* a potluck *(US)* dinner

**franquisme** /fʀɑ̃kism/ NM Francoism

**franquiste** /fʀɑ̃kist/ ADJ pro-Franco NMF Franco supporter

**fransquillon** /fʀɑ̃skijɔ̃/ NM *(Belg péj)* French Belgian

**frap(p)adingue** */ fʀapadɛ̃g/ ADJ crazy * NMF nutcase *

**frappant, e** /fʀapɑ̃, ɑ̃t/ ADJ striking; → **argument**

**frappe** /fʀap/ NF a *[de monnaie, médaille] (= action)* striking; *(= empreinte)* stamp, impression b *[de dactylo, pianiste]* touch; *[de machine à écrire] (= souplesse)* touch; *(= impression)* typeface ◆ **la lettre est à la ~** the letter is being typed (out) ◆ **c'est la première ~** it's the top copy; → **faute, vitesse** c *(péj = voyou)* **petite ~** young hoodlum *ou* thug d *(Sport) [de boxeur]* punch; *[de footballeur]* kick; *[de joueur de tennis]* stroke ◆ **il a une bonne ~ de balle** *[footballeur]* he kicks the ball well, he has a good kick; *[joueur de tennis]* he strikes *ou* hits the ball well e *(Mil)* (military) strike ◆ **~ aérienne** airstrike ◆ **~ en second** second strike; → **chirurgical, force**

**frappé, e** /fʀape/ (ptp de **frapper**) ADJ a *(= saisi)* struck ◆ **~ de panique** panic-stricken ◆ **~ de stupeur** thunderstruck ◆ **j'ai été (très) ~ d'entendre/de voir que ...** I was (quite) amazed to hear/to see that ... b *[champagne, café]* iced ◆ **boire un vin bien ~** to drink a wine well chilled c *(* = fou)* touched * *(attrib)*, crazy * d *[velours]* embossed; → **coin**

**frappement** /fʀapmɑ̃/ NM striking

**frapper** /fʀape/ ► conjug 1 ◄ VT a *(= cogner) [+ personne, surface] (avec le poing, un projectile)* to hit, to strike; *(avec un couteau)* to stab, to strike; *[+ cordes, clavier]* to strike ◆ **~ qn à coups de poing/de pied** to punch/kick sb ◆ **~ le sol du pied** to stamp (one's foot) on the ground ◆ **~ d'estoc et de taille** *(Hist)* to cut and thrust ◆ **~ les trois coups** *(Théât)* to give *ou* sound the three knocks *(to announce the start of a performance)* ◆ **la pluie/la lumière frappait le mur** the rain lashed (against)/the light fell on the wall ◆ **~ un grand coup** *(fig)* to pull out all the stops ◆ **le gouvernement a décidé de ~ un grand coup contre la corruption** the government has decided to crack down on corruption ◆ **frappé à mort** fatally *ou* mortally wounded

b *(= affecter) [maladie]* to strike (down); *[mesures, impôts, crise, récession, chômage]* to hit; *[embargo]* to strike ◆ **frappé par le malheur** stricken by misfortune ◆ **ce deuil le frappe cruellement** this bereavement is a cruel blow to him ◆ **il a été frappé de cécité à la suite d'un accident** he was blinded after an accident ◆ **les pays les plus frappés par la crise** the countries worst hit by the crisis ◆ **cet impôt frappe lourdement les petits commerçants** this tax is hitting small businesses hard ◆ **le pays a été frappé de sanctions économiques** the country was hit by economic sanctions ◆ **~ qn d'une amende/d'un impôt** to impose a fine/a tax on sb ◆ **contrat/jugement frappé de nullité** contract/judgment declared null and void ◆ **frappé par la loi de 1920** guilty of breaking the 1920 law; → **nullité**

c *(= étonner, choquer) [coïncidence, détail]* to strike ◆ **j'ai été frappé par leur ressemblance** I was struck by how similar they looked ◆ **on est frappé par la qualité des images** the quality of the pictures is quite striking ◆ **son énergie a frappé tout le monde** everybody was struck by his energy ◆ **ce qui (me) frappe** what strikes me ◆ **ce qui a frappé mon regard/mon oreille** what caught my eye/reached my ears ◆ **rien ne vous a frappé quand vous êtes entré ?** didn't anything strike you as odd when you went in? ◆ **j'ai été frappé d'entendre cela** I was surprised to hear that ◆ **~ l'imagination** to catch *ou* fire the imagination

d *[+ monnaie, médaille]* to strike

e *(= glacer) [+ champagne, vin]* to put on ice, to chill; *[+ café]* to ice

VI to strike (*sur* on; *contre* against); ◆ **~ du poing sur la table** to bang one's fist on the table ◆ **~ sur la table avec une règle** to tap the table with a ruler; *(plus fort)* to bang on the table with a ruler ◆ **~ dans ses mains** to clap one's hands ◆ **~ du pied** to stamp (one's foot) ◆ **~ à la porte** *(lit, fig)* to knock on *ou* at the door ◆ **on a frappé** there was a knock at the door ◆ **frappez avant d'entrer** knock before you go in *ou* enter ◆ **~ à toutes les portes** to try every door ◆ **~ dur** *ou* **fort** *ou* **sec** * to hit hard ◆ **~ fort** *(pour impressionner)* to pull out all the stops; → **entrer**

VPR **se frapper** a ◆ **se ~ la poitrine** to beat one's breast ◆ **se ~ le front** to tap one's forehead

b *(* = se tracasser)* to get (o.s.) worked up, to get (o.s.) into a state *

**frappeur, -euse** /fʀapœʀ, øz/ ADJ ◆ **esprit ~** poltergeist NM,F *[de monnaie]* striker

**frasil** /fʀazi(l)/ NM *(Can)* frazil *(Can)*

**frasque** /fʀask/ NF *(gén pl)* escapade ◆ **faire des ~s** to get up to mischief ◆ **~s de jeunesse** youthful indiscretions

**fraternel, -elle** /fʀatɛʀnɛl/ ADJ brotherly, fraternal ◆ **amour ~** brotherly love ◆ **liens ~s** brotherhood ◆ **tendre une main fraternelle à qn** *(fig)* to hold out the hand of friendship to sb

**fraternellement** /fʀatɛʀnɛlmɑ̃/ ADV in a brotherly way, fraternally

**fraternisation** /fʀatɛʀnizasjɔ̃/ NF fraternization, fraternizing ◆ **élan de ~** surge of brotherly feeling

**fraterniser** /fʀatɛʀnize/ ► conjug 1 ◄ VI *[pays, personnes]* to fraternize (*avec* with)

**fraternité** /fʀatɛʀnite/ NF a *(= amitié)* brotherhood *(NonC)*, fraternity *(NonC)* ◆ **~ d'esprit** kinship *ou* brotherhood of spirit; → **liberté** b *(Rel)* fraternity, brotherhood

**fratricide** /fʀatʀisid/ ADJ fratricidal NMF fratricide NM *(= crime)* fratricide

**fratrie** /fʀatʀi/ NF sibship *(SPÉC)* ◆ **il est le deuxième enfant d'une ~ de huit** he is the second child in a family of eight, he is the second of eight siblings

**fraude** /fʀod/ NF *(gén)* fraud *(NonC)*; *(à un examen)* cheating ◆ **en ~** *[fabriquer, vendre]* fraudulently; *[lire, fumer]* secretly ◆ **passer qch/faire passer qn en ~** to smuggle sth/sb in ◆ **~ électorale** electoral fraud, ballot rigging ◆ **~ fiscale** tax evasion

**frauder** /fʀode/ ► conjug 1 ◄ VT to defraud, to cheat ◆ **~ le fisc** to evade taxation VI *(gén, Scol)* to cheat ◆ **~ sur la quantité/qualité** to cheat over the quantity/quality ◆ **~ sur le poids** to cheat on the weight ◆ **il fraude souvent dans l'autobus** he often takes the bus without paying

**fraudeur, -euse** /fʀodœʀ, øz/ NM,F *(gén)* person guilty of fraud; *(à la douane)* smuggler; *(envers le fisc)* tax evader; *(dans le métro)* fare dodger ◆ **les ~s seront sanctionnés** *(Scol)* cheating *ou* candidates who cheat will be punished ◆ **il est ~** he has a tendency to cheat

**frauduleusement** /fʀodyløzmɑ̃/ ADV fraudulently

**frauduleux, -euse** /fʀodylø, øz/ ADJ *[pratiques, concurrence]* fraudulent ◆ **sans intention frauduleuse de ma part** with no fraudulent intention *ou* no intention of cheating on my part

**frayer** /fʀeje/ ► conjug 8 ◄ VT a *[+ chemin]* to open up, to clear ◆ **~ le passage à qn** to clear the way for sb ◆ **~ la voie à** *(fig)* to pave the way for b *(Vénerie)* to rub; *(Vét)* to gall VPR **se frayer** ◆ **se ~ un passage (dans la foule)** to force *ou* elbow one's way through (the crowd) ◆ **se ~ un chemin dans la jungle** to cut a path through the jungle ◆ **se ~ un chemin vers les honneurs** to work one's way up to fame VI a *[poisson]* to spawn b ◆ **~ avec** *[+ personne]* to mix *ou* associate *ou* rub shoulders with; *[+ jeune fille]* to go out with

**frayeur** /fʀɛjœʀ/ NF fright ◆ **tu m'as fait une de ces ~s !** you gave me a dreadful fright! ◆ **cri/geste de ~** cry/gesture of fear ◆ **se remettre de ses ~s** to recover from one's fright

**fredaine** /fʀədɛn/ NF mischief *(NonC)*, escapade, prank ◆ **faire des ~s** to be up to mischief

**Frédéric** /fʀedeʀik/ NM Frederick ◆ **~ le Grand** Frederick the Great

**fredonnement** /fʀədɔnmɑ̃/ NM humming

**fredonner** /fʀədɔne/ ► conjug 1 ◄ VT to hum ◆ **elle fredonnait dans la cuisine** she was humming (away) (to herself) in the kitchen

**free-lance** (pl **free-lances**) /fʀilɑ̃s/ ADJ INV freelance NMF freelance(r) ◆ **travailler en ~** to work freelance, to do freelance work

**freesia** /fʀezja/ NM freesia

**Freetown** /fʀitaun/ N Freetown

**freezer** /fʀizœʀ/ NM freezing *ou* ice-making compartment, freezer

**frégate** /fʀegat/ **NF** *(Hist, Mil, Naut)* frigate; *(Zool)* frigate bird; → **capitaine**

**frein** /fʀɛ̃/ **NM** **a** *(gén, fig)* brake ◆ **~ avant/arrière** front/rear brake ◆ **mets le ~** put the brake on ◆ **mettre un ~ à** *[+ inflation, colère, ambitions]* to put a brake on, to curb, to check ◆ **c'est un ~ à l'expansion** it acts as a brake on expansion ◆ **sans ~** *[imagination, curiosité]* unbridled, unchecked; → **bloquer, ronger**

◆ **coup de frein** *(lit)* brake; *(fig)* brake, curb ◆ **"coup de frein sur les salaires"** *(titre de presse)* "pay curb" ◆ **donner un coup de ~** to brake ◆ **donner un coup de ~ à** *[+ dépenses, inflation]* to put a brake on, to curb, to check; *[+ importations]* to stem

**b** *(Anat)* fraenum *(Brit)*, frenum *(US)*

**c** *[de cheval]* bit

**COMP** ▷ **frein aérodynamique**, **frein à air comprimé** air brake ▷ **frein à disques** disc brake ▷ **frein à mâchoire** ⇒ **frein à tambour** ▷ **frein à main** handbrake ▷ **frein moteur** engine braking ◆ **"utilisez votre frein moteur"** "engage low gear" ▷ **frein à pied** footbrake ▷ **frein à tambour** drum brake

**freinage** /fʀenaʒ/ **NM** *(Aut)* braking; *[d'expansion, dépenses, inflation]* curbing ◆ **dispositif de ~** braking system ◆ **traces de ~** tyre marks *(caused by braking)* ◆ **un bon ~** good braking

**freiner** /fʀene/ ▸ conjug 1 ◂ **VT** *[+ véhicule]* to pull up, to slow down; *[+ progression, coureur]* to slow down, to hold up; *[+ progrès, évolution]* to put a brake on, to check; *[+ expansion, dépenses, inflation]* to put a brake on, to curb, to check; *[+ importations]* to stem; *[+ chômage]* to curb, to check; *[+ enthousiasme, joie]* to check, to put a damper on ◆ **il faut que je me freine** I have to cut down (*dans* on) **VI** *(Aut)* to brake; *(à ski, en patins)* to slow down ◆ **~ à bloc** *ou* **à mort** * to jam *ou* slam on the brakes ◆ **~ des quatre fers** *(lit, fig)* to jam *ou* slam on the brakes

**frelaté, e** /fʀəlate/ (ptp de **frelater**) **ADJ** **a** *[aliment, huile, vin, drogue]* adulterated **b** *(péj = malsain) [+ atmosphère]* false; *[mode de vie]* degenerate ◆ **un milieu ~** a dubious *ou* slightly corrupt milieu

**frelater** /fʀəlate/ ▸ conjug 1 ◂ **VT** *[+ vin, aliment]* to adulterate

**frêle** /fʀɛl/ **ADJ** *[tige, charpente]* flimsy, frail, fragile; *[personne, corps]* frail, fragile; *[voix]* thin, frail ◆ **de ~s espérances** *(littér)* frail *ou* flimsy hopes

**frelon** /fʀəlɔ̃/ **NM** hornet

**freluquet** /fʀəlykɛ/ **NM** *(péj)* whippersnapper

**frémir** /fʀemiʀ/ ▸ conjug 2 ◂ **VI** **a** *(de peur)* to quake, to tremble, to shudder; *(d'horreur)* to shudder, to shiver; *(de fièvre, froid)* to shiver; *(de colère)* to shake, to tremble, to quiver; *(d'impatience, de plaisir, d'espoir)* to quiver, to tremble (*de* with); ◆ **ça me fait ~** it makes me shudder ◆ **il frémit de tout son être** his whole being quivered *ou* trembled ◆ **histoire à vous faire ~** spine-chilling tale **b** *[lèvres, feuillage]* to tremble, to quiver; *[narine, aile, corde]* to quiver; *[eau chaude]* to simmer

**frémissant, e** /fʀemisɑ̃, ɑ̃t/ **ADJ** *(de peur)* quaking, trembling, shuddering; *(d'horreur)* shuddering, shivering; *(de fièvre, froid)* shivering; *(de colère)* shaking, trembling, quivering; *(d'impatience, de plaisir, d'espoir)* quivering, trembling ◆ **une voix ~e de colère** a voice shaking *ou* trembling *ou* quivering with anger ◆ **eau ~e** simmering water ◆ **sensibilité ~e** quivering sensitivity ◆ **naseaux ~s** quivering *ou* flaring nostrils

**frémissement** /fʀemismɑ̃/ **NM** **a** *[de corps]* trembling; *[de lèvres, narines]* quivering, trembling; *(de fièvre, de froid)* shivering; *(de peur, de colère, d'impatience, de plaisir, d'espoir)* trembling ◆ **un long ~ parcourut son corps** a shiver ran the length of his body ◆ **un ~ parcourut la salle** a quiver ran through the room **b** *[de feuillage]* trembling *(NonC)*, quivering *(NonC)*; *[d'aile, corde]* quivering *(NonC)*; *[d'eau chaude]* simmering *(NonC)* **c** *(= reprise)* **un ~ de l'économie** signs of economic recovery ◆ **des ~s dans l'opinion publique** signs of renewed public interest ◆ **il y a eu un ~ des valeurs françaises** French securities perked up a little

**french cancan** /fʀɛnʃkɑ̃kɑ̃/ **NM** (French) cancan

**frêne** /fʀɛn/ **NM** *(= arbre)* ash (tree); *(= bois)* ash

**frénésie** /fʀenezi/ **NF** frenzy ◆ **avec ~** *[travailler, applaudir]* frenetically, furiously

**frénétique** /fʀenetik/ **ADJ** *[applaudissements, rythme]* frenzied, frenetic; *[passion]* frenzied, wild; *[activité]* frantic

**frénétiquement** /fʀenetikmɑ̃/ **ADV** *[travailler, applaudir]* frenetically, furiously

**Fréon** ® /fʀeɔ̃/ **NM** Freon ®

**fréquemment** /fʀekamɑ̃/ **ADV** frequently, often

**fréquence** /fʀekɑ̃s/ **NF** **a** *(gén)* frequency ◆ **la ~ des accidents a diminué** accidents have become less frequent ◆ **~ cardiaque** *(Méd)* heart rate ◆ **~ d'achat** purchase rate **b** *(Phys, Élec)* frequency ◆ **haute/basse ~** high/low frequency ◆ **~ radio** radio frequency *ou* band ◆ **~ sonore** sound frequency ◆ **~ d'horloge** *(Ordin)* clock rate; → **modulation**

**fréquent, e** /fʀekɑ̃, ɑ̃t/ **ADJ** frequent ◆ **c'est le cas le plus ~** this is more often the case ◆ **il est ~ de voir ...** it is not uncommon to see ... ◆ **il est peu ~ qu'un président tienne ce discours** a president rarely makes such statements ◆ **ça arrive, mais ce n'est pas très ~** it does happen, but not very often

**fréquentable** /fʀekɑ̃tabl/ **ADJ** ◆ **sont-ils ~s ?** are they the sort of people one can associate with?

**fréquentatif, -ive** /fʀekɑ̃tatif, iv/ **ADJ** frequentative

**fréquentation** /fʀekɑ̃tasjɔ̃/ **NF** **a** *(= action)* **la ~ des églises/écoles** church/school attendance ◆ **la ~ des salles de cinéma augmente** the number of people going to the cinema is rising, more and more people are going to the cinema ◆ **la ~ de ces gens** associating *ou* frequent contact with these people ◆ **la ~ des auteurs classiques** acquaintance with classical authors **b** *(gén pl = relation)* company *(NonC)*, associate ◆ **~s douteuses** dubious company *ou* associates ◆ **il a de mauvaises ~s** he's mixing with the wrong kind *ou* sort of people, he's in with a bad crowd ◆ **ce n'est pas une ~ pour toi** you shouldn't go around with people like that

**fréquenté, e** /fʀekɑ̃te/ (ptp de **fréquenter**) **ADJ** *[lieu, établissement]* busy ◆ **très ~** very busy ◆ **c'est un établissement bien/mal ~** the right/wrong kind of people go there ◆ **l'endroit est moins ~ qu'avant** not as many people go there now

**fréquenter** /fʀekɑ̃te/ ▸ conjug 1 ◂ **VT** **a** *[+ lieu]* to go to, to frequent *(frm)* ◆ **je fréquente peu les musées** I don't go to museums very often ◆ **il fréquente plus les cafés que les cours** he's in cafés more often than at lectures **b** *[+ voisins]* to do things with; *(littér) [+ auteurs classiques]* to keep company with ◆ **~ la bonne société** to move in fashionable circles ◆ **il les fréquente peu** he doesn't see them very often ◆ **il fréquentait assidûment les milieux de l'art** he spent a lot of time with people from the art world **c** († = *courtiser)* to go around with **VPR** **se fréquenter** ◆ **nous nous fréquentons beaucoup** we see quite a lot of each other, we see each other quite often *ou* frequently ◆ **ces jeunes gens se fréquentent depuis un an** † those young people have been going around together for a year now

**frère** /fʀɛʀ/ **NM** **a** *(gén, fig)* brother ◆ **partager en ~s** to share like brothers ◆ **alors, vieux ~ !** * well, old pal! * *ou* mate! * *(Brit)* *ou* buddy! * *(US)* ◆ **j'ai trouvé le ~ de ce vase** * I found a vase to match this one ◆ **~s d'armes** brothers in arms ◆ **partis/peuples ~s** sister parties/countries ◆ **~s de sang** blood-brothers ◆ **ils sont devenus (des) ~s ennemis** they've become rivals ◆ **Dupont & Frères** *(entreprise)* Dupont & Bros; → **faux**[2]

**b** *(Rel)* *(gén)* brother; *(= moine)* brother, friar ◆ **les hommes sont tous ~s** all men are brothers ◆ **mes (bien chers) ~s** *(Rel)* (dearly beloved) brethren ◆ **~ lai** lay brother ◆ **~ mendiant** mendicant friar ◆ **~ Antoine** Brother Antoine, Friar Antoine ◆ **les ~s maçons** *ou* **trois-points** * the Freemasons ◆ **on l'a mis en pension chez les ~s** he has been sent to a Catholic boarding school

**frérot** * /fʀeʀo/ **NM** kid brother *, little brother ◆ **salut ~ !** hello little brother!

**fresque** /fʀɛsk/ **NF** *(Art)* fresco; *(Littérat)* portrait; *(= description)* panorama ◆ **peindre à ~** to paint in fresco ◆ **ce film est une ~ historique** the film is a sweeping historical epic

**fresquiste** /fʀɛskist/ **NMF** fresco painter

**fret** /fʀɛ(t)/ **NM** *(= prix) (Aviat, Naut)* freight(age); *(Aut)* carriage; *(= cargaison) (Aviat, Naut)* freight, cargo; *(Aut)* load ◆ **~ d'aller** outward freight ◆ **~ de retour** inward *ou* home *ou* return freight ◆ **~ aérien** air freight ◆ **prendre à ~** to charter

**fréter** /fʀete/ ▸ conjug 6 ◂ **VT** *(gén = prendre à fret)* to charter; *(Naut = donner à fret)* to freight

**fréteur** /fʀetœʀ/ **NM** *(Naut)* owner ◆ **~ et affréteur** owner and charterer

**frétillant, e** /fʀetijɑ̃, ɑ̃t/ **ADJ** *[poisson]* wriggling; *[personne]* lively ◆ **~ d'impatience** fidgeting *ou* quivering with impatience

**frétillement** /fʀetijmɑ̃/ **NM** *[de poisson]* wriggling *(NonC)* ◆ **~ d'impatience** quiver of impatience

**frétiller** /fʀetije/ ▸ conjug 1 ◂ **VI** *[poisson]* to wriggle; *[personne]* to wriggle, to fidget ◆ **le chien frétillait de la queue** the dog was wagging its tail ◆ **~ d'impatience** to fidget *ou* quiver with impatience ◆ **~ de joie** to be quivering *ou* quiver with joy ◆ **elle frétille de l'arrière-train** *(hum, péj)* she's wiggling her bottom *(hum)*

**fretin** /fʀətɛ̃/ **NM** *(= poissons)* fry; *(= personnes, choses négligeables)* small fry; → **menu**[2]

**freudien, -ienne** /fʀødjɛ̃, jɛn/ **ADJ, NM,F** Freudian

**freudisme** /fʀødism/ **NM** Freudianism

**freux** /fʀø/ **NM** *(Orn)* rook

**friabilité** /fʀijabilite/ **NF** *[de roche, sol]* crumbly nature, flakiness, friability *(SPÉC)*

**friable** /fʀijabl/ **ADJ** *[roche, sol]* crumbly, flaky, friable *(SPÉC)*; *(Culin) [pâte]* crumbly

**friand, e** /fʀijɑ̃, ɑ̃d/ **ADJ** ◆ **~ de** *[+ lait, miel, bonbons]* partial to, fond of; *[+ compliments]* fond of **NM** *(= pâté)* (minced) meat pie ≃ sausage roll *(Brit)*; *(sucré)* small almond cake ◆ **~ au fromage** cheese puff

**friandise** /fʀijɑ̃diz/ **NF** titbit, delicacy, sweetmeat † ◆ **~s** *(= bonbons)* sweets *(Brit)*, candy *(NonC)* *(US)*

**fric** * /fʀik/ NM (= argent) money, cash * ◆ **il a du ~** he's loaded * ◆ **elle se fait beaucoup de ~** she makes a packet * ◆ **je n'ai plus de ~** (temporairement) I'm out of cash *; (définitivement) I'm broke *

**fricandeau** (pl **fricandeaux**) /fʀikɑ̃do/ NM fricandeau

**fricassée** /fʀikase/ NF fricassee ◆ **~ de poulet** chicken fricassee ◆ **faire cuire en ~** to fricassee

**fricasser** /fʀikase/ ▸ conjug 1 ◂ VT to fricassee

**fricative** /fʀikativ/ ADJ F, NF fricative

**fric-frac** † * (pl **fric-frac(s)**) /fʀikfʀak/ NM break-in

**friche** /fʀiʃ/ NF fallow land (NonC) ◆ **en ~** (lit) (lying) fallow ◆ **être en ~** (Agr) to lie fallow; [talent, intelligence] to go to waste; [économie, pays] to be neglected ◆ **laisser qch en ~** (Agr) to let sth lie fallow; [talent, intelligence] to let sth go to waste; [économie, pays] to neglect ◆ **le projet est resté en ~ pendant 5 ans** the project has been shelved ou has been on ice for 5 years ◆ **~ industrielle** industrial wasteland

**frichti** * /fʀiʃti/, **fricot** † * /fʀiko/ NM food, grub * (NonC) ◆ **préparer son ~** to do the cooking

**fricoter** * /fʀikɔte/ ▸ conjug 1 ◂ VT (lit, fig) to cook up * ◆ **qu'est-ce qu'il fricote ?** what's he cooking up? *, what's he up to? * VI (= trafiquer) to get involved in some shady business ◆ **~ avec qn** (= s'associer) to have dealings with sb; (= avoir une liaison) to sleep with sb

**friction** /fʀiksjɔ̃/ NF a (Phys, Tech, Ling) friction; (= massage) rub, rubdown; (chez le coiffeur) scalp massage ◆ **voiture à ~** (Jeux) friction car b (= conflit) friction ◆ **point de ~** (lit, fig) point of friction ◆ **les taux d'intérêt, éternel point de ~ entre ces deux pays** interest rates, an eternal bone of contention between the two countries

**frictionnel, -elle** /fʀiksjɔnɛl/ ADJ frictional ◆ **chômage ~** frictional unemployment

**frictionner** /fʀiksjɔne/ ▸ conjug 1 ◂ VT to rub ◆ **se ~ après un bain** to rub o.s. down after a bath

**frigidaire** ® /fʀiʒidɛʀ/ NM refrigerator, fridge

**frigide** /fʀiʒid/ ADJ frigid

**frigidité** /fʀiʒidite/ NF frigidity

**frigo** * /fʀigo/ NM fridge, refrigerator

**frigorifier** /fʀigɔʀifje/ ▸ conjug 7 ◂ VT (lit) to refrigerate ◆ **être frigorifié** * (= avoir froid) to be frozen stiff

**frigorifique** /fʀigɔʀifik/ ADJ [mélange] refrigerating (épith); [camion, wagon] refrigerator (épith); → **armoire**

**frigoriste** /fʀigɔʀist/ NMF refrigeration engineer

**frileusement** /fʀiløzmɑ̃/ ADV ◆ **~ serrés l'un contre l'autre** huddled close together to keep warm ou against the cold ◆ **~ enfouis sous les couvertures** huddled under the blankets to keep warm

**frileux, -euse** /fʀilø, øz/ ADJ a [personne] sensitive to (the) cold; [geste, posture] shivery ◆ **il est très ~** he feels the cold easily, he is very sensitive to (the) cold ◆ **elle se couvrit de son châle d'un geste ~** with a shiver she pulled her shawl around her b (= trop prudent) [boursier] overcautious; [marché] nervous

**frilosité** /fʀilozite/ NF a [de personne] sensitivity to the cold b [de boursier] overcautiousness; [de marché] nervousness

**frimaire** /fʀimɛʀ/ NM Frimaire (third month in the French Republican calendar)

**frimas** /fʀimɑ/ NMPL (littér) wintry weather

**frime** * /fʀim/ NF ◆ **c'est de la ~** it's all put on * ◆ **c'est pour la ~** it's all ou just for show ◆ **taper la ~** to show off

**frimer** * /fʀime/ ▸ conjug 1 ◂ VI to show off *

**frimeur, -euse** * /fʀimœʀ, øz/ NM,F show-off * ◆ **il est très ~** he's a real show-off *

**frimousse** /fʀimus/ NF (sweet) little face

**fringale** * /fʀɛ̃gal/ NF (= faim) raging hunger ◆ **une ~ de** (= désir) a craving for ◆ **j'ai la ~** I'm ravenous * ou famished * ou starving *

**fringant, e** /fʀɛ̃gɑ̃, ɑ̃t/ ADJ [cheval] frisky, high-spirited; [personne, allure] dashing

**fringue** * /fʀɛ̃g/ NF garment ◆ **je me suis acheté une ~** I bought myself something to wear ◆ **des ~s** clothes, togs *, threads * (US) ◆ **elle a toujours de belles ~s** she always has such great clothes * ou such fantastic gear *

**fringué, e** * /fʀɛ̃ge/ (ptp de (**se**) **fringuer**) ADJ dressed, done up * ◆ **bien/mal ~** well-/badly-dressed ◆ **vise un peu comme elle est ~e !** look what she's got on!, look what she's done up in! *

**fringuer** * /fʀɛ̃ge/ ▸ conjug 1 ◂ VPR **se fringuer** (= s'habiller) to get dressed; (= s'habiller élégamment) to doll (o.s.) up *, to do o.s. up * ◆ **il ne sait pas se ~** he's got no dress sense VT to dress

**fripe** * /fʀip/ NF ◆ **la ~** (= commerce) the clothing trade, the rag trade * (Brit); (d'occasion) the secondhand clothes business NFPL **fripes** (= vêtements) clothes; (d'occasion) secondhand clothes

**friper** /fʀipe/ ▸ conjug 1 ◂ VT to crumple (up), to crush ◆ **ça se fripe facilement** it crumples ou crushes easily ◆ **des habits tout fripés** badly crumpled ou rumpled clothes ◆ **visage tout fripé** crumpled face

**friperie** /fʀipʀi/ NF (= boutique) secondhand clothes shop (Brit) ou store (US)

**fripier, -ière** /fʀipje, jɛʀ/ NM,F secondhand clothes dealer

**fripon, -onne** /fʀipɔ̃, ɔn/ ADJ [air, allure, yeux] mischievous, cheeky (Brit); [nez] saucy, pert NM,F († = gredin) knave †, rascally fellow †; (* : nuance affectueuse) rascal, rogue ◆ **petit ~ !** you little rascal!

**friponnerie** /fʀipɔnʀi/ NF (= acte) mischief (NonC), prank ◆ **les ~s de ce gamin** the mischief this little imp gets up to

**fripouille** /fʀipuj/ NF (péj) rogue, scoundrel ◆ **petite ~ !** * (nuance affectueuse) you little devil! *

**fripouillerie** /fʀipujʀi/ NF roguishness

**friqué, e** ⁑ /fʀike/ ADJ loaded *, filthy rich * ◆ **je ne suis pas très ~ en ce moment** I'm not exactly loaded * at the moment, I'm a bit hard-up * at the moment

**frire** /fʀiʀ/ VT (Culin) to fry; (en friteuse) to deep-fry; → **pâte, poêle**[1] VI ◆ **(faire) ~** to fry; (en friteuse) to deep-fry ◆ **on frit sur la plage** * it's baking (hot) * on the beach

**frisbee** ® /fʀizbi/ NM Frisbee ®

**frise** /fʀiz/ NF (Archit, Art) frieze; (Théât) border; → **cheval**

**frisé, e** /fʀize/ (ptp de **friser**) ADJ [cheveux] (very) curly; [personne, animal] curly-haired ◆ **il est tout ~** he has very curly hair ◆ **~ comme un mouton** curly-headed ou -haired, frizzy-haired; → **chou**[1] NM (⁑ injurieux = Allemand) Fritz ⁑ (injurieux), Jerry ⁑ (injurieux) NF **frisée** (= chicorée) curly endive

**friser** /fʀize/ ▸ conjug 1 ◂ VT a [+ cheveux] to curl; [+ moustache] to twirl ◆ **~ qn** to curl sb's hair; → **fer** b (= frôler) [+ surface] to graze, to skim; [+ catastrophe, mort] to be within a hair's breadth of, to be within an ace of; [+ insolence, ridicule] to border on, to verge on ◆ **~ la soixantaine** to be getting on for sixty, to be close to sixty VI [cheveux] to curl, to be curly; [personne] to have curly hair ◆ **faire ~ ses cheveux** to make one's hair go curly; (chez le coiffeur) to have one's hair curled VPR **se friser** to curl one's hair ◆ **se faire ~** (par un coiffeur) to have one's hair curled

**frisette** /fʀizɛt/ NF a (= cheveux) little curl, little ringlet b (= lambris) panel ◆ **~ de pin** pine panel

**frison**[1] /fʀizɔ̃/ NM a (= mèche) little curl ou ringlet (around face or neck) b (= copeaux) **~s** wood shavings (used for packing)

**frison**[2], **-onne** /fʀizɔ̃, ɔn/ ADJ Frisian, Friesian NM (Ling) Frisian, Friesian NM,F **Frison(ne)** Frisian, Friesian NF **frisonne** ◆ **(vache) frisonne** Frisian, Friesian (cow)

**frisottant, e** /fʀizɔtɑ̃, ɑ̃t/ ADJ frizzy, tightly curled

**frisotter** /fʀizɔte/ ▸ conjug 1 ◂ VT to crimp, to frizz VI to frizz ◆ **ses cheveux frisottent quand il pleut** his hair goes all frizzy when it rains

**frisottis** /fʀizɔti/ NM little curl, little ringlet

**frisquet, -ette** * /fʀiskɛ, ɛt/ ADJ [vent] chilly ◆ **il fait ~** it's chilly, there's a chill ou nip in the air

**frisson** /fʀisɔ̃/ NM [de froid, fièvre] shiver; [de répulsion, peur] shudder, shiver; [de volupté] thrill, shiver, quiver ◆ **elle fut prise ou saisie d'un ~** a sudden shiver ran through her ◆ **la fièvre me donne des ~s** this fever is making me shiver ou is giving me the shivers * ◆ **ça me donne le ~** it gives me the creeps * ou the shivers *, it makes me shudder ◆ **le ~ des herbes sous le vent** the quivering of the grass in the wind ◆ **ça a été le grand ~** (hum) (gén) it was a real thrill *; (sexuel) the earth moved

**frissonnement** /fʀisɔnmɑ̃/ NM a (de peur) quaking, trembling, shuddering; (d'horreur) shuddering, shivering; (de fièvre, de froid) shivering; (de volupté, de désir) quivering, trembling ◆ **un long ~ parcourut son corps** a shiver ran the length of his body b [de feuillage] quivering, trembling, rustling; [de lac] rippling

**frissonner** /fʀisɔne/ ▸ conjug 1 ◂ VI a (de peur) to quake, to tremble, to shudder; (d'horreur) to shudder, to shiver; (de fièvre, froid) to shiver; (de volupté, désir) to quiver, to tremble (de with); ◆ **le vent le fit ~** the wind made him shiver b [feuillage] to quiver, to tremble, to rustle; [lac] to ripple

**frit, e**[1] /fʀi, fʀit/ (ptp de **frire**) ADJ (Culin) fried ◆ **ils sont ~s** ⁑ (= fichu, perdu) they've had it *, their goose is cooked *, their number's up *

**frite**[2] /fʀit/ NF a (Culin : gén pl) **(pommes) ~s** French fries, chips (Brit), fries (surtout US) b (⁑ = forme) **avoir la ~** to be feeling great *, to be full of beans * (Brit) ◆ **en ce moment, elle n'a pas la ~** she's a bit down * at the moment ◆ **ça va te donner la ~** that'll perk you up ou put the wind back in your sails * c (* = tape) **faire une ~ à qn** to slap sb on the bottom

**friter (se)** ⁑ /fʀite/ ▸ conjug 1 ◂ VPR [personnes] (= se disputer) to have a row; (= se battre) to have a set-to * ou scrap * ◆ **il adore provoquer et se ~** he loves provoking people and getting into scraps *

**friterie** /fʀitʀi/ NF (= boutique) ≈ chip shop (Brit), hamburger stand (US)

**friteuse** /fʀitøz/ NF deep fryer, chip pan (Brit) ◆ ~ **électrique** electric fryer

**fritillaire** /fʀitilɛʀ/ ADJ fritillary

**fritons** /fʀitɔ̃/ NMPL pork (ou goose) scratchings

**friture** /fʀityʀ/ NF a (Culin) (= méthode) frying; (= graisse) (deep) fat (for frying); (= poisson, mets) fried fish (NonC ou pl) ◆ **(petite)** ~ small fish ◆ ~ **de goujons** (dish of) fried gudgeon b * (Radio) crackle, crackling (NonC) ◆ **il y a de la ~ sur la ligne** (Téléc) there's interference on the line, the line is a bit crackly

**fritz** ‡ /fʀits/ NM INV (injurieux = Allemand) Fritz ‡ (injurieux), Jerry ‡ (injurieux)

**frivole** /fʀivɔl/ ADJ [personne] frivolous; [occupation, argument] frivolous, trivial

**frivolement** /fʀivɔlmɑ̃/ ADV frivolously

**frivolité** /fʀivɔlite/ NF a [de personne] frivolity, frivolousness; [d'occupation, argument] frivolousness, triviality b ◆ ~**s** († = articles) fancy goods

**froc** /fʀɔk/ NM a (Rel) frock, habit ◆ **porter le** ~ to be a monk, to wear the habit of a monk ◆ **jeter le ~ aux orties** to leave the priesthood b (* = pantalon) (pair of) trousers, (pair of) pants (US) c (*: loc) **faire dans son** ~ to be shitting *✱ ou wetting ‡ o.s. ◆ **baisser son** ~ to take it lying down * ◆ **ils baissent leur ~ devant le chef** they just lie down and take it from the boss *

**froid, e** /fʀwa, fʀwad/ ADJ [personne, repas, décor, couleur, moteur] cold; [manières, accueil] cold, chilly; [détermination, calcul] cold, cool ◆ **colère ~e** cold ou controlled anger ◆ **il fait assez** ~ it's rather cold ◆ **d'un ton** ~ coldly ◆ **ça me laisse** ~ it leaves me cold ◆ **garder la tête ~e** to keep cool, to keep a cool head ◆ ~ **comme le marbre** as cold as marble ◆ **à table ! ça va être** ~ come and get it! it's getting cold; → **battre, sueur** etc

NM a ◆ **le** ~ (gén) the cold; (= industrie) refrigeration ◆ **j'ai** ~ I'm cold ◆ **j'ai ~ aux pieds** my feet are cold ◆ **il fait ~/un ~ de canard** * ou **de loup** * it's cold/freezing cold ou perishing * ◆ **ça me donne** ~ it makes me (feel) cold ◆ **ça me fait ~ dans le dos** (lit) it gives me a cold back, it makes my back cold; (fig) it sends shivers down my spine ◆ **prendre** ou **attraper (un coup de)** ~ to catch cold ou a chill ◆ **vague** ou **coup de** ~ cold spell ◆ **les grands ~s** the cold of winter ◆ **n'avoir pas ~ aux yeux** [homme d'affaires, aventurier] to be venturesome ou adventurous; [enfant] to have plenty of pluck; → **craindre, jeter, mourir**

◆ **à froid** ◆ **laminer à** ~ to cold-roll ◆ **souder à** ~ to cold-weld ◆ **"laver à froid", "lavage à froid"** "wash in cold water" ◆ **démarrer à** ~ to start (from) cold ◆ **démarrage à** ~ cold start ou starting (US) ◆ **opérer à** ~ (Méd) to perform cold surgery; (fig) to let things cool down before acting ◆ **parler à ~ de qch** (fig) to speak coldly ou coolly of sth ◆ **prendre** ou **cueillir qn à** ~ * (fig) to catch sb unawares ou off guard

b (= brouille) coolness (NonC) ◆ **malgré le ~ qu'il y avait entre eux** despite the coolness that existed between them ◆ **nous sommes en** ~ things are a bit strained between us

**froidement** /fʀwadmɑ̃/ ADV [accueillir, remercier] coldly, coolly; [calculer, réfléchir] coolly; [tuer] cold-bloodedly, in cold blood ◆ **il me reçut** ~ I got a cold ou chilly reception (from him), he greeted me coldly ◆ **meurtre accompli** ~ cold-blooded murder ◆ **comment vas-tu ? – ~ !** (hum) how are you? – cold!

**froideur** /fʀwadœʀ/ NF [de personne, sentiments] coldness; [de manières, accueil] coldness, chilliness ◆ **recevoir qn avec** ~ to give sb a cold ou chilly ou cool reception, to greet sb coldly ◆ **contempler qch avec** ~ to contemplate sth coldly ou coolly ◆ **la ~ de son cœur** (littér) her coldness of heart

**froidure** † /fʀwadyʀ/ NF cold

**froissement** /fʀwasmɑ̃/ NM a [de tissu] crumpling, creasing b (= bruit) rustle, rustling (NonC) ◆ **des ~s soyeux** the sound of rustling silk c (Méd) ~ **(d'un muscle)** (muscular) strain d (littér = vexation) ~ **(d'amour-propre)** blow to sb's pride

**froisser** /fʀwase/ ▸ conjug 1 ◂ VT a [+ tissu] to crumple, to crease; [+ habit] to crumple, to rumple, to crease; [+ papier] to screw up, to crumple; [+ herbe] to crush ◆ **il froissa la lettre et la jeta** he screwed up the letter and threw it away b [+ personne] to hurt, to offend ◆ **ça l'a froissé dans son orgueil** that wounded ou hurt his pride VPR **se froisser** [tissu] to crease, to crumple; [personne] to take offence, to take umbrage (de at); ◆ **se ~ un muscle** (Méd) to strain a muscle

**frôlement** /fʀolmɑ̃/ NM (= contact) light touch, light contact (NonC); (= bruit) rustle, rustling (NonC) ◆ **le ~ des corps dans l'obscurité** the light contact of bodies brushing against each other in the darkness

**frôler** /fʀole/ ▸ conjug 1 ◂ VT a (= toucher) to brush against; (= passer près de) to skim ◆ **le projectile le frôla** the projectile skimmed past him ◆ **l'automobiliste frôla le réverbère** the driver just missed the lamppost ◆ **le dollar a frôlé la barre des 1,5 €** the dollar came very close to the 1.5 euro mark ◆ ~ **la mort/la catastrophe** to come within a hair's breadth ou an ace of death/a catastrophe ◆ ~ **la victoire** to come close to victory ◆ **le thermomètre a frôlé les 40 degrés** temperatures were in the upper 30's b (= confiner à) to verge ou border on ◆ **ça frôle l'indécence** it verges on the indecent VPR **se frôler** [personnes] to brush against one another ◆ **les deux voitures se sont frôlées** the two cars just missed each other

**fromage** /fʀɔmaʒ/ NM cheese ◆ **biscuit/omelette/soufflé au** ~ cheese biscuit/omelette/soufflé ◆ **nouilles au** ~ pasta with cheese ◆ **il en a fait tout un** ~ * he made a great song and dance ou a big fuss about it; → **cloche, plateau, poire** COMP ▷ **fromage blanc** fromage blanc ▷ **fromage de chèvre** goat's milk cheese ▷ **fromage à la crème** cream cheese ▷ **fromage fermenté** fermented cheese ▷ **fromage fondu** cheese spread ▷ **fromage frais** fromage frais ▷ **fromage gras** full-fat cheese ▷ **fromage maigre** low-fat cheese ▷ **fromage à pâte cuite** cooked cheese ▷ **fromage à pâte dure** hard cheese ▷ **fromage à pâte molle** soft cheese ▷ **fromage à pâte persillée** veined cheese ▷ **fromage râpé** grated cheese ▷ **fromage à tartiner** cheese spread ▷ **fromage de tête** pork brawn, headcheese (US)

**fromager, -ère** /fʀɔmaʒe, ɛʀ/ ADJ [industrie, commerce, production] cheese (épith) ◆ **association fromagère** cheese producers' association NM a (= fabricant) cheese maker; (= marchand) cheese seller b (Bot) kapok tree

**fromagerie** /fʀɔmaʒʀi/ NF cheese dairy

**froment** /fʀɔmɑ̃/ NM wheat

**from(e)ton** ‡ /fʀɔmtɔ̃/ NM cheese

**fronce** /fʀɔ̃s/ NF gather ◆ ~**s** gathers, gathering (NonC) ◆ **faire des ~s à une jupe** to gather a skirt ◆ **ça fait des ~s** it's all puckered

**froncement** /fʀɔ̃smɑ̃/ NM ◆ ~ **de sourcils** frown

**froncer** /fʀɔ̃se/ ▸ conjug 3 ◂ VT (Couture) to gather ◆ ~ **les sourcils** to frown, to knit one's brows

**frondaison** /fʀɔ̃dɛzɔ̃/ NF (= feuillage) foliage (NonC)

**fronde[1]** /fʀɔ̃d/ NF (= arme) sling; (= jouet) catapult (Brit), slingshot (US)

**fronde[2]** /fʀɔ̃d/ NF (= révolte) revolt ◆ **esprit/vent de** ~ spirit/wind of revolt ou insurrection ◆ **la Fronde** (Hist) the Fronde

**fronde[3]** /fʀɔ̃d/ NF (Bot) frond

**fronder** /fʀɔ̃de/ ▸ conjug 1 ◂ VT (= railler) to lampoon, to satirize

**frondeur, -euse** /fʀɔ̃dœʀ, øz/ ADJ [tempérament] rebellious ◆ **les esprits ~s** rebellious spirits NM,F (Pol) rebel

**front** /fʀɔ̃/ NM a (Anat) forehead, brow; (littér) [de bâtiment] façade, front ◆ **il peut marcher le ~ haut** he can hold his head (up) high ◆ **la honte sur son** ~ (littér) the shame on his brow (littér) ou face; → **courber, frapper**

b (Mét, Mil, Pol) front ◆ **aller** ou **monter au** ~ to go to the front, to go into action ◆ **tué au** ~ killed in action ◆ **le ~ ennemi** the enemy front ◆ **le Front islamique de** ou **du Salut** the Islamic Salvation Front ◆ **le Front populaire** the Popular Front ◆ **le Front national** the National Front ◆ **le Front de libération nationale de la Corse** the Corsican liberation front ◆ **le ~ du refus** (fig) organized resistance

c (Min) ~ **(de taille)** (gén) face; [de houillère] coalface

d (loc) **avoir le ~ de faire qch** (littér) to have the effrontery ou front to do sth

◆ **de front** ◆ **attaque de** ~ frontal attack ◆ **choc de** ~ head-on crash ◆ **attaquer qn de** ~ (lit, fig) to attack sb head-on ◆ **se heurter de** ~ (lit) to collide head-on; (fig) to clash head-on ◆ **marcher (à) trois de** ~ to walk three abreast ◆ **mener plusieurs tâches de** ~ to have several tasks in hand ou on the go (at one time) ◆ **aborder de ~ un problème** to tackle a problem head-on

◆ **faire front** ◆ **il va falloir faire** ~ you'll (ou we'll etc) have to face up to it ou to things ◆ **faire ~ à l'ennemi/aux difficultés** to face up ou stand up to the enemy/difficulties ◆ **faire ~ commun contre qn/qch** to join forces against sb/sth, to take a united stand against sb/sth

COMP ▷ **front de mer** (sea) front

**frontal, e** (mpl **-aux**) /fʀɔ̃tal, o/ ADJ [collision, concurrence] head-on; [attaque] frontal, head-on; (Anat, Géom) frontal ◆ **lave-linge à chargement** ~ front-loader, front-loading washing machine ◆ **choc** ~ (lit) head-on crash ou collision; (fig) head-on clash NM ◆ **(os)** ~ frontal (bone)

**frontalier, -ière** /fʀɔ̃talje, jɛʀ/ ADJ [ville, zone] border (épith), frontier (épith) ◆ **travailleurs ~s** people who cross the border every day to work NM,F inhabitant of the border ou frontier zone

**frontière** /fʀɔ̃tjɛʀ/ NF (Géog, Pol) border, frontier ◆ **à l'intérieur et au-delà de nos ~s** at home and abroad ◆ ~ **naturelle/linguistique** natural/linguistic boundary ◆ **faire reculer les ~s du savoir/d'une science** to push back the frontiers ou boundaries of knowledge/of a science ◆ **à la ~ du rêve et de la réalité** on the dividing line between dream and reality; → **incident** ADJ INV ◆ **ville/zone** ~ frontier ou border town/zone; → **garde[1], poste[2]**

**frontispice** /fʀɔ̃tispis/ NM frontispiece

**frontiste** /fʀɔ̃tist/ *(Pol)* ADJ *(= du Front National)* National Front NMF National Front supporter

**fronton** /fʀɔ̃tɔ̃/ NM *(Archit)* pediment; *(à la pelote basque)* (front) wall

**frottement** /fʀɔtmɑ̃/ NM *(= action)* rubbing; *(= bruit)* rubbing *(NonC)*, rubbing noise, scraping *(NonC)*, scraping noise; *(Tech = friction)* friction ◆ **il y a des ~s entre eux** *(= désaccord)* there's friction between them

**frotter** /fʀɔte/ ▸ conjug 1 ◂ VT a *(gén)* [+ peau, membre] to rub; *[+ cheval]* to rub down ◆ **frotte tes mains avec du savon** scrub your hands with soap ◆ **~ son doigt sur la table** to rub one's finger on the table ◆ **~ une allumette** to strike a match ◆ **pain frotté d'ail** bread rubbed with garlic

b *(pour nettoyer) [+ cuivres, meubles]* to rub (up), to shine; *[+ plancher, casserole, linge, pomme de terre]* to scrub; *[+ chaussures] (pour cirer)* to rub (up), to shine; *(pour enlever la terre)* to scrape

c *(†, hum)* **~ les oreilles à qn** to box sb's ears ◆ **je vais te ~ l'échine** I'm going to beat you black and blue

VI to rub, to scrape ◆ **la porte frotte (contre le plancher)** the door is rubbing *ou* scraping (against the floor)

VPR **se frotter** a *(= se laver)* to rub o.s. ◆ **se ~ les mains** *(lit, fig)* to rub one's hands

b ◆ **se ~ à** *(= fréquenter)* **se ~ à la bonne société** to rub shoulders with high society ◆ **se ~ à qn** *(= attaquer)* to cross swords with sb ◆ **il vaut mieux ne pas s'y ~** I wouldn't cross swords with him ◆ **qui s'y frotte s'y pique** *(Prov)* if you cross swords with him you do so at your peril

**frottis** /fʀɔti/ NM a *(Méd)* smear ◆ **se faire faire un ~ (cervico-)vaginal** to have a cervical *ou* Pap *(US)* smear b *(Art)* scumble

**frottoir** /fʀɔtwaʀ/ NM *(à allumettes)* friction strip; *(pour le parquet)* (long-handled) brush

**froufrou** /fʀufʀu/ NM a *(= bruit)* rustle, rustling *(NonC)*, swish *(NonC)* ◆ **faire ~** to rustle, to swish b *(= dentelles)* **des ~s** frills

**froufroutant, e** /fʀufʀutɑ̃, ɑ̃t/ ADJ rustling, swishing

**froufroutement** /fʀufʀutmɑ̃/ NM rustle, rustling *(NonC)*, swish *(NonC)*

**froufrouter** /fʀufʀute/ ▸ conjug 1 ◂ VI to rustle, to swish

**froussard, e** * /fʀusaʀ, aʀd/ *(péj)* ADJ chicken * *(attrib)*, yellow-bellied * *(épith)* NM,F chicken *, coward

**frousse** * /fʀus/ NF fright ◆ **avoir la ~** to be scared (to death) *ou* scared stiff * ◆ **quand il a sonné j'ai eu la ~** when he rang I really got a fright *ou* the wind up * *(Brit)* ◆ **ça lui a fichu la ~** that really gave him a fright *ou* put the wind up him * *(Brit)*

**fructidor** /fʀyktidɔʀ/ NM Fructidor *(twelfth month in the French Republican calendar)*

**fructifère** /fʀyktifɛʀ/ ADJ fruit-bearing, fructiferous

**fructification** /fʀyktifikasjɔ̃/ NF fructification

**fructifier** /fʀyktifje/ ▸ conjug 7 ◂ VI *[arbre]* to bear fruit; *[terre]* to be productive; *[idée]* to bear fruit; *[investissement]* to yield a profit ◆ **faire ~ son argent** to make one's money work for one

**fructose** /fʀyktoz/ NM fructose

**fructueusement** /fʀyktɥøzmɑ̃/ ADV fruitfully, profitably

**fructueux, -euse** /fʀyktɥø, øz/ ADJ *[lectures, spéculation]* fruitful, profitable; *[collaboration, recherches]* fruitful; *[commerce]* profitable

**frugal, e** (mpl **-aux**) /fʀygal, o/ ADJ frugal

**frugalement** /fʀygalmɑ̃/ ADV frugally

**frugalité** /fʀygalite/ NF frugality

**fruit[1]** /fʀɥi/ NM a *(gén)* fruit *(NonC)* ◆ **il y a des ~s/trois ~s dans la coupe** there is some fruit/there are three pieces of fruit in the bowl ◆ **passez-moi un ~** pass me some fruit *ou* a piece of fruit

b *(= espèce)* fruit ◆ **l'orange et la banane sont des ~s** the orange and the banana are kinds of fruit *ou* are fruits; → **pâte, salade**

c *(littér = produit)* fruit(s) ◆ **les ~s de la terre/de son travail** the fruits of the earth/of one's work ◆ **c'est le ~ de l'expérience/d'un gros travail** *(= résultat)* it is the fruit of experience/of much work ◆ **cet enfant est le ~ de leur union** this child is the fruit of their union *(littér)* ◆ **porter ses ~s** to bear fruit ◆ **avec ~** fruitfully, profitably, with profit ◆ **sans ~** fruitlessly, to no avail

COMP ▷ **fruits des bois** fruits of the forest ▷ **fruits confits** candied *ou* glacé fruits ▷ **fruit défendu** *(fig, Bible)* forbidden fruit ▷ **fruits déguisés** *prunes ou dates stuffed with marzipan* ▷ **fruits de mer** seafood(s) ▷ **fruit de la passion** passion fruit ▷ **fruits rafraîchis** fresh fruit salad ▷ **fruits rouges** red berries ▷ **fruit sec** *(séché)* dried fruit *(NonC)*

**fruit[2]** /fʀɥi/ NM *[de mur]* batter ◆ **donner du ~ à** to batter

**fruité, e** /fʀɥite/ ADJ fruity

**fruiterie** /fʀɥitʀi/ NF fruit (and vegetable) store, fruiterer's (shop) *(Brit)*

**fruiticulteur, -trice** /fʀɥitikyltœʀ, tʀis/ NM,F fruit farmer

**fruitier, -ière** /fʀɥitje, jɛʀ/ ADJ fruit *(épith)* NM,F *(= marchand de fruits)* fruit seller, fruiterer *(Brit)*, greengrocer *(Brit)*; *(= fromager)* cheese maker NF **fruitière** *(= fromagerie)* cheese dairy *(in Savoy, Jura)*

**frusques** /fʀysk/ NFPL *(péj) (= vêtements)* gear * *(NonC)*, togs *, clobber ‡ *(NonC) (Brit)*; *(= vieux vêtements)* rags

**fruste** /fʀyst/ ADJ *[art, style]* crude, unpolished; *[manières, personne]* coarse

**frustrant, e** /fʀystʀɑ̃, ɑ̃t/ ADJ frustrating

**frustration** /fʀystʀasjɔ̃/ NF *(Psych)* frustration

**frustré, e** /fʀystʀe/ (ptp de **frustrer**) ADJ, NM,F *(gén, Psych)* frustrated ◆ **c'est un ~** he's frustrated

**frustrer** /fʀystʀe/ ▸ conjug 1 ◂ VT a *(= priver)* **~ qn de** *[+ satisfaction]* to deprive sb of, to do sb out of *; *(Jur) [+ biens]* to defraud sb of ◆ **~ qn dans ses espoirs/efforts** to thwart *ou* frustrate sb's hopes/efforts, to thwart sb in his hopes/efforts ◆ **~ qn au profit d'un autre** *(Jur)* to defraud one party by favouring another b *(= décevoir) [+ attente, espoir]* to thwart, to frustrate c *(Psych)* to frustrate

**FS** (abrév de **franc suisse**) SF

**FSE** /ɛfɛsə/ NM (abrév de **Fonds social européen**) ESF

**fuchsia** /fyʃja/ ADJ INV, NM fuchsia ◆ **(rose) ~** fuchsia

**fuchsine** /fyksin/ NF fuchsin(e)

**fucus** /fykys/ NM wrack, fucus *(SPÉC)* ◆ **~ vésiculeux** bladderwrack

**fuel** /fjul/ NM *(= carburant)* fuel oil ◆ **~ domestique** domestic *ou* heating oil

**fugace** /fygas/ ADJ *[parfum, impression, lueur]* fleeting; *[beauté, fraîcheur]* fleeting, transient; *[bonheur]* transient

**fugacité** /fygasite/ NF *[de parfum, impression, lueur]* fleetingness; *[de beauté, fraîcheur]* fleetingness, transience

**fugitif, -ive** /fyʒitif, iv/ ADJ a *(= qui fuit) [esclave, prisonnier]* fugitive *(épith)*, runaway *(épith)* b *(= passager) [vision, impression, instant]* fleeting; *[beauté, bonheur]* fleeting, transient, short-lived NM,F fugitive

**fugitivement** /fyʒitivmɑ̃/ ADV *[entrevoir]* fleetingly

**fugue** /fyg/ NF a *(= fuite)* running away *(NonC)* ◆ **faire une ~** to run away, to abscond *(Admin)* ◆ **il a fait plusieurs ~s** he ran away several times ◆ **~ amoureuse** elopement b *(Mus)* fugue

**fuguer** * /fyge/ ▸ conjug 1 ◂ VI to run away *ou* off

**fugueur, -euse** /fygœʀ, øz/ NM,F absconder *(Admin)*, runaway ◆ **élève ~** pupil who keeps running away

**fuir** /fɥiʀ/ ▸ conjug 17 ◂ VT a *(= éviter) [+ personne, danger]* to avoid, to shun; *[+ obligation, responsabilité]* to evade, to shirk ◆ **~ qn/qch comme la peste** to avoid sb/sth like the plague ◆ **le sommeil/la tranquillité me fuit** sleep/quiet eludes me ◆ **~ le monde** *(littér)* to flee society, to withdraw from the world ◆ **l'homme se fuit** *(littér)* man flees from his inner self

b *(= s'enfuir de) [+ patrie, bourreaux]* to flee from, to run away from, to fly from *(littér)*

VI a *(= s'enfuir) [prisonnier]* to run away, to escape; *[troupes]* to take flight, to flee *(devant* from); *[femme] (avec un amant)* to run off; *(pour se marier)* to elope *(avec* with); ◆ **faire ~** *(= mettre en fuite)* to put to flight; *(= chasser)* to chase off *ou* away ◆ **laid à faire ~** repulsively ugly ◆ **~ devant** *[+ danger, obligations]* to run away from ◆ **il a fui chez ses parents** he has fled to his parents

b *(littér = passer rapidement) [esquif]* to speed along, to glide swiftly along; *[heures, saison]* to fly by, to slip by; *[horizon, paysage]* to recede ◆ **l'été a fui si rapidement** the summer flew by

c *(= s'échapper) [gaz]* to leak, to escape; *[liquide]* to leak; *(= n'être pas étanche) [récipient, robinet]* to leak

**fuite** /fɥit/ NF a *[de fugitif]* flight, escape; *[de prisonnier]* escape; *[d'amants]* flight; *(pour se marier)* elopement ◆ **dans sa ~** as he ran away ◆ **sa ~ devant toute responsabilité** his evasion of all responsibility ◆ **prendre la ~** *[personne]* to run away, to take flight *(frm)*; *[conducteur, voiture]* to drive away ◆ **renversé par un automobiliste qui a pris la ~** knocked down by a hit-and-run driver ◆ **chercher la ~ dans le sommeil/la drogue** to seek escape in sleep/in drugs; → **délit**

♦ **en fuite** *[malfaiteur]* on the run; *[véhicule]* runaway *(épith)* ◆ **les prisonniers sont en ~** the prisoners are on the run ◆ **l'évadé est toujours en ~** the escaped prisoner is still on the run ◆ **mettre qn en ~** to put sb to flight ◆ **capitaux en ~** flight capital

b *(= perte de liquide)* leak, leakage ◆ **~ de gaz/d'huile** gas/oil leak ◆ **avaries dues à des ~s** damage due to *ou* caused by leakage

c *(= trou) [de récipient, tuyau]* leak

d *(= indiscrétion)* leak ◆ **il y a eu des ~s à l'examen** some exam questions have been leaked

e *(Art)* **point de ~** vanishing point

f *(littér) (= passage) [de temps, heures, saisons]* (swift) passage *ou* passing

COMP ▷ **fuite en avant** headlong flight ◆ **(pour stopper) cette ~ en avant dans la guerre/la violence** (to stop) this headlong rush into war/violence ▷ **fuite des capitaux** capital flight, flight of capital ▷ **fuite des cerveaux** brain drain

**Fuji-Yama** /fuʒijama/ NM Mount Fuji, Fujiyama, Fuji-san

**fulgurance** /fylgyʀɑ̃s/ NF *(frm) [de progrès, processus]* lightning *ou* dazzling speed; *[de plaisir, douleur]* searing intensity

**fulgurant, e** /fylgyʀɑ̃, ɑ̃t/ ADJ *[vitesse, progrès]* lightning *(épith)*, dazzling; *[succès, carrière]* dazzling; *[ascension]* meteoric; *[réplique]* lightning *(épith)*; *[regard]* blazing *(épith)*, flashing *(épith)* ◆ **une douleur ~e me traversa le corps** a searing pain flashed *ou* shot through my body ◆ **une clarté ~e illumina le ciel** a blinding flash lit up the sky

**fulguration** /fylgyʀasjɔ̃/ NF *(= éclair)* flash (of lightning); *(= thérapie)* fulguration ◆ **il revit son enfance dans une ~** childhood memories flashed through his mind

**fulgurer** /fylgyʀe/ ▸ conjug 1 ◂ VI to flash

**fuligineux, -euse** /fyliʒinø, øz/ ADJ *(littér) [couleur, flamme]* sooty

**fuligule** /fyligyl/ NM ◆ **~ (morillon)** tufted duck

**full** /ful/ NM *(Cartes)* full house ◆ **~ aux as/rois** full house to aces/kings

**fulmar** /fylmaʀ/ NM fulmar

**fulminant, e** /fylminɑ̃, ɑ̃t/ ADJ **a** *[personne]* enraged, livid; *[lettre, réponse, regard]* angry and threatening ◆ **~ de colère** enraged, livid (with anger) **b** *(= détonant) [mélange]* explosive ◆ **poudre ~e** fulminating powder ◆ **capsule ~e** percussion cap ◆ **sels ~s** explosive salts *(of fulminic acid)*

**fulminate** /fylminat/ NM fulminate

**fulmination** /fylminasjɔ̃/ NF **a** *(= malédictions)* **~s** fulminations **b** *(Rel)* fulmination

**fulminer** /fylmine/ ▸ conjug 1 ◂ **VT** *[+ reproches, insultes]* to thunder forth; *(Rel)* to fulminate **VI** **a** *(= pester)* to thunder forth ◆ **~ contre** to fulminate *ou* thunder forth against **b** *(Chim)* to fulminate, to detonate

**fulminique** /fylminik/ ADJ ◆ **acide ~** fulminic acid

**fumage** /fymaʒ/ NM *(Culin) [de saucissons]* smoking, curing *(by smoking)*; *(Agr) [de terre]* manuring, dunging

**fumant, e** /fymɑ̃, ɑ̃t/ ADJ **a** *(= chaud) [cendres, cratère]* smoking; *[soupe, corps, naseaux]* steaming; *(Chim)* fuming ◆ **un coup ~** *(fig)* a master stroke **b** *(* = en colère) [patron]* fuming* *(attrib)* ◆ **~ de colère** fuming with anger*

**fumasse**‡ /fymas/ ADJ *(= en colère)* fuming* *(attrib)*

**fumé, e**[1] /fyme/ (ptp de **fumer**) ADJ *[jambon, saumon, verre]* smoked ◆ **verres ~s** *(lunettes)* tinted lenses ◆ **aimer le ~** to like smoked food; → **lard**

**fume-cigare** (pl **fume-cigares**) /fymsigaʀ/ NM cigar holder

**fume-cigarette** (pl **fume-cigarettes**) /fymsigaʀɛt/ NM cigarette holder

**fumée**[2] /fyme/ NF **a** *[de combustion]* smoke ◆ **~ de tabac/de cigarettes** tobacco/cigarette smoke ◆ **la ~ ne vous gêne pas ?** do you mind my smoking? ◆ **sans ~** *[combustible]* smokeless; → **avaler, noir, rideau** **b** *(= vapeur) [de soupe, étang, corps, naseaux]* steam ◆ **les ~s de l'alcool** *ou* **de l'ivresse** the vapours of alcohol **c** *(loc)* **partir** *ou* **s'en aller en ~** to go up in smoke, to fizzle out ◆ **il n'y a pas de ~ sans feu** *(Prov)* there's no smoke without fire *(Prov)*

**fumer** /fyme/ ▸ conjug 1 ◂ **VI** **a** *[fumeur]* to smoke ◆ **~ comme un sapeur** *ou* **un pompier** *ou* **une locomotive** to smoke like a chimney; → **défense**[1] **b** *[volcan, cheminée, cendres, lampe]* to smoke; *[soupe, étang, corps]* to steam; *[produit chimique]* to emit *ou* give off fumes, to fume **c** *(* = être en colère)* to be fuming* ◆ **il fumait de rage** he was fuming with rage* **VT** **a** *[+ tabac, hachisch]* to smoke ◆ **~ la cigarette/le cigare/la pipe** to smoke cigarettes/cigars/a pipe ◆ **elle est allée en ~ une dehors*** she went outside to have a cigarette *ou* a smoke* ◆ **il fumait cigarette sur cigarette** he was chainsmoking **b** *(Culin) [+ aliments]* to smoke, to cure *(by smoking)* **c** *(Agr) [+ sol, terre]* to manure

**fumerie** /fymʀi/ NF ◆ **~ (d'opium)** opium den

**fumerolle** /fymʀɔl/ NF *(gén pl) (= gaz)* smoke and gas *(emanating from a volcano)*; *(= fumée)* wisp of smoke

**fumet** /fymɛ/ NM *[de plat, viande]* aroma; *[de vin]* bouquet, aroma; *(Vénerie)* scent

**fumeterre** /fymtɛʀ/ NF fumitory

**fumette*** /fymɛt/ NF *(= drogue)* smoke* ◆ **la ~** *(= action)* smoking*

**fumeur, -euse** /fymœʀ, øz/ NM,F smoker ◆ **(compartiment) ~s** *(Rail)* smoking compartment *(Brit)* *ou* car *(US)*, smoker ◆ **~ d'opium/de pipe** opium/pipe smoker

**fumeux, -euse** /fymø, øz/ ADJ **a** *(= confus) [idées, explication]* hazy, woolly; *[esprit]* woolly; *[théoricien]* woolly-minded **b** *(avec de la fumée) [flamme, clarté]* smoky; *(avec de la vapeur) [horizon, plaine]* hazy, misty

**fumier** /fymje/ NM **a** *(= engrais)* dung, manure ◆ **~ de cheval** horse-dung *ou* -manure ◆ **tas de ~** dunghill, dung *ou* muck *ou* manure heap **b** *(*‡ péj = salaud)* bastard*‡, shit*‡

**fumigateur** /fymigatœʀ/ NM *(Agr, Méd = appareil)* fumigator

**fumigation** /fymigasjɔ̃/ NF fumigation

**fumigatoire** /fymigatwaʀ/ ADJ fumigating, fumigatory

**fumigène** /fymiʒɛn/ ADJ *[engin, grenade]* smoke *(épith)* ◆ **(appareil) ~** *(Agr)* smoke apparatus

**fumiste** /fymist/ **NM** *(= réparateur, installateur)* heating mechanic; *(= ramoneur)* chimney sweep **NMF** *(* péj = paresseux)* shirker, skiver‡ *(Brit)* **ADJ** *[attitude] (de paresseux)* shirking; *(de plaisantin)* phoney* ◆ **il est un peu ~ (sur les bords)** he's a bit of a shirker *ou* skiver‡ *(Brit)*

**fumisterie** /fymistəʀi/ NF **a** *(péj)* **c'est une** *ou* **de la ~** it's a fraud *ou* a con‡ **b** *(= établissement)* (heating mechanic's) workshop; *(= métier)* stove-building

**fumoir** /fymwaʀ/ NM *(= salon)* smoking room; *(Ind)* smokehouse

**fumure** /fymyʀ/ NF manuring; *(= substance)* manure *(NonC)*

**fun**[1] */fœn/ **ADJ** *(= amusant, excitant)* fun *(épith)* ◆ **c'est ~ !** it's fun! **NM** *(= amusement)* ◆ **le ~** fun ◆ **je suis mannequin, c'est le ~ !** I'm a model, it's great fun! ◆ **ils ont tout cassé, juste pour le ~** they smashed up everything, just for the fun *ou* hell‡ of it

**fun**[2] /fœn/ NM abrév de **funboard**

**Funafuti** /funafuti/ N Funafuti

**funambule** /fynɑ̃byl/ NMF tightrope walker, funambulist *(SPÉC)*

**funboard** /fœnbɔʀd/ NM *(= planche)* short windsurfing board *ou* sailboard; *(= sport)* windsurfing

**funèbre** /fynɛbʀ/ ADJ **a** *(= de l'enterrement) [service, marche, oraison]* funeral *(épith)*; *[cérémonie, éloge, discours]* funeral *(épith)*, funerary *(épith)* ◆ **air ~** dirge; → **entrepreneur, pompe**[2]**, veillée** **b** *(= lugubre) [mélodie]* mournful, doleful; *[ton, silence, allure]* lugubrious, funereal; *[atmosphère, couleur, décor]* gloomy, dismal

**funérailles** /fyneʀɑj/ NFPL *(frm = enterrement)* funeral, obsequies *(littér)*

**funéraire** /fyneʀɛʀ/ ADJ *[dalle, monument, urne]* funeral *(épith)*, funerary *(épith)* ◆ **pierre ~** gravestone ◆ **salon ~** *(Can)* funeral home, funeral parlour *(Brit)* *ou* parlor *(US)*

**funérarium** /fyneʀaʀjɔm/ NM funeral home, funeral parlour *(Brit)* *ou* parlor *(US)*

**funeste** /fynɛst/ ADJ **a** *(= désastreux) [erreur]* disastrous, grievous; *[conseil, décision]* disastrous, harmful; *[influence]* baleful, baneful, harmful; *[suite, conséquence]* dire, disastrous ◆ **le jour ~ où je l'ai rencontré** the fateful *ou* ill-fated day when I met him ◆ **politique ~ aux intérêts du pays** policy harmful to the country's interests **b** *(= de mort) [pressentiment, vision]* deathly *(épith)*, of death **c** *(littér = mortel) [accident]* fatal; *[coup]* fatal, lethal, deadly, mortal

**funiculaire** /fynikylɛʀ/ NM funicular (railway)

**funk** /fœnk/ **ADJ** funk *(épith)*, funky **NM** funk

**funky** /fœnki/ ADJ funky

**fur** /fyʀ/ NM

◆ **au fur et à mesure** *[classer, nettoyer]* as one goes along; *[dépenser]* as fast as one earns ◆ **il vaut mieux leur donner leur argent de poche au ~ et à mesure qu'en une fois** it's better to give them their pocket money in dribs and drabs* *ou* as they need it rather than all in one go ◆ **le frigo se vidait au ~ et à mesure** the fridge was emptied as fast as it was stocked up ◆ **passe-moi les assiettes au ~ et à mesure** pass the plates to me as you go along

◆ **au fur et à mesure que** ◆ **donnez-les-nous au ~ et à mesure que vous les recevez** give them to us as (soon as) you receive them ◆ **nous dépensions tout notre argent au ~ et à mesure que nous le gagnions** we spent all our money as fast as we earned it

◆ **au fur et à mesure de** ◆ **au ~ et à mesure de leur progression** as they advanced, the further they advanced ◆ **prenez-en au ~ et à mesure de vos besoins** take some as and when you need them, help yourselves as you find you need them

**furax**‡ /fyʀaks/ ADJ INV *(= furieux)* livid* *(attrib)*, hopping mad* *(attrib) (Brit)*

**furet** /fyʀɛ/ NM *(= animal)* ferret; *(= jeu)* pass-the-slipper

**fureter** /fyʀ(ə)te/ ▸ conjug 5 ◂ VI *(= regarder)* to nose *ou* ferret about; *(= fouiller)* to rummage (about)

**fureteur, -euse** /fyʀ(ə)tœʀ, øz/ **ADJ** *[regard, enfant]* prying, inquisitive **NM,F** snooper

**fureur** /fyʀœʀ/ NF **a** *(= colère)* fury; *(= accès de colère)* fit of rage ◆ **crise** *ou* **accès de ~** fit of rage, furious outburst ◆ **être pris de ~** to fly into a rage *(contre qn* at sb) ◆ **être/entrer en ~** to be/become infuriated *ou* enraged ◆ **être/entrer dans une ~ noire** to be in/go *ou* fly into a towering rage ◆ **mettre en ~** to infuriate, to enrage ◆ **se mettre dans des ~s folles** to have mad fits of rage, to fly into wild fits of anger

**b** *(= violence) [de passion]* violence, fury; *[de combat, attaque]* fury, fierceness, furiousness; *[de tempête, flots, vents]* fury

**c** *(= passion)* **la ~ du jeu** a passion *ou* mania for gambling ◆ **il a la ~ de la vitesse/de lire** he has a mania for speed/reading ◆ **la ~ de vivre** the lust *ou* passion for life

**d** *(littér = transe)* frenzy ◆ **~ prophétique** prophetic frenzy ◆ **~ poétique** poetic ecstasy *ou* frenzy

**e** *(loc)* **avec ~** *(= avec rage)* furiously; *(= à la folie)* wildly, madly, passionately ◆ **faire ~** to be all the rage

**furibard, e*** /fyʀibaʀ, aʀd/ ADJ livid* *(attrib)*, hopping mad* *(attrib) (Brit)*

**furibond, e** /fyʀibɔ̃, ɔ̃d/ ADJ *[personne]* furious, livid * *(attrib)*; *[colère]* wild, furious; *[ton, voix, yeux]* enraged, furious ◆ **il lui a lancé un regard** ~ he glared at him

**furie** /fyʀi/ NF a *(péj = mégère)* shrew, termagant; *(Myth)* Fury b *(= violence) [d'attaque, combat]* fury, fierceness, furiousness; *[de tempête, flots]* fury; *[de passions]* violence, fury c *(= passion)* **la ~ du jeu** a passion *ou* mania for gambling d *(= colère)* fury e *(loc)* **en ~** *[personne]* infuriated, enraged, in a rage *(attrib)*; *[mer]* raging; *[tigre]* enraged ◆ **mettre qn en ~** to infuriate sb, to enrage sb

**furieusement** /fyʀjøzmɑ̃/ ADV *(= avec fureur) [attaquer]* furiously; *[répondre]* angrily; *(gén hum = extrêmement) [ressembler]* amazingly, tremendously ◆ **j'ai ~ envie d'une glace à la fraise** I'm simply dying for * *ou* I've got a terrible craving for a strawberry ice cream

**furieux, -ieuse** /fyʀjø, jøz/ ADJ a *(= violent) [combat, résistance]* furious, fierce; *[tempête]* raging, furious, violent ◆ **avoir une furieuse envie de faire qch** to be dying to do sth *; → **folie, fou** b *(= en colère) [personne]* furious *(contre* with, at); *[ton, geste]* furious ◆ **taureau ~** raging bull ◆ **rendre qn ~** to infuriate *ou* enrage sb ◆ **le taureau, rendu ~ par la foule** the bull, driven wild by the crowd ◆ **elle est furieuse de n'avoir pas été invitée** she's furious that she wasn't invited *ou* at not having been invited ◆ **il est ~ que je lui aie menti** he is furious with *ou* at me for having lied to him c *(gén hum = fort) [envie, coup]* almighty * *(épith)*, tremendous

**furoncle** /fyʀɔ̃kl/ NM boil, furuncle *(SPÉC)*

**furonculose** /fyʀɔ̃kyloz/ NF (recurrent) boils, furunculosis *(SPÉC)*

**furtif, -ive** /fyʀtif, iv/ ADJ *[coup d'œil, geste]* furtive, stealthy; *[joie]* secret; → **avion**

**furtivement** /fyʀtivmɑ̃/ ADV furtively, stealthily

**fusain** /fyzɛ̃/ NM *(= crayon)* charcoal (crayon); *(= croquis)* charcoal (drawing); *(= arbrisseau)* spindle-tree ◆ **tracé au ~** charcoal(-drawn), (drawn) in charcoal

**fusant, e** /fyzɑ̃, ɑ̃t/ ADJ ◆ **obus ~** time shell ◆ **tir ~** air burst

**fuseau** (pl **fuseaux**) /fyzo/ NM a *[de fileuse]* spindle; *[de dentellière]* bobbin b ◆ **(pantalon) ~, ~x** stretch ski pants *(Brit)*, stirrup pants *(US)* c *(Anat, Bio)* spindle d *(loc)* **en (forme de) ~** *[colonne]* spindle-shaped; *[cuisses, jambes]* slender ◆ **arbuste taillé en ~** shrub shaped into a cone e ◆ **~ horaire** time zone ◆ **changer de ~ horaire** to cross time zones

**fusée** /fyze/ NF a *(spatiale)* (space) rocket; *(missile)* rocket, missile ◆ **~ air-air/sol-air** air-to-air/ground-to-air missile b *[de feu d'artifice]* rocket; *[d'obus, mine]* fuse ◆ **partir comme une ~** to set off like a rocket, to whizz off c *(Tech) [d'essieu]* spindle; *(Aut)* stub axle; *[de montre]* fusee COMP ▷ **fusée antichar** anti-tank rocket ▷ **fusée de détresse** distress rocket ▷ **fusée éclairante** flare ▷ **fusée à étages** multi-stage rocket ▷ **fusée interplanétaire** (interplanetary) space rocket ▷ **fusée de lancement** launch vehicle

**fusée-engin** (pl **fusées-engins**) /fyzeɑ̃ʒɛ̃/ NF rocket shell

**fusée-sonde** (pl **fusées-sondes**) /fyzesɔ̃d/ NF rocket-powered space probe

**fuselage** /fyz(ə)laʒ/ NM *[d'avion]* fuselage

**fuselé, e** /fyz(ə)le/ ADJ *[colonne]* spindle-shaped; *[doigts]* tapering, slender; *[cuisses, jambes]* slender

**fuser** /fyze/ ▸ conjug 1 ◂ VI a *[cris, rires]* to burst forth; *[questions]* to come from all sides; *[liquide, vapeur]* to gush *ou* spurt out; *[étincelles]* to fly (out); *[lumière]* to stream out *ou* forth ◆ **les plaisanteries fusaient** the jokes came thick and fast ◆ **les insultes fusaient de toutes parts** insults were flying from all sides b *(Tech) [bougie]* to run; *[pile]* to sweat; *[poudre]* to burn out

**fusible** /fyzibl/ ADJ fusible NM a *(= fil)* fuse (wire); *(= fiche)* fuse ◆ **les ~s ont sauté** the fuses have blown b *(= personne)* fall guy ◆ **j'ai servi de ~** I was used as a fall guy

**fusiforme** /fyzifɔʀm/ ADJ spindle-shaped, fusiform *(SPÉC)*

**fusil** /fyzi/ NM a *(= arme) (de guerre, à canon rayé)* rifle, gun; *(de chasse, à canon lisse)* shotgun, gun ◆ **c'est un bon ~** *(= chasseur)* he's a good shot ◆ **un groupe de 30 ~s** († *Mil)* a group of 30 riflemen *ou* rifles ◆ **changer son ~ d'épaule** *(fig)* to have a change of heart ◆ **coup de ~** gun shot, rifle shot ◆ **c'est le coup de ~** *(= c'est cher)* the prices are extortionate

b *(= allume-gaz)* gas lighter; *(= instrument à aiguiser)* steel

COMP ▷ **fusil à air comprimé** airgun ▷ **fusil d'assaut** assault rifle ▷ **fusil automatique** automatic rifle ▷ **fusil à canon rayé** rifle, rifled gun ▷ **fusil à canon scié** sawn-off *(Brit) ou* sawed-off *(US)* shotgun ▷ **fusil de chasse** shotgun, hunting gun ▷ **fusil à deux coups** double-barrelled *ou* twin-barrel rifle ▷ **fusil de guerre** army rifle ▷ **fusil à harpon** harpoon gun ▷ **fusil à lunette** rifle with telescopic sight ▷ **fusil à pompe** pump-action shotgun ▷ **fusil à répétition** repeating rifle ▷ **fusil sous-marin** (underwater) speargun

**fusilier** /fyzilje/ NM rifleman, fusilier; *(Hist)* fusilier ◆ **les ~s** *(= régiment)* the rifles; *(Hist)* the fusiliers ◆ **~ marin** marine

**fusillade** /fyzijad/ NF *(= bruit)* fusillade *(frm)*, gunfire *(NonC)*, shooting *(NonC)*; *(= combat)* shoot-out, shooting battle; *(= exécution)* shooting

**fusiller** /fyzije/ ▸ conjug 1 ◂ VT a *(= exécuter)* to shoot ◆ **~ qn du regard** to look daggers at sb b *( * = casser)* to bust * c *( * = dépenser)* to blow *

**fusilleur** /fyzijœʀ/ NM member of a firing squad

**fusil-mitrailleur** (pl **fusils-mitrailleurs**) /fyzimitʀajœʀ/ NM machine gun

**fusion** /fyzjɔ̃/ NF a *[de métal]* melting, fusion; *[de glace]* melting, thawing ◆ **en ~** *[métal]* molten ◆ **au moment de l'entrée en ~** when melting point is reached b *(Bio, Phys)* fusion ◆ **~ nucléaire/chromosomique** nuclear/chromosome fusion c *(= union) [de cœurs, esprits, races]* fusion; *[de partis]* merging, combining; *[de systèmes, philosophies]* blending, merging, uniting d *(Comm) [de sociétés]* merger, amalgamation; *(Ordin) [de fichiers]* merging ◆ **~ absorption** takeover ◆ **~ acquisition** acquisition and merger

**fusionnel, -elle** /fyzjɔnɛl/ ADJ *(Psych) [rapport]* intensely close; *[amour]* based on a very close bond ◆ **une relation trop fusionnelle avec la mère** a relationship with the mother that is too close *ou* too intense

**fusionnement** /fyzjɔnmɑ̃/ NM *(Comm)* merger, amalgamation; *(Pol)* merging, combining

**fusionner** /fyzjɔne/ ▸ conjug 1 ◂ VTI *(Comm)* to merge, to amalgamate; *(Pol)* to merge, to combine; *(Ordin)* to merge

**fustanelle** /fystanɛl/ NF fustanella

**fustigation** /fystigasjɔ̃/ NF a *(littér) [d'adversaire]* flaying; *[de pratiques, mœurs]* censuring, denouncing, denunciation b *(†† = flagellation)* birching, thrashing

**fustiger** /fystiʒe/ ▸ conjug 3 ◂ VT a *(littér) [+ adversaire]* to flay; *[+ pratiques, mœurs]* to censure, to denounce ◆ **ses sketches fustigent la société actuelle** his sketches are a scathing attack on modern society b *(†† = fouetter)* to birch, to thrash

**fut** * /fyt/ NM (abrév de **futal**) trousers *(Brit)*, pants *(US)*

**fût** /fy/ NM a *[d'arbre]* bole, trunk; *[de colonne]* shaft; *[de fusil]* stock b *(= tonneau)* barrel, cask

**futaie** /fytɛ/ NF *(= groupe d'arbres)* cluster of (tall) trees; *(= forêt)* forest *(of tall trees)*; *(Sylviculture)* plantation of trees *(for timber)* ◆ **haute ~** mature (standing) timber ◆ **arbre de haute ~** mature tree

**futaille** /fytɑj/ NF *(= barrique)* barrel, cask

**futaine** /fytɛn/ NF *(Tex)* fustian

**futal** * (pl **futals**) /fytal/, **fute** * /fyt/ NM trousers *(Brit)*, pants *(US)*

**futé, e** /fyte/ ADJ wily, crafty, cunning, sly ◆ **c'est une petite ~e** she's a sly little minx ◆ **il n'est pas très ~** he's not very bright

**fute-fute** * /fytfyt/ ADJ ◆ **il n'est pas (très) ~** he's not very bright

**futile** /fytil/ ADJ *[prétexte, raison, question, préoccupation]* trifling, trivial; *[exercice]* futile; *[personne, esprit]* frivolous ◆ **l'univers ~ de la mode** the frivolous world of fashion

**futilement** /fytilmɑ̃/ ADV *(= frivolement)* frivolously

**futilité** /fytilite/ NF a *[d'entreprise, tentative]* futility, pointlessness; *[de raison, souci, occupation, propos]* triviality; *[de personne, esprit]* triviality, frivolousness b *(= propos, action)* **~s** trivialities ◆ **dire des ~s** to talk about trivia ◆ **ils ont passé leur journée à des ~s** they frittered the day away

**futon** /fytɔ̃/ NM futon

**futsal** /futsal/ NM *(= football en salle)* indoor football

**futur, e** /fytyʀ/ ADJ *(= prochain) [génération, désastres, besoins]* future *(épith)* ◆ **dans la vie ~e** *(Rel)* in the afterlife, in the hereafter ◆ **~ mari** husband-to-be ◆ **les ~s époux** the bride-and-groom-to-be ◆ **tout pour la ~e maman** everything for the mother-to-be ◆ **~ collègue/directeur** future colleague/director ◆ **~ client** prospective customer ◆ **~ président/champion** *(en herbe)* budding *ou* future president/champion NM a *(= avenir)* future b *(Ling)* **le ~ (simple)** the future (tense) ◆ **le ~ proche** the immediate future ◆ **le ~ antérieur** *ou* **du passé** the future perfect *ou* anterior c († *= fiancé)* fiancé, husband-to-be, intended † NF **future** († *= fiancée)* fiancée, wife-to-be, intended †

**futurisme** /fytyʀism/ NM futurism

**futuriste** /fytyʀist/ NMF futurist ADJ futuristic

**futurologie** /fytyʀɔlɔʒi/ NF futurology

**futurologue** /fytyʀɔlɔg/ NMF futurist, futurologist

**fuyant, e** /fɥijɑ̃, ɑ̃t/ ADJ a *(= insaisissable) [regard, air]* evasive; *[personne, caractère]* elusive, evasive b *(= en retrait) [menton, front]* receding *(épith)* c *(littér = fugitif) [ombre, vision]* fleeting *(épith)* d *(Art) [vues, lignes]* receding *(épith)*, vanishing *(épith)*; *[perspective]* vanishing *(épith)*

**fuyard, e** /fɥijaʀ, aʀd/ NM,F runaway

# G

**G¹, g¹** /ʒe/ NM (= lettre) G, g ◆ **le G-8** the G8 nations, the Group of Eight ◆ **point G** *(Anat)* G spot

**G²** a (abrév de **Giga**) G b *(= constante de gravitation)* G c *(Anat)* ◆ **point G** G spot

**g²** a (abrév de **gramme**) g b *(Phys = accélération)* g

**gabardine** /gabaʀdin/ NF *(= tissu)* gabardine; *(= manteau)* gabardine (raincoat)

**gabarit** /gabaʀi/ NM a *(= dimension) [d'objet, véhicule]* size b * *[de personne] (= taille)* size, build; *(= valeur)* calibre *(Brit)*, caliber *(US)* ◆ **ce n'est pas le petit ~ !** he's not exactly small!, he's rather on the large side! ◆ **du même ~** of the same build ◆ **il n'a pas le ~ d'un directeur commercial** he hasn't got what it takes *ou* he isn't of the right calibre to be a sales manager c *(Tech = appareil de mesure)* gauge, gage *(US)*; *(= maquette)* template ◆ **~ de chargement** *(Rail)* loading gauge

**gabegie** /gabʒi/ NF *(péj) (= gâchis)* waste *(due to bad management)*; *(= désordre)* chaos ◆ **c'est une vraie ~ !** it's a real mess!, it's total chaos!

**gabelle** /gabɛl/ NF *(Hist = impôt)* salt tax, gabelle

**gabelou** /gablu/ NM *(Hist)* salt-tax collector; *(péj)* customs officer

**gabier** /gabje/ NM *(Naut)* topman

**Gabon** /gabɔ̃/ NM ◆ **le ~** (the) Gabon

**gabonais, e** /gabɔnɛ, ɛz/ ADJ Gabonese NM,F **Gabonais(e)** Gabonese

**Gabriel** /gabʀijɛl/ NM Gabriel

**gâchage** /gɑʃaʒ/ NM a *[de plâtre]* tempering; *[de mortier]* mixing b *[d'argent, talent, temps]* wasting

**gâche** /gɑʃ/ NF a *[de maçon]* (plasterer's) trowel b *[de serrure]* striking plate, strike (plate)

**gâcher** /gɑʃe/ ▸ conjug 1 ◂ VT a *[+ plâtre]* to temper; *[+ mortier]* to mix b *[+ argent, temps]* to waste, to fritter away; *[+ nourriture, occasion, talent]* to waste; *[+ travail]* to botch ◆ **~ sa vie** to fritter away *ou* waste one's life ◆ **une vie gâchée** a wasted *ou* misspent life c *(= gâter) (gén)* to spoil; *[+ jeunesse, séjour, chances]* to ruin ◆ **il nous a gâché le** *ou* **notre plaisir** he spoiled it for us ◆ **je ne veux pas lui ~ sa joie** I don't want to spoil his happiness ◆ **il gâche le métier** he spoils it for others *(by selling cheap or working for a low salary)*

**gâchette** /gɑʃɛt/ NF *[d'arme]* trigger; *[de serrure]* tumbler ◆ **appuyer** *ou* **presser sur la ~** to pull the trigger ◆ **il a la ~ facile** he's trigger-happy ◆ **une bonne ~** *(= tireur)* a good shot ◆ **la meilleure ~ de l'Ouest** the fastest gun in the West

**gâchis** /gɑʃi/ NM a *(= désordre)* mess ◆ **tu as fait un beau ~ !** you've made a real mess of it! b *(= gaspillage) [d'argent, nourriture, sentiments]* waste *(NonC)* ◆ **je ne supporte pas le ~** I hate waste *ou* wastefulness ◆ **quel ~ !** what a waste! c *(Tech)* mortar

**gadget** /gadʒɛt/ NM *(= chose)* thingummy * *(Brit)*, gizmo * *(US)*; *(= jouet, ustensile)* gadget; *(= procédé, trouvaille)* gimmick ◆ **cette loi n'est qu'un ~** that law is just a token measure

**gadgétiser** /gadʒetize/ ▸ conjug 1 ◂ VT to equip with gadgets

**gadin** * /gadɛ̃/ NM ◆ **prendre** *ou* **ramasser un ~** to fall flat on one's face, to come a cropper * *(Brit)*

**gadoue** /gadu/ NF *(= boue)* mud, sludge; *(= neige)* slush; *(= engrais)* night soil

**GAEC** /gaɛk/ NM (abrév de **groupement agricole d'exploitation en commun**) → **groupement**

**gaélique** /gaelik/ ADJ Gaelic NM *(Ling)* Gaelic

**gaffe** /gaf/ NF a *(= bévue)* blunder, boob * *(Brit)* ◆ **faire une ~** *(action)* to make a blunder *ou* a boob * *(Brit)*; *(parole)* to put one's foot in it *, to say the wrong thing, to drop a clanger * *(Brit)* b *(= perche) (Naut)* boat hook; *(Pêche)* gaff c *(loc)*

◆ **faire gaffe** * *(= être attentionné)* to pay attention *(à* to*)*; ◆ **fais ~ !** watch out!, be careful! ◆ **fais ~ à toi** watch yourself

**gaffer** /gafe/ ▸ conjug 1 ◂ VI *(bévue)* to blunder, to boob * *(Brit)*; *(paroles)* to put one's foot in it *, to drop a clanger * *(Brit)* ◆ **j'ai gaffé ?** have I put my foot in it?, did I say the wrong thing? VT a *(Naut)* to hook; *(Pêche)* to gaff b *(†* * *= regarder)* **gaffe un peu la fille !** get a load of her! * VPR **se gaffer** *(Helv = faire attention)* * to be careful ◆ **gaffe-toi !** watch out!

**gaffeur, -euse** /gafœʀ, øz/ NM,F blunderer, blundering idiot ◆ **il est drôlement ~ !** he's always putting his foot in it! *, he's a blundering idiot!

**gag** /gag/ NM *(gén, Ciné, Théât)* gag ◆ **ce n'est pas un ~** it's not a joke ◆ **le ~, c'est qu'il va falloir s'en servir** the funniest part of it is that we'll have to use it

**gaga** * /gaga/ ADJ *[vieillard]* gaga *, senile ◆ **sa fille le rend ~** he's putty in his daughter's hands, his daughter can wind him round her little finger ◆ **être ~ de qn** to be crazy * *ou* nuts * about sb

**gage** /gaʒ/ NM a *(à un créancier, arbitre)* security; *(à un prêteur)* pledge ◆ **mettre qch en ~ (chez le prêteur)** to pawn sth (at the pawnbroker's) ◆ **laisser qch en ~** to leave sth as (a) security; → **prêteur**

b *(= garantie)* guarantee ◆ **sa bonne forme physique est un ~ de succès** his fitness will guarantee him success *ou* assure him of success

c *(= témoignage)* proof *(NonC)*, evidence *(NonC)* ◆ **donner des ~s de sa sincérité/de son talent** to give proof *ou* evidence of one's sincerity/one's talent ◆ **donner des ~s de (sa) bonne volonté** to make several gestures of goodwill ◆ **donner à qn un ~ d'amour/de fidélité** to give sb a token of one's love/of one's faithfulness ◆ **en ~ de notre amitié/de ma bonne foi** as a token *ou* in token of our friendship/of my good faith

d *(Jeux)* forfeit ◆ **avoir un ~** to have a forfeit

e *(† = salaire)* **~s** wages ◆ **être aux ~s de qn** *(gén)* to be employed by sb; *(péj)* to be in the pay of sb; → **tueur**

**gager** /gaʒe/ ▸ conjug 3 ◂ VT a *(frm = parier)* **~ que** to wager that, to bet that ◆ **gageons que ...**, **je gage que ...** I bet (you) that ... b *[+ emprunt]* to guarantee

**gageure** /gaʒyʀ/ NF a *(= entreprise difficile)* **c'est une véritable ~ que de vouloir tenter seul cette ascension** it's attempting the impossible to try to do this climb alone ◆ **c'était une ~ de vouloir adapter ce roman à l'écran** adapting the book for the screen was a seemingly impossible challenge ◆ **cela relevait de la ~** it was a seemingly impossible task ◆ **il a réussi** *ou* **tenu la ~ de battre le tenant du titre** he achieved the tremendous feat of defeating the reigning champion b *(†† = pari)* wager

**gagnable** /gaɲabl/ ADJ winnable ◆ **les circonscriptions ~s par la gauche** the constituencies that the left could win

**gagnant, e** /gaɲɑ̃, ɑ̃t/ ADJ *[numéro, combinaison, équipe, point, ticket]* winning *(épith)* ◆ **on donne ce concurrent ~** this competitor is expected to win ◆ **il joue** *ou* **part ~ dans cette affaire** he's bound to win *ou* come out on top in this deal ◆ **tu es ~** you can't lose ◆ **la partie ~e** *(Jur)* the prevailing party ◆ **service ~** *(Tennis)* winning serve NM,F winner

**gagne** * /gaɲ/ NF *(Sport)* ◆ **la** ~ the will *ou* drive to win ◆ **ce joueur est venu pour la** ~ this player has come intent on winning

**gagne-pain** * /gaɲpɛ̃/ NM INV source of income ◆ **c'est son** ~ it's his bread and butter *

**gagne-petit** /gaɲpəti/ NM INV *(= qui gagne peu)* low wage earner ◆ **c'est un** ~ *(péj)* he's just out to make a quick buck

**gagner** /gaɲe/ ▸ conjug 1 ◂ VT **a** *(= acquérir par le travail)* to earn ◆ ~ **sa vie** to earn one's living (*en faisant* (by) doing); ◆ **elle gagne mal sa vie** she doesn't earn much ◆ **elle gagne bien sa vie** she earns a good living ◆ **elle gagne bien** * she earns good money * ◆ ~ **son pain** to earn one's daily bread ◆ ~ **de l'argent** *(par le travail)* to earn *ou* make money; *(dans une affaire)* to make money ◆ ~ **de quoi vivre** to earn a living ◆ ~ **gros** to make a lot of money ◆ **il ne gagne pas des mille et des cents** * he doesn't exactly earn a fortune ◆ ~ **sa croûte** * *ou* **son bifteck** * to earn one's crust *ou* one's bread and butter ◆ **il gagne bien sa croûte dans cet emploi** * he earns a good wage in that job ◆ **j'ai gagné ma journée** *(iro)* that really made my day *(iro)*
**b** *(= mériter)* to earn ◆ **il a bien gagné ses vacances** he's really earned his holiday
**c** *(= acquérir par le hasard) [+ prix, somme]* to win ◆ ~ **le gros lot** *(lit, fig)* to hit *ou* win the jackpot
**d** *(= obtenir) [+ réputation]* to gain; *[+ parts de marché]* to win ◆ **avoir tout à ~ et rien à perdre** to have everything to gain and nothing to lose ◆ **vous n'y gagnerez rien** you'll gain nothing by it ◆ **vous n'y gagnerez rien de bon** you'll get nothing out of it ◆ **vous y gagnerez d'être tranquille** at least you'll get some peace and quiet that way ◆ **chercher à ~ du temps** *(= aller plus vite)* to try to save time; *(= temporiser)* to play for time, to try to gain time ◆ **cela fait ~ beaucoup de temps** it saves a lot *ou* a great deal of time, it's very time-saving ◆ ~ **de la place** to save space ◆ **c'est toujours ça de gagné !** that's always something! ◆ **c'est toujours 10 € de gagné** at least that's €10 saved *ou* that's saved us €10 ◆ **en jouant sur l'épaisseur, on peut ~ sur la quantité** by adjusting the thickness, we can gain in quantity ◆ **à sortir par ce temps, vous y gagnerez un bon rhume** you'll get nothing but a bad cold going out in this weather ◆ **je n'y ai gagné que des ennuis** I only made trouble for myself, I only succeeded in making things difficult for myself ◆ **s'il dit oui, c'est gagné** if he says yes, then everything will be all right
**e** *(= augmenter de)* ~ **dix centimètres** *[plante, enfant]* to grow ten centimetres ◆ **l'indice CAC 40 gagne 4 points** the CAC 40 index is up 4 points ◆ **il gagne 3 points dans les sondages** he gains 3 points in the opinion polls
**f** *(= être vainqueur de) [+ élection, bataille, procès, pari, course]* to win; *(arg Sport) [+ joueur]* to beat ◆ **le match/procès n'est pas gagné** the match/trial hasn't been won yet ◆ **ce n'est pas gagné d'avance** it's far from certain ◆ ~ **haut la main** to win hands down ◆ ~ **qn aux échecs** to beat sb at chess ◆ ~ **qn de vitesse** to catch up on sb
**g** *(= se concilier) [+ gardiens, témoins]* to win over ◆ ~ **l'estime/le cœur de qn** to win sb's esteem *ou* regard/heart ◆ ~ **la confiance de qn** to win *ou* gain sb's confidence ◆ **savoir se ~ des amis/des partisans** to know how to win friends/supporters ◆ **se laisser ~ par les prières de qn** to be won over by sb's prayers ◆ ~ **qn à une cause** to win sb over to a cause ◆ ~ **qn à sa cause** to win sb over
**h** *(= envahir)* to spread to ◆ **le sommeil les gagnait** sleep was creeping over them *ou* was gradually overcoming them ◆ **la gangrène gagne la jambe** the gangrene is spreading to his leg ◆ **le froid les gagnait** they were beginning to feel the cold ◆ **le feu gagna rapidement les rues voisines** the fire quickly spread to the neighbouring streets ◆ **l'eau/l'ennemi gagne du terrain** the water/the enemy is gaining ground ◆ **la grève gagne tous les secteurs** the strike is gaining ground in *ou* is spreading to all sectors
**i** *(= atteindre) [+ lieu, frontière, refuge]* to reach ◆ ~ **le port** to reach port ◆ ~ **le large** *(Naut)* to get out into the open sea
VI **a** *(= être vainqueur)* to win ◆ ~ **aux courses** to win on the horses *ou* at the races ◆ **il a gagné aux courses hier** he won on the horses *ou* had a win at the races yesterday ◆ **il gagne sur tous les tableaux** he's winning all the way *ou* on all fronts ◆ **eh bien, tu as gagné !** *(iro)* well, you got what you asked for! * ◆ **à tous les coups on gagne !** *(à la foire)* every one a winner!; *(gén)* you can't lose!
**b** *(= trouver un avantage)* **vous y gagnez** it's in your interest, it's to your advantage ◆ **vous gagnerez à ce que personne ne le sache** it'll be to your advantage *ou* it will be better for you if nobody knows about it ◆ **qu'est-ce que j'y gagne ?** what do I get out of it? *ou* gain from it?, what's in it for me? ◆ **vous gagneriez à partir en groupe** you'd be better off going in a group ◆ **tu aurais gagné à te taire !** you would have done better to keep quiet! ◆ **elle a gagné au change** she ended up better off
**c** *(= s'améliorer)* ~ **en hauteur** to increase in height ◆ **son style gagne en force ce qu'il perd en élégance** his style gains in vigour what it loses in elegance ◆ **ce vin gagnera à vieillir** this wine will improve with age ◆ **il gagne à être connu** he improves on acquaintance ◆ **ce roman gagne à être relu** this novel gains by a second reading, this novel is better at a second reading
**d** *(= s'étendre) [incendie, épidémie]* to spread, to gain ground ◆ **la mer gagne sur les falaises** the sea is encroaching *ou* advancing on the cliffs

**gagneur, -euse** /gaɲœʀ, øz/ NM,F *(= battant)* go-getter * ◆ **avoir un tempérament de** ~ to be a born winner NF **gagneuse** ⁑ *(= prostituée)* whore ⁑, hooker ⁑

**gai, e** /ge/ ADJ **a** *[personne, vie]* cheerful, happy; *[voix, visage]* cheerful, happy, cheery; *[caractère, roman, conversation, musique]* cheerful ◆ **le ~ Paris** gay Paris ◆ **c'est un ~ luron** he's a cheery *ou* happy fellow ◆ ~ **comme un pinson** happy as a lark ◆ **tu n'as pas l'air (bien)** ~ you don't look too happy **b** *(euph = ivre)* merry, tipsy; → **vin** **c** *[robe]* bright; *[couleur, pièce]* bright, cheerful ◆ **on va peindre la chambre en jaune pour faire** ~ we're going to paint the bedroom yellow to brighten it up **d** *(iro = amusant)* **j'ai oublié mon parapluie, c'est ~ !** that's great *, I've forgotten my umbrella! *(iro)* ◆ **ça va être ~, un week-end avec lui !** the weekend's going to be great fun with him around! *(iro)* **e** *(= homosexuel)* gay NM *(= homosexuel)* gay

**gaiement** /gemɑ̃/ ADV **a** *(= joyeusement)* cheerfully, merrily **b** *(= avec entrain)* **allons-y ~ !** come on then, let's get on with it! ◆ **il va recommencer ~ à faire les mêmes bêtises** he'll blithely *ou* gaily start the same old tricks again

**gaieté** /gete/ NF *[de personne, caractère, roman, conversation]* cheerfulness, gaiety; *[de couleur]* brightness ◆ **plein de** ~ cheerful ◆ **perdre/retrouver sa** ~ to lose/recover one's good spirits ◆ **ses films sont rarement d'une ~ folle** his films are not exactly cheerful ◆ **ce n'est pas de ~ de cœur qu'il accepta** he wasn't exactly happy about accepting, it was with some reluctance that he accepted ◆ **voilà les ~s de la province** *(iro)* those are the joys *ou* delights of living in a provincial town *(iro)*

**gaillard[1], e** /gajaʀ, aʀd/ ADJ **a** *(= alerte) [personne]* strong; *[allure]* lively, springy, sprightly ◆ **vieillard encore** ~ sprightly *ou* spry old man **b** *(= grivois) [propos]* bawdy, ribald
NM **a** *(= costaud)* **(robuste** *ou* **grand** *ou* **beau)** ~ strapping fellow *ou* lad **b** *(* = type)* fellow, guy *, chap * *(Brit)* ◆ **toi, mon ~, je t'ai à l'œil !** I've got my eye on you, chum! * *ou* mate! * *(Brit)* NF **gaillarde** *(= femme forte)* strapping wench * *ou* woman

**gaillard[2]** /gajaʀ/ NM *(Naut)* ◆ ~ **d'avant** forecastle (head), fo'c'sle ◆ ~ **d'arrière** quarter-deck

**gaillardement** /gajaʀdəmɑ̃/ ADV *(= avec bonne humeur)* cheerfully; *(= sans faiblir)* bravely, gallantly ◆ **ils attaquèrent la côte** ~ they set off energetically *ou* stoutly up the hill ◆ **il porte ~ sa soixantaine** he's a sprightly *ou* vigorous sixty-year-old

**gaillardise** /gajaʀdiz/ NF bawdy *ou* ribald remark

**gaîment** /gemɑ̃/ ADV ⇒ **gaiement**

**gain** /gɛ̃/ NM **a** *(= salaire) (gén)* earnings; *[d'ouvrier]* earnings, wages, wage ◆ **pour un ~ modeste** for a modest wage
**b** *(= lucre)* **le** ~ gain; → **appât**
**c** *(= bénéfice) [de société]* profit; *(au jeu)* winnings ◆ **faire un ~ de 2 milliards** to make a profit of 2 billion ◆ **se retirer sur son ~** *(au jeu)* to pull out with one's winnings intact; *(spéculation)* to retire on one's profits *ou* with what one has made
**d** *(= économie)* saving ◆ **le ~ d'argent/de place est énorme** it saves a considerable amount of money/space ◆ **ça permet un ~ de temps** it saves time ◆ **ce procédé permet un ~ de 50 minutes/d'électricité** this procedure saves 50 minutes/electricity
**e** *(= avantage matériel)* gain ◆ ~ **de productivité** productivity gain ◆ ~ **de pouvoir d'achat** increase in purchasing power ◆ ~**s territoriaux** territorial gains
**f** *(= obtention) [de match, bataille, procès]* winning; *[de fortune, voix d'électeurs]* gaining ◆ ~ **de poids** weight gain ◆ **ce ~ de trois sièges leur donne la majorité** winning *ou* gaining these three seats has given them a majority ◆ **l'action a terminé la séance sur un ~ de 2 points** the share was up (by) 2 points at close of trading
**g** *(Élec)* gain, amplification ◆ **contrôle automatique de** ~ automatic gain control
**h** *(loc)* **avoir** *ou* **obtenir ~ de cause** *(Jur)* to win the case; *(fig)* to be proved right ◆ **on ne voulait pas me rembourser mais j'ai fini par avoir ~ de cause** they didn't want to reimburse me but in the end I won my claim ◆ **donner ~ de cause à qn** *(Jur)* to decide in sb's favour; *(fig)* to pronounce sb right

**gainant, e** /gɛnɑ̃, ɑ̃t/ ADJ *[collant, culotte]* body-shaping

**gaine** /gɛn/ NF **a** *(Habillement)* girdle ◆ ~ **culotte** panty girdle **b** *(= fourreau) (Anat, Bot)* sheath; *[d'obus]* priming tube ◆ ~ **d'aération** *ou* **de ventilation** ventilation shaft **c** *(= piédestal)* plinth

**gainer** /gene/ ▸ conjug 1 ◂ VT *(gén)* to cover; *[+ fil électrique]* to sheathe; *[+ voile]* to put into a sailbag ◆ **jambes gainées de soie** legs sheathed in silk ◆ **objet gainé de cuir** leather-covered *ou* -cased object

**gaîté** /gete/ NF ⇒ **gaieté**

**gala** /gala/ NM official reception; *(pour collecter des fonds)* fund-raising reception ◆ ~ **de bienfaisance** charity gala ◆ **de ~** *[soirée, représentation]* gala *(épith)* ◆ **tenue de ~** full evening dress

**Galaad** /galaad/ NM Galahad

**galactique** /galaktik/ ADJ galactic

**galactophore** /galaktɔfɔʀ/ ADJ ◆ **canal/glande ~** milk duct/gland

**Galalithe** ® /galalit/ N Galalith ®

**galamment** /galamɑ̃/ ADV courteously, gallantly ◆ **se conduire ~** to behave courteously *ou* gallantly *ou* in a gentlemanly fashion

**galandage** /galɑ̃daʒ/ NM (brick) partition

**galant, e** /galɑ̃, ɑ̃t/ ADJ a *(= courtois)* gallant, courteous, gentlemanly ◆ **soyez ~, ouvrez-lui la porte** be a gentleman and open the door for her ◆ **c'est un ~ homme** he is a gentleman ◆ **femme ~e** *(†, péj)* courtesan b *[ton, humeur, propos]* flirtatious, gallant; *[scène, tableau]* amorous, romantic; *[conte]* racy, spicy; *[poésie]* amorous, courtly ◆ **en ~e compagnie** *[homme]* with a lady friend; *[femme]* with a gentleman friend ◆ **rendez-vous ~** tryst NM *(††, hum = soupirant)* gallant *(††)*, suitor *(††)*, admirer † *(aussi hum)*

**galanterie** /galɑ̃tʀi/ NF *(= courtoisie)* gallantry, chivalry; *(= propos)* gallant remark

**galantine** /galɑ̃tin/ NF galantine

**Galapagos** /galapagɔs/ NFPL ◆ **les (îles) ~** the Galapagos (Islands)

**galapiat** † /galapja/ NM *(= polisson)* rapscallion †, scamp

**Galatée** /galate/ NF Galatea

**Galates** /galat/ NMPL *(Bible)* Galatians

**galaxie** /galaksi/ NF *(Astron)* galaxy; *(= monde, domaine)* world, universe ◆ **la Galaxie** the Galaxy

**galbe** /galb/ NM *[de meuble, visage, cuisse]* curve ◆ **cuisses d'un ~ parfait** shapely thighs

**galbé, e** /galbe/ (ptp de **galber**) ADJ *[meuble]* with curved outlines; *[mollet]* rounded ◆ **bien ~** *[corps]* curvaceous, shapely; *[objet]* beautifully shaped

**galber** /galbe/ ▸ conjug 1 ◂ VT to shape *(into curves)*, to curve

**gale** /gal/ NF a *(Méd)* scabies, itch; *(Vét) [de chien, chat]* mange; *[de mouton]* scab; *(Bot)* scab ◆ **tu peux boire dans mon verre, je n'ai pas la ~ !** * *(hum)* you can drink out of my glass, you won't catch anything from me! *ou* I haven't got the plague! b *(= personne)* nasty character, nasty piece of work * ◆ **il est mauvais** *ou* **méchant comme la ~** he's a really nasty piece of work *

**galée** /gale/ NF *(Typo)* galley

**galéjade** /galeʒad/ NF tall story

**galéjer** /galeʒe/ ▸ conjug 6 ◂ VI to spin a yarn ◆ **oh, tu galèjes !** that's a tall story!

**galène** /galɛn/ NF galena, galenite

**galère** /galɛʀ/ NF a *(Hist = bateau)* galley ◆ ~ **réale** royal galley ◆ **envoyer/condamner qn aux ~s** to send/sentence sb to the galleys ◆ **qu'est-il allé faire dans cette ~ ?** why on earth did he have to get involved in that business? ◆ **dans quelle ~ me suis-je embarqué !** whatever have I let myself in for?; → **voguer** b *(* = ennui, problème)* **quelle ~ !, c'est (la) ~ !** what a drag * *ou* pain *! ◆ **rien n'allait dans ma vie, c'était (vraiment) la ~** nothing was going right for me, it was hell * *ou* it was the pits ‡ ◆ **j'ai connu des années de ~** I went through some difficult years *ou* years of hardship ◆ **une journée/un voyage ~** * a hellish * day/trip, a nightmare of a day/trip

**galérer** * /galeʀe/ ▸ conjug 6 ◂ VI a *(= travailler dur)* to sweat blood *, to slog * *(Brit)* b *(= avoir des difficultés)* to have a lot of hassle *, to have a hard time of it * ◆ **il a galéré pendant des années avant d'être reconnu** he struggled for years before gaining recognition

**galerie** /galʀi/ NF a *(= couloir) (gén)* gallery; *[de mine]* gallery, level; *[de fourmilière]* gallery; *[de taupinière]* tunnel b *(Art) (= magasin)* gallery; *(= salle de musée)* room, gallery; *(= collection)* collection c *(Théât = balcon)* circle ◆ **premières/deuxièmes ~s** dress/upper circle ◆ **les troisièmes ~s** the gallery, the gods * *(Brit)* d *(= public)* gallery, audience ◆ **il a dit cela pour la ~** he said that for appearances' sake ◆ **pour épater la ~** to show off * *ou* impress people; → **amuser** e *(Aut)* roof rack; *(Archit = balustrade)* gallery

COMP ▷ **galerie d'art** art gallery ▷ **la galerie des Glaces** *(Archit)* the Hall of Mirrors ▷ **galerie marchande** shopping arcade, shopping mall *(US)* ▷ **galerie de peinture** picture *ou* art gallery ▷ **galerie de portraits** *(Littérat)* collection of pen portraits ▷ **galerie de tableaux** ⇒ **galerie de peinture**

**galérien** /galeʀjɛ̃/ NM *(Hist)* galley slave; *(= SDF)* homeless person ◆ **travailler comme un ~** to work like a (galley) slave

**galeriste** /galʀist/ NMF gallery owner

**galet** /galɛ/ NM a *(= pierre)* pebble ◆ **~s** shingle, pebbles ◆ **plage de ~s** shingle beach b *(Tech)* wheel, roller

**galetas** /galta/ NM *(= mansarde)* garret; *(= taudis)* hovel

**galette** /galɛt/ NF a *(Culin) (= gâteau) round, flat biscuit; (Naut)* ship's biscuit ◆ ~ **(de sarrasin)** *(= crêpe)* (buckwheat) pancake ◆ ~ **de maïs** tortilla ◆ ~ **de pommes de terre** potato pancake ◆ ~ **des Rois** *cake eaten in France on Twelfth Night*; → **plat**[1]; → LES ROIS b *(Ciné)* roll c *(‡ = argent)* dough ‡, bread ‡, lolly ‡ *(Brit)* ◆ **il a de la ~** he's loaded ‡, he's rolling in money *

**galeux, -euse** /galø, øz/ ADJ a *[personne]* affected with scabies, scabious *(SPÉC)*; *[chien]* mangy; *[mouton, plante, arbre]* scabby; *[plaie]* caused by scabies *ou* the itch; *[éruption]* scabious ◆ **il m'a traité comme un chien ~** he treated me like dirt *ou* as if I was the scum of the earth; → **brebis** b *(= sordide) [murs]* peeling, flaking; *[pièce, quartier]* squalid, dingy, seedy NM,F *(= personne méprisable)* scum ◆ **pour lui je suis un ~** as far as he's concerned I'm the lowest of the low *ou* the scum of the earth

**galhauban** /galobɑ̃/ NM backstay

**Galice** /galis/ NF Galicia *(in Spain)*

**Galien** /galjɛ̃/ NM Galen

**Galilée**[1] /galile/ NM Galileo

**Galilée**[2] /galile/ NF Galilee ◆ **la mer de ~** the Sea of Galilee

**galiléen**[1], **-enne**[1] /galileɛ̃, ɛn/ *(Géog)* ADJ Galilean NM,F **Galiléen(ne)** Galilean

**galiléen**[2], **-enne**[2] /galileɛ̃, ɛn/ ADJ *(Phys, Astron)* Galilean ◆ **satellites ~s** Galilean satellites *ou* moons

**galimatias** /galimatja/ NM *(= propos)* gibberish *(NonC)*, twaddle *(Brit) (NonC)*; *(= écrit)* tedious nonsense *(NonC)*, twaddle *(Brit) (NonC)*

**galion** /galjɔ̃/ NM galleon

**galipette** * /galipɛt/ NF *(= cabriole)* somersault ◆ **~s** *(hum = ébats)* bedroom romps *(hum)* ◆ **faire des ~s** *(cabrioles)* to somersault, to do somersaults; *(hum : ébats)* to have a romp

**galle** /gal/ NF gall ◆ ~ **du chêne** oak apple; → **noix**

**Galles** /gal/ NFPL → **pays**[1], **prince**

**gallican, e** /ga(l)likɑ̃, an/ ADJ, NM,F Gallican

**gallicanisme** /ga(l)likanism/ NM Gallicanism

**gallicisme** /ga(l)lisism/ NM *(= idiotisme)* French idiom; *(dans une langue étrangère = calque)* gallicism

**gallinacé** /galinase/ NM gallinaceous bird *(SPÉC)*; *(hum = poulet)* chicken

**gallique** /galik/ ADJ gallic

**gallium** /galjɔm/ NM gallium

**gallois, e** /galwa, waz/ ADJ Welsh NM a *(Ling)* Welsh b ◆ **Gallois** Welshman ◆ **les Gallois** the Welsh NF **Galloise** Welshwoman

**gallon** /galɔ̃/ NM gallon ◆ ~ **canadien** *ou* **impérial** *(Can)* Imperial gallon *(4.545 litres)* ◆ ~ **américain** US gallon *(3.785 litres)*

**gallo-romain, e** (mpl **gallo-romains**) /ga(l)loʀɔmɛ̃, ɛn/ ADJ Gallo-Roman NM,F **Gallo-Romain(e)** Gallo-Roman

**galoche** /galɔʃ/ NF a *(= sabot)* clog; *(= chaussure) wooden-soled shoe*; → **menton** b *(Naut)* snatch block

**galon** /galɔ̃/ NM a *(Couture)* braid *(NonC)*, piece of braid; *(Mil)* stripe ◆ **il a gagné ses ~s d'homme d'État/de professeur en faisant ...** he earned *ou* won his stripes as a statesman/as a teacher doing ... ◆ **prendre du ~** to get promotion *(Brit)*, to get a promotion *(US)* b *(Can)* measuring tape, tape measure

**galonné, e** /galɔne/ (ptp de **galonner**) ADJ *(Mil) [manche, uniforme]* with stripes on NM *(Mil)* ◆ **un ~** * a brass hat *

**galonner** /galɔne/ ▸ conjug 1 ◂ VT *(Couture)* to trim with braid ◆ **robe galonnée d'or** dress trimmed with gold braid

**galop** /galo/ NM a *(gén)* gallop ◆ ~ **d'essai** *(lit)* trial gallop; *(fig)* trial run ◆ **j'ai fait un ~ de quelques minutes** I galloped for a few minutes ◆ **cheval au ~** galloping horse ◆ **prendre le ~, se mettre au ~** to break into a gallop ◆ **mettre son cheval au ~** to put one's horse into a gallop ◆ **partir au ~** *[cheval]* to set off at a gallop; *[personne]* to take off like a shot ◆ **nous avons dîné au ~** we bolted down our dinner ◆ **va chercher tes affaires au ~ !** go and get your things at *(Brit) ou* on *(US)* the double! *ou* and make it snappy! * ◆ **au petit ~** at a canter ◆ **au grand ~** at full gallop ◆ **au triple ~** *[partir, arriver]* at top speed ◆ **elle a rappliqué au triple ~** * she came in like a shot * b *(= danse)* gallopade

**galopade** /galɔpad/ NF *(Équitation)* hand gallop; *(= course précipitée)* stampede

**galopant, e** /galɔpɑ̃, ɑ̃t/ ADJ *[inflation]* galloping, runaway; *[corruption, criminalité]* rampant ◆ **une croissance démographique ~e** soaring population growth

**galoper** /galɔpe/ ▸ conjug 1 ◂ VI *[cheval]* to gallop; *[imagination]* to run wild, to run riot; *[enfant]* to run ◆ ~ **ventre à terre** to gallop flat out *, to go at full gallop ◆ **les enfants galopent dans les couloirs** the children are charging *ou* haring * *(Brit)* along the corridors ◆ **j'ai galopé toute la journée !** * I've been rushing around *ou* haring * *(Brit)* around all day! ◆ **faire ~ qn** *(= presser qn)* to rush sb

**galopin** * /galɔpɛ̃/ NM *(= polisson)* urchin, ragamuffin ◆ **petit ~ !** you little rascal! *ou* ragamuffin!

**galuchat** /galyʃa/ NM shagreen

**galure** * /galyʀ/, **galurin** * /galyʀɛ̃/ NM *(= chapeau)* hat, headgear * *(NonC)*

**galvaniser** /galvanize/ ▸ conjug 1 ◂ VT *(Tech)* to galvanize; *(= stimuler) [+ troupes, équipe, foule]* to galvanize (into action) ◆ **pour ~ les énergies** to galvanize people into action

**galvanomètre** /galvanɔmɛtʀ/ NM galvanometer

**galvanoplastie** /galvanoplasti/ NF *(= reproduction)* electrotyping, galvanoplasty; *(= dépôt)* electroplating

**galvaudé, e** /galvode/ (ptp de **galvauder**) ADJ *[expression]* trite, hackneyed; *[mot]* overused

**galvauder** /galvode/ ► conjug 1 ◄ VT *[+ réputation, image]* to tarnish, to sully; *[+ nom]* to bring into disrepute; *[+ talent]* to waste; *[+ expression, mot]* to overuse VPR **se galvauder** *(= s'avilir)* to demean o.s., to lower o.s., to compromise o.s.; *[expression]* to become hackneyed; *[mot]* to become trivialized (through overuse)

**gambade** /gɑ̃bad/ NF leap, caper ◆ **faire des ~s** *[personne, enfant]* to leap (about), to caper (about), to prance about; *[animal]* to gambol, to leap (about), to frisk about

**gambader** /gɑ̃bade/ ► conjug 1 ◄ VI *[animal]* to gambol, to leap (about), to frisk about; *[personne, enfant]* to leap (about), to caper (about), to prance about; *[esprit]* to flit *ou* jump from one idea to another ◆ **~ de joie** to jump for joy

**gambas** /gɑ̃bas/ NFPL Mediterranean prawns, gambas

**gambe** /gɑ̃b/ NF → **viole**

**gamberge** * /gɑ̃bɛʀʒ/ NF ◆ **la ~** *(= réflexion)* hard thinking; *(= soucis)* brooding

**gamberger** * /gɑ̃bɛʀʒe/ ► conjug 3 ◄ VI *(= réfléchir)* to think hard; *(= se faire du souci)* to brood ◆ **ça gamberge là-dedans !** your brain is really working overtime! *

**gambette** /gɑ̃bɛt/ NF *(* = jambe)* leg ◆ **jouer des ~s** to run away, to take to one's heels NM *(Zool)* redshank

**Gambie** /gɑ̃bi/ NF ◆ **la ~** *(= pays)* The Gambia; *(= fleuve)* the Gambia

**gambien, -ienne** /gɑ̃bjɛ̃, jɛn/ ADJ Gambian NM,F **Gambien(ne)** Gambian

**gambit** /gɑ̃bi/ NM *(Échecs)* gambit

**gamelle** /gamɛl/ NF *[de soldat]* mess tin *(Brit) ou* kit *(US)*; *[d'ouvrier, campeur]* billy-can, billy; *[de chien]* bowl; *(hum = assiette)* dish, plate ◆ **(se) ramasser** *ou* **(se) prendre une ~** * to fall flat on one's face, to come a cropper * *(Brit)*

**gamète** /gamɛt/ NM gamete

**gamin, e** /gamɛ̃, in/ ADJ *(= puéril)* childish; *(= espiègle)* mischievous, playful NM,F *(* = enfant)* kid * ◆ **quand j'étais ~** when I was a kid * ◆ **~ des rues/de Paris** street/Paris urchin ◆ **quel ~ (tu fais) !** you're so childish!

**gaminerie** /gaminʀi/ NF *(= espièglerie)* playfulness *(NonC)*; *(= puérilité)* childishness *(NonC)*; *(= farce)* prank ◆ **faire des ~s** to play (mischievous) pranks, to be childish ◆ **arrête tes ~s** stop being so childish

**gamma** /ga(m)ma/ NM gamma; → **rayon**

**gammaglobulines** /ga(m)maglɔbylin/ NFPL gamma globulins

**gamme** /gam/ NF **a** *(= série)* range; *[d'émotions, sentiments]* range, variety ◆ **toute la ~** the whole range ◆ **produit d'entrée/de milieu de ~** bottom-of-the-range/middle-of-the-range product ◆ **haut de ~** *[produit, voiture, magazine, hôtel]* top-of-the-range; *[clientèle, tourisme]* upmarket ◆ **bas de ~** *[produit, voiture, hôtel]* bottom-of-the-range; *[clientèle, tourisme]* downmarket ◆ **le très haut de ~ en chaînes hi-fi** the very top of the range in sound systems **b** *(Mus)* scale ◆ **faire des ~s** *[musicien]* to practise scales ◆ **il a fait ses ~s à la télévision** *(fig)* he cut his teeth in television

**gammée** /game/ ADJ F → **croix**

**ganache** /ganaʃ/ NF **a** *(* †) (vieille) ~* *(= imbécile)* (old) fool, (old) duffer * **b** *[de cheval]* lower jaw **c** *(Culin)* ganache

**Gand** /gɑ̃/ N Ghent

**gandin** † /gɑ̃dɛ̃/ NM *(péj)* dandy

**gang** /gɑ̃g/ NM gang *(of crooks)*

**Gange** /gɑ̃ʒ/ NM ◆ **le ~** the Ganges

**ganglion** /gɑ̃glijɔ̃/ NM ganglion ◆ **~ lymphatique** lymph node ◆ **il a des ~s** he has swollen glands

**gangrène** /gɑ̃gʀɛn/ NF *(Méd)* gangrene; *(fig)* blight ◆ **avoir la ~** to have gangrene ◆ **la ~ de la corruption** the cancer of corruption

**gangrener** /gɑ̃gʀəne/, **gangréner** /gɑ̃gʀene/ ► conjug 5 ◄ VT **a** *(Méd)* to gangrene **b** *(= corrompre)* to blight ◆ **société gangrenée** society in decay ◆ **la corruption gangrène tout le système** corruption is eating away at *ou* poisoning the entire system ◆ **la violence gangrène tous les rapports sociaux** violence poisons all social relationships VPR **se gangrener** to go gangrenous ◆ **blessure qui se gangrène** wound which is going gangrenous ◆ **membre gangrené** gangrenous limb

**gangreneux, -euse** /gɑ̃gʀənø, øz/, **gangréneux, -euse** /gɑ̃gʀenø, øz/ ADJ gangrenous

**gangster** /gɑ̃gstɛʀ/ NM *(= criminel)* gangster, mobster *(US)*; *(péj = escroc)* shark, swindler, crook

**gangstérisme** /gɑ̃gsteʀism/ NM gangsterism

**gangue** /gɑ̃g/ NF *[de minerai, pierre]* gangue; *(= carcan)* strait jacket ◆ **~ de boue** coating *ou* layer of mud

**ganja** /gɑ̃dʒa/ NF ganja

**ganse** /gɑ̃s/ NF *(Habillement)* braid *(NonC)*

**ganser** /gɑ̃se/ ► conjug 1 ◄ VT to braid ◆ **veste gansée de noir** jacket with black braiding

**gant** /gɑ̃/ NM **a** *(gén)* glove ◆ **~s de caoutchouc** rubber gloves **b** *(loc)* **remettre les ~s** * to take up boxing again ◆ **cette robe lui va comme un ~** that dress fits her like a glove ◆ **ton idée/ce rôle lui va comme un ~** your idea/this role suits him down to the ground ◆ **je ne vais pas prendre des ~s avec lui** I'm not going to pull my punches with him ◆ **tu ferais mieux de prendre des ~s avec lui** you'd better handle him with kid gloves ◆ **il va falloir prendre des ~s pour lui annoncer la nouvelle** we'll have to break the news to him gently ◆ **jeter/relever le ~** *(lit, fig)* to throw down/take up the gauntlet; → **main, retourner**

COMP ▷ **gants de boxe** boxing gloves ▷ **gants de chirurgien** surgical gloves ▷ **gant de crin** massage glove ▷ **gant de cuisine** oven glove ▷ **gant de jardinage** gardening glove ▷ **gant de toilette** ≃ facecloth *(Brit)*, (face) flannel *(Brit)*, wash cloth *(US)*

**gantelet** /gɑ̃t(ə)lɛ/ NM *(Mil, Sport)* gauntlet; *(Tech)* hand leather

**ganter** /gɑ̃te/ ► conjug 1 ◄ VT *[+ main, personne]* to fit with gloves, to put gloves on ◆ **ganté de cuir** wearing leather gloves ◆ **main gantée de cuir** leather-gloved hand VI ◆ **~ du 7** to take (a) size 7 in gloves VPR **se ganter** to put on one's gloves

**ganterie** /gɑ̃tʀi/ NF *(= usine)* glove factory; *(= magasin)* glove shop; *(= commerce)* glove trade; *(= industrie)* glove-making industry

**gantier, -ière** /gɑ̃tje, jɛʀ/ NM,F glover

**garage** /gaʀaʒ/ NM garage ◆ **as-tu mis la voiture au ~ ?** have you put the car in the garage? *ou* away? COMP ▷ **garage d'autobus** bus depot *ou* garage ▷ **garage d'avions** hangar ▷ **garage de** *ou* **à bicyclettes** bicycle shed ▷ **garage de canots** boathouse; → **voie**

**garagiste** /gaʀaʒist/ NMF *(= propriétaire)* garage owner; *(= mécanicien)* garage mechanic ◆ **le ~ m'a dit que ...** the man at the garage *ou* the mechanic told me that ... ◆ **emmener sa voiture chez le ~** to take one's car to the garage

**garance** /gaʀɑ̃s/ NF *(= plante, teinture)* madder ADJ INV madder(-coloured)

**garant, e** /gaʀɑ̃, ɑ̃t/ NM,F *(gén) (= personne, état)* guarantor *(de* for); ◆ **servir de ~ à qn** *[personne]* to stand surety for sb, to act as guarantor for sb; *[honneur, parole]* to be sb's guarantee ◆ **être** *ou* **se porter ~ de qch** *(Jur)* to be answerable *ou* responsible for sth; *(gén) (= assurer)* to guarantee sth ◆ **la banque centrale sera la ~e de la stabilité de l'euro** the central bank will guarantee the stability of the euro

**garanti, e[1]** /gaʀɑ̃ti/ (ptp de **garantir**) ADJ guaranteed ◆ **~ étanche/trois ans** guaranteed waterproof/for three years ◆ **~ pièces et main-d'œuvre** guaranteed for parts and labour ◆ **~ pure laine** warranted *ou* guaranteed pure wool ◆ **c'est ~ pour cinq ans** it carries a five-year guarantee, it is guaranteed for five years ◆ **il va refuser, c'est ~ (sur facture)** * he'll refuse – it's for sure *ou* it's a cert * *(Brit)*, you can bet your life he'll refuse * ◆ **c'est la migraine ~e** * you're bound to get *ou* it's a surefire way of getting * a headache

**garantie[2]** /gaʀɑ̃ti/ NF **a** *(Comm)* guarantee ◆ **sous ~** under guarantee; → **bon², contrat**

**b** *(= assurance)* guarantee, guaranty *(SPÉC)*; *(= gage)* security, surety; *(= protection)* safeguard ◆ **ils nous ont donné leur ~ que ...** they gave us their guarantee that ... ◆ **si on a la ~ qu'ils se conduiront bien** if we have a guarantee *ou* a firm undertaking *(Brit)* that they'll behave ◆ **servir de ~** *[bijoux]* to act as a surety *ou* security *ou* guarantee; *[otages]* to be used as a security; *[honneur]* to be a guarantee ◆ **donner des ~s** to give guarantees ◆ **il faut prendre des ~s** we have to find sureties *ou* get guarantees ◆ **cette entreprise présente toutes les ~s de sérieux** there is every indication that the firm is reliable ◆ **c'est une ~ de succès** it's a guarantee of success ◆ **c'est une ~ contre le chômage/l'inflation** it's a safeguard against unemployment/inflation

**c** *(= caution)* **donner sa ~ à** to guarantee, to stand security *ou* surety for, to be guarantor for

**d** *[de police d'assurance]* cover *(NonC)*

**e** *(loc)* **je vous dis ça, mais c'est sans ~** I can't vouch for what I'm telling you, I can't guarantee that what I'm telling you is right ◆ **j'essaierai de le faire pour jeudi mais sans ~** I'll try and get it done for Thursday but I can't guarantee it *ou* I'm not making any promises ◆ **ils ont bien voulu essayer de le faire, sans ~ de succès** they were quite willing to try and do it, but they couldn't guarantee success

COMP ▷ **garantie constitutionnelle** constitutional guarantee ▷ **garantie de l'emploi** job security ▷ **garantie d'exécution** performance bond ▷ **garanties individuelles** guarantees of individual liberties ▷ **garantie d'intérêt** guaranteed interest ▷ **garantie de paiement** guarantee of payment

**garantir** /gaʀɑ̃tiʀ/ GRAMMAIRE ACTIVE 42.1 ▸ conjug 2 ◂ VT a (gén = assurer) to guarantee; [+ emprunt] to guarantee, to secure ◆ ~ **que** to assure ou guarantee that ◆ **se ~ contre** [+ vol, incendie, risque] to insure ou cover o.s. against ◆ **je te garantis que ça ne se passera pas comme ça !** * I can assure you things won't turn out like that! ◆ **le poulet sera tendre, le boucher me l'a garanti** the chicken will be tender – the butcher assured me it would be ◆ **je te garantis le fait** I can vouch for the fact b (= protéger) ~ **qch de** to protect sth from ◆ **se ~ les yeux (du soleil)** to protect one's eyes (from the sun) ◆ **se ~ contre la pollution/dévaluation** to guard against pollution/currency devaluation

**garce** ‡ /gaʀs/ NF (péj) (= méchante) bitch *‡, (= dévergondée) slut ‡, tart ‡ (Brit) ◆ **qu'est-ce que tu es ~ !** you're such a bitch! *‡ ◆ ~ **de tondeuse !** damned ‡ ou bloody ‡ (Brit) mower!

**garçon** /gaʀsɔ̃/ NM a (= enfant, fils) boy ◆ **tu es un grand ~ maintenant** you're a big boy now ◆ **traiter qn comme un petit ~** to treat sb like a child ou a little boy ◆ **à côté d'eux, on est des petits ~s** compared with them we're only beginners ◆ **cette fille est un ~ manqué** ou **un vrai ~** this girl is a real tomboy
b (= jeune homme) young man ◆ **il est beau** ou **joli ~** he's good looking, he's a good-looking guy * ou young man ◆ **eh bien mon ~ ...** (hum) well my boy ... ◆ **c'est un brave ~** he's a good sort ou a nice fellow ◆ **ce ~ ira loin** that young man will go far; → **mauvais**
c (= commis) (shop) assistant ◆ ~ **boulanger/boucher** baker's/butcher's assistant; (= jeune homme) baker's/butcher's boy ◆ ~ **coiffeur** hairdresser's assistant ou junior
d (= serveur) waiter
e († = célibataire) bachelor ◆ **être/rester ~** to be/remain single ou a bachelor ◆ **vivre en ~** to lead a bachelor's life; → **enterrer, vie, vieux**
COMP ▷ **garçon d'ascenseur** lift (Brit) ou elevator (US) attendant; (= jeune homme) lift (Brit) ou elevator (US) boy ▷ **garçon de bureau** † office assistant ▷ **garçon de cabine** cabin boy ▷ **garçon de café** waiter ▷ **garçon de courses** messenger; (= jeune homme) errand boy ▷ **garçon d'écurie** stable boy ou lad (Brit) ▷ **garçon d'étage** boots (sg) (Brit), bellhop (US) ▷ **garçon de ferme** farm hand ▷ **garçon d'honneur** best man ▷ **garçon de laboratoire** laboratory assistant ▷ **garçon livreur** delivery man; (= jeune homme) delivery boy ▷ **garçon de recettes** bank messenger ▷ **garçon de salle** waiter

**garçonne** /gaʀsɔn/ **à la garçonne** LOC ADJ, LOC ADV ◆ **coupe** ou **coiffure à la ~** urchin cut ◆ **être coiffée à la ~** to have an urchin cut

**garçonnet** /gaʀsɔnɛ/ NM small boy ◆ **taille ~** boy's size ◆ **rayon ~** boys' department

**garçonnière** /gaʀsɔnjɛʀ/ NF bachelor flat (Brit) ou apartment (US)

**Garde** /gaʀd/ N ◆ **le lac de ~** Lake Garda

**garde**[1] /gaʀd/ NF a (= surveillance) **on lui avait confié la ~ des bagages/des prisonniers** he had been put in charge of the luggage/the prisoners, he had been given the job of looking after ou of guarding the luggage/the prisoners ◆ **il s'est chargé de la ~ des bagages/des prisonniers** he undertook to look after ou to guard ou to keep an eye on the luggage/the prisoners ◆ **la ~ des frontières est assurée par ...** the task ou job of guarding the frontiers is carried out by ... ◆ **confier qch/qn à la ~ de qn** to entrust sth/sb to sb's care, to leave sth/sb in sb's care ◆ **être sous la ~ de la police** to be under police guard ◆ **être/mettre qn sous bonne ~** to be/put sb under guard
b (Jur : après divorce) custody ◆ **elle a eu la ~ des enfants** she got ou was given (the) custody of the children ◆ ~ **alternée/conjointe** alternating/joint custody
c (= veille) [de soldat] guard duty; [d'infirmière] ward duty; [de médecin] duty period ◆ **sa ~ a duré douze heures** (soldat) he was on guard duty for 12 hours; (médecin, infirmier) he was on duty for 12 hours ◆ **assurer 15 ~s par mois** [médecin] to be on call ou on duty 15 times a month ◆ **(être) de ~** [infirmière, sentinelle] (to be) on duty; [médecin, pharmacien] (to be) on call ou on duty ◆ **pharmacie de ~** duty chemist (Brit) ou pharmacist (US) ◆ **quel est le médecin de ~ ?** who is the doctor on call?; → **chien, monter**[1]**, poste**[2]
d (= conservation) **être de bonne ~** [aliment, boisson] to keep well ◆ **vin de ~** wine for laying down, wine that will benefit from being kept
e (= groupe, escorte) guard ◆ ~ **rapprochée** [de président] personal bodyguard ◆ ~ **descendante/montante** old/relief guard; → **corps, relever** etc
f (= infirmière) nurse ◆ ~ **de jour/de nuit** day/night nurse
g (Boxe, Escrime) guard ◆ ~**s** (Escrime) positions ◆ **avoir/tenir la ~ haute** to have/keep one's guard up ◆ **fermer/ouvrir sa ~** to close/open one's guard ◆ **baisser sa ~** (lit) to lower one's guard; (fig) to drop one's guard
h [d'épée] hilt, guard ◆ **jusqu'à la ~** (lit) (up) to the hilt
i (Typo) **(page de) ~** flyleaf
j [de serrure] ~**s** wards
k (= espace) ~ **au sol** [de voiture] ground clearance; [d'avion] vertical clearance ◆ ~ **au toit** headroom ◆ ~ **d'embrayage** clutch linkage ou pedal play ◆ **laisser une ~ suffisante à la pédale** to allow enough play on the pedal
l (Cartes) **avoir la ~ à cœur** to have a stop (Brit) ou covering card (US) in hearts
m (loc) **être/se mettre/se tenir sur ses ~s** to be/put o.s./stay on one's guard ◆ **n'avoir ~ de faire** (littér) to take good care not to do, to make sure one doesn't do ◆ **faire bonne ~** to keep a close watch
◆ **en + garde** ◆ **en ~ !** (Escrime) on guard! ◆ **se mettre en ~** to take one's guard ◆ **mettre qn en ~** to put sb on his guard, to warn sb (contre against); ◆ **mise en ~** warning ◆ **prendre en ~** [+ enfant, animal] to take into one's care, to look after ◆ **ils nous ont laissé leur enfant en ~** they left their child in our care ◆ **Dieu vous ait en sa (sainte) ~** (may) God be with you
◆ **prendre garde** ◆ **prendre ~ de** ou **à ne pas faire** to be careful ou take care not to do ◆ **prenez ~ de (ne pas) tomber** be careful ou take care you don't fall ou not to fall, mind you don't fall (Brit) ◆ **prends ~ !** (exhortation) watch out!; (menace) watch it! * ◆ **prends ~ à toi** watch yourself, take care ◆ **prends ~ aux voitures** be careful of ou watch out for ou mind the cars ◆ **sans prendre ~ au danger** without considering ou heeding the danger ◆ **sans y prendre ~** without realizing it
COMP ▷ **garde d'enfants** (= personne) child minder (Brit), day-care worker (US); (= activité) child minding (Brit), day care (US) ▷ **garde d'honneur** guard of honour ▷ **garde impériale** Imperial Guard ▷ **garde judiciaire** legal surveillance (of impounded property) ▷ **garde juridique** legal liability ▷ **garde mobile** anti-riot police ▷ **garde municipale** municipal guard ▷ **garde pontificale** Papal Guard ▷ **garde républicaine** Republican Guard ▷ **garde à vue** ≈ police custody ◆ **être mis** ou **placé en ~ à vue** ≈ to be kept in police custody, to be held for questioning

**garde**[2] /gaʀd/ NM a [de locaux, prisonnier] guard; [de domaine, château] warden (Brit), keeper (US); [de jardin public] keeper b (Mil = soldat) guardsman; (Hist) guard, guardsman; (= sentinelle) guard
COMP ▷ **garde champêtre** rural policeman ▷ **garde du corps** bodyguard ▷ **garde forestier** ≈ forest warden (Brit), (park) ranger (US), forester ▷ **garde impérial** imperial guard ou guardsman ▷ **garde maritime** coastguard ▷ **garde mobile** member of the anti-riot police ▷ **garde municipal** municipal guard ou guardsman ▷ **garde pontifical** papal guard ou guardsman ▷ **garde républicain** Republican guard ou guardsman, member of the Republican Guard ▷ **garde rouge** Red Guard ▷ **Garde des Sceaux** French Minister of Justice, ≈ Lord Chancellor (Brit), Attorney General (US); (Hist) ≈ Keeper of the Seals; → aussi **garder**

**gardé, e** /gaʀde/ (ptp de **garder**) ADJ ◆ **passage à niveau ~/non ~** manned/unmanned level crossing ◆ **cabane ~e/non ~e** (Alpinisme) hut with/without resident warden; → **chasse**[1]**, proportion**

**garde-à-vous** /gaʀdavu/ NM INV (Mil) (= action) standing to attention (NonC); (= cri) order to stand to attention ◆ ~ **fixe !** attention! ◆ **ils exécutèrent des ~ impeccables** they stood to attention faultlessly ◆ **rester/se mettre au ~** (Mil, fig) to stand at/stand to attention

**garde-barrière** (pl **gardes-barrières**) /gaʀd(ə)baʀjɛʀ/ NMF level-crossing keeper

**garde-boue** /gaʀdəbu/ NM INV mudguard (Brit), fender (US)

**garde-chasse** (pl **gardes-chasse(s)**) /gaʀdəʃas/ NM gamekeeper

**garde-chiourme** (pl **gardes-chiourme**) /gaʀdəʃjuʀm/ NM (Hist) warder (of galley slaves); (fig) martinet

**garde-corps** /gaʀdəkɔʀ/ NM INV (Naut) lifeline, manrope; (= rambarde) (en fer) railing; (en pierre) parapet

**garde-côte** (pl **garde-côtes**) /gaʀdəkot/ NM (= navire) (Mil) coastguard ship; (= vedette garde-pêche) fisheries protection launch ou craft; (= personne) coastguard

**garde-feu** (pl **garde-feu(x)**) /gaʀdəfø/ NM fireguard

**garde-fou** (pl **garde-fous**) /gaʀdəfu/ NM (en fer) railing; (en pierre) parapet; (fig) safeguard (contre, à against); ◆ **servir de ~** to act as a safeguard

**garde-frein** (pl **gardes-frein(s)**) /gaʀdəfʀɛ̃/ NM guard, brakeman

**garde-frontière** (pl **gardes-frontières**) /gaʀd(ə)fʀɔ̃tjɛʀ/ NMF border guard

**garde-magasin** (pl **gardes-magasins**) /gaʀd(ə)magazɛ̃/ NM (Mil) ≈ quartermaster; (= magasinier) warehouseman

**garde-malade** (pl **gardes-malades**) /gaʀd(ə)malad/ NMF home nurse

**garde-manger** /gaʀd(ə)mɑ̃ʒe/ NM INV (= armoire) meat safe (Brit), cooler (US); (= pièce) pantry, larder

**garde-meuble** (pl **garde-meubles**) /gaʀdəmœbl/ NM storehouse, furniture depository (Brit) ◆ **mettre une armoire au ~** to put a wardrobe in storage ou in store (Brit)

**gardénal** ® /gaʀdenal/ NM phenobarbitone (Brit), phenobarbital (US), Luminal ®

**gardénia** /gaʀdenja/ NM gardenia

**garde-pêche** /gaʀdəpɛʃ/ **NM** *(= personne)* water bailiff *(Brit)*, fish (and game) warden *(US)* **NM INV** *(= frégate)* fisheries protection vessel ◆ **vedette ~** fisheries protection launch *ou* craft

**garde-port** (pl **gardes-ports**) /gaʀdəpɔʀ/ **NM** wharf master, harbour master

**garder** /gaʀde/ ▸ conjug 1 ◂ **VT** **a** *(= surveiller)* *[+ enfants, magasin]* to look after, to mind; *[+ bestiaux]* to look after, to guard; *[+ bagages]* to look after, to watch over; *[+ trésor, prisonnier]* to guard, to watch over; *(= défendre)* *[+ frontière, passage, porte]* to guard ◆ **le chien garde la maison** the dog guards the house ◆ **~ des enfants** *(métier)* to be a child minder *(Brit)* *ou* day-care worker *(US)* ◆ **garde ma valise pendant que j'achète un livre** look after *ou* keep an eye on my suitcase while I buy a book ◆ **on n'a pas gardé les cochons ensemble !** * you've got a nerve(, we hardly know each other)! * ◆ **toutes les issues sont gardées** all the exits are guarded, a watch is being kept on all the exits ◆ **une statue gardait l'entrée** a statue stood at the entrance *ou* guarded the entrance

**b** *(= ne pas quitter)* **~ la chambre** to stay in *ou* keep to one's room ◆ **~ le lit** to stay in bed ◆ **un rhume lui a fait ~ la chambre** he stayed in his room because of his cold, his cold kept him at home *ou* in his room

**c** *[+ denrées, marchandises, papiers]* to keep ◆ **gardez la monnaie** keep the change ◆ **ces fleurs ne gardent pas leur parfum** these flowers lose their scent ◆ **il garde tout** he holds on to everything, he never throws anything out ◆ **il ne peut rien ~** *(gén)* he can't keep anything; *(= il vomit)* he can't keep anything down

**d** *(= conserver sur soi)* *[+ vêtement]* to keep on ◆ **gardez donc votre chapeau** do keep your hat on

**e** *(= retenir)* *[+ personne, employé, client]* to keep; *[police]* to detain ◆ **~ qn à vue** *(Jur)* ≃ to keep sb in custody ◆ **~ qn à déjeuner** to have sb stay for lunch ◆ **~ un élève en retenue** to keep a pupil in, to keep a pupil in detention ◆ **il m'a gardé une heure au téléphone** he kept me on the phone for an hour

**f** *(= mettre de côté)* to keep, to put aside *ou* to one side; *(= réserver)* *[+ place]* *(pendant absence)* to keep *(à, pour* for); *(avant l'arrivée d'une personne)* to save, to keep *(à, pour* for); ◆ **je lui ai gardé une côtelette pour ce soir** I've kept *ou* saved a chop for him for tonight ◆ **j'ai gardé de la soupe pour demain** I've kept *ou* saved *ou* I've put aside some soup for tomorrow ◆ **~ le meilleur pour la fin** to keep the best till the end ◆ **~ une poire pour la soif** to keep *ou* save something for a rainy day; → **chien, dent**

**g** *(= maintenir)* to keep ◆ **~ les yeux baissés/la tête haute** to keep one's eyes down/one's head up ◆ **~ un chien enfermé/en laisse** to keep a dog shut in/on a leash

**h** *(= ne pas révéler)* to keep ◆ **~ le secret** to keep the secret ◆ **~ ses pensées pour soi** to keep one's thoughts to oneself ◆ **gardez cela pour vous** keep it to yourself, keep it under your hat * ◆ **gardez vos réflexions** *ou* **remarques pour vous** keep your comments to yourself

**i** *(= conserver)* *[+ souplesse, élasticité, fraîcheur]* to keep, to retain; *[+ jeunesse, droits, facultés]* to retain; *[+ habitudes, apparences]* to keep up; *[+ emploi]* to keep ◆ **il a gardé toutes ses facultés** *ou* **toute sa tête** he still has all his faculties, he's still in full possession of his faculties ◆ **~ le jeûne** to observe *ou* keep the fast ◆ **~ son calme** to keep *ou* remain calm ◆ **~ la tête froide** to keep a cool head, to keep one's head ◆ **~ ses distances** to keep one's distance ◆ **~ un bon souvenir de qch** to have happy memories of sth ◆ **~ sa raison** to keep one's sanity ◆ **~ le silence** to keep silent *ou* silence ◆ **~ l'espoir** to keep hoping ◆ **~ l'anonymat** to remain anonymous ◆ **~ la ligne** to keep one's figure ◆ **~ rancune à qn** to bear sb a grudge ◆ **j'ai eu du mal à ~ mon sérieux** I had a job keeping *ou* to keep a straight face ◆ **~ les idées claires** to keep a clear head

**j** *(= protéger)* **~ qn de l'erreur/de ses amis** to save sb from error/from his friends ◆ **ça vous gardera du froid** it'll protect you from the cold ◆ **Dieu** *ou* **le Ciel vous garde** God be with you ◆ **la châsse qui garde ces reliques** the shrine which houses these relics

**VPR** **se garder** **a** *[denrées]* to keep ◆ **ça se garde bien** it keeps well

**b** ◆ **se ~ de qch** *(= se défier de)* to beware of *ou* be wary of sth; *(= se protéger de)* to protect o.s. from sth, to guard against sth ◆ **gardez-vous de décisions trop promptes/de vos amis** beware *ou* be wary of hasty decisions/of your own friends ◆ **se ~ de faire qch** to be careful not to do sth ◆ **elle s'est bien gardée de le prévenir** she was very careful not to tell him, she carefully avoided telling him ◆ **vous allez lui parler ? – je m'en garderai bien !** are you going to speak to him? – that's one thing I won't do! *ou* that's the last thing I'd do!

**garderie** /gaʀdəʀi/ **NF** ◆ **~ (d'enfants)** *(jeunes enfants)* day nursery *(Brit)*, day-care center *(US)*; *(Scol)* ≃ after-school club *(Brit)*, after-school center *(US)* *(child-minding service operating outside school hours while parents are working)*

**garde-robe** (pl **garde-robes**) /gaʀdəʀɔb/ **NF** *(= habits)* wardrobe ◆ **il faut que je renouvelle ma ~** I need a whole new wardrobe

**gardeur, -euse** /gaʀdœʀ, øz/ **NM, F** ◆ **~ de troupeaux** herdsman ◆ **~ de vaches** cowherd ◆ **~ de chèvres** goatherd ◆ **~ de cochons** swineherd

**garde-voie** (pl **gardes-voies**) /gaʀdəvwa/ **NM** *(Rail)* line guard

**gardian** /gaʀdjɑ̃/ **NM** herdsman *(in the Camargue)*

**gardien, -ienne** /gaʀdjɛ̃, jɛn/ **NM,F** **a** *[de propriété, château]* warden *(Brit)*, keeper *(US)*; *[d'usine, locaux]* guard; *[d'hôtel]* attendant; *[de cimetière]* caretaker, keeper; *[de jardin public, zoo]* keeper; *[de réserve naturelle]* warden; *[de prisonnier]* guard; *[de bovins]* cowherd

**b** *(= défenseur)* guardian, protector ◆ **la constitution, gardienne des libertés** the constitution, protector *ou* guardian of freedom ◆ **les ~s de la Constitution** the guardians of the Constitution; → **ange**

**COMP** ▷ **gardien(ne) (de but)** goalkeeper, goalie * ▷ **gardienne (d'enfants)** child minder *(Brit)*, day-care worker *(US)* ▷ **gardien(-ne) (d'immeuble)** caretaker *(of a block of flats) (Brit)*, (apartment house) manager *(US)* ▷ **gardien(ne) de musée** museum attendant ▷ **gardien de nuit** night watchman ▷ **gardien de la paix** policeman, patrolman *(US)* ▷ **gardienne de la paix** policewoman, patrolwoman *(US)* ▷ **gardien(ne) de phare** lighthouse keeper ▷ **gardien (de prison)** prison officer *(Brit)* *ou* guard *(US)* ▷ **gardienne (de prison)** prison officer *ou* wardress *(Brit)* *ou* guard *(US)* ▷ **gardien du temple** *(fig)* keeper of the flame

**gardiennage** /gaʀdjenaʒ/ **NM** *[d'immeuble]* caretaking; *[de locaux]* guarding; *[de port]* security ◆ **~ électronique** electronic surveillance ◆ **société de ~ et de surveillance** security company

**gardon** /gaʀdɔ̃/ **NM** roach; → **frais**[1]

**gare**[1] /gaʀ/ **NF** *(Rail)* station ◆ **~ d'arrivée/de départ** station of arrival/of departure ◆ **~ de marchandises/de voyageurs** goods *(Brit)* *ou* freight *(US)*/passenger station ◆ **le train entre/est en ~** the train is coming in/is in ◆ **l'express de Dijon entre en ~ sur la voie 6** the express from Dijon is now approaching platform 6 ◆ **littérature/roman de ~** *(péj)* pulp literature/novel; → **chef**[1] **COMP** ▷ **gare fluviale** canal *ou* river basin ▷ **gare de fret** cargo terminal ▷ **gare maritime** harbour station ▷ **gare routière** *[de camions]* haulage depot; *[d'autocars]* coach *(Brit)* *ou* bus *(US)* station ▷ **gare de triage** marshalling yard

**gare**[2] * /gaʀ/ **EXCL** *(= attention)* ◆ **~ à toi !, ~ à tes fesses !** ⁑ (just) watch it! * ◆ **~ à toi** *ou* **à tes fesses** ⁑ **si tu recommences !** you'll be in for it if you do that again! * ◆ **~ au premier qui bouge !** whoever makes the first move will be in trouble!, the first one to move will be for it! * *(Brit)* ◆ **et fais ce que je dis, sinon ~ !** and do what I say, or else! * ◆ **~ à ne pas recommencer !** just make sure you don't do it again! ◆ **la porte est basse, ~ à ta tête** it's a low door so (be) careful you don't bang your head *ou* mind *(Brit)* (you don't bang) your head ◆ **~ aux conséquences/à ce type** beware of the consequences/of him; → **crier**

**garenne** /gaʀɛn/ **NF** rabbit warren; → **lapin** **NM** wild rabbit

**garer** /gaʀe/ ▸ conjug 1 ◂ **VT** *[+ véhicule]* to park; *[+ train]* to put into a siding; *[+ embarcation]* to dock; *[+ récolte]* to (put into) store **VPR** **se garer** **a** *[automobiliste]* to park **b** *(= se ranger de côté)* *[véhicule, automobiliste]* to draw into the side, to pull over; *[piéton]* to move aside, to get out of the way **c** *( * = éviter)* **se ~ de qch/qn** to avoid sth/sb, to steer clear of sth/sb

**Gargantua** /gaʀgɑ̃tɥa/ **NM** Gargantua ◆ **c'est un ~** he has a gargantuan *ou* gigantic appetite

**gargantuesque** /gaʀgɑ̃tɥɛsk/ **ADJ** *[appétit, repas]* gargantuan, gigantic

**gargariser (se)** /gaʀgaʀize/ ▸ conjug 1 ◂ **VPR** to gargle ◆ **se ~ de** *(péj = se vanter de)* to crow over *ou* about ◆ **se ~ de grands mots** to revel in big words

**gargarisme** /gaʀgaʀism/ **NM** gargle ◆ **se faire un ~** to gargle

**gargote** /gaʀgɔt/ **NF** *(péj)* cheap restaurant *ou* eating-house, greasy spoon *, greasy Joe's * *(Brit)*

**gargotier, -ière** /gaʀgɔtje, jɛʀ/ **NM,F** *(= aubergiste)* owner of a greasy spoon *

**gargouille** /gaʀguj/ **NF** *(Archit)* gargoyle; *(Constr)* waterspout

**gargouillement** /gaʀgujmɑ̃/ **NM** ⇒ **gargouillis**

**gargouiller** /gaʀguje/ ▸ conjug 1 ◂ **VI** *[eau]* to gurgle; *[intestin]* to rumble

**gargouillis** /gaʀguji/ **NM** *(gén pl)* *[d'eau]* gurgling *(NonC)*; *[d'intestin]* rumbling *(NonC)* ◆ **faire des ~** *[eau]* to gurgle; *[intestin]* to rumble

**gargoulette** /gaʀgulɛt/ **NF** *(= vase)* earthenware water jug

**garnement** /gaʀnəmɑ̃/ **NM** *(= gamin)* (young) imp; *(= adolescent)* tearaway *(Brit)*, hellion *(US)* ◆ **petit ~ !** you little rascal!

**garni, e** /gaʀni/ (ptp de **garnir**) **ADJ** **a** *(= rempli)* **bien ~** *[réfrigérateur, bibliothèque]* well-stocked; *[bourse]* well-lined; *[+ portefeuille]* well-filled, well-lined ◆ **il a encore une chevelure**

**bien ~e** he has still got a good head of hair **b** *[plat, viande] (de légumes)* served with vegetables; *(de frites)* served with French fries *ou* chips *(Brit)* ◆ **cette entrecôte est bien ~e** there's a generous helping of French fries *ou* chips *(Brit)* with this steak; → **bouquet[1], choucroute** **c** *(† = meublé) [chambre]* furnished **NM** † furnished accommodation *ou* rooms *(for renting)*

**garnir** /gaʀniʀ/ ▸ conjug 2 ◂ **VT** **a** *(= protéger, équiper)* ~ **de** to fit out with ◆ ~ **une porte d'acier** to fit *ou* reinforce a door with steel plate ◆ ~ **une canne d'un embout** to put a tip on the end of a walking stick ◆ ~ **une muraille de canons** to range cannons along a wall ◆ ~ **une boîte de tissu** to line a box with material ◆ ~ **un mur de pointes** to arm a wall with spikes, to set spikes along a wall ◆ **mur garni de canons/pointes** wall bristling with cannons/spikes
**b** *[chose] (= couvrir)* **l'acier qui garnit la porte** the steel plate covering the door ◆ **les canons qui garnissent la muraille** the cannons lining the wall *ou* ranged along the wall ◆ **des pointes garnissent le mur** there are spikes set in the wall ◆ **le cuir qui garnit la poignée** the leather covering the handle ◆ **coffret garni de velours** casket lined with velvet, velvet-lined casket
**c** *(= approvisionner) [+ boîte, caisse]* to fill (*de* with); *[+ réfrigérateur]* to stock (*de* with); *[+ chaudière]* to stoke (*de* with); *[+ hameçon]* to bait (*de* with); ◆ **le cuisinier garnissait les plats de charcuterie** the cook was setting out *ou* putting cold meat on the plates ◆ ~ **de livres une bibliothèque** to stock *ou* fill (the shelves of) a library with books ◆ ~ **les remparts** *(Mil)* to garrison the ramparts
**d** *(= remplir) [+ boîte]* to fill; *(= recouvrir) [+ surface, rayon]* to cover, to fill ◆ **une foule dense garnissait les trottoirs** a dense crowd covered *ou* packed the pavements ◆ **les chocolats qui garnissaient la boîte** the chocolates which filled the box ◆ **boîte garnie de chocolats** box full of chocolates ◆ **plats garnis de tranches de viande** plates filled with *ou* full of slices of meat
**e** *[+ siège] (= canner)* to cane; *(= rembourrer)* to pad
**f** *(= enjoliver) [+ vêtement]* to trim; *[+ étagère]* to decorate; *[+ aliment]* to garnish (*de* with); ◆ ~ **une jupe d'un volant** to trim a skirt with a frill ◆ ~ **une table de fleurs** to decorate a table with flowers ◆ **les bibelots qui garnissent la cheminée** the trinkets which decorate the mantelpiece ◆ **des plats joliment garnis de charcuterie** plates nicely laid out with cold meat ◆ **des côtelettes garnies de cresson** chops garnished with cress
**VPR** **se garnir** *[salle, pièce]* to fill up (*de* with); ◆ **la salle commençait à se** ~ the room was beginning to fill up

**garnison** /gaʀnizɔ̃/ **NF** *(= troupes)* garrison ◆ **(ville de)** ~ garrison town ◆ **vie de** ~ garrison life ◆ **être en** ~ **à, tenir** ~ **à** to be stationed *ou* garrisoned at

**garniture** /gaʀnityʀ/ **NF** **a** *(= décoration) [de robe, chapeau]* trimming *(NonC)*; *[de table]* set of table linen; *[de coffret]* lining ◆ ~ **intérieure** *(Aut)* upholstery, interior trim
**b** *(Culin) (= légumes)* vegetables; *(= sauce à vol-au-vent)* filling ◆ **servi avec** ~ served with vegetables, vegetables included ◆ **pour la ~, vous avez des carottes ou des pois** you have a choice of carrots or peas as a vegetable
**c** *(Typo)* furniture
**d** *(Tech = protection) [de chaudière]* lagging *(NonC)*; *[de boîte]* covering *(NonC)* ◆ **avec** ~ **de caoutchouc/cuir** with rubber/leather fittings *ou* fitments ◆ ~ **d'embrayage/de frein** clutch/brake lining ◆ **changer les ~s de freins** to reline the brakes, to change the brake linings
**COMP** ▷ **garniture de cheminée** mantelpiece ornaments ▷ **garniture de foyer** (set of) fire irons ▷ **garniture de lit** (set of) bed linen ▷ **garniture périodique** sanitary towel *(Brit) ou* napkin *(US)* ▷ **garniture de toilette** toilet set

**Garonne** /gaʀɔn/ **NF** ◆ **la** ~ the Garonne

**garrigue** /gaʀig/ **NF** garrigue, scrubland

**garrot** /gaʀo/ **NM** *[de cheval]* withers; *(Méd)* tourniquet; *(= supplice)* garrotte ◆ **poser un** ~ to apply a tourniquet (*à qn* to sb)

**garrotter** /gaʀɔte/ ▸ conjug 1 ◂ **VT** *(= attacher)* to tie up; *(† = censurer) [+ presse]* to gag

**gars** * /gɑ/ **NM** **a** *(= enfant, fils)* boy, lad *(Brit)* ◆ **les petits** ~ **du quartier** the local youths ◆ **dis-moi mon** ~ tell me son *ou* sonny * **b** *(= type)* guy *, bloke * *(Brit)* ◆ **un drôle de** ~ an odd guy *ou* customer * ◆ **allons-y, les** ~ **!** come on, guys * *ou* lads * *(Brit)*!

**Gascogne** /gaskɔɲ/ **NF** Gascony; → **golfe**

**gascon, -onne** /gaskɔ̃, ɔn/ **ADJ** Gascon **NM** *(Ling)* Gascon **NM,F** **Gascon(ne)** Gascon; → **promesse**

**gasconnade** /gaskɔnad/ **NF** *(littér = vantardise)* boasting *(NonC)*, bragging *(NonC)*

**gasoil, gas-oil** /gazwal, gɑzɔjl/ **NM** diesel oil

**gaspacho** /gaspatʃo/ **NM** gazpacho

**gaspillage** /gaspijaʒ/ **NM** *(= action)* wasting; *(= résultat)* waste ◆ **quel ~ !** what a waste! ◆ **un immense** ~ **des ressources naturelles** an enormous waste of natural resources

**gaspiller** /gaspije/ ▸ conjug 1 ◂ **VT** *[+ eau, nourriture, temps, ressources]* to waste; *[+ fortune, argent, dons, talent]* to waste, to squander ◆ **il gaspille inutilement ses forces/son énergie** he's wasting his strength/energy ◆ **qu'est-ce que tu gaspilles !** you're so wasteful!

**gaspilleur, -euse** /gaspijœʀ, øz/ **ADJ** wasteful **NM,F** *[d'eau, nourriture, temps, dons]* waster; *[de fortune]* squanderer ◆ **quel** ~ he's so wasteful

**gastéropode** /gasteʀɔpɔd/ **NM** gastropod, gasteropod ◆ **~s** Gastropoda *(SPÉC)*

**gastralgie** /gastʀalʒi/ **NF** stomach pains, gastralgia *(SPÉC)*

**gastrine** /gastʀin/ **NF** gastrin

**gastrique** /gastʀik/ **ADJ** gastric; → **embarras**

**gastrite** /gastʀit/ **NF** gastritis

**gastro-duodénal, e** (mpl **-aux**) /gastʀo dɥɔdenal, o/ **ADJ** gastro-duodenal

**gastroentérite** /gastʀoɑ̃teʀit/ **NF** gastroenteritis *(NonC)*

**gastroentérologie** /gastʀoɑ̃teʀɔlɔʒi/ **NF** gastroenterology

**gastroentérologue** /gastʀoɑ̃teʀɔlɔg/ **NMF** gastroenterologist

**gastro-intestinal, e** (mpl **-aux**) /gastʀo ɛ̃testinal, o/ **ADJ** gastrointestinal

**gastronome** /gastʀɔnɔm/ **NMF** gourmet, gastronome

**gastronomie** /gastʀɔnɔmi/ **NF** gastronomy

**gastronomique** /gastʀɔnɔmik/ **ADJ** gastronomic; → **menu[1], restaurant**

**gastroplastie** /gastʀoplasti/ **NF** gastroplasty, stomach stapling

**gâté, e** /gɑte/ (ptp de **gâter**) **ADJ** *[enfant, fruit]* spoilt ◆ **dent ~e** bad tooth ◆ **avoir les dents ~es** to have bad teeth

**gâteau** (pl **gâteaux**) /gɑto/ **NM** **a** *(= pâtisserie)* cake; *(au restaurant)* gateau; *(Helv = tarte)* tart ◆ ~ **d'anniversaire/aux amandes** birthday/almond cake ◆ **~x (à) apéritif** (small) savoury biscuits, appetizers ◆ **~x secs** biscuits *(Brit)*, cookies *(US)* ◆ ~ **de semoule/de riz** semolina/rice pudding; → **petit**
**b** *(* = butin, héritage)* loot ‡ ◆ **se partager le** ~ to share out the loot ‡ ◆ **vouloir sa part du** ~ to want one's share of the loot ‡ *ou* a fair share of the cake *ou* a piece of the pie * *(US)*
**c** ◆ **c'est du** ~ * it's a piece of cake * *ou* a doddle * *(Brit)*, it's a snap * *(US)* ◆ **pour lui, c'est du** ~ * it's a piece of cake for him *, that's pie * to him *(US)* ◆ **c'est pas du** ~ * it's no picnic *
**d** *(de plâtre)* cake ◆ ~ **de miel** *ou* **de cire** honeycomb
**ADJ INV** *(* = indulgent)* soft ◆ **c'est un papa** ~ he's a real softie * of a dad

**gâter** /gɑte/ ▸ conjug 1 ◂ **VT** **a** *(= abîmer) [+ paysage, visage, plaisir, goût]* to ruin, to spoil; *[+ esprit, jugement]* to have a harmful effect on ◆ **la chaleur a gâté la viande** the heat has made the meat go bad *ou* go off *(Brit)* ◆ **tu vas te ~ les dents** you'll ruin your teeth ◆ **et, ce qui ne gâte rien, elle est jolie** and she's pretty to boot, and she's pretty, which is an added bonus *ou* is even better
**b** *(= choyer) [+ enfant]* to spoil ◆ **nous avons été gâtés cette année, il a fait très beau** we've been really lucky *ou* we've been spoilt this year – the weather has been lovely ◆ **il pleut, on est gâté !** *(iro)* just our luck! – it's raining! ◆ **il n'est pas gâté par la nature** he hasn't been blessed by nature ◆ **la vie ne l'a pas gâté** life hasn't been very kind to him
**VPR** **se gâter** *[viande]* to go bad, to go off *(Brit)*; *[fruit]* to go bad; *[temps]* to change (for the worse), to take a turn for the worse; *[ambiance, relations]* to take a turn for the worse ◆ **le temps va se** ~ the weather's going to change for the worse *ou* going to break ◆ **ça commence** *ou* **les choses commencent à se** ~ **(entre eux)** things are beginning to go wrong (between them) ◆ **mon père vient de rentrer, ça va se ~ !** my father has just come in and there's going to be trouble! *ou* things are going to turn nasty!

**gâterie** /gɑtʀi/ **NF** little treat ◆ **je me suis payé une petite** ~ *(objet)* I've treated myself to a little something, I've bought myself a little present; *(sucrerie)* I've bought myself a little treat

**gâte-sauce** (pl **gâte-sauces**) /gɑtsos/ **NM** *(= apprenti)* kitchen boy; *(péj)* bad cook

**gâteux, -euse** * /gɑtø, øz/ **ADJ** *(= sénile) [vieillard]* senile, gaga *, doddering ◆ **il l'aime tellement qu'il en est** ~ he's really quite besotted with her, he's dotty * *(Brit)* about her ◆ **son petit-fils l'a rendu** ~ he's gone soft * over his grandson **NM** ◆ **(vieux)** ~ *(= sénile)* dotard, doddering old man; *(péj = radoteur, imbécile)* silly old duffer * **NF** ◆ **(vieille) gâteuse** *(= sénile)* doddering old woman; *(péj)* silly old bag * *ou* woman

**gâtifier** * /gɑtifje/ ▸ conjug 7 ◂ **VI** to go soft in the head *

**gâtisme** /gɑtism/ **NM** *[de vieillard]* senility; *[de personne stupide]* idiocy, stupidity

**GATT** /gat/ **NM** (abrév de **General Agreement on Tariffs and Trade**) GATT

**gatter** * /gate/ ▸ conjug 1 ◂ **VI** *(Helv Scol)* to play truant

**gauche[1]** /goʃ/ **ADJ** *(après nom) [bras, chaussure, côté, rive]* left ◆ **du côté** ~ on the left(-hand) side ◆ **habiter au troisième** ~ to live on the third floor on the left; → **arme, lever[1], main, marier**
**NM** *(Boxe) (= coup)* left ◆ **direct du** ~ *(= poing)* straight left ◆ **crochet du** ~ left hook

**NF** a *(= côté)* **la** ~ the left (side), the left-hand side ◆ **à** ~ on the left; *(direction)* to the left ◆ **à ma/sa** ~ on my/his left, on my/his left-hand side ◆ **le tiroir/chemin de** ~ the left-hand drawer/path ◆ **rouler à** ~ *ou* **sur la** ~ to drive on the left ◆ **de** ~ **à droite** from left to right ◆ **mettre de l'argent à** ~ †* to put money aside (on the quiet); *pour autres loc voir* **droit**[1]

b *(Pol)* **la** ~ the left ◆ **la** ~ **caviar** champagne socialists ◆ **la** ~ **plurielle** *generic name for the French Left, which is made up of various different parties* ◆ **les** ~**s** the parties of the left ◆ **homme de** ~ man of the left, left-winger ◆ **candidat/idées de** ~ left-wing candidate/ideas ◆ **elle est très à** ~ she's very left-wing

**gauche**[2] /goʃ/ **ADJ** a *(= maladroit) [personne, style, geste]* awkward, clumsy; *(= emprunté) [air, manière]* awkward, gauche b *(= tordu) [planche, règle]* warped; *(Math = courbe) [surface]* skew

**gauchement** /goʃmɑ̃/ **ADV** clumsily, awkwardly

**gaucher, -ère** /goʃe, ɛʀ/ **ADJ** left-handed **NM,F** left-handed person; *(Sport)* left-hander ◆ ~ **contrarié** *left-handed person forced to use his right hand*

**gaucherie** /goʃʀi/ **NF** *[d'allure]* awkwardness *(NonC)*; *[d'action, expression]* clumsiness *(NonC)*; *(= acte)* awkward *ou* clumsy behaviour *(NonC)*; *(Méd)* sinistral tendency ◆ **une** ~ **de style** a clumsy turn of phrase

**gauchir** /goʃiʀ/ ► conjug 2 ◄ **VT** a *(Aviat, Menuiserie)* to warp b *[+ idée, fait]* to distort, to misrepresent; *[+ esprit]* to warp c *(Pol)* ~ **sa position** to swing further to the left ◆ **elle a gauchi son discours** she's become more left-wing in what she says **VI** **se gauchir** **VPR** *(= se déformer)* to warp

**gauchisant, e** /goʃizɑ̃, ɑ̃t/ **ADJ** *[auteur]* with left-wing *ou* leftist tendencies; *[théorie]* with a left-wing *ou* leftish bias

**gauchisme** /goʃism/ **NM** leftism

**gauchissement** /goʃismɑ̃/ **NM** a *(Aviat, Menuiserie)* warping b *[d'idée, fait]* distortion, misrepresentation; *[d'esprit]* warping

**gauchiste** /goʃist/ **ADJ** leftist *(épith)* **NMF** leftist

**gaucho**[1] * /goʃo/ *(péj Pol)* **ADJ** left-wing *(épith)* **NMF** lefty *, left-winger

**gaucho**[2] /go(t)ʃo/ **NM** *(= gardien de troupeaux)* gaucho

**gaudriole** * /godʀijɔl/ **NF** a *(= débauche)* **il aime la** ~ he likes a bit of slap and tickle * b *(= propos)* broad *ou* blue * joke

**gaufrage** /gofʀaʒ/ **NM** *[de papier, cuir] (en relief)* embossing *(NonC)*; *(en creux)* figuring *(NonC)*; *[de tissu]* goffering *(NonC)*

**gaufre** /gofʀ/ **NF** *(Culin)* waffle; *(en cire)* honeycomb; → **moule**[1]

**gaufrer** /gofʀe/ ► conjug 1 ◄ **VT** *[+ papier, cuir] (en relief)* to emboss; *(en creux)* to figure; *[+ tissu]* to goffer ◆ **papier gaufré** embossed paper; → **fer**

**gaufrerie** /gofʀəʀi/ **NF** *(Can)* waffle shop

**gaufrette** /gofʀɛt/ **NF** wafer

**gaufrier** /gofʀije/ **NM** waffle iron

**gaufrure** /gofʀyʀ/ **NF** *[de papier, cuir] (en relief)* embossing *(NonC)*, embossed design; *(en creux)* figuring *(NonC)*; *[de papier]* goffering *(NonC)*

**Gaule** /gol/ **NF** Gaul

**gaule** /gol/ **NF** *(= perche)* (long) pole; *(Pêche)* fishing rod

**gauler** /gole/ ► conjug 1 ◄ **VT** *[+ arbre]* to beat *(using a long pole to bring down the fruit or nuts)*; *[+ fruits, noix]* to bring down, to shake down *(with a pole)* ◆ **se faire** ~ * to get caught; *(par la police)* to get nabbed * *ou* nicked * *(Brit)*

**gaullien, -ienne** /goljɛ̃, jɛn/ **ADJ** de Gaullian

**gaullisme** /golism/ **NM** Gaullism

**gaulliste** /golist/ **ADJ, NMF** Gaullist

**gaulois, e** /golwa, waz/ **ADJ** a *(= de Gaule)* Gallic; *(hum = français)* French b *(= grivois)* bawdy ◆ **esprit** ~ (broad *ou* bawdy) Gallic humour **NM** *(Ling)* Gaulish **NM,F** **Gaulois(e)** Gaul; → **moustache** **NF** **Gauloise** ® *(= cigarette)* Gauloise

**gauloisement** /golwazmɑ̃/ **ADV** bawdily

**gauloiserie** /golwazʀi/ **NF** *(= propos)* broad *ou* bawdy story (*ou* joke); *(= caractère grivois)* bawdiness

**gauss** /gos/ **NM** *(Phys)* gauss

**gausser (se)** /gose/ ► conjug 1 ◄ **VPR** *(littér) (= se moquer)* to laugh (and make fun), to mock ◆ **vous vous gaussez !** you jest! ◆ **se** ~ **de** to deride, to make mock of *(littér)*, to poke fun at

**gavage** /gavaʒ/ **NM** *(Agr)* force-feeding; *(Méd)* forced feeding, gavage

**gave** /gav/ **NM** mountain stream *(in the Pyrenees)*

**gaver** /gave/ ► conjug 1 ◄ **VT** *[+ animal]* to force-feed; *[+ personne]* to fill up (*de* with); ◆ **je suis gavé !** I'm full (up)!, I'm full to bursting! * ◆ **on les gave de connaissances inutiles** they cram their heads with useless knowledge ◆ **on nous gave de séries télévisées/de publicité** we're fed a non-stop diet of television serials/of advertisements ◆ **ça me gave** * it really hacks me off * **VPR** **se gaver** ◆ **se** ~ **de** *[+ nourriture]* to stuff o.s. with, to gorge o.s. on; *[+ romans]* to devour ◆ **il se gave de films** he's a real film buff * *ou* addict ◆ **si tu te gaves maintenant, tu ne pourras plus rien manger au moment du dîner** if you go stuffing yourself * *ou* filling yourself up now, you won't be able to eat anything at dinner time

**gaveur, -euse** /gavœʀ, øz/ **NM,F** *(= personne)* force-feeder **NF** **gaveuse** *(= machine)* automatic force-feeder

**gavial** /gavjal/ **NM** gavial, g(h)arial

**gavotte** /gavɔt/ **NF** gavotte

**gavroche** /gavʀɔʃ/ **NM** street urchin *(in Paris)*

**gay** * /gɛ/ **ADJ, NM** gay

**gaz** /gɑz/ **NM INV** a *(Chim)* gas; *[de boisson]* fizz ◆ **le** ~ **(domestique)** (domestic) gas *(NonC)* ◆ **les** ~ *(Mil)* gas ◆ **l'employé du** ~ the gasman ◆ **se chauffer au** ~ to have gas(-fired) heating ◆ **s'éclairer au** ~ to have *ou* use gas lighting ◆ **faire la cuisine au** ~ to cook with gas ◆ **vous avez le** ~ **?** do you have gas?, are you on gas? *(Brit)* ◆ **il s'est suicidé au** ~ he gassed himself ◆ **suicide au** ~ (suicide by) gassing ◆ **mettre les** ~ * *(Aut)* to put one's foot down * *(Brit)*, to step on the gas * *(US)*; *(Aviat)* to throttle up ◆ **rouler (à) pleins** ~ * to drive flat out * ◆ **remettre les** ~ *(Aviat)* to pull *ou* nose up ◆ **on prend une bière mais vite fait sur le** ~ * let's have a beer but a quick one * *ou* a quickie *; → **bec, chambre, eau**

b *(euph = pet)* wind *(NonC)* ◆ **avoir des** ~ to have wind

**COMP** ▷ **gaz d'admission** *(Aut)* air-fuel mixture ▷ **gaz asphyxiant** poison gas ▷ **gaz en bouteille** bottled gas ▷ **gaz carbonique** carbon dioxide ▷ **gaz de combat** poison gas *(for use in warfare)* ▷ **gaz d'échappement** exhaust gas ▷ **gaz d'éclairage** † ⇒ **gaz de ville** ▷ **gaz hilarant** laughing gas ▷ **gaz des houillères** firedamp *(NonC)* ▷ **gaz lacrymogène** teargas ▷ **gaz des marais** marsh gas ▷ **gaz moutarde** *(Mil)* mustard gas ▷ **gaz naturel** natural gas ▷ **gaz neurotoxique** nerve gas ▷ **gaz parfait** perfect *ou* ideal gas ▷ **gaz de pétrole liquéfié** liquid petroleum gas ▷ **gaz poivre** pepper gas ▷ **gaz propulseur** propellant ▷ **gaz rare** rare gas ▷ **gaz sulfureux** sulphur dioxide ▷ **gaz de ville** town gas

**Gaza** /gaza/ **N** ◆ **la bande** *ou* **le territoire de** ~ the Gaza Strip

**gazage** /gɑzaʒ/ **NM** *(Mil, Tex)* gassing

**gaze** /gɑz/ **NF** gauze ◆ **compresse de** ~ gauze (compress) ◆ **robe de** ~ gauze dress

**gazé, e** /gɑze/ (ptp de **gazer**) **ADJ** *(Mil)* gassed **NM,F** gas victim ◆ **les** ~**s de 14-18** the (poison) gas victims of the 1914-18 war

**gazéification** /gɑzeifikasjɔ̃/ **NF** *(Chim)* gasification; *[d'eau minérale]* aeration

**gazéifier** /gɑzeifje/ ► conjug 7 ◄ **VT** *(Chim)* to gasify; *[+ eau minérale]* to aerate ◆ **eau minérale gazéifiée** sparkling mineral water

**gazelle** /gazɛl/ **NF** gazelle ◆ **c'est une vraie** ~ ! she's so graceful and lithe!; → **corne**

**gazer** /gɑze/ ► conjug 1 ◄ **VI** (* = *aller, marcher)* ◆ **ça gaze ?** *(affaires, santé)* how's things? *, how goes it? *; *(travail)* how goes it? *, how's it going? * ◆ **ça gaze avec ta belle-mère ?** how's it going with your mother-in-law?, are you getting on OK with your mother-in-law? * ◆ **ça a/ça n'a pas gazé ?** did it/didn't it go OK? * ◆ **ça ne gaze pas fort** *(santé)* I'm not feeling so *ou* too great *; *(affaires)* things aren't going too well ◆ **il y a quelque chose qui ne gaze pas** there's something slightly fishy about it, there's something wrong somewhere **VT** *(Mil, Tex)* to gas

**gazetier, -ière** /gaz(ə)tje, jɛʀ/ **NM,F** *(†† ou hum)* journalist

**gazette** /gazɛt/ **NF** *(††, hum, littér)* newspaper ◆ **c'est dans la** ~ **locale** *(hum)* it's in the local rag ◆ **c'est une vraie** ~ he's a mine of information about the latest (local) gossip ◆ **faire la** ~ to give a rundown * (*de* on)

**gazeux, -euse** /gɑzø, øz/ **ADJ** *(Chim)* gaseous ◆ **boisson gazeuse** fizzy drink *(Brit)*, soda *(US)*, pop *(US)*; → **eau**

**gazier, -ière** /gɑzje, jɛʀ/ **ADJ** gas *(épith)* **NM** *(= employé)* gasman

**gazinière** /gɑzinjɛʀ/ **NF** gas cooker

**gazoduc** /gɑzodyk/ **NM** gas main, gas pipeline

**gazogène** /gɑzɔʒɛn/ **NM** gas generator

**gazole** /gazɔl/ **NM** diesel oil

**gazoline** /gazɔlin/ **NF** gasoline, gasolene

**gazomètre** /gɑzɔmɛtʀ/ **NM** gasholder, gasometer

**gazon** /gɑzɔ̃/ **NM** *(= pelouse)* lawn ◆ **le** ~ *(= herbe)* turf *(NonC)*, grass *(NonC)* ◆ **motte de** ~ turf, sod ◆ ~ **anglais** *(pelouse)* well-kept lawn

**gazonné, e** /gɑzɔne/ **ADJ** grassy

**gazonner** /gɑzɔne/ ► conjug 1 ◄ **VT** *[+ talus, terrain]* to plant with grass, to turf

**gazouillement** /gazujmɑ̃/ **NM** *[d'oiseau]* chirping *(NonC)*; *[de ruisseau]* babbling *(NonC)*; *[de bébé]* gurgling *(NonC)* ◆ **j'entendais le** ~ **des oiseaux/du bébé** I could hear the birds chirping/the baby gurgling ◆ **bercé par le** ~ **du ruisseau** lulled by the babbling brook

**gazouiller** /gazuje/ ► conjug 1 ◄ **VI** *[oiseau]* to chirp, to warble; *[ruisseau]* to babble; *[bébé]* to babble, to gurgle

**gazouilleur, -euse** /gazujœʀ, øz/ **ADJ** *[oiseau]* chirping, warbling; *[ruisseau]* babbling; *[bébé]* babbling, gurgling

**gazouillis** /gazuji/ **NM** *[d'oiseau]* chirping, warbling; *[de ruisseau]* babbling; *[de bébé]* babbling, gurgling

**GB** /ʒebe/ (abrév de **Grande-Bretagne**) GB

**gdb** * /ʒedebe/ **NF** (abrév de **gueule de bois**) ◆ **avoir la ~** to have a hangover

**GDF** /ʒedeɛf/ **NM** (abrév de **Gaz de France**) *French gas company*

**geai** /ʒɛ/ **NM** jay

**géant, e** /ʒeɑ̃, ɑ̃t/ **ADJ** *[objet]* gigantic; *[animal, plante]* gigantic, giant *(épith)*; *[paquet, carton]* giant-size *(épith)*, giant *(épith)*; *[étoile, écran]* giant *(épith)* ◆ **c'est ~ !** * it's great! * **NM** *(= homme, firme)* giant; *(Pol)* giant power ◆ **les ~s de la route** the great cycling champions; → **pas**[1] **NF** **géante** *(= femme)* giantess; *(= étoile)* giant star

**géhenne** /ʒeɛn/ **NF** *(Bible = enfer)* Gehenna

**geignard, e** * /ʒɛɲaʀ, aʀd/ **ADJ** *[personne]* moaning; *[voix]* whingeing, whining; *[musique]* whining **NM,F** moaner

**geignement** /ʒɛɲmɑ̃/ **NM** moaning *(NonC)*

**geindre** /ʒɛ̃dʀ/ ▸ conjug 52 ◂ **VI** **a** *(= gémir)* to groan, to moan (*de* with) **b** *(* = pleurnicher)* to moan ◆ **il geint tout le temps** he never stops moaning *ou* complaining **c** *(littér) [vent, instrument de musique]* to moan; *[parquet]* to creak ◆ **le vent faisait ~ les peupliers/le gréement** the poplars/the rigging groaned *ou* moaned in the wind

**geisha** /gɛʃa/ **NF** geisha (girl)

**gel** /ʒɛl/ **NM** **a** *(= temps)* frost ◆ **un jour de ~** one frosty day ◆ **plantes tuées par le ~** plants killed by (the) frost **b** *(= glace)* frost ◆ **"craint le gel"** "keep away from extreme cold" **c** *[de crédits, licenciements]* freeze ◆ **~ des terres** set-aside ◆ **protester contre le ~ des salaires** to protest against the wage freeze ◆ **ils réclament le ~ du programme nucléaire** they are calling for a freeze on the nuclear programme **d** *(= substance)* gel ◆ **~ (de) douche** shower gel ◆ **~ coiffant** *ou* **structurant** hair (styling) gel

**gélatine** /ʒelatin/ **NF** gelatine

**gélatineux, -euse** /ʒelatinø, øz/ **ADJ** jelly-like, gelatinous

**gelé, e**[1] /ʒ(ə)le/ (ptp de **geler**) **ADJ** **a** *(= qui a gelé) [eau, rivière]* frozen, iced-over; *[sol, tuyau]* frozen **b** *(= très froid)* ice-cold ◆ **j'ai les mains ~es** my hands are frozen *ou* freezing ◆ **je suis ~** I'm frozen (stiff) *ou* freezing **c** *(= endommagé, détruit) [plante]* damaged by frost; *[membre]* frostbitten ◆ **ils sont morts ~s** they froze to death, they died of exposure **d** *[crédits, prix, projet]* frozen; *[négociations]* suspended; *[terres agricoles]* set aside

**gelée**[2] /ʒ(ə)le/ **NF** **a** *(= gel)* frost ◆ **~ blanche** white frost, hoarfrost **b** *(Culin) [de fruits, viande, volaille]* jelly ◆ **poulet/œuf en ~** chicken/egg in aspic *ou* jelly ◆ **~ de framboises** raspberry jelly *(Brit)* *ou* Jell-O ® *(US)* *ou* jello *(US)* ◆ **~ royale** royal jelly

**geler** /ʒ(ə)le/ ▸ conjug 5 ◂ **VT** **a** *[+ eau, rivière]* to freeze (over); *[+ buée]* to turn to ice; *[+ sol, tuyau]* to freeze

**b** *(= endommager)* **le froid a gelé les bourgeons** the buds were nipped *ou* damaged by frost ◆ **le froid lui a gelé les mains** he got frostbite in both hands

**c** *[+ prix, crédits, salaires, projet]* to freeze; *[+ terres]* to set aside; *[+ négociations]* to suspend

**d** *(= mettre mal à l'aise) [+ assistance]* to chill, to send a chill through

**VPR** **se geler** * *(= avoir froid)* to freeze ◆ **on se gèle ici** we're *ou* it's freezing here ◆ **on se les gèle** ‡ it's damned ‡ *ou* bloody ‡ *(Brit)* freezing, it's brass monkey weather ‡ *(Brit)* ◆ **vous allez vous ~, à l'attendre** you'll get frozen stiff waiting for him

**VI** **a** *[eau, lac]* to freeze (over), to ice over; *[sol, linge, conduit]* to freeze; *[récoltes]* to be attacked *ou* blighted *ou* nipped by frost; *[doigt, membre]* to be freezing, to be frozen ◆ **les salades ont gelé sur pied** the lettuces have frozen on their stalks

**b** *(= avoir froid)* to be frozen, to be freezing ◆ **on gèle ici** we're *ou* it's freezing here

**c** *(dans un jeu)* **je chauffe ? – non, tu gèles** am I getting warmer? – no, you're freezing

**VB IMPERS** ◆ **il gèle** it's freezing ◆ **il a gelé dur** *ou* **à pierre fendre** *(littér)* it froze hard, there was a hard frost ◆ **il a gelé blanc** there was a white icy frost

**gélifiant** /ʒelifjɑ̃/ **NM** gelling agent

**gélifier** /ʒelifje/ ▸ conjug 7 ◂ **VT** ◆ **~ qch** to make sth gel **VPR** **se gélifier** to gel

**gélinotte** /ʒelinɔt/ **NF** ◆ **~ (des bois)** hazel grouse, hazel hen ◆ **~ d'Écosse** red grouse ◆ **~ blanche** willow grouse

**gélose** /ʒeloz/ **NF** agar-agar

**gélule** /ʒelyl/ **NF** *(Pharm)* capsule

**gelure** /ʒ(ə)lyʀ/ **NF** *(Méd)* frostbite *(NonC)*

**Gémeaux** /ʒemo/ **NMPL** *(Astron)* Gemini ◆ **il est (du signe des) ~** he's (a) Gemini

**gémellaire** /ʒemelɛʀ/ **ADJ** twin *(épith)*

**gémellité** /ʒemelite, ʒemɛllite/ **NF** twinship ◆ **taux de ~** incidence of twin births ◆ **les cas de vraie/fausse ~** cases of identical twin/non-identical twin births

**gémination** /ʒeminasjɔ̃/ **NF** gemination

**géminé, e** /ʒemine/ **ADJ** *(Ling) [consonne]* geminate; *(Archit)* twin *(épith)*, gemeled *(SPÉC)*; *(Bio)* geminate **NF** **géminée** *(Ling)* geminate

**gémir** /ʒemiʀ/ ▸ conjug 2 ◂ **VI** **a** *(= geindre)* to groan, to moan (*de* with); ◆ **~ sur son sort** to bemoan one's fate ◆ **~ sous l'oppression** *(littér)* to groan under oppression **b** *(= grincer) [ressort, gonds, plancher]* to creak; *[vent]* to moan ◆ **les gonds de la porte gémissaient horriblement** the door hinges made a terrible creaking noise **c** *[colombe]* to coo

**gémissant, e** /ʒemisɑ̃, ɑ̃t/ **ADJ** *[voix]* groaning, moaning; *[gonds, plancher]* creaking

**gémissement** /ʒemismɑ̃/ **NM** *[de voix]* groan, moan; *(prolongé)* groaning *(NonC)*, moaning *(NonC)*; *[de meuble]* creaking *(NonC)*; *[de vent]* moaning *(NonC)*; *[de colombe]* cooing

**gemmage** /ʒemaʒ/ **NM** tapping *(of pine trees)*

**gemmail** (pl **-aux**) /ʒemaj, o/ **NM** non-leaded stained glass

**gemme** /ʒɛm/ **NF** **a** *(Minér)* gem(stone); → **sel** **b** *(= résine de pin)* (pine) resin

**gemmer** /ʒeme/ ▸ conjug 1 ◂ **VT** to tap *(pine trees)*

**gémonies** /ʒemɔni/ **NFPL** *(littér)* ◆ **vouer** *ou* **traîner qn/qch aux ~** to subject sb/sth to *ou* hold sb/sth up to public obloquy

**gênant, e** /ʒɛnɑ̃, ɑ̃t/ **ADJ** **a** *(= irritant)* **tu es/c'est vraiment ~** you're/it's a real nuisance ◆ **ce n'est pas ~** it's OK, it doesn't matter **b** *(= embarrassant) [question, détails, révélations, regard, présence]* embarrassing; *[situation, moment]* awkward, embarrassing; *[meuble, talons]* awkward ◆ **ce sont les symptômes les plus ~s** these are the most troublesome symptoms

**gencive** /ʒɑ̃siv/ **NF** *(Anat)* gum ◆ **il a pris un coup dans les ~s** * he got a sock on the jaw * *ou* a kick in the teeth * ◆ **prends ça dans les ~s !** * take that! ◆ **il faut voir ce qu'elle lui a envoyé dans les ~s !** * you should have heard the way she let fly at him! ◆ **je lui ai envoyé dans les ~s que ...** I told him to his face that ...

**gendarme** /ʒɑ̃daʀm/ **NM** **a** *(= policier)* policeman, police officer; *(en France)* gendarme; *(Hist, Mil)* horseman; *(= soldat)* soldier, man-at-arms ◆ **faire le ~** to play the role of policeman ◆ **sa femme est un vrai ~** *(hum)* his wife's a real battle-axe * ◆ **jouer aux ~s et aux voleurs** to play cops and robbers ◆ **~ mobile** member of the anti-riot police ◆ **le ~ de la Bourse** the French stock exchange watchdog; → **chapeau, peur** **b** *(Zool = punaise)* fire bug; *(Alpinisme)* gendarme *(SPÉC)*, pinnacle **c** *(† * = hareng)* bloater *(Brit)*, salt herring *(US)* **d** *(Aut)* **~ couché** speed bump, sleeping policeman *(Brit)*

**gendarmer (se)** /ʒɑ̃daʀme/ ▸ conjug 1 ◂ **VPR** ◆ **il faut se ~ pour qu'elle aille se coucher/pour la faire manger** you really have to take quite a strong line (with her) *ou* you really have to lay down the law to get her to go to bed/to get her to eat

**gendarmerie** /ʒɑ̃daʀməʀi/ **NF** *(= police)* police force, constabulary *(in countryside and small towns)*; *(en France)* Gendarmerie; *(= bureaux)* police station *(in countryside and small town)*; *(= caserne)* gendarmes' *ou* Gendarmerie barracks, police barracks; *(Hist, Mil = cavalerie)* heavy cavalry *ou* horse; *(= garde royale)* royal guard ◆ **~ mobile** anti-riot police ◆ **la ~ nationale** the national Gendarmerie ◆ **~ maritime** coastguard

**gendre** /ʒɑ̃dʀ/ **NM** son-in-law

**gêne** /ʒɛn/ **NF** **a** *(= malaise physique)* discomfort ◆ **~ respiratoire** breathing *ou* respiratory problems ◆ **il ressentait une certaine ~ à respirer** he experienced some *ou* a certain difficulty in breathing

**b** *(= désagrément, dérangement)* trouble, bother ◆ **je ne voudrais vous causer aucune ~** I wouldn't like to put you to any trouble *ou* bother, I wouldn't want to be a nuisance; *(péj)* some people only think of their own comfort ◆ **"nous vous prions de bien vouloir excuser la gêne occasionnée durant les travaux"** "we apologize to customers for any inconvenience caused during the renovations" ◆ **où il y a de la ~, il n'y a pas de plaisir** *(Prov)* comfort comes first, there's no sense in being uncomfortable

**c** *(= manque d'argent)* financial difficulties *ou* straits ◆ **vivre dans la ~/dans une grande ~** to be in financial difficulties *ou* straits/in great financial difficulties *ou* dire (financial) straits

**d** *(= confusion, trouble)* embarrassment ◆ **un moment de ~** a moment of embarrassment ◆ **j'éprouve de la ~ devant lui** I feel embarrassed *ou* self-conscious in his presence ◆ **il éprouva de la ~ à lui avouer cela** he felt embarrassed admitting *ou* to admit that to her

**gêné, e** /ʒene/ (ptp de **gêner**) **ADJ** **a** *(= à court d'argent)* short (of money) *(attrib)* ◆ **être ~ aux entournures** * to be short of money *ou* hard up * **b** *(= embarrassé) [personne, sourire, air]* embarrassed, self-conscious; *[silence]* uncomfortable, embarrassed, awkward ◆ **j'étais ~ !** I was (so) embarrassed!, I felt (so) awkward! *ou* uncomfortable! ◆ **il n'est pas ~ !** he's got a nerve! * ◆ **ce sont les plus ~s qui s'en vont !** *(hum)* if you want to leave, no one's stopping you! **c** *(physiquement)* uncomfortable ◆ **êtes-vous ~ pour respirer ?** do you have trouble (in) breathing? ◆ **je suis ~e dans cette robe** I'm uncomfortable in this dress

**gène** /ʒɛn/ **NM** gene ◆ **~ dominant/récessif** dominant/recessive gene

**généalogie** /ʒenealɔʒi/ **NF** *[de famille]* ancestry, genealogy; *[d'animaux]* pedigree; *(Bio) [d'espèces]* genealogy; *(= sujet d'études)* genealogy ◆ **faire** *ou* **dresser la ~ de qn** to trace sb's ancestry *ou* genealogy

**généalogique** /ʒenealɔʒik/ ADJ genealogical; → **arbre**

**généalogiste** /ʒenealɔʒist/ NMF genealogist

**génépi** /ʒenepi/ NM *(= plante)* wormwood, absinthe; *(= liqueur)* absinth(e)

**gêner** /ʒene/ ► conjug 1 ◄ VT **a** *(physiquement) [fumée, bruit]* to bother; *[vêtement étroit, obstacle]* to hamper ◆ **cela vous gêne-t-il si je fume ?** do you mind if I smoke?, does it bother you if I smoke? ◆ **~ le passage** to be in the way ◆ **ça me gêne** *ou* **c'est gênant pour respirer/pour écrire** it hampers my breathing/hampers me when I write ◆ **le bruit me gêne pour travailler** noise bothers me *ou* disturbs me when I'm trying to work ◆ **son complet le gêne aux entournures** * his suit is uncomfortable *ou* constricting ◆ **ces papiers me gênent** these papers are in my way ◆ **ces travaux gênent la circulation** these roadworks are disrupting the (flow of) traffic

**b** *(= déranger) [+ personne]* to bother, to put out; *[+ projet]* to hamper, to hinder ◆ **je crains de ~** I am afraid to bother people *ou* put people out, I'm afraid of being a nuisance ◆ **je ne voudrais pas (vous) ~** I don't want to bother you *ou* put you out *ou* be in the way ◆ **j'espère que ça ne vous gêne pas d'y aller** I hope it won't inconvenience you *ou* put you out to go ◆ **cela vous gênerait de ne pas fumer ?** would you mind not smoking? ◆ **ce qui me gêne (dans cette histoire), c'est que ...** what bothers me (in this business) is that ... ◆ **et alors, ça te gêne ?** * so what? *, what's it to you? *

**c** *(financièrement)* to put in financial difficulties ◆ **ces dépenses vont les ~ considérablement** *ou* **vont les ~ aux entournures** * these expenses are really going to put them in financial difficulties *ou* make things tight for them *ou* make them hard up *

**d** *(= mettre mal à l'aise)* to make feel ill-at-ease *ou* uncomfortable ◆ **ça me gêne de vous dire ça mais ...** I hate to tell you but ... ◆ **ça me gêne de me déshabiller chez le médecin** I find it embarrassing to get undressed at the doctor's ◆ **sa présence me gêne** I feel uncomfortable when he's around, his presence *ou* he makes me feel uncomfortable ◆ **son regard la gênait** his glance made her feel ill-at-ease *ou* uncomfortable ◆ **cela le gêne qu'on fasse tout le travail pour lui** it embarrasses him to have all the work done for him, he feels awkward about having all the work done for him

VPR **se gêner** **a** *(= se contraindre)* to put o.s. out ◆ **ne vous gênez pas pour moi** don't mind me, don't put yourself out for me ◆ **ne vous gênez pas !** *(iro)* do you mind! ◆ **il ne faut pas vous ~ avec moi** don't stand on ceremony with me ◆ **non mais ! je vais me ~ !** why shouldn't I! ◆ **il y en a qui ne se gênent pas !** some people just don't care! ◆ **il ne s'est pas gêné pour le lui dire** he told him straight out, he made no bones about telling him

**b** *(dans un lieu)* **on se gêne à trois dans ce bureau** this office is too small for the three of us

**général[1], e** (mpl **-aux**) /ʒeneʀal, o/ ADJ **a** *(= d'ensemble) [vue]* general; *(= vague) [idée]* general ◆ **un tableau ~ de la situation** a general *ou* an overall picture of the situation ◆ **remarques d'ordre très ~** comments of a very general nature ◆ **se lancer dans des considérations ~es sur le temps** to venture some general remarks about the weather ◆ **d'une façon** *ou* **manière ~e** in general, generally; *(précédant une affirmation)* generally *ou* broadly speaking; → **règle**

**b** *(= total, global) [assemblée, grève]* general ◆ **dans l'intérêt ~** *(= commun)* in the general *ou* common interest ◆ **cette opinion est devenue ~e** this is now a widely shared *ou* generally held opinion ◆ **devenir ~** *[crise, peur]* to become widespread ◆ **la mêlée devint ~e** the fight turned into a free-for-all ◆ **à l'indignation/la surprise ~e** to everyone's indignation/surprise ◆ **à la demande ~e** in response to popular demand; → **concours, état, médecine**

**c** *(Admin = principal)* general *(épith)*; → **directeur, fermier, président, secrétaire**

NM *(Philos)* ◆ **le ~** the general ◆ **aller du ~ au particulier** to go from the general to the particular

LOC ADV **en général** *(= habituellement)* usually, generally, in general; *(= de façon générale)* generally, in general ◆ **je parle en ~** I'm speaking in general terms *ou* generally

NF **générale** **a** *(Théât)* **(répétition) ~e** dress rehearsal

**b** *(Mil)* **battre** *ou* **sonner la ~e** to call to arms

**général[2], e** (mpl **-aux**) /ʒeneʀal, o/ NM *(Mil)* general ◆ **oui mon ~** yes sir *ou* general NF **générale** *(= épouse)* general's wife; → **Madame** COMP ▷ **général d'armée** general; *(Aviat)* air chief marshal *(Brit)*, general *(US)* ▷ **général de brigade** brigadier *(Brit)*, brigadier general *(US)* ▷ **général de brigade aérienne** air commodore *(Brit)*, brigadier general *(US)* ▷ **général en chef** general-in-chief, general-in-command ▷ **général de corps aérien** air marshal *(Brit)*, lieutenant general *(US)* ▷ **général de corps d'armée** lieutenant-general ▷ **général de division** major general ▷ **général de division aérienne** air vice marshal *(Brit)*, major general *(US)*

**généralement** /ʒeneʀalmɑ̃/ GRAMMAIRE ACTIVE 53.1 ADV generally ◆ **il est ~ chez lui après 8 heures** he's generally *ou* usually at home after 8 o'clock ◆ **coutume assez ~ répandue** fairly widespread custom ◆ **plus ~, ce genre de phénomène s'accompagne de ...** more generally *ou* commonly *ou* usually, this type of phenomenon is accompanied by ...

**généralisable** /ʒeneʀalizabl/ ADJ *[mesure, observation]* which can be applied generally ◆ **cela n'est pas ~ à l'ensemble du pays** this is not true of the whole country

**généralisateur, -trice** /ʒeneʀalizatœʀ, tʀis/ ADJ ◆ **il tient un discours ~** he makes a lot of generalizations ◆ **des commentaires ~s** generalizations ◆ **tendance généralisatrice** tendency to generalize *ou* towards generalization

**généralisation** /ʒeneʀalizasjɔ̃/ NF **a** *(= extension) [d'infection, corruption, pratique]* spread (à to); ◆ **la ~ du cancer** the spread of the cancer ◆ **il y a un risque de ~ du conflit** there's a risk that the conflict will become widespread ◆ **il a refusé la ~ de cette mesure** he refused to allow the measure to be applied more widely ◆ **la ~ de l'usage des antibiotiques** the ever more widespread use of antibiotics **b** *(= énoncé)* generalization ◆ **~s hâtives/abusives** sweeping/excessive generalizations

**généraliser** /ʒeneʀalize/ ► conjug 1 ◄ VT **a** *(= étendre) [+ méthode]* to put *ou* bring into general *ou* widespread use ◆ **~ l'usage d'un produit** to bring a product into general use **b** *(= globaliser)* to generalize ◆ **il ne faut pas ~** we mustn't generalize VPR **se généraliser** *[infection]* to spread, to become generalized; *[corruption]* to become widespread; *[conflit]* to spread; *[procédé]* to become widespread, to come into general use ◆ **l'usage du produit s'est généralisé** the use of this product has become widespread, this product has come into general use ◆ **crise généralisée** general crisis ◆ **il a un cancer généralisé** the cancer has spread throughout his whole body ◆ **infection généralisée** systemic infection

**généralissime** /ʒeneʀalisim/ NM generalissimo

**généraliste** /ʒeneʀalist/ ADJ *[chaîne, radio, télévision, quotidien]* general-interest *(épith)*; *[formation]* general; *[ingénieur]* non-specialized ◆ **les banques ~s** the high-street banks ◆ **notre radio conservera sa vocation ~** our radio station will continue to cater for a general audience NM *(= non-spécialiste)* generalist ◆ **(médecin) ~** general *ou* family practitioner, GP *(Brit)*

**généralité** /ʒeneʀalite/ NF **a** *(= presque totalité)* majority ◆ **ce n'est pas une ~** that's not the case in general ◆ **dans la ~ des cas** in the majority of cases, in most cases **b** *(= caractère général) [d'affirmation]* general nature NFPL **généralités** *(= introduction)* general points; *(péj = banalités)* general remarks, generalities

**générateur, -trice** /ʒeneʀatœʀ, tʀis/ ADJ *[force]* generating; *[fonction]* generative, generating ◆ **secteur ~ d'emplois** job-generating sector ◆ **activité génératrice de profits** profit-making activity, activity that generates profit ◆ **un climat familial ~ d'angoisse** an unhappy family atmosphere NM *(Tech)* generator ◆ **~ nucléaire** nuclear generator ◆ **~ électrique/de particules/de programme** electric/particle/program generator ◆ **~ de vapeur** steam boiler NF **génératrice** **a** *(Élec)* generator **b** *(Math)* generating line, generatrix

**génératif, -ive** /ʒeneʀatif, iv/ ADJ *(Ling)* generative ◆ **grammaire générative** generative grammar

**génération** /ʒeneʀasjɔ̃/ NF generation ◆ **depuis des ~s** for generations ◆ **la ~ actuelle/montante** the present-day/rising generation ◆ **la jeune ~** the younger generation ◆ **~ spontanée** spontaneous generation ◆ **ordinateur/immigré de la deuxième/troisième ~** second-/third-generation computer/immigrant

**générationnel, -elle** /ʒeneʀasjɔnɛl/ ADJ **a** *(= des générations)* **le clivage ~** the generation gap **b** *(Marketing)* generational

**générer** /ʒeneʀe/ ► conjug 6 ◄ VT *[+ froid, emplois, chômage]* to generate; *(Ling, Math, Ordin)* to generate

**généreusement** /ʒeneʀøzmɑ̃/ ADV generously ◆ **accueilli ~** warmly welcomed

**généreux, -euse** /ʒeneʀø, øz/ ADJ **a** *(= large) [personne, pourboire, part de nourriture]* generous ◆ **être ~ de son temps** to be generous with one's time ◆ **c'est très ~ de sa part** it's very generous of him ◆ **se montrer ~ envers qn** to be generous with sb ◆ **faire le ~** to act generous * **b** *(= noble, désintéressé) [personne, sentiment, idée]* noble **c** *(= riche) [sol]* productive, fertile **d** *[vin]* generous, full-bodied **e** *[poitrine]* ample ◆ **décolleté ~** plunging neckline ◆ **formes généreuses** generous curves

**générique** /ʒeneʀik/ ADJ **a** generic; *[produit]* unbranded, no-name *(épith)*; *[médicament]* generic ◆ **terme ~** generic term ◆ **adresse ~** *(Internet)* generic address ◆ **(nom de) domaine ~** *(Internet)* generic domain (name) **b** *(Ciné)* **chanson ~** theme song NM **a** *(= liste des participants) [de film, émission]* credits ◆ **être au ~** to feature *ou* be in the credits **b** *(= musique de film)* theme music **c** *(= médicament)* generic (drug)

**générosité** /ʒeneʀozite/ NF a (= *libéralité*) *[de pourboire, personne]* generosity ◆ **avec ~** generously b (= *noblesse*) *[d'acte, caractère]* generosity; *[d'âme, sentiment]* nobility; *[d'adversaire]* generosity, magnanimity ◆ **avoir la ~ de** to be generous enough to, to have the generosity to c (= *largesses*) **~s** kindnesses

**Gênes** /ʒɛn/ N Genoa

**genèse** /ʒənɛz/ NF (= *élaboration*) genesis *(frm)* ◆ **(le livre de) la Genèse** (the Book of) Genesis ◆ **ce texte éclaire la ~ de l'œuvre** this piece helps us to understand how the work came into being ◆ **la ~ du projet remonte à 1985** the project came into being in 1985

**genet** /ʒ(ə)nɛ/ NM (= *cheval*) jennet

**genêt** /ʒ(ə)nɛ/ NM (= *plante*) broom

**généticien, -ienne** /ʒenetisjɛ̃, jɛn/ NM,F geneticist

**génétique** /ʒenetik/ ADJ genetic ◆ **carte ~** genetic *ou* gene map ◆ **affection d'origine ~** genetically-transmitted disease; → **manipulation** NF genetics *(sg)* ◆ **~ des populations** population genetics

**génétiquement** /ʒenetikmɑ̃/ ADV genetically; → **organisme**

**genette** /ʒ(ə)nɛt/ NF genet(t)e

**gêneur, -euse** /ʒɛnœʀ, øz/ NM,F (= *importun*) intruder ◆ **supprimer un ~** (= *représentant un obstacle*) to do away with a person who is *ou* stands in one's way

**Genève** /ʒ(ə)nɛv/ N Geneva

**genevois, e** /ʒən(ə)vwa, waz/ ADJ Genevan NM,F **Genevois(e)** Genevan

**genévrier** /ʒənevʀije/ NM juniper

**génial, e** (mpl **-iaux**) /ʒenjal, jo/ ADJ a (= *inspiré*) *[écrivain]* of genius; *[plan, idée, invention]* inspired ◆ **plan d'une conception ~e** inspired idea, brilliantly thought out idea b (* = *formidable*) *[atmosphère, soirée]* fantastic *, great *; *[personne]* great *; *[plan]* brilliant *, great * ◆ **c'est ~ !** that's great! * *ou* fantastic! * ◆ **physiquement, il n'est pas ~ mais ...** he's not up to much physically but ... ◆ **ce n'est pas ~ !** *(idée)* that's not very clever!; *(film)* it's not brilliant! *

> ⚠ **génial** *ne se traduit pas par le mot anglais* **genial**, *qui a le sens de 'cordial'.*

**génialement** /ʒenjalmɑ̃/ ADV with genius, brilliantly

**génie** /ʒeni/ NM a (= *aptitude supérieure*) genius ◆ **avoir du ~** to have genius ◆ **éclair** *ou* **trait de ~** stroke of genius ◆ **de ~** *[découverte]* brilliant ◆ **homme de ~** man of genius ◆ **idée de ~** brainwave, brilliant idea

b (= *personne*) genius ◆ **ce n'est pas un ~ !** he's no genius! ◆ **~ méconnu** unrecognized genius

c (= *talent*) genius ◆ **avoir le ~ des affaires** to have a genius for business ◆ **avoir le ~ du mal** to have an evil bent ◆ **il a le ~ de** *ou* **pour dire ce qu'il ne faut pas** he has a genius for saying the wrong thing

d (= *spécificité*) genius *(frm)* ◆ **le ~ de la langue française** the genius of the French language

e (= *allégorie, être mythique*) spirit; *[de contes arabes]* genie ◆ **le ~ de la liberté** the spirit of liberty ◆ **le ~ de la lampe** the genie of the lamp ◆ **~ des airs/des eaux** spirit of the air/waters ◆ **être le bon/mauvais ~ de qn** to be sb's good/evil genius

f *(Mil)* **le ~** ≃ the Engineers ◆ **soldat du ~** sapper, engineer ◆ **faire son service dans le ~** to do one's service in the Engineers

g (= *technique*) engineering ◆ **~ atomique/chimique/électronique** atomic/chemical/electronic engineering

COMP ▷ **génie civil** *(branche)* civil engineering; *(corps)* civil engineers ▷ **génie génétique** genetic engineering ▷ **génie industriel** industrial engineering ▷ **génie informatique** computer engineering ▷ **génie logiciel** software engineering ▷ **génie maritime** *(branche)* marine engineering; *(corps)* marine engineers *(under state command)* ▷ **génie mécanique** mechanical engineering ▷ **génie militaire** *(branche)* military engineering; *(corps)* ≃ Engineers ▷ **génie rural** agricultural engineering; → **ingénieur**

**genièvre** /ʒənjɛvʀ/ NM (= *boisson*) Dutch gin, Hollands (gin) *(Brit)*, genever *(Brit)*; (= *arbre*) juniper; (= *fruit*) juniper berry ◆ **baies de ~** juniper berries

**génique** /ʒenik/ ADJ gene *(épith)* ◆ **thérapie ~** gene therapy ◆ **traitement ~** genetic treatment

**génisse** /ʒenis/ NF heifer ◆ **foie de ~** cow's liver

**génital, e** (mpl **-aux**) /ʒenital, o/ ADJ genital ◆ **organes génitaux, parties ~es** genitals, genital organs, genitalia

**géniteur, -trice** /ʒenitœʀ, tʀis/ NM,F *(hum = parent)* parent NM *(Zool = reproducteur)* sire

**génitif** /ʒenitif/ NM genitive (case) ◆ **au ~** in the genitive ◆ **~ absolu** genitive absolute

**génito-urinaire** (pl **génito-urinaires**) /ʒenitoyʀinɛʀ/ ADJ genito-urinary

**génocidaire** /ʒenɔsidɛʀ/ ADJ genocidal

**génocide** /ʒenɔsid/ NM genocide

**génois, e** /ʒenwa, waz/ ADJ Genoese NM,F **Génois(e)** Genoese NM *(Naut)* genoa (jib) NF **génoise** *(Culin)* sponge cake; *(Archit)* eaves *consisting of decorative tiles*

**génome** /ʒenom/ NM genom(e) ◆ **~ humain** human genome

**génotype** /ʒenotip/ NM genotype

**genou** (pl **genoux**) /ʒ(ə)nu/ NM a *(Anat, Habillement, Zool)* knee ◆ **avoir les ~x cagneux** *ou* **rentrants** to be knock-kneed ◆ **mes ~x se dérobèrent sous moi** my legs gave way under me ◆ **des jeans troués aux ~x** jeans with holes at the knees, jeans that are out at the knees ◆ **dans la vase jusqu'aux ~x** up to one's knees *ou* knee-deep in mud

b (= *cuisses*) **~x** lap ◆ **avoir/prendre qn sur ses ~x** to have/take sb on one's knee *ou* lap ◆ **écrire sur ses ~x** to write on one's lap

c *(loc)* **il me donna un coup de ~ dans le ventre** he kneed me in the stomach ◆ **il me donna un coup de ~ pour me réveiller** he nudged me with his knee to wake me up ◆ **faire du ~ à qn** * to play footsie with sb * ◆ **tomber aux ~x de qn** to fall at sb's feet, to go down on one's knees to sb ◆ **fléchir** *ou* **plier** *ou* **ployer le ~ devant qn** *(littér)* to bend the knee to sb ◆ **mettre (un) ~ à terre** to go down on one knee

◆ **à genoux** ◆ **il était à ~x** he was kneeling, he was on his knees ◆ **être à ~x devant qn** *(fig)* to idolize *ou* worship sb ◆ **se mettre à ~x** to kneel down, to go down on one's knees ◆ **se mettre à ~x devant qn** *(fig)* to go down on one's knees to sb ◆ **c'est à se mettre à ~x !** * it's out of this world! * ◆ **tomber/se jeter à ~x** to fall/throw o.s. to one's knees ◆ **demander qch à ~x** to ask for sth on bended knee, to go down on one's knees for sth ◆ **je te demande pardon à ~x** I beg you to forgive me

◆ **sur les genoux** * ◆ **être sur les ~x** *[personne]* to be ready to drop; *[pays]* to be on its knees * ◆ **ça m'a mis sur les ~x** it wore me out

**genouillère** /ʒ(ə)nujɛʀ/ NF *(Méd)* knee support; *(Sport)* kneepad, kneecap

**genre** /ʒɑ̃ʀ/ GRAMMAIRE ACTIVE 34.3 NM a (= *espèce*) kind, type, sort ◆ **~ de vie** lifestyle, way of life ◆ **elle n'est pas du ~ à se laisser faire** she's not the type *ou* kind *ou* sort to let people push her around ◆ **ce n'est pas son ~ de ne pas répondre** it's not like him not to answer ◆ **donner des augmentations, ce n'est pas leur ~** it's not their style to give pay rises ◆ **c'est bien son ~ !** that's just like him! ◆ **tu vois le ~ !** you know the type *ou* sort! ◆ **les rousses, ce n'est pas mon ~** redheads aren't my type ◆ **c'est le ~ grognon** * he's the grumpy sort * ◆ **un type (du) ~ homme d'affaires** * a businessman type ◆ **une maison ~ chalet** * a chalet-style house ◆ **il n'est pas mal dans son ~** he's quite attractive in his own way ◆ **ce qui se fait de mieux dans le ~** the best of its kind ◆ **réparations en tout ~** *ou* **en tous ~s** all kinds of repairs *ou* repair work undertaken ◆ **quelque chose de ce ~** *ou* **du même ~** something of the kind, that sort of thing ◆ **des remarques de ce ~** remarks *ou* comments like that *ou* of that nature ◆ **il a écrit un ~ de roman** he wrote a novel of sorts *ou* a sort of novel ◆ **plaisanterie d'un ~ douteux** doubtful joke ◆ **dans le ~ film d'action ce n'est pas mal** as action films go, it's not bad; → **unique**

b (= *allure*) appearance ◆ **avoir bon/mauvais ~** to look respectable/disreputable ◆ **je n'aime pas son ~** I don't like his style ◆ **il a un drôle de ~** he's a bit weird ◆ **avoir le ~ bohème/artiste** to be a Bohemian/an arty type ◆ **avoir un ~ prétentieux** to have a pretentious manner ◆ **faire du ~** to stand on ceremony ◆ **c'est un ~ qu'il se donne** it's (just) something *ou* an air he puts on ◆ **il aime se donner un ~** he likes to stand out *ou* to be a bit different ◆ **ce n'est pas le ~ de la maison** * that's just not the way we (*ou* they *etc*) do things

c *(Art, Littérat, Mus)* genre ◆ **tableau de ~** *(Peinture)* genre painting ◆ **œuvre dans le ~ ancien/italien** work in the old/Italian style *ou* genre ◆ **ses tableaux/romans sont d'un ~ un peu particulier** the style of his paintings/novels is slightly unusual

d *(Gram)* gender ◆ **s'accorder en ~** to agree in gender

e *(Philos, Sci)* genus ◆ **le ~ humain** mankind, the human race

**gens**[1] /ʒɑ̃/ NMPL a *(gén)* people ◆ **il faut savoir prendre les ~** you've got to know how to handle people ◆ **les ~ sont fous !** people are crazy (at times)! ◆ **les ~ de la ville** townspeople, townsfolk ◆ **les ~ du pays** *ou* **du coin** * the local people, the locals * ◆ **ce ne sont pas ~ à raconter des histoires** they're not the kind *ou* type *ou* sort of people to tell stories; → **droit**[3], **jeune, monde**

b *(loc, avec accord féminin de l'adjectif antéposé)* **ce sont de petites ~** they are people of modest means ◆ **vieilles/braves ~** old/good people *ou* folk * ◆ **honnêtes ~** honest people ◆ **écoutez bonnes ~** *(hum)* harken, ye people *(hum)*

c († , *hum = serviteurs*) servants ◆ **il appela ses ~** he called his servants

COMP ▷ **gens d'armes** *(Hist)* men-at-arms † ▷ **les gens d'Église** the clergy ▷ **gens d'épée** *(Hist)* soldiers *(of the aristocracy)* ▷ **gens de lettres** men of letters ▷ **les gens de loi** † the legal profession ▷ **gens de maison** domestic servants ▷ **gens de mer** sailors, seafarers ▷ **les gens de robe**

*(Hist)* the legal profession ▷ **gens de service** ⇒ **gens de maison** ▷ **les gens de théâtre** the acting profession, theatrical people ▷ **les gens du voyage** *(= gitans)* travellers

**gens**[2] /ʒɛ̃s/ **NF** *(Antiq)* gens

**gent** /ʒɑ̃(t)/ **NF** *(†† ou hum)* race, tribe ◆ **la ~ canine** the canine race ◆ **la ~ féminine** the fair sex ◆ **la ~ masculine** the male *ou* masculine sex

**gentiane** /ʒɑ̃sjan/ **NF** gentian

**gentil, -ille** /ʒɑ̃ti, ij/ GRAMMAIRE ACTIVE 49, 52.4

**ADJ** a *(= aimable)* kind, nice (*avec, pour* to); ◆ **il a toujours un mot ~ pour chacun** he always has a kind word for everyone *ou* to say to everyone ◆ **vous serez ~ de me le rendre** would you mind giving it back to me ◆ **c'est ~ à toi** *ou* **de ta part de ...** it's very kind *ou* nice *ou* good of you to ... ◆ **tu es ~ tout plein** * you're so sweet ◆ **tout ça, c'est bien ~ mais ...** that's (all) very nice *ou* well but ... ◆ **elle est bien gentille avec ses histoires mais ...** what she has to say is all very well *ou* nice but ... ◆ **sois ~, va me le chercher** be a dear and go and get it for me

b *(= sage)* good ◆ **il n'a pas été ~** he hasn't been a good boy ◆ **sois ~, je reviens bientôt** be good, I'll be back soon

c *(= plaisant) [visage, endroit]* nice, pleasant ◆ **une gentille petite robe/fille** a nice little dress/girl ◆ **c'est ~ comme tout chez vous** you've got a lovely little place ◆ **c'est ~ sans plus** it's OK but it's nothing special

d *(= rondelet) [somme]* tidy, fair

**NM** *(Hist, Rel)* gentile

> ⚠ **gentil** *ne se traduit pas par* **gentle**, *qui a le sens de 'doux'.*

**gentilé** /ʒɑ̃tile/ **NM** gentilic

**gentilhomme** /ʒɑ̃tijɔm/ (pl **gentilshommes** /ʒɑ̃tizɔm/) **NM** *(Hist, fig)* gentleman ◆ **~ campagnard** country squire

**gentilhommière** /ʒɑ̃tijɔmjɛʀ/ **NF** (small) country seat, (small) manor house

**gentillesse** /ʒɑ̃tijɛs/ **NF** a *(= amabilité)* kindness ◆ **être d'une grande ~** to be very kind (*avec qn* to sb); ◆ **me ferez-vous** *ou* **auriez-vous la ~ de faire ...** would you be so kind as to do *ou* kind enough to do ... b *(= faveur)* favour *(Brit)*, favor *(US)*, kindness ◆ **remercier qn de toutes ses ~s** to thank sb for all his kindness(es) ◆ **une ~ en vaut une autre** one good turn deserves another ◆ **il me disait des ~s** he said kind *ou* nice things to me

**gentillet, -ette** /ʒɑ̃tijɛ, ɛt/ **ADJ** ◆ **c'est ~** *(= mignon) [appartement]* it's a nice little place; *(péj = insignifiant) [film, roman]* it's nice enough (but it's nothing special)

**gentiment** /ʒɑ̃timɑ̃/ **ADV** *(= aimablement)* kindly; *(= gracieusement)* nicely; *(= doucement)* gently ◆ **ils jouaient ~** they were playing nicely *ou* like good children ◆ **on m'a ~ fait comprendre que ...** *(iro)* they made it quite clear to me that ...

**gentleman** /ʒɑ̃tləman/ (pl **gentlemen** /dʒɑ̃tləmɛn/) **NM** gentleman ◆ **~-farmer** gentleman-farmer

**gentleman's agreement** /dʒɛntləmansagʀimɛnt/, **gentlemen's agreement** /dʒɛntləmɛnsagʀimɛnt/ **NM** gentleman's *ou* gentlemen's agreement

**génuflexion** /ʒenyflɛksjɔ̃/ **NF** *(Rel)* genuflexion ◆ **faire une ~** to make a genuflexion, to genuflect

**géo** * /ʒeo/ **NF** abrév de **géographie**

**géochimie** /ʒeoʃimi/ **NF** geochemistry

**géode** /ʒeɔd/ **NF** a *(Minér)* geode b *(= bâtiment)* geodesic dome

**géodésie** /ʒeɔdezi/ **NF** geodesy

**géodésique** /ʒeɔdezik/ **ADJ** geodesic ◆ **point ~** triangulation point ◆ **ligne ~** geodesic line **NF** geodesic

**géodynamique** /ʒeodinamik/ **ADJ** geodynamic **NF** geodynamics *(sg)*

**géographe** /ʒeɔgʀaf/ **NMF** geographer

**géographie** /ʒeɔgʀafi/ **NF** geography ◆ **~ humaine/économique/physique** human/economic/physical geography

**géographique** /ʒeɔgʀafik/ **ADJ** geographic(al); → **dictionnaire**

**géographiquement** /ʒeɔgʀafikmɑ̃/ **ADV** geographically

**geôle** /ʒol/ **NF** *(littér)* jail, gaol *(Brit)*

**geôlier, -ière** /ʒolje, jɛʀ/ **NM,F** *(littér)* jailer, gaoler *(Brit)*

**géologie** /ʒeɔlɔʒi/ **NF** geology

**géologique** /ʒeɔlɔʒik/ **ADJ** geological

**géologue** /ʒeɔlɔg/ **NMF** geologist

**géomagnétique** /ʒeomaɲetik/ **ADJ** geomagnetic

**géomagnétisme** /ʒeomaɲetism/ **NM** geomagnetism

**géomancie** /ʒeɔmɑ̃si/ **NF** geomancy

**géomancien, -ienne** /ʒeɔmɑ̃sjɛ̃, jɛn/ **NM,F** geomancer

**géomètre** /ʒeɔmɛtʀ/ **NM** a *(= arpenteur)* surveyor b *(= phalène)* emerald, geometrid *(SPÉC)*

**géométrie** /ʒeɔmetʀi/ **NF** *(= science)* geometry; *(= livre)* geometry book ◆ **~ descriptive/plane/analytique** descriptive/plane/analytical geometry ◆ **~ dans l'espace** solid geometry

◆ **à géométrie variable** ◆ **aile à ~ variable** *(Aviat)* variable-geometry *ou* swing wing ◆ **l'Europe à ~ variable** variable-geometry Europe ◆ **c'est une justice à ~ variable** it's one rule for some and another for the rest

**géométrique** /ʒeɔmetʀik/ **ADJ** geometric(al); → **lieu**[1], **progression**

**géométriquement** /ʒeɔmetʀikmɑ̃/ **ADV** geometrically

**géomorphologie** /ʒeomɔʀfɔlɔʒi/ **NF** geomorphology

**géophysicien, -ienne** /ʒeofizisjɛ̃, jɛn/ **NM,F** geophysicist

**géophysique** /ʒeofizik/ **ADJ** geophysical **NF** geophysics *(sg)*

**géopolitique** /ʒeopɔlitik/ **ADJ** geopolitical **NF** geopolitics *(sg)*

**Georges** /ʒɔʀʒ/ **NM** George

**Georgetown** /ʒɔʀʒtaun/ **N** Georgetown

**georgette** /ʒɔʀʒɛt/ **NF** → **crêpe**[2]

**Géorgie** /ʒeɔʀʒi/ **NF** Georgia ◆ **~ du Sud** South Georgia

**géorgien, -ienne** /ʒeɔʀʒjɛ̃, jɛn/ **ADJ** Georgian **NM** *(Ling)* Georgian **NM,F** **Géorgien(ne)** Georgian

**géorgique** /ʒeɔʀʒik/ **ADJ** *(Hist Littérat)* georgic

**géosciences** /ʒeosjɑ̃s/ **NFPL** geosciences

**géostationnaire** /ʒeostasjɔnɛʀ/ **ADJ** geostationary

**géostratégie** /ʒeostʀateʒi/ **NF** geostrategy

**géostratégique** /ʒeostʀateʒik/ **ADJ** geostrategic

**géosynclinal** (pl **-aux**) /ʒeosɛ̃klinal, o/ **NM** geosyncline

**géothermie** /ʒeotɛʀmi/ **NF** geothermal science

**géothermique** /ʒeotɛʀmik/ **ADJ** geothermal

**gérable** /ʒeʀabl/ **ADJ** manageable ◆ **difficilement ~** hard to handle ◆ **le club sportif n'est plus ~** the sports club has become unmanageable ◆ **la situation n'est plus ~** the situation is out of control *ou* is out of hand

**gérance** /ʒeʀɑ̃s/ **NF** *[de commerce, immeuble]* management ◆ **il assure la ~ d'une usine** he manages a factory ◆ **au cours de sa ~** while he was manager ◆ **prendre un commerce en ~** to take over the management of a business ◆ **il a mis son commerce en ~** he has appointed a manager for his business ◆ **être en ~ libre** *[entreprise]* to be run by a manager ◆ **~ salariée** salaried management

**géranium** /ʒeʀanjɔm/ **NM** geranium ◆ **~-lierre** ivy(-leaved) geranium

**gérant** /ʒeʀɑ̃/ **NM** *[d'usine, café, magasin, banque]* manager; *[d'immeuble]* managing agent, factor *(Écos)*; *[de journal]* managing editor ◆ **~ de portefeuilles** portfolio manager

**gérante** /ʒeʀɑ̃t/ **NF** *[d'usine, café, magasin, banque]* manager; *[d'immeuble]* managing agent; *[de journal]* managing editor

**gerbage** /ʒɛʀbaʒ/ **NM** a *(Agr)* binding, sheaving b *(Tech) [de tonneaux]* stacking, piling ◆ **"gerbage interdit"** "do not stack"

**gerbe** /ʒɛʀb/ **NF** *[de blé]* sheaf; *[d'osier]* bundle; *[de fleurs]* spray; *[d'étincelles]* shower, burst; *[d'écume]* shower, flurry ◆ **déposer une ~ sur une tombe** to place a spray of flowers on a grave ◆ **~ d'eau** spray *ou* shower of water ◆ **~ de flammes** *ou* **de feu** jet *ou* burst of flame

**gerber** /ʒɛʀbe/ ▸ conjug 1 ◂ **VT** a *(Agr)* to bind into sheaves, to sheave b *(Tech) [+ tonneaux]* to stack, to pile **VI** *(‡ = vomir)* to throw up‡, to puke (up)‡ ◆ **il me fait ~, ce mec** that guy makes me want to throw up‡ ◆ **c'était à ~** it was crap‡

**gerbera** /ʒɛʀbeʀa/ **NM** gerbera

**gerbeur** /ʒɛʀbœʀ/ **NM** stacking *ou* pallet truck

**gerbille** /ʒɛʀbij/ **NF** gerbil

**gerboise** /ʒɛʀbwaz/ **NF** jerboa

**gercer** /ʒɛʀse/ ▸ conjug 3 ◂ **VT** *[+ peau, lèvres]* to chap, to crack; *[+ sol]* to crack ◆ **avoir les lèvres toutes gercées** to have badly chapped lips ◆ **j'ai les mains gercées** my hands are all cracked **VI** **se gercer** **VPR** *[peau, lèvres]* to chap, to crack; *[sol]* to crack

**gerçure** /ʒɛʀsyʀ/ **NF** *(gén)* (small) crack ◆ **pour éviter les ~s** to avoid chapping

**gérer** /ʒeʀe/ ▸ conjug 6 ◂ **VT** *[+ entreprise, projet]* to manage, to run; *[+ pays]* to run; *[+ carrière, budget, temps, données, biens, fortune]* to manage ◆ **il gère bien ses affaires** he manages his affairs well ◆ **il a mal géré son affaire** he has mismanaged his business, he has managed his business badly ◆ **~ la crise** *(Pol)* to handle *ou* control the crisis

**gerfaut** /ʒɛʀfo/ **NM** gyrfalcon

**gériatre** /ʒeʀjatʀ/ **NMF** geriatrician

**gériatrie** /ʒeʀjatʀi/ **NF** geriatrics *(sg)*

**gériatrique** /ʒeʀjatʀik/ **ADJ** geriatric

**germain, e** /ʒɛʀmɛ̃, ɛn/ **ADJ** a → **cousin**[1] b *(Hist)* German **NM,F** *(Hist)* ◆ **Germain(e)** German

**Germanie** /ʒɛʀmani/ **NF** *(Hist)* Germania

**germanique** /ʒɛʀmanik/ **ADJ** Germanic **NM** *(Ling)* Germanic **NMF** **Germanique** Germanic

**germanisant, e** /ʒɛʀmanizɑ̃, ɑ̃t/ NM,F ⇒ **germaniste**

**germanisation** /ʒɛʀmanizasjɔ̃/ NF germanization

**germaniser** /ʒɛʀmanize/ ▸ conjug 1 ◂ VT to germanize

**germanisme** /ʒɛʀmanism/ NM *(Ling)* germanism

**germaniste** /ʒɛʀmanist/ NMF German scholar, germanist

**germanium** /ʒɛʀmanjɔm/ NM germanium

**germanophile** /ʒɛʀmanɔfil/ ADJ, NMF germanophil(e)

**germanophilie** /ʒɛʀmanɔfili/ NF germanophilia

**germanophobe** /ʒɛʀmanɔfɔb/ ADJ germanophobic NMF germanophobe

**germanophobie** /ʒɛʀmanɔfɔbi/ NF germanophobia

**germanophone** /ʒɛʀmanɔfɔn/ ADJ *[personne]* German-speaking; *[littérature]* German-language *(épith)*, in German *(attrib)* NMF German speaker

**germe** /ʒɛʀm/ NM a *(Bio)* *[d'embryon, graine]* germ; *[d'œuf]* germinal disc; *[de pomme de terre]* eye ◆ **~s de blé** wheatgerm *(NonC)* ◆ **~s de soja** (soya) bean sprouts ◆ **~ dentaire** tooth bud; → **porteur** b *(= source)* *[de maladie, erreur, vie]* seed ◆ **~ d'une idée** germ of an idea ◆ **avoir** *ou* **contenir en ~** to contain in embryo, to contain the seeds of ◆ **l'idée était en ~ depuis longtemps** the idea had existed in embryo for a long time c *(Méd = microbe)* germ ◆ **~s pathogènes** pathogenic bacteria

**germer** /ʒɛʀme/ ▸ conjug 1 ◂ VI *[bulbe, graine]* to sprout, to germinate; *[idée]* to form, to germinate *(frm)* ◆ **pommes de terre germées** sprouting potatoes ◆ **l'idée a commencé à ~ dans ma tête** the idea began to form in my mind

**germicide** /ʒɛʀmisid/ ADJ germicidal NM germicide

**germinal[1], e** (mpl **-aux**) /ʒɛʀminal, o/ ADJ germinal

**germinal[2]** /ʒɛʀminal/ NM Germinal *(seventh month in the French Republican calendar)*

**germinateur, -trice** /ʒɛʀminatœʀ, tʀis/ ADJ germinative

**germinatif, -ive** /ʒɛʀminatif, iv/ ADJ germinal

**germination** /ʒɛʀminasjɔ̃/ NF *(Bot, fig)* germination ◆ **en ~** *[plante]* germinating

**germoir** /ʒɛʀmwaʀ/ NM *(Agr)* seed tray; *[de brasserie]* maltings *(sg)*

**gérondif** /ʒeʀɔ̃dif/ NM *(latin, avec être)* gerundive; *(complément de nom)* gerund; *(français)* gerund

**gérontocratie** /ʒeʀɔ̃tɔkʀasi/ NF gerontocracy

**gérontocratique** /ʒeʀɔ̃tɔkʀatik/ ADJ gerontocratic

**gérontologie** /ʒeʀɔ̃tɔlɔʒi/ NF gerontology

**gérontologique** /ʒeʀɔ̃tɔlɔʒik/ ADJ gerontological

**gérontologiste** /ʒeʀɔ̃tɔlɔʒist/, **gérontologue** /ʒeʀɔ̃tɔlɔg/ NMF gerontologist

**gérontophile** /ʒeʀɔ̃tɔfil/ NMF gerontophile, gerontophiliac

**gérontophilie** /ʒeʀɔ̃tɔfili/ NF gerontophilia

**gésier** /ʒezje/ NM gizzard

**gésine** /ʒezin/ NF ◆ **être en ~** † *(= accoucher)* to be in labour *(Brit)* ou labor *(US)*

**gésir** /ʒeziʀ/ VI *[personne]* to be lying (down), to lie (down); *[arbres, objets]* to lie ◆ **il gisait sur le sol** he was lying *ou* lay on the ground ◆ **là gît le problème** therein lies the problem ◆ **c'est là que gît le lièvre** *(fig)* there's the rub

**gestaltisme** /gɛʃtaltism/ NM Gestalt (psychology)

**gestation** /ʒɛstasjɔ̃/ NF gestation ◆ **en ~** *(lit)* in gestation ◆ **être en ~** *[roman, projet]* to be in preparation, to be in the pipeline

**geste[1]** /ʒɛst/ NM a *(= mouvement)* gesture ◆ **~ d'approbation/d'effroi** gesture of approval/of terror ◆ **~ maladroit** *ou* **malheureux** clumsy gesture *ou* movement ◆ **pas un ~ ou je tire !** one move and I'll shoot! ◆ **il parlait en faisant de grands ~s** he waved his hands about as he spoke ◆ **il refusa d'un ~** he made a gesture of refusal, he gestured his refusal ◆ **il le fit entrer d'un ~** he motioned *ou* gestured *ou* waved to him to come in ◆ **il lui indiqua la porte d'un ~** with a gesture he showed him the door ◆ **faire un ~ de la main** to gesture with one's hand, to give a wave (of one's hand) ◆ **s'exprimer par ~s** to use one's hands to express o.s. ◆ **il ne fit pas un ~ pour l'aider** *(fig)* he didn't lift a finger *ou* make a move to help him ◆ **tu n'as qu'un ~ à faire pour qu'il revienne** *(fig)* just say the word *ou* you only have to say the word and he'll come back; → **fait[1], joindre**

b *(= action)* gesture ◆ **quelle précision dans le ~ de l'horloger** what precision there is in every move of the watchmaker's hand ◆ **c'est un ~ très difficile** it's very difficult to do ◆ **c'est un ~ quotidien** it's something you do every day ◆ **trier les ordures, c'est un ~ simple** sorting rubbish is an easy thing to do ◆ **il maîtrise parfaitement tous les ~s techniques** he has great technical skill ◆ **le ~ du service** *(Tennis)* service (action) ◆ **des ~s de bonne volonté** goodwill gestures ◆ **~ de défi/de conciliation** gesture of defiance/of reconciliation ◆ **~ politique** political gesture ◆ **un ~ symbolique** a token gesture ◆ **beau ~** noble deed ◆ **un ~ désespéré** a desperate act ◆ **dans un ~ de désespoir** in sheer despair ◆ **comment expliquer ce ~ ?** how can we explain what he (*ou* she *etc*) did? ◆ **faire un ~ commercial** *(= faire une remise)* to offer a reduction ◆ **faire un (petit) ~** to make a (small) gesture

**geste[2]** /ʒɛst/ NF *(Littérat)* gest(e); → **chanson**

**gesticulation** /ʒɛstikylasjɔ̃/ NF gesticulation, gesticulating *(NonC)*

**gesticuler** /ʒɛstikyle/ ▸ conjug 1 ◂ VI to gesticulate

**gestion** /ʒɛstjɔ̃/ NF *[d'entreprise, projet]* management, running; *[de pays]* running; *[de biens, carrière, temps, déchets]* management ◆ **mauvaise ~** mismanagement, bad management ◆ **~ administrative** administration, administrative management ◆ **~ de portefeuilles** portfolio management ◆ **~ des stocks** stock *(Brit)* ou inventory *(US)* control ◆ **~ des ressources humaines** human resources management ◆ **~ de fichiers/mémoire/base de données** file/memory/database management ◆ **~ de la production assistée par ordinateur** computer-assisted production management ◆ **la ~ quotidienne de l'entreprise** the day-to-day running of the company ◆ **la ~ des affaires publiques** the conduct of public affairs

**gestionnaire** /ʒɛstjɔnɛʀ/ ADJ administrative, management *(épith)* NMF administrator ◆ **~ de portefeuilles** portfolio manager NM *(Ordin)* manager ◆ **~ de base de données/de fichiers/de programmes** database/file/program manager ◆ **~ de mémoire/de réseau** memory/network manager ◆ **~ d'écran** screen monitor ◆ **~ d'impression** print monitor *ou* manager ◆ **~ de périphériques** device driver

**gestuel, -elle** /ʒɛstɥɛl/ ADJ gestural NF **gestuelle** body movements

**Gethsemani** /ʒetsəmɑni/ N Gethsemane

**geyser** /ʒezɛʀ/ NM geyser

**Ghana** /gana/ NM Ghana

**ghanéen, -enne** /ganeɛ̃, ɛn/ ADJ Ghanaian NM,F **Ghanéen(ne)** Ghanaian

**ghetto** /geto/ NM *(lit, fig)* ghetto ◆ **cité-~** inner-city ghetto ◆ **banlieue-~** run-down suburban area

**ghilde** /gild/ NF ⇒ **guilde**

**GI** /dʒiaj/ NM (abrév de **Government Issue**) *(= soldat américain)* GI

**gibbeux, -euse** /ʒibø, øz/ ADJ *(Astron, littér)* gibbous, gibbose

**gibbon** /ʒibɔ̃/ NM gibbon

**gibbosité** /ʒibozite/ NF *(Astron, Méd, littér)* hump, gibbosity *(SPÉC)*

**gibecière** /ʒib(ə)sjɛʀ/ NF *(gén)* (leather) shoulder bag; *[de chasseur]* gamebag; † *[d'écolier]* satchel

**gibelin** /ʒiblɛ̃/ NM *(Hist)* Ghibelline

**gibelotte** /ʒiblɔt/ NF *fricassee of game in wine*

**giberne** /ʒibɛʀn/ NF cartridge pouch

**gibet** /ʒibɛ/ NM gibbet, gallows ◆ **condamner qn au ~** *(Hist)* to condemn sb to death by hanging, to condemn sb to the gallows

**gibier** /ʒibje/ NM a *(Chasse)* game ◆ **gros/menu ~** big/small game ◆ **~ d'eau** waterfowl ◆ **~ à poil** game animals ◆ **~ à plume** game birds b *(= personne)* prey ◆ **les policiers attendaient leur ~** the policemen awaited their prey ◆ **~ de potence** gallows bird ◆ **le gros ~** big game

**giboulée** /ʒibule/ NF (sudden) shower, sudden downpour ◆ **~ de mars** ≈ April shower

**giboyeux, -euse** /ʒibwajø, øz/ ADJ *[pays, forêt]* abounding in game, well-stocked with game

**Gibraltar** /ʒibʀaltaʀ/ NM Gibraltar

**gibus** /ʒibys/ NM opera hat

**GIC** /ʒeise/ NM (abrév de **grand invalide civil**) ◆ **macaron ~** disabled sticker; → **invalide**

**giclée** /ʒikle/ NF spurt, squirt

**gicler** /ʒikle/ ▸ conjug 1 ◂ VI a *(= jaillir)* to spurt, to squirt ◆ **faire ~ de l'eau d'un robinet** to squirt water from a tap ◆ **le véhicule a fait ~ de l'eau à son passage** the vehicle sent up a spray of water as it went past b *(* = être expulsé)* *[+ personne]* to be given the bum's rush *, to get the boot *; *[+ objet]* to be tossed (out) *ou* chucked * (out)

**gicleur** /ʒiklœʀ/ NM *(Aut)* jet ◆ **~ de ralenti** idle, slow-running jet *(Brit)*

**GIE** /ʒeiə/ NM (abrév de **groupement d'intérêt économique**) → **groupement**

**gifle** /ʒifl/ NF *(lit)* slap (in the face), smack (on the face); *(fig)* slap in the face ◆ **donner** *ou* **filer** * *ou* **flanquer** * *ou* **allonger** * **une ~ à qn** to slap sb in the face, to give sb a slap in the face

**gifler** /ʒifle/ ▸ conjug 1 ◂ VT to slap (in the face) ◆ **~ qn** to slap *ou* smack sb's face, to slap sb in the face ◆ **visage giflé par la grêle** face lashed by (the) hail

**GIG** /ʒeiʒe/ NM (abrév de **grand invalide de guerre**) → **invalide**

**giga...** /ʒiga/ PRÉF giga... ◆ **gigaoctet** gigabyte ◆ **gigawatt** gigawatt

**gigantesque** /ʒigɑ̃tɛsk/ ADJ huge, gigantic

**gigantisme** /ʒigɑ̃tism/ NM *(Méd)* gigantism; *(= grandeur)* gigantic size *ou* proportions ◆ **ville/entreprise atteinte de ~** city/firm that suffers from overexpansion on a gigantic scale

**GIGN** /ʒeiʒeɛn/ NM (abrév de **Groupe d'intervention de la Gendarmerie nationale**) *special task force of the Gendarmerie*, ≃ SAS *(Brit)*, SWAT *(US)*

**gigogne** /ʒigɔɲ/ ADJ ◆ **c'est un dossier-~** the case is full of surprises; → **lit, poupée, table**

**gigolette** /ʒigɔlɛt/ NF *(Culin)* ◆ **~ de canard/de dinde** leg of duck/of turkey

**gigolo** * /ʒigɔlo/ NM gigolo

**gigot** /ʒigo/ NM ◆ **~ de mouton/d'agneau** leg of mutton/lamb ◆ **~ de chevreuil** haunch of venison ◆ **une tranche de ~** a slice off the leg of mutton *ou* lamb *etc*, a slice off the joint ◆ **elle a de bons ~s** * she has nice sturdy legs; → **manche[1]**

**gigoter** * /ʒigɔte/ ► conjug 1 ◄ VI to wriggle (about)

**gigoteuse** /ʒigɔtøz/ NF sleeper, Babygro ® *(Brit)*

**gigue** /ʒig/ NF *(Mus)* gigue; *(= danse)* jig ◆ **~s** * *(= jambes)* legs ◆ **grande ~** *(péj = fille)* beanpole * *(Brit)*, string bean * *(US)* ◆ **~ de chevreuil** haunch of venison

**gilde** /gild/ NF ⇒ **guilde**

**gilet** /ʒilɛ/ NM *(de complet)* waistcoat *(Brit)*, vest *(US)*; *(= cardigan)* cardigan ◆ **~ (de corps** *ou* **de peau)** vest *(Brit)*, undershirt *(US)* ◆ **~ pare-balles** bulletproof jacket, flak jacket * ◆ **~ de sauvetage** *(gén)* life jacket; *(Aviat)* life vest; → **pleurer**

**giletier, -ière** /ʒil(ə)tje, jɛʀ/ NM,F waistcoat *(Brit)* *ou* vest *(US)* maker

**gin** /dʒin/ NM gin ◆ **~ tonic** gin and tonic

**gingembre** /ʒɛ̃ʒɑ̃bʀ/ NM ginger ◆ **racine de ~** root ginger *(NonC)*, ginger root *(NonC)*

**gingival, e** (mpl **-aux**) /ʒɛ̃ʒival, o/ ADJ gingival ◆ **pâte ~e** gum ointment

**gingivite** /ʒɛ̃ʒivit/ NF inflammation of the gums, gingivitis *(SPÉC)*

**ginkgo** /ʒiŋko/ NM gingko

**gin-rami, gin-rummy** /dʒinʀami/ NM gin rummy

**ginseng** /ʒinsɛŋ/ NM ginseng

**girafe** /ʒiʀaf/ NF *(Zool)* giraffe; *(péj = personne)* beanpole * *(Brit)*, string bean * *(US)*; *(Ciné)* boom; → **peigner**

**girafeau** /ʒiʀafo/, **girafon** /ʒiʀafɔ̃/ NM baby giraffe

**girandole** /ʒiʀɑ̃dɔl/ NF *(= chandelier)* candelabra, girandole; *(= feu d'artifice, guirlande lumineuse)* girandole

**girasol** /ʒiʀasɔl/ NM girasol

**giration** /ʒiʀasjɔ̃/ NF gyration

**giratoire** /ʒiʀatwaʀ/ ADJ gyrating, gyratory; → **sens**

**girelle** /ʒiʀɛl/ NF rainbow wrasse

**girl** /gœʀl/ NF chorus girl

**girofle** /ʒiʀɔfl/ NM clove; → **clou**

**giroflée** /ʒiʀɔfle/ NF wallflower, gillyflower; *(vivace)* stock ◆ **~ à cinq feuilles** * *(= gifle)* slap in the face

**giroflier** /ʒiʀɔflije/ NM clove tree

**girolle** /ʒiʀɔl/ NF chanterelle

**giron** /ʒiʀɔ̃/ NM *(= genoux)* lap; *(= sein)* bosom ◆ **après son retour dans le ~ familial** *(personne)* since his return to the fold ◆ **l'entreprise a quitté le ~ du groupe** the company is no longer part of the group ◆ **passer dans le ~ de l'État** *[entreprise]* to be nationalized ◆ **l'entreprise reste dans le ~ de l'État** the company continues to be state-run

**Gironde** /ʒiʀɔ̃d/ NF ◆ **la ~** the Gironde

**gironde** † * /ʒiʀɔ̃, ɔ̃d/ ADJ F buxom, well-padded *

**girondin, e** /ʒiʀɔ̃dɛ̃, in/ ADJ *(Géog)* from the Gironde; *(Hist)* Girondist NM,F *(Géog)* inhabitant *ou* native of the Gironde NM *(Hist)* Girondist

**girouette** /ʒiʀwɛt/ NF weather vane *ou* cock ◆ **c'est une vraie ~** *(fig)* he changes (his mind) with the weather, he changes his mind depending on which way the wind is blowing

**gisait, gisaient** /ʒizɛ/ → **gésir**

**gisant, e** /ʒizɑ̃, ɑ̃t/ ADJ lying NM *(Art)* recumbent statue *(on tomb)*

**gisement** /ʒizmɑ̃/ NM **a** *(Minér)* deposit ◆ **~ de pétrole** oilfield ◆ **~ houiller** coal seam ◆ **~ gazier** gas field **b** *[de clientèle]* pool ◆ **~ d'emplois** source of jobs *ou* employment ◆ **pour trouver des ~s de productivité/d'économies** to find opportunities for increasing productivity/cutting costs **c** *(Naut)* bearing

**gisent** /ʒiz/, **gît** /ʒi/ → **gésir**

**gitan, e** /ʒitɑ̃, an/ ADJ gipsy *(épith)* NM,F **Gitan(e)** gipsy **Gitane** ® NF *(= cigarette)* Gitane *(cigarette)*

**gîte[1]** /ʒit/ NM **a** *(= abri)* shelter; († *= maison)* home; *(Tourisme)* gîte, self-catering cottage *ou* flat ◆ **rentrer au ~** to return home ◆ **ils lui donnent le ~ et le couvert** they give him room and board *ou* board and lodging *(Brit)* ◆ **~ d'étape** *(pour randonneurs)* lodge ◆ **~ rural** (country) gîte, self-catering cottage (in the country) **b** *(Chasse) [de lièvre]* form **c** *(Boucherie)* **~ (à la noix)** topside *(Brit)*, bottom round *(US)* ◆ **~-~** shin *(Brit)*, shank *(US)* **d** *(Minér)* deposit

**gîte[2]** /ʒit/ NF *(Naut = emplacement d'épave)* bed *(of a sunken ship)* ◆ **donner de la ~** to list, to heel

**gîter** /ʒite/ ► conjug 1 ◄ VI *(littér)* to lodge; *(Naut)* *(= pencher)* to list, to heel; *(= être échoué)* to be aground

**givrage** /ʒivʀaʒ/ NM *(Aviat)* icing

**givrant, e** /ʒivʀɑ̃, ɑ̃t/ ADJ → **brouillard**

**givre** /ʒivʀ/ NM **a** *(= gelée blanche)* (hoar) frost, rime *(SPÉC)*; → **fleur** **b** *(Chim)* crystallization

**givré, e** /ʒivʀe/ (ptp de **givrer**) ADJ **a** *[arbre]* covered in frost; *[fenêtre, hélice]* iced-up; *[verre]* frosted ◆ **orange ~e** orange sorbet served in the (orange) skin **b** * *(= ivre)* plastered *; *(= fou)* cracked *, nuts *, bonkers * *(Brit)* ◆ **devenir complètement ~** to go completely off one's head *ou* rocker *

**givrer** VT, **se givrer** VPR /ʒivʀe/ ► conjug 1 ◄ *[pare-brise, aile d'avion]* to ice up

**glabre** /glɑbʀ/ ADJ *(= imberbe)* hairless; *(= rasé)* clean-shaven; *(Bot)* glabrous

**glaçage** /glasaʒ/ NM *[de viande, papier, étoffe]* glazing; *[de gâteau] (au sucre)* icing; *(au blanc d'œuf)* glazing

**glaçant, e** /glasɑ̃, ɑ̃t/ ADJ *[attitude, accueil, ton]* frosty, chilly; *[humour]* icy

**glace[1]** /glas/ NF **a** *(= eau congelée)* ice *(NonC)* ◆ **~ pilée** crushed ice ◆ **sports de ~** ice sports ◆ **briser** *ou* **rompre la ~** *(lit, fig)* to break the ice; → **compartiment, hockey, saint** *etc* **b** **de ~** *(= insensible, peu chaleureux) [accueil]* icy, frosty; *[expression, visage]* stony, frosty ◆ **rester de ~** to remain unmoved **c** *(Culin)* *(= dessert)* ice cream; *(pour pâtisserie = glaçage)* royal icing, frosting *(US)* ◆ **~ à l'eau** water ice *(Brit)*, sherbet *(US)* ◆ **~ à la crème** dairy ice cream ◆ **~ à la vanille/au café** vanilla/coffee ice cream ◆ **~ (à l')italienne** soft ice cream; → **sucre** NFPL **glaces** *(Géog)* ice sheet(s), ice field(s) ◆ **~s flottantes** drift ice, ice floe(s) ◆ **canal bloqué par les ~s** canal blocked with ice *ou* with ice floes ◆ **bateau pris dans les ~s** icebound ship

**glace[2]** /glas/ NF **a** *(= miroir)* mirror ◆ **~ à main** hand mirror; → **armoire, tain** **b** *(= verre)* plate glass *(NonC)*; *(= plaque)* sheet of (plate) glass ◆ **la ~ d'une vitrine** the glass of a shop window **c** *[de véhicule] (= vitre)* window **d** *(Bijouterie)* white speckle

**glacé, e** /glase/ (ptp de **glacer**) ADJ *[neige, lac]* frozen; *[vent, eau, chambre]* icy, freezing; *[boisson]* icy, ice-cold; *[cuir, tissu]* glazed; *[fruit]* glacé; *[accueil, attitude, sourire]* frosty, chilly ◆ **je suis ~** I'm frozen (stiff), I'm chilled to the bone ◆ **j'ai les mains ~es** my hands are frozen *ou* freezing ◆ **à servir ~** to be served iced *ou* ice-cold ◆ **café/chocolat ~** iced coffee/chocolate; → **crème, marron[1], papier**

**glacer** /glase/ ► conjug 3 ◄ VT **a** *[+ liquide]* *(= geler)* to freeze; *(= rafraîchir)* to chill, to ice ◆ **mettre des boissons à ~** to put some drinks to chill

**b** *[+ personne, membres]* to make freezing, to freeze ◆ **ce vent glace les oreilles** your ears freeze with this wind ◆ **ce vent vous glace** it's a freezing *ou* perishing *(Brit)* (cold) wind, this wind chills you to the bone

**c** ◆ **~ qn** *(= intimider)* to turn sb cold, to chill sb; *(= paralyser)* to make sb's blood run cold ◆ **cela l'a glacé d'horreur** *ou* **d'épouvante** he was frozen with terror at this ◆ **~ le sang de qn** to make sb's blood run cold, to chill sb's blood ◆ **cette réponse lui glaça le cœur** *(littér)* this reply turned his heart to ice ◆ **son attitude vous glace** he has a chilling way about him

**d** *[+ viande, papier, étoffe]* to glaze; *[+ gâteau] (au sucre)* to ice; *(au blanc d'œuf)* to glaze

VPR **se glacer** *[eau]* to freeze ◆ **mon sang se glaça dans mes veines** my blood ran cold *ou* my blood froze in my veins ◆ **son sourire/son expression se glaça** his smile/expression froze

**glaceuse[1]** /glasøz/ NF glazing machine

**glaciaire** /glasjɛʀ/ ADJ *[période, calotte]* ice *(épith)*; *[relief, régime, vallée, érosion]* glacial NM ◆ **le ~** the glacial, the ice age

**glaciairiste** /glasjɛʀist/ NMF ice climber

**glacial, e** (mpl **glacials** *ou* **glaciaux**) /glasjal, jo/ ADJ **a** *[froid]* icy, freezing *(épith)*; *[nuit, pluie, vent]* icy, freezing (cold); → **océan** **b** *[accueil, silence, regard]* frosty, icy ◆ **c'est quelqu'un de ~** he's a real cold fish, he's a real iceberg ◆ **"non", dit-elle d'un ton ~** "no", she said frostily *ou* icily

**glaciation** /glasjasjɔ̃/ NF glaciation

**glacier** /glasje/ NM **a** *(Géog)* glacier **b** *(= fabricant)* ice-cream maker; *(= vendeur)* ice-cream man; → **pâtissier**

**glacière** /glasjɛʀ/ NF icebox, cool box ◆ **c'est une vraie ~ ici !** it's like a fridge *ou* an icebox here!

**glaciériste** /glasjeʀist/ NMF ⇒ **glaciairiste**

**glaciologie** /glasjɔlɔʒi/ NF glaciology

**glaciologue** /glasjɔlɔg/ NMF glaciologist

**glacis** /glasi/ NM **a** *(Art)* glaze **b** *(Archit)* weathering; *(Géog, Mil)* glacis

**glaçon** /glasɔ̃/ NM *[de rivière]* block of ice; *[de toit]* icicle; *[de boisson]* ice cube; *(péj = personne)* cold fish ◆ **avec ou sans ~ ?** *(boisson)* with or without ice? ◆ **mes pieds sont comme des ~s** my feet are like blocks of ice

**gladiateur** /gladjatœʀ/ NM gladiator

**glagla** * /glagla/ **à glagla** LOC EXCL it's freezing!

**glaïeul** /glajœl/ NM gladiola, gladiolus ◆ **des ~s** gladioli

**glaire** /glɛʀ/ NF *[d'œuf]* white; *(Méd)* phlegm ◆ **~ cervicale** cervical mucus

**glaireux, -euse** /glɛʀø, øz/ ADJ slimy

**glaise** /glɛz/ NF clay; → **terre**

**glaiseux, -euse** /glɛzø, øz/ ADJ clayey

**glaisière** /glɛzjɛʀ/ NF clay pit

**glaive** /glɛv/ NM two-edged sword ◆ **le ~ de la justice** *(littér)* the sword of justice ◆ **le ~ et la balance** the sword and the scales

**glamour** /glamuʀ/ ADJ INV *[personne, tenue, photo]* glamorous; *[émission]* glitzy * NM ◆ **le ~** glamour

**glanage** /glanaʒ/ NM gleaning

**gland** /glɑ̃/ NM *(Bot)* acorn; *(Anat)* glans; *(= ornement)* tassel ◆ **quel ~ !** (** = imbécile)* what a prick! **

**glande** /glɑ̃d/ NF gland ◆ **avoir des ~s** *(Méd)* to have swollen glands ◆ **avoir les ~s** * *(= être en colère)* to be really *ou* hopping *(Brit)* mad *; *(= être anxieux)* to be all wound-up *

**glander** * /glɑ̃de/ ► conjug 1 ◄ VI *(= traînailler)* to fart around ** *(Brit)*, to footle about * *(Brit)*, to screw around * *(US)*; *(= attendre)* to hang around *, to kick one's heels * *(Brit)* ◆ **j'en ai rien à ~** I don't give *ou* care a damn * ◆ **qu'est-ce que tu glandes ?** what the hell are you doing? *

**glandeur, -euse** * /glɑ̃dœʀ, øz/ NM,F layabout *, shirker ◆ **c'est un vrai ~** he's a lazy bastard ** *ou* slob *

**glandouiller** * /glɑ̃duje/ ► conjug 1 ◄ VI ⇒ **glander**

**glandulaire** /glɑ̃dylɛʀ/ ADJ glandular

**glane** /glan/ NF a *(= glanage)* gleaning b *(= chapelet)* **~ d'oignons/d'ail** string of onions/of garlic

**glaner** /glane/ ► conjug 1 ◄ VT *(lit, fig)* to glean

**glaneur, -euse** /glanœʀ, øz/ NM,F gleaner

**glapir** /glapiʀ/ ► conjug 2 ◄ VI *[renard]* to bark; *[chien]* to yap, to yelp; *(péj) [personne]* to yelp, to squeal VT *[+ insultes]* to scream

**glapissement** /glapismɑ̃/ NM *[de renard]* barking; *[de chien]* yapping, yelping ◆ **~s** *[personne en colère]* shouting

**glas** /glɑ/ NM knell *(NonC)*, toll *(NonC)* ◆ **on sonne le ~** the bell is tolling, they are tolling the knell *ou* bell ◆ **sonner le ~ de** *(fig)* to toll *ou* sound the knell of

**glasnost** /glasnɔst/ NF *(Hist)* glasnost ◆ **le parti est en train de faire sa ~** the party is pursuing a policy of glasnost *ou* openness

**glaucome** /glokom/ NM glaucoma

**glauque** /glok/ ADJ a *(= vert-bleu)* blue-green b (*, *péj = louche) [quartier, hôtel]* shabby; *[atmosphère]* murky; *[individu]* shifty, shady c *(= lugubre)* dreary

**glaviot** * /glavjo/ NM gob of spit *

**glavioter** * /glavjɔte/ ► conjug 1 ◄ VI to spit, to gob * *(Brit)*

**glèbe** /glɛb/ NF *(Hist, littér)* glebe

**glissade** /glisad/ NF a ◆ **faire une ~** *(par jeu)* to slide; *(= tomber)* to slip; *(= déraper)* to skid ◆ **~ sur l'aile** *(Aviat)* sideslip ◆ **il fit une ~ mortelle** he slipped and was fatally injured ◆ **faire des ~s sur la glace** to slide on the ice ◆ **la ~ du dollar** the slide of the dollar b *(Danse)* glissade

**glissage** /glisaʒ/ NM sledging *(of wood)*

**glissant, e** /glisɑ̃, ɑ̃t/ ADJ *[sol, savon, poisson]* slippery; *(Fin) [taux]* floating ◆ **sur un mois ~** over a period of thirty days; → **terrain**

**glisse** /glis/ NF *(Ski)* glide ◆ **sports de ~** *sports which involve sliding or gliding (eg skiing, surfing, skating)*

**glissé, e** /glise/ (ptp de **glisser**) ADJ, NM ◆ **(pas) ~** glissé

**glissement** /glismɑ̃/ NM *[de porte, rideau, pièce]* sliding; *[de bateau]* gliding; *(Ski, Phon)* glide; *[de prix]* slide ◆ **~ électoral (à gauche)** electoral swing *ou* move (to the left) ◆ **~ de sens** shift in meaning ◆ **~ de terrain** landslide, landslip ◆ **le récent ~ de la Bourse** the recent downturn in the stock exchange

**glisser** /glise/ ► conjug 1 ◄ VI a *(= avancer)* to slide along; *[voilier, nuages, patineurs]* to glide along; *[fer à repasser]* to slide along ◆ **le bateau glissait sur les eaux** the boat glided over the water ◆ **avec ce fart, on glisse bien** *(Ski)* you slide *ou* glide easily with this wax, this wax slides *ou* glides easily ◆ **il fit ~ le fauteuil sur le sol** he slid the armchair across the floor

b *(= tomber)* to slide ◆ **ils glissèrent le long de la pente dans le ravin** they slid down the slope into the gully ◆ **il se laissa ~ le long du mur** he slid down the wall ◆ **une larme glissa le long de sa joue** a tear trickled *ou* slid down his cheek ◆ **d'un geste maladroit il fit ~ le paquet dans le ravin** with a clumsy movement he sent the parcel sliding down into the gully ◆ **il fit ~ l'argent dans sa poche** he slipped the money into his pocket

c *(péj = dériver)* to slip ◆ **le pays glisse vers l'anarchie** the country is slipping *ou* sliding into anarchy ◆ **le pays glisse vers la droite** the country is moving *ou* swinging towards the right ◆ **il glisse dans la délinquance** he's slipping into crime

d *(= déraper) [personne, objet]* to slip; *[véhicule, pneus]* to skid ◆ **il a glissé sur la glace et il est tombé** he slipped on the ice and fell ◆ **son pied a glissé** his foot slipped

e *(= être glissant) [parquet]* to be slippery ◆ **attention, ça glisse** be careful, it's slippery (underfoot)

f *(= coulisser) [tiroir, rideau]* to slide; *[curseur, anneau]* to slide (along) ◆ **ces tiroirs ne glissent pas bien** these drawers don't slide (in and out) easily

g *(= s'échapper)* **~ de la table/de la poêle** to slide off the table/out of the frying pan ◆ **~ des mains** to slip out of one's hands ◆ **le voleur leur a glissé entre les mains** the thief slipped (right) through their fingers

h *(= effleurer)* **~ sur** *[+ sujet]* to skate over ◆ **ses doigts glissaient sur les touches** his fingers slipped over the keys ◆ **les reproches glissent sur lui (comme l'eau sur les plumes d'un canard)** criticism is like water off a duck's back to him ◆ **glissons !** let's not dwell on that! ◆ **la balle glissa sur le blindage** the bullet glanced off the armour plating ◆ **son regard glissa d'un objet à l'autre** he glanced from one object to another, his eyes slipped from one object to another ◆ **glissez, mortels, n'appuyez pas !** *(Prov)* enough said!

VT *(= introduire)* ◆ **~ qch sous/dans qch** to slip *ou* slide sth under/into sth ◆ **~ une lettre sous la porte** to slip *ou* slide a letter under the door ◆ **il me glissa un billet dans la main** he slipped a note into my hand ◆ **~ un mot à l'oreille de qn** to whisper a word in sb's ear ◆ **il glisse toujours des proverbes dans sa conversation** he's always slipping proverbs into his conversation ◆ **il me glissa un regard en coulisse** he gave me a sidelong glance ◆ **il me glissa que ...** he whispered to me that ...

VPR **se glisser** a *[personne, animal]* **se ~ quelque part** to slip somewhere ◆ **le chien s'est glissé sous le lit/derrière l'armoire** the dog crept under the bed/behind the cupboard ◆ **se ~ dans les draps** to slip between the sheets ◆ **le voleur a réussi à se ~ dans la maison** the thief managed to sneak *ou* slip into the house ◆ **il a réussi à se ~ jusqu'au premier rang** he managed to edge *ou* worm his way to the front *ou* to slip through to the front

b ◆ **se ~ dans** *[erreur, sentiment]* to creep into ◆ **l'inquiétude/le soupçon se glissa en lui/dans son cœur** anxiety/suspicion stole over him/into his heart ◆ **une erreur s'est glissée dans le texte** a mistake has slipped *ou* crept into the text

**glissière** /glisjɛʀ/ NF slide *ou* sliding channel; *(Aut) [de siège]* runner ◆ **porte/panneau à ~** sliding door/panel ◆ **~ de sécurité** *(sur une route)* crash barrier; → **fermeture**

**glissoire** /gliswaʀ/ NF *(= piste)* slide *(on ice or snow)*

**global, e** (mpl **-aux**) /glɔbal, o/ ADJ a *(= total) [montant, coût, budget]* total; *[accord, politique, stratégie]* comprehensive, general; *[baisse, offre, résultat, résumé, idée]* overall; *[perspective, vue, vision]* overall, comprehensive ◆ **c'est un prix ~** it's an all-inclusive price ◆ **offre ~e** *(Comm)* package ◆ **méthode ~e** word recognition method *(to teach reading)* b *(= mondial) [économie, marché]* global; → **village**

NM **au global** overall

> ⚠ **global** *se traduit par le mot anglais* **global** *uniquement au sens de 'mondial'.*

**globalement** /glɔbalmɑ̃/ ADV a *(= dans l'ensemble)* on the whole ◆ **je suis ~ satisfait de son travail** on the whole I find his work satisfactory ◆ **~ nous sommes tous d'accord** on the whole we agree ◆ **~, nos ventes ont diminué** our overall sales have fallen b *(= en bloc)* globally ◆ **traiter un problème ~** to take a holistic approach to a problem

**globalisant, e** /glɔbalizɑ̃, ɑ̃t/, **globalisateur, -trice** /glɔbalizatœʀ, tʀis/ ADJ *[analyse, approche, vision]* global ◆ **nous refusons tout discours ~ sur la toxicomanie** we will not accept sweeping generalizations about drug addiction

**globalisation** /glɔbalizasjɔ̃/ NF *(= mondialisation)* globalization

**globaliser** /glɔbalize/ ► conjug 1 ◄ VT a *(= mondialiser) [+ conflit, problème]* to globalize b *(= appréhender dans leur ensemble) [+ problèmes, raisons]* to consider from an overall *ou* a global perspective, to consider in their entirety VI *(= généraliser)* to generalize ◆ **les médias ont trop tendance à ~** the media tend to make sweeping generalizations VPR **se globaliser** *[économie, marché]* to become globalized *ou* global

**globalité** /glɔbalite/ NF global nature ◆ **regardons le problème dans sa ~** let us look at the problem from every angle

**globe** /glɔb/ NM a *(= sphère, monde)* globe ◆ **~ oculaire** eyeball ◆ **le ~ terrestre** the globe, the earth ◆ **faire le tour du ~** to go around the world ◆ **le conflit pourrait s'étendre à tout le ~** the conflict could spread worldwide b *(pour recouvrir)* glass cover, globe ◆ **mettre qn/qch sous ~** *(fig)* to keep sb/sth in a glass case, to keep sb/sth in cotton wool *(Brit)*

**globe-trotter** (pl **globe-trotters**) /glɔbtʀɔtœʀ/ NM globe-trotter

**globine** /glɔbin/ NF globin

**globulaire** /glɔbylɛʀ/ ADJ *(= sphérique)* global; *(Physiol)* corpuscular; → **numération**

**globule** /glɔbyl/ **NM** *(gén, Chim)* globule; *(Physiol)* corpuscle ◆ **~s rouges/blancs** red/white corpuscles

**globuleux, -euse** /glɔbylø, øz/ **ADJ** *[forme]* globular; *[œil]* protruding

**globuline** /glɔbylin/ **NF** globulin

**glockenspiel** /glɔkœnʃpil/ **NM** glockenspiel

**gloire** /glwaʀ/ **NF** **a** *(= renommée)* glory, fame; *[de vedette]* stardom, fame ◆ **~ littéraire** literary fame ◆ **être au sommet de la ~** to be at the height of one's fame ◆ **il s'est couvert de ~** he covered himself in glory ◆ **elle a eu son heure de ~** she has had her hour of glory ◆ **(faire qch) pour la ~** (to do sth) for the glory of it ◆ **faire la ~ de qn/qch** to make sb/sth famous ◆ **ce n'est pas la ~ *** it's nothing to write home about *
**b** *(= distinction)* **sa plus grande ~ a été de faire ...** his greatest distinction *ou* his greatest claim to fame was to do ... ◆ **s'attribuer toute la ~ de qch** to give o.s. all the credit for sth, to take all the glory for sth ◆ **se faire** *ou* **tirer ~ de qch** to revel *ou* glory in sth
**c** *(littér, Rel = éclat)* glory ◆ **la ~ de Rome/de Dieu** the glory of Rome/of God ◆ **le trône/le séjour de ~** the throne/the Kingdom of Glory
**d** *(= louange)* glory, praise ◆ **~ à Dieu** glory to God, praise be to God ◆ **~ à tous ceux qui ont donné leur vie** glory to all those who gave their lives ◆ **disons-le à sa ~** it must be said in praise of him ◆ **poème/chant à la ~ de qn/qch** poem/song in praise of sb/sth ◆ **célébrer** *ou* **chanter la ~ de qn/qch** to sing the praises of sb/sth; → **rendre**
**e** *(personne = célébrité)* celebrity ◆ **toutes les ~s de la région étaient là** *(hum)* all the worthies *(hum)* *ou* notables of the region were there ◆ **cette pièce est la ~ du musée** this piece is the pride of the museum
**f** *(Art = auréole)* glory ◆ **Christ en ~** Christ in majesty

**gloria[1]** /glɔʀja/ **NM INV** *(Rel)* Gloria

**gloria[2]** † /glɔʀja/ **NM** *(= boisson)* laced coffee, spiked coffee *(US)*

**gloriette** /glɔʀjɛt/ **NF** **a** *(= pavillon)* gazebo **b** *(= volière)* aviary

**glorieusement** /glɔʀjøzmɑ̃/ **ADV** gloriously

**glorieux, -ieuse** /glɔʀjø, jøz/ **ADJ** *[exploit, mort, personne, passé]* glorious; *[air, ton]* triumphant ◆ **tout ~ de sa richesse/de pouvoir dire ...** *(littér, péj)* glorying in *ou* priding himself on his wealth/on being able to say ... ◆ **tes résultats ne sont pas très ~ *** your results aren't too great * ◆ **ce n'est pas très ~ !** it's nothing to be proud of! ◆ **les Trois Glorieuses** *(Hist)* Les Trois Glorieuses *(the three-day July revolution of 1830)* ◆ **les Trente Glorieuses** *(Hist)* *the thirty-year boom period after World War II*

**glorification** /glɔʀifikasjɔ̃/ **NF** glorification

**glorifier** /glɔʀifje/ ▸ conjug 7 ◂ **VT** to glorify, to extol ◆ **~ Dieu** to glorify God **VPR** **se glorifier** ◆ **se ~ de** to glory in, to take great pride in

**gloriole** /glɔʀjɔl/ **NF** misplaced vanity, vainglory *(littér)* ◆ **faire qch par ~** to do sth out of (misplaced) vanity *ou* out of vainglory *(littér)*

**glose** /gloz/ **NF** *(= annotation, commentaire)* gloss

**gloser** /gloze/ ▸ conjug 1 ◂ **VT** to annotate, to gloss **VI** to ramble on (*sur* about)

**glossaire** /glɔsɛʀ/ **NM** glossary

**glossématique** /glɔsematik/ **NF** glossematics *(sg)*

**glossine** /glɔsin/ **NF** glossina

**glossolalie** /glɔsɔlali/ **NF** glossolalia

**glottal, e** (mpl **-aux**) /glɔtal, o/ **ADJ** glottal

**glotte** /glɔt/ **NF** glottis ◆ **coup de ~** glottal stop

**glouglou** /gluglu/ **NM** **a** *[d'eau]* gurgling, glug-glug ◆ **faire ~** to gurgle, to go glug-glug **b** *[de dindon]* gobbling, gobble-gobble ◆ **faire ~** to gobble, to go gobble-gobble

**glouglouter** /gluglute/ ▸ conjug 1 ◂ **VI** *[eau]* to gurgle; *[dindon]* to gobble

**gloussement** /glusmɑ̃/ **NM** *[de poule]* clucking; *(péj)* *[de personne]* chuckle ◆ **pousser des ~s de satisfaction** to chuckle with satisfaction

**glousser** /gluse/ ▸ conjug 1 ◂ **VI** *[poule]* to cluck; *(péj)* *[personne]* to chuckle

**glouton, -onne** /glutɔ̃, ɔn/ **ADJ** *[personne]* gluttonous, greedy; *[appétit]* voracious **NM,F** glutton **NM** *(Zool)* wolverine

**gloutonnement** /glutɔnmɑ̃/ **ADV** *[manger]* gluttonously, greedily; *[lire]* voraciously ◆ **avalant ~ son repas** wolfing (down) his meal, gulping his meal down

**gloutonnerie** /glutɔnʀi/ **NF** gluttony, greed

**gloxinia** /glɔksinja/ **NM** gloxinia

**glu** /gly/ **NF** *(pour prendre les oiseaux)* birdlime ◆ **prendre les oiseaux à la ~** to lime birds ◆ **on dirait de la ~, c'est comme de la ~** it's like glue ◆ **quelle ~, ce type ! *** *(= personne)* the guy's such a leech! *

**gluant, e** /glyɑ̃, ɑ̃t/ **ADJ** *[substance]* sticky; *(= répugnant)* *[personne]* slimy

**glucide** /glysid/ **NM** carbohydrate

**glucidique** /glysidik/ **ADJ** carbohydrate *(épith)*

**glucose** /glykoz/ **NM** glucose

**glucosé, e** /glykoze/ **ADJ** *[eau, sérum]* containing glucose

**glutamate** /glytamat/ **NM** glutamate

**gluten** /glytɛn/ **NM** gluten

**glutineux, -euse** /glytinø, øz/ **ADJ** *[aliment]* glutinous

**glycémie** /glisemi/ **NF** glycaemia *(Brit)*, glycemia *(US)*

**glycérine** /gliseʀin/ **NF** glycerin(e), glycerol *(SPÉC)*

**glycériné, e** /gliseʀine/ **ADJ** ◆ **joint ~** glycerin(e)-coated joint ◆ **savon ~** glycerin(e) soap

**glycérique** /gliseʀik/ **ADJ** ◆ **acide ~** glyceric acid

**glycérol** /gliseʀɔl/ **NM** glycerin(e), glycerol *(SPÉC)*

**glycérophtalique** /gliseʀoftalik/ **ADJ** *[peinture]* oil-based

**glycine** /glisin/ **NF** **a** *(= plante)* wisteria, wistaria **b** *(= acide)* glycine

**glycocolle** /glikokɔl/ **NM** glycine

**glycogène** /glikɔʒɛn/ **NM** glycogen

**glycol** /glikɔl/ **NM** glycol

**glyphe** /glif/ **NM** glyph

**GMT** /ʒeɛmte/ (abrév de **Greenwich Mean Time**) GMT ◆ **à 15 heures ~** at fifteen (hundred) hours GMT

**gnangnan** * /ɲɑ̃ɲɑ̃/ **ADJ INV** *[film, roman]* silly; *[histoire d'amour]* soppy * ◆ **qu'est-ce qu'il est ~ !** he's such a drip! * **NMF** drip *

**gneiss** /gnɛs/ **NM** gneiss

**gniard** ‡ /ɲaʀ/ **NM** brat *

**gniôle** * /ɲol/ **NF** ⇒ **gnôle**

**GNL** /ʒeɛnɛl/ **NM** (abrév de **gaz naturel liquéfié**) LNG

**gnocchi** /ɲɔki/ **NM** gnocchi *(NonC)*

**gnognote** * /ɲɔɲɔt/ **NF** ◆ **c'est de la ~ !** it's rubbish! ◆ **c'est pas de la ~ !** that's really something! * ◆ **100 € ? c'est de la ~ pour lui** €100? that's nothing *ou* peanuts * to him

**gnôle** * /ɲol/ **NF** *(= eau-de-vie)* hooch * ◆ **un petit verre de ~** a snifter *, a dram *

**gnome** /gnom/ **NM** gnome

**gnomique** /gnɔmik/ **ADJ** gnomic

**gnon** * /ɲɔ̃/ **NM** *(= coup)* blow, bash *; *(= marque)* dent, bump ◆ **prendre un ~** *[personne]* to get bashed * *ou* walloped *; *[voiture]* to get bashed * *ou* dented

**gnose** /gnoz/ **NF** gnosis

**gnosticisme** /gnɔstisism/ **NM** gnosticism

**gnostique** /gnɔstik/ **ADJ, NMF** gnostic

**gnou** /gnu/ **NM** gnu, wildebeest

**gnouf** /ɲuf/ **NM** *(arg Crime)* clink ‡, nick ‡ *(Brit)* ◆ **au ~** in the clink ‡ *ou* nick ‡ *(Brit)*

**GO** (abrév de **grandes ondes**) LW

**Go** (abrév de **gigaoctet**) Gb

**go** /go/ **NM** ◆ **(jeu de) ~** go **LOC ADV** **tout de go** ◆ **dire qch tout de ~** to say sth straight out ◆ **il est entré tout de ~** he went straight in

**goal** /gol/ **NM** goalkeeper, goalie *

**goal-average** (pl **goal-averages**) /golaveʀaʒ/ **NM** *(Sport)* goal difference ◆ **ils l'emportent au ~** they win on goal difference

**gobelet** /gɔblɛ/ **NM** *[d'enfant, pique-nique]* beaker; *(en étain, verre, argent)* tumbler; *[de dés]* cup ◆ **~ en plastique/papier** plastic/paper cup

**Gobelins** /gɔb(ə)lɛ̃/ **NMPL** ◆ **la manufacture des ~** the Gobelins tapestry workshop ◆ **tapisserie des ~** Gobelin tapestry

**gobe-mouche** (pl **gobe-mouches**) /gɔbmuʃ/ **NM** **a** *(Orn)* flycatcher ◆ **~ gris** spotted flycatcher **b** *(† = crédule)* gullible person ◆ **c'est un ~** he'd swallow anything

**gober** /gɔbe/ ▸ conjug 1 ◂ **VT** *[+ huître, œuf]* to swallow (whole); * *[+ mensonge, histoire]* to swallow hook, line and sinker ◆ **je ne peux pas le ~ *** I can't stand him ◆ **ne reste pas là à ~ les mouches** don't just stand there gawping ◆ **il te ferait ~ n'importe quoi *** he'd have you believe anything

**goberger (se)** * /gɔbɛʀʒe/ ▸ conjug 3 ◂ **VPR** *(= faire bonne chère)* to indulge o.s.; *(= prendre ses aises)* to pamper o.s.

**gobie** /gɔbi/ **NM** goby

**godailler** /gɔdaje/ ▸ conjug 1 ◂ **VI** ⇒ **goder**

**godasse** * /gɔdas/ **NF** shoe

**godelureau** † (pl **godelureaux**) /gɔd(ə)lyʀo/ **NM** (young) dandy; *(péj)* ladies' man

**godemiché** /gɔdmiʃe/ **NM** dildo

**goder** /gɔde/ ▸ conjug 1 ◂ **VI** *[vêtement]* to pucker, to be puckered; *[papier peint]* to have bubbles *ou* bulges in it ◆ **sa jupe godait de partout** her skirt was all puckered

**godet** /gɔdɛ/ **NM** **a** *(gén = récipient)* jar, pot; *(à peinture)* pot ◆ **viens boire un ~ avec nous *** come and have a drink *ou* a jar * *(Brit)* with us **b** *(Couture)* gore ◆ **jupe à ~s** gored skirt **c** *(Tech)* bucket

**godiche** * /gɔdiʃ/ **ADJ** lumpish, oafish ◆ **quelle ~, ce garçon !** what an awkward lump *ou* what a clumsy oaf that boy is!

**godille** /gɔdij/ **NF** **a** *(Sport)* scull; *(Ski)* wedeln ◆ **descendre en ~** to wedeln **b** *(péj)* **à la ~ *** *[système]* crummy *, ropey * *(Brit)*; *[jambe, bras]* bad, dicky * *(Brit)*

**godiller** /gɔdije/ ▸ conjug 1 ◂ **VI** *(Sport)* to scull; *(Ski)* to wedeln, to use the wedeln technique

**godillot** * /gɔdijo/ **NM** *(= chaussure)* clodhopper *, clumpy shoe; *(†, péj : Pol)* unquestioning *ou* ardent supporter

**goéland** /gɔelɑ̃/ NM seagull, gull ◆ ~ **cendré** common gull ◆ ~ **argenté** herring gull

**goélette** /gɔelɛt/ NF schooner

**goémon** /gɔemɔ̃/ NM wrack

**goglu** /gɔgly/ NM *(Can)* bobolink, ricebird

**gogo**[1] * /gogo/ NM *(= personne crédule)* sucker *, mug ⁑ ◆ **c'est bon pour les ~s** it's a con ⁑, it's a mug's game ⁑ *(Brit)*

**gogo**[2] * /gogo/ **à gogo** LOC ADV *(= en abondance)* galore ◆ **on avait du vin à ~** we had wine galore ◆ **des fraises, il y en a à ~** there are plenty of *ou* loads of strawberries

**gogol** ⁑ /gogɔl/ NM idiot

**goguenard, e** /gɔg(ə)naʀ, aʀd/ ADJ mocking

**goguenardise** /gɔg(ə)naʀdiz/ NF mocking

**goguenots** ⁑ /gɔg(ə)no/, **gogues** ⁑ /gɔg/ NMPL *(= toilettes)* bog ⁑ *(Brit)*, loo * *(Brit)*, john ⁑ *(US)*

**goguette** * /gɔgɛt/ NF ◆ **des touristes en ~** tourists out for a good time

**goinfre** * /gwɛ̃fʀ/ ADJ, NM ◆ **il est ~, c'est un ~** he's a greedy pig * *ou* a greedy guts * *(Brit)* ◆ **arrête de manger comme un ~** stop making a pig of yourself *

**goinfrer (se)** /gwɛ̃fʀe/ ► conjug 1 ◄ VPR *(gén)* to stuff o.s. *; *(manger salement)* to make a pig of o.s. * ◆ **se ~ de gâteaux** to pig * *ou* gorge o.s. on cakes

**goinfrerie** /gwɛ̃fʀəʀi/ NF piggery *, piggishness *

**goitre** /gwatʀ/ NM goitre

**goitreux, -euse** /gwatʀø, øz/ ADJ goitrous NM,F person suffering from goitre

**golden** /gɔldɛn/ NF INV Golden Delicious

**golem** /gɔlɛm/ NM golem

**golf** /gɔlf/ NM *(= sport)* golf; *(= terrain)* golf course *ou* links ◆ ~ **miniature** miniature golf ◆ **culottes** *ou* **pantalon de ~** plus fours ◆ **jouer au** *ou* **faire du ~** to play golf ◆ **faire un ~** to play a round *ou* game of golf; → **joueur**

**golfe** /gɔlf/ NM gulf; *(petit)* bay ◆ **le ~ de Bengale/de Gascogne** the Bay of Bengal/of Biscay ◆ **le ~ du Lion/du Mexique** the Gulf of Lions/of Mexico ◆ **le ~ Persique** the Persian Gulf ◆ **les États du Golfe** the Gulf States; → **guerre**

**golfeur, -euse** /gɔlfœʀ, øz/ NM,F golfer

**Golgotha** /gɔlgɔta/ NM ◆ **le ~** Golgotha

**Goliath** /gɔljat/ NM Goliath ◆ **c'était David contre ~** it was David versus Goliath

**gomina** ® /gɔmina/ NF hair cream, Brylcreem ®

**gominer (se)** /gɔmine/ ► conjug 1 ◄ VPR to put hair cream on, to Brylcreem ® ◆ **cheveux gominés** slicked-back hair, hair slicked back with Brylcreem ®

**gommage** /gɔmaʒ/ NM a *(= exfoliation)* exfoliation ◆ **se faire un ~** *(visage)* to use a facial scrub; *(corps)* to use a body scrub b *[de mot, trait]* rubbing-out, erasing; *[de ride, souvenir, différence]* erasing; *[d'aspérités]* smoothing out c *(= encollage)* gumming

**gommant, e** /gɔmɑ̃, ɑ̃t/ ADJ *[crème]* exfoliating ◆ **soin ~** *(gén)* body scrub; *(pour le visage)* facial scrub

**gomme** /gɔm/ NF *(= substance)* gum; *(Méd)* gumma; *(Bot)* gummosis; *(pour effacer)* rubber *(Brit)*, eraser *(US)* ◆ **mettre la ~** * *[conducteur]* to give it full throttle *, to step on the gas * *(US)*; *[ouvrier]* to work flat out * ◆ **à la ~** * *[outil, système, idée]* pathetic *, crummy *; *[renseignement]* useless, hopeless; → **boule** ▌ COMP ▷ **gomme adragante** tragacanth ▷ **gomme arabique** gum arabic ▷ **gomme à encre** ink rubber *(Brit)* *ou* eraser *(US)* ▷ **gomme laque** lac ▷ **gomme à mâcher** chewing gum

**gomme-gutte** (pl **gommes-guttes**) /gɔmgyt/ NF gamboge, cambogia

**gommer** /gɔme/ ► conjug 1 ◄ VT a *[+ mot, trait]* to rub out, to erase; *[+ souvenir]* to erase; *[+ ride]* to smooth away, to erase; *[+ différence]* to smooth *ou* iron out, to erase; *[+ fatigue]* to take away; *[+ aspérités]* to smooth out b *(= encoller)* to gum ◆ **gommé** *[enveloppe, papier]* gummed c *[+ peau]* to exfoliate

**gomme-résine** (pl **gommes-résines**) /gɔmʀezin/ NF gum resin

**gommette** /gɔmɛt/ NF coloured sticky label

**gommeux, -euse** /gɔmø, øz/ ADJ *[arbre]* gum-yielding *(épith)*; *[substance]* sticky; *[lésion]* gummatous NM († * *= jeune prétentieux)* pretentious (young) dandy

**gommier** /gɔmje/ NM gum tree

**Gomorrhe** /gɔmɔʀ/ N Gomorrah; → **Sodome**

**gonade** /gɔnad/ NF gonad

**gonadotrope** /gɔnadɔtʀɔp/ ADJ gonadotropic

**gonadotrophine** /gɔnadotʀɔfin/, **gonadotropine** /gɔnadotʀɔpin/ NF gonadotropin

**gond** /gɔ̃/ NM hinge ◆ **sortir de ses ~s** *[porte]* to come off its hinges; *[personne]* to fly off the handle ◆ **jeter** *ou* **mettre qn hors de ses ~s** to make sb wild with rage

**gondolage** /gɔ̃dɔlaʒ/ NM ⇒ **gondolement**

**gondole** /gɔ̃dɔl/ NF *(= bateau)* gondola; *[de supermarché]* (supermarket) shelf, gondola ◆ **tête de ~** end display

**gondolement** /gɔ̃dɔlmɑ̃/ NM *[de papier]* crinkling; *[de planche]* warping; *[de tôle]* buckling

**gondoler** /gɔ̃dɔle/ ► conjug 1 ◄ VI *[papier]* to crinkle, to go crinkly; *[planche]* to warp; *[tôle]* to buckle ◆ **du papier peint tout gondolé** wallpaper that is all crinkled *ou* crinkly ◆ **le disque est complètement gondolé** the record is all *ou* completely warped VPR **se gondoler** a *[papier]* to crinkle; *[planche]* to warp; *[tôle]* to buckle b (* *= rire)* to split one's sides laughing *, to crease up *

**gondolier, -ière** /gɔ̃dɔlje, jɛʀ/ NM,F *(= batelier)* gondolier; *(dans un supermarché)* shelf stocker

**gonfalon** /gɔ̃falɔ̃/ NM gonfalon

**gonfalonier** /gɔ̃falɔnje/ NM gonfalonier

**gonflable** /gɔ̃flabl/ ADJ *[ballon, matelas, piscine]* inflatable ◆ **coussin** *ou* **sac ~** *(Aut)* air bag; → **poupée**

**gonflage** /gɔ̃flaʒ/ NM inflating *(NonC)*, inflation *(NonC)* ◆ **vérifier le ~ des pneus** to check the air in the tyres *(Brit)* *ou* tires *(US)*

**gonflant, e** /gɔ̃flɑ̃, ɑ̃t/ ADJ a *[coiffure]* bouffant b (⁑ *= irritant)* damned ⁑ *ou* bloody ⁑ *(Brit)* irritating ◆ **il est ~ avec ses histoires** he's a real pain (in the neck) * the way he goes on NM ◆ **donner du ~ à ses cheveux** to give one's hair body

**gonflé, e** /gɔ̃fle/ (ptp de **gonfler**) ADJ a *[yeux, visage, pieds, chevilles]* puffy, swollen; *[ventre] (par la maladie)* distended, swollen; *(par un repas)* blown-out, bloated ◆ **il a les joues bien ~es** he has chubby *ou* plump cheeks ◆ **je me sens un peu ~** I feel a bit bloated b * **il est ~ !** *(= courageux)* he's got some nerve! *; *(= impertinent)* he's got a nerve! * *ou* a cheek! * *(Brit)* ◆ **être ~ à bloc** to be raring to go *

**gonflement** /gɔ̃fləmɑ̃/ NM *[de ballon, pneu]* inflation; *[de visage, ventre]* swelling; *[de prix, résultats]* inflation; *[d'effectifs] (= augmentation)* swelling; *(= exagération)* exaggeration ◆ **le ~ de son estomac m'inquiétait** his swollen stomach worried me ◆ **le ~ de la masse monétaire** the increase in the money supply ◆ **le ~ de la dette publique** the expansion of *ou* the increase in the public debt

**gonfler** /gɔ̃fle/ ► conjug 1 ◄ VT a *[+ pneu, ballon] (avec une pompe)* to pump up, to inflate; *(en soufflant)* to blow up, to inflate; *[+ aérostat]* to inflate; *[+ joues, narines]* to puff out; *[+ poumons]* to fill (*de* with); ◆ **les pluies ont gonflé la rivière** the rain has swollen the river *ou* caused the river to swell ◆ **le vent gonfle les voiles** the wind fills (out) *ou* swells the sails ◆ **un paquet gonflait sa poche** his pocket was bulging with a package ◆ **un soupir gonflait sa poitrine** he heaved a great sigh ◆ **éponge gonflée d'eau** sponge swollen with water ◆ **la bière me gonfle** *ou* **me fait ~ l'estomac** beer blows out my stomach, beer makes me feel bloated *ou* makes my stomach bloated ◆ **il avait les yeux gonflés par le manque de sommeil** his eyes were puffy *ou* swollen with lack of sleep

b *(= dilater)* to swell ◆ **ses succès l'ont gonflé d'orgueil** his successes have made his head swell *ou* made him puffed up (with pride) ◆ **l'orgueil gonfle son cœur** his heart is swollen with pride ◆ **l'espoir/le chagrin lui gonflait le cœur** his heart was swelling *ou* bursting with hope/was heavy with sorrow ◆ **cœur gonflé de joie/d'indignation** heart bursting with joy/indignation ◆ **il nous les gonfle !** ⁑ he's a pain in the neck * *ou* butt! ⁑ *(surtout US)*

c *(= grossir) [+ prix, résultat]* to inflate; *[+ effectif] (= augmenter)* to swell; *(= exagérer)* to exaggerate; *[+ moteur]* to soup up * ◆ **on a gonflé l'importance de l'incident** the incident has been blown up out of (all) proportion, they have exaggerated the importance of the incident ◆ **chiffres gonflés** inflated *ou* exaggerated figures

VI *(= enfler) [genou, cheville]* to swell (up); *[bois]* to swell; *(Culin) [pâte]* to rise ◆ **faire ~ le riz/les lentilles** to leave the rice/lentils to swell, to soak the rice/lentils ◆ **faire ~ ses cheveux** to give one's hair (some) body

VPR **se gonfler** a *[rivière]* to swell; *[poitrine]* to swell, to expand; *[voiles]* to swell, to fill (out)

b ◆ **se ~ (d'orgueil)** to be puffed up (with pride), to be bloated with pride ◆ **son cœur se gonfle de tristesse/d'espoir** his heart is heavy (with sorrow)/is bursting with hope

**gonflette** * /gɔ̃flɛt/ NF *(péj)* body building (exercises) ◆ **faire de la ~** *(Sport)* to pump iron *; *(fig = exagérer)* to exaggerate, to lay it on thick *

**gonfleur** /gɔ̃flœʀ/ NM air pump

**gong** /gɔ̃(g)/ NM *(Mus)* gong; *(Boxe)* bell; → **sauver**

**goniomètre** /gɔnjɔmɛtʀ/ NM goniometer

**goniométrie** /gɔnjɔmetʀi/ NF goniometry

**goniométrique** /gɔnjɔmetʀik/ ADJ goniometric(al)

**gonococcie** /gɔnɔkɔksi/ NF gonorrhoea *(Brit)*, gonorrhea *(US)*

**gonocoque** /gɔnɔkɔk/ NM gonococcus

**gonzesse** ⁑ /gɔ̃zɛs/ NF *(péj)* bird ⁑ *(Brit)*, chick ⁑ *(US)* ◆ **c'est une vraie ~** *(péj : efféminé)* he's a real sissy *

**gordien** /gɔʀdjɛ̃/ ADJ M → **nœud**

**gore** /gɔʀ/ ADJ *[film, livre]* gory NM gore

**goret** /gɔʀɛ/ NM piglet ◆ **petit ~ !** *(à un enfant)* you dirty little pig! *, you mucky (little) pup! * *(Brit)*

**Gore-Tex** ® / gɔʀtɛks / NM Gore-Tex ®

**gorge** / gɔʀʒ / NF **a** *[de personne] (= cou, gosier)* throat; *(littér = seins)* breast, bosom *(littér)*; *[d'oiseau] (= poitrine)* breast; *(= gosier)* throat ◆ **rire à pleine ~ ou à ~ déployée** to roar with laughter, to laugh heartily ◆ **chanter à pleine ~ ou à ~ déployée** to sing at the top of one's voice; → **chat, couteau** *etc*
**b** *(= vallée, défilé)* gorge ◆ **les ~s du Tarn** the gorges of the Tarn
**c** *(= rainure) [de moulure, poulie]* groove; *[de serrure]* tumbler
**d** *(loc)* **prendre qn à la ~** *[créancier]* to put a gun to sb's head; *[agresseur]* to grab sb by the throat; *[fumée, odeur]* to catch *ou* get in sb's throat; *[peur]* to grip sb by the throat ◆ **tenir qn à la ~** *(lit)* to hold sb by the throat; *(= l'avoir à sa merci)* to have a stranglehold on sb, to have sb by the throat ◆ **l'os lui est resté dans la ou en travers de la ~** the bone (got) stuck in his throat ◆ **ça lui est resté dans la ou en travers de la ~** *(= il n'a pas aimé)* he found it hard to take *ou* swallow; *(= il n'a pas osé le dire)* it *ou* the words stuck in his throat ◆ **faire des ~s chaudes de qch** to laugh sth to scorn ◆ **je lui enfoncerai ou ferai rentrer ses mots dans la ~** I'll make him eat his words ◆ **faire rendre ~ à qn** to force sb to give back ill-gotten gains

**gorge-de-pigeon** / gɔʀʒ(ə)dəpiʒɔ̃ / ADJ INV dapple-grey

**gorgée** / gɔʀʒe / NF mouthful ◆ **boire à petites ~s** to take little sips ◆ **boire à grandes ~s** to drink in gulps ◆ **boire son vin à grandes/petites ~s** to gulp down/sip one's wine ◆ **vider un verre d'une seule ~** to empty a glass in one gulp, down a glass in one *

**gorger** / gɔʀʒe / ► conjug 3 ◄ **VT** *(gén)* to fill (*de* with); *[+ animal]* to force-feed ◆ **~ qn de pâtisseries** to fill sb up *ou* stuff * sb with cakes ◆ **terre/éponge gorgée d'eau** earth/sponge saturated with *ou* full of water ◆ **fruits gorgés de soleil** sun-kissed fruit **VPR se gorger** ◆ **se ~ de nourriture** to gorge o.s., to stuff o.s. * (with food) ◆ **se ~ de gâteaux** to gorge o.s. on *ou* with cakes ◆ **éponge qui se gorge d'eau** sponge which soaks up water

**Gorgone** / gɔʀgɔn / NF *(Myth)* Gorgon ◆ **gorgone** *(Zool)* gorgonia

**gorgonzola** / gɔʀgɔ̃zɔla / NM Gorgonzola

**gorille** / gɔʀij / NM *(Zool)* gorilla; *(* = garde du corps)* bodyguard, heavy *

**Gorki** / gɔʀki / NM Gorky

**gosier** / gozje / NM *(Anat)* throat; *(* = gorge)* throat, gullet ◆ **crier à plein ~** to shout at the top of one's voice, to shout one's head off ◆ **chanter à plein ~** to sing at the top of one's voice ◆ **avoir le ~ sec** * to be parched * ◆ **ça m'est resté en travers du ~** * *(lit)* it (got) stuck in my throat; *(fig)* I found it hard to take; → **humecter**

**gospel** / gɔspɛl / NM gospel (music)

**gosse** * / gɔs / NMF kid * ◆ **sale ~** little brat * ◆ **elle est restée très ~** she's still a kid at heart * ◆ **~ des rues** street urchin ◆ **~ de riche(s)** *(péj)* (spoilt) rich kid *ou* brat * ◆ **il est beau ~** * he's a good-looker *

**Goth** / gɔt / NMF Goth

**gotha** / gɔta / NM *(= aristocratie)* high society ◆ **le ~ de la finance/de la publicité** the financial/advertising bigwigs *

**gothique** / gɔtik / **ADJ** *[architecture, style]* Gothic ◆ **écriture ~** Gothic script **NM** ◆ **le ~** the Gothic ◆ **le ~ flamboyant/perpendiculaire** Flamboyant/Perpendicular Gothic

**gotique** / gɔtik / NM *(Ling)* Gothic

**gouache** / gwaʃ / NF *(= matière)* gouache, poster paint; *(= tableau)* gouache

**gouaille** / gwɑj / NF cheeky *ou* cocky * humour

**gouailleur, -euse** / gwɑjœʀ, øz / ADJ cheeky, cocky *

**gouape** * / gwap / NF thug

**gouda** / guda / NM Gouda

**Goudjerate** / gudʒeʀat / NM ⇒ **Guj(a)rât**

**goudron** / gudʀɔ̃ / NM tar ◆ **~ de houille** coal tar ◆ **~ végétal ou de bois** wood tar ◆ **"goudrons : 15 mg"** *(sur un paquet de cigarettes)* ≃ 15 mg tar

**goudronnage** / gudʀɔnaʒ / NM tarring

**goudronner** / gudʀɔne / ► conjug 1 ◄ VT *[+ route, toile]* to tar

**goudronneux, -euse** / gudʀɔnø, øz / ADJ tarry

**gouffre** / gufʀ / NM *(Géog)* abyss, gulf, chasm ◆ **un ~ nous sépare** there's a gulf between us ◆ **le ~ de l'oubli** the depths of oblivion ◆ **c'est un ~ d'ignorance/de bêtise** he's abysmally ignorant/utterly stupid ◆ **c'est un ~ (financier)** it just swallows up money, it's a bottomless pit ◆ **nous sommes au bord du ~** we are on the brink of the abyss ◆ **entre la théorie et la pratique, il y a un ~** there's a huge gap between theory and practice

**gouge** / guʒ / NF gouge

**gougnafier** * / guɲafje / NM bungling idiot *

**gouine** ‡ / gwin / NF dyke ‡

**goujat, e** / guʒa, at / **ADJ** boorish, churlish **NM** boor, churl

**goujaterie** / guʒatʀi / NF boorishness

**goujon** / guʒɔ̃ / NM *(= poisson)* gudgeon; *(Tech = cheville)* pin

**goulache, goulasch** / gulaʃ / NM *ou* NF goulash

**goulafre** * / gulafʀ / ADJ, NMF *(Belg)* ◆ **il est ~, c'est un ~** he's a greedy pig *

**goulag** / gulag / NM Gulag

**goule** / gul / NF ghoul

**goulée** / gule / NF *[de liquide]* gulp; *[de solide]* big mouthful ◆ **prendre une ~ d'air frais** *(gorgée)* to take in a lungful of fresh air; *(* : bol d'air)* to get some fresh air

**goulet** / gulɛ / NM *(Naut)* narrows, bottleneck *(at entrance of harbour)*; *(Géog)* gully ◆ **~ d'étranglement** bottleneck

**gouleyant, e** / gulɛjɑ̃, ɑ̃t / ADJ lively

**goulot** / gulo / NM *[de bouteille]* neck ◆ **boire au ~** to drink straight from the bottle ◆ **~ d'étranglement** bottleneck

**goulotte** / gulɔt / NF *(Archit)* channel; *(Tech)* chute, inclined channel

**goulu, e** / guly / **ADJ** *[personne]* greedy, gluttonous; *[regards]* greedy **NM,F** glutton

**goulûment** / gulymɑ̃ / ADV greedily, gluttonously

**goumier** / gumje / NM *(Hist)* *Moroccan soldier in the French army*

**goupil** †† / gupi(l) / NM fox

**goupille** / gupij / NF *(Tech)* pin

**goupillé, e** * / gupije / (ptp de **goupiller**) ADJ *(= arrangé)* ◆ **bien/mal ~** *[machine, plan, procédé]* well/badly thought out ◆ **comment est-ce ~, ce mécanisme ?** how does this thing work?

**goupiller** / gupije / ► conjug 1 ◄ **VT a** *(* = combiner)* to fix * ◆ **il a bien goupillé son affaire** he did alright for himself there * **b** *(Tech)* to pin **VPR se goupiller** * *(= s'arranger)* **comment est-ce que ça se goupille pour demain ?** what's the plan for tomorrow? ◆ **ça s'est bien/mal goupillé, notre plan** our plan came off * (all right)/didn't come off * ◆ **tout ça a l'air de se ~ plutôt bien** it all seems to be going pretty well ◆ **ça se goupille plutôt mal, cette histoire de déménagement** this removal business is a bit of a shambles *

**goupillon** / gupijɔ̃ / NM *(Rel)* (holy water) sprinkler, aspergillum; *(à bouteille)* bottle brush; → **sabre**

**gourance** ‡ / guʀɑ̃s /, **gourante** ‡ / guʀɑ̃t / NF cock-up ‡, boob * *(Brit)* ◆ **faire une ~** to make a cock-up ‡ *ou* a boob * *(Brit)*, to goof up ‡ *(US)*

**gourbi** / guʀbi / NM *(arabe)* shack; *(* = taudis)* slum

**gourd, e**[1] / guʀ, guʀd / ADJ *(par le froid)* numb (with cold); *(= maladroit, mal à l'aise)* awkward

**gourde**[2] / guʀd / **NF a** *(Bot)* gourd; *[d'eau, alcool]* flask **b** *(* = empoté)* dope *, clot * *(Brit)*, dumbbell * *(US)* **ADJ** * *(= bête)* dopey *, gormless * *(Brit)*; *(= maladroit)* clumsy

**gourde**[3] / guʀd / NF *(Fin)* gourde

**gourdin** / guʀdɛ̃ / NM club, bludgeon ◆ **assommer qn à coups de ~** to club *ou* bludgeon sb

**gourer (se)** ‡ / guʀe / ► conjug 1 ◄ VPR to boob * *(Brit)*, to goof up ‡ *(US)* ◆ **se ~ de jour** to get the day wrong ◆ **je me suis gouré de numéro de téléphone** I dialled the wrong number ◆ **on s'est gouré de rue** we went to the wrong street ◆ **je me suis gouré dans mes calculs** I made a cock-up in ‡ *ou* I goofed up ‡ *(US)* my calculations

**gourgandine** †† * / guʀgɑ̃din / NF hussy † *

**gourmand, e** / guʀmɑ̃, ɑ̃d / **ADJ a** *[personne]* fond of food ◆ **il est ~ comme un chat** he likes good food but he's fussy about what he eats ◆ **je suis très ~** I'm very fond of my food; *(pour les sucreries)* I've got a sweet tooth ◆ **être ~ de** *[+ sucreries]* to be fond of; *[+ nouveautés]* to be avid for ◆ **regarder qch d'un œil ~** to eye sth greedily
**b** *(Culin)* ◆ **une cuisine ~e** gourmet food ◆ **menu ~** gourmet menu
**c** *(= sensuel) [bouche]* voluptuous
**d** *(= exigeant)* **cette voiture est (très) ~e (en carburant)** this car's a gas-guzzler, this car's heavy on petrol *(Brit)* *ou* gas *(US)* ◆ **c'est une activité (très) ~e en capitaux/en énergie** it's (very) capital/energy-intensive ◆ **des applications informatiques de plus en plus ~es en mémoire** computer applications requiring more and more power
**e** *(Agr)* **branche ~e** sucker
**NM,F** gourmand *(frm)* ◆ **c'est une ~e** she's very fond of her food; *(pour les sucreries)* she's got a sweet tooth ◆ **tu n'es qu'un ~ !** *(enfant)* you greedy thing!
**NM** *(Agr)* sucker

**gourmander** / guʀmɑ̃de / ► conjug 1 ◄ VT *(littér)* to rebuke, to berate *(littér)*

**gourmandise** / guʀmɑ̃diz / **NF** *(gén)* fondness of food; *(péj)* greed, greediness; *(Rel = péché)* gluttony ◆ **elle regardait le gâteau avec ~** she eyed the cake greedily **NFPL gourmandises** delicacies, sweetmeats †

**gourme** / guʀm / NF *(† : Méd)* impetigo; *(Zool)* strangles *(sg)* ◆ **jeter sa ~** to sow one's wild oats

**gourmé, e** / guʀme / ADJ *(littér)* starchy, stiff

**gourmet** / guʀmɛ / NM gourmet, epicure; → **fin**[1]

**gourmette** / guʀmɛt / NF *[de cheval]* curb chain; *[de poignet]* chain bracelet

**gourou** / guʀu / NM guru

**gousse** / gus / NF *[de vanille, petits pois]* pod ◆ **~ d'ail** clove of garlic

**gousset** /guse/ NM *[de gilet, pantalon]* fob; *[de slip]* gusset; *(Tech = pièce d'assemblage)* gusset; → **montre**[1]

**goût** /gu/ NM a *(= sens)* taste ◆ **amer au ~** bitter to the taste
b *(= saveur)* taste ◆ **cela a un ~ de moisi** it tastes mouldy ◆ **ça a bon/mauvais ~** it tastes good/nasty, it has a nice/bad taste ◆ **la soupe a un ~** the soup tastes funny *ou* has a funny taste ◆ **plat sans ~** tasteless *ou* flavourless dish ◆ **ça a un ~ de fraise** it tastes of strawberries ◆ **yaourt ~ vanille** vanilla-flavoured yoghurt ◆ **donner du ~ à qch** *[épice, condiment]* to add (a bit of) flavour to sth ◆ **la vie n'a plus de ~ pour lui** he no longer has any taste for life, he has lost his taste for life ◆ **ses souvenirs ont un ~ amer** he has bitter memories ◆ **cette rétrospective a un ~ de nostalgie** this retrospective has a nostalgic feel *ou* flavour ◆ **ça a un ~ de revenez-y** * it makes you want seconds, it's very more-ish * *(Brit)*
c *(= jugement)* taste ◆ **(bon) ~** (good) taste ◆ **avoir du/manquer de ~** to have/lack taste ◆ **avoir un ~ vulgaire** to have vulgar tastes ◆ **le ~ ne s'apprend pas** taste is something you're born with ◆ **faire qch sans/avec ~** to do something tastelessly/tastefully ◆ **elle s'habille avec beaucoup de ~** she has very good taste in clothes, she has very good dress sense ◆ **homme/femme de ~** man/woman of taste; → **faute**
d *[vêtement, ameublement]* **de bon ~** tasteful, in good taste *(attrib)* ◆ **de mauvais ~** tasteless, in bad *ou* poor taste *(attrib)* ◆ **c'est une plaisanterie de mauvais ~** this joke is in bad taste ◆ **il serait de mauvais ~/d'un ~ douteux de faire** it would be in bad *ou* poor/doubtful taste to do ◆ **il serait de bon ~ d'y aller/qu'il se mette à travailler** *(hum)* it mightn't be a bad idea to go/if he started doing some work
e *(= penchant)* taste, liking (*de, pour* for); ◆ **salez à votre ~** salt (according) to taste ◆ **il a peu de ~ pour ce genre de travail** this sort of work is not to his taste *ou* liking *ou* is not his cup of tea * ◆ **il n'a aucun ~ pour les sciences** science subjects don't appeal to him ◆ **il a le ~ de l'ordre** he likes order ◆ **il a le ~ du risque** he likes taking risks ◆ **faire qch par ~** to do sth from inclination *ou* because one has a taste for it ◆ **prendre ~ à qch** to get *ou* acquire a taste for sth, to get to like sth ◆ **elle a repris ~ à la vie/la danse** she has started to enjoy life/dancing again ◆ **il n'avait ~ à rien** he didn't feel like doing anything ◆ **à mon/son ~** for my/his liking *ou* taste(s) ◆ **ce n'est pas du ~ de chacun** it's not to everybody's taste ◆ **ses déclarations n'ont pas été du ~ de ses alliés politiques** what he said didn't go down well with his political allies, his political allies didn't like the sound of what he said ◆ **cela m'a mis en ~** that gave me a taste for it ◆ **est-ce à votre ~ ?** is it to your taste? ◆ **c'est tout à fait à mon ~** this is very much to my taste ◆ **il la trouve à son ~** she suits his taste ◆ **faire passer le ~ du pain à qn** * to wipe the smile off sb's face; *(= tuer)* to do sb in *, to bump sb off *; → **chacun**
f *(= tendances)* **~s** tastes ◆ **avoir des ~s de luxe/modestes** to have expensive/simple tastes ◆ **des ~s et des couleurs (on ne discute pas)** *(Prov)* there's no accounting for taste(s) ◆ **tous les ~s sont dans la nature** *(Prov)* it takes all sorts to make a world
g *(= style)* style ◆ **dans le ~ classique/de X** in the classical style/the style of X ◆ **ou quelque chose dans ce ~-là** * or something of that sort ◆ **au ~ du jour** in keeping with the style of the day *ou* with current tastes ◆ **il s'est mis au ~ du jour** he has brought himself into line with current tastes ◆ **chanson remise au ~ du jour** song brought up to date

**goûter**[1] /gute/ ▸ conjug 1 ◂ VT a *[+ aliment]* to taste ◆ **goûte-le, pour voir si c'est assez salé** taste it and see if there's enough salt
b *[+ repos, spectacle]* to enjoy, to savour *(Brit)*, to savor *(US)*
c *(littér)* *[+ écrivain, œuvre, plaisanterie]* to appreciate ◆ **il ne goûte pas l'art abstrait** he doesn't appreciate abstract art, abstract art isn't to his taste
d *(Belg)* *[aliment]* to taste of
VT INDIR **goûter à** *[+ aliment, plaisir]* to taste, to sample; *[+ indépendance, liberté]* to taste ◆ **il y a à peine goûté** he's hardly touched it ◆ **voulez-vous ~ à mon gâteau ?** would you like to try *ou* sample my cake? ◆ **goûtez-y** *[+ vin]* have a sip *ou* taste, taste it; *[+ plat]* have a taste, taste it
VT INDIR **goûter de** *(= faire l'expérience de)* to have a taste of, to taste ◆ **il a goûté de la vie militaire/de la prison** he has had a taste of army/prison life, he has tasted army/prison life
VI a *(= faire une collation)* to have tea *(Brit)*, to have an afterschool snack *(US)* ◆ **emporter à ~** to take an afterschool snack ◆ **inviter des enfants à ~** to ask children to tea *(Brit)*, to invite children for a snack *(US)*
b *(Belg)* *[aliment]* to taste good

**goûter**[2] /gute/ NM *[d'enfants]* (afterschool) snack; *[d'adultes]* afternoon tea ◆ **donner un ~ d'enfants** to give *ou* have a children's (tea) party *(Brit)*, to invite children for a snack *(US)* ◆ **l'heure du ~** (afternoon) snack time

**goûteur, -euse** /gutœʀ, øz/ NM,F ◆ **~ d'eau/de vin** water/wine taster

**goûteux, -euse** /gutø, øz/ ADJ *[vin, viande]* flavoursome *(Brit)*, flavorful *(US)*

**goutte** /gut/ NF a *(lit, fig)* drop ◆ **~ de rosée** dewdrop ◆ **~ de sueur** bead of sweat ◆ **suer à grosses ~s** to be streaming with sweat ◆ **pleuvoir à grosses ~s** to rain heavily ◆ **il est tombé quelques ~s** there were a few spots *ou* drops of rain ◆ **du lait ? – une ~** milk? – just a drop ◆ **il n'y en a plus une ~** there's not a drop left ◆ **tomber ~ à ~** to drip
b *(Pharm)* **~s** drops ◆ **~s pour les yeux/le nez** eye/nose drops
c ( * = eau-de-vie) brandy
d († †, *hum*) **je n'y vois/entends ~** *(= rien)* I see/hear not a thing † *(aussi hum)*
e *(Méd)* gout
f *(loc)* **avoir la ~ au nez** to have a dripping *ou* runny nose ◆ **passer entre les ~s** *(de pluie)* to run between the drops; *(fig)* to come through without a scratch
COMP ▷ **goutte d'eau** drop of water; *(Bijouterie)* drop, droplet ◆ **c'est une ~ d'eau dans la mer** it's a drop in the ocean *(Brit)* *ou* in the bucket *(US)* ◆ **c'est la ~ (d'eau) qui fait déborder le vase** it's the last straw, it's the straw that breaks the camel's back; → **ressembler**

**goutte-à-goutte** /gutagut/ NM INV *(Méd)* drip *(Brit)*, IV *(US)* ◆ **alimenter qn au ~** to put sb on a drip *(Brit)* *ou* on an IV *(US)*, to drip-feed sb *(Brit)*

**gouttelette** /gut(ə)lɛt/ NF droplet

**goutter** /gute/ ▸ conjug 1 ◂ VI to drip (*de* from)

**goutteux, -euse** /gutø, øz/ ADJ *(Méd)* gouty

**gouttière** /gutjɛʀ/ NF *(horizontale)* gutter; *(verticale)* drainpipe; *(Aut)* rain gutter; *(Méd)* (plaster) cast; *(Anat : sur os)* groove; → **chat**

**gouvernable** /guvɛʀnabl/ ADJ governable ◆ **difficilement ~** difficult to govern

**gouvernail** /guvɛʀnaj/ NM *(= pale)* rudder; *(= barre)* helm, tiller ◆ **~ de direction** rudder ◆ **~ de profondeur** elevator ◆ **tenir le ~** *(fig)* to be at the helm

**gouvernance** /guvɛʀnɑ̃s/ NF governance ◆ **~ d'entreprise** corporate governance

**gouvernant, e**[1] /guvɛʀnɑ̃, ɑ̃t/ ADJ *[parti, classe]* ruling *(épith)*, governing *(épith)* NMPL *(Pol)* ◆ **les ~s** the rulers, those in power ◆ **les gouvernés et les ~s** the citizens and those who govern them

**gouvernante**[2] /guvɛʀnɑ̃t/ NF *(= institutrice)* governess; *(= dame de compagnie)* housekeeper

**gouverne** /guvɛʀn/ NF a *(frm)* **pour ta ~** for your guidance b *(Naut = pilotage)* steering c *(Aviat = surface)* control surface ◆ **~ de profondeur** *(= dispositif)* elevator ◆ **~ latérale** aileron

**gouverné** /guvɛʀne/ NM *(gén pl)* citizen

**gouvernement** /guvɛʀnəmɑ̃/ NM *(= administration, régime)* government; *(= cabinet)* Cabinet, Government ◆ **former un ~** to set up *ou* form a government ◆ **il est au ~** he's a member of *ou* he's in the government ◆ **sous un ~ socialiste** under socialist rule *ou* government ◆ **ça a eu lieu sous le ~ de Thatcher** it happened during the Thatcher government *ou* during Thatcher's government ◆ **~ de cohabitation** cohabitation government ◆ **~ d'entreprise** corporate governance

**gouvernemental, e** (mpl **-aux**) /guvɛʀnəmɑ̃tal, o/ ADJ *[député]* of the governing party; *[organe, politique]* government *(épith)*, governmental *(épith)*; *[journal]* pro-government; *[troupes]* government *(épith)* ◆ **le parti ~** the governing *ou* ruling party, the party in office ◆ **l'équipe ~e** the government

**gouverner** /guvɛʀne/ ▸ conjug 1 ◂ VT a *(Pol)* to govern, to rule ◆ **le parti qui gouverne** the party in office, the governing *ou* ruling party ◆ **droit des peuples à se ~ (eux-mêmes)** right of peoples to self-government b *(littér)* *[+ passions]* to control ◆ **savoir ~ son cœur** to have control over one's heart ◆ **se laisser ~ par l'ambition/par qn** to let o.s. be ruled *ou* governed by ambition/by sb ◆ **il sait fort bien se ~** he is well able to control himself ◆ **l'intérêt gouverne le monde** self-interest rules the world c *(Naut)* to steer, to helm ◆ **~ vers tribord** to steer to(wards) starboard d *(Gram)* to govern, to take VI *(Naut)* to steer ◆ **le bateau gouverne bien/mal** the boat steers well/badly ◆ **~ sur son ancre/sa bouée** to steer towards one's anchor/one's buoy

**gouverneur** /guvɛʀnœʀ/ NM a *(Admin, Pol)* governor ◆ **le Gouverneur de la Banque de France** the Governor of the Bank of France ◆ **~ militaire** military governor ◆ **~ général** *(Can)* governor general b *(Hist = précepteur)* tutor

**gouzi-gouzi** * /guziguzi/ NM INV tickle ◆ **faire des ~ à qn** to tickle sb

**goy** /gɔj/ ADJ, NMF goy

**goyave** /gɔjav/ NF *(= fruit)* guava

**goyavier** /gɔjavje/ NM *(= arbre)* guava

**GPAO** /ʒepeao/ NF (abrév de **gestion de la production assistée par ordinateur**) → **gestion**

**GPL** /ʒepeɛl/ NM (abrév de **gaz de pétrole liquéfié**) LPG

**GPS** /ʒepeɛs/ NM (abrév de **global positioning system**) ◆ **(système) ~** GPS (system)

**GQG** /ʒekyʒe/ NM (abrév de **Grand Quartier Général**) GHQ

**GR** /ʒeɛʀ/ NM (abrév de **(sentier de) grande randonnée**) ◆ **emprunter un** ~ to take an official hiking trail; → **randonnée**

**Graal** /gʀɑl/ NM Grail ◆ **la quête du** ~ the quest for the Holy Grail

**grabat** /gʀaba/ NM pallet, mean bed

**grabataire** /gʀabatɛʀ/ ADJ bedridden NMF bedridden invalid

**grabuge** * /gʀabyʒ/ NM ◆ **il va y avoir du** ~ there'll be ructions * *(Brit) ou* a ruckus * *(US) ou* a rumpus * ◆ **faire du** ~ to create havoc

**grâce** /gʀɑs/ GRAMMAIRE ACTIVE 44.1 NF a *(= charme) [de personne, geste]* grace; *[de chose, paysage]* charm ◆ **plein de** ~ graceful ◆ **visage sans** ~ plain face ◆ **avec** ~ *[danser]* gracefully; *[s'exprimer]* elegantly ◆ **faire des** ~**s** to put on airs (and graces)

b *(= faveur)* favour *(Brit)*, favor *(US)* ◆ **demander une** ~ **à qn** to ask a favour of sb ◆ **accorder une** ~ **à qn** to grant sb a favour ◆ **trouver** ~ **auprès de** *ou* **aux yeux de qn** to find favour with sb ◆ **il nous a fait la** ~ **d'accepter** *(frm, hum)* he did us the honour of accepting ◆ **elle nous a fait la** ~ **de sa présence** *ou* **d'être présente** she graced *ou* honoured us with her presence ◆ **être en** ~ to be in favour ◆ **rentrer en** ~ to come back into favour ◆ **être dans les bonnes** ~**s de qn** to be in favour with sb, to be in sb's good graces *ou* good books * ◆ **chercher/gagner les bonnes** ~**s de qn** to seek/gain sb's favour ◆ **délai de** ~ days of grace ◆ **donner à qn une semaine de** ~ to give sb a week's grace

c *(loc)* **bonne/mauvaise** ~ good/bad grace ◆ **faire qch de** *ou* **avec bonne/mauvaise** ~ to do sth with (a) good/bad grace, to do sth willingly/grudgingly ◆ **il y a mis de la mauvaise** ~ he did it very reluctantly ◆ **il a eu la bonne** ~ **de reconnaître ...** he had the good grace to admit ... ◆ **il aurait mauvaise** ~ **à refuser** it would be bad form *ou* in bad taste for him to refuse

d *(= miséricorde)* mercy; *(Jur)* pardon ◆ ~ **royale/présidentielle** royal/presidential pardon ◆ **demander** *ou* **crier** ~ to beg *ou* cry for mercy ◆ **demander** ~ **pour qn** to appeal for clemency on sb's behalf ◆ ~ **!** (have) mercy! ◆ **de** ~**, laissez-le dormir** for pity's sake *ou* for goodness' sake, let him sleep ◆ **je vous fais** ~ **des détails/du reste** I'll spare you the details/the rest ◆ **donner/recevoir le coup de** ~ to give/receive the coup de grâce *ou* deathblow; → **droit³, recours**

e *(= reconnaissance)* **dire les** ~**s** to give thanks *(after a meal)*

◆ **grâce à** ◆ ~ **à qn/qch** thanks to sb/sth ◆ ~ **à Dieu !** thank God!, thank goodness!; → **action¹, jour, rendre**

f *(Rel)* grace ◆ **à la** ~ **de Dieu !** it's in God's hands! ◆ **nous réussirons par la** ~ **de Dieu** with God's blessing we shall succeed ◆ ~ **efficace/suffisante/vivifiante** efficacious/sufficient/life-giving grace; → **an, état**

g *(= don, inspiration)* gift ◆ **avoir la** ~ to have a gift ◆ **il a été touché par la** ~ he has been inspired ◆ **c'est la** ~ **que nous lui souhaitons** that is what we wish for him

h *(= déesse)* **les trois Grâces** the three Graces

i *(= titre)* **Sa Grâce ...** *(homme)* His Grace ...; *(femme)* Her Grace ...

**gracier** /gʀasje/ ► conjug 7 ◄ VT to grant a pardon to, to pardon ◆ **il a été gracié par le président** he was granted a presidential pardon

**gracieusement** /gʀasjøzmɑ̃/ ADV *(= élégamment)* gracefully; *(= aimablement)* amiably, kindly; *(= gratuitement)* free of charge ◆ **ceci vous est** ~ **offert par la société Leblanc** Messrs Leblanc offer you this with their compliments, please accept this with the compliments of Messrs Leblanc ◆ **documents** ~ **prêtés par l'Institut Pasteur** documentation kindly loaned by the Pasteur Institute

**gracieuseté** /gʀasjøzte/ NF *(littér) (= amabilité)* amiability; *(= geste élégant)* graceful gesture; *(= cadeau)* free gift ◆ **je vous remercie de vos** ~**s** *(iro)* so kind of you to say so *(iro)*

**gracieux, -ieuse** /gʀasjø, jøz/ ADJ a *(= élégant) [gestes, silhouette, personne]* graceful b *(= aimable) [sourire, abord, personne]* amiable, kindly; *[enfant]* amiable ◆ **notre gracieuse souveraine** *(frm)* our gracious sovereign *(frm)* c *(frm = gratuit) [aide, service]* gratuitous *(frm)*; → **recours, titre**

**gracile** /gʀasil/ ADJ *[personne, corps, tige]* slender; *[cou]* slender, swanlike

**gracilité** /gʀasilite/ NF slenderness

**Gracques** /gʀak/ NMPL ◆ **les** ~ the Gracchi

**gradation** /gʀadasjɔ̃/ NF gradation ◆ **il y a toute une** ~ **des réactions des victimes d'attentat** victims of bombings react in a variety of ways ◆ **il y a une** ~ **dans la difficulté des exercices** the exercises are graded

**grade** /gʀad/ NM a *(Admin, Mil)* rank ◆ **monter en** ~ to be promoted ◆ **en prendre pour son** ~ * to be hauled over the coals, to get a proper dressing-down * b *(= titre) (Univ)* degree ◆ ~ **de licencié** (first) degree, bachelor's degree c *(Math)* grade d *(Tech) [d'huile]* grade

**gradé, e** /gʀade/ NM,F *(Mil) (gén)* officer; *(= subalterne)* NCO, non-commissioned officer; *(Police)* officer, ≃ (police) sergeant *(Brit)*

**gradient** /gʀadjɑ̃/ NM gradient

**gradin** /gʀadɛ̃/ NM *(Théât)* tier; *[de stade]* step (of the terracing); *(Agr)* terrace ◆ **les** ~**s** *[de stade]* the terraces ◆ **dans les** ~**s** on the terraces ◆ **en** ~**s** terraced ◆ **la colline s'élevait/descendait en** ~**s** the hill went up/down in steps *ou* terraces

**graduation** /gʀadɥasjɔ̃/ NF *[d'instrument]* graduation

**gradué, e** /gʀadɥe/ (ptp de **graduer**) ADJ *[exercices]* graded; *[règle, thermomètre]* graduated ◆ **verre/pot** ~ measuring glass/jug

**graduel, -elle** /gʀadɥɛl/ ADJ *[progression, amélioration, augmentation]* gradual; *[difficultés]* progressive NM *(Rel)* gradual

**graduellement** /gʀadɥɛlmɑ̃/ ADV gradually

**graduer** /gʀadɥe/ ► conjug 1 ◄ VT *[+ exercices]* to increase in difficulty; *[+ difficultés, efforts]* to step up *ou* increase gradually; *[+ règle, thermomètre]* to graduate

**graffiter** /gʀafite/ ► conjug 1 ◄ VT to write graffiti on

**graffiteur, -euse** /gʀafitœʀ, øz/ NM,F *(gén)* graffitist; *(= artiste)* graffiti artist

**graffiti** (pl **graffiti(s)**) /gʀafiti/ NM graffiti *(NonC)* ◆ **un** ~ a piece of graffiti

**graille** ‡ /gʀaj/ NF grub ‡, nosh ‡ *(Brit)*, chow ‡ *(US)* ◆ **à la** ~ **!** come and get it! *, grub's up! * *(Brit)*

**grailler** /gʀɑje/ ► conjug 1 ◄ VI a *(‡ = manger)* to nosh ‡ *(Brit)*, to chow down ‡ *(US)* b *[corneille]* to caw c *(= parler)* to speak in a throaty *ou* hoarse voice

**graillon** /gʀɑjɔ̃/ NM *(péj = déchet)* bit of burnt fat ◆ **ça sent le** ~ there's a smell of burnt fat

**graillonner** * /gʀɑjɔne/ ► conjug 1 ◄ VI *(= tousser)* to cough; *(= parler)* to speak in a throaty *ou* hoarse voice

**grain** /gʀɛ̃/ NM a *[de blé, riz, maïs, sel]* grain ◆ **le(s)** ~**(s)** *(= céréales)* (the) grain ◆ ~ **d'orge** grain of barley, barleycorn ◆ **donner du** ~ **aux poules** to give grain to the chickens ◆ **alcool** *ou* **eau-de-vie de** ~**(s)** grain alcohol ◆ **le bon** ~ *(Rel)* the good seed ◆ **cela leur a donné du** ~ **à moudre** *(matière à réflexion)* it gave them food for thought; *(travail)* it kept them occupied *ou* busy for a while ◆ **avoir du** ~ **à moudre** *(= avoir ce qu'il faut)* to have what it takes ◆ **mettre son** ~ **de sel** * to put *ou* stick one's oar in * *(Brit)*, to put in one's two cents * *(US)*; → **poulet, séparer**

b *[de café]* bean ◆ **café en** ~**s** coffee beans, unground coffee ◆ ~ **de raisin** grape ◆ ~ **de cassis** blackcurrant ◆ ~ **de poivre** peppercorn ◆ **poivre en** ~**s** whole pepper, peppercorns ◆ **moutarde en** ~**s** whole grain mustard

c *[de collier, chapelet]* bead; *(Méd = petite pilule)* pellet

d *(= particule) [de sable, farine, pollen]* grain; *[de poussière]* speck ◆ ~ **de sable** *(fig)* blip *, glitch * ◆ **il suffit d'un** ~ **de sable pour tout bloquer** one blip * *ou* glitch * is enough to bring everything grinding to a halt

e ◆ **un** ~ **de** *(= un peu de) [+ fantaisie]* a touch of; *[+ bon sens]* a grain *ou* an ounce of ◆ **il n'y a pas un** ~ **de vérité dans ce qu'il dit** there's not a grain *ou* scrap of truth in what he says ◆ **il a un (petit)** ~ * he's a bit touched *, he's not quite all there * ◆ **il faut parfois un petit** ~ **de folie** it sometimes helps to be a bit eccentric

f *(= texture) [de peau]* texture; *(Photo)* grain ◆ **à** ~ **fin** *[bois, roche]* fine-grained ◆ **à gros** ~**s** coarse-grained ◆ **travailler dans le sens du** ~ to work with the grain

g *(= averse brusque)* heavy shower; *(Naut = bourrasque)* squall ◆ **essuyer un** ~ to run into a squall; → **veiller**

h *(†† = poids)* grain; *(Can)* grain *(0.0647 gramme)*

COMP ▷ **grain de beauté** mole, beauty spot ▷ **grain de plomb** leadshot *(NonC)*

**graine** /gʀɛn/ NF *(Agr)* seed ◆ ~**s de radis** radish seeds ◆ ~**s germées** sprouting seeds ◆ ~**s pour oiseaux** birdseed *(NonC)* ◆ **monter en** ~ *[plante]* to go *ou* run to seed, to bolt; *(hum) [enfant]* to shoot up ◆ **tu vois ce qu'a fait ton frère, prends-en de la** ~ * you've seen what your brother has done so take a leaf out of his book * ◆ **c'est de la** ~ **de voleur** he has the makings of a thief ◆ **la petite** ~ *(hum)* the precious seed *(hum)*, sperm; → **casser, mauvais**

**grainer** /gʀene/ ► conjug 1 ◄ VT, VI ⇒ **grener**

**graineterie** /gʀɛntʀi/ NF *(= commerce)* seed trade; *(= magasin)* seed shop, seed merchant's (shop)

**grainetier, -ière** /gʀɛntje, jɛʀ/ NM,F seed merchant; *(= homme)* seedsman

**graissage** /gʀɛsaʒ/ NM *[de machine]* greasing, lubricating ◆ **faire faire un** ~ **complet de sa voiture** to take one's car in for a complete lubricating job

**graisse** /gʀɛs/ NF a *[d'animal, personne]* fat; *(Culin)* fat; *[de viande cuite]* dripping *(Brit)*, drippings *(US)*; *(= lubrifiant)* grease ◆ ~**(s) végétale(s)/animale(s)** animal/vegetable fat ◆ **prendre de la** ~ *[animal]* to put on fat; → **bourrelet** b *(Typo)* weight COMP ▷ **graisse de baleine** (whale) blubber ▷ **graisse de phoque** seal blubber ▷ **graisse de porc** lard

**graisser** /gʀese/ ► conjug 1 ◄ VT *(= lubrifier) (gén)* to grease; *[+ chaussures]* to wax; *(= salir)* to get grease on, to make greasy; *(= donner un aspect gras à) [+ cheveux, peau]* to make greasy ◆ **cette lotion ne graisse pas** this lotion is non-greasy ◆ ~ **la patte à qn** * to grease *ou* oil sb's palm * **VI** *[cheveux]* to get greasy

**graisseur** /gʀɛsœʀ/ **NM** *(= objet)* lubricator ◆ **dispositif** ~ lubricating *ou* greasing device ◆ **(pistolet)** ~ grease gun

**graisseux, -euse** /gʀɛsø, øz/ **ADJ** *[main, objet]* greasy; *[papiers]* grease-stained, greasy; *[nourriture]* greasy, fatty; *[bourrelet]* fatty, of fat; *[tissu, tumeur]* fatty

**graminacée** /gʀaminase/ **NF** ⇒ **graminée**

**graminée** /gʀamine/ **NF** ◆ **une** ~ a grass ◆ **les ~s** grasses, graminae *(SPÉC)*

**grammaire** /gʀa(m)mɛʀ/ **NF** *(= science, livre)* grammar ◆ **faute de** ~ grammatical mistake ◆ **règle de** ~ grammatical rule, rule of grammar ◆ **exercice/livre de** ~ grammar exercise/book ◆ ~ **des cas** case grammar ◆ ~ **(de structure) syntagmatique** phrase structure grammar ◆ ~ **de surface** surface grammar

**grammairien, -ienne** /gʀa(m)mɛʀjɛ̃, jɛn/ **NM,F** grammarian

**grammatical, e** (mpl **-aux**) /gʀamatikal, o/ **ADJ** *(gén)* grammatical ◆ **exercice** ~ grammar exercise ◆ **phrase ~e** well-formed *ou* grammatical sentence; → **analyse**

**grammaticalement** /gʀamatikalmɑ̃/ **ADV** grammatically

**grammaticalisation** /gʀamatikalizasjɔ̃/ **NF** grammaticalization

**grammaticalité** /gʀamatikalite/ **NF** grammaticality

**gramme** /gʀam/ **NM** gram(me) ◆ **je n'ai pas pris/perdu un** ~ *(de mon poids)* I haven't put on/lost an ounce ◆ **il n'a pas un ~ de jugeote** he hasn't an ounce of commonsense

**gramophone** ® † /gʀamɔfɔn/ **NM** gramophone †

**grand, e** /gʀɑ̃, gʀɑ̃d/ **ADJ** **a** *(= de haute taille) [personne, verre]* tall; *[arbre, échelle]* high, big, tall

**b** *(= plus âgé, adulte)* **son ~ frère** his older *ou* elder *ou* big * brother ◆ **il a un petit garçon et deux ~es filles** he has a little boy and two older *ou* grown-up daughters ◆ **ils ont deux ~s enfants** they have two grown-up children ◆ **quand il sera** ~ *[d'enfant]* when he grows up, when he's grown-up; *[de chiot]* when it's big, when it's fully grown ◆ **il est assez ~ pour savoir** he's big enough *ou* old enough to know ◆ **tu es ~/~e maintenant** you're a big boy/girl now

**c** *(en dimensions, gén)* big, large; *[hauteur, largeur]* great; *[bras, distance, voyage, enjambées]* long; *[avenue, marge]* wide ◆ **aussi/plus ~ que nature** as large as/larger than life ◆ **ouvrir de ~s yeux** to open one's eyes wide ◆ **ouvrir la fenêtre/la bouche toute ~e** to open the window/one's mouth wide ◆ **l'amour avec un ~ A** love with a capital L

**d** *(en nombre, en quantité) [vitesse, poids, valeur, puissance]* great; *[nombre, quantité]* large, great; *[famille]* large, big; *[foule]* large, great, big; *[dépense]* great; *[fortune]* great, large ◆ **la ~e majorité des gens** the great *ou* vast majority of people ◆ **une ~e partie de ce qu'il a** a great *ou* large proportion of what he has

**e** *(= intense, violent) [bruit, cri]* loud; *[froid]* severe, intense; *[chaleur]* intense; *[vent]* strong, high; *[effort, danger, plaisir, déception]* great; *[pauvreté]* great, dire *(épith)*; *[soupir]* deep, big ◆ **l'incendie a causé de ~s dégâts** the fire has caused extensive damage *ou* a great deal of damage ◆ **avec un ~ rire** with a loud *ou* big laugh ◆ ~ **chagrin** deep *ou* great sorrow ◆ **à ma ~e surprise/honte** much to my surprise/shame, to my great surprise/shame

**f** *(= riche, puissant) [pays, firme, banquier, industriel]* leading, big ◆ **les ~s trusts** the big trusts ◆ **un ~ personnage** an important person; → **train**

**g** *(= important) [aventure, progrès, intelligence]* great; *[différence, appétit, succès]* great, big; *[ville, travail]* big ◆ **je t'annonce une ~e nouvelle !** I've got some great news! ◆ **le ~ moment approche** the big *ou* great moment is coming ◆ **c'est un ~ jour/honneur pour nous** this is a great day/honour for us

**h** *(= principal)* main ◆ **c'est la ~e nouvelle du jour** it's the main news of the day ◆ **les ~s points de son discours** the main points of his speech ◆ **les ~s fleuves du globe** the major *ou* main *ou* great rivers of the world ◆ **la ~e difficulté consiste à ...** the main *ou* major difficulty lies in ...

**i** *(intensif) [travailleur]* great, hard; *[collectionneur]* great, keen; *[buveur]* heavy, hard; *[mangeur]* big; *[fumeur]* heavy; *[ami, rêveur]* great, big; *[menteur]* big ◆ **c'est un ~ ennemi du bruit** he can't stand *ou* abide noise ◆ **un ~ amateur de musique** a great music lover ◆ ~ **lâche/sot !** you big coward/fool! ◆ **~e jeunesse** extreme youth ◆ **un ~ mois/quart d'heure** a good month/quarter of an hour ◆ **rester un ~ moment** to stay a good while ◆ **un ~ kilomètre** a good kilometre ◆ **un ~ verre d'eau** a large glass of water ◆ **un ~ panier de champignons** a full basket of mushrooms ◆ **les ~s malades** the very ill *ou* sick ◆ **un ~ invalide** a seriously disabled person

**j** *(= remarquable) [champion, œuvre, savant, civilisation]* great ◆ **un ~ vin/homme** a great wine/man ◆ **une ~e année** a vintage *ou* great year ◆ **le ~ Molière** the great Molière ◆ **c'est du ~ jazz** * it's jazz at its best ◆ **une ~e figure de l'Histoire** a major historical figure

**k** *(= de gala) [réception, dîner]* grand ◆ **en ~e cérémonie** with great ceremony; → **apparat, pompe²**, **tenue²**

**l** *(= noble) [âme]* noble, great; *[pensée, principe]* high, lofty ◆ **se montrer ~ (et généreux)** to be big-hearted *ou* magnanimous

**m** *(= exagéré)* **faire de ~es phrases** to trot out high-flown sentences ◆ **tous ces ~s discours** all these high-flown speeches ◆ **faire de ~s gestes** to wave one's arms about; → **cheval, mot**

**n** *(= beaucoup de)* **cela te fera (le plus) ~ bien** it'll do you a great deal of *ou* the world of good ◆ **j'en pense le plus ~ bien** I think most highly of him ◆ ~ **bien vous fasse !** much good may it do you! ◆ **il n'y a pas ~ danger** there's no great danger ◆ **cela lui fera ~ tort** it'll do him a lot of harm

**ADV** **a** *(en taille)* **ces sandales chaussent** ~ these sandals are big-fitting *(Brit)* *ou* run large *(US)* ◆ **ce n'est pas une maquette, il l'a réalisé en** ~ it's not a model, he made it full scale

**b** *(= largement)* **ouvrir (en)** ~ *[+ porte]* to open wide; *[+ robinet]* to turn full on ◆ **la fenêtre était ~(e) ouverte** the window was wide open ◆ **voir** ~ to think big ◆ **il a vu trop** ~ he was over-ambitious ◆ **dix bouteilles ? tu as vu ~ !** ten bottles? you don't do things by halves! ◆ **il fait toujours les choses en** ~ he always does things on a large scale

**NM** **a** *(Scol)* older *ou* bigger boy, senior boy *ou* pupil ◆ **jeu pour petits et ~s** game for old and young alike *ou* for the young and the not-so-young ◆ **il va à l'école tout seul comme un** ~ he goes to school on his own like a big boy

**b** *(terme d'affection)* **mon** ~ son, my lad *(Brit)*

**c** *(= personne puissante)* **les ~s de ce monde** men in high places ◆ **les quatre Grands** *(Pol)* the Big Four ◆ **les cinq ~s de l'électronique** the five big *ou* major electronics companies ◆ **Pierre/Alexandre/Frédéric le Grand** Peter/Alexander/Frederick the Great

**NF** **grande** **a** *(Scol)* older *ou* bigger girl, senior girl *ou* pupil ◆ **elle parle comme une ~e** she talks like a big girl

**b** *(terme d'affection)* **ma ~e** (my) dear

**COMP** ▹ **la grande Bleue** *ou* **bleue** the Med *, the Mediterranean ▹ **grand d'Espagne** Spanish grandee ▹ **le grand huit** † *[de fête foraine]* the scenic railway † ▹ **grand œuvre** *(= réalisation très importante)* great work ◆ **le Grand Œuvre** *(Alchimie)* the Great Work ▹ **le Grand Orient** the Grand Lodge of France ▹ **grande personne** grown-up ▹ **la grande vie** the good life ◆ **mener la ~e vie** to live in style, to live the good life

> **Grandes Écoles**
>
> The **grandes écoles** are competitive-entrance higher education establishments where engineering, business administration and other subjects are taught to a very high standard. The most prestigious include « l'École Polytechnique » (engineering), the three « Écoles normales supérieures » (humanities), l'« ENA » (the civil service college), and « HEC » (business administration).
>
> Pupils prepare for entrance to the **grandes écoles** after their « baccalauréat » in two years of « classes préparatoires » (nicknamed « hypokhâgne » and « khâgne » for humanities and « hypotaupe » and « taupe » for science). → CLASSES PRÉPARATOIRES, CONCOURS, ÉCOLE NATIONALE D'ADMINISTRATION

**grand-angle** (pl **grands-angles**) /gʀɑ̃tɑ̃gl, gʀɑ̃zɑ̃gl/, **grand-angulaire** (pl **grands-angulaires**) /gʀɑ̃tɑ̃gylɛʀ, gʀɑ̃zɑ̃gylɛʀ/ **NM** wide-angle lens ◆ **faire une photo au** ~ to take a picture with a wide-angle lens, to take a wide-angle shot

**grand-chose** /gʀɑ̃ʃoz/ **PRON INDÉF** ◆ **pas** ~ not much ◆ **on ne sait pas ~ à son sujet** we don't know very much about him ◆ **cela ne vaut pas** ~ it's not worth much, it's not up to much * *(Brit)*, it's no great shakes * ◆ **es-tu blessé ? – ce n'est pas** ~ are you hurt? – it's nothing much ◆ **il n'y a plus ~ dans ce magasin** there isn't much *ou* there's nothing much left in this shop ◆ **il n'y a pas ~ à dire** there's not a lot to say, there's nothing much to say ◆ **il n'en sortira pas ~ de bon** not much good will come (out) of this, I can't see much good coming (out) of this ◆ **sans changer ~ au plan** without altering the plan much **NMF INV** *(péj)* ◆ **c'est un pas** ~ he's a good-for-nothing

**grand-croix** (pl **grands-croix**) /gʀɑ̃kʀwa/ **NM** holder of the Grand Cross **NF INV** Grand Cross *(of the Légion d'honneur)*

**grand-duc** (pl **grands-ducs**) /gʀɑ̃dyk/ **NM** **a** *(= personne)* grand duke; → **tournée²** **b** *(= hibou)* eagle owl

**grand-ducal, e** (mpl **-aux**) /gʀɑ̃dykal, o/ **ADJ** *(= du grand-duc)* grand-ducal; *(= du grand-duché de Luxembourg)* of Luxembourg

**grand-duché** (pl **grands-duchés**) /gʀɑ̃dyʃe/ **NM** grand duchy ◆ **le ~ de Luxembourg** the grand duchy of Luxembourg

**Grande-Bretagne** /gʀɑ̃dbʀətaɲ/ **NF** ◆ **la ~** Great Britain

**grande-duchesse** (pl **grandes-duchesses**) /gʀɑ̃ddyʃɛs/ **NF** grand duchess

**grandement** /gʀɑ̃dmɑ̃/ ADV **a** *(= tout à fait)* **se tromper ~** to be greatly mistaken ◆ **avoir ~ raison/tort** to be absolutely right/wrong **b** *(= largement) [aider, contribuer]* a great deal, greatly ◆ **il a ~ le temps** he has plenty of time ◆ **il y en a ~ assez** there's plenty of it *ou* easily enough (of it) ◆ **être ~ logé** to have plenty of room *ou* ample room (in one's house) ◆ **nous ne sommes pas ~ logés** we haven't got (very) much room ◆ **je lui suis ~ reconnaissant** I'm deeply *ou* extremely grateful to him ◆ **il est ~ temps de partir** it's high time we went **c** *(= généreusement) [agir]* nobly ◆ **faire les choses ~** to do things lavishly *ou* in grand style

**grandesse** /gʀɑ̃dɛs/ NF Spanish grandeeship

**grandeur** /gʀɑ̃dœʀ/ NF **a** *(= dimension)* size ◆ **c'est de la ~ d'un crayon** it's the size of *ou* as big as a pencil ◆ **ils sont de la même ~** they are the same size ◆ **~ nature** *[statue]* life-size *(épith)*; *[expérience]* in real conditions ◆ **en vraie ~** *[maquette]* full-size *(épith)*, full-scale *(épith)*; → **haut, ordre**[1]

**b** *(= importance) [d'œuvre, sacrifice, amour]* greatness ◆ **avoir des idées de ~** to have delusions of grandeur; → **délire**

**c** *(= dignité)* greatness; *(= magnanimité)* magnanimity ◆ **faire preuve de ~** to show magnanimity ◆ **la ~ humaine** the greatness of man ◆ **~ d'âme** generosity of spirit

**d** *(= gloire)* greatness ◆ **~ et décadence de** rise and fall of ◆ **politique de ~** politics of national grandeur

**e** *(Astron)* magnitude; *(Math)* ◆ **~ variable** variable magnitude ◆ **de première ~** *[étoile]* of first magnitude; *(fig)* of the first order

**f** *(† = titre)* **Sa Grandeur l'évêque de Lyon** (the) Lord Bishop of Lyons ◆ **oui, Votre Grandeur** yes, my Lord

NFPL *(= honneurs)* ◆ **~s** glory; → **folie**

**Grand-Guignol** /gʀɑ̃giɲɔl/ NM Grand Guignol ◆ **c'est du ~** *(fig)* it's all blood and thunder

**grand-guignolesque** (pl **grand-guignolesques**) /gʀɑ̃giɲɔlɛsk/ ADJ *[situation, événement, pièce de théâtre]* gruesome, bloodcurdling

**grandiloquence** /gʀɑ̃dilɔkɑ̃s/ NF grandiloquence, bombast

**grandiloquent, e** /gʀɑ̃dilɔkɑ̃, ɑ̃t/ ADJ grandiloquent, bombastic

**grandiose** /gʀɑ̃djoz/ ADJ *[œuvre, spectacle, paysage]* imposing, grandiose ◆ **le ~ d'un paysage** the grandeur of a landscape

**grandir** /gʀɑ̃diʀ/ ▸ conjug 2 ◂ VI **a** *[plante, enfant]* to grow; *[ombre portée]* to grow (bigger) ◆ **il a grandi de 10 cm** he has grown 10 cm ◆ **je le trouve grandi** he has grown since I last saw him ◆ **en grandissant tu verras que ...** as you grow up you'll see that ... ◆ **il a grandi dans mon estime** he's gone up in my estimation, he has grown *ou* risen in my esteem ◆ **enfant grandi trop vite** lanky *ou* gangling child

**b** *[sentiment, influence, foule]* to increase, to grow; *[bruit]* to grow (louder), to increase; *[firme]* to grow, to expand ◆ **l'obscurité grandissait** (the) darkness thickened, it grew darker and darker ◆ **son pouvoir va grandissant** his power grows ever greater *ou* constantly increases ◆ **~ en sagesse** to grow *ou* increase in wisdom

VT **a** *(= faire paraître grand) [microscope]* to magnify ◆ **~ les dangers/difficultés** to exaggerate the dangers/difficulties ◆ **ces chaussures te grandissent** those shoes make you (look) taller ◆ **il se grandit en se mettant sur la pointe des pieds** he made himself taller by standing on tiptoe

**b** *(= rendre prestigieux)* **cette épreuve l'a grandi** this ordeal has made him grow in stature ◆ **il sort grandi de cette épreuve** he has come out of this ordeal with increased stature ◆ **la France n'en est pas sortie grandie** it did little for France's reputation

**grandissant, e** /gʀɑ̃disɑ̃, ɑ̃t/ ADJ *[foule, bruit, sentiment]* growing ◆ **nombre/pouvoir (sans cesse) ~** (ever-)growing *ou* (ever-)increasing number/power

**grandissement †** /gʀɑ̃dismɑ̃/ NM *(Opt)* magnification

**grandissime** /gʀɑ̃disim/ ADJ *(hum = très grand)* tremendous

**grand-livre** (pl **grands-livres**) /gʀɑ̃livʀ/ NM *(† Comm)* ledger

**grand-maman** (pl **grands-mamans**) /gʀɑ̃mamɑ̃/ NF granny *, grandma

**grand-mère** (pl **grands-mères**) /gʀɑ̃mɛʀ/ NF *(= aïeule)* grandmother; *( * = vieille dame)* (old) granny *

**grand-messe** (pl **grands-messes**) /gʀɑ̃mɛs/ NF *(Rel)* high mass; *(Pol)* powwow *, ritual gathering ◆ **~ médiatique** media jamboree ◆ **la ~ cathodique** *ou* **du journal de 20 heures** the 8 o'clock TV news ritual

**grand-oncle** (pl **grands-oncles**) /gʀɑ̃tɔ̃kl, gʀɑ̃zɔ̃kl/ NM great-uncle

**grand-papa** (pl **grands-papas**) /gʀɑ̃papa/ NM grandpa, grandad *

**grand-peine** /gʀɑ̃pɛn/ **à grand-peine** LOC ADV with great difficulty

**grand-père** (pl **grands-pères**) /gʀɑ̃pɛʀ/ NM *(= aïeul)* grandfather; *( * = vieux monsieur)* old man ◆ **avance, ~ ! *** *(péj)* get a move on, grandad! *

**grand-route** (pl **grand-routes**) /gʀɑ̃ʀut/ NF main road

**grand-rue** (pl **grand-rues**) /gʀɑ̃ʀy/ NF ◆ **la ~** the high street *(Brit)*, the main street *(US)*

**grands-parents** /gʀɑ̃paʀɑ̃/ NMPL grandparents

**grand-tante** (pl **grands-tantes**) /gʀɑ̃tɑ̃t/ NF great-aunt

**grand-vergue** (pl **grands-vergues**) /gʀɑ̃vɛʀg/ NF main yard

**grand-voile** (pl **grands-voiles**) /gʀɑ̃vwal/ NF mainsail

**grange** /gʀɑ̃ʒ/ NF barn

**granit(e)** /gʀanit/ NM granite

**granité, e** /gʀanite/ ADJ granite-like *(épith)* ◆ **papier ~** grained paper NM *(= tissu)* pebbleweave (cloth); *(= glace)* granita *(Italian ice cream)*

**graniteux, -euse** /gʀanitø, øz/ ADJ *(Minér)* granitic

**granitique** /gʀanitik/ ADJ *(Minér)* granite *(épith)*, granitic

**granivore** /gʀanivɔʀ/ ADJ grain-eating, granivorous *(SPÉC)* NM grain-eater, granivore *(SPÉC)*

**granny smith** /gʀanismis/ NF INV Granny Smith (apple)

**granulaire** /gʀanylɛʀ/ ADJ *(Sci)* granular

**granulat** /gʀanyla/ NM aggregate

**granulation** /gʀanylasjɔ̃/ NF **a** *(= grain)* grainy effect ◆ **~s** granular *ou* grainy surface ◆ **~s cytoplasmiques** cytoplasmic granules **b** *(Tech = action)* granulation **c** *(Photo)* graininess

**granule** /gʀanyl/ NM granule; *(Pharm)* small pill ◆ **~ homéopathique** homeopathic pill

**granulé, e** /gʀanyle/ (ptp de **granuler**) ADJ *[surface]* granular NM granule

**granuler** /gʀanyle/ ▸ conjug 1 ◂ VT *[+ métal, poudre]* to granulate

**granuleux, -euse** /gʀanylø, øz/ ADJ *(gén)* granular; *[peau]* grainy

**grape(-)fruit** (pl **grape(-)fruits**) /gʀɛpfʀut/ NM grapefruit

**graphe** /gʀaf/ NM *(Écon, Math)* graph

**graphème** /gʀafɛm/ NM grapheme

**grapheur** /gʀafœʀ/ NM graphics application package, graphics software *(NonC)*

**graphie** /gʀafi/ NF written form ◆ **il y a plusieurs ~s pour ce mot** there are several written forms of this word *ou* several ways of spelling this word ◆ **~ phonétique** phonetic spelling

**graphique** /gʀafik/ ADJ *(gén)* graphic; *(Ordin) [application, écran]* graphics *(épith)*; *[environnement]* graphic; *[interface]* graphical ◆ **l'industrie ~** the computer graphics industry NM *(= courbe)* graph, chart ◆ **~ en barres** *ou* **à colonnes** *ou* **à tuyaux d'orgue** bar chart *ou* graph ◆ **~ à secteurs** pie chart

**graphiquement** /gʀafikmɑ̃/ ADV graphically

**graphisme** /gʀafism/ NM **a** *(= technique) (Design)* graphics *(sg)*; *(Art)* graphic arts **b** *(= style) [de peintre, dessinateur]* style of drawing **c** *(= écriture individuelle)* hand, handwriting; *(= alphabet)* script

**graphiste** /gʀafist/ NMF graphic designer

**graphitage** /gʀafitaʒ/ NM graphitization

**graphite** /gʀafit/ NM graphite

**graphiter** /gʀafite/ ▸ conjug 1 ◂ VT to graphitize ◆ **lubrifiant graphité** graphitic lubricant

**graphiteux, -euse** /gʀafitø, øz/ ADJ graphitic

**graphologie** /gʀafɔlɔʒi/ NF graphology

**graphologique** /gʀafɔlɔʒik/ ADJ of handwriting, graphological

**graphologue** /gʀafɔlɔg/ NMF graphologist

**grappe** /gʀap/ NF *[de fleurs]* cluster; *[de groseilles]* bunch ◆ **~ de raisin** bunch of grapes ◆ **en** *ou* **par ~s** in clusters ◆ **~s humaines** clusters of people ◆ **les ~s de la cytise** the laburnum flowers

**grappillage** /gʀapijaʒ/ NM **a** *[de grains]* gathering; *[de fruits, fleurs]* picking, gathering; *(après la vendange)* gleaning **b** *[d'idées]* lifting; *[d'argent]* fiddling * ◆ **ses ~s se montaient à quelques centaines de francs** his pickings amounted to several hundred francs ◆ **pour limiter les ~s** to reduce fiddling *

**grappiller** /gʀapije/ ▸ conjug 1 ◂ VI *(après la vendange)* to glean ◆ **arrête de ~, prends la grappe** *(= picorer)* stop picking at it and take the whole bunch ◆ **elle ne mange pas, elle grappille** she doesn't eat, she just nibbles VT **a** *[+ grains]* to gather; *[+ fruits, fleurs]* to pick, to gather **b** *[+ connaissances, nouvelles]* to pick up; *[+ renseignements, informations]* to glean; *[+ idées]* to lift; *[+ objets]* to pick up (here and there) ◆ **~ quelques sous** to fiddle * *ou* pick up a little extra on the side ◆ **réussir à ~ quelques voix/sièges** to manage to pick up a few votes/seats ◆ **il a beaucoup grappillé chez d'autres auteurs** *(péj)* he's lifted a lot from other authors

**grappin** /gʀapɛ̃/ NM *[de bateau]* grapnel; *[de grue]* grab *(Brit)*, drag *(US)* ◆ **mettre le ~ sur qn *** to grab sb, to collar sb * ◆ **elle lui a mis le ~ dessus *** *(pour l'épouser)* she's got her claws into him * ◆ **mettre le ~ sur qch *** to get one's claws on *ou* into sth *

**gras, grasse** /gʀɑ, gʀɑs/ **ADJ** **a** *[substance, aliment, bouillon]* fatty; *[huître]* fat ◆ **fromage ~** full fat cheese ◆ **crème grasse pour la peau** rich moisturizing cream; → **chou¹, corps, matière**

**b** *(= gros) [personne, animal, visage, main]* fat; *[bébé]* podgy *(Brit)*, pudgy *(US)*; *[volaille]* plump ◆ **être ~ comme un chanoine** *ou* **un moine †, être ~ à lard †** to be as round as a barrel ◆ **être ~ du bide** * *(péj)* to have a bit of a belly * *ou* of a corporation * *(Brit)*; *(par excès de boisson)* to have a beer-gut * *ou* a beer-belly * ◆ **un ~ du bide** * *(péj)* a fat slob *; → **vache, veau**

**c** *(= graisseux, huileux) [mains, cheveux, surface]* greasy; *[pavé, rocher]* slimy; *[boue, sol]* sticky, slimy; → **houille**

**d** *(= épais) [trait, contour]* thick; → **caractère, crayon, plante¹**

**e** *[toux]* loose, phlegmy; *[voix, rire]* throaty

**f** *(= vulgaire) [mot, plaisanterie]* coarse, crude

**g** *(= abondant) [pâturage]* rich, luxuriant; *[récompense]* fat * *(épith)* ◆ **la paye n'est pas grasse** the pay is rather meagre, it's not much of a salary ◆ **j'ai touché 50 €, ce n'est pas ~** * I earned €50, which is hardly a fortune ◆ **il n'y a pas ~ à manger** * there's not much to eat

**h** *(loc)* **faire la grasse matinée** to have a lie in, to sleep in

**NM** **a** *(Culin)* fat; *[de baleine]* blubber; *(Théât)* greasepaint ◆ **j'ai les mains couvertes de ~** my hands are covered in grease

**b** *(= partie charnue)* **le ~ de** *[de jambe, bras]* the fleshy part of

**c** *(Typo)* **c'est imprimé en (caractères) ~** it's printed in bold (type)

**d** *(* = profit)* profit

**ADV** **a** ◆ **manger ~** to eat fatty foods ◆ **faire ~** *(Rel)* to eat meat

**b** ◆ **il tousse ~** he has a loose *ou* phlegmy cough ◆ **parler/rire ~** * to speak/laugh coarsely

**gras-double** (pl **gras-doubles**) /gʀɑdubl/ **NM** *(Culin)* tripe

**grassement** /gʀɑsmɑ̃/ **ADV** **a** *[rétribuer]* generously, handsomely ◆ **vivre ~** *(péj)* to live off the fat of the land ◆ **~ payé** highly *ou* well paid **b** *[parler, rire]* coarsely

**grasseyant, e** /gʀasɛjɑ̃, ɑ̃t/ **ADJ** *[voix]* guttural

**grasseyement** /gʀasɛjmɑ̃/ **NM** guttural pronunciation

**grasseyer** /gʀaseje/ ▸ conjug 1 ◂ **VI** to have a guttural pronunciation; *(Ling)* to use a fricative *ou* uvular (Parisian) R

**grassouillet, -ette** * /gʀɑsujɛ, ɛt/ **ADJ** podgy *(Brit)*, pudgy *(US)*, plump

**gratifiant, e** /gʀatifjɑ̃, jɑ̃t/ **ADJ** *[expérience, travail]* rewarding, gratifying

**gratification** /gʀatifikasjɔ̃/ **NF** **a** *(Admin = prime)* bonus ◆ **~ de fin d'année** Christmas bonus *(Brit)* **b** *(Psych = satisfaction)* gratification

**gratifier** /gʀatifje/ ▸ conjug 7 ◂ **VT** ◆ **~ qn de** *[+ récompense, avantage]* to present sb with; *[+ sourire, bonjour]* to favour *(Brit)* *ou* favor *(US)* *ou* grace sb with; *(iro) [+ amende]* to present sb with; *(iro) [+ punition]* to give sb ◆ **il nous gratifia d'un long sermon** he favoured *ou* honoured us with a long sermon ◆ **se sentir gratifié** *(Psych)* to feel gratified

**gratin** /gʀatɛ̃/ **NM** **a** *(Culin) (= plat)* cheese(-topped) dish, gratin; *(= croûte)* cheese topping, gratin ◆ **~ de pommes de terre** potatoes au gratin ◆ **chou-fleur au ~** cauliflower cheese ◆ **~ dauphinois** gratin Dauphinois **b** *(= haute société)* **le ~** * the upper crust *, the swells * *(US)* ◆ **tout le ~ de la ville était là** everybody who's anybody was there, all the nobs * *(Brit)* *ou* swells * *(US)* of the town were there

**gratiné, e** /gʀatine/ (ptp de **gratiner**) **ADJ** **a** *(Culin)* au gratin **b** *(* : intensif) [épreuve, amende]* (really) stiff; *[aventures, plaisanterie]* (really) wild ◆ **il m'a passé une engueulade ~e** * he gave me a heck of a telling-off *, he didn't half give me a telling-off * *(Brit)* ◆ **c'est un examen ~** it's a tough * *ou* stiff exam ◆ **comme film érotique, c'est plutôt ~** as erotic films go, it's pretty hot stuff * *ou* spicy ◆ **comme imbécile il est ~** he's a prize idiot **NF** **gratinée** French onion soup

**gratiner** /gʀatine/ ▸ conjug 1 ◂ **VT** *(Culin) [+ pommes de terre]* to cook au gratin **VI** *(= dorer)* to brown, to turn golden

**gratis** * /gʀatis/ **ADJ** free **ADV** free, for nothing

**gratitude** /gʀatityd/ **NF** gratitude, gratefulness

**gratos** * /gʀatos/ **ADJ, ADV** ⇒ **gratis**

**gratouiller** * /gʀatuje/ ▸ conjug 1 ◂ **VT** **a** *(= démanger)* **~ qn** to make sb itch **b** ◆ **~ sa guitare** to strum on one's guitar

**grattage** /gʀataʒ/ **NM** **a** *[de surface] (avec un ongle, une pointe)* scratching; *(avec un outil)* scraping ◆ **j'ai gagné au ~** I won on the scratch cards **b** *(pour enlever) [de tache]* scratching off; *[d'inscription]* scratching out; *[de boue, papier peint]* scraping off ◆ **après un ~ à la toile émeri** after rubbing with emery cloth

**gratte** /gʀat/ **NF** **a** *(* = petit bénéfice illicite)* pickings ◆ **faire de la ~** to make a bit on the side * **b** *(* = guitare)* guitar

**gratte-ciel** (pl **gratte-ciel(s)**) /gʀatsjɛl/ **NM** skyscraper

**gratte-cul** (pl **gratte-culs**) /gʀatky/ **NM** *(Bot)* rose hip

**gratte-dos** /gʀatdo/ **NM INV** backscratcher

**grattement** /gʀatmɑ̃/ **NM** scratching

**gratte-papier** (pl **gratte-papier(s)**) /gʀatpapje/ **NM** *(péj)* penpusher *(Brit)*, pencil pusher *(US)*

**gratte-pieds** /gʀatpje/ **NM INV** shoe-scraper

**gratter** /gʀate/ ▸ conjug 1 ◂ **VT** **a** *[+ surface] (avec un ongle, une pointe)* to scratch; *(avec un outil)* to scrape; *[+ guitare]* to strum; *[+ allumette]* to strike ◆ **gratte-moi le dos** scratch my back for me ◆ **pour gagner, il suffit de ~ le ticket** to win you just have to scratch the card

**b** *(= enlever) [+ tache]* to scratch off; *[+ inscription]* to scratch out; *[+ boue, papier peint]* to scrape off ◆ **si on gratte un peu (le vernis) on se rend compte qu'il n'est pas très cultivé** if you scratch the surface you'll find he's not very educated

**c** *(= irriter)* **ce drap me gratte** this sheet's really scratchy ◆ **ça (me) gratte** I've got an itch ◆ **la laine me gratte** wool makes me itch ◆ **il y a quelque chose qui me gratte la gorge** I've got a tickly throat, my throat's tickly ◆ **vin qui gratte la gorge** rough wine; → **poil**

**d** *(* = grappiller)* **~ quelques francs** to fiddle a few pounds * *(Brit)*, to make a bit on the side ◆ **il n'y a pas grand-chose à ~** there's not much to be made on that; → **fond**

**e** * *(Sport = dépasser)* to overtake ◆ **on s'est fait ~ par nos concurrents** *(Écon)* we were overtaken by our competitors

**VI** **a** *[plume]* to scratch; *[drap]* to be scratchy ◆ **ça gratte !** it's really itchy!

**b** *(* = économiser)* to scrimp and save ◆ **il gratte sur tout** he skimps on everything

**c** *(* = travailler)* to slave away *, to slog away * *(Brit)*

**d** *(* = écrire)* to scribble

**e** *(= frapper)* **~ à la porte** to scratch at the door

**VPR** **se gratter** to scratch (o.s.) ◆ **se ~ la tête** to scratch one's head ◆ **tu peux toujours te ~ !** * you can whistle for it! *

**gratteur, -euse** /gʀatœʀ, øz/ **NM,F** *[de guitare]* strummer ◆ **~ de papier** *(péj)* penpusher *(Brit)*, pencil pusher *(US)*

**grattoir** /gʀatwaʀ/ **NM** scraper

**grattons** /gʀatɔ̃/ **NMPL** *(Culin)* ≈ pork scratchings

**grattouiller** /gʀatuje/ **VT** ⇒ **gratouiller**

**gratuiciel** /gʀatɥisjɛl/ **NM** *(Can)* freeware

**gratuit, e** /gʀatɥi, ɥit/ **ADJ** **a** *(= non payant)* free ◆ **entrée ~e** admission free ◆ **appel ~ au ...** call free on ..., ring Freefone *(Brit)* ..., call toll-free on *(US)* ... ◆ **journal ~** free sheet ◆ **le premier exemplaire est ~** the first copy is free, no charge is made for the first copy ◆ **à titre ~** *(frm)* free of charge; → **crédit, enseignement** **b** *(= non motivé) [supposition, affirmation]* unwarranted; *[accusation]* unfounded, groundless; *[cruauté, insulte, violence]* gratuitous, wanton; *[geste]* gratuitous, unmotivated; *[meurtre]* motiveless, wanton ◆ **c'est une hypothèse purement ~e** it's pure speculation; → **acte** **c** *(littér = désintéressé)* disinterested

**gratuité** /gʀatɥite/ **NF** **a** *(= caractère non payant)* **grâce à la ~ de l'éducation/des soins médicaux** thanks to free education/medical care **b** *[de supposition, affirmation]* unwarranted nature; *[de cruauté, insulte]* wantonness; *[de geste]* gratuitousness, unmotivated nature **c** *(littér) [de geste]* disinterestedness

> ⚠ **gratuité** *ne se traduit pas par* **gratuity**, *qui a le sens de 'pourboire'.*

**gratuitement** /gʀatɥitmɑ̃/ **ADV** **a** *(= gratis) [entrer, participer, soigner]* free (of charge) **b** *(= sans raison) [détruire]* wantonly, gratuitously; *[agir]* gratuitously, without motivation ◆ **supposer ~ que ...** to make the unwarranted supposition that ...

**gravats** /gʀavɑ/ **NMPL** *(Constr)* rubble

**grave** /gʀav/ **ADJ** **a** *(= solennel) [air, ton, personne, assemblée]* solemn, grave

**b** *(= important) [raison, opération, problème, avertissement, responsabilité]* serious ◆ **s'il n'en reste plus, ce n'est pas ~ !** if there's none left, it doesn't matter!

**c** *(= alarmant) [maladie, accident, nouvelle, blessure, menace]* serious; *[situation, danger]* serious, grave ◆ **l'heure est ~** it is a serious moment ◆ **il a de très ~s ennuis** he has very serious problems ◆ **c'est très ~ ce que vous m'annoncez là** what you've told me is most alarming ◆ **il n'y a rien de ~** it's nothing serious

**d** *(= bas) [note]* low; *[son, voix]* deep, low-pitched; → **accent**

**e** *(* : péj)* **il est vraiment ~** he's the pits * ◆ **t'es ~** you're a case *

**NM** *(Ling)* grave (accent); *(Mus)* low register ◆ **"grave-aigu"** *(Radio)* "bass-treble" ◆ **appareil qui vibre dans les ~s** *(Radio)* set that vibrates at the bass tones ◆ **les ~s et les aigus** *(Mus)* (the) low and high notes, the low and high registers

> ⚠ *Attention à ne pas traduire automatiquement* **grave** *par le mot anglais* **grave**, *qui est d'un registre plus soutenu.*

**graveleux, -euse** /gʀav(ə)lø, øz/ **ADJ** **a** *(= grivois)* smutty **b** *[terre]* gravelly; *[fruit]* gritty

**gravelure** /gʀavlyʀ/ **NF** smut *(NonC)*

**gravement** /gʀavmɑ̃/ ADV a *[parler, regarder]* gravely, solemnly b *(= de manière alarmante) [blesser, offenser]* seriously ◆ **être ~ compromis** to be seriously compromised ◆ **être ~ menacé** to be under a serious threat ◆ **être ~ coupable** to be seriously involved in an offence *ou* crime ◆ **être ~ malade** to be seriously ill

**graver** /gʀave/ ▸ conjug 1 ◂ VT a *[+ signe, inscription] (sur métal, papier)* to engrave; *(sur pierre, bois)* to carve, to engrave ◆ **~ à l'eau-forte** to etch ◆ **c'est à jamais gravé dans sa mémoire** it's imprinted *ou* engraved forever on his memory ◆ **c'est gravé sur son front** *(= évident)* it's written all over his face ◆ **être gravé dans le marbre** *(fig)* to be set in stone b *[+ médaille, monnaie]* to engrave c *[+ disque]* to cut; *[+ CD]* to burn d *(= imprimer)* to print ◆ **faire ~ des cartes de visite** to get some visiting cards printed

**graveur, -euse** /gʀavœʀ, øz/ NM,F *(sur pierre, métal, papier)* engraver; *(sur bois)* (wood) engraver, woodcutter ◆ **~ à l'eau-forte** etcher NM *(= machine) [de disque]* embossed groove recorder ◆ **~ de CD(-ROM)** CD burner

**gravide** /gʀavid/ ADJ *[animal, utérus]* gravid *(SPÉC)* ◆ **truie ~** sow in pig

**gravier** /gʀavje/ NM *(= caillou)* (little) stone, bit of gravel; *(Géol = revêtement)* gravel *(NonC)* ◆ **allée de** *ou* **en ~** gravel *ou* gravelled path ◆ **recouvrir une allée de ~(s)** to gravel a path

**gravière** /gʀavjɛʀ/ NF gravel pit

**gravillon** /gʀavijɔ̃/ NM a *(= petit caillou)* bit of grit *ou* gravel b *(= revêtement)* **du ~, des ~s** gravel; *(sur une route)* gravel, loose chippings *(Brit)*

**gravillonner** /gʀavijɔne/ ▸ conjug 1 ◂ VT to gravel ◆ **~ une route** to gravel a road, to put loose chippings *(Brit)* on a road

**gravimétrie** /gʀavimetʀi/ NF gravimetry

**gravimétrique** /gʀavimetʀik/ ADJ gravimetric(al)

**gravir** /gʀaviʀ/ ▸ conjug 2 ◂ VT *[+ montagne]* to climb (up); *[+ escalier]* to climb ◆ **~ péniblement une côte** to struggle up a slope ◆ **~ les échelons de la hiérarchie** to climb the rungs of the (hierarchical) ladder

**gravissime** /gʀavisim/ ADJ extremely serious ◆ **ce n'est pas ~** it's not that serious

**gravitation** /gʀavitasjɔ̃/ NF gravitation

**gravitationnel, -elle** /gʀavitasjɔnɛl/ ADJ gravitational ◆ **la force gravitationnelle** the force of gravity

**gravité** /gʀavite/ NF a *[d'air, ton, personne]* gravity, solemnity; *[d'assemblée]* solemnity ◆ **plein de ~** very solemn b *[d'erreur, problème, maladie, situation, danger, moment]* seriousness, gravity; *[d'accident, blessure, menace]* seriousness ◆ **c'est un accident sans ~** it was a minor accident, it wasn't a serious accident ◆ **cela n'a** *ou* **ne présente aucun caractère de ~** it's not at all serious c *[de note]* lowness; *[de son, voix]* deepness d *(Phys, Rail)* gravity ◆ **les lois de la ~** the laws of gravity; → **centre, force**

**graviter** /gʀavite/ ▸ conjug 1 ◂ VI a *(= tourner) [astre]* to revolve (*autour de* round, about); *[personne]* to hover, to revolve (*autour de* round); ◆ **cette planète gravite autour du soleil** this planet revolves around *ou* orbits the sun ◆ **il gravite dans les milieux diplomatiques** he moves in diplomatic circles ◆ **les gens qui gravitent dans l'entourage du ministre** people in the minister's entourage ◆ **les pays qui gravitent dans l'orbite de cette grande puissance** the countries in the sphere of influence of this great power ◆ **les sociétés qui gravitent autour de cette banque** the companies that have links with this bank b *(= tendre vers)* **~ vers** *[astre]* to gravitate towards

**gravure** /gʀavyʀ/ NF a *[de signe, inscription, médaille, monnaie]* engraving b *[de disque]* cutting c *(= estampe)* engraving d *(= reproduction) (dans une revue)* plate; *(au mur)* print, engraving COMP ▷ **gravure sur bois** *(= technique)* woodcutting, wood engraving; *(= dessin)* woodcut, wood engraving ▷ **gravure en creux** intaglio engraving ▷ **gravure sur cuivre** copperplate (engraving) ▷ **gravure directe** hand-cutting ▷ **gravure à l'eau-forte** etching ▷ **gravure sur métaux** metal engraving ▷ **gravure de mode** fashion plate ◆ **c'est une vraie ~ de mode** *(personne)* he (*ou* she) looks like a model ▷ **gravure sur pierre** stone carving ▷ **gravure à la pointe sèche** dry-point engraving ▷ **gravure en relief** embossing ▷ **gravure en taille douce** line-engraving

**gré** /gʀe/ NM

◆ **à mon/votre** *etc* **gré** *(goût)* to my/your *etc* liking *ou* taste; *(désir)* as I/you *etc* like *ou* please *ou* wish; *(choix)* as I/you *etc* like *ou* prefer *ou* please ◆ **c'est trop moderne, à mon ~** *(avis)* it's too modern for my liking *ou* to my mind ◆ **c'est à votre ~ ?** is it to your liking? *ou* taste? ◆ **agir** *ou* **(en) faire à son ~** to do as one likes *ou* pleases *ou* wishes ◆ **venez à votre ~ ce soir ou demain** come tonight or tomorrow, as you like *ou* prefer *ou* please

◆ **au gré de** ◆ **flottant au ~ de l'eau** drifting wherever the water carries (*ou* carried) it, drifting (along) on *ou* with the current ◆ **volant au ~ du vent** *[chevelure]* flying in the wind; *[plume, feuille]* carried along by the wind; *[planeur]* gliding wherever the wind carries (*ou* carried) it ◆ **au ~ des événements** *[décider, agir]* according to how *ou* the way things go *ou* develop ◆ **ballotté au ~ des événements** tossed about by events ◆ **il décorait sa chambre au ~ de sa fantaisie** he decorated his room as the fancy took him ◆ **son humeur change au ~ des saisons** his mood changes with *ou* according to the seasons ◆ **on a fait pour le mieux, au ~ des uns et des autres** we did our best to take everyone's wishes into account

◆ **bon gré mal gré** whether you (*ou* they *etc*) like it or not, willy-nilly

◆ **de gré à gré** by mutual agreement

◆ **contre le gré de qn** against sb's will

◆ **de gré ou de force** ◆ **il le fera de ~ ou de force** he'll do it whether he likes it or not, he'll do it willy-nilly

◆ **de bon gré** willingly

◆ **de mauvais gré** reluctantly, grudgingly

◆ **de son/ton** *etc* **plein gré** of one's/your *etc* own free will, of one's/your *etc* own accord

**grèbe** /gʀɛb/ NM grebe ◆ **~ huppé** great-crested grebe ◆ **~ castagneux** dabchick, little grebe

**grec, grecque** /gʀɛk/ ADJ *[île, personne, langue]* Greek; *[habit, architecture, vase]* Grecian, Greek; *[profil, traits]* Grecian; → **renvoyer** NM *(Ling)* Greek NM,F **Grec(que)** Greek NF **grecque** *(= décoration)* (Greek) fret ◆ **champignons à la grecque** *(Culin)* mushrooms à la grecque

**Grèce** /gʀɛs/ NF Greece

**gréco-** /gʀeko/ PRÉF Greek(-) ◆ **~catholique** Greek Catholic ◆ **~macédonien** Greek Macedonian ◆ **~turc** Greek-Turkish, greco-turkish

**gréco-latin, e** (mpl **gréco-latins**) /gʀekolatɛ̃, in/ ADJ Graeco-Latin *(Brit)*, Greco-Latin *(US)*

**gréco-romain, e** (mpl **gréco-romains**) /gʀekoʀɔmɛ̃, ɛn/ ADJ Graeco-Roman *(Brit)*, Greco-Roman *(US)*

**gredin** † /gʀədɛ̃/ NM *(= coquin)* scoundrel †, rascal

**gréement** /gʀemɑ̃/ NM *(Naut) (= équipement)* rigging; *(= disposition)* rig ◆ **le voilier a un ~ de cotre/ketch** the yacht is cutter-rigged/ketch-rigged ◆ **les vieux ~s** *(= voiliers)* old sailing ships; *(= grands voiliers)* tall ships

**green** /gʀin/ NM *(Golf)* green

**gréer** /gʀee/ ▸ conjug 1 ◂ VT *(Naut)* to rig

**greffage** /gʀɛfaʒ/ NM *(Bot)* grafting

**greffe¹** /gʀɛf/ NF a *(Méd) [d'organe]* transplant; *[de tissu]* graft ◆ **~ du cœur/rein** heart/kidney transplant ◆ **on lui a fait une ~ de la cornée** he was given a corneal transplant ◆ **la ~ a pris** *(lit)* the graft has taken; *(fig)* things have turned out fine b *(Bot) (= action)* grafting; *(= pousse)* graft

**greffe²** /gʀɛf/ NM *(Jur)* Clerk's Office

**greffé, e** /gʀefe/ (ptp de **greffer**) NM,F ◆ **~ (du cœur)** *(récent)* heart transplant patient; *(ancien)* person who has had a heart transplant

**greffer** /gʀefe/ ▸ conjug 1 ◂ VT a *(Méd) [+ organe]* to transplant; *[+ tissu]* to graft ◆ **on lui a greffé un rein** he was given a kidney transplant b *(Bot)* to graft VPR **se greffer** ◆ **se ~ sur** *[problèmes]* to come on top of

**greffier, -ière** /gʀefje, jɛʀ/ NM,F *(Jur)* clerk (of the court) NM († * = *chat*) malkin †

**greffon** /gʀefɔ̃/ NM a *(Méd) (= organe)* transplant, transplanted organ; *(= tissu)* graft ◆ **~ de rein** transplanted kidney b *(Bot)* graft

**grégaire** /gʀegɛʀ/ ADJ *(Zool)* gregarious ◆ **instinct ~** *(péj)* herd instinct ◆ **avoir l'instinct ~** *(péj)* to go with the crowd, to be easily led; *(= aimer la société)* to like socialising, to be the sociable type

**grégarisme** /gʀegaʀism/ NM gregariousness

**grège** /gʀɛʒ/ ADJ *[soie]* raw; *(couleur)* dove-coloured, greyish-beige NM raw silk

**grégeois** /gʀeʒwa/ ADJ M → **feu¹**

**grégorien, -ienne** /gʀegɔʀjɛ̃, jɛn/ ADJ Gregorian NM ◆ **(chant) ~** Gregorian chant, plain-song

**grêle¹** /gʀɛl/ ADJ *[jambes, silhouette, tige]* spindly; *[personne]* lanky; *[son, voix]* shrill; → **intestin¹**

**grêle²** /gʀɛl/ NF hail ◆ **averse de ~** hail storm ◆ **~ de coups/de pierres** hail *ou* shower of blows/stones

**grêlé, e** /gʀele/ (ptp de **grêler**) ADJ *[visage]* pockmarked; *[région]* damaged by hail

**grêler** /gʀele/ ▸ conjug 1 ◂ VB IMPERS ◆ **il grêle** it is hailing VT ◆ **la tempête a grêlé les vignes** the hail storm has damaged the vines

**grêlon** /gʀɛlɔ̃/ NM hailstone

**grelot** /gʀəlo/ NM (little spherical) bell ◆ **avoir les ~s** * to be shaking in one's shoes *

**grelottant, e** /gʀəlɔtɑ̃, ɑ̃t/ ADJ *[personne]* shivering

**grelottement** /gʀəlɔtmɑ̃/ NM *(= tremblement)* shivering; *(= tintement)* jingling

**grelotter** /gʀəlɔte/ ▸ conjug 1 ◂ VI a *(= trembler)* to shiver (*de* with); ◆ **~ de froid/de fièvre/de peur** to shiver with cold/fever/fear b *(= tinter)* to jingle

**greluche** ‡ /gʀəlyʃ/ NF *(péj = fille)* bird ‡ *(Brit)*, chick ‡ *(US)*

**Grenade** /gʀənad/ N *(= ville)* Granada NF *(= État)* Grenada

**grenade** /gʀənad/ NF a (Bot) pomegranate b (= explosif) grenade ◆ ~ **à fusil/main** rifle/hand grenade ◆ ~ **lacrymogène/fumigène** teargas/smoke grenade ◆ ~ **sous-marine** depth charge c (= insigne) badge *(on soldier's uniform etc)*

**grenadier** /gʀənadje/ NM a (Bot) pomegranate tree b (Mil) grenadier

**grenadin[1]** /gʀənadɛ̃/ NM a (Bot) grenad-in(e) b (Culin) ~ **de veau** (small) veal medallion

**grenadin[2], e[1]** /gʀənadɛ̃, in/ ADJ Grenadian NM,F **Grenadin(e)** Grenadian

**grenadine[2]** /gʀənadin/ NF (= sirop) grenadine

**grenaille** /gʀənɑj/ NF ◆ **de la** ~ (= projectiles) shot; (pour poules) middlings ◆ ~ **de plomb** lead shot ◆ ~ **de fer** iron filings

**grenaison** /gʀənɛzɔ̃/ NF seeding

**grenat** /gʀəna/ NM garnet ADJ INV dark red, garnet-coloured (Brit) ou -colored (US)

**grené, e** /gʀəne/ (ptp de **grener**) ADJ [cuir, peau] grainy; [dessin] stippled NM [de gravure, peau] grain

**greneler** /gʀɛnle/ ► conjug 4 ◄ VT [+ cuir, papier] to grain

**grener** /gʀəne/ ► conjug 5 ◄ VT [+ sel, sucre] to granulate, to grain; [+ métal, glace] to grain VI (Agr) [plante] to seed

**grenier** /gʀənje/ NM attic; (pour conserver le grain) loft ◆ ~ **à blé** (lit) corn loft (Brit), wheat loft (US); [de pays] granary ◆ ~ **à foin** hayloft

**grenouillage** /gʀənujaʒ/ NM (Pol péj) shady dealings, jiggery-pokery (Brit)

**grenouille** /gʀənuj/ NF frog ◆ ~ **de bénitier** (péj) churchy old man (ou woman) (péj), Holy Joe * (Brit) (péj) ◆ **manger** ou **bouffer la** ~ * to make off with the takings ◆ **avoir des ~s dans le ventre** * to have a rumbling stomach

**grenouiller** * /gʀənuje/ ► conjug 1 ◄ VI (péj) to indulge in ou be involved in shady dealings

**grenouillère** /gʀənujɛʀ/ NF (= pyjama) sleepsuit

**grenu, e** /gʀəny/ ADJ [peau] coarse-grained; [cuir, papier] grained; [roche] granular

**grenure** /gʀənyʀ/ NF graining

**grès** /gʀɛ/ NM a (Géol) sandstone b (Poterie) stoneware ◆ **cruche/pot de** ~ stoneware pitcher/pot

**grésil** /gʀezil/ NM (Mét) (fine) hail

**grésillement** /gʀezijmɑ̃/ NM a [de beurre, friture] sizzling, sputtering; [de poste de radio, téléphone] crackling b [de grillon] chirruping, chirping

**grésiller[1]** /gʀezije/ ► conjug 1 ◄ VI a [beurre, friture] to sizzle; [poste de radio, téléphone] to crackle b [grillon] to chirrup, to chirp

**grésiller[2]** /gʀezije/ ► conjug 1 ◄ VB IMPERS ◆ **il grésille** fine hail is falling, it's hailing

**gressin** /gʀesɛ̃/ NM breadstick

**grève** /gʀɛv/ NF a (= arrêt du travail) strike ◆ **se mettre en** ~ to go on strike, to strike, to take strike ou industrial action ◆ **être en ~, faire** ~ to be on strike, to be striking ◆ **usine en** ~ striking factory ◆ ~ **des chemi-nots/des transports** train/transport strike; → **briseur, droit[3], piquet**

b (= rivage) [de mer] shore, strand (littér); [de rivière] bank, strand (littér)

COMP ▷ **grève d'avertissement** warning strike ▷ **grève de la faim** hunger strike ◆ **faire la ~ de la faim** to go (ou be) on hunger strike ▷ **grève générale** general ou all-out strike ▷ **grève illimitée** indefinite strike ▷ **grève de l'impôt** non-payment of taxes ▷ **grève partielle** partial strike ▷ **grève patronale** lockout ▷ **grève perlée** ≃ go-slow (Brit), slowdown (strike) (US) ◆ **faire une ~ perlée** ≃ to go slow (Brit), to slowdown (US) ▷ **grève de protestation** protest strike ▷ **grève sauvage** wildcat strike ▷ **grève de solidarité** sympathy strike ◆ **faire une ~ de solidarité** to strike ou come out (Brit) in sympathy ▷ **grève surprise** lightning strike ▷ **grève sur le tas** sit-down strike ▷ **grève totale** all-out strike ▷ **grève tournante** strike by rota (Brit), staggered strike (US) ▷ **grève du zèle** ≃ work-to-rule ◆ **faire la ~ du zèle** to work to rule

**grever** /gʀəve/ ► conjug 5 ◄ VT [+ budget] to put a strain on; [+ économie, pays] to burden ◆ **la hausse des prix grève sérieusement le budget des ménages** the rise in prices puts a serious strain on family budgets ◆ **grevé d'impôts** weighed down with ou crippled by taxes ◆ **maison grevée d'hypothèques** house mortgaged down to the last brick

**gréviste** /gʀevist/ ADJ [mouvement] strike (épith) NMF striker ◆ **les employés ~s** the striking employees ◆ ~ **de la faim** hunger striker

**gribiche** /gʀibiʃ/ ADJ ◆ **sauce** ~ *vinaigrette sauce with chopped boiled eggs, gherkins, capers and herbs*

**gribouillage** /gʀibujaʒ/ NM (= écriture) scrawl (NonC), scribble; (= dessin) doodle, doodling (NonC)

**gribouille** † /gʀibuj/ NM short-sighted idiot, rash fool ◆ **politique de** ~ short-sighted policy

**gribouiller** /gʀibuje/ ► conjug 1 ◄ VT (= écrire) to scribble, to scrawl; (= dessiner) to scrawl VI (= dessiner) to doodle

**gribouilleur, -euse** /gʀibujœʀ, øz/ NM,F (péj) (= écrivain) scribbler; (= dessinateur) doodler

**gribouillis** /gʀibuji/ NM ⇒ **gribouillage**

**grièche** /gʀijɛʃ/ ADJ → **pie-grièche**

**grief** /gʀijɛf/ NM grievance ◆ **faire ~ à qn de qch** to hold sth against sb ◆ **ils me font ~ d'être parti** ou **de mon départ** they reproach me ou they hold it against me for having left

**grièvement** /gʀijɛvmɑ̃/ ADV ◆ ~ **blessé** (very) seriously injured

**griffade** /gʀifad/ NF scratch

**griffe** /gʀif/ NF a [de mammifère, oiseau] claw ◆ **le chat fait ses ~s** the cat is sharpening its claws ◆ **sortir** ou **montrer/rentrer ses ~s** (lit, fig) to show/draw in one's claws ◆ **elle l'attendait, toutes ~s dehors** she was waiting, ready to pounce on him ◆ **tomber sous la ~/arracher qn des ~s d'un ennemi** to fall into/snatch sb from the clutches of an enemy ◆ **les ~s de la mort** the jaws of death ◆ **coup de** ~ (lit) scratch; (fig) dig ◆ **donner un coup de ~ à qn** (lit) to scratch sb; (plus fort) to claw sb; (fig) to have a dig at sb b (= signature) signature; (= tampon) signature stamp; (= étiquette de couturier) maker's label (inside garment); (fig = empreinte) [d'auteur, peintre] stamp ◆ **l'employé a mis sa ~ sur le document** the clerk stamped his signature on the document c (Bijouterie) claw d (Bot) [d'asperge] crown

**griffé, e** /gʀife/ ADJ [accessoire, vêtement] designer (épith), with a designer label ◆ **tous ses tailleurs sont ~s** all her suits have designer labels

**griffer** /gʀife/ ► conjug 1 ◄ VT a [chat] to scratch; (avec force) to claw; [ronces] to scratch ◆ **elle lui griffa le visage** she clawed ou scratched his face b (Haute Couture) to put one's name to

**griffon** /gʀifɔ̃/ NM (= chien) griffon; (= vautour) griffon vulture; (Myth) griffin

**griffonnage** /gʀifɔnaʒ/ NM (= écriture) scribble; (= dessin) hasty sketch

**griffonner** /gʀifɔne/ ► conjug 1 ◄ VT (= écrire) to scribble, to jot down; (= dessiner) to sketch hastily VI (= écrire) to scribble; (= dessiner) to sketch hastily

**griffu, e** /gʀify/ ADJ (lit, péj) ◆ **pattes** ou **mains ~es** claws

**griffure** /gʀifyʀ/ NF scratch

**grignotage** /gʀiɲɔtaʒ/ NM [de personne] snacking (NonC); [de salaires, espaces verts, majorité] (gradual) erosion, eroding, whittling away

**grignotement** /gʀiɲɔtmɑ̃/ NM [de souris] nibbling, gnawing

**grignoter** /gʀiɲɔte/ ► conjug 1 ◄ VT a [personne] to nibble (at); [souris] to nibble (at), to gnaw (at) b (= réduire) [+ salaires, espaces verts, libertés] to eat away (at), to erode gradually, to whittle away; [+ héritage] to eat away (at); (= obtenir) [+ avantage, droits] to win gradually ◆ ~ **du terrain** to gradually gain ground ◆ **il a grignoté son adversaire** * he gradually made up on ou gained ground on his opponent ◆ **il n'y a rien à ~ dans cette affaire** there's nothing much to be gained in that business VI (= manger peu) to nibble (at one's food), to pick at one's food ◆ ~ **entre les repas** to snack between meals

**grigou** * /gʀigu/ NM curmudgeon

**grigri, gri-gri** (pl **gris-gris**) /gʀigʀi/ NM (gén) charm; [d'indigène] grigri

**gril** /gʀil/ NM a (Culin) steak pan, grill pan ◆ **saint Laurent a subi le supplice du** ~ Saint Laurence was roasted alive ◆ **être sur le** ~ * to be on tenterhooks, to be like a cat on hot bricks (Brit) ou on a hot tin roof (US) ◆ **faire cuire au** ~ to grill b (Anat) ~ **costal** rib cage

**grill** /gʀil/ NM → **grill-room**

**grillade** /gʀijad/ NF (= viande) grill; (= morceau de porc) pork steak ◆ ~ **d'agneau/de thon** grilled lamb/tuna

**grillage[1]** /gʀijaʒ/ NM a (Culin) [de pain, amandes] toasting; [de poisson, viande] grilling; [de café, châtaignes] roasting b (Tech) [de minerai] roasting; [de coton] singeing

**grillage[2]** /gʀijaʒ/ NM (= treillis métallique) wire netting (NonC); (très fin) wire mesh (NonC); (= clôture) wire fencing (NonC) ◆ **entouré d'un** ~ surrounded by a wire fence

**grillager** /gʀijaʒe/ ► conjug 3 ◄ VT (avec un treillis métallique) to put wire netting on; (très fin) to put wire mesh on; (= clôturer) to put wire fencing around ◆ **à travers la fenêtre grillagée on voyait le jardin** through the wire mesh covering ou over the window we could see the garden ◆ **un enclos grillagé** an area fenced off with wire netting

**grille** /gʀij/ NF a [de parc] (= clôture) railings; (= portail) (metal) gate; [de magasin] shutter b (= claire-voie) [de cellule, fenêtre] bars; [de comptoir, parloir] grille; [de château-fort] portcullis; [d'égout, trou] (metal) grating; [de radiateur de voiture] grille, grid; [de poêle à charbon] grate c (= répartition) [de salaires, tarifs] scale; [de programmes de radio] schedule; [d'horaires] grid, schedule d (= codage) (cipher ou code) grid ◆ ~ **de mots croisés** crossword puzzle (grid) ◆ ~ **de loto** lotto card ◆ **appliquer une ~ de lecture freudienne à un roman** to interpret a novel from a Freudian perspective e (Élec) grid f (Sport Aut) ~ **de départ** starting grid

**grillé, e** * /gʀije/ ADJ *(= discrédité)* ◆ **tu es ~ !** you're finished! *[espion]* his cover's been blown * ◆ **je suis ~ avec Gilles/chez cet éditeur** my name is mud * with Gilles/at that publisher's

**grille-pain** /gʀijpɛ̃/ NM INV toaster

**griller** /gʀije/ ▸ conjug 1 ◂ VT **a** *(Culin) [+ pain, amandes]* to toast; *[+ poisson, viande]* to grill; *[+ café, châtaignes]* to roast
**b** *[+ visage, corps]* to burn ◆ **se ~ les pieds devant le feu** to toast one's feet in front of the fire ◆ **se ~ au soleil** to roast in the sun
**c** *[+ plantes, cultures]* to scorch
**d** *[+ fusible, lampe] (court-circuit)* to blow; *(trop de courant)* to burn out; *[+ moteur]* to burn out ◆ **une ampoule grillée** a dud bulb
**e** *( * = fumer)* ~ **une cigarette, en ~ une** to have a smoke *
**f** *( * = dépasser)* ~ **qn à l'arrivée** to pip sb at the post * *(Brit)*, to beat sb (out) by a nose *(US)* ◆ **se faire ~** to be outstripped
**g** *( * = discréditer)* **elle m'a grillé auprès de lui** I've got no chance with him thanks to her
**h** *( * = ne pas respecter)* ~ **un feu rouge** to go through a red light, to jump the lights * *(Brit)*, to run a stoplight *(US)* ◆ ~ **un arrêt** *[autobus]* to miss out *ou* go past a stop ◆ ~ **les étapes** to go too far too fast ◆ **ils ont grillé la politesse à leurs concurrents** * they pipped their competitors at the post * ◆ **se faire ~ la politesse** * to be pipped at the post *
**i** *(Tech) [+ minerai]* to roast
VI **a** *(Culin)* **faire ~** *[+ pain]* to toast; *[+ viande]* to grill; *[+ café]* to roast ◆ **on a mis les steaks à ~** we've put the steaks on the grill
**b** * **on grille ici !** *[personne]* we're *ou* it's roasting *ou* boiling in here! * ◆ **ils ont grillé dans l'incendie** they were roasted alive in the fire ◆ ~ **(d'impatience** *ou* **d'envie) de faire qch** to be burning *ou* itching to do sth ◆ ~ **de curiosité** to be burning with curiosity

**grillon** /gʀijɔ̃/ NM cricket

**grimaçant, e** /gʀimasɑ̃, ɑ̃t/ ADJ *[visage, bouche] (de douleur, de colère)* twisted, grimacing; *(sourire figé)* grinning unpleasantly *ou* sardonically

**grimace** /gʀimas/ NF **a** *(de douleur)* grimace; *(pour faire rire, effrayer)* grimace, (funny) face ◆ **l'enfant me fit une ~** the child made a face at me ◆ **s'amuser à faire des ~s** to make *ou* pull (funny) faces, to grimace ◆ **il eut** *ou* **fit une ~ de dégoût/de douleur** he gave a grimace of disgust/pain, he grimaced with disgust/pain ◆ **avec une ~ de dégoût/de douleur** with a disgusted/pained expression ◆ **il eut** *ou* **fit une ~** he pulled a wry face, he grimaced ◆ **il a fait la ~ quand il a appris la décision** he pulled a long face when he learned of the decision; → **apprendre, soupe**
**b** *(= hypocrisies)* ~**s** posturings ◆ **toutes leurs ~s me dégoûtent** I find their posturings *ou* hypocritical façade quite sickening
**c** *(= faux pli)* pucker ◆ **faire une ~** to pucker

**grimacer** /gʀimase/ ▸ conjug 3 ◂ VI **a** *(par contorsion)* ~ **(de douleur)** to grimace with pain, to wince ◆ ~ **(de dégoût)** to pull a wry face (in disgust) ◆ ~ **(sous l'effort)** to grimace *ou* screw one's face up (with the effort) ◆ **le soleil le faisait ~** the sun made him screw his face up in the sun ◆ **à l'annonce de la nouvelle il grimaça** he pulled a wry face *ou* he grimaced when he heard the news **b** *(= sourire) [personne]* to grin unpleasantly *ou* sardonically; *[portrait]* to wear a fixed grin **c** *[vêtement]* to pucker VT *(littér)* ◆ ~ **un sourire** to force *ou* manage a smile

**grimacier, -ière** /gʀimasje, jɛʀ/ ADJ *(= affecté)* affected; *(= hypocrite)* hypocritical

**grimage** /gʀimaʒ/ NM *(Théât) (= action)* making up; *(= résultat)* (stage) make-up

**grimer** /gʀime/ ▸ conjug 1 ◂ VT *(Théât = maquiller)* to make up ◆ **on l'a grimé en vieille dame** he was made up as an old lady VPR **se grimer** to make (o.s.) up

**grimoire** /gʀimwaʀ/ NM **a** *(inintelligible)* piece of mumbo jumbo; *(illisible)* illegible scrawl *(NonC)*, unreadable scribble **b** *(= livre de magie)* **(vieux) ~** book of magic spells

**grimpant, e** /gʀɛ̃pɑ̃, ɑ̃t/ ADJ ◆ **plante ~e** climbing plant, climber ◆ **rosier ~** climbing rose, rambling rose

**grimpe** * /gʀɛ̃p/ NF rock-climbing

**grimpée** /gʀɛ̃pe/ NF *(= montée)* (steep) climb

**grimper** /gʀɛ̃pe/ ▸ conjug 1 ◂ VI **a** *[personne, animal]* to climb (up); *(avec difficulté)* to clamber up; *(dans la société)* to climb ◆ ~ **aux rideaux** *[chat]* to climb up the curtains ◆ **ça le fait ~ aux rideaux** * *(de colère)* it drives him up the wall *; *(sexuellement)* it makes him horny ** *ou* randy *(Brit)* * ◆ ~ **aux arbres** to climb trees ◆ ~ **à l'échelle** to climb (up) the ladder ◆ ~ **à la corde** to shin up *ou* climb a rope, to pull o.s. up a rope ◆ ~ **sur** *ou* **dans un arbre** to climb up *ou* into a tree ◆ ~ **le long de la gouttière** to shin up *ou* climb up the drain pipe ◆ ~ **dans un taxi** * to jump *ou* leap into a taxi ◆ **allez, grimpe !** *(dans une voiture)* come on, get in! ◆ **grimpé sur la table/le toit** having climbed *ou* clambered onto the table/roof
**b** *[route, plante]* to climb ◆ **ça grimpe dur !** it's a hard *ou* stiff *ou* steep climb!
**c** * *[fièvre]* to soar; *[prix]* to rocket, to soar ◆ **il grimpe dans les sondages** he's going up *ou* climbing in the polls
VT *[+ montagne, côte]* to climb (up), to go up ◆ ~ **l'escalier** to climb (up) the stairs ◆ ~ **un étage** to climb up a *ou* one floor
NM *(Athlétisme)* (rope-)climbing *(NonC)*

**grimpereau** (pl **grimpereaux**) /gʀɛ̃pʀo/ NM ◆ ~ **(des bois)** tree creeper ◆ ~ **(des jardins)** short-toed tree creeper

**grimpette** * /gʀɛ̃pɛt/ NF (steep little) climb

**grimpeur, -euse** /gʀɛ̃pœʀ, øz/ ADJ, NM ◆ **(oiseaux) ~s** climbing *ou* scansorial *(SPÉC)* birds, scansores *(SPÉC)* NM,F *(= varappeur)* (rock-)climber; *(= cycliste)* hill specialist, climber ◆ **c'est un bon/mauvais ~** *(cycliste)* he's good/bad on hills, he's a good/bad climber

**grinçant, e** /gʀɛ̃sɑ̃, ɑ̃t/ ADJ *[comédie]* darkly humorous; *[charnière, essieux]* grating; *[porte]* creaking ◆ **ironie ~e** dark irony

**grincement** /gʀɛ̃smɑ̃/ NM *[d'objet métallique]* grating; *[de plancher, porte, ressort, sommier]* creaking; *[de freins]* squealing; *[de plume]* scratching; *[de craie]* squeaking ◆ **il ne l'a pas accepté sans ~s de dents** he accepted it only with much gnashing of teeth

**grincer** /gʀɛ̃se/ ▸ conjug 3 ◂ VI **a** *[objet métallique]* to grate; *[plancher, porte, ressort, sommier]* to creak; *[freins]* to squeal; *[plume]* to scratch; *[craie]* to squeak **b** ◆ ~ **des dents (de colère)** to grind *ou* gnash one's teeth (in anger) ◆ **ce bruit vous fait ~ les dents** that noise really sets your teeth on edge

**grincheux, -euse** /gʀɛ̃ʃø, øz/ ADJ *(= acariâtre)* grumpy ◆ **humeur grincheuse** grumpiness NM,F grumpy person, misery

**gringalet** /gʀɛ̃galɛ/ ADJ M *(péj = chétif)* puny NM *(péj)* ◆ **(petit) ~** puny little thing, (little) runt

**gringo** /gʀiŋgo/ ADJ, NMF *(péj)* gringo

**gringue** * /gʀɛ̃g/ NM ◆ **faire du ~ à qn** to chat sb up

**griot** /gʀijo/ NM griot

**griotte** /gʀijɔt/ NF *(= cerise)* Morello cherry; *(Géol)* griotte

**grip** /gʀip/ NM *(= revêtement)* grip

**grippage** /gʀipaʒ/ NM *(Tech)* jamming ◆ **pour éviter le ~ de l'économie** to prevent the economy seizing up

**grippal, e** (mpl **-aux**) /gʀipal, o/ ADJ flu *(épith)*, influenzal *(SPÉC)* ◆ **médicament pour état ~** anti-flu drug

**grippe** /gʀip/ NF flu, influenza *(frm)* ◆ **avoir la ~** to have (the) flu, to have influenza ◆ **il a une petite ~** he's got a touch of flu ◆ ~ **intestinale** gastric flu ◆ ~ **aviaire, ~ du poulet** avian influenza, bird flu ◆ **prendre qn/qch en ~** to take a sudden dislike to sb/sth

**grippé, e** /gʀipe/ ADJ *(Méd)* ◆ **il est ~** he's got (the) flu ◆ **rentrer ~** to go home with (the) flu ◆ **les ~s** people with *ou* suffering from flu

**gripper** /gʀipe/ ▸ conjug 1 ◂ VT *(Tech)* to jam VI *(= se bloquer) [moteur]* to jam, seize up; *(= se froncer) [tissu]* to bunch up VPR **se gripper** *[moteur]* to jam, seize up ◆ **le système judiciaire se grippe** the court system is seizing up

**grippe-sou** * (pl **grippe-sous**) /gʀipsu/ NM *(= avare)* penny-pincher *, skinflint

**gris, e** /gʀi, gʀiz/ ADJ **a** *[couleur, temps]* grey *(Brit)*, gray *(US)* ◆ ~ **acier/anthracite/ardoise/fer/perle/souris** steel/anthracite/slate/iron/pearl/squirrel grey ◆ **~-bleu/-vert** blue-/green-grey ◆ **cheval ~ pommelé** dapple-grey horse ◆ ~ **de poussière** grey with dust, dusty ◆ **aux cheveux ~** grey-haired ◆ **il fait ~** it's a grey *ou* dull day; → **ambre, éminence, matière** **b** *(= morne) [vie]* colourless *(Brit)*, colorless *(US)*, dull; *[pensées]* grey *(Brit)*, gray *(US)* **c** *(= éméché)* tipsy * **d** *(loc)* **faire ~e mine** to pull a long face ◆ **faire ~e mine à qn** to give sb a cool reception NM **a** *(= couleur)* grey *(Brit)*, gray *(US)* **b** *(= tabac)* shag **c** *(Équitation)* grey *(Brit)* *ou* gray *(US)* (horse)

**grisaille** /gʀizɑj/ NF **a** *[de vie]* colourlessness *(Brit)*, colorlessness *(US)*, dullness; *[de ciel, temps, paysage]* greyness *(Brit)*, grayness *(US)* **b** *(Art)* grisaille ◆ **peindre qch en ~** to paint sth in grisaille

**grisant, e** /gʀizɑ̃, ɑ̃t/ ADJ *(= stimulant)* exhilarating; *(= enivrant)* intoxicating

**grisâtre** /gʀizɑtʀ/ ADJ greyish *(Brit)*, grayish *(US)*

**grisbi** /gʀizbi/ NM *(arg Crime)* loot **

**grisé** /gʀize/ NM grey *(Brit)* *ou* gray *(US)* tint ◆ **zone en ~** shaded area

**griser** /gʀize/ ▸ conjug 1 ◂ VT *[alcool]* to intoxicate, to make tipsy; *[air, vitesse, parfum]* to intoxicate ◆ **ce vin l'avait grisé** the wine had gone to his head *ou* made him tipsy * ◆ **l'air de la montagne grise** the mountain air goes to your head (like wine) ◆ **se laisser ~ par le succès/des promesses** to let success/promises go to one's head ◆ **se laisser ~ par l'ambition** to be carried away by ambition VPR **se griser** *[buveur]* to get tipsy * *(avec, de* on); ◆ **se ~ de** *[+ air, vitesse]* to get drunk on; *[+ émotion, paroles]* to allow o.s. to be intoxicated by *ou* carried away by

**griserie** /gʀizʀi/ NF *(lit, fig)* intoxication

**grisette** /gʀizɛt/ NF *(Hist)* grisette

**gris-gris** /gʀigʀi/ NM INV ⇒ **grigri**

**grison, -onne** /gʀizɔ̃, ɔn/ ADJ of Graubünden NM *(Ling)* Romansh of Graubünden NM,F **Grison(ne)** native *ou* inhabitant of Graubünden NMPL **les Grisons** the Graubünden ◆ **canton des Grisons** canton of Graubünden ◆ **viande des Grisons** *(Culin)* dried beef served in thin slices

**grisonnant, e** /gʀizɔnɑ̃, ɑ̃t/ ADJ greying *(Brit)*, graying *(US)* ◆ **il avait les tempes ~es** he was greying *ou* going grey at the temples ◆ **la cinquantaine ~e, il ...** a greying fifty-year-old, he ...

**grisonnement** /gʀizɔnmɑ̃/ NM greying *(Brit)*, graying *(US)*

**grisonner** /gʀizɔne/ ▸ conjug 1 ◂ VI to be greying *(Brit) ou* graying *(US)*, to be going grey *(Brit) ou* gray *(US)*

**grisou** /gʀizu/ NM firedamp ◆ **coup de ~** firedamp explosion

**grisoumètre** /gʀizumɛtʀ/ NM firedamp detector

**grive** /gʀiv/ NF *(Orn)* thrush ◆ **~ musicienne** song thrush; → **faute**

**grivèlerie** /gʀivɛlʀi/ NF *(Jur) offence of ordering food or drink in a restaurant and being unable to pay for it*

**griveton** * /gʀivtɔ̃/ NM soldier

**grivna** /gʀivna/ NF grivna

**grivois, e** /gʀivwa, waz/ ADJ saucy

**grivoiserie** /gʀivwazʀi/ NF *(= mot)* saucy expression; *(= attitude)* sauciness; *(= histoire)* saucy story

**grizzli, grizzly** /gʀizli/ NM grizzly bear

**grœnendael** /gʀɔ(n)ɛndal/ NM Groenendael (sheepdog)

**Groenland** /gʀɔɛnlɑ̃d/ NM Greenland

**groenlandais, e** /gʀɔɛnlɑ̃dɛ, ɛz/ ADJ of *ou* from Greenland, Greenland *(épith)* NM,F **Groenlandais(e)** Greenlander

**grog** /gʀɔg/ NM ≈ (hot) toddy *(usually made with rum)*

**groggy** * /gʀɔgi/ ADJ INV *(Boxe)* groggy ◆ **être ~** *(d'émotion)* to be in a daze; *(de fatigue)* to be completely washed out

**grognard** /gʀɔɲaʀ/ NM *(Hist)* soldier of the old guard of Napoleon I

**grognasse** ‡ /gʀɔɲas/ NF *(péj)* old bag ‡

**grognasser** * /gʀɔɲase/ ▸ conjug 1 ◂ VI to grumble *ou* moan on (and on)

**grogne** * /gʀɔɲ/ NF ◆ **la ~ des syndicats** the rumbling *ou* simmering discontent in the unions ◆ **face à la ~ sociale** faced with rumbling *ou* simmering social discontent ◆ **la ~ monte chez les étudiants** students are grumbling more and more *ou* are showing more and more signs of discontent

**grognement** /gʀɔɲmɑ̃/ NM *[de personne]* grunt; *[de cochon]* grunting *(NonC)*, grunt; *[de sanglier]* snorting *(NonC)*, snort; *[d'ours, chien]* growling *(NonC)*, growl ◆ **il m'a répondu par un ~** he growled at me in reply

**grogner** /gʀɔɲe/ ▸ conjug 1 ◂ VI *[personne]* to grumble, to moan * *(contre* at); *[cochon]* to grunt; *[sanglier]* to snort; *[ours, chien]* to growl ◆ **les syndicats grognent** there are rumblings of discontent among the unions VT *[+ insultes]* to growl, to grunt

**grognon, -onne** /gʀɔɲɔ̃, ɔn/ ADJ *[air, expression, vieillard]* grumpy, gruff; *[attitude]* surly; *[enfant]* grouchy ◆ **elle est ~** *ou* **grognonne !, quelle ~(ne) !** what a grumbler! *ou* moaner! *

**groin** /gʀwɛ̃/ NM *[d'animal]* snout; *(péj) [de personne]* ugly *ou* hideous face

**grolle** ‡ /gʀɔl/ NF shoe

**grommeler** /gʀɔm(ə)le/ ▸ conjug 4 ◂ VI *[personne]* to mutter (to o.s.), to grumble to o.s.; *[sanglier]* to snort VT *[+ insultes]* to mutter

**grommellement** /gʀɔmɛlmɑ̃/ NM muttering, indistinct grumbling

**grondement** /gʀɔ̃dmɑ̃/ NM *[de canon, train, orage]* rumbling *(NonC)*; *[de torrent]* roar, roaring *(NonC)*; *[de chien]* growl, growling *(NonC)*; *[de foule]* (angry) muttering; *[de moteur]* roar ◆ **le ~ de la colère/de l'émeute** the rumbling of mounting anger/of the threatening riot ◆ **le train passa devant nous dans un ~ de tonnerre** the train thundered past us

**gronder** /gʀɔ̃de/ ▸ conjug 1 ◂ VT *(= réprimander) [+ enfant]* to tell off, to scold ◆ **je vais me faire ~ si je rentre tard** I'll get told off if I get in late ◆ **il faut que je vous gronde d'avoir fait ce cadeau** *(amicalement)* you're very naughty to have bought this present, I should scold you for buying this present VI **a** *[canon, train, orage]* to rumble; *[torrent, moteur]* to roar; *[chien]* to growl; *[foule]* to mutter (angrily) **b** *[émeute]* to be brewing ◆ **la colère gronde chez les infirmières** nursing staff are getting increasingly angry **c** *(littér = grommeler)* to mutter

**gronderie** /gʀɔ̃dʀi/ NF scolding

**grondeur, -euse** /gʀɔ̃dœʀ, øz/ ADJ *[ton, humeur, personne]* grumbling; *[vent, torrent]* rumbling ◆ **d'une voix grondeuse** in a grumbling voice

**grondin** /gʀɔ̃dɛ̃/ NM gurnard

**groom** /gʀum/ NM *(= employé)* bellboy, bellhop *(US)*; *[de porte]* door closer ◆ **je ne suis pas ton ~** I'm not your servant

## gros, grosse[1] /gʀo, gʀos/

| | |
|---|---|
| 1 ADJECTIF | 3 NOM FÉMININ |
| 2 NOM MASCULIN | 4 ADVERBE |
| 5 COMPOSÉS | |

### 1 - ADJECTIF

**a** [dimension, gén] big, large; *[lèvres, corde]* thick; *[chaussures]* big, heavy; *[personne]* fat; *[ventre, bébé]* fat, big; *[pull, manteau]* thick, heavy ◆ **le ~ bout** the thick end ◆ **il pleut à grosses gouttes** it's raining heavily ◆ **c'est ~ comme une tête d'épingle/mon petit doigt** it's the size of *ou* it's no bigger than a pinhead/my little finger ◆ **des tomates grosses comme le poing** tomatoes as big as your fist ◆ **un mensonge ~ comme une maison** * a gigantic lie, a whopper * ◆ **je l'ai vu venir ~ comme une maison** * I could see it coming a mile off *

**b** [= important] *[travail]* big; *[problème, ennui, erreur]* big, serious; *[somme]* large, substantial; *[entreprise]* big, large; *[soulagement, progrès]* great; *[dégâts]* extensive, serious; *(= violent) [averse]* heavy; *[fièvre]* high; *[rhume]* heavy, bad ◆ **une grosse affaire** a large business, a big concern ◆ **les grosses chaleurs** the height of summer, the hot season ◆ **les ~ consommateurs d'énergie** big energy consumers ◆ **un ~ mensonge** a terrible lie, a whopper * ◆ **c'est un ~ morceau** * *(= travail)* it's a big job; *(= livre)* it's a huge book; *(= obstacle)* it's a big hurdle (to clear) *ou* a big obstacle (to get over) ◆ **il a un ~ appétit** he has a big appetite ◆ **la grosse industrie** heavy industry ◆ **acheter par** *ou* **en grosses quantités** to buy in bulk, to bulk-buy *(Brit)*

**c** [= houleux] *[mer]* heavy; *(Mét)* rough ◆ **la rivière est grosse** *(= gonflé)* the river is swollen

**d** [= sonore] *[voix]* booming *(épith)*; *[soupir]* big, deep; → **rire**

**e** [= riche et important] big ◆ **un ~ industriel/banquier** a big industrialist/banker

**f** [intensif] **un ~ buveur** a heavy drinker ◆ **un ~ mangeur** a big eater ◆ **un ~ kilo/quart d'heure** a good kilo/quarter of an hour ◆ **tu es un ~ paresseux** * you're such a lazy-bones ◆ **~ nigaud !** * you big ninny! *

**g** [= rude] *[drap, laine, vêtement]* coarse; *[traits du visage]* thick, heavy ◆ **le ~ travail** the heavy work ◆ **son ~ bon sens est réconfortant** his down-to-earth *ou* plain commonsense is a comfort ◆ **il aime les grosses plaisanteries** he likes obvious *ou* unsubtle *ou* inane jokes ◆ **oser nous dire ça, c'est vraiment un peu ~** how dare he say that to us, it's a bit thick * *ou* a bit much *

**h** [† = enceinte] pregnant ◆ **grosse de 6 mois** 6 months' pregnant

**i** [loc] **avoir les yeux ~ de larmes** to have eyes filled *ou* brimming with tears ◆ **regard ~ de menaces** threatening *ou* menacing look, look full of menace ◆ **l'incident est ~ de conséquences** the incident is fraught with consequences ◆ **jouer ~ jeu** to play for big *ou* high stakes ◆ **faire les ~ yeux (à un enfant)** to glower (at a child) ◆ **faire la grosse voix** * to speak gruffly *ou* sternly ◆ **c'est une grosse tête** * he's brainy *, he's a brainbox * ◆ **avoir la grosse tête** * *(prétentieux)* to be big-headed ◆ **faire une grosse tête à qn** ‡ to bash sb up *, to smash sb's face in ‡ ◆ **il me disait des "Monsieur" ~ comme le bras** he was falling over himself to be polite to me and kept calling me "sir"

### 2 - NOM MASCULIN

**a** [= personne corpulente] fat man ◆ **un petit ~** * a fat little man ◆ **mon ~** * old thing *; → **pêche[2]**

**b** [= principal] **le ~ du travail est fait** the bulk of *ou* the main part of the work is done ◆ **le ~ des troupes** *(lit)* the main body of the army; *(fig)* the great majority ◆ **le ~ de l'orage est passé** the worst of the storm is over ◆ **faites le plus ~ d'abord** do the main things *ou* the essentials first

**c** [= milieu] **au ~ de l'hiver** in the depths of winter ◆ **au ~ de l'été/de la saison** at the height of summer/of the season

**d** [Comm] **le (commerce de) ~** the wholesale business ◆ **il fait le ~ et le détail** he deals in *ou* trades in both wholesale and retail ◆ **maison/prix/marché de ~** wholesale firm/prices/market

**e** [locutions]

◆ **en gros** ◆ **c'est écrit en ~** it's written in big *ou* large letters ◆ **papetier en ~** wholesale stationer ◆ **commande en ~** bulk order ◆ **acheter/vendre en ~** to buy/sell wholesale; → **marchand** ◆ **évaluer en ~ la distance/le prix** to make a rough *ou* broad estimate of the distance/the price ◆ **dites-moi, en ~, ce qui s'est passé** tell me roughly *ou* broadly what happened

◆ **les gros** *(= personnes importantes)* the rich and powerful, the big fish *

### 3 - NOM FÉMININ

**grosse** *(= personne)* fat woman ◆ **ma grosse** * old girl *, old thing * *(Brit)* ◆ **c'est une bonne grosse** ‡ *(péj)* she's a good-natured thing *; → aussi **grosse[2]**

### 4 - ADVERBE

◆ **écrire ~** to write big, to write in large letters ◆ **il risque ~** he's risking a lot *ou* a great deal ◆ **ça peut nous coûter ~** it could cost us a lot *ou* a great deal ◆ **je donnerais ~ pour ...** I'd give a lot *ou* a great deal to ... ◆ **il y a ~ à parier que ...** it's a safe bet that ... ◆ **en avoir ~ sur le cœur** *ou* **sur la patate** ‡ to be upset *ou* peeved *

5 - COMPOSÉS

▷ **gros bétail** cattle ▷ **gros bonnet** * bigwig *, big shot * ▷ **gros bras** * muscleman ◆ **jouer les ~ bras** * to play *ou* act the he-man * ▷ **grosse caisse** *(Mus)* big *ou* bass drum ▷ **grosse cavalerie** * heavy stuff * ▷ **grosse-gorge** ‡ NF *(Can)* goitre ▷ **grosse légume** * ⇒ **gros bonnet** ▷ **gros mot** swearword ◆ **il dit des ~ mots** he uses bad language, he swears ▷ **gros œuvre** *(Archit)* shell *(of a building)* ▷ **gros plan** *(Photo)* close-up ◆ **une prise de vue en ~ plan** a shot in close-up, a close-up shot ◆ **~ plan sur ...** *(= émission)* programme devoted to *ou* all about ... ▷ **gros poisson** * ⇒ **gros bonnet** ▷ **(avion) gros porteur** jumbo jet ▷ **gros rouge** * rough (red) wine, (red) plonk * *(Brit)*, Mountain Red (wine) *(US)* ▷ **gros sel** cooking salt ▷ **gros temps** rough weather ◆ **par ~ temps** in rough weather *ou* conditions; → **gibier, intestin¹, lot** *etc*

**gros-bec** (pl **gros-becs**) /ɡʀobɛk/ NM *(Orn)* hawfinch

**gros-cul** ‡ (pl **gros-culs**) /ɡʀoky/ NM juggernaut *(Brit)*, eighteen-wheeler * *(US)*

**groseille** /ɡʀozɛj/ NF ◆ **~ (rouge)** red currant ◆ **~ (blanche)** white currant ◆ **~ à maquereau** gooseberry ADJ INV (cherry-)red

**groseillier** /ɡʀozeje/ NM currant bush ◆ **~ rouge/blanc** red/white currant bush ◆ **~ à maquereau** gooseberry bush

**gros-grain** (pl **gros-grains**) /ɡʀoɡʀɛ̃/ NM *(Tex)* petersham

**Gros-Jean** /ɡʀoʒɑ̃/ NM INV ◆ **il s'est retrouvé ~ comme devant** † * he found himself back where he started *ou* back at square one *(Brit)*

**grosse²** /ɡʀos/ NF *(Jur)* engrossment; *(Comm)* gross

**grossesse** /ɡʀosɛs/ NF pregnancy ◆ **~ nerveuse** false pregnancy, phantom pregnancy ◆ **~ gémellaire/extra-utérine/à risque** twin/extrauterine/high-risk pregnancy; → **robe**

**grosseur** /ɡʀosœʀ/ NF **a** *[d'objet]* size; *[de fil, bâton]* thickness; *[de personne]* weight, fatness ◆ **être d'une ~ maladive** to be unhealthily fat ◆ **as-tu remarqué sa ~ ?** have you noticed how fat he is? **b** *(= tumeur)* lump

**grossier, -ière** /ɡʀosje, jɛʀ/ ADJ **a** *[matière, tissu]* coarse; *[aliment]* unrefined; *[ornement, instrument]* crude

**b** *(= sommaire) [travail]* superficially done, roughly done; *[imitation]* crude, poor; *[dessin]* rough; *[solution, réparation]* rough-and-ready; *[estimation]* rough ◆ **avoir une idée grossière des faits** to have a rough idea of the facts

**c** *(= lourd) [manières]* unrefined, crude; *[esprit, être]* unrefined; *[traits du visage]* coarse, thick; *[ruse]* crude; *[plaisanterie]* unsubtle, inane; *[erreur]* stupid, gross *(épith)*; *[ignorance]* crass *(épith)*

**d** *(= bas, matériel) [plaisirs, jouissances]* base

**e** *(= insolent) [personne]* rude

**f** *(= vulgaire) [plaisanterie, geste, mots, propos]* coarse; *[personne]* coarse, uncouth ◆ **il s'est montré très ~ envers eux** he was very rude to them ◆ **~ personnage !** uncouth individual! ◆ **il est ~ avec les femmes** he is coarse *ou* uncouth in his dealings with women

**grossièrement** /ɡʀosjɛʀmɑ̃/ ADV **a** *(= de manière sommaire) [exécuter, réparer, dessiner]* roughly, superficially; *[façonner, imiter]* crudely; *[hacher]* roughly, coarsely ◆ **pouvez-vous me dire ~ combien ça va coûter ?** can you tell me roughly how much that will cost? **b** *(= de manière vulgaire)* coarsely; *(= insolemment)* rudely **c** *(= lourdement)* **se tromper ~** to be grossly mistaken, to make a gross error

**grossièreté** /ɡʀosjɛʀte/ NF **a** *(= insolence)* rudeness **b** *(= vulgarité) [de personne]* coarseness, uncouthness; *[de plaisanterie, geste]* coarseness ◆ **dire des ~s** to use coarse language ◆ **une ~** a rude *ou* coarse remark **c** *(= rusticité) [de fabrication]* crudeness; *[de travail, exécution]* superficiality; *[d'étoffe]* coarseness **d** *(littér = manque de finesse) [de personne]* lack of refinement; *[de traits]* coarseness ◆ **la ~ de ses manières** his unrefined *ou* crude manners

**grossir** /ɡʀosiʀ/ ► conjug 2 ◄ VI *[personne] (signe de déficience)* to get fat(ter), to put on weight; *(signe de santé)* to put on weight; *[fruit]* to swell, to grow; *[rivière]* to swell; *[tumeur]* to swell, to get bigger; *[foule]* to grow (larger), to swell; *[somme, économies]* to grow, to get bigger; *[rumeur, nouvelle]* to spread; *[bruit]* to get louder, to grow (louder), to swell ◆ **l'avion grossissait dans le ciel** the plane grew larger *ou* bigger in the sky ◆ **~ des cuisses/des hanches** to put on weight on the thighs/the hips ◆ **j'ai grossi de trois kilos** I've put on three kilos

VT **a** *(= faire paraître plus gros) [+ personne]* **ce genre de vêtement (vous) grossit** these sort of clothes make you look fatter

**b** *[microscope]* to magnify; *[lentille, lunettes]* to enlarge, to magnify; *[imagination] [+ dangers, importance]* to magnify, to exaggerate

**c** *(= exagérer volontairement) [+ fait, événement]* to exaggerate ◆ **ils ont grossi l'affaire à des fins politiques** they've exaggerated *ou* blown up the issue for political reasons

**d** *[+ cours d'eau]* to swell; *[+ voix]* to raise

**e** *[+ somme]* to increase, to add to; *[+ foule]* to swell ◆ **~ les rangs/le nombre** *ou* **la liste de** to add to *ou* swell the ranks/the numbers of

**grossissant, e** /ɡʀosisɑ̃, ɑ̃t/ ADJ **a** *[lentille, verre]* magnifying, enlarging **b** *[foule, bruit]* swelling, growing

**grossissement** /ɡʀosismɑ̃/ NM **a** *[de tumeur]* swelling, enlarging **b** *(= pouvoir grossissant) [de microscope]* magnification, (magnifying) power ◆ **~ de 200 fois** magnification *ou* magnifying power of 200 times ◆ **ceci peut être observé à un faible/fort ~** this can be seen with a low-power/high-power lens **c** *[d'objet]* magnification, magnifying; *(= exagération) [de dangers]* magnification, exaggeration; *[de faits]* exaggeration

**grossiste** /ɡʀosist/ NMF wholesaler, wholesale dealer

**grosso modo** /ɡʀosomɔdo/ ADV *(= en gros)* more or less, roughly ◆ **~, cela veut dire que ...** roughly speaking, it means that ... ◆ **dis-moi ~ de quoi il s'agit** tell me roughly what it's all about

**grotesque** /ɡʀɔtɛsk/ ADJ **a** *(= ridicule) [personnage, accoutrement, allure]* ludicrous, ridiculous; *[idée, histoire]* grotesque ◆ **c'est d'un ~ incroyable** it's absolutely ludicrous *ou* ridiculous **b** *(Art)* grotesque NM *(Littérat)* ◆ **le ~** the grotesque NF *(Art)* grotesque

**grotesquement** /ɡʀɔtɛskəmɑ̃/ ADV grotesquely

**grotte** /ɡʀɔt/ NF *(naturelle)* cave; *(artificielle)* grotto ◆ **~ préhistorique** prehistoric cave

**grouillant, e** /ɡʀujɑ̃, ɑ̃t/ ADJ *[foule, masse]* milling, swarming ◆ **~ de** *[+ touristes, insectes]* swarming *ou* teeming *ou* crawling with; *[+ policiers]* bristling *ou* swarming with ◆ **boulevard/café ~ (de monde)** street/café swarming *ou* teeming *ou* crawling with people, bustling street/café

**grouiller** /ɡʀuje/ ► conjug 1 ◄ VI *[foule, touristes]* to mill about; *[café, rue]* to be swarming *ou* teeming *ou* bustling with people ◆ **~ de** *[+ touristes, insectes]* to be swarming *ou* teeming *ou* crawling with VPR **se grouiller** * to get a move on * ◆ **grouille-toi ou on va rater le train !** get your skates on * *ou* get a move on * or we'll miss the train! ◆ **se ~ pour arriver à l'heure** to hurry so as not to be late

**grouillot** /ɡʀujo/ NM messenger (boy)

**groupage** /ɡʀupaʒ/ NM **a** *(Comm) [de colis]* bulking **b** *(Méd)* **~ sanguin** blood grouping *ou* typing ◆ **~ tissulaire** tissue typing

**groupe** /ɡʀup/ NM **a** *(Art, Écon, Math, Pol, Sociol)* group ◆ **~ de communication/de distribution/industriel** communications/distribution/industrial group ◆ **le ~ de la majorité** the deputies *ou* MPs *(Brit)* *ou* Congressmen *(US)* of the majority party ◆ **psychologie de ~** group psychology

**b** *[de personnes]* group; *[de touristes]* party, group; *[de musiciens]* band, group ◆ **~ de rock** rock group *ou* band ◆ **des ~s se formaient dans la rue** groups (of people) *ou* knots of people were forming in the street ◆ **par ~s de trois ou quatre** in groups of three or four, in threes or fours ◆ **travailler/marcher en ~** to work/walk in *ou* as a group ◆ **travail/billet de ~** group work/ticket

**c** *[de club]* group ◆ **le ~ des Sept (pays les plus industrialisés)** *(Écon)* the Group of Seven (most industrialized countries)

**d** *[d'objets]* **~ de maisons** cluster *ou* group of houses ◆ **~ d'arbres** clump *ou* cluster *ou* group of trees

**e** *(Ling)* group, cluster ◆ **~ nominal/verbal** noun/verb phrase, nominal/verbal group ◆ **~ consonantique** consonant cluster

COMP ▷ **groupe d'âge** age group ▷ **groupe armé** armed group ▷ **groupe de combat** fighter group ▷ **groupe électrogène** generating set, generator ▷ **groupe hospitalier** hospital complex ▷ **groupe d'intervention de la Gendarmerie nationale** crack force of the Gendarmerie ▷ **groupe de mots** word group, phrase ▷ **groupe parlementaire** parliamentary group ▷ **groupe de presse** *(gén)* publishing conglomerate; *(spécialisé dans la presse)* press group ▷ **groupe de pression** pressure group, ginger group *(Brit)*, special interest group *(US)* ▷ **groupe sanguin** blood group ▷ **groupe de saut** *[de parachutistes]* stick ▷ **groupe scolaire** school complex ▷ **groupe de tête** *(Sport)* (group of) leaders; *(Scol)* top pupils (in the class); *(Écon)* (group of) leading firms ▷ **groupe tissulaire** tissue type ▷ **groupe de travail** working party

**groupement** /ɡʀupmɑ̃/ NM **a** *(= action) [de personnes, objets, faits]* grouping ◆ **~ de mots par catégories** grouping words by categories **b** *(= groupe)* group; *(= organisation)* organization ◆ **~ révolutionnaire** band of revolutionaries, revolutionary band ◆ **~ tactique** *(Mil)* task force ◆ **~ d'achats** (commercial) bulk-buying organization ◆ **~ de gendarmerie** squad of Gendarmes ◆ **~ professionnel** professional organization ◆ **~ d'intérêt économique** economic interest group ◆ **~ agricole d'exploitation en commun** farmers' economic interest group **c** *(Chim)* group

**grouper** /ɡʀupe/ ► conjug 1 ◄ VT **a** *[+ personnes, objets, faits]* to group (together); *(Comm) [+ colis]* to bulk; *[+ efforts, ressources, moyens]* to pool ◆ **~ des colis par destination** to bulk parcels according to their destination ◆ **est-ce que je peux ~ mes achats ?** can I pay for everything together?

b (Sport) [+ genoux] to tuck; → **saut**

VPR **se grouper** [foule] to gather; (= se coaliser) to form a group ◆ **groupez-vous par trois** get into threes ou into groups of three ◆ **restez groupés** keep together, stay in a group ◆ **les consommateurs doivent se ~ pour se défendre** consumers must band together to defend their interests ◆ **se ~ en associations** to form associations ◆ **on s'est groupé pour lui acheter un cadeau** we all got together ou chipped in* to buy him a present ◆ **se ~ autour d'un chef** (= se rallier) to rally round a leader ◆ **le village groupé autour de l'église** the village clustered round the church

**groupie** /gʀupi/ NMF [de chanteur] groupie; * [de parti] (party) faithful

**groupuscule** /gʀupyskyl/ NM (Pol péj) small group

**grouse** /gʀuz/ NF grouse

**Grozny, Groznyï** /gʀɔzni/ N Grozny

**GRS** /ʒeɛʀɛs/ NF abrév de **gymnastique rythmique et sportive**

**gruau** /gʀyo/ NM (= graine) hulled grain, groats ◆ **pain de ~** fine wheaten bread

**grue** /gʀy/ NF a (Tech, TV) crane ◆ **~ flottante** floating crane ◆ **~ de levage** wrecking crane b (Orn) ~ **(cendrée)** crane ◆ **~ couronnée** crowned crane; → **pied** c (* péj = prostituée) hooker* (péj), tart* (Brit) (péj)

**gruge** */gʀyʒ/ NF (= escroquerie) ◆ **il y a eu de la ~** we ou they got ripped off*

**gruger** /gʀyʒe/ ► conjug 3 ◄ VT a (= escroquer) to swindle ◆ **se faire ~** to be swindled ◆ **il s'est fait ~ de 5 000 €** he was cheated out of €5,000 b (* = agacer) to bug* ◆ **tu me gruges !** stop bugging me! c (Can) to nibble

**grume** /gʀym/ NF (= écorce) bark (left on timber) ◆ **bois de** ou **en ~** undressed timber, rough lumber (US)

**grumeau** (pl **grumeaux**) /gʀymo/ NM [de sel, sauce] lump ◆ **la sauce fait des ~x** the sauce is going lumpy ◆ **pâte pleine de ~x** lumpy dough

**grumeler (se)** /gʀym(ə)le/ ► conjug 4 ◄ VPR [sauce] to go lumpy; [lait] to curdle

**grumeleux, -euse** /gʀym(ə)lø, øz/ ADJ [sauce] lumpy; [lait] curdled; [fruit] gritty; [peau] bumpy, lumpy

**grunge** /gʀœnʒ/ ADJ [musique, mouvement] grunge (épith) NM grunge (music)

**gruppetto** /gʀupeto/ (pl **gruppetti** /gʀupeti/) NM (Mus) gruppetto, turn

**gruter** /gʀyte/ ► conjug 1 ◄ VT to crane ◆ **~ un bateau hors de l'eau** to lift a boat out of the water with a crane

**grutier, -ière** /gʀytje, jɛʀ/ NM,F crane driver ou operator

**gruyère** /gʀyjɛʀ/ NM Gruyère (cheese) (Brit), Swiss (cheese) (US)

**GSM** /ʒeɛsɛm/ NM (abrév de **Global System for Mobile Communication**) GSM ◆ **réseau ~** GSM network

**guacamole** /gwakamɔle/ NM (Culin) guacamole

**Guadeloupe** /gwadlup/ NF Guadeloupe

**guadeloupéen, -enne** /gwadlupeɛ̃, ɛn/ ADJ Guadelupian NM,F **Guadeloupéen(ne)** inhabitant ou native of Guadeloupe

**Guam** /gwam/ NM Guam

**guano** /gwano/ NM [d'oiseau] guano; [de poisson] manure

**guarani** /gwaʀani/ ADJ Guarani (épith) NM (Ling) Guarani; (= monnaie) guarani NMF **Guarani** Guarani

**Guatemala** /gwatemala/ NM Guatemala

**guatémaltèque** /gwatemaltɛk/ ADJ Guatemalan NMF **Guatémaltèque** Guatemalan

**gué** /ge/ NM ford ◆ **passer (une rivière) à ~** to ford a river

**guéer** /gee/ ► conjug 1 ◄ VT to ford

**guéguerre** * /gegɛʀ/ NF squabble ◆ **c'est la ~ entre les représentants** the representatives are squabbling amongst themselves

**guelfe** /gɛlf/ ADJ Guelphic NMF Guelph

**guelte** /gɛlt/ NF (Comm) commission

**guenille** /gənij/ NF (piece of) rag ◆ **~s** (old) rags ◆ **en ~s** in rags (and tatters)

**guenon** /gənɔ̃/ NF (Zool) female monkey; (péj = laideron) hag

**guépard** /gepaʀ/ NM cheetah

**guêpe** /gɛp/ NF wasp; → **fou, taille**[1]

**guêpier** /gepje/ NM a (Zool) bee-eater b (= piège) trap; (= nid) wasp's nest ◆ **se fourrer dans un ~** * to land o.s. in the soup* ou in it* (Brit)

**guêpière** /gɛpjɛʀ/ NF basque

**guère** /gɛʀ/ ADV a (avec adj ou adv) (= pas très, pas beaucoup) hardly, scarcely ◆ **elle ne va ~ mieux** she's hardly any better ◆ **comment vas-tu, aujourd'hui ? – ~ mieux !** how are you feeling today? – much the same! ◆ **il n'est ~ poli** he's not very polite ◆ **le chef, ~ satisfait de cela, ...** the boss, little ou hardly satisfied with that, ... ◆ **il n'y a ~ plus de 2 km** there is barely ou scarcely more than 2 km to go ◆ **ça ne fera ~ moins de 25 €** it won't be (very) much less than €25

b (avec vb) **ne ... ~** (= pas beaucoup) not much ou really; (= pas souvent) hardly ou scarcely ever; (= pas longtemps) not (very) long ◆ **il n'a ~ d'argent/le temps** he has hardly any money/time ◆ **je n'aime ~ qu'on me questionne** I don't much like ou really care for being questioned ◆ **il n'en reste plus ~** there's hardly any left ◆ **cela ne te va ~** it doesn't really suit you ◆ **ce n'est plus ~ à la mode** it's hardly fashionable at all nowadays ◆ **il ne vient ~ nous voir** he hardly ou scarcely ever comes to see us ◆ **cela ne durera ~** it won't last (for) very long ◆ **il ne tardera ~** he won't be (very) long now ◆ **l'aimez-vous ? – ~** (frm) do you like it? – not (very) much ou not really ou not particularly

◆ **guère de** ◆ **il n'y a ~ de monde** there's hardly ou scarcely anybody there

◆ **guère que** ◆ **il n'y a ~ que lui qui ...** he's about the only one who ..., there's hardly ou scarcely anyone but he who ...

**guéret** /geʀɛ/ NM tillage (NonC)

**guéridon** /geʀidɔ̃/ NM pedestal table

**guérilla** /geʀija/ NF guerrilla war ou warfare (NonC) ◆ **~ urbaine** urban guerrilla warfare

**guérillero, guérilléro** /geʀijeʀo/ NM guerrilla

**guérir** /geʀiʀ/ ► conjug 2 ◄ VT (= soigner) [+ malade] to cure, to make better; [+ maladie] to cure; [+ membre, blessure] to heal ◆ **je ne peux pas le ~ de ses mauvaises habitudes** I can't cure ou break him of his bad habits

VI a (= aller mieux) [malade, maladie] to get better, to be cured; [blessure] to heal, to mend ◆ **sa main guérie était encore faible** his hand although healed was still weak ◆ **il est guéri (de son angine)** he is cured (of his throat infection) ◆ **dépenser de telles sommes, j'en suis guéri !** you won't catch me spending money like that again!, that's the last time I spend money like that!

b [chagrin, passion] to heal

VPR **se guérir** [malade, maladie] to get better, to be cured ◆ **se ~ d'une habitude** to cure ou break o.s. of a habit ◆ **se ~ par les plantes** to cure o.s. by taking herbs, to cure o.s. with herbs ◆ **se ~ d'un amour malheureux** to get over ou recover from an unhappy love affair

**guérison** /geʀizɔ̃/ NF [de malade] recovery; [de maladie] curing (NonC); [de membre, plaie] healing (NonC) ◆ **sa ~ a été rapide** he made a rapid recovery ◆ **~ par la foi** faith healing; → **voie**

**guérissable** /geʀisabl/ ADJ [malade, maladie] curable ◆ **sa jambe/blessure est ~** his leg/injury can be healed

**guérisseur, -euse** /geʀisœʀ, øz/ NM,F healer; (péj) quack (doctor) (péj)

**guérite** /geʀit/ NF a (Mil) sentry box b (sur chantier) workman's hut; (servant de bureau) site office

**Guernesey** /gɛʀn(ə)zɛ/ NF Guernsey

**guernesiais, e** /gɛʀnəzjɛ, ɛz/ ADJ of ou from Guernsey, Guernsey (épith) NM,F **Guernesiais(e)** inhabitant ou native of Guernsey

**guerre** /gɛʀ/ NF a (= conflit) war ◆ **de ~** [correspondant, criminel] war (épith) ◆ **~ civile/sainte/atomique** civil/holy/atomic war ◆ **~ de religion/de libération** war of religion/of liberation ◆ **la ~ scolaire** ongoing debate on church schooling versus state schooling ◆ **la Grande Guerre** the Great War (Brit), World War I ◆ **la Première Guerre mondiale** the First World War, World War I ◆ **la Seconde** ou **Deuxième Guerre mondiale** the Second World War, World War II ◆ **entre eux c'est la ~ (ouverte)** it's open war between them

b (= technique) warfare ◆ **la ~ atomique/psychologique/chimique** atomic/psychological/chemical warfare

c (loc) **de ~ lasse elle finit par accepter** she grew tired of resisting and finally accepted ◆ **à la ~ comme à la ~** we'll just have to make the best of things ◆ **c'est de bonne ~** that's fair enough ◆ **faire la ~ à** (Mil) to wage war on ou against ◆ **soldat qui a fait la ~** soldier who was in the war ◆ **ton chapeau a fait la ~** * your hat has been in the wars* (Brit) ou through the war (US) ◆ **elle lui fait la ~ pour qu'il s'habille mieux** she is constantly battling with him to get him to dress better ◆ **faire la ~ aux abus/à l'injustice** to wage war against ou on abuses/injustice ◆ **livrer une** ou **la ~ à** to wage war on ◆ **~ des prix** price war

◆ **en guerre** (lit, fig) at war (avec, contre with, against); ◆ **dans les pays en ~** in the warring countries, in the countries at war ◆ **entrer en ~** to go to war (contre against); ◆ **partir en ~ contre** (Mil) to go to war against, to wage war on; (fig) to wage war on; → **entrer**

COMP ▷ **guerre bactériologique** bacteriological warfare ▷ **guerre biologique** biological warfare ▷ **la guerre des Boers** the Boer war ▷ **la guerre de Cent Ans** the Hundred Years' War ▷ **guerre de conquête** war of conquest ▷ **la guerre des Deux-Roses** the Wars of the Roses ▷ **guerre éclair** blitzkrieg, lightning war (US) ▷ **guerre économique** economic warfare ▷ **guerre électronique** electronic warfare ▷ **guerre d'embuscade** guerrilla warfare ▷ **la guerre des étoiles** Star Wars ▷ **guerre d'extermination** war of extermination ▷ **guerre froide** cold war ▷ **la guerre du Golfe** the Gulf War ▷ **la guerre du Mexique** the Mexican War ▷ **guerre mondiale** world war ▷ **guerre de mouvement** war of movement ▷ **guerre des nerfs** war of nerves ▷ **guerre nucléaire** nuclear war

▷ **guerre des ondes** battle for the airwaves ▷ **guerre à outrance** all-out war ▷ **guerre de position** war of position ▷ **guerre presse-bouton** push-button war ▷ **les guerres puniques** the Punic Wars ▷ **la guerre de quarante** the Second World War ▷ **la guerre de quatorze** the 1914-18 war ▷ **la guerre de Sécession** the American Civil War ▷ **guerre de succession** war of succession ▷ **guerre totale** total warfare, all-out war ▷ **guerre de tranchées** trench warfare ▷ **la guerre de Trente Ans** the Thirty Years War ▷ **la guerre de Troie** the Trojan War ▷ **guerre d'usure** war of attrition

**guerrier, -ière** /gɛʀje, jɛʀ/ **ADJ** *[nation, air]* warlike; *[danse, chants, exploits]* war *(épith)* **NM,F** warrior

**guerroyer** /gɛʀwaje/ ▸ conjug 8 ◂ **VI** *(littér)* to wage war (*contre* against, on)

**guet** /gɛ/ **NM** **a** ◆ **faire le ~** to be on (the) watch *ou* lookout ◆ **avoir l'œil au ~** *(littér)* to keep one's eyes open *ou* peeled* ◆ **avoir l'oreille au ~** *(littér)* to keep one's ears open **b** *(Hist = patrouille)* watch

**guet-apens** (pl **guets-apens**) /gɛtapɑ̃/ **NM** *(= embuscade)* ambush, ambuscade *(frm)*; *(fig)* trap ◆ **attirer qn dans un ~** *(lit)* to lure sb into an ambush; *(fig)* to lure sb into a trap ◆ **tomber dans un ~** *(lit)* to be caught in an ambush; *(fig)* to fall into a trap

**guêtre** /gɛtʀ/ **NF** gaiter; → **traîner**

**guêtré, e** /getʀe/ **ADJ** *(hum, Hist)* wearing gaiters *ou* spats

**guetter** /gete/ ▸ conjug 1 ◂ **VT** **a** *(= épier) [+ victime, ennemi]* to watch (intently); *[+ porte]* to watch **b** *(= attendre) [+ réaction, signal, occasion]* to watch out for, to be on the lookout for; *[+ personne]* to watch (out) for; *(hostilement)* to lie in wait for; *[+ proie]* to lie in wait for ◆ **~ le passage/l'arrivée de qn** to watch (out) for sb (to pass by)/(to come) ◆ **~ la sonnerie du téléphone** to be waiting for the telephone to ring ◆ **~ le pas de qn** to listen out for sb ◆ **ses fans guettent la sortie de son nouvel album** his fans are eagerly waiting for his new album **c** *(= menacer) [danger]* to threaten ◆ **la crise cardiaque/la faillite le guette** he's heading for a heart attack/bankruptcy ◆ **c'est le sort qui nous guette tous** it's the fate that's in store for all of us *ou* that's liable to befall all of us

**guetteur** /getœʀ/ **NM** *(Mil, Naut)* lookout; *(Hist)* watch

**gueulante**‡ /gœlɑ̃t/ **NF** ◆ **pousser une** *ou* **sa ~** *(colère)* to kick up a stink*; *(douleur)* to give an almighty yell*

**gueulard, e** /gœlaʀ, aʀd/ **ADJ** **a** (‡ *= braillard) [personne]* loud-mouthed; *[air, musique]* noisy **b** (‡ *= criard) [couleur, vêtement]* gaudy, garish **c** (* *= gourmand)* **être ~** to love one's food **NM,F** **a** (‡ *= braillard)* loudmouth **b** (* *= gourmand)* **c'est un ~** he really loves his food **NM** *(Tech)* throat

**gueule** /gœl/ **NF** **a** (‡ *= bouche)* **(ferme) ta ~ !** shut up!* ◆ **ta ~ !** *(= va te faire voir)* get stuffed!‡ ◆ **ça vous emporte** *ou* **brûle la ~** it takes the roof off your mouth ◆ **il dépense beaucoup d'argent pour la ~** he spends a lot on feeding his face* ◆ **s'en mettre plein la ~** to stuff o.s. *ou* one's face* ◆ **tu peux crever la ~ ouverte** you can go to hell for all I care‡ ◆ **il nous laisserait bien crever la ~ ouverte** he wouldn't give a damn what happened to us‡ ◆ **donner un coup de ~*** to shout one's head off* ◆ **il est connu pour ses coups de ~*** he's well known for being a loudmouth ◆ **un fort en ~, une grande ~** a loudmouth ◆ **bourré*** *ou* **rempli jusqu'à la ~** crammed to the gills‡, jam-packed; → **fin¹** **b** (* *= figure)* face ◆ **il a une belle ~** he's good-looking ◆ **il a une belle ~ de voyou** he looks the handsome hard guy ◆ **il a une bonne/sale ~** I like/I don't like the look of him ◆ **avoir une bonne/sale ~** *[aliment]* to look nice/horrible ◆ **avoir la ~ de l'emploi** to look the part ◆ **faire une ~ d'enterrement** to look really miserable ◆ **il a fait une sale ~ quand il a appris la nouvelle**‡ he didn't half pull a face when he heard the news* ◆ **bien fait pour sa ~ !**‡ serves him right!* ◆ **avoir de la ~** to look really nice ◆ **cette bagnole a de la ~** that's a great-looking car!*, that's some car!* ◆ **cette maison a une drôle de ~** that's a weird-looking house ◆ **les vêtements achetés en boutique ont plus de ~** boutique clothes look much nicer *ou* better ◆ **~ de raie**‡ fish-face‡ ◆ **~ d'empeigne**‡ *(péj)* shit-head*‡; → **casser, foutre, soûler**

◆ **faire la gueule**‡ *(= bouder)* to sulk ◆ **quand ils ont appris que je fumais mes parents ont fait la ~** my parents were not at all happy *ou* were really pissed off‡ when they found out I smoked ◆ **faire la ~ à qn** to be in a huff* with sb ◆ **arrête de me faire la ~ !** stop sulking! ◆ **qu'est-ce qu'il y a, tu me fais la ~ ?** what's the matter, aren't you speaking to me? ◆ **on s'est fait la ~ pendant trois jours** we didn't speak to each other for three days

**c** *[d'animal]* mouth ◆ **se jeter** *ou* **se mettre dans la ~ du loup** to throw o.s. into the lion's jaws

**d** *(= ouverture) [de four]* mouth; *[de canon]* muzzle

**COMP** ▷ **gueule de bois*** hangover ◆ **avoir la ~ de bois** to have a hangover, to be feeling the effects of the night before* ▷ **gueule cassée** *war veteran with severe facial injuries* ▷ **gueule noire** miner

**gueule-de-loup** (pl **gueules-de-loup**) /gœldəlu/ **NF** *(Bot)* snapdragon

**gueulement**‡ /gœlmɑ̃/ **NM** *(= cri)* bawl ◆ **pousser des ~s** *(douleur)* to yell one's head off*; *(colère)* to kick up a stink*

**gueuler**‡ /gœle/ ▸ conjug 1 ◂ **VI** **a** *[chien]* to bark like mad*; *[personne] (= crier)* to shout; *(= parler fort)* to bawl, to bellow; *(= chanter fort)* to bawl; *(= hurler de douleur)* to howl, to yell (one's head off*); *(= protester)* to kick up a stink* ◆ **~ après qn** to bawl sb out* ◆ **ça va ~** all hell will break loose‡, there'll be one hell of a row‡ **b** *[poste de radio]* to blast out, to blare out ◆ **faire ~ sa télé** to turn one's TV up full blast* **VT** *[+ ordres]* to bawl (out), to bellow (out); *[+ chanson]* to bawl

**gueules** /gœl/ **NM** *(Hér)* gules

**gueuleton*** /gœltɔ̃/ **NM** blow-out* *(Brit)*, chow-down‡ *(US)* ◆ **faire un ~** to have a blow-out* *(Brit) ou* a chow-down‡ *(US)*

**gueuletonner*** /gœltɔne/ ▸ conjug 1 ◂ **VI** to have a blow-out* *(Brit) ou* a chow-down‡ *(US)*

**gueuse** /gøz/ **NF** **a** (†, *littér) (= mendiante)* beggar woman; *(= coquine)* rascally wench; → **courir** **b** *[de fonte]* pig **c** *(= bière)* **~(-lambic)** gueuse beer

**gueux** /gø/ **NM** (†, *littér) (= mendiant)* beggar; *(= coquin)* rogue, villain

**gugusse** /gygys/ **NM** *(= clown)* ≈ Coco the clown; (* *= type)* guy*, bloke* *(Brit)*; (* *= personne ridicule)* twit*

**gui** /gi/ **NM** **a** *(Bot)* mistletoe **b** *(Naut)* boom

**guibol(l)e*** /gibɔl/ **NF** *(= jambe)* leg

**guichet** /giʃɛ/ **NM** **a** *(= comptoir individuel)* window ◆ **~(s)** *(= bureau) [de banque, poste]* counter; *[de théâtre]* box office, ticket office; *[de gare]* ticket office, booking office *(Brit)* ◆ **adressez-vous au ~ d'à côté** inquire at the next window ◆ **renseignez-vous au(x) ~(s)** *[de banque, poste]* go and ask at the counter; *[de théâtre, gare]* go and ask at the ticket office ◆ **"guichet fermé"** *(à la poste, à la banque)* "position closed" ◆ **on joue à ~s fermés** the performance is fully booked *ou* is booked out *(Brit)* ◆ **~ automatique (de banque)** cash dispenser, ATM **b** *[de porte, mur]* wicket, hatch; *(grillagé)* grille

**guichetier, -ière** /giʃ(ə)tje, jɛʀ/ **NM,F** *[de banque]* counter clerk

**guidage** /gidaʒ/ **NM** *(Min, Tech) (= mécanisme)* guides; *(= action)* guidance

**guide** /gid/ **NM** **a** *(= idée, sentiment)* guide ◆ **l'ambition est son seul ~** ambition is his only guide **b** *(= livre)* guide(book) ◆ **~ pratique/touristique/gastronomique** practical/tourist/restaurant guide ◆ **~ de voyage** travel guide **c** *(Tech = glissière)* guide ◆ **~ de courroie** belt-guide **NMF** *(= personne)* guide ◆ **~ (de montagne)** (mountain) guide ◆ **"n'oubliez pas le guide"** "please remember the guide" ◆ **"suivez le guide !"** "this way, please!" ◆ **~-conférencier** lecturing guide ◆ **~-interprète** tour guide and interpreter **NFPL** **guides** *(= rênes)* reins **NF** *(= éclaireuse)* ≈ (girl) guide *(Brit)*, girl scout *(US)*

**guider** /gide/ ▸ conjug 1 ◂ **VT** *(= conduire) [+ voyageur, embarcation, cheval]* to guide; *(moralement)* to guide ◆ **l'ambition le guide** he is guided by (his) ambition, ambition is his guide ◆ **organisme qui guide les étudiants durant leur première année** organization that provides guidance for first-year students ◆ **il m'a guidé dans mes recherches** he guided me through *ou* in my research ◆ **se laissant ~ par son instinct** letting himself be guided by (his) instinct, letting (his) instinct be his guide ◆ **se guidant sur les étoiles/leur exemple** guided by the stars/their example, using the stars/their example as a guide ◆ **missile guidé par infrarouge** heat-seeking missile ◆ **bombe guidée au** *ou* **par laser** laser-guided bomb; → **visite**

**guidon** /gidɔ̃/ **NM** **a** *[de vélo]* handlebars **b** *(= drapeau)* guidon **c** *[de mire]* foresight, bead

**guigne¹** /giɲ/ **NF** *(= cerise) type of cherry* ◆ **il s'en soucie comme d'une ~** he doesn't care a fig about it

**guigne²*** /giɲ/ **NF** *(= malchance)* rotten luck* ◆ **avoir la ~** to be jinxed* ◆ **porter la ~ à qn** to put a jinx on sb* ◆ **quelle ~ !** what rotten luck!*

**guigner** /giɲe/ ▸ conjug 1 ◂ **VT** *[+ personne]* to eye surreptitiously; *[+ héritage, place]* to have one's eye on, to eye

**guignol** /giɲɔl/ **NM** **a** *(Théât) (= marionnette) popular French glove puppet*; *(= spectacle)* puppet show, ≈ Punch and Judy show ◆ **aller au ~** to go to a puppet show ◆ **c'est du ~ !** it's a real farce! **b** *(péj = personne)* clown ◆ **arrête de faire le ~ !** stop clowning about!, stop acting the clown!

**guignolet** /giɲɔlɛ/ **NM** cherry liqueur

**guignon** /giɲɔ̃/ **NM** ⇒ **guigne²**

**guilde** /gild/ **NF** *(Hist)* guild; *(Comm)* club

**guili-guili*** /giligili/ **NM** tickle tickle* ◆ **faire ~ à qn** to tickle sb

**Guillaume** /gijom/ **NM** William ◆ **~ le Roux** William Rufus ◆ **~ Tell** William Tell ◆ **~ d'Orange** William of Orange ◆ **~ le Conquérant** William the Conqueror

**guillaume** /gijom/ **NM** rabbet plane

**guilledou** /gij(ə)du/ NM → **courir**

**guillemet** /gijmɛ/ NM quotation mark, inverted comma *(Brit)* ◆ **ouvrez les ~s** quote, open quotation marks *ou* inverted commas *(Brit)* ◆ **fermez les ~s** unquote, close quotation marks *ou* inverted commas *(Brit)* ◆ **sa digne épouse, entre ~s** his noble spouse, quote unquote *ou* in inverted commas *(Brit)* ◆ **mettre un mot entre ~s** to put a word in quotation marks *ou* quotes *ou* inverted commas *(Brit)*

**guillemot** /gijmo/ NM guillemot

**guilleret, -ette** /gijʀɛ, ɛt/ ADJ **a** *(= enjoué) [personne, air]* perky, bright ◆ **être tout ~** to be full of beans * **b** *(= leste) [propos]* saucy

**guilloché, e** /gijɔʃe/ (ptp de **guillocher**) ADJ ornamented with guilloche

**guillotine** /gijɔtin/ NF guillotine; → **fenêtre**

**guillotiner** /gijɔtine/ ▸ conjug 1 ◂ VT to guillotine

**guimauve** /gimov/ NF *(Bot)* marsh mallow; *(Culin)* marshmallow ◆ **c'est de la ~** *(péj) (mou)* it's jelly; *(sentimental)* it's mush *, it's schmaltzy * ◆ **chanson (à la) ~** mushy * *ou* schmaltzy * *ou* soppy * *(Brit)* song

**guimbarde** /gɛ̃baʀd/ NF *(Mus)* Jew's harp ◆ **(vieille) ~** *(* = voiture)* jalopy, old banger * *(Brit)*, old crock * *(Brit)*

**guimpe** /gɛ̃p/ NF *(Rel)* wimple; *(= corsage)* chemisette *(Brit)*, dickey *(US)*

**guincher** * /gɛ̃ʃe/ ▸ conjug 1 ◂ VI *(= danser)* to dance

**guindé, e** /gɛ̃de/ (ptp de **guinder**) ADJ *[personne]* starchy; *[soirée, ambiance]* formal; *[style]* stilted ◆ **cette cravate fait un peu ~** that tie is a bit too formal ◆ **il est ~ dans ses vêtements** his clothes make him look very stiff and starchy

**guinder** /gɛ̃de/ ▸ conjug 1 ◂ VT **a** *[+ style]* to make stilted ◆ **~ qn** *[vêtements]* to make sb look stiff and starchy **b** *(= hisser) [+ mât, charge]* to raise VPR **se guinder** *[personne]* to become starchy; *[style]* to become stilted

**Guinée** /gine/ NF Guinea

**Guinée-Bissau** /ginebiso/ NF Guinea-Bissau

**Guinée-Équatoriale** /gineekwatɔʀjal/ NF Equatorial Guinea

**guinéen, -enne** /gineɛ̃, ɛn/ ADJ Guinean NM,F **Guinéen(ne)** native of Guinea, Guinean

**guingois** * /gɛ̃gwa/ ADV *(= de travers)* ◆ **de ~** askew, skew-whiff * *(Brit)* ◆ **le tableau est (tout) de ~** the picture is askew *ou* skew-whiff * *ou* lop-sided ◆ **il se tient tout de ~ sur sa chaise** he's sitting lop-sidedly *ou* skew-whiff * in his chair ◆ **marcher de ~** to walk lop-sidedly ◆ **tout va de ~** everything's going haywire *

**guinguette** /gɛ̃gɛt/ NF *open-air café or dance hall*

**guipure** /gipyʀ/ NF guipure

**guirlande** /giʀlɑ̃d/ NF *[de fleurs]* garland ◆ **~ de Noël** tinsel garland ◆ **~ de papier** paper chain ◆ **~ électrique** string of Christmas lights *ou* fairy lights *(Brit)*

**guise** /giz/ GRAMMAIRE ACTIVE 53.1 NF ◆ **n'en faire qu'à sa ~** to do as one pleases *ou* likes ◆ **à ta ~ !** as you wish! *ou* please! *ou* like!

◆ **en guise de** by way of ◆ **en ~ de remerciement** by way of thanks ◆ **en ~ de chapeau il portait un pot de fleurs** he was wearing a flowerpot by way of a hat *ou* for a hat

**guitare** /gitaʀ/ NF guitar ◆ **~ hawaïenne/électrique** Hawaiian/electric guitar ◆ **~ basse/acoustique** *ou* **sèche/classique** bass/acoustic/classical guitar ◆ **à la ~, Joe** on guitar, Joe

**guitariste** /gitaʀist/ NMF guitarist, guitar player

**guitoune** * /gitun/ NF tent

**Guj(a)rât** /gudʒ(a)ʀat/ NM Gujarat

**Gulf Stream** /gœlfstʀim/ NM Gulf Stream

**guru** /guʀu/ NM ⇒ **gourou**

**gus** * /gys/ NM *(= type)* guy *, bloke * *(Brit)*

**gustatif, -ive** /gystatif, iv/ ADJ gustative, gustatory; → **nerf, papille**

**gustation** /gystasjɔ̃/ NF gustation

**guttural, e** (mpl **-aux**) /gytyʀal, o/ ADJ *[langue, son, consonne]* guttural; *[voix]* guttural, throaty NF **gutturale** *(Phon)* guttural

**Guyana** /gɥijana/ NM Guyana

**guyanais, e** /gɥijanɛ, ɛz/ ADJ Guyanese NM,F **Guyanais(e)** Guyanese

**Guyane** /gɥijan/ NF Guiana ◆ **~ française** French Guiana ◆ **~ hollandaise** Dutch Guyana ◆ **~ britannique** (British) Guyana

**guyot** /gɥijo/ NF *(= fruit)* guyot pear; *(= volcan)* guyot

**gym** * /ʒim/ NF (abrév de **gymnastique**) *(gén)* gym; *(Scol)* PE ◆ **je vais à la ~** I go to the gym ◆ **faire de la ~** *(sport)* to do gym; *(chez soi)* to do exercises

**gymkhana** /ʒimkana/ NM rally ◆ **~ motocycliste** motorcycle scramble ◆ **il faut faire du ~ pour arriver à la fenêtre !** it's like an obstacle course to get to the window!

**gymnase** /ʒimnɑz/ NM *(Sport)* gymnasium, gym; *(Helv = lycée)* secondary school *(Brit)*, high school *(US)*

**gymnaste** /ʒimnast/ NMF gymnast

**gymnastique** /ʒimnastik/ NF **a** *(= sport)* gymnastics *(sg)*; *(Scol)* physical education, gymnastics *(sg)* ◆ **de ~** *[professeur, instrument]* physical education *(épith)*, PE *(épith)* ◆ **faire de la ~** *(sport)* to do gymnastics; *(chez soi)* to do exercises; → **pas**[1]

**b** *(fig)* gymnastics *(sg)* ◆ **~ intellectuelle** *ou* **de l'esprit** mental gymnastics *(sg)* ◆ **c'est toute une ~ pour attraper ce que l'on veut dans ce placard** it's a real juggling act *ou* you have to stand on your head to find what you want in this cupboard

COMP ▷ **gymnastique acrobatique** acrobatics *(sg)* ▷ **gymnastique aquatique** aquaerobics *(sg)* ▷ **gymnastique artistique** artistic gymnastics ▷ **gymnastique chinoise** t'ai chi (ch'uan) ▷ **gymnastique corrective** remedial gymnastics ▷ **gymnastique douce** ≃ Callanetics ® ▷ **gymnastique oculaire** eye exercises ▷ **gymnastique orthopédique** orthopaedic *(Brit) ou* orthopedic *(US)* exercises ▷ **gymnastique respiratoire** breathing exercises ▷ **gymnastique rythmique** eurhythmics *(sg)* ▷ **gymnastique rythmique et sportive** rhythmic gymnastics ▷ **gymnastique au sol** floor gymnastics

**gymnique** /ʒimnik/ ADJ gymnastic NF gymnastics *(sg)*

**gymnosperme** /ʒimnospɛʀm/ ADJ gymnospermous NF gymnosperm ◆ **les ~s** gymnosperms, the Gymnospermae *(SPÉC)*

**gynécée** /ʒinese/ NM **a** *(Hist)* gynaeceum; *(fig)* den of females **b** *(Bot)* gynoecium, gynecium *(US)*

**gynéco** * /ʒineko/ ADJ abrév de **gynécologique** NMF abrév de **gynécologue** NF abrév de **gynécologie**

**gynécologie** /ʒinekɔlɔʒi/ NF gynaecology *(Brit)*, gynecology *(US)*

**gynécologique** /ʒinekɔlɔʒik/ ADJ gynaecological *(Brit)*, gynecological *(US)*

**gynécologue** /ʒinekɔlɔg/ NMF gynaecologist *(Brit)*, gynecologist *(US)* ◆ **~ obstétricien** obstetrician, ob-gyn * *(US)*

**gypaète** /ʒipaɛt/ NM bearded vulture, lammergeyer

**gypse** /ʒips/ NM gypsum

**gypsophile** /ʒipsɔfil/ NF gypsophila

**gyrophare** /ʒiʀofaʀ/ NM revolving *ou* flashing light *(on vehicle)*

**gyroscope** /ʒiʀɔskɔp/ NM gyroscope

**gyrostat** /ʒiʀɔsta/ NM gyrostat

# H

**H** /aʃ/ NM *(= lettre)* H, h ◆ **h aspiré** aspirate h ◆ **h muet** silent *ou* mute h ◆ **(à l')heure H** (at) zero hour; → **bombe**

**ha**[1] /'a/ EXCL oh! ◆ **~, ~ !** *(= rire)* ha-ha!

**ha**[2] (abrév de **hectare**) ha

**habeas corpus** /abeaskɔʀpys/ NM INV ◆ **l'~** habeas corpus

**habile** /abil/ ADJ **a** *[mains, ouvrier, peintre, politicien]* skilful *(Brit)*, skillful *(US)*, skilled; *[écrivain]* clever ◆ **il est ~ de ses mains** he's good *ou* clever with his hands ◆ **être ~ à (faire) qch** to be clever *ou* skilful *ou* good at (doing) sth **b** *[film, intrigue, raisonnement, argument]* clever; *[manœuvre]* clever, deft ◆ **ce n'était pas bien ~ de sa part** that wasn't very clever of him ◆ **un ~ trucage vidéo** a clever video effect **c** *(Jur)* fit (*à* to)

**habilement** /abilmɑ̃/ ADV *[manier un instrument]* skilfully *(Brit)*, skillfully *(US)*; *[manœuvrer]* skilfully *(Brit)*, skillfully *(US)*, cleverly; *[profiter, répondre, dissimuler]* cleverly ◆ **il fit ~ remarquer que ...** he cleverly pointed out that ... ◆ **il gère ~ sa carrière** he manages his career with skill

**habileté** /abilte/ NF **a** *[d'ouvrier, peintre, politicien]* skill (*à faire* at doing); ◆ **~ manuelle** manual dexterity *ou* skill ◆ **son ~ à travailler le bois** his woodworking skills ◆ **faire preuve d'une grande ~ politique/technique** to show considerable political/technical skill **b** *[de tactique, démarche]* skilfulness *(Brit)*, skillfulness *(US)*, cleverness; *[de manœuvre]* cleverness, deftness **c** *(Jur)* ⇒ **habilité**

**habilitation** /abilitasjɔ̃/ NF *(Jur)* capacitation ◆ **~ (à diriger des recherches)** *(Univ)* authorization *ou* accreditation to supervise research

**habilité** /abilite/ NF *(Jur)* fitness

**habiliter** /abilite/ ▸ conjug 1 ◂ VT *(Jur)* to capacitate; *(Univ)* to authorize, to accredit ◆ **être habilité à faire qch** *(Jur, Pol)* to be empowered to do sth; *(gén)* to be entitled *ou* authorized to do sth ◆ **représentant dûment habilité** duly authorized officer

**habillage** /abijaʒ/ NM **a** *[d'acteur, poupée]* dressing **b** *[de montre]* assembly; *[de bouteille]* labelling and sealing; *[de marchandise]* packaging and presentation; *[de machine]* casing; *[de chaudière]* lagging; *[de peaux]* dressing ◆ **~ intérieur** *(Aut)* interior trim **c** *(= présentation)* **~ de bilan** window dressing *(of a balance sheet)* ◆ **ces contrats ne sont que l'~ juridique de primes occultes** these contracts are just a front for secret bonus payments ◆ **le nouvel ~ de la chaîne devrait plaire** *(TV)* the channel's new format *ou* new look should go down well

**habillé, e** /abije/ (ptp de **habiller**) ADJ **a** *(= chic) [robe]* smart, dressy; *[chaussures]* dress *(épith)*, smart ◆ **soirée ~e** formal occasion ◆ **trop ~** *[costume]* too dressy; *[personne]* overdressed **b** *(= vêtu) [personne]* dressed ◆ **chaudement ~** warmly dressed ◆ **bien/mal ~** well/badly dressed ◆ **~ de noir/d'un costume** dressed in *ou* wearing black/a suit ◆ **elle était ~e en Chanel** she was wearing Chanel clothes *ou* a Chanel outfit ◆ **se coucher tout ~** to go to bed fully dressed *ou* with all one's clothes on

**habillement** /abijmɑ̃/ NM *(= action)* dressing, clothing; *(= toilette, costume)* clothes, dress *(NonC)*, outfit; *(Mil = uniforme)* outfit; *(= profession)* clothing trade, rag trade* *(Brit)*, garment industry *(US)*

**habiller** /abije/ ▸ conjug 1 ◂ VT **a** *[+ poupée, enfant] (= vêtir)* to dress (*de* in); *(= déguiser)* to dress up (*en* as); ◆ **cette robe vous habille bien** that dress really suits you *ou* looks good on you ◆ **un rien l'habille** she looks good in anything, she can wear anything

**b** *(= fournir en vêtements)* to clothe; *(Mil) [+ recrues]* to provide with uniforms ◆ **Mlle Lenoir est habillée par Givenchy** *(Couture)* Miss Lenoir buys *ou* gets all her clothes from Givenchy's; *(dans un générique)* Miss Lenoir's wardrobe *ou* clothes by Givenchy

**c** *(= recouvrir, envelopper) [+ mur, fauteuil, livre]* to cover (*de* with); *[+ bouteille]* to label and seal; *[+ marchandise]* to package; *[+ machine, radiateur]* to encase (*de* in); *[+ chaudière]* to lag (*de* with); ◆ **~ un fauteuil d'une housse** to put a loose cover on an armchair ◆ **tableau de bord habillé de bois** wooden dashboard ◆ **il faut ~ ce coin de la pièce** we must put something in *ou* do something with this corner of the room

**d** *(Hort) [+ arbre]* to trim (for planting)

**e** *(Typo) [+ image]* to set the text around

**f** *(Tech) [+ montre]* to assemble; *[+ peaux, carcasse]* to dress

**g** *(= enjoliver) [+ réalité, vérité]* to adorn ◆ **ils ont habillé le bilan** they did some financial window-dressing

VPR **s'habiller** **a** *(= mettre ses habits)* to dress (o.s.), to get dressed; *(= se déguiser)* to dress up (*en* as); ◆ **aider qn à s'~** to help sb on with their clothes, to help sb get dressed ◆ **s'~ chaudement** to dress warmly ◆ **elle s'habille trop jeune/vieux** she wears clothes that are too young/old for her ◆ **elle s'habille long/court** she wears long/short skirts, she wears her skirts long/short ◆ **s'~ en Arlequin** to dress up as Harlequin ◆ **faut-il s'~ pour la réception ?** do we have to dress (up) for the reception? ◆ **comment t'habilles-tu ce soir ?** what are you wearing tonight? ◆ **elle ne sait pas s'~** she has no clothes sense *ou* dress sense

**b** *(Couture)* **s'~ chez un tailleur** to buy *ou* get one's clothes from a tailor ◆ **s'~ sur mesure** to have one's clothes made to measure

**habilleur, -euse** /abijœʀ, øz/ NM *(Tech) [de peaux]* dresser NM,F *(Ciné, Théât)* dresser

**habit** /abi/ NM **a** ◆ **~s** clothes ◆ **mettre/ôter ses ~s** to put on/take off one's clothes *ou* things ◆ **~s de travail/de deuil** working/mourning clothes ◆ **il portait ses ~s du dimanche** he was wearing his Sunday best *ou* Sunday clothes ◆ **il était encore en ~s de voyage** he was still in his travelling clothes *ou* in the clothes he'd worn for the journey; → **brosse**

**b** *(= costume)* dress *(NonC)*, outfit ◆ **~ d'arlequin** Harlequin suit *ou* costume ◆ **l'~ ne fait pas le moine** *(Prov)* appearances are sometimes deceptive, one shouldn't judge by appearances

**c** *(= jaquette)* morning coat; *(= queue-de-pie)* tail coat, tails ◆ **en ~ (de soirée)** wearing tails, in evening dress ◆ **l'~ est de rigueur** formal *ou* evening dress must be worn

**d** *(Rel)* habit ◆ **prendre l'~** *[homme]* to take (holy) orders, to take the cloth; *[femme]* to take the veil ◆ **quitter l'~** *[homme]* to leave the priesthood; *[femme]* to leave the Church ◆ **lors de sa prise d'~** *[d'homme]* when he took (holy) orders *ou* the cloth; *[de femme]* when she took the veil

COMP ▷ **habit de cheval** riding habit ▷ **habit de cour** court dress *(NonC)* ▷ **habit ecclésiastique** clerical dress *(NonC)* ◆ **porter l'~ ecclésiastique** *(= être prêtre)* to be a cleric ▷ **habit de gala** formal *ou* evening dress *(NonC)* ▷ **habit de lumière** bullfighter's costume ▷ **habit militaire** military dress *(NonC)* ▷ **habit religieux** (monk's) habit ▷ **habit de soirée** ⇒ **habit de gala** ▷ **habit vert** *green coat of member of the Académie française*

**habitabilité** /abitabilite/ NF *[de maison]* habitability, fitness for habitation; *[de voiture, ascenseur]* capacity

**habitable** /abitabl/ ADJ (in)habitable ◆ **35 $m^2$ ~s** *ou* **de surface ~** 35 $m^2$ living space ◆ **la maison n'est pas encore ~** the house isn't fit to live in yet *ou* isn't habitable yet ◆ ~

**début mai** ready for occupation in early May

**habitacle** /abitakl/ NM a *(Naut)* binnacle; *(Aviat)* cockpit; *(Aut)* passenger compartment *ou* cell; *[de véhicule spatial]* cabin b *(Rel, littér)* dwelling place *(littér)*, abode *(littér)*

**habitant, e** /abitɑ̃, ɑ̃t/ NM,F a *[de maison]* occupant, occupier; *[de ville, pays]* inhabitant ◆ **ville de 3 millions d'~s** town of 3 million inhabitants ◆ **les ~s du village/du pays** the people who live in the village/country, the inhabitants of the village/country ◆ **être** *ou* **loger chez l'~** *[touristes]* to stay with local people in their own homes; *[soldats]* to be billeted on *ou* with the local population ◆ **les ~s des bois** *(littér)* the denizens *(littér)* of the wood b *(Can * = fermier)* farmer; *(péj = rustre)* country bumpkin

**habitat** /abita/ NM *(Bot, Zool)* habitat; *(= conditions de logement)* housing *ou* living conditions; *(= mode de peuplement)* settlement ◆ **~ rural/sédentaire/dispersé** rural/fixed/scattered settlement ◆ **~ individuel/collectif** detached/group housing

**habitation** /abitasjɔ̃/ NF a *(= fait de résider)* living, dwelling *(littér)* ◆ **locaux à usage d'~** dwellings ◆ **conditions d'~** housing *ou* living conditions ◆ **impropre à l'~** unfit for human habitation, uninhabitable b *(= domicile)* residence, home, dwelling place *(littér)* ◆ **la caravane qui lui sert d'~** the caravan that serves as his home ◆ **changer d'~** to change one's (place of) residence c *(= bâtiment)* house ◆ **des ~s modernes** modern housing *ou* houses ◆ **groupe d'~s** housing development *ou* estate *(Brit)* ◆ **~ à loyer modéré** *(= appartement)* ≃ council flat *(Brit)*, public housing unit *(US)*; *(= immeuble)* ≃ (block of) council flats *(Brit)*, housing project *(US)*

**habité, e** /abite/ (ptp de **habiter**) ADJ *[château, maison]* lived-in, occupied; *[planète, région]* inhabited; *[vol, engin, station orbitale]* manned ◆ **cette maison est-elle ~e ?** does anyone live in this house?, is this house occupied?

**habiter** /abite/ ► conjug 1 ◄ VT a *[+ maison, appartement]* to live in, to occupy; *[+ ville, région]* to live in; *[+ planète]* to live on ◆ **cette région a longtemps été habitée par les Celtes** for a long time, this region was inhabited by the Celts b *(= obséder) [sentiment]* to haunt ◆ **habité d'idées sombres** haunted by gloomy thoughts ◆ **habité par la jalousie/la peur** filled with jealousy/fear, in the grip of jealousy/fear VI to live (*en, dans* in); ◆ **~ à la campagne/chez des amis/en ville** to live in the country/with friends/in town ◆ **il habite (au) 17 (de la) rue Leblanc** he lives at number 17 rue Leblanc

**habitude** /abityd/ NF a *(= accoutumance)* habit ◆ **avoir/prendre l'~ de faire qch** to be/get used to doing sth ◆ **avoir pour ~ de faire qch** to be in the habit of doing sth ◆ **prendre de mauvaises ~s** to pick up *ou* get into bad habits ◆ **perdre une ~** to get out of a habit ◆ **faire perdre une ~ à qn** to break sb of a habit ◆ **avoir une longue ~ de qch** to have long experience of sth ◆ **ce n'est pas dans ses ~s de faire cela** he doesn't usually do that, he doesn't make a habit of (doing) that ◆ **j'ai l'~ !** I'm used to it! ◆ **je n'ai pas l'~ de me répéter** I'm not in the habit of repeating myself ◆ **je n'ai pas l'~ de cette voiture/de ces méthodes** I'm not used to this car/to these methods ◆ **elle a une grande ~ des enfants** she's used to (dealing with) children ◆ **l'~ est une seconde nature** *(Prov)* habit is second nature ◆ **avoir ses ~s dans un restaurant** to be a regular customer *ou* an habitué at a restaurant ◆ **il a ses petites ~s** he has his own little ways *ou* his own little routine ◆ **par ~** out of habit, from force of habit ◆ **selon** *ou* **suivant** *ou* **comme à son ~** as he usually does, as is his wont *(frm)*; → **esclave, question**

◆ **d'habitude** usually, as a rule ◆ **c'est meilleur que d'~** it's better than usual ◆ **comme d'~** as usual

b *(= coutume)* ~s customs ◆ **les ~s d'un pays** the customs of a country ◆ **il a des ~s de bourgeois** he has a middle-class way of life

**habitué, e** /abitɥe/ (ptp de **habituer**) NM,F *[de maison, musée, bibliothèque]* regular visitor, habitué(e); *[de café, hôtel]* regular (customer), habitué(e) ◆ **les ~s du festival** *(= visiteurs)* regular visitors to the festival; *(= artistes)* regular performers at the festival ◆ **ce metteur en scène est un ~ du festival de Cannes** this director makes regular appearances at *ou* is regularly featured at the Cannes film festival ◆ **c'est un ~ des lieux** *(gén)* he knows his way round; *(= client)* he's a regular (customer) ◆ **c'est un ~ du chèque sans provision** *(hum)* he's a master of the rubber cheque * *(Brit)* *ou* check * *(US)* ◆ **c'est un ~ des podiums** *(Sport)* he knows what winning is all about

**habituel, -elle** /abitɥɛl/ ADJ *[comportement]* usual, customary, habitual; *[réjouissances, formule de politesse]* customary, usual; *[fournisseur]* usual ◆ **avec le sourire qui lui était ~** with his usual smile ◆ **c'est l'histoire habituelle** it's the usual story

**habituellement** /abitɥɛlmɑ̃/ ADV usually, generally, as a rule

**habituer** /abitɥe/ ► conjug 1 ◄ VT ◆ **~ qn à qch/à faire qch** *(= accoutumer)* to accustom sb to sth/to doing sth, to get sb used to sth/to doing sth; *(= apprendre)* to teach sb sth/to do sth ◆ **on m'a habitué à obéir** I've been taught to obey ◆ **être habitué à qch/à faire qch** to be used *ou* accustomed to sth/to doing sth VPR **s'habituer** ◆ **s'~ à qch/à faire qch** to get *ou* become *ou* grow used *ou* accustomed to sth/to doing sth ◆ **je ne m'y habituerai jamais** I'll never get used to it

**hâblerie** /ˈɑbləʀi/ NF *(= manière d'être)* bragging, boasting; *(= propos)* boast, big talk * *(NonC)*

**hâbleur, -euse** /ˈɑblœʀ, øz/ ADJ bragging, boasting, boastful NM,F braggart, boaster

**Habsbourg** /ˈapsbuʀ/ NMF Hapsburg

**hachage** /ˈaʃaʒ/ NM *(au couteau)* chopping; *(avec un appareil)* mincing *(Brit)*, grinding *(US)*

**hache** /ˈaʃ/ NF axe, ax *(US)* ◆ **~ d'armes** battle-axe ◆ **~ du bourreau** executioner's axe ◆ **~ de guerre** *(gén)* hatchet, axe; *[d'indien]* tomahawk ◆ **déterrer/enterrer la ~ de guerre** to take up/bury the hatchet ◆ **casser qch/tuer qn à coups de ~** *ou* **à la ~** to smash sth/kill sb with an axe ◆ **abattre un arbre à coups de ~** to chop a tree down ◆ **visage taillé à la ~** *ou* **à coups de ~** angular *ou* roughly-hewn face ◆ **ils ont taillé à la ~ dans le budget de l'éducation** they have slashed the education budget, they have made drastic cuts in the education budget ◆ **mettre la ~ dans les dépenses** *(Can)* to cut expenses drastically

**haché, e** /ˈaʃe/ (ptp de **hacher**) ADJ a *[viande]* minced *(Brit)*, ground *(US)* ◆ **bifteck ~** minced beef *ou* steak *(Brit)*, (beef *ou* steak) mince *(Brit)*, ground beef *(US)*, hamburger *(US)* b *(fig) [style]* jerky; *[phrases]* jerky, disjointed ◆ **le match était assez ~** the game proceeded in fits and starts ◆ **il a lu son discours d'une voix ~e** he stumbled his way through the speech NM mince *(Brit)*, minced meat *(Brit)*, ground beef *(US)*

**hache-légumes** /ˈaʃlegym/ NM INV vegetable-chopper

**hachement** /ˈaʃmɑ̃/ NM ⇒ **hachage**

**hachémite** /ˈaʃemit/ ADJ Hashemite NMF **Hachémite** Hashemite

**hache-paille** /ˈaʃpɑj/ NM INV chaff-cutter

**hacher** /ˈaʃe/ ► conjug 1 ◄ VT a *(= couper) (au couteau)* to chop; *(avec un appareil)* to mince *(Brit)*, to grind *(US)* ◆ **~ menu** to chop finely, to mince ◆ **il a été haché menu comme chair à pâté** they made mincemeat of him ◆ **je me ferais ~ menu plutôt que d'accepter** I'd die rather than accept b *(= entrecouper) [+ discours, phrases]* to break up; → **haché** c *(Art)* to hatch

**hachette** /ˈaʃɛt/ NF hatchet

**hache-viande** /ˈaʃvjɑ̃d/ NM INV (meat-)mincer *(Brit)*, grinder *(US)*

**hachich** /ˈaʃiʃ/ NM ⇒ **hachisch**

**hachis** /ˈaʃi/ NM *[de légumes]* chopped vegetables; *[de viande]* mince *(Brit)*, minced meat *(Brit)*, hamburger *(US)*, ground meat *(US)*; *(= farce)* forcemeat *(NonC)* ◆ **~ de porc** pork mince ◆ **~ Parmentier** ≃ shepherd's *ou* cottage pie *(Brit)*

**hachisch** /ˈaʃiʃ/ NM hashish

**hachoir** /ˈaʃwaʀ/ NM *(= couteau) [de viande]* chopper, cleaver; *[de légumes]* chopper; *(= planche)* chopping board; *(= appareil)* (meat-)mincer *(Brit)*, grinder *(US)*

**hachure** /ˈaʃyʀ/ NF *(Art)* hatching *(NonC)*, hachure; *(Cartographie)* hachure

**hachurer** /ˈaʃyʀe/ ► conjug 1 ◄ VT *(Art)* to hatch; *(Cartographie)* to hachure

**hacienda** /asjɛnda/ NF hacienda

**hacker** /akœʀ/ NM *(Ordin)* hacker

**haddock** /ˈadɔk/ NM smoked haddock

**Hadrien** /adʀijɛ̃/ NM Hadrian

**hadron** /adʀɔ̃/ NM hadron

**Haendel** /ˈɛndɛl/ NM Handel

**hagard, e** /ˈagaʀ, aʀd/ ADJ *[yeux]* wild; *[visage, air, gestes]* distraught, frantic, wild

**hagiographe** /aʒjɔgʀaf/ NMF hagiographer

**hagiographie** /aʒjɔgʀafi/ NF hagiography

**hagiographique** /aʒjɔgʀafik/ ADJ hagiographic(al)

**haie** /ˈɛ/ NF a *(= clôture)* hedge ◆ **~ d'aubépines** hawthorn hedge ◆ **~ vive** quickset hedge b *(Sport = obstacle) [de coureur]* hurdle; *[de chevaux]* fence ◆ **course de ~s** *(coureur)* hurdles (race); *(chevaux)* steeplechase ◆ **110 mètres ~s** 110 metres hurdles c *(= rangée) [de spectateurs, policiers]* line, row ◆ **faire une ~ d'honneur** to form a guard of honour ◆ **faire la ~** to form a line

**haïku** /ˈajku, ˈaiku/ NM haiku, hokku

**haillon** /ˈɑjɔ̃/ NM rag ◆ **en ~s** in rags *ou* tatters

**haillonneux, -euse** /ˈɑjɔnø, øz/ ADJ *(littér)* in rags, in tatters, tattered and torn

**Hainaut** /ˈɛno/ NM ◆ **le ~** Hainaut, Hainault

**haine** /ˈɛn/ NF hatred (*de, pour* of, for); ◆ **cris/regards de ~** cries/looks of hatred *ou* hate ◆ **incitation à la ~ raciale** incitement to racial hatred ◆ **prendre qn en ~** to take a violent dislike *ou* a strong aversion to sb ◆ **avoir de la ~ pour** to feel hatred for, to be filled with hate *ou* hatred for ◆ **par ~ de** out of *ou* through hatred of ◆ **avoir la ~ *** to be full of hatred *ou* aggro * *(Brit)*

**haineusement** /ˈɛnøzmɑ̃/ ADV *[dire, regarder]* with hatred

**haineux, -euse** /ˈɛnø, øz/ ADJ *[propos, personne]* full of hatred ◆ **regard ~** look of hate *ou* hatred

**haïr** /'aiʀ/ ▸ conjug 10 ◂ VT to hate, to detest ◆ **elle me hait de l'avoir trompée** she hates me for having deceived her ◆ **je hais ses manières affectées** I can't stand *ou* I hate *ou* I loathe his affected ways ◆ **je hais d'être dérangé** I hate being *ou* to be disturbed VPR **se haïr** to hate *ou* detest each other ◆ **ils se haïssent cordialement** they cordially detest one another

**haire** /'ɛʀ/ NF *(= chemise)* hair shirt

**haïssable** /'aisabl/ ADJ detestable, hateful

**Haïti** /aiti/ NM Haiti

**haïtien, -ienne** /aisjɛ̃, jɛn/ ADJ Haitian NM,F **Haïtien(ne)** Haitian

**halage** /'alaʒ/ NM *(Naut)* towing; *(Can)* timber hauling ◆ **chemin de ~** towpath ◆ **cheval de ~** towhorse

**hâle** /'ɑl/ NM (sun)tan

**hâlé, e** /'ɑle/ (ptp de **hâler**) ADJ (sun)tanned

**haleine** /alɛn/ NF a *(= souffle)* breath; *(= respiration)* breathing *(NonC)* ◆ **avoir l'~ courte** to be short of breath *ou* short-winded ◆ **retenir son ~** to hold one's breath ◆ **être hors d'~** to be out of breath, to be breathless ◆ **perdre ~** to lose one's breath, to get out of breath ◆ **rire à perdre ~** to laugh until one's sides ache *ou* until one is out of breath ◆ **reprendre ~** *(lit)* to get one's breath back; *(fig)* to get one's breath back, to take a breather ◆ **d'une seule ~** *[dire]* in one breath, in the same breath; *[faire]* (all) at one go ◆ **il respirait d'une ~ régulière** his breathing was regular; → **courir**

b *(= air expiré)* breath ◆ **avoir l'~ fraîche** to have fresh breath ◆ **avoir mauvaise ~** to have bad breath ◆ **j'ai senti à son ~ qu'il avait bu** I could smell drink on his breath, I could tell from his breath that he'd been drinking

c *(loc)* **tenir qn en ~** *(attention)* to hold sb spellbound *ou* breathless; *(incertitude)* to keep sb in suspense *ou* on tenterhooks ◆ **travail de longue ~** long-term job

**haler** /'ale/ ▸ conjug 1 ◂ VT *[+ corde, ancre]* to haul in; *[+ bateau]* to tow

**hâler** /'ɑle/ ▸ conjug 1 ◂ VT to (sun)tan

**haletant, e** /'al(ə)tɑ̃, ɑ̃t/ ADJ *[personne] (= essoufflé)* panting, gasping for breath *(attrib)*, out of breath *(attrib)*; *(= assoiffé, effrayé)* panting (*de* with); *(= curieux)* breathless (*de* with); *[animal]* panting; *[poitrine]* heaving; *[voix]* breathless; *[roman policier]* suspenseful ◆ **sa respiration était ~e** he was panting, his breath came in gasps

**halètement** /'alɛtmɑ̃/ NM *[de personne] (par manque d'air)* panting *(NonC)*, gasping for breath *(NonC)*; *(de soif, d'émotion)* panting *(NonC)*; *[de chien]* panting *(NonC)*; *[de moteur]* puffing *(NonC)*

**haleter** /'al(ə)te/ ▸ conjug 5 ◂ VI *[personne] (= manquer d'air)* to pant, to gasp for breath; *(de soif, d'émotion)* to pant (*de* with); *[chien]* to pant; *[moteur, locomotive]* to puff ◆ **son auditoire haletait** his audience listened with bated breath

**haleur, -euse** /'alœʀ, øz/ NM *(= remorqueur)* tug (boat) NM,F *(= personne)* (boat) hauler

**halieutique** /aljøtik/ ADJ halieutic(al) NF halieutics *(sg)*

**hall** /'ol/ NM *[d'immeuble]* hall; *[d'hôtel]* foyer, lobby; *[de cinéma, théâtre]* foyer; *[de gare, lycée, université]* concourse ◆ **~ d'arrivée** *(Aviat)* arrivals lounge *ou* hall ◆ **~ des départs** *(Aviat)* departure lounge ◆ **~ d'entrée** entrance hall ◆ **~ d'accueil** reception hall ◆ **~ d'exposition** exhibition hall ◆ **c'est un vrai ~ de gare !** it's like Piccadilly Circus *(Brit) ou* Grand Central Station *(US)* (here)!

> ⚠ *Attention à ne pas traduire automatiquement* **hall** *par le mot anglais* **hall**, *qui a des emplois spécifiques.*

**hallali** /alali/ NM *(Chasse) (= mise à mort)* kill; *(= sonnerie)* mort ◆ **sonner l'~** *(lit)* to blow the mort; *(fig)* to go in for the kill

**halle** /'al/ NF a *(= marché)* (covered) market; *(= grande salle)* hall ◆ **~ au blé** corn exchange *ou* market ◆ **~ aux vins** wine market b *(Belg)* **~ de gymnastique** *(= gymnase)* gymnasium, gym NFPL **halles** (covered) market; *(alimentation en gros)* central food market; → **fort²**

**hallebarde** /'albaʀd/ NF halberd ◆ **il pleut** *ou* **tombe des ~s** * it's bucketing (down) *, it's raining cats and dogs *

**hallebardier** /'albaʀdje/ NM halberdier

**hallier** /'alje/ NM thicket, brush *(NonC)*, brushwood *(NonC)*

**Halloween** /alɔwin/ NF *(Can)* Hallowe'en

**hallucinant, e** /a(l)lysinɑ̃, ɑ̃t/ ADJ *[histoire, image, spectacle, ressemblance]* staggering *, incredible

**hallucination** /a(l)lysinasjɔ̃/ NF hallucination ◆ **~ collective** group hallucination ◆ **avoir des ~s** to hallucinate ◆ **tu as des ~s !** * you must be seeing things!

**hallucinatoire** /a(l)lysinatwaʀ/ ADJ hallucinatory

**halluciné, e** /a(l)lysine/ (ptp de **halluciner**) ADJ *[malade]* suffering from hallucinations; *[yeux, regard]* haunted NM,F *(Méd)* person suffering from hallucinations; ( * *= fou, exalté)* lunatic *

**halluciner** /a(l)lysine/ ▸ conjug 1 ◂ VI *(Méd)* to hallucinate ◆ **j'hallucine !** * I must be seeing things!

**hallucinogène** /a(l)lysinɔʒɛn/ ADJ *[drogue]* hallucinogenic, mind-expanding; → **champignon** NM hallucinogen, hallucinant

**halo** /'alo/ NM *(Astron, Tech = auréole)* halo; *(Photo)* fogging, halation ◆ **~ de lumière** halo of light ◆ **~ de gloire** cloud of glory ◆ **~ de mystère** aura of mystery

**halogène** /alɔʒɛn/ ADJ *(gén)* halogenous; *[lampe]* halogen *(épith)* NM *(Chim)* halogen; *(= lampe)* halogen lamp

**halte** /'alt/ NF a *(= pause, repos)* stop, break; *(= répit)* pause ◆ **faire ~** to (make a) stop (*à* in) b *(= endroit)* stopping place; *(Rail)* halt c *(loc)* **~ !** *(gén)* stop!; *(Mil)* halt! ◆ **"halte au feu !"** "no fires!" ◆ **~ aux essais nucléaires !** no more atomic tests! ◆ **dire ~ à un conflit** to call for a stop *ou* an end to a conflict ◆ **~-là !** *(Mil)* halt! who goes there?; *(fig)* just a moment!, hold on!

**halte-garderie** (pl **haltes-garderies**) /alt(ə)gaʀdəʀi/ NF crèche, ≃ day nursery

**haltère** /altɛʀ/ NM a *(Sport) (à boules)* dumbbell; *(à disques)* barbell ◆ **faire des ~s** to do weight lifting; → **poids** b *[d'insecte]* halter(e), balancer

**haltérophile** /alteʀɔfil/ NMF weight lifter

**haltérophilie** /alteʀɔfili/ NF weight lifting ◆ **faire de l'~** to do weight lifting

**hamac** /'amak/ NM hammock ◆ **accrocher** *ou* **suspendre un ~** to sling a hammock

**hamadryade** /amadʀijad/ NF *(Myth)* hamadryad

**hamamélis** /amamelis/ NM witch hazel

**Hambourg** /'ɑ̃buʀ/ N Hamburg

**hamburger** /'ɑ̃buʀgœʀ/ NM hamburger

**hameau** (pl **hameaux**) /'amo/ NM hamlet

**hameçon** /amsɔ̃/ NM (fish) hook; → **mordre**

**hammam** /'amam/ NM *(= établissement)* hammam; *(dans complexe sportif)* steam room, hammam

**hampe¹** /'ɑ̃p/ NF *[de drapeau]* pole; *[de lance]* shaft; *[de lettre] (vers le bas)* downstroke; *(vers le haut)* upstroke; *(Bot)* scape

**hampe²** /'ɑ̃p/ NF *[de cerf]* breast; *[de bœuf]* flank

**hamster** /'amstɛʀ/ NM hamster

**han** /'ɑ̃/ EXCL oof! ◆ **il poussa un ~ et souleva la malle** he gave a grunt as he lifted the trunk

**hanche** /'ɑ̃ʃ/ NF a *[de personne]* hip; *[de cheval]* haunch; *[d'insecte]* coxa ◆ **balancer** *ou* **rouler des ~s** to wiggle one's hips ◆ **les mains sur les ~s, il ...** arms akimbo *ou* with his hands on his hips, he ...; → **tour²** b *(Naut)* quarter

**hand** * /'ɑ̃d/ NM abrév de **hand(-)ball**

**hand(-)ball** /'ɑ̃dbal/ NM handball

**handballeur, -euse** /'ɑ̃dbalœʀ, øz/ NM,F handball player

**Händel** /'ɛndɛl/ NM ⇒ **Haendel**

**handicap** /'ɑ̃dikap/ NM *(lit, fig)* handicap ◆ **avoir un sérieux ~** to be seriously handicapped *ou* disadvantaged (*sur qn* in relation to sb)

**handicapant, e** /'ɑ̃dikapɑ̃, ɑ̃t/ ADJ *[maladie]* crippling, disabling ◆ **c'est assez ~** *(= gênant)* it's a bit of a handicap ◆ **la fiscalité ne doit pas être ~e pour la croissance** taxation mustn't handicap *ou* cramp economic growth

**handicapé, e** /'ɑ̃dikape/ (ptp de **handicaper**) ADJ disabled, handicapped ◆ **très ~** severely handicapped NM,F disabled *ou* handicapped person ◆ **~ mental/physique** mentally/physically handicapped person ◆ **~ moteur** person with motor disability

**handicaper** /'ɑ̃dikape/ ▸ conjug 1 ◂ VT *(lit, fig)* to handicap

**handicapeur** /'ɑ̃dikapœʀ/ NM *(Courses)* handicapper

**handisport** /'ɑ̃dispɔʀ/ ADJ *[tennis, basket-ball]* wheelchair *(épith)*; *[natation]* for the disabled

**hangar** /'ɑ̃gaʀ/ NM *[de matériel, machines]* shed; *[de fourrage]* barn; *[de marchandises]* warehouse, shed; *[d'avions]* hangar ◆ **~ à bateaux** boathouse

**hanneton** /'an(ə)tɔ̃/ NM cockchafer, may bug *ou* beetle; → **piqué**

**Hannibal** /anibal/ NM Hannibal

**Hanoi, Hanoï** /anɔj/ N Hanoi

**Hanovre** /'anɔvʀ/ N Hanover

**hanovrien, -ienne** /'anɔvʀjɛ̃, jɛn/ ADJ Hanoverian NM,F **Hanovrien(ne)** Hanoverian

**Hanse** /'ɑ̃s/ NF *(Hist)* ◆ **la ~** Hanse

**hanséatique** /'ɑ̃seatik/ ADJ Hanseatic ◆ **la ligue ~** the Hanseatic League

**hantavirus** /ɑ̃taviʀys/ NM hantavirus

**hanter** /'ɑ̃te/ ▸ conjug 1 ◂ VT *[fantôme, personne, souvenir]* to haunt ◆ **~ les mauvais lieux** to haunt places of ill repute ◆ **maison hantée** haunted house ◆ **cette question hante les esprits** this question is preying on people's minds

**hantise** /'ɑ̃tiz/ NF ◆ **avoir la ~ de la maladie** to be haunted by a fear of illness ◆ **vivre dans la ~ du chômage/de l'échec** to live in dread of unemployment/failure ◆ **c'est ma ~ !** I never stop worrying about it!

**haoussa** /'ausa/ **ADJ** Hausa **NM** *(Ling)* Hausa **NMF** **Haoussa** Hausa ◆ **les Haoussas** the Hausa

**happening** /'ap(ə)niŋ/ **NM** *(Art, Théât)* happening

**happer** /'ape/ ► conjug 1 ◄ **VT** *(avec la gueule, le bec)* to snap up; *(avec la main)* to snatch, to grab ◆ **il le happa au passage** he grabbed him as he went past ◆ **il a eu le bras happé par une machine** he got his arm caught in a piece of machinery ◆ **être happé par une voiture** to be hit by a car ◆ **happé par l'abîme** dragged down into the abyss ◆ **ils ont été happés dans un engrenage d'emprunts** they got caught up in a spiral of debt

**happy end** (pl **happy ends**) /'apiɛnd/ **NM** happy ending

**happy few** /'apifju/ **NMPL** ◆ **les ~** the privileged *ou* select few

**haptonomie** /aptɔnɔmi/ **NF** *communication with a foetus through sensory stimulation*

**hara-kiri** (pl **hara-kiris**) /'aʀakiʀi/ **NM** hara-kiri, hari-kiri ◆ **(se) faire ~** to commit hara-kiri

**harangue** /'aʀɑ̃g/ **NF** harangue

**haranguer** /'aʀɑ̃ge/ ► conjug 1 ◄ **VT** to harangue, to hold forth to *ou* at

**harangueur, -euse** /'aʀɑ̃gœʀ, øz/ **NM,F** mob orator, haranguer *(frm)*

**Harare** /'aʀaʀe/ **N** Harare

**haras** /'aʀɑ/ **NM** stud farm

**harassant, e** /'aʀasɑ̃, ɑ̃t/ **ADJ** exhausting

**harassé, e** /'aʀase/ (ptp de **harasser**) **ADJ** exhausted, worn out ◆ **~ de travail** overwhelmed with work

**harassement** /'aʀasmɑ̃/ **NM** exhaustion

> ⚠ **harassement** *ne se traduit pas par le mot anglais* **harassment**, *qui a le sens de 'harcèlement'.*

**harasser** /'aʀase/ ► conjug 1 ◄ **VT** to exhaust

> ⚠ **harasser** *ne se traduit pas par* **to harass**, *qui a le sens de 'harceler'.*

**harcèlement** /'aʀsɛlmɑ̃/ **NM** *[de personne]* ◆ **~ (psychologique** *ou* **moral)** harassment ◆ **~ sexuel/policier** sexual/police harassment ◆ **il se dit victime de ~ judiciaire** he says he is being subjected to legal harassment ◆ **il y a des milliers de plaintes pour ~ téléphonique** thousands of people report nuisance calls ◆ **opérations** *ou* **guerre de ~** *(Mil)* guerrilla warfare ◆ **il faut mener une guerre de ~ contre les dealers** we must keep hounding the drug dealers

**harceler** /'aʀsəle/ ► conjug 5 ◄ **VT** **a** *[+ personne] (de critiques, d'attaques)* to harass, to plague (*de* with); *(de questions, de réclamations)* to plague, to pester (*de* with); ◆ **~ qn pour obtenir qch** to pester sb for sth ◆ **elle a été harcelée de coups de téléphone anonymes** she has been plagued by anonymous phone calls **b** *(Mil) [+ ennemi]* to harass, to harry **c** *[+ animal]* to worry; *[+ gibier]* to hunt down, to harry

**harceleur** /'aʀsəlœʀ/ **NM** harasser; *(qui suit qn)* stalker

**hard** * /'aʀd/ **NM** **a** *(Mus)* hard rock **b** *(= pornographie)* hard porn * **c** *(Ordin)* hardware **ADJ** **a** *[film, revue]* porno *, hard-core; *[scène]* hard-core **b** *(= difficile)* hard

**harde** /'aʀd/ **NF** *[de cerfs]* herd

**hardes** /'aʀd/ **NFPL** *(littér, péj) (= vieux habits)* old clothes, rags

**hardeur, -euse** /'aʀdœʀ, øz/ **NM,F** hard-porn actor

**hardi, e** /'aʀdi/ **ADJ** **a** *(= audacieux) [initiative, personne, comparaison, métaphore]* bold, daring **b** *(= provocant) [décolleté]* daring; *[fille]* bold, brazen; *[plaisanterie]* daring, audacious; † *[mensonge]* brazen, barefaced *(épith)* **c** *(loc)* **~ les gars !** go to it, lads! *(Brit)*, come on lads! *(Brit) ou* you guys! *(US)*

**hardiesse** /'aʀdjɛs/ **NF** **a** *(littér = audace)* boldness, daring ◆ **avoir la ~ de** to be bold *ou* daring enough to ◆ **montrer une grande ~** to show great boldness *ou* daring **b** *(= effronterie) [de personne]* audacity, effrontery, impudence; *[de livre, plaisanterie]* audacity ◆ **la ~ de son décolleté choqua tout le monde** everyone was shocked by her daring neckline **c** *(= originalité) [de style, tableau, conception]* boldness **d** *(= libertés)* **~s** *[de livre, pamphlet]* bold statements; *[de domestique, soupirant]* liberties ◆ **~s de langage/de style** bold language/turns of phrase

**hardiment** /'aʀdimɑ̃/ **ADV** **a** *(= audacieusement) [innover]* boldly, daringly ◆ **ne vous engagez pas trop ~** don't commit yourself rashly **b** *(= effrontément)* brazenly ◆ **elle le dévisagea ~** she stared at him brazenly

**hard-top** (pl **hard-tops**) /'aʀdtɔp/ **NM** hardtop

**hardware** /'aʀdwɛʀ/ **NM** hardware

**harem** /'aʀɛm/ **NM** harem ◆ **entouré d'un véritable ~** *(hum)* surrounded by a bevy of girls

**hareng** /'aʀɑ̃/ **NM** herring ◆ **~ saur** smoked herring, kipper, bloater; → **sec, serré**

**harfang** /'aʀfɑ̃/ **NM** snowy owl

**hargne** /'aʀɲ/ **NF** *(= colère)* spiteful anger; *(= ténacité)* fierce determination ◆ **j'étais dans une telle ~ !** I was so angry! *ou* mad! * ◆ **avec ~** *(= avec colère)* spitefully

**hargneusement** /'aʀɲøzmɑ̃/ **ADV** *[répondre]* bad-temperedly; *[aboyer]* ferociously

**hargneux, -euse** /'aʀɲø, øz/ **ADJ** **a** *[personne, caractère]* bad-tempered, cantankerous; *[animal]* vicious, fierce ◆ **un petit chien ~** a snappy little dog **b** *[sportif]* aggressive

**haricot** /'aʀiko/ **NM** **a** *(Bot)* bean ◆ **~ beurre** *type of yellow French bean,* wax bean *(US)* ◆ **~ blanc** haricot bean ◆ **~ d'Espagne** scarlet runner ◆ **~ grimpant** *ou* **à rame** runner bean ◆ **~ rouge** red kidney bean ◆ **~ vert** French bean ◆ **~ sec** dried bean ◆ **~s à écosser** fresh beans *(for shelling)*; → **courir, fin²** **b** *(Culin)* **~ de mouton** lamb and bean stew **c** *(= cuvette)* kidney tray

**haridelle** /'aʀidɛl/ **NF** *(péj = cheval)* nag, jade

**harissa** /'aʀisa, aʀisa/ **NF** harissa *(hot chilli sauce)*

**harki** /'aʀki/ **NM** *Algerian soldier loyal to the French during the Algerian War of Independence*

**harle** /'aʀl/ **NM** ◆ **~ bièvre** goosander ◆ **~ huppé** red-breasted merganser

**harmonica** /aʀmɔnika/ **NM** harmonica, mouth organ

**harmoniciste** /aʀmɔnisist/ **NMF** harmonica player

**harmonie** /aʀmɔni/ **NF** *(Littérat, Mus, gén)* harmony; *(= section de l'orchestre)* wind section; *(= fanfare)* wind band ◆ **~s** *(Mus)* harmonies ◆ **~ imitative** *(Littérat)* onomatopoeia ◆ **être en ~ avec** to be in harmony *ou* in keeping with ◆ **vivre en bonne ~** to live together harmoniously *ou* in harmony; → **table**

**harmonieusement** /aʀmɔnjøzmɑ̃/ **ADV** harmoniously

**harmonieux, -ieuse** /aʀmɔnjø, jøz/ **ADJ** *(gén)* harmonious ◆ **couleurs harmonieuses** well-matched *ou* harmonizing colours ◆ **un couple ~** a well-matched couple

**harmonique** /aʀmɔnik/ **ADJ** *(gén, Math, Mus)* harmonic **NM** *(Mus)* harmonic

**harmonisation** /aʀmɔnizasjɔ̃/ **NF** *[de couleurs]* matching, harmonization; *[de politiques, règlements]* harmonization, standardization ◆ **~ vocalique** vowel harmony

**harmoniser** /aʀmɔnize/ ► conjug 1 ◄ **VT** *[+ couleurs]* to match, to harmonize (*avec* with); *[+ politiques, règlements]* to harmonize, to standardize ◆ **il faut ~ nos règlements avec les normes européennes** we must bring our rules into line with European regulations ◆ **il faut ~ la notation** *(Univ)* we have to make sure that grading is done consistently **VPR** **s'harmoniser** *[couleurs]* to match, to harmonize (*avec* with); *[politiques]* to be harmonized *ou* standardized

**harmoniste** /aʀmɔnist/ **NMF** *(Rel, Mus)* harmonist; *[d'orgue]* organ tuner

**harmonium** /aʀmɔnjɔm/ **NM** harmonium

**harnachement** /'aʀnaʃmɑ̃/ **NM** **a** *(= action) [de cheval, bébé, cascadeur]* harnessing **b** *(= objets) [de cheval de trait]* harness; *[de cheval de monte]* tack, saddlery; * *[de campeur, photographe]* gear *

**harnacher** /'aʀnaʃe/ ► conjug 1 ◄ **VT** *[+ cheval de trait, alpiniste]* to harness; *[+ cheval de monte]* to put the bridle and saddle on ◆ **il était drôlement harnaché** * *(péj)* he was wearing the strangest gear * *ou* rig-out * *(Brit) ou* get-up * **VPR** **se harnacher** *[alpiniste, parachutiste]* to put one's harness on; * *[campeur]* to put one's gear on *, to rig o.s. out *

**harnais** /'aʀnɛ/, **harnois** †† /'aʀnwa/ **NM** *[de cheval de trait, bébé, alpiniste]* harness; *[de cheval de monte]* tack, saddlery ◆ **~ (de sécurité)** (safety) harness ◆ **~ d'engrenage** train of gear wheels

**haro** /'aʀo/ **EXCL** *(†† Jur)* harrow!, haro! ◆ **crier ~ sur qn/qch** *(littér)* to inveigh *ou* rail against sb/sth

**harpagon** /aʀpagɔ̃/ **NM** skinflint, Scrooge

**harpe** /'aʀp/ **NF** *(Mus)* harp ◆ **~ éolienne** aeolian *ou* wind harp ◆ **~ celtique/irlandaise** Celtic/Irish harp

**harpie** /'aʀpi/ **NF** *(Myth, péj)* harpy; *(Zool)* harpy eagle

**harpiste** /'aʀpist/ **NMF** harpist

**harpon** /'aʀpɔ̃/ **NM** *(Pêche)* harpoon; *(Constr)* toothing stone; → **fusil, pêche²**

**harponnage** /'aʀpɔnaʒ/, **harponnement** /'aʀpɔnmɑ̃/ **NM** harpooning

**harponner** /'aʀpɔne/ ► conjug 1 ◄ **VT** *[+ baleine]* to harpoon; * *[+ malfaiteur]* to collar *, to nab *; * *[+ passant, voisin]* to waylay, to buttonhole *

**harponneur** /'aʀpɔnœʀ/ **NM** harpooner

**hasard** /'azaʀ/ **NM** **a** *(= événement fortuit)* **un ~ heureux/malheureux** a stroke *ou* piece of luck/bad luck, a stroke of good fortune/misfortune ◆ **quel ~ de vous rencontrer ici !** what a coincidence meeting you here!, fancy meeting you here! * ◆ **c'est un vrai** *ou* **pur ~ que je sois libre** it's quite by chance *ou* it's a pure coincidence that I'm free ◆ **par un curieux ~** by a curious coincidence ◆ **on l'a retrouvé par le plus grand des ~s** it was quite by chance *ou* it was a piece of sheer luck that they found him ◆ **les ~s de la vie/de la carrière** the ups and downs of life/one's career b *(= destin)* **le** ~ chance, fate, luck; *(Stat)* chance ♦ **les caprices du** ~ the whims of fate ♦ **le** ~ **fait bien les choses !** what a stroke of luck! ♦ **faire la part du** ~ *(événements futurs)* to allow for chance (to play its part); *(événements passés)* to admit that chance had a hand in it ♦ **le** ~ **a voulu qu'il soit absent** as luck would have it he wasn't there ♦ **c'est ça le** ~ **!** * that's the luck of the draw! * ♦ **c'est un fait du** ~ it's a matter of chance ♦ **les lois du** ~ the laws of fate; → **jeu**

c *(= risques)* ~**s** hazards ♦ **les** ~**s de la guerre** the hazards of war

d *(loc)*

♦ **au hasard** *[aller]* aimlessly; *[agir]* haphazardly, in a haphazard way; *[tirer, choisir, prendre]* at random ♦ **j'ai répondu au** ~ I gave an answer off the top of my head * ♦ **voici des exemples au** ~ here are some random examples *ou* some examples taken at random ♦ **faire confiance** *ou* **s'en remettre au** ~ to trust to luck ♦ **il ne laisse jamais rien au** ~ he never leaves anything to chance ♦ **rien n'est laissé au** ~ nothing is left to chance ♦ **son succès ne doit rien au** ~ his success has nothing to do with luck ♦ **son choix ne doit rien au** ~ his choice was not fortuitous

♦ **au hasard de** ♦ **il a acheté ces livres au** ~ **des ventes/de ses voyages** he bought these books just as he happened to see them in the sales/on his trips

♦ **à tout hasard** *(= en cas de besoin)* just in case; *(= espérant trouver ce qu'on cherche)* (just) on the off chance ♦ **on avait emporté une tente à tout** ~ we had taken a tent just in case ♦ **je suis entré à tout** ~ I looked in on the off chance

♦ **par hasard** by chance, by accident ♦ **je passais par** ~ I happened to be passing by ♦ **tu n'aurais pas par** ~ **20 € à me prêter ?** you wouldn't by any chance have *ou* you wouldn't happen to have €20 to lend me? ♦ **voudrais-tu par** ~ **m'apprendre mon métier ?** you wouldn't be trying to teach me my job by any chance? ♦ **comme par** ~ **!** what a coincidence! ♦ **il est arrivé comme par** ~ **au moment où on débouchait les bouteilles** he turned up as if by chance as we were opening the bottles ♦ **comme par** ~**, il était absent** *(iro)* he just happened to be away *(iro)* ♦ **si par** ~ **tu le vois** if you happen to see him, if by chance you should see him

> ⚠ **hasard** *se traduit par le mot anglais* **hazard** *uniquement au sens de 'risque'.*

**hasarder** /azaʀde/ ► conjug 1 ◄ VT *[+ vie, réputation]* to risk; *[+ remarque, hypothèse, démarche]* to hazard, to venture; *[+ argent]* to gamble, to risk VPR **se hasarder** ♦ **se** ~ **dans un endroit dangereux** to venture into a dangerous place ♦ **se** ~ **à faire** to risk doing, to venture to do ♦ **à votre place je ne m'y hasarderais pas** if I were you I wouldn't risk it

**hasardeux, -euse** /azaʀdø, øz/ ADJ *[entreprise]* hazardous, risky; *[investissement]* risky; *[hypothèse]* dangerous, rash ♦ **il serait bien** ~ **de** it would be dangerous *ou* risky to

**has been** * /azbin/ NM INV *(péj)* has-been *

**hasch** * /aʃ/ NM hash *, pot *, grass *

**haschisch** /aʃiʃ/ NM ⇒ **hachisch**

**hase** /ɑz/ NF doe *(female hare)*

**hassidique** /asidik/ ADJ Hassidic

**hâte** /ɑt/ NF *(= empressement)* haste; *(= impatience)* impatience ♦ **à la** ~ hurriedly, hastily ♦ **en (grande** *ou* **toute)** ~ as fast as you (*ou* we *etc*) can, posthaste, with all possible speed ♦ **elle est montée/descendue en toute** ~ she hurried up/down the stairs ♦ **mettre de la** ~ **à faire qch** to do sth speedily *ou* in a hurry *ou* hurriedly ♦ **avoir** ~ **de faire** to be eager *ou* anxious to do ♦ **je n'ai qu'une** ~**, c'est d'avoir terminé ce travail** I can't wait to get this work finished ♦ **sans** ~ unhurriedly

**hâter** /ɑte/ ► conjug 1 ◄ VT *[+ fin, développement]* to hasten; *[+ départ]* to bring forward, to hasten; *[+ fruit]* to bring on, to force ♦ ~ **le pas** to quicken *ou* hasten one's pace *ou* step VPR **se hâter** to hurry, to hasten ♦ **se** ~ **de faire** to hurry *ou* hasten *ou* make haste to do ♦ **hâtez-vous** hurry up ♦ **je me hâte de dire que** I hasten to say that ♦ **hâte-toi lentement** more haste, less speed *(Prov)* ♦ **ne nous hâtons pas de juger** let's not be in a hurry to judge *ou* too hasty in our judgments

**hâtif, -ive** /ɑtif, iv/ ADJ *[développement]* precocious; *[fruit, saison]* early; *[travail]* hurried; *[décision, jugement]* hasty ♦ **ne tirons pas de conclusions hâtives** let's not rush to conclusions

**hâtivement** /ɑtivmɑ̃/ ADV hurriedly, hastily ♦ **dire qch un peu/trop** ~ to say sth rather/too hastily

**hauban** /obɑ̃/ NM *(Naut)* shroud; *[de pont]* stay ♦ **pont à** ~**s** cable-stayed bridge

**haubaner** /obane/ ► conjug 1 ◄ VT *[+ mât]* to prop *ou* shore up with shrouds

**haubert** /obɛʀ/ NM *(Hist)* coat of mail, hauberk

**hausse** /os/ NF *[de prix, niveau, température]* rise, increase (*de* in); *(Bourse)* rise (*de* in); ♦ ~ **de salaire** (pay) rise *(Brit)* *ou* raise *(US)* ♦ **une** ~ **à la pompe** *(essence)* a rise in pump prices

♦ **à la hausse** ♦ **marché à la** ~ *(Bourse)* bull(ish) market ♦ **tendance à la** ~ bullish *ou* upward trend ♦ **revoir** *ou* **réviser à la** ~ *[+ prévisions, chiffres, objectif]* to revise upwards, to scale up

♦ **en hausse** ♦ **être en** ~ *[prix, bénéfices, chiffres, températures]* to be rising, to be on the increase; *[actions, marchandises]* to be going up (in price) ♦ **nos dépenses sont en** ~ **de 15%** our outgoings have increased *ou* risen by 15% ♦ **terminer en** ~ *[action, monnaie]* to close higher ♦ **l'indice a terminé en** ~ **de 25 points** the index closed up 25 points ♦ **le CAC 40 a clôturé la séance en** ~ the CAC 40 was strong at close of trading ♦ **sa cote est** *ou* **ses actions sont en** ~ *[de personne]* things are looking up for him, his popularity is increasing

**haussement** /osmɑ̃/ NM ♦ ~ **d'épaules** shrug ♦ **il eut un** ~ **d'épaules** he shrugged (his shoulders) ♦ **elle eut un** ~ **des sourcils** she raised her eyebrows

**hausser** /ose/ ► conjug 1 ◄ VT a *(= élever)* *[+ barre, niveau, sourcil, voix]* to raise; *[+ prix]* to raise, increase ♦ ~ **les épaules** to shrug (one's shoulders); → **ton²** b *[+ mur]* to heighten, to raise; *[+ maison]* to heighten, to make higher ♦ ~ **une maison d'un étage** to add another floor to a house VPR **se hausser** ♦ **se** ~ **sur la pointe des pieds** to stand up on tiptoe ♦ **se** ~ **au niveau de qn** to raise o.s. up to sb's level ♦ **se** ~ **du col** to show off

**haussier, -ière** /osje, jɛʀ/ ADJ *(Bourse)* *[marché]* bullish, bull *(épith)*; *[prix, cours]* rising ♦ **tendance haussière** bullish trend NM *(Bourse)* bull

**haussmannien, -ienne** /osmanjɛ̃, jɛn/ ADJ *[immeuble, façade]* Haussmann *(épith)* *(in the style of the 1850s and 1860s when Paris was redeveloped by Baron Haussmann)*

## haut, e /ʼo, ʼot/

| | |
|---|---|
| 1 ADJECTIF | 4 NOM FÉMININ |
| 2 NOM MASCULIN | 5 ADVERBE |
| 3 NOM MASCULIN PL | 6 COMPOSÉS |

1 - ADJECTIF

a [= de taille élevée] *[mur, montagne]* high; *[herbe, arbre, édifice]* tall, high ♦ **une** ~**e silhouette** a tall figure ♦ **de** ~**e taille** tall ♦ **un chien** ~ **sur pattes** a long-legged dog ♦ **il a le front** ~ he has a high forehead ♦ ~ **comme trois pommes** * knee-high to a grasshopper * ♦ **un mur** ~ **de 3 mètres** a wall 3 metres high ♦ **pièce** ~**e de plafond** room with a high ceiling

b [= situé en altitude] *[plafond, branche, nuage, plateau]* high ♦ **le soleil était déjà** ~ **dans le ciel** the sun was already high up in the sky ♦ **le plus** ~ **étage** the top floor ♦ **dans les plus** ~**es branches de l'arbre** in the topmost branches of the tree; → **montagne, ville**

c [= de niveau élevé] *[prix, température, rendement]* high; *(Élec)* *[fréquence, voltage]* high ♦ **c'est (la) marée** ~**e, la mer est** ~**e** it's high tide, the tide is in ♦ **à marée** ~**e** at high tide ♦ **pendant les** ~**es eaux (du fleuve)** while the river is high, during high water

d [Mus = aigu] *[note, ton]* high, high-pitched

e [= fort, bruyant] **son mari est si gentil – jamais un mot plus** ~ **que l'autre !** her husband is so nice — never an angry word! ♦ **pousser** *ou* **jeter les** *ou* **des** ~**s cris** to make a terrible fuss; → **verbe, voix**

f [dans une hiérarchie = supérieur] *(gén avant n)* *[qualité, rang, précision]* high; *[âme, pensée]* lofty, noble ♦ **avoir une** ~**e idée** *ou* **opinion de soi-même** to have a high *ou* an exalted opinion of o.s. ♦ **c'est du plus** ~ **comique** it's highly amusing *ou* comical, it's excruciatingly funny ♦ ~ **en couleur** *(= rougeaud)* with a high colour *ou* a ruddy complexion; *(= coloré, pittoresque)* colourful ♦ **athlète/cadre de** ~ **niveau** top athlete/executive ♦ **discussions au plus** ~ **niveau** top-level discussions ♦ ~**s faits** *(hum)* heroic deeds ♦ **les** ~**es cartes** the high cards, the picture cards ♦ **la** ~**e cuisine/couture/coiffure** haute cuisine/couture/coiffure ♦ **les** ~**es mathématiques** higher mathematics ♦ ~ **personnage** high-ranking person; → **lutte**

g [= ancien] **dans la plus** ~**e antiquité** in earliest antiquity ♦ **le** ~ **Moyen Âge** the Early Middle Ages ♦ **le** ~ **Empire** the Early (Roman) Empire ♦ **le** ~ **allemand** *(Ling)* Old High German

h [Géog] **le Haut Rhin** the Upper Rhine ♦ **la Haute Normandie** Upper Normandy ♦ **la Haute-Égypte** Upper Egypt ♦ **les** ~**es terres** the highlands ♦ **le Haut Canada** *(Hist Can)* Upper Canada

2 - NOM MASCULIN

a [= hauteur] **le mur a 3 mètres de** ~ the wall is 3 metres high ♦ **combien fait-il de** ~ **?** how high is it?

b [= partie haute] *[d'arbre, colline, armoire]* top ♦ **au** ~ **de l'arbre** at the top of the tree, high up in the tree ♦ **la colonne est évasée dans le** ~ the column gets wider at the top ♦ **le** ~ **du visage** the top part of the face ♦ **"haut"** *(sur un colis)* "top", "this way up", "this side up" ♦ **tenir le** ~ **du pavé** *[personne]* to be the leading light; *[produit, entreprise]* to be a market leader

c [= vêtement] top

d [expressions figées]

♦ **au plus haut** ♦ **être au plus** ~ *(dans les sondages)* *[personne]* to be riding high; *[cote,* *popularité]* to be at its peak ◆ **le prix de l'or est au plus** ~ the price of gold has reached a peak *ou* maximum

◆ **de + haut** ◆ **voir les choses de** ~ *(= avec détachement)* to take a detached view of things ◆ **prendre qch de (très)** ~ *(= avec mépris)* to react (most) indignantly to sth ◆ **le prendre de** ~ **avec** *ou* **à l'égard de qn, prendre** *ou* **traiter qn de** ~ to look down on sb, to treat sb disdainfully; → **regarder, tomber**[1]

◆ **de haut en bas** *[s'ouvrir]* from the top downwards ◆ **regarder qn de** ~ **en bas** to look sb up and down ◆ **frapper de** ~ **en bas** to strike downwards ◆ **couvert de graffitis de** ~ **en bas** covered in graffiti from top to bottom ◆ **ça se lit de** ~ **en bas** it reads vertically (starting at the top) ◆ **lissez le papier peint de** ~ **en bas** smooth the wallpaper, starting at the top and working down; → **bas**[1]

◆ **d'en haut** ◆ **les chambres d'en** ~ the upstairs bedrooms ◆ **ceux** *ou* **les gens d'en** ~ *(socialement)* people at the top ◆ **un signe d'en** ~ *(Rel)* a sign from on high ◆ **vu d'en** ~ seen from above ◆ **des ordres qui viennent d'en** ~ orders from on high *ou* from above

◆ **du haut** ◆ **les pièces du** ~ the upstairs rooms ◆ **les voisins du** ~ the neighbours *ou* people upstairs ◆ **l'étagère/le tiroir du** ~ the top shelf/drawer ◆ **les dents du** ~ the top teeth

◆ **du haut de** ◆ **du** ~ **d'un arbre** from the top of a tree ◆ **tomber du** ~ **du 5e étage** to fall from the 5th floor ◆ **parler du** ~ **d'une tribune/d'un balcon** to speak from a platform/a balcony ◆ **il me dévisageait, du** ~ **de son mètre cinquante** *(hum)* he looked down on me, which was quite something as he was all of five feet tall ◆ **il me regarda du** ~ **de sa grandeur** he looked down his nose at me

◆ **du haut en bas** *[couvrir, fouiller]* from top to bottom ◆ **du** ~ **en bas de la hiérarchie/société** at all levels of the hierarchy/of society

◆ **en haut** *(= au sommet)* at the top; *(dans un immeuble)* upstairs ◆ **il habite en** ~**/tout en** ~ he lives upstairs/right at the top ◆ **écris l'adresse en** ~ **à gauche** write the address in the top left-hand corner ◆ **manteau boutonné jusqu'en** ~ coat buttoned right up *ou* (right) up to the top ◆ **les voleurs sont passés par en** ~ the burglars came in from upstairs *ou* got in upstairs

◆ **en haut de** *[+ immeuble, escalier, côte, écran]* at the top of ◆ **en** ~ **de l'échelle sociale** high up the social ladder

3 - NOM MASCULIN PLURIEL

**hauts**

**a** [= périodes fastes] **des** ~**s et des bas** ups and downs ◆ **il a connu des** ~**s et des bas** he's had his ups and downs ◆ **elle gagne plus ou moins sa vie, il y a des** ~**s et des bas** she makes a reasonable living but it's a bit up and down

**b** [Géog] **les Hauts de Meuse/de Seine** the upper reaches of the Meuse/Seine

**c** [Naut] topside

4 - NOM FÉMININ

**haute** ◆ **(les gens de) la** ~**e** * the upper crust *, the toffs ‡ *(Brit)*, the swells † *

5 - ADVERBE

**a** *[monter, sauter, voler]* high ◆ **mettez vos livres plus** ~ put your books higher up ◆ **c'est lui qui saute le plus** ~ he can jump the highest ◆ ~ **les mains !** hands up!, stick 'em up! ‡ ◆ ~ **les cœurs !** take heart!

**b** [= fort] *[parler]* loudly ◆ **lire/penser tout** ~ to read/think aloud *ou* out loud ◆ **mettez la radio plus** ~ turn up the radio ◆ **j'ose le dire bien** ~ I'm not afraid of saying it out loud ◆ **parle plus** ~ **!** speak up! ◆ **il a déclaré** ~ **et fort que ...** he stated very clearly that ...

**c** [Mus = dans les aigus] **monter** ~ to hit the top notes ◆ **chanter trop** ~ to sing sharp

**d** [sur le plan social] **des gens** ~ **placés** people in high places ◆ **arriver très** ~ to reach a high position ◆ **viser** ~ to aim high

**e** [= en arrière, dans le temps] **aussi** ~ **qu'on peut remonter** as far back as we can go ◆ **"voir plus haut"** "see above" ◆ **comme je l'ai dit plus** ~ as I said above *ou* previously

6 - COMPOSÉS

▷ **haut commandement** high command ▷ **le Haut Commissariat (de l'ONU) pour les réfugiés** the UN High Commission for Refugees ▷ **Haute Cour** high court *(for impeachment of French President or Ministers)* ▷ **haute école** *(Équitation)* haute école ▷ **haut fourneau** blast *ou* smelting furnace ▷ **haut lieu** ◆ **un** ~ **lieu de la culture/musique** a Mecca for culture/music ◆ **en** ~ **lieu** in high places ▷ **haute trahison** high treason ▷ **haut vol, haute volée** ◆ **de** ~ **vol, de** ~**e volée** *[personne]* high-flying; *[opération, activité]* far-reaching ◆ **un industriel/athlète de** ~**e volée** a top-flight industrialist/athlete ◆ **un escroc de** ~ **vol** a big-time swindler ◆ **une escroquerie de** ~ **vol** a major swindle

**hautain, e** /'otɛ̃, ɛn/ ADJ *[personne]* haughty; *[air, manière]* haughty, lofty

**hautainement** /'otɛnmɑ̃/ ADV haughtily, loftily

**hautbois** /'obwɑ/ NM *(= instrument)* oboe

**hautboïste** /'obɔist/ NMF oboist, oboe player

**haut-commissaire** (pl **hauts-commissaires**) /'okɔmisɛʀ/ NM high commissioner *(à* for); ◆ ~ **des Nations unies pour les réfugiés** United Nations High Commissioner for Refugees

**haut-commissariat** (pl **hauts-commissariats**) /'okɔmisaʀja/ NM *(= ministère)* high commission *(à* of); *(= grade)* high commissionership

**haut-de-chausse(s)** (pl **hauts-de-chausse(s)**) /'od(ə)ʃos/ NM *(Hist)* (knee) breeches, trunk hose

**haut-de-forme** (pl **hauts-de-forme**) /'od(ə)fɔʀm/ NM top hat

**haute-contre** (pl **hautes-contre**) /'otkɔ̃tʀ/ ADJ, NM counter tenor NF counter tenor, alto

**haute-fidélité** (pl **hautes-fidélités**) /'otfidelite/ ADJ *[chaîne, son]* high-fidelity NF high-fidelity

**hautement** /'otmɑ̃/ ADV *(= extrêmement)* highly; *(= ouvertement)* openly ◆ ~ **qualifié** *[personnel]* highly qualified

**hauteur** /'otœʀ/ GRAMMAIRE ACTIVE 42.4, 43.4 NF **a** *(= élévation verticale) [de tour, montagne, astre, personne]* height; *(Aut) [de châssis]* ground clearance ◆ **il se redressa de toute sa** ~ he drew himself up to his full height ◆ **d'une** ~ **de 4 mètres** *(dimension)* 4 metres high; *(d'un point élevé)* from a height of 4 metres ◆ ~ **maximum** *ou* **libre 3 mètres** *(Aut)* headroom 3 metres ◆ **pièce de 3 mètres de** ~ **sous plafond** room whose ceiling height is 3 metres ◆ **tomber de toute sa** ~ *[personne]* to fall headlong *ou* flat, to measure one's length *(Brit)*; *[armoire]* to come crashing down ◆ **perdre de la** ~ to lose height ◆ **prendre de la** ~ *(lit)* to climb, to gain height; *(fig)* to distance o.s. ◆ ~ **de vues** ability to distance o.s.; → **saut**

**b** *(Géom)* perpendicular height; *(ligne)* perpendicular; *(Astron)* altitude

**c** *[de son]* pitch

**d** *(= colline)* height, hill ◆ **gagner les** ~**s** to make for the heights *ou* hills ◆ **construit sur les** ~**s d'Alger** built on the hills of Algiers ◆ **il s'est réfugié dans les** ~**s de la ville** he hid in the hills above the city

**e** *(= arrogance)* haughtiness, loftiness ◆ **parler avec** ~ to speak haughtily *ou* loftily

**f** *(= noblesse)* loftiness, nobility ◆ **la** ~ **de ses sentiments** his noble *ou* lofty sentiments, the loftiness *ou* nobility of his sentiments

**g** *(loc)*

◆ **à hauteur de** ◆ **à** ~ **d'appui** at chest height ◆ **à** ~ **des yeux** at eye level ◆ **à** ~ **d'homme** at the right height *ou* level for a man ◆ **nous vous rembourserons à** ~ **de 300 €** we will refund up to €300 ◆ **il est actionnaire à** ~ **de 34%** he has a 34% share in the company ◆ **les nouvelles technologies ont contribué à** ~ **de 15% à la croissance du PIB** new technologies have created a 15% increase in the GNP ◆ **ce concours a été financé à** ~ **de 100 000 € par des entreprises** this competition received corporate funding of €100,000 ◆ **le groupe britannique a annoncé son entrée à** ~ **de 9% dans le club de football** the British group has announced that it is to acquire a 9% stake in the football club

◆ **à la hauteur** ◆ **être à la** ~ **de la situation** to be equal to the situation ◆ **il s'est vraiment montré à la** ~ he proved he was up to it * ◆ **je ne me sentais pas à la** ~ I didn't feel up to it *, I didn't feel equal to the task

◆ **à la hauteur de** ◆ **arriver à la** ~ **de qn** to draw level with sb ◆ **la procession arrivait à sa** ~ the procession was drawing level with him ◆ **nous habitons à la** ~ **de la mairie** we live up by the town hall ◆ **arriver à la** ~ **d'un cap** to come abreast of a cape ◆ **un accident à la** ~ **de Tours** an accident near Tours *ou* in the vicinity of *ou* neighbourhood of Tours ◆ **être à la** ~ **de** *[+ réputation]* to live up to ◆ **le résultat n'est pas à la** ~ **de nos espérances** the result does not come up to our expectations ◆ **nous n'avons pas été à la** ~ **de la tâche** we were not equal to the task

◆ **en hauteur** ◆ **les moulins étaient construits en** ~ the windmills were built on high ground ◆ **j'aime bien être en** ~ **quand je conduis** I like being in a high driving position ◆ **j'ai mis le vase en** ~ I put the vase high up ◆ **le siège est réglable en** ~ the height of the seat can be adjusted

**Haute-Volta** /'otvɔlta/ NF Upper Volta

**haut-fond** (pl **hauts-fonds**) /'ofɔ̃/ NM shallow, shoal

**Haut-Karabakh** /'okaʀabak/ N Nagorno Karabakh

**haut-le-cœur** /'ol(ə)kœʀ/ NM INV ◆ **avoir un** ~ to retch, to heave

**haut-le-corps** /'ol(ə)kɔʀ/ NM INV ◆ **avoir un** ~ to start, to jump

**haut-parleur** (pl **haut-parleurs**) /'opaʀlœʀ/ NM (loud)speaker ◆ ~ **aigu** tweeter ◆ ~ **grave** woofer ◆ **une voiture** ~ a loudspeaker car

**haut-relief** (pl **hauts-reliefs**) /'oʀəljɛf/ NM high relief

**hauturier, -ière** /'otyʀje, jɛʀ/ ADJ ◆ **navigation hauturière** ocean navigation ◆ **pêche hauturière** deep-sea fishing ◆ **pilote** ~ deep-sea pilot

**havage** /'avaʒ/ NM (mechanical) cutting

**havanais, e** /'avanɛ, ɛz/ ADJ of *ou* from Havana NM,F **Havanais(e)** inhabitant *ou* native of Havana

**havane** /'avan/ NM *(= tabac)* Havana tobacco; *(= cigare)* Havana cigar ADJ INV *(couleur)* tobacco brown NF **Havane** ♦ **la Havane** Havana

**hâve** /'ɑv/ ADJ *(= émacié)* gaunt, haggard; *(= pâle)* wan

**haveneau** (pl **haveneaux**) /'av(ə)no/ NM shrimping net

**haver** /'ave/ ► conjug 1 ◄ VT *(Tech)* to cut *(mechanically)*

**haveuse** /'avøz/ NF coal cutter

**havre** /'avʀ/ NM († *ou littér)* haven ♦ ~ **de paix** haven of peace

**havresac** /'ɑvʀəsak/ NM haversack, knapsack

**Hawaï, Hawaii** /awai/ N Hawaii ♦ **les îles** ~ the Hawaiian Islands

**hawaïen, -ïenne** /awajɛ̃, jɛn/ ADJ Hawaiian NM *(Ling)* Hawaiian NM,F **Hawaïen(ne)** Hawaiian

**Haye** /'ɛ/ NF ♦ **La** ~ The Hague

**hayon** /'ɛjɔ̃/ NM *[de camion, charrette]* tailboard ♦ ~ **(arrière)** *[de voiture]* hatchback, tailgate ♦ **modèle avec** ~ **arrière** hatchback (model) ♦ ~ **élévateur** *[de camion]* fork-lift

**HCH** /aʃseaʃ/ NF (abrév de **hormone de croissance humaine**) HGH

**HCR** /'aʃseɛʀ/ NM (abrév de **Haut Commissariat des Nations Unies pour les réfugiés**) UNHCR

**HDML** /aʃdeɛmɛl/ (abrév de **Handled Device Markup Language**) HDML

**hé** /'e/ EXCL *(pour appeler)* hey!; *(pour renforcer)* well ♦ ~ **!** ~ **!** well, well!, ha-ha! ♦ ~ **non !** not a bit of it!

**heaume** /'om/ NM *(Hist)* helmet

**heavy metal** /evimetal/ NM *(Mus)* heavy metal

**hebdo** * /ɛbdo/ NM abrév de **hebdomadaire**

**hebdomadaire** /ɛbdɔmadɛʀ/ ADJ, NM weekly ♦ ~ **d'actualité** news weekly; → **repos**

**hebdomadairement** /ɛbdɔmadɛʀmɑ̃/ ADV weekly

**hébergement** /ebɛʀʒəmɑ̃/ NM **a** *(= lieu)* housing, accommodation; *(pendant un séjour)* accommodation ♦ **le prix comprend l'**~ the price includes accommodation ♦ ~ **d'urgence** emergency housing *ou* accommodation **b** *(= action d'héberger) [d'ami]* putting up; *[de réfugiés]* taking in; *[d'évadé]* harbouring; → **centre**

**héberger** /ebɛʀʒe/ ► conjug 3 ◄ VT **a** *(= loger) [+ touristes]* to accommodate; *[+ ami]* to put up ♦ **pouvez-vous nous** ~ **?** can you put us up? ♦ **il est hébergé par un ami** he's staying with a friend **b** *(= accueillir) [+ réfugiés]* to take in; *[+ évadé]* to harbour ♦ **les sinistrés ont été hébergés chez des voisins** the victims were taken in *ou* given shelter by neighbours ♦ **le musée va** ~ **une collection de meubles** the museum will house a collection of furniture **c** *(Internet) [+ site]* to host

**hébergeur** /ebɛʀʒœʀ/ NM *(Internet)* host

**hébété, e** /ebete/ (ptp de **hébéter**) ADJ **a** *(= étourdi) [regard, air, personne]* dazed ♦ **être** ~ **de fatigue/de douleur** to be numbed with fatigue/pain ♦ ~ **par l'alcool** in a drunken stupor **b** (* *= stupide) [regard, air]* dumb *, vacant

**hébétement** /ebɛtmɑ̃/ NM stupor

**hébéter** /ebete/ ► conjug 6 ◄ VT *[alcool]* to stupefy, to besot *(Brit)*; *[lecture, télévision]* to daze, to numb; *[fatigue, douleur]* to numb

**hébétude** /ebetyd/ NF *(littér)* stupor; *(Méd)* hebetude

**hébraïque** /ebʀaik/ ADJ Hebrew *(épith)*, Hebraic

**hébraïsant, e** /ebʀaizɑ̃, ɑ̃t/ ADJ Hebraistical NM,F Hebraist, Hebrew scholar

**hébraïser** /ebʀaize/ ► conjug 1 ◄ VT to assimilate into Jewish culture

**hébraïsme** /ebʀaism/ NM Hebraism

**hébraïste** /ebʀaist/ NMF ⇒ **hébraïsant**

**hébreu** (pl **hébreux**) /ebʀø/ ADJ M Hebrew NM *(Ling)* Hebrew ♦ **pour moi, c'est de l'**~ * it's all Greek *ou* double Dutch *(Brit)* to me! * NM **Hébreu** Hebrew

**Hébrides** /ebʀid/ NFPL ♦ **les (îles)** ~ the Hebrides

**HEC** /'aʃese/ NF (abrév de **(École des) Hautes études commerciales**) *top French business school*; → GRANDES ÉCOLES

**hécatombe** /ekatɔ̃b/ NF *(= tuerie)* slaughter ♦ **quelle** ~ **sur les routes ce week-end !** it was absolute carnage on the roads this weekend! ♦ **ça a été l'**~ **en maths** everybody got disastrous results in the maths exam

**hectare** /ɛktaʀ/ NM hectare

**hectique** /ɛktik/ ADJ *(Méd)* hectic

**hecto...** /ɛkto/ PRÉF hecto...

**hectogramme** /ɛktɔgʀam/ NM hectogram(me)

**hectolitre** /ɛktɔlitʀ/ NM hectolitre ♦ **3 millions d'**~**s** 300 million litres

**hectomètre** /ɛktɔmɛtʀ/ NM hectometre

**hectométrique** /ɛktɔmetʀik/ ADJ hectometre *(épith)*

**hectopascal** /ɛktopaskal/ NM millibar

**Hector** /'ɛktɔʀ/ NM Hector

**hectowatt** /ɛktɔwat/ NM hectowatt, 100 watts

**Hécube** /'ekyb/ NF Hecuba

**hédonisme** /edɔnism/ NM hedonism

**hédoniste** /edɔnist/ ADJ hedonist(ic) NMF hedonist

**hégélianisme** /egeljanism/ NM Hegelianism

**hégélien, -ienne** /egeljɛ̃, jɛn/ ADJ, NM,F Hegelian

**hégémonie** /eʒemɔni/ NF hegemony

**hégémonique** /eʒemɔnik/ ADJ hegemonic

**hégémonisme** /eʒemɔnism/ NM *[de pays]* hegemonism

**hégire** /eʒiʀ/ NF ♦ **l'**~ the Hegira

**hein** * /'ɛ̃/ EXCL *(de surprise, pour faire répéter)* eh? *, what? ♦ **qu'est-ce que tu feras,** ~ **?** what are you going to do (then), eh? * ♦ **tu veux partir,** ~**, tu veux t'en aller ?** you want to go, is that it, you want to leave? ♦ **ça suffit,** ~ **!** that's enough, OK? * *ou* all right? * ♦ ~ **que je te l'ai dit ?** didn't I tell you so?, I told you so, didn't I? ♦ **arrête** ~ **!** stop it, will you!

**hélas** /elɑs/ EXCL alas! ♦ ~ **non !** I'm afraid not!, unfortunately not ♦ ~ **oui !** I'm afraid so!, yes, unfortunately ♦ **mais** ~**, ils n'ont pas pu en profiter** but unfortunately *ou* sadly they couldn't take advantage of it

**Hélène** /elɛn/ NF Helen, Helena ♦ ~ **de Troie** Helen of Troy

**héler** /'ele/ ► conjug 6 ◄ VT *[+ navire, taxi]* to hail; *[+ personne]* to call, to hail

**hélianthe** /eljɑ̃t/ NM helianthus, sunflower

**hélianthine** /eljɑ̃tin/ NF helianthine, methyl orange

**hélice** /elis/ NF *(Tech)* propeller, screw(-propeller); *(Archit, Géom)* helix ♦ **escalier en** ~ spiral staircase ♦ ~ **double** double helix

**hélico** * /eliko/ NM (abrév de **hélicoptère**) chopper *, copter *

**hélicoïdal, e** (mpl **-aux**) /elikɔidal, o/ ADJ *(gén)* helical; *(Bot, Math)* helicoid

**hélicoïde** /elikɔid/ ADJ, NM helicoid

**hélicon** /elikɔ̃/ NM helicon

**hélicoptère** /elikɔptɛʀ/ NM helicopter ♦ ~ **d'attaque** attack helicopter ♦ ~ **de combat** helicopter gunship ♦ **transporter en** ~ to transport by helicopter, to helicopter ♦ **amener/évacuer par** ~ to take in/out by helicopter, to helicopter in/out ♦ **plate-forme pour** ~**s** helipad

**héligare** /eligaʀ/ NF helicopter station

**héliographe** /eljɔgʀaf/ NM heliograph

**héliographie** /eljɔgʀafi/ NF *(Astron, Typo)* heliography

**héliogravure** /eljogʀavyʀ/ NF heliogravure

**héliomarin, e** /eljomaʀɛ̃, in/ ADJ *[cure]* of sun and sea-air ♦ **établissement** ~ seaside sanatorium *(specializing in heliotherapy)*

**héliostat** /eljɔsta/ NM heliostat

**héliotrope** /eljɔtʀɔp/ NM *(Bot, Minér)* heliotrope

**héliport** /elipɔʀ/ NM heliport

**héliportage** /elipɔʀtaʒ/ NM helicopter transport

**héliporté, e** /elipɔʀte/ ADJ *[troupes]* helicopter-borne; *[évacuation, opération]* helicopter *(épith)*

**héliski** /eliski/ NM heli-skiing

**hélitreuiller** /elitʀœje/ ► conjug 1 ◄ VT to winch up into a helicopter

**hélium** /eljɔm/ NM helium

**hélix** /eliks/ NM *(Anat, Zool)* helix

**hellène** /elɛn/ ADJ Hellenic NMF **Hellène** Hellene

**hellénique** /elenik/ ADJ *(gén)* Greek; *(Antiq)* Hellenic

**hellénisant, e** /elenizɑ̃, ɑ̃t/ ADJ, NM,F ♦ **(juif)** ~ Hellenist, Hellenistic Jew ♦ **(savant)** ~ Hellenist, Hellenic scholar

**hellénisation** /elenizasjɔ̃/ NF Hellenization

**helléniser** /elenize/ ► conjug 1 ◄ VT to Hellenize

**hellénisme** /elenism/ NM Hellenism

**helléniste** /elenist/ NMF ⇒ **hellénisant**

**hellénistique** /elenistik/ ADJ Hellenistic

**hello** * /'ɛllo/ EXCL hello, hullo, hi *

**Helsinki** /ɛlzinki/ N Helsinki

**helvète** /ɛlvɛt/ ADJ Helvetian NMF **Helvète** Helvetian

**Helvétie** /ɛlvesi/ NF Helvetia

**helvétique** /ɛlvetik/ ADJ Swiss, Helvetian

**helvétisme** /ɛlvetism/ NM *(Ling)* Swiss idiom

**hem** /'ɛm/ EXCL (a)hem!, h'm!

**hématie** /emasi/ NF red (blood) corpuscle

**hématite** /ematit/ NF h(a)ematite

**hématologie** /ematɔlɔʒi/ NF haematology *(Brit)*, hematology *(US)*

**hématologique** /ematɔlɔʒik/ ADJ haematological *(Brit)*, hematological *(US)*

**hématologiste** /ematɔlɔʒist/, **hématologue** /ematɔlɔg/ NMF haematologist *(Brit)*, hematologist *(US)*

**hématome** /ematom/ NM bruise, haematoma *(Brit) (SPÉC)*, hematoma *(US) (SPÉC)*

**hématopoïèse** /ematopɔjɛz/ NF haematopoiesis, haematosis, haematogenesis

**héméralope** /emeʀalɔp/ ADJ night-blind, nyctalopic *(SPÉC)* NMF person suffering from night-blindness *ou* nyctalopia *(SPÉC)*

**héméralopie** /emeʀalɔpi/ NF night-blindness, nyctalopia *(SPÉC)*

**hémicycle** /emisikl/ NM semicircle, hemicycle; *(= salle)* amphitheatre ◆ **l'~ (de l'Assemblée nationale)** the benches of the French National Assembly, ≃ the benches of the Commons *(Brit)* *ou* House of Representatives *(US)*

**hémiplégie** /emipleʒi/ NF paralysis of one side, hemiplegia *(SPÉC)*

**hémiplégique** /emipleʒik/ ADJ paralyzed on one side, hemiplegic *(SPÉC)* NMF person paralyzed on one side, hemiplegic *(SPÉC)*

**hémisphère** /emisfɛʀ/ NM *(gén, Anat, Géog)* hemisphere ◆ **~ sud** *ou* **austral/nord** *ou* **boréal** southern/northern hemisphere

**hémisphérique** /emisfeʀik/ ADJ hemispheric(al)

**hémistiche** /emistiʃ/ NM hemistich

**hémodialyse** /emodjaliz/ NF haemodialysis *(Brit)*, hemodialysis *(US)* ◆ **séance d'~** session of haemodialysis *(Brit)* *ou* hemodialysis *(US)* treatment

**hémoglobine** /emɔglɔbin/ NF haemoglobin *(Brit)*, hemoglobin *(US)* ◆ **dans ce film, l'~ coule à flots** * this film is full of blood and gore

**hémophile** /emɔfil/ ADJ haemophilic *(Brit)*, hemophilic *(US)* NMF haemophiliac *(Brit)*, hemophiliac *(US)*

**hémophilie** /emɔfili/ NF haemophilia *(Brit)*, hemophilia *(US)*

**hémorragie** /emɔʀaʒi/ NF a *(Méd)* bleeding *(NonC)*, haemorrhage *(Brit)*, hemorrhage *(US)* ◆ **~ cérébrale** brain *ou* cerebral haemorrhage ◆ **~ interne** internal bleeding *(NonC)* *ou* haemorrhage ◆ **il a eu** *ou* **a fait une ~ interne** he suffered internal bleeding b *(= fuite)* *[de capitaux]* massive outflow *ou* drain; *[de cadres, talents]* mass exodus (*de* of); ◆ **pour stopper l'~ financière** to stem the massive outflow of money ◆ **l'~ démographique** *ou* **de population** the population drain

**hémorragique** /emɔʀaʒik/ ADJ haemorrhagic *(Brit)*, hemorrhagic *(US)*

**hémorroïdal, e** (mpl **-aux**) /emɔʀɔidal, o/ ADJ *(Méd)* haemorrhoidal *(Brit)*, hemorrhoidal *(US)*; *(Anat)* *[artère]* anorectal

**hémorroïde** /emɔʀɔid/ NF *(gén pl)* haemorrhoid *(Brit)*, hemorrhoid *(US)*, pile ◆ **avoir des ~s** to have haemorrhoids *ou* piles

**hémostatique** /emɔstatik/ ADJ, NM haemostatic *(Brit)*, hemostatic *(US)*; → **crayon**

**henné** /'ene/ NM henna ◆ **se faire un ~** to henna one's hair ◆ **cheveux teints au ~** hennaed hair

**hennin** /'enɛ̃/ NM *(Hist = bonnet)* hennin ◆ **~ à deux cornes** horned headdress

**hennir** /'eniʀ/ ▸ conjug 2 ◂ VI to neigh, to whinny; *(péj)* to bray

**hennissement** /'enismɑ̃/ NM *[de cheval]* neigh, whinny; *(péj)* *[de personne]* braying *(NonC)*

**Henri** /ɑ̃ʀi/ NM Henry

**hep** /'ɛp/ EXCL hey!

**héparine** /epaʀin/ NF heparin

**hépatique** /epatik/ ADJ *(Méd)* hepatic NMF person suffering from a liver complaint NF *(Bot)* liverwort, hepatic *(SPÉC)* ◆ **les ~s** the Hepaticae *(SPÉC)*

**hépatite** /epatit/ NF hepatitis ◆ **~ virale** viral hepatitis ◆ **~ A/B/C** hepatitis A/B/C ◆ **~ chronique/aiguë** chronic/acute hepatitis

**hépatologie** /epatɔlɔʒi/ NF hepatology

**heptaèdre** /ɛptaɛdʀ(ə)/ NM heptahedron

**heptagonal, e** (mpl **-aux**) /ɛptagɔnal, o/ ADJ heptagonal

**heptagone** /ɛptagɔn/ NM heptagon

**heptasyllabe** /ɛptasi(l)lab/ ADJ heptasyllabic NM heptasyllable

**heptathlon** /ɛptatlɔ̃/ NM heptathlon

**heptathlonien, -ienne** /ɛptatlɔnjɛ̃, jɛn/ NM,F heptathlete

**Héra** /eʀa/ NF Hera

**Héraclite** /eʀaklit/ NM Heraclitus

**héraldique** /eʀaldik/ ADJ heraldic NF heraldry

**héraldiste** /eʀaldist/ NMF heraldist, expert on heraldry

**héraut** /'eʀo/ NM a *(Hist)* **~ (d'armes)** herald b *(littér)* herald, harbinger *(littér)*

**herbacé, e** /ɛʀbase/ ADJ herbaceous

**herbage** /ɛʀbaʒ/ NM *(= herbe)* pasture, pasturage; *(= pré)* pasture

**herbager, -ère** /ɛʀbaʒe, ɛʀ/ ADJ *[paysage]* grassy; *[région]* with lot of grazing land NM,F grazier

**herbe** /ɛʀb/ NF a *(= plante)* grass *(NonC)*; *(= espèce)* grass ◆ **arracher une ~** to pull up a blade of grass ◆ **terrain en ~** field under grass ◆ **~s folles** wild grasses ◆ **jardin envahi par les ~s** weed-infested garden, garden overrun with weeds ◆ **dans les hautes ~s** in the long *ou* tall grass ◆ **faire de l'~ pour les lapins** to cut grass for rabbits ◆ **couper l'~ sous le pied de qn** *(fig)* to cut the ground *ou* pull the rug out from under sb's feet; → **déjeuner, mauvais**

b *(Culin, Méd)* herb ◆ **~s médicinales/aromatiques/potagères** medicinal/aromatic/pot herbs ◆ **omelette/porc aux ~s** omelette/pork with herbs; → **fin**[1]

c *( * = drogue)* grass *, pot *

d ◆ **en ~** *[blé]* in the blade *(attrib)*; *[écrivain, chimiste]* budding

COMP ▷ **herbe au chantre** sisymbrium, hedge mustard ▷ **herbe à chat** *ou* **aux chats** catmint, catnip ▷ **herbes de Provence** herbes de Provence, ≃ mixed herbs

> ⚠ **herbe** *se traduit par le mot anglais* **herb** *uniquement au sens culinaire ou médical.*

**herbeux, -euse** /ɛʀbø, øz/ ADJ grassy

**herbicide** /ɛʀbisid/ ADJ herbicidal NM weed-killer, herbicide

**herbier** /ɛʀbje/ NM *(= collection)* herbarium; *(= planches)* set of illustrations of plants; *(= banc d'algues)* seagrass bed

**herbivore** /ɛʀbivɔʀ/ ADJ herbivorous NM herbivore

**herborisation** /ɛʀbɔʀizasjɔ̃/ NF *(= action)* collection of plants

**herboriser** /ɛʀbɔʀize/ ▸ conjug 1 ◂ VI to collect plants, to botanize

**herboriste** /ɛʀbɔʀist/ NMF herbalist

**herboristerie** /ɛʀbɔʀistəʀi/ NF *(= commerce)* herb trade; *(= magasin)* herbalist('s shop)

**herbu, e** /ɛʀby/ ADJ grassy

**Hercule** /ɛʀkyl/ NM *(Myth)* Hercules ◆ **c'est un ~** he's a real Hercules ◆ **hercule de foire** strongman; → **travail**[1]

**herculéen, -enne** /ɛʀkyleɛ̃, ɛn/ ADJ Herculean

**hercynien, -ienne** /ɛʀsinjɛ̃, jɛn/ ADJ Hercynian

**hère** /'ɛʀ/ NM *(frm)* ◆ **pauvre ~** poor *ou* miserable wretch

**héréditaire** /eʀeditɛʀ/ ADJ hereditary ◆ **c'est ~** *(hum)* it runs in the family

**héréditairement** /eʀeditɛʀmɑ̃/ ADV hereditarily ◆ **caractère ~ transmissible d'une maladie** *(Méd)* hereditary nature of an illness

**hérédité** /eʀedite/ NF a *(Bio)* heredity *(NonC)* ◆ **il a une lourde ~** *ou* **une ~ chargée** his family has a history of illness ◆ **une ~ catholique/royaliste** *(culturelle)* a Catholic/Royalist heritage b *(Jur)* *(= droit)* right of inheritance; *(= caractère héréditaire)* hereditary nature

**hérésiarque** /eʀezjaʀk/ NM heresiarch

**hérésie** /eʀezi/ NF *(Rel)* heresy; *(fig)* sacrilege, heresy ◆ **servir du vin rouge avec le poisson est une véritable ~ !** *(hum)* it's absolute sacrilege to serve red wine with fish!

**hérétique** /eʀetik/ ADJ heretical NMF heretic

**hérissé, e** /'eʀise/ (ptp de **hérisser**) ADJ a *(= dressé)* *[poils, cheveux]* standing on end, bristling; *[barbe]* bristly b *(= garni)* **tête ~e de cheveux roux** head bristling with red hair ◆ **~ de poils** bristling with hairs ◆ **~ d'épines/de clous** spiked with thorns/nails ◆ **un poisson au corps ~ de piquants** a fish covered in spines ◆ **les routes sont ~es de pancartes** there are signs everywhere along the roads ◆ **cette traduction est ~e de difficultés** the translation is full of difficulties c *(= garni de pointes)* *[cactus, tige]* prickly

**hérisser** /'eʀise/ ▸ conjug 1 ◂ VT a *[animal]* **le chat hérisse ses poils** the cat bristles its coat *ou* makes its coat bristle ◆ **le porc-épic hérisse ses piquants** the porcupine bristles its spines *ou* makes its spines bristle ◆ **l'oiseau hérisse ses plumes** the bird ruffles its feathers

b *[vent, froid]* **le vent hérisse ses cheveux** the wind makes his hair stand on end

c *(= armer)* **~ une planche de clous** to spike a plank with nails ◆ **~ une muraille de créneaux** to top *ou* crown a wall with battlements

d *(= garnir)* **des clous hérissent la planche** the plank is spiked with nails ◆ **les créneaux qui hérissent la muraille** the battlements crowning the wall ◆ **de nombreuses difficultés hérissent le texte** numerous difficulties are scattered through the text

e *(= mettre en colère)* **~ qn** to put *ou* get sb's back up *, to make sb's hackles rise ◆ **il y a une chose qui me hérisse (les poils *), c'est le mensonge** there's one thing that gets my back up * and that's lying

VPR **se hérisser** a *[poils, cheveux]* to stand on end, to bristle ◆ **ses poils se sont hérissés quand il a entendu ça** his hackles rose when he heard that

b *[animal]* to bristle ◆ **le chat se hérissa** the cat's fur stood on end *ou* bristled, the cat bristled

c *(= se fâcher)* to bristle, to get one's back up * ◆ **il se hérisse facilement** it's easy to get his back up *

**hérisson** /'eʀisɔ̃/ NM a *(Zool)* hedgehog ◆ **~ de mer** sea urchin ◆ **c'est un vrai ~** *(péj)* he's very prickly b *[de ramoneur]* (chimney sweep's) brush, flue brush; *(= égouttoir)* draining rack *(for bottles)*; *(= herse)* beater

**héritage** /eʀitaʒ/ NM a *(= action)* inheritance b *[d'argent, biens]* inheritance, legacy; *[de coutumes, système]* heritage, legacy ◆ **faire un ~** to come into an inheritance ◆ **laisser qch en ~ à qn** to leave sth to sb, to bequeath sth to sb ◆ **l'~ du passé** the heritage *ou* legacy of the past ◆ **un tel déficit est un lourd ~** a deficit like that is a heavy burden to inherit

**hériter** /eʀite/ ► conjug 1 ◄ VT, **hériter de** VT INDIR *[+ maison, tradition, culture, qualités]* to inherit; *(hum) [+ punition]* to get ◆ **~ d'une fortune** to come into *ou* inherit a fortune ◆ **~ de son oncle** to inherit *ou* come into one's uncle's property ◆ **il a hérité de la maison de son oncle** he inherited his uncle's house ◆ **qui hériterait ?** who would benefit from the will?, who would inherit? ◆ **impatient d'~, il ...** eager to come into *ou* to gain his inheritance, he ... ◆ **et maintenant un bateau ? ils ont hérité !** *(hum)* and now they've got a boat? they must have won the lottery *ou* the pools *(Brit)*! ◆ **il a hérité d'un vieux chapeau** he has fallen heir to *ou* he has inherited an old hat ◆ **il a hérité d'un rhume** he's picked up a cold ◆ **ils ont hérité d'une situation catastrophique** they inherited a disastrous situation

**héritier** /eʀitje/ NM heir ◆ **~ naturel** heir-at-law ◆ **~ testamentaire** legatee ◆ **~ légitime** legitimate heir ◆ **~ présomptif de la couronne** heir apparent (to the throne) ◆ **~ d'une grande fortune/d'une longue tradition** heir to a large fortune/a long tradition ◆ **elle lui a donné un ~** *(hum)* she gave him an heir *ou* a son and heir

**héritière** /eʀitjɛʀ/ NF heiress

**hermaphrodisme** /ɛʀmafʀɔdism/ NM hermaphroditism

**hermaphrodite** /ɛʀmafʀɔdit/ ADJ hermaphrodite, hermaphroditic(al) NM hermaphrodite

**herméneutique** /ɛʀmenøtik/ ADJ hermeneutic NF hermeneutics *(sg)*

**Hermès** /ɛʀmɛs/ NM Hermes

**hermétique** /ɛʀmetik/ ADJ a *(= étanche) [récipient]* *(à l'air)* airtight; *(à l'eau)* watertight ◆ **cela assure une fermeture ~ de la porte** this makes sure that the door closes tightly *ou* that the door is a tight fit b *(= impénétrable) [secret]* impenetrable ◆ **visage ~** closed *ou* impenetrable expression ◆ **être ~ à** to be impervious to ◆ **il est ~ à ce genre de peinture** this kind of painting is a closed book to him c *(= obscur) [écrivain, livre]* abstruse, obscure d *(Alchimie, Littérat)* Hermetic

**hermétiquement** /ɛʀmetikmɑ̃/ ADV a *[fermer, joindre]* tightly, hermetically ◆ **emballage ~ fermé** hermetically sealed package ◆ **pièce ~ close** sealed(-up) room b *[s'exprimer]* abstrusely, obscurely

**hermétisme** /ɛʀmetism/ NM *(péj = obscurité)* abstruseness, obscurity; *(Alchimie, Littérat)* hermetism

**hermine** /ɛʀmin/ NF a *(Zool) (brune)* stoat; *(blanche)* ermine b *(= fourrure, Hér)* ermine

**herminette** /ɛʀminɛt/ NF adze

**Hermione** /ɛʀmjɔn/ NF Hermione

**herniaire** /ˈɛʀnjɛʀ/ ADJ hernial; → **bandage**

**hernie** /ˈɛʀni/ NF *(Méd)* hernia, rupture; *[de pneu]* bulge ◆ **~ discale** herniated *(SPÉC)* *ou* slipped disc ◆ **~ étranglée** strangulated hernia

**héro** * /eʀo/ NF (abrév de **héroïne 2**) heroin, smack ‡

**Hérode** /eʀɔd/ NM Herod; → **vieux**

**Hérodiade** /eʀɔdjad/ NF Herodias

**Hérodote** /eʀɔdɔt/ NM Herodotus

**héroïcomique** /eʀɔikɔmik/ ADJ mock-heroic

**héroïne**[1] /eʀɔin/ NF *(= femme)* heroine

**héroïne**[2] /eʀɔin/ NF *(= drogue)* heroin

**héroïnomane** /eʀɔinɔman/ ADJ addicted to heroin, heroin-addicted *(épith)* NMF heroin addict

**héroïnomanie** /eʀɔinɔmani/ NF heroin addiction

**héroïque** /eʀɔik/ ADJ heroic ◆ **l'époque ~** the pioneering days ◆ **les temps ~s** the heroic age

**héroïquement** /eʀɔikmɑ̃/ ADV heroically

**héroïsme** /eʀɔism/ NM heroism ◆ **manger ça, c'est de l'~ !** * eating that is nothing short of heroic! *ou* of heroism!

**héron** /ˈeʀɔ̃/ NM heron ◆ **~ cendré** grey heron

**héros** /ˈeʀo/ NM hero ◆ **mourir en ~** to die the death of a hero *ou* a hero's death ◆ **ils ont été accueillis en ~** they were given a hero's welcome ◆ **~ national** national hero ◆ **~ de la Résistance** hero of the (French) Resistance ◆ **le ~ du jour** the hero of the day

**herpès** /ɛʀpɛs/ NM *(gén)* herpes ◆ **~ génital** genital herpes ◆ **avoir de l'~** *(autour de la bouche)* to have a cold sore

**herpétique** /ɛʀpetik/ ADJ herpetic

**hersage** /ˈɛʀsaʒ/ NM *(Agr)* harrowing

**herse** /ˈɛʀs/ NF *(Agr)* harrow; *[de château]* portcullis; *(Théât)* batten

**herser** /ˈɛʀse/ ► conjug 1 ◄ VT *(Agr)* to harrow

**hertz** /ɛʀts/ NM hertz

**hertzien, -ienne** /ɛʀtsjɛ̃, jɛn/ ADJ *[ondes]* Hertzian; *[chaîne, diffusion, télévision]* terrestrial ◆ **réseau ~** *(TV)* terrestrial network; *(Radio)* radio-relay network

**hésitant, e** /ezitɑ̃, ɑ̃t/ ADJ *[personne, début]* hesitant; *[caractère]* wavering, hesitant; *[voix, pas]* hesitant, faltering

**hésitation** /ezitasjɔ̃/ NF hesitation ◆ **marquer une ~** *ou* **un temps d'~** to hesitate ◆ **j'accepte sans ~** I accept without hesitation *ou* unhesitatingly ◆ **après bien des ~s** after much hesitation ◆ **il eut un moment d'~ et répondit ...** he hesitated for a moment and replied ..., after a moment's hesitation he replied ... ◆ **je n'ai plus d'~s** I shall hesitate no longer ◆ **ses ~s continuelles** his continual hesitations *ou* dithering

**hésiter** /ezite/ GRAMMAIRE ACTIVE 36.2 ► conjug 1 ◄ VI a *(= balancer)* to hesitate ◆ **tu y vas ? – j'hésite** are you going? — I'm in two minds about it *ou* I'm not sure ◆ **il n'y a pas à ~** you don't need to think twice about it ◆ **sans ~** without hesitating, unhesitatingly ◆ **~ à faire** to hesitate to do, to be unsure whether to do ◆ **j'hésite à vous déranger** I don't want to disturb you ◆ **il hésitait sur la route à prendre** he hesitated as to which road to take, he dithered over which road to take *(Brit)* ◆ **~ sur une date** to hesitate over a date ◆ **~ entre plusieurs possibilités** to hesitate *ou* waver between several possibilities

b *(= s'arrêter)* to hesitate ◆ **~ dans ses réponses** to be hesitant in one's replies ◆ **~ en récitant sa leçon** to recite one's lesson falteringly *ou* hesitantly ◆ **~ devant l'obstacle** to falter *ou* hesitate before an obstacle

**Hespérides** /ɛspeʀid/ NFPL ◆ **les ~** the Hesperides

**hétaïre** /etaiʀ/ NF *(= prostituée)* courtesan; *(Antiq)* hetaera

**hétéro** * /eteʀo/ ADJ, NMF (abrév de **hétérosexuel**) hetero * *(épith)*, straight *

**hétéroclite** /eteʀɔklit/ ADJ *(= disparate) [ensemble, roman, bâtiment]* heterogeneous; *[objets]* sundry, ill-assorted ◆ **pièce meublée de façon ~** room filled with a miscellaneous *ou* an ill-assorted collection of furniture

**hétérodoxe** /eteʀɔdɔks/ ADJ heterodox

**hétérodoxie** /eteʀɔdɔksi/ NF heterodoxy

**hétérogamie** /eteʀɔgami/ NF heterogamy

**hétérogène** /eteʀɔʒɛn/ ADJ heterogeneous ◆ **c'est un groupe très ~** it's a very mixed *ou* heterogeneous group

**hétérogénéité** /eteʀɔʒeneite/ NF heterogeneousness

**hétérosexualité** /eteʀosɛksɥalite/ NF heterosexuality

**hétérosexuel, -elle** /eteʀosɛksɥɛl/ ADJ, NM,F heterosexual

**hétérozygote** /eteʀozigɔt/ ADJ heterozygous NMF heterozygote

**hêtraie** /ˈɛtʀɛ/ NF beech grove

**hêtre** /ˈɛtʀ/ NM *(= arbre)* beech (tree); *(= bois)* beech (wood) ◆ **~ pourpre/pleureur** copper/weeping beech

**heu** /ˈø/ EXCL *(doute)* h'm!, hem!; *(hésitation)* um!, er!

**heur** †† /œʀ/ NM good fortune ◆ **je n'ai pas eu l'~ de lui plaire** *(littér, iro)* I did not have the good fortune to please him, I was not fortunate enough to please him

## heure /œʀ/

NOM FÉMININ

a = mesure de durée hour ◆ **les ~s passaient vite/lentement** the hours went by quickly/slowly ◆ **l'~ tourne** time passes ◆ **j'ai attendu une bonne ~/une petite ~** I waited (for) a good hour/just under an hour ◆ **j'ai attendu 2 ~s d'horloge** I waited 2 solid hours ◆ **il a parlé des ~s** he spoke for hours ◆ **~ (de cours)** *(Scol)* class, ≃ period *(Brit)* ◆ **j'ai deux ~s de français aujourd'hui** ≃ I've two periods of French today ◆ **pendant les ~s de classe/de bureau** during school/office *ou* business hours ◆ **gagner/coûter 15 € de l'~** to earn/cost €15 an hour *ou* per hour ◆ **1 ~/3 ~s de travail** 1 hour's/3 hours' work ◆ **cela représente 400 ~s de travail** *ou* **400 ~s-homme** it represents 400 hours of work *ou* 400 man-hours ◆ **il me faut 12 ~s-machine** I need 12 hours' computer time ◆ **faire beaucoup d'~s** to put in long hours ◆ **lutter pour la semaine de 30 ~s (de travail)** to campaign for a 30-hour (working) week ◆ **c'est à plus d'une ~ de Paris** it's more than an hour (away) from Paris *ou* more than an hour's run from Paris ◆ **c'est à 2 ~s de route** it's 2 hours (away) by road ◆ **il y a 2 ~s de route** *ou* **voiture/train** it's a 2-hour drive/train journey, it takes 2 hours by car/train (to get there) ◆ **24 ~s sur 24** round the clock, 24 hours a day ◆ **ce sera fait dans les 24 ~s/48 ~s** it'll be done within 24 hours/48 hours

◆ **à l'heure** ◆ **être payé à l'~** *[travail]* to be paid by the hour; *[personne]* to be paid by the hour, to get an hourly rate ◆ **faire du 100 (km) à l'~** *(Aut)* to do 100 km an hour *ou* per hour; → **réception, supplémentaire**

b = division de la journée **savoir l'~** to know what time it is, to know the time ◆ **quelle ~ est-il ?** what time is it? ◆ **quelle ~ as-tu ?** what time do you make it? ◆ **avez-vous l'~ ?** have you got the time? ◆ **tu as vu l'~ (qu'il est) ?** do you realize what time it is? ◆ **il est 6 ~s/6 ~s 10/6 ~s moins 10/6 ~s et demie** it is 6 (o'clock)/10 past *ou* after *(US)* 6/10 to *ou* of *(US)* 6/half past *ou* after *(US)* 6 ◆ **10 ~s du matin/du soir** 10 (o'clock) in the morning/at night, 10 a.m./p.m. ◆ **à 16 ~s 30** at 4.30 p.m., at 16.30 *(Admin)* ◆ **il est 8 ~s passées** *ou* **sonnées** it's gone 8 ◆ **à 4 ~s pile** * *ou* **sonnant(es)** *ou* **tapant(es)** * *ou* **pétant(es)** ‡ at exactly 4 (o'clock), at dead on 4 (o'clock) * *(Brit)*, at 4 (o'clock) on the dot * ◆ **à 4 ~s juste(s)** at 4 sharp ◆ **je prendrai le train de 6 ~s** I'll take the 6 o'clock train ◆ **les bus passent à l'~/à l'~ et à la demie** the buses come on the hour/on the hour and on the half hour ◆ **à une ~ avancée (de la nuit)** late at night ◆ **jusqu'à une ~ avancée (de la nuit)** late *ou* well into the night ◆ **ils ont joué aux échecs jusqu'à pas** * *ou* **point** * *(hum)* **d'~** they played chess into the early hours ◆ **se coucher à pas** * **d'~** to stay up till all hours ◆ **demain, à la première** ~ *(= très tôt)* tomorrow at first light

◆ **de la première heure** ◆ **il fut un partisan de la première ~ de De Gaulle** he was a follower of De Gaulle from the beginning

◆ **de la dernière** *ou* **onzième heure** ◆ **les ouvriers de la dernière** *ou* **onzième** ~ people who turn up when the work is almost finished ◆ **collaborateur/candidat de la dernière** ~ last-minute helper/candidate

◆ **de bonne heure** *(dans la journée)* early; *(dans la vie)* early in life; → **lever**[1]

◆ **d'heure en heure** with each passing hour, hour by hour ◆ **le pays entier suit le sauvetage d'~ en ~** the whole country is following every minute of the rescue operation ◆ **son inquiétude grandissait d'~ en ~** hour by hour *ou* as the hours went by he grew more (and more) anxious, he grew hourly more anxious

◆ **d'une heure à l'autre** *(= incessamment)* ◆ **nous l'attendons d'une ~ à l'autre** we are expecting him any time (now) ◆ **la situation évolue d'une ~ à l'autre** *(= rapidement)* the situation changes from one moment to the next

**c** [= moment fixé] time ◆ **c'est l'~ !** *(de rendre un devoir)* time's up! ◆ **c'est l'~ de rentrer/d'aller au lit !** it's time to go home!/for bed! ◆ **avant l'~** before time, ahead of time, early ◆ **un homme vieilli avant l'~** a man grown old before his time ◆ **un cubiste avant l'~** a cubist before the term was ever invented ◆ **après l'~** late ◆ **venez quand vous voulez, je n'ai pas d'~** come when you like, I have no fixed timetable *ou* schedule, come when you like, any time suits me ◆ **~ de Greenwich** Greenwich mean time ◆ **~ légale/locale** standard/local time ◆ **il est midi, ~ locale/~ de Paris** it's noon, local time/Paris time ◆ **nous venons de passer à l'~ d'hiver** we have just put the clocks back ◆ **~ d'été, ~ avancée** *(Can)* daylight saving(s) time, (British) summer time *(Brit)* ◆ **passer à l'~ d'été** to go over *ou* change to summer time ◆ **l'~ militaire** the right *ou* exact time ◆ **l'~ c'est l'~, avant l'~ ce n'est pas l'~, après l'~ ce n'est plus l'~** * a minute late is a minute too late ◆ **il n'y a pas d'~ pour les braves** *(hum)* any time is a good time; → **laitier**

◆ **à l'heure** ◆ **arriver/être à l'~** *[personne, train]* to arrive/be on time ◆ **ma montre/l'horloge est toujours à l'~** my watch/the clock is always right *ou* keeps good time ◆ **ma montre n'est pas à l'~** my watch is wrong ◆ **mettre sa montre à l'~** to set *ou* put one's watch right; → **remettre**

**d** [= moment] time, moment ◆ **je n'ai pas une ~ à moi** I haven't a moment to myself ◆ **l'~ est venue** *ou* **a sonné** *(frm)* the time has come ◆ **nous avons passé ensemble des ~s merveilleuses** we spent many happy hours together ◆ **à ~s fixes** at fixed times ◆ **~s d'ouverture/de fermeture** opening/closing times ◆ **elle fait ses courses pendant son ~ de table** she does her shopping during the *ou* her lunch hour ◆ **les problèmes de l'~** the problems of the moment ◆ **l'~ est grave** it is a grave moment ◆ **l'~ est à la concertation** it is now time for consultation and dialogue, dialogue is now the order of the day ◆ **l'~ n'est pas à la rigolade** * this is no time for laughing *ou* for jokes ◆ **"Paris à l'heure écossaise"** "Paris goes Scottish" ◆ **à l'époque, tout le monde vivait à l'~ américaine** at that time everybody wanted an American lifestyle

◆ **l'heure de** ◆ **l'~ du déjeuner** lunchtime, time for lunch ◆ **l'~ d'aller se coucher** bedtime, time for bed ◆ **l'~ du biberon** (baby's) feeding time ◆ **à l'~** *ou* **aux ~s des repas** at mealtime(s) ◆ **l'~ des mamans** *(en maternelle)* home time ◆ **l'~ de la sortie** *[d'écoliers, ouvriers]* time to go home ◆ **travailler/rester jusqu'à l'~ de la sortie** to work/stay until it is time to go home

◆ **à l'heure qu'il est, à cette heure** at this moment in time, at present ◆ **à l'~ qu'il est, nous ignorons encore ...** at present we still don't know ... ◆ **à l'~ qu'il est, il devrait être rentré** he should be home by now ◆ **selon les informations dont nous disposons à cette ~ ...** according to the latest information ...; → **creux, H**

◆ **à l'heure de** ◆ **à l'~ de notre mort** at the hour of our death ◆ **à l'~ de la mondialisation, il est important d'être compétitif** with the advent of globalization, it is important to be competitive ◆ **la France à l'~ de l'ordinateur** France in the computer age ◆ **il faut mettre nos universités à l'~ de l'Europe** our universities have got to start thinking in terms of Europe *ou* start thinking European

◆ **à l'heure actuelle** *(= en ce moment)* at the moment; *(= à notre époque)* at present ◆ **à l'~ actuelle, il se trouve à New York** he's in New York at the moment ◆ **il n'existe pas, à l'~ actuelle, de remède** at present there is no cure

◆ **à toute heure** at any time (of the day) ◆ **repas chauds à toute ~** hot meals all day ◆ **à toute ~ du jour et de la nuit** at every hour of the day and night

◆ **pour l'heure** for the time being ◆ **pour l'~, rien n'est décidé** nothing has been decided as yet *ou* for the time being

◆ **sur l'heure** *(littér)* at once ◆ **il décommanda sur l'~ tous ses rendez-vous** he immediately cancelled all his meetings

**e** [locutions]

◆ *adjectif possessif* + **heure** ◆ **il est poète/aimable à ses ~s** he writes poetry/he can be quite pleasant when the fancy takes him *ou* when he's in the mood ◆ **ce doit être Paul - c'est son ~** it must be Paul - it's his (usual) time ◆ **votre ~ sera la mienne** name *ou* say a time ◆ **elle a eu son ~ de gloire/de célébrité** she has had her hour of glory/fame ◆ **il aura son ~** *(de gloire etc)* his hour *ou* time will come ◆ **il attend son ~** he is biding his time *ou* waiting for the right moment ◆ **son ~ viendra/est venue** *(de mourir)* his time will come/has come ◆ **sa dernière ~ a sonné** his time has come *ou* is up

◆ **à la bonne heure!** * *(= très bien)* that's fine!; *(iro)* that's a fine idea! *(iro)*

**f** [Rel] **~s canoniales** canonical hours ◆ **Grandes/Petites ~s** night/daylight offices; → **livre**[1]

---

**heureusement** /øʀøzmɑ̃/ **ADV** **a** *(= par bonheur, tant mieux)* fortunately, luckily ◆ **~, il n'y avait personne** fortunately, there was no one there ◆ **~ pour lui !** fortunately *ou* luckily for him! ◆ **il est parti, ~ !, ~ qu'il est parti** * thank goodness he's gone **b** *(= judicieusement)* happily ◆ **mot ~ choisi** well *ou* felicitously *(frm)* chosen word ◆ **phrase ~ tournée** cleverly turned sentence **c** *(= favorablement)* successfully ◆ **l'entreprise fut ~ menée à terme** the task was successfully completed ◆ **tout s'est ~ terminé** it all turned out well in the end

**heureux, -euse** /øʀø, øz/ **GRAMMAIRE ACTIVE 30, 38.1, 38.3, 51.1, 51.2, 52.4** **ADJ** **a** *(gén après n = rempli de bonheur) [personne, souvenir, vie]* happy ◆ **il a tout pour être ~** he has everything he needs to be happy *ou* to make him happy ◆ **ils vécurent ~** *(dans un conte)* they lived happily ever after ◆ **~ comme un poisson dans l'eau** *ou* **comme un roi** *ou* **comme un pape** happy as Larry * *(Brit)* *ou* a sandboy *(Brit)* *ou* a clam *(US)* ◆ **~ celui qui ... !** happy is he who ...! ◆ **~ les simples d'esprit** *(Bible)* blessed are the poor in spirit ◆ **ces jouets vont faire des ~ !** these toys will make some children very happy! ◆ **ne jette pas tes vieux livres, ça pourrait faire des ~** don't throw away your old books, some people might be glad of them *ou* glad to have them; → **bon**[1]

**b** *(= satisfait)* happy, pleased ◆ **je suis très ~ d'apprendre la nouvelle** I am very glad *ou* happy *ou* pleased to hear the news ◆ **M. et Mme Durand sont ~ de vous annoncer ...** Mr and Mrs Durand are happy *ou* pleased to announce ... ◆ **je suis ~ de ce résultat** I am pleased *ou* happy with this result ◆ **je suis ~ de cette rencontre** I am pleased *ou* glad about this meeting ◆ **il sera trop ~ de vous aider** he'll be only too glad *ou* happy *ou* pleased to help you ◆ **~ de vous revoir** nice *ou* good *ou* pleased to see you again ◆ **alors, heureuse ?** *(hum)* how was it for you? *(hum)*

**c** *(gén avant n = qui a de la chance) [personne]* fortunate, lucky ◆ **~ au jeu/en amour** lucky at cards/in love ◆ **~ au jeu, malheureux en amour** lucky at cards, unlucky in love ◆ **c'est ~ (pour lui) que** it is fortunate *ou* lucky (for him) that ◆ **il accepte de venir – c'est encore ~ !** he's willing to come – it's just as well! *ou* I should think so too! ◆ **encore ~ que je m'en sois souvenu !** it's just as well *ou* it's lucky *ou* it's a good thing that I remembered!; → **élu, main**

**d** *(gén avant n = optimiste, agréable) [disposition, caractère]* happy, cheerful; → **nature**

**e** *(= judicieux) [décision, choix]* fortunate, happy; *[formule, expression, effet, mélange]* happy, felicitous *(frm)* ◆ **un ~ mariage de styles** a successful combination of styles

**f** *(= favorable) [présage]* propitious, happy; *[résultat, issue]* happy ◆ **par un ~ hasard** by a fortunate coincidence ◆ **attendre un ~ événement** to be expecting a happy event

**heuristique** /øʀistik/ **ADJ** heuristic **NF** heuristics *(sg)*

**heurt** /'œʀ/ **NM** **a** *(= choc) [de voitures]* collision; *[d'objets]* bump **b** *(= conflit)* clash ◆ **il y a eu des ~s entre la police et les manifestants** there were clashes between the police and the demonstrators ◆ **sans ~(s)** *[se passer]* smoothly ◆ **la réforme ne se fera pas sans ~s** the reform will not have a smooth passage ◆ **leur amitié ne va pas sans quelques ~s** their friendship has its ups and downs *ou* goes through occasional rough patches

**heurté, e** /'œʀte/ (ptp de **heurter**) **ADJ** *[style, jeu, carrière]* jerky, uneven; *[discours]* jerky, halting

**heurter** /'œʀte/ ► conjug 1 ◄ **VT** **a** *(= cogner) [+ objet]* to strike, to hit; *[+ personne]* to collide with; *[+ voiture]* to bump into; *(= bousculer)* to jostle ◆ **~ qch du coude/du pied** to strike *ou* hit sth with one's elbow/foot ◆ **la voiture a heurté un arbre** the car ran into *ou* struck a tree

**b** *(= choquer) [+ personne, préjugés]* to offend; *[+ théorie, bon goût, bon sens, tradition]* to go against, to run counter to; *[+ amour-propre]* to upset; *[+ opinions]* to conflict *ou* clash with ◆ **~ qn de front** to clash head-on with sb

**VI** ◆ **~ à** to knock at *ou* on ◆ **~ contre qch** *[personne]* to stumble against sth; *[objet]* to knock *ou* bang against sth

**VPR se heurter** a *(= s'entrechoquer) [passants, voitures]* to collide (with each other); *[objets]* to hit one another ◆ **ses idées se heurtaient dans sa tête** his head was a jumble of ideas, ideas jostled about in his head
b *(= s'opposer) [personnes, opinions, couleurs]* to clash (with each other)
c *(= cogner contre)* **se ~ à** *ou* **contre qn/qch** to collide with sb/sth ◆ **se ~ à un refus** to meet with *ou* come up against a refusal ◆ **se ~ à un problème** to come up against a problem

**heurtoir** /'œʀtwaʀ/ **NM** *[de porte]* (door) knocker; *(Tech = butoir)* stop; *(Rail)* buffer

**hévéa** /evea/ **NM** hevea

**hexadécimal, e** (mpl **-aux**) /egzadesimal, o/ **ADJ** hexadecimal

**hexaèdre** /ɛgzaɛdʀ/ **ADJ** hexahedral **NM** hexahedron

**hexaédrique** /ɛgzaedʀik/ **ADJ** hexahedral

**hexagonal, e** (mpl **-aux**) /ɛgzagɔnal, o/ **ADJ** a *(Géom)* hexagonal b *(= français) [politique, frontière]* national; *(péj) [conception]* chauvinistic

**hexagone** /ɛgzagɔn/ **NM** a *(Géom)* hexagon b ◆ **l'Hexagone** (metropolitan) France

**hexamètre** /ɛgzamɛtʀ/ **ADJ** hexameter *(épith)*, hexametric(al) **NM** hexameter

**Hezbollah** /ɛzbɔla/ **NM** ◆ **le ~** Hezbollah

**HF** (abrév de **haute fréquence**) HF, h.f.

**hiatal, e** (mpl **-aux**) /'jatal, o/ **ADJ** hiatal, hiatus *(épith)* ◆ **hernie ~e** hiatus hernia

**hiatus** /'jatys/ **NM** *(Anat, Ling)* hiatus; *(= incompatibilité)* gap, discrepancy (*entre* between)

**hibernal, e** (mpl **-aux**) /ibɛʀnal, o/ **ADJ** winter *(épith)*, hibernal *(frm)*

**hibernation** /ibɛʀnasjɔ̃/ **NF** hibernation ◆ **~ artificielle** *(Méd)* induced hypothermia

**hiberner** /ibɛʀne/ ► conjug 1 ◄ **VI** to hibernate

**hibiscus** /ibiskys/ **NM** hibiscus

**hibou** (pl **hiboux**) /'ibu/ **NM** owl ◆ **(vieux) ~** * *(péj)* crusty old bird * *ou* beggar * *ou* devil *

**hic** * /'ik/ **NM** ◆ **c'est là le ~** that's the snag *ou* the trouble ◆ **il y a un ~** there's a snag *ou* slight problem

**hic et nunc** /'ikɛtnɔ̃k/ **LOC ADV** immediately, at once, there and then

**hickory** /'ikɔʀi/ **NM** hickory

**hidalgo** /idalgo/ **NM** hidalgo ◆ **un bel ~** *(hum)* a dark dashing Spaniard (*ou* Italian *etc*)

**hideur** /'idœʀ/ **NF** *(littér)* hideousness *(NonC)*

**hideusement** /'idøzmɑ̃/ **ADV** hideously

**hideux, -euse** /'idø, øz/ **ADJ** hideous

**hier** /jɛʀ/ **ADV** yesterday ◆ **~ (au) soir** yesterday evening, last night *ou* evening ◆ **toute la matinée d'~** all yesterday morning ◆ **toute la journée d'~** all day yesterday ◆ **il avait tout ~ pour se décider** he had all (day) yesterday to make up his mind ◆ **je m'en souviens comme si c'était ~** I remember it as if it was *ou* were yesterday; → **dater, naître**

**hiérarchie** /'jeʀaʀʃi/ **NF** hierarchy; *(= supérieurs)* superiors

**hiérarchique** /'jeʀaʀʃik/ **ADJ** hierarchic(al) ◆ **chef** *ou* **supérieur ~** superior, senior in rank *ou* in the hierarchy; → **voie**

**hiérarchiquement** /'jeʀaʀʃikmɑ̃/ **ADV** hierarchically

**hiérarchisation** /'jeʀaʀʃizasjɔ̃/ **NF** *(= action)* organization into a hierarchy; *(= organisation)* hierarchical organization ◆ **la ~ des tâches** the prioritization of tasks

**hiérarchiser** /'jeʀaʀʃize/ ► conjug 1 ◄ **VT** *[+ structure]* to organize into a hierarchy; *[+ tâches]* to prioritize ◆ **institution/société hiérarchisée** hierarchical institution/society ◆ **hiérarchisons ces questions** let's sort out these questions in order of priority

**hiératique** /'jeʀatik/ **ADJ** hieratic

**hiératisme** /'jeʀatism/ **NM** hieratic quality

**hiéroglyphe** /'jeʀɔglif/ **NM** hieroglyph(ic) ◆ **~s** *(= plusieurs symboles)* hieroglyph(ic)s; *(= système d'écriture, aussi péj)* hieroglyphics

**hiéroglyphique** /'jeʀɔglifik/ **ADJ** hieroglyphic(al)

**hi-fi** /'ifi/ **ADJ INV, NF INV** (abrév de **high fidelity**) hi-fi

**high-tech** /'ajtɛk/ **ADJ INV, NM INV** (abrév de **high technology**) hi-tech, high-tech

**hi-han** /'iɑ̃/ **EXCL** heehaw!

**hi-hi** /hihi/ **EXCL** *(rire)* tee-hee!, hee-hee!; *(pleurs)* boo hoo!, sniff-sniff!

**hilarant, e** /ilaʀɑ̃, ɑ̃t/ **ADJ** *[film, scène, aventure]* hilarious, side-splitting; → **gaz**

**hilare** /ilaʀ/ **ADJ** *[visage, personne]* beaming ◆ **il était ~** he was beaming all over his face

**hilarité** /ilaʀite/ **NF** hilarity, mirth ◆ **provoquer** *ou* **déclencher l'~ générale** to cause great mirth

**hile** /'il/ **NM** *(Anat, Bot)* hilum

**hilote** /ilɔt/ **NM** ⇒ **ilote**

**Himalaya** /imalaja/ **NM** ◆ **l'~** the Himalayas ◆ **escalader un sommet de l'~** to climb one of the Himalayan peaks *ou* one of the peaks in the Himalayas

**himalayen, -yenne** /imalajɛ̃, jɛn/ **ADJ** Himalayan

**hindi** /indi/ **NM** *(Ling)* Hindi

**hindou, e** /ɛ̃du/ **ADJ** *[coutumes, dialecte]* Hindu, Hindoo; † *[nationalité]* Indian **NM,F** **Hindou(e)** *(= croyant)* Hindu, Hindoo; († = *citoyen)* Indian

**hindouisme** /ɛ̃duism/ **NM** Hinduism, Hindooism

**hindouiste** /ɛ̃duist/ **ADJ, NMF** Hindu, Hindoo

**Hindoustan** /ɛ̃dustɑ̃/ **NM** Hindustan

**hindoustani** /ɛ̃dustani/ **NM** Hindustani

**hip** /'ip/ **EXCL** ◆ **~ ~ ~ hourra!** hip hip hurray! *ou* hurrah!

**hip(-)hop** /ipɔp/ **NM** *(Mus)* hip-hop

**hippie** /'ipi/ **ADJ, NMF** hippy

**hippique** /ipik/ **ADJ** horse *(épith)*, equestrian ◆ **chronique ~** racing news *(sg)* ◆ **le sport ~** equestrian sport

**hippisme** /ipism/ **NM** (horse) riding, equestrianism

**hippo** * /ipo/ **NM** (abrév de **hippopotame**) hippo *

**hippocampe** /ipɔkɑ̃p/ **NM** *(Anat, Myth)* hippocampus; *(= poisson)* sea horse

**Hippocrate** /ipɔkʀat/ **NM** Hippocrates; → **serment**

**hippocratisme** /ipɔkʀatism/ **NM** *(Méd) (= doctrine)* Hippocratism ◆ **~ digital** Hippocratic *ou* clubbed fingers

**hippodrome** /ipodʀom/ **NM** *(= champ de courses)* racecourse *(Brit)*, racetrack *(US)*; *(Antiq)* hippodrome

**hippogriffe** /ipogʀif/ **NM** hippogriff, hippogryph

**Hippolyte** /ipɔlit/ **NM** Hippolytus

**hippomobile** /ipomɔbil/ **ADJ** horse-drawn

**hippophagique** /ipɔfaʒik/ **ADJ** ◆ **boucherie ~** horse(meat) butcher's

**hippopotame** /ipɔpɔtam/ **NM** hippopotamus, hippo * ◆ **c'est un vrai ~** * he (*ou* she) is like an elephant * *ou* a hippo *

**hippy** (pl **hippies**) /'ipi/ **ADJ, NMF** ⇒ **hippie**

**hirondelle** /iʀɔ̃dɛl/ **NF** a *(Zool)* swallow ◆ **~ de fenêtre/de rivage** house/sand martin ◆ **~ de cheminée** barn swallow ◆ **~ de mer** tern ◆ **une ~ ne fait pas le printemps** *(Prov)* one swallow doesn't make a summer *(Prov)* → **nid** b († * = *policier)* (bicycle-riding) policeman

**Hiroshima** /iʀɔʃima/ **N** Hiroshima

**hirsute** /iʀsyt/ **ADJ** a *(= ébouriffé) [tête]* tousled; *[personne]* shaggy-haired; *[barbe]* shaggy ◆ **un individu ~** a shaggy-haired *ou* hirsute individual b *(Méd)* hirsute

**hirsutisme** /iʀsytism/ **NM** *(Méd)* hirsutism

**hispanique** /ispanik/ **ADJ** Hispanic

**hispanisant, e** /ispanizɑ̃, ɑ̃t/ **NM,F** *(= spécialiste)* hispanist; *(= étudiant)* Spanish scholar

**hispanisme** /ispanism/ **NM** hispanicism

**hispaniste** /ispanist/ **NMF** ⇒ **hispanisant**

**hispanité** /ispanite/ **NF** Spanish identity

**hispano-américain, e** (mpl **hispano-américains**) /ispanoameʀikɛ̃, ɛn/ **ADJ** Spanish-American **NM** *(Ling)* Latin American Spanish **NM,F** **Hispano-Américain(e)** Spanish-American, Hispanic *(US)*

**hispano-arabe** (mpl **hispano-arabes**) /ispanoaʀab/, **hispano-mauresque** (mpl **hispano-mauresques**) /ispanomɔʀɛsk/ **ADJ** Hispano-Moresque

**hispanophone** /ispanɔfɔn/ **ADJ** Spanish-speaking; *[littérature]* Spanish-language *(épith)*, in Spanish *(attrib)* **NMF** Spanish speaker

**hisse** /'is/ **oh hisse LOC EXCL** heave ho!

**hisser** /'ise/ ► conjug 1 ◄ **VT** *(Naut)* to hoist; *(= soulever) [+ objet]* to hoist, to haul up, to heave up; *[+ personne]* to haul up, to heave up ◆ **~ les couleurs** to run up *ou* hoist the colours ◆ **hissez les voiles !** up sails! ◆ **~ qn au pouvoir** to hoist sb into a position of power **VPR se hisser** to heave o.s. up, to haul o.s. up ◆ **se ~ sur un toit** to heave *ou* haul o.s. (up) onto a roof ◆ **se ~ sur la pointe des pieds** to stand up *ou* raise o.s. on tiptoe ◆ **se ~ à la première place** to work one's way up to first place

**histamine** /istamin/ **NF** histamine

**histaminique** /istaminik/ **ADJ** histaminic

**histocompatibilité** /istokɔ̃patibilite/ **NF** histocompatibility

**histogramme** /istɔgʀam/ **NM** histogram

**histoire** /istwaʀ/ **NF** a *(= science, événements)* **l'~** history ◆ **l'~ jugera** posterity will be the judge ◆ **laisser son nom dans l'~** to find one's place in history ◆ **tout cela, c'est de l'~ ancienne** * all that's ancient history * ◆ **~ naturelle** † natural history ◆ **l'~ de France** French history, the history of France ◆ **l'~ de l'art/de la littérature** art/literary history ◆ **l'~ des sciences** the history of science ◆ **l'Histoire sainte** Biblical *ou* sacred history ◆ **la petite ~** the footnotes of history ◆ **pour la petite ~** anecdotally
b *(= déroulement de faits)* history ◆ **son ~ familiale** his family history ◆ **raconter l'~ de sa vie** to tell one's life story *ou* the story of one's life
c *(Scol) (= leçon)* history (lesson); († = *livre)* history book
d *(= récit, conte)* story ◆ **c'est toute une ~** it's a long story ◆ **une ~ vraie** a true story ◆ **~ de pêche/de revenants** fishing/ghost story ◆ **~ d'amour** love story ◆ **~ drôle** funny story, joke ◆ **~ marseillaise** tall story *ou* tale, fisherman's tale *(Brit)* ◆ **~ à dormir debout** cock-and-bull story, tall story ◆ **~ de fous** shaggy-dog story ◆ **c'est une ~ de fous !** it's

absolutely crazy! ◆ **qu'est-ce que c'est que cette ~ ?** what on earth is all this about?, just what is all this about? ◆ **le plus beau** *ou* **curieux de l'~ c'est que** the best part *ou* strangest part of it is that ◆ **l'~ veut qu'il ait dit ...** the story goes that he said ...

**e** *(* = mensonge)* story, fib * ◆ **tout ça, ce sont des ~s** that's just a lot of fibs *, you've (*ou* they *etc*) made all that up ◆ **tu me racontes des ~s** you're pulling my leg, come off it! *

**f** *(* = affaire, incident)* business ◆ **c'est une drôle d'~** it's a funny business ◆ **il vient de lui arriver une curieuse ~/une drôle d'~** something odd/funny has just happened to him ◆ **ils se sont disputés pour une ~ d'argent/de femme** they had a fight over money/about a woman ◆ **se mettre dans une sale ~, se mettre une sale ~ sur le dos** to get mixed up in some nasty business ◆ **sa nomination va faire toute une ~** his appointment will cause a lot of fuss *ou* a great to-do, there will be quite a fuss *ou* to-do over his appointment ◆ **c'est toujours la même ~ !** it's always the same old story! ◆ **ça, c'est une autre ~ !** that's (quite) another story! ◆ **j'ai pu avoir une place mais ça a été toute une ~** I managed to get a seat but it was a real struggle ◆ **sans ~s** *[personne]* ordinary; *[vie, enfance]* uneventful; *[se dérouler]* uneventfully

**g** * *(= relation amoureuse)* (love) affair; *(= dispute)* falling-out ◆ **pourquoi ne se parlent-ils pas ? – il y a une ~ entre eux** why aren't they on speaking terms? – they fell out over something

**h** *(= chichis)* fuss, to-do, carry-on * *(Brit)* ◆ **quelle ~ pour si peu !** what a to-do *ou* fuss *ou* carry-on * *(Brit)* over so little! ◆ **faire un tas d'~s** to make a whole lot of fuss *ou* a great to-do ◆ **au lit, et pas d'~s !** off to bed, and I don't want any fuss! ◆ **il fait ce qu'on lui demande sans faire d'~s** he does what he is told without (making) a fuss

**i** *(* loc)* ~ **de faire** just to do ◆ **~ de prendre l'air** just for a breath of (fresh) air ◆ **~ de rire** just for a laugh *, just for fun ◆ **il a essayé, ~ de voir/de faire quelque chose** he had a go just to see what it was like/just for something to do

**NFPL** **histoires** * *(= ennuis)* trouble ◆ **faire** *ou* **chercher des ~s à qn** to make trouble for sb ◆ **cela ne peut lui attirer** *ou* **lui valoir que des ~s** that's bound to get him into trouble, that will cause him nothing but trouble ◆ **je ne veux pas d'~s avec la police/les voisins** I don't want any trouble with the police/ the neighbours

**histologie** /istɔlɔʒi/ **NF** histology

**histologique** /istɔlɔʒik/ **ADJ** histological

**historicisme** /istɔʀisism/ **NM** historicism

**historicité** /istɔʀisite/ **NF** historicity

**historié, e** /istɔʀje/ **ADJ** *(Art)* historiated

**historien, -ienne** /istɔʀjɛ̃, jɛn/ **NM,F** *(= savant)* historian; *(= étudiant)* history student, historian

**historiette** /istɔʀjɛt/ **NF** little story, anecdote

**historiographe** /istɔʀjɔgʀaf/ **NMF** historiographer

**historiographie** /istɔʀjɔgʀafi/ **NF** historiography

**historiographique** /istɔʀjɔgʀafik/ **ADJ** *[tradition, courant, connaissance]* historiographical

**historique** /istɔʀik/ **ADJ** **a** *[étude, vérité, roman, temps]* historical; *[personnage, événement, monument]* historic; *(= mémorable)* historic ◆ **c'est une journée ~ pour notre équipe** it's a red letter day *ou* a historic day for our team ◆ **le yen a atteint son record ~ hier** the yen reached a record *ou* an all-time high yesterday ◆ **l'action a battu son record ~ de baisse** the share price fell to a record *ou* all-time low ◆ **le fleuve a atteint son plus haut niveau ~** the river reached the highest level ever recorded **b** *(= tout premier) [chef de parti, opérateur]* very first **NM** history ◆ **faire l'~ de** *[+ problème, institution]* to trace the history of

**historiquement** /istɔʀikmɑ̃/ **ADV** historically

**histrion** /istʀijɔ̃/ **NM** **a** *(Hist Théât)* (wandering) minstrel, strolling player **b** *(péj = comédien)* ham (actor)

**hit** * /it/ **NM** hit *

**hitlérien, -ienne** /itleʀjɛ̃, jɛn/ **ADJ, NM,F** Hitlerian, Hitlerite

**hitlérisme** /itleʀism/ **NM** Hitlerism

**hit-parade** (pl **hit-parades**) /'itpaʀad/ **NM** *(Mus)* ◆ **le ~** the charts ◆ **premier/bien placé au ~** number one/high up in the charts ◆ **être en tête du ~** to be at the top of the charts ◆ **figurer au ~ du chômage** *[pays]* to be in the list of countries with high unemployment ◆ **être bien placé au ~ des hommes politiques** to be one of the most popular politicians ◆ **il arrive en tête au ~ des acteurs les plus payés** he's at the top of the list of the most highly paid actors

**hittite** /'itit/ **ADJ** Hittite **NMF** **Hittite** Hittite

**HIV** /aʃive/ **NM** (abrév de **human immunodeficiency virus**) HIV ◆ **virus ~** HIV virus

**hiver** /ivɛʀ/ **NM** winter ◆ **il fait un temps d'~** it's like winter, it's wintry weather ◆ **~ nucléaire** nuclear winter ◆ **à l'~ de sa vie** *(littér)* in the twilight of his (*ou* her) life

**hivernage** /ivɛʀnaʒ/ **NM** **a** *[de bateau, caravane, bétail]* wintering **b** *(Mét)* rainy season **c** *(= fourrage)* winter fodder

**hivernal, e** (mpl **-aux**) /ivɛʀnal, o/ **ADJ** *(lit = de l'hiver) [brouillard, pluies]* winter *(épith)*, hibernal *(frm)*; *(= comme en hiver) [atmosphère, température, temps]* wintry *(épith)* ◆ **en période ~e** in winter ◆ **il faisait une température ~e** it was as cold as (in) winter, it was like winter ◆ **station ~e** winter resort **NF** **hivernale** *(Alpinisme)* winter ascent

**hivernant, e** /ivɛʀnɑ̃, ɑt/ **NM,F** winter visitor *ou* holiday-maker *(Brit)*

**hiverner** /ivɛʀne/ ► conjug 1 ◄ **VI** to winter **VT** *[+ bétail]* to winter; *[+ terre]* to plough before winter

**HLA** /aʃɛla/ **ADJ** (abrév de **human leucocyte antigens**) HLA ◆ **système ~** HLA system

**HLM** /'aʃɛlɛm/ **NM** *ou* **nf** (abrév de **habitation à loyer modéré**) ◆ **cité ~** council housing estate *(Brit)*, public housing project *(US)*; → **habitation**

**ho** /'o/ **EXCL** *(appel)* hey (there)!; *(surprise, indignation)* oh!

**hobby** (pl **hobbies**) /'ɔbi/ **NM** hobby

**hobereau** (pl **hobereaux**) /'ɔbʀo/ **NM** *(= oiseau)* hobby; *(péj = seigneur)* local (country) squire

**hochement** /'ɔʃmɑ̃/ **NM** ◆ **~ de tête** *(affirmatif)* nod (of the head); *(négatif)* shake (of the head)

**hochequeue** /'ɔʃkø/ **NM** wagtail

**hocher** /'ɔʃe/ ► conjug 1 ◄ **VT** ◆ **~ la tête** *(affirmativement)* to nod (one's head); *(négativement)* to shake one's head

**hochet** /'ɔʃɛ/ **NM** *[de bébé]* rattle; *(= chose futile)* toy

**Hô Chi Minh-Ville** /oʃiminvil/ **N** Ho Chi Minh City

**hockey** /'ɔkɛ/ **NM** hockey ◆ **faire du ~** to play hockey ◆ **~ sur glace** ice hockey, hockey *(US)* ◆ **~ sur gazon** hockey *(Brit)*, field hockey *(US)*

**hockeyeur, -euse** /'ɔkɛjœʀ, øz/ **NM,F** hockey player

**Hodgkin** /ɔdʒkin/ **N** *(Méd)* ◆ **maladie de ~** Hodgkin's disease

**hoirie** †† /waʀi/ **NF** inheritance; → **avancement**

**holà** /'ɔla/ **EXCL** *(pour attirer l'attention)* hello!; *(pour protester)* hang on a minute! **NM** ◆ **mettre le ~ à qch** to put a stop *ou* an end to sth

**holding** /'ɔldiŋ/ **NM** *ou* **NF** holding company

**hold-up** /'ɔldœp/ **NM INV** hold-up ◆ **faire un ~** to stage a hold-up ◆ **condamné pour le ~ d'une banque** sentenced for having held up a bank *ou* for a bank hold-up

**holisme** /'ɔlism/ **NM** holism

**holiste** /'ɔlist/, **holistique** /ɔlistik/ **ADJ** holistic

**hollandais, e** /'ɔ(l)lɑ̃dɛ, ɛz/ **ADJ** Dutch; → **sauce** **NM** **a** *(Ling)* Dutch **b** ◆ **Hollandais** Dutchman ◆ **les Hollandais** the Dutch **NF** **hollandaise** **a** *(= vache)* Friesian *(Brit)*, Holstein *(US)* **b** ◆ **Hollandaise** *(= femme)* Dutchwoman

**Hollande** /'ɔ(l)lɑ̃d/ **NF** Holland

**hollande** /'ɔ(l)lɑ̃d/ **NF** *(= toile)* holland; *(= porcelaine)* Dutch porcelain **NM** *(= fromage)* Dutch cheese; *(= papier)* Holland

**Hollywood** /'ɔliwud/ **N** Hollywood

**hollywoodien, -ienne** /'ɔliwudjɛ̃, jɛn/ **ADJ** Hollywood *(épith)*

**holocauste** /ɔlokost/ **NM** **a** *(Rel, fig = sacrifice)* sacrifice, holocaust, burnt offering ◆ **l'Holocauste** *(Hist)* the Holocaust **b** *(= victime)* sacrifice

**holocène** /ɔlɔsɛn/ **ADJ** Holocene **NM** ◆ **l'~** the Holocene (period)

**hologramme** /ɔlɔgʀam/ **NM** hologram

**holographe** /ɔlɔgʀaf/ **ADJ** holograph *(épith)*

**holographie** /ɔlɔgʀafi/ **NF** holography

**holographique** /ɔlɔgʀafik/ **ADJ** holographic(al)

**holophrastique** /'ɔlɔfʀastik/ **ADJ** holophrastic

**homard** /'ɔmaʀ/ **NM** lobster ◆ **~ à l'armoricaine/à l'américaine/thermidor** lobster à l'armoricaine/à l'américaine/thermidor

**home** /'om/ **NM** ◆ **~ d'enfants** children's home **COMP** ▷ **home cinéma** *ou* **cinema** home cinema

**homélie** /ɔmeli/ **NF** homily

**homéopathe** /ɔmeɔpat/ **NMF** homoeopath(ist), homeopath(ist) ◆ **médecin ~** hom(o)eopathic doctor

**homéopathie** /ɔmeɔpati/ **NF** hom(o)eopathy ◆ **se soigner à l'~** to take hom(o)eopathic medicine

**homéopathique** /ɔmeɔpatik/ **ADJ** homoeopathic ◆ **à dose ~** *(hum)* in small doses

**Homère** /ɔmɛʀ/ **NM** Homer

**homérique** /ɔmeʀik/ **ADJ** Homeric; → **rire**

**home-trainer** (pl **home-trainers**) /'omtʀɛnœʀ/ **NM** exercise bike

**homicide** /ɔmisid/ **ADJ** *(†, littér)* homicidal **NMF** *(littér = criminel)* homicide *(littér)*, murderer (*ou* murderess) **NM** *(Jur = crime)* murder, homicide *(US)* ◆ **~ volontaire** murder, voluntary manslaughter, first-degree murder *(US)* ◆ **~ involontaire** *ou* **par imprudence** manslaughter, second-degree murder *(US)*

**hominidé** /ɔminide/ **NM** hominid ◆ **les ~s** the Hominidae

**hominien** /ɔminjɛ̃/ **NM** hominoid

**hommage** /ɔmaʒ/ NM a (= *marque d'estime*) tribute ◆ **rendre ~ à qn/au talent de qn** to pay homage *ou* tribute to sb/to sb's talent ◆ **rendre ~ à Dieu** to pay homage to God ◆ **rendre un dernier ~ à qn** to pay one's last respects to sb ◆ **recevoir l'~ d'un admirateur** to accept the tribute paid by an admirer ◆ **discours en ~ aux victimes de la guerre** speech paying homage *ou* tribute to the victims of the war

b (= *don*) **acceptez ceci comme un ~ *ou* en ~ de ma gratitude** please accept this as a mark *ou* token of my gratitude ◆ **faire ~ d'un livre** to give a presentation copy of a book ◆ **~ de l'éditeur** with the publisher's compliments

c (*Hist*) homage ◆ **~ lige** liege homage

NMPL **hommages** (*frm*) (= *civilités*) respects ◆ **mes ~s, Madame** my humble respects, madam ◆ **présenter ses ~s à une dame** to pay one's respects to a lady ◆ **présentez mes ~s à votre femme** give my regards to your wife

**hommasse** /ɔmas/ ADJ mannish

**homme** /ɔm/ NM a (= *espèce*) **l'~** man, mankind ◆ **les premiers ~s** early man

b (= *individu*) man ◆ **approche si tu es un ~ !** come on if you're man enough *ou* if you dare! ◆ **l'enfant devient ~** the child grows into *ou* becomes a man ◆ **vêtements d'~** men's clothes ◆ **montre/veste d'~** man's watch/jacket ◆ **métier d'~** male profession ◆ **rayon ~s** men's *ou* menswear department ◆ **voilà votre ~** (*que vous cherchez*) there's the man you're looking for; (*qu'il vous faut*) that's the man for you ◆ **je suis votre ~ !** I'm your man! ◆ **elle a rencontré l'~ de sa vie** she's found Mr Right ◆ **c'est l'~ de ma vie** he's the man of my life ◆ **c'est l'~ du jour** he's the man of the moment *ou* hour ◆ **c'est l'~ de la situation** he's the right man for the job ◆ **l'~ fort du régime** the strongman of the régime ◆ **heure-/journée-/mois-*etc* ~** (*unité*) man-hour/-day/-month *etc*; → **abominable, âge, mémoire**[1]

c (* = *mari, compagnon*) man ◆ **son ~** her man * ◆ **voilà mon ~** here comes that man of mine *

d (*loc*) **parler d'~ à ~** to speak man to man, to have a man-to-man talk ◆ **il n'est pas ~ à mentir** he's not one to lie *ou* a man to lie ◆ **comme un seul ~** as one man ◆ **il a trouvé son ~** (*un égal*) he has found his match ◆ **un ~ à la mer !** (*Naut*) man overboard! ◆ **un ~ averti en vaut deux** (*Prov*) forewarned is forearmed (*Prov*) ◆ **l'~ propose, Dieu dispose** (*Prov*) man proposes, God disposes (*Prov*)

COMP ▷ **homme d'action** man of action ▷ **homme d'affaires** businessman ▷ **homme d'armes** †† man-at-arms † ▷ **homme de barre** helmsman ▷ **homme de bien** † good man ▷ **les hommes en blanc** (= *psychiatres*) men in white coats; (= *médecins*) doctors ▷ **les hommes bleus** (*du désert*) the Blue Men ▷ **homme des cavernes** cave man ▷ **l'homme de Cro-Magnon** Cro-Magnon man ▷ **homme d'Église** man of the Church ▷ **homme d'équipage** member of a ship's crew ◆ **navire avec 30 ~s d'équipage** ship with a crew of 30 (men) ▷ **homme d'esprit** man of wit ▷ **homme d'État** statesman ▷ **homme à femmes** womanizer, ladies' man ▷ **homme au foyer** househusband ▷ **homme de lettres** man of letters ▷ **homme lige** liege man ▷ **homme de loi** man of law, lawyer ▷ **homme de main** hired man, henchman ▷ **homme de ménage** (male) domestic help ▷ **homme du monde** man about town, socialite ◆ **c'est un parfait ~ du monde** he's a real gentleman ▷ **l'homme de Neandertal** Neanderthal man ▷ **homme de paille** man of straw (*used as a front*) ▷ **homme de peine** workhand ▷ **homme de plume** man of letters, writer ▷ **homme politique** politician ▷ **homme de quart** man *ou* sailor on watch ▷ **homme de robe** †† legal man, lawyer ▷ **l'homme de la rue** the man in the street ▷ **homme de science** man of science ▷ **homme à tout faire** odd-job man ▷ **homme de troupe** (*Mil*) private

**homme-grenouille** (pl **hommes-grenouilles**) /ɔmɡʀənuj/ NM frogman

**homme-orchestre** (pl **hommes-orchestres**) /ɔmɔʀkɛstʀ/ NM (*Mus, fig*) one-man band; ◆ **c'est l'~ de l'entreprise** he's the man who looks after everything in the company ◆ **c'est l'~ de la campagne du président** he's the man orchestrating the presidential campaign

**homme-sandwich** (pl **hommes-sandwichs**) /ɔmsɑ̃dwitʃ/ NM sandwich man

**homo** * /omo/ ADJ (abrév de **homosexuel**) gay NM gay man ◆ **les ~s** gay men

**homocentre** /ɔmɔsɑ̃tʀ/ NM common centre

**homocentrique** /ɔmɔsɑ̃tʀik/ ADJ homocentric

**homogène** /ɔmɔʒɛn/ ADJ (*gén*) homogeneous ◆ **pour obtenir une pâte ~** to obtain a mixture of an even consistency ◆ **c'est une classe ~** they are all about the same level *ou* standard in that class ◆ **texte peu ~** text that lacks consistency

**homogénéisation** /ɔmɔʒeneizasjɔ̃/ NF homogenization

**homogénéiser** /ɔmɔʒeneize/ ► conjug 1 ◄ VT to homogenize

**homogénéité** /ɔmɔʒeneite/ NF homogeneity, homogeneousness ◆ **manquer d'~** [*texte*] to lack consistency

**homographe** /ɔmɔɡʀaf/ ADJ homographic NM homograph

**homologation** /ɔmɔlɔɡasjɔ̃/ NF (*Sport*) ratification; (*Jur*) approval, sanction; (*Admin*) approval ◆ **~ de testament** probate of will

**homologie** /ɔmɔlɔʒi/ NF (*Sci*) homology; (*gén*) equivalence

**homologue** /ɔmɔlɔɡ/ ADJ (*Sci*) homologous; (*gén*) equivalent, homologous (**de** to) NM (*Chim*) homologue; (= *personne*) counterpart, opposite number ◆ **son ~ en Grande-Bretagne** his British counterpart, his opposite number in Britain

**homologuer** /ɔmɔlɔɡe/ ► conjug 1 ◄ VT (*Sport*) to ratify; (*Jur*) to approve, to sanction; [+ *testament*] to grant probate of (*Brit*), to probate (*US*); (*Admin*) [+ *appareil, établissement*] to approve ◆ **tarif homologué** approved *ou* sanctioned rate ◆ **record homologué** official record ◆ **le record n'a pas pu être homologué** the record could not be made official

**homoncule** /ɔmɔ̃kyl/ NM ⇒ **homuncule**

**homonyme** /ɔmɔnim/ ADJ homonymous NM (*Ling*) homonym; (= *personne*) namesake

**homonymie** /ɔmɔnimi/ NF homonymy

**homonymique** /ɔmɔnimik/ ADJ homonymic

**homoparental, e, -aux** /ɔmɔpaʀɑ̃tal, o/ ADJ [*famille*] same sex, homoparental

**homoparentalité** /ɔmɔpaʀɑ̃talite/ NF same-sex parenting, homoparentality

**homophobe** /ɔmɔfɔb/ ADJ [*personne*] homophobic NMF homophobe

**homophobie** /ɔmɔfɔbi/ NF homophobia

**homophone** /ɔmɔfɔn/ ADJ (*Ling*) homophonous; (*Mus*) homophonic NM homophone

**homophonie** /ɔmɔfɔni/ NF homophony

**homosexualité** /ɔmɔsɛksɥalite/ NF homosexuality

**homosexuel, -elle** /ɔmɔsɛksɥɛl/ ADJ, NM,F homosexual

**homozygote** /omozigɔt/ ADJ homozygous NMF homozygote

**homuncule** /ɔmɔ̃kyl/ NM homunculus

**Honduras** /'ɔ̃dyʀas/ NM ◆ **le ~** Honduras ◆ **le ~ britannique** British Honduras

**hondurien, -ienne** /'ɔ̃dyʀjɛ̃, jɛn/ ADJ Honduran NM,F **Hondurien(ne)** Honduran

**Hongkong, Hong-Kong** /'ɔ̃gkɔ̃g/ N Hong Kong

**hongkongais, e** /'ɔ̃gkɔ̃gɛ, ɛz/ ADJ Hongkongese NM,F **Hongkongais(e)** Hongkongese

**hongre** /'ɔ̃gʀ/ ADJ gelded NM gelding

**Hongrie** /'ɔ̃gʀi/ NF Hungary

**hongrois, e** /'ɔ̃gʀwa, waz/ ADJ Hungarian NM (*Ling*) Hungarian NM,F **Hongrois(e)** Hungarian

**honnête** /ɔnɛt/ ADJ a (= *intègre*) [*personne*] honest, decent; [*conduite*] decent; [*procédés, intentions*] honest ◆ **ce sont d'~s gens** they are decent people *ou* folk * ◆ **des procédés peu ~s** dishonest practices b († = *vertueux*) [*femme*] respectable c (= *correct*) [*marché*] fair; [*prix, résultats*] reasonable, fair; [*repas*] reasonable ◆ **ce livre est ~** this book isn't bad ◆ **rester dans une ~ moyenne** to maintain a fair average ◆ **un vin ~** an honest little wine d (= *franc*) honest, frank ◆ **sois ~, tu aimerais bien le renvoyer** be honest, you'd love to sack him COMP ▷ **honnête homme** (*Hist*) gentleman, man of breeding

**honnêtement** /ɔnɛtmɑ̃/ ADV a (= *avec intégrité*) [*agir*] fairly, decently; [*gérer*] honestly ◆ **gagner ~ sa vie** to make an honest living b (= *correctement*) reasonably ◆ **c'est ~ payé** it's reasonably paid, you get a fair *ou* reasonable wage for it ◆ **il s'en sort ~** he's managing fairly well *ou* reasonably well ◆ **il gagne ~ sa vie** he makes a decent living c (= *franchement*) honestly, frankly ◆ **il a ~ reconnu son erreur** he frankly admitted his error ◆ **~, vous le saviez bien !** come on, you knew! ◆ **~, qu'en penses-tu ?** be honest, what do you think?

**honnêteté** /ɔnɛtte/ NF a (= *intégrité*) [*de personne*] honesty, decency; [*de conduite*] decency; [*de procédés, intentions*] honesty ◆ **~ intellectuelle** intellectual honesty ◆ **avec une ~ scrupuleuse** with scrupulous honesty b (= *franchise*) honesty ◆ **en toute ~, je ne le crois pas** in all honesty *ou* to be perfectly frank, I don't believe it ◆ **il a l'~ de reconnaître que ...** he is honest enough to admit that ... c († = *vertu*) [*de femme*] respectability

**honneur** /ɔnœʀ/ NM a (= *réputation*) honour (*Brit*), honor (*US*) ◆ **l'~ est sauf** our (*ou* their *etc*) honour is intact *ou* safe ◆ **l'~ m'oblige à le faire** I am in honour bound to do it ◆ **mettre son *ou* un point d'~ à faire qch** to make it a point of honour to do sth ◆ **jurer *ou* déclarer sur l'~** to give one's word; (*par écrit*) to make a sworn statement ◆ **homme/femme d'~** man/woman of honour, man/woman with a sense of honour ◆ **bandit d'~** outlaw (*because of a blood feud*), → **dette, manquer, parole** *etc*

b (= *mérite*) credit ◆ **avec ~** creditably ◆ **il s'en est tiré * avec ~** he made quite a creditable job of it ◆ **c'est tout à son ~** it does him (great) credit *ou* is much to his credit ◆ **c'est à lui que revient l'~ d'avoir inventé ...** the credit is his for having invented ... ◆ **être l'~ de sa profession** to be a credit *ou* an honour to one's profession ◆ **cette décision vous fait ~** this decision does you credit *ou* is to your credit ◆ **c'est trop d'~**

**que vous me faites** you're giving me too much credit; → **tour²**

c *(= privilège, faveur)* honour ◆ **faire (à qn) l'~ de venir** to do sb the honour of coming ◆ **me ferez-vous l'~ de danser avec moi ?** may I have the pleasure of this dance? ◆ **avoir l'~ de** to have the honour of ◆ **j'ai eu l'~ de recevoir sa visite** he honoured me with a visit ◆ **je suis ravi de vous rencontrer – tout l'~ est pour moi** delighted to meet you – the pleasure is (all) mine *ou* it is my pleasure ◆ **qui commence à jouer ? – à toi l'~** who is it to start? – it's you (to start) ◆ **j'ai l'~ de solliciter ...** *(formule épistolaire)* I am writing to ask ... ◆ **j'ai l'~ de vous informer que** I am writing to inform you that, I beg to inform you that *(frm)* ◆ **garde/invité** *ou* **hôte d'~** guard/guest of honour ◆ **président/membre d'~** honorary president/member; → **baroud, champ¹, citoyen** *etc*

d *(Cartes)* honour

e *(= titre)* **votre Honneur** Your Honour

f *(loc)* **~ aux vainqueurs !** hail the victors!, honour to the conquerors! ◆ **~ aux dames** ladies first ◆ **à toi** *ou* **vous l'~** after you ◆ **être à l'~** *[personne]* to have the place of honour; *[mode, style]* to be to the fore, to be much in evidence ◆ **être en ~** *[coutume]* to be the done thing; *[style, mode]* to be in favour ◆ **remettre en ~** to reintroduce ◆ **en l'~ de nos hôtes/de cet événement** in honour of our guests/of this event ◆ **à qui ai-je l'~ ?** to whom do I have the honour of speaking? ◆ **que me vaut l'~ de votre visite ?** to what do I owe the honour of your visit? ◆ **en quel ~ toutes ces fleurs ?** * *(iro)* what are all these flowers in aid of? * ◆ **en quel ~ t'appelle-t-il "mon bijou" ?** *(iro)* what gives him the right to call you "my love"? ◆ **faire ~ à** *[+ engagements, signature]* to honour; *[+ traite]* to honour, to meet; *[+ sa famille]* to be a credit *ou* an honour to; *[+ repas]* to do justice to ◆ **il a fini la partie pour l'~** he gallantly finished the game (for its own sake); → **bras**

NMPL **honneurs** *(= marques de distinction)* honours ◆ **aimer/mépriser les ~s** to be fond of/despise honours ◆ **couvert d'~s** covered in honours ◆ **avec tous les ~s dus à son rang** with all the honours due to his rank ◆ **~s militaires** military honours ◆ **se rendre avec les ~s de la guerre** *(Mil)* to be granted the honours of war; *(fig)* to suffer an honourable defeat ◆ **faire les ~s de la maison à qn** to (do the honours and) show sb round the house ◆ **avoir les ~s de la première page** to make the front page ◆ **avoir les ~s de la cimaise** to have one's works exhibited ◆ **rendre les derniers ~s à qn** to pay one's last respects to sb

**honnir** /'ɔniʀ/ ▸ conjug 2 ◂ VT *(frm)* to hold in contempt ◆ **honni soit qui mal y pense** honi soit qui mal y pense

**honorabilité** /ɔnɔʀabilite/ NF *[de personne, sentiments]* worthiness ◆ **soucieux d'~** anxious to be thought honourable

**honorable** /ɔnɔʀabl/ ADJ a *(= respectable) [personne, but, sentiment]* honourable *(Brit)*, honorable *(US)*, worthy ◆ **l'~ compagnie** this worthy company *(frm) (aussi hum)* ◆ **mon ~ collègue** *(frm, iro)* my honourable *ou* esteemed colleague *(frm) (aussi iro)* ◆ **à cet âge ~** at this grand old age ◆ **une défaite ~** an honourable defeat b *(= suffisant) [salaire, résultats]* decent, respectable; → **amende**

**honorablement** /ɔnɔʀabləmɑ̃/ ADV a *(= de façon respectable)* honourably *(Brit)*, honorably *(US)* ◆ **~ connu dans le quartier** known and respected in the district b *(= convenablement)* decently ◆ **il gagne ~ sa vie** he makes a decent living ◆ **l'équipe s'est comportée ~** *(Sport)* the team put up a decent *ou* creditable performance

**honoraire** /ɔnɔʀɛʀ/ ADJ *[membre, président]* honorary ◆ **professeur ~** professor emeritus, emeritus professor NMPL **honoraires** *[de médecin, avocat]* fees

**honorer** /ɔnɔʀe/ ▸ conjug 1 ◂ VT a *(= glorifier) [+ savant, Dieu]* to honour *(Brit)*, to honor *(US)* ◆ **~ la mémoire de qn** to honour the memory of sb

b *(littér = estimer)* to hold in high regard *ou* esteem ◆ **je l'honore à l'égal de ...** I have the same regard *ou* esteem for him as I do for ... ◆ **mon honoré collègue** my esteemed *ou* respected colleague

c *(= gratifier)* **~ qn de qch** to honour sb with sth ◆ **il m'honorait de son amitié/de sa présence** he honoured me with his friendship/his presence ◆ **il ne m'a pas honoré d'un regard** *(iro)* he did not honour me with so much as a glance *(iro)*, he did not (even) deign to look at me ◆ **je suis très honoré** I am highly *ou* greatly honoured

d *(= faire honneur à)* to do credit to, to be a credit to ◆ **cette franchise l'honore** this frankness does him credit ◆ **il honore sa profession/son pays** he's a credit *ou* an honour to his profession/country

e *[+ chèque, signature, promesse, contrat]* to honour; *[+ traite]* to honour, to meet; *[+ médecin, notaire]* to settle one's account with ◆ **votre honorée du ...** † *(= lettre)* yours of the ...

f *(† ou hum)* **~ sa femme** to fulfil one's conjugal duties *(hum)*

VPR **s'honorer** ◆ **s'~ de** to pride o.s. (up)on, to take pride in

**honorifique** /ɔnɔʀifik/ ADJ *[fonction]* honorary, ceremonial *(US)* ◆ **à titre ~** on an honorary basis

**honoris causa** /ɔnɔʀiskoza/ ADJ ◆ **il a été nommé docteur ~** he has been awarded an honorary doctorate ◆ **docteur ~ de l'université de Harvard** honorary doctor of the University of Harvard

**honte** /'ɔ̃t/ NF a *(= déshonneur, humiliation)* disgrace, shame ◆ **couvrir qn de ~** to bring disgrace *ou* shame on sb, to disgrace sb ◆ **quelle ~** *ou* **c'est une ~ pour la famille !** what a disgrace to the family!, he brings shame upon the family! ◆ **faire** *ou* **être la ~ de la famille/profession** to be the disgrace of one's family/profession ◆ **~ à celui qui ...** *(littér)* shame upon him who ... *(littér)* ◆ **~ à toi !** shame on you! ◆ **il n'y a aucune ~ à être ...** there's no shame *ou* disgrace in being ... ◆ **c'est une ~ !** that's disgraceful! *ou* a disgrace! ◆ **c'est la ~ !** * it's pathetic! * ◆ **j'avais la ~ !** * I felt so pathetic! *

b *(= sentiment de confusion, gêne)* shame ◆ **à ma (grande) ~** to my (great) shame ◆ **sans ~** shamelessly ◆ **sans fausse ~** quite openly ◆ **avoir ~ (de qch/de faire)** to be *ou* feel ashamed (of sth/of doing) ◆ **tu devrais avoir ~ !** you should be ashamed (of yourself)! ◆ **pleurer/rougir de ~** to weep for/blush with shame ◆ **mourir de ~** to die of shame ◆ **elle n'a aucune ~** † she is utterly shameless, she has no shame ◆ **avoir toute ~ bue** *(frm)* to be beyond shame ◆ **tu me fais ~ !** you're an embarrassment!, you make me feel so ashamed! ◆ **faire ~ à qn de sa lenteur** to make sb (feel) ashamed of how slow they are ◆ **il leur fait ~ par sa rapidité** he's so fast he puts them to shame; → **court¹**

**honteusement** /'ɔ̃tøzmɑ̃/ ADV a *(= scandaleusement) (gén)* shamefully; *[exploiter]* shamelessly b *(= avec confusion) [cacher]* in shame

**honteux, -euse** /'ɔ̃tø, øz/ ADJ a *(= déshonorant)* shameful; *(= scandaleux)* disgraceful, shameful ◆ **c'est ~ !** it's a disgrace!, it's disgraceful! *ou* shameful! ◆ **il n'y a rien de ~ à cela** that's nothing to be ashamed of, there's nothing shameful about that; → **maladie** b *(= confus)* ashamed (*de* of); ◆ **d'un air ~** shamefacedly ◆ **bourgeois/nationaliste ~** *(= cachant ses opinions)* closet bourgeois/nationalist c *(Anat) [nerf, artère]* pudendal

**hooligan** /'uligan/ NM hooligan

**hooliganisme** /'uliganism/ NM hooliganism

**hop** /'ɔp/ EXCL ◆ **~ (là)!** *(pour faire sauter)* hup!; *(pour faire partir)* off you go!; *(après un geste maladroit)* (w)oops!

**hopi** /'ɔpi/ ADJ *[village, indien]* Hopi NMF **Hopi** Hopi ◆ **les Hopis** the Hopis, the Hopi Indians

**hôpital** (pl **-aux**) /ɔpital, o/ NM hospital ◆ **être à l'~** *[patient]* to be in hospital *(Brit)*, to be in the hospital *(US)*; *[médecin, visiteur]* to be at the hospital ◆ **aller à l'~** to go to hospital ◆ **entrer à l'~** to go into hospital ◆ **~ militaire/psychiatrique** military/psychiatric hospital ◆ **~ de jour** day *(Brit) ou* outpatient *(US)* hospital ◆ **~ pour enfants** children's hospital ◆ **l'~ public** *(institution)* state-run hospitals ◆ **c'est l'~ qui se moque de la charité** it's the pot calling the kettle black

**hoquet** /'ɔkɛ/ NM *[de personne]* hiccup ◆ **~s** *[de machine, véhicule]* spluttering *(NonC)* ◆ **avoir le ~** to have (the) hiccups ◆ **il a eu un ~ de dégoût/peur** he gulped with distaste/fear ◆ **malgré quelques ~s, les négociations continuent** *(= dysfonctionnements)* despite a few hiccups *ou* the occasional glitch *, the negotiations are continuing

**hoqueter** /'ɔk(ə)te/ ▸ conjug 4 ◂ VI *[personne] (= avoir le hoquet)* to hiccup; *(= pleurer)* to gasp; *[machine, véhicule]* to splutter

**Horace** /ɔʀas/ NM Horatio; *(= le poète)* Horace

**horaire** /ɔʀɛʀ/ ADJ a *[débit, salaire, moyenne, coût]* hourly ◆ **vitesse ~** speed per hour

b *(Astron)* horary; → **décalage, fuseau, tranche**

NM a *[de personnel]* schedule, working hours; *[d'élèves]* timetable ◆ **quand on est directeur, on n'a pas d'~** when you are a manager, you don't have any set working hours ◆ **je ne suis tenu à aucun ~** I can keep my own hours, I'm not tied down to a fixed schedule ◆ **~s de travail/bureau** working/office hours ◆ **avoir des ~s flexibles** *ou* **variables** *ou* **à la carte** to have flexible working hours, to work flexitime *(Brit) ou* flextime *(US)*

b *[de bus, train]* timetable; *[de bateau, vols]* schedule, timetable ◆ **~s de train** train times ◆ **le train est en avance/en retard sur l'~ prévu** the train is ahead of/behind schedule ◆ **il a 20 minutes de retard sur l'~ prévu** *[car, train]* it's running 20 minutes late; *[avion]* it's 20 minutes late *ou* behind schedule ◆ **l'~** *ou* **les ~s de diffusion** *(Radio, TV)* the broadcasting schedule ◆ **ce n'est pas un bon ~ de diffusion pour cette émission** it's not a good time-slot for this programme

**horde** /'ɔʀd/ NF horde

**horion** /'ɔʀjɔ̃/ NM *(† ou hum) (gén pl)* blow, punch ◆ **échanger des ~s avec la police** to exchange blows with the police

**horizon** /ɔʀizɔ̃/ NM a *(Astron, Art)* horizon ◆ **la ligne d'~** the horizon ◆ **~ artificiel** artificial horizon ◆ **un bateau sur** *ou* **à l'~** a boat on the horizon *ou* skyline ◆ **disparaître à l'~** to disappear below the horizon ◆ **personne à l'~ ? on y va !** nobody around *ou* in sight? – let's go then! ◆ **se pointer** *ou* **se profiler** *ou* **poindre à l'~** *(lit, fig)* to loom on the horizon

b *(= paysage)* landscape, view ◆ **on découvre un vaste ~/un ~ de collines** you come upon a vast panorama/a hilly landscape ◆ **changer d'~** to have a change of scenery *ou* scene ◆ **ce village était tout son ~** this village was his whole world *ou* the only world he knew ◆ **voyager vers de nouveaux ~s** to make for new horizons ◆ **venir d'~s divers** to come *ou* hail *(frm)* from different backgrounds

c *(= avenir, perspective)* horizon ◆ **ça lui a ouvert de nouveaux ~s** it opened (up) new horizons *ou* vistas for him ◆ **l'~ économique du pays** the country's economic prospects ◆ **faire des prévisions pour l'~ 2020** to make forecasts for (the year) 2020 ◆ **à l'~ 2020** by (the year) 2020; → **tour²**

**horizontal, e** (mpl **-aux**) /ɔʀizɔ̃tal, o/ ADJ *(gén, Écon)* horizontal ◆ **être en position ~e** to be lying down flat NF **horizontale** *(gén, Géom)* horizontal ◆ **placer qch à l'horizontale** to put sth horizontal *ou* in a horizontal position ◆ **tendez vos bras à l'horizontale** stretch your arms out in front of you

**horizontalement** /ɔʀizɔ̃talmɑ̃/ ADV *(gén)* horizontally; *(dans mots croisés)* across

**horizontalité** /ɔʀizɔ̃talite/ NF horizontality, horizontalness

**horloge** /ɔʀlɔʒ/ NF *(gén, Ordin)* clock ◆ **avec une régularité d'~** as regular as clockwork ◆ **avec la précision d'une ~** with clockwork precision ◆ **il est 2 heures à l'~** it's 2 o'clock by *ou* according to the clock ◆ **l'~ parlante** the speaking clock *(Brit)*, Time *(US)* ◆ **~ astronomique/atomique** astronomical/atomic clock ◆ **~ normande** *ou* **de parquet** grandfather clock ◆ **~ interne/biologique** internal/biological clock; → **heure**

**horloger, -ère** /ɔʀlɔʒe, ɛʀ/ ADJ *[industrie]* watch-making *(épith)*, clock-making *(épith)* NM,F *(gén)* watchmaker; *(spécialement d'horloges)* clockmaker ◆ **~ bijoutier** jeweller *(specializing in clocks and watches)* ◆ **le grand ~** *(littér)* the Creator

**horlogerie** /ɔʀlɔʒʀi/ NF *(= fabrication) (gén)* watch-making; *[d'horloges]* clock-making; *(= objets)* time-pieces; *(= magasin)* watchmaker's (shop), clockmaker's (shop); *(= technique, science)* horology ◆ **~ bijouterie** jeweller's shop *(specializing in clocks and watches)* ◆ **pièces d'~** clock components; → **mouvement**

**hormis** /'ɔʀmi/ PRÉP *(frm)* except for, apart from ◆ **personne ~ ses fils** nobody except for *ou* apart from his sons, nobody but *ou* save *(frm)* his sons

**hormonal, e** (mpl **-aux**) /ɔʀmɔnal, o/ ADJ *[traitement]* hormonal, hormone *(épith)*; *[contraception, déséquilibre]* hormonal

**hormone** /ɔʀmɔn/ NF hormone ◆ **~ de croissance/sexuelle** growth/sex hormone ◆ **poulet/veau aux ~s** * hormone-fed *ou* hormone-treated chicken/veal

**hormonothérapie** /ɔʀmɔnoteʀapi/ NF hormone therapy

**horodaté, e** /ɔʀɔdate/ ADJ *[stationnement]* pay and display *(épith)*; *[ticket]* stamped with the hour and date *(attrib)* ◆ **une télécopie ~e à 12h05** a fax sent at 12.05

**horodateur** /ɔʀɔdatœʀ/ NM *[de parking]* ticket machine, pay-and-display ticket machine *(Brit)*

**horoscope** /ɔʀɔskɔp/ NM horoscope ◆ **faire l'~ de qn** to cast *ou* do sb's horoscope ◆ **regarder/lire son ~** to consult/read one's horoscope *ou* stars *

**horreur** /ɔʀœʀ/ NF a *(= effroi, répulsion)* horror ◆ **il était devenu pour elle un objet d'~** he had become an object of horror to her ◆ **frappé** *ou* **saisi d'~** horror-stricken, horror-struck ◆ **vision d'~** horrific *ou* horrendous *ou* horrifying sight ◆ **l'~ d'agir/du risque qui le caractérise** the horror of acting/taking risks which is typical of him ◆ **son ~ de la lâcheté** his horror *ou* loathing of cowardice ◆ **je me suis aperçu avec ~ que ...** to my horror I realized that ...

b *(= laideur) [de crime, guerre]* horror ◆ **l'esclavage dans toute son ~** slavery in all its horror

c *(= chose)* **les ~s de la guerre** the horrors of war ◆ **c'est une ~** *[tableau]* it's hideous *ou* ghastly *; *[personne laide]* he's (*ou* she's) hideous; *[personne méchante]* he's (*ou* she's) ghastly * ◆ **ce film/travail est une ~** this film/piece of work is awful *ou* dreadful ◆ **quelle ~ !** how dreadful! *ou* awful!; → **film, musée**

d *( * = actes, propos)* **~s** dreadful *ou* terrible things ◆ **débiter des ~s sur qn** to say dreadful *ou* terrible things about sb

e *(loc)* **cet individu me fait ~** that fellow disgusts me ◆ **le mensonge me fait ~** I loathe *ou* detest lying, I have a horror of lying ◆ **la viande me fait ~** I can't stand *ou* bear meat, I loathe *ou* detest meat ◆ **avoir qch/qn en ~** to loathe *ou* detest sth/sb ◆ **j'ai ce genre de livre en ~** I loathe *ou* detest this type of book, I have a horror of this type of book ◆ **prendre qch/qn en ~** to come to loathe *ou* detest sth/sb ◆ **avoir ~ de qch/de faire qch** to loathe *ou* detest sth/doing sth

**horrible** /ɔʀibl/ ADJ *(= effrayant) [crime, accident, blessure]* horrible; *(= extrême) [chaleur, peur]* terrible, dreadful; *(= laid) [chapeau, personne, tableau]* horrible, hideous; *(= mauvais) [temps]* terrible, ghastly *, dreadful; *[travail]* terrible, dreadful; *(= méchant) [personne, propos]* horrible, awful ◆ **il a été ~ avec moi** he was horrible to me

**horriblement** /ɔʀibləmɑ̃/ ADV *(= de façon effrayante)* horribly; *(= extrêmement)* horribly, terribly, dreadfully

**horrifiant, e** /ɔʀifjɑ̃, jɑ̃t/ ADJ horrifying

**horrifier** /ɔʀifje/ ► conjug 7 ◄ VT to horrify ◆ **horrifié par la dépense** horrified at the expense

**horrifique** /ɔʀifik/ ADJ *(hum)* blood-curdling, horrific

**horripilant, e** /ɔʀipilɑ̃, ɑ̃t/ ADJ trying, exasperating

**horripiler** /ɔʀipile/ ► conjug 1 ◄ VT ◆ **~ qn** to try sb's patience, to exasperate sb

**hors** /'ɔʀ/ PRÉP *(= excepté)* except (for), apart from, save *(littér)*, but ◆ **~ que** *(littér)* save that *(littér)* ◆ **Arles ~ les murs** the outer parts of Arles *(beyond the city walls)*

LOC PRÉP **hors de** a *(position)* outside, out of, away from; *(changement de lieu)* out of ◆ **vivre ~ de la ville** to live out of town *ou* outside the town ◆ **vivre ~ de son pays** to live away from *ou* outside one's own country ◆ **le choc l'a projeté ~ de la voiture** the impact threw him out of the car ◆ **il est plus agréable d'habiter ~ du centre** it is more pleasant to live away from *ou* outside the centre ◆ **vivre ~ de son temps/la réalité** to live in a different age/in a dream world ◆ **~ du temps** *[personnage, univers]* timeless ◆ **~ d'ici !** get out of here! ◆ **~ de l'Église, point de salut** *(Prov)* without the Church there is no salvation ◆ **~ de l'Europe, point de salut** *(hum)* without Europe there can be no salvation *ou* there is no hope

b *(loc)* **il est ~ d'affaire** he is out of the wood *(Brit)* *ou* woods *(US)*, he's over the worst ◆ **mettre qn ~ d'état de nuire** to render sb harmless ◆ **être ~ de soi** to be beside o.s. (with anger) ◆ **cette remarque l'a mise ~ d'elle** she was beside herself when she heard the remark; → **atteinte², commun, portée²** *etc*

COMP ▷ **hors antenne** off the air ▷ **hors jeu** *[joueur]* offside; *[ballon]* out of play; *(Tennis)* out (of play); *(fig)* out of the running ◆ **mettre qn ~ jeu** *(Sport)* to put sb offside; *(fig)* to put sb out of the running ◆ **se mettre ~ jeu** to rule *ou* put o.s. out of the running ▷ **hors ligne** ⇒ **hors pair** ▷ **hors pair** outstanding, unparalleled, matchless ▷ **hors tout** ◆ **longueur/largeur ~ tout** overall length/width; → **circuit, course, service** *etc*

**hors-bord** /'ɔʀbɔʀ/ NM INV *(= moteur)* outboard motor; *(= bateau)* speedboat *(with outboard motor)*

**hors-cote** /'ɔʀkɔt/ NM INV over-the-counter market, unofficial market, off-board market *(US)*

**hors-d'œuvre** /'ɔʀdœvʀ/ NM INV *(Culin)* hors d'œuvre ◆ **~ variés** assorted cold meats and salads ◆ **son discours n'était qu'un ~** his speech was just a taste of things to come

**hors-jeu** /'ɔʀʒø/ NM INV offside ◆ **être en position de ~** to be offside; → **hors**

**hors-la-loi** /'ɔʀlalwa/ NMF INV outlaw

**hors-piste** /'ɔʀpist/ ADV, ADJ INV off-piste NM INV off-piste skiing ◆ **faire du ~** to ski off piste

**hors-série** /'ɔʀseʀi/ NM INV *(= magazine)* special edition

**hors-texte** /'ɔʀtɛkst/ NM INV *(= gravure)* plate

**hortensia** /ɔʀtɑ̃sja/ NM hydrangea

**horticole** /ɔʀtikɔl/ ADJ horticultural

**horticulteur, -trice** /ɔʀtikyltœʀ, tʀis/ NM,F horticulturist

**horticulture** /ɔʀtikyltyʀ/ NF horticulture

**hortillonnage** /ɔʀtijɔnaʒ/ NM *(= marais) marsh used for vegetable farming*

**hosanna** /oza(n)na/ NM hosanna

**hospice** /ɔspis/ NM a *(= hôpital)* home ◆ **~ de vieillards** old people's home ◆ **mourir à l'~** to die in the poorhouse b *[de monastère]* hospice

**hospitalier, -ière** /ɔspitalje, jɛʀ/ ADJ a *[service, personnel, médecine]* hospital *(épith)* ◆ **centre** *ou* **établissement ~** hospital b *(= accueillant)* hospitable NM,F a *(= religieux)* **(frère) ~, (sœur) hospitalière** hospitaller b *(= infirmier)* nurse ◆ **les ~s** hospital staff

**hospitalisation** /ɔspitalizasjɔ̃/ NF hospitalization ◆ **~ à domicile** home (medical) care

**hospitaliser** /ɔspitalize/ ► conjug 1 ◄ VT to hospitalize, to send to hospital ◆ **malade hospitalisé** in-patient ◆ **10% des malades hospitalisés** 10% of hospital patients *ou* cases ◆ **être hospitalisé** to be admitted to hospital, to be hospitalized ◆ **elle a été hospitalisée d'urgence** she was rushed to hospital

**hospitalisme** /ɔspitalism/ NM hospitalism

**hospitalité** /ɔspitalite/ NF hospitality ◆ **donner l'~ à qn** to give *ou* offer sb hospitality ◆ **avoir le sens de l'~** to be hospitable

**hospitalo-universitaire** (mpl **hospitalo-universitaires**) /ɔspitaloynivɛʀsitɛʀ/ ADJ ◆ **centre ~** teaching hospital

**hostellerie** † /ɔstɛlʀi/ NF hostelry †

**hostie** /ɔsti/ NF *(Rel)* host; *( †† = victime)* sacrificial victim

**hostile** /ɔstil/ ADJ hostile *(à* to)

**hostilement** /ɔstilmɑ̃/ ADV hostilely

**hostilité** /ɔstilite/ NF hostility *(à, envers* to, towards); ◆ **ouvrir/reprendre les ~s** to open/reopen hostilities

**hosto** * /ɔsto/ NM hospital

**hot(-)dog** (pl **hot(-)dogs**) /ˈɔtdɔg/ NM hot dog

**hôte** /ot/ NM *(= maître de maison)* host; († *= aubergiste)* landlord, host; *(Bio)* host; *(Ordin)* host computer ◆ **les ~s du bois/du marais** *(littér)* the denizens *(littér)* of the wood/marsh; → **chambre, table** NMF *(= invité)* guest; *(= client)* patron; *(= locataire)* occupant ◆ **un ~ de marque** a distinguished guest ◆ **~ payant** paying guest

> ⚠ *Au sens de 'invité', 'client' ou 'locataire',* **hôte** *ne se traduit pas par* **host**.

**hôtel** /ɔtɛl/ NM hotel ◆ **vivre/coucher à l'~** to live/sleep in a hotel ◆ **aller** *ou* **descendre à l'~** to put up at a hotel; → **maître, rat** COMP ▹ **hôtel des impôts** tax office ▹ **hôtel meublé** (cheap) residential hotel ▹ **l'hôtel de la Monnaie** ≃ the Mint ▹ **hôtel particulier** town house, (private) mansion ▹ **hôtel de passe** hotel used by prostitutes ▹ **hôtel de police** police station ▹ **hôtel de tourisme** tourist hotel ▹ **hôtel des ventes** saleroom, salesroom *(US)* ▹ **hôtel de ville** town hall

**hôtel-Dieu** (pl **hôtels-Dieu**) /ɔtɛldjø/ NM general hospital

**hôtelier, -ière** /ɔtəlje, jɛʀ/ ADJ *[chaîne, complexe, industrie, profession]* hotel *(épith)*; → **école** NM,F hotelier, hotel-keeper ◆ **~ restaurateur** hotel-and-restaurant owner

**hôtellerie** /ɔtɛlʀi/ NF *(= auberge)* inn, hostelry †; *[d'abbaye]* guest quarters, hospice †; *(= profession)* hotel business; *(= matière enseignée)* hotel management ◆ **~ de plein air** camping and caravanning

**hôtel-restaurant** (pl **hôtels-restaurants**) /ɔtɛlʀɛstɔʀɑ̃/ NM hotel (with public restaurant)

**hôtesse** /otɛs/ NF *(= maîtresse de maison)* hostess; († *= aubergiste)* landlady ◆ **~ (de l'air)** stewardess, air hostess *(Brit)*, flight attendant ◆ **~ (d'accueil)** *[d'hôtel, bureau]* receptionist; *[d'exposition, colloque]* hostess ◆ **~ de caisse** checkout assistant

**hotte** /ˈɔt/ NF *(= panier)* basket *(carried on the back)*; *[de cheminée, laboratoire]* hood ◆ **~ aspirante** *ou* **filtrante** *[de cuisine]* extractor *ou* cooker *(Brit) ou* range *(US)* hood ◆ **la ~ du Père Noël** Santa Claus's sack

**hottentot, e** /ˈɔtɑ̃to, ɔt/ ADJ Hottentot NM,F **Hottentot(e)** Hottentot

**hou** /ˈu/ EXCL boo!

**houblon** /ˈublɔ̃/ NM *(= plante)* hop; *(= ingrédient de la bière)* hops

**houblonnière** /ˈublɔnjɛʀ/ NF hopfield

**houe** /ˈu/ NF hoe

**houille** /ˈuj/ NF coal ◆ **~ blanche** hydroelectric power ◆ **~ grasse/maigre** bituminous/lean coal

**houiller, -ère** /ˈuje, jɛʀ/ ADJ *[bassin, industrie]* coal *(épith)*; *[terrain]* coal-bearing NF **houillère** coalmine

**houle** /ˈul/ NF swell ◆ **une forte ~** a heavy swell

**houlette** /ˈulɛt/ NF *[de pâtre, évêque]* crook; *[de jardinier]* trowel, spud ◆ **sous la ~ de** under the leadership of

**houleux, -euse** /ˈulø, øz/ ADJ *[mer]* stormy; *[séance]* stormy, turbulent; *[salle, foule]* tumultuous, turbulent

**houp** /ˈup/ EXCL ⇒ **hop**

**houppe** /ˈup/ NF *[de plumes, cheveux]* tuft; *[de fils]* tassel ◆ **~ à poudrer** powder puff

**houppelande** /ˈuplɑ̃d/ NF (loose-fitting) greatcoat

**houppette** /ˈupɛt/ NF powder puff

**hourra** /ˈuʀa/ EXCL hurrah! ◆ **pousser des ~s** to cheer, to shout hurrah ◆ **salué par des ~s** greeted by cheers; → **hip**

**house (music)** /aus(mjuzik)/ NF house (music)

**houspiller** /ˈuspije/ ▸ conjug 1 ◂ VT *(= réprimander)* to scold, to tell off, to tick off * *(Brit)*; († *= malmener)* to hustle

**housse** /ˈus/ NF *(gén)* cover; *[de meubles] (pour protéger temporairement)* dust cover; *(pour recouvrir à neuf)* loose cover; *(en tissu élastique)* stretch cover ◆ **~ de couette** quilt cover ◆ **~ (penderie)** *[d'habits]* hanging wardrobe

**houx** /ˈu/ NM holly

**hovercraft** /ɔvœʀkʀaft/ NM hovercraft

**hoverport** /ɔvœʀpɔʀ/ NM hoverport

**HS** /aʃɛs/ ADJ INV **a** * (abrév de **hors service**) *[appareil]* kaput *, bust * *(attrib)*; *[personne] (par fatigue)* beat * *(attrib)*, shattered * *(attrib) (Brit)*; *(par maladie)* out of it * *(attrib)* **b** *(Tourisme)* (abrév de **haute saison**) → **saison** NF (abrév de **heure supplémentaire**) → **supplémentaire**

**HT** (abrév de **hors taxe(s)**) → **taxe**

**HTML** /aʃteɛmɛl/ NM (abrév de **hypertext markup language**) HTML

**http** /aʃtetepe/ NM (abrév de **hypertext transfer protocol**) http

**huard, huart** /ˈɥaʀ/ NM *(Can = oiseau)* diver *(Brit)*, loon *(US)*

**hub** /ˈœb/ NM *(Aviat, Ordin)* hub

**hublot** /ˈyblo/ NM *[de bateau]* porthole; *[d'avion, machine à laver]* window ◆ **~s** * *(= lunettes)* specs *

**huche** /ˈyʃ/ NF *(= coffre)* chest; *(= pétrin)* dough *ou* kneading trough ◆ **~ à pain** bread bin

**hue** /ˈy/ EXCL ◆ **~ (cocotte)!** gee up! ◆ **ils tirent tous à ~ et à dia** they are all pulling in opposite directions

**huée** /ˈɥe/ NF *(Chasse)* hallooing ◆ **~s** *(de dérision)* boos, booing *(NonC)* ◆ **sous les ~s de la foule** to the boos of the crowd ◆ **il est sorti de scène sous les ~s du public** he was booed off the stage

**huer** /ˈɥe/ ▸ conjug 1 ◂ VT *(Chasse)* to hallo; *(par dérision)* to boo VI *[chouette]* to hoot

**hugolien, -ienne** /ygɔljɛ̃, jɛn/ ADJ of Victor Hugo

**huguenot, e** /ˈyg(ə)no, ɔt/ ADJ, NM,F Huguenot

**Hugues** /ˈyg/ NM Hugh ◆ **~ Capet** Hugh *ou* Hughes Capet

**huilage** /ɥilaʒ/ NM oiling, lubrication

**huile** /ɥil/ NF **a** *(= liquide)* oil; *(Tech = pétrole)* petroleum, crude (oil) ◆ **cuit à l'~** *(Culin)* cooked in oil ◆ **sardines/thon à l'~** sardines/tuna in oil ◆ **vérifier le niveau d'~** *(Aut)* to check the oil ◆ **jeter** *ou* **verser de l'~ sur le feu** to add fuel to the flames *ou* fire ◆ **mettre de l'~ dans les rouages** to oil the wheels ◆ **mer d'~** glassy sea; → **lampe, saint, tache** **b** *(* = notabilité)* bigwig *, big noise *, big shot * ◆ **les ~s** the top brass * **c** *(Peinture) (= tableau)* oil painting; *(= technique)* oil painting, oils ◆ **peint à l'~** painted in oils; → **peinture**

COMP ▹ **huile d'amandes douces** sweet almond oil ▹ **huile d'arachide** groundnut *(Brit) ou* peanut *(US)* oil ▹ **huile de bain** bath oil ▹ **huile de colza** rapeseed *ou* colza oil ▹ **huile de coude** * elbow grease * ▹ **huile essentielle** essential oil ▹ **huile de foie de morue** cod-liver oil ▹ **huile de friture** cooking *ou* frying oil ▹ **huile de graissage** lubricating oil ▹ **huile de lin** linseed oil ▹ **huile de maïs** corn oil ▹ **huile de noix** walnut oil ▹ **huile d'olive** olive oil ▹ **huile de paraffine** liquid paraffin ▹ **huile de ricin** castor oil ▹ **huile de sésame** sesame oil ▹ **huile de soja** soya oil ▹ **huile solaire** (sun)tan oil ▹ **huile de table** salad oil ▹ **huile de tournesol** sunflower oil ▹ **huile végétale** vegetable oil ▹ **huile de vidange** *(gén)* lubricating oil; *(usagée)* waste oil ▹ **huile vierge** virgin olive oil

**huiler** /ɥile/ ▸ conjug 1 ◂ VT *[+ machine, serrure]* to oil, to lubricate; *[+ récipient]* to oil ◆ **papier huilé** oil-paper ◆ **la mécanique est bien/parfaitement huilée** *(fig)* it's a well-oiled/perfectly smooth-running machine ◆ **équipe bien huilée** slick team

**huilerie** /ɥilʀi/ NF *(= usine)* oil factory; *(= commerce)* oil trade; *(= moulin)* oil-mill

**huileux, -euse** /ɥilø, øz/ ADJ *[liquide, matière]* oily; *[aspect, surface]* oily, greasy

**huilier** /ɥilje/ NM (oil and vinegar) cruet, oil and vinegar bottle

**huis** /ɥi/ NM †† door ◆ **à ~ clos** *(Jur)* in camera ◆ **ordonner le ~ clos** *(Jur)* to order proceedings to be held in camera ◆ **les négociations se poursuivent à ~ clos** the talks are continuing behind closed doors

**huisserie** /ɥisʀi/ NF *[de porte]* doorframe; *[de fenêtre]* window frame

**huissier** /ɥisje/ NM **a** *(= appariteur)* usher **b** *(Jur)* **~ (de justice)** ≃ bailiff

> **Huissier**
>
> Although in some respects the role of **huissiers** is similar to that of bailiffs, their activities are not identical. The main function of a **huissier** is to carry out decisions made in the courts, for example evictions for non-payment of rent and seizure of goods following bankruptcy proceedings. Unlike bailiffs, **huissiers** can also be called upon to witness the signature of important documents, and to ensure that public competitions are judged fairly.

**huit** /ˈɥi(t)/ ADJ INV eight; *pour autres loc voir* **six** NM INV eight; *(en patinage)* figure of eight; *(en aviron)* eight ◆ **lundi en ~** a week on *(Brit) ou* from *(US)* Monday, Monday week * *(Brit)*; → **grand** COMP ▹ **huit jours** *(= une semaine)* a week ◆ **dans ~ jours** in a week, in a week's time *(Brit)* ◆ **donner ses ~ jours à un domestique** † to give a servant a week's notice

**huitain** /ˈɥitɛ̃/ NM *(= poème)* octet, octave

**huitaine** /ˈɥitɛn/ NF eight or so, about eight ◆ **dans une ~ (de jours)** in a week or so ◆ **son cas a été remis à ~** *(Jur)* the hearing has been postponed *ou* deferred for one week ◆ **sans réponse sous ~** if no reply is received within seven days

**huitante** /ˈɥitɑ̃t/ ADJ INV *(Helv)* eighty

**huitième** /ˈɥitjɛm/ ADJ, NMF eighth ◆ **la ~ merveille du monde** the eighth wonder of the world; *pour autres loc voir* **sixième** NF *(Scol) penultimate class of primary school*, fifth grade *(US)* NMPL *(Sport)* ◆ **~s de finale** second round in a five-round knock-out competition ◆ **être en ~s de finale** to be in the last sixteen

**huitièmement** /ˈɥitjɛmmɑ̃/ ADV eighthly

**huître** /ɥitʀ/ NF oyster ◆ **~ perlière** pearl oyster ◆ **se (re)fermer comme une ~** to clam up

**huit-reflets** /ˈɥiʀ(ə)flɛ/ NM INV silk top hat

**huîtrier, -ière** /ɥitʀije, ijɛʀ/ ADJ *[industrie]* oyster *(épith)* NM *(= oiseau)* oyster catcher NF **huîtrière** *(= banc)* oyster bed; *(= établissement)* oyster farm

**hula-ho(o)p** /ulaɔp/ NM Hula Hoop ®

**hulotte** /'ylɔt/ NF tawny owl

**hululement** /'ylylmɑ̃/ NM hooting, screeching

**hululer** /'ylyle/ ► conjug 1 ◄ VI to hoot, to screech

**hum** /'œm/ EXCL hem!, h'm!

**humain, e** /ymɛ̃, ɛn/ ADJ *(gén)* human; *(= compatissant, compréhensif)* humane ◆ **justice/espèce/condition ~e** human justice/race/condition ◆ **il n'avait plus figure ~e** he was disfigured beyond recognition ◆ **se montrer ~** to show humanity, to act humanely (*envers* towards); ◆ **il s'est sauvé – c'est ~** he ran away — it's only human; → **respect, science, voix** *etc* NM a *(Philos)* **l'~** the human element b *(= être humain)* human (being) ◆ **les ~s** humans, human beings

**humainement** /ymɛnmɑ̃/ ADV *(= avec bonté)* humanely; *(= par l'homme)* humanly ◆ **ce n'est pas ~ possible** it's not humanly possible ◆ **~, on ne peut pas le renvoyer** it would be heartless to dismiss him ◆ **une situation ~ intolérable** an unbearable situation for people to be in ◆ **la restructuration a été ~ douloureuse** the human cost of the restructuring was high, the restructuring was painful in human terms

**humanisation** /ymanizasjɔ̃/ NF humanization ◆ **la priorité est à l'~ des prisons** making prisons more humane is a priority

**humaniser** /ymanize/ ► conjug 1 ◄ VT *[+ doctrine]* to humanize; *[+ conditions]* to make more humane, to humanize ◆ **il faut ~ les prisons** prison conditions must be made more humane VPR **s'humaniser** *[personne]* to become more human; *[architecture]* to become less forbidding *ou* impersonal

**humanisme** /ymanism/ NM humanism

**humaniste** /ymanist/ ADJ humanist, humanistic NMF humanist

**humanitaire** /ymanitɛʀ/ ADJ *[intervention, convoi]* humanitarian ◆ **aide/action ~** humanitarian aid/relief ◆ **association ~** humanitarian (aid) organization

**humanitarisme** /ymanitaʀism/ NM *(péj)* unrealistic humanitarianism

**humanitariste** /ymanitaʀist/ ADJ *(péj)* unrealistically humanitarian NMF unrealistic humanitarian

**humanité** /ymanite/ NF a *(= le genre humain)* **l'~** humanity, mankind b *(= bonté)* humaneness, humanity ◆ **geste d'~** humane gesture c *(Philos, Rel)* humanity NFPL **humanités** *(† Scol)* classics, humanities ◆ **faire ses ~s** to study *ou* read *(Brit)* classics

**humanoïde** /ymanɔid/ ADJ, NM humanoid

**humble** /œbl(ə)/ ADJ *(= modeste, pauvre)* humble; *(= obscur)* humble, lowly ◆ **d'~ naissance** of humble *ou* lowly birth *ou* origins ◆ **à mon ~ avis** in my humble opinion ◆ **"je suis votre humble serviteur"** † "I am your humble servant" †

**humblement** /œbləmɑ̃/ ADV humbly

**humecter** /ymɛkte/ ► conjug 1 ◄ VT *[+ linge, herbe]* to dampen; *[+ front]* to moisten, to dampen ◆ **la sueur humectait ses tempes** his brow was damp with sweat ◆ **l'herbe humectée de rosée** the dewy *ou* dew-damp grass ◆ **s'~ les lèvres** to moisten one's lips ◆ **ses yeux s'humectèrent** his eyes grew moist (with tears), tears welled in his eyes ◆ **s'~ le gosier** * to wet one's whistle *

**humer** /'yme/ ► conjug 1 ◄ VT *[+ plat]* to smell; *[+ air, parfum]* to inhale, to breathe in

**humérus** /ymeʀys/ NM humerus

**humeur** /ymœʀ/ NF a *(= disposition momentanée)* mood, humour ◆ **selon son ~** *ou* **l'~ du moment** according to the mood he was in ◆ **se sentir d'~ à travailler** to feel in the mood for working *ou* for work *ou* to work ◆ **de quelle ~ est-il aujourd'hui ?** what kind of mood is he in today? ◆ **mettre/être de bonne ~** to put/be in a good mood *ou* humour, to put/be in good spirits ◆ **travailler dans la bonne ~** to work contentedly ◆ **la bonne ~ régnait dans la maison** contentment reigned in the house ◆ **roman/film plein de bonne ~** good-humoured novel/film, novel/film full of good humour ◆ **être de mauvaise ~** to be in a bad mood ◆ **il est d'une ~ massacrante** *ou* **de chien** he's in a rotten * *ou* foul temper *ou* mood ◆ **~ noire** black mood; → **saute**

b *(= tempérament)* temper, temperament ◆ **d'~ changeante** *ou* **inégale** moody ◆ **d'~ égale** even-tempered, equable *(frm)* ◆ **être d'~** *ou* **avoir l'~ batailleuse** to be fiery-tempered ◆ **être d'~ maussade** to be sullen, to be a sullen type ◆ **il y a incompatibilité d'~ entre eux** they are temperamentally unsuited *ou* incompatible

c *(= irritation)* bad temper, ill humour ◆ **passer son ~ sur qn** to take out *ou* vent one's bad temper *ou* ill humour on sb ◆ **accès** *ou* **mouvement d'~** fit of (bad) temper *ou* ill humour ◆ **geste d'~** bad-tempered gesture ◆ **agir par ~** to act in a fit of (bad) temper *ou* ill humour ◆ **dire qch avec ~** to say sth ill-humouredly *ou* testily *(littér)*

d *(Méd)* secretion ◆ **~ aqueuse/vitreuse** *ou* **vitrée de l'œil** aqueous/vitreous humour of the eye ◆ **les ~s** †† the humours †

**humide** /ymid/ ADJ *[mains, front, terre]* moist, damp; *[torchon, habits, mur, poudre, herbe]* damp; *[local, climat, région, chaleur]* humid; *(= plutôt froid)* damp; *[tunnel, cave]* dank, damp; *[saison, route]* wet ◆ **yeux ~s d'émotion** eyes moist with emotion ◆ **il lui lança un regard ~** he looked at her with moist eyes ◆ **temps lourd et ~** muggy weather ◆ **temps froid et ~** cold wet weather

**humidificateur** /ymidifikatœʀ/ NM *[d'air]* humidifier

**humidification** /ymidifikasjɔ̃/ NF humidification

**humidifier** /ymidifje/ ► conjug 7 ◄ VT *[+ air]* to humidify; *[+ terre]* to moisten; *[+ linge]* to moisten, to dampen

**humidité** /ymidite/ NF *[d'air, climat]* humidity; *(plutôt froide)* dampness; *[de sol, mur]* dampness; *[de tunnel, cave]* dankness, dampness ◆ **~ (atmosphérique)** humidity (of the atmosphere) ◆ **air saturé d'~** air saturated with moisture ◆ **dégâts causés par l'~** damage caused by (the) damp ◆ **traces d'~ sur le mur** traces of moisture *ou* of damp on the wall ◆ **taches d'~** damp patches, patches of damp ◆ **"craint l'humidité", "à protéger de l'humidité"** *(sur emballage)* "to be kept dry", "keep in a dry place"

**humiliant, e** /ymiljɑ̃, jɑ̃t/ ADJ humiliating

**humiliation** /ymiljasjɔ̃/ NF *(gén)* humiliation; *(Rel)* humbling *(NonC)*

**humilier** /ymilje/ ► conjug 7 ◄ VT *(= rabaisser)* to humiliate; *(††, Rel = rendre humble)* to humble ◆ **s'~ devant** to humble o.s. before

**humilité** /ymilite/ NF *(= modestie)* humility, humbleness ◆ **ton d'~** humble tone ◆ **en toute ~** with all humility

**humoral, e** (mpl **-aux**) /ymɔʀal, o/ ADJ humoral

**humoriste** /ymɔʀist/ ADJ *[écrivain]* humorous NMF humorist

**humoristique** /ymɔʀistik/ ADJ humorous; → **dessin**

**humour** /ymuʀ/ NM humour ◆ **~ noir** black humour ◆ **~ à froid** deadpan humour ◆ **l'~ anglais** *ou* **britannique** British humour ◆ **manquer d'~** to have no sense of humour ◆ **avoir de l'~/beaucoup d'~** to have a sense of humour/a good *ou* great sense of humour ◆ **faire de l'~** to try to be funny

**humus** /ymys/ NM humus

**Hun** /'œ̃/ NM *(Hist)* Hun

**hune** /'yn/ NF top ◆ **mât de ~** topmast ◆ **grande ~** maintop

**hunier** /'ynje/ NM topsail ◆ **grand ~** main topsail

**huppe** /'yp/ NF *(= oiseau)* hoopoe; *(= crête)* crest

**huppé, e** /'ype/ ADJ a *(Orn)* crested b *(* = riche)* posh *, swanky *

**hure** /'yʀ/ NF *(= tête)* head; *(= pâté)* pork brawn ◆ **~ de sanglier** boar's head

**hurlant, e** /'yʀlɑ̃, ɑ̃t/ ADJ *[foule]* howling; *[enfant]* yelling; *[sirène]* wailing; *[couleurs]* clashing

**hurlement** /'yʀləmɑ̃/ NM a *[de loup, chien]* howl, howling *(NonC)*; *[de personne]* yell, howl ◆ **pousser des ~s** *(de rage)* to howl with rage; *(de douleur)* to howl with pain; *(de joie)* to whoop for *ou* with joy ◆ **des ~s de rire** screams *ou* gales of laughter b *[de vent]* howling *(NonC)*; *[de sirènes]* wailing *(NonC)*; *[de pneus, freins]* screeching *(NonC)*, screech, squealing *(NonC)*, squeal

**hurler** /'yʀle/ ► conjug 1 ◄ VI a *(= crier) [personne] (de peur)* to shriek, to scream; *(de douleur)* to scream, to yell (out), to howl; *(de rage)* to roar, to bellow; *[foule]* to roar, to yell (*de* with, in); ◆ **~ de rire** * to roar *ou* bellow with laughter ◆ **il hurlait comme si on l'égorgeait** he was screaming like a stuck pig ◆ **elle hurlait après les enfants** she was yelling at the children ◆ **cette réforme va faire ~ l'opposition** this reform will enrage the opposition ◆ **ça me fait ~ !** it makes my blood boil!

b *(= vociférer)* to yell

c *[chien, vent]* to howl; *[freins]* to screech, to squeal; *[sirène]* to wail; *[radio]* to blare ◆ **faire ~ sa télé** to have the TV on full blast * ◆ **~ à la lune** *ou* **à la mort** to bay at the moon ◆ **~ avec les loups** *(fig)* to follow the pack *ou* crowd

d *[couleurs]* to clash ◆ **ce tableau jaune sur le mur vert, ça hurle !** that yellow picture really clashes with the green wall

VT *[+ injures, slogans]* to yell, to roar; *[+ ordres]* to bellow, to yell ◆ **il hurlait son désespoir** he gave vent to his despair ◆ **"jamais !" hurla-t-il** "never!" he cried

**hurleur, -euse** /'yʀlœʀ, øz/ ADJ *(= braillard) [personne]* yelling *(épith)* NM ◆ **(singe) ~** howler (monkey)

**hurluberlu, e** /yʀlybɛʀly/ NM,F crank

**huron, -onne** /'yʀɔ̃, ɔn/ ADJ Huron ◆ **le lac Huron** Lake Huron NM *(Ling)* Huron NM,F **Huron(ne)** Huron

**hurrah** /'uʀa, huʀa/ EXCL ⇒ **hourra**

**husky** (pl **huskies**) /'œski/ NM husky

**hussard** /'ysaʀ/ NM hussar

**hussarde** /'ysaʀd/ **à la hussarde** LOC ADV in a rough and ready way

**hutte** /'yt/ NF hut

**hutu** /'utu/ ADJ Hutu NMF **Hutu** Hutu ◆ **les Hutus** the Hutus

**hyacinthe** /jasɛ̃t/ NF *(= pierre)* hyacinth, jacinth; *(† = fleur)* hyacinth

**hybridation** /ibʀidasjɔ̃/ NF hybridization

**hybride** /ibʀid/ ADJ, NM hybrid

**hybrider** /ibʀide/ ► conjug 1 ◄ VT to hybridize

**hybridisme** /ibʀidism/ NM hybridism

**hydracide** /idʀasid/ NM hydracid

**hydratant, e** /idʀatɑ̃, ɑ̃t/ ADJ moisturizing NM moisturizer

**hydratation** /idʀatasjɔ̃/ NF *(Chim, Méd)* hydration; *[de peau]* moisturizing

**hydrate** /idʀat/ NM hydrate ◆ ~ **de carbone** carbohydrate

**hydrater** /idʀate/ ▸ conjug 1 ◂ VT *(gén)* to hydrate; *[+ peau]* to moisturize VPR **s'hydrater** *(Chim)* to hydrate; *(= boire)* to take lots of fluids

**hydraulicien, -ienne** /idʀolisjɛ̃, jɛn/ NM,F hydraulics specialist

**hydraulique** /idʀolik/ ADJ *[circuit, énergie, frein, presse, travaux]* hydraulic ◆ **station** ~ waterworks *(sg)* NF hydraulics *(sg)*

**hydravion** /idʀavjɔ̃/ NM seaplane, hydroplane

**hydre** /idʀ(ə)/ NF a *(Myth)* **l'~ de Lerne** the Lernean Hydra ◆ **on voit resurgir l'~ du racisme** racism is rearing *ou* raising its ugly head again b *(Zool)* hydra ◆ ~ **d'eau douce** freshwater hydra

**hydrique** /idʀik/ ADJ water *(épith)* ◆ **ressources ~s** water resources ◆ **diète** ~ *(Méd)* liquid diet

**hydrocarbure** /idʀokaʀbyʀ/ NM hydrocarbon ◆ **~s saturés/insaturés** saturated/unsaturated hydrocarbons

**hydrocéphale** /idʀɔsefal/ ADJ hydrocephalic, hydrocephalous NMF person suffering from hydrocephalus

**hydrocéphalie** /idʀɔsefali/ NF hydrocephalus

**hydrocortisone** /idʀokɔʀtizɔn/ NF hydrocortisone

**hydrocution** /idʀɔkysjɔ̃/ NF *(Méd)* immersion syncope ◆ **il est mort d'~** he died of shock *(after jumping or falling into cold water)*

**hydrodynamique** /idʀodinamik/ ADJ hydrodynamic NF hydrodynamics *(sg)*

**hydro(-)électricité** /idʀoelɛktʀisite/ NF hydroelectricity

**hydro(-)électrique** /idʀoelɛktʀik/ ADJ hydroelectric

**hydrofoil** /idʀofɔjl/ NM hydrofoil *(boat)*

**hydrofuge** /idʀɔfyʒ/ ADJ *[peinture]* water-repellent

**hydrogénation** /idʀɔʒenasjɔ̃/ NF hydrogenation

**hydrogène** /idʀɔʒɛn/ NM hydrogen ◆ ~ **lourd** heavy hydrogen; → **bombe**

**hydrogéner** /idʀɔʒene/ ▸ conjug 6 ◂ VT to hydrogenate, to hydrogenize

**hydroglisseur** /idʀoglisœʀ/ NM hydroplane, jet-foil

**hydrographe** /idʀɔgʀaf/ NM hydrographer

**hydrographie** /idʀɔgʀafi/ NF hydrography

**hydrographique** /idʀɔgʀafik/ ADJ hydrographic(al)

**hydrologie** /idʀɔlɔʒi/ NF hydrology

**hydrologique** /idʀɔlɔʒik/ ADJ hydrologic(al)

**hydrologiste** /idʀɔlɔʒist/, **hydrologue** /idʀɔlɔg/ NMF hydrologist

**hydrolyse** /idʀɔliz/ NF hydrolysis

**hydrolyser** /idʀɔlize/ ▸ conjug 1 ◂ VT to hydrolize

**hydromassant, e** /idʀomasɑ̃, ɑ̃t/ ADJ ◆ **bain** ~ hydromassage bath

**hydromel** /idʀɔmɛl/ NM mead

**hydromètre** /idʀɔmɛtʀ/ NM *(Tech)* hydrometer

**hydrométrie** /idʀɔmetʀi/ NF hydrometry

**hydrométrique** /idʀɔmetʀik/ ADJ hydrometric(al)

**hydrophile** /idʀɔfil/ ADJ *[lentilles cornéennes]* hydrophilic; → **coton**

**hydrophobe** /idʀɔfɔb/ ADJ, NMF hydrophobic

**hydrophobie** /idʀɔfɔbi/ NF hydrophobia

**hydropique** /idʀɔpik/ ADJ dropsical, hydropic(al) NMF person suffering from dropsy

**hydropisie** /idʀɔpizi/ NF dropsy

**hydroponique** /idʀɔpɔnik/ ADJ hydroponic ◆ **culture** ~ hydroponics *(sg)*, hydroponic gardening *ou* farming

**hydroptère** /idʀɔptɛʀ/ NM hydrofoil *(boat)*

**hydrosoluble** /idʀosɔlybl/ ADJ water-soluble

**hydrosphère** /idʀɔsfɛʀ/ NF hydrosphere

**hydrostatique** /idʀɔstatik/ ADJ hydrostatic NF hydrostatics *(sg)*

**hydrothérapie** /idʀoteʀapi/ NF *(= traitement)* hydrotherapy; *(= science)* hydrotherapeutics *(sg)* ◆ **soins d'~** hydrotherapy treatments, water cures

**hydrothérapique** /idʀoteʀapik/ ADJ *[traitement]* hydrotherapy *(épith)*; *[science]* hydrotherapeutic

**hydroxyde** /idʀɔksid/ NM hydroxide

**hyène** /jɛn/ NF hyena

**hygiaphone** ® /iʒjafɔn/ NM Hygiaphone ® *(grill for speaking through at ticket counters etc)*

**hygiène** /iʒjɛn/ NF hygiene; *(= science)* hygienics *(sg)*, hygiene; *(Scol)* health education ◆ **ça manque d'~** it's not very hygienic ◆ ~ **corporelle** personal hygiene ◆ ~ **intime** *[de femme]* personal hygiene ◆ ~ **mentale/publique** mental/public health ◆ ~ **du travail** industrial hygiene ◆ ~ **alimentaire** food hygiene ◆ **pour une meilleure ~ de vie** for a healthier life ◆ **il suffit d'avoir de l'~** you just need to be careful about hygiene ◆ **n'avoir aucune ~** to have no sense of hygiene

**hygiénique** /iʒjenik/ ADJ hygienic ◆ **promenade** ~ constitutional (walk); → **papier, seau, serviette**

**hygiéniste** /iʒjenist/ NMF hygienist

**hygromètre** /igʀɔmɛtʀ/ NM hygrometer

**hygrométrie** /igʀɔmetʀi/ NF hygrometry

**hygrométrique** /igʀɔmetʀik/ ADJ hygrometric

**hygroscope** /igʀɔskɔp/ NM hygroscope

**hymen** /imɛn/ NM *(littér = mariage)* marriage; *(Anat)* hymen

**hyménée** /imene/ NM *(littér)* marriage

**hyménoptère** /imenɔptɛʀ/ NM hymenopteran ◆ **les ~s** Hymenoptera

**hymne** /imn/ NM *(Littérat, Rel)* hymn ◆ **son discours était un ~ à la liberté** his speech was a hymn to liberty ◆ ~ **national** national anthem

**hypallage** /ipa(l)laʒ/ NF hypallage

**hyper** * /ipɛʀ/ NM abrév de **hypermarché**

**hyper(-)...** /ipɛʀ/ PRÉF a *(gén)* hyper(-)... b *(* : + adj = très)* really ◆ **hyper sympa** * really *ou* dead * nice ◆ **hyper riche** mega * rich ◆ **hyper important** really *ou* very important

**hyperacidité** /ipɛʀasidite/ NF hyperacidity

**hyperactif, -ive** /ipɛʀaktif, iv/ ADJ hyperactive

**hyperactivité** /ipɛʀaktivite/ NF hyperactivity

**hyperbare** /ipɛʀbaʀ/ ADJ hyperbaric

**hyperbole** /ipɛʀbɔl/ NF *(Math)* hyperbola; *(Littérat)* hyperbole

**hyperbolique** /ipɛʀbɔlik/ ADJ *(Math, Littérat)* hyperbolic

**hyperboréen, -enne** /ipɛʀbɔʀeɛ̃, ɛn/ ADJ hyperborean

**hypercholestérolémie** /ipɛʀkɔlɛsteʀɔlemi/ NF hypercholesterolaemia *(Brit)*, hypercholesterolemia *(US)*

**hypercorrect, e** /ipɛʀkɔʀɛkt/ ADJ *(Ling)* hypercorrect

**hypercorrection** /ipɛʀkɔʀɛksjɔ̃/ NF *(Ling)* hypercorrection

**hyperémotivité** /ipɛʀemɔtivite/ NF excess emotionality

**hyperespace** /ipɛʀɛspas/ NM hyperspace

**hyperesthésie** /ipɛʀɛstezi/ NF hyperaesthesia *(Brit)*, hyperesthesia *(US)*

**hyperfocal, e** (mpl **-aux**) /ipɛʀfɔkal, o/ ADJ hyperfocal

**hyperfréquence** /ipɛʀfʀekɑ̃s/ NF very *ou* ultra high frequency

**hyperglycémie** /ipɛʀglisemi/ NF hyperglycaemia *(Brit)*, hyperglycemia *(US)*

**hyperinflation** /ipɛʀɛ̃flasjɔ̃/ NF hyperinflation

**hyperlien** /ipɛʀljɛ̃/ NM *(Ordin)* hyperlink

**hypermarché** /ipɛʀmaʀʃe/ NM hypermarket, superstore

**hypermédia** /ipɛʀmedja/ ADJ, NM hypermedia

**hypermétrope** /ipɛʀmetʀɔp/ ADJ long-sighted, far-sighted *(US)*, hypermetropic *(SPÉC)* NMF long-sighted *ou* far-sighted *(US) ou* hypermetropic *(SPÉC)* person

**hypermétropie** /ipɛʀmetʀɔpi/ NF long-sightedness, far-sightedness *(US)*, hypermetropia *(SPÉC)*

**hypernerveux, -euse** /ipɛʀnɛʀvø, øz/ ADJ very highly strung *(Brit)*, very high strung *(US)*

**hypernervosité** /ipɛʀnɛʀvozite/ NF extreme nervous tension

**hyperonyme** /ipeʀɔnim/ NM superordinate

**hyperplasie** /ipɛʀplazi/ NF hyperplasia

**hyperréalisme** /ipɛʀʀealism/ NM hyperrealism

**hyperréaliste** /ipɛʀʀealist/ ADJ, NMF hyperrealist

**hypersécrétion** /ipɛʀsekʀesjɔ̃/ NF hypersecretion

**hypersensibilité** /ipɛʀsɑ̃sibilite/ NF hypersensitivity, hypersensitiveness

**hypersensible** /ipɛʀsɑ̃sibl/ ADJ hypersensitive

**hypersonique** /ipɛʀsɔnik/ ADJ hypersonic

**hypertendu, e** /ipɛʀtɑ̃dy/ ADJ suffering from high blood pressure *ou* from hypertension *(SPÉC)* NM,F hypertensive

**hypertension** /ipɛʀtɑ̃sjɔ̃/ NF ◆ ~ **(artérielle)** high blood pressure, hypertension *(SPÉC)* ◆ **faire de l'~** to suffer from *ou* have high blood pressure

**hypertexte** /ipɛʀtɛkst/ NM *(Ordin)* hypertext ◆ **lien** ~ hypertext link ◆ **navigation en (mode)** ~ browsing hypertext

**hypertextuel, -elle** /ipɛʀtɛkstyɛl/ ADJ hypertext

**hyperthyroïdie** /ipɛʀtiʀɔidi/ NF hyperthyroidism

**hypertrophie** /ipɛʀtʀɔfi/ NF *(Méd)* hypertrophy; *[de ville, secteur]* overdevelopment

**hypertrophié, e** /ipɛʀtʀɔfje/ ADJ *[muscle]* hypertrophied, abnormally enlarged; *[administration, bureaucratie, secteur]* overdeveloped, hypertrophied

**hypertrophier** /ipɛʀtʀɔfje/ ▸ conjug 7 ◂ VT to hypertrophy VPR **s'hypertrophier** *(Méd)* to hypertrophy; *[ville, secteur]* to become overdeveloped

**hypertrophique** /ipɛʀtʀɔfik/ ADJ hypertrophic

**hypervitaminose** /ipɛʀvitaminoz/ NF hypervitaminosis

**hypnose** /ipnoz/ NF hypnosis ◆ **sous ~, en état d'~** under hypnosis

**hypnotique** /ipnɔtik/ ADJ *(lit)* hypnotic; *(fig)* hypnotic, mesmeric, mesmerizing

**hypnotiser** /ipnɔtize/ ▸ conjug 1 ◂ VT *(lit)* to hypnotize; *(fig)* to hypnotize, to mesmerize

**hypnotiseur** /ipnɔtizœʀ/ NM hypnotist

**hypnotisme** /ipnɔtism/ NM hypnotism

**hypo...** /ipɔ/ PRÉF hypo...

**hypoallergénique** /ipoalɛʀʒenik/, **hypoallergique** /ipoalɛʀʒik/ ADJ hypoallergenic

**hypocagne** /ipɔkaɲ/ NF ⇒ **hypokhâgne**

**hypocalorique** /ipokalɔʀik/ ADJ *[aliment, régime]* low-calorie *(épith)*

**hypocentre** /iposɑ̃tʀ/ NM hypocentre

**hypocondriaque** /ipɔkɔ̃dʀijak/ ADJ, NMF *(Méd)* hypochondriac

**hypocondrie** /ipɔkɔ̃dʀi/ NF hypochondria

**hypocrisie** /ipɔkʀizi/ NF hypocrisy

**hypocrite** /ipɔkʀit/ ADJ hypocritical NMF hypocrite

**hypocritement** /ipɔkʀitmɑ̃/ ADV hypocritically

**hypodermique** /ipɔdɛʀmik/ ADJ hypodermic

**hypofertile** /ipofɛʀtil/ ADJ *[personne]* suffering from low fertility

**hypofertilité** /ipofɛʀtilite/ NF *[de personne]* low fertility

**hypogastre** /ipɔgastʀ/ NM hypogastrium

**hypogée**[2] /ipɔʒe/ NM *(Archéol)* hypogeum

**hypoglycémie** /ipoglisemi/ NF hypoglycaemia *(Brit)*, hypoglycemia *(US)* ◆ **avoir** *ou* **faire une crise d'~** to suffer an attack of hypoglycaemia

**hypoglycémique** /ipoglisemik/ ADJ hypoglycaemic *(Brit)*, hypoglycemic *(US)* ◆ **évanouissement/coma ~** fainting fit/coma brought on by an attack of hypoglycaemia NMF person suffering from hypoglycaemia

**hypokhâgne** /ipɔkaɲ/ NF *first year of two-year preparatory course for the arts section of the École normale supérieure*; → GRANDES ÉCOLES, CLASSES PRÉPARATOIRES, CONCOURS

**hyponyme** /ipɔnim/ NM hyponym

**hypophysaire** /ipɔfizɛʀ/ ADJ pituitary, hypophyseal *(SPÉC)* ◆ **glande/hormone ~** pituitary gland/hormone ◆ **nanisme d'origine ~** dwarfism caused by pituitary growth hormone deficiency

**hypophyse** /ipɔfiz/ NF pituitary gland, hypophysis *(SPÉC)*

**hyposodé, e** /iposɔde/ ADJ low-salt *(épith)*, low in salt *(attrib)*

**hypostase** /ipɔstɑz/ NF *(Méd, Rel)* hypostasis

**hypostyle** /ipɔstil/ ADJ hypostyle

**hypotaupe** /ipotop/ NF *first year of two-year preparatory course for the science section of the Grandes Écoles*

**hypotendu, e** /ipotɑ̃dy/ ADJ suffering from low blood pressure *ou* from hypotension *(SPÉC)* NM,F hypotensive

**hypotension** /ipotɑ̃sjɔ̃/ NF low blood pressure, hypotension *(SPÉC)*

**hypoténuse** /ipɔtenyz/ NF hypotenuse

**hypothalamus** /ipɔtalamys/ NM hypothalamus

**hypothécable** /ipɔtekabl/ ADJ mortgageable

**hypothécaire** /ipɔtekɛʀ/ ADJ *(gén)* hypothecary; *[marché, prêt]* mortgage *(épith)* ◆ **garantie ~** mortgage security

**hypothèque** /ipɔtɛk/ NF **a** *(Jur)* mortgage ◆ **prendre une ~ sur l'avenir** to mortgage the future **b** *(= obstacle)* obstacle ◆ **lever l'~** *(Pol)* to take away the obstacle

**hypothéquer** /ipɔteke/ ▸ conjug 6 ◂ VT *[+ maison]* to mortgage; *[+ créance]* to secure (by mortgage); *[+ avenir]* to mortgage

**hypothermie** /ipɔtɛʀmi/ NF hypothermia

**hypothèse** /ipɔtɛz/ NF *(gén)* hypothesis, assumption; *(Sci)* hypothesis ◆ **émettre l'~ que** *(gén)* to suggest the possibility that; *(Sci)* to theorize that ◆ **prenons comme ~ que** let's assume *ou* suppose that ◆ **l'~ du suicide n'a pas été écartée** the possibility of suicide has not been ruled out ◆ **en toute ~** in any case *ou* event, no matter what happens ◆ **dans l'~ où ...** in the event that ... ◆ **dans l'~ de leur victoire** in the event of their winning, should they win, supposing they win ◆ **dans la meilleure/pire des ~s** at best/worst ◆ **je le pense mais ce n'est qu'une ~** I think so but it's only a hypothesis *ou* I'm just hypothesizing ◆ **en être réduit aux ~s** to be reduced to speculation *ou* guessing ◆ **~ d'école** purely hypothetical case ◆ **~ de travail** working hypothesis

**hypothétique** /ipɔtetik/ ADJ hypothetical ◆ **cas ~** *(Jur)* moot case

**hypothétiquement** /ipɔtetikmɑ̃/ ADV hypothetically

**hypovitaminose** /ipovitaminoz/ NF hypovitaminosis

**hypoxie** /ipɔksi/ NF hypoxia ◆ **entraînement en ~** *(Sport)* altitude training

**hysope** /izɔp/ NF hyssop

**hystérectomie** /isteʀɛktɔmi/ NF hysterectomy

**hystérie** /isteʀi/ NF *(Méd)* hysteria ◆ **~ collective** mass hysteria ◆ **c'était l'~ dans le public** the audience went wild *ou* crazy ◆ **faire** *ou* **avoir une crise d'~** *(Méd)* to have an attack of hysteria, to have a fit of hysterics; *(excitation)* to become hysterical

**hystérique** /isteʀik/ ADJ hysterical NMF *(Méd)* hysteric ◆ **c'est un ~** *(péj)* he's the hysterical sort

**hystérographie** /isteʀɔgʀafi/ NF hysterography

**Hz** (abrév de **hertz**) Hz

# I

**I, i** /i/ NM *(= lettre)* I, i; → **droit[2], point[1]**

**IAD** /iade/ NF (abrév de **insémination artificielle avec donneur**) DI ◆ **enfant né d'~** *ou* **par ~** DI baby, baby conceived by DI

**iambe** /jɑ̃b/ NM *(Littérat) (= pied)* iambus, iambic; *(= vers, poème)* iambic

**iambique** /jɑ̃bik/ ADJ iambic

**IAO** /iao/ NF (abrév de **ingénierie assistée par ordinateur**) CAE

**ibère** /ibɛʀ/ ADJ Iberian NMF **Ibère** Iberian

**ibérique** /ibeʀik/ ADJ Iberian; → **péninsule** NMF **Ibérique** Iberian

**ibid** ADV (abrév de **ibidem**) ibid

**ibidem** /ibidɛm/ ADV ibidem

**ibis** /ibis/ NM ibis

**Ibiza** /ibiza/ NF Ibiza

**Icare** /ikaʀ/ NM Icarus

**iceberg** /ajsbɛʀg/ NM iceberg ◆ **la partie immergée** *ou* **cachée de l'~** *(lit)* the invisible part of the iceberg; *(fig)* the hidden aspects of the problem ◆ **la partie visible de l'~** *(lit, fig)* the tip of the iceberg

**icelui** /isəlɥi/, **icelle** /isɛl/ (mpl **iceux** /isø/) (fpl **icelles** /isɛl/) PRON *(††, hum, Jur)* ⇒ **celui-ci, celle-ci, ceux-ci, celles-ci;** → **celui**

**ichtyologie** /iktjɔlɔʒi/ NF ichthyology

**ichtyologique** /iktjɔlɔʒik/ ADJ ichthyologic(al)

**ichtyologiste** /iktjɔlɔʒist/ NMF ichthyologist

**ichtyosaure** /iktjozɔʀ/ NM ichthyosaur

**ici** /isi/ ADV **a** *(dans l'espace)* here ◆ **~ !** *(à un chien)* here! ◆ **loin/près d'~** far from/near here ◆ **il y a 10 km d'~ à Paris** it's 10 km from here to Paris ◆ **c'est à 10 minutes d'~** it's 10 minutes away (from here) ◆ **passez par ~** come this way ◆ **par ~ s'il vous plaît** this way please ◆ **par ~** *(= dans le coin)* around here ◆ **par ~, Mesdames, par ~ les belles laitues !** *(au marché)* this way, ladies, lovely lettuces this way! *ou* over here! ◆ **par ~ la sortie** this way out ◆ **~ même** on this very spot, in this very place ◆ **c'est ~ que ...** this is the place where ..., it is here that ... ◆ **~ on est un peu isolé** we're a bit cut off (out) here ◆ **le bus vient jusqu'~** the bus comes as far as this *ou* this far; → **soupe**

**b** *(dans le temps)* **d'~ demain/la fin de la semaine** by tomorrow/the end of the week ◆ **d'~ peu** before (very) long, shortly ◆ **d'~ là** before then, in the meantime ◆ **jusqu'~** (up) until now; *(dans le passé)* (up) until then ◆ **d'~ (à ce) qu'il se retrouve en prison, ça ne va pas être long** it won't be long before he lands up in jail (again) ◆ **d'~ (à ce) qu'il accepte, ça risque de faire long** it might be (quite) some time before he says yes ◆ **le projet lui plaît, mais d'~ à ce qu'il accepte !** he likes the plan, but there's a difference between just liking it and actually agreeing to it! ◆ **d'~ à l'an 2050** by the year 2050

**c** *(loc)* **ils sont d'~/ne sont pas d'~** they are/aren't local *ou* from around here ◆ **les gens d'~** the local people ◆ **je vois ça d'~ !** * I can just see that! ◆ **tu vois d'~ la situation/sa tête !** * you can (just) imagine the situation/the look on his face! ◆ **vous êtes ~ chez vous** please make yourself (quite) at home ◆ **~ présent** here present ◆ **"ici Chantal Barry"** *(au téléphone)* "Chantal Barry speaking *ou* here"; *(à la radio)* "this is Chantal Barry" ◆ **~ et là** here and there ◆ **~ comme ailleurs** *ou* **partout** here as anywhere else

**ici-bas** /isibɑ/ ADV *(Rel, hum)* here below ◆ **les choses d'~** things of this world *ou* of this life ◆ **la vie (d')~** life here below

**icône** /ikon/ NF *(Art, fig)* icon ◆ **l'~ sportive de son pays** the sporting icon of his country

**iconoclasme** /ikɔnɔklasm/ NM iconoclasm

**iconoclaste** /ikɔnɔklast/ ADJ iconoclastic NMF iconoclast

**iconographe** /ikɔnɔgʀaf/ NMF *(= documentaliste)* picture researcher; *(= spécialiste de l'iconographie)* iconographer

**iconographie** /ikɔnɔgʀafi/ NF *(= étude)* iconography; *(= images)* illustrations ◆ **l'~ chrétienne du Moyen-Âge** Christian iconography in the Middle Ages ◆ **elle s'inspire de l'~ préraphaélite** she draws on Pre-Raphaelite imagery ◆ **l'~ de ce livre est somptueuse** the book is lavishly *ou* richly illustrated

**iconographique** /ikɔnɔgʀafik/ ADJ iconographic(al) ◆ **étude ~** *[d'icônes]* iconographic research; *[d'illustrations]* picture research ◆ **service ~** picture department; *(d'un journal)* picture desk ◆ **cahier ~** illustrated section, supplement of illustrations

**ictère** /iktɛʀ/ NM icterus

**id** (abrév de **idem**) id.

**Idaho** /idao/ NM Idaho

**idéal, e** (mpl **-als** *ou* **-aux**) /ideal, o/ ADJ *(= imaginaire, parfait)* ideal NM **a** *(= modèle, aspiration)* ideal; *(= valeurs morales)* ideals ◆ **il n'a pas d'~** he has no ideals **b** *(= le mieux)* **l'~ serait qu'elle l'épouse** the ideal thing would be for her to marry him, it would be ideal if she married him ◆ **ce n'est pas l'~** it's not ideal ◆ **dans l'~ c'est ce qu'il faudrait faire** ideally that's what we should do, in an ideal world that's what we'd do

**idéalement** /idealmɑ̃/ ADV ideally

**idéalisation** /idealizasjɔ̃/ NF idealization

**idéaliser** /idealize/ ► conjug 1 ◄ VT to idealize

**idéalisme** /idealism/ NM idealism

**idéaliste** /idealist/ ADJ *(gén)* idealistic; *(Philos)* idealist NMF idealist

**idée** /ide/ GRAMMAIRE ACTIVE 28, 33.2, 53.1, 53.3, 53.5

NF **a** *(= concept)* idea ◆ **l'~ de nombre/de beauté** the idea of number/of beauty ◆ **l'~ que les enfants se font du monde** the idea *ou* concept children have of the world ◆ **c'est lui qui a eu le premier l'~ d'un moteur à réaction** it was he who first thought of *ou* conceived the idea of the jet engine, he was the first to hit upon the idea of the jet engine

**b** *(= pensée)* idea ◆ **il a eu l'~** *ou* **l'~ lui est venue de faire** he had the idea *ou* hit upon the idea of doing ◆ **l'~ ne lui viendrait jamais de nous aider** it would never occur to him to help us, he would never think of helping us ◆ **ça m'a donné l'~ qu'il ne viendrait pas** that made me think that he wouldn't come ◆ **à l'~ de faire qch/de qch** at the idea *ou* thought of doing sth/of sth ◆ **tout est dans l'~ qu'on s'en fait** it's all in the mind ◆ **avoir une ~ derrière la tête** to have something at the back of one's mind ◆ **ça va lui remettre les ~s en place !** that'll teach him! ◆ **~ directrice** driving principle; → **changer, haut, ordre[1]**

**c** *(= illusion)* idea ◆ **tu te fais des ~s** you're imagining things ◆ **ne te fais pas des ~s** don't get ideas into your head ◆ **ça pourrait lui donner des ~s** it might give him ideas *ou* put ideas into his head ◆ **quelle ~ !** the (very) idea!, what an idea! ◆ **il a de ces ~s !** the ideas he has!, the things he thinks up!

**d** *(= suggestion)* idea ◆ **quelle bonne ~ !** what a good idea! ◆ **quelques ~s pour votre jardin** a few ideas *ou* suggestions for your garden ◆ **de nouvelles ~s-vacances/-rangement** some new holiday/storage tips *ou* hints ◆ **~-cadeau** gift idea ◆ **~-recette** recipe idea

**e** *(= vague notion)* idea ◆ **donner à qn/se faire une ~ des difficultés** to give sb/get an *ou* some idea of the difficulties ◆ **avez-vous une ~** *ou* **la moindre ~ de l'heure/de son âge ?** have you got any idea of the time/of his age? ◆ **je n'en ai pas la moindre ~** I haven't the faintest *ou* least *ou* slightest idea

♦ **vous n'avez pas ~ de sa bêtise** you've no idea how stupid he is ♦ **on n'a pas ~ (de faire des choses pareilles) !** * it's incredible (doing things like that)! ♦ **j'ai (comme une) ~ qu'il n'acceptera pas** I (somehow) have an idea *ou* a feeling *ou* I have a sort of feeling that he won't accept ♦ **j'ai mon ~** *ou* **ma petite ~ sur la question** I have my own ideas on the subject

**f** *(= opinion)* **~s** ideas, views ♦ **~s politiques/religieuses** political/religious ideas *ou* views ♦ **avoir des ~s avancées** to have progressive ideas ♦ **ce n'est pas dans ses ~s** he doesn't hold with these views ♦ **avoir des ~s larges/étroites** to be broad-minded/narrow-minded ♦ **avoir les ~s courtes** *(péj)* to have limited ideas

**g** *(= goût, conception personnelle)* ideas ♦ **juger selon** *ou* **à son ~** to judge in accordance with one's own ideas ♦ **agir selon** *ou* **à son ~** to act *ou* do as one sees fit ♦ **il n'en fait qu'à son ~** he just does as he likes ♦ **pour être décorateur il faut de l'~** *ou* **un peu d'~** to be a decorator you have to have some imagination *ou* a few ideas ♦ **il y a de l'~** * *(dessin, projet)* there's something in it; *(décoration intérieure)* it's got (a certain) something

**h** *(= esprit)* **avoir dans l'~ que** to have an idea that, to have it in one's mind that ♦ **il a dans l'~ de partir au Mexique** he's thinking of going to Mexico ♦ **ça m'est sorti de l'~** it went clean * *ou* right out of my mind *ou* head ♦ **cela ne lui viendrait jamais à l'~** it would never occur to him *ou* enter his head ♦ **on ne m'ôtera pas de l'~ qu'il a menti** you won't get me to believe that he didn't lie ♦ **il s'est mis dans l'~ de ...** he took *ou* got it into his head to ...

**COMP** ▷ **idée fixe** idée fixe, obsession ▷ **idée de génie**, **idée lumineuse** brilliant idea, brainwave ▷ **idées noires** black *ou* gloomy thoughts ♦ **il a souvent des ~s noires** he suffers from depression ▷ **idée reçue** generally accepted idea, received idea

**idée-force** (pl **idées-forces**) /idefɔʀs/ NF key idea

**idem** /idɛm/ ADV *(à l'écrit)* ditto; *(à l'oral)* likewise ♦ **il a mauvais caractère et son frère ~** * he's got a nasty temper, likewise his brother, he's got a nasty temper, and his brother's the same ♦ **une bière – ~ pour moi** * a beer — same * *ou* likewise for me

**identifiable** /idɑ̃tifjabl/ ADJ identifiable

**identificateur, -trice** /idɑ̃tifikatœʀ, tʀis/ **ADJ** identifying *(épith)*, identity *(épith)* **NM** **a** *(à la morgue)* morgue employee **b** *(Ling, Ordin)* identifier

**identification** /idɑ̃tifikasjɔ̃/ NF identification (*à, avec* with)

**identifier** /idɑ̃tifje/ ▸ conjug 7 ◂ **VT** **a** *(= reconnaître)* to identify **b** *(= assimiler)* **~ qch/qn à** *ou* **avec** *ou* **et** to identify sth/sb with **VPR** **s'identifier** ♦ **s'~ à** *(= se mettre dans la peau de) [+ personnage, héros]* to identify with; *(= être l'équivalent de)* to identify o.s. with, to become identified with

**identique** /idɑ̃tik/ ADJ identical (*à* to); ♦ **elle reste toujours ~ à elle-même** she never changes, she's always the same

♦ **à l'identique** ♦ **reproduire qch à l'~** to reproduce *ou* copy sth exactly ♦ **cette maison a été refaite** *ou* **reconstruite à l'~** the house was rebuilt exactly as it was ♦ **ils ont repris leur ancien slogan à l'~** they're using exactly the same slogan as before

**identiquement** /idɑ̃tikmɑ̃/ ADV identically

**identitaire** /idɑ̃titɛʀ/ ADJ ♦ **crise ~** *[d'individu]* identity crisis; *[de pays]* crisis surrounding issues of national *ou* ethnic identity ♦ **quête ~** search for identity ♦ **sentiment ~** sense of identity ♦ **les revendications ~s des multiples ethnies** the various ethnic groups' demands for recognition

**identité** /idɑ̃tite/ NF **a** *(Psych)* identity ♦ **~ culturelle** cultural identity **b** *(Admin)* identity ♦ **~ d'emprunt** assumed *ou* borrowed identity ♦ **vérification/papiers d'~** identity check/papers ♦ **l'Identité judiciaire** ≃ the Criminal Records Office; → **carte, pièce** **c** *(= similarité)* identity, similarity; *(= égalité)* identity ♦ **une ~ de goûts les rapprocha** (their) similar tastes brought them together ♦ **~ (remarquable)** *(Math)* identity

**idéogramme** /ideɔgʀam/ NM ideogram

**idéographie** /ideɔgʀafi/ NF ideography

**idéographique** /ideɔgʀafik/ ADJ ideographic(al)

**idéologie** /ideɔlɔʒi/ NF ideology

**idéologique** /ideɔlɔʒik/ ADJ ideological

**idéologue** /ideɔlɔg/ NMF ideologist

**ides** /id/ NFPL *(Antiq)* ides ♦ **les ~ de mars** the ides of March

**id est** /idɛst/ LOC CONJ id est

**idiolecte** /idjɔlɛkt/ NM idiolect

**idiomatique** /idjɔmatik/ ADJ idiomatic ♦ **expression ~** idiom, idiomatic expression

**idiome** /idjom/ NM *(Ling)* idiom

**idiosyncrasie** /idjosɛ̃kʀazi/ NF idiosyncrasy

**idiot, e** /idjo, idjɔt/ **ADJ** *[action, personne, histoire, erreur]* idiotic, stupid; *[accident]* stupid; *(† : Méd)* idiotic ♦ **dis-le moi, je ne veux pas mourir ~** * tell me, I don't want to go to my grave without knowing *ou* I don't want to die in ignorance **NM,F** *(gén)* idiot, fool; *(† : Méd)* idiot ♦ **ne fais pas l'~** * *(= n'agis pas bêtement)* don't be an idiot *ou* a fool; *(= ne simule pas la bêtise)* stop acting stupid * ♦ **l'~ du village** the village idiot

**idiotement** /idjɔtmɑ̃/ ADV idiotically, stupidly, foolishly

**idiotie** /idjɔsi/ NF **a** *[d'action, personne]* idiocy, stupidity; *(Méd)* idiocy **b** *(= action)* idiotic *ou* stupid *ou* foolish thing to do; *(= parole)* idiotic *ou* stupid *ou* foolish thing to say; *(= livre, film)* trash *(NonC)*, rubbish *(NonC)* *(Brit)* ♦ **ne va pas voir cette ~** *ou* **de telles ~s** don't go and see such trash *ou* rubbish *(Brit)* ♦ **et ne dis/fais pas d'~s** and don't say/do anything stupid *ou* idiotic

**idiotisme** /idjɔtism/ NM idiom, idiomatic phrase

**idoine** /idwan/ ADJ *(Jur, hum = approprié)* appropriate, fitting

**idolâtre** /idɔlɑtʀ/ **ADJ** *(Rel)* idolatrous (*de* of); *(fig) [public, foule]* adulatory **NM** *(Rel)* idolater **NF** *(Rel)* idolatress

**idolâtrer** /idɔlɑtʀe/ ▸ conjug 1 ◂ VT to idolize

**idolâtrie** /idɔlɑtʀi/ NF *(Rel, fig)* idolatry

**idole** /idɔl/ NF *(= personne, = artiste, Rel)* idol ♦ **il est devenu l'~ des jeunes** he's become a teenage idol ♦ **la jeune ~ du club de Liverpool** Liverpool's young icon *ou* star ♦ **la communauté juive avait fait du président son ~** the Jewish community idolized the President

**IDS** /idees/ NF (abrév de **initiative de défense stratégique**) SDI

**idylle** /idil/ NF *(= poème)* idyll; *(= amour)* romance ♦ **ce n'est plus l'~ entre les patrons et les syndicats** the honeymoon is over between management and unions

**idyllique** /idilik/ ADJ idyllic

**i.e.** (abrév de **id est**) i.e.

**if** /if/ NM **a** *(= arbre)* yew (tree); *(= bois)* yew **b** *(= égouttoir à bouteilles)* draining rack

**IFOP** /ifɔp/ NM (abrév de **Institut français d'opinion publique**) *French public opinion research institute*

**IGF** /iʒeɛf/ NM (abrév de **impôt sur les grandes fortunes**) → **impôt**

**igloo** /iglu/ NM igloo

**IGN** /iʒeɛn/ NM (abrév de **Institut géographique national**) → **institut**

**Ignace** /iɲas/ NM Ignatius ♦ **saint ~ de Loyola** (St) Ignatius Loyola

**igname** /iɲam/ NF yam

**ignare** /iɲaʀ/ *(péj)* **ADJ** ignorant **NMF** ignoramus

**igné, e** /igne, iɲe/ ADJ **a** *(littér = ardent)* fiery **b** *(Géol)* igneous

**ignifugation** /iɲifygasjɔ̃/ NF fireproofing

**ignifuge** /iɲifyʒ/ **ADJ** *[produit]* fire-retardant **NM** fire-retardant material *ou* substance

**ignifugé, e** /iɲifyʒe/ (ptp de **ignifuger**) ADJ fireproof(ed)

**ignifugeant, e** /iɲifyʒɑ̃, ɑ̃t/ **ADJ** fire-retardant **NM** fire-retardant material *ou* substance

**ignifuger** /iɲifyʒe/ ▸ conjug 3 ◂ VT to fireproof

**ignoble** /iɲɔbl/ ADJ horrible, foul ♦ **c'est ~ !** it's disgusting! ♦ **il est ~ !, quel ~ individu !** he's disgusting *ou* horrible! ♦ **il a été ~ avec moi** he was horrible to me

> ⚠ *Le mot anglais* **ignoble** *existe, mais il est d'un registre plus soutenu que* **ignoble**.

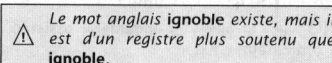

**ignoblement** /iɲɔbləmɑ̃/ ADV disgracefully, shamefully ♦ **des trafiquants de tous genres exploitent ~ leur misère** traffickers of all sorts are involved in the disgraceful *ou* shameful exploitation of their misery

**ignominie** /iɲɔmini/ NF **a** *(= caractère)* ignominy; *(= acte)* ignominious *ou* disgraceful act ♦ **c'est une ~ !** it's a disgrace! **b** *(= déshonneur)* ignominy, disgrace

**ignominieusement** /iɲɔminjøzmɑ̃/ ADV ignominiously

**ignominieux, -ieuse** /iɲɔminjø, jøz/ ADJ ignominious

**ignorance** /iɲɔʀɑ̃s/ NF **a** *(= inculture)* ignorance ♦ **~ de** *(= méconnaissance)* ignorance of ♦ **tenir qn/être dans l'~ de qch** to keep sb/be in ignorance of sth *ou* in the dark about sth ♦ **dans l'~ des résultats** ignorant of the results ♦ **d'une ~ crasse** * pig ignorant * **b** *(= lacune)* **de graves ~s en anglais/en matière juridique** serious gaps in his knowledge of English/of legal matters ♦ **cet ouvrage permet de dissiper des ~s** this book helps to dispel people's ignorance; → **pécher**

**ignorant, e** /iɲɔʀɑ̃, ɑ̃t/ **ADJ** *(= ne sachant rien)* ignorant (*en* about); ♦ **~ de** *(= ne connaissant pas)* ignorant *ou* unaware of ♦ **~ des usages, il ...** ignorant *ou* unaware of the customs, he ..., not knowing the customs, he ... **NM,F** ignoramus ♦ **quel ~ tu fais !** what an ignoramus you are! ♦ **ne fais pas l'~** stop pretending you don't know ♦ **parler en ~** to speak from ignorance

**ignoré, e** /iɲɔʀe/ (ptp de **ignorer**) ADJ *[travaux, chercheurs, événement]* unknown ♦ **~ de tous** *(inconnu)* unknown to anybody; *(boudé)* ignored by all ♦ **vivre ~** to live in obscurity

**ignorer** /iɲɔʀe/ GRAMMAIRE ACTIVE 33.3, 43.1 ▸ conjug 1 ◂

**VT** **a** *(= ne pas connaître) [+ incident]* to be unaware of, not to know about *ou* of; *[+ fait, artiste]* not to know ♦ **j'ignore comment/si ...** I don't know how/if ... ♦ **vous n'ignorez certainement pas que/comment ...**

you (will) doubtless know that/how ..., you're no doubt well aware that/how ... ◆ **je l'ignore** I don't know ◆ **j'ignore la réponse** I don't know the answer ◆ **j'ignore tout de cette affaire** I don't know anything *ou* I know nothing about this business ◆ **je n'ignorais pas ces problèmes** I was (fully) aware of these problems, I was not unaware of these problems ◆ **j'ignore avoir dit cela** I am not aware of having said that; → **nul**

b *(= être indifférent à) [+ personne, remarque, avertissement]* to ignore

c *(= être sans expérience de) [+ plaisir, guerre, souffrance]* not to know, to have had no experience of ◆ **des gosses qui ignorent le savon** *(hum)* kids who have never seen (a cake of) soap *ou* who are unaware of the existence of soap ◆ **des joues qui ignorent le rasoir** cheeks that never see a razor

VPR **s'ignorer** a *(= se méconnaître)* **une tendresse qui s'ignore** an unconscious tenderness ◆ **c'est un poète qui s'ignore** he should have been a poet

b *(= être indifférents l'un à l'autre)* to ignore each other

> ⚠ *Au sens de 'ne pas connaître' ou 'ne pas savoir',* **ignorer** *ne se traduit pas par* **to ignore.**

**IGPN** /iʒepeɛn/ NF (abrév de **Inspection générale de la police nationale)** → **inspection**

**IGS** /iʒeɛs/ NF (abrév de **Inspection générale des services)** → **inspection**

**iguane** /igwan/ NM iguana

**iguanodon** /igwanɔdɔ̃/ NM iguanodon

**ikebana** /ikebana/ NM ikebana

**il** /il/ PRON PERS M a *(= personne)* he; *(= bébé, animal)* it, he; *(= chose)* it; *(= bateau, nation)* she, it ◆ **~s** they ◆ **~ était journaliste** he was a journalist ◆ **prends ce fauteuil, ~ est plus confortable** have this chair – it's more comfortable ◆ **je me méfie de son chien, ~ mord** I don't trust his dog – it bites ◆ **l'insecte emmagasine la nourriture qu'~ trouve** the insect stores the food it finds ◆ **le Japon/le Canada a décidé qu'~ n'accepterait pas** Japan/Canada decided she *ou* they *ou* it wouldn't accept; → **avoir**

b *(interrog emphatique)* **Paul est-~ rentré ?** is Paul back? ◆ **le courrier est-~ arrivé ?** has the mail come? ◆ **les enfants sont-~s bien couverts ?** are the children warmly wrapped up? ◆ **~ est si beau cet enfant/cet arbre** this child/tree is so beautiful ◆ **tu sais, ton oncle, ~ est arrivé** * your uncle has arrived you know

c *(impers)* it ◆ **~ fait beau** it's a fine day ◆ **~ y a un enfant/trois enfants** there is a child/are three children ◆ **~ est vrai que ...** it is true that ... ◆ **~ faut que je le fasse** I've got to *ou* I must do it; → **fois**

**île** /il/ NF island, isle *(littér)* ◆ **~ corallienne** coral island ◆ **~ déserte** desert island ◆ **les Îles** *(= Antilles)* the (French) West Indies ◆ **l'~ de Ré/Bréhat** the île de Ré/Bréhat ◆ **vivre dans une ~** to live on an island

COMP ▷ **les îles Anglo-Normandes** the Channel Islands ▷ **l'île de Beauté** Corsica ▷ **les îles Britanniques** the British Isles ▷ **l'Île de la Cité** the Île de la Cité ▷ **l'île du Diable** Devil's Island ▷ **les îles Féroé** the Faroe Islands ▷ **île flottante** *(Culin)* île flottante, floating island ▷ **île de glace** *(Géog)* large ice floe ▷ **les îles ioniennes** the Ionian Islands ▷ **l'île de Man** the Isle of Man ▷ **les îles Marshall** the Marshall Islands ▷ **l'île Maurice** Mauritius ▷ **l'île de Pâques** Easter Island ▷ **les îles Scilly** the Scilly Isles, the Scillies ▷ **les îles Shetland** the Shetland Islands, Shetland ▷ **les îles de la Sonde** the Sunda Islands ▷ **les îles Sorlingues** ⇒ **les îles Scilly** ▷ **les îles Sous-le-Vent** Leeward Islands ▷ **l'île de la Tortue** Tortuga, La Tortue ▷ **l'île de Vancouver** Vancouver Island ▷ **les îles du Vent** the Windward Islands ▷ **les îles Vierges** the Virgin Islands ▷ **l'île de Wight** the Isle of Wight

**Île-de-France** /ildəfʀɑ̃s/ NF ◆ **l'~** the Île-de-France *(Paris and the surrounding departments)*

**iléon** /ileɔ̃/ NM ileum

**Iliade** /iljad/ NF ◆ **l'~** the Iliad

**iliaque** /iljak/ ADJ iliac ◆ **os ~** hip bone, innominate bone *(SPÉC)*

**îlien, îlienne** /iljɛ̃, iljɛn/ ADJ island *(épith)* NM,F islander

**ilion** /iljɔ̃/ NM ilium

**illégal, e** (mpl **-aux**) /i(l)legal, o/ ADJ illegal; *(Admin)* unlawful; *[organisation, société]* illegal, outlawed ◆ **c'est ~** it's illegal, it's against the law

**illégalement** /i(l)legalmɑ̃/ ADV illegally; *(Admin)* unlawfully

**illégalité** /i(l)legalite/ NF *[d'action]* illegality; *(Admin)* unlawfulness; *(= acte illégal)* illegality ◆ **vivre dans l'~** to live outside the law ◆ **se mettre dans l'~** to break the law

**illégitime** /i(l)leʒitim/ ADJ a *[enfant]* illegitimate b *[acte, gouvernement]* illegitimate, illicit c *[optimisme, colère, crainte, soupçon]* unwarranted, unfounded; *[prétention, revendication]* unjustified

**illégitimement** /i(l)leʒitimmɑ̃/ ADV illegitimately

**illégitimité** /i(l)leʒitimite/ NF illegitimacy

**illettré, e** /i(l)letʀe/ ADJ, NM,F illiterate ◆ **les ~s** illiterates, illiterate people

**illettrisme** /i(l)letʀism/ NM illiteracy ◆ **campagne contre l'~** literacy campaign

**illicite** /i(l)lisit/ ADJ illicit

**illicitement** /i(l)lisitmɑ̃/ ADV illicitly

**illico** * /i(l)liko/ ADV ◆ **~ (presto)** pronto *, PDQ *

**illimité, e** /i(l)limite/ ADJ *[moyen, domaine, ressource]* unlimited, limitless; *[confiance]* boundless, unbounded, limitless; *[congé, durée]* indefinite, unlimited

**Illinois** /ilinwa/ NM Illinois

**illisibilité** /i(l)lizibilite/ NF illegibility

**illisible** /i(l)lizibl/ ADJ *(= indéchiffrable)* illegible, unreadable; *(= mauvais)* unreadable

**illogique** /i(l)lɔʒik/ ADJ illogical

**illogiquement** /i(l)lɔʒikmɑ̃/ ADV illogically

**illogisme** /i(l)lɔʒism/ NM illogicality

**illumination** /i(l)lyminasjɔ̃/ NF a *(= éclairage)* lighting, illumination; *(avec des projecteurs)* floodlighting b *(= lumières)* **~s** illuminations, lights ◆ **les ~s de Noël** the Christmas lights *ou* illuminations c *(= inspiration)* flash of inspiration; *(Rel)* inspiration

**illuminé, e** /i(l)lymine/ (ptp de **illuminer**) ADJ *(= éclairé)* lit up *(attrib)*, illuminated; *(avec des projecteurs)* floodlit ◆ **il est comme ~ de l'intérieur** he seems to have a kind of inner light NM,F *(péj = visionnaire)* visionary, crank *(péj)*

**illuminer** /i(l)lymine/ ▸ conjug 1 ◂ VT a *(= éclairer)* to light up, to illuminate; *(avec des projecteurs)* to floodlight b *[joie, foi, colère]* to light up; *(Rel) [+ prophète, âme]* to enlighten, to illuminate ◆ **le bonheur illuminait son visage** his face shone *ou* was aglow with happiness ◆ **un sourire illumina son visage** a smile lit up her face ◆ **ça va ~ ma journée** that will brighten up my day VPR **s'illuminer** *[visage, ciel]* to light up *(de* with); *[rue, vitrine]* to be lit up

**illusion** /i(l)lyzjɔ̃/ NF illusion ◆ **~ d'optique** optical illusion ◆ **ne te fais aucune ~** don't be under any illusion, don't delude *ou* kid * yourself ◆ **tu te fais des ~s** you're deluding *ou* kidding * yourself ◆ **ça lui donne l'~ de servir à quelque chose** *ou* **qu'il sert à quelque chose** it gives him the illusion *ou* it makes him feel that he's doing something useful ◆ **cet imposteur/ce stratagème ne fera pas ~ longtemps** this impostor/tactic won't delude *ou* fool people for long ◆ **il a perdu ses ~s** he's become disillusioned, he's lost his illusions; → **bercer**

**illusionner** /i(l)lyzjɔne/ ▸ conjug 1 ◂ VPR **s'illusionner** to delude o.s. *(sur qch* about sth); ◆ **s'~ sur qn** to delude o.s. *ou* be mistaken about sb VT *(= induire en erreur)* to delude

**illusionnisme** /i(l)lyzjɔnism/ NM conjuring

**illusionniste** /i(l)lyzjɔnist/ NMF conjurer, illusionist

**illusoire** /i(l)lyzwaʀ/ ADJ *(= trompeur)* unrealistic, illusory *(frm)* ◆ **il est ~ de croire à une fin rapide de la violence** it would be unrealistic to believe in a swift end to the violence ◆ **un règlement prochain de la crise paraît bien ~** there is no real prospect of a quick end to the crisis

**illustrateur, -trice** /i(l)lystʀatœʀ, tʀis/ NM,F illustrator ◆ **~ sonore** *(TV, Ciné)* music arranger

**illustratif, -ive** /i(l)lystʀatif, iv/ ADJ illustrative

**illustration** /i(l)lystʀasjɔ̃/ NF a *(= gravure, exemple)* illustration; *(= iconographie)* illustrations ◆ **à l'~ abondante** copiously illustrated b *(= action, technique)* illustration ◆ **l'~ par l'exemple** illustration by example

**illustre** /i(l)lystʀ/ ADJ illustrious, renowned ◆ **l'~ M. Pinot** *(frm, iro)* the illustrious Mr Pinot ◆ **un ~ inconnu** *(hum)* a person of obscure repute *(hum)*

**illustré, e** /i(l)lystʀe/ ADJ illustrated NM *(= journal)* comic

**illustrer** /i(l)lystʀe/ GRAMMAIRE ACTIVE 53.5 ▸ conjug 1 ◂ VT a *(avec images, notes)* to illustrate *(de* with); ◆ **ça illustre bien son caractère** that's a good example of what he's like b *(littér = rendre célèbre)* to bring fame to, to render illustrious *(littér)* VPR **s'illustrer** *[personne]* to win fame *ou* renown, to become famous *(par, dans* through)

**illustrissime** /i(l)lystʀisim/ ADJ *(hum ou ††)* most illustrious

**ILM** /iɛlɛm/ NM (abrév de **immeuble à loyer moyen** *ou* **modéré)** → **immeuble**

**îlot** /ilo/ NM a *(= île)* small island, islet b *(= petite zone)* island ◆ **~ de fraîcheur/de verdure** oasis *ou* island of coolness/of greenery ◆ **~ de résistance/prospérité** pocket of resistance/prosperity c *(= groupe d'habitations)* (housing) block d *(Comm)* gondola e *(dans une rue)* **~ directionnel** traffic island

**îlotage** /ilɔtaʒ/ NM community policing

**ilote** /ilɔt/ NMF *(Hist)* Helot; *(littér)* slave, serf

**îlotier** /ilɔtje/ NM ≈ community policeman

**image** /imaʒ/ NF a *(= dessin)* picture; *(Scol)* picture given to pupils as a reward for good work ◆ **les ~s d'un film** the frames of a film ◆ **l'~ et le son** *(Audiov)* picture and sound ◆ **l'~ est nette/floue** *(Ciné, TV)* the picture is clear/fuzzy ◆ **popularisé par l'~** popularized by the camera ◆ **en ~s** on film, in pictures ◆ **apparaître à l'~** *(TV)* to appear on screen; → **chasseur, livre[1], sage**

**b** ♦ ~ **de** *(= représentation)* picture of; *(= ressemblance)* image of ♦ **l'~ du père** the father figure ♦ **une ~ fidèle de la France** an accurate picture of France ♦ **ils présentent l'~ du bonheur** they are the picture of happiness ♦ **fait à l'~ de** made in the image of ♦ **Dieu créa l'homme à son ~** God created man in his own image ♦ **donner une ~ saisissante de la situation** to paint a vivid picture of the situation

**c** *(= métaphore)* image ♦ **les ~s chez Blake** Blake's imagery ♦ **s'exprimer par ~s** to express o.s. in images

**d** *(= reflet) (gén)* reflection, image; *(Phys)* image ♦ **regarder son ~ dans l'eau** to gaze at one's reflection in the water ♦ **~ réelle/virtuelle** real/virtual image

**e** *(= vision mentale)* image, picture; *(= réputation)* image ♦ **~ visuelle/auditive** visual/auditory image ♦ **~ de soi** self-image ♦ **se faire une ~ fausse/idéalisée de qch** to have a false/an idealized picture of sth ♦ **le pays veut améliorer/soigner son ~ à l'étranger** the country wants to improve/enhance its image abroad

**COMP** ▷ **l'image animée** ♦ **les ~s animées** *(gén)* moving pictures; *(Ordin)* animated graphics ▷ **images d'archives** library pictures ▷ **image d'Épinal** *popular 18th/19th century print depicting idealized scenes of traditional French life; (fig)* idealized image ♦ **on est loin des ~s d'Épinal de millionnaires roulant dans de rutilantes voitures de sport** this is far from the idealized images of millionaires driving around in gleaming sports cars ♦ **cette réunion familiale était une touchante ~ d'Épinal** the family reunion was a touching scene of traditional family life ▷ **image fixe** *(Ciné)* still (frame); *(Ordin)* still image ▷ **image de marque** *[de produit]* brand image; *[de parti, firme, politicien]* public image ▷ **image pieuse** holy picture ▷ **image radar** radar image ▷ **image satellite** satellite picture ▷ **image de synthèse** computer-generated image *ou* picture ♦ **~s de synthèse** *(domaine)* computer graphics; *(animées)* computer animation

> **Images d'Épinal**
>
> Distinctive prints depicting a variety of scenes in a realistic but stereotypical manner were produced in the town of Épinal, in the Vosges, in the early nineteenth century. The prints became so popular that the term **image d'Épinal** has passed into the language and is now used to refer to any form of stereotypical representation.

**imagé, e** /imaʒe/ (ptp de **imager**) **ADJ** *[poème, texte]* full of imagery *(attrib)*; *(euph) [langage]* colourful

**imager** /imaʒe/ ▸ conjug 3 ◂ **VT** *[+ style, langage]* to embellish with images

**imagerie** /imaʒʀi/ **NF** *(Hist = commerce)* coloured-print trade; *(= images, gravures)* prints ♦ **l'~ romantique** *(Littérat)* romantic imagery ♦ **l'~ médicale** medical imaging ♦ **~ par résonance magnétique/par ultrasons** magnetic resonance/ultrasound imaging

**imagiciel** /imaʒisjɛl/ **NM** graphics software

**imagier** /imaʒje/ **NM** *(Hist) (= peintre)* painter of popular pictures; *(= sculpteur)* sculptor of figurines; *(= imprimeur)* coloured-print maker; *(= vendeur)* print seller

**imaginable** /imaʒinabl/ **ADJ** conceivable, imaginable ♦ **difficilement ~** hard to imagine ♦ **un tel comportement n'était pas ~ il y a 50 ans** such behaviour was inconceivable 50 years ago; → **possible**

**imaginaire** /imaʒinɛʀ/ **ADJ** *(= fictif)* imaginary; *[monde]* make-believe, imaginary ♦ **ces persécutés/incompris ~s** these people who (falsely) believe they are *ou* believe themselves persecuted/misunderstood; → **malade, nombre** **NM** ♦ **l'~** the imagination ♦ **dans l'~ de Joyce** in Joyce's imaginative world *ou* universe

**imaginatif, -ive** /imaʒinatif, iv/ **ADJ** imaginative ♦ **c'est un grand ~** he has a vivid imagination

**imagination** /imaʒinasjɔ̃/ **NF** *(= faculté)* imagination; *(= chimère, rêve)* imagination *(NonC)*, fancy ♦ **tout ce qu'il avait vécu en ~** everything he had experienced in his imagination ♦ **ce sont de pures ~s** that's sheer imagination, those are pure fancies ♦ **monstres sortis tout droit de son ~** monsters straight out of his imagination ♦ **avoir de l'~** to be imaginative, to have a good imagination ♦ **avoir trop d'~** to imagine things ♦ **une ~ débordante** a lively *ou* vivid imagination ♦ **avec un peu d'~...** with a little imagination ... ♦ **l'~ au pouvoir !** *(slogan)* power to the imagination!

**imaginer** /imaʒine/ GRAMMAIRE ACTIVE 33.2 ▸ conjug 1 ◂

**VT** **a** *(= se représenter, supposer)* to imagine ♦ **~ que** to imagine that ♦ **tu imagines la scène !** you can imagine *ou* picture the scene! ♦ **on imagine mal leurs conditions de travail** their working conditions are hard to imagine ♦ **je l'imaginais plus vieux** I imagined him to be older, I pictured him as being older ♦ **qu'allez-vous ~ là ?** what on earth are you thinking of? ♦ **et tu vas t'y opposer, j'imagine ?** *(ton de défi)* and I imagine *ou* suppose you're going to oppose it?

**b** *(= inventer) [+ système, plan]* to devise, to dream up ♦ **qu'est-il encore allé ~ ?** * now what has he dreamed up? *ou* thought up? ♦ **il a imaginé d'ouvrir un magasin** he has taken it into his head to open up a shop, he has dreamed up the idea of opening a shop

**VPR** **s'imaginer** **a** *(= se figurer)* to imagine ♦ **imagine-toi une île paradisiaque** imagine *ou* picture an island paradise ♦ **je me l'imaginais plus jeune** I imagined him to be younger, I pictured him as being younger ♦ **comme on peut se l'~...** as you can (well) imagine ... ♦ **imagine-toi que je n'ai pas que ça à faire !** look, I've got other things to do!

**b** *(= se voir)* to imagine o.s., to picture o.s. ♦ **s'~ à 60 ans/en vacances** to imagine *ou* picture o.s. at 60/on holiday

**c** *(= croire à tort que)* **s'~ que** to imagine *ou* think that ♦ **il s'imaginait pouvoir faire cela** he imagined *ou* thought he could do that ♦ **si tu t'imagines que je vais te laisser faire !** don't think I'm going to let you get away with that!

**imago** /imago/ **NF** *(Bio, Psych)* imago

**imam** /imam/ **NM** imam

**IMAX** /imaks/ **NM** IMAX

**imbattable** /ɛ̃batabl/ **ADJ** *[prix, personne, record]* unbeatable ♦ **il est ~ aux échecs** he is unbeatable at chess

**imbécile** /ɛ̃besil/ **ADJ** *(= stupide)* stupid, idiotic; *(† : Méd)* imbecilic *(SPÉC)*, idiotic **NMF** **a** *(= idiot)* idiot, imbecile ♦ **faire l'~** * to act *ou* play the fool ♦ **ne fais pas l'~** * *(= n'agis pas bêtement)* don't be an idiot * *ou* a fool; *(= ne simule pas la bêtise)* stop acting stupid * ♦ **le premier ~ venu te le dira** any fool will tell you ♦ **c'est un ~ heureux** he's living in a fool's paradise ♦ **les ~s heureux** the blissfully ignorant **b** *(† : Méd)* imbecile, idiot

**imbécillité** /ɛ̃besilite/ **NF** **a** *[d'action, personne]* idiocy; *(† : Méd)* imbecility, idiocy **b** *(= action)* idiotic *ou* stupid *ou* imbecile thing to do; *(= propos)* idiotic *ou* stupid *ou* imbecile thing to say; *(= film, livre)* trash *(NonC)*, rubbish *(NonC) (Brit)* ♦ **tu racontes des ~s** you're talking nonsense *ou* rubbish *(Brit)* ♦ **ne va pas voir de telles ~s** don't go and see such trash *ou* rubbish *(Brit)*

**imberbe** /ɛ̃bɛʀb/ **ADJ** *[personne]* beardless, smooth-cheeked; *[visage]* beardless

**imbiber** /ɛ̃bibe/ ▸ conjug 1 ◂ **VT** *(= imprégner)* ♦ **~ un tampon/une compresse de** to soak *ou* moisten *ou* impregnate a pad/compress with ♦ **imbibé d'eau** *[+ chaussures, étoffe]* saturated (with water), soaked; *[+ terre]* saturated, waterlogged ♦ **gâteau imbibé de rhum** cake soaked in rum ♦ **être imbibé** * *(= ivre)* to be sloshed *; *(= alcoolique)* to be a lush *

**VPR** **s'imbiber** ♦ **s'~ de** to become saturated *ou* soaked with

**imbit(t)able** *✱ /ɛ̃bitabl/ **ADJ** **a** *(= difficile à comprendre)* fucking *✱ hard to understand ♦ **cette équation est imbit(t)able** I don't understand this fucking *✱ equation **b** *(= insupportable)* **il est imbit(t)able** he's a fucking pain in the arse *✱ *(Brit) ou* ass *✱ *(US)*

**imbrication** /ɛ̃bʀikasjɔ̃/ **NF** *[de problèmes, souvenirs, parcelles]* interweaving; *[de plaques, tuiles]* overlapping, imbrication *(SPÉC)*

**imbriqué, e** /ɛ̃bʀike/ (ptp de **imbriquer**) **ADJ** *[plaques, tuiles]* overlapping, imbricate(d) *(SPÉC)*; *[problèmes]* interwoven, interlinked; *[récits, souvenirs]* interwoven; *[économies, politiques]* interlinked ♦ **les deux cultures sont étroitement ~es l'une dans l'autre** the two cultures are inextricably interlinked *ou* deeply enmeshed

**imbriquer** /ɛ̃bʀike/ ▸ conjug 1 ◂ **VPR** **s'imbriquer** *[problèmes, affaires]* to be linked *ou* interwoven; *[plaques]* to overlap (each other), to imbricate *(SPÉC)* ♦ **ça s'imbrique l'un dans l'autre** *[cubes]* they fit into each other; *[problèmes]* they are linked *ou* interwoven ♦ **ce nouveau problème est venu s'~ dans une situation déjà compliquée** this new problem has arisen to complicate an already complex situation **VT** *[+ cubes]* to fit into each other; *[+ plaques]* to overlap

**imbroglio** /ɛ̃bʀɔljo/ **NM** *(fig)* tangle, mess ♦ **un véritable ~ judiciaire** a real legal tangle *ou* mess ♦ **la situation tourne à l'~ politique** the situation has developed into a real political tangle *ou* mess

**imbu, e** /ɛ̃by/ **ADJ** ♦ **~ de lui-même** *ou* **de sa personne** full of himself, self-important ♦ **le mâle humain, ~ de supériorité** the human male, always so superior *ou* so full of himself ♦ **un peuple ~ de préjugés** a people steeped in prejudice

**imbuvable** /ɛ̃byvabl/ **ADJ** **a** *[boisson]* undrinkable **b** *(= mauvais)* * *[personne]* unbearable, insufferable; *[film, livre]* unbearably awful *

**IMC** /iɛmse/ **NM** (abrév de **indice de masse corporelle**) BMI

**IME** /iɛmə/ **NM** (abrév de **Institut monétaire européen**) EMI

**imitable** /imitabl/ **ADJ** imitable ♦ **facilement ~** easy to imitate, easily imitated

**imitateur, -trice** /imitatœʀ, tʀis/ **ADJ** imitative **NM,F** imitator; *(Théât) [de voix, personne]* impersonator; *[de bruits]* imitator

**imitatif, -ive** /imitatif, iv/ **ADJ** imitative

**imitation** /imitasjɔ̃/ **NF** **a** *(= reproduction) [de bruit]* imitation; *(= parodie) [de personnage célèbre]* imitation, impersonation; *[de voix, geste]* imitation, mimicry; *(= sketch)* impression, imitation, impersonation ◆ **avoir le don d'~** to have a gift for imitating people *ou* for mimicry ◆ **à l'~ de** in imitation of **b** *[de héros, style]* imitation, copying **c** *(= contrefaçon)* *[de document, signature]* forgery **d** *(= copie)* *[de bijou, fourrure]* imitation; *[de meuble, tableau]* copy, reproduction ◆ **c'est en ~ cuir** it's imitation leather **e** *(Mus)* imitation

**imiter** /imite/ ▸ conjug 1 ◂ VT **a** *[+ bruit]* to imitate; *[+ personnage célèbre]* to imitate, to impersonate, to take off * *(Brit)*; *[+ voix, geste, accent]* to imitate, to mimic **b** *(= prendre pour modèle)* *[+ héros, style, écrivain]* to imitate, to copy **c** *[+ document, signature]* to forge **d** *(= faire comme)* **il se leva et tout le monde l'imita** he got up and everybody did likewise *ou* followed suit **e** *(= avoir l'aspect de)* *[matière, revêtement]* to look like ◆ **un lino qui imite le marbre** lino made to look like marble, marble-effect lino

**immaculé, e** /imakyle/ ADJ *[linge, surface]* spotless, immaculate; *[blancheur]* immaculate; *[réputation]* spotless, unsullied, immaculate ◆ **d'un blanc ~** spotlessly white ◆ **l'Immaculée Conception** *(Rel)* the Immaculate Conception

**immanence** /imanɑ̃s/ NF immanence

**immanent, e** /imanɑ̃, ɑ̃t/ ADJ immanent (*à* in) → **justice**

**immangeable** /ɛ̃mɑ̃ʒabl/ ADJ uneatable, inedible

**immanquable** /ɛ̃mɑ̃kabl/ ADJ *[cible, but]* impossible to miss *(attrib)* ◆ **c'était ~ !** it had to happen!, it was bound to happen!, it was inevitable!

**immanquablement** /ɛ̃mɑ̃kabləmɑ̃/ ADV inevitably, without fail

**immatérialité** /i(m)mateʀjalite/ NF immateriality

**immatériel, -elle** /i(m)mateʀjɛl/ ADJ *[légèreté, minceur, plaisir]* ethereal; *(Philos)* immaterial

**immatriculation** /imatʀikylasjɔ̃/ NF *(gén)* registration (*à* with); *(Helv = inscription à l'université)* enrolment *(Brit)*, enrollment *(US)*, registration; → **numéro, plaque**

> **Immatriculation**
>
> The last two digits on vehicle number plates in France refer to the code number of the département where they were registered (cars registered in the Dordogne bear the number 24, for example).

**immatriculer** /imatʀikyle/ ▸ conjug 1 ◂ VT *[+ véhicule, personne]* to register ◆ **faire ~** *[+ véhicule]* to register ◆ **se faire ~** to register (*à* with); ◆ **voiture immatriculée dans le Vaucluse** car with a Vaucluse registration number *(Brit)* *ou* with a Vaucluse license plate *(US)* ◆ **une voiture immatriculée CM 75** a car with CM 75 on its number plate *(Brit)* *ou* its license plate *(US)* ◆ **s'~ (à l'université)** *(Helv)* to enrol at university, to register (as a student)

**immature** /imatyʀ/ ADJ immature

**immaturité** /imatyʀite/ NF *(littér)* immaturity

**immédiat, e** /imedja, jat/ ADJ immediate; *[soulagement]* immediate, instant *(épith)* ◆ **en contact ~ avec le mur** in direct contact with the wall ◆ **dans l'avenir ~** in the immediate future ◆ **la mort fut ~e** death was instantaneous NM ◆ **dans l'~** for the time being, for the moment

**immédiatement** /imedjatmɑ̃/ ADV immediately, at once, directly ◆ **~ après** immediately after, straight after

**immédiateté** /imedjatte/ NF *(Philos)* immediacy

**immémorial, e** (mpl **-iaux**) /i(m)memɔʀjal, jo/ ADJ age-old ◆ **depuis des temps immémoriaux** *(littér)*, **de temps ~** from time immemorial

**immense** /i(m)mɑ̃s/ ADJ **a** *(= très grand)* vast; *[personne]* huge; *[bonté, sagesse, chagrin]* great, tremendous; *[influence, avantage, succès, talent]* huge, tremendous ◆ **l'~ majorité des électeurs** the vast majority of voters ◆ **dans l'~ majorité des cas** in the vast majority of cases **b** *(= talentueux)* **c'est un ~ acteur/écrivain** he's a great *ou* tremendous actor/writer

**immensément** /i(m)mɑ̃semɑ̃/ ADV immensely, tremendously

**immensité** /i(m)mɑ̃site/ NF *[d'océan, espace, horizon, désert]* immensity; *[de fortune, pays]* vastness ◆ **le regard perdu dans l'~** *(littér)* gazing into infinity

**immergé, e** /imɛʀʒe/ (ptp de **immerger**) ADJ *[terres]* submerged; *[plantes]* immerged; *(Élec)* *[câble]* laid under water ◆ **~ par 100 mètres de fond** lying 100 metres down ◆ **rochers ~s** submerged *ou* underwater rocks, rocks under water ◆ **la partie ~e de la balise** the part of the buoy which is under water *ou* which is submerged ◆ **~ dans ses problèmes** engrossed in *ou* taken up with his own problems ◆ **économie ~e** black *ou* underground economy; → **iceberg**

**immerger** /imɛʀʒe/ ▸ conjug 3 ◂ VT *[+ objet]* to immerse, to submerge; *[+ fondations]* to build under water; *[+ déchets]* to dump at sea, to dispose of at sea; *[+ câble]* to lay under water; *[+ corps]* to bury at sea; *(Rel)* *[+ catéchumène]* to immerse VPR **s'immerger** *[sous-marin]* to dive, to submerge ◆ **s'~ dans un travail** to immerse o.s. in a piece of work

**immérité, e** /imeʀite/ ADJ undeserved, unmerited

**immersion** /imɛʀsjɔ̃/ NF **a** *[d'objet]* immersion, submersion; *[de fondations]* building under water; *[de déchets]* dumping *ou* disposal at sea; *[de câble]* laying under water; *[de corps]* burying at sea ◆ **baptême par ~** baptism by immersion ◆ **par ~ totale dans la langue** by immersing oneself totally in the language **b** *[de sous-marin]* diving, submersion **c** *(Astron)* immersion, ingress

**immettable** /ɛ̃metabl/ ADJ *[vêtement]* unwearable

**immeuble** /imœbl/ NM **a** *(= bâtiment)* building; *(à usage d'habitation)* block of flats *(Brit)*, apartment building *(US)* **b** *(Jur)* real estate *(NonC)* ADJ *(Jur)* *[biens]* real, immovable COMP ▹ **immeuble de bureaux** office block *(Brit)* *ou* building *(US)* ▹ **immeuble d'habitation** residential block, apartment building *(US)* ▹ **immeuble à loyer moyen, immeuble à loyer modéré** ≈ block of council flats *(Brit)*, low-rent building *(US)* ▹ **immeuble de rapport** residential property (for renting), investment property ▹ **immeuble à usage locatif** block of rented flats *(Brit)*, rental apartment building *(US)*; → **copropriété**

**immigrant, e** /imigʀɑ̃, ɑ̃t/ ADJ, NM,F immigrant

**immigration** /imigʀasjɔ̃/ NF immigration ◆ **(les services de) l'~** the immigration department ◆ **~ clandestine** illegal immigration

**immigré, e** /imigʀe/ (ptp de **immigrer**) ADJ, NM,F immigrant ◆ **~ de la deuxième génération** second-generation immigrant ◆ **~ clandestin** illegal immigrant

**immigrer** /imigʀe/ ▸ conjug 1 ◂ VI to immigrate (*à, dans* into)

**imminence** /iminɑ̃s/ NF imminence

**imminent, e** /iminɑ̃, ɑ̃t/ ADJ imminent, impending *(épith)*

**immiscer (s')** /imise/ ▸ conjug 3 ◂ VPR ◆ **s'~ dans** to interfere in *ou* with

**immixtion** /imiksjɔ̃/ NF interference (*dans* in, with)

**immobile** /i(m)mɔbil/ ADJ **a** *[personne, eau, air, arbre]* motionless, still; *[visage]* immobile; *[pièce de machine]* fixed ◆ **regard ~** fixed stare ◆ **rester ~** to stay *ou* keep still ◆ **il était ~** he wasn't moving **b** *(littér)* *[dogme]* immovable; *[institutions]* unchanging, permanent

> ⚠ *Attention à ne pas traduire automatiquement* **immobile** *par le mot anglais* **immobile**, *qui est d'un registre plus soutenu.*

**immobilier, -ière** /imɔbilje, jɛʀ/ ADJ *[vente, crise]* property *(épith)*; *[succession]* in real estate *(attrib)* ◆ **marché ~** property market ◆ **biens ~s** real estate, real property *(Brit)* ◆ **la situation immobilière est satisfaisante** the property situation is satisfactory; → **agence, société** NM ◆ **l'~** *(Comm)* the property business, the real-estate business; *(Jur)* real estate immovables

**immobilisation** /imɔbilizasjɔ̃/ NF **a** *[de membre blessé, circulation]* immobilization; *[de centrale nucléaire]* shutdown ◆ **cela a entraîné l'~ totale de la circulation** that brought the traffic to a complete standstill, that brought about the complete immobilization of traffic ◆ **attendez l'~ complète du train/de l'appareil** wait until the train is completely stationary/the aircraft has come to a complete standstill *ou* halt *ou* stop ◆ **la réparation nécessite l'~ de la voiture/l'avion** the car will have to be taken off the road/the plane will have to be grounded to be repaired **b** *(Jur)* *[de bien]* conversion into an immovable **c** *(Fin)* *[de capitaux]* immobilization, tying up ◆ **~s** fixed assets **d** *(Sport)* hold

**immobiliser** /imɔbilize/ ▸ conjug 1 ◂ VT *[+ troupes, membre blessé]* to immobilize; *[+ circulation, affaires]* to bring to a standstill, to immobilize; *[+ machine, véhicule]* *(= stopper)* to stop, to bring to a halt *ou* standstill; *(= empêcher de fonctionner)* to immobilize; *(Aut : avec un sabot)* to clamp; *(Jur)* *[+ biens]* to convert into immovables; *(Fin)* to immobilize, to tie up ◆ **ça l'immobilise à son domicile** it keeps him housebound ◆ **avions immobilisés par la neige** aeroplanes grounded by snow ◆ **la peur l'immobilisa** he was paralyzed with fear, he was rooted to the spot with fear VPR **s'immobiliser** *[personne]* to stop, to stand still; *[machine, véhicule, échanges commerciaux]* to come to a halt *ou* a standstill

**immobilisme** /imɔbilism/ NM *[de gouvernement, entreprise]* failure to act ◆ **faire de/être partisan de l'~** to try to maintain/support the status quo

**immobiliste** /imɔbilist/ ADJ *[politique]* designed to maintain the status quo ◆ **c'est un ~** he is a supporter of the status quo, he is opposed to progress

**immobilité** /imɔbilite/ NF *[de personne, foule, eau, arbre]* stillness, motionlessness; *[de visage]* immobility; *[de regard]* fixedness; *[d'institutions]* unchanging nature, permanence ◆ **le médecin lui a ordonné l'~ complète** the doctor ordered him not to move (at all) ♦ ~ **forcée** forced immobility ♦ ~ **politique** lack of political change, political inertia

**immodération** /imɔdeʀasjɔ̃/ NF immoderation

**immodéré, e** /imɔdeʀe/ ADJ immoderate, inordinate

**immodérément** /imɔdeʀemɑ̃/ ADV immoderately, inordinately

**immodeste** /imɔdɛst/ ADJ immodest

**immodestie** /imɔdɛsti/ NF immodesty

**immolation** /imɔlasjɔ̃/ NF *(Rel)* immolation ♦ ~ **(par le feu)** *(= suicide)* self-immolation

**immoler** /imɔle/ ► conjug 1 ◄ VT *(= sacrifier)* to immolate *(littér)*, to sacrifice (*à* to); *(littér = massacrer)* to slay *(littér)* ♦ **il a été immolé sur l'autel des intérêts nationaux** he was sacrificed on the altar of national interest VPR **s'immoler** to sacrifice o.s. (*à* to); ♦ **s'~ par le feu** to set fire to o.s., to immolate o.s.

**immonde** /i(m)mɔ̃d/ ADJ *[taudis]* squalid; *[langage, action, personne]* base, vile; *[crime]* sordid, hideous; *(* = laid)* ugly, hideous; *(Rel)* unclean ♦ **il est ~ !** he's disgusting!

**immondices** /i(m)mɔ̃dis/ NFPL *(= ordures)* refuse *(NonC)* ♦ **commettre/proférer des ~** *(littér)* to do/say unspeakable things

**immoral, e** (mpl **-aux**) /i(m)mɔʀal, o/ ADJ immoral

**immoralisme** /i(m)mɔʀalism/ NM immoralism

**immoraliste** /i(m)mɔʀalist/ ADJ, NMF immoralist

**immoralité** /i(m)mɔʀalite/ NF immorality

**immortaliser** /imɔʀtalize/ ► conjug 1 ◄ VT to immortalize VPR **s'immortaliser** to win immortality, to win eternal fame (*par* thanks to)

**immortalité** /imɔʀtalite/ NF immortality

**immortel, -elle** /imɔʀtɛl/ ADJ immortal NM,F **Immortel(le)** *member of the Académie française* NF **immortelle** *(= fleur)* everlasting flower

**immotivé, e** /i(m)mɔtive/ ADJ *[action, crime]* unmotivated; *[réclamation, crainte]* groundless

**immuabilité** /imɥabilite/ NF ⇒ **immutabilité**

**immuable** /imɥabl/ ADJ unchanging ♦ **il est resté ~ dans ses convictions** he remained unchanged in his convictions ♦ **vêtu de son ~ complet à carreaux** wearing that eternal checked suit of his

**immuablement** /imɥabləmɑ̃/ ADV *[fonctionner, se passer]* immutably; *[triste, grognon]* perpetually ♦ **ciel ~ bleu** permanently *ou* perpetually blue sky

**immun, e** /imœ̃, yn/ ADJ immune ♦ **réponse/réaction ~e** immune response/reaction

**immunisation** /imynizasjɔ̃/ NF immunization

**immuniser** /imynize/ ► conjug 1 ◄ VT *(Méd)* to immunize (*contre* against); ♦ **je suis immunisé** *(fig)* it no longer has any effect on me ♦ **être immunisé contre les tentations** to be immune to temptation ♦ **ça l'immunisera contre le désir de recommencer** this'll stop him ever *ou* this'll cure him of ever wanting to do it again ♦ **il s'est immunisé contre leurs critiques** he's become immune *ou* impervious to their criticism

**immunitaire** /imynitɛʀ/ ADJ immune; *[défenses]* immunological; *[réactions]* immune

**immunité** /imynite/ NF *(Bio, Jur)* immunity ♦ ~ **diplomatique/parlementaire** diplomatic/parliamentary immunity ♦ ~ **fiscale** immunity from taxation, tax immunity ♦ ~ **cellulaire** cell-mediated immunity; → **levée**[2]

**immunodéficience** /imynodefisjɑ̃s/ NF immunodeficiency; → **syndrome, virus**

**immunodéficitaire** /imynodefisitɛʀ/ ADJ immunodeficient

**immunodépresseur** /imynodepʀesœʀ/ ADJ, NM immunosuppressant, immunodepressant

**immunodépressif, -ive** /imynodepʀesif, iv/ ADJ immunosuppressive, immunodepressive

**immunodéprimé, e** /imynodepʀime/ ADJ immunosuppressed, immunocompromised

**immunogène** /imynɔʒɛn/ ADJ immunogenic

**immunoglobuline** /imynoglɔbylin/ NF immunoglobulin

**immunologie** /imynɔlɔʒi/ NF immunology

**immunologique** /imynɔlɔʒik/ ADJ immunological

**immunologiste** /imynɔlɔʒist/ NMF immunologist

**immunostimulant, e** /imynostimylɑ̃, ɑ̃t/ ADJ *[substance, traitement]* that stimulates the immune system NM immunostimulant

**immunosuppresseur** /imynosypʀesœʀ/ NM immunosuppressive drug, immunosuppressant (drug)

**immunothérapie** /imynoteʀapi/ NF immunotherapy

**immutabilité** /i(m)mytabilite/ NF immutability

**impact** /ɛ̃pakt/ NM **a** *(= heurt)* impact (*sur* on); ♦ **mur criblé d'~s de balles** *(= trace de heurt)* wall riddled with bullet holes; → **point**[1] **b** *(= effet)* impact (*sur* on); ♦ **l'argument a de l'~** the argument has some impact ♦ **étude d'~** *(Admin, Écon)* impact study

**impacté, e** /ɛ̃pakte/ ADJ *(Ordin) [système]* impacted

**impacter** /ɛ̃pakte/ ► conjug 1 ◄ VT INDIR ♦ ~ **sur** *[+ résultats, situation]* to impact on, to have an impact on

**impair, e** /ɛ̃pɛʀ/ ADJ *[nombre]* odd, uneven; *[jour]* odd; *[page]* odd-numbered; *[vers]* irregular *(with uneven number of syllables)*; *[organe]* unpaired ♦ **côté ~ d'une rue** *side of the street where the buildings have odd numbers* NM **a** *(= gaffe)* blunder, faux pas ♦ **commettre un ~** to (make a) blunder, to make a faux pas **b** *(Casino)* **miser sur l'~** to put one's money on the impair *ou* odd numbers ♦ **"impair et manque"** "impair et manque"

**impala** /impala/ NM impala

**impalpable** /ɛ̃palpabl/ ADJ *(= très fin) [cendre, poussière]* extremely fine; *(= immatériel) [barrière, frontière]* intangible, impalpable

**impaludation** /ɛ̃palydasjɔ̃/ NF infection with malaria

**impaludé, e** /ɛ̃palyde/ ADJ *[malade]* suffering from malaria; *[région]* malaria-infected

**imparable** /ɛ̃paʀabl/ ADJ **a** *[coup, tir]* unstoppable **b** *[argument, riposte]* unanswerable; *[logique]* unanswerable, implacable

**impardonnable** /ɛ̃paʀdɔnabl/ ADJ *[faute]* unforgivable, unpardonable ♦ **vous êtes ~ (d'avoir fait cela)** you cannot be forgiven (for doing that), it's unforgivable of you (to have done that)

**imparfait, e** /ɛ̃paʀfɛ, ɛt/ ADJ *(gén)* imperfect NM *(Ling)* imperfect tense ♦ **à l'~** in the imperfect (tense)

**imparfaitement** /ɛ̃paʀfɛtmɑ̃/ ADV imperfectly ♦ **connaître ~ qch** to have an imperfect knowledge of sth

**impartial, e** (mpl **-iaux**) /ɛ̃paʀsjal, jo/ ADJ impartial, unbiased, unprejudiced

**impartialement** /ɛ̃paʀsjalmɑ̃/ ADV impartially, without bias *ou* prejudice

**impartialité** /ɛ̃paʀsjalite/ NF impartiality ♦ **en toute ~** from a completely impartial standpoint ♦ **faire preuve d'~ dans ses jugements** to show impartiality in one's judgements

**impartir** /ɛ̃paʀtiʀ/ ► conjug 2 ◄ VT *(littér = attribuer à)* ♦ ~ **des devoirs/une mission à qn** to assign duties/a mission to sb ♦ ~ **des pouvoirs à** to invest powers in ♦ ~ **un délai à** *(Jur)* to grant an extension to ♦ **dans les délais impartis** within the time allowed ♦ **le temps qui vous était imparti est écoulé** *(Jeux)* your time is up ♦ **les dons que Dieu nous a impartis** the gifts God has bestowed upon us *ou* has endowed us with *ou* has imparted to us

**impasse** /ɛ̃pɑs/ NF **a** *(= cul-de-sac)* dead end, cul-de-sac; *(sur panneau)* no through road **b** *(= situation sans issue)* impasse ♦ **être dans l'~** *[négociations]* to have reached an impasse, to have reached deadlock; *[personne]* to be at a dead end; *[relation]* to have reached a dead end ♦ **pour sortir les négociations de l'~** to break the deadlock in the negotiations ♦ **notre pays doit sortir de l'~** our country must get out of the rut it's in **c** *(Scol, Univ)* **j'ai fait 3 ~s en géographie** I skipped over *ou* missed out *(Brit)* 3 topics in my geography revision ♦ **faire l'~ sur qch** to choose to overlook sth **d** *(Cartes)* finesse ♦ **faire une ~** to (make a) finesse ♦ **faire l'~ au roi** to finesse against the king **e** *(Fin)* ~ **budgétaire** budget deficit

**impassibilité** /ɛ̃pasibilite/ NF impassiveness, impassivity

**impassible** /ɛ̃pasibl/ ADJ impassive

**impassiblement** /ɛ̃pasibləmɑ̃/ ADV impassively

**impatiemment** /ɛ̃pasjamɑ̃/ ADV impatiently

**impatience** /ɛ̃pasjɑ̃s/ NF impatience ♦ **il était dans l'~ de la revoir** he was impatient to see her again, he couldn't wait to see her again ♦ **il répliqua avec ~ que ...** he replied impatiently that ... ♦ **avoir des ~s dans les jambes** † to have the fidgets *

**impatiens** /ɛ̃pasjɑ̃s/ NF *(Bot)* Busy Lizzie, impatiens *(SPÉC)*

**impatient, e** /ɛ̃pasjɑ̃, jɑ̃t/ ADJ *[personne, geste, attente]* impatient ♦ ~ **de faire qch** eager *ou* keen to do sth ♦ **j'étais ~e de voir leur réaction** I was eager *ou* keen to see how they would react ♦ **je suis si ~ de te revoir** I just can't wait to see you again *, I'm really looking forward to seeing you again NF **impatiente** ⇒ **impatiens**

**impatienter** /ɛ̃pasjɑ̃te/ ► conjug 1 ◄ VT to irritate, to annoy VPR **s'impatienter** to grow *ou* get impatient, to lose patience (*contre qn* with sb; *contre ou de qch* at sth)

**impavide** /ɛ̃pavid/ ADJ *(littér)* unruffled, impassive, cool ♦ ~ **devant le danger** cool *ou* unruffled in the face of danger

**impayable** * /ɛpɛjabl/ ADJ *(= drôle)* priceless * ♦ **il est ~ !** he's priceless! *, he's a scream! *

**impayé, e** /ɛ̃peje/ ADJ unpaid NMPL **impayés** outstanding payments

**impec** * /ɛ̃pɛk/ ADJ abrév de **impeccable**

**impeccable** /ɛ̃pekabl/ ADJ **a** *(= parfait) [travail, style, technique, service]* impeccable, perfect, faultless; *[employé]* perfect; *[diction]* impeccable ♦ **parler un français ~** to speak impeccable French ♦ **(c'est) ~ !** * great! *, brilliant! * ♦ **ça va ? – ~ !** is it OK? – it's fine! **b** *(= net) [personne]* impeccable, impeccably dressed; *[coiffure]* impeccable, immaculate; *[appartement, voiture]* spotless, spotlessly clean, impeccable

**impeccablement** /ɛ̃pekabləmɑ̃/ ADV *[coiffé, habillé, maquillé, repassé]* impeccably, immaculately; *[rangé, coupé, entretenu]* beautifully ◆ **une robe ~ finie** a beautifully finished dress

**impécunieux, -ieuse** /ɛ̃pekynjø, jøz/ ADJ *(littér)* impecunious

**impécuniosité** /ɛ̃pekynjozite/ NF *(littér)* impecuniousness

**impédance** /ɛ̃pedɑ̃s/ NF *(Élec)* impedance

**impedimenta** /ɛ̃pedimɛ̃ta/ NMPL *(Mil, fig)* impedimenta

**impénétrabilité** /ɛ̃penetʀabilite/ NF a *[de forêt, secteur]* impenetrability b *[de mystère, desseins]* unfathomableness, impenetrability c *[de personnage, caractère]* inscrutability, impenetrability; *[de visage]* inscrutability, impenetrability

**impénétrable** /ɛ̃penetʀabl/ ADJ a *(= inaccessible) [forêt]* impenetrable (*à* to, by); ◆ **un secteur quasi ~ pour les Européens** a market sector almost impossible for Europeans to break into b *(= insondable) [mystère, desseins]* unfathomable, impenetrable; → **voie** c *(= énigmatique) [personnage, caractère, visage]* inscrutable, impenetrable; *[air]* inscrutable

**impénitence** /ɛ̃penitɑ̃s/ NF unrepentance, impenitence

**impénitent, e** /ɛ̃penitɑ̃, ɑ̃t/ ADJ unrepentant, impenitent ◆ **fumeur ~** unrepentant smoker

**impensable** /ɛ̃pɑ̃sabl/ GRAMMAIRE ACTIVE 39.2 ADJ *[événement hypothétique]* unthinkable; *[événement arrivé]* unbelievable

**imper** * /ɛ̃pɛʀ/ NM (abrév de **imperméable**) raincoat

**impératif, -ive** /ɛ̃peʀatif, iv/ ADJ *(= obligatoire, urgent) [besoin, consigne]* urgent, imperative; *(= impérieux) [geste, ton]* imperative, imperious, commanding; *(Jur) [loi]* mandatory ◆ **il est ~ de .../que ...** it is absolutely essential *ou* it is imperative to .../that ... NM a *(Ling)* imperative mood ◆ **à l'~** in the imperative (mood) b *(= prescription) [de fonction, charge]* requirement; *[de mode]* demand; *(= nécessité) [de situation]* necessity; *(Mil)* imperative ◆ **des ~s d'horaire nous obligent à ...** we are obliged by the demands *ou* constraints of our timetable to ... ◆ **~ catégorique** *(Philos)* categorical imperative; *(fig)* essential requirement

**impérativement** /ɛ̃peʀativmɑ̃/ ADV imperatively ◆ **je le veux ~ pour demain** it is imperative that I have it for tomorrow, I absolutely must have it for tomorrow

**impératrice** /ɛ̃peʀatʀis/ NF empress

**imperceptibilité** /ɛ̃pɛʀsɛptibilite/ NF imperceptibility

**imperceptible** /ɛ̃pɛʀsɛptibl/ ADJ a *(= non perceptible) [son, détail, nuance]* imperceptible (*à* to) b *(= à peine perceptible) [son, sourire]* faint, imperceptible; *[détail, changement, nuance]* minute, imperceptible

**imperceptiblement** /ɛ̃pɛʀsɛptibləmɑ̃/ ADV imperceptibly

**imperfectible** /ɛ̃pɛʀfɛktibl/ ADJ which cannot be perfected, unperfectible

**imperfectif, -ive** /ɛ̃pɛʀfɛktif, iv/ ADJ imperfective, continuous NM imperfective

**imperfection** /ɛ̃pɛʀfɛksjɔ̃/ NF *(= caractère imparfait)* imperfection; *(= défaut) [de personne, caractère]* shortcoming, imperfection, defect; *[d'ouvrage, dispositif, mécanisme]* imperfection, defect; *[de peau]* blemish

**impérial, e** (mpl **-iaux**) /ɛ̃peʀjal, jo/ ADJ imperial NF **impériale** a *[d'autobus]* top *ou* upper deck ◆ **autobus à ~e** ≈ double-decker (bus) ◆ **monter à l'impériale** to go upstairs *ou* on top b *(= barbe)* imperial c *(Jeux)* **(série) ~e** royal flush

**impérialement** /ɛ̃peʀjalmɑ̃/ ADV imperially

**impérialisme** /ɛ̃peʀjalism/ NM imperialism

**impérialiste** /ɛ̃peʀjalist/ ADJ imperialist(ic) NMF imperialist

**impérieusement** /ɛ̃peʀjøzmɑ̃/ ADV imperiously ◆ **avoir ~ besoin de qch** to need sth urgently, to have urgent need of sth

**impérieux, -ieuse** /ɛ̃peʀjø, jøz/ ADJ *(= autoritaire) [personne, ton, caractère]* imperious; *(= pressant) [besoin, nécessité]* urgent, pressing; *[obligation]* pressing

**impérissable** /ɛ̃peʀisabl/ ADJ *[œuvre]* imperishable; *[souvenir, gloire]* undying *(épith)*, imperishable; *[monument, valeur]* permanent, lasting *(épith)*

**impéritie** /ɛ̃peʀisi/ NF *(littér = incompétence)* incompetence

**imperium** /ɛ̃peʀjɔm/ NM *(Hist)* imperium; *(fig)* dominion (*sur* over)

**imperméabilisation** /ɛ̃pɛʀmeabilizasjɔ̃/ NF waterproofing

**imperméabiliser** /ɛ̃pɛʀmeabilize/ ▸ conjug 1 ◂ VT to waterproof ◆ **tissu imperméabilisé** waterproofed material

**imperméabilité** /ɛ̃pɛʀmeabilite/ NF a *[de terrain]* impermeability; *[de tissu]* waterproof qualities, impermeability b *(littér = insensibilité)* **~ à** imperviousness to

**imperméable** /ɛ̃pɛʀmeabl/ ADJ a *[terrain, roches]* impermeable; *[revêtement, tissu]* waterproof; *[frontière]* impenetrable ◆ **~ à l'eau** waterproof ◆ **~ à l'air** airtight b *(= insensible)* **~ à** impervious to NM *(= manteau)* raincoat

**impersonnalité** /ɛ̃pɛʀsɔnalite/ NF impersonality; *(Ling)* impersonal form

**impersonnel, -elle** /ɛ̃pɛʀsɔnɛl/ ADJ *(gén, Ling)* impersonal NM *(Ling)* impersonal verb

**impersonnellement** /ɛ̃pɛʀsɔnɛlmɑ̃/ ADV impersonally

**impertinemment** /ɛ̃pɛʀtinamɑ̃/ ADV impertinently

**impertinence** /ɛ̃pɛʀtinɑ̃s/ NF *(= caractère)* impertinence; *(= propos)* impertinent remark, impertinence ◆ **répondre avec ~** to reply impertinently *ou* cheekily ◆ **arrête tes ~s !** that's enough impertinence!, that's enough of your impertinent remarks!

**impertinent, e** /ɛ̃pɛʀtinɑ̃, ɑ̃t/ ADJ impertinent, cheeky ◆ **c'est un petit ~ !** he's so impertinent!

**imperturbabilité** /ɛ̃pɛʀtyʀbabilite/ NF imperturbability

**imperturbable** /ɛ̃pɛʀtyʀbabl/ ADJ *[sang-froid, gaieté, sérieux]* unshakeable; *[personne, caractère]* imperturbable ◆ **rester ~** to remain unruffled

**imperturbablement** /ɛ̃pɛʀtyʀbabləmɑ̃/ ADV imperturbably ◆ **il écouta ~** he listened imperturbably *ou* unperturbed *ou* unruffled

**impétigo** /ɛ̃petigo/ NM impetigo

**impétrant, e** /ɛ̃petʀɑ̃, ɑ̃t/ NM,F *(Jur)* applicant; *(Univ)* recipient *(of a qualification)*

**impétueusement** /ɛ̃petɥøzmɑ̃/ ADV *(littér)* impetuously

**impétueux, -euse** /ɛ̃petɥø, øz/ ADJ *(littér = fougueux) [caractère, jeunesse]* impetuous, hotheaded; *[orateur]* fiery; *[rythme]* impetuous; *[torrent, vent]* raging

**impétuosité** /ɛ̃petɥozite/ NF *(littér) [de rythme, personne]* impetuousness, impetuosity ◆ **méfiez-vous de l'~ des torrents de montagne** beware of raging mountain streams

**impie** /ɛ̃pi/ ADJ *[acte, parole]* impious, ungodly, irreligious NMF ungodly *ou* irreligious person

**impiété** /ɛ̃pjete/ NF († *ou littér*) *(= caractère)* impiety, ungodliness, irreligiousness; *(= parole, acte)* impiety

**impitoyable** /ɛ̃pitwajabl/ ADJ merciless, ruthless (*envers* towards); ◆ **dans le monde** *ou* **l'univers ~ du show-biz** in the cutthroat world of showbiz

**impitoyablement** /ɛ̃pitwajabləmɑ̃/ ADV mercilessly, ruthlessly

**implacabilité** /ɛ̃plakabilite/ NF implacability

**implacable** /ɛ̃plakabl/ ADJ *(= impitoyable)* implacable

**implacablement** /ɛ̃plakabləmɑ̃/ ADV implacably, relentlessly

**implant** /ɛ̃plɑ̃/ NM *(Méd)* implant ◆ **~ capillaire** hair graft ◆ **~ dentaire** implant

**implantation** /ɛ̃plɑ̃tasjɔ̃/ NF a *[d'usage, mode]* introduction; *[d'immigrants]* settlement; *[d'usine, industrie]* setting up; *[d'idée, préjugé]* implantation b *(= présence)* **nous bénéficions d'une solide ~ à l'étranger** *[entreprise]* we have a number of offices abroad ◆ **nous avons su renforcer notre ~ locale** we have reinforced our presence locally ◆ **la forte ~ du parti dans la région** the party's strong presence in the region c *(Méd) [d'organe, prothèse, embryon]* implantation d *(= disposition) [de dents]* arrangement ◆ **l'~ des cheveux** the way the hair grows

**implanter** /ɛ̃plɑ̃te/ ▸ conjug 1 ◂ VT a *(= introduire) [+ usage, mode]* to introduce ◆ **~ un produit sur le marché** to establish a product on the market b *(= établir) [+ usine, industrie]* to set up, to establish; *[+ idée, préjugé]* to implant ◆ **une société implantée dans la région depuis plusieurs générations** a company that has been established in the area for generations ◆ **la gauche est fortement implantée ici** the left is well-established here c *(Méd) [+ organe, prothèse, embryon]* to implant VPR **s'implanter** *[usine, industrie]* to be set up *ou* established; *[immigrants]* to settle; *[parti politique]* to establish itself, to become established ◆ **le parti est solidement implanté dans cette région** the party is well-established in this region

**implémentation** /ɛ̃plemɑ̃tasjɔ̃/ NF *(Ordin)* implementation

**implémenter** /ɛ̃plemɑ̃te/ ▸ conjug 1 ◂ VT *(Ordin)* to implement

**implication** /ɛ̃plikasjɔ̃/ NF a *(= relation logique)* implication b **~ dans** *(= mise en cause)* implication in; *(= participation à)* implication *ou* involvement in NFPL **implications** *(= conséquences, répercussions)* implications

**implicite** /ɛ̃plisit/ ADJ *[condition, foi, volonté]* implicit ◆ **connaissance ~** *(Ling)* tacit knowledge

**implicitement** /ɛ̃plisitmɑ̃/ ADV implicitly

**impliquer** /ɛ̃plike/ ▸ conjug 1 ◂ VT a *(= supposer)* to imply (*que* that) b *(= nécessiter)* to entail, to involve c ◆ **~ qn dans** *(= mettre en cause)* to implicate sb in; *(= mêler à)* to implicate *ou* involve sb in VPR **s'impliquer** ◆ **s'~ dans son travail/un projet** to get involved in one's work/a project ◆ **s'~ beaucoup dans qch** to put a lot into sth, to get heavily *ou* deeply involved in sth

**implorant, e** /ɛ̃plɔʀɑ̃, ɑ̃t/ ADJ imploring, beseeching ◆ **il me regarda d'un air ~** he looked at me imploringly *ou* beseechingly

**imploration** /ɛ̃plɔʀasjɔ̃/ NF entreaty

**implorer** /ɛ̃plɔʀe/ ▸ conjug 1 ◂ VT *(= supplier) [+ personne, Dieu]* to implore, to beseech *(frm)*; *(= demander) [+ faveur, aide]* to implore ◆ **~ la clémence de qn** to beg sb for mercy ◆ **~ le pardon de qn** to beg sb's forgiveness ◆ **~ qn de faire** to implore *ou* beseech *ou* entreat sb to do

**imploser** /ɛ̃ploze/ ▸ conjug 1 ◂ VI to implode

**implosif, -ive** /ɛ̃plozif, iv/ ADJ implosive

**implosion** /ɛ̃plozjɔ̃/ NF implosion

**impoli, e** /ɛ̃pɔli/ ADJ impolite, rude (*envers* to)

**impoliment** /ɛ̃pɔlimɑ̃/ ADV impolitely, rudely

**impolitesse** /ɛ̃pɔlitɛs/ NF *(= attitude)* impoliteness, rudeness; *(= remarque)* impolite *ou* rude remark; *(= acte)* impolite thing to do, impolite action ◆ **répondre avec ~** to answer impolitely *ou* rudely ◆ **c'est une ~ de faire** it is impolite *ou* rude to do

**impolitique** /ɛ̃pɔlitik/ ADJ impolitic

**impondérabilité** /ɛ̃pɔ̃deʀabilite/ NF imponderability

**impondérable** /ɛ̃pɔ̃deʀabl/ ADJ imponderable NM imponderable, unknown (quantity) ◆ **le marché du cuivre est celui de l'~** the copper market is an unknown quantity *ou* an imponderable ◆ **les ~s de la météo** the vagaries of the weather, unforeseen weather conditions

**impopulaire** /ɛ̃pɔpylɛʀ/ ADJ unpopular (*auprès de* with)

**impopularité** /ɛ̃pɔpylaʀite/ NF unpopularity

**import** /ɛ̃pɔʀ/ NM (abrév de **importation**) import

**importable** /ɛ̃pɔʀtabl/ ADJ *(Écon)* importable; *[vêtement]* unwearable

**importance** /ɛ̃pɔʀtɑ̃s/ NF **a** *[de problème, affaire, personne]* importance; *[d'événement, fait]* importance, significance ◆ **avoir de l'~** *[de personne, question]* to be important, to be of importance ◆ **ça a beaucoup d'~ pour moi** it's very important to me, it matters a great deal to me ◆ **accorder** *ou* **attacher de l'~ à qch** to give *ou* lend importance to sth ◆ **accorder beaucoup/peu d'~ à qch** to attach a lot of/little importance to sth ◆ **sans ~** *[personne]* unimportant; *[problème, incident, détail]* unimportant, insignificant ◆ **c'est sans ~, ça n'a pas d'~** it doesn't matter, it's of no importance *ou* consequence ◆ **(et alors,) quelle ~ ?** (so) does it really matter? ◆ **de peu d'~** *[événement, fait]* of little importance; *[détail]* trifling, minor; *[retard]* slight ◆ **d'une certaine ~** *[problème, événement]* fairly *ou* rather important ◆ **de la plus haute ~, de (la) première ~** *[problème, affaire, document]* of paramount *ou* of the highest importance; *[événement]* momentous

**b** *(= taille) [de somme, effectifs, entreprise]* size; *(= ampleur) [de dégâts, désastre, retard]* extent ◆ **d'une certaine ~** *[entreprise]* sizeable; *[dégâts]* considerable, extensive

**c** *(loc)* **prendre de l'~** *[question]* to gain in importance, to become more important; *[firme]* to increase in size; *[personne]* to become more important ◆ **se donner de l'~** *(péj)* to act important *ou* in a self-important way ◆ **l'affaire est d'~** *(frm)* this is no trivial matter, this is a matter of some seriousness ◆ **tancer/rosser qn d'~** *(littér)* to give sb a thorough dressing-down/trouncing *(littér)*

**important, e** /ɛ̃pɔʀtɑ̃, ɑ̃t/ GRAMMAIRE ACTIVE 28.1, 53.1 53.6

ADJ **a** *[personnage, question, rôle]* important; *[événement, fait]* important, significant ◆ **peu ~** of no great importance, of little significance ◆ **rien d'~** nothing important *ou* of importance ◆ **quelqu'un d'~** somebody important

**b** *(quantitativement) [somme]* large, considerable, substantial; *[différence]* big; *[retard]* considerable; *[dégâts]* extensive, considerable ◆ **la présence d'un ~ service d'ordre** the presence of a considerable number *ou* a large contingent of police

**c** *(péj) [airs]* (self-)important; *[personnage]* self-important

NM ◆ **l'~ est de ...** the important thing is to ... ◆ **ce n'est pas le plus ~** that's not what's most important

NM,F *(péj)* ◆ **faire l'~(e)** to be self-important

> ⚠ *Quand le mot* **important** *se réfère à une quantité, il ne se traduit pas par l'anglais* **important**.

**importateur, -trice** /ɛ̃pɔʀtatœʀ, tʀis/ ADJ importing ◆ **pays ~ de blé** wheat-importing country NM,F importer

**importation** /ɛ̃pɔʀtasjɔ̃/ NF **a** *(Comm) [de marchandises]* importing, importation ◆ **produits/articles d'~** imported products/items **b** *[d'animal, plante, maladie]* introduction ◆ **cette marque est d'~ récente** this brand is a recent import **c** *(= produit)* import

**importer¹** /ɛ̃pɔʀte/ ▸ conjug 1 ◂ VT to import; *[+ coutumes, danses]* to import, to introduce (*de* from)

**importer²** /ɛ̃pɔʀte/ GRAMMAIRE ACTIVE 34.5 ▸ conjug 1 ◂ VI **a** *(= être important)* to matter ◆ **les conventions importent peu à ces gens-là** conventions don't matter much *ou* aren't very important *ou* matter little to those people ◆ **ce qui importe, c'est d'agir vite** the important thing is *ou* what matters is to act quickly ◆ **que lui importe le malheur des autres ?** what does he care about other people's unhappiness?, what does other people's unhappiness matter to him? ◆ **il importe de faire** *(frm)* it is important to do ◆ **il importe qu'elle connaisse les risques** *(frm)* it is important that she knows *ou* should know the risks

**b** ◆ **peu importe** *ou* **qu'importe** *(littér)* **qu'il soit absent** what does it matter if he is absent?, it matters little that he is absent *(frm)* ◆ **peu importe le temps, nous sortirons** we'll go out whatever the weather *ou* no matter what the weather is like ◆ **peu m'importe** *(= je n'ai pas de préférence)* I don't mind; *(= je m'en moque)* I don't care ◆ **que m'importe !** what do I care?, I don't care! ◆ **achetez des pêches ou des poires, peu importe** buy peaches or pears – it doesn't matter which ◆ **quel fauteuil veux-tu ? – oh, n'importe** which chair will you have? – it doesn't matter *ou* I don't mind *ou* any one will do ◆ **il ne veut pas ? qu'importe !** doesn't he want to? what does it matter? *ou* it doesn't matter! ◆ **les maisons sont chères, n'importe, elles se vendent !** houses are expensive, but no matter *ou* but never mind, they still sell ◆ **qu'importe le flacon pourvu qu'on ait l'ivresse !** *(Prov)* never mind the bottle, let's just drink it!

**c** ◆ **n'importe comment** anyhow ◆ **il a fait cela n'importe comment !** he did it any old how * *(Brit)* *ou* any which way * *(US)* ◆ **n'importe comment, il part ce soir** anyway, he's leaving tonight, he's leaving tonight in any case *ou* anyhow ◆ **n'importe lequel d'entre nous** any (one) of us ◆ **n'importe où** anywhere ◆ **attention, n'allez pas vous promener n'importe où** be careful, don't go walking just anywhere ◆ **n'importe quand** anytime ◆ **entrez dans n'importe quelle boutique** go into any shop ◆ **n'importe quel docteur vous dira la même chose** any doctor will tell you the same thing ◆ **venez à n'importe quelle heure** come (at) any time ◆ **il cherche un emploi, mais pas n'importe lequel** he's looking for a job, but not just any job ◆ **n'importe qui** anybody, anyone ◆ **ce n'est pas n'importe qui** he's not just anybody ◆ **n'importe quoi** anything ◆ **il fait/dit n'importe quoi !** he has no idea what he's doing!/saying! ◆ **(c'est) n'importe quoi !** * what nonsense! *ou* rubbish! *(Brit)* ◆ **il mange tout et n'importe quoi** he'll eat anything

**import-export** (pl **imports-exports**) /ɛ̃pɔʀɛkspɔʀ/ NM import-export ◆ **société d'~** import-export company ◆ **entreprise d'~ de vins** import-export company dealing in wine ◆ **faire de l'~** to be in the import-export business

**importun, e** /ɛ̃pɔʀtœ̃, yn/ ADJ *(frm) [curiosité, présence, pensée, plainte]* troublesome, importunate *(frm)*; *[arrivée, visite]* inopportune, ill-timed; *[personne]* importunate *(frm)* ◆ **je ne veux pas être ~** *(déranger)* I don't wish to disturb you *ou* to intrude; *(irriter)* I don't wish to be importunate *(frm)* *ou* a nuisance ◆ **se rendre ~ par** to make o.s. objectionable by NM,F *(= gêneur)* irksome individual; *(= visiteur)* intruder

**importunément** /ɛ̃pɔʀtynemɑ̃/ ADV *(frm)* *(= de façon irritante)* importunately *(frm)*; *(= à un mauvais moment)* inopportunely

**importuner** /ɛ̃pɔʀtyne/ ▸ conjug 1 ◂ VT *(frm) [personne]* to importune *(frm)*, to bother; *[insecte, bruit]* to trouble, to bother; *[interruptions, remarques]* to bother ◆ **je ne veux pas vous ~** I don't wish to put you to any trouble *ou* to bother you

**importunité** /ɛ̃pɔʀtynite/ NF *(frm) [de démarche, demande]* importunity *(frm)* ◆ **~s** *(= sollicitations)* importunities

**imposable** /ɛ̃pozabl/ ADJ *[personne, revenu]* taxable

**imposant, e** /ɛ̃pozɑ̃, ɑ̃t/ ADJ *(= majestueux) [personnage, stature]* imposing; *[allure]* stately; *(= impressionnant) [bâtiment]* imposing; *(= considérable) [majorité, mise en scène, foule]* imposing, impressive ◆ **une ~e matrone** *(= gros)* a woman with an imposing figure ◆ **la présence d'un ~ service d'ordre** the presence of an imposing number *ou* a large contingent of police

**imposé, e** /ɛ̃poze/ (ptp de **imposer**) ADJ **a** *(Fin) [personne, revenu]* taxable **b** *(= obligatoire) [exercices, figures]* compulsory ◆ **prix ~** set price ◆ **tarif ~** set rate NM *(Sport = exercice)* compulsory exercise NM,F *(= contribuable)* taxpayer

**imposer** /ɛ̃poze/ ▸ conjug 1 ◂ VT **a** *(= prescrire) [+ tâche, date]* to set; *[+ règle, conditions]* to impose, to lay down; *[+ punition, taxe]* to impose (*à* on); *[+ prix]* to set, to fix ◆ **~ ses idées/sa présence à qn** to impose *ou* force one's ideas/one's company on sb ◆ **~ des conditions à qch** to impose *ou* place conditions on sth ◆ **~ un travail/une date à qn** to set sb a piece of work/a date ◆ **~ un régime à qn** to put sb on a diet ◆ **la décision leur a été imposée par les événements** the decision was forced *ou* imposed (up)on them by events ◆ **il nous a imposé son candidat** he has imposed his candidate on us ◆ **on lui a imposé le silence** silence has been imposed upon him; → **loi**

**b** *(= faire connaître)* **~ son nom** *[candidat]* to come to the fore; *[artiste]* to make o.s. known, to compel recognition; *[firme]* to establish itself, to become an established name ◆ **il impose/sa conduite impose le respect** he commands/his behaviour compels respect c *(Fin = taxer) [+ marchandise, revenu, salariés]* to tax ◆ ~ **insuffisamment** to undertax

d *(Typo)* to impose

e *(Rel)* ~ **les mains** to lay on hands

VT INDIR **en imposer en** ~ **à qn** to impress sb ◆ **il en impose** he's an imposing individual ◆ **sa présence en impose** he's an imposing presence ◆ **son intelligence en impose** he is a man of striking intelligence ◆ **ne vous en laissez pas** ~ **par ses grands airs** don't let yourself be overawed by his haughty manner

VPR **s'imposer** a *(= être nécessaire) [décision, action]* to be essential *ou* vital *ou* imperative ◆ **dans ce cas, le repos s'impose** in this case rest is essential *ou* vital *ou* imperative ◆ **c'est la solution qui s'impose** it's the obvious solution ◆ **ces mesures ne s'imposaient pas** these measures were unnecessary ◆ **quand on est à Paris une visite au Louvre s'impose** when in Paris, a visit to the Louvre is imperative *ou* is a must *

b *(= se contraindre à)* **s'**~ **une tâche** to set o.s. a task ◆ **il s'est imposé un trop gros effort** he put himself under too much strain ◆ **s'**~ **de faire** to make it a rule to do

c *(= montrer sa supériorité)* to assert o.s.; *(= avoir une personnalité forte)* to be assertive ◆ **impose-toi !** assert yourself! ◆ **s'**~ **par ses qualités** to stand out *ou* to compel recognition because of one's qualities ◆ **il s'est imposé dans sa branche** he has made a name for himself in his branch ◆ **il s'est imposé comme le seul susceptible d'avoir le prix** he emerged *ou* he established himself as the only one likely to get the prize ◆ **le skieur s'est imposé dans le slalom géant** the skier dominated the giant slalom event ◆ **le joueur canadien s'est imposé face au russe** the Canadian player outplayed the Russian

d *(= imposer sa présence à)* **s'**~ **à qn** to impose (o.s.) upon sb ◆ **je ne voudrais pas m'**~ I don't want to impose ◆ **le soleil s'imposera peu à peu sur tout le pays** gradually sunshine will spread across the whole country

**imposition** /ɛ̃pozisjɔ̃/ NF *(Fin)* taxation; *(Typo)* imposition ◆ **l'**~ **des mains** *(Rel)* the laying on of hands ◆ **double** ~ *(Fin)* double taxation

**impossibilité** /ɛ̃pɔsibilite/ GRAMMAIRE ACTIVE 43.4 NF impossibility ◆ **l'**~ **de réaliser ce plan** the impossibility of carrying out this plan ◆ **en cas d'**~ should it prove impossible ◆ **y a-t-il** ~ **à ce qu'il vienne ?** is it impossible for him to come? ◆ **être dans l'**~ **de faire qch** to be unable to do sth ◆ **l'**~ **dans laquelle il se trouvait de ...** the fact that he was unable to ..., the fact that he found it impossible to ... ◆ **se heurter à des** ~**s** to come up against insuperable obstacles

**impossible** /ɛ̃pɔsibl/ GRAMMAIRE ACTIVE 39.3, 43.3, 53.1, 53.6

ADJ a *(= irréalisable, improbable)* impossible ◆ ~ **à faire** impossible to do ◆ **il est** ~ **de .../que ...** it is impossible to .../that ... ◆ **il est** ~ **qu'il soit déjà arrivé** he cannot possibly have arrived yet ◆ **il m'est** ~ **de le faire** it's impossible for me to do it, I can't possibly do it ◆ **pouvez-vous venir lundi ? – non, cela m'est** ~ can you come on Monday? – no, I can't *ou* no, it's impossible ◆ **ce n'est pas** ~, **ça n'a rien d'**~ *(= ça peut arriver)* it may well happen; *(= ça peut être le cas)* it may well be the case ◆ **est-ce qu'il va partir ? – ce n'est pas** ~ is he going to leave? – he may well ◆ ~ **n'est pas français** *(Prov)* there's no such word as "can't"; → **vaillant**

b *(= pénible, difficile) [enfant, situation]* impossible ◆ **rendre l'existence** ~ **à qn** to make sb's life impossible *ou* a misery ◆ **elle a des horaires** ~**s** she has impossible *ou* terrible hours ◆ **il mène une vie** ~ he leads an incredible life

c *(= invraisemblable) [nom, titre]* ridiculous, impossible ◆ **se lever à des heures** ~**s** to get up at an impossible *ou* a ridiculous time *ou* hour ◆ **il lui arrive toujours des histoires** ~**s** impossible things are always happening to him

NM a ◆ **l'**~ the impossible ◆ **demander/tenter l'**~ to ask for/attempt the impossible ◆ **je ferai l'**~ **(pour venir)** I'll do my utmost (to come) ◆ **à l'**~ **nul n'est tenu** *(Prov)* no one can be expected to do the impossible

b ◆ **par** ~ by some miracle, by some remote chance ◆ **si par** ~ **je terminais premier ...** if by some miracle *ou* some remote chance I were to finish first ...

**imposte** /ɛ̃pɔst/ NF a *(Archit = moulure)* impost b *(= fenêtre)* fanlight *(Brit)*, transom (window) *(US)*

**imposteur** /ɛ̃pɔstœʀ/ NM impostor

**imposture** /ɛ̃pɔstyʀ/ NF imposture, deception ◆ **c'est une** ~ **!** it's all a sham!

**impôt** /ɛ̃po/ NM *(= taxe)* tax ◆ **payer l'**~ to pay tax *ou* taxes ◆ **les** ~**s** *(gén)* taxes; *(= service local)* the tax office; *(= service national)* the Inland Revenue *(Brit)*, the Internal Revenue Service *(US)* ◆ **les** ~**s me réclament 10 000 €** the taxman * wants €10,000 from me ◆ **payer des** ~**s** to pay tax ◆ **je paye plus de 10 000 € d'**~**s** I pay more than €10,000 (in) tax ◆ **frapper d'un** ~ to put a tax on ◆ ~ **direct/indirect/déguisé** direct/indirect/hidden tax ◆ ~ **retenu à la source** tax deducted at source ◆ **bénéfices avant** ~ pre-tax profits ◆ **faire un bénéfice de 10 000 € avant** ~ to make a profit of €10,000 before tax; → **assiette, déclaration, feuille** *etc*

COMP ▷ **impôt sur les bénéfices** tax on profits, ≃ corporation tax ▷ **impôt sur le chiffre d'affaires** tax on turnover ▷ **impôt foncier** ≃ land tax ▷ **impôt (de solidarité) sur la fortune, impôt sur les grandes fortunes** † wealth tax ▷ **impôts locaux** local taxes, ≃ council tax *(Brit)* ▷ **impôt sur les plus-values** ≃ capital gains tax ▷ **impôt sur le revenu (des personnes physiques)** income tax ▷ **impôt du sang** *(†, littér)* blood tribute ▷ **impôt sécheresse** *tax levied to help farmers in case of drought* ▷ **impôt sur les sociétés** corporate tax ▷ **impôt sur le transfert des capitaux** capital transfer tax

### Impôts

The main forms of taxation in France are income tax (« l'impôt sur le revenu »), value-added tax on consumer goods (« TVA »), local taxes funding public amenities (« les impôts locaux », which include « la taxe d'habitation » and « la taxe foncière ») and two kinds of company tax (« la taxe professionnelle » and « l'impôt sur les sociétés »).
Income tax for a given year is payable the following year and is calculated from information supplied in the « déclaration d'impôts ». It can either be paid in three instalments (the first two, known as « tiers provisionnels », are estimates based on the previous year's tax, while the third makes up the actual tax due), or in monthly instalments (an option known as « mensualisation »). Late payment incurs a 10% penalty known as a « majoration ».

**impotence** /ɛ̃pɔtɑ̃s/ NF *(Méd)* infirmity; *(fig)* impotence

**impotent, e** /ɛ̃pɔtɑ̃, ɑ̃t/ ADJ disabled, crippled ◆ **l'accident l'a rendu** ~ the accident has disabled *ou* crippled him NM,F disabled person, cripple

> ⚠ **impotent** *ne se traduit pas par le mot anglais* **impotent**, *qui a le sens de 'impuissant'.*

**impraticable** /ɛ̃pʀatikabl/ ADJ *[idée]* impracticable, unworkable; *[tâche]* impracticable; *(Sport) [terrain]* unfit for play, unplayable; *[route, piste]* impassable ◆ ~ **pour les** *ou* **aux véhicules à moteur** unfit *ou* unsuitable for motor vehicles, impassable to motor vehicles

**imprécateur, -trice** /ɛ̃pʀekatœʀ, tʀis/ NM,F *(littér)* doomsayer, prophet of doom

**imprécation** /ɛ̃pʀekasjɔ̃/ NF imprecation, curse ◆ **se répandre en** *ou* **lancer des** ~**s contre** to inveigh against

**imprécatoire** /ɛ̃pʀekatwaʀ/ ADJ *(littér)* imprecatory *(littér)*

**imprécis, e** /ɛ̃pʀesi, iz/ ADJ a *[souvenir, idée]* vague; *[contours]* vague, indistinct ◆ **les causes du décès restent encore** ~**es** the cause of death remains unclear b *[estimation, plan, chiffre, résultat]* imprecise; *[tir]* inaccurate

**imprécision** /ɛ̃pʀesizjɔ̃/ NF a *[de souvenir, idée]* vagueness b *[d'estimation, plan, chiffre, résultat]* imprecision, lack of precision; *[de tir]* inaccuracy ◆ **ce texte comporte de nombreuses** ~**s** there are a number of inaccuracies in the text

**imprégnation** /ɛ̃pʀeɲasjɔ̃/ NF a *[de tissu, matière]* impregnation; *[de pièce, air]* permeation ◆ **taux d'**~ **alcoolique** blood alcohol level, level of alcohol in the blood b *(= assimilation) [d'esprit]* imbuing, impregnation ◆ **pour apprendre une langue, rien ne vaut une lente** ~ to learn a language there's nothing like gradually immersing oneself in it

**imprégner** /ɛ̃pʀeɲe/ ▸ conjug 6 ◂ VT a *[+ tissu, matière] (de liquide)* to impregnate, to soak (*de* with); *(d'une odeur, de fumée)* to impregnate (*de* with); *[+ pièce, air]* to permeate, to fill (*de* with); ◆ **cette odeur imprégnait toute la rue** the smell filled the whole street ◆ **maison imprégnée de lumière** house flooded with light ◆ **un endroit imprégné d'histoire** a place steeped in history

b *[+ esprit]* to imbue, to impregnate (*de* with); ◆ **l'amertume qui imprégnait ses paroles** the bitterness which pervaded his words ◆ **imprégné des préjugés de sa caste** imbued with *ou* steeped in the prejudices of his class

VPR **s'imprégner** ◆ **s'**~ **de** *[tissu, substance] (de liquide)* to become impregnated *ou* soaked with; *(d'une odeur, de fumée)* to become impregnated with; *[pièce, air]* to become permeated *ou* filled with; *[esprits, élèves]* to become imbued with, to absorb ◆ **séjourner à l'étranger pour s'**~ **de la langue étrangère** to live abroad to immerse o.s. in *ou* to absorb the foreign language ◆ **s'**~ **d'alcool** to soak up alcohol

**imprenable** /ɛ̃pʀənabl/ ADJ *[forteresse]* impregnable ◆ **vue** ~ unrestricted view

**impréparation** /ɛ̃pʀepaʀasjɔ̃/ NF lack of preparation

**imprésario** /ɛ̃pʀesaʀjo/ NM *[d'acteur, chanteur]* manager; *[de troupe de théâtre, ballet]* impresario, manager

**imprescriptibilité** /ɛ̃pʀɛskʀiptibilite/ NF ◆ **l'**~ **des crimes contre l'humanité** *the non-applicability of statutory limitation to crimes against humanity*

**imprescriptible** /ɛ̃pʀɛskʀiptibl/ ADJ *[crime]* to which the statute of limitations does not apply; *[droit]* inalienable

**impression** /ɛ̃pʀesjɔ̃/ GRAMMAIRE ACTIVE 33.2, 45.4 NF **a** *(= sensation physique)* feeling, impression; *(= sentiment, réaction)* impression ◆ **se fier à sa première ~** to trust one's first impressions ◆ **ils échangèrent leurs ~s (de voyage)** they exchanged their impressions (of the trip) ◆ **quelles sont vos ~s sur la réunion ?** what was your impression *ou* what did you think of the meeting? ◆ **l'~ que j'ai de lui** my impression of him, the impression I have of him ◆ **ça m'a fait peu d'~/une grosse ~** that made little/a great impression upon me ◆ **ça m'a fait une drôle d'~ de la revoir** it was really strange seeing her again ◆ **faire bonne/mauvaise/forte ~** to make *ou* create a good/bad/strong impression ◆ **avoir l'~ que ...** to have a feeling that ..., to get *ou* have the impression that ... ◆ **j'ai comme l'~ qu'il ne me dit pas toute la vérité** * I have a feeling *ou* a hunch * that he's not telling me the whole truth ◆ **créer/donner une ~ de ...** to create/give an impression of ... ◆ **il ne me donne** *ou* **fait pas l'~ d'(être) un menteur** I don't get the impression that he's a liar, he doesn't give me the impression of being a liar ◆ **faire ~** *[film, orateur]* to make an impression, to have an impact
**b** *[de livre, tissu, motif]* printing ◆ **~ en couleur** colour printing ◆ **~ laser** *(= action)* laser printing; *(= feuille imprimée)* laser print *ou* copy ◆ **"impression écran"** *(Ordin)* "print screen" ◆ **ce livre en est à sa 3e ~** this book is at its 3rd impression *ou* printing ◆ **le livre est à l'~** the book is being printed ◆ **l'~ de ce livre est soignée** this book is beautifully printed; → **faute**
**c** *(= motif)* pattern ◆ **tissu à ~s florales** floral pattern(ed) fabric, fabric with a floral pattern
**d** *(Peinture)* **(couche d')~** undercoat

**impressionnabilité** /ɛ̃pʀesjɔnabilite/ NF *(= émotivité)* impressionability, impressionableness

**impressionnable** /ɛ̃pʀesjɔnabl/ ADJ *[personne]* impressionable

**impressionnant, e** /ɛ̃pʀesjɔnɑ̃, ɑ̃t/ ADJ *(= imposant) [somme, spectacle, monument]* impressive; *(= bouleversant) [scène, accident]* upsetting ◆ **elle était ~e de calme** her calmness was impressive

**impressionner** /ɛ̃pʀesjɔne/ ► conjug 1 ◄ VT **a** *(= frapper)* to impress, to make an impression on; *(= bouleverser)* to overawe, to overwhelm ◆ **ne te laisse pas ~** don't let yourself be overawed ◆ **cela risque d'~ les enfants** this may be upsetting for children ◆ **tu ne m'impressionnes pas !** you don't scare me!, I'm not afraid of you! **b** *(Opt) [+ rétine]* to act on; *(Photo) [+ pellicule] [image, sujet]* to show up on; *[photographe]* to expose ◆ **la pellicule n'a pas été impressionnée** the film hasn't been exposed

**impressionnisme** /ɛ̃pʀesjɔnism/ NM impressionism

**impressionniste** /ɛ̃pʀesjɔnist/ ADJ impressionistic; *(Art, Mus)* impressionist NMF impressionist

**imprévisibilité** /ɛ̃pʀevizibilite/ NF unpredictability

**imprévisible** /ɛ̃pʀevizibl/ ADJ unforeseeable, unpredictable ◆ **elle est assez ~ dans ses réactions** her reactions are quite unpredictable

**imprévoyance** /ɛ̃pʀevwajɑ̃s/ NF *(= insouciance)* lack of foresight; *(en matière d'argent)* improvidence

**imprévoyant, e** /ɛ̃pʀevwajɑ̃, ɑ̃t/ ADJ *(= insouciant)* lacking (in) foresight; *(en matière d'argent)* improvident

**imprévu, e** /ɛ̃pʀevy/ ADJ *[événement, succès, réaction]* unforeseen, unexpected; *[courage, geste]* unexpected; *[dépenses]* unforeseen ◆ **de manière ~e** unexpectedly NM **a** ◆ **l'~** the unexpected, the unforeseen ◆ **j'aime l'~** I like the unexpected ◆ **un peu d'~** an element of surprise *ou* of the unexpected *ou* of the unforeseen ◆ **vacances pleines d'~** holidays full of surprises ◆ **en cas d'~** if anything unexpected *ou* unforeseen crops up ◆ **sauf ~** barring any unexpected *ou* unforeseen circumstances, unless anything unexpected *ou* unforeseen crops up **b** *(= incident)* unexpected *ou* unforeseen event ◆ **il y a un ~** something unexpected *ou* unforeseen has cropped up ◆ **tous ces ~s nous ont retardés** all these unexpected *ou* unforeseen events have delayed us

**imprimable** /ɛ̃pʀimabl/ ADJ printable

**imprimant, e** /ɛ̃pʀimɑ̃, ɑ̃t/ ADJ printing *(épith)*
NF **imprimante** printer ◆ **~e matricielle/ligne par ligne/à jet d'encre** dot-matrix/line/ink-jet printer ◆ **~e à marguerite/laser/feuille à feuille** daisywheel/laser/sheet-fed printer

**imprimatur** /ɛ̃pʀimatyʀ/ NM INV imprimatur

**imprimé, e** /ɛ̃pʀime/ (ptp de **imprimer**) ADJ *[tissu, feuille]* printed NM **a** *(= formulaire)* printed form ◆ **"imprimés"** *(Poste)* "printed matter" ◆ **envoyer qch au tarif ~s** to send sth at the printed paper rate ◆ **catalogue/section des ~s** catalogue/department of printed books ◆ **~ publicitaire** advertising leaflet **b** *(= tissu)* **l'~** printed material *ou* fabrics, prints ◆ **~ à fleur** floral print (fabric *ou* material) ◆ **l'~ et l'uni** printed and plain fabrics *ou* material

**imprimer** /ɛ̃pʀime/ ► conjug 1 ◄ VT **a** *[+ livre, foulard, billets de banque, dessin]* to print **b** *(= apposer) [+ visa, cachet]* to stamp (*sur, dans* on, in) **c** *(= marquer) [+ rides, traces, marque]* to imprint (*dans* in, on); ◆ **une scène imprimée dans sa mémoire** a scene imprinted on his memory **d** *(= publier) [+ texte, ouvrage]* to publish; *[+ auteur]* to publish the work of ◆ **la joie de se voir imprimé** the joy of seeing o.s. *ou* one's work in print **e** *(= communiquer) [+ impulsion]* to transmit (*à* to); ◆ **la pédale imprime un mouvement à la roue** the movement of the pedal causes the wheel to turn ◆ **~ une direction à** to give a direction to **f** *(Peinture) [+ surface]* to prime VI * ◆ **je n'ai pas imprimé** *(= retenir)* it didn't sink in *ou* register

**imprimerie** /ɛ̃pʀimʀi/ NF *(= firme, usine)* printing works; *(= atelier)* printing house; *(= section)* printery; *(pour enfants)* printing outfit *ou* kit ◆ **l'~** *(= technique)* printing ◆ **l'Imprimerie nationale** ≈ HMSO *(Brit)*, the Government Printing Office *(US)* ◆ **écrire en caractères** *ou* **lettres d'~** to write in block capitals *ou* letters

**imprimeur** /ɛ̃pʀimœʀ/ NM printer ◆ **~-éditeur** printer and publisher ◆ **~-libraire** printer and bookseller

**impro** * /ɛ̃pʀo/ NF abrév de **improvisation**

**improbabilité** /ɛ̃pʀɔbabilite/ NF unlikelihood, improbability

**improbable** /ɛ̃pʀɔbabl/ ADJ unlikely, improbable

**improbité** /ɛ̃pʀɔbite/ NF *(littér)* lack of integrity

**improductif, -ive** /ɛ̃pʀɔdyktif, iv/ ADJ *[travail, terrain]* unproductive, non-productive; *[capitaux]* non-productive NM,F *inactive member of society*

**improductivité** /ɛ̃pʀɔdyktivite/ NF unproductiveness, lack of productivity

**impromptu, e** /ɛ̃pʀɔ̃pty/ ADJ *(= improvisé) [départ]* sudden *(épith)*; *[visite]* surprise *(épith)*; *[repas, exposé]* impromptu *(épith)* ◆ **faire un discours ~ sur un sujet** to speak off the cuff *ou* make an impromptu speech on a subject, to extemporize on a subject NM *(Littérat, Mus)* impromptu ADV *(= à l'improviste) [arriver]* impromptu; *(= sans préparation) [répondre]* off the cuff, impromptu ◆ **il arriva ~, un soir de juin** he arrived (quite) out of the blue one evening in June

**imprononçable** /ɛ̃pʀɔnɔ̃sabl/ ADJ unpronounceable

**impropre** /ɛ̃pʀɔpʀ/ ADJ **a** *[terme]* inappropriate **b ~ à** *[outil, personne]* unsuitable for, unsuited to ◆ **eau ~ à la consommation** water unfit for (human) consumption

**improprement** /ɛ̃pʀɔpʀəmɑ̃/ ADV *[appeler, qualifier]* incorrectly, improperly

**impropriété** /ɛ̃pʀɔpʀijete/ NF *[de forme]* incorrectness, inaccuracy ◆ **~ (de langage)** (language) error, mistake

**improuvable** /ɛ̃pʀuvabl/ ADJ unprovable

**improvisateur, -trice** /ɛ̃pʀɔvizatœʀ, tʀis/ NM,F improviser

**improvisation** /ɛ̃pʀɔvizasjɔ̃/ NF improvisation ◆ **faire une ~** to improvise ◆ **~ collective** *(Jazz)* jam session ◆ **j'adore l'~** I love doing things on the spur of the moment

**improvisé, e** /ɛ̃pʀɔvize/ (ptp de **improviser**) ADJ *(= de fortune) [réforme, table]* improvised, makeshift; *[solution]* makeshift, ad hoc; *[cuisinier, infirmier]* acting, temporary; *[équipe]* scratch *(épith)*; *(= impromptu) [+ conférence de presse, pique-nique, représentation]* impromptu, improvised; *[discours]* off-the-cuff *(épith)*, improvised; *[excuse]* improvised, invented ◆ **avec des moyens ~s** with whatever means are available *ou* to hand

**improviser** /ɛ̃pʀɔvize/ ► conjug 1 ◄ VT **a** *[+ discours, réunion, pique-nique]* to improvise; *[+ excuse]* to improvise, to invent VI *[organisateur]* to improvise; *[musicien]* to extemporize, to improvise; *[acteur, orateur]* to improvise, to extemporize, to ad-lib * VPR **s'improviser** **a** *[secours, réunion]* to be improvised **b** ◆ **s'~ cuisinier/infirmière** to act as cook/nurse ◆ **on ne s'improvise pas menuisier, être menuisier, ça ne s'improvise pas** you don't just suddenly become a carpenter, you don't become a carpenter just like that

**improviste** /ɛ̃pʀɔvist/ **à l'improviste** LOC ADV unexpectedly, without warning ◆ **je lui ai fait une visite à l'~** I dropped in on him unexpectedly *ou* without warning ◆ **prendre qn à l'~** to catch sb unawares

**imprudemment** /ɛ̃pʀydamɑ̃/ ADV *[circuler, naviguer]* carelessly; *[parler]* unwisely, imprudently ◆ **un inconnu qu'il avait ~ suivi** a stranger whom he had foolishly *ou* imprudently *ou* unwisely followed

**imprudence** /ɛ̃pʀydɑ̃s/ NF **a** *[de conducteur, geste, action]* carelessness **b** *[de remarque]* imprudence, foolishness; *[de projet]* foolishness, foolhardiness ◆ **il a eu l'~ de mentionner ce projet** he was foolish *ou* unwise *ou* imprudent enough to mention the project ◆ **blessures par ~** *(Jur)* injuries through negligence; → **homicide** **c** *(= étourderie, maladresse)* **commettre une ~** to do something foolish *ou* imprudent ◆ **(ne fais) pas d'~s** don't do anything foolish

**imprudent, e** /ɛ̃pʀydɑ̃, ɑ̃t/ ADJ *[personne]* foolhardy; *[conducteur, geste, action]* careless; *[remarque]* unwise, ill-advised; *[projet, politique]* ill-advised ◆ **il est ~ de se baigner tout**

**de suite après un repas** it's unwise to swim straight after a meal ◆ **je vous trouve bien ~ de ne pas porter de casque** I think it's rather unwise of you not to wear a helmet NM,F unwise person ◆ **c'est un ~** he's very foolhardy ◆ **les ~s !** the fools!

> ⚠ *Le mot anglais* **imprudent** *existe, mais il est d'un registre plus soutenu que* **imprudent**.

**impubère** /ɛ̃pybɛʀ/ ADJ pre-pubescent NMF *(Jur)* ≃ minor

**impubliable** /ɛ̃pyblijabl/ ADJ unpublishable

**impudemment** /ɛ̃pydamɑ̃/ ADV *(frm) (= effrontément)* impudently; *(= cyniquement)* brazenly, shamelessly

**impudence** /ɛ̃pydɑ̃s/ NF *(frm)* a *(= effronterie)* impudence; *(= cynisme)* brazenness, shamelessness ◆ **quelle ~ !** what impudence! ◆ **il a eu l'~ d'exiger des excuses !** he had the effrontery to demand an apology! b *(= acte)* impudent action; *(= parole)* impudent remark ◆ **je ne tolérerai pas ses ~s** I won't put up with *ou* tolerate his impudent behaviour *ou* his impudence

**impudent, e** /ɛ̃pydɑ̃, ɑ̃t/ *(frm)* ADJ *(= insolent)* impudent; *(= cynique)* brazen, shameless NM,F impudent person ◆ **petite ~e !** impudent little girl!

**impudeur** /ɛ̃pydœʀ/ NF immodesty, shamelessness

**impudicité** /ɛ̃pydisite/ NF immodesty, shamelessness

**impudique** /ɛ̃pydik/ ADJ *[personne]* immodest, shameless; *[regard, pose, décolleté]* immodest; *[propos]* shameless

**impudiquement** /ɛ̃pydikmɑ̃/ ADV immodestly, shamelessly

**impuissance** /ɛ̃pɥisɑ̃s/ NF a *(= faiblesse)* powerlessness, helplessness ◆ **~ à faire** powerlessness *ou* incapacity to do ◆ **réduire qn à l'~** to render sb powerless b *(sexuelle)* impotence

**impuissant, e** /ɛ̃pɥisɑ̃, ɑ̃t/ ADJ a *[personne]* powerless, helpless ◆ **~ à faire** powerless to do, incapable of doing b *(sexuellement)* impotent NM impotent man

**impulser** /ɛ̃pylse/ ▸ conjug 1 ◂ VT *(Écon) [+ secteur]* to boost, to stimulate; *[+ politique, mouvement revendicatif]* to boost, to give impetus to ◆ **il est là pour écouter, ~** he's there to listen and to get things moving *ou* to make things happen

**impulsif, -ive** /ɛ̃pylsif, iv/ ADJ impulsive NM,F impulsive person

**impulsion** /ɛ̃pylsjɔ̃/ NF a *(mécanique)* impulse; *(électrique)* impulse, pulse ◆ **radar à ~s** pulse (-modulated) radar ◆ **~s nerveuses** nerve impulses b *(= élan)* impetus ◆ **l'~ donnée à l'économie** the boost *ou* impetus given to the economy ◆ **sous l'~ de leurs chefs/des circonstances** spurred on by their leaders/by circumstances ◆ **réforme entreprise sous l'~ de l'Irlande** reform undertaken at Ireland's instigation ◆ **sous l'~ du ministre** at the minister's behest c *(= mouvement, instinct)* impulse ◆ **cédant à des ~s morbides** yielding to morbid impulses; → **achat**

**impulsivité** /ɛ̃pylsivite/ NF impulsiveness

**impunément** /ɛ̃pynemɑ̃/ ADV with impunity ◆ **on ne se moque pas ~ de lui** you can't make fun of him and (expect to) get away with it, one can't make fun of him with impunity

**impuni, e** /ɛ̃pyni/ ADJ unpunished

**impunité** /ɛ̃pynite/ NF impunity ◆ **en toute ~** with complete impunity ◆ **ils déplorent l'~ dont jouissent certains** they deplore the way people get off scot-free *ou* go unpunished

**impur, e** /ɛ̃pyʀ/ ADJ a *(= altéré) [liquide, air]* impure; *[race]* mixed; *(Rel) [animal]* unclean b *(= immoral) [geste, pensée, personne]* impure

**impureté** /ɛ̃pyʀte/ NF *(gén)* impurity ◆ **vivre dans l'~** to live in a state of impurity ◆ **~s** impurities

**imputabilité** /ɛ̃pytabilite/ NF *(Jur)* imputability

**imputable** /ɛ̃pytabl/ ADJ a *[faute, accident]* **~ à** attributable to, due to ◆ **plus d'un tiers des décès par accident de la route est ~ à l'alcool** more than a third of road deaths are attributable to *ou* due to alcohol ◆ **les 64 morts ~s aux activités de cette secte** the 64 deaths attributable to *ou* caused by the sect's activities b *(Fin)* **~ sur** chargeable to

**imputation** /ɛ̃pytasjɔ̃/ NF a *(= accusation)* imputation *(frm)*, charge b *(Fin)* **~ à** *ou* **sur** *[de somme]* charging to

**imputer** /ɛ̃pyte/ ▸ conjug 1 ◂ VT a *(= attribuer)* **~ à** to attribute to ◆ **les crimes imputés à Internet** the crimes attributed to the Internet ◆ **on ne peut ~ au gouvernement la responsabilité des inondations** the government cannot be blamed *ou* held responsible for the floods ◆ **les crimes de guerre imputés au régime de Belgrade** the war crimes of which Belgrade is *ou* stands accused b *(Fin)* **~ à** *ou* **sur** to charge to

**imputrescibilité** /ɛ̃pytʀesibilite/ NF rotproof nature, imputrescibility *(SPÉC)*

**imputrescible** /ɛ̃pytʀesibl/ ADJ rotproof, imputrescible *(SPÉC)*

**in** † * /in/ ADJ trendy *, in *

**INA** /ina/ NM (abrév de **Institut national de l'audiovisuel**) → **institut**

**inabordable** /inabɔʀdabl/ ADJ *[personne]* unapproachable; *[lieu]* inaccessible; *[prix]* prohibitive, exorbitant ◆ **les fruits sont ~s** fruit is terribly expensive

**inabouti, e** /inabuti/ ADJ *[projet, tentative]* abortive

**inabrogeable** /inabʀɔʒabl/ ADJ *(Jur)* unrepealable

**in absentia** /inapsɑ̃sja/ LOC ADV in absentia

**in abstracto** /inapstʀakto/ LOC ADV in the abstract

**inaccentué, e** /inaksɑ̃tɥe/ ADJ unstressed, unaccented

**inacceptable** /inaksɛptabl/ ADJ unacceptable ◆ **c'est ~** it's unacceptable

**inaccessibilité** /inaksesibilite/ NF inaccessibility

**inaccessible** /inaksesibl/ ADJ a *[montagne, personne, but]* inaccessible; *[endroit]* out-of-the-way *(épith)*, inaccessible; *[objet]* inaccessible, out of reach *(attrib)* b *[texte] (= obscur)* obscure; *(= incompréhensible)* incomprehensible (*à* to) c *(= insensible à)* **~ à** impervious to

**inaccompli, e** /inakɔ̃pli/ ADJ *(littér) [vœux]* unfulfilled; *[tâche]* unaccomplished

**inaccomplissement** /inakɔ̃plismɑ̃/ NM *(littér) [de vœux]* non-fulfilment; *[de tâche]* non-execution

**inaccoutumé, e** /inakutyme/ ADJ unusual ◆ **~ à** *(littér)* unaccustomed to, unused to

**inachevé, e** /inaʃ(ə)ve/ ADJ unfinished, uncompleted ◆ **une impression d'~** a feeling of incompleteness *ou* incompletion

**inachèvement** /inaʃɛvmɑ̃/ NM incompleteness, incompletion

**inactif, -ive** /inaktif, iv/ ADJ a *[vie, personne, capitaux, machine]* inactive, idle; *(Bourse) [marché]* slack; *[population]* non-working; *[volcan]* inactive, dormant b *(= inefficace) [remède]* ineffective, ineffectual NMPL ◆ **les ~s** the non-working *ou* inactive population, those not in active employment

**inaction** /inaksjɔ̃/ NF *(= oisiveté)* inactivity, idleness

**inactivation** /inaktivasjɔ̃/ NF *(Méd)* inactivation ◆ **~ virale** viral inactivation

**inactiver** /inaktive/ ▸ conjug 1 ◂ VT *[+ gène, hormone, virus]* to inactivate ◆ **produits inactivés** inactivated blood products ◆ **vaccin inactivé** inactivated vaccine

**inactivité** /inaktivite/ NF *(= non-activité)* inactivity ◆ **être en ~** *(Admin, Mil)* to be out of active service

**inactuel, -elle** /inaktɥɛl/ ADJ irrelevant to the present day

**inadaptable** /inadaptabl/ ADJ *[roman]* impossible to adapt

**inadaptation** /inadaptasjɔ̃/ NF maladjustment ◆ **~ à** failure to adjust to *ou* adapt to ◆ **~ d'un enfant à la vie scolaire** a child's inability to cope with school life

**inadapté, e** /inadapte/ ADJ *[personne, enfance]* maladjusted; *[outil, moyens]* unsuitable (*à* for); ◆ **~ à** not adapted *ou* adjusted to ◆ **un genre de vie complètement ~ à ses ressources** a way of life quite unsuited to his resources ◆ **enfant ~ (à la vie scolaire)** maladjusted child, child with (school) behavioural problems NM,F *(péj = adulte)* misfit; *(Admin, Psych)* maladjusted person ◆ **les ~s (sociaux)** (social) misfits

**inadéquat, e** /inadekwa(t), kwat/ ADJ inadequate ◆ **la réaction du gouvernement a été totalement ~e** the government's response was totally inadequate

**inadéquation** /inadekwasjɔ̃/ NF a *(= caractère inadéquat)* inadequacy ◆ **l'~ des systèmes de protection sociale** the inadequacy of social welfare systems b *(= décalage)* **l'~ entre l'offre et la demande** the fact that supply does not match demand ◆ **l'~ entre formation et emploi** the failure of training programmes to meet employers' needs

**inadmissibilité** /inadmisibilite/ NF *(Jur)* inadmissibility

**inadmissible** /inadmisibl/ ADJ a *[comportement, négligence]* inadmissible, intolerable; *[propos]* unacceptable; *[situation]* unacceptable, intolerable ◆ **il est ~ de .../que ...** it is unacceptable to .../that ... b *(Jur) [témoignage, preuve]* inadmissible

**inadvertance** /inadvɛʀtɑ̃s/ NF oversight ◆ **par ~** inadvertently, by mistake

**inaliénabilité** /inaljenabilite/ NF inalienability

**inaliénable** /inaljenabl/ ADJ inalienable

**inaltérabilité** /inalteʀabilite/ NF a *[de métal, substance]* stability; *[de couleur] (au lavage)* fastness; *(à la lumière)* fade-resistance; *[de vernis, encre]* permanence ◆ **~ à l'air** stability in air, ability to resist exposure to the air ◆ **~ à la chaleur** heat-resistance, ability to withstand heat ◆ **l'~ du ciel** *(littér)* the unvarying blue(ness) of the sky b *[de sentiment]* unchanging *ou* unfailing *ou* unshakeable nature; *[de principes, espoirs]* steadfastness ◆ **l'~ de son calme** his unchanging *ou* unshakeable calm(ness)

**inaltérable** /inalteʀabl/ ADJ a *[métal, substance]* stable; *[couleur] (au lavage)* fast; *(à la lumière)* fade-resistant; *[vernis, encre]* permanent; *[ciel, cycle]* unchanging ♦ ~ **à l'air** unaffected by exposure to the air ♦ ~ **à la chaleur** heat-resistant **b** *[sentiments]* unchanging, unfailing, unshakeable; *[bonne santé]* unfailing; *[principes, espoir]* steadfast, unshakeable, unfailing ♦ **il a fait preuve d'une ~ patience** he was unfailingly patient ♦ **d'une humeur ~** even-tempered

**inaltéré, e** /inalteʀe/ **ADJ** unchanged, unaltered

**inamical, e** (mpl **-aux**) /inamikal, o/ **ADJ** unfriendly

**inamovibilité** /inamɔvibilite/ **NF** *(Jur) [de fonction]* permanence; *[de juge, fonctionnaire]* irremovability

**inamovible** /inamɔvibl/ **ADJ** **a** *(Jur) [juge, fonctionnaire]* irremovable; *[fonction, emploi]* from which one is irremovable **b** *(= fixe) [plaque, panneau, capuche]* fixed ♦ **cette partie est ~** this part is fixed *ou* cannot be removed **c** *(hum) [casquette, sourire]* eternal ♦ **il travaille toujours chez eux ? il est vraiment ~** is he still with them? – he's a permanent fixture *ou* he's part of the furniture *(hum)*

**inanimé, e** /inanime/ **ADJ** *[matière]* inanimate; *[personne, corps] (= évanoui)* unconscious, senseless; *(= mort)* lifeless; *(Ling)* inanimate ♦ **tomber ~** to fall senseless to the ground, to fall to the ground unconscious

**inanité** /inanite/ **NF** *[de conversation]* inanity; *[de querelle, efforts]* futility, pointlessness; *[d'espoirs]* vanity, futility ♦ **dire des ~s** to come out with a lot of inane comments

**inanition** /inanisjɔ̃/ **NF** exhaustion through lack of nourishment ♦ **tomber/mourir d'~** to faint with/die of hunger

**inapaisable** /inapɛzabl/ **ADJ** *(littér) [colère, chagrin, désir]* unappeasable; *[soif]* unquenchable

**inapaisé, e** /inapeze/ **ADJ** *(littér) [colère, chagrin, désir]* unappeased; *[soif]* unquenched

**inaperçu, e** /inapɛʀsy/ **ADJ** unnoticed ♦ **passer ~** to pass *ou* go unnoticed ♦ **le geste ne passa pas ~** the gesture did not go unnoticed *ou* unremarked

**inapparent, e** /inapaʀɑ̃, ɑ̃t/ **ADJ** *[maladie]* with no visible symptoms; *[tumeur]* invisible; *[motif]* hidden

**inappétence** /inapetɑ̃s/ **NF** *(= manque d'appétit)* lack of appetite, inappetence *(frm)*; *(littér = manque de désir)* lack of desire, inappetence *(frm)*

**inapplicable** /inaplikabl/ **ADJ** *[loi]* unenforceable ♦ **dans ce cas, la règle est ~** in this case, the rule cannot be applied *ou* is inapplicable (*à* to)

**inapplication** /inaplikasjɔ̃/ **NF** **a** *[d'élève]* lack of application **b** *[de loi]* non-application, non-enforcement

**inappliqué, e** /inaplike/ **ADJ** *[méthode]* not applied *(attrib)*; *[loi, règlement, traité]* not enforced *(attrib)*

**inappréciable** /inapʀesjabl/ **ADJ** **a** *(= précieux) [aide, service]* invaluable; *[avantage, bonheur]* inestimable **b** *(= difficilement décelable) [nuance, différence]* inappreciable, imperceptible

**inapproprié, e** /inapʀɔpʀije/ **ADJ** *[terme, mesure, équipement]* inappropriate

**inapte** /inapt/ **ADJ** *(= incapable)* incapable ♦ ~ **aux affaires/à certains travaux** unsuited to *ou* unfitted for business/certain kinds of work ♦ **un accident l'a rendu ~ au travail** an accident has made him unfit for work ♦ ~ **à faire** incapable of doing ♦ ~ **(au service)** *(Mil)* unfit (for military service)

**inaptitude** /inaptityd/ **NF** *(mentale)* inaptitude, incapacity; *(physique)* unfitness (*à qch* for sth; *à faire qch* for doing sth); ♦ ~ **(au service)** *(Mil)* unfitness (for military service)

**inarticulé, e** /inaʀtikyle/ **ADJ** *[mots, cris]* inarticulate

**inassimilable** /inasimilabl/ **ADJ** *[notions, substance, immigrants]* that cannot be assimilated

**inassimilé, e** /inasimile/ **ADJ** *[notions, immigrants, substance]* unassimilated

**inassouvi, e** /inasuvi/ **ADJ** *[haine, colère, désir]* unappeased; *[faim]* unsatisfied, unappeased; *(lit, fig) [soif]* unquenched ♦ **vengeance ~e** unappeased desire for revenge, unsated lust for revenge *(littér)* ♦ **soif ~e de puissance** unappeased *ou* unquenched lust for power

**inassouvissement** /inasuvismɑ̃/ **NM** ♦ **l'~ de sa faim/son désir** *(action)* the failure to appease his hunger/quench his desire; *(résultat)* his unappeased hunger/desire

**inattaquable** /inatakabl/ **ADJ** *[poste, position]* unassailable; *[preuve]* irrefutable; *[argument]* unassailable, irrefutable; *[conduite, réputation]* irreproachable, unimpeachable; *[personne] (par sa qualité)* beyond reproach *(attrib)*; *(par sa position)* unassailable; *[métal]* corrosion-proof, rustproof

**inatteignable** /inatɛɲabl/ **ADJ** *[objet, idéal, objectif]* unattainable

**inattendu, e** /inatɑ̃dy/ **ADJ** *[événement, réaction]* unexpected, unforeseen; *[visiteur, remarque]* unexpected **NM** ♦ **l'~** the unexpected, the unforeseen ♦ **l'~ d'une remarque** the unexpectedness of a remark

**inattentif, -ive** /inatɑ̃tif, iv/ **ADJ** inattentive ♦ ~ **à** *(= ne prêtant pas attention à)* inattentive to; *(= se souciant peu de) [dangers, détails matériels]* heedless of, unmindful of

**inattention** /inatɑ̃sjɔ̃/ **NF** **a** *(= distraction)* lack of attention, inattention ♦ **(instant d')~** moment's inattention, momentary lapse of concentration ♦ **(faute d')~** careless mistake **b** *(littér = manque d'intérêt)* ~ **à** *[+ convenances, détails matériels]* lack of concern for

**inaudible** /inodibl/ **ADJ** *(= non ou peu audible)* inaudible; *(péj = mauvais)* unbearable, unlistenable *

**inaugural, e** (mpl **-aux**) /inogyʀal, o/ **ADJ** *[séance, cérémonie]* inaugural; *[vol, voyage]* maiden *(épith)* ♦ **discours ~** *[de député]* maiden *ou* inaugural speech; *(lors d'une inauguration)* inaugural speech; *(lors d'un congrès)* opening *ou* inaugural speech

**inauguration** /inogyʀasjɔ̃/ **NF** **a** *(= action) [de monument, plaque]* unveiling; *[de route, bâtiment]* inauguration, opening; *[de manifestation, exposition]* opening ♦ **cérémonie/discours d'~** inaugural ceremony/lecture *ou* speech **b** *(= cérémonie) [de monument, plaque]* unveiling ceremony; *[de route, bâtiment, exposition]* opening ceremony

**inaugurer** /inogyʀe/ ► conjug 1 ◄ **VT** **a** *[+ monument, plaque]* to unveil; *[+ route, bâtiment]* to inaugurate, to open; *[+ manifestation, exposition]* to open ♦ ~ **les chrysanthèmes** * to be a mere figurehead **b** *(= commencer) [+ politique, période]* to inaugurate; *[+ procédé]* to pioneer ♦ **nous inaugurions une période de paix** we were entering a time of peace ♦ ~ **la saison** *[spectacle]* to open *ou* begin the season **c** *(= étrenner) [+ raquette, bureau, chapeau]* to christen *

**inauthenticité** /inotɑ̃tisite/ **NF** inauthenticity

**inauthentique** /inotɑ̃tik/ **ADJ** *[document, fait]* not authentic *(attrib)*; *(Philos) [existence]* unauthentic

**inavouable** /inavwabl/ **ADJ** *[procédé, motifs, mœurs]* shameful, too shameful to mention *(attrib)*; *[bénéfices]* undisclosable

**inavoué, e** /inavwe/ **ADJ** *[crime]* unconfessed; *[sentiments]* unavowed, unspoken

**INC** /iɛnse/ **NM** abrév de **Institut national de la consommation**

**inca** /ɛ̃ka/ **ADJ** Inca **NMF** **Inca** Inca

**incalculable** /ɛ̃kalkylabl/ **ADJ** *(gén)* incalculable ♦ **un nombre ~ de** countless numbers of, an incalculable number of

**incandescence** /ɛ̃kɑ̃desɑ̃s/ **NF** incandescence ♦ **en ~** white-hot, incandescent ♦ **porter qch à ~** to heat sth white-hot *ou* to incandescence; → **lampe, manchon**

**incandescent, e** /ɛ̃kɑ̃desɑ̃, ɑ̃t/ **ADJ** *[substance, filament]* incandescent, white-hot; *[lave]* glowing; *[métal]* white-hot

**incantation** /ɛ̃kɑ̃tasjɔ̃/ **NF** incantation

**incantatoire** /ɛ̃kɑ̃tatwaʀ/ **ADJ** incantatory; → **formule**

**incapable** /ɛ̃kapabl/ GRAMMAIRE ACTIVE 43.4

**ADJ** **a** *(= inapte)* incapable, incompetent, useless *

♦ **incapable de faire** *(incompétence, impossibilité morale)* incapable of doing; *(impossibilité physique)* unable to do, incapable of doing ♦ **j'étais ~ de bouger** I was unable to move, I was incapable of movement *ou* of moving ♦ **elle est ~ de mentir** she's incapable of lying, she can't tell a lie

♦ **incapable de qch** ♦ ~ **d'amour** incapable of loving, unable to love ♦ ~ **de malhonnêteté** incapable of dishonesty *ou* of being dishonest ♦ ~ **du moindre effort** unable to make the least effort, incapable of making the least effort

**b** *(Jur)* incapable, (legally) incompetent

**NMF** **a** *(= incompétent)* incompetent ♦ **c'est un ~** he's useless * *ou* incapable, he's an incompetent

**b** *(Jur)* incapable *ou* (legally) incompetent person

**incapacitant, e** /ɛ̃kapasitɑ̃, ɑ̃t/ **ADJ** incapacitating *(épith)* **NM** incapacitant

**incapacité** /ɛ̃kapasite/ **NF** **a** *(= incompétence)* incompetence, incapability **b** *(= impossibilité)* ~ **de faire** incapacity *ou* inability to do ♦ **être dans l'~ de faire** to be unable to do, to be incapable of doing **c** *(= invalidité)* disablement, disability ♦ ~ **totale/partielle/permanente** total/partial/permanent disablement *ou* disability ♦ ~ **de travail** industrial disablement *ou* disability **d** *(Jur)* incapacity, (legal) incompetence ♦ ~ **de jouissance** incapacity *(by exclusion from a right)* ♦ ~ **d'exercice** incapacity *(by restriction of a right)* ♦ ~ **civile** civil incapacity

**incarcération** /ɛ̃kaʀseʀasjɔ̃/ **NF** incarceration, imprisonment

**incarcérer** /ɛ̃kaʀseʀe/ ► conjug 6 ◄ **VT** to incarcerate, to imprison ♦ **il y est incarcéré depuis deux ans** he has been incarcerated *ou* held there for the past two years

**incarnat, e** /ɛ̃kaʀna, at/ **ADJ** *[teint]* rosy, pink; *[teinture]* crimson **NM** *[de teint, joues]* rosy hue, rosiness; *[de tissu]* crimson tint

**incarnation** /ɛ̃kaʀnasjɔ̃/ **NF** **a** *(Myth, Rel)* incarnation **b** *(= image, personnification)* **être l'~ de** to be the incarnation *ou* embodiment of

**incarné, e** /ɛ̃kaʀne/ (ptp de **incarner**) **ADJ** **a** *(Rel)* incarnate **b** *(= personnifié)* incarnate, personified ♦ **c'est la méchanceté ~e** he is wickedness incarnate *ou* personified, he is the embodiment of wickedness **c** *[ongle]* ingrown

**incarner** /ɛ̃kaʀne/ ► conjug 1 ◄ **VT** **a** *(Rel)* to incarnate **b** *(= représenter) [personne]* to embody, to personify, to incarnate; *[œuvre]* to embody; *(Théât) [acteur]* to play **VPR** **s'incarner** **a** *(Rel)* **s'~ dans** to become *ou* be incarnate in **b** *(= être représenté par)* **s'~ dans** *ou* **en** to be embodied in ◆ **tous nos espoirs s'incarnent en vous** you embody all our hopes, you are the embodiment of all our hopes **c** *[ongle]* to become ingrown

**incartade** /ɛ̃kaʀtad/ **NF** **a** *(= écart de conduite)* prank, escapade ◆ **ils étaient punis à la moindre ~** they were punished for the slightest prank ◆ **faire une ~** to go on an escapade **b** *(Équitation = écart)* swerve ◆ **faire une ~** to shy

**incassable** /ɛ̃kɑsabl/ **ADJ** unbreakable

**incendiaire** /ɛ̃sɑ̃djɛʀ/ **NMF** fire-raiser, arsonist **ADJ** *[balle, bombe]* incendiary; *[discours, article]* inflammatory, incendiary; *[lettre d'amour, œillade]* passionate; → **blond**

**incendie** /ɛ̃sɑ̃di/ **NM** **a** *(= sinistre)* fire, blaze ◆ **un ~ s'est déclaré dans ...** a fire broke out in ...; → **assurance, foyer, pompe**[1] **b** *(littér)* **l'~ du couchant** the blaze of the sunset, the fiery glow of the sunset ◆ **l'~ de la révolte/de la passion** the fire of revolt/of passion **COMP** ▷ **incendie criminel** arson *(NonC)*, case of arson ▷ **incendie de forêt** forest fire ▷ **incendie volontaire** arson

**incendié, e** /ɛ̃sɑ̃dje/ (ptp de **incendier**) **ADJ** *[bâtiment, voiture]* gutted (by fire), burned-out; *[village]* destroyed by fire

**incendier** /ɛ̃sɑ̃dje/ ► conjug 7 ◄ **VT** **a** *(= mettre le feu à)* to set fire to, to set on fire, to set alight; *(= brûler complètement) [+ bâtiment]* to burn down; *[+ voiture]* to burn; *[+ ville, récolte, forêt]* to burn (to ashes) **b** *[+ imagination]* to fire; *[+ bouche, gorge]* to burn, to set on fire ◆ **la fièvre lui incendiait le visage** *(sensation)* fever made his face burn; *(apparence)* his cheeks were burning *ou* glowing with fever ◆ **le soleil incendie le couchant** *(littér)* the setting sun sets the sky ablaze **c** *(* = réprimander)* **~ qn** to give sb a stiff telling-off* *ou* a rocket* *(Brit)* ◆ **tu vas te faire ~** you're in for it*, you'll get a rocket* *(Brit)* ◆ **elle l'a incendié du regard** she looked daggers at him, she shot him a baleful look

**incertain, e** /ɛ̃sɛʀtɛ̃, ɛn/ **ADJ** **a** *[personne]* uncertain, unsure *(de qch* about *ou* as to sth); ◆ **~ de savoir la vérité, il ...** uncertain *ou* unsure as to whether he knew the truth, he ... ◆ **encore ~ sur la conduite à suivre** still undecided *ou* uncertain about which course to follow **b** *[démarche]* uncertain, hesitant **c** *[temps]* uncertain, unsettled; *[contour]* indistinct, blurred; *[lumière]* dim, vague **d** *[avenir]* uncertain; *[résultat, entreprise, origine]* uncertain, doubtful; *[date, durée]* uncertain, unspecified; *[fait]* uncertain, doubtful **NM** *(Fin)* ◆ **l'~** the exchange rate

**incertitude** /ɛ̃sɛʀtityd/ **GRAMMAIRE ACTIVE 43.1** **NF** **a** *[de personne, résultat, fait]* uncertainty ◆ **être dans l'~** to be in a state of uncertainty, to feel uncertain ◆ **être dans l'~ sur ce qu'on doit faire** to be uncertain as to the best course to follow **b** *(Math, Phys)* uncertainty ◆ **principe d'~** uncertainty principle **NFPL** **incertitudes** *(= hésitations)* doubts, uncertainties; *(= impondérables) [d'avenir, entreprise]* uncertainties

**incessamment** /ɛ̃sesamɑ̃/ **ADV** *(= sans délai)* (very) shortly ◆ **il doit arriver ~** he'll be here (very) shortly ◆ **~ sous peu** *(hum)* any second now

> ⚠ **incessamment** *ne se traduit pas par* **incessantly**, *qui a le sens de 'sans arrêt'.*

**incessant, e** /ɛ̃sesɑ̃, ɑ̃t/ **ADJ** *[efforts, activité]* ceaseless, incessant, unremitting; *[pluie, bruit, réclamations, coups de téléphone]* incessant, unceasing

**incessibilité** /ɛ̃sesibilite/ **NF** non-transferability

**incessible** /ɛ̃sesibl/ **ADJ** non-transferable

**inceste** /ɛ̃sɛst/ **NM** incest

**incestueux, -euse** /ɛ̃sɛstɥø, øz/ **ADJ** *[relations, personne]* incestuous; *[enfant]* born of incest **NM,F** *(Jur)* person guilty of incest

**inchangé, e** /ɛ̃ʃɑ̃ʒe/ **ADJ** unchanged, unaltered ◆ **la situation/son expression reste ~e** the situation/his expression remains unchanged *ou* the same *ou* unaltered

**inchangeable** /ɛ̃ʃɑ̃ʒabl/ **ADJ** unchangeable

**inchantable** /ɛ̃ʃɑ̃tabl/ **ADJ** unsingable

**inchauffable** /ɛ̃ʃofabl/ **ADJ** impossible to heat *(attrib)*

**inchavirable** /ɛ̃ʃaviʀabl/ **ADJ** uncapsizable, self-righting

**inchoatif, -ive** /ɛ̃kɔatif, iv/ **ADJ** inchoative, inceptive **NM** inceptive

**incidemment** /ɛ̃sidamɑ̃/ **ADV** *(gén)* in passing; *(= à propos)* by the way, incidentally

**incidence** /ɛ̃sidɑ̃s/ **NF** *(= conséquence)* effect; *(Écon, Phys)* incidence ◆ **avoir une ~ sur** to affect, to have an effect (up)on ◆ **cette réforme est sans ~ directe sur l'emploi** this reform will have no direct impact on employment; → **angle**

**incident, e** /ɛ̃sidɑ̃, ɑ̃t/ **ADJ** *(frm, Jur = accessoire)* incidental; *(Phys)* incident ◆ **il a évoqué ce fait de façon ~e** he mentioned this fact in passing ◆ **je désirerais poser une question ~e** I'd like to ask a question in connection with this matter, I'd like to interpose a question

**NM** *(gén)* incident; *(Jur)* point of law ◆ **la vie n'est qu'une succession d'~s** life is just a series of minor incidents ◆ **~ imprévu** unexpected incident, unforeseen event ◆ **c'est un ~ sans gravité** *ou* **sans importance** this incident is of no importance ◆ **l'~ est clos** that's the end of the matter ◆ **voyage sans ~(s)** uneventful journey ◆ **se dérouler sans ~(s)** to go off without incident *ou* smoothly

**NF** **incidente** *(Ling)* **(proposition) ~e** parenthesis, parenthetical clause

**COMP** ▷ **incident cardiaque** slight heart attack ▷ **incident diplomatique** diplomatic incident ▷ **incident de frontière** border incident ▷ **incident de paiement** *(Fin)* default in payment, nonpayment ▷ **incident de parcours** *(gén)* (minor *ou* slight) setback, hitch; *(santé)* (minor *ou* slight) setback ▷ **incident technique** *(lit, hum)* technical hitch

**incinérateur** /ɛ̃sineʀatœʀ/ **NM** incinerator ◆ **~ à ordures** refuse incinerator

**incinération** /ɛ̃sineʀasjɔ̃/ **NF** *[d'ordures, cadavre]* incineration; *(au crématorium)* cremation ◆ **four d'~ d'ordures ménagères** incinerator for household waste; → **usine**

**incinérer** /ɛ̃sineʀe/ ► conjug 6 ◄ **VT** *[+ ordures, cadavre]* to incinerate; *(au crématorium)* to cremate ◆ **se faire ~** to be cremated

**incipit** /ɛ̃sipit/ **NM INV** incipit

**incirconcis** /ɛ̃siʀkɔ̃si, iz/ **ADJ M** uncircumcised **NM** uncircumcised male

**incise** /ɛ̃siz/ **NF** *(dans un discours)* aside; *(Mus)* phrase ◆ **(proposition) ~** *(Ling)* interpolated clause

**inciser** /ɛ̃size/ ► conjug 1 ◄ **VT** *[+ écorce, arbre]* to incise, to make an incision in; *[+ peau]* to incise; *[+ abcès]* to lance

**incisif, -ive** /ɛ̃sizif, iv/ **ADJ** *[ton, style, réponse]* cutting, incisive; *[regard]* piercing ◆ **il était très ~ dans ses questions** he was very incisive in his questioning, his questions were very incisive **NF** **incisive** *(= dent)* incisor ◆ **incisive supérieure/inférieure** upper/lower incisor

**incision** /ɛ̃sizjɔ̃/ **NF** **a** *(= action) [d'écorce, arbre]* incising; *[de peau]* incision; *[d'abcès]* lancing **b** *(= entaille)* incision ◆ **pratiquer une ~ dans** to make an incision in, to incise

**incitateur, -trice** /ɛ̃sitatœʀ, tʀis/ **NM,F** instigator

**incitatif, -ive** /ɛ̃sitatif, iv/ **ADJ** ◆ **mesure incitative** incentive (*à* to); ◆ **aide incitative** incentive aid ◆ **prix ~** attractive price

**incitation** /ɛ̃sitasjɔ̃/ **NF** *(au meurtre, à la révolte)* incitement (*à* to); *(à l'effort, au travail)* incentive (*à* to; *à faire* to do); *(à la débauche, à la violence)* incitement ◆ **~ à la haine raciale** incitement to racial hatred ◆ **~ financière/fiscale** financial/tax incentive

**inciter** /ɛ̃site/ ► conjug 1 ◄ **inciter à** **VT INDIR** ◆ **~ qn à faire qch** to encourage sb to do sth ◆ **cela m'incite à la méfiance** that prompts me to be on my guard, that puts me on my guard ◆ **cela les incite à la violence/la révolte** that incites them to violence/revolt ◆ **ça n'incite pas au travail** it doesn't (exactly) encourage one to work, it's no incentive to work

**incivil, e** /ɛ̃sivil/ **ADJ** *(frm)* uncivil, rude

**incivilité** /ɛ̃sivilite/ **NF** *(frm) [d'attitude, ton]* incivility, rudeness; *(= propos impoli)* uncivil *ou* rude remark ◆ **ce serait commettre une ~ que de ...** it would be uncivil to ...

**incivisme** /ɛ̃sivism/ **NM** lack of civic *ou* public spirit

**inclassable** /ɛ̃klɑsabl/ **ADJ** unclassifiable, uncategorizable

**inclémence** /ɛ̃klemɑ̃s/ **NF** inclemency

**inclément, e** /ɛ̃klemɑ̃, ɑ̃t/ **ADJ** inclement

**inclinable** /ɛ̃klinabl/ **ADJ** *[dossier de siège]* reclining; *[lampe]* adjustable; *[toit d'une voiture]* tilting

**inclinaison** /ɛ̃klinɛzɔ̃/ **NF** **a** *(= déclivité) [de plan, pente]* incline; *[de route, voie ferrée]* incline, gradient; *[de toit]* slope, slant, pitch; *[de barre, tuyau]* slope, slant ◆ **toit à faible/forte ~** gently-sloping/steeply-sloping roof **b** *(= aspect) [de mur]* lean; *[de mât, tour]* lean, tilt; *[de chapeau]* slant, tilt; *[d'appareil, tête]* tilt; *[de navire]* list ◆ **régler l'~ d'un siège** to adjust the angle of a seat **c** *(Géom) [de droite, surface]* angle; *(Astron)* inclination; → **angle** **COMP** ▷ **inclinaison magnétique** *(Phys)* magnetic declination

**inclination** /ɛ̃klinasjɔ̃/ **NF** **a** *(= penchant)* inclination ◆ **suivre son ~** to follow one's (own) inclination ◆ **son ~ naturelle au bonheur** his natural inclination *ou* tendency towards happiness ◆ **~s altruistes** altruistic tendencies ◆ **une certaine ~ à mentir** a certain inclination *ou* tendency *ou* propensity to tell lies ◆ **avoir de l'~ pour la littérature** to have a strong liking *ou* a penchant for literature ◆ **~ pour qn** † liking for sb **b** *(= mouvement)* **~ de (la) tête** *(= acquiescement)* nod; *(= salut)* inclination of the head ◆ **~ (du buste)** bow

**incliné, e** /ɛ̃kline/ (ptp de **incliner**) **ADJ** **a** *(= en pente raide) [toit]* steep, sloping **b** *(= penché)* *[tour, mur]* leaning; *[mât, table d'architecte]* at an angle, sloping; *[récipient, dossier de siège]* tilted; *(Géol)* inclined ◆ **orbite ~e à 51 degrés** orbit inclined at 51 degrees; → **plan¹** c *(= enclin)* ~ **à** inclined to

**incliner** /ɛ̃kline/ ► conjug 1 ◄ VT a *(= pencher)* *[+ appareil, mât, bouteille, dossier de siège]* to tilt; *(littér = courber)* *[+ arbre]* to bend (over); *(= donner de l'inclinaison à)* *[+ toit, surface]* to slope ◆ **le vent incline le navire** the wind heels the boat over ◆ **~ la tête ou le front** *(pour saluer)* to give a slight bow, to incline one's head; *(pour acquiescer)* to nod (one's head), to incline one's head ◆ **~ la tête de côté** to tilt *ou* incline one's head on one side ◆ **~ le buste** *(saluer)* to bow, to give a bow ◆ **inclinez le corps plus en avant** lean *ou* bend forward more

b *(littér)* ~ **qn à l'indulgence** to encourage sb to be indulgent ◆ **ceci m'incline à penser que** that makes me inclined to think that, that leads me to believe that

VI a ◆ **~ à** *(= tendre à)* to tend towards; *(= pencher pour)* to be *ou* feel inclined towards ◆ **il incline à l'autoritarisme/à l'indulgence** he tends towards authoritarianism/indulgence, he tends to be authoritarian/indulgent ◆ **il inclinait à la clémence/sévérité** he felt inclined to be merciful/severe, he inclined towards clemency/severity ◆ **~ à penser/croire que ...** to be inclined to think/believe that ... ◆ **j'incline à accepter cette offre** I'm inclined to accept this offer

b *(littér)* *[mur]* to lean; *[arbre]* to bend ◆ **la colline inclinait doucement vers la mer** the hill sloped gently (down) towards the sea

c *(= modifier sa direction)* ~ **vers** to veer (over) towards *ou* to

VPR **s'incliner** a *(= se courber)* to bow (*devant* before); ◆ **s'~ jusqu'à terre** to bow to the ground

b *(= rendre hommage à)* **s'~ devant qn** *ou* **devant la supériorité de qn** to bow before sb's superiority ◆ **devant un tel homme, on ne peut que s'~** one can only bow (down) before such a man ◆ **il est venu s'~ devant la dépouille mortelle du président** he came to pay his last respects at the coffin of the president

c *(= céder)* **s'~ devant l'autorité/la volonté de qn** to yield *ou* bow to sb's authority/wishes ◆ **s'~ devant un ordre** to accept an order ◆ **puisque vous me l'ordonnez, je n'ai plus qu'à m'~** since you order me to do it, I can only accept it and obey

d *(= s'avouer battu)* to admit defeat, to give in ◆ **le boxeur s'inclina (devant son adversaire) à la 3ᵉ reprise** the boxer admitted defeat in the 3rd round ◆ **Marseille s'est incliné devant Saint-Étienne (par) 2 buts à 3** Marseilles lost to Saint-Étienne by 2 goals to 3

e *[arbre]* to bend over; *[mur]* to lean; *[navire]* to heel (over); *[chemin, colline]* to slope; *[toit]* to be sloping ◆ **le soleil s'incline à l'horizon** the sun is sinking (down) towards the horizon

**inclure** /ɛ̃klyʀ/ ► conjug 35 ◄ VT a *(= insérer)* *[+ clause]* to insert (*dans* in); *[+ nom]* to include (*dans* in); *(= joindre à un envoi)* *[+ billet, chèque]* to enclose (*dans* in) b *(= contenir)* to include ◆ **ce récit en inclut un autre** this is a story within a story

**inclus, e** /ɛ̃kly, yz/ (ptp de **inclure**) ADJ a *(= joint à un envoi)* enclosed b *(= compris)* *[frais]* included ◆ **eux ~** including them ◆ **jusqu'au 10 mars ~** until 10 March inclusive, up to and including 10 March ◆ **jusqu'au 3ᵉ chapitre ~** up to and including the 3rd chapter ◆ **les frais sont ~ dans la note** the bill is inclusive of expenses, expenses are included in the bill c *(Math)* ~ **dans** *[ensemble]* included in ◆ **A est ~ dans B** A is the subset of B d *(Bot)* *[étamines]* included ◆ **dent ~e** *(Méd)* impacted tooth

**inclusif, -ive** /ɛ̃klyzif, iv/ ADJ *(Gram, Logique)* inclusive

**inclusion** /ɛ̃klyzjɔ̃/ NF a *(gén, Math)* inclusion (*dans* in) b *(Méd)* *[de dent]* impaction c *(= élément inclus)* inclusion ◆ **cette pierre présente des ~s de tourmaline** the stone contains streaks of tourmaline *ou* has tourmaline inclusions *(frm)* d *(= objet de décoration) ornament set in acrylic*

**inclusivement** /ɛ̃klyzivmɑ̃/ ADV ◆ **jusqu'au 16ᵉ siècle ~** up to and including the 16th century ◆ **jusqu'au 1ᵉʳ janvier ~** until 1 January inclusive, up to and including 1 January

**incoercible** /ɛ̃kɔɛʀsibl/ ADJ *[toux]* uncontrollable; *[besoin, désir, rire]* uncontrollable, irrepressible

**incognito** /ɛ̃kɔɲito/ ADV incognito NM ◆ **garder l'~, rester dans l'~** to remain incognito ◆ **l'~ lui plaisait** he liked being incognito ◆ **l'~ dont il s'entourait** the secrecy with which he surrounded himself

**incohérence** /ɛ̃kɔeʀɑ̃s/ NF a *(= caractère illogique)* *[de geste, propos, texte]* incoherence; *[de comportement, politique]* inconsistency b *(= propos, acte)* inconsistency

**incohérent, e** /ɛ̃kɔeʀɑ̃, ɑ̃t/ ADJ a *[geste, propos, texte]* incoherent; *[comportement, politique]* inconsistent b *(Phys)* *[lumière, vibration]* incoherent

**incollable** /ɛ̃kɔlabl/ ADJ a *(= qui ne colle pas)* **riz ~** non-stick rice b *(* = imbattable)* unbeatable ◆ **il est ~** *[candidat]* he's got all the answers, you can't catch him out * *(Brit)*

**incolore** /ɛ̃kɔlɔʀ/ ADJ *[liquide, style]* colourless; *[verre, vernis]* clear; *[cirage]* neutral ◆ **~, inodore et sans saveur** *[personne]* without an ounce of personality; *[film]* (totally) bland

**incomber** /ɛ̃kɔ̃be/ ► conjug 1 ◄ **incomber à** VT INDIR *(frm)* *[devoirs, responsabilité]* to be incumbent (up)on; *[frais, réparations, travail]* to be the responsibility of ◆ **il m'incombe de faire cela** *(gén)* it falls to me to do it, it is incumbent upon me to do it; *(responsabilité morale)* the onus is on me to do it ◆ **ces frais leur incombent entièrement** these costs are to be paid by them in full *ou* are entirely their responsibility

**incombustibilité** /ɛ̃kɔ̃bystibilite/ NF incombustibility

**incombustible** /ɛ̃kɔ̃bystibl/ ADJ incombustible

**incommensurabilité** /ɛ̃kɔmɑ̃syʀabilite/ NF incommensurability

**incommensurable** /ɛ̃kɔmɑ̃syʀabl/ ADJ a *(= immense)* *(gén)* immeasurable; *[bêtise, haine]* boundless b *(= sans commune mesure : Math, littér)* incommensurable (*avec* with)

**incommensurablement** /ɛ̃kɔmɑ̃syʀabləmɑ̃/ ADV immeasurably

**incommodant, e** /ɛ̃kɔmɔdɑ̃, ɑ̃t/ ADJ *[odeur]* unpleasant, offensive; *[bruit]* annoying, unpleasant; *[chaleur]* uncomfortable

**incommode** /ɛ̃kɔmɔd/ ADJ a *(= peu pratique)* *[pièce, appartement]* inconvenient; *[heure]* awkward, inconvenient; *[meuble, outil]* impractical b *(= inconfortable)* *[siège]* uncomfortable; *[position, situation]* awkward, uncomfortable

**incommodément** /ɛ̃kɔmɔdemɑ̃/ ADV *[installé, assis]* awkwardly, uncomfortably; *[logé]* inconveniently; *[situé]* inconveniently, awkwardly

**incommoder** /ɛ̃kɔmɔde/ ► conjug 1 ◄ VT ◆ **~ qn** *[bruit]* to disturb *ou* bother sb; *[odeur, chaleur]* to bother sb; *[comportement]* to make sb feel ill at ease *ou* uncomfortable ◆ **être incommodé par** to be bothered by ◆ **se sentir incommodé** to feel indisposed *ou* unwell

**incommodité** /ɛ̃kɔmɔdite/ NF a *[de pièce, appartement]* inconvenience; *[d'heure]* awkwardness; *[de système, outil]* impracticability, awkwardness b *[de position, situation]* awkwardness ◆ **l'~ des sièges** the fact that the seating is so uncomfortable, the uncomfortable seats c *(= inconvénient)* inconvenience

**incommunicabilité** /ɛ̃kɔmynikabilite/ NF incommunicability

**incommunicable** /ɛ̃kɔmynikabl/ ADJ incommunicable

**incommutabilité** /ɛ̃kɔmytabilite/ NF inalienability

**incommutable** /ɛ̃kɔmytabl/ ADJ inalienable

**incomparable** /ɛ̃kɔ̃paʀabl/ ADJ *(= remarquable)* incomparable, matchless; *(= dissemblable)* not comparable ◆ **est-ce plus confortable ? – c'est ~ !** is it more comfortable? – there's no comparison!

**incomparablement** /ɛ̃kɔ̃paʀabləmɑ̃/ ADV ◆ **~ plus/mieux** incomparably *ou* infinitely more/better ◆ **chanter ~** to sing exceptionally well

**incompatibilité** /ɛ̃kɔ̃patibilite/ NF *(gén, Sci)* incompatibility ◆ **~ d'humeur** *(Jur)* (mutual) incompatibility ◆ **il y a ~ d'humeur entre les membres de cette équipe** the members of this team are (temperamentally) incompatible ◆ **~ médicamenteuse** incompatibility of medications

**incompatible** /ɛ̃kɔ̃patibl/ ADJ incompatible (*avec* with)

**incompétence** /ɛ̃kɔ̃petɑ̃s/ NF *(= incapacité)* incompetence; *(= ignorance)* lack of knowledge; *(Jur)* incompetence ◆ **il reconnaît volontiers son ~ en musique** he freely admits to his lack of knowledge of music *ou* that he knows nothing about music ◆ **il a atteint son seuil d'~** he's reached his level of incompetence

**incompétent, e** /ɛ̃kɔ̃petɑ̃, ɑ̃t/ ADJ *(= incapable)* incompetent; *(= ignorant)* ignorant, inexpert; *(Jur)* incompetent ◆ **en ce qui concerne la musique je suis ~** as far as music goes I'm not competent *ou* I'm incompetent to judge NM,F incompetent

**incomplet, -ète** /ɛ̃kɔ̃plɛ, ɛt/ ADJ incomplete

**incomplètement** /ɛ̃kɔ̃plɛtmɑ̃/ ADV *[renseigné]* incompletely; *[rétabli, guéri]* not completely

**incomplétude** /ɛ̃kɔ̃pletyd/ NF *(littér = insatisfaction)* non-fulfilment

**incompréhensibilité** /ɛ̃kɔ̃pʀeɑ̃sibilite/ NF incomprehensibility

**incompréhensible** /ɛ̃kɔ̃pʀeɑ̃sibl/ ADJ *(gén)* incomprehensible

**incompréhensif, -ive** /ɛ̃kɔ̃pʀeɑ̃sif, iv/ ADJ unsympathetic ◆ **il s'est montré totalement ~** he (just) refused to understand, he was totally unsympathetic ◆ **des parents totalement ~s** parents who show a total lack of understanding

**incompréhension** /ɛ̃kɔ̃pʀeɑ̃sjɔ̃/ NF *(= méconnaissance)* lack of understanding (*envers* of); *(= refus de comprendre)* unwillingness to understand ◆ **leur ~ du texte** their failure to understand the text ◆ **cet article témoigne d'une ~ totale du problème** the article shows a total lack of understanding of the problem ◆ **~ mutuelle** mutual incomprehension

**incompressibilité** /ɛ̃kɔ̃pʀesibilite/ NF *(Phys)* incompressibility ◆ **l'~ du budget** the irreducibility of the budget

**incompressible** /ɛ̃kɔ̃pʀesibl/ ADJ *(Phys)* incompressible; *(Jur) [peine]* to be served in full ◆ **nos dépenses sont ~s** our expenses cannot be reduced *ou* cut down

**incompris, e** /ɛ̃kɔ̃pʀi, iz/ ADJ misunderstood NM ◆ **il fut un grand ~ à son époque** he was never understood by his contemporaries

**inconcevable** /ɛ̃kɔ̃s(ə)vabl/ GRAMMAIRE ACTIVE 43.3 ADJ *(gén)* inconceivable ◆ **avec un toupet ~** with unbelievable *ou* incredible nerve

**inconcevablement** /ɛ̃kɔ̃s(ə)vabləmɑ̃/ ADV inconceivably, incredibly

**inconciliable** /ɛ̃kɔ̃siljabl/ ADJ, NM irreconcilable, incompatible *(avec* with); ◆ **concilier l'~** to reconcile the irreconcilable

**inconditionnalité** /ɛ̃kɔ̃disjɔnalite/ NF unreservedness, whole-heartedness ◆ **l'~ de son soutien au gouvernement** his wholehearted *ou* unreserved support for the government

**inconditionnel, -elle** /ɛ̃kɔ̃disjɔnɛl/ ADJ a *(= sans condition) [acceptation, ordre, soumission]* unconditional ◆ **libération inconditionnelle** unconditional release b *(= absolu) [appui]* wholehearted, unconditional, unreserved; *[partisan, foi]* unquestioning NM,F *[d'homme politique, doctrine]* unquestioning *ou* ardent supporter; *[d'écrivain, chanteur]* ardent admirer ◆ **les ~s des sports d'hiver** winter sports enthusiasts *ou* fanatics ◆ **c'est un ~ de l'informatique** he absolutely loves computers

**inconditionnellement** /ɛ̃kɔ̃disjɔnɛlmɑ̃/ ADV *[soutenir, admirer]* whole-heartedly; *[accepter]* unconditionally, without conditions

**inconduite** /ɛ̃kɔ̃dɥit/ NF *(= débauche)* loose living *(NonC)*

**inconfort** /ɛ̃kɔ̃fɔʀ/ NM *[de logement]* lack of comfort, discomfort; *[de situation, position]* unpleasantness ◆ **l'~ lui importait peu** discomfort didn't matter to him in the least ◆ **vivre dans l'~** to live in uncomfortable surroundings

**inconfortable** /ɛ̃kɔ̃fɔʀtabl/ ADJ a *(= sans confort) [maison, meuble]* uncomfortable; *[position]* uncomfortable, awkward b *(= gênant) [situation]* awkward

**inconfortablement** /ɛ̃kɔ̃fɔʀtabləmɑ̃/ ADV uncomfortably

**incongru, e** /ɛ̃kɔ̃gʀy/ ADJ a *(= déplacé) [attitude, bruit]* unseemly; *[remarque]* incongruous, ill-placed, ill-chosen b *(= bizarre, inattendu) [objet]* incongruous; *[personnage]* outlandish; *[situation]* strange, weird

**incongruité** /ɛ̃kɔ̃gʀyite/ NF a *(= caractère déplacé)* impropriety, unseemliness; *[de propos]* incongruity, inappropriateness b *(= bizarrerie) [de situation]* strangeness c *(= propos)* unseemly *ou* ill-chosen *ou* ill-placed remark; *(= acte)* unseemly action, unseemly behaviour *(NonC)*

**incongrûment** /ɛ̃kɔ̃gʀymɑ̃/ ADV *[agir, parler]* in an unseemly way

**inconnaissable** /ɛ̃kɔnɛsabl/ ADJ unknowable NM ◆ **l'~** the unknowable

**inconnu, e** /ɛ̃kɔny/ ADJ *[destination, fait]* unknown; *[odeur, sensation]* new, unknown; *[ville, personne]* unknown, strange *(de* to); ◆ **son visage m'était ~** his face was new *ou* unfamiliar to me, I didn't know his face ◆ **une joie ~e l'envahit** he was seized with a strange joy *ou* a joy that was (quite) new to him ◆ **on se sent très seul en pays ~** one feels very lonely in a strange country *ou* in a foreign country *ou* in strange surroundings ◆ **s'en aller vers des contrées ~es** to set off in search of unknown *ou* unexplored *ou* uncharted lands ◆ **~ à cette adresse** not known at this address ◆ **il est ~ au bataillon** * no one's ever heard of him; → **père, soldat**

NM,F stranger, unknown person ◆ **pour moi, ce peintre-là, c'est un ~** I don't know this painter, this painter is unknown to me ◆ **le coupable n'était pas un ~ pour la police** the culprit was known *ou* was not unknown *ou* was no stranger to the police ◆ **ne parle pas à des ~s** don't talk to strangers; → **illustre**

NM ◆ **l'~** *(= ce qu'on ignore)* the unknown

NF **inconnue** *(= élément inconnu)* unknown factor *ou* quantity, unknown; *(Math)* unknown ◆ **dans cette entreprise, il y a beaucoup d'inconnues** there are lots of unknowns *ou* unknown factors in this venture ◆ **l'avenir du service reste la grande ~e** a big question mark hangs over the future of the department ◆ **son attitude demeure la grande ~e** it's anybody's guess what line he'll take

**inconsciemment** /ɛ̃kɔ̃sjamɑ̃/ ADV *(= involontairement)* unconsciously

**inconscience** /ɛ̃kɔ̃sjɑ̃s/ NF a *(physique)* unconsciousness ◆ **sombrer dans l'~** to lose consciousness, to sink into unconsciousness b *(morale)* thoughtlessness, recklessness, rashness ◆ **c'est de l'~ !** that's sheer madness! *ou* stupidity! c *[d'événements extérieurs]* unawareness

**inconscient, e** /ɛ̃kɔ̃sjɑ̃, jɑ̃t/ ADJ a *(= évanoui)* unconscious b *(= échappant à la conscience) [sentiment]* subconscious; *(= machinal) [mouvement]* unconscious, automatic c *(= irréfléchi) [décision, action, personne]* thoughtless, reckless, rash; *(* : = fou)* mad *, crazy d

◆ **inconscient de** *(= qui ne se rend pas compte de)* oblivious to, unaware of; *(= indifférent à)* oblivous to, heedless of ◆ **~es du danger, elles exploraient le camp** oblivious to the danger, they explored the camp ◆ **~ du piège, il ...** failing to notice the trap, he ... ◆ **~ de l'effet produit, il continuait** he continued, oblivious to *ou* unaware of the effect he was having

NM *(Psych)* ◆ **l'~** the subconscious, the unconscious ◆ **l'~ collectif** the collective unconscious NM,F reckless person ◆ **c'est un ~ !** he must be mad!

**inconséquence** /ɛ̃kɔ̃sekɑ̃s/ NF *(= manque de logique)* inconsistency, inconsequence *(NonC)*; *(= légèreté)* thoughtlessness *(NonC)*, fecklessness *(NonC)*

**inconséquent, e** /ɛ̃kɔ̃sekɑ̃, ɑ̃t/ ADJ *(= illogique) [comportement, personne]* inconsistent, inconsequent; *(= irréfléchi) [démarche, décision, personne]* thoughtless

**inconsidéré, e** /ɛ̃kɔ̃sideʀe/ ADJ *[action]* rash, reckless; *[promesse]* rash; *[démarche]* ill-considered; *[propos]* ill-considered, thoughtless ◆ **l'usage ~ d'engrais** the indiscriminate use of fertilizers ◆ **il fait des dépenses ~es** he's extravagant, he throws money around ◆ **prendre des risques ~s** to take unnecessary risks

**inconsidérément** /ɛ̃kɔ̃sideʀemɑ̃/ ADV thoughtlessly, rashly, without thinking

**inconsistance** /ɛ̃kɔ̃sistɑ̃s/ NF a *[de preuve, idée, espoir]* flimsiness; *[de politique, argumentation, intrigue, personnage]* flimsiness, weakness; *[de personne]* colourlessness *(Brit)*, colorlessness *(US)*; *[de caractère]* weakness b *[de crème]* runniness; *[de bouillie, soupe]* watery *ou* thin consistency

**inconsistant, e** /ɛ̃kɔ̃sistɑ̃, ɑ̃t/ ADJ a *[personne, programme, ouvrage]* insubstantial b *[crème]* runny; *[bouillie, soupe]* watery, thin

> ⚠ **inconsistant** *ne se traduit pas par le mot anglais* **inconsistent**, *qui a le sens de 'inconstant'.*

**inconsolable** /ɛ̃kɔ̃sɔlabl/ ADJ *[personne]* disconsolate, inconsolable; *[chagrin]* inconsolable

**inconsolé, e** /ɛ̃kɔ̃sɔle/ ADJ *[personne]* disconsolate; *[chagrin]* unconsoled

**inconsommable** /ɛ̃kɔ̃sɔmabl/ ADJ unfit for consumption *(attrib)*

**inconstance** /ɛ̃kɔ̃stɑ̃s/ NF a *(= instabilité)* fickleness b *(littér)* ~s *(dans le comportement)* inconsistencies; *(en amour)* infidelities, inconstancies *(frm)*

**inconstant, e** /ɛ̃kɔ̃stɑ̃, ɑ̃t/ ADJ fickle

**inconstitutionnalité** /ɛ̃kɔ̃stitysjɔnalite/ NF unconstitutionality

**inconstitutionnel, -elle** /ɛ̃kɔ̃stitysjɔnɛl/ ADJ unconstitutional

**inconstructible** /ɛ̃kɔ̃stʀyktibl/ ADJ *[zone, terrain] unsuitable for (building) development*

**incontestabilité** /ɛ̃kɔ̃tɛstabilite/ NF incontestability

**incontestable** /ɛ̃kɔ̃tɛstabl/ GRAMMAIRE ACTIVE 42.1 ADJ *(= indiscutable)* unquestionable, indisputable ◆ **il a réussi, c'est ~** he's succeeded, there is no doubt about that, it's undeniable that he has succeeded ◆ **il est ~ qu'elle est la meilleure** she is incontestably *ou* indisputably *ou* unquestionably the best

**incontestablement** /ɛ̃kɔ̃tɛstabləmɑ̃/ ADV unquestionably, indisputably ◆ **la reconnaissance vocale est ~ la voie du futur** voice recognition is unquestionably *ou* indisputably the way forward ◆ **c'est prouvé ? – ~** has it been proved? – beyond any shadow of (a) doubt

> ⚠ *Évitez de traduire* **incontestablement** *par* **incontestably**, *qui est d'un registre plus soutenu.*

**incontesté, e** /ɛ̃kɔ̃tɛste/ ADJ *[autorité, principe, fait]* undisputed ◆ **le chef/maître ~** the undisputed chief/master ◆ **le gagnant ~** the undisputed *ou* outright winner

**incontinence** /ɛ̃kɔ̃tinɑ̃s/ NF *(Méd)* incontinence ◆ **~ urinaire** incontinence, enuresis *(SPÉC)* ◆ **~ nocturne** bedwetting, enuresis *(SPÉC)* COMP ▷ **incontinence de langage** lack of restraint in speech ▷ **incontinence verbale** verbal diarrhoea *, garrulousness

**incontinent[1], e** /ɛ̃kɔ̃tinɑ̃, ɑ̃t/ ADJ *(Méd) [personne]* incontinent, enuretic *(SPÉC)*; *[vessie]* weak NM,F person suffering from incontinence *ou* enuresis *(SPÉC)*

**incontinent[2]** † /ɛ̃kɔ̃tinɑ̃/ ADV *(littér = sur-le-champ)* forthwith † *(littér)*

**incontournable** /ɛ̃kɔ̃tuʀnabl/ ADJ *[réalité, fait]* inescapable; *[date, délai]* imperative; *[argument, problème, artiste]* that can't be ignored; *[personnage, interlocuteur]* key *(épith)*; *[œuvre d'art]* major *(épith)* ◆ **c'est un livre ~** the book is essential reading ◆ **ce produit est désormais ~** this product has become indispensable ◆ **trois personnalités étaient invitées, dont l'~ Éliane Hotin** *(hum)* three celebrities were invited, including the inevitable Éliane Hotin

**incontrôlable** /ɛ̃kɔ̃tʀolabl/ ADJ a *(= non vérifiable)* unverifiable, unable to be checked b *(= irrépressible) [personne, colère]* uncontrollable

**incontrôlé, e** /ɛ̃kɔ̃tʀole/ ADJ a *(= non réprimé)* uncontrolled b *(= non vérifié) [nouvelle, information]* unverified

**inconvenance** /ɛ̃kɔ̃v(ə)nɑ̃s/ **NF** **a** *(= caractère)* impropriety, unseemliness **b** *(= acte)* impropriety, indecorous *ou* unseemly behaviour *(NonC)*; *(= remarque)* impropriety, indecorous *ou* unseemly language *(NonC)*

**inconvenant, e** /ɛ̃kɔ̃v(ə)nɑ̃, ɑ̃t/ **ADJ** *[comportement, parole]* improper, indecorous, unseemly; *[question]* improper; *[personne]* ill-mannered ◆ **il serait ~ d'insister** it wouldn't be right to keep asking

**inconvénient** /ɛ̃kɔ̃venjɑ̃/ **GRAMMAIRE ACTIVE 36.1, 36.2, 53.3, 53.4** **NM** **a** *(= désavantage) [de situation, plan]* disadvantage, drawback ◆ **les avantages et les ~s** the advantages and disadvantages, the pros and cons (*de* of)
**b** ◆ **~s** *(= conséquences fâcheuses) [de situation]* (unpleasant) consequences, drawbacks
**c** *(= risque)* risk ◆ **n'y a-t-il pas d'~ à mettre ce plat en faïence au four ?** is it (really) safe to put this earthenware plate in the oven? ◆ **peut-on sans ~ prendre ces deux médicaments ensemble ?** can one safely take *ou* is there any danger in taking these two medicines together?
**d** *(= obstacle)* drawback ◆ **l'~ c'est que je ne serai pas là** the snag *ou* the annoying thing *ou* the one drawback is that I won't be there ◆ **il n'y a qu'un ~, c'est le prix !** there's only one drawback and that's the price ◆ **pouvez-vous sans ~ vous libérer jeudi ?** would it be convenient for you to get away on Thursday?, will you be able to get away on Thursday without any difficulty? ◆ **voyez-vous un ~** *ou* **y a-t-il un ~ à ce que je parte ce soir ?** have you *ou* is there any objection to my leaving this evening? ◆ **si vous n'y voyez pas d'~ ...** if you have no objections ...

**inconvertibilité** /ɛ̃kɔ̃vɛʀtibilite/ **NF** *(Fin)* inconvertibility

**inconvertible** /ɛ̃kɔ̃vɛʀtibl/ **ADJ** *(Fin)* inconvertible

**incoordination** /ɛ̃kɔɔʀdinasjɔ̃/ **NF** *[d'idées, opération]* lack of coordination; *(Méd)* incoordination, lack of coordination

**incorporable** /ɛ̃kɔʀpɔʀabl/ **ADJ** incorporable (*dans* in, into)

**incorporalité** /ɛ̃kɔʀpɔʀalite/ **NF** incorporeality

**incorporation** /ɛ̃kɔʀpɔʀasjɔ̃/ **NF** **a** *(= mélange) [de substance, aliment]* mixing, blending **b** *(= réunion) [de territoire]* incorporation; *(= intégration) [de chapitre]* incorporation, insertion, integration **c** *(Mil) (= appel)* enlistment (*à* into); *(= affectation)* posting; → **report, sursis** **d** *(Psych)* incorporation

**incorporel, -elle** /ɛ̃kɔʀpɔʀɛl/ **ADJ** *(= immatériel)* incorporeal; *(Fin)* intangible

**incorporer** /ɛ̃kɔʀpɔʀe/ ► conjug 1 ◄ **VT** **a** *(= mélanger) [+ substance, aliment]* to mix (*à, avec* with, into) to blend (*à, avec* with) **b** *(= intégrer) [+ territoire]* to incorporate (*dans, à* into); *[+ chapitre]* to incorporate (*dans* in, into) to insert (*dans* in); *[+ personne]* to incorporate, to integrate (*dans, à* into); ◆ **il a très bien su s'~ à notre groupe** he fitted into our group very well ◆ **appareil photo avec flash incorporé** camera with built-in flash **c** *(Mil = appeler)* to recruit ◆ **~ qn dans** *(= affecter)* to enrol *ou* enlist sb into ◆ **on l'a incorporé dans l'infanterie** he was recruited *ou* drafted into the infantry

**incorrect, e** /ɛ̃kɔʀɛkt/ **ADJ** **a** *(= inadéquat) [terme]* incorrect; *[réglage, interprétation]* faulty; *[solution]* incorrect, wrong **b** *(= impoli) [paroles, manières]* improper, impolite; *[tenue]* incorrect, indecent; *[personne]* rude, impolite ◆ **il s'est montré très ~** he was very rude *ou* impolite; → **politiquement** **c** *(= déloyal) [personne, procédé]* shabby ◆ **être ~ avec qn** to treat sb shabbily

**incorrectement** /ɛ̃kɔʀɛktəmɑ̃/ **ADV** *[prononcer, parler]* incorrectly; *[interpréter]* wrongly; *[se conduire] (= impoliment)* discourteously, impolitely; *(= indélicatement)* shabbily

**incorrection** /ɛ̃kɔʀɛksjɔ̃/ **NF** **a** *(= impropriété) [de terme]* impropriety; *(= inconvenance) [de tenue, personne, langage]* impropriety, incorrectness; *(= déloyauté) [de procédés, concurrent]* dishonesty, underhand nature **b** *(= terme impropre)* impropriety; *(= action inconvenante)* incorrect *ou* improper *ou* impolite behaviour *(NonC)*; *(= remarque inconvenante)* impolite *ou* improper remark

**incorrigible** /ɛ̃kɔʀiʒibl/ **ADJ** *[enfant, distraction]* incorrigible ◆ **cet enfant est ~ !** this child is incorrigible!, this child will never learn! ◆ **être d'une ~ paresse** to be incorrigibly lazy

**incorruptibilité** /ɛ̃kɔʀyptibilite/ **NF** incorruptibility

**incorruptible** /ɛ̃kɔʀyptibl/ **ADJ** incorruptible **NMF** incorruptible person ◆ **c'est un ~** he's incorruptible

**incrédule** /ɛ̃kʀedyl/ **ADJ** **a** *(= sceptique)* incredulous ◆ **d'un air ~** incredulously **b** *(Rel)* unbelieving **NMF** *(Rel)* unbeliever, non-believer

**incrédulité** /ɛ̃kʀedylite/ **NF** **a** *(= scepticisme)* incredulity ◆ **avec ~** incredulously **b** *(Rel)* unbelief, lack of belief

**incréé, e** /ɛ̃kʀee/ **ADJ** uncreated

**incrément** /ɛ̃kʀemɑ̃/ **NM** *(Ordin)* increment

**incrémentation** /ɛ̃kʀemɑ̃tasjɔ̃/ **NF** *(Ordin)* incrementation

**incrémenter** /ɛ̃kʀemɑ̃te/ ► conjug 1 ◄ **VT** *(Ordin, Math)* to increment

**incrémentiel, -elle** /ɛ̃kʀemɑ̃sjɛl/ **ADJ** *(Ordin)* incremental

**increvable** /ɛ̃kʀəvabl/ **ADJ** **a** *[ballon]* which cannot be burst, unburstable; *[pneu]* unpuncturable, puncture-proof **b** * *(= infatigable) [animal, travailleur]* tireless; *(= indestructible) [moteur, chaussures]* indestructible

**incriminer** /ɛ̃kʀimine/ ► conjug 1 ◄ **VT** *(= mettre en cause) [+ personne]* to incriminate, to accuse; *[+ action, conduite]* to bring under attack; *[+ honnêteté, bonne foi]* to call into question ◆ **il cherche à m'~ dans cette affaire** he's trying to incriminate *ou* implicate me in this business ◆ **après avoir analysé la clause incriminée du contrat ...** after having analysed the offending clause *ou* the clause in question *ou* at issue in the contract ... ◆ **au moment des faits incriminés** at the time of the crime, when the crime was committed

**incrochetable** /ɛ̃kʀɔʃ(ə)tabl/ **ADJ** *[serrure]* burglar-proof, which cannot be picked

**incroyable** /ɛ̃kʀwajabl/ **ADJ** **a** *(= invraisemblable)* incredible, unbelievable; *(= inouï)* incredible, amazing ◆ **~ mais vrai** incredible *ou* unbelievable but true ◆ **c'est ~ ce qu'il fait chaud** it's unbelievably *ou* incredibly hot ◆ **il est ~ d'arrogance** he's incredibly *ou* unbelievably arrogant ◆ **il est ~, ce type !** * that guy's unreal! * *ou* something else! * **NM** **a** ◆ **l'~** the unbelievable **b** *(Hist = dandy)* dandy

**incroyablement** /ɛ̃kʀwajabləmɑ̃/ **ADV** *(= étonnamment)* incredibly, unbelievably, amazingly

**incroyance** /ɛ̃kʀwajɑ̃s/ **NF** *(Rel)* unbelief ◆ **il affirme son ~** he declares himself to be a non-believer

**incroyant, e** /ɛ̃kʀwajɑ̃, ɑ̃t/ **ADJ** unbelieving **NM,F** unbeliever, non-believer

**incrustation** /ɛ̃kʀystasjɔ̃/ **NF** **a** *(Art) (= technique)* inlaying; *(= ornement)* inlay; *(dans un corsage, une nappe)* inset, insert ◆ **des ~s d'ivoire** inlaid ivory work, ivory inlays ◆ **table à ~s d'ivoire/d'ébène** table inlaid with ivory/ebony **b** *(TV)* superimposition, overlay **c** *(= croûte) (dans un récipient)* fur *(Brit)*, residue *(US)*; *(dans une chaudière)* scale; *(sur une roche)* incrustation ◆ **pour empêcher l'~** to prevent the formation of scale, to prevent furring *(Brit)*

**incruste** * /ɛ̃kʀyst/ **NF** ◆ **taper l'~** to be a hanger-on * *(péj)* ◆ **c'est un champion de l'~** once he's made himself at home in a place it's impossible to get rid of him *ou* to shake him off

**incruster** /ɛ̃kʀyste/ ► conjug 1 ◄ **VT** **a** *(Art)* **~ qch dans** *(= insérer)* to inlay sth into ◆ **~ qch de** *(= décorer)* to inlay sth with ◆ **incrusté de** inlaid with **b** *(TV) [+ nom, numéro]* to superimpose, to overlay **c** *[+ chaudière]* to coat with scale, to scale up; *[+ récipient]* to fur up *(Brit)*, to become coated with residue *(US)* **VPR** **s'incruster** **a** *[corps étranger, caillou]* **s'~ dans** to become embedded in ◆ **l'ivoire s'incruste dans l'ébène** *(travail de marqueterie)* the ivory is inlaid in ebony **b** (* *= ne plus partir) [invité]* to take root ◆ **il va s'~ chez nous** he'll get himself settled down in our house and we'll never move him ◆ **la crise s'incruste** the recession is deepening **c** *[radiateur, conduite]* to become incrusted (*de* with) to fur up *(Brit)* **d** *(TV) [nom, numéro]* to be superimposed

**incubateur, -trice** /ɛ̃kybatœʀ, tʀis/ **ADJ** incubating **NM** incubator

**incubation** /ɛ̃kybasjɔ̃/ **NF** *[d'œuf, maladie]* incubation ◆ **période d'~** incubation period ◆ **~ artificielle** artificial incubation ◆ **une ~ de 21 jours** 3 weeks' incubation, an incubation period of 3 weeks

**incube** /ɛ̃kyb/ **NM** incubus

**incuber** /ɛ̃kybe/ ► conjug 1 ◄ **VT** to hatch, to incubate

**inculpation** /ɛ̃kylpasjɔ̃/ **NF** *(= chef d'accusation)* charge (*de* of); († *= mise en examen)* charging, indictment ◆ **sous l'~ de** on a charge of ◆ **notifier à qn son ~** to inform sb of the charge against him

**inculpé, e** /ɛ̃kylpe/ (ptp de **inculper**) **NM,F** ◆ **l'~** † the accused ◆ **les deux ~s** the two accused, the two men accused

**inculper** /ɛ̃kylpe/ ► conjug 1 ◄ **VT** to charge (*de* with) to accuse (*de* of)

**inculquer** /ɛ̃kylke/ ► conjug 1 ◄ **inculquer à** **VT INDIR** ◆ **~ qch à qn** *[+ principes, politesse, notions]* to inculcate sth in sb, to instil *(Brit)* *ou* instill *(US)* sth into sb

**inculte** /ɛ̃kylt/ **ADJ** *[terre]* uncultivated; *[esprit, personne]* uneducated; *[chevelure, barbe]* unkempt

**incultivable** /ɛ̃kyltivabl/ **ADJ** unfarmable, unworkable

**inculture** /ɛ̃kyltyʀ/ **NF** *[de personne]* ignorance ◆ **son ~ musicale** his ignorance of things musical *ou* about music ◆ **l'~ des traducteurs en matière d'histoire naturelle** translators' ignorance about nature ◆ **ils sont d'une ~ !** they're so ignorant! ◆ **la prétendue ~ américaine** the supposed ignorance of Americans, so-called ignorant Americans

**incunable** /ɛ̃kynabl/ **ADJ** incunabular **NM** incunabulum ◆ **les ~s** incunabula

**incurabilité** /ɛ̃kyʀabilite/ **NF** incurability, incurableness

**incurable** /ɛ̃kyʀabl/ **ADJ** **a** *(Méd)* incurable ◆ **les malades ~s** the incurably ill **b** *[bêtise, ignorance]* incurable *(épith)*, hopeless *(épith)*

◆ **son ~ optimisme** *(hum)* his incurable optimism **NM,F** *(Méd)* incurable

**incurablement** /ɛ̃kyʀabləmɑ̃/ **ADV** *(Méd)* incurably; *(= incorrigiblement)* hopelessly, incurably

**incurie** /ɛ̃kyʀi/ **NF** *(frm = négligence)* negligence

**incuriosité** /ɛ̃kyʀjozite/ **NF** *(littér)* incuriosity

**incursion** /ɛ̃kyʀsjɔ̃/ **NF** *(Mil)* incursion, foray (*en, dans* into); *(fig)* foray ◆ **faire une ~ dans** to make an incursion *ou* a foray into

**incurvé, e** /ɛ̃kyʀve/ (ptp de **incurver**) **ADJ** curved

**incurver** /ɛ̃kyʀve/ ▸ conjug 1 ◂ **VT** *[+ pied de chaise, fer forgé]* to form *ou* bend into a curve, to curve **VPR** **s'incurver** **a** *[barre]* to bend, to curve; *[poutre]* to sag **b** *[ligne, profil, route]* to curve

**indatable** /ɛ̃databl/ **ADJ** undatable

**Inde** /ɛ̃d/ **NF** India ◆ **les ~s** the Indies ◆ **les ~s occidentales** *(†† = Antilles)* the West Indies ◆ **les ~s orientales** *(†† = Indonésie)* the East Indies; → **cochon**

**indéboulonnable** * /ɛ̃debulɔnabl/ **ADJ** *[personne]* unbudgeable *, impossible to budge ◆ **il est absolument ~** they just can't get rid of him *

**indébrouillable** /ɛ̃debʀujabl/ **ADJ** *[affaire]* almost impossible to sort out *(attrib)*

**indécelable** /ɛ̃des(ə)labl/ **ADJ** *[produit, poison]* undetectable; *[effet]* indiscernible; *[accident, erreur]* undetectable, indiscernible

**indécemment** /ɛ̃desamɑ̃/ **ADV** indecently

**indécence** /ɛ̃desɑ̃s/ **NF** **a** *(= impudicité) [de posture, tenue, geste]* indecency; *[de chanson]* obscenity **b** *[de luxe]* obscenity **c** *(= acte)* act of indecency, indecency; *(= propos)* obscenity

**indécent, e** /ɛ̃desɑ̃, ɑ̃t/ **ADJ** **a** *[posture, tenue, geste]* indecent; *[chanson]* obscene, dirty * ◆ **habille-toi, tu es ~ !** get dressed, you're indecent! *ou* you're not decent! **b** *[luxe]* obscene; *[succès]* disgusting ◆ **avoir une chance ~e** to be disgustingly lucky ◆ **il serait ~ de demander plus** it wouldn't be proper to ask for more

**indéchiffrable** /ɛ̃deʃifʀabl/ **ADJ** *(= impossible à déchiffrer) [code]* indecipherable; *(= illisible) [texte, partition]* indecipherable; *(= incompréhensible) [traité, énigme]* incomprehensible; *(= impénétrable) [personne, regard]* inscrutable

**indéchirable** /ɛ̃deʃiʀabl/ **ADJ** tear-proof

**indécidable** /ɛ̃desidabl/ **ADJ** *(Math)* undecidable

**indécis, e** /ɛ̃desi, iz/ **ADJ** **a** *[personne] (par nature)* indecisive; *(temporairement)* undecided ◆ **~ sur** *ou* **devant** *ou* **quant à** undecided *ou* uncertain about **b** *(= incertain) [temps, paix]* unsettled; *[bataille]* indecisive; *[problème]* undecided, unsettled; *[victoire]* undecided ◆ **le résultat est encore ~** the result is as yet undecided **c** *(= vague) [réponse, sourire]* vague; *[pensée]* undefined, vague; *[forme, contour]* indecisive, indistinct **NM,F** *(gén)* indecisive person; *(Sondages)* don't know; *(dans une élection)* floating voter

**indécision** /ɛ̃desizjɔ̃/ **NF** *(chronique)* indecisiveness; *(temporaire)* indecision, uncertainty (*sur* about); ◆ **je suis dans l'~ quant à nos projets pour l'été** I'm uncertain *ou* undecided about our plans for the summer

**indéclinable** /ɛ̃deklinabl/ **ADJ** indeclinable

**indécodable** /ɛ̃dekɔdabl/ **ADJ** *[texte, expression]* undecodable, that cannot be decoded

**indécollable** /ɛ̃dekɔlabl/ **ADJ** *[objet]* that won't come unstuck *ou* come off

**indécomposable** /ɛ̃dekɔ̃pozabl/ **ADJ** *(gén)* that cannot be broken down (*en* into)

**indécrottable** * /ɛ̃dekʀɔtabl/ **ADJ** *(= borné)* dumb *, hopelessly thick * *(Brit)* ◆ **c'est un paresseux ~** *(= incorrigible)* he's hopelessly lazy

**indéfectibilité** /ɛ̃defɛktibilite/ **NF** *(frm)* indestructibility

**indéfectible** /ɛ̃defɛktibl/ **ADJ** *[foi, confiance]* indestructible, unshakeable; *[soutien, attachement]* unfailing

**indéfectiblement** /ɛ̃defɛktibləmɑ̃/ **ADV** unfailingly

**indéfendable** /ɛ̃defɑ̃dabl/ GRAMMAIRE ACTIVE 53.3 **ADJ** *(lit, fig)* indefensible

**indéfini, e** /ɛ̃defini/ **ADJ** *(= vague) [sentiment]* undefined; *(= indéterminé) [quantité, durée]* indeterminate, indefinite; *(Ling)* indefinite

**indéfiniment** /ɛ̃definimɑ̃/ **ADV** indefinitely ◆ **je ne peux pas attendre ~** I can't wait forever

**indéfinissable** /ɛ̃definisabl/ **ADJ** *[mot, charme, saveur]* indefinable

**indéformable** /ɛ̃defɔʀmabl/ **ADJ** that will keep its shape

**indéfrisable** † /ɛ̃defʀizabl/ **NF** perm, permanent *(US)*

**indélébile** /ɛ̃delebil/ **ADJ** *(lit, fig)* indelible

**indélicat, e** /ɛ̃delika, at/ **ADJ** **a** *(= grossier)* indelicate, tactless **b** *(= malhonnête) [employé]* dishonest; *[procédé]* dishonest, underhand

**indélicatement** /ɛ̃delikatmɑ̃/ **ADV** **a** *(= grossièrement) [agir, parler]* indelicately, tactlessly **b** *(= malhonnêtement) [se conduire]* dishonestly

**indélicatesse** /ɛ̃delikatɛs/ **NF** **a** *(= impolitesse)* indelicacy, tactlessness *(NonC)*; *(= malhonnêteté)* dishonesty *(NonC)* **b** *(= acte malhonnête)* indiscretion ◆ **commettre des ~s** to commit indiscretions

**indémaillable** /ɛ̃demajabl/ **ADJ** run-resistant, run-proof, ladderproof *(Brit)* ◆ **en ~** *[vêtement]* in run-resistant *ou* run-proof material; *[jersey, bas]* run-resistant, run-proof

**indemne** /ɛ̃dɛmn/ **ADJ** *(= sain et sauf)* unharmed, unhurt, unscathed ◆ **il est sorti ~ de l'accident** he came out of the accident unharmed *ou* unscathed

**indemnisable** /ɛ̃dɛmnizabl/ **ADJ** *[personne]* entitled to compensation *(attrib)*; *[dommage]* indemnifiable

**indemnisation** /ɛ̃dɛmnizasjɔ̃/ **NF** *(= action)* indemnification; *(= somme)* indemnity, compensation ◆ **l'~ a été fixée à 250 €** the indemnity *ou* compensation was fixed at €250 ◆ **250 € d'~** €250 compensation

**indemniser** /ɛ̃dɛmnize/ ▸ conjug 1 ◂ **VT** *(= dédommager) (d'une perte)* to compensate (*de* for); *(de frais)* to indemnify, to reimburse (*de* for); ◆ **se faire ~** to get indemnification *ou* compensation, to get reimbursed ◆ **~ qn en argent** to pay sb compensation in cash ◆ **les victimes seront indemnisées** the victims will get *ou* receive compensation ◆ **vous serez indemnisés de tous vos frais de déplacement** all your travelling expenses will be reimbursed

**indemnitaire** /ɛ̃dɛmnitɛʀ/ **ADJ** compensational, compensatory ◆ **régime ~ du personnel** *employees' allowance scheme*

**indemnité** /ɛ̃dɛmnite/ **NF** *(= dédommagement) [de perte]* compensation *(NonC)*, indemnity; *[de frais]* allowance

**COMP** ▷ **indemnité de chômage** unemployment benefit ▷ **indemnité compensatoire** *(gén)* compensatory allowance; *(pour agriculteurs)* deficiency payment ▷ **indemnité de départ** severance pay ▷ **indemnité de fonction** *(gén Admin) allowance paid to a civil servant; (payée à un élu)* attendance allowance ▷ **indemnité de guerre** war indemnity ▷ **indemnités journalières** daily allowance *(of sickness benefit)* ▷ **indemnité (légale) de licenciement** redundancy payment *ou* money ▷ **indemnité de logement** housing allowance ▷ **indemnité parlementaire** *député's salary* ▷ **indemnité de résidence** weighting allowance ▷ **indemnité de rupture de contrat** (contract) termination penalty ▷ **indemnité de transfert** *(Ftbl) (pour le club)* transfer fee; *(pour le joueur)* signing-on fee ▷ **indemnité de transport** travel allowance ▷ **indemnité de vie chère** cost of living allowance

**indémodable** /ɛ̃demɔdabl/ **ADJ** *[vêtement, mobilier, livre]* classic, that will never go out of fashion

**indémontrable** /ɛ̃demɔ̃tʀabl/ **ADJ** indemonstrable, unprovable

**indéniable** /ɛ̃denjabl/ GRAMMAIRE ACTIVE 53.1, 53.6 **ADJ** undeniable, indisputable, unquestionable ◆ **vous avez grossi, c'est ~** there's no doubt that *ou* it's undeniable that you've put on weight

**indéniablement** /ɛ̃denjabləmɑ̃/ GRAMMAIRE ACTIVE 53.6 **ADV** undeniably, indisputably, unquestionably

**indénombrable** /ɛ̃denɔ̃bʀabl/ **ADJ** countless, innumerable

**indentation** /ɛ̃dɑ̃tasjɔ̃/ **NF** indentation

**indépassable** /ɛ̃depɑsabl/ **ADJ** *[limite]* impassable

**indépendamment** /ɛ̃depɑ̃damɑ̃/ **ADV** **a** *(= abstraction faite de)* **~ de** irrespective *ou* regardless of **b** *(= outre)* **~ de** apart from, over and above **c** *(= de façon indépendante)* independently (*de* of)

**indépendance** /ɛ̃depɑ̃dɑ̃s/ **NF** *(gén)* independence (*de, par rapport à* from); ◆ **~ d'esprit** independence of mind ◆ **guerre/proclamation d'~** war/proclamation of independence ◆ **à 15 ans, il voulait son ~** at 15, he wanted to be independent

**indépendant, e** /ɛ̃depɑ̃dɑ̃, ɑ̃t/ **ADJ** **a** *(gén, Pol)* independent (*de* of); ◆ **pour des causes** *ou* **raisons ~es de notre volonté** for reasons beyond *ou* outside our control ◆ **de façon ~e** independently

**b** *(= séparé) [bâtiment]* separate ◆ **"à louer : chambre indépendante"** "to let: self-contained room - own key"

**c** *[travail]* freelance *(épith)* ◆ **travailleur ~** *(non salarié)* freelance worker, freelancer; *(qui est son propre patron)* self-employed worker

**NM,F** **a** *(= non salarié)* freelance worker, freelancer; *(= petit patron)* self-employed worker ◆ **travailler en ~** *(= être non salarié)* to work freelance; *(= être son propre patron)* to be self-employed

**b** *(Pol)* independent

**NF** **indépendante** *(Gram)* independent clause

> ⚠ *Quand l'adjectif* **indépendant** *qualifie un travail ou un logement, il ne se traduit pas par le mot anglais* **independent**.

**indépendantisme** /ɛ̃depɑ̃dɑ̃tism/ **NM** separatism

**indépendantiste** /ɛ̃depɑ̃dɑ̃tist/ **ADJ** *[mouvement]* independence *(épith)*; *[organisation, forces]* separatist; *[parti]* separatist, independence *(épith)* ◆ **combattant ~** freedom fighter ◆ **le leader ~** the leader of the independence movement **NMF** member of an independence movement

**indéracinable** /ɛ̃deʀasinabl/ **ADJ** *[préjugé]* deep-rooted, deep-seated; *[sentiment]* ineradicable; *[optimisme]* unshakeable ◆ **il est ~** *(gén)* he's a permanent fixture; *[élu]* he can't be unseated

**indéréglable** /ɛ̃deʀeglabl/ **ADJ** foolproof, totally reliable

**Indes** /ɛ̃d/ **NPL** → **Inde**

**indescriptible** /ɛ̃dɛskʀiptibl/ **ADJ** indescribable

**indésirable** /ɛ̃deziʀabl/ **ADJ** *[personne, conséquence]* undesirable ◆ **effets ~s** *[de médicament]* side-effects **NMF** undesirable

**indestructibilité** /ɛ̃dɛstʀyktibilite/ **NF** indestructibility

**indestructible** /ɛ̃dɛstʀyktibl/ **ADJ** *[objet, bâtiment, matériau, sentiment]* indestructible; *[marque, impression]* indelible

**indétectable** /ɛ̃detɛktabl/ **ADJ** undetectable

**indéterminable** /ɛ̃detɛʀminabl/ **ADJ** indeterminable

**indétermination** /ɛ̃detɛʀminasjɔ̃/ **NF** **a** *(= imprécision)* vagueness **b** *(= irrésolution) (chronique)* indecisiveness; *(temporaire)* indecision, uncertainty **c** *(Math)* indetermination

**indéterminé, e** /ɛ̃detɛʀmine/ **ADJ** **a** *(= non précisé) [date, cause, nature]* unspecified; *[forme, longueur, quantité]* indeterminate ◆ **pour des raisons ~es** for reasons which were not specified ◆ **à une date encore ~e** at a date to be specified *ou* as yet unspecified *ou* as yet undecided **b** *(= imprécis) [impression, sentiment]* vague; *[contours, goût]* indeterminable, vague **c** *(= irrésolu)* undecided ◆ **je suis encore ~ sur ce que je vais faire** I'm still undecided *ou* uncertain about what I'm going to do **d** *(Math)* indeterminate

**indétrônable** /ɛ̃detʀonabl/ **ADJ** *(Pol)* unassailable, impossible to topple; *(Sport) [champion]* invincible

**index** /ɛ̃dɛks/ **NM** **a** *(= doigt)* forefinger, index finger **b** *(= repère) [d'instrument]* pointer; *(= aiguille) [de cadran]* needle, pointer **c** *(= liste alphabétique)* index; *(Ordin)* index **d** *(Rel)* **l'Index** the Index ◆ **mettre qn/qch à l'~** *(fig)* to blacklist sb/sth

**indexation** /ɛ̃dɛksasjɔ̃/ **NF** *(Écon)* indexing, indexation; *(Ordin)* indexing ◆ **~ sur le coût de la vie** cost-of-living indexation *ou* adjustment

**indexé, e** /ɛ̃dɛkse/ **ADJ** *[prix]* indexed (*sur* to); *[prêt]* index-linked ◆ **salaire ~ sur l'inflation** salary index-linked to inflation

**indexer** /ɛ̃dɛkse/ ► conjug 1 ◄ **VT** **a** *(Écon)* to index (*sur* to) **b** *[+ document, mot]* to index **c** *(Ordin)* to index

**Indiana** /ɛ̃djana/ **NM** Indiana

**indianité** /ɛ̃djanite/ **NF** Indian identity

**indic** * /ɛ̃dik/ **NM** (abrév de **indicateur**) *(arg Police)* grass *(arg)*, informer, (copper's) nark *(arg) (Brit)*, fink * *(US)*

**indicateur, -trice** /ɛ̃dikatœʀ, tʀis/ **ADJ** → **panneau, poteau**

**NM,F** ◆ **~ (de police)** (police) informer

**NM** **a** *(= guide)* guide; *(= horaire)* timetable

**b** *(Tech = compteur, cadran)* gauge, indicator

**c** *(Chim)* **~ (coloré)** *(= substance)* indicator

**d** *(Ling)* **~ (de sens)** (semantic) indicator

**COMP** ▷ **indicateur d'altitude** altimeter ▷ **indicateur boursier** Stock Exchange indicator ▷ **indicateur des chemins de fer** railway timetable ▷ **indicateur de conjoncture** ⇒ **indicateur économique** ▷ **indicateur de direction** *(Naut)* direction finder; *[de voitures]* (direction) indicator ▷ **indicateur économique** economic indicator ▷ **indicateur de niveau de carburant** fuel *ou* petrol *(Brit)* gauge ▷ **indicateur de niveau d'eau** water(-level) gauge ▷ **indicateur de pression** pressure gauge ▷ **indicateur des rues** street directory ▷ **indicateurs sociaux** social indicators ▷ **indicateur de tendance** *(Bourse)* economic indicator ▷ **indicateur de vitesse** *(Aut)* speedometer; *(Aviat)* airspeed indicator

**indicatif, -ive** /ɛ̃dikatif, iv/ GRAMMAIRE ACTIVE 54.1 **ADJ** **a** indicative (*de* of) **b** *(Ling)* indicative; → **titre** **NM** **a** *(Radio = mélodie)* theme *ou* signature tune **b** *(Télex)* answer-back code ◆ **~ (d'appel)** *[de poste émetteur]* call sign ◆ **~ téléphonique** code, dialling code *(Brit)* ◆ **~ départemental** area code **c** *(Ling)* **l'~** the indicative ◆ **à l'~** in the indicative

**indication** /ɛ̃dikasjɔ̃/ **NF** **a** *(= renseignement)* piece of information, information *(NonC)* ◆ **qui vous a donné cette ~ ?** who gave you that (piece of) information?, who told you that?

**b** *(= mention)* **quelle ~ porte la pancarte ?** what does the notice say?, what has the notice got on it? ◆ **sans ~ de date/de prix** with no indication of the date/of the price, without a date stamp/price label ◆ **les ~s du compteur** the reading on the meter

**c** *(= notification) [de prix, danger, mode d'emploi]* indication ◆ **l'~ du virage dangereux a permis d'éviter les accidents** signposting the dangerous bend has prevented accidents ◆ **l'~ d'une date est impérative** a date stamp must be shown, the date must be indicated ◆ **l'~ de l'heure vous sera fournie ultérieurement** you will be given the time *ou* informed *ou* notified of the time later ◆ **rendre obligatoire l'~ des prix** to make it compulsory to mark *ou* show prices

**d** *(= indice)* indication (*de* of); ◆ **c'est une ~ suffisante de sa culpabilité** that's a good enough indication of his guilt

**e** *(= directive)* instruction, direction ◆ **sauf ~ contraire** unless otherwise stated *ou* indicated ◆ **sur son ~** on his instruction

**COMP** ▷ **indication d'origine** *(Comm)* place of origin ▷ **indications scéniques** stage directions ▷ **indications (thérapeutiques)** *[de remède, traitement]* indications

**indice** /ɛ̃dis/ **NM** **a** *(= signe)* indication, sign ◆ **être l'~ de** to be an indication *ou* a sign of ◆ **il n'y avait pas le moindre ~ de leur passage** there was no sign *ou* evidence *ou* indication that they had been there

**b** *(= élément d'information)* clue; *(Jur = preuve)* piece of evidence ◆ **rechercher des ~s du crime** to look for clues about the crime

**c** *(Math)* suffix; *(= degré de racine)* index; *(Bourse, Écon, Opt, Phys)* index; *[de fonctionnaire]* rating, grading ◆ **"a" ~ 2** *(Math)* a (suffix) two ◆ **l'~ Dow Jones/Footsie** the Dow Jones/Footsie index

**COMP** ▷ **indice du coût de la vie** cost of living index ▷ **indice de croissance** growth index ▷ **indice d'écoute** audience rating ◆ **avoir un excellent ~ d'écoute** to have a high rating, to get good ratings ▷ **l'indice INSEE** ≃ the retail price index ▷ **indice d'octane** octane rating ▷ **indice de pollution (atmosphérique)** air quality index ▷ **indice de popularité** popularity rating(s) ▷ **indice des prix** price index ▷ **indice (de protection)** *[de crème solaire]* protection factor; *(Phys)* ▷ **indice de réfraction** refractive index ▷ **indice de traitement** *(Admin)* salary grading

**indiciaire** /ɛ̃disjɛʀ/ **ADJ** *[traitement]* grade-related ◆ **classement ~ d'un fonctionnaire** grading of a civil servant

**indicible** /ɛ̃disibl/ **ADJ** *[joie, peur]* inexpressible; *[souffrance]* unspeakable; *[beauté]* indescribable

**indiciblement** /ɛ̃disibləmɑ̃/ **ADV** inexpressibly, unspeakably

**indiciel, -elle** /ɛ̃disjɛl/ **ADJ** *(Écon)* indexed

**indien, -ienne** /ɛ̃djɛ̃, jɛn/ **ADJ** Indian; → **chanvre, file, océan** **NM,F** **Indien(ne)** *(d'Inde)* Indian; *(d'Amérique)* American Indian, Native American **NF** **indienne** **a** *(Hist = tissu)* printed calico **b** *(= nage)* overarm sidestroke ◆ **nager l'indienne** to swim sidestroke

**indifféremment** /ɛ̃difeʀamɑ̃/ **ADV** **a** *(= sans faire de distinction)* indiscriminately, equally ◆ **fonctionner ~ au gaz ou à l'électricité** to run on either gas or electricity, to run equally well on gas or electricity ◆ **manger de tout ~** to eat indiscriminately, to eat (just) anything ◆ **il lit ~ de la poésie et des romans policiers** he's equally happy to read poetry or detective novels **b** *(littér = avec indifférence)* indifferently

**indifférence** /ɛ̃difeʀɑ̃s/ **NF** **a** *(= désintérêt)* indifference (*à l'égard de, pour* to, towards) lack of concern (*à l'égard de* for); ◆ **avec ~** indifferently ◆ **il les a regardés se battre en feignant l'~** he watched them fight with an air of indifference ◆ **il a été renvoyé dans l'~ générale** nobody showed the slightest interest when he was dismissed ◆ **être d'une ~ totale** to be totally indifferent **b** *(= froideur)* indifference (*envers* to, towards)

**indifférenciable** /ɛ̃difeʀɑ̃sjabl/ **ADJ** indistinguishable

**indifférenciation** /ɛ̃difeʀɑ̃sjasjɔ̃/ **NF** lack of differentiation

**indifférencié, e** /ɛ̃difeʀɑ̃sje/ **ADJ** *(Bio, Sci)* undifferentiated

**indifférent, e** /ɛ̃difeʀɑ̃, ɑ̃t/ GRAMMAIRE ACTIVE 34.5

**ADJ** **a** *(= peu intéressé) [spectateur]* indifferent (*à* to, towards) unconcerned (*à* about); ◆ **ça le laisse ~** it doesn't touch him in the least, he is quite unconcerned about it ◆ **leur souffrance ne peut laisser personne ~** it's impossible to remain indifferent to *ou* to be unmoved by their suffering ◆ **son charme ne peut laisser personne ~** no-one is immune *ou* impervious to his charm

**b** *(= sans importance)* indifferent ◆ **elle m'est/ne m'est pas ~e** I am/am not indifferent to her ◆ **son sort m'est ~** his fate is of no interest to me *ou* is a matter of indifference to me ◆ **il m'est ~ de partir ou de rester** it is indifferent *ou* immaterial to me *ou* it doesn't matter to me whether I go or stay ◆ **parler de choses ~es** to talk of this and that ◆ **"quartier indifférent"** *(dans une annonce)* "any area *ou* neighborhood *(US)*" ◆ **"âge indifférent"** "any age"

**c** *(Sci)* indifferent

**NM,F** indifferent person

**indifférer** /ɛ̃difeʀe/ ► conjug 6 ◄ **VT** ◆ **ceci m'indiffère totalement** I'm quite indifferent to that, I couldn't care less about that

**indigence** /ɛ̃diʒɑ̃s/ **NF** **a** *(= misère)* poverty, destitution, indigence *(frm)* ◆ **tomber/être dans l'~** to become/be destitute ◆ **l'~ de moyens dont souffre le pays** the country's dire lack of resources **b** *(= médiocrité) [de scénario]* mediocrity ◆ **~ intellectuelle** intellectual poverty ◆ **l'~ du débat intellectuel dans ce pays** the low level of intellectual debate in this country ◆ ~ **d'idées** dearth *ou* paucity of ideas

**indigène** /ɛ̃diʒɛn/ NMF *(= autochtone)* native; *(hum, Helv = personne du pays)* local ADJ a *(= autochtone) [coutume]* native; *[population]* native, indigenous; *(Bot, Zool = non importé)* indigenous, native b *(= local) [main-d'œuvre, population]* local

**indigent, e** /ɛ̃diʒɑ̃, ɑ̃t/ ADJ a *(matériellement) [personne]* destitute, poverty-stricken, indigent *(frm)* b *(intellectuellement) [film, roman]* poor; *[imagination, spectacle, architecture]* mediocre c *[végétation]* poor, sparse NM,F pauper ◆ **les ~s** the destitute, the poor, the indigent *(frm)*

**indigeste** /ɛ̃diʒɛst/ ADJ *(lit, fig)* indigestible, difficult to digest *(attrib)*

**indigestion** /ɛ̃diʒɛstjɔ̃/ NF a *(Méd)* attack of indigestion, indigestion *(NonC)* ◆ **il a eu une ~ de pâtisseries** he gave himself *ou* he got indigestion from eating too many cakes b *(fig)* **j'ai une ~ de films policiers** I've been OD'ing* on detective films *ou* I've been watching too many detective films ◆ **j'en ai une ~, de toutes ces histoires*** I'm sick (and tired) of all these complications*, I'm fed up with all these complications* ◆ **il nous répétait les mêmes conseils, jusqu'à l'~** he repeated the same advice to us ad nauseam

**indignation** /ɛ̃diɲasjɔ̃/ NF indignation ◆ **avec ~** indignantly ◆ **à ma grande ~** to my great indignation ◆ **devant l'~ générale, il changea d'avis** faced with a mood of general indignation, he changed his mind

**indigne** /ɛ̃diɲ/ ADJ a *(= pas digne de)* ~ **de** *[+ amitié, confiance, personne]* unworthy of, not worthy of ◆ **il est ~ de vivre** he doesn't deserve to live, he's not fit to live ◆ **ce livre est ~ de figurer dans ma bibliothèque** this book is not worthy of a place in my library ◆ **c'est ~ de vous** *[travail, emploi]* it's beneath you; *[conduite, attitude]* it's unworthy of you ◆ **empêcher les débats d'idées est ~ d'un démocrate** a democrat worthy of the name doesn't try to stifle intellectual debate b *(= abject) [acte]* shameful, disgraceful; *[mère, époux]* unworthy; *[fils]* ungrateful ◆ **il a eu une attitude ~** he behaved disgracefully ◆ **c'est un père ~** he's not fit to be a father

**indigné, e** /ɛ̃diɲe/ (ptp de **indigner**) ADJ indignant *(par* at)

**indignement** /ɛ̃diɲmɑ̃/ ADV shamefully

**indigner** /ɛ̃diɲe/ ► conjug 1 ◄ VT ◆ ~ **qn** to make sb indignant VPR **s'indigner** *(= se fâcher)* to become *ou* get indignant *ou* annoyed *(de* about, at; *contre* with, about, at); ◆ **s'~ que/de, être indigné que/de** *(= être écœuré)* to be indignant that/about *ou* at ◆ **je l'écoutais s'~ contre les spéculateurs** I listened to him waxing indignant *ou* going on* *ou* sounding off* indignantly about speculators ◆ **je m'indigne de penser/voir que ...** it makes me indignant *ou* it fills me with indignation *ou* it infuriates me to think/see that ...

**indignité** /ɛ̃diɲite/ NF a *(= caractère) [de personne]* unworthiness; *[de conduite]* baseness, shamefulness b *(= acte)* shameful act ◆ **c'est une ~ !** it's a disgrace!, it's shameful!

**indigo** /ɛ̃digo/ NM *(= matière, couleur)* indigo ADJ INV indigo (blue)

**indigotier** /ɛ̃digɔtje/ NM *(Bot)* indigo (plant)

**indiqué, e** /ɛ̃dike/ (ptp de **indiquer**) ADJ a *(= conseillé)* advisable ◆ **ce n'est pas très ~** it's not really advisable, it's really not the best thing to do

b *(= adéquat)* **prenons ça, c'est tout ~** let's take that - it's just the thing *ou* it's just what we need ◆ **pour ce travail M. Legrand est tout ~** Mr Legrand is the obvious choice *ou* is just the man we need for that job ◆ **c'est le moyen ~** it's the best *ou* right way to do it ◆ **c'était un sujet tout ~** it was obviously an appropriate *ou* a suitable subject

c *(= prescrit) [médicament, traitement]* appropriate ◆ **le traitement ~ dans ce cas est ...** the appropriate *ou* correct *ou* prescribed treatment in this case is ... ◆ **ce remède est particulièrement ~ dans les cas graves** this drug is particularly appropriate *ou* suitable for serious cases

**indiquer** /ɛ̃dike/ ► conjug 1 ◄ VT a *(= désigner)* to point out, to indicate ◆ ~ **qch/qn du doigt** to point sth/sb out *(à qn* to sb) to point to sth/sb ◆ ~ **qch de la main/de la tête** to indicate sth with one's hand/with a nod ◆ **il m'indiqua du regard le coupable** his glance *ou* look directed me towards the culprit ◆ ~ **le chemin à qn** to give directions to sb, to show sb the way ◆ ~ **la réception/les toilettes à qn** to direct sb to *ou* show sb the way to the reception desk/the toilets

b *(= montrer) [flèche, voyant, écriteau]* to show, to indicate ◆ ~ **l'heure** *[montre]* to give *ou* show *ou* tell the time ◆ **la petite aiguille indique les heures** the small hand shows *ou* marks the hours ◆ **l'horloge indiquait 2 heures** the clock said *ou* showed it was 2 o'clock ◆ **qu'indique la pancarte ?** what does the sign say?

c *(= recommander) [+ livre, hôtel, médecin]* to recommend

d *(= dire) [personne] [+ heure, solution]* to tell; *[+ dangers, désavantages]* to point out, to show ◆ **il m'indiqua le mode d'emploi/comment le réparer** he told me how to use it/how to fix it

e *(= fixer) [+ heure, date, rendez-vous]* to give, to name ◆ **à l'heure indiquée, je ...** at the time indicated *ou* stated, I ..., at the agreed *ou* appointed time, I ... ◆ **à la date indiquée** on the given *ou* agreed day ◆ **au lieu indiqué** at the given *ou* agreed place

f *(= faire figurer) [étiquette, plan, cartographe]* to show; *[table, index]* to give, to show ◆ **est-ce indiqué sur la facture/dans l'annuaire ?** is it given *ou* mentioned on the invoice/in the directory? ◆ **il a sommairement indiqué les fenêtres sur le plan** he quickly marked *ou* drew in the windows on the plan ◆ **quelques traits pour ~ les spectateurs/ombres** a few strokes to give an impression of spectators/shadows ◆ **quelques croquis pour ~ le jeu de scène** a few sketches to give a rough idea of the action

g *(= dénoter)* to indicate, to point to ◆ **tout indique que les prix vont augmenter** everything indicates that prices are going to rise, everything points to a forthcoming rise in prices ◆ **cela indique une certaine négligence/hésitation de sa part** that shows *ou* points to a certain carelessness/hesitation on his part

**indirect, e** /ɛ̃diʀɛkt/ ADJ *(gén)* indirect; *(Jur) [ligne, héritier]* collateral ◆ **d'une manière ~e** in a roundabout *ou* an indirect way ◆ **apprendre qch de manière ~e** to hear of sth in a roundabout way; → **discours, éclairage, impôt**

**indirectement** /ɛ̃diʀɛktəmɑ̃/ ADV *(gén)* indirectly; *(= de façon détournée) [faire savoir, apprendre]* in a roundabout way

**indiscernable** /ɛ̃disɛʀnabl/ ADJ indiscernible, imperceptible

**indiscipline** /ɛ̃disiplin/ NF *(= insubordination)* indiscipline, lack of discipline ◆ **faire preuve d'~** to behave in an undisciplined *ou* unruly manner

**indiscipliné, e** /ɛ̃disipline/ ADJ *[troupes, écolier]* undisciplined; *[cheveux]* unmanageable, unruly

**indiscret, -ète** /ɛ̃diskʀɛ, ɛt/ ADJ a *(= trop curieux) [personne]* inquisitive; *[question]* indiscreet; *[regard, yeux]* inquisitive, prying ◆ **à l'abri des regards ~s/des oreilles indiscrètes** away from prying *ou* inquisitive eyes/ from eavesdroppers ◆ **serait-ce ~ de vous demander ... ?** would it be indiscreet to ask you ...? ◆ **mettre des documents à l'abri des ~s** to put documents out of the reach of inquisitive people b *(= bavard) [personne]* indiscreet ◆ **ne confiez rien aux ~s** don't confide in people who can't keep secrets

**indiscrètement** /ɛ̃diskʀɛtmɑ̃/ ADV *[demander]* inquisitively; *[regarder]* indiscreetly

**indiscrétion** /ɛ̃diskʀesjɔ̃/ NF a *(= curiosité) [de question]* indiscreetness, indiscretion; *[de personne, regard]* inquisitiveness ◆ **excusez mon ~, mais quel âge avez-vous ?** I hope you don't mind me *ou* my asking, but how old are you? ◆ **elle pousse l'~ jusqu'à lire mon courrier** she's so inquisitive she even reads my mail ◆ **sans ~, peut-on savoir si ... ?** without wanting to be *ou* without being indiscreet, may we ask whether ...? ◆ **sans ~, combien l'avez-vous payé ?** would you mind if I asked how much you paid for it?

b *(= tendance à trop parler)* indiscretion ◆ **il est d'une telle ~ !** he's so indiscreet!

c *(= parole)* indiscreet word *ou* remark, indiscretion; *(= action)* indiscreet act, indiscretion ◆ **commettre une ~** to commit an indiscretion ◆ **les ~s de la presse à scandale** tabloid revelations

**indiscutable** /ɛ̃diskytabl/ ADJ indisputable, unquestionable

**indiscutablement** /ɛ̃diskytabləmɑ̃/ GRAMMAIRE ACTIVE 53.6 ADV indisputably, unquestionably

**indiscuté, e** /ɛ̃diskyte/ ADJ undisputed

**indispensable** /ɛ̃dispɑ̃sabl/ GRAMMAIRE ACTIVE 37.1

ADJ essential ◆ **cette lecture est ~** it's essential reading ◆ **ces outils/précautions sont ~s** these tools/precautions are essential ◆ **ce collaborateur m'est ~** I'd be lost without this colleague ◆ **tu veux que je vienne ? – ce n'est pas ~** do you want me to come? – it's not necessary *ou* there's no need ◆ **il est ~ que/de faire** it is essential *ou* absolutely necessary *ou* vital that/to do ◆ **je crois qu'il est ~ qu'ils y aillent** I think it's vital *ou* essential that they (should) go ◆ **emporter les vêtements ~s (pour le voyage)** to take the clothes which are essential *ou* indispensable (for the journey) ◆ **prendre les précautions ~s** to take the necessary precautions ◆ **crédits/travaux ~s à la construction d'un bâtiment** funds/work essential *ou* vital for the construction of a building ◆ **l'eau est un élément ~ à la vie** water is essential to life ◆ **savoir se rendre ~** to make o.s. indispensable

NM ◆ **nous n'avions que l'~** we only had what was absolutely essential *ou* necessary *ou* indispensable ◆ **faire l'~ d'abord** to do what is essential *ou* absolutely necessary first ◆ **l'~ est de ...** it's absolutely necessary *ou* essential to ...

> ⚠ **indispensable** *se traduit rarement par le mot anglais* **indispensable**, *qui est d'un registre plus soutenu.*

**indisponibilité** /ɛ̃dispɔnibilite/ NF unavailability

**indisponible** /ɛ̃dispɔnibl/ ADJ *(gén)* not available *(attrib)*, unavailable; *(Jur)* unavailable

**indisposé, e** /ɛ̃dispoze/ (ptp de **indisposer**) ADJ *(= fatigué, malade)* indisposed, unwell; *(euph)* *[femme]* indisposed

**indisposer** /ɛ̃dispoze/ ► conjug 1 ◄ VT *(= mécontenter)* *[personne, remarque]* to antagonize ◆ **il a des allures qui m'indisposent** his way of behaving irritates me *ou* puts me off him * *(Brit)* ◆ **il indispose tout le monde (contre lui)** he antagonizes everybody ◆ **tout l'indispose !** he's never happy with anything! ◆ **cette scène trop violente risque d'~ les spectateurs** audiences are likely to find this very violent scene disturbing

**indisposition** /ɛ̃dispozisjɔ̃/ NF *(= malaise)* (slight) indisposition, upset; *(euph = règles)* period

**indissociable** /ɛ̃disɔsjabl/ ADJ *[éléments, problèmes]* indissociable (*de* from); ◆ **être un élément ~ de qch** to be an integral part of sth

**indissociablement** /ɛ̃disɔsjabləmɑ̃/ ADV inextricably

**indissolubilité** /ɛ̃disɔlybilite/ NF indissolubility

**indissoluble** /ɛ̃disɔlybl/ ADJ indissoluble

**indissolublement** /ɛ̃disɔlybləmɑ̃/ ADV indissolubly ◆ **~ liés** indissolubly *ou* inextricably linked

**indistinct, e** /ɛ̃distɛ̃(kt), ɛ̃kt/ ADJ *[forme, idée, souvenir]* indistinct, vague; *[rumeur, murmure]* indistinct, confused; *[lumière]* faint; *[couleurs]* vague ◆ **des voix ~es** a confused murmur of voices

**indistinctement** /ɛ̃distɛ̃ktəmɑ̃/ ADV **a** *(= confusément)* indistinctly, vaguely ◆ **des bruits provenaient ~ du jardin** I could hear confused noises coming from the garden **b** *(= ensemble)* indiscriminately ◆ **tuant ~ femmes et enfants** killing women and children indiscriminately *ou* without distinction **c** *(= indifféremment)* **cette cuisinière marche ~ au gaz ou à l'électricité** this cooker runs either on gas or on electricity *ou* runs equally well on gas or on electricity ◆ **il se méfie ~ de la gauche et de la droite** he has an equal mistrust of the left wing and the right wing

**indium** /ɛ̃djɔm/ NM indium

**individu** /ɛ̃dividy/ NM **a** *(= unité)* *(gén, Bio)* individual ◆ **le conflit entre l'~ et la société** the conflict between the individual and society **b** *(hum = corps)* **dans la partie la plus charnue de son ~** in the fleshiest part of his anatomy **c** *(péj = homme)* fellow, individual, character ◆ **un ~ l'aborda** someone came up to him ◆ **il aperçut un drôle d'~/un ~ louche** he noticed an odd-looking/a shady-looking character *ou* individual

**individualisation** /ɛ̃dividɥalizasjɔ̃/ NF individualization, personalization ◆ **~ des salaires** wage negotiation on an individual basis ◆ **~ de l'enseignement** tailoring education to suit individual *ou* particular needs ◆ **l'~ d'une peine** *(Jur)* *sentencing according to the characteristics of the offender*

**individualisé, e** /ɛ̃dividɥalize/ (ptp de **individualiser**) ADJ *[caractères, groupe]* distinctive; *[objet personnel, voiture]* personalized, customized; *[formation, programme]* individualized, personalized ◆ **groupe fortement ~** highly distinctive group, group with a distinctive identity ◆ **des solutions ~es selon les besoins** solutions which are tailored to suit individual *ou* particular requirements

**individualiser** /ɛ̃dividɥalize/ ► conjug 1 ◄ VT **a** *(= personnaliser)* *[+ objet personnel, voiture]* to personalize, to customize; *[+ solutions, horaire, enseignement]* to tailor to suit individual *ou* particular needs; *(Jur)* *[+ peine]* to match with the characteristics of the offender **b** *(= caractériser)* to individualize
VPR **s'individualiser** *[personne]* to acquire an identity of one's own, to become more individual; *[groupe, région]* to acquire an identity of its own

**individualisme** /ɛ̃dividɥalism/ NM individualism

**individualiste** /ɛ̃dividɥalist/ ADJ individualistic NMF individualist

**individualité** /ɛ̃dividɥalite/ NF *(= caractère individuel)* individuality; *(= personne)* individual; *(= personnalité)* personality

**individuation** /ɛ̃dividɥasjɔ̃/ NF individuation

**individuel, -elle** /ɛ̃dividɥɛl/ ADJ **a** *(= propre à l'individu)* *(gén)* individual; *[responsabilité, défaut, contrôle, livret]* personal, individual; *[ordinateur]* personal; *[caractères]* distinctive, individual; *[maison]* detached ◆ **propriété individuelle** personal *ou* private property ◆ **liberté individuelle** personal freedom, freedom of the individual ◆ **chambre individuelle** *(dans un hôtel)* single room ◆ **voyager en ~** to travel alone ◆ **parler à titre ~** to speak in a personal capacity **b** *(= isolé)* *[fait]* individual, isolated; *[sachet]* individual ◆ **les cas ~s seront examinés** individual cases *ou* each individual case will be examined **c** *(Sport)* individual ◆ **épreuve individuelle** individual event

**individuellement** /ɛ̃dividɥɛlmɑ̃/ ADV individually

**indivis, e** /ɛ̃divi, iz/ ADJ *(Jur)* *[propriété, succession]* undivided, joint *(épith)*; *[propriétaires]* joint *(épith)* ◆ **par ~** *[posséder]* jointly

**indivisaire** /ɛ̃divizɛʀ/ NMF *(Jur)* tenant in common

**indivisément** /ɛ̃divizemɑ̃/ ADV *(Jur)* jointly

**indivisibilité** /ɛ̃divizibilite/ NF indivisibility

**indivisible** /ɛ̃divizibl/ ADJ indivisible

**indivisiblement** /ɛ̃divizibləmɑ̃/ ADV indivisibly

**indivision** /ɛ̃divizjɔ̃/ NF *(Jur)* joint possession *ou* ownership ◆ **propriété en ~** jointly-held property ◆ **posséder qch en ~** to own sth jointly

**Indochine** /ɛ̃dɔʃin/ NF Indo-China

**indochinois, e** /ɛ̃dɔʃinwa, waz/ ADJ Indo-Chinese NM,F **Indochinois(e)** Indo-Chinese

**indocile** /ɛ̃dɔsil/ ADJ *[enfant]* unruly; *[mémoire]* intractable

**indocilité** /ɛ̃dɔsilite/ NF *[d'enfant]* unruliness; *[de mémoire]* intractability

**indo-européen, -enne** /ɛ̃doøʀɔpeɛ̃, ɛn/ ADJ Indo-European NM *(Ling)* Indo-European NM,F **Indo-Européen(ne)** Indo-European

**indolemment** /ɛ̃dɔlamɑ̃/ ADV indolently

**indolence** /ɛ̃dɔlɑ̃s/ NF *[d'élève]* idleness, indolence; *[de pouvoirs publics]* apathy, lethargy; *[de geste, regard]* indolence, languidness

**indolent, e** /ɛ̃dɔlɑ̃, ɑ̃t/ ADJ *[élève]* idle, indolent; *[pouvoirs publics]* apathetic, lethargic; *[air, geste, regard]* indolent, languid

**indolore** /ɛ̃dɔlɔʀ/ ADJ painless

**indomptable** /ɛ̃dɔ̃(p)tabl/ ADJ *[animal, adversaire, peuple]* *(hum)* *[personne]* untameable; *[cheval]* untameable, which cannot be broken *ou* mastered; *[enfant]* unmanageable, uncontrollable; *[caractère, courage, volonté]* indomitable, invincible; *[passion, haine]* ungovernable, invincible, uncontrollable

**indompté, e** /ɛ̃dɔ̃(p)te/ ADJ *[enfant, animal, peuple]* untamed, wild; *[cheval]* unbroken, untamed; *[courage]* undaunted; *[énergie]* unharnessed, untamed; *[passion]* ungoverned, unsuppressed

**Indonésie** /ɛ̃dɔnezi/ NF Indonesia

**indonésien, -ienne** /ɛ̃dɔnezjɛ̃, jɛn/ ADJ Indonesian NM *(Ling)* Indonesian NM,F **Indonésien(ne)** Indonesian

**indou, e** /ɛ̃du/ ADJ, NM,F ⇒ **hindou**

**in-douze** /induz/ ADJ INV, NM INV duodecimo, twelvemo

**indu, e** /ɛ̃dy/ ADJ **a** *(= qui n'est pas dû)* *[somme, charges]* not owed, unowed; *[avantage]* unwarranted, unjustified **b** *(hum, littér = déraisonnable)* undue ◆ **sans optimisme ~** without undue optimism ◆ **à une heure ~e** at an *ou* some ungodly hour NM *(Fin)* unowed sum

**indubitable** /ɛ̃dybitabl/ ADJ *[preuve]* irrefutable ◆ **c'est ~** there is no doubt about it, it's beyond doubt, it's indubitable ◆ **il est ~ qu'il a tort** he's definitely wrong

**indubitablement** /ɛ̃dybitabləmɑ̃/ ADV *(= assurément)* undoubtedly, indubitably ◆ **vous vous êtes ~ trompé** you have definitely made a mistake

**inductance** /ɛ̃dyktɑ̃s/ NF inductance

**inducteur, -trice** /ɛ̃dyktœʀ, tʀis/ ADJ *(gén, Phys)* inductive NM *(Chim, Phys)* inductor

**inductif, -ive** /ɛ̃dyktif, iv/ ADJ *(gén Phys)* inductive

**induction** /ɛ̃dyksjɔ̃/ NF *(gén, Bio, Élec, Phys)* induction ◆ **raisonnement par ~** reasoning by induction ◆ **~ magnétique** magnetic induction

**induire** /ɛ̃dɥiʀ/ ► conjug 38 ◄ VT **a** ◆ **~ qn en erreur** to mislead sb, to lead sb astray **b** *(† = inciter)* **~ qn à** *[+ péché, gourmandise]* to lead sb into ◆ **~ qn à faire** to induce sb to do **c** *(= inférer)* to infer, to induce (*de* from); ◆ **j'en induis que** I infer from this that **d** *(= occasionner)* to lead to, to result in **e** *(Élec)* to induce

**induit, e** /ɛ̃dɥi, it/ ADJ *(= résultant)* *[avantage, risque]* resulting; *[ventes]* related; *[effet induit]* side-effect ◆ **emplois ~s** *(Écon)* spinoff jobs NM *(Élec)* armature

**indulgence** /ɛ̃dylʒɑ̃s/ NF **a** *(= bienveillance)* *[de parent, critique, commentaire]* indulgence; *[de juge, examinateur]* leniency ◆ **une erreur qui a rencontré l'~ du jury** a mistake for which the jury made allowances *ou* which the jury was prepared to overlook *ou* be lenient about ◆ **il a demandé l'~ des jurés** he asked the jury to make allowances for *ou* to show leniency towards his client ◆ **faire preuve d'~ envers** *ou* **à l'égard de** *[parent]* to be indulgent with; *[juge, examinateur]* to be lenient with; *[critique]* to be kind to ◆ **avec ~** leniently ◆ **d'une ~ excessive** overindulgent ◆ **sans ~** *[juge, jugement]* stern; *[portrait, critique]* brutally frank; *[punir]* without leniency; *[critiquer]* with brutal frankness ◆ **regard plein d'~** indulgent look **b** *(Rel)* indulgence

**indulgent, e** /ɛ̃dylʒɑ̃, ɑ̃t/ ADJ indulgent; *[juge, examinateur]* lenient ◆ **se montrer ~** *[juge]* to show leniency; *[examinateur]* to be lenient ◆ **la critique s'est montrée ~e** the critics were kind ◆ **15, c'est une note trop ~e** 15 is (far) too generous a mark ◆ **sous le regard ~ de la police** under the benevolent eye of the police

**indûment** /ɛ̃dymɑ̃/ ADV *[protester]* unduly; *[détenir]* without due cause *ou* reason, wrongfully ◆ **s'ingérer ~ dans les affaires de qn** to interfere unnecessarily in sb's business

**induration** /ɛ̃dyʀasjɔ̃/ NF induration *(SPÉC)*, hardening

**induré, e** /ɛ̃dyʀe/ (ptp de **indurer**) ADJ indurate *(SPÉC)*, hardened

**indurer** /ɛ̃dyʀe/ ► conjug 1 ◄ VT to indurate *(SPÉC)*, to harden VPR **s'indurer** to indurate *(SPÉC)*, to become indurate *(SPÉC)*, to harden

**Indus** /ɛ̃dys/ NM ◆ **l'~** the Indus

**industrialisation** /ɛ̃dystʀijalizasjɔ̃/ NF industrialization

**industrialisé, e** /ɛ̃dystʀijalize/ (ptp de **industrialiser**) ADJ *[pays, monde]* industrialized ◆ **région fortement ~e** heavily industrialized area ◆ **région faiblement ~e** area without much industry *ou* with a low level of industry

**industrialiser** /ɛ̃dystʀijalize/ ► conjug 1 ◄ VT to industrialize VPR **s'industrialiser** to become industrialized

**industrialisme** /ɛ̃dystʀijalism/ NM industrialism

**industrialiste** /ɛ̃dystʀijalist/ ADJ *[politique]* which favours *ou* encourages industrialization

**industrie** /ɛ̃dystʀi/ NF a *(= activité, secteur, branche)* industry ◆ **~ légère/lourde** light/heavy industry ◆ **la grande ~** big industry ◆ **~ naissante** infant industry ◆ **doter un pays d'une ~** to provide a country with an industrial structure; → **ministère, pointe**
b *(= entreprise)* industry, industrial concern ◆ **petites et moyennes ~s** small businesses; → **capitaine**
c *(littér,* †*) (= ingéniosité)* ingenuity; *(= ruse)* cunning
d *(= activité)* **il exerçait sa coupable ~** *(littér, hum)* he plied his evil trade; → **chevalier**
COMP ▷ **industrie aéronautique** aviation industry ▷ **industrie alimentaire** food (processing) industry ▷ **industrie automobile** car *ou* automobile *(US)* industry ▷ **industrie chimique** chemical industry ▷ **l'industrie cinématographique** *ou* **du cinéma** the film industry ▷ **l'industrie hôtelière** the hotel industry ▷ **industries de la langue** language industries ▷ **industries du livre** book-related industries ▷ **industrie de** *ou* **du luxe** luxury goods industry ▷ **industrie manufacturière** manufacturing industry ▷ **l'industrie du multimédia** the multimedia industry ▷ **industrie pharmaceutique** pharmaceutical *ou* drug industry ▷ **industrie de précision** precision tool industry ▷ **l'industrie du spectacle** the entertainment business, show business ▷ **industrie de transformation** processing industry

**industriel, -elle** /ɛ̃dystʀijɛl/ ADJ industrial ◆ **aliments ~s** factory feedstuffs ◆ **pain ~** factory-baked bread ◆ **équipement à usage ~** heavy-duty equipment ◆ **élevage ~** *(= système)* factory farming; *(= ferme)* factory farm; → **quantité, zone** NM *(= fabricant)* industrialist, manufacturer ◆ **les ~s du textile/de l'automobile** textile/car *ou* automobile *(US)* manufacturers

**industriellement** /ɛ̃dystʀijɛlmɑ̃/ ADV industrially ◆ **poulets élevés ~** factory-farmed chickens

**industrieux, -ieuse** /ɛ̃dystʀijø, ijøz/ ADJ *(littér = besogneux)* industrious

**inébranlable** /inebʀɑ̃labl/ ADJ a *[adversaire, interlocuteur]* steadfast, unwavering; *[personne, foi, résolution]* unshakeable, steadfast, unwavering; *[certitude]* unshakeable, unwavering; *[principes, conviction]* steadfast ◆ **il était ~ dans sa conviction que ...** he was steadfast *ou* unshakeable *ou* unwavering in his belief that ... b *[objet pesant]* solid; *[objet encastré]* immovable, solidly *ou* firmly fixed

**inébranlablement** /inebʀɑ̃labləmɑ̃/ ADV unshakeably

**inécoutable** /inekutabl/ ADJ *[musique]* unbearable

**inécouté, e** /inekute/ ADJ unheeded

**inédit, e** /inedi, it/ ADJ a *(= non publié) [texte, auteur]* (previously *ou* hitherto) unpublished ◆ **ce film est ~ en France** this film has never been released *ou* distributed in France b *(= nouveau) [méthode, trouvaille]* novel, new, original; *[spectacle]* new NM *(= texte)* (previously *ou* hitherto) unpublished material *(NonC) ou* work ◆ **c'est de l'~ !** *(hum)* that's never happened before!

**inéducable** /inedykabl/ ADJ ineducable

**ineffable** /inefabl/ ADJ ineffable

**ineffaçable** /inefasabl/ ADJ indelible, ineffaceable

**inefficace** /inefikas/ ADJ *[remède, mesure, traitement]* ineffective; *[employé, machine]* inefficient

**inefficacement** /inefikasmɑ̃/ ADV *(= sans succès)* ineffectively; *(= de manière incompétente)* inefficiently

**inefficacité** /inefikasite/ NF *[de remède, mesure]* ineffectiveness; *[de machine, employé]* inefficiency ◆ **d'une totale ~** *[remède, mesure]* totally ineffective; *[employé, machine]* totally inefficient

**inégal, e** (mpl **-aux**) /inegal, o/ ADJ a *(= différent)* unequal ◆ **d'~e grosseur** of unequal size ◆ **de force ~e** of unequal strength ◆ **les hommes sont inégaux** all men are not equal b *(= irrégulier) [sol, pas, mouvement]* uneven; *[pouls]* irregular, uneven; *[artiste, sportif]* erratic; *[œuvre, jeu]* uneven; *[étalement, répartition]* uneven; *[humeur, caractère]* uneven, changeable; *[conduite]* changeable ◆ **d'intérêt ~** of varying *ou* mixed interest ◆ **de qualité ~e** of varying quality c *(= disproportionné) [lutte, partage]* unequal

**inégalable** /inegalabl/ ADJ incomparable, matchless

**inégalé, e** /inegale/ ADJ *[record]* unequalled, unbeaten; *[charme, beauté]* unrivalled

**inégalement** /inegalmɑ̃/ ADV *(= différemment, injustement)* unequally; *(= irrégulièrement)* unevenly ◆ **livre ~ apprécié** book which met (*ou* meets) with varying approval

**inégalitaire** /inegalitɛʀ/ ADJ *[société, système]* unequal, inegalitarian *(frm)*; *[traitement, loi]* unequal

**inégalité** /inegalite/ NF a *(= différence) [de hauteurs, volumes]* difference (*de* between); *[de sommes, parts]* difference, disparity (*de* between); ◆ **~ des chances** inequality of opportunity ◆ **l'~ de l'offre et de la demande** the difference *ou* disparity between supply and demand ◆ **l'~ de traitement entre hommes et femmes** the unequal treatment of men and women ◆ **les ~s sociales** social inequalities ◆ **~s de revenus** disparities in income b *(Math)* inequality c *(= injustice)* inequality d *(= irrégularité) [de sol, pas, rythme, répartition]* unevenness; *[d'humeur, caractère]* unevenness, changeability ◆ **~s de terrain** unevenness of the ground, bumps in the ground ◆ **~s d'humeur** moodiness

**inélégamment** /inelegamɑ̃/ ADV inelegantly

**inélégance** /inelegɑ̃s/ NF a *[de geste, toilette, silhouette]* inelegance; *[d'allure]* inelegance, ungainliness b *[de procédé]* discourtesy

**inélégant, e** /inelegɑ̃, ɑ̃t/ ADJ a *(= disgracieux) [geste, toilette, silhouette]* inelegant; *[allure]* inelegant, ungainly b *(= indélicat) [procédé]* discourteous ◆ **c'était très ~ de sa part** it was very discourteous of him

**inéligibilité** /inelizibilite/ NF *(Pol)* ineligibility

**inéligible** /inelizibl/ ADJ *(Pol)* ineligible

**inéluctabilité** /inelyktabilite/ NF inescapability, ineluctability *(frm)*

**inéluctable** /inelyktabl/ GRAMMAIRE ACTIVE 53.4 ADJ, NM unavoidable ◆ **la catastrophe semblait ~** disaster seemed unavoidable ◆ **cette évolution est ~** this development is unavoidable ◆ **le caractère ~ du verdict** the inevitability of the verdict

**inéluctablement** /inelyktabləmɑ̃/ ADV inevitably, ineluctably *(frm)* ◆ **une crise financière, qui conduira ~ à des élections anticipées** a financial crisis which will inevitably lead to early elections

**inemployable** /inɑ̃plwajabl/ ADJ *[procédé]* unusable; *[personnel]* unemployable

**inemployé, e** /inɑ̃plwaje/ ADJ *(= inutilisé) [outil, argent]* unused; *[talent, capacités]* untapped; *(= gâché) [dévouement, énergie]* unchannelled, unused

**inénarrable** /inenaʀabl/ ADJ a *(= désopilant)* hilarious ◆ **son ~ mari** her incredible husband* b *(= incroyable) [péripéties, aventure]* incredible

**inentamé, e** /inɑ̃tame/ ADJ *[réserve d'essence, d'argent]* intact *(attrib)*; *[victuailles]* intact *(attrib)*, untouched; *[bouteille]* unopened; *[énergie, moral]* (as yet) intact *(attrib)*

**inenvisageable** /inɑ̃vizaʒabl/ ADJ unthinkable

**inéprouvé, e** /inepʀuve/ ADJ *[méthode, vertu, procédé]* untested, untried, not yet put to the test *(attrib)*; *[émotion]* not yet experienced *(attrib)*

**inepte** /inɛpt/ ADJ *[personne]* inept, useless*, hopeless*; *[histoire, raisonnement]* inept

**ineptie** /inɛpsi/ NF a *(= caractère)* ineptitude b *(= acte, propos)* ineptitude; *(= idée, œuvre)* nonsense *(NonC)*, rubbish *(Brit) (NonC)* ◆ **dire des ~s** to talk nonsense ◆ **ce qu'il a fait est une ~** what he did was utterly stupid

**inépuisable** /inepɥizabl/ ADJ inexhaustible ◆ **il est ~ sur ce sujet** he could talk for ever on that subject ◆ **source ~ de conflits** unending *ou* abiding source of conflict

**inéquation** /inekwasjɔ̃/ NF inequation

**inéquitable** /inekitabl/ ADJ inequitable

**inerte** /inɛʀt/ ADJ *(= immobile) [corps, membre]* lifeless, inert; *[visage]* expressionless; *(= sans réaction) [personne]* passive, inert; *[esprit, élève]* apathetic; *(Sci)* inert ◆ **ne reste pas ~ sur ta chaise** don't just sit there

**inertie** /inɛʀsi/ NF *[de personne]* inertia, passivity, apathy; *[de service administratif]* apathy, inertia; *[d'élève]* apathy; *(Phys)* inertia ◆ **navigation par ~** *(Aviat)* inertial guidance *ou* navigation; → **force**

**inescompté, e** /inɛskɔ̃te/ ADJ unexpected, unhoped-for

**inespéré, e** /inɛspeʀe/ ADJ unexpected, unhoped-for

**inesthétique** /inɛstetik/ ADJ *[pylône, usine, cicatrice]* unsightly; *[démarche, posture]* ungainly

**inestimable** /inɛstimabl/ ADJ *[aide]* inestimable, invaluable; *[valeur]* priceless, incalculable, inestimable; *[dommages]* incalculable

**inévitable** /inevitabl/ ADJ *[obstacle, accident]* unavoidable; *(= fatal) [résultat]* inevitable, inescapable; *(hum) [chapeau, cigare]* inevitable ◆ **c'était ~ !** it was inevitable!, it was bound to happen!, it had to happen! NM ◆ **l'~** the inevitable

**inévitablement** /inevitabləmɑ̃/ GRAMMAIRE ACTIVE 42.1 ADV inevitably

**inexact, e** /inɛgza(kt), akt/ GRAMMAIRE ACTIVE 53.6 ADJ a (= faux) *[renseignement, calcul, traduction, historien]* inaccurate, inexact ◆ **non, c'est ~** no, that's not correct *ou* that's wrong b (= sans ponctualité) unpunctual ◆ **être ~ à un rendez-vous** to be late for an appointment

**inexactement** /inɛgzaktəmɑ̃/ ADV *[traduire, relater]* inaccurately, incorrectly

**inexactitude** /inɛgzaktityd/ NF a (= manque de précision) inaccuracy b (= erreur) inaccuracy c (= manque de ponctualité) unpunctuality *(NonC)*

**inexaucé, e** /inɛgzose/ ADJ *[prière]* (as yet) unanswered; *[vœu]* (as yet) unfulfilled

**inexcusable** /inɛkskyzabl/ ADJ *[faute, action]* inexcusable, unforgivable ◆ **vous êtes ~ (d'avoir fait cela)** you had no excuse (for doing that), it was inexcusable *ou* unforgivable of you (to have done that)

**inexécutable** /inɛgzekytabl/ ADJ *[projet, travail]* impractical, impracticable; *[musique]* unplayable; *[ordre]* which cannot be carried out *ou* executed

**inexécution** /inɛgzekysjɔ̃/ NF *[de contrat, obligation]* nonfulfilment

**inexercé, e** /inɛgzɛʀse/ ADJ *[soldats]* inexperienced, untrained; *[oreille]* unpractised, untrained

**inexistant, e** /inɛgzistɑ̃, ɑ̃t/ ADJ (= absent) *[service d'ordre, réseau téléphonique, aide]* nonexistent; (= imaginaire) *[difficultés]* imaginary, nonexistent ◆ **quant à son mari, il est ~** *(péj)* as for her husband, he's a (complete) nonentity *ou* cipher

**inexistence** /inɛgzistɑ̃s/ NF non-existence

**inexorabilité** /inɛgzɔʀabilite/ NF *[de destin, vieillesse]* inexorability; *[de juge, arrêt, loi]* inflexibility, inexorability *(littér)*

**inexorable** /inɛgzɔʀabl/ ADJ a (= implacable) *[destin, vieillesse]* inexorable ◆ **l'~ montée de la violence** (= inévitable) the inexorable rise of violence b (= impitoyable) *[arrêt, loi]* inflexible, inexorable *(littér)*; *[juge]* unyielding, inflexible, inexorable *(littér)* ◆ **il fut ~ à leurs prières** he was unmoved by their entreaties

**inexorablement** /inɛgzɔʀabləmɑ̃/ ADV inexorably

**inexpérience** /inɛkspeʀjɑ̃s/ NF inexperience, lack of experience

**inexpérimenté, e** /inɛkspeʀimɑ̃te/ ADJ *[personne]* inexperienced; *[mouvements, gestes]* inexpert; *[arme, produit]* untested

**inexpiable** /inɛkspjabl/ ADJ inexpiable

**inexpié, e** /inɛkspje/ ADJ unexpiated

**inexplicable** /inɛksplikabl(ə)/ ADJ, NM inexplicable

**inexplicablement** /inɛksplikabləmɑ̃/ ADV inexplicably

**inexpliqué, e** /inɛksplike/ ADJ unexplained

**inexploitable** /inɛksplwatabl/ ADJ *(gén)* unexploitable; *[filon]* unworkable

**inexploité, e** /inɛksplwate/ ADJ *(gén)* unexploited; *[talent, ressources]* untapped

**inexplorable** /inɛksplɔʀabl/ ADJ unexplorable

**inexploré, e** /inɛksplɔʀe/ ADJ unexplored

**inexplosible** /inɛksplozibl/ ADJ non-explosive

**inexpressif, -ive** /inɛkspʀesif, iv/ ADJ *[visage, regard]* expressionless, inexpressive, blank; *[style, mots]* inexpressive

**inexpressivité** /inɛkspʀesivite/ NF inexpressiveness, expressionlessness

**inexprimable** /inɛkspʀimabl/ ADJ, NM inexpressible

**inexprimé, e** /inɛkspʀime/ ADJ *[sentiment]* unexpressed; *[reproches, doutes]* unspoken

**inexpugnable** /inɛkspygnabl/ ADJ *[citadelle]* impregnable, unassailable

**inextensible** /inɛkstɑ̃sibl/ ADJ *[matériau]* that does not stretch, unstretchable; *[étoffe]* non-stretch

**in extenso** /inɛkstɛ̃so/ LOC ADV *[écrire, publier, lire]* in full, in extenso *(frm)* LOC ADJ *[texte, discours]* full *(épith)*

**inextinguible** /inɛkstɛ̃gibl/ ADJ *(littér) [passion, feu]* inextinguishable; *[haine]* undying; *[besoin, soif]* unquenchable; *[rire]* uncontrollable

**in extremis** /inɛkstʀemis/ LOC ADV *[sauver, arriver]* at the last minute LOC ADJ *[sauvetage, succès]* last-minute *(épith)* ◆ **faire un mariage/testament ~** to marry/make a will on one's deathbed

**inextricable** /inɛkstʀikabl/ ADJ inextricable

**inextricablement** /inɛkstʀikabləmɑ̃/ ADV inextricably

**infaillibilité** /ɛ̃fajibilite/ NF *(gén, Rel)* infallibility

**infaillible** /ɛ̃fajibl/ ADJ *[méthode, remède, personne]* infallible; *[instinct]* unerring, infallible

**infailliblement** /ɛ̃fajibləmɑ̃/ ADV (= à coup sûr) inevitably, without fail; (= sans erreur) infallibly

**infaisable** /ɛ̃fəzabl/ ADJ impossible, impracticable, not feasible *(attrib)* ◆ **ce n'est pas ~** it's not impossible, it's (just about) feasible ◆ **pourquoi serait-ce ~ en France ?** why couldn't this be done in France?

**infalsifiable** /ɛ̃falsifjabl/ ADJ *[document]* impossible to forge

**infamant, e** /ɛ̃famɑ̃, ɑ̃t/ ADJ *[acte]* infamous, ignominious; *[accusation]* libellous; *[propos]* defamatory; *[terme]* derogatory ◆ **peine ~e** *(Jur)* sentence involving exile or deprivation of civil rights

**infâme** /ɛ̃fɑm/ ADJ *(gén)* vile, loathsome; *[métier, action, trahison]* unspeakable, vile, loathsome; *[traître]* infamous, vile; *[complaisance, servilité]* shameful, vile; *[entremetteur, spéculateur]* despicable; *[nourriture, odeur, taudis]* revolting, vile, disgusting

**infamie** /ɛ̃fami/ NF a (= honte) infamy ◆ **couvert d'~** disgraced b (= caractère infâme) *[de personne, acte]* infamy c (= insulte) vile abuse *(NonC)*; (= action infâme) infamous *ou* vile *ou* loathsome deed; (= ragot) slanderous gossip *(NonC)* ◆ **c'est une ~** it's absolutely scandalous, it's an absolute scandal ◆ **dire des ~s sur le compte de qn** to make slanderous remarks about sb

**infant** /ɛ̃fɑ̃/ NM infante

**infante** /ɛ̃fɑ̃t/ NF infanta

**infanterie** /ɛ̃fɑ̃tʀi/ NF infantry ◆ **avec une ~ de 2 000 hommes** with 2,000 foot, with an infantry of 2,000 men ◆ **~ légère/lourde** *ou* **de ligne** light/heavy infantry ◆ **~ de marine** marines ◆ **d'~** *[régiment]* infantry *(épith)*

**infanticide** /ɛ̃fɑ̃tisid/ ADJ infanticidal NMF (= personne) infanticide, child-killer NM (= acte) infanticide

**infantile** /ɛ̃fɑ̃til/ ADJ a *[maladie]* infantile; *[médecine, clinique]* child *(épith)*; → **mortalité** b (= puéril) infantile, childish, babyish

**infantilisant, e** /ɛ̃fɑ̃tilizɑ̃, ɑ̃t/ ADJ condescending

**infantilisation** /ɛ̃fɑ̃tilizasjɔ̃/ NF ◆ **l'~ des personnes âgées/du public** treating old people/the public like children

**infantiliser** /ɛ̃fɑ̃tilize/ ▸ conjug 1 ◂ VT to treat like a child (*ou* like children) ◆ **on fait tout pour ~ les détenus** prisoners are treated like children in all sorts of ways

**infantilisme** /ɛ̃fɑ̃tilism/ NM *(Méd, Psych)* infantilism; (= puérilité) infantile *ou* childish *ou* babyish behaviour ◆ **c'est de l'~ !** how childish!

**infarctus** /ɛ̃faʀktys/ NM *(Méd)* coronary, infarction *(SPÉC)*, infarct *(SPÉC)* ◆ **~ du myocarde** coronary thrombosis, myocardial infarction *(SPÉC)* ◆ **il a eu** *ou* **fait trois ~** he has had three coronaries ◆ **j'ai failli avoir un ~ quand il me l'a dit** I nearly had a heart attack when he told me

**infatigable** /ɛ̃fatigabl/ ADJ *[personne]* indefatigable, tireless; *[zèle]* tireless

**infatigablement** /ɛ̃fatigabləmɑ̃/ ADV indefatigably, tirelessly, untiringly

**infatuation** /ɛ̃fatɥasjɔ̃/ NF *(frm* = vanité) self-conceit, self-importance

**infatué, e** /ɛ̃fatɥe/ (ptp de **s'infatuer**) ADJ *[air, personne]* conceited, vain ◆ **être ~ de son importance** to be full of one's own importance ◆ **être ~ de son physique** to be vain *ou* conceited about one's looks ◆ **~ de sa personne** *ou* **de lui-même** full of himself *ou* of self-conceit, self-important

**infatuer (s')** /ɛ̃fatɥe/ ▸ conjug 1 ◂ VPR a (= s'engouer de) **s'~ de** *[+ personne, choses]* to become infatuated with b (= tirer vanité de) **s'~ de son importance** to become full of one's own importance ◆ **s'~ de son physique** to become vain *ou* conceited about one's looks ◆ **s'~ (de soi-même)** to become full of o.s. *ou* of self-conceit

**infécond, e** /ɛ̃fekɔ̃, ɔ̃d/ ADJ *[terre, femme, animal]* barren, sterile, infertile; *[œuf]* infertile; *[esprit]* infertile, sterile

**infécondité** /ɛ̃fekɔ̃dite/ NF *[de terre, femme, animal]* barrenness, sterility, infertility; *[d'esprit]* infertility, sterility

**infect, e** /ɛ̃fɛkt/ ADJ *[goût, nourriture, vin, attitude]* revolting; *[conduite, personne]* obnoxious; *[temps]* filthy, foul, rotten; *[taudis, chambre]* squalid; *[livre, film]* (= très mauvais) rotten *, appalling; (= scandaleux) revolting ◆ **odeur ~e** stench, vile *ou* foul smell ◆ **il a été ~ avec moi** he was horrible to me

**infectant, e** /ɛ̃fɛktɑ̃, ɑ̃t/ ADJ *(Méd) [agent]* infective; *[contact, piqûre]* causing infection

**infecter** /ɛ̃fɛkte/ ▸ conjug 1 ◂ VT *(gén) [+ atmosphère, eau]* to contaminate; *(Méd) [+ personne, plaie]* to infect; *(fig littér)* to poison, to infect ◆ **cellules infectées par un virus** virus-infected cells VPR **s'infecter** *[plaie]* to become infected, to turn septic

**infectieux, -ieuse** /ɛ̃fɛksjø, jøz/ ADJ *(Méd)* infectious

**infection** /ɛ̃fɛksjɔ̃/ NF *(Méd)* infection; (= puanteur) stench ◆ **~ généralisée** systemic infection ◆ **~ microbienne/virale** bacterial/viral infection ◆ **quelle ~ !, c'est une ~ !** what a stench!

**infectiosité** /ɛ̃fɛksjɔzite/ NF *[de produit, virus]* infectivity

**inféodation** /ɛ̃feɔdasjɔ̃/ NF *(Pol)* allegiance (*à* to); *(Hist)* infeudation, enfeoffment

**inféoder** /ɛ̃feɔde/ ▸ conjug 1 ◂ VT *(Hist)* to enfeoff VPR **s'inféoder** ◆ **s'~ à** to give one's allegiance to, to pledge allegiance *ou* o.s. to ◆ **être inféodé à** to be subservient to, to be the vassal of

**inférence** /ɛ̃feʀɑ̃s/ NF inference

**inférer** /ɛ̃feʀe/ ▸ conjug 6 ◂ VT to infer, to gather (*de* from); ◆ **j'infère de ceci que ..., j'en infère que ...** I infer *ou* gather from this that ..., this leads me to conclude that ...

**inférieur, e** /ɛ̃feʀjœʀ/ GRAMMAIRE ACTIVE 32.3

ADJ a *(dans l'espace, gén)* lower; *[mâchoire, lèvre]* lower, bottom; *[planètes]* inferior ◆ **la partie ~e du tableau** the bottom part of the picture ◆ **le feu a pris dans les étages ~s** fire broke out on the lower floors ◆ **descendez à l'étage ~** go down to the next floor *ou* the floor below, go to the next floor down ◆ **le cours ~ d'un fleuve** the lower course *ou* stretches of a river

b *(dans une hiérarchie) [classes sociales, animaux, végétaux]* lower ◆ **à l'échelon ~** on the next rung down ◆ **d'un rang ~** of a lower rank, lower in rank

c *[qualité]* inferior, poorer; *[vitesse]* lower; *[nombre]* smaller, lower; *[quantité]* smaller; *[intelligence, esprit]* inferior ◆ **forces ~es en nombre** forces inferior *ou* smaller in number(s)

d ◆ **~ à** *[nombre]* less *ou* lower *ou* smaller than, below; *[somme]* smaller *ou* less than; *[production]* inferior to, less *ou* lower than ◆ **note ~e à 20** mark below 20 *ou* less than 20 ◆ **intelligence/qualité ~e à la moyenne** below average *ou* lower than average intelligence/quality ◆ **travail d'un niveau ~ à ...** work of a lower standard than ..., work below the standard of ... ◆ **roman/auteur ~ à un autre** novel/author inferior to another ◆ **tu ne lui es ~ en rien** you're in no way inferior to him ◆ **être hiérarchiquement ~ à qn** to be lower (down) than sb *ou* be below sb in the hierarchy ◆ **il est ~ à sa tâche** *(fig)* he isn't equal to his task, he isn't up to the job

NM,F inferior

⚠ *Attention à ne pas traduire automatiquement* **inférieur** *par* **inferior**, *qui a des emplois spécifiques.*

**inférieurement** /ɛ̃feʀjœʀmɑ̃/ ADV *(= moins bien)* less well ◆ **~ équipé** *[armée, laboratoire, bateau]* less well-equipped

**inférioriser** /ɛ̃feʀjɔʀize/ ▸ conjug 1 ◂ VT *(= sous-estimer)* to underestimate; *(= complexer)* to make feel inferior

**infériorité** /ɛ̃feʀjɔʀite/ NF inferiority ◆ **en état** *ou* **position d'~** in an inferior position, in a position of inferiority; → **comparatif, complexe**

**infermentescible** /ɛ̃fɛʀmɑ̃tesibl/ ADJ which cannot be fermented

**infernal, e** (mpl **-aux**) /ɛ̃fɛʀnal, o/ ADJ a *(= intolérable) [bruit, allure, chaleur, cadence]* infernal; *[enfant]* impossible ◆ **c'est ~ !** it's unbearable!, it's sheer hell! ◆ **les disputes/images se succèdent à un rythme ~** the arguments/images come thick and fast b *(= satanique) [caractère, personne, complot]* diabolical, infernal, devilish c *(= effrayant) [vision, supplice]* diabolical; *[spirale, engrenage]* vicious ◆ **cycle ~** vicious circle; → **machine** d *(Myth) [divinité]* infernal

**infertile** /ɛ̃fɛʀtil/ ADJ *(lit, fig)* infertile

**infertilité** /ɛ̃fɛʀtilite/ NF *(lit, fig)* infertility

**infestation** /ɛ̃fɛstasjɔ̃/ NF *(Méd)* infestation

**infester** /ɛ̃fɛste/ ▸ conjug 1 ◂ VT *(gén)* to infest, to overrun; *(Méd)* to infest ◆ **infesté de moustiques** infested with mosquitoes, mosquito-infested *ou* -ridden ◆ **infesté de souris/pirates** infested with *ou* overrun with *ou* by mice/pirates

**infibulation** /ɛ̃fibylasjɔ̃/ NF infibulation

**infichu, e** * /ɛ̃fiʃy/ ADJ ◆ **~ de faire qch** totally incapable of doing sth ◆ **je suis ~ de me rappeler où je l'ai mis** I can't remember where the hell I put it *

**infidèle** /ɛ̃fidɛl/ ADJ a *[ami]* unfaithful, disloyal (*à qn* to sb); *[époux]* unfaithful (*à qn* to sb); ◆ **être ~ à sa promesse** *(littér)* to be untrue to one's promise b *[récit, traduction, traducteur]* unfaithful, inaccurate; *[mémoire]* unreliable c *(Rel)* infidel NMF *(Rel)* infidel

**infidèlement** /ɛ̃fidɛlmɑ̃/ ADV *[traduire, raconter]* unfaithfully, inaccurately

**infidélité** /ɛ̃fidelite/ NF a *(= inconstance) [d'ami]* disloyalty, unfaithfulness; *[d'époux]* infidelity, unfaithfulness (*à* to); ◆ **~ à une promesse** *(littér)* being untrue to a promise *(littér)* b *(= acte déloyal) [d'époux]* infidelity ◆ **elle lui pardonna ses ~s** she forgave him his infidelities ◆ **faire une ~ à qn** to be unfaithful to sb ◆ **il a fait bien des ~s à sa femme** he has been unfaithful *ou* guilty of infidelity to his wife on many occasions ◆ **faire des ~s à son boucher/éditeur** *(hum)* to be unfaithful to *ou* forsake one's butcher/publisher c *(= manque d'exactitude) [de description, historien]* inaccuracy; *[de mémoire]* unreliability d *(= erreur) [de description, traducteur]* inaccuracy ◆ **on trouve beaucoup d'~s dans cette traduction** we find many inaccuracies in this translation

**infiltration** /ɛ̃filtʀasjɔ̃/ NF a *[de liquide]* percolation, infiltration; *(dans le sol)* seepage; *[d'hommes, idées]* infiltration ◆ **il y a une** *ou* **des ~s dans la cave** there are leaks in the cellar, water is leaking into the cellar b *(Méd = accumulation dans un tissu)* infiltration; *(= piqûre)* injection ◆ **se faire faire des ~s** to have injections

**infiltrer** /ɛ̃filtʀe/ ▸ conjug 1 ◂ VT *(= noyauter) [+ groupe, réseau]* to infiltrate VPR **s'infiltrer** *[liquide]* to percolate (through), to seep in, to infiltrate; *[lumière]* to filter through; *[hommes, idées]* to infiltrate ◆ **s'~ dans** *[personne]* to infiltrate; *[idées]* to filter into, to infiltrate (into); *[liquide]* to percolate (through), to seep through, to infiltrate; *[lumière]* to filter into ◆ **s'~ dans un groupe/chez l'ennemi** to infiltrate a group/the enemy

**infime** /ɛ̃fim/ ADJ *(= minuscule)* tiny, minute, minuscule; *(= inférieur)* lowly, inferior ◆ **une ~ minorité** a tiny minority

**in fine** /infine/ LOC ADV ultimately

**infini, e** /ɛ̃fini/ ADJ a *(Math, Philos, Rel)* infinite

b *(= sans limites) [espace]* infinite, boundless; *[patience, bonté]* infinite, unlimited, boundless; *[douleur]* immense; *[prudence, soin, bêtise]* infinite, immeasurable; *[quantité]* infinite, unlimited ◆ **avec d'~es précautions** with infinite *ou* endless precautions

c *(= interminable) [luttes, propos]* interminable, never-ending ◆ **un temps ~ me parut s'écouler** an eternity seemed to pass

NM ◆ **l'~** *(Philos)* the infinite; *(Math, Photo)* infinity ◆ **faire la mise au point à** *ou* **sur l'~** *(Photo)* to focus to infinity ◆ **l'~ des cieux** heaven's immensity, the infinity of heaven

◆ **à l'infini** *[discourir]* ad infinitum, endlessly; *[multiplier]* to infinity; *[se diversifier, faire varier]* infinitely ◆ **les champs s'étendaient à l'~** the fields stretched away endlessly into the distance ◆ **droite prolongée à l'~** straight line tending towards infinity

**infiniment** /ɛ̃finimɑ̃/ ADV a *(= immensément)* infinitely b *(sens affaibli = beaucoup)* infinitely ◆ **~ long/grand** immensely *ou* infinitely long/large ◆ **je vous suis ~ reconnaissant** I am immensely *ou* extremely *ou* infinitely grateful (to you) ◆ **je regrette ~** I'm extremely sorry ◆ **ça me plaît ~** I like it immensely, there's nothing I like more ◆ **~ meilleur/plus intelligent** infinitely better/more intelligent ◆ **avec ~ de soin/de tendresse** with infinite *ou* with the utmost care/tenderness c ◆ **l'~ grand** the infinitely great ◆ **l'~ petit** the infinitesimal

**infinité** /ɛ̃finite/ NF *(littér)* infinity ◆ **une ~ de** *(= quantité infinie)* an infinite number of

**infinitésimal, e** (mpl **-aux**) /ɛ̃finitezimal, o/ ADJ *(gén, Math)* infinitesimal

**infinitif, -ive** /ɛ̃finitif, iv/ ADJ, NM infinitive ◆ **~ de narration** historic infinitive ◆ **à l'~** in the infinitive

**infirmatif, -ive** /ɛ̃fiʀmatif, iv/ ADJ *(Jur)* invalidating ◆ **~ de** invalidating, annulling, quashing

**infirmation** /ɛ̃fiʀmasjɔ̃/ NF *(Jur)* invalidation, annulment, quashing (*de* of)

**infirme** /ɛ̃fiʀm/ ADJ *[personne]* crippled, disabled; *(avec l'âge)* infirm ◆ **l'accident l'avait rendu ~** the accident had left him crippled *ou* disabled ◆ **il est ~ du bras droit** he has a crippled *ou* disabled right arm ◆ **être ~ de naissance** to be disabled from birth, to be born disabled NMF disabled person ◆ **les ~s** the disabled ◆ **~ mental/moteur** mentally/physically handicapped *ou* disabled person ◆ **~ du travail** industrially disabled person ◆ **~ de guerre** disabled veteran

**infirmer** /ɛ̃fiʀme/ ▸ conjug 1 ◂ VT *(= démentir)* to invalidate; *(Jur) [+ décision, jugement]* to invalidate, to annul, to quash

**infirmerie** /ɛ̃fiʀməʀi/ NF *(gén)* infirmary; *[d'école]* sickroom, infirmary, sick bay *(Brit)*; *(Univ)* health centre; *[de navire]* sick bay

**infirmier, -ière** /ɛ̃fiʀmje, jɛʀ/ ADJ nursing *(épith)* ◆ **personnel ~** nursing staff ◆ **élève ~** student nurse NM (male) nurse ◆ **~ en chef** charge nurse *(Brit)*, head nurse *(US)* NF **infirmière** *(gén)* nurse; *[d'internat]* matron *(Brit)*, nurse *(US)* ◆ **infirmière chef** (nursing) sister *(Brit)*, charge nurse *(Brit)*, head nurse *(US)* ◆ **infirmière diplômée** registered nurse ◆ **infirmière diplômée d'État** ≃ state registered nurse ◆ **infirmière-major** *(Mil)* matron ◆ **infirmière visiteuse** visiting nurse, ≃ district nurse *(Brit)*

**infirmité** /ɛ̃fiʀmite/ NF a *(= invalidité)* disability ◆ **~ motrice cérébrale** physical disability ◆ **les ~s de la vieillesse** the infirmities of old age b *(† = imperfection)* weakness, failing

**infixe** /ɛ̃fiks/ NM *(Ling)* infix

**inflammable** /ɛ̃flamabl/ ADJ inflammable, flammable

**inflammation** /ɛ̃flamasjɔ̃/ NF *(Méd)* inflammation

**inflammatoire** /ɛ̃flamatwaʀ/ ADJ *(Méd)* inflammatory

**inflation** /ɛ̃flasjɔ̃/ NF *(Écon)* inflation ◆ **croissance de 4% hors ~** 4% growth over and above inflation ◆ **une ~ de projets/candidatures** a marked increase in the number of projects/applications

**inflationniste** /ɛ̃flasjɔnist/ ADJ *[politique, économie]* inflationist; *[tendance, risque, pressions]* inflationary; *[craintes, menace]* of inflation NMF inflationist

**infléchi, e** /ɛ̃fleʃi/ (ptp de **infléchir**) ADJ *[voyelle]* inflected

**infléchir** /ɛ̃fleʃiʀ/ ▸ conjug 2 ◂ VT a *(lit) [+ rayon]* to inflect, to bend b *(fig) [+ politique] (légèrement)* to change *ou* shift the emphasis of; *(plus nettement)* to reorientate; *[+ tendance, stratégie, attitude]* to modify; *[+ position]* to soften; *[+ décision]* to affect ◆ **pour ~ la courbe du chômage** to bring down unemployment VPR **s'infléchir** a *[route]* to bend, to curve round; *[poutre]* to sag; *[courbe] (vers le bas)* to dip, to go down; *(vers le haut)* to climb, to go up **b** *[politique]* to shift, to change emphasis; *(= conjoncture)* to change ♦ **cette tendance s'infléchit** this trend is becoming less marked

**infléchissement** /ɛ̃fleʃismɑ̃/ **NM** *[de politique] (léger)* (slight) shift (*de* in); *(plus marqué)* reorientation; *[de stratégie, attitude]* shift (*de* in); *[de position]* softening ♦ **un net ~ des ventes** *(à la baisse)* a sharp drop *ou* fall in sales; *(à la hausse)* a sharp *ou* marked increase in sales

**inflexibilité** /ɛ̃flɛksibilite/ **NF** *[de caractère, personne]* inflexibility, rigidity; *[de volonté]* inflexibility; *[de règle]* inflexibility, rigidity

**inflexible** /ɛ̃flɛksibl/ **ADJ** *[caractère, personne]* inflexible, rigid, unyielding; *[volonté]* inflexible; *[règle]* inflexible, rigid ♦ **il demeura ~ dans sa résolution** he remained inflexible *ou* unyielding *ou* unbending in his resolve

**inflexiblement** /ɛ̃flɛksibləmɑ̃/ **ADV** inflexibly

**inflexion** /ɛ̃flɛksjɔ̃/ **NF** **a** *[de voix]* inflexion, modulation ♦ **~ vocalique** *(Ling)* vowel inflexion **b** *(Sci = déviation) [de rayon]* deflection; *[de courbe]* inflexion **c** *(fig) [de politique]* reorientation (*de* of)

**infliger** /ɛ̃fliʒe/ ► conjug 3 ◄ **VT** *[+ défaite, punition, supplice]* to inflict (*à* on); *[+ amende, tâche]* to impose (*à* on); *[+ affront]* to deliver (*à* to); ♦ **~ de lourdes pertes à l'ennemi** to inflict heavy losses on the enemy ♦ **~ sa présence à qn** to inflict one's presence *ou* o.s. on sb ♦ **~ un avertissement** *ou* **un blâme à qn** *(Scol)* to give sb an order mark *(Brit)* *ou* a bad mark *(Brit)* *ou* a demerit point *(US)* ♦ **~ un démenti à qn** to give sb the lie ♦ **il s'est infligé volontairement des blessures** he harmed himself deliberately

**inflorescence** /ɛ̃flɔʀesɑ̃s/ **NF** inflorescence

**influençable** /ɛ̃flyɑ̃sabl/ **ADJ** easily influenced

**influence** /ɛ̃flyɑ̃s/ **NF** influence (*sur* on, upon); ♦ **c'est quelqu'un qui a de l'~** he's a person of influence, he's an influential person ♦ **avoir beaucoup d'~ sur qn, jouir d'une grande ~ auprès de qn** to have *ou* carry a lot of influence with sb ♦ **avoir une ~ bénéfique/néfaste sur** *[climat, médicament]* to have a beneficial/harmful effect on ♦ **ces fréquentations ont une mauvaise ~ sur ses enfants** these friends are a bad influence on her children ♦ **sous l'~ de** under the influence of ♦ **être sous ~** * *(de l'alcool, d'une drogue)* to be under the influence *; *(de qn)* to be under somebody's control *ou* spell ♦ **zone/sphère d'~** zone/sphere of influence; → **trafic**

**influencer** /ɛ̃flyɑ̃se/ ► conjug 3 ◄ **VT** *(gén)* to influence; *(= agir sur)* to act upon ♦ **ne te laisse pas ~ par lui** don't let yourself be influenced by him, don't let him influence you

**influent, e** /ɛ̃flyɑ̃, ɑ̃t/ **ADJ** influential

**influenza** /ɛ̃flyɑ̃za/ **NF** influenza

**influer** /ɛ̃flye/ ► conjug 1 ◄ **influer sur VT INDIR** to influence, to have an influence on

**influx** /ɛ̃fly/ **NM** **a** *(Méd)* ~ **(nerveux)** (nerve) impulse **b** *(Astrol = fluide)* influence

**info** * /ɛ̃fo/ **NF** **a** (abrév de **information**) *(Presse, TV)* news item, piece of news; *(= renseignements)* info * *(NonC)* ♦ **les ~s** *(Presse, TV)* the news **b** (abrév de **informatique**) *(Ordin)* computing ♦ **il fait de l'~** *(en amateur)* he's into computing; *(professionnellement)* he's in computers

**infobulle** /ɛ̃fobyl/ **NF** *(Ordin)* tooltip

**infographie** ® /ɛ̃fogʀafi/ **NF** computer graphics

**infographique** /ɛ̃fogʀafik/ **ADJ** ♦ **document ~** computer graphic picture ♦ **création ~** computer graphics *(sg)*

**infographiste** /ɛ̃fogʀafist/ **NMF** computer graphics artist

**in-folio** /infɔljo/ **ADJ INV, NM INV** folio

**infomercial** (pl **infomerciaux**) /ɛ̃fomɛʀsjal, o/ **ADJ, NM** infomercial

**infondé, e** /ɛ̃fɔ̃de/ **ADJ** *[critique, crainte, accusation]* unfounded, groundless; *[demande]* unjustified; *[rumeurs]* unfounded ♦ **ces rumeurs ne sont peut-être pas totalement ~es** there may be some truth in these rumours, these rumours are perhaps not totally unfounded

**informant, e** /ɛ̃fɔʀmɑ̃, ɑ̃t/ **NM,F** informant

**informateur, -trice** /ɛ̃fɔʀmatœʀ, tʀis/ **NM,F** *(gén)* informant; *(Police)* informer; *(Presse)* inside source

**informaticien, -ienne** /ɛ̃fɔʀmatisjɛ̃, jɛn/ **NM,F** *(= spécialiste)* computer scientist; *(= analyste-programmeur)* computer analyst ♦ **elle est informaticienne** she's in computers

**informatif, -ive** /ɛ̃fɔʀmatif, iv/ **ADJ** *[brochure]* informative ♦ **campagne de publicité informative pour un produit** advertising campaign giving information on a product

**information** /ɛ̃fɔʀmasjɔ̃/ **GRAMMAIRE ACTIVE 46.3**
**NF** **a** *(= renseignement)* piece of information; *(Presse, TV = nouvelle)* news item, piece of news ♦ **voilà une ~ intéressante** here's an interesting piece of information *ou* some interesting information ♦ **recueillir des ~s sur** to gather information on ♦ **voici nos ~s** here *ou* this is the news ♦ **~s politiques** political news ♦ **~s télévisées** television news ♦ **écouter/regarder les ~s** to listen to/watch the news (bulletins) ♦ **c'était aux ~s de 10 heures** it was on the 10 o'clock news ♦ **nous recevons une ~ de dernière minute** we've just received some last-minute *ou* late news ♦ **bulletin/flash d'~s** news bulletin/flash ♦ **aller aux ~s** to (go and) find out

**b** *(= diffusion de renseignements)* information ♦ **pour votre ~, sachez que ...** for your (own) information you should know that ... ♦ **pour l'~ des voyageurs** for the information of travellers ♦ **assurer l'~ du public en matière d'impôts** to ensure that the public is informed *ou* has information on the subject of taxation ♦ **réunion d'~** briefing ♦ **journal d'~** serious newspaper

**c** *(Ordin, Sci)* **l'~** information ♦ **traitement de l'~** data processing, processing of information ♦ **théorie de l'~** information theory ♦ **~ génétique** genetic information

**d** *(Jur)* **~ judiciaire** (judicial) inquiry ♦ **ouvrir une ~** to start an initial *ou* a preliminary investigation ♦ **~ contre X** inquiry against person *ou* persons unknown

**informationnel, -elle** /ɛ̃fɔʀmasjɔnɛl/ **ADJ** *[système]* informational ♦ **révolution informationnelle** information revolution ♦ **le contenu ~ du document est assez limité** the document is not particularly informative

**informatique** /ɛ̃fɔʀmatik/ **NF** *(= science)* computer science, computing; *(= techniques)* data processing ♦ **~ de bureau/de gestion** office/commercial computing ♦ **il est dans l'~** he's in computers ♦ **l'ère de l'~** the computer age **ADJ** computer *(épith)* ♦ **l'industrie ~** the computer *ou* computing industry

**informatiquement** /ɛ̃fɔʀmatikmɑ̃/ **ADV** *[détecter]* by means of the computer ♦ **traiter qch ~** to process sth using a computer

**informatisation** /ɛ̃fɔʀmatizasjɔ̃/ **NF** computerization

**informatiser** /ɛ̃fɔʀmatize/ ► conjug 1 ◄ **VT** to computerize **VPR** **s'informatiser** to become computerized

**informe** /ɛ̃fɔʀm/ **ADJ** *[masse, tas]* shapeless, formless; *[vêtement]* shapeless; *[visage, être]* misshapen, ill-shaped, ill-formed; *[projet]* rough, undefined

**informé** /ɛ̃fɔʀme/ **ADJ** *[personne]* well-informed ♦ **journaux/milieux bien ~s** well-informed newspapers/circles
♦ **tenir qn informé** to keep sb informed, to keep sb up-to-date ♦ **je suis tenu ~ par mes collaborateurs** my colleagues keep me up-to-date *ou* informed ♦ **il se tient ~ des dernières évolutions technologiques** he keeps up-to-date with the latest technological developments
**NM** → **jusque**

**informel, -elle** /ɛ̃fɔʀmɛl/ **ADJ** *(gén, Art)* informal ♦ **l'économie informelle** the informal *ou* unofficial economy

**informer** /ɛ̃fɔʀme/ ► conjug 1 ◄ **VT** **a** *(d'un fait)* to inform, to tell (*de* of, about); *(d'un problème)* to inform (*sur* about); ♦ **m'ayant informé de ce fait** having informed *ou* told me of this fact, having acquainted me with this fact ♦ **nous vous informons que nos bureaux ouvrent à 8 heures** we are pleased to inform you that *ou* for your information our offices open at 8 a.m. ♦ **s'il vient, vous voudrez bien m'en ~** if he comes, please let me know *ou* inform me *ou* tell me ♦ **on vous a mal informé** *(faussement)* you've been misinformed *ou* wrongly informed; *(imparfaitement)* you've been badly informed *ou* ill-informed ♦ **nous ne sommes pas assez informés** we don't have enough information

**b** *(Philos)* **les concepts informent la matière** concepts impart *ou* give form to matter

**VI** *(Jur)* ♦ **~ sur un crime** to inquire into *ou* investigate a crime ♦ **~ contre X** to start inquiries against person *ou* persons unknown

**VPR** **s'informer** *(d'un fait)* to inquire, to find out, to ask (*de* about); *(dans une matière)* to inform o.s. (*sur* about); ♦ **informez-vous s'il est arrivé** find out *ou* ascertain whether he has arrived ♦ **où puis-je m'~ de l'heure/à ce sujet/si ... ?** where can I inquire *ou* find out *ou* ask about the time/about this matter/whether ...? ♦ **s'~ de la santé de qn** to ask after *ou* inquire after *ou* about sb's health

**informulé, e** /ɛ̃fɔʀmyle/ **ADJ** unformulated

**inforoute** /ɛ̃foʀut/ **NF** information superhighway

**infortune** /ɛ̃fɔʀtyn/ **NF** *(= revers)* misfortune; *(= adversité)* ill fortune, misfortune ♦ **~s conjugales** marital misfortunes ♦ **le récit de ses ~s** the tale of his woes *ou* misfortunes ♦ **compagnon/frère/sœur d'~** companion/brother/sister in misfortune

**infortuné, e** /ɛ̃fɔʀtyne/ **ADJ** *[personne]* hapless *(épith)*, ill-fated, wretched; *[démarche, décision]* ill-fated **NM,F** (poor) wretch

**infoutu, e** ‡ /ɛ̃futy/ **infoutu de LOC ADJ** ♦ **~ de faire quoi que ce soit** damn * *ou* bloody *(Brit)* ‡ incapable of doing anything ♦ **je suis ~ de m'en souvenir** I can't for the life of me remember *

**infra** /ɛ̃fʀa/ **ADV** ♦ **voir ~** see below

**infraction** /ɛ̃fʀaksjɔ̃/ **NF** *(= délit)* offence ♦ **~ à** *[+ loi, règlement, sécurité]* breach of ♦ **~ au code de la route** driving offence ♦ **être en ~** *(Aut)* to be committing an offence, to be breaking *ou* in breach of the law ♦ **~ à la loi** breach *ou* violation *ou* infraction of the law ♦ **~ fiscale** breach of the tax code ♦ **toute ~ sera punie** all offenders will be prosecuted

**infranchissable** /ɛ̃fʀɑ̃ʃisabl/ ADJ *(lit)* impassable; *(fig)* insurmountable, insuperable

**infrangible** /ɛ̃fʀɑ̃ʒibl/ ADJ *(littér)* infrangible *(littér)*

**infrarouge** /ɛ̃fʀaʀuʒ/ ADJ, NM infrared ◆ **missile guidé par** ~ heat-seeking missile

**infrason** /ɛ̃fʀasɔ̃/ NM infrasonic vibration

**infrastructure** /ɛ̃fʀastʀyktyʀ/ NF *(Constr)* substructure, understructure; *(Écon)* infrastructure; *(Aviat)* ground installations ◆ ~ **routière/de transports** road/transport infrastructure

**infréquentable** /ɛ̃fʀekɑ̃tabl/ ADJ not to be associated with ◆ **ce sont des gens ~s** they're people you just don't associate with *ou* mix with

**infroissable** /ɛ̃fʀwasabl/ ADJ crease-resistant, non-crease *(épith)*

**infructueux, -euse** /ɛ̃fʀyktɥø, øz/ ADJ *[tentative, effort, réunion]* fruitless, unsuccessful; *[démarche]* unsuccessful

**infumable** /ɛ̃fymabl/ ADJ unsmokable

**infus, e** /ɛ̃fy, yz/ ADJ *(littér)* innate, inborn (*à* in) → **science**

**infuser** /ɛ̃fyze/ ► conjug 1 ◄ VT *(littér) [+ idée, conviction]* to instil (*à* into); ◆ ~ **un sang nouveau à qch/à qn** to infuse *ou* inject *ou* instil new life into sth/into sb VI ◆ **(faire)** ~ *[+ tisane]* to infuse; *[+ thé]* to brew, to infuse, to steep *(US)* ◆ **laisser ~ le thé quelques minutes** leave the tea to brew *ou* infuse a few minutes ◆ **le thé est-il assez infusé ?** has the tea brewed *ou* infused (long) enough?

**infusion** /ɛ̃fyzjɔ̃/ NF **a** *(= tisane)* infusion, herb tea ◆ ~ **de tilleul** lime tea ◆ **boire une** ~ to drink some herb tea *ou* an infusion ◆ **la verveine se boit en** ~ verbena is drunk as an infusion **b** *(= action)* infusion ◆ **préparé par** ~ prepared by infusion

**ingambe** /ɛ̃gɑ̃b/ ADJ spry, nimble

**ingénier (s')** /ɛ̃ʒenje/ ► conjug 7 ◄ VPR ◆ **s'~ à faire** to strive (hard) to do, to try hard to do ◆ **dès que j'ai rangé, il s'ingénie à tout remettre en désordre** *(iro)* as soon as I've tidied things up, he goes out of his way *ou* he contrives to mess them up again

**ingénierie** /ɛ̃ʒeniʀi/ NF engineering ◆ ~ **financière/informatique/génétique** financial/computer/genetic engineering ◆ ~ **inverse** reverse engineering

**ingénieriste** /ɛ̃ʒeniʀist/ NMF engineer

**ingénieur** /ɛ̃ʒenjœʀ/ NM engineer ◆ ~ **chimiste/électricien** chemical/electrical engineer ◆ ~ **agronome** agronomist ◆ ~ **des mines/en génie civil** mining/civil engineer ◆ ~ **système** system(s) engineer ◆ ~ **électronicien** electronic engineer ◆ ~ **du son** sound engineer ◆ ~ **des eaux et forêts** forestry expert ◆ ~ **des travaux publics** construction *ou* civil engineer; → **conseil**

**ingénieusement** /ɛ̃ʒenjøzmɑ̃/ ADV ingeniously, cleverly

**ingénieux, -ieuse** /ɛ̃ʒenjø, jøz/ ADJ ingenious, clever

**ingéniosité** /ɛ̃ʒenjozite/ NF ingenuity, cleverness

**ingénu, e** /ɛ̃ʒeny/ ADJ ingenuous, artless, naïve NM,F ingenuous *ou* artless *ou* naïve person NF **ingénue** *(Théât)* ingénue ◆ **jouer les ~es** to play ingénue roles; *(fig)* to pretend to be all sweet and innocent

**ingénuité** /ɛ̃ʒenɥite/ NF ingenuousness, artlessness, naïvety

**ingénument** /ɛ̃ʒenymɑ̃/ ADV ingenuously, artlessly, naïvely

**ingérable** /ɛ̃ʒeʀabl/ ADJ unmanageable

**ingérence** /ɛ̃ʒeʀɑ̃s/ NF interference, interfering *(NonC)*, meddling *(NonC)* (*dans* in); ◆ **le devoir d'~** *(Pol)* the duty to interfere

**ingérer** /ɛ̃ʒeʀe/ ► conjug 6 ◄ VT to ingest VPR **s'ingérer** ◆ **s'~ dans** to interfere in *ou* with, to meddle in

**ingestion** /ɛ̃ʒɛstjɔ̃/ NF ingestion

**ingouvernable** /ɛ̃guvɛʀnabl/ ADJ *(Pol)* ungovernable; *(fig) [passion, sentiment]* uncontrollable ◆ **dans la tempête, le voilier était** ~ in the storm it was impossible to steer the yacht

**ingrat, e** /ɛ̃gʀa, at/ ADJ **a** *[personne]* ungrateful (*envers* to, towards) **b** *(fig) [tâche, métier, sujet]* thankless *(épith)*, unrewarding; *[sol]* infertile, difficult; *[visage]* unprepossessing, unattractive; *[contrée]* bleak, hostile; *[mémoire]* unreliable, treacherous; → **âge** NM,F ungrateful person ◆ **tu n'es qu'un ~ !** how ungrateful of you! ◆ **vous n'aurez pas affaire à un** ~ I won't forget what you've done (for me)

**ingratitude** /ɛ̃gʀatityd/ NF ingratitude, ungratefulness (*envers* to, towards); ◆ **avec** ~ ungratefully

**ingrédient** /ɛ̃gʀedjɑ̃/ NM *[de recette, produit]* ingredient; *[de situation, crise]* ingredient, component

**inguérissable** /ɛ̃geʀisabl/ ADJ *[maladie, malade, blessure, paresse]* incurable; *[chagrin, amour]* inconsolable

**inguinal, e** (mpl **-aux**) /ɛ̃gɥinal, o/ ADJ inguinal

**ingurgitation** /ɛ̃gyʀʒitasjɔ̃/ NF ingurgitation

**ingurgiter** /ɛ̃gyʀʒite/ ► conjug 1 ◄ VT *[+ nourriture]* to swallow; *[+ vin]* to gulp (down), to swill *(péj)*; *(fig)* to ingest ◆ **faire ~ de la nourriture/une boisson à qn** to make sb swallow food/a drink, to force food/a drink down sb ◆ **faire ~ aux téléspectateurs des émissions insipides** to feed television viewers a diet of dull programmes ◆ **faire ~ des connaissances à qn** to force facts down sb's throat ◆ **faire ~ des données à un ordinateur** to feed data into a computer

**inhabile** /inabil/ ADJ *(littér)* **a** *(= peu judicieux) [discours, politicien]* inept; *[manœuvre]* inept, clumsy **b** *(= gauche) [apprenti]* unskilful, clumsy; *[gestes, mains, dessin, travail]* clumsy, awkward **c** *(Jur)* incapable ◆ ~ **à tester** incapable of making a will

**inhabileté** /inabilte/ NF *(littér)* **a** *[de politicien, discours]* ineptitude; *[de manœuvre]* ineptitude, clumsiness **b** *[d'apprenti]* unskilfulness; *[de gestes, mains, dessin, travail]* clumsiness, awkwardness

**inhabilité** /inabilite/ NF *(Jur)* incapacity (*à* to)

**inhabitable** /inabitabl/ ADJ uninhabitable

> ⚠ **inhabitable** *ne se traduit pas par le mot anglais* **inhabitable**, *qui a le sens de 'habitable'.*

**inhabité, e** /inabite/ ADJ *[région]* uninhabited; *[maison]* uninhabited, unoccupied ◆ **la maison a l'air ~(e)** it doesn't look as if anyone is living in the house

> ⚠ **inhabité** *ne se traduit pas par* **inhabited**, *qui a le sens de 'habité'.*

**inhabituel, -elle** /inabitɥɛl/ ADJ unusual, unaccustomed

**inhabituellement** /inabitɥɛlmɑ̃/ ADV unusually

**inhalateur** /inalatœʀ/ NM inhaler

**inhalation** /inalasjɔ̃/ NF inhalation ◆ **faire des ~s** *(Méd)* to use steam inhalations

**inhaler** /inale/ ► conjug 1 ◄ VT *(Méd)* to inhale; *(littér)* to inhale, to breathe (in)

**inharmonieux, -ieuse** /inaʀmɔnjø, jøz/ ADJ *(littér)* inharmonious

**inhérence** /ineʀɑ̃s/ NF *(Philos)* inherence

**inhérent, e** /ineʀɑ̃, ɑ̃t/ ADJ inherent (*à* in, to)

**inhibé, e** /inibe/ (ptp de **inhiber**) ADJ inhibited NM,F inhibited person

**inhiber** /inibe/ ► conjug 1 ◄ VT *(Physiol, Psych)* to inhibit

**inhibiteur, -trice** /inibitœʀ, tʀis/ ADJ inhibitory, inhibitive NM *(Chim, Méd)* inhibitor

**inhibition** /inibisjɔ̃/ NF *(Chim, Physiol, Psych)* inhibition

**inhospitalier, -ière** /inɔspitalje, jɛʀ/ ADJ inhospitable

**inhumain, e** /inymɛ̃, ɛn/ ADJ inhuman

**inhumainement** /inymɛnmɑ̃/ ADV *(littér)* inhumanly

**inhumanité** /inymanite/ NF *(littér)* inhumanity

**inhumation** /inymasjɔ̃/ NF burial, interment, inhumation *(frm)*

**inhumer** /inyme/ ► conjug 1 ◄ VT to bury, to inter *(frm)*; → **permis**

**inimaginable** /inimaʒinabl/ ADJ unthinkable; *(sens affaibli)* unimaginable, unbelievable NM ◆ **l'~ s'est produit** the unthinkable happened

**inimitable** /inimitabl/ ADJ inimitable

**inimitié** /inimitje/ NF enmity ◆ **avoir de l'~ pour** *ou* **contre qn** to have hostile feelings towards sb

**ininflammable** /inɛ̃flamabl/ ADJ nonflammable, noninflammable

**inintelligence** /inɛ̃teliʒɑ̃s/ NF *[de personne, esprit]* lack of intelligence, unintelligence ◆ **l'~ du problème** *(= incompréhension)* the failure to understand the problem, the lack of understanding of the problem

**inintelligent, e** /inɛ̃teliʒɑ̃, ɑ̃t/ ADJ unintelligent

**inintelligibilité** /inɛ̃teliʒibilite/ NF unintelligibility

**inintelligible** /inɛ̃teliʒibl/ ADJ unintelligible

**inintelligiblement** /inɛ̃teliʒibləmɑ̃/ ADV unintelligibly

**inintéressant, e** /inɛ̃teʀesɑ̃, ɑ̃t/ ADJ uninteresting

**ininterrompu, e** /inɛ̃teʀɔ̃py/ ADJ *[suite, ligne]* unbroken; *[file de voitures]* unbroken, steady *(épith)*, uninterrupted; *[flot, vacarme]* steady *(épith)*, uninterrupted, nonstop; *[hausse, baisse]* steady; *[effort, travail]* unremitting, continuous, steady *(épith)* ◆ **12 heures de sommeil** ~ 12 hours' uninterrupted *ou* unbroken sleep ◆ **30 ans de succès** ~ 30 years of continuous *ou* unbroken success ◆ **programme de musique ~e** programme of continuous music

**inique** /inik/ ADJ iniquitous

**iniquité** /inikite/ NF *(gén, Rel)* iniquity

**initial, e** (mpl **-iaux**) /inisjal, jo/ ADJ initial; → **vitesse** NF **initiale** initial ◆ **mettre ses ~es sur qch** to put one's initials on sth, to initial sth

**initialement** /inisjalmɑ̃/ ADV initially

**initialisation** /inisjalisasjɔ̃/ NF *(Ordin)* initialization

**initialiser** /inisjalize/ ► conjug 1 ◄ VT *(Ordin)* to initialize

**initiateur, -trice** /inisjatœʀ, tʀis/ ADJ innovatory NM,F *(= maître, précurseur)* initiator; *[de mode, technique]* innovator, pioneer; *[de projet, mouvement artistique]* initiator, originator

**initiation** /inisjasjɔ̃/ NF initiation (*à* into); ◆ **stage d'~ à l'informatique** introductory *ou* beginners' course in computing ◆ **~ à la linguistique** *(titre d'ouvrage)* introduction to linguistics; → **rite**

**initiatique** /inisjatik/ ADJ *[rite, cérémonie]* initiation *(épith)*, initiatory; *[roman, film]* rite(s)-of-passage *(épith)* ◆ **parcours** *ou* **voyage** *ou* **quête ~** initiatory voyage *ou* journey ◆ **épreuves ~s** initiation rites

**initiative** /inisjativ/ NF *(gén, Pol)* initiative ◆ **prendre l'~ d'une action/de faire qch** to take the initiative for an action/in doing sth ◆ **garder l'~** to keep the initiative ◆ **avoir de l'~** to have initiative ◆ **~ de paix** peace initiative ◆ **~ de défense stratégique** Strategic Defense Initiative ◆ **à** *ou* **sur l'~ de qn** on sb's initiative ◆ **à l'~ de la France ...** following France's initiative ... ◆ **conférence à l'~ des USA** conference initiated by the USA ◆ **de sa propre ~** on his own initiative; → **droit³, syndicat**

**initié, e** /inisje/ (ptp de **initier**) ADJ initiated ◆ **le lecteur ~/non ~** the initiated/uninitiated reader NM,F initiate ◆ **les ~s** the initiated *ou* initiates; → **délit**

**initier** /inisje/ ▸ conjug 7 ◂ VT **a** *[+ personne]* to initiate (*à* into); ◆ **~ qn aux joies de la voile** to introduce sb to the joys of sailing **b** *[+ enquête, dialogue, politique]* to initiate VPR **s'initier** to become initiated, to initiate o.s. (*à* into); ◆ **j'ai besoin d'un peu de temps pour m'~ à l'informatique** I need some time to get to know a bit about computers

**injectable** /ɛ̃ʒɛktabl/ ADJ injectable

**injecté, e** /ɛ̃ʒɛkte/ (ptp de **injecter**) ADJ *(Méd, Tech)* injected (*de* with); *[visage]* congested ◆ **yeux ~s de sang** bloodshot eyes

**injecter** /ɛ̃ʒɛkte/ ▸ conjug 1 ◂ VT *(Méd, Tech)* to inject ◆ **elle s'est injecté de l'insuline** she injected herself with insulin ◆ **~ des fonds dans une entreprise** to pump money into a project

**injecteur, -trice** /ɛ̃ʒɛktœʀ, tʀis/ ADJ injection *(épith)* NM *(Astronautique, Tech)* injector

**injection** /ɛ̃ʒɛksjɔ̃/ NF *(gén)* injection; *(Méd : avec une poire)* douche ◆ **il s'est fait une ~ d'insuline** he injected himself with insulin ◆ **~ d'argent frais** injection of fresh money, new injection of money ◆ **à ~** *[seringue, tube]* injection *(épith)*; *[moteur, système]* fuel-injection *(épith)* ◆ **à ~ électronique/directe** *[moteur]* with electronic/direct fuel injection

**injoignable** /ɛ̃ʒwaɲabl/ ADJ impossible to contact

**injonction** /ɛ̃ʒɔ̃ksjɔ̃/ NF injunction, command, order ◆ **sur son ~** on his orders *ou* command ◆ **~ thérapeutique** *(Jur) probation order which stipulates that the offender complete a drug rehabilitation programme*

**injouable** /ɛ̃ʒwabl/ ADJ *[musique]* unplayable; *[pièce]* unperformable; *(Sport)* *[coup, match, terrain]* unplayable

**injure** /ɛ̃ʒyʀ/ NF **a** *(= insulte)* term of abuse ◆ **"salaud" est une ~** "bastard" is a term of abuse ◆ **une bordée d'~s** a stream of abuse *ou* insults ◆ **~ et diffamation** *(Jur)* libel **b** *(littér = affront)* **faire ~ à qn** to offend sb ◆ **il m'a fait l'~ de ne pas venir** he insulted me by not coming ◆ **ce serait lui faire ~ que de le croire si naïf** it would be insulting to him *ou* an insult to him to think that he could be so naïve **c** *(littér = dommage)* **l'~ des ans** the ravages of time ◆ **l'~ du sort** the slings and arrows of fortune *(littér)*

> ⚠ **injure** *se traduit rarement par* **injury**, *qui a le sens de 'blessure'.*

**injurier** /ɛ̃ʒyʀje/ ▸ conjug 7 ◂ VT to abuse, to shout abuse at

> ⚠ **injurier** *ne se traduit pas par* **to injure**, *qui a le sens de 'blesser'.*

**injurieux, -ieuse** /ɛ̃ʒyʀjø, jøz/ ADJ *[termes, propos]* abusive, offensive; *[attitude, article]* insulting, offensive (*pour, à l'égard de* to)

**injuste** /ɛ̃ʒyst/ ADJ **a** *(= inéquitable)* unjust **b** *(= partial)* unfair (*avec, envers* to, towards); ◆ **ne sois pas ~ !** be fair!

**injustement** /ɛ̃ʒystəmɑ̃/ ADV *[accuser, punir]* unfairly ◆ **~ oublié** unjustly forgotten

**injustice** /ɛ̃ʒystis/ NF **a** *(= iniquité)* injustice; *(= partialité)* unfairness ◆ **il a éprouvé un sentiment d'~** he felt he had been treated unfairly ◆ **lutter contre l'~ sociale** to fight against social injustice **b** *(= acte)* injustice ◆ **réparer des ~s** to right wrongs ◆ **il a été victime d'une ~** he was unfairly treated

**injustifiable** /ɛ̃ʒystifjabl/ ADJ unjustifiable

**injustifié, e** /ɛ̃ʒystifje/ GRAMMAIRE ACTIVE 53.3 ADJ unjustified, unwarranted

**inlandsis** /inlɑ̃dsis/ NM *(glaciaire)* icecap

**inlassable** /ɛ̃lɑsabl/ ADJ *[personne]* tireless, untiring; *[zèle]* unflagging, tireless; *[patience]* inexhaustible

**inlassablement** /ɛ̃lɑsabləmɑ̃/ ADV *[continuer, poursuivre]* tirelessly ◆ **répéter qch ~** to never tire of repeating sth ◆ **revenir ~** to keep (on) coming back

**inné, e** /i(n)ne/ ADJ innate, inborn ◆ **idées ~es** innate ideas

**innervant, e** /inɛʀvɑ̃, ɑ̃t/ ADJ ◆ **gaz ~** nerve gas

**innervation** /inɛʀvasjɔ̃/ NF innervation

**innerver** /inɛʀve/ ▸ conjug 1 ◂ VT to innervate

**innocemment** /inɔsamɑ̃/ ADV innocently

**innocence** /inɔsɑ̃s/ NF *(gén)* innocence ◆ **l'~ de ces farces** the innocence *ou* harmlessness of these pranks ◆ **il l'a fait en toute ~** he did it in all innocence, he meant no harm (by it) ◆ **tu n'as tout de même pas l'~ de croire que ...** come on, you're not so naïve as to believe that ...

**innocent, e** /inɔsɑ̃, ɑ̃t/ GRAMMAIRE ACTIVE 45.2 ADJ *(gén, Jur, Rel)* innocent ◆ **être ~ de qch** to be innocent of sth ◆ **remarque/petite farce bien ~e** quite innocent *ou* harmless remark/little prank ◆ **il est vraiment ~ !** he is a real innocent! ◆ **~ comme l'enfant** *ou* **l'agneau qui vient de naître** as innocent as a new-born babe NM,F **a** *(Jur)* innocent person **b** *(= candide)* innocent (person); *(= niais)* simpleton ◆ **ne fais pas l'~** don't act *ou* play the innocent (with me) ◆ **quel ~ tu fais !** how innocent can you be?, how innocent you are! ◆ **l'~ du village** the village simpleton *ou* idiot ◆ **aux ~s les mains pleines** *(Prov)* fortune favours the innocent; → **massacre**

**innocenter** /inɔsɑ̃te/ ▸ conjug 1 ◂ VT *(Jur = disculper)* to clear, to prove innocent (*de* of); *(= excuser)* to excuse, to justify

**innocuité** /inɔkɥite/ NF *(frm)* innocuousness *(frm)*, harmlessness

**innombrable** /i(n)nɔ̃bʀabl/ ADJ *[détails, péripéties, variétés]* innumerable, countless; *[foule]* vast

**innomé, e** /i(n)nɔme/ ADJ ⇒ **innommé**

**innommable** /i(n)nɔmabl/ ADJ *[conduite, action]* unspeakable, loathsome, unmentionable; *[nourriture, ordures]* foul, vile

**innommé, e** /i(n)nɔme/ ADJ *(= non dénommé)* unnamed; *(= obscur, vague)* nameless

**innovant, e** /inɔvɑ̃, ɑ̃t/ ADJ innovative

**innovateur, -trice** /inɔvatœʀ, tʀis/ ADJ innovatory, innovative NM,F innovator

**innovation** /inɔvasjɔ̃/ NF innovation

**innover** /inɔve/ ▸ conjug 1 ◂ VI to innovate ◆ **~ en matière de mode/d'art** to break new ground *ou* innovate in the field of fashion/of art ◆ **ce peintre innove par rapport à ses prédécesseurs** this painter is breaking new ground compared with his predecessors

**inobservable** /inɔpsɛʀvabl/ ADJ unobservable

**inobservance** /inɔpsɛʀvɑ̃s/ NF *(littér)* inobservance, non-observance

**inobservation** /inɔpsɛʀvasjɔ̃/ NF *(littér, Jur)* non-observance, inobservance

**inobservé, e** /inɔpsɛʀve/ ADJ *(littér, Jur)* unobserved

**inoccupation** /inɔkypasjɔ̃/ NF *(littér)* inoccupation *(littér)*, inactivity

**inoccupé, e** /inɔkype/ ADJ **a** *(= vide) [appartement]* unoccupied, empty; *[siège, emplacement, poste]* vacant, unoccupied, empty **b** *(= oisif)* unoccupied, idle

**in-octavo** /inɔktavo/ ADJ INV, NM INV octavo

**inoculable** /inɔkylabl/ ADJ inoculable

**inoculation** /inɔkylasjɔ̃/ NF *(Méd) (volontaire)* inoculation; *(accidentelle)* infection ◆ **l'~ (accidentelle) d'un virus/d'une maladie dans l'organisme par blessure** the (accidental) infection of the organism by a virus/by disease as a result of an injury

**inoculer** /inɔkyle/ ▸ conjug 1 ◂ VT **a** *(Méd)* **~ un virus/une maladie à qn** *(volontairement)* to inoculate sb with a virus/a disease; *(accidentellement)* to infect sb with a virus/a disease ◆ **~ un malade** to inoculate a patient (*contre* against) **b** *(fig = communiquer)* **~ une passion/son enthousiasme à qn** to infect *ou* imbue sb with a passion/one's enthusiasm ◆ **~ un vice à qn** to pass on a vice to sb

**inodore** /inɔdɔʀ/ ADJ *[gaz]* odourless; *[fleur]* scentless; *(fig) [personne, film, livre]* insipid; → **incolore**

**inoffensif, -ive** /inɔfɑ̃sif, iv/ ADJ *[personne, plaisanterie]* inoffensive, harmless, innocuous; *[piqûre, animal, remède]* harmless, innocuous

**inondable** /inɔ̃dabl/ ADJ liable to flooding

**inondation** /inɔ̃dasjɔ̃/ NF **a** *(= débordement d'eaux)* flood ◆ **la fuite a provoqué une ~ dans la salle de bains** the leak flooded the bathroom **b** *(= afflux)* flood, deluge ◆ **une véritable ~ de produits allégés** a flood of low-fat products

**inonder** /inɔ̃de/ ▸ conjug 1 ◂ VT **a** *(= submerger) [+ prés, cave]* to flood ◆ **populations inondées** flood victims, victims of flooding ◆ **tu as inondé toute la cuisine** * you've flooded the whole kitchen

**b** *(= envahir) [+ marché]* to flood, to swamp, to inundate (*de* with); ◆ **la foule a inondé les rues** the crowd flooded onto the streets ◆ **nous sommes inondés de lettres** we have been inundated with letters, we have received a flood of letters ◆ **inondé de soleil** bathed in sunlight ◆ **inondé de lumière** flooded with light ◆ **la joie inonda son cœur** he was overcome with joy

**c** *(= tremper)* to soak, to drench ◆ **se faire ~ (par la pluie)** to get soaked *ou* drenched (by the rain) ◆ **je suis inondé** I'm soaked (through) *ou* drenched *ou* saturated * ◆ **~ ses cheveux de parfum** to saturate one's hair with scent ◆ **la sueur/le sang inondait son visage** the sweat/blood was pouring *ou* streaming down his face ◆ **inondé de**

**larmes** *[+ joues]* streaming with tears; *[+ yeux]* full of tears

**inopérable** /inɔpeʀabl/ ADJ inoperable

**inopérant, e** /inɔpeʀɑ̃, ɑ̃t/ ADJ ineffective ◆ **cet additif rend ~s les pots catalytiques** this additive makes catalytic converters ineffective *ou* stops catalytic converters working

**inopiné, e** /inɔpine/ ADJ *[rencontre]* unexpected ◆ **mort ~e** sudden death

**inopinément** /inɔpinemɑ̃/ ADV unexpectedly

**inopportun, e** /inɔpɔʀtœ̃, yn/ ADJ *[demande, remarque]* ill-timed, inopportune, untimely ◆ **le moment est ~** it's not the right *ou* best moment, it's not the most opportune moment

**inopportunément** /inɔpɔʀtynemɑ̃/ ADV inopportunely

**inopportunité** /inɔpɔʀtynite/ NF *(littér)* inopportuneness, untimeliness

**inopposabilité** /inɔpozabilite/ NF *(Jur)* non-invocability

**inopposable** /inɔpozabl/ ADJ *(Jur)* non-invocable

**inorganique** /inɔʀganik/ ADJ inorganic

**inorganisé, e** /inɔʀganize/ ADJ *[compagnie, industrie]* unorganized; *[personne]* disorganized, unorganized; *(Sci)* unorganized

**inoubliable** /inublijabl/ ADJ unforgettable

**inouï, e** /inwi/ ADJ *[événement, circonstances]* unprecedented, unheard-of; *[nouvelle]* extraordinary, incredible; *[vitesse, audace, force]* incredible, unbelievable ◆ **c'est/il est ~ !** it's/he's incredible! *ou* unbelievable!

**inox** /inɔks/ ADJ, NM (abrév de **inoxydable**) stainless steel ◆ **couteau/évier (en) ~** stainless steel knife/sink

**inoxydable** /inɔksidabl/ ADJ *[acier, alliage]* stainless; *[couteau]* stainless steel *(épith)* NM stainless steel

**in petto** /inpeto/ LOC ADV ◆ **quel idiot, se dit-il ~** "what a fool", he thought *ou* said to himself

**INPI** /iɛnpei/ NM (abrév de **Institut national de la propriété industrielle**) → **institut**

**input** /input/ NM *(Écon, Ordin)* input

**inqualifiable** /ɛ̃kalifjabl/ ADJ *[conduite, propos]* unspeakable ◆ **d'une ~ bassesse** unspeakably low

**in-quarto** /inkwaʀto/ ADJ INV, NM INV quarto

**inquiet, inquiète** /ɛ̃kjɛ, ɛ̃kjɛt/ ADJ *[personne] (momentanément)* worried, anxious; *(par nature)* anxious; *[gestes]* uneasy; *[attente, regards]* uneasy, anxious; *[sommeil]* uneasy, troubled; *(littér) [curiosité, amour]* restless ◆ **je suis ~ de son absence** I'm worried at his absence, I'm worried *ou* anxious that he's not here ◆ **je suis ~ de ne pas le voir** I'm worried *ou* anxious at not seeing him ◆ **je suis ~ qu'il ne m'ait pas téléphoné** I'm worried that he hasn't phoned me ◆ **c'est un (éternel) ~** he's a (perpetual) worrier

**inquiétant, e** /ɛ̃kjetɑ̃, ɑ̃t/ ADJ *[situation, tendance]* worrying; *[signe, expérience, phénomène]* disturbing, disquieting *(frm)*, unsettling; *[propos, personnage]* disturbing

**inquiéter** /ɛ̃kjete/ ▸ conjug 6 ◂ VT **a** *(= alarmer)* to worry ◆ **la santé de mon fils m'inquiète** I'm worried about my son's health, my son's health worries me ◆ **le champion commence à ~ son adversaire** the champion is starting to get his opponent worried ◆ **ils n'ont jamais pu ~ leurs adversaires** *(Sport)* they never presented a real threat to their opponents

**b** *(= harceler) [+ ville, pays]* to harass ◆ **l'amant de la victime ne fut pas inquiété (par la police)** the victim's lover wasn't troubled *ou* bothered by the police

VPR **s'inquiéter** *(= s'alarmer)* to worry ◆ **ne t'inquiète pas** don't worry ◆ **il n'y a pas de quoi s'~** there's nothing to worry about *ou* get worried about ◆ **t'inquiète !** * *(= ça ne te regarde pas)* none of your business! *, mind your own business! *, keep your nose out of it! *

◆ **s'inquiéter de** *(= s'enquérir)* to inquire about; *(= se soucier)* to worry about, to trouble about, to bother about ◆ **s'~ de l'heure/de la santé de qn** to inquire what time it is/about sb's health ◆ **ne t'inquiète pas de ça, je m'en occupe** don't (you) trouble yourself *ou* worry *ou* bother about that - I'll see to it ◆ **sans s'~ des circonstances/conséquences** without worrying *ou* bothering about the circumstances/consequences ◆ **sans s'~ de savoir si ...** without bothering to find out if ...

◆ **s'inquiéter pour** ◆ **je ne m'inquiète pas pour elle, elle se débrouille toujours** I'm not worried about her, she always manages somehow

**inquiétude** /ɛ̃kjetyd/ NF anxiety; *(littér = agitation)* restlessness ◆ **donner de l'~** *ou* **des ~s à qn** to worry sb, to give sb cause for worry *ou* anxiety ◆ **avoir** *ou* **éprouver des ~s au sujet de** to feel anxious *ou* worried about, to feel some anxiety about ◆ **sujet d'~** cause for concern ◆ **soyez sans ~** have no fear ◆ **fou d'~** mad with worry

**inquisiteur, -trice** /ɛ̃kizitœʀ, tʀis/ ADJ inquisitive, prying NM inquisitor ◆ **le Grand Inquisiteur** *(Hist)* the Grand Inquisitor

**inquisition** /ɛ̃kizisjɔ̃/ NF **a** *(Hist)* **l'Inquisition** the Inquisition ◆ **la Sainte Inquisition** the Holy Office **b** *(péj = enquête)* inquisition

**inquisitoire** /ɛ̃kizitwaʀ/ ADJ *(Jur)* ◆ **procédure ~** proceeding presided over by an interrogating judge

**inquisitorial, e** (mpl **-iaux**) /ɛ̃kizitɔʀjal, jo/ ADJ inquisitorial

**INRA** /inʀa/ NM (abrév de **Institut national de la recherche agronomique**) → **institut**

**inracontable** /ɛ̃ʀakɔ̃tabl/ ADJ *(= trop osé)* unrepeatable; *(= trop compliqué)* unrecountable

**inratable** * /ɛ̃ʀatabl/ ADJ ◆ **ce plat est ~** you can't go wrong with this dish ◆ **cet examen est ~** you'd have to be an idiot to make a mess * of this exam

**INRI** (abrév de **Iesus Nazarenus Rex Iudaeorum**) INRI

**insaisissabilité** /ɛ̃sezisabilite/ NF *(Jur)* non-distrainability

**insaisissable** /ɛ̃sezisabl/ ADJ *[fugitif, ennemi]* elusive; *[personnage]* enigmatic, elusive; *[nuance, différence]* imperceptible, indiscernible; *(Jur) [biens]* not liable to seizure, non-distrainable

**insalissable** /ɛ̃salisabl/ ADJ dirt-proof

**insalubre** /ɛ̃salybʀ/ ADJ *[climat]* insalubrious, unhealthy; *[logement, bâtiment]* unfit for habitation; *[profession]* unhealthy

**insalubrité** /ɛ̃salybʀite/ NF *[de climat]* insalubrity, unhealthiness; *[de logement, bâtiment]* insalubrity; *[de profession]* unhealthiness ◆ **l'immeuble a été démoli pour ~** the building was demolished because it was unfit for habitation

**insanité** /ɛ̃sanite/ NF *(= caractère)* insanity, madness; *(= acte)* insane act; *(= propos)* insane talk *(NonC)* ◆ **proférer des ~s** to talk insanely

**insatiabilité** /ɛ̃sasjabilite/ NF insatiability

**insatiable** /ɛ̃sasjabl/ ADJ insatiable

**insatiablement** /ɛ̃sasjabləmɑ̃/ ADV insatiably

**insatisfaction** /ɛ̃satisfaksjɔ̃/ NF dissatisfaction

**insatisfaisant, e** /ɛ̃satisfəzɑ̃, ɑ̃t/ ADJ unsatisfactory; *(sur devoir scolaire)* poor

**insatisfait, e** /ɛ̃satisfɛ, ɛt/ ADJ *[personne] (= non comblé)* unsatisfied; *(= mécontent)* dissatisfied (*de* with); *[désir, passion]* unsatisfied NM,F ◆ **c'est un éternel ~** he's never satisfied, he's perpetually dissatisfied ◆ **les ~s** the malcontents

**insaturé, e** /ɛ̃satyʀe/ ADJ *(Chim)* unsaturated

**inscriptible** /ɛ̃skʀiptibl/ ADJ *(gén)* inscribable; *(Ordin)* writable

**inscription** /ɛ̃skʀipsjɔ̃/ NF **a** *(= texte)* inscription ◆ **mur couvert d'~s** *(graffiti)* wall covered in graffiti; *(anciennes)* wall covered in inscriptions

**b** *(= action)* **l'~ du texte n'est pas comprise dans le prix** engraving is not included in the price ◆ **l'~ d'une question à l'ordre du jour** putting an item on the agenda ◆ **cela a nécessité l'~ de nouvelles dépenses au budget** this meant the budget had to accommodate additional costs

**c** *(= immatriculation) (gén)* registration; *(Univ)* registration, enrolment *(Brit)*, enrollment *(US)* (*à* at); ◆ **l'~ à un parti/club** joining a party/club ◆ **l'~ des enfants à l'école est obligatoire** it is compulsory to enrol *ou* register children for school ◆ **il y a déjà 20 ~s pour la sortie de jeudi** 20 people have already signed up for Thursday's outing ◆ **les ~s (en faculté) seront closes le 30 octobre** the closing date for enrolment *ou* registration (at the university) is 30 October ◆ **dossier d'~** *(gén)* registration form; *(Univ)* admission form, ≃ UCAS form *(Brit)* ◆ **votre ~ sur la liste dépend de ...** the inclusion of your name on the list depends on ... ◆ **faire son ~** *ou* **prendre ses ~s † en faculté** to register *ou* enrol at university ◆ **les ~s sont en baisse de 5%** enrolment is down by 5% ◆ **droits d'~** enrolment *ou* registration fees ◆ **~ électorale** registration on the electoral roll *(Brit)*, voter registration *(US)*

**d** *(Math)* inscribing

COMP ▷ **inscription de faux** *(Jur)* challenge *(to validity of document)* ▷ **inscription hypothécaire** mortgage registration ▷ **inscription maritime** registration of sailors *(in France)* ◆ **l'Inscription maritime** *(= service)* the Register of Sailors

**inscrire** /ɛ̃skʀiʀ/ ▸ conjug 39 ◂ VT **a** *(= marquer) [+ nom, date]* to note down, to write down; *(Ftbl) [+ but]* to score, to notch up ◆ **~ des dépenses au budget** to list *ou* include expenses in the budget ◆ **~ une question à l'ordre du jour** to put *ou* place a question on the agenda ◆ **ce n'est pas inscrit à l'ordre du jour** it isn't (down) on the agenda ◆ **~ qch dans la pierre/le marbre** to inscribe *ou* engrave sth on stone/marble ◆ **c'est demeuré inscrit dans ma mémoire** it has remained inscribed *ou* etched on my memory ◆ **sa culpabilité est inscrite sur son visage** his guilt is written all over his face *ou* on his face ◆ **greffier, inscrivez (sous ma dictée)** clerk, take *ou* note this down ◆ **le temple est inscrit au patrimoine mondial de l'humanité** the temple is listed as a World Heritage site ◆ **son nom est** *ou* **il est inscrit sur la liste des gagnants** his name is (written) on the list of winners ◆ **il a inscrit une quatrième victoire à son palmarès** he has added a fourth victory to his record

**b** *(= enrôler) [+ client]* to put down; *[+ soldat]* to enlist; *[+ étudiant]* to register, to enrol

◆ ~ **qn sur une liste d'attente** to put sb down *ou* put sb's name down on a waiting list ◆ **je ne peux pas vous ~ avant le 3 août** I can't put you down for an appointment *ou* I can't give you an appointment before 3 August ◆ **(faire) ~ un enfant à l'école** to put a child *ou* child's name down for school, to enrol *ou* register a child for school ◆ **(faire) ~ qn à la cantine/pour une vaccination** to register sb at the canteen/for a vaccination

**c** *(Math)* to inscribe

**VPR** **s'inscrire** **a** *(= apparaître)* **un message s'inscrivit sur l'écran** a message came up *ou* appeared on the screen ◆ **l'avion ennemi s'inscrivit dans le viseur** the enemy aircraft came up on the viewfinder ◆ **la tour s'inscrivait tout entière dans la fenêtre** the tower was framed in its entirety by the window

**b** *(= s'enrôler) (gén)* to register; *(sur la liste électorale)* to put one's name down (*sur* on); *(à l'université)* to register, to enrol *(Brit)*, to enroll *(US)* (*à* at); *(à une épreuve sportive)* to put o.s. down, to put one's name down, to enter (*à* for); ◆ **s'~ à un parti/club** to join a party/club ◆ **je me suis inscrit pour des cours du soir** I've enrolled in *ou* for some evening classes ◆ **s'~ au registre du commerce** ≈ to register with the Chamber of Commerce *(for a trade licence)*

**c** *(= s'insérer dans)* **ces réformes s'inscrivent dans le cadre de notre nouvelle politique** these reforms lie *ou* come *ou* fall within the scope *ou* framework of our new policy ◆ **cette décision s'inscrit dans le cadre de la lutte contre le chômage** this decision is part of the general struggle against unemployment ◆ **cette mesure s'inscrit dans un ensemble** the measure is part of a package

**d** *(Écon)* **s'~ en hausse/en baisse** *[indice, résultat, dépenses]* to be up/down ◆ **l'indice de la Bourse s'inscrivait en baisse de 3 points à la clôture** the share index closed 3 points down

**e** *(Math)* to be inscribed (*dans* in)

**f** *(Jur)* **s'~ en faux** to lodge a challenge ◆ **je m'inscris en faux contre de telles assertions** I strongly deny such assertions

**inscrit, e** /ɛ̃skʀi, it/ (ptp de **inscrire**) **ADJ** **a** *[étudiant]* registered, enrolled; *[candidat, électeur]* registered **b** *(Math)* inscribed **NM,F** *(= membre)* registered member; *(= étudiant)* registered student; *(= concurrent)* (registered) entrant; *(= candidat)* registered candidate; *(= électeur)* registered elector ◆ ~ **maritime** registered sailor

**insécable** /ɛ̃sekabl/ **ADJ** indivisible, undividable ◆ **espace ~** *(Typo)* hard space

**insecte** /ɛ̃sɛkt/ **NM** insect

**insecticide** /ɛ̃sɛktisid/ **NM** insecticide **ADJ** insecticide *(épith)*, insecticidal

**insectivore** /ɛ̃sɛktivɔʀ/ **NM** insectivore ◆ **~s** insectivores, Insectivorae *(SPÉC)* **ADJ** insectivorous

**insécurité** /ɛ̃sekyʀite/ **NF** **a** *(= dangers)* ~ **urbaine** urban violence ◆ **une campagne contre l'~ routière** a road safety campaign ◆ **les problèmes d'~ alimentaire** food safety issues ◆ **cela provoque un sentiment d'~ dans la population** it makes people feel unsafe **b** *(= malaise)* insecurity ◆ ~ **économique** economic insecurity ◆ **les jeunes en situation d'~** youngsters who feel insecure

**INSEE** /inse/ **NM** (abrév de **Institut national de la statistique et des études économiques**) → **institut**

**inséminateur, -trice** /ɛ̃seminatœʀ, tʀis/ **ADJ** inseminating *(épith)* **NM,F** inseminator

**insémination** /ɛ̃seminasjɔ̃/ **NF** insemination ◆ ~ **artificielle** artificial insemination

**inséminer** /ɛ̃semine/ ► conjug 1 ◄ **VT** to inseminate

**insensé, e** /ɛ̃sɑ̃se/ **ADJ** **a** *(= fou) [projet, action, espoir]* insane; *[personne, propos]* insane, demented; *[guerre]* senseless, insane; *[risques, course, défi]* mad, insane ◆ **vouloir y aller seul, c'est ~ !** it's insane *ou* crazy to want to go alone! ◆ **cela demande un travail ~ !** it takes an incredible *ou* a ridiculous amount of work! **b** *(= bizarre) [architecture, arabesques]* weird, extravagant **c** *(= incroyable) [somme]* enormous, extravagant; *[embouteillage]* impossible; *[personne, soirée]* crazy **NM** ◆ **c'est un ~ !** he's demented! *ou* insane!, he's a madman!

**insensibilisation** /ɛ̃sɑ̃sibilizasjɔ̃/ **NF** anaesthetization *(Brit)*, anesthetization *(US)*

**insensibiliser** /ɛ̃sɑ̃sibilize/ ► conjug 1 ◄ **VT** to anaesthetize *(Brit)*, to anesthetize *(US)* ◆ **nous sommes insensibilisés aux atrocités de la guerre** *(fig)* we've become insensitive *ou* inured to the atrocities of war

**insensibilité** /ɛ̃sɑ̃sibilite/ **NF** *(morale)* insensitivity, insensibility; *(physique)* numbness ◆ ~ **au froid/à la douleur/aux reproches** insensitivity *ou* insensibility to cold/pain/blame

**insensible** /ɛ̃sɑ̃sibl/ **ADJ** **a** *(moralement)* insensitive (*à* to); *(physiquement)* numb ◆ **il est ~ à la douleur/au froid** he doesn't feel pain/the cold ◆ **il est ~ à la poésie** he has no feeling for poetry, he doesn't respond to poetry ◆ ~ **à la critique** impervious *ou* immune to criticism ◆ **il n'est pas resté ~ à son charme** he was not impervious to her charm **b** *(= imperceptible)* imperceptible

> ⚠ **insensible** *se traduit rarement par le mot anglais* **insensible**, *qui a le sens de 'inconscient'.*

**insensiblement** /ɛ̃sɑ̃sibləmɑ̃/ **ADV** imperceptibly

**inséparable** /ɛ̃sepaʀabl/ **ADJ** inseparable (*de* from); ◆ **ils sont ~s** they are inseparable **NM** *(Zool)* ◆ **~s** lovebirds

**inséparablement** /ɛ̃sepaʀabləmɑ̃/ **ADV** inseparably

**insérable** /ɛ̃seʀabl/ **ADJ** insertable (*dans* into)

**insérer** /ɛ̃seʀe/ ► conjug 6 ◄ **VT** *[+ feuillet, clause, objet]* to insert (*dans* into; *entre* between); *[+ annonce]* to put, to insert (*dans* in); ◆ **ces séquences ont été insérées après coup** *(Ciné, TV)* these scenes were edited in afterwards **VPR** **s'insérer** **a** *(= faire partie de)* **s'~ dans** to fit into ◆ **ces changements s'insèrent dans le cadre d'une restructuration de notre entreprise** these changes come within *ou* lie within *ou* fit into our overall plan for restructuring the firm **b** *(= s'introduire dans)* **s'~ dans** to filter into ◆ **le rêve s'insère parfois dans la réalité** sometimes dreams invade reality **c** *(= être attaché)* to be inserted *ou* attached

**INSERM** /insɛʀm/ **NM** (abrév de **Institut national de la santé et de la recherche médicale**) ≈ MRC *(Brit)*, NIH *(US)*

**insert** /ɛ̃sɛʀ/ **NM** *(Ciné, Radio, TV)* insert, cut-in ◆ **film comportant en ~ des images d'archives** film with archive footage edited into it ◆ ~ **(de cheminée)** enclosed (glass-fronted) roomheater

**insertion** /ɛ̃sɛʀsjɔ̃/ **NF** *(= action)* insertion, inserting; *(= résultat)* insertion ◆ **(mode d')~** *(Ordin)* insert (mode) ◆ ~ **sociale** social integration ◆ **l'~ professionnelle des jeunes** the integration of young people into the world of work ◆ **logements d'~** *housing for the rehabilitation of homeless or destitute people;* → **revenu**

**insidieusement** /ɛ̃sidjøzmɑ̃/ **ADV** insidiously

**insidieux, -ieuse** /ɛ̃sidjø, jøz/ **ADJ** *[maladie, question]* insidious

**insigne[1]** /ɛ̃siɲ/ **ADJ** *(= éminent) [honneur]* distinguished; *[services]* notable, distinguished; *[faveur]* signal *(épith)*, notable; *(iro) [maladresse, mauvais goût]* remarkable

**insigne[2]** /ɛ̃siɲ/ **NM** *(= cocarde)* badge ◆ **l'~ de, les ~s de** *(frm = emblème)* the insignia of ◆ **portant les ~s de sa fonction** wearing the insignia of his office

**insignifiance** /ɛ̃siɲifjɑ̃s/ **NF** **a** *(= banalité) [de personne, visage, œuvre]* insignificance **b** *(= médiocrité) [d'affaire, somme, propos, détails]* insignificance, triviality; *[de dispute]* triviality

**insignifiant, e** /ɛ̃siɲifjɑ̃, jɑ̃t/ **ADJ** **a** *(= quelconque) [personne, visage, œuvre]* insignificant **b** *(= dérisoire) [affaire, somme, détail]* insignificant, trivial, trifling; *[propos]* insignificant, trivial; *[dispute]* trivial

**insincère** /ɛ̃sɛ̃sɛʀ/ **ADJ** *(littér)* insincere

**insincérité** /ɛ̃sɛ̃seʀite/ **NF** *(littér)* insincerity

**insinuant, e** /ɛ̃sinɥɑ̃, ɑ̃t/ **ADJ** *[façons, ton, personne]* ingratiating

**insinuation** /ɛ̃sinɥasjɔ̃/ **NF** insinuation, innuendo

**insinuer** /ɛ̃sinɥe/ ► conjug 1 ◄ **VT** to insinuate, to imply ◆ **que voulez-vous ~ ?** what are you insinuating? *ou* implying? *ou* suggesting? **VPR** **s'insinuer** ◆ **s'~ dans** *[personne]* to worm one's way into, to insinuate o.s. into; *[eau, odeur]* to seep *ou* creep into ◆ **l'humidité s'insinuait partout** the dampness was creeping in everywhere ◆ **les idées qui s'insinuent dans mon esprit** the ideas that steal *ou* creep into my mind ◆ **ces arrivistes s'insinuent partout** these opportunists worm their way in everywhere ◆ **s'~ dans les bonnes grâces de qn** to worm one's way into *ou* insinuate o.s. into sb's favour

**insipide** /ɛ̃sipid/ **ADJ** **a** *[plat, boisson]* insipid, tasteless **b** *(péj) [conversation, style]* insipid, vapid; *[écrivain, film, œuvre, vie]* insipid

**insipidité** /ɛ̃sipidite/ **NF** **a** *[de plat, boisson]* insipidness, insipidity, tastelessness **b** *(péj) [de conversation, style]* insipidity, vapidity; *[d'écrivain, film, œuvre, vie]* insipidity

**insistance** /ɛ̃sistɑ̃s/ **NF** insistence (*sur qch* on sth; *à faire qch* on doing sth); ◆ **avec ~** *[répéter, regarder]* insistently

**insistant, e** /ɛ̃sistɑ̃, ɑ̃t/ **ADJ** insistent

**insister** /ɛ̃siste/ ► conjug 1 ◄ **VI** **a** ◆ ~ **sur** *[+ sujet, détail]* to stress, to lay stress on; *[+ syllabe, note]* to accentuate, to emphasize, to stress ◆ **j'insiste beaucoup sur la ponctualité** I lay great stress upon punctuality ◆ **frottez en insistant (bien) sur les taches** rub hard, paying particular attention to stains ◆ **c'est une affaire louche, enfin n'insistons pas** it's a shady business – however let us not dwell on it *ou* don't let us keep on about it * ◆ **je préfère ne pas ~ là-dessus** I'd rather not dwell on it, I'd rather let the matter drop

**b** *(= s'obstiner)* to be insistent (*auprès de* with) to insist ◆ **il insiste pour vous parler** he is insistent about wanting to talk to you ◆ **comme ça ne l'intéressait pas, je n'ai pas insisté** since it didn't interest him, I didn't push the matter *ou* I didn't insist ◆ **sonnez encore, insistez, elle est un peu sourde** ring again and keep (on) trying because she's a little deaf ◆ **j'insiste, c'est très important !** I assure you it's very important! ◆ **bon, je n'insiste pas, je m'en vais** * OK, I won't insist - I'll go

**in situ** /insity/ ADV in situ

**insociable** /ɛ̃sɔsjabl/ ADJ unsociable

**insolation** /ɛ̃sɔlasjɔ̃/ NF a *(= malaise)* sunstroke *(NonC)*, insolation *(SPÉC)* ◆ **attraper une ~** to get sunstroke ◆ **j'ai eu une ~** I had a touch of sunstroke b *(= ensoleillement)* (period of) sunshine ◆ **ces stations ont une ~ très faible** these resorts get very little sun(shine) ◆ **une ~ de 1 000 heures par an** 1,000 hours of sunshine a year c *(= exposition au soleil) [de personne]* exposure to the sun; *[de pellicule]* exposure (to the light), insolation *(SPÉC)*

**insolemment** /ɛ̃sɔlamɑ̃/ ADV a *(= effrontément) [parler, répondre]* insolently b *(= outrageusement)* unashamedly, blatantly, brazenly c *(littér = avec arrogance)* arrogantly

**insolence** /ɛ̃sɔlɑ̃s/ NF *(= impertinence)* insolence *(NonC)*; *(littér) (= morgue)* arrogance; *(= remarque)* insolent remark ◆ **répondre/rire avec ~** to reply/laugh insolently ◆ **il a eu l'~ de la contredire** he was insolent enough to contradict her, he had the temerity to contradict her ◆ **encore une ~ comme celle-ci et je te renvoie** one more insolent remark like that *ou* any more of your insolence and I'll send you out

**insolent, e** /ɛ̃sɔlɑ̃, ɑ̃t/ ADJ a *(= impertinent)* cheeky, impertinent ◆ **tu es un ~ !** you're being cheeky! b *(= inouï) [luxe]* unashamed ◆ **il a une chance ~e !** he has the luck of the devil! c *(littér = arrogant) [parvenu, vainqueur]* arrogant

**insolite** /ɛ̃sɔlit/ ADJ unusual, out of the ordinary *(attrib)* NM ◆ **aimer l'~** to like things which are out of the ordinary, to like unusual things

**insolubilité** /ɛ̃sɔlybilite/ NF insolubility

**insoluble** /ɛ̃sɔlybl/ ADJ insoluble

**insolvabilité** /ɛ̃sɔlvabilite/ NF insolvency

**insolvable** /ɛ̃sɔlvabl/ ADJ insolvent

**insomniaque** /ɛ̃sɔmnjak/ ADJ, NMF insomniac ◆ **c'est un ~, il est ~** he suffers from insomnia

**insomnie** /ɛ̃sɔmni/ NF insomnia *(NonC)* ◆ **nuit d'~** sleepless night ◆ **ses ~s** his (periods of) insomnia

**insondable** /ɛ̃sɔ̃dabl/ ADJ *[gouffre, mystère, douleur]* unfathomable; *[stupidité]* immense, unimaginable

**insonore** /ɛ̃sɔnɔʀ/ ADJ soundproof

**insonorisation** /ɛ̃sɔnɔʀizasjɔ̃/ NF soundproofing

**insonoriser** /ɛ̃sɔnɔʀize/ ► conjug 1 ◄ VT to soundproof ◆ **immeuble mal insonorisé** badly soundproofed building

**insortable** * /ɛ̃sɔʀtabl/ ADJ ◆ **tu es ~ !** I (*ou* we etc) can't take you anywhere! *

**insouciance** /ɛ̃susjɑ̃s/ NF *(= nonchalance)* unconcern, lack of concern; *(= manque de prévoyance)* heedless *ou* happy-go-lucky attitude ◆ **vivre dans l'~** to live a carefree life

**insouciant, e** /ɛ̃susjɑ̃, jɑ̃t/ ADJ *(= sans souci) [personne, vie, humeur]* carefree, happy-go-lucky; *[rire, paroles]* carefree; *(= imprévoyant)* heedless, happy-go-lucky ◆ **quel ~ (tu fais) !** you're such a heedless *ou* happy-go-lucky person! ◆ **~ du danger** heedless of (the) danger

**insoucieux, -ieuse** /ɛ̃susjø, jøz/ ADJ carefree ◆ **~ du lendemain** unconcerned about the future, not caring about what tomorrow may bring

**insoumis, e** /ɛ̃sumi, iz/ ADJ *[caractère, enfant]* rebellious, insubordinate; *[tribu, peuple, région]* undefeated, unsubdued ◆ **soldat ~** *(Mil)* draft-dodger NM *(Mil)* draft-dodger

**insoumission** /ɛ̃sumisjɔ̃/ NF insubordination, rebelliousness; *(Mil)* absence without leave

**insoupçonnable** /ɛ̃supsɔnabl/ ADJ *[personne]* above *ou* beyond suspicion *(attrib)*; *[cachette]* impossible to find; *[desseins]* unsuspected

**insoupçonné, e** /ɛ̃supsɔne/ ADJ unsuspected

**insoutenable** /ɛ̃sut(ə)nabl/ ADJ *[spectacle, douleur, chaleur, odeur]* unbearable; *[théorie]* untenable ◆ **d'une violence ~** unbearably violent

**inspecter** /ɛ̃spɛkte/ ► conjug 1 ◄ VT *(= contrôler)* to inspect; *(= scruter)* to inspect, to examine

**inspecteur, -trice** /ɛ̃spɛktœʀ, tʀis/ NM,F *(gén)* inspector ◆ **~ des finances** *auditor at the Treasury (with special responsibility for the inspection of public finances)* ◆ **~ des impôts** ≈ tax inspector ◆ **~ de police (judiciaire)** ≈ detective *(Brit)*, (police) lieutenant *(US)* ◆ **~ de police principal** detective chief inspector *(Brit)*, (police) lieutenant *(US)* ◆ **~ du travail** factory inspector ◆ **~ primaire** primary school inspector ◆ **~ d'Académie** chief education officer ◆ **~ pédagogique régional** ≈ inspector of schools *(Brit)*, accreditation officer *(US)* ◆ **~ général de l'instruction publique** ≈ chief inspector of schools ◆ **voilà l'~ des travaux finis !** * *(hum ou péj)* it's a bit late to start offering your advice!

**inspection** /ɛ̃spɛksjɔ̃/ NF a *(= examen)* inspection ◆ **faire l'~ de** to inspect ◆ **soumettre qch à une ~ en règle** to give sth a good *ou* thorough inspection *ou* going-over * b *(= inspectorat)* inspectorship; *(= inspecteurs)* inspectorate ◆ **~ académique** *(= service)* school inspectorate ◆ **~ (générale) des Finances** *department of the Treasury responsible for auditing public bodies* ◆ **~ du Travail** ≈ factory inspectorate ◆ **l'Inspection générale des services** *(Police)* the police monitoring service, ≈ the Police Complaints Board *(Brit)* ◆ **Inspection générale de la police nationale** police disciplinary body, ≈ Complaints and Discipline Branch *(Brit)*, Internal Affairs *(US)*

**inspectorat** /ɛ̃spɛktɔʀa/ NM inspectorship

**inspirateur, -trice** /ɛ̃spiʀatœʀ, tʀis/ ADJ *[idée, force]* inspiring; *(Anat)* inspiratory NM,F *(= animateur)* inspirer; *(= instigateur)* instigator ◆ **le poète et son inspiratrice** the poet and the woman who inspires (*ou* inspired) him

**inspiration** /ɛ̃spiʀasjɔ̃/ NF a *(divine, poétique)* inspiration ◆ **avoir de l'~** to have inspiration, to be inspired ◆ **selon l'~ du moment** according to the mood of the moment, as the mood takes me (*ou* you *etc*) ◆ **Julie fut une source d'~ pour lui** Julie was an inspiration to him b *(= idée)* inspiration, brainwave * ◆ **par une heureuse ~** thanks to a flash of inspiration ◆ **j'eus la bonne/mauvaise ~ de refuser** I had the bright/bad idea of refusing c *(= instigation)* instigation; *(= influence)* inspiration ◆ **sous l'~ de qn** at sb's instigation, prompted by sb ◆ **tableau d'~ religieuse** picture inspired by a religious subject ◆ **mouvement d'~ communiste** communist-inspired movement d *(= respiration)* inspiration

**inspiré, e** /ɛ̃spiʀe/ (ptp de **inspirer**) ADJ a *[poète, œuvre, air]* inspired ◆ **qu'est-ce que c'est que cet ~ ?** *(iro)* whoever's this cranky character? *ou* this weirdo? * *(péj)* b (* = avisé) **il serait bien ~ de partir** he'd be well advised *ou* he'd do well to leave ◆ **j'ai été bien/mal ~ de refuser** *ou* **quand j'ai refusé** I was truly inspired/ill inspired when I refused c ◆ **~ de** inspired by ◆ **mode ~e des années cinquante** style inspired by the Fifties

**inspirer** /ɛ̃spiʀe/ ► conjug 1 ◄ VT a *[+ poète, prophète]* to inspire ◆ **sa passion lui a inspiré ce poème** his passion inspired him to write this poem ◆ **cette idée ne m'inspire pas beaucoup** * I'm not very taken with that idea, I'm not all that keen on this idea * *(Brit)* ◆ **le sujet de dissertation ne m'a pas vraiment inspiré** I didn't find the essay subject very inspiring

b *(= susciter) [+ acte, personne]* to inspire ◆ **~ un sentiment à qn** to inspire sb with a feeling ◆ **~ le respect à qn** to command sb's respect ◆ **sa santé m'inspire des inquiétudes** his health gives me cause for concern ◆ **il ne m'inspire pas confiance** he doesn't inspire me with confidence, I don't really trust him ◆ **cela ne m'inspire rien de bon** I don't like the sound (*ou* look) of it ◆ **toute l'opération était inspirée par un seul homme** the whole operation was inspired by one man ◆ **l'horreur qu'il m'inspire** the horror he fills me with ◆ **sa réaction était inspirée par la crainte** his reaction sprang from fear

c *(= insuffler)* ◆ **~ de l'air dans qch** to breathe air into sth

VI *(= respirer)* to breathe in, to inspire *(SPÉC)*

VPR **s'inspirer** ◆ **s'~ d'un modèle** *[artiste]* to draw one's inspiration from a model, to be inspired by a model; *[mode, tableau, loi]* to be inspired by a model

**instabilité** /ɛ̃stabilite/ NF a *(gén, Sci)* instability; *[de meuble, échafaudage]* unsteadiness ◆ **l'~ du temps** the unsettled (nature of the) weather b *(Psych) [de personne, caractère]* (emotional) instability

**instable** /ɛ̃stabl/ ADJ a *(gén, Sci)* unstable; *[meuble, échafaudage]* unsteady; *[temps]* unsettled; → **équilibre** b *(Psych) [personne, caractère]* (emotionally) unstable

**installateur** /ɛ̃stalatœʀ/ NM fitter ◆ **~ en chauffage central** central heating installation engineer ◆ **~ de cuisine** kitchen fitter

**installation** /ɛ̃stalasjɔ̃/ NF a *(= mise en service, pose) [d'électricité, chauffage central, téléphone, eau courante]* installation, installing, putting in; *[d'applique]* putting in; *[de rideaux, étagère]* putting up; *[de tente]* putting up, pitching ◆ **l'~ du téléphone n'est pas gratuite** there's a charge for installing the telephone ◆ **ils s'occupent aussi de l'~ du mobilier** they also take care of moving the furniture in *ou* of installing the furniture ◆ **frais/travaux d'~** installation costs/work

b *(= aménagement) [de pièce, appartement]* fitting out; *(= meubles)* living arrangements, setup * ◆ **ils ont une ~ provisoire** they have temporary living arrangements *ou* a temporary setup * ◆ **qu'est-ce que vous avez comme ~ ?** what kind of a setup * do you have?

c *(= établissement) [d'artisan, commerçant]* setting up; *[de dentiste, médecin]* setting up one's practice; *[d'usine]* setting up ◆ **il lui fallait songer à l'~ de son fils** he had to think about setting his son up

d *(dans un logement)* settling; *(= emménagement)* settling in ◆ **il voulait fêter son ~** he wanted to celebrate moving in ◆ **leur ~ terminée, ils ...** when they had finally settled in, they ... ◆ **ils sont en pleine ~** they're moving in at the moment

e *(= équipement) (gén pl)* fittings, installations; *(= usine)* plant *(NonC)* ◆ **l'~ téléphonique** the phone system ◆ **l'~ électrique est défectueuse** the wiring is faulty ◆ **~(s) sanitaire(s)/électrique(s)** sanitary/electrical fittings *ou* installations ◆ **~s sportives** sports facilities ◆ **les ~s industrielles d'une région** the industrial installations *ou* plant of a region ◆ **~s nucléaires** nuclear plant ◆ **~s portuaires** port facilities ◆ **le camping**

**est doté de toutes les ~s nécessaires** the campsite has all the necessary facilities

f *(Art)* installation

**installé, e** /ɛ̃stale/ (ptp de **installer**) ADJ *(= aménagé)* ◆ **bien/mal** ~ *[appartement]* well/badly fitted out; *[atelier, cuisine]* well/badly equipped *ou* fitted out ◆ **ils sont très bien ~s** they have a comfortable *ou* nice home ◆ **c'est un homme** ~ † he is well-established

**installer** /ɛ̃stale/ ► conjug 1 ◄ VT a *(= mettre en service) [+ électricité, téléphone, eau courante]* to put in; *[+ chauffage central]* to install, to put in; *[+ usine]* to set up ◆ **faire ~ le gaz/le téléphone** to have (the) gas/the telephone put in

b *(= placer, poser) [+ rideaux, étagère]* to put up; *[+ applique]* to put in; *[+ tente]* to put up, to pitch ◆ **où va-t-on ~ le lit ?** where shall we put the bed?

c *(= aménager) [+ pièce, appartement]* to furnish ◆ **ils ont très bien installé leur appartement** they've furnished their flat *(Brit) ou* apartment *(US)* very nicely ◆ **ils ont installé leur bureau dans le grenier** they've turned the attic into a study, they've made a study in the attic

d *(= loger) [+ malade, jeune couple]* to get settled, to settle ◆ **ils installèrent leurs hôtes dans une aile du château** they put their guests in a wing of the château

e *(= établir)* **il a installé son fils dentiste/à son compte** he set his son up as a dentist/in his own business

f *(= nommer) [+ fonctionnaire, évêque]* to install ◆ **il a été officiellement installé dans ses fonctions** he has been officially installed in his post

g *(Ordin)* to install

VPR **s'installer** a *(= s'établir) [artisan, commerçant]* to set up (*comme* as); *[dentiste, médecin]* to set up practice ◆ **s'~ à son compte** to set up on one's own ◆ **ils se sont installés à la campagne/à Lyon** they've settled *ou* they've gone to live in the country/in Lyons

b *(= se loger)* to settle; *(= emménager)* to settle in ◆ **laisse-leur le temps de s'~** give them time to settle in ◆ **pendant la guerre, ils s'étaient installés chez des amis** during the war they moved in *ou* lived with friends ◆ **s'~ dans une maison abandonnée** to move into an abandoned house ◆ **ils sont bien installés dans leur nouvelle maison** they're nicely settled in their new house

c *(sur un siège, à un emplacement)* to sit down ◆ **s'~ commodément** to settle o.s. ◆ **s'~ par terre/dans un fauteuil** to sit down on the floor/in an armchair ◆ **installe-toi comme il faut** *(confortablement)* make yourself comfortable; *(= tiens-toi bien)* sit properly ◆ **installons-nous près de cet arbre** shall we sit by this tree? ◆ **partout où il va il s'installe comme chez lui** wherever he goes he makes himself at home ◆ **les forains se sont installés sur un terrain vague** they've set up the fair on a piece of wasteland ◆ **la fête s'est installée sur la place du marché** they've set up the fair in the marketplace

d *[grève, maladie]* to take hold ◆ **s'~ dans** *[personne] [+ inertie]* to sink into; *[+ malhonnêteté]* to entangle o.s. in, to get involved in ◆ **le doute s'installa dans mon esprit** I began to have doubts ◆ **la peur s'était installée dans la ville** the town was gripped by fear

> ⚠ *Attention à ne pas traduire automatiquement* **installer** *par* **to install** *; l'anglais préfère employer un verbe à particule.*

**instamment** /ɛ̃stamɑ̃/ ADV insistently, earnestly ◆ **il demande ~ au gouvernement de prendre une décision** he is urging the government to make a decision

**instance** /ɛ̃stɑ̃s/ NF a *(= autorité)* authority ◆ **les ~s internationales/communautaires** the international/EU authorities ◆ **la plus haute ~ judiciaire du pays** the country's highest judicial body *ou* legal authorities ◆ **les plus hautes ~s du parti** the party leadership ◆ **le conflit devra être tranché par l'~ supérieure** the dispute will have to be resolved by a higher authority ◆ **les ~s dirigeantes du football** football's governing bodies

b *(Jur)* (legal) proceedings ◆ **introduire une ~** to institute (legal) proceedings ◆ **en seconde ~** on appeal; → **juge, tribunal**

c *(= prière, insistance)* **demander qch avec ~** to ask for something with insistence, to make an earnest request for sth ◆ **~s** entreaties ◆ **sur** *ou* **devant les ~s de ses parents** in the face of his parents' entreaties

d *(loc)*

◆ **en + instance** *(= en cours)* ◆ **l'affaire est en ~** the matter is pending ◆ **être en ~ de divorce** to be waiting for a divorce ◆ **le train est en ~ de départ** the train is on the point of departure *ou* about to leave ◆ **courrier en ~** mail ready for posting *ou* due to be dispatched ◆ **en dernière ~** in the final analysis, ultimately

e *(Psych)* agency

**instant¹** /ɛ̃stɑ̃/ NM *(= moment)* moment, instant ◆ **des ~s de tendresse** tender moments, moments of tenderness ◆ **j'ai cru (pendant) un ~ que** I thought for a moment *ou* a second that ◆ **(attendez) un ~ !** wait a moment!, just a moment! ◆ **l'~ fatal** the final moment ◆ **je n'en doute pas un (seul) ~** I don't doubt it for a (single) moment ◆ **au même ~** at the (very) same moment *ou* instant ◆ **d'~ en ~** from moment to moment, every moment ◆ **dans un ~** in a moment *ou* minute ◆ **en un ~** in an instant, in no time (at all) ◆ **par ~s** at times

◆ **à l'instant** ◆ **je l'ai vu à l'~** I've just this instant *ou* minute *ou* second seen him ◆ **il faut le faire à l'~** we must do it this instant *ou* minute ◆ **on me l'apprend à l'~ (même)** I've just been told, I've just heard about it ◆ **à l'~ (présent)** at this very instant *ou* moment *ou* minute ◆ **à l'~ où je vous parle** as I'm speaking to you now, as I speak ◆ **à l'~ (même) où il sortit** just as he went out, (just) at the very moment *ou* instant he went out

◆ **à chaque instant, à tout instant** *(= d'un moment à l'autre)* at any moment *ou* minute; *(= tout le temps)* all the time, every minute

◆ **dans l'instant** *(= immédiatement)* there and then, immediately ◆ **il faut vivre dans l'~** *(= le présent)* you must live in the present (moment)

◆ **d'un instant à l'autre** any minute now ◆ **ça peut changer d'un ~ à l'autre** it can change from one minute to the next

◆ **de tous les instants** *[surveillance]* perpetual, constant; *[dévouement, attention]* constant

◆ **dès l'instant où/que** ◆ **dès l'~ où** *ou* **que vous êtes d'accord** *(puisque)* since you agree ◆ **dès l'~ où je l'ai vu** *(dès que)* as soon as I saw him, from the moment I saw him

◆ **pour l'instant** for the moment, for the time being

**instant², e** /ɛ̃stɑ̃, ɑ̃t/ ADJ *(littér = pressant)* insistent, pressing, earnest

**instantané, e** /ɛ̃stɑ̃tane/ ADJ *[lait, café, soupe]* instant *(épith)*; *[mort, réponse, effet]* instantaneous; *(littér = bref) [vision]* momentary NM *(Photo)* snapshot, snap *; *(fig)* snapshot

**instantanéité** /ɛ̃stɑ̃taneite/ NF instantaneousness, instantaneity ◆ **cela favorise l'~ de l'accès à l'information** that enables us to have instant access to information

**instantanément** /ɛ̃stɑ̃tanemɑ̃/ ADV instantaneously ◆ **pour préparer ~ un bon café** to make good coffee instantly

**instar** /ɛ̃staʀ/ **à l'instar de** LOC ADV *(frm) (= à l'exemple de)* following the example of, after the fashion of; *(= comme)* like

**instauration** /ɛ̃stɔʀasjɔ̃/ NF *[de pratique]* institution; *[de régime, dialogue]* establishment; *[de taxe]* introduction; *[d'état d'urgence]* imposition

**instaurer** /ɛ̃stɔʀe/ ► conjug 1 ◄ VT *[+ usage, pratique]* to institute; *[+ paix, régime, dialogue]* to establish; *[+ méthode, quotas, taxe]* to introduce; *[+ couvre-feu, état d'urgence]* to impose ◆ **la révolution a instauré la république** the revolution established the republic ◆ **le doute s'est instauré dans les esprits** people have begun to have doubts

**instigateur, -trice** /ɛ̃stigatœʀ, tʀis/ NM,F instigator

**instigation** /ɛ̃stigasjɔ̃/ NF instigation ◆ **à l'~ de qn** at sb's instigation

**instillation** /ɛ̃stilasjɔ̃/ NF instillation

**instiller** /ɛ̃stile/ ► conjug 1 ◄ VT *(littér, Méd)* to instil *(Brit)*, to instill *(US)* (*dans* in, into); ◆ **il m'a instillé la passion du jeu** he instilled the love of gambling in *ou* into me

**instinct** /ɛ̃stɛ̃/ NM *(gén)* instinct ◆ **~ maternel** maternal instinct ◆ **~ de mort** *(Psych)* death wish ◆ **~ de vie** will to live ◆ **~ grégaire** gregarious *ou* herd instinct ◆ **~ de conservation** instinct of self-preservation ◆ **il a l'~ des affaires** he has an instinct for business ◆ **faire qch d'~** *ou* **par ~** *ou* **à l'~** to do sth instinctively ◆ **d'~, il comprit la situation** intuitively *ou* instinctively he understood the situation ◆ **mon ~ me dit que** (my) instinct tells me that ◆ **céder à ses (mauvais) ~s** to yield to one's (bad) instincts

**instinctif, -ive** /ɛ̃stɛ̃ktif, iv/ ADJ *(gén)* instinctive, instinctual ◆ **c'est un ~** he (always) acts on instinct

**instinctivement** /ɛ̃stɛ̃ktivmɑ̃/ ADV instinctively

**instit** * /ɛ̃stit/ NMF abrév de **instituteur, -trice**

**instituer** /ɛ̃stitɥe/ ► conjug 1 ◄ VT *[+ règle, pratique, organisation]* to institute; *[+ relations commerciales]* to establish; *[+ impôt]* to introduce; *[+ évêque]* to institute; *[+ héritier]* to appoint, to institute VPR **s'instituer** *[relations commerciales]* to start up, to be (*ou* become) established

**institut** /ɛ̃stity/ NM institute; *(Univ)* institute, school *(Brit)* ◆ **l'Institut (de France)** the Institut de France, ≃ the Royal Society *(Brit)* ◆ **membre de l'Institut** member of the Institut de France, ≃ Fellow of the Royal Society *(Brit)* ◆ **~ de beauté** beauty salon *ou* parlor *(US)* ◆ **~ de sondage** polling organization

COMP ▷ **Institut géographique national** *French geographical institute,* ≃ Ordnance Survey *(Brit)*, United States Geological Survey *(US)*, USGS *(US)* ▷ **Institut du Monde Arabe** *Arab cultural centre in Paris* ▷ **Institut monétaire européen** European Monetary Institute, EMI ▷ **Institut national de l'audiovisuel** *library of radio and television archives* ▷ **Institut national de la consommation** *consumer research organization,* ≃ Consumers' Association *(Brit)*, Consumer Product Safety Commission *(US)* ▷ **Institut national de la propriété industrielle** ≃ Patent Office ▷ **Institut national de la recherche agronomique** *national institute for agronomic research* ▷ **Institut national de la santé et de la recherche médicale** *national institute for health and medical research,* ≃ Medical Research Council *(Brit),* National Institute of Health *(US)* ▷ **Institut national de la statistique et des études économiques** *French national institute of economic and statistical information* ▷ **Institut Pasteur** Pasteur Institute ▷ **Institut universitaire de formation des maîtres** *teacher training college* ▷ **Institut universitaire de technologie** ≃ polytechnic *(Brit),* technical school *ou* institute *(US);* → **médico-légal**

**instituteur, -trice** /ɛ̃stitytœʀ, tʀis/ **NM,F** (primary school) teacher ◆ ~ **spécialisé** teacher in special school (for the handicapped) **NF institutrice** *(Hist = gouvernante)* governess

**institution** /ɛ̃stitysjɔ̃/ **NF** **a** *(= organisme, structure)* institution; *(= école)* private school ◆ **nos ~s sont menacées** our institutions are threatened ◆ **ce présentateur est devenu une véritable** ~ *(iro)* this TV presenter has become a national institution ◆ **la mendicité est ici une véritable** ~ **!** *(iro)* begging is a way of life here! **b** *(= instauration) [de pratique]* institution; *[de relations]* establishment; *[d'impôt]* introduction; *[d'évêque]* institution **COMP** ▷ **institution d'héritier** *(Jur)* appointment of an heir ▷ **institution religieuse** *(gén)* denominational school; *(catholique)* Catholic school, parochial school *(US)*

**institutionnalisation** /ɛ̃stitysjɔnalizasjɔ̃/ **NF** institutionalization

**institutionnaliser** /ɛ̃stitysjɔnalize/ ► conjug 1 ◄ **VT** to institutionalize **VPR s'institutionnaliser** to become institutionalized

**institutionnel, -elle** /ɛ̃stitysjɔnɛl/ **ADJ** institutional

**institutrice** /ɛ̃stitytʀis/ **NF** → **instituteur**

**instructeur** /ɛ̃stʀyktœʀ/ **NM** instructor **ADJ** ◆ **juge** *ou* **magistrat** ~ examining magistrate ◆ **capitaine/sergent** ~ drill captain/sergeant

**instructif, -ive** /ɛ̃stʀyktif, iv/ **ADJ** instructive

**instruction** /ɛ̃stʀyksjɔ̃/ **NF** **a** *(= enseignement)* education ◆ **l'~ que j'ai reçue** the teaching *ou* education I received ◆ **niveau d'~** academic standard ◆ ~ **civique** civics *(sg)* ◆ ~ **militaire** army training ◆ ~ **religieuse** religious instruction *ou* education *ou* studies ◆ **l'~ publique** state education

**b** *(= culture)* education ◆ **avoir de l'~** to be well educated ◆ **être sans ~** to have no education

**c** *(Jur) pre-trial investigation of a case* ◆ **ouvrir une ~** to initiate an investigation into a crime; → **juge**

**d** *(Admin = circulaire)* directive ◆ ~ **ministérielle/préfectorale** ministerial/prefectural directive

**e** *(Ordin)* instruction ◆ **~s d'entrée-sortie** input-output instructions

**NFPL instructions** *(= directives)* instructions; *(= mode d'emploi)* instructions, directions ◆ **~s de lavage** *(gén)* washing instructions; *(= étiquette)* care label ◆ **suivre les ~s données sur le paquet** to follow the instructions *ou* directions given on the packet ◆ **conformément/contrairement à vos ~s** in accordance with/contrary to your instructions

> ⚠ *Au sens de 'éducation', 'culture',* **instruction** *ne se traduit généralement pas par le mot anglais* **instruction**.

**instruire** /ɛ̃stʀɥiʀ/ ► conjug 38 ◄ **VT** **a** *(= former) (gén)* to teach, to educate; *[+ recrue]* to train ◆ ~ **qn dans l'art oratoire** to educate *ou* instruct sb in the art of oratory ◆ **c'est la vie qui m'a instruit** life has educated me, life has been my teacher ◆ ~ **qn par l'exemple** to teach *ou* educate sb by example ◆ **instruit par son exemple** having learnt from his example ◆ **ces émissions ne visent pas à ~ mais à divertir** these broadcasts are not intended to teach *ou* educate *ou* instruct but to entertain

**b** *(= informer)* ~ **qn de qch** to inform *ou* advise sb of sth

**c** *(Jur) [+ affaire, dossier]* to conduct an investigation into ◆ ~ **contre qn** to conduct investigations concerning sb

**VPR s'instruire** *(= apprendre)* to educate o.s. ◆ **c'est comme ça qu'on s'instruit !** *(hum)* that's how you learn! ◆ **on s'instruit à tout âge** *(hum)* it's never too late to learn ◆ **s'~ de qch** *(frm = se renseigner)* to obtain information about sth, to find out about sth ◆ **s'~ de qch auprès de qn** to obtain information *ou* find out from sb about sth

**instruit, e** /ɛ̃stʀɥi, it/ (ptp de **instruire**) **ADJ** educated ◆ **peu ~** uneducated

**instrument** /ɛ̃stʀymɑ̃/ **NM** **a** *(= objet)* instrument ◆ ~ **de musique/de chirurgie/de mesure/à vent** musical/surgical/measuring/wind instrument ◆ **~s aratoires** ploughing implements ◆ ~ **de travail** tool ◆ **les ~s de bord** *(Aviat)* the controls ◆ **naviguer aux ~s** *(Aviat)* to fly on instruments

**b** *(= moyen)* **être l'~ de qn** to be sb's tool ◆ **le président fut l'~ de/servit d'~ à la répression** the president was the instrument *ou* tool of/served as an *ou* the instrument of repression ◆ **elle a été l'~ de cette vengeance** she was *ou* served as the instrument of this revenge ◆ **elle a été l'~ privilégié de sa réussite** she was the key *ou* principal instrument of his success ◆ **~s de paiement** means of payment ◆ **~s financiers** financial instruments

**instrumental, e** (mpl **-aux**) /ɛ̃stʀymɑ̃tal, o/ **ADJ** *(Ling, Mus)* instrumental **NM** *(Ling)* instrumental

**instrumentalisation** /ɛ̃stʀymɑ̃talizasjɔ̃/ **NF** *[de personne, événement]* exploitation ◆ **cette ~ politique de la religion** this use of religion for political ends ◆ **il craint que les biotechnologies ne conduisent à une ~ du corps humain** he fears that biotechnologies will lead to the human body being treated as a mere object

**instrumentaliser** /ɛ̃stʀymɑ̃talize/ ► conjug 1 ◄ **VT** *[+ chose, événement, personne]* to make use of, to exploit ◆ **toutes les nations instrumentalisent l'histoire** all countries use *ou* exploit history for their own ends ◆ **la société instrumentalise l'individu** society turns people into robots

**instrumentation** /ɛ̃stʀymɑ̃tasjɔ̃/ **NF** **a** *(Mus)* instrumentation, orchestration **b** *(Tech)* instrumentation

**instrumenter** /ɛ̃stʀymɑ̃te/ ► conjug 1 ◄ **VI** *(Jur)* to draw up a formal document **VT** **a** *(Mus)* to orchestrate **b** *(Tech)* to instrument

**instrumentiste** /ɛ̃stʀymɑ̃tist/ **NMF** **a** *(Mus)* instrumentalist **b** *(Chir)* theatre nurse

**insu** /ɛ̃sy/ **à l'insu de LOC PRÉP** **a** *(= en cachette de)* **à l'~ de qn** without sb's knowledge, without sb's knowing **b** *(= inconsciemment)* **à mon** (*ou* **ton** *etc*) ~ without my *ou* me (*ou* your *ou* you *etc*) knowing it ◆ **je souriais à mon ~** I was smiling without knowing it

**insubmersible** /ɛ̃sybmɛʀsibl/ **ADJ** insubmersible, unsinkable

**insubordination** /ɛ̃sybɔʀdinasjɔ̃/ **NF** *(gén)* insubordination, rebelliousness; *(Mil)* insubordination ◆ **pour fait d'~** for insubordination

**insubordonné, e** /ɛ̃sybɔʀdɔne/ **ADJ** *(gén)* insubordinate, rebellious; *(Mil)* insubordinate

**insuccès** /ɛ̃syksɛ/ **NM** failure

**insuffisamment** /ɛ̃syfizamɑ̃/ **ADV** *(en quantité)* insufficiently; *(en qualité, intensité, degré)* inadequately ◆ **tu dors ~** you're not getting adequate *ou* sufficient sleep ◆ **pièce ~ éclairée** room with insufficient *ou* inadequate lighting, poorly-lit room

**insuffisance** /ɛ̃syfizɑ̃s/ **NF** **a** *(= médiocrité)* inadequacy; *(= manque)* insufficiency, inadequacy ◆ **l'~ de nos ressources** the inadequacy of our resources, the shortfall in our resources, our inadequate *ou* insufficient resources ◆ **nous souffrons d'une grande ~ de moyens** we are suffering from a great inadequacy *ou* insufficiency *ou* shortage of means ◆ **une ~ de personnel** a shortage of staff **b** *(= faiblesses)* **~s** inadequacies ◆ **avoir des ~s en maths** to be weak in *ou* at maths ◆ **il y a des ~s dans son travail** his work is not entirely adequate **c** *(Méd)* **~(s) cardiaque(s)/thyroïdienne(s)** cardiac/thyroid insufficiency *(NonC)* ◆ ~ **rénale/respiratoire** kidney/respiratory failure

**insuffisant, e** /ɛ̃syfizɑ̃, ɑ̃t/ **ADJ** **a** *(en quantité)* insufficient ◆ **ce qu'il nous donne est ~** what he gives us is insufficient *ou* not enough ◆ **nous travaillons avec un personnel ~** we have insufficient staff ◆ **nous sommes en nombre ~** there aren't enough of us **b** *(en qualité, intensité, degré)* inadequate; *(Scol : sur une copie)* poor **NM** *(Méd)* ◆ **les ~s cardiaques/respiratoires** people with cardiac/respiratory insufficiency ◆ **les ~s rénaux** people suffering from kidney failure

**insufflateur** /ɛ̃syflatœʀ/ **NM** *(Méd)* insufflator

**insufflation** /ɛ̃syflasjɔ̃/ **NF** *(Méd)* insufflation

**insuffler** /ɛ̃syfle/ ► conjug 1 ◄ **VT** **a** *(= inspirer, donner)* ~ **le courage/le désir à qn** to inspire sb with courage/with desire, to breathe courage/desire into sb ◆ ~ **la vie à** *(Rel)* to breathe life into **b** *(Méd) [+ air]* to blow, to insufflate *(SPÉC)* (*dans* into); ◆ **se faire ~** to be insufflated *(SPÉC)*

**insulaire** /ɛ̃sylɛʀ/ **ADJ** **a** *[administration, population]* island *(épith)* **b** *(péj) [conception, attitude]* insular **NMF** islander

**insularité** /ɛ̃sylaʀite/ **NF** insularity

**insuline** /ɛ̃sylin/ **NF** insulin

**insulinodépendance** /ɛ̃sylinɔdepɑ̃dɑ̃s/ **NF** insulin-dependent diabetes

**insulinodépendant, e** /ɛ̃sylinɔdepɑ̃dɑ̃, ɑ̃t/ **ADJ** *[diabète, diabétique]* insulin-dependent

**insultant, e** /ɛ̃syltɑ̃, ɑ̃t/ **ADJ** insulting (*pour* to)

**insulte** /ɛ̃sylt/ **NF** *(= grossièreté)* abuse *(NonC),* insult; *(= affront)* insult ◆ **c'est me faire ~ que de ne pas me croire** *(frm)* you insult me by not believing me ◆ **c'est une ~** *ou* **c'est faire ~ à son intelligence** it's an insult *ou* affront to his intelligence

**insulté, e** /ɛ̃sylte/ (ptp de **insulter**) **ADJ** insulted **NM** *(en duel)* injured party

**insulter** /ɛ̃sylte/ ► conjug 1 ◄ **VT** *(= faire affront à)* to insult; *(= injurier)* to abuse, to insult **VT INDIR insulter à** *(littér)* to be an insult to **VPR s'insulter** to insult one another

**insulteur** /ɛ̃syltœʀ/ **NM** insulter

**insupportable** /ɛ̃sypɔʀtabl/ **ADJ** unbearable, intolerable; *[personne]* unbearable, insufferable *(frm)* ◆ **il est ~ d'orgueil** he's unbearably *ou* unsufferably *(frm)* proud

**insupportablement** /ɛ̃sypɔʀtabləmɑ̃/ ADV unbearably, intolerably

**insupporter** /ɛ̃sypɔʀte/ ► conjug 1 ◄ VT *(hum)* ◆ **cela m'insupporte/l'insupporte** I/he can't stand this

**insurgé, e** /ɛ̃syʀʒe/ (ptp de **s'insurger**) ADJ, NM,F rebel, insurgent

**insurger (s')** /ɛ̃syʀʒe/ ► conjug 3 ◄ VPR *(lit, fig)* to rebel, to rise up, to revolt (*contre* against)

**insurmontable** /ɛ̃syʀmɔ̃tabl/ ADJ a *(= infranchissable) [difficulté, obstacle]* insurmountable, insuperable b *(= irrépressible) [peur, dégoût]* unconquerable

**insurpassable** /ɛ̃syʀpɑsabl/ ADJ unsurpassable, unsurpassed

**insurrection** /ɛ̃syʀɛksjɔ̃/ NF *(lit)* insurrection, revolt, uprising; *(fig)* revolt ◆ **mouvement/foyer d'~** movement/nucleus of revolt

**insurrectionnel, -elle** /ɛ̃syʀɛksjɔnɛl/ ADJ *[mouvement, gouvernement, force]* insurrectionary ◆ **climat ~** atmosphere of open rebellion

**intact, e** /ɛ̃takt/ ADJ *[objet, réputation, argent]* intact *(attrib)* ◆ **le vase est arrivé ~** the vase arrived intact *ou* in one piece ◆ **le mystère reste ~** the mystery remains unsolved ◆ **son enthousiasme reste ~** he's still as enthusiastic as ever

**intaille** /ɛ̃tɑj/ NF intaglio

**intangibilité** /ɛ̃tɑ̃ʒibilite/ NF inviolability

**intangible** /ɛ̃tɑ̃ʒibl/ ADJ a *(= impalpable)* intangible b *(= sacré)* inviolable

**intarissable** /ɛ̃taʀisabl/ ADJ *(lit, fig)* inexhaustible ◆ **il est ~** he could talk for ever (*sur* about)

**intarissablement** /ɛ̃taʀisabləmɑ̃/ ADV inexhaustibly

**intégrable** /ɛ̃tegʀabl/ ADJ that can be integrated

**intégral, e** (mpl **-aux**) /ɛ̃tegʀal, o/ ADJ complete, full ◆ **le remboursement ~ de qch** the repayment in full of sth, the full *ou* complete repayment of sth ◆ **publier le texte ~ d'un discours** to publish the text of a speech in full *ou* the complete text of a speech ◆ **version ~e** *(Ciné)* uncut version ◆ **texte ~** *(Presse)* unabridged version ◆ **"texte intégral"** "unabridged" ◆ **le nu ~** complete *ou* total nudity ◆ **bronzage ~** all-over suntan ◆ **casque ~** full-face helmet; → **calcul** NF **intégrale** a *(Math)* integral b *(Mus)* *(= série)* complete series; *(= œuvre)* complete works ◆ **l'intégrale des symphonies de Sibelius** the complete symphonies of Sibelius c *(= outil)* single-purpose tool

**intégralement** /ɛ̃tegʀalmɑ̃/ ADV in full, fully ◆ **le concert sera retransmis ~** the concert will be broadcast in full

**intégralité** /ɛ̃tegʀalite/ NF whole ◆ **l'~ de la somme** the whole of the sum, the whole *ou* entire *ou* full sum *ou* amount ◆ **la somme vous sera remboursée dans son ~** the sum will be repaid to you in its entirety *ou* in toto *ou* in full ◆ **le match sera retransmis dans son ~** the match will be broadcast in full ◆ **l'~ de mon salaire** the whole of my salary, my whole *ou* entire salary

**intégrant, e** /ɛ̃tegʀɑ̃, ɑ̃t/ ADJ → **partie**[2]

**intégrateur, -trice** /ɛ̃tegʀatœʀ, tʀis/ ADJ ◆ **le rôle ~ de l'école** the role of schools in integrating children into society NM **intégrateur** *(Ordin)* integrator

**intégration** /ɛ̃tegʀasjɔ̃/ NF *(gén)* integration (*à, dans* into); ◆ **politique d'~ des immigrés** policy favouring the integration of immigrants ◆ **après son ~ à Polytechnique** *(Univ)* after getting into *ou* being admitted to the École polytechnique ◆ **~ à très grande échelle** *(Ordin)* very large-scale integration

**intégrationniste** /ɛ̃tegʀasjɔnist/ ADJ, NMF integrationist

**intègre** /ɛ̃tɛgʀ/ ADJ upright, honest

**intégré, e** /ɛ̃tegʀe/ (ptp de **intégrer**) ADJ a *[circuit, système]* integrated; *[lecteur CD-ROM]* built-in ◆ **cuisine ~e** fitted kitchen b *(= assimilé)* **populations bien ~es** well-assimilated populations

**intégrer** /ɛ̃tegʀe/ ► conjug 6 ◄ VT a *(Math)* to integrate b *(= assimiler) [+ idées, personne]* to integrate (*à, dans* into) c *(= entrer dans) [+ entreprise, club]* to join VI *(Univ)* ◆ **~ à ...** to get into ... VPR **s'intégrer** to become integrated (*à, dans* into); ◆ **bien s'~ dans une société** to integrate well into a society ◆ **cette maison s'intègre mal dans le paysage** this house doesn't really fit into the surrounding countryside

**intégrisme** /ɛ̃tegʀism/ NM fundamentalism

**intégriste** /ɛ̃tegʀist/ ADJ, NMF fundamentalist

**intégrité** /ɛ̃tegʀite/ NF *(= totalité)* integrity; *(= honnêteté)* integrity, honesty, uprightness

**intellect** /ɛ̃telɛkt/ NM intellect

**intellectualisation** /ɛ̃telɛktɥalizasjɔ̃/ NF intellectualization

**intellectualiser** /ɛ̃telɛktɥalize/ ► conjug 1 ◄ VT to intellectualize

**intellectualisme** /ɛ̃telɛktɥalism/ NM intellectualism

**intellectualiste** /ɛ̃telɛktɥalist/ ADJ, NMF intellectualist

**intellectualité** /ɛ̃telɛktɥalite/ NF *(littér)* intellectuality

**intellectuel, -elle** /ɛ̃telɛktɥɛl/ ADJ *[facultés, effort, supériorité]* mental, intellectual; *[fatigue]* mental; *[personne, mouvement, œuvre, vie]* intellectual; *(péj)* highbrow *(péj)* ◆ **activité intellectuelle** mental *ou* intellectual activity ◆ **les milieux ~s** intellectual circles; → **quotient** NM,F intellectual; *(péj)* highbrow *(péj)* ◆ **les ~s de gauche** left-wing intellectuals

**intellectuellement** /ɛ̃telɛktɥɛlmɑ̃/ ADV intellectually ◆ **un enfant ~ très doué** an intellectually gifted child

**intelligemment** /ɛ̃teliʒamɑ̃/ ADV *[agir]* intelligently, cleverly ◆ **les gens consomment plus ~** people are consuming more intelligently ◆ **c'est fait très ~** it's very intelligently *ou* cleverly done

**intelligence** /ɛ̃teliʒɑ̃s/ NF a *(= facultés mentales)* intelligence ◆ **personne à l'~ vive** person with a sharp *ou* quick mind ◆ **faire preuve d'~** to show intelligence ◆ **avoir l'~ de faire** to have the intelligence *ou* the wit to do, to be intelligent enough to do ◆ **travailler avec ~/sans ~** to work intelligently/unintelligently ◆ **il met beaucoup d'~ dans ce qu'il fait** he applies great intelligence to what he does ◆ **c'est une ~ exceptionnelle** he has a great intellect *ou* mind *ou* brain, he is a person of exceptional intelligence ◆ **les grandes ~s** great minds *ou* intellects ◆ **~ artificielle** artificial intelligence

b *(= compréhension)* understanding ◆ **pour l'~ du texte** for a clear understanding of the text, in order to understand the text ◆ **avoir l'~ des affaires** to have a good grasp *ou* understanding of business matters, to have a good head for business

c *(= complicité)* secret agreement ◆ **agir d'~ avec qn** to act in (secret) agreement with sb ◆ **signe/sourire d'~** sign/smile of complicity ◆ **être d'~ avec qn** to have a (secret) understanding *ou* agreement with sb ◆ **vivre en bonne/mauvaise ~ avec qn** to be on good/bad terms with sb

NFPL **intelligences** *(= relations secrètes)* secret relations *ou* contacts ◆ **entretenir des ~s avec l'ennemi** to have secret dealings with the enemy

**intelligent, e** /ɛ̃teliʒɑ̃, ɑ̃t/ ADJ a *[personne]* intelligent, clever, bright; *[visage, front, regard, animal]* intelligent; *[choix, réponse]* intelligent, clever ◆ **supérieurement ~** of superior intelligence ◆ **c'est ~ !** *(iro)* very clever! *(iro)* ◆ **son livre est ~** his book shows intelligence ◆ **armes ~es** smart weapons ◆ **ce n'était pas très ~ de sa part !** that wasn't very clever of him! b *(Ordin)* intelligent ◆ **terminal ~** intelligent terminal

**intelligentsia** /ɛ̃teliʒɛnsja/ NF ◆ **l'~** the intelligentsia

**intelligibilité** /ɛ̃teliʒibilite/ NF intelligibility

**intelligible** /ɛ̃teliʒibl/ ADJ intelligible ◆ **à haute et ~ voix** loudly and clearly ◆ **s'exprimer de façon peu ~** to express o.s. unintelligibly *ou* in an unintelligible way

**intelligiblement** /ɛ̃teliʒibləmɑ̃/ ADV intelligibly

**intello** * /ɛ̃telo/ ADJ, NMF *(péj)* highbrow *(péj)*, intellectual ◆ **c'est l'~ de la famille** he's the brains of the family ◆ **il est du genre ~ rive gauche** he's the arty * intellectual type

**intempérance** /ɛ̃tɑ̃peʀɑ̃s/ NF *(frm)* *(= gloutonnerie, ivrognerie)* intemperance *(frm)*; *(= luxure)* overindulgence ◆ **une telle ~ de langage** such excessive language

**intempérant, e** /ɛ̃tɑ̃peʀɑ̃, ɑ̃t/ ADJ *(frm)* *(= glouton, ivrogne)* intemperate; *(= luxurieux)* overindulgent

**intempéries** /ɛ̃tɑ̃peʀi/ NFPL bad weather ◆ **affronter les ~** to brave the (bad) weather

**intempestif, -ive** /ɛ̃tɑ̃pɛstif, iv/ ADJ untimely ◆ **pas de zèle ~ !** no misplaced *ou* excessive zeal!

**intempestivement** /ɛ̃tɑ̃pɛstivmɑ̃/ ADV at an untimely moment

**intemporalité** /ɛ̃tɑ̃pɔʀalite/ NF *(littér)* *(= atemporalité)* timelessness; *(= immatérialité)* immateriality

**intemporel, -elle** /ɛ̃tɑ̃pɔʀɛl/ ADJ *(littér)* *(= atemporel)* timeless; *(= immatériel)* immaterial

**intenable** /ɛ̃t(ə)nabl/ ADJ *(= intolérable) [chaleur, situation]* intolerable, unbearable; *[personne]* unruly; *(= indéfendable) [position, théorie]* untenable

**intendance** /ɛ̃tɑ̃dɑ̃s/ NF *(Mil)* *(= service)* Supply Corps; *(= bureau)* Supplies office; *(Scol)* *(= métier)* school management, financial administration; *(= bureau)* bursar's office; *[de propriété]* *(= métier)* estate management; *(= bureau)* estate office; *(Hist = province)* intendancy ◆ **les problèmes d'~** *(Mil)* the problems of supply; *(gén)* the day-to-day problems of running a house (*ou* a company *etc*) ◆ **l'~ suivra** *(fig)* all material support will be provided

**intendant** /ɛ̃tɑ̃dɑ̃/ NM a *(Scol)* bursar b *(Mil)* quartermaster; *(= régisseur)* steward c *(Hist)* intendant

**intendante** /ɛ̃tɑ̃dɑ̃t/ NF a *(Scol)* bursar; *(= régisseur)* stewardess b *(Rel)* Superior

**intense** /ɛ̃tɑ̃s/ ADJ a *[lumière, moment, joie, activité, réflexion, match, chagrin]* intense; *[froid, douleur]* severe, intense ◆ **une chemise d'un bleu ~** a vivid blue shirt ◆ **ça demande un travail ~** it requires really hard work b *[circulation]* dense, heavy

**intensément** /ɛ̃tɑ̃semɑ̃/ ADV intensely

**intensif, -ive** /ɛ̃tɑ̃sif, iv/ ADJ *(gén, Agr, Ling)* intensive; → **cours, culture** NM *(Ling)* intensive

**intensification** /ɛ̃tɑ̃sifikasjɔ̃/ NF intensification ◆ **l'~ du trafic aérien** the increase in air traffic

**intensifier** /ɛ̃tɑ̃sifje/ ► conjug 7 ◄ VT *[+ coopération, concurrence, production]* to intensify; *[+ lutte, effort]* to intensify, to step up VPR **s'intensifier** *[combats, bombardements]* to intensify; *[concurrence]* to intensify, to become keener ◆ **le froid va s'~** it's going to get colder

**intensité** /ɛ̃tɑ̃site/ NF a *[de lumière, moment, activité]* intensity; *[de froid, douleur]* severity, intensity ◆ **un moment d'une grande ~** a very intense moment ◆ **~ dramatique** dramatic intensity b *[de circulation]* density c *(Ling)* **accent d'~** stress accent d *(Élec) [de courant]* strength; *(Phys) [de force]* intensity

**intensivement** /ɛ̃tɑ̃sivmɑ̃/ ADV intensively

**intenter** /ɛ̃tɑ̃te/ ► conjug 1 ◄ VT ◆ **~ un procès contre** *ou* **à qn** to take sb to court, to start *ou* institute proceedings against sb ◆ **~ une action contre** *ou* **à qn** to bring an action against sb

**intention** /ɛ̃tɑ̃sjɔ̃/ GRAMMAIRE ACTIVE 35, 45.1, 45.4 NF *(gén)* intention ◆ **quelles sont vos ~s ?** what are your intentions?, what do you intend to do? ◆ **bonnes ~s** good intentions ◆ **agir dans une bonne ~** to act with good intentions ◆ **elle l'a fait sans mauvaise ~** she didn't mean any harm ◆ **c'est l'~ qui compte** it's the thought that counts ◆ **il n'entre** *ou* **n'est pas dans ses ~s de démissionner** it's not his intention to resign, he has no intention of resigning ◆ **à cette ~** with this intention, to this end ◆ **avoir l'~ de faire** to intend *ou* mean to do, to have the intention of doing ◆ **avec** *ou* **dans l'~ de faire** with the intention of doing, with a view to doing ◆ **avec** *ou* **dans l'~ de tuer** with intent to kill ◆ **~ de vote** *(Pol)* voting intention ◆ **déclaration d'~** *(Pol)* declaration of intent; → **enfer, procès**

◆ **à l'intention de qn** for sb ◆ **des stages de formation à l'~ des guides** training courses for guides ◆ **un site Web à l'~ des personnes âgées** a website (designed) for older people ◆ **une campagne d'information à l'~ des très jeunes** an information campaign directed towards very young people

**intentionnalité** /ɛ̃tɑ̃sjɔnalite/ NF intentionality

**intentionné, e** /ɛ̃tɑ̃sjɔne/ ADJ ◆ **bien ~** well-meaning, well-intentioned ◆ **mal ~** ill-intentioned

**intentionnel, -elle** /ɛ̃tɑ̃sjɔnɛl/ ADJ intentional, deliberate

**intentionnellement** /ɛ̃tɑ̃sjɔnɛlmɑ̃/ ADV intentionally, deliberately

**inter[1]** † /ɛ̃tɛʀ/ NM *(Téléc)* abrév de **interurbain**

**inter[2]** † /ɛ̃tɛʀ/ NM *(Sport)* ◆ **~ gauche/droit** inside-left/-right

**inter(-)...** /ɛ̃tɛʀ/ PRÉF inter... ◆ **inter(-)africain** inter-African ◆ **inter(-)américain** inter-American ◆ **inter(-)arabe** inter-Arab

**interactif, -ive** /ɛ̃tɛʀaktif, iv/ ADJ interactive

**interaction** /ɛ̃tɛʀaksjɔ̃/ NF interaction (*entre* between)

**interactivement** /ɛ̃tɛʀaktivmɑ̃/ ADV *(gén, Ordin)* interactively

**interactivité** /ɛ̃tɛʀaktivite/ NF interactivity

**interagir** /ɛ̃tɛʀaʒiʀ/ ► conjug 2 ◄ VI to interact (*avec* with)

**interallemand, e** /ɛ̃tɛʀalmɑ̃, ɑ̃d/ ADJ *[frontière, relations]* between West and East Germany

**interallié, e** /ɛ̃tɛʀalje/ ADJ inter-Allied

**interarmées** /ɛ̃tɛʀaʀme/ ADJ INV *(Mil)* interservice ◆ **forces ~ combinées** combined joint task forces ◆ **chef d'état-major ~** commander of joint task forces

**interarmes** /ɛ̃tɛʀaʀm/ ADJ INV *[opération]* combined-arms *(épith)*, interservice *(épith)*

**interbancaire** /ɛ̃tɛʀbɑ̃kɛʀ/ ADJ *[relations, marché]* interbank

**intercalaire** /ɛ̃tɛʀkalɛʀ/ ADJ ◆ **feuillet ~** inset, insert ◆ **fiche ~** divider ◆ **jour ~** intercalary day NM *(= feuillet)* inset, insert; *(= fiche)* divider

**intercalation** /ɛ̃tɛʀkalasjɔ̃/ NF *[de mot, exemple]* insertion, interpolation; *[de feuillet]* insertion; *[de jour d'année bissextile]* intercalation

**intercaler** /ɛ̃tɛʀkale/ ► conjug 1 ◄ VT *[+ mot, exemple]* to insert, to interpolate; *[+ feuille]* to insert; *[+ jour d'année bissextile]* to intercalate ◆ **~ quelques jours de repos dans un mois de stage** to fit a few days' rest into a month of training ◆ **on a intercalé dans le stage des visites d'usines** the training course was interspersed with *ou* broken by visits to factories VPR **s'intercaler** ◆ **s'~ entre** to come in between

**intercéder** /ɛ̃tɛʀsede/ ► conjug 6 ◄ VI to intercede (*en faveur de* on behalf of; *auprès de* with)

**intercellulaire** /ɛ̃tɛʀselylɛʀ/ ADJ intercellular

**intercensitaire** /ɛ̃tɛʀsɑ̃sitɛʀ/ ADJ intercensal

**intercepter** /ɛ̃tɛʀsɛpte/ ► conjug 1 ◄ VT a *[+ ballon, message, conversation téléphonique, personne]* to intercept b *[+ lumière, chaleur]* to cut *ou* block off

**intercepteur** /ɛ̃tɛʀsɛptœʀ/ NM interceptor (plane)

**interception** /ɛ̃tɛʀsɛpsjɔ̃/ NF *[de ballon, message, personne]* interception; *[de lumière, chaleur]* cutting *ou* blocking off ◆ **avion** *ou* **chasseur d'~** *(Mil)* interceptor(-plane)

**intercesseur** /ɛ̃tɛʀsesœʀ/ NM *(littér, Rel)* intercessor

**intercession** /ɛ̃tɛʀsesjɔ̃/ NF *(littér, Rel)* intercession

**interchangeabilité** /ɛ̃tɛʀʃɑ̃ʒabilite/ NF interchangeability

**interchangeable** /ɛ̃tɛʀʃɑ̃ʒabl/ ADJ interchangeable

**interclasse** /ɛ̃tɛʀklɑs/ NM *(Scol)* break *(between classes)*

**interclubs** /ɛ̃tɛʀklœb/ ADJ INV *[tournoi]* interclub

**intercommunal, e** (mpl **-aux**) /ɛ̃tɛʀkɔmynal, o/ ADJ *[décision, stade] shared by several French communes*, ≃ intervillage, intermunicipal

**intercommunalité** /ɛ̃tɛʀkɔmynalite/ NF intermunicipal links

**intercommunautaire** /ɛ̃tɛʀkɔmynotɛʀ/ ADJ intercommunity, intercommunal

**intercommunication** /ɛ̃tɛʀkɔmynikasjɔ̃/ NF intercommunication

**interconnecter** /ɛ̃tɛʀkɔnɛkte/ ► conjug 1 ◄ VT *(Élec)* to interconnect

**interconnexion** /ɛ̃tɛʀkɔnɛksjɔ̃/ NF interconnection

**intercontinental, e** (mpl **-aux**) /ɛ̃tɛʀkɔ̃tinɑ̃tal, o/ ADJ intercontinental

**intercostal, e** (mpl **-aux**) /ɛ̃tɛʀkɔstal, o/ ADJ intercostal NMPL intercostal muscles, intercostals

**intercours** /ɛ̃tɛʀkuʀ/ NM *(Scol)* break *(between classes)*

**interculturel, -elle** /ɛ̃tɛʀkyltyʀɛl/ ADJ cross-cultural, intercultural

**interdépartemental, e** (mpl **-aux**) /ɛ̃tɛʀdepaʀtəmɑ̃tal, o/ ADJ *shared by several French departments*

**interdépendance** /ɛ̃tɛʀdepɑ̃dɑ̃s/ NF interdependence

**interdépendant, e** /ɛ̃tɛʀdepɑ̃dɑ̃, ɑ̃t/ ADJ interdependent, mutually dependant

**interdiction** /ɛ̃tɛʀdiksjɔ̃/ NF a ◆ **~ de qch** *(= action)* banning of sth; *(= état)* ban on sth ◆ **à cause de l'~ faite aux fonctionnaires de cumuler plusieurs emplois** because civil servants are not allowed to hold several positions ◆ **l'~ de coller des affiches/de servir de l'alcool** the ban on the posting of bills/the serving of alcohol, the ban on posting bills/serving alcohol ◆ **"interdiction de coller des affiches"** "(post *ou* stick *(Brit)*) no bills", "bill-posting *ou* bill-sticking *(Brit)* prohibited" ◆ **"interdiction (formelle** *ou* **absolue) de fumer"** "(strictly) no smoking", "smoking (strictly) prohibited" ◆ **"interdiction de tourner à droite"** "no right turn" ◆ **"interdiction de stationner"** "no parking" ◆ **"interdiction de déposer des ordures"** "no dumping" ◆ **~ d'en parler à quiconque/de modifier quoi que ce soit** it is (strictly) forbidden to talk to anyone about it/to alter anything ◆ **malgré l'~ d'entrer** despite not being allowed to enter ◆ **renouveler à qn l'~ de faire** to reimpose a ban on sb's doing ◆ **~ lui a été faite de sortir** he has been forbidden to go out

b *(= interdit)* ban ◆ **enfreindre/lever une ~** to break/lift a ban ◆ **il a garé sa voiture malgré le panneau d'~** he parked his car in spite of the no parking sign

c *(= suspension) [de livre, film]* banning (*de* of) ban (*de* on); *[de fonctionnaire]* banning from office; *[de prêtre]* interdiction ◆ **~ légale** *(Jur)* *suspension of a convict's civic rights*

COMP ▷ **interdiction de séjour** *order denying former prisoner access to specified places* ◆ **~ bancaire** suspension of banking privileges ◆ **~ de chéquier** withdrawal of chequebook facilities

**interdigital, e** (mpl **-aux**) /ɛ̃tɛʀdiʒital, o/ ADJ interdigital

**interdire** /ɛ̃tɛʀdiʀ/ GRAMMAIRE ACTIVE 36.3, 37.4 ► conjug 37 ◄

VT a *(= prohiber)* to forbid; *[+ stationnement, circulation]* to prohibit, to ban ◆ **~ l'alcool/le tabac à qn** to forbid sb alcohol/tobacco, to forbid sb to drink/smoke ◆ **~ à qn de faire qch** to tell sb not to do sth, to forbid sb to do sth, to prohibit *(frm)* sb from doing sth ◆ **elle nous a interdit d'y aller seuls, elle a interdit que nous y allions seuls** she forbade us to go on our own ◆ **on a interdit les camions dans le centre de la ville** lorries have been barred from *ou* banned from *ou* prohibited in the centre of the town

b *(= empêcher) [contretemps, difficulté]* to preclude, to prevent; *[obstacle physique]* to block ◆ **son état de santé lui interdit tout travail/effort** his state of health does not allow *ou* permit him to do any work/to make any effort ◆ **sa maladie ne lui interdit pas le travail** his illness does not prevent him from working ◆ **la gravité de la crise (nous) interdit tout espoir** the gravity of the crisis leaves us no hope *ou* precludes all hope ◆ **leur attitude interdit toute négociation** their attitude precludes *ou* prevents any possibility of negotiation ◆ **une porte blindée interdisait le passage** an armoured door blocked *ou* barred the way

c *(= frapper d'interdiction) [+ fonctionnaire]* to bar from office; *[+ prêtre]* to suspend; *[+ film, réunion, journal]* to ban ◆ **on lui a interdit le club** *(fig)* he has been barred *ou* banned from the club ◆ **~ sa porte aux intrus** to bar one's door to intruders

**d** (*† = interloquer*) to dumbfound, to take aback, to disconcert

**VPR** **s'interdire** ◆ **s'~ toute remarque** to refrain *ou* abstain from making any remark ◆ **nous nous sommes interdit d'intervenir** we have not allowed ourselves to intervene, we have refrained from intervening ◆ **s'~ la boisson/les cigarettes** to abstain from drink *ou* drinking/smoking ◆ **il s'interdit d'y penser** he doesn't let himself think about it *ou* allow himself to think about it ◆ **il s'est interdit toute possibilité de revenir en arrière** he has (deliberately) denied himself *ou* not allowed himself any chance of going back on his decision

**interdisciplinaire** /ɛ̃tɛʀdisiplinɛʀ/ **ADJ** interdisciplinary

**interdisciplinarité** /ɛ̃tɛʀdisiplinaʀite/ **NF** interdisciplinarity

**interdit[1], e** /ɛ̃tɛʀdi, it/ GRAMMAIRE ACTIVE 37.4 ptp de **interdire**

**ADJ** (*= défendu*) [*film, livre*] banned ◆ **film ~ aux moins de 18 ans** ≃ 18 film (*Brit*), NC-17 film (*US*) ◆ **film ~ aux moins de 13 ans** ≃ PG film, PG-13 film (*US*) ◆ **"passage/stationnement interdit"** "no entry/parking" ◆ **il est strictement ~ de ...** it is strictly forbidden *ou* prohibited to ... ◆ **(il est) ~ de fumer** no smoking, smoking (is) prohibited ◆ **être ~ bancaire** to have one's banking privileges suspended ◆ **être ~ de chéquier** to have chequebook facilities withdrawn ◆ **~ de vol** (*Aviat*) grounded ◆ **~ de vente** (*Comm*) banned ◆ **"il est interdit d'interdire"** (*slogan*) forbidding is forbidden; → **reproduction**

**NM** (*= interdiction*) (*gén*) ban; (*Rel*) interdict; (*social*) prohibition ◆ **~s alimentaires** (*Rel*) dietary restrictions ◆ **transgresser les ~s** (*Psych*) to break taboos ◆ **frapper d'~** (*Comm, Écon*) to ban ◆ **lever l'~** to lift the ban

**COMP** ▷ **interdit de séjour** (*Jur*) *person banned from entering specified areas;* (*fig*) persona non grata ◆ **la violence est ~e de séjour sur les terrains de sport** violence is unacceptable in sports grounds

**interdit[2], e** /ɛ̃tɛʀdi, it/ **ADJ** (*= stupéfait*) dumbfounded, taken aback (*attrib*), disconcerted ◆ **la réponse le laissa ~** the answer took him aback, he was dumbfounded *ou* disconcerted by *ou* at the answer

**interentreprises** /ɛ̃tɛʀɑ̃tʀəpʀiz/ **ADJ** [*crédit, coopération*] inter-company (*Brit*), inter-corporate (*US*)

**intéressant, e** /ɛ̃teʀesɑ̃, ɑ̃t/ GRAMMAIRE ACTIVE 53.6 **ADJ** **a** (*= captivant*) [*livre, détail, visage*] interesting ◆ **un conférencier peu ~** a boring speaker ◆ **il faut toujours qu'il cherche à se rendre ~** *ou* **qu'il fasse son ~** he always has to draw attention to himself ◆ **elle est dans une situation** *ou* **position ~e** † she is in the family way *

**b** (*= avantageux*) [*offre, prix, affaire*] good ◆ **ce n'est pas très ~ pour nous** it's not really worth our while, it's not really worth it for us ◆ **ce serait (financièrement) plus ~ pour nous de prendre le train** we'd be better off taking the train, it would work out cheaper for us to take the train ◆ **c'est une personne ~e à connaître** he's someone worth knowing

> ⚠ *Au sens de 'avantageux',* **intéressant** *ne se traduit pas par* **interesting.**

**intéressé, e** /ɛ̃teʀese/ (ptp de **intéresser**) **ADJ** **a** (*= qui est en cause*) concerned, involved ◆ **les ~s, les parties ~es** the interested parties, the parties involved *ou* concerned ◆ **dans cette affaire, c'est lui le principal** *ou* **premier ~** in this matter, he's the one who's most concerned **b** (*= qui cherche son intérêt personnel*) [*personne*] self-seeking, self-interested; [*motif*] interested ◆ **visite ~e** visit motivated by self-interest ◆ **rendre un service ~** to do a good turn out of self-interest ◆ **ce que je vous propose, c'est très ~** my suggestion to you is strongly motivated by self-interest

**intéressement** /ɛ̃teʀɛsmɑ̃/ **NM** (*Écon : = système*) profit-sharing (scheme) ◆ **l'~ des travailleurs aux bénéfices de l'entreprise** the workers' participation in *ou* sharing of the firm's profits

**intéresser** /ɛ̃teʀese/ ▸ conjug 1 ◂ **VT** **a** (*= captiver*) to interest ◆ **~ qn à qch** to interest sb in sth ◆ **cela m'intéresserait de faire** I would be interested to do *ou* in doing, it would interest me to do ◆ **ça ne m'intéresse pas** I'm not interested, it doesn't interest me ◆ **rien ne l'intéresse** he isn't interested *ou* he takes no interest in anything ◆ **le film l'a intéressé** he found the film interesting, the film interested him ◆ **ça pourrait vous ~** this might interest you *ou* be of interest to you ◆ **cette question n'intéresse pas (beaucoup) les jeunes** this matter is of no (great) interest to *ou* doesn't (greatly) interest young people ◆ **il ne sait pas ~ son public** he doesn't know how to interest his audience ◆ **continue, tu m'intéresses !** (*iro*) do go on - I find that very interesting *ou* I'm all ears! * ◆ **tes petites histoires n'intéressent personne** no one cares about your little problems

**b** (*= concerner*) to affect, to concern ◆ **la nouvelle loi intéresse les petits commerçants** the new law affects *ou* concerns small shopkeepers

**c** (*Comm, Fin*) ~ **le personnel de l'usine aux bénéfices** to give the factory employees a share *ou* an interest in the profits, to operate a profit-sharing scheme in the factory ◆ **être intéressé dans une affaire** to have a stake *ou* a financial interest in a business

**d** (*Jeux*) ~ **une partie** to stake money on a game

**VPR** **s'intéresser** ◆ **s'~ à qch/qn** to be interested in sth/sb, to take an interest in sth/sb ◆ **il s'intéresse vivement/activement à cette affaire** he is taking a keen/an active interest in this matter ◆ **il ne s'intéresse pas à nos activités** he isn't interested in our activities ◆ **il mérite qu'on s'intéresse à lui** he deserves one's *ou* people's interest ◆ **il s'intéresse beaucoup à cette jeune fille** he is taking *ou* showing a great deal of interest in that girl

**intérêt** /ɛ̃teʀɛ/ GRAMMAIRE ACTIVE 28.1, 29.2 **NM** **a** (*= attention*) interest ◆ **écouter avec ~/(un) grand ~** to listen with interest/with great interest ◆ **prendre ~ à qch** to take an interest in sth ◆ **il a perdu tout ~ à son travail** he has lost all interest in his work

**b** (*= bienveillance*) interest ◆ **porter/témoigner de l'~ à qn** to take/show an interest in sb

**c** (*= originalité*) interest ◆ **film dénué d'~** *ou* **sans aucun ~** film devoid of interest ◆ **tout l'~ réside dans le dénouement** the most interesting part is the ending, what is most interesting is the ending

**d** (*= importance*) significance, importance, relevance ◆ **l'~ des recherches spatiales** the significance *ou* importance *ou* relevance of space research ◆ **après quelques considérations sans ~** after a few unimportant *ou* minor considerations, after considerations of minor interest *ou* importance ◆ **c'est sans ~ pour la suite de l'histoire** it's of no relevance *ou* consequence *ou* importance for the rest of the story ◆ **une découverte du plus haut ~** a discovery of the greatest *ou* utmost importance *ou* significance *ou* relevance ◆ **la nouvelle a perdu beaucoup de son ~** the news has lost much of its significance *ou* interest ◆ **être déclaré d'~ public** to be officially recognized as being beneficial to the general public

**e** (*= avantage*) interest ◆ **ce n'est pas (dans) leur ~ de le faire** it is not in their interest to do it ◆ **agir dans/contre son ~** to act in/against one's own interests ◆ **dans l'~ général** in the general interest ◆ **autorisation refusée dans l'~ du service** permission refused on administrative grounds *ou* for administrative reasons ◆ **il y trouve son ~** he finds it to his (own) advantage, he finds it worth his while ◆ **il sait où est son ~** he knows where his interest lies, he knows which side his bread is buttered

◆ **avoir + intérêt** ◆ **il a (tout) ~ à accepter** it's in his interest to accept, he'd be well advised to accept, he'd do well to accept ◆ **quel ~ aurait-il à faire cela ?** why would he want to do that? ◆ **tu aurais plutôt ~ à te taire !** * you'd be well advised *ou* you'd do very well to keep quiet! ◆ **y a-t-il un ~ quelconque à se réunir ?** is there any point at all in getting together? ◆ **est-ce qu'il faut que je lui en parle ? – (il) y a ~ !** * should I talk to him about it? – you'd better! ◆ **t'as pas ~ !** * you'd better not!

**f** (*Fin*) interest ◆ **recevoir 7% d'~** to get 7% interest ◆ **prêt à ~ élevé** high-interest loan ◆ **prêter à** *ou* **avec ~** to lend at *ou* with interest ◆ **~s simples/composés** simple/compound interest ◆ **~s courus** accrued interest; → **taux**

**g** (*= recherche d'avantage personnel*) self-interest ◆ **agir par ~** to act out of self-interest; → **mariage**

**h** ◆ **~s** interest(s) ◆ **la défense de nos ~s** the defence of our interests ◆ **il a des ~s dans l'affaire** (*Écon, Fin*) he has a stake *ou* an interest *ou* a financial interest in the deal

**interétatique** /ɛ̃teʀetatik/ **ADJ** [*accord, coopération*] inter-state (*épith*)

**interethnique** /ɛ̃teʀɛtnik/ **ADJ** inter-ethnic

**interface** /ɛ̃tɛʀfas/ **NF** interface ◆ **~ utilisateur/graphique** user/graphical interface ◆ **servir d'~ entre** (*fig*) to liaise between, to act as an interface between

**interfacer VT , s'interfacer VPR** /ɛ̃tɛʀfase/ ▸ conjug 3 ◂ to interface (*avec* with)

**interférence** /ɛ̃tɛʀfeʀɑ̃s/ **NF** **a** (*Phys*) interference **b** (*fig*) (*= conjonction*) conjunction; (*= immixtion*) [*de problème*] intrusion (*dans* into); [*de personne, pays*] interference (*NonC*) (*dans* in); ◆ **l'~ des problèmes économiques et politiques** the conjunction of economic and political problems ◆ **l'~ des problèmes économiques dans la vie politique** the intrusion of economic problems into political life ◆ **il se produit des ~s entre les deux services** there's interference between the two services

**interférent, e** /ɛ̃tɛʀfeʀɑ̃, ɑ̃t/ **ADJ** (*Phys*) interfering

**interférer** /ɛ̃tɛʀfeʀe/ ▸ conjug 6 ◂ **VI** to interfere (*avec* with; *dans* in); ◆ **les deux procédures interfèrent** the two procedures interfere with each other

**interférométrie** /ɛ̃tɛʀfeʀɔmetʀi/ **NF** interferometry

**interféron** /ɛ̃tɛʀfeʀɔ̃/ **NM** interferon ◆ **~ humain** human interferon

**interfluve** /ɛ̃tɛʀflyv/ **NM** interfluve

**intergalactique** /ɛ̃tɛʀgalaktik/ **ADJ** intergalactic

**intergénérationnel, -elle** /ɛ̃tɛʀʒeneʀasjɔnɛl/ **ADJ** intergenerational ◆ **solidarité ~le** good relations between generations

**intergouvernemental, e** (mpl **-aux**) /ɛ̃tɛʀguvɛʀnəmɑ̃tal, o/ ADJ intergovernmental ♦ **Affaires ~es** *(au Québec)* Intergovernmental Affairs

**intergroupe** /ɛ̃tɛʀgʀup/ NM *(Pol) [de plusieurs partis]* joint committee; *[de deux partis]* bipartisan committee

**intérieur, e** /ɛ̃teʀjœʀ/ ADJ **a** *[paroi]* inner, interior, inside, internal; *[escalier]* internal; *[cour]* inner ♦ **mer ~e** inland sea ♦ **la poche ~e de son manteau** the inside pocket of his coat ♦ **angle/point ~ à un cercle** angle/point interior to a circle; → **conduite**

**b** *[vie, monde, voix, sentiment]* inner; → **for**

**c** *[politique, dette]* domestic, internal; *[marché]* home *(épith)*, domestic, internal; *[communication, réseau, navigation]* inland; *(Aviat) [vol]* domestic ♦ **le commerce ~** domestic trade ♦ **les affaires ~es** internal *ou* domestic affairs

NM **a** *[de tiroir, piste, champ de course]* inside; *[de maison]* inside, interior ♦ **l'~ de la maison était lugubre** the house was gloomy inside, the inside *ou* the interior of the house was gloomy ♦ **l'~ de la ville** the inner town ♦ **écrin avec un ~ de satin** case with a satin lining ♦ **à l'~** inside ♦ **je vous attends à l'~** I'll wait for you inside ♦ **à l'~ de la ville** inside the town ♦ **à l'~ de l'entreprise** *[promotion, corruption]* within the company; *[stage, formation]* in-house ♦ **rester à l'~** *(gén)* to stay inside; *(de la maison)* to stay inside *ou* indoors ♦ **vêtement/veste d'~** indoor garment/jacket ♦ **chaussures d'~** indoor *ou* house shoes ♦ **fermé/vu de l'~** locked/viewed from the inside ♦ **scènes tournées en ~** *(Ciné)* interior scenes, interiors; → **femme**

**b** *(fig)* **à l'~** *[de personne]* within ♦ **il paraissait calme, mais à l'~ les soucis le rongeaient** he appeared to be calm, but inwardly *ou* inside he was consumed with anxiety

**c** *[de pays]* interior ♦ **l'~ (du pays) est montagneux** the country is mountainous inland ♦ **les villes de l'~** the inland cities *ou* towns ♦ **la côte est riante mais l'~ est sauvage** the coast is pleasant, but it's wild inland ♦ **en allant vers l'~** going inland ♦ **à l'~ de nos frontières** within *ou* inside our frontiers ♦ **les ennemis de l'~** the enemies within (the country) ♦ **le moral de l'~** *(Mil)* the country's morale; → **ministère, ministre**

**d** *(= décor, mobilier)* interior ♦ **un ~ douillet** a cosy interior ♦ **tableau d'~** interior (painting) ♦ **~ cuir** *(Aut)* leather trim

**e** *(Ftbl)* **~ gauche/droit** inside-left/-right

**intérieurement** /ɛ̃teʀjœʀmɑ̃/ ADV inwardly ♦ **rire ~** to laugh inwardly *ou* to o.s.

**intérim** /ɛ̃teʀim/ NM **a** *(= période)* interim period ♦ **il prendra toutes les décisions dans** *ou* **pendant l'~** he will make all the decisions in the interim ♦ **il assure l'~ en l'absence du directeur** he deputizes for the manager in his absence *ou* in the interim ♦ **diriger une firme par ~** to be the interim manager of a company ♦ **président/ministre par ~** acting *ou* interim president/minister **b** *(= travail à temps partiel)* temporary work, temping ♦ **agence** *ou* **société d'~** temping agency ♦ **faire de l'~** to temp

**intérimaire** /ɛ̃teʀimɛʀ/ ADJ *[directeur, ministre]* acting *(épith)*, interim *(épith)*; *[secrétaire, personnel, fonctions]* temporary; *[mesure, solution]* interim *(épith)*, temporary; *(Pol) [gouvernement, chef de parti]* caretaker *(épith)* NMF temporary worker *(recruited from an employment agency)*; *(= secrétaire)* temporary secretary, temp, Kelly girl *(US)*; *(= fonctionnaire)* deputy; *(= médecin, prêtre)* stand-in, locum *(Brit)* ♦ **travailler comme ~** to temp

**interindividuel, -elle** /ɛ̃tɛʀɛ̃dividɥɛl/ ADJ interpersonal ♦ **psychologie interindividuelle** psychology of interpersonal relationships

**intériorisation** /ɛ̃teʀjɔʀizasjɔ̃/ NF *[de conflit, émotion]* internalization, interiorization; *(Ling) [de règles]* internalization

**intérioriser** /ɛ̃teʀjɔʀize/ ► conjug 1 ◄ VT *[+ conflit, émotion]* to internalize, to interiorize; *(Ling) [+ règles]* to internalize ♦ **son jeu est très intériorisé** his acting is very introspective

**intériorité** /ɛ̃teʀjɔʀite/ NF interiority

**interjectif, -ive** /ɛ̃tɛʀʒɛktif, iv/ ADJ interjectional

**interjection** /ɛ̃tɛʀʒɛksjɔ̃/ NF *(Ling)* interjection; *(Jur)* lodging of an appeal

**interjeter** /ɛ̃tɛʀʒəte/ ► conjug 4 ◄ VT *(Jur)* ♦ **~ appel** to lodge an appeal

**interleukine** /ɛ̃tɛʀløkin/ NF interleukin

**interlignage** /ɛ̃tɛʀliɲaʒ/ NM *(Typo)* interline spacing

**interligne** /ɛ̃tɛʀliɲ/ NM *(= espace)* space between the lines; *(= annotation)* insertion between the lines; *(Mus)* space ♦ **double ~** double spacing ♦ **écrire qch dans l'~** to write *ou* insert sth between the lines *ou* in the space between the lines ♦ **taper un texte en double ~** to type a text in double spacing NF *(Typo)* lead

**interligner** /ɛ̃tɛʀliɲe/ ► conjug 1 ◄ VT *(= espacer)* to space; *(= inscrire)* to write between the lines

**interlocuteur, -trice** /ɛ̃tɛʀlɔkytœʀ, tʀis/ NM,F interlocutor *(frm)* ♦ **mon ~** *(= la personne à qui je parlais)* the person I was speaking to, my interlocutor *(frm)* ♦ **quel est mon ~ chez vous ?** who is the person I should speak to at your end? ♦ **~ valable** *(Pol)* recognized negotiator *ou* representative ♦ **les syndicats sont les ~s privilégiés d'un gouvernement de gauche** the unions have a privileged relationship with a left-wing government ♦ **c'est mon ~ privilégié** he's the person I liaise with

**interlope** /ɛ̃tɛʀlɔp/ ADJ **a** *(= équivoque)* shady **b** *(= illégal)* illicit, unlawful ♦ **navire ~** *ship carrying illicit merchandise*

**interloqué, e** /ɛ̃tɛʀlɔke/ (ptp de **interloquer**) ADJ taken aback ♦ **il a eu l'air un peu ~** he looked rather taken aback ♦ **tout le monde s'est tu, ~** everybody fell into a stunned silence

**interloquer** /ɛ̃tɛʀlɔke/ ► conjug 1 ◄ VT to take aback

**interlude** /ɛ̃tɛʀlyd/ NM *(Mus, TV)* interlude

**intermariage** /ɛ̃tɛʀmaʀjaʒ/ NM intermarriage

**intermède** /ɛ̃tɛʀmɛd/ NM *(= interruption, Théât)* interlude

**intermédiaire** /ɛ̃tɛʀmedjɛʀ/ ADJ *[niveau, choix, position]* intermediate, middle *(épith)*, intermediary ♦ **couleur ~ entre** colour halfway between ♦ **trouver/choisir une solution ~** to find/choose a compromise ♦ **il n'y a pas de solution ~** there's no half-way house *ou* no compromise solution ♦ **une date ~ entre le 25 juillet et le 3 août** a date midway between 25 July and 3 August NM ♦ **sans ~** *[vendre, négocier]* directly ♦ **par l'~ de qn** through sb ♦ **par l'~ de la presse** through (the medium) of the press NMF *(= médiateur)* intermediary, mediator, go-between; *(Comm, Écon)* middleman

**intermédiation** /ɛ̃tɛʀmedjasjɔ̃/ NF *(Fin)* (financial) intermediation

**intermezzo** /ɛ̃tɛʀmɛdzo/ NM intermezzo

**interminable** /ɛ̃tɛʀminabl/ ADJ *[conversation, série]* endless, interminable, never-ending; *(hum) [jambes, mains]* extremely long

**interminablement** /ɛ̃tɛʀminabləmɑ̃/ ADV endlessly, interminably

**interministériel, -elle** /ɛ̃tɛʀministeʀjɛl/ ADJ interdepartmental

**intermission** /ɛ̃tɛʀmisjɔ̃/ NF *(Méd)* intermission

**intermittence** /ɛ̃tɛʀmitɑ̃s/ NF **a** ♦ **par ~** *[travailler]* in fits and starts, sporadically, intermittently; *[pleuvoir]* on and off, sporadically, intermittently ♦ **le bruit nous parvenait par ~** the noise reached our ears at (sporadic) intervals **b** *(Méd) (entre deux accès)* remission; *[de pouls, cœur]* irregularity **c** *(littér)* intermittence, intermittency

**intermittent, e** /ɛ̃tɛʀmitɑ̃, ɑ̃t/ ADJ *[fièvre, lumière]* intermittent; *[douleur]* sporadic, intermittent; *[travail, bruit]* sporadic, periodic; *[pouls]* irregular, intermittent; *[fontaine, source]* intermittent ♦ **pluies ~es sur le nord** scattered showers in the north NM,F contract worker ♦ **les ~s du spectacle** *workers in the entertainment industry without steady employment*

**intermoléculaire** /ɛ̃tɛʀmɔlekylɛʀ/ ADJ intermolecular

**intermusculaire** /ɛ̃tɛʀmyskylɛʀ/ ADJ intermuscular

**internat** /ɛ̃tɛʀna/ NM **a** *(Scol) (= établissement)* boarding school; *(= système)* boarding; *(= élèves)* boarders; → **maître** **b** *(Méd) (= concours)* entrance examination (for hospital work); *(= stage)* hospital training *(as a doctor)*, period *ou* time as a houseman *(Brit)* *ou* an intern *(US)*, internship *(US)*

**international, e** (mpl **-aux**) /ɛ̃tɛʀnasjɔnal, o/ ADJ international NM,F *(Ftbl, Tennis etc)* international player; *(Athlétisme)* international athlete NM *(Écon)* ♦ **le tiers du chiffre d'affaires est réalisé à l'~** a third of all sales are on the international market NF **Internationale** *(= association)* International; *(= hymne)* Internationale ♦ **l'Internationale ouvrière** the International Workingmen's Association NMPL **internationaux** *(Sport)* internationals ♦ **les internationaux de France (de tennis)** the French Open

**internationalement** /ɛ̃tɛʀnasjɔnalmɑ̃/ ADV internationally

**internationalisation** /ɛ̃tɛʀnasjɔnalizasjɔ̃/ NF internationalization

**internationaliser** /ɛ̃tɛʀnasjɔnalize/ ► conjug 1 ◄ VT to internationalize

**internationalisme** /ɛ̃tɛʀnasjɔnalism/ NM internationalism

**internationaliste** /ɛ̃tɛʀnasjɔnalist/ NMF internationalist

**internationalité** /ɛ̃tɛʀnasjɔnalite/ NF internationality

**internaute** /ɛ̃tɛʀnot/ NMF net surfer, Internet surfer

**interne** /ɛ̃tɛʀn/ ADJ *[partie, politique, organe, hémorragie]* internal; *[oreille]* inner; *[angle]* interior ♦ **médecine ~** internal medicine NMF **a** *(Scol)* boarder ♦ **être ~** to be at boarding school **b** *(Méd)* **~ (des hôpitaux)** house doctor *(Brit)*, houseman *(Brit)*, intern *(US)* ♦ **~ en médecine** house physician *(Brit)*, intern *(US)* ♦ **~ en chirurgie** house surgeon *(Brit)*, intern in surgery *(US)* **c** ♦ **travail réalisé en ~** work carried out in-house

**interné, e** /ɛ̃tɛʀne/ (ptp de **interner**) NM,F *(Pol)* internee; *(Méd)* inmate (of a mental hospital)

**internement** /ɛ̃tɛʀnəmɑ̃/ NM *(Pol)* internment; *(Méd)* confinement (to a mental hospital) ♦ ~ **abusif** wrongful confinement

**interner** /ɛ̃tɛʀne/ ► conjug 1 ◄ VT *(Pol)* to intern ♦ ~ **qn (dans un hôpital psychiatrique)** *(Méd)* to confine sb to a mental hospital, to institutionalize sb *(US)* ♦ **on devrait l'~** he ought to be locked up *ou* certified *, he's certifiable

**Internet** /ɛ̃tɛʀnɛt/ NM ♦ **(l')~** (the) Internet ♦ **sur ~** on (the) Internet

**interocéanique** /ɛ̃tɛʀɔseanik/ ADJ interoceanic

**interopérabilité** /ɛ̃tɛʀoperabilite/ NF *(Ordin, Mil)* interoperability

**interopérable** /ɛ̃tɛʀoperabl/ ADJ *(Ordin, Mil)* interoperable

**interosseux, -euse** /ɛ̃tɛʀɔsø, øz/ ADJ interosseous

**interparlementaire** /ɛ̃tɛʀparləmɑ̃tɛʀ/ ADJ interparliamentary

**interpellateur, -trice** /ɛ̃tɛʀpelatœʀ, tʀis/ NM,F **a** *(Pol)* interpellator, questioner **b** *(dans un débat)* questioner; *(= perturbateur)* heckler

**interpellation** /ɛ̃tɛʀpelasjɔ̃/ NF **a** *(= appel)* hailing *(NonC)* **b** *(dans un débat)* questioning; *(perturbatrice)* heckling *(NonC)*; *(Pol)* interpellation, questioning *(NonC)* **c** *(Police)* **il y a eu une dizaine d'~s** about ten people were taken in for questioning

**interpeller** /ɛ̃tɛʀpəle/ ► conjug 1 ◄ VT **a** *(= appeler)* to call out to, to shout out to, to hail; *(impoliment)* to shout at ♦ **les automobilistes se sont interpellés grossièrement** the motorists shouted insults at each other **b** *(au cours d'un débat)* to question; *(en chahutant)* to heckle; *(Pol)* to interpellate, to question **c** *(Police)* to take in for questioning **d** *(= concerner) [de problème, situation]* to concern, to be of concern to ♦ **ça m'interpelle (quelque part)** *(hum)* I can relate to that *

**interpénétration** /ɛ̃tɛʀpenetʀasjɔ̃/ NF interpenetration

**interpénétrer (s')** /ɛ̃tɛʀpenetʀe/ ► conjug 6 ◄ VPR to interpenetrate

**interpersonnel, -elle** /ɛ̃tɛʀpɛʀsɔnɛl/ ADJ interpersonal

**interphone** /ɛ̃tɛʀfɔn/ NM intercom, interphone; *[d'immeuble]* entry phone

**interplanétaire** /ɛ̃tɛʀplanetɛʀ/ ADJ interplanetary

**Interpol** /ɛ̃tɛʀpɔl/ NM (abrév de **International Criminal Police Organization**) Interpol

**interpolation** /ɛ̃tɛʀpɔlasjɔ̃/ NF interpolation

**interpoler** /ɛ̃tɛʀpɔle/ ► conjug 1 ◄ VT to interpolate

**interposé, e** /ɛ̃tɛʀpoze/ (ptp de **interposer**) ADJ ♦ **par personne ~e** through an intermediary *ou* a third party ♦ **par service ~** through another department ♦ **par journaux ~s** through the press

**interposer** /ɛ̃tɛʀpoze/ ► conjug 1 ◄ VT *(= intercaler)* to interpose *(entre* between) VPR **s'interposer** *[personne]* to intervene, to interpose o.s. *(frm) (dans* in); ♦ **elle s'interposa entre le père et le fils** she intervened between father and son

**interposition** /ɛ̃tɛʀpozisjɔ̃/ NF **a** *(= intercalation)* interposition **b** *(= médiation)* intervention ♦ **force d'~** *(Pol)* intervention force **c** *(Jur) fraudulent use of a third party's identity*

**interprétable** /ɛ̃tɛʀpʀetabl/ ADJ interpretable

**interprétariat** /ɛ̃tɛʀpʀetaʀja/ NM interpreting ♦ **école d'~** interpreting school

**interprétatif, -ive** /ɛ̃tɛʀpʀetatif, iv/ ADJ *(gén)* interpretative ♦ **émettre des réserves interprétatives sur un texte de loi** *(Jur)* to express reservations about the possible interpretations of a bill ♦ **ce texte requiert un gros travail ~** this text needs a lot of interpreting ♦ **délire ~** *(Méd)* delusions of reference, referential delusion ♦ **le délire ~ de certains critiques** *(hum)* the tendency of some critics to go overboard in their interpretations

**interprétation** /ɛ̃tɛʀpʀetasjɔ̃/ NF **a** *(Théât, Ciné)* performance; *(Mus)* interpretation, rendering ♦ **son ~ de Macbeth** his Macbeth; → **prix** **b** *(= explication)* interpretation ♦ **donner une ~ fausse de qch** to give a misleading interpretation of sth ♦ **l'~ des rêves** the interpretation of dreams ♦ **c'est une erreur d'~** it's a misinterpretation **c** *(= métier d'interprète)* interpreting ♦ **~ simultanée** simultaneous translation

**interprète** /ɛ̃tɛʀpʀɛt/ NMF **a** *(= traducteur)* interpreter ♦ **~ de conférence** conference interpreter ♦ **faire l'~, servir d'~** to act as an interpreter

**b** *[de musique]* performer; *[de chanson]* singer; *(Théât)* performer ♦ **les ~s par ordre d'entrée en scène ...** the cast in order of appearance ... ♦ **l'un des plus grands ~s de Shakespeare** one of the greatest Shakespearean actors ♦ **l'~ de Phèdre** the actress playing the part of Phèdre ♦ **Paul était l'~ de cette sonate** Paul played this sonata ♦ **Paul était l'~ de cette chanson** Paul was the singer of *ou* sang this song

**c** *(= porte-parole)* **servir d'~ à qn/aux idées de qn** to act *ou* serve as a spokesman for sb/for sb's ideas ♦ **je me ferai votre ~ auprès du ministre** I'll speak to the minister on your behalf

**d** *(= exégète) [de texte]* interpreter; *[de rêves, signes]* interpreter

**interpréter** /ɛ̃tɛʀpʀete/ GRAMMAIRE ACTIVE 53.6 ► conjug 6 ◄ VT **a** *[+ musique]* to perform, to play; *[+ chanson]* to sing; *[+ rôle]* to play ♦ **il interprète superbement Hamlet** his (performance of) Hamlet is excellent ♦ **je vais maintenant vous ~ un nocturne de Chopin** I'm now going to play one of Chopin's nocturnes for you **b** *(= comprendre)* to interpret ♦ **comment ~ son silence ?** how should one interpret his silence?, what does his silence mean? ♦ **il a mal interprété mes paroles** he misinterpreted my words ♦ **son attitude peut s'~ de plusieurs façons** there are several ways of understanding his position **c** *(= traduire)* to interpret **d** *(Ordin)* to interpret ♦ **langage interprété** interpreted language

**interpréteur** /ɛ̃tɛʀpʀetœʀ/ NM *(Ordin)* interpreter

**interprofession** /ɛ̃tɛʀpʀofesjɔ̃/ NF *(Écon)* joint-trade organization

**interprofessionnel, -elle** /ɛ̃tɛʀpʀofesjɔnɛl/ ADJ *[réunion]* interprofessional; → **salaire**

**interracial, e** (mpl **-iaux**) /ɛ̃tɛʀʀasjal, jo/ ADJ interracial

**interrégional, e** (mpl **-aux**) /ɛ̃tɛʀʀeʒjɔnal, o/ ADJ interregional

**interrègne** /ɛ̃tɛʀʀɛɲ/ NM interregnum

**interro** * /ɛ̃teʀo/ NF (abrév de **interrogation**) *(Scol)* test

**interrogateur, -trice** /ɛ̃teʀɔgatœʀ, tʀis/ ADJ *[air, regard, ton]* questioning *(épith)*, inquiring *(épith)* ♦ **d'un air** *ou* **ton ~** questioningly, inquiringly NM,F (oral) examiner NM *(Téléc)* ♦ **~ à distance** remote access facility

**interrogatif, -ive** /ɛ̃teʀɔgatif, iv/ ADJ *[air, regard]* questioning *(épith)*, inquiring *(épith)*; *(Ling)* interrogative NM interrogative ♦ **mettre à l'~** to put into the interrogative NF **interrogative** interrogative clause

**interrogation** /ɛ̃teʀɔgasjɔ̃/ NF **a** *(= interrogatoire)* questioning; *(serrée, prolongée)* interrogation **b** *[d'élève]* testing, examination ♦ **~ (écrite)** short (written) test *(Brit)*, quiz *(US)* ♦ **~ (orale)** oral (test) **c** *(= question)* question ♦ **~ directe/indirecte** *(Gram)* direct/indirect question ♦ **les sourcils levés, en signe d'~** his eyebrows raised questioningly *ou* inquiringly ♦ **les yeux pleins d'une ~ muette** his eyes silently questioning; → **point**[1] **d** *(= réflexions)* **~s** questioning ♦ **ces ~s continuelles sur la destinée humaine** this continual questioning about human destiny **e** *(Ordin, Téléc)* **système d'~ à distance** remote access system

**interrogatoire** /ɛ̃teʀɔgatwaʀ/ NM *(Police)* questioning; *(au tribunal)* cross-examination, cross-questioning *(NonC)*; *(= compte rendu)* statement; *(fig = série de questions)* cross-examination, interrogation ♦ **subir un ~ en règle** to undergo a thorough *ou* detailed interrogation ♦ **pendant l'~, elle s'est évanouie** while being cross-examined, she fainted

**interrogeable** /ɛ̃teʀɔʒabl/ ADJ ♦ **répondeur ~ à distance** answering machine with a remote access facility ♦ **compte en banque ~ par Minitel** *bank account that can be accessed by Minitel*

**interroger** /ɛ̃teʀɔʒe/ ► conjug 3 ◄ VT **a** *(= questionner)* to question; *(pour obtenir un renseignement)* to ask; *(Police)* to interview, to question; *(de manière serrée, prolongée)* to interrogate (*sur* about); *(sondage)* to poll ♦ **15% des personnes interrogées** 15% of the people polled *ou* asked ♦ **~ qn du regard** to give sb a questioning *ou* an inquiring look, to look questioningly *ou* inquiringly at sb

**b** *(Scol, Univ)* ~ **un élève** to test *ou* examine a pupil (orally) ♦ **~ par écrit les élèves** to give the pupils a written test ♦ **elle a été interrogée sur un sujet difficile** she was examined *ou* questioned on a difficult subject

**c** *(= examiner) [+ ciel, conscience]* to examine; *[+ mémoire]* to search

**d** *[+ base de données]* to search ♦ **~ son répondeur** to check calls on one's answering machine

VPR **s'interroger** *(= se poser des questions) (sur un problème)* to wonder (*sur* about); ♦ **s'~ sur la conduite à tenir** to wonder what course to follow

**interrompre** /ɛ̃teʀɔ̃pʀ/ ► conjug 41 ◄ VT **a** *(= arrêter) [+ voyage, circuit électrique]* to break, to interrupt; *[+ conversation] (gén)* to interrupt, to break off; *(pour s'interposer)* to break into, to cut into; *[+ études]* to break off, to interrupt; *[+ émission]* to interrupt; *[+ négociations, traitement médical]* to break off ♦ **il a interrompu la conversation pour téléphoner** he broke off *ou* interrupted his conversation to telephone ♦ **elle a interrompu sa carrière pour voyager** she took a career break *ou* she interrupted her career to travel ♦ **le match a été interrompu par la pluie** the match was stopped by rain ♦ **sans ~ sa lecture** without looking up (from his *ou* her book) ♦ **~ une grossesse** *(Méd)* to terminate a pregnancy

**b** *(= couper la parole à, déranger)* **~ qn** to interrupt sb ♦ **je ne veux pas qu'on m'interrompe (dans mon travail)** I don't want to be interrupted (in my work) ♦ **je ne veux pas ~ mais ...** I don't want to cut in *ou* interrupt but ...

VPR **s'interrompre** *[personne, conversation]* to break off ♦ **nos émissions s'interrompront à 23h50** *(TV)* we will be going off the air *ou* closing down *(Brit)* at 11.50 pm

**interrupteur, -trice** /ɛ̃teʀyptœʀ, tʀis/ NM *(Élec)* switch NM,F interrupter

**interruption** /ɛ̃teʀypsjɔ̃/ NF *(= action)* interruption (*de* of); *(= état)* break (*de* in) interruption (*de* of, in); *[de négociations]* breaking off (*de* of); ◆ **une ~ de deux heures** a break *ou* an interruption of two hours ◆ **~ (volontaire) de grossesse** termination (of pregnancy) ◆ **~ thérapeutique de grossesse** *termination of pregnancy for medical reasons* ◆ **il y a eu une ~ de courant** there has been a power cut ◆ **après l'~ des hostilités** after hostilities had ceased ◆ **sans ~** *[parler]* without a break *ou* an interruption, uninterruptedly, continuously; *[pleuvoir]* without stopping, without a break, continuously ◆ **"ouvert sans interruption de 9h à 19h"** "open all day from 9 am to 7 pm" ◆ **réélu sans ~ jusqu'en 1998** reelected to hold office until 1998 ◆ **un moment d'~** a moment's break

**intersaison** /ɛ̃tɛʀsɛzɔ̃/ NF *(Sport)* close season; *(Tourisme)* low season ◆ **à** *ou* **pendant l'~** *(Sport)* during the close season; *(Tourisme)* out of season

**interscolaire** /ɛ̃tɛʀskɔlɛʀ/ ADJ inter-schools

**intersection** /ɛ̃tɛʀsɛksjɔ̃/ NF *[de lignes]* intersection; *[de routes]* intersection, junction; → **point¹**

**intersession** /ɛ̃tɛʀsesjɔ̃/ NF *(Pol)* recess

**intersexualité** /ɛ̃tɛʀsɛksɥalite/ NF intersexuality

**intersexuel, -elle** /ɛ̃tɛʀsɛksɥɛl/ ADJ intersexual

**intersidéral, e** (mpl **-aux**) /ɛ̃tɛʀsideʀal, o/ ADJ intersidereal

**interstellaire** /ɛ̃tɛʀstelɛʀ/ ADJ interstellar

**interstice** /ɛ̃tɛʀstis/ NM *(gén)* crack, chink, interstice; *[de volet, cageot]* slit ◆ **à travers les ~s des rideaux** through the cracks *ou* chinks in the curtains

**interstitiel, -ielle** /ɛ̃tɛʀstisjɛl/ ADJ *(Anat, Méd)* interstitial

**intersubjectif, -ive** /ɛ̃tɛʀsybʒɛktif, iv/ ADJ intersubjective

**intersubjectivité** /ɛ̃tɛʀsybʒɛktivite/ NF intersubjectivity

**intersyndical, e** (mpl **-aux**) /ɛ̃tɛʀsɛ̃dikal, o/ ADJ interunion NF **intersyndicale** interunion association, trade union group *(Brit)*

**intertitre** /ɛ̃tɛʀtitʀ/ NM *(Presse)* subheading; *(Ciné)* title

**intertropical, e** (mpl **-aux**) /ɛ̃tɛʀtʀɔpikal, o/ ADJ intertropical

**interurbain, e** /ɛ̃teʀyʀbɛ̃, ɛn/ ADJ a *[relations]* interurban b *(Téléc)* long-distance NM ◆ **l'~** the long-distance telephone service, the trunk call service *(Brit)*

**intervalle** /ɛ̃tɛʀval/ NM a *(= espace)* space, distance; *(entre 2 mots, 2 lignes)* space; *(= temps)* interval; *(Mus)* interval; *(Math)* interval ◆ **~ fermé/ouvert** closed/open interval b *(loc)* **c'est arrivé à 2 jours/mois d'~** it happened after a space *ou* an interval of 2 days/months ◆ **ils sont nés à 3 mois d'~** they were born 3 months apart ◆ **à ~s réguliers/rapprochés** at regular/close intervals ◆ **à ~s de 5 mètres, à 5 mètres d'~** 5 metres apart ◆ **par ~s** at intervals ◆ **dans l'~** *(temporel)* in the meantime, meanwhile; *(spatial)* in between

**intervenant, e** /ɛ̃tɛʀvənɑ̃, ɑ̃t/ NM,F *(Jur)* intervener; *(= conférencier)* contributor; *(Écon)* participant ◆ **~ extérieur** outside contributor

**intervenir** /ɛ̃tɛʀvəniʀ/ ► conjug 22 ◄ VI a *(= entrer en action)* to intervene; *(= contribuer)* to play a part ◆ **puis-je ~ ?** *(dans une discussion)* may I interrupt?, can I say something (here)? ◆ **~ auprès de qn pour** to intercede *ou* intervene with sb (in order) to ◆ **il est intervenu en notre faveur** he interceded *ou* intervened on our behalf ◆ **~ militairement** to intervene militarily ◆ **on a dû faire ~ l'armée, l'armée a dû ~** the army had to intervene, the army had to be brought in *ou* called in ◆ **les pompiers n'ont pas pu ~** the firemen were unable to help

b *(Méd)* to operate

c *(= survenir) [fait, événement]* to take place, to occur; *[accord]* to be reached, to be entered into; *[décision, mesure]* to be taken; *[élément nouveau]* to arise, to come up ◆ **cette mesure intervient au moment où ...** this measure is being taken *ou* comes at a time when ...

d *(Jur)* to intervene

**intervention** /ɛ̃tɛʀvɑ̃sjɔ̃/ NF a *(gén, Jur)* intervention; *(= discours)* speech ◆ **cela a nécessité l'~ de la police** the police had to be brought in *ou* to intervene ◆ **son ~ en notre faveur** his intercession *ou* intervention on our behalf ◆ **~ armée** armed intervention ◆ **plusieurs ~s aériennes** several air strikes; → **force** b *(Écon, Pol)* **~ de l'État** state intervention ◆ **politique d'~** policy of intervention, interventionist policy ◆ **prix d'~** intervention price ◆ **beurre d'~** (EU) subsidized butter c *(Méd)* operation ◆ **~ chirurgicale** surgical operation

**interventionnisme** /ɛ̃tɛʀvɑ̃sjɔnism/ NM interventionism

**interventionniste** /ɛ̃tɛʀvɑ̃sjɔnist/ ADJ, NMF interventionist

**interversion** /ɛ̃tɛʀvɛʀsjɔ̃/ NF inversion ◆ **~ des rôles** reversal *ou* inversion of roles

**intervertir** /ɛ̃tɛʀvɛʀtiʀ/ ► conjug 2 ◄ VT to invert *ou* reverse the order of, to invert ◆ **~ les rôles** to reverse *ou* invert roles

**interview** /ɛ̃tɛʀvju/ NF *(Presse, TV)* interview

**interviewé, e** /ɛ̃tɛʀvjuve/ (ptp de **interviewer**) NM,F *(Presse, TV)* interviewee

**interviewer¹** /ɛ̃tɛʀvjuve/ ► conjug 1 ◄ VT *(Presse, TV)* to interview

**interviewer²** /ɛ̃tɛʀvjuvœʀ/ NMF *(= journaliste)* interviewer

**intervocalique** /ɛ̃tɛʀvɔkalik/ ADJ intervocalic

**intestat** /ɛ̃tɛsta/ ADJ *(Jur)* ◆ **mourir ~** to die intestate NMF intestate

**intestin¹** /ɛ̃tɛstɛ̃/ NM intestine ◆ **~s** intestines, bowels ◆ **~ grêle** small intestine ◆ **gros ~** large intestine ◆ **avoir l'~ fragile** *ou* **les ~s fragiles** to have an irritable bowel, to have irritable bowel syndrome

**intestin², e** /ɛ̃tɛstɛ̃, in/ ADJ *[lutte, rivalité]* internecine, internal ◆ **querelles ~es** internecine quarrels *ou* strife, infighting

**intestinal, e** (mpl **-aux**) /ɛ̃tɛstinal, o/ ADJ intestinal; → **grippe**

**Intifada** /intifada/ NF ◆ **l'~** the Intifada

**intimation** /ɛ̃timasjɔ̃/ NF *(Jur)* *(= assignation)* summons *(sg)* *(before an appeal court)*; *(= signification)* notification

**intime** /ɛ̃tim/ ADJ a *(= privé) [hygiène, confidences]* personal; *[vie, chagrin]* private; *[confidences, secret]* close; *[cérémonie, mariage]* quiet; *[atmosphère]* cosy ◆ **dîner ~** *(entre amis)* dinner with (old) friends; *(entre amoureux)* romantic dinner b *(= étroit) [relation, rapport]* intimate; *[union]* close; *[ami]* close, intimate ◆ **être ~ avec qn** to be intimate with *ou* close to sb ◆ **avoir des relations** *ou* **rapports ~s avec qn** to be on intimate terms with sb ◆ **un mélange ~** a subtle mixture c *(= profond) [nature, structure]* innermost; *[sens, sentiment, conviction]* deep ◆ **j'ai l'~ conviction que** I'm absolutely convinced that NMF close friend ◆ **seuls les ~s sont restés dîner** only close friends stayed to dinner ◆ **je m'appelle Jonathan, Jo pour les ~s** * *(hum)* my name's Jonathan but my friends call me Jo

**intimé, e** /ɛ̃time/ (ptp de **intimer**) NM,F *(Jur)* respondent, appellee

**intimement** /ɛ̃timmɑ̃/ ADV *[connaître, lié]* intimately ◆ **~ persuadé** *ou* **convaincu** deeply *ou* firmly convinced ◆ **être ~ mêlé à qch** to be closely involved in sth

**intimer** /ɛ̃time/ ► conjug 1 ◄ VT a ◆ **~ à qn (l'ordre) de faire** to order sb to do b *(Jur)* *(= assigner)* to summon *(before an appeal court)*; *(= signifier)* to notify

**intimidable** /ɛ̃timidabl/ ADJ easily intimidated

**intimidant, e** /ɛ̃timidɑ̃, ɑ̃t/ ADJ intimidating

**intimidateur, -trice** /ɛ̃timidatœʀ, tʀis/ ADJ intimidating

**intimidation** /ɛ̃timidasjɔ̃/ NF intimidation ◆ **manœuvre/moyens d'~** device/means of intimidation ◆ **on l'a fait parler en usant d'~** they scared *ou* frightened him into talking

**intimider** /ɛ̃timide/ ► conjug 1 ◄ VT to intimidate ◆ **ne te laisse pas ~ par lui** don't let him intimidate you, don't let yourself be intimidated by him

**intimisme** /ɛ̃timism/ NM *(Art, Littérat)* intimism *(SPÉC)*

**intimiste** /ɛ̃timist/ ADJ, NMF *(Art, Littérat)* intimist *(SPÉC)* ◆ **un roman/film ~** *a novel/film focusing on the private world of people's feelings and relationships* ◆ **un peintre ~** a painter who specializes in interior scenes

**intimité** /ɛ̃timite/ NF a *(= vie privée)* privacy ◆ **dans l'~ c'est un homme très simple** in private life, he's a man of simple tastes ◆ **nous serons dans l'~** there will only be a few of us *ou* a few close friends and relatives ◆ **se marier dans l'~** to have a quiet wedding ◆ **la cérémonie a eu lieu dans la plus stricte ~** the ceremony took place in the strictest privacy ◆ **pénétrer dans l'~ de qn** to be admitted into sb's private life b *(= familiarité)* intimacy ◆ **dans l'~ conjugale** in the intimacy of one's married life ◆ **vivre dans l'~ de qn** to be on very intimate terms with sb c *(= confort) [d'atmosphère, salon]* cosiness, intimacy d *(littér = profondeur)* depths ◆ **dans l'~ de sa conscience** in the depths of *ou* innermost recesses of one's conscience

**intitulé** /ɛ̃tityle/ NM *[de livre, loi, jugement]* title; *[de chapitre]* heading, title; *[de sujet de dissertation]* wording; *[de compte en banque] (= type de compte)* type; *(= coordonnées)* name, address and account number

**intituler** /ɛ̃tityle/ ► conjug 1 ◄ VT to entitle, to call VPR **s'intituler** *[livre, chapitre]* to be entitled *ou* called; *[personne]* to call o.s., to give o.s. the title of

**intolérable** /ɛ̃tɔleʀabl/ GRAMMAIRE ACTIVE 34.3 ADJ *(gén)* intolerable, unbearable; *[douleur]* unbearable

**intolérablement** /ɛ̃tɔleʀabləmɑ̃/ ADV intolerably

**intolérance** /ɛ̃tɔleʀɑ̃s/ NF a *(gén)* intolerance b *(Méd)* **~ à un médicament, ~ médicamenteuse** inability to tolerate a drug

**intolérant, e** /ɛ̃tɔleʀɑ̃, ɑ̃t/ ADJ intolerant

**intonation** /ɛ̃tɔnasjɔ̃/ NF *(Ling, Mus)* intonation ◆ **voix aux ~s douces** soft-toned voice

**intouchabilité** /ɛ̃tuʃabilite/ NF untouchability

**intouchable** /ɛ̃tuʃabl/ ADJ, NMF untouchable

**intox(e)** * /ɛ̃tɔks/ **NF** (abrév de **intoxication**) *(Pol)* brainwashing, propaganda; *(= désinformation)* disinformation ◆ **c'est de l'~(e) !** it's pure propaganda! ◆ **il nous fait de l'~(e) pour avoir un magnétoscope** he's trying to brainwash us into getting (him) a video recorder

**intoxication** /ɛ̃tɔksikasjɔ̃/ **NF** **a** *(= empoisonnement)* poisoning *(NonC)* ◆ **~ alimentaire/au plomb** food/lead poisoning *(NonC)* ◆ **~ médicamenteuse** drug intoxication **b** *(Pol)* brainwashing, indoctrination

**intoxiqué, e** /ɛ̃tɔksike/ (ptp de **intoxiquer**) **NM,F** **a** *(= empoisonné)* **quarante enfants ont été très gravement ~s** forty children suffered very serious poisoning ◆ **~ par le plomb** suffering from lead poisoning **b** *(par la drogue)* addict **c** *(= fanatique)* addict ◆ **les ~s du rugby/de la science-fiction** rugby/sci-fi addicts

**intoxiquer** /ɛ̃tɔksike/ ► conjug 1 ◄ **VT** **a** *(= empoisonner)* *[fumée, pollution]* to poison **b** *(= corrompre)* to brainwash, to indoctrinate ◆ **intoxiqué par la publicité** brainwashed by advertisements **VPR** **s'intoxiquer** to be poisoned

> ⚠ **intoxiquer** *se traduit rarement par* **intoxicate**, *qui a le sens de 'enivrer'.*

**intracellulaire** /ɛ̃traselylɛr/ **ADJ** intracellular

**intracommunautaire** /ɛ̃trakɔmynotɛr/ **ADJ** *(Pol)* intra-Community *(épith)* ◆ **50% du commerce de l'UE est ~** 50% of EU trade is conducted between member states of the Community

**intradermique** /ɛ̃tradɛrmik/ **ADJ** intradermal, intradermic, intracutaneous

**intradermo(-)réaction** /ɛ̃tradɛrmoreaksjɔ̃/ **NF INV** skin test

**intraduisible** /ɛ̃tradɥizibl/ **ADJ** **a** *[texte]* untranslatable **b** *(= inexprimable)* *[sentiment, idée]* inexpressible ◆ **il eut une intonation ~** his intonation was impossible to reproduce

**intraitable** /ɛ̃trɛtabl/ **ADJ** uncompromising, inflexible ◆ **il est ~ sur la discipline** he's a stickler for discipline, he's uncompromising *ou* inflexible about discipline

**intra-muros** /ɛ̃tramyros/ **ADV** ◆ **habiter ~** to live inside the town ◆ **Paris ~** inner Paris

**intramusculaire** /ɛ̃tramyskylɛr/ **ADJ** intramuscular **NF** intramuscular injection

**Intranet, intranet** /ɛ̃tranɛt/ **NM** intranet

**intransigeance** /ɛ̃trɑ̃ziʒɑ̃s/ **NF** intransigence ◆ **faire preuve d'~** to be uncompromising *ou* intransigent

**intransigeant, e** /ɛ̃trɑ̃ziʒɑ̃, ɑ̃t/ **ADJ** *[personne, attitude]* uncompromising, intransigent; *[morale]* uncompromising ◆ **se montrer ~** *ou* **adopter une ligne de conduite ~e envers qn** to take a hard line with sb

**intransitif, -ive** /ɛ̃trɑ̃zitif, iv/ **ADJ, NM** intransitive

**intransitivement** /ɛ̃trɑ̃zitivmɑ̃/ **ADV** intransitively

**intransitivité** /ɛ̃trɑ̃zitivite/ **NF** intransitivity, intransitiveness

**intransmissibilité** /ɛ̃trɑ̃smisibilite/ **NF** intransmissibility; *(Jur)* untransferability, non-transferability

**intransmissible** /ɛ̃trɑ̃smisibl/ **ADJ** intransmissible; *(Jur)* untransferable, non-transferable

**intransportable** /ɛ̃trɑ̃spɔrtabl/ **ADJ** *[objet]* untransportable; *[malade]* who is unfit *ou* unable to travel

**intrant** /ɛ̃trɑ̃/ **NM** *(Écon)* input

**intra-utérin, e** (mpl **intra-utérins**) /ɛ̃trayterɛ̃, in/ **ADJ** intra-uterine ◆ **vie ~e** life in the womb, intra-uterine life *(SPÉC)*

**intraveineux, -euse** /ɛ̃travɛnø, øz/ **ADJ** intravenous **NF** **intraveineuse** intravenous injection

**intrépide** /ɛ̃trepid/ **ADJ** *(= courageux)* intrepid, dauntless, bold; *(= résolu)* dauntless; *[bavard]* unashamed; *[menteur]* barefaced *(épith)*, unashamed

**intrépidement** /ɛ̃trepidmɑ̃/ **ADV** intrepidly, dauntlessly, boldly

**intrépidité** /ɛ̃trepidite/ **NF** intrepidity, dauntlessness, boldness ◆ **avec ~** intrepidly, dauntlessly, boldly

**intrication** /ɛ̃trikasjɔ̃/ **NF** intrication, intricacy

**intrigant, e** /ɛ̃trigɑ̃, ɑ̃t/ **ADJ** scheming **NM,F** schemer, intriguer

**intrigue** /ɛ̃trig/ **NF** *(= manœuvre)* intrigue, scheme; *(Ciné, Littérat, Théât)* plot ◆ **~ amoureuse** *ou* **sentimentale** *(= liaison)* (love) affair

**intriguer** /ɛ̃trige/ ► conjug 1 ◄ **VT** to intrigue, to puzzle **VI** to scheme, to intrigue

**intrinsèque** /ɛ̃trɛ̃sɛk/ **ADJ** intrinsic

**intrinsèquement** /ɛ̃trɛ̃sɛkmɑ̃/ **ADV** intrinsically; *[lié]* inextricably ◆ **des moyens ~ mauvais** means that are intrinsically evil

**intriquer (s')** /ɛ̃trike/ ► conjug 1 ◄ **VPR** *(souvent ptp)* *[facteurs]* to be interlinked (*dans* with); ◆ **les deux phénomènes sont étroitement intriqués** the two phenomena are closely interlinked

**introducteur, -trice** /ɛ̃trɔdyktœr, tris/ **NM,F** *(= initiateur)* initiator (*à* to)

**introductif, -ive** /ɛ̃trɔdyktif, iv/ **ADJ** **a** *(gén)* *[chapitre]* introductory, opening *(épith)*; *[discours]* opening *(épith)* **b** *(Jur)* **réquisitoire ~** opening speech for the prosecution

**introduction** /ɛ̃trɔdyksjɔ̃/ GRAMMAIRE ACTIVE 53.1 **NF** **a** *(= présentation)* introduction ◆ **paroles/chapitre d'~** introductory words/chapter ◆ **en (guise d')~** by way of introduction ◆ **~, développement et conclusion** *[de dissertation, exposé]* introduction, exposition, conclusion **b** *(= recommandation)* introduction ◆ **lettre/mot d'~** letter/note of introduction **c** *[d'objet]* insertion, introduction; *[de liquide]* introduction; *[de visiteur]* admission, introduction **d** *(= lancement) [de mode, idée]* launching ◆ **~ en Bourse** stock market listing *ou* flotation **e** *(Jur) [d'instance]* institution **f** *(Rugby)* put-in

**introduire** /ɛ̃trɔdɥir/ ► conjug 38 ◄ **VT** **a** *(= faire entrer) [+ objet]* to place (*dans* in) to insert, to introduce (*dans* into); *[+ liquide]* to introduce (*dans* into); *[+ visiteur]* to show in ◆ **il introduisit sa clé dans la serrure** he put his key in the lock, he inserted his key into the lock ◆ **on m'introduisit dans le salon/auprès de la maîtresse de maison** I was shown into *ou* ushered into the lounge/shown in *ou* ushered in to see the mistress of the house ◆ **~ la balle en mêlée** *(Rugby)* to put the ball into the scrum

**b** *(= lancer) [+ mode]* to launch, to introduce; *[+ idées nouvelles]* to bring in, to introduce; *(Ling) [+ mot]* to introduce (*dans* into); ◆ **~ un produit sur le marché** *(Écon)* to launch a product on the market ◆ **~ des valeurs en Bourse** to list *ou* float shares on the stock market

**c** *(= présenter) [+ ami, protégé]* to introduce ◆ **il m'a introduit auprès du directeur/dans le groupe** he introduced me to the manager/to the group

**d** *(Jur) [+ instance]* to institute

**VPR** **s'introduire** **a** *(= pénétrer)* **s'~ dans un groupe** to work one's way into a group, to be *ou* get o.s. admitted *ou* accepted into a group ◆ **s'~ chez qn par effraction** to break into sb's home ◆ **s'~ dans une pièce** to get into *ou* enter a room ◆ **l'eau/la fumée s'introduisait partout** the water/smoke was getting in everywhere ◆ **le doute s'introduisit dans son esprit** he began to have doubts

**b** *(= être adopté) [usage, mode, idée]* to be introduced (*dans* into)

**introduit, e** /ɛ̃trɔdɥi, it/ (ptp de **introduire**) **ADJ** *(frm)* ◆ **être bien ~ dans un milieu** to be well connected in a certain milieu ◆ **bien ~ auprès du ministre** on good terms with the minister

**intromission** /ɛ̃trɔmisjɔ̃/ **NF** intromission

**intronisation** /ɛ̃trɔnizasjɔ̃/ **NF** *[de roi, pape]* enthronement ◆ **discours d'~** *(hum) [de président]* acceptance speech

**introniser** /ɛ̃trɔnize/ ► conjug 1 ◄ **VT** *[+ roi, pape]* to enthrone; *(hum) [+ président]* to set up ◆ **il a été intronisé (comme) chef du parti** he was set up as leader of the party

**introspectif, -ive** /ɛ̃trɔspɛktif, iv/ **ADJ** introspective

**introspection** /ɛ̃trɔspɛksjɔ̃/ **NF** introspection

**introuvable** /ɛ̃truvabl/ **ADJ** which (*ou* who) cannot be found ◆ **ma clé est ~** I can't find my key anywhere, my key is nowhere to be found ◆ **l'évadé demeure toujours ~** the escaped prisoner has still not been found *ou* discovered, the whereabouts of the escaped prisoner remain unknown ◆ **ces meubles sont ~s aujourd'hui** furniture like this is unobtainable *ou* just cannot be found these days ◆ **l'accord reste ~ entre les deux pays** the two countries are still unable to reach an agreement

**introversion** /ɛ̃trɔvɛrsjɔ̃/ **NF** introversion

**introverti, e** /ɛ̃trɔvɛrti/ **ADJ** introverted **NM,F** introvert

**intrus, e** /ɛ̃try, yz/ **NM,F** intruder ◆ **cherchez l'~** *(jeu)* find the odd one out **ADJ** intruding, intrusive

**intrusion** /ɛ̃tryzjɔ̃/ **NF** *(gén, Géol)* intrusion ◆ **~ dans les affaires de qn** interference *ou* intrusion in sb's affairs ◆ **roches d'~** intrusive rocks

**intubation** /ɛ̃tybasjɔ̃/ **NF** *(Méd)* intubation

**intuber** /ɛ̃tybe/ ► conjug 1 ◄ **VT** *(Méd)* to intubate

**intuitif, -ive** /ɛ̃tɥitif, iv/ **ADJ** intuitive **NM,F** intuitive person ◆ **c'est un ~** he's very intuitive

**intuition** /ɛ̃tɥisjɔ̃/ **NF** intuition ◆ **avoir de l'~** to have intuition ◆ **l'~ féminine** feminine intuition ◆ **mon ~ me dit que ...** I feel instinctively that ... ◆ **j'avais l'~ que ce rôle était fait pour elle** I had a feeling that this role was made for her ◆ **Newton a eu l'~ de la loi de la gravité en regardant tomber une pomme de son arbre** Newton intuited the law of gravity when he saw an apple fall off a tree

**intuitivement** /ɛ̃tɥitivmɑ̃/ **ADV** intuitively

**intumescence** /ɛ̃tymesɑ̃s/ **NF** intumescence

**intumescent, e** /ɛ̃tymesɑ̃, ɑ̃t/ **ADJ** intumescent

**inuit, e** /inɥit/ **ADJ INV** Inuit **NMF** **Inuit** Inuit

**inusable** /inyzabl/ **ADJ** *[vêtement]* hard-wearing

**inusité, e** /inyzite/ **ADJ** *[mot]* uncommon, not in common use *(attrib)*; *[méthode]* no longer in use ◆ **ce mot est pratiquement ~** this word is practically never used

**inusuel, -elle** /inyzɥɛl/ **ADJ** *(littér)* unusual

**in utero** /inytero/ **ADJ, ADV** in utero

**inutile** /inytil/ ADJ a (= qui ne sert pas) *[objet]* useless; *[effort, parole, démarche]* pointless ◆ **connaissances ~s** useless knowledge ◆ **sa voiture lui est ~ maintenant** his car is (of) no use *ou* is no good *ou* is useless to him now ◆ **~ d'insister !** it's useless *ou* no use *ou* no good insisting!, there's no point *ou* it's pointless (insisting)! ◆ **je me sens ~** I feel so useless ◆ **vous voulez de l'aide ? – non, c'est ~** do you want some help? – no, there's no need b (= superflu) *[paroles, crainte, travail, effort, dépense]* needless; *[bagages]* unnecessary ◆ **évitez toute fatigue ~** avoid tiring yourself unnecessarily ◆ **~ de vous dire que je ne suis pas resté** needless to say I didn't stay, I hardly need tell you I didn't stay; → **bouche**

**inutilement** /inytilmɑ̃/ ADV unnecessarily, needlessly

**inutilisable** /inytilizabl/ ADJ unusable

**inutilisé, e** /inytilize/ ADJ unused

**inutilité** /inytilite/ NF *[d'objet]* uselessness; *[d'effort, paroles, travail, démarche]* pointlessness

**invaincu, e** /ɛ̃vɛ̃ky/ ADJ *(gén)* unconquered, unvanquished, undefeated; *(Sport)* unbeaten, undefeated

**invalidant, e** /ɛ̃validɑ̃, ɑ̃t/ ADJ *[maladie]* incapacitating, disabling

**invalidation** /ɛ̃validasjɔ̃/ NF *[de contrat, élection]* invalidation; *[de député]* removal (from office)

**invalide** /ɛ̃valid/ NMF disabled person ◆ **grand ~ civil** severely disabled person ◆ **(grand) ~ de guerre** (severely) disabled ex-serviceman ◆ **~ du travail** industrially disabled person ◆ **l'hôtel des Invalides, les Invalides** the Invalides ADJ *(Méd)* disabled; *(Jur)* invalid

**invalider** /ɛ̃valide/ ▸ conjug 1 ◂ VT *(Jur)* to invalidate; *[+ député]* to remove from office; *[+ élection]* to invalidate; *(Méd)* to disable

**invalidité** /ɛ̃validite/ NF disablement, disability; → **assurance**

**invariabilité** /ɛ̃vaʀjabilite/ NF invariability

**invariable** /ɛ̃vaʀjabl/ ADJ *(gén, Ling)* invariable; *(littér)* unvarying

**invariablement** /ɛ̃vaʀjabləmɑ̃/ ADV invariably

**invariance** /ɛ̃vaʀjɑ̃s/ NF invariance, invariancy

**invariant, e** /ɛ̃vaʀjɑ̃, jɑ̃t/ ADJ, NM invariant

**invasif, -ive** /ɛ̃vazif, iv/ ADJ *(Méd) [cancer, tumeur, traitement]* invasive ◆ **chirurgie non invasive** non-invasive surgery

**invasion** /ɛ̃vazjɔ̃/ NF invasion ◆ **c'est l'~ !** it's an invasion!

**invective** /ɛ̃vɛktiv/ NF invective ◆ **~s** abuse, invectives ◆ **se répandre en ~s contre qn** to let loose a torrent *ou* stream of abuse against sb

**invectiver** /ɛ̃vɛktive/ ▸ conjug 1 ◂ VT to hurl *ou* shout abuse at ◆ **ils se sont violemment invectivés** they hurled *ou* shouted violent abuse at each other VI to inveigh, to rail (*contre* against)

**invendable** /ɛ̃vɑ̃dabl/ ADJ *(gén)* unsaleable; *(Comm)* unmarketable

**invendu, e** /ɛ̃vɑ̃dy/ ADJ unsold NM (= objet) unsold item; (= magazine) unsold copy ◆ **ce magasin brade ses ~s** this shop is selling off its unsold stock

**inventaire** /ɛ̃vɑ̃tɛʀ/ NM a *(gén, Jur)* inventory ◆ **faire un ~** to make an inventory; → **bénéfice** b *(Comm)* (= liste) stocklist *(Brit)*, inventory *(US)*; (= opération) stocktaking *(Brit)*, inventory *(US)* ◆ **faire un ~** *(Comm)* to take stock, to do the stocktaking *(Brit) ou* inventory *(US)* ◆ **"fermé pour cause d'inventaire"** "closed for stocktaking *(Brit) ou* inventory *(US)*" c *[de monuments, souvenirs]* survey ◆ **faire l'~ de** to assess, to make an assessment of

**inventer** /ɛ̃vɑ̃te/ ▸ conjug 1 ◂ VT a (= créer, découvrir) *(gén)* to invent; *[+ moyen, procédé]* to devise ◆ **il n'a pas inventé la poudre** *ou* **le fil à couper le beurre** *ou* **l'eau chaude** he'll never set the world *ou* the Thames *(Brit)* on fire, he's no bright spark *

b (= imaginer, trouver) *[+ jeu]* to think up, to make up; *[+ mot]* to make up; *[+ excuse, histoire fausse]* to invent, to make *ou* think up ◆ **c'est lui qui a inventé le mot** he coined the word ◆ **il ne sait plus quoi ~ pour échapper à l'école** he doesn't know what to think up *ou* dream up next to get out of school ◆ **ils avaient inventé de faire entrer les lapins dans le salon** they had the bright idea of bringing the rabbits into the drawing room ◆ **je n'invente rien** I'm not making anything up, I'm not inventing a thing ◆ **qu'est-ce que tu vas ~ là !** whatever can you be thinking of!; → **pièce**

c *(Jur) [+ trésor]* to find

VPR **s'inventer** ◆ **ce sont des choses qui ne s'inventent pas** those are things people just don't make up ◆ **s'~ une famille** to invent a family for o.s. ◆ **tu t'inventes des histoires !** you're imagining things!

**inventeur, -trice** /ɛ̃vɑ̃tœʀ, tʀis/ NM,F inventor; *(Jur)* finder

**inventif, -ive** /ɛ̃vɑ̃tif, iv/ ADJ *[esprit, solution, cuisine]* inventive; *[personne]* resourceful, inventive

**invention** /ɛ̃vɑ̃sjɔ̃/ NF *(gén, péj)* invention; (= ingéniosité) inventiveness, spirit of invention; *(Jur) [de trésor]* finding ◆ **cette excuse est une pure** *ou* **de la pure ~** that excuse is a pure invention *ou* fabrication ◆ **l'histoire est de son ~** the story was made up *ou* invented by him *ou* was his own invention ◆ **un cocktail de mon ~** a cocktail of my own creation; → **brevet**

**inventivité** /ɛ̃vɑ̃tivite/ NF *[d'esprit, solution, cuisine]* inventiveness; *[de personne]* resourcefulness, inventiveness

**inventorier** /ɛ̃vɑ̃tɔʀje/ ▸ conjug 7 ◂ VT *(gén, Jur)* to make an inventory of; *(Comm)* to make a stocklist of

**invérifiable** /ɛ̃veʀifjabl/ ADJ *(gén)* unverifiable; *[chiffres]* that cannot be checked

**inverse** /ɛ̃vɛʀs/ ADJ *(gén)* opposite; *(Logique, Math)* inverse ◆ **arriver en sens ~** to arrive from the opposite direction ◆ **l'image apparaît en sens ~ dans le miroir** the image is reversed in the mirror ◆ **dans l'ordre ~** in (the) reverse order ◆ **dans le sens ~ des aiguilles d'une montre** counterclockwise, anticlockwise *(Brit)* NM ◆ **l'~** *(gén)* the opposite, the reverse; *(Philos)* the converse ◆ **tu as fait l'~ de ce que je t'ai dit** you did the opposite to *ou* of what I told you ◆ **t'a-t-il attaqué ou l'~ ?** did he attack you or vice versa?, did he attack you or was it the other way round? ◆ **à l'~** conversely ◆ **cela va à l'~ de nos prévisions** that goes contrary to our plans ◆ **à l'~ de sa sœur, il est très timide** unlike his sister, he is very shy

**inversé, e** /ɛ̃vɛʀse/ (ptp de **inverser**) ADJ *[image]* reversed; *[relief]* inverted

**inversement** /ɛ̃vɛʀsəmɑ̃/ ADV *(gén)* conversely; *(Math)* inversely ◆ **~ proportionnel à** inversely proportional to ◆ **... et/ou ~** ... and/or vice versa

**inverser** /ɛ̃vɛʀse/ ▸ conjug 1 ◂ VT *[+ ordre]* to reverse, to invert; *[+ courant électrique]* to reverse; *[+ rôles]* to reverse

**inverseur** /ɛ̃vɛʀsœʀ/ NM *(Élec, Tech)* reverser ◆ **~ de poussée** *(Aéronautique)* thrust reverser

**inversible** /ɛ̃vɛʀsibl/ ADJ *(Photo)* ◆ **film ~** reversal film

**inversion** /ɛ̃vɛʀsjɔ̃/ NF a *(gén, Anat, Ling)* inversion; *(Élec)* reversal ◆ **~ thermique** *(Mét)* temperature inversion ◆ **~ de poussée** *(Aéronautique)* thrust reversal ◆ **~ du sucre** *(Chim)* inversion of sucrose b *(Psych)* homosexuality, inversion *(SPÉC)*

**invertébré, e** /ɛ̃vɛʀtebʀe/ ADJ, NM invertebrate ◆ **~s** invertebrates, Invertebrata *(SPÉC)*

**inverti, e** /ɛ̃vɛʀti/ (ptp de **invertir**) ADJ *(Chim)* ◆ **sucre ~** invert sugar NM,F † homosexual, invert †

**invertir** † /ɛ̃vɛʀtiʀ/ ▸ conjug 2 ◂ VT to invert

**investigateur, -trice** /ɛ̃vɛstigatœʀ, tʀis/ ADJ *[technique]* investigative; *[esprit]* inquiring *(épith)*; *[regard]* searching *(épith)*, scrutinizing *(épith)* NM,F investigator

**investigation** /ɛ̃vɛstigasjɔ̃/ NF *(gén)* investigation; *(Méd)* examination ◆ **~s** *(gén, Police)* investigations ◆ **la police poursuit ses ~s** the police are continuing their investigations ◆ **champ d'~** *[de chercheur]* field of research ◆ **journalisme d'~** investigative journalism

**investiguer** /ɛ̃vɛstige/ ▸ conjug 1 ◂ VT INDIR ◆ **~ sur qch** to investigate sth

**investir** /ɛ̃vɛstiʀ/ ▸ conjug 2 ◂ VT a *(Fin) [+ capital]* to invest (*dans* in) b *[+ fonctionnaire]* to induct; *[+ évêque]* to invest ◆ **~ qn de pouvoirs/droits** to invest *ou* vest sb with powers/rights, to vest powers/rights in sb ◆ **~ qn de sa confiance** to place one's trust in sb c *(Mil) [+ ville]* to surround, to besiege; *(Police)* to surround, to cordon off VPR **s'investir** ◆ **s'~ dans son travail/une relation** to put a lot into one's work/a relationship ◆ **s'~ beaucoup pour faire qch** to put a lot of effort into doing sth

**investissement** /ɛ̃vɛstismɑ̃/ NM *(Écon, Méd, Psych)* investment; *(Mil)* investing; (= efforts) contribution

**investisseur, -euse** /ɛ̃vɛstisœʀ, øz/ ADJ investing *(épith)* NM investor ◆ **~s institutionnels** institutional investors

**investiture** /ɛ̃vɛstityʀ/ NF *[de candidat]* nomination; *[d'évêché]* investiture ◆ **recevoir l'~ de son parti** *(gén)* to be endorsed by one's party; *(Pol US)* to be nominated by one's party ◆ **discours d'~** inaugural speech

**invétéré, e** /ɛ̃veteʀe/ ADJ *[fumeur, joueur]* inveterate, confirmed; *[menteur]* out-and-out, downright; *[habitude]* inveterate, deep-rooted

**invincibilité** /ɛ̃vɛ̃sibilite/ NF *[d'adversaire, nation]* invincibility

**invincible** /ɛ̃vɛ̃sibl/ ADJ *[adversaire, nation]* invincible, unconquerable; *[courage]* invincible, indomitable; *[charme]* irresistible; *[difficultés]* insurmountable, insuperable; *[argument]* invincible, unassailable

**invinciblement** /ɛ̃vɛ̃sibləmɑ̃/ ADV invincibly

**inviolabilité** /ɛ̃vjɔlabilite/ NF *[de droit]* inviolability; *[de serrure]* impregnability; *[de parlementaire, diplomate]* immunity

**inviolable** /ɛ̃vjɔlabl/ ADJ *[droit]* inviolable; *[serrure]* impregnable, burglar-proof; *[parlementaire, diplomate]* immune

**inviolé, e** /ɛ̃vjɔle/ ADJ *(gén)* unviolated, inviolate *(frm)*; *[tombe]* intact; *[paysage, île]* unspoilt

**invisibilité** /ɛ̃vizibilite/ NF invisibility

**invisible** /ɛ̃vizibl/ ADJ (= impossible à voir) invisible; (= minuscule) barely visible (*à* to); *(Écon)* invisible ◆ **~ à l'œil nu** invisible to the naked eye ◆ **la maison était ~ derrière les arbres** the house was invisible *ou* couldn't be seen behind the trees ◆ **danger ~** unseen *ou* hidden danger ◆ **il est ~ pour l'instant** he can't be seen *ou* he's unavailable at the moment ◆ **il est ~ depuis deux mois** he hasn't been seen (around) for two months NM ◆ **l'~** the invisible ◆ **~s** *(Écon)* invisibles

**invisiblement** /ɛ̃viziblәmɑ̃/ ADV invisibly

**invitant, e** /ɛ̃vitɑ̃, ɑ̃t/ ADJ *(littér)* inviting ◆ **puissance ~e** *(Pol)* host country

**invitation** /ɛ̃vitasjɔ̃/ GRAMMAIRE ACTIVE 52.1, 52.4 NF invitation (*à* to); ◆ **carte** *ou* **carton d'~** invitation card ◆ **lettre d'~** letter of invitation ◆ **"sur invitation (uniquement)"** "by invitation only" ◆ **~ à dîner** invitation to dinner ◆ **faire une ~ à qn** to invite sb, to extend an invitation to sb ◆ **venir sans ~** to come uninvited *ou* without (an) invitation ◆ **à** *ou* **sur son ~** at his invitation ◆ **une ~ à déserter** an (open) invitation to desert ◆ **cet événement est une ~ à réfléchir sur le sens de la vie** this event leads us to reflect on the meaning of life ◆ **ses tableaux sont une ~ au voyage** his paintings make us dream of faraway places

**invite** /ɛ̃vit/ NF *(littér)* invitation ◆ **à son ~** at his invitation

**invité, e** /ɛ̃vite/ (ptp de **inviter**) NM,F guest ◆ **~ de marque** distinguished guest ◆ **~ d'honneur** guest of honour

**inviter** /ɛ̃vite/ GRAMMAIRE ACTIVE 52.1, 52.4 ▸ conjug 1 ◂ VT a *(= convier)* to invite, to ask (*à* to); ◆ **~ qn chez soi/à dîner** to invite *ou* ask sb to one's house/to *ou* for dinner ◆ **elle ne l'a pas invité à entrer/monter** she didn't invite *ou* ask him (to come) in/up ◆ **il s'est invité** he invited himself ◆ **c'est moi qui invite** it's my treat, it's on me * b *(= engager)* **~ à** to invite to ◆ **~ qn à démissionner** to invite sb to resign ◆ **il l'invita de la main à s'approcher** he beckoned *ou* motioned (to) her to come nearer ◆ **ceci invite à croire que ...** this induces *ou* leads us to believe that ..., this suggests that ... ◆ **la chaleur invitait au repos** the heat tempted one to rest

**in vitro** /invitro/ LOC ADJ, LOC ADV in vitro

**invivable** /ɛ̃vivabl/ ADJ *(gén)* unbearable; *[personne]* unbearable, obnoxious

**in vivo** /invivo/ LOC ADJ, LOC ADV in vivo

**invocation** /ɛ̃vɔkasjɔ̃/ NF invocation (*à* to)

**invocatoire** /ɛ̃vɔkatwaʀ/ ADJ *(littér)* invocatory *(littér)*

**involontaire** /ɛ̃vɔlɔ̃tɛʀ/ ADJ *[sourire, mouvement]* involuntary; *[peine, insulte]* unintentional, unwitting; *[témoin, complice]* unwitting

**involontairement** /ɛ̃vɔlɔ̃tɛʀmɑ̃/ ADV *[sourire]* involuntarily; *[bousculer qn]* unintentionally, unwittingly ◆ **l'accident dont je fus (bien) ~ le témoin** the accident to *ou* of which I was an *ou* the unintentional witness

**involutif, -ive** /ɛ̃vɔlytif, iv/ ADJ *(Bio, Math)* involute ◆ **(processus) ~** *(Méd)* involution

**involution** /ɛ̃vɔlysjɔ̃/ NF *(Bio, Méd, Math)* involution ◆ **~ utérine** *(Méd)* involution of the uterus

**invoquer** /ɛ̃vɔke/ ▸ conjug 1 ◂ VT a *(= alléguer) [+ argument]* to put forward; *[+ témoignage]* to call upon; *[+ excuse]* to put forward; *[+ ignorance]* to plead; *[+ loi, texte]* to cite, to refer to ◆ **il a invoqué sa jeunesse** he said he'd done it because he was young ◆ **les raisons invoquées** the reasons put forward b *(= appeler à l'aide) [+ Dieu]* to invoke, to call upon ◆ **~ le secours de qn** to call upon sb for help ◆ **~ la clémence de qn** to beg sb *ou* appeal to sb for clemency

**invraisemblable** /ɛ̃vʀɛsɑ̃blabl/ ADJ a *(= peu plausible) [histoire, nouvelle]* unlikely, improbable; *[argument]* implausible b *(= inimaginable) [insolence, habit]* incredible ◆ **aussi ~ que cela paraisse** incredible though it may seem ◆ **c'est ~ !** it's incredible!

**invraisemblablement** /ɛ̃vʀɛsɑ̃blablәmɑ̃/ ADV incredibly

**invraisemblance** /ɛ̃vʀɛsɑ̃blɑ̃s/ NF *[de fait, nouvelle]* unlikelihood *(NonC)*, unlikeliness *(NonC)*, improbability; *[d'argument]* implausibility ◆ **plein d'~s** full of improbabilities *ou* implausibilities

**invulnérabilité** /ɛ̃vylneʀabilite/ NF invulnerability

**invulnérable** /ɛ̃vylneʀabl/ ADJ *(lit)* invulnerable ◆ **~ à** *(fig) [+ maladie]* immune to; *[+ attaque]* invulnerable to, impervious to

**iode** /jɔd/ NM iodine; → **phare, teinture**

**iodé, e** /jɔde/ ADJ *[air, sel]* iodized ◆ **les huîtres ont un goût ~** oysters really taste of the sea

**ioder** /jɔde/ ▸ conjug 1 ◂ VT to iodize

**iodler** /jɔdle/ ▸ conjug 1 ◂ VI ⇒ **jodler**

**iodoforme** /jɔdɔfɔʀm/ NM iodoform

**iodure** /jɔdyʀ/ NM iodide

**ion** /jɔ̃/ NM ion

**ionien, -ienne** /jɔnjɛ̃, jɛn/ ADJ Ionian NM *(Ling)* Ionic NMPL **Ioniens** Ionians

**ionique** /jɔnik/ ADJ *(Archit)* Ionic; *(Sci)* ionic NM *(Archit)* ◆ **l'~** the Ionic

**ionisant, e** /jɔnizɑ̃, ɑ̃t/ ADJ ionizing

**ionisation** /jɔnizasjɔ̃/ NF ionization

**ioniser** /jɔnize/ ▸ conjug 1 ◂ VT to ionize

**ionosphère** /jɔnɔsfɛʀ/ NF ionosphere

**iota** /jɔta/ NM iota ◆ **je n'y ai pas changé un ~** I didn't change it one iota, I didn't change one *ou* an iota of it ◆ **il n'a pas bougé d'un ~** *(lit, fig)* he didn't move an inch, he didn't budge

**iourte** /juʀt/ NF ⇒ **yourte**

**Iowa** /ajɔwa/ NM Iowa

**ipéca** /ipeka/ NM ipecacuanha, ipecac *(US)*

**ipomée** /ipɔme/ NF ipomoea

**IPR** /ipeɛʀ/ NM (abrév de **inspecteur pédagogique régional**) → **inspecteur**

**ipso facto** /ipsofakto/ LOC ADV ipso facto

**IRA** /iʀa/ NF (abrév de **Irish Republican Army**) IRA

**Irak** /iʀak/ NM Iraq, Irak

**irakien, -ienne** /iʀakjɛ̃, jɛn/ ADJ Iraqi NM *(Ling)* Iraqi NM,F **Irakien(ne)** Iraqi

**Iran** /iʀɑ̃/ NM Iran

**iranien, -ienne** /iʀanjɛ̃, jɛn/ ADJ Iranian NM *(Ling)* Iranian NM,F **Iranien(ne)** Iranian

**Iraq** /iʀak/ NM ⇒ **Irak**

**iraqien, -ienne** /iʀakjɛ̃, jɛn/ ADJ, NM,F ⇒ **irakien**

**irascibilité** /iʀasibilite/ NF short- *ou* quick-temperedness, irascibility

**irascible** /iʀasibl/ ADJ short- *ou* quick-tempered, irascible

**ire** /iʀ/ NF *(littér)* ire *(littér)*

**iridacée** /iʀidase/ NF iridaceous plant ◆ **les ~s** iridaceous plants, the Iridaceae *(SPÉC)*

**iridié, e** /iʀidje/ ADJ iridic; → **platine**[1]

**iridium** /iʀidjɔm/ NM iridium

**iris** /iʀis/ NM a *(Anat, Photo)* iris b *(Bot)* iris, flag ◆ **~ jaune/des marais** yellow/water flag

**irisation** /iʀizasjɔ̃/ NF iridescence, irisation

**irisé, e** /iʀize/ (ptp de **iriser**) ADJ iridescent

**iriser** /iʀize/ ▸ conjug 1 ◂ VT to make iridescent VPR **s'iriser** to become iridescent

**irlandais, e** /iʀlɑ̃dɛ, ɛz/ ADJ Irish NM a *(Ling)* Irish b ◆ **Irlandais** Irishman ◆ **les Irlandais** the Irish ◆ **les Irlandais du Nord** the Northern Irish NF **Irlandaise** Irishwoman

**Irlande** /iʀlɑ̃d/ NF *(= pays)* Ireland; *(= État)* Irish Republic, Republic of Ireland ◆ **l'~ du Nord** Northern Ireland, Ulster ◆ **de l'~ du Nord** Northern Irish ◆ **~ du Sud** Southern Ireland

**IRM** /iɛʀɛm/ NF (abrév de **imagerie par résonance magnétique**) MRI ◆ **on m'a fait une ~** I had an MRI scan

**Iroise** /iʀwaz/ N ◆ **la mer d'~** the Iroise ◆ **le pays d'~** the Iroise region *(in Western Brittany)*

**ironie** /iʀɔni/ NF *(lit, fig)* irony ◆ **par une curieuse ~ du sort** by a strange irony of fate ◆ **~ grinçante** bitter irony ◆ **il sait manier l'~** he is a master of irony ◆ **je le dis sans ~** I mean what I say

**ironique** /iʀɔnik/ ADJ ironic

**ironiquement** /iʀɔnikmɑ̃/ ADV ironically

**ironiser** /iʀɔnize/ ▸ conjug 1 ◂ VI to be ironic(al) (*sur* about); ◆ **ce n'est pas la peine d'~** there's no need to be ironic(al) (about it)

**ironiste** /iʀɔnist/ NMF ironist

**iroquois, e** /iʀɔkwa, waz/ ADJ *[peuplade]* Iroquoian; *(Hist)* Iroquois NM a *(Ling)* Iroquoian b *(= coiffure)* Mohican (haircut) *(Brit)*, Mohawk *(US)* NM,F **Iroquois(e)** Iroquoian, Iroquois

**IRPP** /iɛʀpepe/ NM (abrév de **impôt sur le revenu des personnes physiques**) → **impôt**

**irradiant, e** /iʀadjɑ̃, jɑ̃t/ ADJ *[douleur]* radiant

**irradiation** /iʀadjasjɔ̃/ NF *(= action)* irradiation; *(= halo)* irradiation; *(= rayons)* radiation, irradiation; *(Méd)* radiation

**irradier** /iʀadje/ ▸ conjug 7 ◂ VT *(Phys)* to irradiate ◆ **les personnes irradiées** the people who were irradiated *ou* exposed to radiation ◆ **combustible irradié** spent (nuclear) fuel, irradiated fuel ◆ **un sourire irradiait son visage** a smile lit up his face VI *[lumière]* to radiate, to irradiate; *[douleur]* to radiate; *(fig)* to radiate

**irraisonné, e** /iʀɛzɔne/ ADJ irrational

**irrationalisme** /iʀasjɔnalism/ NM irrationalism

**irrationalité** /iʀasjɔnalite/ NF irrationality

**irrationnel, -elle** /iʀasjɔnɛl/ ADJ *(gén, Math)* irrational NM ◆ **l'~** the irrational

**irrationnellement** /iʀasjɔnɛlmɑ̃/ ADV irrationally

**irrattrapable** /iʀatʀapabl/ ADJ *[bévue]* irretrievable

**irréalisable** /iʀealizabl/ ADJ *(gén)* unrealizable, unachievable; *[projet]* impracticable, unworkable ◆ **c'est ~** it's not feasible, it's unworkable

**irréalisé, e** /iʀealize/ ADJ *(littér)* unrealized, unachieved

**irréalisme** /iʀealism/ NM lack of realism, unrealism

**irréaliste** /iʀealist/ ADJ unrealistic

**irréalité** /iʀealite/ NF unreality

**irrecevabilité** /iʀәs(ә)vabilite/ NF a *[d'argument, demande]* unacceptability b *(Jur)* inadmissibility

**irrecevable** /iʀәs(ә)vabl/ ADJ a *(= inacceptable) [argument, demande]* unacceptable b *(Jur)* inadmissible ◆ **témoignage ~** inadmissible evidence ◆ **leur plainte a été jugée ~** their claim was declared inadmissible

**irréconciliable** /iʀekɔ̃siljabl/ ADJ irreconcilable (*avec* with)

**irrécouvrable** /iʀekuvʀabl/ ADJ irrecoverable

**irrécupérable** /iʀekypeʀabl/ ADJ *(gén)* irretrievable; *[créance]* irrecoverable; *[ferraille, meubles]* unreclaimable; *[voiture]* beyond repair *(attrib)* ◆ **il est ~** *[personne]* he's beyond redemption

**irrécusable** /iʀekyzabl/ ADJ *[témoin, juge]* unimpeachable; *[témoignage, preuve]* incontestable, indisputable

**irrédentisme** /iʀedɑ̃tism/ NM irredentism

**irrédentiste** /iʀedɑ̃tist/ ADJ, NMF irredentist

**irréductibilité** /iʀedyktibilite/ NF **a** *[de fait, élément]* irreducibility **b** *(= caractère invincible) [d'obstacle]* insurmountability, invincibility; *[de volonté]* implacability **c** *(Chim, Math, Méd)* irreducibility

**irréductible** /iʀedyktibl/ ADJ **a** *(= qui ne peut être réduit) [fait, élément]* irreducible **b** *(= invincible) [obstacle]* insurmountable, invincible; *[opposition, ennemi]* implacable; *[volonté]* unwavering ◆ **les ~s du parti** the hard core of the party **c** *(Chim, Math, Méd)* irreducible

**irréductiblement** /iʀedyktibləmɑ̃/ ADV implacably ◆ **être ~ opposé à une politique** to be implacably opposed to a policy

**irréel, -elle** /iʀeɛl/ ADJ unreal NM ◆ **l'~** the unreal ◆ **(mode) ~** *(Ling)* mood expressing unreal condition ◆ **l'~ du présent/passé** the hypothetical present/past

**irréfléchi, e** /iʀefleʃi/ ADJ *[geste, paroles, action]* thoughtless, unconsidered; *[personne]* impulsive; *[courage, audace]* reckless, impetuous

**irréflexion** /iʀeflɛksjɔ̃/ NF thoughtlessness

**irréfutabilité** /iʀefytabilite/ NF irrefutability

**irréfutable** /iʀefytabl/ ADJ *[preuve, logique]* irrefutable; *[signe]* undeniable ◆ **de façon ~** irrefutably

**irréfutablement** /iʀefytabləmɑ̃/ ADV irrefutably

**irréfuté, e** /iʀefyte/ ADJ unrefuted

**irrégularité** /iʀegylaʀite/ NF **a** *(= asymétrie) [de façade, traits, forme]* irregularity; *[d'écriture]* irregularity, unevenness ◆ **les ~s du terrain** the unevenness of the ground ◆ **les ~s de ses traits** his irregular features **b** *(= variabilité) [de développement, horaire, pouls, respiration]* irregularity; *[de rythme, courant, vitesse]* variation; *[de sommeil, vent]* fitfulness; *[de service, visites, intervalles]* irregularity **c** *(= inégalité) [de travail, effort, qualité, résultats]* unevenness; *[d'élève, athlète]* erratic performance **d** *(= illégalité)* irregularity ◆ **des ~s ont été commises lors du scrutin** irregularities occurred during the ballot **e** *(Ling) [de verbe, pluriel]* irregularity

**irrégulier, -ière** /iʀegylje, jɛʀ/ ADJ **a** *(= asymétrique) [façade, traits, forme]* irregular; *[écriture]* irregular, uneven; *[terrain]* irregular, uneven
**b** *(= variable) [développement, horaire]* irregular; *[rythme, courant, vitesse]* irregular, varying *(épith)*; *[sommeil, pouls, respiration]* irregular, fitful; *[service, visites, intervalles]* irregular; *[vent]* fitful
**c** *(= inégal) [travail, effort, qualité, résultats]* uneven; *[élève, athlète]* erratic
**d** *(= illégal) [opération, situation, procédure]* irregular; *[détention]* illegal; *[agent, homme d'affaires]* dubious ◆ **absence irrégulière** *(Jur)* unauthorized absence ◆ **étranger en situation irrégulière** foreign national whose papers are not in order ◆ **pour éviter de vous mettre en situation irrégulière** to avoid being in breach of the regulations ◆ **il était en séjour ~** he was in the country illegally
**e** *(Ling) [verbe, pluriel]* irregular
**f** *(Mil)* irregular
NM *(Mil : gén pl)* irregular

**irrégulièrement** /iʀegyljɛʀmɑ̃/ ADV *(gén)* irregularly; *(= sporadiquement)* sporadically; *(= illégalement)* illegally ◆ **il ne paie son loyer que très ~** he only pays his rent at very irregular intervals ◆ **ceux entrés ~ dans le pays** those who came into the country illegally

**irréligieux, -ieuse** /iʀeliʒjø, jøz/ ADJ irreligious

**irréligion** /iʀeliʒjɔ̃/ NF irreligiousness, irreligion

**irrémédiable** /iʀemedjabl/ ADJ **a** *(= irréparable) [dommage, perte]* irreparable ◆ **essayer d'éviter l'~** to try to avoid doing anything that can't be undone **b** *(= incurable) [mal, vice]* incurable, irremediable **c** *(= irréversible) [changement, tendance]* irreversible ◆ **l'~ montée du chômage** the inexorable rise of unemployment

**irrémédiablement** /iʀemedjabləmɑ̃/ ADV irreparably, irremediably

**irrémissible** /iʀemisibl/ ADJ *(littér)* irremissible

**irrémissiblement** /iʀemisibləmɑ̃/ ADV *(littér)* irremissibly

**irremplaçable** /iʀɑ̃plasabl/ ADJ irreplaceable ◆ **nul** *ou* **personne n'est ~** *(Prov)* everyone is replaceable

**irréparable** /iʀepaʀabl/ ADJ **a** *(= hors d'état) [objet]* irreparable, unmendable, beyond repair *(attrib)* ◆ **la voiture est ~** the car is beyond repair *ou* is a write-off **b** *(= irrémédiable) [dommage, perte, impair]* irreparable ◆ **pour éviter l'~** to avoid doing something that can't be undone

**irrépréhensible** /iʀepʀeɑ̃sibl/ ADJ *(littér)* irreprehensible

**irrépressible** /iʀepʀesibl/ ADJ irrepressible

**irréprochable** /iʀepʀɔʃabl/ ADJ *[technique, travail]* perfect, impeccable; *[alibi]* perfect; *[moralité, conduite, vie]* irreproachable, beyond reproach *(attrib)*; *[tenue]* impeccable, faultless ◆ **c'est une mère ~** she's the perfect mother

**irréprochablement** /iʀepʀɔʃabləmɑ̃/ ADV ◆ **~ pur/propre** impeccably pure/clean

**irrésistible** /iʀezistibl/ ADJ *[personne, charme, plaisir, force]* irresistible; *[besoin, désir, preuve, logique]* compelling ◆ **il est (d'un comique) ~ !** *(amusant)* he's hilarious!

**irrésistiblement** /iʀezistibləmɑ̃/ ADV irresistibly

**irrésolu, e** /iʀezɔly/ ADJ *[personne]* irresolute, indecisive; *[problème]* unresolved, unsolved

**irrésolution** /iʀezɔlysjɔ̃/ NF irresolution, irresoluteness, indecisiveness

**irrespect** /iʀɛspɛ/ NM disrespect (*envers, de* for)

**irrespectueusement** /iʀɛspɛktɥøzmɑ̃/ ADV disrespectfully

**irrespectueux, -euse** /iʀɛspɛktɥø, øz/ ADJ disrespectful (*envers* to, towards)

**irrespirable** /iʀɛspiʀabl/ ADJ **a** *[air] (= pénible à respirer)* unbreathable; *(= dangereux)* unsafe, unhealthy **b** *[ambiance]* oppressive, stifling

**irresponsabilité** /iʀɛspɔ̃sabilite/ NF irresponsibility

**irresponsable** /iʀɛspɔ̃sabl/ ADJ irresponsible (*de* for); ◆ **c'est un ~ !** he's (totally) irresponsible! ◆ **notre pays est entre les mains d'~s** this country is in irresponsible hands

**irrétrécissable** /iʀetʀesisabl/ ADJ *(sur étiquette, publicité)* unshrinkable, nonshrink

**irrévérence** /iʀeveʀɑ̃s/ NF *(= caractère)* irreverence; *(= propos)* irreverent word; *(= acte)* irreverent act

**irrévérencieusement** /iʀeveʀɑ̃sjøzmɑ̃/ ADV irreverently

**irrévérencieux, -ieuse** /iʀeveʀɑ̃sjø, jøz/ ADJ irreverent (*envers, à l'égard de* towards)

**irréversibilité** /iʀevɛʀsibilite/ NF irreversibility

**irréversible** /iʀevɛʀsibl/ ADJ irreversible

**irréversiblement** /iʀevɛʀsibləmɑ̃/ ADV irreversibly

**irrévocabilité** /iʀevɔkabilite/ NF *(littér, Jur)* irrevocability

**irrévocable** /iʀevɔkabl/ ADJ *[décision, choix, juge]* irrevocable; *[temps, passé]* beyond *ou* past recall *(attrib)*, irrevocable ◆ **l'~** the irrevocable

**irrévocablement** /iʀevɔkabləmɑ̃/ ADV irrevocably

**irrigable** /iʀigabl/ ADJ irrigable

**irrigation** /iʀigasjɔ̃/ NF *(Agr, Méd)* irrigation

**irriguer** /iʀige/ ► conjug 1 ◄ VT *(Agr, Méd)* to irrigate

**irritabilité** /iʀitabilite/ NF irritability

**irritable** /iʀitabl/ ADJ irritable

**irritant, e** /iʀitɑ̃, ɑ̃t/ ADJ *(= agaçant)* irritating, annoying, irksome; *(Méd)* irritant NM irritant

**irritation** /iʀitasjɔ̃/ NF *(= colère)* irritation, annoyance; *(Méd)* irritation

**irrité, e** /iʀite/ (ptp de **irriter**) ADJ *[gorge, yeux]* irritated; *[geste, regard]* irritated, annoyed, angry ◆ **être ~ contre qn** to be annoyed *ou* angry with sb

**irriter** /iʀite/ ► conjug 1 ◄ VT **a** *(= agacer)* to irritate, to annoy, to irk **b** *(= enflammer) [+ œil, peau, blessure]* to make inflamed, to irritate ◆ **il avait la gorge irritée par la fumée** the smoke irritated his throat **c** *(littér = aviver) [+ désir, curiosité]* to arouse VPR **s'irriter** **a** *(= s'agacer)* **s'~ de qch/contre qn** to get annoyed *ou* angry at sth/with sb, to feel irritated at sth/with sb **b** *[œil, peau, blessure]* to become inflamed *ou* irritated

**irruption** /iʀypsjɔ̃/ NF *(= entrée subite ou hostile)* irruption *(NonC)*; *[de nouvelles technologies, doctrine]* sudden emergence ◆ **pour empêcher l'~ des manifestants dans le bâtiment** to prevent the demonstrators from storming the building *ou* bursting into the building ◆ **faire ~ (chez qn)** to burst in (on sb) ◆ **les eaux firent ~ dans les bas quartiers** the waters swept into *ou* flooded the low-lying parts of the town ◆ **ils ont fait ~ dans le monde musical en 1996** they burst onto the music scene in 1996

**Isaac** /izak/ NM Isaac

**Isabelle** /izabɛl/ NF Isabel ◆ **~ la Catholique** Isabella the Catholic

**isabelle** /izabɛl/ ADJ INV light-tan NM light-tan horse

**Isaïe** /isai/ NM Isaiah ◆ **(le livre d')~** (the Book of) Isaiah

**isard** /izaʀ/ NM izard

**isba** /izba/ NF isba

**ISBN** /iɛsbeen/ ADJ, NM (abrév de **International Standard Book Number**) ISBN

**ischémie** /iskemi/ NF ischaemia *(Brit)*, ischemia *(US)*

**ischion** /iskjɔ̃/ NM ischium

**Iseu(l)t** /isø/ NF Isolde; → **Tristan**

**ISF** /iɛsɛf/ NM (abrév de **impôt de solidarité sur la fortune**) → **impôt**

**Isis** /izis/ NF Isis

**islam** /islam/ NM ◆ **l'Islam** Islam

**Islamabad** /islamabad/ N Islamabad

**islamique** /islamik/ ADJ Islamic ◆ **la République ~ de ...** the Islamic Republic of ...

**islamisation** /islamizasjɔ̃/ NF Islamization

**islamiser** /islamize/ ▸ conjug 1 ◂ VT to Islamize

**islamisme** /islamism/ NM Islamism

**islamiste** /islamist/ ADJ Islamic NMF Islamist

**islamophobe** /islamɔfɔb/ ADJ Islamophobic

**islamophobie** /islamɔfɔbi/ NF Islamophobia

**islandais, e** /islɑ̃dɛ, ɛz/ ADJ Icelandic NM *(Ling)* Icelandic NM,F **Islandais(e)** Icelander

**Islande** /islɑ̃d/ NF Iceland

**ISO** /izo/ NM INV (abrév de **International Standardization Organization**) ◆ **degré/norme/certification ~** ISO rating/standard/certification

**isobare** /izobaʀ/ ADJ isobaric NF isobar

**isocèle** /izɔsɛl/ ADJ isosceles

**isochrone** /izɔkʀɔn/, **isochronique** /izɔkʀɔnik/ ADJ isochronal, isochronous

**isoglosse** /izɔglɔs/ ADJ isoglossal, isoglottic NF isogloss

**isolable** /izɔlabl/ ADJ isolable ◆ **difficilement ~** difficult to isolate

**isolant, e** /izɔlɑ̃, ɑ̃t/ ADJ *(Constr, Élec)* insulating; *(= insonorisant)* soundproofing, sound-insulating; *(Ling)* isolating NM insulator, insulating material ◆ **~ thermique/électrique** heat/electrical insulator ◆ **~ phonique** soundproofing material

**isolat** /izɔla/ NM *(Bio, Chim, Ling)* isolate

**isolateur, -trice** /izɔlatœʀ, tʀis/ ADJ *[écran, gaine]* insulating NM *(= support)* insulator

**isolation** /izɔlasjɔ̃/ NF *(Élec)* insulation ◆ **~ phonique** *ou* **acoustique** soundproofing, sound insulation ◆ **~ thermique** thermal *ou* heat insulation ◆ **~ de diodes** diode isolation

> ⚠ *Attention à ne pas traduire automatiquement* **isolation** *par le mot anglais* **isolation.**

**isolationnisme** /izɔlasjɔnism/ NM isolationism

**isolationniste** /izɔlasjɔnist/ ADJ, NMF isolationist

**isolé, e** /izɔle/ ADJ *[cas, personne, protestation, acte]* isolated; *[incident]* isolated, one-off; *[lieu]* isolated, remote; *[philosophe, tireur, anarchiste]* lone *(épith)*; *(Élec)* insulated ◆ **se sentir ~** to feel isolated ◆ **vivre ~** to live in isolation ◆ **phrase ~e de son contexte** sentence taken out of context ◆ **quelques voix ~es se sont élevées pour dénoncer ...** a few lone voices have been raised in protest against ... NM,F *(= personne délaissée)* lonely person; *(= personne qui agit seule)* loner ◆ **le problème des ~s** the problem of the lonely *ou* isolated ◆ **seuls quelques ~s l'ont encouragé** only a few isolated individuals encouraged him ◆ **ce dissident n'est plus un ~** this dissident is no longer out on his own

**isolement** /izɔlmɑ̃/ NM **a** *(= solitude)* isolation ◆ **leur pays tente de sortir de son ~** their country is trying to break out of its isolation **b** *(Élec) [de câble]* insulation

**isolément** /izɔlemɑ̃/ ADV in isolation, individually ◆ **chaque élément pris ~** each element considered separately *ou* individually *ou* in isolation

**isoler** /izɔle/ ▸ conjug 1 ◂ VT **a** *(= éloigner) [+ prisonnier]* to place in solitary confinement; *[+ malade]* to isolate (*de* from); *[+ lieu]* to cut off (*de* from) to isolate ◆ **hameau isolé par l'inondation/la neige** village cut off by floods/snow **b** *(contre le froid, Élec)* to insulate; *(contre le bruit)* to soundproof, to insulate **c** *(Bio, Chim)* to isolate VPR **s'isoler** *(dans un coin, pour travailler)* to isolate o.s. ◆ **s'~ du reste du monde** to cut o.s. off *ou* isolate o.s. from the rest of the world ◆ **pourrait-on s'~ quelques instants ?** could we go somewhere quiet for a few minutes?

> ⚠ *Au sens de 'protéger contre quelque chose',* **isoler** *ne se traduit pas par* **to isolate.**

**isoloir** /izɔlwaʀ/ NM polling booth

**isomère** /izɔmɛʀ/ ADJ isomeric NM isomer

**isométrique** /izɔmetʀik/ ADJ *(Math, Sci)* isometric

**isomorphe** /izɔmɔʀf/ ADJ *(Chim)* isomorphic, isomorphous; *(Math, Ling)* isomorphic

**isomorphisme** /izɔmɔʀfism/ NM isomorphism

**Isorel** ® /izɔʀɛl/ NM hardboard

**isotherme** /izɔtɛʀm/ ADJ isothermal *(SPÉC)* ◆ **sac ~** cool *ou* insulated bag ◆ **caisse ~** ice box ◆ **camion ~** refrigerated lorry *(Brit) ou* truck *(US)* NF isotherm

**isotope** /izɔtɔp/ ADJ isotopic NM isotope

**isotrope** /izɔtʀɔp/ ADJ isotropic, isotropous

**Israël** /isʀaɛl/ NM Israel ◆ **l'État d'~** the state of Israel

**israélien, -ienne** /isʀaeljɛ̃, jɛn/ ADJ Israeli NM,F **Israélien(ne)** Israeli

**israélite** /isʀaelit/ ADJ Jewish NM *(gén)* Jew; *(Hist)* Israelite NF Jewess; *(Hist)* Israelite

**ISSN** /iɛsɛsɛn/ ADJ, NM (abrév de **International Standard Serial Number**) ISSN

**issu, e**[1] /isy/ **issu de** LOC ADJ *[+ parents]* born of ◆ **être ~ de** *(= résulter de)* to stem from; *(= être né de) [+ parents]* to be born of; *[+ milieu familial]* to be born into; → **cousin**[1]

**issue**[2] /isy/ NF **a** *(= sortie)* exit; *[d'eau, vapeur]* outlet ◆ **voie sans ~** *(lit, fig)* dead end; *(panneau)* "no through road" ◆ **~ de secours** *(lit)* emergency exit; *(fig)* fallback option ◆ **il a su se ménager une ~** he has managed to leave himself a way out **b** *(= solution)* way out, solution ◆ **la seule ~ possible** the only way out ◆ **la situation est sans ~** there is no way the situation can be resolved ◆ **un avenir sans ~** a future without prospects ◆ **ils n'ont pas d'autre ~ que la soumission** *ou* **que de se soumettre** their only option is to give in **c** *(= fin)* outcome ◆ **heureuse ~** happy outcome ◆ **~ fatale** fatal outcome ◆ **à l'~ de** at the end of

> ⚠ *Attention à ne pas traduire automatiquement* **issue** *par le mot anglais* **issue**, *qui n'a pas le sens de 'sortie', ni de 'solution'.*

**Istanbul** /istɑ̃bul/ N Istanbul

**isthme** /ism/ NM *(Anat, Géog)* isthmus ◆ **l'~ de Corinthe/de Panama/de Suez** the Isthmus of Corinth/of Panama/of Suez

**isthmique** /ismik/ ADJ isthmian

**Istrie** /istʀi/ NF Istria

**italianisant, e** /italjanizɑ̃, ɑ̃t/ ADJ *[œuvre]* Italianate; *[artiste]* Italianizing *(épith)* NM,F *(Univ)* Italianist; *(= artiste)* Italianizer

**italianisme** /italjanism/ NM *(Ling)* Italianism

**Italie** /itali/ NF Italy

**italien, -ienne** /italjɛ̃, jɛn/ ADJ Italian NM *(Ling)* Italian NM,F **Italien(ne)** Italian LOC ADJ **à l'italienne** *[cuisine, mobilier, situation politique]* Italian-style; *[théâtre]* with a proscenium; *(Ordin) [format]* landscape *(épith)* ◆ **la comédie à l'italienne** the commedia dell'arte

**italique** /italik/ NM **a** *(Typo)* italics ◆ **mettre un mot en ~** to put a word in italics, to italicize a word **b** *(Hist, Ling)* Italic ADJ *(Typo)* italic; *(Hist, Ling)* Italic

**item** /itɛm/ ADV *(Comm)* ditto NM *(Ling, Psych)* item

**itératif, -ive** /iteʀatif, iv/ ADJ *(gén, Gram, Ordin)* iterative; *(Jur)* reiterated, repeated

**itération** /iteʀasjɔ̃/ NF iteration

**Ithaque** /itak/ NF Ithaca

**itinéraire** /itineʀɛʀ/ NM *(= chemin)* route, itinerary; *(Alpinisme)* route ◆ **son ~ philosophique/religieux** his philosophical/religious path ◆ **~ bis** *ou* **de délestage** alternative route ◆ **faire** *ou* **tracer un ~** to map out a route *ou* an itinerary

**itinérant, e** /itineʀɑ̃, ɑ̃t/ ADJ itinerant, travelling ◆ **vacances ~es** *(en voiture)* touring holiday *(Brit) ou* vacation *(US)*; *(à pied)* rambling holiday *(Brit) ou* vacation *(US)* ◆ **ambassadeur ~** roving ambassador ◆ **troupe ~e** (band of) strolling players ◆ **exposition ~e** travelling exhibition ◆ **bibliothèque ~e** mobile library, bookmobile *(US)*

**itou** * † /itu/ ADV likewise ◆ **et moi ~ !** (and) me too! *

**IUFM** /iyɛfɛm/ NM (abrév de **Institut universitaire de formation des maîtres**) → **institut**

**IUP** /iype/ NM (abrév de **Institut universitaire professionnalisé**) → **institut**

**IUT** /iyte/ NM (abrév de **Institut universitaire de technologie**) → **institut**

**Ivan** /ivɑ̃/ NM Ivan ◆ **~ le Terrible** Ivan the Terrible

**IVG** /iveʒe/ NF (abrév de **interruption volontaire de grossesse**) → **interruption**

**ivoire** /ivwaʀ/ NM **a** *[d'éléphant] (= matière, objet)* ivory ◆ **en** *ou* **d'~** ivory *(épith)* ◆ **~ végétal** *(Tech)* vegetable ivory, ivory nut; → **côte, tour**[1] **b** *[de dent]* dentine

**ivoirien, -ienne** /ivwaʀjɛ̃, jɛn/ ADJ of *ou* from the Ivory Coast NM,F **Ivoirien(ne)** inhabitant *ou* native of the Ivory Coast

**ivraie** /ivʀɛ/ NF *(Bot)* rye grass; → **séparer**

**ivre** /ivʀ/ ADJ drunk ◆ **~ mort** dead *ou* blind drunk ◆ **légèrement ~** slightly drunk, tipsy ◆ **complètement ~** blind drunk *, completely drunk ◆ **~ de joie/rage** wild with joy/rage, beside o.s. with joy/rage ◆ **~ de vengeance** thirsting for revenge

**ivresse** /ivʀɛs/ NF *(= ébriété)* drunkenness, intoxication ◆ **dans l'~ du combat/de la victoire** in the exhilaration of the fight/of victory ◆ **l'~ du plaisir** the (wild) ecstasy of pleasure ◆ **l'~ de la vitesse** the thrill *ou* exhilaration of speed ◆ **avec ~** rapturously, ecstatically ◆ **instants/heures d'~** moments/hours of rapture *ou* (wild) ecstasy ◆ **~ chimique** drug dependence ◆ **~ des profondeurs** *(Méd)* staggers; → **état**

**ivrogne** /ivʀɔɲ/ NMF drunkard; → **serment** ADJ drunken *(épith)*

**ivrognerie** /ivʀɔɲʀi/ NF drunkenness

# J

**J¹, j** /ʒi/ NM (= lettre) J, j; → **jour**

**J²** (abrév de **Joule**) J

**j'** /ʒ/ → **je**

**jabot** /ʒabo/ NM **a** *[d'oiseau]* crop **b** *(Habillement)* jabot

**jacassement** /ʒakasmɑ̃/ NM *[de pie]* chatter *(NonC)*; *(péj) [de personnes]* jabber(ing) *(NonC)*, chatter(ing) *(NonC)*

**jacasser** /ʒakase/ ▸ conjug 1 ◂ VI *[pie]* to chatter; *(péj) [personne]* to jabber, to chatter

**jachère** /ʒaʃɛʀ/ NF fallow *(NonC)*; *(= procédé)* practice of fallowing land ◆ **laisser une terre en ~** to leave a piece of land fallow, to let a piece of land lie fallow ◆ **rester en ~** to lie fallow

**jacinthe** /ʒasɛ̃t/ NF hyacinth ◆ **~ sauvage** *ou* **des bois** bluebell

**jack** /(d)ʒak/ NM *(Téléc, Tex)* jack; *(Élec)* jack plug

**jackpot** /(d)ʒakpɔt/ NM *(= combinaison)* jackpot; *(= machine)* slot machine ◆ **gagner** *ou* **ramasser** *ou* **toucher le ~** * to hit the jackpot ◆ **c'est le ~ assuré !** * you're (*ou* we're *etc*) going to make a mint! *

**Jacob** /ʒakɔb/ NM Jacob; → **échelle**

**jacobin, e** /ʒakɔbɛ̃, in/ ADJ **a** *(Hist)* Jacobinic(al) **b** *(fig) [État, conception]* centralized; *[personne]* in favour of a centralized government ◆ **la France ~e** France's centralized system NM *(Hist)* ◆ **Jacobin** Jacobin

**jacobinisme** /ʒakɔbinism/ NM Jacobinism ◆ **le ~ français** French centralism

**jacobite** /ʒakɔbit/ NM Jacobite

**jacquard** /ʒakaʀ/ ADJ *[pull]* Jacquard NM *(= métier)* Jacquard loom; *(= tissu)* Jacquard (weave)

**jacquerie** /ʒakʀi/ NF jacquerie

**Jacques** /ʒak/ NM James ◆ **faire le ~** † * to play *ou* act the fool, to fool about; → **maître**

**jacquet** /ʒakɛ/ NM backgammon

**Jacquot** /ʒako/ NM *(= prénom de perroquet)* Polly

**jactance** /ʒaktɑ̃s/ NF **a** *(* = bavardage)* chat ◆ **il a de la ~ !** he's got the gift of the gab! * **b** *(littér = vanité)* conceit

**jacter** * /ʒakte/ ▸ conjug 1 ◂ VI to jabber, to gas *; *(arg Police)* to talk, to sing *

**jacuzzi** ® /ʒakyzi/ NM Jacuzzi ®

**jade** /ʒad/ NM *(= pierre)* jade; *(= objet)* jade object *ou* ornament ◆ **de ~** jade *(épith)*

**jadis** /ʒɑdis/ ADV in times past, formerly, long ago ◆ **mes amis de ~** my friends of long ago *ou* of old ◆ **~ on se promenait dans ces jardins** in olden days *ou* long ago people used to walk in these gardens ADJ ◆ **au temps ~** in days of old, in days gone by, once upon a time ◆ **du temps ~** of times gone by, of yesteryear

**jaguar** /ʒagwaʀ/ NM *(= animal)* jaguar

**jaillir** /ʒajiʀ/ ▸ conjug 2 ◂ VI **a** *[liquide, sang] (par à-coups)* to spurt out; *(abondamment)* to gush forth; *[larmes]* to flow; *[geyser]* to spout up, to gush forth; *[vapeur, source]* to gush forth; *[flammes]* to shoot up, to spurt out; *[étincelles]* to fly out; *[lumière]* to flash on (*de* from, out of); ◆ **faire ~ des étincelles** to make sparks fly ◆ **un éclair jaillit dans l'obscurité** a flash of lightning split the darkness, lightning flashed in the darkness **b** *(= apparaître, s'élancer) [personne]* to spring out; *[voiture]* to shoot out ◆ **des soldats jaillirent de tous côtés** soldiers sprang out *ou* leapt out from all sides ◆ **le train jaillit du tunnel** the train shot *ou* burst out of the tunnel ◆ **des montagnes jaillissaient au-dessus de la plaine** mountains towered above the plain ◆ **des tours qui jaillissent de terre** soaring tower blocks ◆ **des monstres jaillis de son imagination** monsters sprung from his imagination **c** *[cris, rires, réponses]* to burst forth *ou* out **d** *[idée]* to spring up; *[vérité, solution]* to spring (*de* from)

**jaillissant, e** /ʒajisɑ̃, ɑ̃t/ ADJ *[eau]* spurting, gushing

**jaillissement** /ʒajismɑ̃/ NM *[de liquide, vapeur]* spurt, gush; *[d'idées]* outpouring

**jais** /ʒɛ/ NM *(Minér)* jet ◆ **de** *ou* **en ~** *[perles, bijou]* jet *(épith)* ◆ **cheveux de ~** jet-black hair; → **noir**

**Jakarta** /dʒakaʀta/ N Jakarta

**jalon** /ʒalɔ̃/ NM **a** *(= piquet)* ranging-pole; *[d'arpenteur]* (surveyor's) staff **b** *(= point de référence)* landmark, milestone ◆ **planter** *ou* **poser les premiers ~s de qch** to prepare the ground for sth, to pave the way for sth ◆ **il commence à poser des ~s** he's beginning to prepare the ground

**jalonnement** /ʒalɔnmɑ̃/ NM *[de route]* marking out

**jalonner** /ʒalɔne/ ▸ conjug 1 ◂ VT **a** *(= déterminer le tracé de) [+ route, chemin de fer]* to mark out *ou* off **b** *(= border, s'espacer sur)* to line, to stretch along ◆ **des champs de fleurs jalonnent la route** fields of flowers line the road **c** *(= marquer) [+ vie]* to punctuate ◆ **carrière jalonnée de succès/d'obstacles** career punctuated with successes/with obstacles

**jalousement** /ʒaluzmɑ̃/ ADV jealously ◆ **ils défendent ~ leur autonomie** they jealously guard their autonomy

**jalouser** /ʒaluze/ ▸ conjug 1 ◂ VT to be jealous of ◆ **il est jalousé par tous ses collègues** all his colleagues envy him VPR **se jalouser** to be jealous of one another ◆ **les deux entreprises se concurrencent et se jalousent** the two companies are competitors and there is fierce rivalry between them

**jalousie** /ʒaluzi/ NF **a** *(entre amants)* jealousy; *(= envie)* jealousy, envy ◆ **~s mesquines** petty jealousies ◆ **être malade de ~, crever de ~** * *[amant]* to be mad *ou* sick with jealousy; *[envieux]* to be green with envy ◆ **c'est la ~ qui te fait parler** you're only saying that because you're jealous **b** *(= persienne)* slatted blind, jalousie

**jaloux, -ouse** /ʒalu, uz/ ADJ **a** *(en amour)* jealous ◆ **~ comme un tigre** madly jealous ◆ **observer qn d'un œil ~** to keep a jealous eye on sb, to watch sb jealously ◆ **c'est un ~** he's the jealous type, he's a jealous man **b** *(= envieux)* jealous, envious ◆ **~ de qn/de la réussite de qn** jealous of sb/of sb's success ◆ **faire des ~** to make people jealous **c** *(littér = désireux de)* **~ de** intent upon, eager for ◆ **~ de perfection** eager for perfection ◆ **il est très ~ de son indépendance/ses privilèges** *(= qui tient à)* he jealously guards his independence/his privileges

**jamaïcain, e, jamaïquain, e** /ʒamaikɛ̃, ɛn/ ADJ Jamaican NM,F **Jamaïcain(e), Jamaïquain(e)** Jamaican

**Jamaïque** /ʒamaik/ NF Jamaica

**jamais** /ʒamɛ/ GRAMMAIRE ACTIVE 39.3 ADV **a** *(avec ne = à aucun moment)* never, not ever ◆ **il n'a ~ avoué** he never confessed ◆ **n'a-t-il ~ avoué ?** did he never confess?, didn't he ever confess? ◆ **il n'a ~ autant travaillé** he's never worked as hard (before), he's never done so much work (before) ◆ **~ je n'ai vu un homme si égoïste** I've never met *ou* seen such a selfish man (before), never (before) have I met *ou* seen such a selfish man ◆ **~ mère ne fut plus heureuse** there was never a happier mother ◆ **il n'est ~ trop tard** it's never too late ◆ **on ne l'a ~ encore entendu se plaindre** he's never yet been heard to complain ◆ **ne dites ~ plus cela !** never say that again!, don't you ever say that again! ◆ **il ne lui a ~ plus écrit** he's never *ou* he hasn't (ever) written to her since ◆ **il**

partit pour ne ~ plus revenir he left never to return ◆ nous sommes restés deux ans sans ~ recevoir de nouvelles we were *ou* went two years without ever hearing any news, for two years we never (once) heard any news ◆ je n'ai ~ de ma vie vu un chien aussi laid never in my life have I *ou* I have never in my life seen such an ugly dog ◆ ~ au grand ~ on ne me reprendra à le faire you'll never ever catch me doing it again ◆ ~ de la vie je n'y retournerai I shall never in my life go back there, I shall never ever go back there ◆ accepterez-vous ? – ~ de la vie ! will you accept? – never! *ou* not on your life! * ◆ ~ plus !, plus ~ ! never again! ◆ c'est ce que vous avez dit – ~ ! that's what you said – never! *ou* I never did! * ◆ presque ~ hardly *ou* scarcely ever, practically never ◆ c'est maintenant ou ~, c'est le moment ou ~ it's now or never ◆ c'est le moment ou ~ d'acheter now is the time to buy, if ever there was a time to buy it's now ◆ une symphonie ~ jouée/terminée an unplayed/unfinished symphony ◆ il ne faut ~ dire ~ never say never ◆ ~ deux sans trois ! *(choses agréables)* good things come *ou* happen in threes!; *(malheurs)* bad things come *ou* happen in threes! ◆ alors, ~ on ne dit "merci" ? * didn't anyone ever teach you to say "thank you"? ◆ y'a ~ penalty ! * no way was that a penalty! *; → mieux, savoir

**b** *(sans* ne *: intensif)* elle est belle comme ~ she's more beautiful than ever ◆ il travaille comme ~ (il n'a travaillé) he's working harder than ever, he's working as he's never worked before

**c** *(sans* ne *= un jour, une fois)* ever ◆ a-t-il ~ avoué ? did he ever confess? ◆ si ~ vous passez par Londres venez nous voir if ever you're passing *ou* if ever you should pass through London come and see us ◆ si ~ j'avais un poste pour vous je vous préviendrais if ever I had *ou* if I ever had a job for you I'd let you know ◆ si ~ tu rates le train, reviens if by (any) chance you miss *ou* if you (should) happen to miss the train, come back ◆ si ~ tu recommences, gare ! don't you ever do that again or you'll be in trouble! ◆ il désespère d'avoir ~ de l'avancement he despairs of ever getting promotion *ou* of ever being promoted ◆ avez-vous ~ vu ça ? have you ever seen *ou* did you ever see such a thing? ◆ c'est le plus grand que j'aie ~ vu it's the biggest one I've ever seen ◆ de telles inondations, c'est du ~ vu we've never seen such floods

**d** *(avec* que *: intensif)* je n'ai ~ fait que mon devoir I've always just done my duty ◆ il n'a ~ fait que critiquer (les autres) he's never done anything but criticize (others) ◆ ça ne fait ~ que deux heures qu'il est parti it's no more than two hours since he left ◆ ce n'est ~ qu'un enfant he is only a child (after all)

**e** *(avec comparatif)* ever ◆ les œufs sont plus chers que ~ eggs are more expensive than ever (before) ◆ c'est pire que ~ it's worse than ever

**f** *(locutions)*

◆ **à jamais** for good, for ever ◆ leur amitié est à ~ compromise their friendship will never be the same again

◆ **à tout jamais, pour jamais** for ever (and ever), for evermore ◆ je renonce à tout ~ à le lui faire comprendre I've given up ever trying to make him understand it

**jambage** /ʒɑ̃baʒ/ NM **a** *[de lettre]* downstroke, descender **b** *(Archit)* jamb

**jambe** /ʒɑ̃b/ NF **a** *(Anat, Habillement, Zool)* leg ◆ fille aux longues ~s *ou* toute en ~s girl with long legs, long-legged *ou* leggy * girl ◆ remonte ta ~ (de pantalon) roll up your trouser leg ◆ ~ de bois/artificielle/articulée *(Méd)* wooden/artificial/articulated leg

**b** *(loc)* avoir les ~s comme du coton *ou* en coton to have legs like jelly *ou* cotton wool *(Brit)* ◆ n'avoir plus de ~s, en avoir plein les ~s * to be worn out *ou* on one's knees * ◆ avoir 20 km dans les ~s to have walked 20 km ◆ je n'ai plus mes ~s de vingt ans ! I'm not as quick on my feet as I used to be! ◆ la peur/l'impatience lui donnait des ~s fear/impatience lent new strength to his legs *ou* lent him speed ◆ ça me fait une belle ~ ! *(iro)* a fat lot of good that does me! * ◆ se mettre en ~s *(Sport)* to warm up, to limber up ◆ mise en ~s warming-up exercises ◆ tirer *ou* traîner la ~ *(par fatigue)* to drag one's feet, to trudge along; *(= boiter)* to limp along ◆ elle ne peut plus (se) tenir sur ses ~s her legs are giving way under her, she can hardly stand ◆ prendre ses ~s à son cou to take to one's heels ◆ traiter qn/qch par-dessous *ou* par-dessus la ~ * to treat sb/deal with sth in a casual *ou* an offhand manner ◆ faire qch par-dessous *ou* par-dessus la ~ * to do sth carelessly *ou* in a slipshod way ◆ il m'a tenu la ~ pendant des heures * he kept me hanging about talking for hours * ◆ tirer dans les ~s de qn * to make life difficult for sb ◆ il s'est jeté dans nos ~s * he got under our feet ◆ elle est toujours dans mes ~s * she's always getting in my way, she's always under my feet ◆ j'en ai eu les ~s coupées ! it knocked me sideways * *ou* for six * *ou* for a loop * *(US)* ◆ il est reparti sur une ~ * *(= ivre)* he could hardly stand up *ou* he was legless * when he left ◆ c'est un cautère *ou* un emplâtre sur une ~ de bois it's no use at all; → dégourdir, partie[2]

**c** *(Tech) [de compas]* leg; *(= étai)* prop, stay ◆ ~ de force *(Constr)* strut; *(Aut)* torque rod

**jambier, -ière[1]** /ʒɑ̃bje, jɛʀ/ ADJ, NM ◆ (muscle) ~ leg muscle

**jambière[2]** /ʒɑ̃bjɛʀ/ NF *(gén)* legging, gaiter; *(Sport)* pad; *[d'armure]* greave ◆ ~s *(en laine)* leg-warmers

**jambon** /ʒɑ̃bɔ̃/ NM **a** *(Culin)* ham ◆ ~ blanc *ou* cuit *ou* de Paris boiled *ou* cooked ham ◆ ~ cru *ou* de pays cured ham ◆ ~ de Parme/d'York Parma/York ham ◆ ~ à l'os ham on the bone ◆ ~ au torchon top-quality cooked ham ◆ un ~-beurre * a ham sandwich *(made from baguette)* **b** *(* péj = cuisse)* thigh

**jambonneau** (pl **jambonneaux**) /ʒɑ̃bɔno/ NM knuckle of ham

**jamboree** /ʒɑ̃bɔʀe/ NM *(Scoutisme)* jamboree

**janissaire** /ʒanisɛʀ/ NM janissary

**jansénisme** /ʒɑ̃senism/ NM Jansenism; *(fig)* austere code of morals

**janséniste** /ʒɑ̃senist/ ADJ, NMF Jansenist

**jante** /ʒɑ̃t/ NF *[de bicyclette, voiture]* rim ◆ ~s (en) alu/en alliage (léger) *(Aut)* aluminium *(Brit) ou* aluminum *(US)*/alloy wheels

**Janus** /ʒanys/ NM Janus ◆ c'est un ~ he's two-faced

**janvier** /ʒɑ̃vje/ NM January; *pour autres loc voir* septembre

**Japon** /ʒapɔ̃/ NM Japan

**japonais, e** /ʒapɔnɛ, ɛz/ ADJ Japanese NM *(Ling)* Japanese NM,F **Japonais(e)** Japanese

**japonaiserie** /ʒapɔnɛzʀi/ NF Japanese curio

**japonisant, e** /ʒaponizɑ̃, ɑ̃t/ ADJ *[décor, style]* Japanese-inspired NM,F expert on Japan

**jappement** /ʒapmɑ̃/ NM yap, yelp

**japper** /ʒape/ ▸ conjug 1 ◂ VI to yap, to yelp

**jaquette** /ʒakɛt/ NF **a** *[d'homme]* morning coat; *[de femme]* jacket; *(Helv = cardigan)* cardigan ◆ il est de la ~ (flottante) † ‡ he's one of them *, he's a poof ‡ *(Brit) ou* a fag ‡ *(US)* **b** *[de livre]* (dust) jacket, (dust) cover; *[de cassette vidéo]* (plastic) cover **c** *[de dent]* crown

**jardin** /ʒaʀdɛ̃/ NM garden, yard *(US)* ◆ rester au *ou* dans le ~ to stay in the garden *ou* yard *(US)* ◆ faire le ~ to do the gardening ◆ siège/table de ~ garden seat/table ◆ c'est mon ~ secret *(fig)* those are my private secrets; → côté, cultiver, pierre

COMP ▹ **jardin d'acclimatation** zoological garden(s) ▹ **jardin d'agrément** ornamental *ou* pleasure garden ▹ **jardin anglais** *ou* **à l'anglaise** landscaped garden ▹ **jardin botanique** botanical garden(s) ▹ **jardin de curé** *small enclosed garden* ▹ **jardin d'enfants** kindergarten ▹ **jardin à la française** formal garden ▹ **le jardin des Hespérides** the garden of Hesperides ▹ **jardin d'hiver** *[de château]* winter garden; *[de maison]* conservatory ▹ **jardin japonais** Japanese garden ▹ **le jardin des Oliviers** *(Bible)* the Garden of Gethsemane ▹ **jardins ouvriers** *small plots of land rented out for gardening,* allotments *(Brit)* ▹ **jardin potager** vegetable *ou* kitchen garden ▹ **jardin public** (public) park, public gardens ▹ **jardin de rapport** † market garden ▹ **jardins suspendus** terraced gardens, hanging gardens ◆ les ~s suspendus de Babylone the hanging gardens of Babylon ▹ **jardin zoologique** ⇒ jardin d'acclimatation

**jardinage** /ʒaʀdinaʒ/ NM *(gén)* gardening; *(Sylviculture)* selective harvesting, selection ◆ faire du ~ to garden, to do some gardening

**jardiner** /ʒaʀdine/ ▸ conjug 1 ◂ VI to garden, to do some gardening VT *[+ forêt]* to manage

**jardinerie** /ʒaʀdinʀi/ NF garden centre

**jardinet** /ʒaʀdinɛ/ NM small garden ◆ les ~s des pavillons de banlieue the small gardens *ou* the little patches of garden round suburban houses

**jardinier, -ière** /ʒaʀdinje, jɛʀ/ ADJ garden *(épith)* ◆ culture jardinière horticulture ◆ plantes jardinières garden plants NM,F gardener NF **jardinière** **a** *(= caisse à fleurs)* window box; *(d'intérieur)* jardinière **b** *(Culin)* jardinière (de légumes) mixed vegetables, jardinière **c** *(Scol)* jardinière d'enfants kindergarten teacher

**jargon** /ʒaʀgɔ̃/ NM **a** *(= baragouin)* gibberish *(NonC)*, double Dutch * *(NonC) (Brit)* **b** *(= langue professionnelle)* jargon *(NonC)*, lingo * *(NonC)* ◆ ~ administratif officialese *(NonC)*, official jargon ◆ ~ informatique computerese * *(NonC)* ◆ ~ journalistique journalese *(NonC)* ◆ ~ médical medical jargon ◆ ~ de métier trade jargon *ou* slang ◆ ~ du palais *(Jur)* legal jargon, legalese *(NonC)*

**jargonner** /ʒaʀgɔne/ ▸ conjug 1 ◂ VI *(= utiliser un jargon)* to talk in *ou* use jargon; *(péj)* to talk gibberish

**Jarnac** /ʒaʀnak/ N ◆ coup de ~ stab in the back

**jarre** /ʒaʀ/ NF (earthenware) jar

**jarret** /ʒaʀɛ/ NM **a** *(Anat) [d'homme]* back of the knee, ham; *[d'animal]* hock ◆ avoir des ~s d'acier to have strong legs **b** *(Culin)* ~ de veau knuckle *ou* shin of veal, veal shank *(US)*

**jarretelle** /ʒaʀtɛl/ NF suspender *(Brit)*, garter *(US)*

**jarretière** /ʒaʀtjɛʀ/ NF garter; → ordre[1]

**jars** /ʒaʀ/ NM *(Zool)* gander

**jaser** /ʒɑze/ ▸ conjug 1 ◂ VI a *[enfant]* to chatter, to prattle; *[personne]* to chat away, to chat on *; *[oiseau]* to chatter, to twitter; *[jet d'eau, ruisseau]* to babble, to sing ◆ **on entend ~ la pie/le geai** you can hear the magpie/the jay chattering b *(arg Police)* to talk, to sing ‡ ◆ **essayer de faire ~ qn** to try to make sb talk c *(= médire)* to gossip ◆ **cela va faire ~ les gens** that'll set tongues wagging, that'll set people talking *ou* gossiping

**jaseur, -euse** /ʒɑzœʀ, øz/ ADJ *[enfant]* chattering *(épith)*, prattling *(épith)*; *[oiseau]* chattering *(épith)*, twittering *(épith)*; *[ruisseau, jet d'eau]* babbling *(épith)*, singing *(épith)*; *[personne] (= médisant)* gossipy, tittle-tattling *(épith) (Brit)* NM a *(= bavard)* gasbag *, chatterbox; *(= médisant)* gossip, tittle-tattle b *(Zool)* waxwing

**jasmin** /ʒasmɛ̃/ NM *(= arbuste)* jasmine ◆ **(essence de) ~** *(= parfum)* jasmine (perfume)

**jaspe** /ʒasp/ NM *(= pierre)* jasper; *(= objet)* jasper ornament ◆ **~ sanguin** bloodstone

**jaspé, e** /ʒaspe/ ADJ mottled, marbled

**jaspiner** ‡ /ʒaspine/ ▸ conjug 1 ◂ VI to chatter, to natter * *(Brit)*

**jatte** /ʒat/ NF (shallow) bowl, basin

**jauge** /ʒoʒ/ NF a *(= instrument)* gauge ◆ **~ d'essence** petrol gauge ◆ **~ (de niveau) d'huile** (oil) dipstick b *(= capacité) [de réservoir]* capacity; *[de navire]* tonnage, burden; *(Tex)* tension c *(Agr)* trench ◆ **mettre en ~** ≈ to heel in

**jauger** /ʒoʒe/ ▸ conjug 3 ◂ VT a *[+ réservoir]* to gauge the capacity of; *[+ navire]* to measure the tonnage of b *[+ personne]* to size up ◆ **il le jaugea du regard** he looked him up and down ◆ **~ qn d'un coup d'œil** to size sb up at a glance VI to have a capacity of ◆ **navire qui jauge 500 tonneaux** ship with a tonnage of 500, ship of 500 tonnes *ou* tons burden

**jaunasse** * /ʒonas/ ADJ *(péj)* yellowish, dirty yellow *(épith)*

**jaunâtre** /ʒonɑtʀ/ ADJ *[lumière, couleur]* yellowish; *[teint]* sallow, yellowish

**jaune** /ʒon/ ADJ *[couleur, dents]* yellow; *(littér) [blés]* golden ◆ **il a le teint ~** *(mauvaise mine)* he looks yellow *ou* sallow; *(basané)* he has a sallow complexion ◆ **~ d'or** golden yellow ◆ **~ moutarde** mustard yellow ◆ **~ comme un citron** *ou* **un coing** as yellow as a lemon; → **corps, fièvre, nain, péril** NM a *(= couleur)* yellow b *(Culin)* **~ (d'œuf)** (egg) yolk c (* *= pastis)* **un (petit) ~** a (small glass of) pastis NMF a (** *: injurieux)* **Jaune** Asian; *(= Chinois)* Chink ** *(injurieux)*; *(= Japonais)* Jap ** *(injurieux)*, Nip ** *(injurieux)* b *(péj = non-gréviste)* scab ‡, blackleg *(Brit)*

**jaunet, -ette** /ʒonɛ, ɛt/ ADJ slightly yellow, yellowish NM †† gold coin

**jaunir** /ʒoniʀ/ ▸ conjug 2 ◂ VT *[+ feuillage, vêtements]* to turn yellow ◆ **doigts jaunis par la nicotine** nicotine-stained fingers, fingers stained yellow with nicotine ◆ **photos jaunies** yellowed photos VI to yellow, to turn *ou* become yellow

**jaunissant, e** /ʒonisɑ̃, ɑ̃t/ ADJ *(littér) [papier, feuillage]* yellowing; *[blé]* ripening, yellowing *(littér)*

**jaunisse** /ʒonis/ NF *(Méd)* jaundice ◆ **en faire une ~** * *(de dépit)* to be pretty miffed *; *(de jalousie)* to be *ou* turn green with envy ◆ **tu ne vas pas nous en faire une ~ !** * you're not going to get all huffy *, are you?

**jaunissement** /ʒonismɑ̃/ NM yellowing

**Java** /ʒava/ NF Java

**java** /ʒava/ NF *(= danse)* popular waltz ◆ **faire la ~** ‡ to live it up *, to have a rave-up ‡ *(Brit)* ◆ **ils ont fait une de ces ~s** they had a really wild time * *ou* a real rave-up ‡ *(Brit)*

**javanais, e** /ʒavanɛ, ɛz/ ADJ Javanese NM a *(Ling)* Javanese; *(= argot)* slang formed by adding av before each vowel of a word; *(= charabia)* gibberish, double Dutch * *(Brit)* b *(Ordin)* **Java** Java NM,F **Javanais(e)** Javanese

**Javel** /ʒavɛl/ NF ◆ **(eau de) ~** bleach

**javeline** /ʒavlin/ NF javelin

**javelle** /ʒavɛl/ NF *[de céréales]* swath ◆ **mettre en ~s** to lay in swaths

**javellisation** /ʒavelizasjɔ̃/ NF chlorination

**javelliser** /ʒavelize/ ▸ conjug 1 ◂ VT to chlorinate ◆ **cette eau est trop javellisée** there's too much chlorine in this water ◆ **eau très javellisée** heavily chlorinated water

**javelot** /ʒavlo/ NM *(Mil, Sport)* javelin; → **lancement**

**jazz** /dʒɑz/ NM jazz ◆ **la musique (de) ~** jazz (music)

**jazzman** /dʒɑzman/ (pl **jazzmen** /dʒɑzmɛn/) NM jazzman, jazz musician

**jazzy** /dʒɑzi/ ADJ INV *[musique]* jazz-style *(épith)*, jazzy; *[musicien]* jazz-style *(épith)* ◆ **une version ~ de leur chanson** a jazz version of their song

**J.-C.** (abrév de **Jésus-Christ**) ◆ **en (l'an) 300 av./apr. ~** in (the year) 300 BC/AD

**je, j'** /ʒ(ə)/ PRON PERS I NM ◆ **le ~** *(Ling)* the I-form, the 1st person singular; *(Philos)* the I

**Jean** /ʒɑ̃/ NM John ◆ **(saint) ~-Baptiste** (St) John the Baptist ◆ **(saint) ~ de la Croix** St John of the Cross ◆ **~ sans Terre** John Lackland ◆ **c'est ~ qui rit et ~ qui pleure** one minute he's laughing, the next minute he's crying

**jean** /dʒin/ NM *(= tissu)* denim; *(= vêtement)* (pair of) jeans, (pair of) denims ◆ **~ (de *ou* en) velours** cord(uroy) jeans ◆ **blouson en ~ vert** green denim jacket ◆ **être en ~(s)** to be wearing jeans

**jean-foutre** * /ʒɑ̃futʀ/ NM INV *(péj)* jackass *(péj)*

**Jeanne** /ʒan/ NF Jane, Joan, Jean ◆ **~ d'Arc** Joan of Arc ◆ **coiffure à la ~ d'Arc** page boy (haircut)

**jeannette** /ʒanɛt/ NF a ◆ **(croix à la) ~** gold cross *(worn around neck)* b *(= planche à repasser)* sleeve-board c *(Scoutisme)* Brownie (Guide)

**Jeannot** /ʒano/ NM Johnny ◆ **~ lapin** bunny (rabbit), Mr Rabbit

**Jeep** ® /(d)ʒip/ NF Jeep ®

**Jéhovah** /ʒeova/ NM Jehovah; → **témoin**

**jéjunum** /ʒeʒynɔm/ NM jejunum

**je-m'en-fichisme** * /ʒ(ə)mɑ̃fiʃism/ NM (I-)couldn't-care-less attitude *

**je-m'en-fichiste** * (pl **je-m'en-fichistes**) /ʒ(ə)mɑ̃fiʃist/ ADJ couldn't-care-less * *(épith)* ◆ **il est trop ~** he really just couldn't care less * NMF couldn't-care-less type *

**je-m'en-foutisme** ‡ /ʒ(ə)mɑ̃futism/ NM (I-)couldn't-give-a-damn attitude ‡

**je-m'en-foutiste** ‡ (pl **je-m'en-foutistes**) /ʒ(ə)mɑ̃futist/ ADJ (I-)couldn't-give-a-damn ‡ *(épith)* NMF (I-)couldn't-give-a-damn type ‡

**je-ne-sais-quoi, je ne sais quoi** /ʒən(ə)sɛkwa/ NM INV (certain) something ◆ **elle a un ~ qui attire** there's (a certain) something about her that's very attractive, she has a certain je-ne-sais-quoi *ou* a certain indefinable charm ◆ **cette journée avait un ~ d'inhabituel** there was something unusual about today

**jenny** /ʒeni/ NF spinning jenny

**jérémiades** * /ʒeʀemjad/ NFPL moaning, whining

**Jérémie** /ʒeʀemi/ NM *(= prophète)* Jeremiah

**Jéricho** /ʒeʀiko/ N Jericho

**jéroboam** /ʒeʀɔbɔam/ NM a *(= bouteille)* jeroboam *(bottle containing 3 litres)* b *(Bible)* **Jéroboam** Jeroboam

**jerricane, jerrycan** /(d)ʒeʀikan/ NM jerry can

**Jersey** /ʒɛʀzɛ/ NF Jersey

**jersey** /ʒɛʀzɛ/ NM a *(= vêtement)* jersey top (*ou* garment *etc*), sweater, jumper *(Brit)* b *(= tissu)* jersey (cloth) ◆ **~ de laine/de soie** jersey wool/silk ◆ **point de ~** stocking stitch ◆ **tricoter un pull en ~** to knit a jumper in stocking stitch

**jersiais, e** /ʒɛʀzjɛ, jɛz/ ADJ Jersey *(épith)*, of *ou* from Jersey ◆ **race ~e** *(Agr)* Jersey breed ◆ **(vache) ~e** Jersey (cow) NM,F **Jersiais(e)** inhabitant *ou* native of Jersey

**Jérusalem** /ʒeʀyzalɛm/ N Jerusalem ◆ **la ~ nouvelle/céleste** the New/Heavenly Jerusalem

**jésuite** /ʒezɥit/ ADJ, NM *(Rel, péj)* Jesuit

**jésuitique** /ʒezɥitik/ ADJ *(Rel, péj)* Jesuitical

**jésuitisme** /ʒezɥitism/ NM *(Rel, péj)* Jesuitism, Jesuitry

**jésus** /ʒezy/ NM a ◆ **Jésus** *(prénom)* Jesus ◆ **le petit Jésus** the baby *ou* infant Jesus ◆ **Jésus-Christ** Jesus Christ ◆ **en 300 avant/après Jésus-Christ** in 300 BC/AD ◆ **doux Jésus !** * sweet Jesus! ‡ b *(= statue)* statue of the infant Jesus c *(= terme d'affection)* **mon ~** (my) darling d *(= saucisson)* kind of pork sausage e ◆ **(papier) ~** super royal (printing paper) ◆ **(papier) petit ~** super royal (writing paper)

**jet**[1] /ʒɛ/ NM a *(= jaillissement) [d'eau, gaz, flamme]* jet; *[de sang]* spurt, gush; *[de salive]* stream; *[de pompe]* flow ◆ **~ de lumière** beam of light

b *[de pierre, grenade] (= action)* throwing; *(= résultat)* throw ◆ **à un ~ de pierre** a stone's throw away ◆ **un ~ de 60 mètres au disque** a 60-metre discus throw ◆ **il a gagné par ~ de l'éponge au troisième round** *(Boxe)* he won because his opponent's corner threw in the towel in the third round; → **arme**

c *(loc)* **premier ~** *[de lettre, livre]* first *ou* rough draft; *[de dessin]* first *ou* rough sketch ◆ **du premier ~** at the first attempt ◆ **écrire d'un (seul) ~** to write in one go ◆ **à ~ continu** in a continuous *ou* an endless stream

d *(Tech = coulage)* casting ◆ **couler une pièce d'un seul ~** to produce a piece in a single casting

e *(Bot = pousse)* main shoot; *(= rameau)* branch

COMP ▷ **jet d'eau** *(= fontaine)* fountain; *(= gerbe)* spray; *(au bout d'un tuyau)* nozzle; *(Archit)* weathering ▷ **jet à la mer** *(Naut)* jettison(ing)

**jet**[2] /dʒɛt/ NM *(Aviat)* jet

**jetable** /ʒ(ə)tabl/ ADJ *[briquet, mouchoir, rasoir, seringue, lentilles, appareil-photo]* disposable ◆ **c'est l'ère du salarié ~** these days employees are seen as expendable NM *(= appareil-photo)* disposable camera; *(= briquet)* disposable lighter

**jeté, e**[1] /ʒ(ə)te/ ADJ (‡ *= fou)* mad *, crazy * NM a *(Danse)* **~ (simple)** jeté ◆ **~ battu** grand jeté b *(Sport)* jerk c *(Tricot)* **~ (simple)** make one ◆ **faire un ~** to drop a stitch COMP ▷ **jeté de canapé** throw ▷ **jeté de lit** bedspread ▷ **jeté de table** table runner

**jetée²** /ʒ(ə)te/ **NF** jetty; *(grande)* pier ◆ ~ **flottante** floating bridge

**jeter** /ʒ(ə)te/ ▸ conjug 4 ◂ **VT** **a** *(= lancer)* to throw; *(avec force)* to fling, to hurl, to sling; *[+ dés]* to throw ◆ ~ **qch à qn** *(pour qu'il l'attrape)* to throw sth to sb; *(agressivement)* to throw *ou* fling *ou* hurl sth at sb ◆ ~ **qn/qch à l'eau** *(de la rive)* to throw sb/sth into the water; *(d'un bateau)* to throw sb/sth overboard ◆ **le navire a été jeté à la côte** *(Naut)* the ship was driven towards the coast ◆ **elle lui a jeté son cadeau à la figure** *ou* **à la tête** she threw *ou* hurled his present at him ◆ ~ **à la mer** *ou* **par-dessus bord** *(Naut)* *[+ personne]* to throw overboard; *[+ objet]* to throw overboard, to jettison ◆ ~ **bas** *(littér)* *[+ statue, gouvernement]* to topple ◆ ~ **qn à terre** *ou* **à bas** *[cheval]* to throw sb ◆ **il a jeté son camion contre un arbre** he crashed his truck *ou* lorry *(Brit)* into a tree, his truck *ou* lorry *(Brit)* careered into a tree ◆ ~ **dehors** *ou* **à la porte** *[+ visiteur]* to throw out, to chuck out⁑ *(Brit)*; *[+ employé]* to fire, to sack *(Brit)* ◆ ~ **qn en prison** to throw *ou* cast sb into prison ◆ ~ **qch par la fenêtre** to throw sth out of the window ◆ ~ **sa cigarette/un papier par terre** to throw one's cigarette/a piece of paper on the ground ◆ **il a jeté sa serviette/son sac par terre** he threw down his towel/his bag ◆ **les gens qui jettent leurs papiers par terre** people who drop litter ◆ **il a jeté son agresseur par** *ou* **à terre** he threw his attacker to the ground ◆ **n'en jetez plus (la cour est pleine) !** * *(après compliments)* don't! *ou* stop it! you're embarrassing me!; *(après injures etc)* cut it out! *, pack it in! * *(Brit)*; → **ancre, bébé, dévolu, rue¹** *etc*

**b** *(= mettre au rebut)* *[+ papiers, objets]* to throw away *ou* out; *(Cartes)* to discard ◆ ~ **qch au panier/à la poubelle/au feu** to throw sth into the wastepaper basket/in the dustbin/in *ou* on the fire ◆ **jette l'eau sale dans l'évier** pour *ou* tip the dirty water down the sink ◆ **il n'y a rien à** ~ * *(hum)* it *(ou* he *etc)* can't be faulted ◆ **se faire** ~⁑ *(d'une réunion, entreprise)* to get thrown out, to get chucked⁑ out *(Brit)* *(de* of); *(lors d'une requête, déclaration d'amour)* to be sent packing *; → **bon¹**

**c** *(= construire)* *[+ pont]* to throw *(sur* over, across); *[+ fondations]* to lay ◆ ~ **les bases d'une nouvelle Europe** *(fig)* to lay the foundations of a new Europe ◆ **jetez la passerelle !** *(Naut)* set up the gangway!

**d** *(= émettre)* *[+ lueur]* to give out, to cast, to shed; *[+ ombre]* to cast; *[+ son]* to let out, to give out; *[+ cri]* to utter, to let out ◆ **il en jette, dans son smoking !**⁑ he's a knockout * *ou* he looks a million dollars * in his dinner jacket! ◆ **ce nouveau tapis dans le salon, ça en jette**⁑ the new carpet in the sitting room looks really great * ◆ **elle (en) jette, cette voiture !** * that's some car! *; → **feu¹**

**e** *(= mettre rapidement)* ~ **des vêtements dans un sac** to sling *ou* throw some clothes into a bag ◆ **va** ~ **cette carte à la boîte** go and pop * this card into the postbox ◆ ~ **une veste sur ses épaules** to slip a jacket over *ou* round one's shoulders ◆ ~ **une idée sur le papier** to jot down an idea

**f** *(= plonger)* to plunge, to throw ◆ ~ **qn dans le désespoir** to plunge sb into despair ◆ ~ **qn dans l'embarras** to throw sb into confusion ◆ **il a jeté son pays dans la guerre** he plunged his country into war

**g** *(= répandre)* to cast ◆ ~ **l'effroi chez/parmi** to sow alarm and confusion in/among ◆ ~ **le trouble dans les esprits** *(= perturber)* to disturb *ou* trouble people; *(= rendre perplexe)* to sow confusion in people's minds ◆ **sa remarque a jeté un froid** his remark put a damper on things *ou* cast a chill over the company; → **discrédit, sort**

**h** *(= dire)* to say *(à* to); ◆ **"dépêche-toi !", me jeta-t-il en passant** "hurry up!", he called out to me as he went by ◆ ~ **des remarques dans la conversation** to throw in *ou* toss in remarks ◆ ~ **des insultes/menaces** to hurl insults/threats ◆ **je lui ai jeté la vérité/l'accusation à la figure** *ou* **à la tête** I hurled *ou* flung the truth/accusation at him ◆ **il lui jeta à la tête qu'il n'était qu'un imbécile** he told him to his face that he was nothing but a fool ◆ **il nous jette à la tête ses relations/ses diplômes** he's always trying to impress us with *ou* always harping on * to us about the important people he knows/all the qualifications he's got

**i** *(mouvement du corps)* ~ **les épaules/la tête en avant** to throw *ou* thrust one's shoulders/one's head forward ◆ ~ **les bras autour du cou de qn** to throw *ou* fling one's arms round sb's neck ◆ **elle lui jeta un regard plein de mépris** she cast a withering look at him, she looked *ou* glanced witheringly at him; → **œil**

**VPR** **se jeter** **a** *(= s'élancer)* **se** ~ **par la fenêtre/du douzième étage** to throw o.s. out of the window/from the twelfth floor ◆ **se** ~ **à l'eau** *(lit)* to launch o.s. *ou* plunge into the water; *(fig)* to take the plunge ◆ **se** ~ **à la tête de qn** to throw o.s. at sb ◆ **se** ~ **dans les bras/aux pieds de qn** to throw o.s. into sb's arms/at sb's feet ◆ **sa voiture s'est jetée contre un arbre** his car crashed into a tree ◆ **un chien s'est jeté sous mes roues** a dog rushed out under the wheels of my car ◆ **il s'est jeté sous un train** he threw himself under *ou* in front of a train ◆ **se** ~ **sur qn** to rush at sb ◆ **se** ~ **sur sa proie** to swoop down *ou* pounce on one's prey ◆ **il se jeta sur la nourriture comme un affamé** he fell (up)on the food like a starving man ◆ **se** ~ **sur** *[+ lit]* to throw *ou* fling o.s. onto; *[+ téléphone]* to rush to; *[+ journal, roman]* to pounce on; *[+ occasion, solution]* to jump at ◆ **se** ~ **dans la politique/les affaires** to launch o.s. into politics/business; → **corps, cou, genou**

**b** *(= se déverser)* *[de rivière]* to flow *(dans* into); ◆ **le Rhône se jette dans la Méditerranée** the Rhone flows into the Mediterranean

**c** *(= se lancer)* *[+ pierres, ballon]* to throw *ou* hurl at each other ◆ **ils se jetèrent des injures à la tête** they hurled insults at each other

**d** *(⁑ = boire)* **on va s'en** ~ **un (derrière la cravate)** we'll have a quick one * ◆ **on va s'en** ~ **un dernier** we'll have one for the road *

**e** *(sens passif)* **ça se jette** it's disposable, you can throw it away (once you've used it)

**jeteur** /ʒ(ə)tœʀ/ **NM** ◆ ~ **de sort** wizard

**jeteuse** /ʒ(ə)tøz/ **NF** ◆ ~ **de sort** witch

**jeton** /ʒ(ə)tɔ̃/ **NM** **a** *(= pièce)* *(gén)* token; *(Jeux)* counter; *(Roulette)* chip ◆ ~ **de téléphone** telephone token ◆ ~ **(de présence)** *(= argent)* director's fees; *(= objet)* token ◆ **toucher ses ~s** *(= somme)* to draw one's fees; → **faux²** **b** *(⁑ = coup)* bang; *(= marque)* dent ◆ **ma voiture a pris un** ~ my car was dented ◆ **avoir les ~s** to have the jitters * *ou* the willies⁑ ◆ **ça lui a fichu les ~s** it gave him the jitters * *ou* the willies⁑

**jet-set** (pl **jet-sets**) /dʒɛtsɛt/ **NM** *ou* **NF**, **jet-society** /dʒɛtsɔsajti/ **NF** jet set ◆ **membre de la** ~ jet setter

**jet-ski** /dʒɛtski/ **NM** jet-ski

**jeu** (pl **jeux**) /ʒø/ **NM** **a** *(= amusement, divertissement)* **le** ~ play ◆ **l'enfant s'éduque par le** ~ the child learns through play ◆ **le** ~ **du soleil sur l'eau** *(fig)* the play of the sunlight on the water ◆ **c'est un** ~ **d'enfant** it's child's play, it's a snap * *(US)* ◆ **il s'est fait un** ~ **de résoudre ce problème** he made light work of the problem ◆ **par** ~ for fun ◆ **il critiquait tout, comme par** ~ he criticized everything as if it was some kind of game

**b** *(gén avec règles)* game ◆ ~ **d'intérieur/de plein air** indoor/outdoor game ◆ ~ **d'adresse** game of skill ◆ ~ **de cartes** card game ◆ **le** ~ **d'échecs/de quilles** the game of chess/of skittles ◆ ~ **à 13/15** *(Rugby)* rugby league/union ◆ **le** ~ **de la vérité** the truth game ◆ **quel** ~ **de cons !**⁑ how bloody⁑ *(Brit)* *ou* goddam⁑ *(US)* stupid! ◆ **c'est le** ~ it's fair (play) ◆ **ce n'est pas de** *ou* **du** ~ * that's not (playing) fair ◆ **ce n'est qu'un** ~ it's just a game ◆ **ce n'est qu'un** ~ **de l'esprit** it's just a mental exercise ◆ **le** ~ **n'en vaut pas la chandelle** the game is not worth the candle ◆ **~x de main(s), ~x de vilain(s) !** *(Prov)* stop fooling around or it will end in tears!; → **jouer**

**c** *(Sport = partie)* game ◆ **il mène (par) 5 ~x à 2** *(Tennis)* he leads (by) 5 games to 2 ◆ **"jeu, set, et match"** "game, set and match" ◆ **la pluie a ralenti le** ~ the rain slowed down play (in the game) ◆ **faire** ~ **égal avec qn** to be evenly matched

**d** *(Sport = terrain)* ~ **de boules** *(sur sol nu)* *area where boules is played; (sur gazon)* bowling green ◆ ~ **de quilles** skittle alley ◆ **la balle est sortie du** ~ the ball has gone out of play; → **hors**

**e** *(Casino)* gambling ◆ **il a perdu toute sa fortune au** ~ he has gambled away his entire fortune, he lost his fortune (at) gambling ◆ **"faites vos jeux"** "place your bets" ◆ **les ~x sont faits** *(Casino)* les jeux sont faits; *(fig)* the die is cast ◆ **~x de tirage** lotteries, draws ◆ **~x de grattage** scratch-card games; → **heureux**

**f** *(= ensemble des pions, boîte)* game, set ◆ ~ **d'échecs/de boules/de quilles** chess/bowls/skittle set ◆ ~ **de 52 cartes** pack *ou* deck *(US)* of 52 cards

**g** *(= série complète)* *[de clés, aiguilles]* set ◆ ~ **de caractères** *(Ordin)* character set ◆ ~ **d'orgue(s)** organ stop

**h** *(= cartes)* hand ◆ **il laisse voir son** ~ he shows his hand ◆ **je n'ai jamais de** ~ I never have a good hand ◆ **le grand** ~ *(aux tarots)* the major arcana ◆ **sortir le grand** ~ *(fig)* to pull out all the stops ◆ **il a beau** ~ **de protester maintenant** it's easy for him to complain now; → **cacher**

**i** *(= façon de jouer)* *(Sport)* game; *(Mus)* technique, (manner of) playing; *(Ciné, Théât)* acting ◆ **il a un** ~ **rapide/lent/efficace** *(Sport)* he plays a fast/a slow/an effective game ◆ **pratiquer un** ~ **ouvert** *(Rugby)* to keep the game open ◆ **elle a un** ~ **saccadé/dur** *(Mus)* she plays jerkily/harshly, her playing is jerky/harsh

**j** *(= fonctionnement)* *(Admin, Pol etc)* working, interaction, interplay; *(Tech)* play ◆ **le** ~ **des pistons** the play of the pistons ◆ **le** ~ **des alliances/des institutions** the interplay of alliances/of institutions ◆ **le marché est régulé par le** ~ **de l'offre et de la demande** the market is regulated by (the interplay between) supply and demand ◆ **fausser le** ~ **de la concurrence** to restrict *ou* hamper the free play of competition

**k** *(= stratégie, manège)* game ◆ **j'ai compris son petit** ~ **!** I know his little game *ou* what he's up to! ◆ **à quel** ~ **joues-tu ?** what are you playing at? ◆ **c'est un** ~ **de dupes** it's a fool's *ou* mug's * *(Brit)* game ◆ **entrer** *ou* **marcher dans le** ~ **de qn** to go *ou* play along with sb, to play sb's game ◆ **faire** *ou* **jouer le** ~ **de qn** to play into sb's hands ◆ **je vois clair** *ou* **je lis dans son** ~ I know his little game, I know what he's playing at *ou* what he's up to ◆ **il s'est piqué** *ou* **pris au** ~ he really got into it *, he got hooked * ◆ **il a été pris à son propre** ~ he was caught out at his own game; → **bascule, double**

**i** *(= espace)* **donner du ~ à qch** to loosen sth up a bit ◆ **la vis a pris du** ~ the screw has worked loose ◆ **la porte ne ferme pas bien, il y a du** ~ the door isn't a tight fit

**LOC ADV en jeu a** *(Sport)* in play ◆ **mettre** *ou* **remettre en** ~ to throw in ◆ **mise en** ~ *(Tennis)* serve; *(Hockey)* bully-off; *(sur glace)* face-off ◆ **remise en** ~ throw-in

**b** *(= en action)* **les forces en** ~ the forces at work ◆ **entrer/mettre en** ~ to come/bring into play ◆ **mise en** ~ *[de facteur, élément]* bringing into play; *[de mécanisme]* activation, bringing into operation

**c** *(= en cause)* **être en** ~ to be at stake ◆ **les intérêts/les sommes en** ~ **sont considérables** there are considerable interests/sums of money at stake ◆ **il mettra tout en** ~ **pour nous aider** he'll risk everything *ou* stake his all to help us

**COMP** ▷ **jeu d'arcade** arcade video game ▷ **jeu blanc** *(Tennis)* love game ▷ **jeux du cirque** *(Hist)* circus games ▷ **jeu de construction** building *ou* construction set ▷ **jeu décisif** *(Tennis)* tie-break, tiebreaker ▷ **jeux d'eau** fountains ▷ **jeu d'écritures** *(Comm)* dummy entry ▷ **jeu électronique** electronic game ▷ **jeu d'entreprise** business *ou* management game ▷ **jeu de hasard** game of chance ▷ **jeu de jambes** *(Sport)* footwork, leg movement ▷ **jeux de lumière** *(artificiels)* lighting effects; *(naturels)* play of light *(NonC)* ▷ **jeu de mains** *[de pianiste]* playing, technique ▷ **jeu de massacre** *(à la foire)* Aunt Sally; *(fig)* wholesale massacre *ou* slaughter ▷ **jeu de mots** play on words *(NonC)*, pun ▷ **jeu de l'oie** ≃ snakes and ladders ▷ **Jeux olympiques** Olympic games, Olympics ◆ **les Jeux olympiques d'hiver** the Winter Olympics ◆ **Jeux olympiques handisports** *ou* **pour handicapés** Paralympics ▷ **jeu de patience** puzzle ▷ **jeux de physionomie** facial expressions ▷ **jeu de piste** treasure hunt ▷ **jeu radiophonique** radio game ▷ **jeu de rôles** role play ▷ **jeu de scène** *(Théât)* stage business *(NonC)* ▷ **jeu des sept erreurs** (game of) spot the difference ▷ **jeu de société** *(charades, portrait etc)* parlour game; *(Monopoly, Scrabble etc)* board game ▷ **jeux du stade** *(Hist)* (ancient) Olympic games ▷ **jeu de stratégie** game of strategy ▷ **jeu télévisé** television game; *(avec questions)* (television) quiz ▷ **jeu vidéo** video game

**jeu-concours** (pl **jeux-concours**) /ʒøkɔ̃kuʀ/ **NM** *(Presse, Radio, TV)* competition; *(avec questions)* quiz

**jeudi** /ʒødi/ **NM** Thursday ◆ **le ~ de l'Ascension** Ascension Day; → **saint;** *pour autres loc voir* **samedi**

**jeun** /ʒœ̃/ **à jeun LOC ADV** ◆ **être à** ~ *(= n'avoir rien mangé)* to have eaten nothing; *(= n'avoir rien bu)* to have drunk nothing; *(= ne pas être ivre)* to be sober ◆ **boire à** ~ to drink on an empty stomach ◆ **à prendre à** ~ *(Méd)* to be taken on an empty stomach ◆ **venez à** ~ don't eat or drink anything before you come

**jeune** /ʒœn/ **ADJ a** *(en années)* young ◆ **homme** ~ young man ◆ ~ **chien** young dog ◆ **mes ~s années** the years of my youth ◆ **dans mon ~ âge** *ou* **temps** in my youth, when I was young ◆ **vu son ~ âge** in view of his youth ◆ **il n'est plus tout** *ou* **très** ~ he's not as young as he used to be, he's not in his first youth ◆ **il est plus ~ que moi de cinq ans** he's five years younger than me, he's five years my junior ◆ **ils font ~(s)** they look young ◆ **il fait plus ~ que son âge** he doesn't look his age, he looks younger than he is ◆ **cette coiffure la fait paraître plus** ~ that hairstyle makes her look younger

**b** *(après nom) [apparence, visage]* youthful; *[couleur, vêtement]* young, which makes one look young ◆ **soyez/restez ~s !** be/stay young! *ou* youthful! ◆ **être ~ d'allure** to be young-looking, to be youthful in appearance ◆ **être ~ de caractère** *ou* **d'esprit** *(puéril)* to have a childish outlook, to be immature; *(dynamique)* to have a young *ou* youthful outlook ◆ **être ~ de cœur** to be young at heart ◆ **être ~ de corps** to have a youthful figure

**c** *(= récent) [industrie, science, vin]* young

**d** *(= inexpérimenté)* raw, inexperienced, green * ◆ **il est encore bien** ~ he's still very inexperienced ◆ **être ~ dans le métier** to be new *ou* a newcomer to the trade

**e** *(= cadet)* junior ◆ **mon ~ frère** my younger brother ◆ **mon plus ~ frère** my youngest brother ◆ **Durand** ~ Durand junior

**f** *(* = insuffisant)* short, skimpy ◆ **ça fait ~, c'est un peu** ~ *[temps]* it's cutting it a bit short *ou* fine; *[argent]* that's not much; *[tissu]* it's not (going to be) enough; *[boisson, nourriture]* there's not enough to go round

**NM a** *(= personne)* youngster, youth, young man ◆ **un petit** ~ a young lad ◆ **les ~s de maintenant** *ou* **d'aujourd'hui** young people *ou* the young *ou* the youth of today ◆ **club** *ou* **maison de ~s** youth club

◆ **donner un coup de jeune à** * *[+ bâtiment, local]* to give a face-lift to, to freshen up; *[+ émission]* to give a new look to ◆ **ils ont donné un coup de ~ au cinéma australien** they've breathed new life into Australian cinema ◆ **cette relation lui a donné un coup de** ~ this relationship gave him a new lease of life

**b** *(= animal)* young animal

**NF** girl ◆ **une petite** ~ a young girl

**ADV** ◆ **s'habiller** ~ to dress young for one's age ◆ **se coiffer** ~ to have a young *ou* modern hairstyle

**COMP** ▷ **jeune femme** young woman ▷ **jeune fille** girl ▷ **jeune garçon** boy, young lad * ▷ **jeune génération** younger generation ▷ **jeunes gens** *(gén)* young people; *(= garçons)* boys ▷ **jeune homme** young man ▷ **jeune loup** *(gén)* go-getter; *(= politicien)* young Turk ▷ **jeune marié** bridegroom ◆ **les ~s mariés** the newlyweds ◆ **un couple de ~s mariés** a couple of newlyweds ▷ **jeune mariée** bride ▷ **jeune premier** *(Ciné, Théât)* romantic male lead ◆ **il a un physique** *ou* **une tête de ~ premier** he has film-star looks ◆ **il veut encore jouer les ~s premiers** he still thinks he can play young roles ▷ **jeune première** *(Ciné, Théât)* romantic female lead

**jeûne** /ʒøn/ **NM** fast ◆ **rompre le** ~ to break one's fast ◆ **jour de** ~ fast day ◆ **faire un ~ de trois jours** to fast for three days ◆ **le Jeûne fédéral** *(Helv) Swiss holiday weekend at the end of September*

**jeûner** /ʒøne/ ▸ conjug 1 ◂ **VI** *(gén)* to go without food; *(Rel)* to fast ◆ **faire ~ un malade** to make a sick person go without food ◆ **laisser ~ ses enfants** to let one's children go hungry

**jeunesse** /ʒœnɛs/ **NF a** *(= période)* youth ◆ **la ~ du monde** *(littér)* the dawn of the world ◆ **en pleine** ~ in the prime of youth ◆ **dans ma** ~ in my youth, in my younger days ◆ **folie/erreur/péché de** ~ youthful prank/mistake/indiscretion ◆ **je n'ai pas eu de** ~ I didn't have much of a childhood ◆ **en raison de son extrême** ~ owing to his extreme youth ◆ **il n'est plus de la première** ~ he's not as young as he was *ou* as he used to be, he's not in the first flush of youth ◆ **il faut que ~ se passe** *(Prov)* youth must have its fling; → **œuvre**

**b** *(= qualité)* youth, youthfulness ◆ ~ **de cœur** youthfulness of heart ◆ **la ~ de son visage/de son corps** his youthful face/figure ◆ **avoir un air de** ~ to have a youthful look ◆ **il a une grande ~ d'esprit** he has a very young outlook

**c** *(= personnes jeunes)* youth, young people ◆ **la ~ dorée** the young jet set ◆ **la ~ ouvrière** (the) young workers ◆ **la ~ étudiante/des écoles** young people at university/at school ◆ **livres pour la** ~ books for the young *ou* for young people ◆ **la ~ est partie devant** † the young ones *ou* the young people have gone on ahead ◆ **si ~ savait, si vieillesse pouvait** *(Prov)* if youth but knew, if old age but could; → **auberge, voyage**

**d** *(† * = jeune fille)* (young) girl

**e** *(gén pl = groupe)* youth ◆ **les ~s communistes** the Communist Youth Movement

**jeunet, -ette** * /ʒœnɛ, ɛt/ **ADJ** *(péj)* rather young ◆ **il est un peu ~ pour lire ce roman** he's rather young *ou* he's a bit on the young side to be reading this novel

**jeûneur, -euse** /ʒønœʀ, øz/ **NM,F** person who fasts *ou* is fasting

**jeunisme** /ʒœnism/ **NM** *(en faveur des jeunes)* ageism, cult of youth; *(contre les jeunes)* discrimination against young people ◆ **faire du** ~ to discriminate in favour of (*ou* against) young people

**jeuniste** /ʒønist/ **ADJ** *(en faveur des jeunes)* pro-youth; *(contre les jeunes)* anti-youth

**jeunot, -otte** * /ʒœno, ɔt/ **ADJ** ⇒ **jeunet NM** young fellow *

**jf a** (abrév de **jeune fille**) → **jeune b** (abrév de **jeune femme**) → **jeune**

**jh** (abrév de **jeune homme**) → **jeune**

**jihad** /ʒi(j)ad/ **NM** ⇒ **djihad**

**jiu-jitsu** /ʒjyʒitsy/ **NM** jujitsu, jiujitsu

**JO** /ʒio/ **NMPL** (abrév de **Jeux olympiques**) Olympics **NM** (abrév de **Journal officiel**) → **journal**

**joaillerie** /ʒoajʀi/ **NF a** *(= travail)* jewellery *(Brit) ou* jewelry *(US)* making; *(= commerce)* jewellery *(Brit) ou* jewelry *(US)* trade ◆ **travailler dans la** ~ to work in jewellery *ou* in the jewel trade **b** *(= marchandise)* jewellery *(Brit)*, jewelry *(US)* **c** *(= magasin)* jeweller's *(Brit) ou* jeweler's *(US)* (shop)

**joaillier, -ière** /ʒoaje, jɛʀ/ **NM,F** jeweller

**Job** /ʒɔb/ **NM** *(Rel)* Job; → **pauvre**

**job** /dʒɔb/ **NM** *(* = travail)* job ◆ **il a trouvé un petit ~ pour l'été** he's found a summer job **NF** *(Can)* job

**jobard, e** * /ʒɔbaʀ, aʀd/ **ADJ** gullible **NM,F** *(= dupe)* sucker *, mug * *(Brit)*

**jobarderie** * /ʒɔbaʀd(ə)ʀi/, **jobardise** * /ʒɔbaʀdiz/ **NF** gullibility

**jobiste** /(d)ʒɔbist/ **NMF** *(Belg) student who does part-time jobs*

**jockey** /ʒɔkɛ/ **NM** jockey; → **régime¹**

**Joconde** /ʒɔkɔ̃d/ **NF** ◆ **la** ~ the Mona Lisa

**jocrisse** † /ʒɔkʀis/ **NM** *(= niais)* simpleton

**jodhpur(s)** /dʒɔdpyʀ/ **NM(PL)** jodhpurs

**jodler** /jɔdle/ ▸ conjug 1 ◂ **VI** to yodel

**joggeur, -euse** /dʒɔgœʀ, øz/ **NM,F** jogger

**jogging** /dʒɔgiŋ/ **NM a** *(= sport)* jogging ◆ **faire du** ~ to go jogging ◆ **il faisait son ~ dans le parc** he was jogging in the park ◆ **je fais mon ~ tous les jours** I go for a jog *ou* I go jogging every day **b** *(= survêtement)* jogging suit, sweatsuit *(surtout US)*

> ⚠ *Au sens de 'survêtement',* **jogging** *ne se traduit pas par le mot anglais* **jogging.**

**joie** /ʒwa/ GRAMMAIRE ACTIVE 51.1

**NF** **a** *(= sentiment)* joy; *(sens diminué)* pleasure ◆ **à ma grande ~** to my great joy *ou* delight ◆ **fou** *ou* **ivre de ~** wild with joy ◆ **la nouvelle le mit au comble de la ~** he was overjoyed at hearing the news *ou* to hear the news ◆ **accueillir la nouvelle avec une ~ bruyante** to greet the news with great shouts of joy ◆ **ses enfants sont sa plus grande ~** his children are his greatest delight *ou* joy ◆ **c'était une ~ de le regarder** it was a joy *ou* delight to look at him, he was a joy to look at ◆ **quand aurons-nous la ~ de vous revoir ?** when shall we have the pleasure of seeing you again? ◆ **il accepta avec ~** he accepted with delight ◆ **sauter** *ou* **bondir de ~** to jump for joy ◆ **on travaille dans la ~ et la bonne humeur ici** *(souvent iro)* it's a real joy to work here; → **cœur, feu¹, fille**

**b** *(loc)* **~ de vivre** joie de vivre, joy of life ◆ **être plein de ~ de vivre** to be full of joie de vivre *ou* the joys of life ◆ **cela le mit en ~** he was overjoyed ◆ **ce livre a fait la ~ de tous** this book has delighted *ou* has given great pleasure to everyone ◆ **le clown tomba pour la plus grande ~ des enfants** the clown fell over to the (great) delight of the children ◆ **il se faisait une telle ~ d'y aller** he was so looking forward to going ◆ **je me ferai une ~ de le faire** I shall be delighted *ou* only too pleased to do it ◆ **c'est pas la ~ !** * it's no fun!

**NFPL** **joies** ◆ **les ~s de la vie** the joys of life ◆ **les ~s du monde** *ou* **de la terre** *(Rel)* worldly *ou* earthly pleasures *ou* joys ◆ **les ~s du mariage** the joys of marriage ◆ **encore une panne, ce sont les ~s de la voiture !** *(iro)* another breakdown, that's one of the joys *ou* delights of motoring! *(iro)*

**joignable** /ʒwaɲabl/ **ADJ** ◆ **être difficilement ~** to be difficult to reach *ou* contact ◆ **il est ~ à tous moments** he can be reached at any time

**joindre** /ʒwɛ̃dʀ/ GRAMMAIRE ACTIVE 52.2 ► conjug 49 ◄

**VT** **a** *(= mettre ensemble)* to join, to put together ◆ **~ deux tables/planches** to put two tables/planks together ◆ **~ un bout de ficelle à un autre** to join one piece of string to another ◆ **~ les mains** to put *ou* bring one's hands together, to clasp one's hands ◆ **~ les talons/les pieds** to put one's heels/one's feet together ◆ **les mains jointes** with his (*ou* her *etc*) hands together

**b** *(= relier)* to join, to link ◆ **une digue/un câble joint l'île au continent** a dyke/a cable links the island with the mainland

**c** *(= unir)* *[+ efforts]* to combine, to join ◆ **~ l'utile à l'agréable** to combine business with pleasure ◆ **elle joint l'intelligence à la beauté** she combines intelligence and beauty ◆ **~ le geste à la parole** to act in accordance with what one says, to match one's action to one's words ◆ **~ les deux bouts** * to make (both) ends meet

**d** *(= ajouter)* to add, to attach *(à* to); *(= inclure)* *[+ timbre, chèque]* to enclose *(à* with); ◆ **les avantages joints à ce poste** the advantages attached to this post, the fringe benefits of this post ◆ **carte jointe à un bouquet/cadeau** card attached to a bouquet/a gift ◆ **pièce jointe** *[de lettre]* enclosure; *(Ordin)* attachment ◆ **envoyer qch en pièce jointe** to send sth as an attachment

**e** *(= contacter)* *[+ personne]* to get in touch with, to contact ◆ **essayez de le ~ par téléphone** try to get in touch with *ou* try to get hold of *ou* try to contact him by telephone

**VI** *[fenêtre, porte]* to shut, to close ◆ **ces fenêtres joignent mal** these windows don't shut *ou* close properly ◆ **est-ce que ça joint bien ?** *[planches]* does it make a good join?, does it join well?

**VPR** **se joindre** **a** *(= s'unir à)* **se ~ à** to join ◆ **se ~ à la procession** to join the procession ◆ **se ~ à la foule** to mingle *ou* mix with the crowd ◆ **voulez-vous vous ~ à nous ?** would you like to join us? ◆ **se ~ à la discussion** to join in the discussion ◆ **mon mari se joint à moi pour vous exprimer notre sympathie** my husband and I wish to express our sympathy, my husband joins me in offering our sympathy *(frm)*

**b** *[mains]* to join

**joint¹** /ʒwɛ̃/ **NM** **a** *(Anat, Géol, Tech)* *(= assemblage, articulation)* joint; *(= ligne de jonction)* join; *(en ciment)* pointing ◆ **~ de cardan** cardan joint ◆ **~ de culasse** cylinder head gasket ◆ **~ d'étanchéité** seal ◆ **~ de robinet** washer **b** *(loc)* **faire le ~** * *(en provisions)* to last *ou* hold out; *(en argent)* to bridge the gap *(jusqu'à* until); ◆ **chercher/trouver le ~** * to look (around) for/find the answer

**joint²** * /ʒwɛ̃/ **NM** *(Drogue)* joint *, spliff * ◆ **se faire** *ou* **se rouler un ~** to roll (o.s.) a joint * *ou* a spliff *

**jointé, e** /ʒwɛ̃te/ **ADJ** ◆ **cheval court-~/long-~** short-/long-pasterned horse, horse with short/long pasterns

**jointif, -ive** /ʒwɛ̃tif, iv/ **ADJ** joined, contiguous; *[planches]* butt-jointed ◆ **(cloison) jointive** butt-jointed partition

**jointoyer** /ʒwɛ̃twaje/ ► conjug 8 ◄ **VT** *(Tech)* to point ◆ **des murs de pierre grossièrement jointoyés** stone walls with rather crudely-finished pointing

**jointure** /ʒwɛ̃tyʀ/ **NF** **a** *(Anat)* joint ◆ **~ du genou** knee joint ◆ **à la ~ du poignet** at the wrist (joint) ◆ **faire craquer ses ~s** to crack one's knuckles ◆ **à la ~ de deux os** at the joint between two bones ◆ **~s** *[de cheval]* fetlock-joints **b** *(Tech)* *(= assemblage)* joint; *(= ligne de jonction)* join

**joint-venture, joint venture** (pl **joint(-)ventures**) /dʒɔjntvɛntʃœʀ/ **NF** joint venture

**jojo** * /ʒoʒo/ **ADJ** *[personne, objet]* ◆ **il est pas ~** he's (*ou* it's) not much to look at **NM** ◆ **affreux ~** *(= enfant)* little horror; *(= adulte)* nasty piece of work *

**jojoba** /ʒɔʒɔba/ **NM** jojoba ◆ **huile de ~** jojoba oil

**joker** /(d)ʒɔkɛʀ/ **NM** **a** *(Cartes)* joker ◆ **jouer** *ou* **sortir** *ou* **utiliser son ~** *(lit)* to play one's joker; *(fig)* to play one's trump card **b** *(Ordin)* **(caractère) ~** wild card

**joli, e** /ʒɔli/ **ADJ** **a** *[enfant, femme]* pretty, attractive, nice; *[objet]* pretty, nice; *[chanson, pensée, promenade, appartement]* nice ◆ **d'ici, la vue est très ~e** you get a very nice view from here ◆ **~ comme un cœur** (as) pretty as a picture ◆ **il est ~ garçon** he's quite good-looking

**b** (* *= non négligeable)* *[revenu, profit]* nice *(épith)*, good, handsome *(épith)*; *[résultat]* good ◆ **ça fait une ~e somme** it's quite a tidy sum ◆ **il a une ~e situation** he has a good position

**c** *(iro)* **embarquez tout ce ~ monde !** take this nasty bunch *ou* crew * away! ◆ **un ~ coco** * *ou* **monsieur** a nasty character, a nasty piece of work *

**d** *(loc)* **tout ça c'est bien ~ mais ...** that's all very well *ou* fine but ... ◆ **vous avez fait du ~ !** *(iro)* you've made a fine mess of things! ◆ **tu as encore menti, c'est du ~ !** *(iro)* you've lied again — shame on you! * ◆ **faire le ~ cœur** to play the ladykiller ◆ **ce n'était pas ~ à voir** it wasn't a pretty sight ◆ **elle est ~e, votre idée !** *(iro)* that's a great idea! *(iro)* ◆ **c'est ~ de dire du mal des gens !** *(iro)* that's nice, spreading nasty gossip about people! *(iro)* ◆ **c'est pas ~~ !** * *(laid)* it's not a pretty sight *; *(méchant)* that wasn't very nice *

**joliesse** /ʒɔljɛs/ **NF** *(littér)* *[de personne]* prettiness; *[de gestes]* grace

**joliment** /ʒɔlimɑ̃/ **ADV** **a** *(= élégamment)* *[décoré, habillé]* nicely ◆ **il l'a ~ arrangé !** *(iro)* he sorted him out nicely *ou* good and proper! * **b** (* *= très, beaucoup)* really ◆ **il était ~ content/en retard** he was really glad/late

**Jonas** /ʒɔnas/ **NM** Jonah, Jonas

**jonc** /ʒɔ̃/ **NM** **a** *(= plante)* rush, bulrush; *(= canne)* cane, rattan ◆ **corbeille** *ou* **panier de ~** rush basket **b** *(Aut)* trim **c** ◆ **~ (d'or)** *(= bracelet)* (plain gold) bangle; *(= bague)* (plain gold) ring

**jonchée** /ʒɔ̃ʃe/ **NF** swath ◆ **des ~s de feuilles mortes couvraient la pelouse** dead leaves lay in drifts on *ou* lay scattered *ou* strewn over the lawn

**joncher** /ʒɔ̃ʃe/ ► conjug 1 ◄ **VT** *[papiers]* to litter, to be strewn over; *[cadavres, détritus, fleurs]* to be strewn over ◆ **jonché de** littered *ou* strewn with

**jonchets** /ʒɔ̃ʃɛ/ **NMPL** jackstraws, spillikins

**jonction** /ʒɔ̃ksjɔ̃/ **NF** *(= action)* joining, junction; *(= état)* junction; *(Élec)* junction ◆ **à la ~ des deux routes** at the junction of the two roads, where the two roads meet ◆ **opérer une ~** *(Mil)* to effect a junction, to link up ◆ **point de ~** junction, meeting point ◆ **~ d'instance** *(Jur)* joinder

**jongler** /ʒɔ̃gle/ ► conjug 1 ◄ **VI** *(lit)* to juggle *(avec* with); ◆ **~ avec** *[+ dates, emplois du temps, chiffres]* to juggle (with); *[+ difficultés]* to juggle with

**jonglerie** /ʒɔ̃gləʀi/ **NF** juggling

**jongleur, -euse** /ʒɔ̃glœʀ, øz/ **NM,F** **a** *(gén)* juggler **b** *(Hist)* jongleur

**jonque** /ʒɔ̃k/ **NF** *(Naut)* junk

**jonquille** /ʒɔ̃kij/ **NF** daffodil, jonquil **ADJ INV** daffodil yellow

**Jordanie** /ʒɔʀdani/ **NF** Jordan

**jordanien, -ienne** /ʒɔʀdanjɛ̃, jɛn/ **ADJ** Jordanian **NM,F** **Jordanien(ne)** Jordanian

**Joseph** /ʒozɛf/ **NM** Joseph

**Josué** /ʒɔzɥe/ **NM** Joshua

**jouabilité** /ʒuabilite/ **NF** *[de jeu vidéo]* playability

**jouable** /ʒwabl/ **ADJ** playable ◆ **ce sera difficile, mais c'est ~** *[projet]* it'll be difficult, but it's worth a try *ou* a go

**jouasse** ‡ /ʒwas/ **ADJ** pleased as Punch *, chuffed * *(Brit)* ◆ **il n'était pas ~ !** he wasn't too thrilled!

**joue** /ʒu/ **NF** **a** *(Anat)* cheek ◆ **~ contre ~** cheek to cheek ◆ **tendre la ~** to offer one's cheek ◆ **présenter** *ou* **tendre l'autre ~** to turn the other cheek ◆ **~ de bœuf** *(Culin)* ox cheek **b** *(Mil)* **en ~ !** take aim! ◆ **coucher** *ou* **mettre une cible/qn en ~** to aim at *ou* take aim at a target/sb ◆ **coucher** *ou* **mettre en ~ un fusil** to take aim with a rifle, to aim a rifle ◆ **tenir qn en ~** to keep one's gun trained on sb **c** *(Naut)* **~s d'un navire** bows of a ship

## jouer /ʒwe/

► conjug 1 ◄

| | |
|---|---|
| 1 VERBE INTRANSITIF | 3 VERBE TRANSITIF |
| 2 VERBE TRANSITIF INDIRECT | 4 VERBE PRONOMINAL |

### 1 - VERBE INTRANSITIF

**a** [= s'amuser] to play (*avec* with); ◆ **arrête, je ne joue plus** stop it, I'm not playing any more ◆ **faire qch pour** ~ to do sth for fun ◆ **elle jouait avec son crayon/son collier** *(= manipuler)* she was toying *ou* fiddling with her pencil/her necklace ◆ ~ **avec les sentiments de qn** to play *ou* trifle with sb's feelings ◆ ~ **avec sa vie/sa santé** *(= mettre en danger)* to gamble with one's life/one's health ◆ ~ **avec le feu** *(lit, fig)* to play with fire ◆ **on ne joue pas avec ces choses-là** *(fig)* matters like these are not to be treated lightly; → **cour**

♦ **jouer à** ◆ ~ **à la poupée** to play with one's dolls ◆ ~ **au golf/au ping-pong/aux cartes/aux échecs** to play golf/table tennis/cards/chess ◆ ~ **aux soldats/aux cow-boys et aux Indiens** to play (at) soldiers/(at) cowboys and Indians ◆ ~ **au docteur (et au malade)** to play (at) doctors and nurses ◆ ~ **à qui sautera le plus loin** to see who can jump the furthest ◆ ~ **au chat et à la souris (avec qn)** to play cat and mouse with sb ◆ ~ **au héros/à l'aristocrate** *(fig)* to play the hero/the aristocrat ◆ **à quoi joues-tu ?** *(fig)* what are you playing at? ◆ **n'essaie pas de** ~ **au plus fin** *ou* **malin avec moi** don't try to outsmart me ◆ ~ **au con**‡ to mess about*, to arse around*‡ *(Brit)*; → **bille**

**b** [= pratiquer un jeu, un sport] **il joue bien/mal (au tennis)** he is a good/poor (tennis) player, he plays (tennis) well/badly ◆ **il a vraiment bien joué** he played an excellent game, he played really well ◆ ~ **contre qn/une équipe** to play (against) sb/a team ◆ **à qui de** ~ **?** whose go *ou* turn is it? ◆ **à vous (***ou* **moi** *etc***) de** ~ **!** *(lit, fig)* your (*ou* my *etc*) go! *ou* turn!; *(Échecs)* your (*ou* my *etc*) move! ◆ **bien joué !** *(lit)* well played!; *(fig)* well done! ◆ ~ **petit bras** *(Tennis)* to play underarm ◆ ~ **serré** to play (it) tight, to play a close game ◆ ~ **perdant/gagnant** to play a losing/winning game

**c** [Mus] to play ◆ **l'orchestre joue ce soir à l'opéra** the orchestra is playing at the opera this evening ◆ **ce pianiste joue bien/mal** this pianist plays well/badly

**d** [pour de l'argent] *(Casino)* to gamble ◆ ~ **pair/impair** to play (on) the even/odd numbers ◆ ~ **aux courses** to bet on the horses ◆ ~ **à la** *ou* **en Bourse** to speculate *ou* gamble on the Stock Exchange

**e** [Ciné, Théât, TV] to act ◆ **il joue dans "Hamlet"** he's acting *ou* he's in "Hamlet" ◆ **il joue au théâtre des Mathurins** he's playing *ou* acting at the théâtre des Mathurins ◆ **elle joue très bien/mal** she is a very good/bad *ou* poor actress, she acts very well/badly ◆ **elle a très bien joué Juliette** she gave an excellent performance as Juliet ◆ **la troupe va** ~ **à Avignon** the company is going to perform in Avignon; → **guichet**

**f** [locutions]

♦ **jouer sur** ◆ ~ **sur les mots** to play with words ◆ **ils ont joué sur votre inquiétude** *(= spéculer sur)* they took advantage of the fact that you were worried ◆ ~ **sur l'effet de surprise** to use the element of surprise ◆ **il joue sur la fibre nationaliste** he is playing on nationalist feeling *ou* exploiting nationalist sentiment ◆ **il a réussi en jouant sur les différences de législations** he succeeded by exploiting differences in legislation ◆ **en jouant sur la qualité du papier, on peut réduire le coût de fabrication** you can reduce manufacturing costs by changing the quality of the paper; → **velours**

**g** [= fonctionner] to work ◆ **la clé joue dans la serrure** the key turns in the lock ◆ **la clé joue mal dans la serrure** the key doesn't fit (in) the lock very well ◆ **faire** ~ **un ressort** to activate *ou* trigger a spring ◆ **la barque jouait sur son ancre** the boat bobbed about at anchor

**h** [= joindre mal] *[pièce, cheville]* to fit loosely, to be loose; *(= travailler) [bois]* to warp

**i** [= bouger] *[soleil, lumière]* to play ◆ **la lumière jouait au plafond** the light played *ou* danced on the ceiling

**j** [= intervenir, s'appliquer] to apply (*pour* to); ◆ **l'âge ne joue pas** age doesn't come into it *ou* is of no consequence ◆ **cet argument joue à plein** this argument is entirely applicable ◆ **cette augmentation joue pour tout le monde** this rise applies to *ou* covers everybody ◆ **l'augmentation joue depuis le début de l'année** the rise has been operative from *ou* since the beginning of the year ◆ **ses relations ont joué pour beaucoup dans la décision** his connections counted for a lot in the decision ◆ **cet élément a joué en ma faveur/contre moi** this factor worked in my favour/against me ◆ **le temps joue contre lui** time is against him *ou* is not on his side ◆ **faire** ~ *[+ clause de sauvegarde]* to invoke ◆ **les distributeurs font** ~ **la concurrence** the distributors are playing the competitors off against each other ◆ **il a fait** ~ **ses appuis politiques pour obtenir ce poste** he made use of his political connections to get this post

### 2 - VERBE TRANSITIF INDIRECT

**jouer de**

**a** [Mus] ~ **d'un instrument/du piano/de la guitare** to play an instrument/the piano/the guitar

**b** [= manier] to make use of, to use ◆ ~ **de l'éventail** to play with one's fan ◆ **ils durent** ~ **du couteau/du revolver pour s'enfuir** they had to use knives/revolvers to get away ◆ **ils jouent trop facilement du couteau** they are too quick with their knives, they use knives too readily ◆ ~ **de la fourchette** *(hum)* to dig in*, to tuck in* *(Brit)* ◆ ~ **des jambes*** *ou* **des flûtes**‡ *(= se servir de)* to leg it‡, to hare off* ◆ ~ **des coudes pour arriver au buffet/pour entrer** to elbow one's way to the buffet/one's way in; → **prunelle**

**c** [= utiliser] to use, to make use of ◆ **il sait** ~ **de l'espace et des couleurs** he knows how to use *ou* how to make use of space and colour ◆ ~ **de son influence/charme pour obtenir qch** to use *ou* make use of one's influence/charm to get sth ◆ **il joue de sa maladie pour ne rien faire** he plays on his illness to get out of doing anything

**d** [= être victime de] ~ **de malheur** *ou* **de malchance** to be dogged by ill luck

### 3 - VERBE TRANSITIF

**a** [Ciné, Théât] *[+ rôle]* to play, to act; *[+ pièce, film]* to put on, to show ◆ **on joue "Macbeth" ce soir** "Macbeth" is on *ou* is being played this evening ◆ **elle joue toujours les soubrettes** she always has the maid's part ◆ ~ **la fille de l'air** *(fig)* to vanish into thin air ◆ **qu'est-ce que tu nous joues, là ?** *(hum : reproche)* what are you playing at?; → **comédie, rôle**

**b** [= simuler] ~ **les héros/les victimes** to play the hero/the victim ◆ ~ **la surprise/le désespoir** to pretend to be surprised/in despair, to affect *ou* feign surprise/despair ◆ ~ **un double jeu** to play a double game

**c** [locutions]

♦ **jouer + tour(s) à qn** ◆ **jouer un mauvais tour à qn** to play a (dirty) trick on sb ◆ **mes yeux me jouent des tours** my eyes are playing tricks on me ◆ **cela te jouera un mauvais** *ou* **vilain tour** you'll get your comeuppance*, you'll be sorry for it

**d** [Mus] *[+ concerto, valse]* to play ◆ **il va** ~ **du Bach** he is going to play (some) Bach ◆ **il joue très mal Chopin** he plays Chopin very badly

**e** [Jeux, Sport] *[+ partie d'échecs, de tennis]* to play; *[+ carte]* to play; *[+ pion]* to play, to move ◆ **il est interdit de** ~ **le ballon à la main** *(Ftbl)* it is forbidden to handle the ball ◆ **il préfère** ~ **le ballon à la main** *(Rugby)* he prefers to run the ball ◆ **jouez le ballon plutôt que l'adversaire** play the ball, not your opponent ◆ ~ **un coup facile/difficile** *(Sport)* to play an easy/a difficult shot; *(Échecs)* to make an easy/a difficult move ◆ ~ **la montre** *(fig)* to play for time, to kill the clock *(US)* ◆ **il faut** ~ **le jeu** you've got to play the game ◆ **ils ont refusé de** ~ **le jeu** they refused to play ball* *ou* to play the game ◆ ~ **franc jeu** to play fair; → **atout**

**f** [= mettre en jeu] *(Casino) [+ argent]* to stake, to wager; *(Courses) [+ argent]* to bet, to stake (*sur* on); *[+ cheval]* to back, to bet on; *(fig) [+ fortune, possessions, réputation]* to wager ◆ ~ **gros jeu** *ou* **un jeu d'enfer** to play for high stakes ◆ **il ne joue que des petites sommes** he only places small bets *ou* plays for small stakes ◆ **il a joué et perdu une fortune** he gambled away a fortune ◆ ~ **son mandat/son ministère sur qch** *(Pol)* to stake one's re-election prospects/one's ministerial position on sth ◆ **dans cette histoire, il joue sa tête/sa réputation** *(fig)* he's risking his neck/his reputation in this affair ◆ **rien n'est encore joué** *(= décidé)* nothing is settled *ou* decided yet, there's still everything to play for; → **gros, tout, va-tout**

**g** [Bourse] ~ **les financières/les pétrolières** *(= investir dans)* to speculate in financials/oil

**h** [frm = tromper] *[+ personne]* to deceive, to dupe

**i** [= opter pour] ~ **la prudence/la sécurité** to be cautious/play safe; → **carte**

### 4 - VERBE PRONOMINAL

**se jouer**

**a** [mutuellement] **ils se jouent des tours** they're playing tricks on each other

**b** [= être joué] **ce jeu se joue à quatre** this is a game for four people, you need four people to play this game ◆ **la pièce se joue au théâtre des Mathurins** the play is on at the théâtre des Mathurins ◆ **le drame s'est joué très rapidement** *(fig)* the tragedy happened very quickly

**c** [= être décidé] **tout va se** ~ **demain** everything will be settled *ou* decided tomorrow ◆ **l'avenir de l'entreprise va se** ~ **sur cette décision** the future of the company hinges *ou* depends on this decision ◆ **c'est l'avenir de l'entreprise qui se joue** the future of the company is at stake ◆ **son sort se joue en ce moment** his fate is hanging in the balance at the moment

**d** [locutions]

♦ **se jouer de** *(frm)*
*(= tromper)* ◆ **se** ~ **de qn** to deceive sb, to dupe sb
◆ **se** ~ **des lois/de la justice** *(= se moquer de)* to scoff at the law/at justice
*(= triompher facilement de)* ◆ **se** ~ **des difficultés** to make light of the difficulties

♦ **se la jouer** * to show off ♦ **depuis qu'il a eu sa promotion, il se la joue** getting that promotion has really gone to his head *

**jouet** /ʒwɛ/ **NM** a *[d'enfant]* toy b *(= victime)* plaything ♦ **il n'était qu'un ~ entre leurs mains** he was just a plaything in their hands ♦ **être le ~ des vagues/des événements/de rivalités politiques** to be at the mercy of the waves/of events/of rivalries between political parties ♦ **être le ~ d'une hallucination** to be the victim of a hallucination

**joueur, joueuse** /ʒwœʀ, ʒwøz/ **ADJ** *[enfant, animal]* playful ♦ **il a un tempérament ~, il est très ~** *[enfant, animal]* he loves to play, he's very playful; *[parieur]* he loves to gamble, he's a keen gambler **NM,F** *(Échecs, Mus, Sport)* player; *(Jeux)* gambler ♦ **~ de cricket** cricketer ♦ **~ de golf** golfer ♦ **~ de cornemuse** (bag)piper ♦ **~ de cartes** card player ♦ **être beau/mauvais ~** to be a good/bad loser ♦ **sois beau ~ !** be a sport! ♦ **il faut être beau ~** it's important to be a good loser

**joufflu, e** /ʒufly/ **ADJ** *[personne]* chubby-cheeked, round-faced; *[visage]* chubby

**joug** /ʒu/ **NM** a *(Agr, fig)* yoke ♦ **tomber sous le ~ de** to come under the yoke of ♦ **mettre sous le ~** to yoke, to put under the yoke b *[de balance]* beam c *(Antiq)* yoke

**jouir** /ʒwiʀ/ ► conjug 2 ◄ **VT INDIR jouir de** a *(frm)* *[+ autorité, réputation, liberté]* to enjoy; *(Jur)* *[+ bien]* to enjoy the use of ♦ **~ de toutes ses facultés** to be in full possession of one's faculties ♦ **la région jouit d'un bon climat** the region has *ou* enjoys a good climate ♦ **cette pièce jouit d'une superbe vue** the room has a magnificent view b *(= savourer) [+ vie]* to enjoy ♦ **il jouissait de leur embarras évident** he delighted in *ou* enjoyed their obvious embarrassment **VI** a *(*: plaisir sexuel)* to have an orgasm, to come ‡ ♦ **ça me fait ~ de les voir s'empoigner** I get a (real) kick out of seeing them at each other's throats * b *(*: douleur)* to suffer agonies ♦ **on va ~ !** we're going to have a hell of a time! ‡, we aren't half going to have fun! *

**jouissance** /ʒwisɑ̃s/ **NF** a *(= volupté)* pleasure, enjoyment, delight; *(sensuelle)* sensual pleasure; *(= orgasme)* orgasm, climax ♦ **cela lui a procuré une vive ~** *(frm)* this afforded him intense pleasure b *(Jur = usage)* use, possession; *[de propriété, bien]* use, enjoyment ♦ **avoir la ~ de certains droits** to enjoy certain rights

**jouisseur, -euse** /ʒwisœʀ, øz/ **ADJ** sensual **NM,F** sensualist

**jouissif, -ive** * /ʒwisif, iv/ **ADJ** fun ♦ **c'est ~** it's fun ♦ **c'est un mélange ~ de hip-hop et de rock** it's a fun mix of hip-hop and rock

**joujou** (pl **joujoux**) /ʒuʒu/ **NM** *(langage enfantin)* toy; *(* = revolver)* gun ♦ **cette voiture est son nouveau ~** this car is his new toy ♦ **faire ~ avec** to play with ♦ **il ne faut pas faire ~ avec ça** *(fig)* that's not a toy

**joule** /ʒul/ **NM** joule

## jour /ʒuʀ/

| | |
|---|---|
| 1 NOM MASCULIN | 2 NOM MASCULIN PLURIEL |
| 3 COMPOSÉS | |

1 - NOM MASCULIN

a *= espace de temps* day ♦ **dans deux ~s** in two days' time, in two days ♦ **c'était il y a deux ~s** it was two days ago ♦ **(à prendre) trois fois par ~** (to be taken) three times a day ♦ **des poussins d'un ~** day-old chicks ♦ **d'un ~** *(fig) [célébrité, joie]* short-lived, fleeting ♦ **c'est à deux ~s de marche/de voiture de ...** it's a two-day walk/drive from ... ♦ **faire 30 ~s (de prison)** to do 30 days (in jail) * ♦ **les ~s se suivent et ne se ressemblent pas** *(Prov)* time goes by and every day is different, the days go by and each is different from the last ♦ **pas un ~ ne se passe sans qu'il y ait une agression** not a day passes without there being a mugging ♦ **sept ~s sur sept** seven days a week; → **compter, huit, quinze**

♦ **au jour le jour** *[existence, gestion]* day-to-day *(épith)* ♦ **taux d'intérêt** *ou* **loyer de l'argent au ~ le ~** *(Fin)* call-money rate ♦ **vivre au ~ le ~** *(= sans soucis)* to live from day to day; *(= pauvrement)* to live from hand to mouth ♦ **il gère la situation au ~ le ~** he's dealing with the situation on a day-by-day basis

♦ **de jour en jour** day by day, from day to day

♦ **du jour au lendemain** overnight ♦ **ça ne se fera pas du ~ au lendemain** it won't happen overnight

♦ **d'un jour à l'autre** *(= incessamment)* ♦ **on l'attend d'un ~ à l'autre** he's expected any day (now) ♦ **il change d'avis d'un ~ à l'autre** *(= très rapidement)* he changes his mind from one day to the next

♦ **jour après jour** day after day, day in day out

♦ **jour par jour** day by day

b *= époque précise* day ♦ **quel ~ sommes-nous ?** what day is it today? ♦ **ce ~-là** that day ♦ **le ~ de Noël/de Pâques** Christmas/Easter Day ♦ **par un ~ de pluie/de vent** on a rainy/windy day ♦ **le ~ précédent** *ou* **d'avant** the day before, the previous day ♦ **le ~ suivant** *ou* **d'après** the day after, the next day, the following day ♦ **l'autre ~** the other day ♦ **un ~ il lui écrivit** one day he wrote to her ♦ **un beau ~** *(passé)* one (fine) day; *(futur)* one of these (fine) days, one (fine) day ♦ **le grand ~ approche** the big day *ou* D-day is drawing nearer ♦ **le ~ où tu sauras conduire, tu m'emmèneras** you can take me there the day you learn to drive ♦ **un ~ viendra où ...** a day will come when ... ♦ **le ~ n'est pas loin où ...** the day is not far off when ... ♦ **premier ~** *[de vacances, mois etc]* first day; *[d'exposition]* opening *ou* first day ♦ **enveloppe premier ~** *(Philat)* first day cover ♦ **ils s'aiment comme au premier ~** they're still as much in love as ever ♦ **dès le premier ~** from day one, from the outset *ou* beginning ♦ **être dans un bon/mauvais ~** to be in a good/bad mood ♦ **il est dans (un de) ses bons ~s/ses mauvais ~s** he's having a good spell/a bad spell, it's one of his good/his bad days ♦ **décidément c'est mon ~ !** *(iro)* I'm having a real day of it today!, really it's just not my day today! ♦ **il y a des ~s avec et des ~s sans** there are good days and bad days ♦ **ce n'est vraiment pas le ~ !** you've (*ou* we've *etc*) picked the wrong day! ♦ **prendre ~ avec qn** to fix a day with sb, to make a date with sb; → **autre**

♦ **à jour** ♦ **être/mettre/tenir à ~** *[+ liste, comptes, notes]* to be/bring/keep up to date ♦ **remettre à ~ un catalogue** to update a catalogue, to bring a catalogue up to date ♦ **ce tarif n'est plus à ~** this price list is out of date ♦ **se mettre à ~ dans son travail** to catch up with one's work ♦ **mise à ~** *(= action)* updating; *(= résultat)* update ♦ **la mise à ~ d'un compte/d'un dossier** the updating of an account/of a file ♦ **la mise à ~ d'un dictionnaire** the revision *ou* updating of a dictionary ♦ **programme de mise à ~** *(Ordin)* update routine ♦ **il est/n'est pas à ~ de sa cotisation** he's up to date with/behind with his subscription

♦ **à ce jour** to date ♦ **il n'existe à ce ~ aucun traitement efficace** no effective treatment has been found to date *ou* up to now

♦ **au jour d'aujourd'hui** in this day and age

♦ **du jour** ♦ **un œuf du ~** a new-laid egg, a freshly-laid egg ♦ **les nouvelles du ~** the news of the day, the day's news ♦ **le héros du ~** the hero of the day *ou* hour ♦ **l'homme du ~** the man of the moment ♦ **la mode du ~** the fashion of the day ♦ **il a remis ces vieilles chansons au goût du ~** he's done modern versions of these old songs; → **cours, ordre[1], plat[2]**

♦ **du jour où ...** from the day that ... ♦ **du ~ où sa femme l'a quitté, il s'est mis à boire** he started drinking the day his wife left him

♦ **jour pour jour** ♦ **il y a deux ans ~ pour ~** two years ago to the day

♦ **tous les jours** every day ♦ **cela arrive tous les ~s** it happens every day, it's an everyday occurrence ♦ **tous les deux ~s** every other day, every two days ♦ **tous les ~s que (le bon) Dieu fait** every blessed day ♦ **de tous les ~s** everyday *(épith)*, ordinary ♦ **dans la vie de tous les ~s** in everyday life ♦ **mon manteau de tous les ~s** my everyday *ou* ordinary coat

♦ **un de ces jours** one of these (fine) days ♦ **à un de ces ~s !** see you again sometime!, be seeing you! *

♦ **un jour ou l'autre** sometime or other, sooner or later

c *= lumière* day(light) ♦ **il fait ~** it's daylight ♦ **demain, il fera ~ à 7 h** tomorrow it'll be *ou* it'll get light at 7 ♦ **un faible ~ filtrait à travers les volets** a faint light filtered through the shutters ♦ **le ~ entra à flots** daylight streamed *ou* flooded in ♦ **le ~ tombe** *ou* **baisse** it's getting dark ♦ **avoir le ~ dans les yeux** to have the light in one's eyes ♦ **tes deux enfants, c'est le ~ et la nuit** your two children are as different as night and day *ou* chalk and cheese *(Brit)* ♦ **ça va mieux avec le nouveau produit ? – c'est le ~ et la nuit !** is it better with this new product? – there's absolutely no comparison!

d *= période où le soleil éclaire* day(time) ♦ **de ~ comme de nuit** night and day ♦ **je fais ça le ~** I do it during the day *ou* in the daytime ♦ **se lever avant le ~** to get up *ou* rise before dawn *ou* daybreak ♦ **à la Sainte Luce, les ~s augmentent** *ou* **croissent du saut d'une puce** *(Prov)* Lucy light, the shortest day and the longest night *(Prov)* → **grand, lumière, plein**

♦ **au petit jour** at dawn *ou* daybreak

♦ **de jour** *[crème, équipe, service]* day *(épith)* ♦ **hôpital de ~** *(pour traitement)* outpatient clinic; *(Psych)* day hospital; *(pour activités)* day-care centre ♦ **être de ~** to be on day duty ♦ **il travaille de ~, cette semaine** he's on day shifts *ou* he's working days this week ♦ **voyager de ~** to travel by day

♦ **jour et nuit** night and day ♦ **ils ont travaillé ~ et nuit pour préparer le bateau** they worked day and night *ou* night and day *ou* round the clock to get the boat ready

e *fig = éclairage* light ♦ **montrer/présenter/voir qch sous un ~ favorable/flatteur** to show/present/see sth in a favourable/flattering light ♦ **jeter un ~ nouveau sur** to throw (a) new light on ♦ **se présenter sous un ~ favorable** *[projet]* to look promising *ou* hopeful; *[personne]* to show o.s. to advantage *ou* in a favourable light ♦ **nous voyons le problème sous un autre ~** we can see the problem in a different light ♦ **nous le voyons maintenant sous son véritable ~** now we see him in his true colours *ou* see what he is really like ♦ **mettre au ~** *(= révéler)* to bring to light ♦ **se faire ~** *(= apparaître)* to become clear, to come out ◆ **la vérité se fit ~ dans mon esprit** the truth dawned on me *ou* became clear to me; → **faux², grand**

f [= symbole de de la naissance] **donner le ~ à** to give birth to, to bring into the world ◆ **voir le ~** *[enfant]* to be born, to come into the world; *[projet]* to see the light, to come into being

g [= ouverture] *[de mur]* gap, chink; *[de haie]* gap ◆ **clôture à ~** openwork fence

h [Couture] **~ simple** openwork, drawn-threadwork ◆ **drap à ~s** sheet with an openwork border ◆ **faire des ~s dans un drap/dans un mouchoir** to hemstitch a sheet/a handkerchief

2 - NOM MASCULIN PLURIEL

**jours**

a [= période] time, days ◆ **la fuite des ~s** the swift passage of time ◆ **il faut attendre des ~s meilleurs** we must wait for better times *ou* days ◆ **nous avons connu des ~s difficiles** we've been through hard times ◆ **nous gardons cela pour les mauvais ~s** we're keeping that for a rainy day *ou* for hard times ◆ **aux beaux ~s** in (the) summertime ◆ **il y a encore de beaux ~s pour les escrocs** *(fig)* there are good times ahead for crooks ◆ **ces vedettes ont fait les beaux ~s de Broadway** *(fig)* these stars made Broadway what it was ◆ **comme aux plus beaux ~s de la dictature** *(iro)* just like in the good old days of the dictatorship *(iro)* ◆ **du Moyen Âge à nos ~s** from the Middle Ages right up until today

◆ **ces jours-ci** *(passé)* ◆ **il a fait très beau ces ~s-ci** the weather's been very fine lately *ou* these last few days ◆ **elle doit arriver ces ~s-ci** *(futur)* she'll be here any day now ◆ **ceux qui veulent prendre l'avion ces ~s-ci** *(présent)* people wanting to fly now *ou* at this time

◆ **de nos jours** these days, nowadays, in this day and age

b [= vie] days, life ◆ **jusqu'à la fin de mes ~s** until I die ◆ **finir ses ~s à l'hôpital** to end one's days in hospital ◆ **attenter à/mettre fin à ses ~s** to make an attempt on/put an end to one's life ◆ **nous gardons cela pour nos vieux ~s** we're keeping that for our old age ◆ **sur ses vieux ~s, il était devenu sourd** he had gone deaf in his old age; → **couler**

3 - COMPOSÉS

▷ **le jour de l'An** New Year's Day ▷ **jour d'arrêt** *(Mil)* day of detention ◆ **donner huit ~s d'arrêt** to give a week's detention ▷ **jour de congé** day off, holiday ▷ **jour de deuil** day of mourning ▷ **jour férié** public holiday ▷ **jour de fête** feastday, holiday ▷ **le jour J** D-day ▷ **jour de maladie** day off sick ▷ **jour mobile** discretionary holiday *(granted by company, boss etc)* ▷ **le jour des Morts** All Souls' Day ▷ **jour ouvrable** weekday, working day ▷ **jour ouvré** working day ▷ **jour des prix** † *(Scol)* prize (giving) day ▷ **jour de réception** *(Admin)* day of opening (to the public); *[de dame du monde]* at home day ◆ **le ~ de réception du directeur est le lundi** the director is available to see people on Mondays ▷ **jour de repos** *[de salarié]* day off ◆ **après deux ~s de repos, il est reparti** after taking a two-day break, he set off again ▷ **le jour des Rois** Epiphany, Twelfth Night ▷ **le jour du Seigneur** Sunday, the Sabbath † ▷ **jour de sortie** *[de domestique]* day off, day out; *[d'élève]* day out ▷ **jour de travail** working day

**Jourdain** /ʒuʀdɛ̃/ **NM** *(= fleuve)* ◆ **le ~** the (river) Jordan

**journal** (pl **-aux**) /ʒuʀnal, o/ **NM** a *(Presse)* (news)paper; *(= magazine)* magazine; *(= bulletin)* journal ◆ **je suis passé au ~** *(= bureaux)* I dropped by at the office *ou* paper ◆ **dans** *ou* **sur le ~** in the (news)paper ◆ **~ local** local paper ◆ **grand ~** national paper *ou* daily ◆ **~ du matin/du soir** morning/evening paper; → **papier**

b *(TV, Radio)* news (bulletin) ◆ **le ~ de 20 h** the 8 o'clock news

c *(= recueil)* diary, journal ◆ **tenir un** *ou* **son ~ intime** to keep a private *ou* personal diary

**COMP** ▷ **journal de bord** *(Naut)* (ship's) log, log book; *(Aviat)* flight log; *(fig)* record ◆ **tenir un ~ de bord** to keep a log ▷ **journal électronique** electronic newspaper ▷ **journal d'enfants** *ou* **pour enfants** children's paper ▷ **journal interne** in-house newsletter ▷ **journal littéraire** literary journal ▷ **journal lumineux** electronic noticeboard ▷ **journal de mode** fashion magazine ▷ **le Journal officiel (de la République française)** *official bulletin giving details of laws and official announcements,* ≃ the Gazette *(Brit)*, The Congressional Record *(US)* ▷ **journal parlé** *(Radio)* radio news ▷ **journal sportif** sports magazine ▷ **journal télévisé** *(TV)* television news

> **Journaux**
>
> The main French national daily newspapers are *Le Monde* (centre-left), *Libération* (centre-left) and *Le Figaro* (right). *Le Canard enchaîné* is an influential satirical weekly famous for uncovering political scandals. There is also a thriving regional press, with prominent newspapers published in all the major provincial cities. The best-selling newspaper in the country, *Ouest-France*, is a regional paper. Although some newspapers are tabloid format, the British and American « tabloid » press has no real equivalent in France.

**journaleux** * /ʒuʀnalø/ **NM** *(péj)* hack (journalist) *(péj)*, journo *

**journalier, -ière** /ʒuʀnalje, jɛʀ/ **ADJ** *(= de chaque jour) [travail, trajet, production, pratique]* daily *(épith)*; *(= banal) [existence]* everyday *(épith)* ◆ **c'est ~** it happens every day; → **indemnité** **NM** *(Agr)* day labourer

**journalisme** /ʒuʀnalism/ **NM** *(= métier, style)* journalism ◆ **faire du ~** to be in journalism, to be a journalist ◆ **~ d'investigation** investigative journalism

**journaliste** /ʒuʀnalist/ **NMF** journalist ◆ **~ sportif/parlementaire** sports/parliamentary correspondent ◆ **~ d'investigation** investigative journalist ◆ **~ de radio/de télévision** radio/television reporter *ou* journalist ◆ **~ de (la) presse écrite** newspaper *ou* print journalist

**journalistique** /ʒuʀnalistik/ **ADJ** journalistic ◆ **style ~** journalistic style; *(péj)* journalese

**journée** /ʒuʀne/ **NF** a *(= jour)* day ◆ **dans** *ou* **pendant la ~** during the day, in the daytime ◆ **dans la ~ d'hier** yesterday, in the course of yesterday ◆ **passer sa ~/toute sa ~ à faire qch** to spend the day/one's entire day doing sth ◆ **passer des ~s entières à rêver** to daydream for days on end ◆ **une ~ d'action dans les transports publics** *(= grève)* a day of action organized by the public transport unions

b *[d'ouvrier]* **~ (de travail)** day's work ◆ **~ (de salaire)** day's wages *ou* pay ◆ **faire de dures ~s** to put in a heavy day's work ◆ **faire des ~s chez les autres** † to work as a domestic help *ou* daily help *(Brit)* ◆ **il se fait de bonnes ~s** he gets a good daily wage ◆ **travailler/être payé à la ~** to work/be paid by the day ◆ **faire la ~ continue** *[bureau, magasin]* to remain open over lunch *ou* all day; *[personne]* to work over lunch ◆ **~ de 8 heures** 8-hour day ◆ **~ de repos** day off, rest day

c *(= événement)* day ◆ **~s d'émeute** days of rioting ◆ **la ~ a été chaude, ce fut une chaude ~** *(Mil)* it was a hard struggle *ou* a stiff fight ◆ **~ d'études** *(Pol)* seminar

d *(= distance)* **à trois ~s de voyage/de marche** three days' journey/walk away ◆ **voyager à petites ~s** † to travel in short *ou* easy stages

**journellement** /ʒuʀnɛlmɑ̃/ **ADV** *(= quotidiennement)* daily, every day; *(= souvent)* all the time ◆ **on est ~ confronté à la violence** we are confronted with violence every day

**joute** /ʒut/ **NF** a *(Hist Naut)* joust, tilt b *[de politiciens]* duel, joust ◆ **~s politiques/électorales** political/pre-election sparring *ou* jousting ◆ **~ oratoire** *ou* **verbale** *(= compétition)* debate; *(entre avocats, députés)* verbal jousting *ou* sparring *(NonC)* ◆ **~ d'esprit** battle of wits ◆ **~s nautiques** water jousting

**jouter** /ʒute/ ▸ conjug 1 ◂ **VI** *(Hist)* to joust, to tilt; *(fig, frm)* to joust (*contre* against) to spar (*contre* with)

**jouteur** /ʒutœʀ/ **NM** jouster, tilter

**jouvence** /ʒuvɑ̃s/ **NF** ◆ **Fontaine de Jouvence** Fountain of Youth ◆ **eau de ~** waters of youth; → **bain**

**jouvenceau** (pl **jouvenceaux**) /ʒuvɑ̃so/ **NM** *(††, hum)* stripling †, youth

**jouvencelle** /ʒuvɑ̃sɛl/ **NF** *(††, hum)* damsel † *(hum)*

**jouxter** /ʒukste/ ▸ conjug 1 ◂ **VT** to adjoin, to be next to

**jovial, e** (mpl **-iaux** *ou* **jovials**) /ʒɔvjal, jo/ **ADJ** jovial, jolly ◆ **d'humeur ~e** in a jovial mood

**jovialement** /ʒɔvjalmɑ̃/ **ADV** jovially

**jovialité** /ʒɔvjalite/ **NF** joviality, jollity

**jovien, -ienne** /ʒɔvjɛ̃, jɛn/ **ADJ** Jovian

**joyau** (pl **joyaux**) /ʒwajo/ **NM** *(lit, fig)* gem, jewel ◆ **les ~x de la couronne** the crown jewels ◆ **~ de l'art gothique** jewel *ou* masterpiece of Gothic art

**joyeusement** /ʒwajøzmɑ̃/ **ADV** *[célébrer]* merrily, joyfully; *[accepter]* gladly; *[crier]* joyfully ◆ **ils reprirent ~ le travail** they cheerfully went back to work

**joyeusetés** /ʒwajøzte/ **NFPL** *(littér ou iro)* ◆ **ce sont les ~ de la vie en couple** these are just some of the joys *ou* pleasures of living together

**joyeux, -euse** /ʒwajø, øz/ GRAMMAIRE ACTIVE 50.2, 50.3 **ADJ** a *[personne, groupe]* cheerful, merry, joyous; *[repas]* cheerful; *[cris]* merry, joyful; *[musique]* joyful, joyous; *[visage]* cheerful, joyful; *[nouvelle]* joyful ◆ **c'est un ~ luron** *ou* **drille** he's a jolly fellow ◆ **être en joyeuse compagnie** to be in merry company *ou* with a merry group ◆ **mener joyeuse vie** to lead a merry life ◆ **être d'humeur joyeuse** to be in a joyful mood ◆ **ils étaient partis ~** they had set out merrily *ou* in a merry group ◆ **il était tout ~ à l'idée de partir** he was overjoyed *ou* (quite) delighted at the idea of going ◆ **c'est ~ !** * *(iro)* great! * *(iro)*, brilliant! * *(iro)* ◆ **ce n'est pas ~ !** * *[film]* it's not very funny; *[histoire triste]* it's no joke! ◆ **le défilé progressait dans un ~ désordre** the procession went along in an atmosphere of cheerful chaos

**b** *(dans les souhaits)* **joyeuses fêtes !** Happy Christmas! (*ou* New Year)!; *(sur carte)* Season's Greetings; → **anniversaire, Noël**

**JT** /ʒite/ **NM** (abrév de **journal télévisé**) → **journal**

**jubé** /ʒybe/ **NM** *(= clôture)* jube, rood-screen; *(= galerie)* jube, rood-loft

**jubilaire** /ʒybilɛʀ/ **ADJ** *(Rel)* jubilee *(épith)*

**jubilation** /ʒybilasjɔ̃/ **NF** jubilation, exultation

**jubilatoire** /ʒybilatwaʀ/ **ADJ** *[spectacle, livre, expérience, humour]* exhilarating ◆ **il observait leur dispute avec un enthousiasme quasi ~** he felt something akin to jubilation as he watched them quarrel

**jubilé** /ʒybile/ **NM** jubilee

**jubiler** * /ʒybile/ ► conjug 1 ◄ **VI** to be jubilant, to gloat *(péj)*

**jucher VT, se jucher VPR** /ʒyʃe/ ► conjug 1 ◄ to perch (*sur* on, upon); ◆ **juchée sur les épaules de son père** perched on her father's shoulders ◆ **juchée sur des talons aiguilles** teetering on stiletto heels

**Juda** /ʒyda/ **NM** Judah

**judaïque** /ʒydaik/ **ADJ** *[loi]* Judaic; *[religion]* Jewish

**judaïsme** /ʒydaism/ **NM** Judaism

**judas** /ʒyda/ **NM** **a** *[de porte]* spyhole **b** *(Bible)* **Judas** Judas

**Judée** /ʒyde/ **NF** Judaea, Judea

**judéité** /ʒydeite/ **NF** Jewishness

**judéo-** /ʒydeɔ/ **PRÉF** *(dans les mots composés à trait d'union, le préfixe reste invariable)* Jewish- ◆ **~catholique** Jewish-Catholic

**judéo-allemand, e** /ʒydeɔalmɑ̃, ɑ̃d/ **ADJ** German-Jewish

**judéo-arabe** /ʒydeoaʀab/ **ADJ, NMF** Judeo-Arab, Judaeo-Arab *(Brit)*

**judéo-chrétien, -ienne** /ʒydeɔkʀetjɛ̃, jɛn/ **ADJ, NM,F** Judeo-Christian, Judaeo-Christian *(Brit)*

**judéo-christianisme** /ʒydeɔkʀistjanism/ **NM** Judeo-Christianity, Judaeo-Christianity *(Brit)*

**judiciaire** /ʒydisjɛʀ/ **ADJ** judicial ◆ **l'autorité ~** *(= concept)* the judiciary; *(= tribunal)* judicial authority ◆ **pouvoir ~** judicial power ◆ **poursuites ~s** judicial *ou* legal proceedings ◆ **vente ~** sale by order of the court ◆ **enquête ~** judicial inquiry ◆ **actes ~s** judicial documents ◆ **procédure ~** legal procedure ◆ **cette affaire n'a pas eu de suites ~s** there were no legal repercussions to this affair ◆ **de source ~ française, on apprend que ...** from a French legal source we have learned that ...; → **casier, erreur, police**[1] *etc* **NM** ◆ **le ~** the judiciary

**judiciairement** /ʒydisjɛʀmɑ̃/ **ADV** judicially

**judiciarisation** /ʒydisjaʀizasjɔ̃/ **NF** ◆ **la ~ croissante de notre société** *(législation)* the fact that our society is producing more and more legislation; *(litiges)* the fact that our society is becoming ever more litigious ◆ **la ~ de la relation médecin-patient** the increasingly litigious nature of doctor-patient relationships

**judiciariser** /ʒydisjaʀize/ ► conjug 1 ◄ **VT** *[+ question]* to legislate on **VPR se judiciariser** ◆ **notre société se judiciarise de plus en plus** *(= légifère)* our society is producing more and more legislation; *(litiges)* our society is becoming ever more litigious

**judicieusement** /ʒydisjøzmɑ̃/ **ADV** judiciously, wisely ◆ **avec quelques vins ~ choisis** with a few well-chosen wines

**judicieux, -ieuse** /ʒydisjø, jøz/ **ADJ** *[choix, idée, remarque]* wise, judicious; *[conseils]* wise, sound ◆ **faire un emploi ~ de son temps** to use one's time wisely, to make judicious use of one's time ◆ **son utilisation judicieuse du flash-back** his clever use of flashback ◆ **il serait plus ~ de ...** it would be wiser to ... ◆ **ce choix s'est révélé peu ~** it proved (to be) an unfortunate choice, it was an unwise choice

**judo** /ʒydo/ **NM** judo ◆ **faire du ~** to do judo

**judoka** /ʒydɔka/ **NMF** judoka

**juge** /ʒyʒ/ **NMF** *(Jur, Rel, Sport, fig)* judge ◆ **oui, Monsieur le Juge** yes, your Honour ◆ **(madame)/(monsieur) le ~ Ledoux** Mrs/Mr Justice Ledoux ◆ **prendre qn pour ~** to ask sb to be (the) judge ◆ **être bon/mauvais ~** to be a good/bad judge (*en matière de* of); ◆ **être à la fois ~ et partie** to be both judge and judged ◆ **je te laisse ~** you can see for yourself ◆ **je vous fais ~ (de tout ceci)** I'll let you be the judge (of all this) ◆ **se faire ~ de ses propres actes/de qch** to be the judge of one's own actions/of sth ◆ **il est seul ~ en la matière** he is the only one who can judge ◆ **aller devant le ~** to go before the judge ◆ **le livre des Juges** *(Bible)* the Book of Judges

**COMP** ▷ **juge aux affaires matrimoniales** divorce court judge ▷ **juge de l'application des peines** *judge responsible for overseeing the terms and conditions of a prisoner's sentence* ▷ **juge d'arrivée** *(Sport)* finishing judge ▷ **juge consulaire** *judge in a commercial court* ▷ **juge des** *ou* **pour enfants** children's judge, ≃ juvenile court judge ▷ **juge de filet** *(Tennis)* net cord judge ▷ **juge d'instance** justice of the peace, magistrate ▷ **juge d'instruction** examining *ou* investigating magistrate ▷ **juge de ligne** *(Tennis) (gén)* line judge, linesman; *(pour ligne de fond)* foot-fault judge ▷ **juge de paix** † ⇒ **juge d'instance** ◆ **cette épreuve sera le ~ de paix** *(fig)* this test will be the determining factor *ou* will determine the outcome ▷ **juge de touche** *(Rugby)* touch judge, linesman; *(Ftbl)* linesman

**jugé** /ʒyʒe/ **au jugé LOC ADV** *(lit, fig)* by guesswork ◆ **tirer au ~** to fire blind ◆ **faire qch au ~** to do sth by guesswork

**jugeable** /ʒyʒabl/ **ADJ** *(Jur)* subject to judgment in court ◆ **difficilement ~** *(= évaluable)* difficult to judge

**juge-arbitre** (pl **juges-arbitres**) /ʒyʒaʀbitʀ/ **NM** referee

**jugement** /ʒyʒmɑ̃/ **NM** **a** *(Jur = décision, verdict) [d'affaire criminelle]* sentence; *[d'affaire civile]* decision, award ◆ **prononcer** *ou* **rendre un ~** to pass sentence ◆ **passer en ~** *[personne]* to stand trial; *[affaire]* to come to court ◆ **faire passer qn en ~** to put sb on trial ◆ **~ par défaut** judgment by default ◆ **~ déclaratoire** declaratory judgment ◆ **détention sans ~** detention without trial

**b** *(= opinion)* judgment, opinion ◆ **~ de valeur** value judgment ◆ **exprimer/formuler un ~** to express/formulate an opinion ◆ **porter un ~ (sur)** to pass judgment (on) ◆ **s'en remettre au ~ de qn** to defer to sb's judgment ◆ **j'ai peur de son ~** I'm afraid of what he'll think (of me)

**c** *(= discernement)* judgment ◆ **avoir du/manquer de ~** to have/lack (good) judgment ◆ **on peut faire confiance à son ~** you can trust his judgment ◆ **il a une grande sûreté de ~** he has very sound judgment

**d** *(Rel)* judgment ◆ **le ~ de Dieu** Divine Judgment; *(Hist)* the Ordeal ◆ **le Jugement dernier** the Last Judgment ◆ **le jour du Jugement dernier** Judgment Day, Doomsday ◆ **le ~ de Salomon** the judgment of Solomon

**jugeote** * /ʒyʒɔt/ **NF** common sense, gumption * *(Brit)* ◆ **manquer de ~** to lack common sense ◆ **il n'a pas deux sous de ~** he hasn't got an ounce of common sense, he's got no gumption * *(Brit)* ◆ **(aie) un peu de ~ !** use your head! *ou* loaf! *, wise up! * *(surtout US)*

**juger**[1] /ʒyʒe/ ► conjug 3 ◄ **VT** **a** *(Jur) [+ affaire]* to judge, to try; *[+ accusé]* to try ◆ **~ un différend** to arbitrate in a dispute ◆ **le tribunal jugera** the court will decide ◆ **être jugé pour meurtre** to be tried for murder ◆ **le jury a jugé qu'il n'était pas coupable** the jury found him not guilty ◆ **l'affaire doit se ~ à l'automne** the case is to come before the court *ou* is to be heard in the autumn ◆ **l'histoire jugera** history will judge

**b** *(= décider, statuer)* to judge, to decide ◆ **à vous de ~ (ce qu'il faut faire/si c'est nécessaire)** it's up to you to decide *ou* to judge (what must be done/whether *ou* if it's necessary)

**c** *(= apprécier) [+ livre, film, personne, situation]* to judge ◆ **~ qn d'après les résultats** to judge sb on his results ◆ **il ne faut pas ~ d'après les apparences** you must not judge from *ou* go by appearances ◆ **~ qch/qn à sa juste valeur** to judge sth/sb at its/his real value ◆ **~ bien/mal les gens** to be a good/bad judge of character ◆ **jugez combien j'étais surpris** *ou* **si ma surprise était grande** imagine how surprised I was *ou* what a surprise I got

**d** *(= estimer)* **~ qch/qn ridicule** to consider *ou* find *ou* think sth/sb ridiculous ◆ **~ que** to think *ou* consider that ◆ **pourquoi est-ce que vous me jugez mal ?** why do you think badly of me?, why do you have such a low opinion of me? ◆ **si vous le jugez bon** if you see fit, if you think it's a good idea *ou* it's advisable ◆ **~ bon/malhonnête de faire qch** to consider it a good thing *ou* advisable/dishonest to do sth ◆ **il se jugea perdu** he thought *ou* considered himself lost ◆ **il se juge capable de le faire** he thinks *ou* reckons he is capable of doing it ◆ **je n'ai pas jugé utile de le prévenir** I didn't think it was worth telling him (about it)

**VT INDIR juger de** to appreciate, to judge ◆ **si j'en juge par mon expérience** judging by *ou* if I (can) judge by my experience ◆ **à en ~ par ...** judging by ..., to judge by ... ◆ **à en ~ par ce résultat, il ...** if this result is any indication *ou* anything to go by, he ... ◆ **lui seul peut ~ de l'urgence** only he can appreciate the urgency, only he can tell how urgent it is ◆ **autant que je puisse en ~** as far as I can judge ◆ **jugez de ma surprise !** imagine my surprise!

**juger**[2] /ʒyʒe/ **NM** ⇒ **jugé**

**jugulaire** /ʒygylɛʀ/ **ADJ** *[veines, glandes]* jugular ◆ **il est ~ ~** (†, *hum*) he's a stickler for the rules **NF** **a** *(Mil)* chin strap **b** *(Anat)* jugular vein

**juguler** /ʒygyle/ ► conjug 1 ◄ **VT** *[+ maladie]* to arrest, to halt; *[+ envie, désirs]* to suppress, to repress; *[+ inflation]* to curb, to stamp out; *[+ révolte]* to put down, to quell, to repress

**juif, juive** /ʒɥif, ʒɥiv/ **ADJ** Jewish **NM** Jew **NF** **juive** Jew, Jewish woman

**juillet** /ʒɥijɛ/ **NM** July ◆ **la révolution/monarchie de Juillet** the July revolution/monarchy; *pour autres loc voir* **septembre** *et* **quatorze**

**Le Quatorze Juillet**

Bastille Day, commemorating the fall of the Bastille in 1789, is the most important day of national celebration in France. The festivities actually begin on 13 July, with dances (« bals ») organized in the streets of large towns. On the day itself there is a large military parade in Paris in the morning, and firework displays take place throughout France in the evening.

**juilletiste** /ʒɥijetist/ NMF July holiday-maker *(Brit)* ou vacationer *(US)*

**juin** /ʒɥɛ̃/ NM June; *pour autres loc voir* **septembre**

**juive** /ʒɥiv/ ADJ F, NF → **juif**

**juiverie** † /ʒɥivʀi/ NF *(injurieux)* ◆ **la** ~ the Jews, the Jewish people

**jujube** /ʒyʒyb/ NM *(= fruit, pâte)* jujube

**jujubier** /ʒyʒybje/ NM jujube (tree)

**juke-box** (pl **juke-boxes**) /ʒykbɔks/ NM jukebox

**julep** /ʒylɛp/ NM julep

**jules** /ʒyl/ NM a *(† * = amoureux)* boyfriend, guy *, bloke * *(Brit)*; *(‡ = proxénète)* pimp, ponce ‡ *(Brit)* b *(† * = vase de nuit)* chamber pot, jerry ‡ *(Brit)* c ◆ **Jules** Julius ◆ **Jules César** Julius Caesar

**julien, -ienne** /ʒyljɛ̃, jɛn/ ADJ *(Astron)* Julian NF **julienne** a *(Culin) [de légumes]* julienne; *[de poisson]* ling b *(Bot)* rocket

**jumbo-jet** (pl **jumbo-jets**) /dʒœmbodʒɛt/ NM jumbo jet

**jumeau, -elle**[1] (mpl **jumeaux**) /ʒymo, ɛl/ ADJ *[frère, sœur]* twin ◆ **c'est mon frère** ~ he's my twin (brother) ◆ **fruits** ~**x** double fruits ◆ **maison jumelle** semi-detached house *(Brit)*, duplex *(US)* ◆ **muscles** ~**x** gastrocnemius *(sg)* ◆ **les deux dogmes** ~**x de l'internationalisme** the twin dogmas of internationalism ◆ **le journal est partagé en deux cahiers** ~**x de 24 pages chacun** the newspaper is divided into two equal sections of 24 pages each NM,F a *(= personne)* twin ◆ **vrais/faux** ~**x** identical/fraternal twins b *(= sosie)* double ◆ **c'est mon** ~**/ma jumelle** he's/she's my double ◆ **j'aimerais trouver le** ~ **de ce vase** I'd like to find the partner to this vase NM *(Culin)* clod of beef

**jumelage** /ʒym(ə)laʒ/ NM twinning

**jumelé, e** /ʒym(ə)le/ (ptp de **jumeler**) ADJ *[colonnes, vergues, mât]* twin ◆ **roues** ~**es** double wheels ◆ **billets** ~**s** *(Loterie)* double series ticket ◆ **villes** ~**es** twin towns ◆ **être** ~ **avec** *[ville]* to be twinned with ◆ **pari** ~ *(Courses)* dual forecast *(for first and second place in the same race)*

**jumeler** /ʒym(ə)le/ ► conjug 4 ◄ VT *[+ villes]* to twin; *[+ efforts]* to join; *[+ mâts, poutres]* to double up, to fish *(SPÉC)*

**jumelle**[2] /ʒymɛl/ NF a *(Opt)* **(paire de)** ~**s** (pair of) binoculars ◆ ~**s de spectacle** ou **théâtre** opera glasses ◆ ~ **marine** binoculars ◆ **observer qch à la** ~ to look at sth through binoculars b *[de mât]* fish ◆ ~ **de ressort** *(Aut)* shackle; → aussi **jumeau**

**jument** /ʒymɑ̃/ NF mare

**jumping** /dʒœmpiŋ/ NM *(gén)* jumping; *(= concours équestre)* show jumping

**jungle** /ʒœ̃gl/ NF *(lit, fig)* jungle ◆ ~ **urbaine** urban jungle; → **loi**

**junior** /ʒynjɔʀ/ ADJ *(Comm, Sport, hum)* junior ◆ **Dupont** ~ Dupont junior ◆ **équipe** ~ junior team ◆ **mode** ~ young ou junior fashion ◆ ~ **entreprise** *student organization that obtains contract work from businesses whose activities are related to the students' field of study* NMF *(Sport)* junior

**junk bond** (pl **junk bonds**) /(d)ʒœnkbɔ̃d/ NM *(Fin)* junk bond

**junkie** * /dʒœnki/ ADJ, NMF *(Drogue)* junkie *

**Junon** /ʒynɔ̃/ NF Juno

**junte** /ʒœ̃t/ NF junta

**jupe** /ʒyp/ NF *(Habillement, Tech)* skirt ◆ ~ **plissée/droite** pleated/straight skirt ◆ ~**s** skirts ◆ **il est toujours dans les** ~**s de sa mère** he's still tied to his mother's apron strings ◆ **il est toujours dans mes** ~**s** he's always under my feet COMP ▷ **jupe portefeuille** wrap-around skirt

**jupe-culotte** (pl **jupes-culottes**) /ʒypkylɔt/ NF culottes, divided skirt

**jupette** /ʒypɛt/ NF (short) skirt

**Jupiter** /ʒypitɛʀ/ NM *(Myth)* Jupiter, Jove; *(Astron)* Jupiter; → **cuisse**

**jupon** /ʒypɔ̃/ NM a *(Habillement)* petticoat, underskirt ◆ **il est toujours dans les** ~**s de sa mère** he's always clinging to his mother's skirts b *(† = femme)* bit of skirt * ◆ **aimer le** ~ to love anything in a skirt

**juponné, e** /ʒypɔne/ ADJ *[robe]* with an underskirt

**Jura** /ʒyʀa/ NM ◆ **le** ~ *(= montagne, région)* the Jura

**jurassien, -ienne** /ʒyʀasjɛ̃, jɛn/ ADJ of ou from the Jura, Jura *(épith)* NM,F **Jurassien(ne)** inhabitant ou native of the Jura

**jurassique** /ʒyʀasik/ ADJ Jurassic NM ◆ **le** ~ the Jurassic

**juré, e** /ʒyʀe/ (ptp de **jurer**) ADJ *(= qui a prêté serment)* sworn ◆ **ennemi** ~ sworn enemy ◆ **promis ? –** ~**, craché !** * do you promise? – cross my heart (and hope to die)! NM juror, juryman ◆ **premier** ~ foreman of the jury ◆ **Mesdames et Messieurs les** ~**s apprécieront** the members of the jury will bear that in mind ◆ **être convoqué comme** ~ to be called for jury service ou duty NF **jurée** juror, jurywoman

**jurer** /ʒyʀe/ ► conjug 1 ◄ VT a *(= promettre)* to swear, to vow ◆ ~ **fidélité/obéissance/amitié à qn** to swear ou pledge loyalty/obedience/friendship to sb ◆ ~ **la perte de qn** to swear to ruin sb ou bring about sb's downfall ◆ **je jure que je me vengerai** I swear ou vow I'll get my revenge ◆ **faire** ~ **à qn de garder le secret** to swear ou pledge sb to secrecy ◆ **jure-moi que tu reviendras** swear (to me) you'll come back ◆ ~ **sur la Bible/sur la croix/devant Dieu** to swear on the Bible/on the cross/to God ◆ ~ **sur la tête de ses enfants** ou **de sa mère** to swear by all that one holds dear ou sacred, to swear on one's children's ou one's mother's life ◆ **il jurait ses grands dieux qu'il n'avait rien fait** he swore blind * ou by all the gods † that he hadn't done anything ◆ **je vous jure que ce n'est pas facile** I can tell you ou assure you that it isn't easy ◆ **ah ! je vous jure !** honestly! ◆ **il faut de la patience, je vous jure, pour la supporter !** I swear you need a lot of patience to put up with her, you need a lot of patience to put up with her, I can tell you

b *(admiration)* **on ne jure plus que par lui/par ce nouveau remède** everyone swears by him/by this new medicine

VT INDIR **jurer de** to swear to ◆ **j'en jurerais** I could swear to it, I'd swear to it ◆ **il ne faut** ~ **de rien** *(Prov)* you never can tell

VI a *(= pester)* to swear, to curse ◆ ~ **après** ou **contre qch/qn** to swear ou curse at sth/sb ◆ ~ **comme un charretier** to swear like a trooper

b *[couleurs]* to clash *(avec* with); *[propos]* to jar *(avec* with)

VPR **se jurer** a *(à soi-même)* to vow to o.s., to promise o.s. ◆ **il se jura bien que c'était la dernière fois** he vowed it was the last time

b *(réciproquement)* to pledge (to) each other, to swear, to vow ◆ **ils se sont juré un amour éternel** they pledged ou vowed ou swore eternal love

**juridiction** /ʒyʀidiksjɔ̃/ NF a *(= compétence)* jurisdiction ◆ **hors de/sous sa** ~ beyond/within his jurisdiction ◆ **exercer sa** ~ to exercise one's jurisdiction ◆ **tombant sous la** ~ **de** falling ou coming within the jurisdiction of b *(= tribunal)* court(s) of law

**juridictionnel, -elle** /ʒyʀidiksjɔnɛl/ ADJ jurisdictional ◆ **pouvoir** ~ power of jurisdiction ◆ **fonctions juridictionnelles** judicial powers ◆ **aide juridictionnelle** ≃ legal aid

**juridique** /ʒyʀidik/ ADJ legal, juridical ◆ **études** ~**s** law ou legal studies

**juridiquement** /ʒyʀidikmɑ̃/ ADV juridically, legally ◆ **c'est** ~ **impossible** it's not legally possible

**juridisme** /ʒyʀidism/ NM legalism

**jurisconsulte** /ʒyʀiskɔ̃sylt/ NM jurisconsult

**jurisprudence** /ʒyʀispʀydɑ̃s/ NF *(= source de droit)* ≃ case law, jurisprudence; *(= décisions)* (judicial) precedents ◆ **faire** ~ to set a precedent ◆ **cas qui fait** ~ test case

**jurisprudentiel, -ielle** /ʒyʀispʀydɑ̃sjɛl/ ADJ jurisprudential ◆ **décision jurisprudentielle** *decision taken by a court that sets a legal precedent* ◆ **précédent** ~ legal ou judicial precedent ◆ **le droit** ~ case law

**juriste** /ʒyʀist/ NMF *(= auteur, légiste)* jurist ◆ ~ **d'entreprise** corporate lawyer

**juron** /ʒyʀɔ̃/ NM swearword ◆ **dire des** ~**s** to swear

**jury** /ʒyʀi/ NM a *(Jur)* jury ◆ ~ **populaire** *civilian jury* ◆ **président du** ~ foreman of the jury ◆ **membre du** ~ member of the jury, juror b *(Art, Sport)* panel of judges; *(Scol)* board of examiners, jury ◆ ~ **de thèse** PhD examining board ou committee *(US)*

**jus** /ʒy/ NM a *(= liquide)* juice ◆ ~ **de fruit** fruit juice ◆ ~ **de raisin** grape juice ◆ ~ **de viande** juice(s) from the meat, ≃ gravy ◆ **plein de** ~ juicy ◆ ~ **de la treille** * juice of the vine *(hum)*, wine; → **cuire, mijoter**

b *(* = café)* coffee ◆ **c'est un** ~ **infâme** it's a foul brew * ◆ **au** ~ **!** coffee's ready!, coffee's up! * ◆ ~ **de chaussette** *(péj)* dishwater *(fig)*

c *(* = courant)* juice * ◆ **prendre le** ~ ou **un coup de** ~ to get a shock

d *(* loc)* **jeter/tomber au** ~ ou **dans le** ~ to throw/fall into the water ou drink * ◆ **au** ~ **!** *(en poussant qn)* into the water with him!, in he goes!; *(en y allant)* here I come! ◆ **ça valait le** ~ **!** it was priceless! * ◆ **il a laissé le bâtiment dans son** ~ he left the building in its original state

e *(arg Mil)* **soldat de 1er** ~ ≃ lance corporal *(Brit)* ◆ **soldat de 2e** ~ ≃ private ◆ **c'est du huit au** ~ only a week to go (to the end of military service)

f *(= lavis)* colourwash *(Brit)*, colorwash *(US)*

**jusant** /ʒyzɑ̃/ NM ebb tide

**jusqu'au-boutisme** /ʒyskobutism/ NM *(= politique)* hard-line policy; *(= attitude)* extremist attitude

**jusqu'au-boutiste** (pl **jusqu'au-boutistes**) /ʒyskobutist/ NMF extremist, hard-liner ◆ **c'est un** ~ he takes things to the bitter end, he always goes the whole hog* **ADJ** *[attitude]* hardline *(épith)*; *[théorie]* extremist

**jusque** /ʒysk(ə)/ **PRÉP** **a** *(lieu)* **jusqu'à la, jusqu'au** to, as far as, (right) up to, all the way to ◆ **j'ai couru jusqu'à la maison/l'école** I ran all the *ou* right the way home/to school ◆ **j'ai marché jusqu'au village** I walked to *ou* as far as the village ◆ **ils sont montés jusqu'à 2 000 mètres** they climbed up to 2,000 metres ◆ **il s'est avancé jusqu'au bord du précipice** he walked (right) up to the edge of the precipice ◆ **il a rampé jusqu'à nous** he crawled up to us ◆ **il avait de la neige jusqu'aux genoux** he had snow up to his knees, he was knee-deep in snow ◆ **la nouvelle est venue jusqu'à moi** the news has reached me ◆ **il menace d'aller jusqu'au ministre** he's threatening to take it to the minister

**b** *(temps)* **jusqu'à, jusqu'en** until, till, up to ◆ **jusqu'en mai** until May ◆ **jusqu'à samedi** until Saturday ◆ **du matin jusqu'au soir** from morning till night ◆ **jusqu'à cinq ans il vécut à la campagne** he lived in the country until *ou* up to the age of five ◆ **les enfants restent dans cette école jusqu'à (l'âge de) dix ans** (the) children stay at this school until they are ten *ou* until the age of ten ◆ **marchez jusqu'à ce que vous arriviez à la mairie** walk until you reach the town hall, walk as far as the town hall ◆ **rester jusqu'au bout** *ou* **à la fin** to stay till *ou* to the end ◆ **de la Révolution jusqu'à nos jours** from the Revolution (up) to the present day

**c** *(limite)* **jusqu'à 20 kg** up to 20 kg, not exceeding 20 kg ◆ **véhicule transportant jusqu'à 15 personnes** vehicle which can carry up to *ou* as many as 15 people ◆ **pousser l'indulgence jusqu'à la faiblesse** to carry indulgence to the point of weakness ◆ **aller jusqu'à dire/faire qch** to go so far as to say/do sth ◆ **j'irai jusqu'à 100** I'll go as far as *ou* up to 100 ◆ **je n'irais pas jusqu'à faire ça** I wouldn't go so far as to do that

**d** *(= y compris)* even ◆ **il a mangé jusqu'aux arêtes** he ate everything including *ou* even the bones, he ate the lot *(Brit)* – bones and all *(Brit)* ◆ **ils ont regardé ~ sous le lit** they even looked under the bed ◆ **tous jusqu'au dernier l'ont critiqué** every single *ou* last one of them criticized him

**e** *(avec prép ou adv)* **accompagner qn ~ chez lui** to take *ou* accompany sb (right) home ◆ **veux-tu aller ~ chez le boucher pour moi ?** would you go (along) to the butcher's for me? ◆ **jusqu'où ?** how far? ◆ **jusqu'à quand ?** until when?, how long for? ◆ **jusqu'à quand restez-vous ?** how long *ou* till when are you staying?, when are you staying till? ◆ **jusqu'ici** *(temps présent)* so far, until now; *(au passé)* until then; *(lieu)* up to *ou* as far as here ◆ **~-là** *(temps)* until then; *(lieu)* up to there ◆ **j'en ai ~-là !** I'm sick and tired of it!, I've had about as much as I can take! *ou* I've had it up to here! ◆ **jusqu'alors, ~s alors** until then ◆ **jusqu'à maintenant, jusqu'à présent** until now, so far ◆ **~ (très) tard** until (very) late ◆ **~ vers 9 heures** until about 9 o'clock; → **mettre**

**f** *(loc)* **jusqu'au bout** to the (very) end ◆ **jusqu'à concurrence de 25 €** to the amount of €25 ◆ **vrai jusqu'à un certain point** true up to a certain point ◆ **jusqu'au fond** to the (very) bottom ◆ **elle a été touchée jusqu'au fond du cœur** she was deeply touched ◆ **jusqu'à nouvel ordre** *(Admin)* until further notice ◆ **jusqu'à plus ample informé** until further information is available, pending further information ◆ **tu vois jusqu'à quel point tu t'es trompé** you see how wrong you were ◆ **jusqu'au moment où** until, till ◆ **jusqu'à la gauche** * totally

**ADV** ◆ **~(s) et y compris** up to and including ◆ **jusqu'à** *(= même)* even ◆ **j'ai vu jusqu'à des enfants tirer sur des soldats** I even saw children shooting at soldiers ◆ **il n'est pas jusqu'au paysage qui n'ait changé** the very landscape *ou* even the landscape has changed

**LOC CONJ** **jusqu'à ce que, jusqu'à tant que** until ◆ **sonnez jusqu'à ce que l'on vienne ouvrir** ring until someone answers the door ◆ **il faudra le lui répéter jusqu'à ce** *ou* **jusqu'à tant qu'il ait compris** you'll have to keep on telling him until he understands

**jusques** /ʒysk(ə)/ **ADV, CONJ, PRÉP** *(littér)* ⇒ **jusque**

**jusquiame** /ʒyskjam/ **NF** henbane

**justaucorps** /ʒystokɔʀ/ **NM** *(Hist)* jerkin; *[de gymnaste]* leotard

**juste** /ʒyst/ GRAMMAIRE ACTIVE 53.3, 53.6

**ADJ** **a** *(= équitable) [personne, notation]* just, fair; *[sentence, guerre, cause]* just ◆ **être ~ pour** *ou* **envers** *ou* **à l'égard de qn** to be fair to sb ◆ **c'est un homme ~** he is a just man ◆ **il faut être ~** one must be fair ◆ **pour être ~ envers lui** in fairness to him, to be fair to him ◆ **ce n'est pas ~ !** it isn't fair! ◆ **il n'est pas ~ de l'accuser** it is unfair to accuse him ◆ **c'est un ~ retour des choses** it's poetic justice ◆ **il finira par se faire renvoyer, et ce ne sera qu'un ~ retour des choses** he'll end up getting the sack, and it'll serve him right

**b** *(= légitime) [revendication, vengeance, fierté]* just; *[colère]* righteous, justifiable ◆ **la ~ récompense de son travail** the just reward for his work

◆ **à juste titre** justly, rightly ◆ **il en est fier, et à ~ titre** he's proud of it and rightly *ou* understandably so

**c** *(= exact) [addition, réponse, heure]* right, exact ◆ **à l'heure ~** right on time, dead on time* ◆ **à 6 heures ~s** on the stroke of 6, at 6 o'clock sharp* ◆ **apprécier qch à son ~ prix** *ou* **à sa ~ valeur** to appreciate the true worth of sth ◆ **le ~ milieu** the happy medium, the golden mean; *(Pol)* the middle course *ou* way ◆ **le mot ~** the right word, the mot juste

**d** *(= pertinent, vrai) [idée, raisonnement]* sound; *[remarque, expression]* apt ◆ **il a dit des choses très ~s** he made some pertinent points, he said some very sound things ◆ **très ~ !** good point!, quite right! ◆ **c'est ~** that's right, that's a fair point

**e** *(= précis, sûr) [appareil, montre]* accurate; *[esprit]* sound; *[balance]* accurate, true; *[oreille]* good

**f** *(Mus) [note]* right, true; *[voix]* true; *[instrument]* in tune *(attrib)*, well-tuned ◆ **il a une voix ~** he has a true voice, he sings in tune ◆ **quinte ~** perfect fifth

**g** *(= trop court, étroit) [vêtement, chaussure]* tight; *[longueur, hauteur]* on the short side ◆ **1 kg pour six, c'est un peu ~** 1 kg for six people, is barely enough *ou* is a bit on the short *ou* skimpy side ◆ **trois heures pour faire cette traduction, c'est ~** three hours to do that translation is barely enough ◆ **elle n'a pas raté son train mais c'était ~** she didn't miss her train but it was a close thing ◆ **mon salaire est trop ~** my salary is inadequate, I don't earn enough ◆ **je suis un peu ~ actuellement** * I'm a bit strapped for cash* *ou* things are a bit tight at the moment ◆ **ses notes sont trop ~s** *[d'élève]* his marks aren't good enough ◆ **il est un peu ~ (intellectuellement)** * he's not very bright

**h** *(excl)* **~ ciel !** † heavens (above)! ◆ **~ Dieu !** † almighty God!, ye Gods!

**ADV** **a** *(= avec précision) [compter, viser]* accurately; *[raisonner]* soundly; *[deviner]* rightly, correctly; *[chanter]* in tune ◆ **tomber ~** *(= deviner)* to hit the nail on the head, to be (exactly) right; *[calculs]* to come out right ◆ **division qui tombe ~** division which works out exactly ◆ **~ à temps** *[arriver]* just in time ◆ **travailler en ~ à temps** *(Écon)* to use the just-in-time system *ou* techniques

**b** *(= exactement)* just, exactly ◆ **~ au-dessus** just above ◆ **~ au coin** just on *ou* round the corner ◆ **il a dit ~ ce qu'il fallait** he said exactly *ou* just what was needed ◆ **c'est ~ le contraire** it's exactly *ou* just the opposite ◆ **~ au moment où j'entrais** (just) at the very moment when I was coming in ◆ **j'arrive ~** I've only just arrived ◆ **je suis arrivé ~ quand/comme il sortait** I arrived just when/as he was leaving ◆ **j'ai ~ assez** I have just enough ◆ **3 kg ~** 3 kg exactly

**c** *(= seulement)* only, just ◆ **j'ai ~ à passer un coup de téléphone** I only *ou* just have to make a telephone call ◆ **il est parti il y a ~ un moment** he left just *ou* only a moment ago

**d** *(= pas assez)* **(un peu) ~** *[compter, prévoir]* not quite enough, too little ◆ **il est arrivé un peu ~** *ou* **bien ~** he cut it a bit too close *ou* fine* *(Brit)*, he arrived at the last minute ◆ **il a mesuré trop ~** he didn't allow quite enough

**e** *(loc)* **que veut-il au ~ ?** what exactly does he want? *ou* is he after?*, what does he actually want? ◆ **au plus ~ prix** at the lowest *ou* minimum price ◆ **calculer au plus ~** to work things out to the minimum ◆ **comme de ~ il pleuvait !** and of course it was raining!

◆ **tout juste** *(= seulement)* only just; *(= à peine)* hardly, barely; *(= exactement)* exactly ◆ **c'est tout ~ s'il ne m'a pas frappé** he came this close to hitting me ◆ **son livre vaut tout ~ la peine qu'on le lise** his book is barely worth reading ◆ **c'est tout ~ passable** it's just *ou* barely passable

**NM** *(Rel)* just man ◆ **les ~s** *(gén)* the just; *(Rel)* the righteous ◆ **avoir la conscience du ~** to have a clear *ou* an untroubled conscience; → **dormir**

**justement** /ʒystəmɑ̃/ **ADV** **a** *(= précisément)* exactly, just, precisely ◆ **il ne sera pas long, ~, il arrive** he won't be long, in fact he's just coming ◆ **on parlait ~ de vous** we were just talking about you ◆ **~, j'allais le dire** actually, that's what I was going to say **b** *(= à plus forte raison)* **puisque vous me l'interdisez ... eh bien, ~ je le lui dirai** since you say I mustn't ... just for that I'll tell him ◆ **tu n'étais pas obligé d'accepter – si, ~ !** you didn't have to accept – that's the problem, I did have to! **c** *(= avec justesse) [remarquer]* rightly; *[raisonner]* soundly ◆ **comme l'a rappelé fort ~ Paul** as Paul has quite rightly pointed out **d** *(= à juste titre)* justly ◆ **~ puni** justly punished ◆ **~ inquiet/fier** justifiably anxious/proud

**justesse** /ʒystɛs/ **NF** **a** *(= exactitude) [d'appareil, montre, balance, tir]* accuracy, precision; *[de calcul]* accuracy, correctness; *[de réponse, comparaison, observation]* exactness; *[de coup d'œil, oreille]* accuracy

**b** *[de note, voix, instrument]* accuracy

**c** *(= pertinence) [d'idée, raisonnement]* soundness; *[de remarque, expression]* aptness, appropriateness ◆ **on est frappé par la ~ de son esprit** one is struck by the soundness of his judgment *ou* by how sound his judgment is

**LOC ADV** **de justesse** just, barely ◆ **gagner de ~** to win by a narrow margin ◆ **rattraper qn/qch de ~** to catch sb/sth just in time ◆ **j'ai évité l'accident de ~** I barely *ou* only just avoided having an accident ◆ **il s'en est tiré de ~** he got out of it by the skin of his teeth ◆ **il a eu son examen de ~** he only just passed his exam, he scraped through his exam

**justice** /ʒystis/ **NF** a *(= équité)* fairness, justice ◆ **en bonne** *ou* **toute** ~ in all fairness ◆ **on lui doit cette ~ que ...** it must be said in fairness to him that ... ◆ **ce n'est que ~ qu'il soit récompensé** it's only fair that he should have his reward ◆ **il a la ~ pour lui** justice is on his side ◆ **traiter qn avec ~** to treat sb justly *ou* fairly ◆ **~ sociale** social justice

b *(= fait de juger)* justice ◆ **exercer/rendre la ~** to exercise/dispense justice ◆ **passer en ~** to stand trial ◆ **décision de ~** judicial decision ◆ **aller en ~** to go to court ◆ **demander/obtenir ~** to demand/obtain justice ◆ **~ de paix** † court of first instance ◆ **~ immanente** *(Rel, Philos)* immanent justice ◆ **sans le vouloir, il s'est puni lui-même, il y a une sorte de ~ immanente** *(fig)* there's a sort of poetic justice in the fact that, without meaning to, he punished himself; → **déni, palais, traduire** *etc*

c *(= loi)* **la ~** the law ◆ **la ~ le recherche** he is wanted by the law ◆ **il a eu des démêlés avec la ~** he's had a brush *ou* he's had dealings with the law ◆ **la ~ de notre pays** the law of our country ◆ **c'est du ressort de la ~ militaire** it comes under military law

d *(loc)* **faire ~ de qch** *(= récuser qch)* to refute sth; *(= réfuter qch)* to disprove sth ◆ **il a pu faire ~ des accusations** he was able to refute the accusations ◆ **se faire ~** *(= se venger)* to take the law into one's own hands, to take (one's) revenge; *(= se suicider)* to take one's own life ◆ **rendre ~ à qn** to do sb justice, to do justice to sb ◆ **il faut lui rendre cette ~ qu'il n'a jamais cherché à nier** he's never tried to deny it, we must grant *ou* give him that, in fairness to him it must be said that he's never tried to deny it ◆ **on n'a jamais rendu ~ à son talent** his talent has never had fair *ou* due recognition

**justiciable** /ʒystisjabl/ **ADJ** a *(Jur)* **criminel ~ de la cour d'assises** criminal subject to trial in a criminal court b *(= responsable)* **l'homme politique est ~ de l'opinion publique** politicians are accountable to the public *ou* are publicly accountable c *(= qui nécessite)* **situation ~ de mesures énergiques** situation where strong measures are indicated *ou* required, situation requiring strong measures **NMF** *(Jur)* person subject to trial ◆ **les ~s** those to be tried

**justicier, -ière** /ʒystisje, jɛʀ/ **NM,F** a *(gén)* upholder of the law, dispenser of justice; *(dans les westerns)* lawman ◆ **il veut jouer au ~** he wants to take the law into his own hands b *(†† : Jur)* dispenser of justice

**justifiable** /ʒystifjabl/ **ADJ** justifiable ◆ **cela n'est pas ~** that is unjustifiable, that can't be justified

**justificateur, -trice** /ʒystifikatœʀ, tʀis/ **ADJ** *[raison, action]* justificatory, justifying

**justificatif, -ive** /ʒystifikatif, iv/ **ADJ** *[démarche, document]* supporting, justificatory ◆ **pièce justificative** *(officielle)* written proof; *(= reçu)* receipt **NM** *(= pièce officielle)* written proof; *(= reçu)* receipt ◆ **~ de domicile** proof of address

**justification** /ʒystifikasjɔ̃/ **NF** a *(= explication)* justification ◆ **cette mesure ne trouve guère de ~ économique** there is no economic justification for this measure ◆ **fournir des ~s** to give some justification b *(= preuve)* proof c *(Typo)* justification

**justifier** /ʒystifje/ ▸ conjug 7 ◂ **VT** a *(= légitimer)* *[+ personne, attitude, action]* to justify ◆ **rien ne justifie cette colère** such anger is quite unjustified

b *(= donner raison)* *[+ opinion]* to justify, to bear out, to vindicate; *[+ espoir, inquiétude]* to justify ◆ **ça justifie mon point de vue** it bears out *ou* vindicates my opinion ◆ **~ qn d'une erreur** to clear sb of having made a mistake ◆ **craintes parfaitement justifiées** perfectly justified fears

c *(= prouver)* to prove, to justify ◆ **pouvez-vous ~ ce que vous affirmez ?** can you justify *ou* prove your assertions?

d *(Typo)* to justify ◆ **~ à droite/gauche** to justify right/left, to right(-)/left(-)justify

**VT INDIR justifier de** to prove ◆ **~ de son identité** to prove one's identity ◆ **~ de son domicile** to show proof of one's address ◆ **cette quittance justifie du paiement** this receipt is evidence *ou* proof of payment

**VPR se justifier** to justify o.s. ◆ **se ~ d'une accusation** to clear o.s. of an accusation

**jute** /ʒyt/ **NM** jute; → **toile**

**juter** /ʒyte/ ▸ conjug 1 ◂ **VI** *[fruit]* to be juicy, to drip with juice ◆ **pipe qui jute** * dribbling pipe

**juteux, -euse** /ʒytø, øz/ **ADJ** a *[fruit]* juicy b * *[affaire, contrat, marché]* lucrative; *[bénéfices]* juicy **NM** *(arg Mil = adjudant)* adjutant

**Juvénal** /ʒyvenal/ **NM** Juvenal

**juvénile** /ʒyvenil/ **ADJ** a *[criminalité, délinquance]* juvenile; *[violence]* juvenile, youth *(épith)* b *[ardeur, enthousiasme, passion]* youthful; *[allure]* young, youthful **NM** *(Zool)* juvenile

**juvénilité** /ʒyvenilite/ **NF** *(littér)* youthfulness

**juxtalinéaire** /ʒykstalineɛʀ/ **ADJ** ◆ **traduction ~** line by line translation

**juxtaposer** /ʒykstapoze/ ▸ conjug 1 ◂ **VT** to juxtapose, to place side by side ◆ **propositions juxtaposées** juxtaposed clauses

**juxtaposition** /ʒykstapozisjɔ̃/ **NF** juxtaposition

# K

**K$^1$, k$^1$** /kɑ/ **NM** *(= lettre)* K, k; *(Ordin)* K ◆ **K 7** *[de magnétophone, magnétoscope]* cassette, tape

**K$^2$** (abrév de **Kelvin**) K

**k$^2$** (abrév de **kilo**) k

**kabbale** /kabal/ **NF** ⇒ **cabale**

**kabbaliste** /kabalist/ **NMF** ⇒ **cabaliste**

**kabbalistique** /kabalistik/ **ADJ** ⇒ **cabalistique**

**Kaboul** /kabul/ **N** Kabul

**kabuki** /kabuki/ **NM** Kabuki

**Kabul** /kabul/ **N** ⇒ **Kaboul**

**kabyle** /kabil/ **ADJ** Kabyle **NM** *(Ling)* Kabyle **NMF** **Kabyle** Kabyle

**Kabylie** /kabili/ **NF** Kabylia ◆ **Grande/Petite ~** Great/Lesser Kabylia

**kafkaïen, -ïenne** /kafkajɛ̃, jɛn/ **ADJ** *[univers]* Kafkaesque

**kaiser** /kɛzɛʀ, kajzɛʀ/ **NM** Kaiser

**kakatoès** /kakatɔɛs/ **NM** ⇒ **cacatoès**

**kaki** /kaki/ **ADJ INV** khaki, olive drab *(US)* **NM INV** *(= couleur)* khaki, olive drab *(US)* **NM** *(= fruit)* persimmon, sharon fruit

**kalachnikov** /kalaʃnikɔf/ **NF** Kalashnikov

**Kalahari** /kalaaʀi/ **N** ◆ **désert du ~** Kalahari Desert

**kaléidoscope** /kaleidɔskɔp/ **NM** kaleidoscope

**kaléidoscopique** /kaleidɔskɔpik/ **ADJ** kaleidoscopic

**kamikaze** /kamikaz/ **ADJ** *(lit, fig)* ◆ **opération ~** kamikaze *ou* suicide mission ◆ **être ~** * *[personne]* to have a death wish ◆ **ce serait ~ !** it would be suicidal *ou* suicide! **NM** kamikaze

**Kampala** /kɑ̃pala/ **N** Kampala

**Kampuchea** /kɑ̃putʃea/ **NM** ◆ **~ (démocratique)** (Democratic) Kampuchea

**kampuchéen, -enne** /kɑ̃putʃeɛ̃, ɛn/ **ADJ** Kampuchean **NM,F** **Kampuchéen(ne)** Kampuchean

**kanak, e** /kanak/ **ADJ, NM,F** ⇒ **canaque**

**kangourou** /kɑ̃guʀu/ **NM** kangaroo ◆ **sac** *ou* **poche ~** baby carrier; → **slip**

**Kansas** /kɑ̃sas/ **NM** Kansas

**kantien, -ienne** /kɑ̃sjɛ̃, jɛn/ **ADJ** Kantian

**kantisme** /kɑ̃tism/ **NM** Kantianism

**kaolin** /kaɔlɛ̃/ **NM** kaolin(e)

**kapo** /kapo/ **NM** kapo, capo

**kapok** /kapɔk/ **NM** kapok

**kapokier** /kapɔkje/ **NM** kapok tree, silk cotton tree

**Kaposi** /kapozi/ **N** ◆ **(maladie** *ou* **sarcome** *ou* **syndrome de) ~** Kaposi's sarcoma ◆ **il a un (début de) ~** he is suffering from (the early stages of) Kaposi's sarcoma

**kappa** /kapa/ **NM** kappa

**kaput** * /kaput/ **ADJ** *[personne]* shattered *, bushed *, dead(-beat) *; *[machine]* kaput *

**karaoké, karaoke** /kaʀaɔke/ **NM** karaoke ◆ **bar (à) ~** karaoke bar ◆ **faire un ~** to perform in a karaoke bar

**karaté** /kaʀate/ **NM** karate

**karatéka** /kaʀateka/ **NMF** karateka

**Karcher** ® /kaʀʃɛʀ/ **NM** high-pressure water cleaner

**karité** /kaʀite/ **NM** shea(-tree) ◆ **beurre de ~** shea butter

**karma** /kaʀma/ **NM** karma

**karstique** /kaʀstik/ **ADJ** karstic

**kart** /kaʀt/ **NM** go-cart, kart

**karting** /kaʀtiŋ/ **NM** go-carting, karting ◆ **faire du ~** to go-cart, to go karting

**kascher** /kaʃɛʀ/ **ADJ** kosher

**Katanga** /katɑ̃ga/ **NM** Katanga

**katangais, e** /katɑ̃gɛ, ɛz/ **ADJ** Katangese **NM,F** Katangese

**Katmandou** /katmɑ̃du/ **N** Katmandu

**kawa** * /kawa/ **NM** *(= café)* (cup of) coffee

**kayak** /kajak/ **NM** *[d'esquimau]* kayak; *[de sportif]* canoe, kayak; *(= sport)* canoeing ◆ **faire du ~** to go canoeing

**kayakiste** /kajakist/ **NMF** kayaker

**kazakh** /kazak/ **ADJ** kazakh **NM** *(Ling)* Kazakh **NMF** **Kazakh** Kazakh

**Kazakhstan** /kazakstɑ̃/ **N** Kazakhstan

**kebab** /kebab/ **NM** kebab

**kéfié, keffieh** /kefje/ **NM** keffiyeh, kaffiyeh, kufiyah

**kelvin** /kɛlvin/ **NM** kelvin

**kendo** /kɛndo/ **NM** kendo

**Kenya** /kenja/ **NM** Kenya ◆ **le mont ~** Mount Kenya

**kényan, -ane** /kenjɑ̃, jan/ **ADJ** Kenyan **NM,F** **Kényan(e)** Kenyan

**képi** /kepi/ **NM** kepi

**kératine** /keʀatin/ **NF** keratin

**kératite** /keʀatit/ **NF** keratitis

**kératose** /keʀatoz/ **NF** keratosis

**Kerguelen** /kɛʀgelɛn/ **NFPL** ◆ **les (îles) ~** the Kerguelen (Islands)

**kermesse** /kɛʀmɛs/ **NF** *(= fête populaire)* fair; *(= fête de charité)* bazaar, charity fête ◆ **~ paroissiale** church fête *ou* bazaar

**kérosène** /keʀozɛn/ **NM** *[d'avion]* aviation fuel, kerosene *(US)*; *[de jet]* (jet) fuel; *[de fusée]* (rocket) fuel

**ketch** /kɛtʃ/ **NM** ketch

**ketchup** /kɛtʃœp/ **NM** ketchup, catsup *(US)*

**keuf** ‡ /kœf/ **NM** cop *

**keum** ‡ /kœm/ **NM** guy *

**kevlar** ® /kɛvlaʀ/ **NM** kevlar ®

**keynésianisme** /kenezjanism/ **NM** Keynesianism, Keynesian economics *(sg)*

**keynésien, -ienne** /kenezjɛ̃, jɛn/ **ADJ** Keynesian

**kF** /kaɛf/ **NM** (abrév de **kilofranc**) ≈ K * ◆ **il gagne 240 ~** ≈ he earns 24 K *

**kg** (abrév de **kilogramme**) kg

**KGB** /kaʒebe/ **NM** (abrév de **Komitet Gosudarstvennoy Bezopasnosti**) KGB

**khâgne** /kaɲ/ **NF** *(arg Scol) second year of a two-year preparatory course for the arts section of the École Normale Supérieure;* → CLASSES PRÉPARATOIRES, GRANDES ÉCOLES

**khâgneux, -euse** /kaɲø, øz/ **NM,F** *(arg Scol) student in khâgne*

**khalife** /kalif/ **NM** ⇒ **calife**

**khan** /kɑ̃/ **NM** khan

**Khartoum** /kaʀtum/ **N** Khartoum

**khat** /kat/ **NM** k(h)at

**khédive** /kediv/ **NM** khedive

**khi** /ki/ **NM** chi

**khmer, -ère** /kmɛʀ/ **ADJ** Khmer **NM** *(Ling)* Khmer **NM** **Khmer** Khmer ◆ **les Khmers rouges** the Khmer Rouge

**khôl** /kol/ **NM** kohl

**kibboutz** /kibuts/ **NM INV** kibbutz

**kick** /kik/ **NM** kick-start(er) ◆ **démarrer au ~** *[personne]* to kick-start one's motorbike ◆ **la moto (se) démarre au ~** you have to kick-start the motorbike

**kickboxing** /kikbɔksiŋ/ **NM** kickboxing

**kidnapper** /kidnape/ ► **conjug 1** ◄ **VT** to kidnap, to abduct

**kidnappeur, -euse** /kidnapœʀ, øz/ **NM,F** kidnapper, abductor

**kidnapping** /kidnapiŋ/ NM kidnapping, abduction

**Kiev** /kjev/ N Kiev

**kif[1]** /kif/ NM (= hachisch) kif, kef ◆ **c'est le ~ !** * (= super) it's great ou cool *!

**kif[2]** * /kif/ NM ◆ **c'est du ~** it's all the same, it makes no odds * (Brit)

**kif(f)ant, e** ‡ /kifɑ̃, ɑ̃t/ ADJ ◆ **c'est ~!** it's great!

**kif(f)er** ‡ /kife/ ▸ conjug 1 ◂ VI ◆ **ça me fait ~** it turns me on * VT ◆ **~ qch** to get a kick out of sth * ◆ **je peux pas le ~** I can't stand him

**kif-kif** * /kifkif/ ADJ INV ◆ **c'est ~ (bourricot)** it's all the same, it makes no odds * (Brit)

**Kigali** /kigali/ N Kigali

**kiki** * /kiki/ NM **a** (= cou) **serrer le ~ à qn** [personne] to throttle sb, to grab sb by the throat; [cravate, encolure] to choke sb; → **partir[1]** **b** (hum, langage enfantin = pénis) willie * (Brit), peter * (US)

**kikouyou, kikuyu** /kikuju/ ADJ Kikuyu NMF **Kikouyou** Kikuyu ◆ **les Kikouyous** the Kikuyu

**kil** ‡ /kil/ NM ◆ **~ de rouge** bottle of cheap (red) wine ou plonk * (Brit)

**Kilimandjaro** /kilimɑ̃dʒaʀo/ NM ◆ **le ~** Mount Kilimanjaro

**kilo** /kilo/ NM kilo ◆ **en faire des ~s** * to go over the top *

**kilo...** /kilo/ PRÉF kilo...

**kilobar** /kilɔbaʀ/ NM kilobar

**kilocalorie** /kilokalɔʀi/ NF kilocalorie

**kilocycle** /kilosikl/ NM kilocycle

**kilofranc** /kilofʀɑ̃/ NM thousand francs

**kilogramme** /kilɔgʀam/ NM kilogramme

**kilohertz** /kiloɛʀts/ NM kilohertz

**kilojoule** /kiloʒul/ NM kilojoule

**kilométrage** /kilɔmetʀaʒ/ NM **a** [de voiture, distance] ≃ mileage ◆ **voiture en ou à ~ illimité** car with unlimited mileage **b** [de route] ≃ marking with milestones

**kilomètre** /kilɔmɛtʀ/ NM **a** (= distance) kilometre (Brit), kilometer (US) ◆ **200 ~s à l'heure** ou **~s-heure** 200 kilometres an hour ou per hour ◆ **bouffer du ~** * ≃ to eat up the miles * ◆ **~-passager** passenger kilometre, ≃ passenger mile ◆ **~ lancé** (Ski) speed-record trial ◆ **d'ici à ce qu'il ne vienne pas, il n'y a pas des ~s** * I wouldn't be surprised if he didn't turn up **b** (grande quantité) **des ~s de** [+ pellicule] rolls and rolls of; [+ tissu] yards and yards of ◆ **ils produisent des émissions au ~** they churn out one programme after another

**kilométrer** /kilɔmetʀe/ ▸ conjug 6 ◂ VT [+ route] ≃ to mark with milestones

**kilométrique** /kilɔmetʀik/ ADJ ◆ **distance ~** distance in kilometres (Brit) ou kilometer (US) ◆ **borne ~** ≃ milestone ◆ **indemnité ~** ≃ mileage allowance ◆ **tarif ~** rate per kilometre

**kilo-octet** (pl **kilo-octets**) /kilooktɛ/ NM kilobyte

**kilotonne** /kilotɔn/ NF kiloton

**kilowatt** /kilowat/ NM kilowatt

**kilowattheure** /kilowatœʀ/ NM kilowatt-hour

**kilt** /kilt/ NM kilt; (pour femme) pleated ou kilted skirt

**kimono** /kimɔno/ NM kimono; → **manche[1]**

**kinase** /kinɑz/ NF kinase

**kiné(si)** * /kine(zi)/ NMF (abrév de **kinésithérapeute**) physio *

**kinésithérapeute** /kineziteʀapøt/ NMF physiotherapist (Brit), physical therapist (US)

**kinésithérapie** /kineziteʀapi/ NF physiotherapy (Brit), physical therapy (US)

**kinesthésique** /kinɛstezik/ ADJ kinaesthetic

**Kingston** /kiŋstɔn/ N Kingston

**Kingstown** /kiŋstaun/ N Kingstown

**Kinshasa** /kinʃasa/ N Kinshasa

**kiosque** /kjɔsk/ NM **a** (= étal) kiosk, stall ◆ **~ à journaux** newsstand, newspaper kiosk ◆ **en vente en ~** on sale at newsstands **b** (Internet) kiosk; (Téléc) ◆ **~ télématique** ® information service provided by Minitel **c** [de jardin] pavilion, summerhouse ◆ **~ à musique** bandstand **d** [de sous-marin] conning tower; [de bateau] wheelhouse

**kiosquier, -ière** /kjɔskje, jɛʀ/ NM,F newspaper seller (at kiosk)

**kippa** /kipa/ NF kippa

**kir** /kiʀ/ NM kir (white wine with blackcurrant liqueur) ◆ **~ royal** kir royal (champagne with blackcurrant liqueur)

**kirghiz** /kiʀgiz/ ADJ Kirghiz NM (Ling) Kirghiz NMF **Kirghiz(e)** Kirghiz

**Kirghizistan** /kiʀgizistɑ̃/, **Kirghizstan** /kiʀgistɑ̃/ NM Kirghizia

**Kiribati** /kiʀibati/ N Kiribati

**kirsch** /kiʀʃ/ NM kirsch

**kit** /kit/ NM kit ◆ **en ~** in kit form

**kit(s)ch** /kitʃ/ ADJ INV, NM kitsch

**kitchenette** /kitʃ(ə)nɛt/ NF kitchenette

**kitesurf** /kaitsœʀf/ NM kitesurfing

**kiwi** /kiwi/ NM **a** (= oiseau) kiwi **b** (= arbre) kiwi tree; (= fruit) kiwi (fruit), Chinese gooseberry

**klaxon** ® /klaksɔn/ NM (Aut) horn ◆ **coup de ~** (fort) hoot; (léger) toot ◆ **donner des coups de ~** to hoot (one's horn), to sound one's horn

**klaxonner** /klaksɔne/ ▸ conjug 1 ◂ VI (gén) to hoot (one's horn), to sound one's horn; (doucement) to toot (the horn) ◆ **klaxonne, il ne t'a pas vu** hoot your horn ou give him a toot, he hasn't seen you VT ◆ **~ qn** (gén) to hoot at sb; (doucement) to give sb a toot

**kleb(s)** * /klɛp(s)/ NM ⇒ **clebs**

**Kleenex** ® /klinɛks/ NM tissue, paper hanky, Kleenex ®

**kleptomane** /klɛptɔman/ ADJ, NMF kleptomaniac

**kleptomanie** /klɛptɔmani/ NF kleptomania

**km** (abrév de **kilomètre(s)**) km

**km/h** (abrév de **kilomètres/heure**) km/h, kph, ≃ mph

**knickerbockers** /knikɛʀbɔkɛʀs, nikœʀbɔkœʀ/ NMPL knickerbockers

**knock-out** /nɔkaut/ ADJ (Boxe, *) knocked out, out for the count * ◆ **mettre qn ~** to knock sb out ◆ **il est complètement ~** he's out cold * NM knockout

**knout** /knut/ NM knout

**Ko** (abrév de **kilo-octet**) kb

**K.-O., KO** /kao/ (abrév de **knock out**) NM (Boxe) KO ◆ **perdre par ~** to be knocked out ◆ **gagner par ~** to win by a knockout ◆ **mettre ~** to KO *, to knock out ◆ **il a été mis ~ au 5^e^ round** he was knocked out in round 5 ◆ **être ~** to be out for the count ◆ **être K.-O debout** [boxeur] to be punch-drunk; (vaincu) to be knocked for six *; (stupéfait) to be stunned ADJ (* = fatigué) shattered *, knackered ‡

**koala** /kɔala/ NM koala (bear)

**kola** /kɔla/ NM ⇒ **cola**

**kolkhoze** /kɔlkoz/ NM kolkhoz

**kolkhozien, -ienne** /kɔlkozjɛ̃, jɛn/ ADJ, NM,F kolkhozian

**kommandantur** /kɔmɑ̃dɑ̃tuʀ/ NF German military command

**kopeck** /kɔpɛk/ NM kopeck ◆ **je n'ai plus un ~** † * I haven't got a penny left

**korrigan, e** /kɔʀigɑ̃, an/ NM,F Breton goblin

**kosovar** /kosovaʀ/ ADJ Kosovar NMF **Kosovar** Kosovar

**Kosovo** /kosovo/ NM Kosovo

**kouglof** /kuglɔf/ NM kugelhopf (kind of bun)

**koulak** /kulak/ NM kulak

**Koweït** /kɔwɛt/ NM Kuwait

**koweïtien, -ienne** /kɔwɛtjɛ̃, jɛn/ ADJ Kuwaiti NM,F **Koweïtien(ne)** Kuwaiti

**krach** /kʀak/ NM (Bourse) crash ◆ **~ boursier** stock market crash

**kraft** /kʀaft/ NM → **papier**

**Kremlin** /kʀɛmlɛ̃/ NM ◆ **le ~** the Kremlin

**krill** /kʀil/ NM krill

**krypton** /kʀiptɔ̃/ NM krypton

**ksi** /ksi/ NM xi

**Kuala Lumpur** /kwalalumpuʀ/ N Kuala Lumpur

**Ku Klux Klan** /kyklykskla/ NM Ku Klux Klan

**kummel** /kymɛl/ NM kümmel

**kumquat** /kɔmkwat/ NM kumquat

**kung-fu** /kuŋfu/ NM INV (= art) kung fu; (= personne) person who practises ou does kung fu

**kurde** /kyʀd/ ADJ Kurdish NM (Ling) Kurdish NMF **Kurde** Kurd

**Kurdistan** /kyʀdistɑ̃/ NM Kurdistan

**kW** (abrév de **kilowatt**) kW

**K-way** ® /kawɛ/ NM (lightweight nylon) cagoule

**kWh** (abrév de **kilowattheure**) kWh

**Kyoto** /kjɔto/ N Kyoto, Kioto

**kyrie (eleison)** /kiʀje(eleisɔn)/ NM INV (Rel, Mus) Kyrie (eleison)

**kyrielle** /kiʀjɛl/ NF [d'injures, réclamations] string, stream; [de personnes, enfants] crowd, stream; [d'objets] pile

**kyste** /kist/ NM cyst ◆ **~ de l'ovaire ou ovarien** ovarian cyst

**kystique** /kistik/ ADJ cystic

# L

**L, l¹** /ɛl/ **NM** *(= lettre)* L, l

**l²** (abrév de **litre(s)**) l

**l'** /l/ → **le¹, le²**

**la¹** /la/ → **le¹, le²**

**la²** /la/ **NM INV** *(Mus)* A; *(en chantant la gamme)* lah ◆ **donner le** ~ *(lit)* to give an A; *(fig)* to set the tone *ou* the fashion

## là /la/

| | |
|---|---|
| 1 ADVERBE | 3 LOC ADVERBIALE |
| 2 LOC ADVERBIALE | 4 EXCLAMATION |

### 1 - ADVERBE

**a** par opposition à ici there ◆ ~, **on s'occupera bien de vous** you will be well looked after there ◆ **je le vois** ~, **sur la table** I can see it (over) there, on the table ◆ **c'est** ~ **que** *ou* **c'est** ~ **où je suis né** that's where I was born; → **çà, fait¹**

**b** = ici here, there ◆ **ne restez pas** ~ **au froid** don't stand here *ou* there in the cold ◆ **n'ayez pas peur, je suis** ~ don't be afraid, I'm here ◆ **qui est** ~ **?** who's there? ◆ **c'est** ~ **! je reconnais le portail !** there it is! *ou* here we are! I recognize the gate! ◆ **M. Roche n'est pas** ~ Mr Roche isn't here *ou* in ◆ **je suis** ~ **pour ça !** that's what I'm here for! ◆ **ce monument est** ~ **pour nous rappeler que ...** this monument is here *ou* exists to remind us that ... ◆ **c'est** ~ **qu'il est tombé** that's *ou* this is where he fell ◆ ~ **où tu es/d'où tu viens** where you are/come from ◆ **déjà** ~ **?** (are you) here already? ◆ **qu'est-ce que tu fais** ~ **?** *(lit)* what are you doing here?; *(fig)* what are you up to? ◆ **la crise est** ~ **et bien** ~ there really is a crisis; → **fait¹**

**c** dans le temps then, at this *ou* that moment ◆ **c'est** ~ **qu'il comprit qu'il était en danger** that was when he realized *ou* it was then that he realized he was in danger ◆ **ce qu'il propose** ~ **n'est pas bête** what he's just suggested isn't a bad idea; → **ici, jusque**

**d** = dans cette situation **tout cela pour en arriver** *ou* **en venir** ~ **!** all that effort just for this! ◆ **il faut s'en tenir** *ou* **en rester** ~ we'll have to leave it at that *ou* stop there ◆ **les choses en sont** ~ that's how things stand at the moment, that's the state of play at present ◆ **ils en sont** ~ *(lit)* that's how far they've got, that's the stage they've reached; *(péj)* that's how low they've sunk ◆ **ils n'en sont pas encore** ~ they haven't got that far yet *ou* reached that stage yet; *(péj)* they haven't reached that stage yet *ou* come to that yet ◆ **j'en étais** ~ **de mes réflexions quand ...** such was my state of mind when ... ◆ **c'est bien** ~ **qu'on voit les paresseux !** that's where *ou* when you see who the lazy ones are! ◆ **il a été courageux** ~ **où d'autres auraient eu peur** he was courageous where others would have been afraid; → **loin**

**e** intensif **n'allez pas croire** ~ **que ...** don't get the idea that ..., don't go thinking that ... ◆ **qu'est-ce que tu me racontes** ~ **?** what (on earth) are you saying to me?

**f** = en cela, dans cela **c'est** ~ **où** *ou* **que nous ne sommes plus d'accord** that's where I take issue *ou* start to disagree with you ◆ ~, **ils exagèrent !** now they're really going too far! ◆ **je ne vois** ~ **rien d'étonnant** I don't see anything surprising in *ou* about that ◆ **il y a** ~ **quelque chose d'inquiétant** there's something worrying about that ◆ **tout est** ~ that's the whole question ◆ **c'est** ~ **qu'est la difficulté,** ~ **est la difficulté** that's where the difficulty lies ◆ **il y a** ~ **une contradiction** there's a contradiction in that; → **question**

**g** avec trait d'union

◆ **ce** *ou* **cette ...-là** that ... ◆ **ce jour-**~ that day ◆ **cet homme-**~ **est détesté par tout le monde** everybody hates that man ◆ **c'est à ce point-**~ **?** it's as bad as that, is it? ◆ **en ce temps-**~ in those days

◆ **ces ...-là** those ... ◆ **ces gens-**~ those people; → **ce¹**

◆ **celui-là, celle-là** *(= objet, personne)* that one ◆ **je veux celui-**~ I want that one ◆ **celui-/celle-**~ **alors !** *(irritation)* oh, that man/woman!; *(surprise)* how does he/she do it! ◆ **il est marrant *, celui-**~ **!** that guy's such a laugh!

◆ **ceux-là, celles-là** *(= objets)* those ◆ **certains le croient, Luc est de ceux-**~ *(= personnes)* some people, including Luc, believe it ◆ **celles-**~, **elles ne risquent rien** THEY're not in any danger; → aussi **celui**

### 2 - LOCUTION ADVERBIALE

**de là**

**a** dans l'espace **il est allé à Paris, et de** ~ **à Londres** he went to Paris, and from there to London *ou* and then (from there) on to London ◆ **c'est à 3 km de** ~ it's 3 km away (from there)

**b** dans le temps **à partir de** ~ from then on, after that ◆ **à quelques jours de** ~ a few days later *ou* after(wards)

**c** conséquence **il n'a pas travaillé, de** ~ **son échec** he didn't work, hence his failure *ou* which explains why he failed ◆ **de** ~ **vient que nous ne le voyons plus** that's why we no longer see him ◆ **de** ~ **à dire qu'il ment, il n'y a qu'un pas** there isn't much difference between saying that and saying he's lying, that's tantamount to saying he's a liar ◆ **oui, mais de** ~ **à prétendre qu'il a tout fait seul !** there's a big difference between saying that and claiming that he did it all himself!

### 3 - LOCUTION ADVERBIALE

**par là**

**a** dans l'espace **quelque part par** ~ *(= de ce côté)* somewhere around there *ou* near there ◆ **passez par** ~ *(= par cet endroit)* go that way ◆ **c'est par ici ou par** ~ **?** is it this way or that way?

**b** * = environ **il doit avoir 20 ans, par** ~ he must be about 20, he must be 20 or so

**c** locutions **que veux-tu dire par** ~ **?** what do you mean by that? ◆ **si tu (y) vas par** ~ **...** if that's what you're saying ...; → **entendre, passer**

### 4 - EXCLAMATION

◆ **fiche-moi la paix,** ~ **!** * leave me alone, will you! * ◆ **hé** ~ **!** *(appel)* hey!; *(surprise)* good grief! ◆ **là, là, du calme !** now, now, calm down! ◆ **il est entré dans une rage, mais** ~, **une de ces rages !** he flew into a rage, and what a rage! ◆ **alors** ~ *ou* **oh** ~, **ça ne m'étonne pas** (oh) now, that doesn't surprise me

◆ **oh là là (là là)!** *(surprise)* oh my goodness!; *(consternation)* oh dear! (oh dear!) ◆ **oh là là !, ce que j'ai froid !** God *, I'm so cold! ◆ **oh là là ! quel désastre !** oh dear! *ou* oh no! what a disaster!

---

**là-bas** /laba/ **ADV** (over) there, yonder ◆ ~ **aux USA** over in the USA ◆ ~ **dans le nord** up (there) in the north ◆ ~ **dans la plaine** down there in the plain ◆ **Serge a réapparu, tout** ~ Serge reappeared way over there

**labbe** /lab/ **NM** skua ◆ ~ **parasite** Arctic skua

**label** /labɛl/ **NM** *(Comm, Ordin)* label ◆ ~ **d'origine** label of origin ◆ ~ **de qualité** *(lit)* quality label; *(fig)* guarantee of quality ◆ ~ **rouge** *quality label for meat* ◆ ~ **politique** political label ◆ **l'association a accordé son** ~ **à 80 projets** the association has given its seal of approval to 80 projects ◆ **ils ont sorti un**

**album sous un ~ indépendant** they've brought out an album on an independent label

**labelliser** /labelize/ ▸ conjug 1 ◂ VT *[+ produit]* to label, to put a label on; *[+ projet]* to give one's seal of approval to

**labeur** /labœʀ/ NM *(littér)* labour, toil *(NonC)* ◆ **c'est un dur ~** it's hard work

**labial, e** (mpl **-iaux**) /labjal, jo/ ADJ *[consonne]* labial; *[muscle]* lip *(épith)*, labial *(SPÉC)* NF **labiale** labial

**labialisation** /labjalizasjɔ̃/ NF *[de consonne]* labialization; *[de voyelle]* labialization, rounding

**labialiser** /labjalize/ ▸ conjug 1 ◂ VT *[+ consonne]* to labialize; *[+ voyelle]* to labialize, to round

**labié, e** /labje/ ADJ labiate NF labiate ◆ **les ~es** labiates, Labiatae *(SPÉC)*

**labiodental, e** (mpl **-aux**) /labjodɑ̃tal, o/ ADJ, NF labiodental

**labo** * /labo/ NM (abrév de **laboratoire**) lab * ◆ **~ photo** photo lab

**laborantin, e** /labɔʀɑ̃tɛ̃, in/ NM,F laboratory *ou* lab * assistant

**laboratoire** /labɔʀatwaʀ/ NM *(gén)* laboratory ◆ **~ spatial/de recherches** space/research laboratory ◆ **~ d'analyses (médicales)** (medical) analysis laboratory ◆ **~ (de) photo** photo laboratory ◆ **~ de langue(s)** language laboratory ◆ **~ d'essai** *(lit)* testing laboratory; *(fig)* testing ground ◆ **simulation/essais en ~** laboratory simulation/trials ◆ **produit en ~** produced in a laboratory *ou* under laboratory conditions

**laborieusement** /labɔʀjøzmɑ̃/ ADV laboriously, with much effort ◆ **gagner ~ sa vie** to struggle to earn a living, to earn a living by the sweat of one's brow

**laborieux, -ieuse** /labɔʀjø, jøz/ ADJ **a** *(= pénible)* laborious, painstaking; *[entreprise, négociations, recherches]* laborious; *[style, récit]* laboured, laborious; *[digestion]* heavy ◆ **il s'exprimait dans un français ~** his French was very laboured ◆ **il a enfin fini, ça a été ~ !** he's finished at last, it was hard going! **b** *(= travailleur)* hard-working, industrious ◆ **les classes laborieuses** the working *ou* labouring classes ◆ **une vie laborieuse** a life of toil *ou* hard work

**labour** /labuʀ/ NM **a** *(avec une charrue)* ploughing *(Brit)*, plowing *(US)*; *(avec une bêche)* digging (over); → **cheval b** *(= champ)* ploughed *(Brit) ou* plowed *(US)* field

**labourable** /labuʀabl/ ADJ *(avec une charrue)* ploughable *(Brit)*, plowable *(US)*; *(avec une bêche)* soft enough for digging ◆ **terres ~s** arable land

**labourage** /labuʀaʒ/ NM *(avec une charrue)* ploughing *(Brit)*, plowing *(US)*; *(avec une bêche)* digging (over)

**labourer** /labuʀe/ ▸ conjug 1 ◂ VT **a** *(avec une charrue)* to plough *(Brit)*, to plow *(US)*; *(avec une bêche)* to dig (over) ◆ **terre qui se laboure bien** land which ploughs well *ou* is easy to plough ◆ **~ le fond** *(Naut) [navire]* to scrape *ou* graze the bottom; *[ancre]* to drag ◆ **terrain labouré par les sabots des chevaux** ground churned *ou* ploughed up by the horses' hooves **b** ◆ **la balle lui avait labouré la jambe** the bullet had ripped into *ou* gashed his leg ◆ **labouré de rides** lined *ou* furrowed with wrinkles ◆ **ce corset me laboure les côtes** this corset is digging into my sides ◆ **se ~ le visage/les mains** to tear at one's face/one's hands ◆ **le chat lui a labouré le visage** the cat scratched his face really badly

**laboureur** /labuʀœʀ/ NM ploughman *(Brit)*, plowman *(US)*; *(Hist)* husbandman

**Labrador** /labʀadɔʀ/ NM *(Géog)* Labrador

**labrador** /labʀadɔʀ/ NM *(= chien)* Labrador (retriever)

**labradorite** /labʀadɔʀit/ NF *(Minér)* labradorite

**labrit** /labʀi/ NM Pyrenean sheepdog

**labyrinthe** /labiʀɛ̃t/ NM *(lit, fig)* maze, labyrinth; *(Anat)* labyrinth

**labyrinthique** /labiʀɛ̃tik/ ADJ labyrinthine

**lac** /lak/ NM lake ◆ **~ de montagne** mountain lake ◆ **le ~ Léman** *ou* **de Genève** Lake Geneva ◆ **le ~ Majeur** Lake Maggiore ◆ **les ~s écossais** the Scottish lochs ◆ **les Grands Lacs** the Great Lakes ◆ **être (tombé) dans le ~** * *(fig)* to have fallen through, to have come to nothing

**laçage** /lasaʒ/ NM lacing(-up)

**lacanien, -ienne** /lakanjɛ̃, jɛn/ ADJ *(Psych)* Lacanian

**Lacédémone** /lasedemɔn/ N Lacedaemonia

**lacédémonien, -ienne** /lasedemɔnjɛ̃, jɛn/ ADJ Lacedaemonian NM,F **Lacédémonien(ne)** Lacedaemonian

**lacement** /lasmɑ̃/ NM ⇒ **laçage**

**lacer** /lase/ ▸ conjug 3 ◂ VT *[+ chaussure]* to tie; *[+ corset]* to lace up; *(Naut) [+ voile]* to lace ◆ **lace tes chaussures** *ou* **tes lacets** do up *ou* tie your shoelaces ◆ **ça se lace (par) devant** it laces up at the front

**lacération** /laseʀasjɔ̃/ NF *[de vêtement, affiche]* ripping up, tearing up; *[de corps, visage]* laceration; *[de tableau]* slashing

**lacérer** /laseʀe/ ▸ conjug 6 ◂ VT *[+ affiche, papier, vêtement]* to tear *ou* rip up, to tear to shreds; *[+ tableau]* to slash; *[+ corps, visage]* to lacerate ◆ **il avait été lacéré de coups de couteau** he had been slashed with a knife

**lacet** /lasɛ/ NM **a** *[de chaussure]* (shoe)lace; *[de botte]* (boot)lace; *[de corset]* lace ◆ **chaussures à ~s** lace-ups, lace-up shoes ◆ **faire** *ou* **nouer ses ~s** to do up *ou* tie one's laces **b** *[de route]* (sharp) bend, twist ◆ **en ~(s)** winding, twisty ◆ **la route fait des ~s** *ou* **monte en ~s** the road twists *ou* winds steeply upwards **c** *(= piège)* snare ◆ **prendre des lièvres au ~** to trap *ou* snare hares **d** *(Couture)* braid

**lâchage** * /lɑʃaʒ/ NM *(= abandon)* desertion ◆ **écœuré par le ~ de ses amis** disgusted at the way his friends had deserted him *ou* run out on him ◆ **ils dénoncent le ~ du pays par l'ONU** they're denouncing the UN's abandonment of the country

**lâche** /lɑʃ/ ADJ **a** *[corde, ressort]* slack; *[nœud]* loose; *[vêtement]* loose(-fitting); *[tissu]* loosely-woven, open-weave *(épith)* **b** *[discipline, morale]* lax; *[règlement, canevas]* loose **c** *(littér) [style, expression]* loose, woolly ◆ **dans ce roman, l'intrigue est un peu ~** the novel has quite a loose plot **d** *[personne, fuite, attitude]* cowardly; *[attentat]* vile, despicable; *[procédé]* low ◆ **se montrer ~** to be a coward ◆ **c'est assez ~ de sa part d'avoir fait ça** it was pretty cowardly of him to do that **e** *(littér = faible)* weak, feeble NMF coward

**lâchement** /lɑʃmɑ̃/ ADV **a** *(= sans courage)* in a cowardly way ◆ **il a ~ refusé** like a coward, he refused ◆ **il a été ~ assassiné** he was killed in the most cowardly way **b** *[nouer]* loosely

**lâcher** /lɑʃe/ ▸ conjug 1 ◂ VT **a** *[+ ceinture]* to loosen, to let out, to slacken ◆ **~ la taille d'une jupe** to let a skirt out at the waist ◆ **~ du fil** *(Pêche)* to let out some line

**b** *[+ main, proie]* to let go of; *[+ bombes]* to drop, to release; *[+ pigeon, ballon]* to release; *[+ chien de garde]* to unleash, to set loose; *[+ frein]* to release, to let out; *[+ amarres]* to cast off; *(Chasse) [+ chien, faucon]* to slip ◆ **lâche-moi !** let go (of me)! ◆ **attention ! tu vas ~ le verre** careful, you're going to drop the glass! ◆ **le professeur nous a lâchés à 4 heures** * the teacher let us go *ou* let us out at 4 ◆ **~ un chien sur qn** to set a dog on sb ◆ **s'il veut acheter ce tableau, il va falloir qu'il les lâche** * *ou* **qu'il lâche ses sous** * if he wants this picture, he'll have to part with the cash * ◆ **il les lâche difficilement** * he hates to part with his money

**c** *[+ bêtise, juron]* to come out with; *[+ pet]* to let out; † *[+ coup de fusil]* to fire ◆ **~ quelques mots** to say a few words ◆ **voilà le grand mot lâché !** there's the fatal word! ◆ **~ un coup de poing à qn** † to deal *ou* fetch *(Brit)* sb a blow with one's fist

**d** (* *= abandonner) [+ époux]* to leave, to walk out on; *[+ amant]* to jilt, to drop, to chuck ‡ *(Brit)*; *[+ ami]* to drop; *[+ études, métier]* to give up, to pack in * *(Brit)*, to chuck in * *(Brit)*; *[+ avantage]* to give up ◆ **il a tout lâché pour la rejoindre à New York** he gave everything up and followed her to New York ◆ **~ le peloton** to leave the rest of the field behind, to build up a good lead (over the rest of the pack) ◆ **ne pas ~ qn** *[poursuivant, créancier]* to stick to sb; *[importun, représentant]* not to leave sb alone; *[mal de tête]* not to let up on sb *, not to leave sb ◆ **il nous a lâchés en plein milieu du travail** he walked out on us right in the middle of the work ◆ **il ne m'a pas lâché d'une semelle** he stuck close all the time, he stuck to me like a leech ◆ **la communauté internationale nous a lâchés** the international community has abandoned us ◆ **ma voiture m'a lâché** my car gave up on me * ◆ **une bonne occasion, ça ne se lâche pas** *ou* **il ne faut pas la ~** you don't miss *ou* pass up * an opportunity like that

**e** *(loc)* **~ prise** *(lit)* to let go; *(fig)* to loosen one's grip ◆ **~ pied** to fall back, to give way ◆ **~ la bride** *ou* **les rênes à un cheval** to give a horse its head ◆ **~ la bride à qn** *(fig)* to give sb more of a free rein ◆ **tu me lâches !** * leave me alone! ◆ **lâche-moi les baskets !** * *ou* **la grappe !** ‡ get off my back! *, get off my case! * *(US)* ◆ **il les lâche avec des élastiques** ‡ he's as stingy as hell ‡, he's a tight-fisted so-and-so *; → **lest**

VI *[corde]* to break, to give way; *[frein]* to fail

VPR **se lâcher** * *(= faire ce qu'on veut)* to let o.s. go *; *(= parler franchement)* to speak one's mind

NM ◆ **~ de ballons** balloon release

**lâcheté** /lɑʃte/ NF **a** *(= couardise)* cowardice, cowardliness; *(= bassesse)* lowness ◆ **par ~** through *ou* out of cowardice ◆ **je trouve ça d'une ~ !** that's so cowardly! **b** *(= acte)* cowardly act, act of cowardice **c** *(littér = faiblesse)* weakness, feebleness

**lâcheur, -euse** * /lɑʃœʀ, øz/ NM,F unreliable *ou* fickle so-and-so * ◆ **alors, tu n'es pas venu, ~ !** so you didn't come then — you're a dead loss! * *ou* you old so-and-so! * ◆ **c'est une lâcheuse, ta sœur !** your sister's so unreliable! *

**lacis** /lasi/ NM *[de ruelles]* maze; *[de veines]* network; *[de soie]* web

**laconique** /lakɔnik/ ADJ *[personne, réponse]* laconic; *[style]* terse

**laconiquement** /lakɔnikmɑ̃/ ADV laconically, tersely

**laconisme** /lakɔnism/ NM terseness

**lacrymal, e** (mpl **-aux**) /lakʀimal, o/ ADJ lacrimal *(SPÉC)*, lachrymal *(SPÉC)*, tear *(épith)*

**lacrymogène** /lakʀimɔʒɛn/ ADJ → **gaz, grenade**

**lacs** /lɑ/ NMPL *(††, littér)* snare ◆ ~ **d'amour** lover's *ou* love knot

**lactaire** /laktɛʀ/ ADJ *(Anat)* lacteal NM *(Bot)* milk cap

**lactalbumine** /laktalbymin/ NF lactalbumin

**lactase** /laktɑz/ NF lactase

**lactation** /laktasjɔ̃/ NF lactation

**lacté, e** /lakte/ ADJ *[sécrétion]* milky, lacteal *(SPÉC)*; *[couleur, suc]* milky; *[régime]* milk *(épith)*; → **voie**

**lactifère** /laktifɛʀ/ ADJ lactiferous

**lactique** /laktik/ ADJ lactic

**lactogène** /laktɔʒɛn/ ADJ lactogenic

**lactose** /laktoz/ NM lactose

**lactosérum** /laktoseʀɔm/ NM whey

**lacunaire** /lakynɛʀ/ ADJ **a** *[informations, documentation, récit, caractère]* incomplete ◆ **il a des connaissances ~s** there are gaps in his knowledge **b** *(Bio) [tissu]* lacunary, lacunal

**lacune** /lakyn/ NF **a** *[de texte, mémoire, connaissances]* gap; *[de manuscrit]* lacuna; *[de loi]* gap, loophole ◆ **les ~s du système éducatif** the shortcomings of the education system ◆ **elle a de grosses ~s en histoire** there are big gaps in her knowledge of history ◆ **il y a de sérieuses ~s dans ce livre** this book has some serious deficiencies *ou* leaves out *ou* overlooks some serious points **b** *(Anat, Bot)* lacuna

**lacustre** /lakystʀ/ ADJ lake *(épith)*, lakeside *(épith)* ◆ **cité** ~ lakeside village (on piles)

**lad** /lad/ NM *(Équitation)* stable-boy, stable-lad

**là-dedans** /lad(ə)dɑ̃/ ADV *(lit)* inside, in there ◆ **il y a du vrai** ~ there's some truth in that ◆ **il n'a rien à voir** ~ it's nothing to do with him ◆ **il a voulu mettre de l'argent** ~ he wanted to put some money into it ◆ **quand il s'est embarqué** ~ when he got involved in that *ou* in it ◆ **(il) y en a ~ !** * *(admiratif)* you see, I'm (*ou* he's *etc*) not just a pretty face! ◆ **et nous, ~, qu'est-ce qu'on devient ?** * and where do we fit into all this?

**là-dessous** /lad(ə)su/ ADV underneath, under there, under that ◆ **il y a quelque chose** ~ *(fig)* there's something odd about it *ou* that, there's more to it than meets the eye

**là-dessus** /lad(ə)sy/ ADV *(= sur cet objet)* on that, on there; *(= sur ces mots)* at that point, thereupon *(frm)*; *(= à ce sujet)* about that, on that point ◆ **~, il sortit** with that, he left ◆ **vous pouvez compter** ~ you can count on that ◆ **il n'y a aucun doute** ~ there's no doubt about it

**ladite** /ladit/ ADJ → **ledit**

**ladre** /lɑdʀ/ *(littér)* ADJ *(= avare)* mean, miserly NMF miser

**ladrerie** /lɑdʀəʀi/ NF **a** *(littér = avarice)* meanness, miserliness **b** *(Hist = hôpital)* leper-house

**lady** /ledi/ NF *(= titre)* ◆ **Lady** Lady ◆ **c'est une vraie** ~ she's a real lady

**lagon** /lagɔ̃/ NM lagoon

**lagopède** /lagɔpɛd/ NM ◆ ~ **d'Écosse** (red) grouse ◆ ~ **blanc** willow grouse ◆ ~ **des Alpes** ptarmigan

**Lagos** /lagos/ N Lagos

**lagunaire** /lagynɛʀ/ ADJ lagoon *(épith)*, of a lagoon

**lagune** /lagyn/ NF lagoon

**là-haut** /lao/ ADV *(gén)* up there; *(= dessus)* up on top; *(= à l'étage)* upstairs; *(= au ciel)* on high, in heaven above ◆ **tout ~, au sommet de la montagne** way up there, at the top of the mountain ◆ ~ **dans les nuages** above in the clouds

**lai**[1] /lɛ/ NM *(Poésie)* lay

**lai**[2]**, e**[1] /lɛ/ ADJ *(Rel)* lay ◆ **frère** ~ lay brother

**laïc** /laik/ ADJ, NM ⇒ **laïque**

**laîche** /lɛʃ/ NF sedge

**laïcisation** /laisizasjɔ̃/ NF secularization, laicization

**laïciser** /laisize/ ▸ conjug 1 ◂ VT *[+ institutions]* to secularize, to laicize

**laïcité** /laisite/ NF *(= caractère)* secularity; *(Pol = système)* secularism

**laid, e** /lɛ, lɛd/ ADJ **a** *(physiquement) [personne, visage, animal, meuble, dessin]* ugly; *[ville, région]* ugly, unattractive; *[bâtiment]* ugly, unsightly ◆ ~ **comme un singe** *ou* **un pou** *ou* **un crapaud** *ou* **les sept péchés capitaux** *ou* **à faire peur** as ugly as sin ◆ **il est très ~ de visage** he's got a terribly ugly face **b** *(moralement) [action]* despicable, low; *[vice]* ugly, loathsome ◆ **c'est ~, ce que tu as fait** that was a nasty *ou* disgusting thing to do

**laidement** /lɛdmɑ̃/ ADV *(= sans beauté)* in an ugly way; *(littér = bassement)* despicably

**laideron** /lɛdʀɔ̃/ NM ugly girl *ou* woman ◆ **c'est un vrai** ~ she's a real ugly duckling

**laideur** /lɛdœʀ/ NF **a** *(physique) [de personne, visage, animal, meuble, dessin]* ugliness; *[de ville, région]* ugliness, unattractiveness; *[de bâtiment]* ugliness, unsightliness ◆ **c'est d'une ~ !** it's so ugly! **b** *(morale) [d'action]* lowness, meanness ◆ **la guerre/l'égoïsme dans toute sa** ~ the full horror of war/of selfishness, war/selfishness in all its ugliness ◆ **les ~s de la vie** the ugly side of life ◆ **les ~s de la guerre** the ugliness of war

**laie**[2] /lɛ/ NF *(Zool)* wild sow

**laie**[3] /lɛ/ NF *(= sentier)* forest track *ou* path

**lainage** /lɛnaʒ/ NM **a** *(= vêtement)* woollen *ou* woolen *(US)* garment, woolly * ◆ **la production des ~s** the manufacture of woollens *ou* of woollen goods **b** *(= étoffe)* woollen material *ou* fabric ◆ **beau** ~ fine quality woollen material

**laine** /lɛn/ NF wool ◆ **de** ~ *[vêtement, moquette]* wool, woollen ◆ **tapis de haute** ~ deep *ou* thick pile wool carpet ◆ **il faut mettre une petite** ~ * *(= vêtement)* you'll need a sweater ◆ **il ne faut pas te laisser tondre** *ou* **manger la ~ sur le dos** you shouldn't let people walk all over you; → **bas**[2] COMP ▷ **laine d'acier** steel wool ▷ **laine à matelas** flock ▷ **laine peignée** *[de pantalon, veston]* worsted wool; *[de pull]* combed wool ▷ **laine de roche** rockwool ▷ **laine à tricoter** knitting wool ▷ **laine de verre** glass wool ▷ **laine vierge** new *ou* virgin wool

**laineux, -euse** /lɛnø, øz/ ADJ *[tissu, plante]* woolly

**lainier, -ière** /lɛnje, jɛʀ/ ADJ *[industrie]* wool(len) *(épith)* NM,F *(= marchand)* wool merchant; *(= ouvrier)* wool worker

**laïque** /laik/ ADJ *[tribunal]* lay, civil; *[vie]* secular; *[habit]* ordinary; *[collège]* non-religious, secular ◆ **l'enseignement** *ou* **l'école** ~ *(gén)* secular education; *(en France)* state education NM layman ◆ **les ~s** laymen, the laity NF laywoman

**laisse** /lɛs/ NF **a** *(= attache)* leash, lead ◆ **tenir en** ~ *[+ chien]* to keep on a leash *ou* lead; *(fig) [+ personne]* to keep a tight rein on, to keep in check **b** *(Géog)* foreshore ◆ ~ **de mer** tide mark ◆ ~ **de haute/basse mer** high-/low-water mark **c** *(Poésie)* laisse

**laissé-pour-compte, laissée-pour-compte** (mpl **laissés-pour-compte**) /lesepuʀkɔ̃t/ ADJ **a** *(Comm) (= refusé)* rejected, returned; *(= invendu)* unsold, left over **b** *[personne]* rejected; *[chose]* rejected, discarded NM **a** *(Comm) (refusé)* reject; *(invendu)* unsold article ◆ **brader les laissés-pour-compte** to sell off old *ou* leftover stock cheaply **b** *(= personne)* **les laissés-pour-compte de la société** society's rejects ◆ **les laissés-pour-compte de la mondialisation/du progrès** those left behind by globalization/progress

**laisser** /lese/ GRAMMAIRE ACTIVE 36.3 ▸ conjug 1 ◂

VT **a** *(= abandonner) [+ place, fortune, personne, objet]* to leave ◆ ~ **sa clé au voisin** to leave one's key with the neighbour, to leave the neighbour one's key ◆ **laisse-lui du gâteau** leave him some cake, leave some cake for him ◆ **il m'a laissé ce vase pour 25 €** he let me have this vase for €25 ◆ **laissez, je vais le faire/c'est moi qui paie** leave that, I'll do it/I'm paying ◆ **laisse-moi le temps d'y réfléchir** give me time to think about it ◆ **laisse-moi devant la banque** drop *ou* leave me at the bank ◆ **il a laissé un bras dans l'accident** he lost an arm in the accident ◆ **il y a laissé sa vie** it cost him his life ◆ **elle l'a laissé de meilleure humeur** she left him in a better mood ◆ **au revoir, je vous laisse** good-bye, I must leave you ◆ **laisse-moi !** leave me alone! ◆ **je l'ai laissé à son travail** *(accompagné)* I dropped him off at work; *(pour ne plus le déranger)* I left him to get on with his work

**b** *(= faire demeurer) [+ trace, regrets, goût]* to leave ◆ ~ **qn indifférent/dans le doute** to leave sb unmoved/in doubt ◆ ~ **qn debout** to keep sb standing (up) ◆ **on lui a laissé ses illusions, on l'a laissé à ses illusions** we didn't disillusion him ◆ **elle m'a laissé une bonne impression** she made a good impression on me ◆ **on l'a laissé dans l'erreur** we didn't tell him that he was mistaken ◆ **il vaut mieux le ~ dans l'ignorance de nos projets** it is best to leave him in the dark *ou* not to tell him about our plans ◆ ~ **un enfant à ses parents** *(gén)* to leave a child with his parents; *(Jur)* to leave a child in the custody of his parents ◆ **vous laissez le village sur votre droite** you go past the village on your right ◆ ~ **la vie à qn** to spare sb's life

**c** *(loc)* ~ **la porte ouverte** *(lit, fig)* to leave the door open ◆ ~ **le meilleur pour la fin** to leave the best till last ◆ **je te laisse à penser combien il était content** you can imagine *ou* I don't need to tell you how pleased he was; → **champ**[1]**, désirer, plan**[1]

**d** *(littér = manquer)* **il n'a pas laissé de me le dire** he didn't fail to tell me, he could not refrain from telling me ◆ **cela n'a pas laissé de me surprendre** I couldn't fail to be surprised by *ou* at that ◆ **cela ne laisse pas d'être vrai** it is true nonetheless

VB AUX ◆ ~ **(qn) faire qch** to let sb do sth ◆ **laisse-le partir** let him go ◆ **laisse-le monter/descendre** let him come *ou* go up/down ◆ **laissez-moi rire !** *(iro)* don't make me laugh! ◆ ~ **voir** *(= révéler)* to show, to reveal ◆ **il a laissé voir sa déception** he couldn't help showing his disappointment ◆ ~ **voir ses sentiments** to let one's feelings show ◆ **il n'en a rien laissé voir** he showed no sign of it, he gave no inkling of it ◆ **laisse-le faire** *(sans l'aider)* let him do it himself; *(à sa manière)* let him do it his own way; *(ce qui lui plaît)* let him do as he likes *ou* wants ◆ **il faut ~ faire le temps** we must let things take their course ◆ **laisse faire !** never mind!, don't bother! ◆ **j'ai été attaqué dans la rue et les gens ont laissé faire** I was attacked in the street and people did nothing *ou* people just stood by ◆ **on ne va pas le ~ faire sans réagir !** we're not going to let him get away with that!; → **courir, penser, tomber**[1]

VPR **se laisser** ◆ **se ~ persuader/exploiter/duper** to let o.s. be persuaded/exploited/fooled ◆ **il ne faut pas se ~ décourager/abattre** you mustn't let yourself become *ou* allow yourself to become discouraged/downhearted ◆ **je me suis laissé surprendre par la pluie** I got caught in the rain ◆ **ce petit vin se laisse boire** * this wine goes down well *ou* nicely ◆ **se ~ aller** to let o.s. go ◆ **se ~ aller à mentir** to stoop to telling lies ◆ **je me suis laissé faire** I let myself be persuaded, I let myself be talked into it ◆ **je n'ai pas l'intention de me ~ faire** I'm not going to let myself be pushed around ◆ **laisse-toi faire !** *(à qn que l'on soigne)* come on, it won't hurt (you)!; *(à qn que l'on habille)* let me do it; *(en offrant une liqueur etc)* go on, be a devil! * ◆ **laisse-toi faire, je vais te peigner** just let me comb your hair, keep still while I comb your hair ◆ **et tu t'es laissé faire sans protester ?** and you just let them do it without saying anything?; → **conter, dire, vivre**[1]

**laisser-aller** /lesealε/ NM INV *(gén)* casualness, carelessness; *[de travail, langage, vêtements]* sloppiness, carelessness ◆ **il y a beaucoup de ~ dans ce service** things are very lax in this department, this department is very slack

**laisser-faire** /lesefεʀ/ NM INV *(Écon)* laissez-faire (policy *ou* economics *(sg)*), non-interventionism

**laissez-passer** /lesepɑse/ NM INV *(gén)* pass; *(Douane)* transire

**lait** /lε/ NM a *(animal)* milk ◆ **~ de vache/de chèvre/d'ânesse** cow's/goat's/ass's milk ◆ **~ concentré sucré/non sucré** condensed/evaporated milk ◆ **~ écrémé** skimmed milk ◆ **~ entier** whole *ou* full cream *(Brit)* milk ◆ **~ cru** unpasteurized milk ◆ **mettre qn au ~** to put sb on a milk diet ◆ **boire du (petit) ~** *(fig)* to lap it up ◆ **cela se boit comme du petit ~** you don't notice you're drinking it ◆ **frère/sœur de ~** foster brother/sister; → **café, chocolat, cochon, dent**

b *(végétal)* milk ◆ **~ d'amande/de coco/de soja** almond/coconut/soy(a) milk

c *(Cosmétique)* lotion ◆ **~ de beauté** beauty lotion ◆ **~ démaquillant** cleansing milk ◆ **~ solaire** sun lotion

COMP ▷ **lait caillé** curds ▷ **lait de chaux** lime water ▷ **lait de croissance** vitamin-enriched milk *(for babies and young children)* ▷ **lait fraise** strawberry-flavoured milk ▷ **lait maternel** mother's milk, breast milk ▷ **lait maternisé** formula, baby milk *(Brit)* ▷ **lait en poudre** dried *ou* powdered milk ▷ **lait de poule** *(Culin)* eggflip, eggnog ▷ **lait végétal** latex

**laitage** /lεtaʒ/ NM *(= produit laitier)* dairy product

**laitance** /lεtɑ̃s/ NF soft roe

**laiterie** /lεtʀi/ NF *(= usine, magasin)* dairy; *(= industrie)* dairy industry

**laiteux, -euse** /lεtø, øz/ ADJ *[couleur, liquide, peau, huître]* milky; *[teint]* milky(-white), creamy; *[lumière]* pearly; *[chair]* creamy

**laitier, -ière** /letje, jεʀ/ ADJ *[industrie, produit]* dairy *(épith)*; *[production, vache]* milk *(épith)*, dairy *(épith)* NM a *(= livreur)* milkman; *(= vendeur)* dairyman ◆ **à l'heure du ~** at the crack of dawn, in the early hours b *(Ind)* slag NF **laitière** *(= vendeuse)* dairywoman; *(= livreuse)* milkwoman; *(= vache)* dairy *ou* milk cow ◆ **une bonne laitière** a good milker

**laiton** /lεtɔ̃/ NM *(= alliage)* brass; *(= fil)* brass wire

**laitue** /lety/ NF lettuce ◆ **~ de mer** sea lettuce

**laïus** * /lajys/ NM INV *(= discours)* long-winded speech; *(= verbiage)* verbiage *(NonC)*, padding *(NonC)* ◆ **faire un ~** to hold forth at great length, to give a long-winded speech

**laïusser** * /lajyse/ ▸ conjug 1 ◂ VI to expatiate, to hold forth, to spout * *(sur* on)

**lama** /lama/ NM *(Zool)* llama; *(Rel)* lama

**lamaïsme** /lamaism/ NM Lamaism

**lamaïste** /lamaist/ ADJ, NM,F Lamaist

**lamantin** /lamɑ̃tε̃/ NM manatee

**lamarckien, -ienne** /lamaʀkjε̃, jεn/ ADJ *(Bio)* Lamarckian

**lamaserie** /lamazʀi/ NF lamasery

**lambada** /lɑ̃bada/ NF lambada

**lambda** /lɑ̃bda/ NM *(= lettre)* lambda ADJ INV *(= quelconque) [spectateur, lecteur]* average ◆ **le citoyen ~** the average citizen, the man in the street

**lambeau** (pl **lambeaux**) /lɑ̃bo/ NM *[de papier, tissu]* scrap ◆ **~x de chair** strips of flesh ◆ **en ~x** *[vêtements]* in tatters *ou* rags, tattered; *[affiche]* in tatters, tattered ◆ **mettre en ~x** to tear to shreds *ou* bits ◆ **tomber** *ou* **partir en ~x** to fall to pieces *ou* bits ◆ **~x de conversation** scraps of conversation ◆ **~x du passé** fragments *ou* remnants of the past

**lambic(k)** /lɑ̃bik/ NM *kind of strong Belgian beer*; → **gueuse**

**lambin, e** * /lɑ̃bε̃, in/ ADJ slow ◆ **que tu es ~ !** you're such a dawdler! *ou* slowcoach * *(Brit)* *ou* slowpoke! * *(US)* NM,F dawdler *, slowcoach * *(Brit)*, slowpoke * *(US)*

**lambiner** * /lɑ̃bine/ ▸ conjug 1 ◂ VI to dawdle

**lambourde** /lɑ̃buʀd/ NF *(pour parquet)* backing strip *(on joists)*; *(pour solive)* wall-plate

**lambrequin** /lɑ̃bʀəkε̃/ NM *[de fenêtre]* pelmet, lambrequin; *[de ciel de lit]* valance; *(= ornement)* lambrequin ◆ **~s** *(Hér)* lambrequin, mantling

**lambris** /lɑ̃bʀi/ NM *(en bois)* panelling *(NonC)*, wainscoting *(NonC)*; *(en marbre)* marble wall panels ◆ **sous les ~ dorés des ministères** *(fig)* in the corridors of power

**lambrisser** /lɑ̃bʀise/ ▸ conjug 1 ◂ VT *(avec du bois)* to panel, to wainscot; *(avec du marbre)* to panel ◆ **lambrissé de pin** pine-panelled

**lame** /lam/ NF a *[de métal, verre]* strip; *[de bois]* strip, lath; *(Aut) [de ressort]* leaf; *[de store]* slat; *(pour microscope)* slide b *[de couteau, tondeuse, scie]* blade ◆ **visage en ~ de couteau** hatchet face c *(fig) (= épée)* sword ◆ **une bonne** *ou* **fine ~** *(= escrimeur)* good swordsman (*ou* swordswoman) d *(= vague)* wave e *(= partie de la langue)* blade COMP ▷ **lame de fond** *(lit)* ground swell *(NonC)*; *(fig)* tidal wave ◆ **c'est une véritable ~ de fond qui l'a porté au pouvoir** he came to power following a landslide victory ▷ **lame de parquet** floorboard, strip of parquet flooring ▷ **lame de rasoir** razor blade

**lamé, e** /lame/ ADJ lamé *(épith)* ◆ **robe ~e (d')or** gold lamé dress NM lamé

**lamelle** /lamεl/ NF *(de métal, plastique)* (small) strip; *[de persiennes]* slat; *[de champignon]* gill; *(pour microscope)* coverglass ◆ **~ de mica** mica flake ◆ **couper en ~s** *[+ légumes]* to cut into thin strips *ou* slices

**lamellé-collé** (pl **lamellés-collés**) /lamelekɔle/ NM glued laminated timber

**lamellibranche** /lamelibʀɑ̃ʃ/ NM bivalve, lamellibranch ◆ **les ~s** lamellibranchia

**lamentable** /lamɑ̃tabl/ ADJ a *(= mauvais) [conditions, résultat, état, comportement]* appalling, lamentable, awful; *[concurrent. spectacle]* appalling, awful ◆ **cette émission est ~ !** what a pathetic * programme! b *(= tragique) [sort]* miserable, pitiful; *[histoire]* dreadful, appalling

**lamentablement** /lamɑ̃tabləmɑ̃/ ADV *[échouer]* miserably, lamentably ◆ **il se traînait ~ dans la maison** he was moping around the house

**lamentation** /lamɑ̃tasjɔ̃/ NF *(= cri de désolation)* lamentation, wailing *(NonC)*; *(péj = jérémiades)* moaning *(NonC)* ◆ **le livre des Lamentations** *(Bible)* (the Book of) Lamentations; → **mur**

**lamenter (se)** /lamɑ̃te/ ▸ conjug 1 ◂ VPR to moan, to lament ◆ **se ~ sur qch** to moan over sth, to bemoan sth ◆ **se ~ sur son sort** to bemoan *ou* bewail *ou* lament one's fate ◆ **arrête de te ~ sur ton propre sort** stop feeling sorry for yourself ◆ **il se lamente d'avoir échoué** he is bemoaning his failure

**lamento** /lamεnto/ NM lament

**laminage** /laminaʒ/ NM *(Tech)* lamination

**laminaire** /laminεʀ/ NF *(Bot)* laminaria

**laminer** /lamine/ ▸ conjug 1 ◂ VT a *[+ métal]* to laminate ◆ **laminé à chaud/à froid** hot-/cold-rolled b *(= détruire)* **ses marges bénéficiaires ont été laminées par les hausses de prix** his profit margins have been eaten away *ou* eroded by price rises ◆ **les petites formations politiques ont été laminées aux dernières élections** small political groupings were practically wiped out in the last election

**lamineur, -euse** /laminœʀ, øz/ ADJ M ◆ **cylindre ~** roller NM,F rolling mill operator

**laminoir** /laminwaʀ/ NM rolling mill ◆ **passer au ~** *(fig)* to steamroller

**lampadaire** /lɑ̃padεʀ/ NM *[d'intérieur]* standard lamp; *[de rue]* street lamp ◆ **(pied de) ~** *[d'intérieur]* lamp standard; *[de rue]* lamppost

**lampant** /lɑ̃pɑ̃/ ADJ M → **pétrole**

**lamparo** /lɑ̃paʀo/ NM lamp ◆ **pêche au ~** fishing by lamplight *(in the Mediterranean)*

**lampe** /lɑ̃p/ NF lamp, light; *(= ampoule)* bulb; *(Radio)* valve ◆ **éclairé par une ~** lit by lamplight; → **mettre**

COMP ▷ **lampe à acétylène** acetylene lamp *(Brit)* *ou* torch *(US)* ▷ **lampe à alcool** spirit lamp ▷ **lampe à arc** arc light *ou* lamp ▷ **lampe d'architecte** Anglepoise lamp ® ▷ **lampe Berger** ® Berger lamp ® ▷ **lampe à bronzer** sun lamp ▷ **lampe de bureau** desk lamp *ou* light ▷ **lampe de chevet** bedside lamp *ou* light ▷ **lampe électrique** flashlight, torch *(Brit)* ▷ **lampe à huile** oil lamp ▷ **lampe à incandescence** incandescent lamp ▷ **lampe de lecture** reading lamp ▷ **lampe de mineur** (miner's) safety lamp ▷ **lampe au néon** neon light ▷ **lampe à pétrole** paraffin *(Brit)* *ou* kerosene *(US)* *ou* oil lamp ▷ **lampe pigeon** (small) oil *ou* paraffin *(Brit)* *ou* kerosene *(US)* lamp ▷ **lampe de poche** flashlight, torch *(Brit)* ▷ **lampe à sodium** sodium light ▷ **lampe solaire** sun lamp ▷ **lampe à souder** *(lit)* blowtorch, blowlamp *(Brit)*; *(arg Mil)* machine gun ▷ **lampe de table** table lamp ▷ **lampe témoin** *(gén)* warning light; *[de magnétoscope etc]* (indicator) light ▷ **lampe à ultraviolets** ultraviolet lamp; → **halogène**

**lampée** * /lɑ̃pe/ NF gulp, swig * ◆ **boire qch à grandes ~s** to gulp *ou* swig * sth down

**lamper** * † /lɑ̃pe/ ▸ conjug 1 ◂ VT to gulp down, to swig (down) *

**lampe-tempête** (pl **lampes-tempête**) /lɑ̃ptɑ̃pεt/ NF storm lantern, hurricane lamp

**lampion** /lɑ̃pjɔ̃/ **NM** Chinese lantern; → **air**[3]

**lampiste** /lɑ̃pist/ **NM** *(lit)* light (maintenance) man; *(*, hum = subalterne)* underling, dogsbody* *(Brit)* ◆ **c'est toujours la faute du ~** * it's always the underling who gets the blame

**lamproie** /lɑ̃pʀwa/ **NF** ◆ **~ (de mer)** lamprey ◆ **~ de rivière** river lamprey, lampern

**Lancastre** /lɑ̃kastʀ(ə)/ **N** Lancaster

**lance** /lɑ̃s/ **NF** a *(= arme)* spear; *[de tournoi]* lance ◆ **frapper qn d'un coup de ~** to hit sb with one's lance; → **fer, rompre** b *(= tuyau)* **~ (à eau)** hose ◆ **~ d'arrosage** garden hose ◆ **~ d'incendie** fire hose

**lance-bombes** /lɑ̃sbɔ̃b/ **NM INV** bomb launcher

**lancée** /lɑ̃se/ **NF** ◆ **être sur sa ~** to have got started ◆ **continuer sur sa ~** to keep going ◆ **il a encore travaillé trois heures sur sa ~** once he was under way *ou* he'd got going he worked for another three hours ◆ **je peux encore courir deux kilomètres sur ma ~** now I'm in my stride I can run another two kilometres ◆ **je ne voulais pas t'interrompre sur ta ~** I didn't want to interrupt you in full flow

**lance-engins** /lɑ̃sɑ̃ʒɛ̃/ **NM INV** missile launcher ◆ **sous-marin nucléaire ~** nuclear missile submarine

**lance-flammes** /lɑ̃sflɑm/ **NM INV** flamethrower

**lance-fusées** /lɑ̃sfyze/ **NM INV** *(Mil)* rocket launcher; *[de fusée éclairante]* flare gun

**lance-grenades** /lɑ̃sgʀənad/ **NM INV** grenade launcher ◆ **fusil ~** shoulder-held grenade launcher

**lancement** /lɑ̃smɑ̃/ **NM** a *[d'entreprise]* launching, starting up; *[de campagne]* launching; *[de fusée]* launching, launch; *[de processus]* starting (off); *[de produit]* launching; *[d'emprunt]* issuing, floating ◆ **lors du ~ du nouveau produit** when the new product was launched ◆ **fenêtre** *ou* **créneau de ~** launch window b *(Sport)* throwing ◆ **~ du disque/javelot/marteau** throwing the discus/javelin/hammer, discus/javelin/hammer throwing ◆ **~ du poids** putting the shot, shot put

**lance-missiles** /lɑ̃smisil/ **NM INV** missile launcher ◆ **sous-marin ~** ballistic missile submarine

**lancéolé, e** /lɑ̃seɔle/ **ADJ** *(Bot)* lanceolate; *(Archit)* lanceted

**lance-pierre** (pl **lance-pierres**) /lɑ̃spjɛʀ/ **NM** catapult ◆ **manger avec un ~** * to grab a quick bite (to eat)* ◆ **payer qn avec un ~** * to pay sb peanuts*

**lancer**[1] /lɑ̃se/ ▸ conjug 3 ◂ **VT** a *(= jeter) (gén)* to throw; *(violemment)* to hurl, to fling; *(Sport) [+ disque, marteau, javelot]* to throw ◆ **~ qch à qn** *(pour qu'il l'attrape)* to throw sth to sb, to throw sb sth; *(agressivement)* to throw sth at sb ◆ **lance-moi mes clés** throw me my keys ◆ **~ une balle/son chapeau en l'air** to throw *ou* toss a ball/one's hat into the air *ou* up in the air ◆ **~ sa ligne** *(Pêche)* to cast one's line ◆ **il lança sa voiture dans la foule** he drove his car straight at the crowd ◆ **~ son chien contre qn** to set one's dog on sb ◆ **~ ses hommes contre l'ennemi/à l'assaut** *(Mil)* to launch one's men against the enemy/into the assault ◆ **lance ta jambe en avant** kick your leg up ◆ **~ un coup de poing** to throw a punch, to lash out with one's fist ◆ **~ un coup de pied** to kick out, to lash out with one's foot ◆ **~ le poids** *(Sport)* to put the shot ◆ **il lance à 15 mètres** he can throw 15 metres ◆ **~ un pont sur une rivière** *(fig)* to throw a bridge across a river ◆ **la cathédrale lance sa flèche de pierre vers le ciel** the stone spire of the cathedral thrusts up into the sky

b *(= projeter) [+ flèche, obus]* to fire; *[+ bombe]* to drop; *[+ torpille]* to fire, to launch; *[+ fumée]* to send up *ou* out; *[+ flammes, lave]* to throw out ◆ **~ des éclairs** *[bijoux]* to sparkle ◆ **ses yeux lançaient des éclairs** *(de colère)* his eyes blazed *ou* flashed with anger; → **étincelle**

c *(= émettre) [+ accusations]* to level, to hurl; *[+ menaces, injures]* to hurl; *[+ avertissement, proclamation, mandat d'arrêt]* to issue, to put out; *[+ théorie]* to put forward, to advance; *[+ appel]* to launch; *[+ SOS, signal]* to send out; *[+ fausse nouvelle, rumeur]* to put out; *[+ invitation]* to send off ◆ **~ un cri** to cry out ◆ **~ une plaisanterie** to crack a joke ◆ **elle lui lança un coup d'œil furieux** she flashed *ou* darted a furious glance at him ◆ **"je refuse" lança-t-il fièrement** "I refuse," he retorted proudly ◆ **"salut" me lança-t-il du fond de la salle** "hello," he called out to me from the far end of the room

d *(= faire démarrer) [+ fusée, satellite, navire]* to launch; *[+ affaire, entreprise]* to launch, to start up; *[+ attaque, campagne électorale]* to launch; *[+ processus]* to start (off); *[+ emprunt]* to issue, to float; *[+ projet]* to launch; *(Ordin) [+ programme, recherche, impression]* to start ◆ **~ une souscription** to start a fund ◆ **~ une discussion** to get a discussion going, to start a discussion ◆ **c'est lui qui a lancé l'idée du voyage** he's the one who came up with the idea of the trip ◆ **on a lancé quelques idées** we floated a few ideas ◆ **il a lancé son parti dans une aventure dangereuse** he has launched his party into *ou* set his party off on a dangerous venture ◆ **ne le lancez pas sur son sujet favori** don't set him off on *ou* don't let him get launched on his pet subject ◆ **une fois lancé, on ne peut plus l'arrêter !** once he gets the bit between his teeth *ou* once he gets warmed up there's no stopping him!

e *(= faire connaître ou adopter) [+ vedette]* to launch; *[+ produit]* to launch, to bring out ◆ **~ une nouvelle mode** to launch *ou* start a new fashion ◆ **~ qn dans la politique/les affaires/le monde** to launch sb into politics/in business/in society ◆ **c'est ce film qui l'a lancé** it was this film that launched his career ◆ **il est lancé maintenant** he has made a name for himself *ou* has made his mark now

f *(= donner de l'élan) [+ moteur]* to open up; *[+ voiture]* to get up to speed; *[+ balançoire]* to set going ◆ **~ un cheval** to give a horse its head ◆ **~ le balancier d'une horloge** to set the pendulum in a clock going ◆ **la moto était lancée à 140 quand elle l'a heurté** the motorbike had reached *ou* had got up to a speed of 140 km/h when it hit him ◆ **une fois lancée, la voiture ...** once the car gets up speed *ou* builds up speed, it ...

g *(= faire mal à)* **ça me lance (dans le bras** *etc***)** I've got shooting pains (in my arm *etc*)

**VPR se lancer** a *(mutuellement) [+ balle]* to throw to each other; *[+ injures, accusations]* to hurl at each other, to exchange ◆ **ils n'arrêtent pas de se ~ des plaisanteries** they're always cracking jokes together

b *(= sauter)* to leap, to jump; *(= se précipiter)* to dash, to rush ◆ **se ~ dans le vide** to leap *ou* jump into space ◆ **il faut sauter, n'hésite pas, lance-toi !** you've got to jump, don't hesitate, just do it! *ou* let yourself go! ◆ **se ~ contre un obstacle** to dash *ou* rush at an obstacle ◆ **se ~ en avant** to dash *ou* rush *ou* run forward ◆ **se ~ à l'assaut** to leap to the attack ◆ **se ~ à l'assaut d'une forteresse** to launch an attack on a fortress ◆ **chaque week-end, des milliers de voitures se lancent sur les routes** thousands of cars take to *ou* pour onto the roads every weekend

c *(= s'engager)* **se ~ à la recherche de qn/qch** to go off in search of sb/sth ◆ **il s'est lancé à la recherche d'un emploi** he started looking for a job ◆ **l'entreprise se lance sur le marché** the company is entering the market ◆ **il construit un bateau – dis donc, il se lance !** * he's building a boat – wow, he's aiming high! *ou* he's thinking big!* ◆ **elle n'attend que toi ! vas-y, lance-toi !** * it's you she wants! go for it!* ◆ **se ~ dans** *[+ aventure]* to embark on, to set off on; *[+ discussion]* to launch into, to embark on; *[+ dépenses]* to embark on, to take on; *[+ métier]* to go into, to take up; *[+ travaux, grève]* to embark on, to start; *[+ passe-temps]* to take up; *[+ bataille]* to pitch into ◆ **se ~ dans la politique/les affaires** to go into politics/business ◆ **se ~ dans la course au pouvoir/à l'audience** to enter the race for power/the ratings battle ◆ **ils se sont lancés dans des opérations financières hasardeuses** they got involved in some risky financial deals ◆ **se ~ dans la lecture d'un roman** to set about *ou* begin reading a novel ◆ **se ~ dans la production/fabrication de qch** to start producing/manufacturing sth

d *(* = se faire une réputation)* **il cherche à se ~** he's trying to make a name for himself

**lancer**[2] /lɑ̃se/ **NM** a *(Sport)* throw ◆ **il a droit à trois ~s** he is allowed three attempts *ou* throws ◆ **~ annulé** no throw ◆ **~ franc** *(Basket)* free throw, charity toss *(US)* ◆ **~ de corde** *(Alpinisme)* lassoing *(NonC)*, lasso ◆ **le ~ du disque/du javelot/du marteau** the discus/javelin/hammer ◆ **le ~ du poids** putting the shot, the shot put b *(Pêche)* **(pêche au) ~** casting ◆ **~ léger** spinning ◆ **~ lourd** bait-casting

**lance-roquettes** /lɑ̃sʀɔkɛt/ **NM INV** rocket launcher

**lance-satellites** /lɑ̃ssatelit/ **NM INV** satellite launcher

**lance-torpilles** /lɑ̃stɔʀpij/ **NM INV** torpedo tube

**lancette** /lɑ̃sɛt/ **NF** *(Archit, Méd)* lancet

**lanceur, -euse** /lɑ̃sœʀ, øz/ **NM,F** a *[de disque, javelot, marteau, pierres]* thrower; *(Cricket)* bowler; *(Base-ball)* pitcher ◆ **~ de poids** shot putter ◆ **~ de couteau** *(au cirque)* knife thrower ◆ **~ de pierre** stone-thrower b ◆ **~ de mode** trendsetter ◆ **le ~ du produit** the company which launched the product **NM** *(Espace, Mil)* launcher ◆ **~ d'engins/de satellites** missile/satellite launcher

**lancier** /lɑ̃sje/ **NM** *(Mil)* lancer ◆ **les ~s** *(= danse)* the lancers

**lancinant, e** /lɑ̃sinɑ̃, ɑ̃t/ **ADJ** a *[douleur]* shooting *(épith)*, piercing *(épith)* b *(= obsédant) [souvenir]* haunting; *[musique]* insistent, monotonous; *[problème, question]* nagging ◆ **ce que tu peux être ~ à toujours réclamer** * you are a real pain* *ou* you get on my nerves the way you're always asking for things

**lanciner** /lɑ̃sine/ ▸ conjug 1 ◂ **VI** to throb **VT** *[pensée]* to obsess, to haunt, to plague ◆ **il nous a lancinés pendant trois jours pour aller au cirque** * *[enfant]* he tormented *ou* plagued us *ou* he went on at us* for three days about going to the circus

**lançon** /lɑ̃sɔ̃/ **NM** sand-eel

**landais, e** /lɑ̃dɛ, ɛz/ **ADJ** of *ou* from the Landes region

**landau** /lɑ̃do/ **NM** *(= voiture d'enfant)* pram *(Brit)*, baby carriage *(US)*; *(= carrosse)* landau

**lande** /lɑ̃d/ **NF** moor, heath **NFPL Landes** ◆ **les Landes** the Landes (region) *(south-west France)*

**Landern(e)au** /lɑ̃dɛʀno/ NM *(hum)* ◆ **dans le ~ littéraire/universitaire** in the literary/academic fraternity

**landgrave** /lɑ̃dgʀav/ NM *(Hist)* landgrave

**langage** /lɑ̃gaʒ/ NM **a** *(Ling, gén)* language ◆ **le ~ de l'amour/des fleurs** the language of love/of flowers ◆ **en ~ administratif/technique** in administrative/technical language ◆ **je n'aime pas que l'on me tienne ce ~** I don't like being spoken to like that ◆ **il m'a tenu un drôle de ~** he said some odd things to me ◆ **quel ~ me tenez-vous là ?** what do you mean by that? ◆ **il m'a parlé avec** *ou* **il m'a tenu le ~ de la raison** he spoke to me with the voice of reason ◆ **tenir un double ~** to use double talk ◆ **il a dû changer de ~** he had to change his tune

**b** *(Ordin)* language ◆ **~ évolué/naturel** high-level/natural language ◆ **~ de haut/bas niveau** high-/low-level language ◆ **~ de programmation** programming language

COMP ▷ **le langage des animaux** the language of animals ▷ **langage argotique** slang ▷ **langage chiffré** cipher, code (language) ▷ **langage courant** everyday language ▷ **langage enfantin** childish *ou* children's language; *[de bébé]* baby talk ▷ **langage intérieur** *(Philos)* inner language ▷ **langage machine** *(Ordin)* machine language ▷ **langage parlé** spoken language, speech ▷ **langage populaire** popular speech

**langagier, -ière** /lɑ̃gaʒje, jɛʀ/ ADJ linguistic, of language *(épith)* NM,F *(Can)* linguist

**lange** /lɑ̃ʒ/ NM (baby's) flannel blanket ◆ **~s** swaddling clothes ◆ **dans les ~s** *(fig)* in (its) infancy

**langer** /lɑ̃ʒe/ ▸ conjug 3 ◂ VT ◆ **~ un bébé** *(= lui mettre une couche)* to change a baby, to change the nappy *(Brit)* *ou* diaper *(US)*; *(= l'emmailloter)* to wrap a baby in swaddling clothes ◆ **table/matelas à ~** changing table/mat

**langoureusement** /lɑ̃guʀøzmɑ̃/ ADV languorously

**langoureux, -euse** /lɑ̃guʀø, øz/ ADJ languorous

**langouste** /lɑ̃gust/ NF *(Zool)* spiny *ou* rock lobster, crayfish, crawfish; *(Culin)* lobster

**langoustier** /lɑ̃gustje/ NM *(= filet)* crayfish net; *(= bateau)* fishing boat *(for crayfish)*

**langoustine** /lɑ̃gustin/ NF langoustine, Dublin bay prawn

**langue** /lɑ̃g/ NF **a** *(Anat)* tongue ◆ **~ de bœuf/veau** ox/veal tongue ◆ **avoir la ~ blanche** *ou* **chargée** *ou* **pâteuse** to have a coated *ou* furred tongue ◆ **tirer la ~** *(au médecin)* to stick out *ou* put out one's tongue *(à qn* for sb); *(par impolitesse)* to stick out *ou* put out one's tongue *(à qn* at sb); *(= être dans le besoin)* to have a rough time of it *; *( * = être frustré)* to be green with envy ◆ **il tirait la ~** * *(= avoir soif)* his tongue was hanging out *, he was dying of thirst * ◆ **coup de ~** lick ◆ **le chien lui a donné un coup de ~** the dog licked him

**b** *(= organe de la parole)* tongue ◆ **avoir la ~ déliée** *ou* **bien pendue** to be a bit of a gossip, to have a ready tongue ◆ **avoir la ~ bien affilée** to have a quick *ou* sharp tongue ◆ **avoir la ~ fourchue** *(hum)* to speak with a forked tongue ◆ **il a la ~ trop longue, il ne sait pas tenir sa ~** he can't hold his tongue, he doesn't know when to hold his tongue ◆ **il n'a pas la ~ dans sa poche** he's never at a loss for words ◆ **tu as avalé** *ou* **perdu ta ~ ?** has the cat got your tongue?, have you lost your tongue? ◆ **tu as retrouvé ta ~ ?** so we're talking again, are we? ◆ **délier** *ou* **dénouer la ~ à qn** to loosen sb's tongue ◆ **donner sa ~ au chat** to give in *ou* up ◆ **j'ai le mot sur (le bout de) la ~** the word is on the tip of my tongue ◆ **il faut tourner sept fois sa ~ dans sa bouche avant de parler** you should count to ten before you say anything ◆ **prendre ~ avec qn** † to make contact with sb ◆ **les ~s vont aller bon train** *(hum)* tongues will start wagging *ou* will wag

**c** *(= personne)* **mauvaise** *ou* **méchante ~** spiteful *ou* malicious gossip ◆ **je ne voudrais pas être mauvaise ~ mais ...** I don't want to tittle-tattle *ou* to spread scandal but ... ◆ **les bonnes ~s diront que ...** *(iro)* worthy *ou* upright folk will say that ...

**d** *(Ling)* language, tongue *(frm)* ◆ **la ~ française/anglaise** the French/English language ◆ **les gens de ~ anglaise/française** English-speaking/French-speaking people ◆ **~ maternelle** mother tongue ◆ **~ mère** parent language ◆ **~ vivante/morte/étrangère** living/dead/foreign language ◆ **j'ai choisi allemand en ~ vivante I/II** I'm taking German as my first/second foreign language ◆ **~ officielle** official language ◆ **~ écrite/parlée** written/spoken language ◆ **~ source** *ou* **de départ/cible** *ou* **d'arrivée** *(en traduction)* source/target language ◆ **~ vernaculaire** vernacular (language) ◆ **la ~ de Shakespeare** *(gén)* Shakespearian language, the language of Shakespeare; *(= l'anglais)* English, the language of Shakespeare ◆ **il parle une ~ très pure** his use of the language is very pure, his spoken language is very pure ◆ **nous ne parlons pas la même ~** *(lit, fig)* we don't speak the same language

**e** *(Géog)* **~ glaciaire** spur of ice ◆ **~ de terre** strip *ou* spit of land

COMP ▷ **la langue du barreau** legal parlance, the language of the courts ▷ **langue de bois** *(péj)* waffle *, cant ▷ **la langue diplomatique** the language of diplomacy ▷ **langue de feu** tongue of fire ▷ **la langue journalistique** journalistic language, journalese *(péj)* ▷ **langue d'oc** langue d'oc ▷ **langue d'oïl** langue d'oïl ▷ **langue populaire** *(idiome)* popular language; *(usage)* popular speech ▷ **langue de serpent** *(Bot)* adder's tongue, ophioglossum *(SPÉC)* ▷ **langue de spécialité** specialist language ▷ **langue de travail** working language ▷ **langue verte** slang ▷ **langue de vipère** spiteful gossip ◆ **elle a une ~ de vipère** she's got a vicious *ou* venomous tongue

**langue-de-bœuf** (pl **langues-de-bœuf**) /lɑ̃gdəbœf/ NF *(Bot)* beefsteak fungus

**langue-de-chat** (pl **langues-de-chat**) /lɑ̃gdəʃa/ NF (flat) finger biscuit, langue de chat

**languette** /lɑ̃gɛt/ NF *[de bois, cuir]* tongue; *[de papier]* (narrow) strip; *[d'orgue]* languet(te), languid; *[d'instrument à vent]* metal reed; *[de balance]* pointer

**langueur** /lɑ̃gœʀ/ NF *[de personne]* languidness, languor; *[de style]* languidness ◆ **regard plein de ~** languid *ou* languishing look; → **maladie**

**languide** /lɑ̃gid/ ADJ *(littér)* languid, languishing

**languir** /lɑ̃giʀ/ ▸ conjug 2 ◂ VI **a** *(= dépérir)* to languish ◆ **~ dans l'oisiveté/d'ennui** to languish in idleness/in boredom ◆ **(se) ~ d'amour pour qn** to be languishing with love for sb **b** *[conversation, intrigue]* to flag; *[affaires]* to be slack **c** *(littér = désirer)* **~ après qn/qch** to languish for *ou* pine for sb/sth **d** *(= attendre)* to wait, to hang around * ◆ **je ne languirai pas longtemps ici** I'm not going to hang around here for long * ◆ **faire ~ qn** to keep sb waiting ◆ **ne nous fais pas ~, raconte !** don't keep us in suspense, tell us about it!

**languissamment** /lɑ̃gisamɑ̃/ ADV *(littér)* languidly

**languissant, e** /lɑ̃gisɑ̃, ɑ̃t/ ADJ *[personne]* languid, listless; *[regard]* languishing *(épith)*; *[conversation, industrie]* flagging *(épith)*; *[récit, action]* dull; *[activité économique]* slack

**lanière** /lanjɛʀ/ NF *[de cuir]* thong, strap; *[d'étoffe]* strip; *[de fouet]* lash; *[d'appareil photo]* strap ◆ **sandales à ~s** strappy sandals ◆ **découper qch en ~s** *(Culin)* to cut sth into strips

**lanoline** /lanɔlin/ NF lanolin

**lansquenet** /lɑ̃skənɛ/ NM *(Cartes, Hist)* lansquenet

**lanterne** /lɑ̃tɛʀn/ NF *(gén)* lantern; *(électrique)* lamp, light; *(Hist = réverbère)* street lamp; *(Archit)* lantern ◆ **allumer ses ~s** † *(Aut)* to switch on one's (side)lights ◆ **éclairer la ~ de qn** *(fig)* to enlighten sb ◆ **les aristocrates à la ~ !** string up the aristocracy!; → **vessie**

COMP ▷ **lanterne d'Aristote** Aristotle's lantern ▷ **lanterne arrière** † *(Aut)* rear light ▷ **lanterne de bicyclette** bicycle lamp ▷ **lanterne magique** magic lantern ▷ **lanterne de projection** slide projector ▷ **lanterne rouge** *[de convoi]* rear *ou* tail light; *[de maison close]* red light ◆ **être la ~ rouge** *(fig = être le dernier)* to lag behind ▷ **lanterne sourde** dark lantern ▷ **lanterne vénitienne** paper lantern, Chinese lantern

**lanterneau** (pl **lanterneaux**) /lɑ̃tɛʀno/ NM *[de coupole]* lantern; *[d'escalier, atelier]* skylight

**lanterner** /lɑ̃tɛʀne/ ▸ conjug 1 ◂ VI *(= traîner)* to dawdle ◆ **sans ~** straight away ◆ **faire ~ qn** to keep sb waiting around *ou* hanging about *(Brit)*

**lanternon** /lɑ̃tɛʀnɔ̃/ NM ⇒ **lanterneau**

**lanthane** /lɑ̃tan/ NM lanthanum

**Laos** /laɔs/ NM Laos

**laotien, -ienne** /laɔsjɛ̃, jɛn/ ADJ Laotian NM *(Ling)* Laotian NM,F **Laotien(ne)** Laotian

**Lao-Tseu** /laɔtsø/ NM Lao-tze

**La Palice** /lapalis/ N ◆ **c'est une vérité de ~** it's stating the obvious, it's a truism ◆ **avant d'être en panne, cette machine marchait – ~ n'aurait pas dit mieux !** *(hum)* this machine worked before it broke down – well, that's very observant of you! *(hum)*

**lapalissade** /lapalisad/ NF statement of the obvious ◆ **c'est une ~ de dire que ...** it's stating the obvious to say that ...

**laparoscopie** /lapaʀɔskɔpi/ NF laparoscopy

**laparotomie** /lapaʀɔtɔmi/ NF laparotomy

**La Paz** /lapaz/ N La Paz

**lapement** /lapmɑ̃/ NM *(= bruit, action)* lapping *(NonC)*; *(= gorgée)* lap

**laper** /lape/ ▸ conjug 1 ◂ VT to lap up VI to lap

**lapereau** (pl **lapereaux**) /lapʀo/ NM young rabbit

**lapidaire** /lapidɛʀ/ ADJ **a** *[musée, inscription]* lapidary **b** *(= concis) [style, formule]* terse NM *(= artisan)* lapidary

**lapidation** /lapidasjɔ̃/ NF stoning

**lapider** /lapide/ ▸ conjug 1 ◂ VT *(= tuer)* to stone (to death); *(= attaquer)* to stone, to throw *ou* hurl stones at

**lapin** /lapɛ̃/ NM *(= animal)* rabbit; *(= fourrure)* rabbit(skin) ◆ **manteau en ~** rabbitskin coat ◆ **~ domestique/de garenne** domestic/wild rabbit ◆ **on s'est fait tirer comme des ~s** they were taking potshots at us ◆ **mon petit ~** *(terme d'affection)* my lamb, my sweetheart

◆ **coup du** ~ * rabbit punch; *(dans un accident de voiture)* whiplash ◆ **faire le coup du ~ à qn** * to give sb a rabbit punch ◆ **poser un ~ à qn** * to stand sb up *; → **chaud, courir**

**lapine** /lapin/ **NF** (doe) rabbit ◆ **c'est une vraie ~** *(péj)* she has one baby after another

**lapiner** /lapine/ ▸ conjug 1 ◂ **VI** to litter, to give birth ◆ **elle n'arrête pas de ~** *(péj) [femme]* she churns out babies one after another *(péj)*

**lapinière** /lapinjɛʀ/ **NF** rabbit hutch

**lapis(-lazuli)** /lapis(lazyli)/ **NM INV** lapis lazuli

**lapon, e** /lapɔ̃, ɔn/ **ADJ** Lapp, Lappish **NM** *(Ling)* Lapp, Lappish **NM,F** **Lapon(e)** Lapp, Laplander

**Laponie** /lapɔni/ **NF** Lapland

**laps** /laps/ **NM** ◆ **~ de temps** *(gén)* period of time ◆ **au bout d'un certain ~ de temps** *(écoulé)* after a certain period *ou* length of time

**lapsus** /lapsys/ **NM** *(parlé)* slip of the tongue; *(écrit)* slip of the pen ◆ **~ révélateur** Freudian slip ◆ **faire un ~** to make a slip of the tongue (*ou* of the pen)

**laquage** /lakaʒ/ **NM** *[de support]* lacquering

**laquais** /lakɛ/ **NM** *(= domestique)* lackey, footman; *(péj = personne servile)* lackey *(péj)*, flunkey *(péj)*

**laque** /lak/ **NF** *(= produit brut)* lac, shellac; *(= vernis)* lacquer; *(pour les cheveux)* hairspray, (hair) lacquer; *(pour les ongles)* nail varnish ◆ **~ (brillante)** *(= peinture)* gloss paint **NM** *ou* **NF** *(de Chine)* lacquer **NM** *(= objet d'art)* piece of lacquerware

**laqué, e** /lake/ (ptp de **laquer**) **ADJ** *[cheveux]* lacquered; *[ongles]* painted; *[peinture]* gloss *(épith)* ◆ **meubles (en) ~ blanc** furniture with a white gloss finish ◆ **murs ~s (de) blanc** walls painted in white gloss ◆ **ses ongles ~s de rouge** her red fingernails; → **canard**

**laquelle** /lakɛl/ → **lequel**

**laquer** /lake/ ▸ conjug 1 ◂ **VT** *[+ support]* to lacquer ◆ **se ~ les cheveux** to put hairspray *ou* lacquer on one's hair

**larbin** * /laʀbɛ̃/ **NM** *(péj)* servant, flunkey *(péj)* ◆ **je ne suis pas ton ~ !** I'm not your slave!

**larcin** /laʀsɛ̃/ **NM** *(littér)* *(= vol)* theft; *(= butin)* spoils, booty ◆ **dissimuler son ~** to hide one's spoils *ou* what one has stolen

**lard** /laʀ/ **NM** *(= gras)* fat *(of pig)*; *(= viande)* bacon ◆ **~ fumé** ≈ smoked bacon ◆ **~ maigre, petit ~** ≈ streaky bacon *(usually diced or in strips)* ◆ **(se) faire du ~** ‡ to lie back *ou* sit around doing nothing ◆ **un gros ~** ‡ *(fig)* a fat lump ‡ ◆ **on ne sait jamais avec lui si c'est du ~ ou du cochon** * you never know where you are with him *; → **rentrer, tête**

**larder** /laʀde/ ▸ conjug 1 ◂ **VT** *[+ viande]* to lard ◆ **~ qn de coups de couteau** to hack at sb with a knife ◆ **texte lardé de citations** text larded *ou* crammed with quotations

**lardoire** /laʀdwaʀ/ **NM** *(Culin)* larding-needle, larding-pin; *(* = épée)* sword, steel

**lardon** /laʀdɔ̃/ **NM** a *(= tranche de lard)* lardon ◆ **(petits) ~s** *(cubes)* diced bacon b *(* = enfant)* kid *

**lares** /laʀ/ **NMPL, ADJ PL** ◆ **(dieux) ~** lares

**largage** /laʀgaʒ/ **NM** *[d'amarres]* casting off; *[d'étage de fusée]* jettisoning; *[de module, satellite]* release; *[de parachutiste, bombe, vivres, tracts]* dropping ◆ **zone de ~** drop zone ◆ **opération de ~** drop

**large** /laʀʒ/ **ADJ** a *[rue, fleuve, lit, couloir, ouverture]* wide; *[lame, dos, visage, main, nez, front]* broad; *[jupe]* full; *[chemise]* loose-fitting; *[pantalon]* baggy ◆ **à cet endroit, le fleuve est le plus ~** at this point the river is at its widest ◆ **~ de 3 mètres** 3 metres wide ◆ **chapeau à ~s bords** broad-brimmed *ou* wide-brimmed hat ◆ **décrire un ~ cercle** to describe a big *ou* wide circle ◆ **ouvrir une ~ bouche** to open one's mouth wide ◆ **d'un geste ~** with a broad *ou* sweeping gesture ◆ **avec un ~ sourire** with a broad smile ◆ **ce veston est trop ~** this jacket is too big across the shoulders ◆ **être ~ d'épaules** *[de personne]* to be broad-shouldered; *[de vêtement]* to be big across the shoulders ◆ **être ~ de dos/de hanches** *[de personne]* to have a broad back/wide hips; *[de vêtement]* to be big across the back/the hips

b *(= important)* *[concession, amnistie]* broad, wide; *[pouvoirs, diffusion]* wide, extensive; *[soutien]* extensive; *[choix, gamme]* wide ◆ **une ~ majorité** a big majority ◆ **retransmettre de ~s extraits d'un match** to show extensive extracts of a match ◆ **destiné à un ~ public** designed for a wide audience ◆ **faire une ~ part à qch** to give great weight to sth ◆ **dans une ~ mesure** to a great *ou* large extent ◆ **il a une ~ part de responsabilité dans l'affaire** he must take a large share of the responsibility in this matter ◆ **au sens ~ du terme** in the broad sense of the term

c *(= généreux)* *[personne]* generous ◆ **une vie ~** a life of ease

d *(= tolérant)* *[conscience]* accommodating ◆ **~s vues** liberal views ◆ **il est ~ d'idées** *ou* **d'esprit, il a les idées ~s** *ou* **l'esprit ~** he's very broad-minded

**ADV** ◆ **voir ~** to think big ◆ **prends un peu plus d'argent, il vaut mieux prévoir ~** take a bit more money, it's better to allow a bit extra ◆ **calculer/mesurer ~** to be generous *ou* allow a bit extra in one's calculations/measurements ◆ **prendre un virage ~** *(Aut)* to take a bend wide ◆ **s'habiller ~** to wear loose-fitting styles ◆ **cette marque taille** *ou* **habille ~** the sizes in this brand tend to be on the large side ◆ **chausser ~** to be wide-fitting; → **mener**

**NM** a *(= largeur)* **une avenue de 8 mètres de ~** an avenue 8 metres wide *ou* 8 metres in width ◆ **acheter une moquette en 2 mètres de ~** to buy a carpet in 2 metre widths ◆ **cela se fait en 2 mètres et 4 mètres de ~** that comes in 2-metre and 4-metre widths ◆ **être au ~** *(= avoir de la place)* to have plenty of room *ou* space; *(† = avoir de l'argent)* to be well-provided for, to have plenty of money; → **long**

b *(Naut)* **le ~** the open sea ◆ **le grand ~** the high seas ◆ **se diriger vers/gagner le ~** to head for/reach the open sea ◆ **au ~ de Calais** off Calais ◆ **se tenir au ~ de qch** *(fig)* to stay clear of sth ◆ **prendre le ~** * *(fig)* to clear off *, to make o.s. scarce, to hop it * *(Brit)* ◆ **ils ont pris le ~ avec les bijoux** * they made off with the jewels; → **appel, vent**

> ⚠ *Attention à ne pas traduire automatiquement* **large** *par le mot anglais* **large**, *qui a le sens de 'grand'.*

**largement** /laʀʒəmɑ̃/ **ADV** a *(= amplement)* *[écarter]* widely ◆ **~ espacés** *[arbres, maisons]* widely spaced, wide apart ◆ **fenêtre ~ ouverte** wide open window ◆ **robe ~ décolletée** dress with a very open *ou* very scooped neckline

b *(= sur une grande échelle)* *[répandre, diffuser]* widely ◆ **amnistie ~ accordée** wide *ou* widely extended amnesty ◆ **idée ~ répandue** widespread *ou* widely held view ◆ **bénéficier de pouvoirs ~ étendus** to hold greatly increased powers

c *(= de loin, de beaucoup)* greatly ◆ **ce succès dépasse ~ nos prévisions** this success greatly exceeds our expectations *ou* is far beyond our expectations ◆ **ce problème dépasse ~ ses compétences** this problem is altogether beyond *ou* is way beyond * his capabilities ◆ **vous débordez ~ le sujet** you are going well beyond the limits of the subject ◆ **elle vaut ~ son frère** she's every bit as *ou* at least as good as her brother ◆ **~ battu** *(Pol, Sport)* heavily defeated

d *(= grandement)* **vous avez ~ le temps** you have ample time *ou* plenty of time ◆ **c'est ~ suffisant** that's plenty, that's more than enough ◆ **cela me suffit ~** that's plenty *ou* ample *ou* more than enough for me ◆ **il est ~ temps de commencer** it's high time we started ◆ **j'ai été ~ récompensé de ma patience** my patience has been amply rewarded ◆ **ça vaut ~ la peine/la visite** it's well worth the trouble/the visit ◆ **ce film est ~ inspiré de mon livre** this film is, to a great extent, inspired by my book

e *(= généreusement)* *[payer, donner]* generously ◆ **ils nous ont servis/indemnisés ~** they gave us generous *ou* ample helpings/compensation ◆ **vivre ~** to live handsomely

f *(= au moins)* easily, at least ◆ **il gagne ~ 7 000 € par mois** he earns easily *ou* at least €7,000 a month ◆ **tu as mis trois heures pour le faire ? – oh oui, ~** you took three hours to do it? – yes, easily *ou* at least ◆ **il a ~ 50 ans** he is well past 50, he is well into his fifties ◆ **c'est à 5 minutes/5 km d'ici, ~** it's a good 5 minutes/5 km from here

**largesse** /laʀʒɛs/ **NF** a *(= caractère)* generosity ◆ **avec ~** generously b *(= dons)* **~s** liberalities ◆ **faire des ~s** to make generous gifts

**largeur** /laʀʒœʀ/ **NF** a *[de rue, fleuve, lit, couloir, ouverture]* width; *[de lame, dos, visage, main, nez, front]* breadth; *[de voie ferrée]* gauge ◆ **sur toute la ~** right across, all the way across ◆ **dans le sens de la ~** widthways, widthwise ◆ **quelle est la ~ de la fenêtre ?** how wide is the window? ◆ **tissu en grande/petite ~** double-width/single-width material b *[d'idées]* broadness ◆ **~ d'esprit** broad-mindedness ◆ **~ de vues** broadness of outlook c *(* : loc)* **dans les grandes ~s** with a vengeance, well and truly ◆ **il s'est trompé dans les grandes ~s** he's slipped up with a vengeance, he's boobed this time, and how! * ◆ **cette fois on les a eus dans les grandes ~s** we had them well and truly this time *, we didn't half put one over on them this time * *(Brit)*

**largo** /laʀgo/ **ADV, NM** largo

**largue** /laʀg/ **ADJ** *[cordage]* slack; *[vent]* quartering **NM** *(= vent)* quartering wind ◆ **adopter l'allure du grand ~** to start to sail off the wind *ou* to sail large

**largué, e** /laʀge/ (ptp de **larguer**) **ADJ** ◆ **être ~** * to be all at sea ◆ **être un peu ~** to be a bit lost

**larguer** /laʀge/ ▸ conjug 1 ◂ **VT** a *(Naut)* *[+ cordage]* to loose, to release; *[+ voile]* to let out, to unfurl; *[+ amarres]* to cast off, to slip b *[+ parachutiste, bombe, vivres, tracts]* to drop; *[+ carburant, étage de fusée]* to jettison; *[+ cabine spatiale, module, satellite]* to release c *(* = se débarrasser de)* *[+ ami]* to drop, to dump *; *[+ amant]* to dump *, to ditch *; *[+ collaborateur]* to drop, to get rid of, to dump *; *[+ emploi]* to quit *; *[+ objet]* to chuck out *, to get rid of; *[+ principes]* to jettison, to ditch * ◆ **il s'est fait ~** he was dumped

**larigot** /laʀigo/ **NM** → **tire-larigot**

**larme** /laʀm/ **NF** a *(Physiol)* tear ◆ **en ~s** in tears ◆ **~s de joie/de rage** tears of joy/of rage ◆ **verser des ~s sur qch/qn** to shed tears over sth/sb ◆ **avec des ~s dans la voix** with tears in his voice, with a tearful voice ◆ **avoir les ~s aux yeux** to have tears in one's eyes ◆ **ça lui a fait venir les ~s aux yeux** it brought tears to his eyes ◆ **elle a la ~ facile** she is easily moved to tears ◆ **y aller**

**de sa (petite)** ~ * to shed a tear, to have a little cry ◆ **avoir toujours la ~ à l'œil** to be a real cry-baby; → **fondre, rire, vallée** *etc* **b** *(* = goutte) [de vin]* drop **COMP** ▷ **larmes de crocodile** crocodile tears ▷ **larmes de sang** tears of blood

**larmier** /laʀmje/ **NM** *(Archit)* dripstone; *[de cerf]* tearpit; *[de cheval]* temple

**larmoiement** /laʀmwamɑ̃/ **NM** **a** *(= pleurnicherie)* whimpering *(NonC)*, snivelling *(NonC)* **b** *(Physiol)* watering (of the eyes)

**larmoyant, e** /laʀmwajɑ̃, ɑ̃t/ **ADJ** **a** *[yeux] (gén)* tearful; *(= toujours humides)* watery; *[personne]* in tears *(attrib)* ◆ **d'une voix ~e, d'un ton ~** in a tearful voice *ou* tearfully **b** *(péj) [récit]* maudlin; *[scène]* tear-jerking ◆ **comédie ~e** *(Théât)* sentimental comedy ◆ **c'est un de ces mélos ~s** it's a real tear-jerker

**larmoyer** /laʀmwaje/ ► conjug 8 ◄ **VI** **a** *(= pleurnicher)* to whimper, to snivel **b** *[yeux]* to water, to run

**larron** /laʀɔ̃/ **NM** *(†, Bible)* thief ◆ **s'entendre comme ~s en foire** to be as thick as thieves; → **occasion, troisième**

**larsen** /laʀsɛn/ **NM** ◆ **(effet) Larsen** interference ◆ **il y a du ~ dans les micros** there's interference in the mikes *

**larvaire** /laʀvɛʀ/ **ADJ** *(Zool)* larval; *(fig)* embryonic

**larve** /laʀv/ **NF** *(Zool)* larva; *(= asticot)* grub ◆ **~ (humaine)** *(péj)* worm

**larvé, e** /laʀve/ **ADJ** *[crise, conflit]* dormant, latent; *[racisme]* latent; *(Méd) [fièvre, maladie]* larvate *(SPÉC)*

**laryngé, e** /laʀɛ̃ʒe/ **ADJ** laryngeal

**laryngectomie** /laʀɛ̃ʒɛktɔmi/ **NF** laryngectomy

**laryngien, -ienne** /laʀɛ̃ʒjɛ̃, jɛn/ **ADJ** ⇒ **laryngé**

**laryngite** /laʀɛ̃ʒit/ **NF** laryngitis *(NonC)*

**laryngologie** /laʀɛ̃gɔlɔʒi/ **NF** laryngology

**laryngologiste** /laʀɛ̃gɔlɔʒist/, **laryngologue** /laʀɛ̃gɔlɔg/ **NMF** throat specialist, laryngologist

**laryngoscope** /laʀɛ̃gɔskɔp/ **NM** laryngoscope

**laryngoscopie** /laʀɛ̃gɔskɔpi/ **NF** laryngoscopy

**laryngotomie** /laʀɛ̃gɔtɔmi/ **NF** laryngotomy

**larynx** /laʀɛ̃ks/ **NM** larynx, voice-box

**las[1], lasse** /lɑ, lɑs/ **ADJ** *(frm)* weary, tired ◆ **~ de qn/de faire qch/de vivre** tired *ou* weary of sb/of doing sth/of life; → **guerre**

**las[2]** †† /lɑs/ **EXCL** alas!

**lasagne** /lazaɲ/ **NF** lasagna

**lascar** † * /laskaʀ/ **NM** *(= type louche)* character; *(= malin)* rogue; *(hum = enfant)* terror ◆ **drôle de ~** *(louche)* shady character *; *(malin)* real rogue, smart customer * ◆ **je vous aurai, mes ~s !** *(à des adultes)* I'll get you yet, you old rogues! *; *(à des enfants)* I'll get you yet, you little *ou* young rascals! *

**lascif, -ive** /lasif, iv/ **ADJ** lascivious

**lascivement** /lasivmɑ̃/ **ADV** lasciviously

**lasciveté** /lasivte/, **lascivité** /lasivite/ **NF** lasciviousness

**laser** /lazɛʀ/ **NM** laser ◆ **~ de puissance** power laser ◆ **disque/rayon ~** laser disk/beam ◆ **au ~** *[nettoyer, détruire]* using a laser ◆ **opération au ~** laser operation

**laserdisc** /lazɛʀdisk/ **NM** laser disk

**lassant, e** /lɑsɑ̃, ɑ̃t/ **ADJ** *(frm)* wearisome, tiresome

**lasser** /lɑse/ ► conjug 1 ◄ **VT** *[+ auditeur, lecteur]* to weary, to tire ◆ **~ la patience/bonté de qn** to exhaust sb's patience/goodwill, to stretch sb's patience/goodwill too far ◆ **je suis lassée de ses mensonges** I'm tired of his lies ◆ **sourire lassé** weary smile ◆ **lassé de tout** weary of everything **VPR** **se lasser** ◆ **se ~ de qch/de faire qch** to (grow) weary of sth/of doing sth, to tire *ou* grow tired of sth/of doing sth ◆ **parler sans se ~** to speak without tiring *ou* flagging ◆ **on écoute 5 minutes, et puis on se lasse** you listen for 5 minutes and then you get tired of it

**lassitude** /lɑsityd/ **NF** weariness *(NonC)*, lassitude *(NonC) (frm)* ◆ **avec ~** wearily

**lasso** /laso/ **NM** lasso ◆ **prendre au ~** to lasso

**lasure** /lazyʀ/ **NF** tint, stain

**lasuré, e** /lazyʀe/ **ADJ** tinted, stained

**latence** /latɑ̃s/ **NF** latency ◆ **temps de ~** *(gén)* latent period; *(Comm)* lead time ◆ **période de ~** latency period

**latent, e** /latɑ̃, ɑ̃t/ **ADJ** *(gén)* latent ◆ **à l'état ~** latent, in the latent state

**latéral, e** (mpl **-aux**) /lateʀal, o/ **ADJ** side *(épith)*, lateral *(frm)* **NF** **latérale** *(Phon)* lateral (consonant)

**latéralement** /lateʀalmɑ̃/ **ADV** *(gén)* laterally; *[être situé]* on the side; *[arriver, souffler]* from the side; *[diviser]* sideways

**latéralité** /lateʀalite/ **NF** laterality

**latérite** /lateʀit/ **NF** laterite

**latex** /latɛks/ **NM INV** latex; *(euph = préservatif)* condom, rubber *

**latifundiaire** /latifɔ̃djɛʀ/ **ADJ** ◆ **propriétaire ~** owner of a latifundium ◆ **propriété ~** latifundium

**latifundium** /latifɔ̃djɔm/ (pl **latifundia** /latifɔ̃dja/) **NM** latifundium

**latin, e** /latɛ̃, in/ **ADJ** *(gén, Rel)* Latin ◆ **langues ~es** romance *ou* Latin languages; → **Amérique, quartier, voile[1]** **NM** *(Ling)* Latin ◆ **~ vulgaire** vulgar Latin ◆ **~ de cuisine** *(péj)* dog Latin ◆ **j'y** *ou* **j'en perds mon ~** I can't make head nor tail of it; → **bas[1]** **NM,F** **Latin(e)** Latin ◆ **les Latins** the Latin people, Latins

**latinisation** /latinizasjɔ̃/ **NF** latinization

**latiniser** /latinize/ ► conjug 1 ◄ **VTI** to latinize

**latinisme** /latinism/ **NM** latinism

**latiniste** /latinist/ **NMF** *(= spécialiste)* latinist, Latin scholar; *(= enseignant)* Latin teacher; *(= étudiant)* Latin student

**latinité** /latinite/ **NF** *(Ling = caractère)* latinity ◆ **la ~** *(= civilisation)* the Latin world

**latino** * /latino/ **ADJ, NMF** Latino

**latino-américain, e** (mpl **latino-américains**) /latinoameʀikɛ̃, ɛn/ **ADJ** Latin-American, Hispanic **NM,F** **Latino-Américain(e)** Latin-American, Hispanic

**latitude** /latityd/ **NF** **a** *(Astron, Géog)* latitude ◆ **Paris est à 48° de ~ Nord** Paris is situated at latitude 48° north **b** *(= pouvoir, liberté)* latitude, scope ◆ **avoir toute ~ pour faire qch** to have a free hand *ou* have carte blanche to do sth ◆ **laisser/donner toute ~ à qn** to allow/give sb full scope *ou* a free hand ◆ **on a une certaine ~** we have some leeway *ou* latitude *ou* some freedom of movement **NFPL** **latitudes** latitudes ◆ **sous toutes les ~s** in all latitudes, in all parts of the world ◆ **sous nos ~s** in our part of the world

**latitudinaire** /latitydinɛʀ/ **ADJ, NMF** *(littér)* latitudinarian

**latomies** /latɔmi/ **NFPL** latomies

**lato sensu** /latosɛ̃sy/ **LOC ADV** in the broader sense of the word

**latrines** /latʀin/ **NFPL** latrines

**lattage** /lataʒ/ **NM** lathing

**latte** /lat/ **NF** *(gén)* lath; *[de plancher]* board; *[de fauteuil, sommier]* slat ◆ **~s** * *(Ski)* boards * ◆ **donner un coup de ~ à qn** * to wack sb *

**latté, e** /late/ (ptp de **latter**) **ADJ** lathed **NM** blockboard

**latter** /late/ ► conjug 1 ◄ **VT** to lath

**lattis** /lati/ **NM** lathing *(NonC)*, lathwork *(NonC)*

**laudanum** /lodanɔm/ **NM** laudanum

**laudateur, -trice** /lodatœʀ, tʀis/ **NM,F** *(littér)* adulator, laudator *(frm)*

**laudatif, -ive** /lodatif, iv/ **ADJ** laudatory ◆ **parler de qn en termes ~s** to speak highly of sb, to be full of praise for sb ◆ **il a été très ~ envers son collaborateur** he was full of praise for his colleague

**lauréat, e** /lɔʀea, at/ **ADJ** (prize-)winning **NM,F** (prize-)winner, award winner ◆ **les ~s du prix Nobel** the Nobel prize-winners

**Laurent** /lɔʀɑ̃/ **NM** Lawrence, Laurence ◆ **~ le Magnifique** Lorenzo the Magnificent

**laurier** /lɔʀje/ **NM** *(Culin)* ◆ **~ (commun)** bay-tree, (sweet) bay ◆ **feuille de ~** bay leaf ◆ **mettre du ~** to put in some bay leaves **NMPL** **lauriers** laurels ◆ **s'endormir** *ou* **se reposer sur ses ~s** to rest on one's laurels ◆ **être couvert de ~s** to be showered with praise

**laurier-cerise** (pl **lauriers-cerises**) /lɔʀjesəʀiz/ **NM** cherry laurel

**laurier-rose** (pl **lauriers-roses**) /lɔʀjeʀoz/ **NM** oleander, rosebay

**laurier-sauce** (pl **lauriers-sauce**) /lɔʀjesos/ **NM** (sweet) bay, bay-tree

**laurier-tin** (pl **lauriers-tins**) /lɔʀjetɛ̃/ **NM** laurustinus

**lavable** /lavabl/ **ADJ** washable ◆ **~ en machine** machine-washable ◆ **papier peint ~ (et lessivable)** washable wallpaper

**lavabo** /lavabo/ **NM** washbasin, bathroom sink *(US)* **NMPL** **lavabos** *(euph)* ◆ **les ~s** the toilets, the loo * *(Brit)*

**lavage** /lavaʒ/ **NM** **a** *[de plaie]* bathing, cleaning; *[de corps, cheveux]* washing ◆ **~ d'intestin** intestinal wash ◆ **on lui a fait un ~ d'estomac** he had his stomach pumped **b** *(= action) [de mur, vêtement, voiture]* washing *(NonC)*; *(= opération)* wash ◆ **après le ~ vient le rinçage** after the wash comes the rinse ◆ **pour un meilleur ~, utilisez ...** for a better wash, use ... ◆ **"lavage à la main"** "hand wash only" ◆ **"lavage en machine"** "machine wash" ◆ **le ~ des sols à la brosse/à l'éponge** scrubbing/sponging (down) floors ◆ **on a dû faire trois ~s** it had to be washed three times, it had to have three washes ◆ **le ~ de la vaisselle** dish-washing, washing-up *(Brit)* ◆ **ça a rétréci/c'est parti au ~** it shrunk/came out in the wash ◆ **ton chemisier est au ~** your blouse is in the wash; → **froid, température** **c** *(Tech) [de gaz, charbon, laine]* washing **COMP** ▷ **lavage de cerveau** brainwashing ◆ **on lui a fait subir un ~ de cerveau** he was brainwashed

**lavallière** /lavaljɛʀ/ **NF** floppy necktie, lavallière

**lavande** /lavɑ̃d/ **NF** lavender ◆ **(eau de) ~** lavender water **ADJ INV** ◆ **(bleu) ~** lavender (blue)

**lavandière** /lavɑ̃djɛʀ/ **NF** *(= laveuse)* washerwoman; *(= oiseau)* wagtail

**lavandin** /lavɑ̃dɛ̃/ **NM** hybrid lavender

**lavant, e** /lavɑ̃, ɑ̃t/ **ADJ** cleansing ◆ **machine à laver ~e-séchante** washer-drier

**lavaret** /lavaʀɛ/ **NM** *(= poisson)* pollan

**lavasse** * /lavas/ NF dishwater * ◆ **ce café, c'est de la ~ ou une vraie ~** this coffee tastes like dishwater *

**lave** /lav/ NF lava *(NonC)*

**lavé, e** /lave/ (ptp de **laver**) ADJ *[couleur]* watery, washy, washed-out; *[ciel]* pale, colourless *(Brit)*, colorless *(US)*; *[yeux]* pale ◆ **dessin ~** *(Art)* wash drawing

**lave-auto** (pl **lave-autos**) /lavoto/ NM *(Can)* car wash

**lave-glace** (pl **lave-glaces**) /lavglas/ NM windscreen *(Brit)* ou windshield *(US)* washer, screen wash(er) *(Brit)*

**lave-linge** /lavlɛ̃ʒ/ NM INV washing machine ◆ **~ séchant** washer-dryer

**lave-mains** /lavmɛ̃/ NM INV (small) washbasin *(Brit)* ou washbowl *(US)*

**lavement** /lavmɑ̃/ NM *(Méd)* enema ◆ **~ baryté** barium enema ◆ **le ~ des pieds** *(Bible)* the washing of the feet

**laver** /lave/ ► conjug 1 ◄ VT a *(gén)* to wash; *[+ mur]* to wash (down); *[+ plaie]* to bathe, to cleanse; *[+ tache]* to wash out ou off; *[+ intestin]* to wash out ◆ **~ avec une brosse** to scrub (down) ◆ **~ avec une éponge** to wash with a sponge, to sponge (down) ◆ **~ au jet** to hose down ◆ **~ à grande eau** *[+ sol]* to wash down; *[+ trottoir, pont de navire]* to sluice down; *[+ légume]* to wash ou rinse thoroughly ◆ **~ la vaisselle** to do ou wash the dishes, to wash up *(Brit)*, to do the washing-up *(Brit)* ◆ **il faut ~ son linge sale en famille** it doesn't do to wash one's dirty linen in public ◆ **~ la tête à qn** *(fig)* to haul sb over the coals, to give sb a dressing down *; → **machine**

b *(en emploi absolu) [personne]* to do the washing ◆ **ce savon lave bien** this soap washes well

c *[+ affront, injure]* to avenge; *[+ péchés, honte]* to cleanse, to wash away ◆ **~ qn d'une accusation/d'un soupçon** to clear sb of an accusation/of suspicion

d *(Art) [+ couleur]* to dilute; *[+ dessin]* to wash

VPR **se laver** a *[personne]* to wash, to have a wash ◆ **se ~ la figure/les mains** to wash one's face/one's hands ◆ **se ~ les dents** to clean ou brush one's teeth ◆ **se ~ dans un lavabo/une baignoire** to have a stand-up wash/a bath, to wash (o.s.) at the basin/in the bath

b *[vêtement, tissu]* **ça se lave en machine** it's machine-washable ◆ **ça se lave à la main** it has to be hand-washed ◆ **ce tissu se lave bien** this material washes well ◆ **le cuir ne se lave pas** leather isn't washable

c ◆ **se ~ de** *[+ accusation]* to clear o.s. of; *[+ affront]* to avenge o.s. of ◆ **je m'en lave les mains** *(fig)* I wash my hands of it

**laverie** /lavʀi/ NF a *(pour linge)* laundry ◆ **~ (automatique)** Launderette ® *(Brit)*, Laundromat ® *(US)* b *(Ind)* washing ou preparation plant

**lavette** /lavɛt/ NF a *(= chiffon)* dish cloth; *(= brosse)* dish mop; *(Belg, Helv = gant de toilette)* (face) flannel *(Brit)*, washcloth *(US)* b *(péj = homme)* wimp *, drip *

**laveur** /lavœʀ/ NM *(= personne)* washer ◆ **~ de carreaux ou de vitres** window cleaner ◆ **~ de voitures** car cleaner; → **raton**

**laveuse** /lavøz/ NF *(= personne)* ◆ **~ (de linge)** washerwoman; *(Can = lave-linge)* washing machine

**lave-vaisselle** /lavvɛsɛl/ NM INV dishwasher

**lavis** /lavi/ NM *(= procédé)* washing ◆ **(dessin au) ~** wash drawing ◆ **colorier au ~** to wash-paint

**lavoir** /lavwaʀ/ NM *(découvert)* washing-place; *(= édifice)* wash house; *(= bac)* washtub; *(Tech) (= machine)* washer; *(= atelier)* washing plant

**lavure** /lavyʀ/ NF *[de minerai]* washing ◆ **~s** washings

**Lawrence** /lɔʀɑ̃s/ N ◆ **~ d'Arabie** Lawrence of Arabia

**laxatif, -ive** /laksatif, iv/ ADJ, NM laxative

**laxisme** /laksism/ NM *(Rel)* latitudinarianism; *(= indulgence)* laxness, laxity ◆ **le gouvernement est accusé de ~ à l'égard des syndicats** the government is accused of being too soft ou lax with the trade unions ◆ **après des années de ~ budgétaire** after years of poor budget management

**laxiste** /laksist/ ADJ a *[personne, attitude, interprétation, politique, justice]* lax b *(Rel)* latitudinarian NMF a *(indulgent)* lax person b *(Rel)* latitudinarian

**layette** /lɛjɛt/ NF baby clothes, layette ◆ **rayon ~** *[de magasin]* babywear department ◆ **couleurs ~** baby ou pastel colours ◆ **bleu/rose ~** baby blue/pink

**layon** /lɛjɔ̃/ NM (forest) track ou trail

**Lazare** /lazaʀ/ NM Lazarus

**lazaret** /lazaʀɛ/ NM lazaret

**lazulite** /lazylit/ NF lazulite

**lazzi** /la(d)zi/ NM gibe ◆ **être l'objet des ~(s) de la foule** to be gibed at ou heckled by the crowd

**LCD** /ɛlsede/ ADJ, NM (abrév de **liquid crystal display**) *(Ordin) [écran]* LCD

**le¹** /lə/, **la** /la/ (pl **les** /le/) ART DÉF *(contraction avec* **à, de** *:* **au, aux, du, des)** a *(détermination)* the ◆ **~ propriétaire de la voiture** the owner of the car ◆ **la femme de l'épicier** the grocer's wife ◆ **~s parcs de la ville** the town parks, the parks in the town ◆ **je suis inquiète, ~s enfants sont en retard** I'm worried because the children are late ◆ **~ thé/~ café que je viens d'acheter** the tea/the coffee I have just bought ◆ **allons à la gare ensemble** let's go to the station together ◆ **il n'a pas ~ droit/l'intention de ~ faire** he has no right to do it/no intention of doing it ◆ **il n'a pas eu la patience/l'intelligence d'attendre** he didn't have the patience/the sense to wait ◆ **il a choisi ~ tableau ~ plus original de l'exposition** he chose the most original picture in the exhibition ◆ **~ plus petit des deux frères est ~ plus solide** the smaller of the two brothers is the more robust ou the stronger ◆ **~ Paris de Balzac** Balzac's Paris ◆ **l'Angleterre que j'ai connue** the England (that) I knew

b *(dans le temps)* the *(souvent omis)* ◆ **venez ~ dimanche de Pâques** come on Easter Sunday ◆ **l'hiver dernier/prochain** last/next winter ◆ **l'hiver 1998** the winter of 1998 ◆ **~ premier/dernier lundi du mois** the first/last Monday of ou in the month ◆ **il ne travaille pas ~ samedi** he doesn't work on Saturdays ou on a Saturday ◆ **elle travaille ~ matin** she works mornings ou in the morning ◆ **vers ~s cinq heures** at about five o'clock ◆ **il est parti ~ 5 mai** *(à l'oral)* he left on the 5th of May ou on May the 5th; *(à l'écrit, dans une lettre)* he left on 5 May ◆ **il n'a pas dormi de la nuit** he didn't sleep a wink all night

c *(distribution)* a, an ◆ **8 € ~ mètre/~ kg/~ litre/la pièce** €8 a metre/a kg/a litre/each ou a piece ◆ **60 km à l'heure** 60 km an ou per hour ◆ **deux fois la semaine/l'an** twice a week/a year

d *(fraction)* a, an ◆ **~ tiers/quart** a third/quarter ◆ **j'en ai fait à peine la moitié/~ dixième** I have barely done (a) half/a tenth of it

e *(dans les généralisations, les abstractions : gén non traduit)* **~ hibou vole surtout la nuit** owls fly ou the owl flies mainly at night ◆ **l'enfant n'aime pas ou ~s enfants n'aiment pas l'obscurité** children don't like the dark ◆ **~ thé et ~ café sont chers** tea and coffee are expensive ◆ **j'aime la musique/la poésie/la danse** I like music/poetry/dancing ◆ **~ beau/grotesque** the beautiful/grotesque ◆ **~s riches** the rich ◆ **aller au concert/au restaurant** to go to a concert/out for a meal

f *(possession : gén adj poss, parfois art indéf)* **elle ouvrit ~s yeux/la bouche** she opened her eyes/her mouth ◆ **elle est sortie ~ manteau sur ~ bras** she went out with her coat over her arm ◆ **la tête baissée, elle pleurait** she hung her head and wept ◆ **assis ~s jambes pendantes** sitting with one's legs dangling ◆ **j'ai mal à la main droite/au pied** I've got a pain in my right hand/in my foot, my right hand/my foot hurts ◆ **il a la jambe cassée** he's got a broken leg ◆ **croisez ~s bras** fold your arms ◆ **il a l'air fatigué/~ regard malin** he has a tired look/a mischievous look ◆ **il a ~s cheveux noirs/~ cœur brisé** he has black hair/a broken heart ◆ **il a l'air hypocrite** he looks like a hypocrite

g *(valeur démonstrative)* **il ne faut pas agir de la sorte** you must not do that kind of thing ou things like that ◆ **que pensez-vous de la pièce/de l'incident ?** what do you think of the play/of the incident? ◆ **faites attention, ~s enfants !** be careful children! ◆ **oh ~ beau chien !** what a lovely dog!, look at that lovely dog!

**le²** /l(ə)/, **la** /la/ (pl **les** /le/) PRON M,F,PL a *(= homme)* him; *(= femme, bateau)* her; *(= animal, bébé)* it, him, her; *(= chose)* it ◆ **~s** them ◆ **je ne ~/la/~s connais pas** I don't know him/her/them ◆ **regarde-~/-la/-~s** look at him ou it/her ou it/them ◆ **cette écharpe est à vous, je l'ai trouvée par terre** this scarf is yours, I found it on the floor ◆ **voulez-vous ces fraises ? je ~s ai apportées pour vous** would you like these strawberries? I brought them for you ◆ **~ Canada demande aux USA de ~ soutenir** Canada is asking the USA for its support

b *(emphatique)* **il faut ~ féliciter ce garçon !** this boy deserves congratulations! ◆ **cette femme-là, je la déteste** I can't bear that woman ◆ **cela vous ~ savez aussi bien que moi** you know that as well as I do ◆ **vous l'êtes, beau** you really do look nice; → **copier, voici, voilà**

c *(neutre : souvent non traduit)* **vous savez qu'il est malade ? – je l'ai entendu dire** did you know he was ill? – I had heard ◆ **elle n'est pas heureuse, mais elle ne l'a jamais été et elle ne ~ sera jamais** she is not happy but she never has been and never will be ◆ **pourquoi il n'est pas venu ? – demande-~-lui/je me ~ demande** why hasn't he come? – ask him/I wonder ◆ **il était ministre, il ne l'est plus** he used to be a minister but he isn't any longer ◆ **il sera puni comme il ~ mérite** he'll be punished as he deserves

**lé** /le/ NM *[d'étoffe]* width; *[de papier peint]* length, strip

**LEA** /ɛləa/ NM (abrév de **langues étrangères appliquées**) modern languages

**leader** /lidœʀ/ NM *(Pol, Écon, Sport)* leader; *(Presse)* leader, leading article ◆ **produit ~** *(Comm)* leader, leading product ◆ **~ d'opinion** opinion former, person who shapes public opinion ◆ **cette entreprise est ~ sur son marché** this company is the market leader ◆ **notre société est en position de ~ dans son secteur** our company holds a leading ou lead position in its sector

**leadership** /lidœʀʃip/ NM *[de parti]* leadership; *[d'entreprise]* leading position; *(= dirigeants)* leaders ♦ **ils ont perdu leur ~ technologique** they've lost their leading position in the field of technology ♦ **ils ont pris le ~ dans ce secteur** they have taken the lead in this sector

**leasing** /liziŋ/ NM leasing ♦ **acheter qch en ~** to buy sth leasehold

**léchage** /leʃaʒ/ NM *(gén)* licking ♦ **~ (de bottes)** * bootlicking *

**lèche** ‡ /lɛʃ/ NF bootlicking * ♦ **faire de la ~** to be a bootlicker * ♦ **faire de la ~ à qn** to suck up to sb ‡, to lick sb's boots *

**lèche-botte** * (pl **lèche-bottes**) /lɛʃbɔt/ NMF bootlicker *

**lèche-cul** *✱ (pl **lèche-culs**) /lɛʃky/ NMF arse-licker *✱ *(Brit)*, ass-kisser *✱ *(US)*, brown nose ‡ *(US)*

**lèchefrite** /lɛʃfʀit/ NF dripping-pan *(Brit)*, broiler *(US)*

**lécher** /leʃe/ ▸ conjug 6 ◂ VT a *(gén)* to lick; *[+ assiette]* to lick clean ♦ **se ~ les doigts** to lick one's fingers ♦ **s'en ~ les doigts/babines** *(fig)* to lick one's lips/chops ♦ **~ la confiture d'une tartine** to lick the jam off a slice of bread ♦ **~ les bottes de qn** * to suck up to sb ‡, to lick sb's boots * ♦ **~ le cul à** *ou* **de qn** *✱ to lick sb's arse *✱ *(Brit)*, to kiss sb's ass *✱ *(US)* ♦ **~ les vitrines** * to go window-shopping; → **ours** b *[flammes]* to lick; *[vagues]* to wash against, to lap against c *(* = fignoler)* to polish up ♦ **article bien léché** polished *ou* finely honed article ♦ **trop léché** overdone *(attrib)*, overpolished

**lécheur, -euse** * /leʃœʀ, øz/ NM,F ♦ **~ (de bottes)** bootlicker * ♦ **il est du genre ~** he's the bootlicking type *, he's always sucking up to someone ‡

**lèche-vitrines** * /lɛʃvitʀin/ NM INV window-shopping ♦ **faire du ~** to go window-shopping

**lécithine** /lesitin/ NF lecithin

**leçon** /l(ə)sɔ̃/ NF a *(Scol) (= cours)* lesson, class; *(à apprendre)* homework *(NonC)* ♦ **~ de danse/de français/de piano** dancing/French/piano lesson ♦ **~s particulières** private lessons *ou* tuition *(Brit)* ♦ **faire la ~** to teach ♦ **elle a bien appris sa ~** *(lit)* she's learnt her homework well; *(hum)* she's learnt her script *ou* lines well

b *(= conseil)* (piece of) advice ♦ **suivre les ~s de qn** to heed sb's advice, to take a lesson from sb ♦ **je n'ai pas de ~ à recevoir de toi** I don't need your advice ♦ **faire la ~ à qn** *(= l'endoctriner)* to tell sb what to do; *(= le réprimander)* to give sb a lecture ♦ **donner des ~s de morale à qn** to preach at sb ♦ **je n'ai pas besoin de tes ~s de morale** I don't need lessons from you

c *(= enseignement) [de fable, parabole]* lesson ♦ **les ~s de l'expérience** the lessons of experience *ou* that experience teaches ♦ **que cela te serve de ~** let that be a lesson to you ♦ **cela m'a servi de ~** that taught me a lesson ♦ **nous avons tiré la ~ de notre échec** we learnt (a lesson) from our failure ♦ **maintenant que notre plan a échoué, il faut en tirer la ~** now that our plan has failed we should learn from it ♦ **cela lui donnera une ~** that'll teach him a lesson

d *[de manuscrit, texte]* reading

**lecteur, -trice** /lɛktœʀ, tʀis/ NM,F a *(gén)* reader ♦ **c'est un grand ~ de poésie** he reads a lot of poetry ♦ **le nombre de ~s de ce journal a doublé** the readership of this paper has doubled ♦ **~-correcteur** proofreader; → **avis** b *(Univ)* (foreign language) assistant, (foreign) teaching assistant *(US)* NM a *(Audiov)* **~ de cassettes** cassette deck *ou* player ♦ **~ de disques compacts** *ou* **~ de CD audio** CD player, compact disc player ♦ **~ de vidéodisque** videodisc player ♦ **~ de son** (reading) head b *(Ordin)* **~ de cartes à puce** smart-card reader ♦ **~ de disquettes/de CD-ROM** disk/CD-ROM drive ♦ **~ optique** optical character reader, optical scanner c *(Aut)* **~ de cartes** map-light

**lecteur-enregistreur** /lɛktœʀɑ̃ʀəʒistʀœʀ/ NM ♦ **~ de DVD** DVD player/recorder

**lectorat** /lɛktɔʀa/ NM a *(Univ)* (teaching) assistantship b *[de magazine]* readership

**lecture** /lɛktyʀ/ NF a *[de carte, texte]* reading; *(= interprétation)* reading, interpretation ♦ **la ~ de Proust est difficile** reading Proust is difficult, Proust is difficult to read ♦ **aimer la ~** to like reading ♦ **d'une ~ facile** easy to read, very readable ♦ **ce livre est d'une ~ agréable** this book makes pleasant reading ♦ **la ~ à haute voix** reading aloud ♦ **faire la ~ à qn** to read to sb ♦ **donner** *ou* **faire ~ de qch** *(frm)* to read sth out *(à qn* to sb); ♦ **faire une ~ marxiste de Balzac** to read Balzac from a Marxist perspective ♦ **~ à vue** *(Mus)* sight-reading ♦ **méthode de ~** reading method ♦ **~ rapide** speed reading ♦ **nous n'avons pas la même ~ des événements** we have a different interpretation of the events; → **cabinet, livre**[1]

b *(= livre)* reading *(NonC)*, book ♦ **c'est une ~ à recommander** it's recommended reading *ou* it's a book to be recommended ♦ **apportez-moi de la ~** bring me something to read ♦ **~s pour la jeunesse** books for children ♦ **quelles sont vos ~s favorites ?** what do you like reading best? ♦ **enrichi par ses ~s** enriched by his reading *ou* by what he has read ♦ **il a de mauvaises ~s** he reads the wrong things

c *[de projet de loi]* reading ♦ **examiner un projet en première ~** to give a bill its first reading ♦ **le projet a été accepté en seconde ~** the bill passed its second reading

d *(Audiov) [de CD, cassette] (= bouton)* play ♦ **pendant la ~ de la cassette** while the tape is playing

e *[de disque dur, CD-ROM]* reading ♦ **~ optique** *(= procédé)* optical character recognition; *(= action)* optical scanning ♦ **procédé/tête de ~-écriture** read-write cycle/head ♦ **en ~ seule** read-only; → **tête**

**Léda** /leda/ NF *(Myth)* Leda

**ledit** /lədi/, **ladite** /ladit/ (pl **lesdit(e)s** /ledi(t)/) ADJ *(frm)* the aforementioned *(frm)*, the aforesaid *(frm)*, the said *(frm)*

**légal, e** (mpl **-aux**) /legal, o/ ADJ *[âge, dispositions, formalité, statut, base]* legal; *[armes, moyens]* legal, lawful ♦ **cours ~ d'une monnaie** official rate of exchange of a currency ♦ **monnaie ~e** legal tender, official currency ♦ **la durée ~e du temps de travail** maximum working hours ♦ **recourir aux moyens légaux contre qn** to take legal action against sb ♦ **cette entreprise n'a pas d'existence ~e** this company has no legal existence; → **fête, heure, médecine, vitrine**

**légalement** /legalmɑ̃/ ADV legally ♦ **des personnes ~ installées en France** people living legally in France

**légalisation** /legalizasjɔ̃/ NF a *(= action)* legalization b *(= certification)* authentication

**légaliser** /legalize/ ▸ conjug 1 ◂ VT a *(= rendre légal)* to legalize b *(= certifier)* to authenticate

**légalisme** /legalism/ NM legalism

**légaliste** /legalist/ ADJ legalist(ic) NMF legalist

**légalité** /legalite/ NF *[de régime, acte]* legality, lawfulness ♦ **rester dans/sortir de la ~** *(= loi)* to remain *ou* keep within/breach the law ♦ **en toute ~** quite legally

**légat** /lega/ NM ♦ **~ (du Pape)** (papal) legate

**légataire** /legatɛʀ/ NMF legatee, devisee ♦ **~ universel** sole legatee

**légation** /legasjɔ̃/ NF *(Diplomatie)* legation

**légendaire** /leʒɑ̃dɛʀ/ ADJ legendary

**légende** /leʒɑ̃d/ NF a *(= histoire, mythe)* legend ♦ **entrer dans la ~** to go down in legend, to become legendary ♦ **entrer vivant dans la ~** to become a legend in one's own lifetime ♦ **de ~** *[personnage, film, pays]* legendary b *(= inscription) [de médaille]* legend; *[de dessin]* caption; *[de liste, carte]* key ♦ **"sans légende"** *[dessin]* "no caption" c *(péj = mensonge)* tall story

**légender** /leʒɑ̃de/ ▸ conjug 1 ◂ VT to caption

**léger, -ère** /leʒe, ɛʀ/ ADJ a *(= de faible poids) [objet, gaz]* light ♦ **arme/industrie légère** light weapon/industry ♦ **construction légère** light *ou* flimsy *(péj)* construction ♦ **~ comme une plume** as light as a feather ♦ **se sentir ~ (comme un oiseau)** to feel as light as a bird ♦ **je me sens plus ~** *(après un régime, après m'être débarrassé)* I feel pounds lighter; *(= soulagé)* that's a weight off my mind ♦ **je me sens plus ~ de 20 €** *(hum)* I feel €20 poorer ♦ **faire qch l'esprit ~** to do sth with a light heart ♦ **il partit d'un pas ~** he walked away with a spring in his step ♦ **avec une grâce légère** with easy grace; → **main, poids, sommeil**

b *(= délicat) [parfum, tissu, style]* light

c *(= non gras) [repas, sauce]* light ♦ **cuisine légère** low-fat cooking

d *(= faible) [brise]* gentle, slight; *[bruit]* faint; *[couche]* thin, light; *[thé]* weak; *[coup, vin, maquillage]* light; *[alcool]* not very strong; *[blessure]* slight, minor; *[châtiment, tabac]* mild; *[accent]* slight, faint; *[augmentation]* slight ♦ **une légère pointe d'ironie** a touch of irony ♦ **il y a un ~ mieux** there's been a slight improvement ♦ **soprano/ténor ~** light soprano/tenor ♦ **il a été condamné à une peine légère** he was given a light sentence ♦ **deux bouteilles de vin pour sept, c'est un peu ~** * two bottles of wine for seven people isn't very much *ou* isn't really enough; → **blessé**

e *(= superficiel) [personne]* thoughtless; *[preuve, argument]* lightweight, flimsy; *[jugement, propos]* thoughtless, flippant, careless ♦ **se montrer ~ dans ses actions** to act thoughtlessly ♦ **pour une thèse, c'est un peu ~** it's rather lightweight *ou* a bit on the flimsy side for a thesis

f *(= frivole) [personne, caractère, humeur]* fickle; *[propos, plaisanterie]* ribald, broad; *[comédie, livre, film]* light ♦ **femme légère** *ou* **de mœurs légères** loose woman, woman of easy virtue; → **cuisse, musique**

ADV ♦ **voyager ~** to travel light ♦ **manger ~** *(non gras)* to eat low-fat foods, to avoid fatty foods; *(peu)* to eat lightly ♦ **s'habiller ~** to wear light clothes

LOC ADV **à la légère** *[parler, agir]* rashly, thoughtlessly, without giving the matter proper consideration ♦ **il prend toujours tout à la légère** he never takes anything seriously, he's very casual about everything

**légèrement** /leʒɛʀmɑ̃/ ADV a *[habillé, armé, maquillé] [poser]* lightly ♦ **il a mangé ~** he ate a light meal ♦ **s'habiller ~** to wear light clothes b *[courir]* lightly, nimbly c *[blesser, bouger]* slightly; *[parfumé]* lightly ♦ **~ plus grand** slightly bigger ♦ **~ surpris** mildly *ou* slightly surprised ♦ **il boite/louche ~** he has a slight limp/squint d *[agir]* rashly, thoughtlessly, without thinking (properly) ♦ **parler ~ de la mort** to speak flippantly *ou* lightly of death, to speak of death in an offhand *ou* a flippant way

**légèreté** /leʒɛʀte/ NF **a** *[d'objet, tissu, style, repas, sauce]* lightness, nimbleness ♦ **~ de main** light-handedness ♦ **avec une ~ d'oiseau** with bird-like grace ♦ **danser avec ~** to dance lightly *ou* with a light step **c** *[de punition, coup]* lightness, mildness; *[de tabac]* mildness; *[de thé]* weakness; *[de vin]* lightness **d** *(= superficialité) [de conduite, personne, propos]* thoughtlessness; *[de preuves, argument]* flimsiness ♦ **faire preuve de ~** to speak (*ou* behave) rashly *ou* thoughtlessly **e** *(= frivolité) [de personne]* fickleness, flightiness; *[de propos]* flippancy; *[de plaisanterie]* ribaldry

**légiférer** /leʒifeʀe/ ▸ conjug 6 ◂ VI *(Jur)* to legislate, to make legislation

**légion** /leʒjɔ̃/ NF *(Hist, fig)* legion ♦ **~ de gendarmerie** corps of gendarmes ♦ **la Légion (étrangère)** the Foreign Legion ♦ **Légion d'honneur** Legion of Honour ♦ **ils sont ~** they are legion *(frm)*, there are any number of them ♦ **les volontaires ne sont pas ~** volunteers are few and far between

> **Légion d'honneur**
>
> Created by Napoléon Bonaparte in 1802, the **Légion d'honneur** is a prestigious order awarded for either civil or military merit. The order is divided into five ranks or « classes »: « chevalier », « officier », « commandeur », « grand officier » and « grand-croix » (given here in ascending order). Full regalia worn on official occasions consists of medals and sashes, but on less formal occasions these are replaced by a discreet red ribbon or rosette (according to rank) worn on the lapel.

**légionnaire** /leʒjɔnɛʀ/ NM *(Hist)* legionary; *[de Légion étrangère]* legionnaire; → **maladie** NMF *[de Légion d'honneur]* holder of the Legion of Honour

**législateur, -trice** /leʒislatœʀ, tʀis/ NM,F *(= personne)* legislator, lawmaker ♦ **le ~ a prévu ce cas** *(= la loi)* the law makes provision for this case

**législatif, -ive** /leʒislatif, iv/ ADJ legislative ♦ **les (élections) législatives** the legislative elections ≃ the general election *(Brit)*, the Congressional elections *(US)*; → ÉLECTIONS NM legislature

**législation** /leʒislasjɔ̃/ NF legislation ♦ **~ fiscale** fiscal *ou* tax legislation, tax laws ♦ **~ du travail** labour laws, industrial *ou* job legislation

**législature** /leʒislatyʀ/ NF *(Parl) (= durée)* term (of office); *(= corps)* legislature

**légiste** /leʒist/ NM jurist; → **médecin**

**légitimation** /leʒitimasjɔ̃/ NF *[d'enfant]* legitimization; *[de pouvoir]* recognition, legitimation; *(littér) [d'action, conduite]* legitimation

**légitime** /leʒitim/ ADJ **a** *(= légal) [droits, gouvernement]* legitimate, lawful; *[union, femme]* lawful; *[enfant]* legitimate; *[héritier]* legitimate, rightful ♦ **la ~ défense** self-defence ♦ **j'étais en état de ~ défense** I was acting in self-defence **b** *(= juste) [excuse, intérêt]* legitimate; *[colère]* justifiable, justified; *[revendication]* legitimate, rightful; *[récompense]* just, legitimate ♦ **rien de plus ~ que ...** nothing could be more justified than ... NF ♦ **ma ~** † * the missus *, the wife *

**légitimement** /leʒitimmɑ̃/ ADV **a** *(Jur)* legitimately **b** *[penser, espérer, attendre, se demander]* reasonably ♦ **on pouvait ~ penser que...** one might reasonably think that ...

**légitimer** /leʒitime/ ▸ conjug 1 ◂ VT *[+ enfant]* to legitimate, to legitimize; *[+ conduite, action]* to legitimate, to legitimize, to justify; *[+ titre]* to recognize; *[+ pouvoir]* to recognize, to legitimate

**légitimisme** /leʒitimism/ NM *(Hist)* legitimism

**légitimiste** /leʒitimist/ NMF, ADJ *(Hist)* legitimist

**légitimité** /leʒitimite/ NF *(gén)* legitimacy

**Le Greco** /ləgʀekɔ/ NM El Greco

**legs** /lɛg/ NM *(Jur)* legacy, bequest; *(fig)* legacy ♦ **faire un ~ à qn** to leave sb a legacy ♦ **~ (de biens immobiliers)** devise ♦ **~ (de biens mobiliers)** legacy ♦ **~ (à titre) universel** general legacy

**léguer** /lege/ ▸ conjug 6 ◂ VT *(Jur)* to bequeath; *[+ tradition, vertu, tare]* to hand down *ou* on, to pass on ♦ **~ qch à qn par testament** to bequeath sth to sb (in one's will) ♦ **la mauvaise gestion qu'on nous a léguée** the bad management that we inherited

**légume** /legym/ NM *(lit, fig)* vegetable ♦ **~s secs** pulses ♦ **~s verts** green vegetables, greens *; → **bouillon** NF *(= personne importante)* ♦ **grosse ~** * bigwig *, big shot *

**légumier, -ière** /legymje, jɛʀ/ ADJ vegetable *(épith)* NM **a** *(= agriculteur)* market gardener; *(Belg = commerçant)* greengrocer **b** *(= plat)* vegetable dish

**légumineuse** /legyminøz/ NF legume, leguminous plant ♦ **les ~s** legumes, Leguminosae *(SPÉC)*

**leitmotiv** /lɛtmɔtiv, lajtmɔtif/ NM *(lit, fig)* leitmotiv, leitmotif

**Léman** /lemɑ̃/ NM ♦ **le (lac) ~** Lake Geneva

**lemmatisation** /lematizasjɔ̃/ NF lemmatization

**lemmatiser** /lematize/ ▸ conjug 1 ◂ VT to lemmatize

**lemme** /lɛm/ NM lemma

**lemming** /lemiŋ/ NM lemming

**lémur** /lemyʀ/ NM lemur

**lémure** /lemyʀ/ NM *(Antiq)* lemur ♦ **~s** lemures

**lémurien** /lemyʀjɛ̃/ NM lemur

**lendemain** /lɑ̃dmɛ̃/ NM **a** *(= jour suivant)* **le ~** the next *ou* following day, the day after ♦ **le ~ de son arrivée/du mariage** the day after he arrived/after the marriage, the day following his arrival/the marriage ♦ **le ~ matin/soir** the next *ou* following morning/evening ♦ **~ de fête** day after a holiday ♦ **au ~ de la guerre** just after the war ♦ **au ~ de la défaite/de son mariage** soon after *ou* in the days following the defeat/his marriage ♦ **le ~ a été difficile** *(gén)* it was the morning after the night before; *(= gueule de bois)* I had a hangover ♦ **ils vont connaître des ~s difficiles** they're in for a tough time → **jour, remettre**
**b** *(= avenir)* **le ~** tomorrow, the future ♦ **penser au ~** to think of tomorrow *ou* the future ♦ **bonheur/succès sans ~** short-lived happiness/success
NMPL **lendemains** *(= conséquences)* consequences, repercussions; *(= perspectives)* prospects, future ♦ **cette affaire a eu de fâcheux ~s** this business had unfortunate consequences *ou* repercussions ♦ **des ~s qui chantent** a brighter *ou* better future ♦ **ça nous promet de beaux ~s** the future looks very promising for us ♦ **on peut s'attendre à des ~s qui déchantent** we can expect bad days *ou* hard times ahead

**lénifiant, e** /lenifjɑ̃, jɑ̃t/ ADJ **a** *(= apaisant) [médicament]* soothing **b** *[propos, discours]* mollifying, soothing; *(péj = amollissant) [atmosphère]* languid, enervating; *[climat]* enervating, draining *(attrib)*

**lénifier** /lenifje/ ▸ conjug 7 ◂ VT *(= apaiser)* to soothe; *(péj = amollir)* to enervate

**Lénine** /lenin/ NM Lenin

**léninisme** /leninism/ NM Leninism

**léniniste** /leninist/ ADJ, NMF Leninist

**lénitif, -ive** /lenitif, iv/ ADJ, NM lenitive

**lent, e**[1] /lɑ̃, lɑ̃t/ ADJ *(gén)* slow; *[poison]* slow, slow-acting; *[mort]* slow, lingering; *[croissance]* sluggish, slow ♦ **à l'esprit ~** slow-witted, dim-witted ♦ **marcher d'un pas ~** to walk at a slow pace *ou* slowly ♦ **"véhicules lents"** "slow-moving vehicles", "crawler lane" *(Brit)* ♦ **elle est ~e à manger** she's a slow eater, she eats slowly ♦ **il est ~ à comprendre** he is slow to understand *ou* slow on the uptake * ♦ **nous avons été trop ~s à réagir** we were too slow to act ♦ **les résultats ont été ~s à venir** the results were slow to appear

**lente**[2] /lɑ̃t/ NF *(Zool)* nit

**lentement** /lɑ̃tmɑ̃/ ADV slowly ♦ **progresser ~** to make slow progress ♦ **~ mais sûrement** slowly but surely ♦ **qui va ~ va sûrement** *(Prov)* slow and steady wins the race *(Prov)*

**lenteur** /lɑ̃tœʀ/ NF slowness ♦ **avec ~** slowly ♦ **~ d'esprit** slow-wittedness ♦ **la ~ de la construction** the slow progress of the building work ♦ **des retards dus à des ~s administratives** delays due to slow *ou* cumbersome administrative procedures

**lentigo** /lɑ̃tigo/ NM lentigo

**lentille** /lɑ̃tij/ NF **a** *(Bot, Culin)* lentil ♦ **~s d'eau** duckweed **b** *(Opt)* lens ♦ **~s (cornéennes *ou* de contact) dures/souples** hard/soft contact lenses ♦ **~ micro-cornéenne** microcorneal lens

> ⚠ **lentille** *se traduit par le mot anglais* **lentil** *uniquement au sens culinaire et botanique.*

**lentisque** /lɑ̃tisk/ NM mastic tree

**Léonard** /leɔnaʀ/ NM Leonard ♦ **~ de Vinci** Leonardo da Vinci

**léonin, e** /leɔnɛ̃, in/ ADJ *(= de lion)* leonine; *[rime]* Leonine; *(= injuste) [contrat, partage]* one-sided

**léopard** /leɔpaʀ/ NM leopard ♦ **manteau de ~** leopardskin coat ♦ **tenue ~** *(Mil)* camouflage (uniform)

**LEP** /lɛp/ NM (abrév de **lycée d'enseignement professionnel**) → **lycée**

**lépidoptère** /lepidɔptɛʀ/ ADJ lepidopterous NM lepidopteran, lepidopterous insect ♦ **les ~s** Lepidoptera

**lépiote** /lepjɔt/ NF parasol mushroom

**lèpre** /lɛpʀ/ NF *(Méd)* leprosy; *(fig = mal)* scourge, plague ♦ **mur rongé de ~** flaking *ou* peeling wall

**lépreux, -euse** /lepʀø, øz/ ADJ *(lit)* leprous, suffering from leprosy; *[mur]* flaking, peeling; *[quartier, maison]* rundown NM,F *(lit, fig)* leper

**léproserie** /lepʀozʀi/ NF leper-house

**lequel** /ləkɛl/, **laquelle** /lakɛl/ (pl **lesquel(le)s** /lekɛl/) *(contraction avec* **à, de** *:* **auquel, auxquels, auxquelles, duquel, desquels, desquelles**) PRON **a** *(relatif, personne : sujet)* who; *(personne : objet)* whom; *(chose)* which ♦ **j'ai écrit au directeur de la banque, ~ n'a jamais répondu** I wrote to the bank manager, who has never answered ♦ **la patience avec laquelle il écoute** the patience with which he listens ♦ **le règlement d'après ~ ...** the ruling whereby ... ♦ **la femme à laquelle j'ai acheté mon chien** the woman from whom I bought my dog, the woman (who *ou* that) I bought my dog from ◆ **c'est un problème auquel je n'avais pas pensé** that's a problem I hadn't thought of *ou* which hadn't occurred to me ◆ **le pont sur ~ vous êtes passé** the bridge you came over *ou* over which you came ◆ **le docteur/le traitement sans ~ elle serait morte** the doctor without whom/the treatment without which she would have died ◆ **cette société sur laquelle on dit tant de mal** this society about which so much ill is spoken ◆ **la plupart desquels** *(personnes)* most of whom; *(choses)* most of which ◆ **les gens chez lesquels j'ai logé** the people at whose house I stayed, the people I stayed with; → **importer**[2]

**b** *(interrogatif)* which ◆ **~ des deux acteurs préférez-vous ?** which of the two actors do you prefer? ◆ **dans ~ de ces hôtels avez-vous logé ?** in which of these hotels did you stay? ◆ **laquelle des sonates de Mozart avez-vous entendue ?** which of Mozart's sonatas *ou* which Mozart sonata did you hear? ◆ **laquelle des chambres est la sienne ?** which is his room?, which of the rooms is his? ◆ **je ne sais à laquelle des vendeuses m'adresser** I don't know which saleswoman I should speak to ◆ **devinez lesquels de ces tableaux elle aimerait avoir** guess which of these pictures she would like to have ◆ **donnez-moi un melon/deux melons – ~ ?/lesquels ?** give me one melon/two melons – which one?/which ones? ◆ **va voir ma sœur – laquelle ?** go and see my sister – which one?

**ADJ** ◆ **son état pourrait empirer, auquel cas je reviendrais** his condition could worsen, in which case I would come back ◆ **il écrivit au ministre, ~ ministre ne répondit jamais** *(littér, iro)* he wrote to the minister but the latter *ou* the said minister never replied

**lerch(e)** * /lɛʀʃ/ **ADV** ◆ **pas ~(e)** not much ◆ **il n'y en a pas ~(e)** there's not much of it

**lérot** /leʀo/ **NM** lerot, garden dormouse

**les** /le/ → **le**[1], **le**[2]

**lesbianisme** /lɛsbjanism/ **NM** lesbianism

**lesbien, -ienne** /lɛsbjɛ̃, jɛn/ **ADJ** lesbian **NF** **lesbienne** lesbian

**lèse-majesté** /lɛzmaʒɛste/ **NF** lese-majesty; → **crime**

**léser** /leze/ ▸ conjug 6 ◂ **VT** **a** *(Jur = frustrer) [+ personne]* to wrong; *[+ intérêts]* to damage ◆ **je ne voudrais ~ personne** I don't want to cheat anyone ◆ **la partie lésée** the injured party ◆ **~ les droits de qn** to infringe on sb's rights ◆ **ils s'estiment lésés par cette réforme** they feel that they were the losers in this reform ◆ **il s'est senti lésé par rapport à son frère** he felt that his brother got a better deal than him, he felt he did less well out of it than his brother ◆ **je me sens lésé quelque part** I somehow feel that I got a raw deal **b** *(Méd = blesser) [+ organe]* to injure

**lésiner** /lezine/ ▸ conjug 1 ◂ **VI** to skimp *(sur qch* on sth); ◆ **ne pas ~ sur les moyens** *(gén)* to use all the means at one's disposal; *(pour mariage, repas)* to push the boat out *, to pull out all the stops *

**lésinerie** /lezinʀi/ **NF** stinginess *(NonC)*

**lésion** /lezjɔ̃/ **NF** *(Jur, Méd)* lesion ◆ **~s internes** internal injuries

**lésionnel, -elle** /lezjɔnɛl/ **ADJ** *[trouble]* caused by a lesion; *[syndrome]* of a lesion

**Lesotho** /lezɔto/ **NM** Lesotho

**lessivable** /lesivabl/ **ADJ** *[papier peint]* washable

**lessivage** /lesivaʒ/ **NM** *(gén)* washing; *(Chim, Géol)* leaching

**lessive** /lesiv/ **NF** **a** *(= produit) (en poudre)* washing powder *(Brit)*, (powdered) laundry detergent *(US)*; *(liquide)* liquid detergent; *(Tech = soude)* lye **b** *(= lavage)* washing *(NonC)* ◆ **le jeudi est mon jour de ~** Thursday is washday for me ◆ **faire la ~** to do the washing ◆ **faire quatre ~s par semaine** to do four washes a week ◆ **mettre une chemise à la ~** to put a shirt in the wash *ou* in the laundry ◆ **la grande ~** *(fig)* the big clean-up **c** *(= linge)* washing *(NonC)* ◆ **porter sa ~ à la blanchisserie** to take one's washing to the laundry

**lessiver** /lesive/ ▸ conjug 1 ◂ **VT** **a** *[+ mur, plancher, linge]* to wash **b** *(Chim, Géol)* to leach **c** *(* = battre) (au jeu)* to clean out *; *[+ adversaire]* to lick * **d** *(* = fatiguer)* to tire out, to exhaust ◆ **être lessivé** to be dead-beat * *ou* all-in * *ou* tired out

**lessiveuse** /lesivøz/ **NF** boiler *(for washing laundry)*

**lessiviel** /lesivjɛl/ **ADJ M** ◆ **produit ~** detergent product

**lessivier** /lesivje/ **NM** *(= fabricant)* detergent manufacturer

**lest** /lɛst/ **NM** *(Naut, Aviat)* ballast ◆ **sur son ~** in ballast ◆ **garnir un bateau de ~** to ballast a ship ◆ **jeter** *ou* **lâcher du ~** *(lit)* to dump ballast; *(fig)* to make concessions

**lestage** /lɛstaʒ/ **NM** ballasting

**leste** /lɛst/ **ADJ** **a** *[personne, animal]* nimble, agile; *[démarche]* light, nimble; → **main** **b** *(= grivois) [plaisanterie]* risqué **c** *(= cavalier) [ton, réponse]* offhand

**lestement** /lɛstəmɑ̃/ **ADV** **a** *(= souplement)* with great agility, nimbly **b** *(= cavalièrement) [traiter]* offhandedly

**lester** /lɛste/ ▸ conjug 1 ◂ **VT** **a** *(= garnir de lest)* to ballast **b** *(* = remplir) [+ portefeuille, poches]* to fill, to cram ◆ **~ son estomac, se ~ (l'estomac)** to fill one's stomach ◆ **lesté d'un repas copieux** weighed down with a heavy meal

**let** /lɛt/ **NM** *(Tennis)* let ◆ **balle ~** let ball ◆ **jouer une balle ~, faire un ~** to play a let

**létal, e** (mpl **-aux**) /letal, o/ **ADJ** *[dose, gène]* lethal

**léthargie** /letaʀʒi/ **NF** *(= apathie, Méd)* lethargy ◆ **tomber en ~** to fall into a state of lethargy

**léthargique** /letaʀʒik/ **ADJ** lethargic ◆ **état ~** lethargic state, state of lethargy

**lette** /lɛt/ **NM** *(Ling)* Latvian, Lett, Lettish

**letton, -on(n)e** /letɔ̃, ɔn/ **ADJ** Latvian, Lett, Lettish **NM** *(Ling)* Latvian, Lett, Lettish **NM,F** **Letton(ne)** Latvian, Lett

**Lettonie** /lɛtɔni/ **NF** Latvia

**lettrage** /letʀaʒ/ **NM** lettering

**lettre** /lɛtʀ/ **GRAMMAIRE ACTIVE 48.1**

**NF** **a** *(= caractère)* letter ◆ **mot de six ~s** six-letter word, word of six letters ◆ **écrire un nom en toutes ~s** to write out a name in full ◆ **écrivez la somme en (toutes) ~s** write out the sum in full ◆ **c'est en toutes ~s dans les journaux** it's there in black and white *ou* it's there for all to read in the newspapers ◆ **c'est en grosses ~s dans les journaux** it's made headlines ◆ **c'est écrit en toutes ~s sur sa figure** it's written all over his face ◆ **c'est à écrire en ~s d'or** it's a momentous event, it's something to celebrate ◆ **inscrit** *ou* **gravé en ~s de feu** written in letters of fire ◆ **cette lutte est écrite en ~s de sang** this bloody struggle will remain branded *ou* engraved on people's memories; → **cinq, majuscule, minuscule**

**b** *(= missive)* letter ◆ **~s** *(= courrier)* letters, mail, post ◆ **faire une ~** to write a letter *(à* to); ◆ **jeter** *ou* **mettre une ~ à la boîte** *ou* **à la poste** to post *ou* mail *(US)* a letter ◆ **y avait-il des ~s aujourd'hui ?** were there any letters today?, was there any mail *ou* post today? ◆ **écris-lui donc une petite ~** write him a note, drop him a line * ◆ **~ d'injures** abusive letter ◆ **~ de condoléances/de félicitations/de réclamation** letter of condolence/of congratulations/of complaint ◆ **~ d'amour/d'affaires** love/business letter ◆ **~ de rupture** letter ending a relationship, Dear John letter ◆ **"lettre suit"** "letter follows"

**c** *(= sens strict)* **prendre qch au pied de la ~** to take sth literally ◆ **suivre la ~ de la loi** to follow the letter of the law ◆ **exécuter des ordres à la ~** to carry out orders to the letter

**d** *(loc)* **rester ~ morte** *[remarque, avis, protestation]* to go unheeded ◆ **devenir ~ morte** *[loi, traité]* to become a dead letter ◆ **c'est passé comme une ~ à la poste** * it went off smoothly *ou* without a hitch ◆ **Anne Lemoine, cette féministe (bien) avant la ~** Anne Lemoine, a feminist (long) before the term existed *ou* had been coined

**NFPL** **lettres** **a** *(= littérature)* **les (belles) ~s** literature ◆ **femme/homme/gens de ~s** woman/man/men of letters ◆ **le monde des ~s** the literary world ◆ **avoir des ~s** to be well-read

**b** *(Scol, Univ) (gén)* arts (subjects); *(= français)* French literature and language ◆ **il est très fort en ~s** he's very good at arts subjects *ou* at the arts ◆ **il fait des ~s** he's doing an arts degree ◆ **professeur de ~s** teacher of French, French teacher *(in France)* ◆ **~s classiques** classics *(sg)* ◆ **~s modernes** *(= section)* French department, department of French (language and literature); *(= discipline)* French (language and literature); → **faculté, licence**

**COMP** ▷ **lettre d'accompagnement** covering *(Brit) ou* cover *(US)* letter ▷ **lettre de cachet** *(Hist)* lettre de cachet ▷ **lettre de change** bill of exchange ▷ **lettre de château** thank-you letter ▷ **lettre circulaire** circular ▷ **lettres de créance** credentials ▷ **lettre de crédit** letter of credit ▷ **lettre exprès** express letter ▷ **lettre d'intention** letter of intent ▷ **lettres de noblesse** *(lit)* letters patent of nobility ◆ **donner ses ~s de noblesse à** *(fig)* to lend credibility to ◆ **gagner ses ~s de noblesse** *(fig)* to win acclaim, to establish one's pedigree ▷ **lettre ouverte** *(Presse)* open letter ▷ **lettres patentes** letters (of) patent, letters patent of nobility ▷ **lettre de rappel** reminder ▷ **lettre de recommandation** letter of recommendation, reference ▷ **lettre de service** notification of command ▷ **lettres supérieures** *(Scol) first year of two-year preparatory course for the arts section of the École normale supérieure* ▷ **lettre de voiture** consignment note, waybill; → **motivation, recommandé, relance**

**lettré, e** /letʀe/ **ADJ** well-read **NM,F** man *(ou* woman) of letters

**lettrine** /letʀin/ **NF** **a** *[de dictionnaire]* headline **b** *[de chapitre]* dropped initial

**leu** /lø/ **NM** → **queue**

**leucémie** /løsemi/ **NF** leukaemia *(Brit)*, leukemia *(US)*

**leucémique** /løsemik/ **ADJ** leukaemic *(Brit)*, leukemic *(US)* **NMF** leukaemia *(Brit) ou* leukemia *(US)* sufferer

**leucocytaire** /løkositɛʀ/ **ADJ** leucocytic, leukocytic *(US)*

**leucocyte** /løkɔsit/ **NM** leucocyte, leukocyte *(US)* ◆ **~ mononucléaire** monocyte ◆ **~ polynucléaire** polymorphonuclear leucocyte

**leucorrhée** /løkɔʀe/ **NF** leucorrhoea

**leucotomie** /løkɔtɔmi/ NF leucotomy

**leur** /lœʀ/ PRON PERS them ◆ **je le ~ ai dit** I told them ◆ **il ~ est facile de le faire** it is easy for them to do it ◆ **elle ~ serra la main** she shook their hand, she shook them by the hand ◆ **je ~ en ai donné** I gave them some, I gave some to them

ADJ POSS **a** *(gén)* their ◆ **~ jardin est une vraie forêt vierge** their garden is a real jungle ◆ **~ maladroite de sœur** that clumsy sister of theirs ◆ **ils ont passé tout ~ dimanche à travailler** they spent all Sunday working

**b** *(littér)* theirs, their own ◆ **un ~ cousin** a cousin of theirs ◆ **ils ont fait ~s ces idées** they made these ideas their own ◆ **ces terres qui étaient ~s** these estates of theirs *ou* which were theirs

PRON POSS ◆ **le ~, la ~, les ~s** theirs ◆ **ces sacs sont les ~s** these bags are theirs, these are their bags ◆ **ils sont partis dans une voiture qui n'était pas la ~** they left in a car which wasn't theirs *ou* their own ◆ **à la (bonne) ~ !** their good health!, here's to them!; *pour autres loc voir* **sien**

NM **a** *(= énergie, volonté)* **ils y ont mis du ~** they pulled their weight, they did their bit *; → aussi **sien**

**b** ◆ **les ~s** *(= famille)* their family, their (own) folks *; *(= partisans)* their own people ◆ **nous étions des ~s** we were with them ◆ **l'un des ~s** one of their people

**leurre** /lœʀ/ NM *(= illusion)* delusion, illusion; *(= duperie)* deception; *(= piège)* trap, snare; *(Fauconnerie, Pêche)* lure; *(Chasse, Mil)* decoy

**leurrer** /lœʀe/ ▸ conjug 1 ◂ VT *(gén)* to deceive, to delude; *(Fauconnerie, Pêche)* to lure ◆ **ils nous ont leurrés par des promesses fallacieuses** they deluded us with false promises ◆ **ils se sont laissé ~** they let themselves be taken in *ou* deceived ◆ **ne vous leurrez pas** don't delude yourself ◆ **ne nous leurrons pas sur leurs intentions** we should not delude ourselves about their intentions

**levage** /ləvaʒ/ NM *(Tech)* lifting; *(Culin)* rising, raising; → **appareil**

**levain** /ləvɛ̃/ NM leaven ◆ **sans ~** unleavened ◆ **pain au ~** leavened bread ◆ **~ de haine/de vengeance** seeds of hate/of vengeance

**levant** /ləvɑ̃/ ADJ ◆ **soleil ~** rising sun ◆ **au soleil ~** at sunrise NM **a** *(= est)* east ◆ **du ~ au couchant** from east to west ◆ **les chambres sont au ~** the bedrooms face east **b** *(= l'Orient)* **le Levant** the Levant

**levantin, -ine** † /ləvɑ̃tɛ̃, in/ ADJ Levantine NM,F **Levantin(e)** Levantine

**levé**[1] /l(ə)ve/ NM *(= plan)* survey ◆ **~ de terrain** land survey

**levé**[2], **e**[1] /l(ə)ve/ (ptp de **lever**) ADJ *(= sorti du lit)* ◆ **être ~** to be up ◆ **sitôt ~** as soon as he is up ◆ **il n'est pas encore ~** he isn't up yet ◆ **toujours le premier ~** always the first up; → **pierre** NM *(Mus)* up-beat

**levée**[2] /l(ə)ve/ NF **a** *[de blocus, siège]* raising; *[de séance]* closing; *[d'interdiction, punition]* lifting ◆ **ils ont voté la ~ de son immunité parlementaire** they voted to take away *ou* to withdraw his parliamentary immunity

**b** *(Poste)* collection ◆ **la ~ du matin est faite** the morning collection has been made, the morning post has gone *(Brit)* ◆ **dernière ~ à 19 heures** last collection (at) 7 p.m.

**c** *(Cartes)* trick ◆ **faire une ~** to take a trick

**d** *[d'impôts]* levying; *[d'armée]* raising, levying

**e** *(= remblai)* levee

COMP ▷ **levée de boucliers** *(fig)* general outcry, hue and cry ▷ **levée du corps** ◆ **la ~ du corps aura lieu à 10 heures** the funeral will start from the house at 10 o'clock ▷ **levée d'écrou** release (from prison) ▷ **levée de jugement** transcript (of a verdict) ▷ **levée en masse** mass conscription ▷ **levée des scellés** removal of the seals ▷ **levée de terre** levee

**lever**[1] /l(ə)ve/ ▸ conjug 5 ◂ VT **a** *(= soulever, hausser) [+ poids, objet]* to lift; *[+ main, bras, vitre]* to raise; *(à la manivelle)* to wind up; *[+ tête]* to raise, to lift up ◆ **levez la main** *ou* **le doigt** *(en classe)* put your hand up ◆ **lève ton coude, je veux prendre le papier** lift *ou* raise your elbow, I want to take the paper away ◆ **lève les pieds quand tu marches** pick your feet up when you walk ◆ **~ les yeux** to lift up *ou* raise one's eyes, to look up *(de* from); ◆ **~ les yeux sur qn** *(= le regarder)* to look at sb; *( † = vouloir l'épouser)* to set one's heart on marrying sb ◆ **~ le visage vers qn** to look up at sb ◆ **~ un regard suppliant/éploré vers qn** to look up imploringly/tearfully at sb

**b** *(= faire cesser, supprimer) [+ blocus]* to raise; *[+ séance, audience]* to close; *[+ obstacle, difficulté]* to remove; *[+ interdiction, sanction, restriction]* to lift; *[+ ambiguïté]* to clear up; *[+ immunité parlementaire]* to withdraw, to take away ◆ **~ les scellés** to remove the seals ◆ **cela a levé tous ses scrupules** that has removed all his scruples ◆ **on lève la séance ?** * shall we call it a day?, shall we break up? *(US)*

**c** *(Fin, Jur) [+ option]* to exercise, to take up

**d** *(= ramasser) [+ impôts]* to levy; *[+ armée]* to raise, to levy; *[+ fonds]* to raise; *(Cartes) [+ pli]* to take; *[facteur] [+ lettres]* to collect

**e** *(Chasse) [+ lapin]* to start; *[+ perdrix]* to flush; ‡ *[+ femme]* to pick up *; → **lièvre**

**f** *(= établir) [+ plan]* to draw (up); *[+ carte]* to draw

**g** *(= sortir du lit) [+ enfant, malade]* to get up ◆ **le matin, pour le faire ~, il faut se fâcher** in the morning, you have to get angry before he'll get up *ou* to get him out of bed

**h** *(= prélever) [+ morceau de viande]* to take off, to remove ◆ **~ les filets d'un poisson** to fillet a fish

**i** *(loc)* **~ l'ancre** *(Naut)* to weigh anchor; *(* = s'en aller)* to make tracks * ◆ **~ les bras au ciel** to throw one's arms up in the air ◆ **~ les yeux au ciel** to raise one's eyes heavenwards ◆ **~ le camp** *(lit)* to strike *ou* break camp; *(fig = partir)* to clear off * ◆ **~ le siège** *(lit)* to lift *ou* raise the siege; *(fig = partir)* to clear off * ◆ **il lève bien le coude** * he enjoys a drink, he drinks a fair bit * ◆ **~ la patte** *[chien] (pour uriner)* to cock *ou* lift its leg; *(pour dire bonjour)* to give a paw ◆ **~ le pied** *(= disparaître)* to vanish; *(= ralentir)* to slow down ◆ **entre Paris et Lyon, il n'a pas levé le pied** he didn't take his foot off the accelerator between Paris and Lyons ◆ **~ la main sur qn** to raise one's hand to sb ◆ **~ le rideau** *(Théât)* to raise the curtain ◆ **~ le voile** to reveal the truth *(sur* about); ◆ **~ le masque** to unmask o.s. ◆ **~ son verre à la santé de qn** to raise one's glass to sb, to drink (to) sb's health; → **main, pied**

VI **a** *[plante, blé]* to come up

**b** *(Culin)* to rise ◆ **faire ~ la pâte** leave the dough to rise

VPR **se lever** **a** *[rideau, main]* to go up ◆ **toutes les mains se levèrent** every hand went up

**b** *(= se mettre debout)* to stand up, to get up ◆ **se ~ de table/de sa chaise** to get down from the table/get up from one's chair ◆ **le maître les fit se ~** the teacher made them stand up *ou* get up ◆ **levez-vous !** stand up!

**c** *(= sortir du lit)* to get up ◆ **se ~ tôt** to get up early, to rise early ◆ **le convalescent commence à se ~** the convalescent is beginning to walk about ◆ **ce matin, il s'est levé du pied gauche** he got out of bed on the wrong side this morning ◆ **se ~ sur son séant** to sit up ◆ **il faut se ~ de bonne heure pour le convaincre !** * you've got your work cut out for you if you want to persuade him

**d** *[soleil, lune]* to rise; *[jour]* to break ◆ **le soleil n'était pas encore levé** the sun had not yet risen *ou* was not yet up

**e** *(Mét) [vent]* to get up, to rise; *[brume]* to lift, to clear; *[mer]* to swell ◆ **le temps se lève, ça se lève** the weather *ou* it is clearing

**f** *(= se révolter)* to rise up

**lever**[2] /ləve/ NM **a** ◆ **~ de soleil** sunrise, sunup * *(US)* ◆ **le ~ du jour** daybreak, dawn ◆ **il partit dès le ~ du jour** he left at daybreak *ou* dawn **b** *(au réveil)* **prenez trois comprimés au ~** take three tablets when you get up ◆ **au ~, à son ~** *(présent)* when he gets up; *(passé)* when he got up ◆ **le ~ du roi** the levee of the king **c** *(Théât)* **le ~ du rideau** *(= action de monter le rideau)* the raising of the curtain; *(= commencement d'une pièce)* curtain up ◆ **un ~ de rideau** *(= pièce, match)* a curtain-raiser ◆ **en ~ de rideau, nous avons ...** as a curtain-raiser *ou* to start with, we have ... **d** ⇒ **levé**[1]

**lève-tard** /lɛvtaʀ/ NMF INV late riser

**lève-tôt** /lɛvto/ NMF INV early riser

**lève-vitre** (pl **lève-vitres**) /lɛvvitʀ/ NM (window) winder ◆ **~ électrique** electric window

**Léviathan** /levjatɑ̃/ NM *(Bible)* Leviathan

**levier** /ləvje/ NM lever ◆ **~ de commande** control lever ◆ **~ de changement de vitesse** gear lever *(Brit)*, gearshift *(US)*, stick shift * *(US)* ◆ **~ de frein** handbrake (lever) ◆ **faire ~ sur qch** to lever sth up *(ou* off *etc)* ◆ **être aux ~s (de commande)** *(fig)* to be in control *ou* command ◆ **l'argent est un puissant ~** money is a powerful lever

**lévitation** /levitasjɔ̃/ NF levitation ◆ **être en ~** to be levitating

**lévite** /levit/ NM Levite

**Lévitique** /levitik/ NM ◆ **le ~** Leviticus

**levraut** /ləvʀo/ NM leveret

**lèvre** /lɛvʀ/ NF **a** *[de bouche]* lip ◆ **le sourire aux ~s** with a smile on one's lips ◆ **la cigarette aux ~s** with a cigarette between one's lips ◆ **son nom est sur toutes les ~s** his name is on everyone's lips ◆ **j'ai les ~s scellées** *(fig)* my lips are sealed; → **bout, pincer, rouge** *etc* **b** *[de plaie]* edge; *[de vulve]* lip, labium *(SPÉC)* ◆ **petites/grandes ~s** labia minora/majora *(SPÉC)* **c** *(Géog) [de faille]* side ◆ **~ soulevée/abaissée** upthrow/downthrow side

**levrette** /ləvʀɛt/ NF *(= femelle)* greyhound bitch; *(= variété de lévrier)* Italian greyhound ◆ **en ~** *(= position sexuelle)* doggie-style, doggie-fashion

**lévrier** /levʀije/ NM greyhound ◆ **courses de ~s** greyhound racing ◆ **~ afghan** Afghan (hound) ◆ **~ irlandais** Irish wolfhound ◆ **~ italien** Italian greyhound

**levure** /l(ə)vyʀ/ NF *(= ferment)* yeast ◆ **~ de bière** brewers' yeast ◆ **~ de boulanger** *ou* **de boulangerie** baker's yeast ◆ **~ chimique** baking powder

**lexème** /lɛksɛm/ NM lexeme

**lexical, e** (mpl **-aux**) /lɛksikal, o/ ADJ lexical

**lexicalisation** /lɛksikalizasjɔ̃/ NF lexicalization

**lexicalisé, e** /lɛksikalize/ ADJ lexicalized

**lexicaliser** /lɛksikalize/ ► conjug 1 ◄ VT to lexicalize VPR **se lexicaliser** to become lexicalized

**lexicographe** /lɛksikɔɡʀaf/ NMF lexicographer

**lexicographie** /lɛksikɔɡʀafi/ NF lexicography

**lexicographique** /lɛksikɔɡʀafik/ ADJ lexicographical

**lexicologie** /lɛksikɔlɔʒi/ NF lexicology

**lexicologique** /lɛksikɔlɔʒik/ ADJ lexicological

**lexicologue** /lɛksikɔlɔɡ/ NMF lexicologist

**lexie** /lɛksi/ NF lexical item

**lexique** /lɛksik/ NM a *(= glossaire)* glossary; *(d'une langue ancienne)* lexicon b *(= mots d'une langue)* lexicon, lexis *(SPÉC)*; *(= mots d'une personne)* vocabulary, lexicon

**lézard** /lezaʀ/ NM *(= animal)* lizard; *(= peau)* lizardskin ◆ ~ **vert/des murailles** green/wall lizard ◆ **sac/gants en ~** lizardskin bag/gloves ◆ **faire le ~ (au soleil)** * to bask in the sun ◆ **y a pas de ~ !** * no problem! *, no prob! *

**lézarde** /lezaʀd/ NF *(= fissure)* crack

**lézarder¹** * /lezaʀde/ ► conjug 1 ◄ VI to bask in the sun

**lézarder²** VT, **se lézarder** VPR /lezaʀde/ ► conjug 1 ◄ *(= craquer)* to crack

**Lhassa** /lasa/ N Lhasa, Lassa

**liaison** /ljɛzɔ̃/ NF a *(= fréquentation)* ~ **(amoureuse)** (love) affair, liaison ◆ **avoir/rompre une ~** to have/break off an affair *ou* a love affair

b *(= contact)* **assurer la ~ entre les différents services** to liaise between the different departments ◆ **avoir des ~s avec** *(péj)* to have links *ou* dealings with ◆ **j'espère que nous allons rester en ~** I hope that we shall remain in contact *ou* in touch ◆ **entrer/être en ~ étroite avec qn** to get/be in close contact with sb ◆ **travailler en ~ étroite avec qn** to work closely with *ou* in close collaboration with sb ◆ **en ~ (étroite) avec nos partenaires, nous avons décidé de ...** in (close) collaboration with *ou* after (close) consultation with our partners, we have decided to ... ◆ **se tenir en ~ avec l'état-major** to keep in contact with headquarters, to liaise with headquarters ◆ **officier** *ou* **agent de ~** liaison officer

c *(Radio, Téléc)* ~ **radio** radio contact ◆ **les ~s téléphoniques avec le Japon** telephone links with Japan ◆ ~ **par satellite/câble** satellite/cable link ◆ **je suis en ~ avec notre envoyé spécial à Moscou** I have our special correspondent on the line from Moscow ◆ ~ **de transmission** *(Ordin)* data link

d *(= rapport, enchaînement)* connection ◆ **manque de ~ entre deux idées** lack of connection between two ideas ◆ **il n'y a aucune ~ entre les deux idées/événements** the two ideas/events are unconnected

e *(Gram, Phon)* liaison ◆ **consonne de ~** linking consonant ◆ **mot** *ou* **terme de ~** link-word ◆ **faire la ~** to make a liaison

f *(Transport)* link ◆ ~ **aérienne/routière/ferroviaire/maritime** air/road/rail/sea link

g *(Culin) (= action)* thickening, liaison; *(= ingrédients)* liaison

h *(Mus) (même hauteur)* tie; *(hauteurs différentes)* slur

i *(Chim)* bond

j *(Constr) (= action)* bonding; *(= mortier)* bond

**liane** /ljan/ NF creeper, liana

**liant, liante** /ljɑ̃, ljɑ̃t/ ADJ sociable NM a *(littér : en société)* sociable disposition ◆ **il a du ~** he has a sociable disposition *ou* nature, he is sociable b *(Métal = souplesse)* flexibility c *(= substance)* binder

**liard** /ljaʀ/ NM *(Hist)* farthing ◆ **je n'ai pas un ~** † I haven't (got) a farthing †

**lias** /ljɑs/ NM *(Géol)* Lias

**liasique** /ljɑzik/ ADJ *(Géol)* Liassic

**liasse** /ljas/ NF *[de billets]* wad; *[de papiers]* bundle ◆ **mettre des billets en ~s** to make (up) wads of notes

**Liban** /libɑ̃/ NM ◆ **(le) ~** (the) Lebanon

**libanais, e** /libanɛ, ɛz/ ADJ Lebanese NM,F **Libanais(e)** Lebanese

**libanisation** /libanizasjɔ̃/ NF *(Pol)* ◆ **la ~ du pays** the fragmentation of the country

**libation** /libasjɔ̃/ NF *(Antiq)* libation ◆ **faire de copieuses ~s** *(fig)* to indulge in great libations *(hum)*

**libelle** /libɛl/ NM *(= satire)* lampoon ◆ **faire des ~s contre qn** to lampoon sb

**libellé** /libele/ NM *(gén)* wording; *(Fin)* description, particulars

**libeller** /libele/ ► conjug 1 ◄ VT *[+ acte]* to draw up; *[+ chèque]* to make out (*à l'ordre de* to); *[+ lettre, demande, réclamation]* to word ◆ **sa lettre était ainsi libellée** so went his letter, his letter was worded thus

**libelliste** /libelist/ NM *(littér)* lampoonist

**libellule** /libelyl/ NF dragonfly

**liber** /libɛʀ/ NM *(Bot)* phloem

**libérable** /libeʀabl/ ADJ *[militaire]* dischargeable ◆ **permission ~** leave in hand *(allowing early discharge)*

**libéral, e** (mpl **-aux**) /libeʀal, o/ ADJ a *(Pol)* Liberal b *(Écon) [économie, modèle]* free-market *(épith)* ◆ **travailler en ~** *[médecin]* to have a private practice; *[chauffeur de taxi]* to work for oneself; → **profession** c *(= tolérant)* liberal, open-minded NM,F *(Pol)* Liberal

**libéralement** /libeʀalmɑ̃/ ADV liberally

**libéralisation** /libeʀalizasjɔ̃/ NF *(gén)* liberalization ◆ **la ~ du commerce** trade liberalization, the easing of restrictions on trade ◆ ~ **de l'avortement** liberalization of the abortion laws

**libéraliser** /libeʀalize/ ► conjug 1 ◄ VT *(gén)* to liberalize ◆ ~ **la vente des seringues** to lift restrictions on the sale of syringes

**libéralisme** /libeʀalism/ NM *(gén)* liberalism ◆ **être partisan du ~ économique** to be a supporter of economic liberalism *ou* of free enterprise

**libéralité** /libeʀalite/ NF *(littér) (= générosité)* liberality; *(gén pl = don)* generous gift, liberality *(frm)* ◆ **vivre des ~s d'un ami** to live off a friend's generosity

**libérateur, -trice** /libeʀatœʀ, tʀis/ ADJ ◆ **guerre/croisade libératrice** war/crusade of liberation ◆ **rire ~** liberating laugh ◆ **expérience libératrice** liberating experience NM,F liberator

**libération** /libeʀasjɔ̃/ NF a *[de prisonnier, otage]* release; *[de soldat]* discharge; *[de pays, peuple, ville]* freeing, liberation ◆ **front/mouvement de ~** liberation front/movement ◆ **la Libération** *(Hist)* the Liberation ◆ ~ **anticipée** early release ◆ ~ **conditionnelle** release on parole ◆ **la ~ de la femme** Women's Liberation ◆ ~ **sexuelle** sexual liberation b *(Fin)* ~ **de capital** paying up of capital, payment in full of capital ◆ ~ **des prix** price deregulation c *(Sci) [d'énergie, électrons]* release; → **vitesse**

**libératoire** /libeʀatwaʀ/ ADJ *(Fin)* ◆ **paiement ~** payment in full discharge ◆ **prélèvement ~** levy at source *(on share dividends)*

**libéré, e** /libeʀe/ (ptp de **libérer**) ADJ liberated

**libérer** /libeʀe/ ► conjug 6 ◄ VT a *[+ prisonnier]* to discharge, to release (*de* from); *[+ otage]* to release, to set free; *[+ soldat]* to discharge (*de* from); *[+ élèves, employés]* to let go; *[+ pays, peuple, ville]* to free, to liberate ◆ **être libéré sur parole** *(Jur)* to be released on parole; → **caution**

b *[+ esprit, personne] (de soucis)* to free (*de* from); *(d'inhibition)* to liberate (*de* from); ◆ ~ **qn de** *[+ liens]* to release *ou* free sb from; *[+ promesse]* to release sb from; *[+ dette]* to free sb from ◆ **ça m'a libéré de lui dire ce que je pensais** it was a relief to tell him what I was thinking

c *[+ appartement]* to move out of, to vacate; *[+ étagère]* to clear; *[+ tiroir]* to empty ◆ **nous libérerons la salle à 11 heures** we'll clear the room at 11 o'clock ◆ ~ **le passage** to free *ou* unblock the way ◆ **ça a libéré trois postes** it made three jobs available

d *(Tech) [+ levier, cran d'arrêt]* to release; *(Écon) [+ échanges commerciaux]* to ease restrictions on; *[+ prix]* to decontrol; *(Méd) [+ intestin]* to unblock

e *(= soulager)* ~ **son cœur/sa conscience** to unburden one's heart/one's conscience ◆ ~ **ses instincts** to give free rein to one's instincts

f *(Sci) [+ énergie, électrons, hormones]* to release; *[+ gaz]* to release, to give off

VPR **se libérer** a *[personne] (de ses liens)* to free o.s. (*de* from); *(d'une promesse)* to release o.s. (*de* from); *(d'une dette)* to clear o.s. (*de* of); ◆ **se ~ d'un rendez-vous** to get out of a meeting ◆ **désolé, jeudi je ne peux pas me ~** I'm sorry, I'm not free on Thursday ◆ **je n'ai pas pu me ~ plus tôt** I couldn't get away any earlier ◆ **se ~ du joug de l'oppresseur** *(= s'affranchir)* to free o.s. from the yoke of one's oppressor

b *[appartement]* to become vacant; *[place assise]* to become available; *[poste]* to become vacant *ou* available

**Libéria** /libeʀja/ NM Liberia

**libérien, -ienne** /libeʀjɛ̃, jɛn/ ADJ Liberian NM,F **Libérien(ne)** Liberian

**libériste** /libeʀist/ NMF *(= sportif)* hang-glider ADJ hang-gliding

**libéro** /libeʀo/ NM *(Ftbl)* libero *(SPÉC)*, ≃ sweeper

**libertaire** /libɛʀtɛʀ/ ADJ, NMF libertarian

**liberté** /libɛʀte/ NF a *(gén, Jur)* freedom, liberty ◆ **rendre la ~ à un prisonnier** to free *ou* release a prisoner, to set a prisoner free ◆ **elle a quitté son mari et repris sa ~** she has left her husband and regained her freedom *ou* her independence ◆ **sans la ~ de critiquer/de choisir aucune opinion n'a de valeur** without the freedom to criticize/to choose any opinion is valueless ◆ **avoir toute ~ pour agir** to have full liberty *ou* freedom *ou* scope to act ◆ **donner à qn toute ~ d'action** to give sb complete freedom of action, to give sb a free hand ◆ **agir en toute** *ou* **pleine ~** to act with complete freedom, to act quite freely

b *(loc)* **laisser en ~** to allow to remain at liberty ◆ **mise en ~** *[de prisonnier]* discharge, release ◆ **être en ~** to be free ◆ **animaux en ~** animals in the wild *ou* natural state ◆ **les animaux sont en ~ dans le parc** the animals roam free in the park ◆ **le voleur est encore en ~** the thief is still at large ◆ **remettre en ~** *[+ animal]* to set free (again); *[+ otage, prisonnier]* to release, to set free

c *(gén, Pol = indépendance)* freedom ◆ ~ **de la presse/d'opinion/de conscience** freedom of the press/of thought/of conscience ◆ ~ **individuelle** personal freedom ◆ ~ **d'infor-**

**mation/d'expression** freedom of information/of expression ◆ ~ **religieuse** *ou* **de culte** religious freedom, freedom of worship ◆ **vive la ~ !** long live freedom! ◆ **~, égalité, fraternité** liberty, equality, fraternity ◆ **la Statue de la Liberté** the Statue of Liberty

**d** *(= loisir)* **heures/moments de ~** free hours/moments ◆ **ils ont droit à deux jours de ~ par semaine** they are allowed two free days a week *ou* two days off each week ◆ **son travail ne lui laisse pas beaucoup de ~** his work doesn't leave him much free time

**e** *(= absence de retenue, de contrainte)* **~ d'esprit/de jugement** independence of mind/of judgment ◆ **~ de langage/de mœurs** freedom of language/of morals ◆ **la ~ de ton du ministre a étonné** the fact that the minister expressed himself so openly *ou* freely surprised people ◆ **la ~ de ton de l'émission a choqué** the frank approach of the programme shocked people ◆ **s'exprimer avec (grande) ~** to express o.s. (very) freely ◆ **prendre la ~ de faire** to take the liberty of doing ◆ **prendre** *ou* **se permettre des ~s avec** *[+ personne, texte, grammaire, règlement]* to take liberties with

**f** *(= droit)* **la ~ du travail** the right *ou* freedom to work ◆ **~ d'association/de réunion** right of association/to meet *ou* hold meetings ◆ **~s individuelles** individual freedoms *ou* liberties ◆ **~s syndicales** union rights ◆ **~s civiles** civil liberties ◆ **~s des villes** *(Hist)* borough franchises

**COMP** ▷ **liberté conditionnelle** parole ◆ **être mis en ~ conditionnelle** to be granted parole, to be released on parole ◆ **mise en ~ conditionnelle** release on parole ▷ **liberté provisoire** temporary release ◆ **être mis en ~ provisoire** to be released temporarily ▷ **liberté surveillée** release on probation ◆ **être mis en ~ surveillée** to be put on probation

**libertin, e** /libɛʀtɛ̃, in/ **ADJ** *(= dissolu) [personne]* libertine, dissolute; *(= grivois) [roman]* licentious; *(Hist = irréligieux) [philosophe]* libertine **NM,F** *(littér = dévergondé)* libertine **NM** *(Hist = libre-penseur)* libertine, freethinker

**libertinage** /libɛʀtinaʒ/ **NM** *(= débauche) [de personne]* debauchery, dissoluteness; *(= grivoiserie) [de roman]* licentiousness; *(Hist = impiété)* libertine outlook *ou* philosophy

**liberty** ® /libɛʀti/ **NM INV** Liberty fabric ®

**libidinal, e** (mpl **-aux**) /libidinal, o/ **ADJ** libidinal

**libidineux, -euse** /libidinø, øz/ **ADJ** *(littér, hum)* libidinous, lustful

**libido** /libido/ **NF** libido

**libraire** /libʀɛʀ/ **NMF** bookseller ◆ **~-éditeur** publisher and bookseller ◆ **en vente chez votre ~** available in all good bookshops

**librairie** /libʀeʀi/ **NF** **a** *(= magasin)* bookshop *(Brit)*, bookstore *(US)* ◆ **~ d'art/de livres anciens** art/antiquarian bookshop ◆ **~-papeterie** bookseller's and stationer's ◆ **ça ne se vend plus en ~** it's no longer in the bookshops, the bookshops no longer sell it ◆ **ce livre va bientôt paraître en ~** this book will soon be on sale (in the shops) *ou* will soon be available **b** ◆ **la ~** *(= activité)* bookselling *(NonC)*; *(= corporation)* the book trade

> ⚠ **librairie** *ne se traduit pas par* **library**, *qui a le sens de 'bibliothèque'.*

**libre** /libʀ/ GRAMMAIRE ACTIVE 52.3

**ADJ** **a** *(= sans contrainte) [personne, presse, commerce, prix]* free; *(Sport) [figure, programme]* free ◆ **garder l'esprit** *ou* **la tête ~** to keep a clear mind ◆ **être ~ comme l'air** to be as free as a bird ◆ **être/rester ~** *(non marié)* to be/remain unattached ◆ **il n'est plus ~ (de lui-même)** he is no longer a free agent ◆ **être ~ de ses mouvements** to be free to do what one pleases ◆ **avoir la ~ disposition de ses biens** to have free disposal of one's property ◆ **la ~ circulation des personnes** the free movement of people ◆ **le monde ~** *(Pol)* the free world; → **vente**

**b** ◆ **~ de** free from ◆ **~ de tout engagement/préjugé** free from any commitment/all prejudice ◆ **~ de faire qch** free to do sth ◆ **~ à vous de poser vos conditions** you are free to *ou* it's (entirely) up to you to state your conditions ◆ **vous êtes parfaitement ~ de refuser l'invitation** you're quite free *ou* at liberty to refuse the invitation

**c** *(= non occupé) [passage, voie]* clear; *[taxi]* for hire; *[personne, place]* free; *[salle]* free, available; *[toilettes,]* vacant ◆ **poste ~** vacancy, vacant position ◆ **"libre de suite"** *(appartement à louer)* "available immediately"; *(appartement à vendre)* "with immediate vacant possession" ◆ **la ligne n'est pas ~** *(Téléc)* the line *ou* number is busy *ou* engaged *(Brit)* ◆ **ça ne sonne pas ~** *(Téléc)* I'm getting an engaged tone *(Brit)*, there's a busy signal *(US)* ◆ **est-ce que cette place est ~ ?** is this seat free? *ou* empty? ◆ **heure ~** *ou* **de ~** * free hour; *(Scol)* free period ◆ **avoir du temps ~** *ou* **de ~** * to have some spare *ou* free time ◆ **avoir des journées ~s** to have some free days ◆ **êtes-vous ~ ce soir ?** are you free this evening? ◆ **vous ne pouvez pas voir M. Durand, il n'est pas ~ aujourd'hui** you can't see Mr Durand, he's not free *ou* available today ◆ **le jeudi est son jour ~** Thursday is his free day *ou* his day off ◆ **je vais essayer de me rendre ~ pour demain** I'll try to keep tomorrow free; → **air[1], champ[1]**

**d** *(Scol = non étatisé) [enseignement]* private and Roman Catholic ◆ **école ~** private *ou* independent Roman Catholic school; → ÉDUCATION NATIONALE

**e** *(= autorisé, non payant) [entrée, accès]* free; → **auditeur, entrée**

**f** *(= non entravé) [mouvement, respiration]* free; *[traduction, improvisation, adaptation]* free; *[pignon, engrenage]* disengaged ◆ **robe qui laisse le cou ~** dress which leaves the neck bare *ou* which shows the neck ◆ **robe qui laisse la taille ~** dress which is not tight-fitting round the waist *ou* which fits loosely at the waist ◆ **avoir les cheveux ~s** to have one's hair loose ◆ **le sujet de la dissertation est ~** the subject of this essay is left open; → **main, roue, vers[2]**

**g** *(= sans retenue) [personne]* free *ou* open in one's behaviour; *[plaisanteries]* broad ◆ **tenir des propos assez ~s sur la politique du gouvernement** to be fairly plain-spoken *ou* make fairly candid remarks about the policies of the government ◆ **être très ~ avec qn** to be very free with sb ◆ **donner ~ cours à sa colère/son indignation** to give free rein *ou* vent to one's anger/one's indignation

**COMP** ▷ **libre arbitre** free will ◆ **avoir son ~ arbitre** to have free will ▷ **libre concurrence, libre entreprise** free enterprise ◆ **un partisan de la ~ entreprise** *ou* **concurrence** a free-marketeer, a supporter of the free-market economy *ou* of free enterprise ▷ **libre pensée** freethinking ▷ **libre penseur, -euse** freethinker

**libre-échange** (pl **libres-échanges**) /libʀeʃɑ̃ʒ/ **NM** free trade

**libre-échangisme** /libʀeʃɑ̃ʒism/ **NM** (doctrine of) free trade

**libre-échangiste** (pl **libres-échangistes**) /libʀeʃɑ̃ʒist/ **ADJ** free-market *(épith)*, free-trade *(épith)* **NMF** free-trader

**librement** /libʀəmɑ̃/ **ADV** *[agir]* freely ◆ **~ adapté d'une pièce de Molière** freely adapted from a play by Molière

**libre-service** (pl **libres-services**) /libʀəsɛʀvis/ **NM** *(= restaurant)* self-service restaurant; *(= magasin)* self-service store ◆ **ce magasin propose un fax et une photocopieuse en ~** the shop provides self-service fax and photocopying facilities

**librettiste** /libʀetist/ **NMF** librettist

**libretto** † /libʀeto/ (pl **librettos** *ou* **libretti** /libʀeti/) **NM** libretto

**Libreville** /libʀəvil/ **N** Libreville

**Libye** /libi/ **NF** Libya

**libyen, -enne** /libjɛ̃, ɛn/ **ADJ** Libyan **NM,F** **Libyen(ne)** Libyan

**lice** /lis/ **NF** *(Hist)* lists ◆ **entrer en ~** *(fig)* to enter the lists ◆ **les candidats encore en ~** candidates still in contention

**licence** /lisɑ̃s/ **NF** **a** *(Univ)* ≃ (bachelor's) degree ◆ **~ ès lettres** Arts degree, ≃ BA ◆ **~ ès sciences** Science degree, ≃ BSc ◆ **faire une ~ d'anglais** to do a degree in English; → DIPLÔMES

**b** *(= autorisation)* permit; *(Comm, Jur)* licence *(Brit)*, license *(US)*; *(Sport)* membership card ◆ **un produit sous ~** a licensed product ◆ **fabriqué sous ~ française** manufactured under French licence ◆ **~ d'exploitation** *[de logiciel, réseau]* licence; *[de ligne aérienne]* operating permit ◆ **~ d'exportation** export licence

**c** *(littér = liberté)* **~ (des mœurs)** licentiousness *(NonC)* ◆ **avoir toute** *ou* **pleine ~ pour faire qch** to have a free hand to do sth ◆ **prendre des ~s avec qn** to take liberties with sb ◆ **~ poétique** *(Littérat)* poetic licence ◆ **une ~ orthographique** an accepted alternative spelling

> ⚠ *Au sens de 'diplôme',* **licence** *ne se traduit pas par le mot anglais* **licence**.

**licencié, e** /lisɑ̃sje/ **ADJ** *(Univ)* ◆ **professeur ~** graduate teacher ◆ **elle est ~e** she is a graduate **NM,F** **a** *(Univ)* **~ ès lettres/ès sciences/en droit** arts/science/law graduate, ≃ Bachelor of Arts/of Science/of Law **b** *(Sport)* member **c** *(Jur)* licensee

**licenciement** /lisɑ̃simɑ̃/ **NM** *(pour raisons économiques)* redundancy; *(pour faute professionnelle)* dismissal ◆ **il y a eu des centaines de ~s pour raisons économiques** hundreds of people were laid off *ou* made redundant *(Brit)*, there were hundreds of redundancies ◆ **~ abusif** unfair dismissal ◆ **~ collectif** mass redundancy *ou* lay-offs *ou* redundancies *(Brit)* ◆ **~ sec** compulsory redundancy *(without any compensation)* ◆ **lettre de ~** letter of dismissal, pink slip * *(US)*; → **indemnité**

**licencier** /lisɑ̃sje/ ▸ conjug 7 ◂ **VT** *(pour raisons économiques)* to lay off, to make redundant *(Brit)*; *(pour faute)* to dismiss ◆ **on licencie beaucoup dans ce secteur** there are a lot of redundancies in this sector

**licencieusement** /lisɑ̃sjøzmɑ̃/ **ADV** licentiously

**licencieux, -ieuse** /lisɑ̃sjø, jøz/ **ADJ** *(littér)* licentious

**lichen** /likɛn/ **NM** *(Bot, Méd)* lichen

**licher** * /liʃe/ ▸ conjug 1 ◂ **VT** *(= boire)* to drink; *(= lécher)* to lick

**lichette** * /liʃɛt/ **NF** **a** *(= morceau)* **~ de pain/de fromage** tiny piece of bread/of cheese ◆ **tu en veux une ~ ?** do you want a bit? ◆ **il n'en restait qu'une ~** there was only a (tiny) taste left **b** *(Belg = attache)* loop

**licite** /lisit/ **ADJ** lawful, licit

**licitement** /lisitmɑ̃/ **ADV** lawfully, licitly

**licol** † /likɔl/ **NM** halter

**licorne** /likɔʀn/ NF unicorn ◆ **~ de mer** narwhal, sea unicorn

**licou** /liku/ NM halter

**licteur** /liktœʀ/ NM lictor

**lie** /li/ NF *[de vin]* sediment, lees ◆ **la ~ (de la société)** *(péj)* the dregs of society; → **boire** ‖ COMP ▷ **lie-de-vin, lie de vin** ADJ INV wine(-coloured)

**lié, e** /lje/ (ptp de **lier**) ADJ a *[personne]* **être très ~ à** *ou* **avec qn** to be very close to sb ◆ **ils sont très ~s** they're very close b *(Mus)* **note ~e** tied note ◆ **morphème ~** *(Ling)* bound morpheme

**Liechtenstein** /liʃtɛnʃtajn/ NM Liechtenstein

**liechtensteinois, e** /liʃtɛnʃtajnwa, waz/ ADJ of Liechtenstein NM,F **Liechtensteinois(e)** inhabitant *ou* native of Liechtenstein

**lied** (pl **lieder** *ou* **lieds**) /lid, lidœʀ/ NM lied

**liège** /ljɛʒ/ NM cork ◆ **de** *ou* **en ~** cork *(épith)*; → **bout**

**liégeois, e** /ljeʒwa, waz/ ADJ of *ou* from Liège ◆ **café/chocolat ~** coffee/chocolate sundae NM,F **Liégeois(e)** inhabitant *ou* native of Liège

**lien** /ljɛ̃/ NM a *(= attache)* bond ◆ **le prisonnier se libéra de ses ~s** the prisoner freed himself from his bonds ◆ **de solides ~s de cuir** strong leather straps

b *(= corrélation)* link, connection ◆ **il y a un ~ entre les deux événements** there's a link *ou* connection between the two events ◆ **il n'y a aucun ~ entre les deux affaires** the two cases are not connected in any way ◆ **servir de ~ entre deux personnes** to act as a link between two people ◆ **idées sans ~** unconnected *ou* unrelated ideas

c *(= relation)* tie ◆ **~s familiaux** *ou* **de parenté** family ties ◆ **avoir un ~ de parenté avec qn** to be related to sb ◆ **~s de sang** blood ties ◆ **~s d'amitié** bonds of friendship ◆ **~ affectif** emotional bond ◆ **un ~ très fort l'attache à son pays** he has a very strong attachment to his country ◆ **le ~ qui les unit** the bond that unites them ◆ **quels sont vos ~s?** what's your relationship? ◆ **~s du mariage** marriage bonds *ou* ties ◆ **le ~ social** social cohesion ◆ **les ~s financiers/économiques entre ces deux entreprises** the financial/economic links between these two companies

d *(Internet)* link ◆ **~ hypertexte** hypertext link

**lier** /lje/ ► conjug 7 ◄ VT a *(= attacher) [+ mains, pieds]* to bind, to tie up; *[+ fleurs, bottes de paille]* to tie up ◆ **elle lui a lié les pieds et les mains** she bound him hand and foot ◆ **~ de la paille en bottes** to bind *ou* tie straw into bales ◆ **~ qn à un arbre/une chaise** to tie sb to a tree/a chair ◆ **~ qch avec une ficelle** to tie sth with a piece of string; → **fou, pied**

b *(= relier) [+ mots, phrases]* to link up, to join up ◆ **~ la cause à l'effet** to link cause to effect ◆ **tous ces événements sont étroitement liés** all these events are closely linked *ou* connected ◆ **cette maison est liée à tout un passé** there is a whole history attached to this house ◆ **tout est lié** everything links up *ou* ties up ◆ **~ les notes** *(Mus)* to slur the notes ◆ **~ un passage** to play a passage legato

c *(= unir) [+ personnes]* to bind, to unite ◆ **l'amitié qui nous lie à elle** the friendship which binds us to her ◆ **l'amitié qui les lie** the friendship which unites them ◆ **un goût/mépris commun pour le théâtre les liait** they were united by a common liking/scorn for the theatre

d *[contrat]* to bind ◆ **~ qn par un serment/une promesse** to bind sb with an oath/a promise

e *(Culin) [+ sauce]* to thicken ◆ **~ des pierres avec du mortier** *(Constr)* to bind stones with mortar

f *(loc)* **~ amitié/conversation** to strike up a friendship/conversation ◆ **~ la langue à qn** † to make sb tongue-tied

VPR **se lier** to make friends *(avec qn* with sb*)*; ◆ **se ~ d'amitié avec qn** to strike up a friendship with sb ◆ **il ne se lie pas facilement** he doesn't make friends easily ◆ **se ~ par un serment** to bind o.s. by an oath

**lierre** /ljɛʀ/ NM ivy ◆ **~ terrestre** ground ivy

**liesse** /ljɛs/ NF *(littér = joie)* jubilation ◆ **en ~** jubilant

**lieu**[1] (pl **lieux**) /ljø/ GRAMMAIRE ACTIVE 42.2, 44.2

NM a *(gén = endroit)* place; *[d'événement]* scene ◆ **adverbe de ~** adverb of place ◆ **~ de pèlerinage/résidence/retraite** place of pilgrimage/residence/retreat ◆ **sur le ~ de travail** in the workplace ◆ **le club est devenu un ~ de vie important dans le quartier** the club has become a major centre of social activity in the area ◆ **il faut maintenir la personne âgée dans son ~ de vie habituel** old people should be allowed to stay in their usual environment ◆ **en quelque ~ qu'il soit** wherever he may be, wherever he is ◆ **en tous ~x** everywhere ◆ **en aucun ~ du monde** nowhere in the world ◆ **cela varie avec le ~** it varies from place to place ◆ **en ~ sûr** in a safe place; → **haut, nom**

b *(avec notion temporelle)* **en premier/second ~** in the first/second place, firstly/secondly ◆ **en dernier ~** lastly, finally ◆ **ce n'est pas le ~ d'en parler** this isn't the place to speak about it ◆ **en son ~** in due course; → **temps**[1]

c *(loc)* **signer en ~ et place de qn** to sign on behalf of sb

◆ **au lieu de/que** instead of ◆ **tu devrais téléphoner au ~ d'écrire** you should telephone instead of writing ◆ **il devrait se réjouir, au ~ de cela, il se plaint** he should be glad, instead of which he complains *ou* but instead he complains ◆ **au ~ que nous partions** instead of (us) leaving

◆ **avoir lieu** *(= se produire)* to take place, to occur ◆ **avoir ~ d'être inquiet/de se plaindre** to have (good) grounds for being worried/for complaining, to have (good) reason to be worried/to complain ◆ **vos craintes/critiques n'ont pas ~ d'être** your fears/criticisms are groundless

◆ **il y a lieu** ◆ **il y a ~ d'être inquiet** there is cause for anxiety *ou* good reason to be anxious ◆ **il y a tout ~ de s'étonner** we have every reason to be surprised

◆ **s'il y a lieu** if the need arises ◆ **vous appellerez le médecin, s'il y a ~** send for the doctor if necessary *ou* if the need arises

◆ **donner lieu à** *[débat, critiques]* to give rise to ◆ **ce centenaire a donné ~ à de nombreuses manifestations** the centenary was an opportunity for many different events ◆ **ces chiffres donneront ~ à diverses interprétations** these figures will be interpreted in various ways

◆ **tenir lieu de** to be a substitute for ◆ **ces quelques réformes ne peuvent tenir ~ de programme politique** this handful of reforms cannot be a substitute for a proper political programme ◆ **elle lui a tenu ~ de mère** she took the place of his mother ◆ **ce vieux manteau tient ~ de couverture** this old overcoat serves as a blanket

NMPL **lieux** *(= locaux)* premises ◆ **quitter** *ou* **vider les ~x** *(gén)* to get out, to leave; *(Admin)* to vacate the premises ◆ **se rendre sur les ~x du crime** to go to the scene of the crime ◆ **être sur les ~x de l'accident** to be at *ou* on the scene of the accident ◆ **notre envoyé est sur les ~x** our special correspondent is on the spot *ou* at the scene; → **état**

COMP ▷ **lieux d'aisances** († *ou hum*) lavatory *(Brit)*, comfort station *(US)* ▷ **lieu commun** commonplace ▷ **lieu de débauche** († *ou hum*) den of iniquity ▷ **lieu géométrique** *(Math, fig)* locus ▷ **lieu de mémoire** ≃ heritage site ▷ **lieu de naissance** *(gén)* birthplace; *(Admin)* place of birth ▷ **lieu de passage** *(entre régions)* crossing point; *(entre villes)* stopping-off place; *(dans un bâtiment)* place where people are constantly coming and going ▷ **lieu de perdition** den of iniquity ▷ **lieu de promenade** place *ou* spot for walking ▷ **lieu public** public place ▷ **lieu de rendez-vous** meeting place ◆ **c'est le ~ de rendez-vous des amateurs de jazz** it's a mecca for jazz enthusiasts ▷ **les Lieux saints** the Holy Places ▷ **lieu de vacances** *(gén)* place *ou* spot for one's holidays *(Brit) ou* vacation *(US)*; *(= ville)* holiday *(Brit) ou* vacation *(US)* resort ◆ **je l'ai appelé sur son ~ de vacances** I phoned him at the place where he was spending his holiday

**lieu**[2] /ljø/ NM *(= poisson)* ◆ **~ jaune** pollack, pollock ◆ **~ noir** coley

**lieu-dit** (pl **lieux-dits**) /ljødi/ NM locality ◆ **au ~ le Bouc étourdi** at the place known as the Bouc étourdi

**lieue** /ljø/ NF *(Hist)* league ◆ **j'étais à mille ~s de penser à vous** you were far from my mind ◆ **j'étais à cent** *ou* **mille ~s de penser qu'il viendrait** it never occurred to me *ou* I never dreamt for a moment that he'd come ◆ **il sent son marin d'une ~** you can tell he's a sailor a mile off *, the fact that he's a sailor sticks out a mile ◆ **à vingt ~s à la ronde** for miles around; → **botte**[1]

**lieuse** /ljøz/ NF *(Agr)* binder

**lieutenant** /ljøt(ə)nɑ̃/ NM *(armée de terre)* lieutenant *(Brit)*, first lieutenant *(US)*; *(armée de l'air)* flying officer *(Brit)*, first lieutenant *(US)*; *(marine marchande)* (first) mate, first officer; *(gén = second)* lieutenant, second in command ◆ **oui mon ~ !** yes sir! ◆ **l'un de ses ~s** *(fig)* one of his right-hand men COMP ▷ **lieutenant de vaisseau** *(marine nationale)* lieutenant

**lieutenant-colonel** (pl **lieutenants-colonels**) /ljøt(ə)nɑ̃kɔlɔnɛl/ NM *(armée de terre)* lieutenant colonel; *(armée de l'air)* wing commander *(Brit)*, lieutenant colonel *(US)*

**lièvre** /ljɛvʀ/ NM *(Zool)* hare; *(Sport)* pacemaker ◆ **courir** *ou* **chasser deux/plusieurs ~s à la fois** *(fig)* to try to do two/several things at once ◆ **vous avez levé** *ou* **soulevé un ~** *(fig)* you've hit on a problem there

**lift** /lift/ NM topspin

**lifter** /lifte/ ► conjug 1 ◄ VT a *(Sport)* to put topspin on ◆ **balle liftée** ball with topspin ◆ **elle a un jeu très lifté** she uses a lot of topspin b *[+ personne, bâtiment, image de marque]* to give a face-lift to VI to put topspin on the ball

**liftier, -ière** /liftje, jɛʀ/ NM,F lift *(Brit) ou* elevator *(US)* attendant

**lifting** /liftiŋ/ NM *(lit, fig)* face-lift ◆ **se faire faire un ~** to have a face-lift

**ligament** /ligamɑ̃/ NM ligament

**ligamentaire** /ligamɑ̃tɛʀ/ ADJ ligamentary ◆ **lésion ~** ligament injury

**ligature** /ligatyʀ/ NF a *(Méd) (= opération)* ligation *(SPÉC)*, tying; *(= lien)* ligature ◆ **~ des trompes** tubal ligation *(SPÉC)*, tying of the Fallopian tubes b *(Agr) (= opération)* tying up; *(= lien)* tie c *(Typo)* ligature d *(Mus)* ligature, tie

**ligaturer** /ligatyʀe/ ▸ conjug 1 ◂ **VT** *(Méd)* to ligature, to tie up; *(Agr)* to tie up ◆ **se faire ~ les trompes** to have one's Fallopian tubes tied, to have one's tubes tied *

**lige** /liʒ/ **ADJ** liege ◆ **homme ~** *(Hist)* liegeman ◆ **être l'homme ~ de qn** *(fig)* to be sb's henchman

**light** /lajt/ **ADJ INV** *(gén)* light; *[boisson, chocolat]* diet *(épith)*, low-calorie *(épith)* ◆ **c'est la version ~ de l'ancienne secte** it's the 'lite' version of the old sect

**lignage** /liɲaʒ/ **NM** **a** *(= extraction)* lineage ◆ **de haut ~** of noble lineage **b** *(Typo)* linage, lineage

## ligne[1] /liɲ/

GRAMMAIRE ACTIVE 54.4, 54.5, 54.7

1 NOM FÉMININ 2 COMPOSÉS

### 1 - NOM FÉMININ

**a** [= trait, limite] line ◆ **~ brisée/courbe** broken/curved line ◆ **~ pointillée** dotted line ◆ **~ droite** *(gén)* straight line; *(Aut)* stretch of straight road ◆ **la dernière ~ droite avant l'arrivée** *(lit, fig)* the final *ou* home straight ◆ **courir en ~ droite** to run in a straight line ◆ **la route coupe la forêt en ~ droite** the road cuts right *ou* straight through the forest ◆ **ça fait 4 km en ~ droite** it's 4 km as the crow flies ◆ **il arrive en droite ~ de son Texas natal** he has come straight from his native Texas ◆ **~ de départ/d'arrivée** starting/finishing line ◆ **la ~ de fracture au sein de la majorité** the rift dividing the majority ◆ **la ~ des 10/22 mètres** *(Rugby)* the 10/22 metre line ◆ **les ~s de la main** the lines of the hand ◆ **~ de vie/de cœur** life/love line ◆ **la ~ des collines dans le lointain** the line of hills in the distance ◆ **passer la ~ (de l'équateur)** to cross the line; → **juge**

**b** [= contour, silhouette] *[de meuble, voiture]* line(s); *[de personne]* figure ◆ **avoir la ~** to have a slim figure ◆ **garder/perdre la ~** to keep/lose one's figure ◆ **elle mange peu pour garder la ~** she doesn't eat much because she's watching her figure ◆ **la ~ lancée par les dernières collections** the look launched by the most recent collections ◆ **voiture aux ~s aérodynamiques** streamlined car, car built on aerodynamic lines

**c** [= règle, orientation] line ◆ **~ de conduite/d'action** line of conduct/of action ◆ **~ politique** political line ◆ **la ~ du parti** the party line ◆ **les grandes ~s d'un programme** the broad lines *ou* outline of a programme ◆ **l'objectif a été fixé dans ses grandes ~s** the objective has been established in broad outline ◆ **à propos de ce problème, les deux présidents sont sur la même ~** *(= ils sont d'accord)* the two presidents are in agreement *ou* are of one mind with regard to this problem ◆ **ce projet s'inscrit dans la droite ~ de la politique européenne** this project is fully *ou* directly in line with European policy ◆ **son livre est dans la droite ~ du roman américain** his book is in the direct tradition of the American novel

**d** [= suite de personnes, de choses] line; *(= rangée)* row; *(Mil)* line; *[de cocaïne]* line ◆ **une ~ d'arbres le long de l'horizon** a line *ou* row of trees on the horizon ◆ **la ~ d'avants** *ou* **des avants/d'arrières** *ou* **des arrières** *(Ftbl)* the forwards/backs ◆ **la première/deuxième/troisième ~ (de mêlée)** *(Rugby)* the front/second/back row (of the scrum) ◆ **un première ~** a man in the front row ◆ **en première ~** *(Mil, fig)* on the front line; → **hors**

◆ **en ligne**

*(= alignés)* ◆ **enfants placés en ~** children in a line *ou* lined up ◆ **coureurs en ~ pour le départ** runners lined up for the start *ou* on the starting line ◆ **mettre des personnes en ~** to line people up, to get people lined up ◆ **se mettre en ~** to line up, to get lined up, to get into line; → **cylindre** ◆ **monter en ~** *(Mil)* to go off to war *ou* to fight

*(= en accord)* ◆ **ces résultats sont en ~ avec les prévisions** these results are in line *ou* on target with projections ◆ **pour le chiffre de ventes, nous sommes en ~** our sales figures are on target; → **f**

**e** [Transport, Rail] line ◆ **~ d'autobus** *(= service)* bus service; *(= parcours)* bus route ◆ **~ aérienne** *(= compagnie)* airline; *(= service)* (air) service, air link; *(= trajet)* (air) route ◆ **~ maritime** shipping line ◆ **~ de chemin de fer/de métro** railway *(Brit) ou* railroad *(US)*/underground *(Brit) ou* subway *(US)* line ◆ **les grandes ~s** *(Rail) (= voies)* main lines; *(= services)* main-line services ◆ **~s intérieures/internationales** *(Aviat)* domestic/international flights ◆ **nous espérons vous revoir prochainement sur nos ~s** we look forward to seeing you on board again soon, we hope that you will fly with us again soon ◆ **la ~ d'autobus passe dans notre rue** the bus (route) goes along our street ◆ **quelle ~ faut-il prendre ?** which train (*ou* bus) should I take? ◆ **il faut prendre la ~ 12** *(en autobus)* you have to take the number 12 bus; → **avion, grand, pilote**

**f** [Élec, Téléc, Ordin] line; *(= câbles)* wires; *(TV : composant l'image)* line ◆ **la ~ est occupée** the line is engaged *(Brit) ou* busy *(US)* ◆ **la ~ a été coupée** we've been cut off ◆ **la ~ passe dans notre jardin** the wires go through our garden ◆ **~ d'alimentation** *(Élec)* feeder

◆ **en ligne** *(Téléc)* ◆ **être en ~** to be connected ◆ **vous êtes en ~** you're connected *ou* through now, I am connecting you now ◆ **je suis encore en ~** I'm still holding ◆ **M. Lebrun est en ~** *(= il est occupé)* Mr Lebrun's line is engaged *(Brit) ou* busy *(US)*; *(= il veut vous parler)* I have Mr Lebrun on the line for you

*(Ordin)* on-line ◆ **services/réseaux en ~** on-line services/networks

**g** [= texte écrit] line ◆ **écrire quelques ~s** to write a few lines ◆ **donner 100 ~s à faire à un élève** to give a pupil 100 lines to do ◆ **je vous envoie ces quelques ~s** I'm sending you these few lines *ou* this short note; → **lire[1]**

◆ **à la ligne** ◆ **"à la ligne"** "new paragraph", "new line" ◆ **aller à la ~** to start on the next line, to begin a new paragraph ◆ **rédacteur payé à la ~** editor paid by the line ◆ **tirer à la ~** to pad out an article

◆ **en ligne de compte** ◆ **entrer en ~ de compte** to be taken into account *ou* consideration ◆ **prendre** *ou* **faire entrer en ~ de compte** to take into account *ou* consideration ◆ **votre vie privée n'entre pas en ~ de compte** your private life doesn't come *ou* enter into it

◆ **sur toute la ligne** from start to finish ◆ **il m'a menti sur toute la ~** he lied to me from start to finish *ou* from beginning to end ◆ **c'est une réussite sur toute la ~** it's a success throughout

**h** [Comm] **~ de produits** (product) line ◆ **notre nouvelle ~ de maquillage** our new range of make-up

**i** [Pêche] (fishing) line

**j** [= série de générations] **~ directe/collatérale** direct/collateral line ◆ **descendre en ~ directe** *ou* **en droite ~ de ...** to be a direct descendant of ...

**k** [Belg = raie dans les cheveux] parting

### 2 - COMPOSÉS

▷ **ligne de ballon mort** *(Rugby)* dead-ball line ▷ **ligne blanche** *(Aut)* white line ◆ **franchir la ~ blanche** *(lit)* to cross the white line; *(fig)* to overstep the mark ▷ **ligne de but** goal line ▷ **ligne continue** *(Aut)* solid line ▷ **ligne de côté** *(Tennis)* sideline, tramline *(Brit)* ▷ **ligne de crédit** credit line, line of credit ▷ **ligne de crête** *(gén)* ridge; *(= ligne de partage des eaux)* watershed ▷ **ligne de défense** *(gén, Mil)* line of defence *(Brit) ou* defense *(US)* ◆ **la ~ de défense irlandaise** *(Sport)* the Irish defenders *ou* defence *(Brit) ou* defense *(US)* ▷ **ligne de démarcation** *(gén)* boundary; *(Mil)* line of demarcation, demarcation line ▷ **ligne directrice** *(Géom)* directrix; *(fig)* guiding line ▷ **ligne discontinue** *(Aut)* broken line ▷ **ligne d'eau** *(Natation)* lane ▷ **ligne de faille** fault line ▷ **ligne de faîte** ⇒ **ligne de crête** ▷ **ligne de feu** line of fire ▷ **ligne de flottaison** water line ◆ **~ de flottaison en charge** load line, Plimsoll line ▷ **ligne de fond** *(Pêche)* ledger line; *(Basket)* end line ◆ **~ de fond (de court)** *(Tennis)* baseline ▷ **lignes de force** *(Phys)* lines of force; *[de discours, politique]* main themes ▷ **ligne de front** *(Mil)* frontline ▷ **ligne à haute tension** high-voltage line ▷ **ligne d'horizon** skyline ▷ **ligne jaune** *(Aut)* ⇒ **ligne blanche** ▷ **ligne médiane** *(gén, Tennis)* centre line; *(Ftbl, Rugby etc)* halfway line ▷ **ligne de mire** line of sight ◆ **avoir qn dans sa ~ de mire** *(fig)* to have sb in one's sights ◆ **être dans la ~ de mire de qn** to be in sb's sights ▷ **ligne de partage des eaux** watershed, height of land *(US)* ▷ **ligne de service** *(Tennis)* service line ▷ **ligne supplémentaire** *(Mus)* ledger line ▷ **ligne de tir** ⇒ **ligne de feu** ▷ **ligne de touche** *(gén)* sideline; *(Ftbl, Rugby)* touchline; *(Basket)* boundary line ▷ **ligne de visée** line of sight

**ligne[2]** /liɲ/ **NF** *(Can)* line *(3,175 mm)*

**lignée** /liɲe/ **NF** *(= postérité)* descendants; *(= race, famille)* line, lineage ◆ **laisser une nombreuse ~** to leave a lot of descendants ◆ **le dernier d'une longue ~** the last of a long line ◆ **de bonne ~ irlandaise** of good Irish stock *ou* lineage ◆ **dans la ~ des grands romanciers** in the tradition of the great novelists

**ligneux, -euse** /liɲø, øz/ **ADJ** woody, ligneous *(SPÉC)*

**lignifier (se)** /liɲifje/ ▸ conjug 7 ◂ **VPR** to lignify

**lignite** /liɲit/ **NM** lignite, brown coal

**ligoter** /ligɔte/ ▸ conjug 1 ◂ **VT** *[+ personne]* to bind hand and foot ◆ **~ qn à un arbre** to tie sb to a tree

**ligue** /lig/ **NF** league ◆ **la Ligue des droits de l'homme** the League of Human Rights ◆ **la Ligue arabe** the Arab League ◆ **la (Sainte) Ligue** *(Rel)* the Catholic Holy League

**liguer** /lige/ ▸ conjug 1 ◂ **VT** to unite (*contre* against); ◆ **être ligué avec** to be in league with **VPR** **se liguer** to league, to form a league (*contre* against); ◆ **tout se ligue contre moi** everything is in league *ou* is conspiring against me

**ligueur, -euse** /ligœʀ, øz/ **NM,F** member of a league

**ligure** /ligyʀ/ *(Hist)* **ADJ** Ligurian **NM** *(Ling)* Ligurian **NMF** **Ligure** Ligurian

**Ligurie** /ligyʀi/ **NF** Liguria

**lilas** /lilɑ/ NM, ADJ INV lilac

**liliacée** /liljase/ NF liliaceous plant ◆ **les ~s** liliaceous plants, the Liliaceae *(SPÉC)*

**lilliputien, -ienne** /lilipysjɛ̃, jɛn/ ADJ Lilliputian NM,F **Lilliputien(ne)** Lilliputian

**Lilongwe** /lilɔ̃gwe/ N Lilongwe

**Lima** /lima/ N Lima

**limace** /limas/ NF *(Zool)* slug; *(† ‡ = chemise)* shirt ◆ **quelle ~ !** *(= personne)* what a sluggard! *ou* slowcoach! *(Brit)* * *ou* slowpoke *(US)* *; *(= train)* this train is just crawling along!, what a dreadfully slow train!

**limaçon** /limasɔ̃/ NM *(†† = escargot)* snail; *(Anat)* cochlea

**limage** /limaʒ/ NM filing

**limaille** /limɑj/ NF filings ◆ **~ de fer** iron filings

**limande** /limɑ̃d/ NF *(= poisson)* dab ◆ **~-sole** lemon sole ◆ **fausse ~** flatfish; → **plat**[1]

**limbe** /lɛ̃b/ NM *(Astron, Bot, Math)* limb NMPL **limbes** *(Rel)* limbo ◆ **dans les ~s** *(Rel)* in limbo ◆ **c'est encore dans les ~s** *[de projet, science]* it's still very much in limbo, it's still up in the air

**limbique** /lɛ̃bik/ ADJ *[système]* limbic

**lime** /lim/ NF a *(Tech)* file ◆ **~ douce** smooth file ◆ **~ à ongles** nail file, fingernail file *(US)* ◆ **donner un coup de ~ à qch** to run a file over sth, to give sth a quick file b *(Zool)* lima c *(Bot)* *(= fruit)* lime; *(= arbre)* lime (tree)

**limer** /lime/ ► conjug 1 ◄ VT *[+ ongles]* to file; *[+ métal]* to file (down); *[+ aspérité]* to file off ◆ **le prisonnier avait limé un barreau pour s'échapper** the prisoner had filed through a bar to escape

**limier** /limje/ NM *(Zool)* bloodhound; *(fig)* sleuth, detective ◆ **c'est un fin ~** he's a really good sleuth

**liminaire** /liminɛʀ/ ADJ *[discours, note]* introductory

**limitatif, -ive** /limitatif, iv/ ADJ restrictive ◆ **liste limitative/non limitative** closed/open list

**limitation** /limitasjɔ̃/ NF limitation, restriction ◆ **~ des prix/des naissances** price/birth control ◆ **un accord sur la ~ des armements** an agreement on arms limitation *ou* control ◆ **sans ~ de durée** without a *ou* with no time limit ◆ **une ~ de vitesse (à 60 km/h)** a (60 km/h) speed limit ◆ **l'introduction de ~s de vitesse** the introduction of speed restrictions *ou* limits ◆ **~ de la circulation automobile** traffic restrictions

**limite** /limit/ NF a *[de pays, jardin]* boundary ◆ **la rivière marque la ~ du parc** the river marks the boundary of the park

b *[de pouvoir, période]* limit ◆ **~ d'âge/de poids** age/weight limit ◆ **il connaît ses ~s** he knows his limits ◆ **ma patience a des ~s !** there's a limit to my patience! ◆ **la tolérance a des ~s !** tolerance has its limits! ◆ **la bêtise a des ~s !** you can only be so stupid! ◆ **sa joie ne connaissait pas de ~s** his joy knew no bounds ◆ **sa colère ne connaît pas de ~s** his anger knows no limits ◆ **ce crime atteint les ~s de l'horreur** this crime is too horrible to imagine ◆ **il franchit *ou* dépasse les ~s !** he's going a bit too far! ◆ **sans ~(s)** *[patience]* infinite; *[pouvoir]* limitless; *[joie, confiance]* boundless ◆ **son ambition est sans ~** his ambition knows no bounds *ou* limits

c *(Math)* limit

d *(loc)* **tu peux t'inscrire jusqu'à demain dernière ~** you have until tomorrow to register ◆ **avant la ~** *(Boxe)* inside *ou* within the distance

♦ **à la + limite** ◆ **à la ~ on croirait qu'il le fait exprès** you'd almost think he's doing it on purpose ◆ **à la ~, j'accepterais ces conditions, mais pas plus** if pushed *ou* if absolutely necessary, I'd accept those conditions, but no more ◆ **à la ~ tout roman est réaliste** ultimately *ou* at a pinch you could say any novel is realistic ◆ **c'est à la ~ de l'insolence** it borders *ou* verges on insolence ◆ **jusqu'à la dernière ~** *[rester, résister]* to the bitter end, till the end; *[se battre]* to the death ◆ **jusqu'à la ~ de ses forces** to the point of exhaustion ◆ **aller *ou* tenir jusqu'à la ~** *(Boxe)* to go the distance

♦ **dans + limite(s)** ◆ **dans une certaine ~** up to a point, to a certain extent *ou* degree ◆ **"dans la limite des stocks disponibles"** "while stocks last" ◆ **dans les ~s du possible/du sujet** within the limits of what is possible/of the subject ◆ **l'entrée est gratuite dans la ~ des places disponibles** admission is free subject to availability ◆ **dans les ~s de mes moyens** *(aptitude)* within my capabilities; *(argent)* within my means

ADJ a *(= extrême)* **cas ~** borderline case ◆ **prix ~** upper price limit ◆ **cours ~** *(Bourse)* limit price ◆ **vitesse/âge ~** maximum speed/age ◆ **hauteur/longueur/charge ~** maximum height/length/load ◆ **heure ~** deadline

b *(* = juste)* **elle a réussi son examen/à attraper la balle, mais c'était ~** she passed her exam/managed to catch the ball – but only just ◆ **ils ne se sont pas injuriés/battus, mais c'était ~** they didn't actually insult each other/come to blows but they came fairly close ◆ **sa remarque était vraiment ~** she was pushing it with that remark * ◆ **l'acoustique était ~** the acoustics were OK but only just, the acoustics were OK but not brilliant

ADV *(* = presque)* ◆ **c'est ~ raciste** it's borderline racist

COMP ▷ **limite d'élasticité** elastic limit ▷ **limite de rupture** breaking point

**limité, e** /limite/ ADJ *[durée, choix, portée]* limited; *[nombre]* limited, restricted ◆ **je n'ai qu'une confiance ~e en ce remède** I only trust this treatment so far ◆ **il est un peu ~** * *(intellectuellement)* he's not very bright ◆ **comme romancier, il est un peu ~** as a novelist, he's a bit limited; → **société, tirage**

**limiter** /limite/ ► conjug 1 ◄ VT a *(= restreindre)* *[+ dépenses, pouvoirs, temps]* to limit, to restrict (*à* to); ◆ **ils ont dû liquider leur affaire pour ~ les dégâts** they had to sell up the business to cut *ou* minimize their losses ◆ **on a réussi à ~ les dégâts en marquant deux buts** we managed to limit the damage by scoring two goals ◆ **nous limiterons notre étude à quelques cas généraux** we'll limit *ou* restrict our study to a few general cases ◆ **la vitesse est limitée à 50 km/h** the speed limit is 50 km/h

b *(= délimiter)* *[frontière, montagnes]* to border ◆ **les collines qui limitent l'horizon** the hills which bound the horizon

VPR **se limiter** a *[personne]* **se ~ à** *[+ remarque]* to confine o.s. to; *[+ consommation]* to limit o.s. to ◆ **je me limite à cinq cigarettes par jour** I only allow myself five cigarettes a day, I limit *ou* restrict myself to five cigarettes a day ◆ **il faut savoir se ~** you have to know when to stop

b *[connaissance, sanctions]* **se ~ à** to be limited to

**limitrophe** /limitʀɔf/ ADJ *[département]* bordering, adjoining; *[population]* border *(épith)* ◆ **provinces ~s de la France** *(françaises)* border provinces of France; *(étrangères)* provinces bordering on France

**limnée** /limne/ NF great pond snail

**limogeage** /limɔʒaʒ/ NM dismissal

**limoger** /limɔʒe/ ► conjug 3 ◄ VT to dismiss

**limon** /limɔ̃/ NM a *(Géog)* alluvium; *(gén)* silt b *[d'attelage]* shaft; *(Constr)* stringboard

**limonade** /limɔnad/ NF a *(gazeuse)* (fizzy) lemonade *(Brit)*, Seven-Up ® *(US)*, Sprite ® *(US)* b *(† = citronnade)* (home-made) lemonade *ou* lemon drink

**limonadier, -ière** /limɔnadje, jɛʀ/ NM,F a *(= fabricant)* soft drinks manufacturer b *(† = commerçant)* café owner

**limoneux, -euse** /limɔnø, øz/ ADJ silt-laden, silty

**limousin, e**[1] /limuzɛ̃, in/ ADJ of *ou* from Limousin NM a *(Ling)* Limousin dialect b *(= région)* Limousin NM,F **Limousin(e)** inhabitant *ou* native of Limousin

**limousine**[2] /limuzin/ NF *(= voiture)* limousine; *(† = pèlerine)* cloak

**limpide** /lɛ̃pid/ ADJ *[eau, air, ciel, regard]* clear, limpid; *[explication]* clear, crystal-clear *(attrib)*; *[style]* lucid, limpid; *[affaire]* clear, straightforward; *(iro)* straightforward ◆ **tu as compris ? – c'était ~ !** *(iro)* do you get it? – it was crystal-clear! *(iro)* *ou* as clear as mud!

**limpidité** /lɛ̃pidite/ NF *[d'eau, air, ciel, regard]* clearness, limpidity; *[d'explication]* clarity, lucidity; *[de style]* lucidity, limpidity; *[d'affaire]* clarity, straightforwardness

**lin** /lɛ̃/ NM *(= plante, fibre)* flax; *(= tissu)* linen; → **huile, toile**

**linceul** /lɛ̃sœl/ NM *(lit, fig)* shroud

**lindane** /lɛ̃dan/ NM lindane

**linéaire** /lineɛʀ/ ADJ linear NM *(Comm)* shelf space

**linéairement** /lineɛʀmɑ̃/ ADV linearly

**linéaments** /lineamɑ̃/ NMPL *(littér)* a *[de visage]* lineaments *(littér)*, features; *[de forme]* lines, outline b *(= ébauche)* outline

**linéarité** /linearite/ NF linearity

**linge** /lɛ̃ʒ/ NM a *(= draps, serviettes)* linen; *(= sous-vêtements)* underwear ◆ **le gros ~** household linen ◆ **le petit ~** small items of linen ◆ **il y avait du beau ~ à leur mariage** *(fig)* all the right people were at their wedding b *(= lessive)* **le ~** the washing ◆ **laver/étendre le *ou* son ~** to wash/hang out the *ou* one's washing; → **laver** c *(= morceau de tissu)* cloth ◆ **essuyer qch avec un ~** to wipe sth with a cloth ◆ **blanc *ou* pâle comme un ~** as white as a sheet d *(Helv = serviette de toilette)* towel COMP ▷ **linges d'autel** altar cloths ▷ **linge de corps** underwear ▷ **linge de maison** household linen ▷ **linge de table** table linen ▷ **linge de toilette** bathroom linen

**lingère** /lɛ̃ʒɛʀ/ NF *(= personne)* linen maid; *(= meuble)* linen cupboard *ou* closet

**lingerie** /lɛ̃ʒʀi/ NF a *(= local)* linen room b *(= sous-vêtements féminins)* (women's) underwear ◆ **~ fine** lingerie ◆ **rayon ~** lingerie department

**lingette** /lɛ̃ʒɛt/ NF towelette

**lingot** /lɛ̃go/ NM *[de métal]* ingot; *(Typo)* slug ◆ **~ d'or** gold ingot

**lingua franca** /liŋgwafʀɑ̃ka/ NF *(Ling)* lingua franca

**lingual, e** (pl **-aux**) /lɛ̃gwal, o/ ADJ lingual

**lingue** /lɛ̃g/ NF *(= poisson)* ling

**linguiste** /lɛ̃gɥist/ NMF linguist

**linguistique** /lɛ̃gɥistik/ NF linguistics *(sg)* ADJ *(gén)* linguistic; *[barrière, politique]* language *(épith)* ◆ **communauté ~** speech community

**linguistiquement** /lɛ̃gɥistikmɑ̃/ ADV linguistically

**liniment** /linimɑ̃/ NM liniment

**linnéen, -enne** /lineɛ̃, ɛn/ ADJ Linn(a)ean

**lino** * /lino/ NM (abrév de **linoléum**) lino

**linoléique** /linɔleik/ ADJ ◆ **acide** ~ linoleic acid

**linoléum** /linɔleɔm/ NM linoleum

**linon** /linɔ̃/ NM (= tissu) lawn

**linotte** /linɔt/ NF linnet; → **tête**

**linotype** ® /linɔtip/ NF Linotype ®

**linteau** (pl **linteaux**) /lɛ̃to/ NM lintel

**lion** /ljɔ̃/ NM **a** *(Zool, fig)* lion ◆ ~ **de mer** sea lion ◆ **tu as mangé** *ou* **bouffé** * **du** ~ **!** you're full of beans! *; → **fosse, part b** *(Astron)* **le Lion** Leo, the Lion ◆ **il est Lion, il est du (signe du) Lion** he's (a) Leo

**lionceau** (pl **lionceaux**) /ljɔ̃so/ NM lion cub

**lionne** /ljɔn/ NF lioness

**lipase** /lipɑz/ NF lipase

**lipide** /lipid/ NM lipid

**lipidique** /lipidik/ ADJ lipid *(épith)*

**lipo(-)aspiration** /lipoaspiʀasjɔ̃/ NF liposuction

**liposoluble** /liposɔlybl/ ADJ fat-soluble

**liposome** /lipozom/ NM liposome

**liposuccion** /liposy(k)sjɔ̃/ NF liposuction

**lippe** /lip/ NF *(littér)* (fleshy) lower lip ◆ **faire la** ~ *(= bouder)* to sulk; *(= faire la moue)* to pout; *(= faire la grimace)* to make *ou* pull a face

**lippu, e** /lipy/ ADJ thick-lipped

**liquéfaction** /likefaksjɔ̃/ NF *(Chim)* liquefaction

**liquéfiable** /likefjabl/ ADJ liquefiable

**liquéfiant, e** /likefjɑ̃, jɑ̃t/ ADJ *(Chim)* liquefying; *[atmosphère, chaleur]* draining *(attrib)*, exhausting

**liquéfier** /likefje/ ▸ conjug 7 ◂ VT **a** *(Chim)* to liquefy ◆ **gaz naturel liquéfié** liquefied natural gas **b** (* = *amollir)* to drain, to exhaust ◆ **je suis liquéfié** * I'm dead beat * *ou* dog-tired * VPR **se liquéfier a** *(lit)* to liquefy **b** * *(= avoir peur, être ému)* to turn to jelly; *(= avoir chaud)* to be melting

**liquette** * /likɛt/ NF *(= chemise d'homme)* shirt ◆ **(chemisier)** ~ (woman's) shirt

**liqueur** /likœʀ/ NF *(= boisson)* liqueur; *(†† = liquide)* liquid ◆ ~ **titrée/de Fehling** *(Pharm)* standard/Fehling's solution

**liquidateur, -trice** /likidatœʀ, tʀis/ NM,F *(Jur)* ≈ liquidator, receiver ◆ ~ **judiciaire** *ou* **de faillite** ≈ official liquidator ◆ **placer une entreprise entre les mains d'un** ~ to put a company into the hands of a receiver *ou* into receivership *(Brit)*

**liquidatif, -ive** /likidatif, iv/ ADJ ◆ **valeur liquidative** market price *ou* value

**liquidation** /likidasjɔ̃/ NF **a** *(= règlement légal) [de dettes, compte]* settlement, payment; *[de société]* liquidation; *[de biens, stock]* selling off, liquidation; *[de succession]* settlement; *[de problème]* elimination ◆ ~ **judiciaire** compulsory liquidation ◆ ~ **(judiciaire) personnelle** personal bankruptcy ◆ **mettre une société en** ~ to put a company into liquidation *ou* receivership, to liquidate a company ◆ **afin de procéder à la** ~ **de votre retraite** in order to commence payment of your pension ◆ **"50% de rabais jusqu'à liquidation du stock"** "stock clearance, 50% discount"; → **bilan b** *(= vente)* selling (off), sale **c** (* = *meurtre)* liquidation, elimination **d** *(Bourse)* ~ **de fin de mois** (monthly) settlement

**liquide** /likid/ ADJ *[corps, son]* liquid ◆ **la sauce/peinture est trop** ~ the sauce/paint is too runny *ou* too thin ◆ **argent** ~ cash NM **a** *(= substance)* liquid ◆ ~ **de frein** brake fluid ◆ ~ **de refroidissement** coolant ◆ ~ **vaisselle** * washing-up liquid *(Brit)*, (liquid) dish soap *(US)* ◆ ~ **amniotique/céphalorachidien** amniotic/cerebrospinal fluid **b** *(= argent)* cash ◆ **je n'ai pas beaucoup de** ~ I haven't much ready money *ou* ready cash ◆ **payer** *ou* **régler en** ~ to pay (in) cash ◆ **être payé en** ~ to be paid cash in hand NF *(Ling)* liquid

**liquider** /likide/ ▸ conjug 1 ◂ VT **a** *(Fin, Jur) [+ succession, dettes]* to settle, to pay; *[+ compte]* to settle, to clear; *[+ société]* to liquidate, to wind up; *[+ biens, stock]* to liquidate, to sell off **b** *(= vendre)* to sell (off) **c** (* = *tuer)* to liquidate, to eliminate **d** * *(= régler) [+ problème]* to get rid of; *(= finir)* to finish off ◆ **c'est liquidé maintenant** it is all finished *ou* over now

**liquidité** /likidite/ NF *(Chim, Jur)* liquidity ◆ ~**s** liquid assets

**liquoreux, -euse** /likɔʀø, øz/ ADJ *[vin]* syrupy

**lire**[1] /liʀ/ ▸ conjug 43 ◂ VT **a** *(= déchiffrer)* to read; *[+ message enregistré]* to listen to ◆ **il sait** ~ **l'heure** he can *ou* knows how to tell the time ◆ **à sept ans, il ne lit pas encore** *ou* **il ne sait pas encore** ~ he's seven and he still can't read ◆ ~ **sur les lèvres** to lip-read ◆ ~ **ses notes avant un cours** to read over *ou* read through *ou* go over one's notes before a lecture ◆ ~ **un discours/un rapport devant une assemblée** to read (out) a speech/a report at a meeting ◆ **il l'a lu dans le journal** he read (about) it in the paper ◆ **chaque soir, elle lit des histoires à ses enfants** every night she reads stories to her children ◆ **à le** ~, **on croirait que ...** from what he writes *ou* from reading what he writes one would think that ... ◆ **là où il y a 634,** ~ *ou* **lisez 643** *(erratum)* for 634 read 643 ◆ **ce roman se lit bien** *ou* **se laisse** ~ the novel is very readable ◆ **ce roman se lit facilement/très vite** the novel makes easy/quick reading ◆ **ce roman mérite d'être lu** *ou* **est à** ~ the novel is worth reading ◆ ~ **entre les lignes** to read between the lines ◆ **je lis en lui à livre ouvert** I can read him like an open book; → aussi **lu**

**b** *(= deviner)* to read ◆ ~ **dans le cœur de qn** to see into sb's heart ◆ **la peur se lisait** *ou* **on lisait la peur sur son visage/dans ses yeux** you could see *ou* read fear in his face/in his eyes, fear showed on his face/in his eyes ◆ ~ **l'avenir dans les lignes de la main de qn** to read in sb's palm ◆ **elle m'a lu les lignes de la main** she read my palm, she did a palm-reading for me ◆ ~ **l'avenir dans le marc de café** ≈ to read (the future in) tea leaves ◆ ~ **dans le jeu de qn** to see through sb, to see what sb is up to

**c** *(formule de lettre)* **nous espérons vous** ~ **bientôt** we hope to hear from you soon ◆ **à bientôt de vous** ~ hoping to hear from you soon

**d** *(= interpréter) [+ statistiques, événement]* to read, to interpret

**lire**[2] /liʀ/ NF lira

**lirette** /liʀɛt/ NF rag rug

**lis** /lis/ NM lily ◆ **blanc comme un** ~, **d'une blancheur de** ~ lily-white; → **fleur**

**Lisbonne** /lisbɔn/ N Lisbon

**liseré** /liz(ə)ʀe/, **liséré** /lizeʀe/ NM *(= bordure)* border, edging ◆ **un** ~ **de ciel bleu** a strip of blue sky

**liserer** /liz(ə)ʀe/ ▸ conjug 5 ◂, **lisérer** /lizeʀe/ ▸ conjug 6 ◂ VT to edge with ribbon

**liseron** /lizʀɔ̃/ NM bindweed, convolvulus

**liseur, -euse** /lizœʀ, øz/ NM,F reader NF **liseuse** *(= couvre-livre)* book jacket; *(= vêtement)* bed jacket

**lisibilité** /lizibilite/ NF *[d'écriture]* legibility; *[de livre]* readability ◆ **d'une parfaite** ~ perfectly legible ◆ **le manque de** ~ **des textes officiels** the fact that official documents are so difficult to read ◆ **ils se plaignent d'une mauvaise** ~ **de l'action gouvernementale** they're complaining that the government's policy lacks clarity

**lisible** /lizibl/ ADJ *[écriture]* legible; *[livre]* readable, worth reading ◆ **une carte peu** ~ a map that is difficult to read ◆ **ce livre est** ~ **à plusieurs niveaux** the book can be read on several levels ◆ **leur stratégie est peu** ~ their strategy lacks clarity

**lisiblement** /lizibləmɑ̃/ ADV legibly

**lisier** /lizje/ NM liquid manure

**lisière** /lizjɛʀ/ NF **a** *[de bois, village]* edge ◆ **à la** ~ **de la** *ou* **en** ~ **de forêt** on the edge of the forest ◆ **ils sont à la** ~ **de la légalité** they're only just within the law **b** *(Tex)* selvage

**lissage** /lisaʒ/ NM smoothing

**lisse**[1] /lis/ ADJ *[peau, surface]* smooth; *[cheveux]* sleek, smooth; *[pneu]* bald; *(Anat) [muscle]* smooth

**lisse**[2] /lis/ NF *(Naut) (= rambarde)* handrail; *(de la coque)* ribband

**lisser** /lise/ ▸ conjug 1 ◂ VT *[+ cheveux]* to smooth (down); *[+ moustache]* to smooth, to stroke; *[+ papier, drap froissé]* to smooth out; *[+ vêtement]* to smooth (out) ◆ **l'oiseau lisse ses plumes** *ou* **se lisse les plumes** the bird is preening itself *ou* its feathers ◆ **fromage blanc lissé** creamy fromage blanc

**listage** /listaʒ/ NM *(= action)* listing; *(= liste)* list; *(Ordin)* print-out

**liste**[1] /list/ GRAMMAIRE ACTIVE 54.5

NF **a** *(gén)* list ◆ **faire** *ou* **dresser une** ~ to make a list, to draw up a list ◆ **faire la** ~ **de** to make out *ou* draw up a list of, to list ◆ **faites-moi la** ~ **des absents** make me out a list of people who are absent ◆ ~ **des courses** shopping list ◆ ~ **nominative des élèves** class roll *ou* list

**b** *(Pol) [de candidats]* (list of) candidates ◆ **être inscrit sur les** ~**s électorales** to be on the electoral roll, to be registered to vote ◆ **la** ~ **de la gauche** the list of left-wing candidates ◆ ~ **unique** *(commune)* joint list (of candidates); *(sans choix)* single list (of candidates) ◆ **leurs partis présentent une** ~ **commune** their parties are putting forward a joint list (of candidates); → **scrutin**

COMP ▷ **liste d'attente** waiting list ▷ **liste civile** civil list ▷ **liste de contrôle** ⇒ **liste de vérification** ▷ **liste de diffusion** *(Ordin)* distribution list ▷ **liste d'envoi** mailing list ▷ **liste de mariage** wedding list ▷ **liste noire** blacklist; *(pour élimination)* hit list ▷ **liste de publipostage** mailing list ▷ **liste rouge** *(Téléc)* **demander à être sur (la)** ~ **rouge** (to ask) to go ex-directory *(Brit) ou* unlisted *(US)* ◆ **il est sur** ~ **rouge** he's ex-directory *(Brit)*, he's unlisted *(US)* ▷ **liste de vérification** check list

**liste**[2] /list/ NF *[de cheval]* list

**listel** (pl **listels** *ou* **-eaux**) /listɛl, o/ NM *(Archit)* listel, fillet; *[de monnaie]* rim

**lister** /liste/ ▸ conjug 1 ◂ VT to list

**listeria** /listeʀja/ NF INV listeria

**listériose** /listeʀjoz/ NF listeriosis

**listing** /listiŋ/ NM ⇒ **listage**

**lit** /li/ NM **a** *(= meuble)* bed; *(= structure)* bedstead, bed ◆ ~ **d'une personne** *ou* **à une place** single bed ◆ ~ **de deux personnes** *ou* **à deux places** double bed ◆ ~ **de fer/de bois** iron/wooden bedstead ◆ ~ **d'hôpital/d'hôtel**

hospital/hotel bed ◆ **hôpital de 250 ~s** hospital with 250 beds ◆ **aller** *ou* **se mettre au ~** to go to bed ◆ **garder le ~** to stay in bed ◆ **mettre un enfant au ~** to put a child to bed ◆ **être/lire au ~** to be/read in bed ◆ **faire le ~** to make the bed ◆ **faire le ~ de** *(fig) (= renforcer)* to bolster; *(= préparer le terrain pour)* to pave the way for ◆ **comme on fait son ~, on se couche** *(Prov)* you've made your bed, now you must lie on it ◆ **faire ~ à part** to sleep in separate beds ◆ **le ~ n'avait pas été défait** the bed had not been slept in ◆ **au ~ les enfants !** bedtime *ou* off to bed children! ◆ **arracher** *ou* **sortir** *ou* **tirer qn du ~** to drag *ou* haul sb out of bed ◆ **tu es tombé du ~ ce matin !** you're up bright and early!; → **saut**

**b** *(Jur = mariage)* **enfants du premier/deuxième ~** children of the first/second marriage ◆ **enfants d'un autre ~** children of a previous marriage

**c** *[de rivière]* bed ◆ **les pluies ont fait sortir le fleuve de son ~** the river has burst *ou* overflowed its banks because of the rains

**d** *(= couche, épaisseur)* bed, layer ◆ **~ d'argile** bed *ou* layer of clay ◆ **~ de cendres** *ou* **de braises** bed of hot ashes ◆ **~ de salade** *(Culin)* bed of lettuce

**e** *(Naut) [de vent, marée, courant]* set

COMP ▷ **lit à baldaquin** canopied fourposter bed ▷ **lit bateau** cabin bed ▷ **lit breton** box bed ▷ **lit de camp** campbed ▷ **lit clos** box bed ▷ **lit à colonnes** fourposter bed ▷ **lit conjugal** marriage bed ▷ **lit de douleur** bed of pain ▷ **lit d'enfant** cot ▷ **lit gigogne** pullout *ou* stowaway bed ▷ **lits jumeaux** twin beds ▷ **lit de justice** bed of justice ▷ **lit de mort** deathbed ▷ **lit nuptial** wedding-bed ▷ **lit de parade** ◆ **sur un ~ de parade** lying in state ▷ **lit pliant** folding bed ▷ **lit en portefeuille** apple-pie bed ▷ **lit de repos** couch ▷ **lit de sangle** trestle bed ▷ **lits superposés** bunk beds

**litanie** /litani/ NF *(Rel, fig péj)* litany

**lit-cage** (pl **lits-cages**) /likaʒ/ NM (folding metal) bed

**litchi** /litʃi/ NM lychee, litchi

**liteau** /lito/ NM *(pour toiture)* batten; *(pour tablette)* bracket; *(dans tissu)* stripe

**litée** /lite/ NF *(= jeunes animaux)* litter

**literie** /litʀi/ NF bedding

**lithiase** /litjɑz/ NF lithiasis

**lithiné, e** /litine/ ADJ ◆ **eau ~e** lithia water NMPL **lithinés** lithium salts

**lithium** /litjɔm/ NM lithium

**litho** * /lito/ NF (abrév de **lithographie**) litho

**lithographe** /litɔgʀaf/ NMF lithographer

**lithographie** /litɔgʀafi/ NF *(= technique)* lithography; *(= image)* lithograph

**lithographier** /litɔgʀafje/ ► conjug 7 ◄ VT to lithograph

**lithographique** /litɔgʀafik/ ADJ lithographic

**lithosphère** /litɔsfɛʀ/ NF lithosphere

**lithotritie** /litɔtʀisi/ NF lithotripsy

**lithuanien, -ienne** /litɥanjɛ̃, jɛn/ ADJ, NM,F ⇒ **lituanien, -ienne**

**litière** /litjɛʀ/ NF *(= couche de paille)* litter *(NonC)*; *(pour cheval)* bedding; *(Hist = palanquin)* litter ◆ **il s'était fait une ~ avec de la paille** he had made himself a bed of straw ◆ **~ pour chats** cat litter *(Brit)*, Kitty Litter ® *(US)* ◆ **faire ~ de qch** *(littér)* to scorn *ou* spurn sth

**litige** /litiʒ/ NM *(gén)* dispute; *(Jur)* lawsuit ◆ **être en ~** *(gén)* to be in dispute *(avec* with); *(Jur)* to be at law *ou* in litigation ◆ **les parties en ~** the litigants, the disputants *(US)* ◆ **point/objet de ~** point/object of contention ◆ **l'objet du ~** *(fig)* the matter at issue ◆ **l'objet du ~ est l'organisation du débat entre les deux candidats** the matter at issue is how the discussion between the two candidates should be organized

**litigieux, -ieuse** /litiʒjø, jøz/ ADJ *[point, question]* contentious; *[article, document]* controversial; *[facture, frontière]* disputed ◆ **cas ~** contentious issue

**litorne** /litɔʀn/ NF fieldfare

**litote** /litɔt/ NF *(gén)* understatement; *(Littérat)* litotes *(SPÉC)*

**litre** /litʀ/ NM *(= mesure)* litre *(Brit)*, liter *(US)*; *(= récipient)* litre *(Brit) ou* liter *(US)* bottle

**litron** * /litʀɔ̃/ NM ◆ **~ (de vin)** litre *(Brit) ou* liter *(US)* of wine

**littéraire** /liteʀɛʀ/ ADJ *(gén)* literary; *[souffrance, passion]* affected ◆ **faire des études ~s** to study literature NMF *(par don, goût)* literary person; *(= étudiant)* arts student; *(= enseignant)* arts teacher, teacher of arts subjects

**littérairement** /liteʀɛʀmɑ̃/ ADV in literary terms

**littéral, e** (mpl **-aux**) /liteʀal, o/ ADJ *(littér, Math)* literal ◆ **arabe ~** written Arabic

**littéralement** /liteʀalmɑ̃/ ADV *(lit, fig)* literally

**littéralité** /liteʀalite/ NF literality, literalness

**littérateur** /liteʀatœʀ/ NM man of letters; *(péj = écrivain)* literary hack

**littérature** /liteʀatyʀ/ NF **a** *(= art)* literature; *(= profession)* writing ◆ **faire de la ~** to go in for writing, to write ◆ **tout cela, c'est de la ~** *(péj)* it's of trifling importance ◆ **écrire de la ~ alimentaire** to write potboilers ◆ **~ de colportage** chapbooks **b** *(= ensemble d'ouvrages, bibliographie)* literature ◆ **il existe une abondante ~ sur ce sujet** there's a wealth of literature *ou* material on this subject **c** *(= manuel)* history of literature

**littoral, e** (mpl **-aux**) /litɔʀal, o/ ADJ coastal, littoral *(SPÉC)*; → **cordon** NM coast, littoral *(SPÉC)*

**Lituanie** /litɥani/ NF Lithuania

**lituanien, -ienne** /litɥanjɛ̃, jɛn/ ADJ Lithuanian NM *(Ling)* Lithuanian NM,F **Lituanien(ne)** Lithuanian

**liturgie** /lityʀʒi/ NF liturgy

**liturgique** /lityʀʒik/ ADJ liturgical

**livarde** /livaʀd/ NF sprit

**livarot** /livaʀo/ NM Livarot *(creamy Normandy cheese)*

**livide** /livid/ ADJ **a** *(= pâle) (par maladie)* pallid; *(de peur)* white **b** *(littér = bleuâtre)* livid

**lividité** /lividite/ NF lividness

**living** /liviŋ/, **living-room** (pl **living-rooms** /liviŋʀum/) NM *(= pièce)* living room; *(= meuble)* unit

**Livourne** /livuʀn/ N Leghorn, Livorno

**livrable** /livʀabl/ ADJ which can be delivered ◆ **cet article est ~ dans les 10 jours/à domicile** this article will be delivered within 10 days/can be delivered to your home

**livraison** /livʀɛzɔ̃/ GRAMMAIRE ACTIVE 47.2, 47.3, 47.4 NF **a** *[de marchandise]* delivery ◆ **"livraison à domicile"** "we deliver", "home deliveries" ◆ **"payable à la livraison"** "payable on delivery", "cash on delivery", "COD" ◆ **la ~ à domicile est comprise dans le prix** the price includes (the cost of) delivery ◆ **faire une ~** to make a delivery ◆ **faire la ~ de qch** to deliver sth ◆ **prendre ~ de qch** to take *ou* receive delivery of sth **b** *[de revue]* part, instalment

**livre**[1] /livʀ/ NM **a** *(= ouvrage)* book ◆ **le ~** *(= commerce)* the book industry, the book trade *(Brit)* ◆ **~ de géographie** geography book ◆ **~ du maître/de l'élève** teacher's/pupil's textbook ◆ **il a toujours le nez dans les ~s, il vit dans les ~s** he's always got his nose in a book ◆ **je ne connais l'Australie que par les ~s** I only know Australia through *ou* from books ◆ **ça n'arrive que dans les ~s** it only happens in books ◆ **écrire/faire un ~ sur** to write/do a book on; → **parler**

**b** *(= volume)* book ◆ **le ~ 2** *ou* **le second ~ de la Genèse** book 2 of Genesis, the second book of Genesis

COMP ▷ **livre blanc** *(gén)* official report; *[de gouvernement]* white paper ▷ **livre de bord** *(Naut)* logbook ▷ **livre de caisse** *(Comm)* cashbook ▷ **livre de chevet** bedside book ▷ **livre de classe** schoolbook, textbook ▷ **les livres de commerce** *(Comm)* the books, the accounts ▷ **livre de comptes** account(s) book ▷ **livre de cuisine** cookbook, cookery book *(Brit)* ▷ **livre électronique** e-book ▷ **livre d'enfant** children's book ▷ **livre d'heures** book of hours ▷ **livre d'images** picture book ▷ **livre journal** *(Comm)* daybook ▷ **livre de lecture** reader, reading book ▷ **livre de messe** missal ▷ **livre d'or** visitors' book ▷ **livre de poche** paperback ▷ **livre de prières** prayer book ▷ **livre scolaire** ⇒ **livre de classe**

**livre**[2] /livʀ/ NF **a** *(= poids)* half a kilo, ≃ pound; *(Can)* pound **b** *(= monnaie)* pound; *(Hist française)* livre ◆ **~ sterling** pound sterling ◆ **~ égyptienne** Egyptian pound ◆ **~ irlandaise** Irish pound, punt ◆ **ce chapeau coûte 6 ~s** this hat costs £6

**livre-cassette** (pl **livres-cassettes**) /livʀkasɛt/ NM talking book, book on cassette *ou* on tape

**livrée** /livʀe/ NF **a** *(= uniforme)* livery ◆ **en ~** in livery *(attrib)*, liveried **b** *[d'animal, oiseau]* markings

**livre-jeu** (pl **livres-jeux**) /livʀʒø/ NM activity book

**livrer** /livʀe/ ► conjug 1 ◄ VT **a** *[+ commande, marchandises]* to deliver ◆ **se faire ~ qch** to have sth delivered ◆ **~ qn** to deliver sb's order ◆ **je serai livré demain, ils me livreront demain** they'll do the delivery tomorrow ◆ **nous livrons à domicile** we do home deliveries

**b** *(= abandonner : à la police, à l'ennemi)* to hand over *(à* to); ◆ **~ qn à la mort** to send sb to their death ◆ **~ qn au bourreau** to deliver sb up *ou* hand sb over to the executioner ◆ **le pays a été livré au pillage/à l'anarchie** the country was given over to pillage/to anarchy ◆ **être livré à soi-même** to be left to o.s. *ou* to one's own devices

**c** *(= confier) [+ informations]* to supply ◆ **il m'a livré un peu de lui-même** he opened up to me a little ◆ **~ ses secrets** *[personne]* to tell one's secrets ◆ **cette statue n'a pas fini de ~ ses secrets** this statue still holds secrets

VPR **se livrer a** *(= se rendre)* to give o.s. up, to surrender *(à* to); ◆ **se ~ à la police** to give o.s. up to the police

**b** *(= se confier)* to open up ◆ **se ~ à un ami** to confide in a friend, to open up to a friend ◆ **il ne se livre pas facilement** he doesn't open up easily

**c** *(= s'abandonner à)* **se ~ à** *[+ destin]* to abandon o.s. to; *[+ plaisir, excès, douleur]* to give o.s. over to ◆ **elle s'est livrée à son amant** she gave herself to her lover

**d** *(= faire, se consacrer à)* **se ~ à** *[+ exercice, analyse, expérience]* to do; *[+ jeu]* to play; *[+ sport]* to practise; *[+ recherches]* to do, to engage in, to carry out; *[+ enquête]* to hold, to set up ◆ **se ~ à l'étude** to study, to devote o.s. to study ◆ **pendant dix ans il s'est livré à des activités politiques** he was involved in political activity for ten years ◆ **se ~ à des pratiques délictueuses** to indulge in illegal practices

**livresque** /livʀɛsk/ ADJ *[connaissances]* acquired from books, academic ◆ **j'ai une culture ~ assez limitée** I'm not very well-read ◆ **enseignement purement ~** purely theoretical *ou* academic training

**livret** /livʀɛ/ NM **a** *(Mus)* ~ **(d'opéra)** (opera) libretto **b** *(† = petit livre)* booklet; *(= catalogue)* catalogue; → **compte** **c** *(Helv = table de multiplication)* times tables COMP ▷ **livret de caisse d'épargne** *(= carnet)* (savings) bankbook; *(= compte)* savings account ▷ **livret de famille** official family record book *(containing registration of births and deaths in a family)* ▷ **livret matricule** *(Mil)* army file ▷ **livret militaire** military record ▷ **livret scolaire** *(= carnet)* (school) report book; *(= appréciation)* (school) report

**livreur** /livʀœʀ/ NM delivery man (*ou* boy)

**livreuse** /livʀøz/ NF delivery woman (*ou* girl)

**Ljubljana** /ljubljana/ N Ljubljana

**lob** /lɔb/ NM *(Tennis)* lob ◆ **faire un ~** to hit a lob

**lobby** (pl **lobbies**) /lɔbi/ NM *(Pol)* lobby

**lobbying** /lɔbiiŋ/, **lobbyisme** /lɔbiism/ NM lobbying

**lobbyiste** /lɔbiist/ NMF lobbyist

**lobe** /lɔb/ NM **a** *(Anat, Bot)* lobe ◆ **~ de l'oreille** earlobe **b** *(Archit)* foil

**lobé, e** /lɔbe/ (ptp de **lober**) ADJ *(Bot)* lobed; *(Archit)* foiled

**lobectomie** /lɔbɛktɔmi/ NF lobectomy

**lobélie** /lɔbeli/ NF lobelia

**lober** /lɔbe/ ▸ conjug 1 ◂ VI *(Tennis)* to lob VT *(Ftbl, Tennis)* to lob (over)

**lobotomie** /lɔbɔtɔmi/ NF lobotomy

**lobotomiser** /lɔbɔtɔmize/ ▸ conjug 1 ◂ VT to perform a lobotomy on

**lobule** /lɔbyl/ NM lobule

**local, e** (mpl **-aux**) /lɔkal, o/ ADJ local ◆ **averses ~es** scattered *ou* local showers, rain in places; → **anesthésie, couleur, impôt** NM *(= salle)* premises ◆ **~ (à usage) commercial** commercial premises ◆ **~ d'habitation** domestic premises, private (dwelling) house ◆ **~ professionnel** business premises ◆ **le club cherche un ~** the club is looking for premises *ou* for a place in which to meet ◆ **il a un ~ au fond de la cour qui lui sert d'atelier** he's got a place at the far end of the yard which he uses as a workshop NMPL **locaux** *(= bureaux)* offices, premises ◆ **dans les locaux de la police** on police premises ◆ **les locaux de la société sont au deuxième étage** the company's offices *ou* premises are on the second floor

**localement** /lɔkalmɑ̃/ ADV *(= ici)* locally; *(= par endroits)* in places

**localisable** /lɔkalizabl/ ADJ localizable ◆ **facilement ~** easy to localize

**localisation** /lɔkalizasjɔ̃/ NF *(= repérage)* localization; *(= emplacement)* location ◆ **système de ~ par satellite** satellite locating system ◆ **la ~ des investissements est libre** investors are free to invest wherever they wish

**localisé, e** /lɔkalize/ (ptp de **localiser**) ADJ *[conflit, douleur]* localized; *[gymnastique, musculation]* concentrating on one part of the body ◆ **le cancer est resté très ~** the cancer remained very localized ◆ **la production est très ~e** production is highly localized

**localiser** /lɔkalize/ ▸ conjug 1 ◂ VT **a** *(= circonscrire) (gén)* to localize; *[+ épidémie, incendie]* to confine ◆ **l'épidémie s'est localisée dans cette région** the epidemic was confined to this area **b** *(= repérer)* to locate

**localité** /lɔkalite/ NF *(= ville)* town; *(= village)* village

**locataire** /lɔkatɛʀ/ NMF *(gén)* tenant; *(habitant avec le propriétaire)* lodger, roomer *(US)* ◆ **les ~s de mon terrain** the people who rent land from me, the tenants of my land ◆ **nous sommes ~s de nos bureaux** we rent our office space ◆ **avoir/prendre des ~s** to have/take in tenants ◆ **l'ancien/le nouveau ~ de Matignon** the former/present French Prime Minister

**locatif, -ive** /lɔkatif, iv/ ADJ **a** *[valeur, secteur]* rental ◆ **local à usage ~** premises for letting *(Brit) ou* rent *(US)* ◆ **risques ~s** tenant's risks ◆ **réparations locatives** repairs incumbent upon the tenant ◆ **marché ~** rental *ou* letting market ◆ **immeuble ~** block of rented flats; → **charge** **b** *(Gram)* **préposition locative** preposition of place NM *(Gram)* locative (case) ◆ **au ~** in the locative

**location** /lɔkasjɔ̃/ NF **a** *(par le locataire) [de maison, terrain]* renting; *[de matériel, voiture]* renting, hire *(Brit)*, hiring *(Brit)* ◆ **prendre en ~** *[+ maison]* to rent; *[+ voiture, matériel]* to rent, to hire *(Brit)* ◆ **c'est pour un achat ou pour une ~ ?** is it to buy or to rent?

**b** *(par le propriétaire) [de maison, terrain]* renting (out), letting *(Brit)*; *[de matériel, véhicule]* renting, hiring (out) *(Brit)* ◆ **mettre en ~** *[+ maison]* to rent out, to let *(Brit)*; *[+ véhicule]* rent, to hire out *(Brit)* ◆ **~ de voitures** *(écriteau)* "car rental", "cars for hire" *(Brit)*, "car-hire" *(Brit)*; *(métier)* car rental, car hiring *(Brit)* ◆ **"location de voitures sans chauffeur"** "self-drive car rental *ou* hire *(Brit)*" ◆ **c'est pour une vente ou pour une ~ ?** is it to sell or to rent? *ou* to let? *(Brit)* ◆ **nous ne faisons pas de ~ de matériel** we don't rent out *ou* hire out *(Brit)* equipment

**c** *(= bail)* lease ◆ **contrat de ~** lease

**d** *(= logement)* rented accommodation *(NonC)* ◆ **il a trois ~s dans la région** he has got three properties (for letting) in the area ◆ **il a pris une ~ pour un mois** he has taken *ou* rented a house *ou* a flat for a month ◆ **être/habiter en ~** to be/live in rented accommodation

**e** *(= réservation) [de spectacle]* reservation, booking *(Brit)* ◆ **bureau de ~** (advance) booking office; *(Théât)* box office, booking office ◆ **la ~ des places se fait quinze jours à l'avance** seats must be reserved *ou* booked two weeks in advance

COMP ▷ **location avec option d'achat** leasing, lease-option agreement ▷ **location saisonnière** holiday let *(Brit)*, vacation *ou* summer rental *(US)*

**location-gérance** (pl **locations-gérances**) /lɔkasjɔ̃ʒeʀɑ̃s/ NF ≈ management agreement ◆ **être en ~** *[entreprise]* to be run by a manager

**location-vente** (pl **locations-ventes**) /lɔkasjɔ̃vɑ̃t/ NF hire purchase *(Brit)*, instalment *(Brit) ou* installment *(US)* plan ◆ **acheter un ordinateur en ~** to buy a computer on instalments

**loch** /lɔk/ NM *(Naut = appareil)* log; *(= lac)* loch

**loche** /lɔʃ/ NF **a** *(= poisson)* ~ **(de rivière)** loach ◆ **~ de mer** rockling **b** *(= limace)* grey slug

**loci** /lɔki/ pl de **locus**

**lockout, lock-out** /lɔkaut/ NM INV lockout

**loco** * /lɔko/ NF (abrév de **locomotive**) loco *

**locomoteur, -trice**[1] /lɔkɔmɔtœʀ, tʀis/ ADJ locomotive ◆ **ataxie locomotrice** locomotor ataxia

**locomotion** /lɔkɔmosjɔ̃/ NF locomotion; → **moyen**[2]

**locomotive** /lɔkɔmɔtiv/ NF **a** *(Rail)* locomotive, engine ◆ **~ haut le pied** light engine *(Brit)*, wildcat *(US)* **b** *(= entreprise, secteur, région)* driving force, powerhouse; *(= coureur)* pace-setter, pacemaker ◆ **les exportations sont les ~s de la croissance** exports are the driving force behind economic growth ◆ **cet élève est la ~ de la classe** this pupil sets the standard for the rest of the class

**locomotrice**[2] /lɔkɔmɔtʀis/ NF motive *ou* motor unit

**locus** /lɔkys/ (pl **locus** *ou* **loci** /lɔki/) NM *(Bio)* locus

**locuste** /lɔkyst/ NF locust

**locuteur, -trice** /lɔkytœʀ, tʀis/ NM,F *(Ling)* speaker ◆ **~ natif** native speaker

**locution** /lɔkysjɔ̃/ NF phrase, locution *(SPÉC)* ◆ **~ figée** set phrase, idiom ◆ **~ verbale/adverbiale/prépositive** verbal/adverbial/prepositional phrase

**loden** /lɔdɛn/ NM *(= tissu)* loden; *(= manteau)* loden coat

**lœss** /løs/ NM loess

**lof** /lɔf/ NM *(Naut)* windward side ◆ **aller** *ou* **venir au ~** to luff ◆ **virer ~ pour ~** to wear (ship)

**lofer** /lɔfe/ ▸ conjug 1 ◂ VI *(Naut)* to luff

**loft** /lɔft/ NM loft *(converted living space)*

**log** /lɔg/ NM (abrév de **logarithme**) log

**logarithme** /lɔgaʀitm/ NM logarithm

**logarithmique** /lɔgaʀitmik/ ADJ logarithmic

**loge** /lɔʒ/ NF **a** *[de concierge, francs-maçons]* lodge; † *[de bûcheron]* hut ◆ **la Grande Loge de France** the Grand Lodge of France **b** *(Théât) [d'artiste]* dressing room; *[de spectateur]* box ◆ **premières ~s** boxes in the dress *ou* grand *(Brit)* circle ◆ **être aux premières ~s** *(fig)* to have a ringside seat, to have a front seat ◆ **secondes ~s** boxes in the upper circle **c** *(= salle de préparation)* (individual) exam room **d** *(Archit)* loggia **e** *(Bot)* loculus ◆ **les ~s** loculi

**logé, e** /lɔʒe/ (ptp de **loger**) ADJ ◆ **être ~, nourri, blanchi** to have board and lodging *ou* room and board *(US)* and one's laundry done ◆ **être bien ~** to be comfortably housed ◆ **les personnes mal ~es** people in inadequate housing, people who are poorly housed ◆ **je suis mal ~** I'm not really comfortable where I live ◆ **être ~ à la même enseigne** to be in the same boat ◆ **on n'est pas tous ~s à la même enseigne** we don't all get treated in the same way

**logeable** /lɔʒabl/ ADJ *(= habitable)* habitable, fit to live in *(attrib)*; *(= spacieux, bien conçu)* roomy

**logement** /lɔʒmɑ̃/ NM **a** *(= hébergement)* housing ◆ **le ~ était un gros problème en 1950** housing was a big problem in 1950 ◆ **trouver un ~ provisoire chez des amis** to find temporary accommodation with friends **b** *(= appartement)* accommodation *(NonC)*, flat *(Brit)*, apartment *(US)* ◆ **~s collectifs** apartment buildings *(US)*, blocks of flats *(Brit)* ◆ **~s sociaux** ≈ council houses (ou flats) *(Brit)*, local authority housing *(NonC) (Brit)*, housing projects *(US)* ◆ **il a réussi à trouver un ~** he managed to find somewhere to live; → **fonction** **c** *(Mil) [de troupes] (à la caserne)* quartering; *(chez l'habitant)* billeting ◆ **~s** *(à la caserne)* quarters; *(chez l'habitant)* billet **d** *(Tech)* housing

**loger** /lɔʒe/ ▸ conjug 3 ◂ VI a *[personne]* to live (*dans* in; *chez* with, at); ◆ ~ **à l'hôtel/rue Lepic** to live in a hotel/in rue Lepic ◆ ~ **chez l'habitant** *(Mil)* to be billeted on the local inhabitants; *[touriste]* to stay with the local inhabitants

b *[meuble, objet]* to belong, to go

VT a *[+ amis]* to put up; *[+ clients, élèves]* to accommodate; *[+ objet]* to put; *[+ soldats] (chez l'habitant)* to billet ◆ **on va ~ les malles dans le grenier** we're going to put *ou* store the trunks in the loft

b *(= contenir)* to accommodate ◆ **hôtel qui peut ~ 500 personnes** hotel which can accommodate 500 people ◆ **salle qui loge beaucoup de monde** room which can hold *ou* accommodate a lot of people

c *(= envoyer)* ~ **une balle dans** to lodge a bullet in ◆ **il s'est logé une balle dans la tête** he shot himself in the head, he put a bullet through his head

VPR **se loger** a *(= habiter) (gén)* to find a house (*ou* flat *etc*), to find somewhere to live, to find accommodation; *[touristes]* to find accommodation, to find somewhere to stay ◆ **il n'a pas trouvé à se ~** he hasn't found anywhere to live *ou* any accommodation ◆ **il a trouvé à se ~ chez un ami** a friend put him up

b *(= tenir)* **crois-tu qu'on va tous pouvoir se ~ dans la voiture ?** do you think we'll all be able to fit into the car?

c **se ~ dans/entre** *[objet, balle]* to lodge itself in/between ◆ **le ballon alla se ~ entre les barreaux de la fenêtre** the ball lodged itself *ou* got stuck between the bars of the window ◆ **le chat est allé se ~ sur l'armoire** the cat sought refuge on top of the cupboard ◆ **où est-il allé se ~ ?** *[objet tombé]* where has it gone and hidden itself?, where has it got to? ◆ **la haine se logea dans son cœur** hatred filled his heart

**logeur** /lɔʒœʀ/ NM landlord *(who lets furnished rooms)*

**logeuse** /lɔʒøz/ NF landlady

**loggia** /lɔdʒja/ NF *(Archit)* loggia; *(= balcon)* small balcony

**logiciel, -ielle** /lɔʒisjɛl/ ADJ software *(NonC)*

NM piece of software, software program *ou* package ◆ ~ **intégré** integrated software *(NonC)* ◆ ~ **d'application** application software *(NonC) ou* program ◆ ~ **gratuit** freeware *(NonC)* ◆ ~ **espion** (piece of) spyware

**logicien, -ienne** /lɔʒisjɛ̃, jɛn/ NM,F logician

**logique** /lɔʒik/ GRAMMAIRE ACTIVE 53.4

NF a *(= rationalité)* logic ◆ **en toute ~** logically ◆ **cela manque un peu de ~** that's rather unreasonable ◆ **c'est dans la ~ des choses** it's in the nature of things

b *(= façon de raisonner)* logic ◆ ~ **déductive** deductive reasoning

c *(= processus)* **le pays est entré dans une ~ de guerre** the country has embarked on a course that will inevitably lead to war ◆ **ces négociations s'inscrivent dans une ~ de paix** these negotiations are part of the peace process ◆ **cet accord répond à une ~ de marché** this agreement is in keeping with market principles *ou* practice ◆ **les chaînes publiques vont entrer dans une ~ de rentabilité** state-owned channels are going to start putting emphasis on profitability

d *(= science)* **la ~** logic

ADJ a *(= conforme à la logique)* logical; → **analyse**

b *(= conforme au bon sens)* sensible ◆ **il ne serait pas ~ de refuser** it wouldn't make sense to refuse

c *(= normal)* **c'est toujours moi qui fais tout, ce n'est pas ~ !** * I'm the one who does everything, it's not fair! ◆ **il n'est pas ~ que toute la banlieue soit obligée d'aller au cinéma à Paris** people from the suburbs shouldn't have to go into Paris to go to the cinema

d *(= cohérent)* **tu n'es pas ~** you're not thinking straight ◆ **sois ~ avec toi-même** don't contradict yourself ◆ **sa candidature s'inscrit dans la suite ~ des choses** it is quite understandable that he should become a candidate

COMP ▷ **logique formelle** formal logic ▷ **logique moderne** *(Math)* modern logic ▷ **logique pure** ⇒ **logique formelle**

> ⚠ *Au sens de 'normal', l'adjectif* **logique** *ne se traduit pas par* **logical**.

**logiquement** /lɔʒikmɑ̃/ GRAMMAIRE ACTIVE 53.4 ADV *(= rationnellement)* logically ◆ ~, **il devrait faire beau** *(= normalement)* the weather should be good

**logis** /lɔʒi/ NM *(littér)* dwelling, abode *(littér)* ◆ **rentrer au ~** to return to one's abode *(littér)* ◆ **le ~ paternel** the paternal home; → **corps, fée, fou, maréchal**

**logisticien, -ienne** /lɔʒistisjɛ̃, jɛn/ NM,F logistician

**logistique** /lɔʒistik/ ADJ logistic NF logistics

**logithèque** /lɔʒitɛk/ NF software library

**logo** /lɔgo/ NM logo

**logomachie** /lɔgɔmaʃi/ NF *(= verbiage)* verbosity

**logomachique** /lɔgɔmaʃik/ ADJ verbose

**logorrhée** /lɔgɔʀe/ NF logorrhoea *(Brit)*, logorrhea *(US)*

**logotype** /lɔgɔtip/ NM ⇒ **logo**

**loguer (se)** /lɔge/ VPR *(Ordin)* to log on

**loi** /lwa/ NF a *(= concept, justice)* **la ~** the law ◆ **la ~ du plus fort** the law of the strongest ◆ **c'est la ~ de la jungle** it's the law of the jungle ◆ **la ~ naturelle *ou* de la nature** natural law ◆ **dicter *ou* imposer sa ~** to lay down the law ◆ **subir la ~ de qn** *(frm)* to be ruled by sb ◆ **se faire une ~ de faire qch** *(frm)* to make a point *ou* rule of doing sth, to make it a rule to do sth ◆ **avoir la ~ pour soi** to have the law on one's side ◆ **il n'a pas la ~ chez lui !** * he's not master in his own house! ◆ **tu ne feras pas la ~ ici !** * you're not going to lay down the law here! ◆ **ce qu'il dit fait ~** his word is law, what he says goes ◆ **c'est la ~ et les prophètes** it's taken as gospel ◆ **tomber sous le coup de la ~** *[activité, acte]* to be an offence *ou* a criminal offence ◆ **être hors la ~** to be outlawed ◆ **mettre *ou* déclarer hors la ~** to outlaw; → **force, nom**

b *(= décret)* law, act ◆ **la ~ sur l'égalité des chances** the Equal Opportunities Act ◆ **voter une ~** to pass a law *ou* an act ◆ **les ~s de la République** the laws of the Republic

c *(= vérité d'expérience)* law ◆ **la ~ de la chute des corps** the law of gravity ◆ **la ~ de Faraday** Faraday's law ◆ **la ~ de l'offre et de la demande** the law of supply and demand ◆ **la ~ des grands nombres** the law of large numbers ◆ **trois trains ont déraillé ce mois-ci, c'est la ~ des séries** three trains have been derailed this month – disasters always seem to happen in a row *ou* it's one disaster after another

d *(= code humain)* **les ~s de la mode** the dictates of fashion ◆ **les ~s de l'honneur** the code of honour ◆ **les ~s de l'hospitalité** the laws of hospitality ◆ **la ~ du milieu** the law of the underworld ◆ **la ~ du silence** the law of silence ◆ **les ~s de l'étiquette** the rules of etiquette

COMP ▷ **loi de finances** Finance Act ▷ **loi informatique et liberté** data protection act ▷ **loi martiale** martial law ▷ **loi d'orientation** blueprint law ▷ **loi salique** Salic law ▷ **loi du talion** *(Hist)* lex talionis ◆ **appliquer la ~ du talion** *(fig)* to demand an eye for an eye

**loi-cadre** (pl **lois-cadres**) /lwakadʀ/ NF framework law

**loin** /lwɛ̃/ ADV a *(en distance)* far, a long way ◆ **est-ce ~ ?** is it far? ◆ **ce n'est pas très ~** it's not very far ◆ **plus ~** further, farther ◆ **moins ~** not so far ◆ **la gare n'est pas ~ du tout** the station is no distance at all *ou* isn't far at all ◆ **vous nous gênez, mettez-vous plus ~** you're in our way, go and stand (*ou* sit) somewhere else ◆ **il est ~ derrière/devant** he's a long way behind/in front, he's far behind/ahead ◆ **être ~** *(Helv = parti, absent)* to be away ◆ **foutre** *‡* **qch ~** *(Helv)* to throw sth out

b *(dans le temps)* **le temps est ~ où cette banlieue était un village** it's a long time since this suburb was a village ◆ **c'est ~ tout cela !, comme c'est ~ !** *(passé)* that was a long time ago!, what a long time ago that was!; *(futur)* that's a long way in the future!, that's (still) a long way off! ◆ **l'été n'est plus ~ maintenant** summer's not far off now, summer's just around the corner ◆ **Noël est encore ~** Christmas is still a long way off ◆ ~ **dans le passé** in the remote past, a long time ago ◆ **voir *ou* prévoir ~** to be farsighted, to see a long way *ou* far ahead ◆ **ne pas voir plus ~ que le bout de son nez** to see no further than the end of one's nose ◆ **d'aussi ~ que je me rappelle** for as long as I can remember ◆ **en remontant ~ dans le temps** if you go back a long way in time ◆ **en remontant plus ~ encore dans le passé** by looking even further back into the past

c *(locutions)*

◆ **loin de** *(en distance)* far from, a long way from, far away from; *(dans le temps)* a long way off from ◆ ~ **de là** *(lieu)* far from there; *(fig)* far from it ◆ **c'est assez ~ d'ici** it's quite a long way from here ◆ **non ~ de là** not far from there ◆ **leur maison est ~ de toute civilisation** their house is a long way from civilization ◆ ~ **des yeux, ~ du cœur** *(Prov)* out of sight, out of mind *(Prov)* ◆ **il y a ~ de la coupe aux lèvres** *(Prov)* there's many a slip 'twixt cup and lip *(Prov)* ◆ **on est encore ~ de la vérité/d'un accord** we're still a long way from the truth/from reaching an agreement ◆ **il leur doit pas ~ de 200 €** he owes them little short of *ou* not far off €200 ◆ **il ne doit pas y avoir ~ de 5 km d'ici à la gare** it can't be much less than 5 km from here to the station ◆ **il n'est pas ~ de 10 heures** it's getting on for 10 o'clock ◆ **il n'y a pas ~ de 5 ans qu'ils sont partis** it's not far off 5 years since they left ◆ **on est ~ du compte** we're far short of the target ◆ **être très ~ du sujet** to be way off the subject ◆ ~ **de moi/de lui la pensée de vous blâmer !** far be it from me/from him to blame you! ◆ ~ **de moi *ou* de nous !** *(littér, hum)* begone! *(littér) (aussi hum)* ◆ **elle est ~ d'être certaine de réussir** she is far from being certain of success, she is by no means assured of success ◆ **ceci est ~ de lui plaire** he's far from pleased with this ◆ **c'est très ~ de ce que nous attendions de lui** this is not at all what we expected of him ◆ **ils ne sont pas ~ de le croire coupable** they almost believe him to be guilty

◆ **au loin** in the distance, far off ◆ **partir au ~** to go a long way away

◆ **de + loin** ◆ **de ~** *(dans l'espace)* from a distance; *(dans une comparaison)* by far ◆ **de très ~** from a great distance, from afar *(littér)* ◆ **il voit mal de ~** he can't see distant objects clearly ◆ **d'aussi ~** *ou* **du plus ~ qu'elle le vit, elle courut vers lui** she saw him in the distance and she ran towards him ◆ **suivre de ~ les événements** to follow events from a distance ◆ **le directeur voit ces problèmes de très ~** the manager is very detached from these issues ◆ **il est de ~ le meilleur** he is by far the best, he is far and away the best

♦ **de loin en loin** *(= parfois)* every now and then, every now and again ◆ **de ~ en ~ brillaient quelques lumières** a few lights shone here and there

♦ **aller + loin** *(lit)* to go a long way, to go far (afield) ◆ **nous n'avons pas ~ à aller** we don't have far to go ◆ **aussi ~ que vous alliez, vous ne trouverez pas d'aussi beaux jardins** however far you go *ou* wherever you go, you won't find such lovely gardens ◆ **il est doué, il ira ~** he's very gifted, he'll go far (in life) ◆ **tu vas trop ~ !** you're going too far! ◆ **on ne va pas ~ avec 20 €** €20 doesn't go very far ◆ **j'irais même plus ~** I would go even further

♦ **mener loin** ◆ **cette affaire peut mener (très) ~** this matter could have far-reaching consequences *ou* repercussions

♦ **il n'y a pas loin** ◆ **d'ici à l'accuser de vol il n'y a pas ~** it's tantamount to an accusation of theft, it's practically an accusation of theft

**lointain, e** /lwɛ̃tɛ̃, ɛn/ ADJ a *(dans l'espace)* *[région]* faraway, distant, remote; *[musique, horizons, exil]* distant ◆ **contrées ~es** *(littér)* far-off lands *(littér)* b *(dans le temps) [ancêtre, passé]* distant, remote; *[avenir]* distant ◆ **les jours ~s** far-off days c *(= vague) [parent, rapport]* remote, distant; *[regard]* faraway; *[cause]* indirect, distant; *[ressemblance]* remote NM a ◆ **au ~, dans le ~** in the distance b *(Peinture)* background

**lointainement** /lwɛ̃tɛnmɑ̃/ ADV *(= vaguement)* remotely, vaguely

**loi-programme** (pl **lois-programmes**) /lwapʀɔgʀam/ NF *act providing framework for government programme*

**loir** /lwaʀ/ NM dormouse; → **dormir**

**Loire** /lwaʀ/ NF ◆ **la ~** *(= fleuve, département)* the Loire

**loisible** /lwazibl/ ADJ *(frm)* ◆ **s'il vous est ~ de vous libérer quelques instants** if you could possibly spare a few moments ◆ **il vous est tout à fait ~ de refuser** you are perfectly at liberty to refuse

**loisir** /lwaziʀ/ NM a *(gén pl = temps libre)* leisure *(NonC)*, spare time *(NonC)* ◆ **pendant mes heures de ~** in my spare *ou* free time, in my leisure hours *ou* time ◆ **que faites-vous pendant vos ~s ?** what do you do in your spare *ou* free time?

b *(= activités)* **~s** leisure *ou* spare-time activities ◆ **quels sont vos ~s préférés ?** what are your favourite leisure activities?, what do you like doing best in your spare *ou* free time? ◆ **équipements de ~s** recreational *ou* leisure facilities ◆ **la société de ~s** the leisure society; → **base, parc**

c *(loc frm)* **avoir (tout) le ~ de faire qch** to have leisure *(frm) ou* time to do sth ◆ **je n'ai pas eu le ~ de vous écrire** I have not had the leisure *ou* time to write to you ◆ **(tout) à ~** *(en prenant son temps)* at leisure; *(autant que l'on veut)* at will, at one's pleasure *(frm)*, as much as one likes ◆ **donner** *ou* **laisser à qn le ~ de faire** to allow sb (the opportunity) to do

**lolita** * /lɔlita/ NF nymphet

**lolo** /lolo/ NM a *(langage enfantin = lait)* milk b *(* = sein)* tit *, boob *

**lombaire** /lɔ̃bɛʀ/ ADJ lumbar; → **ponction** NF lumbar vertebra

**lombalgie** /lɔ̃balʒi/ NF lumbago

**lombard, e** /lɔ̃baʀ, aʀd/ ADJ Lombard NM *(Ling)* Lombard dialect NM,F **Lombard(e)** Lombard

**Lombardie** /lɔ̃baʀdi/ NF Lombardy

**lombes** /lɔ̃b/ NMPL loins

**lombric** /lɔ̃bʀik/ NM earthworm

**Lomé** /lɔme/ N Lomé

**lompe** /lɔ̃p/ NM ⇒ **lump**

**londonien, -ienne** /lɔ̃dɔnjɛ̃, jɛn/ ADJ London *(épith)*, of London NM,F **Londonien(ne)** Londoner

**Londres** /lɔ̃dʀ/ N London

**long, longue** /lɔ̃, lɔ̃g/ ADJ a *(dans l'espace) [cheveux, liste, robe]* long ◆ **un pont ~ de 30 mètres** a 30-metre bridge, a bridge 30 metres long ◆ **2 cm plus ~/trop ~** 2 cm longer/too long ◆ **plus ~/trop ~ de 2 cm** longer/too long by 2 cm; → **chaise, culotte**

b *(dans le temps) [carrière, série, tradition, voyage]* long; *[amitié, habitude]* long-standing ◆ **il est mort des suites d'une longue maladie** he died after a long illness ◆ **version longue** *(Ciné)* uncut version ◆ **lait longue conservation** longlife milk ◆ **il écouta (pendant) un ~ moment le bruit** he listened to the noise for a long while ◆ **l'attente fut longue** there was a long *ou* lengthy wait, I (*ou* they *etc*) waited a long time ◆ **les heures lui paraissaient longues** the hours seemed long to him *ou* seemed to drag by ◆ **faire de longues phrases** to produce long-winded sentences ◆ **avoir une longue habitude de qch/de faire qch** to be long accustomed to sth/to doing sth ◆ **cinq heures, c'est ~** five hours is a long time ◆ **ne sois pas trop ~** don't be too long ◆ **nous pouvons vous avoir ce livre, mais ce sera ~** we can get you the book, but it will take some time *ou* a long time ◆ **vin ~ en bouche** wine which lingers long on the palate

c *(+ infinitif)* **ce travail est ~ à faire** this work takes a long time ◆ **il fut ~ à se mettre en route/à s'habiller** he took a long time *ou* it took him a long time to get started/to get dressed ◆ **la réponse était longue à venir** the reply was a long time coming

d *(Culin) [sauce]* thin

e *(loc)* **au ~ cours** *[voyage]* ocean *(épith)*; *[navigation]* deep-sea *(épith)*, ocean *(épith)*; *[capitaine]* seagoing *(épith)*, ocean-going *(épith)* ◆ **faire ~ feu** *(lit, fig)* to fizzle out ◆ **ce pot de confiture n'a pas fait ~ feu** that jar of jam didn't last long ◆ **il n'a pas fait ~ feu à la tête du service** he didn't last long as head of department ◆ **préparé de longue main** prepared well *ou* long beforehand, prepared well in advance ◆ **il est ~ comme un jour sans pain** he's a real beanpole *(Brit) ou* string bean *(US)*; → **date, échéance, haleine, terme**

ADV ◆ **s'habiller ~** to wear long clothes ◆ **s'habiller trop ~** to wear clothes that are too long ◆ **en savoir ~/trop ~/plus ~** to know a lot/too much/more (*sur* about); ◆ **en dire ~** *[attitude]* to speak volumes; *[images]* to be eloquent ◆ **regard qui en dit ~** meaningful *ou* eloquent look, look that speaks volumes ◆ **cela en dit ~ sur ses intentions** that tells us a good deal *ou* speaks volumes about his intentions ◆ **son silence en dit ~** his silence speaks for itself *ou* speaks volumes *ou* tells its own story

NM a ◆ **un bateau de 7 mètres de ~** a boat 7 metres long ◆ **en ~** lengthways, lengthwise

b *(= vêtements)* **le ~** long skirts (*ou* dresses) ◆ **la mode est au ~ cette année** hemlines are down this year

c *(loc)* **tomber de tout son ~** to fall sprawling (onto the ground), to fall headlong ◆ **étendu de tout son ~** spread out at full length ◆ **(tout) le ~ du fleuve/de la route** (all) along the river/the road ◆ **tout le ~ du jour/de la nuit** all *ou* the whole day/night long ◆ **tout au ~ de sa carrière/son récit** throughout his career/his story ◆ **l'eau coule le ~ du caniveau** the water flows down *ou* along the gutter ◆ **grimper le ~ d'un mât** to climb up a mast ◆ **tout du ~** *(dans le temps)* the whole time, all along ◆ **tirer un trait tout du ~ (de la page)** to draw a line right down the page ◆ **tout au ~ du parcours** all along the route, the whole way ◆ **de ~ en large** back and forth, to and fro, up and down ◆ **en ~ et en large** in great detail, at great length ◆ **je lui ai expliqué en ~, en large et en travers** * I explained it to him over and over again ◆ **écrire qch au ~** to write sth in full

NF **longue** *(Ling = voyelle)* long vowel; *(Poésie = syllabe)* long syllable; *(Mus = note)* long note ◆ **avoir une longue à carreaux** *(Cartes)* to have a long suit of diamonds

LOC ADV **à la longue** ◆ **à la longue, il s'est calmé** in the end he calmed down ◆ **à la longue, ça a fini par coûter cher** in the long run *ou* in the end it turned out very expensive ◆ **à la longue ça s'arrangera/ça s'usera** it will sort itself out/it will wear out in time *ou* eventually

**longanimité** /lɔ̃ganimite/ NF *(littér)* forbearance

**long-courrier** (pl **long-courriers**) /lɔ̃kuʀje/ ADJ *(Naut)* ocean-going *(épith)*; *(Aviat) [vol, avion]* long-haul *(épith)*, long-distance *(épith)* NM *(Naut)* ocean liner, ocean-going ship; *(Aviat)* long-haul *ou* long-distance aircraft

**longe** /lɔ̃ʒ/ NF a *(pour attacher)* tether; *(pour mener)* lead b *(Boucherie)* loin

**longer** /lɔ̃ʒe/ ► conjug 3 ◄ VT a *[bois]* to border; *[mur, sentier, voie ferrée]* to border, to run along(side) ◆ **la voie ferrée longe la nationale** the railway line runs along(side) the main road b *[personne]* to go along, to walk along *ou* alongside; *[voiture, train]* to go *ou* pass along *ou* alongside ◆ **naviguer en longeant la côte** to sail along *ou* hug the coast ◆ **~ les murs pour ne pas se faire voir** to keep close to the walls to stay out of sight

**longeron** /lɔ̃ʒʀɔ̃/ NM a *[de pont]* (central) girder b *[de châssis]* side frame; *[de fuselage]* longeron; *[d'aile]* spar

**longévité** /lɔ̃ʒevite/ NF *(= longue vie)* longevity; *(Sociol = durée de vie)* life expectancy ◆ **il attribue sa ~ à la pratique de la bicyclette** he attributes his long life *ou* longevity to cycling ◆ **tables de ~** life-expectancy tables

**longiligne** /lɔ̃ʒiliɲ/ ADJ *[objet, forme]* slender; *[personne]* tall and slender ◆ **sa silhouette ~** her willowy figure

**longitude** /lɔ̃ʒityd/ NF longitude ◆ **à** *ou* **par 50° de ~ ouest/est** at 50° longitude west/east

**longitudinal, e** (mpl **-aux**) /lɔ̃ʒitydinal, o/ ADJ *[section, coupe]* longitudinal; *[vallée, poutre, rainure]* running lengthways ◆ **moteur ~** front-to-back engine

**longitudinalement** /lɔ̃ʒitydinalmɑ̃/ ADV longitudinally, lengthways

**longtemps** /lɔ̃tɑ̃/ ADV (for) a long time; *(dans phrase nég ou interrog)* (for) long ◆ **pendant ~** (for) a long time, (for) long ◆ **absent pendant ~** absent (for) a long time ◆ **pendant ~ ils ne sont pas sortis** for a long time *ou* a long while they didn't go out ◆ **avant ~** *(= sous peu)* before long ◆ **pas avant ~** not for a long time ◆ **~ avant/après** long before/after ◆ **on ne le verra pas de ~** we won't see him for a long time *ou* for ages ◆ **il ne**

**reviendra pas d'ici** ~ he won't be back for a long time *ou* for ages * yet ◆ **il vivra encore** ~ he'll live (for) a long time yet ◆ **il n'en a plus pour** ~ *(pour finir)* it won't be long before he's finished; *(avant de mourir)* he hasn't got long ◆ **y a-t-il** ~ **à attendre ?** is there long to wait?, is there a long wait?, will it take long? ◆ **je n'en ai pas pour** ~ I won't be long, it won't take me long ◆ **il a mis** *ou* **été** * ~**, ça lui a pris** ~ it took him a long time, he was a long time over it *ou* doing it ◆ **il arrivera dans** ~ **?** will it be long before he gets here? ◆ **rester assez** ~ **quelque part** *(trop)* to stay somewhere (for) quite *ou* rather a long time *ou* (for) quite a while; *(suffisamment)* to stay somewhere long enough ◆ **tu es resté si** ~ **!** you stayed so long! *ou* (for) such a long time! ◆ **tu peux le garder aussi** ~ **que tu veux** you can keep it as long as you want ◆ **il y a** *ou* **cela fait** *ou* **voilà** ~ **qu'il habite ici** he has been living here (for) a long time ◆ **c'était il y a** ~**/il n'y a pas** ~ that was a long time ago/not long ago ◆ **il y a** *ou* **cela fait** *ou* **voilà** ~ **que j'ai fini** I finished a long time ago *ou* ages ago ◆ **ça fait** ~ **qu'il n'est plus venu** it's (been) a long time now since he came, he hasn't come for a long time ◆ **il a cassé un carreau ! – ça faisait** ~ **!** * *(iro)* he's broken a window! – not again!

◆ **depuis longtemps** ◆ **il habite ici depuis** ~ he has been living here (for) a long time ◆ **il n'était pas là depuis** ~ **quand je suis arrivé** he hadn't been here (for) long when I arrived ◆ **je n'y mangeais plus depuis** ~ I had given up eating there long before then ◆ **j'ai fini depuis** ~ I finished a long time ago *ou* long ago

**longue** /lɔ̃g/ **ADJ F, NF** → **long**

**longuement** /lɔ̃gmɑ̃/ **ADV** *(= longtemps) [regarder, parler, hésiter]* for a long time; *(= en détail) [expliquer, étudier, raconter, interroger]* at length ◆ **plus** ~ for longer; *(= en plus grand détail)* at greater length ◆ **le plan avait été** ~ **médité** the plan had been pondered over at length ◆ **elle a** ~ **insisté sur le fait que ...** she strongly emphasized the fact that ... ◆ **il m'a remercié** ~ he thanked me profusely ◆ **j'ai écrit** ~ **sur le sujet** I wrote at length on the subject ◆ **je t'écrirai plus** ~ **plus tard** I'll write to you more fully later

**longuet, -ette** * /lɔ̃gɛ, ɛt/ **ADJ** *[film, discours]* a bit long *(attrib)*, a bit on the long side * *(attrib)* ◆ **tu as été** ~ **!** you took your time! ◆ **il est** ~ **à manger** he's a bit of a slow eater **NM** *(= gressin)* bread stick

**longueur** /lɔ̃gœʀ/ **NF** **a** *(= espace)* length ◆ **mesures/unités de** ~ measures/units of length, linear measures/units ◆ **la pièce fait trois mètres de** *ou* **en** ~ the room is three metres in length *ou* three metres long ◆ **la plage s'étend sur une** ~ **de 7 km** the beach stretches for 7 km ◆ **dans le sens de la** ~ lengthways, lengthwise ◆ **s'étirer en** ~ to stretch out lengthways ◆ **pièce tout en** ~ long, narrow room ◆ ~ **d'onde** *(lit, fig)* wavelength ◆ **nous ne sommes pas sur la même** ~ **d'onde** *(fig)* we're not on the same wavelength

**b** *(= durée)* length ◆ **à** ~ **de journée/de semaine/d'année** all day/week/year long ◆ **à** ~ **de temps** all the time ◆ **traîner** *ou* **tirer en** ~ to drag on ◆ **tirer les choses en** ~ to drag things out ◆ **attente qui tire** *ou* **traîne en** ~ long-drawn-out wait

**c** *(Courses, Natation)* length ◆ **faire des** ~**s** *[nageur]* to do lengths ◆ **l'emporter de plusieurs** ~**s** to win by several lengths ◆ **avoir une** ~ **d'avance (sur qn)** *(lit)* to be one length ahead (of sb); *(fig)* to be ahead (of sb) ◆ **prendre deux** ~**s d'avance** to go into a two-length lead ◆ ~ **de corde** *(Alpinisme) (= passage)* pitch; *(= distance)* rope-length

**d** *(= remplissage)* ~**s** overlong passages ◆ **ce film/livre a des** ~**s** parts of this film/book are overlong *ou* seem to drag on

**longue-vue** (pl **longues-vues**) /lɔ̃gvy/ **NF** telescope

**loofa(h)** /lufa/ **NM** *(= plante)* luffa, dishcloth gourd; *(= éponge)* loofa(h), luffa *(US)*

**look** * /luk/ **NM** *(= style, allure) [de personne]* look, image; *[de chose]* look, style ◆ **soigner son** ~ to pay great attention to one's look *ou* one's image ◆ **il a un** ~ **d'enfer** he looks dead cool *

**looké, e** * /luke/ **ADJ** *[produit]* sexy *, well-packaged ◆ **la pochette de l'album est** ~**e sixties** the album cover has got a very sixties look ◆ **je veux pas être** ~ **impeccable** I don't want to look too well-groomed

**looping** /lupiŋ/ **NM** *(Aviat)* looping the loop *(NonC)* ◆ **faire des** ~**s** to loop the loop

**looser** /luzœʀ/ **NM** ⇒ **loser**

**lope** ‡ /lɔp/, **lopette** ‡ /lɔpɛt/ **NF** *(péj)* queer ‡ *(péj)*, fag ‡ *(péj) (surtout US)*

**lopin** /lɔpɛ̃/ **NM** ◆ ~ **(de terre)** patch of land, plot (of land)

**loquace** /lɔkas/ **ADJ** talkative, loquacious *(frm)*

**loquacité** /lɔkasite/ **NF** talkativeness, loquacity *(frm)*

**loque** /lɔk/ **NF** **a** *(= vêtements)* ~**s** rags (and tatters) ◆ **être en** ~**s** to be in rags ◆ **vêtu de** ~**s** dressed in rags ◆ **tomber en** ~**s** to be falling to bits **b** *(péj = personne)* ~ **(humaine)** wreck ◆ **je suis une vraie** ~ **ce matin** I feel a wreck *ou* like a wet rag this morning

**loquet** /lɔkɛ/ **NM** latch

**loqueteau** (pl **loqueteaux**) /lɔk(ə)to/ **NM** (small) latch, catch

**loqueteux, -euse** /lɔk(ə)tø, øz/ **ADJ** *[personne]* ragged, (dressed) in rags *ou* in tatters; *[vêtement, livre]* tattered, ragged **NM,F** pauper

**lordose** /lɔʀdoz/ **NF** hollow-back *(NonC)*, lordosis *(SPÉC)*

**lorgner** * /lɔʀɲe/ ► conjug 1 ◄ **VT** *[+ objet]* to peer at, to eye; *[+ personne] (gén)* to eye; *(avec concupiscence)* to ogle, to eye up * *(Brit)*; *[+ poste, décoration, héritage, pays]* to have one's eye on ◆ ~ **qch du coin de l'œil** to look *ou* peer at sth out of the corner of one's eye, to cast sidelong glances at sth **VI** ◆ ~ **sur** *[+ journal, copie]* to sneak a look at; *[+ entreprise, marché]* to have one's eye on; *[+ personne]* to ogle, to eye up * *(Brit)* ◆ **ils lorgnent vers l'Amérique pour y trouver des modèles économiques** they are looking towards *ou* to America for economic models

**lorgnette** /lɔʀɲɛt/ **NF** opera glasses ◆ **regarder** *ou* **voir les choses par le petit bout de la** ~ *(fig)* to take a very limited *ou* narrow view of things

**lorgnon** /lɔʀɲɔ̃/ **NM** *(= face-à-main)* lorgnette; *(= pince-nez)* pince-nez

**lori** /lɔʀi/ **NM** *(= oiseau)* lory

**loriot** /lɔʀjo/ **NM** ◆ ~ **(jaune)** golden oriole

**lorrain, e** /lɔʀɛ̃, ɛn/ **ADJ** of *ou* from Lorraine; → **quiche** **NM** *(Ling)* Lorraine dialect **NM,F** **Lorrain(e)** inhabitant *ou* native of Lorraine **NF** **Lorraine** *(= région)* Lorraine

**lors** /lɔʀ/ **ADV** ◆ ~ **de** *(= au moment de)* at the time of; *(= durant)* during ◆ ~ **de sa mort** at the time of his death ◆ **elle a annoncé sa démission** ~ **de la réunion** she announced her resignation during the meeting ◆ ~ **même que** even though *ou* if ◆ **pour** ~ for the time being, for the moment; → **dès**

**lorsque** /lɔʀsk(ə)/ **CONJ** when ◆ **lorsqu'il entra/entrera** when *ou* as he came/comes in

**losange** /lɔzɑ̃ʒ/ **NM** diamond, lozenge ◆ **en forme de** ~ diamond-shaped ◆ **dallage en** ~**s** diamond tiling

**losangé, e** /lɔzɑ̃ʒe/ **ADJ** *[morceau]* diamond-shaped; *[dessin, tissu]* with a diamond pattern

**loser** * /luzœʀ/ **NM** *(péj)* loser *

**lot** /lo/ **NM** **a** *(Loterie)* prize ◆ **le gros** ~ the first prize, the jackpot ◆ ~ **de consolation** consolation prize **b** *(= portion)* share ◆ ~ **(de terre)** plot (of land) ◆ **chaque jour apporte son** ~ **de surprises/mauvaises nouvelles** every day brings its share of surprises/bad news **c** *(Comm) [de tablettes de chocolat, cassettes]* pack; *[de livres, chiffons]* batch; *[de draps, vaisselle]* set; *(aux enchères)* lot; *(Ordin)* batch ◆ **vendu par** ~**s de cinq** sold in packs of five ◆ **dans le** ~**, il n'y avait que deux candidats valables** in the whole batch there were only two worthwhile applicants ◆ **se détacher du** ~ *[personne, produit]* to stand out **d** *(fig, littér = destin)* lot *(littér)*, fate ◆ ~ **commun** common fate *ou* lot *ou* destiny ◆ ~ **quotidien** daily *ou* everyday lot

**loterie** /lɔtʀi/ **NF** **a** *(= jeu)* lottery; *(dans une kermesse)* raffle ◆ **mettre qch en** ~ to put sth up to be raffled ◆ **la Loterie nationale** the French national lottery *ou* sweepstake ◆ **jouer à la** ~ to buy tickets for the raffle *ou* lottery ◆ **gagner à la** ~ to win on the raffle *ou* lottery **b** *(= hasard)* lottery ◆ **c'est une vraie** ~ it's (all) the luck of the draw ◆ **la vie est une** ~ life is a game of chance, life is a lottery

**Loth** /lɔt/ **NM** Lot

**loti, e** /lɔti/ (ptp de **lotir**) **ADJ** ◆ **être bien/mal** ~ to be well-/badly off ◆ **il n'est guère mieux** ~ **(que nous)** he's scarcely any better off (than we are) ◆ **on est bien** ~ **avec un chef comme lui !** *(iro)* with a boss like him who could ask for more? *(iro)*

**lotion** /losjɔ̃/ **NF** lotion ◆ ~ **capillaire** hair lotion ◆ ~ **après rasage** after-shave lotion ◆ ~ **avant rasage** preshave lotion

**lotionner** /losjɔne/ ► conjug 1 ◄ **VT** to apply (a) lotion to

**lotir** /lɔtiʀ/ ► conjug 2 ◄ **VT** **a** *[+ terrain] (= diviser)* to divide into plots; *(= vendre)* to sell by lots ◆ **terrains à** ~ plots for sale **b** *(Jur) [+ succession]* to divide up, to share out ◆ ~ **qn de qch** to allot sth to sb, to provide sb with sth

**lotissement** /lɔtismɑ̃/ **NM** **a** *(= terrains à bâtir)* housing estate *ou* site; *(= terrains bâtis)* (housing) development *ou* estate; *(= parcelle)* plot, lot **b** *[de terrain] (= division)* division; *(= vente)* sale (by lots) **c** *(Jur) [de succession]* sharing out

**loto** /lɔto/ **NM** *(= jeu de société)* lotto; *(= matériel)* lotto set; *(= loterie à numéros)* national lottery ◆ **le** ~ **sportif** ≃ the pools ◆ **gagner au** ~ to win the Lottery

**lotte** /lɔt/ **NF** *(de rivière)* burbot; *(de mer)* angler(fish), devilfish, monkfish; *(Culin)* monkfish

**lotus** /lɔtys/ **NM** lotus ◆ **être/se mettre en position du** ~ to be/sit in the lotus position

**louable** /lwabl/ **ADJ** **a** *[efforts]* praiseworthy, commendable, laudable **b** *[maison]* rentable ◆ **bureau difficilement** ~ **à cause de sa situation** office that is hard to let *(Brit)* *ou* rent *(US)* because of its location

**louage** /lwaʒ/ **NM** hiring ◆ **(contrat de)** ~ rental contract ◆ ~ **de services** work contract

**louange** /lwɑ̃ʒ/ **NF** praise ◆ **il méprise les** ~**s** he despises praise ◆ **chanter les** ~**s de qn** to sing sb's praises ◆ **faire un discours à la** ~ **de qn** to make a speech in praise of sb ◆ **je**

**dois dire, à sa ~, que ...** I must say, to his credit *ou* in his praise, that ...

**louanger** /lwɑ̃ʒe/ ► conjug 3 ◄ VT *(littér)* to praise, to extol, to laud *(littér)*

**louangeur, -euse** /lwɑ̃ʒœʀ, øz/ ADJ *(littér)* laudatory, laudative

**loubard, e** * /lubaʀ, aʀd/ NM,F hooligan, yob * *(Brit)*

**louche$^1$** /luʃ/ ADJ *[affaire, manœuvre, milieu, passé]* shady; *[individu]* shifty, shady, dubious; *[histoire]* dubious, fishy *; *[bar, hôtel]* seedy; *[conduite, acte]* dubious, suspicious, shady; *[réaction, attitude]* dubious, suspicious ◆ **j'ai entendu du bruit, c'est ~** I heard a noise, that's funny *ou* odd ◆ **il y a du ~ dans cette affaire** this business is a bit shady *ou* fishy * *ou* isn't quite above board

**louche$^2$** /luʃ/ NF *(= ustensile)* ladle; *(= quantité)* ladleful ◆ **serrer la ~ à qn** ⁑ to shake hands with sb, to shake sb's hand ◆ **il y en a environ 3 000, à la ~** * there are about 3,000 of them, roughly

**loucher** /luʃe/ ► conjug 1 ◄ VI *(Méd)* to squint, to have a squint ◆ **~ sur** * *[+ objet]* to eye; *[+ personne]* to ogle, to eye up * *(Brit)*; *[+ poste, héritage]* to have one's eye on ◆ **ils louchent vers l'Europe pour y trouver des modèles économiques** they are looking towards *ou* to Europe for economic models

**louer$^1$** /lwe/ ► conjug 1 ◄ VT to praise ◆ **~ qn de** *ou* **pour qch** to praise sb for sth ◆ **on ne peut que le ~ d'avoir agi ainsi** he deserves only praise *ou* one can only praise him for acting in that way ◆ **louons le Seigneur !** *(Rel)* (let us) praise the Lord! ◆ **Dieu soit loué !** *(fig)* thank God! ◆ **loué soit le fax !** thank God for fax machines! VPR **se louer** ◆ **se ~ de** *[+ employé, appareil]* to be very happy *ou* pleased with; *[+ action, mesure]* to congratulate o.s. on ◆ **se ~ d'avoir fait qch** to congratulate o.s. on *ou* for having done sth ◆ **n'avoir qu'à se ~ de** *[+ employé, appareil]* to have nothing but praise for ◆ **nous n'avons qu'à nous ~ de ses services** we have nothing but praise for the service he gives, we have every cause for satisfaction with his services

**louer$^2$** /lwe/ ► conjug 1 ◄ VT **a** *[propriétaire]* *[+ maison, chambre]* to rent out, to let (out) *(Brit)*; *[+ voiture, tente, téléviseur]* to rent (out), to hire out *(Brit)* ◆ **~ ses services à qn** to work for sb **b** *[locataire]* *[+ maison, chambre]* to rent; *[+ voiture, tente]* to rent, to hire *(Brit)*; *[+ place]* to reserve, to book *(Brit)* ◆ **ils ont loué une maison au bord de la mer** they rented a house by the sea ◆ **à ~** *[appartement, bureau]* to let *(Brit)*, for rent *(US)*; *[véhicule]* for hire *(Brit)*, for rent *(US)* ◆ **cette maison doit se ~ cher** that house must be expensive to rent ◆ **~ les services de qn** to hire sb

**loueur, -euse** /lwœʀ, øz/ NM,F *(= entreprise)* rental *ou* hire *(Brit)* company ◆ **~ de bateaux/de gîtes** *(= personne)* person who rents *ou* hires *(Brit)* out boats/who rents holiday homes

**loufiat** ⁑ /lufja/ NM waiter

**loufoque** * /lufɔk/ ADJ *[personne, humour, film]* zany * ◆ **comédie ~** screwball * comedy

**loufoquerie** * /lufɔkʀi/ NF zaniness *

**Louis** /lwi/ NM Louis

**louis** /lwi/ NM ◆ **~ (d'or)** (gold) louis

**louise-bonne** (pl **louises-bonnes**) /lwizbɔn/ NF louise-bonne pear

**Louisiane** /lwizjan/ NF Louisiana

**louis-philippard, e** /lwifilipaʀ, aʀd/ ADJ *(péj)* of *ou* relating to the reign of Louis Philippe

**loukoum** /lukum/ NM Turkish delight *(NonC)* ◆ **un ~** a piece of Turkish delight

**loulou$^1$** /lulu/ NM *(= chien)* spitz ◆ **~ de Poméranie** Pomeranian dog, Pom *

**loulou$^2$** *, **loulout(t)e** * /lulu, lulut/ NM,F **a** *(terme affectueux)* darling; *(péj)* fishy customer *, seedy character **b** ⇒ **loubard, e**

**loup** /lu/ NM **a** *(= carnassier)* wolf ◆ **mon (gros** *ou* **petit) ~** * (my) pet * *ou* love ◆ **le grand méchant ~** the big bad wolf ◆ **les ~s ne se mangent pas** *ou* **ne se dévorent pas entre eux** *(Prov)* there is honour among thieves *(Prov)* ◆ **l'homme est un ~ pour l'homme** brother will turn on brother ◆ **quand on parle du ~ (on en voit la queue)** *(Prov)* talk *ou* speak of the devil ◆ **enfermer** *ou* **mettre le ~ dans la bergerie** to set the fox to mind the geese ◆ **crier au ~** to cry wolf ◆ **voir le ~** *(hum)* to lose one's virginity; → **gueule, hurler, jeune** *etc* **b** *(= poisson)* bass **c** *(= masque)* (eye) mask **d** *(= malfaçon)* flaw COMP ▷ **loup de mer** * *(= marin)* old salt *, old seadog *; *(= vêtement)* (short-sleeved) jersey

**loup-cervier** (pl **loups-cerviers**) /lusɛʀvje/ NM lynx

**loupe** /lup/ NF **a** *(Opt)* magnifying glass ◆ **examiner** *ou* **regarder qch à la ~** *(lit)* to look at sth with *ou* through a magnifying glass; *(fig)* to go through sth with a fine-tooth comb, to look into *ou* examine sth in great detail **b** *(Méd)* wen **c** *[d'arbre]* burr ◆ **table en ~ de noyer** table in burr walnut

**loupé** * /lupe/ (ptp de **louper**) NM *(= échec)* failure; *(= défaut)* defect, flaw

**louper** * /lupe/ ► conjug 1 ◄ VT **a** *[+ occasion, train, balle, personne]* to miss ◆ **loupé !** missed! ◆ **il n'en loupe pas une !** *(iro)* he's forever putting his big foot in it! * ◆ **la prochaine fois, je ne te louperai pas !** I'll get you next time!

**b** *[+ travail, gâteau]* to mess up *, to make a mess of; *[+ examen]* to flunk * ◆ **~ son entrée** to fluff * *ou* bungle one's entrance ◆ **il a loupé son coup/son suicide** he bungled *ou* botched * it/his suicide attempt

VI ◆ **je t'ai dit qu'il ferait une erreur, ça n'a pas loupé !** I told you that he'd make a mistake and sure enough he did! ◆ **ça va tout faire ~** that'll muck everything up *

VPR **se louper** * **a** *(= rater son suicide)* to bungle one's suicide attempt ◆ **tu ne t'es pas loupée !** *(accident)* that's a nasty cut (*ou* bruise *etc*)!

**b** *(= ne pas se rencontrer)* **nous nous sommes loupés de peu** we just missed each other

**loup-garou** (pl **loups-garous**) /lugaʀu/ NM werewolf ◆ **le ~ va te manger !** the Bogeyman will get you!

**loupiot, -iotte** * /lupjo, jɔt/ NM,F kid *

**loupiote** * /lupjɔt/ NF *(= lampe)* (small) light

**lourd, e$^1$** /luʀ, luʀd/ ADJ **a** *(= de poids élevé)* *[objet, vêtement]* heavy; *[armement, artillerie, industrie, métal]* heavy *(épith)* ◆ **terrain ~** heavy *ou* soft ground ◆ **c'est trop ~ à porter** it's too heavy to carry; → **eau, franc$^2$**

**b** *(= désagréablement pesant)* *[silence, sommeil]* heavy, deep; *[chagrin]* deep; *[parfum, odeur]* heavy, strong; *[aliment, vin]* heavy; *[repas]* heavy, big ◆ **yeux ~s de sommeil/fatigue** eyes heavy with sleep/tiredness ◆ **il avait les paupières ~es** his eyelids were *ou* felt heavy ◆ **c'est ~ (à digérer)** it's heavy (on the stomach *ou* the digestion) ◆ **se sentir ~, avoir l'estomac ~** to feel bloated ◆ **j'ai** *ou* **je me sens les jambes ~es** my legs feel heavy ◆ **j'ai** *ou* **je me sens la tête ~e** my head feels fuzzy, I feel a bit headachy * ◆ **il a un ~ passé** he's a man with a past; → **hérédité**

**c** *(Mét)* *[ciel, nuage]* heavy; *[temps, chaleur]* sultry, close ◆ **il fait ~** the weather is close, it's sultry

**d** *(= massif, gauche)* *[construction]* inelegant; *[mouvement, style]* heavy, ponderous; *[plaisanterie]* unsubtle; *[compliment]* clumsy ◆ **marcher d'un pas ~** to tread heavily, to walk with a heavy step ◆ **avoir une démarche ~e** to walk awkwardly ◆ **cet oiseau a un vol assez ~** this bird is quite clumsy in the air ◆ **il est un peu ~** * *(= bête)* he's a bit slow; *(d'un plaisantin)* his jokes are a bit heavy

**e** *(= important)* *[dettes, impôts, tâche, responsabilité, charge]* heavy, weighty; *[pertes]* heavy, severe, serious; *[faute]* serious, grave; *[chirurgie]* extensive ◆ **les tendances ~es du marché** the broad *ou* main trends in the market ◆ **de ~es présomptions pèsent sur lui** suspicion falls heavily on him ◆ **les cas les plus ~s sont gardés à l'hôpital** the most serious *ou* severe cases are kept in hospital

**f** *(= difficile à gérer)* *[dispositif]* unwieldy ◆ **35 enfants par classe, c'est trop ~** 35 children per class is too much ◆ **trois enfants à élever, c'est ~/trop ~ (pour elle)** bringing up three children is a lot/too much (for her)

**g** *(= chargé)* **le silence était ~ de menaces** there was a threatening *ou* an ominous silence ◆ **décision ~e de conséquences** decision fraught with consequences ◆ **cette défaite est ~e de signification** this defeat is extremely *ou* highly significant ◆ **cette démarche est ~e de dangers** this approach is fraught with danger ◆ **un geste ~ de symboles** a highly symbolic gesture

ADV * ◆ **il n'y a pas ~ de pain** there isn't much bread ◆ **du bon sens, il n'en a pas ~ !** he hasn't got much common sense ◆ **il n'en sait/n'en fait pas ~** he doesn't know/do much ◆ **il ne gagne pas ~** he doesn't earn much ◆ **ça ne fait pas ~** it doesn't amount to much; → **peser**

**lourdaud, e** * /luʀdo, od/ ADJ oafish, clumsy NM,F oaf

**lourde$^2$** ⁑ /luʀd/ NF *(= porte)* door

**lourdement** /luʀdəmɑ̃/ ADV *(gén)* heavily ◆ **marcher ~** to walk with a heavy tread ◆ **se tromper ~** to be sadly mistaken, to make a big mistake ◆ **insister ~ sur qch/pour faire qch** to insist strenuously on sth/on doing sth ◆ **s'endetter ~** to get heavily into debt

**lourder** ⁑ /luʀde/ ► conjug 1 ◄ VT to kick out *, to boot out ⁑ ◆ **se faire ~** to get kicked out * *ou* booted out ⁑

**lourdeur** /luʀdœʀ/ NF **a** *(= pesanteur)* *[d'objet, fardeau]* heaviness, weight; *[de bureaucratie, infrastructure]* cumbersomeness; *[de tâche, responsabilité]* weight; *(Bourse)* *[de marché]* slackness, sluggishness ◆ **les ~s administratives/bureaucratiques** administrative/bureaucratic red tape **b** *[d'édifice]* heaviness, massiveness; *[de démarche]* heaviness; *[de style, forme]* heaviness, ponderousness ◆ **~ d'esprit** dull-wittedness, slow-wittedness ◆ **s'exprimer avec ~** to express o.s. clumsily *ou* ponderously ◆ **avoir des ~s de tête** to have a fuzzy * head, to feel headachy * ◆ **avoir des ~s d'estomac** to have indigestion, to feel a bit bloated ◆ **j'ai des ~s dans les jambes** my legs feel heavy ◆ **cette traduction comporte des ~s** this translation is a bit heavy *ou* awkward in places **c** *[de temps]* sultriness, closeness

**lourdingue** * /luʀdɛ̃g/ ADJ *[plaisanterie]* predictable; *[personne]* oafish, clumsy; *[construction]* hefty-looking *; *[phrase]* laboured *(Brit)*, labored *(US)*, clumsy

**loustic** * /lustik/ NM *(= enfant)* kid *; *(= taquin)* villain * *(hum)*; *(= type)* (funny) guy * *ou* chap * *(Brit)* ◆ **faire le ~** to play the fool, to act the goat * *(Brit)* ◆ **un drôle de ~** *(= type)* an oddball *, an oddbod * *(Brit)*; *(= enfant)* a little villain * *(hum)* *ou* rascal

**loutre** /lutʀ/ NF *(= animal)* otter; *(= fourrure)* otter-skin ◆ **~ de mer** sea otter

**louve** /luv/ NF she-wolf

**louveteau** (pl **louveteaux**) /luv(ə)to/ NM *(Zool)* (wolf) cub; *(Scoutisme)* cub (scout)

**louvoiement** /luvwamɑ̃/ NM **a** *(Naut)* tacking *(NonC)* **b** *(= tergiversations)* hedging *(NonC)*, dithering, shilly-shallying * *(Brit)* ◆ **assez de ~s** stop beating about the bush

**louvoyer** /luvwaje/ ► conjug 8 ◄ VI **a** *(Naut)* to tack ◆ **~ au plus près** to beat to windward ◆ **~ entre les écueils** *(fig)* to tread a delicate path ◆ **il doit ~ entre les tendances différentes de son parti** he has to tread a delicate path *ou* steer a delicate course between the different political currents in his party **b** *(= tergiverser)* to hedge, to dither, to shilly-shally * *(Brit)*

**Louvre** /luvʀ/ NM ◆ **le (Musée du) ~** the Louvre (museum) ◆ **l'École du ~** the Ecole du Louvre *(training college for museum curators and guides based at the Louvre)*

**Louxor** /luksɔʀ/ N Luxor

**lover** /lɔve/ ► conjug 1 ◄ VT to coil VPR **se lover** *[serpent]* to coil up; *[personne]* to curl up

**loxodromie** /lɔksɔdʀɔmi/ NF *(Naut)* loxodromics *(sg)*, loxodromy

**loyal, e** (mpl **-aux**) /lwajal, o/ ADJ **a** *(= fidèle)* *[sujet, ami]* loyal, faithful, trusty ◆ **après 50 ans de bons et loyaux services** after 50 years of good and faithful service **b** *(= honnête)* *[personne, procédé]* fair, honest; *[conduite]* upright, fair; *[jeu]* fair, straight * ◆ **se battre à la ~e** * to fight cleanly

**loyalement** /lwajalmɑ̃/ ADV *[agir]* fairly, honestly; *[servir]* loyally, faithfully; *[se battre]* cleanly ◆ **accepter ~ une défaite** to take a defeat sportingly *ou* in good part *(Brit)*

**loyalisme** /lwajalism/ NM loyalty

**loyaliste** /lwajalist/ ADJ **a** *(= fidèle)* loyal **b** *(Pol)* loyalist, Loyalist NMF **a** *(= fidèle)* loyal supporter **b** *(Pol)* loyalist, Loyalist

**loyauté** /lwajote/ NF **a** *(= fidélité)* loyalty, faithfulness **b** *(= honnêteté)* honesty, fairness; *[de conduite]* fairness, uprightness ◆ **avec ~** fairly, honestly

**loyer** /lwaje/ NM rent ◆ **~ commercial** office rent ◆ **~ de l'argent** rate of interest, interest rate

**LP** /ɛlpe/ NM (abrév de **lycée professionnel**) → **lycée**

**LSD** /ɛlɛsde/ NM (abrév de **Lysergsäure Diethylamid**) LSD

**lu, e** /ly/ (ptp de **lire**) ADJ ◆ **~ et approuvé** read and approved ◆ **elle est très ~e en Europe** she is widely read in Europe

**Luanda** /luɑ̃da/ N Luanda

**lubie** /lybi/ NF *(= centre d'intérêt, passe-temps)* fad; *(= idée)* hare-brained idea; *(= mode)* craze, fad ◆ **encore une de ses ~s !** another of his hare-brained *ou* mad ideas! ◆ **il lui a pris la ~ de ne plus manger de pain** he has taken it into his head not to eat bread any more

**lubricité** /lybʀisite/ NF *[de personne]* lustfulness, lechery; *[de propos, conduite]* lewdness

**lubrifiant, e** /lybʀifjɑ̃, jɑ̃t/ ADJ lubricating NM lubricant

**lubrification** /lybʀifikasjɔ̃/ NF lubrication

**lubrifier** /lybʀifje/ ► conjug 7 ◄ VT to lubricate

**lubrique** /lybʀik/ ADJ *[personne]* lustful, lecherous; *[propos]* lewd, libidinous; *[danse]* lewd; *[amour]* lustful, carnal ◆ **regarder qch d'un œil ~** to gaze at sth with a lustful eye

**Luc** /lyk/ NM Luke

**lucarne** /lykaʀn/ NF *[de toit]* skylight; *(en saillie)* dormer window ◆ **envoyer la balle dans la ~** *(Ftbl)* to send the ball into the top corner of the net ◆ **la petite ~, les étranges ~s** *(= télévision)* the small screen

**lucide** /lysid/ ADJ **a** *(= conscient)* *[malade, vieillard]* lucid; *[accidenté]* conscious **b** *(= perspicace)* *[personne]* lucid, clear-headed; *[esprit, analyse, raisonnement]* lucid, clear ◆ **il a une vision plus ~ des choses** he has a clearer view of things ◆ **le témoin le plus ~ de son temps** the most clear-sighted *ou* perceptive observer of the times he lived in ◆ **juger qch d'un œil ~** to judge sth with a lucid *ou* clear eye

**lucidement** /lysidmɑ̃/ ADV lucidly, clearly

**lucidité** /lysidite/ NF **a** *[de malade, vieillard]* lucidity; *[d'accidenté]* consciousness ◆ **il a des moments de ~** he has moments of lucidity, he has lucid moments *ou* intervals ◆ **il a toute sa ~** he still has the use of his faculties, he's still quite lucid **b** *(= perspicacité)* *[de personne]* lucidity, clear-headedness; *[d'esprit, analyse, raisonnement]* lucidity, clearness ◆ **il a analysé la situation avec ~** he gave a very clear-headed analysis of the situation

**Lucifer** /lysifɛʀ/ NM Lucifer

**luciole** /lysjɔl/ NF firefly

**lucratif, -ive** /lykʀatif, iv/ ADJ *[activité, marché, trafic, entreprise]* lucrative, profitable; *[emploi]* lucrative, well-paid ◆ **association à but ~/non ~** profit-making/non-profit-making *ou* not-for-profit *(US)* organization

**lucrativement** /lykʀativmɑ̃/ ADV lucratively

**lucre** /lykʀ/ NM *(péj)* lucre *(péj)*

**Lucrèce** /lykʀɛs/ NM Lucretius NF Lucretia

**ludiciel** /lydisjɛl/ NM computer game ◆ **~s** computer games, game software *(NonC)*

**ludion** /lydjɔ̃/ NM Cartesian diver

**ludique** /lydik/ ADJ playful ◆ **activité ~** *(Scol)* play activity; *(de loisir)* recreational activity ◆ **l'informatique ~** computer games ◆ **il veut une émission plus ~** he wants the programme to be more entertaining ◆ **nous avons donné une dimension ~ aux exercices** we've made the exercises more like games

**ludo-éducatif, -ive** (mpl **ludo-éducatifs**) /lydoedykatif, iv/ ADJ *[programme, logiciel]* edutainment *(épith)*

**ludothèque** /lydɔtɛk/ NF games library

**luette** /lɥɛt/ NF uvula *(SPÉC)*

**lueur** /lɥœʀ/ NF **a** *[de flamme]* glimmer *(NonC)*; *[d'étoile, lune, lampe]* (faint) light; *[de braises]* glow *(NonC)* ◆ **à la ~ d'une bougie** by candlelight ◆ **les ~s de la ville** the city lights ◆ **les premières ~s de l'aube/du jour** the first light of dawn/of day ◆ **les ~s du couchant** the glow of sunset **b** *[de désir, colère]* gleam; *[d'intelligence]* glimmer ◆ **il avait une ~ malicieuse dans le regard** he had a mischievous gleam *ou* glint in his eye ◆ **pas la moindre ~ d'espoir** not the faintest glimmer of hope **c** *(gén hum = connaissances)* **il a quelques ~s sur le sujet** he knows a bit about the subject ◆ **peux-tu apporter quelques ~s sur le fonctionnement de cette machine ?** can you shed some light on the working of this machine?

**luffa** /lufa/ NM ⇒ **loofa(h)**

**luge** /lyʒ/ NF toboggan, sledge *(Brit)*, sled *(US)* ◆ **faire de la ~** to toboggan, to sledge *(Brit)*, to sled *(US)*

**luger** /lyʒe/ ► conjug 3 ◄ VI to toboggan, to sledge *(Brit)*, to sled *(US)*

**lugeur, -euse** /lyʒœʀ, øz/ NM,F tobogganist

**lugubre** /lygybʀ/ ADJ *[pensée, ambiance, récit]* gloomy, dismal, lugubrious *(littér)*; *[paysage]* dreary, dismal; *[maison]* gloomy; *[musique, cri]* mournful ◆ **d'un ton ~** in a funereal voice

**lugubrement** /lygybʀəmɑ̃/ ADV gloomily, dismally, lugubriously

**lui** /lɥi/ PRON PERS *(objet indirect, homme)* him; *(femme)* her; *(animal, bébé)* it, him, her; *(bateau, nation)* her, it; *(insecte, chose)* it ◆ **je le ~ ai dit** *(à un homme)* I told him; *(à une femme)* I told her ◆ **tu ~ as donné de l'eau ?** *(à un animal)* have you given it (*ou* him *ou* her) some water?; *(à une plante)* have you watered it? ◆ **je ne le ~ ai jamais caché** I have never kept it from him (*ou* her) ◆ **il ~ est facile de le faire** it's easy for him (*ou* her) to do it ◆ **je ne ~ connais pas de défauts** he's (*ou* she's) got no faults that I know of ◆ **je ~ ai entendu dire que** I heard him (*ou* her) say that ◆ **le bateau est plus propre depuis qu'on ~ a donné un coup de peinture** the boat is cleaner now they've given her (*ou* it) a coat of paint

PRON M **a** *(fonction objet, personne)* him; *(animal)* him, her, it; *(chose)* it; *(pays, bateau)* her, it ◆ **elle n'admire que ~** she only admires him ◆ **à ~, elle n'a pas dit un mot** she never said a word to him ◆ **~, le revoir ? jamais !** see him again? never! ◆ **c'est ~, je le reconnais** it's him, I recognize him ◆ **je l'ai bien vu, ~ !** I saw him all right! *, I definitely saw him! ◆ **si j'étais ~, j'accepterais** if I were him *ou* he *(frm)* I would accept; → aussi **même, non, seul**

**b** *(sujet, gén emphatique, personne)* he; *(chose)* it; *(animal)* it, he, she ◆ **elle est vendeuse, ~ est maçon** she's a saleswoman and he's a bricklayer ◆ **~, furieux, a refusé** furious, he refused ◆ **le Japon, ~, serait d'accord** Japan, for its *ou* her part, would agree ◆ **l'enfant, ~, avait bien vu les bonbons** the child had seen the sweets all right ◆ **qu'est-ce qu'ils ont dit ? – ~, rien** what did they say? – he said nothing ◆ **elle est venue mais pas ~** she came but not him *ou* but he didn't ◆ **mon frère et ~ sont partis ensemble** my brother and he went off together ◆ **~ parti, j'ai pu travailler** with him gone *ou* after he had gone I was able to work ◆ **~(, il) n'aurait jamais fait ça, il n'aurait jamais fait ça, ~** he would never have done that ◆ **est-ce qu'il le sait, ~ ?, est-ce que ~(, il) le sait ?** does he know about it? ◆ **~, se marier ? jamais !** him get married? that'll be the day!

**c** *(emphatique avec qui, que)* **c'est ~ que nous avions invité** it's *ou* it was him we had invited ◆ **c'est à ~ que je veux parler** it's him I want to speak to, I want to speak to him ◆ **il y a un hibou dans le bois, c'est ~ que j'ai entendu** there is an owl in the wood – that's what I heard ◆ **c'est ~ qui me l'a dit** he told me himself, it was he who told me ◆ **c'est ~ qui le dit !** that's his story!, that's what he says! ◆ **ce fut ~ qui le premier découvrit …** *(frm)* it was he who first discovered … ◆ **chasse le chien, c'est ~ qui m'a mordu** chase that dog away – it's the one that bit me ◆ **de tous les arbres, c'est ~ qui a le bois le plus dur** of all the trees it's this one that has the hardest wood ◆ **ils ont trois chats, et ~ qui ne voulait pas d'animaux !** they have three cats and to think that he didn't want any animals!

**d** *(dans des comparaisons : sujet)* he, him; *(objet)* him ◆ **elle est plus mince que ~** she is slimmer than he is *ou* than him ◆ **j'ai mangé plus/moins que ~** I ate more/less than he did *ou* than him ◆ **ne fais pas comme ~** don't do as he does *ou* did, don't do the same as he did ◆ **je ne la connais pas**

**aussi bien que** ~ *(que je le connais)* I don't know her as well as (I know) him; *(qu'il la connaît)* I don't know her as well as he does

**lui-même** /lɥimɛm/ PRON → **même**

**luire** /lɥiʀ/ ▸ conjug 38 ◂ VI *[métal]* to shine, to gleam; *[surface mouillée]* to glisten; *[reflet intermittent]* to glint; *[étoile]* to twinkle; *(en scintillant)* to glimmer, to shimmer; *(en rougeoyant)* to glow ◆ **l'herbe/l'étang luisait au soleil du matin** the grass/the pond glistened in the morning sunlight ◆ **yeux qui luisent de colère/d'envie** eyes gleaming with anger/with desire ◆ **le lac luisait sous la lune** the lake shimmered *ou* glimmered in the moonlight ◆ **l'espoir luit encore** there is still a glimmer of hope

**luisant, e** /lɥizɑ̃, ɑ̃t/ ADJ *[métal]* gleaming, shining; *[surface mouillée]* glistening; *(reflet intermittent)* glinting; *(en scintillant)* glimmering, shimmering; *(en rougeoyant)* glowing ◆ **front** ~ **de sueur** forehead gleaming *ou* glistening with sweat ◆ **vêtements ~s d'usure** clothes shiny with wear ◆ **yeux ~s de fièvre** eyes bright with fever; → **ver** NM *[d'étoffe]* sheen; *[de pelage]* gloss

**lumbago** /lɔ̃bago/ NM lumbago

**lumière** /lymjɛʀ/ NF **a** *(gén, Phys)* light ◆ **la ~ du jour** daylight ◆ **la ~ du soleil l'éblouit** he was dazzled by the sunlight ◆ **à la ~ artificielle/électrique** by artificial/electric light ◆ **la ~ entrait à flots dans la pièce** daylight streamed into the room ◆ **il n'y a pas beaucoup/ça ne donne guère de** ~ there isn't/it doesn't give much light ◆ **donne-nous de la** ~ switch *ou* put the light on, will you? ◆ **il y a de la ~ dans sa chambre** there's a light on in his room ◆ **Il dit "que la lumière soit" et la ~ fut** *(Bible)* He said "let there be light" and there was light ◆ **les ~s de la ville** *(gén)* the lights of the town; *(plus grande)* the city lights; → **effet, habit, siècle**

**b** *(= connaissance)* light ◆ **avoir/acquérir quelque ~ sur qch** to have/gain some knowledge of sth, to have/gain some insight into sth ◆ **avoir des ~s sur une question** to have some ideas *ou* some knowledge on a question, to know something about a question ◆ **aidez-nous de vos ~s** give us the benefit of your wisdom *ou* insight

**c** *(= personne)* light ◆ **il fut une des ~s de son siècle** he was one of the (shining) lights of his age ◆ **le pauvre garçon, ce n'est pas une** ~ the poor boy, he's no Einstein* *ou* no genius

**d** *(Tech) [de machine à vapeur]* port; *[de canon]* sight ◆ ~ **d'admission/d'échappement** *(Aut)* inlet/exhaust port *ou* valve

**e** *(loc)* **faire (toute) la ~ sur qch** to get right to the bottom of sth ◆ **il faut que toute la ~ soit faite sur cette affaire** we must get to the bottom of this business ◆ **entrevoir la ~ au bout du tunnel** to see the light at the end of the tunnel ◆ **jeter une nouvelle ~ sur qch** to throw *ou* shed new light on sth

◆ **à la lumière de** ◆ **à la ~ des étoiles** by the light of the stars, by starlight ◆ **à la ~ des récents événements** in the light of recent events

◆ **mettre qch en lumière** to bring sth to light

COMP ▷ **lumière blanche** white light ▷ **lumière cendrée** *(Astron)* earth-light, earthshine ▷ **lumière noire** black light ▷ **lumière stroboscopique** strobe lighting ▷ **lumière de Wood** ⇒ **lumière noire**

**lumignon** /lymiɲɔ̃/ NM *(= lampe)* (small) light; *(= bougie)* candle-end

**luminaire** /lyminɛʀ/ NM *(gén)* light, lamp; *(= cierge)* candle ◆ **magasin de ~s** lighting shop

**luminescence** /lyminesɑ̃s/ NF luminescence

**luminescent, e** /lyminesɑ̃, ɑ̃t/ ADJ *(littér)* luminescent

**lumineusement** /lyminøzmɑ̃/ ADV *[expliquer]* lucidly, clearly ◆ **son explication était ~ claire** his explanation was crystal clear

**lumineux, -euse** /lyminø, øz/ ADJ **a** *[corps, intensité, cadran, aiguille]* luminous; *[fontaine, enseigne]* illuminated; *[rayon, faisceau]* of light ◆ **onde/source lumineuse** light wave/source; → **flèche**[1], **panneau** **b** *[teint, regard]* radiant; *[ciel, couleur]* luminous; *[pièce, appartement]* bright, light **c** *(littér = pur, transparent)* luminous *(littér)*, lucid; *(iro) [exposé]* limpid, brilliant ◆ **j'ai compris, c'est ~** I understand, it's as clear as daylight *ou* it's crystal clear; → **idée**

**luminosité** /lyminozite/ NF **a** *[de teint, regard]* radiance; *[de ciel, couleur]* luminosity ◆ **il y a beaucoup de ~** there's lots of light, it's very bright **b** *(Photo, Sci)* luminosity

**lump** /lœp/ NM lumpfish, lumpsucker; → **œuf**

**lumpenprolétariat** /lumpɛnpʀoletaʀja/ NM lumpenproletariat

**lunaire**[1] /lynɛʀ/ ADJ *[année, cycle, paysage, sol]* lunar; *[roche]* moon *(épith)*; *[visage]* moonlike

**lunaire**[2] /lynɛʀ/ NF *(Bot)* honesty

**lunaison** /lynɛzɔ̃/ NF lunar month

**lunapark** /lynapaʀk/ NM (fun)fair

**lunatique** /lynatik/ ADJ moody

**lunch** (pl **lunch(e)s**) /lœntʃ/ NM buffet

**lundi** /lœ̃di/ NM Monday ◆ **le ~ de Pâques/de Pentecôte** Easter/Whit Monday ◆ **ça va ? – (ça va) comme un ~** how are you? – I've got the Monday blues* *ou* I'm already longing for the weekend; *pour autres loc voir* **samedi**

**lune** /lyn/ NF **a** *(Astron)* moon ◆ **pleine/nouvelle ~** full/new moon ◆ **nuit sans ~** moonless night ◆ **~ rousse** April moon; → **clair, croissant**[1] **b** *(* = derrière)* bottom*, backside* **c** *(loc)* **~ de miel** *(lit, fig)* honeymoon ◆ **être dans la ~** to have one's head in the clouds, to be in a dream ◆ **tomber de la ~** to have dropped in from another planet ◆ **demander** *ou* **vouloir la ~** to ask *ou* cry for the moon ◆ **il décrocherait la ~ pour elle** he'd move heaven and earth to please her ◆ **promettre la ~** to promise the moon *ou* the earth ◆ **elle veut lui faire voir la ~ en plein midi** she's trying to pull the wool over his eyes ◆ **il y a (bien) des ~s** † many moons ago; → **face, vieux**

**luné, e** * /lyne/ ADJ ◆ **être bien/mal ~** to be in a good/bad mood ◆ **comment est-elle ~e ce matin ?** what sort of (a) mood is she in this morning?

**lunetier, -ière** /lyn(ə)tje, jɛʀ/ ADJ *[industrie]* spectacle *(épith)* NM,F *(= vendeur)* optician; *(= fabricant)* spectacle *ou* eyeglasses *(US)* manufacturer

**lunette** /lynɛt/ NF **a** *(Astron = télescope)* telescope; *[de fusil]* sight(s) **b** *(Archit)* lunette NFPL **lunettes** *(correctives)* glasses, eyeglasses *(US)*, spectacles†; *(de protection)* goggles, glasses ◆ **mets tes ~s !** *(lit, fig)* put your glasses *ou* specs* on! ◆ **un intello* à ~s** a bespectacled intellectual COMP ▷ **lunette d'approche** telescope ▷ **lunette arrière** *(Aut)* rear window ▷ **lunette astronomique** astronomical telescope ▷ **lunette (des cabinets)** toilet rim ▷ **lunettes de glacier** snow goggles ▷ **lunette méridienne** meridian circle ▷ **lunettes de natation** swimming goggles ▷ **lunettes noires** dark glasses ▷ **lunettes de plongée** swimming *ou* diving goggles ▷ **lunettes de ski** ski goggles ▷ **lunettes de soleil** sunglasses ▷ **lunettes de vue** prescription *ou* corrective glasses

**lunetterie** /lynɛtʀi/ NF spectacle trade

**lunule** /lynyl/ NF *[d'ongle]* half-moon, lunula *(SPÉC)*; *(Math)* lune

**lupanar** /lypanaʀ/ NM *(littér)* brothel

**lupin** /lypɛ̃/ NM lupin

**lupus** /lypys/ NM lupus

**lurette** /lyʀɛt/ NF ◆ **il y a belle ~ de cela** * that was ages ago *ou* donkey's years* *(Brit)* ago ◆ **il y a belle ~ que je ne fume plus** * I stopped smoking ages ago, it's ages since I stopped smoking

**lurex** /lyʀɛks/ NM lurex

**luron** * /lyʀɔ̃/ NM ◆ **(joyeux** *ou* **gai) ~** likely lad ◆ **c'est un (sacré) ~** † he's a great one for the girls*, he's quite a lad*

**luronne** * /lyʀɔn/ NF ◆ **(gaie) ~** (lively) lass* ◆ **c'est une (sacrée) ~** † she's a great one for the men*, she's quite a lass*

**Lusaka** /lusaka/ N Lusaka

**lusitanien, -ienne** /lyzitanjɛ̃, jɛn/ ADJ Lusitanian NM,F **Lusitanien(ne)** Lusitanian

**lusophone** /lyzɔfɔn/ ADJ Portuguese-speaking NMF Portuguese speaker

**lusophonie** /lyzɔfɔni/ NF ◆ **la ~** the Portuguese-speaking world

**lustrage** /lystʀaʒ/ NM *(Tech) [d'étoffe, peaux, fourrures]* lustring; *[de glace]* shining

**lustral, e** (mpl **-aux**) /lystʀal, o/ ADJ *(littér)* lustral *(littér)*

**lustrant** /lystʀɑ̃/ ADJ M, NM ◆ **(produit) ~** polish

**lustre** /lystʀ/ NM **a** *[d'objet, peaux, vernis]* shine, lustre *(Brit)*, luster *(US)*; *[de personne, cérémonie]* lustre ◆ **redonner du ~ à une institution** to restore the prestige of an institution **b** *(= luminaire)* centre light *(with several bulbs)*; *(très élaboré)* chandelier **c** *(littér = 5 ans)* lustrum *(littér)* ◆ **depuis des ~s** for ages, for aeons

**lustré, e** /lystʀe/ (ptp de **lustrer**) ADJ *[cheveux, fourrure, poil]* glossy; *[manche usée]* shiny

**lustrer** /lystʀe/ ▸ conjug 1 ◂ VT *(Tech) [+ étoffe, peaux, fourrures]* to lustre; *[+ glace]* to shine; *(gén = faire briller)* to shine, to put a shine on; *(par l'usure)* to make shiny ◆ **le chat lustre son poil** the cat is licking its fur ◆ **la pluie lustrait le feuillage** the rain put a sheen on the leaves ◆ **ce tissu se lustre facilement** this fabric gets shiny very quickly

**lustrerie** /lystʀəʀi/ NF lighting (appliance) trade

**lustrine** /lystʀin/ NF *(Tex)* lustre

**Lutèce** /lytɛs/ N Lutetia

**lutétium** /lytesjɔm/ NM lutetium

**luth** /lyt/ NM lute

**Luther** /lytɛʀ/ NM Luther

**luthéranisme** /lyteʀanism/ NM Lutheranism

**luthérien, -ienne** /lyteʀjɛ̃, jɛn/ ADJ Lutheran NM,F **Luthérien(ne)** Lutheran

**luthier, -ière** /lytje, jɛʀ/ NM,F (stringed-)instrument maker

**luthiste** /lytist/ NMF lutenist, lutanist

**lutin, e** /lytɛ̃, in/ ADJ impish, mischievous NM *(= farfadet) (gentil)* imp, sprite; *(méchant)* goblin; *(irlandais)* leprechaun ◆ **(petit) ~** *(= enfant)* (little) imp

**lutiner** /lytine/ ▸ conjug 1 ◂ VT to fondle, to tickle

**lutrin** /lytrɛ̃/ NM *(sur pied)* lectern; *(sur table)* book-rest

**lutte** /lyt/ NF a *(gén = combat)* struggle, fight (*contre* against); ◆ **~s politiques** political struggles ◆ **~ antipollution/contre l'alcoolisme** fight against pollution/against alcoholism ◆ **~ contre le crime** crime prevention ◆ **~ antidrogue** battle *ou* fight against drugs ◆ **~ pour la vie** *(Bio, fig)* struggle for existence *ou* survival ◆ **~ entre le bien et le mal** conflict *ou* struggle between good and evil ◆ **~ de l'honneur et de l'intérêt** conflict between honour and self-interest ◆ **aimer la ~** to enjoy a struggle ◆ **engager/abandonner la ~** to take up/give up the struggle *ou* fight ◆ **nous sommes engagés dans une ~ inégale** we're fighting an uneven battle, it's an unequal struggle ◆ **après plusieurs années de ~** after several years of struggling ◆ **gagner** *ou* **conquérir qch de haute ~** to win sth after a brave fight *ou* struggle

b *(loc)* **entrer/être en ~ (contre qn)** to enter into/be in conflict (with sb) ◆ **en ~ ouverte contre sa famille** in open conflict with his family ◆ **travailleurs en ~** *(en grève)* striking workers ◆ **le pays en ~** *(Mil)* the country at war ◆ **les partis en ~** *(Pol)* the opposing parties

c *(Sport)* wrestling ◆ **~ libre/gréco-romaine** all-in/Greco-Roman *ou* Graeco-Roman *(Brit)* wrestling ◆ **faire de la ~** to wrestle

COMP ▷ **lutte armée** armed struggle ◆ **en ~ armée** in armed conflict ▷ **lutte des classes** class struggle *ou* war ▷ **lutte d'influence(s)** struggle for influence ▷ **lutte d'intérêts** conflict *ou* clash of interests

**lutter** /lyte/ ▸ conjug 1 ◂ VI a *(= se battre)* to struggle, to fight ◆ **~ contre un adversaire** to struggle *ou* fight against an opponent ◆ **~ contre le vent** to fight against *ou* battle with the wind ◆ **~ contre l'ignorance/un incendie** to fight ignorance/a fire ◆ **~ contre l'adversité/le sommeil** to fight off adversity/sleep ◆ **~ contre la mort** to fight *ou* struggle for one's life ◆ **~ pour ses droits/la liberté** to fight for one's rights/freedom ◆ **~ avec sa conscience** to struggle *ou* wrestle with one's conscience ◆ **les deux navires luttaient de vitesse** the two ships were racing each other b *(Sport)* to wrestle

**lutteur, -euse** /lytœʀ, øz/ NM,F *(Sport)* wrestler; *(fig)* fighter

**lux** /lyks/ NM lux

**luxation** /lyksasjɔ̃/ NF dislocation, luxation *(SPÉC)*

**luxe** /lyks/ NM a *(= richesse)* luxury; *[de maison, objet]* luxuriousness, sumptuousness ◆ **vivre dans le ~** to live in (the lap of) luxury ◆ **de ~** *[produits]* de luxe *(épith)*; *[voiture, appartement]* luxury *(épith)* ◆ **modèle (de) grand ~** *(Aut)* de luxe model ◆ **boutique de ~** shop selling luxury goods ◆ **deux salles de bains, c'est le** *ou* **du ~ !** two bathrooms, it's the height of luxury! *ou* what luxury! ◆ **je me suis acheté un nouveau manteau, ce n'était pas du ~** I bought myself a new coat, I badly needed one ◆ **j'ai lavé la cuisine, ce n'était pas du ~ !** I washed the kitchen floor, it badly needed it

b *(= plaisir coûteux)* luxury ◆ **son seul ~ : sa chaîne hi-fi** his only luxury *ou* indulgence was his stereo system ◆ **il s'est offert** *ou* **payé le ~ d'aller au casino** he allowed himself the indulgence *ou* luxury of a trip to the casino ◆ **je ne peux pas me payer** *ou* **m'offrir le ~ d'être malade/d'aller au restaurant** I can't afford the luxury of being ill/eating out

c *(= profusion) [de détails]* wealth, host; *[de précautions]* host ◆ **il nous l'a décrit avec un ~ de précisions** he described it to us in great *ou* lavish detail

**Luxembourg** /lyksɑ̃buʀ/ NM ◆ **(le grand-duché de) ~** (the Grand Duchy of) Luxembourg ◆ **le palais du ~** *(Pol) the seat of the French Senate*

**luxembourgeois, e** /lyksɑ̃buʀʒwa, waz/ ADJ of *ou* from Luxembourg NM,F **Luxembourgeois(e)** inhabitant *ou* native of Luxembourg

**luxer** /lykse/ ▸ conjug 1 ◂ VT to dislocate, to luxate *(SPÉC)* ◆ **se ~ un membre** to dislocate a limb ◆ **avoir l'épaule luxée** to have a dislocated shoulder

**luxueusement** /lyksɥøzmɑ̃/ ADV luxuriously

**luxueux, -euse** /lyksɥø, øz/ ADJ luxurious

**luxure** /lyksyʀ/ NF lust

**luxuriance** /lyksyʀjɑ̃s/ NF luxuriance

**luxuriant, e** /lyksyʀjɑ̃, jɑ̃t/ ADJ *[végétation]* luxuriant, lush; *[imagination]* fertile, luxuriant *(littér)*

**luxurieux, -ieuse** /lyksyʀjø, jøz/ ADJ lustful, lascivious

**luzerne** /lyzɛʀn/ NF *(cultivée)* lucerne, alfalfa; *(sauvage)* medick *(Brit)*, medic *(US)*

**lycanthropie** /likɑ̃tʀɔpi/ NF lycanthropy

**lycée** /lise/ NM lycée, ≃ secondary school, high school *(US)* ◆ **~ (technique et) professionnel, ~ d'enseignement professionnel** † *secondary school for vocational training*

> **Lycée**
>
> **Lycées** are state secondary schools where pupils study for their « baccalauréat » after leaving the « collège ». The **lycée** covers the school years known as « seconde » (15-16 year-olds), « première » (16-17 year-olds) and « terminale » (up to leaving age at 18). The term **lycée professionnel** refers to a **lycée** which provides vocational training as well as the more traditional core subjects. → BACCALAURÉAT, COLLÈGE, ÉDUCATION NATIONALE

**lycéen, -enne** /liseɛ̃, ɛn/ ADJ *[journal, manifestation]* (secondary school *ou* high school *(US)*) students' *(épith)* ◆ **le mouvement ~** the (secondary school) students' protest movement NM secondary school *ou* high-school *(US)* boy *ou* student ◆ **lorsque j'étais ~** when I was at secondary school *ou* in high school *(US)* ◆ **quelques ~s étaient attablés à la terrasse** some boys from the secondary school were sitting at a table outside the café ◆ **les ~s sont en grève** secondary school students are on strike NF **lycéenne** secondary school *ou* high-school *(US)* girl *ou* student

**lychee** /litʃi/ NM ⇒ **litchi**

**Lycra** ® /likʀa/ NM Lycra ® ◆ **en ~** Lycra *(épith)*

**lymphatique** /lɛ̃fatik/ ADJ *(Bio)* lymphatic; *(péj)* lethargic, sluggish, lymphatic *(frm)*

**lymphe** /lɛ̃f/ NF lymph

**lymphocyte** /lɛ̃fɔsit/ NM lymphocyte ◆ **~ T4** T4 lymphocyte

**lymphoïde** /lɛ̃fɔid/ ADJ lymphoid

**lymphome** /lɛ̃fom/ NM *(Méd)* lymphoma

**lynchage** /lɛ̃ʃaʒ/ NM *(= exécution, pendaison)* lynching; *(= coups)* beating ◆ **il a fait l'objet d'un ~ médiatique** he was torn to pieces by the media

**lyncher** /lɛ̃ʃe/ ▸ conjug 1 ◂ VT *(= tuer, pendre)* to lynch; *(= malmener)* to beat up ◆ **je vais me faire ~ si je rentre en retard** * they'll lynch *ou* kill me if I come home late

**lynx** /lɛ̃ks/ NM lynx; → **œil**

**Lyon** /ljɔ̃/ N Lyon(s)

**lyonnais, e** /ljɔnɛ, ɛz/ ADJ of *ou* from Lyon(s) NM *(= région)* ◆ **le Lyonnais** the Lyon(s) region NM,F **Lyonnais(e)** inhabitant *ou* native of Lyon(s)

**lyophile** /ljɔfil/ ADJ lyophilic

**lyophilisation** /ljɔfilizasjɔ̃/ NF lyophilization

**lyophiliser** /ljɔfilize/ ▸ conjug 1 ◂ VT to freeze-dry, to lyophilize *(SPÉC)* ◆ **café lyophilisé** freeze-dried coffee

**lyre** /liʀ/ NF lyre

**lyrique** /liʀik/ ADJ a *(Poésie)* lyric b *(Mus, Théât) [ouvrage, représentation, répertoire]* operatic; *[saison]* opera *(épith)*; *[ténor, soprano]* lyric, operatic ◆ **l'art ~** opera ◆ **artiste ~** opera singer ◆ **théâtre** *ou* **scène ~** opera house ◆ **comédie/tragédie ~** comic/tragic opera ◆ **spectacle ~** opera; → **envolée** c *(= exalté) [film, style]* lyrical ◆ **il a été ~ sur le sujet** he waxed lyrical on the topic NM a *(Mus, Théât)* **le ~** opera b *(= poète)* lyric poet

**lyriquement** /liʀikmɑ̃/ ADV lyrically

**lyrisme** /liʀism/ NM *(Littérat, Poésie)* lyricism ◆ **s'exprimer avec ~ sur** *(= exaltation)* to wax lyrical about, to enthuse over ◆ **film plein de ~** lyrical film

**lys** /lis/ NM ⇒ **lis**

**lysergique** /lizɛʀʒik/ ADJ ◆ **acide ~ diéthylamide** lysergic acid diethylamide

**lytique** /litik/ ADJ lytic ◆ **cocktail ~** lethal cocktail

# M

**M, m**[1] /ɛm/ NM *(= lettre)* M, m ◆ **M6** *private television channel broadcasting mainly serials and music programmes*

**m**$^2$ (abrév de **mètre**) m ◆ **m**$^2$ (abrév de **mètre carré**) m$^2$, sq. m. ◆ **m**$^3$ (abrév de **mètre cube**) m$^3$, cu. m.

**M.** (abrév de **Monsieur**) Mr ◆ ~ **Dupond** Mr Dupond

**m'** /m/ → **me**

**MA** /ɛma/ NMF (abrév de **maître auxiliaire**) → **maître**

**ma** /ma/ ADJ POSS → **mon**

**Maastricht** /mastʀiʃt/ N ◆ **le traité/les accords de** ~ the Maastricht Treaty/agreement ◆ **répondre aux critères de** ~ to meet the Maastricht criteria (for economic and monetary union)

**maastrichtien, -ienne** /mastʀiʃtjɛ̃, jɛn/ ADJ Maastricht *(épith)* NM,F **Maastrichtien(ne)** inhabitant *ou* native of Maastricht

**maboul, e** * † /mabul/ ADJ crazy * NM,F loony *, crackpot *

**mac** ✲ /mak/ NM *(= souteneur)* pimp

**macabre** /makɑbʀ/ ADJ *[histoire, découverte]* macabre, gruesome; *[goûts, humour]* macabre, ghoulish; → **danse**

**macadam** /makadam/ NM *[de pierres]* macadam; *[de goudron]* tarmac(adam) ® *(Brit)*, blacktop *(US)* ◆ **sur le** ~ *[de rue]* on the road; *[d'aéroport]* on the tarmac ◆ **sur le** ~ **parisien** on the streets of Paris

**macadamisage** /makadamizaʒ/ NM, **macadamisation** /makadamizasjɔ̃/ NF *(= empierrement)* macadamization, macadamizing; *(= goudronnage)* tarmacking

**macadamiser** /makadamize/ ► conjug 1 ◄ VT *(= empierrer)* to macadamize; *(= goudronner)* to tarmac ◆ **chaussée** *ou* **route macadamisée** macadamized *ou* tarmac road

**macaque** /makak/ NM *(Zool)* macaque ◆ ~ **rhésus** rhesus monkey ◆ **qui est ce (vieux)** ~ **?** * *(péj)* who's that ugly (old) ape? ✲

**macareux** /makaʀø/ NM ◆ ~ **(moine)** puffin

**macaron** /makaʀɔ̃/ NM **a** *(Culin)* macaroon **b** *(= insigne)* (round) badge; *(= autocollant)* (round) sticker; *(* = décoration)* medal, gong * ◆ ~ **publicitaire** publicity badge; *(sur voiture)* advertising sticker **c** *(Coiffure)* ~**s** coils, earphones *

**macaroni** /makaʀɔni/ NM **a** *(Culin)* piece of macaroni ◆ ~**s** macaroni ◆ ~**(s) au gratin** macaroni cheese *(Brit)*, macaroni and cheese *(US)* **b** *(injurieux)* ~**, mangeur de** ~**s** ✲✲ *(= Italien)* Eyeti(e) ✲ *(injurieux)*

**macaronique** /makaʀɔnik/ ADJ *(Poésie)* macaronic

**maccarthysme** /makkaʀtism/ NM McCarthyism

**maccarthyste** /makkaʀtist/ ADJ, NMF McCarthyist

**macchabée** ✲ /makabe/ NM stiff ✲, corpse

**macédoine** /masedwan/ NF **a** *(Culin)* ~ **de légumes** diced mixed vegetables, macedoine (of vegetables) ◆ ~ **de fruits** *(gén)* fruit salad; *(en boîte)* fruit cocktail **b** *(Géog)* **Macédoine** Macedonia

**macédonien, -ienne** /masedɔnjɛ̃, jɛn/ ADJ Macedonian NM,F **Macédonien(ne)** Macedonian

**macération** /maseʀasjɔ̃/ NF **a** *(= procédé)* maceration, soaking; *(= liquide)* marinade ◆ **pendant leur** ~ **dans le vinaigre** while they are soaking in vinegar ◆ **arroser la viande avec le cognac de** ~ baste the meat with the brandy in which it has been marinated **b** *(Rel = mortification)* mortification, scourging (of the flesh) ◆ **s'infliger des** ~**s** to scourge one's body *ou* flesh

**macérer** /maseʀe/ ► conjug 6 ◄ VT **a** *(Culin)* to macerate, to soak ◆ **cerises macérées dans l'eau de vie** cherries macerated in brandy **b** *(Rel)* ~ **sa chair** *(= mortifier)* to mortify one's *ou* the flesh VI **a** *(Culin)* **faire** *ou* **laisser** ~ to macerate, to soak **b** *(péj)* ~ **dans son ignorance** to wallow in one's ignorance ◆ **laisser** ~ **qn (dans son jus)** * *(= le faire attendre)* to let sb stew in his own juice *

**macfarlane** /makfaʀlan/ NM *(= manteau)* Inverness cape

**Mach** /mak/ NM Mach ◆ **voler à** ~ **2** to fly at Mach 2 ◆ **nombre de** ~ Mach (number)

**machaon** /makaɔ̃/ NM swallowtail butterfly

**mâche** /mɑʃ/ NF corn salad, lambs' lettuce

**mâchefer** /mɑʃfɛʀ/ NM clinker *(NonC)*, cinders

**mâcher** /mɑʃe/ ► conjug 1 ◄ VT *[personne]* to chew; *(avec bruit)* to munch; *[animal]* to chomp; *(Tech)* to chew up ◆ **il faut lui** ~ **tout le travail** you have to do half his work for him *ou* to spoon-feed him * ◆ **il ne mâche pas ses mots** he doesn't mince his words; → **papier**

**machette** /maʃɛt/ NF machete

**Machiavel** /makjavɛl/ NM Machiavelli

**machiavélique** /makjavelik/ ADJ Machiavellian

**machiavélisme** /makjavelism/ NM Machiavell(ian)ism

**mâchicoulis** /mɑʃikuli/ NM machicolation ◆ **à** ~ machicolated

**machin** * /maʃɛ̃/ NM **a** *(= chose) (dont le nom échappe)* what-d'you-call-it *, thingummyjig * *(Brit)*, thingamajig * *(US)*, whatsit * *(Brit)*; *(qu'on n'a jamais vu avant)* thing, contraption; *(qu'on ne prend pas la peine de nommer)* thing ◆ **passe-moi ton** ~ give me your thingy * ◆ **les antibiotiques ! il faut te méfier de ces** ~**s-là** antibiotics! you should beware of those things ◆ **espèce de vieux** ~ **!** *(péj)* doddering old fool! * **b** *(= personne)* **Machin (chouette), Machin (chose)** what's-his-name *, what-d'you-call-him *, thingumabob ✲ ◆ **hé ! Machin !** hey (you), what's-your-name! * ◆ **le père/la mère Machin** Mr/Mrs what's-his-/her-name *; → aussi **Machine**

**machinal, e** (mpl **-aux**) /maʃinal, o/ ADJ *(= automatique)* mechanical, automatic; *(= instinctif)* automatic, unconscious

**machinalement** /maʃinalmɑ̃/ ADV *(= automatiquement)* mechanically, automatically; *(= instinctivement)* unconsciously ◆ **il regarda** ~ **sa montre** he looked at his watch without thinking ◆ **j'ai fait ça** ~ I did it automatically *ou* without thinking

**machination** /maʃinasjɔ̃/ NF *(= complot)* plot, conspiracy; *(= coup monté)* put-up job *, frame-up * ◆ **je suis victime d'une** ~ I've been framed * ◆ **être victime d'une** ~ **politique** to be a victim of a political conspiracy *ou* of political machinations

**Machine** * /maʃin/ NF *(= personne)* what's-her-name *, what-d'you-call-her * ◆ **hé !** ~ **!** hey! (you) — what's-your-name! *; → aussi **machin**

**machine** /maʃin/ NF **a** *(Tech)* machine; *(= locomotive)* engine, locomotive; *(= avion)* plane, machine; *(* = bicyclette, moto)* bike *, machine; *(= ordinateur)* machine ◆ **il n'est qu'une** ~ **à penser** he's nothing more than a sort of thinking machine ◆ **la** ~ **est usée/fatiguée** *(= corps)* the old body is wearing out/getting tired; → **salle**

**b** *(= lave-linge)* (washing) machine; *(= lessive)* washing ◆ **faire une** ~**/trois** ~**s** to do a load of washing/three loads of washing ◆ **ça va en** ~ it's machine-washable ◆ **laver/passer qch en** *ou* **à la** ~ to wash/put sth in the (washing) machine

**c** *(= structure)* machine; *(= processus)* machinery ◆ **la** ~ **politique/parlementaire** the political/parliamentary machine ◆ **la** ~ **de l'État** the machinery of state ◆ **la** ~ **humaine** the human body ◆ **la** ~ **administrative** the bureaucratic machine *ou* machinery ◆ **une grosse ~ hollywoodienne** *(= film)* a Hollywood blockbuster *

**d** *(Naut)* engine ◆ **faire ~ arrière** *(lit)* to go astern; *(fig)* to back-pedal; → **salle**

**LOC ADV à la machine** ◆ **faire qch à la ~** to machine sth, to do sth on a machine ◆ **fait à la ~** machine-made, done *ou* made on a machine ◆ **cousu/tricoté à la ~** machine-sewn/-knitted; → **taper**

**COMP** ▷ **machine à adresser** addressing machine ▷ **machine à affranchir** franking machine ▷ **machine agricole** agricultural machine ▷ **machine à café** coffee machine ▷ **machine à calculer** calculating machine ▷ **machine à coudre** sewing machine ▷ **machine à écrire** typewriter ▷ **machine de guerre** machine of war, instrument of warfare ▷ **machine infernale** † time bomb, (explosive) device ▷ **machine à laver** washing machine ▷ **machine à laver séchante** washer-dryer ▷ **machine à laver la vaisselle** dishwasher ▷ **machine simple** simple machine ▷ **machine à sous** *(de jeu)* slot machine, one-armed bandit *(Brit)*, fruit machine *(Brit)*; *(= distributeur automatique)* slot *ou* vending machine ▷ **machine à timbrer** ⇒ **machine à affranchir** ▷ **machine à tisser** power loom ▷ **machine à** *ou* **de traitement de texte** word processor ▷ **machine à tricoter** knitting machine ▷ **machine à vapeur** steam engine ▷ **machine volante** flying machine

**machine-outil** (pl **machines-outils**) /maʃinuti/ **NF** machine tool

**machiner** /maʃine/ ▸ conjug 1 ◂ **VT** *[+ trahison]* to plot; *[+ complot]* to hatch ◆ **tout était machiné d'avance** the whole thing was fixed beforehand *ou* was prearranged, it was all a put-up job * ◆ **c'est lui qui a tout machiné** he engineered the whole thing ◆ **qu'est-ce qu'il est en train de ~ ?** what's he cooking up? * *ou* hatching? *

**machinerie** /maʃinʀi/ **NF** **a** *(= équipement)* machinery, plant *(NonC)* **b** *(= salle) (Naut)* engine room; *(= atelier)* machine room

**machinisme** /maʃinism/ **NM** mechanization

**machiniste** /maʃinist/ **NMF** *(Théât)* scene shifter, stagehand; *(Ciné)* grip; *(Transport)* driver ◆ **"faire signe au machiniste"** ≃ request stop

**machisme** /ma(t)ʃism/ **NM** *(= sexisme)* male chauvinism

**machiste** /ma(t)ʃist/ **ADJ** (male) chauvinist

**macho** * /matʃo/ **ADJ** *[comportement]* macho, male chauvinist *(épith)* ◆ **il est (un peu) ~** he's a (bit of a) male chauvinist * **NM** *(d'apparence physique)* macho man; *(sexiste)* male chauvinist ◆ **sale ~ !** male chauvinist pig! *

**mâchoire** /mɑʃwaʀ/ **NF** *(Anat, Tech, Zool)* jaw ◆ **~s de frein** brake shoes; → **bâiller**

**mâchonnement** /mɑʃɔnmɑ̃/ **NM** chewing; *(Méd)* bruxism *(SPÉC)*

**mâchonner** /mɑʃɔne/ ▸ conjug 1 ◂ **VT** *[personne]* to chew (at); *[cheval]* to munch ◆ **~ son crayon** to chew *ou* bite one's pencil

**mâchouiller** * /mɑʃuje/ ▸ conjug 1 ◂ **VT** to chew (away) at *ou* on

**mâchurer** /mɑʃyʀe/ ▸ conjug 1 ◂ **VT** **a** *(= salir) [+ papier, habit]* to stain (black); *[+ visage]* to blacken; *(Typo)* to mackle, to blur **b** *(Tech = écraser)* to dent **c** *(= mâcher)* to chew

**macle**[1] /makl/ **NF** *(Bot)* water chestnut

**macle**[2] /makl/ **NF** *(= cristal)* twin, macle; *(Hér)* mascle

**maclé, e** /makle/ **ADJ** *[cristal]* twinned, hemitrope

**maçon** /masɔ̃/ **NM** **a** *(gén)* builder; *(qui travaille la pierre)* (stone) mason; *(qui pose les briques)* bricklayer ◆ **ouvrier** *ou* **compagnon ~** builder's mate *(Brit) ou* helper *(US)* **b** ⇒ **franc-maçon**

**maçonnage** /masɔnaʒ/ **NM** **a** *(= travail)* building; *(en briques)* bricklaying **b** *(= ouvrage) (en pierres)* masonry, stonework; *(en briques)* brickwork; *(= revêtement)* facing

**maçonne** /masɔn/ **ADJ F** → **abeille, fourmi**

**maçonner** /masɔne/ ▸ conjug 1 ◂ **VT** *(= construire)* to build; *(= consolider)* to build up; *(= revêtir)* to face; *(= boucher) (avec briques)* to brick up; *(avec pierres)* to block up (with stone) ◆ **la partie maçonnée** the part made of bricks, the brickwork

**maçonnerie** /masɔnʀi/ **NF** **a** *(= ouvrage) [de pierres]* masonry, stonework; *[de briques]* brickwork ◆ **~ de béton** concrete ◆ **~ en blocage** *ou* **de moellons** rubble work **b** *(= travail)* building; *(avec briques)* bricklaying ◆ **entrepreneur/entreprise de ~** building contractor/firm ◆ **grosse ~** erection of the superstructure ◆ **petite ~** finishing and interior building **c** ⇒ **franc-maçonnerie**

**maçonnique** /masɔnik/ **ADJ** masonic, Masonic

**macoute** /makut/ **ADJ** *(terme d'Haïti) [groupe, prison]* Macoute ◆ **(tonton) ~** Macoute, member of the Tonton Macoute(s)

**macramé** /makʀame/ **NM** macramé ◆ **en ~** macramé *(épith)*

**macre** /makʀ/ **NF** ⇒ **macle**[1]

**macreuse** /makʀøz/ **NF** **a** *(Culin)* shoulder of beef **b** *(Orn)* scoter

**macro** /makʀo/ **PRÉF** *(dans les composés à trait d'union, le préfixe reste invariable)* ◆ **~(-)** macro(-) **NF** *(Ordin)* macro (instruction)

**macrobiotique** /makʀobjɔtik/ **ADJ** macrobiotic **NF** macrobiotics *(sg)*

**macrocéphale** /makʀosefal/ **ADJ** macrocephalic

**macrocosme** /makʀokɔsm/ **NM** macrocosm

**macro-économie** /makʀoekɔnɔmi/ **NF** macroeconomics *(sg)*

**macro-économique** /makʀoekɔnɔmik/ **ADJ** macroeconomic

**macrographie** /makʀɔgʀafi/ **NF** macrography

**macro-instruction** /makʀoɛ̃stʀyksjɔ̃/ **NF** macro instruction

**macromoléculaire** /makʀomɔlekylɛʀ/ **ADJ** macromolecular

**macromolécule** /makʀomɔlekyl/ **NF** macromolecule

**macrophage** /makʀɔfaʒ/ **ADJ** macrophagic **NM** macrophage

**macrophotographie** /makʀofɔtɔgʀafi/ **NF** macrophotography

**macroscopique** /makʀɔskɔpik/ **ADJ** macroscopic

**macrostructure** /makʀostʀyktyʀ/ **NF** macrostructure

**maculage** /makylaʒ/ **NM** **a** *(gén)* maculation **b** *(Typo) (= action)* offsetting; *(= tache)* offset, set-off

**macule** /makyl/ **NF** **a** *[d'encre]* smudge **b** *(Astron, Méd)* macula

**maculer** /makyle/ ▸ conjug 1 ◂ **VT** **a** *(= salir)* to stain *(de* with); ◆ **chemise maculée de boue/sang** shirt spattered *ou* covered with mud/blood **b** *(d'encre)* to smudge, to mackle *(SPÉC)*

**Madagascar** /madagaskaʀ/ **N** Madagascar ◆ **République démocratique de ~** Malagasy Republic

**Madame** /madam/ (pl **Mesdames** /medam/) **NF** **a** *(s'adressant à qn)* **bonjour ~** *(gén)* good morning; *(nom connu)* good morning, Mrs X; *(frm)* good morning, Madam ◆ **bonjour Mesdames** good morning ◆ **~, vous avez oublié quelque chose** excuse me *ou* Madam *(frm)* you've forgotten something ◆ **Mesdames** *(devant un auditoire)* ladies ◆ **Mesdames, Mesdemoiselles, Messieurs** ladies and gentlemen ◆ **~ la Présidente** *[de société, assemblée]* Madam Chairman; *[de gouvernement]* Madam President ◆ **oui, ~ la Générale/la Marquise** yes Mrs X/Madam ◆ **~ !** *(Scol)* please Mrs X!, please Miss! ◆ **et pour (vous) ~ ?** *(au restaurant)* and for (you) madam? ◆ **~ est servie** *(frm)* dinner is served (Madam) ◆ **~ n'est pas contente !** *(iro)* her ladyship *ou* Madam isn't pleased! *(iro)*

**b** *(parlant de qn)* **~ X est malade** Mrs X is ill ◆ **~ votre mère** † your dear *ou* good mother ◆ **~ est sortie** *(frm)* Madam *ou* the mistress is not at home ◆ **je vais le dire à ~** *(parlant à un visiteur)* I'll inform Madam *(frm) ou* Mrs X; *(parlant à un autre employé de maison)* I'll tell Mrs X *ou* the missus * † ◆ **~ dit que c'est à elle** the lady says it belongs to her ◆ **~ la Présidente** *(en adresse)* Madam Chairman ◆ **veuillez vous occuper de ~** please attend to this lady('s requirements)

**c** *(sur une enveloppe)* **~ X** Mrs X ◆ **~ veuve X** *(Admin)* Mrs X, widow of the late John *etc* X ◆ **Mesdames X** the Mrs X ◆ **Mesdames X et Y** Mrs X and Mrs Y ◆ **Monsieur X et ~** Mr and Mrs X ◆ **~ la Maréchale X** Mrs X ◆ **~ la Marquise de X** the Marchioness of X ◆ **Mesdames les employées de la comptabilité** (the ladies on) the staff of the accounts department

**d** *(en-tête de lettre)* Dear Madam ◆ **Chère ~** Dear Mrs X ◆ **~, Mademoiselle, Monsieur** *(Admin)* Dear Sir or Madam ◆ **~ la Maréchale/Présidente/Duchesse** Dear Madam

**e** *(Hist)* Madame *(title given to female members of the French royal family)*

**f** *(sans majuscule, pl* **madames** *: souvent péj)* lady ◆ **jouer à la madame** to play the fine lady, to put on airs and graces ◆ **toutes ces (belles) madames** all these fine ladies ◆ **c'est une petite madame maintenant** she's quite a (grown-up) young lady now

**made in** /mɛdin/ **LOC ADJ** *(Comm)* made in ◆ **la machine est ~ Germany** the machine is German-made *ou* made in Germany ◆ **le prestige du ~ France** the prestige of French brand names ◆ **des habitudes ~ USA** typically American habits

**Madeleine** /madlɛn/ **NF** Magdalen(e), Madel(e)ine; → **pleurer**

**madeleine** /madlɛn/ **NF** *(Culin)* madeleine ◆ **c'est la ~ de Proust** *(fig)* it brings back a flood of memories

**Madelon** /madlɔ̃/ **NF** ◆ **la ~** *old French song popular during World War I*

**Mademoiselle** /madmwazɛl/ (pl **Mesdemoiselles** /medmwazɛl/) **NF** **a** *(s'adressant à qn)* **bonjour ~** *(gén)* good morning; *(nom connu : frm)* good morning, Miss X ◆ **bonjour Mesdemoiselles** good morning ladies; *(jeunes filles)* good morning young ladies ◆ **~, vous avez oublié quelque chose** excuse me miss, you've forgotten something ◆ **et pour vous ~ ?** *(au restaurant)* and for the young lady?, and for you, miss? ◆ **Mesdemoiselles** *(devant un auditoire)* ladies ◆ **~ n'est pas contente !** her ladyship isn't pleased!

**b** *(parlant de qn)* **~ X est malade** Miss X is ill ◆ **~ votre sœur** † your dear sister ◆ **~ est sortie** *(frm)* the young lady (of the house) is out ◆ **je vais le dire à** ~ I shall tell Miss X ◆ ~ **dit que c'est à elle** the young lady says it's hers

**c** *(sur une enveloppe)* ~ **X** Miss X ◆ **Mesdemoiselles X** the Misses X ◆ **Mesdemoiselles X et Y** Miss X and Miss Y

**d** *(en-tête de lettre)* Dear Madam ◆ **Chère** ~ Dear Miss X

**e** *(Hist)* Mademoiselle *(title given to the nieces of the French King)*

**madère** /madɛʀ/ **NM** Madeira (wine); → **sauce** **NF** **Madère** ◆ **(l'île de) Madère** Madeira

**madériser (se)** /madeʀize/ ▸ conjug 1 ◂ **VPR** *[eau-de-vie, vin]* to maderize

**Madone** /madɔn/ **NF** **a** *(Art, Rel)* Madonna **b** *(= beauté)* **madone** beautiful woman, Madonna-like woman ◆ **elle a un visage de madone** she has the face of a Madonna

**madras** /madʀɑs/ **NM** *(= étoffe)* madras (cotton); *(= foulard)* (madras) scarf **N** **Madras** Madras

**madré, e** /mɑdʀe/ **ADJ** **a** *(littér = malin)* crafty, wily, sly ◆ **c'est une petite ~e !** *(hum)* she's a crafty *ou* fly* *(Brit)* one! *(hum)* **b** *[bois]* whorled

**madrépore** /madʀepɔʀ/ **NM** madrepore ◆ **les ~s** madrepores, Madrepora *(SPÉC)*

**Madrid** /madʀid/ **N** Madrid

**madrier** /madʀije/ **NM** *(Constr)* beam

**madrigal** (pl **-aux**) /madʀigal, o/ **NM** *(Littérat, Mus)* madrigal; *(† = propos galant)* compliment

**madrilène** /madʀilɛn/ **ADJ** of *ou* from Madrid **NMF** **Madrilène** inhabitant *ou* native of Madrid

**maelström, maelstrom** /malstʀɔm/ **NM** *(lit, fig)* maelstrom

**maestria** /maɛstʀija/ **NF** (masterly) skill, mastery *(à faire qch* in doing sth); ◆ **avec** ~ brilliantly, with consummate skill

**maestro** /maɛstʀo/ **NM** *(Mus)* maestro

**mafflu, e** /mafly/ **ADJ** *(littér)* *[visage, joues]* round, full; *[personne]* chubby(-cheeked *ou* -faced)

**maf(f)ia** /mafja/ **NF** **a** ◆ **la Maf(f)ia** the Maf(f)ia **b** *[de bandits, trafiquants]* gang, ring ◆ **c'est une vraie maf(f)ia !** what a bunch* *ou* shower*‡* *(Brit)* of crooks! ◆ **maf(f)ia d'anciens élèves** old boy network

**maf(f)ieux, -ieuse** /mafjø, jøz/ **ADJ** Mafia *(épith)* ◆ **pratiques maf(f)ieuses** Mafia-like practices **NM,F** maf(f)ioso

**maf(f)ioso** /mafjozo/ (pl **maf(f)iosi** /mafjozi/) **NM** maf(f)ioso

**magasin** /magazɛ̃/ **NM** **a** *(= boutique)* shop, store; *(= entrepôt)* warehouse ◆ **grand** ~ department store ◆ **faire** *ou* **courir les ~s** to go shopping, to go (a)round *ou* do* the shops ◆ **nous ne l'avons pas en** ~ we haven't got it in stock; → **chaîne**

**b** *[de fusil, appareil-photo]* magazine

**COMP** ▷ **magasin des accessoires** *(Théât)* prop room ▷ **magasin d'alimentation** grocery store ▷ **magasin d'armes** armoury ▷ **magasin (d'articles) de sport** sports shop *(Brit)*, sporting goods store *(US)* ▷ **magasin de confection** (ready-to-wear) dress shop *ou* tailor's, clothing store *(US)* ▷ **magasin des décors** *(Théât)* scene dock ▷ **magasins généraux** *(Comm, Jur)* bonded warehouse ▷ **magasin à grande surface** supermarket, hypermarket *(Brit)* ▷ **magasin d'habillement** *(Mil)* quartermaster's stores ▷ **magasin à succursales (multiples)** chain store ▷ **magasin d'usine** factory shop *ou* outlet ▷ **magasin de vivres** *(Mil)* quartermaster's stores

**magasinage** /magazinaʒ/ **NM** **a** *(Comm)* warehousing ◆ **frais de** ~ storage costs **b** *(Can)* shopping ◆ **faire son** ~ to do one's shopping

**magasiner** /magazine/ ▸ conjug 1 ◂ **VI** *(Can)* to go shopping

**magasinier** /magazinje/ **NM** *[d'usine]* storekeeper, storeman; *[d'entrepôt]* warehouseman

**magazine** /magazin/ **NM** **a** *(Presse)* magazine ◆ ~ **de luxe** glossy* (magazine) **b** *(TV, Radio)* magazine (programme *(Brit)* *ou* program *(US)*) ◆ ~ **féminin/pour les jeunes** women's/children's programme ◆ ~ **d'actualités** news magazine ◆ ~ **d'information** current affairs programme

**magdalénien, -ienne** /magdalenjɛ̃, jɛn/ **ADJ** Magdalenian **NM** ◆ **le Magdalénien** the Magdalenian

**mage** /maʒ/ **NM** *(Antiq, fig)* magus; *(= devin, astrologue)* witch ◆ **les (trois) Rois ~s** *(Rel)* the Magi, the (Three) Wise Men, the Three Kings

**Magellan** /maʒelɑ̃/ **NM** Magellan ◆ **le détroit de** ~ the Strait of Magellan ◆ **les nuages de** ~ the Magellanic Clouds

**magenta** /maʒɛ̃ta/ **ADJ INV, NM** magenta

**Maghreb** /magʀɛb/ **NM** ◆ **le** ~ the Maghreb, North Africa

**maghrébin, e** /magʀebɛ̃, in/ **ADJ** of *ou* from the Maghreb *ou* North Africa **NM,F** **Maghrébin(e)** North African

**magicien, -ienne** /maʒisjɛ̃, jɛn/ **NM,F** *(= illusionniste)* magician, conjuror; *(= sorcier)* magician; *(= sorcière)* enchantress; *(fig)* wizard, magician ◆ **c'est un ~ du verbe** *ou* **des mots** he's a wizard *ou* magician with words

**magie** /maʒi/ **NF** magic ◆ ~ **blanche/noire** white/black magic ◆ **la ~ du verbe** the magic of words ◆ **comme par** ~ like magic, (as if) by magic ◆ **c'est de la** ~ it's (like) magic ◆ **faire de la** ~ *[prestidigitateur]* to perform *ou* do magic tricks

**Maginot** /maʒino/ **NM** ◆ **la ligne** ~ the Maginot Line

**magique** /maʒik/ **ADJ** *[mot, baguette, pouvoir]* magic; *(= enchanteur)* *[spectacle]* magical; → **lanterne**

**magiquement** /maʒikmɑ̃/ **ADV** magically ◆ **le portail s'ouvrit** ~ the gate opened as if by magic

**magister** † /maʒistɛʀ/ **NM** (village) schoolmaster; *(péj)* pedant

**magistère** /maʒistɛʀ/ **NM** **a** *(Univ)* *diploma taken over 3 years after completing 2 years at university, usually in vocational subjects,* ≃ master's degree **b** *(Rel)* magisterium **c** *(Alchimie)* magistery

**magistral, e** (mpl **-aux**) /maʒistʀal, o/ **ADJ** **a** *[œuvre]* masterly, brilliant; *[réussite, démonstration]* brilliant; *[adresse]* masterly ◆ **elle est ~e dans le rôle de Phèdre** she's brilliant as Phèdre ◆ **son interprétation du concerto fut ~e** he gave a brilliant performance of the concerto ◆ **de façon ~e** brilliantly ◆ **ça a été une leçon ~e de football** it was a brilliant demonstration of how to play football **b** *[ton]* authoritative, masterful ◆ **cours** ~ *(Univ)* lecture ◆ **enseignement** ~ lecturing **c** *(intensif)* *[victoire, réussite]* magnificent **d** *(Pharm)* magistral **e** *(Tech)* **ligne ~e** magistral line

**magistralement** /maʒistʀalmɑ̃/ **ADV** brilliantly ◆ **réussir** ~ **qch** to make a brilliant job of sth ◆ **le film est** ~ **interprété** the film is beautifully acted

**magistrat, e** /maʒistʀa, at/ **NM,F** *(Jur)* *(gén)* magistrate; *(= juge)* judge ◆ ~ **du parquet** public prosecutor *(Brit)*, prosecuting *ou* district attorney *(US)* ◆ ~ **du siège** judge ◆ ~ **municipal** town councillor ◆ **c'est le premier ~ de France/du département** he holds the highest public office in France/the department ◆ ~ **militaire** judge advocate

**magistrature** /maʒistʀatyʀ/ **NF** **a** *(Jur)* magistracy, magistrature ◆ **la** ~ **assise** *ou* **du siège** the judges, the bench ◆ **la ~ debout** *ou* **du parquet** the state prosecutors ◆ **entrer dans la** ~ to be appointed a judge (*ou* a state prosecutor) **b** *(Admin, Pol)* public office ◆ **la ~ suprême** the supreme *ou* highest office

**magma** /magma/ **NM** *(Chim, Géol)* magma; *(= mélange)* jumble, muddle

**magmatique** /magmatik/ **ADJ** magmatic

**magnanime** /maɲanim/ **ADJ** magnanimous ◆ **se montrer** ~ to show magnanimity

**magnanimement** /maɲanimmɑ̃/ **ADV** magnanimously

**magnanimité** /maɲanimite/ **NF** magnanimity

**magnat** /magna/ **NM** tycoon, magnate ◆ ~ **de la presse/de la télévision** press/television baron *ou* lord *ou* tycoon ◆ ~ **de l'audiovisuel** broadcasting tycoon ◆ ~ **du pétrole** oil tycoon *ou* magnate

**magner (se)** *‡* /maɲe/ ▸ conjug 1 ◂ **VPR** to get a move on*, to hurry up ◆ **on a intérêt à se** ~ we'd better get cracking* ◆ **magne-toi (le train** *ou* **le popotin) !** get a move on!*, get moving!* ◆ **magne-toi le cul !***‡* shift your arse!*‡* *(Brit)* *ou* ass!*‡* *(US)*

**magnésie** /maɲezi/ **NF** magnesia

**magnésien, -ienne** /maɲezjɛ̃, jɛn/ **ADJ** *[roche, magma]* magnesian ◆ **déficit** ~ magnesium deficiency

**magnésium** /maɲezjɔm/ **NM** magnesium; → **éclair**

**magnétique** /maɲetik/ **ADJ** *(Phys, fig)* magnetic; → **bande**[1]

**magnétisable** /maɲetizabl/ **ADJ** **a** *(Phys)* magnetizable **b** *(= sujet à l'hypnose)* hypnotizable

**magnétisation** /maɲetizasjɔ̃/ **NF** **a** *(Phys)* magnetization **b** *(= hypnose)* mesmerization, hypnotization

**magnétiser** /maɲetize/ ▸ conjug 1 ◂ **VT** **a** *(Phys)* to magnetize **b** *(= hypnotiser)* to mesmerize, to hypnotize

**magnétiseur, -euse** /maɲetizœʀ, øz/ **NM,F** *(= hypnotiseur)* hypnotizer; *(= guérisseur)* magnetic healer

**magnétisme** /maɲetism/ **NM** *(= charme, Phys)* magnetism; *(= hypnotisme)* hypnotism, mesmerism ◆ ~ **terrestre** terrestrial magnetism ◆ **le ~ d'un grand homme** the magnetism *ou* charisma of a great man

**magnétite** /maɲetit/ **NF** lodestone, magnetite

**magnéto**[1] * /maɲeto/ **NM** abrév de **magnétophone**

**magnéto**[2] /maɲeto/ **NF** *(Élec)* magneto

**magnétocassette** /maɲetokasɛt/ **NM** cassette player *ou* recorder

**magnétoélectrique** /maɲetoelɛktʀik/ **ADJ** magnetoelectric

**magnétophone** /maɲetɔfɔn/ **NM** tape recorder ◆ ~ **à cassette(s)** cassette recorder ◆ **enregistré au** ~ (tape-)recorded, taped

**magnétoscope** /maɲetɔskɔp/ **NM** *(= appareil)* video (tape *ou* cassette) recorder, VCR ◆ **enregistrer au** ~ to video(-tape)

**magnétoscoper** /maɲetɔskɔpe/ ► conjug 1 ◄ VT to video(-tape)

**magnificence** /maɲifisɑ̃s/ NF *(littér)* a *(= faste)* magnificence, splendour b *(= prodigalité)* munificence *(littér)*, lavishness

**magnifier** /maɲifje/ ► conjug 7 ◄ VT *(littér)* *(= louer)* to magnify *(littér)*, to glorify; *(= idéaliser)* to idealize

**magnifique** /maɲifik/ ADJ magnificent ◆ ~ ! fantastic!, great! * ◆ **il a été ~ hier soir !** he was magnificent *ou* fantastic last night! ◆ **Soliman/Laurent le Magnifique** Suleiman/Lorenzo the Magnificent

**magnifiquement** /maɲifikmɑ̃/ ADV magnificently

**magnitude** /maɲityd/ NF *(Astron, Géol)* magnitude ◆ **séisme de ~ 7 sur l'échelle de Richter** earthquake measuring 7 *ou* of magnitude 7 on the Richter scale

**magnolia** /maɲɔlja/ NM magnolia

**magnum** /magnɔm/ NM magnum

**magot** /mago/ NM a *(= singe)* Barbary ape, magot b *(= figurine)* magot c * *(= somme d'argent)* pile (of money) *, packet *; *(= argent volé)* loot; *(= économies)* savings, nest egg ◆ **ils ont amassé un joli ~** *(gén)* they've made a nice little pile * *ou* packet *; *(économies)* they've got a tidy sum put by *ou* a nice little nest egg ◆ **où ont-ils caché le ~ ?** where did they stash * the loot?

**magouillage** * /magujaʒ/ NM, **magouille** * /maguj/ NF *(péj)* scheming *(péj)* ◆ **c'est le roi de la magouille** he's a born schemer ◆ **ça sent la magouille** there's some funny business * going on ◆ **magouillage électoral** pre-election scheming ◆ **magouilles politiques** political skulduggery ◆ **magouilles financières** financial wheeling and dealing * *(NonC)*, sharp practice * *(NonC)* *(Brit)* ◆ **c'était une sombre magouille** it was a very shady deal

**magouiller** * /maguje/ ► conjug 1 ◄ VI *(péj)* to wheel and deal * ◆ **il a dû ~ pour avoir le permis de construire** he had to do a bit of wheeling and dealing * to get planning permission VT ◆ **qu'est-ce qu'il magouille ?** what's he up to? *

**magouilleur, -euse** * /magujœʀ, øz/ ADJ *(péj)* crafty * NM,F *(péj)* schemer *(péj)*, crafty operator * *(Brit)*

**magret** /magʀɛ/ NM ◆ **~ (de canard)** fillet of duck, duck breast

**magyar, e** /magjaʀ/ ADJ Magyar NM,F **Magyar(e)** Magyar

**mahara(d)jah** /maaʀa(d)ʒa/ NM Maharajah

**maharani** /ma(a)ʀani/, **maharané** /maaʀane/ NF Maharanee

**mahatma** /maatma/ NM mahatma

**mah-jong** (pl **mah-jongs**) /maʒɔ̃g/ NM mah-jong(g)

**Mahomet** /maɔmɛt/ NM Mahomet, Mohammed

**mahométan, -ane** † /maɔmetɑ̃, an/ ADJ Mahometan, Mohammedan

**mahométisme** † /maɔmetism/ NM Mohammedanism

**mahonia** /maɔnja/ NM mahonia

**mahorais, e** /maɔʀɛ, ɛz/ ADJ of *ou* from Mayotte NM,F **Mahorais(e)** inhabitant *ou* native of Mayotte

**mahous** * /maus/ ADJ ⇒ **maous**

**mai** /mɛ/ NM May ◆ **le joli mois de ~** the merry month of May; *pour autres loc voir* **septembre** *et* **premier**

> **Mai 68**
>
> Widespread unrest in 1968, both in French industry and among students, resulted in huge demonstrations in May and culminated in a general strike. The events were perceived both as a challenge to the established order and a utopian cry for freedom, though the government was not in fact overthrown and order soon returned. The term « soixante-huitard(e) » literally means a person who participated in the events, but used as an adjective it also refers to the kind of anarchistic and utopian ideals expressed by many of the demonstrators. These ideals are also effectively summed up in their best-known slogan, « sous les pavés, la plage » (literally, « under the paving stones there's a beach »).

**maie** /mɛ/ NF *(= huche)* bread box; *(pour pétrir)* dough trough

**maïeuticien** /majøtisjɛ̃/ NM male midwife

**maïeutique** /majøtik/ NF maieutics *(sg)*

**maigre** /mɛgʀ/ ADJ a *[personne]* thin, skinny *(péj)*; *[animal]* thin, scraggy; *[visage, joue]* thin, lean; *[membres]* thin, scrawny *(péj)*, skinny *(péj)* ◆ **~ comme un clou** *ou* **un coucou** * as thin as a rake *ou* a lath *(Brit)* *ou* a rail *(US)*

b *(Culin : après n)* *[bouillon]* clear; *[viande]* lean; *[fromage]* low-fat

c *(Rel)* **repas ~** meal without meat ◆ **faire ~ (le vendredi)** *(gén)* to abstain from meat (on Fridays); *(= manger du poisson)* to eat fish (on Fridays) ◆ **le vendredi est un jour ~** people don't eat meat on Fridays

d *(= peu important)* *[profit, revenu]* meagre, small, slim; *[ration, salaire]* meagre, poor; *[ressources, moyens, budget]* meagre, scanty; *[résultat]* poor; *[exposé, conclusion]* sketchy, skimpy, slight; *[espoir, chance]* slim, slight; *[public]* sparse ◆ **comme dîner, c'est un peu ~** it's a bit of a skimpy *ou* meagre dinner, it's not much of a dinner ◆ **c'est une ~ consolation** it's small consolation, it's cold comfort

e *(= peu épais)* *[végétation]* thin, sparse; *[récolte, terre]* poor ◆ **un ~ filet d'eau** a thin trickle of water ◆ **avoir le cheveu ~** *(hum)* to be a bit thin on top

f *(Typo)* **caractère ~** light-faced letter

NMF ◆ **grand/petit ~** tall/small thin person ◆ **les gros et les ~s** fat people and thin people ◆ **c'est une fausse ~** she looks deceptively thin

NM a *(Culin)* *(= viande)* lean meat; *(= jus)* thin gravy

b *(Typo)* light face ◆ **en ~** in light face

c *(= poisson)* meagre

**maigrelet, -ette** /mɛgʀəlɛ, ɛt/ ADJ thin, scrawny, skinny ◆ **gamin ~** skinny little kid * NM ◆ **un petit ~** a skinny little chap *ou* fellow *ou* man

**maigreur** /mɛgʀœʀ/ NF a *[de personne]* thinness, leanness; *[d'animal]* thinness, scrawniness, scragginess; *[de membre]* thinness, scrawniness, skinniness ◆ **il est d'une ~ !** he's so thin! *ou* so skinny! ◆ **d'une ~ excessive** *ou* **extrême** extremely thin, emaciated b *[de végétation]* thinness, sparseness; *[de sol]* poverty; *[de profit]* meagreness, smallness, scantiness; *[de salaire]* meagreness, poorness; *[de réponse, exposé]* sketchiness, poverty; *[de preuve, sujet, auditoire]* thinness

**maigrichon, -onne** * /mɛgʀiʃɔ̃, ɔn/, **maigriot, -iotte** * /mɛgʀijo, ijɔt/ ADJ ⇒ **maigrelet**

**maigrir** /megʀiʀ/ ► conjug 2 ◄ VI to grow *ou* get thinner, to lose weight ◆ **je l'ai trouvé maigri** I thought he had got thinner *ou* he was thinner *ou* he had lost weight ◆ **il a maigri de visage** his face has got thinner ◆ **il a maigri de 5 kg** he has lost 5 kg ◆ **régime pour ~** reducing *ou* slimming *(Brit)* diet ◆ **se faire ~** to diet (to lose weight), to slim *(Brit)* ◆ **faire ~ qn** to make sb lose weight VT a ◆ **~ qn** *[vêtement]* to make sb look slim(mer); *[maladie, régime]* to make sb lose weight b *(Tech)* to thin

**mail**[1] /maj/ NM a *(= promenade)* mall †, tree-lined walk b († † *= jeu, terrain)* (pall-)mall; *(= maillet)* mall

**mail**[2] /mɛl/ NM *(= courrier)* e-mail

**mailing** /meliŋ/ NM mailing ◆ **faire un ~** to do a mailing *ou* a mailshot *(Brit)*

**maillage** /majaʒ/ NM a *(Pêche)* *[de filet]* meshing b *(= quadrillage)* **un système ferroviaire au ~ très lâche** a very loose railway network ◆ **le ~ complet du territoire avec des centres de soins** the creation of a network of clinics throughout the country ◆ **le ~ de la région par l'entreprise est insuffisant** the company has not set up enough outlets in the region

**maillant** /majɑ̃/ ADJ M ◆ **filet ~** gill net

**maille** /maj/ NF a *(Couture)* stitch ◆ **~ qui a filé** *[de tissu, tricot]* stitch which has run ◆ **~ filée** *[de bas]* run, ladder *(Brit)* ◆ **~ (à l')endroit** plain (stitch) ◆ **~ (à l')envers** purl (stitch) ◆ **une ~ à l'endroit, une ~ à l'envers** knit one, purl one ◆ **tissu à fines ~s** fine-knit material ◆ **la ~** *(= tissu)* knitwear; *(= secteur économique)* the knitwear industry b *[de filet]* mesh ◆ **passer entre** *ou* **à travers les ~s (du filet)** *(lit, fig)* to slip through the net ◆ **à larges/fines ~s** wide/fine mesh *(épith)* c *[d'armure, grillage]* link; → **cotte** d *(loc)* **avoir ~ à partir avec qn** to get into trouble with sb, to have a brush with sb

**maillé, e** /maje/ (ptp de **mailler**) ADJ a *[organisation]* network-based ◆ **réseau ~** dense *ou* closely-knit network ◆ **au niveau transports en commun, la région est maintenant ~e** the area now has an integrated public transport network b *[oiseau]* speckled; *[poisson]* netted

**maillechort** /majʃɔʀ/ NM nickel silver

**mailler** /maje/ ► conjug 1 ◄ VT a *(Naut)* *[+ chaîne]* to shackle; *[+ filet]* to mesh b *[+ région]* to create a network in c *(Helv = tordre)* to twist ◆ **se ~ de rire** to be doubled up *ou* bent double with laughter

**maillet** /majɛ/ NM mallet

**mailloche** /majɔʃ/ NF a *(Tech)* beetle, maul b *(Mus)* bass drumstick

**maillon** /majɔ̃/ NM a *(lit, fig = anneau)* link ◆ **il n'est qu'un ~ de la chaîne** he's just one link in the chain ◆ **c'est le ~ faible** it's the weak link (in the chain) b *(= petite maille)* small stitch

**maillot** /majo/ NM a *(gén)* vest *(Brit)*, undershirt *(US)*; *[de danseur]* leotard; *[de footballeur]* (football) shirt *ou* jersey; *[de coureur, basketteur]* singlet ◆ **s'épiler le ~** to do one's bikini line ◆ **~ jaune** *(Cyclisme)* yellow jersey *(worn by the leading cyclist in the Tour de France)* ◆ **il est ~ jaune** he's the leader in the Tour (de France) b *[de bébé]* swaddling clothes *(Hist)*, baby's wrap ◆ **enfant** *ou* **bébé au ~** † babe in arms COMP ▷ **maillot de bain** *[d'homme]* swimming *ou* bathing *(Brit)* trunks; *[de femme]* swimming *ou* bathing *(Brit)* costume, swimsuit ◆ **~ de bain une pièce/deux pièces** one-piece/two-piece swimsuit ▷ **maillot de corps** vest *(Brit)*, undershirt *(US)*

## main /mɛ̃/

1 NOM FÉMININ 2 ADVERBE 3 COMPOSÉS

1 - NOM FÉMININ

**a** [Anat] hand ◆ **donner la ~ à qn, tenir la ~ à** *ou* **de qn** to hold sb's hand ◆ **donne-moi la ~ pour traverser** give me your hand *ou* let me hold your hand to cross the street ◆ **ils se tenaient (par) la ~** *ou* **se donnaient la ~** they were holding hands ◆ **tu es aussi maladroit que moi, on peut se donner la ~** *(fig)* you're as clumsy as me, we're two of a kind ◆ **il entra le chapeau à la ~** he came in with his hat in his hand ◆ **il me salua de la ~** he waved to me ◆ **il me fit adieu de la ~** he waved goodbye to me ◆ **il m'a pris le plateau des ~s** he took the tray from me ◆ **prendre qch des** *ou* **à deux ~s/de la ~ gauche** to take sth with both hands/with one's left hand ◆ **à ~ droite/gauche** on the right-/left-hand side ◆ **applaudir/signer des deux ~s** *(avec enthousiasme)* to applaud/sign enthusiastically ◆ **il y a ~ !** *(Ftbl)* hands!, hand ball! ◆ **regarde, sans les ~s !** look, no hands! ◆ **les ~s en l'air !, haut les ~s !** hands up!, stick 'em up! * ◆ **j'en mettrais ma ~ au feu** *ou* **ma ~ à couper** I'd stake my life on it ◆ **passer la ~ dans le dos à qn** *(fig)* to butter sb up * ◆ **ils se passaient la ~ dans le dos** they were patting one another on the back ◆ **la ~ sur le cœur** *(hum) [déclarer, protester]* hand on heart ◆ **il va prendre ma ~ sur la figure !** * he's going to get a smack in the face! ◆ **il lui a mis la ~ aux fesses** * *ou* **au panier** * *ou* **au cul** ** he groped her behind * ◆ **prendre qn par la ~** *(lit, fig)* to take sb by the hand ◆ **tu n'as qu'à te prendre par la ~ si tu veux que ça soit terminé plus vite** you'll just have to sort things out yourself if you want it finished more quickly ◆ **prends-toi par la ~ si tu n'es pas content** do it yourself if you're not happy ◆ **mettre la ~ à la poche** *(= payer)* to put one's hand in one's pocket

◆ **de la main à la main** *[payer, verser]* directly *(without receipt)*

◆ **de main en main** *[passer, circuler]* from hand to hand ◆ **cette moto a passé de ~ en ~ depuis cinq ans** this motorbike has had a number of owners in the past five years

◆ **en main** ◆ **il se promenait, micro en ~** he walked around holding the microphone *ou* with the microphone in his hand ◆ **ce livre est en ~** *(= non disponible)* this book is in use *ou* is out; → **clé, montre[1]**

◆ **(la) main dans la main** *(contact physique, collaboration)* hand in hand; *(complicité)* hand in glove

◆ **les mains dans les poches** *(lit)* with one's hands in one's pockets; *(= sans rien préparer)* unprepared

◆ **la main dans le sac** ◆ **on l'a pris la ~ dans le sac** he was caught red-handed *ou* in the act

◆ **sous la main** ◆ **avoir tout sous la ~** to have everything to hand *ou* at hand *ou* handy ◆ **j'ai pris ce qui m'est tombé sous la ~** I took whatever came to hand ◆ **ce papier m'est tombé sous la ~** I came across this paper

**b** [= instrument de l'action, du choix] hand ◆ **être adroit/maladroit de ses ~s** to be clever/clumsy with one's hands ◆ **il ne sait rien faire de ses ~s** he's no good *ou* he's useless with his hands ◆ **d'une ~ experte** with an expert hand ◆ **dans cette affaire, on a cru voir la ~ de la CIA** the CIA was believed to have had a hand in *ou* some involvement in this affair ◆ **mettre la dernière ~ à qch** to put the finishing touches to sth ◆ **il a eu la ~ heureuse : il a choisi le numéro gagnant** he was lucky - he picked the winning number ◆ **en engageant cet assistant, on a vraiment eu la ~ heureuse** when we took on that assistant we really picked a winner ◆ **avoir la ~ légère** *(pour toucher, masser)* to have a light touch; *(pour diriger)* to be lenient ◆ **tu as eu la ~ légère avec le sel** you didn't put enough salt in ◆ **il a la ~ leste** he's free *ou* quick with his hands ◆ **laisser les ~s libres à qn** to give sb a free hand *ou* rein ◆ **avoir les ~s liées** to have one's hands tied ◆ **ce boucher a toujours la ~ lourde** this butcher always gives *ou* cuts you more than you ask for ◆ **le juge a eu la ~ lourde** the judge gave him (*ou* her *etc*) a stiff sentence ◆ **j'ai eu la ~ lourde avec le sel** I overdid the salt ◆ **mettre la ~ à la pâte** to lend a hand, to muck in * ◆ **il n'y va pas de ~ morte** he doesn't pull his punches ◆ **avoir la ~ verte** to have green fingers *(Brit)*, to have a green thumb *(US)*; → **plein, quatre**

◆ **à la main** ◆ **fait à la ~** *(gén)* handmade; *[artisanat]* handmade, handcrafted ◆ **écrit à la ~** handwritten ◆ **cousu à la ~** hand-sewn, hand-stitched

◆ **à main armée** ◆ **vol/attaque à ~ armée** armed robbery/attack

◆ **à main levée** *[vote] [voter]* on *ou* by a show of hands; *[dessin] [dessiner]* freehand

◆ **à mains nues** *[boxer]* without gloves; *[combattre]* with one's bare fists *ou* hands; *[combat]* bare-knuckle, bare-fisted

◆ **à sa (***ou* **ma** *etc***) main** ◆ **il faudrait être à sa ~ pour réparer ce robinet** you'd have to be able to get at this tap properly to mend it ◆ **je ne suis pas à ma ~** I can't get a proper hold *ou* grip

◆ **de la main de** ◆ **dessin de la ~ de Cézanne** drawing by Cézanne ◆ **c'était (écrit) de sa ~** it was in his hand(writing) ◆ **une lettre signée de sa ~** a personally signed letter, a letter signed in his own hand

◆ **de main de maître** masterfully, expertly

◆ **en sous main** → **sous-main**

**c** [= symbole d'autorité, d'aide, de possession] hand ◆ **la ~ de Dieu/du destin** the hand of God/of fate ◆ **il lui faut une ~ ferme** he needs a firm hand ◆ **une ~ de fer dans un gant de velours** an iron hand in a velvet glove ◆ **avoir la haute ~ sur qch** to have supreme control of sth ◆ **trouver une ~ secourable** to find a helping hand ◆ **donner la ~ à qn** *(= l'aider)* to give sb a hand ◆ **se donner la ~** *(= s'aider)* to give one another a helping hand ◆ **tomber aux** *ou* **dans les ~s de l'ennemi** to fall into the hands of the enemy *ou* into enemy hands ◆ **dans** *ou* **entre des ~s étrangères** in foreign hands ◆ **être en (de) bonnes ~s** to be in good hands ◆ **en ~s sûres** in safe hands ◆ **en ~ tierce** *(Fin)* in escrow ◆ **les ~s vides** empty-handed ◆ **faire ~ basse sur qch** *(gén)* to help o.s. to sth; *(et prendre la fuite)* to run off *ou* make off with sth ◆ **ils font ~ basse sur nos plus beaux hôtels** they're buying up all our best hotels ◆ **mettre la ~ sur** *[+ objet, livre]* to lay (one's) hands on; *[+ coupable]* to lay hands on, to collar * ◆ **je ne peux pas mettre la ~ sur mon passeport** I can't lay my hands on my passport ◆ **si vous portez la ~ sur elle, je ...** if you lay a hand on her, I'll ...; → **opération, prêter, tendre[1]**

◆ **coup de main** * *(= aide)* (helping) hand, help ◆ **donne-moi un coup de ~** give me a hand; → **d**

◆ **de première/seconde main** *[information, témoignage]* firsthand/secondhand ◆ **acheter une voiture de première ~** *(Comm)* to buy a car secondhand *(which has only had one previous owner)* ◆ **il a obtenu ces renseignements de seconde ~** he got this information secondhand ◆ **travailler sur des ouvrages de seconde ~** *[chercheur]* to work from secondary sources

◆ **en main** *(= sous contrôle)* ◆ **avoir une voiture bien en ~** to have the feel of a car ◆ **avoir la situation (bien) en ~** to have the situation (well) in hand *ou* (well) under control ◆ **prendre qn/qch en ~** to take sb/sth in hand ◆ **il lui a fallu deux heures pour prendre en ~ sa nouvelle voiture** it took him a couple of hours to get used to *ou* to get the feel of his new car ◆ **la prise en ~ de l'organisation par des professionnels** the takeover of the organization by professionals

◆ **en mains propres** ◆ **il me l'a remis en ~s propres** he handed *ou* gave it to me personally

◆ **entre les mains de** ◆ **être entre les ~s de qn** to be in sb's hands ◆ **la décision est entre ses ~s** the decision is in his hands *ou* lies with him ◆ **je l'ai mis entre les ~s d'un bon entraîneur** I put him in the hands of a good coach ◆ **ce livre n'est pas à mettre entre toutes les ~s** this book is not suitable for the general public

**d** [= manière, habileté] **se faire la ~** to get one's hand in ◆ **garder la ~** to keep one's hand in ◆ **perdre la ~** to lose one's touch ◆ **on reconnaît la ~ de l'artiste/de l'auteur** it is easy to recognize the artist's/the writer's touch

◆ **coup de main** *(= habileté)* knack ◆ **avoir le coup de ~ (pour faire qch)** to have the knack (of doing sth) ◆ **j'ai dû m'y reprendre à plusieurs fois avant d'avoir le coup de ~** I had to try several times before getting the hang of it *ou* the knack ◆ **pour la mayonnaise, tout est dans le coup de ~** there's a knack to making mayonnaise
*(= attaque)* raid; → **homme**

**e** [† = permission d'épouser] **demander/obtenir la ~ d'une jeune fille** to ask for/win a girl's hand (in marriage) ◆ **accorder la ~ de sa fille à qn** to give sb one's daughter's hand in marriage

**f** [Cartes] hand ◆ **avoir la ~** *(= jouer le premier)* to lead; *(= distribuer les cartes)* to deal ◆ **perdre la ~** to lose the lead ◆ **passer la ~ à qn** *(lit)* to lead to sb ◆ **à 65 ans, il est temps qu'il passe la ~** *(= qu'il se retire)* at 65 it's time he made way for someone else *ou* stood down ◆ **la ~ passe !** *(Casino)* next deal! ◆ **faire la ~, être à la ~** *(Casino)* to have the deal

**g** [Couture] **première ~** head seamstress; → **petit**

**h** [Comm] *[de papier]* ≃ quire *(25 sheets)*

**i** [Imprim] bulk

**j** [par analogie de forme] *[de bananes]* hand, bunch

2 - ADVERBE

◆ **entièrement fait ~** *(gén)* entirely handmade; *(artisanat)* entirely handmade *ou* handcrafted ◆ **cousu ~** *(lit)* hand-sewn, hand-stitched ◆ **c'est du cousu ~** * *(de qualité)* it's first-rate *ou* top-quality stuff

3 - COMPOSÉS

▷ **la main chaude** *(Jeux)* hot cockles
▷ **main courante** *(= câble)* handrail; *(Comm)* rough book, daybook ◆ **faire établir une ~ courante** *(Police)* to notify the police of a complaint ▷ **main de Fatma** hand of Fatima ▷ **mains libres** *[fonction, kit, téléphone]* hands-free ▷ **main de ressort** *(Aut)* dumb iron

**mainate** /mɛnat/ **NM** myna(h) bird

**main-d'œuvre** (pl **mains-d'œuvre**) /mɛ̃dœvʀ/ NF (= *travail*) labour (*Brit*), labor (*US*), manpower; (= *personnes*) workforce, labour (*Brit*) *ou* labor (*US*) force ◆ **embaucher de la ~** to hire workers ◆ **~ qualifiée** skilled labour ◆ **la ~ locale disponible** the local available workforce *ou* labour force ◆ **industries de ~** labour-intensive industries ◆ **il m'a compté deux heures de ~** he charged me two hours' labour

**main(-)forte** /mɛ̃fɔʀt/ NF INV → **prêter**

**mainlevée** /mɛ̃l(ə)ve/ NF (*Jur*) withdrawal ◆ **~ d'hypothèque** (*Fin*) release of mortgage

**mainmise** /mɛ̃miz/ NF (= *prise de contrôle*) takeover; (= *emprise*) grip; (*autoritaire*) stranglehold ◆ **la ~ de l'Église sur l'éducation** the Church's stranglehold on education ◆ **avoir la ~ sur** to have a grip *ou* a stranglehold on

**maint, mainte** /mɛ̃, mɛ̃t/ ADJ (*frm*) (a great *ou* good) many (+ *npl*), many a (+ *nsg*) ◆ **~ exemple** many an example ◆ **~s exemples** many *ou* numerous examples ◆ **à ~es reprises, (~es et) ~es fois** time and (time) again, many a time ◆ **en ~ endroit** in many places ◆ **en ~es occasions** on numerous *ou* many occasions

**maintenance** /mɛ̃t(ə)nɑ̃s/ NF maintenance, servicing ◆ **contrat de ~** maintenance *ou* service contract ◆ **assurer la ~ d'une machine** to service a machine

**maintenant** /mɛ̃t(ə)nɑ̃/ GRAMMAIRE ACTIVE 53.2

ADV **a** (= *en ce moment*) now ◆ **que fait-il ~ ?** what's he doing now? ◆ **il doit être arrivé ~** he must have arrived by now ◆ **~ qu'il est grand** now that he's bigger ◆ **à toi ~** it's your turn now; → **dès, jusque, partir**[1]

**b** (= *à ce moment*) now, by now ◆ **ils devaient ~ chercher à se nourrir** they now had to try and find something to eat ◆ **ils étaient ~ très fatigués** by now they were very tired ◆ **ils marchaient ~ depuis deux heures** (by) now they had been walking for two hours

**c** (= *actuellement*) today, nowadays ◆ **les jeunes de ~** young people nowadays *ou* today

**d** (= *ceci dit*) now (then) ◆ **~ ce que j'en dis, c'est pour ton bien** now (then) what I say is for your own good ◆ **il y a un cadavre, certes, ~, y a-t-il un crime ?** we're agreed there's a corpse, now the question is, is there a crime?

**e** (= *à partir de ce moment*) from now on ◆ **il l'ignorait ? ~ il le saura** he didn't know that? he will now *ou* from now on

**maintenir** /mɛ̃t(ə)niʀ/ ► conjug 22 ◄ VT **a** (= *soutenir, contenir*) [+ *édifice*] to hold *ou* keep up, to support; [+ *cheville, os*] to give support to, to support ◆ **~ qch fixe/en équilibre** to keep *ou* hold sth in position/balanced ◆ **les oreillers le maintiennent assis** the pillows keep him in a sitting position *ou* keep him sitting up ◆ **~ la tête hors de l'eau** to keep one's head above water ◆ **~ les prix** to keep prices steady *ou* in check

**b** (= *garder*) (*gén*) to keep; [+ *statu quo, tradition*] to maintain, to preserve, to uphold; [+ *décision*] to maintain, to stand by, to uphold; [+ *candidature*] to maintain ◆ **~ qn en vie** to keep sb alive ◆ **~ des troupes en Europe** to keep troops in Europe ◆ **~ l'ordre/la paix** to keep *ou* maintain law and order/the peace ◆ **~ qn en poste** to keep sb on, to keep sb at *ou* in his job ◆ **pour ~ les personnes âgées à leur domicile** to enable old people to go on living in their own homes

**c** (= *affirmer*) to maintain ◆ **je l'ai dit et je le maintiens !** I've said it and I'm sticking to it! *ou* I'm standing by it! ◆ **~ que ...** to maintain *ou* hold that ...

VPR **se maintenir** [*temps*] to stay fair, to hold; [*amélioration*] to persist; [*préjugé*] to live on, to remain; [*malade*] to be doing well ◆ **se ~ en bonne santé** to keep in good health, to manage to keep well ◆ **les prix se maintiennent** prices are keeping *ou* holding steady ◆ **cet élève devrait se ~ dans la moyenne** this pupil should be able to keep up with the middle of the class ◆ **comment ça va ? – ça se maintient** * how are you doing? – not so bad * ◆ **se ~ en équilibre sur un pied/sur une poutre** to balance on one foot/on a beam ◆ **se ~ au pouvoir** to remain in power ◆ **le candidat s'est maintenu au deuxième tour** (*Pol*) the candidate stayed through to the second round

**maintien** /mɛ̃tjɛ̃/ NM **a** (= *sauvegarde*) [*de tradition*] preservation, upholding, maintenance ◆ **assurer le ~ de** [+ *tradition*] to maintain, to preserve, to uphold ◆ **le ~ de troupes/de l'ordre** the maintenance of troops/of law and order ◆ **ils veulent le ~ du pouvoir d'achat** they want to keep *ou* maintain their purchasing power ◆ **qu'est-ce qui a pu justifier le ~ de sa décision/candidature ?** what(ever) were his reasons for standing by his decision/for maintaining his candidature? ◆ **ils souhaitent le ~ des personnes âgées à domicile** they want old people to be looked after *ou* cared for in their own homes

**b** (= *soutien*) support ◆ **ce soutien-gorge assure un bon ~ de la poitrine** this bra gives firm support

**c** (= *posture*) bearing, deportment ◆ **leçon de ~** lesson in deportment ◆ **professeur de ~** teacher of deportment

**maire** /mɛʀ/ NM mayor ◆ **passer devant (monsieur) le ~** (*hum*) to tie the knot *, to get married; → **adjoint, écharpe**

> **Maire**
>
> Each French commune has its **maire**, elected by the « conseil municipal » (or, in Paris, Lyons and Marseille, by the « conseil d'arrondissement »). The « maire » is responsible for organizing council meetings and ensuring that the decisions of the « conseil municipal » are carried out. He or she has a wide range of administrative duties as the chief civic representative of the « commune », including maintaining public order through the municipal police. As a representative of the State, he or she is empowered to perform marriages (which take place in the « salle des mariages » at the « mairie ») and is responsible for keeping the local register of births, marriages and deaths.
>
> The **maire** is assisted in his or her functions by one or several « adjoints » (deputies). Note that a « député-maire » is not a deputy mayor but a **maire** who is also a member of parliament. → CONSEIL, COMMUNE, DÉPUTÉ

**mairesse** † /mɛʀɛs/ NF mayoress

**mairie** /meʀi/ NF (= *bâtiment*) town hall, city hall; (= *administration*) town council, municipal corporation; (= *charge*) mayoralty, office of mayor ◆ **la ~ a décidé que ...** the (town) council has decided that ... ◆ **projet financé par la Mairie de Paris** project funded by the City of Paris ◆ **~ d'arrondissement** *town hall of an arrondissement*; → **secrétaire**; → MAIRE

**mais**[1] /mɛ/ GRAMMAIRE ACTIVE 53.3

CONJ **a** (*objection, restriction, opposition*) but ◆ **ce n'est pas bleu ~ (bien) mauve** it isn't blue, it's (definitely) mauve ◆ **non seulement il boit ~ (encore *ou* en outre) il bat sa femme** not only does he drink but on top of that *ou* even worse he beats his wife ◆ **il est peut-être le patron ~ tu as quand même des droits** he may be the boss but you've still got your rights ◆ **il est parti ? ~ tu m'avais promis qu'il m'attendrait !** he has left? but you promised he'd wait for me!

**b** (*renforcement*) **je n'ai rien mangé hier, ~ vraiment rien** I ate nothing at all yesterday, absolutely nothing ◆ **tu me crois ? – ~ oui *ou* bien sûr *ou* certainement** do you believe me? – (but) of course *ou* of course I do ◆ **~ je te jure que c'est vrai !** but I swear it's true! ◆ **~ si, je veux bien !** but of course I agree!, sure, I agree! ◆ **~ ne te fais pas de soucis !** don't you worry! ◆ **je vous dérange ? – ~ pas du tout** am I disturbing you? – not at all ◆ **je croyais qu'il serait content, ~ pas du tout !** I thought he'd be happy – but no!

**c** (*transition, surprise*) **~ qu'arriva-t-il ?** but what happened (then)? ◆ **~ alors qu'est-ce qui est arrivé ?** well then *ou* for goodness' sake what happened? ◆ **~ dites-moi, c'est intéressant tout ça !** well, well *ou* well now that's all very interesting! ◆ **~ j'y pense, vous n'avez pas déjeuné** by the way I've just thought, you haven't had any lunch ◆ **~, vous pleurez** good Lord *ou* good gracious, you're crying ◆ **~ enfin, tant pis !** well, too bad!

**d** (*protestation, indignation*) **ah ~ ! il verra de quel bois je me chauffe !** I can tell you he'll soon see what I have to say about it! ◆ **non ~ (des fois) !** * *ou* **(alors) !** * hey look here! *, for goodness sake! * ◆ **non ~ (des fois)** * **tu me prends pour un imbécile ?** I ask you! * *ou* come off it! *, do you think I'm a complete idiot? ◆ **~ enfin, tu vas te taire ?** look here, are you going to *ou* will you shut up? *

NM (*sg*) objection, snag; (*pl*) buts ◆ **je ne veux pas de ~** I don't want any buts ◆ **il n'y a pas de ~ qui tienne** there's no but about it ◆ **il y a un ~** there's one snag *ou* objection ◆ **il va y avoir des si et des ~** there are sure to be some ifs and buts

**mais**[2] † /mɛ/ ADV (*littér*) ◆ **il n'en pouvait ~** (*impuissant*) he could do nothing about it; (*épuisé*) he was exhausted *ou* worn out

**maïs** /mais/ NM (*gén*) maize (*Brit*), Indian corn (*Brit*), corn (*US*); (*en conserve*) sweet corn ◆ **~ en épi** corn on the cob ◆ **papier ~** corn paper (*used for rolling cigarettes*); → **farine**

**maison** /mɛzɔ̃/ NF **a** (= *bâtiment*) house; (= *immeuble*) building; (*locatif*) block of flats (*Brit*), apartment building (*US*) ◆ **~ individuelle** house (*as opposed to apartment*) ◆ **la ~ individuelle** (*secteur*) private housing

**b** (= *logement, foyer*) home ◆ **être/rester à la ~** to be/stay at home *ou* in ◆ **rentrer à la ~** to go (back) home ◆ **quitter la ~** to leave home ◆ **tenir la ~ de qn** to keep house for sb ◆ **les dépenses de la ~** household expenses ◆ **fait à la ~** home-made ◆ **c'est la ~ du bon Dieu** their door is always open; → **linge, maître, train**

**c** (= *famille, maisonnée*) family ◆ **quelqu'un de la ~ m'a dit ...** someone in the family told me ... ◆ **un ami de la ~** a friend of the family ◆ **il n'est pas heureux à la ~** he doesn't have a happy home life *ou* family life ◆ **nous sommes 7 à la ~** there are 7 of us at home

**d** (= *entreprise*) firm, company; (= *magasin de vente*) (*grand*) store; (*petit*) shop ◆ **il est dans la ~ depuis 15 ans, il a 15 ans de ~** he's been *ou* he has worked with the firm for 15 years ◆ **la ~ n'est pas responsable de ...** the company *ou* management accepts no responsibility for ... ◆ **c'est offert par la ~** it's on the house ◆ **la ~ ne fait pas crédit** no credit (given) ◆ **la grande ~** *(arg Police)* the police force

**e** *(= famille royale)* House ◆ **la ~ de Hanovre/de Bourbon** the House of Hanover/of Bourbon

**f** *(= place de domestiques, domesticité)* household ◆ **la ~ du Roi/du président de la République** the Royal/Presidential Household ◆ **~ civile/militaire** civil/military household ◆ **gens** † *ou* **employés de ~** servants, domestic staff

**g** *(Astrol)* house, mansion; *(Rel)* house

**ADJ INV** **a** *[gâteau, confiture]* home-made; *[personne]* (* *= formé sur place)* trained by the firm; (* *= travaillant exclusivement pour l'entreprise)* in-house *(épith)* ◆ **pâté ~** *(au restaurant)* pâté maison, chef's own pâté ◆ **est-ce que c'est fait ~ ?** do you make it yourself?

**b** *(* : intensif)* first-rate ◆ **il y a eu une bagarre (quelque chose de) ~** there was an almighty * *ou* a stand-up fight ◆ **il avait une bosse ~ sur la tête** he had one hell of a bump on his head ⁑ ◆ **il s'est fait engueuler ⁑ quelque chose (de) ~ !** he got one hell of a talking to! *

**COMP** ▷ **maison d'arrêt** prison ▷ **la Maison Blanche** the White House ▷ **maison bourgeoise** large impressive house ▷ **maison de campagne** house in the country ▷ **maison centrale** prison, (state) penitentiary *(US)* ▷ **maison close** brothel ▷ **maison de commerce** (commercial) firm ▷ **maison de correction** † *(Jur)* reformatory † ▷ **maison de couture** couture house ▷ **maison de la culture** (community) arts centre ▷ **la Maison de Dieu** ⇒ **la Maison du Seigneur** ▷ **maison de disques** record company ▷ **maison d'édition** publishing house ▷ **maison d'éducation surveillée** ≃ approved school *(Brit)*, reform school *(US)* ▷ **maison familiale** *[de famille]* family home; *(= centre de formation) training centre for young apprentices; (= lieu de vacances)* holiday *(Brit)* *ou* vacation *(US)* centre *(for low-income families)* ▷ **maison de fous** * *(lit, fig)* ≃ madhouse ▷ **maison de gros** wholesaler's ▷ **maison de jeu** gambling *ou* gaming club ▷ **maison des jeunes et de la culture** ≃ community arts centre, youth club and arts centre ▷ **maison de maître** mansion ▷ **maison mère** *(Comm)* parent company; *(Rel)* mother house ▷ **maison de passe** *hotel used as a brothel* ▷ **maison de poupée** doll's house ▷ **maison de la presse** ≃ newsagent's *(Brit)*, newsdealer *(US)* ▷ **maison de rapport** block of flats for letting *(Brit)*, rental apartment building *(US)* ▷ **maison de redressement** † reformatory † ▷ **maison religieuse** convent ▷ **maison de rendez-vous** † *house used by lovers as a discreet meeting-place* ▷ **maison de repos** convalescent home ▷ **maison de retraite** old people's home ▷ **maison de santé** *(= clinique)* nursing home; *(= asile)* mental home ▷ **la Maison du Seigneur** the House of God ▷ **maison de titres** securities firm *ou* house ▷ **maison de tolérance** ⇒ **maison close**

**maisonnée** /mɛzɔne/ **NF** household, family

**maisonnette** /mɛzɔnɛt/ **NF** small house

**maistrance** /mɛstʀɑ̃s/ **NF** petty officers

**maître, maîtresse** /mɛtʀ, mɛtʀɛs/ **ADJ** **a** *(= principal) [branche]* main; *[qualité]* chief, main, major; *[atout, carte]* master *(épith)*; *(Ordin) [document, ordinateur]* master *(épith)* ◆ **c'est une œuvre maîtresse** it's a major work ◆ **c'est la pièce maîtresse de la collection** it's the major *ou* main *ou* principal piece in the collection ◆ **poutre maîtresse** main beam ◆ **position maîtresse** major *ou* key position ◆ **idée maîtresse** principal *ou* governing idea ◆ **c'est le ~ mot** it's the key word *ou* THE word ◆ **en mode ~-esclave** *(Ordin)* in master-slave mode; → **pièce**

**b** *(avant n : intensif)* **un ~ filou** *ou* **fripon** an arrant *ou* out-and-out rascal ◆ **c'est une maîtresse femme** she's a very capable woman

**NM** **a** *(gén)* master; *(Art)* master; *(Pol = dirigeant)* ruler ◆ **parler/agir en ~** to speak/act authoritatively ◆ **ils se sont installés en ~s dans ce pays** they have set themselves up as the ruling power in the country, they have taken command of the country ◆ **d'un ton de ~** in an authoritative *ou* a masterful tone ◆ **je vais t'apprendre qui est le ~ ici !** I'll teach you who's the boss * round here! *ou* who's in charge round here! ◆ **la main/l'œil du ~** the hand/the eye of the master ◆ **le ~ de céans** the master of the house ◆ **le ~/la maîtresse des lieux** the master/the mistress *ou* lady of the house ◆ **seul ~ à bord après Dieu** *(Naut)* sole master on board under God ◆ **les ~s du monde** the masters of the world ◆ **grand ~** *(Échecs)* grandmaster; *(Franc-maçonnerie)* Grand Master ◆ **le grand ~ des études celtiques** *(fig)* the greatest authority on Celtic studies; → **chauffeur, toile**

**b** *(Scol)* **~ (d'école)** teacher, (school)master ◆ **~ de piano/d'anglais** piano/English teacher

**c** *(= artisan)* **~ charpentier/maçon** master carpenter/builder

**d** *(= titre)* **Maître** *term of address given to lawyers, artists, professors etc; (Art)* maestro; *(dans la marine)* petty officer ◆ **mon cher Maître** Dear Mr *ou* Professor *etc* X ◆ **Maître X** *(Jur)* Mr X

**e** *(loc)* **coup de ~** masterstroke ◆ **être ~ à cœur** *(Cartes)* to have *ou* hold the master *ou* best heart ◆ **le roi de cœur est ~** the king of hearts is master, the king is the master *ou* best heart ◆ **être ~ chez soi** to be master in one's own home ◆ **être son (propre) ~** to be one's own master ◆ **être ~ de refuser/faire** to be free to refuse/do ◆ **rester ~ de soi** to retain *ou* keep one's self-control ◆ **être ~ de soi** to be in control *ou* have control of o.s. ◆ **être/rester ~ de la situation** to be/remain in control of the situation, to have/keep the situation under control ◆ **être/rester ~ de son véhicule** to be/remain in control of one's vehicle ◆ **être ~ de sa destinée** to be the master of one's fate ◆ **être/rester ~ du pays** to be/remain in control *ou* command of the country ◆ **être ~ d'un secret** to be in possession of a secret ◆ **être ~ de son sujet** to have a mastery of one's subject ◆ **se rendre ~ de** *[+ ville, pays]* to gain control *ou* possession of; *[+ personne, animal, incendie, situation]* to bring *ou* get under control ◆ **il est passé ~ dans l'art de mentir** he's a past master in the art of lying

**NF** **maîtresse** **a** *(= amante)* mistress

**b** *(Scol)* **maîtresse (d'école)** teacher, (school) mistress ◆ **maîtresse !** (please) Miss!

**c** *(loc)* **être/rester/se rendre/passer maîtresse (de)** → **nm e**

**COMP** ▷ **maître d'armes** fencing master ▷ **maître artisan** *(gén)* master craftsman; *(= boulanger)* master baker ▷ **maître assistant** † *(Univ)* ≃ (senior) lecturer *(Brit)*, assistant professor *(US)* ▷ **maître auxiliaire** non-certified teacher ▷ **maître/maîtresse de ballet** ballet master/mistress ▷ **maître de cérémonies** master of ceremonies ▷ **maître chanteur** *(= escroc)* blackmailer; *(Mus)* Meistersinger, mastersinger ▷ **maître de chapelle** choirmaster, precentor ▷ **maître de conférences** **NMF** *(Univ)* ≃ (senior) lecturer *(Brit)*, assistant professor *(US)* ▷ **maître d'équipage** boatswain ▷ **maître d'hôtel** *[de maison]* butler; *[d'hôtel, restaurant]* head waiter, maître (d'hôtel) *(US)*; *(Naut)* chief steward ◆ **pommes de terre ~ d'hôtel** *(Culin)* maître d'hôtel potatoes ▷ **maître/maîtresse d'internat** house master/mistress ▷ **maître Jacques** jack-of-all-trades ▷ **maître de maison** host ▷ **maîtresse de maison** housewife; *(= hôtesse)* hostess ▷ **maître nageur** swimming teacher *ou* instructor ▷ **maître d'œuvre** *(Constr)* project manager ▷ **maître d'ouvrage** *(Constr)* owner; *(dans le public)* contracting authority ◆ **la mairie est ~ d'ouvrage de ce projet** the town council has contracted the project ▷ **maître à penser** intellectual guide *ou* leader ▷ **maître queux** *(Culin)* chef ▷ **maître des requêtes** *(Admin)* **NMF** counsel of the Conseil d'État ▷ **maître titulaire** permanent teacher *(in primary school)*

**maître-autel** (pl **maîtres-autels**) /mɛtʀotɛl/ **NM** *(Rel)* high altar

**maître-chien** (pl **maîtres-chiens**) /mɛtʀəʃjɛ̃/ **NM** dog handler

**maîtrisable** /metʀizabl/ **ADJ** **a** *(= contrôlable)* controllable ◆ **l'incendie était difficilement ~** the fire was hard to control ◆ **la crise/la situation est difficilement ~** the crisis/the situation is getting out of hand **b** *[langue, technique]* which can be mastered

**maîtrise** /metʀiz/ **NF** **a** *(= sang-froid)* **~ (de soi)** self-control, self-command, self-possession

**b** *(= contrôle) [de domaine]* mastery, command, control; *[de budget]* control ◆ **sa ~ du français** his command of the French language ◆ **avoir la ~ de la mer** *(Mil)* to have command *ou* control *ou* mastery of the sea(s), to control the sea ◆ **avoir la ~ d'un marché** *(Comm)* to control *ou* have control of a market ◆ **avoir la ~ de l'atome** to have mastered the atom ◆ **pour une plus grande ~ des dépenses de santé** to ensure better control of health expenditure

**c** *(= habileté)* skill, mastery, expertise ◆ **faire** *ou* **exécuter qch avec ~** to do sth with skill *ou* skilfully

**d** *(Ind)* supervisory staff; → **agent**

**e** *(Rel)* *(= école)* choir school; *(= groupe)* choir

**f** *(Univ) research degree,* ≃ master's degree ◆ **~ de conférences** ≃ senior lectureship; → DIPLÔMES

**COMP** ▷ **maîtrise d'œuvre** *(= action)* project management; *(= personnes)* project managers ◆ **ce cabinet d'architectes assurera la ~ d'œuvre** this firm of architects will manage the project ▷ **maîtrise d'ouvrage** contracting; *(= commanditaire)* owner; *(dans le public)* contracting authority ◆ **le ministère de la Culture assure la ~ d'ouvrage du projet** the Ministry of Culture is the contracting authority for the project

**maîtriser** /metʀize/ ▸ conjug 1 ◂ **VT** **a** *(= soumettre) [+ cheval, feu, foule, forcené]* to control, to bring under control; *[+ adversaire]* to overcome, to overpower; *[+ émeute, révolte]* to suppress, to bring under control; *[+ problème, difficulté]* to master, to overcome; *[+ inflation]* to curb ◆ **nous maîtrisons la situation** the situation is under control **b** *[+ langue, technique]* to master ◆ **il ne maîtrise pas du tout cette langue** he has no command of the language, he has a very poor grasp of the language **c** *(= contenir) [+ émotion, geste, passion]* to control, to master; *[+ larmes, rire]* to force back, to control ◆ **il ne peut plus ~ ses nerfs** he can no longer control *ou* contain his temper **VPR** **se maîtriser** to control o.s. ◆ **elle ne sait pas se ~** she has no self-control

**maïzena** ® /maizena/ **NF** cornflour *(Brit)*, cornstarch *(US)*

**majesté** /maʒɛste/ **NF** **a** *(= dignité)* majesty; *(= splendeur)* majesty, grandeur ◆ **la ~ divine** divine majesty ◆ **de** *ou* **en ~** *(Art)* in majesty, enthroned; → **lèse-majesté, pluriel** **b** ◆ **Votre Majesté** Your Majesty ◆ **Sa Majesté** *(= roi)* His Majesty; *(= reine)* Her Majesty

**majestueusement** /maʒɛstɥøzmɑ̃/ **ADV** majestically

**majestueux, -euse** /maʒɛstɥø, øz/ **ADJ** *(= solennel) [personne, démarche]* majestic, stately; *(= imposant) [taille]* imposing, impressive; *(= beau) [fleuve, paysage]* majestic, magnificent

**majeur, e** /maʒœʀ/ **ADJ** **a** *[problème, crise] (= très important)* major; *(= le plus important)* main, major, greatest ◆ **ils ont rencontré une difficulté ~e** they came up against a major *ou* serious difficulty ◆ **c'est son œuvre ~e** it's his magnum opus *ou* his greatest work ◆ **c'est une œuvre ~e de la littérature irlandaise** it's one of the major *ou* greatest works of Irish literature ◆ **sa préoccupation ~e** his major *ou* main *ou* prime concern ◆ **pour des raisons ~es** for reasons of the greatest importance ◆ **en ~e partie** for the most part ◆ **la ~e partie de ...** the greater *ou* major part of ..., the bulk of ... ◆ **la ~e partie des gens sont restés** most of *ou* the majority of the people have stayed on; → **cas**

**b** *(Jur)* of age *(attrib)* ◆ **il sera ~ en l'an 2005** he will come of age in the year 2005 ◆ **il n'est pas encore ~** he's still under age ◆ **il est ~ et vacciné** *(hum)* he's old enough to look after himself ◆ **les électeurs sont ~s** *(= responsables)* voters are responsible adults

**c** *(Mus) [intervalle, mode]* major ◆ **en sol ~** in G major

**d** *(Logique) [terme, prémisse]* major

**e** *(Rel)* **ordres ~s** major orders ◆ **causes ~es** causae majores

**f** *(Cartes)* **tierce/quarte ~e** tierce/quart major

**NM,F** person who has come of *ou* who is of age, person who has attained his (*ou* her) majority, major *(SPÉC)*

**NM** middle finger

**NF** **majeure** **a** *(Logique)* major premise **b** *(Univ = matière)* main subject *(Brit)*, major *(US)* **c** *(Écon)* major company

**majolique** /maʒɔlik/ **NF** majolica, maiolica

**major** /maʒɔʀ/ **NM** **a** *(Mil = sous-officier)* ≃ warrant officer; *(Helv = commandant)* major ◆ **(médecin) ~** medical officer, MO ◆ **~ général** *(Mil)* ≃ deputy chief of staff *(Brit)*, major general *(US)*; *(Naut)* ≃ rear admiral **b** *(Univ)* **être ~ de promotion** ≃ to be *ou* come first in one's year **NF** *(Écon)* major company **ADJ INV** → **état-major, infirmier, sergent**[1]**, tambour**

**majoration** /maʒɔʀasjɔ̃/ **NF** *(= hausse)* rise, increase (*de* in); *(= supplément)* surcharge, additional charge; *(= surestimation)* overvaluation, overestimation ◆ **~ sur une facture** surcharge on a bill ◆ **~ pour retard de paiement** surcharge *ou* additional charge for late payment; → IMPÔTS

**majordome** /maʒɔʀdɔm/ **NM** butler, majordomo

**majorer** /maʒɔʀe/ ▸ conjug 1 ◂ **VT** **a** *(= accroître) [+ impôt, prix]* to increase, to raise, to put up (*de* by); *[+ facture]* to increase, to put a surcharge on; *[+ risque]* to increase **b** *(= surestimer)* to overestimate **c** *(= accorder trop d'importance à)* to lend *ou* give too much importance to

**majorette** /maʒɔʀɛt/ **NF** (drum) majorette

**majoritaire** /maʒɔʀitɛʀ/ **ADJ** *[actionnaire, groupe, motion]* majority *(épith)* ◆ **vote ~** majority vote ◆ **les femmes sont ~s dans cette profession** women are in the majority in this profession ◆ **les socialistes sont ~s dans le pays** the socialists are the majority *ou* largest party in the country ◆ **ils sont ~s à l'assemblée** they are the majority party *ou* in the majority in Parliament ◆ **dans ce vote, nous serons sûrement ~s** we shall certainly have a majority on this vote; → **scrutin** **NMF** *(Pol)* member of the majority party

**majoritairement** /maʒɔʀitɛʀmɑ̃/ **ADV** *[choisir, voter]* by a majority ◆ **le lectorat est ~ féminin** the readership is predominantly female, the majority of the readers are women ◆ **les enseignants sont ~ favorables aux réformes** the majority of teachers are in favour of the reforms ◆ **il est celui que, ~, les Français soutiennent** he is the one who most French people support ◆ **le groupe contrôle ~ notre société** *(Fin)* the group has a majority holding in our company

**majorité** /maʒɔʀite/ **NF** **a** *(électorale)* majority ◆ **~ absolue/relative/simple** absolute/relative/simple majority ◆ **~ qualifiée** *ou* **renforcée** qualified majority ◆ **élu à une ~ de ...** elected by a majority of ... ◆ **avoir la ~** to have the majority

**b** *(= parti majoritaire)* government, party in power ◆ **député de la ~** member of the governing party *ou* of the party in power, ≃ government backbencher *(Brit)*, majority party Representative *(US)* ◆ **la ~ et l'opposition** the majority party *ou* the government *(Brit)* and the opposition

**c** *(= majeure partie)* majority ◆ **ils détiennent la ~ du capital de l'entreprise** they have a majority holding in the company ◆ **il y a des mécontents, mais ce n'est pas la ~** there are some dissatisfied people, but they're not in the majority ◆ **la ~ silencieuse** the silent majority ◆ **être en ~** to be in (the) majority ◆ **la ~ est d'accord** the majority agree ◆ **les hommes dans leur grande ~** the great majority of mankind ◆ **dans la ~ des cas** in the majority of cases, in most cases ◆ **groupe composé en ~ de ...** group mainly *ou* mostly composed of ... ◆ **les enseignants sont en ~ des femmes** teachers are, in the majority, women

**d** *(Jur)* **atteindre sa ~** to come of age, to reach one's majority ◆ **jusqu'à sa ~** until he comes of age *ou* reaches his majority ◆ **~ pénale** legal majority ◆ **atteindre la ~ civile** to reach voting age

**Majorque** /maʒɔʀk/ **NF** Majorca

**majorquin, e** /maʒɔʀkɛ̃, in/ **ADJ** Majorcan **NM,F** **Majorquin(e)** Majorcan

**majuscule** /maʒyskyl/ **ADJ** capital; *(Typo)* upper case ◆ **A ~** capital A **NF** ◆ **(lettre) ~** capital letter; *(Typo)* upper case letter ◆ **en ~s d'imprimerie** in block *ou* capital letters ◆ **écrivez votre nom en ~s (d'imprimerie)** please print your name in block letters ◆ **mettre une ~ à qch** *(gén)* to write sth with a capital; *(Typo)* to capitalize sth

**makaire** /makɛʀ/ **NM** *(= poisson)* marlin

**making of** /meikiŋɔf/ **NM** ◆ **le ~ de son film** the documentary about how his film was made

## mal[1] /mal/

| 1 ADVERBE | 2 ADJECTIF INVARIABLE |
|---|---|

### 1 - ADVERBE

Lorsque **mal** est suivi d'un participe passé adjectif (ex : **mal logé/loti/connu/aimé/vécu**) chercher aussi sous l'adjectif ou le verbe concerné.

**a** [= de façon défectueuse] *[entretenu, organisé, réparé]* badly, poorly ◆ **ce travail est ~ fait, c'est du travail ~ fait** this is poor *ou* shoddy work, this work is badly done ◆ **c'est ~ fait !** *(Helv = dommage)* it's a pity! ◆ **il se nourrit ~** he doesn't eat properly ◆ **il travaille ~** he doesn't do his work properly, his work isn't good ◆ **cette porte ferme ~** this door doesn't shut properly ◆ **j'ai ~ dormi** I didn't sleep well, I slept badly ◆ **il parle ~ l'anglais** his English isn't good *ou* is poor ◆ **nous sommes ~ nourris/logés à l'hôtel** the food/accommodation is poor *ou* bad at the hotel ◆ **tout va ~** everything's going wrong; → **tomber**[1]

◆ **de mal en pis** from bad to worse ◆ **son entreprise va de ~ en pis** things are going from bad to worse in his company

**b** = de façon peu judicieuse ou opportune ◆ **~ choisi/inspiré** ill-chosen/-advised ◆ **cette annonce tombe au plus ~** this announcement couldn't have come at a worse moment

**c** [= avec difficulté] with difficulty ◆ **il respire ~** he has difficulty in breathing, he can't breathe properly ◆ **ils vivent très ~ avec un seul salaire** they have difficulty living on *ou* off just one income ◆ **on s'explique** *ou* **comprend ~ pourquoi** it is not easy *ou* it is difficult to understand why ◆ **nous voyons très ~ comment ...** we fail to see how ...

**d** [= de façon répréhensible] *[se conduire]* badly, wrongly ◆ **il ne pensait pas ~ faire, il ne pensait pas à ~** he didn't think he was doing the wrong thing *ou* doing wrong ◆ **il ne pense qu'à ~ faire** he's always up to no good, he's always thinking up some nasty trick ◆ **tu trouves ça ~ qu'il y soit allé ?** do you think it was wrong of him to go?; → **juger**[1]**, porter, sentir, trouver** *etc*

**e** [locutions]

◆ **pas mal** *(= assez bien)* not badly, rather well ◆ **on est pas ~ (assis) dans ces fauteuils** these armchairs are quite comfortable ◆ **il ne s'est pas trop ~ débrouillé** he managed quite well ◆ **vous (ne) vous en êtes pas ~ tirés** you haven't done *ou* come off badly, you've done rather well ◆ **vous (ne) feriez pas ~ de le surveiller** you would be well-advised to keep *ou* it wouldn't be a bad thing if you kept an eye on him ◆ **ça va ? – pas ~** how are you? – not (too) bad *ou* pretty good
*(= très, beaucoup) [déçu, surpris]* quite, rather ◆ **on a pas ~ travaillé aujourd'hui** we've done quite a lot of work today, we've worked pretty hard today ◆ **il est pas ~ fatigué** he's rather *ou* pretty tired ◆ **il a pas ~ vieilli** he's aged quite a bit *ou* quite a lot ◆ **elle a pas ~ grossi** she's put on quite a bit *ou* quite a lot of weight

◆ **pas mal de** *(= beaucoup)* quite a lot of ◆ **il y a pas ~ de temps qu'il est parti** it's quite a time since he left, he's been away for quite a time ◆ **pas ~ de gens pensent que ...** quite a lot of people think that ...

### 2 - ADJECTIF INVARIABLE

**a** [= contraire à la morale] wrong, bad ◆ **c'est ~ de mentir/de voler** it is bad *ou* wrong to lie/to steal ◆ **(pour elle) il ne peut rien faire de** ~ *(iro)* (in her eyes) he can do no wrong ◆ **c'est** ~ **à lui** *(frm)* *ou* **de sa part de dire cela** it's bad *ou* wrong of him to say this

**b** [= malade] ill ◆ **j'ai été** ~ **toute la matinée** I felt ill all morning ◆ **il est très** ~ **ce soir** he's very ill *ou* not at all well tonight ◆ **le malade est au plus** ~ the patient's condition couldn't be worse ◆ **je me sens** ~ **quand il fait trop chaud** the heat doesn't agree with me ◆ **elle s'est sentie** ~ she felt faint ◆ **il est** ~ **dans sa tête** he's not a happy person

♦ **mal en point** *[personne, voiture]* in a bad *ou* sorry state, in a bad way; *[secteur économique, parti]* in a bad way

**c** [= mal à l'aise] uncomfortable ◆ **vous devez être** ~ **sur ce banc** you can't be comfortable on that seat, that seat can't be comfortable *ou* must be uncomfortable; → **aise, peau**

**d** [= en mauvais termes] **être** ~ **avec qn** to be on bad terms with sb, to be in sb's bad books * ◆ **les deux cousins sont au plus** ~ the two cousins are at daggers drawn ◆ **se mettre** ~ **avec qn** to get on the wrong side of sb, to get into sb's bad books *

**e** [locutions]

♦ **pas mal** *(= assez bien)* not bad, quite *ou* fairly good ◆ **il n'est pas** ~ **dans le rôle** he's not bad *ou* quite good in that role ◆ **c'est pas** ~ **(du tout)** it's not bad (at all) *(= assez beau)* *[personne]* quite good-looking, not bad; *[maison]* quite nice, not bad ◆ **tu n'es pas** ~ **sur cette photo** that's quite a good picture of you

## mal² /mal/

(pl **maux**)

1 NOM MASCULIN 2 COMPOSÉS

### 1 - NOM MASCULIN

**a** [Philos: opposé au bien] **le** ~ evil ◆ **le conflit entre le bien et le** ~ the conflict between good and evil ◆ **distinguer le bien du** ~ to tell right from wrong, to know the difference between right and wrong ◆ **faire le** ~ **pour le** ~ to do *ou* commit evil for its own sake *ou* for evil's sake ◆ **rendre le** ~ **pour le** ~ to return evil for evil

**b** [= souffrance morale, peine] sorrow, pain ◆ **le** ~ **du siècle** *(= fléau)* the scourge of the age; *(littér = mélancolie)* world-weariness ◆ **des paroles qui font du** ~ words that hurt, hurtful words

**c** [= dommage] harm ◆ **excusez-moi – il n'y a pas de** ~ I'm sorry – no harm done ◆ **il n'y a pas grand** ~ there's no real harm done ◆ **il n'y a pas de** ~ **à (faire) ça/à ce qu'il fasse** there's no harm in (doing) that/in his *ou* him doing ◆ ~ **lui en a pris !** he's had cause to regret it! ◆ ~ **m'en a pris de sortir** going out was a grave mistake (on my part) ◆ **ces médicaments, ça fait plus de** ~ **que de bien** these medicines do more harm than good ◆ **ça fait du** ~ **au commerce** it's not good for business ◆ **vouloir du** ~ **à qn** to wish sb ill *ou* harm, to be ill-disposed towards sb ◆ **je ne lui veux pas de** *ou* **aucun** ~ I don't wish him any harm; → **peur**

♦ **mettre à mal** *[+ personne, relations]* to harm; *[+ principe, politique, processus, système, réputation]* to harm, to damage

**d** [= travail pénible, difficulté] difficulty ◆ **on n'a rien sans** ~ you get nothing without (some) effort ◆ **faire qch sans trop de** ~**/non sans** ~ to do sth without undue difficulty/not without difficulty ◆ **j'ai obtenu son accord/le document, mais non sans** ~ **!** I got him to agree/I got the document, but it wasn't easy! ◆ **il a dû prendre son** ~ **en patience** *(= attendre)* he had to put up with the delay; *(= supporter)* he had to grin and bear it

♦ **avoir du mal (à faire qch)** to have trouble *ou* difficulty (doing sth) ◆ **je n'ai eu aucun** ~ **à l'imaginer** I had no difficulty imagining it ◆ **j'ai du** ~ *(elliptiquement)* it's hard for me, I find it hard *ou* difficult

♦ **donner du mal à qn** to give sb trouble ◆ **ce travail/cet enfant m'a donné du** ~**/bien du** ~ this work/this child gave me some trouble/a lot of trouble ◆ **se donner du** ~ to go to a lot of trouble

♦ **se donner du mal pour faire qch** to take trouble *ou* pains over sth, to go to great pains to do sth ◆ **ne vous donnez pas ce** ~ don't bother ◆ **se donner un** ~ **de chien pour faire qch** * to bend over backwards *ou* go to great lengths to do sth

**e** [= ce qui est mauvais] evil, ill ◆ **c'est un** ~ **nécessaire** it's a necessary evil ◆ **accuser qn de tous les maux** to accuse sb of all the evils in the world ◆ **les maux dont souffre notre société** the ills *ou* evils afflicting our society ◆ **penser/dire du** ~ **de qn/qch** to think/speak ill of sb/sth ◆ **sans penser** *ou* **songer à** ~ without meaning any harm ◆ **aux grands maux les grands remèdes** *(Prov)* desperate times call for desperate measures; → **moindre**

**f** [= douleur physique] pain, ache; *(= maladie)* illness, disease, sickness ◆ **le** ~ **s'aggrave** *(lit)* the disease is getting worse, he (*ou* she *etc*) is getting worse; *(fig)* the situation is deteriorating, things are getting worse ◆ **faire du** ~ **à qn** to harm *ou* hurt sb ◆ **ne leur faites pas de** ~ **!** don't harm *ou* hurt them! ◆ **il ne ferait pas de** ~ **à une mouche** he wouldn't hurt *ou* harm a fly ◆ **prendre** ~ † to be taken ill, to feel unwell ◆ ~ **de tête** headache ◆ **des maux d'estomac** stomach pains

♦ **avoir mal** ◆ **je me suis cogné – tu as** ~ **?/très** ~ **?** I bumped myself – does it hurt?/really hurt? ◆ **où avez-vous** ~ **?** where does it hurt?, where is the pain? ◆ **avoir** ~ **partout** to be aching all over ◆ **avoir** ~ **au cœur** to feel nauseous *ou* sick *(Brit)* ◆ **ils ont souvent** ~ **au cœur en voiture** they often get carsick ◆ **avoir** ~ **à la gorge** to have a sore throat ◆ **avoir** ~ **à la tête** to have a headache *ou* a bad head * ◆ **avoir** ~ **aux dents/aux oreilles** to have toothache/earache ◆ **j'ai** ~ **au pied** my foot hurts ◆ **j'ai** ~ **au dos/à l'estomac** I've got backache/stomach ache, I've got a pain in my back/stomach, my back/stomach hurts

♦ **faire mal** *(physiquement)* to hurt; *(psychologiquement)* to be hurtful ◆ **des critiques qui font** ~ hurtful criticism ◆ **500 € de réparations, ça fait** ~ **!** * €500 in repairs, that hurts! ◆ **ça va faire** ~ **!** * *(confrontation, match)* it's going to be tough! ◆ **le jour où le fisc s'occupera de lui, ça va faire** ~ **!** * the day the taxman catches up with him, he'll be in real trouble! ◆ **ils sortent un nouvel album, ça va faire** ~ **!** * they're bringing out a new album, it's going to be a big hit!

♦ **faire mal à** to hurt ◆ **tu m'as fait** ~ **!** you hurt me! ◆ **mon coude me fait** ~ my elbow hurts ◆ **ces chaussures me font** ~ **(au pied)** these shoes hurt *ou* pinch (my feet) ◆ **il s'est fait** ~ **en tombant** he hurt himself when he fell ◆ **se faire** ~ **au genou** to hurt one's knee ◆ **ça me fait** ~ **au cœur** *(= ça me rend malade)* it makes me feel sick; *(= ça me fait pitié, ça me fait de la peine)* it breaks my heart; *(= ça me révolte)* it makes me sick, it's sickening ◆ **ça me ferait** ~ **(au ventre** *ou* **aux seins) !** * it would make me sick!, it would really piss me off! **

♦ **en mal de** *(= en manque de)* *[+ argent, idées]* short of; *[+ tendresse, amour]* yearning for ◆ **journaliste en** ~ **de copie** journalist short of copy ◆ **être en** ~ **d'inspiration** to be lacking in inspiration, to have no inspiration ◆ **association en** ~ **de publicité/reconnaissance** organization craving publicity/recognition

### 2 - COMPOSÉS

▷ **mal de l'air** airsickness ▷ **mal blanc** † whitlow ▷ **mal de l'espace** space sickness ▷ **mal des grands ensembles** *depression resulting from life in a high-rise block* ▷ **le mal joli** *(†, hum)* the pains of (giving) birth ▷ **mal de mer** seasickness ◆ **avoir le** ~ **de mer** to be seasick ▷ **mal des montagnes** mountain sickness ◆ **avoir le** ~ **des montagnes** to have mountain sickness ▷ **le mal du pays** homesickness ◆ **avoir le** ~ **du pays** to feel homesick ▷ **mal de la route** carsickness ▷ **mal des transports** travel *ou* motion *(US)* sickness ◆ **pilule contre le** ~ **des transports** travel-sickness pill, anti-motion-sickness pill *(US)* ▷ **mal de vivre** profound discontentment

**Malabar** /malabaʀ/ **NM** ◆ **le** ~**, la côte de** ~ the Malabar (Coast)

**malabar** * /malabaʀ/ **NM** muscle man *, hefty fellow *

**Malabo** /malabo/ **N** Malabo

**Malachie** /malaʃi/ **NM** *(Bible)* Malachi

**malachite** /malaʃit/ **NF** malachite

**malade** /malad/ **ADJ** **a** *(= atteint)* *[personne]* ill, unwell *(attrib)*, sick *(surtout US)*; *[organe, plante]* diseased; *[dent, poitrine]* bad; *[jambe, bras]* bad, gammy * *(Brit)* *(épith)* ◆ **être bien/gravement/sérieusement** ~ to be really/gravely/seriously ill ◆ **être** ~ **du cœur, avoir le cœur** ~ to have heart trouble *ou* a bad heart *ou* a heart condition ◆ **être** ~ **des reins** to have kidney trouble ◆ **tomber** ~ to fall ill *ou* sick ◆ **se faire porter** ~ to report *ou* go sick ◆ **faire le** ~ to feign *ou* sham illness ◆ **j'ai été** ~ *(gén)* I was ill; *(= j'ai vomi)* I was sick ◆ **je me sens (un peu)** ~ I feel (a bit) peculiar *, I don't feel very well ◆ **être** ~ **comme un chien** * *ou* **une bête** * *(gén)* to be dreadfully ill; *(euph = vomir)* to be as sick as a dog * ◆ **être** ~ **à crever** ⁑ to be dreadfully ill, to feel like death (warmed up *(Brit)* *ou* warmed over *(US)*) *

**b** *(= fou)* mad ◆ **tu n'es pas (un peu)** ~ **?** ⁑ are you out of your mind? ◆ **être** ~ **d'inquiétude** to be sick *ou* ill with worry ◆ **être** ~ **de jalousie** to be mad *ou* sick with jealousy ◆ **rien que d'y penser j'en suis** ~ *, **ça me rend** ~ **rien que d'y penser** * the very thought of it makes me sick *ou* ill

**c** *(= en mauvais état)* *[objet, pays]* in a sorry state ◆ **l'entreprise étant** ~**, ils durent licencier** as the business was failing, they had to lay people off ◆ **le gouvernement est trop** ~ **pour durer jusqu'aux élections** the government is too shaky to last till the elections ◆ **notre économie est bien** ~ our economy is in bad shape *ou* a bad way

**NMF** **a** *(Méd)* *(gén)* invalid, sick person; *(d'un médecin)* patient ◆ **grand** ~ seriously ill person ◆ **faux** ~ malingerer ◆ ~ **imaginaire** hypochondriac ◆ ~ **mental** mentally sick *ou* ill person ◆ **les** ~**s** the sick ◆ **les grands** ~**s** the seriously *ou* critically ill ◆ **le médecin et ses** ~**s** the doctor and his patients

**b** *( * = fanatique)* **un** ~ **de la moto** a (motor) bike freak ⁑ *ou* fanatic ◆ **un** ~ **de la vitesse** a speed merchant * *(Brit)* *ou* demon * *(US)*

**c** *( * = fou)* maniac * ◆ **il conduit comme un** ~ he drives like a maniac * *ou* madman *

◆ **elle frappait comme une ~** she was knocking like mad * *ou* like a mad woman ◆ **on a bossé comme des ~s** we worked like crazy *

**maladie** /maladi/ NF **a** *(Méd)* illness, disease; *[de plante, vin]* disease ◆ **~ bénigne** minor *ou* slight illness, minor complaint ◆ **~ grave** serious illness ◆ **~ de cœur/foie** heart/liver complaint *ou* disease ◆ **ces enfants ont eu une ~ après l'autre** these children have had one sickness *ou* illness after another ◆ **le cancer est la ~ du siècle** cancer is the disease of this century ◆ **il a fait une petite ~** * he's been slightly ill, he's had a minor illness ◆ **elle est en ~** * she's off sick * ◆ **en longue ~** (off) on extended sick leave ◆ **il en a fait une ~** * *(fig)* he got into a terrible state about it, he had a fit * ◆ **tu ne vas pas en faire une ~ !** * don't you get in (such) a state over it!, don't make a song and dance about it! * ◆ **mes rosiers ont la ~** * my rose bushes are in a bad way *

**b** ◆ **la ~** illness, ill health ◆ **la ~ et la famine dans le monde** disease and famine in the world; → **assurance**

**c** *(Vét)* **la ~** distemper

**d** *( * = obsession)* mania ◆ **avoir la ~ de la vitesse** to be a speed maniac ◆ **quelle ~ as-tu de toujours intervenir !** what a mania you have for interfering! ◆ **c'est une ~ chez lui** it's a mania with him

COMP ▷ **la maladie bleue** the blue disease, cyanosis ▷ **maladie honteuse** † ⇒ **maladie vénérienne** ▷ **maladie infantile** childhood *ou* infantile disease *ou* complaint ▷ **maladie de langueur** wasting disease ▷ **maladie du légionnaire** legionnaires' disease ▷ **maladie mentale** mental illness ▷ **maladie mortelle** fatal illness *ou* disease ▷ **maladie de peau** skin disease *ou* complaint ▷ **maladie professionnelle** occupational disease ▷ **maladie sexuellement transmissible** sexually transmitted disease, STD ▷ **la maladie du sommeil** sleeping sickness ▷ **maladie du travail** ⇒ **maladie professionnelle** ▷ **maladie tropicale** tropical disease ▷ **maladie vénérienne** venereal disease, VD; → **Alzheimer, Carré, Hodgkin**

**maladif, -ive** /maladif, iv/ ADJ **a** *[personne]* sickly, weak; *[air, pâleur]* sickly, unhealthy **b** *[obsession, peur]* pathological ◆ **il est d'une timidité maladive** he's pathologically shy ◆ **il faut qu'il mente, c'est ~ chez lui** he's a pathological liar

**maladivement** /maladivmɑ̃/ ADV *[pâle, maigre]* unhealthily; *[anxieux, timide]* pathologically

**maladrerie** † /maladʀəʀi/ NF lazaret †, lazar house †

**maladresse** /maladʀɛs/ NF **a** *(= gaucherie) [de personne, geste, expression]* clumsiness, awkwardness; *[d'ouvrage, style, intervention]* clumsiness **b** *(= indélicatesse) [de personne, remarque]* clumsiness, tactlessness ◆ **quelle ~ !** how tactless! **c** *(= bévue)* blunder, gaffe ◆ **~s de style** awkward *ou* clumsy turns of phrase

**maladroit, e** /maladʀwa, wat/ ADJ **a** *(= malhabile) [personne, geste, expression]* clumsy, awkward; *[ouvrage, style, dessin, intervention, mensonge]* clumsy ◆ **il est vraiment ~ de ses mains** he's really useless with his hands **b** *(= indélicat) [personne, remarque]* clumsy, tactless ◆ **ce serait ~ de lui en parler** it would be tactless *ou* ill-considered to mention it to him NM,F *(= malhabile)* clumsy person *ou* oaf *; *(= qui fait tout tomber)* butterfingers *; *(= indélicat)* tactless person, blunderer * ◆ **quel ~ je fais !** how clumsy of me!

**maladroitement** /maladʀwatmɑ̃/ ADV *[marcher, dessiner]* clumsily, awkwardly; *[agir]* clumsily ◆ **il a tenté ~ de se justifier** he made a clumsy attempt to justify himself

**malaga** /malaga/ NM *(= vin)* Malaga (wine); *(= raisin)* Malaga grape

**mal-aimé, e** (mpl **mal-aimés**) /maleme/ NM,F unpopular figure ◆ **il est devenu le ~ de la presse** he has become the man the press love to hate, he has become an unpopular figure with the press

**malais, e**[1] /malɛ, ɛz/ ADJ Malay(an) NM *(Ling)* Malay NM,F **Malais(e)** Malay(an)

**malaise**[2] /malɛz/ NM **a** *(gén)* feeling of general discomfort *ou* ill-being; *(Méd)* feeling of sickness *ou* faintness, malaise *(frm)* ◆ **~ cardiaque** mild heart attack ◆ **être pris d'un ~, avoir un ~** to feel faint *ou* dizzy, to come over faint *ou* dizzy **b** *(= trouble)* uneasiness ◆ **éprouver un ~** to feel uneasy ◆ **le ~ étudiant/politique** student/political unrest ◆ **~ économique/social** economic/social malaise

**malaisé, e** /maleze/ ADJ difficult

**malaisément** /malezemɑ̃/ ADV with difficulty

**Malaisie** /malɛzi/ NF Malaysia

**malaisien, -ienne** /malɛzjɛ̃, jɛn/ ADJ Malaysian NM,F **Malaisien(ne)** Malaysian

**malandrin** † /malɑ̃dʀɛ̃/ NM *(littér)* brigand *(littér)*, bandit

**malappris, e** /malapʀi, iz/ ADJ ill-mannered, boorish NM ill-mannered lout, boor, yob * *(Brit)*

**malard** /malaʀ/ NM drake; *(sauvage)* mallard

**malaria** /malaʀja/ NF malaria *(NonC)*

**malavisé, e** /malavize/ ADJ *[personne, remarque]* ill-advised, injudicious, unwise

**Malawi** /malawi/ NM Malawi

**malawien, -ienne** /malawjɛ̃, jɛn/ ADJ Malawian NM,F **Malawien(ne)** Malawian

**malaxage** /malaksaʒ/ NM **a** *[d'argile, pâte]* kneading; *[de muscle]* massaging; *[de beurre]* creaming **b** *(= mélange)* blending, mixing

**malaxer** /malakse/ ▸ conjug 1 ◂ VT **a** *[+ argile, pâte]* to knead; *[+ muscle]* to massage; *[+ beurre]* to cream **b** *(= mélanger)* to blend, to mix

**malaxeur** /malaksœʀ/ ADJ M mixing NM mixer

**mal-bouffe** /malbuf/ NF ◆ **la ~** unhealthy eating

**malchance** /malʃɑ̃s/ NF *(= déveine)* bad *ou* ill luck, misfortune; *(= mésaventure)* misfortune, mishap ◆ **il a eu beaucoup de ~** he's had a lot of bad luck ◆ **j'ai eu la ~ de ...** I had the misfortune to ..., I was unlucky enough to ... ◆ **par ~** unfortunately, as ill luck would have it ◆ **il a joué de ~** *(gén)* he was out of luck; *(de manière répétée)* he had one bit of bad luck after another

**malchanceux, -euse** /malʃɑ̃sø, øz/ ADJ unlucky

**malcommode** /malkɔmɔd/ ADJ *[objet, vêtement]* impractical, unsuitable; *[horaire]* awkward, inconvenient; *[outil, meuble]* inconvenient, impractical ◆ **ça m'est vraiment très ~** it's really most inconvenient for me, it really doesn't suit me at all

**Maldives** /maldiv/ NFPL ◆ **les ~** the Maldives

**maldonne** /maldɔn/ NF *(Cartes)* misdeal ◆ **faire (une) ~** to misdeal, to deal the cards wrongly ◆ **il y a ~** *(lit)* there's been a misdeal, the cards have been dealt wrongly; *(fig)* there's been a mistake somewhere

**Malé** /male/ N Malé

**mâle** /mɑl/ ADJ **a** *(Bio, Tech)* male **b** *(= viril) [voix, courage]* manly; *[style, peinture]* virile, strong, forceful NM male ◆ **titre de noblesse transmis par les ~s** noble title handed down through the male line ◆ **c'est un ~ ou une femelle ?** is it a he or a she? *, is it a male or a female? ◆ **c'est un beau ~** * *(hum)* he's a real hunk *, he's a fine specimen (of manhood) *(hum)* ◆ **(éléphant) ~** bull (elephant) ◆ **(lapin) ~** buck (rabbit) ◆ **(moineau) ~** cock (sparrow) ◆ **(ours) ~** he-bear ◆ **souris ~** male mouse

**malédiction** /malediksjɔ̃/ NF *(Rel = imprécation, adversité)* curse, malediction *(littér)* ◆ **la ~ divine** the curse of God ◆ **n'écoute pas les ~s de cette vieille folle** don't listen to the curses of that old fool ◆ **la ~ pèse sur nous** a curse is hanging over us, we're under a curse ◆ **appeler la ~ sur qn** to call down curses upon sb EXCL *( ††, hum)* curse it! *, damn! * ◆ **~ ! j'ai perdu la clé** curse it! * I've lost the key

**maléfice** /malefis/ NM evil spell

**maléfique** /malefik/ ADJ *[étoile]* malefic *(littér)*, unlucky; *[charme, signe, pouvoir]* evil, baleful ◆ **les puissances ~s** the forces of evil

**malemort** /malmɔʀ/ NF *( ††, littér)* cruel death ◆ **mourir de ~** to die a cruel *ou* violent death

**malencontreusement** /malɑ̃kɔ̃tʀøzmɑ̃/ ADV *[arriver]* at the wrong moment, inopportunely, inconveniently; *[faire tomber]* inadvertently ◆ **faire ~ remarquer que ...** to make the unfortunate remark that ...

**malencontreux, -euse** /malɑ̃kɔ̃tʀø, øz/ ADJ **a** *(= malheureux) [erreur, incident]* unfortunate; *[geste]* awkward; *[remarque]* awkward, unfortunate; *[décision]* unwise, unfortunate **b** *(= déplacé) [allusion]* inopportune **c** *(= à contretemps) [événement]* untimely

**malentendant, e** /malɑ̃tɑ̃dɑ̃, ɑ̃t/ NM,F person who is hard of hearing ◆ **les ~s** hearing-impaired people, people who are hard of hearing

**malentendu** /malɑ̃tɑ̃dy/ NM misunderstanding

**mal-être** /malɛtʀ/ NM INV *[de personne]* malaise, disquiet, ill-being *(US)*; *[de groupe social]* malaise

**malfaçon** /malfasɔ̃/ NF fault, defect *(due to bad workmanship)*

**malfaisant, e** /malfəzɑ̃, ɑ̃t/ ADJ *[personne]* evil, wicked, harmful; *[influence]* evil, harmful; *[animal, théories]* harmful

**malfaiteur** /malfɛtœʀ/ NM *(gén)* criminal; *(= gangster)* gangster; *(= voleur)* burglar, thief ◆ **dangereux ~** dangerous criminal

**malformation** /malfɔʀmasjɔ̃/ NF malformation

**malfrat** /malfʀa/ NM *(= escroc)* crook; *(= bandit)* thug, gangster

**malgache** /malgaʃ/ ADJ Malagasy, Madagascan NM *(Ling)* Malagasy NMF **Malgache** Malagasy, Madagascan

**malgracieux, -ieuse** /malgʀasjø, jøz/ ADJ *(littér) [silhouette]* ungainly, clumsy; † *[caractère]* loutish, boorish

**malgré** /malgʀe/ PRÉP *(= en dépit de)* in spite of, despite ◆ **~ son père/l'opposition de son père, il devint avocat** despite his *ou* in spite of his father/his father's objections he became a barrister ◆ **~ son intelligence, il n'a pas réussi** in spite of *ou* for all *ou* notwithstanding *(frm)* his undoubted intelligence he hasn't succeeded ◆ **j'ai signé ce contrat ~ moi** *(en hésitant)* I signed the contract reluctantly *ou* against my better judgment; *(contraint et forcé)* I signed the contract against my will ◆ **j'ai fait cela presque ~ moi** I did it almost in spite of myself ◆ **il est devenu célèbre/un sex-symbol**

~ **lui** he became a reluctant celebrity/sex-symbol, he became famous/a sex-symbol in spite of himself

♦ **malgré tout** *(= en dépit de tout)* in spite of everything, despite everything; *(concession = quand même)* all the same, even so, after all ♦ ~ **tout, c'est dangereux** all the same *ou* after all it's dangerous ♦ **il a continué** ~ **tout** he went on in spite of *ou* despite everything ♦ **je le ferai** ~ **tout** I'll do it all the same *ou* come what may

♦ **malgré que** *(* = bien que)* in spite of the fact that, despite the fact that, although

**malhabile** /malabil/ ADJ clumsy, awkward ♦ ~ **à (faire) qch** unskilful *ou* bad at (doing) sth

**malheur** /malœʀ/ NM **a** *(= événement pénible)* misfortune; *(= événement très grave)* calamity; *(= épreuve)* ordeal, hardship; *(= accident)* accident, mishap ♦ **il a supporté ses ~s sans se plaindre** he suffered his misfortunes without complaint ♦ **cette famille a eu beaucoup de ~s** this family has had a lot of misfortune ♦ **un ~ est si vite arrivé** accidents *ou* mishaps happen so easily ♦ **en cas de** ~ in case anything should go wrong ♦ **cela a été le grand ~ de sa vie** it was the great tragedy of his life ♦ **ce n'est pas un gros ~ !, c'est un petit ~ !** it's not such a calamity! *ou* tragedy! *ou* disaster! ♦ **un ~ n'arrive jamais seul** *(Prov)* troubles never come singly it never rains but it pours *(Prov)* ♦ **à quelque chose ~ est bon** *(Prov)* every cloud has a silver lining *(Prov)* it's an ill wind that blows nobody any good *(Prov)*

**b** ♦ **le** ~ *(= l'adversité)* adversity; *(= la malchance)* ill luck, misfortune ♦ **dans son** ~ amongst all his misfortune ♦ **ils ont eu le ~ de perdre leur mère** they had the misfortune to lose their mother ♦ **nos voisins sont dans le** ~ our neighbours are going through hard times ♦ **le ~ des uns fait le bonheur des autres** *(Prov)* it's an ill wind that blows nobody any good *(Prov)* ♦ **le ~ a voulu qu'un policier le voie** as ill luck would have it a policeman saw him ♦ **c'est dans le ~ qu'on connaît ses amis** *(Prov)* a friend in need is a friend indeed *(Prov)* it's in times of trouble that you know who your real friends are

**c** *(loc)* ~ **!** oh, lord! *, hell! * ♦ **le ~ c'est que ..., il n'y a qu'un ~, c'est que ...** the trouble *ou* snag is that ... ♦ **son ~, c'est qu'il boit** his trouble is that he drinks ♦ **le ~ dans tout cela, c'est qu'elle a perdu tout son argent** the sad thing about it *ou* the tragedy is that she lost all her money ♦ **faire le ~ de ses parents** to bring sorrow to one's parents, to cause one's parents nothing but unhappiness ♦ **faire un** ~ *(= avoir un gros succès) [spectacle]* to be a big hit; *[artiste, joueur]* to make a great hit, to be all the rage ♦ **s'il continue à m'ennuyer, je fais un** ~ * if he carries on annoying me I'll do something I'll regret ♦ **quel ~ qu'il ne soit pas venu** what a shame *ou* pity he didn't come ♦ **il a eu le ~ de dire que cela ne lui plaisait pas** he made the big mistake of saying he didn't like it ♦ **pour son** ~ for his sins ♦ **ne parle pas de ~ !** God forbid!

♦ **de malheur** * *(= maudit)* wretched ♦ **cette pluie de ~ a tout gâché** this wretched rain has spoilt everything

♦ **malheur à** ♦ ~ **à l'homme** *ou* **à celui par qui le scandale arrive** *(Bible)* woe to that man by whom the offence cometh ♦ ~ **à (celui) qui ...** † woe betide him who ... ♦ ~ **à toi si tu y touches !** woe betide you if you touch it!

♦ **par malheur** unfortunately, as ill luck would have it

**malheureusement** /maløʀøzmɑ̃/ GRAMMAIRE ACTIVE 29.3, 39.2, 47.4, 52.5, 52.6 ADV unfortunately

**malheureux, -euse** /maløʀø, øz/ ADJ **a** *(= infortuné)* unfortunate ♦ **les malheureuses victimes des bombardements** the unfortunate *ou* hapless *(frm)* victims of the bombings

**b** *(= regrettable, fâcheux) [résultat, jour, geste]* unfortunate ♦ **pour un mot** ~ because of an unfortunate remark ♦ **c'est bien ~ qu'il ne puisse pas venir** it's very unfortunate *ou* it's a great shame *ou* it's a great pity that he can't come ♦ **si c'est pas ~ d'entendre ça !** * it makes you sick to hear that! * ♦ **ah te voilà enfin, c'est pas ~ !** * oh, there you are at last and about time too! *

**c** *(= triste, qui souffre) [enfant, vie]* unhappy, miserable ♦ **on a été très ~ pendant la guerre** we had a miserable life during the war ♦ **il était très ~ de ne pouvoir nous aider** he was most distressed *ou* upset at not being able to help us ♦ **prendre un air** ~ to look unhappy *ou* distressed ♦ **rendre qn** ~ to make sb unhappy ♦ **être ~ comme les pierres** to be wretchedly unhappy *ou* utterly wretched

**d** *(après n = malchanceux) [candidat]* unsuccessful, unlucky; *[tentative]* unsuccessful; *[expérience]* unfortunate ♦ **il prit une initiative malheureuse** he took an unfortunate step ♦ **Leblanc, héros ~ de ce championnat** Leblanc, the heroic loser of the championship ♦ **être ~ au jeu/en amour** to be unlucky at gambling/in love ♦ **amour** ~ unhappy love affair; → **heureux, main**

**e** *(* : avant n = insignifiant)* wretched, miserable ♦ **toute une histoire pour un ~ billet de 20 €/pour une malheureuse erreur** such a to-do for a wretched *ou* measly * *ou* mouldy * 20-euro note/for a miserable mistake ♦ **il y avait deux ou trois ~ spectateurs** there was a miserable handful of spectators ♦ **sans même un ~ coup de fil** without so much as a phone call

NM,F *(= infortuné)* poor wretch *ou* soul *ou* devil *; *(= indigent)* needy person ♦ **il a tout perdu ? le ~ !** did he lose everything? the poor man! ♦ **un ~ de plus** another poor devil * ♦ **ne fais pas cela, ~ !** don't do that, you fool! ♦ **aider les ~** *(indigents)* to help the needy *ou* those who are badly off ♦ **la malheureuse a agonisé pendant des heures** the poor woman suffered for hours before she died

**malhonnête** /malɔnɛt/ ADJ **a** *(= déloyal)* dishonest; *(= crapuleux)* crooked **b** *(† = indécent)* rude NMF *(= personne déloyale)* dishonest person; *(= escroc)* crook

**malhonnêtement** /malɔnɛtmɑ̃/ ADV dishonestly

**malhonnêteté** /malɔnɛtte/ NF **a** *(= improbité)* dishonesty, crookedness ♦ **faire des ~s** to carry on dishonest *ou* crooked dealings **b** *(† = manque de politesse)* rudeness ♦ **dire des ~s** to make rude remarks, to say rude things

**Mali** /mali/ NM Mali

**malice** /malis/ NF **a** *(= espièglerie)* mischievousness ♦ **réponse pleine de** ~ mischievous reply ♦ **... dit-il non sans** ~ ... he said somewhat mischievously ♦ **boîte/sac à** ~ box/bag of tricks **b** *(= méchanceté)* malice, spite ♦ **par** ~ out of malice *ou* spite ♦ **elle a dit ça sans** ~ she meant no harm by it ♦ **il est sans** ~ he is quite guileless ♦ **il n'y voit** *ou* **entend pas** ~ he means no harm by it

**malicieusement** /malisjøzmɑ̃/ ADV mischievously

**malicieux, -ieuse** /malisjø, jøz/ ADJ *[personne, remarque]* mischievous; *[sourire]* mischievous, impish ♦ **notre oncle est très** ~ our uncle is a great tease ♦ **petit ~ !** little imp *ou* monkey!

> ⚠ *Évitez de traduire* **malicieux** *par* **malicious**, *qui a le sens de 'malveillant'.*

**malien, -enne** /maljɛ̃, ɛn/ ADJ of *ou* from Mali, Malian NM,F **Malien(ne)** Malian, inhabitant *ou* native of Mali

**maligne** /maliɲ/ ADJ F, NF → **malin**

**malignité** /maliɲite/ NF **a** *(= malveillance)* malice, spite **b** *(Méd)* malignancy

**malin** /malɛ̃/, **maligne** *ou* **maline** * /maliɲ, malin/ ADJ **a** *(= intelligent) [personne, air]* smart, shrewd, cunning ♦ **sourire** ~ cunning *ou* knowing *ou* crafty smile ♦ **il est ~ comme un singe** *[adulte]* he's a crafty old devil *; *[enfant]* he's a crafty little devil * ♦ **bien ~ qui le dira !** who can tell! ♦ **il n'est pas bien** ~ he isn't very bright *ou* clever ♦ **c'est ~ !** *(iro)* oh, very clever! *(iro)* ♦ **si tu te crois ~ de faire ça !** I suppose you think that's clever?; → **jouer**

**b** *(† * = difficile)* **ce n'est pourtant pas bien** ~ but it isn't so difficult *ou* tricky ♦ **ce n'est pas plus ~ que ça** it's as easy *ou* simple as that, that's all there is to it

**c** *(= mauvais) [influence]* malignant, baleful, malicious ♦ **prendre un ~ plaisir à faire qch** to take (a) malicious pleasure in doing sth ♦ **l'esprit** ~ the devil

**d** *(Méd)* malignant

NM,F ♦ **c'est un (petit)** ~ he's a crafty one, he knows a thing or two, there are no flies on him *(Brit)* ♦ **gros ~ !** *(iro)* you're a bright one! *(iro)* ♦ **ne fais pas ton** *ou* **le ~** * don't try to show off ♦ **à ~, ~ et demi** there's always someone cleverer than you

NM ♦ **le Malin** the Devil

**malingre** /malɛ̃gʀ/ ADJ *[personne]* sickly, puny; *[corps]* puny

**malinois** /malinwa/ NM police dog, ≃ German Shepherd, Alsatian *(Brit)*

**malintentionné, e** /malɛ̃tɑ̃sjɔne/ ADJ ill-intentioned, malicious, spiteful *(envers* towards)

**malle** /mal/ NF **a** *(= valise)* trunk ♦ **faire sa ~** *ou* **ses ~s** to pack one's trunk ♦ **ils se sont fait la ~** ⁑ they've cleared off *, they've done a bunk ⁑ *(Brit)* *ou* a runner * *(Brit)* ♦ **on a intérêt à se faire la ~** ⁑ we'd better make ourselves scarce *, we'd better scarper * *(Brit)* **b** *(Aut)* ~ **(arrière)** boot *(Brit)*, trunk *(US)* **c** *(Hist)* **la Malle des Indes** the Indian Mail

**malléabilité** /maleabilite/ NF malleability

**malléable** /maleabl/ ADJ malleable

**malle-poste** (pl **malles-poste**) /malpɔst/ NF *(Hist = diligence)* mail coach

**mallette** /malɛt/ NF **a** *(= valise)* (small) suitcase; *(= porte-documents)* briefcase, attaché case ♦ ~ **de voyage** overnight case, grip **b** *(Belg = cartable)* schoolbag, satchel

**mal-logé, e** /mallɔʒe/ NM,F *person living in substandard housing*

**mal-logement** /mallɔʒmɑ̃/ NM poor housing

**malmener** /malməne/ ► conjug 5 ◄ VT *(= brutaliser) [+ personne]* to manhandle, to handle roughly; *(Mil, Sport) [+ adversaire]* to give a rough time *ou* handling to ♦ **être malmené par la critique** to be given a rough ride by the critics

**malnutrition** /malnytʀisjɔ̃/ NF malnutrition

**malodorant, e** /malɔdɔʀɑ̃, ɑ̃t/ ADJ *[personne, pièce]* foul-smelling, malodorous *(frm)*, smelly; *[haleine]* bad, foul *(Brit)*

**malotru, e** /malɔtʀy/ NM,F lout, yob * *(Brit)*

**malouin, e** /malwɛ̃, in/ ADJ of *ou* from Saint-Malo NM,F **Malouin(e)** inhabitant *ou* native of Saint-Malo NFPL **Malouines** ◆ **les (îles) Malouines** the Falkland Islands, the Falklands

**mal-pensant, e** (mpl **mal-pensants**) /malpɑ̃sɑ̃, ɑ̃t/ ADJ malicious NM,F malicious person

**malpoli, e** /malpɔli/ ADJ impolite, discourteous

**malpropre** /malpʀɔpʀ/ ADJ **a** *(= sale) [personne, objet]* dirty; *[travail]* slovenly **b** *(= indécent) [allusion, histoire]* smutty, dirty, unsavoury **c** *(= indélicat) [conduite, personne, action]* unsavoury, dishonest, despicable NMF *(hum)* swine ◆ **se faire chasser comme un ~** * to be thrown *ou* kicked * out

**malproprement** /malpʀɔpʀəmɑ̃/ ADV in a dirty way ◆ **manger ~** to be a messy eater

**malpropreté** /malpʀɔpʀəte/ NF **a** ◆ **la ~** dirtiness, griminess **b** *(= acte)* despicable trick; *(= parole)* low *ou* unsavoury remark

**malsain, e** /malsɛ̃, ɛn/ ADJ **a** *[climat, logement]* unhealthy; *[travail]* hazardous to one's health
**b** *[influence, littérature, curiosité]* unhealthy, unwholesome; *[esprit, mentalité]* nasty, unhealthy ◆ **il a une relation ~e avec l'argent** he has an unhealthy relationship with money ◆ **c'est un film ~** it's a pretty sick film ◆ **le climat ~ qui règne dans certaines entreprises** the unsavoury *ou* unwholesome atmosphere in some companies ◆ **l'atmosphère devient ~e au bureau** things are getting a bit unpleasant at work ◆ **tous ces monopoles, c'est ~ pour l'économie** all these monopolies are bad for the economy ◆ **sauvons-nous, ça devient ~** *(dangereux)* let's get out of here, things are looking a bit dangerous *ou* dodgy * *(Brit)* ◆ **c'est quelqu'un de ~** he's an unsavoury character

**malséant, e** /malseɑ̃, ɑ̃t/ ADJ *(littér)* unseemly, unbecoming, improper

**malsonnant, e** /malsɔnɑ̃, ɑ̃t/ ADJ *(littér) [propos]* offensive

**malt** /malt/ NM malt ◆ **whisky pur ~** malt (whisky)

**maltage** /maltaʒ/ NM malting

**maltais, e** /maltɛ, ɛz/ ADJ Maltese ◆ **(orange) ~e** *type of juicy orange* NM *(Ling)* Maltese NM,F **Maltais(e)** Maltese

**maltase** /maltɑz/ NF maltase

**Malte** /malt/ NF Malta

**malter** /malte/ ▸ conjug 1 ◂ VT to malt

**malthusianisme** /maltyzjanism/ NM Malthusianism ◆ **~ économique** Malthusian economics *(sg)*

**malthusien, -ienne** /maltyzjɛ̃, jɛn/ ADJ *(Écon, Sociol)* Malthusian NM,F Malthusian

**maltose** /maltoz/ NM maltose, malt sugar

**maltraitance** /maltʀɛtɑ̃s/ NF ◆ **~ d'enfants** *ou* **à enfants** ill-treatment of children; *(sexuelle)* child abuse

**maltraitant, e** /maltʀɛtɑ̃, ɑ̃t/ ADJ *[famille, parent]* abusive

**maltraiter** /maltʀete/ ▸ conjug 1 ◂ VT **a** *(= brutaliser)* to manhandle, to handle roughly, to ill-treat; *[+ enfant]* to abuse **b** *(= mal user de) [+ langue, grammaire]* to misuse **c** *(= critiquer) [+ œuvre, auteur]* to give a rough ride to

**malus** /malys/ NM (car insurance) surcharge

**malveillance** /malvɛjɑ̃s/ NF *(= méchanceté)* spite, malevolence; *(= désobligeance)* ill will *(pour, envers* towards); ◆ **avoir agi sans ~** *(Jur)* to have acted without malicious intent ◆ **acte de ~** spiteful *ou* malevolent action ◆ **propos dus à la ~ publique** spiteful *ou* malicious public rumour ◆ **regarder qn avec ~** to look at sb malevolently ◆ **je dis cela sans ~ à son égard** I say that without wishing to be spiteful to him ◆ **c'est par pure ~ qu'il a agi ainsi** he did that out of sheer spite *ou* malevolence

**malveillant, e** /malvɛjɑ̃, ɑ̃t/ ADJ *[personne, regard, remarque]* malevolent, malicious, spiteful

**malvenu, e** /malvəny/ ADJ *(= déplacé)* out of place *(attrib)*, out-of-place *(épith)*; *(= mal développé)* malformed; → **venu**

**malversation** /malvɛʀsasjɔ̃/ NF *(gén pl)* embezzlement *(NonC)*, misappropriation of funds

**mal-vivre** /malvivʀ/ NM INV malaise

**malvoisie** /malvwazi/ NM *(= vin)* malmsey (wine); *(= cépage)* malvasia

**malvoyant, e** /malvwajɑ̃, ɑ̃t/ NM,F person who is partially sighted ◆ **les ~s** the partially sighted

**maman** /mamɑ̃/ NF mother, mum * *(Brit)*, mummy * *(Brit)*, mom * *(US)*, mommy * *(US)* ◆ **les ~s qui viennent chercher leurs enfants** mums * *(Brit) ou* moms * *(US)* coming to pick their kids up; → **futur**

**mambo** /mɑ̃(m)bo/ NM mambo

**mamelle** /mamɛl/ NF **a** *(Zool)* teat; *(= pis)* udder, dug **b** † *[de femme]* breast; *(péj)* tit *; *[d'homme]* breast ◆ **à la ~** at the breast

**mamelon** /mam(ə)lɔ̃/ NM **a** *(Anat)* nipple **b** *(Géog)* knoll, hillock

**mamelu, e** /mam(ə)ly/ ADJ *(péj ou hum)* big-breasted, well-endowed *(hum)*

**mamel(o)uk** /mamluk/ NM Mameluke

**mamie[1]** /mami/ NF *(langage enfantin = grand-mère)* granny *, gran *

**mamie[2]** ††, **m'amie** /mami/ NF ⇒ **ma mie**; → **mie[2]**

**mammaire** /mamɛʀ/ ADJ *[glande]* mammary

**mammectomie** /mamɛktɔmi/ NF mastectomy

**mammifère** /mamifɛʀ/ NM mammal ◆ **les ~s** mammals ADJ mammalian

**mammographie** /mamɔgʀafi/ NF mammography

**Mammon** /mamɔ̃/ NM Mammon

**mammouth** /mamut/ NM mammoth

**mammy** /mami/ NF ⇒ **mamie[1]**

**mamours** * /mamuʀ/ NMPL *(hum)* ◆ **faire des ~ à qn** to caress *ou* fondle sb ◆ **se faire des ~** to bill and coo

**mam'selle** *, **mam'zelle** * /mamzɛl/ NF abrév de **mademoiselle**

**Man** /mɑ̃/ NF ◆ **l'île de ~** the Isle of Man

**manade** /manad/ NF *(en Provence) [de taureaux]* herd of bulls; *[de chevaux]* herd of horses

**management** /manaʒmɑ̃, manadʒmɛnt/ NM management

**manager[1]** /manadʒɛʀ/ NM *(Écon, Sport)* manager; *(Théât)* agent

**manager[2]** /mana(d)ʒe/ ▸ conjug 3 ◂ VT to manage

**managérial, e** (mpl **-iaux**) /manaʒeʀjal, jo/ ADJ *[pratique]* managerial ◆ **équipe ~e** management team

**Managua** /managwa/ N Managua

**Manama** /manama/ N Manama

**manant** /manɑ̃/ NM **a** (†, *littér*) churl † **b** *(Hist) (= villageois)* yokel; *(= vilain)* villein

**Manche** /mɑ̃ʃ/ NF ◆ **la ~** *(= mer)* the English Channel; *(= département français)* the Manche; *(= région d'Espagne)* la Mancha ◆ **des deux côtés/de l'autre côté de la ~** on both sides of/across the Channel

**manche[1]** /mɑ̃ʃ/ NF **a** *(Habillement)* sleeve ◆ **à ~s courtes/longues** short-/long-sleeved ◆ **sans ~s** sleeveless ◆ **se mettre en ~s** to roll up one's sleeves ◆ **avoir qn dans sa ~** † to be well in with sb * ◆ **relever** *ou* **retrousser ses ~s** *(lit, fig)* to roll up one's sleeves ◆ **faire la ~** * *[mendiant]* to beg; *[artiste]* to perform in the streets, to busk *(Brit)*; → **chemise, effet, paire[2]**
**b** *(= partie) (gén, Pol, Sport)* round; *(Bridge)* game; *(Tennis)* set ◆ **~ décisive** tiebreak(er) ◆ **on a gagné la première ~** *(fig)* we've won the first round in the battle
**c** *(Aviat) [de ballon]* neck
COMP ▷ **manche à air** *(Aviat)* wind sock; *(Naut)* airshaft ▷ **manche ballon** puff sleeve ▷ **manche à crevés** slashed sleeve ▷ **manche gigot** leg-of-mutton sleeve ▷ **manche kimono** kimono *ou* loose sleeve ▷ **manche montée** set-in sleeve ▷ **manche raglan** raglan sleeve ▷ **manche trois-quarts** three-quarter sleeve ▷ **manche à vent** airshaft

**manche[2]** /mɑ̃ʃ/ NM **a** *(gén)* handle; *(long)* shaft; *(Mus)* neck ◆ **être du côté du ~** * to be on the winning side ◆ **se mettre du côté du ~** * to side with the winner ◆ **jeter le ~ après la cognée** to throw in one's hand ◆ **il ne faut pas jeter le ~ après la cognée !** don't give up so easily!; → **branler** **b** (* = *incapable*) clumsy fool *ou* oaf, clot *(Brit)* ◆ **conduire comme un ~** to be a hopeless *ou* rotten * driver ◆ **tu t'y prends comme un ~ !** you're making a real mess * *ou* a hash * of it! COMP ▷ **manche à balai** *(gén)* broomstick, broomshaft *(Brit)*; *(Aviat, Ordin)* joystick ▷ **manche à gigot** leg-of-mutton holder ▷ **manche de gigot** knuckle (of a leg-of-mutton)

**mancheron[1]** /mɑ̃ʃʀɔ̃/ NM *[de vêtement]* short sleeve

**mancheron[2]** /mɑ̃ʃʀɔ̃/ NM *[de charrue]* handle

**manchette** /mɑ̃ʃɛt/ NF **a** *[de chemise]* cuff; *(protectrice)* oversleeve **b** *(Presse = titre)* headline ◆ **mettre en ~** to headline, to put in headlines **c** *(= note)* marginal note ◆ **en ~** in the margin **d** *(= coup)* forearm blow

**manchon** /mɑ̃ʃɔ̃/ NM **a** *(Habillement) (pour les mains)* muff; *(= guêtre)* snow gaiter; → **chien** **b** *(Tech) [de tuyau]* coupler ◆ **~ à incandescence** incandescent (gas) mantle **c** *(Culin)* wing ◆ **~s de canard** duck wings

**manchot, e** /mɑ̃ʃo, ɔt/ ADJ *(d'un bras)* one-armed; *(des deux bras)* armless; *(d'une main)* one-handed; *(des deux mains)* with no hands, handless ◆ **être ~ du bras droit/gauche** to have the use of only one's left/right arm ◆ **il n'est pas ~ !** * *(adroit)* he's clever *ou* he's no fool with his hands!; *(courageux)* he's no lazybones! * NM,F *(d'un bras)* one-armed person; *(des deux bras)* person with no arms NM *(Orn)* penguin ◆ **~ royal/empereur** king/emperor penguin

**mandala** /mɑ̃dala/ NM mandala

**mandale** * /mɑ̃dal/ NF biff *, cuff, clout *(Brit)*

**mandant, e** /mɑ̃dɑ̃, ɑ̃t/ NM,F *(Jur)* principal ◆ **je parle au nom de mes ~s** *(frm : Pol)* I speak on behalf of my constituents

**mandarin** /mɑ̃daʀɛ̃/ NM *(Hist, péj)* mandarin; *(Ling)* Mandarin (Chinese); *(Orn)* mandarin duck

**mandarinal, e** (mpl **-aux**) /mɑ̃daʀinal, o/ ADJ mandarin

**mandarinat** /mɑ̃daʀina/ NM *(Hist)* mandarinate; *(péj)* academic establishment *(péj)*

**mandarine** /mɑ̃daʀin/ NF mandarin (orange), tangerine ADJ INV tangerine

**mandarinier** /mɑ̃daʀinje/ NM mandarin (orange) tree

**mandat** /mɑ̃da/ NM **a** *(gén, Pol)* mandate ◆ **donner à qn ~ de faire** to mandate sb to do, to give sb a mandate to do ◆ **obtenir le renouvellement de son ~** to be re-elected, to have one's mandate renewed ◆ **la durée du ~ présidentiel** the president's term of office ◆ **territoires sous ~** mandated territories, territories under mandate **b** *(Comm)* **~ (postal)** money order, postal order *(Brit)* **c** *(Jur = procuration)* power of attorney, proxy; *(Police)* warrant COMP ▷ **mandat d'amener** ≃ summons ▷ **mandat d'arrêt** *(Jur)* ≃ warrant for arrest ▷ **mandat de comparution** ≃ summons (to appear), subpoena ▷ **mandat de dépôt** ≃ committal order ◆ **placer qn sous ~ de dépôt** ≃ to place sb under a committal order ▷ **mandat d'expulsion** eviction order ▷ **mandat international** *(Fin)* international money order ▷ **mandat de perquisition** search warrant

**mandataire** /mɑ̃datɛʀ/ NMF *(Jur)* proxy, attorney; *(= représentant)* representative ◆ **je ne suis que son ~** I'm only acting as a proxy for him ◆ **~ aux Halles** (sales) agent (at the Halles)

**mandat-carte** (pl **mandats-cartes**) /mɑ̃dakaʀt/ NM *(Comm)* money *ou* postal *(Brit)* order *(in postcard form)*

**mandatement** /mɑ̃datmɑ̃/ NM **a** *[de somme]* payment (by money order) **b** *[de personne]* appointment, commissioning

**mandater** /mɑ̃date/ ▸ conjug 1 ◂ VT **a** *(= donner pouvoir à) [+ personne]* to appoint, to commission; *(Pol) [+ député]* to give a mandate to, to elect **b** *(Fin)* **~ une somme** *(= écrire)* to write out a money order for a sum; *(= payer)* to pay a sum by money order

**mandat-lettre** (pl **mandats-lettres**) /mɑ̃dalɛtʀ/ NM *(Comm)* money *ou* postal *(Brit)* order *(with space for correspondence)*

**mandchou, e** /mɑ̃tʃu/ ADJ Manchu(rian) NM *(Ling)* Manchu NM,F **Mandchou(e)** Manchu

**Mandchourie** /mɑ̃tʃuʀi/ NF Manchuria

**mandement** /mɑ̃dmɑ̃/ NM **a** *(Rel)* pastoral **b** *(Hist = ordre)* mandate, command; *(Jur = convocation)* subpoena

**mander** /mɑ̃de/ ▸ conjug 1 ◂ VT **a** †† *(= ordonner)* to command; *(= convoquer)* to summon **b** *(littér = dire par lettre)* **~ qch à qn** to send *ou* convey the news of sth to sb, to inform sb of sth

**mandibule** /mɑ̃dibyl/ NF mandible ◆ **jouer des ~s** * to nosh * *(Brit)*, to chow down * *(US)*

**mandoline** /mɑ̃dɔlin/ NF mandolin(e)

**mandragore** /mɑ̃dʀagɔʀ/ NF mandrake

**mandrill** /mɑ̃dʀil/ NM mandrill

**mandrin** /mɑ̃dʀɛ̃/ NM *(pour serrer)* chuck; *(pour percer, emboutir)* punch; *(pour élargir, égaliser des trous)* drift; *[de tour]* mandrel

**manducation** /mɑ̃dykasjɔ̃/ NF manducation

**manécanterie** /manekɑ̃tʀi/ NF (parish) choir school

**manège** /manɛʒ/ NM **a** *[de fête foraine]* fairground attraction ◆ **~ (de chevaux de bois)** merry-go-round, roundabout *(Brit)*, carousel *(US)*; → **tour²** **b** *(Équitation = piste, salle)* ring, school ◆ **~ couvert** indoor school ◆ **faire du ~** to do exercises in the indoor school **c** *(péj) (= agissements)* game, ploy ◆ **j'ai deviné son petit ~** I guessed what he was up to, I saw through his little game

**mânes** /mɑn/ NMPL *(Antiq Rel)* manes ◆ **les ~ de ses ancêtres** *(littér)* the shades of his ancestors *(littér)*

**maneton** /man(ə)tɔ̃/ NM *(Aut)* clankpin

**manette** /manɛt/ NF lever ◆ **~ des gaz** throttle lever ◆ **~ de jeux** joystick ◆ **être aux ~s** * to be in charge; → **fond**

**manga** /mɑ̃ga/ NF manga

**manganate** /mɑ̃ganat/ NM manganate

**manganèse** /mɑ̃ganɛz/ NM manganese

**mangeable** /mɑ̃ʒabl/ ADJ *(lit, fig)* edible, eatable

**mangeaille** /mɑ̃ʒɑj/ NF *(péj) (= nourriture mauvaise)* pigswill, disgusting food; *(= grande quantité de nourriture)* mounds of food ◆ **il nous venait des odeurs de ~** we were met by an unappetizing smell of food (cooking)

**mange-disques** /mɑ̃ʒdisk/ NM INV slot-in record player *(for singles)*

**mangeoire** /mɑ̃ʒwaʀ/ NF *(gén)* trough, manger; *[d'oiseaux]* feeding dish

**mangeotter** * /mɑ̃ʒɔte/ ▸ conjug 1 ◂ VT to nibble

**manger** /mɑ̃ʒe/ ▸ conjug 3 ◂ VT **a** *(gén)* to eat; *[+ soupe]* to drink, to eat ◆ **~ dans une assiette/dans un bol** to eat off *ou* from a plate/out of a bowl ◆ **il mange peu** he doesn't eat much ◆ **il ne mange pas** *ou* **rien en ce moment** he's off his food at present, he is not eating at all at present ◆ **ils ont mangé tout ce qu'elle avait (à la maison)** they ate her out of house and home ◆ **il a mangé tout ce qui restait** he has eaten (up) all that was left ◆ **ils leur ont fait** *ou* **donné à ~ un excellent poisson** they served *ou* gave them some excellent fish (to eat) ◆ **faire ~ qn** to feed sb ◆ **faire ~ qch à qn** to give sb sth to eat, to make sb eat sth ◆ **donner à ~ à un bébé/un animal** to feed a baby/an animal ◆ **~ goulûment** to wolf down one's food, to eat greedily ◆ **~ salement** to be a messy eater ◆ **~ comme un cochon** * to eat like a pig * ◆ **finis de ~ !, mange !** eat up! ◆ **on mange bien/mal ici** the food is good/bad here ◆ **les enfants ne mangent pas à leur faim à l'école** the children don't get *ou* are not given enough to eat at school

**b** *(= faire un repas)* **~ dehors** *ou* **au restaurant** to eat out, to have a meal out ◆ **c'est l'heure de ~** *(midi)* it's lunchtime; *(soir)* it's dinnertime ◆ **inviter qn à ~** to invite sb for a meal ◆ **boire en mangeant** to drink with one's meal ◆ **~ sur le pouce** to have a (quick) snack, to snatch a bite (to eat); → **carte**

**c** *(fig)* **~ qn des yeux** to gaze hungrily at sb, to devour sb with one's eyes ◆ **~ qn de baisers** to smother sb with kisses ◆ **allez le voir, il ne vous mangera pas** go and see him, he won't eat you ◆ **il va te ~ tout cru** he'll have you for breakfast, he'll swallow you whole ◆ **se faire ~ par les moustiques** to get eaten alive *ou* bitten to death by mosquitoes

**d** *(= ronger)* to eat (away) ◆ **mangé par les mites** *ou* **aux mites** moth-eaten ◆ **la grille (de fer) est mangée par la rouille** the (iron) railing is eaten away with *ou* by rust

**e** *(= faire disparaître, consommer)* **toutes ces activités lui mangent son temps** all these activities take up his time ◆ **~ ses mots** to swallow one's words ◆ **les grosses entreprises mangent les petites** the big firms swallow up the smaller ones ◆ **une barbe touffue lui mangeait le visage** his face was half hidden under a bushy beard ◆ **des yeux énormes lui mangeaient le visage** his face seemed to be just two great eyes

**f** *(= dilapider) [+ fortune, capital, économies]* to go through, to squander ◆ **l'entreprise mange de l'argent** the business is eating money ◆ **dans cette affaire il mange de l'argent** he's spending more than he earns *ou* his outgoings are more than his income in this business

**g** *(loc)* **~ la consigne** *ou* **la commission** to forget one's errand ◆ **~ comme un oiseau** to eat like a bird ◆ **~ le morceau** ‡ *(= parler)* to spill the beans ‡, to talk, to come clean * ◆ **~ son pain blanc le premier** to have it easy at the start ◆ **je ne mange pas de ce pain-là !** I'm having nothing to do with that!, I'm not stooping to anything like that! ◆ **ça ne mange pas de pain !** it doesn't cost much!, you won't have to do much! ◆ **~ son blé en herbe** to spend one's money in advance *ou* before one gets it, to eat one's seed corn *(US)* ◆ **~ à tous les râteliers** to cash in * on all sides ◆ **~ la soupe sur la tête de qn** * to tower over sb; → **laine, sang, vache** *etc*

VPR **se manger** **a** *[aliment]* **cela se mange ?** can you eat it?, is it edible? ◆ **ce plat se mange très chaud** this dish should be eaten piping hot

**b** (‡ *= se heurter à)* **se ~ une porte (dans la figure)** to bash * into a door ◆ **je me suis mangé le trottoir** I banged my foot on the kerb

NM food ◆ **préparer le ~ des enfants** * to get the children's food *ou* meal ready ◆ **"ici on peut apporter son manger"** * "customers may consume their own food on the premises" ◆ **à prendre après ~** to be taken after meals ◆ **je rentrerai avant ~** I'll be back before lunch (*ou* dinner); → **perdre**

**mange-tout** /mɑ̃ʒtu/ NM INV ◆ **(pois) ~** mangetout peas ◆ **(haricots) ~** string beans

**mangeur, -euse** /mɑ̃ʒœʀ, øz/ NM,F eater ◆ **être gros** *ou* **grand/petit ~** to be a big/small eater ◆ **c'est un gros ~ de pain** he eats a lot of bread, he's a big bread-eater * ◆ **~ d'hommes** man-eater

**manglier** /mɑ̃glije/ NM mangrove tree

**mangoustan** /mɑ̃gustɑ̃/ NM mangosteen

**mangouste** /mɑ̃gust/ NF *(= animal)* mongoose; *(= fruit)* mangosteen

**mangrove** /mɑ̃gʀɔv/ NF mangrove swamp

**mangue** /mɑ̃g/ NF mango

**manguier** /mɑ̃gje/ NM mango(tree)

**maniabilité** /manjabilite/ NF *[d'objet]* handiness, manageability; *[de voiture]* driveability; *[d'avion, bateau]* manoeuvrability ◆ **appareil d'une grande ~** implement which is very easy to handle, very handy implement ◆ **c'est un véhicule d'une étonnante ~** this vehicle is incredibly easy to handle *ou* drive

**maniable** /manjabl/ ADJ **a** *[objet, taille]* handy, manageable, easy to handle *(attrib)*; *[véhicule]* easy to handle *ou* drive *(attrib)*; *[avion, bateau]* easy to manoeuvre *(attrib)* ◆ **peu ~** *[objet]* awkward, cumbersome; *[véhicule]* difficult to handle **b** *(= influençable) [électeur]* easily swayed *ou* influenced *(attrib)* **c** *(= accommodant) [personne, caractère]* accommodating, amenable **d** *(Naut) [temps]* good; *[vent]* moderate

**maniaco-dépressif, -ive** (mpl **maniaco-dépressifs**) /manjakodepʀesif, iv/ ADJ, NM,F manic-depressive

**maniaque** /manjak/ ADJ *[personne]* finicky, fussy, pernickety ◆ **faire qch avec un soin ~** to do sth with almost fanatical *ou* obsessive care NMF **a** *(= fou)* maniac, lunatic ◆ **~ sexuel** sex maniac **b** *(= fanatique)* fanatic, enthusiast ◆ **quel ~ tu fais !** *(= méticuleux)* you're so fussy! ◆ **c'est un ~ de la propreté** he's fanatical about cleanliness, cleanliness is an obsession with him ◆ **c'est un ~**

**de l'exactitude** he's fanatical about punctuality, he's a stickler for punctuality ◆ **c'est un ~ de la voile** he's sailing mad* *ou* a sailing fanatic

**maniaquerie** /manjakʀi/ NF fussiness ◆ **il est d'une ~ !** he's so fussy!

**manichéen, -enne** /manikeɛ̃, ɛn/ ADJ, NM,F Manich(a)ean

**manichéisme** /manikeism/ NM *(Philos)* Manich(a)eism; *(péj)* over-simplification ◆ **il fait du ~** *(fig)* he sees everything in black and white, everything is either good or bad to him

**manichéiste** /manikeist/ ADJ, NMF ⇒ **manichéen, -enne**

**manie** /mani/ NF a *(= habitude)* odd habit ◆ **elle est pleine de (petites) ~s** she's got all sorts of funny little ways *ou* habits ◆ **avoir ses petites ~s** to have one's little ways ◆ **mais quelle ~ tu as de te manger les ongles !** you've got a terrible habit of biting your nails! ◆ **elle a la ~ de tout nettoyer** she's a compulsive *ou* obsessive cleaner b *(= obsession)* mania ◆ **~ de la persécution** *(Méd)* persecution mania *ou* complex

**maniement** /manimɑ̃/ NM a *(= manipulation)* handling ◆ **d'un ~ difficile** difficult to handle ◆ **ils apprennent le ~ du logiciel** they are learning how to use the software ◆ **le ~ de cet objet est pénible** this object is difficult to handle ◆ **il possède à fond le ~ de la langue** he has a very good mastery of the language b *(Mil)* **~ d'armes** arms drill *(Brit)*, manual of arms *(US)*

**manier** /manje/ ► conjug 7 ◄ VT a *[+ objet, explosifs, armes, outil]* to handle; *[+ pâte]* to knead; *[+ logiciel]* to use ◆ **~ l'aviron** to pull *ou* ply *(littér)* the oars ◆ **~ de grosses sommes d'argent** to handle large sums of money ◆ **cheval/voiture facile à ~** horse/car which is easy to handle ◆ **il sait ~ le pinceau, il manie le pinceau avec adresse** he knows how to handle a brush, he's a painter of some skill ◆ **savoir ~ la plume** to be a good writer ◆ **savoir ~ l'ironie** to make good use of irony ◆ **il manie très bien le français** he has good mastery of French, he speaks fluent French ◆ **ces chiffres doivent être maniés avec prudence** these figures must be used with caution b *[+ personne, foule]* to handle

VPR **se manier** ⇒ **se magner**

**manière** /manjɛʀ/ NF a *(= façon)* way ◆ **sa ~ d'agir/de parler** the way he behaves/speaks ◆ **il le fera à sa ~** he'll do it (in) his own way ◆ **~ de vivre** way of life ◆ **~ de voir (les choses)** outlook (on things) ◆ **c'est sa ~ d'être habituelle** that's just the way he is, that's just how he usually is ◆ **ce n'est pas la bonne ~ de s'y prendre** this is not the right *ou* best way to go about it ◆ **d'une ~ efficace** in an efficient way ◆ **de quelle ~ as-tu fait cela ?** how did you do that? ◆ **à la ~ d'un singe** like a monkey, as a monkey would do

b *(= savoir-faire)* **avec les animaux/les enfants, il a la ~** he's good with animals/children ◆ **c'est un Matisse dernière ~** *(Art = style)* it's a late Matisse *ou* an example of Matisse's later work ◆ **dans la ~ classique** in the classical style ◆ **à la ~ de Racine** in the style of Racine ◆ **robe/examen nouvelle ~** new-style *ou* new-look dress/exam ◆ **démocrate/directeur nouvelle ~** new-style democrat/director

c *(Gram)* **adverbe/complément de ~** adverb/adjunct of manner

d *(loc)* **employer la ~ forte, user de la ~ forte** to use strong-arm methods *ou* tactics ◆ **il l'a giflé de belle ~ !** he gave him a sound *ou* good slap! ◆ **en ~ d'excuse** by way of (an) excuse ◆ **d'une ~ générale** generally speaking, as a general rule ◆ **de toute(s) ~(s)** in any case, at any rate, anyway ◆ **de cette ~** (in) this way ◆ **de telle ~ que ...** in such a way that ... ◆ **d'une ~ ou d'une autre** somehow or other ◆ **d'une certaine ~** in a way, in some ways ◆ **en quelque ~** *(frm)* in a certain way ◆ **en aucune ~, d'aucune ~** in no way, under no circumstances ◆ **je n'accepterai en aucune ~** I shall not agree on any account ◆ **de ~ à faire** so as to do ◆ **de ~ (à ce) que nous arrivions à l'heure, de ~ à arriver à l'heure** so that we get there on time

e *(† = genre)* kind ◆ **une ~ de pastiche** a kind of pastiche ◆ **quelle ~ d'homme est-ce ?** what kind *ou* sort of a man is he?, what manner of man is he? †

NFPL **manières** manners ◆ **avoir de bonnes/mauvaises ~s** to have good/bad manners ◆ **apprendre les belles ~s** to learn good manners ◆ **il n'a pas de ~s, il est sans ~s** he has no manners ◆ **ce ne sont pas des ~s !** that's no way to behave! ◆ **en voilà des ~s !** what a way to behave! ◆ **je n'aime pas ces ~s !** I don't like this kind of behaviour! ◆ **faire des ~s** *(minauderies)* to be affected, to put on airs; *(chichis)* to make a fuss ◆ **ne fais pas de ~s avec nous** you needn't stand on ceremony with us

**maniéré, e** /manjeʀe/ ADJ a *(péj = affecté)* *[personne, style, voix]* affected b *(Art)* *[genre]* mannered ◆ **les tableaux très ~s de ce peintre** the mannered style of this painter's work

**maniérisme** /manjeʀism/ NM *(Art)* mannerism

**maniériste** /manjeʀist/ ADJ mannerist(ic) NMF mannerist

**manieur, -ieuse** /manjœʀ, jøz/ NM,F ◆ **~ d'argent** *ou* **de fonds** big businessman

**manif*** /manif/ NF (abrév de **manifestation**) demo*

**manifestant, e** /manifɛstɑ̃, ɑ̃t/ NM,F demonstrator, protester

**manifestation** /manifɛstasjɔ̃/ NF a *(Pol)* demonstration b *(= expression)* *[d'opinion, sentiment]* expression; *[de maladie]* *(= apparition)* appearance; *(= symptômes)* outward sign *ou* symptom ◆ **~ de mauvaise humeur** show of bad temper ◆ **~ de joie** demonstration *ou* expression of joy ◆ **accueillir qn avec de grandes ~s d'amitié** to greet sb with great demonstrations of friendship c *[de Dieu]* *(= vérité)* revelation d *(= réunion, fête)* event ◆ **~ artistique/culturelle/sportive** artistic/cultural/sporting event ◆ **le maire assistait à cette sympathique ~** the mayor was present at this happy gathering *ou* on this happy occasion

> ⚠ *Au sens politique, et au sens de 'réunion' en général,* **manifestation** *ne se traduit pas par le mot anglais* **manifestation.**

**manifeste** /manifɛst/ ADJ *[vérité, injustice]* manifest, obvious, evident; *[sentiment, différence]* obvious, evident ◆ **erreur ~** glaring error ◆ **il est ~ que ...** it is quite obvious *ou* evident that ... NM *(Littérat, Pol)* manifesto; *(Aviat, Naut)* manifest

**manifestement** /manifɛstəmɑ̃/ ADV obviously, manifestly *(frm)* ◆ **~, ça n'a servi à rien** it was obviously a waste of time ◆ **il est ~ ivre** he's obviously drunk ◆ **c'est fini ? – ~** is it finished? – apparently

**manifester** /manifɛste/ ► conjug 1 ◄ VT *[+ opinion, intention, sentiment]* to show, to indicate; *[+ courage]* to show, to demonstrate ◆ **il m'a manifesté son désir de venir** he indicated to me that he wanted to come ◆ **par ce geste, la France tient à nous ~ son amitié** *(frm)* France intends this gesture as a demonstration *ou* an indication of her friendship towards us

VI *(Pol)* to demonstrate, to hold a demonstration

VPR **se manifester** a *(= se révéler)* *[émotion]* to express itself; *[difficultés]* to emerge, to arise; *[phénomène]* to be apparent ◆ **sa frustration se manifeste par des crises de colère** his frustration expresses *ou* manifests itself in angry outbursts ◆ **cette maladie se manifeste par l'apparition de boutons** the appearance of a rash is the first symptom of this disease *ou* indicates the onset of this disease ◆ **la crise se manifeste par l'effondrement des marchés** the crisis is reflected in the collapse of the markets ◆ **la violence se manifeste à différents niveaux de la société** violence occurs at various levels of society ◆ **Dieu s'est manifesté aux hommes** God revealed himself to mankind

b *(= se présenter)* *[personne]* to appear, to turn up; *(par écrit, par téléphone)* to get in touch *ou* contact; *[bénévole, candidat, témoin]* to come forward

c *(= intervenir)* *[élève]* to participate (in class) ◆ **il n'a pas eu l'occasion de se ~ dans le débat** he didn't get a chance to make himself heard in the discussion ◆ **il s'est manifesté par une déclaration fracassante** he came to public notice *ou* he attracted attention with a sensational statement

**manigance** /manigɑ̃s/ NF *(gén pl)* scheme, trick, ploy ◆ **encore une de ses ~s** another of his little schemes *ou* tricks *ou* ploys

**manigancer** /manigɑ̃se/ ► conjug 3 ◄ VT to plot, to devise ◆ **qu'est-ce qu'il manigance maintenant ?** what's he up to now?, what's his latest little scheme? ◆ **c'est lui qui a tout manigancé** he set the whole thing up*, he engineered it all

**manille**[1] /manij/ NM Manila cigar N **Manille** Manila

**manille**[2] /manij/ NF a *(Cartes)* *(= jeu)* manille; *(= dix)* ten b *(Tech)* shackle

**manillon** /manijɔ̃/ NM ace *(in game of manille)*

**manioc** /manjɔk/ NM manioc, cassava

**manip*** /manip/ NF abrév de **manipulation**

**manipulateur, -trice** /manipylatœʀ, tʀis/ ADJ a *(péj)* *[personne]* manipulative b *(Tech)* **bras ~** manipulator arm NM,F a *(= technicien)* technician ◆ **~ de laboratoire** laboratory technician ◆ **~ radio** radiographer b *(péj)* manipulator c *(= prestidigitateur)* conjurer NM *(Téléc)* key

**manipulation** /manipylasjɔ̃/ NF a *(= maniement)* handling ◆ **ces produits chimiques sont d'une ~ délicate** these chemicals should be handled with great care, great care should be taken in handling these chemicals b *(Sci)* experiment ◆ **obtenu par ~ génétique** genetically engineered ◆ **les ~s génétiques posent des problèmes éthiques** genetic engineering poses ethical problems c *(péj)* manipulation *(NonC)* ◆ **il y a eu des ~s électorales** there's been some vote-rigging d *(= prestidigitation)* sleight of hand e *(Méd)* *[d'os]* manipulation

**manipule** /manipyl/ NM *(Antiq, Rel)* maniple

**manipuler** /manipyle/ ► conjug 1 ◄ VT a *[+ objet, produit]* to handle b *(péj)* *[+ électeurs, presse, information]* to manipulate; *[+ statistiques]* to massage, to doctor ◆ **~ une élection** to rig an election ◆ **~ les écritures** to rig *ou* fiddle* *(Brit)* the accounts, to cook the books* *(Brit)*

**manique** /manik/ NF *[d'ouvrier]* protective glove; *[de cuisinier]* oven glove

**Manitoba** /manitɔba/ NM Manitoba

**manitou** /manitu/ NM **a** ◆ **grand ~** * big shot*, big noise* *(Brit)* ◆ **le grand ~ de l'entreprise** the big boss* in the company **b** *(Rel)* manitou

**manivelle** /manivɛl/ NF *(gén)* handle; *(Aut) (pour changer une roue)* wheel crank; *(pour démarrer)* crank, starting handle ◆ **faire partir à la ~** to crank(-start); → **retour, tour²**

**manne** /man/ NF **a** *(Rel)* **la ~** manna ◆ **recevoir la ~ (céleste)** *(la bonne parole)* to receive the word from on high **b** *(= aubaine)* godsend, manna ◆ **ça a été pour nous une ~ (providentielle** *ou* **céleste)** that was a godsend for us, it was heaven-sent **c** *(Bot)* manna **d** *(= panier)* large wicker basket

**mannequin** /mankɛ̃/ NM **a** *(= personne)* model, mannequin † ◆ **être ~ chez ...** to model for ...; → **défilé, taille¹ b** *(= objet) [de couturière]* (tailor's) dummy, mannequin; *[de vitrine]* model, dummy; *[de peintre]* model; *(= pantin)* stuffed dummy **c** *(= panier)* small (gardener's) basket

**manœuvrabilité** /manœvʀabilite/ NF *(gén)* manoeuvrability; *(Aut)* driveability

**manœuvrable** /manœvʀabl/ ADJ *(gén)* manoeuvrable, easy to handle; *[voiture]* easy to handle *ou* drive

**manœuvre** /manœvʀ/ NF **a** *(= opération)* manoeuvre *(Brit)*, maneuver *(US)*, operation ◆ **~ (d'aiguillage)** *(Rail)* shunting *(NonC) (Brit)*, switching *(NonC) (US)* ◆ **diriger/surveiller la ~** to control/supervise the operation *ou* manoeuvre ◆ **faire une ~** *(Aut, Naut)* to do a manoeuvre ◆ **je ne sais pas faire les ~s** *(en voiture)* I'm not good at parking (*ou* reversing *etc*) ◆ **les ~s sont difficiles par gros temps** *(Naut)* it's difficult to manoeuvre (the boat) in bad weather ◆ **il voulait se garer mais il a manqué sa ~** he tried to park but he got the angle wrong ◆ **fausse ~** *(lit)* mistake; *(fig)* wrong *ou* false move ◆ **une fausse ~ et il perd les élections** if he puts one foot wrong *ou* makes one wrong move he'll lose the election ◆ **faire la ~** *(Rail)* to shunt

**b** *(Mil)* manoeuvre *(Brit)*, maneuver *(US)* ◆ **champ** *ou* **terrain de ~s** parade ground ◆ **~ d'encerclement** encircling movement ◆ **les grandes ~s de printemps** spring army manoeuvres *ou* exercises ◆ **être en ~s, faire des ~s** to be on manoeuvres

**c** *(= agissements, combinaison)* manoeuvre *(Brit)*, maneuver *(US)*; *(= machination, intrigue)* manoeuvring, ploy ◆ **il a toute liberté de ~** he has complete freedom of manoeuvre ◆ **~ de diversion** diversionary tactic ◆ **~s électorales** vote-catching ploys ◆ **~s frauduleuses** fraudulent schemes *ou* devices ◆ **~ d'obstruction** obstructive move ◆ **~ boursière** stock-market manipulation ◆ **les grandes ~s politiques** intense political manoeuvring

**d** *(Naut)* **~s dormantes/courantes** *(= cordages)* standing/running rigging

NM *(gén)* labourer; *(en usine)* unskilled worker ◆ **c'est un travail de ~** it's unskilled labour *ou* work ◆ **~ agricole** farm labourer *ou* hand

**manœuvrer** /manœvʀe/ ▸ conjug 1 ◂ VT **a** *[+ véhicule]* to manoeuvre *(Brit)*, to maneuver *(US)*; *[+ machine]* to operate, to work **b** *(= manipuler) [+ personne]* to manipulate ◆ **il se laisse ~ par sa femme** he allows himself to be manipulated by his wife VI *(gén)* to manoeuvre ◆ **il a manœuvré habilement** *(fig)* he moved *ou* manoeuvred skilfully

**manœuvrier, -ière** /manœvʀije, ijɛʀ/ ADJ manoeuvring NM,F *(Mil)* tactician; *(Pol)* manoeuvrer

**manoir** /manwaʀ/ NM manor *ou* country house

**manomètre** /manɔmɛtʀ/ NM gauge, manometer

**manométrique** /manɔmetʀik/ ADJ manometric

**manouche** * /manuʃ/ NMF gipsy

**manouvrier, -ière** † /manuvʀije, ijɛʀ/ NM,F (casual) labourer

**manquant, e** /mɑ̃kɑ̃, ɑ̃t/ ADJ missing; → **chaînon** NM,F missing one

**manque** /mɑ̃k/ NM **a** ◆ **~ de** *(= pénurie) [+ nourriture, argent]* lack of, shortage of, want of; *(= faiblesse) [+ intelligence, goût]* lack of, want of ◆ **son ~ de sérieux au travail** his unreliability at work ◆ **par ~ de** through lack *ou* shortage of, for want of ◆ **quel ~ de chance !** *ou* **de pot !** * *ou* **de bol !** * what bad *ou* hard luck! ◆ **~ à gagner** loss of earnings ◆ **cela représente un sérieux ~ à gagner pour les cultivateurs** that means a serious loss of income *ou* a serious drop in earnings for the farmers ◆ **c'est un ~ de respect** it shows a lack of respect *(pour, à l'égard de* for) it's disrespectful *(pour, à l'égard de* to)

**b** *(= vide)* gap, emptiness; *(Drogue)* withdrawal ◆ **je ressens comme un grand ~** it's as if there were a great emptiness inside me ◆ **un ~ que rien ne saurait combler** a gap which nothing could fill ◆ **symptômes de ~** withdrawal symptoms ◆ **en (état de) ~, être en état de ~** to be experiencing withdrawal symptoms

◆ **en manque de** ◆ **des hôpitaux en ~ de moyens** cash-starved hospitals ◆ **des enfants en ~ d'amour** children deprived of affection ◆ **il était en ~ d'inspiration** he had run out of inspiration

**c** *(Tex)* flaw ◆ **il faut faire un raccord (de peinture), il y a des ~s** we'll have to touch up the paintwork, there are bare patches

**d** *(Roulette)* manque

NMPL **manques** *(= défauts) [de roman]* faults, flaws; *[de personne]* failings, shortcomings; *[de mémoire, connaissances]* gaps

LOC ADJ **à la manque** (*, *péj*) *[chanteur]* crummy*, second-rate ◆ **lui et ses idées à la ~** him and his half-baked* *ou* crummy* ideas

**manqué, e** /mɑ̃ke/ (ptp de **manquer**) ADJ **a** *[essai]* failed, abortive, missed; *[photo]* spoilt; *[vie]* wasted; *(Tech) [pièce]* faulty ◆ **occasion ~e** lost *ou* wasted opportunity ◆ **roman ~** flawed novel ◆ **c'est un écrivain ~** *(vocation ratée)* he should have been a writer; → **garçon, rendez-vous b** *(Culin)* **(gâteau) ~** ≃ sponge cake

**manquement** /mɑ̃kmɑ̃/ NM *(frm)* ◆ **~ à** *[+ discipline, règle]* breach of ◆ **~ au devoir** dereliction of duty ◆ **au moindre ~** at the slightest lapse ◆ **~ (à des obligations contractuelles)** *(Jur)* default ◆ **~ à une obligation de sécurité ou de prudence** ≃ negligence

**manquer** /mɑ̃ke/ GRAMMAIRE ACTIVE 37.1
▸ conjug 1 ◂

VT **a** *(= ne pas atteindre, saisir ou rencontrer) [+ but, occasion, personne, train]* to miss ◆ **la gare est sur la place, tu ne peux pas la ~** the station's right on the square, you can't miss it ◆ **une marche** to miss a step ◆ **il l'a manqué qn de peu** *(en lui tirant dessus)* he missed him by a fraction, he just missed him; *(à un rendez-vous)* he just missed him ◆ **je l'ai manqué de 5 minutes** I missed him by 5 minutes ◆ **c'est un film/une pièce à ne pas ~** this film/play is a must*, it's a film/play that's not to be missed ◆ **il ne faut pas ~ ça !** it's not to be missed! ◆ **il n'en manque jamais une !** * *(iro)* he puts his foot in it every time! * ◆ **vous n'avez rien manqué (en ne venant pas)** you didn't miss anything (by not coming) ◆ **je ne le manquerai pas** *(= je vais lui donner une leçon)* I won't let him get away with it; → **coche**

**b** *(= ne pas réussir) [+ photo, gâteau]* to spoil, to make a mess of*, to botch*; *[+ examen]* to fail ◆ **il a manqué sa vie** he has wasted his life; → **coup**

**c** *(= être absent de) (involontairement)* to be absent from, to miss; *(volontairement)* to miss, to skip ◆ **~ l'école** to be absent from *ou* miss school ◆ **il a manqué deux réunions** he missed two meetings

VI **a** *(= faire défaut)* to be lacking ◆ **l'argent/la nourriture vint à ~** money/food ran out *ou* ran short ◆ **les occasions ne manquent pas (de faire)** there is no shortage of *ou* there are endless opportunities (to do) ◆ **ici, les chats c'est pas ça qui manque** * there's no shortage of cats round here ◆ **les mots manquent pour décrire ...** no words can describe ... ◆ **ce qui lui manque, c'est l'imagination** what he lacks *ou* what he hasn't got is (the) imagination ◆ **les mots me manquent pour exprimer ...** I can't find the words to express ... ◆ **le temps me manque pour raconter la suite** I don't have (the) time to tell you the rest of the story ◆ **j'irais bien, ce n'est pas l'envie qui me** *ou* **m'en manque** I would like to go, it's not that I don't want to ◆ **le pied lui manqua** his foot slipped, he missed his footing ◆ **la voix lui manqua** words failed him, he stood speechless ◆ **un carreau manquait à la fenêtre** there was a pane missing in *ou* from the window ◆ **qu'est-ce qui manque à ton bonheur ?** *(hum)* is there something not to your liking?, what are you unhappy about? ◆ **il lui manque toujours dix-neuf sous pour faire un franc** *(hum)* he doesn't have two pennies to rub together

**b** *(= être absent)* to be absent; *(= avoir disparu)* to be missing (*à* from); ◆ **il a souvent manqué l'an dernier** *(Scol)* he was often absent last year, he missed a lot of school last year ◆ **~ à l'appel** *(lit)* to be absent from roll call; *(fig)* to be missing ◆ **il ne manque pas un bouton de guêtre** *(fig)* everything's in apple-pie order, there's not a thing out of place

**c** *(= échouer) [expérience]* to fail

**d** *(= être dans le besoin)* **il a toujours peur de ~** he's always afraid of being hard up*

**e** *(= se dérober)* **le sol a manqué sous ses pieds** the ground gave (way) beneath his feet

**f** *(avec infin = faillir)* **il a manqué mourir** he nearly *ou* almost died ◆ **elle a manqué (de) se faire écraser** she nearly *ou* almost got run over

VT INDIR **manquer à a** *(= être regretté)* **il nous manque, sa présence nous manque** we miss him ◆ **la campagne me manque** I miss the country

**b** *(= ne pas respecter)* **~ à ses promesses** to go back on one's promises, to fail to keep one's word ◆ **~ à tous les usages** to flout every convention ◆ **il manque à tous ses devoirs** he neglects all his duties ◆ **~ à son honneur/devoir** to fail in one's honour/duty ◆ **~ à qn** † *(= être impoli)* to be disrespectful to sb

VT INDIR **manquer de a** *(= être dépourvu de) [+ intelligence, générosité]* to lack; *[+ argent, main-d'œuvre]* to be short of, to lack ◆ **ils ne manquent de rien** they want for nothing, they don't want for anything, they lack nothing ◆ **le pays ne manque pas d'un certain charme** the country is not without a certain charm ◆ **on manque d'air ici** there's no air in here, it's stuffy in here ◆ **tu ne**

**manques pas d'audace !** *ou* **d'air !** * *ou* **de culot !** * you've got a *ou* some nerve! * ◆ **nous manquons de personnel** we're short-staffed, we're short of staff

b *(formules négatives)* **ne manquez pas de le remercier pour moi** don't forget to thank him for me, be sure to thank him for me ◆ **je ne manquerai pas de le lui dire** I'll be sure to tell him ◆ **nous ne manquerons pas de vous en informer** we shall inform you without fail ◆ **il n'a pas manqué de le lui dire** he made sure he told him ◆ **remerciez-la – je n'y manquerai pas** thank her – I won't forget ◆ **on ne peut ~ d'être frappé par ...** one cannot fail to marvel at ..., one cannot help but be struck by ... ◆ **ça ne va pas ~ (d'arriver)** * it's bound to happen ◆ **j'avais prévu qu'il se fâcherait, et ça n'a pas manqué !** I knew he'd be angry and sure enough he was!

VB IMPERS ◆ **il manque un pied à la chaise** there's a leg missing from the chair ◆ **il (nous) manque dix personnes/deux chaises** *(= elles ont disparu)* there are ten people/two chairs missing; *(= on en a besoin)* we are ten people/two chairs short, we are short of ten people/two chairs ◆ **il ne manquera pas de gens pour dire ...** there'll be no shortage of people who say ... ◆ **il ne lui manque que de savoir danser** the only thing he can't do is dance ◆ **il ne lui manque que la parole** *(en parlant d'un animal)* if only he could talk ◆ **il ne manquait plus que ça** that's all we needed, that's the last straw * ◆ **il ne manquerait plus que ça !** that really would be the end! * ◆ **il ne manquerait plus qu'il parte sans elle !** it really would be the end * if he went off without her!

VPR **se manquer** a *(= rater son suicide)* to fail *(in one's attempt to commit suicide)* ◆ **cette fois-ci, il ne s'est pas manqué** he made a good job of it this time

b *(à un rendez-vous)* to miss each other ◆ **ils se sont manqués à la gare** they missed each other at the station

**mansarde** /mɑ̃saʀd/ NF *(= pièce)* attic, garret

**mansardé, e** /mɑ̃saʀde/ ADJ *[chambre, étage]* attic *(épith)* ◆ **la chambre est ~e** the room has a sloping ceiling, it's an attic room

**mansuétude** /mɑ̃sɥetyd/ NF leniency, indulgence

**mante** /mɑ̃t/ NF a *(= insecte)* mantis; *(= poisson)* manta (ray) ◆ **~ religieuse** *(lit)* praying mantis; *(fig)* man-eater *(hum)* b († *= manteau)* (woman's) mantle, cloak

**manteau** (pl **manteaux**) /mɑ̃to/ NM a *(Habillement)* coat ◆ **~ de pluie** raincoat ◆ **~ trois-quarts** three-quarter-length coat ◆ **sous le ~** *(fig)* clandestinely, on the sly b *(littér) [de neige]* mantle, blanket; *[d'ombre, hypocrisie]* cloak ◆ **sous le ~ de la nuit** under (the) cover of darkness c *[de mollusque]* mantle d *(Hér)* mantle, mantling e *(Géol)* mantle COMP ▷ **manteau d'Arlequin** proscenium arch ▷ **manteau de cheminée** mantelpiece

**mantelet** /mɑ̃t(ə)lɛ/ NM *(Habillement)* short cape, mantelet; *(Naut)* deadlight

**mantille** /mɑ̃tij/ NF mantilla

**mantisse** /mɑ̃tis/ NF mantissa

**Mantoue** /mɑ̃tu/ N Mantua

**mantra** /mɑ̃tʀa/ NM mantra

**manucure** /manykyʀ/ NMF *(= personne)* manicurist NM *ou* NF *(= soins)* manicure

**manucurer** /manykyʀe/ ▸ conjug 1 ◂ VT to manicure ◆ **se faire ~** to have a manicure

**manuel, -elle** /manɥɛl/ ADJ manual ◆ **passer en ~** *(Aviat)* to switch over to manual (control); *(Photo)* to switch to manual; → **travail[1], travailleur** NM,F *(= travailleur)* manual worker ◆ **c'est/ce n'est pas un ~** *(qui a du sens pratique)* he's good/he's not very good with his hands NM *(= livre)* manual, handbook ◆ **~ de lecture** reader ◆ **~ scolaire** textbook ◆ **~ d'entretien** service manual ◆ **~ d'utilisation/de l'utilisateur** instruction/user's manual

**manuellement** /manɥɛlmɑ̃/ ADV *[fabriquer]* by hand, manually; *[fonctionner]* manually ◆ **être bon ~** to be good with one's hands

**manufacture** /manyfaktyʀ/ NF a *(= usine)* factory ◆ **~ d'armes/de porcelaine/de tabac** munitions/porcelain/tobacco factory ◆ **~ de tapisserie** tapestry workshop b *(= fabrication)* manufacture

**manufacturer** /manyfaktyʀe/ ▸ conjug 1 ◂ VT to manufacture; → **produit**

**manufacturier, -ière** /manyfaktyʀje, jɛʀ/ ADJ manufacturing *(épith)* NM † factory owner

**manu militari** /manymilitaʀi/ LOC ADV by (main) force

**manuscrit, e** /manyskʀi, it/ ADJ *(= écrit à la main)* handwritten ◆ **pages ~es** manuscript pages NM manuscript; *(dactylographié)* manuscript, typescript ◆ **les ~s de la mer Morte** the Dead Sea Scrolls

**manutention** /manytɑ̃sjɔ̃/ NF *(= opération)* handling; *(= local)* storehouse ◆ **frais de ~** handling charges ◆ **~ portuaire** dock work

**manutentionnaire** /manytɑ̃sjɔnɛʀ/ NMF packer

**manutentionner** /manytɑ̃sjɔne/ ▸ conjug 1 ◂ VT to handle, to pack

**Mao (Tsé-toung)** /mao(tsetuŋ)/ NM Mao (Tse Tung)

**maoïsme** /maɔism/ NM Maoism

**maoïste** /maɔist/ ADJ, NMF Maoist

**maori, e** /maɔʀi/ ADJ Maori NM *(Ling)* Maori NM,F **Maori(e)** Maori

**maous, -ousse** * /maus/ ADJ huge

**Mao Zedong** /maɔzedɔŋ/ NM Mao Zedong

**mappemonde** /mapmɔ̃d/ NF *(= carte)* map of the world *(in two hemispheres)*; *(= sphère)* globe

**Maputo** /maputo/ N Maputo

**maquer** ‡ /make/ ▸ conjug 1 ◂ VT *(= prostituer)* to be a pimp for VPR **se maquer** ◆ **se ~ avec qn** to (go and) live with sb, to shack up with sb ‡ *(péj)* ◆ **il est déjà maqué** he's already got a woman

**maquereau[1]** (pl **maquereaux**) /makʀo/ NM *(= poisson)* mackerel; → **groseille**

**maquereau[2]** ‡ (pl **maquereaux**) /makʀo/ NM *(= proxénète)* pimp, ponce ‡ *(Brit)*

**maquerelle** ‡ /makʀɛl/ NF ◆ **(mère) ~** madam *

**maquette** /makɛt/ NF a *(à échelle réduite) (Archit, Ind)* (scale) model; *(Art, Théât)* model b *(grandeur nature) (Ind)* mock-up, model; *(= livre)* dummy c *(Peinture = carton)* sketch d *(Typo) (= mise en page)* layout; *(= couverture)* artwork

**maquettiste** /maketist/ NMF *[de modèles réduits]* model maker; *[de livre]* dummy maker

**maquignon** /makiɲɔ̃/ NM *(lit)* horse dealer; *(péj)* shady *ou* crooked dealer

**maquignonnage** /makiɲɔnaʒ/ NM *(lit)* horse dealing; *(péj)* underhand dealings, sharp practice *(Brit)*

**maquignonner** /makiɲɔne/ ▸ conjug 1 ◂ VT *(péj) [+ animal]* to sell by shady methods; *[+ affaire]* to rig, to fiddle

**maquillage** /makijaʒ/ NM a *(= crème, fard)* make-up ◆ **passer du temps à son ~** to spend a long time putting on one's make-up *ou* making up ◆ **produits de ~** make-up b *(péj) [de voiture]* disguising, doing over *; *[de document, vérité, faits]* faking, doctoring; *[de chiffres, résultats]* massaging, fiddling * *(Brit)*

**maquiller** /makije/ ▸ conjug 1 ◂ VT a *[+ visage, personne]* to make up ◆ **très maquillé** heavily made-up b *[+ document, vérité, faits]* to fake, to doctor; *[+ résultats, chiffres]* to massage, to fiddle * *(Brit)*; *[+ voiture]* to do over *, to disguise ◆ **meurtre maquillé en accident** murder made to look like an accident VPR **se maquiller** to make up, to put on one's make-up ◆ **elle est trop jeune pour se ~** she is too young to use make-up ◆ **se ~ les yeux** to put eye make-up on

**maquilleur** /makijœʀ/ NM make-up artist, make-up man

**maquilleuse** /makijøz/ NF make-up artist, make-up girl

**maquis** /maki/ NM a *(Géog)* scrub, bush ◆ **le ~ corse** the Corsican scrub ◆ **prendre le ~** to take to the bush b *(= labyrinthe)* tangle, maze ◆ **le ~ de la procédure** the jungle of legal procedure c *(= résistance)* resistance movement; *(Deuxième Guerre mondiale)* maquis ◆ **prendre le ~** to take to the maquis, to go underground

**maquisard** /makizaʀ/ NM maquis, member of the Resistance

**marabout** /maʀabu/ NM a *(Orn)* marabou(t) b *(Rel)* marabout; *(= envoûteur)* witch doctor

**maraca** /maʀaka/ NF maraca

**maraîchage** /maʀɛʃaʒ/ NM market gardening *(Brit)*, truck farming *(US)* ◆ **~ sous verre** glasshouse cultivation

**maraîcher, -ère** /maʀeʃe, ɛʀ/ NM,F market gardener *(Brit)*, truck farmer *(US)* ADJ ◆ **culture maraîchère** market gardening *(NonC) (Brit)*, truck farming *(NonC) (US)* ◆ **produits ~s** market garden produce *(NonC)*, truck *(NonC) (US)* ◆ **jardin ~** market garden *(Brit)*, truck farm *(US)*

**marais** /maʀɛ/ NM a *(= terrain)* marsh, swamp ◆ **~ salant** *(gén)* salt marsh; *(exploité)* saltern; → **gaz** b ◆ **le Marais** *historic area in the centre of Paris that contains the old Jewish quarter and fashionable bars and galleries*

**marasme** /maʀasm/ NM a *(Écon, Pol)* stagnation, slump ◆ **les affaires sont en plein ~** business is completely stagnant, there is a complete slump in business b *(= accablement)* dejection, depression c *(Méd)* marasmus

**marasquin** /maʀaskɛ̃/ NM maraschino

**marathon** /maʀatɔ̃/ NM *(Sport, fig)* marathon ◆ **~ de danse** dance marathon ◆ **faire/courir un ~** to do/run a marathon ◆ **visite-/négociations-~** marathon visit/talks

**marathonien, -ienne** /maʀatɔnjɛ̃, jɛn/ NM,F marathon runner

**marâtre** /maʀɑtʀ/ NF *(= mauvaise mère)* cruel *ou* unnatural mother; *(†† = belle-mère)* stepmother

**maraud, e[1]** †† /maʀo, od/ NM,F rascal, rogue

**maraudage** /maʀodaʒ/ NM pilfering, thieving *(of poultry, crops etc)*

**maraude[2]** /maʀod/ NF a *(= vol)* thieving, pilfering *(of poultry, crops etc)*, pillaging *(from farms, orchards)* b *(loc)* **taxi en ~** cruising *ou* prowling taxi, taxi cruising *ou* prowling for fares ◆ **vagabond en ~** tramp on the prowl

**marauder** /maʀode/ ▸ conjug 1 ◂ VI *[personne]* to thieve, to pilfer; *[taxi]* to cruise *ou* prowl for fares

**maraudeur, -euse** /maʀodœʀ, øz/ NM,F *(= voleur)* prowler; *(= soldat)* marauder ADJ ◆ **oiseau** ~ thieving bird

**marbre** /maʀbʀ/ NM a *(Géol)* marble ◆ **de** *ou* **en** ~ marble ◆ ~ **de Carrare** Carrara marble ◆ **peindre un mur en faux** ~ to marble a wall ◆ **rester de** ~**, garder un visage de** ~ *(fig)* to remain stony-faced *ou* impassive ◆ **ça l'a laissé de** ~ it left him cold ◆ **avoir un cœur de** ~ to have a heart of stone ◆ **passer une voiture au** ~ to check a car for structural damage; → **froid** b *(= surface)* marble top; *(= statue)* marble (statue) c *(Typo)* stone, bed ◆ **être sur le** ~ *[journal]* to be put to bed, to be on the stone; *[livre]* to be at *ou* in press ◆ **rester sur le** ~ to be excess copy

**marbré, e** /maʀbʀe/ (ptp de **marbrer**) ADJ *[papier, cuir]* marbled; *[peau]* mottled, blotchy; *[fromage]* veined ◆ **(gâteau)** ~ marble cake

**marbrer** /maʀbʀe/ ► conjug 1 ◄ VT *(Tech) [+ papier, cuir]* to marble; *[+ bois, surface]* to vein, to mottle

**marbrerie** /maʀbʀəʀi/ NF *(= atelier)* marble mason's workshop *ou* yard; *(= industrie)* marble industry ◆ **travailler dans la** ~ to be a marble mason; *(funéraire)* to be a monumental mason

**marbrier, -ière** /maʀbʀije, ijɛʀ/ ADJ *[industrie]* marble *(épith)* NM *(funéraire)* monumental mason NF **marbrière** marble quarry

**marbrure** /maʀbʀyʀ/ NF a *(Tech) [de papier, cuir]* marbling b *[de peau]* ~**s** *(par le froid)* blotches, mottling; *(par un coup)* marks; *[de bois, surface]* veins, mottling

**Marc** /maʀk/ NM Mark ◆ ~ **Aurèle** Marcus Aurelius ◆ ~**-Antoine** Mark Antony

**marc**[1] /maʀ/ NM *(= poids, monnaie)* mark ◆ **au** ~ **le franc** *(Jur)* pro rata, proportionally

**marc**[2] /maʀ/ NM *[de raisin, pomme]* marc ◆ ~ **(de café)** (coffee) grounds *ou* dregs ◆ **(eau de vie de)** ~ marc brandy; → **lire**[1]

**marcassin** /maʀkasɛ̃/ NM young wild boar

**marcassite** /maʀkasit/ NF marcasite

**marcel** * /maʀsɛl/ NM *(= maillot)* vest *(Brit)*, undershirt *(US)*

**marchand, e** /maʀʃɑ̃, ɑ̃d/ ADJ *[valeur]* market *(épith)*; *[prix]* trade *(épith)*; *[rue]* shopping *(épith)* ◆ **navire** ~ merchant ship ◆ **secteur** ~**/non** ~ market sector/non-market sector; → **galerie, marine**[2]

NM,F a *(= boutiquier)* shopkeeper, tradesman (*ou* tradeswoman); *(sur un marché)* stallholder; *[de vins, fruits, charbon, grains]* merchant; *[de meubles, bestiaux, cycles]* dealer ◆ ~ **au détail** retailer ◆ ~ **en gros** wholesaler ◆ **la** ~**e de chaussures me l'a dit** the woman in the shoe shop *ou* the shoe shop owner told me ◆ **jouer au** ~ (*ou* **à la** ~**e**) to play shop *(Brit) ou* store *(US)*

b *(= boutique)* shop, store ◆ **rapporte-le chez le** ~ take it back to the shop *ou* shopkeeper

COMP ▷ **marchand ambulant** hawker, door-to-door salesman, pedlar *(Brit)*, peddler *(US)* ▷ **marchande d'amour** *(hum)* lady of pleasure *(hum)* ▷ **marchand d'art** art dealer ▷ **marchand de biens** property agent ▷ **marchand de canons** *(péj)* arms dealer ▷ **marchand de couleurs** hardware dealer, ironmonger *(Brit)* ▷ **marchand d'esclaves** slave trader ▷ **marchand de frites** *(= boutique)* chip shop *(Brit)*, chippy * *(Brit)* ▷ **marchand de fromages** cheese vendor *ou* seller, cheesemonger *(Brit)* ▷ **marchand de fruits** fruit merchant *ou* vendor *ou* seller, fruiterer *(Brit)* ▷ **marchand de glaces** ice cream vendor ▷ **marchand d'illusions** purveyor of illusions ▷ **marchand de journaux** newsagent *(Brit)*, newsdealer *(US)* ▷ **marchand de légumes** greengrocer *(Brit)*, produce dealer *(US)* ▷ **marchand de marrons** chestnut seller ▷ **marchand de meubles** furniture dealer ▷ **marchand de poissons** fish merchant, fishmonger *(Brit)*, fish vendor *ou* seller *(US)* ▷ **marchand des quatre saisons** street merchant (selling fresh fruit and vegetables), costermonger *(Brit)* ▷ **marchand de rêves** dream-merchant ▷ **marchand de sable** *(fig)* sandman ◆ **le** ~ **de sable est passé** it's bedtime, the sandman is coming ▷ **marchand de sommeil** *(péj)* slum landlord, slumlord * *(US)* ▷ **marchand de soupe** *(péj = restaurateur)* low-grade restaurant owner, profiteering café owner; *(Scol)* money-grubbing *ou* profit-minded headmaster (of a private school) ▷ **marchand de tableaux** art dealer ▷ **marchand de tapis** carpet dealer ◆ **c'est un vrai** ~ **de tapis** *(péj)* he drives a really hard bargain, he haggles over everything ◆ **des discussions de** ~ **de tapis** endless haggling ▷ **les marchands du Temple** *(Bible)* the moneychangers in the Temple ▷ **marchand de vin** wine merchant, vintner

**marchandage** /maʀʃɑ̃daʒ/ NM a *(au marché)* bargaining, haggling; *(péj : aux élections)* bargaining ◆ **je viens si tu promets de m'aider – mais qu'est-ce-que c'est que ce** ~ **?** I'll come if you promise to help me – what's this, blackmail? b *(Jur)* **le** ~ *subcontracting of labour*

**marchander** /maʀʃɑ̃de/ ► conjug 1 ◄ VT a *[+ objet]* to haggle over, to bargain over ◆ **savoir** ~ to know how to haggle ◆ **il a l'habitude de** ~ he is used to haggling *ou* bargaining ◆ ~ **son soutien électoral** to use one's political support as a bargaining chip b *(fig)* **il ne marchande pas sa peine** he spares no pains, he grudges no effort ◆ **il ne m'a pas marchandé ses compliments** he wasn't sparing of his compliments c *(Jur)* to subcontract

**marchandeur, -euse** /maʀʃɑ̃dœʀ, øz/ NM,F a *[d'objet, prix]* haggler b *(Jur)* subcontractor (of labour)

**marchandisage** /maʀʃɑ̃dizaʒ/ NM merchandizing

**marchandisation** /maʀʃɑ̃dizasjɔ̃/ NF ◆ **nous sommes contre la** ~ **de la culture** we do not want to see culture treated as a commodity

**marchandise** /maʀʃɑ̃diz/ GRAMMAIRE ACTIVE 47.3 NF a *(= article, unité)* commodity ◆ ~**s** goods, merchandise *(NonC)*, wares † ◆ ~**s en gros/au détail** wholesale/retail goods ◆ **il a de la bonne** ~ he has *ou* sells good stuff b *(= cargaison, stock)* **la** ~ the goods, the merchandise ◆ **la** ~ **est dans l'entrepôt** the goods are *ou* the merchandise is in the warehouse ◆ **faire valoir** *ou* **vanter la** ~ * to show o.s. off *ou* to show off one's wares to advantage, to make the most of o.s. *ou* one's wares ◆ **elle étale la** ~ * she displays her charms *(hum)*, she shows you *ou* she flaunts all she's got *

**marchante** /maʀʃɑ̃t/ ADJ F → **aile**

**marche**[1] /maʀʃ/ NF a *(= action, Sport)* walking ◆ **il fait de la** ~ he goes in for walking, he does quite a bit of walking ◆ **poursuivre sa** ~ to walk on ◆ **chaussures de** ~ walking shoes

b *(= démarche)* walk, step, gait; *(= allure, rythme)* pace, step ◆ **une** ~ **pesante** a heavy step *ou* gait ◆ **régler sa** ~ **sur celle de qn** to adjust one's pace *ou* step to sb else's

c *(= trajet)* walk ◆ **faire une longue** ~ to go for a long walk ◆ **la Longue Marche** *(Hist)* the Long March ◆ **le village est à deux heures/à dix km de** ~ **d'ici** the village is a two-hour walk/a 10-km walk from here ◆ **une** ~ **de 10 km** a 10-km walk

d *(= mouvement, Mil, Pol)* march ◆ **air/chanson de** ~ marching tune/song ◆ **fermer la** ~ to bring up the rear ◆ **ouvrir la** ~ *(lit, fig)* to lead the way ◆ **faire** ~ **sur** to march upon ◆ ~ **victorieuse sur la ville** victorious march on the town ◆ **en avant,** ~ **!** quick march!, forward march!; → **ordre**[1]

e *(= fonctionnement) [de train, voiture]* running; *[de machine]* running, working; *[de navire]* sailing; *[d'étoile]* course; *[d'horloge]* working; *[d'usine, établissement]* running, working, functioning ◆ **dans le sens de la** ~ facing the engine ◆ **dans le sens contraire de la** ~ with one's back to the engine ◆ **en (bon) état de** ~ in (good) working order ◆ **régler la** ~ **d'une horloge** to adjust the workings *ou* movement of a clock ◆ **assurer la bonne** ~ **d'un service** to ensure the smooth running of a service ◆ ~ **– arrêt** *(Tech)* on – off

f *(= développement) [de maladie]* progress; *[d'affaire, événements, opérations]* course; *[d'histoire, temps, progrès]* march ◆ **la** ~ **de l'intrigue** the unfolding *ou* development of the plot

g *(loc)*

♦ **en marche** ◆ **armée en** ~ marching army ◆ **être en** ~ *[personnes, soldats]* to be on the move; *[moteur]* to be running; *[machine]* to be (turned) on ◆ **ne montez pas dans un véhicule en** ~ do not board a moving vehicle ◆ **j'ai pris le bus en** ~ I jumped onto the bus while it was moving ◆ **se mettre en** ~ *[personne]* to make a move, to get moving; *[machine]* to start ◆ **mettre en** ~ *[+ moteur, voiture]* to start (up); *[+ machine]* to put on, to turn on, to set going; *[+ pendule]* to start (going) ◆ **lire les instructions avant la mise en** ~ **de l'appareil** read the instructions before starting the machine ◆ **remettre en** ~ *[+ usine, machine]* to restart

h *(Mus)* march ◆ ~ **funèbre/militaire/nuptiale** funeral *ou* dead/military/wedding march

COMP ▷ **marche arrière** *(Aut)* reverse ◆ **entrer/sortir en** ~ **arrière** to reverse in/out, to back in/out ◆ **faire** ~ **arrière** *(Aut)* to reverse; *(fig)* to back-pedal, to backtrack ▷ **marche avant** forward ◆ **en** ~ **avant** in forward gear ▷ **marche forcée** *(Mil)* forced march ◆ **se rendre vers un lieu à** ~**(s) forcée(s)** to get to a place by forced marches ◆ **la privatisation à** ~ **forcée des entreprises** the accelerated privatization of companies ◆ **ils avancent à** ~ **forcée sur la voie de la démocratisation** they're on the fast track to democracy ◆ **l'entreprise se modernise à** ~ **forcée** the company is undergoing a rapid modernization programme ▷ **marche à suivre** *(= procédure)* (correct) procedure (*pour* for); *(= mode d'emploi)* directions (for use)

**marche**[2] /maʀʃ/ NF *[de véhicule]* step; *[d'escalier]* step, stair ◆ **manquer une** ~ to miss a step ◆ **attention à la** ~ mind *(Brit) ou* watch *(US)* the step ◆ **sur les** ~**s** *(de l'escalier)* on the stairs; *(de l'escalier extérieur, de l'escabeau)* on the steps ◆ ~ **palière** last step before the landing, ≃ top step ◆ ~ **dansante** winder

**marche**[3] /maʀʃ/ NF *(gén pl : Géog, Hist)* march ◆ **les** ~**s** the Marches

**marché** /maʀʃe/ NM a *(= lieu)* market; *(= ville)* trading centre ◆ ~ **aux bestiaux/aux fleurs/aux poissons** cattle/flower/fish market ◆ ~ **couvert/en plein air** covered/open-air market ◆ **aller au** ~**, aller faire le** ~ to go to (the) market ◆ **aller faire son** ~ to go to the market; *(plus gén)* to go shopping ◆ **le choix est vaste, il faut faire son** ~ *(fig)* there is a vast choice available, you have to shop around ◆ **faire les ~s** *[marchand, acheteur]* to go round *ou* do the markets ◆ **boucher qui fait les ~s** butcher who has a market stall ◆ **vendre/acheter au ~** *ou* **sur les ~s** to buy/sell at the market ◆ **Lyon, le grand ~ des soieries** Lyons, the great trading centre for silk goods

**b** *(Comm, Écon = débouchés, opérations)* market ◆ **~ monétaire** money market ◆ **~ libre** open market ◆ **le ~ libre de Rotterdam** *(Pétrole)* the Rotterdam spot market ◆ **le ~ unique européen** the single European market ◆ **~ gris** grey market ◆ **acquérir** *ou* **trouver de nouveaux ~s (pour)** to find new markets (for) ◆ **lancer/offrir qch sur le ~** to launch/put sth on the market ◆ **le ~ de l'immobilier** the real estate market ◆ **le ~ du travail** the labour market ◆ **il n'y a pas de ~ pour ces produits** there is no market for these goods; → **analyse, étude**

**c** *(= transaction, contrat)* bargain, transaction, deal ◆ **faire un ~ avantageux** to make *ou* strike a good bargain ◆ **un ~ de dupes** a fool's bargain *ou* deal ◆ **conclure** *ou* **passer un ~ avec qn** to make a deal with sb ◆ **~ conclu !** it's a deal! ◆ **~ ferme** firm deal ◆ **~ de gré à gré** mutual agreement, private contract ◆ **~ public** procurement contract ◆ **mettre le ~ en main à qn** to give sb an ultimatum

**d** *(Bourse)* market ◆ **le ~ est animé** the market is lively ◆ **~ des valeurs/des actions** securities/share market ◆ **~ des changes** *ou* **des devises** foreign exchange market ◆ **~ financier** financial market ◆ **~ obligataire** bond market ◆ **~ au comptant/à terme** *ou* **à règlement mensuel** spot *ou* cash/forward market ◆ **~ à terme d'instruments financiers, ~ à terme international de France** *French financial futures market,* ≈ LIFFE *(Brit)* ◆ **second ~** ≈ unlisted securities market

**e** *(loc)*

◆ **bon marché** *[acheter]* cheap; *[produit]* cheap, inexpensive

◆ **meilleur marché** ◆ **c'est meilleur ~** it's better value, it's cheaper

**COMP** ▷ **Marché commun** *(Hist)* Common Market ▷ **marché d'intérêt national** *wholesale market for perishable food and horticultural products* ▷ **marché international du disque et de l'édition musicale** *music industry trade fair* ▷ **marché noir** black market ◆ **faire du ~ noir** to buy and sell on the black market ▷ **marché aux puces** flea market

**marché-gare** (pl **marchés-gares**) /maʀʃegaʀ/ **NM** *wholesale market to which goods are transported by rail*

**marchepied** /maʀʃəpje/ **NM** *(Rail)* step; *(Aut)* running board; *(fig)* stepping stone ◆ **servir de ~ à qn** to be sb's stepping stone

**marcher** /maʀʃe/ ▸ conjug 1 ◂ **VI** **a** *(gén)* to walk; *[soldats]* to march ◆ **~ à grandes enjambées** *ou* **à grands pas** to stride (along) ◆ **il marche en boitant** he walks with a limp ◆ **~ en canard** to walk like a duck ◆ **~ sur les mains/à quatre pattes** to walk on one's hands/on all fours ◆ **on marche sur la tête !** * it's crazy!, there's no rhyme or reason to it! ◆ **venez, on va ~ un peu** come on, let's have a walk *ou* let's go for a walk ◆ **il marchait sans but** he walked *ou* wandered (along) aimlessly ◆ **~ sur des œufs** *(fig)* to act with caution ◆ **faire ~ un bébé** to get a baby to walk, to help a baby walk ◆ **c'est marche ou crève !** * it's sink or swim!; → **pas**[1]

**b** *(= mettre le pied sur, dans)* **~ dans une flaque d'eau** to step in a puddle ◆ **défense de ~ sur les pelouses** keep off the grass ◆ **~ sur les pieds de qn/sur sa robe** *(lit)* to stand *ou* tread on sb's toes/on one's dress ◆ **ne te laisse pas ~ sur les pieds** *(fig)* don't let anyone tread on your toes *ou* take advantage of you ◆ **~ sur qn** *(fig)* to walk all over sb; → **brisées, côté, trace** *etc*

**c** *(= progresser)* **~ à la conquête de la gloire/vers le succès** to be on the road to fame/to success, to step out *ou* stride towards fame/success ◆ **~ au supplice** to walk to one's death *ou* to the stake ◆ **~ au combat** to march into battle ◆ **~ sur une ville/un adversaire** *(Mil)* to advance on *ou* march against a town/an enemy

**d** *(= obéir)* to toe the line; (* *= consentir)* to agree, to play * ◆ **il marche à tous les coups** * *(= croire naïvement)* he is taken in *ou* falls for it * every time ◆ **on lui raconte n'importe quoi et il marche** you can tell him anything and he'll swallow it * ◆ **il n'a pas voulu ~ dans la combine** he didn't want to be involved in the affair ◆ **faire ~ qn** *(= taquiner)* to pull sb's leg; *(= tromper)* to take sb for a ride *, to lead sb up the garden path * ◆ **il sait faire ~ sa grand-mère** he knows how to get round his grandmother ◆ **son père saura le faire ~ (droit)** his father will soon have him toeing the line

**e** *(avec véhicule)* **le train a/nous avons bien marché jusqu'à Lyon** the train/we made good time as far as Lyon ◆ **nous marchions à 100 à l'heure** we were doing a hundred

**f** *(= fonctionner) [appareil]* to work; *[ruse]* to work, to come off; *[usine]* to work (well); *[affaires, études]* to go (well); *[train]* to run ◆ **faire ~** *[+ appareil]* to work, to operate; *[+ entreprise]* to run ◆ **ça fait ~ les affaires** it's good for business ◆ **ça marche à l'électricité** it works by *ou* on electricity ◆ **est-ce que le métro marche aujourd'hui ?** is the underground running today? ◆ **ces deux opérations marchent ensemble** these two procedures go *ou* work together ◆ **les affaires marchent mal** things are going badly, business is bad ◆ **son restaurant marche bien** his restaurant does good business *ou* does a brisk trade ◆ **le film a bien marché en Europe** the film was a big success in Europe ◆ **il marche au whisky** * whisky keeps him going ◆ **les études, ça marche ?** * how's studying going? ◆ **rien ne marche** nothing's going right, nothing's working ◆ **ça marche !** *(dans un restaurant)* coming up!; *(= c'est d'accord)* great!, OK! * ◆ **ça marche pour 8 h/lundi** 8 o'clock/Monday is fine; → **roulette**

**marcheur, -euse** /maʀʃœʀ, øz/ **ADJ** *[oiseau]* flightless **NM,F** *(gén)* walker; *(= manifestant)* marcher **NF** **marcheuse** *(= figurante)* walk-on

**Marco Polo** /maʀkɔpɔlo/ **NM** Marco Polo

**marcottage** /maʀkɔtaʒ/ **NM** *(Bot)* layering

**marcotte** /maʀkɔt/ **NF** *(Bot)* layer, runner

**marcotter** /maʀkɔte/ ▸ conjug 1 ◂ **VT** *(Bot)* to layer

**mardi** /maʀdi/ **NM** Tuesday ◆ **Mardi gras** Shrove *ou* Pancake * *(Brit)* Tuesday, Mardi Gras ◆ **elle se croit à ~ gras !** *(hum)* she's dressed up like a dog's dinner!; *pour autres loc voir* **samedi**

**mare** /maʀ/ **NF** **a** *(= étang)* pond ◆ **~ aux canards** duck pond; → **pavé** **b** *(= flaque)* pool ◆ **~ de sang/d'huile** pool of blood/of oil

**marécage** /maʀekaʒ/ **NM** *(Géog)* marsh, swamp, bog; *(péj)* quagmire

**marécageux, -euse** /maʀekaʒø, øz/ **ADJ** *[terrain]* marshy, swampy, boggy; *[plante]* marsh *(épith)* ◆ **c'est très ~ par ici** the ground is very marshy *ou* boggy in this area

**maréchal** (pl **-aux**) /maʀeʃal, o/ **NM** *(armée française)* marshal; *(armée britannique)* field marshal ◆ **~ de camp** *(Hist)* brigadier ◆ **Maréchal de France** Marshal of France ◆ **~ des logis** ≈ sergeant ◆ **~ des logis-chef** ≈ battery *ou* squadron sergeant-major; → **bâton**

**maréchalat** /maʀeʃala/ **NM** rank of marshal, marshalcy

**maréchale** /maʀeʃal/ **NF** marshal's wife; → **Madame**

**maréchalerie** /maʀeʃalʀi/ **NF** *(= atelier)* smithy, blacksmith's (shop); *(= métier)* blacksmith's trade

**maréchal-ferrant** /maʀeʃalfeʀɑ̃/ (pl **maréchaux-ferrants** /maʀeʃofeʀɑ̃/) **NM** blacksmith, farrier

**maréchaussée** /maʀeʃose/ **NF** *(hum)* ◆ **la ~** the police (force); *(Hist)* the mounted constabulary

**marée** /maʀe/ **NF** **a** *(lit)* tide ◆ **~ montante/descendante** flood *ou* rising/ebb tide ◆ **à (la) ~ montante/descendante** when the tide comes in/goes out, when the tide is rising/ebbing *ou* falling ◆ **(à) ~ haute** (at) high tide *ou* water ◆ **(à) ~ basse** (at) low tide *ou* water ◆ **grande ~** spring tide ◆ **faible** *ou* **petite ~** neap tide ◆ **~ noire** oil slick ◆ **ça sent la ~** it smells of the sea **b** *(fig) [produits]* flood; *[de touristes]* flood, influx ◆ **~ humaine** great flood *ou* influx of people **c** *(Comm)* **la ~** *(= poissons de mer)* the fresh catch, the fresh (sea) fish

**marelle** /maʀɛl/ **NF** *(= jeu)* hopscotch; *(= dessin)* (drawing of a) hopscotch game ◆ **jouer à la ~** to play hopscotch

**marémoteur, -trice** /maʀemɔtœʀ, tʀis/ **ADJ** *(Élec) [énergie]* tidal ◆ **usine marémotrice** tidal power station

**marengo** /maʀɛ̃go/ **ADJ INV** *(Culin)* ◆ **poulet/veau (à la) ~** chicken/veal marengo **NM** *black flecked cloth*

**marennes** /maʀɛn/ **NF** Marennes oyster

**mareyage** /maʀɛjaʒ/ **NM** fish trade

**mareyeur, -euse** /maʀɛjœʀ, øz/ **NM,F** wholesale fish merchant

**margarine** /maʀgaʀin/ **NF** margarine, marge * *(Brit)*, oleo * *(US)*

**marge** /maʀʒ/ **NF** **a** *[de feuille]* margin

**b** *(= latitude)* **il y a de la ~** *(du temps)* there's time to spare; *(de l'espace)* there's plenty of room; *(de l'argent)* there's enough (money) left over ◆ **c'est une taille 42, j'ai de la ~ !** it's size 14, it's easily big enough for me ◆ **donner de la ~ à qn** *(temps)* to give sb a reasonable margin of time; *(latitude)* to give sb some leeway *ou* latitude *ou* scope

◆ **en marge** ◆ **faire des annotations en ~** to make notes in the margin ◆ **ceux qui sont en ~, les exclus de la société** people on the margins of society, the socially excluded ◆ **dans son parti, il est toujours resté en ~** he's always been on the sidelines of the party

◆ **en marge de** ◆ **vivre en ~ de la société** to live on the fringe of society ◆ **vivre en ~ du monde** to live cut off from the world ◆ **la Suisse reste en ~ de l'intégration européenne** Switzerland remains on the sidelines of European integration ◆ **activités en ~ du festival** fringe activities ◆ **ils ne veulent pas rester en ~ du débat** they don't want to be left on the sidelines of the debate ◆ **en ~ de cette affaire, on peut aussi signaler que ...** in addition, one might also point out that ...

**COMP** ▷ **marge (bénéficiaire)** (profit) margin, mark-up ▷ **marge brute** gross margin ▷ **marge brute d'autofinancement** cash flow ▷ **marge commerciale** gross margin *ou* profit, trading margin ▷ **marge continentale** *(Géog)* continental terrace ▷ **marge d'erreur** margin of error ▷ **marge de garantie** *(Fin)* margin ▷ **marge de liberté** *ou* **de manœuvre** room for *ou* to manoeuvre, leeway ◆ **ça ne nous laisse pas une grande ~ de manœuvre** it doesn't leave us much room for manoeuvre ▷ **marge de sécurité** safety margin ▷ **marge de tolérance** tolerance

**margelle** /maʀʒɛl/ **NF** *[de puits]* edge, coping *(SPÉC)*

**marger** /maʀʒe/ ▸ conjug 3 ◂ **VT** *[+ machine à écrire, feuille]* to set the margins on; *(Typo)* to feed (in)

**margeur** /maʀʒœʀ/ **NM** *[de machine à écrire]* margin stop

**marginal, e** (mpl **-aux**) /maʀʒinal, o/ **ADJ** **a** *(= secondaire) [phénomène]* marginal, minor; *[activité, rôle]* marginal, peripheral ◆ **ces réactions/critiques restent ~es** only a minority of people have these reactions/make these criticisms ◆ **l'évasion fiscale reste ~e** tax evasion is still relatively rare *ou* uncommon **b** *(Écon, Fin, Stat) [coût, taux]* marginal **c** *(= non conformiste)* unconventional ◆ **groupe ~** fringe *ou* marginal group ◆ **l'accroissement d'une population ~e** the increase in the number of people living on the fringes *ou* margins of society ◆ **les partis politiques plus marginaux** the more marginal political parties **d** *(= sur le bord)* **notes ~es** marginal notes, marginalia *(pl)* **NM,F** *(= déshérité)* dropout; *(= non-conformiste)* unconventional figure

**marginalement** /maʀʒinalmɑ̃/ **ADV** marginally ◆ **cela n'influence le chiffre d'affaires que très ~** this has only a marginal impact on turnover

**marginalisation** /maʀʒinalizasjɔ̃/ **NF** marginalization ◆ **pour éviter la ~ sociale** to prevent people from being marginalized in society *ou* from becoming marginalized

**marginaliser** /maʀʒinalize/ ▸ conjug 1 ◂ **VT** to marginalize, to edge out ◆ **il n'a pas l'intention de se laisser ~** he has no intention of being marginalized *ou* of being sidelined *ou* of being left out in the cold ◆ **ils se sentent de plus en plus marginalisés** they feel more and more marginalized **VPR se marginaliser** *[personne, pays, parti]* to become marginalized

**marginalité** /maʀʒinalite/ **NF** marginality ◆ **vivre/tomber dans la ~** to live as/become a dropout

**margis** /maʀʒi/ **NM** (abrév de **maréchal des logis**) *(arg Mil)* sarge *(arg)*

**margoulette*** /maʀgulɛt/ **NF** ◆ **se casser la ~** to fall flat on one's face

**margoulin** /maʀgulɛ̃/ **NM** *(péj)* swindler, shark *(fig)*

**margrave** /maʀgʀav/ **NM** *(Hist)* margrave

**marguerite** /maʀgəʀit/ **NF** **a** *(Bot) (cultivée)* marguerite; *(des champs)* daisy; → **effeuiller b** *(Typo)* daisywheel

**marguillier** /maʀgije/ **NM** *(Hist)* churchwarden

**mari** /maʀi/ **NM** husband ◆ **son petit ~** her hubby*

**mariable** /maʀjabl/ **ADJ** marriageable

**mariage** /maʀjaʒ/ GRAMMAIRE ACTIVE 51.3

**NM** **a** *(= institution, union)* marriage; *(Rel)* matrimony ◆ **50 ans de ~** 50 years of married life *ou* of marriage ◆ **ils ont fêté leurs 20 ans de ~** they celebrated their 20th (wedding) anniversary ◆ **au début de leur ~** when they were first married, at the beginning of their marriage ◆ **son ~ avec son cousin** her marriage to her cousin ◆ **on parle de ~ entre eux** there is talk of their getting married ◆ **il avait un enfant d'un premier ~** he had a child from his first marriage ◆ **il l'a demandée en ~** he asked if he could marry her ◆ **promettre/donner qn en ~ à** to promise/give sb in marriage to ◆ **elle lui a apporté beaucoup d'argent en ~** she brought him a lot of money when she married him ◆ **faire un riche ~** to marry into money ◆ **hors ~** *[cohabitation]* outside of marriage; *[naissance, né]* out of wedlock; *[relations sexuelles]* extramarital; → **acte, demande**

**b** *(= cérémonie)* wedding ◆ **grand ~** society wedding ◆ **cadeau/faire-part/messe de ~** wedding present/invitation/service; → **corbeille, liste**[1]; → MAIRE

**c** *[de couleurs, parfums, matières]* marriage, blend; *[d'entreprises]* merger, amalgamation ◆ **c'est le ~ de la carpe et du lapin** *(couple)* they make an odd couple; *(associés)* they are strange *ou* unlikely bedfellows

**d** *(Cartes)* **avoir le ~ à cœur** to have *ou* hold (the) king and queen of hearts ◆ **faire des ~s** to collect kings and queens

**COMP** ▷ **mariage d'amour** love match ◆ **faire un ~ d'amour** to marry for love, to make a love match ▷ **mariage d'argent** marriage for money, money match ▷ **mariage blanc** *(non consommé)* unconsummated marriage; *(de convenance)* marriage of convenience ▷ **mariage en blanc** white wedding ▷ **mariage civil** civil wedding, registry (office) wedding *(Brit)* ▷ **mariage de convenance** marriage of convenience ▷ **mariage à l'essai** trial marriage ▷ **mariage d'intérêt** marriage for money *(and other advantages)*; *(entre entreprises)* merger ◆ **faire un ~ d'intérêt** to marry for money ▷ **mariage mixte** mixed marriage ▷ **mariage politique** political alliance ▷ **mariage de raison** marriage of convenience ▷ **mariage religieux** church wedding

**marial, e** (mpl **marials**) /maʀjal/ **ADJ** *(Rel) [culte]* Marian

**Marianne** /maʀjan/ **NF** *(Pol)* Marianne *(symbol of the French Republic)*

> **Marianne**
>
> **Marianne** is an allegorical figure representing a woman wearing a « bonnet phrygien » (a red woollen conical hat worn by commoners under the « Ancien Régime »). The name **Marianne** was used at the end of the 18th century to refer to the French Republic, and statues and busts began to appear around fifty years later. All « mairies » have a bust of **Marianne** on public view, and she also appears on postage stamps. **Marianne**'s face changes from time to time, Catherine Deneuve and Laetitia Casta both having been used as models in recent years.

**Mariannes** /maʀjan/ **NFPL** ◆ **les (îles) ~, l'archipel des ~** the Mariana Islands ◆ **les ~-du-Nord** the Northern Mariana Islands

**Marie** /maʀi/ **NF** Mary ◆ **~ Stuart** Mary Stuart, Mary Queen of Scots

**marié, e** /maʀje/ (ptp de **marier**) **ADJ** married ◆ **non ~** unmarried, single **NM** (bride)groom ◆ **les ~s** *(jour du mariage)* the bride and (bride)groom; *(après le mariage)* the newly-weds; → **jeune, nouveau NF mariée** bride ◆ **trouver** *ou* **se plaindre que la ~e est trop belle** *(fig)* to object that everything's too good to be true ◆ **couronne/robe/voile de ~e** wedding headdress/dress/veil; → **jeune**

**marie-couche-toi-là** †* /maʀikuʃtwala/ **NF INV** *(péj)* slut, tart* *(Brit)*

**Marie-Galante** /maʀigalɑ̃t/ **NF** Marie Galante

**marie-jeanne** /maʀiʒan/ **NF INV** *(arg Drogue)* Mary Jane *(arg)*, pot *(arg)*

**marie-louise** (pl **maries-louises**) /maʀilwiz/ **NF** *[d'assiette]* inner surface; *[d'encadrement]* inner frame

**marier** /maʀje/ GRAMMAIRE ACTIVE 51.3 ▸ conjug 7 ◂

**VT** **a** *[maire, prêtre]* to marry ◆ **il a marié sa fille à un homme d'affaires** he married his daughter to a businessman ◆ **il a fini par ~ sa fille** he finally got his daughter married, he finally married off his daughter ◆ **demain, je marie mon frère** *(hum)* tomorrow I see my brother (get) married ◆ **nous sommes mariés depuis 15 ans** we have been married for 15 years ◆ **il a encore deux filles à ~** he still has two unmarried daughters, he still has two daughters to marry off ◆ **fille (bonne) à ~** daughter of marriageable age, marriageable daughter ◆ **on n'est pas mariés avec lui !** * *(fig)* we don't owe him anything!

**b** *[+ couleurs, goûts, parfums, styles]* to blend, to harmonize; *[+ entreprises]* to merge, to amalgamate

**VPR se marier** **a** *[personne]* to get married ◆ **se ~ à** *ou* **avec qn** to marry sb, to get married to sb ◆ **se ~ à la mairie/à l'église** to get married at a registry office/in church ◆ **se ~ de la main gauche** † to live as man and wife

**b** *[couleurs, goûts, parfums, styles]* to blend, to harmonize ◆ **le beige se marie très bien avec le noir** beige goes very well with black

**marie-salope** (pl **maries-salopes**) /maʀisalɔp/ **NF** **a** *(= péniche)* hopper (barge) **b** (* *péj* = *souillon)* slut

**marieur, -ieuse** /maʀjœʀ, jøz/ **NM,F** matchmaker

**marigot** /maʀigo/ **NM** backwater, cutoff, oxbow lake

**marihuana, marijuana** /maʀiʀwana/ **NF** marijuana

**marimba** /maʀimba/ **NM** marimba

**marin, e**[1] /maʀɛ̃, in/ **ADJ** *[air]* sea; *[carte]* maritime, navigational; *[faune, flore]* marine, sea ◆ **bateau (très) ~** seaworthy ship ◆ **missile ~** sea-based missile ◆ **sciences ~es** marine science ◆ **costume ~** sailor suit; → **mille**[2], **pied** *etc* **NM** sailor ◆ **(simple) ~** *(grade)* ordinary seaman ◆ **~ pêcheur** fisherman ◆ **~ d'eau douce** landlubber ◆ **un peuple de ~s** a seafaring nation, a nation of seafarers ◆ **béret/tricot de ~** sailor's hat/jersey; → **fusilier**

**marina** /maʀina/ **NF** marina

**marinade** /maʀinad/ **NF** **a** *(Culin)* marinade ◆ **~ de viande** meat in (a) marinade, marinaded meat **b** *(Can)* **~s** pickles

**marine**[2] /maʀin/ **NF** **a** *(= flotte, administration)* navy ◆ **terme de ~** nautical term ◆ **au temps de la ~ à voiles** in the days of sailing ships ◆ **~ (de guerre)** navy ◆ **~ marchande** merchant navy; → **lieutenant, officier**[1] **b** *(= tableau)* seascape **NM** *(= soldat) (britannique)* Royal Marine; *(américain)* US Marine ◆ **les ~s** the Marines **ADJ INV** *(couleur)* navy (blue); → **bleu**

**mariner** /maʀine/ ▸ conjug 1 ◂ **VT** *(Culin)* to marinade, to marinate; *(dans la saumure)* to pickle ◆ **harengs marinés** pickled herrings **VI** **a** *(Culin)* **(faire) ~** to marinade, to marinate **b** (* = *attendre)* to hang about* ◆ **~ en prison** to stew* in prison ◆ **faire** *ou* **laisser ~ qn** *(à un rendez-vous)* to keep sb waiting *ou* hanging about *; *(pour une décision)* to let sb stew * (for a bit)

**maringouin** /marɛ̃gwɛ̃/ NM *(Can)* mosquito

**marinier** /marinje/ NM bargee *(Brit)*, bargeman *(US)*; → **officier**[1]

**marinière** /marinjɛr/ NF *(Habillement)* overblouse, smock; → **moule**[2]

**mariol(le)** * /marjɔl/ NM ◆ **c'est un ~(le)** *(malin)* he's a crafty *ou* sly one; *(qui plaisante)* he's a bit of a joker *ou* a waster *; *(incompétent)* he's a bungling idiot * ◆ **(ne) fais pas le ~(le)** stop trying to be clever *ou* smart *, stop showing off

**marionnette** /marjɔnɛt/ NF *(lit, fig = pantin)* puppet ◆ **~s** *(= spectacle)* puppet show ◆ **~ à fils** marionette ◆ **~ à doigt/à gaine** finger/glove puppet ◆ **faire les ~s** to move one's hands *(to amuse a baby)*; → **montreur, théâtre**

**marionnettiste** /marjɔnetist/ NMF puppeteer, puppet-master (*ou* -mistress)

**mariste** /marist/ NMF Marist ◆ **frère/sœur ~** Marist brother/sister

**marital, e** (mpl **-aux**) /marital, o/ ADJ *(Jur)* ◆ **autorisation ~e** husband's permission *ou* authorization ◆ **la vie ~e** living together, cohabitation

**maritalement** /maritalmɑ̃/ ADV ◆ **vivre ~** to live as husband and wife, to cohabit

**maritime** /maritim/ ADJ **a** *[climat]* maritime; *[ville]* seaboard, coastal, seaside; *[province]* seaboard, coastal, maritime; → **gare**[1], **pin, port**[1] **b** *[navigation]* maritime; *[commerce, agence]* shipping; *[droit]* shipping, maritime; *[assurance]* marine ◆ **une grande puissance ~** *(Pol)* a great sea power ◆ **affecté à la navigation ~** sea-going; → **arsenal**

**maritorne** † /maritɔrn/ NF *(= souillon)* slut, slattern

**marivaudage** /marivodaʒ/ NM *(littér = badinage)* light-hearted gallantries; *(Littérat)* sophisticated banter in the style of Marivaux

**marivauder** /marivode/ ► conjug 1 ◄ VI *(littér)* to engage in lively sophisticated banter; *(† : Littérat)* to write in the style of Marivaux

**marjolaine** /marʒɔlɛn/ NF marjoram

**mark** /mark/ NM *(Fin)* mark ◆ **le deutsche ~** the Deutsche mark ◆ **le ~ allemand/finlandais** the German/Finnish mark

**marketing** /markətiŋ/ NM marketing ◆ **~ direct** direct marketing ◆ **~ téléphonique** telemarketing, telephone sales ◆ **~ politique** political marketing

**marlin** /marlɛ̃/ NM marlin

**marlou** ‡ /marlu/ NM *(= souteneur)* pimp; *(= voyou)* wide boy ‡ *(Brit)*, punk ‡ *(US)*

**marmaille** * /marmɑj/ NF gang *ou* horde of kids * *ou* brats * *(péj)* ◆ **toute la ~ était là** the whole brood was there

**marmelade** /marməlad/ NF *(Culin)* stewed fruit, compote ◆ **~ de pommes/poires** stewed apples/pears, compote of apples/pears ◆ **~ d'oranges** (orange) marmalade

◆ **en marmelade** *[légumes, fruits] (= cuits)* cooked to a mush; *(= crus)* reduced to a pulp ◆ **avoir le nez en ~** to have one's nose reduced to a pulp ◆ **réduire qn en ~** to smash sb to pulp, to reduce sb to a pulp

**marmite** /marmit/ NF *(Culin)* (cooking) pot; *(arg Mil)* heavy shell ◆ **une ~ de soupe** a pot of soup; → **bouillir, nez** COMP ▷ **marmite (de géants)** *(Géog)* pothole ▷ **marmite norvégienne** ≃ haybox

**marmiton** /marmitɔ̃/ NM kitchen boy

**marmonnement** /marmɔnmɑ̃/ NM mumbling, muttering

**marmonner** /marmɔne/ ► conjug 1 ◄ VTI to mumble, to mutter ◆ **~ dans sa barbe** to mutter into one's beard, to mutter to o.s.

**marmoréen, -éenne** /marmɔreɛ̃, eɛn/ ADJ *(littér)* marble *(épith)*, marmoreal *(littér)*

**marmot** * /marmo/ NM kid *, brat * *(péj)*; → **croquer**

**marmotte** /marmɔt/ NF *(Zool)* marmot; *(fig)* sleepyhead, dormouse; *(= cerise) type of bigarreau cherry*; → **dormir**

**marmottement** /marmɔtmɑ̃/ NM mumbling, muttering

**marmotter** /marmɔte/ ► conjug 1 ◄ VTI to mumble, to mutter ◆ **qu'est-ce que tu as à ~ ?** * what are you mumbling (on) about? *ou* muttering about?

**marmouset** /marmuzɛ/ NM *(Sculp)* quaint *ou* grotesque figure; *(Zool)* marmoset

**marnage**[1] /marnaʒ/ NM *(Agr)* marling

**marnage**[2] /marnaʒ/ NM *(Naut)* tidal range

**marne** /marn/ NF *(Géol)* marl, calcareous clay

**marner** /marne/ ► conjug 1 ◄ VT *(Agr)* to marl VI *(* = travailler dur)* to slog * ◆ **faire ~ qn** to make sb slog *

**marneux, -euse** /marnø, øz/ ADJ marly

**marnière** /marnjɛr/ NF marlpit

**Maroc** /marɔk/ NM Morocco

**marocain, e** /marɔkɛ̃, ɛn/ ADJ Moroccan NM,F **Marocain(e)** Moroccan

**maronite** /marɔnit/ ADJ, NMF Maronite

**maronner** * /marɔne/ ► conjug 1 ◄ VI **a** *(= grommeler)* to grouse *, to moan * **b** ◆ **faire ~ qn** *(= faire attendre qn)* keep sb hanging about *

**maroquin** /marɔkɛ̃/ NM **a** *(= cuir)* morocco (leather) ◆ **relié en ~** morocco-bound **b** *(Pol)* (minister's) portfolio ◆ **obtenir un ~** to be made a minister

**maroquinerie** /marɔkinri/ NF *(= boutique)* leather goods shop; *(= atelier)* tannery; *(= métier)* fine leather craft; *(= préparation)* tanning ◆ **(articles de) ~** fancy *ou* fine leather goods ◆ **il travaille dans la ~** *[artisan]* he does leatherwork; *[commerçant]* he sells leather goods

**maroquinier** /marɔkinje/ NM *(= marchand)* dealer in fine leather goods; *(= fabricant)* leather worker *ou* craftsman

**marotte** /marɔt/ NF **a** *(= dada)* hobby, craze ◆ **c'est sa ~ !** it's his pet craze! ◆ **encore une de ses ~s** another one of his daft ideas * ◆ **le voilà lancé sur sa ~ !** there he goes on his pet subject! **b** *(Hist = poupée)* fool's bauble; *(Coiffure, Habillement = tête)* milliner's *ou* hairdresser's dummy head

**maroufler** /marufle/ ► conjug 1 ◄ VT *[+ toile]* to mount

**marquage** /markaʒ/ NM **a** *[de linge, marchandises]* marking; *[d'animal]* branding; *[d'arbre]* blazing **b** *(sur la chaussée)* road-marking **c** *(Sport) [de joueur]* marking ◆ **~ à la culotte** close marking **d** *(Sci)* labelling ◆ **~ radioactif** radioactive tracing

**marquant, e** /markɑ̃, ɑ̃t/ ADJ *[personnage, événement, rôle]* outstanding, striking; *[souvenir]* vivid ◆ **le fait le plus ~** the most significant *ou* striking fact ◆ **c'est l'un des aspects les plus ~s de son œuvre** it is one of the most striking aspects of his work

**marque** /mark/ NF **a** *(= repère, trace)* mark; *(= signe) (lit, fig)* mark, sign; *(= preuve)* token; *[de livre]* bookmark; *[de linge]* name tab ◆ **~s de doigts** fingermarks, fingerprints ◆ **~s de pas** footmarks, footprints ◆ **~s d'une blessure/de coups/de fatigue** marks of a wound/of blows/of fatigue ◆ **il porte encore les ~s de son accident** he still bears the scars from his accident ◆ **faites une ~ au crayon devant chaque nom** put a pencil mark beside each name, tick each name ◆ **~ de confiance/de respect** sign *ou* token *ou* mark of confidence/of respect ◆ **porter la ~ du pluriel** to be in the plural (form)

**b** *(= estampille) [d'or, argent]* hallmark; *[de meubles, œuvre d'art]* mark; *[de viande, œufs]* stamp ◆ **la ~ du génie** the hallmark *ou* stamp of genius

**c** *(Comm) [de nourriture, produits chimiques]* brand; *[d'automobiles, produits manufacturés]* make ◆ **~ de fabrique** *ou* **de fabrication** *ou* **du fabricant** trademark, trade name, brand name ◆ **~ d'origine** maker's mark ◆ **~ déposée** registered trademark *ou* trade name *ou* brand name ◆ **une grande ~ de vin/de voiture** a well-known brand of wine/make of car ◆ **produits de ~** high-class products ◆ **personnage de ~** distinguished person, VIP ◆ **visiteur de ~** important *ou* distinguished visitor; → **image**

**d** *(= insigne) [de fonction, grade]* badge ◆ **les ~s de sa fonction** *(frm)* the insignia *ou* regalia of his office

**e** *(= décompte de points)* **la ~** the score ◆ **tenir la ~** to keep (the) score ◆ **mener à la ~** to lead on the scoresheet, to be ahead on goals, to be in the lead ◆ **ouvrir la ~** to open the scoring

**f** *(Sport = empreinte)* marker ◆ **à vos ~s ! prêts ! partez !** *(athlètes)* on your marks! get set! go!; *(enfants)* ready, steady, go! *(Brit)*, ready, set, go! *(US)* ◆ **~ !** *(Rugby)* mark! ◆ **prendre ses ~s** *(lit)* to place one's marker *(for one's run-up)*; *(fig)* to get one's bearings ◆ **il cherche encore ses ~s** *(fig)* he's trying to find his bearings

**marqué, e** /marke/ (ptp de **marquer**) ADJ **a** *(= accentué)* marked, pronounced; *(Ling)* marked **b** *(= signalé)* **le prix ~** the price on the label ◆ **au prix ~** at the labelled price, at the price shown on the label ◆ **c'est un homme ~** *(fig)* he's a marked man ◆ **il est très ~ politiquement** his political leanings are very obvious

**marque-page** (pl **marque-pages**) /mark(ə)paʒ/ NM bookmark

**marquer** /marke/ ► conjug 1 ◄ VT **a** *(par un signe distinctif) [+ objet personnel]* to mark (*au nom de qn* with sb's name); *[+ animal, criminel]* to brand; *[+ arbre]* to blaze; *[+ marchandise]* to label, to stamp

**b** *(= indiquer) [+ limite, position]* to mark; *(sur une carte) [+ village, accident de terrain]* to mark, to show, to indicate; *[thermomètre]* to show, to register; *[balance]* to register; *[isotope radioactif]* to trace ◆ **~ sa page (avec un signet)** to mark one's page (with a bookmark) ◆ **marquez la longueur voulue d'un trait de crayon** mark off the length required with a pencil ◆ **l'animal marque son territoire** the animal marks its territory ◆ **j'ai marqué ce jour-là d'une pierre blanche/noire** I'll remember it as a red-letter day/black day ◆ **marquez d'une croix l'emplacement du véhicule** mark the position of the vehicle with a cross ◆ **la pendule marque 6 heures** the clock shows *ou* says 6 o'clock ◆ **des pinces marquent la taille** *(Couture)* darts emphasize the waist(line) ◆ **robe qui marque la taille** dress which shows off the waistline ◆ **cela marque (bien) que le pays veut la paix** that definitely indicates *ou* shows that the country wants peace, that's a clear sign that the country wants peace

**c** *[+ événement]* to mark ◆ **un bombardement a marqué la reprise des hostilités** a bomb attack marked the renewal *ou* resumption of hostilities ◆ **des réjouissances populaires ont marqué la prise de pouvoir**

**par la junte** the junta's takeover was marked by public celebrations ◆ **pour ~ cette journée on a distribué ...** to mark *ou* commemorate this day they distributed ...

**d** *(= écrire) [+ nom, rendez-vous, renseignement]* to write down, to note down, to make a note of ◆ **~ les points** *ou* **les résultats** to keep *ou* note the score ◆ **on l'a marqué absent** he was marked absent ◆ **j'ai marqué 3 heures sur mon agenda** I've got 3 o'clock (noted) down in my diary ◆ **il a marqué qu'il fallait prévenir les élèves** he noted down that the pupils should be told, he made a note to tell the pupils ◆ **c'est marqué en bas de la feuille** it's written at the bottom of the sheet ◆ **qu'y a-t-il de marqué ?** what does it say?, what's written (on it)?

**e** *(= endommager) [+ glace, bois]* to mark; *(= affecter) [+ personne]* to mark ◆ **~ son époque** *(influencer)* to put one's mark *ou* stamp on one's time ◆ **la souffrance l'a marqué** suffering has left its mark on him ◆ **il est marqué par la vie** life has left its mark on him ◆ **visage marqué par la maladie** face marked by illness ◆ **visage marqué par la petite vérole** face pitted *ou* scarred with smallpox ◆ **la déception se marquait sur son visage** disappointment showed in his face *ou* was written all over his face

**f** *(= manifester, montrer) [+ désapprobation, fidélité, intérêt]* to show

**g** *(Sport) [+ joueur]* to mark; *[+ but, essai]* to score ◆ **~ qn de très près** *ou* **à la culotte** *(Sport)* to mark sb very closely *ou* tightly; *(fig)* to keep close tabs on sb

**h** *(loc)* **~ le coup** * *(= fêter un événement)* to mark the occasion; *(= accuser le coup)* to react ◆ **j'ai risqué une allusion, mais il n'a pas marqué le coup** * I made an allusion to it but he showed no reaction ◆ **~ un point/des points (sur qn)** to score a point/several points (against sb) ◆ **~ la mesure** to keep the beat ◆ **~ le pas** *(lit)* to beat *ou* mark time; *(fig)* to mark time ◆ **~ un temps d'arrêt** to pause momentarily

**VI** **a** *[événement, personnalité]* to stand out, to be outstanding; *[coup]* to reach home, to tell ◆ **cet incident a marqué dans sa vie** that particular incident stood out in *ou* had a great impact on his life

**b** *[crayon]* to write; *[tampon]* to stamp ◆ **ne pose pas le verre sur ce meuble, ça marque** don't put the glass down on that piece of furniture, it will leave a mark

**marqueté, e** /maʀkəte/ **ADJ** *[bois]* inlaid

**marqueterie** /maʀkɛtʀi/ **NF** *(= technique)* marquetry; *(= objet)* marquetry, inlaid work; *(fig)* mosaic ◆ **table en ~** inlaid *ou* marquetry table

**marqueur, -euse** /maʀkœʀ, øz/ **NM,F** **a** *(Sport, Jeux) [de points]* score-keeper, scorer; *(= buteur)* scorer; *[de joueur]* marker **b** *[de bétail]* brander **NM** **a** *(= stylo)* felt-tip pen; *(indélébile)* marker pen **b** *(Méd = substance radioactive)* tracer ◆ **~ génétique** genetic marker **c** *(= tableau)* scoreboard **d** *(Ling)* marker ◆ **~ syntagmatique** phrase marker **NF** **marqueuse** *(Comm = appareil)* (price) labeller

**marquis** /maʀki/ **NM** marquis, marquess ◆ **petit ~** *(péj)* lordling

**marquisat** /maʀkiza/ **NM** marquisate

**marquise** /maʀkiz/ **NF** **a** *(= noble)* marchioness; → **Madame** **b** *(= auvent)* glass canopy *ou* awning; *(= tente de jardin)* marquee *(Brit)*, garden tent *(US)* **c** ◆ **les (îles) Marquises** the Marquesas Islands **d** *(Culin)* **~ au chocolat** chocolate charlotte **e** *(= siège)* marquise **f** *(= bague)* marquise

**marraine** /maʀɛn/ **NF** *[d'enfant]* godmother; *[de navire]* christener, namer; *(dans un club)* sponsor, proposer ◆ **~ de guerre** *soldier's wartime (woman) penfriend*

**Marrakech** /maʀakɛʃ/ **N** Marrakech, Marrakesh

**marrant, e** * /maʀɑ̃, ɑ̃t/ **ADJ** **a** *(= amusant)* funny ◆ **c'est un ~, il est ~** he's a scream * *ou* a great laugh * ◆ **ce n'est pas ~** it's not funny, it's no joke ◆ **il n'est pas ~** *(ennuyeux, triste)* he's pretty dreary *, he's not much fun; *(sévère)* he's pretty grim *; *(empoisonnant)* he's a pain in the neck * ◆ **tu es ~ toi ! comment vais-je faire sans voiture ?** *(iro)* don't make me laugh! what am I going to do without a car? **b** *(= étrange)* funny, odd

**marre** ‡ /maʀ/ **ADV** ◆ **en avoir ~** to be fed up * *ou* cheesed off ‡ *(Brit)* *(de* with) to be sick * *(de* of); ◆ **j'en ai ~ de toi** I've just about had enough of you *, I am fed up with you * ◆ **c'est ~ !, il y en a ~ !** that's enough!

**marrer (se)** ‡ /maʀe/ ▸ conjug 1 ◂ **VPR** to laugh, to have a good laugh * ◆ **on s'est (bien) marré !** *(= on a ri)* we had a good laugh! *; *(= on s'est bien amusés)* we had a great time!; *(iro)* that was a barrel of laughs! ◆ **il se marrait comme un fou** he was in fits * (of laughter) *ou* kinks ‡ *(Brit)* ◆ **on ne se marre pas tous les jours au boulot !** work isn't always fun and games * *ou* a laugh a minute ◆ **faire ~ qn** to make sb laugh ◆ **tu me fais ~ avec ta démocratie !** you make me laugh with all your talk about democracy!

**marri, e** † /maʀi/ **ADJ** *(littér = triste)* sad, doleful *(de* about); *(= désolé)* sorry, grieved † *(de* about)

**marron[1]** /maʀɔ̃/ **NM** **a** *(Bot, Culin)* chestnut ◆ **~ d'Inde** horse chestnut ◆ **~s chauds** roast chestnuts ◆ **~ glacé** marron glacé ◆ **tirer les ~s du feu** *(= être le bénéficiaire)* to reap the benefits; *(= être la victime)* to be a cat's paw; → **purée** **b** *(= couleur)* brown **c** *(‡ = coup)* blow, thump, cuff, clout *(Brit)* ◆ **tu veux un ~ ?** do you want a cuff *ou* a thick ear * *(Brit)*? **ADJ INV** **a** *(= couleur)* brown **b** *(‡ = trompé)* **être ~** to be had *

**marron[2], -onne** /maʀɔ̃, ɔn/ **ADJ** *(= sans titres)* ◆ **médecin ~** quack, unqualified doctor ◆ **notaire/avocat ~** *(= sans scrupule)* crooked notary/lawyer ◆ **esclave ~** *(Hist)* runaway *ou* fugitive slave

**marronnier** /maʀɔnje/ **NM** **a** *(Bot)* chestnut (tree) ◆ **~ (d'Inde)** horse chestnut tree **b** *(arg Presse)* chestnut *(arg)*

**Mars** /maʀs/ **NM** *(Astron, Myth)* Mars; → **champ[1]**

**mars** /maʀs/ **NM** *(= mois)* March ◆ **arriver** *ou* **venir** *ou* **tomber comme ~ en carême** to come *ou* happen as sure as night follows day; *pour loc voir* **septembre**

**marseillais, e** /maʀsɛjɛ, ɛz/ **ADJ** of *ou* from Marseilles; → **histoire** **NM,F** **Marseillais(e)** inhabitant *ou* native of Marseilles **NF** **Marseillaise** ◆ **la Marseillaise** the Marseillaise *(French national anthem)*

**Marseille** /maʀsɛj/ **N** Marseilles

**Marshall** /maʀʃal/ **N** ◆ **les îles ~** the Marshall Islands

**marsouin** /maʀswɛ̃/ **NM** *(Zool)* porpoise; *(† : Mil)* marine

**marsupial, e** (mpl **-iaux**) /maʀsypjal, jo/ **ADJ, NM** marsupial ◆ **poche ~e** marsupium

**marte** /maʀt/ **NF** ⇒ **martre**

**marteau** (pl **marteaux**) /maʀto/ **NM** **a** *(Menuiserie, Mus, Sport)* hammer; *[d'enchères, médecin]* hammer; *[de président, juge]* gavel; *[d'horloge]* striker; *[de porte]* knocker; *[de forgeron]* (sledge) hammer ◆ **il l'a cassé à coups de ~** he broke it with a hammer ◆ **donner un coup de ~ sur qch** to hit sth with a hammer ◆ **enfoncer qch à coups de ~** to hammer sth in, to drive sth in with a hammer ◆ **passer sous le ~ du commissaire-priseur** to be put up for auction, to go under the (auctioneer's) hammer ◆ **entre le ~ et l'enclume** *(fig)* between the devil and the deep blue sea ◆ **être ~** * to be nuts * *ou* bats * *ou* cracked *; → **faucille, requin** **b** *(Anat)* hammer, malleus *(SPÉC)* **COMP** ▷ **marteau pneumatique** pneumatic drill

**marteau-perforateur** (pl **marteaux-perforateurs**) /maʀtopɛʀfɔʀatœʀ/ **NM** hammer drill

**marteau-pilon** (pl **marteaux-pilons**) /maʀtopilɔ̃/ **NM** power hammer

**marteau-piolet** (pl **marteaux-piolets**) /maʀtopjɔlɛ/ **NM** piton hammer

**marteau-piqueur** (pl **marteaux-piqueurs**) /maʀtopikœʀ/ **NM** pneumatic drill

**martel** /maʀtɛl/ **NM** ◆ **se mettre ~ en tête** to worry o.s. sick, to get all worked up *

**martelage** /maʀtəlaʒ/ **NM** *(Métal)* hammering, planishing

**martelé, e** /maʀtəle/ (ptp de **marteler**) **ADJ** ◆ **cuivre ~** planished *ou* beaten copper ◆ **notes ~es** *(Mus)* martelé notes

**martèlement** /maʀtɛlmɑ̃/ **NM** *[de bruit, obus]* hammering, pounding; *[de pas]* pounding, clanking; *[de mots]* hammering out, rapping out

**marteler** /maʀtəle/ ▸ conjug 5 ◂ **VT** *[marteau, obus, coups de poings]* to hammer, to pound; *[+ objet d'art]* to planish, to beat; *[+ thème, message]* to drum out ◆ **~ ses mots** to hammer out *ou* rap out one's words ◆ **ce bruit qui me martèle la tête** that noise hammering *ou* pounding through my head ◆ **ses pas martelaient le sol gelé** his footsteps were pounding on the frozen ground

**martellement** /maʀtɛlmɑ̃/ **NM** ⇒ **martèlement**

**martial, e** (mpl **-iaux**) /maʀsjal, jo/ **ADJ** *(hum, littér) [peuple, discours]* martial, warlike, soldier-like; *[allure]* soldierly, martial ◆ **arts martiaux** martial arts; → **cour, loi**

**martialement** /maʀsjalmɑ̃/ **ADV** *(hum, littér)* martially, in a soldierly manner

**martien, -ienne** /maʀsjɛ̃, jɛn/ **ADJ, NM,F** Martian

**martinet** /maʀtinɛ/ **NM** **a** *(= fouet)* small whip *(used on children)*, strap **b** *(= oiseau)* swift **c** *(= marteau)* tilt hammer

**martingale** /maʀtɛ̃gal/ **NF** *(Habillement)* half belt; *(Équitation)* martingale; *(Roulette)* *(= combinaison)* winning formula; *(= mise double)* doubling-up

**martiniquais, e** /maʀtinikɛ, ɛz/ **ADJ** of *ou* from Martinique **NM,F** **Martiniquais(e)** inhabitant *ou* native of Martinique

**Martinique** /maʀtinik/ **NF** Martinique

**martin-pêcheur** (pl **martins-pêcheurs**) /maʀtɛ̃pɛʃœʀ/ **NM** kingfisher

**martre** /maʀtʀ/ **NF** marten ◆ **~ zibeline** sable

**martyr, e[1]** /maʀtiʀ/ **ADJ** *[soldats, peuple]* martyred ◆ **enfant ~** battered child **NM,F** martyr *(d'une cause* to a cause); ◆ **ne prends pas ces airs de ~ !** stop acting the martyr!, it's no use putting on that martyred look! ◆ **c'est le ~ de la classe** he's always being bullied by the rest of the class

**martyre[2]** /maʀtiʀ/ **NM** *(Rel)* martyrdom; *(fig = souffrance)* martyrdom, agony ◆ **le ~ de ce peuple** the martyrdom *ou* suffering of this people ◆ **sa vie fut un long ~** his life was one long agony ◆ **cette longue attente est un ~** it's agony waiting so long ◆ **mettre au ~** to torture

**martyriser** /maʀtiʀize/ ▸ conjug 1 ◂ **VT** **a** *(= faire souffrir) [+ personne, animal]* to torture;

*[+ élève]* to bully; *[+ enfant, bébé]* to batter **b** *(Rel)* to martyr

**martyrologe** /maʀtiʀɔlɔʒ/ **NM** martyrology

**marxien, -ienne** /maʀksjɛ̃, jɛn/ **ADJ** Marxian

**marxisant, e** /maʀksizɑ̃, ɑ̃t/ **ADJ** leaning towards Marxism

**marxisme** /maʀksism/ **NM** Marxism ◆ **~-léninisme** Marxism-Leninism

**marxiste** /maʀksist/ **ADJ, NMF** Marxist ◆ **~-léniniste** Marxist-Leninist

**maryland** /maʀilɑ̃(d)/ **NM** **a** *(= tabac) type of Virginia tobacco*, ≃ virginia **b** *(= État)* **le Maryland** Maryland

**mas** /mɑ(s)/ **NM** mas *(house or farm in Provence)*

**mascara** /maskaʀa/ **NM** mascara

**mascarade** /maskaʀad/ **NF** **a** *(péj = tromperie)* farce, masquerade ◆ **ce procès est une ~** this trial is a farce **b** *(= réjouissance, déguisement)* masquerade

**Mascareignes** /maskaʀɛɲ/ **NFPL** ◆ **l'archipel des ~** the Mascarene Islands

**mascaret** /maskaʀɛ/ **NM** (tidal) bore

**mascarpone** /maskaʀpɔn/ **NM** *(Culin)* Mascarpone

**Mascate** /maskat/ **N** Muscat

**mascotte** /maskɔt/ **NF** mascot

**masculin, e** /maskylɛ̃, in/ **ADJ** *[hormone, population, sexe]* male; *[mode]* men's; *(péj = hommasse) [femme, silhouette]* mannish, masculine; *(Gram)* masculine ◆ **voix ~e** *[d'homme]* male voice; *[de femme]* masculine voice; *(virile)* manly voice ◆ **l'équipe ~e** *(Sport)* the men's team; → **rime** **NM** *(Gram)* masculine ◆ **"fer" est (du) ~** "fer" is masculine

**masculiniser** /maskylinize/ ▸ conjug 1 ◂ **VT** **a** ◆ **~ qn** to make sb look mannish *ou* masculine **b** *(Bio)* to make masculine

**masculinité** /maskylinite/ **NF** masculinity; *(= virilité)* manliness; *[de femme]* mannishness ◆ **taux de ~** *(Démographie)* male population rate

**Maseru** /mazeʀu/ **N** Maseru

**maskinongé** /maskinɔ̃ʒe/ **NM** *(Can = brochet)* muskellunge, muskie* *(Can)*, maskinonge

**maso** * /mazo/ (abrév de **masochiste**) **ADJ** masochistic ◆ **il est complètement ~ !** *(fig)* he's a glutton for punishment! **NMF** masochist

**masochisme** /mazɔʃism/ **NM** masochism

**masochiste** /mazɔʃist/ **ADJ** masochistic **NMF** masochist

**masquant, e** /maskɑ̃, ɑ̃t/ **ADJ** ◆ **produit ~** masking drug

**masque** /mask/ **NM** **a** *(= objet, Méd, Ordin)* mask ◆ **~ de saisie** data entry form ◆ **effet de ~** *(Phys)* masking effect; → **bas**[1]

**b** *(= expression du visage)* mask-like expression ◆ **dès que je lui ai dit ça, ça été le ~** * when I told him his face froze

**c** *(= cosmétique)* **~ (de beauté)** face pack ◆ **~ nettoyant** cleansing mask ◆ **se faire un ~** to put on a face pack *ou* mask

**d** *(= apparence)* mask, façade, front ◆ **ce n'est qu'un ~** it's just a mask *ou* front *ou* façade ◆ **sous** *ou* **derrière le ~ de la respectabilité** beneath the façade of respectability ◆ **lever** *ou* **jeter le ~** to unmask o.s., to reveal o.s. in one's true colours ◆ **arracher son ~ à qn** to unmask sb

**e** *(Hist = personne déguisée)* mask, masker

**COMP** ▷ **masque antipollution** anti-pollution mask ▷ **masque de carnaval** carnival mask ▷ **masque chirurgical** *ou* **de chirurgien** surgical mask ▷ **masque funéraire** funeral mask ▷ **masque à gaz** gas mask ▷ **masque de grossesse** chloasma ▷ **masque mortuaire** death mask ▷ **masque à oxygène** oxygen mask ▷ **masque de plongée** diving mask

**masqué, e** /maske/ (ptp de **masquer**) **ADJ** *[bandit]* masked; *[personne déguisée]* wearing *ou* in a mask ◆ **s'avancer ~** *(fig)* to hide one's hand ◆ **virage ~** *(Aut)* blind corner *ou* bend; → **bal**

**masquer** /maske/ ▸ conjug 1 ◂ **VT** *(lit, fig = cacher) (gén)* to hide, to mask, to conceal *(à qn* from sb); *[+ lumière]* to screen, to shade; *[+ vue]* to block out; *(Mil) [+ troupes]* to screen, to mask ◆ **ça masque le goût** it masks the flavour ◆ **ces questions secondaires ont masqué l'essentiel** these questions of secondary importance masked *ou* obscured the essential point ◆ **avec un mépris à peine masqué** with barely concealed contempt **VPR** **se masquer** **a** *(= mettre un masque)* to put on a mask **b** *(= se cacher) [sentiment]* to be hidden; *[personne]* to hide, to conceal o.s. *(derrière* behind)

**Massachusetts** /masaʃysɛts/ **NM** ◆ **le ~** Massachusetts

**massacrante** /masakʀɑ̃t/ **ADJ F** → **humeur**

**massacre** /masakʀ/ **NM** **a** *(= tuerie) [de personnes]* slaughter *(NonC)*, massacre; *[d'animaux]* slaughter *(NonC)* ◆ **ce fut un véritable ~** it was sheer butchery ◆ **échapper au ~** to escape the massacre *ou* slaughter ◆ **envoyer des soldats au ~** to send soldiers to the slaughter ◆ **le ~ des bébés phoques** seal cull(ing) ◆ **~ écologique** ecological disaster ◆ **le ~ des innocents** *(Bible)* the massacre of the innocents ◆ **le Massacre de la Saint-Barthélemy** the Saint Bartholomew's Day Massacre ◆ **je vais faire un ~ !** * I'm going to kill somebody!; → **jeu**

**b** * **quel ~ !, c'est un vrai ~ !** *(= sabotage)* it's a complete mess!; *(= défaite sportive)* what a massacre! * ◆ **arrête le ~ !** stop before you do any more damage!

**c** *( * = succès)* **faire un ~** *[spectacle, chanteur]* to be a roaring success *

**d** *(Chasse)* stag's head *ou* antlers

**e** *(Hér)* attire

**massacrer** /masakʀe/ ▸ conjug 1 ◂ **VT** **a** *(= tuer) [+ personnes]* to slaughter, to massacre; *[+ animaux]* to slaughter, to butcher ◆ **se ~** to massacre *ou* slaughter one another **b** *( * = saboter) [+ opéra, pièce]* to murder, to botch up; *[+ travail]* to make a mess *ou* hash * of; *(= mal découper, scier) [+ viande, planche]* to hack to bits, to make a mess of **c** *( * = vaincre) [+ adversaire]* to massacre, to slaughter, to make mincemeat of * ◆ **il s'est fait ~ par son adversaire** he was massacred by his opponent, his opponent made mincemeat of him * **d** *( * = éreinter) [+ œuvre, auteur]* to slam *, to tear to pieces, to slate * *(Brit)*

**massacreur, -euse** * /masakʀœʀ, øz/ **NM,F** *(= saboteur)* bungler, botcher; *(= tueur)* slaughterer, butcher

**massage** /masaʒ/ **NM** massage ◆ **~ facial** facial *ou* face massage ◆ **~ thaïlandais** Thai massage ◆ **faire un ~ à qn** to give sb a massage ◆ **faire un ~ cardiaque à qn** to give sb cardiac *ou* heart massage ◆ **salon de ~** massage parlour

**masse** /mas/ **NF** **a** *(= volume, Phys)* mass; *(= forme)* massive shape *ou* bulk ◆ **~ d'eau** *[de lac]* body *ou* expanse of water; *[de chute]* mass of water ◆ **~ de nuages** bank of clouds ◆ **~ d'air** *(Mét)* air mass ◆ **~ musculaire** muscle mass ◆ **la ~ de l'édifice** the massive structure of the building ◆ **pris** *ou* **taillé dans la ~** carved from the block ◆ **s'écrouler** *ou* **tomber comme une ~** to slump down *ou* fall in a heap

**b** *(= foule)* **les ~s (laborieuses)** the (working) masses, the toiling masses ◆ **les ~s populaires** the masses ◆ **les ~s paysannes** the agricultural work force; † the peasantry ◆ **la (grande) ~ des lecteurs** the (great) majority of readers ◆ **ça plaît à la ~** *ou* **aux ~s** it appeals to the masses ◆ **éducation/psychologie des ~s** mass education/psychology, education/psychology of the masses ◆ **culture/manifestation/tourisme/production de ~** mass culture/demonstration/tourism/production; → **fondre, noyer**[2]

**c** *(= quantité)* quantity ◆ **la ~ d'informations est telle que ...** there is so much information that ... ◆ **la grande ~ des jeunes** the majority of young people

◆ **une masse de, des masses de** *(= beaucoup de)* masses of, loads of * ◆ **des ~s de touristes** crowds *ou* masses of tourists ◆ **cela représente une ~ de travail énorme** it represents an enormous amount *ou* quantity of work

◆ **pas des masses** * ◆ **des gens comme lui, je n'en connais pas des ~s** * I don't know many people like him ◆ **tu as aimé ce film ? – pas des ~s !** * did you like that film? – not all that much! ◆ **il n'y en a pas des ~s** * *[d'eau, argent]* there isn't much; *[de chaises, spectateurs]* there aren't many

◆ **en masse** *[exécutions, production]* mass *(épith)* ◆ **arrivée en ~** mass influx ◆ **il y a eu des démissions/licenciements en ~** there have been mass resignations/redundancies ◆ **fabriquer** *ou* **produire en ~** to mass-produce ◆ **acheter/vendre en ~** to buy/sell in bulk ◆ **manifester/protester en ~** to hold a mass demonstration/protest ◆ **venir en ~** to come en masse ◆ **ils sont venus en ~ à son concert** people flocked to his concert, people came in droves to his concert ◆ **il en a en ~** he has masses *ou* lots *ou* loads *

**d** *(Élec)* earth *(Brit)*, ground *(US)* ◆ **mettre à la ~** to earth *(Brit)*, to ground *(US)* ◆ **faire ~** to act as an earth *(Brit)* *ou* a ground *(US)* ◆ **être à la ~** * *(fou)* to be nuts * *ou* crazy *; *(fatigué)* to be out of it *

**e** *(= argent) (Mil)* fund; *(Prison)* prisoner's earnings ◆ **~ monétaire** money supply ◆ **~ salariale** wage bill ◆ **~ active** *(Jur)* assets ◆ **~ passive** liabilities

**f** *(= maillet)* sledgehammer; *[d'huissier]* mace ◆ **~ d'armes** mace ◆ **ça a été le coup de ~ !** *(fig) (choc émotif)* it was quite a blow!; *(prix excessif)* it cost a bomb! *

**massé** /mase/ **NM** *(Billard)* massé (shot) ◆ **faire un ~** to play a massé shot

**masselotte** /mas(ə)lɔt/ **NF** *(Aut)* lead (for wheel balancing); *(en fonderie)* feeder

**massepain** /maspɛ̃/ **NM** marzipan

**masser**[1] /mase/ ▸ conjug 1 ◂ **VT** **a** *(= grouper) [+ gens]* to assemble, to bring *ou* gather together; *[+ choses]* to put *ou* gather together; *[+ troupes]* to mass ◆ **les cheveux massés en (un) chignon/derrière la tête** her hair gathered in a chignon/at the back of the head **b** *(Art)* to group **VPR** **se masser** *[foule]* to mass, to gather, to assemble

**masser**[2] /mase/ ▸ conjug 1 ◂ **VT** **a** *(= frotter) [+ personne]* to massage ◆ **se faire ~** to have a massage, to be massaged ◆ **masse-moi le dos !** massage *ou* rub my back! **b** *(Billard)* ◆ **~ la bille** to play a massé shot

**massette** /masɛt/ **NF** **a** *(Tech)* sledgehammer **b** *(Bot)* bulrush, reed mace

**masseur** /masœʀ/ **NM** *(= personne)* masseur; *(= machine)* massager ◆ **~-kinésithérapeute** physiotherapist

**masseuse** /masøz/ **NF** masseuse

**massicot** /masiko/ **NM** *(Typo)* guillotine; *(Chim)* massicot

**massicoter** /masikɔte/ ▸ conjug 1 ◂ VT *[+ papier]* to guillotine

**massif, -ive** /masif, iv/ **ADJ** **a** *(d'aspect) [meuble, bâtiment, porte]* massive, solid, heavy; *[personne]* sturdily built; *[visage]* large, heavy ◆ **front** ~ massive forehead ◆ **homme de carrure massive** big strong man **b** *(= pur)* **or/argent/chêne** ~ solid gold/silver/oak **c** *(= important) [afflux, bombardements, dose, vote]* massive **d** *(= de nombreuses personnes) [arrestations, licenciements, exode, manifestation]* mass *(épith)* ◆ **armes de destruction massive** weapons of mass destruction ◆ **l'arrivée massive des réfugiés** the mass *ou* massive influx of refugees **e** *(Ling)* **terme** ~ mass noun **NM** **a** *(Géog)* ~ **(montagneux)** massif ◆ **le Massif central** the Massif Central **b** *(Bot) [de fleurs]* clump, bank; *[d'arbres]* clump **c** *(Archit)* pillar

**massique** /masik/ **ADJ** *[volume]* mass *(épith)* ◆ **puissance** ~ power-weight ratio ◆ **activité** ~ specific activity

**massivement** /masivmɑ̃/ **ADV** *[démissionner, partir]* en masse; *[voter, réduire]* massively; *[rejeter]* overwhelmingly; *[investir]* heavily ◆ **le pays importe** ~ **les céréales** the country imports huge quantities of cereals ◆ **les Parisiens ont** ~ **approuvé le projet** an overwhelming majority of Parisians are in favour of the project ◆ **la Banque centrale a dû intervenir** ~ **pour soutenir le yen** the Central Bank had to intervene heavily to support the yen

**mass(-)media** /masmedja/ **NMPL** mass media

**massue** /masy/ **NF** club, bludgeon ◆ ~ **de gymnastique** (Indian) club ◆ **coup de** ~ *(lit)* blow with a club (*ou* bludgeon) ◆ **ça a été le coup de** ~ **!** * *(très cher)* it cost a bomb! *; *(choc émotif)* it was quite a blow!; → **argument**

**mastaba** /mastaba/ **NM** mastaba(h)

**mastectomie** /mastɛktɔmi/ **NF** mastectomy

**mastère** /mastɛʀ/ **NM** *diploma awarded by a grande école or university for a year's advanced study or research*

**mastic** /mastik/ **NM** **a** *[de vitrier]* putty; *[de menuisier]* filler, mastic **b** *(Bot)* mastic **c** *(Typo) [de caractères, pages]* (faulty) transposition **ADJ INV** putty-coloured ◆ **imperméable (couleur)** ~ light-coloured *ou* off-white raincoat

**masticage** /mastikaʒ/ **NM** *[de vitre]* puttying; *[de fissure]* filling

**masticateur, -trice** /mastikatœʀ, tʀis/ **ADJ** chewing *(épith)*, masticatory

**mastication** /mastikasjɔ̃/ **NF** chewing, mastication

**masticatoire** /mastikatwaʀ/ **ADJ** chewing, masticatory **NM** masticatory

**mastiff** /mastif/ **NM** mastiff

**mastiquer**[1] /mastike/ ▸ conjug 1 ◂ **VT** *(= mâcher)* to chew, to masticate

**mastiquer**[2] /mastike/ ▸ conjug 1 ◂ **VT** *(Tech) [+ vitre]* to putty, to apply putty to; *[+ fissure]* to fill, to apply filler to ◆ **couteau à** ~ putty knife

**mastoc** * /mastɔk/ **ADJ INV** *[personne]* hefty *, strapping *(épith)*; *[chose]* large and cumbersome ◆ **c'est un (type)** ~ he's a big hefty guy * *ou* bloke * *(Brit)*, he's a great strapping fellow * ◆ **une statue** ~ a great hulking statue

**mastodonte** /mastɔdɔ̃t/ **NM** **a** *(Zool)* mastodon **b** *(hum) (= personne)* colossus, mountain of a man (*ou* woman); *(= animal)* monster; *(= véhicule)* great bus *(hum) ou* tank *(hum)*; *(= camion)* huge vehicle, juggernaut *(Brit)*; *(= firme)* mammoth company

**mastoïde** /mastɔid/ **NF** *(= os)* mastoid

**mastroquet** * † /mastʀɔkɛ/ **NM** *(= bar)* pub, bar; *(= tenancier)* publican

**masturbation** /mastyʀbasjɔ̃/ **NF** masturbation ◆ **c'est de la** ~ **intellectuelle** *(péj)* it's mental masturbation

**masturber** **VT**, **se masturber** **VPR** /mastyʀbe/ ▸ conjug 1 ◂ to masturbate

**m'as-tu-vu** * /matyvy/ **NMF INV** *(pl inv)* show-off *, swank * ◆ **il est du genre** ~ he's a real show-off * **ADJ INV** *[mobilier, style]* showy

**masure** /mɑzyʀ/ **NF** tumbledown *ou* dilapidated house, hovel *(péj)*

**mat**[1] /mat/ **ADJ INV** *(Échecs)* ◆ **être** ~ to be in checkmate ◆ **(tu es)** ~ **!** checkmate! ◆ **faire** ~ to checkmate ◆ **il a fait** ~ **en 12 coups** he got checkmate in 12 moves ◆ **tu m'as fait** ~ **en 10 coups** you've (check)mated me in 10 moves **NM** checkmate; → **échec**[2]

**mat**[2]**, e** /mat/ **ADJ** *(= sans éclat) [métal]* mat(t), dull; *[couleur]* mat(t), dull, flat; *[peinture, papier, photo]* mat(t) ◆ **bruit** ~ dull noise, thud ◆ **avoir la peau** ~**e** *ou* **le teint** ~ to have a dark complexion

**mat'** * /mat/ **NM** (abrév de **matin**) morning ◆ **à deux/six heures du** ~ at two/six in the morning

**mât** /mɑ/ **NM** **a** *(Naut)* mast ◆ **grand** ~ mainmast **b** *(= pylône, poteau)* pole, post; *(= hampe)* flagpole; *(Sport)* climbing pole **COMP** ▷ **mât d'artimon** mizzenmast ▷ **mât de charge** derrick, cargo boom ▷ **mât de cocagne** greasy pole ▷ **mât de hune** topmast ▷ **mât de misaine** foremast ▷ **mât de perroquet** topgallant mast

**matador** /matadɔʀ/ **NM** matador, bullfighter

**mataf** /mataf/ **NM** *(arg Marine)* sailor

**matage** /mataʒ/ **NM** *[de dorure, verre]* matting; *[de soudure]* caulking

**matamore** /matamɔʀ/ **NM** *(= fanfaron)* braggart ◆ **jouer les** ~**s** to swagger

**match** /matʃ/ **NM** *(Sport)* match, game *(US)* ◆ ~ **aller** first-leg match ◆ ~ **avancé/en retard** *match that has been brought forward/delayed* ◆ ~ **retour** return match, second-leg match ◆ ~ **amical** friendly (match) ◆ ~ **nul** tie, draw ◆ **ils ont fait** ~ **nul** they tied, they drew ◆ **ils ont fait** ~ **nul 0 à 0/2 à 2** it was a nil-nil/2-all *(Brit)* draw, they drew nil-nil/2-all *(Brit)*, they tied at zero all/2-all *(US)* ◆ ~ **à l'extérieur** *ou* **sur terrain adverse** away match ◆ ~ **à domicile** *ou* **sur son propre terrain** home match ◆ **faire un** ~ **de tennis/volley-ball** to play a tennis/volleyball match; → **disputer**

**maté** /mate/ **NM** maté

**matelas** /mat(ə)lɑ/ **NM** **a** *[de lit]* mattress ◆ ~ **de laine/à ressorts** wool/(interior-)sprung mattress ◆ ~ **de** *ou* **en mousse** foam mattress ◆ ~ **d'eau** water bed ◆ ~ **pneumatique** *(= lit)* air bed; *(de plage)* Lilo ® *(Brit)*, air mattress *(US)* ◆ ~ **d'air** *(Constr)* air space *ou* cavity ◆ **dormir sur un** ~ **de feuilles mortes** to sleep on a carpet of dead leaves; → **toile** **b** *(= réserve) [de devises]* reserve, cushion ◆ **pour préserver son petit** ~ **de voix** *(Pol)* to preserve his small majority ◆ **j'ai un** ~ **de sécurité** I have something to fall back on ◆ ~ **(de billets)** * wad of notes ◆ **il a un joli petit** ~ * he's got a tidy sum put by *

**matelassé, e** /mat(ə)lase/ (ptp de **matelasser**) **ADJ** *[veste, jupe, manteau]* quilted, padded; *[doublure]* padded **NM** quilting

**matelasser** /mat(ə)lase/ ▸ conjug 1 ◂ **VT** *[+ meuble, porte]* to pad, to upholster; *[+ tissu]* to quilt; *[+ vêtement] (= rembourrer)* to pad; *(= doubler)* to line; *(avec tissu matelassé)* to quilt

**matelassier, -ière** /mat(ə)lasje, jɛʀ/ **NM,F** mattress maker

**matelassure** /mat(ə)lasyʀ/ **NF** *(= rembourrage)* padding; *(= doublure)* quilting, lining

**matelot** /mat(ə)lo/ **NM** **a** *(gén = marin)* sailor, seaman; *(dans la marine de guerre)* ordinary rating *(Brit)*, seaman recruit *(US)* ◆ ~ **de première/deuxième/troisième classe** leading/able/ordinary seaman ◆ ~ **breveté** able rating *(Brit)*, seaman apprentice *(US)* **b** *(= navire)* ~ **d'avant/d'arrière** (next) ship ahead/astern

**matelote** /mat(ə)lɔt/ **NF** **a** *(= plat)* matelote; *(= sauce)* matelote sauce *(made with wine)* ◆ ~ **d'anguille** eels stewed in wine sauce **b** *(= danse)* hornpipe

**mater**[1] /mate/ ▸ conjug 1 ◂ **VT** **a** *[+ rebelles]* to bring to heel, to subdue; *[+ terroristes]* to bring *ou* get under control; *[+ enfant]* to take in hand; *[+ révolution]* to put down, to quell, to suppress; *[+ incendie]* to bring under control, to check ◆ **je vais les** ~ **!** I'll show them who's boss! **b** *(Échecs)* to put in checkmate, to checkmate, to mate

**mater**[2] ‡ /mate/ ▸ conjug 1 ◂ **VT** *(= regarder)* to eye up *, to ogle; *(= épier)* to spy on ◆ **mate si le prof arrive !** keep an eye out for the teacher coming!

**mater**[3] /mate/ ▸ conjug 1 ◂ **VT** **a** *(= marteler) [+ métal]* to caulk **b** ⇒ **matir**

**mater**[4] ‡ /matɛʀ/ **NF** mum * *(Brit)*, mom * *(US)* ◆ **ma** ~ my old woman * *ou* mum ‡ *(Brit) ou* mom * *(US)*

**mâter** /mɑte/ ▸ conjug 1 ◂ **VT** *(Naut)* to mast

**matérialisation** /mateʀjalizasjɔ̃/ **NF** *[de projet, promesse, doute]* materialization; *(Phys)* mass energy conversion; *(Spiritisme)* materialization

**matérialiser** /mateʀjalize/ ▸ conjug 1 ◂ **VT** **a** *(= concrétiser) [+ projet]* to bring about, to carry out; *[+ promesse, doute]* to realize; *(= symboliser) [+ vertu, vice]* to embody; *(Philos)* to materialize **b** *(= signaliser) [+ frontière]* to mark ◆ ~ **au sol un passage clouté** to mark a pedestrian crossing ◆ **"chaussée non matérialisée"** "unmarked road" **VPR** **se matérialiser** to materialize

**matérialisme** /mateʀjalism/ **NM** materialism

**matérialiste** /mateʀjalist/ **ADJ** materialistic **NMF** materialist

**matérialité** /mateʀjalite/ **NF** materiality

**matériau** (pl **matériaux**) /mateʀjo/ **NM** *(Constr)* material; *(= documents)* material *(NonC)* ◆ ~**x de récupération** waste material ◆ ~**x de construction** building materials; → **résistance**

**matériel, -elle** /mateʀjɛl/ **ADJ** **a** *[monde, preuve, bien-être, confort]* material ◆ **être** ~ material *ou* physical being ◆ **dégâts** ~**s** material damage ◆ **j'ai la preuve matérielle de son crime** I have tangible *ou* material proof of his crime ◆ **je suis dans l'impossibilité matérielle de le faire** it's materially impossible for me to do it ◆ **je n'ai pas le temps** ~ **de le faire** I simply don't have the time to do it

**b** *[plaisirs, biens, préoccupations]* worldly

**c** *(= financier) [gêne, problèmes]* financial; *(= pratique) [organisation, obstacles]* practical ◆ **aide matérielle** material aid ◆ **de nombreux avantages** ~**s** a large number of material advantages ◆ **sa vie matérielle est assurée** his material needs are provided for, he is provided for materially

**NM** *(Agr, Mil)* equipment *(NonC)*, materials; *(Tech)* equipment *(NonC)*, plant *(NonC)*; *(= attirail)* gear *(NonC)*, kit *(NonC)*; *(= données)* material *(NonC)* ◆ **le** ~ *(Ordin)* the hardware ◆ ~ **de camping/d'enregistrement/de jardinage**

camping/recording/gardening equipment ◆ ~ **de bureau/d'imprimerie/de laboratoire** office/printing/laboratory equipment ◆ ~ **de pêche** fishing tackle ◆ ~ **pédagogique** teaching equipment *ou* aids
COMP ▷ **matériel d'exploitation** plant *(NonC)* ▷ **matériel génétique** genetic material ▷ **matériel de guerre** weaponry *(NonC)* ▷ **matériel humain** human material, labour force ▷ **matériel roulant** *(Rail)* rolling stock ▷ **matériel scolaire** *(= livres, cahiers)* school (reading *ou* writing) materials; *(= pupitres, projecteurs)* school equipment

**matériellement** /mateʀjɛlmɑ̃/ ADV **a** *(= physiquement) [se concrétiser, exister]* physically ◆ **c'est ~ possible** it can be done, it's feasible ◆ **c'est ~ impossible** it cannot be done, it's physically impossible **b** *(= financièrement) [aider]* financially

**maternage** /mateʀnaʒ/ NM *(= dorlotement)* mothering, babying *, cosseting; *(fait de mâcher le travail)* spoonfeeding

**maternant, e** /mateʀnɑ̃, ɑ̃t/ ADJ motherly

**maternel, -elle** /mateʀnɛl/ ADJ **a** *(= d'une mère) [instinct, amour]* maternal, motherly; *(= comme d'une mère) [geste, soin]* motherly; *[lait]* mother's *(épith)* **b** *(= de la mère)* of the mother, maternal ◆ **du côté ~** *(Généalogie)* on one's mother's side, on the maternal side ◆ **c'est mon grand-père ~** he's my grandfather on my mother's side, he's my maternal grandfather ◆ **écoute les conseils ~s !** listen to your mother's advice! ◆ **la protection maternelle et infantile** *(Admin)* ≃ mother and infant welfare; → **allaitement, lait, langue** NF **maternelle** ◆ **(école) maternelle** nursery school ◆ **il est en** *ou* **à la maternelle** he's at nursery school

**materner** /mateʀne/ ► conjug 1 ◄ VT *(= dorloter)* to mother, to baby *, to cosset; *(= mâcher le travail à)* to spoonfeed ◆ **se faire ~** *(gén)* to be babied *; *[employé]* to be spoonfed

**maternisé** /mateʀnize/ ADJ M → **lait**

**maternité** /mateʀnite/ NF **a** *(= bâtiment)* maternity hospital *ou* home **b** *(Bio)* pregnancy ◆ **fatiguée par plusieurs ~s** exhausted by several pregnancies *ou* from having had several babies **c** *(= état de mère)* motherhood, maternity ◆ **la ~ l'a mûrie** motherhood *ou* being a mother has made her more mature; → **allocation, congé** **d** *(Art)* painting of mother and child (ou children)

**mateur, -euse** ‡ /matœʀ, øz/ NM,F ogler

**math** /mat/ NFPL → **math(s)**

**mathématicien, -ienne** /matematisjɛ̃, jɛn/ NM,F mathematician

**mathématique** /matematik/ ADJ *[problème, méthode, précision, rigueur]* mathematical ◆ **c'est ~ !** * *(sûr)* it's bound to happen!, it's a dead cert! ‡ *(Brit)*; *(logique)* it's logical! NF ◆ ~ mathematics *(sg)* NFPL **mathématiques** mathematics *(sg)* ◆ **~s modernes/pures** modern/pure maths *(Brit)* *ou* math *(US)* ◆ **~s supérieures/spéciales** *first/second year advanced maths class preparing for the Grandes Écoles*

**mathématiquement** /matematikmɑ̃/ ADV *(Math, fig)* mathematically ◆ **~, il n'a aucune chance** logically he hasn't a hope

**mathématiser** /matematize/ ► conjug 1 ◄ VT to express mathematically

**matheux, -euse** * /matø, øz/ NM,F *(= spécialiste)* mathematician, maths *(Brit)* *ou* math *(US)* specialist; *(= étudiant)* maths *(Brit)* *ou* math *(US)* student ◆ **c'est la matheuse de la famille** she's the mathematician *ou* maths expert in the family

**Mathieu** /matjø/ NM Matthew

**math(s)** * /mat/ NFPL (abrév de **mathématiques**) maths * *(Brit)*, math * *(US)* ◆ **être en ~ sup/spé** *to be in the first/second year advanced maths class preparing for the Grandes Écoles*

**Mathusalem** /matyzalɛm/ NM Methuselah ◆ **ça date de ~** * *[situation]* it goes back a long way; *[objet]* it's as old as the hills

**matière** /matjɛʀ/ NF **a** *(Philos, Phys)* **la ~** matter ◆ **la ~ vivante** living matter
**b** *(= substances)* matter *(NonC)*, material ◆ **~ combustible/inflammable** combustible/inflammable material ◆ **~ organique** organic matter ◆ **~ précieuse** precious substance ◆ **~s (fécales)** faeces *(Brit)*, feces *(US)* ◆ **le transport de ~s dangereuses** the transport of hazardous materials
**c** *(= fond, sujet)* material, matter; *(Scol)* subject ◆ **cela lui a fourni la ~ de son dernier livre** that gave him the material for his latest book ◆ **il est bon dans toutes les ~s** *(Scol)* he is good at all subjects ◆ **il est très ignorant en la ~** he is completely ignorant on the subject, it's a matter *ou* subject he knows nothing about ◆ **en la ~, il faudrait demander à un spécialiste** it's better to ask a specialist about that kind of thing ◆ **~ principale** *(Univ)* main subject *(Brit)*, major *(US)* ◆ **~ secondaire** *(Univ)* subsidiary *(Brit)*, second subject *(Brit)*, minor *(US)* ◆ **entrée en ~** introduction; → **option, table**
**d** *(loc)* **en ~ poétique/commerciale** where *ou* as far as poetry/commerce is concerned ◆ **en ~ d'art/de jardinage** as regards art/gardening ◆ **donner ~ à plaisanter** to give cause for laughter ◆ **il y a là ~ à réflexion** this is a matter for serious thought ◆ **ça lui a donné ~ à réflexion** it gave him food for thought ◆ **il n'y a pas là ~ à rire** this is no laughing matter ◆ **il n'y a pas là ~ à se réjouir** this is no matter for rejoicing
COMP ▷ **matière(s) grasse(s)** fat content, fat ◆ **yaourt à 15% de ~ grasse** yoghurt with 15% fat content ▷ **matière grise** *(lit, fig)* grey *(Brit)* *ou* gray *(US)* matter ◆ **faire travailler sa ~ grise** to use one's grey matter ▷ **matière imposable** object of taxation ▷ **matière noire** *(Astron)* dark matter ▷ **matière plastique** plastic ◆ **en ~ plastique** plastic *(épith)* ▷ **matière première** raw material

**MATIF** /matif/ NM (abrév de **marché à terme d'instruments financiers** *ou* **marché à terme international de France**) ≃ LIFFE *(Brit)*

**matifiant, e** /matifjɑ̃, ɑ̃t/ ADJ with a matt finish

**matifier** /matifje/ ► conjug 7 ◄ VT *[fond de teint, crème]* to give a matt finish to

**Matignon** /matiɲɔ̃/ NM ◆ **(l'hôtel) ~** the Hotel Matignon *(the offices of the Prime Minister of the French Republic)* ◆ **les accords ~** the Matignon Agreements *(which laid down workers' rights)*

**matin** /matɛ̃/ NM **a** *(= partie de journée)* morning ◆ **par un ~ de juin** on a June morning, one June morning ◆ **le 10 au ~, le ~ du 10** on the morning of the 10th ◆ **2 h du ~** 2 a.m, 2 in the morning ◆ **je suis du ~** *(actif dès le matin)* I'm a morning person; *(de l'équipe du matin)* I'm on *ou* I work mornings ◆ **du ~ au soir** from morning till night, morning noon and night ◆ **je ne travaille que le ~** I only work mornings * *ou* in the morning ◆ **à prendre ~ midi et soir** *(Méd)* to be taken three times a day ◆ **jusqu'au ~** until morning ◆ **de bon** *ou* **de grand ~** early in the morning ◆ **au petit ~** in the small *ou* early hours ◆ **nous avons parlé jusqu'au petit ~** we talked into the small *ou* early hours; → **quatre**
**b** *(littér)* **au ~ de sa vie** in the morning of one's life
ADV † ◆ **partir/se lever ~** to leave/get up very early *ou* at daybreak

**mâtin** /mɑtɛ̃/ NM **a** († *= coquin)* cunning devil *, sly dog * **b** *(= chien) (de garde)* (big) watchdog; *(de chasse)* hound EXCL † by Jove!, my word!

**matinal, e** (mpl **-aux**) /matinal, o/ ADJ *[tâches, toilette]* morning *(épith)* ◆ **gelée ~e** early morning frost ◆ **heure ~e** early hour ◆ **être ~** to be an early riser, to get up early ◆ **il est bien ~ aujourd'hui** he's up early today

**mâtine** /mɑtin/ NF hussy

**mâtiné, e** /mɑtine/ (ptp de **mâtiner**) ADJ *[animal]* crossbred ◆ **chien ~** mongrel (dog) ◆ **~ de** *(Zool)* crossed with; *(fig)* mixed with ◆ **il parle un français ~ d'espagnol** he speaks a mixture of French and Spanish ◆ **un libéralisme ~ de socialisme** liberalism mixed with socialism ◆ **il est ~ cochon d'Inde** *‡ *(injurieux)* he's a half-breed *(pej)*

**matinée** /matine/ NF **a** *(= matin)* morning ◆ **je le verrai demain dans la ~** I'll see him sometime (in the course of) tomorrow morning ◆ **en début/en fin de ~** at the beginning/at the end of the morning ◆ **après une ~ de chasse** after a morning's hunting; → **gras** **b** *(Ciné, Théât)* matinée, afternoon performance ◆ **j'irai en ~** I'll go to the matinée (performance) ◆ **~ dansante** tea dance ◆ **~ enfantine** children's matinée

**mâtiner** /mɑtine/ ► conjug 1 ◄ VT *[+ chien]* to cross

**matines** /matin/ NFPL matins

**matir** /matiʀ/ ► conjug 2 ◄ VT *[+ verre, argent]* to mat(t), to dull

**matité** /matite/ NF *[de peinture, teint]* mat(t) aspect; *[de son]* dullness ◆ **~ pulmonaire** *(Méd)* flatness

**matois, e** /matwa, waz/ ADJ *(littér = rusé)* wily, sly, crafty ◆ **c'est un(e) ~(e)** he's (*ou* she's) a sly *ou* a crafty one

**maton, -onne** /matɔ̃, ɔn/ NM,F *(arg Prison)* screw *(arg)*

**matos** * /matos/ NM equipment *(NonC)*, gear *(NonC)*

**matou** /matu/ NM tomcat, tom

**matraquage** /matʀakaʒ/ NM **a** *(par la police)* beating (up) *(with a truncheon)* **b** *(Presse, Radio)* plugging ◆ **le ~ publicitaire** media hype * *ou* overkill ◆ **le ~ idéologique** ideological brainwashing

**matraque** /matʀak/ NF *[de police]* baton, truncheon *(Brit)*, billy (club) *(US)*; *[de malfaiteur]* club, cosh *(Brit)* ◆ **coup de ~** *(lit)* blow from *ou* with a baton *ou* club ◆ **ça a été le coup de ~** * *(fig) (cher)* it cost a bomb *; *(inattendu)* it was a bolt from the blue

**matraquer** /matʀake/ ► conjug 1 ◄ VT **a** *[police]* to beat up *(with a truncheon)*; *[malfaiteur]* to club, to cosh *(Brit)* **b** (* *= escroquer)* **~ le client** to fleece * *ou* soak ‡ *(US)* customers ◆ **se faire ~** * to get ripped off * *ou* fleeced * *ou* done * **c** *(Presse, Radio) [+ chanson, produit, publicité]* to plug, to hype *; *[+ public]* to bombard (*de* with)

**matraqueur** /matʀakœʀ/ NM *(arg Sport)* dirty player; *(= policier, malfaiteur)* dirty worker

**matriarcal, e** (mpl **-aux**) /matʀijaʀkal, o/ ADJ matriarchal

**matriarcat** /matʀijaʀka/ NM matriarchy

**matricaire** /matʀikɛʀ/ NF mayweed

**matrice** /matʀis/ NF **a** *(= utérus)* womb **b** *(Tech)* mould, die; *(Ordin, Typo)* matrix; *[de disque]* matrix **c** *(Ling, Math)* matrix ◆ **~ réelle/complexe** matrix of real/complex numbers **d** *(Admin)* register ◆ ~ **cadastrale** cadastre ◆ ~ **du rôle des contributions** ≃ original of register of taxes

**matricide** /matʀisid/ **ADJ** matricidal **NMF, NM** matricide

**matriciel, -ielle** /matʀisjɛl/ **ADJ** *(Math)* matrix *(épith)*, done with a matrix; *(Admin)* pertaining to assessment of taxes ◆ **loyer** ~ rent assessment *(to serve as basis for calculation of rates or taxes)* ◆ **imprimante matricielle** dot-matrix printer

**matricule** /matʀikyl/ **NM** *(Mil)* regimental number; *(Admin)* administrative *ou* official *ou* reference number ◆ **dépêche-toi, sinon ça va barder** *ou* **mal aller pour ton ~ !** * hurry up or your number'll be up! * *ou* you'll really get yourself bawled out! * **NF** roll, register **ADJ** ◆ **numéro** ~ → **nm** ◆ **registre** ~ → **nf** → **livret**

**matrilinéaire** /matʀilineɛʀ/ **ADJ** matrilineal

**matrimonial, e** (mpl **-iaux**) /matʀimɔnjal, jo/ **ADJ** matrimonial, marriage *(épith)*; → **agence, régime**[1]

**matrone** /matʀɔn/ **NF** *(péj)* *(= mère de famille)* matronly woman; *(= grosse femme)* stout woman; *(Antiq)* wife of a Roman citizen

**Matthieu** /matjø/ **NM** Matthew

**matu** * /maty/ **NF** *(Helv Scol)* abrév de **maturité**

**maturation** /matyʀasjɔ̃/ **NF** *(Bot, Méd)* maturation; *[de fromage]* maturing, ripening; *[d'idée, projet]* gestation

**mature** /matyʀ/ **ADJ** mature

**mâture** /mɑtyʀ/ **NF** masts ◆ **dans la** ~ aloft

**maturité** /matyʀite/ **NF** **a** *(Bio, Bot, fig)* maturity ◆ **arriver** *ou* **parvenir à** ~ *[fruit]* to become ripe; *[plante]* to reach maturity; *[idée]* to come to maturity; *[technique]* to be perfected; *[entreprise, service]* to be fully operational; *[sportif]* to be at one's best ◆ **manquer de** ~ to be immature ◆ **il manque de ~ politique** he's politically immature ◆ **un homme en pleine** ~ a man in his prime *ou* at the height of his powers ◆ ~ **d'esprit** maturity of mind ◆ **il fait preuve d'une grande** ~ he's very mature ◆ **cet enfant a gagné en** ~ this child has matured **b** *(Helv = baccalauréat)* *secondary school examination giving university entrance qualification,* ≃ A-levels *(Brit)*, high school diploma *(US)*

**maudire** /modiʀ/ ► conjug 2 ◄ **VT** to curse

**maudit, e** /modi, it/ (ptp de **maudire**) **ADJ** **a** *(* : avant n)* blasted *, damned * ◆ **quel ~ temps !** what lousy * *ou* filthy weather! **b** *(après n : littér = réprouvé)* (ac)cursed *(by God, society)* ◆ **poète/écrivain** ~ *(Littérat)* accursed poet/writer **c** *(littér)* **~e soit la guerre !, la guerre soit ~e !** cursed be the war! ◆ ~ **soit le jour où ...** cursed be the day on which ..., a curse *ou* a plague on the day on which ... ◆ **soyez ~ !** curse you!, a plague on you! **NM,F** damned soul ◆ **les ~s** the damned **NM** ◆ **le Maudit** the Devil

**maugréer** /mogʀee/ ► conjug 1 ◄ **VI** to grouse, to grumble (*contre* about, at)

**maul** /mol/ **NM** *(Rugby)* maul ◆ **faire un** ~ to maul

**maure, mauresque** /mɔʀ, mɔʀɛsk/ **ADJ** Moorish **NM** **Maure** Moor **NF** **Mauresque** Moorish woman

**Maurice** /mɔʀis/ **NM** Maurice, Morris; → **île**

**mauricien, -ienne** /mɔʀisjɛ̃, jɛn/ **ADJ** Mauritian **NM,F** **Mauricien(ne)** Mauritian

**Mauritanie** /mɔʀitani/ **NF** Mauritania

**mauritanien, -ienne** /mɔʀitanjɛ̃, jɛn/ **ADJ** Mauritanian **NM,F** **Mauritanien(ne)** Mauritanian

**mausolée** /mozɔle/ **NM** mausoleum

**maussade** /mosad/ **ADJ** *[personne]* glum; *[ciel, temps, paysage]* gloomy, sullen; *[conjoncture]* bleak; *[marché]* sluggish ◆ **d'un air** ~ sullenly, morosely ◆ **être d'humeur** ~ to be sullen

**maussaderie** /mosadʀi/ **NF** sullenness, glumness, moroseness

**mauvais, e** /mɔvɛ, ɛz/ **ADJ** **a** *(= défectueux)* *[appareil, instrument]* bad, faulty; *[marchandise]* inferior, shoddy, bad; *[route]* bad, in bad repair; *[santé, vue, digestion, mémoire, roman, film]* poor, bad ◆ **elle a de ~ yeux** her eyes are *ou* her eyesight is bad ◆ **~e excuse** poor *ou* lame *ou* feeble excuse ◆ **un ~ contact** *(Élec)* a faulty connection ◆ **la balle est ~e** *(Tennis)* the ball is out ◆ **son français est bien** ~ his French is very bad *ou* poor

**b** *(= inefficace, incapable)* *[père, élève, acteur, ouvrier]* poor, bad ◆ **il est ~ en géographie** he's bad *ou* weak at geography ◆ **les ~ ouvriers ont toujours de ~ outils** *(Prov)* a bad workman always blames his tools *(Prov)*

**c** *(= erroné)* *[méthode, moyens, direction, date]* wrong ◆ **tu as fait le ~ choix** you made the wrong choice ◆ **il roulait sur le ~ côté de la route** he was driving on the wrong side of the road ◆ **c'est un (très) ~ calcul de sa part** he's (badly) misjudged it *ou* things ◆ **il ne serait pas ~ de se renseigner** *ou* **que nous nous renseignions** it wouldn't be a bad idea *ou* it would be no bad thing if we found out more about this

**d** *(= inapproprié)* *[jour, heure]* awkward, bad, inconvenient ◆ **il a choisi un ~ moment** he picked an awkward *ou* a bad time ◆ **il a choisi le ~ moment** he picked the wrong time

**e** *(= dangereux, nuisible)* *[maladie, blessure]* nasty, bad ◆ **il a fait une ~e grippe/rougeole** he's had a bad *ou* nasty attack *ou* bout of flu/measles ◆ **la mer est ~e** the sea is rough ◆ **c'est ~ pour la santé** it's bad for your health ◆ **il est ~ de se baigner en eau froide** it's not good for you *ou* it's not a good idea to bathe in cold water ◆ **vous jugez ~ qu'il sorte le soir ?** do you think it's a bad thing for him to go out at night?

**f** *(= défavorable)* *[rapport, critique]* unfavourable, bad; *(Scol)* *[bulletin, note]* bad

**g** *(= désagréable)* *[temps]* bad, unpleasant, nasty; *[nourriture, repas]* bad, poor; *[odeur]* bad, unpleasant, offensive; *(= pénible)* *[nouvelle, rêve]* bad ◆ **ce n'est pas ~ !** it's not bad!, it's quite good! ◆ **il fait ~ aujourd'hui** the weather's bad today ◆ **la soupe a un ~ goût** the soup has an unpleasant *ou* a nasty taste, the soup tastes nasty ◆ **ce n'est qu'un ~ moment à passer** it's just a bad spell *ou* patch you've got to get through; → **caractère, gré, volonté**

**h** *(= immoral, nuisible)* *[instincts, action, fréquentations, lectures]* bad ◆ **il n'a pas un ~ fond** he's not bad at heart; → **génie**

**i** *(= méchant)* *[sourire, regard]* nasty, malicious, spiteful; *[personne, joie]* malicious, spiteful ◆ **être ~ comme la gale** * to be a nasty piece of work *(fig)* ◆ **ce n'est pas un ~ garçon** he's not a bad boy ◆ **ce n'est pas un ~ bougre** * *ou* **le ~ type** * *ou* **le ~ cheval** * he's not a bad guy * ◆ **il est vraiment ~ aujourd'hui** he's in an evil *ou* a foul mood today

**j** *(loc)* **quand on l'a renvoyé, il l'a trouvée** *ou* **eue ~e** * he was really angry when he got the sack * ◆ **il fait ~ le contredire** it is not advisable to contradict him

**NM** **a** *(= partie)* **enlève le ~ et mange le reste** cut out the bad part and eat the rest ◆ **la presse ne montre que le ~** the press only shows the bad side (of things)

**b** *(= personnes)* **les ~** the wicked; → **bon**[1]

**COMP** ▷ **mauvais coucheur** awkward customer ▷ **mauvais coup** ◆ **recevoir un ~ coup** to get a nasty blow ◆ **un ~ coup porté à nos institutions** a blow to *ou* an attack on our institutions ◆ **faire un ~ coup** to play a mean *ou* dirty trick (*à qn* on sb) ▷ **mauvaise graine** ◆ **c'est de la ~e graine** he's (*ou* she's *ou* they're) a bad lot *(Brit)* *ou* seed *(US)* ▷ **mauvaise herbe** weed ◆ **enlever** *ou* **arracher les ~es herbes du jardin** to weed the garden ◆ **la ~e herbe, ça pousse !** *(hum)* kids grow like weeds! *(hum)* ▷ **mauvais lieu** place of ill repute ▷ **mauvais œil** ◆ **avoir le ~ œil** to have the evil eye ▷ **mauvais pas** ◆ **tirer qn/se sortir d'un ~ pas** to get sb out of/get out of a tight spot *ou* corner ▷ **mauvais plaisant** hoaxer ▷ **mauvaise plaisanterie** rotten trick ▷ **mauvaise saison** rainy season ▷ **mauvais sort** misfortune, ill fate ▷ **mauvais sujet** bad lot *(Brit)* *ou* seed *(US)* ▷ **mauvaise tête** ◆ **c'est une ~e tête** he's headstrong ◆ **faire la** *ou* **sa ~e tête** *(= bouder)* to sulk; *(= être difficile)* to be awkward *ou* difficult ▷ **mauvais traitement** ill treatment ◆ **subir de ~ traitements** to be ill-treated ◆ ~ **traitements à enfants** child abuse, child battering ◆ **faire subir des ~ traitements à** to ill-treat; → **passe**[1]

**mauve** /mov/ **ADJ, NM** *(= couleur)* mauve **NF** *(Bot)* mallow

**mauviette** /movjɛt/ **NF** *(péj)* wimp *, weakling

**mauvis** /movi/ **NM** redwing

**maux** /mo/ **NPL** → **mal**[2]

**max** * /maks/ (abrév de **maximum**) **ADV** max * ◆ **à 8 heures ~** at 8 o'clock at the latest **NM** *(= condamnation)* ◆ **il a pris le ~, ils lui ont filé le ~** they threw the book at him *

◆ **un max** *[dépenser]* a hell of a lot * ◆ **ça coûte un ~** it costs a packet * ◆ **il se fait un ~ de fric** he makes loads * *ou* pots * *(Brit)* of money ◆ **il m'agace un ~** he drives me up the wall *

**maxi** /maksi/ **PRÉF** ◆ **~...** maxi ... ◆ **~-jupe** maxi-skirt ◆ **~-bouteille/-paquet** giant-size bottle/packet **ADJ INV** **a** *(* = maximum)* maximum **b** *(= long)* **manteau/jupe ~** maxi-coat/-skirt ◆ **la mode ~** the maxi-length fashion **NM** *(= mode)* maxi ◆ **elle s'habille en ~** she wears maxis ◆ **la mode est au ~** maxis are in (fashion) **ADV** *(* = maximum)* (at the) maximum, at the most

**maxillaire** /maksilɛʀ/ **ADJ** maxillary ◆ **os ~** jawbone **NM** jawbone, maxilla *(SPÉC)* ◆ ~ **supérieur/inférieur** upper/lower maxilla *(SPÉC)* *ou* jawbone

**maxima** /maksima/ → **appel, maximum**

**maximal, e** (mpl **-aux**) /maksimal, o/ **ADJ** maximum, maximal ◆ **il a été condamné à la peine ~e** he was given the maximum sentence ◆ **la température ~e a été de 33 degrés** the top *ou* maximum temperature was 33°C, there was a high of 33°C

**maximalisme** /maksimalism/ **NM** *[de personne]* extremist attitude, extremism

**maximaliste** /maksimalist/ **ADJ** maximalist

**maxime** /maksim/ **NF** maxim

**maximisation** /maksimizasjɔ̃/ **NF** maximization

**maximiser** /maksimize/ ► conjug 1 ◄ **VT** to maximize

**maximum** (pl **maximum(s)** *ou* **maxima**) /maksimɔm, maksima/ **ADJ** maximum ◆ **la température ~** the maximum *ou* highest temperature ◆ **dans un délai ~ de dix jours** within ten days at the latest

**NM** maximum; *(Jur)* maximum sentence ◆ **faire le** *ou* **son ~** to do one's level best *ou* one's utmost (*pour* to); ◆ **atteindre son ~**

*[production]* to reach its maximum, to reach an all-time high; *[valeur]* to reach its highest *ou* maximum point

♦ **au maximum** at the maximum, at the most ♦ **ça vous coûtera 800 € au ~** it will cost you €800 at the most ♦ **sa radio était au ~** his radio was on full ♦ **au ~ de ses capacités** *ou* **possibilités** *[employé, sportif]* stretched to one's limits; *[usine, chaîne hi-fi]* at maximum *ou* full capacity

♦ **un maximum** * *(= beaucoup)* ♦ **il y a un ~ de frais sur un bateau** boats cost a fortune to run ♦ **il m'a fait payer un ~** he charged me a fortune ♦ **ça consomme un ~, ces voitures** these cars are real gas guzzlers *, these cars are really heavy on petrol *(Brit)*

ADV at the maximum, at the most ♦ **à six heures ~** at six o'clock at the latest ♦ **j'en ai pour 2 heures ~** I'll be 2 hours maximum *ou* at the most

**maya** /maja/ ADJ Mayan NM *(Ling)* Maya(n) NMF **Maya** Maya(n)

**mayday** /mɛdɛ/ NM *(Naut)* Mayday

**mayo** * /majo/ NF (abrév de **mayonnaise**) mayo

**mayonnaise** /majɔnɛz/ NF mayonnaise ♦ **poisson/œufs (à la)** ~ fish/eggs (with *ou* in) mayonnaise ♦ **la ~ n'a pas pris** *(lit)* the mayonnaise didn't thicken; *(fig)* the mix was all wrong ♦ **la ~ prend** *(lit)* the mayonnaise is thickening; *(fig)* things are looking good ♦ **faire monter la ~** *(fig)* to stir things *ou* it up *

**Mayotte** /majɔt/ NF Mayotte

**mazagran** /mazagʀɑ̃/ NM pottery goblet *(for coffee)*

**mazette** † /mazɛt/ EXCL *(admiration, étonnement)* my!, my goodness! NF *(= incapable)* nonentity

**mazout** /mazut/ NM heating *ou* domestic oil ♦ **chaudière/poêle à ~** oil-fired boiler/stove ♦ **chauffage central au ~** oil-fired central heating

**mazouté, e** /mazute/ ADJ *[mer, plage]* oil-polluted *(épith)*, polluted with oil *(attrib)*; *[oiseaux]* oil-covered *(épith)*, covered in oil *(attrib)*

**mazurka** /mazyʀka/ NF maz(o)urka

**Mbabane** /mbaban/ N Mbabane

**MCJ** /ɛmseʒi/ NF (abrév de **maladie de Creutzfeldt-Jakob**) CJD

**MD** ® /ɛmde/ NM (abrév de **MiniDisc**) MD

**Me** (abrév de **Maître**) *barrister's title* ♦ **~ Marlon** ≃ Mr (*ou* Mrs) Marlon QC *(Brit)*

**me, m'** /m(ə)/ PRON PERS a *(objet direct ou indirect)* me ♦ **~ voyez-vous ?** can you see me? ♦ **elle m'attend** she is waiting for me ♦ **il ~ l'a dit** he told me (it), he told me about it ♦ **il m'en a parlé** he spoke to me about it ♦ **il ~ l'a donné** he gave it to me, he gave it me * *(Brit)* ♦ **va ~ fermer cette porte !** *(intensif)* shut the door, would you! b *(réfléchi)* myself ♦ **je ne ~ vois pas dans ce rôle-là** I can't see myself in that part ♦ **je ~ regardais dans le miroir** I was looking at myself in the mirror

**mea-culpa** /meakylpa/ NM INV ♦ **faire son ~** *(lit)* to say one's mea culpa ♦ **j'ai fait mon mea culpa** *(fig)* I admitted I was wrong ♦ **mea culpa !** my fault!, my mistake!

**méandre** /meɑ̃dʀ/ NM *(Art, Géog)* meander; *[de politique]* twists and turns; *[d'intrigue]* ins and outs ♦ **les ~s de sa pensée** the twists and turns *ou* ins and outs *ou* complexities of his thought ♦ **se perdre dans les ~s administratifs/juridiques** to get lost in the maze of the administrative/legal system

**méat** /mea/ NM *(Anat)* meatus; *(Bot)* lacuna

**mec** * /mɛk/ NM a *(= homme)* guy *, bloke * *(Brit)* ♦ **ça va les ~s ?** how's it going guys? * ♦ **ça c'est un ~ !** he's a real man! ♦ **c'est des histoires de ~s** it's man talk * b *(= compagnon)* **son ~** her man *

**mécanicien, -ienne** /mekanisjɛ̃, jɛn/ ADJ *[civilisation]* mechanistic NM,F a *(Aut)* (garage *ou* motor) mechanic ♦ **ouvrier ~** garage hand ♦ **c'est un bon ~** he's a good mechanic, he's good with cars *ou* with machines ♦ **ingénieur ~** mechanical engineer b *(Aviat, Naut)* engineer ♦ **~ navigant, ~ de bord** *(Aviat)* flight engineer; → **officier**[1] c *(Rail)* train *ou* engine driver *(Brit)*, engineer *(US)* d *(Dentisterie)* **~ dentiste** dental technician *ou* mechanic *(Brit)*

**mécanique** /mekanik/ ADJ a *(gén, Tech)* mechanical; *[tapis]* machine-made; *[jouet]* clockwork *(épith)*, wind-up *(épith)* ♦ **les industries ~s** mechanical engineering industries ♦ **avoir des ennuis ~s** *(Aut)* to have engine trouble; *(Aviat)* to have mechanical problems ♦ **sports ~s** motor sports; → **escalier, piano**[1], **rasoir**

b *(= automatique) [hausse, effets]* automatic

c *(= machinal) [geste, réflexe]* mechanical

d *(Philos, Sci)* mechanical ♦ **énergie ~** mechanical energy ♦ **lois ~s** laws of mechanics

NF a *(Sci)* (mechanical) engineering; *(Aut, Tech)* mechanics *(sg)* ♦ **il fait de la ~ (sur sa voiture)** he's tinkering with his car ♦ **la ~, ça le connaît** * he knows what he's doing in mechanics ♦ **~ céleste/ondulatoire** celestial/wave mechanics ♦ **~ hydraulique** hydraulics *(sg)* ♦ **~ des fluides/quantique** quantum/fluid mechanics

b *(= mécanisme)* **la ~ d'une horloge** the mechanism of a clock ♦ **cette voiture, c'est de la** *ou* **une belle ~** this car is a fine piece of engineering ♦ **la ~ est rouillée** *ou* **usée** * *(= corps)* the old bones * aren't what they used to be

**mécaniquement** /mekanikmɑ̃/ ADV a *(= automatiquement)* automatically ♦ **cela entraîne ~ une hausse de l'inflation** it automatically leads to a rise in inflation b *(= par des machines)* mechanically ♦ **objet fait ~** machine-made object

**mécanisation** /mekanizasjɔ̃/ NF mechanization

**mécaniser** /mekanize/ ► conjug 1 ◄ VT to mechanize

**mécanisme** /mekanism/ NM *(Bio, Philos, Psych, Tech)* mechanism ♦ **les ~s économiques/politiques** economic/political mechanisms ♦ **~s psychologiques/biologiques** psychological/biological workings *ou* mechanisms ♦ **le ~ de change(s)** the exchange rate mechanism ♦ **le ~ d'une action** the mechanics of an action

**mécaniste** /mekanist/ ADJ mechanistic

**mécano** * /mekano/ NM (abrév de **mécanicien**) mechanic, grease monkey * *(US)*

**mécanographe** /mekanɔgʀaf/ NMF comptometer operator, punch card operator

**mécanographie** /mekanɔgʀafi/ NF *(= procédé)* (mechanical) data processing; *(= service)* comptometer department

**mécanographique** /mekanɔgʀafik/ ADJ *[classement]* mechanized, automatic ♦ **service ~** comptometer department, (mechanical) data processing department ♦ **machine ~** calculator

**Meccano** ® /mekano/ NM Meccano ®

**mécénat** /mesena/ NM *(Art)* patronage ♦ **~ d'entreprise** corporate sponsorship

**mécène** /mesɛn/ NM a sponsor; *(Hist)* patron (of the arts) ♦ **il a trouvé un ~** he has found a sponsor ♦ **le ~ du festival** the sponsor of the festival b ♦ **Mécène** *(Antiq)* Maecenas

**méchamment** /meʃamɑ̃/ ADV a *(= cruellement) [rire, agir]* spitefully, nastily, wickedly b (* = *très)* fantastically *, terrifically * ♦ **~ bon** fantastically * *ou* bloody ** *(Brit)* good ♦ **~ abîmé** really badly damaged ♦ **il a été ~ surpris** he got one hell * *ou* heck * of a surprise ♦ **ils se sont ~ disputés** they had a blazing row *(surtout Brit)* *ou* a terrible argument ♦ **on est ~ en retard** we're terribly late

**méchanceté** /meʃɑ̃ste/ NF a *(= caractère) [de personne, action]* nastiness, spitefulness, wickedness ♦ **faire qch par ~** to do sth out of spite ♦ **soit dit sans ~, il n'est pas à la hauteur** I don't want to be nasty, but he's not up to it b *(= action)* mean *ou* nasty action; *(= parole)* mean *ou* nasty remark ♦ **~ gratuite** unwarranted piece of unkindness *ou* spitefulness ♦ **dire des ~s à qn** to say nasty things to sb

**méchant, e** /meʃɑ̃, ɑ̃t/ ADJ a *(= malveillant) [personne]* nasty, malicious; *[enfant]* naughty; *[intention]* malicious ♦ **devenir ~** to turn *ou* get nasty ♦ **arrête, tu es ~** stop it, you're being horrid *ou* nasty ♦ **il n'est pas ~, ce n'est pas un ~ homme** he's not such a bad fellow; → **chien**

b *(= dangereux, désagréable)* **ce n'est pas bien ~** * *[blessure, difficulté, dispute]* it's nothing to worry about; *[examen]* it's not too difficult ♦ **impliqué dans une ~e affaire de pots de vin** mixed up in an unsavoury bribery scandal ♦ **de ~e humeur** in a foul *ou* rotten mood

c *(avant n) († = médiocre, insignifiant)* miserable, mediocre ♦ **~ vers/poète** poor *ou* second-rate verse/poet ♦ **un ~ morceau de fromage** one miserable *ou* sorry-looking bit of cheese ♦ **que de bruit pour une ~e clé perdue !** what a fuss over one stupid lost key!

d *(avant n) (* intensif)* **il a une ~e bosse au front** he's got a nasty lump on his forehead ♦ **un ~ cigare** a great big cigar * ♦ **il a une ~e moto** he's got a fantastic * motorbike

NM,F ♦ **tais-toi, ~!** be quiet you naughty boy! ♦ **les ~s** *(gén)* the wicked; *(dans un film)* the baddies *, the bad guys * ♦ **faire le ~** * to be difficult, to be nasty

**mèche** /mɛʃ/ NF a *[de bougie, briquet, lampe]* wick; *[de bombe, mine]* fuse; *[de canon]* match ♦ **~ fusante** safety fuse b *[de cheveux]* tuft of hair, lock; *(sur le front)* forelock, lock of hair ♦ **~ postiche, fausse ~** hairpiece ♦ **~s folles** straggling locks *ou* wisps of hair ♦ **~ rebelle** stray lock (of hair) ♦ **se faire faire des ~s** to have highlights *ou* streaks put in (one's hair), to have one's hair streaked c *(Méd)* pack, dressing; *[de fouet]* lash; *[de perceuse]* bit d *(Naut)* main piece e *(Tex)* rove f *(loc)* **il a éventé** *ou* **vendu la ~** he gave the game away *, he let the cat out of the bag * ♦ **allumer la ~** to light the fuse *(fig)* ♦ **être de ~ avec qn** * to be in cahoots with sb * ♦ **un employé de la banque devait être de ~** a bank employee must have been in on it *

**mécher** /meʃe/ ► conjug 6 ◄ VT *(Tech)* to sulphurize; *(Méd)* to pack

**méchoui** /meʃwi/ NM *(= repas)* barbecue of a whole roast sheep

**mécompte** /mekɔ̃t/ NM *(frm)* a *(= désillusion : gén pl)* disappointment b *(= erreur de calcul)* miscalculation, miscount

**méconium** /mekɔnjɔm/ NM meconium

**méconnaissable** /mekɔnɛsabl/ ADJ *(= impossible à reconnaître)* unrecognizable; *(= difficile à reconnaître)* hardly recognizable

**méconnaissance** /mekɔnɛsɑ̃s/ NF *(= ignorance)* lack of knowledge (*de* about) ignorance (*de* of); *(littér = mauvais jugement)* lack of comprehension, misappreciation (*de* of); *(= refus de reconnaître)* refusal to take into consideration ◆ **il fait preuve d'une ~ totale de la situation** he knows absolutely nothing about the situation

**méconnaître** /mekɔnɛtʀ/ ► conjug 57 ◄ VT *(frm)* a *(= ignorer)* *[+ faits]* to be unaware of ◆ **je ne méconnais pas que ...** I am fully *ou* quite aware that ... b *(= mésestimer)* *[+ situation, problème, personne]* to misjudge; *[+ mérites, talent]* to underrate c *(= ne pas tenir compte de)* *[+ lois, devoirs]* to ignore

**méconnu, e** /mekɔny/ (ptp de **méconnaître**) ADJ a *(= peu connu)* little-known ◆ **des textes largement ~s** little-known writings ◆ **les films les plus ~s de Godard** Godard's least-known films ◆ **ce sport est largement ~ en France** this sport is largely unknown in France b *(= non reconnu)* *[talent, génie]* unrecognized ◆ **son œuvre est injustement ~e en France** his work has been unjustly ignored *ou* neglected in France

**mécontent, e** /mekɔ̃tɑ̃, ɑ̃t/ ADJ *(= insatisfait)* discontented, displeased, dissatisfied (*de* with); *(= contrarié)* annoyed (*de* with, at); ◆ **il a l'air très ~** he looks very annoyed *ou* displeased ◆ **il n'est pas ~ de cela** he is not altogether dissatisfied *ou* displeased with it NM,F malcontent, grumbler * ◆ **les ~s** *(Pol)* the malcontents ◆ **cette décision va faire des ~s** this decision is going to make some people very unhappy

**mécontentement** /mekɔ̃tɑ̃tmɑ̃/ NM *(Pol)* discontent; *(= déplaisir)* dissatisfaction, displeasure; *(= irritation)* annoyance ◆ **exprimer** *ou* **manifester son ~** to express one's dissatisfaction ◆ **motif** *ou* **sujet de ~** cause for dissatisfaction ◆ **provoquer un vif ~** to cause considerable discontent (*chez* among)

**mécontenter** /mekɔ̃tɑ̃te/ ► conjug 1 ◄ VT *[personne, décision]* to displease, to annoy

**Mecque** /mɛk/ NF ◆ **La ~** *(lit)* Mecca ◆ **ces îles sont la ~ des surfers** these islands are a Mecca for surfers

**mécréant, e** /mekʀeɑ̃, ɑ̃t/ NM,F a *(† ou hum = non-croyant)* non-believer ◆ **tu n'es qu'un ~** you're just a heathen b *(† péj = bandit)* scoundrel, miscreant †

**médaillable** /medajabl/ ADJ *[sportif]* likely to win a medal ◆ **les ~s des Jeux olympiques** the potential medal-winners at the Olympic Games

**médaille** /medaj/ GRAMMAIRE ACTIVE 53.3 NF a *(= pièce, décoration)* medal; *(† * = tache)* stain, mark ◆ **~ militaire** military decoration ◆ **~ pieuse** medal *(of a saint etc)* ◆ **~ du travail** long-service medal *(in industry etc)* ◆ **elle est ~ d'argent** she's got a silver medal, she's a silver medallist; → **profil, revers** b *(= insigne d'identité)* *[d'employé]* badge; *[de chien]* identification disc, name tag; *[de volaille]* guarantee tag

**médaillé, e** /medaje/ (ptp de **médailler**) ADJ *(Admin, Mil)* decorated *(with a medal)*; *(Sport)* holding a medal NM,F medal-holder ◆ **il est** *ou* **c'est un ~ olympique** he is an Olympic medallist, he is the holder of an Olympic medal

**médailler** /medaje/ ► conjug 1 ◄ VT *(Admin, Sport)* to award a medal to; *(Mil)* to decorate, to award a medal to ◆ **se ~** † * *(= se tacher)* to get a stain *ou* mark on one's clothing

**médaillon** /medajɔ̃/ NM *(Art)* medallion; *(= bijou)* locket; *(Culin)* medaillon

**mède** /mɛd/ ADJ of Media NMF **Mède** Mede

**médecin** /med(ə)sɛ̃/ NM doctor, physician *(frm)* ◆ **femme ~** woman doctor ◆ **~ de l'âme** confessor ◆ **~ de bord** *(Naut)* ship's doctor ◆ **~ de campagne** country doctor ◆ **~-chef** head doctor ◆ **~-conseil** *doctor who decides whether certain forms of medical treatment should be reimbursed by the Sécurité sociale* ◆ **~ de famille** family practitioner *ou* doctor ◆ **~ des hôpitaux** ≃ consultant, physician *ou* doctor *(Brit)* with a hospital appointment ◆ **~ légiste** forensic scientist *ou* pathologist, expert in forensic medicine, medical examiner *(US)* ◆ **~ généraliste** *ou* **de ~e générale** general practitioner, GP *(Brit)*, family practitioner *(US)* ◆ **~ militaire** army medical officer ◆ **~ scolaire** school doctor, schools medical officer *(Brit Admin)* ◆ **~ du sport** sports doctor ◆ **~ traitant** attending physician ◆ **votre ~ traitant** your (usual *ou* family) doctor ◆ **quel est votre ~ référent ?** who's your G.P. *(Brit)* *ou* your family doctor *(US)*? ◆ **~ du travail** company doctor ◆ **~ de ville** doctor *(working in a town)*

**médecine** /med(ə)sin/ NF a *(= science)* medicine ◆ **~ alternative** *ou* **parallèle** alternative *ou* complementary medicine ◆ **~ douce** *ou* **naturelle** natural medicine ◆ **~ générale** general medicine ◆ **~ hospitalière** *medicine practised in hospitals* ◆ **~ infantile** paediatrics *(sg)* *(Brit)*, pediatrics *(US)* ◆ **~ légale** forensic medicine *ou* science ◆ **~ libérale** *medicine as practised by doctors in private practice* ◆ **~ opératoire** surgery ◆ **~ préventive** preventive medicine ◆ **~ du travail** occupational *ou* industrial medicine ◆ **~ du sport** sports medicine ◆ **~ spécialisée** specialized branches of medicine ◆ **~ de ville** *medicine as practised in general practices in towns* ◆ **~ d'urgence** emergency medicine ◆ **faire des études de ~, faire (sa) ~** to study *ou* do medicine ◆ **pratiquer une ~ révolutionnaire** to practise a revolutionary type of medicine ◆ **il exerçait la ~ dans un petit village** he had a (medical) practice *ou* he was a doctor in a small village; → **docteur, étudiant, faculté**

b *(† = médicament)* medicine

**medecine-ball** (pl **medecine-balls**) /medsinbol/ NM medicine ball

**média** /medja/ NM medium ◆ **les ~s** the media ◆ **dans les ~s** in the media

**médial, e** (mpl **-aux**) /medjal, o/ ADJ medial NF **médiale** median

**médian, e** /medjɑ̃, jan/ ADJ *(Math, Stat)* median; *(Ling)* medial NF **médiane** *(Math, Stat)* median; *(Ling)* medial sound, mid vowel; → **ligne**[1]

**médiante** /medjɑ̃t/ NF *(Mus)* mediant

**médiat, e** /medja, jat/ ADJ mediate

**médiateur, -trice** /medjatœʀ, tʀis/ ADJ *(gén, Pol)* mediatory, mediating; *(Ind)* arbitrating NM,F *(gén)* mediator; *(Ind)* arbitrator; *(Pol)* ≃ Ombudsman, Parliamentary Commissioner *(Brit)* ◆ **~ chimique** *(Méd)* transmitter substance ◆ **jouer le rôle de ~, servir de ~** to act as a mediator NF **médiatrice** *(Géom)* median

**médiathèque** /medjatɛk/ NF multimedia library

**médiatico-** /medjatiko/ PRÉF ◆ **c'est un événement ~politique** it's both a media and a political event ◆ **une affaire ~judiciaire** a legal case with a lot of media hype ◆ **groupe ~financier** media and finance group ◆ **dans le monde ~littéraire** in the world of the media and publishing

**médiation** /medjasjɔ̃/ NF a *(gén, Philos, Pol)* mediation; *(Ind)* arbitration ◆ **offrir sa ~ dans un conflit** *(Pol)* to offer to mediate in a conflict; *(Ind)* to offer to arbitrate *ou* intervene in a dispute ◆ **tenter une ~ entre deux parties** to attempt to mediate between two parties b *(Logique)* mediate inference

**médiatique** /medjatik/ ADJ *[image, couverture, battage]* media *(épith)* ◆ **c'est quelqu'un de très ~** he comes across really well in the media, he's very media-friendly ◆ **sport très ~** sport that lends itself to media coverage ◆ **ce fut une rencontre très ~** this meeting got a lot of media attention

**médiatisation** /medjatizasjɔ̃/ NF a *(= diffusion par les médias)* media coverage ◆ **la ~ à outrance de ces jeunes chanteurs** the excessive media coverage given to these young singers b *(Hist, Philos)* mediatization

**médiatiser** /medjatize/ ► conjug 1 ◄ VT a *(= diffuser par les médias)* to give media coverage to ◆ **cet événement a été très médiatisé** the event was given a lot of (media) coverage b *(Hist, Philos)* to mediatize

**médiator** /medjatɔʀ/ NM plectrum

**médiatrice** /medjatʀis/ ADJ F, NF → **médiateur**

**médical, e** (mpl **-aux**) /medikal, o/ ADJ medical ◆ **délégué** *ou* **visiteur ~** medical representative *ou* rep *; → **examen, visite**

**médicalement** /medikalmɑ̃/ ADV medically ◆ **suicide ~ assisté** medically-assisted suicide; → **procréation**

**médicalisation** /medikalizasjɔ̃/ NF a *[de région, population]* provision of medical care for b *[de problème, grossesse]* medicalization

**médicaliser** /medikalize/ ► conjug 1 ◄ VT a *[+ région, population]* to provide with medical care ◆ **c'est une population peu médicalisée** these people have little access to medical care ◆ **la distribution médicalisée de la drogue** the distribution of drugs under medical supervision ◆ **ils sont traités en milieu médicalisé** they receive treatment in a medical environment ◆ **résidence** *ou* **maison de retraite médicalisée** nursing home ◆ **ils prônent la maîtrise médicalisée des dépenses de santé** they want health expenditure to be supervised by medical professionals ◆ **avion/hélicoptère médicalisé** hospital plane/helicopter b *[+ problème, grossesse]* to medicalize

**médicament** /medikamɑ̃/ NM medicine, drug ◆ **prendre des ~s** to take medicines *ou* medication ◆ **~ de confort** ≃ pain-relieving medicine

**médicamenteux, -euse** /medikamɑ̃tø, øz/ ADJ *[plante, substance]* medicinal; *[traitement, intoxication, prescription]* drug *(épith)* ◆ **produits ~** medicines ◆ **associations médicamenteuses** medicines used in combination

**médicastre** † /medikastʀ/ NM *(hum)* charlatan, quack

**médication** /medikasjɔ̃/ NF (medical) treatment, medication

**médicinal, e** (mpl **-aux**) /medisinal, o/ ADJ *[plante, substance]* medicinal

**medicine-ball** (pl **medicine-balls**) /medisinbol/ NM medicine ball

**médico-** /mediko/ PRÉF *(dans les mots composés à trait d'union, le préfixe reste invariable)* ◆ **~social** *[mesure, structure]* for health care and social welfare ◆ **centre** *ou* **institut ~éducatif** *ou* **~pédagogique** special school *(for physically or mentally handicapped children)* ◆ **examen ~psychologique** medical and psychological examination ◆ **centre ~psychologique** *psychiatric clinic mainly dealing with prisoners,* *people who have attempted suicide and drug addicts*

**médico-chirurgical, e** (mpl **-aux**) /medikoʃiʀyʀʒikal, o/ ADJ ◆ **centre ~** clinic *(with a surgical unit)* ◆ **personnel/matériel ~** medical and surgical staff/equipment

**médico-légal, e** (mpl **-aux**) /medikolegal, o/ ADJ *[expert]* forensic ◆ **certificat** *ou* **rapport ~** forensic report ◆ **expertise ~e** forensic analysis *ou* examination ◆ **institut ~** mortuary *(where autopsies and forensic examinations are carried out)*, medico-legal institute *(US)*

**médiéval, e** (mpl **-aux**) /medjeval, o/ ADJ medieval

**médiéviste** /medjevist/ NMF medievalist

**médina** /medina/ NF medina

**Médine** /medin/ N Medina

**médiocre** /medjɔkʀ/ ADJ *[travail, roman, élève]* mediocre, second-rate; *(sur copie d'élève)* poor; *[intelligence, qualité]* poor, mediocre, inferior; *[résultats, situation économique]* poor; *[revenu, salaire]* meagre, poor; *[vie, existence]* mediocre ◆ **il a une situation ~** he holds some second-rate position ◆ **il a montré un intérêt ~ pour ce projet** he showed little or no interest in the project ◆ **génie incompris par les esprits ~s** genius misunderstood by those with small minds NMF nonentity, second-rater *

**médiocrement** /medjɔkʀəmɑ̃/ ADV *[intéressé, intelligent]* not very, not particularly ◆ **gagner ~ sa vie** to earn a poor living ◆ **~ satisfait** barely satisfied, not very well satisfied ◆ **c'est un roman ~ réussi** it's not a particularly good novel ◆ **il joue ~ du piano** he plays the piano indifferently, he's not very good at (playing) the piano

**médiocrité** /medjɔkʀite/ NF *[de travail]* poor quality, mediocrity; *[d'élève, homme politique]* mediocrity; *[de copie d'élève]* poor standard; *[de revenu, salaire]* meagreness, poorness; *[d'intelligence]* mediocrity, inferiority; *[de vie]* mediocrity ◆ **étant donné la ~ de ses revenus** given the slimness of his resources, seeing how slight *ou* slim his resources are ◆ **cet homme est une (vraie) ~** this man is a complete mediocrity

**médique** /medik/ ADJ *(Antiq)* Median

**médire** /mediʀ/ ▸ conjug 37 ◂ VI ◆ **~ de qn** to speak ill of sb; *(à tort)* to malign sb ◆ **elle est toujours en train de ~** she's always running people down *ou* saying nasty things about people ◆ **je ne voudrais pas ~ mais ...** I don't want to tittle-tattle *ou* to gossip, but ...

**médisance** /medizɑ̃s/ NF **a** *(= diffamation)* malicious gossip *(NonC)* ◆ **être en butte à la ~** to be made a target of malicious gossip **b** *(= propos)* piece of scandal ◆ **~s** scandal *(NonC)*, gossip *(NonC)* ◆ **ce sont des ~s !** that's just scandal! *ou* malicious gossip! ◆ **arrête de dire des ~s** stop spreading scandal *ou* gossip

**médisant, e** /medizɑ̃, ɑ̃t/ ADJ *[paroles]* slanderous; *[personne]* malicious ◆ **les gens sont ~s** people say nasty things ◆ **ne soyons pas ~s** let's not be nasty ◆ **sans vouloir être ~, il faut reconnaître que ...** I don't want to sound nasty, but we have to admit that ... NM,F scandalmonger, slanderer

**méditatif, -ive** /meditatif, iv/ ADJ *[caractère]* meditative, thoughtful; *[air]* musing, thoughtful

**méditation** /meditasjɔ̃/ NF *(= pensée)* meditation; *(= recueillement)* meditation *(NonC)* ◆ **après de longues ~s sur le sujet** after giving the subject much *ou* deep thought, after lengthy meditation on the subject ◆ **il était plongé dans la ~** *ou* **une profonde ~** he was sunk in deep thought, he was deep in thought

**méditer** /medite/ ▸ conjug 1 ◂ VT *[+ pensée]* to meditate on, to ponder (over); *[+ livre, projet, vengeance]* to meditate ◆ **~ de faire qch** to contemplate doing sth, to plan to do sth VI to meditate ◆ **~ sur qch** to ponder *ou* muse over sth

**Méditerranée** /meditɛʀane/ NF ◆ **la (mer) ~** the Mediterranean (Sea)

**méditerranéen, -enne** /meditɛʀaneɛ̃, ɛn/ ADJ Mediterranean NM,F **Méditerranéen(ne)** *(gén)* inhabitant *ou* native of a Mediterranean country; *(en France)* (French) Southerner

**médium** /medjɔm/ NM *(= spirite, moyen de communication)* medium; *(Mus)* middle register; *(Logique)* middle term

**médiumnique** /medjɔmnik/ ADJ *[dons, pouvoir]* of a medium

**médiumnité** /medjɔmnite/ NF powers of a medium, mediumship

**médius** /medjys/ NM middle finger

**médoc** /medɔk/ NM **a** *(= vin)* Médoc (wine) ◆ **le Médoc** *(= région)* the Médoc **b** *(* = médicament)* med *

**médullaire** /medylɛʀ/ ADJ medullary

**méduse** /medyz/ NF **a** *(Zool)* jellyfish **b** *(Myth)* **Méduse** Medusa

**méduser** /medyze/ ▸ conjug 1 ◂ VT *(gén pass)* to dumbfound, to stupefy ◆ **je suis resté médusé** I was dumbfounded

**meeting** /mitiŋ/ NM *(Pol, Sport)* meeting ◆ **~ aérien** *ou* **d'aviation** air show *ou* display ◆ **~ d'athlétisme** athletics meeting

**méfait** /mefɛ/ NM **a** *(= ravages)* **~s** *[de temps]* ravages; *[de passion, épidémie]* ravages, damaging effects ◆ **les ~s de l'alcoolisme/de la drogue/du soleil** the damaging *ou* ill effects of alcohol/of drugs/of the sun **b** *(= acte)* wrongdoing; *(hum)* misdeed

**méfiance** /mefjɑ̃s/ NF distrust, mistrust, suspicion ◆ **avoir de la ~ envers qn** to mistrust *ou* distrust sb ◆ **apaiser/éveiller la ~ de qn** to allay/arouse sb's suspicion(s) ◆ **regarder qn/qch avec ~** to look at sb/sth suspiciously ◆ **être sans ~** *(= avoir confiance)* to be completely trusting; *(= ne rien soupçonner)* to be quite unsuspecting ◆ **ce projet paraît peu sérieux, ~ !** this project doesn't seem very worthwhile, we'd better be careful!

**méfiant, e** /mefjɑ̃, jɑ̃t/ ADJ *[personne]* distrustful, mistrustful, suspicious ◆ **air** *ou* **regard ~** distrustful *ou* mistrustful *ou* suspicious look, look of distrust *ou* mistrust *ou* suspicion

**méfier (se)** /mefje/ ▸ conjug 7 ◂ VPR **a** *(= ne pas avoir confiance)* **se ~ de qn/des conseils de qn** to mistrust *ou* distrust sb/sb's advice ◆ **je me méfie de lui** I mistrust him, I don't trust him, I'm suspicious of him ◆ **méfiez-vous de lui, il faut vous ~ de lui** don't trust him, beware of him ◆ **je ne me méfie pas assez de mes réactions** I should be more wary of my reactions ◆ **méfiez-vous des imitations** *ou* **des contrefaçons** beware of imitations ◆ **se ~ de qn/qch comme de la peste** to be highly suspicious of sb/sth **b** *(= faire attention)* **se ~ de qch** to be careful about sth ◆ **il faut vous ~** you must be careful *ou* watch out ◆ **méfie-toi de cette marche** watch *ou* mind *(Brit)* the step, look out for the step * ◆ **méfie-toi, tu vas tomber** look out * *ou* be careful or you'll fall

**méforme** /mefɔʀm/ NF *(Sport)* lack of fitness ◆ **traverser une période de ~** to be (temporarily) off form ◆ **être en ~** to be off form

**méga** /mega/ PRÉF **a** *(Sci)* mega ◆ **~watt** megawatt ◆ **~volt** megavolt **b** *(* : intensif)* **~-concert** mega-concert ◆ **~-entreprise** huge *ou* enormous company, mega-company ◆ **~-dissertation** essay and a half * ◆ **un ~-cigare à la bouche** a whopping great * *ou* humungous * *(US)* cigar in his mouth NM (abrév de **méga-octet**) *(Ordin)* megabyte

**mégabit** /megabit/ NM megabyte

**mégacycle** /megasikl/ NM megacycle

**mégahertz** /megaɛʀts/ NM megahertz

**mégalithe** /megalit/ NM megalith

**mégalithique** /megalitik/ ADJ megalithic

**mégalo** * /megalo/ ADJ, NMF (abrév de **mégalomaniaque, mégalomane**) *[personne]* megalomaniac; *[projet]* self-indulgent ◆ **il est complètement ~, c'est un ~** he thinks he's God

**mégalomane** /megalɔman/ ADJ *[personne]* megalomaniac; *[projet]* self-indulgent NMF megalomaniac

**mégalomaniaque** /megalomanjak/ ADJ *(Méd)* megalomaniac; *[projet]* self-indulgent ◆ **délire ~** *(Méd)* megalomaniac delusion

**mégalomanie** /megalɔmani/ NF megalomania

**mégalopole** /megalɔpɔl/ NF megalopolis

**mégaoctet** /megaɔktɛ/ NM megabyte

**mégaphone** † /megafɔn/ NM *(= porte-voix)* megaphone

**mégapole** /megapɔl/ NF ⇒ **mégalopole**

**mégarde** /megaʀd/ **par mégarde** LOC ADV *(= accidentellement)* accidentally, by accident; *(= par erreur)* by mistake, inadvertently; *(= par négligence)* accidentally ◆ **un livre que j'avais emporté par ~** a book that I had accidentally *ou* inadvertently taken away with me

**mégastore** /megastɔʀ/ NM megastore

**mégatonne** /megatɔn/ NF megaton

**mégawatt** /megawat/ NM megawatt

**mégère** /meʒɛʀ/ NF *(péj = femme)* shrew

**mégisserie** /meʒisʀi/ NF *(= lieu)* tawery

**mégissier** /meʒisje/ NM tawer

**mégot** * /mego/ NM *[de cigarette]* cigarette butt *ou* end, fag end * *(Brit)*; *[de cigare]* stub, butt

**mégotage** * /megɔtaʒ/ NM cheeseparing *ou* miserly attitude

**mégoter** * /megɔte/ ▸ conjug 1 ◂ VI to skimp ◆ **le patron mégote sur des détails et dépense des fortunes en repas d'affaires** the boss is cheeseparing over *ou* skimps over small items and spends a fortune on business lunches ◆ **pour marier leur fille ils n'ont pas mégoté** they really went to town * for *ou* they spent a small fortune on their daughter's wedding

**méharée** /meaʀe/ NF camel safari ◆ **j'ai fait une ~ dans le Sahara** I went on a camel safari across the Sahara

**méhari** /meaʀi/ NM dromedary, mehari

**méhariste** /meaʀist/ NM camel rider; *(Hist)* *soldier in the French Camel corps*

**meilleur, e** /mɛjœʀ/ ADJ **a** *(compar de* **bon***)* better ◆ **il est ~ que moi** *(plus charitable)* he's a better person than I am; *(plus doué)* he's better than I am *(en* at*)*; ◆ **avoir ~ goût** *[aliment]* to taste better ◆ **ce gâteau est (bien) ~ avec du rhum** this cake tastes *ou* is (much) better with rum ◆ **il est ~ chanteur que compositeur** he makes a better singer than (a) composer, he is better at singing than (at) composing ◆ **de ~e qualité** of better *ou* higher quality ◆ **~ marché** cheaper ◆ **être en ~e santé** to be better, to be in better health ◆ **faire un ~ temps au deuxième tour** *(Sport)* to put up *ou* do a better time on the second lap ◆ **il a ~ temps de rester chez lui** *(Helv ou vieilli)* he'd be better off staying at home ◆ **partir de ~e heure** † to leave earlier ◆ **prendre (une) ~e tournure** to take a turn for the better ◆ **~s vœux** best wishes ◆ **ce sera pour des jours/des temps ~s** that will be for better days/happier times ◆ **il n'y a rien de ~** there's nothing better, there's nothing to beat it

b *(superl de* **bon***)* **le ~ des deux** the better of the two ◆ **la ~e de toutes** the best of all ◆ **c'est le ~ des hommes, c'est le ~ homme du monde** he is the best of men, he's the best man in the world ◆ **les ~s spécialistes** the best *ou* top specialists ◆ **son ~ ami** his best *ou* closest friend ◆ **servir les ~s mets/vins** to serve the best *ou* finest dishes/wines ◆ **information tirée des ~es sources** information from the most reliable sources ◆ **tissu de la ~e qualité** best quality material ◆ **le ~ marché** the cheapest ◆ **acheter au ~ prix** to buy at the lowest price

ADV ◆ **il fait ~ qu'hier** it's better *ou* nicer (weather) than yesterday ◆ **sentir ~** to smell better *ou* nicer

NM,F *(= personne)* ◆ **le ~, la ~e** the best one ◆ **ce sont toujours les ~s qui partent les premiers** the best people always die young ◆ **que le ~ gagne** may the best man win; → **raison**

NM *(= partie, chose)* ◆ **le ~** the best ◆ **il a choisi le ~** he took the best (one) ◆ **pour le ~ et pour le pire** for better or for worse ◆ **donner le ~ de soi-même** to give of one's best ◆ **passer le ~ de sa vie à faire ...** to spend the best days *ou* years of one's life doing ... ◆ **prendre le ~ sur qn** *(Sport)* to get the better of sb ◆ **garder *ou* réserver le ~ pour la fin** to keep the best till last ◆ **et le ~ dans tout ça, c'est qu'il avait raison !** and the best bit about it all was that he was right!

NF **meilleure** * ◆ **ça alors, c'est la ~e!** that's the best one yet! ◆ **j'en passe et des ~es** and that's not all ◆ **tu connais la ~e ? il n'est même pas venu !** haven't you heard the best (bit) though? he didn't even come!

**méiose** /mejoz/ NF meiosis

**meistre** /mɛstʀ/ NM ⇒ **mestre**

**méjuger** /meʒyʒe/ ▸ conjug 3 ◂ *(littér)* VT to misjudge VT INDIR **méjuger de** to underrate, to underestimate VPR **se méjuger** to underestimate o.s.

**Mékong** /mekɔ̃g/ NM Mekong

**mél** /mɛl/ NM e-mail

**mélamine** /melamin/ NF melamine

**mélaminé, e** /melamine/ ADJ melamine-coated

**mélancolie** /melɑ̃kɔli/ NF melancholy, gloom; *(Méd)* melancholia ◆ **elle avait des accès de ~** she suffered from bouts of melancholy; → **engendrer**

**mélancolique** /melɑ̃kɔlik/ ADJ *[personne, paysage, musique]* melancholy; *(Méd)* melancholic

**mélancoliquement** /melɑ̃kɔlikmɑ̃/ ADV with a melancholy air, melancholically

**Mélanésie** /melanezi/ NF Melanesia

**mélanésien, -ienne** /melanezjɛ̃, jɛn/ ADJ Melanesian NM *(Ling)* Melanesian NM,F **Mélanésien(ne)** Melanesian

**mélange** /melɑ̃ʒ/ NM a *(= opération) [de produits]* mixing; *[de vins, tabacs]* blending ◆ **faire un ~ de** *[+ substances]* to make a mixture of; *[+ idées]* to mix up ◆ **quand on boit il ne faut pas faire de ~s** you shouldn't mix your drinks b *(= résultat) (Chim, Culin, fig)* mixture; *[de vins, tabacs, cafés]* blend ◆ **~ détonant *ou* explosif** *(lit)* explosive mixture; *(fig)* explosive combination *ou* mixture ◆ **~ réfrigérant** freezing mixture ◆ **~ pauvre/riche** *(Aut)* weak/rich mixture ◆ **joie sans ~** unalloyed *ou* unadulterated joy ◆ **sans ~ de ...** *(littér)* free from ..., unadulterated by ... ◆ **~s** *(Littérat)* miscellanies, miscellany

**mélanger** /melɑ̃ʒe/ ▸ conjug 3 ◂ VT a *(gén, Chim, Culin)* to mix; *[+ couleurs, vins, parfums, tabacs]* to blend; *[+ cartes]* to shuffle ◆ **mélangez le beurre et la farine** mix the butter and flour together ◆ **un public très mélangé** a very varied *ou* mixed public

b *(= confondre) [+ dates, idées]* to mix (up), to muddle up *(surtout Brit)*, to confuse ◆ **tu mélanges tout !** you're getting it all mixed up! *ou* muddled up! *(surtout Brit)* ◆ **il ne faut pas ~ les torchons et les serviettes** *(fig)* we (*ou* you *etc*) must sort out the sheep from the goats

c *(= mettre en désordre) [+ documents]* to mix up, to muddle up

VPR **se mélanger** a *[produits, personnes]* to mix; *[vins]* to mix, to blend

b *(en désordre)* **les dates se mélangent dans ma tête** I'm confused about the dates, I've got the dates mixed up *ou* in a muddle ◆ **se ~ les pieds** * *ou* **les pédales** * *ou* **les pinceaux** * *ou* **les crayons** * to get mixed up *ou* into a muddle *(surtout Brit)*

**mélangeur** /melɑ̃ʒœʀ/ NM *(= appareil)* mixer; *(Plomberie)* mixer tap *(Brit)*, mixing faucet *(US)*; *(Ciné, Radio)* mixer

**mélanine** /melanin/ NF melanin

**mélanocyte** /melanɔsit/ NM melanocyte

**mélanome** /melanom/ NM melanoma

**mélasse** /melas/ NF a *(Culin)* treacle *(Brit)*, molasses *(US)* b *(*, péj) (= boue)* muck; *(= brouillard)* murk ◆ **quelle ~ !** *(= problèmes, confusion)* what a mess! ◆ **être dans la ~** *(= avoir des ennuis)* to be in the soup *, to be in a sticky situation *; *(= être dans la misère)* to be down and out, to be on one's beam ends * *(Brit)*

**mélatonine** /melatɔnin/ NF melatonin

**Melba** /mɛlba/ ADJ INV Melba ◆ **pêche/ananas ~** peach/pineapple Melba

**mêlé, e**[1] /mele/ (ptp de **mêler**) ADJ *[sentiments]* mixed, mingled; *[couleurs, tons]* mingled; *[monde, société]* mixed

**mêlée**[2] /mele/ NF a *(= bataille)* mêlée; *(hum)* fray, kerfuffle * *(Brit)* ◆ **~ générale** free-for-all ◆ **la ~ devint générale** it developed into a free-for-all, scuffles broke out all round *ou* on all sides ◆ **se jeter dans la ~** *(lit, fig)* to plunge into the fray ◆ **rester au-dessus de *ou* à l'écart de la ~** *(fig)* to stay *ou* keep aloof, to keep out of the fray b *(Rugby)* scrum, scrummage ◆ **faire une ~** to go into a scrum ◆ **~ ordonnée** set scrum ◆ **~ ouverte *ou* spontanée** ruck, loose scrum ◆ **dans la ~ ouverte** in the loose

**mêler** /mele/ ▸ conjug 1 ◂ VT a *(= unir, mettre ensemble) [+ substances]* to mingle, to mix together; *[+ races]* to mix; *(Vét)* to cross; *(Culin = mélanger)* to mix, to blend; *(= joindre, allier)* to combine, to mingle ◆ **les deux fleuves mêlent leurs eaux** the two rivers mingle their waters ◆ **elles mêlèrent leurs larmes/leurs soupirs** their tears/their sighs mingled ◆ **vin mêlé d'eau** wine mixed with water

b *(= mettre en désordre, embrouiller) [+ papiers, dossiers]* to muddle (up), to mix up; *(= battre) [+ cartes]* to shuffle ◆ **~ la réalité et le rêve** to confuse reality and dream

c *(= associer)* **~ à *ou* avec** to mix *ou* mingle with ◆ **~ la douceur à la fermeté** to combine gentleness with firmness ◆ **~ du feuillage à un bouquet** to put some greenery in with a bouquet ◆ **récit mêlé de détails comiques** story interspersed with comic(al) details ◆ **joie mêlée de remords** pleasure mixed with *ou* tinged with remorse

d *(= impliquer)* **~ qn à** *[+ affaire suspecte]* to involve sb in, to get sb mixed up *ou* involved in; *[+ action, négociations]* to involve sb in ◆ **j'y ai été mêlé contre mon gré** I was dragged into it against my will, I got mixed up *ou* involved in it against my will ◆ **il a été mêlé au scandale/à une affaire d'espionnage** he got mixed up in *ou* got involved in the scandal/in a spy scandal ◆ **~ qn à la conversation** to bring *ou* draw sb into the conversation

VPR **se mêler** a *(= se mélanger) [odeurs, voix]* to mingle; *[cultures, races]* to mix

b ◆ **se ~ à** *(= se joindre à)* to join; *(= s'associer à)* to mix with; *[cris, sentiments]* to mingle with ◆ **il se mêla à la foule** he joined the crowd, he mingled with the crowd ◆ **se ~ à une querelle** to get mixed up *ou* involved in a quarrel ◆ **il ne se mêle jamais aux autres enfants** he never mixes with other children ◆ **il se mêlait à toutes les manifestations** he got involved *ou* took part in all the demonstrations ◆ **des rires se mêlaient aux applaudissements** there was laughter mingled with the applause ◆ **se ~ à la conversation** to join in the conversation

c ◆ **se ~ de** *(= s'impliquer dans)* to get mixed up *ou* involved in; *(= s'ingérer dans)* to meddle with, to interfere with ◆ **je ne veux pas me ~ de politique** I don't want to get mixed up *ou* involved in politics ◆ **se ~ des affaires des autres** to meddle *ou* interfere in other people's business *ou* affairs ◆ **mêle-toi de ce qui te regarde ! *ou* de tes affaires ! *ou* de tes oignons !** * mind your own business! ◆ **de quoi je me mêle !** * *(iro)* what business is it of yours?, what's it got to do with you? ◆ **si le mauvais temps s'en mêle, nous n'y arriverons jamais** if the weather turns against us, we'll never make it ◆ **quand la politique/l'amour s'en mêle ...** when politics/love comes into it ... ◆ **se ~ de faire qch** to take it upon o.s. to do sth, to make it one's business to do sth ◆ **voilà qu'il se mêle de nous donner des conseils !** who is he to give us advice!, look at him butting in with his advice! ◆ **ne vous mêlez pas d'intervenir !** don't you take it into your head to interfere!, just you keep out of it!

**mélèze** /melɛz/ NM larch

**mélilot** /melilo/ NM melilot, sweet clover

**méli-mélo** * (pl **mélis-mélos**) /melimelo/ NM *[de situation]* mess, muddle *(surtout Brit)*; *[d'objets]* jumble ◆ **cette affaire est un véritable ~ !** what a terrible mess *ou* muddle this business is! ◆ **~ de poissons/de légumes** *(Culin)* assortment of fish/of vegetables

**mélioratif, -ive** /meljɔʀatif, iv/ ADJ meliorative NM meliorative term

**mélisse** /melis/ NF *(Bot)* (lemon) balm

**mellifère** /melifɛʀ/ ADJ melliferous

**mélo** * /melo/ ADJ (abrév de **mélodramatique**) *[film, roman]* soppy *, sentimental ◆ **feuilleton ~** *(Presse)* sentimental serial; *(TV)* soap (opera) NM abrév de **mélodrame**

**mélodie** /melɔdi/ NF a *(= motif, chanson)* melody, tune ◆ **les ~s de Debussy** Debussy's melodies *ou* songs ◆ **une petite ~ entendue à la radio** a little tune heard on the radio b *(= qualité)* melodiousness

**mélodieusement** /melɔdjøzmɑ̃/ ADV melodiously, tunefully

**mélodieux, -ieuse** /melɔdjø, jøz/ ADJ melodious, tuneful

**mélodique** /melɔdik/ ADJ melodic

**mélodiste** /melɔdist/ NMF melodist ◆ **c'est un excellent** ~ he composes fine melodies, he's a very good melodist

**mélodramatique** /melɔdʀamatik/ ADJ *(Littérat, péj)* melodramatic

**mélodrame** /melɔdʀam/ NM *(Littérat, péj)* melodrama

**mélomane** /melɔman/ ADJ music-loving *(épith)*, keen on music *(attrib)* NMF music lover

**melon** /m(ə)lɔ̃/ NM a *(Bot)* melon ◆ ~ **(cantaloup)** cantaloup(e) ◆ **choper le** ~ * *(= la grosse tête)* to get bigheaded * ◆ **il a le** ~ * **depuis qu'il a eu sa promotion** that promotion has really gone to his head * b ◆ **(chapeau)** ~ bowler (hat) *(Brit)*, derby (hat) *(US)* COMP ▷ **melon d'eau** watermelon ▷ **melon d'Espagne** ≃ honeydew melon

**mélopée** /melɔpe/ NF a *(gén = chant monotone)* monotonous chant, threnody *(littér)* b *(Hist Mus)* recitative

**membrane** /mɑ̃bʀan/ NF *(gén)* membrane; *[de haut-parleur]* diaphragm ◆ ~ **cellulaire** *(Bio)* plasma *ou* cell membrane

**membraneux, -euse** /mɑ̃bʀanø, øz/ ADJ membran(e)ous

**membre** /mɑ̃bʀ/ NM a *(Anat, Zool)* limb ◆ ~ **inférieur/supérieur** lower/upper limb ◆ ~ **antérieur/postérieur** fore/hind limb ◆ ~ **(viril)** male member *ou* organ

b *[de famille, groupe, société savante]* member; *[d'académie]* fellow ◆ ~ **fondateur** founder member ◆ ~ **actif/perpétuel** active/life member ◆ ~ **permanent du Conseil de sécurité** permanent member of the Security Council ◆ **un** ~ **de la société/du public** a member of society/of the public ◆ **les** ~**s du gouvernement** the members of the government ◆ **être** ~ **de** to be a member of ◆ **devenir** ~ **d'un club** to become a member of a club, to join a club ◆ **ce club a 300** ~**s** this club has a membership of 300 *ou* has 300 members ◆ **pays/États** ~**s (de l'Union européenne)** member countries/states (of the European union)

c *(Math)* member ◆ **premier/second** ~ left-hand/right-hand member

d *(Ling)* ~ **de phrase** (sentence) member

e *(Archit)* member

f *(Naut)* timber, rib

**membré, e** /mɑ̃bʀe/ ADJ limbed ◆ **bien/mal** ~ strong-/weak-limbed ◆ **bien** ~ * *[homme]* well-hung *

**membru, e** /mɑ̃bʀy/ ADJ *(littér)* strong-limbed

**membrure** /mɑ̃bʀyʀ/ NF *(Anat)* limbs, build; *(Naut)* rib; *(collectif)* frame ◆ **homme à la** ~ **puissante** strong-limbed *ou* powerfully built man

**mémé** * /meme/ NF *(langage enfantin = grand-mère)* gran(ny) *, grandma; *(= vieille dame)* old lady; *(péj)* old granny * *(péj)* ADJ INV ◆ **ça fait** ~ it looks dowdy ◆ **tu fais** ~ **avec cette robe** that dress makes you look like an old lady *ou* makes you look dowdy

**même** /mɛm/ GRAMMAIRE ACTIVE 32.4, 53.5

ADJ a *(avant n = identique)* same, identical ◆ **des bijoux de** ~ **valeur** jewels of equal *ou* of the same value ◆ **ils ont la** ~ **taille/la** ~ **couleur, ils sont de** ~ **taille/de** ~ **couleur** they are the same size/the same colour ◆ **j'ai exactement la** ~ **robe qu'hier** I am wearing the very same dress I wore yesterday *ou* exactly the same dress as yesterday ◆ **nous sommes du** ~ **avis** we are of the same mind *ou* opinion, we agree ◆ **ils ont la** ~ **voiture que nous** they have the same car as we have *ou* as us * ◆ **que vous veniez ou non, c'est la** ~ **chose** it makes no difference *ou* odds *(Brit)* whether you come or not ◆ **c'est toujours la** ~ **chose !** it's always the same (old story)! ◆ **c'est la** ~ **chose** *(= c'est équivalent)* it amounts to the same (thing), it's six of one and half a dozen of the other * ◆ **arriver en** ~ **temps (que)** to arrive at the same time (as) ◆ **en** ~ **temps qu'il le faisait, l'autre s'approchait** as *ou* while he was doing it the other drew nearer

b *(après n ou pron = exact, personnifié)* very, actual ◆ **ce sont ses paroles** ~**s** those are his very *ou* actual words ◆ **il est la générosité/gentillesse** ~ he is generosity/kindness itself, he is the (very) soul of generosity/kindness ◆ **il est la méchanceté/bêtise** ~ he's wickedness/stupidity itself ◆ **la grande maison, celle-là** ~ **que vous avez visitée** the big house, the very one you visited *ou* precisely the one you visited

c ◆ **moi-**~ myself ◆ **toi-**~ yourself ◆ **lui-**~ himself ◆ **elle-**~ herself ◆ **nous-**~**s** ourselves ◆ **vous-**~ yourself ◆ **vous-**~**s** yourselves ◆ **eux- ou elles-**~**s** themselves ◆ **un autre soi-**~ another self ◆ **on est soi-**~ **conscient de ses propres erreurs** one is aware (oneself) of one's own mistakes ◆ **nous devons y aller nous-**~**s** we must go ourselves ◆ **s'apitoyer sur soi-**~ to feel sorry for oneself ◆ **tu n'as aucune confiance en toi-**~ you have no confidence in yourself ◆ **c'est lui-**~ **qui l'a dit, il l'a dit lui-**~ he said it himself, he himself said it ◆ **au plus profond d'eux-**~**s/de nous-**~**s** in their/our heart of hearts ◆ **elle fait ses habits elle-**~ she makes her own clothes, she makes her clothes herself ◆ **c'est ce que je me dis en ou à moi-**~ that's what I tell myself (inwardly), that's what I think to myself ◆ **elle se disait en elle-**~ **que ...** she thought to herself that ..., she thought privately *ou* inwardly that ... ◆ **faire qch de soi-**~ to do sth on one's own initiative *ou* off one's own bat * *(Brit)* ◆ **faire qch (par) soi-**~ to do sth (by) oneself

PRON INDÉF *(avec le, la, les)* ◆ **ce n'est pas le** ~ it's not the same (one) ◆ **la réaction n'a pas été la** ~ **qu'à Paris** the reaction was not the same as in Paris ◆ **elle est bien toujours la** ~ **!** she's just the same as ever! ◆ **ce sont toujours les** ~**s qui se font prendre** it's always the same ones who catch it * ◆ **c'est le** ~ **que j'ai revu plus tard** it was the same man that I saw later on ◆ **les** ~**s, trois heures plus tard** *(aussi hum)* same scene, three hours later; → **pareil, revenir**

ADV a *(gén)* even ◆ **ils sont tous sortis,** ~ **les enfants** they are all out, even the children ◆ **il n'a** ~ **pas ou pas** ~ **de quoi écrire** he hasn't even got anything to write with ◆ **il est intéressant et** ~ **amusant** he's interesting and amusing too *ou* besides ◆ **elle ne me parle** ~ **plus** she no longer even speaks to me, she doesn't even speak to me anymore ◆ ~ **lui ne sait pas** even he doesn't know ◆ **personne ne sait,** ~ **pas lui** nobody knows, not even him ◆ ~ **si** even if, even though ◆ **c'est vrai,** ~ **que je peux le prouver !** * it's true, and what's more I can prove it!

b *(= précisément)* **aujourd'hui** ~ this very day ◆ **ici** ~ in this very place, on this very spot ◆ **c'est celui-là** ~ **qui ...** he's the very one who ... ◆ **c'est cela** ~ that's just *ou* exactly it

c *(loc)*

♦ **à même** ◆ **boire à** ~ **la bouteille** to drink (straight) from the bottle ◆ **coucher à** ~ **le sol** to lie on the bare ground ◆ **à** ~ **la peau** next to the skin ◆ **être à** ~ **de faire** to be able *ou* to be in a position to do ◆ **je ne suis pas à** ~ **de juger** I'm in no position to judge

♦ **de même** ◆ **il fera de** ~ he'll do the same, he'll do likewise, he'll follow suit ◆ **vous le détestez ? moi de** ~ you hate him? so do I *ou* I do too *ou* me too *ou* same here * ◆ **de** ~ **qu'il nous a dit que ...** just as he told us that ... ◆ **il en est ou il en va de** ~ **pour moi** it's the same for me, same here *

♦ **quand même, tout de même** *(= en dépit de cela)* all the same, even so; *(= vraiment)* really ◆ **tout de** ~ **!, quand** ~ **!** *(indignation)* honestly! ◆ **quel crétin quand** ~ **!** really, what an idiot! ◆ **merci quand** ~ *(lit, hum)* thanks all the same *ou* just the same ◆ **c'est tout de** ~ *ou* **quand** ~ **agaçant** *(= cependant)* all the same it is annoying; *(= vraiment)* it's really annoying ◆ **elle m'agace ! – elle est gentille tout de** ~ she annoys me! – but she's quite nice really ◆ **tout de** ~ *ou* **quand** ~**, il aurait pu nous prévenir !** well, he might have warned us! ◆ **il exagère tout de** ~ **!** really, he's going too far! ◆ **il a tout de** ~ **réussi à s'échapper** he managed to escape all the same ◆ **c'est tout de** ~ **étonnant** it's quite surprising ◆ **je lui ai interdit de le faire, mais il l'a fait quand** ~ I told him not to do it, but he did it anyway

**mêmement** /mɛmmɑ̃/ ADV *(frm)* likewise

**mémento** /memɛ̃to/ NM *(= agenda)* appointments book *ou* diary *(Brit)*, engagement diary *(Brit)* *ou* calendar *(US)*; *(Scol = aide-mémoire)* summary ◆ ~ **des vivants/des morts** *(Rel)* prayers for the living/the dead

**mémère** * /memɛʀ/ NF *(langage enfantin = grand-mère)* granny *, grandma; *(péj = vieille dame)* old dear * ◆ **le petit chien à sa** ~ *(hum)* mummy's little doggy *(hum)* ◆ **elle fait** ~ **avec ce chapeau** she looks like an old granny in that hat *

**mémo** * /memo/ NM (abrév de **mémorandum**) memo

**mémoire**[1] /memwaʀ/ NF a *(Psych, Sci)* memory ◆ **citer de** ~ to quote from memory ◆ **de** ~ **d'homme** in living memory ◆ **de** ~ **de Parisien, on n'avait jamais vu ça !** no one could remember such a thing happening in Paris before ◆ **pour** ~ *(gén)* as a matter of interest; *(Comm)* for the record ◆ ~ **associative/collective** associative/collective memory ◆ ~ **auditive/visuelle/olfactive** aural/visual/olfactory memory; → **effort, rafraîchir, trou**

b *(loc)* **avoir de la** ~**/une très bonne** ~ to have a good memory/a very good memory ◆ **si j'ai bonne** ~ if I remember right *ou* rightly, if my memory serves me right ◆ **il n'a pas de** ~**, il n'a aucune** ~ he can never remember anything ◆ **avoir la** ~ **courte** to have a short memory ◆ **avoir une** ~ **d'éléphant** to have a memory like an elephant('s) ◆ **perdre la** ~ to lose one's memory ◆ **avoir la** ~ **des noms** to have a good memory for names ◆ **je n'ai pas la** ~ **des dates/visages** I have no memory for dates/faces, I can never remember dates/faces ◆ **garder qch en** ~ to remember sth ◆ **j'ai gardé (la)** ~ **de cette conversation** *(frm)* I remember *ou* recall this conversation ◆ **chercher un nom dans sa** ~ to try to recall a name, to rack one's brains to remember a name ◆ **ça y est, ça me revient en** ~ I remember now, it's coming back to me now ◆ **il me l'a remis en** ~ he reminded me of it, he brought it back to me ◆ **son nom restera (gravé) dans notre** ~ his name will remain (engraved) in our memories ◆ **nous avons un devoir de** ~ it is our duty to remember

c *(= réputation)* memory, good name; *(= renommée)* memory, fame, renown ◆ **soldat de glorieuse** ~ soldier of blessed memory ◆ **de sinistre** ~ of evil memory, remembered with fear *ou* horror; *(hum)* fearful, ghastly ◆ **salir la** ~ **de qn** to sully the memory of sb ◆ **à la** ~ **de** in memory of, to the memory of

d *(Ordin)* memory ◆ ~ **cache/externe** cache/external storage ◆ ~ **vive** RAM, random access memory ◆ ~ **morte** ROM, read-only memory ◆ ~ **volatile** volatile memory ◆ ~ **de masse**, ~ **auxiliaire** mass memory *ou* storage ◆ ~ **centrale** *ou* **principale** main memory ◆ **avoir 24 Mo de ~ centrale** to have 24 Mb of main memory ◆ ~ **tampon** buffer memory ◆ **capacité de ~** storage capacity, memory size ◆ **mettre qch en ~** to store sth ◆ **mise en ~** storage

**mémoire²** /memwaʀ/ NM *(= requête)* memorandum; *(= rapport)* report; *(= exposé)* paper, dissertation *(Brit)*; *(= facture)* bill; *(Jur)* statement of case ◆ ~ **de maîtrise** *(Univ) dissertation done for research degree* ≃ master's thesis; → DIPLÔMES NMPL **mémoires** *(= souvenirs)* memoirs ◆ **tu écris tes ~s ?** *(hum)* are you writing your life story? *(hum)*

**mémorable** /memɔʀabl/ ADJ memorable, unforgettable

**mémorandum** /memɔʀɑ̃dɔm/ NM *(Pol)* memorandum; *(Comm)* order sheet, memorandum; *(= carnet)* notebook, memo book

**mémorial** (pl **-iaux**) /memɔʀjal, jo/ NM *(Archit)* memorial ◆ **Mémorial** *(Littérat)* Chronicles

**mémorialiste** /memɔʀjalist/ NMF memorialist, writer of memoirs

**mémorisation** /memɔʀizasjɔ̃/ NF memorization, memorizing; *(Ordin)* storage

**mémoriser** /memɔʀize/ ▸ conjug 1 ◂ VT to memorize, to commit to memory; *(Ordin)* to store

**menaçant, e** /mənasɑ̃, ɑ̃t/ ADJ *[geste, paroles, foule, orage, regard]* threatening, menacing; *[nuages]* ominous, threatening; *[ciel]* lowering *(épith)*, threatening, menacing ◆ **sa voix se fit ~e** his voice took on a threatening *ou* menacing tone ◆ **elle se fit ~e** she started to make *ou* issue threats

**menace** /mənas/ NF **a** *(= intimidation)* threat ◆ **c'est une ~ ?** is that a threat?, are you threatening me? ◆ **il eut un geste de ~** he made a threatening gesture ◆ **il eut des paroles de ~** he made some threats ◆ **malgré les ~s de représailles** despite the threat of reprisals ◆ **il y a des ~s de grève** there's a threat of strike action ◆ **signer sous la ~** to sign under duress ◆ **sous la ~ de** under (the) threat of ◆ **sous la ~ d'un couteau/d'un pistolet** at knife-point/gunpoint

**b** *(= danger)* threat ◆ **la ~ nucléaire** the nuclear threat ◆ ~ **d'épidémie** threat of an epidemic ◆ **être sous la ~ d'une expulsion/de sanctions** to be threatened with *ou* be under threat of expulsion/of sanctions

**c** *(Jur)* **~s** intimidation, threats ◆ **recevoir des ~s de mort** to receive death threats *ou* threats on one's life

**menacer** /mənase/ ▸ conjug 3 ◂ VT **a** *(= faire peur à)* to threaten, to menace *(gén pass)* ◆ ~ **qn de mort/d'un revolver** to threaten sb with death/with a gun ◆ ~ **qn du poing/de sa canne** to shake one's fist/one's stick at sb ◆ ~ **de faire qch** to threaten to do sth

**b** *(= mettre en danger) [+ équilibre, projet]* to jeopardize ◆ **ses jours sont menacés** his life is threatened *ou* in danger ◆ **la guerre menaçait le pays** the country was threatened *ou* menaced by *ou* with war ◆ **espèces menacées** threatened *ou* endangered species ◆ **le processus de paix est menacé** the peace process is in jeopardy ◆ **être menacé de disparition** *[espèce]* to be threatened by extinction, to be in danger of extinction; *[culture, parti, revue, institution, profession]* to be in danger of disappearing ◆ **le théâtre est menacé de fermeture** the theatre is threatened with closure

**c** *(= risquer de survenir) [chômage, grève, guerre]* to loom large ◆ **la pluie menace** it looks like rain, it's threatening to rain ◆ **l'orage menace (d'éclater)** the storm is about to break *ou* is threatening to break ◆ **chaise qui menace de se casser** chair which is showing signs of *ou* looks like breaking *(Brit) ou* looks like it will break ◆ **pluie/discours qui menace de durer** rain/speech which threatens to last some time ◆ **la maison menace ruine** the house is in danger of falling down

**ménage** /menaʒ/ NM **a** *(= entretien d'une maison)* housekeeping; *(= nettoyage)* housework ◆ **les soins du ~** the housework, the household duties ◆ **s'occuper de** *ou* **tenir son ~** to look after one's house, to keep house ◆ **faire du ~** to do some housework *ou* cleaning ◆ **faire le ~** *(= nettoyer)* to do the housework; *(= remettre en ordre)* to put one's house in order; *(= licencier)* to get rid of the deadwood ◆ **faire le ~ à fond** to clean the house from top to bottom, to do the housework thoroughly ◆ **faire le** *ou* **du ~ dans ses archives/ses tiroirs** to sort out *ou* tidy one's files/one's drawers ◆ **faire du ~ dans sa vie** to sort one's life out ◆ **faire des ~s** to work as a cleaner ◆ **le grand ~** *(Can)* the spring-cleaning; → **femme**

**b** *(= couple, communauté familiale)* married couple, household; *(Écon)* household ◆ ~ **sans enfant** childless couple ◆ ~ **à trois** ménage à trois ◆ **jeune/vieux ~** young/old couple ◆ **cela ne va pas dans le ~** their marriage is a bit shaky *ou* isn't really working ◆ **être heureux/malheureux en ~** to have a happy/an unhappy married life ◆ **se mettre en ~ avec qn** to set up house with sb, to move in with sb ◆ **querelles de ~** domestic quarrels *ou* rows ◆ **faire bon/mauvais ~ avec qn** to get on well/badly with sb, to hit it off/not hit it off with sb * ◆ **notre chat et la perruche font très bon ~** our cat and the budgie are good friends ◆ **bêtise et lâcheté font bon ~** stupidity and cowardice go hand in hand ◆ **économie et culture font rarement bon ~** economics and culture are rarely compatible; → **paix, scène**

**c** *(† = ordinaire)* **de ~** *[chocolat]* for ordinary *ou* everyday consumption; *[pain]* homemade

**ménagement** /menaʒmɑ̃/ NM *(= douceur)* care; *(= attention)* attention ◆ **~s** *(= égards)* consideration ◆ **traiter qn avec ~** to treat sb considerately *ou* tactfully ◆ **il lui annonça la nouvelle avec ~** he broke the news to her gently *ou* cautiously ◆ **elle a besoin de ~ car elle est encore très faible** she needs care and attention as she's still very weak

◆ **sans ménagement(s)** ◆ **traiter qn sans ~(s)** to show no consideration towards sb; *(avec brutalité)* to manhandle sb ◆ **il les a congédiés sans ~(s)** he dismissed them without further ado *ou* with scant ceremony ◆ **la police les a expulsés sans ~(s)** they were forcibly evicted by the police ◆ **annoncer qch sans ~(s) à qn** to break the news of sth bluntly to sb, to tell sb sth bluntly

**ménager¹, -ère** /menaʒe, ɛʀ/ ADJ *[ustensiles, appareils]* household *(épith)*, domestic *(épith)* ◆ **travaux ~s, tâches ménagères** housework, domestic chores ◆ **collège d'enseignement ~** † school of domestic science; → **art, eau, ordure** NF **ménagère** **a** *(= femme d'intérieur)* housewife **b** *(= couverts)* canteen (of cutlery)

**ménager²** /menaʒe/ ▸ conjug 3 ◂ VT **a** *(= traiter avec prudence) [+ personne puissante, adversaire]* to handle carefully, to treat tactfully *ou* considerately; *[+ sentiments]* to spare, to show consideration for ◆ **elle est très sensible, il faut la ~** she's very sensitive, you must treat her gently ◆ ~ **les deux parties** to keep both parties happy ◆ **afin de ~ les susceptibilités** so as not to offend people's sensibilities ◆ ~ **la chèvre et le chou** *(= rester neutre)* to sit on the fence; *(= être conciliant)* to keep both parties sweet *

**b** *(= utiliser avec économie ou modération) [+ appareil]* to go easy on; *[+ réserves]* to use carefully *ou* sparingly; *[+ vêtement]* to treat with care; *[+ argent, temps]* to use carefully, to economize; *[+ expressions]* to moderate, to tone down ◆ **c'est un homme qui ménage ses paroles** he's a man of few words ◆ ~ **ses forces** to save *ou* conserve one's strength ◆ ~ **sa santé** to take great care of one's health, to look after o.s. ◆ **il n'a pas ménagé ses efforts** he spared no effort ◆ **nous n'avons rien ménagé pour vous plaire** we've spared no pains to please you ◆ **il ne lui a pas ménagé les louanges** he heaped praise on him

**c** *(= préparer) [+ entretien, rencontre]* to arrange, to organize, to bring about; *[+ transition]* to contrive, to bring about ◆ ~ **l'avenir** to prepare for the future ◆ **il nous ménage une surprise** he's got a surprise in store for us ◆ **il sait ~ ses effets** *[orateur]* he knows how to make the most of his effects

**d** *(= disposer, pratiquer) [+ porte, fenêtre]* to put in; *[+ chemin]* to cut ◆ ~ **un espace entre** to make a space between ◆ ~ **une place pour** to make room for

VPR **se ménager** **a** *(= ne pas abuser de ses forces)* to take it easy ◆ **il faut** *ou* **vous devriez vous ~ un peu** you should take things easy, you should try not to overtax yourself ◆ **l'athlète se ménage pour la finale** the athlete is conserving his energy *ou* is saving himself for the final

**b** *(= se réserver)* **se ~ du temps pour se reposer** to set time aside to rest ◆ **se ~ une marge de manœuvre** to leave o.s. room for manoeuvre ◆ **se ~ un passage** to clear a path for o.s. ◆ **se ~ une revanche** to plan one's revenge

**ménagerie** /menaʒʀi/ NF *(lit)* menagerie; *(* fig)* zoo

**menchevik** /mɛnʃevik/ NMF Menshevik *(épith)*

**mendélévium** /mɛ̃delevjɔm/ NM mendelevium

**mendiant, e** /mɑ̃djɑ̃, jɑ̃t/ NM,F beggar; → **frère, ordre¹** NM *(= pâtisserie)* mixed dried fruit(s) and nuts *(on a chocolate base)* ≃ florentine ◆ **des ~s** *(= fruits et noix)* dried fruit and nuts

**mendicité** /mɑ̃disite/ NF begging ◆ **arrêter qn pour ~** to arrest sb for begging ◆ **être réduit à la ~** to be reduced to beggary *ou* begging

**mendier** /mɑ̃dje/ ▸ conjug 7 ◂ VT *[+ argent, nourriture, caresse, emploi]* to beg for ◆ ~ **qch à qn** to beg sb for sth ◆ ~ **des compliments** to fish for compliments VI to beg

**mendigot** * /mɑ̃digo/ NM *(péj)* beggar

**mendigoter** * /mɑ̃digɔte/ ▸ conjug 1 ◂ VTI to beg ◆ **toujours à ~ (quelque chose)** always begging (for something)

**meneau** (pl **meneaux**) /məno/ NM *(horizontal)* transom; *(vertical)* mullion; → **fenêtre**

**menée** /məne/ NF **a** *(Vénerie)* stag's track *(in flight)* **b** *(Helv = amas de neige)* snowdrift NFPL **menées** *(= machinations)* intrigues, manoeuvres, machinations ◆ **déjouer les ~s de qn** to foil sb's manoeuvres *ou* little game * ◆ **~s subversives** subversive activities

**mener** /m(ə)ne/ ▸ conjug 5 ◂ VT **a** *(= conduire) [+ personne]* to take, to lead; *(en voiture)* to drive, to take (*à* to; *dans* into); ◆ ~ **un enfant à l'école/chez le médecin** to take a child to school/to see the doctor ◆ ~ **la voiture au garage** to take the car to the garage ◆ **mène ton ami à sa chambre** show *ou* take *ou* see your friend to his room ◆ ~ **promener le chien** to take the dog for a walk ◆ ~ **qn en bateau** * to take sb for a ride *, to lead sb up the garden path *, to have sb on * ◆ **il a bien su ~ sa barque** he's managed his career very effectively

b *[véhicule, personne]* to take; *[route]* to lead, to take; *[profession, action]* to lead, to get (*à* to; *dans* into); ◆ **c'est le chemin qui mène à la mer** this is the path (leading) to the sea ◆ **le car vous mène à Chartres en deux heures** the bus will take *ou* get you to Chartres in two hours ◆ **cette route vous mène à Chartres** this road will take you to Chartres, you'll get to Chartres on this road ◆ **où mène ce chemin ?** where does this path go *ou* lead (to)? ◆ **où tout cela va-t-il nous ~ ?** where's all this going to get us?, where does all this lead us? ◆ **cela ne (nous) mène à rien** this won't get us anywhere, this will get us nowhere ◆ **le journalisme mène à tout** all roads are open to you in journalism ◆ **de telles infractions pourraient le ~ loin** offences such as these could get him into trouble *ou* into deep water ◆ ~ **qn à faire qch** to lead sb to do qch; → **chemin**

c *(= commander) [+ personne, cortège]* to lead; *[+ pays]* to run, to rule; *[+ entreprise]* to manage, to run; *[+ navire]* to command ◆ **il sait ~ les hommes** he knows how to lead men, he is a good leader ◆ ~ **qn par le bout du nez** to lead sb by the nose ◆ **il est mené par le bout du nez par sa femme** his wife has got him on a string ◆ **elle se laisse ~ par son frère** she lets herself be led by her brother ◆ **l'argent mène le monde** money rules the world, money makes the world go round ◆ ~ **le jeu** *ou* **la danse** to call the tune, to say what goes * ◆ ~ **les débats** to chair the discussion

d *(gén, Sport = être en tête)* to lead; *(emploi absolu)* to lead, to be in the lead ◆ **il mène (par) 3 jeux à 1** *(Tennis)* he's leading (by) 3 games to 1 ◆ **la France mène (l'Écosse par 2 buts à 1)** France is in the lead *ou* is leading (by 2 goals to 1 against Scotland)

e *(= orienter) [+ vie]* to lead, to live; *[+ négociations, lutte, conversation]* to carry on; *[+ enquête]* to carry out, to conduct; *[+ affaires]* to manage, to run; *[+ carrière]* to handle, to manage ◆ ~ **les choses rondement** to manage things efficiently ◆ ~ **qch à bien** *ou* **à bonne fin** *ou* **à terme** to see sth through, to carry sth through to a successful conclusion ◆ **il mène deux affaires de front** he runs *ou* manages two businesses at once ◆ ~ **la vie dure à qn** to rule sb with an iron hand, to keep a firm hand on sb ◆ **il n'en menait pas large** his heart was in his boots; → **barque, train** *etc*

f *(Math)* ~ **une parallèle à une droite** to draw a line parallel to a straight line

**ménestrel** /menɛstʀɛl/ **NM** minstrel

**ménétrier** /menetʀije/ **NM** fiddler

**meneur, -euse** /mənœʀ, øz/ **NM,F** *(= chef)* (ring) leader; *(= agitateur)* agitator ◆ ~ **d'hommes** born leader ◆ ~ **de jeu** *[de spectacles, variétés]* master of ceremonies, compere *(Brit)*, emcee *(US)*; *[de jeux-concours]* quizmaster; *(Sport)* team leader ◆ **meneuse de revue** *(Music-hall)* captain *(of chorus girls)*

**menhir** /meniʀ/ **NM** menhir, standing stone

**méninge** /menɛ̃ʒ/ **NF** *(Méd)* meninx ◆ **~s** meninges ◆ **se creuser les ~s** * to rack one's brains ◆ **tu ne t'es pas fatigué les ~s !** * you didn't strain * *ou* overtax yourself!

**méningé, e** /menɛ̃ʒe/ **ADJ** meningeal

**méningite** /menɛ̃ʒit/ **NF** meningitis *(NonC)* ◆ **faire une ~** to have meningitis ◆ **ce n'est pas lui qui attrapera une ~ !** * he's not one to strain himself! *

**ménisque** /menisk/ **NM** *(Anat, Opt, Phys)* meniscus; *(Bijouterie) crescent-shaped jewel*

**ménopause** /menopoz/ **NF** menopause ◆ **troubles de la ~** menopausal problems

**ménopausée** /menopoze/ **ADJ F** post-menopausal **NF** post-menopausal woman, woman past the menopause

**ménopausique** /menɔpozik/ **ADJ** *[troubles]* menopausal

**menotte** /mənɔt/ **NF** *(langage enfantin)* little *ou* tiny hand, handy *(langage enfantin)* **NFPL menottes** handcuffs ◆ **il est parti, ~s aux poignets** he left handcuffed *ou* in handcuffs ◆ **mettre** *ou* **passer les ~s à qn** to handcuff sb

**mensonge** /mɑ̃sɔ̃ʒ/ **NM** a *(= contre-vérité)* lie ◆ **faire** *ou* **dire un ~** to tell a lie ◆ ~ **par omission** lie by omission ◆ **pieux ~** white lie ◆ **c'est vrai, ce ~ ?** *(hum)* are you sure you're not fibbing? ◆ **tout ça, c'est des ~s** * it's all a pack of lies; → **détecteur** b ◆ **le ~** lying, untruthfulness ◆ **je hais le ~** I hate lies *ou* untruthfulness ◆ **il vit dans le ~** he's living a lie c *(littér = illusion)* illusion

**mensonger, -ère** /mɑ̃sɔ̃ʒe, ɛʀ/ **ADJ** *(= faux) [rapport, nouvelle]* untrue, false; *[promesse]* deceitful, false; *(littér = trompeur) [bonheur]* illusory, delusive, deceptive

**mensongèrement** /mɑ̃sɔ̃ʒɛʀmɑ̃/ **ADV** untruthfully, falsely ◆ **témoigner ~** to give a false statement

**menstruation** /mɑ̃stʀyasjɔ̃/ **NF** menstruation

**menstruel, -elle** /mɑ̃stʀyɛl/ **ADJ** menstrual

**menstrues** /mɑ̃stʀy/ **NFPL** menses

**mensualisation** /mɑ̃sɥalizasjɔ̃/ **NF** *[de salaires, impôts, factures]* monthly payment ◆ **effectuer la ~ des salaires** to put workers on monthly salaries, to pay salaries monthly ◆ **la ~ de l'impôt** the monthly payment of tax; → IMPÔTS

**mensualiser** /mɑ̃sɥalize/ ▸ conjug 1 ◂ **VT** *[+ salaires, employés, impôts, factures]* to pay on a monthly basis ◆ **être mensualisé** *[salaire]* to be paid monthly *ou* on a monthly basis; *[employé]* to be on a monthly salary; *[contribuable]* to pay income tax monthly

**mensualité** /mɑ̃sɥalite/ **NF** *(= traite)* monthly payment *ou* instalment; *(= salaire)* monthly salary ◆ **payer par ~s** to pay monthly *ou* in monthly instalments

**mensuel, -elle** /mɑ̃sɥɛl/ **ADJ** monthly **NM** *(Presse)* monthly (magazine)

**mensuellement** /mɑ̃sɥɛlmɑ̃/ **ADV** monthly, every month

**mensuration** /mɑ̃syʀasjɔ̃/ **NF** *(= mesure, calcul)* mensuration ◆ **~s** *(= mesures)* measurements ◆ **quelles sont ses ~s ?** *[de femme]* what are her measurements *ou* vital statistics * *(hum)*?

**mental, e** (mpl **-aux**) /mɑ̃tal, o/ **ADJ** *[maladie, âge, processus]* mental; → **calcul, malade NM** *(= état d'esprit)* ◆ **le ~** the mental state

**mentalement** /mɑ̃talmɑ̃/ **ADV** mentally ◆ **calculer qch ~** to calculate sth *ou* work sth out in one's head ◆ **c'est quelqu'un de très solide ~** mentally he's very strong

**mentalité** /mɑ̃talite/ **NF** mentality ◆ **les ~s ont changé** people think differently now, (people's) attitudes have changed ◆ **quelle ~ !, jolie ~ !** *(iro)* what an attitude! ◆ **avoir une sale ~** * to be a nasty piece of work *

**menterie** † /mɑ̃tʀi/ **NF** *(= mensonge)* untruth, falsehood ◆ **ce sont des ~s** *(hum)* it's all a pack of lies

**menteur, -euse** /mɑ̃tœʀ, øz/ **ADJ** *[proverbe]* fallacious, false; *[enfant]* untruthful, lying ◆ **il est très ~** he's an awful liar, he's always lying **NM,F** liar, fibber * ◆ **sale ~ !** * you dirty liar! **NM** *(Cartes)* cheat

**menthe** /mɑ̃t/ **NF** a *(Bot)* mint ◆ ~ **poivrée** peppermint ◆ ~ **verte** spearmint, garden mint ◆ **à la** *ou* **de ~** mint *(épith)*; → **alcool, pastille, thé** b *(= boisson fraîche)* peppermint cordial; *(= infusion)* mint tea ◆ **une ~ à l'eau** a glass of peppermint cordial; → **diabolo**

**menthol** /mɑ̃tɔl/ **NM** menthol

**mentholé, e** /mɑ̃tɔle/ **ADJ** mentholated, menthol *(épith)*

**mention** /mɑ̃sjɔ̃/ **NF** a *(= note brève)* mention ◆ **faire ~ de** to mention, to make mention of ◆ **il n'y a pas ~ de son nom dans la liste** his name is not on the list ◆ **faire l'objet d'une ~** to be mentioned

b *(= annotation)* note, comment ◆ **le paquet est revenu avec la ~ "adresse inconnue"** the parcel was returned marked "address unknown" ◆ **"rayer la mention inutile"** *(Admin)* "delete as appropriate"

c *(Scol, Univ)* grade ◆ ~ **très honorable** *[de doctorat]* (with) distinction ◆ **être reçu avec ~** to pass with distinction *ou* honours ◆ **être reçu sans ~** to get a pass ◆ ~ **passable** ≃ pass, pass mark *(Brit)*, passing grade *(US)*, (grade) C ◆ ~ **assez bien** *(Scol)* ≃ (grade) B; *(Univ)* ≃ lower second class honours *(Brit)*, (grade) B *(US)* ◆ ~ **bien** *(Scol)* ≃ B+ *ou* A-; *(Univ)* ≃ upper second class honours *(Brit)*, cum laude *(US)* ◆ ~ **très bien** *(Scol)* ≃ A *ou* A+; *(Univ)* ≃ first class honours *(Brit)*, magna cum laude *(US)* ◆ **son film a obtenu une ~ spéciale lors du dernier festival** his film received a special award at the last festival

> ⚠ *Au sens de 'annotation' ou pour un examen,* **mention** *ne se traduit pas par le mot anglais* **mention**.

**mentionner** /mɑ̃sjɔne/ GRAMMAIRE ACTIVE 53.2 ▸ conjug 1 ◂ **VT** to mention ◆ **la personne mentionnée ci-dessus** the above-mentioned person ◆ **l'île n'est pas mentionnée sur la carte** the island doesn't appear on the map

**mentir** /mɑ̃tiʀ/ ▸ conjug 16 ◂ **VI** a *[personne]* to lie (*à qn* to sb; *sur* about); *[photo, apparences]* to be deceptive ◆ **tu mens !** you're a liar!, you're lying! ◆ ~ **effrontément** to lie boldly, to be a barefaced liar ◆ **je t'ai menti** I lied to you, I told you a lie ◆ **sans ~** (quite) honestly ◆ **il ment comme il respire** *ou* **comme un arracheur de dents** he's a compulsive liar, he lies in *ou* through his teeth * ◆ **a beau ~ qui vient de loin** *(Prov)* long ways long lies *(Prov)* ◆ **ne me fais pas ~ !** don't prove me wrong! ◆ **faire ~ le proverbe** to give the lie to the proverb, to disprove the proverb

b *(littér)* ~ **à** *(= manquer à)* to betray; *(= démentir)* to belie ◆ **il ment à sa réputation** he belies *ou* does not live up to his reputation ◆ **vous en avez menti** († *ou hum)* you told an untruth

**VPR se mentir** *[personnes]* to lie to each other ◆ **se ~ à soi-même** to fool o.s. ◆ **il se ment à lui-même** he's not being honest with himself, he's fooling himself

**menton** /mɑ̃tɔ̃/ **NM** *(Anat)* chin; *(Zool)* mentum ◆ ~ **en galoche** protruding *ou* jutting chin ◆ ~ **fuyant** receding chin, weak chin ◆ **double/triple ~** double/triple chin

**mentonnière** /mɑ̃tɔnjɛʀ/ **NF** *[de coiffure]* (chin) strap; *(Hist) [de casque]* chin piece; *(Mus)* chin rest; *(Méd)* chin bandage

**mentor** /mɛ̃tɔʀ/ **NM** *(frm)* mentor

**menu¹** /məny/ **NM** a *(= repas)* meal; *(= carte)* menu ◆ **faites votre ~ à l'avance** plan your meal in advance ◆ **quel est le** *ou* **qu'y a-t-il au ~ ?** what's on the menu? ◆ **vous prenez le**

~ **(à prix fixe) ou la carte ?** are you having the set menu or the à la carte (menu)? ◆ ~ **du jour** today's menu ◆ ~ **dégustation** tasting menu ◆ ~ **touristique** set menu ◆ ~ **gastronomique** gourmet menu ◆ ~ **enfant** children's menu **b** *(= programme)* **quel est le ~ de la réunion ?** * what's the agenda for the meeting? ◆ **au ~ du festival** in the festival programme *(Brit) ou* program *(US)* ◆ **au ~ de l'émission, il y a ...** lined up (for you) on the programme *(Brit) ou* program *(US)* is ... ◆ **au ~ de son voyage officiel, il ...** during his official visit, he ... **c** *(Ordin)* menu ◆ ~ **déroulant** pull-down menu

**menu², e** /məny/ **ADJ** **a** *(= fin) [doigt, tige, taille]* slender, slim; *[personne]* slim, slight; *[pied]* slender; *[herbe]* fine; *[écriture]* small, tiny; *[voix]* thin ◆ **en ~s morceaux** in tiny pieces

**b** *(= peu important) [difficultés, incidents, préoccupations]* minor, petty, trifling ◆ **dire/raconter dans les ~s détails** to tell/relate in minute detail ◆ **~s frais** incidental *ou* minor expenses ◆ ~ **fretin** *(lit, fig)* small fry ◆ **~s larcins** pilferage, pilfering ◆ **~e monnaie** small *ou* loose change ◆ ~ **peuple** humble folk ◆ **Menus Plaisirs** *(Hist)* (royal) entertainment *(NonC)* ◆ **se réserver de l'argent pour ses ~s plaisirs** to keep some money by for (one's) amusements ◆ **~s propos** small talk *(NonC)*

**c** *(loc)* **par le ~** in detail ◆ **raconter qch par le ~** to relate sth in great detail ◆ **on fit par le ~ la liste des fournitures** they made a detailed list of the supplies

**ADV** *[couper, hacher, piler]* fine(ly) ◆ **écrire ~** to write small

**menuet** /mənɥɛ/ **NM** minuet

**menuiserie** /mənɥizʀi/ **NF** **a** *(= métier)* joinery; *(pour le bâtiment)* carpentry ◆ ~ **d'art** cabinetwork ◆ **spécialiste en ~ métallique** specialist in metal fittings *(for doors, windows etc)* ◆ **faire de la ~** *(passe-temps)* to do woodwork *ou* carpentry *ou* joinery **b** *(= atelier)* joiner's workshop **c** *(= ouvrage)* woodwork *(NonC)*, joinery *(NonC)*, carpentry *(NonC)*

**menuisier** /mənɥizje/ **NM** *[de meubles]* joiner; *[de bâtiment]* carpenter ◆ ~ **d'art** cabinet-maker

**Méphistophélès** /mefistɔfelɛs/ **NM** Mephistopheles

**méphistophélique** /mefistɔfelik/ **ADJ** Mephistophelean

**méphitique** /mefitik/ **ADJ** noxious, noisome †, mephitic

**méphitisme** /mefitism/ **NM** sulphurous (air) pollution

**méplat** /mepla/ **NM** *(Anat, Archit)* plane

**méprendre (se)** /mepʀɑ̃dʀ/ ▸ **conjug 58** ◂ **VPR** *(littér)* to make a mistake, to be mistaken (*sur* about); ◆ **se ~ sur qn** to misjudge sb, to be mistaken about sb ◆ **se ~ sur qch** to make a mistake about sth, to misunderstand sth ◆ **ils se ressemblent tellement que c'est à s'y ~** *ou* **qu'on pourrait s'y ~** they are so alike that you can't tell them apart *ou* that it's difficult to tell which is which

**mépris** /mepʀi/ **NM** **a** *(= mésestime)* contempt, scorn ◆ **avoir** *ou* **éprouver du ~ pour qn** to despise sb, to feel contempt for sb ◆ **sourire/regard de ~** scornful *ou* contemptuous smile/look ◆ **avec ~** contemptuously, scornfully, with contempt *ou* scorn **b** *(= indifférence)* ~ **de** *ou* **pour** *[+ argent, gens, honneurs, danger]* contempt for, disregard for ◆ **avoir le ~ des convenances/traditions** to have no regard for conventions/traditions ◆ **au ~ du danger/des lois/de l'opinion publique** regardless *ou* in defiance of danger/the law/public opinion ◆ **au ~ de leur (propre) vie** without giving a single thought to *ou* without thought for their own lives

**méprisable** /mepʀizabl/ **ADJ** contemptible, despicable

**méprisant, e** /mepʀizɑ̃, ɑ̃t/ **ADJ** contemptuous, scornful; *(= hautain)* disdainful

**méprise** /mepʀiz/ **NF** *(= erreur)* mistake, error; *(= malentendu)* misunderstanding ◆ **par ~** by mistake

**mépriser** /mepʀize/ ▸ **conjug 1** ◂ **VT** *[+ personne]* to despise, to look down on; *[+ danger, conseil, offre]* to scorn, to spurn; *[+ vice, faiblesse]* to scorn, to despise ◆ ~ **les conventions** to scorn *ou* spurn convention

**mer** /mɛʀ/ **NF** **a** *(= océan)* sea ◆ ~ **fermée** *ou* **intérieure** inland *ou* landlocked sea ◆ ~ **de glace** glacier ◆ ~ **de sable** sea of sand ◆ **naviguer sur une ~ d'huile** to sail on a glassy sea *ou* on a sea as calm as a millpond ◆ **aller à la ~** to go to the seaside ◆ **il a navigué sur toutes les ~s** he has sailed the seven seas ◆ **vent/port de ~** sea breeze/harbour ◆ **gens de ~** sailors, seafarers, seafaring men ◆ **coup de ~** heavy swell; → **bras, mal²**

**b** *(= marée)* tide ◆ **la ~ est haute** *ou* **pleine/basse** the tide is high *ou* in/low *ou* out ◆ **c'est la haute** *ou* **pleine/basse ~** it is high/low tide

**c** *(loc)* **en ~** at sea ◆ **en haute** *ou* **pleine ~** out at sea, on the open sea ◆ **prendre la ~** *[personne, bateau]* to put out to sea ◆ **mettre une embarcation à la ~** to launch a boat ◆ **bateau qui tient bien la ~** good seagoing boat ◆ **aller/voyager par ~** to go/travel by sea ◆ **ce n'est pas la ~ à boire !** * it's no big deal! ◆ **j'avalerais** *ou* **boirais la ~ et les poissons** I could drink gallons (and gallons)

**COMP** ▹ **la mer des Antilles** the Caribbean (Sea) ▹ **la mer d'Aral** the Aral Sea ▹ **la mer d'Azov** the Sea of Azov ▹ **la mer des Caraïbes** the Caribbean (Sea) ▹ **la mer Caspienne** the Caspian Sea ▹ **la mer de Chine** the China Sea ▹ **la mer Égée** the Aegean Sea ▹ **la mer Icarienne** the Icarian Sea ▹ **la mer Ionienne** the Ionian Sea ▹ **la mer d'Irlande** the Irish Sea ▹ **la mer d'Iroise** the Iroise Sea ▹ **la mer de Marmara** the Sea of Marmara ▹ **la mer Morte** the Dead Sea ▹ **la mer Noire** the Black Sea ▹ **la mer du Nord** the North Sea ▹ **la mer d'Oman** the sea of Oman ▹ **la mer Rouge** the Red Sea ▹ **la mer des Sargasses** the Sargasso Sea ▹ **les mers du Sud** the South Seas ▹ **la mer Tyrrhénienne** the Tyrrhenian Sea

**mercanti** /mɛʀkɑ̃ti/ **NM** *(péj)* profiteer; *(= marchand oriental ou africain)* bazaar merchant

**mercantile** /mɛʀkɑ̃til/ **ADJ** *(péj)* mercenary, venal

**mercantilisme** /mɛʀkɑ̃tilism/ **NM** *(péj)* mercenary *ou* venal attitude; *(Écon, Hist)* mercantile system, mercantilism

**mercantiliste** /mɛʀkɑ̃tilist/ **ADJ, NM** mercantilist

**mercatique** /mɛʀkatik/ **NF** marketing

**mercenaire** /mɛʀsənɛʀ/ **ADJ** *[soldat]* mercenary, hired; *(péj) [attitude, personne]* mercenary **NM** *(Mil)* mercenary ◆ **tous ces ~s qui se vendent au plus offrant** *(péj)* all these mercenary individuals who sell themselves to the highest bidder

**mercerie** /mɛʀsəʀi/ **NF** *(= boutique)* haberdasher's shop *(Brit)*, notions store *(US)*; *(= articles)* haberdashery *(Brit)*, notions *(US)*, dry goods *(US)*; *(= profession)* haberdashery *(Brit) ou* notions *(US)* (trade)

**mercerisé** /mɛʀsəʀize/ **ADJ** ◆ **coton ~** mercerized cotton

**merchandising** /mɛʀʃɑ̃dajziŋ, mɛʀʃɑ̃diziŋ/ **NM** merchandising

**merci** /mɛʀsi/ **GRAMMAIRE ACTIVE 48.1, 49, 52.4**

**EXCL** **a** *(pour remercier)* thank you ◆ ~ **bien** thank you, many thanks ◆ ~ **beaucoup** thank you very much, thanks a lot * ◆ ~ **mille fois** thank you (ever) so much ◆ ~ **de** *ou* **pour votre carte** thank you for your card ◆ ~ **d'avoir répondu** thank you for replying ◆ **sans même me dire ~** without even thanking me, without even saying thank you ◆ ~ **du compliment !** *(iro)* thanks for the compliment! ◆ ~ **mon chien !** * *(iro)* thank you too! *(iro)*, don't bother saying thank you! *(iro)*; → **dieu**

**b** *(pour accepter)* **du lait ? – (oui) ~** some milk? — (yes) please

**c** *(pour refuser)* **Cognac ? – (non) ~** Cognac? — no thank you ◆ **y retourner ? ~ (bien) !** go back there? no thank you!

**NM** thank-you ◆ **je n'ai pas eu un ~** I didn't get *ou* hear a word of thanks ◆ **nous vous devons/nous devons vous dire un grand ~ pour ...** we owe you/we must say a big thank-you for ... ◆ **et encore un grand ~ pour votre cadeau** and once again thank you so much *ou* many thanks for your present ◆ **mille ~s** many thanks

**NF** *(= pitié)* mercy ◆ **crier/implorer ~** to cry/beg for mercy

◆ **sans merci** *[concurrence]* merciless, ruthless; *[guerre, lutte]* ruthless *[combattre]* ruthlessly

◆ **à merci** ◆ **exploitable à ~** liable to be ruthlessly exploited, open to ruthless exploitation ◆ **réduire à ~** to force into submission

◆ **à la merci de** ◆ **à la ~ de qn** at sb's mercy ◆ **tout le monde est à la ~ d'une erreur** anyone can make a mistake ◆ **nous sommes toujours à la ~ d'un accident** accidents can happen at any time

**mercier, -ière** /mɛʀsje, jɛʀ/ **NM,F** haberdasher *(Brit)*, notions dealer *(US)*

**mercredi** /mɛʀkʀədi/ **NM** Wednesday ◆ ~ **des Cendres** Ash Wednesday; *pour autres loc voir* **samedi** **EXCL** * sugar! *, shoot! * *(US)*

**mercure** /mɛʀkyʀ/ **NM** **a** *(Chim)* mercury **b** *(Astron, Myth)* **Mercure** Mercury

**mercuriale** /mɛʀkyʀjal/ **NF** **a** *(littér = reproche)* reprimand, rebuke **b** *(Bot)* mercury **c** *(Comm)* market price list

**mercurochrome** ® /mɛʀkyʀokʀom/ **NM** Mercurochrome ®

**merde** /mɛʀd/ **NF** ** **a** *(= excrément)* shit **; *(= étron)* turd ** ◆ **une ~ de chien** some dog shit **, a dog turd **

**b** *(= livre, film)* crap ** ◆ **son dernier bouquin est de la vraie** *ou* **une vraie ~** his latest book is a load of crap ** ◆ **quelle voiture de ~ !** what a fucking awful car! **, what a shitty car! ** ◆ **quel boulot de ~ !** what a crap ** *ou* shitty ** job!

**c** *(= ennuis)* **quelle ~ !** shit! ** ◆ **la moto est en panne, quelle ~** *ou* **c'est la ~ !** the bike's broken down, what a bummer! * ◆ **on est dans la ~** we're really in the shit **, we're in one hell of a mess * ◆ **ils sont venus pour foutre ** la ~** they came to cause trouble ◆ **il a mis** *ou* **foutu ** la ~ dans mes affaires** he messed up * my things ◆ **mettre** *ou* **foutre ** qn dans la ~** to land sb in the shit ** ◆ **il ne m'arrive que des ~s** I've had one goddam * problem after another

**d** *(loc)* **je te dis ~ !** *(insulte)* you can go to hell! *; *(bonne chance)* good luck!, break a leg! * ◆ **tu le veux, oui ou ~ ?** for Christ's sake *ou* for God's sake, do you want it or not? * ◆ **tu as de la ~ dans les yeux !** are you blind or what? * ◆ **il ne se prend pas pour de la** *ou* **une** ~ he thinks the sun shines out of his arse** *(Brit)* *ou* ass** *(US)*, he thinks his shit doesn't stink** *(US)*

**EXCL** * *(impatience, contrariété)* hell! *, shit! **, *(indignation, surprise)* shit! **, bloody hell! * *(Brit)* ◆ ~ **alors !** damn *!

**merder** ** /mɛʀde/ ▸ conjug 1 ◂ **VI** *[personne]* to cock up *, to fuck up ** ◆ **t'arrives à le réparer ? – non, ça merde** can you fix it? – no, it's knackered * ◆ **le projet a merdé du début à la fin** the project was a bloody ** *(Brit)* *ou* goddam * *(US)* mess *ou* shambles from start to finish ◆ **j'ai merdé en anglais/à l'écrit** I fucked up ** my English exam/the written paper

**merdeux, -euse** ** /mɛʀdø, øz/ **ADJ** shitty ** ◆ **il se sent** ~ he feels shitty ** **NM,F** squirt *, twerp *

**merdier** ** /mɛʀdje/ **NM** *(= situation)* fuck-up **, muck-up *; *(= désordre)* shambles *(sg)* ◆ **être dans un beau** ~ to be really in the shit ** to be up shit creek (without a paddle) ** ◆ **c'est le** ~ **dans ses dossiers** his files are an absolute shambles

**merdique** * /mɛʀdik/ **ADJ** *[film, discours, idée]* pathetic, moronic, crappy ** ◆ **c'était** ~, **cette soirée** that party was the pits * *ou* was bloody awful ** *(Brit)*

**merdouille** * /mɛʀduj/ **NF** ⇒ **merde**

**merdouiller** * /mɛʀduje/ ▸ conjug 1 ◂ **VI** ⇒ **merder**

**mère** /mɛʀ/ **NF** **a** *(= génitrice)* mother ◆ **elle est** ~ **de quatre enfants** she is a *ou* the mother of four (children) ◆ **tu es une** ~ **pour moi** *(fig hum)* you are like a mother to me ◆ **la France,** ~ **des arts** *(littér)* France, mother of the arts ◆ **frères par la** ~ half-brothers (on the mother's side) ◆ **devenir** ~ to become a mother; → **Madame, reine**

**b** *(= femme)* **la** ~ **Morand** * *(péj)* old mother Morand, old Ma Morand *(péj)* ◆ **allons la petite** ~, **dépêchez-vous !** * come on missis, hurry up! * ◆ **ma petite** ~ *(affectueux : à une enfant, un animal)* my little pet *ou* love ◆ **bonjour,** ~ **Martin** *(dial)* good day to you, Mrs Martin

**c** *(Rel)* mother ◆ **(la) Mère Catherine** Mother Catherine ◆ **oui, ma** ~ yes, Mother

**d** *(Tech = moule)* mould

**e** *(apposition : après n)* *(= cellule, compagnie)* parent ◆ **fichier** ~ *(Ordin)* mother file ◆ **langue** ~ *(Ling)* mother tongue *ou* language; → **carte, maison**

**COMP** ▷ **Mère abbesse** mother abbess ▷ **mère d'accueil** ⇒ **mère porteuse** ▷ **mère biologique** natural *ou* biological mother ▷ **mère de famille** mother, housewife ▷ **mère génétique** ⇒ **mère biologique** ▷ **mère patrie** motherland ▷ **mère porteuse** surrogate mother ▷ **mère poule** * mother hen ◆ **c'est une vraie** ~ **poule** *, **elle est très** ~ **poule** * she's a real mother hen ▷ **mère de substitution** ⇒ **mère porteuse** ▷ **Mère supérieure** Mother Superior ▷ **mère de vinaigre** mother of vinegar

**mère-grand** † (pl **mères-grand**) /mɛʀgʀɑ̃/ **NF** grandma

**merguez** /mɛʀgɛz/ **NF** merguez sausage *(type of spicy sausage from North Africa)*

**mergule** /mɛʀgyl/ **NM** ◆ ~ **(nain)** little auk

**méridien, -ienne** /meʀidjɛ̃, jɛn/ **ADJ** *(Sci)* meridian; *(littér)* meridian *(littér)*, midday *(épith)* **NM** *(Astron, Géog)* meridian ◆ ~ **d'origine** prime meridian ◆ **le** ~ **de Greenwich** the Greenwich meridian **NF** **méridienne** **a** *(Astron)* meridian line; *(Géodésie)* line of triangulation points **b** *(= fauteuil)* meridienne **c** *(littér = sieste)* siesta

**méridional, e** (mpl **-aux**) /meʀidjɔnal, o/ **ADJ** *(= du Sud)* southern; *(= du sud de la France)* Southern (French) **NM,F** **Méridional(e)** *(= du Sud)* Southerner; *(= du sud de la France)* Southern Frenchman (*ou* Frenchwoman), Southerner

**meringue** /məʀɛ̃g/ **NF** meringue

**meringuer** /məʀɛ̃ge/ ▸ conjug 1 ◂ **VT** *(gén ptp)* to coat *ou* cover with meringue ◆ **tarte au citron meringuée** lemon meringue pie

**mérinos** /meʀinos/ **NM** merino; → **pisser**

**merise** /məʀiz/ **NF** wild cherry

**merisier** /məʀizje/ **NM** *(= arbre)* wild cherry (tree); *(= bois)* cherry (wood)

**méritant, e** /meʀitɑ̃, ɑt/ **ADJ** deserving

**mérite** /meʀit/ **NM** **a** *(= vertu intrinsèque)* merit; *(= respect accordé)* credit ◆ **le** ~ **de cet homme est grand** he is a man of great merit ◆ **il n'en a que plus de** ~ he deserves all the more credit, it's all the more to his credit ◆ **il n'y a aucun** ~ **à cela** there's no merit in that ◆ **tout le** ~ **lui revient** all the credit is due to him, he deserves all the credit ◆ **il a le grand** ~ **d'avoir réussi** it's greatly to his credit that *ou* his great merit is that he succeeded ◆ **il a au moins le** ~ **d'être franc** at least he's frank ◆ **cette explication a la** ~ **de la clarté** this explanation has the virtue of being clear ◆ **elle a bien du** ~ **de le supporter** she deserves a lot of credit for putting up with him

**b** *(= valeur)* merit, worth; *(= qualité)* quality ◆ **salaire au** ~ merit pay ◆ **promotion au** ~ promotion on merit ◆ **de grand** ~ of great worth *ou* merit ◆ **ce n'est pas sans** ~ it's not without merit ◆ **si nombreux que soient ses** ~**s** however many qualities he may have ◆ **son geste n'a eu d'autre** ~ **que ...** the only good point about *ou* merit in what he did was that ...

**c** *(= décoration)* **l'ordre national du Mérite** the national order of merit *(French decoration)*

**d** *(Rel)* ~**(s) du Christ** merits of Christ

**mériter** /meʀite/ ▸ conjug 1 ◂ **VT** **a** *[+ louange, châtiment]* to deserve, to merit ◆ **il mérite la prison** he deserves to go to prison ◆ **tu mériterais qu'on t'en fasse autant** you deserve (to get) the same treatment ◆ ~ **l'estime de qn** to be worthy of *ou* deserve *ou* merit sb's esteem ◆ **tu n'as que ce que tu mérites** you've got what you deserved, it serves you right ◆ **un repos bien mérité** a well-deserved rest ◆ **on a les amis qu'on mérite** you have the friends you deserve ◆ **ça se mérite !** you have to earn it!

**b** *(= valoir)* to merit, to deserve, to be worth; *(= exiger)* to call for, to require ◆ **le fait mérite d'être noté** the fact is worth noting, the fact is worthy of note ◆ **ceci mérite réflexion** *ou* **qu'on y réfléchisse** *(exiger)* this calls for *ou* requires careful thought; *(valoir)* this merits *ou* deserves careful thought ◆ **ça lui a mérité le respect de tous** this earned him everyone's respect

**c** ◆ **il a bien mérité de la patrie** *(frm)* he deserves well of his country; *(hum)* he deserves a medal for that

**méritocratie** /meʀitɔkʀasi/ **NF** meritocracy

**méritocratique** /meʀitɔkʀatik/ **ADJ** meritocratic

**méritoire** /meʀitwaʀ/ **ADJ** praiseworthy, meritorious *(frm)*

**merlan** /mɛʀlɑ̃/ **NM** **a** *(Zool)* whiting **b** († * = *coiffeur)* barber, hairdresser **c** *(Boucherie)* ≃ topside *(Brit)*, top round *(US)*

**merle** /mɛʀl/ **NM** **a** *(Orn)* blackbird ◆ ~ **à plastron** ring ouzel **b** *(Can)* *(Orn)* (American) robin

**merlette** /mɛʀlɛt/ **NF** female blackbird, she-blackbird

**merlin** /mɛʀlɛ̃/ **NM** **a** *[de bûcheron]* axe; *(Boucherie)* cleaver **b** *(Naut)* marline

**merlu** /mɛʀly/ **NM** hake

**merluche** /mɛʀlyʃ/ **NF** **a** *(Culin)* dried cod, stockfish **b** ⇒ **merlu**

**merluchon** /mɛʀlyʃɔ̃/ **NM** small hake

**mérou** /meʀu/ **NM** grouper

**mérovingien, -ienne** /meʀɔvɛ̃ʒjɛ̃, jɛn/ **ADJ** Merovingian **NM,F** **Mérovingien(ne)** Merovingian

**merveille** /mɛʀvɛj/ **NF** **a** *(= chose exceptionnelle)* marvel, wonder ◆ **les** ~**s de la technique moderne** the wonders *ou* marvels of modern technology ◆ **cette montre est une** ~ **de précision** this watch is a marvel of precision ◆ **les** ~**s de la nature** the wonders of nature ◆ **cette machine est une (petite)** ~ this machine is a (little) marvel ◆ **regarde ma bague – quelle** ~ **!** look at my ring – it's beautiful! ◆ **faire** ~ *ou* **des** ~**s** to work wonders ◆ **c'est** ~ **que vous soyez vivant** it's a wonder *ou* a marvel that you are alive ◆ **on en dit** ~ *ou* **des** ~**s** people say it's marvellous; → **huitième, sept**

**b** *(Culin)* fritter

**LOC ADV** **à merveille** perfectly, wonderfully, marvellously ◆ **cela te va à** ~ it suits you perfectly *ou* to perfection ◆ **se porter à** ~ to be in excellent health, to be in the best of health ◆ **ça s'est passé à** ~ it went off like a dream *ou* without a single hitch ◆ **ça tombe à** ~ this comes at an ideal moment *ou* just at the right time

**merveilleusement** /mɛʀvɛjøzmɑ̃/ **ADV** *[propre]* wonderfully, amazingly; *[interpréter]* brilliantly ◆ **elle joue** ~ **bien au tennis** she's a brilliant tennis player ◆ **la maison est** ~ **située** the house is in a marvellous position ◆ **l'endroit se prête** ~ **à ce genre de festival** the place is wonderful for this kind of festival

**merveilleux, -euse** /mɛʀvɛjø, øz/ **ADJ** **a** *(= magnifique)* *[paysage, bijoux]* wonderful **b** *(= sensationnel)* *[nouvelle, événement heureux, personne]* wonderful, fantastic ◆ **il est** ~ **de dévouement** he's wonderfully devoted **c** *(après n = surnaturel)* magic **NM** ◆ **le** ~ the supernatural; *(Art, Littérat)* the fantastic element **NF** **merveilleuse** *(Hist)* fine lady, belle

**mes** /me/ **ADJ POSS** → **mon**

**mésalliance** /mezaljɑ̃s/ **NF** misalliance, marriage beneath one's station † ◆ **faire une** ~ to marry beneath o.s. *ou* one's station †

**mésallier (se)** /mezalje/ ▸ conjug 7 ◂ **VPR** to marry beneath o.s. *ou* one's station †

**mésange** /mezɑ̃ʒ/ **NF** tit(mouse) ◆ ~ **bleue** blue tit ◆ ~ **charbonnière** great tit ◆ ~ **huppée** crested tit ◆ ~ **à longue queue** long-tailed tit ◆ ~ **noire** coal tit

**mésaventure** /mezavɑ̃tyʀ/ **NF** misadventure ◆ **il a connu bien des** ~**s** he's had many misadventures ◆ **après la récente** ~ **survenue à notre navigateur** after our navigator's recent misadventure *ou* accident

**mescaline** /mɛskalin/ **NF** mescaline

**mesclun** /mɛsklœ̃/ **NM** mixed green salad

**Mesdames** /medam/ **NFPL** → **Madame**

**Mesdemoiselles** /medmwazɛl/ **NFPL** → **Mademoiselle**

**mésencéphale** /mezɑ̃sefal/ **NM** midbrain, mesencephalon *(SPÉC)*

**mésentente** /mezɑ̃tɑ̃t/ **NF** *(= désaccord profond)* dissension, disagreement; *(= incompréhension)* misunderstanding ◆ **la** ~ **règne dans**

**leur famille** there is constant disagreement in their family ◆ **il y a eu (une) ~ entre les deux joueurs** *(Sport)* the two players misread each other ◆ **faire le ménage est une source de ~ conjugale** housework is a source of marital strife ◆ **~ sexuelle** sexual incompatibility

**mésentère** /mezɑ̃tɛʀ/ NM mesentery

**mésestime** /mezɛstim/ NF *(littér) [de personne]* low regard, low esteem ◆ **tenir qn en ~** to have little regard for sb, to hold sb in low esteem

**mésestimer** /mezɛstime/ ▸ conjug 1 ◂ VT *(littér = sous-estimer) [+ difficulté, adversaire]* to underestimate, to underrate; *[+ opinion]* to set little store by, to have little regard for; *[+ personne]* to have little regard for, to hold in low esteem

**mésintelligence** /mezɛ̃teliʒɑ̃s/ NF disagreement (*entre* between) dissension, discord

**mesmérisme** /mɛsmeʀism/ NM mesmerism

**mésoderme** /mezɔdɛʀm/ NM mesoderm, mesoblast

**mésolithique** /mezɔlitik/ ADJ Mesolithic NM ◆ **le ~** the Mesolithic

**méson** /mezɔ̃/ NM meson

**Mésopotamie** /mezɔpɔtami/ NF Mesopotamia

**mésopotamien, -ienne** /mezɔpɔtamjɛ̃, jɛn/ ADJ Mesopotamian NM,F **Mésopotamien(ne)** Mesopotamian

**mésothérapie** /mezoteʀapi/ NF mesotherapy

**mésozoïque** /mezɔzɔik/ ADJ Mesozoic NM ◆ **le ~** the Mesozoic (era)

**mesquin, e** /mɛskɛ̃, in/ ADJ *(= avare)* stingy, mean *(Brit)*; *(= vil)* mean, petty ◆ **c'est un esprit ~** he is a mean-minded *ou* small-minded *ou* petty person ◆ **le repas faisait un peu ~** the meal was a bit stingy

**mesquinement** /mɛskinmɑ̃/ ADV *[agir]* meanly, pettily

**mesquinerie** /mɛskinʀi/ NF *(= bassesse)* meanness, pettiness; *(= avarice)* stinginess, meanness; *(= procédé)* mean *ou* petty trick

**mess** /mɛs/ NM *(Mil)* mess

**message** /mesaʒ/ GRAMMAIRE ACTIVE 54.3 NM *(gén, Jur, Littérat, Tech)* message ◆ **~ chiffré** coded message, message in code *ou* cipher ◆ **~ publicitaire** *ou* **commercial** commercial, advertisement ◆ **~ téléphoné** telegram *(dictated by telephone)* ◆ **film/chanson à ~** film/song with a message ◆ **dans ce livre, l'auteur essaie de faire passer un ~** the author tries to put a message across in this book ◆ **j'espère que le ~ est passé** I hope they've (*ou* he's *etc*) got the message ◆ **j'ai compris le ~ !** I got the message!

**messager, -ère** /mesaʒe, ɛʀ/ NM,F messenger ◆ **~ de bonheur/du printemps** *(littér)* harbinger of glad tidings/of spring *(littér)* ◆ **~ de malheur** bearer of bad tidings *ou* news NM *(= appareil)* ◆ **~ (de poche)** pager

**messagerie** /mesaʒʀi/ NF **a** *(Transport)* **(service de) ~s** parcel service ◆ **~s aériennes/maritimes** *(= entreprise)* air freight/shipping company ◆ **~s de presse** press distribution service ◆ **les ~s royales** *(Hist)* the royal mail-coach service **b** *(Ordin, Téléc)* **~ électronique** electronic mail, e-mail ◆ **~ vocale** *(Internet)* voice mail; → **rose**

**messe** /mɛs/ NF *(Mus, Rel)* mass ◆ **aller à la ~** to go to mass ◆ **célébrer la ~** to celebrate mass ◆ **entendre la ~** to hear *ou* attend mass ◆ **la ~ est dite** *(fig)* the die is cast; → **livre**[1] COMP ▷ **messe basse** *(Rel)* low mass ◆ **~s basses** *(péj)* muttering, muttered conversation *ou* talk ◆ **finissez vos ~s basses** stop muttering *ou* whispering together ▷ **messe chantée** sung mass ▷ **messe de minuit** midnight mass ▷ **messe des morts** mass for the dead ▷ **messe noire** black mass

**Messeigneurs** /mesɛɲœʀ/ NMPL → **Monseigneur**

**messeoir** †† /meswaʀ/ ▸ conjug 26 ◂ VI *(littér) (moralement)* to be unseemly *(littér)* (*à* for) to ill befit *(littér)*; *(pour l'allure)* to ill become *(littér)*, to be unbecoming *(littér)* (*à* to); ◆ **avec un air qui ne lui messied pas** with a look that is not unbecoming to him ◆ **il vous messiérait de le faire** it would be unseemly for you to do it, it would ill become you to do it

**messianique** /mesjanik/ ADJ messianic

**messianisme** /mesjanism/ NM *(Rel, fig)* messianism ◆ **la tendance au ~ de certains révolutionnaires** the messianic tendencies of certain revolutionaries

**messidor** /mesidɔʀ/ NM Messidor *(tenth month in the French Republican Calendar)*

**messie** /mesi/ NM messiah ◆ **le Messie** the Messiah ◆ **ils l'ont accueilli comme le Messie** they welcomed him like a saviour *ou* the Messiah; → **attendre**

**Messieurs** /mesjø/ NMPL → **Monsieur**

**messire** †† /mesiʀ/ NM *(= noble)* my lord; *(= bourgeois)* Master ◆ **oui ~** yes my lord, yes sir ◆ **~ Jean** my lord John, master John

**mestrance** /mɛstʀɑ̃s/ NF ⇒ **maistrance**

**mestre** /mɛstʀ/ NM *(Naut)* mainmast

**mesurable** /məzyʀabl/ ADJ *[grandeur, quantité]* measurable ◆ **difficilement ~** *[grandeur, quantité]* hard to measure; *[conséquences, impact]* difficult to assess

**mesure** /m(ə)zyʀ/ GRAMMAIRE ACTIVE 43.4, 53.6 NF **a** *(= évaluation, dimension)* measurement ◆ **appareil de ~** measuring instrument *ou* device ◆ **système de ~** system of measurement ◆ **prendre les ~s de qch** to take the measurements of sth; → **poids**

**b** *(= taille)* **la ~ de ses forces/sentiments** the measure of his strength/feelings ◆ **monde/ville à la ~ de l'homme** world/town on a human scale ◆ **il est à ma ~** *[de travail]* it's within my capabilities, I am able to do it; *[d'adversaire]* he's a match for me ◆ **trouver un adversaire à sa ~** to find one's match ◆ **le résultat n'est pas à la ~ de nos espérances** the result is not up to our expectations ◆ **prendre la (juste *ou* pleine) ~ de qn/qch** to size sb/sth up, to get the measure of sb/sth ◆ **donner (toute) sa ~** *ou* **sa pleine ~** to show one's worth, to show what one is capable of *ou* made of ◆ **elle a donné toute la ~ de son talent** she showed the (full) extent of her talent

**c** *(= unité, récipient, quantité)* measure ◆ **~ de capacité** *(pour liquides)* liquid measure; *(pour poudre, grains)* dry measure ◆ **~ de superficie/volume** square/cubic measure ◆ **~ de longueur** measure of length ◆ **~ graduée** measuring jug ◆ **donne-lui deux ~s d'avoine** give it two measures of oats ◆ **faire bonne ~** to give good measure ◆ **pour faire bonne ~** *(fig)* for good measure

**d** *(= quantité souhaitable)* **la juste** *ou* **bonne ~** the happy medium ◆ **la ~ est comble** that's the limit ◆ **dépasser** *ou* **excéder** *ou* **passer la ~** to overstep the mark, to go too far ◆ **boire outre ~** to drink immoderately *ou* to excess ◆ **cela ne me gêne pas outre ~** that doesn't bother me overmuch, I'm not too bothered

**e** *(= modération)* moderation ◆ **il n'a pas le sens de la ~** he has no sense of moderation ◆ **avec ~** with *ou* in moderation ◆ **il a beaucoup de ~** he's very moderate ◆ **se dépenser sans ~** *(= se dévouer)* to give one's all; *(= se fatiguer)* to overtax one's strength *ou* o.s.

**f** *(= disposition, moyen)* measure, step ◆ **~s d'hygiène** health *ou* hygiene measures ◆ **par ~ d'hygiène** in the interest of hygiene ◆ **~s sociales** social measures ◆ **~s de soutien à l'économie** measures to bolster the economy ◆ **~s de rétorsion** reprisals, retaliatory measures ◆ **prendre des ~s d'urgence** to take emergency action *ou* measures ◆ **il faut prendre les ~s nécessaires pour ...** the necessary measures *ou* steps must be taken to ... ◆ **par ~ de restriction** as a restrictive measure

**g** *(Mus) (= cadence)* time, tempo; *(= division)* bar; *(Poésie)* metre ◆ **en ~** in time *ou* tempo ◆ **~ composée/simple/à deux temps/à quatre temps** compound/simple/duple/common *ou* four-four time ◆ **être/ne pas être en ~** to be in/out of time ◆ **jouer quelques ~s** to play a few bars ◆ **deux ~s pour rien** two bars for nothing; → **battre**

**h** *(Habillement)* measure, measurement ◆ **prendre les ~s de qn** to take sb's measurements ◆ **ce costume est-il bien à ma ~ ?** *ou* **à mes ~s ?** is this suit my size?, will this suit fit me? ◆ **costume fait à la ~** made-to-measure suit

**i** *(Escrime)* (fencing) measure

**j** *(loc)*

♦ **sur mesure** ◆ **acheter** *ou* **s'habiller sur ~** to have one's clothes made to measure ◆ **costume fait sur ~** made-to-measure suit ◆ **c'est du sur ~** *(lit)* it's made to measure, it's tailor-made; *(fig)* it's tailor-made ◆ **j'ai un emploi du temps/un patron sur ~** my schedule/boss suits me down to the ground ◆ **c'est un rôle/emploi (fait) sur ~** it's a role/job that was tailor-made for me (*ou* him *etc*)

♦ **dans** + **mesure** ◆ **dans la ~ de mes forces** *ou* **capacités** as far as *ou* insofar as I am able, to the best of my ability ◆ **dans la ~ de mes moyens** as far as my circumstances permit, as far as I am able ◆ **dans la ~ du possible** as far as possible ◆ **dans la ~ où** inasmuch as, insofar as ◆ **dans une certaine ~** to some *ou* to a certain extent ◆ **dans une large ~** to a large extent, to a great extent ◆ **dans une moindre ~** to a lesser extent

♦ **être en mesure de faire qch** to be able to do sth; *(= avoir le droit)* to be in a position to do sth

♦ **au fur et à mesure** ◆ **il les pliait et me les passait au fur et à ~** he folded them and handed them to me one by one *ou* as he went along ◆ **tu devrais ranger tes dossiers au fur et à ~** you should put your files in order as you go along

♦ **(au fur et) à mesure que** as ◆ **(au fur et) à ~ que le temps passe** as time goes by

♦ **hors de mesure** out of proportion (*avec* with)

**mesuré, e** /məzyʀe/ (ptp de **mesurer**) ADJ *[ton]* steady; *[pas]* measured; *[personne, attitude, propos]* moderate ◆ **il est ~ dans ses paroles/ses actions** he is moderate *ou* temperate in his language/his actions

**mesurer** /məzyʀe/ ▸ conjug 1 ◂ VT **a** *[+ chose]* to measure; *[+ personne]* to take the measurements of, to measure (up); *(par le calcul) [+ distance, pression, volume]* to calculate; *[+ longueur à couper]* to measure off *ou* out ◆ **il a mesuré 3 cl d'acide** he measured out 3 cl of acid ◆ **il m'a mesuré 3 mètres de tissu** he measured me off *ou* out 3 metres of fabric ◆ **~ les autres à son aune** to judge others by one's own standards b *(= évaluer, juger) [+ risque, efficacité]* to assess, to weigh up; *[+ valeur d'une personne]* to assess, to rate ◆ **vous n'avez pas mesuré la portée de vos actes !** you did not weigh up *ou* consider the consequences of your actions! ◆ **on n'a pas encore mesuré l'étendue des dégâts** the extent of the damage has not yet been assessed ◆ ~ **les efforts aux** *ou* **d'après les résultats (obtenus)** to gauge *ou* assess the effort expended by *ou* according to the results (obtained) ◆ ~ **ses forces avec qn** to pit o.s. against sb, to measure one's strength with sb ◆ ~ **qn du regard** to look sb up and down

c *(= avoir pour taille)* to measure ◆ **cette pièce mesure 3 mètres sur 10** this room measures 3 metres by 10 ◆ **il mesure 1 mètre 80** *[personne]* he's 1 metre 80 tall; *[objet]* it's 1 metre 80 long *ou* high, it measures 1 metre 80

d *(avec parcimonie)* to limit ◆ **elle leur mesure la nourriture** she rations them on food, she limits their food ◆ **le temps nous est mesuré** our time is limited, we have only a limited amount of time

e *(avec modération)* ~ **ses paroles** *(= savoir rester poli)* to moderate one's language; *(= être prudent)* to weigh one's words

f *(= proportionner)* to match (*à, sur* to) to gear (*à, sur* to); ◆ ~ **le travail aux forces de qn** to match *ou* gear the work to sb's strength ◆ ~ **le châtiment à l'offense** to make the punishment fit the crime, to match the punishment to the crime; → **brebis**

VPR **se mesurer** ◆ **se ~ à** *ou* **avec** *[+ personne]* to pit o.s. against; *[+ difficulté]* to confront, to tackle ◆ **se ~ des yeux** to weigh *ou* size each other up

**mesureur** /məzyʀœʀ/ NM *(= personne)* measurer; *(= appareil)* gauge, measure ADJ M ◆ **verre** ~ measuring cup (*ou* glass *ou* jug)

**mésuser** /mezyze/ ► conjug 1 ◄ **mésuser de** VT INDIR *(littér) (gén)* to misuse ◆ ~ **de son pouvoir** to abuse one's power

**métabolique** /metabɔlik/ ADJ metabolic

**métaboliser** /metabɔlize/ ► conjug 1 ◄ VT *(Physiol)* to metabolize

**métabolisme** /metabɔlism/ NM metabolism

**métacarpe** /metakaʀp/ NM metacarpus

**métacarpien, -ienne** /metakaʀpjɛ̃, jɛn/ ADJ metacarpal NMPL **métacarpiens** metacarpals, metacarpal bones

**métairie** /meteʀi/ NF smallholding, farm *(held on a métayage agreement)*

**métal** (pl **-aux**) /metal, o/ NM a *(gén, Chim, Fin, Min)* metal ◆ ~ **blanc** white metal ◆ **le ~ jaune** *(Fin)* gold ◆ **les métaux précieux** precious metals ◆ **en ~ argenté/doré** *[couverts]* silver-/gold-plated b *(littér = matière)* metal *(littér)*, stuff

**métalangage** /metalɑ̃gaʒ/ NM, **métalangue** /metalɑ̃g/ NF metalanguage

**métalinguistique** /metalɛ̃gɥistik/ ADJ metalinguistic NF metalinguistics *(sg)*

**métallifère** /metalifɛʀ/ ADJ metalliferous *(SPÉC)*, metal-bearing *(épith)*

**métallique** /metalik/ ADJ a *(gén, Chim)* metallic; *[voix, couleur]* metallic; *[objet] (= en métal)* metal *(épith)*; *(= qui ressemble au métal)* metallic ◆ **bruit** *ou* **son** ~ *[de clés]* jangle, clank; *[d'épée]* clash b *(Fin)* → **encaisse, monnaie**

**métallisation** /metalizasjɔ̃/ NF *[de métal]* plating; *[de miroir]* silvering

**métallisé, e** /metalize/ (ptp de **métalliser**) ADJ *[bleu, gris]* metallic; *[peinture, couleur]* metallic, with a metallic finish; *[miroir]* silvered; *[papier]* metallic, metallized

**métalliser** /metalize/ ► conjug 1 ◄ VT a *(= couvrir) [+ surface]* to plate, to metallize; *[+ miroir]* to silver b *(= donner un aspect métallique à)* to give a metallic finish to

**métallo** * /metalo/ NM (abrév de **métallurgiste**) steelworker, metalworker

**métallographie** /metalɔgʀafi/ NF metallography

**métallographique** /metalɔgʀafik/ ADJ metallographic

**métalloïde** /metalɔid/ NM metalloid

**métalloplastique** /metaloplastik/ ADJ copper asbestos *(épith)*

**métallurgie** /metalyʀʒi/ NF *(= industrie)* metallurgical industry; *(= technique, travail)* metallurgy

**métallurgique** /metalyʀʒik/ ADJ metallurgic

**métallurgiste** /metalyʀʒist/ NM ◆ **(ouvrier)** ~ steelworker, metalworker ◆ **(industriel)** ~ metallurgist

**métamorphique** /metamɔʀfik/ ADJ metamorphic, metamorphous

**métamorphiser** /metamɔʀfize/ ► conjug 1 ◄ VT *(Géol)* to metamorphose

**métamorphisme** /metamɔʀfism/ NM metamorphism

**métamorphose** /metamɔʀfoz/ NF *(Bio, Myth)* metamorphosis; *(fig)* (complete) transformation, metamorphosis

**métamorphoser** /metamɔʀfoze/ ► conjug 1 ◄ VT *(Myth, fig)* to transform, to metamorphose *(gén pass)* (*en* into); ◆ **son succès l'a métamorphosé** his success has (completely) transformed him *ou* has made a new man of him VPR **se métamorphoser** *(Bio)* to be metamorphosed; *(Myth, fig)* to be transformed (*en* into)

**métaphore** /metafɔʀ/ NF metaphor ◆ **par** ~ metaphorically

**métaphorique** /metafɔʀik/ ADJ metaphorical

**métaphoriquement** /metafɔʀikmɑ̃/ ADV metaphorically

**métaphysicien, -ienne** /metafizisjɛ̃, jɛn/ ADJ metaphysical NM,F metaphysician, metaphysicist

**métaphysique** /metafizik/ ADJ *(Philos)* metaphysical; *[amour]* spiritual; *(péj) [argument]* abstruse, obscure NF *(Philos)* metaphysics *(sg)*

**métaphysiquement** /metafizikmɑ̃/ ADV metaphysically

**métapsychique** /metapsiʃik/ ADJ psychic ◆ **recherches ~s** psychic(al) research

**métapsychologie** /metapsikɔlɔʒi/ NF parapsychology, metapsychology

**métastase** /metastɑz/ NF metastasis ◆ **former des ~s** to metastasize ◆ **il a des ~s** he's got secondaries *ou* secondary cancer *ou* metastases *(SPÉC)*

**métastaser** /metastaze/ ► conjug 1 ◄ VI to metastasize

**métatarse** /metataʀs/ NM metatarsus

**métatarsien, -ienne** /metataʀsjɛ̃, jɛn/ ADJ metatarsal NMPL **métatarsiens** metatarsals, metatarsal bones

**métathèse** /metatɛz/ NF metathesis

**métayage** /metɛjaʒ/ NM métayage system *(where farmer pays rent in kind)*, sharecropping *(US)*

**métayer** /meteje/ NM (tenant) farmer *(paying rent in kind)*, sharecropper (tenant) *(US)*

**métayère** /metɛjɛʀ/ NF *(= épouse)* farmer's *ou* sharecropper's *(US)* wife; *(= paysanne)* (woman) farmer *ou* sharecropper *(US)*

**métazoaire** /metazɔɛʀ/ NM metazoan ◆ **les ~s** metazoans, Metazoa *(SPÉC)*

**méteil** /metɛj/ NM *mixed crop of wheat and rye*

**métempsycose** /metɑ̃psikoz/ NF metempsychosis, transmigration of the soul

**météo** /meteo/ ADJ abrév de **météorologique** NF a *(= science, service)* ⇒ **météorologie** b *(= bulletin)* (weather) forecast, weather report ◆ **la ~ est bonne/mauvaise** the weather forecast is good/bad ◆ **la ~ marine** the shipping forecast ◆ **présentateur (de la)** ~ weather forecaster, weatherman *

**météore** /meteɔʀ/ NM *(lit)* meteor ◆ **passer comme un** ~ *(fig)* to have a brief but brilliant career

**météorique** /meteɔʀik/ ADJ *(Astron)* meteoric

**météorisme** /meteɔʀism/ NM *(Méd)* meteorism

**météorite** /meteɔʀit/ NM *ou* NF meteorite

**météorologie** /meteɔʀɔlɔʒi/ NF *(Sci)* meteorology ◆ **la ~ nationale** *(= services)* the meteorological office, ≃ the Met Office * *(Brit)*, the Weather Bureau *(US)*

**météorologique** /meteɔʀɔlɔʒik/ ADJ *[phénomène, observation]* meteorological; *[conditions, carte, prévisions, station]* weather *(épith)*; → **bulletin**

**météorologiquement** /meteɔʀɔlɔʒikmɑ̃/ ADV meteorologically

**météorologiste** /meteɔʀɔlɔʒist/, **météorologue** /meteɔʀɔlɔg/ NMF meteorologist

**métèque** /metɛk/ NMF a (*** injurieux)* Mediterranean, wop ** *(injurieux)* b *(Hist)* metic

**méthadone** /metadɔn/ NF methadone

**méthane** /metan/ NM methane

**méthanier** /metanje/ NM (liquefied) gas carrier *ou* tanker

**méthanol** /metanɔl/ NM methanol

**méthode** /metɔd/ NF a *(= moyen)* method ◆ **de nouvelles ~s d'enseignement du français** new methods of *ou* for teaching French, new teaching methods for French ◆ **la ~ douce** the softly-softly approach ◆ **avoir une bonne ~ de travail** to have a good way *ou* method of working ◆ **avoir sa ~ pour faire qch** to have one's own way of *ou* method for *ou* of doing sth ◆ **elle n'a pas vraiment la ~ avec les enfants** she doesn't really know how to handle children, she's not very good with children ◆ **service des ~s** process planning department

b *(= ordre)* **il a beaucoup de** ~ he's very methodical, he's a man of method ◆ **il n'a aucune** ~ he's not in the least methodical, he has no (idea of) method ◆ **faire qch avec/sans** ~ to do sth methodically *ou* in a methodical way/unmethodically

c *(= livre)* manual, tutor ◆ ~ **de piano** piano manual *ou* tutor ◆ ~ **de latin** Latin primer

**méthodique** /metɔdik/ ADJ methodical

**méthodiquement** /metɔdikmɑ̃/ ADV methodically

**méthodisme** /metɔdism/ NM Methodism

**méthodiste** /metɔdist/ ADJ, NMF Methodist

**méthodologie** /metɔdɔlɔʒi/ NF methodology

**méthodologique** /metɔdɔlɔʒik/ ADJ methodological

**méthyle** /metil/ NM methyl

**méthylène** /metilɛn/ NM *(Comm)* methyl alcohol; *(Chim)* methylene; → **bleu**

**méthylique** /metilik/ ADJ methyl

**méticuleusement** /metikyløzmɑ̃/ **ADV** meticulously

**méticuleux, -euse** /metikylø, øz/ **ADJ** *[soin]* meticulous, scrupulous; *[personne]* meticulous ◆ **d'une propreté méticuleuse** *[endroit, objets]* spotlessly *ou* scrupulously clean

**méticulosité** /metikylozite/ **NF** meticulousness

**métier** /metje/ **NM** **a** *(= travail)* job; *(Admin)* occupation; *(commercial)* trade; *(artisanal)* craft; *(intellectuel)* profession ◆ ~ **manuel** manual job ◆ **donner un** ~ **à son fils** to have one's son learn a trade ◆ **enseigner son** ~ **à son fils** to teach one's son one's trade ◆ **il a fait tous les** ~**s** he's tried his hand at everything, he's done all sorts of jobs ◆ **après tout ils font leur** ~ they are only doing their job (after all) ◆ **les** ~**s du livre/de la communication** the publishing/communications industry ◆ **prendre le** ~ **des armes** to become a soldier, to join the army ◆ **les** ~**s de bouche** catering and allied trades; → **corps, gâcher**

**b** *(= technique)* (acquired) skill; *(= expérience)* experience ◆ **avoir du** ~ to have practical experience ◆ **manquer de** ~ to be lacking in practical experience ◆ **avoir deux ans de** ~ to have two years' experience, to have been in the job (*ou* trade *ou* profession) for two years

**c** *(loc)* **homme de** ~ expert, professional, specialist ◆ **il est plombier de son** ~ he is a plumber by trade ◆ **le plus vieux** ~ **du monde** *(euph)* the oldest profession (in the world) ◆ **il est du** ~ he is in the trade ◆ **il connaît son** ~ he knows his job, he's good at his job ◆ **je connais mon** ~ ! I know what I'm doing! ◆ **tu ne vas pas m'apprendre mon** ~ ! you're not going to teach me my job! ◆ **ce n'est pas mon** ~ it's not my job ◆ **c'est le** ~ **qui rentre** * *(hum)* it's just learning the hard way ◆ **chacun son** ~ **(et les vaches seront bien gardées)** you should stick to what you know

**d** *(Tech = machine)* loom ◆ ~ **à tisser** (weaving) loom ◆ ~ **à filer** spinning frame ◆ ~ **à broder** embroidery frame ◆ **remettre qch sur le** ~ *(littér)* to make some improvements to sth ◆ **vingt fois sur le** ~ **remettez votre ouvrage** you should keep going back to your work and improving it

**métis, -isse** /metis/ **ADJ** *[personne]* mixed-race *(épith)*, of mixed race *(attrib)*; *[animal]* crossbred; *[chien]* crossbred, mongrel; *[plante]* hybrid; *[tissu, toile]* made of cotton and linen **NM,F** *(= personne)* person of mixed race; *(= animal)* crossbreed; *(= chien)* crossbreed, mongrel; *(= plante)* hybrid **NM** *(Tex)* ◆ **toile/drap de** ~ linen-cotton mix *ou* blend fabric/sheet

**métissage** /metisaʒ/ **NM** *[d'animaux]* crossbreeding, crossing; *[de plantes]* crossing; *[de musiques, genres]* mixing ◆ **cette population est le produit d'un** ~ these people are of mixed origins ◆ **le** ~ **culturel** *ou* **de cultures** the mixing of cultures

**métisser** /metise/ ► conjug 1 ◄ **VT** *[+ plantes, animaux]* to crossbreed, to cross ◆ **c'est une population très métissée** it's a very mixed population ◆ **une culture métissée** an ethnically diverse culture ◆ **une musique métissée** a musical style that draws from many cultural sources

**métonymie** /metɔnimi/ **NF** metonymy

**métonymique** /metɔnimik/ **ADJ** metonymical

**métrage** /metʀaʒ/ **NM** **a** *(Couture)* length ◆ **grand/petit** ~ long/short length ◆ **quel** ~ **vous faut-il ?** how many yards *ou* metres do you need? **b** *(= mesure)* measurement, measuring (in metres) ◆ **procéder au** ~ **de qch** to measure sth out **c** *(Ciné)* footage, length ◆ **court** ~ short (film), one-reeler *(US)* ◆ **(film) long** ~ feature(-length) film ◆ **moyen** ~ medium-length film

**métré** /metʀe/ **NM** *(= métier)* quantity surveying; *(= mesure)* measurement; *(= devis)* bill of quantities

**mètre** /mɛtʀ/ **NM** **a** *(Math)* metre *(Brit)*, meter *(US)* ◆ ~ **carré/cube** square/cubic metre ◆ **vendre qch au** ~ **linéaire** to sell sth by the metre **b** *(= instrument)* (metre *(Brit)* *ou* meter *(US)*) rule ◆ ~ **étalon** standard metre ◆ ~ **pliant** folding rule ◆ ~ **à ruban** tape measure, measuring tape **c** *(Athlétisme)* **le 100/400** ~**s** the 100/400 metres *(Brit)* *ou* meters *(US)*, the 100-/400-metre *(Brit)* *ou* -meter *(US)* race **d** *(Ftbl, Rugby)* **les 22/50** ~**s** the 22 metre *(Brit)* *ou* meter *(US)*/halfway line **e** *(Littérat)* metre *(Brit)*, meter *(US)*

**métrer** /metʀe/ ► conjug 6 ◄ **VT** *(Tech)* to measure (in metres); *[vérificateur]* to survey

**métreur, -euse** /metʀœʀ, øz/ **NM,F** ◆ ~ **(vérificateur)** quantity surveyor **NF** **métreuse** *(Ciné)* footage counter

**métrique** /metʀik/ **ADJ** *(Littérat)* metrical, metric; *(Mus)* metrical; *(Math)* *[système, tonne]* metric ◆ **géométrie** ~ metrical geometry **NF** *(Littérat)* metrics *(sg)*; *(Math)* metric theory

**métro** /metʀo/ **NM** *(= système)* underground *(Brit)*, subway *(US)*; *(= station)* *(gén)* underground *(Brit)* *ou* subway *(US)* station; *(à Paris)* metro station ◆ ~ **aérien** elevated railway, el * *(US)* ◆ **le** ~ **de Paris** the Paris metro ◆ **le** ~ **de Londres** the London underground, the tube ◆ **j'irai en** ~ I'll go by underground ◆ **le premier** ~ the first *ou* milk train ◆ **le dernier** ~ the last train ◆ **c'est** ~**, boulot, dodo** * it's the same old routine day in day out, it's work work work ◆ **il a toujours un** ~ **de retard** * he's always one step behind **NMF** (* : *terme des îles) person from metropolitan France*

**métrologie** /metʀɔlɔʒi/ **NF** *(Sci)* metrology

**métrologique** /metʀɔlɔʒik/ **ADJ** metrological

**métrologiste** /metʀɔlɔʒist/ **NMF** metrologist

**métronome** /metʀɔnɔm/ **NM** metronome ◆ **avec la régularité d'un** ~ with clockwork regularity, like clockwork

**métronomique** /metʀɔnɔmik/ **ADJ** *[mouvement]* metronomic ◆ **avec une régularité** ~ with clockwork *ou* metronomic regularity

**métropole** /metʀɔpɔl/ **NF** **a** *(= ville)* metropolis ◆ ~ **régionale** large regional centre ◆ **la Métropole** (metropolitan) France ◆ **quand est prévu votre retour en** ~ **?** when do you go back home? *ou* back to the home country? ◆ **en** ~ **comme à l'étranger** at home and abroad **b** *(Rel)* metropolis

**métropolitain, e** /metʀɔpɔlitɛ̃, ɛn/ **ADJ** *(Admin, Rel)* metropolitan ◆ **la France** ~**e** metropolitan France ◆ **troupes** ~**es** home troops **NM** **a** *(Rel)* metropolitan **b** († = *métro*) underground *(Brit)*, subway *(US)*

**mets** /mɛ/ **NM** *(Culin)* dish

**mettable** /metabl/ **ADJ** *(gén nég)* wearable, decent ◆ **ça n'est pas** ~ this is not fit to wear *ou* to be worn ◆ **je n'ai rien de** ~ I've got nothing (decent) to wear *ou* nothing that's wearable ◆ **ce costume est encore** ~ you can still wear that suit, that suit is still decent *ou* wearable

**metteur** /metœʀ/ **NM** *(Bijouterie)* ◆ ~ **en œuvre** mounter ◆ ~ **en ondes** *(Radio)* producer ◆ ~ **en pages** *(Typo)* layout *ou* make-up artist ◆ ~ **au point** *(Tech)* adjuster ◆ ~ **en scène** *(Théât, Ciné)* director

## mettre /mɛtʀ/

► conjug 56 ◄

| | |
|---|---|
| 1 VERBE TRANSITIF | 2 VERBE PRONOMINAL |

### 1 - VERBE TRANSITIF

Lorsque **mettre** s'emploie dans des expressions telles que **mettre qch en place, mettre qn au pas/au régime** etc, cherchez sous le nom.

**a** [= placer] to put (*dans* in, into; *sur* on); *(fig = classer)* to rank, to rate ◆ ~ **une assiette/carte sur une autre** to put one *ou* a plate/card on top of another ◆ **où mets-tu tes verres ?** where do you keep your glasses?, where are your glasses kept? ◆ **elle lui mit la main sur l'épaule** she put *ou* laid her hand on his shoulder ◆ **elle met son travail avant sa famille** she puts her work before her family ◆ **je mets Molière parmi les plus grands écrivains** I rank *ou* rate Molière among the greatest writers ◆ ~ **qch debout** to stand sth up ◆ ~ **qn sur son séant/sur ses pieds** to sit/stand sb up ◆ ~ **qch à** *ou* **par terre** to put sth down (on the ground) ◆ ~ **qch à l'ombre/au frais** to put sth in the shade/in a cool place ◆ ~ **qch à plat** to lay sth down (flat) ◆ ~ **qch droit** to put *ou* set sth straight *ou* to rights, to straighten sth out *ou* up ◆ ~ **qn au** *ou* **dans le train** to put sb on the train ◆ **mettez-moi à la gare, s'il vous plaît** * take me to *ou* drop me at the station please ◆ **elle a mis la tête à la fenêtre** she put *ou* stuck her head out of the window ◆ **mettez les mains en l'air** put your hands up, put your hands in the air ◆ **mets le chat dehors** put the cat out

♦ **mettre qch à** + *infinitif* ◆ ~ **qch à cuire/à chauffer** to put sth on to cook/heat ◆ ~ **du linge à sécher** *(à l'intérieur)* to put *ou* hang washing up to dry; *(à l'extérieur)* to put *ou* hang washing out to dry

**b** [= ajouter] ~ **du sucre dans son thé** to put sugar in one's tea ◆ ~ **une pièce à un drap** to put a patch in *ou* on a sheet, to patch a sheet ◆ ~ **une idée dans la tête de qn** to put an idea into sb's head ◆ **ne mets pas d'encre sur la nappe** don't get ink on the tablecloth

**c** [= placer dans une situation] ~ **un enfant à l'école** to send a child to school ◆ ~ **qn au régime** to put sb on a diet ◆ ~ **qn dans la nécessité** *ou* **l'obligation de faire** to oblige *ou* compel sb to do ◆ ~ **au désespoir** to throw into despair ◆ **cela m'a mis dans une situation difficile** that has put me in *ou* got me into a difficult position ◆ **on l'a mis** * **à la manutention/aux réclamations** he was put in the packing/complaints department ◆ ~ **qn au pas** to bring sb into line, to make sb toe the line

**d** [= revêtir] *[+ vêtements, lunettes]* to put on ◆ ~ **une robe/du maquillage** to put on a dress/some make-up ◆ **depuis qu'il fait chaud je ne mets plus mon gilet** since it has got warmer I've stopped wearing my cardigan ◆ **elle n'a plus rien à** ~ **sur elle** she's got nothing (left) to wear ◆ **mets-lui son chapeau et on sort** put his hat on (for him) and we'll go ◆ **il avait mis un manteau** he was wearing a coat, he had a coat on ◆ **elle avait mis du bleu** she was wearing blue, she was dressed in blue

**e** [= consacrer] **j'ai mis 2 heures à le faire** I took 2 hours to do it *ou* 2 hours over it, I spent 2 hours on *ou* over it *ou* 2 hours doing it ◆ **le train met 3 heures** it takes 3 hours by train, the train takes 3 hours ◆ ~ **toute son**

**énergie à faire** to put all one's effort *ou* energy into doing ◆ ~ **tous ses espoirs dans** to pin all one's hopes on ◆ ~ **beaucoup de soin à faire** to take great care in doing, to take great pains to do ◆ ~ **de l'ardeur à faire qch** to do sth eagerly *ou* with great eagerness ◆ **il y a mis le temps !** he's taken his time (about it)!, he's taken an age *ou* long enough!; → **cœur**

**f** [= faire fonctionner] ~ **la radio/le chauffage** to put *ou* switch *ou* turn the radio/the heating on ◆ ~ **les informations** to put *ou* turn the news on ◆ ~ **le réveil (à 7 heures)** to set the alarm (for 7 o'clock) ◆ ~ **le réveil à l'heure** to put the alarm clock right ◆ ~ **le verrou** to bolt *ou* lock the door ◆ **mets France Inter/la 2e chaîne** put on France Inter/channel 2 ◆ ~ **une machine en route** to start up a machine

**g** [= installer] *[+ eau]* to lay on; *[+ placards]* to put in, to build, to install; *[+ étagères]* to put up *ou* in, to build; *[+ moquette]* to fit, to lay; *[+ rideaux]* to put up ◆ ~ **du papier peint** to hang some wallpaper ◆ ~ **de la peinture** to put on a coat of paint

**h** [= écrire] ~ **en anglais/au pluriel** to put into English/the plural ◆ ~ **à l'infinitif/au futur** to put in(to) the infinitive/the future tense ◆ ~ **des vers en musique** to set verse to music ◆ ~ **sa signature (à)** to put *ou* append one's signature (to) ◆ ~ **un mot à qn** * to drop a line to sb ◆ **mettez bien clairement que ...** put (down) quite clearly that ... ◆ **il met qu'il est bien arrivé** he says in his letter *ou* writes that he arrived safely

**i** [= dépenser] ~ **de l'argent sur un cheval** to put money on a horse ◆ ~ **de l'argent dans une affaire** to put money into a business ◆ **combien avez-vous mis pour cette table ?** how much did you pay for that table? ◆ ~ **de l'argent sur son compte** to put money into one's account ◆ **je suis prêt à ~ 100 (euro)** I'm willing to give *ou* I don't mind giving €100 ◆ **si on veut du beau il faut y ~ le prix** if you want something nice you have to pay the price *ou* pay for it; → **caisse**

**j** [= lancer] ~ **la balle dans le filet** to put the ball into the net ◆ ~ **une balle à la peau de qn** * to put a bullet in sb * ◆ ~ **son poing dans** *ou* **sur la figure de qn** to punch sb in the face, to give sb a punch in the face

**k** [= supposer] **mettons que je me suis** *ou* **sois trompé** let's say *ou* (just) suppose *ou* assume I've got it wrong ◆ **nous arriverons vers 10 heures, mettons, et après ?** say we arrive about 10 o'clock, then what?, we'll arrive about 10 o'clock, say, then what?

**l** [locutions] ~ **les bouts** *ou* **les voiles** *, **les ~** ‡ to clear off *, to beat it *, to scarper ‡ *(Brit)* ◆ **qu'est-ce qu'ils nous ont mis !** * *(bagarre, match)* they gave us a real hammering! * ◆ **va te faire ~ !** ** fuck off! **, bugger off! ** *(Brit)*

2 - VERBE PRONOMINAL

**se mettre**

**a** [= se placer] *[d'objet]* to go ◆ **mets-toi là** *(debout)* (go and) stand there; *(assis)* (go and) sit there ◆ **se ~ au piano/dans un fauteuil** to sit down at the piano/in an armchair ◆ **se ~ au chaud/à l'ombre** to come *ou* go into the warmth/into the shade ◆ **elle ne savait plus où se ~** *(fig)* she didn't know where to look, she didn't know where to put herself *ou* what to do with herself ◆ **il s'est mis dans une situation délicate** he's put himself in *ou* got himself into an awkward situation ◆ **se ~ autour (de)** to gather round ◆ **ces verres se mettent dans le placard** these glasses go in the cupboard ◆ **l'infection s'y est mise** it has become infected ◆ **les vers s'y sont mis** the maggots have got at it ◆ **il y a un bout de métal qui s'est mis dans l'engrenage** a piece of metal has got caught in the works; → **poil, rang, table, vert**

**b** [Météo] **se ~ au froid/au chaud/à la pluie** to turn cold/warm/wet ◆ **on dirait que ça se met à la pluie** it looks like rain, it looks as though it's turning to rain

**c** [= s'habiller] **se ~ en robe/en short, se ~ une robe/un short** to put on a dress/a pair of shorts ◆ **se ~ en bras de chemise** to take off one's jacket ◆ **se ~ nu** to strip (off *ou* naked), to take (all) one's clothes off ◆ **comment je me mets ?** what (sort of thing) should I wear? ◆ **elle s'était mise très simplement** she was dressed very simply ◆ **elle s'était mise en robe du soir** she was wearing *ou* she had on an evening dress ◆ **se ~ une veste/du maquillage** to put on a jacket/some make-up ◆ **elle n'a plus rien à se ~** she's got nothing (left) to wear

**d** [= s'ajouter] **se ~ une idée dans la tête** to get an idea into one's head ◆ **il s'est mis de l'encre sur les doigts** he's got ink on his fingers ◆ **il s'en est mis partout** he's covered in it, he's got it all over him

**e** [= commencer]

◆ **se mettre à** + *nom* ◆ **se ~ au régime** to go on a diet ◆ **se ~ au travail** to set to work, to get down to work, to set about one's work ◆ **se ~ à une traduction** to start *ou* set about (doing) a translation ◆ **se ~ à la peinture** to take up painting, to take to painting ◆ **se ~ au latin** to take up Latin ◆ **il s'est bien mis à l'anglais** he's really taken to English

◆ **se mettre à** + *infinitif* ◆ **se ~ à rire/à manger** to start laughing/eating, to start *ou* begin to laugh/eat ◆ **se ~ à traduire** to start to translate, to start translating, to set about translating ◆ **se ~ à boire** to take to drink *ou* the bottle * ◆ **voilà qu'il se met à pleuvoir !** and now it's beginning *ou* starting to rain!, and now it's coming on to *(Brit)* rain!

◆ **s'y mettre** ◆ **il est temps de s'y ~** it's (high) time we got down to it *ou* got on with it ◆ **qu'est-ce que tu es énervant quand tu t'y mets !** * you can be a real pain when you get going! * *ou* once you get started! *

**f** [= se grouper] **ils se sont mis à plusieurs/deux pour pousser la voiture** several of them/the two of them joined forces to push the car ◆ **se ~ avec qn** *(= faire équipe)* to team up with sb; *(= prendre parti)* to side with sb; *(* : en ménage)* to move in with sb *, to shack up ‡ *(péj)* with sb ◆ **se ~ bien/mal avec qn** to get on the right/wrong side of sb; → **partie²**

**g** [locutions] **on s'en est mis jusque-là** *ou* **plein la lampe** * we had a real blow-out ‡ ◆ **qu'est-ce qu'ils se sont mis !** * *(bagarre)* they really laid into each other! * *ou* had a go at each other! *, they didn't half *(Brit)* lay into each other! * *ou* have a go at each other! *

---

**meublant, e** /mœblɑ̃, ɑ̃t/ **ADJ** → **meuble**

**meuble** /mœbl/ **NM** **a** *(= objet)* piece of furniture ◆ **les ~s** the furniture *(NonC)* ◆ ~ **de rangement** cupboard, storage unit ◆ ~ **hi-fi** hi-fi unit ◆ **faire la liste des ~s** to make a list *ou* an inventory of the furniture, to list each item of furniture ◆ **nous sommes dans nos ~s** we have our own home ◆ **il fait partie des ~s** *(péj, hum)* he's part of the furniture; → **sauver** **b** *(= ameublement)* **le ~** furniture **c** *(Jur)* movable ◆ **~s meublants** furniture, movables ◆ **en fait de ~s possession vaut titre** possession is nine tenths *ou* points of the law **d** *(Hér)* charge **ADJ** *[terre, sol]* loose, soft; *[roche]* soft, crumbly; → **bien**

**meublé, e** /mœble/ (ptp de **meubler**) **ADJ** furnished ◆ **non ~** unfurnished **NM** *(= pièce)* furnished room; *(= appartement)* furnished apartment *ou* flat *(Brit)* ◆ **être** *ou* **habiter en ~** to be *ou* live in furnished accommodation

**meubler** /mœble/ ► conjug 1 ◄ **VT** *[+ pièce, appartement]* to furnish (*de* with); *[+ pensée, mémoire, loisirs]* to fill (*de* with); *[+ dissertation]* to fill out, to pad out (*de* with); ◆ ~ **la conversation** to keep the conversation going ◆ **une table et une chaise meublaient la pièce** the room was furnished with a table and a chair ◆ **étoffe/papier qui meuble bien** decorative *ou* effective material/paper **VPR se meubler** to buy *ou* get (some) furniture, to furnish one's home ◆ **ils se sont meublés dans ce magasin/pour pas cher** they got *ou* bought their furniture from this shop/for a very reasonable price

**meuf** ‡ /mœf/ **NF** *(= femme)* woman ◆ **sa ~** his girlfriend

**meuglement** /møgləmɑ̃/ **NM** mooing *(NonC)*, lowing † *(NonC)*

**meugler** /møgle/ ► conjug 1 ◄ **VI** to moo, to low †

**meuh** /mø/ **EXCL, NM** moo ◆ **faire ~** to moo

**meulage** /mølaʒ/ **NM** grinding

**meule¹** /møl/ **NF** **a** *(à moudre)* millstone; *(à polir)* buff wheel; *(Dentisterie)* wheel ◆ **~ (à aiguiser)** grindstone ◆ **~ courante** *ou* **traînante** upper (mill)stone **b** *(Culin)* **~ (de gruyère)** round of gruyère **c** (‡ *= motocyclette)* bike, hog ‡ *(US)*

**meule²** /møl/ **NF** *(Agr)* stack, rick; *(= champignonnière)* mushroom bed ◆ **~ de foin** haystack, hayrick ◆ **~ de paille** stack *ou* rick of straw ◆ **mettre en ~s** to stack, to rick

**meuler** /møle/ ► conjug 1 ◄ **VT** *(Tech, Dentisterie)* to grind down

**meuleuse** /møløz/ **NF** grinder

**meulière** /møljɛʀ/ **NF** ◆ **(pierre) ~** millstone, buhrstone

**meunerie** /mønʀi/ **NF** *(= industrie)* flour trade; *(= métier)* milling

**meunier, -ière** /mønje, jɛʀ/ **ADJ** milling **NM** miller **NF meunière** miller's wife ◆ **sole/truite meunière** *(Culin)* sole/trout meunière

**meurette** /mœʀɛt/ **NF** red wine sauce ◆ **œufs en ~** eggs in red wine sauce

**meurtre** /mœʀtʀ/ **NM** murder ◆ **au ~ !** murder! ◆ **crier au ~** *(fig)* to scream blue murder

**meurtrier, -ière** /mœʀtʀije, ijɛʀ/ **ADJ** *[attentat, combat, affrontements]* bloody; *[épidémie]* fatal; *[intention, fureur]* murderous; *[arme]* deadly, lethal; † *[personne]* murderous ◆ **week-end ~** weekend of carnage on the roads ◆ **cette route est meurtrière** this road is lethal *ou* a deathtrap ◆ **c'est le séisme le plus ~ depuis 1995** it's the worst *ou* deadliest earthquake since 1995 ◆ **le bombardement a été particulièrement ~** the bombing claimed very many lives ◆ **être saisi par une folie meurtrière** to be possessed by murderous rage **NM** murderer **NF meurtrière** **a** *(= criminelle)* murderess **b** *(Archit)* arrow slit, loophole

**meurtrir** /mœʀtʀiʀ/ ► conjug 2 ◄ **VT** **a** *[+ chair, fruit]* to bruise ◆ **être meurtri** *[personne]* to be covered in bruises, to be black and blue all over ◆ **il est encore meurtri par son échec** he's still smarting from his defeat **b** *(littér) [+ personne, âme]* to wound ◆ **un pays meurtri par la guerre** a country ravaged by war

**meurtrissure** /mœʀtʀisyʀ/ **NF** **a** *[de chair, fruit]* bruise **b** *(littér) [d'âme]* scar, bruise ◆ **les ~s laissées par la vie/le chagrin** the scars *ou* bruises left by life/sorrow

**meute** /møt/ **NF** *(Chasse, péj)* pack ◆ **lâcher la ~ sur** to set the pack on ◆ **une ~ de journalistes** a pack of journalists

**mévente** /mevɑ̃t/ NF *(Écon)* slump *ou* drop in sales; *(† = vente à perte)* selling at a loss ◆ **une période de ~** a slump, a period of poor sales

**mexicain, e** /mɛksikɛ̃, ɛn/ ADJ Mexican NM,F **Mexicain(e)** Mexican

**Mexico** /mɛksiko/ N Mexico City

**Mexique** /mɛksik/ NM ◆ **le ~** Mexico

**mézigue** ‡ /mezig/ PRON PERS me, yours truly * ◆ **c'est pour ~** it's for yours truly *

**mezzanine** /mɛdzanin/ NF *(Archit) (= étage)* mezzanine (floor); *(= fenêtre)* mezzanine window; *(Théât)* mezzanine

**mezza-voce** /mɛdzavɔtʃe/ ADV *(Mus)* mezza voce; *(littér)* in an undertone

**mezzo** /mɛdzo/ NM mezzo (voice) NF mezzo

**mezzo-soprano** (pl **mezzo-sopranos**) /mɛdzosɔpʀano/ NM mezzo-soprano (voice) NF mezzo-soprano

**mezzo-tinto** /mɛdzotinto/ NM INV mezzotint

**MF** a (abrév de **modulation de fréquence**) FM b (abrév de **millions de francs**) → **million**

**mg** (abrév de **milligramme**) mg

**Mgr** (abrév de **Monseigneur**) Mgr

**mi** /mi/ NM *(Mus)* E; *(en chantant la gamme)* mi, me

**mi-** /mi/ PRÉF *(le préfixe reste invariable dans les mots composés à trait d'union)* half, mid- ◆ **la ~janvier** the middle of January, mid-January ◆ **à ~cuisson ajoutez le vin** add the wine half way through cooking ◆ **pièce ~salle à manger ~salon** living-dining room, dining-cum-living room *(Brit)* ◆ **~riant ~pleurant** half-laughing half-crying, halfway between laughing and crying

**MIAGE** /mjaʒ/ NF (abrév de **maîtrise d'informatique appliquée à la gestion des entreprises**) *master's degree in business data processing*

**miam-miam** * /mjammjam/ EXCL *(langage enfantin)* yum-yum! *, yummy! * ◆ **faire ~** to eat

**miaou** /mjau/ EXCL, NM miaow ◆ **faire ~** to miaow

**miasme** /mjasm/ NM *(gén pl)* miasma ◆ **~s** putrid fumes, miasmas

**miaulement** /mjolmɑ̃/ NM mewing, meowing

**miauler** /mjole/ ▸ conjug 1 ◂ VI to mew, to meow

**mi-bas** /miba/ NM INV *(pour homme)* knee-length sock; *(pour femme)* pop sock *(Brit)*, knee-high *(US)*

**mi-blanc** /miblɑ̃/ NM *(Helv = pain)* white bread containing a little bran

**mica** /mika/ NM *(= roche)* mica; *(pour vitre, isolant)* Muscovy glass, white mica

**mi-carême** /mikaʀɛm/ NF ◆ **la ~** the third Thursday in Lent

**micaschiste** /mikaʃist/ NM mica-schist

**miche** /miʃ/ NF *[de pain]* round loaf, cob loaf *(Brit)* NFPL **miches** ‡ *(= fesses)* bum * *(Brit)*, butt ‡ *(surtout US)*

**Michel-Ange** /mikɛlɑ̃ʒ/ NM Michelangelo

**micheline** /miʃlin/ NF railcar

**mi-chemin** /miʃ(ə)mɛ̃/ **à mi-chemin** LOC ADV ◆ **je l'ai rencontré à ~** I met him halfway there ◆ **la poste est à ~** the post office is halfway there, the post office is halfway *ou* midway between the two ◆ **à ~ de la gare** halfway to the station ◆ **ces reportages sont à ~ de la fiction et du réel** these reports are a mixture of fiction and truth *ou* are half fiction half truth ◆ **à ~ entre ...** *(lit, fig)* halfway *ou* midway between ...

**micheton** † /miʃtɔ̃/ NM *(arg Crime)* punter * *(Brit)*, John ‡ *(US)*

**Michigan** /miʃigɑ̃/ NM Michigan ◆ **le lac ~** Lake Michigan

**mi-clos, e** /miklo, kloz/ ADJ half-closed ◆ **les yeux ~** with half-closed eyes, with one's eyes half-closed

**micmac** * /mikmak/ NM *(péj) (= intrigue)* funny business *; *(= confusion)* mix-up ◆ **je devine leur petit ~** I can guess their little game * *ou* what they're playing at * ◆ **tu parles d'un ~ pour aller jusqu'à chez elle !** it's such a hassle getting to her place!

**micocoulier** /mikɔkulje/ NM nettle tree, European hackberry

**mi-combat** /mikɔ̃ba/ **à mi-combat** LOC ADV halfway through the match

**mi-corps** /mikɔʀ/ **à mi-corps** LOC ADV up to *ou* down to the waist ◆ **plongé à ~ dans l'eau glacée** waist-deep in the icy water

**mi-côte** /mikot/ **à mi-côte** LOC ADV halfway up (*ou* down) the hill

**mi-course** /mikuʀs/ **à mi-course** LOC ADV *(Sport)* halfway through the race, at the halfway mark

**micro** /mikʀo/ NM a (abrév de **microphone**) microphone, mike *; *(Radio, TV)* ◆ **dites-le au ~** *ou* **devant le ~** say it in front of the mike * ◆ **parlez dans le ~** speak into the microphone ◆ **ils l'ont dit au ~** *(dans un aéroport, une gare)* they announced it over the intercom *ou* PA system ◆ **il était au ~ de France Inter** he was on France Inter b abrév de **micro-ordinateur** NF abrév de **micro-informatique**

**micro...** /mikʀo/ PRÉF micro... ◆ **microcurie** microcurie ◆ **microséisme** microseism

**microalgue** /mikʀoalg/ NF microalga

**microampère** /mikʀoɑ̃pɛʀ/ NM microamp

**microbalance** /mikʀobalɑ̃s/ NF microbalance

**microbe** /mikʀɔb/ NM a *(Méd)* germ, bug *, microbe *(SPÉC)* b *(* péj)* pipsqueak *, little runt ‡ *(péj)*

**microbien, -ienne** /mikʀɔbjɛ̃, jɛn/ ADJ *[culture]* microbial, microbic; *[infection]* bacterial ◆ **maladie microbienne** bacterial disease

**microbille, micro-bille** (pl **micro-billes**) /mikʀobij/ NF *[d'abrasif]* micro-granule, micro-particle

**microbiologie** /mikʀobjɔlɔʒi/ NF microbiology

**microbiologique** /mikʀobjɔlɔʒik/ ADJ microbiological

**microbiologiste** /mikʀobjɔlɔʒist/ NMF microbiologist

**microbrasserie** /mikʀobʀasʀi/ NF micro-brewery

**microcassette** /mikʀokasɛt/ NF microcassette

**microcéphale** /mikʀosefal/ ADJ, NMF microcephalic

**microchirurgie** /mikʀoʃiʀyʀʒi/ NF microsurgery

**microcircuit** /mikʀosiʀkɥi/ NM microcircuit

**microclimat** /mikʀoklima/ NM microclimate

**microcoque** /mikʀɔkɔk/ NM micrococcus

**microcosme** /mikʀɔkɔsm/ NM microcosm

**microcosmique** /mikʀɔkɔsmik/ ADJ microcosmic

**microcoupure** /mikʀokupyʀ/ NF *(Ordin)* power dip

**micro-cravate** (pl **micros-cravates**) /mikʀokʀavat/ NM clip-on microphone *ou* mike *

**microcrédit** /mikʀokʀedi/ NM microcredit

**microculture** /mikʀokyltyʀ/ NF *(Bio)* microculture

**microéconomie** /mikʀoekɔnɔmi/ NF microeconomics *(sg)*

**microéconomique** /mikʀoekɔnɔmik/ ADJ microeconomic

**microédition** /mikʀoedisjɔ̃/ NF desktop publishing, DTP

**microélectronique** /mikʀoelɛktʀɔnik/ NF microelectronics *(sg)*

**micro-entreprise** (pl **micro-entreprises**) /mikʀoɑ̃tʀəpʀiz/ NF micro-business

**microfibre** /mikʀofibʀ/ NF microfibre ◆ **tissu/fil ~** microfibre fabric/thread ◆ **en ~s** microfibre *(épith)*

**microfiche** /mikʀofiʃ/ NF microfiche

**microfilm** /mikʀofilm/ NM microfilm

**microgramme** /mikʀogʀam/ NM microgram

**micrographie** /mikʀɔgʀafi/ NF micrography

**microgravité** /mikʀogʀavite/ NF microgravity

**micro-informatique** /mikʀoɛ̃fɔʀmatik/ NF microcomputing

**micromécanique** /mikʀomekanik/ NF micromechanics *(sg)*

**micrométéorite** /mikʀometeɔʀit/ NF micrometeorite

**micromètre** /mikʀɔmɛtʀ/ NM micrometer

**micrométrie** /mikʀɔmetʀi/ NF micrometry

**micron** /mikʀɔ̃/ NM micron

**Micronésie** /mikʀonezi/ NF Micronesia

**micronésien, -ienne** /mikʀɔnezjɛ̃, jɛn/ ADJ Micronesian NM,F **Micronésien(ne)** Micronesian

**micro-onde** (pl **micro-ondes**) /mikʀoɔ̃d/ NF microwave NM ◆ **(four à) ~s** microwave (oven)

**micro-ordinateur** (pl **micro-ordinateurs**) /mikʀoɔʀdinatœʀ/ NM microcomputer

**micro-organisme** (pl **micro-organismes**) /mikʀoɔʀganism/ NM microorganism

**microphone** /mikʀɔfɔn/ NM microphone

**microphotographie** /mikʀofɔtɔgʀafi/ NF *(= procédé)* photomicrography; *(= image)* photomicrograph

**microphysique** /mikʀofizik/ NF microphysics *(sg)*

**microprocesseur** /mikʀopʀɔsesœʀ/ NM microprocessor

**microprogramme** /mikʀopʀɔgʀam/ NM microprogram, applet

**microscope** /mikʀɔskɔp/ NM microscope ◆ **examiner qch au ~** *(lit)* to examine sth *ou* look at sth under a microscope; *(fig)* to put sth under the microscope ◆ **~ électronique** electron microscope ◆ **~ (électronique) à balayage (par transmission)** scanning electron microscope

**microscopie** /mikʀɔskɔpi/ NF microscopy

**microscopique** /mikʀɔskɔpik/ ADJ microscopic

**microseconde** /mikʀos(ə)gɔ̃d/ NF microsecond

**microsillon** /mikʀosijɔ̃/ NM *(= sillon)* microgroove ◆ **(disque) ~** LP, microgroove record

**microsonde** /mikʀosɔ̃d/ NF microprobe

**microstructure** /mikʀostʀyktyʀ/ NF microstructure

**micro-trottoir** (pl **micros-trottoirs**) /mikʀotʀɔtwaʀ/ NM ◆ **faire un ~** to interview people in the street, to do a vox pop * *(Brit)*

**miction** /miksjɔ̃/ **NF** micturition

**mi-cuisse(s)** /mikɥis/ **à mi-cuisses LOC ADV** ◆ **ses bottes lui arrivaient à ~s** his boots came up to his thighs *ou* over his knees ◆ **l'eau leur arrivait à ~s** they were thigh-deep in water, they were up to their thighs in water

**MIDEM** /midɛm/ **NM** (abrév de **marché international du disque et de l'édition musicale**) → **marché**

**midi** /midi/ **NM** **a** *(= heure)* midday, 12 (o'clock), noon ◆ ~ **dix** 10 past 12 ◆ **de ~ à 2 heures** from 12 *ou* (12) noon to 2 ◆ **entre ~ et 2 heures** between 12 *ou* (12) noon and 2 ◆ **hier à ~** yesterday at 12 o'clock *ou* at noon *ou* at midday; → **chacun, chercher, coup**

**b** *(= période du déjeuner)* lunchtime, lunch hour; *(= mi-journée)* midday, middle of the day ◆ **à/pendant ~** at/during lunchtime, at/during the lunch hour ◆ **demain ~** tomorrow lunchtime ◆ **tous les ~s** every lunchtime *ou* lunch hour ◆ **que faire ce ~ ?** what shall we do at lunchtime? *ou* midday?, what shall we do this lunch hour? ◆ **le repas de ~** the midday meal, lunch ◆ **qu'est-ce que tu as eu à ~ ?** what did you have for lunch? ◆ **à ~ on va au restaurant** we're going to a restaurant for lunch ◆ **en plein ~** *(= à l'heure du déjeuner)* (right) in the middle of the day, at midday; *(= en plein zénith)* at the height of noon, at high noon ◆ **ça s'est passé en plein ~** it happened right in the middle of the day; → **démon**

**c** *(Géog = sud)* south ◆ **exposé au** *ou* **en plein ~** facing due south ◆ **le ~ de la France, le Midi** the South of France, the Midi; → **accent**

**ADJ INV** *[chaîne hi-fi, slip, jupe]* midi

**midinette** /midinɛt/ **NF** *(= jeune fille)* young girl; *(† = vendeuse)* shopgirl *(in the dress industry)*; *(† = ouvrière)* dressmaker's apprentice ◆ **elle a des goûts de ~** *(péj)* she has the tastes of a sixteen-year-old schoolgirl

**mi-distance** /midistɑ̃s/ **à mi-distance (entre) LOC PRÉP** halfway *ou* midway (between) ◆ **à ~ de Vienne et de Prague** halfway *ou* midway between Vienna and Prague

**mie**[1] /mi/ **NF** soft part *(of bread)*; *(Culin)* bread with crusts removed ◆ **il a mangé la croûte et laissé la ~** he's eaten the crust and left the soft part *ou* the inside (of the bread) ◆ **faire une farce avec de la ~ de pain** to make stuffing with fresh white breadcrumbs; → **pain**

**mie**[2] †† /mi/ **NF** *(littér = bien-aimée)* lady-love †, beloved *(littér)*

**miel** /mjɛl/ **NM** honey ◆ **bonbon/boisson au ~** honey sweet *(Brit) ou* candy *(US)*/drink ◆ **être tout ~** *[personne]* to be all sweetness and light ◆ **~ rosat** rose honey ◆ **faire son ~ de qch** *(fig)* to turn sth to one's advantage; → **gâteau, lune EXCL** *(euph *)* sugar! *

**miellat** /mjela/ **NM** honeydew

**miellé, e**[1] /mjele/ **ADJ** *(littér)* honeyed

**mielleusement** /mjɛløzmɑ̃/ **ADV** *(péj)* unctuously

**mielleux, -euse** /mjelø, øz/ **ADJ** *(péj) [personne]* unctuous, syrupy, smooth-tongued; *[paroles]* honeyed, smooth; *[ton]* honeyed, sugary; *[sourire]* sugary, sickly sweet; *(† ou littér) [saveur]* sickly sweet

**mien, mienne** /mjɛ̃, mjɛn/ **PRON POSS** ◆ **le ~, la mienne, les ~s, les miennes** mine ◆ **ce sac n'est pas le ~** this bag is not mine, this is not my bag ◆ **ton prix/ton jour sera le ~** name your price/the day ◆ **vos fils sont sages comparés aux ~s** your sons are well-behaved compared to mine *ou* my own **NMPL miens** ◆ **les ~s** *(= ma famille)* my family, my (own) folks *; *(= mon peuple)* my people **ADJ POSS** *(† ou littér)* ◆ **un ~ cousin** a cousin of mine ◆ **je fais miennes vos observations** I agree wholeheartedly (with you); → **sien**

**miette** /mjɛt/ **NF** *[de pain, gâteau]* crumb ◆ **~s de crabe/de thon** *(Culin)* flaked crab/tuna ◆ **il ne perdait pas une ~ de la conversation/du spectacle** he didn't miss a scrap of the conversation/the show ◆ **les ~s de sa fortune** the remnants of his fortune ◆ **je n'en prendrai qu'une ~** I'll just have a tiny bit *ou* a sliver ◆ **il n'en a pas laissé une ~** *(repas)* he didn't leave a scrap; *(fortune)* he didn't leave a penny *(Brit) ou* one red cent *(US)*

♦ **en miettes** *[gâteau]* in pieces; *[bonheur]* in pieces *ou* shreds; *[pays, union]* fragmented ◆ **leur voiture est en ~s** there's nothing left of their car, their car was totaled * *(US)* ◆ **mettre** *ou* **réduire qch en ~s** to break *ou* smash sth to bits *ou* to smithereens

**mieux** /mjø/ (compar, superl de **bien**) **ADV** **a** *(gén)* better ◆ **aller** *ou* **se porter ~** to be better ◆ **il ne s'est jamais ~ porté** he's never been *ou* felt better in his life ◆ **plus il s'entraîne, ~ il joue** the more he practises the better he plays ◆ **elle joue ~ que lui** she plays better than he does ◆ **c'est (un peu/beaucoup) ~ expliqué** it's (slightly/much) better explained ◆ **il n'écrit pas ~ qu'il ne parle** he writes no better than he speaks ◆ **s'attendre à ~** to expect better ◆ **espérer ~** to hope for better (things) ◆ **il peut faire ~** he can do *ou* is capable of better ◆ **tu ferais ~ de te taire** you'd better shut up *; → **reculer, tant, valoir** *etc*

**b** ◆ **le ~, la ~, les ~** *(de plusieurs)* (the) best; *(de deux)* (the) better ◆ **je passe par les rues les ~ éclairées** I take the better lit streets ◆ **c'est ici qu'il dort le ~** he sleeps best here, this is where he sleeps best ◆ **tout va le ~ du monde** everything's going beautifully ◆ **tout est pour le ~ dans le meilleur des mondes** everything is for the best in the best of all possible worlds ◆ **une école des ~ conçues/équipées** one of the best planned/best equipped schools ◆ **un dîner des ~ réussis** a most *ou* highly successful dinner ◆ **j'ai fait le ~** *ou* **du ~ que j'ai pu** I did my (level *ou* very) best, I did the best I could ◆ **des deux, elle est la ~ habillée** she is the better dressed of the two

**c** *(loc)* **~ que jamais** better than ever ◆ **~ vaut trop de travail que pas assez** too much work is better than not enough ◆ **~ vaut tard que jamais** *(Prov)* better late than never *(Prov)* ◆ **~ vaut prévenir que guérir** *(Prov)* prevention is better than cure *(Prov)*

♦ **au mieux** *(gén)* at best ◆ **en mettant les choses au ~** at (the very) best ◆ **tout se passe au ~ avec nos collègues** we get on extremely well with our colleagues ◆ **utiliser au ~ les ressources/le temps** to make best use of (one's) resources/time ◆ **pour apprécier au ~ les charmes de la ville** to best appreciate *ou* enjoy the charms of the town ◆ **il sera là au ~ à midi** he'll be there by midday at the earliest ◆ **faites au ~** do what you think best *ou* whatever is best ◆ **être au ~ avec qn** to be on the best of terms with sb ◆ **acheter/vendre au ~** *(Fin)* to buy/sell at the best price

♦ **au mieux de** ◆ **au ~ de sa forme** in peak condition ◆ **au ~ de nos intérêts** in our best interests

♦ **de mieux en mieux** ◆ **il va de ~ en ~** he's getting better and better ◆ **de ~ en ~ ! maintenant il s'est mis à boire** *(iro)* that's great *ou* terrific *(iro)*, now he has taken to the bottle *

♦ **à qui mieux mieux** *(gén)* each one more so than the other; *[crier]* each one louder than the other; *[frapper]* each one harder than the other

**ADJ INV** **a** *(= plus satisfaisant)* better ◆ **le ~, la ~, les ~** *(de plusieurs)* (the) best; *(de deux)* (the) better ◆ **c'est la ~ de nos secrétaires** * *(de toutes)* she is the best of our secretaries, she's our best secretary; *(de deux)* she's the better of our secretaries ◆ **il est ~ qu'à son arrivée** he's improved since he (first) came, he's better than when he (first) came ◆ **c'est beaucoup ~ ainsi** it's (much) better this way ◆ **le ~ serait de ...** the best (thing *ou* plan) would be to ... ◆ **c'est ce qu'il pourrait faire de ~** it's the best thing he could do

**b** *(= en meilleure santé)* better; *(= plus à l'aise)* better, more comfortable ◆ **le ~, la ~, les ~** (the) best, (the) most comfortable ◆ **être ~/le ~ du monde** to be better/in perfect health ◆ **je le trouve ~ aujourd'hui** I think he is looking better *ou* he seems better today ◆ **ils seraient ~ à la campagne qu'à la ville** they would be better (off) in the country than in (the) town ◆ **c'est à l'ombre qu'elle sera le ~** she'll be more comfortable in the shade; → **sentir**

**c** *(= plus beau)* better looking, more attractive ◆ **le ~, la ~, les ~** *(de plusieurs)* (the) best looking, (the) most attractive; *(de deux)* (the) better looking, (the) more attractive ◆ **elle est ~ les cheveux longs** she looks better with her hair long *ou* with long hair, long hair suits her better ◆ **c'est avec les cheveux courts qu'elle est le ~** she looks best with her hair short *ou* with short hair, short hair suits her best ◆ **il est ~ que son frère** he's better looking than his brother

**d** *(loc)* **c'est ce qui se fait de ~** it's the best there is *ou* one can get ◆ **tu n'as rien de ~ à faire que (de) traîner dans les rues ?** haven't you got anything better to do than hang around the streets? ◆ **ce n'est pas mal, mais il y a ~** it's not bad, but I've seen better; → **changer, faute**

♦ **en mieux** ◆ **c'est son frère, en ~** he's (just) like his brother only better looking ◆ **ça rappelle son premier film, mais en ~** it's like his first film, only better

♦ **qui mieux est** even better, better still

**NM** **a** *(= ce qui est préférable)* **le ~** best ◆ **le ~ serait d'accepter** the best thing to do would be to accept ◆ **j'ai fait pour le ~** I did what I thought best ◆ **tout allait pour le ~ avant qu'il n'arrive** everything was perfectly fine before he came ◆ **le ~ est l'ennemi du bien** *(Prov)* (it's better to) let well alone ◆ **partez tout de suite, c'est le ~** it's best (that) you leave immediately, the best thing would be for you to leave immediately

**b** *(avec adj poss)* **faire de son ~** to do one's (level *ou* very) best, to do the best one can ◆ **aider qn de son ~** to do one's best to help sb, to help sb the best one can *ou* to the best of one's ability ◆ **j'ai essayé de répondre de mon ~ aux questions** I tried to answer the questions to the best of my ability

**c** *(= amélioration, progrès)* improvement ◆ **il y a un ~** *ou* **du ~** there's (been) some improvement

**mieux-disant** (pl **mieux-disants**) /mjødizɑ̃/ **NM** best offer ◆ **le choix s'est fait sur le ~ culturel** the choice was based on a view of what was, culturally, the best offer ◆ **c'est le ~ social qui devrait guider le choix du gouvernement** the government should choose the option that is most socially beneficial

**mieux-être** /mjøzɛtʀ/ **NM INV** *(gén)* greater welfare; *(matériel)* improved standard of living ◆ **ils ressentent un ~ psychologique** they feel better in themselves

**mieux-vivre** /mjøvivʀ/ **NM INV** improved standard of living

**mièvre** /mjɛvʀ/ **ADJ** *[paroles, musique, roman]* soppy; *[tableau]* pretty-pretty *; *[sourire]*

mawkish; *[charme]* vapid ◆ **elle est un peu ~** she's a bit colourless *(Brit) ou* colorless *(US) ou* insipid

**mièvrerie** /mjɛvʀəʀi/ **NF** *[de paroles, musique]* sentimentality, soppiness; *[de tableau]* pretty-prettiness *; *[de sourire]* mawkishness; *[de charme]* vapidity; *[de personne]* colourlessness *(Brit)*, colorlessness *(US)*, insipidness; *(= propos)* insipid *ou* sentimental talk *(NonC)* ◆ **il faut éviter de tomber dans la ~** we must avoid getting all sentimental ◆ **ses chansons sont d'une ~ affligeante** his songs are incredibly soppy

**mi-figue mi-raisin** /mifigmiʀɛzɛ̃/ **ADJ INV** *[sourire]* wry; *[remarque]* half-humorous, wry ◆ **on leur fit un accueil ~** they received a mixed reception

**mignard, e** /miɲaʀ, aʀd/ **ADJ** *[style]* mannered, precious; *[décor]* pretty-pretty *, overornate; *[musique]* pretty-pretty *, overdelicate; *[manières]* precious, dainty, simpering *(péj)*

**mignardise** /miɲaʀdiz/ **NF** **a** *[de tableau, poème, style]* preciousness; *[de décor]* ornateness; *[de manières]* preciousness *(péj)*, daintiness, affectation *(péj)* **b** *(= fleur)* **de la ~, des œillets ~** pinks

**mignon, -onne** /miɲɔ̃, ɔn/ **ADJ** *(= joli) [enfant]* sweet, cute; *[femme]* sweet(-looking), pretty; *[homme]* cute; *[bras, pied, geste]* dainty, cute; *(= gentil, aimable)* nice, sweet ◆ **donne-le-moi, tu seras mignonne** * give it to me, there's a dear * *ou* love * *(Brit)*, be a dear * and give it to me ◆ **c'est ~ chez vous** you've got a nice little place; → **péché** **NM,F** (little) darling, poppet * *(Brit)*, cutie * *(US)* ◆ **mon ~, ma mignonne** sweetheart, pet * **NM** **a** *(Hist = favori)* minion **b** *(Boucherie)* **(filet) ~** fillet *(Brit) ou* filet *(US)* mignon

**mignonnet, -ette** /miɲɔnɛ, ɛt/ **ADJ** *[enfant, objet]* sweet, cute * ◆ **c'est ~ chez eux** they've got a cute little place * **NF** **mignonnette** **a** *(= bouteille)* miniature **b** *(Bot) (= œillet)* wild pink; *(= saxifrage)* Pyrenean saxifrage **c** *(= poivre)* coarse-ground pepper **d** *(= gravier)* fine gravel

**migraine** /migʀɛn/ **NF** *(gén)* headache; *(Méd)* migraine ◆ **j'ai la ~** I've got a bad headache, my head aches

**migraineux, -euse** /migʀɛnø, øz/ **ADJ** migrainous **NM,F** person suffering from migraine

**migrant, e** /migʀɑ̃, ɑ̃t/ **ADJ, NM,F** migrant

**migrateur, -trice** /migʀatœʀ, tʀis/ **ADJ** migratory **NM** migrant, migratory bird

**migration** /migʀasjɔ̃/ **NF** *(gén)* migration; *(Rel)* transmigration ◆ **oiseau en ~** migrating bird

**migratoire** /migʀatwaʀ/ **ADJ** migratory

**migrer** /migʀe/ ► conjug 1 ◄ **VI** to migrate *(vers* to)

**mi-hauteur** /mihotœʀ/ **à mi-hauteur LOC ADV** halfway up (*ou* down) ◆ **des carreaux s'élevaient à ~ du mur** the lower half of the wall was covered with tiles

**mi-jambe(s)** /miʒɑ̃b/ **à mi-jambe(s) LOC ADV** up (*ou* down) to the knees ◆ **l'eau leur arrivait à ~s** they were knee-deep in water, they were up to their knees in water

**mijaurée** /miʒɔʀe/ **NF** pretentious *ou* affected woman *ou* girl ◆ **faire la ~** to give o.s. airs (and graces) ◆ **regarde-moi cette ~ !** just look at her with her airs and graces! ◆ **petite ~ !** little madam!

**mijoter** /miʒɔte/ ► conjug 1 ◄ **VT** **a** *(= cuire) [+ plat, soupe]* to simmer; *(= préparer avec soin)* to cook *ou* prepare lovingly ◆ **plat mijoté** dish which has been slow-cooked *ou* simmered ◆ **il lui mijote des petits plats** he cooks (up) *ou* concocts tempting *ou* tasty dishes for her **b** *(* = tramer)* to cook up * ◆ **~ un complot** to hatch a plot ◆ **il mijote un mauvais coup** he's cooking up * *ou* plotting some mischief ◆ **qu'est-ce qu'il peut bien ~ ?** what's he up to? *, what's he cooking up? * ◆ **il se mijote quelque chose** something's brewing *ou* cooking * **VI** *[plat, soupe]* to simmer; *[complot]* to be brewing ◆ **laissez *ou* faites ~ 20 mn** (leave to) simmer for 20 mins ◆ **laisser qn ~ (dans son jus)** * to leave sb to stew *, to let sb stew in his own juice *

**mijoteuse** ® /miʒɔtøz/ **NF** slow cooker

**mikado** /mikado/ **NM** *(= jeu)* jackstraws *(sg)*, spillikins *(sg)* ◆ **jouer au ~** to play jackstraws, to have a game of jackstraws

**mil**[1] /mil/ **NM** *(dans une date)* a *ou* one thousand

**mil**[2] /mij, mil/ **NM** ⇒ **millet**

**milady** /miledi/ **NF** (titled English) lady ◆ **oui ~** yes my lady

**milan** /milɑ̃/ **NM** *(Orn)* kite

**milanais, e** /milanɛ, ɛz/ **ADJ** Milanese ◆ **escalope (à la) ~e** escalope milanaise **NM,F** **Milanais(e)** Milanese

**mildiou** /mildju/ **NM** *(Agr)* mildew

**mile** /majl/ **NM** mile *(1 609 m)*

**milice** /milis/ **NF** **a** *(= corps paramilitaire)* militia ◆ **la Milice** *(Hist de France)* the Milice *(collaborationist militia during the German occupation)* **b** *(Belg) (= armée)* army; *(= service militaire)* military service

**milicien** /milisjɛ̃/ **NM** *(gén)* militiaman; *(Belg)* conscript *(Brit)*, draftee *(US)*

**milicienne** /milisjɛn/ **NF** woman serving in the militia

**milieu** (pl **milieux**) /miljø/ **NM** **a** *(= centre)* middle ◆ **casser/couper/scier qch en son ~ *ou* par le ~** to break/cut/saw sth down *ou* through the middle ◆ **le bouton/la porte du ~** the middle *ou* centre knob/door ◆ **je prends celui du ~** I'll take the one in the middle *ou* the middle one ◆ **tenir le ~ de la chaussée** to keep to the middle of the road ◆ **~ de terrain** *(Ftbl)* midfield player ◆ **le ~ du terrain** *(Ftbl)* the midfield ◆ **il est venu vers le ~ de l'après-midi/la matinée** he came towards the middle of the afternoon/the morning, he came about mid-afternoon/mid-morning ◆ **vers/depuis le ~ du 15e siècle** towards/since the mid-15th century, towards/since the mid-1400s; → **empire**

**b** *(= état intermédiaire)* middle course *ou* way ◆ **il n'y a pas de ~ (entre)** there is no middle course *ou* way (between) ◆ **avec lui, il n'y a pas de ~** there's no in-between with him ◆ **le juste ~** the happy medium, the golden mean ◆ **un juste ~** a happy medium ◆ **il est innocent ou coupable, il n'y a pas de ~** he is either innocent or guilty, he can't be both ◆ **tenir le ~** to steer a middle course

**c** *(Bio, Géog)* environment; *(Chim, Phys)* medium ◆ **~ physique/géographique/humain** physical/geographical/human environment ◆ **~ de culture** culture medium ◆ **les animaux dans leur ~ naturel** animals in their natural surroundings *ou* environment *ou* habitat

**d** *(= entourage social, moral)* milieu, environment; *(= groupe restreint)* set, circle; *(= provenance)* background ◆ **le ~ familial** *(gén)* the family circle; *(Sociol)* the home *ou* family background, the home environment ◆ **s'adapter à un nouveau ~** to adapt to a different milieu *ou* environment ◆ **il ne se sent pas dans son ~** he feels out of place, he doesn't feel at home ◆ **elle se sent *ou* est dans son ~ chez nous** she feels (quite) at home with us ◆ **de quel ~ sort-il ?** what is his (social) background? ◆ **les ~x littéraires/financiers** literary/financial circles ◆ **dans les ~x autorisés/bien informés** in official/well-informed circles ◆ **c'est un ~ très fermé** it is a very closed circle *ou* exclusive set

**e** *(Crime)* **le ~** the underworld ◆ **les gens du ~** (people of) the underworld ◆ **membre du ~** gangster, mobster

**f** *(locutions)*

◆ **au milieu** in the middle

◆ **au milieu de** *(= au centre de)* in the middle of; *(= parmi)* amid, among, in the midst of, amidst *(littér)* ◆ **il est là au ~ de ce groupe** he's over there in the middle of that group ◆ **au ~ de toutes ces difficultés/aventures** in the middle *ou* midst of *ou* amidst all these difficulties/adventures ◆ **au ~ de son affolement** in the middle *ou* midst of his panic ◆ **elle n'est heureuse qu'au ~ de sa famille/de ses enfants** she's only happy when she's among *ou* surrounded by her family/her children *ou* with her family/her children around her ◆ **au ~ de la journée** in the middle of the day ◆ **au ~ de la nuit** in the middle of the night ◆ **comment travailler au ~ de ce vacarme ?** how can anyone work in this din? ◆ **au ~ de la descente** halfway down (the hill) ◆ **au ~ de la page** in the middle of the page, halfway down the page ◆ **au ~/en plein ~ de l'hiver** in midwinter/the depth of winter ◆ **au ~ de l'été** in mid-summer, at the height of summer ◆ **au beau ~ de, en plein ~ de** right *ou* bang * *ou* slap bang * in the middle of, in the very middle of ◆ **il est parti au beau ~ de la réception** he left right in the middle of the party

**militaire** /militɛʀ/ **ADJ** military, army *(épith)*; → **attaché, service** **NM** serviceman, soldier ◆ **il est ~** he's in the forces *ou* services, he's a soldier ◆ **~ de carrière** professional *ou* career soldier ◆ **les ~s sont au pouvoir** the army *ou* the military are in power

**militairement** /militɛʀmɑ̃/ **ADV** militarily ◆ **la ville a été occupée ~** the town was occupied by the army ◆ **occuper ~ une ville** to occupy a town

**militant, e** /militɑ̃, ɑ̃t/ **ADJ, NM,F** activist, militant ◆ **~ de base** rank and file *ou* grassroots militant ◆ **~ pour les droits de l'homme** human rights activist *ou* campaigner

**militantisme** /militɑ̃tism/ **NM** (political) activism, militancy

**militarisation** /militaʀizasjɔ̃/ **NF** militarization

**militariser** /militaʀize/ ► conjug 1 ◄ **VT** to militarize **VPR** **se militariser** to become militarized

**militarisme** /militaʀism/ **NM** militarism

**militariste** /militaʀist/ **ADJ** militaristic **NMF** militarist

**militer** /milite/ ► conjug 1 ◄ **VI** **a** *[personne]* to be a militant *ou* an activist ◆ **il milite au parti communiste** he is a communist party militant, he is a militant in the communist party ◆ **~ pour les droits de l'homme** to campaign for human rights **b** *[arguments, raisons]* **~ en faveur de *ou* pour** to militate in favour of, to argue for ◆ **~ contre** to militate *ou* tell against

**milk-shake** (pl **milk-shakes**) /milkʃɛk/ **NM** milk shake

**millage** /milaʒ/ **NM** *(Can)* mileage

**mille**[1] /mil/ **ADJ INV** **a** *(= nombre)* a *ou* one thousand ◆ **~ un** a *ou* one thousand and one ◆ **trois ~** three thousand ◆ **deux ~ neuf cents** two thousand nine hundred ◆ **page ~** page one thousand ◆ **l'an ~** *(dans les dates)* the year one thousand b *(= nombreux)* ~ **regrets** I'm terribly sorry ◆ **je lui ai dit ~ fois** I've told him a thousand times ◆ **tu as ~ fois raison** you're absolutely right ◆ **c'est ~ fois trop grand** it's far too big ◆ **~ excuses** *ou* **pardons** I'm (*ou* we're) terribly sorry ◆ **le vase s'est cassé/était en ~ morceaux** the vase smashed into smithereens/was in smithereens

c *(loc)* ~ **et un problèmes/exemples** a thousand and one problems/examples ◆ **dans un décor des Mille et Une Nuits** in a setting like something from the Arabian Nights ◆ **je vous le donne en ~** * you'll never guess ◆ **~ sabords !** * *(hum)* blistering barnacles! *

NM INV a *(Comm, Math)* a *ou* one thousand ◆ **cinq pour ~ d'alcool** five parts of alcohol to a thousand ◆ **cinq enfants sur ~** five children out of *ou* in every thousand ◆ **vendre qch au ~** to sell sth by the thousand ◆ **deux ~ de boulons** two thousand bolts ◆ **l'ouvrage en est à son centième ~** the book has sold 100,000 copies; → **gagner**

b *(Sport) [de cible]* bull's-eye, bull *(Brit)* ◆ **mettre** *ou* **taper (en plein) dans le ~** *(lit)* to hit the bull's-eye *ou* bull *(Brit)*; *(fig)* to score a bull's-eye, to be bang on target * ◆ **tu as mis dans le ~ en lui faisant ce cadeau** you were bang on target * with the present you gave him

**mille²** /mil/ NM a ◆ **~ (marin)** nautical mile b *(Can)* mile *(1 609 m)*

**millefeuille** /milfœj/ NM *(Culin)* mille feuilles, ≃ cream *ou* vanilla slice *(Brit)*, napoleon *(US)*

**millénaire** /milenɛʀ/ ADJ *(lit)* thousand-year-old *(épith)*, millenial; *(= très vieux)* ancient, very old ◆ **monument ~** thousand-year-old monument ◆ **des rites plusieurs fois ~s** rites several thousand years old, age-old rites NM *(= période)* millennium, a thousand years; *(= anniversaire)* thousandth anniversary, millennium ◆ **nous entrons dans le troisième ~** we're beginning the third millenium

**millénarisme** /milenaʀism/ NM millenarianism

**millénariste** /milenaʀist/ ADJ, NMF millenarian

**millénium** /milenjɔm/ NM millennium

**mille-pattes** /milpat/ NM INV centipede, millipede

**millepertuis, mille-pertuis** /milpɛʀtɥi/ NM St.-John's-wort

**mille-raies** /milʀɛ/ NM INV *(= tissu)* finely-striped material ◆ **velours ~** needlecord

**millésime** /milezim/ NM *(= date, Admin, Fin)* year, date; *[de vin]* year, vintage ◆ **vin d'un bon ~** vintage wine ◆ **quel est le ~ de ce vin ?** what is the vintage *ou* year of this wine?

**millésimé, e** /milezime/ ADJ vintage ◆ **bouteille ~e** bottle of vintage wine ◆ **un bordeaux ~** a vintage Bordeaux ◆ **un champagne ~ 1990** a 1990 champagne ◆ **la version ~e 2002 du dictionnaire** the 2002 edition of the dictionary

**millet** /mijɛ/ NM *(Agr)* millet ◆ **donner des grains de ~ aux oiseaux** to give the birds some millet *ou* (bird)seed

**milli...** /mili/ PRÉF milli... ◆ **millirem** millirem

**milliaire** /miljɛʀ/ ADJ *(Antiq)* milliary ◆ **borne ~** milliary column

**milliampère** /miliɑ̃pɛʀ/ NM milliamp

**milliard** /miljaʀ/ NM billion, thousand million ◆ **un ~ de personnes** a billion *ou* a thousand million people ◆ **2 ~s d'euros** 2 billion euros, 2 thousand million euros ◆ **des ~s de** billions of, thousands of millions of

**milliardaire** /miljaʀdɛʀ/ NMF multimillionaire ADJ ◆ **il est ~** he's worth millions, he's a multimillionaire ◆ **une société plusieurs fois ~ en dollars** a company worth (many) billions of dollars

**milliardième** /miljaʀdjɛm/ ADJ, NM thousand millionth, billionth

**millibar** /milibaʀ/ NM millibar

**millième** /miljɛm/ ADJ, NM thousandth ◆ **c'est la ~ fois que je te le dis !** I've told you a thousand times! ◆ **la ~ (représentation)** *(Théât)* the thousandth performance

**millier** /milje/ NM *(= mille)* thousand; *(= environ)* a thousand or so, about a thousand ◆ **par ~s** in (their) thousands, by the thousand ◆ **il y en a des ~s** there are thousands (of them)

**milligramme** /miligʀam/ NM milligram(me)

**millilitre** /mililitʀ/ NM millilitre *(Brit)*, milliliter *(US)*

**millimétré, e** /milimetʀe/ ADJ a *[papier]* graduated *(in millimetres)* b *(= précis) [passe, tir, réglage]* perfectly judged; *[organisation]* meticulous ◆ **un spectacle ~** a perfectly choreographed spectacle

**millimètre** /milimɛtʀ/ NM millimetre *(Brit)*, millimeter *(US)*

**millimétrique** /milimetʀik/ ADJ *(Sci)* millimetric ◆ **avec une précision ~** *(fig)* with absolute precision

**million** /miljɔ̃/ NM million ◆ **2 ~s de francs** 2 million francs ◆ **être riche à ~s** to be a millionaire, to have millions, to be worth millions ◆ **ça a coûté des ~s** it cost millions

**millionième** /miljɔnjɛm/ ADJ, NMF millionth

**millionnaire** /miljɔnɛʀ/ NMF millionaire ADJ ◆ **la société est ~** the company is worth millions *ou* worth a fortune ◆ **il est plusieurs fois ~** he's a millionaire several times over ◆ **un ~ en dollars** a dollar millionaire

**milliseconde** /milis(ə)gɔ̃d/ NF millisecond

**millivolt** /milivɔlt/ NM millivolt

**mi-long, mi-longue** /milɔ̃, milɔ̃g/ ADJ *[manteau, jupe]* calf-length *(épith)*; *[manche]* elbow-length *(épith)*; *[cheveux]* shoulder-length *(épith)*

**milord** † * /milɔʀ/ NM *(= noble anglais)* lord, nobleman; *(= riche étranger)* immensely rich foreigner ◆ **oui ~ !** yes my lord!

**mi-lourd** /miluʀ/ NM, ADJ *(Boxe)* light heavyweight

**mime** /mim/ NM a *(= personne) (Théât)* mime artist, mime; *(= imitateur)* mimic b *(Théât = art, action)* mime, miming ◆ **il fait du ~** he's a mime (artist) ◆ **(spectacle de) ~** mime show

**mimer** /mime/ ► conjug 1 ◄ VT *(Théât)* to mime; *(= singer)* to mimic, to imitate; *(pour ridiculiser)* to take off

**mimétique** /mimetik/ ADJ mimetic

**mimétisme** /mimetism/ NM *(Bio)* (protective) mimicry; *(fig)* unconscious imitation, mimetism ◆ **il croisa les bras, par ~ avec son frère** he folded his arms, unconsciously imitating *ou* in unconscious imitation of his brother

**mimi** * /mimi/ NM a *(langage enfantin) (= chat)* pussy(cat), puss *; *(= baiser)* little kiss; *(= câlin)* cuddle ◆ **faire des ~s à qn** to kiss and cuddle sb b *(terme affectueux)* **mon ~** darling, sweetie * ADJ INV *(= mignon)* cute, lovely

**mimique** /mimik/ NF a *(= grimace comique)* comical expression, funny face ◆ **ce singe a de drôles de ~s !** this monkey makes such funny faces! ◆ **il eut une ~ de dégoût** he grimaced in disgust b *(= signes, gestes)* gesticulations; *[de sourds-muets]* sign language *(NonC)* ◆ **il eut une ~ expressive pour dire qu'il avait faim** his gestures *ou* gesticulations made it quite clear that he was hungry

**mimodrame** /mimɔdʀam/ NM *(Théât)* mime show

**mimolette** /mimɔlɛt/ NF *type of Dutch cheese*

**mi-mollet** /mimɔlɛ/ **à mi-mollet** LOC ADV ◆ **(arrivant à) ~** *[jupe]* calf-length, below-the-knee *(épith)* ◆ **j'avais de l'eau jusqu'à ~** the water came up to just below my knees

**mimosa** /mimoza/ NM mimosa; → **œuf**

**mi-moyen** /mimwajɛ̃/ NM, ADJ *(Boxe)* welterweight

**MIN** /min/ NM (abrév de **marché d'intérêt national**) → **marché**

**min.** a (abrév de **minimum**) min b (abrév de **minute**) min

**minable** /minabl/ ADJ *(= décrépit) [lieu, aspect, personne]* shabby(-looking), seedy(-looking); *(= médiocre) [devoir, film, personne]* hopeless *, useless *, pathetic *; *[salaire, vie]* miserable, wretched; *[voyou]* wretched; *[complot]* shoddy ◆ **habillé de façon ~** shabbily dressed NMF *(péj)* loser *, dead loss * ◆ **(espèce de) ~ !** you're so pathetic! * ◆ **une bande de ~s** a pathetic *ou* useless bunch *

**minablement** /minabləmɑ̃/ ADV a *(= médiocrement)* hopelessly *, uselessly *, pathetically * b *[habillé]* shabbily

**minage** /minaʒ/ NM *[de pont, tranchée]* mining

**minaret** /minaʀɛ/ NM minaret

**minauder** /minode/ ► conjug 1 ◄ VI to simper, to put on simpering airs ◆ **oh oui, dit-elle en minaudant** oh yes, she simpered ◆ **je n'aime pas sa façon de ~** I don't like her (silly) simpering ways

**minauderie** /minodʀi/ NF ◆ **~s** simpering (airs) ◆ **faire des ~s** to put on simpering airs, to simper

**minaudier, -ière** /minodje, jɛʀ/ ADJ affected, simpering *(épith)*

**mince** /mɛ̃s/ ADJ a *(= peu épais)* thin; *(= svelte, élancé)* slim, slender ◆ **tranche ~** thin slice ◆ **elle est ~ comme un fil** she's (as) thin as a rake ◆ **~ comme une feuille de papier à cigarette** *ou* **comme une pelure d'oignon** paper-thin, wafer-thin ◆ **avoir la taille ~** to be slim *ou* slender

b *(= faible, insignifiant) [profit]* slender; *[salaire]* meagre *(Brit)*, meager *(US)*, small; *[prétexte]* lame, weak; *[preuve, chances]* slim, slender; *[excuse]* lame; *[connaissances, rôle, mérite]* slight, small ◆ **l'intérêt du film est bien ~** the film is decidedly lacking in interest *ou* is of very little interest ◆ **ce n'est pas une ~ affaire** it's quite a job *ou* business, it's no easy task ◆ **l'espoir de les retrouver est bien ~** there is very little hope of finding them ◆ **il n'y sera pas non plus – ~ consolation !** he won't be there either – that's not much of a consolation! ◆ **ce n'est pas une ~ victoire** *ou* **un ~ exploit** it's no mean feat ◆ **c'est un peu ~ comme réponse** * that's not much of an answer

ADV *[couper]* thinly, in thin slices

EXCL ◆ **~ (alors) !** * *(contrariété)* drat (it)! *, blow (it)! * *(Brit)*, darn (it)! * *(US)*; *(surprise)* you don't say!; *(admiration)* wow! *

**minceur** /mɛ̃sœʀ/ NF a *(= finesse)* thinness; *(= gracilité)* slimness, slenderness ◆ **cuisine ~** cuisine minceur ◆ **régime ~** slimming diet ◆ **produits ~** slimming products b *(= insignifiance)* **la ~ des preuves** the slimness *ou* the insufficiency of the evidence

**mincir** /mɛ̃siʀ/ ► conjug 2 ◄ VI to get slimmer, to get thinner VT *[vêtement]* ◆ **cette robe te mincit** this dress makes you look slimmer

**mine[1]** /min/ NF a (= *physionomie)* expression, look ◆ **... dit-il, la ~ réjouie** ... he said with a cheerful *ou* delighted expression on his face ◆ **elle est arrivée, la ~ boudeuse** she arrived, looking sulky *ou* with a sulky expression on her face ◆ **ne fais pas cette ~-là** stop making *ou* pulling that face ◆ **faire triste ~ à qn** to give sb a cool reception; → **gris**

b (= *allure)* exterior, appearance ◆ **tu as la ~ de quelqu'un qui n'a rien compris** you look as if you haven't understood a single thing ◆ **il cachait sous sa ~ modeste un orgueil sans pareil** his modest exterior concealed an overweening pride ◆ **votre rôti a bonne ~** your roast looks good *ou* appetizing ◆ **tu as bonne ~ maintenant !** *(iro)* now you look (like) an utter *ou* a right * idiot!; → **payer**

c (= *teint)* **avoir bonne ~** to look well ◆ **il a mauvaise ~** he doesn't look well, he looks unwell *ou* poorly ◆ **avoir une sale ~** to look awful * *ou* dreadful ◆ **avoir une ~ de papier mâché** to look washed out ◆ **il a meilleure ~ qu'hier** he looks better than (he did) yesterday ◆ **tu as une ~ superbe** you look terrific

d *(loc)* **faire ~ de faire qch** to pretend to do sth ◆ **j'ai fait ~ de le croire** I acted as if I believed it ◆ **j'ai fait ~ de lui donner une gifle** I made as if to slap him ◆ **il n'a même pas fait ~ de résister** he didn't even put up a token resistance, he didn't even offer a show of resistance

◆ **mine de rien** * ◆ **il est venu nous demander comment ça marchait, ~ de rien** * he came and asked us with a casual air *ou* all casually * how things were going ◆ **~ de rien, tu sais qu'il n'est pas bête** * though you wouldn't think it to look at him he's no dummy * you know ◆ **~ de rien, ça fait deux heures qu'on attend/ça nous a coûté 200 €** you wouldn't think it but we've been waiting for two hours/it cost us €200

NFPL **mines** *[de personne]* simpering airs; *[de bébé]* expressions ◆ **faire des ~s** to put on simpering airs, to simper ◆ **il fait ses petites ~s** *[de bébé]* he makes (funny) little faces

**mine[2]** /min/ NF a (= *gisement)* deposit, mine; *(exploité)* mine ◆ **~ d'or** *(lit, fig)* gold mine ◆ **région de ~s** mining area *ou* district ◆ **~ à ciel ouvert** opencast mine ◆ **la nationalisation des ~s** *(gén)* the nationalization of the mining industry; *(charbon)* the nationalization of coal *ou* of the coalmining industry ◆ **~ de charbon** *(gén)* coalmine; *(puits)* pit, mine; *(entreprise)* colliery ◆ **descendre dans la ~** to go down the mine *ou* pit ◆ **travailler à la ~** to work in the mines, to be a miner; → **carreau, galerie, puits**

b (= *source) [de renseignements]* mine ◆ **une ~ inépuisable de documents** an inexhaustible source of documents ◆ **cette bibliothèque est une (vraie) ~** this library is a treasure trove

c ◆ **~ (de crayon)** (pencil) lead ◆ **crayon à ~ dure/tendre** hard/soft pencil, pencil with a hard/soft lead ◆ **~ de plomb** black lead, graphite

d *(Mil)* (= *galerie)* gallery, sap, mine; (= *explosif)* mine ◆ **~ dormante/flottante** unexploded/floating mine ◆ **~ terrestre** landmine; → **champ[1], détecteur**

NFPL **Mines** ◆ **les Mines** *(Admin)* ≃ the (National) Mining and Geological service ◆ **l'École des Mines** ≃ the (National) School of Mining Engineering ◆ **ingénieur des Mines** (state qualified) mining engineer ◆ **le service des Mines** *the French government vehicle testing service*

**miner** /mine/ ► conjug 1 ◄ VT a (= *garnir d'explosifs)* to mine ◆ **ce pont est miné** this bridge has been mined b (= *ronger) [+ falaise, fondations]* to undermine, to erode, to eat away; *[+ société, autorité, santé]* to undermine; *[+ force]* to sap, to undermine ◆ **la maladie l'a miné** his illness has left him drained (of energy) *ou* has sapped his strength ◆ **miné par le chagrin/l'inquiétude** worn down by grief/anxiety ◆ **miné par la jalousie** eaten up *ou* consumed with jealousy ◆ **tout ça le mine** all this is eating into him ◆ **c'est un sujet/terrain miné** *(fig)* it's a highly sensitive subject/area

**minerai** /minʀɛ/ NM ore ◆ **~ de fer/cuivre** iron/copper ore

**minéral, e** (mpl **-aux**) /mineʀal, o/ ADJ *[huile, sel, règne]* mineral; *[chimie]* inorganic; *[paysage]* stony; → **chimie, eau** NM mineral

**minéralier** /mineʀalje/ NM ore tanker

**minéralisation** /mineʀalizasjɔ̃/ NF mineralization

**minéralisé, e** /mineʀalize/ (ptp de **minéraliser**) ADJ *[eau]* mineralized ◆ **peu/moyennement ~e** with a low/medium mineral content

**minéraliser** /mineʀalize/ ► conjug 1 ◄ VT to mineralize

**minéralogie** /mineʀalɔʒi/ NF mineralogy

**minéralogique** /mineʀalɔʒik/ ADJ a *(Aut)* **numéro ~** registration *(Brit) ou* license *(US)* number; → **plaque** b *(Géol)* mineralogical

**minéralogiste** /mineʀalɔʒist/ NMF mineralogist

**minerve** /minɛʀv/ NF a *(Méd)* (surgical) collar b *(Typo)* platen machine c *(Myth)* **Minerve** Minerva

**minestrone** /minɛstʀɔn/ NM minestrone

**minet, -ette** /minɛ, ɛt/ NM,F *(langage enfantin = chat)* puss *, pussy (cat), kitty (cat) *(surtout US)* ◆ **mon ~, ma minette** *(terme affectif)* (my) pet *, sweetie(-pie) * NM *(péj = jeune élégant)* pretty boy *, young trendy * *(Brit)* NF **minette** ( * = *jeune fille)* (cute) chick *

**mineur[1], e** /minœʀ/ ADJ a *(Jur)* minor ◆ **enfant ~** young person who is under age, minor *(Jur)* ◆ **être ~** to be under age, to be a minor *(Jur)* b (= *peu important) [soucis, œuvre, artiste]* minor; → **Asie** c *(Mus) [gamme, intervalle, mode]* minor ◆ **en do ~** in C minor d *(Logique) [terme, proposition]* minor NM,F *(Jur)* minor, young person under 18 (years of age) ◆ **"établissement interdit aux mineurs"** "no person under 18 allowed on the premises" ◆ **le film est interdit aux ~s de moins de 12 ans** the film is unsuitable for children under 12; → **détournement** NM *(Mus)* minor ◆ **en ~** in a minor key NF **mineure** a *(Logique)* minor premise b *(Univ = matière)* subsidiary *(Brit)*, second subject *(Brit)*, minor *(US)*

**mineur[2]** /minœʀ/ NM a *(Ind)* miner; *[de houille]* (coal) miner ◆ **~ de fond** pitface *ou* underground worker, miner at the pitface ◆ **village de ~s** mining village b *(Mil)* sapper *(who lays mines)*

**mini** /mini/ ADJ INV a *(Mode)* **la mode ~** the fashion for minis b (= *très petit)* **c'est ~ chez eux** * they've got a minute *ou* tiny (little) place ◆ **~ budget, budget ~** shoestring budget NM INV *(Mode)* ◆ **elle s'habille (en) ~** she wears minis ◆ **la mode est au ~** minis are in (fashion)

**mini-** /mini/ PRÉF mini ◆ **~conférence de presse** mini press-conference

**miniature** /minjatyʀ/ NF a *(gén)* miniature ◆ **en ~** in miniature ◆ **cette région, c'est la France en ~** this region is a miniature France *ou* France in miniature b *(Art)* miniature c ( * = *nabot)* (little) shrimp * *ou* tich * *(Brit)*, tiddler * *(Brit)* ◆ **tu as vu cette ~ ?** did you see that little shrimp? * ADJ miniature ◆ **train/jeu d'échecs ~** miniature train/chess set

**miniaturisation** /minjatyʀizasjɔ̃/ NF miniaturization

**miniaturiser** /minjatyʀize/ ► conjug 1 ◄ VT to miniaturize ◆ **transistor miniaturisé** miniaturized transistor ◆ **les ordinateurs se miniaturisent** computers are becoming smaller and smaller

**miniaturiste** /minjatyʀist/ NMF miniaturist

**minibar** /minibaʀ/ NM (= *réfrigérateur)* minibar; (= *chariot)* refreshments trolley *(Brit) ou* cart

**minibus** /minibys/ NM minibus

**minicam** /minikam/ NF minicam

**minicassette** /minikasɛt/ NF minicassette

**minichaîne** /miniʃɛn/ NF mini (music) system

**MiniDisc** ® /minidisk/ NM MiniDisc ®

**minidosée** /minidoze/ ADJ F ◆ **pilule ~** mini-pill

**minier, -ière** /minje, jɛʀ/ ADJ mining

**minigolf** /minigɔlf/ NM (= *jeu)* mini-golf, crazy-golf; (= *lieu)* mini-golf *ou* crazy-golf course

**minijupe** /miniʒyp/ NF miniskirt

**minima** /minima/ → **minimum**

**minimal, e** (mpl **-aux**) /minimal, o/ ADJ minimum, minimal ◆ **les logements doivent répondre à des normes ~es de sécurité** housing must meet minimum safety requirements ◆ **art ~** minimal art

**minimalisme** /minimalism/ NM minimalism

**minimaliste** /minimalist/ ADJ, NMF minimalist

**minime** /minim/ ADJ *[dégât, rôle, différence]* minimal; *[salaire, somme]* modest, paltry *(péj)* ◆ **le plus ~ changement** the slightest change ◆ **le plus ~ écart de température** the tiniest difference in temperature ◆ **les progrès sont très ~s** very minimal progress has been made NMF a *(Sport)* junior *(13-15 years)* b *(Rel)* Minim

**mini-message** /minimesaʒ/ NM (pl **mini-messages)** text message

**minimisation** /minimizasjɔ̃/ NF minimization

**minimiser** /minimize/ ► conjug 1 ◄ VT *[+ risque, rôle]* to minimize; *[+ incident, importance]* to play down

**minimum** /minimɔm/ (f **minimum**) (pl **minimum(s)** *ou* **minima)** ADJ minimum ◆ **vitesse/âge ~** minimum speed/age ◆ **la température ~ a été de 6° C** the minimum temperature was 6° C, there was a low of 6° C today ◆ **assurer un service ~** *(Transport)* to run a reduced service ◆ **programme ~** *(TV)* restricted service; → **revenu, salaire**

NM a minimum; *(Jur)* minimum sentence ◆ **dans le ~ de temps** in the shortest time possible ◆ **il faut un ~ de temps/d'intelligence pour le faire** you need a minimum amount of time/a modicum of intelligence to be able to do it ◆ **il faut quand même travailler un ~** you still have to do a minimum (amount) of work ◆ **ils ont fait le ~ syndical** they did no more than they had to ◆ **avec un ~ d'efforts il aurait réussi** with a minimum of effort he would have succeeded ◆ **il n'a pris que le ~ de précautions** he took only minimum *ou* minimal precautions ◆ **c'est vraiment le ~ que tu puisses faire** it's the very least you can do ◆ **la production a atteint son ~** production has sunk to its lowest level (yet) *ou* an all-time low ◆ **avoir tout juste le ~ vital** *(salaire)* to earn barely a living wage; *(subsistance)* to be *ou* live at subsistence level ◆ **il faut rester le ~ (de temps) au soleil** you must stay in the sun as little as possible

♦ **au minimum** at least, at a minimum ♦ **ça coûte au ~ 15 €** it costs at least €15 *ou* a minimum of €15 ♦ **dépenses réduites au ~** expenditure cut (down) to the minimum

**b** *(Admin)* ~ **vieillesse** basic old age pension ♦ **les minima sociaux** basic welfare benefits ♦ **dépenses réduites à un ~** expenditure cut (down) to a minimum

**ADV** at least, at a minimum ♦ **ça dure quinze jours ~** it lasts at least fifteen days

**mini-ordinateur** (pl **mini-ordinateurs**) /miniɔʀdinatœʀ/ **NM** minicomputer

**minipilule** /minipilyl/ **NF** minipill

**ministère** /ministɛʀ/ **NM** **a** *(= département)* ministry, department *(US)* ♦ **employé de ~** government employee ♦ **~ de l'Agriculture/de l'Éducation (nationale)** ministry *ou* department *(US)* of Agriculture/of Education; → aussi **comp**

**b** *(= cabinet)* government, cabinet ♦ **sous le ~ (de) Pompidou** under the premiership of Pompidou, under Pompidou's government ♦ **le premier ~ Poincaré** Poincaré's first government *ou* cabinet ♦ **former un ~** to form a government *ou* a cabinet ♦ **~ de coalition** coalition government

**c** *(Jur)* **le ~ public** *(= partie)* the Prosecution; *(= service)* the public prosecutor's office ♦ **par ~ d'huissier** served by a bailiff

**d** *(Rel)* ministry ♦ **exercer son ~ à la campagne** to have a country parish

**e** *(littér = entremise)* agency ♦ **proposer son ~ à qn** to offer to act for sb

**COMP** ▷ **ministère des Affaires étrangères** Ministry of Foreign Affairs, Foreign Office *(Brit)*, Department of State *(US)*, State Department *(US)* ▷ **ministère des Affaires européennes** Ministry of European Affairs ▷ **ministère des Affaires sociales** Social Services Ministry ▷ **ministère des Anciens Combattants** *Ministry responsible for ex-servicemen*, ≃ Veterans Administration *(US)* ▷ **ministère du Budget** Ministry of Finance, ≃ Treasury *(Brit)*, Treasury Department *(US)* ▷ **ministère du Commerce** Ministry of Trade, Department of Trade and Industry *(Brit)*, Department of Commerce *(US)* ▷ **ministère du Commerce extérieur** Ministry of Foreign Trade, Board of Trade *(Brit)* ▷ **ministère de la Culture** Ministry for the Arts ▷ **ministère de la Défense nationale** Ministry of Defence *(Brit)*, Department of Defense *(US)* ▷ **ministère des Départements et Territoires d'outre-mer** *Ministry for French overseas territories* ▷ **ministère de l'Économie et des Finances** Ministry of Finance, ≃ Treasury *(Brit)*, Treasury Department *(US)* ▷ **ministère de l'Environnement** Ministry of the Environment, ≃ Department of the Environment *(Brit)*, Environmental Protection Agency *(US)* ▷ **ministère de l'Industrie** ≃ Department of Trade and Industry *(Brit)*, Department of Commerce *(US)* ▷ **ministère de l'Intérieur** Ministry of the Interior, ≃ Home Office *(Brit)* ▷ **ministère de la Jeunesse et des Sports** Ministry of Sport ▷ **ministère de la Justice** Ministry of Justice, Lord Chancellor's Office *(Brit)*, Department of Justice *(US)* ▷ **ministère de la Santé** Ministry of Health, ≃ Department of Health and Social Security *(Brit)*, Department of Health and Human Services *(US)* ▷ **ministère des Transports** Ministry of Transport *(Brit)*, Department of Transportation *(US)* ▷ **ministère du Travail** Ministry of Employment *(Brit)*, Department of Labor *(US)*

**ministériel, -elle** /ministeʀjɛl/ **ADJ** *[document, solidarité]* ministerial; *[crise, remaniement]* cabinet *(épith)* ♦ **département ~** ministry, department *(surtout US)* ♦ **accéder à une fonction ministérielle** to become a minister; → **arrêté, officier**[1]

**ministrable** /ministʀabl/ **ADJ, NMF** ♦ **il fait partie des ~s** he's one of those in line for a ministerial post ♦ **il y a plusieurs premiers ~s** there are several possible candidates for the premiership

**ministre** /ministʀ/ **NMF** **a** *[de gouvernement]* minister *(Brit)*, secretary *(surtout US)* ♦ **pourriez-vous nous dire Monsieur** (*ou* **Madame**) **le ~ ...** could you tell us Minister ... *(Brit)*, could you tell us Mr (*ou* Madam) Secretary *(US)* ... ♦ **Premier ~** Prime Minister, Premier ♦ **Madame/Monsieur le Premier ~** Prime Minister ♦ **les ~s** the members of the cabinet ♦ **~ de l'Agriculture/de l'Éducation (nationale)** minister *(Brit)* *ou* secretary *(surtout US)* of Agriculture/of Education, Agriculture/Education minister *(Brit)* *ou* secretary *(surtout US)* ♦ **~ délégué** minister of state (*à* for; *auprès de* reporting to), ≃ junior minister *(Brit)*, undersecretary *(US)* ♦ **~ d'État** *(sans portefeuille)* minister without portfolio; *(de haut rang)* senior minister ♦ **~ sans portefeuille** minister without portfolio; → aussi **nm; → bureau, conseil, papier**

**b** *(= envoyé, ambassadeur)* envoy ♦ **~ plénipotentiaire** (minister) plenipotentiary *(Brit)*, ambassador plenipotentiary *(US)*

**NM** **a** *(Rel) (protestant)* minister, clergyman; *(catholique)* priest ♦ **~ du culte** minister of religion ♦ **~ de Dieu** minister of God

**b** *(littér = représentant)* agent

**COMP** ▷ **ministre des Affaires étrangères** Minister of Foreign Affairs, Foreign Secretary *(Brit)*, ≃ Secretary of State *(US)* ▷ **ministre des Affaires européennes** Minister of European Affairs ▷ **ministre des Affaires sociales** Social Services Minister ▷ **ministre du Budget** Finance Minister *ou* Secretary, ≃ Chancellor of the Exchequer *(Brit)*, Secretary of the Treasury *(US)* ▷ **ministre du Commerce** Minister of Trade *(Brit)*, Secretary of Commerce *(US)* ▷ **ministre de la Culture** ≃ Minister for Arts ▷ **ministre de la Défense nationale** Defence Minister *(Brit)*, Defense Secretary *(US)* ▷ **ministre des Départements et Territoires d'outre-mer** *Minister for French overseas territories* ▷ **ministre de l'Économie et des Finances** Finance Minister *ou* Secretary, ≃ Chancellor of the Exchequer *(Brit)*, Secretary of the Treasury *(US)* ▷ **ministre de l'Environnement** ≃ Minister of the Environment *(Brit)*, Director of the Environmental Protection Agency *(US)* ▷ **ministre de l'Industrie** Secretary of State for Trade and Industry *(Brit)*, Secretary of Commerce *(US)* ▷ **ministre de l'Intérieur** Minister of the Interior, Home Secretary *(Brit)*, Secretary of the Interior *(US)* ▷ **ministre de la Jeunesse et des Sports** Sports Minister ▷ **ministre de la Justice** Minister of Justice, ≃ Lord Chancellor *(Brit)*, Attorney General *(US)* ▷ **ministre de la Santé (et de la Sécurité sociale)** ≃ Minister of Health and Social Security *(Brit)*, Secretary of Health and Human Services *(US)* ▷ **ministre des Transports** Minister of Transport *(Brit)*, Transportation Secretary *(US)* ▷ **ministre du Travail** Minister of Employment, Labor Secretary *(US)*

**Minitel** ® /minitɛl/ **NM** Minitel ® ♦ **obtenir un renseignement par (le) ~** to get information on Minitel ®

> **Minitel**
>
> The **Minitel** has been widely used in French businesses and households for many years, and despite the growing importance of the Internet it remains a familiar feature of daily life. **Minitel** is a public-access information system consisting of a small terminal with a built-in modem, screen and keyboard. Users key in the access code for the service they require, and pay for the time spent linked to the server as part of their regular telephone bill. The term « Minitel rose » refers to sex chatlines available on **Minitel**.

**minitéliste** /minitelist/ **NMF** Minitel user

**minium** /minjɔm/ **NM** *(Chim)* red lead, minium; *(Peinture)* red lead paint

**minivague** /minivag/ **NF** soft perm ♦ **se faire faire une ~** to have a soft perm

**Minnesota** /minezɔta/ **NM** Minnesota

**minois** /minwa/ **NM** *(= visage)* little face ♦ **son joli ~** her pretty little face

**minoration** /minɔʀasjɔ̃/ **NF** *(= réduction)* cut, reduction (*de* in); ♦ **ce projet n'entraîne pas une ~ de leur influence** their influence will not be reduced as a result of this project

**minorer** /minɔʀe/ ▸ conjug 1 ◂ **VT** **a** *[+ taux, impôts]* to cut, to reduce (*de* by); ♦ **ces tarifs seront minorés de 40%** these rates will be cut *ou* reduced by 40% **b** *[+ incident]* to play down (the importance of); *[+ importance]* to play down; *[+ rôle]* to reduce, to minimize

**minoritaire** /minɔʀitɛʀ/ **ADJ** minority *(épith)* ♦ **groupe ~** minority group ♦ **ils sont ~s** they are a minority, they are in a *ou* in the minority ♦ **ils sont ~s au Parlement** they have a minority in Parliament **NMF** member of a minority party (*ou* group *etc*) ♦ **les ~s** the minority (party)

**minorité** /minɔʀite/ **NF** **a** *(= âge) (gén)* minority; *(Jur)* minority, (legal) infancy, nonage ♦ **pendant sa ~** while he is (*ou* was) under age, during his minority *ou* infancy *(Jur)* ♦ **~ pénale** ≃ legal infancy **b** *(= groupe)* minority (group) ♦ **~ ethnique/nationale** racial *ou* ethnic/national minority ♦ **~ agissante/opprimée** active/oppressed minority ♦ **~ de blocage** *(Écon)* blocking minority **c** ♦ **~ de** minority of ♦ **dans la ~ des cas** in the minority of cases ♦ **je m'adresse à une ~ d'auditeurs** I'm addressing a minority of listeners

♦ **en minorité** ♦ **être en ~** to be in a *ou* in the minority, to be a minority ♦ **le gouvernement a été mis en ~ sur la question du budget** the government was defeated on the budget

**Minorque** /minɔʀk/ **NF** Minorca

**minorquin, e** /minɔʀkɛ̃, in/ **ADJ** Minorcan **NM,F** **Minorquin(e)** Minorcan

**Minos** /minɔs/ **NM** Minos

**Minotaure** /minɔtɔʀ/ **NM** Minotaur

**minoterie** /minɔtʀi/ **NF** *(= industrie)* flour-milling (industry); *(= usine)* (flour-)mill

**minotier** /minɔtje/ **NM** miller

**minou** /minu/ **NM** **a** *(langage enfantin = chat)* pussy(cat), puss * **b** *(terme d'affection)* **mon ~** sweetie(-pie) *, (my) pet * **c** (*̤* = *sexe de femme*) pussy *̤*

**minuit** /minɥi/ NM midnight, twelve (o'clock) (at night) ◆ **à ~** at (twelve) midnight, at twelve (o'clock) (at night) ◆ **~ vingt** twenty past twelve *ou* midnight ◆ **il est ~, l'heure du crime** *(hum)* it's midnight, the witching hour ◆ **de ~** *[soleil, messe]* midnight *(épith)* ◆ **bain de ~** midnight *ou* moonlight swim

**minus** * /minys/ NMF *(péj)* dead loss *, wash-out * ◆ **viens ici, ~ !** come over here, you wimp! * ◆ **~ habens** moron

**minuscule** /minyskyl/ ADJ a *(= très petit)* minute, tiny, minuscule b *(Écriture)* small; *(Typo)* lower case ◆ **h ~** small h NF small letter; *(Typo)* lower case letter

**minutage** /minytaʒ/ NM (strict *ou* precise) timing

**minute** /minyt/ NF a *(= division de l'heure, d'un degré)* minute; *(= moment)* minute, moment ◆ **une ~ de silence** a minute's silence, a minute of silence ◆ **la ~ de vérité** the moment of truth ◆ **je n'ai pas une ~ à moi/à perdre** I don't have a minute *ou* moment to myself/to lose ◆ **une ~ d'inattention a suffi** a moment's inattention was enough ◆ **~ (papillon) !** * hey, just a minute! *, hold *ou* hang on (a minute)! * ◆ **une ~, j'arrive !** just a second *ou* a minute, I'm coming! ◆ **attendez une petite ~** can you wait just a *ou* half a minute? ◆ **une (petite) ~ ! je n'ai jamais dit ça !** hang on a minute! I never said that! ◆ **elle va arriver d'une ~ à l'autre** she'll be here any minute now ◆ **en (l'espace de) cinq ~s, c'était fait** it was done in five minutes

♦ **à la minute** ◆ **on me l'a apporté à la ~** it has just this instant *ou* moment been brought to me ◆ **avec toi, il faut toujours tout faire à la ~** you always have to have things done there and then *ou* on the spot ◆ **réparations à la ~** on-the-spot repairs, repairs while you wait ◆ **elle arrive toujours à la ~ (près)** she's always there on the dot *, she always arrives to the minute *ou* right on time * ◆ **on n'est pas à la ~ près** there's no rush

b *(en apposition)* **steak** *ou* **entrecôte ~** minute steak ◆ **"talons minute"** "shoes repaired while you wait", "heel bar" *(Brit)*

c *(Jur) [de contrat]* original draft ◆ **les ~s de la réunion** the minutes of the meeting ◆ **rédiger les ~s de qch** to minute sth

**minuter** /minyte/ ▸ conjug 1 ◂ VT a *(= chronométrer, limiter)* to time; *(= organiser)* to time (carefully *ou* to the last minute) ◆ **dans son emploi du temps tout est minuté** everything's worked out *ou* timed down to the last second in his timetable ◆ **mon temps est minuté** I've got an extremely tight schedule b *(Jur)* to draw up, to draft

**minuterie** /minytʀi/ NF *[de lumière]* time switch; *[d'horloge]* regulator; *[de four]* timer; *[de bombe]* timing device, timer ◆ **allumer la ~** to switch on the (automatic) light *(on stairs, in passage etc)*

**minuteur** /minytœʀ/ NM *[de cafetière, four]* timer

**minutie** /minysi/ NF a *[de personne, travail]* meticulousness ◆ **j'ai été frappé par la ~ de son inspection** I was amazed by the detail of his inspection, I was amazed how detailed his inspection was ◆ **l'horlogerie demande beaucoup de ~** clock-making requires a great deal of precision ◆ **avec ~** *(= avec soin)* meticulously; *(= dans le détail)* in minute detail b *(= détails)* **~s** *(péj)* trifles, trifling details, minutiae

**minutieusement** /minysjøzmɑ̃/ ADV *(= avec soin)* meticulously; *(= dans le détail)* in minute detail

**minutieux, -ieuse** /minysjø, jøz/ ADJ *[personne, soin, analyse]* meticulous; *[description, inspection]* minute; *[dessin]* minutely detailed ◆ **il s'agit d'un travail ~** it's a job that demands painstaking attention to detail ◆ **c'est une opération minutieuse** it's an extremely delicate operation ◆ **il est très ~** he is very meticulous

**miocène** /mjɔsɛn/ ADJ Miocene NM ◆ **le Miocène** the Miocene

**mioche** * /mjɔʃ/ NMF *(= gosse)* kid *, nipper * *(Brit)*; *(péj)* brat * ◆ **sale ~ !** dirty *ou* horrible little brat! *

**mi-pente** /mipɑ̃t/ **à mi-pente** LOC ADV halfway up *ou* down the hill

**mirabelle** /miʀabɛl/ NF *(= prune)* cherry plum; *(= alcool)* plum brandy

**mirabellier** /miʀabelje/ NM cherry-plum tree

**miracle** /miʀɑkl/ NM a *(lit, fig)* miracle ◆ **~ économique** economic miracle ◆ **son œuvre est un ~ d'équilibre** his work is a miracle *ou* marvel of balance ◆ **cela tient** *ou* **relève du ~** it's a miracle ◆ **faire** *ou* **accomplir des ~s** *(lit)* to work *ou* do *ou* accomplish miracles; *(fig)* to work wonders *ou* miracles ◆ **c'est ~ qu'il résiste dans ces conditions** it's a wonder *ou* a miracle he manages to cope in these conditions ◆ **il faudrait une ~ pour qu'il soit élu** nothing short of a miracle will get him elected, it'll take a miracle for him to get elected ◆ **par ~** miraculously, by a *ou* by some miracle ◆ **comme par ~ !** *(iro)* surprise, surprise! ◆ **~ ! il est revenu !** amazing! he's come back!; → **crier**

b *(Hist, Littérat)* miracle (play)

ADJ INV ◆ **remède/solution ~** miracle cure/solution ◆ **potion ~** magic potion ◆ **il n'y a pas de recette ~** there's no miracle solution ◆ **médicament ~** wonder *ou* miracle drug

**miraculé, e** /miʀakyle/ ADJ, NM,F ◆ **(malade) ~** (person) who has been miraculously cured *ou* who has been cured by a miracle ◆ **les trois ~s de la route** the three (people) who miraculously *ou* who by some miracle survived the accident ◆ **voilà le ~ !** *(hum)* here comes the miraculous survivor!

**miraculeusement** /miʀakyløzmɑ̃/ ADV miraculously

**miraculeux, -euse** /miʀakylø, øz/ ADJ *[guérison, victoire, source]* miraculous; *[progrès, réussite]* wonderful ◆ **traitement** *ou* **remède ~** miracle cure ◆ **ça n'a rien de ~** there's nothing so miraculous *ou* extraordinary about that ◆ **il n'y a pas de solution miraculeuse** there is no miracle solution; → **pêche²**

**mirador** /miʀadɔʀ/ NM *(Mil)* watchtower, mirador; *(pour l'observation d'animaux)* raised (observation) hide; *(Archit)* belvedere, mirador

**mirage** /miʀaʒ/ NM a *(lit, fig)* mirage ◆ **c'est un ~ !** *(hum)* you (*ou* I *etc*) must be seeing things! b *[d'œufs]* candling

**miraud, e** * /miʀo, od/ ADJ *(= myope)* short-sighted ◆ **tu es ~ !** you need glasses! ◆ **il est complètement ~** he's as blind as a bat

**mire** /miʀ/ NF *(TV)* test card; *(Arpentage)* surveyor's rod ◆ **prendre sa ~** *(= viser)* to take aim ◆ **point de ~** *(lit)* target; *(fig)* focal point; → **cran, ligne¹**

**mire-œufs** /miʀø/ NM INV light *(for candling eggs)*

**mirer** /miʀe/ ▸ conjug 1 ◂ VT a *[+ œufs]* to candle b *(littér)* to mirror VPR **se mirer** *(littér) [personne]* to gaze at o.s. *ou* at one's reflection *(in the mirror, water etc)*; *[chose]* to be mirrored *ou* reflected *(in the water etc)*

**mirettes** * /miʀɛt/ NFPL eyes, peepers * *(hum)* ◆ **ils en ont pris plein les ~** they were completely dazzled by it

**mirifique** /miʀifik/ ADJ *(hum) [contrat]* extremely lucrative; *[salaire]* huge; *[promesses]* extravagant; *[offre]* fantastic ◆ **des projets ~s** *(= irréalistes)* harebrained schemes

**mirliton** /miʀlitɔ̃/ NM *(Mus)* reed pipe; *[de carnaval]* party whistle; → **vers²**

**mirmidon** /miʀmidɔ̃/ NM ⇒ **myrmidon**

**mirobolant, e** * /miʀɔbɔlɑ̃, ɑ̃t/ ADJ *(hum) [contrat, salaire]* extravagant; *[résultats]* brilliant

**miroir** /miʀwaʀ/ NM *(lit)* mirror; *(fig)* mirror, reflection ◆ **le ~ des eaux** *(littér)* the glassy waters ◆ **un roman n'est jamais le ~ de la réalité** a novel is never a true reflection of reality *ou* never really mirrors reality ◆ **écriture/image en ~** mirror writing/image

COMP ▷ **miroir aux alouettes** *(lit)* decoy; *(fig)* lure ▷ **miroir de courtoisie** *(Aut)* vanity mirror ▷ **miroir déformant** distorting mirror ▷ **miroir d'eau** ornamental pond ▷ **miroir grossissant** magnifying mirror

**miroitant, e** /miʀwatɑ̃, ɑ̃t/ ADJ *[eau, lac]* sparkling, shimmering; *[étoffe]* shimmering; *[collier, vitres]* sparkling; *[métal]* gleaming

**miroitement** /miʀwatmɑ̃/ NM *(= étincellement)* sparkling *(NonC)*, gleaming *(NonC)*; *(= chatoiement)* shimmering *(NonC)*

**miroiter** /miʀwate/ ▸ conjug 1 ◂ VI *(= étinceler)* to sparkle, to gleam; *(= chatoyer)* to shimmer ◆ **il lui fit ~ les avantages qu'elle aurait à accepter ce poste** he painted in glowing colours what she stood to gain from taking the job ◆ **ils ont fait ~ la perspective d'une baisse des cotisations** they held out the possibility of a cut in contributions

**miroiterie** /miʀwatʀi/ NF a *(Comm)* mirror trade; *(Ind)* mirror industry b *(= usine)* mirror factory

**miroitier, -ière** /miʀwatje, jɛʀ/ NM,F *(= vendeur)* mirror dealer; *(= fabricant)* mirror manufacturer; *(= artisan)* mirror cutter, silverer

**mironton** * /miʀɔ̃tɔ̃/, **miroton** /miʀɔtɔ̃/ NM ◆ **(bœuf) miroton** boiled beef in onion sauce

**mis, e¹** † /mi, miz/ (ptp de **mettre**) ADJ *(= vêtu)* attired †, clad ◆ **bien ~** nicely turned out

**misaine** /mizɛn/ NF ◆ **(voile de) ~** foresail; → **mât**

**misanthrope** /mizɑ̃tʀɔp/ ADJ *[attitude]* misanthropic ◆ **il est devenu très ~** he's come to dislike everyone *ou* to hate society, he's turned into a real misanthropist NMF misanthropist, misanthrope

**misanthropie** /mizɑ̃tʀɔpi/ NF misanthropy

**misanthropique** /mizɑ̃tʀɔpik/ ADJ *(frm)* misanthropic, misanthropical

**miscellanées** /miselane/ NFPL miscellanea

**mise²** /miz/ NF a *(= enjeu)* stake, ante; *(Comm)* outlay ◆ **récupérer sa ~** to recoup one's outlay ◆ **gagner 100 € pour une ~ de 10 €** to make €100 on an outlay of €10 ◆ **remporter la ~** *(fig)* to carry the day; → **sauver** b *(= habillement)* attire, clothing ◆ **avoir une ~ débraillée** to be untidily dressed ◆ **juger qn sur** *ou* **à sa ~** to judge sb by his clothes *ou* by what he wears ◆ **soigner sa ~** to take pride in one's appearance c ◆ **être de ~** †† *(Fin)* to be in circulation, to be legal currency; *(fig)* to be acceptable ◆ **ces propos ne sont pas de ~** those remarks are out of place d *(= action de mettre)* putting, setting; → **boîte, bouteille** *etc* COMP ▷ **mise en plis** *(Coiffure)* set ◆ **se faire faire une ~ en plis** to have a set, to have one's hair set; *(pour autres expressions voir sous le second terme)*

**miser** /mize/ ▸ conjug 1 ◂ VT a *(= parier) [+ argent]* to stake, to bet *(sur* on); ◆ **~ sur un cheval** to bet on a horse, to put money on a horse ◆ ~ **à 8 contre 1** to bet at odds of 8 to 1, to take 8 to 1 ◆ **il a misé sur le mauvais cheval** *(fig)* he backed the wrong horse; → **tableau** b *(* = compter sur)* ~ **sur** to bank on, to count on c *(Helv) (= vendre)* to sell by auction; *(= acheter)* to buy by auction ◆ ~ **sur qn** to overbid sb

**misérabilisme** /mizeʀabilism/ NM miserabilism, tendency to dwell on the sordid side of life

**misérabiliste** /mizeʀabilist/ ADJ *[personne, livre, film]* dwelling on the sordid side of life ◆ **ils contestent l'image ~ qu'on donne de leur région** they reject the bleak picture that is generally painted of their region

**misérable** /mizeʀabl/ ADJ a *(= pauvre) [famille, personne]* destitute, poverty-stricken; *[région]* impoverished, poverty-stricken; *[logement]* seedy, mean, dingy; *[vêtements]* shabby ◆ **d'aspect ~** shabby-looking, seedy-looking b *(= pitoyable) [existence, conditions]* miserable, wretched, pitiful; *[personne, famille]* pitiful, wretched c *(= sans valeur, minable) [somme d'argent]* paltry, miserable ◆ **un salaire ~** a pittance, a miserable salary ◆ **ne te mets pas en colère pour 5 ~s euros** don't get all worked up about a measly* 5 euros d *(††, littér = méprisable)* vile †, base †, contemptible NMF *(†, littér) (= méchant)* wretch, scoundrel; *(= pauvre)* poor wretch ◆ **petit ~ !** you (little) rascal! *ou* wretch!

**misérablement** /mizeʀabləmɑ̃/ ADV *(= pitoyablement)* miserably, wretchedly; *(= pauvrement)* in great *ou* wretched poverty

**misère** /mizɛʀ/ NF a *(= pauvreté)* (extreme) poverty, destitution *(frm)* ◆ **la ~ en gants blancs** *ou* **dorée** genteel poverty ◆ **être dans la ~** to be destitute *ou* poverty-stricken ◆ **vivre dans la ~** to live in poverty ◆ **tomber dans la ~** to fall on hard *ou* bad times, to become destitute ◆ **traitement** *ou* **salaire de ~** starvation wage ◆ ~ **noire** utter destitution ◆ **réduire qn à la ~** to make sb destitute, to reduce sb to a state of (dire) poverty ◆ **crier** *ou* **pleurer ~** *(pour ne pas payer)* to plead poverty ◆ **il est venu chez nous crier** *ou* **pleurer ~** *(pour obtenir de l'argent)* he came to us begging for money, he came to us with a sob story* about having no money

b *(= carence)* ~ **culturelle** lack of culture ◆ ~ **sexuelle** sexual deprivation ◆ ~ **physiologique** *(Méd)* malnutrition

c *(= malheur)* **~s** woes, miseries, misfortunes ◆ **petites ~s** *(* = ennuis)* little troubles ◆ **faire des ~s à qn** * to be nasty to sb ◆ **les ~s de la guerre** the miseries of war ◆ **c'est une ~ de la voir s'anémier** it's pitiful *ou* wretched to see her growing weaker ◆ **quelle ~ !** what a wretched shame! ◆ **~ !, ~ de moi !** *(†, hum)* woe is me! † *(hum)* ◆ **la ~ de l'homme** *(Rel)* man's wretchedness

d *(= somme négligeable)* **il l'a eu pour une ~** he got it for a song* *ou* for next to nothing ◆ **c'est une ~ pour eux** that's nothing *ou* a trifle to them

e *(= plante)* tradescantia, wandering Jew

**miserere, miséréré** /mizeʀeʀe/ NM *(= psaume, chant)* Miserere

**miséreux, -euse** /mizeʀø, øz/ ADJ *[existence, ville]* poverty-stricken; *[population, famille]* destitute NM,F destitute person ◆ **les ~** the destitute

**miséricorde** /mizeʀikɔʀd/ NF a *(= pitié)* mercy, forgiveness ◆ **la ~ divine** divine mercy; → **péché** b *[de stalle]* misericord EXCL † mercy me! †, mercy on us! †

**miséricordieux, -ieuse** /mizeʀikɔʀdjø, jøz/ ADJ merciful, forgiving

**miso** /mizo/ NM miso

**misogyne** /mizɔʒin/ ADJ misogynous NMF misogynist, woman-hater

**misogynie** /mizɔʒini/ NF misogyny

**miss** /mis/ NF a *[de concours de beauté]* beauty queen ◆ **Miss France** Miss France b *(† = nurse)* (English *ou* American) governess c *(= vieille demoiselle)* ~ **anglaise** elderly English spinster

**missel** /misɛl/ NM missal

**missile** /misil/ NM *(Aviat)* missile ◆ ~ **antichar/antiaérien** antitank/antiaircraft missile ◆ ~ **antimissile** antimissile missile ◆ ~ **nucléaire/balistique** nuclear/ballistic missile ◆ ~ **sol-sol/sol-air** *etc* ground-to-ground/ground-(to)-air *etc* missile ◆ ~ **de moyenne portée** *ou* **de portée intermédiaire** intermediate-range weapon *ou* missile ◆ ~ **tactique/de croisière** tactical/cruise missile ◆ ~ **de courte/longue portée** short-/long-range missile ◆ ~ **à tête chercheuse** homing missile

**mission** /misjɔ̃/ NF a *(= charge, tâche) (gén, Rel)* mission; *(Pol)* mission, assignment; *[d'intérimaire]* brief, assignment ◆ ~ **lui fut donnée de ...** he was commissioned to ... ◆ **partir/être en ~** *(Admin, Mil)* to go/be on an assignment; *[de prêtre]* to go/be on a mission ◆ ~ **accomplie** mission accomplished ◆ ~ **de reconnaissance** *(Mil)* reconnaissance (mission), recce* *(Brit)* ◆ ~ **diplomatique/scientifique/d'information** diplomatic/scientific/fact-finding mission ◆ ~ **impossible** *(lit)* impossible task; *(hum)* mission impossible; → **chargé, ordre²** b *(= but, vocation)* task, mission ◆ **la ~ de la littérature** the task of literature ◆ **il s'est donné pour ~ de faire cela** he set himself the task of doing it, he has made it his mission (in life) to do it c *(Rel) (= bâtiment)* mission (station); *(= groupe)* mission

**missionnaire** /misjɔnɛʀ/ ADJ, NMF missionary

**Mississippi** /misisipi/ NM Mississippi

**missive** /misiv/ ADJ F *(Jur)* ◆ **(lettre) ~** document *(in the form of a letter, postcard or telegram)* NF *(hum = lettre)* missive

**Missouri** /misuʀi/ NM Missouri

**mistigri** /mistigʀi/ NM a *(† * = chat)* malkin † b *(Cartes)* jack of clubs ◆ **repasser** *ou* **refiler** * **le ~ à qn** *(fig)* to leave sb holding the baby

**mistoufle** †† * /mistufl/ NF ◆ **être dans la ~** to have hit hard *ou* bad times, to be on one's beam ends* *(Brit)*

**mistral** /mistʀal/ NM mistral *(cold, dry wind that blows in the Rhône Valley and the South of France)*

**mitage** /mitaʒ/ NM ◆ **le ~ des campagnes** intensive building of houses in the countryside

**mitaine** /mitɛn/ NF (fingerless) mitten *ou* mitt

**mitan** /mitɑ̃/ NM *(†† ou dial)* middle, centre ◆ **dans le ~ de** in the middle of

**mitard** /mitaʀ/ NM *(arg Crime)* solitary* ◆ **il a fait 15 jours de ~** he did 2 weeks (in) solitary*

**mite** /mit/ NF clothes moth ◆ **mangé aux ~s** moth-eaten ◆ ~ **du fromage** cheese mite ◆ **avoir la ~ à l'œil** † * to have sleep in one's eyes

**mité, e** /mite/ (ptp de **se miter**) ADJ moth-eaten

**mi-temps** /mitɑ̃/ NF INV *(Sport) (= période)* half; *(= repos)* half-time ◆ **à la ~** at half-time ◆ **première/seconde ~** first/second half ◆ **l'arbitre a sifflé la ~** the referee blew (the whistle) for half-time ◆ **la troisième ~** *(hum)* the post-match celebrations NM ◆ **(travail à)** ~ part-time work ◆ ~ **thérapeutique** *part-time working hours granted for medical reasons* ◆ **à ~** part-time ◆ **travailler à ~** to work part-time, to do part-time work ◆ **elle est serveuse à ~** she's a part-time waitress

**miter (se)** /mite/ ► conjug 1 ◄ VPR to be *ou* become moth-eaten ◆ **pour éviter que les vêtements se mitent** to stop the moths getting at the clothes

**miteux, -euse** /mitø, øz/ ADJ *[lieu]* seedy, grotty* *(Brit)*; *[vêtement]* shabby, tatty*, grotty* *(Brit)*; *[personne]* shabby(-looking), seedy(-looking) NM,F seedy(-looking) character

**Mithridate** /mitʀidat/ NM Mithridates

**mithridatisation** /mitʀidatizasjɔ̃/ NF, **mithridatisme** /mitʀidatism/ NM mithridatism

**mithridatiser** /mitʀidatize/ ► conjug 1 ◄ VT ◆ ~ **qn** to mithridatize sb *(SPÉC)*, *to make sb immune to a poison by administering small doses in gradually increasing amounts* ◆ **mithridatisé** immunized

**mitigation** /mitigasjɔ̃/ NF *(Jur)* mitigation

**mitigé, e** /mitiʒe/ (ptp de **mitiger**) ADJ *[accueil, enthousiasme]* lukewarm, half-hearted ◆ **sentiments ~s** mixed feelings ◆ **joie ~e de regrets** joy mixed *ou* mingled with regret ◆ **ils ont eu un succès ~** they weren't particularly successful ◆ **les réactions ont été très ~es** we've had some very mixed reactions ◆ **le bilan est ~** things haven't turned out as well as they might have

**mitiger** † /mitiʒe/ ► conjug 3 ◄ VT to mitigate

**mitigeur** /mitiʒœʀ/ NM mixer tap *(Brit) ou* faucet *(US)* ◆ ~ **thermostatique** temperature control tap *(Brit) ou* faucet *(US)*

**mitochondrie** /mitɔkɔ̃dʀi/ NF mitochondrion

**mitonner** /mitɔne/ ► conjug 1 ◄ VT a *(Culin) (à feu doux)* to simmer, to cook slowly; *(avec soin)* to prepare *ou* cook with loving care ◆ **elle (lui) mitonne des petits plats** she cooks (up) *ou* concocts tasty dishes (for him) b * *[+ affaire]* to cook up quietly*; *[+ personne]* to cosset VI to simmer, to cook slowly

**mitose** /mitoz/ NF mitosis ◆ **se reproduire par ~** to replicate ◆ **reproduction par ~** replication

**mitoyen, -yenne** /mitwajɛ̃, jɛn/ ADJ *[bâtiments, jardins]* adjoining ◆ **mur ~** party wall ◆ **cloison mitoyenne** partition wall ◆ **maisons mitoyennes** *(deux)* semi-detached houses *(Brit)*, duplex houses *(US)*; *(plus de deux)* terraced houses *(Brit)*, town houses *(US)* ◆ **notre jardin est ~ avec le leur** our garden adjoins theirs

**mitoyenneté** /mitwajɛnte/ NF *[de mur]* common ownership ◆ **la ~ des maisons** the (existence of a) party wall between the houses

**mitraillade** /mitʀɑjad/ NF a *(= coups de feu)* (volley of) shots; *(= échauffourée)* exchange of shots b ⇒ **mitraillage**

**mitraillage** /mitʀɑjaʒ/ NM machine-gunning ◆ ~ **au sol** strafing

**mitraille** /mitʀɑj/ NF a *(† Mil) (= projectiles)* grapeshot; *(= décharge)* volley of shots, hail of bullets ◆ **fuir sous la ~** to flee under a hail of bullets b *(* = petite monnaie)* loose *ou* small change

**mitrailler** /mitʀɑje/ ► conjug 1 ◄ VT a *(Mil)* to machine-gun ◆ ~ **au sol** to strafe ◆ ~ **qn de cailloux/grains de riz** to pelt sb with stones/grains of rice b *(* = photographier) [+ monument]* to take shot after shot of ◆ **les touristes mitraillaient la cathédrale** the tourists' cameras were clicking away madly at the cathedral ◆ **être mitraillé par les photographes** to be mobbed *ou* besieged by the photographers c ◆ ~ **qn de questions** to bombard sb with questions, to fire questions at sb

**mitraillette** /mitʀɑjɛt/ NF submachine gun ◆ **tirer à la** ~ to shoot *ou* fire with a submachine gun

**mitrailleur** /mitʀɑjœʀ/ NM *(Mil)* machine gunner; *(Aviat)* air gunner

**mitrailleuse** /mitʀɑjøz/ NF machine gun

**mitral, e** (mpl **-aux**) /mitʀal, o/ ADJ *(Anat)* mitral

**mitre** /mitʀ/ NF a *(Rel)* mitre ◆ **recevoir** *ou* **coiffer la** ~ to be appointed bishop, to be mitred b *[de cheminée]* cowl

**mitré, e** /mitʀe/ ADJ mitred; → **abbé**

**mitron** /mitʀɔ̃/ NM a *(= boulanger)* baker's boy; *(= pâtissier)* pastrycook's boy b *[de cheminée]* chimney top

**mi-vitesse** /mivitɛs/ **à mi-vitesse** LOC ADV at half speed

**mi-voix** /mivwa/ **à mi-voix** LOC ADV *[parler]* in a low *ou* hushed voice; *[lire]* in a low voice; *[chantonner]* softly

**mixage** /miksaʒ/ NM a *(Ciné, Radio)* (sound) mixing b *(= mélange)* mix

**mixer[1]** /mikse/ ▸ conjug 1 ◂ VT *(Ciné, Radio)* to mix; *(Culin)* to blend

**mixer[2], mixeur** /miksœʀ/ NM *(Culin)* blender, liquidizer *(Brit)*

**mixité** /miksite/ NF *(de sexes, gén)* mixing of the sexes; *(Scol)* coeducation ◆ **il faut une plus grande** ~ **sociale/de l'habitat dans nos villes** we need a greater social mix/more variety of housing in our towns

**mixte** /mikst/ ADJ a *(= des deux sexes) [équipe]* mixed; *[classe, école, enseignement]* mixed, coeducational, coed *; *(= de races différentes) [couple, mariage]* mixed; → **double** b *(= d'éléments divers) [économie, train]* mixed *(épith)*; *[équipe]* combined *(épith)*; *[tribunal, commission]* joint; *[rôle]* dual *(épith)*; *(Chim, Géog) [roche, végétation]* mixed ◆ **outil à usage** ~ dual-purpose tool ◆ **peau** ~ combination skin ◆ **navire** *ou* **cargo** ~ cargo-passenger ship *ou* vessel ◆ **cuisinière** ~ combined gas and electric stove *ou* cooker *(Brit)* ◆ **l'opéra-bouffe est un genre** ~ comic opera is a mixture of genres ◆ **mode de scrutin** ~ mixed electoral *ou* voting system ◆ **le local est à usage** ~ the premises can be used for either business or residential purposes ◆ **une solution** ~ a hybrid solution

**mixtion** /mikstjɔ̃/ NF *(= action)* blending, compounding; *(= médicament)* mixture

**mixture** /mikstyʀ/ NF *(Chim, Pharm)* mixture; *(Culin)* mixture, concoction; *(péj)* concoction

**MJC** /ɛmʒise/ NF (abrév de **maison des jeunes et de la culture**) → **maison**

**ml** (abrév de **millilitre**) ml

**MLF** /ɛmɛlɛf/ NM (abrév de **Mouvement de libération de la femme**) Women's Liberation Movement, Women's Lib *

**Mlle** (abrév de **Mademoiselle**) ◆ ~ **Martin** Miss Martin

**Mlles** (abrév de **Mesdemoiselles**) → **Mademoiselle**

**mm** (abrév de **millimètre**) mm

**MM.** (abrév de **Messieurs**) Messrs

**Mme** (abrév de **Madame**) Mrs ◆ ~ **Martin** Mrs Martin

**Mmes** (abrév de **Mesdames**) → **Madame**

**MMS** /ɛmɛmɛs/ NM (abrév de **multimedia messaging service**) MMS

**mn** (abrév de **minute**) min

**mnémotechnique** /mnemotɛknik/ ADJ mnemonic NF mnemonics, mnemotechnics

**Mo** (abrév de **mégaoctet**) Mb, MB

**mob** * /mɔb/ NF abrév de **mobylette**

**mobile** /mɔbil/ ADJ a *[pièce, objet] (= qui bouge)* moving; *(= qui peut bouger)* movable; *[feuillets de cahier, calendrier]* loose; → **échelle, fête** b *[main-d'œuvre, population]* mobile c *[reflet]* changing; *[traits]* mobile, animated; *[regard, yeux]* mobile, darting *(épith)* d *[troupes]* mobile ◆ **boxeur très** ~ boxer who is very quick on his feet, nimble-footed boxer ◆ **avec la voiture on est très** ~ you can really get around *ou* about with a car, having a car makes you very mobile; → **garde[1], garde[2]** NM a *(= impulsion)* motive *(de* for); ◆ **quel était le** ~ **de son action ?** what was the motive for *ou* what prompted his action? ◆ **chercher le** ~ **du crime** to look for the motive for the crime b *(Art, Jeux)* mobile c *(Phys)* moving object *ou* body d ◆ **(téléphone)** ~ mobile phone COMP ▹ **mobile(-)home** mobile home

**mobilier, -ière** /mɔbilje, jɛʀ/ ADJ *(Jur) [propriété, bien]* movable, personal; *[valeurs]* transferable ◆ **saisie/vente mobilière** seizure/sale of personal *ou* movable property ◆ **contribution** *ou* **cote mobilière** † property tax NM a *(= ameublement)* furniture ◆ **le** ~ **du salon** the lounge furniture ◆ **nous avons un** ~ **Louis XV** our furniture is Louis XV, our house is furnished in Louis XV (style) ◆ **il fait partie du** ~ *(hum)* he's part of the furniture *(hum)* ◆ ~ **de bureau** office furniture ◆ ~ **urbain** street furniture ◆ **le Mobilier national** state-owned furniture *(used to furnish buildings of the state)* b *(Jur)* personal *ou* movable property

**mobilisable** /mɔbilizabl/ ADJ *[citoyen]* who can be called up *ou* mobilized; *[énergie, ressources]* that can be mobilized; *[capitaux]* mobilizable ◆ **il n'est pas** ~ *(Mil)* he cannot be called up

**mobilisateur, -trice** /mɔbilizatœʀ, tʀis/ ADJ ◆ **c'est un slogan** ~ it's a slogan which will stir people into action ◆ **c'est un thème très** ~ **chez les étudiants** it's an issue that students feel strongly about ◆ **il faut définir de nouveaux objectifs** ~**s** new objectives capable of attracting people's support must be defined

**mobilisation** /mɔbilizasjɔ̃/ NF a *(Mil) [de citoyens]* mobilization, calling up; *[de troupes, ressources, syndicats]* mobilization ◆ ~ **générale/partielle** general/partial mobilization ◆ **il y a eu une forte** ~ **des électeurs** there was a big turnout at the polls ◆ **grâce à la forte** ~ **des écologistes au second tour** because so many Greens turned out for the second ballot ◆ **il appelle à la** ~ **de tous contre le racisme** he's calling on everybody to join forces and fight racism ◆ **les syndicats appellent à une** ~ **générale** the unions are calling for widespread industrial action b *(Fin) [de fonds]* mobilization of realty, raising ◆ ~ **d'actif** conversion into movable property, mobilization of realty *(US)*

**mobiliser** /mɔbilize/ ▸ conjug 1 ◂ VT a *(= faire appel à) [+ citoyens]* to call up, to mobilize; *[+ troupes, ressources, adhérents, opinion publique]* to mobilize; *[+ fonds]* to raise, to mobilize ◆ **les (soldats) mobilisés** the mobilized troops ◆ **ce projet a mobilisé les énergies de 600 personnes** the project mobilized 600 people ◆ **cette nouvelle a mobilisé les esprits** the news has alerted people to the issue ◆ **tout le monde était mobilisé pour l'aider** everyone rallied round to help her

b *(Méd = faire bouger) [+ articulation, muscle]* to mobilize

VPR **se mobiliser** *[personnes]* to join forces (and take action) *(contre* against); ◆ **il faut se** ~ **contre le chômage/pour la sauvegarde de nos droits** we must join forces and fight unemployment/to protect our rights ◆ **ils se sont mobilisés autour du Premier ministre** they rallied around the Prime Minister

**mobilité** /mɔbilite/ NF *(gén)* mobility ◆ ~ **géographique/professionnelle/sociale** geographic/professional/social mobility ◆ ~ **sociale ascendante** upward (social) mobility ◆ **"mobilité géographique totale"** *(sur CV)* "willing to relocate" ◆ **la** ~ **de son regard** his darting eyes ◆ **la voiture nous permet une plus grande** ~ having the car means we can get around more easily *ou* makes us more mobile

**mobinaute** /mɔbinot/ NMF mobile Internet user

**Möbius** /møbjys/ NM *(Math)* ◆ **bande** *ou* **ruban de** ~ Möbius strip *ou* band

**Mobylette** ® /mɔbilɛt/ NF moped

**mocassin** /mɔkasɛ̃/ NM *(gén)* moccasin, loafer; *(indien)* moccasin

**moche** * /mɔʃ/ ADJ a *(= laid)* ugly ◆ ~ **comme un pou** as ugly as sin b *(= mauvais, méchant)* rotten *, nasty ◆ **tu es** ~ **avec elle** you're rotten * to her ◆ **c'est** ~ **ce qu'il a fait** that was a nasty thing he did ◆ **c'est** ~ **ce qui lui arrive** it's awful what's happening to him

**mocheté** * /mɔʃte/ NF a *(= laideur)* ugliness b *(= personne)* fright; *(= objet, bâtiment)* eyesore ◆ **c'est une vraie** ~ **!** she's as ugly as sin!

**modal, e** (mpl **-aux**) /mɔdal, o/ ADJ modal NM *(= verbe)* modal (verb)

**modalité** /mɔdalite/ NF a *(= forme)* form, mode; *(= méthode)* method ◆ ~ **d'application de la loi** mode of enforcement of the law ◆ ~**s de financement** methods of funding ◆ ~**s de remboursement** terms of repayment ◆ ~**s de paiement** methods *ou* modes of payment ◆ ~**s de mise en œuvre** *(Jur)* details of implementation ◆ ~**s de contrôle** *(Scol)* methods of assessment b *(Ling, Mus, Philos)* modality ◆ **adverbe de** ~ modal adverb c *(Jur = condition)* clause

**mode[1]** /mɔd/ NF a *(= tendance)* fashion; *(péj)* fad *, craze ◆ **la** ~ **des années 60** Sixties' fashions ◆ **la** ~ **automne-hiver de cette année** this year's autumn and winter fashions ◆ **c'est la dernière** ~ it's the very latest thing *ou* fashion ◆ **suivre la** ~ to follow fashion, to keep up with the fashions ◆ **une de ces nouvelles** ~**s** *(péj)* one of these new fads * *ou* crazes ◆ **passer de** ~ *[vêtement]* to go out of fashion; *[pratique]* to become outdated ◆ **c'est passé de** ~ *[vêtement]* it's gone out of fashion; *[pratique]* it's outdated ◆ **c'est la** ~ **des talons hauts** high heels are in fashion *ou* are in * ◆ **marchande de** ~**s** †† milliner

◆ **à la mode** fashionable, in fashion ◆ **femme très à la** ~ very fashionable woman ◆ **les jupes courtes sont très à la** ~ short skirts are very much in fashion *ou* are really in * *ou* are all the rage * ◆ **être habillé très à la** ~ *(gén)* to be very fashionably dressed; *[de jeunes]* to be very trendily * dressed ◆ **habillé à la dernière** ~ dressed in the latest fashion *ou* style ◆ **mettre qch à la** ~ to make sth fashionable, to bring sth into fashion ◆ **revenir à la** ~ to come back into fashion *ou* vogue, to come back (in) *

b *(Comm, Ind)* **la** ~ the fashion industry *ou* business ◆ **travailler dans la** ~ to work *ou* be in the fashion world *ou* industry *ou* business ◆ **journal/présentation/rédactrice de** ~ fashion magazine/show/editor; → **gravure**

c † *(= mœurs)* custom; *(= goût, style)* style, fashion ◆ **selon la** ~ **de l'époque** according to the custom of the day ◆ **(habillé) à l'ancienne** ~ (dressed) in the old style ◆ **cousin à la** ~ **de Bretagne** *(hum)* distant cousin, cousin six times removed *(hum)* ◆ **oncle** *ou* **neveu à la** ~ **de Bretagne** *(Jur, hum)* first cousin once removed ◆ **à la** ~ **du 18e**

**siècle** in the style of *ou* after the fashion of the 18th century, in 18th century style; → **bœuf, tripe**

ADJ INV *[coiffure]* fashionable ◆ **tissu** ~ fashion fabric ◆ **coloris** ~ fashion *ou* fashionable colours ◆ **c'est très** ~ it's very fashionable

**mode**[2] /mɔd/ NM a *(= méthode)* form, mode, method; *(= genre)* way ◆ **quel est le** ~ **d'action de ce médicament ?** how does this medicine work? ◆ ~ **de gouvernement/de transport** mode of government/of transport ◆ ~ **de scrutin** voting system ◆ ~ **de pensée/de vie** way of thinking/of life ◆ ~ **de paiement** method *ou* mode of payment ◆ ~ **d'emploi** *(gén)* directions for use; *(= document)* instructions leaflet ◆ ~ **de cuisson** *(gén)* cooking method; *(sur boîte, paquet)* cooking instructions ◆ ~ **de calcul/fonctionnement** way of calculating/working ◆ ~ **de production** mode *ou* method of production ◆ ~ **de gestion** management method

b *(Gram, Ling)* mood; *(Mus, Philos)* mode ◆ **au** ~ **subjonctif** in the subjunctive mood

c *(Ordin)* mode ◆ ~ **synchrone/asynchrone** synchronous/asynchronous mode ◆ ~ **interactif/émulation/natif** interactive/emulation/native mode ◆ **fonctionner en** ~ **local** to operate in local mode

**modelage** /mɔd(ə)laʒ/ NM *(= activité)* modelling; *(= ouvrage)* model

**modelé** /mɔd(ə)le/ NM *[de sculpture, corps]* contours; *(Géog)* relief

**modèle** /mɔdɛl/ NM a *(Comm)* model; *(Mode)* design, style ◆ **nous avons tous nos ~s en vitrine** our full range is *ou* all our models are in the window ◆ **petit/grand** ~ small/large version *ou* model ◆ **voulez-vous le petit ou le grand** ~ **?** *(boîte)* do you want the small or the big size (box)? ◆ **il a le** ~ **5 portes** *(voiture)* he has the 5-door hatchback model *ou* version ◆ **Chanel présente ses ~s d'automne** Chanel presents its autumn models *ou* styles

b *(à reproduire, à imiter)* pattern, model; *(Scol = corrigé)* fair copy ◆ **fabriquer qch d'après le** ~ to make sth from the model *ou* pattern ◆ **faire qch sur le** ~ **de ...** to model sth on ..., to make sth on the pattern *ou* model of ... ◆ ~ **de conjugaison/déclinaison** conjugation/declension pattern ◆ **son courage devrait nous servir de** ~ his courage should be a model *ou* an example to us ◆ **c'est un** ~ **du genre** it's a model of the genre

c *(= personne exemplaire)* model, example ◆ ~ **de vertu** paragon of virtue ◆ **c'est le** ~ **du bon élève/ouvrier** he's a model pupil/workman, he's the epitome of the good pupil/workman ◆ **elle est un** ~ **de loyauté** she is a model of *ou* the very model of loyalty ◆ **il restera pour nous un** ~ he will remain an example to us ◆ **prendre qn pour** ~ to model *ou* pattern o.s. upon sb ◆ **il rejette le** ~ **paternel** he rejects everything his father stands for

d *(Art)* model ◆ **dessiner/peindre d'après** ~ to draw/paint from a model *ou* from life

ADJ *(= parfait) [conduite, ouvrier, mari, usine]* model *(épith)*; *(= de référence) [appartement]* show *(épith)* ◆ **petite fille** ~ perfect little girl

COMP ▷ **modèle courant** standard *ou* production model ▷ **modèle déposé** registered design ▷ **modèle économique** *(Écon)* economic model; *(= paquet géant)* economy-size pack; *(= voiture)* economy model ▷ **modèle réduit** small-scale model ◆ ~ **réduit au 1/100** model on the scale (of) 1 to 100 ◆ ~ **réduit d'avion, avion** ~ **réduit** model plane, scale model of a plane ◆ **monter des ~s réduits d'avions/de bateaux** to build model aircraft/ships ▷ **modèle de série** ⇒ **modèle courant**

**modeler** /mɔd(ə)le/ ▸ conjug 5 ◂ VT a *(= façonner) [+ statue, poterie, glaise]* to model; *[+ corps]* to shape; *[+ chevelure]* to style; *[+ intelligence, caractère]* to shape, to mould *(Brit)*, to mold *(US)* ◆ **le relief a été modelé par la glaciation** the ground *ou* the terrain was moulded *ou* shaped by glaciation ◆ **cuisse bien modelée** shapely thigh; → **pâte** b *(= conformer)* ~ **ses attitudes/réactions sur** to model one's attitudes/reactions on ◆ **se** ~ **sur qn/qch** to model *ou* pattern o.s. (up)on sb/sth

**modeleur, -euse** /mɔd(ə)lœʀ, øz/ NM,F *(Art)* modeller; *(Tech)* pattern maker

**modélisation** /mɔdelizasjɔ̃/ NF modelling ◆ ~ **par** *ou* **sur ordinateur** computer modelling

**modéliser** /mɔdelize/ ▸ conjug 1 ◂ VT to model

**modélisme** /mɔdelism/ NM model-making

**modéliste** /mɔdelist/ NMF a *[de mode]* (dress) designer b *[de maquettes]* model maker

**modem** /mɔdɛm/ NM (abrév de **modulateur-démodulateur**) modem ◆ ~ **courte/longue distance** limited-distance/long-haul modem ◆ **transmettre des données par** ~ to transmit data via *ou* by modem

**modérateur, -trice** /mɔdeʀatœʀ, tʀis/ ADJ *[rôle, effet, action, influence]* moderating *(épith)* ◆ **il est considéré comme un élément** ~ **de l'extrême-droite** he is said to have a moderating influence on the far right; → **ticket** NM *(Tech)* regulator; *(Nucl Phys)* moderator ◆ **jouer le rôle de** ~ *(fig)* to have a moderating influence, to play a moderating role

**modération** /mɔdeʀasjɔ̃/ NF a *(= retenue)* moderation, restraint ◆ **avec** ~ *[réagir]* with restraint; *[utiliser]* sparingly ◆ **à consommer avec** ~ to be taken in moderation ◆ **faire preuve de** ~ **dans ses propos** to take a moderate line b *(= diminution) [d'inflation, impôt, vitesse]* reduction (*de* in); *(Jur) [de peine]* mitigation

**modéré, e** /mɔdeʀe/ (ptp de **modérer**) ADJ moderate ◆ **il a tenu des propos très ~s** he took a very moderate line ◆ **d'un optimisme** ~ cautiously *ou* guardedly optimistic ◆ **prix ~s** moderate *ou* reasonable prices; → **habitation** NM,F ◆ **les ~s** *(Pol)* the moderates

**modérément** /mɔdeʀemɑ̃/ ADV *[boire, manger]* in moderation; *[augmenter, progresser]* slightly; *[satisfait, enthousiaste]* moderately ◆ **je n'apprécie que** ~ **ses plaisanteries** I don't find his jokes very funny ◆ **il se montre** ~ **optimiste** he's cautiously *ou* guardedly optimistic

**modérer** /mɔdeʀe/ ▸ conjug 6 ◂ VT *[+ colère, passion]* to restrain; *[+ ambitions, exigences]* to moderate; *[+ dépenses, désir, appétit]* to curb; *[+ vitesse]* to reduce; *[+ impact négatif]* to reduce, to limit ◆ **modérez vos propos !** tone down your remarks! *ou* language! VPR **se modérer** *(= s'apaiser)* to calm down, to control o.s.; *(= montrer de la mesure)* to restrain o.s.

**moderne** /mɔdɛʀn/ ADJ *(gén)* modern; *[cuisine, équipement]* up-to-date, modern; *(opposé à classique) [études]* modern ◆ **le héros** ~ the modern-day hero ◆ **la femme** ~ the woman of today, today's woman ◆ **à l'époque** ~ in modern times; → **confort, lettre** NM a ◆ **le** ~ *(= style)* modern style; *(= meubles)* modern furniture ◆ **aimer le** ~ to like modern furniture *ou* the contemporary style of furniture ◆ **meublé en** ~ with modern furniture, furnished in contemporary style b *(= personne)* modern painter (*ou* novelist *etc*); → **ancien**

**modernisateur, -trice** /mɔdɛʀnizatœʀ, tʀis/ ADJ modernizing NM,F modernizer

**modernisation** /mɔdɛʀnizasjɔ̃/ NF modernization ◆ **des efforts de** ~ **ont été faits dans notre entreprise** steps have been taken towards modernizing our company

**moderniser** /mɔdɛʀnize/ ▸ conjug 1 ◂ VT to modernize, to bring up to date VPR **se moderniser** to modernize, to be modernized

**modernisme** /mɔdɛʀnism/ NM modernism

**moderniste** /mɔdɛʀnist/ NMF modernist ADJ modernistic

**modernité** /mɔdɛʀnite/ NF modernity ◆ **ce texte est d'une** ~ **surprenante** this text is amazingly modern ◆ **la** ~ **des pièces de Shakespeare** the modernity of *ou* the contemporary relevance of Shakespeare's plays

**modern style** /mɔdɛʀnstil/ ADJ INV, NM ≈ Art Nouveau

**modeste** /mɔdɛst/ ADJ a *(= humble) [personne, attitude, air]* modest ◆ **faire le** ~ to put on *ou* make a show of modesty ◆ **tu fais le** ~ you're just being modest b *(= simple) [vie, appartement, tenue, revenu]* modest ◆ **c'est un cadeau bien** ~ it's a very modest gift, it's not much of a present ◆ **un train de vie** ~ an unpretentious *ou* a modest way of life ◆ **je ne suis qu'un** ~ **employé** I'm just an ordinary employee ◆ **être d'un milieu** *ou* **d'origine** ~ to have *ou* come from a modest *ou* humble background ◆ **il est** ~ **dans ses ambitions** his ambitions are modest, he has modest ambitions c *(† ou littér = pudique)* modest

**modestement** /mɔdɛstəmɑ̃/ ADV a *(= avec modestie)* modestly ◆ **j'ai très** ~ **contribué au débat** I made a very modest contribution to the discussion ◆ **il a commencé** ~ **sa carrière comme simple courtier** he began his career as a humble insurance broker ◆ **le chiffre d'affaires a progressé plus** ~ **cette année** increase in turnover has been more modest this year b *(= simplement)* **ils sont vêtus très** ~ they are dressed simply ◆ **elle vit** ~ **dans une petite ville de province** she lives very simply in a small country town

**modestie** /mɔdɛsti/ NF *(= absence de vanité)* modesty; *(= réserve, effacement)* self-effacement; *(littér = pudeur)* modesty ◆ **en toute** ~ with all due modesty ◆ **fausse** ~ false modesty

**modicité** /mɔdisite/ NF *[de prix, salaire]* lowness; *[de retraite, bourse]* smallness ◆ **malgré la** ~ **des sommes en jeu** in spite of the small sums involved

**modifiable** /mɔdifjabl/ ADJ modifiable ◆ **les dates du billet ne sont pas ~s** the dates on the ticket cannot be changed ◆ **ce billet est-il** ~ **?** can this ticket be changed?

**modificateur, -trice** /mɔdifikatœʀ, tʀis/ ADJ modifying, modificatory NM modifier

**modificatif, -ive** /mɔdifikatif, iv/ ADJ ◆ **décision modificative de budget** decision to alter a budget ◆ **permis (de construire)** ~ planning permission *(for alterations)*

**modification** /mɔdifikasjɔ̃/ NF *[comportement]* change, alteration; *[de règles, statut]* change, alteration ◆ **apporter des ~s à** *[+ statut, règles]* to change, to alter; *[+ constitution]* to alter, to modify; *[+ texte]* to make alterations to

**modifier** /mɔdifje/ ▸ conjug 7 ◂ VT *[+ statut, règles]* to change, to alter; *[+ constitution, comportement]* to alter, to modify; *(Gram)* to modify, to alter VPR **se modifier** *[comportement, situation]* to change, to alter; *[habitudes]* to change

**modique** /mɔdik/ ADJ *[salaire, prix]* modest ◆ **pour la** ~ **somme de** for the modest sum of ◆ **il ne recevait qu'une pension** ~ he received only a modest *ou* meagre pension

**modiste** /mɔdist/ **NF** milliner

**modulable** /mɔdylabl/ **ADJ** *[tarif, mesure, siège, espace, salle]* adjustable; *[horaire]* flexible; *(Fin) [prêt]* adjustable, flexible

**modulaire** /mɔdylɛʀ/ **ADJ** modular

**modulateur, -trice** /mɔdylatœʀ, tʀis/ **ADJ** modulating *(épith)* **NM** *(Élec, Radio)* modulator ◆ ~ **dé~** modulator-demodulator

**modulation** /mɔdylasjɔ̃/ **NF** *(Ling, Mus, Radio)* modulation; *[de tarif, mesure]* adjustment ◆ ~ **de fréquence** frequency modulation ◆ **poste à ~ de fréquence** VHF *ou* FM radio ◆ **écouter une émission sur** *ou* **en ~ de fréquence** to listen to a programme on VHF *ou* on FM

**module** /mɔdyl/ **NM** *(= étalon, Archit, Espace, Ordin)* module; *(Math, Phys)* modulus; *(Univ)* module, unit; *(= éléments d'un ensemble)* unit ◆ ~ **lunaire** lunar module, mooncraft ◆ **acheter une cuisine par ~s** to buy a kitchen in separate units

**moduler** /mɔdyle/ ▸ **conjug 1** ◂ **VT** *[+ voix]* to modulate, to inflect; *[+ tarif, mesure]* to adjust; *(Mus, Radio)* to modulate ◆ ~ **les peines en fonction des délits** to make the punishment fit the crime **VI** *(Mus)* to modulate

**modus operandi** /mɔdysɔpeʀɑ̃di/ **NM** modus operandi ◆ **trouver un ~ avec qn** to work out a modus operandi with sb

**modus vivendi** /mɔdysvivɛ̃di/ **NM INV** modus vivendi, working arrangement ◆ **trouver un ~ avec qn** to reach *ou* find a modus vivendi with sb

**moelle** /mwal/ **NF** *(Anat)* marrow, medulla *(SPÉC)*; *(Bot)* pith; *(fig)* pith, core ◆ ~ **osseuse** bone marrow ◆ ~ **épinière** spinal cord ◆ ~ **(de bœuf)** *(Culin)* beef marrow ◆ **être transi jusqu'à la ~ (des os)** to be frozen to the marrow ◆ **pourri** * *ou* **corrompu jusqu'à la ~** rotten to the core, rotten through and through; → **os, substantifique**

**moelleux, -euse** /mwalø, øz/ **ADJ** *[tapis, lit]* soft; *[couleur, son]* mellow; *[viande]* tender; *[gâteau]* moist ◆ **vin ~** sweet wine **NM** **a** *[de tapis, lit, veste]* softness; *[de vin]* mellowness **b** *(= gâteau)* ~ **au chocolat** rich chocolate cake

**moellon** /mwalɔ̃/ **NM** *(Constr)* rubble stone

**mœurs** /mœʀ(s)/ **NFPL** **a** *(= morale)* morals ◆ **il a des ~ particulières** *(euph)* he has certain tendencies *(euph)* ◆ **contraire aux bonnes ~** contrary to accepted standards of (good) behaviour ◆ **femme de ~ légères** *ou* **faciles** woman of easy virtue ◆ **femme de mauvaises ~** loose woman ◆ **affaire** *ou* **histoire de ~** *(Jur, Presse)* sex case ◆ **la police des ~, les Mœurs** * = the vice squad; → **attentat, certificat, outrage**

**b** *(= coutumes, habitudes) [de peuple, époque]* customs, habits, mores *(frm)*; *[d'abeilles, fourmis]* habits ◆ **c'est (entré) dans les ~** it's (become) normal practice, it's (become) a standard *ou* an everyday feature of life ◆ **les ~ politiques/littéraires de notre siècle** the political/literary practices *ou* usages of our century ◆ **avoir des ~ simples/aristocratiques** to lead a simple/an aristocratic life, to have a simple/an aristocratic life style; → **autre**

**c** *(= manières)* manners, ways; *(Littérat)* manners ◆ **ils ont de drôles de ~** they have some peculiar ways *ou* manners ◆ **quelles ~ !, drôles de ~ !** what a way to behave! *ou* carry on!, what manners!; → **comédie, peinture**

**Mogadiscio** /mogadiʃjo/ **N** Mogadishu

**mohair** /mɔɛʀ/ **NM** mohair ◆ **laine ~** mohair

**Mohammed** /mɔamɛd/ **NM** Mohammed

**Mohican** /mɔikɑ̃/ **NM** Mohican

**moi** /mwa/ **PRON PERS** **a** *(objet direct ou indirect)* me ◆ **aide-~** help me ◆ **donne-~ ton livre** give me your book, give your book to me ◆ **donne-le-~** give it to me ◆ **si vous étiez ~, que feriez-vous ?** if you were me *ou* in my shoes what would you do? ◆ **il nous a regardés ma femme et ~** he looked at my wife and me ◆ **écoute-~ ça !** * just listen to that! ◆ **il n'obéit qu'à ~** he only obeys me, I'm the only one he obeys ◆ **~, elle me déteste** she hates me; → aussi **même, non**

**b** *(sujet)* I *(emphatique)*, I myself *(emphatique)*, me ◆ **qui a fait cela ? – (c'est) ~/(ce n'est) pas ~** who did this? — I did/I didn't *ou* me */not me * ◆ **~, le saluer ? jamais !** me, say hallo to him? never! ◆ **mon mari et ~ (nous) refusons** my husband and I refuse ◆ **~ malade, que ferez-vous ?** when I'm ill what will you do?, what will you do with me ill? ◆ **et ~ de rire de plus belle !** and so I (just) laughed all the more! ◆ **je ne l'ai pas vu, ~** I didn't see him myself, I myself didn't see him ◆ **~, je ne suis pas d'accord** (for my part) I don't agree

**c** *(emphatique avec* **qui, que***)* **c'est ~ qui vous le dis !** you can take it from me!, I'm telling you! ◆ **merci – c'est ~ (qui vous remercie)** thank you — thank YOU ◆ **~ qui vous parle, je l'ai vu** I saw him personally *ou* with my own eyes ◆ **c'est ~ qu'elle veut voir** it's me she wants to see ◆ **~ que le théâtre passionne, je n'ai jamais vu cette pièce** even I, with all my great love for the theatre, have never seen this play ◆ **et ~ qui avais espéré gagner !** and to think that I had hoped to win!

◆ **à moi!** *(= au secours)* help (me)!; *(dans un jeu)* my turn!; *(passe au rugby etc)* over here!

**d** *(dans comparaisons)* I, me ◆ **il est plus grand que ~** he is taller than I (am) *ou* than me ◆ **il mange plus/moins que ~** he eats more/less than I (do) *ou* than me ◆ **fais comme ~** do as I do, do like me *, do the same as me ◆ **il l'aime plus que ~** *(plus qu'il ne m'aime)* he loves her more than (he loves) me; *(plus que je ne l'aime)* he loves her more than I do

**NM** ◆ **le ~** the self, the ego ◆ **notre vrai ~** our true self ◆ **son ~ profond** his (*ou* her *ou* one's) inner self

**moignon** /mwaɲɔ̃/ **NM** stump ◆ **il n'avait plus qu'un ~ de bras** he had just the *ou* a stump of an arm left

**moi-même** /mwamɛm/ **PRON** → **autre, même**

**moindre** /mwɛ̃dʀ/ **ADJ** **a** *(compar) (= moins grand)* less, lesser; *(= inférieur)* lower, poorer ◆ **les dégâts sont bien** *ou* **beaucoup ~s** the damage is much less ◆ **à ~ coût** at a lower cost ◆ **de ~ qualité, de qualité ~** of lower *ou* poorer quality ◆ **enfant de ~ intelligence** child of lower intelligence ◆ **c'est un inconvénient ~** it's less of a drawback ◆ **c'est un ~ mal** it's the lesser evil

**b** *(superl)* **le ~, la ~, les ~s** the slightest; *(de deux)* the lesser ◆ **le ~ bruit/doute/risque** the slightest noise/doubt/risk ◆ **la ~ chance/idée** the slightest *ou* remotest chance/idea ◆ **jusqu'au ~ détail** down to the smallest detail ◆ **au ~ signe de fatigue, il faut arrêter** at the least sign of tiredness, you must stop ◆ **sans se faire le ~ souci** without worrying in the slightest ◆ **il n'a pas fait le ~ commentaire** he didn't make a single comment ◆ **la loi du ~ effort** the line of least resistance *ou* effort ◆ **de deux maux il faut choisir le ~** you must choose the lesser of two evils ◆ **certains spécialistes et non des ~s disent que ...** some specialists and important ones at that say that ... ◆ **c'est un de nos problèmes et non le ~** *ou* **des ~s** it is by no means the least of our problems

◆ **le/la moindre de** ◆ **c'est la ~ de mes difficultés** that's the least of my difficulties ◆ **merci – c'est la ~ des choses** *ou (Helv)* **la ~ !** thank you — it's a pleasure! *ou* you're welcome! *ou* not at all! ◆ **remerciez-le de m'avoir aidé – c'était la ~ des choses** *ou (Helv)* **la ~** thank him for helping me — it was the least he could do ◆ **la ~ des politesses veut que ...** common politeness *ou* courtesy demands that ... ◆ **ce n'est pas la ~ de ses qualités** it's not the least of his qualities

**moindrement** /mwɛ̃dʀəmɑ̃/ **ADV** *(littér : avec nég)* ◆ **il n'était pas le ~ surpris** he was not in the least surprised, he was not surprised in the slightest ◆ **sans l'avoir le ~ voulu** without having in any way wanted this

**moine** /mwan/ **NM** **a** *(Rel)* monk, friar ◆ ~ **bouddhiste** Buddhist monk; → **habit** **b** *(= phoque)* monk seal; *(= macareux)* puffin **c** *(Hist = chauffe-lit)* bedwarmer

**moineau** (pl **moineaux**) /mwano/ **NM** *(Orn)* sparrow ◆ ~ **domestique** house sparrow ◆ **sale** *ou* **vilain ~** *(†, péj)* dirty dog *(péj)* ◆ **manger comme un ~, avoir un appétit de ~** to eat like a bird

**moinillon** /mwanijɔ̃/ **NM** young monk; *(hum)* little monk *(hum)*

## moins /mwɛ̃/

| | |
|---|---|
| 1 ADVERBE (EMPLOI COMPARATIF) | 3 PRÉPOSITION |
| 2 ADVERBE (EMPLOI SUPERLATIF) | 4 NOM MASCULIN |
| | 5 COMPOSÉS |

### 1 - ADVERBE (EMPLOI COMPARATIF)

**a** *(gén)*

◆ **moins... (que)** less ... (than)

*(+ adjectif)* ◆ **rien n'est ~ sûr, (il n'y a) rien de ~ sûr** nothing is less certain ◆ **non ~ célèbre/idiot** no less famous/silly

> Notez que l'anglais a souvent recours à d'autres formes, en particulier **not as** ou **not so ... as**.

◆ **il est ~ intelligent qu'elle** he's not as *ou* so intelligent as her *ou* as she is, he's less intelligent than her *ou* than she is ◆ **c'est ~ grand que je ne croyais** it's not as big as I thought (it was) ◆ **il ressemble à son père, en ~ grand** he looks like his father only he's not as tall, he's a smaller version of his father ◆ **c'est le même genre de livre, en ~ bien** it's the same kind of book, only *ou* but not as *ou* so good ◆ **il est non ~ évident que ...** it is equally *ou* just as clear that ... ◆ **c'est deux fois ~ grand/large** it's half as big/wide

*(+ adverbe)* ◆ **beaucoup/un peu ~** much/a little less ◆ **tellement ~** so much less ◆ **encore ~** even less ◆ **trois fois ~** three times less

*(+ verbe)* ◆ **exiger/donner ~** to demand/give less ◆ **je gagne (un peu) ~ que lui** I earn (a little) less than him *ou* than he does ◆ **il travaille ~ que vous** he works less than you (do) ◆ **il a fait ~ froid qu'hier** it's been less cold than yesterday ◆ **nous sortons ~ (souvent)** we don't go out so often *ou* so much, we go out less often ◆ **il tousse ~ qu'avant** he coughs less than he used to

> Notez que là encore l'anglais a souvent recours à d'autres formes que **less**, en particulier **not as** ou **not so ... as**.

◆ **j'aime ~ la campagne en hiver (qu'en été)** I don't like the countryside as *ou* so much in winter (as in summer), I like the countryside less in winter (than in summer) ◆ **cela coûtait deux/trois fois** ~ it was half/one-third the price

**b** locutions

◆ **moins de ( ... que)** *(avec nom non comptable)* less ( ... than), not so much ( ... as); *(avec nom comptable)* fewer ( ... than), not so many ( ... as) ◆ **je mange ~ de pain (qu'avant)** I eat less bread (than I used to), I don't eat so much bread (as I used to) ◆ **j'ai perdu ~ d'argent/de poids que je ne croyais** I've lost less money/weight that I thought I had, I haven't lost as much money/weight as I thought I had ◆ **mange ~ de bonbons** eat fewer sweets, don't eat so many sweets ◆ **il y aura ~ de monde demain** there'll be fewer people tomorrow, there won't be so many people tomorrow ◆ **il a eu ~ de mal que nous à trouver une place** he had less trouble than we did *ou* than us finding a seat ◆ **ils publient ~ d'essais que de romans** they publish fewer essays than novels

◆ **moins de** + *nombre* ◆ **les ~ de 25 ans** the under-25s ◆ **nous l'avons fait en ~ de cinq minutes** we did it in less than *ou* in under five minutes ◆ **il y a ~ de deux ans qu'il vit ici** he's been living here (for) less than two years ◆ **il devrait y avoir ~ de 100 personnes** there should be under 100 people *ou* fewer *ou* less than 100 people ◆ **il y avait beaucoup ~ de 100 personnes** there were well under 100 people ◆ **il est ~ de minuit** it is not yet midnight ◆ **il était un peu ~ de 6 heures** it was a little before 6 o'clock ◆ **vous ne pouvez pas lui donner ~ de 15 €** you can't give him less than €15 ◆ **vous ne trouverez rien à ~ de 15 €** you won't find anything under €15 *ou* for less than €15 ◆ **la frontière est à ~ de 3 km** the border is less than 3 km away

◆ **en moins de rien, en moins de deux** * in next to no time

◆ **moins ..., moins ...** ◆ **~ je mange, ~ j'ai d'appétit** the less I eat, the less hungry I feel ◆ **~ il y a de clients, ~ j'ai de travail** the fewer customers I have, the less work I have to do

◆ **moins ..., plus .../mieux ...** ◆ **~ je fume, plus je mange/mieux je me porte** the less I smoke, the more I eat/the better I feel ◆ **~ j'ai de coups de fil, mieux je travaille** the fewer phone calls I get, the better I work

◆ **moins que rien** ◆ **cela m'a coûté ~ que rien** it cost me next to nothing ◆ **je l'ai eu pour ~ que rien** I got it for next to nothing ◆ **ne me remerciez pas, c'est ~ que rien** don't thank me, it's nothing at all; → **composés**

◆ **à moins** ◆ **vous ne l'obtiendrez pas à ~** you won't get it for less ◆ **il est ravi/fatigué – on le serait à ~** he's delighted/tired – as well he might (be) *ou* that's hardly surprising

◆ **à moins de** + *infinitif* unless ◆ **à ~ de faire une bêtise, il devrait gagner** unless he does something silly he should win ◆ **vous ne trouverez plus de billet, à ~ de payer 10 fois le prix** you won't get a ticket unless you're prepared to pay 10 times the price MAIS **à ~ d'un accident/d'un désastre, ça devrait marcher** barring accidents/disasters, it should work ◆ **à ~ d'une blessure, il jouera dans le prochain match** barring injury, he'll play in the next match

◆ **à moins que** + *subjonctif* unless ◆ **à ~ qu'il ne vienne** unless he comes ◆ **l'entreprise devra fermer, à ~ qu'on ne trouve un repreneur** the company will have to close unless a buyer is found

◆ **de moins** ◆ **il gagne 100 € de ~ qu'elle** he earns €100 less than she does ◆ **vous avez cinq ans de ~ qu'elle** you're five years younger than her *ou* than she is ◆ **ah, si j'avais 20 ans de ~ ...** ah, if only I were 20 years younger ... ◆ **avec 5 kilos de ~, je me sentirais mieux** I'd feel better if I was 5 kilos lighter

◆ **de moins de** ◆ **les enfants de ~ de quatre ans voyagent gratuitement** children under four (years of age) travel free ◆ **les entreprises de ~ de 50 salariés** companies with less than 50 employees

◆ **de moins en moins** less and less ◆ **c'est de ~ en ~ utile** it's less and less useful ◆ **il entend de ~ en ~ bien** his hearing is getting worse and worse ◆ **il a de ~ en ~ de clients** he has fewer and fewer clients ◆ **j'ai de ~ en ~ de temps libre** I've got less and less free time ◆ **je supporte de ~ en ~ ces conditions de travail** I find these working conditions harder and harder to put up with

◆ **en moins** ◆ **il y a trois verres en ~** there are three glasses missing ◆ **ça me fera du travail en ~ !** that'll be less work for me! ◆ **c'est la même voiture, le toit ouvrant en ~** it's the same car minus the sunroof *ou* except it hasn't got a sunroof

◆ **pas moins (de/que)** ◆ **un crapaud ne mange pas ~ de 400 insectes chaque jour** a toad eats no less than 400 insects a day ◆ **pas ~ de 40 km les sépare de la ville la plus proche** the nearest town is no less than 40 km away ◆ **gravement malade, il n'en continue pas ~ d'écrire** despite being seriously ill, he still continues to write ◆ **la situation n'en comporte pas ~ de nombreux risques** the situation is still very risky for all that ◆ **je suis tolérante mais je n'en suis pas ~ choquée par leur attitude** I'm tolerant but that doesn't mean I'm not shocked by their behaviour ◆ **le résultat n'en demeure pas ~ surprenant** the result is none the less surprising for that ◆ **il n'en reste pas ~ que ...** the fact remains that ..., even so ... ◆ **il n'en est pas ~ vrai que ...** it is no less true that ...; → **penser**

2 - ADVERBE (EMPLOI SUPERLATIF)

◆ **le** *ou* **la** *ou* **les moins** + *adjectif ou adverbe (de plusieurs)* the least; *(de deux)* the less ◆ **c'est le ~ doué de mes élèves** he's the least gifted of my pupils ◆ **c'est le ~ doué des deux** he's the less gifted of the two ◆ **ce sont les fleurs les ~ chères** they are the least expensive *ou* the cheapest flowers

◆ *verbe* + **le moins** (the) least ◆ **c'est celle que j'aime le ~** it's the one I like (the) least ◆ **l'émission que je regarde le ~ (souvent)** the programme I watch (the) least often ◆ **de nous tous, c'est lui qui a bu le ~ (d'alcool)** of all of us, he was the one who drank the least (alcohol) ◆ **c'est bien le ~ qu'on puisse faire** it's the least one can do ◆ **ce qui me dérangerait le ~** what would be least inconvenient for me MAIS **c'est le ~ qu'on puisse dire!** that's putting it mildly! ◆ **ce qui lui déplairait le ~** what he would prefer

◆ **le moins (...) possible** ◆ **je lui parle le ~ possible** I talk to him as little as possible ◆ **je prends le métro/des médicaments le ~ souvent possible** I take the underground/medicine as little as possible ◆ **afin de payer le ~ d'impôts possible** in order to pay as little tax as possible ◆ **j'y resterai le ~ longtemps** *ou* **de temps possible** I won't stay there any longer than I have to ◆ **pour que les choses se passent le ~ mal possible** so that things go as smoothly as possible

3 - PRÉPOSITION

**a** soustraction **6 ~ 2 font 4** 6 minus 2 equals 4, 2 from 6 makes 4 ◆ **j'ai retrouvé mon sac, ~ le portefeuille** I found my bag, minus the wallet ◆ **nous avons roulé sept heures, ~ l'arrêt pour déjeuner** we drove for seven hours not counting the stop for lunch

**b** heure to ◆ **il est 4 heures ~ 5 (minutes)** it's 5 (minutes) to 4 ◆ **nous avons le temps, il n'est que ~ 10** * we've got plenty of time, it's only 10 to * ◆ **il s'en est tiré, mais il était ~ cinq** * *ou* **~ une** * *(fig)* he got out of it but it was a close shave * *ou* a near thing *

**c** nombre négatif, température below ◆ **il fait ~ 5°** it's 5° below freezing *ou* minus 5° ◆ **dix puissance ~ sept** *(Math)* ten to the power (of) minus seven

4 - NOM MASCULIN

**a** Math **(signe)** ~ minus sign

**b** locutions

◆ **à tout le moins** *(frm)* to say the least, at the very least

◆ **au moins** at least ◆ **elle a payé cette robe au ~ 500 €** she paid at least €500 for that dress ◆ **600 au ~** at least 600, 600 at the least ◆ **la moitié au ~** at least half ◆ **la moitié au ~ du personnel/des candidats** at least half (of) the staff/the candidates ◆ **ça fait au ~ dix jours qu'il est parti** it's at least ten days since he left ◆ **vous en avez au ~ entendu parler** you must at least have heard about it ◆ **tout au ~** at (the very) least

◆ **du moins** *(restriction)* at least ◆ **il ne pleuvra pas, du ~ c'est ce qu'annonce la radio** it's not going to rain, at least that's what it says on the radio ◆ **laissez-le sortir, du ~ s'il** *ou* **si du ~ il ne fait pas froid** let him go out, as long as it isn't cold MAIS **j'arriverai vers 4 heures, du ~ si l'avion n'a pas de retard** I'll be there around 4 o'clock – if the plane's on time, that is

◆ **pour le moins** *(avec adjectif ou verbe)* to say the least *(évaluation d'une quantité)* at the very least ◆ **sa décision est pour le ~ bizarre** his decision is odd to say the least ◆ **ils étaient 2 000, pour le ~** there were 2,000 of them at the very least

5 - COMPOSÉS

▷ **moins que rien** * **NMF** *(péj = minable)* complete loser *, schlemiel * *(US)* ◆ **on les traite comme des ~ que rien** they're treated like scum

**moins-perçu** (pl **moins-perçus**) /mwɛ̃pɛʀsy/ **NM** amount not drawn, short payment

**moins-value** (pl **moins-values**) /mwɛ̃valy/ **NF** *(Comm)* depreciation, capital loss ◆ **~ de recettes fiscales** taxation shortfall

**moirage** /mwaʀaʒ/ **NM** *(= procédé)* watering; *(= reflet)* watered effect

**moire** /mwaʀ/ **NF** *(= tissu)* moiré; *(= soie)* watered *ou* moiré silk; *(= procédé)* watering

**moiré, e** /mwaʀe/ (ptp de **moirer**) **ADJ** *[papier peint, tissu]* moiré; *[soie]* watered, moiré; *[papier]* marbled; *(fig)* shimmering **NM** *(Tech)* moiré, water; *(littér) [de lac]* shimmering ripples

**moirer** /mwaʀe/ ▸ conjug 1 ◂ **VT** *(Tech)* to water ◆ **la lune moirait l'étang de reflets argentés** *(littér)* the moon cast a shimmering silvery light over the pool

**moirure** /mwaʀyʀ/ **NF** *(Tech)* moiré; *(littér)* shimmering ripples

**mois** /mwa/ **NM** **a** *(= période)* month ◆ **le ~ de Marie** the month of Mary ◆ **les ~ en R** *(Culin)* when there is an R in the month ◆ **au ~ de janvier** in (the month of) January ◆ **dans un ~** in a month('s time) ◆ **le 10 de ce ~** *(Comm)* the 10th of this month, the 10th inst(ant). ◆ **au ~** *[payer, louer]* monthly, by the month ◆ **50 € par ~** €50 a *ou* per month ◆ **billet à 3 ~** *(Comm)* bill at 3 months ◆ **un bébé de 6 ~** a 6-month-old baby ◆ **tous les 4 ~** every 4 months ◆ **devoir 3 ~ de loyer** to owe 3 months' rent; → **tout** b *(= salaire)* monthly pay, monthly salary ♦ **toucher son** ~ * to draw one's pay *ou* salary for the month *ou* one's month's pay *ou* salary ♦ ~ **double** extra month's pay *(as end-of-year bonus)* ♦ **treizième/quatorzième** ~ one month's/two months' extra pay; → **fin²**

**Moïse** /mɔiz/ **NM** *(Bible)* Moses

**moisi, e** /mwazi/ (ptp de **moisir**) **ADJ** mouldy, moldy *(US)*, mildewed **NM** mould *(NonC)*, mold *(US) (NonC)*, mildew *(NonC)* ♦ **odeur de** ~ musty *ou* fusty smell ♦ **goût de** ~ musty taste ♦ **ça sent le** ~ it smells musty *ou* fusty

**moisir** /mwaziʀ/ ► conjug 2 ◄ **VT** to make mouldy *ou* moldy *(US)* **VI** a *(= se gâter)* to go mouldy *ou* moldy *(US)*, to mould, to mold *(US)* b *[personne] (dans une prison, une entreprise)* to rot; *(= attendre)* to hang around ♦ **on ne va pas ~ ici jusqu'à la nuit !** * we're not going to hang around here till nighttime! * ♦ **il ne faut pas laisser ~ votre argent** you shouldn't let your money gather dust

**moisissure** /mwazisyʀ/ **NF** *(gén)* mould *(NonC)*, mold *(US) (NonC)*; *(par l'humidité)* mould *(NonC)*, mold *(US) (NonC)*, mildew *(NonC)* ♦ **enlever les ~s sur un fromage** to scrape the mould off a piece of cheese

**moisson** /mwasɔ̃/ **NF** a *(Agr) (= saison, travail)* harvest; *(= récolte)* harvest ♦ **à l'époque de la** ~ at harvest time ♦ **rentrer la** ~ to bring in the harvest ♦ **faire la** ~ to harvest, to reap b *[de données]* wealth, crop ♦ **faire une abondante ~ de renseignements/souvenirs** to gather *ou* amass a wealth of information/memories ♦ **les Français ont récolté une belle ~ de médailles** the French have picked up a good crop of medals

**moissonner** /mwasɔne/ ► conjug 1 ◄ **VT** *[+ céréale]* to harvest, to reap; *[+ champ]* to reap; *[+ récompenses]* to carry off, to reap; *[+ renseignements]* to gather, to garner ♦ **il a commencé à** ~ he's started harvesting *ou* the harvest ♦ **notre pays moissonne les médailles** our country is winning one medal after the other

**moissonneur, -euse** /mwasɔnœʀ, øz/ **NM,F** harvester, reaper † *(littér)* **NF** **moissonneuse** *(= machine)* harvester

**moissonneuse-batteuse(-lieuse)** (pl **moissonneuses-batteuses(-lieuses)**) /mwasɔnøzbatøz(ljøz)/ **NF** combine harvester

**moissonneuse-lieuse** (pl **moissonneuses-lieuses**) /mwasɔnøzljøz/ **NF** self-binder

**moite** /mwat/ **ADJ** *[peau, mains]* sweaty, clammy; *[atmosphère]* sticky, muggy; *[chaleur]* sticky ♦ **il a le front ~ de sueur** his forehead is damp with sweat

**moiteur** /mwatœʀ/ **NF** *[de peau, mains]* sweatiness; *[d'atmosphère]* stickiness, mugginess

**moitié** /mwatje/ **NF** a *(= partie)* half ♦ **partager qch en deux ~s** to halve sth, to divide sth in half *ou* into (two) halves ♦ **quelle est la ~ de 40 ?** what is half of 40? ♦ **donne-m'en la** ~ give me half (of it) ♦ **faire la ~ du chemin avec qn** to go halfway *ou* half of the way with sb ♦ **je veux bien faire la ~ du chemin** *(dans une négociation)* I'm prepared to meet you halfway ♦ **la ~ des habitants a été sauvée** *ou* **ont été sauvés** half (of) the inhabitants were rescued ♦ **la ~ du temps** half the time ♦ **il en faut ~ plus/moins** you need half as much again/half (of) that ♦ ~ **anglais,** ~ **français** half-English, half-French

b *(= milieu)* halfway mark, half ♦ **parvenu à la ~ du trajet** having completed half the journey, having reached halfway *ou* the halfway mark ♦ **parvenu à la ~ de sa vie, il ...** halfway through his life, he ..., when he reached the middle of his life, he ... ♦ **arrivé à la ~ du travail** having done half the work *ou* got halfway through the work

c *(hum = époux, épouse)* **ma** ~ my better half * *(hum)* ♦ **ma tendre** ~ my ever-loving wife (*ou* husband) *(hum)*

d *(loc)*

♦ **moitié moitié** ♦ **on a partagé le pain ~ ~** we halved *ou* shared the bread between us ♦ **ils ont partagé** *ou* **fait ~ ~** they went halves *ou* fifty-fifty * *ou* Dutch * ♦ **ça a marché ? – ~ ~** * how did it go? – so-so *

♦ **à moitié** half ♦ **il a fait le travail à** ~ he has (only) half done the work ♦ **il a mis la table à** ~ he's half set the table ♦ **il ne fait jamais rien à** ~ he never does things by halves ♦ **à ~ plein/mûr** half-full/-ripe ♦ **à ~ chemin** (at) halfway, at the halfway mark ♦ **à ~ prix** (at) half-price

♦ **de moitié** by half ♦ **réduire de** ~ *[+ trajet, production, coût]* to cut *ou* reduce by half, to halve ♦ **plus grand de** ~ half as big again, bigger by half ♦ **être/se mettre de ~ dans une entreprise** to have half shares/go halves in a business

♦ **par moitié** in two, in half ♦ **diviser qch par** ~ to divide sth in two *ou* in half

♦ **pour moitié** ♦ **il est pour ~ dans cette faillite** he is half responsible *ou* half to blame for this bankruptcy

**moka** /mɔka/ **NM** *(= gâteau à la crème)* cream cake, cream gâteau; *(= gâteau au café)* mocha *ou* coffee cake, mocha *ou* coffee gâteau; *(= café)* mocha coffee

**mol** /mɔl/ **ADJ M** → **mou¹**

**molaire¹** /mɔlɛʀ/ **NF** *(= dent)* molar

**molaire²** /mɔlɛʀ/ **ADJ** *(Chim)* molar

**molasse** /mɔlas/ **NF** ⇒ **mollasse²**

**moldave** /mɔldav/ **ADJ** Moldavian **NMF** **Moldave** Moldavian

**Moldavie** /mɔldavi/ **NF** Moldavia

**mole** /mɔl/ **NF** *(Chim)* mole, mol

**môle¹** /mol/ **NM** *(= digue)* breakwater, mole; *(= quai)* pier, jetty

**môle²** /mol/ **NF** *(= poisson)* sunfish

**moléculaire** /mɔlekylɛʀ/ **ADJ** molecular

**molécule** /mɔlekyl/ **NF** molecule

**moleskine** /mɔlɛskin/ **NF** imitation leather, leatherette ®

**molester** /mɔlɛste/ ► conjug 1 ◄ **VT** to manhandle, to rough up ♦ **molesté par la foule** mauled by the crowd

**moleté, e** /mɔlte/ **ADJ** *[roue, vis]* knurled

**molette** /mɔlɛt/ **NF** a *(Tech)* toothed wheel; *(pour couper)* cutting wheel b *[de briquet]* striker wheel; *[de clé]* adjusting screw; *[d'éperon]* rowel ♦ ~ **de mise au point** *[de jumelles]* focussing wheel; → **clé**

**moliéresque** /mɔljeʀɛsk/ **ADJ** in the style of Molière

**mollah** /mɔ(l)la/ **NM** mulla(h)

**mollard** ‡ /mɔlaʀ/ **NM** *(= crachat)* gob of spit ‡

**mollasse¹** * /mɔlas/ *(péj)* **ADJ** *(= léthargique)* sluggish, lethargic; *(= flasque)* flabby, flaccid ♦ **une grande fille** ~ a great lump * of a girl

**mollasse²** /mɔlas/ **NF** *(Géol)* molasse

**mollasserie** /mɔlasʀi/ **NF** sluggishness, lethargy

**mollasson, -onne** * /mɔlasɔ̃, ɔn/ *(péj)* **ADJ** sluggish, lethargic **NM,F** great lump *

**molle** /mɔl/ **ADJ F** → **mou¹**

**mollement** /mɔlmɑ̃/ **ADV** *(= doucement) [tomber]* softly; *[couler]* gently, sluggishly; *(= paresseusement) [travailler]* half-heartedly, unenthusiastically; *(= faiblement) [réagir, protester]* feebly, weakly ♦ **il s'est défendu assez** ~ he didn't defend himself very vigorously ♦ **la journée avait commencé** ~ the day had got off to a sluggish start ♦ **les jours s'écoulaient** ~ one day turned into the next, the days drifted by

**mollesse** /mɔlɛs/ **NF** a *(au toucher) [de substance, oreiller]* softness; *[de poignée de main]* limpness, flabbiness

b *(à la vue) [de contours, lignes]* softness; *[de relief]* softness, gentleness; *[de traits du visage]* flabbiness, sagginess; *(Peinture) [de dessin, traits]* lifelessness, weakness

c *(= manque d'énergie) [de geste]* lifelessness, feebleness; *[de protestations, opposition]* weakness, feebleness; *[de style]* vagueness, woolliness *(Brit)*; *(Mus) [d'exécution]* lifelessness, dullness; *[de personne] (= indolence)* sluggishness, lethargy; *(= manque d'autorité)* spinelessness; *(= grande indulgence)* laxness; *[marché]* sluggishness ♦ **la ~ des réformes** the fact that the reforms are not far-reaching enough ♦ **la ~ de la police face aux manifestants** the feebleness of the police's response to the demonstrators ♦ **accusé de ~ dans la répression des attentats** accused of lacking determination in the fight against terrorism

**mollet¹, -ette** /mɔlɛ, ɛt/ **ADJ** soft; → **œuf**

**mollet²** /mɔlɛ/ **NM** *(Anat)* calf ♦ **~s de coq** *(fig)* wiry legs

**molletière** /mɔltjɛʀ/ **ADJ, NF** ♦ **(bande)** ~ puttee

**molleton** /mɔltɔ̃/ **NM** *(= tissu)* cotton fleece, swansdown; *(pour table)* felting

**molletonner** /mɔltɔne/ ► conjug 1 ◄ **VT** to put a warm lining in ♦ **anorak molletonné** quilted anorak, anorak with a warm lining

**mollir** /mɔliʀ/ ► conjug 2 ◄ **VI** a *(= fléchir) [sol]* to give (way), to yield; *[ennemi]* to yield, to give way, to give ground; *[père, créancier]* to come round, to relent; *[courage, personne]* to flag ♦ **sa plaidoirie a fait ~ les jurés** his speech for the defence softened the jury's attitude *ou* made the jury relent ♦ **ce n'est pas le moment de ~ !** * you (*ou* we *etc*) mustn't slacken now! ♦ **il a senti ses jambes/genoux ~ sous lui** he felt his legs/knees give way beneath him b *[substance]* to soften, to go soft c *[vent]* to abate, to die down

**mollo** ‡ /mɔlo/ **ADV** ♦ **(vas-y) ~!** take it easy! *, (go) easy! *, easy does it! *

**mollusque** /mɔlysk/ **NM** *(Zool)* mollusc, mollusk *(US)*; *( * péj = personne)* great lump *

**molosse** /mɔlɔs/ **NM** *(littér, hum)* big (ferocious) dog, huge hound

**Molotov** /mɔlɔtɔf/ **NM** → **cocktail**

**Moluques** /mɔlyk/ **NFPL** ♦ **les** ~ the Moluccas, the Molucca Islands

**molybdène** /mɔlibdɛn/ **NM** molybdenum

**môme** /mom/ **NMF** *( * = enfant)* kid *; *(péj)* brat *; *( ‡ = fille)* bird ‡ *(Brit)*, chick * *(US)* ♦ **belle** ~ ‡ nice-looking girl, cute chick * *(US)* ♦ **quels sales ~s !** ‡ horrible little brats! *

**moment** /mɔmɑ̃/ **NM** a *(= court instant)* moment ♦ **il réfléchit pendant un** ~ he thought for a moment ♦ **c'est l'affaire d'un** ~ it won't take a minute *ou* moment, it'll only take a minute ♦ **je n'en ai que pour un petit** ~ it won't take me long, it'll only take me a moment ♦ **ça ne dure qu'un** ~ it doesn't last long, it (only) lasts a minute ♦ **un ~ de silence** a moment of silence, a moment's silence ♦ **j'ai eu un ~ de panique** I had a moment's panic, for a moment I panicked ♦ **dans un ~ de colère** in a moment of anger, in a momentary fit of anger ♦ **dans un** ~ in a little while, in a moment ♦ **un ~, il arrive !**

just a moment *ou* a minute *ou* a mo'* *(Brit)*, he's coming!

**b** *(= période)* time ◆ **à quel ~ est-ce arrivé ?** at what point in time *ou* when exactly did this occur? ◆ **connaître/passer de bons ~s** to have/spend (some) happy times ◆ **les ~s que nous avons passés ensemble** the times we spent together ◆ **il a passé un mauvais** *ou* **sale ~** * he went through *ou* had a difficult time, he had a rough time ◆ **je n'ai pas un ~ à moi** I haven't got a moment to myself ◆ **le ~ présent** the present time ◆ **à ses ~s perdus** in his spare time ◆ **les grands ~s de l'histoire** the great moments of history ◆ **il a ses bons et ses mauvais ~s** he has his good times and his bad (times) ◆ **il est dans un de ses mauvais ~s** it's one of his off *ou* bad spells, he's having one of his off *ou* bad spells ◆ **la célébrité/le succès du ~** the celebrity/the success of the moment *ou* day ◆ **n'attends pas le dernier ~ pour réviser ta leçon** don't wait till the last minute to do your revision

**c** *(= long instant)* while ◆ **je ne l'ai pas vu depuis un (bon) ~** I haven't seen him for a (good) while *ou* for quite a time *ou* while ◆ **j'en ai pour un petit ~** it'll take me some time *ou* quite a while

**d** *(= occasion)* **il faut profiter du ~** you must take advantage of *ou* seize the opportunity ◆ **ce n'est pas le ~** this is not the right moment ◆ **tu arrives au bon ~** you've come just at the right time ◆ **c'était le ~ de réagir** it was time to react ◆ **le ~ psychologique** the psychological moment; → **jamais**

**e** *(Tech)* moment; *(Phys)* momentum

**f** *(loc)*

◆ **le moment venu** ◆ **il se prépare afin de savoir quoi dire le ~ venu** he's getting ready so that he'll know what to say when the time comes ◆ **le ~ venu ils s'élancèrent** when the time came they hurled themselves forward

◆ **à ce moment-là** *(temps)* at that point *ou* time; *(circonstance)* in that case, if that's the case, if that's so

◆ **à aucun moment** ◆ **à aucun ~ je n'ai dit que ...** I never at any time said that ..., at no point did I say that ...

◆ **au moment de** ◆ **au ~ de l'accident** at the time of the accident, when the accident happened ◆ **au ~ de partir** just as I (*ou* he *etc*) was about to leave, just as I (*ou* he *etc*) was on the point of leaving

◆ **au moment où** ◆ **au ~ où elle entrait, lui sortait** as she was going in he was coming out ◆ **au ~ où il s'y attendait le moins** (at a time) when he was least expecting it ◆ **au ~ où je te parle, ils sont au musée** right now, they're at the museum

◆ **à un moment donné** ◆ **à un ~ donné il cesse d'écouter** at a certain point he stops listening ◆ **à un ~ donné, il faut savoir dire non** there comes a time when you have to say no

◆ **à tout moment, à tous moments** ◆ **des voitures arrivaient à tout ~** *ou* **à tous ~s** cars were constantly *ou* continually arriving, cars kept on arriving ◆ **il peut arriver à tout ~** he may arrive (at) any time (now) *ou* any moment (now)

◆ **d'un moment à l'autre** *[changer]* from one moment to the next ◆ **on l'attend d'un ~ à l'autre** he is expected any moment now *ou* (at) any time now

◆ **du moment où** *ou* **que** *(dans le temps)* since, seeing that; *(= pourvu que)* as long as ◆ **je m'en fiche, du ~ que c'est fait** I don't care, as long as it's done

◆ **dès le moment que** *ou* **où** as soon as, from the moment *ou* time when

◆ **en ce moment** *(= maintenant)* at the moment, at present, just now; *(= ces temps-ci)* currently, presently

◆ **par moments** now and then, at times, every now and again

◆ **pour le moment** for the time being *ou* the moment, at present

◆ **sur le moment** at the time

**momentané, e** /mɔmɑ̃tane/ ADJ *[absence, gêne, crise, arrêt, interruption]* momentary *(épith)*; *[espoir, effort]* short-lived, brief

**momentanément** /mɔmɑ̃tanemɑ̃/ ADV **a** *(= provisoirement)* for a short while, momentarily ◆ **il est privé de ce droit, au moins ~** this right has been taken away from him, at least for the time being ◆ **certains se retrouvent ~ sans contrat** some people find themselves temporarily without a contract ◆ **la signature de l'accord est ~ suspendue** the signing of the agreement has been postponed for the moment **b** *(= en ce moment)* at the moment, at present ◆ **je suis ~ absent, merci de laisser un message** *(sur répondeur)* I'm not here at the moment, please leave a message

**mômeries** * /momri/ NFPL childish behaviour ◆ **arrête tes ~ !** don't be so childish!

**momie** /mɔmi/ NF mummy ◆ **ne reste pas là comme une ~** * don't stand there like a stuffed dummy *

**momification** /mɔmifikasjɔ̃/ NF mummification

**momifier** /mɔmifje/ ▸ conjug 7 ◂ VT to mummify VPR **se momifier** *[esprit]* to atrophy, to fossilize

**mon** /mɔ̃/, **ma** /ma/ (pl **mes** /me/) ADJ POSS **a** *(possession, relation)* my, my own *(emphatique)* ◆ **~ fils et ma fille** my son and (my) daughter ◆ **j'ai ~ idée là-dessus** I have my own ideas *ou* views about that; *pour autres loc voir* **son**[1] **b** *(valeur affective, ironique, intensive)* **alors voilà ~ type/~ François qui se met à m'injurier** * and then the fellow/our François starts bawling insults at me ◆ **voilà ~ mal de tête qui me reprend** that's my headache back again ◆ **on a changé ~ Paris** they've changed the Paris I knew *ou* what I think of as Paris ◆ **j'ai eu ~ lundi** * I got Monday off; → **son**[1] **c** *(dans termes d'adresse)* my ◆ **~ cher ami** my dear friend ◆ **~ cher Monsieur** my dear Sir ◆ **oui ~ père/ma sœur/ma mère** *(Rel)* yes Father/Sister/Mother ◆ **mes (bien chers) frères** *(Rel)* my (dear) brethren

**monacal, e** (mpl **-aux**) /mɔnakal, o/ ADJ *(lit, fig)* monastic

**monachisme** /mɔnaʃism/ NM monachism

**Monaco** /mɔnako/ NM ◆ **(la principauté de) ~** (the principality of) Monaco

**monade** /mɔnad/ NF monad

**monarchie** /mɔnaʀʃi/ NF monarchy ◆ **~ absolue/constitutionnelle/parlementaire** absolute/constitutional/parliamentary monarchy ◆ **la ~ de Juillet** *(Hist)* the July Monarchy

**monarchique** /mɔnaʀʃik/ ADJ monarchic, monarchial

**monarchisme** /mɔnaʀʃism/ NM monarchism

**monarchiste** /mɔnaʀʃist/ ADJ, NMF monarchist

**monarque** /mɔnaʀk/ NM monarch ◆ **~ absolu** absolute monarch ◆ **~ de droit divin** monarch *ou* king by divine right

**monastère** /mɔnastɛʀ/ NM monastery

**monastique** /mɔnastik/ ADJ monastic

**monceau** (pl **monceaux**) /mɔ̃so/ NM ◆ **un ~ de** *[+ objets]* a heap *ou* pile of; *[+ erreurs]* a heap *ou* load * of ◆ **des ~x de** heaps *ou* piles of

**mondain, e** /mɔ̃dɛ̃, ɛn/ ADJ **a** *[réunion, vie]* society *(épith)* ◆ **plaisirs ~s** pleasures of society ◆ **alcoolisme ~** *alcoholism brought about by social drinking* ◆ **mener une vie ~e** to be a socialite ◆ **goût pour la vie ~e** taste for society life *ou* the high life ◆ **leurs obligations ~es** their social obligations ◆ **ils sont très ~s** they are great socialites, they like moving in fashionable society *ou* circles ◆ **ce festival est l'événement ~ de l'année** the festival is the society event of the year ◆ **c'est un peu trop ~ (à mon goût)** it's a bit too posh * (for my taste); → **soirée**

**b** *(= qui traite de la haute société)* **chronique ~e** society gossip column ◆ **journaliste** *ou* **chroniqueur ~** society writer ◆ **journal d'actualité ~e** society paper; → **carnet**

**c** *[politesse, ton]* refined, urbane, sophisticated ◆ **il a été très ~ avec moi** he treated me with studied politeness *ou* courtesy

**d** *(Philos)* mundane; *(Rel)* worldly, earthly

**e** *(anciennt)* **la police** *ou* **brigade ~e, la Mondaine** * *(des mœurs)* ≃ the vice squad; *(des stupéfiants)* ≃ the drugs squad

NM socialite

NF **mondaine** *(= femme)* society woman, socialite

**mondanité** /mɔ̃danite/ NF **a** *(= goût)* taste for *ou* love of society life; *(= habitude, connaissance des usages)* savoir-faire **b** *(Rel)* worldliness NFPL **mondanités** *(= divertissements, soirées)* society life; *(= politesses, propos)* polite small talk; *(Presse = chronique)* society gossip column ◆ **je n'aime pas trop les ~s** I'm not much of a socialite ◆ **toutes ces ~s me fatiguent** I'm exhausted by this social whirl *ou* round

**monde** /mɔ̃d/ NM **a** *(= univers, terre)* world ◆ **dans le ~ entier, de par le ~** all over the world, the world over, throughout the world ◆ **le ~ entier s'indigna** the whole world was outraged ◆ **le ~ des vivants** the land of the living ◆ **il se moque** *ou* **se fiche** * *ou* **se fout** ** **du ~** he's got a nerve * *ou* cheek * *(Brit)*, he's got a damn ** *ou* bloody ** *(Brit)* nerve ◆ **venir au ~** to be born, to come into the world ◆ **mettre un enfant au ~** to bring a child into the world ◆ **si je suis encore de ce ~** if I'm still here *ou* in the land of the living ◆ **depuis qu'il est de ce ~** since he was born ◆ **elle n'est plus de ce ~** she is no longer with us, she has departed this life ◆ **rêver à un ~ meilleur** to dream of a better world ◆ **où va le ~ ?** whatever is the world coming to? ◆ **dans ce (bas) ~** here below, in this world ◆ **l'Ancien/le Nouveau Monde** the Old/the New World; → **depuis, unique**

**b** *(= ensemble, groupement spécifique)* world ◆ **le ~ végétal/animal** the vegetable/animal world ◆ **le ~ des affaires/du théâtre** the world of business/of (the) theatre, the business/the theatre world ◆ **le ~ chrétien/communiste** the Christian/communist world

**c** *(= domaine)* world, realm ◆ **le ~ de l'illusion/du rêve** the realm of illusion/of dreams ◆ **le ~ de la folie** the world *ou* realm of madness ◆ **elle vit dans son ~** *ou* **dans un ~ à elle** she lives in a world of her own

**d** *(= gens)* **j'entends du ~ à côté** I can hear people in the next room ◆ **est-ce qu'il y a du ~ ?** *(= qn est-il présent ?)* is there anybody there?; *(= y a-t-il foule ?)* are there many people there?, are there a lot of people there? ◆ **il y a du ~** *(= ce n'est pas vide)* there are some people there; *(= il y a foule)* there's quite a crowd ◆ **il n'y a pas grand ~** there aren't very many (people) here ◆ **il y a beaucoup de ~** there's a real crowd, there are a lot of people ◆ **il y avait un ~ !** *ou* **un ~ fou !** * there were crowds!, the place was packed! ◆ **ils voient beaucoup de ~** they have a busy social life ◆ **ils reçoivent beaucoup de ~** they entertain a lot, they do a lot of entertaining ◆ **ce week-end nous avons du ~** we have people coming *ou* visitors this weekend ◆ **il y a du ~ au balcon !** ⁑ she's very well-endowed! * ◆ **elle est venue avec tout son petit ~** she came with her entire brood ◆ **tout ce petit ~ s'est bien amusé ?** and did everyone have a nice time?, did we all enjoy ourselves? ◆ **il connaît son ~** he knows the people he deals with ◆ **je n'ai pas encore tout mon ~** my group *ou* lot * *(Brit)* aren't all here yet; → **Monsieur, tout**

**e** *(Rel)* **le ~** the world ◆ **les plaisirs du ~** worldly pleasures, the pleasures of the world

**f** *(= milieu social)* set, circle ◆ **le (grand** *ou* **beau) ~** *(= la bonne société)* (high) society ◆ **embarquez** ⁑ **tout ce beau ~** *(péj)* cart this lot * away ◆ **aller dans le ~** to mix with high society ◆ **appartenir au meilleur ~** to move in the best circles ◆ **il n'est pas de notre ~** he is from a different set, he's not one of our set *ou* crowd * ◆ **nous ne sommes pas du même ~** we don't move in *ou* belong to the same circles (of society) ◆ **cela ne se fait pas dans le ~** that isn't done in the best circles *ou* in polite society ◆ **homme/femme/gens du ~** society man/woman/people ◆ **se conduire en parfait homme du ~** to be a perfect gentleman

**g** *(loc)* **l'autre ~** *(Rel)* the next world ◆ **envoyer** *ou* **expédier qn dans l'autre ~** to send sb to meet his (*ou* her) maker ◆ **c'est le ~ à l'envers !** *ou* **renversé !** whatever next! ◆ **comme le ~ est petit !** it's a small world! ◆ **se faire (tout) un ~ de qch** to get worked up about sth ◆ **se faire un ~ de rien** to make a mountain out of a molehill, to make a fuss over nothing ◆ **se faire un ~ de tout** to make a fuss over everything, to make everything into a great issue ◆ **c'est un ~ !** * it's (just) not right!, it's (just) not on! * *(Brit)* ◆ **il y a un ~ entre ces deux personnes/conceptions** these two people/concepts are worlds apart, there's a world of difference between these two people/concepts

◆ **au monde, du monde** *(intensif)* in the world, on earth ◆ **produit parmi les meilleurs au** *ou* **du ~** product which is among the best in the world *ou* among the world's best ◆ **au demeurant, le meilleur homme du** *ou* **au ~** *(littér)* otherwise, the finest man alive ◆ **tout s'est passé le mieux du ~** everything went (off) perfectly *ou* like a dream * ◆ **pas le moins du ~ !** not at all!, not in the least! ◆ **il n'était pas le moins du ~ anxieux** he was not the slightest *ou* least bit worried, he wasn't worried in the slightest *ou* in the least, he wasn't the least bit worried ◆ **sans se préoccuper le moins du ~ de ses adversaires** without giving a single thought *ou* the least thought to his opponents ◆ **je ne m'en séparerais pour rien au ~, je ne m'en séparerais pas pour tout l'or du ~** I wouldn't part with it for anything (in the world) *ou* for all the world *ou* for all the tea in China ◆ **nul au ~ ne peut ...** nobody in the world can ... ◆ **j'en pense tout le bien du ~** I have the highest opinion of him (*ou* her *ou* it)

◆ **le bout du monde** ◆ **ce village, c'est le bout du ~** that village is in the middle of nowhere *ou* at the back of beyond * ◆ **il irait au bout du ~ pour elle** he would go to the ends of the earth for her ◆ **ce n'est pas le bout du ~ !** *(fig)* it won't kill you! ◆ **si tu as 5 € à payer, c'est le bout du ~** * at the (very) worst it might cost you €5

**monder** /mɔ̃de/ ▸ conjug 1 ◂ VT *[+ orge]* to hull; *[+ amandes]* to blanch

**mondial, e** (mpl **-iaux**) /mɔ̃djal, jo/ ADJ *[guerre, population, production]* world *(épith)*; *[épidémie, tendance, réseau, crise]* world *(épith)*, worldwide ◆ **une célébrité ~e** a world-famous personality *ou* celebrity NM ◆ **le Mondial** the World Cup

**mondialement** /mɔ̃djalmɑ̃/ ADV throughout the world, the (whole) world over ◆ **il est ~ connu** he's known the (whole) world over *ou* throughout the world, he's world-famous

**mondialisation** /mɔ̃djalizasjɔ̃/ NF *[d'échanges, économie, marchés]* globalization ◆ **pour éviter la ~ du conflit** to prevent the conflict from spreading throughout the world *ou* worldwide

**mondialiser** /mɔ̃djalize/ ▸ conjug 1 ◂ VT *[+ activité, capitaux]* to globalize VPR **se mondialiser** *[économie, offre]* to become globalized ◆ **l'entreprise s'est mondialisée** the company has extended its operations worldwide *ou* globalized its operations ◆ **ce phénomène se mondialise** this is becoming a world-wide phenomenon ◆ **dans une économie de plus en plus mondialisée** in an increasingly globalized economy

**mondialisme** /mɔ̃djalism/ NM internationalism

**mondialiste** /mɔ̃djalist/ ADJ, NMF internationalist

**mond(i)ovision** /mɔ̃d(j)ɔvizjɔ̃/ NF worldwide (satellite) television broadcast ◆ **retransmis en mond(i)ovision** broadcast (by satellite) worldwide

**monégasque** /mɔnegask/ ADJ Monegasque, Monacan NMF **Monégasque** Monegasque, Monacan

**monème** /mɔnɛm/ NM moneme

**MONEP** /mɔnɛp/ NM (abrév de **Marché des options négociables de Paris**) *(Fin)* ◆ **le ~** *the traded-options exchange in the Paris stock market*

**monétaire** /mɔnetɛʀ/ ADJ *[crise, valeur, unité, système, politique, stabilité]* monetary ◆ **le marché ~** the money market ◆ **les dirigeants ~s internationaux** the international monetary authorities; → **circulation, masse, union**

**monétarisme** /mɔnetaʀism/ NM monetarism

**monétariste** /mɔnetaʀist/ ADJ, NMF monetarist

**monétique** /mɔnetik/ NF electronic banking (services)

**monétiser** /mɔnetize/ ▸ conjug 1 ◂ VT to monetize

**mongol, e** /mɔ̃gɔl/ ADJ Mongol, Mongolian ◆ **République populaire ~e** Mongolian People's Republic NM *(Ling)* Mongolian NM,F **Mongol(e)** *(gén)* Mongol, Mongoloid; *(= habitant ou originaire de la Mongolie)* Mongolian

**Mongolie** /mɔ̃gɔli/ NF Mongolia ◆ **République populaire de ~** People's Republic of Mongolia ◆ **~-Intérieure** Inner Mongolia ◆ **~-Extérieure** Outer Mongolia

**mongolien, -ienne** † /mɔ̃gɔljɛ̃, jɛn/ *(Méd)* ADJ with Down's syndrome *(attrib)*, Down's syndrome *(épith)* NM,F *(= enfant)* Down's syndrome baby (*ou* boy *ou* girl); *(= adulte)* person with Down's syndrome

**mongolique** /mɔ̃gɔlik/ ADJ *(Géog)* Mongol(ic), Mongolian

**mongolisme** † /mɔ̃gɔlism/ NM Down's syndrome, mongolism †

**monisme** /mɔnism/ NM monism

**moniste** /mɔnist/ ADJ monistic NMF monist

**moniteur** /mɔnitœʀ/ NM **a** *(Sport)* instructor, coach; *[de colonie de vacances]* supervisor *(Brit)*, (camp) counselor *(US)* ◆ **~ de ski** skiing instructor ◆ **~ d'auto-école** driving instructor **b** *(Tech, Ordin = appareil)* monitor ◆ **~ cardiaque** heart-rate monitor **c** *(Univ)* graduate assistant

**monitorage** /mɔnitɔʀaʒ/ NM ⇒ **monitoring**

**monitorat** /mɔnitɔʀa/ NM *(= formation)* training to be an instructor; *(= fonction)* instructorship ◆ **il prépare son ~ de ski** he's training to be a ski instructor

**monitoring** /mɔnitɔʀiŋ/ NM *(gén)* monitoring

**monitrice** /mɔnitʀis/ NF *(Sport)* instructress; *[de colonie de vacances]* supervisor *(Brit)*, (camp) counselor *(US)*; *(Univ)* graduate assistant

**monnaie** /mɔnɛ/ NF **a** *(= espèces, devises)* currency ◆ **~ forte/faible** strong/weak currency ◆ **~ d'or/d'argent** gold/silver currency ◆ **~ décimale** decimal coinage *ou* currency ◆ **la ~ américaine** *(Bourse)* the American dollar ◆ **la ~ allemande** the German mark; → **battre, faux²**

**b** *(= pièce, médaille)* coin ◆ **une ~ d'or** a gold coin ◆ **émettre/retirer une ~** to issue/withdraw a coin

**c** *(= appoint)* change; *(= petites pièces)* (loose) change ◆ **petite** *ou* **menue ~** small change ◆ **vous n'avez pas de ~ ?** *(pour payer)* don't you have (the) change? *ou* any change? ◆ **auriez-vous de la ~ ?, pourriez-vous me faire de la ~ ?** could you give me some change? ◆ **faire de la ~** to get (some) change ◆ **faire la ~ de 50 €** to get change for *ou* to change a 50-euro note *ou* 50 euros ◆ **faire** *ou* **donner à qn la ~ de 10 €** to change €10 for sb, to give sb change for €10 ◆ **elle m'a rendu la ~ sur 10 €** she gave me the change out of *ou* from €10 ◆ **passez** *ou* **envoyez la ~ !** * let's have the money!, cough up * everyone!

**d** *(= bâtiment)* **la Monnaie, l'hôtel des ~s** the Mint

**e** *(loc)* **c'est ~ courante** *[faits, événements]* it's common *ou* widespread, it's a common *ou* an everyday occurrence; *[actions, pratiques]* it's common practice ◆ **donner** *ou* **rendre à qn la ~ de sa pièce** to pay sb back in the same *ou* in his own coin, to repay sb in kind ◆ **à l'école, les billes servent de ~ d'échange** at school, marbles are used as money *ou* as a currency ◆ **otages qui servent de ~ d'échange** hostages who are used as bargaining chips *ou* counters ◆ **payer qn en ~ de singe** to fob sb off with empty promises

COMP ▷ **monnaie de banque** ⇒ **monnaie scripturale** ▷ **monnaie divisionnaire** fractional currency ▷ **monnaie électronique** plastic money ▷ **monnaie fiduciaire** fiduciary currency, paper money ▷ **monnaie légale** legal tender ▷ **monnaie métallique** coin *(NonC)* ▷ **monnaie de papier** paper money ▷ **monnaie plastique** plastic money ▷ **monnaie scripturale** representative *ou* bank money ▷ **monnaie unique** *(Europe)* single currency

**monnaie-du-pape** (pl **monnaies-du-pape**) /mɔnɛdypap/ NF *(Bot)* honesty

**monnayable** /mɔnɛjabl/ ADJ *[terres, titres]* convertible into cash; *[diplôme]* marketable ◆ **c'est un diplôme facilement ~** you can easily get a job with that qualification

**monnayer** /mɔneje/ ▸ conjug 8 ◂ VT *[+ terres, titres]* to convert into cash ◆ **~ son talent/ses capacités** to make money from one's talents/one's abilities ◆ **~ son silence/soutien** to sell one's silence/support ◆ **ce genre de service, ça se monnaie** you have to pay to get that kind of help ◆ **dans ce pays, tout se monnaie** in that country, you can get whatever you want as long as you're willing to pay for it

**monnayeur** /mɔnɛjœʀ/ NM (= machine) *(pour fabriquer la monnaie)* minting machine; *(pour changer)* (automatic) change maker; *(système à pièces)* coin-operated device

**mono** * /mɔno/ NMF (abrév de **moniteur**) *[Sport]* instructor; *[de colonie de vacances]* supervisor *(Brit)*, (camp) counselor *(US)* NM abrév de **monoski** NF (abrév de **monophonie**) ◆ **en ~** in mono ADJ INV (abrév de **monophonique**) *[disque, électrophone]* mono

**mono...** /mɔnɔ/ PRÉF mono...

**monoacide** /mɔnoasid/ ADJ mon(o)acid

**monobasique** /mɔnobɑzik/ ADJ monobasic

**monobloc** /mɔnoblɔk/ ADJ INV cast in one piece *(attrib)*

**monocaméral** (pl **-aux**) /mɔnokameʀal, o/ ADJ M unicameral

**monocamérisme** /mɔnokameʀism/ NM unicameralism

**monochromatique** /mɔnɔkʀɔmatik/ ADJ monochromatic

**monochrome** /mɔnokʀom/ ADJ monochrome, monochromatic

**monocle** /mɔnɔkl/ NM monocle, eyeglass

**monoclonal, e** (mpl **-aux**) /mɔnoklonal, o/ ADJ monoclonal

**monocoque** /mɔnɔkɔk/ ADJ *[voiture, avion]* monocoque; *[yacht]* monohull, single-hull ◆ **voilier ~** monohull NM (= voilier) monohull

**monocorde** /mɔnɔkɔʀd/ ADJ *[instrument]* with a single chord; *[voix, timbre, discours]* monotonous ◆ **sur un ton ~** in a monotonous voice NM monochord

**monocorps** /mɔnokɔʀ/ ADJ *[voiture]* monobox, with a one-box design

**monocratie** /mɔnɔkʀasi/ NF monocracy

**monoculture** /mɔnokyltyʀ/ NF single-crop farming, monoculture

**monocycle** /mɔnosikl/ NM monocycle, unicycle

**monocylindre** /mɔnosilɛ̃dʀ/ NM single-cylinder engine

**monocyte** /mɔnɔsit/ NM monocyte

**monodie** /mɔnɔdi/ NF monody

**monogame** /mɔnɔgam/ ADJ monogamous ◆ **union ~** *(Zool)* pair-bonding NMF monogamist

**monogamie** /mɔnɔgami/ NF monogamy

**monogamique** /mɔnɔgamik/ ADJ monogamistic

**monogramme** /mɔnɔgʀam/ NM monogram

**monographie** /mɔnɔgʀafi/ NF monograph

**monoï** /mɔnɔj/ NM INV monoï *(perfumed oil made from coconut and Tahitian flowers)*

**monokini** /mɔnɔkini/ NM topless swimsuit, monokini ◆ **faire du ~** to go topless

**monolingue** /mɔnɔlɛ̃g/ ADJ monolingual

**monolinguisme** /mɔnɔlɛ̃gɥism/ NM monolingualism

**monolithe** /mɔnɔlit/ NM monolith ADJ monolithic

**monolithique** /mɔnɔlitik/ ADJ *(lit, fig)* monolithic

**monolithisme** /mɔnɔlitism/ NM *(Archit, Constr)* monolithism

**monologue** /mɔnɔlɔg/ NM monologue ◆ **~ intérieur** interior monologue

**monologuer** /mɔnɔlɔge/ ► conjug 1 ◄ VI to soliloquize ◆ **il monologue pendant des heures** *(péj)* he talks away *ou* holds forth for hours

**monomane** /mɔnɔman/, **monomaniaque** /mɔnɔmanjak/ ADJ, NMF monomaniac

**monomanie** /mɔnɔmani/ NF monomania

**monôme** /mɔnom/ NM *(Math)* monomial; *(arg Scol)* students' rag procession

**monomère** /mɔnɔmɛʀ/ ADJ monomeric NM monomer

**monométallisme** /mɔnometalism/ NM monometallism

**monomoteur, -trice** /mɔnomɔtœʀ, tʀis/ ADJ single-engined NM single-engined aircraft

**mononucléaire** /mɔnonykleɛʀ/ ADJ *(Bio)* mononuclear NM mononuclear (cell), mononucleate

**mononucléose** /mɔnonykleoz/ NF mononucleosis ◆ **~ infectieuse** infectious mononucleosis *(SPÉC)*, glandular fever *(Brit)*

**monoparental, e** (mpl **-aux**) /mɔnopaʀɑ̃tal, o/ ADJ ◆ **famille ~e** single-parent *ou* lone-parent *ou* one-parent family ◆ **foyer ~** single-parent *ou* lone-parent *ou* one-parent household

**monophasé, e** /mɔnɔfɑze/ ADJ single-phase *(épith)* NM single-phase current

**monophonie** /mɔnɔfɔni/ NF monaural *ou* monophonic reproduction

**monophonique** /mɔnɔfɔnik/ ADJ monaural, monophonic

**monoplace** /mɔnoplas/ ADJ single-seater *(épith)*, one-seater *(épith)* NMF *(Aut, Aviat)* single-seater, one-seater

**monoplan** /mɔnoplɑ̃/ NM monoplane

**monoplégie** /mɔnɔpleʒi/ NF monoplegia

**monopole** /mɔnɔpɔl/ NM *(Écon, fig)* monopoly ◆ **avoir le ~ de** *(Écon)* to have the monopoly of; *[+ vérité, savoir]* to have a monopoly on ◆ **avoir un ~ sur** to have a monopoly in ◆ **être en situation de ~** to have a monopoly, to be in a monopoly position ◆ **~ d'achat** monopsony, buyer's monopoly ◆ **~ d'État** state *ou* public monopoly ◆ **~ fiscal** tax monopoly

**monopolisateur, -trice** /mɔnɔpɔlizatœʀ, tʀis/ NM,F monopolizer

**monopolisation** /mɔnɔpɔlizasjɔ̃/ NF monopolization

**monopoliser** /mɔnɔpɔlize/ ► conjug 1 ◄ VT *(lit, fig)* to monopolize ◆ **il a monopolisé la parole toute la soirée** he monopolized the conversation all evening, he didn't let anybody get a word in all evening

**monopoliste** /mɔnɔpɔlist/, **monopolistique** /mɔnɔpɔlistik/ ADJ monopolistic

**Monopoly** ® /mɔnɔpɔli/ NM Monopoly ® ◆ **jouer au ~** to play Monopoly ◆ **c'est un vaste jeu de ~** *(fig)* it's one great big Monopoly game

**monorail** /mɔnoʀɑj/ NM (= voie) monorail; (= voiture) monorail coach

**monosémique** /mɔnɔsemik/ ADJ monosemic

**monoski** /mɔnoski/ NM monoski ◆ **faire du ~** to go monoskiing

**monospace** /mɔnɔspas/ NM people carrier *(Brit)*, minivan *(US)*

**monosyllabe** /mɔnosi(l)lab/ NM *(lit, fig)* monosyllable ◆ **répondre par ~s** to reply in monosyllables

**monosyllabique** /mɔnosi(l)labik/ ADJ monosyllabic

**monosyllabisme** /mɔnosil(l)abism/ NM monosyllabism

**monothéique** /mɔnɔteik/ ADJ monotheistic

**monothéisme** /mɔnɔteism/ NM monotheism

**monothéiste** /mɔnɔteist/ ADJ monotheistic NMF monotheist

**monothérapie** /mɔnɔteʀapi/ NF *(Méd)* monotherapy, single-drug treatment

**monotone** /mɔnɔtɔn/ ADJ *[son, voix, paysage, tâche]* monotonous; *[spectacle, style, discours]* monotonous, dull, dreary; *[existence, vie]* monotonous, humdrum, dull; *(Math)* monotone

**monotonie** /mɔnɔtɔni/ NF *[de son, voix, paysage, tâche]* monotony; *[de discours, spectacle, vie]* monotony, dullness

**monotype** /mɔnɔtip/ NM *(Art)* monotype; *(Naut)* one-design sailboat

**monovalent, e** /mɔnɔvalɑ̃, ɑ̃t/ ADJ *(Chim)* monovalent, univalent

**monoxyde** /mɔnɔksid/ NM monoxide ◆ **~ de carbone** carbon monoxide ◆ **~ d'azote** nitric oxide

**monozygote** /mɔnɔzigɔt/ ADJ monozygotic

**Monrovia** /mɔ̃ʀɔvja/ N Monrovia

**Monseigneur** /mɔ̃sɛɲœʀ/ (pl **Messeigneurs** /mesɛɲœʀ/) NM **a** *(formule d'adresse, à archevêque, duc)* Your Grace; *(à cardinal)* Your Eminence; *(à évêque)* Your Grace, Your Lordship, My Lord (Bishop); *(à prince)* Your (Royal) Highness **b** *(à la troisième personne, à archevêque, duc)* His Grace; *(à cardinal)* His Eminence; *(à évêque)* His Lordship; *(à prince)* His (Royal) Highness

**Monsieur** /məsjø/ (pl **Messieurs** /mesjø/) NM **a** *(s'adressant à qn)* **bonjour ~** *(gén)* good morning; *(nom connu)* good morning Mr X; *(nom inconnu)* good morning, good morning, sir *(frm)* ◆ **bonjour Messieurs** good morning (gentlemen) ◆ **(bonjour) Messieurs Dames** * morning all *ou* everyone * ◆ **~, vous avez oublié quelque chose** excuse me, you've forgotten something ◆ **et pour (vous) ~/Messieurs ?** *(au restaurant)* and for you, sir/gentlemen? ◆ **Messieurs** *(devant un auditoire)* gentlemen ◆ **Messieurs et chers collègues** gentlemen ◆ **~ le Président** *[de gouvernement]* Mr President; *[d'entreprise]* Mr Chairman ◆ **oui, ~ le juge** ≃ yes, Your Honour *ou* My Lord *ou* Your Worship ◆ **~ l'abbé** Father ◆ **~ le curé** Father ◆ **~ le ministre** Minister ◆ **~ le duc** Your Grace ◆ **~ le comte** (*ou* **baron** *etc*) Your Lordship, my Lord ◆ **~ devrait prendre son parapluie** *(frm)* I suggest you take your umbrella, sir *(frm)* ◆ **~ est servi** *(frm)* dinner is served, sir *(frm)* ◆ **~ n'est pas content ?** *(iro)* is something not to Your Honour's *(iro) ou* Your Lordship's *(iro)* liking? ◆ **mon bon** *ou* **pauvre ~** * my dear sir; → **Madame**

**b** *(parlant de qn)* **~ X est malade** Mr X is ill ◆ **~ votre fils** *(† ou iro)* your dear son ◆ **~ est sorti** *(frm)* Mr X *ou* the Master (of the house) is not at home ◆ **~ dit que c'est à lui** the gentleman says it's his ◆ **~ le Président** the President, the Chairman ◆ **~ le juge X** ≃ (His Honour) Judge X ◆ **~ le duc de X** (His Grace) the Duke of X ◆ **~ l'abbé (X)** Father X ◆ **~ le curé** the parish priest ◆ **~ le curé X** Father X ◆ **~ loyal** *(Cirque)* ringmaster

**c** *(sur une enveloppe)* **~ John X** Mr John X, John X Esq; *(à un enfant)* Master John X ◆ **Messieurs Dupont** Messrs Dupont and Dupont ◆ **Messieurs J. et P. Dupont** Messrs J and P Dupont ◆ **Messieurs Dupont et fils** Messrs Dupont and Son ◆ **Messieurs X et Y** Messrs X and Y; → **Madame**

**d** *(en-tête de lettre)* **~** *(gén)* Dear Sir; *(personne connue)* Dear Mr X ◆ **cher ~** Dear Mr X ◆ **~ et cher collègue** My dear Sir, Dear Mr X ◆ **~ le Président** *[de gouvernement]* Dear Mr President; *[d'entreprise]* Dear Mr Chairman e *(Hist = parent du roi)* Monsieur

f *(sans majuscule)* gentleman; *(= personnage important)* great man ◆ **ces messieurs désirent ?** what would you like, gentlemen? ◆ **maintenant il se prend pour un monsieur** he thinks he's quite the gentleman now, he fancies himself as a (proper) gentleman now *(Brit)* ◆ **les beaux messieurs** the well-to-do *ou* smart *(Brit)* gentlemen ◆ **c'est un grand monsieur** he's a great man ◆ **un méchant monsieur** *(langage enfantin)* a nasty man

g *(= représentant)* ~ **Tout-le-monde** the man in the street, the average man ◆ ~ **Muscle** Muscleman ◆ ~ **Météo** *(= responsable)* the weatherman

**monstre** /mɔ̃stʀ/ NM a *(Bio, Zool) (par la difformité)* freak (of nature), monster; *(par la taille)* monster ◆ ~ **de foire** fairground freak

b *(Myth)* monster ◆ ~ **sacré** *(fig)* giant ◆ **un ~ sacré du théâtre** a legendary figure in the theatre ◆ **un ~ sacré du cinéma** a screen giant *ou* legend

c *(péj = méchant)* monster, brute ◆ **c'est un ~ (de laideur)** he is monstrously *ou* hideously ugly ◆ **c'est un ~ (de méchanceté)** he's a wicked *ou* an absolute monster ◆ **quel ~ d'égoïsme !/d'orgueil !** what fiendish *ou* monstrous egoism!/pride! ◆ **être un ~ froid** to be pitiless

d *(* : affectueux)* **petit ~ !** you little monster! * *ou* horror! *

ADJ * *[rabais]* gigantic, colossal, mammoth; *[manifestation, foule, embouteillage]* massive ◆ **succès ~** runaway *ou* raving * success ◆ **elle a un culot ~** she's got a hell of a nerve * ◆ **il gagne un argent ~** he earns a vast amount of money ◆ **faire une publicité ~ à qch** to launch a massive publicity campaign for sth ◆ **j'ai un travail ~** I've got loads * of work to do *ou* a horrendous amount of work to do ◆ **un dîner ~** a colossal dinner, a whacking * great dinner *(Brit)*

**monstrueusement** /mɔ̃stʀyøzmɑ̃/ ADV *[laid]* monstrously, hideously; *[intelligent]* prodigiously, stupendously; *[riche]* enormously ◆ **il est ~ gros** he's massively overweight

**monstrueux, -euse** /mɔ̃stʀyø, øz/ ADJ *(= difforme) [bête]* monstrous; *[personne]* freakish; *[bâtiment]* hideous; *(= abominable) [guerre, massacre]* horrendous; *[crime]* heinous, monstrous; *(* = gigantesque) [erreur, bruit]* horrendous; *[appétit]* terrific, huge ◆ **faire du chantage, c'est ~ !** blackmail! it's monstrous!

**monstruosité** /mɔ̃stʀyozite/ NF a *[de crime]* monstrousness, monstrosity b *(= acte)* monstrous act, monstrosity; *(= propos)* monstrous remark ◆ **dire des ~s** to say monstrous *ou* horrendous things c *(= laideur)* hideousness

**mont** /mɔ̃/ NM a *(= montagne) (littér)* mountain ◆ **le ~ X** *(avec un nom propre)* Mount X ◆ **par ~s et par vaux** *(littér)* up hill and down dale ◆ **être toujours par ~s et par vaux** * to be always on the move *; → **promettre** b *(Voyance) [de main]* mount

COMP ▷ **les monts d'Auvergne** the mountains of Auvergne, the Auvergne mountains ▷ **le mont Blanc** Mont Blanc ▷ **le mont Carmel** Mount Carmel ▷ **le mont des Oliviers** the Mount of Olives ▷ **le mont Sinaï** Mount Sinaï ▷ **mont de Vénus** *(Anat)* mons veneris

**montage** /mɔ̃taʒ/ NM a *(= assemblage) [d'appareil, montre]* assembly; *[de bijou]* mounting, setting; *[de manche]* setting in; *[de tente]* pitching, putting up ◆ **le ~ d'une opération publicitaire** the mounting *ou* organization of an advertising campaign ◆ **~ financier** financial set-up *ou* arrangement ◆ **il faut décider du ~ financier de l'opération** we must decide how the operation is to be funded ◆ **le ~ juridique adopté pour l'entreprise** the legal arrangements for setting up the company; → **chaîne**

b *(Ciné = opération)* editing ◆ **~ final** final cut *ou* edit ◆ **~ réalisé par** edited *ou* editing by ◆ **~ photographique** photomontage ◆ **~ audiovisuel** slide show with sound ◆ **~ vidéo** *(= film)* video(-tape) ◆ **table/salle de ~** cutting table/room ◆ **le film est en cours de ~** the film is being cut out *ou* edited ◆ **cette scène a disparu au ~** this scene ended up on the cutting room floor *ou* was edited out

c *(Élec)* wiring (up); *[de radio etc]* assembly ◆ **~ en parallèle/en série** connection in parallel/in series

d *(Typo)* paste-up

**montagnard, e** /mɔ̃taɲaʀ, aʀd/ ADJ mountain *(épith)*, highland *(épith)*; *(Hist Pol)* Mountain *(épith)* NM,F a *(Géog)* mountain dweller ◆ **~s** mountain people *ou* dwellers b *(Hist Pol)* **Montagnard(e)** Montagnard

**montagne** /mɔ̃taɲ/ NF a *(= sommet)* mountain ◆ **la ~** *(= région montagneuse)* the mountains ◆ **vivre à** *ou* **habiter la ~** to live in the mountains ◆ **faire de la ~** *(en randonnée)* to go mountain-hiking; *(en escalade)* to go mountain-climbing *ou* mountaineering ◆ **haute/moyenne/basse ~** high/medium/low mountains ◆ **plantes des ~s** mountain plants; → **chaîne, guide**

b *(intensif)* **une ~ de** a mountain of, masses * *ou* mountains of ◆ **une ~ de travail l'attendait** a mountain of work was waiting for him, there was masses * of work waiting for him ◆ **recevoir une ~ de lettres/cadeaux** to receive a whole stack of *ou* a (great) mountain of letters/presents

c *(loc)* **se faire une ~ de** *ou* **d'un rien** to make a mountain out of a molehill ◆ **il se fait une ~ de cet examen** he's getting really worked up about this exam, he's blown this exam out of all proportion ◆ **il n'y a que les ~s qui ne se rencontrent pas** *(Prov)* there are none so distant that fate cannot bring them together ◆ **déplacer** *ou* **soulever des ~s** to move mountains ◆ **c'est la ~ qui accouche d'une souris** after all that it's a bit of an anticlimax ◆ **c'est gros comme une ~** * it's obvious, it's plain for all to see

d *(Hist Pol)* **la Montagne** the Mountain

COMP ▷ **montagnes russes** roller-coaster, big dipper, scenic railway ▷ **montagne à vaches** low hills ◆ **nous faisons de la ~ à vaches mais pas d'escalade** *(hum)* we only go hill walking, not rock climbing

**montagneux, -euse** /mɔ̃taɲø, øz/ ADJ *(Géog)* mountainous; *(= accidenté)* hilly

**Montana** /mɔ̃tana/ NM Montana

**montant, e** /mɔ̃tɑ̃, ɑ̃t/ ADJ *[mouvement]* upward, rising; *[bateau]* (travelling) upstream; *[col]* high; *[robe, corsage]* high-necked; *[chemin]* uphill ◆ **train ~** up train ◆ **voie ~e** up line ◆ **une star ~e de la chanson française** a rising star in French pop music; → **chaussure, colonne, garde**[1]

NM a *[d'échelle]* upright; *[de lit]* post; *[de porte]* jamb; *[d'échafaudage]* pole ◆ **les ~s de la fenêtre** the uprights of the window frame ◆ **~ (de but)** *(Ftbl)* (goal) post

b *(= somme)* (sum) total, total amount ◆ **le ~ s'élevait à** the total added up to, the total (amount) came to *ou* was ◆ **chèque d'un ~ de 50 €** cheque for the sum of €50 ◆ **emprunt d'un ~ d'un million d'euros** loan of one million euros ◆ **~s compensatoires en matière agricole** *(Europe)* farming subsidies ◆ **~s compensatoires monétaires** monetary compensation amounts ◆ **~ dû/forfaitaire** *(Fin, Jur)* outstanding/flat-rate amount ◆ **~ nominal** *(Fin, Jur)* par value ◆ **~ net d'une succession** *(Jur)* residuary estate

c *(Équitation)* cheek-strap

**mont-blanc** (pl **monts-blancs**) /mɔ̃blɑ̃/ NM *(Culin)* chestnut cream dessert *(topped with cream)*

**mont-de-piété** (pl **monts-de-piété**) /mɔ̃d(ə)pjete/ NM (state-owned) pawnshop *ou* pawnbroker's ◆ **mettre qch au ~** to pawn sth

**monte** /mɔ̃t/ NF a *(Équitation)* horsemanship b *(Vét)* **station/service de ~** stud farm/service ◆ **mener une jument à la ~** to take a mare to be covered

**monté, e** /mɔ̃te/ (ptp de **monter**) ADJ a *(= équipé, pourvu)* equipped ◆ **être bien/mal ~ en qch** to be well/ill equipped with sth b *(*: physiquement)* **il est bien ~** he's well hung * *ou* well endowed *

**monte-charge** (pl **monte-charges**) /mɔ̃tʃaʀʒ/ NM hoist, goods lift *(Brit)*, service elevator *(US)*

**montée** /mɔ̃te/ NF a *(= escalade)* climb, climbing ◆ **la ~ de la côte** the ascent of the hill, the climb up the hill, climbing *ou* going up the hill ◆ **la ~ de l'escalier** climbing the stairs ◆ **c'est une ~ difficile** it's a hard *ou* difficult climb ◆ **en escalade, la ~ est plus facile que la descente** when you're climbing, going up is easier than coming down ◆ **la côte était si raide qu'on a fait la ~ à pied** the hill was so steep that we walked up *ou* we went up on foot

b *(= ascension) [de ballon, avion]* ascent ◆ **pendant la ~ de l'ascenseur** while the lift is (*ou* was) going up

c *[d'eaux, sève]* rise; *[de lait]* inflow ◆ **la soudaine ~ des prix/de la température** the sudden rise in prices/in (the) temperature

d *(= augmentation) [de chômage, homme politique]* rise; *[d'hostilités]* escalation; *[de colère]* increase ◆ **la ~ des tensions raciales** rise in racial tension, increasing racial tension ◆ **la ~ des périls en Europe** the growing danger of war in Europe

e *(= côte, pente)* hill, uphill slope ◆ **la maison était en haut de la ~** the house stood at the top of the hill *ou* rise ◆ **une petite ~ mène à leur maison** there is a little slope leading up to their house

**monte-en-l'air** * † /mɔ̃tɑ̃lɛʀ/ NM INV *(= voleur)* cat burglar

**monténégrin, e** /mɔ̃tenegʀɛ̃, in/ ADJ Montenegrin, from Montenegro NM,F **Monténégrin(e)** Montenegrin

**Monténégro** /mɔ̃tenegʀo/ NM Montenegro

**monte-plats** /mɔ̃tpla/ NM INV service lift *(Brit)*, dumbwaiter

**monter**[1] /mɔ̃te/ ▸ conjug 1 ◂ VI *(avec auxiliaire être)* a *(gén)* to go up *(à* to; *dans* into); *[oiseau]* to fly up; *[avion]* to climb ◆ **~ à pied/à bicyclette/en voiture** to walk/cycle/drive up ◆ **~ en courant/en titubant** to run/stagger up ◆ **~ en train/par l'ascenseur** to go up by train/in the lift ◆ **~ dans** *ou* **à sa chambre** to go up(stairs) to one's room ◆ **il est monté en courant jusqu'au grenier** he ran up to the attic ◆ **monte me voir** come up and see me ◆ **monte le prévenir** go up and tell him ◆ **faites-le ~** *(visiteur)* ask him to come up ◆ **~ aux arbres** to climb trees ◆ **~ à Paris** *(en voyage)* to go up to Paris; *(pour travailler)* to go to work in Paris; *(pour s'installer)* to move to Paris

b ◆ **~ sur** *[+ table, rocher, toit]* to climb (up) on *ou* onto ◆ **monté sur une chaise, il accrochait un tableau** he was standing on a chair hanging a picture ◆ **~ sur un arbre/une échelle** to climb up a tree/a ladder ◆ **~ sur**

**une colline** to go up *ou* climb up *ou* walk up a hill ◆ ~ **sur une bicyclette** to get on a bicycle ◆ **monté sur un cheval gris** riding *ou* on a grey horse ◆ ~ **sur le trône** *(fig)* to come to *ou* ascend the throne

c *(Transport)* ~ **en voiture** to get into a car ◆ ~ **dans un train/un avion** to get on *ou* into a train/an aircraft, to board a train/an aircraft ◆ **beaucoup de voyageurs sont montés à Lyon** a lot of people got on at Lyon ◆ ~ **à bord (d'un navire)** to go on board *ou* aboard (a ship) ◆ ~ **à bicyclette** *(= faire du vélo)* to ride a bicycle ◆ ~ **à cheval** *(= se mettre en selle)* to get on *ou* mount a horse; *(= faire de l'équitation)* to ride, to go riding ◆ **je n'ai jamais monté** I've never been on a horse ◆ **elle monte bien** she's a good horsewoman, she rides well

d *(= progresser) (dans une hiérarchie)* to rise, to go up; *[vedette]* to be on the way up ◆ **c'est l'artiste qui monte** he's the up-and-coming artist ◆ **c'est l'homme qui monte** he's on the way up; → **grade**

e *[eau, vêtements]* ~ **à** *ou* **jusqu'à** to come up to ◆ **robe qui monte jusqu'au cou** high-necked dress ◆ **la vase lui montait jusqu'aux genoux** the mud came right up to his knees, he was knee-deep in the mud

f *(= s'élever) [colline, route]* to go up, to rise; *[soleil, flamme, brouillard]* to rise ◆ ~ **en pente douce** to slope gently upwards, to rise gently ◆ **le chemin monte en lacets** the path winds *ou* twists upwards ◆ **jusqu'où monte le téléphérique ?** where does the cable car go up to? ◆ **notre maison monte très lentement** building is progressing very slowly on our house, our house is going up very slowly ◆ **un bruit/une odeur montait de la cave** there was a noise/a smell coming from the cellar, a noise was drifting up/a smell was wafting up from the cellar

g *(= hausser de niveau) [mer, marée]* to come in; *[fleuve]* to rise; *[prix, température, baromètre]* to rise, to go up; *(Mus) [voix, note]* to go up ◆ **le lait monte** *(sur le feu)* the milk's about to boil over; *(dans le sein)* the milk is coming in ◆ ~ **dans l'estime de qn** to go up *ou* rise in sb's estimation ◆ **ça a fait ~ les prix** it sent *ou* put *ou* pushed prices up ◆ **la colère/la tension monte** tempers are/tension is rising ◆ **le ton monte** *(colère)* the discussion is getting heated, voices are being raised; *(animation)* the conversation is getting noisier ◆ **le tricot monte vite avec cette laine** * this wool knits up quickly ◆ **la voiture peut ~ jusqu'à 250 km/h** the car can do up to 250 km/h, the car can reach speeds of up to 250 km/h ◆ **ce tableau peut ~ jusqu'à 5 000 €** this painting could fetch up to €5,000 ◆ **les blancs montent/n'arrivent pas à ~** *(Culin)* the egg whites are going stiff/won't whip up *ou* won't go stiff; → **flèche[1], neige**

h *(exprimant des émotions)* **elle sentait la colère/peur ~ en elle** she could feel (the) anger/fear well up inside her ◆ **les larmes lui montaient aux yeux** tears were welling up in her eyes, tears filled her eyes ◆ **ça lui a fait ~ les larmes aux yeux** it brought tears to his eyes ◆ **le vin lui monte à la tête** wine goes to his head ◆ **le succès lui monte à la tête** success is going to his head; → **moutarde, rouge**

i *(Agr) [plante]* to bolt, to go to seed ◆ **la salade est (toute) montée** the lettuce has bolted *ou* has gone to seed; → **graine**

j *(Cartes)* to play a higher card ◆ **il est monté à cœur** he played a higher heart

VT *(avec auxiliaire avoir)* a *(= gravir)* to go up ◆ ~ **l'escalier** *ou* **les marches précipitamment** to rush upstairs *ou* up the steps ◆ ~ **l'escalier** *ou* **les marches quatre à quatre** to go upstairs *ou* up the steps four at a time ◆ ~ **une côte** *(en marchant)* to walk *ou* go *ou* come up a hill; *(en courant)* to run up a hill ◆ ~ **la gamme** *(Mus)* to go up the scale

b *(= porter) [+ valise, meuble]* to take *ou* carry *ou* bring up ◆ **montez-lui son petit déjeuner** take his breakfast up to him ◆ **faire ~ ses valises** to have one's luggage brought *ou* taken *ou* sent up

c ◆ ~ **un cheval** to ride a horse ◆ **ce cheval n'a jamais été monté** this horse has never been ridden

d *(= augmenter)* ~ **le son** to turn the sound *ou* volume up

e *(= exciter)* ~ **qn contre qn** to set sb against sb ◆ **être monté contre qn** to be dead set against sb ◆ ~ **la tête** *ou* **le bourrichon** * **à qn** to get sb worked up ◆ **quelqu'un lui a monté la tête contre moi** someone has set him against me

f *(Vét = couvrir)* to cover, to serve

g ◆ ~ **la garde** *(Mil)* to mount guard, to go on guard; *[chien]* to be on guard ◆ **"je monte la garde !"** *(sur un écriteau)* "beware of the dog"

VPR **se monter** a ◆ **se ~ à** *[prix, frais]* to come to, to amount to; *[dette]* to amount to

b ◆ **se ~ la tête** *ou* **le bourrichon** * to get (all) worked up *ou* het up * ◆ **il se monte la tête pour un rien** he gets het up * *ou* worked up over nothing

**monter[2]** /mɔ̃te/ ► conjug 1 ◄ VT *(avec auxiliaire avoir)* a *(= assembler) [+ machine]* to assemble; *[+ tente]* to pitch, to put up; *[+ film]* to edit, to cut; *[+ robe]* to assemble, to sew together ◆ ~ **des mailles** to cast on stitches ◆ ~ **en parallèle/en série** *(Élec, Radio)* to connect in parallel/in series

b *(= organiser) [+ pièce de théâtre]* to put on, to stage; *[+ opération, campagne publicitaire]* to mount, to organize, to set up; *[+ affaire]* to set up; *[+ canular]* to play; *[+ complot]* to hatch ◆ ~ **un coup** to plan a job ◆ ~ **le coup à qn** * to take sb for a ride * ◆ ~ **une histoire pour déshonorer qn** to cook up * *ou* invent a scandal to ruin sb's good name ◆ **c'est une histoire montée de toutes pièces** it's a complete fabrication

c *(† = pourvoir, équiper)* to equip ◆ ~ **son ménage** *ou* **sa maison** to set up house ◆ **se ~ en linge** to equip o.s. with linen ◆ **se ~** to get o.s. (well) set up

d *(= fixer) [+ diamant, perle]* to set, to mount; *[+ pneu]* to put on ◆ ~ **qch en épingle** to blow sth up out of all proportion, to make a thing of sth * ◆ **faire ~ un diamant en bague** to have a ring made with a diamond

**monteur, -euse** /mɔ̃tœʀ, øz/ NM,F a *(Tech)* fitter b *(Ciné)* (film) editor c *(Typo)* paste-up artist

**Montevideo** /mɔ̃tevideo/ N Montevideo

**montgolfière** /mɔ̃gɔlfjɛʀ/ NF hot-air balloon ◆ **voyage en ~** hot-air balloon trip

**monticule** /mɔ̃tikyl/ NM *(= colline)* hillock, mound; *(= tas)* mound, heap

**montmartrois, e** /mɔ̃maʀtʀwa, waz/ ADJ of *ou* from Montmartre NM,F **Montmartrois(e)** inhabitant *ou* native of Montmartre

**montmorency** /mɔ̃mɔʀɑ̃si/ NF INV morello cherry

**montrable** /mɔ̃tʀabl/ ADJ *[personne]* fit to be seen *(attrib)*; *[objet]* which can be shown ◆ **tu es tout à fait ~** you're quite presentable

**montre[1]** /mɔ̃tʀ/ NF a *(gén)* watch ◆ ~ **analogique** analogue watch ◆ ~**-bracelet** wrist watch ◆ ~ **digitale** *ou* **à affichage numérique** digital watch ◆ ~ **de gousset** fob watch ◆ ~ **de plongée** diver's watch ◆ ~ **de précision** precision watch ◆ ~ **à quartz** quartz watch ◆ ~ **à remontoir** stem-winder, stem-winding watch ◆ ~ **à répétition** repeating *ou* repeater watch

b *(loc)* **il est 2 heures à ma ~** it is 2 o'clock by my watch ◆ **j'ai mis 2 heures ~ en main** it took me exactly *ou* precisely 2 hours, it took me 2 hours exactly by the clock ◆ **course** *ou* **épreuve contre la ~** *(Sport)* race against the clock, time-trial; *(fig)* race against time *ou* the clock ◆ **ils sont engagés dans une course contre la ~** *(fig)* they are in a race against time ◆ **le contre la ~ individuel/par équipe** *(Sport)* individual/team time-trial; → **chaîne, sens**

**montre[2]** /mɔ̃tʀ/ NF a ◆ **faire ~ de** *[+ courage, ingéniosité, détermination, qualités]* to show, to display b *(littér = ostentation)* **pour la ~** for show, for the sake of appearances c *(† Comm = en vitrine)* display, show ◆ **publication interdite à la ~** publication banned from public display ◆ **en ~** on display *ou* show

**Montréal** /mɔ̃ʀeal/ N Montreal

**montréalais, e** /mɔ̃ʀealɛ, ɛz/ ADJ of *ou* from Montreal NM,F **Montréalais(e)** Montrealer

**montrer** /mɔ̃tʀe/ GRAMMAIRE ACTIVE 53.4

► conjug 1 ◄

VT a *(gén)* to show *(à* to); *(par un geste)* to point to; *(= faire remarquer) [+ détail, personne, faute]* to point out *(à* to); *(avec ostentation)* to show off, to display *(à* to) ◆ **je vais vous ~ le jardin** *(= faire visiter)* I'll show you (round) the garden ◆ ~ **un enfant au docteur** to let the doctor see a child ◆ **l'aiguille montre le nord** the needle points north ◆ ~ **ses fesses** * *ou* **son cul** ** *(= se déculotter)* to show one's bare bottom *ou* arse ** *(Brit) ou* ass ** *(US)*; *(= se déshabiller)* to bare all, to strip naked ◆ **je l'ai ici – montre !** I've got it here – show me!

b *(= laisser voir)* to show ◆ **jupe qui montre le genou** skirt which leaves the knee uncovered *ou* bare ◆ **elle montrait ses jambes en s'asseyant** she showed her legs as she sat down ◆ **elle montre ses charmes** *(hum)* she's showing off *ou* displaying her charms *(hum)*

c *(= mettre en évidence)* to show, to prove ◆ **il a montré que l'histoire était fausse** he has shown *ou* proved the story to be false *ou* that the story was false ◆ **l'avenir montrera qui avait raison** the future will show *ou* prove who was right ◆ ~ **la complexité d'un problème** to show how complex a problem is, to demonstrate the complexity of a problem ◆ **l'auteur montre un pays en décadence** the author shows *ou* depicts a country in decline ◆ **ce qui montre bien que j'avais raison** which just goes to show that I was right

d *(= manifester) [+ humeur, courage]* to show, to display; *[+ surprise]* to show ◆ **son visage montra de l'étonnement** his face registered (his) surprise

e *(= apprendre)* ~ **à qn à faire** *ou* **comment faire qch** to show sb how *ou* the way to do sth

VPR **se montrer** a *[personne]* to appear, to show o.s.; *[chose]* to appear ◆ **elle ne s'est pas montrée au dîner** she didn't appear at dinner ◆ **il n'aime pas se ~ avec elle** he doesn't like to be seen with her ◆ **j'y vais juste pour me ~** I'm going there just to put in an appearance ◆ **montre-toi voir si la robe te va** let's have a look at you in that dress ◆ **il ne se montre pas beaucoup dans les réunions** he doesn't go to many meetings ◆ **ton père devrait se ~ davantage** *(fig)* your father should assert himself more *ou* show his authority more ◆ **sa lâcheté s'est montrée au grand jour** his cowardice was plain for all to see b (= s'avérer) [personne] to show o.s. (to be), to prove (o.s.) (to be); [chose] to prove (to be) ◆ **se ~ digne de sa famille** to show o.s. (to be) ou prove o.s. worthy of one's family ◆ **il s'est montré très désagréable** he was very unpleasant, he behaved very unpleasantly ◆ **il s'est montré intraitable** he was ou he showed himself quite unrelenting ◆ **il faudrait se ~ plus prudent** we should be more careful ◆ **le traitement s'est montré efficace** the treatment proved (to be) effective ◆ **se ~ d'une lâcheté révoltante** to show ou display despicable cowardice ◆ **si les circonstances se montrent favorables** if conditions prove (to be) ou turn out to be favourable ◆ **il faut se ~ ferme** you must appear firm, you must show firmness

**montreur, -euse** /mɔ̃tʀœʀ, øz/ NM,F ◆ **~ de marionnettes** puppet master (ou mistress), puppeteer ◆ **~ d'ours** bear leader

**montueux, -euse** /mɔ̃tɥø, øz/ ADJ *(littér)* (very) hilly

**monture** /mɔ̃tyʀ/ NF a (= cheval) mount; → **voyager** b (Tech) mounting; [de lunettes] frame; [de bijou, bague] setting ◆ **lunettes à ~ d'écaille/de métal** horn-/metal-rimmed glasses

**monument** /mɔnymɑ̃/ NM a (= statue, ouvrage commémoratif) monument, memorial ◆ **~ (funéraire)** monument ◆ **~ aux morts** war memorial

b (= bâtiment, château) monument, building ◆ **~ historique** ancient monument, historic building ◆ **la maison est classée ~ historique** the house is listed *(Brit)* ou is a listed building *(Brit)*, the house is on the historical register *(US)* ◆ **~ public** public building ◆ **visiter les ~s de Paris** to go sight-seeing in Paris, to see the sights of Paris

c (= œuvre majeure) monument ◆ **c'est un ~ de la littérature française** it's one of the monuments ou great masterpieces of French literature ◆ **ce buffet est un ~, on ne peut pas le soulever** this sideboard is so huge, we can't shift it * ◆ **c'est un ~ de bêtise !** * what colossal ou monumental stupidity!

**monumental, e** (mpl **-aux**) /mɔnymɑ̃tal, o/ ADJ a [taille, erreur] monumental, colossal; [œuvre] monumental ◆ **d'une bêtise ~e** incredibly ou unbelievably stupid b (Archit) monumental

**monumentalité** /mɔnymɑ̃talite/ NF monumentality

**moquer** /mɔke/ ▸ conjug 1 ◂ VT († ou littér) to mock ◆ **j'ai été moqué** I was laughed at ou mocked

VPR **se moquer de** a (= ridiculiser) to make fun of, to poke fun at ◆ **on va se ~ de toi** people will laugh at you ou make fun of you (ou him etc), you'll make yourself a laughing stock ◆ **tu riais – oui, mais je ne me moquais pas** († ou frm) you were laughing – yes but I wasn't laughing at you ou making fun of you ◆ **vous vous moquez, j'espère** I trust that you are not in earnest *(frm)*

b (= tromper) **vous vous moquez du monde** ou **des gens !** you've got a nerve! ◆ **je n'aime pas qu'on se moque de moi !** I don't like being made a fool of ◆ **le réparateur s'est vraiment moqué de nous** the repairman really took us for a ride * ◆ **de qui se moque-t-on ?** who are they trying to kid? * ◆ **du champagne ? ils ne se sont pas moqués de vous !** * champagne? they really treat you right! *

c (= mépriser) [+ conseils, autorité] to scorn ◆ **il se moque bien de nous maintenant qu'il est riche** he looks down on us ou looks down his nose at us now that he's rich

d (= être indifférent) **je m'en moque** I don't care ◆ **je m'en moque pas mal** * I couldn't care less * ◆ **je me moque de ne pas être cru** ou **qu'on ne me croie pas** I don't care if nobody believes me; → **an, chemise, tiers**

**moquerie** /mɔkʀi/ NF a (= caractère) mockery, mocking b (= quolibet, sarcasme) mockery (NonC), jibe ◆ **en butte aux ~s continuelles de sa sœur** the target of constant mockery from his sister ou of his sister's constant mockery

**moquette** /mɔkɛt/ NF a (= tapis) (wall-to-wall) carpet, fitted carpet *(Brit)* ◆ **faire poser une ~** ou **de la ~** to have a wall-to-wall ou a fitted *(Brit)* carpet laid ◆ **~ murale** fabric wall covering b (Tex) moquette

**moquetter** /mɔkete/ ▸ conjug 1 ◂ VT to carpet (wall-to-wall) ◆ **chambre moquettée** bedroom with wall-to-wall ou (a) fitted *(Brit)* carpet

**moqueur, -euse** /mɔkœʀ, øz/ ADJ a [remarque, sourire] mocking ◆ **il est très ~** he's always making fun of people b ◆ **(oiseau) ~** mocking bird

**moraine** /mɔʀɛn/ NF moraine

**morainique** /mɔʀenik/ ADJ morainic, morainal

**moral, e**[1] (mpl **-aux**) /mɔʀal, o/ ADJ a (= éthique) [ordre, valeurs, problème] moral ◆ **j'ai pris l'engagement ~ de le faire** I'm morally committed to doing it ◆ **avoir l'obligation ~e de faire** to be under a moral obligation ou be morally obliged to do ◆ **conscience ~e** moral conscience ◆ **n'avoir aucun sens ~** to be totally amoral, to have no sense of right and wrong

b (= honnête, vertueux) [personne, œuvre] moral; [conduite] ethical, moral ◆ **ce n'est pas très ~ de faire cela** it's not very moral ou ethical to do that

c (= mental, psychologique) [autorité, crise, préjudice, force, courage, soutien, victoire] moral; [douleur] mental ◆ **il a fait preuve d'une grande force ~e** he showed great moral fibre; → **personne**

NM a (= état d'esprit) morale ◆ **les troupes ont bon/mauvais ~** the morale of the troops is high/low ◆ **avoir le ~, avoir (un) bon ~, avoir un ~ d'acier** to be in good spirits ◆ **tu vas garder ses enfants ? tu as le ~ !** * you're going to babysit for him? that's brave of you! ◆ **il a mauvais ~, il n'a pas le ~** he is in low ou poor spirits ◆ **avoir le ~ à zéro** * to be (feeling) down in the dumps * ◆ **son ~ est (tombé) très bas** his morale is very low ou is at a low ebb, he's in very low spirits ◆ **le ~ est atteint** it has shaken ou undermined his morale ou his confidence ◆ **garder le ~** to keep one's spirits up ◆ **remonter le ~ de qn** to cheer sb up ◆ **il faut remonter le ~ de l'équipe** we need to boost the team's morale

b ◆ **au ~ comme au physique** mentally as well as physically ◆ **au ~ il est irréprochable** morally he is beyond reproach

**morale**[2] /mɔʀal/ NF a (= doctrine) moral doctrine ou code, ethic *(Philos)*; (= mœurs) morals; (= valeurs traditionnelles) morality, moral standards, ethic *(Philos)* ◆ **la ~** *(Philos)* moral philosophy, ethics ◆ **action conforme à la ~** act in keeping with morality ou moral standards ◆ **c'est contraire à la ~** it's immoral ◆ **faire la ~ à qn** to lecture sb, to preach at sb ◆ **avoir une ~ relâchée** to have loose morals ◆ **~ protestante** Protestant ethic b [de fable] moral ◆ **la ~ de cette histoire** the moral of this story

**moralement** /mɔʀalmɑ̃/ ADV a (= selon l'éthique) morally b (= psychologiquement) **soutenir qn ~** to give moral support to sb

◆ **physiquement et ~** physically and mentally

**moralisant, e** /mɔʀalizɑ̃, ɑ̃t/ ADJ moralizing

**moralisateur, -trice** /mɔʀalizatœʀ, tʀis/ ADJ [discours, ton] moralizing, sententious *(frm)*; [histoire] edifying, elevating NM,F moralizer

**moralisation** /mɔʀalizasjɔ̃/ NF raising of moral standards (de in)

**moraliser** /mɔʀalize/ ▸ conjug 1 ◂ VI to moralize, to sermonize *(péj)* (sur about) VT a (= sermonner) **~ qn** to preach at sb, to lecture sb b (= rendre plus moral) [+ société] to moralize, to improve the morals of; [+ vie politique, profession] to make more ethical

**moralisme** /mɔʀalism/ NM moralism

**moraliste** /mɔʀalist/ ADJ moralistic NMF moralist

**moralité** /mɔʀalite/ NF a (= mœurs) morals, morality, moral standards ◆ **d'une ~ douteuse** [personne] of doubtful morals; [film] of dubious morality ◆ **d'une haute ~** [personne] of high moral standards; [discours] of a high moral tone ◆ **la ~ publique** public morality ◆ **il n'a aucune ~** he has no sense of right or wrong, he's totally amoral; → **témoin** b (= valeur) [d'attitude, action] morality c (= enseignement) [de fable] moral ◆ **~ : il ne faut jamais mentir !** the moral is: never tell lies! ◆ **~, j'ai eu une indigestion** * the result was (that) I had indigestion d (Littérat) morality play

**morasse** /mɔʀas/ NF (Typo) final ou foundry proof

**moratoire**[1] /mɔʀatwaʀ/ ADJ moratory ◆ **intérêts ~s** interest on arrears

**moratoire**[2] /mɔʀatwaʀ/, **moratorium** † /mɔʀatɔʀjɔm/ NM (Jur) moratorium (sur on)

**morave** /mɔʀav/ ADJ Moravian NMF **Morave** Moravian

**Moravie** /mɔʀavi/ NF Moravia

**morbide** /mɔʀbid/ ADJ (gén, Méd) morbid

**morbidité** /mɔʀbidite/ NF morbidity

**morbier** /mɔʀbje/ NM a (= fromage) cow's milk cheese from the Jura b (Helv = comtoise) grandfather clock

**morbleu** /mɔʀblø/ EXCL (††, hum) zounds! †, gadzooks! †

**morceau** (pl **morceaux**) /mɔʀso/ NM a (comestible) [de pain] piece, bit; [de sucre] lump; [de viande] (à table) piece, bit; (chez le boucher) piece, cut ◆ **~ de choix** choice morsel ou piece ◆ **c'était un ~ de roi** it was fit for a king ◆ **manger un ~** to have a bite (to eat) ou a snack ◆ **manger** ou **lâcher** ou **cracher le ~** * (fig) (= dénoncer) to spill the beans *; (= avouer) to come clean * ◆ **il a emporté le ~** * (= il a gagné) he carried it off; → **bas**[1], **sucre**

b (= fragment) (gén) piece; [de bois] piece, lump; [de fer] lump; [de ficelle] bit, piece; [de terre] piece, patch, plot; [de tissu] piece

◆ **en morceaux** in pieces ◆ **couper en ~x** to cut into pieces ◆ **mettre qch en ~x** to pull sth to bits ou pieces ◆ **tomber en ~x** [gâteau] to crumble to bits; [empire, relation] to crumble, to fall apart

c (Littérat, Mus) (= œuvre) piece; (= extrait) passage, excerpt ◆ **(recueil de) ~x choisis** (collection of) selected passages ou extracts ◆ **un beau ~ d'éloquence** a fine piece of eloquence ◆ **c'est un ~ d'anthologie** it's a classic ◆ **~ de bravoure** (Littérat) purple passage; (Mus) bravura passage ◆ **~ de concours** competition piece ◆ **~ pour piano/violon** piece for piano/violin

d (* = personne, objet) **c'est un sacré ~** he (ou it etc) is a hell of a size * ◆ **beau ~** (= femme) nice bit of stuff‡ *(Brit)*, nice-looking woman

**morceler** /mɔʀsəle/ ▸ conjug 4 ◂ VT *[+ domaine, terrain]* to parcel out, to divide up; *[+ héritage]* to divide up; *[+ troupes, territoire]* to divide up, to split up ◆ **opposition morcelée** *(Pol)* divided opposition

**morcellement** /mɔʀsɛlmɑ̃/ NM **a** *(= action) [de domaine, terrain]* parcelling (out), dividing (up); *[d'héritage]* division, dividing (up); *[de troupes, territoire]* division, dividing (up), splitting (up) **b** *(= résultat)* division

**mordant, e** /mɔʀdɑ̃, ɑ̃t/ ADJ **a** *(= caustique) [ton, réplique]* cutting, scathing, mordant, caustic; *[pamphlet]* scathing, cutting; *[polémiste, critique]* scathing ◆ **avec une ironie ~e** with caustic *ou* biting *ou* mordant irony **b** *[froid]* biting *(épith)* NM **a** *(= dynamisme) [de personne]* spirit, drive; *[de troupe, équipe]* spirit, keenness; *[de style, écrit]* bite, punch ◆ **discours plein de ~** speech full of bite *ou* punch **b** *[de scie]* bite **c** *(Tech)* mordant **d** *(Mus)* mordent

**mordicus** * /mɔʀdikys/ ADV *[défendre, soutenir, affirmer]* obstinately, stubbornly

**mordillage** /mɔʀdijaʒ/, **mordillement** /mɔʀdijmɑ̃/ NM nibble, nibbling *(NonC)*

**mordiller** /mɔʀdije/ ▸ conjug 1 ◂ VT to nibble at ◆ **il lui mordillait l'oreille** he nibbled her ear

**mordoré, e** /mɔʀdɔʀe/ ADJ, NM (lustrous) bronze ◆ **les tons ~s de l'automne** the rich bronze tints *ou* the browns and golds of autumn

**mordorure** /mɔʀdɔʀyʀ/ NF *(littér)* bronze ◆ **les ~s de l'étoffe** the bronze lustre of the cloth

**mordre** /mɔʀdʀ/ ▸ conjug 41 ◂ VT **a** *[animal, personne]* to bite ◆ **~ qn à la main** to bite sb's hand ◆ **un chien l'a mordu à la jambe, il s'est fait ~ à la jambe par un chien** a dog bit him on the leg, he was bitten on the leg by a dog ◆ **~ une pomme (à belles dents)** to bite into an apple ◆ **~ un petit bout de qch** to bite off a small piece of sth, to take a small bite (out) of sth ◆ **le chien l'a mordu jusqu'au sang** the dog bit him and drew blood ◆ **approche, je ne mords pas** come closer, I won't bite you ◆ **~ la poussière** to bite the dust ◆ **faire ~ la poussière à qn** to make sb bite the dust

**b** *[lime, vis]* to bite into; *[acide]* to bite (into), to eat into; *[froid]* to bite, to nip ◆ **les crampons mordaient la glace** the crampons gripped the ice *ou* bit into the ice ◆ **l'inquiétude/la jalousie lui mordait le cœur** worry/jealousy was eating at *ou* gnawing at his heart

**c** *(= toucher)* **la balle a mordu la ligne** the ball (just) touched the line ◆ **~ la ligne de départ** to be touching the starting line ◆ **~ la ligne blanche** *(Aut)* to go over *ou* cross the white line

VT INDIR **mordre sur** *(= empiéter sur) [+ vacances]* to overlap into, to eat into; *[+ espace]* to overlap into, to encroach onto; *(= corroder)* to bite into ◆ **ça va ~ sur l'autre semaine** that will go over into *ou* overlap into *ou* cut into the following week ◆ **~ sur la marge** to go over into the margin ◆ **ils mordent sur notre clientèle** they're eating into *ou* cutting into our customer base ◆ **il a mordu sur la ligne blanche** *(Aut)* he went over *ou* crossed the white line

VI **a** ◆ **~ dans** *[+ fruit]* to bite into ◆ **~ dans le sable** *(Naut) [ancre]* to grip *ou* hold the sand

**b** *(Pêche, fig)* to bite ◆ **~ (à l'hameçon** *ou* **à l'appât)** *(lit)* to bite, to rise (to the bait); *(fig)* to rise to the bait ◆ **ça mord aujourd'hui ?** are the fish biting *ou* rising today? ◆ **il a mordu au latin/aux maths** * he's taken to Latin/to maths

**c** *(Gravure)* to bite; *[étoffe]* to take the dye; *[teinture]* to take

**d** *(Tech)* **l'engrenage ne mord plus** the gear won't mesh any more

VPR **se mordre** ◆ **se ~ la joue** to bite the inside of one's mouth ◆ **se ~ la langue** *(lit)* to bite one's tongue; *(fig) (= se retenir)* to hold one's tongue; *(= se repentir)* to bite one's tongue ◆ **maintenant il s'en mord les doigts** he could kick himself now* ◆ **tu t'en mordras les doigts** you'll live to regret it, you'll rue the day ◆ **se ~ la queue** *[chien]* to chase its tail; *(*fig)* to chase one's tail

**mordu, e** /mɔʀdy/ (ptp de **mordre**) ADJ **a** *(* = amoureux)* smitten ◆ **il est vraiment ~** he's really smitten with her, he's crazy* about her **b** *(* = fanatique)* **~ de football/jazz** crazy* *ou* mad* about *ou* mad keen* on *(Brit)* football/jazz NM,F *(* = fanatique)* enthusiast, buff*, fan ◆ **~ de la voile/de musique** sailing/music enthusiast *ou* buff* ◆ **~ d'informatique** computer buff* *ou* freak* ◆ **c'est un ~ de football** he's a great football fan *ou* buff*

**more** /mɔʀ/, **moresque** /mɔʀɛsk/ ADJ, NMF ⇒ **maure, mauresque**

**morfal, e**‡ (mpl **morfals**) /mɔʀfal/ NM,F greedy guts‡, pig‡

**morfler**‡ /mɔʀfle/ ▸ conjug 1 ◂ VI *(= souffrir)* to have a hard time of it; *(= se faire battre)* to catch it*, to cop it‡ *(Brit)* ◆ **j'ai une rage de dents, qu'est-ce que je morfle !** I've got a toothache, it's agony!* *ou* it's killing me!* ◆ **ça va ~ !** there's going to be trouble!

**morfondre (se)** /mɔʀfɔ̃dʀ/ ▸ conjug 41 ◂ VPR *(tristement)* to mope; *(nerveusement)* to fret ◆ **il se morfondait en attendant le résultat** he waited fretfully for the result ◆ **les enfants qui se morfondent dans les orphelinats** children languishing in orphanages

**morfondu, e** /mɔʀfɔ̃dy/ (ptp de **morfondre**) ADJ *(littér)* dejected, crestfallen

**morganatique** /mɔʀganatik/ ADJ morganatic

**morgue¹** /mɔʀg/ NF *(littér = orgueil)* pride, haughtiness ◆ **il me répondit plein de ~ que ...** he answered me haughtily that ...

**morgue²** /mɔʀg/ NF *(Police)* morgue; *[d'hôpital]* mortuary

**moribond, e** /mɔʀibɔ̃, ɔ̃d/ ADJ *[personne]* dying; *[économie, marché, institution]* moribund NM,F dying man (*ou* woman) ◆ **les ~s** the dying

**moricaud, e**** /mɔʀiko, od/ *(injurieux)* ADJ dark(-skinned) NM,F darkie** *(injurieux)*

**morigéner** /mɔʀiʒene/ ▸ conjug 6 ◂ VT *(littér)* to take to task, to reprimand ◆ **il faut le ~** he will have to be taken to task (over it) *ou* reprimanded (for it)

**morille** /mɔʀij/ NF morel

**morillon** /mɔʀijɔ̃/ NM **a** *(= canard)* tufted duck **b** *(= raisin) kind of black grape* **c** *(= pierre)* small rough emerald

**mormon, e** /mɔʀmɔ̃, ɔn/ ADJ, NM,F Mormon

**mormonisme** /mɔʀmɔnism/ NM Mormonism

**morne¹** /mɔʀn/ ADJ *[personne, visage]* doleful, glum; *[temps]* gloomy, dismal, dull; *[silence]* mournful, gloomy, dismal; *[conversation, vie, paysage, ville]* dismal, dreary, dull ◆ **d'un ton ~** gloomily ◆ **passer un après-midi ~** to spend a dreary *ou* dismal afternoon

**morne²** /mɔʀn/ NM *(aux Antilles etc = colline)* hill

**mornifle**‡ /mɔʀnifl/ NF slap, clout* *(Brit)* ◆ **donner** *ou* **filer** *ou* **flanquer une ~ à qn** to box sb's ears, to give sb a clip round the ear *(Brit)*

**Moroni** /mɔʀɔni/ N Moroni

**morose** /mɔʀoz/ ADJ *[humeur, personne, ton]* sullen, morose; *[marché, Bourse, journée]* sluggish, dull; → **délectation**

**morosité** /mɔʀozite/ NF *[de personne]* sullenness, moroseness; *[de temps]* dullness; *[de marché, économie]* sluggishness ◆ **climat de ~ économique/sociale** gloomy *ou* depressed economic/social climate

**morphe** /mɔʀf/ NM morph

**Morphée** /mɔʀfe/ NM Morpheus; → **bras**

**morphème** /mɔʀfɛm/ NM morpheme ◆ **~ libre/lié** free/bound morpheme

**morphine** /mɔʀfin/ NF morphine ◆ **~-base** morphine base

**morphinique** /mɔʀfinik/ ADJ *[médicament, substance]* morphinated, containing morphine

**morphinisme** /mɔʀfinism/ NM morphinism

**morphinomane** /mɔʀfinɔman/ ADJ addicted to morphine NMF morphine addict

**morphinomanie** /mɔʀfinɔmani/ NF morphine addiction, morphinomania

**morphologie** /mɔʀfɔlɔʒi/ NF morphology

**morphologique** /mɔʀfɔlɔʒik/ ADJ morphological

**morphologiquement** /mɔʀfɔlɔʒikmɑ̃/ ADV morphologically

**morphophonologie** /mɔʀfɔfɔnɔlɔʒi/ NF morphophonology

**morphosyntaxe** /mɔʀfosɛ̃taks/ NF morphosyntax

**morphosyntaxique** /mɔʀfosɛ̃taksik/ ADJ morphosyntactical

**morpion** /mɔʀpjɔ̃/ NM **a** *(Jeux)* ≈ noughts and crosses *(Brit)*, tic tac toe *(US)* **b** *(‡ = pou du pubis)* crab‡ **c** *(*, péj = gamin)* brat*

**mors** /mɔʀ/ NM **a** *(Équitation)* bit ◆ **prendre le ~ aux dents** *[cheval]* to take the bit between its teeth; *(= agir)* to take the bit between one's teeth; *(= s'emporter)* to fly off the handle*, to blow one's top* *ou* stack* *(US)*; *(= prendre l'initiative)* to take the matter into one's own hands **b** *(Tech)* jaw; *(Reliure)* joint

**morse¹** /mɔʀs/ NM *(Zool)* walrus

**morse²** /mɔʀs/ NM *(= code)* Morse (code)

**morsure** /mɔʀsyʀ/ NF bite ◆ **~ de chien** dog bite ◆ **~ de serpent** snakebite ◆ **les ~s du vent/du froid** *(littér)* the biting wind/cold

**mort¹** /mɔʀ/ NF **a** *(Physiol)* death ◆ **~ clinique/cérébrale** clinical/brain death ◆ **~ naturelle** natural death ◆ **~ subite du nourrisson** cot *(Brit) ou* crib *(US)* death, sudden infant death syndrome ◆ **~ volontaire** suicide ◆ **tu veux ma ~ ?** *(hum)* do you want to kill me or what?* ◆ **trouver la ~ dans un accident** to die *ou* be killed in an accident ◆ **souhaiter la ~** to long for death, to long to die ◆ **souhaiter la ~ de qn** to wish death upon sb *(littér)*, to wish sb (were) dead ◆ **donner la ~ (à qn)** to kill (sb) ◆ **se donner la ~** to take one's own life, to kill o.s. ◆ **périr** *ou* **mourir de ~ violente/accidentelle** to die a violent/an accidental death ◆ **mourir dans son sommeil, c'est une belle ~** dying in one's sleep is a good way to go ◆ **à la ~ de sa mère** on the death of his mother, when his mother died ◆ **il a vu la ~ de près** he has come close to death, he has looked death in the face ◆ **il n'y a pas eu ~ d'homme** no one was killed, there was no loss of life ◆ **la petite ~** *(littér)* orgasm, petite mort *(littér)* ◆ **ça coûte 30 €, ce n'est pas la ~ !** * it's only 30 euros, it won't kill you (*ou* me *etc*)!*; → **hurler, pâle**

**b** *(= destruction, fin)* death, end ◆ **c'est la ~ de ses espoirs** that puts an end to *ou* is the end of his hopes, that puts paid to his hopes *(Brit)* ◆ **le supermarché sera la ~ du petit commerce** supermarkets will spell the end *ou* the death of small businesses ◆ **cet enfant sera ma ~ !** * this child will be the death of me! *

**c** *(= douleur)* **souffrir mille ~s** to suffer agonies, to be in agony ◆ **la ~ dans l'âme** with a heavy *ou* an aching heart, grieving inwardly ◆ **il avait la ~ dans l'âme** his heart ached

**d** *(loc)* **~ au tyran !, à ~ le tyran !** down with the tyrant!, death to the tyrant! ◆ **~ aux vaches !** ‡ down with the cops! * *ou* pigs! ‡

♦ **à mort** ◆ **lutte à ~** fight to the death ◆ **détester qn à ~** to hate sb to death ◆ **blessé à ~** *(dans un combat)* mortally wounded; *(dans un accident)* fatally injured ◆ **frapper qn à ~** to strike sb dead ◆ **mettre à ~** *[+ personne]* to deliver the death blow to; *[+ taureau]* to put to death ◆ **mise à ~** *[de taureau]* kill ◆ **nous sommes fâchés à ~** we're at daggers drawn (with each other) ◆ **en vouloir à qn à ~** to be bitterly resentful of sb ◆ **il m'en veut à ~** he hates me (for it) ◆ **défendre qch à ~** *(fig)* to defend sth to the bitter end ◆ **freiner à ~** * to jam on the brakes *ou* the anchors * *(Brit)* ◆ **s'ennuyer à ~** to be bored to death ◆ **visser qch à ~** * to screw sth right home, to screw sth tight

♦ **de mort** ◆ **silence de ~** deathly *ou* deathlike hush ◆ **d'une pâleur de ~** deathly *ou* deadly pale ◆ **engin de ~** lethal *ou* deadly weapon

**mort², e** /mɔʀ, mɔʀt/ GRAMMAIRE ACTIVE 51.4 ptp de **mourir**

**ADJ** **a** *[être animé, arbre, feuille]* dead ◆ **il est ~ depuis deux ans** he's been dead (for) two years, he died 2 years ago ◆ **on l'a laissé pour ~** he was left for dead ◆ **il est ~ et bien ~** he's dead and gone ◆ **il est ~ et enterré** he's dead and buried ◆ **ramenez-les ~s ou vifs** bring them back dead or alive ◆ **~ au champ d'honneur** *(Mil)* killed in action ◆ **il était comme ~** he looked (as though he were) dead ◆ **tu es un homme ~ !** * you're a dead man! *

**b** *(fig)* **je suis ~ (de fatigue) !** I'm dead (tired)! *ou* dead beat! *, I'm all in! * *(Brit)* ◆ **il était ~ de peur** *ou* **plus ~ que vif** he was frightened to death *ou* scared stiff * ◆ **ils étaient ~s de rire** they were doubled up with laughter; → **ivre**

**c** *(= inerte, sans vie) [chair, peau, rivière]* dead; *[pied, doigt]* dead, numb; *[yeux]* lifeless, dull; *(Fin) [marché]* dead ◆ **la ville est ~e le dimanche** the town is dead on a Sunday ◆ **opération ville ~e** *decision to close shops and businesses for a short period in protest, mourning etc;* → **poids, point¹, temps¹**

**d** *(= qui n'existe plus) [civilisation]* extinct, dead; *[langue]* dead ◆ **leur vieille amitié est ~e** their old friendship is dead ◆ **le passé est bien ~** the past is over and done with *ou* is dead and gone

**e** *( * = usé, fini) [pile, radio, moteur]* dead

**NM** **a** *(= personne)* dead man ◆ **les ~s** the dead ◆ **les ~s de la guerre** those *ou* the men killed in the war, the war dead ◆ **il y a eu un ~** one person was killed, there was one death ◆ **il y a eu de nombreux ~s** many (people) were killed, there were many deaths ◆ **l'accident a fait cinq ~s** five (people) were killed in the accident ◆ **jour** *ou* **fête des ~s** All Souls' Day ◆ **office/messe/prière des ~s** office/mass/prayer for the dead ◆ **c'est un ~ vivant/un ~ en sursis** he's more dead than alive/living on borrowed time ◆ **faire le ~** *(lit)* to pretend to be dead, to sham death; *(fig = ne pas se manifester)* to lie low ◆ **la place du ~** *(Aut)* the (front) seat next to the driver; → **monument, tête**

**b** *(Cartes)* dummy ◆ **être le ~** to be dummy

**NF** **morte** dead woman

**mortadelle** /mɔʀtadɛl/ **NF** mortadella

**mortaise** /mɔʀtɛz/ **NF** mortise

**mortaiser** /mɔʀteze/ ► conjug 1 ◄ **VT** to mortise

**mortalité** /mɔʀtalite/ **NF** mortality, death rate ◆ **~ infantile** infant mortality ◆ **régression de la ~** fall in the death rate

**mort-aux-rats** /mɔʀ(t)ɔʀa/ **NF INV** rat poison

**morte-eau** (pl **mortes-eaux**) /mɔʀto/ **NF** neap tide

**mortel, -elle** /mɔʀtɛl/ **ADJ** **a** *(= qui périt)* mortal; → **dépouille**

**b** *(= entraînant la mort) [chute, maladie]* fatal; *[blessure, plaie]* fatal, lethal; *[poison]* deadly, lethal ◆ **danger ~** mortal danger ◆ **coup ~** *(lit)* lethal *ou* fatal blow; *(fig)* death-blow, mortal blow ◆ **cela a porté un coup ~ au parti** this dealt the death-blow to the party ◆ **cette révélation lui serait mortelle** such a discovery would kill him *ou* would be fatal to him

**c** *(= intense) [frayeur]* mortal; *[pâleur, silence]* deadly, deathly; *[ennemi]* mortal, deadly; *[haine]* deadly ◆ **il fait un froid ~** it's deathly cold, it's as cold as death ◆ **cette attente mortelle se prolongeait** this deadly wait dragged on ◆ **allons, ce n'est pas ~ !** * come on, it's not all that bad! *ou* it won't kill you!

**d** *( * = ennuyeux) [livre, soirée]* deadly *, deadly boring *ou* dull ◆ **il est ~** he's a deadly * *ou* crashing * bore

**e** ‡ *(= excellent)* fabulous; *(= mauvais)* terrible

**NM,F** *(littér, hum)* mortal ◆ **simple ~** mere mortal ◆ **heureux ~ !** * lucky fellow! * *ou* chap! * *(Brit)* ◆ **nous autres pauvres ~s** *(hum)* we lesser mortals; → **commun**

**mortellement** /mɔʀtɛlmɑ̃/ **ADV** **a** *[blesser] (dans un combat)* mortally; *(dans un accident)* fatally ◆ **il a été ~ atteint d'une balle de fusil** he was shot and fatally wounded ◆ **elle a été ~ poignardée** she was stabbed to death **b** *(fig) [offenser, vexer]* mortally, deeply ◆ **~ ennuyeux** deadly boring *ou* dull

**morte-saison** (pl **mortes-saisons**), **morte saison** /mɔʀt(ə)sɛzɔ̃/ **NF** off-season, slack season ◆ **à la ~** in *ou* during the off-season

**mortier** /mɔʀtje/ **NM** *(Constr, Culin, Mil, Pharm)* mortar; *(= toque)* cap *(worn by certain French judges)* ◆ **attaque au ~** mortar attack

**mortifère** /mɔʀtifɛʀ/ **ADJ** *(hum) [ambiance, discours]* deadly *

**mortifiant, e** /mɔʀtifjɑ̃, jɑ̃t/ **ADJ** *[paroles]* hurtful; *[expérience]* mortifying; *[échec]* humiliating

**mortification** /mɔʀtifikasjɔ̃/ **NF** mortification

**mortifier** /mɔʀtifje/ ► conjug 7 ◄ **VT** *(Rel)* to mortify; *(= vexer)* to mortify

**mortinatalité** /mɔʀtinatalite/ **NF** incidence of stillbirths

**mort-né, mort-née** (mpl **mort-nés**, fpl **mort-nées**) /mɔʀne/ **ADJ** *[enfant]* stillborn; *[projet]* abortive, stillborn

**mortuaire** /mɔʀtɥɛʀ/ **ADJ** *[chapelle]* mortuary *(épith)*; *[rites]* mortuary *(épith)*, funeral *(épith)*; *[cérémonie]* funeral *(épith)* ◆ **salon ~** *(Can)* funeral home *ou* parlor *(US, Can)* ◆ **la chambre ~** the death chamber ◆ **la maison ~** the house of the departed *ou* deceased; → **couronne, drap, masque**

**morue** /mɔʀy/ **NF** **a** *(Zool)* cod ◆ **~ fraîche/séchée/salée** fresh/dried/salted cod ◆ **~ verte** undried salted cod; → **brandade, huile** **b** *( ‡ = prostituée)* whore, tart ‡

**morutier, -ière** /mɔʀytje, jɛʀ/ **ADJ** cod-fishing *(épith)* **NM** *(= pêcheur)* cod-fisherman; *(= bateau)* cod-fishing boat

**morve** /mɔʀv/ **NF** snot ‡, (nasal) mucus; *(Vét)* glanders *(sg)*

**morveux, -euse** /mɔʀvø, øz/ **ADJ** **a** *[enfant]* snotty(-nosed) ‡ ◆ **qui se sent ~, qu'il se mouche** *(Prov)* if the cap *ou* shoe *(US)* fits, wear it *(Prov)* **b** *(Zool)* glandered **NM,F** ‡ *(= enfant)* nasty little brat *; *(= adulte)* jerk ‡

**mosaïque¹** /mɔzaik/ **NF** *(Art, Bot)* mosaic; *[de champs]* chequered pattern, patchwork; *[d'idées, peuples]* medley ◆ **de** *ou* **en ~** mosaic

**mosaïque²** /mɔzaik/ **ADJ** *(Bible)* Mosaic(al), of Moses

**Moscou** /mɔsku/ **N** Moscow

**moscovite** /mɔskɔvit/ **ADJ** of *ou* from Moscow, Moscow *(épith)*, Muscovite **NMF** **Moscovite** Muscovite

**Moselle** /mɔzɛl/ **NF** Moselle

**mosquée** /mɔske/ **NF** mosque

**mot** /mo/ GRAMMAIRE ACTIVE 48.1

**NM** **a** *(gén)* word ◆ **le ~ (d')orange** the word "orange" ◆ **ce ne sont que des ~s** it's just (so many) empty words, it's just talk ◆ **je n'en crois pas un (traître) ~** I don't believe a (single) word of it ◆ **paresseux, c'est bien le ~ !** lazybones is the right word to describe him! ◆ **ça alors, c'est bien le ~ !** you've said it!, you never spoke *ou* said a truer word! ◆ **de grands ~s** high-flown *ou* fancy words ◆ **tout de suite les grands ~s !** you start straight in with these high-sounding words! ◆ **voilà le grand ~ lâché !** you've come out with it at last! ◆ **génie, c'est un bien grand ~ !** genius, that's a big word! ◆ **à ces ~s** at this *ou* that ◆ **sur ces ~s** with this *ou* that, so saying, with these words ◆ **à ~s couverts** in veiled terms ◆ **en d'autres ~s** in other words ◆ **en un ~** in a word ◆ **en un ~ comme en cent** in a nutshell, in brief ◆ **faire du ~ à ~, traduire ~ à ~** to translate word for word ◆ **c'est du ~ à ~** it's a word for word rendering *ou* translation ◆ **rapporter une conversation ~ pour ~** to give a word for word *ou* a verbatim report of a conversation ◆ **il n'a pas eu de ~s assez durs pour condamner les attentats** he condemned the attacks in the strongest possible terms

**b** *(= message)* word; *(= courte lettre)* note, line ◆ **je vais lui en toucher un ~** I'll have a word with him about it, I'll mention it to him ◆ **glisser un ~ à qn** *ou* **dans l'oreille de qn** to have a word in sb's ear ◆ **se donner** *ou* **se passer le ~** to send *ou* pass the word round, to pass the word on ◆ **mettez-lui un petit ~** drop him a line *ou* note, write him a note ◆ **il ne m'a même pas dit un ~ de remerciement** he didn't even thank me

**c** *(= expression frappante)* saying ◆ **~s célèbres/historiques** famous/historic sayings ◆ **bon ~** witticism, witty remark ◆ **il aime faire des bons ~s** he likes to make witty remarks

**d** *(Ordin)* word ◆ **~ machine** machine word

**e** *(loc)* **avoir des ~s avec qn** to have words with sb ◆ **avoir toujours le ~ pour rire** to be a born joker ◆ **le ~ de l'énigme** the key to the mystery ◆ **avoir le ~ de la fin** *ou* **le dernier ~** to have the last word ◆ **c'est votre dernier ~ ?** *(gén)* is that your last word in the matter?; *(dans négociations)* is that your final offer? ◆ **je n'ai pas dit mon dernier ~** you (*ou* they *etc*) haven't heard the last of me ◆ **sans ~ dire** without saying a *ou* one word ◆ **vous n'avez qu'un ~ à dire et je le ferai** (you have only to) say the word and I'll do it ◆ **j'estime avoir mon ~ à dire dans cette affaire** I think I'm entitled to have my say in this matter ◆ **je vais lui dire deux ~s** I'll give him a piece of my mind ◆ **prendre qn au ~** to take sb at his word ◆ **il n'en connaît** *ou* **n'en sait pas le premier ~** he doesn't know the first thing about it ◆ **il ne sait pas le premier ~ de sa leçon** he doesn't know a word of his lesson ◆ **il ne sait pas un (traître) ~ d'allemand** he doesn't know a (single) word of

German ◆ **je n'ai pas pu lui tirer un ~** I couldn't get a word out of him ◆ **il lui a dit le ~ de Cambronne** ≃ he said a four-letter word to him ◆ **pas un ~ à qui que ce soit** mum's the word, don't breathe a word of this to anyone ◆ **il n'a jamais un ~ plus haut que l'autre** he's very even-tempered ◆ **j'ai dû dire un ~ de travers** I must have said something wrong ◆ **au bas ~** at the very least, at the lowest estimate ◆ **qui ne dit ~ consent** *(Prov)* silence gives consent

**COMP** ▷ **mot apparenté** *(Ling)* cognate ▷ **mot d'auteur** revealing *ou* witty remark from the author ▷ **mot composé** compound ▷ **mots croisés** crossword (puzzle) ◆ **faire des ~s croisés** to do crosswords ◆ **faire les ~s croisés** *(d'un journal)* to do the crossword (puzzle) ▷ **mot d'emprunt** loan word ▷ **mot d'enfant** child's (funny) remark ▷ **mot d'esprit** witticism, witty remark ▷ **mot d'excuse** *(gén)* letter of apology; *(Scol) (gén)* (absence) note; *(pour maladie)* sick note ▷ **mots fléchés** crossword (puzzle) *(with clues given inside the boxes)* ▷ **mot d'ordre** watchword, slogan ▷ **mot de passe** password ▷ **mot souche** root-word

**motard, -arde** /mɔtaʀ, aʀd/ **NM,F** motorcyclist, biker * **NM** *(Police)* motorcycle policeman *ou* cop *; *(de la gendarmerie, de l'armée)* motorcyclist ◆ **les ~s de l'escorte présidentielle** the president's motorcycle escort, the president's motorcade

**mot-clé** (pl **mots-clés**), **mot clé** /mokle/ **NM** keyword

**motel** /mɔtɛl/ **NM** motel

**motet** /mɔtɛ/ **NM** motet, anthem

**moteur**[1] /mɔtœʀ/ **NM** **a** *(Tech)* engine; *(électrique)* motor ◆ **~ atmosphérique** atmospheric engine ◆ **~ à combustion interne, ~ à explosion** internal combustion engine ◆ **~ à 2/4 temps** 2-/4-stroke engine ◆ **à ~** power-driven, motor *(épith)* ◆ **~ !** *(Ciné)* action! ◆ **~ de recherche** *(Ordin)* search engine; → **frein** **b** *(= force)* mover, mainspring ◆ **le grand ~ de l'univers** *(littér)* the prime mover of the universe ◆ **être le ~ de qch** to be the mainspring of sth, to be the driving force behind sth

**moteur**[2], **-trice** /mɔtœʀ, tʀis/ **ADJ** **a** *(Anat) [muscle, nerf, troubles]* motor *(épith)* **b** *(Rail)* **engin ~** power unit ◆ **force motrice** *(lit, fig)* driving force; → **arbre, roue** **NF** **motrice** *(Rail)* power unit

**motif** /mɔtif/ **NM** **a** *(= raison)* motive (*de* for) grounds (*de* for); *(= but)* purpose (*de* of); ◆ **quel est le ~ de votre visite ?** what is the motive for *ou* the purpose of your visit? ◆ **quel ~ as-tu de te plaindre ?** what grounds have you got for complaining? ◆ **il a de bons ~s pour le faire** he has good grounds for doing it ◆ **fréquenter une jeune fille pour le bon ~** *(† ou hum)* to court a girl with honourable intentions ◆ **faire qch sans ~** to have no motive for doing sth ◆ **colère sans ~** groundless *ou* irrational anger ◆ **~ d'inquiétude** cause for concern ◆ **donner des ~s de satisfaction à qn** to give sb grounds *ou* cause for satisfaction

**b** *(= ornement)* motif, design, pattern; *(Peinture, Mus)* motif ◆ **tissu à ~s** patterned material ◆ **papier peint à ~ de fleurs** floral wallpaper, wallpaper with a floral design *ou* motif

**c** *(Jur) [de jugement]* grounds (*de* for)

**motion** /mosjɔ̃/ **NF** *(Jur, Pol)* motion **COMP** ▷ **motion de censure** censure motion ◆ **déposer une ~ de censure** to table a censure motion ◆ **voter la ~ de censure** to pass a vote of no confidence *ou* of censure

**motivant, e** /mɔtivɑ̃, ɑ̃t/ **ADJ** *[travail]* rewarding, satisfying ◆ **rémunération ~e** attractive salary

**motivation** /mɔtivasjɔ̃/ **NF** **a** *(= justification)* motivation (*de* for); ◆ **quelles sont ses ~s ?** *(raisons personnelles)* what are his motives? *(pour* for); ◆ **lettre de ~** covering letter, letter in support of one's application **b** *(= dynamisme)* motivation

**motivé, e** /mɔtive/ (ptp de **motiver**) **ADJ** **a** *[action] (= expliqué)* reasoned, justified; *(= légitime)* well-founded, motivated ◆ **non ~** unexplained, unjustified ◆ **absence ~e** *(Scol)* legitimate *ou* genuine absence ◆ **refus ~** justified refusal **b** *[personne]* motivated ◆ **non ~** unmotivated

**motiver** /mɔtive/ ▸ conjug 1 ◂ **VT** **a** *(= justifier, expliquer) [+ action, attitude, réclamation]* to justify, to account for ◆ **il a motivé sa conduite en disant que ...** he justified his behaviour by saying that ... ◆ **rien ne peut ~ une telle conduite** nothing can justify *ou* warrant such behaviour **b** *(= fournir un motif à) [+ refus, intervention, jugement]* to motivate, to found; *(Psych)* to motivate **c** *(= pousser à agir) [personne, salaire]* to motivate

**moto** /moto/ **NF** (abrév de **motocyclette**) **a** *(= véhicule)* motorbike, motorcycle, bike * ◆ **je viendrai à** *ou* **en ~** I'll come by bike * *ou* on my bike * ◆ **~ de course** racing motorcycle ◆ **~ de route** (standard) motorbike ◆ **~ de trial** trail bike *(Brit)*, dirt bike *(US)* **b** *(= activité)* motorcycling, biking *

**motocross, moto-cross** /motokʀɔs/ **NM INV** *(= sport)* motocross, scrambling; *(= épreuve)* motocross race, scramble

**moto-crottes** * (pl **motos-crottes**) /moto kʀɔt/ **NF** motorbike pooper scooper

**motoculteur** /mɔtɔkyltœʀ/ **NM** (motorized) cultivator

**motocycle** /mɔtɔsikl/ **NM** *(Admin)* motor bicycle

**motocyclette** /mɔtɔsiklɛt/ **NF** motorcycle, motorbike

**motocyclisme** /mɔtɔsiklism/ **NM** motorcycle racing

**motocycliste** /mɔtɔsiklist/ **NMF** motorcyclist **ADJ** *[course]* motorcycle *(épith)* ◆ **le sport ~** motorcycle racing

**motonautique** /motonotik/ **ADJ** ◆ **sport ~** speedboat *ou* motorboat racing

**motonautisme** /motonotism/ **NM** speedboat *ou* motorboat racing

**motoneige** /motonɛʒ/ **NF** snow-bike, skidoo ® *(Can)*

**motoneigiste** /motonɛʒist/ **NMF** snow-bike *ou* skidoo *(Can)* rider

**motopompe** /motopɔ̃p/ **NF** motor-pump, power-driven pump

**motorisation** /mɔtɔʀizasjɔ̃/ **NF** *(Tech)* motorization; *(= type de moteur)* engine type

**motorisé, e** /mɔtɔʀize/ **ADJ** **a** *[mécanisme]* motorized, motor-driven; *(Mil) [compagnie, patrouille]* motorized, mechanized ◆ **la circulation ~e** motor traffic ◆ **sports ~s** motor sports; → **deux-roues** **b** ◆ **être ~** * *(= posséder un véhicule)* to have a car; *(= être en voiture)* to have transport *(Brit)* *ou* transportation *(US)*, to be car-borne * ◆ **tu es ~ ? sinon je te ramène** have you got wheels? * *(hum)* *ou* any transport? if not I'll drop you home ◆ **les voyageurs non ~s** passengers without cars, foot passengers

**motoriser** /mɔtɔʀize/ ▸ conjug 1 ◂ **VT** *(Mil, Tech)* to motorize

**motoriste** /mɔtɔʀist/ **NM** *(= mécanicien)* car *ou* auto *(US)* mechanic; *(= constructeur)* engine manufacturer

**mot-outil** (pl **mots-outils**) /mouti/ **NM** grammatical word

**motrice** /mɔtʀis/ **ADJ, NF** → **moteur**[2]

**motricité** /mɔtʀisite/ **NF** motivity

**motte** /mɔt/ **NF** **a** *(Agr)* **~ (de terre)** lump of earth, clod (of earth) ◆ **~ de gazon** turf, sod ◆ **en ~** *[plante]* balled **b** *(Culin)* **~ de beurre** lump *ou* block of butter ◆ **acheter du beurre en** *ou* **à la ~** to buy butter loose

**motus** * /mɔtys/ **EXCL** ◆ **~ (et bouche cousue)!** mum's the word! *, keep it under your hat!, don't breathe a word!

**mot-valise** (pl **mots-valises**) /movaliz/ **NM** portmanteau word

**mou**[1], **molle** /mu, mɔl/ (m: devant voyelle ou h muet **mol** /mɔl/) **ADJ** **a** *(au toucher) [substance, oreiller]* soft; *[tige, tissu]* limp; *[chair, visage]* flabby ◆ **ce melon est tout ~** this melon has gone all soft *ou* mushy ◆ **ajouter le beurre ~** add the softened butter; → **chapeau, ventre**

**b** *[traits du visage] (Art) [trait]* weak, slack

**c** *(à l'oreille)* **bruit ~** muffled noise, soft thud ◆ **voix aux inflexions molles** gently lilting voice

**d** *(= sans énergie) [geste, poignée de main]* limp, lifeless; *[protestations, opposition]* weak, feeble; *[style]* feeble, dull; *(Mus) [exécution]* dull, lifeless; *[croissance, reprise économique, marché]* sluggish; *[dictature]* benign ◆ **personne molle** *(apathique)* lethargic *ou* sluggish person; *(sans autorité)* spineless character; *(trop indulgent)* lax *ou* soft person ◆ **j'ai les jambes molles** my legs feel weak *ou* like jelly *(Brit)* ◆ **dépêche-toi, c'est ~ tout ça !** you're so slow, hurry up! ◆ **il est ~ comme une chiffe** *ou* **chique** he's spineless ◆ **qu'est-ce qu'il est ~ !** he's so hopeless!

**e** *[temps]* muggy; *[tiédeur]* languid

**NM** **a** *[de corde]* **avoir du ~** to be slack *ou* loose ◆ **donner du ~** to give some slack, to loosen ◆ **il y a du ~ dans la pédale de frein** *(Aut)* the brakes are soft *ou* spongy ◆ **donne un peu de ~ pour que je puisse faire un nœud** let the rope out a bit *ou* give a bit of play on the rope so that I can make a knot ◆ **donner** *ou* **laisser du ~ à qn** *(fig)* to give sb some leeway

**b** *(= personne)* spineless character

**mou**[2] /mu/ **NM** *(Boucherie)* lights, lungs ◆ **bourrer le ~ à qn** ‡ to take sb in, to have sb on * *(Brit)*

**mouais** /mwɛ/ **EXCL** yeah *

**mouchard, e** /muʃaʀ, aʀd/ **NM,F** (* : *Scol*) sneak * **NM** **a** *(arg Police)* informer, grass * *(Brit)*, fink ‡ *(US)* **b** *(Tech = enregistreur) [d'avion, train]* black box; *[de camion]* tachograph; *[de veilleur de nuit]* control clock; *(Mil)* spy plane; *[de porte]* spyhole

**mouchardage** * /muʃaʀdaʒ/ **NM** *(Scol)* sneaking *; *(arg Police)* informing, grassing * *(Brit)*, ratting * *(US)* ◆ **il y a eu des ~s auprès de la direction** someone's been sneaking to the management

**moucharder** * /muʃaʀde/ ▸ conjug 1 ◂ **VT** *(Scol)* to sneak on *, to split on * *(Brit)*; *(arg Police)* to inform on, to grass on * *(Brit)*, to rat on * *(US)*

**mouche** /muʃ/ **NF** **a** *(Zool, Pêche)* fly ◆ **quelle ~ t'a piqué ?** what's bitten you? *, what's got into you? ◆ **il faut toujours qu'il fasse la ~ du coche** he's always fussing around as if he's indispensable ◆ **mourir/tomber comme des ~s** to die (off)/fall like flies ◆ **prendre la ~** to get into *ou* go into a huff *, to get huffy * ◆ **on ne prend pas les ~s avec du vinaigre** *(Prov)* you have to be nice if you want something; → **voler**[1], **fin**[1], **mal**[2] b *(Escrime)* button ◆ **faire** ~ *(Tir)* to score a *ou* hit the bull's-eye; *(fig)* to score, to hit home; → **poids**

c *(en taffetas)* patch, beauty spot; *(= touffe de poils sous la lèvre)* short goatee

NFPL **mouches** *(Opt)* specks, spots

COMP ▷ **mouche bleue** ⇒ **mouche de la viande** ▷ **mouche d'escadre** *(Naut)* advice boat ▷ **mouche à feu** *(Can)* firefly ▷ **mouche à merde**‡ dung fly ▷ **mouche à miel** honey bee ▷ **mouche tsé-tsé** tsetse fly ▷ **mouche à vers** blowfly ▷ **mouche verte** greenbottle ▷ **mouche de la viande** bluebottle ▷ **mouche du vinaigre** fruit fly

**moucher** /muʃe/ ▸ conjug 1 ◂ VT a ◆ ~ **(le nez de) qn** to blow sb's nose ◆ **mouche ton nez** blow your nose ◆ **il mouche du sang** there are traces of blood (in his handkerchief) when he blows his nose b *(* = remettre à sa place)* ~ **qn** to put sb in his place ◆ **se faire** ~ to get put in one's place c *[+ chandelle]* to snuff (out) VPR **se moucher** to blow one's nose ◆ **il ne se mouche pas du coude** * *ou* **du pied** * *(= il est prétentieux)* he thinks he's it * *ou* the cat's whiskers * *(Brit) ou* meow *(US)*; *(= il ne se refuse rien)* he doesn't deny himself anything

**moucheron** /muʃʀɔ̃/ NM *(= insecte)* midge, gnat; *(* = enfant)* kid *, nipper * *(Brit)*

**moucheté, e** /muʃ(ə)te/ (ptp de **moucheter**) ADJ *[œuf]* speckled; *[poisson]* spotted; *[laine]* flecked; → **fleuret**

**moucheter** /muʃ(ə)te/ ▸ conjug 4 ◂ VT a *(= tacheter)* to fleck *(de* with) b *[+ fleuret]* to put a button on; → **fleuret**

**mouchetis** /muʃ(ə)ti/ NM *(Constr)* pebble dash *(Brit)*, rock dash *(US)*

**mouchette** /muʃɛt/ NF *(Archit) [de larmier]* lip; *[de fenêtrage]* outer fillet NFPL **mouchettes** *(Hist)* snuffers

**moucheture** /muʃ(ə)tyʀ/ NF *(sur les habits)* speck, spot, fleck; *(sur un animal)* spot, patch ◆ **~s d'hermine** *(Hér)* ermine tips

**mouchoir** /muʃwaʀ/ NM *(de poche, en tissu)* handkerchief, hanky *; *(† : autour du cou)* neckerchief ◆ ~ **(en papier)** tissue, paper handkerchief ◆ **jardin grand comme un** ~ **de poche** garden as big as *ou* the size of *ou* no bigger than a pocket handkerchief ◆ **cette pièce est grande comme un** ~ **de poche** this room's tiny, there isn't room to swing a cat in here *(Brit)* ◆ **ils sont arrivés dans un** ~ it was a close finish ◆ **les deux candidats se tiennent dans un** ~ the two candidates are neck and neck; → **nœud**

**moudjahiddin** /mudʒa(j)idin/ NMPL mujaheddin, mujahedeen

**moudre** /mudʀ/ ▸ conjug 47 ◂ VT *[+ blé]* to mill, to grind; *[+ café, poivre]* to grind; *(† : Mus) [+ air]* to grind out ◆ ~ **qn de coups** † to thrash sb, to give sb a drubbing; → **grain, moulu**

**moue** /mu/ NF pout ◆ **faire la** ~ *(gén)* to pull a face; *[enfant gâté]* to pout ◆ **faire une** ~ **de dédain/de dégoût** to give a disdainful pout/a pout of disgust ◆ **il eut une** ~ **dubitative** he looked doubtful

**mouette** /mwɛt/ NF (sea) gull ◆ ~ **rieuse** black-headed gull ◆ ~ **tridactyle** kittiwake

**mou(f)fette** /mufɛt/ NF skunk

**moufle** /mufl/ NF *(= gant)* mitt, mitten; *(pour plats chauds)* oven glove NM *ou* NF *(Tech) (= poulie)* pulley block; *[de four]* muffle

**mouflet, -ette** * /muflɛ, ɛt/ NM,F brat * *(péj)*, kid *

**mouflon** /muflɔ̃/ NM mouf(f)lon *(mountain sheep)*

**mouf(e)ter**‡ /mufte/ ▸ conjug 1ou4 ◂ VI to blink ◆ **il n'a pas mouf(e)té** he didn't bat an eyelid

**mouillage** /mujaʒ/ NM a *(Naut = action) [de navire]* anchoring, mooring; *[d'ancre]* casting; *[de mine]* laying ◆ **au** ~ (lying) at anchor b *(= abri, rade)* anchorage, moorage c *(Tech) [de cuir, linge]* moistening, damping; *[de vin, lait]* watering(-down)

**mouillé, e** /muje/ (ptp de **mouiller**) ADJ a *[herbe, vêtement, personne]* wet; *[regard]* watery, tearful; *[voix]* tearful ◆ **tout** ~ all wet ◆ **il pèse 50 kilos tout** ~ *(hum)* he weighs 50 kilos soaking wet *ou* with his socks on *(Brit) (hum)* ◆ **tu sens le chien** ~ you smell like a wet dog ◆ **ne marche pas dans le** ~ don't tread in the wet patch; → **poule**[1] b *(Ling)* **l** ~ palatalized l, palatal l

**mouillement** /mujmɑ̃/ NM *(Ling)* palatalization

**mouiller** /muje/ ▸ conjug 1 ◂ VT a *(pour humidifier) [+ linge, sol]* to dampen; *(accidentellement) [+ vêtement, livre]* to get *ou* make wet ◆ ~ **son doigt pour tourner la page** to moisten one's finger to turn the page ◆ ~ **sa chemise** *ou* **son maillot** * *(fig)* to put in some hard work *ou* graft * *(Brit)*

b *[pluie] [+ route]* to make wet ◆ **se faire** ~ to get wet

c *(Culin) [+ vin, lait]* to water (down); *[+ viande]* to moisten *(with stock ou wine etc)*

d *(Naut) [+ mine]* to lay; *[+ sonde]* to heave ◆ ~ **l'ancre** to cast *ou* drop anchor

e *(‡ = compromettre) [+ personne]* to drag *(dans* into) to mix up *(dans* in); ◆ **plusieurs personnes ont été mouillées dans l'histoire** several people were mixed up in the affair

f *(Ling)* to palatalize

VI a *(Naut)* to lie *ou* be at anchor ◆ **ils mouillèrent 3 jours à Papeete** they anchored *ou* they lay at anchor at Papeete for 3 days

b *(‡ = avoir peur)* to be scared out of one's mind, to be scared shitless **‡

c *(‡ : sexuellement)* to be wet

VPR **se mouiller** a *(= se tremper) (accidentellement)* to get o.s. wet; *(pour un bain rapide)* to have a quick dip ◆ **se** ~ **les pieds** *(sans faire exprès)* to get one's feet wet; *(exprès)* to dabble one's feet in the water, to have a little paddle

b *[yeux]* to fill *ou* brim with tears

c * *(= prendre des risques)* to get one's feet wet, to commit o.s.; *(= se compromettre)* to get mixed up *ou* involved *(dans* in)

**mouillette** /mujɛt/ NF finger of bread, soldier * *(Brit)*

**mouilleur** /mujœʀ/ NM a *[de timbres]* (stamp) sponge b *(Naut) [d'ancre]* tumbler ◆ ~ **de mines** minelayer

**mouillure** /mujyʀ/ NF a *(= trace)* wet mark b *(Ling)* palatalization

**mouise**‡ /mwiz/ NF ◆ **être dans la** ~ *(misère)* to be flat broke *, to be on one's beam-ends * *(Brit)*; *(ennuis)* to be up the creek * ◆ **c'est lui qui m'a sorti de la** ~ he got me out of a hole *

**moujik** /muʒik/ NM mujik, muzhik

**moujingue**‡ /muʒɛ̃g/ NMF brat * *(péj)*, kid *

**moukère** †‡ /mukɛʀ/ NF woman, female

**moulage**[1] /mulaʒ/ NM a *(= fabrication) [de briques, pain]* moulding *(Brit)*, molding *(US)*; *[de caractères d'imprimerie]* casting; *[de statue, buste]* casting ◆ **le** ~ **d'un bas-relief** making *ou* taking a cast of a bas-relief b *(= reproduction)* cast ◆ **prendre un** ~ **de** to take a cast of ◆ **sur la cheminée il y avait le** ~ **en plâtre d'une statue** there was a plaster figure on the mantelpiece ◆ **ce n'est qu'un** ~ it's only a copy ◆ **les enfants ont fait des ~s en plâtre** the children have been making plaster models

**moulage**[2] /mulaʒ/ NM *[de grain]* milling, grinding

**moulant, e** /mulɑ̃, ɑ̃t/ ADJ *[robe]* figure-hugging; *[pantalon, pull]* tight(-fitting)

**moule**[1] /mul/ NM a *(Art, Ind)* mould *(Brit)*, mold *(US)*; *(Typo)* matrix ◆ **le** ~ **est cassé** *ou* **on a cassé le** ~ *(fig)* they broke the mould ◆ **il n'a jamais pu sortir du** ~ **étroit de son éducation** he has never been able to free himself from *ou* break out of the straitjacket of his strict upbringing ◆ **fait sur** *ou* **coulé dans le même** ~ *(lit, fig)* cast in the same mould ◆ **être fait au** ~ *(= être beau)* to be shapely ◆ **se couler** *ou* **se fondre** *ou* **entrer dans le** *ou* **un** ~ to conform to the *ou* a norm ◆ **il refuse d'entrer dans le** ~ **de l'école** he refuses to fit into the school mould

b *(Culin) (pour gâteaux)* tin *(Brit)*, pan *(US)*; *(pour aspic)* mould *(Brit)*, mold *(US)*

COMP ▷ **moule à beurre** butter print ▷ **moule à briques** brick mould ▷ **moule à cake** loaf tin ▷ **moule à gâteaux** cake tin *(Brit)*, cake pan *(US)* ▷ **moule à gaufres** waffle-iron ▷ **moule à manqué** (deep) sandwich tin *(Brit)*, deep cake pan *(US)* ▷ **moule à pisé** clay mould ▷ **moule à soufflé** soufflé dish ▷ **moule à tarte** pie plate, flan dish

**moule**[2] /mul/ NF a *(Zool)* mussel ◆ **~s marinières** moules marinières *(mussels cooked in their own juice with white wine and shallots)* b *(* = idiot)* idiot, twit * c *(*‡ = sexe féminin)* cunt **‡

**mouler** /mule/ ▸ conjug 1 ◂ VT a *(= couler) [+ briques, pain]* to mould *(Brit)*, to mold *(US)*; *[+ caractères d'imprimerie]* to cast; *[+ statue, buste]* to cast ◆ ~ **un buste en plâtre** to cast a bust in plaster ◆ **fromage blanc moulé à la louche** ≃ farmhouse fromage frais ◆ **selles moulées** *(Méd)* solid stools

b *(= prendre l'empreinte de) [+ bas-relief, buste]* to make *ou* take a cast of ◆ ~ **en plâtre/en cire** *[+ visage, buste]* to make a plaster/wax cast of

c *[+ lettre, mot]* to shape *ou* form with care

d *(= calquer sur)* ~ **son style/sa conduite sur** to model one's style/one's conduct on

e *[+ cuisses, hanches]* to hug, to fit closely round ◆ **une robe qui moule** a figure-hugging dress ◆ **pantalon qui moule** tight (fitting) trousers ◆ **une robe qui lui moulait les hanches** a dress which clung to *ou* around her hips ◆ **son corps se moulait au sien** her body pressed closely against his

**mouleur** /mulœʀ/ NM caster, moulder *(Brit)*, molder *(US)*

**moulin** /mulɛ̃/ NM a *(= instrument, bâtiment)* mill ◆ ~ **à eau** water mill ◆ ~ **à vent** windmill ◆ ~ **à café/poivre** coffee/pepper mill ◆ ~ **à légumes** vegetable mill ◆ ~ **à paroles** chatterbox ◆ ~ **à prières** prayer wheel ◆ **on y entre comme dans un** ~ anyone can just walk right in b *(* = moteur)* engine

**mouliner** /muline/ ▸ conjug 1 ◂ VT a *(Culin)* to put through a vegetable mill; *(Pêche)* to reel in b *(* : Ordin)* to process, to crunch * c *[+ soie]* to throw VI *[cycliste]* to pedal rapidly *(without any effort)*

**moulinet** /mulinɛ/ NM *(Pêche)* reel; *(Tech)* winch; *(Escrime)* flourish; *(Danse)* moulinet ◆ **faire des ~s avec une canne** to twirl *ou* whirl a walking stick ◆ **faire des ~s avec les bras** to whirl one's arms about *ou* round

**moulinette** ® /mulinɛt/ NF vegetable mill ◆ **passer qch à la** ~ *(Culin)* to put sth through the vegetable mill; *(fig)* to subject sth to close scrutiny; *(* : Ordin)* to process *ou* crunch * sth

**moult** /mult/ ADV (†† ou hum) (= beaucoup) many; (= très) very ◆ ~ **gens** many people, many a person ◆ ~ **fois** oft(en)times (hum), many a time

**moulu, e** /muly/ (ptp de **moudre**) ADJ **a** [café, poivre] ground (épith) **b** († = meurtri) bruised, black and blue ◆ ~ **(de fatigue)** * dead-beat *, worn-out, all-in *

**moulure** /mulyʀ/ NF (gén) moulding (Brit), molding (US); (sur porte) beading

**moulurer** /mulyʀe/ ► conjug 1 ◄ VT to decorate with mouldings (Brit) ou moldings (US) ◆ **machine à** ~ moulding (Brit) ou molding (US) machine ◆ **panneau mouluré** moulded (Brit) ou molded (US) panel

**moumoute** * /mumut/ NF **a** (hum) (= perruque) wig; (= postiche) (pour hommes) hairpiece, toupee; (pour femmes) hairpiece **b** (= veste) fleece-lined ou fleecy jacket

**mouquère** † * /mukɛʀ/ NF ⇒ **moukère**

**mourant, e** /muʀɑ̃, ɑ̃t/ ADJ [personne, feu, jour] dying; [voix] faint; [regard] languishing NM,F ◆ **un** ~ a dying man ◆ **une** ~**e** a dying woman ◆ **les** ~**s** the dying

**mourir** /muʀiʀ/ ► conjug 19 ◄ VI **a** [être animé, plante] to die ◆ ~ **dans son lit** to die in one's bed ◆ ~ **de sa belle mort** to die a natural death ◆ ~ **avant l'âge** to die young ou before one's time ◆ ~ **à la peine** ou **à la tâche** to die in harness (fig) ◆ ~ **assassiné** to be murdered ◆ ~ **empoisonné** (crime) to be poisoned (and die); (accident) to die of poisoning ◆ ~ **en héros** to die a hero's death ◆ **il est mort très jeune** he died very young, he was very young when he died ◆ **faire** ~ **qn** to kill sb ◆ **cet enfant me fera** ~ this child will be the death of me ◆ **c'est une simple piqûre, tu n'en mourras pas !** it's only a little injection, it won't kill you! ◆ **je l'aime à (en)** ~ I love him more than life itself ◆ **s'ennuyer à** ~ to be bored to death ou to tears ◆ **ennuyeux à** ~ deadly boring ◆ **il attend que le patron meure pour prendre sa place** he's waiting for his boss to die so that he can step into his shoes ◆ **on ne meurt qu'une fois** (Prov) you only die once (Prov) ◆ **plus bête que lui, tu meurs !** * you can't possibly be more stupid than he is!, he's as stupid as they come! *

**b** [civilisation, empire, coutume] to die out; [bruit] to die away; [jour] to fade, to die; [feu] to die out, to die down ◆ **la vague vint** ~ **à ses pieds** the wave died away at his feet ◆ **le ballon vint** ~ **à ses pieds** the ball came to rest at his feet

**c** (suivi d'un complément) ~ **de vieillesse/chagrin** to die of old age/grief ◆ ~ **d'une maladie/d'une blessure** to die of a disease/from a wound ◆ ~ **de froid** (lit) to die of exposure ◆ **on meurt de froid ici** (fig) it's freezing ou perishing (Brit) cold in here ◆ **je meurs de sommeil** I'm dead on my feet ◆ ~ **de faim** (lit) to starve to death, to die of hunger; (fig = avoir faim) to be starving ou famished ou ravenous ◆ **faire** ~ **qn de faim** to starve sb to death ◆ ~ **de soif** (lit) to die of thirst; (fig = avoir soif) to be parched ◆ **il me fera** ~ **d'inquiétude** he'll drive me to my death with worry ◆ ~ **de honte** to die of shame ◆ ~ ou **être mort de peur** to be frightened ou scared to death ◆ **il me fera** ~ **de peur** he'll frighten the life out of me ◆ ~ **d'ennui** to be bored to death ou to tears ◆ **il meurt d'envie de le faire** he's dying to do it ◆ **faire** ~ **qn d'impatience** to keep sb on tenterhooks ◆ **faire** ~ **qn à petit feu** (lit) to kill sb slowly ou by inches; (fig) to torment the life out of sb ◆ **(se)** ~ **d'amour pour qn** (littér) to pine for sb

VPR **se mourir** (littér) to be dying

**mouroir** /muʀwaʀ/ NM (péj : pour vieillards) old people's home ◆ **le camp/l'hôpital est devenu un** ~ the camp/the hospital has become a place for people to die

**mouron** /muʀɔ̃/ NM **a** (Bot) pimpernel ◆ ~ **rouge** scarlet pimpernel ◆ ~ **blanc** ou **des oiseaux** chickweed **b** (loc) **se faire du** ~ * to worry o.s. sick * ◆ **arrête de te faire du** ~ **(pour lui)** * stop worrying ou fretting (about him)

**mouscaille** * /muskɑj/ NF ◆ **être dans la** ~ (misère) to be down and out, to be stony broke *, to be on one's beam-ends * (Brit); (ennuis) to be up the creek *

**mousquet** /muskɛ/ NM musket

**mousquetaire** /muskətɛʀ/ NM musketeer ◆ **col/poignet** ~ mousquetaire collar/cuff

**mousqueton** /muskətɔ̃/ NM (= boucle) snap hook, clasp; (= fusil) carbine; (Alpinisme) crab, karabiner ◆ **coup de** ~ musket shot

**moussaillon** * /musajɔ̃/ NM ship's boy ◆ **par ici** ~ ! over here, (my) boy!

**moussaka** /musaka/ NF moussaka

**moussant, e** /musɑ̃, ɑ̃t/ ADJ [savon, crème à raser] foaming, lathering; → **bain**

**mousse**[1] /mus/ NF **a** (Bot) moss; → **pierre, vert**

**b** (= écume) [de bière, eau, café, lait] froth; [de savon] lather; [de champagne] bubbles ◆ **la** ~ **sur le verre de bière** the head on the beer

**c** (* = bière) pint *

**d** (Culin) mousse ◆ ~ **au chocolat** chocolate mousse ◆ ~ **d'avocat** avocado mousse

**e** (= caoutchouc) foam rubber ◆ **matelas en** ~ foam rubber mattress ◆ **balle (en)** ~ rubber ball ◆ **collant/bas** ~ (= nylon) stretch tights (Brit) ou pantyhose (US)/stockings ◆ ~ **de caoutchouc** foam rubber

**f** **se faire de la** ~ † * to worry o.s. sick *, to get all het up * ◆ **ne te fais pas de** ~ *, **tout ira bien** don't worry ou don't get so het up *, everything'll be alright

COMP ▷ **mousse carbonique** (fire-fighting) foam ▷ **mousse coiffante** styling mousse ▷ **mousse de nylon** (= tissu) stretch nylon; (pour rembourrer) foam ▷ **mousse de platine** platinum sponge ▷ **mousse à raser** shaving foam; → **point**[2]

**mousse**[2] /mus/ NM ship's boy

**mousseline** /muslin/ NF **a** (Tex) (= coton) muslin; (= soie, tergal) chiffon ◆ **verre** ~ muslin glass **b** (Culin = mousse) mousseline; → **pomme, sauce**

**mousser** /muse/ ► conjug 1 ◄ VI **a** [bière, eau] to froth; [champagne] to bubble, to sparkle; [détergent] to foam, to lather; [savon, shampooing, crème à raser] to lather ◆ **faire** ~ [+ savon, détergent] to lather up **b** ◆ **faire** ~ **qn** * (vanter) to boost sb *, to puff sb up * (US); (mettre en colère) to make sb mad * ou wild * ◆ **se faire** ~ * to blow one's own trumpet, to sing one's own praises (auprès de to); (auprès d'un supérieur) to sell o.s. hard * (auprès de to)

**mousseron** /musʀɔ̃/ NM meadow mushroom

**mousseux, -euse** /musø, øz/ ADJ [vin] sparkling (épith); [bière, chocolat] frothy ◆ **eau mousseuse** soapy water NM sparkling wine

**mousson** /musɔ̃/ NF monsoon

**moussu, e** /musy/ ADJ [sol, arbre] mossy; [banc] moss-covered

**moustache** /mustaʃ/ NF [d'homme] moustache, mustache (US) ◆ ~**s** [d'animal] whiskers ◆ **porter la** ~ ou **des** ~**s** to have ou wear a moustache ◆ **avoir de la** ~ [de femme] to have a moustache, to have hair on one's upper lip ◆ **il s'était fait une** ~ **blanche en buvant le lait** he had a white moustache from drinking the milk ◆ ~ **en brosse** toothbrush moustache ◆ ~ **en croc** ou **en guidon de vélo** * handlebar moustache ◆ ~ **(à la) gauloise** walrus moustache

**moustachu, e** /mustaʃy/ ADJ with a moustache, moustached ◆ **c'est un** ~ he has a moustache ◆ **elle est un peu** ~**e** she's got a bit of a moustache

**moustérien, -ienne** /musteʀjɛ̃, jɛn/ ADJ Mousterian NM ◆ **le Moustérien** the Mousterian

**moustiquaire** /mustikɛʀ/ NF (= rideau) mosquito net; [de fenêtre, porte] mosquito screen

**moustique** /mustik/ NM (Zool) mosquito; (* = enfant) (little) kid *, tich * (Brit), nipper * (Brit)

**moût** /mu/ NM [de raisin] must; [de bière] wort

**moutard** * /mutaʀ/ NM brat * (péj), kid *

**moutarde** /mutaʀd/ NF mustard ◆ ~ **blanche** white mustard ◆ ~ **(extra-)forte** English mustard, hot mustard (US) ◆ ~ **à l'estragon** ou **aux aromates** French mustard ◆ ~ **à l'ancienne** grain mustard ◆ ~ **de Dijon** Dijon mustard ◆ **graines de** ~ mustard seeds ◆ **la** ~ **me monta au nez** I flared up, I lost my temper ◆ **il sentit la** ~ **lui monter au nez** he felt his temper flaring, he felt he was going to flare up ADJ INV ◆ **(jaune)** ~ mustard(-yellow); → **gaz, sauce**

**moutardier** /mutaʀdje/ NM (= pot) mustard pot; (= fabricant) mustard maker ou manufacturer ◆ **il se croit le premier** ~ **du pape** † he thinks he's the bee's knees (Brit) ou the cat's whiskers (Brit) ou the cat's meow (US)

**mouton, -onne** /mutɔ̃, ɔn/ ADJ sheeplike

NM **a** (= animal) sheep; (= peau) sheepskin ◆ **doublé de** ~ lined with sheepskin ◆ **relié en** ~ bound in sheepskin, sheepskin-bound ◆ **manteau en** ~ **doré** Persian lamb coat ◆ **mais revenons** ou **retournons à nos** ~**s** (fig) but let's get back to the subject, but to get back to the subject ◆ **compter les** ~**s** (pour s'endormir) to count sheep

**b** (= viande) mutton ◆ **côte de** ~ mutton chop

**c** (* = personne) (grégaire, crédule) sheep; (doux, passif) sheep, lamb ◆ **c'est un** ~ (grégaire) he's easily led, he goes with the crowd; (doux) he's as gentle as a lamb ◆ **il m'a suivi comme un** ~ he followed me like a lamb ◆ **ils se comportent comme des** ~**s de Panurge** they behave like sheep

**d** (arg Police : dans une prison) stool pigeon (arg), grass (Brit) (arg)

**e** (Constr) ram, monkey

NMPL **moutons** (sur la mer) white horses (Brit), white caps (US); (sur le plancher) (bits of) fluff; (dans le ciel) fluffy ou fleecy clouds

COMP ▷ **mouton à cinq pattes** rare bird, rara avis (littér) ▷ **mouton à laine** sheep reared for wool ▷ **mouton retourné** sheepskin ▷ **mouton à viande** sheep reared for meat

### Moutons de Panurge

The expression **moutons de Panurge** is an allusion to a famous scene in Rabelais' « Pantagruel », in which Pantagruel throws a sheep into the sea and the rest of the flock throw themselves in after it. The term **mouton de Panurge** is used metaphorically to refer to any person who blindly follows the herd.

**moutonnant, e** /mutɔnɑ̃, ɑ̃t/ ADJ *[mer]* flecked with white horses *(Brit)* *ou* with white caps *(US)*; *(littér)* *[collines]* rolling *(épith)*

**moutonné, e** /mutɔne/ (ptp de **moutonner**) ADJ *[ciel]* flecked with fleecy *ou* fluffy clouds

**moutonnement** /mutɔnmɑ̃/ NM ◆ **contempler le ~ de la mer** to look at the white horses *(Brit)* *ou* white caps *(US)* on the sea ◆ **le ~ des collines** *(littér)* the rolling hills

**moutonner** /mutɔne/ ► conjug 1 ◄ VI *[mer]* to be flecked with white horses *(Brit)* *ou* white caps *(US)*; *(littér)* *[collines]* to roll; *[ciel]* to be flecked with fleecy *ou* fluffy clouds

**moutonneux, -euse** /mutɔnø, øz/ ADJ *[mer]* flecked with white horses *(Brit)* *ou* with white caps *(US)*; *[ciel]* flecked with fleecy *ou* fluffy clouds

**moutonnier, -ière** /mutɔnje, jɛʀ/ ADJ *[réflexe, personne]* sheep-like ◆ **ils ont un comportement ~** they behave like sheep

**mouture** /mutyʀ/ NF **a** *(= action)* *[de blé]* milling, grinding; *[de café]* grinding **b** *(= résultat)* **une ~ fine** *[de café]* finely ground coffee ◆ **c'est la première ~** *[d'article, rapport]* it's the first draft ◆ **c'est la 3e ~ du même livre** *(péj)* it's the 3rd rehash of the same book

**mouvance** /muvɑ̃s/ NF **a** *(= domaine d'influence)* sphere of influence ◆ **entraîner qn dans sa ~** to draw sb into one's sphere of influence ◆ **il n'appartient pas à la ~ présidentielle** *(Pol)* he's not at the same end of the political spectrum as the president ◆ **au sein de la ~ écologiste** among the different ecological parties **b** *(gén péj)* *[de pensée, situation]* ever-changing nature ◆ **la ~ politique/sociale** the ever-changing political/social scene ◆ **une culture en perpétuelle ~** an ever-changing culture **c** *(Hist)* subinfeudation; *(Philos)* mobility

**mouvant, e** /muvɑ̃, ɑ̃t/ ADJ *[situation]* unsettled, fluid; *[ombre, flamme]* moving, changing; *[pensée, univers]* changing; *[frontières]* shifting; *[terrain]* unsteady, shifting ◆ **être sur un** *ou* **en terrain ~** *(fig)* to be on shaky *ou* uncertain ground; → **sable1**

**mouvement** /muvmɑ̃/ NM **a** *(= geste)* movement, motion ◆ **~s de gymnastique** (physical) exercises ◆ **il a des ~s très lents** he is very slow in his movements ◆ **il approuva d'un ~ de tête** he nodded his approval, he gave a nod of approval ◆ **elle refusa d'un ~ de tête** she shook her head in refusal, she refused with a shake of her head ◆ **elle eut un ~ de recul** she started back ◆ **le ~ des lèvres** the movement of the lips ◆ **faire un ~** to move, to make a move ◆ **elle ne pouvait plus faire le moindre ~** she could no longer move at all ◆ **rester sans ~** to remain motionless; → **faux2, temps1**

**b** *(= impulsion, réaction)* **dans un ~ de colère/d'indignation** in a fit *ou* a burst of anger/of indignation ◆ **les ~s de l'âme** the impulses of the soul ◆ **des ~s dans l'auditoire** a stir in the audience ◆ **discours accueilli avec des ~s divers** speech which got a mixed reception ◆ **son premier ~ fut de refuser** his first impulse was to refuse ◆ **agir de son propre ~** to act of one's own accord ◆ **avoir un bon ~** to make a nice *ou* kind gesture ◆ **allons, un bon ~ !** come on, just a small gesture! ◆ **dans un bon ~** on a kindly impulse

**c** *(= activité)* *[de ville, entreprise]* activity, bustle ◆ **une rue pleine de ~** a busy *ou* lively street ◆ **il aime le ~** *(= il est dynamique)* he likes to be on the go; *(= il aime l'animation)* he likes the bustle of the city ◆ **il n'y a pas beaucoup de ~ le dimanche** not much happens on Sundays

**d** *(= déplacement)* movement ◆ **suivre le ~** to follow the crowd ◆ **presser le ~** *(lit, fig)* to step up the pace ◆ **~ de balancier** *(lit, fig)* swing of the pendulum, pendulum swing ◆ **le ~ perpétuel** perpetual motion ◆ **~ de foule** movement in the crowd ◆ **~s de population** *(Sociol)* shifts in population ◆ **d'importants ~s de troupes à la frontière** large-scale troop movements at *ou* along the frontier ◆ **~ de repli** *(Mil)* withdrawal ◆ **~ tournant** (out)flanking movement ◆ **~ de marchandises/de capitaux** *ou* **de fonds** movement of goods/of capital ◆ **les ~s monétaires internationaux** fluctuations on the world money markets ◆ **~ d'un compte** *(Banque)* account activity, turnover in an account ◆ **~ de personnel** changes in staff *ou* personnel

◆ **en mouvement** ◆ **être sans cesse en ~** to be constantly on the move *ou* on the go ◆ **mettre qch en ~** to set sth in motion, to set sth going ◆ **se mettre en ~** to set off, to get going; → **guerre**

**e** *(Philos, Pol etc = évolution)* **le ~ des idées** the evolution of ideas ◆ **le parti du ~** the party in favour of change, the party of progress ◆ **être dans le ~** to keep up-to-date ◆ **un ~ d'opinion se dessine en faveur de ...** one can detect a trend of opinion in favour of ... ◆ **le ~ des prix** price trends ◆ **~ de baisse/de hausse (sur les ventes)** downward/upward movement *ou* trend (in sales)

**f** *(= rythme)* *[de phrase]* rhythm; *[de tragédie]* movement, action; *[de mélodie]* tempo

**g** *(Pol, Sociol = groupe, action)* movement ◆ **~ politique** political movement ◆ **le ~ ouvrier/étudiant** the labour/student movement ◆ **Mouvement de libération de la femme** Women's Liberation Movement, Women's Lib * ◆ **~(s) de grève** strike *ou* industrial action *(NonC)* ◆ **~ de protestation** *ou* **de contestation** protest movement

**h** *(Mus)* movement

**i** *(Tech = mécanisme)* movement ◆ **par un ~ d'horlogerie** by clockwork ◆ **fermeture à ~ d'horlogerie** time lock

**j** *(= ligne, courbe)* *[de sculpture]* contours; *[de draperie, étoffe]* drape; *[de collines]* undulations, rise and fall *(NonC)* ◆ **~ de terrain** undulation

**mouvementé, e** /muvmɑ̃te/ ADJ *[vie, poursuite, récit]* eventful; *[séance]* turbulent, stormy; *[terrain]* rough ◆ **j'ai eu une journée assez ~e** I've had quite a hectic day

**mouvoir** /muvwaʀ/ ► conjug 27 ◄ VT *(gén ptp)* **a** *[+ machine]* to drive, to power; *[+ bras, levier]* to move ◆ **il se leva comme mû par un ressort** he sprang up as if propelled by a spring *ou* like a Jack-in-the-box **b** *[motif, sentiment]* to drive, to prompt VPR **se mouvoir** to move ◆ **faire (se) ~** *[+ partie du corps]* to move; *[+ robot]* *(gén)* to move; *[source d'énergie]* to drive, to power

**moyen1, -yenne1** /mwajɛ̃, jɛn/ ADJ **a** *(= ni grand ni petit, modéré)* *[taille]* medium, average; *[ville, maison]* medium-sized; *[prix]* moderate ◆ **les moyennes entreprises** medium-sized companies ◆ **un produit de qualité moyenne** a product of average *ou* medium quality; → **cours, onde, poids**

**b** *(= intermédiaire)* *[cadre, classe, revenu]* middle ◆ **la solution moyenne** the middle-of-the-road solution ◆ **il doit exister une voie moyenne entre liberté totale et discipline** there must be a middle way between complete freedom and discipline ◆ **une voiture de gamme moyenne** *(Écon)* a mid-range *ou* middle-of-the-range car; → aussi **cours**

**c** *(= du type courant)* average ◆ **le Français/le lecteur ~** the average Frenchman/reader

**d** *(= ni bon ni mauvais)* *[résultats, intelligence, équipe]* average; *(Scol : sur copie d'élève)* fair, average ◆ **nous avons eu un temps ~** we had mixed weather, the weather was so-so * ◆ **il est ~ en géographie** he is average at geography ◆ **son devoir est très ~** his essay is pretty poor * ◆ **comment as-tu trouvé le spectacle ? – très ~** what did you think of the show? – pretty average

**e** *(d'après des calculs)* *[température, âge]* average, mean; *[prix, durée, densité, vitesse]* average ◆ **le revenu ~ par tête d'habitant** the average per capita income ◆ **la consommation moyenne annuelle de chocolat** the average annual consumption of chocolate

**f** *(Géog)* **le cours ~ du fleuve** the middle reaches of the river ◆ **les régions de la Loire moyenne** the middle regions of the Loire

**g** *(Ling)* **voyelle moyenne** mid *ou* central vowel

**moyen2** /mwajɛ̃/ GRAMMAIRE ACTIVE 44.1

NM **a** *(= procédé, manière)* means, way ◆ **il y a toujours un ~** there's always a way, there are ways and means ◆ **par quel ~ allez-vous le convaincre ?** how will you manage to convince him? ◆ **connaissez-vous un bon ~ pour ... ?** do you know a good way to ...? ◆ **c'est le meilleur ~ de rater ton examen** it's the best way to fail your exam ◆ **c'est l'unique ~ de s'en sortir** it's the only way out, it's the only way we can get out of it ◆ **tous les ~s lui sont bons** *(péj)* he'll stop at nothing *ou* he'll do anything to get what he wants ◆ **quand on veut réussir tous les ~s sont bons** anything goes when one wants to succeed ◆ **tous les ~s seront mis en œuvre pour réussir** we shall use all possible means to succeed ◆ **se débrouiller avec les ~s du bord** to get by as best one can, to make do and mend ◆ **employer les grands ~s** to resort to *ou* take drastic *ou* extreme measures ◆ **trouver le ~ de faire qch** *(lit)* to find some means *ou* way of doing sth ◆ **il a trouvé (le) ~ de se perdre** *(fig hum)* he managed *ou* contrived *(frm)* to get lost ◆ **il trouve toujours (un) ~ de me mettre en colère** he always manages to make me angry ◆ **nous avons les ~s de vous faire parler !** we have ways of making you talk! ◆ **adverbe de ~** *(Gram)* adverb of means

◆ **au moyen de, par le moyen de** by means of, using ◆ **au ~ d'un parachute** by means of *ou* using a parachute ◆ **enlevez la rouille au ~ d'une brosse métallique** remove the rust with a wire brush

◆ **par tous les moyens** *(gén)* by all possible means; *(même malhonnêtes)* by fair means or foul, by hook or by crook ◆ **essayer par tous les ~s** to try every possible means ◆ **j'ai essayé par tous les ~s de le convaincre** I've done everything to try and convince him

**b** *(= possibilité)* **est-ce qu'il y a ~ de lui parler ?** is it possible to speak to him? ◆ **voyons s'il y a ~ de trouver les fonds** let's see if it's possible to get *ou* if there's some way of getting the funding ◆ **le ~ de dire autre chose !** what else could I say? ◆ **le ~ de lui refuser !** how could I possibly refuse? ◆ **il n'y a pas ~ de sortir par ce temps** you can't go out in this weather ◆ **pas ~ d'avoir une réponse claire !** there's no way you can get a clear answer! ◆ **pas ~ de savoir ce qu'ils se sont dit** there's no (way of) knowing what they said to each other ◆ **non, il n'y a pas ~ !** no, nothing doing! *, no, no chance! * ◆ **il n'y a plus ~ de lui parler** you can't talk to him any more ◆ **il n'y a jamais ~ qu'il fasse son lit** you'll never get him to make his bed, he'll never make his bed

NMPL **moyens** **a** *(= capacités intellectuelles, physiques)* **il a de grands ~s (intellectuels)** he has great powers of intellect *ou* intellectual powers ◆ **ça lui a enlevé** *ou* **fait perdre tous ses ~s** it left him completely at a loss, it completely threw him * ◆ **il était en pleine possession de ses ~s** ou **en possession de tous ses ~s** *(gén)* his powers were at their peak; *[personne âgée]* he was in full possession of his faculties ◆ **c'est au-dessus de ses ~s** it's beyond him, it's beyond his abilities *ou* capabilities ◆ **par ses propres ~s** *[réussir]* all by oneself, on one's own ◆ **ils ont dû rentrer par leurs propres ~s** they had to make their own way home, they had to go home under their own steam * *(Brit)*

**b** *(= ressources financières)* means ◆ **il a les ~s** he has the means, he can afford it ◆ **avoir de gros/petits ~s** to have a large/small income, to be well/badly off ◆ **c'est dans mes ~s** I can afford it ◆ **il vit au-dessus de ses ~s** he lives beyond his means ◆ **il n'a pas les ~s de s'acheter une voiture** he can't afford to buy a car ◆ **c'est au-dessus de ses ~s** he can't afford it, it's beyond his means

**COMP** ▷ **moyen d'action** means of action ▷ **moyen anglais** Middle English ▷ **moyens audiovisuels** audiovisual aids ▷ **moyen de communication** means of communication ▷ **moyen de défense** means of defence ▷ **moyen d'existence** means of existence ▷ **moyen d'expression** means of expression ▷ **moyen de locomotion** means of transport ▷ **moyen de paiement** method *ou* means of payment ▷ **moyen de pression** means of (applying) pressure ◆ **nous n'avons aucun ~ de pression sur lui** we have no means of putting pressure on him *ou* no hold on him ▷ **moyen de production** means of production ▷ **moyen de transport** means *ou* mode of transport

**Moyen Âge, Moyen-Âge** /mwajɛnɑʒ/ **NM** ◆ **le ~** the Middle Ages ◆ **le haut ~** the early Middle Ages ◆ **au ~** in the Middle Ages

**moyenâgeux, -euse** /mwajɛnɑʒø, øz/ **ADJ** *[ville, costumes]* medieval; *(péj) [pratiques, théorie]* antiquated, outdated

**moyen-courrier** (pl **moyens-courriers**) /mwajɛ̃kuʀje/ **ADJ** *[vol]* medium-haul **NM** *(Aviat)* medium-haul aircraft

**moyennant** /mwajɛnɑ̃/ **PRÉP** *[+ argent]* for; *[+ service]* in return for; *[+ travail, effort]* with ◆ **~ finance(s)** for a fee *ou* a consideration ◆ **~ quoi** in return for which, in consideration of which

**moyenne**[2] /mwajɛn/ **NF** **a** *(gén)* average ◆ **au-dessus/au-dessous de la ~** above/below average ◆ **faites la ~ de ces chiffres** work out the average of these figures ◆ **la ~ d'âge/des températures** the average *ou* mean age/temperature ◆ **la ~ des gens pense que ...** most people *ou* the broad mass of people think that ... ◆ **~ géométrique/arithmétique** *(Math)* geometric/arithmetic mean ◆ **le taux de natalité y est inférieur à la ~ nationale** the birthrate there is lower than the national average

**b** *(Scol)* **avoir la ~** *(à un devoir)* to get fifty per cent, to get half marks *(Brit)*; *(à un examen)* to get a pass *ou* a pass mark *(Brit)* ◆ **~ générale (de l'année)** average (for the year) ◆ **améliorer** *ou* **remonter sa ~** to improve one's marks *ou* grades ◆ **la ~ de la classe est de 9 sur 20** the class average is 9 out of 20 ◆ **cet élève est dans la ~/la bonne ~** this pupil is about/above average

**c** *(Aut, Sport)* average speed ◆ **faire du 100 de ~** to average 100 km/h, to drive at an average speed of 100 km/h

**LOC ADV** **en moyenne** on average ◆ **l'usine produit en ~ 500 voitures par jour** the factory turns out 500 cars a day on average, the factory averages 500 cars a day

**moyennement** /mwajɛnmɑ̃/ **ADV** **a** *(= médiocrement)* **c'est ~ bon** it's pretty average ◆ **c'est ~ intéressant/drôle** it's not that interesting/funny ◆ **il est ~ apprécié** he's not liked that much ◆ **c'est très ~ payé** it's poorly paid ◆ **je ne suis que ~ convaincu** I'm only half convinced ◆ **j'ai réussi ~ en anglais** I didn't do that well in English ◆ **j'aime ~ ça** I don't like it that much, I'm not that keen on it *(Brit)* ◆ **ça va ? – ~** * how are things? – so-so * *ou* could be worse * **b** *(= dans la moyenne) [radioactif, sucré]* moderately ◆ **~ intelligent** of average intelligence

**Moyen-Orient** /mwajɛnɔʀjɑ̃/ **NM** ◆ **le ~** the Middle East ◆ **au ~** in the Middle East ◆ **les pays/villes du ~** Middle Eastern countries/cities

**moyen-oriental, e** (mpl **moyen-orientaux**) /mwajɛ̃ɔʀjɑ̃tal, o/ **ADJ** Middle Eastern

**moyeu** (pl **moyeux**) /mwajø/ **NM** *[de roue]* hub; *[d'hélice]* boss

**mozambicain, e** /mɔzɑ̃bikɛ̃, ɛn/ **ADJ** Mozambican **NM,F** **Mozambicain(e)** Mozambican

**Mozambique** /mɔzɑ̃bik/ **NM** Mozambique

**Mozart** /mɔzaʀ/ **NM** Mozart

**mozartien, -ienne** /mɔzaʀtjɛ̃, jɛn/ **ADJ** Mozartian, of Mozart

**mozzarella** /mɔdzaʀela/ **NF** mozzarella

**mp3** /ɛmpetʀwa/ **NM** *(Mus, Ordin)* MP3

**MRAP** /mʀap/ **NM** (abrév de **mouvement contre le racisme, l'antisémitisme et pour l'amitié des peuples**) *French anti-racist and peace movement*

**MST** /ɛmɛste/ **NF** **a** (abrév de **maladie sexuellement transmissible**) STD **b** (abrév de **maîtrise de sciences et techniques**) *master's degree in science and technology*

**mu** /my/ **NM** mu

**mû, mue**[1] /my/ ptp de **mouvoir**

**mucilage** /mysilaʒ/ **NM** mucilage

**mucosité** /mykozite/ **NF** *(gén pl)* mucus *(NonC)*

**mucoviscidose** /mykovisidoz/ **NF** cystic fibrosis, mucoviscidosis *(SPÉC)*

**mucus** /mykys/ **NM** mucus *(NonC)*

**mue**[2] /my/ **NF** **a** *(= transformation) [d'oiseau]* moulting *(Brit)*, molting *(US)*; *[de serpent]* sloughing; *[de mammifère]* shedding, moulting *(Brit)*, molting *(US)*; *[de cerf]* casting; *[de voix]* breaking *(Brit)*, changing *(US)* ◆ **la ~ (de la voix) intervient vers 14 ans** the voice breaks *(Brit)* *ou* changes *(US)* at about 14 years of age **b** *(= époque)* moulting *etc* season **c** *(= peau, plumes) [de serpent]* slough; *[de mammifère]* moulted *ou* shed hair; *[d'oiseau]* moulted *ou* shed feathers **d** *(Agr = cage)* coop

**muer** /mɥe/ ▸ conjug 1 ◂ **VI** *[oiseau]* to moult *(Brit)*, to molt *(US)*; *[serpent]* to slough (its skin), to shed its skin; *[mammifère]* to moult *(Brit)*, to molt *(US)*, to shed hair (*ou* skin *etc*); *[cerf]* to cast its antlers ◆ **sa voix mue, il mue** his voice is breaking *(Brit)* *ou* changing *(US)* **VT** *(littér)* ◆ **~ qch en** to transform *ou* change *ou* turn sth into **VPR** **se muer** *(littér)* **se ~ en** to transform *ou* change *ou* turn into ◆ **il s'est mué en défenseur acharné de notre cause** he's turned into a fervent supporter of our cause

**muesli** /mysli/ **NM** muesli

**muet, muette** /mɥɛ, mɥɛt/ **ADJ** **a** *(Méd)* dumb **b** *(= silencieux) [colère, prière, personne]* silent, mute; *(littér) [forêt]* silent ◆ **~ de colère/surprise** speechless with anger/surprise ◆ **~ de peur** dumb with fear ◆ **le code est ~ à ce sujet** the law is silent on this matter ◆ **~ comme une tombe** (as) silent as the grave ◆ **rester ~** *[témoin, rapport]* to remain silent (*sur* on); ◆ **il est resté ~ comme une carpe** he never opened his mouth ◆ **en rester ~** **(d'étonnement)** to stand speechless, to be struck dumb (with astonishment)

**c** *(Ciné, Théât) [film, cinéma]* silent; *[rôle]* non-speaking *(épith)*; *[scène]* with no dialogue ◆ **carte muette** *(au restaurant)* menu without prices *(given to guests)*

**d** *(Ling)* mute, silent

**e** *(Scol, Géog) [carte, clavier de machine à écrire]* blank ◆ **clavier ~** *(Mus)* dummy keyboard

**NM** **a** *(= infirme)* mute, dumb man

**b** *(Ciné)* **le ~** the silent cinema *ou* screen

**NF** **muette** mute, dumb woman ◆ **la grande Muette** *(Mil)* the army

**muezzin** /mɥɛdzin/ **NM** muezzin

**mufle** /myfl/ **NM** **a** *(Zool = museau) [de bovin]* muffle; *[de chien, lion]* muzzle **b** *(* = goujat)* boor, lout ◆ **ce qu'il est ~ alors !** he's such a lout *ou* yob ‡ *(Brit)*!

**muflerie** /myfləʀi/ **NF** boorishness *(NonC)*, loutishness *(NonC)*

**muflier** /myflije/ **NM** antirrhinum, snapdragon

**mufti** /myfti/ **NM** *(Rel)* mufti

**muge** /myʒ/ **NM** grey mullet

**mugir** /myʒiʀ/ ▸ conjug 2 ◂ **VI** **a** *[vache]* to low, to moo; *[bœuf]* to bellow **b** *(littér) [vent]* to howl; *[mer]* to roar; *[sirène]* to wail

**mugissement** /myʒismɑ̃/ **NM** **a** *[de vache]* lowing, mooing; *[de bœuf]* bellowing **b** *(littér) [de vent]* howling; *[de mer]* roaring; *[de sirène]* wailing

**muguet** /mygɛ/ **NM** **a** *(Bot)* lily of the valley **b** *(Méd)* thrush

**mulâtre, mulâtresse** /mylɑtʀ, mylɑtʀɛs/ **NM,F**, **mulâtre** **ADJ INV** mulatto

**mule** /myl/ **NF** **a** *(Zool)* (female) mule; → **tête, têtu** **b** *(= pantoufle)* mule ◆ **la ~ du pape** the Pope's slipper **c** *(arg Drogue)* mule *(arg)*

**mulet** /mylɛ/ **NM** **a** *(Zool)* (male) mule; *(= poisson)* mullet **b** *(arg Aut)* spare *ou* replacement car

**muletier, -ière** /myl(ə)tje, jɛʀ/ **ADJ** ◆ **sentier** *ou* **chemin ~** mule track **NM,F** mule-driver, muleteer

**mullah** /myla/ **NM** ⇒ **mollah**

**mulot** /mylo/ **NM** field mouse

**multi(-)** /mylti/ **PRÉF** *(dans les mots composés à trait d'union, le préfixe reste invariable)* multi(-) ◆ **~-usage** multipurpose

**multicarte** /myltikaʀt/ **ADJ** → **représentant**

**multicellulaire** /myltiselylɛʀ/ **ADJ** multicellular

**multicolore** /myltikɔlɔʀ/ **ADJ** multicoloured *(Brit)*, many-coloured *(US)*

**multiconfessionnel, -elle** /multikɔ̃fesjɔnɛl/ **ADJ** *[association, État]* multi-denominational

**multicoque** /myltikɔk/ **ADJ, NM** ◆ **(voilier) ~** multihull

**multicouche** /myltikuʃ/ **ADJ** *[revêtement]* multilayered ◆ **objectif ~** *(Photo)* lens with multiple coatings

**multicritères, multi-critères** /myltikʀitɛʀ/ **ADJ** *(Ordin) [recherche]* multicriteria *(épith)*

**multiculturalisme** /myltikyltyʀalism/ **NM** multiculturalism

**multiculturel, -elle** /myltikyltyʀɛl/ **ADJ** multicultural

**multidiffusion** /myltidifyzjɔ̃/ **NF** *(Audiov)* repeat broadcasting ◆ **le film passera en ~** the film will be broadcast several times, there will be several repeats *ou* repeat broadcasts of the film

**multidimensionnel, -elle** /myltidimɑ̃sjɔnɛl/ ADJ multidimensional

**multidisciplinaire** /myltidisiplinɛʀ/ ADJ multidisciplinary

**multiethnique, multi-ethnique** /myltiɛtnik/ ADJ multi-ethnic

**multifactoriel, -elle** /myltifaktɔʀjɛl/ ADJ multifactorial

**multifenêtre** /myltifənɛtʀ/ ADJ *(Ordin)* multiwindow *(épith)*

**multiflore** /myltiflɔʀ/ ADJ multiflora

**multifonction** /myltifɔ̃ksjɔ̃/ ADJ *(gén)* multifunction *(épith)*; *(Ordin)* multiprocessing *(épith)*, multitask(ing) *(épith)*

**multiforme** /myltifɔʀm/ ADJ *[apparence]* multiform; *[problème]* many-sided

**multigrade** /myltigʀad/ ADJ ◆ **huile** ~ multigrade oil

**multilatéral, e** (mpl **-aux**) /myltilateʀal, o/ ADJ multilateral

**multilatéralisme** /myltilateʀalism/ NM *(Écon)* multilateralism

**multilingue** /myltilɛ̃g/ ADJ multilingual

**multilinguisme** /myltilɛ̃gɥism/ NM multilingualism

**multimédia** /myltimedja/ ADJ multimedia NM ◆ **le** ~ multimedia

**multimédiathèque** /myltimedjatɛk/ NF multimedia library

**multimédiatique** /myltimedjatik/ ADJ multimedia *(épith)*

**multimilliardaire** /myltimiljaʀdɛʀ/, **multimillionnaire** /myltimiljɔnɛʀ/ ADJ, NMF multimillionaire

**multinational, e** (mpl **-aux**) /myltinasjɔnal, o/ ADJ multinational NF **multinationale** multinational (company)

**multiniveaux** /myltinivo/ ADJ multilevel

**multipare** /myltipaʀ/ ADJ multiparous NF *(= femme)* multipara; *(= animal)* multiparous animal

**multipartenariat** /myltipaʀtənaʀja/ NM *having several sexual partners*

**multipartisme** /myltipaʀtism/ NM *(Pol)* multiparty system

**multipartite** /myltipaʀtit/ ADJ *(Pol)* multiparty *(épith)*

**multiple** /myltipl/ ADJ a *(= nombreux)* numerous, multiple, many; *[fracture, blessures, grossesses, naissances, partenaires]* multiple ◆ **dans de ~s cas** in numerous *ou* many instances ◆ **en de ~s occasions** on numerous *ou* many occasions ◆ **pour des raisons ~s** *ou* **de ~s raisons** for many different reasons ◆ **à de ~s reprises** time and again, repeatedly ◆ **à têtes ~s** *[missile]* multiple-warhead; *[outil]* with (a range of) attachments ◆ **outil à usages ~s** multi-purpose tool ◆ **choix** ~ multiple choice ◆ **la xénophobie revêt des formes ~s** xenophobia comes in many different guises *ou* forms ◆ **c'est une évolution aux causes ~s** there are many different reasons behind this development; → **magasin, prise**[2]

b *(= varié)* *[activités, aspects]* many, multifarious, manifold

c *(= complexe)* *[pensée, problème, homme]* many-sided, multifaceted; *[monde]* complex, mixed

d *(Math)* **100 est ~ de 10** 100 is a multiple of 10

NM multiple ◆ **plus petit commun** ~ lowest common multiple

> ⚠ *Attention à ne pas traduire automatiquement* **multiple** *par le mot anglais* **multiple**, *qui est d'un registre plus soutenu.*

**multiplex** /myltiplɛks/ ADJ, NM *(Téléc)* multiplex ◆ **émission (réalisée) en** ~ multiplex programme

**multiplexage** /myltiplɛksaʒ/ NM *(Téléc)* multiplexing

**multiplexe** /myltiplɛks/ NM *(Ciné)* multiplex (cinema), multiscreen cinema

**multiplexeur** /myltiplɛksœʀ/ NM *(Téléc)* multiplexer

**multipliable** /myltiplijabl/ ADJ multipli(c)able

**multiplicande** /myltiplikɑ̃d/ NM multiplicand

**multiplicateur, -trice** /myltiplikatœʀ, tʀis/ ADJ multiplying ◆ **effet** ~ multiplier effect NM multiplier

**multiplicatif, -ive** /myltiplikatif, iv/ ADJ *(Math)* multiplying; *(Gram)* multiplicative

**multiplication** /myltiplikasjɔ̃/ NF a *(= prolifération)* proliferation ◆ **devant la ~ des accidents** with the increasing number of accidents ◆ **ils demandent la ~ des contrôles** they are asking for more checks *ou* for an increase in the number of checks ◆ **on observe la ~ des faillites d'entreprises** there has been an increase in the number of bankruptcies ◆ **la ~ des pains** *(Bible)* the miracle of the loaves and fishes b *(Bio, Bot, Math)* multiplication ◆ **faire une** ~ *(Math)* to do a multiplication c *(Tech)* gear ratio

**multiplicité** /myltiplisite/ NF multiplicity

**multiplier** /myltiplije/ ► conjug 7 ◄ VT a *(Math)* to multiply (*par* by); ◆ **les prix ont été multipliés par deux/trois** prices have doubled/tripled, prices have increased twofold/threefold

b *(= répéter)* ~ **les attaques/avertissements** to make repeated attacks/warnings ◆ **nous multiplions les initiatives pour aider les sans-abri** we are bringing in more schemes to help the homeless ◆ **les universités multiplient les contacts avec les entreprises** universities are having more and more contact with businesses ◆ **les autorités multiplient les appels au calme** the authorities are issuing repeated appeals for calm ◆ **je pourrais ~ les exemples** I could give you hundreds of examples ◆ **malgré nos efforts multipliés** in spite of our increased efforts

VPR **se multiplier** a *[incidents, attaques, difficultés]* to increase ◆ **les rumeurs se multiplient sur son éventuelle démission** there is increasing speculation about his possible resignation ◆ **les licenciements se multiplient dans ce secteur** redundancies are on the increase in this sector ◆ **les parcs à thème se multiplient en France** the number of theme parks in France is on the increase ◆ **les réunions se multiplient** there are more and more meetings

b *(= se reproduire)* *[animaux]* to multiply; → **croître**

c *(= se donner à fond)* *[personne]* to do one's utmost, to give of one's best (*pour faire* in order to do)

> ⚠ *Au sens de 'répéter',* **multiplier** *ne se traduit pas par* **to multiply**.

**multipoint(s)** /myltipwɛ̃/ ADJ INV *[serrure]* multipoint ◆ **injection ~(s)** *(Aut)* multipoint fuel injection

**multipolaire** /myltipɔlɛʀ/ ADJ a *(Tech)* multipolar b *(fig)* *[monde, organisation, système]* multipolar

**multiposte** /myltipɔst/ ADJ → **configuration**

**multiprise** /myltipʀiz/ NF adaptor

**multiprocesseur** /myltipʀɔsesœʀ/ NM multiprocessor

**multiprogrammation** /myltipʀɔgʀamasjɔ̃/ NF multiprogramming

**multipropriété** /myltipʀɔpʀijete/ NF timesharing ◆ **acheter un appartement en** ~ to buy a timeshare in a flat *(Brit)* *ou* apartment *(US)*

**multiracial, e** (mpl **-iaux**) /myltiʀasjal, jo/ ADJ multiracial

**multirécidiviste** /myltiʀesidivist/ *(Jur)* ADJ *[personne]* who has committed several criminal offences NMF persistent offender

**multirésistant, e** /myltiʀezistɑ̃, ɑ̃t/ ADJ *(Bio)* *[microbe, souche]* multi-resistant

**multirisque(s)** /myltiʀisk/ ADJ ◆ **assurance ~(s)** ≃ comprehensive insurance ◆ **contrat ~s habitation** comprehensive home insurance policy

**multisalle(s)** /myltisal/ ADJ ◆ **(cinéma** *ou* **complexe) ~(s)** multiplex (cinema), multiscreen cinema (complex)

**multistandard** /myltistɑ̃daʀ/ ADJ *[téléviseur, magnétoscope]* multistandard

**multitâche** /myltitaʃ/ ADJ *(Ordin)* multitask(ing) *(épith)*

**multithérapie** /myltiteʀapi/ NF combination therapy

**multitraitement** /myltitʀɛtmɑ̃/ NM *(Ordin)* multiprocessing

**multitude** /myltityd/ NF a *(= grand nombre)* **(toute) une ~ de** *[+ personnes]* a multitude of, a vast number of; *[+ objets, idées]* a vast number of ◆ **une ~ de gens** a multitude *ou* a throng of people b *(= ensemble, masse)* mass ◆ **on pouvait voir d'en haut la ~ des champs** from the air you could see the mass of fields c *(† ou littér = foule de gens)* **la** ~ the multitude, the throng

**mumuse** * /mymyz/ NF ◆ **faire** ~ to play (*avec* with); ◆ **alors, on fait ~ ?** are you having a nice time then?

**Munich** /mynik/ N Munich

**munichois, e** /mynikwa, waz/ ADJ of *ou* from Munich, Munich *(épith)* ◆ **bière ~e** Munich beer NM,F **Munichois(e)** inhabitant *ou* native of Munich ◆ **les Munichois** *(Pol)* the men of Munich

**municipal, e** (mpl **-aux**) /mynisipal, o/ ADJ *[élection, taxe, bibliothèque]* municipal; *[employé]* council *(épith)*; *[conseil, conseiller]* local, town *(épith)*, borough *(épith)*; → **arrêté** NFPL **municipales** ◆ **les ~es** the local *ou* council elections

**municipalité** /mynisipalite/ NF a *(= ville)* town b *(= conseil)* town council, municipality *(Admin)*

**munificence** /mynifisɑ̃s/ NF *(littér)* munificence

**munificent, e** /mynifisɑ̃, ɑ̃t/ ADJ *(littér)* munificent

**munir** /myniʀ/ ► conjug 2 ◄ VT ◆ ~ **un objet de** to provide *ou* fit an object with ◆ ~ **une machine de** to equip *ou* fit a machine with ◆ ~ **un bâtiment de** to equip *ou* fit out a building with ◆ ~ **qn de** to provide *ou* supply *ou* equip sb with ◆ **canne munie d'un bout ferré** walking stick with an iron tip ◆ **muni de ces conseils** armed with this advice ◆ **muni d'un bon dictionnaire** equipped with a good dictionary ◆ **muni des**

**sacrements de l'Église** fortified with the rites of the Church VPR **se munir** ◆ **se ~ de** *[+ papiers]* to provide o.s. with; *[+ imperméable]* to take; *[+ argent, nourriture]* to take a supply of ◆ **se ~ de courage** to pluck up one's courage ◆ **munissez-vous de votre passeport** take your passport (with you)

**munitions** /mynisjɔ̃/ NFPL a *(Mil, Chasse)* ammunition *(NonC)*, munitions b *(† = ressources)* supplies

**munster** /mœ̃stɛʀ/ NM Munster (cheese)

**muon** /myɔ̃/ NM muon

**muphti** /myfti/ NM ⇒ **mufti**

**muqueux, -euse** /mykø, øz/ ADJ mucous NF **muqueuse** mucous membrane

**mur** /myʀ/ NM a *(Constr)* wall ◆ **leur jardin est entouré d'un ~** their garden is walled *ou* is surrounded by a wall ◆ **une maison aux ~s de brique** a brick house ◆ **~ d'appui** parapet ◆ **mettre/pendre qch au ~** to put/hang sth on the wall ◆ **sauter** *ou* **faire le ~** * to go over the wall ◆ **on va droit dans le ~** *(fig)* we're heading straight for disaster ◆ **ils n'ont laissé que les (quatre) ~s** they left nothing but the bare walls ◆ **rester entre quatre ~s** *[prisonnier]* to stay within the confines of one's cell; *(chez soi)* to stay indoors *ou* inside ◆ **l'ennemi est dans nos ~s** the enemy is within our gates ◆ **M. X est dans nos ~s aujourd'hui** we have Mr X with us today ◆ **maintenant que nous sommes dans nos ~s** now (that) we're in our new house (*ou* flat *etc*), now we have our own four walls ◆ **être propriétaire des ~s** *(Jur)* to own the premises ◆ **les ~s ont des oreilles !** walls have ears! ◆ **faire le ~** *(Sport)* to make a wall ◆ **faire du ~** *(Tennis)* to practise against a wall

b *(= obstacle) (Ski)* wall; *[de feu, pluie]* wall; *[de silence, hostilité]* barrier, wall ◆ **il y a un ~ entre nous** there is a barrier between us ◆ **se heurter à** *ou* **se trouver devant un ~** to come up against a stone *ou* a brick wall ◆ **se heurter à un ~ d'incompréhension** to come up against a wall of incomprehension ◆ **être** *ou* **avoir le dos au ~** to have one's back to the wall ◆ **on parle à un ~** it's like talking to a brick wall; → **pied**

c *(Aviat)* **~ du son/de la chaleur** sound/heat barrier ◆ **passer** *ou* **franchir le ~ du son** to break the sound barrier

COMP ▷ **mur artificiel** ⇒ **mur d'escalade** ▷ **le mur de l'Atlantique** *(Mil, Pol)* the Atlantic Wall ▷ **le mur de Berlin** the Berlin Wall ▷ **mur d'escalade** climbing wall ▷ **le mur d'Hadrien** Hadrian's Wall ▷ **le mur des Lamentations** the Wailing Wall ▷ **mur pare-feu** *(Internet)* firewall

**mûr, e**[1] /myʀ/ ADJ a *[fruit, projet]* ripe; *[toile, tissu]* worn ◆ **fruit pas ~/trop ~** unripe/overripe fruit b *[personne] (= sensé)* mature; *(= âgé)* middle-aged ◆ **une femme assez ~e** a woman of mature years ◆ **il est ~ pour le mariage** he is ready for marriage ◆ **leur pays est-il ~ pour la démocratie ?** is their country ripe for democracy? c *(‡ = ivre)* tight *, plastered ‡ d ◆ **après ~e réflexion** after much thought, on mature reflection

**murage** /myʀaʒ/ NM *[d'ouverture]* walling up, bricking up, blocking up

**muraille** /myʀɑj/ NF (high) wall ◆ **la Grande Muraille de Chine** the Great Wall of China ◆ **~ de glace/roche** wall of ice/rock, ice/rock barrier ◆ **couleur (de) ~** (stone) grey

**mural, e** (mpl **-aux**) /myʀal, o/ ADJ *(gén)* wall *(épith)*; *(Art)* mural; *[télévision, panneau]* wall-mounted ◆ **peinture** *ou* **fresque ~e** mural (painting) ◆ **revêtement ~** wall-covering ◆ **papier (peint) ~** wallpaper

**mûre**[2] /myʀ/ NF *(gén)* blackberry; *[de mûrier blanc]* mulberry

**mûrement** /myʀmɑ̃/ ADV ◆ **~ réfléchi** *[décision]* carefully thought out ◆ **après avoir ~ réfléchi** *ou* **délibéré** after much *ou* considerable thought, after careful consideration

**murène** /myʀɛn/ NF moray (eel)

**murer** /myʀe/ ► conjug 1 ◄ VT a *[+ ouverture]* to wall up, to brick up, to block up; *[+ lieu, ville]* to wall (in) b *[+ personne] (lit)* to wall in, to wall up; *(fig)* to isolate VPR **se murer** *(chez soi)* to shut o.s. away ◆ **se ~ dans sa douleur/son silence** to immure o.s. in one's grief/in silence ◆ **il est muré dans la solitude** he has shut himself away

**muret** /myʀɛ/ NM, **murette** /myʀɛt/ NF low wall

**murex** /myʀɛks/ NM murex

**mûrier** /myʀje/ NM *(cultivé)* blackberry bush; *(sauvage)* blackberry bush, bramble (bush) ◆ **~ blanc** (white) mulberry tree

**mûrir** /myʀiʀ/ ► conjug 2 ◄ VI *[fruit]* to ripen; *[idée]* to mature, to develop; *[personne]* to mature; *[abcès, bouton]* to come to a head ◆ **faire ~** *[+ fruit]* to ripen ◆ **il a beaucoup mûri** he has matured a lot, he has become much more mature VT *[+ fruit]* to ripen; *[+ idée, projet]* to nurture; *[+ personne]* to (make) mature

**mûrissage** /myʀisaʒ/ NM *[de fruits]* ripening

**mûrissant, e** /myʀisɑ̃, ɑ̃t/ ADJ *[fruit]* ripening; *[personne]* of mature years

**mûrissement** /myʀismɑ̃/ NM *[de fruit]* ripening; *[d'idée]* maturing, development; *[de projet]* nurturing

**mûrisserie** /myʀisʀi/ NF *[de bananes]* ripening room

**murmure** /myʀmyʀ/ NM a *(= chuchotement) [de personne]* murmur; *[de ruisseau]* murmur(ing), babble; *[de vent]* murmur(ing) ◆ **~ vésiculaire** *(Méd)* vesicular murmur b *(= commentaire)* murmur ◆ **~ d'approbation/de protestation** murmur of approval/of protest ◆ **obéir sans ~** to obey without a murmur ◆ **~s** *(= protestations)* murmurings, mutterings; *(= objections)* objections; *(= rumeurs)* rumours *(Brit)*, rumors *(US)*

**murmurer** /myʀmyʀe/ ► conjug 1 ◄ VT *(= parler bas)* to murmur ◆ **ils se murmuraient des mots tendres** they were whispering sweet nothings to each other ◆ **on murmure que ..., certains murmurent que ...** *(rumeurs)* it's whispered that ..., rumour has it that ..., it is rumoured that ... ◆ **la situation va s'aggraver, murmurent les spécialistes** there are rumours among the experts that the situation is going to get worse ◆ **de mauvaises langues murmurent que ...** malicious tongues are putting (it) about that ... VI a *(= chuchoter) [personne, vent]* to murmur; *[ruisseau]* to murmur, to babble b *(= protester)* to mutter, to complain (*contre* about); ◆ **il a consenti sans ~** he agreed without a murmur (of protest)

**musaraigne** /myzaʀɛɲ/ NF *(Zool)* shrew

**musarder** /myzaʀde/ ► conjug 1 ◄ VI *(littér) (en se promenant)* to dawdle (along); *(en perdant son temps)* to idle (about)

**musc** /mysk/ NM musk

**muscade** /myskad/ NF a *(Culin)* nutmeg; → **noix** b *[de prestidigitateur]* (conjurer's) ball ◆ **passez ~ !** *(lit, fig)* hey presto!

**muscadet** /myskadɛ/ NM muscadet (wine)

**muscadier** /myskadje/ NM nutmeg (tree)

**muscadin** /myskadɛ̃/ NM *(Hist = élégant)* fop, coxcomb †, popinjay †

**muscari** /myskaʀi/ NM grape hyacinth

**muscat** /myska/ NM *(= raisin)* muscat grape; *(= vin)* muscat(el)

**muscle** /myskl/ NM muscle ◆ **~ cardiaque** heart *ou* cardiac muscle ◆ **~s lisses/striés** smooth/striated muscles ◆ **il est tout en ~** he's all muscle ◆ **il a des ~s** *ou* **du ~** * he's muscular *ou* beefy * *ou* brawny ◆ **pour gagner** *ou* **prendre du ~** to build up your muscles

**musclé, e** /myskle/ (ptp de **muscler**) ADJ a *[corps, membre, personne]* muscular ◆ **elle est très ~e des jambes** she's got very muscular legs, her legs are very muscular b *(= autoritaire) [régime, appariteur]* strong-arm *(épith)*; *[interrogatoire]* brutal, violent; *[discours]* forceful ◆ **méthodes ~es** strong-arm tactics ◆ **une intervention ~e de la police** a forceful intervention by the police ◆ **l'OTAN a lancé un avertissement ~ au dictateur** NATO has sent a strong warning to the dictator c *(* = difficile)* **un problème ~** a stinker ‡ of a problem, a knotty problem

**muscler** /myskle/ ► conjug 1 ◄ VT a *[+ corps, membre, personne]* to develop the muscles of b *[+ économie, industrie, projet, défense, équipe]* to strengthen VPR **se muscler** *[personne]* to develop one's muscles ◆ **pour que vos jambes se musclent** to develop your leg muscles

**muscu** * /mysky/ NF (abrév de **musculation**) ◆ **faire de la ~** to do body building

**musculaire** /myskylɛʀ/ ADJ *[effort, force, puissance]* muscular; *[cellule, douleur, fibre, masse]* muscle *(épith)* ◆ **une déchirure ~** a torn muscle

**musculation** /myskylasjɔ̃/ NF body building ◆ **exercices de ~** muscle-development exercises ◆ **salle de ~** weights room ◆ **faire de la ~** to do body building

**musculature** /myskylatyʀ/ NF muscle structure, musculature *(SPÉC)* ◆ **il a une ~ imposante** he has an impressive set of muscles

**musculeux, -euse** /myskylø, øz/ ADJ *[corps, membre, femme]* muscular; *[homme]* muscular, brawny

**muse** /myz/ NF *(Littérat, Myth)* Muse ◆ **les (neuf) ~s** the Muses ◆ **cultiver** *ou* **taquiner la ~** *(hum)* to court the Muse *(hum)*

**muséal** (mpl **muséaux**) /myseal, o/ ADJ museum *(épith)*

**museau** (pl **museaux**) /myzo/ NM a *[de chien]* muzzle; *[de bovin]* muffle; *[de porc]* snout; *[de souris]* nose b *(Culin)* brawn *(Brit)*, headcheese *(US)* c * *(= visage)* face, snout *; *(= bouche)* mouth ◆ **elle a un joli petit ~** she's got a pretty little face ◆ **essuie ton ~** wipe your mouth

**musée** /myze/ NM *(art, peinture)* art gallery; *(technique, scientifique)* museum ◆ **le ~ des Offices** the Uffizi (gallery) ◆ **~ de cire** waxworks *(sg)*, wax museum ◆ **Nîmes est une ville-~** Nîmes is a historical town, Nîmes is a town of great historical interest ◆ **~ des horreurs** *(hum)* junkshop *(hum)* ◆ **il ferait bien dans un ~ des horreurs** he should be in a chamber of horrors ◆ **objet** *ou* **pièce de ~** *(lit, fig)* museum piece

**museler** /myz(ə)le/ ► conjug 4 ◄ VT *[+ animal]* to muzzle; *[+ personne, liberté, presse]* to muzzle, to gag

**muselière** /myzəljɛʀ/ NF muzzle ◆ **mettre une ~ à** to muzzle

**musellement** /myzɛlmɑ̃/ NM *[d'animal]* muzzling; *[de personne, liberté, presse]* muzzling, gagging

**muséographie** /myzeɔgʀafi/ NF museography

**muséographique** /myzeɔgʀafik/ ADJ *[atelier, programme, projet]* museum *(épith)*

**muséologie** /myzeɔlɔʒi/ NF museology

**muser** /myze/ ▸ conjug 1 ◂ VI († ou littér) *(en se promenant)* to dawdle (along); *(en perdant son temps)* to idle (about)

**musette** /myzɛt/ NF a (= sac) *[d'ouvrier]* lunchbag; †† *[d'écolier]* satchel; *[de soldat]* haversack; *[de cheval]* nosebag ◆ **avec cinq médailles dans sa ~, il ...** with five medals under his belt, he ... b *(Mus = instrument, air)* musette c *(Zool)* common shrew NM (= bal) popular dance *(to the accordion)* ◆ **le ~** (= genre) accordion music ADJ INV *[genre, style]* musette; *[orchestre]* accordion *(épith)*; → **bal**

**muséum** /myzeɔm/ NM ◆ **~ (d'histoire naturelle)** (natural history) museum

**musical, e** (mpl **-aux**) /myzikal, o/ ADJ *[chaîne, critique, programmation]* music *(épith)*; *[directeur]* musical, music *(épith)* ◆ **l'œuvre ~e de Debussy** Debussy's musical works ou compositions ◆ **avoir l'oreille ~e** to have a good ear for music ◆ **spectacle ~** *(gén)* music show; *(= comédie)* musical; → **comédie**

**musicalement** /myzikalmɑ̃/ ADV musically

**musicalité** /myzikalite/ NF musicality, musical quality

**music-hall** (pl **music-halls**) /myzikol/ NM (= spectacle) music hall; (= salle) variety theatre, music hall ◆ **faire du ~** to be in ou do variety ◆ **spectacle/numéro de ~** variety show/turn ou act ou number

**musicien, -ienne** /myzisjɛ̃, jɛn/ ADJ musical NM,F musician

**musicographe** /myzikɔgʀaf/ NMF musicographer

**musicographie** /myzikɔgʀafi/ NF musicography

**musicologie** /myzikɔlɔʒi/ NF musicology

**musicologique** /myzikɔlɔʒik/ ADJ musicological

**musicologue** /myzikɔlɔg/ NMF musicologist

**musicothérapie** /myzikoteʀapi/ NF music therapy

**musique** /myzik/ NF a (= art, harmonie, notations) music; *[morceau]* piece of music ◆ **~ folklorique/militaire/sacrée** folk/military/sacred music ◆ **~ pour piano** piano music ◆ **elle fait de la ~** she does music, she plays an instrument ◆ **si on faisait de la ~** let's make some music ◆ **mettre un poème en ~** to set a poem to music ◆ **déjeuner en ~** to lunch against a background of music ◆ **travailler en ~** to work to music ◆ **je n'aime pas travailler en ~** I don't like working with music playing ◆ **elle nous chante maintenant "Manhattan", sur une ~ de Georges Leblanc** she's now going to sing "Manhattan" for us, music by Georges Leblanc ◆ **qui a écrit la ~ du film ?** who wrote the film score? ou the soundtrack? ◆ **il compose beaucoup de ~s de film** he composes a lot of film music ◆ **la ~ adoucit les mœurs** music has a civilizing influence, music soothes the savage breast ◆ **c'est toujours la même ~** * it's always the same old song ou tune ◆ **tu veux toujours aller plus vite que la ~** you always want to do things too quickly; → **boîte, connaître, papier**

b (= orchestre, fanfare) band ◆ **~ militaire** military band ◆ **marcher ou aller ~ en tête** *(Mil)* to march with the band leading; → **chef**[1]

COMP ▷ **musique d'ambiance** background ou ambient music ▷ **musique d'ascenseur** *(péj)* Muzak ®, elevator ou lift *(Brit)* music ▷ **musique de ballet** ballet music ▷ **musique de chambre** chamber music ▷ **musique classique** classical music ▷ **musique concrète** concrete music, musique concrète ▷ **musique de fond** *(gén)* background music; *[de film]* incidental music ▷ **musique légère** light music ▷ **musique noire** black music ▷ **musique pop** pop music ▷ **musique de scène** incidental music ▷ **musique de supermarché** ⇒ **musique d'ascenseur**

**musiquette** /myzikɛt/ NF *(péj)* bland music

**musli** /mysli/ NM ⇒ **muesli**

**musoir** /myzwaʀ/ NM *(Naut)* pierhead

**musqué, e** /myske/ ADJ *[odeur, goût]* musky ◆ **bœuf ~** musk ox ◆ **rose ~e** musk rose; → **rat**

**mussolinien, -ienne** /mysɔlinjɛ̃, jɛn/ ADJ *(lit)* Mussolini *(épith)*; *(péj)* *[architecture]* Mussolini-style ◆ **l'Italie mussolinienne** Italy under the rule of Mussolini

**must** * /mœst/ NM *(film, livre etc)* ◆ **c'est un ~** it's a must *

**mustang** /mystɑ̃g/ NM mustang

**musulman, e** /myzylmɑ̃, an/ ADJ, NM,F Moslem, Muslim

**mutabilité** /mytabilite/ NF *(Bio, Jur)* mutability

**mutagène** /mytaʒɛn/ ADJ mutagenic

**mutant, e** /mytɑ̃, ɑ̃t/ ADJ, NM,F mutant

**mutation** /mytasjɔ̃/ NF a (= transfert) *[d'employé]* transfer b (= changement) *(gén)* transformation; *(Bio)* mutation ◆ **société en ~** changing society ◆ **entreprise en pleine ~** company undergoing massive changes c *(Jur)* transfer; *(Mus)* mutation ◆ **~ consonantique/vocalique/phonétique** *(Ling)* consonant/vowel/sound shift

**mutatis mutandis** /mytatismytɑ̃dis/ LOC ADV mutatis mutandis, allowing for a few minor variations

**muter** /myte/ ▸ conjug 1 ◂ VT *(Admin)* to transfer ◆ **il a été muté à Caen/au service informatique** he has been transferred to Caen/to the computer department VI to mutate

**mutilant, e** /mytilɑ̃, ɑ̃t/ ADJ *[opération]* mutilating, mutilative

**mutilateur, -trice** /mytilatœʀ, tʀis/ *(littér)* ADJ mutilating, mutilative NM,F mutilator

**mutilation** /mytilasjɔ̃/ NF *[de corps]* mutilation, maiming; *[de texte, statue, arbre]* mutilation ◆ **~ volontaire** self-inflicted injury ◆ **~ sexuelle** sexual mutilation

**mutilé, e** /mytile/ (ptp de **mutiler**) NM,F (= infirme) cripple, disabled person ◆ **les (grands) ~s** the (badly ou severely) disabled ◆ **~ de la face** disfigured person ◆ **~ de guerre** disabled ex-serviceman ◆ **~ du travail** disabled worker

**mutiler** /mytile/ ▸ conjug 1 ◂ VT *[+ personne]* to mutilate, to maim; *[+ statue, tableau, arbre, texte]* to mutilate; *[+ paysage]* to disfigure ◆ **être mutilé des deux jambes** to have lost both legs ◆ **se ~ (volontairement)** to mutilate o.s.

**mutin, e** /mytɛ̃, in/ ADJ (= espiègle) mischievous, impish NM (= révolté) rebel; *(Mil, Naut)* mutineer

**mutiné, e** /mytine/ (ptp de **se mutiner**) ADJ *[marin, soldat]* mutinous NM *(Mil, Naut)* mutineer; *(gén)* rebel

**mutiner (se)** /mytine/ ▸ conjug 1 ◂ VPR *(Mil, Naut)* to mutiny; *(gén)* to rebel, to revolt

**mutinerie** /mytinʀi/ NF *(Mil, Naut)* mutiny; *(gén)* rebellion, revolt

**mutisme** /mytism/ NM a (= silence) silence ◆ **elle s'enferma dans un ~ total** she withdrew into total silence ◆ **la presse observe un ~ total** the press is maintaining a complete silence ou blackout on the subject b *(Psych)* mutism

**mutité** /mytite/ NF *(Méd)* muteness

**mutualisme** /mytɥalism/ NM mutual (benefit) insurance system

**mutualiste** /mytɥalist/ ADJ mutualistic ◆ **société (d'assurances) ~** mutual benefit society, mutual (benefit) insurance company, ≃ Friendly Society *(Brit)* NMF mutualist

**mutualité** /mytɥalite/ NF (= système d'entraide) mutual (benefit) insurance system ◆ **la ~ française** (= compagnies) French mutual insurance companies

**mutuel, -elle** /mytɥɛl/ ADJ (= réciproque) mutual; → **pari** NF **mutuelle** mutual benefit society, mutual (benefit) insurance company ≃ Friendly Society *(Brit)* ◆ **prendre une mutuelle** * to take out (supplementary) private health insurance ◆ **payer sa cotisation à la mutuelle** ≃ to pay one's insurance premium *(for back-up health cover)*

> **Mutuelle**
>
> In addition to standard health cover provided by the « Sécurité sociale », many French people contribute to complementary insurance schemes run by mutual benefit organizations known as **mutuelles**, often linked to specific professions. The **mutuelle** reimburses some or all of the medical expenses that cannot be met by the « Sécurité sociale ». → SÉCURITÉ SOCIALE

**mutuellement** /mytɥɛlmɑ̃/ ADV *[s'accuser, se renforcer]* one another, each other ◆ **~ ressenti** mutually felt ◆ **s'aider ~** to give each other mutual help, to help one another ◆ **ces options s'excluent ~** these options are mutually exclusive

**MW** NM (abrév de **mégawatt**) MW

**Myanmar** /mijanmaʀ/ NM Myanmar

**mycélium** /miseljɔm/ NM mycelium

**Mycènes** /misɛn/ N Mycenae

**mycénien, -ienne** /misenjɛ̃, jɛn/ ADJ Mycenaean

**mycologie** /mikɔlɔʒi/ NF mycology

**mycologique** /mikɔlɔʒik/ ADJ mycologic(al)

**mycologue** /mikɔlɔg/ NMF mycologist

**mycorhize** /mikɔʀiz/ NM myco(r)rhiza

**mycose** /mikoz/ NF fungal infection, mycosis *(SPÉC)* ◆ **la ~ du pied** athlete's foot ◆ **~ vaginale** vaginal thrush

**mycosique** /mikɔsik/ ADJ mycotic

**myéline** /mjelin/ NF myelin

**myélite** /mjelit/ NF myelitis

**mygale** /migal/ NF trap-door spider

**myocarde** /mjɔkaʀd/ NM myocardium; → **infarctus**

**myopathe** /mjɔpat/ ADJ suffering from myopathy, ≃ suffering from muscular dystrophy NMF person suffering from myopathy, ≃ person suffering from muscular dystrophy

**myopathie** /mjɔpati/ NF myopathy, ≃ muscular dystrophy

**myope** /mjɔp/ ADJ short-sighted, near-sighted *(US)*, myopic *(SPÉC)* ◆ **tu es ~ ou quoi ?** * are you blind? ◆ **~ comme une taupe** * (as) blind as a bat * NMF short-sighted ou near-sighted *(US)* person, myope *(SPÉC)*

**myopie** /mjɔpi/ NF short-sightedness, near-sightedness *(US)*, myopia *(SPÉC)*

**myosotis** /mjɔzɔtis/ NM forget-me-not

**myriade** /miʀjad/ NF myriad

**myriapode** /miʀjapɔd/ NM myriapods ◆ **les ~s** Myriapoda *(SPÉC)*

**myrmidon** /miʀmidɔ̃/ NM *(† péj = nabot)* pipsqueak *

**myrrhe** /miʀ/ NF myrrh

**myrte** /miʀt/ NM myrtle

**myrtille** /miʀtij/ NF whortleberry, bilberry *(Brit)*, blueberry *(US)*

**mystère** /misteʀ/ NM **a** *(= énigme, dissimulation)* mystery ◆ **pas tant de ~(s) !** don't be so mysterious! *ou* secretive! ◆ **faire (un) ~ de** to make a mystery out of ◆ **elle en fait grand ~** she makes a big mystery of it ◆ **il restera un ~ pour moi** he'll always be a mystery *ou* a closed book to me ◆ **~ et boule de gomme !** * who knows!, search me! * ◆ **ce n'est un ~ pour personne** it's no secret ◆ **il faut travailler beaucoup, il n'y a pas de ~ !** * you just have to work hard, there's no two ways about it! * ◆ **le ~ de la Trinité/de l'Incarnation** *(Rel)* the mystery of the Trinity/of the Incarnation **b** *(Littérat)* mystery (play) **c** ® *(= glace) ice-cream with a meringue centre, decorated with chopped hazelnuts*

**mystérieusement** /misteʀjøzmɑ̃/ ADV mysteriously

**mystérieux, -ieuse** /misteʀjø, jøz/ ADJ *(= secret, bizarre)* mysterious; *(= cachottier)* secretive

**mysticisme** /mistisism/ NM mysticism

**mystificateur, -trice** /mistifikatœʀ, tʀis/ ADJ ◆ **j'ai reçu un coup de fil ~** I had a phone call which was a hoax ◆ **tenir des propos ~s à qn** to say things to trick sb NM,F *(= farceur)* hoaxer, practical joker

**mystification** /mistifikasjɔ̃/ NF *(= farce)* hoax, practical joke; *(péj = mythe)* myth

**mystifier** /mistifje/ ► conjug 7 ◄ VT to fool, to deceive

**mystique** /mistik/ ADJ mystic(al) NMF *(= personne)* mystic NF *(= science, pratiques)* mysticism; *(péj = vénération)* blind belief (*de* in); ◆ **avoir la ~ du travail** to have a blind belief in work

**mystiquement** /mistikmɑ̃/ ADV mystically

**mythe** /mit/ NM *(gén)* myth

**mythifier** /mitifje/ ► conjug 7 ◄ VT *(surtout au ptp)* *[+ passé, personne]* to mythologize, to mythicize

**mythique** /mitik/ ADJ mythical

**mytho** * /mito/ ADJ, NMF abrév de **mythomane**

**mythologie** /mitɔlɔʒi/ NF mythology

**mythologique** /mitɔlɔʒik/ ADJ mythological

**mythomane** /mitɔman/ ADJ, NMF mythomaniac ◆ **elle est un peu ~** she has a tendency to embroider the truth ◆ **il est complètement ~** he makes up the most incredible stories

**mythomanie** /mitɔmani/ NF mythomania

**mytiliculteur, -trice** /mitilikyltœʀ, tʀis/ NM,F mussel breeder

**mytiliculture** /mitilikyltyʀ/ NF mussel breeding

**myxomatose** /miksomatoz/ NF myxomatosis

# N

**N¹, n** /ɛn/ **NM** *(= lettre)* N, n; *(Math)* n

**N²** (abrév de **Nord**) N

**n'** /n/ → **ne**

**na** /na/ **EXCL** *(langage enfantin)* so there! ◆ **je n'en veux pas, ~ !** I don't want any, so there!

**nabab** /nabab/ **NM** *(Hist, † ou littér)* nabob

**nabi** /nabi/ **NM** *(Art)* Nabi

**nabot, e** /nabo, ɔt/ **NM,F** *(péj)* dwarf, midget

**nabuchodonosor** /nabykɔdɔnɔzɔʀ/ **NM** *(= bouteille)* nebuchadnezzar ◆ **Nabuchodonosor** Nebuchadnezzar

**nacelle** /nasɛl/ **NF** *[de ballon, montgolfière, dirigeable]* gondola; *[de landau]* carriage; *[d'engin spatial]* pod; *[d'ouvrier]* cradle; *(littér = bateau)* skiff

**nacre** /nakʀ/ **NF** mother-of-pearl

**nacré, e** /nakʀe/ (ptp de **nacrer**) **ADJ** pearly, nacreous *(littér)*; *[vernis à ongles]* pearly

**nacrer** /nakʀe/ ▸ conjug 1 ◂ **VT** *(= iriser)* to cast a pearly sheen over; *(Tech)* to give a pearly gloss to

**nadir** /nadiʀ/ **NM** nadir

**nævus** /nevys/ (pl **nævi** /nevi/) **NM** naevus

**Nagasaki** /nagazaki/ **N** Nagasaki

**nage** /naʒ/ **NF** **a** *(= activité)* swimming; *(= manière)* stroke, style of swimming ◆ **~ sur le dos** backstroke ◆ **~ en eau vive** white-water swimming ◆ **~ indienne** sidestroke ◆ **faire un 100 m ~ libre** to swim a 100 m (in) freestyle ◆ **~ sous-marine** underwater swimming, skin diving ◆ **~ de vitesse** speed stroke ◆ **~ synchronisée** synchronized swimming

**b** ◆ **se sauver à la ~** to swim away *ou* off ◆ **gagner la rive/traverser une rivière à la ~** to swim to the bank/across a river ◆ **homard/écrevisses à la ~** *(Culin)* lobster/crayfish (cooked) in a court-bouillon

**c** ◆ **en ~** pouring with sweat, bathed in sweat ◆ **cela m'a mis en ~** it made me sweat, it brought me out in a sweat ◆ **ne te mets pas en ~** don't get yourself in a lather *

**d** *(Naut)* **~ à couple/en pointe** rowing two abreast/in staggered pairs; → **banc, chef¹**

**nageoire** /naʒwaʀ/ **NF** *[de poisson]* fin; *[de phoque, dauphin]* flipper ◆ **~ anale/dorsale/ventrale** anal/dorsal/ventral fin ◆ **~ caudale** *[de poisson]* caudal fin; *[de baleine]* tail flukes

**nager** /naʒe/ ▸ conjug 3 ◂ **VI** **a** *[personne, poisson]* to swim; *[objet]* to float ◆ **elle nage bien** she's a good swimmer ◆ **~ comme un fer à repasser */un poisson *** to swim like a brick/a fish ◆ **la viande nage dans la graisse** the meat is swimming in fat ◆ **tes manches nagent dans la soupe** your sleeves are dipping in the soup ◆ **on nageait dans le sang** the place was swimming in blood, the place was awash with blood; → **apprendre, savoir**

**b** *(fig)* **il nage dans le bonheur** he is overjoyed, his joy knows no bounds ◆ **~ dans l'opulence** to be rolling in money * ◆ **il nage dans ses vêtements** his clothes are miles too big for him ◆ **on nage dans l'absurdité/le grotesque dans ce film** this film is totally absurd/ridiculous ◆ **en allemand, je nage complètement *** I'm completely at sea * *ou* lost in German

**c** *(Naut)* to row ◆ **~ à couple/en pointe** to row two abreast/in staggered pairs

**VT** to swim ◆ **~ la brasse/le 100 mètres** to swim breast-stroke/the 100 metres

**nageur, -euse** /naʒœʀ, øz/ **NM,F** swimmer; *(= rameur)* rower ◆ **~ de combat** naval frogman

**Nagorny(ï)-Karabakh** /nagɔʀni(i)kaʀabak/, **Nagorno-Karabakh** /nagɔʀnokaʀabak/ **NM** Nagorno-Karabakh

**naguère** /nagɛʀ/ **ADV** *(frm)* **a** *(= il y a peu de temps)* not long ago, recently ◆ **son bureau, ~ un indescriptible capharnaüm, est aujourd'hui impeccablement rangé** his office, which only recently was an awful tip, is now immaculate **b** *(= autrefois)* formerly ◆ **la rivière, qui ~ zigzaguait librement ...** the river, which in the past meandered freely *ou* which used to meander freely ...

**naïade** /najad/ **NF** *(Bot, Myth)* naiad; *(hum, littér)* nymph

**naïf, naïve** /naif, naiv/ GRAMMAIRE ACTIVE 53.1 **ADJ** **a** *(= ingénu)* innocent, naïve ◆ **d'un air ~** innocently **b** *(= crédule)* *[personne]* naïve, gullible; *[foi]* naïve **c** *(Art)* *[peintre, art]* naïve **NM,F** gullible fool, innocent ◆ **vous me prenez pour un ~** you must think I'm a gullible fool *ou* a complete innocent **NM** *(Art)* naïve painter

**nain, e** /nɛ̃, nɛn/ **ADJ** dwarfish, dwarf *(épith)* ◆ **chêne/haricot ~** dwarf oak/runner bean ◆ **poule ~e** bantam (hen) ◆ **rosier ~** miniature rose (bush) **NM,F** dwarf ◆ **le ~ jaune** *(Cartes)* pope Joan ◆ **~ de jardin** garden gnome **NF** **naine** *(Astron)* dwarf ◆ **~e blanche/rouge** white/red dwarf

**Nairobi** /neʀobi/ **N** Nairobi

**naissain** /nɛsɛ̃/ **NM** *(Zool)* spat

**naissance** /nɛsɑ̃s/ GRAMMAIRE ACTIVE 51.1 **NF** **a** *[de personne, animal]* birth ◆ **à la ~** at birth ◆ **il est aveugle/muet/sourd de ~** he has been blind/dumb/deaf from birth, he was born blind/dumb/deaf ◆ **français de ~** French by birth ◆ **chez lui, c'est de ~ *** he was born like that ◆ **nouvelle ~** new arrival *ou* baby ◆ **~ double** birth of twins ◆ **~ multiple** multiple birth; → **contrôle, extrait, limitation** *etc*

**b** *(frm = origine, famille)* birth ◆ **de ~ obscure/illustre** of obscure/illustrious birth ◆ **de haute** *ou* **bonne ~** of noble *ou* high birth ◆ **peu importe sa ~** no matter what his birth *ou* parentage (is)

**c** *(= point de départ)* *[de rivière]* source; *[de langue, ongles]* root; *[de cou, colonne]* base ◆ **à la ~ des cheveux** at the roots of the hair ◆ **la ~ des seins** the top of the cleavage

**d** *(littér = commencement)* *[de printemps, monde, idée, amour]* dawn, birth ◆ **la ~ du jour** daybreak ◆ **la ~ du cinéma** the birth *ou* advent of cinema

**e** *(loc)* **prendre ~** *[de projet, idée]* to originate, to take form *ou* shape; *[de soupçon, sentiment]* to arise (*dans* in); ◆ **donner ~ à** *[+ enfant]* to give birth to; *[+ rumeurs, sentiment]* to give rise to

**naissant, e** /nɛsɑ̃, ɑ̃t/ **ADJ** *[calvitie]* incipient; *[passion]* burgeoning; *[industrie, marché, démocratie, talent]* burgeoning, budding; *[capitalisme]* burgeoning, nascent *(frm)* ◆ **une barbe ~e** the beginnings of a beard ◆ **(à l'état) ~** *(Chim)* nascent

**naître** /nɛtʀ/ ▸ conjug 59 ◂ **VI** **a** *[personne, animal]* to be born ◆ **quand l'enfant doit-il ~ ?** when is the baby due? ◆ **il vient tout juste de ~** he has only just been born, he is just newly born ◆ **il est né** *ou* **il naquit** *(frm)* **le 4** he was born on the 4th ◆ **l'homme naît libre** man is born free ◆ **l'enfant qui naît aveugle/infirme** the child who is born blind/disabled ◆ **l'enfant qui va ~, l'enfant à ~** the unborn child ◆ **l'enfant qui vient de ~** the newborn child ◆ **en naissant** at birth ◆ **prématuré né à 7 mois** baby born prematurely at 7 months, premature baby born at 7 months ◆ **né sous le signe du Verseau** born under (the sign of) Aquarius ◆ **enfant né de père inconnu** child of an unknown father ◆ **être né de parents français** to be of French parentage, to be born of French parents ◆ **être né d'une mère anglaise** to be born of an English mother ◆ **un sauveur nous est né** *(Bible)* a saviour is born to us ◆ **être né coiffé** *(Méd)* to be born with a caul ◆ **être né coiffé** *ou* **sous une bonne étoile** *(fig)* to be born lucky *ou* under a lucky star ◆ **il n'est pas né d'hier** *ou* **de la dernière pluie** *ou* **de la dernière couvée** *(fig)* he wasn't born yesterday, he is not as green as he looks ◆ **je l'ai vu ~ !** *(fig)* I've known him since he was born *ou* since he was a baby ◆ **le pays qui l'a vu ~** the land of his birth, his native country; → aussi **né**

b *(= apparaître) [sentiment, craintes]* to arise, to be born; *[idée, projet]* to be born; *[ville, industrie]* to spring up; *[jour]* to break; *[difficultés]* to arise; *[fleur, plante]* to burst forth ◆ **la rivière naît au pied de ces collines** the river has its source *ou* rises at the foot of these hills ◆ **je vis ~ un sourire sur son visage** I saw the beginnings of a smile on his face, I saw a smile creep over his face ◆ **faire ~** *[+ industrie, difficultés]* to create; *[+ soupçons, désir]* to arouse

c *(= résulter de)* ~ **de** to spring from, to arise from ◆ **la haine née de ces querelles** the hatred arising from *ou* which sprang from these quarrels ◆ **de cette rencontre naquit le mouvement qui ...** from this meeting sprang the movement which ...

d *(= être destiné à)* **il était né pour commander/pour la magistrature** he was born to command/to be a judge ◆ **ils sont nés l'un pour l'autre** they were made for each other ◆ **il est né poète** he is a born *ou* natural poet

e *(littér = s'éveiller à)* ~ **à l'amour/la poésie** to awaken to love/poetry

VB IMPERS ◆ **il naît plus de garçons que de filles** there are more boys born than girls ◆ **il vous est né un fils** *(littér)* a son has been born to you *(littér)*; → aussi **né**

**naïvement** /naivmɑ̃/ **ADV** *(= ingénument)* innocently, naïvely; *(= avec crédulité)* naïvely

**naïveté** /naivte/ **NF** a *(= ingénuité) [de personne]* innocence, naivety; *[de réponse, gaieté]* naivety b *(= crédulité) [de personne]* naivety, gullibility; *[de foi]* naivety ◆ **il a eu la ~ de ...** he was naïve enough to ... ◆ **d'une grande ~** very naïve

**naja** /naʒa/ **NM** cobra

**Namibie** /namibi/ **NF** Namibia

**namibien, -ienne** /namibjɛ̃, jɛn/ **ADJ** Namibian **NM,F** **Namibien(ne)** Namibian

**nana** * /nana/ **NF** *(= femme)* woman; *(= petite amie)* girlfriend

**nanan** * /nanɑ̃/ **NM** ◆ **c'est du ~** *(agréable)* it's really nice; *(facile)* it's a walkover * *ou* a doddle * *(Brit)* *ou* a cakewalk * *(US)*; *(succulent)* it's scrumptious *

**nanar** * /nanaʀ/ **NM** *(péj) (= objet invendable)* piece of junk ◆ ~ **des années 30** *(= film démodé)* second-rate film from the 1930s

**nandrolone** /nɑ̃dʀɔlɔn/ **NF** nandrolone

**nanifier** /nanifje/ ▸ conjug 7 ◂ **VT** *[+ arbre]* to dwarf

**nanisme** /nanism/ **NM** dwarfism, nanism *(SPÉC)*

**nankin** /nɑ̃kɛ̃/ **NM** *(= tissu)* nankeen

**nano...** /nano/ **PRÉF** nano...

**nanomètre** /nanɔmɛtʀ/ **NM** nanometre *(Brit)*, nanometer *(US)*

**nanoseconde** /nanos(ə)gɔ̃d/ **NF** nanosecond

**nanotechnologie** /nanotɛknɔlɔʒi/ **NF** nanotechnology

**nantais, e** /nɑ̃tɛ, ɛz/ **ADJ** of *ou* from Nantes **NM,F** **Nantais(e)** inhabitant *ou* native of Nantes

**nanti, e** /nɑ̃ti/ (ptp de **nantir**) **ADJ** rich, affluent, well-to-do ◆ **les ~s** the rich, the affluent, the well-to-do

**nantir** /nɑ̃tiʀ/ ▸ conjug 2 ◂ **VT** *(†, Jur) [+ créancier]* to secure ◆ ~ **qn de** *(fig, littér = munir)* to provide *ou* equip sb with ◆ **nanti de** equipped with **VPR** **se nantir** *(†, Jur)* to secure o.s. ◆ **se ~ de** *(fig, littér)* to provide o.s. with, to equip o.s. with

**nantissement** /nɑ̃tismɑ̃/ **NM** *(Jur)* security

**napalm** /napalm/ **NM** napalm

**naphtaline** /naftalin/ **NF** *(= antimite)* mothballs ◆ **sa théorie sent la ~** his theory is straight out of the ark

**naphte** /naft/ **NM** naphtha

**napoléon** /napɔleɔ̃/ **NM** *(Fin)* napoleon ◆ **Napoléon** *(Hist)* Napoleon **NF** *(= cerise) type of bigaroon cherry*

**napoléonien, -ienne** /napɔleɔnjɛ̃, jɛn/ **ADJ** Napoleonic

**napolitain, e** /napɔlitɛ̃, ɛn/ **ADJ** Neapolitan **NM,F** **Napolitain(e)** Neapolitan

**nappage** /napaʒ/ **NM** *(Culin)* topping

**nappe** /nap/ **NF** a *[de table]* tablecloth ◆ **mettre la ~** to put the tablecloth on b *(= couche)* layer, sheet ◆ ~ **de gaz** layer of gas ◆ ~ **d'eau** sheet *ou* expanse of water c *(Géom)* nappe d *(Tex)* lap **COMP** ▷ **nappe d'autel** altar cloth ▷ **nappe de brouillard** blanket *ou* layer of fog ◆ **des ~s de brouillard** fog patches ▷ **nappe de charriage** nappe ▷ **nappe de feu** sheet of flame ▷ **nappe de mazout, nappe de pétrole** oil slick ▷ **nappe phréatique** ground water

**napper** /nape/ ▸ conjug 1 ◂ **VT** *(Culin)* to top *(de* with*)*; ◆ **nappé de chocolat** topped with chocolate, with a chocolate topping

**napperon** /napʀɔ̃/ **NM** doily, tablemat; *(pour vase, lampe)* mat

**narcisse** /naʀsis/ **NM** *(Bot)* narcissus; *(péj = égocentrique)* narcissist ◆ **Narcisse** *(Myth)* Narcissus

**narcissique** /naʀsisik/ **ADJ** narcissistic **NMF** narcissist

**narcissisme** /naʀsisism/ **NM** narcissism

**narco-** /naʀko/ **PRÉF** narco- ◆ **~analyse** narcoanalysis ◆ **~terroriste** narco-terrorist

**narcodollars** /naʀkodɔlaʀ/ **NMPL** drug(s) money *(usually in dollars)* ◆ **3 millions de ~** 3 million dollars' worth of drug(s) money

**narcose** /naʀkoz/ **NF** narcosis

**narcotique** /naʀkɔtik/ **ADJ, NM** narcotic

**narcotrafic** /naʀkotʀafik/ **NM** drug trafficking

**narcotrafiquant, e** /naʀkotʀafikɑ̃, ɑ̃t/ **NM,F** drug trafficker

**narghileh** /naʀgilɛ/ **NM** hookah, nargileh, narghile

**narguer** /naʀge/ ▸ conjug 1 ◂ **VT** *[+ danger, traditions]* to flout, to thumb one's nose at; *[+ personne]* to deride, to scoff at ◆ **il nous nargue avec son argent** we're not good enough for him now he's got all that money

**narguilé** /naʀgile/ **NM** ⇒ **narghileh**

**narine** /naʀin/ **NF** nostril

**narquois, e** /naʀkwa, waz/ **ADJ** *(= railleur)* derisive, sardonic, mocking

**narquoisement** /naʀkwazmɑ̃/ **ADV** derisively, sardonically, mockingly

**narrateur, -trice** /naʀatœʀ, tʀis/ **NM,F** narrator

**narratif, -ive** /naʀatif, iv/ **ADJ** narrative

**narration** /naʀasjɔ̃/ **NF** a *(= action)* narration; → **infinitif, présent¹** b *(= récit)* narrative, account; *(Scol = rédaction)* essay, composition; *(Rhétorique)* narration

**narrer** /naʀe/ ▸ conjug 1 ◂ **VT** *(frm)* to narrate, to relate

**narthex** /naʀtɛks/ **NM** narthex

**narval** /naʀval/ **NM** narwhal

**NASA, Nasa** /naza/ **NF** (abrév de **National Aeronautics and Space Administration**) NASA

**nasal, e** (mpl **-aux**) /nazal, o/ **ADJ** nasal; → **fosse** **NF** **nasale** nasal

**nasalisation** /nazalizasjɔ̃/ **NF** nasalization

**nasaliser** /nazalize/ ▸ conjug 1 ◂ **VT** to nasalize

**nasalité** /nazalite/ **NF** nasality

**nase** ‡ /nɑz/ **ADJ** a *(= hors d'usage)* bust * *(attrib)*, kaput * *(attrib)* ◆ **ma télé est ~** my TV's conked out ‡ *ou* is bust * ◆ **je suis ~** *(exténué)* I'm exhausted *ou* knackered ‡ *(Brit)*; *(psychologiquement)* I'm out of it * b *(= fou)* cracked * *(attrib)*, touched * *(attrib)* c *(= nul) [projet]* useless; *[personne]* hopeless *; *(= stupide)* stupid, daft * *(Brit)* **NMF** *(= personne nulle)* moron * **NM** *(= nez)* conk *, hooter ‡ *(Brit)*

**naseau** (pl **naseaux**) /nazo/ **NM** *[de cheval, bœuf]* nostril

**nasillard, e** /nazijaʀ, aʀd/ **ADJ** *[voix]* nasal; *[gramophone]* whiny, tinny; *[instrument]* tinny

**nasillement** /nazijmɑ̃/ **NM** *[de voix]* (nasal) twang; *[de microphone, gramophone]* whine; *[d'instrument]* tinny sound; *[de canard]* quack

**nasiller** /nazije/ ▸ conjug 1 ◂ **VT** to say (*ou* sing *ou* intone) with a (nasal) twang **VI** *[personne]* to have a (nasal) twang, to speak with a nasal voice; *[instrument]* to give a tinny *ou* twangy sound; *[microphone, gramophone]* to whine; *[canard]* to quack

**nasique** /nazik/ **NM** *(= singe)* proboscis monkey

**Nassau** /naso/ **N** Nassau

**nasse** /nɑs/ **NF** *(pour oiseaux)* hoop net; *(Pêche)* fish trap, creel ◆ **être pris dans la ~** *(fig)* to be caught in the net

**Natal** /natal/ **NM** *(Géog)* Natal

**natal, e** (mpl **natals**) /natal/ **ADJ** native ◆ **ma maison ~e** the house where I was born ◆ **ma terre ~e** my native soil

**nataliste** /natalist/ **ADJ** *[politique, argument]* pro-birth, which supports a rising birth rate

**natalité** /natalite/ **NF** ◆ **(taux de)** ~ birth rate

**natation** /natasjɔ̃/ **NF** swimming ◆ ~ **artistique** *ou* **synchronisée** synchronized swimming ◆ **faire de la ~** to go swimming, to swim

**natatoire** /natatwaʀ/ **ADJ** swimming *(épith)*; → **vessie**

**Natel** ® /natɛl/ **NM** *(Helv) (= téléphone portable)* mobile

**natif, -ive** /natif, iv/ **ADJ, NM,F** *(gén)* native ◆ ~ **de Nice** native of Nice ◆ **locuteur ~** native speaker ◆ **les ~s du Lion** people born under the sign of Leo

**nation** /nasjɔ̃/ **NF** *(= pays, peuple)* nation ◆ **les Nations Unies** the United Nations; → **société**

**national, e** (mpl **-aux**) /nasjɔnal, o/ **ADJ** *(gén)* national; *[économie, monnaie]* domestic ◆ **au plan ~ et international** at home and abroad, at the national and international level ◆ **entreprise ~e** state-owned company ◆ **grève ~e** nationwide *ou* national strike ◆ **obsèques ~es** state funeral ◆ **route ~e** ≃ A *ou* trunk road *(Brit)*, state highway *(US)*; → **assemblée, éducation, fête** **NMPL** **nationaux** *(= citoyens)* nationals **NF** **nationale** *(= route)* A *ou* trunk road *(Brit)*, state highway *(US)*

> ⚠ *Attention à ne pas traduire automatiquement* **national** *par le mot anglais* **national.**

**nationalement** /nasjɔnalmɑ̃/ ADV nationally

**nationalisable** /nasjɔnalizabl/ ADJ targetted for nationalization

**nationalisation** /nasjɔnalizasjɔ̃/ NF nationalization

**nationaliser** /nasjɔnalize/ ▸ conjug 1 ◂ VT to nationalize ◆ **(entreprises) nationalisées** nationalized companies

**nationalisme** /nasjɔnalism/ NM nationalism

**nationaliste** /nasjɔnalist/ ADJ, NMF nationalist

**nationalité** /nasjɔnalite/ NF nationality ◆ **les personnes de ~ française** French citizens ◆ **il a la double ~ française et suisse** he has dual French and Swiss *ou* French/Swiss nationality

**national-socialisme** /nasjɔnalsɔsjalism/ NM National Socialism

**national-socialiste** /nasjɔnalsɔsjalist/ (mpl **nationaux-socialistes**) ADJ, NMF National Socialist

**nativisme** /nativism/ NM *(Philos)* nativism

**nativiste** /nativist/ ADJ *(Philos)* nativistic

**nativité** /nativite/ NF nativity; *(Art)* (painting of the) nativity, nativity scene

**natte** /nat/ NF *(= tresse)* plait *(Brit)*, braid *(US)*; *(= paillasse)* mat, matting *(NonC)* ◆ **se faire des ~s** to plait *(Brit) ou* braid *(US)* one's hair, to put one's hair in plaits *(Brit) ou* braids *(US)* ◆ **~s africaines** corn rows

**natter** /nate/ ▸ conjug 1 ◂ VT *[+ cheveux, laine]* to plait *(Brit)*, to braid *(US)*

**naturalisation** /natyʀalizasjɔ̃/ NF *(Bot, Ling, Pol)* naturalization; *[d'animaux morts]* stuffing; *[de plantes]* preserving

**naturalisé, e** /natyʀalize/ (ptp de **naturaliser**) ADJ naturalized ◆ **Français ~** naturalized Frenchman ◆ **il est ~ français** he's a naturalized Frenchman, he has French citizenship NM,F naturalized citizen

**naturaliser** /natyʀalize/ ▸ conjug 1 ◂ VT *(Bot, Ling, Pol)* to naturalize; *[+ animal]* to stuff; *[+ plante]* to preserve *(with glycerine)* ◆ **se faire ~ français** to be granted French citizenship, to become a naturalized Frenchman

**naturalisme** /natyʀalism/ NM naturalism

**naturaliste** /natyʀalist/ ADJ naturalistic NMF *(Littérat, Sci)* naturalist; *(= empailleur)* taxidermist; *(pour les plantes)* flower-preserver

**nature** /natyʀ/ NF **a** *(= monde physique)* **la ~** nature ◆ **la ~ a horreur du vide** nature abhors a vacuum ◆ **laisser agir la ~** to let nature take its course, to leave it to nature ◆ **la ~ fait bien les choses** nature is a wonderful thing ◆ **crimes contre ~** unnatural crimes ◆ **goûts contre ~** depraved tastes; → **force**

**b** *(= campagne)* countryside ◆ **il aime la ~, les fleurs, les bêtes** he loves the countryside, flowers and animals ◆ **perdu dans la ~, en pleine ~** in the middle of nowhere ◆ **lâcher qn dans la ~** * to send sb off without any directions; *(pour commettre un crime)* to let sb loose ◆ **disparaître** *ou* **s'évanouir dans la ~** * *[personne]* to vanish into thin air; → **retour**

**c** *(= caractère) [de personne, substance, sentiment]* nature ◆ **la ~ humaine** human nature ◆ **c'est une** *ou* **il est d'une ~ arrogante** he has an *ou* he is of an arrogant nature ◆ **il est arrogant de** *ou* **par ~** he is naturally arrogant *ou* arrogant by nature ◆ **ce n'est pas dans sa ~** it is not (in) his nature *(d'être* to be); ◆ **c'est/ce n'est pas de ~ à arranger les choses** it's liable to/not likely to make things easier ◆ **il n'est pas de ~ à accepter** he's not the sort of person who would agree ◆ **il a une heureuse ~** he has a happy disposition *ou* a sunny temperament ◆ **tu es une petite ~ !** you're so delicate!, you've got a delicate constitution! ◆ **quelle petite ~ tu fais !** *(péj)* what a weakling you are! ◆ **c'est dans la ~ des choses** it's in the nature of things; → **habitude**

**d** *(= sorte)* nature, kind, sort ◆ **de toute(s) ~(s)** of all kinds, of every kind

**e** *(Art)* **peindre d'après ~** to paint from life ◆ **plus grand que ~** larger than life ◆ **~ morte** still life; → **grandeur**

**f** *(Fin)* **en ~** *[payer] [don]* in kind

ADJ INV **a** *(= sans adjonction) [café]* black; *[eau, crêpe, omelette]* plain; *[thé]* without milk; *[yaourt]* natural, plain; *[salade]* without dressing ◆ **riz ~** (plain) boiled rice ◆ **boire le whisky ~** to drink whisky neat *ou* straight ◆ **manger les fraises ~** to eat strawberries without anything on them

**b** * *[personne] (= sans artifice)* natural, unaffected ◆ **il est très ~ !** *(= spontané)* he's very spontaneous!

> ⚠ *Au sens de 'campagne',* **nature** *ne se traduit pas par le mot anglais* **nature**.

**naturel, -elle** /natyʀɛl/ ADJ **a** *[caractère, frontière, produit, phénomène]* natural; *[besoins, fonction]* bodily *(épith)*; *[soie, laine]* pure ◆ **aliments/produits ~s** natural *ou* organic foods/products

**b** *(= inné)* natural ◆ **son intelligence naturelle** his natural intelligence, his native wit ◆ **elle a un talent ~ pour le piano** playing the piano comes naturally to her, she has a natural talent for the piano

**c** *(= normal, habituel)* natural ◆ **avec sa voix naturelle** in his normal voice ◆ **c'est un geste ~ chez lui** it's a natural thing for him to do ◆ **votre indignation est bien naturelle** your indignation is quite *ou* very natural *ou* quite understandable ◆ **je vous remercie ! – c'est (tout) ~** thank you! — don't mention it *ou* you're welcome ◆ **ne me remerciez pas, c'est bien** *ou* **tout ~** don't thank me, anybody would have done the same *ou* it was the obvious thing to do ◆ **il trouve ça tout ~** he finds it the most natural thing in the world *ou* perfectly normal ◆ **il trouve tout ~ de ...** he thinks nothing of ...

**d** *(= simple, spontané) [voix, style, personne]* natural, unaffected ◆ **elle sait rester très naturelle** she manages to stay very natural ◆ **il est très ~ sur les photos** he always looks very natural in photos

**e** *(Mus)* natural

**f** *(Math)* **(nombre entier) ~** natural number

NM **a** *(= caractère)* nature, disposition ◆ **être d'un** *ou* **avoir un bon ~** to have a happy *ou* sunny nature *ou* disposition ◆ **il est d'un ~ optimiste/méfiant** he is an optimistic/wary kind of person; → **chasser**

**b** *(= absence d'affectation)* naturalness ◆ **avec (beaucoup de) ~** (completely) naturally ◆ **il manque de ~** he's not very natural, he has a rather self-conscious manner

**c** ◆ **au ~** *(= sans assaisonnement) [thon]* in brine; *[salade, asperges]* without any dressing (ou seasoning) ◆ **pêches au ~** peaches in natural fruit juice ◆ **elle est mieux en photo qu'au ~** *(= en réalité)* she's better in photos than in real life

**naturellement** /natyʀɛlmɑ̃/ ADV **a** *(= sans artifice, avec aisance)* naturally **b** *(= bien sûr)* naturally, of course

**naturisme** /natyʀism/ NM *(= nudisme)* naturism; *(Philos)* naturism; *(Méd)* naturopathy

**naturiste** /natyʀist/ ADJ, NMF *(= nudiste)* naturist; *(Philos)* naturist; *(Méd)* naturopath

**naturopathe** /natyʀɔpat/ NMF naturopath

**naturopathie** /natyʀɔpati/ NF naturopathy, naturopathic medicine

**naufrage** /nofʀaʒ/ NM **a** *[de bateau]* wreck, wrecking ◆ **le ~ du Titanic** the sinking of the Titanic ◆ **ils ont trouvé la mort dans un ~** they drowned in a shipwreck ◆ **ces rochers ont causé bien des ~s** many ships have been wrecked on these rocks ◆ **faire ~** *[bateau]* to be wrecked; *[personne]* to be shipwrecked **b** *(= déchéance) [d'ambitions, réputation]* ruin, ruination; *[de projet, pays]* foundering, ruination; *[d'entreprise]* collapse ◆ **sauver du ~** *[+ personne]* to save from disaster; *[+ argent, biens]* to salvage (from the wreckage); *[+ entreprise]* to save from collapse

**naufragé, e** /nofʀaʒe/ ADJ *[marin]* shipwrecked; *[bateau]* wrecked NM,F shipwrecked person; *(sur une île)* castaway ◆ **les ~s de la croissance économique** the casualties of economic growth

**naufrageur, -euse** /nofʀaʒœʀ, øz/ NM,F *(lit, fig)* wrecker

**Nauru** /nauʀu/ N Nauru

**nauséabond, e** /nozeabɔ̃, ɔ̃d/ ADJ *[odeur]* putrid, nauseating, foul; *[effluves, fumées]* foul-smelling; *[cloaque]* stinking; *(fig)* nauseating, sickening

**nausée** /noze/ NF *(= sensation)* nausea *(NonC)*; *(= haut-le-cœur)* bout of nausea ◆ **avoir la ~** to feel sick *ou* nauseous *ou* queasy ◆ **avoir des ~s** to have bouts of nausea ◆ **ça me donne la ~** *(lit, fig)* it makes me (feel) sick, it nauseates me

**nauséeux, -euse** /nozeø, øz/ ADJ *[personne]* nauseous, queasy; *[odeur, goût]* nauseating, nauseous ◆ **état ~** nausea

**nautile** /notil/ NM *(Zool)* nautilus

**nautique** /notik/ ADJ *[science, mille]* nautical ◆ **fête/ballet ~** water festival/ballet ◆ **club ~** watersports club ◆ **loisirs ~s** water-based recreational activities ◆ **salon ~** boat show; → **ski, sport**

**nautisme** /notism/ NM water sport(s)

**navajo** /navaxo/ ADJ Navajo, Navaho NMF **Navajo** Navajo, Navaho ◆ **les Navajos** the Navajo(s) *ou* Navaho(s), the Navajo *ou* Navaho Indians

**naval, e** (mpl **navals**) /naval/ ADJ *[combat, base]* naval; *[industrie]* shipbuilding ◆ **école ~e** naval college; → **chantier, construction, force**

**navarin** /navaʀɛ̃/ NM navarin, ≃ mutton stew

**navarrais, e** /navaʀɛ, ɛz/ ADJ Navarrian NM,F **Navarrais(e)** Navarrian

**Navarre** /navaʀ/ NF Navarre

**navel** /navɛl/ NF navel orange

**navet** /navɛ/ NM **a** *(= légume)* turnip ◆ **~ fourrager** fodder beet; → **sang** **b** *(péj = film)* rubbishy *ou* third-rate film ◆ **quel ~ !** what a load of trash *ou* rubbish! *(Brit)*

**navette¹** /navɛt/ NF **a** *(Tex)* shuttle; *(= aiguille)* netting *ou* meshing needle ◆ **~ volante** flying shuttle **b** *(= service de transport)* shuttle (service) ◆ **~ diplomatique** diplomatic shuttle ◆ **faire la ~ entre** *[banlieusard, homme d'affaires]* to commute between; *[véhicule]* to operate a shuttle (service) between; *[bateau]* to ply between; *[projet de loi, circulaire]* to be sent backwards and forwards between ◆ **elle fait la ~ entre la cuisine et la chambre** she comes and goes between the kitchen and the bedroom ◆ **faire faire la ~ à qn/qch** to have sb/sth going back and forth (*entre* between) **c** *(Espace)* **~ spatiale** space shuttle **d** *(à encens)* incense holder

**navette²** /navɛt/ NF *(Bot)* rape

**navetteur, -euse** /navetœʀ, øz/ **NM,F** *(Admin Belg)* commuter

**navigabilité** /navigabilite/ **NF** *[de rivière]* navigability; *[de bateau]* seaworthiness; *[d'avion]* airworthiness

**navigable** /navigabl/ **ADJ** *[rivière]* navigable

**navigant, e** /navigɑ̃, ɑ̃t/ **ADJ, NM** ◆ **le personnel ~, les ~s** *(Aviat)* flying personnel; *(Naut)* seagoing personnel

**navigateur, -trice** /navigatœʀ, tʀis/ **NM,F** *(= marin)* sailor; *(chargé de l'itinéraire : Aut, Aviat, Naut)* navigator ◆ **~ solitaire** single-handed sailor *ou* yachtsman **NM** *(Internet)* browser

**navigation** /navigasjɔ̃/ **NF** **a** *(Naut)* *(= trafic)* (sea) traffic *(NonC)*; *(= pilotage)* navigation *(NonC)*, sailing *(NonC)* ◆ **les récifs rendent la ~ dangereuse** the reefs make sailing *ou* navigation dangerous ◆ **canal ouvert/fermé** *ou* **interdit à la ~** canal open/closed to shipping *ou* ships ◆ **~ côtière/intérieure** coastal/inland navigation ◆ **~ de plaisance** (pleasure) sailing ◆ **~ à voiles** sailing, yachting ◆ **compagnie de ~** shipping company ◆ **terme de ~** nautical term **b** *(Aviat)* *(= trafic)* (air) traffic *(NonC)*; *(= pilotage)* navigation *(NonC)*, flying *(NonC)* ◆ **~ aérienne/spatiale** aerial/space navigation **c** *(Ordin)* **~ sur Internet** browsing the Internet ◆ **~ hypertexte** browsing hypertext ◆ **logiciel de ~** browser

**naviguer** /navige/ ▸ conjug 1 ◂ **VI** **a** *(= voyager)* *[bateau, passager, marin]* to sail; *[avion, passager, pilote]* to fly ◆ **~ à la voile** to sail ◆ **ce bateau n'a jamais navigué** this ship has never been to sea *ou* has never sailed ◆ **bateau en état de ~** seaworthy ship ◆ **~ à 24 000 pieds** to fly at an altitude of 24,000 feet

**b** *(= piloter)* *[marin, pilote]* to navigate ◆ **~ au compas/aux instruments/à l'estime** to navigate by (the) compass/by instruments/by dead reckoning ◆ **~ à travers Detroit** *(en voiture)* to find *ou* negotiate one's way through Detroit ◆ **~ entre les obstacles** to negotiate one's way between obstacles

**c** *(Ordin)* **~ sur Internet** to surf *ou* browse the Internet

**d** *(fig)* **pour réussir ici, il faut savoir ~** * to succeed here you need to know how to get around *ou* you need to know the ropes ◆ **c'est un type qui a beaucoup navigué** * he's a man who's been around a lot *ou* who's knocked about quite a bit * ◆ **le gouvernement doit ~ entre les écueils** the government must tread a delicate path ◆ **le dossier a navigué de bureau en bureau** the file found its way from office to office, the file went the rounds of the offices

**navire** /naviʀ/ **NM** *(= bateau)* ship; *(Jur)* vessel ◆ **~ amiral** flagship ◆ **~-citerne** tanker ◆ **~ marchand** *ou* **de commerce** merchant ship, merchantman ◆ **~ jumeau** sister ship ◆ **~ de guerre** warship

**navire-école** (pl **navires-écoles**) /naviʀekɔl/ **NM** training ship

**navire-hôpital** (pl **navires-hôpitaux**) /naviʀɔpital, o/ **NM** hospital ship

**navire-usine** (pl **navires-usines**) /naviʀyzin/ **NM** factory ship

**navrant, e** /navʀɑ̃, ɑ̃t/ **ADJ** *(= attristant)* *[spectacle, conduite, nouvelle]* distressing, upsetting; *(= regrettable)* *[contretemps, malentendu]* unfortunate, regrettable ◆ **tu es ~ !** you're hopeless! ◆ **un spectacle ~ de bêtise** a depressingly silly show ◆ **ce film est d'une médiocrité ~e** this film is terribly mediocre ◆ **il n'écoute personne, c'est ~** he won't listen to anybody, it's a shame

**navré, e** /navʀe/ GRAMMAIRE ACTIVE 45.3 (ptp de **navrer**) **ADJ** sorry (*de* to); ◆ **je suis (vraiment) ~** I'm (so *ou* terribly) sorry ◆ **~ de vous décevoir mais ...** sorry to disappoint you but ... ◆ **avoir l'air ~** *(pour s'excuser, compatir)* to look sorry; *(d'une nouvelle)* to look distressed *ou* upset ◆ **d'un ton ~** *(exprimant la tristesse)* in a distressed *ou* an upset voice; *(pour s'excuser)* in an apologetic tone, apologetically; *(pour compatir)* in a sympathetic tone

**navrer** /navʀe/ ▸ conjug 1 ◂ **VT** **a** *(= consterner)* *[spectacle, conduite, nouvelle]* to distress, to upset **b** *(= contrarier)* *[contretemps, malentendu]* to annoy

**nazaréen, -enne** /nazaʀeɛ̃, ɛn/ **ADJ** Nazarene **NM,F** **Nazaréen(ne)** Nazarene

**Nazareth** /nazaʀɛt/ **N** Nazareth

**naze** * /nɑz/ **ADJ** ⇒ **nase** *

**nazi, e** /nazi/ **ADJ, NM,F** Nazi

**nazisme** /nazism/ **NM** Nazism

**N.B., NB** /ɛnbe/ **NM** (abrév de **nota bene**) NB

**N.-D.** (abrév de **Notre-Dame**) → **notre**

**N'Djamena** /nʒamena/ **N** Ndjamena

**NDLR** (abrév de **note de la rédaction**) → **note**

**NdT** (abrév de **note du traducteur**) translator's note

**ne** /nə/ **ADV NÉG** **a** *(valeur négative, avec négation avant ou après)* **il n'a rien dit** he didn't say anything, he said nothing ◆ **elle ~ nous a pas vus** she didn't *ou* did not see us, she hasn't *ou* has not seen us ◆ **personne** *ou* **nul** *(frm)* **n'a compris** nobody *ou* no one understood ◆ **il n'y a aucun mal à ça** there's no harm *ou* there's nothing wrong in that ◆ **il n'est pas du tout** *ou* **nullement idiot** he's no fool, he's by no means stupid ◆ **je ~ le ferai jamais** I'll never do it ◆ **je n'ai pas d'argent** I haven't got *ou* I don't have any money, I have no money ◆ **il ~ sait plus ce qu'il dit** he no longer knows what he's saying, he doesn't know what he's saying any more ◆ **plus rien ~ l'intéresse, rien ~ l'intéresse plus** nothing interests him any more, he's not interested in anything any more ◆ **~ me dérangez pas** don't *ou* do not disturb me ◆ **je ~ connais ni son fils ni sa fille** I know neither his son nor his daughter, I don't know (either) his son or his daughter ◆ **je n'ai pas du tout** *ou* **aucunement l'intention de refuser** I have not the slightest *ou* least intention of refusing ◆ **je n'ai guère le temps** I scarcely *ou* hardly have the time ◆ **il ~ sait pas parler** he can't *ou* cannot speak ◆ **pas un seul ~ savait sa leçon** not (a single) one (of them) knew his lesson

**b** *(valeur négative, sans autre négation : littér)* **il ~ cesse de se plaindre** he's always *ou* constantly complaining, he doesn't stop *ou* never stops complaining ◆ **je ~ sais qui a eu cette idée** I don't know who had that idea ◆ **elle ~ peut jouer du violon sans qu'un voisin (~) proteste** she can't play her violin without some neighbour objecting ◆ **il n'a que faire de vos conseils** he has no use for your advice, he's not interested in your advice ◆ **que n'a-t-il songé à me prévenir** if only he had thought to warn me ◆ **n'était la situation internationale, il serait parti** had it not been for *ou* were it not for the international situation he would have left ◆ **il n'est de paysage qui ~ soit maintenant gâché** not a patch of countryside remains unspoilt, there is no unspoilt countryside left ◆ **il n'est de jour qu'elle ~ se plaigne** not a day goes by but she complains (about something) *ou* without her complaining ◆ **cela fait des années que je n'ai été au cinéma** it's years since I (last) went to the cinema, I haven't been to the cinema for years ◆ **il a vieilli depuis que je ~ l'ai vu** he has aged since I (last) saw him ◆ **si je ~ me trompe** if I'm not mistaken; → **cure**[1], **empêcher, importer**[2]

**c** ◆ **~ ... que** only ◆ **elle n'a confiance qu'en nous** she trusts only us, she only has confidence in us ◆ **c'est mauvais de ~ manger que des conserves** it's bad to eat only canned foods *ou* nothing but canned foods ◆ **il n'a que trop d'assurance** he's only too self-assured ◆ **il n'a d'autre idée en tête que de se lancer dans la politique** his (one and) only thought is to go into politics ◆ **il n'y a que lui pour dire des choses pareilles !** only he *ou* nobody but he would say such things! ◆ **il n'y a pas que vous qui le dites !** you're not the only one who says so! ◆ **et il n'y a pas que ça !** and that's not all!; → **demander**

**d** *(explétif sans valeur nég, gén omis dans la langue parlée)* **je crains** *ou* **j'ai peur qu'il ~ vienne** I am afraid *ou* I fear (that) he is coming *ou* (that) he will come ◆ **je ~ doute pas/je ~ nie pas qu'il ~ soit compétent** I don't doubt/deny that he's competent ◆ **empêche que les enfants ~ touchent aux animaux** stop the children touching *ou* prevent the children from touching the animals ◆ **mangez avant que la viande ~ refroidisse** do eat before the meat gets cold ◆ **j'irai la voir avant qu'il/à moins qu'il ~ pleuve** I shall go and see her before/unless it rains ◆ **il est parti avant que je ~ l'aie remercié** he left before I'd thanked him ◆ **il est parti sans que je ~ l'aie remercié** he left without my having thanked him ◆ **peu s'en faut qu'il n'ait oublié la réunion** he all but *ou* he very nearly forgot the meeting ◆ **il est plus/moins malin qu'on ~ pense** he's more cunning than/not as cunning as you (might) think

**né, e** /ne/ (ptp de **naître**) **ADJ** ◆ **orateur-/acteur-~** born orator/actor ◆ **bien/mal ~** of noble *ou* high/humble *ou* low birth ◆ **Paul est son premier-/dernier-~** Paul is her first-/last-born *ou* her first/last child ◆ **Mme Durand, ~e Dupont** Mrs Durand née Dupont; → aussi **naître**

**néandertalien, -ienne** /neɑ̃dɛʀtaljɛ̃, jɛn/ **ADJ** Neanderthal *(épith)* **NM** Neanderthal man

**néanmoins** /neɑ̃mwɛ̃/ **ADV** *(= pourtant)* nevertheless, yet ◆ **il était malade, il est ~ venu** he was ill, (and) nevertheless *ou* (and) yet he came ◆ **c'est incroyable mais ~ vrai** it's incredible but nonetheless true *ou* but it's true nevertheless ◆ **il est agressif et ~ patient** he is aggressive yet patient, he is aggressive but nevertheless patient

**néant** /neɑ̃/ **NM** ◆ **le ~** nothingness *(NonC)* ◆ **le ~ de la vie/de l'homme** the emptiness of life/man ◆ **replonger dans le ~** to sink back into oblivion ◆ **et après c'est le ~** then there's a total blank ◆ **signes particuliers : ~** distinguishing marks: none ◆ **sortir/surgir du ~** to appear/spring up out of nowhere; → **réduire**

**Nébraska** /nebʀaska/ **NM** Nebraska

**nébuleuse**[1] /nebyløz/ **NF** *(Astron)* nebula; *(fig)* loose conglomeration ◆ **c'est encore à l'état de ~** *(fig)* it's still very vague

**nébuleusement** /nebyløzmɑ̃/ **ADV** nebulously, vaguely

**nébuleux, -euse**[2] /nebylø, øz/ **ADJ** *[ciel]* cloudy, overcast; *[écrivain]* nebulous, obscure; *[projet, idée, discours]* nebulous, vague, woolly *(Brit)*, wooly *(US)*

**nébuliseur** /nebylizœʀ/ **NM** nebulizer

**nébulosité** /nebylozite/ **NF** *[de ciel]* cloud covering, nebulosity *(SPÉC)*; *[de discours]* obscureness, vagueness, woolliness *(Brit)*, wooliness *(US)*

**nécessaire** /nesesɛʀ/ GRAMMAIRE ACTIVE 37.2, 37.3, 44.2

ADJ a *(gén, Math, Philos)* necessary ◆ **est-ce (bien) ~ ?** is it (really) necessary? ◆ **ce n'est pas ~** it's not necessary ◆ **il est ~ de le faire** *ou* **qu'on le fasse** it needs to be done ◆ **il n'est pas ~ que tu le fasses** you don't need *ou* have to (do it), it's not (really) necessary (for you to do it) ◆ **l'eau est ~ à la vie** *ou* **pour vivre/aux hommes** water is a necessity of life/a human necessity ◆ **une alimentation variée apporte à l'organisme tout ce qui lui est ~ en vitamines** a varied diet provides the body with everything it needs as regards vitamins ◆ **cette attitude lui est ~ pour réussir** it's necessary for him to have this attitude if he wants to be successful ◆ **c'est une condition ~** it's a necessary condition ◆ **le temps ~ pour maquiller une star** the time it takes to make up a star ◆ **a-t-il les moyens financiers ~s ?** does he have the necessary funds? ◆ **faire les démarches ~s** to take the necessary *ou* requisite steps ◆ **nous ferons la grève si ~** we'll go on strike if necessary

b *[personne]* needed ◆ **se sentir ~** to feel needed

NM a *(= l'indispensable)* **as-tu emporté le ~ ?** have you got all *ou* everything you need? ◆ **tout le ~ pour préparer et réussir votre voyage** everything you need to prepare for and make a success of your trip ◆ **il peut faire froid, prenez le ~** it may be cold so take the right things *ou* gear * ◆ **emporter le strict ~** to take only what's absolutely necessary ◆ **il faut d'abord penser au ~** one must first consider the essentials ◆ **manquer du ~** to lack the (basic) necessities of life ◆ **j'ai fait le ~** I've seen to it ◆ **je vais faire le ~** I'll see to it

b *(Philos)* **le ~** the necessary

COMP ▷ **nécessaire à couture** (pocket) sewing kit ▷ **nécessaire à ongles** manicure set ▷ **nécessaire à ouvrage** ⇒ **nécessaire à couture** ▷ **nécessaire de toilette** travel pack (of toiletries) ▷ **nécessaire de voyage** overnight bag, grip

**nécessairement** /nesesɛʀmɑ̃/ ADV necessarily ◆ **dois-je ~ m'en aller ?** is it (really) necessary for me to go?, do I (really) have to go? ◆ **passeras-tu par Londres ? – oui, ~/non, pas ~** will you go via London? – yes, it's unavoidable *ou* you have to/no, not necessarily ◆ **il devra ~ s'y faire** he will (just) have to get used to it ◆ **il ne m'a pas ~ vu** I can't be sure (that) he saw me ◆ **il y a ~ une raison** there must be a reason ◆ **ce n'est pas ~ faux** it isn't necessarily wrong ◆ **causes et effets sont liés ~** *(Philos)* causes and effects are necessarily linked *ou* are of necessity linked

**nécessité** /nesesite/ NF a *(= obligation)* necessity ◆ **c'est une ~ absolue** it's an absolute necessity ◆ **sévère sans ~** unnecessarily severe ◆ **il souligne la ~ d'un débat** he emphasizes the need *ou* necessity for a debate ◆ **je n'en vois pas la ~** I don't see the need for it ◆ **se trouver** *ou* **être dans la ~ de faire qch** to have no choice *ou* alternative but to do sth ◆ **mettre qn dans la ~ de faire** to make it necessary for sb to do ◆ **la ~ où nous nous trouvons de faire cela** the fact that we have no choice *ou* alternative but to do that ◆ **état de ~** *(Jur)* necessity

b *(Philos)* **la ~** necessity ◆ **la ~ de mourir** the inevitability of death

c *(†† = pauvreté)* destitution ◆ **être dans la ~** to be in need, to be poverty-stricken

d *(loc)* **je l'ai fait par ~** I did it because I had to *ou* because I had no choice ◆ **de première ~** absolutely essential ◆ **articles de première ~** bare necessities *ou* essentials ◆ **faire de ~ vertu** to make a virtue of necessity ◆ **~ fait loi** *(Prov)* necessity knows no law *(Prov)*

NFPL **nécessités** ◆ **les ~s de la vie** the necessities *ou* essentials of life ◆ **les ~s du service** the demands *ou* requirements of the job ◆ **~s financières** (financial) liabilities

**nécessiter** /nesesite/ ► conjug 1 ◄ VT *(= requérir)* to require, to call for, to necessitate ◆ **l'intervention nécessite plusieurs jours d'hospitalisation** the operation means *ou* involves a hospital stay of several days ◆ **la maison nécessite de gros travaux** the house needs a lot of work (done on it) *ou* is in need of a lot of renovation

**nécessiteux, -euse** *(frm)* /nesesitø, øz/ ADJ needy, necessitous *(frm)* NM,F needy person ◆ **les ~** the needy, the poor

**nec plus ultra** /nɛkplysyltʀa/ NM ◆ **c'est le ~** it's the last word (*de* in)

**nécrologie** /nekʀɔlɔʒi/ NF *(= liste)* obituary column; *(= notice biographique)* obituary

> ⚠ *Attention à ne pas traduire automatiquement* **nécrologie** *par le mot anglais* **necrology**, *qui est d'un registre plus soutenu.*

**nécrologique** /nekʀɔlɔʒik/ ADJ obituary *(épith)*

**nécromancie** /nekʀɔmɑ̃si/ NF necromancy

**nécromancien, -ienne** /nekʀɔmɑ̃sjɛ̃, jɛn/ NM,F necromancer

**nécrophage** /nekʀɔfaʒ/ ADJ necrophagous

**nécrophile** /nekʀɔfil/ ADJ necrophilic NM,F necrophiliac

**nécrophilie** /nekʀɔfili/ NF necrophilia

**nécropole** /nekʀɔpɔl/ NF necropolis

**nécrose** /nekʀoz/ NF necrosis

**nécroser** VT, **se nécroser** VPR /nekʀoze/ ► conjug 1 ◄ to necrose, to necrotize

**nectar** /nɛktaʀ/ NM nectar

**nectarine** /nɛktaʀin/ NF nectarine

**néerlandais, e** /neɛʀlɑ̃dɛ, ɛz/ ADJ Dutch, of the Netherlands NM a *(Ling)* Dutch b ◆ **Néerlandais** Dutchman ◆ **les Néerlandais** the Dutch NF **Néerlandaise** Dutchwoman

**néerlandophone** /neɛʀlɑ̃dɔfɔn/ ADJ Dutch-speaking NMF Dutch speaker

**nef** /nɛf/ NF a *(Archit)* nave ◆ **~ latérale** side aisle b *(†† ou littér = bateau)* vessel, ship

**néfaste** /nefast/ ADJ *(= nuisible)* harmful (*à* to); *(= funeste)* ill-fated, unlucky ◆ **cela lui fut ~** it had disastrous consequences for him

**nèfle** /nɛfl/ NF medlar ◆ **des ~s !** * nothing doing! *, not likely! *

**néflier** /neflije/ NM medlar (tree)

**négateur, -trice** /negatœʀ, tʀis/ *(littér)* ADJ given to denying, contradictory NM,F denier

**négatif, -ive** /negatif, iv/ ADJ *[attitude, réponse]* negative; *[quantité, nombre]* negative, minus *(épith)* ◆ **particule négative** negative particle NM *(Photo, Ling)* negative ◆ **au ~** in the negative ADV ◆ **vous êtes prêts ? – ~ !** * are you ready? – negative! * NF **négative** ◆ **répondre par la négative** to reply in the negative ◆ **dans la négative** if not

**négation** /negasjɔ̃/ NF *(gén)* negation; *(Ling)* negative ◆ **double ~** double negative

**négationnisme** /negasjɔnism/ NM revisionism *(denying the existence of the Nazi gas chambers)*

**négationniste** /negasjɔnist/ ADJ, NMF revisionist *(denying the existence of the Nazi gas chambers)*

**négativement** /negativmɑ̃/ ADV *[réagir]* negatively ◆ **répondre ~** to reply in the negative ◆ **juger qch/qn ~** to be critical of sth/sb

**négativisme** /negativism/ NM negativism, negativity

**négativité** /negativite/ NF *(Phys)* negativity; *[d'attitude]* negativeness, negativity

**négaton †** /negatɔ̃/ NM negatron

**négligé, e** /negliʒe/ (ptp de **négliger**) ADJ *[épouse, ami]* neglected; *[personne, tenue]* slovenly, sloppy; *[ongles]* uncared-for, neglected; *[travail]* slapdash, careless; *[style]* slipshod; *[occasion]* missed *(épith)* NM *(= laisser-aller)* slovenliness; *(= déshabillé)* négligé ◆ **il était en ~** he was casually dressed *ou* wearing casual clothes ◆ **le ~ de sa tenue** the slovenliness of his dress

**négligeable** /negliʒabl/ ADJ *(gén)* negligible; *[détail]* unimportant, trivial, trifling; *[adversaire]* insignificant ◆ **qui n'est pas ~, non ~** *[facteur, élément]* not inconsiderable; *[adversaire, aide, offre]* by no means insignificant; *[détail, rôle, nombre]* not insignificant ◆ **une quantité non ~** an appreciable amount

**négligemment** /negliʒamɑ̃/ ADV *(= sans soin)* carelessly, negligently, in a slovenly way; *(= nonchalamment)* casually

**négligence** /negliʒɑ̃s/ NF *(= manque de soin)* negligence, slovenliness; *(= faute, erreur)* omission, act of negligence; *(Jur)* criminal negligence ◆ **il est d'une (telle) ~ !** he's so careless! ◆ **c'est une ~ de ma part** it's an oversight *ou* a careless mistake on my part ◆ **par ~** out of carelessness ◆ **~ (de style)** stylistic blunder, carelessness *(NonC)* of style ◆ **faire preuve de ~** to be negligent

**négligent, e** /negliʒɑ̃, ɑ̃t/ ADJ *(= sans soin)* negligent, careless; *(= nonchalant)* casual

**négliger** /negliʒe/ ► conjug 3 ◄ VT *(gén)* to neglect; *[+ style, tenue]* to be careless about; *[+ conseil]* to pay no attention *ou* no heed to, to disregard; *[+ occasion]* to miss; *[+ rhume, plaie]* to ignore ◆ **il néglige ses amis** he neglects his friends ◆ **ce n'est pas à ~** *(offre)* it's not to be sneezed at; *(difficulté)* it mustn't be overlooked ◆ **ne rien ~ (pour)** to do everything possible (to)

◆ **négliger de faire** to fail to do ◆ **certains services négligent de répondre aux lettres de la clientèle** some departments fail to reply to customers' letters

VPR **se négliger** *(santé)* to neglect o.s., not to look after o.s.; *(tenue)* to neglect one's appearance, not to bother with one's appearance

**négoce** /negɔs/ NM a *(Écon)* trade ◆ **le ~ international** international trade *ou* trading ◆ **faire du ~** to be in business ◆ **faire du ~ avec un pays** to trade with a country ◆ **il fait le ~ de** he trades *ou* deals in b *(† = boutique, affaire)* business ◆ **dans mon ~** in my trade *ou* business ◆ **il tenait un ~ de fruits et légumes** he sold fruit and vegetables, he had a greengrocery business *(surtout Brit)*

**négociabilité** /negɔsjabilite/ NF negotiability

**négociable** /negɔsjabl/ ADJ negotiable

**négociant, e** /negɔsjɑ̃, jɑ̃t/ NM,F merchant ◆ **~ en gros** wholesaler ◆ **~ en vin(s)** wine merchant

**négociateur, -trice** /negɔsjatœʀ, tʀis/ NM,F *(Comm, Pol)* negotiator

**négociation** /negɔsjasjɔ̃/ NF *(Comm, Pol)* negotiation ◆ **engager** *ou* **entamer des ~s** to enter into negotiations ◆ **~s commerciales** trade talks ◆ **~s salariales/bilatérales** wage/bilateral negotiations *ou* talks ◆ **le contrat est**

**actuellement en** ~ the contract is currently under negotiation

**négocier** /negɔsje/ ▸ conjug 7 ◂ **VI** *(Pol)* to negotiate; *(†† : Comm)* to trade **VT** *(gén, Fin, Pol)* to negotiate ◆ ~ **un virage** to negotiate a bend

**nègre** /nɛgʀ/ **NM** a *(†, injurieux = personne)* Negro ◆ **travailler comme un** ~ to work like a slave, to slave away b *(péj = écrivain)* ghost (writer) c *(Culin)* ~ **en chemise** chocolate and cream dessert **ADJ** *(†, injurieux)* Negro *(épith)*; → **art**

**négresse** /negʀɛs/ **NF** *(†, injurieux)* Negress

**négrier, -ière** /negʀije, ijɛʀ/ **ADJ** slave *(épith)* ◆ **(bateau)** ~ slave ship ◆ **(capitaine)** ~ slave-ship captain **NM** *(= marchand d'esclaves)* slave trader; *(fig péj = patron)* slave driver *

**négrillon** *** /negʀijɔ̃/ **NM** *(injurieux)* piccaninny *** *(injurieux)*

**négrillonne** *** /negʀijɔn/ **NF** *(injurieux)* piccaninny *** *(injurieux)*

**négritude** /negʀityd/ **NF** negritude

**négro** *** /negʀo/ **NM** *(injurieux)* nigger *** *(injurieux)*

**négro-africain, e** (mpl **négro-africains**) /negʀoafʀikɛ̃, ɛn/ **ADJ** *[littérature]* of Sub-Saharan Africa and the African diaspora; *[population]* of Sub-Saharan Africa

**négroïde** /negʀɔid/ **ADJ** Negroid

**negro-spiritual** (pl **negro-spirituals**) /negʀospiʀitɥɔl/ **NM** Negro spiritual

**Néguev** /negɛv/ **NM** ◆ **le désert du** ~ the Negev desert

**négus** /negys/ **NM** *(= titre)* Negus

**neige** /nɛʒ/ **NF** a *(Mét)* snow; *(arg Drogue = cocaïne)* snow *(arg)* ◆ **le temps est à la** ~ it looks like (it's going to) snow ◆ **aller à la** ~ * to go to the ski resorts, to go on a skiing holiday ◆ **cheveux/teint de** ~ snow-white hair/complexion b *(Culin)* **battre** *ou* **faire monter des blancs en** ~ to whisk *ou* beat (up) egg whites to form stiff peaks ◆ **blancs** *ou* **œufs battus en** ~ stiffly beaten egg whites
**COMP** ▷ **neige artificielle** artificial snow ▷ **neige carbonique** dry ice ▷ **neiges éternelles** eternal *ou* everlasting snow(s) ▷ **neige fondue** *(= pluie)* sleet; *(par terre)* slush ▷ **neige fraîche** fresh snow, newly fallen snow ▷ **neige poudreuse** powder snow ▷ **neige de printemps** spring snow; → **bonhomme, boule, train** *etc*

**neiger** /neʒe/ ▸ conjug 3 ◂ **VB IMPERS** to snow ◆ **il neige** it's snowing

**neigeux, -euse** /nɛʒø, øz/ **ADJ** *[sommet]* snow-covered, snow-clad; *[temps, aspect]* snowy

**nem** /nɛm/ **NM** (Vietnamese) small spring roll

**nématode** /nematɔd/ **NM** nematode (worm) ◆ **les ~s** nematodes, Nematoda *(SPÉC)*

**Némésis** /nemezis/ **NF** Nemesis

**néné** *** /nene/ **NM** boob ***, tit ***

**nénette** * /nenɛt/ **NF** *(= jeune femme)* chick ***, bird *** *(Brit)*; → **casser vpr c**

**nenni** /neni/ **ADV** *(†† ou régional = non)* nay

**nénuphar** /nenyfaʀ/ **NM** water lily

**néo-** /neo/ **PRÉF** neo- ◆ **~libéral/-gaulliste** neo-conservative/-Gaullist

**néo-calédonien, -ienne** /neokaledɔnjɛ̃, jɛn/ **ADJ** New Caledonian **NM,F** **Néo-Calédonien(ne)** New Caledonian

**néo-canadien, -ienne** /neokanadjɛ̃, jɛn/ **ADJ** New Canadian **NM,F** **Néo-Canadien(ne)** New Canadian

**néocapitalisme** /neokapitalism/ **NM** neocapitalism

**néocapitaliste** /neokapitalist/ **ADJ** neocapitalist

**néoclassicisme** /neoklasisism/ **NM** neoclassicism

**néoclassique** /neoklasik/ **ADJ** neoclassical

**néocolonialisme** /neokɔlɔnjalism/ **NM** neocolonialism

**néocolonialiste** /neokɔlɔnjalist/ **ADJ** neocolonialist

**néocortex** /neokɔʀtɛks/ **NM** neocortex, isocortex

**néodarwinisme** /neodaʀwinism/ **NM** neo-Darwinism

**néo-écossais, e** /neoekɔsɛ, ɛz/ **ADJ, NM,F** Nova Scotian

**néofascisme, néo-fascisme** (pl **néo-fascismes**) /neofaʃism/ **NM** neofascism

**néofasciste, néo-fasciste** (pl **néo-fascistes**) /neofaʃist/ **ADJ, NMF** neofascist

**néogothique** /neogɔtik/ **ADJ, NM** neogothic

**néo-libéralisme** /neolibeʀalism/ **NM** neoliberalism

**néolithique** /neɔlitik/ **ADJ, NM** neolithic

**néologie** /neɔlɔʒi/ **NF** neology

**néologique** /neɔlɔʒik/ **ADJ** neological

**néologisme** /neɔlɔʒism/ **NM** neologism

**néon** /neɔ̃/ **NM** *(= gaz)* neon; *(= éclairage)* neon lighting *(NonC)*

**néonatal, e** (mpl **néonatals**) /neonatal/ **ADJ** neonatal

**néonatologie** /neonatɔlɔʒi/, **néonatalogie** /neonatalɔʒi/ **NF** neonatology

**néonazi, e** /neonazi/ **ADJ, NM,F** neo-Nazi

**néonazisme** /neonazism/ **NM** neo-Nazism

**néophyte** /neɔfit/ **ADJ** neophytic **NMF** *(Rel)* neophyte; *(fig)* novice, neophyte *(frm)*

**néoplasique** /neɔplazik/ **ADJ** neoplastic

**néoplasme** /neɔplasm/ **NM** neoplasm

**néoplatonicien, -ienne** /neoplatɔnisjɛ̃, jɛn/ **ADJ** neoplatonic **NM,F** neoplatonist

**néoplatonisme** /neoplatɔnism/ **NM** Neo-Platonism

**néopositivisme** /neopozitivism/ **NM** logical positivism

**néopositiviste** /neopozitivist/ **ADJ, NMF** logical positivist

**néoprène** /neɔpʀɛn/ **NM** ◆ **colle au** ~ neoprene glue

**néoréalisme** /neoʀealism/ **NM** neorealism

**néoréaliste** /neoʀealist/ **ADJ** neorealist

**néo-zélandais, e** /neoʒelɑ̃dɛ, ɛz/ **ADJ** New Zealand *(épith)* **NM,F** **Néo-Zélandais(e)** New Zealander

**Népal** /nepal/ **NM** Nepal

**népalais, e** /nepalɛ, ɛz/ **ADJ** Nepalese, Nepali **NM** *(Ling)* Nepalese, Nepali **NM,F** **Népalais(e)** Nepalese, Nepali

**népérien, -ienne** /nepeʀjɛ̃, jɛn/ **ADJ** Nap(i)erian ◆ **logarithmes ~s** natural *ou* Nap(i)erian logarithms

**néphrétique** /nefʀetik/ **ADJ, NMF** nephritic; → **colique**

**néphrite** /nefʀit/ **NF** a *(Méd)* nephritis ◆ **avoir une** ~ to have nephritis b *(= jade)* nephrite

**néphrologie** /nefʀɔlɔʒi/ **NF** nephrology

**néphrologue** /nefʀɔlɔg/ **NMF** nephrologist, kidney specialist

**népotisme** /nepɔtism/ **NM** nepotism

**Neptune** /nɛptyn/ **NM, NF** *(Astron, Myth)* Neptune

**neptunium** /nɛptynjɔm/ **NM** neptunium

**néréide** /neʀeid/ **NF** *(Myth, Zool)* nereid

**nerf** /nɛʀ/ **NM** a *(Anat)* nerve
b *(loc)* **avoir les ~s malades** to suffer from nerves ◆ **avoir les ~s fragiles** to be highly strung ◆ **avoir les ~s à vif** to be very edgy *ou* nervy *(Brit)*, to be on edge ◆ **avoir les ~s en boule** * *ou* **en pelote** * to be very tensed up *ou* tense *ou* edgy ◆ **avoir les ~s à toute épreuve** *ou* **des ~s d'acier** to have nerves of steel ◆ **avoir ses ~s** to have an attack *ou* a fit of nerves, to have a temperamental outburst ◆ **être sur les ~s** to be all keyed up * ◆ **vivre sur les ~s** to live on one's nerves ◆ **porter** *ou* **taper** * **sur les ~s de qn** to get on sb's nerves ◆ **passer ses ~s sur qn** to take it out on sb ◆ **ça me met les ~s à vif** that gets on my nerves ◆ **ça va te calmer les ~s** that will calm *ou* settle your nerves ◆ **ses ~s ont été ébranlés** that shook him ◆ **ses ~s ont craqué** * *ou* **lâché** * he went to pieces *ou* cracked up *; → **bout, crise, fleur**
c *(= vigueur)* **allons du ~ !** *ou* **un peu de ~ !** come on, buck up! * *ou* show some spirit! ◆ **son style a du ~** he has a vigorous style ◆ **c'est une voiture qui a du ~** it's a responsive car ◆ **dépêche-toi, ça manque de ~ tout ça !** come on, get a move on, let's have some life about you! ◆ **l'argent est le ~ de la guerre** money is the sinews of war
d *(* = tendon)* nerve ◆ **~s** *[de viande]* gristle *(NonC)*
e *(Reliure)* cord
**COMP** ▷ **nerf de bœuf** † cosh *(Brit)*, ≃ blackjack *(US)* ▷ **nerf gustatif** gustatory nerve ▷ **nerf moteur** motor nerve ▷ **nerf optique** optic nerve ▷ **nerf pneumogastrique** vagus ▷ **nerf sensitif** sensory nerve ▷ **nerf vague** vagus

**Néron** /neʀɔ̃/ **NM** Nero

**nerprun** /nɛʀpʀœ̃/ **NM** buckthorn

**nerveusement** /nɛʀvøzmɑ̃/ **ADV** *(= d'une manière excitée)* nervously, tensely; *(= de façon irritable)* irritably, touchily; *(= avec vigueur)* energetically, vigorously ◆ **ébranlé** ~ shaken, with shaken nerves

**nerveux, -euse** /nɛʀvø, øz/ **ADJ** a *(Méd) [tension, dépression, fatigue, système]* nervous; *(Anat) [cellule, centre, tissu]* nerve *(épith)* ◆ **pourquoi pleures-tu ? – c'est ~ !** why are you crying? – it's my nerves!; → **grossesse, système** b *(= agité) [personne, animal, rire]* nervous, tense; *(= irritable)* irritable; *(Écon) [marché]* nervous, jittery ◆ **ça me rend ~** *(= anxieux)* it makes me nervous; *(= excité, tendu)* it puts me on edge c *(= vigoureux) [corps]* energetic, vigorous; *[cheval]* spirited, skittish; *[moteur, voiture]* responsive; *[style]* energetic, vigorous ◆ **il n'est pas très ~** *(dans ce qu'il fait)* he doesn't go about things with much energy d *(= sec) [personne, main]* wiry; *[viande]* gristly **NM,F** ◆ **c'est un grand ~** he's very highly strung *(Brit) ou* high-strung *(US)*

**nervi** /nɛʀvi/ **NM** *(gén pl)* bully boy, hatchet man

**nervosité** /nɛʀvozite/ **NF** a *(= agitation) (permanente)* nervousness, excitability; *(passagère)* nervousness, agitation, tension; *(Écon) [de marché]* nervousness, jumpiness, jitteriness ◆ **dans un état de grande ~** in a highly nervous state, in a state of great agitation b *(= irritabilité) (permanente)* irritability; *(passagère)* irritability, touchiness c *[de moteur]* responsiveness ◆ **manque de ~** sluggishness

**nervure** /nɛʀvyʀ/ **NF** *(Bot, Zool)* nervure, vein; *(Archit, Tech)* rib; *(Typo)* raised band

**nervuré, e** /nɛʀvyʀe/ **ADJ** *[feuille]* veined, nervate *(SPÉC)*; *[aile]* veined; *[couvercle, voûte]* ribbed

**Nescafé ®** /nɛskafe/ **NM** Nescafé ®, instant coffee

**n'est-ce pas** /nɛspɑ/ ADV **a** *(appelant l'acquiescement)* isn't it?, doesn't he? *etc (selon le verbe qui précède)* ♦ **il est fort, ~ ?** he's strong, isn't he? ♦ **c'est bon, ~ ?** it's nice, isn't it? *ou* don't you think? ♦ **il n'est pas trop tard, ~ ?** it's not too late, is it? ♦ **tu iras, ~ ?** you will go, won't you? **b** *(intensif)* ~ **que c'est bon/difficile ?** it's nice/difficult, isn't it? ♦ **eux, ~, ils peuvent se le permettre** of course they can afford it ♦ **le problème, ~, c'est qu'il s'en fiche** he doesn't care - that's the problem, isn't it?

**Net** /nɛt/ NM (abrév de **Internet**) ♦ **le ~** the Net

**net¹, nette** /nɛt/ ADJ **a** *(= propre : après nom) [surface, ongles, mains]* clean; *[intérieur, travail, copie]* neat, tidy ♦ **elle est toujours très nette (dans sa tenue)** she's always neatly dressed *ou* turned out, she's always very neat and tidy ♦ **avoir la conscience nette** to have a clear conscience

♦ **au net** ♦ **mettre au ~** *[rapport, devoir]* to copy out, to make a neat *ou* fair copy of; *[plan, travail]* to tidy up ♦ **mise au ~** copying out, tidying up

**b** *(Comm, Fin : après nom) [bénéfice, prix, poids]* net ♦ **~ de** free of ♦ **emprunt ~ de tout impôt** tax-free loan ♦ **revenu ~** disposable income

**c** *(= clair, précis : après nom) [idée, explication, esprit]* clear; *(= sans équivoque) [réponse]* straight, clear, plain; *[refus]* flat *(épith)*; *[situation, position]* clear-cut ♦ **je serai ~ avec vous** I shall be (quite) candid *ou* frank with you ♦ **son attitude dans cette affaire n'est pas très nette** his attitude in this matter is a bit dubious ♦ **ce type n'est pas très ~** * *(bizarre)* that guy's slightly odd *ou* strange*; *(fou)* that guy's slightly mad*

**d** *(= marqué, évident) [différence, amélioration]* marked, distinct, sharp; *[distinction]* marked, sharp, clear(-cut); *[avantage]* clear ♦ **il y a une très nette odeur** *ou* **une odeur très nette de brûlé** there's a distinct *ou* a very definite smell of burning ♦ **il est très ~ qu'il n'a aucune intention de venir** it's quite clear *ou* obvious that he doesn't intend to come

**e** *(= distinct : après nom) [dessin, écriture]* clear; *[ligne, contour, image]* sharp; *[voix, son]* clear, distinct; *[cassure, coupure]* clean ♦ **j'ai un souvenir très ~ de sa visite** I remember his visit very clearly, I have a very clear *ou* vivid memory of his visit

ADV **a** *(= brusquement) [s'arrêter]* dead ♦ **se casser ~** to snap (in two), to break clean through ♦ **il a été tué ~** he was killed outright *ou* instantly

**b** *(= franchement) [refuser]* flatly, point-blank ♦ **il (m')a dit tout ~ que ...** he made it quite clear (to me) that ..., he told me frankly *ou* bluntly that ... ♦ **parlons ~** let's be frank ♦ **je vous le dis tout ~** I'm telling you *ou* I'm giving it to you straight*, I'm telling you bluntly *ou* frankly ♦ **pour vous** *ou* **à parler ~** to be blunt *ou* frank with you

**c** *(Comm)* net ♦ **il reste 40 € ~** there remains €40 net ♦ **cela pèse 2 kg ~** it weighs 2 kg net

NM *(Écon)* ♦ **le ~** net profit

**net²** /nɛt/ ADJ INV *(Tennis)* net *(épith)* NM net shot

**nettement** /nɛtmɑ̃/ ADV **a** *(= sans ambiguïté) [expliquer, répondre]* clearly ♦ **il refusa ~** he flatly refused, he refused point-blank ♦ **je lui ai dit ~ ce que j'en pensais** I told him bluntly *ou* frankly what I thought of it ♦ **il a ~ pris position contre nous** he has clearly *ou* quite obviously taken up a stance against us

**b** *(= distinctement) [apercevoir, entendre, se souvenir]* clearly, distinctly; *[se détacher, apparaître]* clearly, distinctly, sharply

**c** *(= incontestablement) [s'améliorer, se différencier]* markedly, distinctly; *[mériter]* definitely ♦ **j'aurais ~ préféré ne pas venir** I would have definitely *ou* distinctly preferred not to come ♦ **ça va ~ mieux** things are decidedly *ou* distinctly better ♦ **~ meilleur/plus grand** markedly *ou* distinctly better/bigger ♦ **coûter ~ moins cher** to cost much less *ou* a great deal less ♦ **ils sont ~ moins nombreux** there are far fewer of them ♦ **arriver ~ en avance** to arrive far too early

**netteté** /nɛtte/ NF **a** *(= propreté) [de tenue, travail]* neatness **b** *(= clarté) [d'explication, expression, esprit, idées]* clearness, clarity **c** *(= caractère distinct) [de dessin, écriture]* clearness; *[de contour, image]* sharpness, clarity, clearness; *[de souvenir, voix, son]* clearness, clarity; *[de cassure]* cleanness

**nettoiement** /netwamɑ̃/ NM *[de rues]* cleaning; *(Agr) [de terre]* clearing ♦ **service du ~** refuse disposal *ou* collection service

**nettoyable** /netwajabl/ ADJ ♦ **facilement/difficilement ~** easy/difficult to clean ♦ **~ à sec** dry-cleanable

**nettoyage** /netwajaʒ/ NM *(gén)* cleaning; *[de plage, rue, rivière]* cleaning (up); *[d'écurie, cage, réfrigérateur]* cleaning (out); *(Mil, Police)* cleaning up *ou* out ♦ **faire le ~ par le vide** * to throw everything out ♦ **~ de printemps** spring-cleaning ♦ **~ à sec** dry cleaning ♦ **un ~ complet** a thorough cleanup ♦ **~ de peau** skin cleansing ♦ **opération de ~** *(Mil)* mopping-up operation ♦ **entreprise/produit de ~** cleaning firm/agent ♦ **ils ont fait du ~ dans cette entreprise** *(fig)* they've got rid of the deadwood in this company; → **ethnique**

**nettoyant, e** /netwajɑ̃, ɑ̃t/ ADJ cleaning *(épith)* NM cleaner

**nettoyer** /netwaje/ ► conjug 8 ◄ VT **a** *(gén) [+ objet]* to clean; *[+ plaie]* to cleanse, to clean; *[+ jardin]* to clear; *[+ canal, rue, plage]* to clean (up); *[+ écurie, cage, réfrigérateur]* to clean (out) ♦ **~ au chiffon** *ou* **avec un chiffon** to dust ♦ **~ au balai** to sweep (out) ♦ **~ à l'eau/avec du savon** to wash in water/with soap ♦ **~ à la brosse** to brush (out) ♦ **~ à l'éponge** to sponge (down) ♦ **~ à sec** to dry-clean ♦ **nettoyez-vous les mains au robinet** wash your hands under the tap, give your hands a rinse under the tap ♦ **~ son assiette** to clean one's plate ♦ **le chien avait nettoyé le réfrigérateur** * the dog had cleaned out *ou* emptied the fridge ♦ **l'orage a nettoyé le ciel** the storm has cleared away the clouds

**b** * *[+ personne] (= tuer)* to kill, to finish off*; *(= ruiner)* to clean out; *(= fatiguer)* to wear out ♦ **il a été nettoyé en une semaine par la grippe** the flu finished him off* *ou* did for him* in a week ♦ **~ son compte en banque** to clear one's bank account ♦ **se faire ~ au jeu** to be cleaned out at gambling

**c** *(Mil, Police)* to clean out *ou* up

**nettoyeur, -euse** /netwajœʀ, øz/ NM,F cleaner

**Neuchâtel** /nøʃatɛl/ N Neuchâtel ♦ **le lac de ~** Neuchâtel Lake

**neuf¹** /nœf/ ADJ INV, NM INV *(= chiffre)* nine; → **preuve**; *pour loc voir* **six**

**neuf², neuve** /nœf, nœv/ ADJ *(gén)* new; *[vision, esprit, pensée]* fresh, new; *[pays]* young, new ♦ **quelque chose de ~** something new ♦ **regarder qch avec un œil ~** to look at sth with new eyes *ou* a fresh eye ♦ **être ~ dans le métier/en affaires** to be new to the trade/to business ♦ **à l'état ~, comme ~** as good as new, as new ♦ **c'est tout ~** *[objet]* it's brand new ♦ **son bonheur tout ~** *(littér)* his new-found happiness; → **flambant, peau**

NM new ♦ **il y a du ~** something new has turned up, there's been a new development ♦ **quoi de/rien de ~ ?** what's/nothing new? ♦ **faire du ~** *(politique)* to introduce new *ou* fresh ideas; *(artisanat)* to make new things ♦ **être vêtu** *ou* **habillé de ~** to be wearing new clothes, to have new clothes on ♦ **son appartement est meublé de ~** all the furniture in his flat is new ♦ **remettre** *ou* **refaire à ~** to do up like new *ou* as good as new ♦ **remise à ~** restoration ♦ **repeindre un appartement à ~** to redecorate a flat ♦ **on ne peut pas faire du ~ avec du vieux** you can't make new things out of old

**neuneu** * /nønø/ NM *(= idiot)* dummy *

**neurasthénie** /nøʀasteni/ NF *(gén)* depression; *(Méd)* neurasthenia *(SPÉC)* ♦ **faire de la ~** to be depressed, to be suffering from depression

**neurasthénique** /nøʀastenik/ ADJ depressed, depressive; *(Méd)* neurasthenic *(SPÉC)* NMF depressed person, depressive; *(Méd)* neurasthenic *(SPÉC)*

**neuro...** /nøʀɔ/ PRÉF neuro...

**neurobiologie** /nøʀobjɔlɔʒi/ NF neurobiology

**neurobiologiste** /nøʀobjɔlɔʒist/ NMF neurobiologist

**neurochimie** /nøʀoʃimi/ NF neurochemistry

**neurochirurgical, e** (mpl **-aux**) /nøʀoʃiʀyʀʒikal, o/ ADJ neurosurgical

**neurochirurgie** /nøʀoʃiʀyʀʒi/ NF neurosurgery

**neurochirurgien, -ienne** /nøʀoʃiʀyʀʒjɛ̃, jɛn/ NM,F neurosurgeon

**neurodégénératif, -ive** /nøʀodeʒeneʀatif, iv/ ADJ *[maladie, affection]* neurodegenerative

**neuroendocrinien, -ienne** /nøʀoɑ̃dɔkʀinjɛ̃, jɛn/ ADJ neuroendocrine

**neuroleptique** /nøʀɔlɛptik/ ADJ, NM neuroleptic

**neurologie** /nøʀɔlɔʒi/ NF neurology

**neurologique** /nøʀɔlɔʒik/ ADJ neurological

**neurologiste** /nøʀɔlɔʒist/, **neurologue** /nøʀɔlɔg/ NMF neurologist

**neuromédiateur** /nøʀomedjatœʀ/ NM neurotransmitter

**neuromusculaire** /nøʀomyskylɛʀ/ ADJ neuromuscular

**neuronal, e** (mpl **-aux**) /nøʀɔnal, o/ ADJ *(Méd)* neuronal; *(Ordin)* neural ♦ **réseau ~** neural network ♦ **ordinateur ~** neurocomputer, neural computer

**neurone** /nøʀɔn/ NM neuron

**neuropathie** /nøʀopati/ NF neuropathy

**neuropathologie** /nøʀopatɔlɔʒi/ NF neuropathology

**neurophysiologie** /nøʀofizjɔlɔʒi/ NF neurophysiology

**neurophysiologique** /nøʀofizjɔlɔʒik/ ADJ neurophysiological

**neurophysiologiste** /nøʀofizjɔlɔʒist/ NMF neurophysiologist

**neuropsychiatre** /nøʀopsikjatʀ/ NMF neuropsychiatrist

**neuropsychiatrie** /nøʀopsikjatʀi/ NF neuropsychiatry

**neuropsychiatrique** /nøʀopsikjatʀik/ ADJ neuropsychiatric

**neuropsychologie** /nøʀopsikɔlɔʒi/ NF neuropsychology

**neuropsychologue** /nøʀopsikɔlɔg/ NMF neuropsychologist

**neurosciences** /nøʀosjɑ̃s/ NFPL neuroscience

**neurotoxine** /nøʀotɔksin/ NF neurotoxin

**neurotransmetteur** /nøʀotʀɑ̃smetœʀ/ NM neurotransmitter

**neurovégétatif, -ive, neuro-végétatif, -ive** (mpl **neuro-végétatifs**) /nøʀoveʒetatif, iv/ ADJ neurovegetative

**neutralisation** /nøtʀalizasjɔ̃/ NF neutralization

**neutraliser** /nøtʀalize/ ► conjug 1 ◄ VT *(Mil, Pol, Sci)* to neutralize; *[+ gardien, agresseur]* to overpower ◆ **la voie de gauche est neutralisée** *(sur autoroute)* the left-hand lane is closed to traffic ◆ **les poubelles sont neutralisées** the bins have been sealed VPR **se neutraliser** ◆ **les deux influences/produits se neutralisent** the two influences/products cancel each other out

**neutralisme** /nøtʀalism/ NM neutralism

**neutraliste** /nøtʀalist/ ADJ, NMF neutralist

**neutralité** /nøtʀalite/ NF neutrality ◆ **rester dans la** ~ to remain neutral ◆ ~ **bienveillante** benevolent neutrality

**neutre** /nøtʀ/ ADJ *(gén, Chim, Élec, Pol, Phon)* neutral; *(Ling, Zool)* neuter; *[style]* neutral, colourless *(Brit)*, colorless *(US)*; *(= sans excès) [solution]* middle-of-the-road ◆ **rester** ~ *(dans un conflit)* to remain neutral, not to take sides (*dans* in) NM *(Ling) (= genre)* neuter; *(= nom)* neuter noun; *(Élec)* neutral; *(Zool)* neuter (animal) ◆ **les ~s** the neutral nations

**neutrino** /nøtʀino/ NM neutrino

**neutron** /nøtʀɔ̃/ NM neutron; → **bombe**

**neutronique** /nøtʀɔnik/ ADJ neutron *(épith)*

**neuvaine** /nœvɛn/ NF novena ◆ **faire une** ~ to make a novena

**neuvième** /nœvjɛm/ ADJ, NMF ninth; *pour loc voir* **sixième**

**neuvièmement** /nœvjɛmmɑ̃/ ADV ninthly, in the ninth place; *pour loc voir* **sixièmement**

**Nevada** /nevada/ NM Nevada

**ne varietur** /nevaʀjetyʀ/ LOC ADJ *[édition]* definitive LOC ADV without any variation

**névé** /neve/ NM névé, firn

**neveu** (pl **neveux**) /n(ə)vø/ NM nephew; *(††, littér = descendant)* descendant ◆ **un peu, mon ~ !** * you bet! *, of course!, and how! *

**névralgie** /nevʀalʒi/ NF neuralgia *(NonC)* ◆ ~ **dentaire** dental neuralgia ◆ **avoir des ~s** to suffer from neuralgia

**névralgique** /nevʀalʒik/ ADJ neuralgic ◆ **centre** *ou* **point** ~ *(Méd)* nerve centre; *(fig) (= point sensible)* sensitive spot; *(= point capital)* nerve centre

**névrite** /nevʀit/ NF neuritis *(NonC)*

**névritique** /nevʀitik/ ADJ neuritic

**névropathe** /nevʀɔpat/ ADJ neuropathic, neurotic NMF neuropath, neurotic

**névropathie** /nevʀɔpati/ NF neuropathy

**névrose** /nevʀoz/ NF neurosis ◆ ~ **obsessionnelle** obsessional neurosis ◆ ~ **phobique** phobia

**névrosé, e** /nevʀoze/ ADJ, NM,F neurotic

**névrotique** /nevʀɔtik/ ADJ neurotic

**New Delhi** /njudɛli/ N New Delhi

**New Hampshire** /njuɑ̃pʃəʀ/ NM New Hampshire

**New Jersey** /njuʒɛʀze/ NM New Jersey

**new-look** * /njuluk/ ADJ, NM INV new look

**Newton** /njutɔn/ NM *(= savant)* Newton ◆ **newton** *(= unité)* newton

**newtonien, -ienne** /njutɔnjɛ̃, jɛn/ ADJ Newtonian

**New York** /njujɔʀk/ N *(= ville)* New York NM ◆ **l'État de** ~ New York State

**new-yorkais, e** /njujɔʀkɛ, ɛz/ ADJ New-York *(épith)*, of *ou* from New York NM,F **New-Yorkais(e)** New Yorker

**nez** /ne/ NM **a** *(= organe)* nose ◆ **avoir le ~ grec/aquilin** to have a Grecian/an aquiline nose ◆ ~ **épaté** *ou* **écrasé** *ou* **aplati** flat nose ◆ ~ **en trompette** turned-up nose ◆ ~ **en pied de marmite** bulbous turned-up nose ◆ **ton ~ remue, tu mens** I can tell by looking at you that you're lying ◆ **parler du** ~ to talk through one's nose ◆ **cela se voit comme le ~ au milieu de la figure** *ou* **du visage** it's as plain as the nose on your face, it sticks out a mile ◆ **cela sent le brûlé à plein** ~ there's a strong smell of burning ◆ **le bureau sentait la fumée à plein** ~ the office reeked of cigarette smoke

**b** *(= visage, face)* **le ~ en l'air** *ou* **au vent** with one's nose in the air ◆ **où est mon sac ? – tu as le ~ dessus !** *ou* **sous ton ~ !** where's my bag? – (right) under your nose! ◆ **baisser/lever le** ~ to bow/raise one's head ◆ **le ~ dans son assiette** with his head bent over his plate ◆ **il ne lève jamais le ~ de ses livres** he's always got his nose in a book, he's a real bookworm * ◆ **il ne lève jamais le ~ de son travail** he never looks up from his work ◆ **mettre le** ~ *ou* **son ~ à la fenêtre/au bureau** to show one's face at the window/at the office ◆ **je n'ai pas mis le ~ dehors hier** I didn't put my nose outside the door yesterday ◆ **il fait un temps à ne pas mettre le ~ dehors** it's weather you wouldn't put a dog out in ◆ **rire/fermer la porte au ~ de qn** to laugh/shut the door in sb's face ◆ **elle m'a raccroché au** ~ *(au téléphone, couper la communication)* she hung up on me; *(avec colère)* she slammed the phone down on me ◆ **faire qch au ~ et à la barbe de qn** to do sth under sb's very nose ◆ **regarder qn sous le** ~ to stare sb in the face ◆ **sous son** ~ (right) under his nose, under his (very) nose ◆ **se trouver ~ à ~ avec qn** to find o.s. face to face with sb ◆ **faire un (drôle de)** ~ to pull a (funny) face

**c** *(= flair)* **il a du** ~ he has good instincts ◆ **en affaires, il a du** ~ *ou* **le ~ fin** he has a flair for business ◆ **j'ai eu le ~ creux de m'en aller** * I had a hunch that I should leave; → **vue**[2]

**d** *(Aviat, Naut)* nose ◆ **sur le** ~ *(Naut)* down at the bows; → **piquer**

**e** *(= créateur de parfums, Œnol)* nose

**f** *(loc)* **avoir qn dans le ~** * to have it in for sb *, to have something against sb ◆ **il m'a dans le ~** * he's got it in for me *, he's got something against me ◆ **avoir un verre** *ou* **un coup dans le ~** * to have had one too many *, to have had a drop too much * ◆ **se manger** *ou* **se bouffer le ~** * to be at each others' throats ◆ **mettre** *ou* **fourrer** * **le** *ou* **son ~ dans qch** to poke *ou* stick * one's nose into sth, to nose *ou* pry into sth ◆ **l'affaire lui est passée sous le ~** * the bargain slipped through his fingers ◆ **je vais lui mettre le ~ dans sa crotte** ‡ *ou* **son caca** ‡ *ou* **sa merde** *‡ I'll rub his (*ou* her) nose in it * ◆ **montrer (le bout de)** *ou* **pointer son** ~ *(= se manifester)* to make an appearance, to show up ◆ **il a montré** *ou* **pointé le bout de son ~ à la porte et il a disparu** he popped his head round the door *ou* he just showed his face then disappeared ◆ **aujourd'hui, le soleil montre le bout de son** ~ today the sun has peeped through; → **casser, doigt, mener**

**NF** /ɛnɛf/ **a** (abrév de **norme française**) **avoir le label** ~ to have the mark of the approved French standard of manufacture, ≃ to have the Kite mark *(Brit)* **b** (abrév de **nouveau(x) franc(s)**) → **franc**[2]

**ni** /ni/ CONJ *(après la négation)* nor, or ◆ **il ne boit ~ ne fume** he doesn't drink or smoke, he neither drinks nor smokes ◆ **il ne pouvait (~) parler ~ entendre** he could neither speak nor hear, he couldn't speak or hear ◆ **personne ne l'a (jamais) aidé ~ (même) encouragé** nobody (ever) helped or (even) encouraged him ◆ **je ne veux ~ ne peux accepter** I neither wish to nor can accept, I don't wish to accept, nor can I ◆ **il ne veut pas, ~ moi non plus** he doesn't want to and neither do I *ou* and nor do I

◆ **ni ... ni ...** neither ... nor ... ◆ ~ **lui ~ moi** neither he nor I, neither of us, neither him nor me * ◆ ~ **l'un ~ l'autre** neither one nor the other, neither of them ◆ ~ **d'un côté ~ de l'autre** on neither one side nor the other, on neither side ◆ **il n'a dit ~ oui ~ non** he didn't say either yes or no ◆ ~ **vu ~ connu (je t'embrouille)** * no one'll be any the wiser * ◆ **il n'est ~ plus bête ~ plus paresseux qu'un autre** he is neither more stupid nor any lazier than anyone else, he's no more stupid and no lazier than anyone else

◆ **ni plus ni moins** ◆ **elle est secrétaire, ~ plus ~ moins** she's just a secretary, no more no less

**niable** /njabl/ ADJ deniable ◆ **cela n'est pas** ~ that's undeniable, you can't deny that

**Niagara** /njagaʀa/ NM ◆ **le** ~ the Niagara (river); → **chute**

**niais, niaise** /njɛ, njɛz/ ADJ *[personne, air]* silly; *[rire, sourire, style, livre, film]* silly, inane NM,F simpleton ◆ **pauvre ~ !** poor fool!

**niaisement** /njɛzmɑ̃/ ADV *[rire]* inanely

**niaiserie** /njɛzʀi/ NF **a** *(= bêtise)* silliness **b** *(= action)* foolish *ou* inane behaviour *(NonC)*; *(= parole)* foolish *ou* inane talk *(NonC)* ◆ **dire des ~s** to talk rubbish *ou* twaddle *(Brit) ou* nonsense ◆ **ils regardent des ~s à la télé** they're watching some rubbish on TV

**niaiseux, -euse** /njɛzø, øz/ *(Can)* ADJ stupid, idiotic NM,F idiot

**Niamey** /njamɛ/ N Niamey

**Nicaragua** /nikaʀagwa/ NM Nicaragua

**nicaraguayen, -enne** /nikaʀagwajɛ̃, jɛn/ ADJ Nicaraguan NM,F **Nicaraguayen(ne)** Nicaraguan

**niche** /niʃ/ NF **a** *(= alcôve)* niche, recess **b** *[de chien]* kennel ◆ **à la ~ !** *(à un chien)* (into your) kennel!; *(hum : à une personne)* scram! ‡, make yourself scarce! * **c** *(† = farce)* trick, hoax ◆ **faire des ~s à qn** to play tricks on sb **d** *(Comm, École)* niche

**nichée** /niʃe/ NF *[d'oiseaux]* brood ◆ ~ **de chiens** litter of puppies ◆ ~ **de pinsons** nest *ou* brood of chaffinches ◆ **l'instituteur et toute sa ~ (d'enfants)** * the teacher and all his charges

**nicher** /niʃe/ ► conjug 1 ◄ VI *[oiseau]* to nest; * *[personne]* to hang out * VPR **se nicher** *[oiseau]* to nest; *(littér = se blottir) [village, maison]* to nestle (*dans* in); *(* = se cacher) [personne]* to stick * *ou* put o.s.; *[objet]* to lodge itself ◆ **où la vertu va-t-elle se ~ !** *(hum)* of all the unlikely places to find such virtue! ◆ **les cerises nichées dans les feuilles** the cherries nestling among the leaves

**nichon** ‡ /niʃɔ̃/ NM tit *‡, boob ‡

**nickel** /nikɛl/ NM nickel ADJ * *(= propre)* spotless; *(= irréprochable)* perfect ◆ **chez eux, c'est** ~ their home is always spick and span

**nickelage** /niklaʒ/ NM nickel-plating

**nickelé, e** /nikle/ ADJ nickelled, nickel-plated ◆ **acier** ~ nickel-plated steel

**nickeler** /nikle/ ► conjug 4 ◄ VT to nickel-plate

**niçois, e** /niswa, waz/ ADJ of *ou* from Nice; → **salade** NM,F **Niçois(e)** inhabitant *ou* native of Nice ♦ **à la ~e** *(Culin)* with tomatoes and garlic *(attrib)*

**Nicolas** /nikɔla/ NM Nicholas

**Nicosie** /nikɔzi/ N Nicosia

**nicotine** /nikɔtin/ NF nicotine

**nid** /ni/ NM a *(Zool)* nest ♦ **~ d'oiseau/de guêpes** bird's/wasps' nest b *(= abri, foyer)* cosy little nest; *(= repaire)* den ♦ **trouver le ~ vide** to find the bird has *ou* the birds have flown, to find the nest empty ♦ **surprendre qn au ~, trouver l'oiseau au ~** to find *ou* catch sb at home *ou* in COMP ▷ **nid(s) d'abeilles** *(= point)* honeycomb stitch; *(= tissu)* waffle cloth ♦ **radiateur en ~(s) d'abeilles** cellular radiator ▷ **nid d'aigle** *(Zool, fig)* eyrie ▷ **nid d'amoureux** love nest ▷ **nid d'ange** ≃ (baby) nest ▷ **nid de brigands** robbers' den ▷ **nids d'hirondelles** *(Culin)* birds' nest ♦ **potage aux ~s d'hirondelles** birds' nest soup ▷ **nid de mitrailleuses** nest of machine guns ▷ **nid de pie** *(Naut)* crow's-nest ▷ **nid de poule** pothole ▷ **nid à poussière** dust trap ▷ **nid de résistance** *(Mil)* pocket of resistance ▷ **nid de vipères** *(lit, fig)* nest of vipers

**nidation** /nidasjɔ̃/ NF nidation, implantation

**nidification** /nidifikasjɔ̃/ NF nesting

**nidifier** /nidifje/ ▸ conjug 7 ◂ VI to nest

**nièce** /njɛs/ NF niece

**nielle** /njɛl/ NF *(Agr)* *(= plante)* corncockle ♦ **~ (du blé)** *(= maladie)* blight NM *(= incrustation)* niello

**nieller** /njele/ ▸ conjug 1 ◂ VT *(Agr)* to blight; *(Tech)* to niello

**niellure** /njelyʀ/ NF *(Agr)* blight; *(Tech)* niello

**n-ième, nième** /ɛnjɛm/ ADJ *(Math)* nth; *(*fig)* nth, umpteenth ♦ **x à la ~ puissance** x to the power (of) n, x to the nth power ♦ **je te le dis pour la ~ fois** I'm telling you for the nth *ou* umpteenth time

**nier** /nje/ ▸ conjug 7 ◂ VT *(gén)* to deny; *(Jur = désavouer)* *[+ dette, fait]* to repudiate ♦ **il nie l'avoir fait** he denies having done it ♦ **~ l'évidence** to deny the obvious ♦ **je ne (le) nie pas** I'm not denying it, I don't deny it ♦ **on ne peut ~ que** one cannot deny that ♦ **l'accusé nia** the accused denied the charges

**niet*** /njɛt/ EXCL no way!, nothing doing! *

**nietzschéen, -enne** /nitʃeɛ̃, ɛn/ ADJ, NM,F Nietzschean

**nigaud, e** /nigo, od/ ADJ silly, simple NM,F simpleton ♦ **grand** *ou* **gros ~ !** big silly!, big ninny! *, silly billy! * *(Brit)*

**nigauderie** /nigodʀi/ NF *(= caractère)* silliness, simpleness; *(= action)* silly thing to do

**Niger** /niʒɛʀ/ NM ♦ **le ~** (the) Niger

**Nigéria, Nigeria** /niʒeʀja/ NM Nigeria

**nigérian, e** /niʒeʀjɑ̃, an/ ADJ Nigerian NM,F **Nigérian(e)** Nigerian

**nigérien, -ienne** /niʒeʀjɛ̃, jɛn/ ADJ of *ou* from Niger NM,F **Nigérien(ne)** inhabitant *ou* native of Niger

**night-club** (pl **night-clubs**) /najtklœb/ NM nightclub

**nihilisme** /niilism/ NM nihilism

**nihiliste** /niilist(ə)/ ADJ nihilistic NMF nihilist

**Nikkei** /nikej/ NM *(Bourse)* ♦ **l'indice ~, le ~** the Nikkei (index)

**Nil** /nil/ NM ♦ **le ~** the Nile ♦ **le ~ Blanc/Bleu** the White/Blue Nile

**nilotique** /nilɔtik/ ADJ of *ou* from the Nile, Nile *(épith)*

**nimbe** /nɛ̃b/ NM *(Rel, fig)* nimbus, halo

**nimber** /nɛ̃be/ ▸ conjug 1 ◂ VT *(= auréoler)* to halo ♦ **nimbé de lumière** radiant *ou* suffused with light

**nimbostratus** /nɛ̃bostʀatys/ NM nimbostratus

**nimbus** /nɛ̃bys/ NM *(Mét)* nimbus

**n'importe** /nɛ̃pɔʀt(ə)/ → **importer²**

**ninas** /ninas/ NM small cigar

**niobium** /njɔbjɔm/ NM niobium

**niôle*** /njol/ NF ⇒ **gnôle**

**nippe*** /nip/ NF (old) thing* *ou* rag* ♦ **~s** togs*, gear* ♦ **de vieilles ~s** old togs*, old clothes

**nipper*** /nipe/ ▸ conjug 1 ◂ VT *(= habiller)* to deck out, to tog out* *(Brit)* ♦ **bien/mal nippé** in a nice/an awful getup* *ou* rig-out* *(Brit)*, well/badly got up* *(Brit)* VPR **se nipper** to get decked out, to get togged up* *(Brit)*

**nippon, e** *ou* **-onne** /nipɔ̃, ɔn/ ADJ Japanese NM,F **Nippon(e), Nippon(ne)** Japanese NM *(= pays)* ♦ **Nippon** Japan

**nique** /nik/ NF ♦ **faire la ~ à qn** to thumb one's nose at sb, to cock a snook at sb *(Brit)*

**niquedouille*** /nik(ə)duj/ ADJ, NM,F ⇒ **nigaud**

**niquer***** /nike/ ▸ conjug 1 ◂ VT *(sexuellement)* to fuck***, to screw***; *(= abîmer)* *[+ machine, ordinateur]* to fuck up***, to bugger up* *(Brit)*, to knacker* *(Brit)* ♦ **se faire ~** *(fig)* to get screwed***

**nirvana** /niʀvana/ NM nirvana

**nitouche** /nituʃ/ NF → **saint**

**nitrate** /nitʀat/ NM nitrate ♦ **~ d'argent** silver nitrate

**nitreux, -euse** /nitʀø, øz/ ADJ nitrous

**nitrifier** /nitʀifje/ ▸ conjug 1 ◂ VT to nitrify

**nitrique** /nitʀik/ ADJ nitric

**nitrite** /nitʀit/ NM nitrite

**nitro...** /nitʀo/ PRÉF nitro... ♦ **nitrosamine** nitrosamine

**nitrobenzène** /nitʀobɛ̃zɛn/ NM nitrobenzene

**nitroglycérine** /nitʀogliseʀin/ NF nitroglycerine

**nival, e** (mpl **-aux**) /nival, o/ ADJ nival

**niveau** (pl **niveaux**) /nivo/ GRAMMAIRE ACTIVE 32.3

NM a *(= hauteur)* *[d'huile, eau]* level; *[de bâtiment]* level, floor ♦ **le ~ de l'eau** the water level ♦ **cent mètres au-dessus du ~ de la mer** a hundred metres above sea level → **courbe, passage**

♦ **au niveau de** ♦ **au ~ de l'eau/du sol** at water/ground level ♦ **l'eau est arrivée au ~ du quai** the water has risen to the level of the embankment ♦ **la neige m'arrivait au ~ des genoux** the snow came up to my knees *ou* was knee-deep ♦ **une tache au ~ du coude** a mark at the elbow ♦ **serré au ~ de la taille** tight at the waist ♦ **il avait une cicatrice sur la joue au ~ de la bouche** he had a scar on his cheek about level with his mouth ♦ **il s'arrêta au ~ du village** he stopped once he got to the village

♦ **de niveau (avec), au même niveau (que)** level (with) ♦ **le plancher n'est pas de ~** the floor isn't level ♦ **les deux pièces ne sont pas de ~** the two rooms are not on a level ♦ **mettre qch de** *ou* **à ~** to make sth level ♦ **les deux vases sont au même ~** the two vases are level *ou* at the same height

b *(Scol)* *[de connaissances, études]* standard ♦ **le ~ des études en France** the standard of French education ♦ **le ~ d'instruction baisse** educational standards are falling ♦ **cet élève est d'un bon ~** this pupil keeps up a good level of attainment *ou* a good standard ♦ **son anglais est d'un bon ~** his English is of a good standard ♦ **il est/il n'est pas au ~** he is/he isn't up to standard ♦ **ils ne sont pas du même ~** they're not (of) the same standard, they're not on a par *ou* on the same level ♦ **les cours ne sont pas à son ~** the classes aren't up to his standard ♦ **remettre à ~** to bring up to standard ♦ **cours** *ou* **stage de remise à ~** refresher course

c *(= degré)* level ♦ **le ~ intellectuel de la classe moyenne** the intellectual level of the middle class ♦ **le franc a atteint son ~ le plus haut/bas depuis 3 ans** the franc has reached its highest/lowest point for 3 years ♦ **la production littéraire a atteint son ~ le plus bas** literary production has reached its lowest ebb *ou* level ♦ **à tous les ~x** at all levels ♦ **le directeur envisage une remise à ~ des salaires** the director is considering bringing salaries into line with standard rates *ou* upgrading salaries to standard rates ♦ **cela exige un haut ~ de concentration** it demands a high level *ou* degree of concentration ♦ **athlète/cadre de haut ~** top athlete/executive ♦ **des candidats (ayant le) ~ licence** candidates at degree level

♦ **au + niveau** ♦ **au ~ de l'usine/des gouvernements** at factory/government level ♦ **au ~ européen** at the European level ♦ **négociations au plus haut ~** top-level negotiations ♦ **il faut se mettre au ~ des enfants** you have to put yourself on the same level as the children

d *(Constr = instrument)* level; *(Aut = jauge)* gauge

COMP ▷ **niveau de base** *(Géog)* base level ▷ **niveau à bulle (d'air)** spirit level ▷ **niveau d'eau** water level ▷ **niveau d'énergie** energy level ▷ **niveau hydrostatique** water table ▷ **niveau de langue** register ▷ **niveau à lunette** dumpy level ▷ **niveau de maçon** plumb level ▷ **niveau social** social standing *ou* rank ▷ **niveau de vie** standard of living, living standards

**nivelage** /niv(ə)laʒ/ NM *[de surface]* levelling; *[de fortunes, conditions sociales]* levelling out, evening out

**niveler** /niv(ə)le/ ▸ conjug 4 ◂ VT a *(= égaliser)* *[+ surface]* to level; *[+ fortunes, conditions sociales]* to level *ou* even out ♦ **l'érosion nivelle les montagnes** erosion wears down *ou* wears away the mountains ♦ **sommets nivelés** mountain tops worn down *ou* worn away by erosion ♦ **~ par le bas/le haut** to level down/up b *(= mesurer avec un niveau)* to measure with a spirit level, to level

**niveleur, -euse** /niv(ə)lœʀ, øz/ ADJ *[doctrine, morale]* egalitarian NM *(Hist)* Leveller NF **niveleuse** *(Constr)* grader

**nivellement** /nivɛlmɑ̃/ NM a *[de surface]* levelling; *[de fortunes, conditions sociales]* levelling out, evening out ♦ **~ par le bas/par le haut** levelling down/up b *(= mesure)* surveying

**nivoglaciaire** /nivoglasjɛʀ/ ADJ snow and ice *(épith)*

**nivopluvial, e** (mpl **-iaux**) /nivoplyvjal, jo/ ADJ snow and rain *(épith)*

**nivôse** /nivoz/ NM Nivôse *(fourth month of French Republican calendar)*

**NN** (abrév de **nouvelles normes**) *revised standard of hotel classification*

**nô** /no/ NM No(h) ♦ **le théâtre ~** the No(h) theatre

**Nobel** /nɔbɛl/ NM ♦ **le (prix) ~** the Nobel prize

**nobélisable** /nɔbelizabl/ ADJ potential Nobel prize-winning *(épith)* NMF potential Nobel prize-winner

**nobélisé, e** /nɔbelize/ ADJ *[personne]* Nobel prize-winning

**nobélium** /nɔbeljɔm/ NM nobelium

**nobiliaire** /nɔbiljɛʀ/ ADJ nobiliary NM *(= livre)* peerage list

**noble** /nɔbl/ ADJ a *(= de haute naissance)* noble b *(= généreux, digne) [ton, attitude]* noble, dignified; *[cause]* noble, worthy ◆ **âme/cœur ~** noble spirit/heart ◆ **le ~ art (de la boxe)** the noble art (of boxing) c *(= supérieur) [matière, métal, vin]* noble NM a *(= personne)* nobleman ◆ **les ~s** the nobility b *(= monnaie)* noble NF noblewoman

**noblement** /nɔbləmɑ̃/ ADV *(= généreusement)* nobly; *(= dignement)* with dignity

**noblesse** /nɔblɛs/ NF a *(= générosité, dignité)* nobleness, nobility ◆ **~ d'esprit/de cœur** nobleness *ou* nobility of spirit/heart b *(= caste)* **la (haute) ~** the nobility ◆ **la ~ d'épée** the old nobility *ou* aristocracy ◆ **la ~ de robe** the noblesse de robe ◆ **la ~ de cour** the courtiers, the nobility at court ◆ **la petite ~** the minor nobility, the gentry *(Brit)* ◆ **~ terrienne** landed gentry ◆ **~ oblige** noblesse oblige

**nobliau** (pl **nobliaux**) /nɔblijo/ NM *(péj)* one of the lesser nobility, petty noble

**noce** /nɔs/ NF a *(= cérémonie)* wedding; *(= cortège, participants)* wedding party ◆ **~s** *(frm)* wedding, nuptials *(frm)* ◆ **être de la ~** to be a member of the wedding party, to be among the wedding guests ◆ **être de ~** to be invited to a wedding ◆ **aller à la ~ de qn** to go to sb's wedding ◆ **repas/robe/nuit de ~(s)** wedding banquet/dress/night ◆ **~s d'argent/d'or/de diamant** silver/golden/diamond wedding ◆ **les ~s de Cana** *(Bible)* the wedding *ou* marriage feast at Cana ◆ **il l'avait épousée en premières/secondes ~s** she was his first/second wife; → **convoler, voyage** b *(loc)* **faire la ~** * to live it up *, to have a wild time ◆ **je n'étais pas à la ~** * I wasn't exactly enjoying myself, I was having a pretty uncomfortable time

**noceur, -euse** * /nɔsœʀ, øz/ NM,F fast liver, reveller ◆ **il est assez ~** he likes to live it up *

**nocif, -ive** /nɔsif, iv/ ADJ *[gaz, produit]* noxious; *[effet, influence, idéologie]* harmful ◆ **~ pour la couche d'ozone** harmful *ou* damaging to the ozone layer

**nocivité** /nɔsivite/ NF *[de gaz, substance]* noxiousness; *[d'idéologie, doctrine]* harmfulness

**noctambule** /nɔktɑ̃byl/ ADJ, NMF ◆ **il est ~, c'est un ~** *(= noceur)* he's a night reveller; *(= qui veille la nuit)* he's a night bird *ou* night owl; *(†† = somnambule)* he's a noctambulist †

**noctambulisme** /nɔktɑ̃bylism/ NM *(= débauche)* night-time revelling, night revels; *(= habitudes nocturnes)* nocturnal habits; *(†† = somnambulisme)* noctambulism †

**nocturne** /nɔktyʀn/ ADJ *[animal]* nocturnal; *[visite, sortie]* night *(épith)* ◆ **la vie ~ à Paris** Parisian nightlife ◆ **équipement de vision ~** night-vision equipment; → **tapage** NM a *(= oiseau)* night hunter b *(Rel)* nocturn c *(Mus)* nocturne; *(Peinture)* nocturne, night scene NF evening fixture; *[de magasin]* late night opening ◆ **réunion en ~** evening meeting ◆ **la rencontre sera jouée en ~** *(Sport)* the game will be played under floodlights ◆ **le magasin est ouvert en ~ le vendredi** the shop is open *ou* opens late on Fridays

**nodal, e** (mpl **-aux**) /nɔdal, o/ ADJ *(Phys, Ling)* nodal

**nodosité** /nɔdozite/ NF *(= corps dur)* node, nodule; *(= état)* knottiness, nodosity *(SPÉC)*

**nodule** /nɔdyl/ NM nodule ◆ **~ polymétallique** polymetallic nodule

**Noé** /nɔe/ NM Noah

**Noël** /nɔɛl/ GRAMMAIRE ACTIVE 50.2 NM a *(= fête)* Christmas; *(= chant)* (Christmas) carol ◆ **à la ~** at Christmas (time) ◆ **que faites-vous pour (la) ~ ?** what are you doing for *ou* at Christmas? ◆ **joyeux ~ !** merry *ou* happy Christmas! ◆ **~ au balcon, Pâques au tison** a warm Christmas means a cold Easter; → **bûche, sapin, veille** b *(= cadeau)* **noël** Christmas present ◆ **que veux-tu pour ton (petit) noël ?** what would you like for Christmas?

**nœud** /nø/ NM a *(gén : pour attacher)* knot; *(ornemental : de ruban)* bow ◆ **faire/défaire un ~** to make *ou* tie/untie *ou* undo a knot *ou* bow ◆ **la fillette avait des ~s dans les cheveux** *(rubans)* the little girl had bows *ou* ribbons in her hair; *(cheveux emmêlés)* the little girl's hair was all tangled ◆ **fais un ~ à ton mouchoir !** tie *ou* make a knot in your hanky! ◆ **avoir un ~ dans la gorge** to have a lump in one's throat ◆ **il y a un ~ !** * there's a hitch! *ou* snag! ◆ **les ~s d'un serpent** the coils of a snake ◆ **~ de perles/de diamants** pearl/diamond knot; → **corde**

b *(Naut = vitesse)* knot; → **filer**

c *(= protubérance) [de planche, canne]* knot; *[de branche, tige]* knot, node

d *(fig)* **le ~ de** *[de problème, débat]* the crux *ou* nub of ◆ **le ~ de l'intrigue** *(Littérat, Théât)* the crux of the plot

e *(littér = lien)* bond ◆ **le (saint) ~ du mariage** the bonds of (holy) wedlock ◆ **les ~s de l'amitié** the bonds *ou* ties of friendship

f *(Astron, Élec, Géog, Ling, Phys, Tech)* node

g *(‡ = pénis)* cock **‡, dick **‡, prick **‡

h *(‡ = crétin)* ninny ‡ ◆ **il est nœud-nœud** he's a real ninny *

COMP ▷ **nœud autoroutier** interchange ▷ **nœud de chaise** bowline ▷ **nœud coulant** slipknot, running knot ▷ **nœud de cravate** tie knot ◆ **faire son nœud de cravate** to knot one's tie ▷ **nœud ferroviaire** *(= endroit)* rail junction ▷ **nœud gordien** Gordian knot ◆ **couper** *ou* **trancher le nœud gordien** to cut the Gordian knot ▷ **nœud pap** *, **nœud papillon** bow tie ▷ **nœud plat** reef knot ▷ **nœud routier** *(= endroit)* crossroad(s) ▷ **nœud de vache** granny knot ▷ **nœud de vipères** *(lit, fig)* nest of vipers ▷ **nœud vital** nerve centre

**noir, e** /nwaʀ/ ADJ a *(= couleur)* black; *[yeux]* dark; *[fumée, mer, ciel, nuage]* black, dark ◆ **~ de coups** black and blue ◆ **~ comme du jais/de l'encre** jet/ink(y) black, black as jet/ink ◆ **~ comme du cirage** as black as soot ◆ **~ comme l'ébène** jet-black ◆ **mets-moi ça ~ sur blanc** put it down in black and white for me ◆ **je l'ai vu/c'est écrit ~ sur blanc** I saw it/it is (written down) in black and white ◆ **les murs étaient ~s de crasse/suie** the walls were black with dirt/soot ◆ **avoir les mains ~es/les ongles ~s** to have dirty *ou* grubby hands/dirty *ou* grubby fingernails; → **beurre, chemise, marée**

b *[personne, race]* black

c *(* = bronzé)* black

d *(= obscur)* dark ◆ **il faisait ~ comme dans un four** * it was pitch dark ◆ **la rue était ~e de monde** the street was teeming *ou* swarming with people; → **boîte, chambre, nuit**

e *(fig) [désespoir]* deep; *[humeur, pressentiment, colère]* black; *[idée]* gloomy, sombre *(Brit)*, somber *(US)*; *[jour, année]* dark ◆ **faire un tableau assez ~ de la situation** to paint a rather black *ou* gloomy picture of the situation ◆ **le jeudi ~** *(Hist)* black Thursday ◆ **plongé dans le plus ~ désespoir** *ou* **le désespoir le plus ~** plunged in the depths of despair ◆ **être dans la misère ~e** to be in utter *ou* abject poverty; → **bête, humour, liste[1]** *etc*

f *(= hostile, mauvais) [âme, ingratitude, trahison, regard]* black ◆ **regarder qn d'un œil ~** to give sb a black look ◆ **il se trame un ~ complot** some dark plot is being hatched ◆ **nourrir de ~s desseins** to be plotting dark deeds; → **magie, messe**

g *(= policier)* **roman ~** thriller ◆ **film ~** film noir

h *(* = ivre)* drunk, sloshed ‡, tight *

NM a *(= couleur)* black ◆ **photo/télévision en ~ et blanc** black and white photo/television ◆ **film en ~ et blanc** black and white film ◆ **le ~ et blanc** *(Photo)* black and white *ou* monochrome photography ◆ **le ~** *(Casino)* black ◆ **le ~ de ses cheveux accentuait sa pâleur** her dark *ou* black hair accentuated her pallor, the blackness of her hair accentuated her pallor ◆ **la mer était d'un ~ d'encre** the sea was inky black ◆ **peindre les choses en ~** *(fig)* to paint things black, to paint a black picture ◆ **voir les choses en ~** to take a black view of things ◆ **il voit tout en ~** he sees the black side of everything; → **broyer, pousser**

b *(= matière)* **elle avait du ~ sur le menton** she had a black mark *ou* smudge on her chin ◆ **se mettre du ~ aux yeux** to put black eyeliner on ◆ **~ de fumée** lampblack ◆ **~ animal** bone charcoal

c *(Habillement)* **elle ne porte jamais de ~, elle n'est jamais en ~** she never wears black ◆ **elle est en ~** she is in *ou* is wearing black; *(en deuil)* she is in mourning

d *(= obscurité)* dark, darkness ◆ **avoir peur du ~** to be afraid of the dark ◆ **dans le ~** *(lit)* in the dark *ou* darkness; *(fig)* in the dark ◆ **nous sommes dans le ~ le plus complet** we're completely in the dark

e *(* = café)* **(petit) ~** (cup of) black coffee

NM,F **Noir(e)** black (person) ◆ **les Noirs d'Amérique** American blacks, African Americans

NF **noire** *(Mus)* crotchet *(Brit)*, quarter note *(US)*

LOC ADV **au noir** *(= illégalement)* **acheter/vendre au ~** to buy/sell on the black market ◆ **travailler au ~** *(gén)* to work on the side; *(deuxième emploi)* to moonlight; *[clandestin]* to work illegally ◆ **le travail au ~** *(gén)* working on the side; *(= deuxième emploi)* moonlighting ◆ **il se fait payer au ~** he gets paid cash in hand ◆ **embaucher qn au ~** to hire sb without declaring him

**noirâtre** /nwaʀɑtʀ/ ADJ blackish

**noiraud, e** /nwaʀo, od/ ADJ dark, swarthy NM,F dark *ou* swarthy person

**noirceur** /nwaʀsœʀ/ NF *(littér)* a *(= couleur noire)* blackness; *[de fumée, mer, ciel, nuage, temps, nuit]* blackness, darkness b *(= perfidie) [d'âme, ingratitude, trahison, dessein, regard]* blackness c *(= acte perfide)* black *ou* evil deed

**noircir** /nwaʀsiʀ/ ▸ conjug 2 ◂ VT a *(= salir) [fumée]* to blacken; *[encre, charbon]* to dirty ◆ **les murs noircis par la crasse** walls black with dirt ◆ **~ du papier** *(fig)* to write page after page b *(= colorer)* to blacken; *(à la cire, à la peinture)* to darken c *(= dénigrer) [+ réputation]* to blacken ◆ **~ qn** to blacken sb's reputation *ou* name d *(= assombrir)* **~ le tableau** *ou* **la réalité** to paint a black picture of the situation VI *[fruit, légume]* to go black, to discolour *(Brit)*, to discolor *(US)*; *[ciel]* to darken, to grow black *ou* dark; *[couleur]* to darken VPR **se noircir** a *[ciel]* to darken, to grow black *ou* dark; *[temps]* to turn stormy; *[couleur, bois]* to darken b *(† ‡ = s'enivrer)* to get plastered ‡

**noircissement** /nwaʀsismɑ̃/ **NM** **a** *(= salissure) (par la fumée)* blackening; *(par l'encre, le charbon)* dirtying **b** *(= coloration)* blackening; *(à la cire, à la peinture)* darkening; *[de fruit, légume]* blackening, discolouring *(Brit)*, discoloring *(US)*; *[de ciel]* darkening ◆ **pour éviter le ~ de l'avocat** to stop the avocado discolouring

**noircissure** /nwaʀsisyʀ/ **NF** black smudge

**noise** /nwaz/ **NF** ◆ **chercher ~** *ou* **des ~s à qn** to try to pick a quarrel with sb

**noisetier** /nwaz(ə)tje/ **NM** hazel tree

**noisette** /nwazɛt/ **NF** *(= fruit)* hazel(nut); *(= café) espresso coffee with a drop of milk* ◆ **~ de beurre** *(= morceau)* knob of butter ◆ **~ d'agneau** *(Culin)* noisette of lamb **ADJ INV** *[couleur, yeux]* hazel ◆ **beurre ~** browned butter; → **pomme**

**noix** /nwa/ **NF** *(= fruit)* walnut; (* = *idiot*) nut *; *(Culin) [de côtelette]* eye ◆ **à la ~** * pathetic *, crummy *; → **brou, coquille, gîte**[1] **COMP** ▷ **noix de beurre** knob of butter ▷ **noix du Brésil** Brazil nut ▷ **noix de cajou** cashew nut ▷ **noix de coco** coconut ▷ **noix de galle** oak apple, oak-gall ▷ **noix (de) muscade** nutmeg ▷ **noix de pacane** pecan nut ▷ **noix pâtissière** cushion of veal ▷ **noix de pécan** pecan nut ▷ **noix de veau** cushion of veal ▷ **noix vomique** nux vomica

**nolens volens** /nɔlɛ̃svɔlɛ̃s/ **ADV** *(frm)* willingly or unwillingly

**noliser** /nɔlize/ ▸ conjug 1 ◂ **VT** to charter ◆ **avion nolisé** charter plane

**nom** /nɔ̃/ **NM** **a** *(= nom propre)* name ◆ **~ de fille/de garçon** girl's/boy's name ◆ **vos ~ et prénom ?** your surname and first name, please? ◆ **Henri le troisième du ~** Henry III ◆ **un homme du ~ de Dupont** *ou* **qui a (pour) ~ Dupont** a man called Dupont, a man by the name of Dupont ◆ **il porte le ~ de sa mère** he has his mother's surname ◆ **il ne connaît pas ses élèves par leur ~** he doesn't know his pupils by name *ou* by their names ◆ **je le connais de ~** I know him by name ◆ **il écrit sous le ~ de Martin Suard** he writes under the name of Martin Suard ◆ **c'est un ~** *ou* **ce n'est qu'un ~ pour moi !** he *ou* it is just a name to me! ◆ **je n'arrive pas à mettre un ~ sur son visage** I can't put a name to his (*ou* her) face ◆ **~ à coucher dehors** * *(péj)* unpronounceable *ou* impossible-sounding name ◆ **~ à charnière** *ou* **à rallonge** *ou* **à tiroirs** *(péj)* double-barrelled name; → **faux**[2]**, petit, répondre**

**b** *(= désignation)* name ◆ **quel est le ~ de cet arbre ?** what is the name of this tree?, what's this tree called? ◆ **c'est une sorte de fascisme qui n'ose pas dire son ~** it's fascism of a kind hiding under *ou* behind another name ◆ **c'est du dirigisme qui n'ose pas dire son ~** it's covert *ou* disguised state control ◆ **comme son ~ l'indique** as is indicated by its name, as the name indicates ◆ **il appelle les choses par leur ~** he's not afraid to call a spade a spade ◆ **les beaux ~s de justice, de liberté** these fine-sounding words of justice and liberty ◆ **il n'est spécialiste que de ~** he is only nominally a specialist, he is a specialist in name only ◆ **crime sans ~** unspeakable crime ◆ **ce qu'il a fait n'a pas de ~** what he did was unspeakable

**c** *(= célébrité)* name; *(= noblesse)* name ◆ **se faire un ~** to make a name for o.s. ◆ **laisser un ~** to make one's mark ◆ **c'est un (grand) ~ dans l'histoire** he's one of the great names of history

**d** *(Gram)* noun; → **complément**

**e** *(loc)* **en mon/votre ~** in my/your name ◆ **il a parlé au ~ de tous les employés** he spoke for all *ou* on behalf of all the employees ◆ **au ~ de la loi, ouvrez** open up in the name of the law ◆ **au ~ de quoi vous permettez-vous ... ?** whatever gives you the right to ...? ◆ **au ~ du Père, du Fils ...** in the name of the Father and of the Son ... ◆ **au ~ du ciel !** in heaven's name! ◆ **au ~ de ce que vous avez de plus cher** in the name of everything you hold most dear ◆ **~ de Dieu !** * God damn it! *, bloody hell! * *(Brit)* ◆ **~ de ~ !** *ou* **d'un chien !** *ou* **d'une pipe !** *ou* **d'un petit bonhomme !** * heck! *, blimey! * *(Brit)* ◆ **donner à qn des ~s d'oiseaux** to call sb names ◆ **traiter qn de tous les ~s** to call sb everything under the sun

**COMP** ▷ **nom de baptême** Christian name, given name *(US)* ▷ **nom de chose** concrete noun ▷ **nom commercial** (company) name ▷ **nom commun** common noun ▷ **nom composé** compound (word *ou* noun) ▷ **nom déposé** (registered) trade name ▷ **nom d'emprunt** *(gén)* alias, assumed name; *[d'écrivain]* pen name, nom de plume ◆ **se présenter sous un ~ d'emprunt** to use an assumed name *ou* an alias ▷ **nom de famille** surname ▷ **nom de femme mariée** married name ▷ **nom de guerre** nom de guerre ▷ **nom de jeune fille** maiden name ▷ **nom de lieu** place name ▷ **nom de marque** trade name ▷ **nom de plume** nom de plume, pen name ▷ **nom propre** proper noun ▷ **nom de rue** street name ▷ **nom de scène** *ou* **de théâtre** stage name

**nomade** /nɔmad/ **ADJ** *[peuple, vie]* nomadic; *(Zool)* migratory **NMF** *(Ethnol)* nomad; *(= gitan)* traveller

**nomadisme** /nɔmadism/ **NM** nomadism

**no man's land** /nomanslɑ̃d/ **NM** no-man's-land

**nombrable** /nɔ̃bʀabl/ **ADJ** countable, numerable ◆ **difficilement ~** difficult to count

**nombre** /nɔ̃bʀ/ **NM** **a** *(Ling, Sci)* number ◆ **loi des grands ~s** law of large numbers ◆ **les Nombres** *(Bible)* (the Book of) Numbers ◆ **~s rationnels/réels** rational/real numbers ◆ **s'accorder en ~** *(Gram)* to agree in number

**b** *(= quantité)* number ◆ **le ~ des victimes** the number of victims ◆ **un certain/grand ~ de** a certain/great number of ◆ **dans (un) bon ~ de pays** in a good *ou* great many countries ◆ **je lui ai dit ~ de fois que ...** I've told him many *ou* a number of times that ... ◆ **depuis ~ d'années** for many years, for a number of years ◆ **les gagnants sont au ~ de 3** there are 3 winners, the winners are 3 in number ◆ **être supérieur en ~** to be superior in numbers ◆ **être en ~ suffisant** to be in sufficient number(s) *ou* sufficient in number ◆ **ils sont en ~ égal** their numbers are equal *ou* even, they are equal in number ◆ **des ennemis sans ~** innumerable *ou* countless enemies

**c** *(= masse)* numbers ◆ **être/venir en ~** to be/come in large numbers ◆ **faire ~** to make up the number(s) ◆ **être submergé par le ~, succomber sous le ~** to be overcome by sheer weight of *ou* force of numbers ◆ **il y en avait dans le ~ qui riaient** there were some among them who were laughing ◆ **ça ne se verra pas dans le ~** it won't be seen among all the rest *ou* when they're all together ◆ **pour le plus grand ~** for the great majority (of people) ◆ **le plus grand ~ d'entre eux** the great majority, most of them

**d** *(= parmi)* **je le compte au ~ de mes amis** I count him as *ou* consider him one of my friends, I number him among my friends ◆ **il n'est plus du ~ des vivants** he is no longer of this world ◆ **est-il du ~ des reçus ?** is he among those who passed?

**COMP** ▷ **nombre aléatoire** random number ▷ **nombre atomique** atomic number ▷ **nombre complexe** complex number ▷ **nombre entier** whole number, integer ▷ **nombre imaginaire** imaginary number ▷ **nombre d'or** golden section ▷ **nombre parfait** perfect number ▷ **nombre premier** prime number; → **Mach**

**nombrer** /nɔ̃bʀe/ ▸ conjug 1 ◂ **VT** *(† ou littér)* to number †, to count

**nombreux, -euse** /nɔ̃bʀø, øz/ **ADJ** **a** *(= en grand nombre)* **être ~** *[exemples, visiteurs]* to be numerous; *[accidents]* to be numerous *ou* frequent ◆ **les cambriolages sont très ~ dans ce quartier** there are a great many burglaries in that area ◆ **~ sont ceux qui souhaiteraient travailler davantage** there are many people who would like to work more hours ◆ **~ furent ceux qui ...** there were many who ... ◆ **les gens étaient venus ~** a lot of people *ou* a great many people had come ◆ **venez ~ !** all welcome! ◆ **certains, et ils sont ~** certain people, and there are quite a few of them ◆ **peu ~** few ◆ **le public était moins/plus ~ hier** there was a smaller/bigger audience yesterday, the audience was smaller/bigger yesterday ◆ **nous ne sommes pas si ~** there aren't so many of us ◆ **les visiteurs arrivaient sans cesse plus ~** *ou* **de plus en plus ~** visitors came in ever-increasing numbers ◆ **ils étaient plus ~ que nous** they outnumbered us, there were more of them than of us

**b** *(= le grand nombre de)* numerous, many ◆ **parmi les nombreuses personnalités** amongst the numerous *ou* many personalities

**c** *(= un grand nombre de)* **de ~** *[accidents, exemples]* many, numerous

**d** *(= important) [foule, assistance, collection]* large

**nombril** /nɔ̃bʀi(l)/ **NM** *[de personne]* navel, belly button * ◆ **il se prend pour le ~ du monde** * he thinks he's the cat's whiskers * ◆ **se regarder le ~** * to contemplate one's navel

**nombrilisme** * /nɔ̃bʀilism/ **NM** *(péj)* navel-gazing ◆ **faire du ~** to contemplate one's navel

**nombriliste** * /nɔ̃bʀilist/ **ADJ, NMF** ◆ **être ~** to spend one's time contemplating one's navel

**nomenclature** /nɔmɑ̃klatyʀ/ **NF** *(gén = liste)* list; *(Ling, Sci)* nomenclature; *[de dictionnaire]* word list

**nomenklatura** /nɔmɛnklatuʀa/ **NF** *(Pol)* nomenklatura, elite

**nominal, e** (mpl **-aux**) /nɔminal, o/ **ADJ** **a** *(gén)* nominal; *(Ling) [groupe, phrase]* nominal, noun *(épith)* ◆ **liste ~e** list of names ◆ **procéder à l'appel ~** to call the register *ou* the roll, to do the roll call ◆ **expression ~e** nominal expression ◆ **syntagme ~** noun phrase **b** *(= sans réalité) [autorité, pouvoir]* nominal **c** *(Écon, Fin) [salaire]* nominal; → **valeur** **d** *(Tech) [puissance, vitesse]* rated **NM** *(Ling)* pronoun

**nominalement** /nɔminalmɑ̃/ **ADV** *(gén, Ling)* nominally ◆ **appeler qn ~** to call sb by name

**nominalisation** /nɔminalizasjɔ̃/ **NF** nominalization

**nominaliser** /nɔminalize/ ▸ conjug 1 ◂ **VT** to nominalize

**nominalisme** /nɔminalism/ **NM** nominalism

**nominaliste** /nɔminalist/ **ADJ, NMF** nominalist

**nominatif, -ive** /nɔminatif, iv/ ADJ *(Fin) [titre, action]* registered ◆ **état ~** *(Comm)* list of items ◆ **liste nominative** list of names ◆ **carte nominative** nontransferable card ◆ **l'invitation n'est pas nominative** the invitation doesn't specify a name NM *(Ling)* nominative

**nomination** /nɔminasjɔ̃/ NF a *(= promotion)* appointment, nomination (*à* to); *(= titre, acte)* appointment *ou* nomination papers ◆ **obtenir sa ~** to be nominated *ou* appointed (*au poste de* to the post of); ◆ **le film a reçu 6 ~s aux Oscars** the film has received 6 Oscar nominations b *(Ling, Philos)* naming

**nominativement** /nɔminativmɑ̃/ ADV by name

**nominé, e** /nɔmine/ ADJ *[film, acteur, auteur]* nominated ◆ **être ~ à qch** to be nominated *ou* shortlisted for sth

**nommément** /nɔmemɑ̃/ ADV a *(= par son nom)* by name b *(= spécialement)* notably, especially, particularly

**nommer** /nɔme/ ▸ conjug 1 ◂ VT a *(= promouvoir) [+ fonctionnaire]* to appoint; *[+ candidat]* to nominate ◆ **~ qn à un poste** to appoint *ou* nominate sb to a post ◆ **~ qn son héritier** to name sb (as) one's heir ◆ **il a été nommé gérant/ministre** he was appointed *ou* made manager/minister

b *(= appeler) [+ personne]* to call, to name; *(= dénommer) [+ découverte, produit]* to name, to give a name to ◆ **ils l'ont nommé Richard** they called *ou* named him Richard ◆ **un homme nommé Martin** a man named *ou* called *ou* by the name of Martin ◆ **le nommé Martin** the man named *ou* called Martin ◆ **ce que nous nommons le bonheur** what we call happiness; → **point¹**

c *(= citer) [+ fleuves, batailles, auteurs, complices]* to name ◆ **M. Sartin, pour ne pas le ~, ...** *(hum)* without mentioning any names, Mr Sartin ... ◆ **quelqu'un que je ne nommerai pas** somebody who shall remain nameless

VPR **se nommer** a *(= s'appeler)* to be called ◆ **comment se nomme-t-il ?** what is he called?, what is his name? ◆ **il se nomme Paul** he's called Paul, his name is Paul

b *(= se présenter)* to introduce o.s. ◆ **il se leva et se nomma** he stood up and gave his name

## non /nɔ̃/

| | |
|---|---|
| 1 ADVERBE | 3 PRÉFIXE |
| 2 NOM MASCULIN INV | 4 COMPOSÉS |

### 1 - ADVERBE

a [réponse négative] no ◆ **ne connaissez-vous ? – ~** do you know him? — no (I don't) ◆ **est-elle chez elle ? – ~** is she at home? — no (she isn't *ou* she's not) ◆ **je vais ouvrir la fenêtre – ~, il y aura des courants d'air** I'll open the window — no (don't), it'll make a draught ◆ **il n'a pas encore dit ~ !** he hasn't said no yet!, he hasn't refused yet! ◆ **je ne dis pas ~** *(= ce n'est pas de refus)* I wouldn't say no; *(= je n'en disconviens pas)* I don't disagree ◆ **ah ça ~ !** certainly *ou* definitely not!, no way! * ◆ **~ et ~ !** no, no, no!, absolutely not! ◆ **que ~ !** I should say not!, definitely not! ◆ **~ merci !** no thank you! ◆ **certes ~ !** most certainly *ou* definitely not! ◆ **vous n'y allez pas ? – mais ~ !** *ou* **bien sûr que ~ !** aren't you going? — of course not! *ou* I should think not! ◆ **répondre (par) ~ à toutes les questions** to answer no *ou* answer in the negative to all the questions ◆ **faire ~ de la tête** to shake one's head

b [remplaçant une proposition] not ◆ **est-ce que c'est nécessaire ? – je pense** *ou* **crois que ~** is that necessary? — I don't think so *ou* I don't think it is *ou* I think not *(frm)* ◆ **je crains que ~** I'm afraid not, I fear not *(frm)* ◆ **il nous quitte ? – j'espère que ~** is he leaving us? — I hope not *ou* I hope he isn't ◆ **je le crois – moi ~** I believe him — well I don't *ou* not me * ◆ **il l'aime bien, moi ~** he likes him but I don't ◆ **dire/répondre que ~** to say/answer it isn't (*ou* it won't *etc*) ◆ **j'ai demandé si elle était venue, lui dit que ~** I asked if she had come — he says not *ou* he says no *ou* he says she hadn't ◆ **ah ~ ?** really?, no? ◆ **partez-vous ou ~ ?** are you going or not?, are you going or aren't you? ◆ **il se demandait s'il irait ou ~** he wondered whether to go or not ◆ **erreur ou ~/qu'il l'ait voulu ou ~ le mal est fait** mistake or no mistake/whether he meant it or not the damage is done; → **signe**

c [frm = pas] not ◆ **c'est par paresse et ~ par prudence que ...** it is through laziness and not caution that ... ◆ **je veux bien de leur aide mais ~ de leur argent** I'm willing to accept their help but not their money *ou* but I want none of their money ◆ **c'est votre avis ~ le mien** it's your opinion not mine

◆ **non que** + *subjonctif* not that ... ◆ **~ qu'il soit stupide, mais ...** not that he's stupid, but ...

d [exprimant l'impatience, l'indignation] **tu vas cesser de pleurer ~ ?** will you stop crying?, just stop that crying(, will you?) ◆ **~ par exemple !** for goodness sake!, good gracious! ◆ **~ mais alors !** *, **~ mais (des fois) !** * for goodness sake! *, honestly! ◆ **~ mais (des fois) *, tu me prends pour qui ?** look here * *ou* for God's sake ✱ what do you take me for? ◆ **~ mais je rêve !** * I don't believe this!

e [exprimant le doute] no? ◆ **il me l'a dit lui-même – ~ ?** he told me so himself — no *ou* really? ◆ **c'est bon, ~ ?** it's good, isn't it?

f [locutions]

◆ **non** + *adverbe ou conjonction ou préposition* not ◆ **~ loin d'ici, il y a ...** not far from here there's ... ◆ **c'est une expérience ~ moins intéressante** it's an experience that is no less interesting ◆ **il est ~ moins vrai/évident que ...** it is nonetheless true/obvious that ... ◆ **un homme ~ pas érudit mais instruit** a man who is not erudite but well-informed ◆ **~ pas que j'aie peur, mais ...** not that I'm afraid, but ... ◆ **il l'a fait ~ sans raison/~ sans mal** he did it not without reason/difficulty ◆ **il y est allé ~ sans protester** he went, but not without protest *ou* protesting; → **seulement**

◆ **non plus** ◆ **il a continué ~ plus en voiture mais en train** he continued on his way, no longer by car but by train ◆ **il parle ~ plus en médecin mais en ami** he is talking now not as a doctor but as a friend ◆ **ils sont désormais associés, et ~ plus rivaux** they're no longer rivals *ou* they're not rivals any more but associates ◆ **il n'a pas hésité, ~ plus qu'eux d'ailleurs** he didn't hesitate any more than they did

◆ *pronom personnel* + **non plus** ◆ **il ne l'a pas vu ni moi ~ plus** he didn't see him and neither did I *ou* and I didn't either ◆ **nous ne l'avons pas vu – nous ~ plus** we didn't see him — neither did we *ou* we didn't either ◆ **nous ~ plus nous ne l'avons pas vu** we didn't see him either ◆ **il n'a pas compris lui ~ plus** he didn't understand either

### 2 - NOM MASCULIN INV

no ◆ **répondre par un ~ catégorique** to reply with a categorical no ◆ **il y a eu 30 ~** there were 30 votes against *ou* 30 noes; → **oui**

### 3 - PRÉFIXE

> Nouns starting with **non** are usually hyphenated, eg **non-agression**, adjectives are usually not, eg **non spécialisé**.

◆ **non** + *adjectif ou participe*

> Pour ce type de composés (ex : **non coupable, non négligeable, non polluant**, etc), cherchez ci-dessous, en entrée ou sous l'adjectif concerné.

non-, un- ◆ **~ ferreux/gazeux** non-ferrous/-gaseous ◆ **~ vérifié** unverified ◆ **~ spécialisé** unspecialized, non-specialized ◆ **les objets ~ réclamés** unclaimed items ◆ **toutes les places ~ réservées** all the unreserved seats, all seats not reserved ◆ **les travaux ~ terminés** the unfinished work

◆ **non-** + *nom* ◆ **la ~-reconnaissance de qch** the fact that sth is unrecognized ◆ **en cas de ~-réponse** if there is no reply ◆ **le ~-respect de cette règle entraînerait la rupture du contrat** non-observance of this rule will result in breach of contract

### 4 - COMPOSÉS

▷ **non accompli, e** ADJ *(Ling)* continuous ▷ **non aligné, e** ADJ nonaligned ▷ **non arrondi, e** ADJ *(Phon)* spread ▷ **non belligérant, e** ADJ, NM,F nonbelligerent ▷ **non combattant, e** ADJ, NM,F noncombatant ▷ **non conformiste** ADJ, NM,F nonconformist ▷ **non dénombrable** ADJ *(Ling)* uncountable ▷ **non directif, -ive** ADJ *[entretien, questionnaire]* with no leading questions; *[thérapie]* nondirective ▷ **non engagé, e** ADJ *[artiste]* with no political commitment; *[pays]* neutral, nonaligned ▷ **non existant, e** ADJ nonexistent ▷ **non figuratif, -ive** ADJ nonrepresentational ▷ **non lucratif, -ive** ADJ ◆ **à but ~ lucratif** non-profit-making ▷ **non marqué, e** ADJ *(Ling)* unmarked ▷ **non voisé, e** ADJ *(Phon)* unvoiced, voiceless

**non-activité** /nɔnaktivite/ NF inactivity

**nonagénaire** /nɔnaʒenɛʀ/ ADJ, NMF nonagenarian, ninety-year-old

**non-agression** /nɔnagʀesjɔ̃/ NF non-aggression

**non-alignement** /nɔnaliɲmɑ̃/ NM nonalignment

**nonante** /nɔnɑ̃t/ ADJ *(Belg, Helv)* ninety

**nonantième** /nɔnɑ̃tjɛm/ ADJ *(Belg, Helv)* ninetieth

**non-appartenance** /nɔnapaʀtənɑ̃s/ NF *(à un parti, un organisme)* non-membership ◆ **sa ~ à l'ethnie dominante** the fact that he did not belong to the dominant ethnic group

**non-assistance** /nɔnasistɑ̃s/ NF *(Jur)* ◆ **~ à personne en danger** failure to assist a person in danger

**non-belligérance** /nɔ̃beliʒeʀɑ̃s/ NF nonbelligerence

**nonce** /nɔ̃s/ NM nuncio ◆ **~ apostolique** apostolic nuncio

**nonchalamment** /nɔ̃ʃalamɑ̃/ ADV nonchalantly

**nonchalance** /nɔ̃ʃalɑ̃s/ NF nonchalance

**nonchalant, e** /nɔ̃ʃalɑ̃, ɑ̃t/ ADJ nonchalant

**nonciature** /nɔ̃sjatyʀ/ NF nunciature

**non-communication** /nɔ̃kɔmynikasjɔ̃/ NF a *[de document, information]* non-disclosure b *(dans une entreprise, un couple)* non-communication, lack of communication

**non-comparution** /nɔ̃kɔ̃paʀysjɔ̃/ NF *(Jur)* nonappearance

**non-conciliation** /nɔ̃kɔ̃siljasjɔ̃/ NF refusal to settle out of court

**non-concurrence** /nɔ̃kɔ̃kyʀɑ̃s/ NF lack of competition ◆ **clause de ~** non-competition clause, non-compete clause *(surtout US)*

**non-conformisme** /nɔ̃kɔ̃fɔʀmism/ NM nonconformism

**non-conformité** /nɔ̃kɔ̃fɔʀmite/ NF nonconformity

**non-contradiction** /nɔ̃kɔ̃tʀadiksjɔ̃/ NF ◆ **principe de ~** law of noncontradiction

**non-croyant, e** /nɔ̃kʀwajɑ̃, ɑ̃t/ NM,F unbeliever, non-believer

**non-cumul** /nɔ̃kymyl/ NM *(Jur)* ◆ **il y a ~ de peines** sentences run concurrently ◆ **le principe du ~ des fonctions** the rule prohibiting anyone from holding more than one post at a time

**non-dénonciation** /nɔ̃denɔ̃sjasjɔ̃/ NF *[de crime, sévices]* failure to report ◆ **il a été poursuivi pour ~ de malfaiteur** he was prosecuted for failing to report an offence

**non-discrimination** /nɔ̃diskʀiminasjɔ̃/ NF nondiscrimination

**non-dit** /nɔ̃di/ NM ◆ **cette dispute a fait ressortir tous les ~s** in the quarrel unspoken resentments surfaced ◆ **ces ~s qui se transmettent de génération en génération** these things that remain unmentioned from generation to generation ◆ **dix émissions sur les mensonges et les ~s familiaux** ten programmes on family secrets and lies

**non-droit** /nɔ̃dʀwa/ NM ◆ **zone de ~** ≃ no-go area *, *urban area where law and order have broken down* ◆ **État de ~** *state in which human and civil rights are not respected*

**non-engagement** /nɔnɑ̃gaʒmɑ̃/ NM non-involvement

**non-être** /nɔnɛtʀ/ NM *(Philos)* non-being

**non-événement** /nɔnevɛnmɑ̃/ NM nonevent

**non-exécution** /nɔnɛgzekysjɔ̃/ NF *[de contrat]* non-completion

**non-existence** /nɔnɛgzistɑ̃s/ NF nonexistence

**non-fumeur, -euse** /nɔ̃fymœʀ, øz/ ADJ no-smoking *(épith)*; *[compartiment]* non-smoking *(épith)* NM,F non-smoker ◆ **(compartiment) ~s** non-smoking compartment *(Brit)* *ou* car *(US)*, non-smoker ◆ **place fumeur ou ~ ?** *(en train, en avion)* smoking or non-smoking?

**non-ingérence** /nɔnɛ̃ʒeʀɑ̃s/ NF noninterference

**non(-)initié, e** /nɔninisje/ ADJ *[lecteur]* lay; *[observateur]* uninformed NM,F lay person ◆ **pour les ~s** for the uninitiated

**non(-)inscrit, e** /nɔnɛ̃skʀi, it/ *(Pol)* ADJ independent NM,F independent (member)

**non-intervention** /nɔnɛ̃tɛʀvɑ̃sjɔ̃/ NF nonintervention

**non(-)interventionniste** /nɔnɛ̃tɛʀvɑ̃sjɔnist/ ADJ, NMF noninterventionist

**non-jouissance** /nɔ̃ʒwisɑ̃s/ NF *(Jur)* nonenjoyment

**non-lieu** (pl **non-lieux**) /nɔ̃ljø/ NM *(Jur)* ◆ **(arrêt** *ou* **ordonnance de) ~** dismissal of a charge ◆ **bénéficier d'un ~** to be discharged *ou* have one's case dismissed for lack of evidence ◆ **rendre une ordonnance de ~** to dismiss a case for lack of evidence, to direct a nonsuit

**non-moi** /nɔ̃mwa/ NM INV *(Philos)* nonego

**nonne** /nɔn/ NF *(††, hum)* nun

**nonnette** /nɔnɛt/ NF *(Culin)* spiced bun *(made of pain d'épice)*

**nonobstant** /nɔnɔpstɑ̃/ PRÉP *(† ou Jur = malgré)* notwithstanding, despite, in spite of ADV *(† = néanmoins)* notwithstanding †, nevertheless

**non-paiement** /nɔ̃pɛmɑ̃/ NM nonpayment

**nonpareil, -eille** †† /nɔ̃paʀɛj/ ADJ nonpareil, peerless

**non-partant** /nɔ̃paʀtɑ̃/ NM *(Sport)* non-runner

**non-parution** /nɔ̃paʀysjɔ̃/ NF failure to appear *ou* be published

**non-pratiquant, e** /nɔ̃pʀatikɑ̃, ɑ̃t/ NM,F *(Rel, gén)* person who does not practise his *ou* her religion; *(= chrétien)* non-churchgoer

**non-prolifération** /nɔ̃pʀɔlifeʀasjɔ̃/ NF nonproliferation

**non-recevoir** /nɔ̃ʀ(ə)səvwaʀ/ NM INV *(Jur)* demurrer, objection; *(fig)* blunt refusal ◆ **il m'a opposé une fin de ~** he turned down my request point-blank

**non-résident, e** /nɔ̃ʀezidɑ̃, ɑ̃t/ NM,F nonresident

**non-respect** /nɔ̃ʀɛspɛ/ NM *[de droit, engagement, règle]* failure to respect ◆ **en cas de ~ des délais ...** if the deadlines are not met *ou* observed ...

**non-retour** /nɔ̃ʀətuʀ/ NM no return; → **point**[1]

**non-rétroactivité** /nɔ̃ʀetʀɔaktivite/ NF *(Jur)* nonretroactivity

**non-salarié, e** /nɔ̃salaʀje/ NM,F self-employed person

**non-sens** /nɔ̃sɑ̃s/ NM INV *(= absurdité)* (piece of) nonsense; *(= erreur de traduction)* meaningless word *(ou phrase etc)*

**non-signataire** /nɔ̃siɲatɛʀ/ NMF non-signatory

**non-spécialiste** /nɔ̃spesjalist/ NMF nonspecialist

**non-stop** /nɔnstɔp/ ADJ INV, ADV non-stop

**non(-)syndiqué, e** /nɔ̃sɛ̃dike/ ADJ non-union(ized) NM,F nonunion member, non-member (of a *ou* the union)

**non-valeur** /nɔ̃valœʀ/ NF **a** *(Jur)* unproductiveness; *(Fin)* bad debt; *(fig)* nonproductive asset, wasted asset **b** *(péj = personne)* nonentity

**non-violence** /nɔ̃vjɔlɑ̃s/ NF nonviolence

**non(-)violent, e** /nɔ̃vjɔlɑ̃, ɑ̃t/ ADJ nonviolent NM,F advocate *ou* supporter of nonviolence

**non(-)voyant, e** /nɔ̃vwajɑ̃, ɑ̃t/ NM,F visually handicapped *ou* impaired person ADJ visually handicapped *ou* impaired

**noosphère** /nɔɔsfɛʀ/ NF noosphere

**noradrénaline** /nɔʀadʀenalin/ NF noradrenalin(e) *(Brit)*, norepinephrine *(US)*

**nord** /nɔʀ/ NM INV **a** *(= point cardinal)* north ◆ **~ géographique/magnétique** true/magnetic north ◆ **le vent du ~** the north wind ◆ **un vent du ~** *(gén)* a north(erly) wind; *(Naut)* a northerly ◆ **le vent tourne/est au ~** the wind is veering north(wards) *ou* towards the north/is blowing from the north ◆ **regarder vers le ~** *ou* **dans la direction du ~** to look north(wards) *ou* towards the north ◆ **au ~** *(situation)* in the north; *(direction)* to the north, north(wards) ◆ **au ~ de** north of, to the north of ◆ **la maison (est exposée) au ~/en plein ~** the house faces (the) north *ou* northwards/due north; → **perdre**

**b** *(= région)* north ◆ **pays/peuples du ~** northern countries/peoples, countries/peoples of the north ◆ **l'Europe/l'Italie/la Bourgogne du ~** Northern Europe/Italy/Burgundy ◆ **la mer du Nord** the North Sea ◆ **le ~ de la France, le Nord** the North (of France) ◆ **les gens du Nord** *(dans un pays)* Northerners ◆ **le Grand Nord** the far North

ADJ INV *[région, partie]* northern *(épith)*; *[entrée, paroi]* north *(épith)*; *[versant, côté]* north(ern) *(épith)*; *[côté]* north(ward) *(épith)*; *[direction]* northward *(épith)*, northerly *(Mét)*; → **hémisphère, latitude, pôle**

**nord-africain, e** (mpl **nord-africains**) /nɔʀafʀikɛ̃, ɛn/ ADJ North African NM,F **Nord-Africain(e)** North African

**nord-américain, e** (mpl **nord-américains**) /nɔʀameʀikɛ̃, ɛn/ ADJ North American NM,F **Nord-Américain(e)** North American

**nord-coréen, -enne** (mpl **nord-coréens**) /nɔʀkɔʀeɛ̃, ɛn/ ADJ North Korean NM,F **Nord-Coréen(ne)** North Korean

**nord-est** /nɔʀɛst/ ADJ INV, NM northeast

**Nordeste** /nɔʀdeste/ NM Nordeste

**nordique** /nɔʀdik/ ADJ *[pays, race]* Nordic; *[langues]* Scandinavian, Nordic; → **ski** NMF **Nordique** Nordic

**nordiste** /nɔʀdist/ *(Hist US)* ADJ Northern, Yankee NMF **Nordiste** Northerner, Yankee

**nord-nord-est** /nɔʀnɔʀɛst/ ADJ INV, NM north-northeast

**nord-nord-ouest** /nɔʀnɔʀwɛst/ ADJ INV, NM north-northwest

**nord-ouest** /nɔʀwɛst/ ADJ INV, NM northwest

**nord-vietnamien, -ienne** (mpl **nord-vietnamiens**) /nɔʀvjɛtnamjɛ̃, jɛn/ ADJ North Vietnamese NM,F **Nord-Vietnamien(ne)** North Vietnamese

**noria** /nɔʀja/ NF noria, bucket waterwheel ◆ **une ~ d'hélicoptères transportait les blessés vers les hôpitaux** a fleet of helicopters shuttled *ou* ferried the wounded to the hospitals

**normal, e** (mpl **-aux**) /nɔʀmal, o/ ADJ **a** *(= habituel)* normal, usual ◆ **de dimension ~e** normal-sized, standard-sized ◆ **c'est une chose très ~e, ça n'a rien que de très ~** that's quite usual *ou* normal ◆ **rien à signaler, tout est ~** nothing to report, everything is fine ◆ **il n'est pas ~** he's not normal, there's something wrong with him

**b** *(= correct, logique)* **c'est ~ !** it's (quite) natural! ◆ **ce n'est pas ~** *(= bizarre)* there must be something wrong; *(= ce n'est pas juste)* that's not right ◆ **ce n'est pas ~ qu'ils aient droit aux soins gratuits** it's not right that they get free treatment, it's outrageous that they get free treatment; → **état, temps**[1]

NF **normale** **a** ◆ **s'écarter de la ~e** to diverge from the norm ◆ **revenir à la ~e** to return to normality, to get back to normal ◆ **au-dessus de la ~e** above average ◆ **température voisine des ~es saisonnières** temperature close to the seasonal average

**b** *(Math)* normal (*à* to)

**c** ◆ **Normale (sup)** (abrév de **École normale supérieure**) → **école**

> ⚠ *Au sens de 'correct', 'logique',* **normal** *ne se traduit pas par le mot anglais* **normal**.

**normalement** /nɔʀmalmɑ̃/ ADV **a** *(= d'une manière normale) [se dérouler, fonctionner]* normally **b** *(= si tout va bien)* **~, il devrait être là demain** he should be here tomorrow ◆ **tu pourras venir ? – ~, oui** will you be able to come? – yes, I should think so **c** *(= d'habitude)* usually, generally ◆ **~ il vient le**

**jeudi** he usually *ou* generally comes on a Thursday

> ⚠ **normalement** *se traduit par* **normally** *uniquement au sens de 'd'une manière normale'.*

**normalien, -ienne** /nɔʀmaljɛ̃, jɛn/ NM,F *(= futur professeur) student at the École normale supérieure; (= diplômé) graduate of the École normale supérieure; (anciennt = futur instituteur) student at teacher training college*

**normalisateur, -trice** /nɔʀmalizatœʀ, tʀis/ ADJ *[effet]* normalizing ◆ **une conception normalisatrice de l'éducation** a rigidly conventional approach to education

**normalisation** /nɔʀmalizasjɔ̃/ NF **a** *(= régularisation) [de situation, relations]* normalization ◆ **on espère une ~ des relations diplomatiques** we are hoping diplomatic relations will be back to normal soon **b** *(= standardisation) [de produit]* standardization

> ⚠ *Au sens de 'standardisation',* **normalisation** *ne se traduit pas par le mot anglais* **normalization**.

**normaliser** /nɔʀmalize/ ▸ conjug 1 ◂ VT **a** *(= régulariser) [+ situation, relations]* to normalize **b** *(= standardiser) [+ produit]* to standardize ◆ **taille normalisée** standard size VPR **se normaliser** **a** *(= revenir à la normale)* to get back to normal; *(= devenir normal)* to normalize **b** *(= devenir standard)* to be standardized

**normalité** /nɔʀmalite/ NF normality

**normand, e** /nɔʀmɑ̃, ɑ̃d/ ADJ *(= de Normandie)* Norman; *(Hist = scandinave)* Norse; → **armoire, trou** NM **a** *(Ling)* Norman (French) **b** ◆ **Normand** *(= de Normandie)* Norman; *(Hist = Scandinave)* Norseman, Northman; → **réponse** NF **Normande** *(= de Normandie)* Norman; *(Hist = Scandinave)* Norsewoman

**Normandie** /nɔʀmɑ̃di/ NF Normandy

**normatif, -ive** /nɔʀmatif, iv/ ADJ prescriptive, normative

**norme** /nɔʀm/ NF *(Math, gén)* norm; *(Tech)* standard ◆ **~s de fabrication** manufacturing standards, standards of manufacture ◆ **mettre qch aux ~s de sécurité** to ensure that sth complies with safety standards ◆ **ce produit n'est pas conforme aux ~s françaises** this product doesn't conform to French standards ◆ **tant que ça reste dans la ~** as long as it's kept within limits ◆ **pourvu que vous restiez dans la ~** provided you don't overdo it *ou* you don't overstep the limits ◆ **hors ~(s)** *[personnage]* unconventional; *[carrière]* unusual ◆ **c'est une voiture hors ~(s)** it's no ordinary car

**normé, e** /nɔʀme/ ADJ *(Math)* normed

**normographe** /nɔʀmɔgʀaf/ NM stencil

**nor(r)ois, e** /nɔʀwa, waz/ ADJ, NM Old Norse

**Norvège** /nɔʀvɛʒ/ NF Norway ◆ **la mer de ~** the Norwegian sea

**norvégien, -ienne** /nɔʀveʒjɛ̃, jɛn/ ADJ Norwegian; → **marmite, omelette** NM *(Ling)* Norwegian NM,F **Norvégien(ne)** Norwegian

**nos** /no/ ADJ POSS → **notre**

**nosocomial, e** (mpl **-iaux**) /nozɔkɔmjal, jo/ ADJ nosocomial *(SPÉC)* ◆ **les infections ~es** hospital-acquired infections

**nostalgie** /nɔstalʒi/ NF nostalgia ◆ **avoir** *ou* **garder la ~ de ...** to feel nostalgic for ... ◆ **avoir la ~ du pays natal** to be homesick

**nostalgique** /nɔstalʒik/ ADJ nostalgic NMF ◆ **les ~s des années 60** those who feel nostalgic for the 1960s ◆ **les ~s de la monarchie** those who look back nostalgically to the monarchy

**nota (bene)** /nɔta (bene)/ NM INV nota bene

**notabilité** /nɔtabilite/ NF notability

**notable** /nɔtabl/ ADJ *[fait]* notable, noteworthy; *[changement, progrès]* notable NM notable, worthy

**notablement** /nɔtabləmɑ̃/ ADV notably

**notaire** /nɔtɛʀ/ NM notary (public); *(en Grande-Bretagne)* ≃ solicitor *(Brit)*

**notamment** /nɔtamɑ̃/ ADV *(= entre autres)* among others; *(= plus particulièrement)* particularly, in particular, notably ◆ **elle a ~ publié une histoire de l'aviation** among other books she has written a history of flying ◆ **les constructeurs automobiles français, ~ Renault** French car manufacturers, particularly Renault

**notarial, e** (mpl **-iaux**) /nɔtaʀjal, jo/ ADJ ◆ **étude ~e** office of a notary (public); *(en Grande-Bretagne)* ≃ solicitor's office

**notariat** /nɔtaʀja/ NM profession of (a) notary (public); *(en Grande-Bretagne)* ≃ profession of a solicitor

**notarié, e** /nɔtaʀje/ ADJ drawn up by a notary (public), notarized *(SPÉC)*; *(en Grande-Bretagne)* ≃ drawn up by a solicitor

**notation** /nɔtasjɔ̃/ NF **a** *(= symboles, système)* notation **b** *(= touche, note) [de couleurs]* touch; *[de sons]* variation ◆ **une ~ intéressante** *(Littérat)* an interesting touch *ou* variation **c** *(= transcription) [de sentiment, geste, son]* expression **d** *(= jugement) [de devoir]* marking *(Brit)*, grading *(US)*; *[d'employé]* assessment ◆ **agence de ~ (financière)** *(Fin)* (credit) rating agency

**note** /nɔt/ NF **a** *(= remarque, communication)* note ◆ **~ diplomatique/officielle** diplomatic/official note ◆ **prendre des ~s** to take notes ◆ **prendre (bonne) ~ de qch** to take (good) note of sth ◆ **prendre qch en ~** to make a note of sth, to write sth down; *(hâtivement)* to jot sth down ◆ **relire ses ~s** to read over one's notes ◆ **remarque en ~** marginal comment, note in the margin ◆ **c'est écrit en ~** it's written in the margin

**b** *(= appréciation chiffrée)* mark *(Brit)*, grade *(US)* ◆ **mettre une ~ à** *[+ dissertation]* to mark *(Brit)*, to grade *(US)*; *[+ élève]* to give a mark to *(Brit)*, to grade *(US)*; *[+ employé]* to assess ◆ **avoir de bonnes/mauvaises ~s** to have good/bad marks *ou* grades ◆ **avoir une bonne/mauvaise ~ à un devoir/en histoire** to get a good/bad mark for a homework exercise/for *ou* in history ◆ **c'est une mauvaise ~ pour lui** *(fig)* it's a black mark against him

**c** *(= compte) [de gaz, blanchisserie]* bill, account; *[de restaurant, hôtel]* bill, check *(US)* ◆ **demander/présenter/régler la ~** *(à l'hôtel)* to ask for/present/settle the bill ◆ **vous me donnerez la ~, s'il vous plaît** *(au restaurant)* may I have the bill *ou* check *(US)* please?, I'd like my bill ◆ **je vais vous faire la ~** I'll make out the bill ◆ **mettez-le sur ma ~** put it on my bill *ou* check *(US)* ◆ **~ de frais** *(= bulletin)* claim form (for expenses); *(= argent dépensé)* expenses ◆ **~ d'honoraires** (doctor's *ou* lawyer's) account

**d** *(Mus, fig)* note ◆ **donner la ~** *(Mus)* to give the key; *(fig)* to set the tone ◆ **la ~ juste** the right note ◆ **c'est tout à fait dans la ~** it fits in perfectly with the rest ◆ **ses paroles étaient tout à fait dans la ~/n'étaient pas dans la ~** his words struck exactly the right note/struck the wrong note (altogether) ◆ **ce n'est pas dans la ~** it doesn't strike the right note at all; → **faux²**

**e** *(= trace, touche)* note, touch ◆ **mettre une ~ triste** *ou* **de tristesse dans qch** to lend a touch *ou* note of sadness to sth ◆ **une ~ d'anxiété/de fierté perçait sous ses paroles** a note of anxiety/pride was discernible in his words ◆ **une ~ de santal** *[de parfum]* a hint of sandalwood

COMP ▷ **note de l'auteur** author's note ▷ **note en bas de page** footnote ▷ **note de conjoncture** economic outlook report ▷ **note d'information** memorandum ▷ **note marginale** marginal note, note in the margin ▷ **note de passage** *(Mus)* passing note ▷ **note de la rédaction** editor's note ▷ **note de service** memorandum ▷ **note du traducteur** translator's note

> ⚠ *Dans un contexte scolaire et au sens de 'facture',* **note** *ne se traduit pas par le mot anglais* **note**.

**noter** /nɔte/ ▸ conjug 1 ◂ VT **a** *(= inscrire) [+ adresse, rendez-vous]* to write down, to note down, to make a note of; *[+ idées]* to jot down, to write down, to note down; *(Mus) [+ air]* to write down, to take down ◆ **si vous pouviez le ~ quelque part** could you make a note of it *ou* write it down somewhere? ◆ **notez que nous serons absents** note that we'll be away

**b** *(= remarquer) [+ faute, progrès]* to notice ◆ **notez la précision du bas-relief** note the fine bas relief work ◆ **on note une certaine amélioration** there has been some improvement, some improvement has been noted ◆ **notez (bien) que je n'ai rien dit, je n'ai rien dit, notez-le** *ou* **notez (bien)** note that I didn't say anything, mark you, I didn't say anything ◆ **il faut ~ qu'il a des excuses** admittedly he has an excuse, he has an excuse mind you *ou* mark you *(Brit)* ◆ **ceci est à ~** *ou* **mérite d'être noté** this is worth noting *ou* making a note of

**c** *(= cocher, souligner) [+ citation, passage]* to mark

**d** *(= juger) [+ devoir]* to mark, to grade *(US)*; *[+ élève]* to give a mark to, to grade *(US)*; *[+ employé]* to assess ◆ **~ sur 10/20** to mark out of 10/20 ◆ **devoir bien/mal noté** homework with a good/bad mark *ou* grade ◆ **employé bien/mal noté** highly/poorly rated employee, employee with a good/bad record ◆ **elle note sévèrement/large** she is a strict/lenient marker

**notice** /nɔtis/ NF *(= préface, résumé)* note; *(= mode d'emploi)* instructions ◆ **~ biographique/bibliographique** biographical/bibliographical note ◆ **~ explicative** *ou* **d'emploi** directions for use, explanatory leaflet ◆ **~ technique** specification sheet, specifications ◆ **~ nécrologique** obituary

**notificatif, -ive** /nɔtifikatif, iv/ ADJ notifying ◆ **lettre notificative** letter of notification

**notification** /nɔtifikasjɔ̃/ NF *(Admin)* notification ◆ **~ vous a été envoyée de vous présenter** notification has been sent to you to present yourself ◆ **recevoir ~ de** to be notified of, to receive notification of ◆ **~ d'actes** *(Jur)* service of documents

**notifier** /nɔtifje/ ▸ conjug 7 ◂ VT to notify ◆ **~ qch à qn** to notify sb of sth, to notify sth to sb ◆ **on lui a notifié que ...** he was notified that ..., he received notice that ... ◆ **~ une citation à qn** to serve a summons *ou* a writ on sb ◆ **il s'est vu ~ son licenciement** he received notice of his dismissal

**notion** /nosjɔ̃/ NF **a** *(= conscience)* notion ◆ **je n'ai pas la moindre ~ de** I haven't the faintest notion of ◆ **perdre la ~ du temps** *ou* **de l'heure** to lose track of the time **b** *(= connaissances)* **~s** notion, elementary knowledge ◆ **avoir quelques ~s de grammaire** to have some knowledge of grammar, to have a smattering of grammar ◆ **~s d'algèbre/d'histoire** *(titre)* algebra/history primer

**notionnel, -elle** /nosjɔnɛl/ **ADJ** notional

**notoire** /nɔtwaʀ/ **ADJ** *[criminel, méchanceté]* notorious; *[fait, vérité]* well-known, acknowledged *(épith)* ◆ **il est ~ que** it is common *ou* public knowledge that, it's an acknowledged fact that

**notoirement** /nɔtwaʀmɑ̃/ **ADV** *[insuffisant]* manifestly; *[malhonnête]* notoriously ◆ **c'est ~ reconnu** it's generally recognized, it's well known

**notoriété** /nɔtɔʀjete/ **NF** *[de fait]* notoriety; *(= renommée)* fame ◆ **c'est de ~ publique** that's common *ou* public knowledge

**notre** (pl **nos**) /nɔtʀ, no/ **ADJ POSS** **a** *(possession, relation)* our; *(emphatique)* our own ◆ **~ fils et ~ fille** our son and daughter ◆ **nous avons tous laissé ~ manteau et ~ chapeau au vestiaire** we have all left our coats and hats in the cloakroom ◆ **~ bonne ville de Tours est en fête** our fine city of Tours is celebrating; *pour autres loc voir* **son¹**

**b** *(valeur affective, ironique, intensive)* **et comment va ~ malade aujourd'hui ?** and how's the *ou* our patient today? ◆ **~ héros décide alors ...** and so our hero decides ... ◆ **~ homme a filé sans demander son reste** the fellow *ou* chap *(Brit)* has run off without asking for his due ◆ **voilà ~ bon Martin !** here's good old Martin! ◆ **~ maître** *(dial)* the master; → **son¹**

**c** *(représentant la généralité des hommes)* **~ planète** our planet ◆ **~ corps/esprit** our bodies/minds ◆ **~ maître à tous** our master, the master of us all ◆ **Notre Seigneur/Père** Our Lord/Father ◆ **Notre-Dame** Our Lady; *(église)* Notre Dame, Our Lady ◆ **Notre-Dame de Paris** *(cathédrale)* Notre Dame of Paris ◆ **Notre-Dame de Chartres/Lourdes** Our Lady of Chartres/Lourdes ◆ **le Notre Père** the Lord's Prayer, Our Father

**d** *(de majesté, dans un discours etc = mon, ma, mes)* our ◆ **car tel est ~ bon plaisir** for such is our wish, for so it pleases us ◆ **dans cet exposé ~ intention est de ...** in this essay we intend to ...

**nôtre** /notʀ/ **PRON POSS** ◆ **le ~, la ~, les ~s** ours ◆ **cette voiture n'est pas la ~** this car is not ours, this is not our car ◆ **leurs enfants sont sortis avec les ~s** their children are out with ours ◆ **à la (bonne) ~ !** our good health!, here's to us!; *pour autres loc voir* **sien** **NM** **a** ◆ **nous y mettrons du ~** we'll do our bit*; → aussi **sien** **b** ◆ **les ~s** *(= famille)* our family, our folks*; *(= partisans)* our own people ◆ **j'espère que vous serez des ~s ce soir** I hope you will join our party *ou* join us tonight ◆ **il est des ~s** he's one of us **ADJ POSS** *(littér)* ours, our own ◆ **ces idées ne sont plus exclusivement ~s** these ideas are no longer ours alone *ou* exclusively ◆ **ces principes, nous les avons faits ~s** we have made these principles our own

**Nouakchott** /nwakʃɔt/ **N** Nouakchott

**nouba** ‡ /nuba/ **NF** ◆ **faire la ~** to live it up*, to have a rave-up ‡ *(Brit)*

**nouer** /nwe/ ► conjug 1 ◄ **VT** **a** *(= faire un nœud avec) [+ ficelle]* to tie, to knot; *[+ lacets, foulard, ceinture]* to tie; *[+ cravate]* to knot, to fasten ◆ **~ les bras autour de la taille de qn** to put one's arms round sb's waist ◆ **l'émotion lui nouait la gorge** his throat was tight with emotion ◆ **avoir la gorge nouée (par l'émotion)** to have a lump in one's throat ◆ **j'ai l'estomac noué** my stomach is in knots

**b** *(= entourer d'une ficelle) [+ bouquet, paquet]* to tie up, to do up; *[+ cheveux]* to tie up *ou* back

**c** *(= former) [+ complot]* to hatch; *[+ alliance]* to make, to form; *[+ relations]* to strike up; *[+ amitié]* to form, to build up ◆ **~ conversation avec qn** to start (up) *ou* strike up a conversation with sb

**d** *(Tex)* **~ la chaîne/la trame** to splice the warp/weft

**e** *(Littérat) [+ action, intrigue]* to build up

**VI** *(Bot)* to set

**VPR** **se nouer** **a** *(= s'unir) [mains]* to join together ◆ **sa gorge se noua** a lump came to his throat

**b** *(= se former) [complot]* to be hatched; *[alliance]* to be made, to be formed; *[amitié]* to be formed, to build up; *[conversation]* to start, to be started

**c** *(pièce de théâtre)* **c'est là où l'intrigue se noue** it's at that point that the plot takes shape *ou* develops

**noueux, -euse** /nwø, øz/ **ADJ** *[branche]* knotty, gnarled; *[main]* gnarled; *[vieillard]* wizened

**nougat** /nuga/ **NM** *(Culin)* nougat ◆ **~s** ‡ *(= pieds)* feet ◆ **c'est du ~** * it's dead easy*, it's a cinch* *ou* a piece of cake* ◆ **c'est pas du ~** * it's not so easy

**nougatine** /nugatin/ **NF** nougatine

**nouille** /nuj/ **NF** **a** *(Culin)* piece *ou* bit of pasta ◆ **~s** *(gén)* pasta; *(en rubans)* noodles ◆ **~s chinoises** Chinese noodles ◆ **style ~** *(Art)* Art Nouveau **b** * *(= imbécile)* idiot, noodle* *(Brit)*; *(= mollasson)* big lump* ◆ **ce que c'est ~** * how idiotic (it is)

**noumène** /numɛn/ **NM** noumenon

**nounou** * /nunu/ **NF** nanny

**nounours** /nunuʀs/ **NM** teddy (bear)

**nourri, e** /nuʀi/ (ptp de **nourrir**) **ADJ** *[fusillade]* heavy; *[applaudissements]* hearty, prolonged; *[conversation]* lively; *[style]* rich ◆ **tirs ~s** heavy *ou* sustained gunfire

**nourrice** /nuʀis/ **NF** **a** *(= gardienne)* childminder, nanny; *(qui allaite)* wet nurse ◆ **~ sèche** † dry nurse ◆ **~ agréée** registered childminder ◆ **mettre un enfant en ~** to put a child in the care of a nurse *ou* out to nurse *(Brit)* ◆ **prendre un enfant en ~** to act as nurse to a child; → **épingle** **b** *(= bidon)* jerry can *(Brit)*, can *(US)* **c** *(= abeille)* nurse bee

**nourricier, -ière** /nuʀisje, jɛʀ/ **ADJ** *(Anat) [canal, artère]* nutrient; *(Bot) [suc, sève]* nutritive; *(† = adoptif) [mère, père]* foster *(épith)* ◆ **la terre nourricière** *(littér)* the nourishing earth **NM** *(† = père adoptif)* foster father ◆ **les ~s** the foster parents

**nourrir** /nuʀiʀ/ ► conjug 2 ◄ **VT** **a** *(= alimenter) [+ animal, personne]* to feed; *[+ feu]* to stoke; *[+ récit, devoir]* to fill out; *[+ cuir, peau]* to nourish ◆ **~ au biberon** to bottle-feed ◆ **~ au sein** to breast-feed, to nurse ◆ **~ à la cuiller** to spoon-feed ◆ **~ un oiseau au grain** to feed a bird (on) seed ◆ **les régions qui nourrissent la capitale** the areas which provide food for the capital *ou* provide the capital with food ◆ **bien/mal nourri** well-/poorly-fed; → **logé**

**b** *(= faire vivre) [+ famille, pays]* to feed, to provide for ◆ **cette entreprise nourrit 10 000 ouvriers** this firm provides work for 10,000 workers ◆ **ce métier ne nourrit pas son homme** this job doesn't give a man a living wage

**c** *(= caresser) [+ désir, espoir, illusion]* to have, to cherish; *[+ haine, rancune]* to feel; *[+ vengeance]* to harbour *(Brit)* *ou* harbor *(US)* thoughts of ◆ **~ le projet de faire qch** to plan to do sth

**d** *(littér = former)* **être nourri dans les bons principes** to be nurtured on good principles ◆ **la lecture nourrit l'esprit** reading improves the mind

**VI** to be nourishing

**VPR** **se nourrir** to eat ◆ **se ~ de** *[+ aliments]* to feed (o.s.) on, to eat; *[+ illusions]* to feed on, to live on ◆ **il se nourrit de romans** *(fig)* novels are his staple diet

**nourrissant, e** /nuʀisɑ̃, ɑ̃t/ **ADJ** *[aliment]* nourishing, nutritious; *[crème, cosmétique]* nourishing *(épith)*

**nourrisson** /nuʀisɔ̃/ **NM** (unweaned) infant, nursling *(littér)*

**nourriture** /nuʀityʀ/ **NF** **a** *(= aliments, fig)* food ◆ **assurer la ~ de qn** to provide sb's meals *ou* sb with food **b** *(= alimentation)* food ◆ **il lui faut une ~ saine** he needs a healthy diet ◆ **il ne supporte aucune ~ solide** he can't take solids ◆ **~ pour animaux** *(de compagnie)* pet food; *(de ferme)* animal feed ◆ **la lecture est une bonne ~ pour l'esprit** reading is good nourishment for the mind

**nous** /nu/ **PRON PERS** **a** *(sujet)* we ◆ **~ vous écrirons** we'll write to you ◆ **~ avons bien ri tous les deux** the two of us had a good laugh, we both had a good laugh ◆ **eux ont accepté, ~ non** *ou* **pas ~** they accepted but we didn't, they accepted but not us* ◆ **c'est enfin ~, ~ voilà enfin** here we are at last ◆ **qui l'a vu ? – ~/pas ~** who saw him? – we did/we didn't *ou* us/not us* ◆ **~, accepter ? jamais !** us accept that? never!, you expect us to accept that?, never!; → aussi **même**

**b** *(objet)* us ◆ **aide-~** help us, give us a hand ◆ **donne-~ ton livre** give us your book, give your book to us ◆ **si vous étiez ~ que feriez-vous ?** if you were us *ou* if you were in our shoes what would you do? ◆ **donne-le-~** give it to us, give us it ◆ **écoutez-~** listen to us ◆ **il n'obéit qu'à ~** we are the only ones he obeys, he obeys only us

**c** *(insistance, sujet)* we, we ourselves; *(objet)* us ◆ **~, ~ le connaissons bien – mais ~ aussi** we know him well ourselves – but so do we *ou* we do too ◆ **pourquoi ne le ferait-il pas ?, ~ l'avons bien fait,** ~ why shouldn't he do it?, we did it (all right) ◆ **alors ~, ~ restons pour compte ?** and what about us, are we to be left out? ◆ **~, elle ~ déteste** she hates us ◆ **elle ~ connaît bien, ~** she knows us all right

**d** *(emphatique avec qui, que, sujet)* we; *(objet)* us ◆ **c'est ~ qui sommes fautifs** we are the culprits, we are the ones to blame ◆ **merci – c'est ~ qui vous remercions** thank you – it's we who should thank you ◆ **et ~ (tous) qui vous parlons l'avons vu** we (all) saw him personally ◆ **est-ce ~ qui devons vous le dire ?** do we have to tell you?, are we the ones to have to tell you? ◆ **et ~ qui n'avions pas le sou !** and there were we without a penny!, and to think we didn't have a penny! ◆ **~ que le théâtre passionne, ~ n'avons jamais vu cette pièce** great theatre lovers that we are we've still never seen that play, even we with our great love for the theatre have never seen that play ◆ **il ~ dit cela à ~ qui l'avons tant aidé** and that's what he says to us who have helped him so much ◆ **c'est ~ qu'elle veut voir** it's us she wants to see

**e** *(avec prép)* us ◆ **à ~ cinq, ~ devrions pouvoir soulever ça** between the five of us we should be able to lift that ◆ **cette maison est à ~** this house belongs to us *ou* is ours ◆ **~ avons une maison à ~** we have a house of our own, we have our own house ◆ **avec/sans ~** with/without us ◆ **c'est à ~ de décider** it's up to us *ou* for us to decide ◆ **elle l'a appris par ~** she heard about it through *ou* from us ◆ **un élève à ~** one of our pupils ◆ **l'un de ~** *ou* **d'entre ~ doit le savoir** one of us must know (it) ◆ **nos enfants à ~** our children ◆ **l'idée vient de ~** the idea comes from us *ou* is ours ◆ **elle veut une photo de ~ tous** she wants a photo of us all *ou* of all of us

f *(dans comparaisons)* we, us ◆ **il est aussi fort que ~** he is as strong as we are *ou* as us ◆ **il mange plus/moins que ~** he eats more/less than we do *ou* than us ◆ **faites comme ~** do as we do, do the same as us ◆ **il vous connaît aussi bien que ~** *(aussi bien que nous vous connaissons)* he knows you as well as we do *ou* as us; *(aussi bien qu'il nous connaît)* he knows you as well as (he knows) us

g *(avec vpr)* **~ ~ sommes bien amusés** we had a good time, we thoroughly enjoyed ourselves ◆ **(lui et moi) ~ ~ connaissons depuis le lycée** we have known each other since we were at school ◆ **~ ~ détestons** we hate (the sight of) each other ◆ **asseyons-~ donc** let's sit down, shall we sit down? ◆ **~ ~ écrirons** we'll write to each other

h *(pl de majesté, dans discours etc = moi)* we ◆ **~, préfet des Yvelines, décidons que** we, (the) prefect of the Yvelines, decide that ◆ **dans cet exposé, ~ essaierons d'expliquer** in this paper, we shall try to explain

**NM** ◆ **le ~ de majesté** the royal we

**nous-même** (pl **nous-mêmes**) /numɛm/ **PRON** → **même**

**nouveau, nouvelle**[1] /nuvo, nuvɛl/ GRAMMAIRE ACTIVE 48.1, 48.2 (devant nm commençant par une voyelle ou h muet **nouvel**, mpl **nouveaux**)

**ADJ** a *(gén après nom = qui apparaît pour la première fois)* new ◆ **pommes de terre nouvelles** new potatoes ◆ **vin ~** new wine ◆ **carottes nouvelles** spring carrots ◆ **la mode nouvelle** the latest fashion ◆ **la mode nouvelle du printemps** the new spring fashions ◆ **un sentiment si ~ pour moi** such a new feeling for me ◆ **montrez-moi le chemin, je suis ~ ici** show me the way, I'm new here ◆ **ce rôle est ~ pour lui** this is a new role for him ◆ **tout ~ tout beau** * (just) wait till the novelty wears off; → **art, quoi**

b *(après nom = original)* *[idée]* novel, new, original; *[style]* new, original; *(= moderne)* *[méthode]* new, up-to-date, new-fangled *(péj)* ◆ **le dernier de ses romans, et le plus ~** his latest and most original novel ◆ **présenter qch sous un jour ~** to present sth in a new light ◆ **c'est tout ~, ce projet** this project is brand-new ◆ **il n'y a rien de/ce n'est pas ~ !** there's/it's nothing new!

c *(= inexpérimenté)* new (*en, dans* to); ◆ **il est ~ en affaires** he's new to business

d *(avant nom = qui succède)* new ◆ **le ~ président** the new president, the newly-elected president ◆ **le nouvel élu** the newly-elected representative ◆ **nous avons un ~ président/une nouvelle voiture** we have a new president/car ◆ **avez-vous lu son ~ livre ?** have you read his new *ou* latest book? ◆ **un ~ Napoléon** a second Napoleon ◆ **les ~x philosophes** the new philosophers ◆ **les ~x pauvres** the new poor ◆ **les ~x parents** today's parents, the parents of today ◆ **il y a eu un ~ tremblement de terre** there has been a further *ou* another earthquake ◆ **je ferai un nouvel essai** I'll make another *ou* a new *ou* a fresh attempt ◆ **il y eut un ~ silence** there was another silence ◆ **c'est la nouvelle mode maintenant** it's the new fashion now; → **jusque**

e *(= qui s'ajoute)* new, fresh ◆ **c'est là une nouvelle preuve que** it's fresh proof *ou* further proof that ◆ **avec une ardeur/énergie nouvelle** with renewed ardour/energy

**NM** a *(= homme)* new man; *(Scol)* new boy

b *(= nouveauté)* **y a-t-il du ~ à ce sujet ?** is there anything new on this? ◆ **il y a du ~ dans cette affaire** there has been a fresh *ou* new *ou* further development in this business ◆ **le public veut sans cesse du ~** the public always wants something new ◆ **il n'y a rien de ~ sous le soleil** there's nothing new under the sun

c *(= encore)* **de ~** again ◆ **faire qch de ~** to do sth again, to repeat sth ◆ **à ~** *(= d'une manière différente)* anew, afresh, again; *(= encore une fois)* again ◆ **nous examinerons la question à ~** we'll examine the question anew *ou* afresh *ou* again

**NF** **nouvelle** *(= femme)* new woman *ou* girl; *(Scol)* new girl; → aussi **nouvelle**[2]

**COMP** ▷ **Nouvel An, Nouvelle Année** New Year ◆ **pour le/au Nouvel An** for/at New Year ◆ **le Nouvel An juif/chinois** the Jewish/Chinese New Year ▷ **nouvelle cuisine** nouvelle cuisine ▷ **nouvelle lune** new moon ▷ **nouveaux mariés** newlyweds, newly married couple ▷ **Nouveau Monde** New World ▷ **nouveaux pays industrialisés** newly industrialized countries ▷ **nouveau riche** nouveau riche ▷ **le nouveau roman** *(Littérat)* the nouveau roman ▷ **le Nouveau Testament** the New Testament ▷ **Nouvelle Vague** *(Ciné)* New Wave, Nouvelle Vague ▷ **nouveau venu, nouvelle venue** NM,F newcomer (*à, dans* to)

**Nouveau-Brunswick** /nuvobʀœsvik/ **NM** New Brunswick

**Nouveau-Mexique** /nuvomeksik/ **NM** New Mexico

**nouveau-né, nouveau-née** (mpl **nouveau-nés**, fpl **nouveau-nées**) /nuvone/ **ADJ** newborn **NM,F** *(= enfant)* newborn child; *(= dernière création)* newest *ou* latest model ◆ **les ~s de notre gamme de jouets** the newest *ou* latest additions to our range of toys

**nouveauté** /nuvote/ **NF** a *(= objet)* new thing *ou* article ◆ **les ~s du mois** *(= disques)* the month's new releases; *(= livres)* the month's new titles ◆ **les ~s du salon** *(= machines, voitures)* the new models on display at the show ◆ **la grande ~ de cet automne** the latest thing this autumn b *(Habillement)* **~s de printemps** new spring fashions ◆ **le commerce de la ~** † the fashion trade ◆ **magasin de ~s** † draper's shop *(Brit)*, fabric store *(US)* c *(= caractère nouveau)* novelty, newness; *(= originalité)* novelty; *(= chose)* new thing, something new ◆ **il n'aime pas la ~** he hates anything new *ou* new ideas, he hates change ◆ **il travaille ? c'est une ~ !** he's working? that's new! ◆ **il boit – ce n'est pas une ~ !** he's drinking too much – that's nothing new!

**nouvel** /nuvɛl/ **ADJ M** → **nouveau**

**nouvelle**[2] /nuvɛl/ **NF** a *(= écho)* news *(NonC)* ◆ **une ~** a piece of news ◆ **une bonne/mauvaise ~** some good/bad news ◆ **la ~ de cet événement nous a surpris** we were surprised by the news of this event ◆ **ce n'est pas une ~ !** that's not news!, that's nothing new! ◆ **vous connaissez la ~ ?** have you heard the news? ◆ **première ~ !** that's the first I've heard about it!, it's news to me!; → **faux**[2]

b ◆ **~s** news *(NonC)* ◆ **quelles ~s ?** * what's new?, what's been happening? ◆ **aller aux ~s** to go and find out what is happening ◆ **voici les dernières ~s concernant l'accident** here is the latest news of the accident, here is an up-to-the-minute report on the accident ◆ **aux dernières ~s, il était à Paris** the last I (*ou* we *etc*) heard (of him) he was in Paris ◆ **avez-vous de ses ~s ?** *(de sa propre main)* have you heard from him?, have you had any news from him?; *(= par un tiers)* have you heard anything about *ou* of him?, have you had any news of him? ◆ **j'irai prendre de ses ~s** I'll go and see how he's doing *ou* how he's getting along *ou* on *(Brit)* ◆ **il a fait prendre de mes ~s (par qn)** he asked for news of me (from sb) ◆ **il ne donne plus de ses ~s** you never hear from him any more ◆ **je suis sans ~s (de lui) depuis huit jours** I haven't heard anything (of him) for a week, I've had no news (of him) for a week ◆ **pas de ~s, bonnes ~s** no news is good news ◆ **il aura** *ou* **entendra de mes ~s !** * I'll give him a piece of my mind!, I'll give him what for! * ◆ **goûtez mon vin, vous m'en direz des ~s** * taste my wine, I'm sure you'll like it

c *(Presse, Radio, TV)* **les ~s** the news *(NonC)* ◆ **écouter/entendre les ~s** to listen to/hear the news ◆ **voici les ~s** here is the news ◆ **les ~s sont bonnes** the news is good

d *(= court récit)* short story

**Nouvelle-Angleterre** /nuvɛlɑ̃glətɛʀ/ **NF** New England

**Nouvelle-Calédonie** /nuvɛlkaledɔni/ **NF** New Caledonia

**Nouvelle-Écosse** /nuvɛlekɔs/ **NF** Nova Scotia

**Nouvelle-Guinée** /nuvɛlgine/ **NF** New Guinea

**nouvellement** /nuvɛlmɑ̃/ **ADV** newly

**Nouvelle-Orléans** /nuvɛlɔʀleɑ̃/ **NF** New Orleans

**Nouvelles-Galles du Sud** /nuvɛlgaldysyd/ **NF** New South Wales

**Nouvelles-Hébrides** /nuvɛlzebʀid/ **NFPL** ◆ **les ~** the New Hebrides

**Nouvelle-Zélande** /nuvɛlzelɑ̃d/ **NF** New Zealand

**nouvelliste** /nuvelist/ **NMF** short story writer, writer of short stories

**nova** /nɔva/ (pl **novæ** /nɔve/) **NF** nova

**novateur, -trice** /nɔvatœʀ, tʀis/ **ADJ** innovatory, innovative **NM,F** innovator

**novation** /nɔvasjɔ̃/ **NF** a *(frm = nouveauté)* innovation b *(Jur)* novation

**novélisation, novellisation** /nɔvelizasjɔ̃/ **NF** novelization

**novembre** /nɔvɑ̃bʀ/ **NM** November; *pour autres loc voir* **septembre** *et* **onze**

**novice** /nɔvis/ **ADJ** inexperienced (*dans* in) green * (*dans* at) **NMF** *(= débutant)* novice, beginner, greenhorn *; *(Rel)* novice, probationer ◆ **être ~ en affaires** to be a novice in business matters

**noviciat** /nɔvisja/ **NM** *(= bâtiment, période)* noviciate, novitiate ◆ **de ~** *(Rel)* probationary

**Novocaïne** ® /nɔvɔkain/ **NF** Novocaine ®

**noyade** /nwajad/ **NF** drowning; *(= événement)* drowning accident, death by drowning ◆ **il y a eu de nombreuses ~s à cet endroit** many people have drowned *ou* there have been many deaths by drowning at this spot ◆ **sauver qn de la ~** to save sb from drowning

**noyau** (pl **noyaux**) /nwajo/ **NM** a *[de fruit]* stone, pit; *(Astron, Bio, Phys)* nucleus; *(Géol)* core; *(Ling)* kernel, nucleus; *(Ordin)* kernel; *(Art)* centre, core; *(Élec)* core *(of induction coil etc)*; *(Constr)* newel ◆ **enlevez les ~x** remove the stones (from the fruit), pit the fruit b *(= groupe humain)* nucleus; *(= groupe de fidèles)* small circle; *(= groupe de manifestants, d'opposants)* small group ◆ **~ de résistance** hard core *ou* pocket of resistance ◆ **~ dur** *(Écon)* hard core shareholders; *[de* groupe] (= irréductibles) hard core; (= éléments essentiels) kernel ◆ **le ~ familial** the family unit

**noyautage** /nwajotaʒ/ NM (Pol) infiltration

**noyauter** /nwajote/ ▸ conjug 1 ◂ VT (Pol) to infiltrate

**noyé, e** /nwaje/ (ptp de **noyer²**) ADJ ◆ **être ~** (= ne pas comprendre) to be out of one's depth, to be all at sea (en in) NM,F drowned person ◆ **il y a eu beaucoup de ~s ici** a lot of people have drowned here

**noyer¹** /nwaje/ NM (= arbre) walnut (tree); (= bois) walnut

**noyer²** /nwaje/ ▸ conjug 8 ◂ VT a (gén) [+ personne, animal, flamme] to drown; (Aut) [+ moteur] to flood ◆ **la crue a noyé les champs** the high water has flooded ou drowned ou swamped the fields ◆ **il avait les yeux noyés de larmes** his eyes were brimming ou swimming with tears ◆ **ils ont noyé la révolte dans le sang** they quelled the revolt with much bloodshed ◆ **~ la poudre** (Mil) to wet the powder ◆ **~ son chagrin dans l'alcool** to drown one's sorrows ◆ **~ le poisson** (fig) to evade the issue, to duck ou sidestep the question ◆ **qui veut ~ son chien l'accuse de la rage** (Prov) give a dog a bad name and hang him (Prov)

b (gén pass = perdre) **~ qn sous un déluge d'explications** to swamp sb with explanations ◆ **quelques bonnes idées noyées dans des détails inutiles** a few good ideas lost in ou buried in ou swamped by a mass of irrelevant detail ◆ **être noyé dans l'obscurité/la brume** to be shrouded in darkness/mist ◆ **être noyé dans la foule** to be lost in the crowd ◆ **noyé dans la masse, ce détail architectural était passé inaperçu** this architectural detail went unnoticed because it was surrounded by so many other features ◆ **cette dépense ne se verra pas, noyée dans la masse** this expense won't be noticed when it's lumped ou put together with the rest ◆ **ses paroles furent noyées par ou dans le vacarme** his words were drowned in the din

c (Culin) [+ alcool, vin] to water down; [+ sauce] to thin too much, to make too thin

d (Tech) [+ clou] to drive right in; [+ pilier] to embed ◆ **noyé dans la masse** embedded

e (= effacer) [+ contours, couleur] to blur

VPR **se noyer** a (lit) (accidentellement) to drown; (volontairement) to drown o.s. ◆ **une personne qui se noie** a drowning person ◆ **il s'est noyé** (accidentellement) he drowned ou was drowned; (volontairement) he drowned himself

b (fig) **se ~ dans un raisonnement** to become tangled up ou bogged down in an argument ◆ **se ~ dans les détails** to get bogged down in details ◆ **se ~ dans la foule/dans la nuit** to disappear into the crowd/the night ◆ **se ~ dans un verre d'eau** to make a mountain out of a molehill, to make heavy weather of the simplest thing ◆ **se ~ l'estomac** to overfill one's stomach (by drinking too much liquid)

**NPI** /ɛnpei/ NMPL (abrév de **nouveaux pays industrialisés**) NIC

**N.-S. J.-C.** abrév de **Notre-Seigneur Jésus-Christ**

**NU** NFPL (abrév de **Nations Unies**) UN

**nu¹, e¹** /ny/ ADJ a (= sans vêtement) [personne] naked, nude; [torse, membres] naked; [crâne] bald ◆ **~-pieds, (les) pieds ~s** barefoot, with bare feet ◆ **aller pieds ~s ou ~-pieds** to go barefoot(ed) ◆ **~-tête, (la) tête ~e** bareheaded ◆ **~-jambes, (les) jambes ~es** barelegged, with bare legs ◆ **(les) bras ~s** barearmed, with bare arms ◆ **(le) torse ~, ~ jusqu'à la ceinture** stripped to the waist, naked from the waist up ◆ **à moitié ou à demi ~** half-naked ◆ **il est ~ comme un ver ou comme la main** he is as naked as the day he was born ◆ **tout ~** stark naked ◆ **ne reste pas tout ~ !** put something on! ◆ **se mettre ~** to strip (off), to take one's clothes off ◆ **se montrer ~ à l'écran** to appear in the nude on the screen ◆ **poser ~** to pose nude; → **épée, main, œil**

b (= sans ornement) [mur, chambre] bare; [arbre, pays, plaine] bare, naked; [style] plain; [vérité] plain, naked; (= non protégé) [fil électrique] bare

c (Bot, Zool) naked

d (loc) **mettre à ~** [+ fil électrique] to strip; [+ erreurs, vices] to expose, to lay bare ◆ **mettre son cœur à ~** to lay bare one's heart ou soul

NM (Peinture, Photo) nude ◆ **album de ~s** album of nude photographs ◆ **le ~ intégral** full frontal nudity

**nu²** /ny/ NM INV (= lettre grecque) nu

**nuage** /nɥaʒ/ NM (lit, fig) cloud ◆ **~ de grêle/de pluie** hail/rain cloud ◆ **~ de fumée/de tulle/de poussière/de sauterelles** cloud of smoke/tulle/dust/locusts ◆ **~ radioactif** radioactive cloud ◆ **~ de points** (Math) scatter of points ◆ **il y a des ~s noirs à l'horizon** (lit, fig) there are dark clouds on the horizon ◆ **le ciel se couvre de ~s/est couvert de ~s** the sky is clouding over/has clouded over ◆ **juste un ~ (de lait)** just a drop (of milk) ◆ **il est (perdu) dans les ~s, il vit sur son petit ~** he's got his head in the clouds ◆ **sans ~s** [ciel] cloudless; [bonheur] unmarred, unclouded ◆ **une amitié qui n'est pas sans ~s** a friendship which is not entirely untroubled ou quarrelfree; → **Magellan**

**nuageux, -euse** /nɥaʒø, øz/ ADJ a [temps] cloudy; [ciel] cloudy, overcast; [zone, bande] cloud (épith) ◆ **système ~** cloud system ◆ **couche nuageuse** layer of cloud b (= vague) nebulous, hazy

**nuance** /nɥɑ̃s/ NF a [de couleur] shade, hue; (Littérat, Mus) nuance ◆ **~ de sens** shade of meaning, nuance ◆ **~ de style** nuance of style ◆ **~ politique** shade of political opinion ◆ **de toutes les ~s politiques** of all shades of political opinion

b (= différence) slight difference ◆ **il y a une ~ entre mentir et se taire** there's a slight difference between lying and keeping quiet ◆ **je ne lui ai pas dit non, je lui ai dit peut-être, ~ !** I didn't say no to him, I said perhaps, and there's a difference between the two! ◆ **tu vois ou saisis la ~ ?** do you see the difference?

c (= subtilité, variation) **apporter des ~s à une affirmation** to qualify a statement ◆ **faire ressortir les ~s** to bring out the finer ou subtler points ◆ **tout en ~s** [esprit, discours, personne] very subtle, full of nuances ◆ **sans ~** [discours] unsubtle, cut and dried; [esprit, personne] unsubtle

d (= petit élément) touch, hint ◆ **avec une ~ de tristesse** with a touch ou a hint ou a slight note of sadness

**nuancé, e** /nɥɑ̃se/ (ptp de **nuancer**) ADJ [opinion] qualified; [attitude, réponse] balanced; (Mus) nuanced ◆ **il dresse un portrait ou un tableau ~ de cette époque** he gives a well-balanced account of the period ◆ **ironie ~e d'amertume** irony with a tinge ou a note ou a hint of bitterness

**nuancer** /nɥɑ̃se/ ▸ conjug 3 ◂ VT [+ tableau, couleur] to shade; [+ opinion] to qualify; (Mus) to nuance

**nuancier** /nɥɑ̃sje/ NM colour (Brit) ou color (US) chart

**Nubie** /nybi/ NF Nubia

**nubien, -ienne** /nybjɛ̃, jɛn/ ADJ [personne] Nubian; [région] of Nubia NM,F **Nubien(ne)** Nubian

**nubile** /nybil/ ADJ nubile

**nubilité** /nybilite/ NF nubility

**nubuck** /nybyk/ NM nubuck ◆ **en ~** nubuck (épith)

**nucléaire** /nykleɛʀ/ ADJ nuclear NM ◆ **le ~** (= énergie) nuclear energy; (= technologie) nuclear technology

**nucléarisation** /nykleaʀizasjɔ̃/ NF [de pays] nuclearization, equipping with nuclear weapons

**nucléariser** /nykleaʀize/ ▸ conjug 1 ◂ VT [+ pays] (en armes) to equip with nuclear weapons; (en énergie) to equip with nuclear energy

**nucléé, e** /nyklee/ ADJ nucleate(d)

**nucléide** /nykleid/ NM nuclide

**nucléine** /nyklein/ NF nuclein

**nucléique** /nykleik/ ADJ nucleic

**nucléon** /nykleɔ̃/ NM nucleon

**nucléosynthèse** /nykleosɛ̃tɛz/ NF nucleosynthesis

**nucléotide** /nykleɔtid/ NM nucleotide

**nudisme** /nydism/ NM nudism ◆ **faire du ~** to practise nudism

**nudiste** /nydist/ ADJ, NMF nudist ◆ **plage/camp de ~s** nudist beach/camp

**nudité** /nydite/ NF [de personne] nakedness, nudity; [de mur] bareness; (Art) nude ◆ **la laideur des gens s'étale dans toute sa ~** people are exposed in all their ugliness, people's ugliness is laid bare for all to see

**nue²** /ny/ NF a (†† ou littér) **~(s)** (= nuage) clouds ◆ **la ~, les ~s** (= ciel) the skies b ◆ **porter ou mettre qn aux ~s** to praise sb to the skies ◆ **tomber des ~s** to be completely taken aback ou flabbergasted ◆ **je suis tombé des ~s** you could have knocked me down with a feather, I was completely taken aback

**nuée** /nɥe/ NF a (littér = nuage) thick cloud ◆ **~s d'orage** storm clouds ◆ **~ ardente** nuée ardente, glowing cloud b (= multitude) [d'insectes] cloud, horde; [de flèches] cloud; [de photographes, spectateurs, ennemis] horde, host ◆ **comme une ~ de sauterelles** (fig) like a plague ou swarm of locusts

**nue-propriété** /nypʀɔpʀijete/ NF ownership without usufruct ◆ **avoir un bien en ~** to have property without usufruct

**nuer** /nɥe/ ▸ conjug 1 ◂ VT (littér) [+ couleurs] to blend ou match the different shades of

**nuire** /nɥiʀ/ ▸ conjug 38 ◂ VT INDIR **nuire à** (= desservir) [+ personne] to harm, to injure; [+ santé, réputation] to damage, to harm; [+ action] to prejudice ◆ **sa laideur lui nuit beaucoup** his ugliness is very much against him ou is a great disadvantage to him ◆ **il a voulu le faire mais ça va lui ~** he wanted to do it, but it will go against him ou it will do him harm ◆ **chercher à ~ à qn** to try to harm sb, to try to do ou run sb down ◆ **cela risque de ~ à nos projets** there's a risk that it will spoil our plans ◆ **un petit whisky, ça peut pas ~ !** * a little glass of whisky won't hurt you! ou won't do you any harm! VPR **se nuire** (à soi-même) to do o.s. a lot of harm; (l'un l'autre) to work against each other's interests, to harm each other

**nuisance** /nɥizɑ̃s/ NF (gén pl) (environmental) pollution (NonC) ou nuisance (NonC) ◆ **les ~s (sonores)** noise pollution

**nuisette** /nɥizɛt/ NF very short nightdress ou nightie *

**nuisible** /nɥizibl/ ADJ *[climat, temps]* harmful, injurious (*à* to); *[influence, gaz]* harmful, noxious (*à* to); ◆ **animaux ~s** vermin, pests ◆ **insectes ~s** pests ◆ **~ à la santé** harmful *ou* injurious to (the) health

**nuit** /nɥi/ NF a (*= obscurité*) darkness, night ◆ **il fait ~** it's dark ◆ **il fait ~ à 5 heures** it gets dark at 5 o'clock ◆ **il fait ~ noire** it's pitch dark *ou* black ◆ **une ~ d'encre** a pitch dark *ou* black night ◆ **la ~ tombe** it's getting dark, night is falling ◆ **à la ~ tombante** at nightfall, at dusk ◆ **pris** *ou* **surpris par la ~** overtaken by darkness *ou* night ◆ **rentrer avant la ~/à la ~** to come home before dark/in the dark ◆ **la ~ polaire** the polar night *ou* darkness ◆ **la ~ tous les chats sont gris** *(Prov)* everyone looks the same *ou* all cats are grey in the dark

b (*= espace de temps*) night ◆ **cette ~** *(passée)* last night; *(qui vient)* tonight ◆ **j'ai passé la ~ chez eux** I spent the night at their house ◆ **dans la ~ de jeudi** during Thursday night ◆ **dans la ~ de jeudi à vendredi** during the night of Thursday to Friday ◆ **souhaiter (une) bonne ~ à qn** to wish sb goodnight ◆ **~ blanche** *ou* **sans sommeil** sleepless night ◆ **~ d'amour** night of love ◆ **leur bébé fait ses ~s** * their baby sleeps right through the night ◆ **~ et jour** night and day ◆ **au milieu de la ~, en pleine ~** in the middle of the night, at dead of night ◆ **elle part cette ~** *ou* **dans la ~** she's leaving tonight ◆ **ouvert la ~** open at night ◆ **sortir/travailler la ~** to go out/work at night ◆ **la ~ porte conseil** *(Prov)* it's best to sleep on it ◆ **de ~** *[service, travail, garde, infirmière]* night *(épith)* ◆ **elle est de ~ cette semaine** she's on nights *ou* she's working nights this week ◆ **voyager de ~** to travel by night ◆ **conduire de ~ ne me gêne pas** I don't mind night-driving *ou* driving at night

c *(littér)* darkness ◆ **dans la ~ de ses souvenirs** in the darkness of his memories ◆ **ça se perd dans la ~ des temps** it's lost in the mists of time ◆ **ça remonte à la ~ des temps** that goes back to the dawn of time, that's as old as the hills ◆ **la ~ du tombeau/de la mort** the darkness of the grave/of death

COMP ▷ **nuit américaine** day for night ▷ **nuit bleue** night of bombings ▷ **nuit d'hôtel** night spent in a hotel room, overnight stay in a hotel ◆ **payer sa ~ d'hôtel** to pay one's hotel bill ▷ **la Nuit des longs couteaux** *(Hist)* the Night of the Long Knives ▷ **nuit de noces** wedding night ▷ **nuit de Noël** Christmas Eve ▷ **la nuit des Rois** Twelfth Night

**nuitamment** /nɥitamɑ̃/ ADV *(frm)* by night

**nuitée** /nɥite/ NF *(Tourisme)* night ◆ **trois ~s** three nights (in a hotel room)

**Nuku'alofa** /nukualɔfa/ N Nuku'alofa

**nul, nulle** /nyl/ ADJ INDÉF a (*devant nom = aucun*) no ◆ **il n'avait ~ besoin/nulle envie de sortir** he had no need/no desire to go out at all ◆ **~ doute qu'elle ne l'ait vu** there is no doubt (whatsoever) that she saw him ◆ **~ autre que lui (n'aurait pu le faire)** no one (else) but he (could have done it) ◆ **sans ~ doute/nulle exception** without any doubt/any exception

b (*après nom*) (*= proche de zéro*) *[résultat, différence, risque]* nil *(attrib)*; (*= invalidé*) *[testament, élection, bulletin de vote]* null and void *(attrib)*; (*= inexistant*) *[récolte]* non-existent ◆ **pour toute valeur non nulle de x** *(Math)* where x is not equal to zero ◆ **~ et non avenu** *(Jur)* invalid, null and void ◆ **rendre ~** *(Jur, fig)* to annul, to nullify ◆ **nombre ~/non-~** zero/non-zero number

c *(Sport)* **le résultat** *ou* **le score est ~** *(pour l'instant)* there's no score; *(en fin de match)* (*= 0 à 0*) the match has ended in a nil draw; (*= 2 à 2 etc*) the match has ended in a draw; → **match**

d (*= qui ne vaut rien*) *[film, livre, personne]* useless, hopeless; *[intelligence]* nil; *[travail]* worthless, useless ◆ **être ~ en géographie** to be hopeless *ou* useless at geography ◆ **il est ~ pour** *ou* **dans tout ce qui est manuel** he's hopeless *ou* useless at anything manual ◆ **ce devoir est ~** this piece of work is worth nothing *ou* doesn't deserve any marks ◆ **c'est ~ de lui avoir dit ça** * it was really stupid to tell him that

NM,F * idiot

PRON INDÉF *(sujet sg = personne, aucun)* no one ◆ **~ n'est censé ignorer la loi** ignorance of the law is no excuse ◆ **~ d'entre vous n'ignore que ...** none of you is ignorant of the fact that ... ◆ **afin que ~ n'en ignore** *(frm)* so that nobody is left in ignorance ◆ **à ~ autre pareil** peerless, unrivalled ◆ **~ n'est prophète en son pays** *(Prov)* no man is a prophet in his own country *(Prov)* → **impossible**

LOC ADV **nulle part** nowhere ◆ **il ne l'a trouvé nulle part** he couldn't find it anywhere ◆ **je n'ai nulle part où aller** I've got nowhere to go ◆ **nulle part ailleurs** nowhere else

**nullard, e** * /nylaʀ, aʀd/ ADJ hopeless, useless (*en* at) NM,F numskull ◆ **c'est un ~** he's a complete numskull, he's a dead loss *

**nullement** /nylmɑ̃/ ADV not at all, not in the least ◆ **il n'a ~ l'intention de ...** he has no intention whatsoever *ou* he hasn't got the slightest intention of ... ◆ **cela n'implique ~ que ...** this doesn't in any way *ou* by any means imply that ...

**nullipare** /nylipaʀ/ ADJ nulliparous NF nullipara

**nullité** /nylite/ NF a *(Jur)* nullity ◆ **frapper de ~** to render void; → **entacher** b (*= médiocrité*) *[d'employé]* incompetence; *[d'élève]* uselessness ◆ **ce film est d'une ~ affligeante** the film is absolutely dreadful c (*= futilité*) *[de raisonnement, objection]* invalidity d (*= personne*) nonentity, wash-out *

**nûment** /nymɑ̃/ ADV *(littér)* (*= sans fard*) plainly, frankly; (*= crûment*) bluntly ◆ **dire (tout) ~ que ...** to say (quite) frankly that ...

**numéraire** /nymeʀɛʀ/ ADJ ◆ **pierres ~s** milestones ◆ **espèces ~s** legal tender *ou* currency ◆ **valeur ~** face value NM specie *(SPÉC)*, cash ◆ **paiement en ~** cash payment, payment in specie *(SPÉC)*

**numéral, e** (mpl **-aux**) /nymeʀal, o/ ADJ, NM numeral

**numérateur** /nymeʀatœʀ/ NM numerator

**numération** /nymeʀasjɔ̃/ NF (*= comptage*) numeration; (*= code*) notation ◆ **~ globulaire** *(Méd)* blood count ◆ **~ binaire** *(Math, Ordin)* binary notation

**numérique** /nymeʀik/ ADJ *(gén, Math)* numerical; *(Ordin)* *[affichage, son, télévision]* digital NM ◆ **le ~** digital technology

**numériquement** /nymeʀikmɑ̃/ ADV numerically

**Numéris** ® /nymeʀis/ NM ◆ **(réseau) ~** Numeris (network) *(France Télécom's digital communications system)* ◆ **données ~** data transmitted on the Numeris network

**numérisation** /nymeʀizasjɔ̃/ NF digitization

**numériser** /nymeʀize/ ▸ conjug 1 ◂ VT to digitize

**numériseur** /nymeʀizœʀ/ NM digitizer

**numéro** /nymeʀo/ GRAMMAIRE ACTIVE 54 NM a *(gén, Aut, Phys)* number ◆ **j'habite au ~ 6** I live at number 6 ◆ **~ atomique** atomic number ◆ **~ d'ordre** number, queue ticket *(Brit)* ◆ **~ minéralogique** *ou* **d'immatriculation** *ou* **de police** registration *(Brit)* *ou* license *(US)* number, car number ◆ **~ d'immatriculation à la Sécurité sociale** National Insurance number *(Brit)*, Social Security number *(US)* ◆ **~ (de téléphone), ~ d'appel** (tele)phone number ◆ **~ vert** ® *ou* **d'appel gratuit** Freefone ® *(Brit)* *ou* toll-free *(US)* number ◆ **~ de fax** fax number ◆ **~ de compte** account number ◆ **~ de série** serial number ◆ **~ postal** *(Helv)* post code *(Brit)*, zip code *(US)* ◆ **faire** *ou* **composer un ~** to dial a number ◆ **pour eux, je ne suis qu'un ~** I'm just a *ou* another number to them ◆ **notre ennemi/problème ~ un** our number one enemy/problem ◆ **le ~ un/deux du textile** the number one/two textile producer *ou* manufacturer ◆ **le ~ un/deux du parti** the party's leader/deputy leader *ou* number two ◆ **le bon/mauvais ~** *(lit)* the right/wrong number ◆ **tirer le bon ~** *(dans une loterie)* to draw the lucky number; *(fig)* to strike lucky ◆ **tirer le mauvais ~** *(fig)* to draw the short straw ◆ **~ gagnant** winning number

b *(Presse)* issue, number ◆ **le ~ du jour** the day's issue ◆ **vieux ~** back number, back issue ◆ **~ spécial** special issue ◆ **~ zéro** dummy issue; → **suite**

c (*= spectacle*) *[de chant, danse]* number; *[de cirque, music-hall]* act, turn, number ◆ **il nous a fait son ~ habituel** *ou* **son petit ~** *(fig)* he gave us *ou* put on his usual (little) act

d (*= personne*) **quel ~ !** *, **c'est un drôle de ~ !** *, **c'est un sacré ~ !** * what a character!

e *(Tex)* count of yarn

**numérologie** /nymeʀɔlɔʒi/ NF numerology

**numérologue** /nymeʀɔlɔg/ NMF numerologist

**numérotage** /nymeʀɔtaʒ/ NM numbering, numeration

**numérotation** /nymeʀɔtasjɔ̃/ NF numbering, numeration ◆ **~ téléphonique** telephone number system ◆ **~ à 10 chiffres** *(Téléc)* 10-digit dialling *(Brit)* *ou* dialing *(US)*

**numéroter** /nymeʀɔte/ ▸ conjug 1 ◂ VT to number ◆ **si tu continues, tu as intérêt à ~ tes abattis !** * if you go on like this you'll get what's coming to you! *

**numerus clausus** /nymeʀysklozys/ NM restricted intake

**numide** /nymid/ ADJ Numidian NMF **Numide** Numidian

**Numidie** /nymidi/ NF Numidia

**numismate** /nymismat/ NMF numismatist

**numismatique** /nymismatik/ ADJ numismatic NF numismatics *(sg)*, numismatology

**Nunavut** /nunavut/ NM Nunavut

**nunchaku** /nunʃaku/ NM nunchaku

**nunuche** * /nynyʃ/ ADJ *(gén)* silly NMF ninny *

**nu-pieds** /nypje/ NM (*= sandale*) beach sandal, flip-flop *(Brit)* ADV barefoot

**nu-propriétaire, nue-propriétaire** (mpl **nus-propriétaires**) /nypʀɔpʀijetɛʀ/ NM,F *(Jur)* owner without usufruct

**nuptial, e** (mpl **-iaux**) /nypsjal, jo/ ADJ *[bénédiction, messe]* nuptial *(littér)*; *[robe, marche, anneau, cérémonie]* wedding *(épith)*; *[lit, chambre]* bridal, nuptial *(littér)*; *(Zool)* *[mœurs, vol]* nuptial

**nuptialité** /nypsjalite/ NF ◆ **(taux de) ~** marriage rate

**nuque** /nyk/ NF nape of the neck ◆ **tué d'une balle dans la ~** killed by a bullet in the back of the neck

**Nuremberg** /nyʀɛ̃bɛʀ/ N Nuremberg ◆ **le procès de ~** *(Hist)* the Nuremberg trials

**nurse** /nœʀs/ **NF** nanny, (children's) nurse †

> ⚠ **nurse** *se traduit rarement par le mot anglais* **nurse**, *qui dans ce sens est vieilli.*

**nursery** (pl **nurserys** *ou* **nurseries**) /nœʀsəʀi/ **NF** *[de maison, maternité]* nursery

**nutriment** /nytʀimɑ̃/ **NM** nutriment

**nutritif, -ive** /nytʀitif, iv/ **ADJ** *(= nourrissant)* nourishing, nutritious; *(Méd) [besoins, fonction, appareil]* nutritive ◆ **qualité** *ou* **valeur nutritive** *(Bio)* food value, nutritional value

**nutrition** /nytʀisjɔ̃/ **NF** nutrition

**nutritionnel, -elle** /nytʀisjɔnɛl/ **ADJ** nutritional

**nutritionniste** /nytʀisjɔnist/ **NMF** nutritionist

**Nyasaland, Nyassaland** /njasalɑ̃d/ **NM** Nyasaland

**nyctalope** /niktalɔp/ **ADJ** day-blind, hemeralopic *(SPÉC)* ◆ **les chats sont ~s** cats see well in the dark **NMF** day-blind *ou* hemeralopic *(SPÉC)* person

**nyctalopie** /niktalɔpi/ **NF** day blindness, hemeralopia *(SPÉC)*

**nylon** ® /nilɔ̃/ **NM** nylon ◆ **bas (de)** ~ nylons, nylon stockings

**nymphe** /nɛ̃f/ **NF** *(Myth, fig)* nymph; *(Zool)* nymph, nympha, pupa ◆ **~s** *(Anat)* nymphae, labia minora

**nymphéa** /nɛ̃fea/ **NM** white water lily

**nymphette** /nɛ̃fɛt/ **NF** nymphet

**nymphomane** /nɛ̃fɔman/ **ADJ, NF** nymphomaniac

**nymphomanie** /nɛ̃fɔmani/ **NF** nymphomania

# O

**O¹, o** /o/ NM (= lettre) O, o

**O²** (abrév de **Ouest**) W

**ô** /o/ EXCL oh!, O!

**OAS** /oaɛs/ NF (abrév de **Organisation de l'armée secrète**) OAS *(illegal military organization supporting French rule in Algeria in the 60s)*

**oasis** /ɔazis/ NF *(lit)* oasis; *(fig)* oasis, haven ◆ **~ de paix** haven of peace

**obédience** /ɔbedjɑ̃s/ NF a *(= appartenance)* **d'~ communiste** of Communist allegiance ◆ **de même ~ religieuse** of the same religious persuasion ◆ **musulman de stricte ~** strict *ou* devout Muslim ◆ **socialiste de stricte ~** staunch socialist b *(Rel, littér = obéissance)* obedience

**obéir** /ɔbeiʀ/ ► conjug 2 ◄ **obéir à** VT INDIR a *[+ personne]* to obey; *[+ ordre]* to obey, to comply with; *[+ loi, principe, règle]* to obey; *[+ critère]* to meet ◆ **il sait se faire ~ de ses élèves** he knows how to command obedience from his pupils *ou* how to make his pupils obey him ◆ **on lui obéit au doigt et à l'œil** he commands strict obedience ◆ **obéissez !** do as you're told! ◆ **je lui ai dit de le faire mais il n'a pas obéi** I told him to do it but he took no notice *ou* didn't obey (me) ◆ **ici, il faut ~** you have to toe the line *ou* obey orders here

b *(fig) [+ conscience, mode]* to follow (the dictates of) ◆ **~ à une impulsion** to act on an impulse ◆ **obéissant à un sentiment de pitié** prompted *ou* moved by a feeling of pity ◆ **~ à ses instincts** to submit to *ou* obey one's instincts ◆ **son comportement n'obéit à aucune logique** his behaviour is completely illogical ◆ **l'orthographe obéit à des règles complexes** spelling is governed by *ou* follows complex rules

c *[voilier, moteur, monture]* to respond to ◆ **le cheval obéit au mors** the horse responds to the bit ◆ **le moteur/voilier obéit bien** the engine/boat responds well

**obéissance** /ɔbeisɑ̃s/ NF *[d'animal, personne]* obedience (*à* to)

**obéissant, e** /ɔbeisɑ̃, ɑ̃t/ ADJ obedient (*à* to, towards)

**obélisque** /ɔbelisk/ NM *(= monument)* obelisk

**obérer** /ɔbeʀe/ ► conjug 6 ◄ VT *(frm) [+ bilan, budget]* to be a burden on; *[+ avenir, situation]* to compromise, to be a threat to

**obèse** /ɔbɛz/ ADJ obese NMF obese person

**obésité** /ɔbezite/ NF obesity

**obituaire** /ɔbitɥɛʀ/ ADJ, NM ◆ **(registre) ~** record of memorial services

**objectal, e** (mpl **-aux**) /ɔbʒɛktal, o/ ADJ *(Psych)* object *(épith)* ◆ **libido/lien ~** object libido/relationship

**objecter** /ɔbʒɛkte/ ► conjug 1 ◄ VT a *(à une idée ou une opinion)* **~ un argument à une théorie** to put forward an argument against a theory ◆ **il m'objecta une très bonne raison, à savoir que ...** against that he argued convincingly that ..., he gave me *ou* he put forward a very sound reason against (doing) that, namely that ... ◆ **~ que ...** to object that ... ◆ **il m'objecta que ...** he objected to me that ..., the objection he mentioned *ou* raised to me was that ... ◆ **que puis-je lui ~ ?** what can I say to him? ◆ **je n'ai rien à ~** I have no objection (to make) ◆ **elle a toujours quelque chose à ~** she always has some objection or other (to make), she always raises some objection or other

b *(à une demande)* **il objecta le manque de temps/la fatigue pour ne pas y aller** he pleaded lack of time/tiredness to save himself going ◆ **il m'a objecté mon manque d'expérience/le manque de place** he objected on the grounds of my lack of experience/on the grounds that there was not enough space, he objected that I lacked experience/that there was not enough space

**objecteur** /ɔbʒɛktœʀ/ NM ◆ **~ de conscience** conscientious objector

**objectif, -ive** /ɔbʒɛktif, iv/ ADJ a *[article, jugement, observateur]* objective, unbiased b *(Ling, Philos)* objective; *(Méd) [symptôme]* objective NM a *(= but)* objective, purpose; *(Mil = cible)* objective, target ◆ **~ de vente** sales target b *[de télescope, lunette]* objective, object glass, lens; *[de caméra]* lens, objective ◆ **~ traité** coated lens ◆ **braquer son ~ sur** to train one's camera on

**objection** /ɔbʒɛksjɔ̃/ GRAMMAIRE ACTIVE 28.1, 36.2, 38.1, 38.3 NF objection ◆ **faire une ~** to raise *ou* make an objection, to object ◆ **si vous n'y voyez pas d'~** if you've no objection (to that) ◆ **la proposition n'a soulevé aucune ~** there were no objections to the proposal ◆ **~ !** *(Jur)* objection! ◆ **~ de conscience** conscientious objection

**objectivement** /ɔbʒɛktivmɑ̃/ ADV objectively

**objectiver** /ɔbʒɛktive/ ► conjug 1 ◄ VT to objectivize

**objectivisme** /ɔbʒɛktivism/ NM objectivism

**objectivité** /ɔbʒɛktivite/ NF objectivity ◆ **juger en toute ~** to judge with complete objectivity

**objet** /ɔbʒɛ/ NM a *(= chose)* object ◆ **~ décoratif/inanimé/usuel** decorative/inanimate/household object ◆ **emporter quelques ~s de première nécessité** to take a few basic essentials *ou* a few essential items *ou* things ◆ **il collectionne toutes sortes d'~s** he collects all sorts of things

b *(= sujet) [de méditation, rêve, désir]* object; *[de discussion, recherches, science]* subject ◆ **l'~ de la psychologie est le comportement humain** psychology is the study of human behaviour

c *(= cible) [de mépris, convoitise]* object ◆ **un ~ de raillerie/d'admiration** an object of fun/of admiration ◆ **femme-/homme-~** woman/man as a sex object ◆ **~ sexuel** sex object

d ◆ **faire** *ou* **être l'~ de** *[+ discussion, recherches]* to be the subject of; *[+ surveillance, enquête]* to be subjected to; *[+ pressions]* to be subjected to, to be under; *[+ soins]* to be given ◆ **le malade fit** *ou* **fut l'~ d'un dévouement de tous les instants** the patient was given every care and attention ◆ **faire l'~ d'une attention particulière** to receive particular attention ◆ **les marchandises faisant l'~ de cette facture** goods covered by this invoice

e *(= but) [de visite, réunion, démarche]* object, purpose ◆ **cette enquête a rempli son ~** the investigation has achieved its purpose *ou* object *ou* objective ◆ **craintes sans ~** unfounded *ou* groundless fears ◆ **votre plainte est dès lors sans ~** you therefore have no grounds for complaint

f *(Ling, Philos, Ordin)* object ◆ **~ mathématique** mathematical object; → **complément**

COMP ▷ **l'objet aimé** *(†† ou hum)* the beloved one ▷ **objet d'art** objet d'art ▷ **objet social** *(Comm)* business ▷ **objets de toilette** toilet requisites *ou* articles ▷ **objets trouvés** lost property (office) *(Brit)*, lost and found *(US)* ▷ **objets de valeur** valuables ▷ **objet volant non identifié** unidentified flying object

**objurgations** /ɔbʒyʀgasjɔ̃/ NFPL *(littér) (= exhortations)* objurgations *(frm)*; *(= prières)* pleas, entreaties

**oblat, e** /ɔbla, at/ NM,F oblate

**oblation** /ɔblasjɔ̃/ NF oblation

**obligataire** /ɔbligatɛʀ/ ADJ *[marché]* bond *(épith)* ◆ **emprunt ~** bond issue NMF bond *ou* debenture holder

**obligation** /ɔbligasjɔ̃/ NF a *(= contrainte)* obligation ◆ **il faudrait les inviter – ce n'est pas une ~** we should invite them – we don't have to ◆ **avoir l'~ de faire** to be under an obligation to do, to be obliged to do ◆ **il se**

**fait une ~ de cette visite/de lui rendre visite** he feels (himself) obliged *ou* he feels he is under an obligation to make this visit/to visit him ◆ **être** *ou* **se trouver dans l'~ de faire** to be obliged to do ◆ **sans ~ d'achat** with no *ou* without obligation to buy ◆ **c'est sans ~ de votre part** there's no obligation on your part, you're under no obligation; → **réserve**

**b** ◆ **~s** *(= devoirs)* obligations, duties; *(= engagements)* commitments ◆ **~s sociales/professionnelles** social/professional obligations ◆ **~s de citoyen/de chrétien** one's obligations *ou* responsibilities *ou* duties as a citizen/Christian ◆ **être dégagé des ~s militaires** to have completed one's military service ◆ **~s familiales** family commitments *ou* responsibilities ◆ **avoir des ~s envers une autre entreprise** to have a commitment to another firm ◆ **remplir ses ~s vis-à-vis d'un autre pays** *(Pol)* to discharge one's commitments towards another country

**c** *(littér = reconnaissance)* **~(s)** obligation ◆ **avoir de l'~ à qn** to be under an obligation to sb

**d** *(Jur)* obligation; *(= dette)* obligation ◆ **faire face à ses ~s (financières)** to meet one's liabilities ◆ **~ légale** legal obligation ◆ **~ alimentaire** maintenance obligation ◆ **l'~ scolaire** *legal obligation to provide an education for children* ◆ **contracter une ~ envers qn** to contract an obligation towards sb

**e** *(Fin = titre)* bond, debenture ◆ **~ d'État** government bond ◆ **~s convertibles/à taux fixe/à taux variable** convertible/fixed-rate/variable-rate bonds

**obligatoire** /ɔbligatwaʀ/ GRAMMAIRE ACTIVE 37.1 **ADJ** **a** *(= à caractère d'obligation)* compulsory, obligatory ◆ **la scolarité est ~ jusqu'à 16 ans** schooling is compulsory until 16 ◆ **réservation ~** *(dans un train, pour un spectacle)* reservations *ou* bookings *(Brit)* required **b** *(= inévitable)* inevitable ◆ **il est arrivé en retard ? – c'était ~ !** he arrived late? – that goes without saying! ◆ **c'était ~ qu'il rate son examen** it was a foregone conclusion that he would fail the exam

**obligatoirement** /ɔbligatwaʀmɑ̃/ **ADV** **a** *(= nécessairement)* necessarily ◆ **les candidats doivent ~ passer une visite médicale** applicants are required to *ou* must have a medical examination ◆ **la réunion se tiendra ~ ici** the meeting will have to be held here ◆ **pas ~** not necessarily **b** *(= inévitablement)* inevitably ◆ **il aura ~ des ennuis s'il continue comme ça** he's bound to *ou* he'll be bound to make trouble for himself if he carries on like that

**obligé, e** /ɔbliʒe/ GRAMMAIRE ACTIVE 37.1, 37.3, 45.4 ptp de **obliger**

**ADJ** **a** *(= inévitable)* *[conséquence]* inevitable ◆ **c'est ~ !** it's inevitable! ◆ **c'était ~ !** it had to happen!, it was sure *ou* bound to happen!

**b** *(= indispensable)* necessary, required ◆ **le parcours ~ pour devenir ministre** the career path a would-be minister needs to follow ◆ **ce port est le point de passage ~ pour les livraisons vers l'Europe** all deliveries to Europe have to go through *ou* via this port ◆ **apprendre la langue d'un pays est un passage ~ pour comprendre sa civilisation** learning the language of a country is a prerequisite to understanding *ou* is essential if you want to understand its civilization

**c** *(frm = redevable)* **être ~ à qn** to be (most) obliged to sb, to be indebted to sb (*de qch* for sth; *d'avoir fait* for having done, for doing)

**NM,F** **a** *(Jur)* obligee, debtor ◆ **le principal ~** the principal obligee

**b** *(frm)* **être l'~ de qn** to be under an obligation to sb

> ⚠ **obligé** *se traduit par* **obliged** *uniquement au sens de 'redevable'.*

**obligeamment** /ɔbliʒamɑ̃/ **ADV** obligingly

**obligeance** /ɔbliʒɑ̃s/ **NF** ◆ **ayez l'~ de vous taire pendant que je parle** have the goodness *ou* be good enough to keep quiet while I'm speaking ◆ **il a eu l'~ de me reconduire en voiture** he was obliging *ou* kind enough to drive me back ◆ **nous connaissons tous son ~** we all know how obliging he is

**obligeant, e** /ɔbliʒɑ̃, ɑt/ **ADJ** *[offre]* kind, helpful; *[personne, parole]* kind, obliging, helpful

**obliger** /ɔbliʒe/ ► conjug 3 ◄ **VT** **a** *(= forcer)* **~ qn à faire** *[circonstances, agresseur]* to force sb to do, to make sb do; *[règlement, autorités]* to require sb to do, to make it compulsory for sb to do; *[principes moraux]* to oblige *ou* obligate *(US)* sb to do ◆ **le règlement vous y oblige** you are required to by the regulations ◆ **mes principes m'y obligent** my principles compel me to do it ◆ **l'honneur m'y oblige** I'm honour bound to do it ◆ **quand le temps l'y oblige, il travaille dans sa chambre** if the weather makes it necessary, he works in his room ◆ **ses parents l'obligent à travailler dur** his parents make him work hard ◆ **rien ne l'oblige à partir** there's no reason why he should leave ◆ **le manque d'argent l'a obligé à emprunter** lack of money forced him to borrow ◆ **tu vas m'~ à me mettre en colère** you're going to make me lose my temper ◆ **je suis obligé de vous laisser** I have to *ou* I must leave you ◆ **il va accepter ? – il est bien obligé !** is he going to agree? – he'll have to! *ou* he has no choice *ou* alternative! ◆ **tu n'es pas obligé de me croire** you don't have to believe me

**b** *(loc)* **crise économique/compétitivité oblige** in view of the economic crisis/the need to be competitive ◆ **tradition oblige** as is the tradition ◆ **campagne électorale oblige** because of the electoral campaign; → **noblesse**

**c** *(Jur)* to bind

**d** *(= rendre service à)* to oblige ◆ **vous m'obligeriez en acceptant** *ou* **si vous acceptiez** I would be delighted if you would agree ◆ **je vous serais très obligé de bien vouloir ...** *(formule de politesse)* I would be very grateful if you would ... ◆ **nous vous serions obligés de bien vouloir nous répondre dans les plus brefs délais** we would be grateful if you could reply as soon as possible ◆ **entre voisins, il faut bien s'~** neighbours have to help each other

> ⚠ *Attention à ne pas traduire automatiquement* **obliger** *par* **to oblige**, *qui est d'un registre plus soutenu.*

**oblique** /ɔblik/ **ADJ** *(gén, Ling, Math)* oblique ◆ **regard ~** sidelong *ou* side glance ◆ **(muscle) ~** oblique muscle ◆ **en ~** obliquely ◆ **il a traversé la rue en ~** he crossed the street diagonally **NF** *(Math)* oblique line

**obliquement** /ɔblikmɑ̃/ **ADV** *[planter, fixer]* at an angle; *[se diriger]* obliquely ◆ **regarder qn ~** to look sideways *ou* sidelong at sb, to give sb a sidelong look *ou* glance

**obliquer** /ɔblike/ ► conjug 1 ◄ **VI** ◆ **obliquez juste avant l'église** turn off just before the church ◆ **~ à droite** to turn off *ou* bear right ◆ **obliquez en direction de la ferme** *(à travers champs)* cut across towards the farm; *(sur un sentier)* turn off towards the farm

**obliquité** /ɔblik(ɥ)ite/ **NF** *[de rayon]* *(Math)* obliqueness, obliquity; *(Astron)* obliquity

**oblitérateur** /ɔbliteʀatœʀ/ **NM** canceller

**oblitération** /ɔbliteʀasjɔ̃/ **NF** **a** *[de timbre]* cancelling, cancellation ◆ **cachet d'~** postmark **b** *(† ou littér) [de souvenir]* obliteration **c** *(Méd) [d'artère]* obstruction

**oblitérer** /ɔbliteʀe/ ► conjug 6 ◄ **VT** **a** *[+ timbre]* to cancel **b** *(† ou littér = effacer) [+ souvenir]* to obliterate **c** *(Méd) [+ artère]* to obstruct

**oblong, -ongue** /ɔblɔ̃, ɔ̃g/ **ADJ** oblong

**obnubiler** /ɔbnybile/ ► conjug 1 ◄ **VT** to obsess ◆ **se laisser ~ par** to become obsessed by ◆ **elle est obnubilée par l'idée que ...** she's obsessed with the idea that ...

**obole** /ɔbɔl/ **NF** **a** *(= contribution)* offering ◆ **verser** *ou* **apporter son ~ à qch** to make one's small (financial) contribution to sth **b** *(= monnaie française)* obole; *(= monnaie grecque)* obol

**obscène** /ɔpsɛn/ **ADJ** *[film, propos, geste]* obscene ◆ **il est si riche que c'en est ~ !** * he's obscenely *ou* disgustingly rich!

**obscénité** /ɔpsenite/ **NF** **a** *(= caractère)* obscenity **b** *(= propos, écrit)* obscenity ◆ **dire des ~s** to make obscene remarks

**obscur, e** /ɔpskyʀ/ **ADJ** **a** *(= sombre) [nuit, ruelle, pièce]* dark; → **salle** **b** *(= incompréhensible) [texte, passage]* obscure **c** *(= mystérieux)* obscure ◆ **pour des raisons ~es** for some obscure reason ◆ **forces ~es** dark forces **d** *(= vague) [malaise]* vague; *[pressentiment, sentiment]* vague, dim **e** *(= méconnu) [œuvre, auteur]* obscure; *(= humble) [vie, situation, besogne]* humble ◆ **des gens ~s** humble folk ◆ **de naissance ~e** of obscure *ou* humble birth

> ⚠ *Au sens de "sombre",* **obscur** *ne se traduit pas par le mot anglais* **obscure.**

**obscurantisme** /ɔpskyʀɑ̃tism/ **NM** obscurantism

**obscurantiste** /ɔpskyʀɑ̃tist/ **ADJ, NMF** obscurantist

**obscurcir** /ɔpskyʀsiʀ/ ► conjug 2 ◄ **VT** **a** *(= assombrir)* to darken ◆ **ce tapis obscurcit la pièce** this carpet makes the room look dark *ou* darkens the room ◆ **des nuages obscurcissaient le ciel** the sky was dark with clouds **b** *(= compliquer)* to obscure ◆ **ce critique aime ~ les choses les plus simples** this critic likes to obscure *ou* cloud the simplest issues ◆ **cela obscurcit encore plus l'énigme** that deepens the mystery even further **c** *(= troubler)* **le vin obscurcit les idées** wine makes it difficult to think straight **VPR** **s'obscurcir** **a** *[ciel]* to darken, to grow dark; *[regard]* to darken ◆ **tout d'un coup le temps s'obscurcit** suddenly the sky grew dark *ou* darkened ◆ **son horizon politique s'obscurcit** his political future is looking less and less bright **b** *[style]* to become obscure; *[esprit]* to become confused; *[vue]* to grow dim

**obscurcissement** /ɔpskyʀsismɑ̃/ **NM** *[de ciel]* darkening; *[d'esprit]* confusing; *[de vue]* dimming

**obscurément** /ɔpskyʀemɑ̃/ **ADV** obscurely ◆ **il sentait ~ que ...** he felt in an obscure way *ou* a vague (sort of) way that ..., he felt obscurely that ...

**obscurité** /ɔpskyʀite/ **NF** **a** *[de nuit]* darkness ◆ **dans l'~** in the dark, in darkness ◆ **la maison fut soudain plongée dans l'~** the house was suddenly plunged into darkness ◆ **il a laissé cet aspect du problème dans l'~** he cast no light *ou* didn't enlighten us on that aspect of the problem b *[de texte]* obscurity c *[de vie, situation, besogne, œuvre, auteur]* obscurity ◆ **vivre/travailler dans l'~** to live/work in obscurity d *(littér = passage peu clair)* obscure passage

**obsédant, e** /ɔpsedɑ̃, ɑ̃t/ ADJ *[musique, souvenir]* haunting, obsessive; *[question, idée]* obsessive

**obsédé, e** /ɔpsede/ (ptp de **obséder**) NM,F obsessive ◆ ~ **(sexuel)** sex maniac ◆ **c'est un ~ de propreté** he's obsessed with cleanliness ◆ **les ~s du caméscope** *(hum)* camcorder freaks *

**obséder** /ɔpsede/ ▸ conjug 6 ◂ VT a *(= obnubiler)* to haunt; *(maladivement)* to obsess ◆ **cette tragédie, dont la mémoire douloureuse continue d'~ les esprits** this tragedy which continues to haunt people's memories ◆ **le remords l'obsédait** he was racked *ou* consumed by remorse ◆ **être obsédé par** *[+ souvenir, peur]* to be haunted by; *(maladivement)* to be obsessed by; *[+ idée, problème, mort, image, sexe]* to be obsessed with *ou* by ◆ **il est obsédé** *(sexuellement)* he's obsessed (with sex), he's got a one-track mind * b *(littér = importuner)* to pester ◆ ~ **qn de ses assiduités** to pester *ou* importune sb with one's attentions

**obsèques** /ɔpsɛk/ NFPL funeral ◆ ~ **civiles/religieuses/nationales** civil/religious/state funeral

**obséquieusement** /ɔpsekjøzmɑ̃/ ADV obsequiously

**obséquieux, -ieuse** /ɔpsekjø, jøz/ ADJ obsequious

**obséquiosité** /ɔpsekjozite/ NF obsequiousness

**observable** /ɔpsɛʀvabl/ ADJ observable ◆ **ce phénomène est difficilement ~** this phenomenon is not easy to observe

**observance** /ɔpsɛʀvɑ̃s/ NF observance ◆ **de stricte ~** devout

**observateur, -trice** /ɔpsɛʀvatœʀ, tʀis/ ADJ *[personne, regard]* observant NM,F observer ◆ **avoir des talents d'~** to have a talent for observation ◆ ~ **des Nations Unies** United Nations *ou* UN observer

**observation** /ɔpsɛʀvasjɔ̃/ NF a *(= obéissance) [de règle]* observance

b *(= examen, surveillance)* observation ◆ **être/mettre en ~** *(Méd)* to be/put under observation ◆ ~ **aérienne** *(Mil)* aerial observation ◆ **technique/instrument d'~** observation technique/instrument ◆ **round/set d'~** *(Sport)* first round/set *(in which one plays a guarded or a wait-and-see game)*; → **poste², satellite**

c *(= chose observée)* observation ◆ **il consignait ses ~s dans son carnet** he noted down his observations *ou* what he had observed in his notebook

d *(= remarque)* observation, remark; *(= objection)* remark; *(= reproche)* reproof; *(Scol)* warning ◆ **il fit quelques ~s judicieuses** he made one or two judicious remarks *ou* observations ◆ **je lui en fis l'~** I pointed it out to him ◆ **ce film appelle quelques ~s** this film calls for some comment ◆ **pas d'~s je vous prie** no remarks *ou* comments please ◆ **faire une ~ à qn** to reprove sb ◆ **~s** *(Scol)* teacher's comments

**observatoire** /ɔpsɛʀvatwaʀ/ NM a *(Astron)* observatory b *(Mil = lieu)* observation *ou* look-out post ◆ ~ **économique** economic research institute

**observer** /ɔpsɛʀve/ ▸ conjug 1 ◂ VT a *(= regarder) (gén)* to watch; *(Sci) [+ phénomène, réaction]* to observe; *(au microscope)* to examine ◆ **se sentant observée, elle se retourna** feeling she was being watched she turned round ◆ **il ne dit pas grand-chose mais il observe** he doesn't say much but he observes what goes on around him *ou* he watches keenly what goes on around him

b *(= contrôler)* ~ **ses manières** to be mindful of *ou* watch one's manners

c *(= remarquer)* to notice, to observe ◆ **elle n'observe jamais rien** she never notices anything ◆ **faire ~ que** to point out *ou* remark *ou* observe that ◆ **faire ~ un détail à qn** to point out a detail to sb, to bring a detail to sb's attention ◆ **je vous ferai ~ qu'il est interdit de fumer ici** please note that you're not allowed to smoke here, can I point out that smoking is forbidden here?

d *(= dire)* to observe, to remark ◆ **vous êtes en retard, observa-t-il** you're late, he observed *ou* remarked

e *(= respecter) [+ règlement]* to observe, to abide by; *[+ fête, jeûne]* to keep, to observe; *[+ coutume, trêve, neutralité]* to observe ◆ ~ **une minute de silence** to observe a minute's silence ◆ **faire ~ un règlement** to enforce a rule

f *(littér) [+ attitude, maintien]* to keep (up), to maintain

VPR **s'observer** a *(réciproque)* to observe *ou* watch each other

b *(réfléchi = surveiller sa tenue, son langage)* to keep a check on o.s., to be careful of one's behaviour ◆ **il ne s'observe pas assez en public** he's not careful enough of his behaviour in public

c *(passif = se manifester)* to be observed

**obsession** /ɔpsesjɔ̃/ NF obsession ◆ **il avait l'~ de la mort/l'argent** he had an obsession with death/money, he was obsessed by death/money ◆ **je veux aller à Londres – c'est une ~ !/ça tourne à l'~ !** I want to go to London – you're obsessed!/it's becoming an obsession!

**obsessionnel, -elle** /ɔpsesjɔnɛl/ ADJ obsessional, obsessive; → **névrose** NM,F obsessive

**obsidienne** /ɔpsidjɛn/ NF obsidian, volcanic glass

**obsolescence** /ɔpsɔlesɑ̃s/ NF *(Tech, littér)* obsolescence

**obsolescent, e** /ɔpsɔlesɑ̃, ɑ̃t/ ADJ *(Tech, littér)* obsolescent

**obsolète** /ɔpsɔlɛt/ ADJ obsolete

**obstacle** /ɔpstakl/ NM *(gén)* obstacle; *(Hippisme)* fence; *(Équitation)* jump, fence ◆ ~ **technique/juridique** technical/legal barrier *ou* obstacle ◆ **faire ~ à la lumière** to block (out) *ou* obstruct the light ◆ **faire ~ à un projet** to hinder a project, to put obstacles *ou* an obstacle in the way of a project ◆ **tourner l'~** *(Équitation)* to go round *ou* outside the jump; *(fig)* to get round the obstacle *ou* difficulty ◆ **progresser sans rencontrer d'~s** *(lit, fig)* to make progress without meeting any obstacles ◆ **dans ce métier, son âge n'est pas un ~** his age is no impediment *ou* obstacle in this job ◆ **je ne vois pas d'~ à sa venue** *ou* **à ce qu'il vienne** I don't see any reason why he shouldn't come ◆ **si vous n'y voyez pas d'~** if that's all right with you; → **course, refuser**

**obstétrical, e** (mpl **-aux**) /ɔpstetʀikal, o/ ADJ obstetric(al)

**obstétricien, -ienne** /ɔpstetʀisjɛ̃, jɛn/ NM,F obstetrician

**obstétrique** /ɔpstetʀik/ ADJ obstetric(al) NF obstetrics *(sg)*

**obstination** /ɔpstinasjɔ̃/ NF *[de personne, caractère]* obstinacy, stubbornness ◆ ~ **à faire** obstinate *ou* stubborn determination to do ◆ **son ~ à refuser** his persistent refusal

**obstiné, e** /ɔpstine/ (ptp de **s'obstiner**) ADJ *[personne, caractère]* obstinate, stubborn; *[efforts, résistance, travail, demandes]* obstinate, persistent; *[refus, silence]* stubborn; *[brouillard, pluie, malchance]* persistent; *[toux]* persistent, stubborn

**obstinément** /ɔpstinemɑ̃/ ADV stubbornly, obstinately ◆ **le téléphone reste ~ muet** the telephone stubbornly refuses to ring

**obstiner (s')** /ɔpstine/ ▸ conjug 1 ◂ VPR to insist, to dig one's heels in ◆ **s'~ sur un problème** to keep working *ou* labour away stubbornly at a problem ◆ **s'~ dans une opinion** to cling stubbornly *ou* doggedly to an opinion ◆ **s'~ dans son refus (de faire qch)** to refuse categorically *ou* absolutely (to do sth) ◆ **s'~ à faire** to persist in doing ◆ **s'~ au silence** to remain obstinately silent, to maintain an obstinate *ou* a stubborn silence ◆ **j'ai dit non mais il s'obstine !** I said no but he insists!

**obstruction** /ɔpstʀyksjɔ̃/ NF a *(= blocage)* obstruction, blockage; *(Méd)* obstruction b *(= tactique)* obstruction ◆ **faire de l'~** *(Pol)* to obstruct (the passage of) legislation; *(gén)* to use obstructive tactics, to be obstructive; *(Ftbl)* to obstruct ◆ **faire de l'~ parlementaire** to filibuster

**obstructionnisme** /ɔpstʀyksjɔnism/ NM obstructionism, filibustering

**obstructionniste** /ɔpstʀyksjɔnist/ ADJ obstructionist, filibustering *(épith)* NMF obstructionist, filibuster, filibusterer

**obstruer** /ɔpstʀye/ ▸ conjug 1 ◂ VT *[+ passage, circulation, artère]* to obstruct, to block ◆ ~ **la vue/le passage** to block *ou* obstruct the view/the way VPR **s'obstruer** *[passage]* to get blocked up; *[artère]* to become blocked

**obtempérer** /ɔptɑ̃peʀe/ ▸ conjug 6 ◂ **obtempérer à** VT INDIR to obey, to comply with ◆ **il refusa d'~** he refused to comply *ou* obey ◆ **refus d'~** refusal to comply

**obtenir** /ɔptəniʀ/ ▸ conjug 22 ◂ VT a *(= réussir à avoir)* to get, to obtain; *[+ récompense]* to receive, to get; *[+ prix]* to be awarded, to get ◆ ~ **satisfaction** to get *ou* obtain satisfaction ◆ ~ **la main de qn** to win sb's hand ◆ **je peux vous ~ ce livre rapidement** I can get you this book quite quickly ◆ **il m'a fait ~** *ou* **il m'a obtenu de l'avancement** he got promotion for me, he got me promoted ◆ **il obtint de lui parler** he was (finally) allowed to speak to him ◆ **elle a obtenu qu'il paie** she got him to pay, she managed to make him pay ◆ **j'ai obtenu de lui qu'il ne dise rien** I got him to agree not to say anything

b *(= parvenir à) [+ résultat, total]* to get ◆ **cette couleur s'obtient par un mélange** you get this colour by mixing ◆ **en additionnant ces quantités, on obtient 2 000** when you add these amounts together you get 2,000 ◆ ~ **un corps à l'état gazeux** to get a substance in the gaseous state

> ⚠ *Attention à ne pas traduire automatiquement* **obtenir** *par* **to obtain**, *qui est d'un usage moins courant que 'to get'.*

**obtention** /ɔptɑ̃sjɔ̃/ NF *[de permission, explication, diplôme]* obtaining; *[de résultat, température]* achieving ◆ **pour l'~ du visa** to obtain the visa ◆ **les délais d'~ de la carte de séjour** the time it takes to obtain a resident's permit ◆ **mélangez le tout jusqu'à (l')~ d'une pâte onctueuse** *(Culin)* mix everything together until the mixture is smooth

**obturateur, -trice** /ɔptyʀatœʀ, tʀis/ ADJ *(Tech) [plaque]* obturating; *[membrane, muscle]* obturator *(épith)* NM a *(Photo)* shutter ◆ ~ **à secteur** rotary shutter ◆ ~ **à rideau** focal plane shutter ◆ ~ **à tambour** *ou* **à boisseaux** drum shutter b *(Tech)* obturator; *[de fusil]* gas check

**obturation** /ɔptyʀasjɔ̃/ NF *[de conduit, ouverture]* closing (up), sealing; *[de fuite]* sealing; *[de dent]* filling ◆ **faire une ~ (dentaire)** to fill a tooth, to do a filling ◆ **vitesse d'~** *(Photo)* shutter speed

**obturer** /ɔptyʀe/ ▸ conjug 1 ◂ VT *[+ conduit, ouverture]* to close (up), to seal; *[+ fuite]* to seal *ou* block off; *[+ dent]* to fill

**obtus, e** /ɔpty, yz/ ADJ *(Math) [angle]* obtuse; *(fig = stupide)* dull-witted, obtuse

**obus** /ɔby/ NM shell ◆ ~ **explosif** high-explosive shell ◆ ~ **fumigène** smoke bomb ◆ ~ **incendiaire** incendiary *ou* fire bomb ◆ ~ **de mortier** mortar shell ◆ ~ **perforant** armour-piercing shell; → **éclat, trou**

**obusier** /ɔbyzje/ NM howitzer ◆ ~ **de campagne** field howitzer

**obvier** /ɔbvje/ ▸ conjug 7 ◂ **obvier à** VT INDIR *(littér) [+ danger, mal]* to take precautions against, to obviate *(frm)*; *[+ inconvénient]* to overcome, to obviate *(frm)*

**OC** (abrév de **ondes courtes**) SW

**oc** /ɔk/ NM → **langue**

> **Langue d'oc, langue d'oïl**
>
> The terms **langue d'oc** (also called « occitan ») and **langue d'oïl** broadly refer to the local languages and dialects spoken in the southern and northern half of France respectively. « Oc » and « oïl » mean « yes » in southern and northern dialects respectively.

**ocarina** /ɔkaʀina/ NM ocarina

**occase*** /ɔkɑz/ NF (abrév de **occasion**) a *(= article usagé)* secondhand buy; *(= achat avantageux)* bargain, snip* *(Brit)* ◆ **d'~** *[livres, vêtements]* secondhand, used *(US)*, pre-owned *(US)*; *[acheter, vendre]* secondhand b *(= conjoncture favorable)* (lucky) chance

**occasion** /ɔkazjɔ̃/ NF a *(= circonstance)* occasion ◆ **à cette** ~ on this occasion ◆ **à cette ~, il a lancé un appel à l'OTAN** on this occasion he appealed to NATO ◆ **dans/pour les grandes ~s** on/for important *ou* special occasions ◆ **la bouteille/la robe des grandes ~s** the bottle put by/the dress kept for special *ou* great occasions ◆ **pour l'~** for the occasion ◆ **je l'ai rencontré à plusieurs ~s** I've met him several times ◆ **l'~ fait le larron** *(Prov)* opportunity makes the thief *(Prov)* ◆ **cela a été l'~ d'une grande discussion** this led to a lengthy discussion

◆ **à l'occasion** sometimes, on occasions ◆ **à l'~ venez dîner** come and have dinner some time ◆ **à l'~ de son anniversaire** on the occasion of his birthday, on his birthday ◆ **à l'~ du cinquantième anniversaire de l'OTAN** on NATO's 50th anniversary

◆ **par la même occasion** at the same time ◆ **j'irai à Paris et, par la même ~, je leur rendrai visite** I'll go to Paris, and visit them while I'm there

b *(= conjoncture favorable)* opportunity, chance ◆ **avoir l'~ de faire** to have the opportunity to do ◆ **profiter de l'~ pour faire qch** to take the opportunity to do sth ◆ **sauter sur*** *ou* **saisir l'~** to jump at *ou* seize the opportunity *ou* chance ◆ **il a laissé échapper** *ou* **passer l'~** he let slip the opportunity ◆ **manquer** *ou* **rater*** *ou* **perdre une ~ de faire** to miss an opportunity to do ◆ **tu as manqué** *ou* **raté*** **une belle** *ou* **bonne ~ de te taire** *(iro)* you'd have done better to have kept quiet, why couldn't you keep your mouth shut? ◆ **c'est l'~ rêvée !** it's a heaven-sent opportunity! ◆ **c'est l'~ rêvée de faire** it's an ideal opportunity to do ◆ **c'est l'~ ou jamais !** it's now or never! ◆ **c'est l'~ ou jamais d'observer cette comète** it's a once-in-a-lifetime chance *ou* opportunity to see this comet ◆ **si l'~ se présente** if the opportunity arises, should the opportunity *ou* occasion arise ◆ **à la première ~** at the earliest *ou* first opportunity

c *(Comm)* secondhand buy; *(= acquisition avantageuse)* bargain ◆ **(le marché de) l'~** the secondhand market ◆ **faire le neuf et l'~** to deal in new and secondhand goods

d *(loc)*

◆ **d'occasion** *(= accidentel) [amitié, rencontre]* casual; *(= pas neuf)* secondhand; *[voiture]* secondhand, used *(US)*, pre-owned *(US)*; *[acheter, vendre]* secondhand

> ⚠ *Au sens de 'acquisition avantageuse',* **occasion** *ne se traduit pas par le mot anglais* **occasion**.

**occasionnel, -elle** /ɔkazjɔnɛl/ ADJ a *(= non régulier)* occasional; *[travaux, emploi]* casual b *(= fortuit) [incident, rencontre]* chance *(épith)* c *(Philos)* occasional

**occasionnellement** /ɔkazjɔnɛlmɑ̃/ ADV occasionally, from time to time

**occasionner** /ɔkazjɔne/ ▸ conjug 1 ◂ VT *[+ frais, dérangement]* to cause, to occasion *(frm)*; *[+ accident]* to cause, to bring about ◆ **en espérant ne pas vous ~ trop de dérangement** hoping not to put you to *ou* to cause you too much trouble ◆ **cet accident va m'~ beaucoup de frais** this accident is going to involve me in *ou* to cause me a great deal of expense

**occident** /ɔksidɑ̃/ NM *(littér = ouest)* west ◆ **l'Occident** the West, the Occident *(littér)*; → **empire**

> ⚠ **Occident** *se traduit rarement par le mot anglais* **Occident**, *qui est d'un registre plus soutenu que 'West'.*

**occidental, e** (mpl **-aux**) /ɔksidɑ̃tal, o/ ADJ *(littér = d'ouest)* western; *(Pol) [pays, peuple]* Western, Occidental *(littér)*; → **Inde** NM,F **Occidental(e)** Westerner, Occidental *(littér)* ◆ **les Occidentaux** *(gén)* Westerners; *(Pol)* the West, western countries

**occidentalisation** /ɔksidɑ̃talizasjɔ̃/ NF westernization

**occidentaliser** /ɔksidɑ̃talize/ ▸ conjug 1 ◂ VT to westernize VPR **s'occidentaliser** to become westernized

**occipital, e** (mpl **-aux**) /ɔksipital, o/ ADJ occipital ◆ **trou ~** occipital foramen, foramen magnum NM occipital (bone)

**occiput** /ɔksipyt/ NM back of the head, occiput *(SPÉC)*

**occire** /ɔksiʀ/ VT *(†† ou hum)* to slay

**occitan, e** /ɔksitɑ̃, an/ ADJ, NM Occitan NM,F **Occitan(e)** Occitan

**Occitanie** /ɔksitani/ NF *region in France where Occitan is spoken*

**occitaniste** /ɔksitanist/ NMF specialist in Occitan

**occlure** /ɔklyʀ/ ▸ conjug 35 ◂ VT *(Chim, Méd)* to occlude

**occlusif, -ive** /ɔklyzif, iv/ ADJ *(gén)* occlusive; *(Ling)* occlusive, plosive ◆ **(consonne) occlusive** occlusive, stop (consonant)

**occlusion** /ɔklyzjɔ̃/ NF *(Ling, Méd, Mét, Tech)* occlusion ◆ ~ **intestinale** intestinal blockage, obstruction of the bowels *ou* intestines, ileus *(SPÉC)*

**occultation** /ɔkyltasjɔ̃/ NF *(Astron)* occultation; *(fig)* overshadowing, eclipse ◆ **l'~ du problème du chômage pendant la campagne électorale** the temporary eclipse of the issue of unemployment during the election campaign

**occulte** /ɔkylt/ ADJ a *(= surnaturel)* supernatural, occult; → **science** b *(= secret) [+ financement, fonds]* secret, covert; *[+ commission, prime]* hidden; *[+ pouvoir, rôle]* secret, hidden

> ⚠ **occulte** *se traduit par* **occult** *uniquement au sens de 'surnaturel'.*

**occulter** /ɔkylte/ ▸ conjug 1 ◂ VT *(Astron, Tech)* to occult ◆ **n'essayez pas d'~ le problème** don't try to hide the problem ◆ **cela ne doit pas ~ les dures réalités de la situation sur le terrain** this should not blind us to the harsh realities of the situation ◆ **ses musiques de film ont souvent été occultées par ses chansons à succès** his film scores have often been overshadowed by his hit songs ◆ **ces questions capitales, longtemps occultées, devront faire l'objet d'un débat national** we need a national debate on the key issues, which have long been lost sight of *ou* neglected

**occultisme** /ɔkyltism/ NM occultism

**occultiste** /ɔkyltist/ ADJ, NMF occultist

**occupant, e** /ɔkypɑ̃, ɑ̃t/ ADJ *(Pol) [autorité, puissance]* occupying ◆ **l'armée ~e** the army of occupation, the occupying army NM,F *[de maison]* occupant, occupier; *[de place, compartiment, voiture]* occupant ◆ **le premier ~** *(gén, Jur)* the first occupier NM ◆ **l'~, les ~s** the occupying forces

**occupation** /ɔkypasjɔ̃/ NF a *(Mil, Pol)* occupation ◆ **les forces/l'armée d'~** the forces/the army of occupation, the occupying forces/army ◆ **pendant l'Occupation** *(Hist)* during the Occupation ◆ **grève avec ~ d'usine** sit-in, sit-down strike b *(Jur) [de logement]* occupancy, occupation c *(= passe-temps)* occupation; *(= emploi)* occupation, job ◆ **vaquer à ses ~s** to go about one's business, to attend to one's affairs ◆ **une ~ fixe/temporaire** a permanent/temporary job *ou* occupation ◆ **les enfants, ça donne de l'~** having children certainly keeps you busy

**occupé, e** /ɔkype/ GRAMMAIRE ACTIVE 54.5 (ptp de **occuper**) ADJ a *(= non disponible, affairé)* busy ◆ **je suis très ~ en ce moment** I'm very busy at the moment ◆ **il ne peut pas vous recevoir, il est ~** he can't see you, he's busy b *[ligne téléphonique]* engaged *(Brit) (attrib)*, busy *(US) (attrib)*; *[toilettes]* occupied, engaged *(Brit) (attrib)*; *[places, sièges]* taken *(attrib)* ◆ **ça sonne ~*** it's engaged *(Brit)* *ou* busy *(US)* ◆ **c'est ~ ?** *(place)* is this seat taken? c *(Mil, Pol) [zone, usine]* occupied

**occuper** /ɔkype/ ▸ conjug 1 ◂ VT a *[+ endroit, appartement]* to occupy; *[+ place, surface]* to occupy, to take up ◆ **le bureau occupait le coin de la pièce** the desk stood in the corner of the room ◆ **leurs bureaux occupent tout l'étage** their offices take up *ou* occupy the whole floor ◆ **le piano occupe très peu/trop de place** the piano takes up very little/too much room ◆ **l'appartement qu'ils occupent est trop exigu** their present flat is *ou* the flat they're in now is too small

b *[+ moment, période] (= prendre)* to occupy, to fill, to take up; *(= faire passer)* to occupy, to spend, to employ ◆ **cette besogne occupait le reste de la journée** this task took (up) the rest of the day ◆ **la lecture occupe une trop petite part de mon temps** I don't spend enough time reading ◆ **la lecture occupe une très grande part de mon temps** I spend a lot of my time reading ◆ **comment ~ ses loisirs ?** how can one fill one's free time? ◆ **ça occupe** it's something to do, it fills the time

c *[+ poste, fonction]* to hold, to occupy; *[+ rang]* to hold, to have

d *(= absorber) [+ personne, enfant]* to occupy, to keep occupied *ou* busy; *(= employer) [+ main d'œuvre]* to employ ◆ **mon travail m'occupe beaucoup** my work keeps me very busy ◆ **laisse-le faire, ça l'occupe !** let him get on with it, it keeps him busy! *ou* occupied! ◆ **la ganterie occupait naguère un millier d'ouvriers dans cette région** the glove industry used to employ to about a thousand workers in this area ◆ **le sujet qui nous occupe aujourd'hui** the matter which concerns us today

e *(Mil, Pol) (= envahir)* to occupy; *(= être maître de)* to occupy ◆ **ils ont occupé tout le pays/l'immeuble** they occupied the whole country/the whole building ◆ **les forces qui occupaient le pays** the forces occupying the country ◆ **grâce à son nouveau produit, l'entreprise occupe le terrain** thanks to its new product the company has been able to take a prominent position in the market ◆ **il veut ~ le terrain médiatique** he wants to hog* the media limelight ◆ **ils occupent le terrain de l'informatique** they've cornered a significant share of the computer market

VPR **s'occuper** a ◆ **s'~ de qch** *(= se charger de)* to deal with sth, to take care *ou* charge of sth; *(= être chargé de)* to be in charge of sth, to be dealing with *ou* taking care of sth; *(= s'intéresser à)* to take an interest in sth, to interest o.s. in sth ◆ **je vais m'~ de ce problème** I'll deal with *ou* take care of this problem ◆ **c'est lui qui s'occupe de cette affaire** he's the one responsible for this, he's the one who's dealing with this ◆ **il s'occupe de vous trouver un emploi** he'll see about finding you a job ◆ **je vais m'~ de rassembler les documents nécessaires** I'll get to work and collect the documents we need, I'll undertake to get the necessary documents together ◆ **il s'occupe un peu de politique** he takes a bit of an interest *ou* he dabbles a bit in politics ◆ **je m'occupe de tout** I'll see to everything, I'll take care of everything ◆ **je m'occuperai des boissons** I'll organize *ou* look after the drinks ◆ **il veut s'~ de trop de choses à la fois** he tries to take on *ou* to do too many things at once ◆ **ne t'occupe pas de ça, c'est leur problème** don't worry about it, that's their problem ◆ **occupe-toi de tes affaires*** *ou* **oignons*** mind your own business ◆ **t'occupe (pas) !*** none of your business!*, mind your own business!

b ◆ **s'~ de** *(= se charger de) [+ enfants, malades]* to take care of sb, to look after sb; *[+ client]* to attend to sb; *(= être responsable de) [+ enfants, malades]* to be in charge of sb, to look after sb ◆ **je vais m'~ des enfants** I'll take care of *ou* I'll look after the children ◆ **qui s'occupe des malades ?** who is in charge of *ou* looks after the patients? ◆ **je m'occupe de vous tout de suite** I'll be with you in a moment ◆ **est-ce qu'on s'occupe de vous Madame ?** are you being attended to *ou* served?

c *(= s'affairer)* to occupy o.s., to keep o.s. busy ◆ **s'~ à faire qch/à qch** to busy o.s. doing sth/with sth ◆ **il a trouvé à s'~** he has found something to do *ou* to occupy his time ◆ **il y a de quoi s'~** there is plenty to do ◆ **je ne sais pas à quoi m'~** I don't know what to do with myself ◆ **s'~ l'esprit** to keep one's mind occupied

**occurrence** /ɔkyʀɑ̃s/ NF a *(frm)* instance, case ◆ **en cette/toute autre ~** in this/in any other instance ◆ **en l'~** to be specific ◆ **un même sport, en l'~ le football, peut être très différent en deux endroits de la planète** the same sport, football to be specific, can be very different in two parts of the world ◆ **en pareille ~** in such circumstances, in such a case ◆ **suivant** *ou* **selon l'~** *(frm)* according to the circumstances b *(Ling)* occurrence, token

**OCDE** /ɔsedeə/ NF (abrév de **Organisation de coopération et de développement économique**) OECD

**océan** /ɔseɑ̃/ NM a *(lit)* ocean ◆ **l'Océan** *(= Atlantique)* the Atlantic (Ocean) ◆ **un ~ de verdure/de sable** a sea of greenery/of sand ◆ **l'~ Antarctique** *ou* **Austral** the Antarctic (Ocean) ◆ **l'~ Arctique** the Arctic (Ocean) ◆ **l'~ Atlantique** the Atlantic (Ocean) ◆ **l'~ glacial** the polar sea ◆ **l'~ Indien** the Indian Ocean ◆ **l'~ Pacifique** the Pacific (Ocean) b *(Myth)* **Océan** Oceanus

**océanarium** /oseanaʀjɔm/ NM oceanarium

**océane** /ɔsean/ ADJ F a *(littér) [vague, tempête]* ocean *(épith)*; *[fureur, senteur]* of the sea *ou* ocean ◆ **l'(autoroute) ~** *the motorway that links Paris to Brittany* b *(Culin) [salade, paella]* seafood *(épith)*

**Océanie** /ɔseani/ NF ◆ **l'~** Oceania, the South Sea Islands

**océanien, -ienne** /ɔseanjɛ̃, jɛn/ ADJ Oceanian, Oceanic NM,F ◆ **Océanien(ne)** South Sea Islander, Oceanian

**océanique** /ɔseanik/ ADJ oceanic

**océanographe** /ɔseanɔgʀaf/ NMF oceanographer

**océanographie** /ɔseanɔgʀafi/ NF oceanography

**océanographique** /ɔseanɔgʀafik/ ADJ oceanographical

**océanologie** /ɔseanɔlɔʒi/ NF oceanology

**océanologique** /ɔseanɔlɔʒik/ ADJ oceanological

**océanologue** /ɔseanɔlɔg/ NMF oceanologist

**ocelle** /ɔsɛl/ NM ocellus

**ocellé, e** /ɔsele, ɔsɛlle/ ADJ ocellate(d)

**ocelot** /ɔs(ə)lo/ NM *(= animal)* ocelot; *(= fourrure)* ocelot fur

**ocre** /ɔkʀ/ NMF, ADJ INV ochre

**ocré, e** /ɔkʀe/ ADJ ochred

**octaèdre** /ɔktaɛdʀ/ ADJ octahedral NM octahedron

**octaédrique** /ɔktaedʀik/ ADJ octahedral

**octal, e** (pl **-aux**) /ɔktal, o/ ADJ octal ◆ **système ~** octal notation

**octane** /ɔktan/ NM octane; → **indice**

**octante** /ɔktɑ̃t/ ADJ INV *(dial)* eighty

**octave** /ɔktav/ NF a *(Mus)* octave ◆ **monter à l'~** to go an octave higher b *(Escrime, Rel)* octave

**octet** /ɔktɛ/ NM byte

**octobre** /ɔktɔbʀ/ NM October; *pour loc voir* **septembre**

**octogénaire** /ɔktɔʒenɛʀ/ ADJ, NMF octogenarian

**octogonal, e** (mpl **-aux**) /ɔktɔgɔnal, o/ ADJ octagonal, eight-sided

**octogone** /ɔktɔgɔn/ NM octagon

**octopode** /ɔktɔpɔd/ ADJ octopod NM octopod ◆ **les ~s** octopods, Octopoda *(SPÉC)*

**octosyllabe** /ɔktosi(l)lab/ ADJ octosyllabic NM octosyllable

**octosyllabique** /ɔktosi(l)labik/ ADJ octosyllabic

**octroi** /ɔktʀwa/ NM a *[de charte, permission, délai, augmentation]* granting; *[de faveur, pardon]* bestowing, granting ◆ **l'~ d'une bourse n'est pas automatique** grants are not given automatically b *(Hist)* octroi, city toll

**octroyer** /ɔktʀwaje/ ► conjug 8 ◄ VT *(frm) [+ charte, permission, délai, augmentation]* to grant *(à* to); *[+ bourse]* to give *(à* to); *[+ faveur, pardon]* to bestow *(à* on, upon) to grant *(à* to) VPR **s'octroyer** *[+ droit, pouvoirs]* to claim; *(Sport) [+ médaille, place]* to claim, win ◆ **s'~ une augmentation** to give o.s. a pay rise ◆ **je vais m'~ quelques jours de congé** I'm going to allow myself a few days off

**octuor** /ɔktɥɔʀ/ NM *(Mus)* octet

**octuple** /ɔktypl/ ADJ *[quantité, rangée, nombre]* octuple ◆ **une quantité ~ de l'autre** a quantity eight times (as great as) the other NM *(Math)* octuple ◆ **je l'ai payé l'~ (de l'autre)** I paid eight times as much (as the other) for it

**oculaire** /ɔkylɛʀ/ ADJ *(Anat)* ocular; → **globe, témoin** NM *(Opt)* eyepiece, ocular *(SPÉC)*

**oculiste** /ɔkylist/ NMF eye specialist, oculist, eye doctor *(US)*

**odalisque** /ɔdalisk/ NF odalisque

**ode** /ɔd/ NF ode

**odeur** /ɔdœʀ/ NF a *(gén : bonne ou mauvaise)* smell; *[de fleur, parfum]* fragrance, scent ◆ **sans ~** odourless *(Brit)*, odorless *(US)*, which has no smell ◆ **mauvaise ~** bad *ou* unpleasant smell ◆ **produit qui combat les (mauvaises) ~s** air freshener ◆ **~ suave/délicieuse** sweet/delicious smell *ou* scent ◆ **à l'~ fétide** evil-smelling, foul-smelling ◆ **~ de brûlé/de gaz** smell of burning/of gas ◆ **~ de renfermé** musty *ou* fusty smell ◆ **avoir une bonne/une mauvaise ~** to smell nice/bad; → **argent**

b *(loc)* **ne pas être en ~ de sainteté auprès de qn** to be in sb's bad books, to be out of favour with sb, to be in bad odour with sb ◆ **mourir en ~ de sainteté** *(Rel)* to die in the odour of sanctity

> ⚠ *Attention à ne pas traduire automatiquement* **odeur** *par* **odour**, *qui a des emplois spécifiques et est d'un registre plus soutenu.*

**odieusement** /ɔdjøzmɑ̃/ ADV odiously

**odieux, -ieuse** /ɔdjø, jøz/ ADJ a *(= infâme) [personne, conduite, caractère, tâche]* horrible; *[crime, chantage, accusation]* appalling ◆ **tu as été ~ avec elle** you were horrible to her ◆ **c'est ~ ce que tu viens de dire !** that's a horrible thing to say! ◆ **tu es ~ !** you're horrible! b *(= insupportable)* **la vie m'est odieuse** life is unbearable to me ◆ **cette femme m'est odieuse** I can't bear that woman, I can't stand that woman

**odontologie** /ɔdɔ̃tɔlɔʒi/ NF odontology

**odontologique** /ɔdɔ̃tɔlɔʒik/ ADJ odontological

**odontologiste** /ɔdɔ̃tɔlɔʒist/ NMF odontologist

**odorant, e** /ɔdɔʀɑ̃, ɑ̃t/ ADJ *(gén)* scented; *(plus agréable)* fragrant, sweet-smelling; *[herbes, essences]* aromatic; *[substance, molécule]* odorous

**odorat** /ɔdɔʀa/ NM (sense of) smell ◆ **avoir l'~ fin** to have a keen sense of smell

**odoriférant, e** /ɔdɔʀifeʀɑ̃, ɑ̃t/ ADJ sweet-smelling, fragrant, odoriferous *(littér)*

**odyssée** /ɔdise/ NF odyssey

**OEA** /ɔəa/ **NF** (abrév de **Organisation des États américains**) OAS

**œcuménique** /ekymenik/ **ADJ** (o)ecumenical; → **concile**

**œcuménisme** /ekymenism/ **NM** (o)ecumenicalism, (o)ecumenism

**œcuméniste** /ekymenist/ **ADJ, NMF** (o)ecumenist

**œdémateux, -euse** /edematø, øz/ **ADJ** oedematous, oedematose

**œdème** /edɛm/ **NM** oedema ◆ ~ **du poumon** pulmonary oedema

**œdipien, -ienne** /edipjɛ̃, jɛn/ **ADJ** oedipal, oedipean

## œil /œj/
(pluriel **yeux**)

| 1 NOM MASCULIN | 2 COMPOSÉS |
|---|---|

### 1 - NOM MASCULIN

**a** [Anat] eye ◆ **il a les yeux bleus** he has blue eyes, his eyes are blue ◆ **aux yeux bleus** blue-eyed, with blue eyes ◆ **yeux de biche** doe eyes ◆ **aux yeux de biche** doe-eyed *(épith)* ◆ **yeux en boutons de bottines** button eyes ◆ **elle se fait les yeux** she's putting her eye make-up on ◆ **elle a les yeux faits, elle s'est fait les yeux** she's wearing eye make-up ◆ **avoir un ~ au beurre noir** * *ou* **un ~ poché** * to have a black eye *ou* a shiner * ◆ **avoir les yeux battus** to have dark *ou* black rings under one's eyes ◆ **avoir un ~ qui dit zut** * *ou* **merde** ** **à l'autre, avoir les yeux qui se croisent (les bras)** *, **avoir un ~ à Paris, l'autre à Pontoise** * to be cross-eyed * *ou* boss-eyed *, to have a squint ◆ **les yeux lui sortaient de la tête, il avait les yeux hors de la tête** his eyes were (nearly) popping out of his head, his eyes were out on stalks * *(Brit)* ◆ **je vois mal de cet ~** I don't see well with this eye ◆ **je l'ai vu de mes (propres) yeux, je l'ai vu, de mes yeux vu** I saw it with my own eyes ◆ **regarde-moi dans les yeux** look me in the eye ◆ **j'ai le soleil dans les yeux** the sun is in my eyes, I've got the sun in my eyes ◆ **la casquette sur l'~** with his cap cocked over one eye ◆ **faire qch pour les beaux yeux de qn** to do sth just for sb *ou* just to please sb ◆ **il n'a pas les yeux en face des trous** * *(= il est endormi)* he's half asleep; *(= il n'arrive pas à réfléchir)* he's not thinking straight ◆ **il a les yeux plus grands** *ou* **gros que le ventre** *(gloutonnerie)* his eyes are bigger than his belly *ou* stomach; *(ambition)* he has bitten off more than he can chew ◆ **œil pour œil, dent pour dent** *(Prov)* an eye for an eye, a tooth for a tooth *(Prov)* → **fermer, gros**

◆ **à l'œil nu** *[visible, identifiable, invisible]* to the naked eye ◆ **on peut observer cette comète à l'~ nu** the comet is visible to the naked eye

◆ **les yeux dans les yeux** ◆ **se regarder les yeux dans les yeux** to gaze into each other's eyes ◆ **je lui ai dit/répliqué les yeux dans les yeux ...** I looked him straight in the eye and said/replied ... ◆ **ils en ont discuté les yeux dans les yeux** *(franchement)* they spoke very frankly with each other

**b** [= regard] **attirer** *ou* **tirer l'~ de qn** to catch sb's eye ◆ **publicité qui attire l'~** eye-catching advertisement ◆ **être agréable à l'~** to be easy on the eye ◆ **n'avoir d'yeux que pour qn/qch** to have one's attention focussed on sb/sth ◆ **il n'a d'yeux que pour elle** he only has eyes for her ◆ **jeter un ~** * **à** *ou* **sur qn/qch** to have a look * at sb/sth ◆ **cela s'est passé devant nos yeux** it happened in front of *ou* before *ou* under our very eyes; → **chercher, couver, dévorer, suivre**

◆ **aux yeux de** *(= en étant vu de)* ◆ **faire qch aux yeux de tous** to do sth in full view of everyone ◆ **aux yeux de l'opinion publique** in the eyes of the public

◆ **les yeux fermés** *(= sans regarder)* with one's eyes closed *ou* shut; *(= avec confiance)* with complete confidence ◆ **j'irais les yeux fermés** I could get there with my eyes closed

◆ **sous l'œil** *ou* **les yeux (de)** ◆ **vous avez l'article sous les yeux** you have the article there before you *ou* right in front of you *ou* your eyes ◆ **sous l'~ (vigilant/inquiet) de** under the (watchful/anxious) eye *ou* gaze of ◆ **ils jouaient sous l'~ de leur mère** they played under the watchful eye of their mother *ou* with their mother looking on ◆ **sous l'~ des caméras** in front of the cameras

**c** [= faculté de voir] **avoir de bons/mauvais yeux** to have good/bad eyes *ou* eyesight ◆ **il n'a plus ses yeux de vingt ans** his eyes aren't what they used to be ◆ **avoir un ~** *ou* **des yeux de lynx** *(= avoir une très bonne vue)* to have eyes like a hawk; *(fig)* to be eagle-eyed ◆ **avoir des yeux de chat** *(= voir dans le noir)* to have good night vision ◆ **il faudrait avoir des yeux derrière la tête** you need eyes in the back of your head

**d** [= expression] look ◆ **il a l'~ taquin/méchant** he has a twinkle/a malicious look in his eye ◆ **elle a l'~ vif** she has a lively look about her *ou* a lively expression ◆ **il le regardait l'~ mauvais** *ou* **d'un ~ mauvais** he fixed him with a threatening stare *ou* look, he looked *ou* stared at him threateningly ◆ **faire des yeux de velours à qn, faire les yeux doux à qn** to make sheep's eyes at sb ◆ **faire de l'~ à qn** * to make eyes at sb, to give sb the eye * ◆ **faire** *ou* **ouvrir des yeux ronds, ouvrir de grands yeux** to stare wide-eyed ◆ **il me regardait avec des yeux comme des soucoupes** he looked at me with eyes like saucers ◆ **regarder qn avec des yeux de merlan frit** * *ou* **de crapaud mort d'amour** * to look at sb like a lovesick puppy ◆ **faire des yeux de merlan frit** * *(surprise)* to gawp *

**e** [= attention, observation] **il a l'~** * he has sharp *ou* keen eyes ◆ **avoir l'~ à tout** to keep an eye on everything ◆ **avoir l'~ américain** to have a quick eye ◆ **avoir l'~ du spécialiste/du maître** to have a trained/an expert eye, to have the eye of a specialist/of an expert ◆ **cacher qch aux yeux de qn** to hide sth from sb's eyes ◆ **il n'a pas les yeux dans sa poche** he doesn't miss a thing ◆ **garder un ~ sur qn/qch** to keep an eye on sb/sth ◆ **être tout yeux** * to be all eyes *; → **compas, ouvrir**

◆ **à l'œil** *(= sous surveillance)* ◆ **avoir** *ou* **tenir qn à l'~** to keep an eye on sb ◆ **je vous ai à l'~ !** I've got my eye on you!

**f** [= jugement] **voir** *ou* **regarder qch d'un bon/d'un mauvais ~** to look on *ou* view sth favourably/unfavourably, to view sth in a favourable/in an unfavourable light ◆ **considérer qch d'un ~ critique** to consider sth with a critical eye, to look at sth critically ◆ **il ne voit pas cela du même ~ qu'elle** he doesn't take the same view as she does ◆ **il voit cela avec les yeux de la foi** he sees it through the eyes of a believer ◆ **à mes yeux** in my opinion *ou* eyes

**g** [locutions] **coûter/payer les yeux de la tête** *(= très cher)* to cost/pay the earth *ou* a (small) fortune ◆ **à l'~** * *(= gratuitement)* for nothing, for free * ◆ **mon ~ !** ** *(= je n'y crois pas)* my eye! *, my foot! *; *(= je ne le ferai pas)* nothing doing! *, not likely! *

◆ **coup d'œil** *(= regard rapide)* glance, quick look; *(= vue)* view ◆ **d'ici, le coup d'~ est joli** there's a lovely view from here ◆ **ça vaut le coup d'~** it's worth seeing ◆ **au** *ou* **du premier coup d'~** at first glance ◆ **avoir le coup d'~ pour** *(fig)* to have an eye for ◆ **jeter** *ou* **lancer un coup d'~ à qn** to glance at sb, to look quickly at sb ◆ **jeter un coup d'~ à** *[+ texte, objet]* to glance at, to take *ou* have *(Brit)* a glance *ou* quick look at ◆ **allons jeter un coup d'~** let's go and take *ou* have *(Brit)* a look

**h** [= trou, boucle] *[d'aiguille, marteau]* eye; *[de filin]* eye, loop

**i** [Typo] *[de caractère]* (pl **œils**) face

**j** [Bot = bourgeon] bud; *[de pomme de terre]* eye

**k** [Culin] **les yeux du bouillon** the globules *ou* droplets of fat in the stock

### 2 - COMPOSÉS

▷ **l'œil du cyclone** *(Mét)* the eye of the cyclone *ou* hurricane; *(fig)* the eye of the storm ▷ **œil électronique** electric eye ▷ **œil de verre** glass eye

---

**œil-de-bœuf** (pl **œils-de-bœuf**) /œjdəbœf/ **NM** bull's-eye (window), œil-de-bœuf

**œil-de-chat** (pl **œils-de-chat**) /œjdəʃa/ **NM** *(Minér)* cat's eye

**œil-de-perdrix** (pl **œils-de-perdrix**) /œjdəpɛʀdʀi/ **NM** *(= cor au pied)* soft corn

**œil-de-pie** (pl **œils-de-pie**) /œjdəpi/ **NM** *(Naut)* eyelet

**œil-de-tigre** (pl **œils-de-tigre**) /œjdətigʀ/ **NM** *(Minér)* tiger's-eye, tigereye

**œillade** /œjad/ **NF** wink ◆ **faire des ~s à qn** to make eyes at sb, to give sb the eye * ◆ **jeter** *ou* **décocher une ~ à qn** to wink at sb, to give sb a wink

**œillère** /œjɛʀ/ **NF** *(Méd)* eyebath, eyecup **NFPL** **œillères** *[de cheval]* blinkers ◆ **avoir des œillères** *(fig, péj)* to wear blinkers, to be blinkered

**œillet** /œjɛ/ **NM** **a** *(= fleur)* carnation ◆ ~ **d'Inde** French marigold ◆ ~ **mignardise** pink ◆ ~ **de poète** sweet william **b** *(= petit trou)* eyelet; *(= bordure)* grommet

**œilleton** /œjtɔ̃/ **NM** *[de télescope]* eyepiece; *[de porte]* spyhole; *(Bot)* bud

**œillette** /œjɛt/ **NF** *(= pavot)* oil poppy; *(= huile)* poppy(seed) oil

**œnologie** /enɔlɔʒi/ **NF** oenology

**œnologique** /enɔlɔʒik/ **ADJ** oenological

**œnologue** /enɔlɔg/ **NMF** oenologist, wine expert

**œsophage** /ezɔfaʒ/ **NM** oesophagus *(Brit)*, esophagus *(US)*

**œsophagien, -ienne** /ezɔfaʒjɛ̃, jɛn/, **œsophagique** /ezɔfaʒik/ **ADJ** oesophageal *(Brit)*, esophageal *(US)*

**œstradiol** /ɛstʀadjɔl/ **NM** oestradiol *(Brit)*, estradiol *(US)*

**œstral, e** (mpl **-aux**) /ɛstʀal, o/ **ADJ** ◆ **cycle ~** oestrous *(Brit)* *ou* estrous *(US)* cycle

**œstrogène** /ɛstʀɔʒɛn/ **NM** oestrogen *(Brit)*, estrogen *(US)*

**œstrus** /ɛstʀys/ **NM** oestrus *(Brit)*, estrus *(US)*

**œuf** (pl **œufs**) /œf, ø/ **NM** **a** *(Bio, Culin)* egg ◆ ~ **du jour/frais** new-laid *(Brit)* *ou* freshly-lain *(US)*/fresh egg ◆ ~ **de caille/de poule** quail's/hen's egg ◆ **~s de poisson** *(Zool)* spawn; *(Culin)* fish roe ◆ **en (forme d')~** egg-shaped; → **blanc, jaune**

**b** (* = *idiot*) **quel ~ ce type !** what a blockhead * this fellow is!

**c** *(= télécabine)* (egg-shaped) cablecar

**d** *(loc)* **étouffer** *ou* **écraser** *ou* **détruire qch dans l'~** to nip sth in the bud ◆ **mettre tous ses ~s dans le même panier** to put all one's eggs in one basket ◆ **c'est comme l'~ de Colomb (, il fallait y penser) !** it's simple when you know how!, it's easy once you think of it! ◆ **c'est l'~ et la poule** it's a chicken and egg situation ◆ **il est à peine sorti de l'~** * he's still wet behind the ears * ◆ **va te faire cuire un ~ !** ‡ (go and) take a running jump! *, get stuffed! ‡; → **marcher, omelette**

**COMP** ▷ **œufs brouillés** scrambled eggs ▷ **œuf en chocolat** chocolate egg ▷ **œuf à la coque** (soft-)boiled egg ▷ **œuf dur** hard-boiled egg ▷ **œuf en gelée** egg in aspic *ou* jelly ▷ **œufs au lait** ≈ egg custard ▷ **œufs de lump** lumpfish roe ▷ **œufs mimosa** eggs mimosa *(hors d'oeuvre made with chopped egg yolks)* ▷ **œuf (au) miroir** ⇒ **œuf sur le plat** ▷ **œuf mollet** soft-boiled egg ▷ **œufs à la neige** œufs à la neige, floating islands ▷ **œuf de Pâques** Easter egg ▷ **œuf de pigeon** *(lit)* pigeon's egg; *(* = bosse)* bump (on the head) ◆ **gros comme un ~ de pigeon** the size of a pigeon's egg ▷ **œuf sur le plat** *ou* **au plat** fried egg ▷ **œuf poché** poached egg ▷ **œuf à repriser** darning egg

**œuvre** /œvʀ/ **NF** **a** *(= livre, tableau, film)* work; *(= ensemble d'une production artistique)* works ◆ **c'est une ~ de jeunesse** it's an early work ◆ **toute l'~ de Picasso** Picasso's entire oeuvre ◆ **les ~s complètes/choisies de Victor Hugo** the complete/selected works of Victor Hugo ◆ **l'~ romanesque de Balzac** the novels of Balzac

**b** *(= tâche)* undertaking, task; *(= travail achevé)* work *(NonC)* ◆ **ce sera une ~ de longue haleine** it will be a long-term task *ou* undertaking ◆ **admirant leur ~** admiring their work ◆ **la satisfaction de l'~ accomplie** the satisfaction of a job well done ◆ **ce beau gâchis, c'est l'~ des enfants** this fine mess is the children's doing *ou* work ◆ **ces formations sont l'~ du vent et de l'eau** these formations are the work of wind and water; → **maître, pied**

**c** *(= acte)* ~(s) deed, work ◆ **être jugé selon ses ~s** to be judged by one's works *ou* deeds ◆ **enceinte de ses ~s** *(frm, hum)* with child by him, bearing his child ◆ **(bonnes) ~s** good *ou* charitable works ◆ **faire ~ pie** *(littér)* to do a pious deed ◆ **aide-le, ce sera une bonne ~** help him, that will be a kind act *ou* an act of kindness; → **fils**

**d** *(= organisation)* **~ (de bienfaisance** *ou* **de charité)** charitable organization, charity ◆ **les ~s** charity, charities

**e** *(loc)* **être/se mettre à l'~** to be at/get down to work ◆ **voir qn à l'~** *(lit)* to see sb at work; *(iro)* to see sb in action ◆ **faire ~ utile** to do something worthwhile *ou* useful ◆ **faire ~ de pionnier/médiateur** to act as a pioneer/mediator ◆ **la mort avait fait son ~** death had (already) claimed its own ◆ **le feu avait fait son ~** the fire had wrought its havoc *ou* had done its work ◆ **faire ~ durable** to create a work of lasting significance *ou* importance ◆ **mettre en ~** *[+ moyens]* to implement, to make use of ◆ **il avait tout mis en ~ pour éviter la dévaluation/pour les aider** he had done everything possible *ou* had taken all possible steps to avoid devaluation/to help them ◆ **la mise en ~ d'importants moyens** the implementation *ou* the bringing into play of considerable resources ◆ **à l'~ on** *ou* **c'est à l'~ qu'on connaît l'ouvrier** *(Prov)* a man is judged *ou* known by his works *ou* by the work he does

**NM** **a** *(littér)* **l'~ gravé/sculpté de Picasso** the etchings/sculptures of Picasso

**b** *(Constr)* **second ~** finishings; → **grand, gros**

**COMP** ▷ **œuvre d'art** *(lit, fig)* work of art ▷ **œuvres mortes** *(Naut)* upper works, topsides ▷ **œuvres sociales** *(Jur)* company benefit scheme *(Brit) ou* plan *(US)* ▷ **œuvres vives** *(Naut)* quickwork; *(fig, littér)* vitals

**œuvrer** /œvʀe/ ▸ conjug 1 ◂ **VI** *(littér ou hum)* to work *(à, pour* for)

**off** /ɔf/ **ADJ INV** *[concert, festival]* fringe, alternative; → **voix**

**offensant, e** /ɔfɑ̃sɑ̃, ɑ̃t/ **ADJ** insulting, offensive

**offense** /ɔfɑ̃s/ **NF** **a** *(frm = affront)* insult ◆ **faire ~ à** to offend, to insult ◆ **il n'y a pas d'~** * *(hum)* no offence taken ◆ **soit dit sans ~** *(frm)* no offence (intended *ou* meant) **b** *(Rel = péché)* transgression, trespass, offence ◆ **pardonne-nous nos ~s** forgive us our trespasses ◆ **~ à** *ou* **envers** *[+ chef d'État]* libel against; *[+ Dieu]* offence against

**offensé, e** /ɔfɑ̃se/ (ptp de **offenser**) **ADJ** offended **NM,F** offended *ou* injured party

**offenser** /ɔfɑ̃se/ ▸ conjug 1 ◂ **VT** **a** *[+ personne]* to offend, to give offence to ◆ **je n'ai pas voulu vous ~** I didn't mean to offend you *ou* to give offence ◆ **~ Dieu** to offend God, to trespass against God **b** *(littér)* *[+ sentiments]* to offend, to insult; *[+ souvenir]* to insult; *[+ personne, bon goût]* to offend; *[+ règles, principes]* to offend against **VPR** **s'offenser** to take offence *(de qch* at sth)

**offenseur** /ɔfɑ̃sœʀ/ **NM** offender

**offensif, -ive** /ɔfɑ̃sif, iv/ **ADJ** *(Mil)* offensive ◆ **il sont très ~s, ils ont un jeu très ~** *(Sport)* they play an attacking game

**offensive** /ɔfɑ̃siv/ **NF** offensive ◆ **prendre l'~** to take the offensive ◆ **passer à l'~** to go on the offensive ◆ **lancer une ~** to launch an offensive *(contre* against); ◆ **l'~ de l'hiver/du froid** the onslaught of winter/of the cold ◆ **~ diplomatique/de paix** diplomatic/peace offensive ◆ **~ commerciale de grande envergure** large-scale commercial offensive

**offertoire** /ɔfɛʀtwaʀ/ **NM** *(Rel)* offertory

**office** /ɔfis/ **NM** **a** *(littér = tâche)* duties, office; *(Hist)* charge, office; *(Admin)* office ◆ **remplir l'~ de directeur/chauffeur** to hold the office *ou* post of manager/chauffeur ◆ **~ ministériel** ministerial office ◆ **le bourreau a fait** *ou* **rempli son ~** the executioner carried out his duties

**b** *(= usage)* **faire ~ de** to act *ou* serve as ◆ **faire ~ de chauffeur** to act as (a) chauffeur ◆ **remplir son ~** *[appareil, loi]* to serve its purpose, to fulfil its function, to do its job *

**c** *(= bureau)* office, bureau ◆ **~ national/départemental** national/regional office ◆ **~ du tourisme** tourist information (centre), tourist office ◆ **Office national des forêts** ≈ Forest Commission *(Brit)*, Forestry Service *(US)*; → **musée**

**d** *(Rel) (= messe)* (church) service; *(= prières)* prayers ◆ **l'~ (divin)** the (divine) office ◆ **l'~ des morts** the office *ou* service for the dead ◆ **aller à/manquer l'~** to go to/miss church *ou* the church service

**e** *(loc)*

◆ **d'office** ◆ **être nommé/mis à la retraite d'~** to be appointed/retired automatically *ou* as a matter of course ◆ **faire qch d'~** *(Admin)* to do sth automatically; *(gén)* to do sth as a matter of course *ou* automatically ◆ **avocat/expert (commis) d'~** officially appointed lawyer/expert

**f** *(littér = service)* office ◆ **bons ~s** *(Pol)* good offices ◆ **Monsieur bons ~s** * mediator

**NM** *(= pièce de rangement)* pantry; *(= lieu de repas des domestiques)* servants' hall

> **L'Office de la langue française**
>
> The **Office de la langue française** is a government body set up by the National Assembly of Quebec in 1977. It plays an important role in defending the Francophone identity of Quebec by promoting the use of French in the workplace, in business and in government. The OLF is also responsible for decision-making on points of usage and terminology, and produces regular bulletins setting out its recommendations. → QUÉBEC, RÉVOLUTION TRANQUILLE

**officialisation** /ɔfisjalizasjɔ̃/ **NF** officializing, officialization

**officialiser** /ɔfisjalize/ ▸ conjug 1 ◂ **VT** to make official, to officialize

**officiant, e** /ɔfisjɑ̃, jɑ̃t/ **ADJ** officiating **NM** ◆ **(prêtre) ~** officiant, officiating priest **NF** ◆ **(sœur) ~e** officiating sister

**officiel, -elle** /ɔfisjɛl/ **ADJ** *(gén)* official ◆ **(c'est) ~ !** * it's no joke!, it's for sure! * ◆ **rendre ~** to make official *ou* public ◆ **à titre ~** officially; → **journal** **NM,F** official ◆ **les ~s de la course** the race officials

**officiellement** /ɔfisjɛlmɑ̃/ **ADV** officially

**officier¹** /ɔfisje/ **NM** officer ◆ **~ subalterne/supérieur/général** junior/field/general officer ◆ **~ de garde** duty officer ◆ **~ de marine** naval officer ◆ **~ marinier** petty officer ◆ **~ mécanicien** engineer officer ◆ **~ d'ordonnance** aide-de-camp ◆ **~ de paix** (police) inspector *(Brit)*, (police) lieutenant *(US)* ◆ **~ de police** senior police officer ◆ **~ de police judiciaire** *official empowered to make arrests and act as a policeman* ◆ **~ de semaine** ≈ orderly officer ◆ **~ de l'état civil** (mayor considered in his capacity as) registrar ◆ **~/grand ~ de la Légion d'honneur** Officer/Grand Officer of the Legion of Honour ◆ **~ ministériel** member of the legal profession ◆ **~ technicien** technical officer; → **col**

**officier²** /ɔfisje/ ▸ conjug 7 ◂ **VI** *(Rel, hum)* to officiate

**officieusement** /ɔfisjøzmɑ̃/ **ADV** unofficially

**officieux, -ieuse** /ɔfisjø, jøz/ **ADJ** unofficial ◆ **à titre ~** unofficially, in an unofficial capacity

> ⚠ **officieux** *ne se traduit pas par* **officious**, *qui a le sens de 'trop zélé'.*

**officinal, e** (mpl **-aux**) /ɔfisinal, o/ **ADJ** *[plante]* medicinal

**officine** /ɔfisin/ **NF** *[de pharmacie]* dispensary; *(Admin, Jur = pharmacie)* pharmacy; *(péj = repaire)* headquarters, agency

**offrande** /ɔfʀɑ̃d/ **NF** *(= don)* offering ◆ **l'~** *(Rel = cérémonie)* the offertory ◆ **apporter qch en ~** to bring sth as a gift *ou* an offering

**offrant** /ɔfʀɑ̃/ **NM** *(Jur, Fin)* ◆ **au plus ~** to the highest bidder ◆ **"au plus offrant"** *(petites annonces)* "highest offer secures sale"

**offre** /ɔfʀ/ **GRAMMAIRE ACTIVE 46.5**

**NF** **a** *(gén)* offer; *(aux enchères)* bid; *(Admin = soumission)* tender ◆ **il m'a fait une ~** *(pour un* *prix, un emploi)* he made me an offer ◆ ~ **spéciale** *(Comm)* special offer, special *(US)* ◆ **~s de paix** *(Pol)* peace overtures; → **appel**

b *(Écon)* supply ◆ **l'~ et la demande** supply and demand ◆ **théorie de l'~** supply-side economics

COMP ▷ **offre d'emploi** job ad* ◆ **as-tu regardé les ~s d'emploi ?** have you checked the job ads* *ou* situations vacant column? *(Brit)* ◆ **il y avait plusieurs ~s d'emploi pour des ingénieurs** there were several jobs advertised for engineers, there were several advertisements *ou* ads* for engineering jobs ▷ **offre publique d'achat** takeover bid, tender offer *(US)* ▷ **offre publique d'échange** public offer of exchange ▷ **offre publique de vente** offer for sale ▷ **offre(s) de service** *(frm)* offer of service

> ⚠ *Au sens économique,* **offre** *ne se traduit pas par* **offer.**

**offreur, -euse** /ɔfʀœʀ, øz/ **NM,F** offerer, offeror

**offrir** /ɔfʀiʀ/ GRAMMAIRE ACTIVE 30 ► conjug 18 ◄

VT a *(= donner)* to give (*à* to); *(= acheter)* to buy (*à* for); ◆ **c'est pour ~ ?** is it for a present *ou* a gift? ◆ **la joie d'~** the joy of giving ◆ **il lui a offert un bracelet** he gave her a bracelet, he presented her with a bracelet ◆ **il s'est fait ~ une voiture** he was given a car ◆ **il nous a offert à boire** *(chez lui)* he gave us a drink; *(au café)* he bought *ou* stood *(Brit)* us a drink ◆ **c'est moi qui offre !** *[+ tournée]* it's my round!, this is on me!; *[+ repas]* I'm paying!, this is on me!

b *(= proposer) [+ aide, marchandise, excuse]* to offer; *[+ sacrifice]* to offer up; *[+ choix, possibilité]* to offer, to give; *[+ démission]* to tender, to offer ◆ ~ **l'hospitalité à qn** to offer sb hospitality ◆ **il m'offrit un fauteuil** he offered me a chair ◆ ~ **son bras à qn** to offer sb one's arm ◆ ~ **ses services à qn** to offer sb one's services ◆ ~ **de faire** to offer to do ◆ **combien m'en offrez-vous ?** how much will you give me for it? *ou* will you offer for it? ◆ ~ **sa vie pour une cause** to offer up one's life to a cause

c *(= présenter) [+ spectacle, image]* to present, to offer; *[+ vue]* to offer ◆ ~ **son corps aux regards** to reveal *ou* expose one's body to the world at large ◆ ~ **sa poitrine aux balles** to proffer *(frm)* *ou* present one's chest to the bullets ◆ **le paysage n'offrait rien de particulier** the countryside had no particular features ◆ **ces ruines n'offrent guère d'intérêt** these ruins are of little interest

d *(= apporter) [+ avantage, inconvénient]* to offer, to present; *[+ exemple, explication]* to provide, to afford *(frm)*; *[+ analogie]* to offer, to have; *[+ échappatoire]* to offer ◆ ~ **de la résistance** *[coffre-fort]* to resist, to offer resistance; *[personne]* to put up *ou* offer resistance (*à* to)

VPR **s'offrir** a *(= se présenter)* **s'~ aux regards** *[personne]* to expose *ou* reveal o.s. to the public gaze; *[spectacle]* to present itself to the gaze, to meet *ou* greet our (*ou* your *etc*) eyes ◆ **la première idée qui s'est offerte à mon esprit** the first idea that occurred to me *ou* that came into my mind ◆ **il a saisi l'occasion qui s'offrait à lui** he seized the opportunity presented to him ◆ **il s'est offert aux coups** he let the blows rain down on him, he submitted to the blows

b *(sexuellement)* to offer o.s.

c ◆ **s'~ à** *ou* **pour faire qch** to offer *ou* volunteer to do sth ◆ **s'~ comme guide** to volunteer to act as a guide

d *(= se payer) [+ repas, vacances]* to treat o.s. to; *[+ disque]* to buy o.s., to treat o.s. to; → **luxe**

> ⚠ *Quand on parle d'un cadeau,* **offrir** *ne se traduit pas par* **to offer.**

**offset** /ɔfsɛt/ **NM, ADJ INV** *(Typo)* offset ◆ **journal tiré en ~** offset (litho-)printed newspaper **NF INV** offset (printing) machine

**offshore** /ɔfʃɔʀ/ **ADJ INV** *[plateforme, exploitation, pétrole]* offshore; *(Fin) [fonds]* offshore **NM INV** *(Sport)* *(= bateau)* powerboat; *(= activité)* powerboat racing ◆ **faire du ~** to go powerboat racing

**offusquer** /ɔfyske/ ► conjug 1 ◄ **VT** to offend ◆ **ses manières offusquent beaucoup de gens** his manners offend many people **VPR** **s'offusquer** to take offence *ou* umbrage (*de* at) to be offended (*de* at, by)

**oflag** /ɔflag/ **NM** oflag

**ogival, e** (mpl **-aux**) /ɔʒival, o/ **ADJ** *[voûte]* rib *(épith)*, ogival *(SPÉC)*; *[arc]* pointed, ogival *(SPÉC)*; *[architecture, art]* gothic

**ogive** /ɔʒiv/ **NF** a *(Archit)* diagonal rib ◆ **arc d'~s** pointed *ou* equilateral arch ◆ **arc en ~** lancet arch; → **croisée**[2], **voûte** b *(Mil) [de missile]* nose cone ◆ ~ **nucléaire** nuclear warhead

**OGM** /ɔʒeɛm/ **NM** (abrév de **organisme génétiquement modifié**) *(Bio)* GMO

**ogre** /ɔgʀ/ **NM** ogre ◆ **manger comme un ~, être un vrai ~** to eat like a horse

**ogresse** /ɔgʀɛs/ **NF** ogress ◆ **elle a un appétit d'~** she's got an appetite like a horse

**oh** /o/ **EXCL** oh! ◆ **pousser des ~** to exclaim

**ohé** /ɔe/ **EXCL** hey (there)! ◆ ~ **du bateau !** ahoy (there)!, hey (there)!, hullo (there)!

**Ohio** /ɔjo/ **NM** Ohio

**ohm** /om/ **NM** ohm

**ohmmètre** /ommɛtʀ/ **NM** ohmmeter

**oïdium** /ɔidjɔm/ **NM** powdery mildew

**oie** /wa/ **NF** *(Zool)* goose; *(péj = niaise)* silly goose ◆ ~ **cendrée** greylag goose ◆ ~ **sauvage** wild goose ◆ ~ **des neiges** snow goose ◆ ~ **blanche** *(péj)* innocent young thing; → **caca, jeu, patte-d'oie** *etc*

**oignon** /ɔɲɔ̃/ **NM** a *(= légume)* onion ◆ **petits ~s** pickling onions ◆ **aux petits ~s** *(Culin)* with (pickling) onions ◆ **soigner qn aux petits ~s*** *(fig)* to treat sb like a king (*ou* queen) ◆ **c'était aux petits ~s*** *(fig)* it was first-rate ◆ **ce n'est pas** *ou* **ce ne sont pas mes ~s*** it's none of my business, it's nothing to do with me ◆ **mêle-toi** *ou* **occupe-toi de tes ~s*** mind your own business; → **pelure, rang** b *(= bulbe de fleur)* bulb c *(Méd)* bunion d *(= montre)* turnip watch

**oïl** /ɔjl/ **NM** → **langue**

**oindre** /wɛ̃dʀ/ ► conjug 49 ◄ **VT** to anoint

**oint, ointe** /wɛ̃, wɛ̃t/ (ptp de **oindre**) **ADJ, NM,F** anointed ◆ **l'~ du Seigneur** the Lord's anointed

**oiseau** (pl **oiseaux**) /wazo/ **NM** *(Zool)* bird; *(gén péj = personne)* customer*, fellow* ◆ **être comme l'~ sur la branche** to be here today and gone tomorrow ◆ **trouver** *ou* **dénicher l'~ rare** to find the man (*ou* woman) in a million ◆ **les ~x s'étaient envolés** *(fig)* the birds had flown ◆ **drôle d'~** odd customer, oddball* ◆ **un ~ de passage** a bird of passage ◆ **le petit ~ va sortir !** *(hum)* watch the birdie!; → **appétit, cervelle, vol**[1] **COMP** ▷ **oiseaux de basse-cour** poultry ▷ **oiseau chanteur** songbird ▷ **oiseau des îles** exotic bird ▷ **oiseau de malheur, oiseau de mauvais augure** *(fig)* bird of ill omen ▷ **oiseau migrateur** migratory bird, migrant ▷ **oiseau moqueur** mocking bird ▷ **oiseau de nuit** *(lit)* night-bird, bird of the night; *(fig)* night owl, night-bird ▷ **oiseau de paradis** bird of paradise ▷ **oiseau de proie** bird of prey

**oiseau-lyre** (pl **oiseaux-lyres**) /wazoliʀ/ **NM** lyrebird

**oiseau-mouche** (pl **oiseaux-mouches**) /wazomuʃ/ **NM** hummingbird

**oiseleur** /waz(ə)lœʀ/ **NM** bird-catcher

**oiselier, -ière** /wazəlje, jɛʀ/ **NM,F** bird-seller

**oisellerie** /wazɛlʀi/ **NF** *(= magasin)* birdshop; *(= commerce)* bird-selling

**oiseux, -euse** /wazø, øz/ **ADJ** *[dispute, digression, commentaire]* pointless; *[propos]* idle *(épith)*, pointless; *[question]* trivial, trifling

**oisif, -ive** /wazif, iv/ **ADJ** idle ◆ **une vie oisive** a life of leisure, an idle life **NM,F** man (*ou* woman) of leisure ◆ **les ~s** *(gén)* the idle; *(Écon = non-actifs)* those not in active employment

**oisillon** /wazijɔ̃/ **NM** young bird, fledgling

**oisivement** /wazivmɑ̃/ **ADV** idly ◆ **vivre ~** to live a life of leisure *ou* idleness

**oisiveté** /wazivte/ **NF** idleness ◆ **heures d'~** leisure time ◆ ~ **forcée** forced idleness *ou* inactivity ◆ **l'~ est (la) mère de tous les vices** *(Prov)* the devil finds work for idle hands *(Prov)*

**oison** /wazɔ̃/ **NM** *(Zool)* gosling

**OIT** /ɔite/ **NF** (abrév de **Organisation internationale du travail**) ILO

**OK*** /oke/ **EXCL, ADJ INV** OK*, okay* ◆ **~, d'accord !*** OK, fine!*

**okapi** /ɔkapi/ **NM** okapi

**Oklahoma** /ɔklaɔma/ **NM** Oklahoma

**okoumé** /ɔkume/ **NM** gaboon (mahogany)

**ola** /ɔla/ **NF** *(Sport)* Mexican wave

**olé** /ɔle/ **EXCL** olé! **ADJ INV** **olé olé*** *(= excentrique) [tenue]* crazy, over the top* *(Brit)*; *(= osé) [film, livre, chanson]* risqué, near the knuckle* *(attrib)*; *[tenue]* risqué, daring ◆ **elle est un peu ~ ~** *(d'allure)* she's a bit over the top* *(Brit)* *ou* outrageous; *(de mœurs)* she leads quite a wild life

**oléacée** /ɔlease/ **NF** member of the Oleaceae family ◆ **~s** Oleaceae

**oléagineux, -euse** /ɔleaʒinø, øz/ **ADJ** oil-producing, oleaginous *(SPÉC)* ◆ **graines oléagineuses** oilseeds ◆ **fruits ~** nuts, oleaginous fruits *(SPÉC)* **NM** oil-producing *ou* oleaginous *(SPÉC)* plant

**oléfine** /ɔlefin/ **NF** olefine, alkene

**oléiculteur, -trice** /ɔleikyltœʀ, tʀis/ **NM** olive grower

**oléiculture** /ɔleikyltyʀ/ **NF** olive growing

**oléifère** /ɔleifɛʀ/ **ADJ** oil-producing, oleiferous *(SPÉC)*

**oléine** /ɔlein/ **NF** olein, triolein

**oléoduc** /ɔleɔdyk/ **NM** oil pipeline

**oléoprotéagineux** /ɔleopʀɔteaʒinø/ **NM** *(Agr)* oilseed

**oléum** /ɔleɔm/ **NM** oleum

**OLF** /ɔɛlɛf/ **NM** (abrév de **Office de la Langue Française**) → **office**

**olfactif, -ive** /ɔlfaktif, iv/ **ADJ** olfactory

**olfaction** /ɔlfaksjɔ̃/ **NF** olfaction

**olibrius** /ɔlibʀijys/ **NM** *(péj)* (queer) customer* *ou* fellow*

**olifant** /ɔlifɑ̃/ **NM** (ivory) horn

**oligarchie** /ɔligaʀʃi/ **NF** oligarchy

**oligarchique** /ɔligaʀʃik/ **ADJ** oligarchic

**oligarque** /ɔligaʀk/ **NM** oligarch

**oligocène** /ɔligɔsɛn/ **ADJ** oligocene **NM** ◆ **l'~** the Oligocene

**oligoélément** /ɔligoelemɑ̃/ **NM** trace element

**oligopole** /ɔligɔpɔl/ **NM** oligopoly

**olivaie** /ɔlivɛ/ **NF** ⇒ **oliveraie**

**olivâtre** /ɔlivɑtʀ/ **ADJ** *(gén)* olive-greenish; *[teint]* sallow

**olive** /ɔliv/ **NF** **a** *(= fruit)* olive ◆ **~ noire/verte** black/green olive; → **huile** **b** *(= ornement)* bead *ou* pearl moulding; *(= interrupteur)* switch **c** *(Anat)* olivary body **d** *(Zool)* olive(-shell) **ADJ INV** olive(-green)

**oliveraie** /ɔlivʀɛ/ **NF** olive grove

**olivette** /ɔlivɛt/ **NF** plum tomato

**olivier** /ɔlivje/ **NM** *(= arbre)* olive tree; *(= bois)* olive (wood); → **jardin, mont, rameau**

**olivine** /ɔlivin/ **NF** olivine

**olographe** /ɔlɔgʀaf/ **ADJ** → **testament**

**OLP** /oɛlpe/ **NF** (abrév de **Organisation de libération de la Palestine**) PLO

**Olympe**[1] /ɔlɛ̃p/ **NM** ◆ **l'~** *(= mont)* Mount Olympus

**Olympe**[2] /ɔlɛ̃p/ **NF** *(Myth)* Olympia

**olympiade** /ɔlɛ̃pjad/ **NF** Olympiad

**Olympie** /ɔlɛ̃pi/ **N** Olympia

**olympien, -ienne** /ɔlɛ̃pjɛ̃, jɛn/ **ADJ** *[dieux]* Olympic; *[calme]* Olympian ◆ **air ~** air of Olympian aloofness

**olympique** /ɔlɛ̃pik/ **ADJ** Olympic ◆ **il est dans une forme ~** he's in great shape *ou* top form *(Brit)*; → **jeu, piscine**

**olympisme** /ɔlɛ̃pism/ **NM** *(= organisation)* organization of the Olympic games; *(= principe)* Olympic spirit

**OM** (abrév de **ondes moyennes**) MW

**Oman** /ɔman/ **NM** ◆ **(le Sultanat d')~** (the Sultanate of) Oman

**omanais, e** /ɔmanɛ, ɛz/ **ADJ** Omani **NM,F** **Omanais(e)** Omani

**ombelle** /ɔ̃bɛl/ **NF** umbel ◆ **en ~** umbellate *(SPÉC)*, parasol-shaped

**ombellifère** /ɔ̃belifɛʀ/ **ADJ** umbelliferous **NF** umbellifer ◆ **~s** Umbelliferae *(SPÉC)*

**ombilic** /ɔ̃bilik/ **NM** **a** *(= nombril)* umbilicus, navel **b** *(= plante)* navelwort **c** *(Bot)* hilum; *(= renflement) [de bouclier]* boss; *(Math)* umbilic

**ombilical, e** (mpl **-aux**) /ɔ̃bilikal, o/ **ADJ** *(Anat)* umbilical; *(Sci, Tech)* navel-like; → **cordon**

**omble** /ɔ̃bl(ə)/ **NM** char(r) fish ◆ **~(-)chevalier** arctic char(r)

**ombrage** /ɔ̃bʀaʒ/ **NM** **a** *(= ombre)* shade ◆ **sous les ~s (du parc)** *(= feuillage)* in the shade of the trees (in the park), in the leafy shade (of the park) **b** *(loc)* **prendre ~ de qch** *(frm)* to take umbrage *ou* offence at sth ◆ **porter ~ à qn** † *(aussi littér)*, **causer** *ou* **donner de l'~ à qn** to offend sb

**ombragé, e** /ɔ̃bʀaʒe/ (ptp de **ombrager**) **ADJ** shaded, shady

**ombrager** /ɔ̃bʀaʒe/ ► conjug 3 ◄ **VT** *[arbres]* to shade ◆ **une mèche ombrageait son front** *(fig littér)* a lock of hair shaded his brow

**ombrageux, -euse** /ɔ̃bʀaʒø, øz/ **ADJ** **a** *[personne]* touchy, quick to take offence *(attrib)*, easily offended; *[caractère]* touchy, prickly **b** *[âne, cheval]* skittish, nervous

**ombre**[1] /ɔ̃bʀ/ **NF** **a** *(lit)* shade *(NonC)*; *(= ombre portée)* shadow; *(littér = obscurité)* darkness ◆ **25° à l'~** 25° in the shade ◆ **dans l'~ de l'arbre/du vestibule** in the shade of the tree/of the hall ◆ **ces arbres font de l'~** these trees give (us) shade ◆ **ôte-toi de là, tu me fais de l'~** get out of my light, move - you're in my light ◆ **places sans ~/pleines d'~** shadeless/shady squares ◆ **tapi dans l'~** crouching in the darkness *ou* in the shadows; → **théâtre**

**b** *(= forme vague)* shadow, shadowy figure *ou* shape

**c** *(= anonymat)* obscurity; *(= secret, incertitude)* dark ◆ **laisser une question dans l'~** to leave a question unresolved, to deliberately ignore a question ◆ **tramer quelque chose dans l'~** to plot something in the dark ◆ **travailler dans l'~** to work behind the scenes ◆ **sortir de l'~** *[auteur]* to emerge from one's obscurity; *[terroriste]* to come out into the open ◆ **rester dans l'~** *[artiste]* to remain in obscurity; *[meneur]* to keep in the background; *[détail]* to be still obscure, to remain unclear ◆ **c'est un homme de l'~** he works in the background

**d** *(= soupçon)* **une ~ de moustache** a hint *ou* suspicion of a moustache ◆ **il n'y a pas** *ou* **ça ne fait pas l'~ d'un doute** there's not the (slightest) shadow of a doubt ◆ **sans l'~ d'un doute** beyond *ou* without the shadow of a doubt ◆ **tu n'as pas l'~ d'une chance** you haven't got a ghost of a chance ◆ **sans l'~ d'une hésitation** without a moment's hesitation ◆ **une ~ de tristesse passa sur son visage** a look of sadness darkened his face ◆ **il y avait dans sa voix l'~ d'un reproche** there was a hint of reproach in his voice

**e** *(= fantôme)* shade; → **royaume**

**f** *(loc)* **à l'~ de** *(= tout près de)* in the shadow of, close beside; *(= à l'abri de)* in the shade of ◆ **vivre dans l'~ de qn** to live in the shadow of sb ◆ **être l'~ de qn** to be sb's (little) shadow ◆ **faire de l'~ à qn** *(fig)* to overshadow sb ◆ **mettre qn à l'~** * to put sb behind bars, to lock sb up ◆ **il y a une ~ au tableau** there's a fly in the ointment ◆ **seule ~ au tableau : il ne parle pas grec** the only snag *ou* problem is that he doesn't speak Greek ◆ **n'être plus que l'~ de soi-même** to be a (mere) shadow of one's former self ◆ **jeter une ~ sur qch** to cast a shadow over sth ◆ **il tire plus vite que son ~** *(hum)* he's the fastest draw in the West; → **peur, proie, suivre**

**COMP** ▷ **ombres chinoises** *(improvisées)* shadowgraph; *(= spectacle)* shadow show *ou* pantomime ▷ **ombre méridienne** noonday shadow ▷ **ombre à paupières** eye shadow ▷ **ombre portée** shadow

**ombre**[2] /ɔ̃bʀ/ **NM** *(= poisson)* grayling

**ombre**[3] /ɔ̃bʀ/ **NF** *(= terre, couleur)* umber ◆ **terre d'~** umber

**ombrelle** /ɔ̃bʀɛl/ **NF** *(= parasol)* parasol, sunshade; *[de méduse]* umbrella

**ombrer** /ɔ̃bʀe/ ► conjug 1 ◄ **VT** *[+ dessin]* to shade ◆ **~ ses paupières** to put on eye shadow

**ombreux, -euse** /ɔ̃bʀø, øz/ **ADJ** *(littér) [pièce, forêt]* shady

**Ombrie** /ɔ̃bʀi/ **NF** Umbria

**ombrien, -ienne** /ɔ̃bʀijɛ̃, ijɛn/ **ADJ** Umbrian

**ombudsman** /ɔmbydsman/ **NM** *(Can)* ombudsman

**OMC** /oɛmse/ **NF** (abrév de **Organisation mondiale du commerce**) WTO

**oméga** /ɔmega/ **NM** omega; → **alpha**

**omelette** /ɔmlɛt/ **NF** omelette ◆ **~ aux champignons/au fromage** mushroom/cheese omelette ◆ **~ baveuse** runny omelette ◆ **~ norvégienne** baked Alaska ◆ **on ne fait pas d'~ sans casser des œufs** *(Prov)* you can't make an omelette without breaking eggs *(Prov)*

**omettre** /ɔmɛtʀ/ ► conjug 56 ◄ **VT** to leave out, to omit ◆ **~ de faire qch** to fail *ou* omit *ou* neglect to do sth

**OMI** /oɛmi/ **NF** (abrév de **Organisation maritime internationale**) IMO

**omicron** /ɔmikʀɔn/ **NM** omicron

**omission** /ɔmisjɔ̃/ **NF** *(= action)* omission; *(= chose oubliée)* omission, oversight ◆ **pécher par ~** to sin by omission

**OMM** /oɛmɛm/ **NF** (abrév de **Organisation météorologique mondiale**) WMO

**omnibus** /ɔmnibys/ **NM** ◆ **(train) ~** slow *ou* local train; *(Hist = bus)* omnibus ◆ **le train est ~ jusqu'à Paris** the train stops at every station before *ou* until Paris; → **barre**

**omnidirectionnel, -elle** /ɔmnidiʀɛksjɔnɛl/ **ADJ** omnidirectional

**omnipotence** /ɔmnipɔtɑ̃s/ **NF** omnipotence

**omnipotent, e** /ɔmnipɔtɑ̃, ɑ̃t/ **ADJ** omnipotent, all-powerful

**omnipraticien, -ienne** /ɔmnipʀatisjɛ̃, jɛn/ **NM,F** general practitioner

**omniprésence** /ɔmnipʀezɑ̃s/ **NF** omnipresence

**omniprésent, e** /ɔmnipʀezɑ̃, ɑ̃t/ **ADJ** omnipresent ◆ **son influence est ~e** his influence is felt everywhere

**omniscience** /ɔmnisjɑ̃s/ **NF** omniscience

**omniscient, e** /ɔmnisjɑ̃, jɑ̃t/ **ADJ** omniscient

**omnisports** /ɔmnispɔʀ/ **ADJ INV** *[terrain]* general-purpose *(épith)* ◆ **association ~** (general) sports club ◆ **salle ~** games hall ◆ **palais ~** sports centre

**omnium** /ɔmnjɔm/ **NM** **a** *(Cyclisme)* prime; *(Courses)* open handicap **b** *(Comm)* corporation

**omnivore** /ɔmnivɔʀ/ **ADJ** omnivorous **NM** omnivorous creature, omnivore *(SPÉC)*

**omoplate** /ɔmɔplat/ **NF** shoulder blade, scapula *(SPÉC)*

**OMS** /oɛmɛs/ **NF** (abrév de **Organisation mondiale de la santé**) WHO

**OMT** /oɛmte/ **NF** (abrév de **Organisation mondiale du tourisme**) WTO

**on** /ɔ̃/ **PRON** **a** *(indétermination : souvent traduit par passif)* **~ les interrogea sans témoins** they were questioned without (any) witnesses ◆ **~ va encore augmenter l'essence** (the price of) petrol's going up again, they are putting up the price of petrol again ◆ **~ demande jeune fille** *(annonce)* young girl wanted *ou* required ◆ **~ ne nous a pas demandé notre avis** nobody asked our opinion, our opinion wasn't asked ◆ **~ ne devrait pas poser des questions si ambiguës** you *ou* one shouldn't ask such ambiguous questions ◆ **dans cet hôtel, ~ n'accepte pas les chiens** dogs aren't allowed in this hotel ◆ **~ prétend que ...** they say that ..., it is said that ... ◆ **~ se précipita sur les places vides** there was a rush for the empty seats ◆ **~ n'est jamais si bien servi que par soi-même** *(Prov)* a job is never so well done as when you do it yourself; → **dire**

**b** *(= quelqu'un)* someone, anyone ◆ **~ a déposé ce paquet pendant que vous étiez sorti** someone left this parcel *ou* this parcel was left while you were out ◆ **qu'est-ce que je dis si ~ demande à vous parler ?** what shall I say if someone *ou* anyone asks to speak to you? ◆ **~ vous demande au téléphone** you're wanted on the phone, there's someone on the phone for you ◆ **~ frappa à la porte** there was a knock at the door ◆ **est-ce qu'~ est venu réparer la porte ?** has anyone *ou* someone been to repair the door? ◆ **~ peut très bien**

**aimer la pluie** some people may well like the rain ◆ **je n'admets pas qu'**~ *ou* **que l'**~ **ne sache pas nager** I can't understand how (some) people can't swim

c *(indéf = celui qui parle)* you, one *(frm)*, we ◆ ~ **ne dort pas par cette chaleur** you (*ou* one *(frm)*) can't sleep in this heat ◆ **est-ce qu'**~ **est censé s'habiller pour le dîner ?** is one *(frm)* *ou* are we expected to dress for dinner? ◆ ~ **aimerait être sûr que ...** one *ou* we would like to be sure that ... ◆ **de nos fenêtres,** ~ **voit les collines** from our windows you (*ou* we) can see the hills ◆ ~ **a trop chaud ici** it's too hot here ◆ **quand** ~ **est inquiet rien ne peut vous** *ou* **nous distraire** when you are (*ou* one is) worried nothing can take your (*ou* one's) mind off it ◆ ~ **comprend difficilement pourquoi** it is difficult to understand why ◆ ~ **ne pense jamais à tout** you can't think of everything ◆ ~ **ne lui donnerait pas 70 ans** you wouldn't think she was 70 ◆ ~ **ne dirait pas que ...** you wouldn't think that ...

d *(éloignement dans temps, espace)* they, people ◆ **autrefois,** ~ **se préoccupait peu de l'hygiène** years ago, they (*ou* people) didn't worry about hygiene ◆ **en Chine** ~ **mange avec des baguettes** in China they eat with chopsticks ◆ **dans aucun pays** ~ **ne semble pouvoir arrêter l'inflation** it doesn't seem as if inflation can be stopped in any country, no country seems (to be) able to stop inflation

e *( * = nous)* we ◆ ~ **a décidé tous les trois de partir chacun de son côté** the three of us decided to go (each) our separate ways ◆ **chez nous** ~ **mange beaucoup de pain** we eat a lot of bread in our family ◆ **lui et moi** ~ **n'est pas d'accord** we don't see eye to eye, him and me * ◆ **nous,** ~ **a amené notre chien** we've brought along the dog ◆ **nous,** ~ **a tous réclamé une augmentation** we all (of us) demanded a rise ◆ ~ **fait ce qu'**~ **peut** *ou* **de son mieux** you can only do your best ◆ **il faut bien qu'**~ **vive** a guy's (*ou* a girl's) got to eat * ◆ **dans ce chapitre** ~ **essaiera de prouver ...** in this chapter we *(frm)* shall attempt to prove ...

f *(gén langue parlée : familiarité, reproche etc)* ~ **est bien sage aujourd'hui !** aren't we a good boy (*ou* girl) today!, we are a good boy (*ou* girl) today! ◆ **alors,** ~ **ne dit plus bonjour aux amis !** don't we say hello to our friends any more? ◆ **alors,** ~ **est content ?** well, are you pleased? ◆ ~ **n'a pas un sou mais** ~ **s'achète une voiture !** *(iro)* he hasn't (*ou* they haven't *etc*) a penny to his (*ou* their *etc*) name but he goes and buys (*ou* they go and buy *etc*) a car! ◆ ~ **parle,** ~ **parle et puis** ~ **finit par dire des sottises** talk, talk, talk and it's all nonsense in the end

g *(intensif)* **c'est** ~ **ne peut plus beau/ridicule** it couldn't be lovelier/more ridiculous ◆ **je suis** ~ **ne peut plus heureux de vous voir** I couldn't be more delighted to see you, I'm absolutely delighted to see you; → **pouvoir[1]**

**onagre[1]** /ɔnagʀ/ NM *(Archéol, Zool)* onager

**onagre[2]** /ɔnagʀ/ NF *(Bot)* oenothera *(SPÉC)*, evening primrose

**onanisme** /ɔnanism/ NM onanism

**once[1]** /ɔ̃s/ NF *(= mesure)* ounce ◆ **il n'a pas une** ~ **de bon sens** he hasn't an ounce of common sense

**once[2]** /ɔ̃s/ NF *(Zool)* ounce, snow leopard

**oncial, e** (mpl **-iaux**) /ɔ̃sjal, jo/ ADJ uncial NF **onciale** uncial

**oncle** /ɔ̃kl/ NM uncle ◆ ~ **d'Amérique** *(fig)* rich uncle ◆ **l'Oncle Sam** Uncle Sam ◆ **l'Oncle Tom** Uncle Tom

**oncogène** /ɔ̃kɔʒɛn/ ADJ oncogenic, oncogenous NM oncogene

**oncologie** /ɔ̃kɔlɔʒi/ NF oncology

**oncologiste** /ɔ̃kɔlɔʒist/, **oncologue** /ɔ̃kɔlɔg/ NMF oncologist

**oncques** †† /ɔ̃k/ ADV never

**onction** /ɔ̃ksjɔ̃/ NF *(Rel, fig)* unction ◆ ~ **des malades** anointing of the sick

**onctueusement** /ɔ̃ktɥøzmɑ̃/ ADV *[couler]* unctuously; *[parler]* with unction, suavely

**onctueux, -euse** /ɔ̃ktɥø, øz/ ADJ *[crème]* smooth, creamy, unctuous; *[manières, voix]* unctuous, smooth

**onctuosité** /ɔ̃ktɥozite/ NF unctuousness, smoothness, creaminess

**onde** /ɔ̃d/ NF a *(gén, Phys)* wave ◆ ~**s hertziennes/radioélectriques/sonores** Hertzian/radio/sound waves ◆ ~**s courtes** short waves ◆ **petites** ~**s,** ~**s moyennes** medium waves ◆ **grandes** ~**s** long waves ◆ **transmettre sur** ~**s courtes/petites** ~**s/grandes** ~**s** to broadcast on short/medium/long wave ◆ ~ **de choc** *(lit, fig)* shock wave; → **longueur** b *(loc)* **sur les** ~**s et dans la presse** on the radio and in the press ◆ **nous espérons vous retrouver sur nos** ~**s demain à 6 heures** we hope you'll join us again on the air tomorrow at 6 o'clock ◆ **il passe sur les** ~**s demain** he's going on the air tomorrow ◆ **mise en** ~ *(Radio)* production ◆ **mettre en** ~**s** *[+ pièce, récit]* to produce for the radio ◆ **par ordre d'entrée en** ~**s** in order of appearance c *(littér = lac, mer)* **l'**~ the waters ◆ **l'**~ **amère** the briny deep *(littér)*

**ondé, e[1]** /ɔ̃de/ ADJ *(littér)* *[tissu]* watered; *[cheveux]* wavy

**ondée[2]** /ɔ̃de/ NF shower *(of rain)*

**ondin, e** /ɔ̃dɛ̃, in/ NM,F water sprite

**on-dit** /ɔ̃di/ NM INV rumour, hearsay *(NonC)* ◆ **ce ne sont que des** ~ it's only hearsay

**ondoiement** /ɔ̃dwamɑ̃/ NM a *(littér)* *[de blés, surface moirée]* undulation b *(Rel)* provisional baptism

**ondoyant, e** /ɔ̃dwajɑ̃, ɑ̃t/ ADJ a *[eaux, blés]* undulating; *[flamme]* wavering; *[reflet]* shimmering; *[démarche]* swaying, supple b († *ou littér*) *[caractère, personne]* unstable, changeable

**ondoyer** /ɔ̃dwaje/ ► conjug 8 ◄ VI *[blés]* to undulate, to ripple; *[drapeau]* to wave, to ripple VT *(Rel)* to baptize *(in an emergency)*

**ondulant, e** /ɔ̃dylɑ̃, ɑ̃t/ ADJ a *[démarche]* swaying, supple; *[ligne, profil, surface]* undulating b *(Méd)* *[pouls]* uneven

**ondulation** /ɔ̃dylasjɔ̃/ NF *[de vagues, blés, terrain]* undulation ◆ ~**s** *[de sol]* undulations; *[de cheveux]* waves

**ondulatoire** /ɔ̃dylatwaʀ/ ADJ *(Phys)* undulatory, wave *(épith)*; → **mécanique**

**ondulé, e** /ɔ̃dyle/ (ptp de **onduler**) ADJ *[surface]* undulating; *[chevelure]* wavy; *[carton, tôle]* corrugated

**onduler** /ɔ̃dyle/ ► conjug 1 ◄ VI *(gén)* to undulate; *[drapeau]* to ripple, to wave; *[route]* to snake up and down, to undulate; *[cheveux]* to be wavy, to wave VT † *[+ cheveux]* to wave

**onduleur** /ɔ̃dylœʀ/ NM *(Élec)* inverter

**onduleux, -euse** /ɔ̃dylø, øz/ ADJ *[courbe, ligne]* wavy; *[plaine]* undulating; *[silhouette, démarche]* sinuous, swaying, supple

**onéreux, -euse** /ɔneʀø, øz/ ADJ expensive, costly; → **titre**

**ONF** /ɔɛnɛf/ NM (abrév de **Office national des forêts**) → **office**

**ONG** /ɔɛnʒe/ NF (abrév de **organisation non gouvernementale**) NGO

**ongle** /ɔ̃gl/ NM *[de personne]* (finger)nail; *[d'animal]* claw ◆ ~ **de pied** toenail ◆ **porter** *ou* **avoir les** ~**s longs** to have long nails ◆ **avoir les** ~**s en deuil** * to have dirty (finger)nails ◆ **se faire les** ~**s** to do one's nails ◆ **avoir les** ~**s faits** to be wearing nail varnish *(Brit)* *ou* nail polish, to have painted nails; → **bout, incarné, payer**

**onglée** /ɔ̃gle/ NF ◆ **j'avais l'**~ my fingers were numb with cold

**onglet** /ɔ̃glɛ/ NM a *[de tranche de livre]* *(dépassant)* tab; *(en creux)* thumb index ◆ **dictionnaire à** ~**s** dictionary with a thumb index b *[de lame de canif]* (thumbnail) groove c *(Menuiserie)* mitre *(Brit)*, miter *(US)* ◆ **boîte à** ~**s** mitre *(Brit)* *ou* miter *(US)* box d *(Math)* ungula; *(Bot)* unguis; *(Reliure)* guard e *(Boucherie)* *prime cut of beef* f *(Ordin)* thumbnail

**onglier** /ɔ̃glije/ NM manicure set

**onguent** /ɔ̃gɑ̃/ NM a *(Pharm)* ointment, salve b († *= parfum*) unguent

**ongulé, e** /ɔ̃gyle/ ADJ hoofed, ungulate *(SPÉC)* NM hoofed *ou* ungulate *(SPÉC)* animal ◆ ~**s** ungulata

**onirique** /ɔniʀik/ ADJ *(Art, Littérat)* dreamlike, dream *(attrib)*, oneiric *(frm)*

**onirisme** /ɔniʀism/ NM *(Psych)* hallucinosis; *(Littérat)* fantasizing ◆ **la demi-brume portait à l'**~ the mist created a dreamy atmosphere

**onomasiologie** /ɔnɔmazjɔlɔʒi/ NF onomasiology

**onomastique** /ɔnɔmastik/ ADJ onomastic NF onomastics *(sg)*

**onomatopée** /ɔnɔmatɔpe/ NF onomatopoeia

**onomatopéique** /ɔnɔmatɔpeik/ ADJ onomatopoeic

**ontarien, -ienne** /ɔ̃taʀjɛ̃, jɛn/ ADJ Ontarian NM,F **Ontarien(ne)** Ontarian

**Ontario** /ɔ̃taʀjo/ NM Ontario ◆ **le lac** ~ Lake Ontario

**ontogenèse** /ɔ̃tɔʒənɛz/ ADJ ontogeny, ontogenesis

**ontogénétique** /ɔ̃tɔʒenetik/ ADJ ontogenetic, ontogenic

**ontogénie** /ɔ̃tɔʒeni/ NF ⇒ **ontogenèse**

**ontogénique** /ɔ̃tɔʒenik/ ADJ ⇒ **ontogénétique**

**ontologie** /ɔ̃tɔlɔʒi/ NF ontology

**ontologique** /ɔ̃tɔlɔʒik/ ADJ ontological

**ONU** /ɔny/ NF (abrév de **Organisation des Nations Unies**) UNO ◆ **l'**~ the UN, (the) UNO

**onusien, -ienne** /ɔnyzjɛ̃, jɛn/ ADJ UN *(épith)* NM,F UN official

**onyx** /ɔniks/ NM onyx

**onze** /'ɔ̃z/ ADJ INV eleven ◆ **le** ~ **novembre** Armistice Day; *pour autres loc voir* **six** NM INV *(Ftbl)* ◆ **le** ~ **de France** the French eleven *ou* team; *pour autres loc voir* **six**

**onzième** /'ɔ̃zjɛm/ ADJ, NMF eleventh ◆ **les ouvriers de la** ~ **heure** *(péj)* last-minute helpers, people who turn up when the work is practically finished; *pour autres loc voir* **sixième**

**onzièmement** /'ɔ̃zjɛmmɑ̃/ ADV in the eleventh place; *pour loc voir* **sixièmement**

**oocyte** /ɔɔsit/ NM ⇒ **ovocyte**

**oolithe** /ɔɔlit/ NM oolite

**oolithique** /ɔɔlitik/ ADJ oolitic

**OPA** /ɔpea/ NF (abrév de **offre publique d'achat**) *(Fin)* takeover bid *(Brit)*, tender offer *(US)* ◆ **faire une** ~ **sur** *(lit, fig)* to take over

**opacifiant** /ɔpasifjɑ̃/ NM *(Méd)* contrast medium

**opacification** /ɔpasifikasjɔ̃/ NF opacification

**opacifier** /ɔpasifje/ ▸ conjug 7 ◂ VT to make opaque

**opacité** /ɔpasite/ NF **a** *(Phys) [de verre, corps]* opacity **b** *[de brouillard, nuit]* impenetrability **c** *[de mot, personnage, texte]* opaqueness, lack of clarity

**opale** /ɔpal/ NF opal

**opalescence** /ɔpalesɑ̃s/ NF opalescence

**opalescent, e** /ɔpalesɑ̃, ɑ̃t/ ADJ opalescent

**opalin, e**[1] /ɔpalɛ̃, in/ ADJ opaline

**opaline**[2] /ɔpalin/ NF opaline

**opaque** /ɔpak/ ADJ **a** *[verre, corps]* opaque (*à* to); ◆ **collants ~s** opaque tights **b** *[brouillard, nuit, forêt]* impenetrable **c** *[mot, personnage]* opaque

**op' art** /ɔpaʀt/ NM op art

**op. cit.** (abrév de **opere citato**) op. cit.

**OPE** /ɔpeə/ NF (abrév de **offre publique d'échange**) → **offre**

**opéable** /ɔpeabl/ **ADJ** liable to be taken over *(attrib)* **NF** firm liable to be taken over

**open** /ɔpɛn/ ADJ INV, NM open ◆ **(tournoi)** ~ open (tournament)

**OPEP** /ɔpɛp/ NF (abrév de **Organisation des pays exportateurs de pétrole**) OPEC

**opéra** /ɔpeʀa/ NM *(= œuvre, genre, spectacle)* opera; *(= édifice)* opera house ◆ **~ bouffe** opéra bouffe, comic opera ◆ **~ rock** rock opera ◆ **~ ballet** opéra ballet

**opérable** /ɔpeʀabl/ ADJ operable ◆ **le malade est-il ~ ?** can the patient be operated on? ◆ **ce cancer n'est plus ~** this cancer is too far advanced for an operation *ou* to be operable

**opéra-comique** (pl **opéras-comiques**) /ɔpeʀakɔmik/ NM light opera, opéra comique

**opérande** /ɔpeʀɑ̃d/ NM *(Math, Ordin)* operand

**opérant, e** /ɔpeʀɑ̃, ɑ̃t/ ADJ *(= efficace)* effective

**opérateur, -trice** /ɔpeʀatœʀ, tʀis/ **NM,F** **a** *(sur machine, téléphone, radio)* operator ◆ **~ (de prise de vues)** cameraman ◆ **~ de saisie** keyboard operator, keyboarder **b** *(Bourse)* dealer, trader, operator **NM** **a** *(Math, Ordin)* operator ◆ **~ booléen** Boolean operator **b** *[de calculateur]* processing unit **c** *(Bourse, Fin)* operator **d** *(Téléc)* telecommunication company

**opération** /ɔpeʀasjɔ̃/ NF **a** *(Méd)* operation ◆ **~ à cœur ouvert** open-heart surgery *(NonC)* ◆ **salle/table d'~** operating theatre *(Brit) ou* room *(US)*/table ◆ **faire** *ou* **pratiquer une ~** to operate, to perform an operation ◆ **subir une ~ (chirurgicale)** to have *ou* undergo surgery, to have an operation

**b** *(Math)* operation ◆ **les ~s fondamentales** the fundamental operations ◆ **ça peut se résoudre en 2 ou 3 ~s** that can be solved in 2 or 3 calculations *ou* operations ◆ **tu as fini tes ~s ?** *(Scol)* have you done your sums?

**c** *(Mil, gén)* operation ◆ **~ de police/de sauvetage** police/rescue operation ◆ **"opération Tango"** *(nom de code)* "operation Tango" ◆ **~ mains propres** anti-corruption operation; → **théâtre**

**d** *(Comm) (= campagne)* campaign, drive; *(= action)* operation ◆ **~ promotionnelle** promotional campaign ◆ **"opération baisse des prix"** "cut-price sale" ◆ **~ escargot** go-slow *(Brit)*, slow-down *(US)*

**e** *(= tractation) (Comm)* deal; *(Bourse)* deal, transaction, operation ◆ **~ bancaire** *ou* **de banque** banking operation *ou* transaction ◆ **~ financière/commerciale/immobilière** financial/commercial/property deal ◆ **~s de Bourse** stock-exchange transactions ◆ **notre équipe a réalisé une bonne ~** *(en affaires)* our team got a good deal; *(en sport)* our team did a really good job

**f** *(Tech, gén)* process, operation ◆ **les diverses ~s de la fabrication du papier** the different operations *ou* processes in the making of paper ◆ **l'~ de la digestion** the operation of the digestive system ◆ **les ~s de la raison** the processes of thought ◆ **par l'~ du Saint-Esprit** *(Rel)* through the workings of the Holy Spirit; *(hum)* by magic

**opérationnalité** /ɔpeʀasjɔnalite/ NF ◆ **pour une ~ immédiate des nouvelles recrues** so that new starts can immediately become effective workers

**opérationnel, -elle** /ɔpeʀasjɔnɛl/ ADJ operational

**opératoire** /ɔpeʀatwaʀ/ ADJ *(Méd) [méthodes, techniques]* operating; *[maladie, commotion, dépression]* post-operative; → **bloc**

**opercule** /ɔpɛʀkyl/ NM *(Bot, Zool)* operculum; *(Tech)* protective cap *ou* cover; *[de pot de crème, carton de lait]* seal

**opéré, e** /ɔpeʀe/ (ptp de **opérer**) NM,F *(Méd)* patient *(who has undergone an operation)*

**opérer** /ɔpeʀe/ ▸ conjug 6 ◂ **VT** **a** *(Méd) [+ malade, organe]* to operate on (*de* for); *[+ tumeur]* to remove ◆ **on l'a opéré d'une tumeur** he had an operation for a tumour *ou* to remove a tumour ◆ **~ qn de l'appendicite** to operate on sb for appendicitis, to take sb's appendix out ◆ **se faire ~** to have an operation, to have surgery ◆ **se faire ~ des amygdales** to have one's tonsils removed *ou* out* ◆ **il faut ~** we'll have to operate

**b** *(= exécuter) [+ transformation, réforme]* to carry out, to implement; *[+ choix, distinction, transition]* to make ◆ **la Bourse a opéré un redressement spectaculaire** the stock exchange made a spectacular recovery ◆ **cette méthode a opéré des miracles** this method has worked wonders ◆ **~ un retrait/transfert** to make a withdrawal/transfer ◆ **ce traitement a opéré sur lui un changement remarquable** this treatment has brought about an amazing change in him ◆ **un changement considérable s'était opéré** a major change had taken place *ou* occurred

**VI** *(= agir) [remède]* to act, to work, to take effect; *[charme]* to work; *(= procéder) [photographe, technicien]* to proceed ◆ **comment faut-il ~ pour nettoyer le moteur ?** how does one go about *ou* what's the procedure for cleaning the engine? ◆ **opérons en douceur** let's go about it gently ◆ **les cambrioleurs qui opèrent dans cette région** the burglars who work this area

> ⚠ **opérer qn** *ne se traduit pas par* **to operate sb.**

**opérette** /ɔpeʀɛt/ NF operetta, light opera ◆ **paysage/village d'~** chocolate-box landscape/village ◆ **général/bandit d'~** caricature of a general/bandit

**Ophélie** /ɔfeli/ NF Ophelia

**ophidien** /ɔfidjɛ̃/ NM ophidian ◆ **~s** Ophidia

**ophrys** /ɔfʀis/ NM *ou* NF ophrys

**ophtalmie** /ɔftalmi/ NF ophthalmia ◆ **~ des neiges** snow blindness

**ophtalmique** /ɔftalmik/ ADJ ophthalmic

**ophtalmo** * /ɔftalmo/ NMF abrév de **ophtalmologiste**

**ophtalmologie** /ɔftalmɔlɔʒi/ NF ophthalmology

**ophtalmologique** /ɔftalmɔlɔʒik/ ADJ ophthalmological

**ophtalmologiste** /ɔftalmɔlɔʒist/, **ophtalmologue** /ɔftalmɔlɔg/ NMF ophthalmologist

**ophtalmoscope** /ɔftalmɔskɔp/ NM ophthalmoscope

**ophtalmoscopie** /ɔftalmɔskɔpi/ NF ophthalmoscopy

**opiacé, e** /ɔpjase/ **ADJ** *[médicament, substance]* opiate, opium-containing ◆ **odeur ~e** smell of *ou* like opium **NM** opiate

**opimes** /ɔpim/ ADJ PL *(hum, littér)* ◆ **dépouilles ~** rich booty *ou* spoils

**opinel** ® /ɔpinɛl/ NM (wooden-handled) penknife

**opiner** /ɔpine/ ▸ conjug 1 ◂ VI *(littér = se prononcer)* ◆ **~ pour/contre qch** to come out in favour of/against sth, to pronounce o.s. in favour of/against sth ◆ **~ de la tête** *(= acquiescer)* to nod one's agreement, to nod assent ◆ **~ du bonnet** *ou* **du chef** *(hum)* to nod (in agreement) ◆ **~ à qch** *(Jur)* to give one's consent to sth

**opiniâtre** /ɔpinjɑtʀ/ ADJ **a** *(= entêté) [personne, caractère]* stubborn, obstinate **b** *(= acharné) [efforts, haine]* unrelenting, persistent; *[résistance, lutte, toux]* stubborn, persistent; *[fièvre]* persistent

**opiniâtrement** /ɔpinjɑtʀəmɑ̃/ ADV *(= avec entêtement)* stubbornly; *(= avec acharnement)* persistently

**opiniâtreté** /ɔpinjɑtʀəte/ NF *(= entêtement)* stubbornness; *(= acharnement)* persistence

**opinion** /ɔpinjɔ̃/ GRAMMAIRE ACTIVE 33, 39.1, 41, 53.1, 53.3 NF **a** *(= jugement, conviction, idée)* opinion (*sur* on, about); ◆ **~s politiques/religieuses** political/religious beliefs *ou* convictions ◆ **avoir une ~/des ~s** to have an opinion *ou* a point of view/(definite) opinions *ou* views *ou* points of view ◆ **être sans ~** to have no opinion ◆ **se faire une ~** to form an opinion (*sur* on) to make up one's mind (*sur* about); ◆ **mon ~ est faite sur son compte** I've made up my mind about him ◆ **c'est une affaire d'~** it's a matter of opinion ◆ **j'ai la même ~** I am of the same opinion, I hold the same view ◆ **être de l'~ du dernier qui a parlé** to agree with whoever spoke last ◆ **avoir bonne/mauvaise ~ de qn/de soi** to have a good/bad opinion of sb/of o.s. ◆ **j'ai piètre ~ de lui** I've a very low *ou* poor opinion of him ◆ **~s toutes faites** cut-and-dried opinions, uncritical opinions

**b** *(= manière générale de penser)* **l'~ publique** public opinion ◆ **l'~ ouvrière** working-class opinion ◆ **l'~ française** French public opinion ◆ **informer/alerter l'~** to inform/alert the public ◆ **braver l'~** to defy public opinion ◆ **l'~ est unanime/divisée** opinion is unanimous/divided ◆ **il se moque de l'~ des autres** he doesn't care what (other) people think ◆ **avoir l'~ pour soi** to have public opinion on one's side; → **presse**

**c** *(dans les sondages)* **le nombre d'~s favorables** those who agreed *ou* said yes ◆ **les "sans opinion"** the "don't knows"

**opiomane** /ɔpjɔman/ NMF opium addict

**opiomanie** /ɔpjɔmani/ NF opium addiction

**opium** /ɔpjɔm/ NM opium ◆ **l'~ du peuple** *(fig)* the opium of the people

**opossum** /ɔpɔsɔm/ NM opossum

**opportun, e** /ɔpɔʀtœ̃, yn/ ADJ *[démarche, visite, remarque]* timely, opportune ◆ **il n'avait pas jugé ~ d'avertir la police** he didn't see fit to alert the police ◆ **le président avait alors jugé ~ de briser un tabou** the president had then decided that the time had come to break a taboo ◆ **il serait ~ de faire** it would be appropriate *ou* advisable to do ◆ **nous le ferons en temps ~** we shall do it at the appropriate *ou* right time ◆ **je donnerai plus de détails au moment ~** I'll give more details when the time is right ◆ **prendre au moment ~ les mesures nécessaires** to take the necessary action at the right time

**opportunément** /ɔpɔʀtynemɑ̃/ ADV opportunely ◆ **il est arrivé ~** his arrival was timely *ou* opportune, he arrived opportunely *ou* just at the right time

**opportunisme** /ɔpɔʀtynism/ NM opportunism

**opportuniste** /ɔpɔʀtynist/ ADJ *[personne]* opportunist; *[maladie, infection]* opportunistic NMF opportunist

**opportunité** /ɔpɔʀtynite/ NF a *[de mesure, démarche] (qui vient au bon moment)* timeliness; *(qui est approprié)* appropriateness ◆ **ils ont contesté l'~ de cette intervention** they said they thought the intervention had been ill-judged b *(= occasion)* opportunity

**opposabilité** /ɔpozabilite/ NF *(Jur)* opposability

**opposable** /ɔpozabl/ ADJ *(Jur)* opposable (*à* to)

**opposant, e** /ɔpozɑ̃, ɑ̃t/ NM,F opponent (*à* of) ADJ a *[minorité] (Jur) [partie]* opposing *(épith)* b *(Anat) [muscle]* opponent

**opposé, e** /ɔpoze/ (ptp de **opposer**) ADJ a *[rive, direction]* opposite; *[parti, équipe]* opposing *(épith)* ◆ **venant en sens ~** coming in the opposite *ou* other direction ◆ **la maison ~e à la nôtre** the house opposite *ou* facing ours ◆ **l'équipe ~e à la nôtre** the team playing against ours

b *(= contraire) [intérêts, forces]* conflicting, opposing; *[opinions]* conflicting; *[caractères]* opposite; *[couleurs, styles]* contrasting; *(Math) [nombres, angles]* opposite ◆ **~ à** conflicting *ou* contrasting with, opposed to ◆ **opinions totalement ~es** totally conflicting *ou* opposed opinions, opinions totally at variance ◆ **ils sont d'un avis ~** *(au nôtre)* they are of a different *ou* the opposite opinion; *(l'un à l'autre)* they disagree, they are at odds ◆ **angles ~s par le sommet** *(Math)* vertically opposite angles; → **diamétralement**

c *(= hostile à)* **~ à** opposed to, against ◆ **je suis ~ à la publicité/à ce mariage** I'm opposed to *ou* I'm against advertising/this marriage ◆ **je ne serais pas ~ à cette solution** I wouldn't be against this solution

NM a *(= contraire)* **l'~** the opposite, the reverse ◆ **il fait tout l'~ de ce qu'on lui dit** he does the opposite *ou* the reverse of what he is told ◆ **à l'~, il serait faux de dire ...** on the other hand *ou* conversely it would be wrong to say ... ◆ **ils sont vraiment à l'~ l'un de l'autre** they are totally unalike ◆ **à l'~ de Paul, je pense que ...** contrary to *ou* unlike Paul, I think that ...

b *(= direction)* **à l'~** *(= dans l'autre direction)* the other *ou* opposite way (*de* from); *(= de l'autre côté)* on the other *ou* opposite side (*de* from)

**opposer** /ɔpoze/ GRAMMAIRE ACTIVE 39.3, 41 ► conjug 1 ◄

VT a *[+ équipes, boxeurs]* to bring together; *[+ rivaux, pays]* to bring into conflict; *[+ idées, personnages, couleurs]* to contrast (*à* with); *[+ objets, meubles]* to place opposite each other ◆ **le match opposant l'équipe de Lyon et** *ou* **à celle de Caen** the Lyons v Caen game ◆ **on m'a opposé à un finaliste olympique** they made me compete against an Olympic finalist ◆ **des questions d'intérêts les ont opposés/les opposent** matters of personal interest have brought them into conflict/divide them ◆ **quel orateur peut-on ~ à Cicéron ?** what orator compares with Cicero?

b *(= utiliser comme défense contre)* **~ à qn/qch** *[+ armée, tactique]* to set against sb/sth ◆ **~ son refus le plus net** to give an absolute refusal (*à* to); ◆ **~ de véhémentes protestations à une accusation** to protest vehemently at an accusation ◆ **opposant son calme à leurs insultes** setting his calmness against their insults ◆ **il nous opposa une résistance farouche** he put up a fierce resistance to us ◆ **il n'y a rien à ~ à cela** there's nothing you can say (*ou* do) against that, there's no answer to that ◆ **~ la force à la force** to match strength with strength

c *(= objecter) [+ raisons]* to put forward (*à* to); ◆ **que va-t-il ~ à notre proposition/nous ~ ?** what objections will he make *ou* raise to our proposal/to us? ◆ **il nous opposa que cela coûtait cher** he objected that it was expensive

VPR **s'opposer** a *[équipes, boxeurs]* to confront each other, to meet; *[rivaux, partis]* to clash (*à* with); *[opinions, théories]* to conflict; *[couleurs, styles]* to contrast (*à* with); *[immeubles]* to face each other ◆ **haut s'oppose à bas** high is the opposite of low ◆ **il s'est opposé à plus fort que lui** *(dans un combat)* he took on *ou* he pitted himself against someone *ou* an opponent who was stronger than him

b *(= se dresser contre)* **s'~ à** *[+ parents]* to rebel against; *[+ mesure, mariage, progrès]* to oppose ◆ **je m'oppose à lui en tout** I am opposed to him in everything ◆ **rien ne s'oppose à leur bonheur** nothing stands in the way of their happiness ◆ **je m'oppose formellement à ce que vous y alliez** I am strongly opposed to *ou* I am strongly against your going there ◆ **ma conscience s'y oppose** it goes against my conscience ◆ **sa religion s'y oppose** it is against his religion, his religion doesn't allow it ◆ **votre état de santé s'oppose à tout excès** your state of health makes any excess extremely inadvisable

**opposite** /ɔpozit/ NM *(frm)* ◆ **à l'~** on the other *ou* opposite side (*de* from)

**opposition** /ɔpozisjɔ̃/ GRAMMAIRE ACTIVE 32.1

NF a *(= résistance)* opposition (*à* to); ◆ **faire de l'~ systématique (à tout ce qu'on propose)** to oppose systematically (everything that is put forward) ◆ **loi passée sans ~** *(Jur, Pol)* law passed unopposed

b *(= conflit, contraste) (gén)* opposition; *[d'idées, intérêts]* conflict; *[de couleurs, styles, caractères]* contrast ◆ **l'~ des deux partis en cette circonstance ...** *(divergence de vue)* the opposition between the two parties on that occasion ...; *(affrontement)* the clash *ou* confrontation between the two parties on that occasion ... ◆ **l'~ du gris et du noir a permis de ...** contrasting grey with *ou* and black has made it possible to ... ◆ **mettre deux styles/théories en ~** to oppose *ou* contrast two styles/theories

c *(Pol)* **l'~** the opposition ◆ **les partis de l'~** the opposition parties ◆ **les élus de l'~** the members of the opposition parties, opposition MPs *(Brit)* ◆ **l'~ parlementaire** the parliamentary opposition, the opposition in parliament

d *(loc)* **en ~ avec** *(contraste, divergence)* in opposition to, at variance with; *(résistance, rébellion)* in conflict with; *(situation dans l'espace)* in opposition to ◆ **agir en ~ avec ses principes** to act contrary to one's principles ◆ **nous sommes en ~ sur ce point** we differ on this point ◆ **ceci est en ~ avec les faits** this conflicts with the facts ◆ **les deux planètes sont en ~** *(Astron)* the two planets are in opposition ◆ **faire** *ou* **mettre ~ à** *[+ loi, décision]* to oppose; *[+ chèque]* to stop ◆ **par ~** in contrast ◆ **par ~ à** as opposed to, in contrast with

COMP ▷ **opposition à mariage** *(Jur)* objection to a marriage ▷ **opposition à paiement** *(Jur) objection by unpaid creditor to payment being made to debtor*

**oppositionnel, -elle** /ɔpozisjɔnɛl/ ADJ oppositional NM,F oppositionist

**oppressant, e** /ɔpʀesɑ̃, ɑ̃t/ ADJ *[temps, souvenirs, ambiance, chaleur]* oppressive

**oppresser** /ɔpʀese/ ► conjug 1 ◄ VT *[chaleur, ambiance, souvenirs]* to oppress; *[poids, vêtement serré]* to suffocate; *[remords, angoisse]* to oppress, to weigh heavily on, to weigh down ◆ **avoir une respiration oppressée** to have difficulty with one's breathing ◆ **se sentir oppressé** to feel suffocated

**oppresseur** /ɔpʀesœʀ/ NM oppressor ADJ M oppressive

**oppressif, -ive** /ɔpʀesif, iv/ ADJ oppressive

**oppression** /ɔpʀesjɔ̃/ NF *(= asservissement)* oppression; *(= gêne, malaise)* feeling of suffocation *ou* oppression

**opprimé, e** /ɔpʀime/ (ptp de **opprimer**) ADJ oppressed NM,F ◆ **les ~s** the oppressed

**opprimer** /ɔpʀime/ ► conjug 1 ◄ VT a *[+ peuple]* to oppress; *[+ opinion, liberté]* to suppress, to stifle b *(= oppresser) [chaleur]* to suffocate, to oppress

**opprobre** /ɔpʀɔbʀ/ NM *(littér = honte)* opprobrium *(littér)*, obloquy *(littér)*, disgrace ◆ **accabler** *ou* **couvrir qn d'~** to cover sb with opprobrium ◆ **jeter l'~ sur** to heap opprobrium on ◆ **être l'~ de la famille** to be a source of shame to the family ◆ **vivre dans l'~** to live in infamy

**optatif, -ive** /ɔptatif, iv/ ADJ, NM optative

**opter** /ɔpte/ ► conjug 1 ◄ VI *(= choisir)* ◆ **~ pour** *[+ carrière, solution, nationalité]* to opt for, to choose ◆ **~ entre** to choose *ou* decide between

**opticien, -ienne** /ɔptisjɛ̃, jɛn/ NM,F (dispensing) optician

**optimal, e** (mpl **-aux**) /ɔptimal, o/ ADJ optimal, optimum *(épith)*

**optimalisation** /ɔptimalizasjɔ̃/ NF ⇒ **optimisation**

**optimisation** /ɔptimizasjɔ̃/ NF optimization

**optimiser** /ɔptimize/ ► conjug 1 ◄ VT to optimize

**optimisme** /ɔptimism/ NM optimism ◆ **pêcher par excès d'~** to be overoptimistic ◆ **faire preuve d'~** to be optimistic

**optimiste** /ɔptimist/ ADJ optimistic ◆ **il est ~ de nature** he's a born optimist, he always looks on the bright side NMF optimist

**optimum** (pl **optimums** *ou* **optima**) /ɔptimɔm, a/ NM optimum ADJ optimum *(épith)*, optimal

**option** /ɔpsjɔ̃/ NF *(= choix)* option, choice; *(Comm, Jur)* option; *(= accessoire auto)* optional extra ◆ **(matière à) ~** *(Scol)* optional subject *(Brit)*, option *(Brit)*, elective ◆ **texte à ~** optional text ◆ **avec ~ mathématique(s)** *(Scol)* with a mathematical option, with optional mathematics ◆ **prendre une ~ sur** *(Fin)* to take (out) an option on ◆ **grâce à cette victoire, il a pris une ~ sur le championnat** with this victory he now has a chance of winning the championship ◆ **l'~ zéro** *(Pol)* the zero option ◆ **climatisation en ~** *(Aut)* optional air-conditioning, air-conditioning available as an optional extra

COMP ▷ **option d'achat** *(Fin)* option to buy, call ▷ **option de vente** *(Fin)* option to sell, put

**optionnel, -elle** /ɔpsjɔnɛl/ ADJ optional ◆ **matière ~le** optional subject *(Brit)*, option *(Brit)*, elective *(US)*

**optique** /ɔptik/ ADJ *[verre, disque]* optical; *[nerf]* optic; → **angle, fibre, télégraphie** NF a *(= science, technique, commerce)* optics *(sg)* ◆ **~ médicale/photographique** medical/photographic optics ◆ **instrument d'~** optical instrument; → **illusion** b *(= lentilles, miroirs) [de caméra, microscope]* optics *(sg)* c *(= manière de voir)* perspective ◆ **il faut situer ses arguments dans une ~ sociologique** we must place his arguments in a sociological perspective ◆ **voir qch avec** *ou* **dans une certaine ~** to look at sth from a certain angle *ou* viewpoint ◆ **j'ai une tout autre ~ que la sienne** my way of looking at things is quite different from his, I have a completely different perspective from his

**optoélectronique** /ɔptoelɛktʀɔnik/ ADJ optoelectronic NF optoelectronics *(sg)*

**opulence** /ɔpylɑ̃s/ NF a *(= richesse) [de province, région, pays]* wealthiness, richness; *[de prairie]* richness; *[de personne]* wealth; *[de luxe, vie]* opulence ◆ **vivre dans l'~** to live an opulent life ◆ **nager dans l'~** to live in the lap of luxury ◆ **il est né dans l'~** he was born into a life of opulence b *(= ampleur)* **~ des formes** richness *ou* fullness of form ◆ **l'~ de sa poitrine** the ampleness of her bosom

**opulent, e** /ɔpylɑ̃, ɑ̃t/ ADJ a *(= riche) [province, pays, personne]* wealthy, rich; *[prairie]* rich; *[luxe, vie]* opulent b *(= abondant) [formes]* full; *[poitrine]* ample, generous ◆ **une chevelure ~e** *(= abondant)* a mane of hair

**opus** /ɔpys/ NM opus

**opuscule** /ɔpyskyl/ NM *(= brochure)* opuscule

**OPV** /ɔpeve/ NF (abrév de **offre publique de vente**) → **offre**

**or¹** /ɔʀ/ NM a *(= métal)* gold; *(= dorure)* gilt, gilding, gold ◆ **~ gris/jaune/rouge** white/yellow/red gold ◆ **~ fin/massif** fine/solid gold ◆ **en lettres d'~** in gilt *ou* gold lettering ◆ **ses cheveux d'~** his golden hair ◆ **les blés d'~** the golden cornfields ◆ **les ~s des coupoles/de l'automne** the golden tints of the cupolas/of autumn ◆ **peinture/franc ~** gold paint/franc; → **cœur, cousu, étalon², lingot** *etc*

b *(loc)* **c'est de l'~ en barre** *(commerce, investissement)* it's a rock-solid investment, it's as safe as houses *(Brit)* ◆ **pour (tout) l'~ du monde** for all the money in the world, for all the tea in China

◆ **en or** *[objet]* gold; *[occasion]* golden *(épith)*; *[mari, enfant, sujet]* marvellous, wonderful ◆ **bijoux en ~ massif** solid gold jewellery, jewellery in solid gold ◆ **c'est une affaire en ~** *(achat)* it's a real bargain; *(commerce, magasin)* it's a gold mine ◆ **ils font des affaires en ~** *(ponctuellement)* they're making money hand over fist, they're raking it in *

COMP ▷ **or blanc** *(= métal)* white gold; *(= neige)* snow ▷ **or bleu** *(= eau)* water ▷ **or noir** *(= pétrole)* oil, black gold ▷ **or vert** *(= agriculture)* agricultural wealth

**or²** /ɔʀ/ CONJ a *(mise en relief)* **~, ce jour-là, le soleil brillait** now, on that particular day, the sun was shining ◆ **il m'a téléphoné hier, ~ j'avais pensé à lui le matin même** he phoned me yesterday, and it just so happened that I'd been thinking about him that very morning b *(opposition)* and yet, but ◆ **nous l'attendions, ~ il n'est pas venu** we waited for him and yet *ou* but he didn't come c *(dans un syllogisme : non traduit)* **tous les chats ont quatre pattes ; ~ mon chien a quatre pattes ; donc mon chien est un chat** all cats have four legs; my dog has four legs; therefore my dog is a cat d († *ou frm*) **~ donc** thus, therefore

**oracle** /ɔʀɑkl/ NM *(gén)* oracle ◆ **rendre un ~** to pronounce an oracle ◆ **l'~ de la famille** *(hum)* the oracle of the family ◆ **il parlait en ~** *ou* **comme un ~** he talked like an oracle

**orage** /ɔʀaʒ/ NM a *(= tempête)* thunderstorm, (electric) storm ◆ **pluie/temps d'~** thundery *ou* stormy shower/weather ◆ **vent d'~** stormy wind ◆ **il va y avoir de l'~** *ou* **un ~** there's going to be a (thunder)storm b *(= dispute)* upset ◆ **laisser passer l'~** to let the storm blow over ◆ **elle sentait venir l'~** she could sense the storm brewing c *(littér = tumulte)* **les ~s de la vie** the turmoils of life ◆ **les ~s des passions** the tumult *ou* storm of the passions d *(loc)* **il y a de l'~ dans l'air** *(lit)* there is a (thunder)storm brewing; *(fig)* there is trouble *ou* a storm brewing ◆ **le temps est à l'~** there's thunder in the air, the weather is thundery COMP ▷ **orage de chaleur** summer storm ▷ **orage magnétique** magnetic storm

**orageusement** /ɔʀaʒøzmɑ̃/ ADV *(fig)* tempestuously

**orageux, -euse** /ɔʀaʒø, øz/ ADJ a *(lit) [ciel]* stormy, lowering *(épith)*; *[région, saison]* stormy; *[pluie, chaleur, atmosphère]* thundery ◆ **temps ~** thundery weather b *(fig = mouvementé) [époque, vie, adolescence, discussion]* turbulent, stormy

**oraison** /ɔʀɛzɔ̃/ NF orison *(frm)*, prayer ◆ **~ funèbre** funeral oration

**oral, e** (mpl **-aux**) /ɔʀal, o/ ADJ *[tradition, littérature, épreuve]* oral; *[confession, déposition]* verbal, oral; *(Ling, Méd, Psych)* oral; → **stade, voie** NM *(Scol)* oral (examination) ◆ **il est meilleur à l'~ qu'à l'écrit** his oral work is better than his written work

**oralement** /ɔʀalmɑ̃/ ADV *[transmettre]* orally, by word of mouth; *[conclure un accord, confesser]* verbally, orally; *(Méd, Scol)* orally

**oralité** /ɔʀalite/ NF oral character

**orange** /ɔʀɑ̃ʒ/ NF *(= fruit)* orange ◆ **je t'apporterai des ~s** *(hum)* I'll come and visit you in prison (*ou* in hospital) NM *(= couleur)* orange ◆ **l'~** *(= feu de signalisation)* amber *(Brit)*, yellow *(US)* ◆ **le feu était à l'~** the lights were on amber *(Brit)*, the light was yellow *(US)* ◆ **passer à l'~** to go through on amber *(Brit)* *ou* when the lights are (on) amber *(Brit)*, to go through a yellow light *(US)* *ou* when the light is yellow *(US)* ADJ INV orange; *[feu de signalisation]* amber *(Brit)*, yellow *(US)* COMP ▷ **orange amère** bitter orange ▷ **orange douce** sweet orange ▷ **orange sanguine** blood orange

> ⚠ *Quand il qualifie la couleur d'un feu de signalisation,* **orange** *ne se traduit pas par le mot anglais* **orange**.

**orangé, e** /ɔʀɑ̃ʒe/ ADJ orangey, orange-coloured NM orangey colour ◆ **l'~ de ces rideaux** the orangey shade of these curtains

**orangeade** /ɔʀɑ̃ʒad/ NF orange squash

**oranger** /ɔʀɑ̃ʒe/ NM orange tree; → **fleur**

**orangeraie** /ɔʀɑ̃ʒʀɛ/ NF orange grove

**orangerie** /ɔʀɑ̃ʒʀi/ NF *(= serre)* orangery

**orangette** /ɔʀɑ̃ʒɛt/ NF *(= fruit)* Seville orange, bitter orange; *(= friandise)* strip of orange covered with chocolate

**orangiste** /ɔʀɑ̃ʒist/ *(Hist, Pol)* ADJ ◆ **défilé ~** Orange parade *ou* march NM Orangeman NF Orangewoman

**orang-outan(g)** (pl **orangs-outan(g)s**) /ɔʀɑ̃utɑ̃/ NM orang-outang

**orateur, -trice** /ɔʀatœʀ, tʀis/ NM,F *(gén)* speaker; *(= homme politique, tribun)* orator, speaker; *(Can)* Speaker (of House of Commons)

**oratoire** /ɔʀatwaʀ/ ADJ *[art, morceau]* oratorical, of oratory; *[ton, style]* oratorical ◆ **il a des talents ~s** he's a very good speaker; → **joute, précaution** NM *(= chapelle)* oratory, small chapel; *(au bord du chemin)* (wayside) shrine

**oratorio** /ɔʀatɔʀjo/ NM oratorio

**orbe¹** /ɔʀb/ NM *(littér = globe)* orb; *(Astron) (= surface)* plane of orbit; *(= orbite)* orbit

**orbe²** /ɔʀb/ ADJ *(Constr)* ◆ **mur ~** blind wall

**orbital, e** (mpl **-aux**) /ɔʀbital, o/ ADJ orbital

**orbite** /ɔʀbit/ NF a *(Anat)* (eye-)socket, orbit *(SPÉC)* ◆ **aux yeux enfoncés dans les ~s** with sunken eyes b *(Astron, Phys)* orbit ◆ **mettre** *ou* **placer sur** *ou* **en ~** to put *ou* place in(to) orbit ◆ **la mise en** *ou* **sur ~ d'un satellite** putting a satellite into orbit ◆ **être sur** *ou* **en ~** *[satellite]* to be in orbit ◆ **satellite en ~ à 900 km de la Terre** satellite orbiting 900 km above the earth c *(= sphère d'influence)* sphere of influence, orbit ◆ **être/entrer dans l'~ de** to be in/enter the sphere of influence of ◆ **vivre dans l'~ de** to live in the sphere of influence of ◆ **attirer qn dans son ~** to draw sb into one's orbit d *(loc)* **mettre** *ou* **placer sur ~** *[+ auteur, projet, produit]* to launch ◆ **être sur ~** *[auteur, produit, méthode, projet]* to be successfully launched

**orbiter** /ɔʀbite/ ► conjug 1 ◄ VI *[satellite]* to orbit ◆ **~ autour de la terre** to orbit (around) the earth

**orbiteur** /ɔʀbitœʀ/ NM orbiter

**Orcades** /ɔʀkad/ NFPL ◆ **les ~** Orkney, the Orkneys, the Orkney Islands

**orchestral, e** (mpl **-aux**) /ɔʀkɛstʀal, o/ ADJ orchestral

**orchestrateur, -trice** /ɔʀkɛstʀatœʀ, tʀis/ NM,F orchestrator

**orchestration** /ɔʀkɛstʀasjɔ̃/ NF a *(Mus) (= composition)* orchestration; *(= adaptation)* orchestration, scoring b *(= organisation) [de manifestation, propagande, campagne de presse]* organization, orchestration

**orchestre** /ɔʀkɛstʀ/ NM a *(= musiciens) [de musique classique, bal]* orchestra; *[de jazz, danse]* band ◆ **grand ~** full orchestra; → **chef¹** b *(Ciné, Théât) (= emplacement)* stalls *(Brit)*, orchestra (section) *(US)*; *(= fauteuil)* seat in the (orchestra) stalls *(Brit)*, seat in the orchestra (section) *(US)* ◆ **l'~ applaudissait** applause came from the stalls *(Brit)* *ou* orchestra (section) *(US)*; → **fauteuil, fosse** COMP ▷ **orchestre de chambre** chamber orchestra ▷ **orchestre à cordes** string orchestra ▷ **orchestre de cuivres** brass band ▷ **orchestre de danse** dance band ▷ **orchestre de jazz** jazz band ▷ **orchestre symphonique** symphony orchestra

**orchestrer** /ɔʀkɛstʀe/ ► conjug 1 ◄ VT a *(Mus) (= composer)* to orchestrate; *(= adapter)* to orchestrate, to score b *(= organiser) [+ campagne, manifestation, propagande]* to organize, to orchestrate ◆ **une campagne savamment orchestrée** a well-orchestrated *ou* well-organized campaign

**orchidée** /ɔʀkide/ NF orchid

**orchite** /ɔʀkit/ NF orchitis

**ordalie** /ɔʀdali/ NF *(Hist)* ordeal

**ordi** * /ɔʀdi/ NM computer

**ordinaire** /ɔʀdinɛʀ/ ADJ a *(= habituel)* ordinary, normal; *(Jur) [session]* ordinary ◆ **avec sa maladresse ~** with his customary *ou* usual clumsiness ◆ **personnage/fait peu ~** unusual character/fact ◆ **avec un courage pas * ou peu ~** with incredible *ou* extraordinary courage ◆ **ça alors, c'est pas ~ !** * that's (really) unusual! *ou* out of the ordinary!

**b** *(= courant) [vin]* ordinary; *[vêtement]* ordinary, everyday *(épith)*; *[service de table]* everyday *(épith)*; *[qualité]* standard; *[essence]* two-star *(Brit)*, 2-star *(Brit)*, regular *(US)* ◆ **croissant ~** *croissant made with margarine instead of butter*

**c** *(péj = commun) [personne, manières]* common; *[conversation]* ordinary, run-of-the-mill ◆ **un vin très ~** a very indifferent wine ◆ **mener une existence très ~** to lead a humdrum existence

**NM** **a** *(= la banalité)* **l'~** the ordinary ◆ **ça sort de l'~** that's out of the ordinary ◆ **cet homme-là sort de l'~** he's one of a kind

**b** *(= nourriture)* **l'~** ordinary *ou* everyday fare

**c** *(loc) (littér)* **à l'~** usually, ordinarily ◆ **comme à l'~** as usual ◆ **d'~** ordinarily, usually ◆ **il fait plus chaud que d'~** *ou* **qu'à l'~** it's warmer than usual ◆ **(comme) à son/mon ~** in his/my usual way, as was his/my wont *(littér) (aussi hum)*

**COMP** ▷ **l'ordinaire de la messe** the ordinary of the Mass

**ordinairement** /ɔʀdinɛʀmɑ̃/ **ADV** ordinarily, usually

**ordinal, e** (mpl **-aux**) /ɔʀdinal, o/ **ADJ** ordinal **NM** ordinal number

**ordinateur** /ɔʀdinatœʀ/ **NM** computer ◆ **~ individuel** *ou* **personnel** personal computer ◆ **~ familial** home computer ◆ **~ de bureau** desktop (computer) ◆ **~ de bord** *(Aviat)* onboard computer; *(Aut)* onboard *ou* trip computer ◆ **~ central** mainframe computer ◆ **mettre sur ~** *[+ données]* to enter into a computer; *[+ système]* to computerize, to put onto a computer ◆ **l'ensemble du système est géré par ~** the entire system is managed by computer *ou* is computerized ◆ **simulation sur** *ou* **par ~** computer simulation

**ordination** /ɔʀdinasjɔ̃/ **NF** *(Rel)* ordination

**ordinogramme** /ɔʀdinɔgʀam/ **NM** flow chart *ou* sheet

**ordonnance** /ɔʀdɔnɑ̃s/ **NF** **a** *(Méd)* prescription ◆ **préparer une ~** to make up a prescription ◆ **ce médicament n'est délivré** *ou* **vendu que sur ~** this medicine is only available on prescription ◆ **médicament vendu** *ou* **délivré sans ~** over-the-counter medicine **b** *(Jur = arrêté) [de gouvernement]* order, edict; *[de juge]* (judge's) order, ruling ◆ **par ~ du 2-2-92** in the edict of 2/2/92 ◆ **rendre une ~** to give a ruling **c** *(= disposition) [de poème, phrase, tableau]* organization, layout; *[de bâtiment]* plan, layout; *[de cérémonie]* organization; *[de repas]* order **NM** *ou* **NF** *(Mil)* **a** *(= subalterne)* orderly, batman *(Brit)* **b** ◆ **d'~** *[revolver, tunique]* regulation *(épith)*; → **officier**[1] **COMP** ▷ **ordonnance de paiement** authorization of payment ▷ **ordonnance de police** police regulation ▷ **ordonnance royale** royal decree *ou* edict

**ordonnancement** /ɔʀdɔnɑ̃smɑ̃/ **NM** **a** *(Fin)* order to pay **b** *(= disposition) [de phrase, tableau]* organization, layout; *[de cérémonie]* organization

**ordonnancer** /ɔʀdɔnɑ̃se/ ► conjug 3 ◄ **VT** **a** *(Fin) [+ dépense]* to authorize **b** *(= agencer) [+ phrase, tableau]* to put together; *[+ cérémonie]* to organize

**ordonnancier** /ɔʀdɔnɑ̃sje/ **NM** *(= liasse d'ordonnances)* book of prescription forms; *(= registre)* register of prescriptions

**ordonnateur, -trice** /ɔʀdɔnatœʀ, tʀis/ **NM,F** **a** *[de fête, cérémonie]* organizer, arranger ◆ **~ des pompes funèbres** funeral director *(in charge of events at the funeral itself)* **b** *(Fin)* official with power to authorize expenditure

**ordonné, e** /ɔʀdɔne/ (ptp de **ordonner**) **ADJ** **a** *(= méthodique) [enfant]* tidy; *[employé]* methodical **b** *(= bien arrangé) [maison]* orderly, tidy; *[vie]* (well-)ordered, orderly; *[idées, discours]* well-ordered; → **charité** **c** *(Math)* ordered ◆ **couple ~** ordered pair **NF** **ordonnée** *(Math)* ordinate, Y-coordinate ◆ **axe des ~es** Y-axis

**ordonner** /ɔʀdɔne/ ► conjug 1 ◄ **VT** **a** *(= arranger) [+ espace, idées, éléments]* to arrange, to organize; *[+ discours, texte]* to organize; *(Math) [+ polynôme]* to arrange in order ◆ **il avait ordonné sa vie de telle façon que ...** he had arranged *ou* organized his life in such a way that ...

**b** *(= commander) (Méd) [+ traitement, médicament]* to prescribe; *(Jur) [+ huis-clos, enquête]* to order ◆ **~ à qn de faire qch** to order sb to do sth, to give sb orders to do sth ◆ **il nous ordonna le silence** he ordered us to be quiet ◆ **ils ordonnèrent la fermeture des cafés** they ordered the closure of the cafés ◆ **ce qui m'a été ordonné** what I've been ordered to do ◆ **je vais ~ que cela soit fait immédiatement** I'm going to order that it be done immediately

**c** *(Rel) [+ prêtre]* to ordain ◆ **être ordonné prêtre** to be ordained priest

**VPR** **s'ordonner** *[idées, faits]* to organize themselves ◆ **les idées s'ordonnaient dans sa tête** the ideas began to organize themselves *ou* sort themselves out in his head

**ordre**[1] /ɔʀdʀ/ **NM** **a** *(= succession régulière)* order ◆ **l'~ des mots** *(Ling)* word order ◆ **par ~ alphabétique** in alphabetical order ◆ **par ~ d'ancienneté/de mérite** in order of seniority/of merit ◆ **alignez-vous par ~ de grandeur** line up in order of height *ou* size ◆ **par ~ d'importance** in order of importance ◆ **dans l'~** in order ◆ **dans le bon ~** in the right order ◆ **par ~** *ou* **dans l'~ d'entrée en scène** in order of appearance ◆ **~ de départ/d'arrivée** *(Sport)* order (of competitors) at the starting/finishing line *ou* post ◆ **~ des descendants** *ou* **héritiers** *(Jur)* order of descent

♦ **en + ordre** ◆ **en ~ de bataille/de marche** *(Mil)* in battle/marching order ◆ **se replier en bon ~** to retreat in good order ◆ **en ~ dispersé** *(Mil)* in extended order; *(fig)* without a common line *ou* plan of action; → **numéro, procéder**

**b** *(Archit, Bio = catégorie)* order ◆ **l'~ ionique/dorique** the Ionic/Doric order

**c** *(= nature, catégorie)* **dans le même ~ d'idées** similarly ◆ **dans un autre ~ d'idées** in a different *ou* another connection ◆ **pour des motifs d'~ personnel/différent** for reasons of a personal/different nature ◆ **c'est dans l'~ des choses** it's in the nature *ou* order of things ◆ **une affaire/un chiffre du même ~** a matter/a figure of the same nature *ou* order ◆ **un chiffre de l'~ de 2 millions** a figure in the region of *ou* of the order of 2 million ◆ **avec une somme de cet ~** with a sum of this order ◆ **donnez-nous un ~ de grandeur** *(prix)* give us a rough estimate *ou* a rough idea ◆ **un chiffre de** *ou* **dans cet ~ de grandeur** a figure in that region ◆ **de premier/deuxième/troisième ~** first-/second-/third-rate ◆ **de dernier ~** third-rate, very inferior ◆ **considérations d'~ pratique/général** considerations of a practical/general nature

**d** *(= légalité)* **l'~** order ◆ **l'~ établi** the established order ◆ **l'~ public** law and order ◆ **le maintien de l'~ (public)** the maintenance of law and order *ou* of public order ◆ **quand tout fut rentré dans l'~** when order had been restored, when all was back to order ◆ **le parti de l'~** the party of law and order ◆ **un partisan de l'~** a supporter of law and order; → **force, rappeler, service**

**e** *(= méthode, bonne organisation) [de personne, chambre]* tidiness, neatness, orderliness ◆ **avoir de l'~** *(rangements)* to be tidy *ou* orderly; *(travail)* to have method, to be systematic *ou* methodical ◆ **manquer d'~, n'avoir pas d'~** to be untidy *ou* disorderly, to have no method, to be unsystematic *ou* unmethodical ◆ **travailler avec ~ et méthode** to work in an orderly *ou* a methodical *ou* systematic way ◆ **mettre bon ~ à qch** to put sth to rights, to sort out sth ◆ **un homme d'~** a man of order ◆ **(re)mettre de l'~ dans** *[+ affaires]* to set *ou* put in order, to tidy up; *[+ papiers, bureau]* to tidy (up), to clear up

♦ **en ordre** *[tiroir, maison, bureau]* tidy, orderly; *[comptes]* in order ◆ **tenir en ~** *[+ chambre]* to keep tidy; *[+ comptes]* to keep in order ◆ **(re)mettre en ~** *[+ affaires]* to set *ou* put in order, to tidy up; *[+ papiers, bureau]* to tidy (up), to clear up ◆ **ils travaillent à une remise en ~ de l'économie** they are trying to sort out the economy ◆ **la remise en ~ du pays** restoring the country to order ◆ **défiler en ~** to go past in an orderly manner

♦ **en ordre de marche** *[machine]* in (full) working order

**f** *(= association, congrégation)* order; *[de profession libérale]* ≃ professional association ◆ **~ de chevalerie** order of knighthood ◆ **~ monastique** monastic order ◆ **~ mendiant** mendicant order ◆ **l'~ de la jarretière/du mérite** the Order of the Garter/of Merit ◆ **les ~s** *(Rel)* (holy) orders ◆ **les ~s majeurs/mineurs** *(Rel)* major/minor orders ◆ **entrer dans les ~s** *(Rel)* to take (holy) orders, to go into the Church ◆ **l'~ des architectes** the association of architects ◆ **l'~ des avocats** ≃ the Bar, the Bar Association *(US)* ◆ **l'~ des médecins** the medical association, ≃ the British Medical Association *(Brit)*, the American Medical Association *(US)* ◆ **l'~ des pharmaciens** the pharmaceutical association; → **radier**

**COMP** ▷ **ordre du jour** *[de conférence, réunion]* agenda ◆ **"autres questions à l'ordre du jour"** *(en fin de programme)* "any other business" ◆ **l'~ du jour de l'assemblée** *(Admin)* the business before the meeting ◆ **passons à l'~ du jour** let's turn to the business of the day ◆ **inscrit à l'~ du jour** on the agenda ◆ **être à l'~ du jour** *(lit)* to be on the agenda; *(fig = être d'actualité)* to be (very) topical ◆ **ce n'est pas à l'~ du jour** *(fig)* it's not on the agenda

**ordre**[2] /ɔʀdʀ/ **NM** **a** *(= commandement, directive) (gén)* order; *(Mil)* order, command ◆ **donner (l')~ de** to give an order *ou* the order to, to give orders to ◆ **par ~** *ou* **sur les ~s du ministre** by order of the minister, on the orders of the minister ◆ **j'ai reçu des ~s formels** I have formal instructions ◆ **j'ai reçu l'~ de ...** I've been given orders to ... ◆ **je n'ai d'~ à recevoir de personne** I don't take orders from anyone ◆ **être aux ~s de qn** to be at sb's disposal ◆ **je suis à vos ~s** *(formule de politesse)* I am at your service ◆ **dis donc, je ne suis pas à tes ~s !** you can't give me orders!, I don't take orders from you!, I'm not at your beck and call! ◆ **à vos ~s !** *(Mil)* yes sir! ◆ **être/combattre sous les ~s de qn** to be/fight under sb's command ◆ **j'ai agi sur ~** I was (just) following orders; → **désir, jusque, mot**

**b** *(Comm, Fin)* order ◆ **à l'~ de** payable to, to the order of ◆ **chèque à mon ~** cheque made out to me ◆ **passer un ~ (de Bourse)** to put in an order; → **billet, chèque, citer**

COMP ▷ **ordre d'achat** buying order ▷ **ordre d'appel** *(Mil)* call-up papers *(Brit)*, draft notice *(US)* ▷ **ordre de Bourse** stock exchange order ▷ **ordre de grève** strike call ▷ **ordre du jour** *(Mil)* order of the day ◆ **citer qn à l'~ du jour** to mention sb in dispatches ▷ **ordre au mieux** *(Fin)* order at best ▷ **ordre de mission** *(Mil)* orders *(for a mission)* ▷ **ordre de prélèvement automatique** direct debit instruction ▷ **ordre de route** *(Mil)* marching orders ▷ **ordre de vente** sale order ▷ **ordre de virement** transfer order

**ordré, e** /ɔrdre/ ADJ *(Helv = ordonné) [personne]* tidy

**ordure** /ɔʀdyʀ/ NF a *(= saleté)* dirt *(NonC)*, filth *(NonC)* ◆ **les chiens qui font leurs ~s sur le trottoir** dogs that foul the pavement
b *(péj)* **ce film est une ~** this film is pure filth ◆ **ce type est une belle ~**‡ that guy's a real bastard‡
c *(littér = abjection)* mire *(littér)* ◆ **il aime à se vautrer dans l'~** he likes to wallow in filth
NFPL **ordures** a *(= détritus)* refuse *(NonC)*, rubbish *(NonC) (Brit)*, garbage *(NonC) (US)* ◆ **~s ménagères** household refuse ◆ **l'enlèvement** *ou* **le ramassage des ~s** refuse *ou* rubbish *(Brit) ou* garbage *(US)* collection ◆ **jeter** *ou* **mettre qch aux ~s** to throw *ou* put sth into the dustbin *(Brit) ou* rubbish bin *(Brit) ou* garbage can *(US)* ◆ **c'est juste bon à mettre aux ~s** it's fit for the dustbin *ou* rubbish bin *(Brit)*, it belongs in the garbage can *(US)*; → **boîte**
b *(= grossièretés)* obscenities, filth ◆ **dire des ~s** to utter obscenities, to talk filth ◆ **écrire des ~s** to write filth

**ordurier, -ière** /ɔʀdyʀje, jɛʀ/ ADJ filthy

**orée** /ɔʀe/ NF *(littér) [de bois]* edge ◆ **à l'~ de l'an 2000** at the beginning of the year 2000

**Oregon** /ɔʀegɔ̃/ NM Oregon

**oreillard** /ɔʀɛjaʀ/ NM *(gén)* long-eared animal; *(= chauve-souris)* long-eared bat

**oreille** /ɔʀɛj/ NF a *(Anat)* ear ◆ **l'~ moyenne/interne** the middle/inner ear ◆ **l'~ externe** the outer *ou* external ear, the auricle *(SPÉC)* ◆ **~s décollées** protruding *ou* sticking-out ears ◆ **~s en feuille de chou** big flappy ears ◆ **le béret sur l'~** his beret cocked over one ear *ou* tilted to one side ◆ **animal aux longues ~s** *(fig)* long-eared animal ◆ **aux ~s pointues** with pointed ears ◆ **l'~ basse** *(fig)* crestfallen, (with) one's tail between one's legs ◆ **c'est l'avocat qui montre le bout de l'~** it's the lawyer coming out in him, it's the lawyer in him showing through ◆ **tirer les ~s à qn** *(lit)* to pull *ou* tweak sb's ears; *(fig)* to give sb a (good) telling off*, to tell sb off* ◆ **se faire tirer l'~** *(fig)* to take *ou* need a lot of persuading; → **boucher[1], boucle, dresser, puce,** *etc*
b *(= ouïe)* hearing, ear ◆ **avoir l'~ fine** to have keen *ou* acute hearing, to have a sharp ear ◆ **avoir de l'~** to have a good ear (for music) ◆ **il n'a pas d'~** he has no ear for music; → **casser, écorcher, écouter**
c *(comme organe de communication)* ear ◆ **écouter de toutes ses ~s, être tout ~s** to be all ears ◆ **n'écouter que d'une ~, écouter d'une ~ distraite** to only half listen, to listen with (only) one ear ◆ **ouvre bien tes ~s** listen carefully ◆ **dire qch à l'~ de qn, dire qch à qn dans le creux** *ou* **tuyau de l'~** to have a word in sb's ear about sth ◆ **il pédalait, casque sur les ~s** he was pedalling along with his headphones on ◆ **les ~s ont dû lui tinter** *ou* **siffler** *(hum)* his ears must have been burning ◆ **ce n'est pas tombé dans l'~ d'un sourd** it didn't fall on deaf ears ◆ **ça entre par une ~ et ça (res)sort par l'autre*** it goes in one ear and out the other ◆ **il y a toujours des ~s qui traînent** there's always someone listening ◆ **avoir l'~ de qn** to have sb's ear ◆ **porter qch/venir aux ~s de qn** to let sth be/come to be known to sb, to bring sth/come to sb's attention; → **bouche, prêter, rebattre**
d *[d'écrou, fauteuil]* wing; *[de soupière]* handle; *[de casquette]* earflap

**oreille-de-mer** (pl **oreilles-de-mer**) /ɔʀɛjdəmɛʀ/ NF *(= coquillage)* ear shell, abalone

**oreiller** /ɔʀeje/ NM pillow ◆ **se réconcilier sur l'~** to make it up in bed; → **confidence, taie**

**oreillette** /ɔʀɛjɛt/ NF a *[de cœur]* auricle ◆ **orifice de l'~** atrium b *[de casquette]* earflap c *(= écouteur)* earphone; *[de téléphone portable, baladeur]* earpiece; → **fauteuil**

**oreillon** /ɔʀɛjɔ̃/ NM *[d'abricot]* (apricot) half
NMPL **oreillons** *(Méd)* **les ~s** (the) mumps

**Orénoque** /ɔʀenɔk/ NM Orinoco

**ores** /ɔʀ/ **d'ores et déjà** LOC ADV already

**Oreste** /ɔʀɛst/ NM Orestes

**orfèvre** /ɔʀfɛvʀ/ NM silversmith, goldsmith ◆ **il est ~ en la matière** *(fig)* he's an expert (on the subject)

**orfèvrerie** /ɔʀfɛvʀəʀi/ NF *(= art, commerce)* silversmith's (*ou* goldsmith's) trade; *(= magasin)* silversmith's (*ou* goldsmith's) shop; *(= ouvrage)* (silver) plate, (gold) plate

**orfraie** /ɔʀfʀɛ/ NF white-tailed eagle

**organdi** /ɔʀgɑ̃di/ NM organdie

**organe** /ɔʀgan/ NM a *(Anat, Physiol)* organ ◆ **~s des sens/sexuels** sense/sex(ual) organs ◆ **~s génitaux** genitals; → **fonction, greffe[1]** b *(fig) (= véhicule, instrument)* instrument, organ; *(= institution, organisme)* organ ◆ **le juge est l'~ de la loi** the judge is the instrument of the law ◆ **la parole est l'~ de la pensée** speech is the medium *ou* vehicle of thought ◆ **un des ~s du gouvernement** one of the organs of government c *(= porte-parole)* representative, spokesman; *(= journal)* mouthpiece, organ d *(† ou littér = voix)* voice ◆ **avoir un bel ~** to have a beautiful voice COMP ▷ **organes de commande** controls ▷ **organe de presse** newspaper ▷ **organes de transmission** transmission system

**organigramme** /ɔʀganigʀam/ NM *(= tableau hiérarchique, structurel)* organization chart; *(= tableau des opérations de synchronisation, Ordin)* flow chart *ou* diagram

**organique** /ɔʀganik/ ADJ *(Chim, Jur, Méd)* organic; → **chimie**

**organiquement** /ɔʀganikmɑ̃/ ADV organically

**organisateur, -trice** /ɔʀganizatœʀ, tʀis/ ADJ *[faculté, puissance]* organizing *(épith)* NM,F organizer ◆ **~-conseil** management consultant ◆ **~ de voyages** tour operator

**organisation** /ɔʀganizasjɔ̃/ NF a *(= préparation) [de voyage, fête, réunion]* organization, arranging; *[de campagne]* organization; *[de pétition]* organization, getting up; *[de service, coopérative]* organization, setting up; *(= agencement) [d'emploi du temps, travail]* organization, setting out; *[de journée]* organization ◆ **~ scientifique du travail** scientific management ◆ **il a l'esprit d'~** he's good at organizing things ◆ **il manque d'~** he's not very organized
b *(= structure) [de service, armée, parti]* organization; *[de texte]* organization, layout ◆ **une ~ sociale encore primitive** a still rather basic social structure ◆ **l'~ infiniment complexe du corps humain** the infinitely complex organization of the human body
c *(= association, organisme)* organization ◆ **~ non gouvernementale** non-governmental organization ◆ **~ humanitaire** humanitarian organization ◆ **~ syndicale** trade(s) union *(Brit)*, labor union *(US)*
COMP ▷ **Organisation de coopération et de développement économique** Organization for Economic Cooperation and Development ▷ **Organisation des États américains** Organization of American States ▷ **Organisation internationale du travail** International Labour Organization ▷ **Organisation de libération de la Palestine** Palestine Liberation Organization ▷ **Organisation maritime internationale** International Maritime Organization ▷ **Organisation météorologique mondiale** World Meteorological Organization ▷ **Organisation mondiale du commerce** World Trade Organization ▷ **Organisation mondiale de la santé** World Health Organization ▷ **Organisation mondiale du tourisme** World Tourism Organization ▷ **Organisation des Nations Unies** United Nations Organization ▷ **Organisation des pays exportateurs de pétrole** Organization of Petroleum Exporting Countries ▷ **Organisation des territoires de l'Asie du Sud-Est** South-East Asia Treaty Organization ▷ **Organisation du Traité de l'Atlantique Nord** North Atlantic Treaty Organization ▷ **Organisation de l'unité africaine** Organization of African Unity

**organisationnel, -elle** /ɔʀganizasjɔnɛl/ ADJ *[problème, moyens]* organizational

**organisé, e** /ɔʀganize/ (ptp de **organiser**) ADJ organized ◆ **personne bien ~e** well-organized person; → **voyage**

**organiser** /ɔʀganize/ GRAMMAIRE ACTIVE 52.2
▸ conjug 1 ◂
VT a *(= mettre sur pied) [+ voyage, réunion]* to organize, to arrange; *[+ campagne]* to organize; *[+ pétition]* to organize, to get up; *[+ service, coopérative]* to organize, to set up ◆ **j'organise une petite fête** I'm having a little party
b *(= structurer) [+ travail, opérations, armée, parti, journée]* to organize; *[+ emploi du temps]* to organize, to set out
VPR **s'organiser** a *(= se regrouper) [personne, entreprise]* to organize o.s. (*ou* itself), to get (o.s. *ou* itself) organized
b *(= agencer son temps)* to organize o.s. ◆ **il ne sait pas s'~** he doesn't know how to organize himself, he can't get (himself) organized ◆ **je m'organiserai en fonction de toi** I'll just fit in with you, I'll fit *ou* arrange my plans round yours
c *(= s'articuler)* **s'~ autour d'un thème** *[ouvrage, histoire]* to be organized around a theme

**organiseur** /ɔʀganizœʀ/ NM (personal) organizer ◆ **~ électronique** electronic organizer

**organisme** /ɔʀganism/ NM a *(= organes, corps)* body, organism *(SPÉC)* ◆ **les besoins/fonctions de l'~** the needs/functions of the body *ou* organism, bodily needs/functions ◆ **~ génétiquement modifié** genetically modified organism b *(= individu)* organism ◆ **une nation est un ~ vivant** a nation is a living organism c *(= institution, bureaux)* body, organization ◆ **~ de crédit** credit company *ou* institution ◆ **~ de recherche** research body *ou* organization ◆ **~ de formation** training institution *ou* body ◆ **les ~s sociaux** social welfare bodies

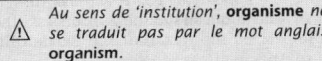

> ⚠ *Au sens de 'institution',* **organisme** *ne se traduit pas par le mot anglais* **organism.**

**organiste** /ɔʀganist/ NMF organist

**orgasme** /ɔʀgasm/ NM orgasm, climax

**orgasmique** /ɔʀgasmik/, **orgastique** /ɔʀgastik/ ADJ orgasmic, climactic(al)

**orge** /ɔʀʒ/ NF, NM barley ♦ **~ perlé** pearl barley; → **sucre**

**orgeat** /ɔʀʒa/ NM orgeat; → **sirop**

**orgelet** /ɔʀʒəlɛ/ NM *(Méd)* sty(e)

**orgiaque** /ɔʀʒjak/ ADJ orgiastic

**orgie** /ɔʀʒi/ NF a *(Hist) (= repas)* orgy; *(= beuverie)* drinking orgy ♦ **faire une ~** to have an orgy ♦ **faire des ~s de gâteaux** to gorge o.s. on cakes b *(fig)* **~ de** profusion of ♦ **~ de fleurs** profusion of flowers ♦ **~ de couleurs** riot of colour

**orgue** /ɔʀg/ NM organ ♦ **tenir l'~** to play the organ ♦ **~ de chœur/de cinéma/électrique/portatif** choir/theatre/electric/portable organ ♦ **~ de Barbarie** barrel organ, hurdy-gurdy; → **point¹** NFPL **orgues** a *(Mus)* organ ♦ **les grandes ~s** the great organ ♦ **les petites ~s** the small pipe organ b *(Géol)* **~s basaltiques** basalt columns c *(Mil)* **~s de Staline** rocket launcher *(mounted on a truck)*

**orgueil** /ɔʀgœj/ NM a *(= arrogance)* pride, arrogance; *(= amour-propre)* pride ♦ **gonflé d'~** puffed up *ou* bursting with pride ♦ **~ démesuré** overweening pride *ou* arrogance ♦ **il a l'~ de son rang** he has all the arrogance associated with his rank ♦ **avec l'~ légitime du vainqueur** with the victor's legitimate pride ♦ **par ~ il ne l'a pas fait** he was too proud to do it, it was his pride that stopped him doing it ♦ **le péché d'~** the sin of pride

b *(loc)* **ce tableau, ~ de la collection** this picture, pride of the collection ♦ **l'~ de se voir confier les clés lui fit oublier sa colère** his pride at being entrusted with the keys made him forget his anger ♦ **avoir l'~ de qch, tirer ~ de qch** to take pride in sth, to pride o.s. on sth ♦ **mettre son ~ à faire qch** to take pride in doing sth

**orgueilleusement** /ɔʀgøjøzmɑ̃/ ADV proudly, arrogantly

**orgueilleux, -euse** /ɔʀgøjø, øz/ ADJ *(défaut)* proud, arrogant; *(qualité)* proud ♦ **~ comme un paon** as proud as a peacock NM,F (very) proud person

**oriel** /ɔʀjɛl/ NM oriel window

**orient** /ɔʀjɑ̃/ NM a *(littér = est)* orient *(littér)*, east ♦ **l'Orient** *(= Moyen-Orient)* the Middle East; *(= Extrême-Orient)* the Far East ♦ **les pays d'Orient** the countries of the Orient *(littér)*, the oriental countries b *[de perle]* orient c → **grand**

**orientable** /ɔʀjɑ̃tabl/ ADJ *[bras d'une machine]* swivelling, rotating; *[lampe, antenne, lamelles de store]* adjustable

**oriental, e** (mpl **-aux**) /ɔʀjɑ̃tal, o/ ADJ *(= de l'Orient)* oriental; *(= de l'est) [partie, côte, frontière, extrémité]* eastern; *(= du Maghreb)* North African; → **Inde** NM **Oriental** Oriental NF **Orientale** Oriental woman

**orientaliser (s')** /ɔʀjɑ̃talize/ ► conjug 1 ◄ VPR *[quartier]* to take on an oriental character; *(influence maghrébine)* to take on a North African character; *[personne]* to become orientalized

**orientalisme** /ɔʀjɑ̃talism/ NM orientalism

**orientaliste** /ɔʀjɑ̃talist/ NMF, ADJ orientalist

**orientation** /ɔʀjɑ̃tasjɔ̃/ NF a *(= position) [de maison]* aspect; *[de phare, antenne]* direction ♦ **l'~ du jardin au sud** the garden's southern aspect *ou* the fact that the garden faces south

b *[de carte]* orientating, orientation; *(Math) [de droite]* orientating, orientation

c *[de touristes, voyageurs, recherches, enquête]* directing ♦ **en ville, j'ai des problèmes d'~** I have problems finding my way around town; → **course, sens, table**

d *(Scol)* **l'~ professionnelle** careers advice *ou* guidance *(Brit)* ♦ **l'~ scolaire** advice *ou* guidance *(Brit)* on courses ♦ **ils lui suggèrent une ~ vers un lycée professionnel/vers les sciences** they're suggesting he should go to a technical college/he should specialize in science ♦ **il veut changer d'~** he wants to change courses; → **centre, conseiller², cycle¹**

e *(= tendance, Bourse)* trend; *[de magazine]* leanings, (political) tendencies ♦ **l'~ générale de notre enquête/de ses recherches** the general direction *ou* orientation of our inquiry/of his research ♦ **~ à la hausse** upward trend, upturn ♦ **~ à la baisse** downward trend, downturn

f *(= ajustement)* adjustment

**orienté, e** /ɔʀjɑ̃te/ (ptp de **orienter**) ADJ a *(= disposé)* **~ à l'est/au sud** *[maison]* facing east/south, with an eastern/a southern aspect; *[antenne]* directed *ou* turned towards the east/the south ♦ **bien/mal ~** *[maison]* well/badly positioned; *[antenne]* properly/badly directed b *(= tendancieux) [article]* biased ♦ **question ~e** leading question c *(= marqué) [plan, carte]* orientated; *(Math) [droite, vecteur]* oriented d *(Bourse)* **bien/mal ~** *[marché]* rising/falling ♦ **valeurs bien ~es** shares which are rising e *(Ordin)* **~ objet** *[langage, méthode]* object-oriented

**orienter** /ɔʀjɑ̃te/ ► conjug 1 ◄ VT a *(= disposer) [+ maison]* to position; *[+ lampe, phare, rétroviseur]* to adjust; *[+ miroir, bras de machine]* to position, to adjust; *[+ antenne]* to direct, to adjust ♦ **~ un poste de radio pour améliorer la réception** to move a radio to get better reception ♦ **~ qch vers qch** to turn sth towards sth ♦ **~ une maison vers le** *ou* **au sud** to build a house facing south ♦ **~ une antenne vers le** *ou* **au nord** to turn *ou* direct an aerial towards the north ♦ **la lampe peut s'~ dans toutes les positions** the lamp is fully adjustable

b *(= guider) [+ touristes, voyageurs]* to direct, to orient (*vers* to); *[+ enquête, recherches]* to direct (*vers* towards); ♦ **~ un élève** to advise a pupil on what courses to follow *ou* on what subjects to specialize in ♦ **elle a été mal orientée** she was put on the wrong courses ♦ **il a été orienté vers les sciences/vers un lycée professionnel** he was steered towards science subjects/towards technical college ♦ **le patient a été orienté vers un service de cardiologie** the patient was referred to a cardiology unit ♦ **~ la conversation vers un sujet** to turn the conversation towards a subject

c *(= marquer) [+ carte]* to orientate; *(Math) [+ droite]* to orient

d *(Naut) [+ voiles]* to trim

VPR **s'orienter** a *(= se repérer)* to find one's bearings

b *(= se diriger vers)* **s'~ vers** *(lit)* to turn towards; *[goûts]* to turn towards; *[chercheur, parti, société]* to move towards ♦ **s'~ vers les sciences** *[étudiant]* to specialize in science ♦ **il s'est orienté vers un lycée professionnel** he decided to go to a technical college

c *(Bourse)* **le marché s'oriente à la hausse/à la baisse** the market is on a rising/a falling trend, the market is trending upward/downward *(US)*

**orienteur, -euse** /ɔʀjɑ̃tœʀ, øz/ NM,F *(Scol)* careers adviser NM *(Tech)* orientator

**orifice** /ɔʀifis/ NM *[de caverne, digue]* opening, orifice, aperture; *[de puits, gouffre, four, tuyau]* opening, mouth; *(Anat)* orifice; *(Phon)* cavity ♦ **~ d'admission/d'échappement (des gaz)** intake/exhaust port

**oriflamme** /ɔʀiflɑm/ NF *(= bannière)* banner, standard; *(Hist)* oriflamme

**origami** /ɔʀigami/ NM origami, (Japanese) paper-folding

**origan** /ɔʀigɑ̃/ NM oregano

**originaire** /ɔʀiʒinɛʀ/ ADJ a ♦ **~ de** *(= natif de) [famille, personne]* originating from; *(= provenant de) [plante, coutume, mets]* native to ♦ **il est ~ de** he is a native of, he was born in b *(= originel) [titulaire, propriétaire]* original, first; *[vice, défaut]* innate, inherent

**originairement** /ɔʀiʒinɛʀmɑ̃/ ADV originally, at first

**original, e** (mpl **-aux**) /ɔʀiʒinal, o/ ADJ a *(= premier, originel)* original ♦ **édition ~e** original *ou* first edition; → **bande¹, version** b *(= neuf, personnel) [idée, décor]* original, novel; *[artiste, talent, style, œuvre]* original ♦ **cela n'a rien d'~** there's nothing original about that c *(péj = bizarre)* eccentric, odd NM,F *(péj)* *(= excentrique)* eccentric; *(= fantaisiste)* clown*, joker* ♦ **c'est un ~** he's a (real) character *ou* a bit of an eccentric NM *[d'ouvrage, tableau]* original; *[de document]* original (copy); *[de texte dactylographié]* top copy, original *(US)* ♦ **l'~ de ce personnage** the model for *ou* the original of this character

> ⚠ *Au sens de 'bizarre',* **original** *ne se traduit pas par le mot anglais* **original**.

**originalement** /ɔʀiʒinalmɑ̃/ ADV *(= de façon personnelle)* originally, in an original way; *(= originellement)* originally

**originalité** /ɔʀiʒinalite/ NF a *(= nouveauté) [d'idée, décor]* originality, novelty; *[d'artiste, talent, œuvre]* originality ♦ **d'une grande ~** very original b *(= caractéristique originale)* original aspect *ou* feature c *(= excentricité)* eccentricity

**origine** /ɔʀiʒin/ GRAMMAIRE ACTIVE 44.2 NF origin; *(= commencement)* origin, beginning ♦ **les ~s de la vie** the origins of life ♦ **tirer son ~ de, avoir son ~ dans** to have one's (*ou* its) origins in, to originate in ♦ **avoir pour ~** to be caused by ♦ **quelle est l'~ de sa fortune ?** where did his fortune come from?, how did he make his fortune? ♦ **"l'Automobile, des origines à nos jours"** *(titre d'ouvrage)* "the Motor Car, from its Origins to the Present Day" ♦ **elle a de lointaines ~s bretonnes** she has distant Breton roots ♦ **dès l'~** at *ou* from the outset, at *ou* from the very beginning

♦ **d'origine** *[nationalité, région de production]* of origin; *[langue, pays d'une personne]* native ♦ **d'~ française/noble** of French/noble origin *ou* extraction ♦ **être d'~ paysanne/ouvrière** to come from peasant stock/a working-class background ♦ **produit d'~ animale** product of animal origin ♦ **mot d'~ française** word of French origin ♦ **coutume d'~ ancienne** long-standing custom, custom of long standing ♦ **les pneus sont d'~** it still has its original tyres, the tyres are the original ones; → **méridien**

♦ **à l'origine** originally, to begin with ♦ **être à l'~ de** *(gén)* to be the cause of; *[+ proposition, initiative, projet, attentat]* to be behind

**originel, -elle** /ɔʀiʒinɛl/ ADJ *[innocence, pureté, beauté]* original, primeval; *[état, sens]* original; → **péché**

**originellement** /ɔʀiʒinɛlmɑ̃/ ADV *(= primitivement)* originally; *(= dès le début)* from the (very) beginning, from the outset

**orignal** (pl **-aux**) /ɔʀiɲal, o/ NM moose, Canadian elk

**Orion** /ɔʀjɔ̃/ NM Orion ◆ **le Baudrier d'~** Orion's Belt ◆ **la constellation d'~** the constellation (of) Orion

**oripeaux** /ɔʀipo/ NMPL *(= haillons)* rags; *(= guenilles clinquantes)* showy *ou* flashy rags

**ORL** /ɔɛʀɛl/ NF (abrév de **oto-rhino-laryngologie**) ENT NMF (abrév de **oto-rhino-laryngologiste**) ENT doctor *ou* specialist

**orléaniste** /ɔʀleanist/ ADJ, NMF Orleanist

**Orlon** ® /ɔʀlɔ̃/ NM Orlon ®

**orme** /ɔʀm/ NM elm

**ormeau** (pl **ormeaux**) /ɔʀmo/ NM a *(Bot)* (young) elm; b *(Zool)* ormer, abalone, ear shell

**Ormuz** /ɔʀmuz/ N Hormuz, Ormuz ◆ **le détroit d'~** the Strait of Hormuz *ou* Ormuz

**orné, e** /ɔʀne/ (ptp de **orner**) ADJ *[style]* ornate, florid ◆ **lettres ~es** illuminated letters

**ornement** /ɔʀnəmɑ̃/ NM *(gén)* ornament; *(Archit, Art)* embellishment, adornment; *(Mus)* grace note(s), ornament ◆ **sans ~(s)** *[élégance, toilette, style]* plain, unadorned ◆ **d'~** *[arbre, jardin]* ornamental ◆ **~s de style** ornaments of style ◆ **~s sacerdotaux** vestments

**ornemental, e** (mpl **-aux**) /ɔʀnəmɑ̃tal, o/ ADJ *[style, plante]* ornamental; *[motif]* decorative

**ornementation** /ɔʀnəmɑ̃tasjɔ̃/ NF ornamentation

**ornementer** /ɔʀnəmɑ̃te/ ▸ conjug 1 ◂ VT to ornament

**orner** /ɔʀne/ ▸ conjug 1 ◂ VT a *(= décorer) [+ chambre, vêtement]* to decorate (*de* with); *(= embellir) [+ discours, récit]* to embellish (*de* with); ◆ **~ une rue de drapeaux** to deck out a street with flags ◆ **sa robe était ornée d'un galon** her dress was trimmed with braid ◆ **livre orné de dessins** book illustrated with drawings ◆ **~ la vérité** *(littér)* to adorn *ou* embellish the truth ◆ **~ son esprit** *(littér)* to enrich one's mind b *(= servir d'ornement à)* to adorn, to decorate, to embellish ◆ **la fleur qui ornait sa boutonnière** the flower which adorned *ou* decorated his buttonhole ◆ **les sculptures qui ornaient la façade** the sculptures which adorned *ou* decorated *ou* embellished the façade

**ornière** /ɔʀnjɛʀ/ NF *(lit)* rut ◆ **il est sorti de l'~ maintenant** *(fig)* he's out of the wood(s) now ◆ **retomber dans l'~** to go back to one's old ways

**ornithologie** /ɔʀnitɔlɔʒi/ NF ornithology; *(= hobby)* birdwatching

**ornithologique** /ɔʀnitɔlɔʒik/ ADJ ornithological

**ornithologue** /ɔʀnitɔlɔg/ NMF ornithologist

**ornithorynque** /ɔʀnitɔʀɛ̃k/ NM duck-billed platypus, ornithorhynchus *(SPÉC)*

**orogenèse** /ɔʀoʒenɛz/ NF *(= processus)* orogenesis; *(= période)* orogeny

**orogénie** /ɔʀoʒeni/ NF orogeny

**orogénique** /ɔʀoʒenik/ ADJ orogenic, orogenetic

**orographie** /ɔʀɔgʀafi/ NF or(e)ography

**orographique** /ɔʀɔgʀafik/ ADJ or(e)ographic(al)

**oronge** /ɔʀɔ̃ʒ/ NF agaric ◆ **~ vraie** imperial mushroom ◆ **fausse ~** fly agaric

**orpaillage** /ɔʀpajaʒ/ NM gold washing

**orpailleur** /ɔʀpajœʀ/ NM gold washer

**Orphée** /ɔʀfe/ NM Orpheus

**orphelin, e** /ɔʀfəlɛ̃, in/ ADJ orphan(ed) ◆ **être ~ de père/de mère** to be fatherless/motherless, to have lost one's father/mother NM,F orphan; → **veuf**

**orphelinat** /ɔʀfəlina/ NM *(= lieu)* orphanage; *(= orphelins)* children of the orphanage

**orphéon** /ɔʀfeɔ̃/ NM *(= fanfare)* (village *ou* town) band

**orphie** /ɔʀfi/ NF garfish

**orphique** /ɔʀfik/ ADJ Orphic

**orphisme** /ɔʀfism/ NM Orphism

**orpiment** /ɔʀpimɑ̃/ NM orpiment

**orpin** /ɔʀpɛ̃/ NM stonecrop

**orque** /ɔʀk/ NF killer whale

**ORSEC** /ɔʀsɛk/ NF (abrév de **Organisation des secours**) → **plan**[1]

**orteil** /ɔʀtɛj/ NM toe ◆ **gros/petit ~** big/little toe

**ORTF** † /ɔɛʀteɛf/ NF (abrév de **Office de radiodiffusion-télévision française**) *former French broadcasting service*

**orthocentre** /ɔʀtosɑ̃tʀ/ NM orthocentre

**orthodontie** /ɔʀtodɔ̃ti/ NF orthodontics *(sg)*, dental orthopaedics *(sg) (Brit) ou* orthopedics *(sg) (US)*

**orthodontique** /ɔʀtodɔ̃tik/ ADJ orthodontic

**orthodontiste** /ɔʀtodɔ̃tist/ NMF orthodontist

**orthodoxe** /ɔʀtɔdɔks/ ADJ a *(Rel, gén)* Orthodox; → **église** b *(en emploi négatif)* **peu ~, pas très ~** *[méthode, pratiques]* rather unorthodox, not very orthodox NMF *(Rel)* Orthodox; *(Pol)* one who follows the orthodox (party) line ◆ **les ~s grecs/russes** the Greek/Russian Orthodox

**orthodoxie** /ɔʀtɔdɔksi/ NF orthodoxy

**orthodromie** /ɔʀtɔdʀɔmi/ NF orthodromy

**orthogenèse** /ɔʀtoʒenɛz/ NF orthogenesis

**orthogénie** /ɔʀtoʒeni/ NF family planning ◆ **centre d'~** family planning *ou* birth control centre

**orthogonal, e** (mpl **-aux**) /ɔʀtɔgɔnal, o/ ADJ orthogonal

**orthographe** /ɔʀtɔgʀaf/ NF *(gén)* spelling, orthography *(SPÉC)*; *(= forme écrite correcte)* spelling; *(= système)* spelling (system) ◆ **réforme de l'~** spelling reform, reform of the spelling system ◆ **quelle est l'~ de votre nom ?** how do you spell your name?, how is your name spelt? ◆ **ce mot a deux ~s** this word has two different spellings *ou* can be spelt in two (different) ways ◆ **il a une bonne ~** he's good at spelling, he's a good speller ◆ **~ d'usage** spelling ◆ **~ d'accord** *spelling of grammatical agreements*; → **faute**

**orthographier** /ɔʀtɔgʀafje/ ▸ conjug 7 ◂ VT to spell *(in writing)* ◆ **mal orthographié** incorrectly *ou* wrongly spelt

**orthographique** /ɔʀtɔgʀafik/ ADJ spelling *(épith)*, orthographical ◆ **signe ~** orthographical sign

**orthonormé, e** /ɔʀtonɔʀme/ ADJ orthonormal

**orthopédie** /ɔʀtɔpedi/ NF orthopaedics *(sg) (Brit)*, orthopedics *(sg) (US)*

**orthopédique** /ɔʀtɔpedik/ ADJ orthopaedic *(Brit)*, orthopedic *(US)* ◆ **chaussures ~s** orthopaedic shoes

**orthopédiste** /ɔʀtɔpedist/ NMF *(= médecin)* orthopaedic *(Brit) ou* orthopedic *(US)* specialist, orthopaedist *(Brit)*, orthopedist *(US)*; *(= fabricant)* maker of orthopaedic *(Brit) ou* orthopedic *(US)* devices ◆ **chirurgien ~** orthopaedic *(Brit) ou* orthopedic *(US)* surgeon

**orthophonie** /ɔʀtɔfɔni/ NF *(= traitement)* speech therapy; *(= prononciation correcte)* correct pronunciation

**orthophoniste** /ɔʀtɔfɔnist/ NMF speech therapist

**orthoptère** /ɔʀtɔptɛʀ/ ADJ orthopterous, orthopteran NM orthopteran, orthopteron

**orthoptiste** /ɔʀtɔptist/ NMF orthoptist

**ortie** /ɔʀti/ NF (stinging) nettle ◆ **~ blanche** white dead-nettle ◆ **jeter qch aux ~s** to throw sth out of the window ◆ **jeter la soutane** *ou* **le froc aux ~s** to leave the priesthood; → **piqûre**

**ortolan** /ɔʀtɔlɑ̃/ NM ortolan (bunting) ◆ **à l'époque, je ne me nourrissais pas d'~s** *(hum)* those were lean days for me

**orvet** /ɔʀvɛ/ NM slow worm

**oryx** /ɔʀiks/ NM oryx

**OS** /oɛs/ NM (abrév de **ouvrier spécialisé**) → **ouvrier**

**os** (pl **os**) /ɔs, o/ NM a *(Anat)* bone ◆ **avoir de petits/gros ~** to be small-boned/big-boned ◆ **viande avec ~** meat on the bone ◆ **viande sans ~** boned *ou* boneless meat, meat off the bone ◆ **fait en ~** made of bone ◆ **jetons/manche en ~** bone counters/handle ◆ **à manche en ~** bone-handled

b *(loc)* **c'est un paquet** *ou* **sac d'~** he's a bag of bones, he's (all) skin and bone(s) ◆ **mouillé** *ou* **trempé jusqu'aux ~** soaked to the skin, wet through ◆ **donner** *ou* **jeter un ~ à ronger à qn** to give sb something to keep him occupied *ou* quiet ◆ **il ne fera pas de vieux ~** *(= il ne vivra pas longtemps)* he won't last *ou* live long ◆ **il n'a pas fait de vieux ~ dans cette entreprise** he didn't last long in that firm ◆ **il est pourri jusqu'à l'~** * he's rotten to the core ◆ **ils t'ont eu** *ou* **possédé jusqu'à l'~** * they had you good and proper * ◆ **l'avoir dans l'~** ‡ *(= être roulé)* to be had * ◆ **il y a un ~** * there's a snag *ou* hitch ◆ **tomber sur un ~** * *(obstacle temporaire)* to come across *ou* hit * a snag; *(impasse)* to be stymied; *(échec)* to come unstuck; → **chair, rompre**

COMP ▷ **os à moelle** marrowbone ▷ **os de seiche** cuttlebone

**oscar** /ɔskaʀ/ NM *(Ciné)* Oscar; *(autres domaines)* prize, award (*de* for); ◆ **l'~ du meilleur film/scénario** the Oscar for best film/screenplay

**oscarisé, e** /ɔskarize/ ADJ *(Ciné)* Oscar-winning

**oscillateur** /ɔsilatœʀ/ NM *(Phys)* oscillator

**oscillation** /ɔsilasjɔ̃/ NF *(Élec, Phys)* oscillation; *[de pendule]* swinging *(NonC)*, oscillation; *[de navire]* rocking *(NonC)*; *[de température, cours, taux, opinion]* fluctuation, variation (*de* in); ◆ **les ~s de son esprit** his (mental) fluctuations

**oscillatoire** /ɔsilatwaʀ/ ADJ *(Sci)* oscillatory; *[mouvement]* swinging, oscillatory *(SPÉC)*

**osciller** /ɔsile/ ▸ conjug 1 ◂ VI *(Sci)* to oscillate; *[pendule]* to swing, to oscillate; *[navire]* to rock ◆ **le vent fit ~ la flamme/la statue** the wind made the flame flicker/made the statue rock ◆ **sa tête oscillait de droite à gauche** his head rocked from side to side ◆ **il oscillait sur ses pieds** he rocked on his feet ◆ **~ entre** *(fig) [personne]* to waver *ou* oscillate between; *[prix, température]* to fluctuate *ou* vary between

**oscillogramme** /ɔsilɔgʀam/ NM oscillogram

**oscillographe** /ɔsilɔgʀaf/ NM oscillograph

**oscilloscope** /ɔsilɔskɔp/ NM oscilloscope

**osé, e** /oze/ (ptp de **oser**) **ADJ** *[tentative, démarche, toilette]* bold, daring; *[sujet, plaisanterie]* risqué, daring

**Osée** /oze/ **NM** Hosea

**oseille** /ozɛj/ **NF** a *(Bot)* sorrel b *(* = argent)* dough*, bread*, dosh* *(surtout Brit)* ◆ **avoir de l'**~ to be in the money*, to have plenty of dough* *ou* dosh* *(surtout Brit)*

**oser** /oze/ ▸ conjug 1 ◂ **VT** a to dare ◆ ~ **faire qch** to dare (to) do sth ◆ ~ **qch** *(littér)* to dare sth ◆ **il faut** ~ ! one must take risks! ◆ **(il) fallait** ~ !* he's *(ou* they've, *etc.)* certainly got a nerve! ◆ **il n'osait (pas) bouger** he did not dare (to) move ◆ **je voudrais bien mais je n'ose pas** I'd like to but I don't dare *ou* I daren't ◆ **ose le répéter !** I dare you to repeat it! ◆ **approche si tu l'oses !** come over here if you dare! ◆ **il a osé m'insulter** he dared *ou* presumed to insult me ◆ **comment osez-vous !** how dare you! ◆ **on n'ose pas faire la lessive le dimanche** *(Helv)* you're not allowed to do washing on Sundays ◆ **est-ce que j'ose entrer ?** *(Helv)* can I come in?
b *(loc)* **si j'ose dire** if I may say so, if I may make *(Brit) ou* be *(US)* so bold † *(aussi hum)* ◆ **si j'ose m'exprimer ainsi** if I can put it that way, if you'll pardon the expression ◆ **j'ose espérer** *ou* **croire que ...** I hope that ... ◆ **j'ose l'espérer** I should hope so ◆ **je n'ose y croire** I daren't believe it ◆ **j'oserais même dire que ...** I'd even venture to *ou* go as far as to say that ...

**oseraie** /ozʀɛ/ **NF** osier plantation

**osier** /ozje/ **NM** *(Bot)* willow, osier; *(= fibres)* wicker *(NonC)* ◆ **corbeille en** ~ wicker(work) basket ◆ **fauteuil en** ~ wicker(work) chair, basket chair; → **brin**

**Osiris** /oziʀis/ **NM** Osiris

**Oslo** /ɔslo/ **N** Oslo

**osmium** /ɔsmjɔm/ **NM** osmium

**osmonde** /ɔsmɔ̃d/ **NF** osmund

**osmose** /ɔsmoz/ **NF** *(lit, fig)* osmosis ◆ ~ **inverse** reverse osmosis ◆ **vivre en** ~ **avec** to live in harmony with

**osmotique** /ɔsmɔtik/ **ADJ** osmotic

**ossature** /ɔsatyʀ/ **NF** *[de corps]* frame, skeletal structure *(SPÉC)*; *[de tête, visage]* bone structure; *[d'appareil, immeuble]* framework; *[de voûte]* frame(work); *[de société, discours]* framework, structure ◆ **à** ~ **grêle/robuste** slender-/heavy-framed

**osselet** /ɔslɛ/ **NM** a *(= jeu)* ~**s** knucklebones, jacks b *(Anat) [d'oreille]* ossicle c *(Vét)* osselet

**ossements** /ɔsmɑ̃/ **NMPL** *(= squelettes)* bones

**osseux, -euse** /ɔsø, øz/ **ADJ** a *(Anat) [tissu]* bone *(épith)*, osseous *(SPÉC)*; *[charpente, carapace]* bony; *(Bio) [poisson]* bony; *(Méd) [greffe]* bone *(épith)*; *[maladie]* bone *(épith)*, of the bones b *(= maigre) [main, visage]* bony

**ossification** /ɔsifikasjɔ̃/ **NF** *(Méd)* ossification

**ossifier** **VT**, **s'ossifier** **VPR** /ɔsifje/ ▸ conjug 7 ◂ *(lit, fig)* to ossify

**ossu, e** /ɔsy/ **ADJ** *(littér)* large-boned

**ossuaire** /ɔsɥɛʀ/ **NM** *(= lieu)* ossuary

**ostéite** /ɔsteit/ **NF** osteitis

**ostensible** /ɔstɑ̃sibl/ **ADJ** conspicuous ◆ **de façon** ~ conspicuously ◆ **signes religieux** ~**s** visible religious symbols

> ⚠ **ostensible** *ne se traduit pas par le mot anglais* **ostensible**, *qui a le sens de 'prétendu'.*

**ostensiblement** /ɔstɑ̃sibləmɑ̃/ **ADV** conspicuously

**ostensoir** /ɔstɑ̃swaʀ/ **NM** monstrance

**ostentation** /ɔstɑ̃tasjɔ̃/ **NF** ostentation ◆ **il détestait toute** ~ he hated any kind of ostentation ◆ **agir avec** ~ to act with ostentation *ou* ostentatiously ◆ **un style résolument dépourvu d'**~ a style that is totally without pretentiousness ◆ **élégance sans** ~ quiet elegance ◆ **faire qch sans** ~ to do sth without ostentation *ou* unostentatiously ◆ **faire** ~ **de qch** *(littér)* to make a display *ou* show of sth, to parade sth

**ostentatoire** /ɔstɑ̃tatwaʀ/ **ADJ** *(littér)* ostentatious ◆ **port** ~ **de signes religieux** wearing of visible religious symbols

**ostéoblaste** /ɔsteɔblast/ **NM** osteoblast

**ostéogenèse** /ɔsteoʒənɛz/, **ostéogénie** /ɔsteoʒeni/ **NF** osteogenesis

**ostéologie** /ɔsteɔlɔʒi/ **NF** osteology

**ostéomalacie** /ɔsteomalasi/ **NF** osteomalacia

**ostéomyélite** /ɔsteomjelit/ **NF** osteomyelitis

**ostéopathe** /ɔsteɔpat/ **NMF** osteopath

**ostéopathie** /ɔsteɔpati/ **NF** *(= maladie)* bone disease; *(= pratique)* osteopathy

**ostéophyte** /ɔsteɔfit/ **NM** osteophyte

**ostéoplastie** /ɔsteɔplasti/ **NF** osteoplasty

**ostéoporose** /ɔsteɔpɔʀoz/ **NF** osteoporosis

**ostéosarcome** /ɔsteosaʀkom/ **NM** osteosarcoma

**ostéotomie** /ɔsteɔtɔmi/ **NF** osteotomy

**ostraciser** /ɔstʀasize/ ▸ conjug 1 ◂ **VT** to ostracize

**ostracisme** /ɔstʀasism/ **NM** ostracism ◆ **être frappé d'**~ to be ostracized ◆ **leur** ~ **m'était indifférent** being ostracized by them didn't bother me

**ostréicole** /ɔstʀeikɔl/ **ADJ** *[production]* oyster *(épith)*; *[techniques]* oyster-farming *(épith)*

**ostréiculteur, -trice** /ɔstʀeikyltœʀ, tʀis/ **NM,F** oyster-farmer, ostreiculturist *(SPÉC)*

**ostréiculture** /ɔstʀeikyltyʀ/ **NF** oyster-farming, ostreiculture *(SPÉC)*

**ostrogot(h), e** /ɔstʀɔgo, gɔt/ **ADJ** Ostrogothic **NM,F** **Ostrogot(h)(e)** Ostrogoth **NM** *(† ou hum) (= mal élevé)* barbarian; *(= original, olibrius)* odd fish* *ou* fellow

**otage** /ɔtaʒ/ **NM** hostage ◆ **prendre qn en** *ou* **comme** ~ to take sb hostage ◆ **être pris** *ou* **retenu en** ~ to be held hostage ◆ **la prise d'**~**s** the hostage-taking incident ◆ **le gouvernement s'élève contre les prises d'**~**s** the government condemns hostage-taking *ou* the taking *ou* seizure of hostages

**OTAN** /ɔtɑ̃/ **NF** (abrév de **Organisation du Traité de l'Atlantique Nord**) NATO

**otarie** /ɔtaʀi/ **NF** sea-lion, otary *(SPÉC)*, eared seal *(SPÉC)*

**OTASE** /ɔtaz/ **NF** (abrév de **Organisation des territoires de l'Asie du Sud-Est**) SEATO

**ôter** /ote/ ▸ conjug 1 ◂ **VT** a *(= enlever) [+ ornement]* to take away, to remove (*de* from); *[+ lunettes, vêtement]* to take off, to remove; *[+ arêtes, épine]* to take out (*de* of) to remove (*de* from); *[+ tache]* to take out (*de* of) to remove (*de* from) to lift (*de* from); *[+ hésitation, scrupule]* to remove, to take away; *[+ remords]* to relieve ◆ **ôte les assiettes (de la table)** clear the table, clear the dishes off the table ◆ **un produit qui ôte l'acidité (à une *ou* d'une substance)** a product which removes the acidity (from a substance) ◆ **ôte tes mains de la porte !** take your hands off the door! ◆ **ôte tes pieds de là !** get your feet off there! ◆ **cela lui a ôté un gros poids** that took a great weight off his chest *ou* lifted a great weight from his chest ◆ **on lui ôta ses menottes** they took his handcuffs off, they unhandcuffed him
b *(= retrancher) [+ somme]* to take away; *[+ paragraphe]* to remove, to cut out (*de* from); ◆ ~ **un nom d'une liste** to remove a name from a list, to take a name off a list ◆ **5 ôté de 8 égale 3** 5 (taken away) from 8 equals *ou* leaves 3
c *(= prendre)* ~ **qch à qn** to take sth (away) from sb ◆ ~ **un enfant à sa mère** to take a child (away) from its mother ◆ ~ **à qn ses illusions** to rid *ou* deprive sb of his illusions ◆ ~ **à qn ses forces/son courage** to deprive sb of his strength/his courage ◆ **ça lui ôtera toute envie de recommencer** that will stop him wanting to do it again, that will rid him of any desire to do it again ◆ **ôte-lui le couteau (des mains)** take the knife (away) from him, take the knife out of *ou* from his hands ◆ **on ne m'ôtera pas de l'idée que ...** I can't get it out of my mind *ou* head that ... ◆ **il faut absolument lui** ~ **cette idée de la tête** we must get this idea out of his head; → **pain**
**VPR** **s'ôter** ◆ **ôtez-vous de là** move yourself!, get out of there! ◆ **ôtez-vous de la lumière, ôte-toi de mon soleil** *(hum)* get out of my light ◆ **ôte-toi de là (que je m'y mette) !*** *(hum)* (get) out of the way (and give me some room)!, move *ou* shift* out of the way (and give me some room)! ◆ **je ne peux pas m'**~ **ça de l'idée** I can't get it out of my mind *ou* head ◆ **comment est-ce que ça s'ôte ?** how do you remove it? *ou* take it off? ◆ **s'**~ **la vie** to take one's (own) life

**otite** /ɔtit/ **NF** ear infection, otitis *(SPÉC)* ◆ ~ **moyenne/interne** otitis media/interna

**oto-rhino** (pl **oto-rhinos**) /ɔtɔʀino/ **NMF** ⇒ **oto-rhino-laryngologiste**

**oto-rhino-laryngologie** /ɔtɔʀinolaʀɛ̃gɔlɔʒi/ **NF** oto(rhino)laryngology

**oto-rhino-laryngologiste** (pl **oto-rhino-laryngologistes**) /ɔtɔʀinolaʀɛ̃gɔlɔʒist/ **NMF** ear, nose and throat specialist, oto(rhino)laryngologist

**otoscope** /ɔtɔskɔp/ **NM** otoscope

**Ottawa** /ɔtawa/ **N** Ottawa

**ottoman, e** /ɔtɔmɑ̃, an/ **ADJ** Ottoman **NM** a *(= personne)* **Ottoman** Ottoman b *(= tissu)* ottoman **NF** **ottomane** a *(= personne)* **Ottomane** Ottoman woman b *(= canapé)* ottoman

**ou** /u/ **CONJ** a *(alternative)* or ◆ **est-ce qu'il doit venir aujourd'hui** ~ **demain ?** is he coming today or tomorrow? ◆ **il faut qu'il vienne aujourd'hui** ~ **demain** he must come (either) today or tomorrow ◆ **avec** ~ **sans sucre ?** with or without sugar? ◆ **que vous alliez chez cet épicier** ~ **chez l'autre, c'est le même prix** it's the same price whether you go to this grocer or (to) the other one ◆ **un kilo de plus** ~ **de moins, cela ne se sent pas** one kilo more or less doesn't show up ◆ **que vous le vouliez** ~ **non** whether you like it or not ◆ **jolie** ~ **non, elle plaît** (whether she's) pretty or not, she's attractive ◆ **est-ce qu'elle veut se lever** ~ **préfère-t-elle attendre demain ?** does she want to get up or does she prefer to wait until tomorrow? ◆ **il nous faut 3 pièces,** ~ **plutôt/**~ **même 4** we need 3 rooms, or preferably/or even 4 ◆ **apportez-moi une bière,** ~ **plutôt non, un café** bring me a beer, or rather a coffee ◆ ~ **pour mieux dire** or rather, or I should say
b *(approximation)* or ◆ **à 5** ~ **6 km d'ici** 5 or 6 km from here ◆ **ils étaient 10** ~ **12** there were (some) 10 or 12 of them
c *(avec exclusion)* **donne-moi ça** ~ **je me fâche** give me that or I'll get cross ◆ **il faut qu'il travaille** ~ **(bien) il échouera à son examen** he'll have to work or (else) *ou* otherwise he'll fail his exam

♦ **ou (bien) ... ou (bien)** either ... or ♦ **~ il est malade ~ (bien) il est fou** he's either sick or mad, either he's sick or (else) he's mad ♦ **~ (bien) tu m'attends ~ (bien) alors tu pars à pied** either you wait for me or (else) you'll have to walk, you (can) either wait for me or (else) go on foot

**où** /u/ PRON **a** *(situation, direction)* where ♦ **l'endroit ~ je vais/je suis** the place where I'm going/I am, the place I'm going to/I'm in ♦ **l'endroit idéal ~ s'établir** the ideal place to settle ♦ **je cherche un endroit ~ m'asseoir** I'm looking for a place to sit down *ou* for somewhere to sit ♦ **la ville ~ j'habite** the town I live in *ou* where I live ♦ **le mur ~ il est accoudé** the wall he's leaning against ♦ **le tiroir ~ tu as rangé le livre** the drawer you put the book in *ou* where you put the book ♦ **le tiroir ~ tu a pris le livre** the drawer you took the book from ♦ **le livre ~ il a trouvé ce renseignement** the book where *ou* in which he found this piece of information ♦ **le livre ~ il a copié ceci** the book he copied this from *ou* from which he copied this ♦ **le chemin par ~ il est passé** the road he went along *ou* he took ♦ **le village par ~ il est passé** the village he went through ♦ **l'endroit d'~ je viens** the place I've come from ♦ **la pièce d'~ il sort** the room he's come out of ♦ **la crevasse d'~ on l'a retiré** the crevasse they pulled him out of ♦ **une chambre d'~ s'échappent des gémissements** a room from which moans are coming ♦ **l'endroit jusqu'~ ils ont grimpé** the place (where) they have climbed to *ou* to which they've climbed; → **là, partout**

**b** *(antécédent abstrait : institution, groupe, état, condition)* **la famille ~ il est entré** the family he has become part of, the family he has joined ♦ **la famille/la firme d'~ il sort** the family/firm he comes *ou* has come from ♦ **la ville d'~ il vient** *(origine)* the town he comes from ♦ **l'école ~ il est inscrit** the school where *ou* in which he is enrolled ♦ **les mathématiques, domaine ~ je ne suis guère compétent** mathematics, an area in which I have little skill ♦ **dans l'état ~ il est** in the state he's in *ou* in which he is ♦ **l'obligation ~ il se trouve de partir** the fact that he finds himself obliged to leave ♦ **dans l'embarras ~ j'étais** in my embarrassment ♦ **les conditions ~ ils travaillent** the conditions they work in *ou* in which they work ♦ **la rêverie ~ il est plongé/d'~ je l'ai tiré** the daydream he's in/from which I roused him ♦ **les extrêmes ~ il s'égare** the extremes into which he is straying ♦ **le but ~ tout homme tend** the goal towards which all men strive ♦ **la mélancolie ~ il se complaît** the melancholy in which he wallows ♦ **au rythme/train ~ ça va** at the speed/rate it's going ♦ **au prix ~ c'est** at the price it is ♦ **au tarif ~ ils font payer ça** at the rate they charge for it ♦ **à l'allure ~ ils vont** at the rate they're going ♦ **voilà ~ nous en sommes** that's the position to date *ou* so far, that's where we're at *; → **prix, train** *(et pour autres constructions voir verbes appropriés)*

**c** *(temporel)* **le siècle ~ se passe cette histoire** the century in which this story takes place ♦ **le jour ~ je l'ai rencontré** the day (when *ou* on which) I met him ♦ **l'époque ~ on n'avait rien à manger** the time when we had nothing to eat ♦ **à l'instant ~ il est arrivé** the moment he arrived ♦ **mais là ~ je me suis fâché, c'est quand il a recommencé** but what (finally) made me explode was when he started doing it again; → **moment**

ADV REL **a** *(situation, direction)* where ♦ **j'irai ~ il veut** I'll go where *ou* wherever he wants ♦ **s'établir ~ l'on veut** to settle where one likes ♦ **je ne sais pas d'~ il vient** I don't know where he comes from ♦ **on ne peut pas passer par ~ on veut** you can't just go where you like ♦ **d'~ je suis on voit la mer** you can see the sea from where I am

♦ **où que** ♦ **~ que l'on aille/soit** wherever one goes/is ♦ **d'~ que l'on vienne** wherever one comes from ♦ **par ~ que l'on passe** wherever one goes

**b** *(abstrait)* **~ cela devient grave, c'est lorsqu'il prétend que ...** where it gets serious is when he claims that ... ♦ **savoir ~ s'arrêter** to know where *ou* when to stop ♦ **d'~ l'on peut conclure que ...** from which one may conclude that ... ♦ **d'~ son silence/ma méfiance** hence his silence/my wariness ♦ **"où l'on voit que ..."** *(titre de chapitre)* "in which the reader sees *ou* learns that ..." ♦ **~ il y a de la gêne, il n'y a pas de plaisir** *(Prov)* comfort comes first, there's no sense in being uncomfortable; *(reproche)* talk about making yourself at home!, some people think only of their own comfort

ADV INTERROG **a** *(situation, direction)* where ♦ **~ vas-tu/es-tu/l'as-tu mis ?** where are you going/are you/did you put it? ♦ **d'~ viens-tu ?** where have you come from? ♦ **par ~ y aller ?** which way should we (*ou* I *etc*) go? ♦ **~ aller ?** where should I (*ou he etc*) go? ♦ **~ ça ?** * where's that?

**b** *(abstrait)* **~ en étais-je ?** where was I?, where had I got to? ♦ **~ en êtes-vous ?** where are you up to? ♦ **~ allons-nous ?** where are we going? ♦ **d'~ vient cette attitude ?** what's the reason for this attitude? ♦ **d'~ vient qu'il n'a pas répondu ?** how come he hasn't replied? *, what's the reason for his not having replied? ♦ **d'~ le tenez-vous ?** where did you hear that? ♦ **~ voulez-vous en venir ?** what are you leading up to? *ou* getting at?

**OUA** /ɔya/ NF (abrév de **Organisation de l'unité africaine**) OAU

**Ouagadougou** /wagadugu/ N Ouagadougou

**ouah** /ˈwa/ EXCL *(* joie)* wow! *, ooh! * ♦ **ouah, ouah !** *(aboiement)* woof! woof!

**ouailles** /wɑj/ NFPL *(Rel, hum)* flock ♦ **l'une de ses ~** one of his flock

**ouais** * /ˈwɛ/ EXCL *(= oui)* yeah *, yep *; *(sceptique)* oh yeah? *

**ouananiche** /wananiʃ/ NM *(Can)* fresh water salmon

**ouaouaron** * /wawarɔ̃/ NM *(Can)* bullfrog

**ouate** /(ˈ)wat/ NF **a** *(pour pansement)* cotton wool *(Brit)*, cotton *(US)* **b** *(pour rembourrage)* padding, wadding ♦ **doublé d'~** quilted

COMP ▷ **ouate hydrophile** cotton wool *(Brit)*, absorbent cotton *(US)* ▷ **ouate thermogène** Thermogene ®

**ouaté, e** /ˈwate/ (ptp de **ouater**) ADJ **a** *[pansement]* cotton-wool *(épith) (Brit)*, cotton *(épith) (US)*; † *[vêtement]* quilted **b** *[univers]* safe and comfortable ♦ **le confort ~ de l'appartement de mes parents** the comfort and safety of my parents' flat ♦ **dans cette atmosphère ~e, elle se retranche du monde** in this safe cocoon she takes refuge from the world

**ouater** /ˈwate/ ▸ conjug 1 ◂ VT *[+ manteau, couverture]* to quilt ♦ **les collines ouatées de neige** the hills covered *ou* blanketed in snow

**ouatine** /watin/ NF wadding, padding

**ouatiner** /watine/ ▸ conjug 1 ◂ VT to quilt ♦ **veste ouatinée** quilted jacket

**oubli** /ubli/ NM **a** *(= omission)* oversight ♦ **il s'agit d'un simple ~** it was just an oversight ♦ **il y a des ~s dans ce récit** there are gaps *ou* things missed out in this account ♦ **l'~ de cette date a eu des conséquences graves** the fact the date was forgotten has had serious repercussions ♦ **j'ai réparé mon ~** I made up for having forgotten **b** *(= trou de mémoire)* **ses ~s répétés m'inquiètent** his constant lapses of memory worry me, his constant forgetfulness worries me **c** ♦ **l'~** oblivion, forgetfulness ♦ **l'~ de soi(-même)** self-effacement, selflessness ♦ **tirer qch de l'~** to bring sth out of oblivion ♦ **tomber dans l'~** to sink into oblivion ♦ **le temps apporte l'~** memories fade with the passage of time

**oublié, e** /ublije/ NM,F (ptp de **oublier**) forgotten person ♦ **c'est un peu l'~ parmi les grands chanteurs** among the great singers he tends to be overlooked ♦ **les ~s de l'Histoire** those who have been left out of the history books, those who have been forgotten by history

**oublier** /ublije/ GRAMMAIRE ACTIVE 53.1 ▸ conjug 7 ◂

VT **a** *(= ne pas se souvenir de)* to forget; *(= ne plus penser à) [+ soucis, chagrin, client, visiteur]* to forget (about) ♦ **~ de faire qch** to forget to do sth ♦ **~ pourquoi** to forget why ♦ **ça s'oublie facilement** it's easily forgotten ♦ **j'ai oublié qui je dois prévenir** I can't remember who (it is) *ou* I've forgotten who (it is) I should warn ♦ **j'ai complètement oublié l'heure** I completely forgot about the time ♦ **j'ai oublié si j'ai bien éteint le gaz** I forget *ou* I can't remember if I turned off the gas ♦ **n'oublie pas que nous sortons ce soir** remember *ou* don't forget we're going out tonight ♦ **boire pour ~** to drink to forget ♦ **ah oui, j'oubliais, il faut que tu rappelles ton frère** oh, yes, I almost forgot, you should phone your brother ♦ **il oubliera avec le temps** he'll forget in time, time will help him forget ♦ **oublions le passé** let's forget about the past, let's let bygones be bygones ♦ **c'est oublié, n'y pensons plus** it's all forgotten now, let's not think about it any more ♦ **j'avais complètement oublié sa présence** I had completely forgotten that he was there ♦ **sa gentillesse fait ~ sa laideur** the fact he's so nice makes you forget how ugly he is ♦ **il essaie de se faire ~** he's trying to keep out of the limelight ♦ **mourir oublié** to die forgotten

**b** *(= laisser) [+ chose]* to forget, to leave behind; *[+ fautes d'orthographe]* to miss; *(= omettre) [+ virgule, phrase]* to leave out ♦ **j'ai oublié mon parapluie dans le train** I left my umbrella on the train ♦ **j'ai oublié mon parapluie** I forgot my umbrella, I left my umbrella behind ♦ **tu as oublié (de laver) une vitre** you've missed a pane ♦ **un jour tu oublieras ta tête !** *(hum)* you'll forget your head one of these days!

**c** *(= négliger) [+ famille, devoir, travail, promesse]* to forget, to neglect ♦ **~ les règles de la politesse** to forget *ou* neglect the rules of etiquette ♦ **n'oubliez pas le guide !** don't forget (to tip) the guide! ♦ **il ne faut pas ~ que c'est un pays pauvre** we must not lose sight of the fact *ou* forget that it's a poor country ♦ **~ qn dans son testament** to forget (to include) sb in one's will ♦ **il ne vous oublie pas** he hasn't forgotten (about) you ♦ **on l'a oublié sur la liste** he's been left off the list

VPR **s'oublier** **a** *(= ne pas être retenu)* to be forgotten ♦ **quelqu'un comme ça ne s'oublie pas facilement** someone like that is not easily forgotten ♦ **il ne s'est pas oublié (dans le partage)** *(iro)* he didn't forget himself (in the share-out)

**b** *(littér = manquer d'égards)* **vous vous oubliez !** you're forgetting yourself!

**c** *(euph = faire ses besoins)* **le chat s'est oublié sur la moquette** the cat had an accident on the carpet

**oubliettes** /ublijɛt/ NFPL oubliettes ◆ **jeter** *ou* **mettre aux** ~ *[+ projet]* to shelve ◆ **tomber dans les** ~ **(de l'histoire)** *[déclaration, procès]* to sink into oblivion ◆ **ce livre/projet est tombé aux** ~ this book/plan has been forgotten

**oublieux, -ieuse** /ublijø, ijøz/ ADJ *(frm)* deliberately forgetful ◆ ~ **de** *[+ bienfaits]* quick to forget; *[+ obligations, devoirs]* neglectful of

**oued** /wɛd/ NM wadi

**ouest** /wɛst/ NM INV a *(= point cardinal)* west ◆ **le vent d'**~ the west wind ◆ **un vent d'**~ a west(erly) wind, a westerly *(SPÉC)* ◆ **le vent tourne/est à l'**~ the wind is veering west(wards) *ou* towards the west/is blowing from the west ◆ **regarder vers l'**~ *ou* **dans la direction de l'**~ to look west(wards) *ou* towards the west ◆ **à l'**~ *(situation)* in the west; *(direction)* to the west, west(wards) ◆ **le soleil se couche à l'**~ the sun sets in the west ◆ **à l'**~ **de** west of, to the west of ◆ **la maison est (exposée) à l'**~**/exposée plein** ~ the house faces (the) west *ou* westwards/due west, the house looks west(wards)/due west ◆ **il est à l'**~ **(* =** *il ne sait plus quoi faire***)** he's totally out of it* ◆ **l'Europe/la Bourgogne de l'**~ Western Europe/Burgundy; → **Allemagne**

b *(= régions occidentales)* west ◆ **l'Ouest** *(Pol)* the West ◆ **l'**~ **de la France, l'Ouest** the West of France ◆ **les rapports entre l'Est et l'Ouest** East-West relations, relations between the East and the West

ADJ INV *[région, partie]* western; *[entrée, paroi]* west; *[versant, côte]* west(ern); *[côté]* west(ward); *[direction]* westward, westerly; → **longitude**

**ouest-allemand, e** /wɛstalmɑ̃, ɑ̃d/ *(Hist)* ADJ West German NM,F **Ouest-Allemand(e)** West German

**ouest-nord-ouest** /wɛstnɔʀwɛst/ ADJ INV, NM west-northwest

**ouest-sud-ouest** /wɛstsydwɛst/ ADJ INV, NM west-southwest

**ouf** /'uf/ EXCL, NM phew, whew ◆ **pousser un** ~ **de soulagement** to breathe *ou* give a sigh of relief ◆ **ils ont dû repartir sans avoir le temps de dire** ~ * they had to leave again before they had time to catch their breath *ou* before they knew where they were

**Ouganda** /ugɑ̃da/ NM Uganda

**ougandais, e** /ugɑ̃dɛ, ɛz/ ADJ Ugandan NM,F **Ougandais(e)** Ugandan

**ougrien, -ienne** /ugʀijɛ̃, ijɛn/ ADJ, NM,F → **finno-ougrien**

**oui** /'wi/ ADV a *(réponse affirmative)* yes ◆ **le connaissez-vous ? –** ~ do you know him? – yes (I do) ◆ **est-elle chez elle ? –** ~ is she at home? – yes (she is) ◆ **vous avez aimé le film ? –** ~ **et non** did you like the film? – yes and no *ou* I did and I didn't ◆ **je vais ouvrir la fenêtre –** ~**, cela fera un peu d'air** I'll open the window – yes (do), we could do with some fresh air ◆ **il n'a pas encore dit** ~ he hasn't said yes yet, he hasn't agreed *ou* accepted (as) yet ◆ **dire** ~ *(pendant le mariage)* to say "I do" ◆ **il ne dit ni** ~ **ni non** he's not saying either yes or no ◆ **ah, ça** ~ **!** you can say that again! *, and how! * ◆ **que** ~ **!** I should say so!, rather! *(Brit)* ◆ **certes** ~ **!** (yes) most definitely *ou* certainly!, yes indeed! ◆ **vous en voulez ? – mais** ~ *ou* **bien sûr que** ~ *ou* ~**, bien sûr** do you want some? – of course (I do) *ou* I most certainly do ◆ ~**, mais il y a un obstacle** yes but there is a difficulty ◆ **eh bien** ~**, j'avoue** all right (then), I confess ◆ **contraception** ~**, avortement non** *(slogan)* yes to contraception, no to abortion, contraception – yes, abortion – no ◆ **répondre (par)** ~ **à toutes les questions** to answer yes *ou* answer in the affirmative to all the questions ◆ **répondez par** ~ **ou par non** answer yes or no ◆ **faire** ~ **de la tête, faire signe que** ~ to nod (one's head) ◆ **ah** ~ **?** really?, yes? ◆ ~**-da** *(†, hum)* yes indeed, absolutely ◆ ~**, capitaine** *(Naut)* aye aye sir

b *(remplaçant une proposition)* **est-il chez lui ?/ est-ce qu'il travaille ? – je pense** *ou* **je crois que** ~ is he at home?/is he working? – (yes) I think so *ou* I believe he is ◆ **il nous quitte ? – je crains bien/j'espère que** ~ is he leaving us? – I am afraid so *ou* I am afraid he is/I hope so *ou* I hope he is ◆ **est-ce qu'elle sort souvent ? – j'ai l'impression que** ~ does she often go out? – I have an idea *ou* the impression that she does ◆ **tu as aimé ce film ? – moi** ~ did you like the film? – I did ◆ **j'ai demandé si elle était venue, lui dit que** ~ I asked if she had been and he says she has

c *(intensif)* **je suis surprise,** ~ **très surprise** I'm surprised – indeed very surprised ◆ **c'est un escroc,** ~**, un escroc** he's a rogue, an absolute rogue ◆ ~ **vraiment, il a répondu ça ?** did he really answer that? ◆ **tu vas cesser de pleurer,** ~ **?** have you quite finished crying?, will you stop crying? ◆ ~ **(évidemment), c'est toujours facile de critiquer** of course it's always easy to criticize ◆ **c'est bon,** ~ **?** isn't that good? ◆ **il va accepter,** ~ **ou non ?** is he or isn't he going to accept? ◆ **tu te presses,** ~ **ou non ?** will you please hurry up?, will you hurry up? ◆ **tu te décides** ~ **ou merde !**⁑ make up your mind for Christ's sake!⁑

NM INV yes, aye ◆ **il y a eu 30** ~ there were 30 votes for, there were 30 ayes ◆ **j'aimerais un** ~ **plus ferme** I should prefer a more definite yes ◆ **pleurer pour un** ~ **(ou) pour un non** to cry over the slightest thing

**ouï-dire** /'widiʀ/ NM INV hearsay *(NonC)* ◆ **par** ~ by hearsay

**ouïe**[1] /'uj/ EXCL ⇒ **ouille**

**ouïe**[2] /wi/ NF hearing *(NonC)* ◆ **avoir l'**~ **fine** to have sharp hearing, to have a keen sense of hearing ◆ **être tout** ~ to be all ears

**ouïes** /wi/ NFPL *(Zool)* gills; *(Mus)* sound holes

**ouille** /'uj/ EXCL ouch!

**ouïr** /wiʀ/ ► conjug 10 ◄ VT *(††, littér, hum)* to hear; *(Jur) [+ témoins]* to hear ◆ **j'ai ouï dire à mon père que ...** I've heard my father say that ... ◆ **j'ai ouï dire que ...** it has come to my ears that ..., I've heard it said that ... ◆ **oyez !** *(hum)* hark! *(† ou hum)*, hear ye! *(† ou hum)* ◆ **oyez, oyez, braves** *ou* **bonnes gens !** oyez! oyez! oyez!

**ouistiti** /'wistiti/ NM *(Zool)* marmoset ◆ **un drôle de** ~ * *(= type)* an oddball *

**oukase** /ukaz/ NM *(Hist, fig)* ukase

**Oulan-Bator** /ulanbatɔʀ/ N Ulan Bator

**ouléma** /ulema/ NM ⇒ **uléma**

**ouragan** /uʀagɑ̃/ NM a *(Mét)* hurricane b *(fig)* storm ◆ **cet homme est un véritable** ~ he's like a whirlwind, he's a human tornado ◆ **ce livre va déchaîner un** ~ this book is going to create an uproar ◆ **arriver comme un** ~ to arrive like a whirlwind

**Oural** /uʀal/ NM *(= fleuve)* ◆ **l'**~ the Ural ◆ **l'**~**, les monts** ~ the Urals, the Ural Mountains

**ouralo-altaïque** /uʀalɔaltaik/ ADJ, NM Ural-Altaic

**ourdir** /uʀdiʀ/ ► conjug 2 ◄ VT a *(Tex)* to warp b *(littér) [+ complot]* to hatch; *[+ intrigue]* to weave

**ourdou** /uʀdu/ ADJ INV, NM *(Ling)* Urdu

**ourlé, e** /uʀle/ (ptp de **ourler**) ADJ hemmed ◆ **oreilles délicatement** ~**es** delicately rimmed ears ◆ **lèvres bien** ~**es** well-defined lips

**ourler** /uʀle/ ► conjug 1 ◄ VT *(Couture)* to hem ◆ ~ **de** *(fig littér)* to fringe with

**ourlet** /uʀlɛ/ NM a *(Couture)* hem ◆ **faux** ~ false hem ◆ **faire un** ~ **à** to hem b *(Tech)* hem c *(Anat) [d'oreille]* rim, helix *(SPÉC)*

**ours** /uʀs/ NM a *(Zool)* bear ◆ **être** *ou* **tourner comme un** ~ **en cage** to pace up and down like a caged animal; → **fosse, montreur, vendre** b *(= jouet)* ~ **(en peluche)** teddy bear c *(péj = misanthrope)* (old) bear ◆ **vivre comme un** ~ to be at odds with the world ◆ **elle est un peu** ~ she's a bit of a bear *ou* a gruff individual d *(arg Presse)* ≈ credits *(for written publication)* e *(⁑ = règles)* **avoir ses** ~ to have one's period

COMP ▷ **ours blanc** polar bear ▷ **ours brun** brown bear ▷ **ours mal léché** *(péj)* uncouth fellow ▷ **ours marin** fur seal ▷ **ours polaire** ⇒ **ours blanc** ▷ **ours savant** trained *ou* performing bear

**ourse** /uʀs/ NF a *(Zool)* she-bear b *(Astron)* **la Petite Ourse** the Little Bear, Ursa Minor, the Little Dipper *(US)* ◆ **la Grande Ourse** the Great Bear, Ursa Major, the Plough *(Brit)*, the Big Dipper *(US)*

**oursin** /uʀsɛ̃/ NM sea urchin

**ourson** /uʀsɔ̃/ NM bear cub

**oust(e)** * /'ust/ EXCL buzz off! *, hop it! * *(Brit)* ◆ **allez,** ~**e ! dehors !** go on, out with you! *ou* out you go!

**out** /'aut/ ADJ INV *[personne]* out of touch * *(attrib)*; *(Tennis)* out

**outarde** /utaʀd/ NF bustard; *(Can = bernache)* Canada goose

**outil** /uti/ NM *(lit, fig)* tool; *(agricole, de jardin)* implement, tool ◆ ~ **de travail** tool ◆ ~ **pédagogique** teaching aid ◆ ~ **de programmation** programming tool ◆ ~ **de production/gestion** production/management tool ◆ **il maîtrise bien l'**~ **informatique** he's good with computers ◆ **nous avons tous les** ~**s en main** we have the right tools in hand; → **mauvais**

**outillage** /utijaʒ/ NM *[de mécanicien, bricoleur]* (set of) tools; *[de fermier, jardinier]* implements, equipment *(NonC)*; *[d'atelier, usine]* equipment *(NonC)*

**outiller** /utije/ ► conjug 1 ◄ VT *[+ ouvrier]* to supply *ou* provide with tools, to equip, to kit out *(Brit)*, to outfit *(US)*; *[+ atelier]* to fit out, to equip ◆ **je suis bien/mal outillé pour ce genre de travail** I'm well-/badly-equipped for this kind of work ◆ **pour ce travail, il faudra qu'on s'outille** to do this job, we'll have to equip ourselves *ou* kit ourselves out *(Brit)* properly ◆ **les ouvriers s'outillent à leurs frais** the workers buy their own tools

**outilleur** /utijœʀ/ NM tool-maker

**outplacement** /autplɛsmɛnt/ NM outplacement ◆ **cabinet d'**~ outplacement consultancy firm

**outrage** /utʀaʒ/ NM insult ◆ **accabler qn d'**~**s** to heap insults on sb ◆ **faire** ~ **à** *[+ réputation, mémoire]* to dishonour *(Brit)*, to dishonor *(US)*; *[+ pudeur]* to outrage, to be an outrage to ◆ **faire subir les derniers** ~**s à une femme** *(euph †)* to ravish *ou* violate a woman ◆ **les** ~**s du temps** *(littér)* the ravages of time

COMP ▷ **outrage à agent** insulting behaviour *(to police officer)* ▷ **outrage aux bonnes mœurs** outrage *ou* affront to public decency ▷ **outrage à magistrat** contempt of court ▷ **outrage à la pudeur** gross indecency ▷ **outrage public à la pudeur** indecent exposure *(NonC)*

**outragé, e** /utʀaʒe/ (ptp de **outrager**) ADJ *[air, personne]* gravely offended

**outrageant, e** /utʀaʒɑ̃, ɑ̃t/ ADJ offensive

**outrager** /utʀaʒe/ ► conjug 3 ◄ **VT** *(littér) [+ personne]* to offend gravely; *[+ mœurs, morale]* to outrage; *[+ bon sens, raison]* to insult

**outrageusement** /utʀaʒøzmɑ̃/ **ADV** *(= excessivement)* outrageously, excessively

**outrageux, -euse** /utʀaʒø, øz/ **ADJ** *(= excessif)* outrageous, excessive ◆ **de manière outrageuse** outrageously, excessively

**outrance** /utʀɑ̃s/ **NF** a *(= caractère)* extravagance ◆ **pousser le raffinement jusqu'à l'~** to take refinement to extremes *ou* to excess ◆ **choqué par l'~ de ses propos** shocked by the outrageousness of his remarks b *(= excès)* excess ◆ **il y a des ~s dans ce roman** there are some extravagant passages in this novel ◆ **ses ~s de langage** his outrageous language

◆ **à outrance** *[urbanisation, automatisation]* excessive; *[raffiné]* excessively, to excess ◆ **spécialisé à ~** over-specialized ◆ **cette affaire a été médiatisée à ~** this affair has been hyped up* by the media *ou* has been the subject of intense media hype*

**outrancier, -ière** /utʀɑ̃sje, jɛʀ/ **ADJ** *[personne, propos]* extreme ◆ **son caractère ~** the extreme nature of his character, the extremeness of his character

**outre**[1] /utʀ/ **NF** goatskin, wine *ou* water skin ◆ **gonflé** *ou* **plein comme une ~** full to bursting

**outre**[2] /utʀ/ GRAMMAIRE ACTIVE 53.5 **PRÉP** *(= en plus de)* as well as, besides ◆ ~ **sa cargaison, le bateau transportait des passagers** besides *ou* as well as its cargo the boat was carrying passengers ◆ ~ **son salaire, il a des pourboires** on top of *ou* in addition to his salary, he gets tips ◆ ~ **le fait que** as well as *ou* besides the fact that

◆ **en ~** moreover, besides, further(more)

◆ **outre mesure** to excess, overmuch, inordinately ◆ **manger/boire ~ mesure** to eat/drink to excess *ou* immoderately ◆ **cela ne lui plaît pas ~ mesure** he doesn't like that too much, he's not overkeen on that *(Brit)* ◆ **ma décision ne l'a pas étonné/inquiété ~ mesure** he wasn't unduly *ou* overly surprised at/worried by my decision

◆ **outre que** ◆ ~ **qu'il a le temps, il a les capacités pour le faire** not only does he have the time but he also has the ability to do it, apart from having the time *ou* besides having the time he also has the ability to do it

◆ **passer outre** to carry on regardless ◆ **passer ~ à un ordre** to disregard an order, to carry on regardless of an order

**outré, e** /utʀe/ (ptp de **outrer**) **ADJ** a *(littér = exagéré) [éloges, flatterie]* excessive, exaggerated, overdone *(attrib)*; *[description]* exaggerated, extravagant, overdone *(attrib)* b *(= indigné)* outraged (*de, par* at, by)

**outre-Atlantique** /utʀatlɑ̃tik/ **ADV** across the Atlantic, in the United States ◆ **les films d'~** American films

**outrecuidance** /utʀəkɥidɑ̃s/ **NF** a *(littér = présomption)* presumptuousness ◆ **parler avec ~** to speak presumptuously b *(= effronterie)* impertinence ◆ **répondre à qn avec ~** to answer sb impertinently ◆ **~s** impudence *(NonC)*, impertinences

**outrecuidant, e** /utʀəkɥidɑ̃, ɑ̃t/ **ADJ** a *(= présomptueux)* presumptuous b *(= effronté) [attitude, réponse]* impertinent

**outre-Manche** /utʀəmɑ̃ʃ/ **ADV** across the Channel, in Britain ◆ **nos voisins d'~** our British neighbours

**outremer** /utʀəmɛʀ/ **NM** *(= pierre)* lapis lazuli; *(= couleur)* ultramarine **ADJ INV** ultramarine

**outre-mer** /utʀəmɛʀ/ **ADV** overseas **NM** overseas territories ◆ **l'~ français** France's overseas departments and territories

**outrepassé** /utʀəpɑse/ (ptp de **outrepasser**) **ADJ** → **arc**

**outrepasser** /utʀəpɑse/ ► conjug 1 ◄ **VT** *[+ droits]* to go beyond; *[+ pouvoir, ordres]* to exceed; *[+ limites]* to go beyond, to overstep

**outre-Pyrénées** /utʀəpiʀene/ **ADV** in Spain ◆ **d'~** Spanish

**outrer** /utʀe/ ► conjug 1 ◄ **VT** a *(littér = exagérer)* to exaggerate ◆ **cet acteur outre son jeu** this actor overacts b *(= indigner)* to outrage ◆ **votre ingratitude m'a outré** your ingratitude has outraged me, I am outraged at *ou* by your ingratitude

**outre-Rhin** /utʀəʀɛ̃/ **ADV** across the Rhine ◆ **d'~** *(= allemand)* German

**outre-tombe** /utʀətɔ̃b/ **ADV** beyond the grave ◆ **d'une voix d'~** in a lugubrious voice

**outsider** /autsajdœʀ/ **NM** *(Sport, fig)* outsider

**outsourcer** /autsuʀse/ ► conjug 3 ◄ **VT** to outsource

**ouvert, e** /uvɛʀ, ɛʀt/ (ptp de **ouvrir**) **ADJ** a *[porte, magasin, valise, lieu, espace]* open; *[voiture]* open, unlocked; *[voyelle, syllabe]* open; *[angle]* wide; *[série, ensemble]* open-ended; *[robinet]* on, running; *[col, chemise]* open, undone *(attrib)* ◆ **la bouche ~e** *[dormir]* with one's mouth open; *[rester]* open-mouthed ◆ **entrez, c'est ~ !** come in, the door isn't locked! *ou* the door's open! ◆ ~ **au public** open to the public ◆ **bibliothèque ~e à tous** library open to all members of the public ◆ **le magasin restera ~ pendant les travaux** the shop will remain open (for business) during the alterations ◆ **nous sommes ~s jusqu'à Noël** *(Comm)* we're open till Christmas ◆ ~ **à la circulation** open to traffic ◆ **le col du Simplon est ~** the Simplon pass is open (to traffic) ◆ ~ **à la navigation** open to ships *ou* for sailing ◆ **une rose trop ~e** a rose which is too (far) open ◆ **elle est partie en laissant le robinet/le gaz ~** she went away leaving the tap *ou* the water on *ou* running/the gas on; → **bras, ciel** *etc*

b *(= commencé)* open ◆ **la chasse/pêche est ~e** the shooting season/fishing season is open; → **pari**

c *(= percé, incisé) [plaie]* open ◆ **il a le crâne/le bras ~** he has a gaping wound in his head/in his arm; → **cœur, fracture**

d *[débat, compétition sportive]* open ◆ **la question reste ~e** the question remains open ◆ **une partie très ~e** an open-ended game ◆ **pratiquer un jeu ~** to play an open game

e *(= déclaré, non dissimulé) [guerre, conflit, crise, haine]* open ◆ **de façon ~e** openly, overtly

f *(= communicatif, franc) [personne, caractère]* open, frank; *[visage, physionomie]* open; *(= éveillé, accessible) [intelligence, milieu, marché]* open ◆ **à l'esprit ~** open-minded ◆ **je suis ~ à toute discussion/négociation** I'm open to discussion/negotiation

**ouvertement** /uvɛʀtəmɑ̃/ **ADV** *[dire, avouer]* openly; *[agir]* openly, overtly

**ouverture** /uvɛʀtyʀ/ **NF** a *(= action) [de porte, fenêtre, bouteille, parapluie, huîtres, compte bancaire]* opening; *[de porte fermée à clé, verrou]* unlocking; *[de frontière, passage, chaussée]* opening up; *[de robinet]* turning on ◆ **à ~ facile** easy to open ◆ **l'~ de la porte est automatique** the door opens *ou* is operated automatically ◆ **les documents nécessaires à l'~ d'un compte bancaire** the papers required to open a bank account

b *(Écon) [de marché]* opening ◆ **pour obtenir l'~ des marchés nippons** to open up Japanese markets ◆ **ils ont mis en place une politique d'~ économique** they have established a policy of economic openness ◆ **procéder à une ~ de capital** *(Fin)* to float shares

c *(Comm)* opening ◆ **jours d'~** days of opening ◆ **heures d'~** *[de magasin]* opening hours, hours of business *ou* of opening; *[de musée]* opening hours, hours of opening ◆ **le client était là dès l'~** the customer was there as soon as the shop opened ◆ **"ouverture de 10 h à 15 h"** "open from 10 till 3" ◆ **à l'heure d'~, à l'~** at opening time

d *(= commencement) [de colloque]* opening ◆ **cérémonie/discours/match d'~** opening ceremony/speech/match ◆ **en ~ du festival** to open the festival ◆ **avant l'~ officielle de la campagne électorale** before the official opening of the electoral campaign ◆ **après une ~ en hausse** *(Bourse)* after a strong opening ◆ **ils réclament l'~ immédiate de négociations** they want to open talks immediately ◆ **il a demandé l'~ d'une enquête** he has requested an enquiry ◆ **faire l'~** *(Chasse)* to go on *ou* be at the first shoot ◆ **c'est demain l'~ de la chasse** tomorrow sees the opening of *ou* is the first day of the shooting season

e *(= trou, passage, issue)* opening; *[de puits]* mouth, opening ◆ **toutes les ~s sont gardées** all the openings *ou* all means of access (*ou* exit) are guarded, all the access points (*ou* exit points) are guarded ◆ **il y a de petites ~s sur le couvercle** there are little holes in the lid

f *(= opportunité)* opening ◆ **il y a peut-être une ~ dans notre filiale suisse** there may be an opening in our Swiss subsidiary ◆ **je crois que j'ai une ~ avec lui** *(pour relation amoureuse)* I think I'm in with a chance with him

g *(= proposition)* overture ◆ **faire des ~s à qn** to make overtures to sb ◆ **faire des ~s de paix/conciliation** to make peace/conciliatory overtures

h *(= tolérance)* ~ **d'esprit, esprit d'~** open-mindedness ◆ **il a une grande ~ d'esprit** he is extremely open-minded

i *(= rapprochement, relation)* **l'absence d'~ sur le monde de certaines universités** the inward-looking attitude of some universities ◆ **leur manque d'~ sur le monde menace leur communauté** their reluctance to embrace other cultures poses a threat to their community ◆ **l'~ (politique)** the opening up of the political spectrum ◆ **être partisan de l'~ au centre** *(Pol)* to be in favour of an alliance with the centre ◆ **ils multiplient les signes d'~ en direction des Verts** they are showing more and more signs of being open to an alliance with the Green party ◆ **adopter une politique de plus grande ~ avec l'Est** to develop a more open relationship with the East

j *(Mus)* overture

k *(Math) [d'angle]* magnitude; *[de compas]* degree of opening; *(Photo)* aperture

l *(Cartes)* opening ◆ **avoir l'~** *(Échecs)* to have the first *ou* opening move

m *(Ftbl)* through-ball; *(Rugby)* pass *(by the stand-off half to the three-quarter backs)* ◆ **faire une ~** *(Ftbl)* to hit *ou* play a through-ball; *(Rugby)* to pass the ball to the three-quarter backs; → **demi**[2]

**ouvrable** /uvʀabl/ **ADJ** ◆ **jour ~** weekday, working day ◆ **heures ~s** business hours

**ouvrage** /uvʀaʒ/ **NM** a *(= travail)* work *(NonC)* ◆ **se mettre à l'~** to set to *ou* get (down) to *ou* start work ◆ **l'~ du temps/du hasard** *(littér)* the work of time/of chance; → **cœur**

b *(= objet produit)* piece of work; *(Couture)* work *(NonC)* ◆ ~ **d'orfèvrerie** piece of goldwork ◆ ~ **à l'aiguille** (piece of) needlework; → **boîte, corbeille, panier**

c *(= œuvre)* work; *(= volume)* book ◆ ~ **collectif** *book to which several authors have contributed* ◆ **ce dictionnaire est un ~ collectif** this dictionary was written by a team of editors; → **référence**

d *(Constr)* work

NF *(† ou hum = travail)* ◆ **de la belle ~** a nice piece of work

COMP ▷ **ouvrage d'art** *(Génie Civil)* structure *(bridge or tunnel etc)* ▷ **ouvrage avancé** *(Mil)* outwork ▷ **ouvrage de dames** *(† ou hum)* fancy work *(NonC)* ▷ **ouvrage défensif** *(Mil)* defences, defence work(s) ▷ **ouvrage de maçonnerie** masonry work ▷ **ouvrage militaire** fortification

**ouvragé, e** /uvʀaʒe/ ADJ *[meuble, bois]* (finely) carved; *[napperon]* (finely) embroidered; *[signature]* elaborate; *[métal, bijou]* finely worked

**ouvrant, e** /uvʀɑ̃, ɑ̃t/ ADJ *[panneau]* which opens *(attrib)*; → **toit**

**ouvré, e** /uvʀe/ ADJ a *(Tech, littér) [meuble, bois]* (finely) carved; *[napperon]* (finely) embroidered; *[métal, bijou]* finely worked b *(Admin)* **jour ~** working day

**ouvre-boîte** (pl **ouvre-boîtes**) /uvʀəbwat/ NM can-opener, tin-opener *(Brit)*

**ouvre-bouteille** (pl **ouvre-bouteilles**) /uvʀəbutɛj/ NM bottle opener

**ouvre-huître** (pl **ouvre-huîtres**) /uvʀ(ə)ɥitʀ/ NM oyster knife

**ouvreur, -euse** /uvʀœʀ, øz/ NM,F *(Cartes)* opener; *(Ski)* forerunner NM *[de cinéma, théâtre]* usher NF **ouvreuse** *[de cinéma, théâtre]* usherette

**ouvrier, -ière** /uvʀije, ijɛʀ/ ADJ *[enfance, éducation, quartier]* working-class *(épith)*; *[conflit, agitation, législation]* industrial *(épith)*, labour *(épith)*; *[questions, mouvement]* labour *(épith)* ◆ **association ouvrière** workers' *ou* working men's association; → **cité, classe, syndicat**

NM *(gén, Pol, Sociol)* worker; *(= membre du personnel)* workman ◆ **les revendications des ~s** the workers' claims ◆ **il a 15 ~s** he has 15 workmen, he has 15 men working for him ◆ **des mains d'~** workman's hands ◆ **150 ~s ont été mis en chômage technique** 150 men *ou* workers have been laid off ◆ **l'~ de cette réforme** *(fig)* the author of this reform; → **mauvais, œuvre**

NF **ouvrière** a *(gén, Admin)* female worker ◆ **ouvrière (d'usine)** female factory worker *ou* factory hand; *(jeune)* factory girl, young factory hand ◆ **les ouvrières sortaient de l'usine** the women *ou* girls were coming out of the factory

b *(Zool)* **(abeille) ouvrière** worker (bee)

COMP ▷ **ouvrier agricole** agricultural labourer, farm worker, farmhand ▷ **ouvrier de chantier** labourer ▷ **ouvrier à façon** pieceworker, jobber ▷ **ouvrier hautement qualifié** highly-skilled worker ▷ **ouvrier à la journée** day labourer ▷ **ouvrier qualifié** skilled workman ▷ **ouvrier spécialisé** unskilled *ou* semiskilled worker ▷ **ouvrier d'usine** factory worker *ou* hand

**ouvriérisme** /uvʀijeʀism/ NM worker control, worker power

**ouvriériste** /uvʀijeʀist/ ADJ *[doctrine, attitude]* in favour of giving power to the workers NMF supporter of control by the workers

**ouvrir** /uvʀiʀ/ ▸ conjug 18 ◂ VT a *[+ porte, fenêtre, bouteille, huître]* to open; *[+ verrou, porte fermée à clé]* to unlock; *(par effraction) [+ porte, coffre]* to break open ◆ ~ **la porte toute grande/le portail tout grand** to open the door/the gate wide ◆ **il a ouvert brusquement la porte** he opened the door abruptly, he threw *ou* flung the door open ◆ ~ **sa porte** *ou* **sa maison à qn** to throw open one's doors *ou* one's house to sb ◆ **ils ouvrent leur maison au public tous les étés** they open up their house to the public every summer, they throw their house open to the public every summer; → **parenthèse;** → aussi **porte**

b *[+ bouche, yeux, paupières]* to open ◆ ~ **le bec, l'~** *, ~ **la** *ou* **sa gueule** ** *(fig)* to open one's mouth *ou* trap * ◆ ~ **l'œil** *(fig)* to keep one's eyes open *(fig)* ◆ ~ **les yeux** *(lit)* to open one's eyes ◆ **ce voyage en Asie m'a ouvert les yeux** *(fig)* that trip through Asia opened my eyes *ou* was an eye-opener (to me) ◆ **ouvre l'œil, et le bon !** * keep your eyes peeled! * ◆ ~ **les oreilles** to pin back one's ears * ◆ **elle m'a ouvert son cœur** she opened her heart to me ◆ **ça m'a ouvert l'appétit** that whetted my appetite ◆ **ce séjour à l'étranger lui a ouvert l'esprit** that time he spent abroad has widened his horizons; → aussi **œil**

c *(= déplier, déployer) [+ journal, couteau, livre]* to open; *[+ parapluie]* to open, to put up; *[+ éventail, bras, ailes, main]* to open (out); *[+ manteau, veste]* to undo, to unfasten, to open; *[+ lit, drap]* to turn down; *[+ couture]* to iron flat ◆ **ouvrez les rangs !** *(Mil)* dress! ◆ ~ **ses rangs à qn** *(fig)* to welcome sb among one's ranks

d *(= faire un trou dans) [+ chaussée, mur]* to open up; *[+ membre, ventre]* to open up, to cut open ◆ **les rochers lui ont ouvert la jambe** he cut his leg open on the rocks ◆ **le médecin pense qu'il faudra ~** * the doctor thinks that they will have to open him *(ou her etc)* up *

e *(= faire, construire) [+ porte, passage]* to open up, to make; *[+ autoroute]* to build; *(fig) [+ horizons, perspectives]* to open up ◆ **il a fallu ~ une porte dans ce mur** a doorway had to be made in this wall ◆ ~ **un passage dans le roc à la dynamite** to open up *ou* blast a passage in the rock with dynamite ◆ **ils lui ont ouvert un passage** *ou* **le passage dans la foule** they made way for him through the crowd ◆ **s'~ un passage à travers la forêt** to open up *ou* cut a path for o.s. through the forest ◆ **cette autoroute a été ouverte pour desservir la nouvelle banlieue** this motorway has been built to serve the new suburb

f *(= rendre accessible) [+ chemin, passage]* to open; *[+ route, col, frontière]* to open (up) ◆ **le chasse-neige a ouvert la route** the snowplough opened up the road ◆ ~ **le jeu** *(Sport)* to open up the game ◆ ~ **la voie (à qn)** *(fig)* to lead the way (for sb) ◆ **le pays a ouvert son marché aux produits étrangers** *(Écon)* the country has opened up its market to foreign products ◆ **l'entreprise a ouvert son capital à de nouveaux actionnaires** *(Fin)* the country has opened up its capital to new shareholders ◆ **l'ordinateur à l'école ouvre de nouvelles perspectives aux enseignants** having computers in the classroom opens up new possibilities for teachers; → **horizon**

g *(= créer, commencer à exploiter) [+ restaurant, théâtre, magasin, usine]* to open; *[+ école, succursale]* to open (up)

h *(= commencer, mettre en train) [+ période, négociations]* to begin; *[+ débat, dialogue, enquête]* to begin, to open ◆ ~ **le feu** to open fire

i *(Ordin) [+ fichier, boîte de dialogue]* to open

j *(Ski)* ~ **la piste** to open the piste *ou* run ◆ ~ **la marque à la 16e minute du jeu** *(Ftbl)* to open the scoring after 16 minutes of play ◆ **il ouvre toujours sur un joueur faible** *(Ftbl, Rugby)* he always passes to a weak player ◆ ~ **le jeu** *(Cartes)* to open play ◆ **il a ouvert à pique** *(Cartes)* he opened on *ou* with spades; → **bal, hostilité**

k *(Fin) [+ compte bancaire]* to open; *[+ emprunt]* to take out

l *(= être au début de) [+ liste, œuvre]* to head; *[+ procession]* to lead; → **marche**[1]

m *(= faire fonctionner) [+ électricité, gaz, radio, télévision]* to turn on, to switch on, to put on; *[+ eau, robinet]* to turn on; *[+ vanne]* to open

VI a *(= ouvrir la porte)* **on a frappé, va ~ !** there's someone at the door, go and open it! ◆ **ouvrez, au nom de la loi !** open up, in the name of the law! ◆ **n'ouvre à personne !** don't open the door to anybody! ◆ **fais-toi ~ par le gardien** ask *ou* get the caretaker to let you in

b *[fenêtre, porte]* to open ◆ **cette fenêtre ouvre sur la cour** this window opens (out) onto the yard ◆ **la porte de derrière n'ouvre pas** the back door doesn't open

c *[magasin]* to open ◆ **le boulanger ouvre de 7 heures à 19 heures** the baker is open *ou* opens from 7 am till 7 pm

d *(= commencer)* to open

VPR **s'ouvrir** a *(gén)* to open; *[fleur]* to open (out); *[esprit]* to open out ◆ **robe qui s'ouvre par devant** dress that undoes *ou* unfastens at the front ◆ **sa robe s'est ouverte** her dress came undone *ou* unfastened ◆ **la fenêtre s'ouvre sur une cour** the window opens (out) onto a courtyard ◆ **la foule s'ouvrit pour le laisser passer** the crowd parted to let him through ◆ **la porte s'ouvrit violemment** the door flew open *ou* was flung open *ou* was thrown open ◆ **la porte/boîte a dû s'~** the door/box must have come open

b *(= commencer) [récit, séance, exposition]* to open *(par* with); ◆ **la séance s'ouvrit par un chahut** the meeting opened in uproar

c *(= se présenter)* **un chemin poussiéreux s'ouvrit devant eux** a dusty path opened in front of *ou* before them ◆ **la vie qui s'ouvre devant elle est pleine d'embûches** the life which is opening in front of *ou* before her is full of pitfalls

d *(= béer)* to open (up) ◆ **la terre s'ouvrit devant eux** the ground opened up before them ◆ **le gouffre s'ouvrait à leurs pieds** the chasm lay open *ou* gaped at their feet

e *(= se blesser)* to cut open ◆ **elle s'est ouvert les veines** she slashed *ou* cut her wrists ◆ **il s'ouvrit la jambe en tombant sur une faux** he cut his leg open when he fell onto a scythe

f *(= devenir accessible, communiquer)* **s'~ à** *[+ amour, art, problèmes économiques]* to open one's mind to, to become aware of ◆ **son esprit s'est ouvert aux souffrances d'autrui** he became aware of the suffering of others ◆ **pays qui s'ouvre sur le monde extérieur** country which is opening up to the outside world

g *(= se confier)* **s'~ à qn de** to open one's heart to sb about ◆ **il s'en est ouvert à son confesseur** he opened his heart to his confessor about it

**ouvroir** /uvʀwaʀ/ NM *[de couvent]* workroom; *[de paroisse]* sewing room

**ouzbek** /uzbɛk/ ADJ Uzbek NM *(Ling)* Uzbek NMF **Ouzbek** Uzbek

**Ouzbékistan** /uzbekistɑ̃/ NM Uzbekistan

**ovaire** /ɔvɛʀ/ NM ovary

**ovale** /ɔval/ ADJ *[table, surface]* oval; *[volume]* egg-shaped; → **ballon**[1] NM oval ◆ **l'~ du visage** the oval of the face ◆ **en ~** oval (-shaped)

**ovalie** /ɔvali/ **NF** *(journalistique)* ◆ **l'~** the world of rugby *ou* rugger * *(Brit)*

**ovariectomie** /ɔvaʀjɛktɔmi/ **NF** ovariectomy, oophorectomy

**ovarien, -ienne** /ɔvaʀjɛ̃, jɛn/ **ADJ** ovarian

**ovariotomie** /ɔvaʀjɔtɔmi/ **NF** ovariotomy

**ovarite** /ɔvaʀit/ **NF** ovaritis, oophoritis

**ovation** /ɔvasjɔ̃/ **NF** ovation ◆ **faire une ~ à qn** to give sb an ovation ◆ **ils se levèrent pour lui faire une ~** they gave him a standing ovation ◆ **sous les ~s du public** to the rapturous applause of the audience (*ou* crowd *etc*)

**ovationner** /ɔvasjɔne/ ▸ conjug 1 ◂ **VT** ◆ ~ **qn** to give sb an ovation

**ove** /ɔv/ **NM** *(Archit)* ovum

**ové, e** /ɔve/ **ADJ** egg-shaped

**overdose** /ɔvœʀdoz/ **NF** *(Méd)* (drug) overdose; * *[de musique, informations]* overdose ◆ **c'est l'~ !** * I've had enough!

**overdrive** /ɔvœʀdʀajv/ **NM** overdrive

**Ovide** /ɔvid/ **NM** Ovid

**oviducte** /ɔvidykt/ **NM** oviduct

**ovin, e** /ɔvɛ̃, in/ **ADJ** *[viande, élevage]* sheep *(épith)* ◆ **la race ~e limousine** the sheep of Limousin **NMPL** ◆ **les ~s** sheep

**ovipare** /ɔvipaʀ/ **ADJ** oviparous **NM** oviparous animal ◆ **~s** ovipara

**ovni** /ɔvni/ **NM** (abrév de **objet volant non identifié**) UFO ◆ **c'est un véritable ~** *(fig)* it's like something from another planet

**ovocyte** /ɔvɔsit/ **NM** oocyte

**ovoïde** /ɔvɔid/ **ADJ** egg-shaped, ovoid *(SPÉC)*

**ovovivipare** /ovovivipaʀ/ **ADJ** ovoviviparous

**ovulaire** /ɔvylɛʀ/ **ADJ** ovular

**ovulation** /ɔvylasjɔ̃/ **NF** ovulation

**ovulatoire** /ɔvylatwaʀ/ **ADJ** ovulatory

**ovule** /ɔvyl/ **NM** *(Physiol)* ovum; *(Bot)* ovule; *(Pharm)* pessary

**ovuler** /ɔvyle/ ▸ conjug 1 ◂ **VI** to ovulate

**oxacide** /ɔksasid/ **NM** oxyacid, oxygen acid

**oxalique** /ɔksalik/ **ADJ** ◆ **acide** ~ oxalic acid

**Oxford** /ɔksfɔʀd/ **N** Oxford

**oxford** /ɔksfɔʀ(d)/ **NM** *(Tex)* oxford

**oxfordien, -ienne** /ɔksfɔʀdjɛ̃, jɛn/ **ADJ** Oxonian **NM,F** **Oxfordien(ne)** Oxonian

**oxhydrique** /ɔksidʀik/ **ADJ** oxyhydrogen *(épith)*

**oxonien, -ienne** /ɔksɔnjɛ̃, jɛn/ **ADJ** Oxonian **NM,F** **Oxonien(ne)** Oxonian

**oxyacétylénique** /ɔksiasetilenik/ **ADJ** oxyacetylene *(épith)*

**oxydable** /ɔksidabl/ **ADJ** liable to rust, oxidizable *(SPÉC)*

**oxydant, e** /ɔksidɑ̃, ɑ̃t/ **ADJ** oxidizing **NM** oxidizer, oxidizing agent

**oxydase** /ɔksidɑz/ **NF** oxidase

**oxydation** /ɔksidasjɔ̃/ **NF** oxid(iz)ation

**oxyde** /ɔksid/ **NM** oxide ◆ ~ **de carbone** carbon monoxide ◆ ~ **de plomb** lead oxide *ou* monoxide ◆ ~ **de cuivre/de fer** copper/iron oxide

**oxyder** /ɔkside/ ▸ conjug 1 ◂ **VT** to oxidize **VPR** **s'oxyder** to become oxidized

**oxydoréduction** /ɔksidoʀedyksjɔ̃/ **NF** oxidation-reduction

**oxygénateur** /ɔksiʒenatœʀ/ **NM** *[d'aquarium]* oxygenator

**oxygénation** /ɔksiʒenasjɔ̃/ **NF** oxygenation

**oxygène** /ɔksiʒɛn/ **NM** oxygen ◆ **il est allé chercher un bol d'~ à la campagne** he's gone to the countryside to get some fresh air into his lungs ◆ **ce week-end fut pour moi une bouffée d'~** that weekend did me a power of good * *ou* really lifted my spirits ◆ **apporter un peu** *ou* **une bouffée d'~ à l'économie** to give the economy a shot in the arm; → **ballon**[1]

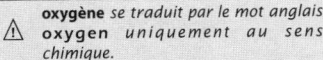

> ⚠ **oxygène** *se traduit par le mot anglais* **oxygen** *uniquement au sens chimique.*

**oxygéner** /ɔksiʒene/ ▸ conjug 6 ◂ **VT** *(Chim)* to oxygenate; *[+ cheveux]* to peroxide, to bleach ◆ **s'~ (les poumons)** * to get some fresh air (into one's lungs) ◆ **elle est allée au concert pour s'~ la tête** * *ou* **l'esprit** she went to the concert to take her mind off things; → **blond, eau**

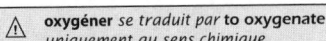

> ⚠ **oxygéner** *se traduit par* **to oxygenate** *uniquement au sens chimique.*

**oxyhémoglobine** /ɔksiemɔglɔbin/ **NF** oxyhaemoglobin

**oxymore** /ɔksimɔʀ/, **oxymoron** /ɔksimɔʀɔ̃/ **NM** oxymoron

**oxyure** /ɔksjyʀ/ **NM** pinworm, threadworm

**oyat** /ɔja/ **NM** beachgrass

**oyez** /ɔje/ → **ouïr**

**ozone** /ozon/ **NM** ozone ◆ **la couche d'~** the ozone layer ◆ **"préserve la couche d'ozone"** *(sur emballage)* "ozone-friendly"

**ozonisation** /ozonizasjɔ̃/ **NF** ozonization

**ozoniser** /ozonize/ ▸ conjug 1 ◂ **VT** to ozonize

# P

**P, p**[1] /pe/ NM (= *lettre*) P, p

**p**[2] (abrév de **page**) p

**PAC** /pak/ NF (abrév de **politique agricole commune**) CAP

**PACA** /paka/ NF (abrév de **Provence-Alpes-Côte d'Azur**) *region in southern France*

**pacage** /pakaʒ/ NM pasture, grazing (land) *(NonC)*

**pacager** /pakaʒe/ ▸ conjug 3 ◂ VT to pasture, to graze VI to graze

**pacane** /pakan/ NF ◆ **(noix de)** ~ pecan (nut)

**pacemaker** /pɛsmɛkœʀ/ NM pacemaker

**pacha** /paʃa/ NM pasha ◆ **mener une vie de ~, faire le ~** *(= vivre richement)* to live like a lord; *(= se prélasser)* to live a life of ease

**pachyderme** /paʃidɛʀm/ NM **a** *(SPÉC)* pachyderm *(SPÉC)*; *(= éléphant)* elephant **b** *(péj, hum = personne)* elephant ◆ **de ~** *[allure, démarche]* elephantine, heavy

**pacificateur, -trice** /pasifikatœʀ, tʀis/ ADJ *[action, discours]* placatory, pacifying ◆ **les vertus pacificatrices de la musique** the soothing qualities of music NM,F *(= personne)* peacemaker

**pacification** /pasifikasjɔ̃/ NF pacification

**pacifier** /pasifje/ ▸ conjug 7 ◂ VT *[+ pays]* to pacify, to bring peace to; *[+ esprits]* to pacify ◆ **il rêve d'un monde pacifié** he dreams of a world at peace

**pacifique** /pasifik/ ADJ **a** *[coexistence, manifestation, règlement, intention, solution]* peaceful; *[humeur]* peaceable; *[personne, peuple]* peace-loving, peaceable ◆ **utilisé à des fins ~s** used for peaceful purposes **b** *(Géog)* Pacific NM *(Géog)* ◆ **le Pacifique** the Pacific ◆ **les îles du Pacifique** the Pacific Islands

**pacifiquement** /pasifikmɑ̃/ ADV peacefully

**pacifisme** /pasifism/ NM pacifism

**pacifiste** /pasifist/ NMF pacifist ADJ *[doctrine]* pacifistic, pacifist ◆ **manifestation ~** peace march *ou* demonstration

**pack** /pak/ NM **a** *(Rugby)* pack **b** *(Comm)* pack ◆ **~ de bière/yaourts** pack of beer/yoghurts **c** *(= banquise)* pack ice

**package** /paka(d)ʒ, pakɛdʒ/ NM *(Écon, Ordin)* package ◆ **~ (tour)** *(Tourisme)* package holiday

**packageur** /paka(d)ʒœʀ/ NM packager

**packaging** /paka(d)ʒiŋ/ NM *(Comm)* packaging

**pacotille** /pakɔtij/ NF **a** *(de mauvaise qualité)* cheap junk* *ou* trash*; *(clinquant)* showy stuff ◆ **c'est de la ~** it's junk*, it's cheap rubbish *(Brit)* ◆ **meubles/bijoux de ~** cheap furniture/jewellery **b** *(Hist) goods carried free of freightage*

**PACS** /paks/ NM (abrév de **pacte civil de solidarité**) *contract for people in long-term relationship*

**pacsé, e** /pakse/ ADJ ◆ **ils sont ~s** they've signed a PACS contract

**pacson**‡ /paksɔ̃/ NM packet

**pacte** /pakt/ NM pact, treaty ◆ **~ d'alliance** treaty of alliance ◆ **~ de non-agression** non-aggression pact ◆ **le ~ de Varsovie** the Warsaw Pact ◆ **faire** *ou* **conclure** *ou* **signer un ~ avec qn** to sign a pact *ou* treaty with sb ◆ **il a signé un ~ avec le diable** he made a pact with the devil

**pactiser** /paktize/ ▸ conjug 1 ◂ VI *(péj = se liguer)* to make a deal *(avec* with); ◆ **~ avec l'ennemi** to collude with the enemy ◆ **~ avec le diable** to make a pact with the devil ◆ **~ avec le racisme/le nazisme** to condone racism/Nazism

**pactole** /paktɔl/ NM *(= source de richesse)* gold mine; *( * = argent)* fortune ◆ **un bon ~** a tidy sum* *ou* packet* ◆ **un petit ~** a tidy little sum*, a small fortune ◆ **le Pactole** *(Géog)* the Pactolus

**paddock** /padɔk/ NM **a** *[de champ de courses]* paddock **b** (‡ *= lit)* bed ◆ **aller au ~** to hit the sack* *ou* the hay*, to turn in*

**Padoue** /padu/ N Padua

**paella** /paela/ NF paella

**PAF** /paf/ NM (abrév de **paysage audiovisuel français**) → **paysage** NF (abrév de **police de l'air et des frontières**) → **police**[1]

**paf** /paf/ EXCL *(chute)* bam!; *(gifle)* slap!, wham! ADJ INV (‡ *= ivre)* drunk, tight* *(Brit)* ◆ **complètement ~** plastered‡

**pagaie** /pagɛ/ NF paddle

**pagaille, pagaïe** /pagaj/ NF **a** *(= objets en désordre)* mess, shambles *(NonC)*; *(= cohue, manque d'organisation)* chaos *(NonC)* ◆ **quelle ~ dans cette pièce !** what a mess this room is in! ◆ **c'est la ~ sur les routes/dans le gouvernement** there is (complete) chaos on the roads/in the government ◆ **il a mis** *ou* **semé la ~ dans mes affaires/dans la réunion** he has messed up all my things/the meeting **b** *(= beaucoup)* **il y en a en ~** * there are loads* *ou* masses of them

**paganiser** /paganize/ ▸ conjug 1 ◂ VT to paganize, to heathenize

**paganisme** /paganism/ NM paganism, heathenism

**pagaye** /pagaj/ NF ⇒ **pagaille**

**pagayer** /pageje/ ▸ conjug 8 ◂ VI to paddle

**pagayeur, -euse** /pagɛjœʀ, øz/ NM,F paddler

**page**[1] /paʒ/ NF *(= feuillet)* page; *(fig = passage)* passage, page; *(= événement)* page, chapter, episode ◆ **(à la) ~ 35** on page 35 ◆ **une pleine ~ de publicité** a full-page ad ◆ **belle/fausse ~** *(Typo)* right-hand/left-hand page ◆ **~ suivante/précédente** *(Ordin)* page down/up ◆ **~ d'accueil/de démarrage/de recherche** *(Internet)* home/start-up/search page ◆ **une ~ d'écriture** a page of writing ◆ **les plus belles ~s de Corneille** the finest passages of Corneille ◆ **une ~ glorieuse/nouvelle de l'histoire de France** a glorious chapter/new page in the history of France ◆ **tourner la ~** *(lit, fig)* to turn the page ◆ **une ~ est tournée** a page has been turned; → **garde**[1]

◆ **en page** ◆ **mettre en ~** *(Typo)* to lay out, to make up (into pages) ◆ **mise en ~** *(Typo)* layout, make-up; *(Ordin)* layout

◆ **à la page** * *(= à la mode)* ◆ **être à la ~** to be with it* ◆ **ne plus être à la ~** to be out of touch ◆ **se mettre à la ~** *[institution]* to bring itself up to date ◆ **j'essaie de me mettre à la ~** I try to keep in touch with what's going on

COMP ▷ **page blanche** blank page ◆ **l'angoisse de l'écrivain devant la ~ blanche** writer's block ◆ **les ~s blanches** *[d'annuaire]* the phone book, the white pages ▷ **les pages jaunes (de l'annuaire)** the Yellow pages ® ▷ **page de publicité** *(Radio, TV)* commercial break, commercials ▷ **page de titre** title page

**page**[2] /paʒ/ NM *(Hist)* page (boy)

**page**[3]‡ /paʒ/ NM bed ◆ **se mettre au ~** to turn in*, to hit the sack* *ou* the hay*

**page-écran** (pl **pages-écrans**) /paʒekʀɑ̃/ NF *(Ordin)* screenful

**pageot**‡ /paʒo/ NM ⇒ **page**[3]

**pageoter (se)**‡ /paʒɔte/ ▸ conjug 1 ◂ VPR to turn in*, to hit the sack* *ou* the hay*

**pagination** /paʒinasjɔ̃/ NF *(gén = numérotation)* pagination; *(Ordin)* paging; *(Presse = nombre de pages)* pagination, page count ◆ **erreur de ~** pagination error

**paginer** /paʒine/ ▸ conjug 1 ◂ VT *(gén)* to paginate; *(Ordin)* to page ◆ **livre non paginé** book without page numbers ◆ **mémoire paginée** expanded memory

**pagne** /paɲ/ NM *(en tissu)* loincloth; *(en paille)* grass skirt

**pagode** /pagɔd/ NF pagoda ◆ **manche ~** pagoda sleeve

**paie** /pɛ/ NF *[de militaire]* pay; *[d'ouvrier]* pay, wages ◆ **jour de ~** payday ◆ **bulletin** *ou* **feuille de ~** payslip ◆ **toucher sa ~** to be paid, to get one's wages ◆ **il travaille à la ~** *ou* **au service ~** he works in the wages department ◆ **il y a** *ou* **ça fait une ~ que nous ne nous sommes pas vus** * it's been ages since we last saw each other, we haven't seen each other for ages *ou* yonks ‡ *(Brit)*

**paiement** /pɛmɑ̃/ NM payment (*de* for); ◆ **faire un ~** to make a payment ◆ **~ à la commande** payment *ou* cash with order ◆ **~ à la livraison** cash on delivery ◆ **~ comptant** payment in full ◆ **~ échelonné** payment by *ou* in instalments ◆ **~ en liquide** cash payment ◆ **~ par chèque/d'avance** payment by cheque/in advance ◆ **~ électronique** electronic payment; → **facilité**

**païen, païenne** /pajɛ̃, pajɛn/ ADJ, NM,F pagan, heathen

**paierie** /peʀi/ NF ◆ **~ (générale)** local office of the treasury *(paying salaries, state bills etc)*

**paillage** /pɑjaʒ/ NM *(Agr)* mulching

**paillard, e** * /pajaʀ, aʀd/ ADJ *[personne]* bawdy, coarse; *[histoire]* bawdy, lewd, dirty ◆ **chanson ~e** bawdy song

**paillardise** /pajaʀdiz/ NF *(= débauche)* bawdiness; *(= plaisanterie)* dirty *ou* lewd joke (*ou* story *ou* remark *etc*)

**paillasse**[1] /pajas/ NF **a** *(= matelas)* straw mattress **b** *[d'évier]* draining board, drainboard *(US)*; *[de laboratoire]* (tiled) work surface **c** *(† = prostituée)* trollop † **d** *(* : loc)* **crever la ~ à qn** to do sb in * ◆ **se crever la ~ à faire qch** to slog one's guts out doing sth

**paillasse**[2] /pajas/ NM *(= clown)* clown

**paillasson** /pajasɔ̃/ NM *[de porte]* doormat; *(péj = personne)* doormat *(fig)* *(Agr)* matting; → **clé**

**paille** /pɑj/ NF **a** *(= tige coupée)* straw; *(pour boire)* (drinking) straw ◆ **chapeau/panier de ~** straw hat/basket ◆ **botte de ~** bale of straw ◆ **boire avec une ~** to drink through a straw

**b** *(loc)* **être sur la ~** to be penniless ◆ **mettre qn sur la ~** to reduce sb to poverty ◆ **mourir sur la ~** to die penniless *ou* in poverty ◆ **voir la ~ dans l'œil du prochain (mais pas la poutre dans le sien)** to see the mote in one's neighbour's *ou* one's brother's eye (but not the beam in one's own) ◆ **c'est la ~ et la poutre** it's the pot calling the kettle black ◆ **deux millions de francs ? une ~ !** * two million francs? that's peanuts! *; → **court**[1], **feu**[1], **homme**

**c** *(Tech = défaut)* flaw

ADJ INV ◆ **jaune ~** straw-coloured *(Brit)* *ou* -colored *(US)*

COMP ▷ **paille de fer** steel wool ▷ **paille de riz** rice straw ◆ **balai en ~ de riz** straw broom

**pailler** /pɑje/ ► conjug 1 ◄ VT *[+ chaise]* to put a straw bottom in; *[+ arbre, fraisier]* to mulch ◆ **chaise paillée** straw-bottomed chair

**pailleté, e** /pɑj(ə)te/ (ptp de **pailleter**) ADJ *[robe]* sequined ◆ **yeux noisette ~s d'or** hazel eyes speckled with gold

**pailleter** /pɑj(ə)te/ ► conjug 4 ◄ VT *(gén)* to spangle; *[+ robe]* to sew sequins on

**paillette** /pɑjɛt/ NF **a** *(Habillement)* sequin, spangle ◆ **corsage à ~s** sequined blouse, blouse with sequins on it ◆ **des émissions ~s** glitzy * TV shows **b** *[d'or]* speck; *[de mica, lessive]* flake ◆ **savon en ~s** soapflakes **c** *(Méd)* **~ de sperme** sperm straw **d** *[de maquillage]* **~s** glitter *(NonC)*

**paillis** /pɑji/ NM mulch

**paillon** /pɑjɔ̃/ NM *[de bouteille]* straw case *ou* wrapping; *[de métal]* small strip

**paillote** /pɑjɔt/ NF straw hut

**pain** /pɛ̃/ NM **a** *(= substance)* bread *(NonC)* ◆ **du gros ~** bread sold by weight ◆ **du ~ frais/dur/rassis** fresh/dry/stale bread ◆ **~ de ménage/de boulanger** home-made/baker's bread ◆ **le ~ et le vin** *(Rel)* the bread and wine ◆ **notre ~ quotidien** *(Rel)* our daily bread ◆ **mettre qn au ~ sec** to put sb on dry bread ◆ **je vais au ~** * I'm going to get the bread

**b** *(= miche)* loaf ◆ **un ~ (de 2 livres)** a (2-lb) loaf ◆ **un ~ long/rond** a long/round loaf ◆ **deux ~s** two loaves (of bread) ◆ **gros ~** large (crusty) loaf

**c** *(en forme de pain) [de cire]* bar; *[de savon]* bar, cake ◆ **~ de poisson/de légumes** *etc* *(Culin)* fish/vegetable *etc* loaf ◆ **~ de glace** block of ice ◆ **le liquide s'est pris en ~ (dans le congélateur)** the liquid has frozen into a block of ice (in the deep-freeze) ◆ **~ dermatologique** hypoallergenic cleansing bar

**d** *(‡ = coup)* punch, sock * ◆ **se prendre un ~** to get punched *ou* socked one * ◆ **mettre un ~ à qn** to punch *ou* sock sb one *

**e** *(loc)* **on a du ~ sur la planche** * *(beaucoup à faire)* we've got a lot to do, we've got a lot on our plate *(Brit)*; *(travail difficile)* we have our work cut out (for us) ◆ **il reste du ~ sur la planche** there's still a lot to do *ou* to be done ◆ **ôter** *ou* **retirer le ~ de la bouche de qn** to take the bread out of sb's mouth ◆ **ôter** *ou* **faire passer le goût du ~ à qn** * to do sb in *; → **bouchée**[2], **manger, petit** *etc*

COMP ▷ **pain azyme** unleavened bread ▷ **pain bénit** consecrated bread ◆ **c'est ~ bénit** *(fig)* it's a godsend ▷ **pain bis** brown bread ▷ **pain brioché** brioche bread; *(= miche)* brioche loaf ▷ **pain brûlé** ADJ INV deep golden brown ▷ **pain à cacheter** bar of sealing wax, sealing wafer ▷ **pain de campagne** farmhouse bread; *(= miche)* farmhouse loaf ▷ **pain au chocolat** pain au chocolat, chocolate croissant ▷ **pain complet** wholewheat *ou* wholemeal *(Brit)* bread; *(= miche)* wholewheat *ou* wholemeal *(Brit)* loaf ▷ **pain d'épice(s)** *cake made with honey, rye, aniseed, etc,* ≃ gingerbread ▷ **pain de Gênes** sponge cake ▷ **pain grillé** toast ▷ **pain de gruau** ⇒ **pain viennois** ▷ **pain au lait** *kind of sweet bun* ▷ **pain au levain** leavened bread ▷ **pain de mie** sandwich bread; *(= miche)* sandwich loaf ▷ **pain parisien** *long loaf of bread* ▷ **pain perdu** French toast ▷ **pain pita** pitta *ou* pita bread ▷ **pain de plastic** stick of gelignite ▷ **pain aux raisins** ≃ Danish pastry *(with raisins)* ▷ **pain de seigle** rye bread; *(= miche)* rye loaf ▷ **pain de son** bran bread; *(= miche)* bran loaf ▷ **pain de sucre** sugar loaf ◆ **montagne en ~ de sucre** sugar-loaf mountain ◆ **tête en ~ de sucre** egg-shaped head ▷ **pain viennois** Vienna bread; *(= miche)* Vienna loaf

**pair**[1] /pɛʀ/ NM **a** *(= dignitaire)* peer **b** *(= égaux)* **~s** peers; → **hors c** *(Fin)* par ◆ **valeur remboursée au ~** stock repayable at par ◆ **cours au ~** par rate **d** *(loc)*

◆ **au pair** ◆ **travailler/être au ~** to work as/be an au pair ◆ **jeune fille au ~** au pair (girl) ◆ **jeune homme au ~** (male) au pair

◆ **de pair** ◆ **aller** *ou* **marcher de ~** to go hand in hand ◆ **aller de ~ avec** to go hand in hand with

**pair**[2]**, e**[1] /pɛʀ/ ADJ *[nombre]* even ◆ **le côté ~ de la rue** the side of the street with even numbers ◆ **jours ~s** even dates ◆ **jouer ~** to bet on the even numbers

**paire**[2] /pɛʀ/ NF **a** *[de ciseaux, lunettes, tenailles, chaussures]* pair; *[de bœufs]* yoke; *[de pistolets, pigeons]* brace; *(Cartes)* pair ◆ **ils forment une ~ d'amis** the two of them are great friends ◆ **une belle ~ d'escrocs** a real pair of crooks ◆ **avoir une bonne ~ de joues** to be chubby-cheeked **b** *(loc)* **les deux font la ~** they're two of a kind ◆ **ils font la ~ ces deux-là !** * they're a right pair! * ◆ **c'est une autre ~ de manches** * that's another kettle of fish, that's another story ◆ **se faire la ~** ‡ to clear off ‡, to beat it ‡

**pairesse** /pɛʀɛs/ NF peeress

**pairie** /peʀi/ NF peerage

**paisible** /pezibl/ ADJ **a** *[personne, caractère]* quiet; *[vie, quartier, village, retraite]* peaceful, quiet ◆ **dormir d'un sommeil ~** to be sleeping peacefully **b** *(Jur)* quiet, peaceable

**paisiblement** /peziblәmɑ̃/ ADV peacefully

**paître** /pɛtʀ/ ► conjug 57 ◄ VI to graze ◆ **le pâturage où ils font ~ leur troupeau** the pasture where they graze their herd ◆ **envoyer ~ qn** ‡ to send sb packing * VT *[+ herbe]* to graze on; *[+ feuilles, fruits]* to feed on ◆ **~ l'herbe d'un pré** to graze in a meadow

**paix** /pɛ/ NF **a** *(Mil, Pol)* peace ◆ **~ armée** armed peace ◆ **~ séparée** separate peace agreement ◆ **demander la ~** to sue for peace ◆ **signer la ~** to sign a peace treaty ◆ **en temps de ~** in peacetime ◆ **traité/pourparlers de ~** peace treaty/talks ◆ **soldats de la ~** peacekeeping force ◆ **Mouvement pour la ~** Peace Movement ◆ **si tu veux la ~, prépare la guerre** *(Prov)* if you wish to have peace, prepare for war

**b** *(= état d'accord)* peace ◆ **~ sociale** social peace ◆ **pour rétablir la ~ sociale au sein de l'entreprise** to re-establish peaceful relations within the company ◆ **ramener la ~ entre ...** to make peace between ... ◆ **il a fait la ~ avec son frère** he has made his peace with his brother, he and his brother have made up *ou* made it up *(Brit)* ◆ **être pour la ~ des ménages** *(hum)* to believe in domestic harmony; → **baiser**[1]**, gardien, juge**

**c** *(= tranquillité)* peace, quiet; *(= silence)* stillness, peacefulness ◆ **tout le monde est sorti, quelle ~ dans la maison !** how peaceful *ou* quiet it is in the house now everyone has gone out! ◆ **est-ce qu'on pourrait avoir la ~ ?** could we have a bit of peace and quiet?

**d** *(= calme intérieur)* peace ◆ **la ~ de l'âme** inner peace ◆ **allez** *ou* **partez en ~** *(Rel)* go in peace ◆ **~ à sa mémoire** *ou* **à son âme** *ou* **à ses cendres** *(hum)* God rest his soul ◆ **~ sur la terre aux hommes de bonne volonté** *(Bible)* peace on Earth and good will to all men ◆ **avoir la conscience en ~, être en ~ avec sa conscience** to have a clear *ou* an easy conscience, to be at peace with one's conscience ◆ **qu'il repose en ~** may he rest in peace ◆ **laisser qn en ~, laisser la ~ à qn** to leave sb alone *ou* in peace ◆ **fous-moi** ‡ *ou* **fiche-moi** * **la ~ !** stop pestering me!, clear off! ‡ ◆ **la ~ !** shut up! *, quiet!

**Pakistan** /pakistɑ̃/ NM Pakistan

**pakistanais, e** /pakistanɛ, ɛz/ ADJ Pakistani NM,F **Pakistanais(e)** Pakistani

**PAL** /pal/ NM (abrév de **Phase Alternative Line**) PAL

**pal** (pl **pals**) /pal/ NM *(Hér)* pale; *(= pieu)* stake ◆ **le (supplice du) ~** torture by impalement

**palabrer** /palabʀe/ ► conjug 1 ◄ VI *(= bavarder)* to talk *ou* chat away; *(= parlementer)* to argue endlessly ◆ **je n'ai pas envie de l'entendre ~ pendant des heures** I don't want to listen to him going on *ou* waffling on * *(Brit)* for hours ◆ **assez palabré, il faut agir** that's enough talk, let's have some action

**palabres** /palabʀ/ NFPL never-ending discussions

**palace** /palas/ NM luxury hotel ◆ **ils habitent un vrai ~** their house is (like) a palace

**paladin** /paladɛ̃/ NM paladin

**palais** /palɛ/ NM a *(= édifice)* palace; → **révolution** b *(Jur)* **le Palais** the law courts ◆ **en argot du Palais, en termes de Palais** in legal parlance ◆ **les gens du Palais** lawyers c *(Anat)* palate ◆ **~ dur/mou** hard/soft palate ◆ **avoir le ~ desséché** to be parched, to be dying of thirst ◆ **avoir le ~ fin** to have a discerning palate ◆ **~ fendu** *(Méd)* cleft palate; → **flatter, voile²** COMP ▷ **le palais Brongniart** *the Paris Stock Exchange* ▷ **le palais de Buckingham** Buckingham Palace ▷ **palais des congrès** convention centre ▷ **le palais de l'Élysée** the Élysée Palace ▷ **palais des expositions** exhibition centre ▷ **Palais de justice** law courts ▷ **le palais du Luxembourg** *the seat of the French Senate* ▷ **le palais des Nations** the Palais des Nations ▷ **Palais des sports** sports stadium

**Palais-Bourbon** /palɛbuʀbɔ̃/ NM ◆ **le ~** (the seat of) the French National Assembly

**palan** /palɑ̃/ NM hoist

**palangre** /palɑ̃gʀ/ NF *(Pêche)* long-line ◆ **la pêche à la ~** long-lining

**palanque** /palɑ̃k/ NF stockade

**palanquée** /palɑ̃ke/ NF **une palanquée** *ou* **des palanquées de** * loads of *

**palanquin** /palɑ̃kɛ̃/ NM palanquin, palankeen

**palatal, e** (mpl **-aux**) /palatal, o/ ADJ *(Ling)* *[consonne]* palatal *(épith)*; *[voyelle]* front *(épith)*; *(Anat)* palatal NF **palatale** *(= consonne)* palatal consonant; *(= voyelle)* front vowel

**palatalisation** /palatalizasjɔ̃/ NF palatalization

**palataliser** /palatalize/ ▸ conjug 1 ◂ VT to palatalize

**palatin, e** /palatɛ̃, in/ ADJ a *(Hist)* Palatine ◆ **le comte/l'électeur ~** the count/the elector Palatine ◆ **princesse Palatine** Princess Palatine b *(Géog)* **le (mont) Palatin** the Palatine Hill c *(Anat)* palatine NM *(Hist)* Palatine; *(Anat)* palatine

**Palatinat** /palatina/ NM ◆ **le ~** the Palatinate

**pale** /pal/ NF *[d'hélice, rame]* blade; *[de roue, écluse]* paddle

**pâle** /pɑl/ ADJ a *[teint, personne]* pale; *(= maladif)* pallid, pale ◆ **~ comme un linge** as white as a sheet ◆ **~ comme la mort** deathly pale *ou* white ◆ **~ de peur** white with fear ◆ **~ de colère** pale *ou* white *ou* livid with anger ◆ **se faire porter ~** ⁑ to report *ou* go * sick; → **visage** b *[lueur]* pale, weak; *[couleur, soleil, ciel]* pale c *[style]* weak; *[imitation]* pale, poor; *[sourire]* faint, wan ◆ **un ~ crétin** *(péj)* a downright *ou* an utter fool

**palefrenier, -ière** /palfʀənje, jɛʀ/ NM,F groom; *(Hist)* *[d'auberge]* ostler

**palefroi** /palfʀwa/ NM *(Hist)* palfrey

**paléoanthropologie** /paleoɑ̃tʀopoloʒi/ NF palaeoanthropology *(Brit)*, paleoanthropology *(US)*

**paléoanthropologue** /paleoɑ̃tʀopɔlɔg/ NMF palaeoanthropologist *(Brit)*, paleoanthropologist *(US)*

**paléobotanique** /paleobɔtanik/ NF palaeobotany *(Brit)*, paleobotany *(US)*

**paléobotaniste** /paleobɔtanist/ NMF palaeobotanist *(Brit)*, paleobotanist *(US)*

**paléochrétien, -ienne** /paleokʀetjɛ̃, jɛn/ ADJ early Christian

**paléographe** /paleɔgʀaf/ NMF palaeographer *(Brit)*, paleographer *(US)*

**paléographie** /paleɔgʀafi/ NF palaeography *(Brit)*, paleography *(US)*

**paléographique** /paleɔgʀafik/ ADJ palaeographic(al) *(Brit)*, paleographic(al) *(US)*

**paléolithique** /paleɔlitik/ ADJ Palaeolithic *(Brit)*, Paleolithic *(US)* NM ◆ **le ~** the Palaeolithic *(Brit)* *ou* Paleolithic *(US)* (age)

**paléomagnétisme** /paleomaɲetism/ NM palaeomagnetism *(Brit)*, paleomagnetism *(US)*

**paléontologie** /paleɔ̃tɔlɔʒi/ NF palaeontology *(Brit)*, paleontology *(US)*

**paléontologique** /paleɔ̃tɔlɔʒik/ ADJ palaeontologic(al) *(Brit)*, paleontologic(al) *(US)*

**paléontologiste** /paleɔ̃tɔlɔʒist/, **paléontologue** /paleɔ̃tɔlɔg/ NMF palaeontologist *(Brit)*, paleontologist *(US)*

**paléozoïque** /paleozɔik/ ADJ Palaeozoic *(Brit)*, Paleozoic *(US)* NM ◆ **le ~** the Palaeozoic *(Brit)* *ou* Paleozoic *(US)* (age)

**Palerme** /palɛʀm/ N Palermo

**paleron** /palʀɔ̃/ NM *(Boucherie)* chuck (steak)

**Palestine** /palɛstin/ NF Palestine

**palestinien, -ienne** /palɛstinjɛ̃, jɛn/ ADJ Palestinian NM,F **Palestinien(ne)** Palestinian

**palet** /palɛ/ NM *(gén)* (metal *ou* stone) disc; *[de hockey]* puck

**paletot** /palto/ NM (thick) cardigan ◆ **il m'est tombé** *ou* **m'a sauté sur le ~** ⁑ he jumped on me

**palette** /palɛt/ NF a *(Peinture : lit, fig)* palette b *[de produits, services]* range ◆ **~ graphique/d'outils** *(Ordin)* graphics/tool palette c *(Boucherie)* shoulder d *(= aube de roue)* paddle; *(= battoir à linge)* beetle; *(Manutention, Constr)* pallet

**palétuvier** /paletyvje/ NM mangrove

**pâleur** /pɑlœʀ/ NF *[de teint]* paleness; *(maladive)* pallor, paleness; *[de couleur, ciel]* paleness

**pâlichon, -onne** * /pɑliʃɔ̃, ɔn/ ADJ *[personne]* (a bit) pale *ou* peaky * *(Brit)* *ou* peaked * *(US)*; *[soleil]* watery

**palier** /palje/ NM a *[d'escalier]* landing ◆ **être voisins de ~, habiter sur le même ~** to live on the same landing ◆ **~ de repos** half landing b *(= étape)* stage; *[de graphique]* plateau ◆ **les prix ont atteint un nouveau ~** prices have found a *ou* risen to a new level ◆ **procéder par ~s** to proceed in stages c *[de route, voie]* level, flat ◆ **voler en ~** *(Aviat)* to fly level d *(Tech)* bearing ◆ **~ de butée** thrust bearing

**palière** /paljɛʀ/ ADJ F → **marche², porte**

**palimpseste** /palɛ̃psɛst/ NM palimpsest

**palindrome** /palɛ̃dʀom/ NM palindrome

**palinodie** /palinɔdi/ NF *(Littérat)* palinode ◆ **~s** *(fig)* recantations

**pâlir** /pɑliʀ/ ▸ conjug 2 ◂ VI a *[personne]* to turn *ou* go pale; *[lumière, étoiles]* to grow dim; *[ciel]* to grow pale; *[couleur, encre]* to fade ◆ **~ de colère** to go *ou* turn pale *ou* white with anger ◆ **~ de crainte** to turn pale *ou* white with fear, to blench (with fear) ◆ **faire ~ qn d'envie** *ou* **de jalousie** to make sb green with envy b *(littér)* *[souvenir]* to fade (away), to dim; *[gloire]* to dim, to fade VT *(littér)* *[+ ciel]* to turn pale ◆ **encre pâlie par le soleil** ink faded by the sun

**palissade** /palisad/ NF *[de pieux]* fence; *[de planches]* boarding; *(Mil)* stockade

**palissandre** /palisɑ̃dʀ/ NM rosewood

**pâlissant, e** /pɑlisɑ̃, ɑ̃t/ ADJ *[teinte, lumière]* wan, fading

**palladium** /paladjɔm/ NM *(Chim, fig)* palladium

**Pallas Athena** /palasatena/ NF Pallas Athena

**palliatif, -ive** /paljatif, iv/ ADJ *(Méd)* palliative ◆ **soins ~s** palliative care NM *(Méd)* palliative *(à* to, for); *(= mesure)* palliative, stopgap measure; *(= réparation sommaire)* makeshift repair

**pallier** /palje/ ▸ conjug 7 ◂ VT *[+ difficulté]* to overcome, to get round; *[+ manque]* to offset, to compensate for, to make up for; *(littér)* *[+ défaut]* to disguise, to palliate *(littér)* VT INDIR **pallier à** *(usage critiqué)* *[+ difficulté, manque]* ⇒ **pallier**

**palmarès** /palmaʀɛs/ NM a *(= classement)* *[de lauréats, cinéastes]* (list of) prizewinners *ou* award winners; *[de sportifs]* (list of) medal winners; *[de chansons]* charts, hit parade ◆ **le ~ des universités françaises** (the list of) the top French universities ◆ **le ~ des émissions les plus écoutées** (the list of) the most popular programmes ◆ **cette voiture est** *ou* **figure au ~ des meilleures ventes** this car is among the best-selling models *ou* is a best-seller ◆ **la Grèce figure au ~ des pays les plus visités** Greece is one of the most visited countries in the world

b *(= liste de victoires, de titres etc)* record *ou* list of achievements ◆ **il a de nombreuses victoires à son ~** he has a number of victories to his credit *ou* under his belt ◆ **c'est un titre qu'il n'a pas encore à son ~** this is a title that he can't yet call his own

**palme** /palm/ NF a *(Archit, Bot)* palm leaf; *(= symbole)* palm ◆ **vin/huile de ~** palm wine/oil b *(= distinction)* prize ◆ **la ~ revient à ...** the prize goes to ... ◆ **disputer la ~ à qn** to compete with sb ◆ **remporter la ~** to win, to be the winner ◆ **pour ce qui est des bêtises, il remporte la ~** when it comes to being silly he wins hands down ◆ **la Palme d'or** *(Ciné)* the Palme d'or ◆ **la ~ du martyre** the crown of martyrdom ◆ **décoration avec ~** *(Mil)* ≃ decoration with a bar ◆ **~s académiques** *decoration for services to education in France* c *[de nageur]* flipper

**palmé, e** /palme/ ADJ *[feuille]* palmate *(SPÉC)*; *[patte]* webbed; *[oiseau]* webfooted, palmate *(SPÉC)* ◆ **avoir les pieds ~s** to have webbed feet ◆ **il les a ~es** * *(hum)* he's bone-idle *

**palmer¹** /palmɛʀ/ NM *(Tech)* micrometer

**palmer²** /palme/ ▸ conjug 1 ◂ VI to kick *(when wearing flippers)* ◆ **j'ai dû ~ fort contre le courant** I had to kick hard because of the current

**palmeraie** /palmәʀɛ/ NF palm grove

**palmier** /palmje/ NM a *(Bot)* palm tree ◆ **~-dattier** date palm b *(= gâteau)* *heart-shaped biscuit made of flaky pastry*

**palmipède** /palmipɛd/ NM palmiped *(SPÉC)* ADJ webfooted

**palmiste** /palmist/ ADJ M → **chou¹**

**palombe** /palɔ̃b/ NF woodpigeon, ringdove

**palonnier** /palɔnje/ NM *(Aviat)* rudder bar; *(Aut)* compensator; *[de cheval]* swingletree; *(en ski nautique)* handle; *[d'appareil de levage]* crosspiece

**palot** ⁑ /palo/ NM *(= baiser)* kiss

**pâlot, -otte** * /palo, ɔt/ ADJ *[personne]* (a bit) pale *ou* peaky * *(Brit) ou* peaked * *(US)*

**palourde** /paluʀd/ NF clam

**palpable** /palpabl/ ADJ *(lit, fig)* palpable ◆ **il rend ~ l'atmosphère du Paris des années 20** he vividly evokes the atmosphere of 1920s Paris

**palpation** /palpasjɔ̃/ NF palpation

**palper** /palpe/ ▸ conjug 1 ◂ VT **a** *[+ objet]* to feel, to finger; *(Méd)* to palpate **b** ⁑ *[+ argent] (= recevoir)* to get; *(= gagner)* to make ◆ **qu'est-ce qu'il a dû ~ (comme argent) !** he must have made a fortune *ou* a mint! *

**palpeur** /palpœʀ/ NM *[de chaleur, lumière]* sensor

**palpitant, e** /palpitɑ̃, ɑ̃t/ ADJ **a** *(= passionnant) [livre, moment]* thrilling, exciting; *[vie]* exciting ◆ **d'un intérêt ~, ~ d'intérêt** terribly exciting, thrilling ◆ **être ~ d'émotion** to be quivering with emotion **b** *[chair]* quivering *(épith)*, wobbly; *[blessure]* throbbing *(épith)* NM †⁑ *(= cœur)* ticker *

**palpitation** /palpitasjɔ̃/ NF *[de cœur]* racing *(NonC)*; *[de paupières]* fluttering *(NonC)*; *[de lumière, flamme]* quivering *(NonC)* ◆ **avoir des ~s** *(Méd)* to have palpitations ◆ **ça m'a donné des ~s** *(fig)* it gave me quite a turn

**palpiter** /palpite/ ▸ conjug 1 ◂ VI *[cœur] (= battre)* to beat; *(= battre rapidement)* to race; *[paupières]* to flutter; *[chair]* to quiver; *[blessure]* to throb; *[narines, lumière, flamme]* to quiver

**paltoquet** /paltɔkɛ/ NM *(littér : péj) (= rustre)* boor; *(= freluquet)* pompous fool

**palu** * /paly/ NM abrév de **paludisme**

**paluche** ⁑ /palyʃ/ NF *(= main)* hand, paw * ◆ **serrer la ~ à qn** to shake hands with sb, to shake sb's hand

**paludéen, -enne** /palydeɛ̃, ɛn/ ADJ *(Méd)* malarial

**paludisme** /palydism/ NM paludism *(SPÉC)*, malaria

**palustre** /palystʀ/ ADJ *(Bot)* paludal

**pâmer (se)** /pɑme/ ▸ conjug 1 ◂ VPR *(littér)* to swoon † ◆ **se ~** *ou* **être pâmé devant qch** *(fig)* to swoon *ou* be in raptures *ou* be ecstatic over sth ◆ **se ~ d'admiration/d'amour** to be overcome with admiration/with love ◆ **se ~ de rire** to be convulsed with laughter

**pâmoison** /pɑmwazɔ̃/ NF *(littér, hum)* swoon † ◆ **tomber en ~** *(lit)* to swoon † ◆ **tomber en ~ devant un tableau** *(fig)* to swoon over *ou* go into raptures over a painting

**pampa** /pɑ̃pa/ NF pampas *(pl)*

**pamphlet** /pɑ̃flɛ/ NM satirical tract, lampoon

**pamphlétaire** /pɑ̃fletɛʀ/ NMF lampoonist

**pampille** /pɑ̃pij/ NF *[de lustre]* pendant

**pamplemousse** /pɑ̃pləmus/ NM grapefruit

**pamplemoussier** /pɑ̃pləmusje/ NM grapefruit tree

**pampre** /pɑ̃pʀ/ NM *(littér)* vine branch

**Pan** /pɑ̃/ NM Pan; → **flûte**

**pan¹** /pɑ̃/ NM **a** *(= morceau)* piece; *[d'habit]* tail; *(= face, côté)* side, face; *[de toit]* side; *[de nappe]* overhanging part; *[de lumière]* patch **b** *[d'économie, industrie]* area; *[de société]* section ◆ **un ~ de ma vie/de l'histoire de France** a chapter in *ou* of my life/in the history of France COMP ▹ **pan de chemise** shirt-tail ◆ **se promener en ~s de chemise** to wander about in (one's) shirt-tails *ou* with just one's shirt on ▹ **pan de ciel** patch of sky ▹ **pan coupé** cut-off corner *(of room)* ◆ **maison en ~ coupé** house with a slanting *ou* cut-off corner ◆ **mur en ~ coupé** wall with a cut-off corner ▹ **pan de mur** (section of) wall ▹ **pan de rideau** curtain

**pan²** /pɑ̃/ EXCL *[de coup de feu]* bang!; *[de gifle]* slap!, whack! ◆ **je vais te faire ~ ~ (les fesses)** *(langage enfantin)* you'll get your bottom smacked

**panacée** /panase/ NF panacea, cure-all

**panachage** /panaʃaʒ/ NM **a** *(Pol) voting for candidates from different parties instead of for the set list of one party* **b** *(= mélange) [de couleurs]* combination; *[de programmes, plats]* selection

**panache** /panaʃ/ NM **a** *(= plumet)* plume, panache ◆ **~ de fumée** plume of smoke **b** *(= brio) [de personne]* panache ◆ **avoir du ~** to have panache ◆ **personnage sans ~** lacklustre individual ◆ **victoire sans ~** unimpressive victory

**panaché, e** /panaʃe/ (ptp de **panacher**) ADJ **a** *[fleur, feuilles]* variegated, many-coloured *(Brit) ou* -colored *(US)* ◆ **pétunias blancs ~s de rouge** white petunias with splashes of red *ou* with red stripes **b** *[foule, assortiment]* motley; *[glace]* two- *ou* mixed-flavour *(Brit) ou* -flavor *(US) (épith)*; *[salade]* mixed ◆ **bière ~e** shandy NM *(= boisson)* shandy

**panacher** /panaʃe/ ▸ conjug 1 ◂ VT *(= mélanger) [+ couleurs, fleurs]* to put together; *[+ genres]* to mix, to combine; *[+ plantes]* to cross; *[+ biscuits, bonbons]* to make an assortment *ou* a selection of; *(= varier) [+ programmes, exercices]* to vary ◆ **dois-je prendre l'un des menus ou puis-je ~ (les plats) ?** do I have to take a set menu or can I make my own selection (of courses)? ◆ **~ une liste électorale** *to vote for candidates from different parties instead of for the set list of one party*

**panachure** /panaʃyʀ/ NF *(gén pl)* motley colours *(Brit) ou* colors *(US)*

**panade** /panad/ NF bread soup ◆ **être dans la ~** ⁑ *(= avoir des ennuis)* to be in the soup *, to be in a sticky situation; *(= avoir des ennuis d'argent)* to be strapped for cash * *(Brit)*, to be down to one's last dollar *(US)*

**panafricain, e** /panafʀikɛ̃, ɛn/ ADJ Pan-African

**panafricanisme** /panafʀikanism/ NM Pan-Africanism

**panais** /panɛ/ NM parsnip

**panama** /panama/ NM **a** *(Géog)* **le Panama** Panama **b** *(= chapeau)* Panama hat

**Paname** * /panam/ N Paris

**panaméen, -enne** /panameɛ̃, ɛn/ ADJ Panamanian NM,F **Panaméen(ne)** Panamanian

**panaméricain, e** /panameʀikɛ̃, ɛn/ ADJ Pan-American ◆ **route ~e** Pan-American Highway

**panaméricanisme** /panameʀikanism/ NM Pan-Americanism

**panamien, -ienne** /panamjɛ̃, jɛn/ ADJ ⇒ **panaméen**

**panarabe** /panaʀab/ ADJ Pan-Arab(ic)

**panarabisme** /panaʀabism/ NM Pan-Arabism

**panard** ⁑ /panaʀ/ NM foot ◆ **c'est le ~ !** it's magic! * *ou* ace * *(Brit)*!

**panaris** /panaʀi/ NM whitlow

**pan-bagnat** (pl **pans-bagnats**) /pɑ̃baɲa/ NM sandwich *(with tomatoes, lettuce, hard-boiled eggs, tuna and anchovies, seasoned with olive oil)*

**pancarte** /pɑ̃kaʀt/ NF *(gén)* sign, notice; *(Aut)* (road)sign; *[de manifestant]* placard

**pancréas** /pɑ̃kʀeɑs/ NM pancreas

**pancréatique** /pɑ̃kʀeatik/ ADJ pancreatic

**panda** /pɑ̃da/ NM panda ◆ **grand ~** giant panda

**pandémie** /pɑ̃demi/ NF pandemic (disease) ◆ **la ~ de sida** the Aids pandemic

**pandémonium** /pɑ̃demɔnjɔm/ NM *(littér)* pandemonium ◆ **le Pandémonium** Pandemonium

**pandit** /pɑ̃di(t)/ NM pandit, pundit

**Pandore** /pɑ̃dɔʀ/ NF *(Myth)* Pandora

**pandore** * † /pɑ̃dɔʀ/ NM *(= gendarme)* cop *, gendarme

**panégyrique** /paneʒiʀik/ NM *(frm)* panegyric ◆ **faire le ~ de qn** to extol sb's merits ◆ **quel ~ il a fait de son chef !** what a tribute he paid to his boss!

**panégyriste** /paneʒiʀist/ NMF panegyrist

**panel** /panɛl/ NM *(= jury)* panel; *(= échantillon)* sample group

**paner** /pane/ ▸ conjug 1 ◂ VT to coat with breadcrumbs ◆ **pané** *[escalope]* coated with breadcrumbs, breaded

**panetière** /pan(ə)tjɛʀ/ NF breadbin *(Brit)*, breadbox *(US)*

**paneuropéen, -enne** /panøʀɔpeɛ̃, ɛn/ ADJ Pan-European

**pangermanisme** /pɑ̃ʒɛʀmanism/ NM Pan-Germanism

**pangermaniste** /pɑ̃ʒɛʀmanist/ ADJ Pan-German(ic) NMF Pan-German

**panhellénique** /panelenik/ ADJ Panhellenic

**panhellénisme** /panelenism/ NM Panhellenism

**panier** /panje/ NM **a** *(gén, Sport)* basket; *(= contenu)* basket(ful) ◆ **ils sont tous à mettre dans le même ~** *(fig)* there's not much to choose between them, they are all much of a muchness *(Brit)* ◆ **ne les mets pas tous dans le même ~** *(fig)* don't lump them all together ◆ **mettre** *ou* **jeter qch au ~** to throw sth out ◆ **réussir** *ou* **marquer un ~** *(Basket)* to score *ou* make a basket; → **anse, dessus, œuf** **b** *(Photo : pour diapositives)* magazine ◆ **~ circulaire** rotary magazine **c** *(= vêtement)* pannier ◆ **robe à ~s** dress with panniers

COMP ▹ **panier à bouteilles** bottle-carrier ▹ **panier de crabes** *(fig)* **c'est un ~ de crabes** they're always fighting among themselves, they're always at each other's throats ▹ **panier à frites** chip basket *(Brit)*, fry basket *(US)* ▹ **panier à linge** linen basket ▹ **le panier de la ménagère** *(Écon)* the housewife's shopping basket ▹ **panier de monnaies** *(Fin)* basket of currencies ▹ **panier à ouvrage** workbasket ▹ **panier percé** *(fig)* spendthrift ▹ **panier à provisions** shopping basket ▹ **panier à salade** *(Culin)* salad shaker *ou* basket; (* *= camion)* police van, Black Maria * *(Brit)*, paddy waggon ⁑ *(US)*

**panière** /panjɛʀ/ NF large basket

**panier-repas** (pl **paniers-repas**) /panjeʀəpa/ NM lunch *ou* dinner *ou* picnic basket, packed lunch

**panifiable** /panifjabl/ ADJ (suitable for) bread-making *(épith)*

**panification** /panifikasjɔ̃/ NF bread-making

**panifier** /panifje/ ▸ conjug 7 ◂ VT to make bread from

**panini** /panini/ NM panini

**paniquant, e** * /panikɑ̃, ɑ̃t/ ADJ scary *

**paniquard** * /panikaʀ/ NM *(péj)* coward, yellow belly *

**panique** /panik/ NF panic ◆ **pris de ~** panic-stricken ◆ **un mouvement de ~ a saisi** *ou* **s'est**

**emparé de la foule** a wave of panic swept through the crowd ◆ **cela a provoqué un mouvement de ~ parmi la population** it caused panic among *ou* sent a wave of panic through the population ◆ **il y a eu un début de ~ chez les investisseurs** investors were beginning to panic *ou* were showing signs of panic ◆ **pas de ~ !** * don't panic!, there's no need to panic! ◆ **c'était la ~ (générale)** * it was panic all round *ou* panic stations * *(Brit)*; → **semer, vent** ADJ ◆ **terreur** *ou* **peur** ~ panic

**paniquer** * /panike/ ▸ conjug 1 ◂ VT ◆ ~ **qn** to put the wind up sb *, to give sb a scare ◆ **il a essayé de me ~** he tried to put the wind up me * VI **se paniquer** VPR to panic, to get the wind up * ◆ **commencer à ~** *ou* **à se ~** to get panicky ◆ **il n'a pas paniqué, il ne s'est pas paniqué** he didn't panic, he kept his head ◆ **être paniqué** to be in a panic ◆ **être paniqué à l'idée de faire qch** to be scared stiff at the idea of doing sth

**panislamique** /panislamik/ ADJ Panislamic

**panislamisme** /panislamism/ NM Panislamism

**panne**[1] /pan/ NF **a** *(= incident)* breakdown ◆ **~ de courant** *ou* **d'électricité** power *ou* electrical failure ◆ **~ de secteur** local mains failure ◆ **~ de moteur** *[d'avion, voiture]* engine failure ◆ **tolérant aux ~s** *(Ordin)* fault-tolerant ◆ **il n'a pas trouvé la ~** he couldn't find the fault *ou* problem ◆ **il m'a fait le coup de la ~** *(hum)* he tried on the old trick about the car breaking down ◆ **avoir une ~ d'oreiller** *(hum)* to oversleep ◆ **il a eu une ~** *(sexuellement)* he couldn't rise to the occasion *(hum)*

◆ **en panne** *[machine]* out of order; *[voiture]* broken-down ◆ **être** *ou* **tomber en ~** *[machine]* to break down ◆ **je suis tombé en ~ (de voiture)** my car has broken down ◆ **je suis tombé en ~ sèche** *ou* **en ~ d'essence** I have run out of petrol *(Brit)* *ou* gas *(US)* ◆ **je suis en ~ de réfrigérateur** my refrigerator is broken ◆ **mettre en ~** *(Naut)* to bring to, to heave to ◆ **le candidat est resté en ~** *(= ne savait pas quoi dire)* the candidate was at a loss for words ◆ **les travaux sont en ~** work has come to a halt ◆ **ce projet est en ~** work is at a standstill *ou* has come to a halt on this project ◆ **laisser qn en ~** to leave sb in the lurch, to let sb down ◆ **je suis en ~ de cigarettes/d'idées/d'inspiration** I've run out of *ou* I'm out of cigarettes/of ideas/of inspiration ◆ **rester en ~ devant une difficulté** to be stumped * (by a problem)

**b** *(Théât = rôle mineur)* bit part

**panne**[2] /pan/ NF **a** *(= graisse)* fat **b** *(= étoffe)* panne **c** *(= poutre)* purlin **d** *[de marteau]* peen; *[de piolet]* adz(e)

**panneau** (pl **panneaux**) /pano/ NM *(Art, Couture, Menuiserie)* panel; *(= écriteau)* sign, notice; *(Constr)* prefabricated section; *(Basket)* backboard ◆ **les ~x qui ornent la salle** the panelling round the room ◆ **à ~x** panelled ◆ **tomber** *ou* **donner dans le ~** * to fall *ou* walk (right) into the trap, to fall for it *

COMP ▷ **panneau d'affichage** *(pour résultats etc)* notice board *(Brit)*, bulletin board *(US)*; *(pour publicité)* billboard, hoarding *(Brit)* ▷ **panneau d'écoutille** *(Naut)* hatch cover ▷ **panneaux électoraux** *notice boards for election posters* ▷ **panneau indicateur** signpost ▷ **panneau lumineux** electronic display (sign)board; *[de stade]* electronic scoreboard ▷ **panneau de particules** chipboard *(NonC)* ▷ **panneau publicitaire** billboard, hoarding *(Brit)* ▷ **panneau de signalisation** roadsign, traffic sign ▷ **panneau solaire** solar panel ▷ **panneau de stop** stop sign ▷ **panneau vitré** glass panel

**panonceau** (pl **panonceaux**) /panɔ̃so/ NM *(= plaque de médecin)* plaque; *(= écriteau publicitaire)* sign

**panoplie** /panɔpli/ NF **a** *(= jouet)* outfit ◆ **~ d'Indien** Red Indian outfit ◆ **~ d'armes** *(sur un mur)* display of weapons; *[de gangster, policier]* armoury *(Brit)*, armory *(US)* ◆ **il a sorti toute sa ~** *(hum = instruments)* he brought out all his equipment ◆ **il a la ~ du parfait explorateur** he has everything the best-equipped explorer could require **b** *(= gamme) [d'arguments, médicaments, sanctions, services]* range; *[de mesures]* package, range

**panorama** /panɔʀama/ NM *(lit)* panorama ◆ **l'émission dresse un ~ complet de l'histoire du 20e siècle** the programme gives a comprehensive overview of the history of the 20th century ◆ **le ~ politique a complètement changé** the political landscape has been transformed

**panoramique** /panɔʀamik/ ADJ *[vue, appareil-photo, photo]* panoramic; *[restaurant]* with a panoramic view; *[carrosserie]* with panoramic *ou* wraparound windows; *[car, voiture]* with wraparound windscreen ◆ **ascenseur ~** glass lift *(Brit)* *ou* elevator *(US)* ◆ **écran ~** *(Ciné)* wide *ou* panoramic screen ◆ **wagon ~** observation car NM *(Ciné, TV)* panoramic shot

**panosse** /panɔs/ NF *(Helv)* floorcloth ◆ **passer la ~** to mop the floor

**panse** /pɑ̃s/ NF *[de ruminant]* paunch; * *[de personne]* paunch, belly *; *[de bouteille]* belly ◆ **s'en mettre plein la ~** * to stuff o.s. * *ou* one's face ‡ ◆ **j'ai la ~ bien remplie** * I'm full to bursting * ◆ **manger à s'en faire crever** *ou* **éclater la ~** * to eat until one's fit to burst, to stuff o.s. * *ou* one's face ‡ ◆ **je pourrais manger des cerises à m'en faire crever la ~** * I could eat cherries till they come out of my ears *

**pansement** /pɑ̃smɑ̃/ NM *(Méd) [de plaie, membre]* dressing; *(= bandage)* bandage; *(= sparadrap)* plaster *(Brit)*, Band Aid ® ◆ **faire un ~** *(gén)* to dress a wound; *(sur une dent)* to put in a temporary filling ◆ **refaire un ~** to put a clean dressing on a wound ◆ **(tout) couvert de ~s** (all) bandaged up ◆ **~ adhésif** sticking plaster *(Brit)*, Band Aid ®

**panser** /pɑ̃se/ ▸ conjug 1 ◂ VT **a** *(Méd) [+ plaie]* to dress; *[+ bras, jambe]* to put a dressing on; *(avec un bandage)* to bandage; *(avec du sparadrap)* to put a plaster *(Brit)* *ou* a Band Aid ® on; *[+ blessé]* to dress the wounds of ◆ **~ ses blessures** *ou* **ses plaies** *(fig)* to lick one's wounds ◆ **~ les blessures de l'histoire** to heal the wounds of history ◆ **le temps panse les blessures (du cœur)** time is a great healer

**b** *[+ cheval]* to groom

**panseur, -euse** /pɑ̃sœʀ, øz/ NM,F *nurse who applies bandages etc*

**panslavisme** /pɑ̃slavism/ NM Pan-Slavism

**panslaviste** /pɑ̃slavist/ ADJ Pan-Slav(onic) NMF Pan-Slavist

**pansu, e** /pɑ̃sy/ ADJ *[personne]* potbellied, paunchy; *[vase]* potbellied

**pantacourt** /pɑ̃takuʀ/ NM (pair of) pedal-pushers

**pantagruélique** /pɑ̃tagʀyelik/ ADJ pantagruelian

**pantalon** /pɑ̃talɔ̃/ NM **a** *(Habillement)* (pair of) trousers, (pair of) pants *(US)*; († *= sous-vêtement)* knickers ◆ **un ~ neuf** a new pair of trousers *ou* pants *(US)*, new trousers *ou* pants *(US)* ◆ **10 ~s** 10 pairs of trousers *ou* pants *(US)* ◆ **~ cigarette** straight(-leg) *ou* cigarette trousers *ou* pants *(US)* ◆ **~ de** *ou* **en flanelle** flannels ◆ **~ de golf** plus fours ◆ **~ de pyjama** pyjama *ou* pajama *(US)* bottoms ◆ **~ de ski** ski pants; → **corsaire, porter** **b** *(Théât)* **Pantalon** Pantaloon

**pantalonnade** /pɑ̃talɔnad/ NF *(Théât)* slapstick comedy, knockabout farce *(Brit)*; *(péj)* tomfoolery *(NonC)*

**pantelant, e** /pɑ̃t(ə)lɑ̃, ɑ̃t/ ADJ *[personne]* gasping for breath *(attrib)*, panting; *[gorge]* heaving; *[cadavre, animal]* twitching

**panthéisme** /pɑ̃teism/ NM pantheism

**panthéiste** /pɑ̃teist/ ADJ pantheistic NMF pantheist

**panthéon** /pɑ̃teɔ̃/ NM **a** *(= bâtiment)* pantheon ◆ **le Panthéon** the Pantheon **b** *(= divinités, personnages célèbres)* pantheon ◆ **le ~ grec/romain** the Greek/Roman pantheon ◆ **le ~ littéraire** the literary pantheon, the great names of literature ◆ **ce film est entré au ~ du cinéma** this film has become a classic

**panthéoniser** /pɑ̃teonize/ ▸ conjug 1 ◂ VT *[+ personne]* to elevate to the Hall of Fame

**panthère** /pɑ̃tɛʀ/ NF **a** *(= félin)* panther ◆ **~ noire** black panther ◆ **sa femme est une vraie ~** his wife is a real hellcat * **b** *(Hist US)* **Panthères noires** Black Panthers

**pantin** /pɑ̃tɛ̃/ NM *(= jouet)* jumping jack; *(péj = personne)* puppet

**pantographe** /pɑ̃tɔgʀaf/ NM pantograph

**pantois, e** /pɑ̃twa, az/ ADJ stunned ◆ **j'en suis resté ~** I was stunned

**pantomime** /pɑ̃tɔmim/ NF *(= art)* mime *(NonC)*; *(= spectacle)* mime show; *(fig)* scene, fuss *(NonC)* ◆ **il nous a fait la ~ pour avoir un vélo** he made a great fuss about having a bike

**pantouflage** /pɑ̃tuflaʒ/ NM *(arg Admin) [de fonctionnaire]* leaving the civil service to work in the private sector

**pantouflard, e** * /pɑ̃tuflaʀ, aʀd/ ADJ *[personne, caractère]* stay-at-home *(épith)*; *[vie]* quiet, uneventful, humdrum NM,F stay-at-home

**pantoufle** /pɑ̃tufl/ NF slipper ◆ **il était en ~s** he was in his slippers

**pantoufler** /pɑ̃tufle/ ▸ conjug 1 ◂ VI **a** *(arg Admin) [fonctionnaire]* to leave the civil service to work in the private sector **b** (* *= paresser)* to laze *ou* lounge around (at home)

**panty** (pl **panties**) /pɑ̃ti/ NM *(= gaine)* panty girdle

**panure** /panyʀ/ NF breadcrumbs

**Panurge** /panyʀʒ/ NM → **mouton**

**PAO** /peao/ NF (abrév de **publication assistée par ordinateur**) DTP

**paon** /pɑ̃/ NM peacock ◆ **faire le ~** to strut about (like a peacock) ◆ **fier** *ou* **vaniteux comme un ~** proud as a peacock; → **parer**[1]

**paonne** /pan/ NF peahen

**PAP** /pap/ NM (abrév de **prêt aidé d'accession à la propriété**) → **prêt**[2]

**papa** /papa/ NM *(gén)* dad; *(langage enfantin)* daddy; *(langage de bébé)* dada ◆ **~-poule** doting father ◆ **la musique/les voitures de ~** * old-fashioned music/cars ◆ **c'est vraiment l'usine de ~ !** * this factory is really antiquated! *ou* behind the times! ◆ **conduire à la ~** * to potter along *(Brit)*, to drive at a snail's pace ◆ **alors ~, tu avances ?** * come on grandad, get a move on! * ◆ **fils (ou fille) à ~** *(péj)* rich kid * ◆ **jouer au ~ et à la maman** to play mummies *(Brit)* *ou* mommies *(US)* and daddies, to play house ◆ **il préfère rester chez ~-maman** * he prefers to stay with his Mum and Dad; → **gâteau**

**papal, e** (mpl **-aux**) /papal, o/ ADJ papal

**paparazzi** /papaʀadzi/ NMPL *(péj)* paparazzi

**papauté** /papote/ NF papacy

**papavérine** /papaveʀin/ NF papaverine

**papaye** /papaj/ NF pawpaw, papaya

**papayer** /papaje/ NM pawpaw *ou* papaya (tree)

**pape** /pap/ NM pope; *[d'école littéraire etc]* leading light ◆ **le ~ Jean XXIII** Pope John XXIII ◆ **du ~** papal

**papé** /pape/ NM ⇒ **papet**

**Papeete** /papɛt/ N Papeete

**papelard**[1] * /paplaʀ/ NM *(= feuille)* (bit of) paper; *(= article de journal)* article; *(= journal)* paper ◆ **~s** *(= papiers d'identité)* papers

**papelard**[2]**, e** /paplaʀ, aʀd/ ADJ *(littér)* suave

**paperasse** /papʀas/ NF *(péj)* ◆ **~(s)** *(= documents)* papers, bumf * *(Brit)*; *(à remplir)* forms ◆ **j'ai des ~s** *ou* **de la ~ à faire** I've got some paperwork to do

**paperasserie** /papʀasʀi/ NF *(péj : = travail)* paperwork ◆ **~ administrative** red tape

**paperassier, -ière** /papʀasje, jɛʀ/ *(péj)* ADJ *[personne]* fond of paperwork; *[administration]* cluttered with red tape, obsessed with form filling NM,F *(= bureaucrate)* penpusher *(Brit)*, pencilpusher *(US)* ◆ **quel ~ !** he's forever poring over his papers!

**papesse** /papɛs/ NF female pope; *[d'école littéraire etc]* leading light ◆ **la ~ Jeanne** Pope Joan

**papet** /pape/ NM *(terme du Sud) (= grand-père)* grandpa *; *(= vieil homme)* old man

**papeterie** /papɛtʀi/ NF *(= magasin)* stationer's (shop); *(= fourniture)* stationery; *(= fabrique)* paper mill; *(= fabrication)* paper-making industry; *(= commerce)* stationery trade

**papetier, -ière** /pap(ə)tje, jɛʀ/ NM,F *(= vendeur)* stationer; *(= fabricant)* paper-maker ◆ **~-libraire** stationer and bookseller

**papi** /papi/ NM *(langage enfantin)* grandad *, grandpa *; *(* = vieil homme)* old man

**papier** /papje/ NM **a** *(= matière)* paper ◆ **morceau/bout de ~** piece/bit *ou* slip of paper ◆ **de** *ou* **en ~** paper *(épith)* ◆ **mets-moi cela sur ~** *(pour ne pas oublier)* write that down for me; *(pour confirmation écrite)* let me have that in writing ◆ **sur le ~** *(= en projet, théoriquement)* on paper ◆ **jeter une idée sur le ~** to jot down an idea; → **noircir, pâte**

**b** *(= feuille écrite)* paper; *(= feuille blanche)* sheet *ou* piece of paper; *(Presse = article)* article ◆ **~s personnels** personal papers ◆ **être/ne pas être dans les petits ~s de qn** to be in sb's good/bad books ◆ **un ~ à signer/à remplir** a form to be signed/filled in ◆ **faire un ~ sur qn** *(Presse)* to do an article *ou* a story on sb ◆ **rayez cela de vos ~s !** *(fig)* you can forget about that!

**c** *(= emballage)* paper; *[de bonbon]* paper, wrapper

**d** ◆ **~s (d'identité)** (identity) papers ◆ **vos ~s, s'il vous plaît !** could I see your identity papers, please?; *(Aut)* may I see your driving licence *(Brit) ou* driver's license *(US)*, please? ◆ **ses ~s ne sont pas en règle** his papers are not in order

COMP ▷ **papier alu** *, **papier aluminium** aluminium *(Brit) ou* aluminum *(US)* foil, tinfoil ▷ **papier d'argent** silver foil *ou* paper, tinfoil ▷ **papier d'Arménie** incense paper ▷ **papier bible** bible paper, India paper ▷ **papier (de) brouillon** rough paper ▷ **papier buvard** blotting paper ▷ **papier cadeau** gift wrap, wrapping paper ▷ **papier calque** tracing paper ▷ **papier carbone** carbon paper ▷ **papier chiffon** rag paper ▷ **papier à cigarettes** cigarette paper ▷ **papier collant** † sticky tape ▷ **papier collé** *(Art)* (paper) collage ▷ **papier en continu** *(Ordin)* continuous stationery ▷ **papier couché** art paper ▷ **papier crépon** crêpe paper ▷ **papier cul** * bogpaper * *(Brit)*, TP * *(US)* ▷ **papier à dessin** drawing paper ▷ **papier doré** gold paper ▷ **papier d'emballage** *(gén)* wrapping paper; *(brun, kraft)* brown paper ▷ **papier à en-tête** headed notepaper ▷ **papier d'étain** tinfoil, silver paper ▷ **papier glacé** glazed paper ▷ **papiers gras** *(= ordures)* litter, rubbish ▷ **papier hygiénique** toilet paper ▷ **papier journal** newspaper ▷ **papier kraft** ® brown wrapping paper ▷ **papier à lettres** writing paper, notepaper ▷ **papier libre** plain unheaded paper ◆ **envoyez votre réponse sur ~ libre à ...** send your answer on a sheet of paper to ... ▷ **papier mâché** papier-mâché ◆ **mine de ~ mâché** *(fig)* pasty complexion ▷ **papier machine** typing paper ▷ **papiers militaires** army papers ▷ **papier millimétré** graph paper ▷ **papier ministre** ≃ foolscap paper ◆ **écrit sur ~ ministre** written on official paper ▷ **papier à musique** manuscript *(Brit) ou* music *(US)* paper ▷ **papier paraffiné** *(gén)* wax paper; *(Culin)* greaseproof *(Brit) ou* wax *(US)* paper ▷ **papier peint** wallpaper ▷ **papier pelure** India paper ▷ **papier sensible** *(Photo)* bromide paper ▷ **papier de soie** tissue paper ▷ **papier sulfurisé** ⇒ **papier paraffiné** ▷ **papier timbré** stamped paper ▷ **papier toilette** toilet paper ▷ **papier de tournesol** litmus paper ▷ **papier de verre** glasspaper, sandpaper

**papier-émeri** (pl **papiers-émeri**) /papjeem(ə)ʀi/ NM emery paper

**papier-filtre** (pl **papiers-filtres**) /papjefiltʀ/ NM filter paper

**papier-monnaie** (pl **papiers-monnaies**) /papjemɔnɛ/ NM paper money

**papille** /papij/ NF papilla ◆ **~s gustatives** taste buds

**papillon** /papijɔ̃/ NM **a** *(= insecte)* butterfly; *(fig = personne)* fickle person ◆ **(brasse) ~** *(= nage)* butterfly (stroke) ◆ **~ de nuit** moth; → **minute, nœud** **b** *(Tech = écrou)* wing *ou* butterfly nut **c** *(* = contravention)* (parking) ticket; *(= autocollant)* sticker

**papillonner** /papijɔne/ ► conjug 1 ◄ VI **a** *(= voltiger)* to flit about *ou* around *(entre* between) **b** *(entre activités diverses)* to switch back and forth, to chop and change *(Brit)* *(entre* between); ◆ **~ d'un sujet/d'un homme à l'autre** to flit from one subject/one man to another ◆ **~ autour d'une femme** to hover round a woman

**papillote** /papijɔt/ NF *(= bigoudi)* curlpaper; *[de bonbon]* (sweet *(Brit) ou* candy *(US)*) wrapper, (sweet *(Brit) ou* candy *(US)*) paper; *[de gigot]* frill; *(= papier beurré)* buttered paper; *(= papier aluminium)* tinfoil ◆ **poisson en ~** fish cooked in a parcel *ou* en papillotte ◆ **tu peux en faire des ~s** * you can just chuck it in the bin

**papillotement** /papijɔtmɑ̃/ NM **a** *[de lumière, étoiles]* twinkling *(NonC)*; *[de reflets]* sparkling *(NonC)* **b** *[de paupières]* fluttering *(NonC)*; *[de yeux]* blinking *(NonC)*

**papilloter** /papijɔte/ ► conjug 1 ◄ VI **a** *[lumière, étoiles]* to twinkle; *[reflets]* to sparkle **b** *[paupières]* to flutter; *[yeux]* to blink

**papisme** /papism/ NM papism, popery

**papiste** /papist/ NMF papist

**papivore** /papivɔʀ/ NMF avid reader

**papotage** /papɔtaʒ/ NM *(= action)* chattering *(NonC)*; *(= propos)* (idle) chatter *(NonC)*

**papoter** /papɔte/ ► conjug 1 ◄ VI to chatter, to have a natter * *(Brit)*

**papou, e** /papu/ ADJ Papuan NM *(Ling)* Papuan NM,F **Papou(e)** Papuan

**papouan-néo-guinéen, -enne** /papwɑ̃neɔgineɛ̃, ɛn/ ADJ Papua-New-Guinean, (of) Papua New Guinea NM,F **Papouan-Néo-Guinéen(ne)** Papua-New-Guinean

**Papouasie-Nouvelle-Guinée** /papwazinuvɛlgine/ NF Papua New Guinea

**papouille** * /papuj/ NF tickling *(NonC)* ◆ **faire des ~s à qn** to tickle sb

**papounet** /papunɛ/ NM *(langage enfantin)* granddad *

**paprika** /papʀika/ NM paprika

**papule** /papyl/ NF papule, papula

**papy** /papi/ NM ⇒ **papi**

**papy-boom** /papibum/ NM *population boom among the over 50s*

**papyrus** /papiʀys/ NM papyrus

**paqson** * /paksɔ̃/ NM ⇒ **pacson**

**pâque** /pɑk/ NF ◆ **la ~** Passover; → aussi **Pâques**

**paquebot** /pak(ə)bo/ NM liner, (steam)ship

**pâquerette** /pɑkʀɛt/ NF daisy

**Pâques** /pɑk/ NM Easter ◆ **le lundi/la semaine de ~** Easter Monday/week ◆ **à ~ ou à la Trinité** *(fig)* some fine day *(iro)* ◆ **faire ~ avant les Rameaux** † to become pregnant before marriage ◆ **l'île de ~** Easter Island; → **dimanche, œuf** NFPL ◆ **bonnes** *ou* **joyeuses ~ !** Happy Easter! ◆ **faire ses ~** to go to Easter mass (and take communion)

**paquet** /pakɛ/ NM **a** *(pour emballer etc) [de café, biscuits, pâtes, riz, farine, lessive]* packet *(Brit)*, package *(US)*; *[de cigarettes]* packet, pack *(US)*; *[de bonbons, sucre]* bag, packet; *[de cartes à jouer]* pack *(Brit)*, deck *(surtout US)*; *[de linge]* bundle ◆ **il fume deux ~s par jour** he smokes forty a day, he smokes two packs a day *(US)* ◆ **porter qn comme un ~ de linge sale** to carry sb like a sack of potatoes ◆ **c'est un vrai ~ de nerfs** *(fig)* he's a bag *ou* bundle of nerves ◆ **c'est un vrai ~ d'os** he's a bag of bones

**b** *(= colis)* parcel, package ◆ **mettre en ~** to parcel up, to package up ◆ **faire un ~** to make up a parcel *ou* package

**c** *(= tas)* **~ de** *[+ neige]* pile *ou* mass of; *[+ boue]* lump of; *[+ billets]* wad of

**d** *(Rugby)* **~ (d'avants)** pack (of forwards)

**e** *(Naut)* **~ de mer** big wave

**f** *(* = argent)* **ça coûte un ~** it costs a small fortune *ou* a packet * *(Brit)* ◆ **il a touché un bon ~** he got a tidy sum * ◆ **ils lui ont donné un bon petit ~ pour qu'il se taise** they gave him a tidy little sum * to keep him quiet

**g** *(loc)* **faire son ~** *ou* **ses ~s** to pack one's bags ◆ **lâcher son ~ à qn** † to tell sb a few home truths ◆ **mettre le ~** *(argent)* to spare no expense; *(efforts, moyens)* to pull out all the stops; → **risquer**

**paquetage** /pak(ə)taʒ/ NM *(Mil)* pack, kit ◆ **faire son ~** to get one's pack *ou* kit ready

**paquet-cadeau** (pl **paquets-cadeaux**) /pakɛkado/ NM giftwrapped parcel ◆ **pouvez-vous me faire un ~ ?** could you giftwrap it for me?

**paquet-poste** (pl **paquets-poste**) /pakɛpɔst/ NM mailing box

**par¹** /paʀ/

GRAMMAIRE ACTIVE 44.1

PRÉPOSITION

Lorsque **par** s'emploie dans des expressions telles que **par cœur, par terre, par principe, passer par, un par un**, etc, cherchez sous l'autre mot.

**a** [agent, cause] **le carreau a été cassé ~ l'orage/~ un enfant** the pane was broken by the storm/by a child ◆ **accablé ~ le désespoir** overwhelmed with despair ◆ **elle nous a fait porter des fraises ~ son fils** she got her son to bring us some strawberries, she had her son bring us some strawberries ◆ **il a appris la nouvelle ~ le journal/~ un ami** he learned the news from the paper/ from *ou* through a friend ◆ **elle veut tout faire ~ elle-même** she wants to do everything (for) herself ◆ **la découverte de la pénicilline ~ Fleming** Fleming's discovery of penicillin, the discovery of penicillin by Fleming

**b** [manière, moyen] ~ **le train** by rail *ou* train ◆ ~ **route** by road ◆ ~ **la poste** by post *ou* mail, through the post ◆ **communiquer ~ fax/ Internet** to communicate by *ou* via fax/the Internet ◆ **la porte ferme ~ un verrou** the gate is locked with a bolt *ou* by means of a bolt ◆ **obtenir qch ~ la force/la persuasion/la ruse** to obtain sth by force/with persuasion/by *ou* through cunning ◆ **arriver ~ l'intelligence/le travail** to succeed through intelligence/hard work ◆ **ils se ressemblent ~ leur sens de l'humour** they are alike in their sense of humour ◆ **ils diffèrent ~ bien des côtés** they are different *ou* they differ in many ways *ou* aspects ◆ **il descend des Bourbons ~ sa mère** he is descended from the Bourbons through his mother *ou* on his mother's side

**c** [raison, motif : généralement sans article] ~ **pure bêtise** through *ou* out of sheer stupidity ◆ ~ **habitude** by *ou* out of *ou* from (sheer) habit ◆ **faire qch ~ plaisir/pitié** to do sth for pleasure/out of pity ◆ ~ **souci d'exactitude** for the sake of accuracy, out of a concern for accuracy ◆ ~ **manque de temps** owing to lack of time ◆ **la ville est célèbre ~ ses musées** the city is famous for its museums

**d** [lieu, direction] *(= en empruntant ce chemin)* by (way of); *(= en traversant)* through, across; *(suivi d'un nom propre)* via; *(= en longeant)* along ◆ **il est sorti ~ la fenêtre** he went out by *ou* through the window ◆ **il est venu ~ le chemin le plus court** he took the shortest route ◆ **nous sommes venus ~ la côte/~ Lyon/~ l'Espagne** we came along the coast/ via Lyons/via *ou* through Spain ◆ **se promener ~ les rues/les champs** to walk through the streets/through *ou* across the fields ◆ ~ **tout le pays** throughout *ou* all over the country ◆ **sortez ~ ici/là** go out this/that way ◆ ~ **où sont-ils entrés ?** which way *ou* how did they get in? ◆ ~ **où est-il venu ?** which way did he come? ◆ **la rumeur s'était répandue ~ la ville** the rumour had spread through the town ◆ **l'épave repose ~ 20 mètres de fond** the wreck is lying 20 metres down ◆ ~ **10° de latitude sud** at a latitude of 10° south ◆ **arriver ~ le nord/la gauche/le haut** *ou* **en haut** to arrive from the north/the left/the top

**e** [distribution, mesure] **gagner tant ~ semaine/ mois** to earn so much a *ou* per week/ month ◆ ~ **an** a *ou* per year ◆ **rendement de 10% ~ an** yield of 10% per annum ◆ **trois fois ~ jour/semaine/mois** three times a day/a week/a month ◆ **marcher deux ~ deux/trois ~ trois** to walk two by two *ou* in twos/three by three *ou* in threes ◆ **six étudiants ~ appartement** six students to a flat *ou* per flat ◆ **ils déduisent 5 € ~ enfant** they take off €5 for each child *ou* per child ◆ ~ **poignées/charretées** in handfuls/ cartloads, by the handful/cartload

**f** [= pendant] ~ **une belle nuit d'été** on a beautiful summer('s) night ◆ **il partit ~ une pluvieuse journée de mars** he left on a rainy March day ◆ **ne restez pas dehors ~ ce froid/cette chaleur** *(en parlant du climat, de la température)* don't stay out in this cold/this heat ◆ **évitez cette route ~ temps de pluie/de brouillard** avoid that road in wet weather *ou* when it's wet/in fog *ou* when it's foggy ◆ **sortir ~ moins 10°** to go out when it's minus 10°

**g** [dans des exclamations, des serments] by ◆ ~ **tous les dieux du ciel** in heaven's name, by heaven ◆ ~ **tout ce que j'ai de plus cher, je vous promets que ...** I promise you by all that I hold most dear that ...

**h** [locutions]

♦ **commencer/finir** *etc* **par** to start/end with ◆ **on a commencé ~ des huîtres** we started with oysters, we had oysters to start ◆ **la fête se termina ~ un feu d'artifice** the party ended with a fireworks display ◆ **on a clôturé la séance ~ des élections** elections brought the meeting to a close, the meeting closed with elections ◆ **il a fini ~ tout avouer** he finally confessed everything, he ended up confessing everything ◆ **il finit ~ m'agacer avec ses plaisanteries !** his jokes are starting to get on my nerves!

♦ **de par** *(frm = à travers)* ◆ **il voyageait de ~ le monde** he travelled throughout *ou* all over the world ◆ **il y a de ~ le monde des milliers de gens qui pensent que ...** thousands of people the world over *ou* throughout the world think that ...

*(= à cause de)* because of ◆ **de ~ son milieu et son éducation, il ...** because of *ou* by virtue of his background and upbringing, he ... ◆ **de ~ la nature même de ses activités** by the very nature of his activities

*(= par l'autorité de, au nom de)* ◆ **de ~ le roi** by order of the king, in the name of the king ◆ **de ~ la loi** by law, legally

---

**par²** /paʀ/ NM *(Golf)* par

**para** * /paʀa/ NM (abrév de **parachutiste**) para *

**parabellum** /paʀabelɔm/ NM parabellum, big automatic pistol

**parabole** /paʀabɔl/ NF *(Math)* parabola; *(Rel)* parable; *(TV)* dish aerial, satellite dish, dish antenna *(US)*

**parabolique** /paʀabɔlik/ ADJ parabolic ◆ **antenne ~** satellite dish, dish aerial, dish antenna *(US)*; → **ski** NM *(= radiateur)* electric fire

**paracentèse** /paʀasɛ̃tɛz/ NF paracentesis

**paracétamol** /paʀasetamɔl/ NM paracetamol

**parachèvement** /paʀaʃɛvmɑ̃/ NM perfection, perfecting

**parachever** /paʀaʃ(ə)ve/ ▸ conjug 5 ◂ VT to perfect, to put the finishing touches to

**parachutage** /paʀaʃytaʒ/ NM *[de soldats, vivres]* parachuting, dropping *ou* landing by parachute ◆ **ils n'ont pas apprécié le ~ d'un ministre dans leur département** they didn't like the way a minister was suddenly landed on them ◆ **tout le monde parle de son ~ à la tête du service** everybody is talking about the way he's suddenly been appointed head of department

**parachute** /paʀaʃyt/ NM parachute ◆ ~ **ventral/dorsal/de secours** lap-pack/back (-pack)/reserve parachute ◆ **descendre en ~** to parachute down ◆ **faire du ~ ascensionnel** *(tiré par une voiture)* to go parascending; *(tiré par un bateau)* to go parasailing ◆ ~ **doré** *ou* **en or** *(= indemnités)* golden parachute

**parachuter** /paʀaʃyte/ ▸ conjug 1 ◂ VT **a** *(Mil, Sport)* to parachute, to drop by parachute **b** *(* = désigner)* ~ **qn à un poste** to pitchfork sb into a job ◆ ~ **un candidat dans une circonscription** *(Pol)* to bring in *ou* field a candidate from outside a constituency ◆ **ils nous ont parachuté un nouveau directeur de Paris** a new manager from Paris has suddenly been landed on us *

**parachutisme** /paʀaʃytism/ NM parachuting ◆ ~ **ascensionnel** *(par voiture)* parascending; *(par bateau)* parasailing ◆ **faire du ~** to go parachuting ◆ **faire du ~ en chute libre** to skydive, to go skydiving

**parachutiste** /paʀaʃytist/ NMF *(Sport)* parachutist; *(Mil)* paratrooper ◆ **nos unités de ~s** our paratroops ADJ *[unité]* paratrooper *(épith)*

**parade** /paʀad/ NF **a** *(= ostentation)* show, ostentation ◆ **faire ~ de** *[+ érudition]* to parade, to display, to show off; *[+ relations]* to boast about, to brag about ◆ **de ~** *[uniforme, épée]* ceremonial ◆ **afficher une générosité de ~** *(péj)* to make an outward show *ou* display of generosity ◆ **ce n'est que de la ~** it's just done for show

**b** *(= spectacle)* parade ◆ ~ **militaire/foraine** military/circus parade ◆ **les troupes s'avancèrent comme à la ~** the troops moved forward as if they were (still) on the parade ground *ou* on parade ◆ ~ **nuptiale** *(Zool)* mating *ou* courtship display ◆ **comme à la ~** *(= avec facilité)* with panache

**c** *(Équitation)* pulling up

**d** *(Escrime)* parry, parade; *(Boxe)* parry; *(Ftbl)* dummy; *(fig)* answer; *(orale)* riposte, rejoinder ◆ **il faut trouver la (bonne) ~** we must find the (right) answer ◆ **nous n'avons pas encore trouvé la ~ contre cette maladie** we still haven't found a way to counter this disease

**parader** /paʀade/ ▸ conjug 1 ◂ VI *(péj)* to strut about, to show off; *(Mil)* to parade

**paradigmatique** /paʀadigmatik/ ADJ paradigmatic NF study of paradigmatic relationships

**paradigme** /paʀadigm/ NM paradigm

**paradis** /paʀadi/ NM **a** *(lit, fig)* paradise, heaven ◆ **le Paradis terrestre** *(Bible)* the Garden of Eden; *(fig)* heaven on earth ◆ **aller au** *ou* **en ~** to go to heaven ◆ **c'est le ~ des enfants/chasseurs ici** it's a children's/hunters' paradise here ◆ **il s'est cru au ~** *(fig)* he was over the moon, he was in (seventh) heaven ◆ ~ **fiscal** tax haven; → **emporter, oiseau** **b** † **le ~** *(Théât)* the gallery, the gods * *(Brit)*

**paradisiaque** /paʀadizjak/ ADJ *[île, lieu, séjour]* heavenly ◆ **une vision ~** a vision of paradise ◆ **c'est ~ ici** it's paradise here

**paradisier** /paʀadizje/ NM bird of paradise

**paradoxal, e** (mpl **-aux**) /paʀadɔksal, o/ GRAMMAIRE ACTIVE 53.3 ADJ paradoxical ◆ **il est assez ~ de ...** it doesn't make sense to ..., it's somewhat illogical to ...; → **sommeil**

**paradoxalement** /paʀadɔksalmɑ̃/ ADV paradoxically

**paradoxe** /paʀadɔks/ NM paradox

**parafe** /paʀaf/ NM ⇒ **paraphe**

**parafer** /paʀafe/ ▸ conjug 1 ◂ VT ⇒ **parapher**

**parafeur** /paʀafœʀ/ NM ⇒ **parapheur**

**paraffinage** /paʀafinaʒ/ NM paraffining

**paraffine** /paʀafin/ NF *(gén : solide)* paraffin wax; *(Chim)* paraffin

**paraffiner** /paʀafine/ ▸ conjug 1 ◂ VT to paraffin(e); → **papier**

**parafiscal, e** (mpl **-aux**) /paʀafiskal, o/ ADJ ◆ **taxe ~e** special tax *(road-fund tax, stamp duty etc)*

**parages** /paʀaʒ/ NMPL **a** ◆ **dans les ~** *(= dans la région)* in the area, in the vicinity; *(* = pas très loin)* round about ◆ **est-ce que Sylvie est dans les ~ ?** * is Sylvie about? ◆ **dans ces ~** in these parts ◆ **dans les ~ de** near, round about, in the vicinity of **b** *(Naut)* waters, region

**paragraphe** /paʀagʀaf/ NM paragraph; *(Typo)* section (mark)

**paragrêle** /paʀagʀɛl/ ADJ anti-hail *(épith)*

**Paraguay** /paʀagwɛ/ NM Paraguay

**paraguayen, -enne** /paʀagwajɛ̃, ɛn/ ADJ Paraguayan NM,F **Paraguayen(ne)** Paraguayan

**paraître** /paʀɛtʀ/ ▸ conjug 57 ◂ VI **a** *(= se montrer) (gén)* to appear; *[personne]* to appear, to make one's appearance ◆ **~ en scène/à** *ou* **sur l'écran/au balcon** to appear on stage/on the screen/on the balcony ◆ **il n'a pas paru de la journée** he hasn't appeared all day ◆ **il n'a pas paru à la réunion** he didn't appear *ou* turn up at the meeting ◆ **~ en public** to appear in public, to make a public appearance ◆ **un sourire parut sur ses lèvres** a smile appeared on his lips

**b** *(Presse)* to appear, to be published, to come out ◆ **faire ~ qch** *[éditeur]* to bring sth out, to publish sth; *[auteur]* to have sth published ◆ **"vient de paraître"** "just out", "just published" ◆ **"à paraître"** "forthcoming"

**c** *(= briller)* to be noticed ◆ **chercher à ~** to show off ◆ **le désir de ~** the desire to be noticed *ou* to show off

**d** *(= être visible)* to show (through) ◆ **laisser ~ ses sentiments/son irritation** to let one's feelings/one's annoyance show

**e** *(= sembler)* to look, to seem, to appear ◆ **elle paraît heureuse** she seems (to be) happy ◆ **cela me paraît être une erreur** it looks like a mistake to me ◆ **elle paraissait l'aimer** she seemed *ou* appeared to love him ◆ **il paraît 20 ans** *(= il est plus jeune)* he looks (at least) 20; *(= il est plus âgé)* he only looks 20 ◆ **le voyage a paru long** the journey seemed long ◆ **cette robe la fait ~ plus grande** that dress makes her look taller

VB IMPERS **a** *(= il semble)* **il me paraît difficile qu'elle puisse venir** it seems to me that it will be difficult for her to come ◆ **il ne lui paraît pas essentiel qu'elle sache** he doesn't think it essential for her to know ◆ **il lui paraissait impossible de refuser** he didn't see how he could refuse ◆ **il paraîtrait ridicule de s'offenser** it would seem stupid to take offence

**b** *(= le bruit court)* **il va se marier, paraît-il** *ou* **à ce qu'il paraît** apparently he's getting married, he's getting married apparently ◆ **il paraît** *ou* **il paraîtrait qu'on va construire une autoroute** apparently *ou* it seems they're going to build a motorway ◆ **il paraît que oui** so it seems *ou* appears, apparently so ◆ **il paraît que non** apparently not

**c** *(avec nég)* **il n'y paraîtra bientôt plus** *(tache, cicatrice)* there will soon be no trace of it left; *(maladie)* soon no one will ever know you've had it ◆ **sans qu'il n'y paraisse rien** without anything being obvious, without letting anything show ◆ **sans qu'il y paraisse, elle a obtenu ce qu'elle voulait** she got what she wanted without appearing to

NM ◆ **le ~** appearance(s)

**paralangage** /paʀalɑ̃gaʒ/ NM paralanguage

**paralittérature** /paʀaliteʀatyʀ/ NF marginal literature

**parallactique** /paʀalaktik/ ADJ parallactic

**parallaxe** /paʀalaks/ NF parallax

**parallèle** /paʀalɛl/ ADJ **a** *(Géom, Math)* parallel (*à* to) → **barre**

**b** *(= comparable)* parallel, similar; *[enquêtes]* parallel ◆ **mener une action ~** to take similar action, to act on *ou* along the same lines ◆ **les deux institutions ont suivi une évolution ~** the two institutions have developed in parallel

**c** *(= non officiel) [marché, cours, police, économie]* unofficial; *[énergie, société, médecine]* alternative; *[diplomatie]* parallel, unofficial

**d** *(= indépendant) [univers]* parallel; *(Ordin) [machine, traitement]* parallel ◆ **circuits ~s de distribution** *(Comm)* parallel distribution circuits ◆ **nous menons des vies ~s** *(dans un couple)* we lead (two) separate lives ◆ **nous avons développé des activités ~s** we've developed some activities in parallel

NF *(Math)* parallel (line) ◆ **monté en ~** *(Élec)* wired (up) in parallel

NM *(Géog, fig)* parallel ◆ **établir un ~ entre deux textes** to draw a parallel between two texts

◆ **en parallèle** ◆ **faire** *ou* **mettre en ~** *[+ choses opposées]* to compare; *[+ choses semblables]* to draw a parallel between ◆ **avancer en ~** *[projets]* to move along at the same pace ◆ **une exposition était organisée en ~ à sa visite** an exhibition was mounted to coincide with his visit ◆ **elle suit des cours en ~ à son travail** she's doing a course at the same time as working

**parallèlement** /paʀalɛlmɑ̃/ ADV *(lit)* parallel (*à* to); *(fig) (= ensemble)* in parallel; *(= en même temps)* at the same time; *(= similairement)* in the same way

**parallélépipède** /paʀalelepipɛd/ NM parallelepiped

**parallélépipédique** /paʀalelepipedik/ ADJ parallelepipedal, parallelepipedic

**parallélisme** /paʀalelism/ NM *(lit, fig)* parallelism; *(Aut)* wheel alignment ◆ **faire vérifier le ~ de ses roues** to have one's wheels aligned

**parallélogramme** /paʀalelɔgʀam/ NM parallelogram

**paralympiques** /paʀalɛ̃pik/ ADJ, NMPL ◆ **les Jeux ~, les Paralympiques** the Paralympics

**paralysant, e** /paʀalizɑ̃, ɑ̃t/ ADJ paralyzing

**paralysé, e** /paʀalize/ (ptp de **paralyser**) ADJ paralyzed ◆ **rester ~** to be left paralyzed ◆ **il est ~ des jambes** his legs are paralyzed NM,F paralytic

**paralyser** /paʀalize/ ▸ conjug 1 ◂ VT *(Méd, fig)* to paralyze ◆ **paralysé par le brouillard** *[aéroport]* fogbound ◆ **paralysé par la neige** snowbound ◆ **paralysé par la grève** *[de gare]* strike-bound; *[d'hôpital]* crippled by a strike ◆ **le trafic a été complètement paralysé** the traffic was at a complete halt *ou* standstill

**paralysie** /paʀalizi/ NF *(Méd, fig)* paralysis; *(Bible)* palsy ◆ **~ infantile** infantile paralysis ◆ **~ générale (progressive)** general paralysis of the insane ◆ **être frappé de ~** to be struck down with paralysis

**paralytique** /paʀalitik/ ADJ, NMF paralytic

**paramécie** /paʀamesi/ NF paramecium

**paramédical, e** (mpl **-aux**) /paʀamedikal, o/ ADJ paramedical ◆ **le personnel ~** the paramedics, the paramedical staff

**paramétrage** /paʀametʀaʒ/ NM *[de logiciel]* parametering

**paramètre** /paʀamɛtʀ/ NM parameter

**paramétrer** /paʀametʀe/ ▸ conjug 1 ◂ VT to define, to parametrize; *[+ logiciel]* to set the parameters of

**paramilitaire** /paʀamilitɛʀ/ ADJ paramilitary

**parangon** /paʀɑ̃gɔ̃/ NM paragon ◆ **~ de vertu** paragon of virtue

**parano** * /paʀano/ ADJ, NMF abrév de **paranoïaque** NF abrév de **paranoïa**

**paranoïa** /paʀanɔja/ NF paranoia

**paranoïaque** /paʀanɔjak/ ADJ, NMF paranoiac, paranoid

**paranoïde** /paʀanɔid/ ADJ paranoid

**paranormal, e** (mpl **-aux**) /paʀanɔʀmal, o/ ADJ paranormal ◆ **le ~** the paranormal

**parapente** /paʀapɑ̃t/ NM *(= engin)* paraglider ◆ **le ~** *(= sport)* paragliding ◆ **faire du ~** to go paragliding ◆ **~ à ski** paraskiing, parapenting

**parapentiste** /paʀapɑ̃tist/ NMF paraglider ◆ **~ à ski** paraskier

**parapet** /paʀapɛ/ NM parapet

**parapharmaceutique** /paʀafaʀmasøtik/ ADJ *[produit]* parapharmaceutical

**parapharmacie** /paʀafaʀmasi/ NF personal hygiene products *(sold in pharmacies)*

**paraphe** /paʀaf/ NM *(= trait)* paraph, flourish; *(= initiales)* initials; *(littér = signature)* signature

**parapher** /paʀafe/ ▸ conjug 1 ◂ VT *(Admin)* to initial; *(littér = signer)* to sign

**parapheur** /paʀafœʀ/ NM signature book

**paraphrase** /paʀafʀɑz/ NF paraphrase ◆ **faire de la ~** to paraphrase

**paraphraser** /paʀafʀɑze/ ▸ conjug 1 ◂ VT to paraphrase

**paraphrastique** /paʀafʀastik/ ADJ paraphrastic

**paraplégie** /paʀapleʒi/ NF paraplegia

**paraplégique** /paʀapleʒik/ ADJ, NMF paraplegic

**parapluie** /paʀaplɥi/ NM umbrella ◆ **~ atomique** *ou* **nucléaire** nuclear shield *ou* umbrella ◆ **ouvrir le ~** *(fig)* to take cover *(from criticism)*

**parapsychique** /paʀapsiʃik/ ADJ parapsychological

**parapsychologie** /paʀapsikɔlɔʒi/ NF parapsychology

**parapsychologue** /paʀapsikɔlɔg/ NMF parapsychologist

**parapublic, -ique** /paʀapyblik/ ADJ *(= semi-public)* semi-public

**parascolaire** /paʀaskɔlɛʀ/ ADJ extracurricular ◆ **l'édition ~, le ~** educational publishing *(excluding textbooks)*

**parasismique** /paʀasismik/ ADJ earthquake-resistant

**parasitage** /paʀazitaʒ/ NM *[de discussion, situation]* interference (*de* in, with)

**parasitaire** /paʀazitɛʀ/ ADJ **a** *[maladie, affection]* parasitic **b** *[activités]* parasitic(al)

**parasite** /paʀazit/ NM *(Bot, Vét)* parasite; *(péj = personne)* parasite, sponger *, scrounger * NMPL **parasites** *(= électricité statique)* atmospherics, static; *(Radio, TV)* interference ADJ parasitic(al) ◆ **bruits ~s** *(Radio, TV)* interference; *(électricité statique)* atmospherics, static

**parasiter** /paʀazite/ ▸ conjug 1 ◂ VT *(Bot, Vét)* to live as a parasite on; *(Radio, TV)* to cause interference on; *(fig)* to interfere with, to get in the way of

**parasitique** /paʀazitik/ ADJ parasitic(al)

**parasitisme** /paʀazitism/ NM parasitism

**parasitose** /paʀazitoz/ NF parasitosis

**parasol** /paʀasɔl/ NM *[de plage]* beach umbrella, parasol; *[de café, terrasse]* sunshade, parasol; *(† = ombrelle)* parasol, sunshade; → **pin**

**parasympathique** /paʀasɛ̃patik/ ADJ parasympathetic

**parataxe** /paʀataks/ NF parataxis

**parathyroïde** /paʀatiʀɔid/ NF parathyroid (gland)

**paratonnerre** /paʀatɔnɛʀ/ NM lightning conductor

**paratyphique** /paʀatifik/ ADJ paratyphoid

**paratyphoïde** /paʀatifɔid/ NF paratyphoid fever

**paravent** /paʀavɑ̃/ NM folding screen *ou* partition; *(fig)* screen

**parbleu** †† /paʀblø/ EXCL by Jove! * †

**parc** /paʀk/ NM a *(= jardin public)* park; *[de château]* grounds; *(Mil = entrepôt)* depot

b *(Écon = ensemble)* stock ◆ ~ **automobile** *[de pays]* number of vehicles on the road; *[d'entreprise]* fleet ◆ ~ **immobilier/locatif** housing/rental stock ◆ ~ **ferroviaire** rolling stock ◆ ~ **nucléaire** nuclear installations ◆ **le ~ français des ordinateurs individuels** the total number of personal computers owned in France ◆ **la ville dispose d'un ~ hôtelier de 7 000 chambres** the town has a total of 7,000 hotel rooms

c *(Helv = stationnement)* → **place**

COMP ▹ **parc à l'anglaise** landscaped garden ▹ **parc animalier** safari park ▹ **parc d'attractions** amusement park ▹ **parc à bébé** playpen ▹ **parc à bestiaux** cattle pen *ou* enclosure ▹ **parc des expositions** exhibition centre ▹ **parc à la française** formal (French) garden ▹ **parc à huîtres** oyster bed ▹ **parc industriel** industrial estate *(Brit) ou* park ▹ **parc de loisirs** leisure park ▹ **parc à moules** mussel bed ▹ **parc à moutons** sheep pen, sheepfold ▹ **parc national** national park ▹ **parc naturel** nature reserve ▹ **parc récréatif** amusement park ▹ **parc régional** country park ▹ **parc scientifique** science park ▹ **parc de stationnement** car park *(Brit)*, parking lot *(US)* ▹ **parc à thème** theme park ▹ **parc zoologique** zoological gardens

**parcage** /paʀkaʒ/ NM *[de moutons]* penning; *[de voitures]* parking

**parcellaire** /paʀselɛʀ/ ADJ *(= fragmentaire) [informations, vision]* incomplete; *[témoignage]* incomplete, fragmentary; *[travail]* fragmented

**parcelle** /paʀsɛl/ NF fragment, particle, bit; *(sur un cadastre)* parcel *(of land)* ◆ ~ **de terre** plot of land ◆ ~ **de vérité/bon sens** grain of truth/commonsense ◆ **il n'y a pas la moindre ~ de vérité dans ce que tu dis** there's not a grain *ou* scrap of truth in what you say ◆ **une ~ de bonheur/gloire** a bit of happiness/fame

**parcellisation** /paʀselizasjɔ̃/ NF *[de tâche]* breakdown into individual operations; *[de terrain]* dividing up, division

**parcelliser** /paʀselize/ ▸ conjug 1 ◂ VT *[+ tâche]* to break down into individual operations; *[+ terrain]* to divide up

**parce que** /paʀs(ə)kə/ CONJ because ◆ **Robert, de mauvaise humeur ~ fatigué, répondit ...** Robert, who was in a bad mood because he was tired, replied ... ◆ **pourquoi n'y vas-tu pas ? – ~ !** why aren't you going? – because!

**parchemin** /paʀʃəmɛ̃/ NM parchment; *(hum : Univ)* diploma, degree

**parcheminé, e** /paʀʃəmine/ (ptp de **parcheminer**) ADJ *[peau]* wrinkled; *[visage]* wizened

**parcheminer** /paʀʃəmine/ ▸ conjug 1 ◂ VT to give a parchment finish to VPR **se parcheminer** to wrinkle up

**parcimonieusement** /paʀsimɔnjøzmɑ̃/ ADV parsimoniously, sparingly

**parcimonieux, -ieuse** /paʀsimɔnjø, jøz/ ADJ *[personne]* parsimonious; *[distribution]* miserly, ungenerous

**par-ci par-là** /paʀsipaʀla/ ADV *(espace)* here and there; *(temps)* now and then, from time to time ◆ **elle mangeait un yaourt par-ci, une pomme par-là** she'd eat the odd yoghurt or apple ◆ **avec lui, c'est toujours ma maison par-ci, ma voiture par-là** with him it's always my house this, my car that ◆ **il m'agace avec ses bien sûr par-ci, bien sûr par-là** he gets on my nerves saying "of course" all the time

**parcmètre** /paʀkmɛtʀ/, **parcomètre** /paʀkɔmɛtʀ/ NM (parking) meter

**parcotrain** /paʀkotʀɛ̃/ NM train users' car park *(Brit) ou* parking lot *(US)*

**parcourir** /paʀkuʀiʀ/ ▸ conjug 11 ◂ VT a *[+ trajet, distance]* to cover, to travel; *[+ lieu]* to go all over; *[+ pays]* to travel up and down ◆ **ils ont parcouru toute la région en un mois** they travelled the length and breadth of the region *ou* they covered the whole region in a month ◆ ~ **la ville à la recherche de qch** to search for sth all over (the) town, to scour the town for sth ◆ **leurs navires parcourent les mers** their ships sail all over ◆ **un frisson parcourut tout son corps** a shiver ran through his body ◆ **le ruisseau parcourt toute la vallée** the stream runs along *ou* through the whole valley *ou* right along the valley ◆ **l'obus parcourut le ciel** the shell flew through *ou* across the sky

b *(= regarder rapidement) [+ lettre, livre]* to glance *ou* skim through ◆ **il parcourut la foule des yeux** he cast *ou* ran his eye over the crowd

**parcours** /paʀkuʀ/ NM a *(= distance)* distance; *(= trajet)* journey; *(= itinéraire)* route; *[de fleuve]* course ◆ **le prix du ~** the fare

b *(Sport)* course ◆ **sur un ~ difficile** over a difficult course ◆ ~ **de golf** *(= terrain)* golf course; *(= partie, trajet)* round of golf ◆ **faire** *ou* **accomplir un ~ sans faute** *(Équitation)* to have a clear round; *(dans un jeu télévisé)* to get all the answers right ◆ **jusqu'à présent, il a réussi un ~ sans faute** *(dans sa carrière etc)* up to now, he hasn't put a foot wrong; → **accident, incident**

c *(= activités, progression)* **son ~ politique/scolaire** his political/school career ◆ **son ~ professionnel** his career path ◆ **son ~ d'écrivain n'a pas toujours été facile** making a career as a writer has not always been easy for him

COMP ▹ **parcours du combattant** *(Mil)* assault course; *(fig)* obstacle course ◆ **faire le ~ du combattant** to go round an assault course ▹ **parcours de santé** fitness trail ▹ **parcours Vita** ® *(Helv)* fitness trail

**par-delà** /paʀdəla/ PRÉP *[+ dans l'espace]* beyond; *[+ dans le temps]* across ◆ ~ **les montagnes/les mers** beyond the mountains/the seas ◆ ~ **le temps/les années** across time/the years ◆ ~ **les querelles, la solidarité demeure** there is a feeling of solidarity which goes beyond the quarrels

**par-derrière** /paʀdɛʀjɛʀ/ PRÉP (round) behind, round the back of ADV *[passer]* round the back; *[attaquer, emboutir]* from behind, from the rear; *[être endommagé]* at the back *ou* rear; *[se boutonner]* at the back ◆ **dire du mal de qn ~** to speak ill of sb behind their back

**par-dessous** /paʀd(ə)su/ PRÉP, ADV under(neath); → **jambe**

**pardessus** /paʀdəsy/ NM overcoat

**par-dessus** /paʀd(ə)sy/ PRÉP over (the top of) ◆ **il a mis un pull-over ~ sa chemise** he has put a pullover over *ou* on top of his shirt ◆ **sauter ~ une barrière/un mur** to jump over a barrier/a wall ◆ ~ **tout** above all ◆ **en avoir ~ la tête** * to be fed up to the back teeth * ◆ **j'en ai ~ la tête de toutes ces histoires** I'm sick and tired * of *ou* I'm fed up to the back teeth * with all this ◆ ~ **le marché** on top of all that ◆ ~ **bord** overboard; → **jambe** ADV over (the top)

**par-devant** /paʀd(ə)vɑ̃/ PRÉP *(Jur)* ◆ ~ **notaire** in the presence of *ou* before a lawyer ADV *[passer]* round the front; *[attaquer, emboutir]* from the front; *[être abîmé, se boutonner]* at the front ◆ **il te fait des compliments ~ puis dit du mal de toi par-derrière** he pays you compliments to your face but says nasty things about you behind your back

**par-devers** /paʀdəvɛʀ/ PRÉP *(Jur)* before ◆ ~ **soi** *(frm) (= en sa possession)* in one's possession

**pardi** † /paʀdi/ EXCL by Jove! * †

**pardieu** †† /paʀdjø/ EXCL by Jove! * †

**pardon** /paʀdɔ̃/ NM a *(pour s'excuser)* **demander ~ à qn d'avoir fait qch** to apologize to sb for doing *ou* having done sth ◆ **demande ~ !** say you're sorry! ◆ **(je vous demande) ~** (I'm) sorry, excuse me ◆ **c'est Maud – ~ ?** it's Maud – (I beg your) pardon? *ou* (I'm) sorry? ◆ **t'es débile * – ~ ?** you're a moron * – I beg your pardon? ◆ ~ **Monsieur, avez-vous l'heure ?** excuse me, have you got the time? ◆ **tu n'y es pas allé – (je te demande bien) ~, j'y suis allé ce matin** you didn't go – oh yes I did, I went this morning

b *(= grâce)* forgiveness, pardon *(frm) (Jur)*

c *(Rel) (en Bretagne)* pardon *(religious festival)* ◆ **le Grand ~, le jour du Pardon** *(= fête juive)* the Day of Atonement

d *(* : intensif)* **et puis ~ ! il travaille dur** he works hard, I'm telling you *ou* I can tell you! ◆ **je suis peut-être un imbécile mais alors lui, ~ !** maybe I'm stupid but he's even worse! *ou* he takes the biscuit! * *(Brit) ou* cake! * *(US)* ◆ **j'ai une belle voiture mais alors celle de mon frère, ~ !** I've got a nice car but wow *, you should see my brother's! ◆ **elle a un œil au beurre noir, ~ !** she's got one hell of a black eye! **, she's got a real shiner! **

**pardonnable** /paʀdɔnabl/ ADJ forgivable, excusable ◆ **il l'a oublié mais c'est ~** he can be forgiven for forgetting it, he has forgotten it but you have to forgive *ou* excuse him ◆ **une erreur pareille, ce n'est pas ~** there's no excuse for making a mistake like that

**pardonner** /paʀdɔne/ GRAMMAIRE ACTIVE 45.1 ▸ conjug 1 ◂

VT *[+ péché]* to forgive, to pardon; *[+ indiscrétion]* to forgive, to excuse ◆ ~ **(à) qn** to forgive sb ◆ ~ **qch à qn/à qn d'avoir fait qch** to forgive sb for sth/for doing sth ◆ **pour se faire ~ son erreur** so as to be forgiven for his mistake ◆ **pardonnez-moi de vous avoir dérangé** I'm sorry to have disturbed you, excuse me for disturbing you ◆ **vous êtes tout pardonné** I'll let you off, you're forgiven ◆ **on lui pardonne tout** he gets away with everything ◆ **je ne me le pardonnerai jamais** I'll never forgive myself ◆ **ce genre d'erreur ne se pardonne pas** this is an unforgivable *ou* inexcusable mistake ◆ **pardonnez-moi, mais je crois que ...** excuse me but I think that ... ◆ **pardonnez-leur car ils ne savent pas ce qu'ils font** *(Bible)* forgive them, for they know not what they do; → **faute**

**VI** to forgive ◆ **il faut savoir** ~ you have to forgive and forget ◆ **c'est une erreur qui ne pardonne pas** it's a fatal mistake ◆ **c'est une maladie qui ne pardonne pas** it's an illness that's always fatal

> ⚠ *Attention à ne pas traduire automatiquement* **pardonner** *par* **to pardon**, *qui est d'un registre plus soutenu.*

**paré, e** /paʀe/ (ptp de **parer**²) **ADJ** *(= prêt)* ready, all set; *(= préparé)* prepared ◆ **être** ~ **contre le froid** to be prepared for the cold weather

**pare-avalanches** /paʀavalɑ̃ʃ/ **NM INV** avalanche barrier

**pare-balles** /paʀbal/ **ADJ INV** bulletproof **NM INV** bullet shield

**pare-boue** /paʀbu/ **NM INV** mud flap

**pare-brise NM INV**, **parebrise NM** /paʀbʀiz/ windscreen *(Brit)*, windshield *(US)*

**pare-chocs** /paʀʃɔk/ **NM INV** *(Aut)* bumper *(Brit)*, fender *(US)* ◆ **avancer** ~ **contre** ~ to be bumper to bumper

**pare-éclats** /paʀekla/ **ADJ INV** ◆ **gilet** ~ flak jacket **NM INV** *(Mil)* traverse

**pare-étincelles** /paʀetɛ̃sɛl/ **NM INV** fireguard

**pare-feu** /paʀfø/ **NM INV** *[de forêt]* firebreak, fire line; *[de foyer]* fireguard

**parégorique** /paʀegɔʀik/ **ADJ, NM** paregoric; → **élixir**

**pareil, -eille** /paʀɛj/ GRAMMAIRE ACTIVE 32.4

**ADJ** a *(= identique)* the same, similar, alike *(attrib)* ◆ **il n'y en a pas deux ~s** no two are the same *ou* alike ◆ ~ **que,** ~ **à** the same as, similar to, just like ◆ **comment va-t-elle ? – c'est toujours** ~ how is she? – (she's) just the same (as ever) *ou* there's no change (in her) ◆ **c'est toujours ~, il ne peut pas être à l'heure** it's always the same, he's never on time ◆ **il est ~ à lui-même** he doesn't change, he's the same as ever ◆ **tu as vu son sac ? j'en ai un ~/presque** ~ have you seen her bag? I've got one the same *ou* one just like it/one very similar *ou* almost identical ◆ **à nul autre** ~ *(littér)* peerless *(littér)*, unrivalled, unmatched ◆ **l'an dernier à pareille époque** this time last year

b *(= tel)* such (a) ◆ **je n'ai jamais entendu ~ discours** *ou* **un discours** ~ I've never heard such a speech *ou* a speech like it ◆ **en ~ cas** in such a case ◆ **en pareille occasion** on such an occasion ◆ **à pareille heure, il devrait être debout** he ought to be up at this hour ◆ **se coucher à une heure pareille !** what a time to be going to bed!

**NM,F** ◆ **nos ~s** *(= nos semblables)* our fellow men; *(= nos égaux)* our equals *ou* peers ◆ **je ne retrouverai jamais son** ~ *(chose)* I'll never find another one like it; *(employé)* I'll never find another one like him *ou* to match him ◆ **ne pas avoir son** ~ **(ou sa pareille)** to be second to none ◆ **il n'a pas son ~ pour faire la mayonnaise** no-one makes mayonnaise as well as he does ◆ **vous et vos ~s** you and your kind, people like you ◆ **sans** ~ unparalleled, unequalled ◆ **c'est du ~ au même** * it doesn't make the slightest difference, it comes to the same thing, it makes no odds; → **rendre**

**ADV** * *[s'habiller]* the same, in the same way, alike ◆ **faire** ~ to do the same thing (*que* as)

**pareillement** /paʀɛjmɑ̃/ GRAMMAIRE ACTIVE 53.5 **ADV** *(= de la même manière) [s'habiller]* in the same way (*à* as); *(= également)* likewise, also, equally ◆ **cela m'a ~ surpris** it surprised me also *ou* too ◆ ~ **heureux** equally happy ◆ **mon père va bien et ma mère** ~ my father is well and so is my mother *ou* and my mother too ◆ **à vous** ~ ! the same to you!

**parement** /paʀmɑ̃/ **NM** *(Constr, Couture)* facing

**parenchyme** /paʀɑ̃ʃim/ **NM** parenchyma

**parent, e** /paʀɑ̃, ɑ̃t/ **ADJ** related **NM,F** a *(= personne apparentée)* relative, relation ◆ **être ~ de qn** to be related to *ou* a relative of sb ◆ **nous sommes ~s par alliance/par ma mère** we are related by marriage/on my mother's side ◆ **~s en ligne directe** blood relations ◆ **~s proches** close relations *ou* relatives ◆ **~s et amis** friends and relations *ou* relatives ◆ **nous ne sommes pas ~s** we aren't related ◆ ~ **pauvre** *(fig)* poor relation (*de* to) b *(= père ou mère)* parent ◆ ~ **isolé** *ou* **unique** single *ou* lone parent **NMPL parents** *(= père et mère)* parents; *(littér = ancêtres)* ancestors, forefathers ◆ **les devoirs des ~s** parental duties ◆ **accompagné de l'un de ses ~s** accompanied by one parent *ou* one of his parents ◆ **nos premiers ~s** our first parents, Adam and Eve

**parental, e** (mpl **-aux**) /paʀɑ̃tal, o/ **ADJ** parental ◆ **retrait d'autorité ~e** loss of parental rights ◆ **participation ~e** parental involvement

**parenté** /paʀɑ̃te/ **NF** *(= rapport)* relationship, kinship; *(= ensemble des parents)* relations, relatives ◆ **degré de** ~ degree of relationship ◆ **ils se sont découvert une lointaine** ~ they found out they were distantly related ◆ **ces deux langues n'ont aucune** ~ these two languages are not in any way related *ou* have no common roots; → **lien**

**parenthèse** /paʀɑ̃tɛz/ **NF** *(= digression)* parenthesis, digression; *(= signe)* parenthesis, bracket *(Brit)* ◆ **ouvrir/fermer la** ~ *(lit)* to open/close the parentheses *ou* brackets *(Brit)* ◆ **ouvrir une** ~ *(fig)* to digress, to make a digression ◆ **je me permets d'ouvrir une ~ pour dire ...** may I interrupt *ou* digress for a moment to say ... ◆ **je ferme la** ~ *(fig)* ... (but) to get back to the subject ... ◆ **mettre qch entre ~s** to put sth in *ou* between parentheses *ou* brackets *(Brit)* ◆ **entre ~s** *(lit)* in parentheses *ou* brackets *(Brit)*; *(fig)* incidentally, in parenthesis ◆ **il vaut mieux mettre cet aspect entre ~s** it would be better to leave that aspect aside ◆ **entre ~s, ce qu'il dit est faux** by the way, what he says is wrong ◆ **par** ~ incidentally, in passing ◆ **soit dit par ~, elle aurait mieux fait de rester** it could *ou* let it be said incidentally *ou* in passing that she would have done better to stay

**parenthétisation** /paʀɑ̃tetizasjɔ̃/ **NF** parenthesizing, bracketing *(Brit)*

**paréo** /paʀeo/ **NM** pareo

**parer**¹ /paʀe/ ▸ conjug 1 ◂ **VT** a *(= orner) [+ chose]* to adorn, to bedeck; *[+ personne]* to adorn, to deck out (*de* with); ◆ **robe richement parée** richly trimmed *ou* ornamented dress ◆ ~ **qn de toutes les vertus** *(fig)* to attribute every virtue to sb b *(= préparer) [+ viande]* to dress, to trim; *[+ cuir]* to dress

**VPR se parer** *(littér = se faire beau)* to put on all one's finery ◆ **se ~ de** *[+ bijoux]* to adorn o.s. with; *[+ robe]* to attire o.s. in; *(péj) [+ faux titre]* to assume, to invest o.s. with ◆ **se ~ des plumes du paon** *(fig)* to take all the credit (for o.s.)

**parer**² /paʀe/ ▸ conjug 1 ◂ **VT** *(= se protéger de) [+ coup]* to stave off, to fend off; *(Boxe, Escrime)* to parry; *(Ftbl) [+ tir]* to deflect; *(fig) [+ attaque]* to stave off, to parry **VT INDIR parer à** a *(= remédier) [+ inconvénient]* to deal with, to remedy, to overcome; *[+ danger]* to ward off b *(= pourvoir à) [+ éventualité]* to prepare for, to be prepared for ◆ ~ **au plus pressé** to attend to the most urgent things first ◆ **il faut ~ au plus pressé** first things first ◆ **paré à virer !** *(Naut)* about ship! ◆ **paré ? alors on s'en va !** ready? off we go!

**pare-soleil** /paʀsɔlɛj/ **NM INV** *[de voiture]* sun visor; *(Archit)* sun screen

**paresse** /paʀɛs/ **NF** *[de personne]* laziness, idleness; *(= péché)* sloth ◆ ~ **intellectuelle** *ou* **d'esprit** intellectual laziness ◆ **il est enclin à la** ~ he tends to be lazy ◆ **c'est une solution de** ~ it's the lazy way out ◆ ~ **intestinale** *(Méd)* sluggishness of the digestive system

**paresser** /paʀese/ ▸ conjug 1 ◂ **VI** to laze about *ou* around ◆ ~ **au lit** to laze in bed

**paresseusement** /paʀesøzmɑ̃/ **ADV** *(= avec indolence)* lazily; *(= avec lenteur)* sluggishly, slowly

**paresseux, -euse** /paʀesø, øz/ **ADJ** *[personne]* lazy, idle; *[allure, pose]* lazy; *[esprit]* slow; *[fleuve]* lazy, sluggish ◆ ~ **comme une couleuvre** * *ou* **un loir** * *ou* **un lézard** * thoroughly lazy, bone-idle * *(Brit)* ◆ **il est ~ pour se lever** he's not very good at getting up **NM,F** lazy *ou* idle person, lazybones * **NM** *(Zool)* sloth

**parfaire** /paʀfɛʀ/ ▸ conjug 60 ◂ **VT** *[+ travail]* to perfect, to bring to perfection; *[+ connaissances]* to perfect, to round off; *[+ décor, impression]* to complete, to put the finishing touches to; *[+ somme]* to make up

**parfait, e** /paʀfɛ, ɛt/ (ptp de **parfaire**) **ADJ** a *(= impeccable) [travail, condition, exemple, crime]* perfect; *[exécution, raisonnement]* perfect, flawless; *[manières]* perfect, faultless; → **filer**

b *(= absolu) [bonne foi, tranquillité]* complete, total, perfect; *[ressemblance]* perfect ◆ **il a été d'une discrétion ~e** *ou* ~ **de discrétion** *(frm)* he has shown absolute discretion, he has been the soul of discretion ◆ **dans la plus ~e ignorance** in total *ou* utter *ou* complete ignorance ◆ **en ~ accord avec** in perfect *ou* total agreement with ◆ **en ~e harmonie** in perfect harmony

c *(= accompli, achevé) [élève, employé]* perfect; *(péj) [crétin, crapule]* utter, perfect ◆ **le type même du ~ mari** the epitome of the perfect husband ◆ ~ **homme du monde** perfect gentleman

d *(= à son plein développement) [fleur, insecte]* perfect; → **accord, gaz, nombre**

e *(= très bon)* **(c'est)** ~ ! (that's) perfect! *ou* excellent! *ou* great! *; *(iro)* (that's) marvellous! *ou* great! * ◆ **vous refusez ? (voilà qui est) ~, vous l'aurez voulu !** you won't? (that's) fine – it's up to you! ◆ **vous avez été ~ !** you were fantastic!

**NM** a *(Culin)* parfait ◆ ~ **au café** coffee parfait

b *(Ling)* perfect

**parfaitement** /paʀfɛtmɑ̃/ **ADV** a *(= très bien) [connaître]* perfectly ◆ **je comprends** ~ I quite understand, I understand perfectly

b *(= tout à fait) [heureux, clair, exact]* perfectly, quite; *[hermétique, étanche]* completely; *[idiot]* utterly, absolutely, perfectly ◆ **cela m'est ~ égal** it makes absolutely no difference to me, it's all the same to me ◆ **vous avez ~ le droit de le garder** you have a perfect right to keep it, you're perfectly entitled to keep it

c *(= certainement)* (most) certainly ◆ **tu as fait ce tableau tout seul ? – ~ !** you did this picture all on your own? – I (most) certainly did! *ou* I did indeed! ◆ **tu ne vas pas partir sans moi ! – ~ !** you're not going to leave without me! – oh yes *ou* indeed I am! ◆ **je refuse d'obéir, ~, et j'en suis fier** yes, I'm refusing to obey, and I'm proud of it

**parfois** /paʀfwa/ **ADV** *(= dans certains cas)* sometimes; *(= de temps en temps)* sometimes, occasionally, at times ◆ ~ **je lis,** ~ **je sors** sometimes I (may) read *ou* I'll read, other times I (may) go out *ou* I'll go out ◆ **il y a** ~ **du brouillard en hiver** occasionally *ou* sometimes there's fog in winter

**parfum** /paʀfœ̃/ NM **a** *(= substance)* perfume, scent, fragrance **b** *(= odeur) [de fleur, herbe]* scent; *[de tabac, vin, café]* aroma; *[de glace]* flavour *(Brit)*, flavor *(US)*; *[de savon]* scent, fragrance; *[de fruit]* smell; *(littér) [de louanges, vertu]* odour *(Brit)*, odor *(US)* ◆ **ceci a un** ~ **de scandale/d'hérésie** that has a whiff of scandal/of heresy about it **c** *(loc)* **être au** ~ * to be in the know * ◆ **mettre qn au** ~ * to put sb in the picture *, to give sb the lowdown *

**parfumé, e** /paʀfyme/ (ptp de **parfumer**) ADJ *[papier à lettres, savon]* scented; *[air, fleur]* fragrant, sweet-smelling; *[vin, fruit]* fragrant; *[huile]* aromatic; *[bougie]* perfumed, scented ◆ **elle est trop** ~**e** she's wearing too much scent ◆ ~ **au citron** *[glace]* lemon-flavour(ed) *(Brit)*, lemon-flavor(ed) *(US)*; *[savon]* lemon-scented

**parfumer** /paʀfyme/ ► conjug 1 ◄ VT *[+ pièce, air] [fleurs]* to perfume, to scent; *[café, tabac]* to fill with its aroma; *[+ mouchoir]* to put scent *ou* perfume on; *(Culin)* to flavour *(Brit)*, to flavor *(US)* (*à* with); ◆ **pour** ~ **votre linge** to make your linen smell nice ◆ **vous voulez que je vous parfume ?** would you like to try some perfume? VPR **se parfumer** to use *ou* wear perfume *ou* scent ◆ **elle se parfuma rapidement** she quickly put *ou* dabbed some perfume *ou* scent on

**parfumerie** /paʀfymʀi/ NF *(= usine, industrie)* perfumery; *(= boutique)* perfume shop; *(= rayon)* perfumery (department); *(= produits)* perfumery, perfumes, fragrances

**parfumeur, -euse** /paʀfymœʀ, øz/ NM,F perfumer

**pari** /paʀi/ NM bet, wager; *(Sport)* bet; *(= activité)* betting ◆ **faire/tenir un** ~ to make *ou* lay/take up a bet ◆ ~ **mutuel (urbain)** ≈ tote, parimutuel ◆ **les** ~**s sont ouverts** *(fig)* there's no knowing, it's anyone's guess * ◆ **c'est un** ~ **sur l'avenir** *(fig)* it's a gamble on the future ◆ **je tiens le** ~ **!** you're on! ◆ **il avait dit qu'il arriverait premier :** ~ **tenu !** he said he would come first and so he did! *ou* and he managed it! *ou* and he pulled it off!

> **PMU**
>
> The **PMU** (« pari mutuel urbain ») is a government-regulated network of horse-racing betting counters run from bars displaying the **PMU** sign. Punters buy fixed-price tickets predicting winners or finishing positions. The traditional bet is a triple forecast (« tiercé »), although other multiple forecasts (« quarté », « quarté + », « quinté » etc) are also popular.

**paria** /paʀja/ NM (social) outcast, pariah; *(en Inde)* Pariah

**parier** /paʀje/ ► conjug 7 ◄ VT **a** *(= gager)* to bet, to wager ◆ **je (te) parie que c'est lui/tout ce que tu veux** I bet you it's him/anything you like ◆ **tu ne le feras pas – qu'est-ce que tu paries ?** you won't do it – what do you bet? *ou* do you want to bet? ◆ **il y a gros à** ~ **qu'elle ...** the odds are (that) she ..., ten to one she ... ◆ **je l'aurais parié** I might have known ◆ **tu as faim, je parie** I bet you're hungry **b** *(Courses) [+ argent]* to bet, to lay, to stake ◆ ~ **20 € sur le favori** to bet *ou* lay €20 on the favourite ◆ ~ **sur un cheval** to bet on a horse, to back a horse ◆ ~ **gros sur un cheval** to bet heavily on *ou* lay a big bet on a horse ◆ ~ **aux courses** to bet on the races

**pariétal, e** (mpl **-aux**) /paʀjetal, o/ ADJ *(Anat)* parietal; *(Art)* wall *(épith)* NM parietal bone

**parieur, -ieuse** /paʀjœʀ, jøz/ NM,F punter, better

**parigot, e** * /paʀigo, ɔt/ ADJ Parisian NM,F **Parigot(e)** Parisian

**Paris** /paʀi/ N Paris

**Pâris** /paʀis/ NM *(Myth)* Paris

**paris-brest** (pl **paris-brests**) /paʀibʀɛst/ NM *choux pastry ring filled with praline-flavoured cream*

**parisianisme** /paʀizjanism/ NM *(= habitude)* Parisian habit; *(= façon de parler)* Parisian way of speaking; *(= importance donnée à Paris)* Paris bias ◆ **faire du** ~ to focus excessively on Paris

**parisien, -ienne** /paʀizjɛ̃, jɛn/ ADJ *(gén)* Paris *(épith)*, of Paris; *[société, goûts, ambiance]* Parisian ◆ **le Bassin** ~ the Paris basin ◆ **la région parisienne** the Paris region *ou* area, the region *ou* area around Paris ◆ **la vie parisienne** Paris *ou* Parisian life, life in Paris; → **pain** NM,F **Parisien(ne)** Parisian NM *(= pain) long loaf of bread*

**paritaire** /paʀitɛʀ/ ADJ *[commission]* joint *(épith)*, with equal representation of both sides; *[représentation]* equal

**paritarisme** /paʀitaʀism/ NM *(Écon)* (theory of) co-management

**parité** /paʀite/ NF parity ◆ **la** ~ **des changes** exchange parity ◆ **réclamer la** ~ **des** *ou* **entre les salaires** to demand equal pay ◆ **elles réclament la** ~ **hommes-femmes** they are demanding equality between men and women

**parjure** /paʀʒyʀ/ ADJ *[personne]* disloyal; *[serment]* false NM *(= violation de serment)* betrayal NMF traitor

**parjurer (se)** /paʀʒyʀe/ ► conjug 1 ◄ VPR to betray one's oath *ou* promise

**parka** /paʀka/ NF parka

**parking** /paʀkiŋ/ NM car park *(Brit)*, parking lot *(US)* ◆ ~ **souterrain/à étages** underground/multistorey car park *(Brit) ou* parking lot *(US)* ◆ **"parking gratuit"** "free parking", "free car park" *(Brit)* ◆ ~ **payant** ≈ pay and display car park *(Brit) ou* parking lot *(US)* ◆ ~ **sauvage** *area used illegally for parking* ADJ *(péj)* dead-end *(épith)*, which leads nowhere *(attrib)* ◆ **section-**~ dead-end department ◆ **stage-**~ dead-end training course, training course which leads nowhere

**Parkinson** /paʀkinsɔn/ NM ◆ **la maladie de** ~ Parkinson's disease

**parkinsonien, -ienne** /paʀkinsɔnjɛ̃, jɛn/ ADJ associated with Parkinson's disease NM,F patient suffering from Parkinson's disease

**parlant, e** /paʀlɑ̃, ɑ̃t/ ADJ **a** *[comparaison, description]* graphic, vivid; *[exemple]* eloquent; *[geste, regard]* eloquent, meaningful ◆ **les chiffres sont** ~**s/très** ~**s** the figures speak for themselves/speak volumes ◆ **un schéma est souvent plus** ~ **qu'un texte** a diagram often conveys more than written text **b** *(= doué de parole)* speaking *(épith)*, talking *(épith)* ◆ **il n'est pas très** ~ he's not very talkative; → **cinéma** ADV ◆ **scientifiquement/économiquement** *etc* ~ scientifically/economically *etc* speaking

**parlé, e** /paʀle/ (ptp de **parler**) ADJ *[langue]* spoken; → **chaîne, journal** NM *(Théât)* spoken part

**parlement** /paʀləmɑ̃/ NM parliament ◆ **le Parlement européen** the European Parliament

**parlementaire** /paʀləmɑ̃tɛʀ/ ADJ *(Pol)* parliamentary NMF **a** *(Pol)* member of Parliament; *(aux USA)* member of Congress; *(Hist Brit = partisan)* Parliamentarian **b** *(= négociateur)* negotiator, mediator

**parlementairement** /paʀləmɑ̃tɛʀmɑ̃/ ADV parliamentarily

**parlementarisme** /paʀləmɑ̃taʀism/ NM parliamentarism

**parlementer** /paʀləmɑ̃te/ ► conjug 1 ◄ VI *(= négocier)* to negotiate, to parley †; *(* = discuter)* to argue things over ◆ ~ **avec qn** *(hum = palabrer)* to argue endlessly with sb

## parler /paʀle/

► conjug 1 ◄

GRAMMAIRE ACTIVE 46.2, 53.2

1 VERBE INTRANSITIF
2 VERBE TRANSITIF INDIRECT
3 VERBE TRANSITIF INDIRECT
4 VERBE TRANSITIF
5 VERBE PRONOMINAL
6 NOM MASCULIN

### 1 - VERBE INTRANSITIF

**a** faculté physique to talk, to speak ◆ **il a commencé à** ~ **à 2 ans** he started talking when he was 2 ◆ **votre perroquet parle ?** can your parrot talk? ◆ ~ **du nez** to talk through one's nose ◆ ~ **distinctement** to speak distinctly ◆ **je n'aime pas sa façon de** ~ I don't like the way he talks *ou* speaks ◆ **parlez plus fort !** speak up!, speak louder!; → **dent, façon**

**b** = exprimer sa pensée to speak; *(= bavarder)* to talk ◆ ~ **franc/crûment** to speak frankly/bluntly ◆ ~ **bien/mal** to be a good/not to be a (very) good speaker ◆ ~ **d'or** to speak words of wisdom ◆ ~ **avec les mains** to speak with one's hands ◆ ~ **comme un livre** *(péj)* to talk like a book ◆ ~ **par paraboles** *ou* **par énigmes** to talk *ou* speak in riddles ◆ **il aime s'écouter** ~ he likes the sound of his own voice ◆ **parlons peu mais parlons bien** let's get straight to the point ◆ ~ **pour qn** to speak for sb ◆ **parle pour toi !** *(iro)* speak for yourself! ◆ **c'est à vous de** ~ *(Cartes)* it's your bid ◆ **au lieu de** ~ **en l'air, renseigne-toi/agis** don't just talk about it, find out/do something ◆ **plutôt que de** ~ **en l'air, allons lui demander** instead of talking (wildly) let's go and ask him ◆ ~ **à tort et à travers** to blether, to talk drivel *, to talk through one's hat ◆ ~ **pour ne rien dire** to talk for the sake of talking ◆ **voilà qui est (bien) parlé !** hear hear!, well said! ◆ **mais je parle, je parle, et toi, comment vas-tu ?** but that's enough about me – how are you (doing)?

**c** fig ~ **par gestes** to use sign language ◆ **faire** ~ **la poudre** *(= se battre)* to start a gunfight; *(= faire la guerre)* to resort to war ◆ **le devoir a parlé** I (*ou* he *etc*) heard the call of duty, duty called ◆ **son cœur a parlé** he heeded the call of his heart

**d** = révéler les faits to talk ◆ **faire** ~ *[+ suspect]* to make talk, to loosen the tongue of; *[+ introverti, timide]* to draw out ◆ **les chiffres/faits parlent d'eux-mêmes** the figures/facts speak for themselves

**e** locutions **vous n'avez qu'à** ~ just say the word, you've only to say the word ◆ **ne m'en parlez pas !** you're telling me! *, I don't need telling! * ◆ **n'en parlons plus !** let's forget (about) it, let's not mention it again

◆ **sans ~ de ...** not to mention ..., to say nothing of ..., let alone ... ◆ **tu as été dédommagé, non ? – parlons-en !** *(= ça ne change rien)* you've been compensated, haven't you? – some good *ou* a lot of use that is (to me)! *; *(= pas du tout)* you've been compensated, haven't you? – not likely! * *ou* you must be joking! * ◆ **tu parles (Charles) !** *, **vous parlez !** * *(= bien sûr)* you're telling me! *, you bet! *; *(iro)* no chance! *, you must be joking! * ◆ **tu parles** *ou* **vous parlez d'une brute !** talk about a brute! ◆ **leur proposition, tu parles si on s'en fiche !** * a fat lot we think of their idea! * ◆ **tu parles si ça nous aide/si c'est pratique !** * *(iro)* a fat lot of help/use that is! * ◆ **tu peux ~ !** * you can talk! *

2 - VERBE TRANSITIF INDIRECT

**parler à**

a [= converser] ~ **à qn** to talk *ou* speak to sb ◆ **il faut que je lui parle** I must talk to him *ou* have a word with him ◆ **nous ne nous parlons pas** we're not on speaking terms ◆ **moi qui vous parle** I myself ◆ **trouver à qui ~** *(fig)* to meet one's match ◆ **c'est ~ à un mur** *(fig)* it's like talking to a (brick) wall

b [fig] ~ **aux yeux/à l'imagination** to appeal to the eye/the imagination ◆ ~ **au cœur** to speak to the heart ◆ **ce tableau/cette œuvre me parle** this painting/this work really speaks to me ◆ **ses romans/sculptures ne me parlent pas du tout** his novels/sculptures don't do anything for me

3 - VERBE TRANSITIF INDIRECT

**parler de**

a [= s'entretenir] ~ **de qch/qn** to talk about sth/sb ◆ ~ **de la pluie et du beau temps,** ~ **de choses et d'autres** *(fig)* to talk about the weather *(fig)*, to talk of this and that ◆ **faire ~ de soi** to get o.s. talked about ◆ ~ **mal de qn** to speak ill of sb ◆ **on parle beaucoup de lui comme ministre** he's being talked about *ou* spoken of as a possible *ou* future minister, he's tipped as a likely minister ◆ **on ne parle que de ça** it's the only topic of conversation, it's the only thing *ou* that's all people are talking about ◆ **tout le monde en parle** everybody's talking about it ◆ **toute la ville en parle** it's the talk of the town ◆ **il n'en parle jamais** he never mentions it *ou* refers to it *ou* talks about it ◆ **nous recevons un immense acteur, je veux ~ bien sûr de Jean Lattu** we'll be welcoming a great actor, I am, of course, referring to Jean Lattu ◆ **et je ne parle pas de ...** not to mention ..., to say nothing of ... ◆ **de quoi ça parle, ton livre ? – ça parle de bateaux** *(fig)* what is your book about? – it's about ships; → **loup**

b [pour informer] ◆ ~ **de qch à qn** to tell sb about sth ◆ **parlez-nous de vos vacances/projets** tell us about your holidays/plans ◆ **on m'avait parlé d'une vieille maison** I had been told about an old house ◆ **je lui parlerai de cette affaire** I'll speak to him *ou* I'll have a word with him about this business ◆ **il a parlé de moi au patron** *(= soutenir)* he put in a word for me with the boss ◆ **on m'a beaucoup parlé de vous** I've heard a lot about you

c [pour annoncer une intention] ~ **de faire qch** to talk of doing sth ◆ **elle a parlé d'aller voir un docteur** she has talked of going to see a doctor ◆ **on parle de construire une route** they're talking of building a road, there's talk of a road being built *ou* of building a road

d [= évoquer] **le jardin lui parlait de son enfance** the garden brought back memories of his childhood (to him) ◆ **tout ici me parle de toi** everything here reminds me of you

4 - VERBE TRANSITIF

a *[+ langue]* to speak ◆ ~ **(l')anglais** to speak English

b ◆ ~ **politique/affaires** to talk politics/business ◆ ~ **boutique** * to talk shop ◆ **si nous parlions finances ?** *(hum)* how about talking cash? *

5 - VERBE PRONOMINAL

**se parler**

a [à soi-même] to talk to o.s.; *(les uns aux autres)* to talk to each other *ou* one another ◆ **depuis cette querelle, ils ne se parlent plus** they haven't been on speaking terms since that argument

b [= être parlé] **ce dialecte ne se parle plus** this dialect is no longer spoken, nobody speaks this dialect any more

6 - NOM MASCULIN

a [= manière de parler] speech ◆ **le ~ vrai** straight talking ◆ **le ~ de tous les jours** everyday speech, common parlance ◆ **il a un ~ vulgaire** he has a coarse way of speaking; → **franc¹**

b [= langue régionale] dialect

---

**parleur** /paʀlœʀ/ **NM** ◆ **beau ~** smooth *ou* glib talker

**parloir** /paʀlwaʀ/ **NM** *[d'école, prison]* visiting room; *[de couvent]* parlour *(Brit)*, parlor *(US)*

**parlot(t)e** * /paʀlɔt/ **NF** chitchat * *(NonC)* ◆ **toutes ces parlot(t)es ne mènent à rien** all this chitchat * is a waste of time ◆ **c'est de la parlot(t)e tout ça** it's all *ou* just talk

**Parme** /paʀm/ **N** *(= ville)* Parma **NM** ◆ **(jambon de) ~** Parma ham **ADJ** *(= couleur)* ◆ **parme** violet

**Parmentier** /paʀmɑ̃tje/ **N** → **hachis**

**parmesan, e** /paʀməzɑ̃, an/ **ADJ** Parmesan, of *ou* from Parma **NM,F** **Parmesan(e)** inhabitant *ou* native of Parma **NM** *(Culin)* Parmesan (cheese)

**parmi** /paʀmi/ **PRÉP** among(st) ◆ ~ **la foule** among *ou* in the crowd ◆ **venez ici ~ nous** come over here with us ◆ **je passerai ~ vous distribuer les questionnaires** I'll come round and give you each a questionnaire ◆ **c'est un cas ~ d'autres** it's one case among many, it's one of many cases ◆ **qui ~ vous en a entendu parler ?** have any of you heard of it? ◆ **personne ~ nous/eux/les victimes** none of us/them/the victims **ADV** *(Helv = mutuellement)* * each other ◆ **on s'invite ~** we have each other to dinner

**Parnasse** /paʀnɑs/ **NM** Parnassus ◆ **le Mont ~** (Mount) Parnassus

**parnassien, -ienne** /paʀnasjɛ̃, jɛn/ **ADJ, NM,F** Parnassian **NM** *(= papillon)* apollo

**parodie** /paʀɔdi/ **NF** parody ◆ **une ~ de procès/de démocratie/d'élection** a travesty of a trial/of democracy/of an election

**parodier** /paʀɔdje/ ► conjug 7 ◄ **VT** to parody

**parodique** /paʀɔdik/ **ADJ** *[style]* parodic(al)

**parodiste** /paʀɔdist/ **NMF** parodist

**paroi** /paʀwa/ **NF** *(gén, Anat, Bot)* wall; *[de récipient]* (inside) surface, (inner) wall; *[de véhicule, baignoire]* side; *(= cloison)* partition ◆ ~ **rocheuse** rock face

**paroisse** /paʀwas/ **NF** parish

**paroissial, e** (mpl **-iaux**) /paʀwasjal, jo/ **ADJ** parish *(épith)* ◆ **église ~e** parish church ◆ **salle ~e** church hall ◆ **à l'échelon ~** at the parochial *ou* parish level

**paroissien, -ienne** /paʀwasjɛ̃, jɛn/ **NM,F** parishioner **NM** *(= missel)* prayer book, missal

**parole** /paʀɔl/ **NF** **a** *(= mot)* word ◆ **comprenez-vous le sens de ses ~s ?** can you understand (the meaning of) what he says? ◆ **assez de ~s, des actes !** that's enough talking, now it's time to act! ◆ **il n'a pas dit une ~ de la soirée** he didn't say a word *ou* open his mouth all evening ◆ **les ~s s'envolent, les écrits restent** *(Prov)* verba volant, scripta manent *(Prov)* ◆ **voilà une bonne ~ !** *(hum)* that's what I like to hear! ◆ **la ~ de Dieu, la bonne ~** the word of God ◆ **porter** *ou* **prêcher la bonne ~** *(lit)* to preach *ou* spread the word of God; *(fig)* to spread the (good) word ◆ **toutes ces belles ~s n'ont convaincu personne** all these fine(-sounding) words failed to convince anybody ◆ ~ **célèbre** famous words *ou* saying ◆ **prononcer une ~ historique** to make a historic remark ◆ **ce sont des ~s en l'air** it's just idle talk ◆ **il est surtout courageux en ~s** he's brave enough when it's just a matter of words *ou* talking about it ◆ **tout cela est bien joli en ~s mais ...** it sounds fair enough but ...; → **boire, moulin, payer**

**b** *(= texte)* **~s** *[de chanson]* words, lyrics ◆ **histoire sans ~s** wordless cartoon ◆ **"sans paroles"** *(légende)* "no caption"

**c** *(= promesse)* word ◆ **tenir ~** to keep one's word ◆ **il a tenu ~** he kept his word, he was as good as his word ◆ **c'est un homme de ~, il est de ~, il n'a qu'une ~** he's a man of his word, his word is his bond ◆ **il n'a aucune ~** you (just) can't trust a word he says ◆ **je l'ai cru sur ~** I took his word for it ◆ **(je vous donne ou vous avez ma) ~ d'honneur !** I give you *ou* you have my word (of honour)! ◆ ~ **de scout/marin** *etc* scout's/sailor's *etc* honour ◆ **manquer à sa ~** to fail to keep one's word, to go back on one's word ◆ **ma ~ !** * (upon) my word! ◆ **tu es fou ma ~ !** * heavens - you're mad! ◆ **prisonnier sur ~** prisoner on parole

**d** *(= faculté d'expression)* speech ◆ **doué de ~** capable of speech ◆ **avoir la ~ facile** to find it easy to talk, to have the gift of the gab * ◆ **avoir le don de la ~** to be a gifted speaker ◆ **la ~ est d'argent, le silence est d'or** *(Prov)* speech is silver, silence is golden *(Prov)* ◆ **perdre/retrouver la ~** to lose/recover one's speech; *(fig)* to lose/find one's tongue * ◆ **il n'a jamais droit à la ~** he's never allowed to get a word in edgeways; → **manquer**

**e** *(Ling)* speech, parole *(SPÉC)* ◆ **acte de ~** speech act

**f** *(Cartes)* **~ !** (I) pass!

**g** *(dans un débat, une discussion)* **droit de ~** right to speak ◆ **temps de ~** speaking time ◆ **puis-je avoir la ~ ?** may I say something? ◆ **vous avez la ~** *(gén)* it's your turn to speak; *(au parlement etc)* you have the floor ◆ **je vous rends la ~** back *ou* over to you ◆ **qui veut la ~ ?** who wants to speak? ◆ **laissez-moi la ~** let me speak ◆ **la ~ est à M. Duval** it's Mr Duval's turn to speak ◆ **passer** *ou* **céder la ~ à qn** to hand over to sb ◆ **demander la ~** to ask to be allowed to speak ◆ **prendre la ~** to speak ◆ **je voudrais prendre la ~ pour dire ...** *(gén)* I'd like to say ...; *(au parlement etc)* I'd like to take the floor to say ... ◆ **pour empêcher la prise de ~ des extrémistes** to prevent extremists from voicing their opinions

**parolier, -ière** /paʀɔlje, jɛʀ/ **NM,F** lyric writer

**paronyme** /paʀɔnim/ **NM** paronym

**paronymie** /paʀɔnimi/ **NF** paronymy

**paronymique** /paʀɔnimik/ **ADJ** paronymic

**parotide** /paʀɔtid/ NF ♦ **(glande)** ~ parotid gland

**paroxysme** /paʀɔksism/ NM *[de maladie]* crisis (point), paroxysm *(SPÉC)*; *[de crise, sensation, sentiment]* paroxysm, height ♦ **être au ~ de la joie/colère** to be beside o.s. with joy/anger ♦ **le bruit était à son ~** the noise was at its loudest *ou* height ♦ **son désespoir était à son ~** he was in the depths of despair ♦ **l'incendie/la douleur avait atteint son ~** the fire/the pain was at its height *ou* at its fiercest ♦ **la crise avait atteint son ~** the crisis had reached a head *ou* climax

**paroxystique** /paʀɔksistik/ ADJ *(Méd)* paroxysmal; *(= extrême) [émotion, pression]* intense; *[situation, état]* extreme ♦ **au moment le plus ~ de la pièce** at the very climax *ou* climactic moment of the play

**parpaillot, e** /paʀpajo, ɔt/ NM,F *(Hist, péj)* Protestant

**parpaing** /paʀpɛ̃/ NM *(= pierre pleine)* perpend, parpen *(US)*; *(aggloméré)* breeze-block

**Parque** /paʀk/ NF *(Myth)* ♦ **la ~** Fate ♦ **les ~s** the Fates, the Parcae

**parquer** /paʀke/ ► conjug 1 ◄ VT *[+ voiture, artillerie]* to park; *[+ moutons, bétail]* to pen (in *ou* up); *[+ huîtres, moules]* to put in a bed (*ou* beds); *(péj) [+ personnes]* to pack in ♦ **on les parquait dans des réserves** they were herded into reservations ♦ **les réfugiés étaient parqués comme des bestiaux** the refugees were cooped up *ou* penned in like animals
VPR **se parquer** * *(Aut)* to park

**parquet** /paʀkɛ/ NM **a** *(= plancher) (gén)* wooden floor; *(à chevrons etc)* parquet (floor) ♦ **les lattes du ~** the floorboards **b** *(Jur)* **le ~** public prosecutor's department *ou* office **c** *(Bourse)* **le ~** *(= enceinte)* the (dealing) floor; *(= agents)* the stock exchange *ou* market

**parqueter** /paʀkəte/ ► conjug 4 ◄ VT to lay a wooden *ou* parquet floor in ♦ **pièce parquetée** room with a wooden *ou* parquet floor

**parrain** /paʀɛ̃/ NM **a** *(Rel)* godfather ♦ **accepter d'être le ~ d'un enfant** to agree to be a child's godfather *ou* to stand godfather to a child **b** *[de navire]* namer, christener **c** *(qui introduit dans un cercle, un club)* proposer; *(qui aide financièrement)* sponsor; *[d'entreprise, initiative]* promoter; *[d'œuvre, fondation]* patron ♦ **un ~ de la Mafia** a godfather in the Mafia

**parrainage** /paʀɛnaʒ/ NM **a** *(= introduction dans un cercle, un club)* proposing (for membership) **b** *(= aide financière)* sponsorship; *[d'entreprise, initiative]* promoting; *(= appui moral) [d'œuvre, fondation]* patronage ♦ **~ publicitaire** advertising sponsorship **c** *[de navire]* naming, christening

**parrainer** /paʀene/ ► conjug 1 ◄ VT **a** *(= introduire : dans un cercle, un club)* to propose (for membership) ♦ **se faire ~ par qn** to be proposed by sb **b** *(= aider financièrement)* to sponsor; *[+ entreprise, initiative]* to promote; *(= patronner) [+ œuvre, fondation, association]* to be the patron of

**parraineur** /paʀɛnœʀ/ NM sponsor

**parricide** /paʀisid/ ADJ parricidal NMF parricide NM *(= crime)* parricide

**parsec** /paʀsɛk/ NM parsec

**parsemer** /paʀsəme/ ► conjug 5 ◄ VT **a** *(= répandre)* **~ de** to sprinkle with, to strew with *(littér)* ♦ **~ le sol de fleurs** to scatter flowers over the ground, to strew the ground with flowers *(littér)* ♦ **~ un tissu de paillettes d'or** to sew gold sequins all over a piece of material ♦ **~ un texte de citations** to scatter quotations through a text **b** *(= être répandu sur)* to be scattered *ou* sprinkled over ♦ **les feuilles qui parsèment le gazon** the leaves which are scattered *ou* which lie scattered over the lawn ♦ **ciel parsemé d'étoiles** star-studded sky, sky sprinkled *ou* strewn *ou* studded with stars ♦ **champ parsemé de fleurs** field dotted with flowers ♦ **parsemé de difficultés/fautes** riddled with difficulties/mistakes

**parsi, e** /paʀsi/ ADJ Parsee NM *(Ling)* Parsee NM,F **Parsi(e)** Parsee

## part /paʀ/

NOM FÉMININ

GRAMMAIRE ACTIVE 53.5

**a** [dans un partage] share; *(= portion)* portion; *(= tranche)* slice ♦ **sa ~ d'héritage/de soucis** his share of the inheritance/of worries ♦ **faire huit ~s dans un gâteau** to cut a cake into eight (slices) ♦ **c'est 2 € la ~ de gâteau** it's €2 a slice ♦ **vouloir sa ~ du gâteau** *(fig)* to want one's slice *ou* share of the cake ♦ **la ~ du lion** the lion's share ♦ **la ~ du pauvre** *(repas) portion kept for a poor visitor*; *(fig)* the crumbs ♦ **~ à deux !** share and share alike! ♦ **chacun paie sa ~** everyone pays his share, everyone chips in *

♦ **faire la part belle à qn** to give sb more than his (*ou* her) due

♦ **faire la part de qch** ♦ **faire la ~ de la fatigue/du hasard** to take tiredness/chance into account, to allow for *ou* make allowances for tiredness/chance ♦ **il faut faire la ~ du vrai et du faux dans ce qu'elle dit** you can't believe everything she says ♦ **faire la ~ des choses** to make allowances ♦ **faire la ~ du feu** *(fig)* to cut one's losses

**b** [= participation] part ♦ **~ patronale/salariale** *(Sécurité sociale)* employer's/worker's contribution ♦ **le hasard n'a eu aucune ~ dans leur rencontre** chance had nothing to do with *ou* played no part in their meeting ♦ **il a pris une ~ importante dans l'élaboration du projet** he played an important part in the development of the project

♦ **à part entière** ♦ **membre/citoyen à ~ entière** full member/citizen ♦ **Français à ~ entière** person with full French citizenship, fully-fledged French citizen ♦ **artiste à ~ entière** artist in his (*ou* her) own right ♦ **l'Europe sera le partenaire à ~ entière des USA** Europe will be a fully-committed partner for the USA

♦ **avoir part à** *(littér)* to have a share in

♦ **faire part de qch à qn** to announce sth to sb, to inform sb of sth, to let sb know *ou* tell sb about sth ♦ **il m'a fait ~ de son inquiétude** he told me how worried he was

♦ **prendre part à** *[+ travail]* to take part in, to join in, to collaborate in; *[+ frais]* to share in, to contribute to; *[+ manifestation]* to join in, to take part in ♦ **prendre ~ à un débat** to participate in *ou* take part in a debate ♦ **"prenez part au développement de votre ville !"** "help to develop your town!" ♦ **je prends ~ à vos soucis** I share (in) your worries

**c** [= partie] part ♦ **c'est une toute petite ~ de sa fortune** it's only a tiny fraction *ou* part of his fortune ♦ **~ de marché** *(Écon)* market share

♦ **pour une part** partly ♦ **cela explique pour une ~ l'ambiance qui règne ici** this partly explains the atmosphere here ♦ **pour une ~, son attitude s'explique par sa timidité** to some extent, one can put his attitude down to shyness

♦ **pour une bonne** *ou* **large part** largely, to a great extent

♦ **pour une petite part** in a small way

**d** [Fin] ≈ share *(giving right to participate in profits but not running of firm)*; *(Impôts)* ≈ tax unit ♦ **~ de fondateur** founder's share ♦ **~ d'intérêt** *ou* **sociale** partner's *ou* partnership share

**e** [expressions figées]

♦ **à part** *(= de côté)* aside, on one side; *(= séparément)* separately, on its (*ou* their) own; *(= excepté)* except for, apart from, aside from *(surtout US)*; *(Théât = en aparté)* aside ♦ **nous mettrons ces livres à ~ pour vous** we'll put these books aside *ou* on one side for you ♦ **prendre qn à ~** to take sb aside ♦ **étudier chaque problème à ~** to study each problem separately *ou* on its own ♦ **à ~ vous, je ne connais personne ici** apart from *ou* aside from *ou* except for you I don't know anyone here ♦ **à ~ cela** apart *ou* aside from that, otherwise ♦ **plaisanterie à ~** joking apart *ou* aside
*(= exceptionnel)* special, extraordinary ♦ **un cas/une place à ~** a special case/place ♦ **c'est un homme à ~** he's in a class of his own ♦ **il est vraiment à ~** there aren't many like him around; → **bande², chambre**

♦ **à part soi** (*ou* **moi** *etc*) *(littér)* ♦ **garder qch à ~ soi** to keep sth to o.s. ♦ **je pensais à ~ moi que ...** I thought to myself that ...

♦ **autre part** somewhere else, elsewhere ♦ **il ne veut plus habiter autre ~** he doesn't want to live anywhere else

♦ **d'autre part** *(= de plus)* moreover; *(= par ailleurs)* on the other hand ♦ **il est beau, et d'autre ~ il est riche** he's handsome, and what's more he's rich ♦ **il n'est pas très doué, d'autre ~ il est travailleur** *(= en revanche)* he's not very talented, but on the other hand he's very hard-working ♦ **d'une ~ ..., d'autre ~ ...** on the one hand ..., on the other hand ...

♦ **de la part de** *(provenance)* from; *(= au nom de)* on behalf of ♦ **je viens de la ~ de Guy** *(il m'a envoyé)* I've been sent by Guy; *(comme porte-parole)* I've come *ou* I'm here on behalf of Guy ♦ **de la ~ de qui venez-vous ?** who sent you? ♦ **cela demande un peu de bon sens de la ~ de l'utilisateur** it requires a little commonsense on the part of the user *ou* from the user ♦ **cela m'étonne de sa ~** I'm surprised at that (coming) from him ♦ **dites-lui bonjour de ma ~** give him my regards ♦ **c'est gentil de sa ~** that's nice of him ♦ **c'est de la ~ de qui ?** *(Téléc)* who's calling? *ou* speaking?

♦ **de part en part** right through

♦ **de part et d'autre** on both sides, on either side

♦ **de toute(s) part(s)** from all sides *ou* quarters

♦ **en bonne/mauvaise part** ♦ **prendre qch en bonne ~** to take sth in good part ♦ **prendre qch en mauvaise ~** to take sth amiss, to take offence at sth

♦ **pour ma** (*ou* **ta** *etc*) **part** as for me (*ou* you etc), for my (*ou* your etc) part ♦ **pour ma ~ je pense que ...** I for one think that ...; → **nul, quelque**

**partage** /paʀtaʒ/ NM **a** *(= fractionnement, division) [de terrain, surface]* dividing up, division; *[de gâteau]* cutting; *(Math) [de nombre]* factorizing ♦ **faire le ~ de qch** to divide sth up ♦ **le ~ du pays en deux camps** the division of the country into two camps ♦ **~ de temps** *(Ordin)* time sharing ♦ **~ du travail** job sharing; → **ligne¹**
**b** *(= distribution) [de butin, héritage]* sharing out ♦ **procéder au ~ de qch** to share sth out ♦ **le ~ n'est pas juste** the way it's shared out isn't fair, it isn't fairly shared out ♦ **j'ai été oublié dans le ~** I've been left out (in the share-out) ♦ **quel a été le ~ des voix entre les**

**candidats ?** how were the votes divided among the candidates? ◆ **en cas de ~ des voix** *(Pol)* in the event of a tie in the voting

c *(= participation)* sharing ◆ **l'enquête a conclu au ~ des responsabilités** the inquiry came to the conclusion that the responsibility was shared ◆ **le ~ du pouvoir avec nos adversaires** the sharing of power with our opponents ◆ **fidélité sans ~** *(fig)* undivided loyalty ◆ **un pouvoir sans ~** absolute power ◆ **régner sans ~** to rule supreme

d *(= part)* share ◆ **donner/recevoir qch en ~** to give/receive sth in a will ◆ **la maison lui échut en ~** the house came to him in the will ◆ **le bon sens qu'il a reçu en ~** the common sense with which he has been endowed

**partagé, e** /paʀtaʒe/ (ptp de **partager**) ADJ a *(= divisé)* *[avis, opinion]* divided ◆ **les experts sont très ~s sur la question** the experts are divided on the question ◆ **~ entre l'amour et la haine** torn between love and hatred b *(littér = doté)* endowed ◆ **il est bien/mal ~ par le sort** fate has been/has not been kind to him c *(Ordin)* **logiciel ~** shareware; → **temps**[1]

**partageable** /paʀtaʒabl/ ADJ divisible, which can be shared out *ou* divided up ◆ **frais ~s entre tous** costs that are shared by all ◆ **votre gaieté est difficilement ~** it is difficult to share (in) your happiness

**partager** /paʀtaʒe/ GRAMMAIRE ACTIVE 38.1, 40.1
► conjug 3 ◄

VT a *(= fractionner)* *[+ terrain, feuille, gâteau]* to divide up ◆ **~ en deux/en deux bouts/par moitié** to divide sth in two/into two pieces *ou* bits/in half

b *(= distribuer, répartir)* *[+ butin, gâteau]* to share (out); *[+ frais]* to share ◆ **il partage son temps entre son travail et sa famille** he divides his time between his work and his family ◆ **il partage son affection entre plusieurs personnes** several people have to share his affections

c *(= avoir une part de, avoir en commun)* *[+ héritage, gâteau, appartement, sort]* to share *(avec* with); ◆ **voulez-vous ~ notre repas ?** will you share our meal? ◆ **~ le lit de qn** to share sb's bed ◆ **il n'aime pas ~** he doesn't like sharing ◆ **les torts sont partagés** both (*ou* all) parties are at fault, there is fault on both (*ou* all) sides

d *(= s'associer à)* *[+ sentiments, bonheur, goûts]* to share (in); *[+ opinion, idée]* to share, to agree with ◆ **je partage votre douleur/surprise** I share your sorrow/surprise ◆ **amour partagé** mutual love ◆ **c'est une opinion largement partagée** it is an opinion that is widely shared

e *(= diviser)* to divide ◆ **ce débat partage le monde scientifique** th scientific community is divided over this issue

f *(frm = douer)* to endow ◆ **la nature l'a bien partagé** nature has been generous to him

VPR **se partager** a *(= se fractionner)* to be divided ◆ **ça peut facilement se ~ en trois/en trois morceaux** it can easily be divided (up) *ou* cut in three/into three pieces *ou* bits ◆ **se ~ entre diverses tendances** *[vote]* to be divided between different groups ◆ **pour lui, le monde se partage en deux** for him, there are two kinds of people ◆ **à l'endroit où les branches se partagent** where the branches fork *ou* divide ◆ **le reste des voix s'est partagé entre les autres candidats** the remaining votes are distributed *ou* shared among the other candidates ◆ **le pouvoir ne se partage pas** power is not something which can be shared ◆ **il se partage entre son travail et son jardin** he divides his time between his work and his garden

b *(= se distribuer)* **ils se sont partagé le gâteau** *(lit)* they shared the cake between them *ou* among themselves; *(fig)* they shared it out ◆ **ils se sont partagé le butin** they shared the booty between them ◆ **nous nous sommes partagé le travail** we shared the work between us ◆ **les trois candidats se sont partagé les suffrages** the votes were divided among the three candidates ◆ **se ~ les faveurs du public** to be equally popular

**partageur, -euse**[1] /paʀtaʒœʀ, øz/ ADJ ready *ou* willing to share ◆ **il n'est pas ~** he doesn't like sharing

**partageux, -euse**[2] † /paʀtaʒø, øz/ NM,F distributionist

**partance** /paʀtɑ̃s/ **en partance** LOC ADV *[train]* due to leave; *[avion]* outward bound; *[bateau]* sailing *(attrib)*, outward bound ◆ **en ~ pour Londres** *[train, avion]* for London, London *(épith)*; *[bateau]* bound *ou* sailing for London *(attrib)*; *[passager]* (bound) for London *(attrib)*

**partant**[1]**, e** /paʀtɑ̃, ɑ̃t/ GRAMMAIRE ACTIVE 38.1

NM,F a *(= coureur)* starter; *(= cheval)* runner ◆ **tous ~s** all horses running ◆ **non-~** nonrunner b *(= personne)* person leaving, departing traveller (*ou* visitor *etc*) ◆ **les ~s et les arrivants** the departures and arrivals

ADJ ◆ **je suis ~** count me in ◆ **il est toujours ~ pour un bon repas** * he's always ready for a good meal ◆ **si c'est comme ça, je ne suis plus ~** if that's how it is (you can) count me out

**partant**[2] /paʀtɑ̃/ CONJ *(littér)* hence, therefore, consequently

**partenaire** /paʀtənɛʀ/ NMF partner ◆ **les ~s sociaux** ≈ unions and management, management and labour ◆ **il était son ~ dans le film** he played opposite her in the film ◆ **~ sexuel** sexual partner

**partenarial, e** (pl **-iaux**) /paʀtənaʀjal, jo/ ADJ *[accord]* partnership, joint; *[négociations]* joint

**partenariat** /paʀtənaʀja/ NM partnership

**parterre** /paʀtɛʀ/ NM a *(= plate-bande)* border, (flower)bed; *(* = plancher)* floor b *(Théât)* *(= emplacement)* stalls *(Brit)*, orchestra *(US)*; *(= public)* (audience in the) stalls *(Brit)* *ou* orchestra *(US)*

**Parthe** /paʀt/ NM Parthian; → **flèche**[1]

**parthénogenèse** /paʀtenoʒenɛz/ NF parthenogenesis

**parthénogénétique** /paʀtenoʒenetik/ ADJ parthenogenetic

**parthénogénétiquement** /paʀtenoʒenetikmɑ̃/ ADV parthenogenetically

**Parthénon** /paʀtenɔ̃/ NM ◆ **le ~** the Parthenon

**parti**[1] /paʀti/ NM a *(= groupe : gén, Pol)* party ◆ **le ~ des mécontents** the malcontents ◆ **le ~ de la défaite** the defeatists ◆ **le ~ (communiste)** the Communist party

b *(= solution)* option, course of action ◆ **hésiter entre deux ~s** to wonder which of two courses *ou* which course to follow ◆ **prendre un ~** to come to *ou* make a decision, to make up one's mind ◆ **prendre le ~ de faire qch** to make up one's mind to do sth, to decide *ou* resolve to do sth ◆ **mon ~ est pris** my mind is made up ◆ **crois-tu que c'est le meilleur ~ (à prendre) ?** do you think that's the best course (to take)? *ou* the best idea? ◆ **prendre le ~ de qn, prendre ~ pour qn** *(= se mettre du côté de qn)* to side with sb, to take sb's side; *(= donner raison à qn)* to stand up for sb ◆ **prendre ~ (dans une affaire)** *(= se rallier)* to take sides (on an issue); *(= dire ce qu'on pense)* to take a stand (on an issue) ◆ **prendre son ~ de qch** to come to terms with sth, to reconcile o.s. to sth ◆ **il faut bien en prendre son ~** you just have to come to terms with it *ou* put up with it

c *(= personne à marier)* match ◆ **beau** *ou* **bon** *ou* **riche ~** good match

d *(loc)* **tirer ~ de** *[+ situation, occasion, information]* to take advantage of, to turn to (good) account; *[+ outil, ressources]* to put to (good) use; *[+ victoire]* to take advantage of ◆ **tirer le meilleur ~ possible d'une situation** to turn a situation to best account, to get the most one can out of a situation ◆ **il sait tirer ~ de tout** *(situation)* he can turn anything to his advantage, he can make capital out of anything; *(objets)* he can put everything to good use ◆ **faire un mauvais ~ à qn** to beat sb up

COMP ▷ **parti pris** *(= préjugé)* prejudice, bias ◆ **je crois, sans ~ pris ...** I think without bias (on my part) ... *ou* being quite objective about it ... ◆ **juger sans ~ pris** to take an unbiased *ou* objective view ◆ **il est de ~ pris** he's prejudiced *ou* biased ◆ **éviter le ~ pris** to avoid being prejudiced *ou* biased ◆ **~ pris théorique** *(= choix)* theoretical perspective *ou* standpoint ◆ **~ pris artistique/esthétique** artistic/aesthetic choice

> **Partis politiques français**
>
> Among the many active right-wing political parties in France, the most prominent include the Gaullist RPR (« le Rassemblement pour la République »), the UDF (« l'Union pour la démocratie française », a more recent movement founded by Valéry Giscard d'Estaing), and the extreme right-wing Front national (FN). On the left, the Parti socialiste (PS) is the most influential party, though the Parti communiste français (PCF) continues to draw a significant number of votes. Of the numerous ecological parties, Les Verts is the most prominent. → COMMUNISTE, ÉLECTIONS

**parti**[2]**, e**[1] /paʀti/ (ptp de **partir**[1]) ADJ a *(* = ivre)* tipsy, tight * ◆ **il est bien ~** he's had a few *, he's well away * *(Brit)* b *(Hér)* party

**partial, e** (mpl **-iaux**) /paʀsjal, jo/ ADJ biased, prejudiced, partial ◆ **être ~ envers qn** to be biased *ou* prejudiced against sb

**partialement** /paʀsjalmɑ̃/ ADV in a biased way ◆ **juger qch ~** to take a biased view of sth

**partialité** /paʀsjalite/ NF ◆ **~ (envers** *ou* **contre qn)** bias (against sb) ◆ **faire preuve de ~ envers** *ou* **contre qn** to be unfair to sb, to be biased against sb, to show bias against sb ◆ **se montrer d'une regrettable ~** to be dreadfully biased

**participant, e** /paʀtisipɑ̃, ɑ̃t/ ADJ participating NM,F *(à un concours, une course)* entrant (*à* in); *(à un débat, un projet)* participant, person taking part (*à* in); *(à une association)* member (*à* of); *(à une cérémonie, un complot)* person taking part (*à* in); ◆ **les ~s aux bénéfices** those sharing in the profits ◆ **les ~s à la manifestation/au concours** those taking part in the demonstration/in the competition

**participatif, -ive** /paʀtisipatif, iv/ ADJ ◆ **gestion participative** participative management ◆ **prêt ~** participating capital loan ◆ **titre ~** non-voting share *(in a public sector company)*

**participation** /paʀtisipasjɔ̃/ NF a *(= action)* **~ à** *[+ concours, colloque, cérémonie, entreprise]* taking part in, participation in; *[+ spectacle]* appearance in; *[+ aventure, complot, escroquerie]* involvement in ◆ **la réunion aura lieu**

**sans leur** ~ the meeting will take place without their taking part *ou* without them ◆ **peu importe l'habileté : c'est la** ~ **qui compte** skill doesn't really matter: what counts is taking part *ou* joining in ◆ **il s'est assuré la** ~ **de deux équilibristes** he has arranged for two tightrope walkers to appear ◆ **c'est la** ~ **de Marie Vincent qui va attirer les spectateurs** it's Marie Vincent who'll draw the crowds, it's the fact that Marie Vincent is appearing *ou* performing that will draw the crowds ◆ **ce soir, grand gala avec la** ~ **de plusieurs vedettes** tonight, grand gala with several star appearances ◆ **avec la** ~ **de Deneuve** *(Ciné)* with guest appearance by Deneuve, with (special) guest star Deneuve ◆ ~ **électorale** turnout at the polls *(Brit)*, voter turnout *(US)* ◆ **fort/faible taux de** ~ **électorale** high/low turnout at the polls; → **participer**

b *(Écon = détention d'actions)* interest ◆ **prise de ~s** acquisition of holdings ◆ **prendre une** ~ **majoritaire dans une entreprise** to acquire a majority interest in a firm ◆ **la** ~ **(ouvrière)** worker participation ◆ ~ **aux bénéfices** profit-sharing ◆ ~ **du personnel à la marche d'une entreprise** staff participation *ou* involvement in the running of a firm ◆ **~s croisées** cross holdings

c *(financière)* contribution ◆ ~ **aux frais : 10 €** contribution towards costs: €10 ◆ **nous demandons une petite** ~ **(de 5 €)** we request a small donation (of €5)

**participe** /paʀtisip/ **NM** participle ◆ ~ **passé/présent** past/present participle

**participer** /paʀtisipe/ ▸ conjug 1 ◂ **VT INDIR participer à** a *(= prendre part à)* *[+ concours, colloque, cérémonie]* to take part in ◆ **je compte** ~ **au concours/à l'épreuve de fond** I intend to take part in *ou* enter the competition/the long-distance event ◆ **peu d'électeurs ont participé au scrutin** there was a low turnout at the polls, there was a low voter turnout *(US)*

b *(= prendre une part active à)* *[+ entreprise, discussion, jeu]* to participate in, to take part in, to join in; *[+ spectacle] [artiste]* to appear in; *[+ aventure, complot, escroquerie]* to take part in, to be involved in ◆ **l'important n'est pas de gagner mais de** ~ the important thing is not winning but taking part ◆ ~ **à la joie/au chagrin de qn** to share sb's joy/sorrow ◆ **ils ont participé à l'allégresse générale** they joined in the general happy mood ◆ **on demande aux élèves de** ~ **davantage pendant le cours** pupils are asked to participate more *ou* take a more active part in class

c *(= payer sa part de)* *[+ frais, dépenses]* to share in, to contribute to ◆ ~ **(financièrement) à** *[+ entreprise, projet]* to make a (financial) contribution to

d *(= avoir part à)* *[+ profits, pertes, succès]* to share (in)

**VT INDIR participer de** *(littér = tenir de)* to partake of *(frm)*, to have something of the nature of

**participial, e** (mpl **-iaux**) /paʀtisipjal, jo/ **ADJ** participial **NF participiale** participial phrase *ou* clause

**particularisation** /paʀtikylaʀizasjɔ̃/ **NF** particularization

**particulariser** /paʀtikylaʀize/ ▸ conjug 1 ◂ **VT** to particularize **VPR se particulariser** to be distinguished *ou* characterized (*par* by)

**particularisme** /paʀtikylaʀism/ **NM** a *(Pol = attitude)* sense of identity ◆ **~(s)** *(= particularité)* specific (local) character *(NonC)*, specific characteristic(s) ◆ **~s régionaux** *(Pol, Sociol)* regional idiosyncrasies b *(Rel)* particularism

**particularité** /paʀtikylaʀite/ **NF** a *(= caractéristique)* *[d'individu, caractère, religion]* particularity, (distinctive) characteristic; *[de texte, paysage]* (distinctive) characteristic *ou* feature; *[d'appareil, modèle]* (distinctive) feature ◆ **ces modèles ont en commun la** ~ **d'être ...** these models all have the distinctive feature of being ..., these models are all distinguished by being ... ◆ **cet animal présente la** ~ **d'être herbivore** a distinctive feature *ou* characteristic of this animal is that it is herbivorous b *(†, littér = détail)* particular c *(littér = unicité)* particularity

**particule** /paʀtikyl/ **NF** *(Ling, Phys)* particle ◆ ~ **(nobiliaire)** nobiliary particle ◆ **nom à** ~ *name with a de usually belonging to a noble family*, ≃ name with a handle ◆ **il a un nom à** ~ he has a handle to his name

**particulier, -ière** /paʀtikylje, jɛʀ/ **GRAMMAIRE ACTIVE 53.1**

**ADJ** a *(= spécifique)* *[aspect, point, exemple]* particular, specific; *[trait, style, manière de parler]* characteristic, distinctive ◆ **dans ce cas** ~ in this particular case ◆ **il n'avait pas d'aptitudes particulières** he had no particular *ou* special aptitudes ◆ **cette habitude lui est particulière** this habit is peculiar to him ◆ **signes ~s** *(gén)* distinctive signs; *(sur un passeport)* distinguishing marks

b *(= spécial)* exceptional, special, particular ◆ **la situation est un peu particulière** the situation is rather exceptional ◆ **ce que j'ai à dire est un peu** ~ what I have to say is slightly unusual ◆ **cela constitue un cas** ~ this is a special *ou* an unusual *ou* an exceptional case ◆ **rien de** ~ **à signaler** nothing unusual to report ◆ **je l'ai préparé avec un soin tout** ~ I prepared it with very special care *ou* with particular care

c *(= étrange)* *[mœurs]* peculiar, odd; *[goût, odeur]* strange, odd ◆ **il a toujours été un peu** ~ he has always been a bit peculiar *ou* odd

d *(= privé)* *[voiture, secrétaire, conversation, intérêt]* private ◆ **l'entreprise a son service** ~ **de livraison** the company has its own delivery service ◆ **intervenir à titre** ~ to intervene in a private capacity; → **hôtel, leçon**

**NM** a *(= personne)* person; *(Admin, Comm)* private individual ◆ **comme un simple** ~ like any ordinary person ◆ **vente/location de** ~ **à** ~ *(petites annonces)* private sale/let *(Brit)* *ou* rental *(US)* ◆ **"particulier vend"** *(petite annonce)* "for sale privately", "for private sale"

b *(* = individu)* individual, character ◆ **un drôle de** ~ an odd individual *ou* character

c *(= chose)* **le** ~ the particular ◆ **du général au** ~ from the general to the particular

◆ **en particulier** *(= en privé)* *[parler]* in private; *(= séparément)* *[examiner]* separately; *(= surtout)* in particular, particularly, especially; *(= entre autres choses)* in particular

**particulièrement** /paʀtikyljɛʀmɑ̃/ **ADV** particularly, especially, specially ◆ ~ **bon/évolué** particularly *ou* specially good/well-developed ◆ **je ne le connais pas** ~ I don't know him very *ou* particularly well ◆ **il aime tous les arts et tout** ~ **la peinture** he enjoys all the arts, especially *ou* specially painting ◆ ~ **difficile** particularly difficult ◆ ~ **drôle** exceptionally funny ◆ **je voudrais plus** ~ **vous faire remarquer ce détail** I'd particularly like to draw your attention to this detail ◆ **voulez-vous du café ? – je n'y tiens pas** ~ would you like a coffee? — not particularly *ou* specially

**partie**[2] /paʀti/ **NF** a *(= portion, fraction)* part; *(= quantité)* part, amount ◆ **diviser qch en trois ~s** to divide sth into three parts ◆ **il y a des ~s amusantes dans le film** the film is funny in parts, the film has its funny moments ◆ **il ne possède qu'une** ~ **du terrain** he only owns part of the land ◆ **~s communes/privatives** *(Constr)* common/privately-owned parts ◆ **une petite** ~ **de l'argent** a small part *ou* amount of the money ◆ **une grande** *ou* **bonne** ~ **du travail** a large *ou* good part of *ou* a good deal of the work ◆ **la majeure** *ou* **plus grande** ~ **du temps/du pays** most of *ou* the greater *ou* the best part of the time/of the country ◆ **la majeure** ~ **des gens** the majority of people, most people ◆ **la plus grande** ~ **de ce que l'on vous a dit** most of what you were told ◆ **tout ou** ~ **de** all or part of ◆ **le film sera diffusé en première** ~ **de soirée** *(TV)* the film will be shown early on in the evening

◆ **faire partie** + **de** *[+ ensemble, obligations, risques]* to be part of; *[+ club, association]* to belong to, to be a member of; *[+ catégorie, famille]* to belong to; *[+ élus, gagnants]* to be among, to be one of ◆ **la rivière fait** ~ **du domaine** the river is part of the estate ◆ **les villes faisant** ~ **de ma circonscription** the towns that make up my constituency ◆ **elle fait** ~ **de notre groupe** she belongs to our group, she's one of our group ◆ **faire** ~ **intégrante de** to be an integral part of, to be part and parcel of

◆ **en** + **partie** ◆ **en** ~ partly, in part ◆ **en grande** *ou* **majeure** ~ largely, mainly ◆ **cela s'explique, en grande ~, par ...** this can be explained, for the most part, by ..., this can largely be explained by ...

b *(= spécialité)* field, subject ◆ **moi qui suis de la** ~ knowing the field *ou* subject as I do ◆ **il n'est pas dans** *ou* **de la** ~ it's not his line *ou* field ◆ **quand on lui parle électricité, il est dans sa** ~ when it comes to electricity, he knows what he's talking about ◆ **demande à ton frère, c'est sa** ~ *ou* **il est de la** ~ ask your brother — it's his field *ou* his line

c *(Cartes, Sport)* game; *(Golf)* round; *(= lutte)* struggle, fight ◆ **faisons une** ~ **de ...** let's have a game of ... ◆ **on a fait une bonne** ~ we had a good game ◆ **abandonner la** ~ *(fig)* to give up the fight ◆ **la** ~ **est délicate** it's a tricky situation *ou* business ◆ **la** ~ **n'est pas égale** *(lit, fig)* it's an uneven contest

d *(Jur)* *[de contrat]* party; *[de procès]* litigant; *(Mil = adversaire)* opponent ◆ **la** ~ **adverse** the opposing party ◆ **les ~s en présence** the parties ◆ **les ~s belligérantes** the warring factions ◆ **avoir affaire à forte** ~ to have a strong *ou* tough opponent to contend with ◆ **être** ~ **prenante dans une négociation** to be a party to a negotiation ◆ **prise à** ~ *(Jur)* *action against a judge*; → **juge**

e *(Mus)* part

f *(†, euph)* **~s sexuelles** *ou* **génitales** private parts ◆ **~s viriles** male organs ◆ **les ~s** * the privates *

g *(loc)* **avoir la** ~ **belle** to be sitting pretty * ◆ **se mettre de la** ~ to join in ◆ **je veux être de la** ~ I don't want to miss this, I want to be in on this * ◆ **avoir** ~ **liée (avec qn)** *(littér)* to be hand in glove (with sb) ◆ **ce n'est que** ~ **remise** it will be for another time, we'll take a raincheck * *(US)* ◆ **prendre qn à** ~ *(= apostropher)* to take sb to task; *(= malmener)* to set on sb ◆ **comptabilité en** ~ **simple/double** *(Comm)* single-/double-entry book-keeping

**COMP** ▷ **partie de campagne** day *ou* outing in the country ▷ **partie carrée** wife-swapping party ▷ **partie de chasse** shooting party *ou* expedition ▷ **partie civile** *(Jur)* *private party associating in a court action with public prosecutor* ◆ **se porter** *ou* **se constituer** ~ **civile** *to associate in a court action with the public prosecutor* ◆ **constitution de** ~ **civile** *independent action for damages* ▷ **partie du discours** *(Ling)* part of speech ▷ **partie fine** orgy ▷ **partie de jambes en**

**l'air** ‡ **tout ce qui l'intéresse, c'est une ~ de jambes en l'air** all he's interested in is getting his leg over ‡ ▷ **partie de pêche** fishing party *ou* trip ▷ **partie de plaisir** *(fig)* **ce n'est pas une ~ de plaisir !** it's no picnic! *, it's not my idea of fun!

**partiel, -elle** /paʀsjɛl/ ADJ *(gén)* partial ◆ **paiement ~** part payment ◆ **les (élections) partielles** by(e)-elections; → **temps**[1] NM *(Univ)* class *(Brit) ou* mid-term *(US)* exam

**partiellement** /paʀsjɛlmɑ̃/ ADV partially, partly

**partir**[1] /paʀtiʀ/ ▸ conjug 16 ◂ VI **a** *(= quitter un lieu)* to go, to leave; *(= se mettre en route)* to leave, to set off, to set out; *(= s'éloigner)* to go away *ou* off; *(= disparaître)* to go ◆ **pars, tu vas être en retard** go *ou* off you go, you're going to be late ◆ **pars, tu m'embêtes** go away, you're annoying me ◆ **es-tu prêt à ~ ?** are you ready to go? ◆ **allez, je pars** I'm off now ◆ **il est parti sans laisser d'adresse** he left without leaving an address ◆ **nos voisins sont partis il y a six mois** our neighbours left six months ago ◆ **depuis que mon pauvre mari est parti** *(euph = mourir)* since my poor husband passed on *ou* away ◆ **ma lettre ne partira pas ce soir** my letter won't go this evening ◆ **quand partez-vous (pour Paris) ?** when are you going (to Paris)? *ou* leaving (for Paris)?, when are you off (to Paris)? * ◆ **~ pour le bureau** to leave *ou* set off for the office ◆ **elle est partie de Nice à 9 heures** she left Nice *ou* set off from Nice at 9 o'clock ◆ **sa femme est partie de la maison** his wife has left home ◆ **sa femme est partie avec un autre** his wife has gone off with another man ◆ **le mauvais temps a fait ~ les touristes** the bad weather has driven the tourists away ◆ **j'espère que je ne vous fais pas ~** I hope I'm not chasing you away ◆ **fais ~ le chat de ma chaise** get the cat off my chair ◆ **ceux-là, quand ils viennent bavarder, c'est dur de les faire ~** when that lot come round for a chat, it's hard to get rid of them * ◆ **~, c'est mourir un peu** to leave is to die a little

**b** *(= aller)* to go ◆ **il est parti en Irlande** *(il y est encore)* he has gone to Ireland; *(il en est revenu)* he went to Ireland ◆ **il est parti dans sa chambre/acheter du pain** he has gone to his room/to buy some bread ◆ **~ faire des courses/se promener** to go (out) shopping/for a walk ◆ **pars devant acheter les billets** go on ahead and buy the tickets ◆ **~ à la chasse/à la pêche** to go shooting/fishing ◆ **~ en vacances/en voyage** to go on holiday/on a trip ◆ **~ à pied** to set off on foot ◆ **tu pars en avion ou en voiture ?** are you flying or driving?, are you going by plane or (by) car? ◆ **~ à la guerre/au front** to go (off) to the war/to the front

**c** *(= démarrer) [moteur]* to start; *[avion]* to take off; *[train]* to leave; *[coureur]* to be off; *[plante]* to take ◆ **la voiture partit sous son nez** the car started up *ou* drove off and left him standing ◆ **il partit en courant** he ran *ou* dashed off ◆ **il partit en trombe** *ou* **comme une flèche** he was off *ou* set off like a shot ◆ **attention, le train va ~** look out, the train's leaving ◆ **l'avion va ~ dans quelques minutes** the plane is taking off in a few minutes ◆ **ce cheval est bien/mal parti** that horse got off to a good/bad start ◆ **~ gagnant** to begin as if one is sure of success ◆ **les voilà partis !** they're off! ◆ **c'est parti (mon kiki) !** * here we go! * ◆ **faire ~ une voiture/un moteur** to start (up) a car/an engine; → **marque**

**d** *(= être lancé) [fusée]* to go off *ou* up; *[coup de feu]* to go off; *[bouchon]* to pop *ou* shoot out ◆ **le coup est parti tout seul** the gun went off on its own ◆ **le coup ne partit pas** the gun didn't go off, the gun misfired ◆ **le bouchon est parti au plafond** the cork shot up to *ou* hit the ceiling ◆ **les cris qui partaient de la foule** the shouts *ou* cries (coming *ou* that came) from the crowd ◆ **le pétard n'a pas voulu ~** the banger wouldn't go off ◆ **le mot partit malgré lui** the word came out *ou* slipped out before he could stop it ◆ **le ballon partit comme un boulet de canon** the ball shot off like a bullet ◆ **faire ~** *[+ fusée]* to launch; *[+ pétard]* to set off, to light

**e** *(= être engagé)* **~ sur une idée fausse/une mauvaise piste** to start off with the wrong idea/on the wrong track ◆ **~ bien/mal** to get off to a good/bad start, to start (off) well/badly ◆ **le pays est mal parti** the country is in a bad way *ou* in a mess *ou* in a sorry state ◆ **nous sommes mal partis pour arriver à l'heure** it seems unlikely we'll arrive on time now ◆ **son affaire est bien partie** his business has got off to a good start ◆ **il est bien parti pour gagner** he seems all set to win ◆ **~ dans des digressions sans fin** to wander off *ou* launch into endless digressions ◆ **quand ils sont partis à discuter, il y en a pour des heures** * once they're off * *ou* launched on one of their discussions, they'll be at it for hours * ◆ **~ à rire** * *ou* **d'un éclat de rire** to burst out laughing ◆ **il est (bien) parti pour parler deux heures** the way he's going, he'll be talking for *ou* he looks all set to talk for two hours ◆ **la pluie est partie pour (durer) toute la journée** the rain has set in for the day ◆ **on est parti pour ne pas déjeuner** at this rate *ou* the way things are going, we won't get any lunch

**f** *(= commencer)* **~ de** *[contrat, vacances]* to begin on, to run from; *[course, excursion]* to start *ou* leave from ◆ **l'autoroute part de Lille** the motorway starts at Lille ◆ **un chemin qui part de l'église** a path going from *ou* leaving the church ◆ **les branches qui partent du tronc** the branches going out from the trunk ◆ **c'est le troisième en partant de la droite** it's (the) third from the right ◆ **cet industriel est parti de rien** *ou* **de zéro** this industrialist started from scratch *ou* from *ou* with nothing ◆ **cette rumeur est partie de rien** this rumour grew up out of nothing ◆ **notre analyse part de cette constatation** our analysis is based on this observation *ou* takes this observation as its starting point ◆ **partons de l'hypothèse que ...** let's assume that ... ◆ **si tu pars du principe que tu as toujours raison/qu'ils ne peuvent pas gagner** if you start off by assuming that you're always right/that they can't win ◆ **en partant de ce principe, rien n'est digne d'intérêt** on that basis, nothing's worthy of interest ◆ **en partant de là, on peut faire n'importe quoi** looking at things that way, one can do anything

**g** *(= provenir)* **~ de** to come from ◆ **ces mots partent/ça part du cœur** these words come/it comes (straight) from the heart ◆ **cela part d'un bon sentiment/d'un bon naturel** that comes from his (*ou* her *etc*) kindness/good nature

**h** *(= disparaître) [tache]* to go, to come out; *[crochet, bouton]* to come off; *[douleur]* to go; *[rougeurs, boutons]* to go, to clear up; *[odeur]* to go, to clear ◆ **la tache est partie au lavage** the stain has come out in the wash *ou* has washed out ◆ **toute la couleur est partie** all the colour has gone *ou* faded ◆ **faire ~** *[+ tache]* to remove; *[+ odeur]* to clear, to get rid of

LOC PRÉP **à partir de** from ◆ **à ~ d'aujourd'hui** (as) from today, from today onwards ◆ **à ~ de 4 heures** from 4 o'clock on(wards) ◆ **à ~ de maintenant** from now on ◆ **à ~ de ce moment-là** from then on ◆ **à ~ du moment où ...** *(= dès que)* as soon as ...; *(= pourvu que)* so *ou* as long as ... ◆ **à ~ d'ici le pays est plat** from here on(wards) the land is flat ◆ **c'est le troisième à ~ de la gauche** it's the third (along) from the left ◆ **lire à ~ de la page 5** to start reading at page 5 ◆ **allez jusqu'à la poste et, à ~ de là, c'est tout droit** go as far as the post office and after that it's straight ahead ◆ **pantalons à ~ de 45 €** trousers from €45 (upwards) ◆ **à ~ de ces 3 couleurs vous pouvez obtenir toutes les nuances** with *ou* from these 3 colours you can get any shade ◆ **c'est fait à ~ de produits chimiques** it's made from chemicals

**partir**[2] /paʀtiʀ/ VT → **maille**

**partisan, e** /paʀtizɑ̃, an/ ADJ **a** *(= partial)* partisan **b** ◆ **être ~ de qch/de faire qch** to be in favour *(Brit) ou* favor *(US)* of sth/of doing sth ◆ **être ~ du moindre effort** to be a believer in (taking) the line of least resistance NM,F *[de personne, thèse, régime]* supporter; *[d'action]* supporter, advocate, proponent; *[de doctrine, réforme]* partisan, supporter, advocate; *(Mil)* partisan ◆ **c'est un ~ de la fermeté** he's an advocate of *ou* a believer in firm measures, he supports *ou* advocates firm measures

**partita** /paʀtita/ NF *(Mus)* partita

**partitif, -ive** /paʀtitif, iv/ ADJ partitive NM partitive (article)

**partition** /paʀtisjɔ̃/ NF **a** *(Mus)* score ◆ **grande ~** full score **b** *(frm, gén Pol = division)* partition

**partouse** ‡ /paʀtuz/ NF orgy

**partouser** ‡ /paʀtuze/ ▸ conjug 1 ◂ VI to have an orgy *ou* orgies

**partout** /paʀtu/ ADV everywhere, everyplace *(US)* ◆ **~ où** everywhere (that), wherever ◆ **avoir mal ~** to ache all over ◆ **tu as mis des papiers ~** you've put papers all over the place ◆ **2/15 ~** *(Sport)* 2/15 all ◆ **40 ~** *(Tennis)* deuce

**partouze** ‡ /paʀtuz/ NF ⇒ **partouse**

**parturiente** /paʀtyʀjɑ̃t/ ADJ F, NF parturient

**parturition** /paʀtyʀisjɔ̃/ NF parturition

**parure** /paʀyʀ/ NF **a** *(= toilette)* costume, finery *(NonC)*; *(= bijoux)* jewels; *(= sous-vêtements)* set of lingerie; *(littér)* finery, livery *(littér)* ◆ **~ de table/de lit** set of table/bed linen ◆ **~ de berceau** cot *(Brit) ou* crib *(US)* set ◆ **~ de diamants** set of diamond jewellery ◆ **les arbres ont revêtu leur ~ de feuilles** *(littér)* the trees have put on their leafy finery *(littér)* **b** *(= déchet)* trimming

**parution** /paʀysjɔ̃/ NF publication ◆ **dès sa ~, ce roman a eu beaucoup de succès** this novel was a huge success as soon as it came out

**parvenir** /paʀvəniʀ/ ▸ conjug 22 ◂ VT INDIR **parvenir à a** *(= arriver) [+ sommet]* to get to, to reach; *[+ honneurs]* to achieve; *[+ état, âge]* to reach ◆ **~ aux oreilles de qn** to reach sb's ears ◆ **ma lettre lui est parvenue** my letter reached him, he got my letter ◆ **ses ordres nous sont parvenus** his orders reached us ◆ **faire ~ qch à qn** to send sth to sb ◆ **~ à ses fins** to achieve one's ends, to get what one wants ◆ **sa renommée est parvenue jusqu'à notre époque** *ou* **nous** his renown survives to this day **b** *(= réussir)* **~ à faire qch** to manage to do sth, to succeed in doing sth ◆ **il y est parvenu** he managed it ◆ **il n'y parvient pas tout seul** he can't manage on his own VI *(péj = faire fortune)* to succeed *ou* get on in life, to arrive

**parvenu, e** /paʀvəny/ (ptp de **parvenir**) ADJ upstart ADJ, NM,F *(péj)* parvenu, upstart

**parvis** /paʀvi/ NM square *(in front of church or public building)*

**pas**[1] /pɑ/ **NM** **a** *(gén)* step; *(= bruit)* footstep; *(= trace)* footprint ◆ **faire un ~ en arrière/en avant, reculer/avancer d'un ~** to step back/forward, to take a step *ou* a pace back/forward ◆ **(il fait) un ~ en avant et deux en arrière** *(fig)* (he takes) one step forward and two steps back ◆ **il reconnut son ~ dans le couloir** he recognized the sound of her footsteps in the corridor ◆ **revenir** *ou* **retourner sur ses ~** to retrace one's steps ◆ **je vais là où me conduisent mes ~** I am going where my steps take me ◆ **avancer à petits ~** *(lit, fig)* to inch forward, to inch one's way along ◆ **faire de grands ~/de petits ~** to take long strides/short steps ◆ **la politique des petits ~** the policy of taking things one step at a time ◆ **marcher à grands ~** to stride along ◆ **à ~ mesurés** *ou* **comptés** with measured steps ◆ **~ à ~** *(lit, fig)* step by step ◆ **à chaque ~** *(lit, fig)* at every step ◆ **il ne peut pas faire un ~ sans elle/sans la rencontrer** he can't go anywhere without her/without meeting her ◆ **ne le quittez pas d'un ~** follow him wherever he goes ◆ **arriver sur les ~ de qn** to arrive just after sb, to follow close on sb's heels ◆ **marcher sur les ~ de qn** to follow in sb's footsteps ◆ **faire ses premiers ~** to start walking *ou* to walk

**b** *(= distance)* pace ◆ **à 20 ~** at 20 paces ◆ **c'est à deux ~ d'ici** it's only a minute away, it's just a stone's throw from here

**c** *(= vitesse)* pace; *(Mil)* step; *[de cheval]* walk ◆ **aller** *ou* **marcher d'un bon ~** to walk at a good *ou* brisk pace ◆ **marcher d'un ~ lent** to walk slowly ◆ **changer de ~** to change step ◆ **allonger** *ou* **hâter** *ou* **presser le ~** to hurry on, to quicken one's step *ou* pace ◆ **ralentir le ~** to slow down ◆ **marcher au ~** to march ◆ **se mettre au ~** to get in step ◆ **mettre son cheval au ~** to walk one's horse ◆ **rouler** *ou* **aller au ~** *(Aut)* to crawl along, to go at a walking pace ◆ **"roulez au pas"** "dead slow" ◆ **au ~ cadencé** in quick time ◆ **au ~ de charge** at the double ◆ **au ~ de course** at a run ◆ **au ~ de gymnastique** at a jog trot ◆ **au ~ redoublé** in double time, double-quick

**d** *(= démarche)* tread ◆ **d'un ~ lourd** *ou* **pesant** with a heavy tread ◆ **~ d'éléphant** heavy tread

**e** *(Danse)* step ◆ **~ de danse/valse** dance/waltz step; → **esquisser**

**f** *(Géog = passage) [de montagne]* pass; *[de mer]* strait

**g** *(Tech) [de vis, écrou]* thread; *[d'hélice]* pitch

**h** *(loc)* **faire un grand ~ en avant** to take a big step *ou* a great leap forward ◆ **la science avance à grands ~/à ~ de géant** science is taking great/gigantic steps forward ◆ **il progresse à ~ de géant** he's coming on in leaps and bounds ◆ **faire le(s) premier(s) ~** to take the initiative, to make the first move ◆ **il n'y a que le premier ~ qui coûte** the first step is the hardest ◆ **à ~ de loup, à ~ feutrés** stealthily ◆ **d'un ~ léger** *(= avec insouciance)* airily, blithely; *(= joyeusement)* with a spring in one's step ◆ **entrer/sortir d'un ~ léger** *(= agilement)* to pad in/out ◆ **j'y vais de ce ~** I'll go straightaway *(Brit) ou* at once ◆ **mettre qn au ~** to bring sb to heel, to make sb toe the line ◆ **avoir le ~ sur qn** to rank before *ou* above sb ◆ **prendre le ~ sur** *[+ considérations, préoccupations]* to override; *[+ théorie, méthode]* to supplant; *[+ personne]* to steal a lead over ◆ **franchir** *ou* **sauter le ~** to take the plunge ◆ **du mensonge à la calomnie il n'y a qu'un ~** it's a short *ou* small step from lies to slander; → **céder, cent**[1], **faux**[2]

**COMP** ▷ **pas battu** *(Danse)* pas battu ▷ **le pas de Calais** *(= détroit)* the Straits of Dover ▷ **pas de clerc** *(littér)* blunder ▷ **pas de deux** *(Danse)* pas de deux ▷ **pas de l'oie** *(Mil)* goose-step ◆ **faire le ~ de l'oie** to goose-step ▷ **le pas de la porte** the doorstep ◆ **sur le ~ de la porte** on the doorstep, in the doorway ▷ **pas de tir** *[de champ de tir]* shooting range; *(Espace)* launching pad ▷ **pas de vis** thread

**pas**[2] /pɑ/ **ADV** **a** *(avec ne : formant nég verbale)* not ◆ **je ne vais ~ à l'école** *(aujourd'hui)* I'm not *ou* I am not going to school; *(habituellement)* I don't *ou* I do not go to school ◆ **ce n'est ~ vrai, c'est ~ vrai** * it isn't *ou* it's not *ou* it is not true ◆ **je ne suis ~/il n'est ~ allé à l'école** I/he didn't *ou* did not go to school ◆ **je ne trouve ~ mon sac** I can't *ou* cannot find my bag ◆ **je ne la vois ~** I can't *ou* cannot see her ◆ **je ne prends ~/je ne veux ~ de pain** I won't have/I don't want any bread ◆ **ils n'ont ~ de voiture/d'enfants** they don't have *ou* haven't got a car/any children, they have no car/children ◆ **il m'a dit de (ne) ~ le faire** he told me not to do it ◆ **ça me serait insupportable de ne ~ le voir, ne ~ le voir me serait insupportable** it would be unbearable not to see him, not to see him would be unbearable ◆ **je pense qu'il ne viendra ~** I don't think he'll come ◆ **ce n'est ~ sans peine que je l'ai convaincu** it was not without (some) difficulty that I convinced him ◆ **non ~** *ou* **ce n'est ~ qu'il soit bête** (it's) not that he's a fool ◆ **ce n'est ~ que je refuse** it's not that I refuse ◆ **il n'y a ~ que ça** it's not just that ◆ **il n'y a ~ que lui** he's not the only one ◆ **je n'en sais ~ plus que vous** I don't know any more about it than you (do) ◆ **il n'y avait ~ plus de 20 personnes** there were no more than 20 people there ◆ **il n'est ~ plus/moins intelligent que vous** he is no more/no less intelligent than you ◆ **ne me parle ~ sur ce ton** don't speak to me like that, do NOT speak to me like that

**b** *(indiquant ou renforçant opposition)* **elle travaille, (mais) lui ~** she works, but he doesn't ◆ **il aime ça, ~ toi ?** he likes it, don't you? ◆ **ils sont quatre et non ~ trois** there are four of them, not three ◆ **vient-il ou (ne vient-il) ~ ?** is he coming or not?, is he coming or isn't he? ◆ **leur maison est chauffée, la nôtre ~** their house is heated but ours isn't *ou* is not

**c** *(dans réponses négatives)* not ◆ **~ de sucre, merci !** no sugar, thanks! ◆ **~ du tout** not at all, not a bit ◆ **il t'a remercié, au moins ? – ~ du tout** *ou* **absolument ~** he did at least thank you? – he certainly didn't *ou* did not ◆ **~ encore** not yet ◆ **tu as aimé le film ? – ~ plus que ça** did you like the film? – it was so-so * ◆ **~ tellement** *, **~ tant que ça** not (all) that much, not so very much ◆ **~ des masses** * not a lot *, not an awful lot * ◆ **qui l'a prévenu ? – ~ moi/elle** *etc* who told him? – not me/her *etc ou* I didn't/she didn't *etc*

**d** *(devant adj, n, dans excl : *)* **ce sont des gens ~ fiers** they're not proud people ◆ **il est dans une situation ~ banale** *ou* **~ ordinaire** he's in an unusual situation ◆ **~ un n'est venu** not one *ou* none (of them) came ◆ **~ possible !** no!, you don't say! * ◆ **~ de chance** * hard *ou* bad luck *!, too bad * ◆ **~ vrai ?** * isn't that so?, (isn't that) right? * ◆ **tu es content ? eh bien ~ moi !** are you satisfied? well I'm not! ◆ **tu es content, ~ vrai ? !** * you're pleased, aren't you? *ou* admit it ◆ **t'es ~ un peu fou ?** * you must be *ou* you're crazy! * ◆ **~ d'histoires** *ou* **de blagues, il faut absolument que j'arrive à l'heure** no nonsense now, I absolutely must be on time ◆ **(c'est) ~ bête, cette idée !** that's not a bad idea (at all)! ◆ **si c'est ~ malheureux !** * *ou* **honteux !** * isn't that disgraceful! ◆ **tu viendras, ~ ?** * you're coming, aren't you?, you'll come, won't you? ◆ **~ de ça !** we'll have none of that! ◆ **ah non, ~ ça !** oh no, anything but that! ◆ **ah non, ~ lui !** oh no, not him!; → **falloir, fou**

**COMP** ▷ **pas grand-chose** *(péj)* **NMF INV** good-for-nothing

**Pascal** /paskal/ **NM** *(Ordin)* Pascal

**pascal**[1], **e** (mpl **-aux**) /paskal, o/ **ADJ** *[agneau]* paschal; *[messe]* Easter

**pascal**[2] (pl **pascals**) /paskal/ **NM** *(Phys)* pascal; († * = billet) 500 franc note

**pascalien, -ienne** /paskaljɛ̃, jɛn/ **ADJ** of Pascal

**pas-de-porte** /padpɔʀt/ **NM INV** *(= argent)* ≈ key money *(for shop, flat etc)*

**pashmina** /paʃmina/ **NM** pashmina

**pasionaria** /pasjɔnaʀja/ **NF** passionate (female) militant ◆ **Marie Dupont, la ~ de la libération des femmes** Marie Dupont, the ardent champion of women's liberation

**paso doble** /pasodɔbl/ **NM** paso doble

**passable** /pasabl/ **ADJ** passable, tolerable; *(sur copie d'élève)* fair ◆ **mention ~** *(Univ)* ≈ pass-(mark) ◆ **à peine ~** barely passable, not so good

**passablement** /pasabləmɑ̃/ **ADV** *(= moyennement) [jouer, travailler]* tolerably *ou* reasonably well; *(= assez) [irritant, long]* rather, fairly, pretty *; *(= beaucoup)* quite a lot *ou* a bit * ◆ **il faut ~ de courage pour …** it requires a fair amount of courage to …

**passade** /pasad/ **NF** passing fancy, whim, fad; *(amoureuse)* brief affair

**passage** /pasaʒ/ **NM** **a** *(= venue)* **guetter le ~ du facteur** to watch for the postman to come by, to be on the look-out for the postman ◆ **attendre le ~ de l'autobus** to wait for the bus to come ◆ **agrandir une voie pour permettre le ~ de gros camions** to widen a road to allow heavy vehicles to use it *ou* to allow heavy vehicles through ◆ **observer le ~ des oiseaux dans le ciel** to watch the birds fly by *ou* over ◆ **pour empêcher le ~ de l'air sous la porte** to stop draughts (coming in) under the door ◆ **lors de votre ~ à la douane** when you go *ou* pass through customs ◆ **lors d'un récent ~ à Paris** when I (*ou* he *etc*) was in *ou* visiting Paris recently, on a recent trip to Paris ◆ **la navette d'autobus fait quatre ~s par jour** the shuttle bus runs four times a day ◆ **prochain ~ de notre représentant le 8 mai** our representative will be in the area again on 8 May ◆ **"passage interdit"** "no entry", "no thoroughfare" ◆ **"passage de troupeaux"** "cattle crossing" ◆ **livrer ~** to make way ◆ **livrer ~ à qn** to let sb pass, to make way for sb ◆ **il y a beaucoup de ~ l'été** a lot of people come through here in the summer ◆ **lors de son ~ au gouvernement** during his time in the government

◆ **de passage** ◆ **il est de ~ à Paris** he is in *ou* passing through Paris at the moment ◆ **amours/amants de ~** casual affairs/lovers ◆ **les commerçants travaillent avec les clients de ~** the shopkeepers cater for passing trade; → **lieu**[1]

◆ **au passage** ◆ **il a saisi le panier au ~** he picked up the basket as he went past ◆ **ils l'ont, au ~, délesté de son portefeuille** in passing they relieved him of his wallet ◆ **il a rappelé au ~ que ce sont les socialistes qui ont proposé cette réforme** he recalled in passing that it was the Socialists who proposed this reform ◆ **il oublia, au ~, de prévenir le maire** incidentally he forgot to inform the mayor

**b** *(= transfert)* **le ~ de l'état solide à l'état gazeux** the change from the solid to the gaseous state ◆ **le ~ de l'enfance à l'adolescence** the transition *ou* passage from childhood to adolescence ◆ **le ~ du jour à la nuit** the change from day to night ◆ **le ~ du grade de capitaine à celui de commandant**

promotion from captain to major ◆ **le ~ de l'alcool dans le sang** the entry of alcohol into the bloodstream ◆ **son ~ en classe supérieure est problématique** there are problems about his moving up *ou* promotion *(US)* to the next class *(Brit)* *ou* grade *(US)* ◆ **pour réussir le ~ à l'euro** to make a smooth transition to the euro, to make the changeover to the euro successful ◆ **le ~ à l'heure d'été** changing to summer time; → **examen**

c *(= lieu)* passage; *(= chemin)* way, passage; *(= itinéraire)* route; *(= rue)* passage(way), alley(way) ◆ **un ~ dangereux sur la falaise** a dangerous section of the cliff ◆ **il faut trouver un ~ dans ces broussailles** we must find a way through this undergrowth ◆ **on a mis des barrières sur le ~ de la procession** barriers have been put up along the route of the procession ◆ **on se retourne sur son ~** people turn round and look when he goes past ◆ **l'ouragan dévasta tout sur son ~** the hurricane demolished everything in its path ◆ **barrer le ~ à qn** to block sb's way ◆ **laisser le ~ à qn** to let sb pass *ou* past ◆ **va plus loin, tu gênes le ~** move along, you're in the way ◆ **ne laissez pas vos valises dans le ~** don't leave your cases in the way ◆ **le ~ du Nord-Ouest** the North-West Passage; → **frayer**

d *(Naut)* **payer son ~** to pay for one's passage, to pay one's fare

e *(= fragment) [de livre, symphonie]* passage

f *(= traversée) [de rivière, limite, montagnes]* crossing ◆ **le ~ de la ligne** *(Naut)* crossing the Line

g *(= moment)* **ça été un ~ difficile dans sa vie** it was a difficult period in his life ◆ **~s nuageux** *(Mét)* cloudy spells

COMP ▷ **passage à l'acte** acting out ◆ **ce qui a déclenché le ~ à l'acte** *(crime, suicide)* what pushed him to carry out the murder (*ou* suicide) ▷ **passage clouté** pedestrian crossing, ≃ zebra crossing *(Brit)*, crosswalk *(US)* ▷ **passage à niveau** level crossing *(Brit)*, grade crossing *(US)* ▷ **passage (pour) piétons** pedestrian walkway ▷ **passage protégé** *(Aut)* priority *ou* right of way *(over secondary roads)* ▷ **passage souterrain** *(gén)* underground *ou* subterranean passage; *(pour piétons)* underpass, subway *(Brit)* ▷ **passage à tabac** beating up ▷ **passage à vide** *(= baisse de forme, mauvaises performances) [d'équipe, entreprise, économie]* bad patch ◆ **j'ai toujours un petit ~ à vide vers 16 h** I always start to flag around 4 o'clock ◆ **j'ai eu un ~ à vide pendant l'examen** my mind went blank during the exam

**passager, -ère** /pasaʒe, ɛʀ/ ADJ a *(= de courte durée) [malaise]* passing *(épith)*, brief; *[inconvénient]* temporary; *[bonheur, beauté]* passing *(épith)*, transient, ephemeral ◆ **j'ai eu un malaise ~** I felt faint for a few minutes ◆ **pluies passagères** intermittent *ou* occasional showers b *[rue]* busy NM,F passenger ◆ **~ clandestin** stowaway

**passagèrement** /pasaʒɛʀmɑ̃/ ADV for a short time, temporarily ◆ **il était revenu ~ au gouvernement** he returned to the government for a short time, he made a brief return to the government ◆ **ce sera une assez belle journée, ~ nuageuse** it will be quite a fine day, cloudy at times

**passant, e** /pasɑ̃, ɑ̃t/ ADJ *[rue]* busy; → **bande**[1] NM,F passer-by NM *[de ceinture]* loop

**passation** /pasasjɔ̃/ NF *[de contrat]* signing; *(Comm) [d'écriture]* entry ◆ **~ de pouvoirs** handing over of office *ou* power, transfer of power

**passavant** /pasavɑ̃/ NM a *(Comm, Jur)* transire, carnet b *(Naut)* catwalk

**passe**[1] /pɑs/ NF a *(Sport)* pass ◆ **faire une ~** to pass (*à* to); ◆ **~ en retrait/en avant** back/forward pass ◆ **~ croisée** *(Ftbl)* cross ◆ **faire une ~ croisée à qn** to cross to sb

b *(= situation)* **être dans une bonne ~** *[personne, économie, équipe]* to be doing well ◆ **être dans** *ou* **traverser une mauvaise ~** *[personne, économie, entreprise, monnaie]* to be going through a bad patch ◆ **est-ce qu'il va sortir de cette mauvaise ~ ?** will he manage to pull through?; → **mot**

◆ **être en passe de faire qch** to be on one's *ou* the way to doing sth ◆ **il est en ~ de réussir** he is poised to succeed ◆ **c'est un rêve en ~ de devenir réalité** it's a dream that is about to become a reality ◆ **cette ville est en ~ de devenir le centre de la mode européenne** this city is poised to become the centre of European fashion ◆ **cette espèce est en ~ de disparaître** this species is on the way to extinction *ou* is dying out

c *[de magnétiseur, prestidigitateur]* pass

d *(Roulette)* passe

e *(= chenal)* pass, channel

f *[de prostituée]* **c'est 50 € la ~** it is 50 euros a time ◆ **faire 20 ~s par jour** to have 20 clients *ou* customers a day; → **hôtel, maison**

g *(Imprim)* **(main de) ~** surplus paper ◆ **exemplaire de ~** over, surplus copy

COMP ▷ **passe d'armes** *(fig)* heated exchange ▷ **passe de caisse** *(Comm) sum allowed for cashier's errors*

**passe**[2] * /pɑs/ NM abrév de **passe-partout**

**passé, e** /pɑse/ (ptp de **passer**) ADJ a *(= dernier)* last ◆ **c'est arrivé le mois ~/l'année ~e** it happened last month/last year ◆ **au cours des semaines/années ~es** over these last *ou* the past (few) weeks/years

b *(= révolu) [action, conduite]* past ◆ **songeant à sa gloire ~e/ses angoisses ~es** thinking of his past *ou* former glory/distress ◆ **regrettant sa jeunesse/sa beauté ~e** yearning for her vanished youth/beauty ◆ **si l'on se penche sur les événements ~s** if one looks back over past events ◆ **cette époque est ~e maintenant** that era is now over ◆ **ce qui est ~ est ~** what's done is done, that's all in the past (now) ◆ **il a 60 ans ~s** he's over 60 ◆ **où sont mes années ~es ?** where has my life gone? ◆ **il se rappelait le temps ~** he was thinking back to days *ou* times gone by

c *(= fané) [couleur, fleur]* faded ◆ **tissu ~** material that has lost its colour, faded material

d *(= plus de)* **il est 8 heures ~es** it's past *ou* gone *(Brit)* 8 o'clock ◆ **il est rentré à 9 heures ~es** it was past *ou* gone *(Brit)* 9 o'clock when he got back ◆ **ça fait une heure ~e que je t'attends** I've been waiting for you for more than *ou* over an hour

NM a ◆ **le ~** the past ◆ **il faut oublier le ~** we should forget the past ◆ **c'est du ~, n'en parlons plus** it's (all) in the past now, let's not say any more about it ◆ **il est revenu nous voir comme par le ~** he came back to see us as he used to in the past ◆ **il a eu plusieurs condamnations dans le ~** he had several previous convictions

b *(= vie écoulée)* past ◆ **pays fier de son ~** country proud of its past ◆ **bandit au ~ chargé** gangster with a past ◆ **son ~ m'est inconnu** I know nothing of his past

c *(Gram)* past tense ◆ **les temps du ~** the past tenses ◆ **mettez cette phrase au ~** put this sentence into the past (tense) ◆ **~ antérieur** past anterior ◆ **~ composé** perfect ◆ **~ simple** past historic, preterite

PRÉP after ◆ **~ 6 heures on ne sert plus les clients** after 6 o'clock we stop serving ◆ **~ cette maison, on quitte le village** after this house, you are out of the village

**passe-crassane** (pl **passe-crassanes**) /pɑskʀasan/ NF *type of winter pear*

**passe-droit** (pl **passe-droits**) /pɑsdʀwa/ NM (undeserved) privilege, favour *(Brit)*, favor *(US)* ◆ **il a obtenu un ~** he got preferential treatment

**passéisme** /pɑseism/ NM *(péj)* attachment to the past

**passéiste** /pɑseist/ ADJ *(péj)* backward-looking NMF *(péj)* devotee of the past

**passe-lacet** (pl **passe-lacets**) /pɑslasɛ/ NM bodkin; → **raide**

**passement** /pɑsmɑ̃/ NM braid *(NonC)*

**passementer** /pɑsmɑ̃te/ ▸ conjug 1 ◂ VT to braid

**passementerie** /pɑsmɑ̃tʀi/ NF *(= objets)* soft furnishings; *(= commerce)* soft furnishings, sale of soft furnishings ◆ **rayon de ~** department selling soft furnishings

**passementier, -ière** /pɑsmɑ̃tje, jɛʀ/ ADJ ◆ **industrie passementière** soft furnishings industry NM,F *(= fabricant)* manufacturer of soft furnishings; *(= vendeur)* salesman (*ou* -woman) specializing in soft furnishings

**passe-montagne** (pl **passe-montagnes**) /pɑsmɔ̃taɲ/ NM balaclava

**passe-muraille** /pɑsmyʀaj/ ADJ *[personne, tenue]* unremarkable NM INV unremarkable person

**passe-partout** /pɑspaʀtu/ ADJ INV *[tenue]* for all occasions, all-purpose *(épith)*; *[formule]* all-purpose *(épith)*, catch-all *(épith)* NM INV a *(= clé)* master *ou* skeleton key b *(= encadrement)* passe-partout c *(= scie)* crosscut saw

**passe-passe** /pɑspɑs/ NM INV ◆ **tour de ~** *[de magicien]* conjuring trick; *(fig)* trick, sleight of hand ◆ **faire des tours de ~** to perform conjuring tricks ◆ **par un tour de ~ financier** by a financial sleight of hand

**passe-plat** (pl **passe-plats**) /pɑspla/ NM serving hatch

**passepoil** /pɑspwal/ NM piping *(NonC)*

**passepoilé, e** /pɑspwale/ ADJ piped

**passeport** /pɑspɔʀ/ NM *(Admin)* passport ◆ **demander ses ~s** *[ambassadeur]* to withdraw one's credentials ◆ **ce diplôme est un ~ pour l'emploi** this degree is a passport to a job

**passer** /pɑse/

▸ conjug 1 ◂

GRAMMAIRE ACTIVE 54.1, 54.2, 54.4

1 VERBE INTRANSITIF 2 VERBE TRANSITIF
3 VERBE PRONOMINAL

Lorsque **passer** s'emploie dans des locutions figurées telles que **passer sous le nez de qn, passer sur le ventre/le corps à qn** etc, cherchez sous le nom.

1 - VERBE INTRANSITIF

avec aux être

a gén to pass, to go *ou* come past ◆ **~ en courant** to run past ◆ **~ à pas lents** to go slowly past ◆ **le train va bientôt ~** the train will be coming past *ou* by soon ◆ **où passe la route ?** where does the road go? ◆ **faire ~ les piétons** to let the pedestrians cross; → **bouche, main**

◆ **passer** + *préposition ou adverbe* ◆ **~ sous/sur/devant/derrière** *etc* to go under/over/in front of/behind *etc* ◆ **la route passe à Vierzon** the road goes through Vierzon ◆ **la Seine passe à Paris** the Seine flows through Paris ◆ **les poissons sont passés au travers du**

**filet** the fish slipped through the net ◆ **les camions ne passent pas dans notre rue** lorries don't come along *ou* down our street ◆ **il passait dans la rue avec son chien/en voiture** he was walking down the street with his dog/driving down the street ◆ **le fil passe dans ce tuyau** the wire goes down *ou* through this pipe ◆ **une lueur cruelle passa dans son regard** a cruel gleam came into his eyes ◆ **l'autobus lui est passé dessus, il est passé sous l'autobus** he was run over by the bus ◆ ~ **devant la maison de qn** to go past *ou* to pass sb's house ◆ **je passe devant vous pour vous montrer le chemin** I'll go in front to show you the way ◆ **passez donc devant** you go first ◆ **la voie ferrée passe le long du fleuve** the railway line runs alongside the river ◆ **la balle/flèche n'est pas passée loin** the bullet/arrow didn't miss by much ◆ **pour y aller, je passe par Amiens** I go *ou* pass through Amiens to get there, I go there via Amiens ◆ **je passe par la gare, je peux vous déposer** I'm going by the station, I can drop you off ◆ **par où êtes-vous passé ?** which way did you go? *ou* come? ◆ **le chien est trop gros pour ~ par le trou** the dog is too big to get through the hole ◆ **ça fait du bien par où ça passe !** * that's just what the doctor ordered! * ◆ **l'air passe sous la porte** there's a draught from under the door ◆ ~ **sous les fenêtres de qn** to go past *ou* to pass sb's window ◆ **le confort, ça passe après** comfort is less important *ou* comes second ◆ **le travail passe avant tout/avant les loisirs** work comes first/before leisure ◆ ~ **devant Monsieur le maire** to get married *ou* hitched * ◆ ~ **devant un jury** to go before a jury ◆ **ma famille passe en premier** my family comes first ◆ **une idée m'est passée par la tête** an idea occurred to me ◆ **elle dit tout ce qui lui passe par la tête** she says whatever comes into her head

◆ **passer sur** *[+ faute]* to pass over, to overlook; *[+ détail inutile ou scabreux]* to pass over ◆ **je veux bien ~ sur cette erreur** I'm willing to pass over *ou* overlook this mistake ◆ **je passe sur les détails** I shall pass over *ou* leave out *ou* skip the details

◆ **en passant** *(= sur le chemin)* ◆ **j'irai le voir en passant** I'll call in to see him *ou* I'll call in and see him on my way
◆ **il m'a glissé quelques remarques en passant** *(dans la conversation)* he said a few words to me in passing; → **dire**

◆ **en passant par** ◆ **il aime tous les sports, du football à la boxe en passant par le golf** *(dans une énumération)* he likes all sports, from football to golf to boxing

**b** [= faire une halte rapide] ~ **au** *ou* **par le bureau/chez un ami** to call in at *ou* drop in at *ou* drop by the office/a friend's ◆ **je ne fais que ~** *(chez qn)* I'm not stopping *, I can't stay long; *(dans une ville)* I'm just passing through ◆ ~ **à la visite médicale** to go for a medical ◆ ~ **à la douane** to go through customs, to clear customs ◆ **le facteur est passé** the postman has been ◆ **à quelle heure passe le laitier ?** what time does the milkman come? ◆ **le releveur du gaz passera demain** the gasman will call tomorrow

◆ **passer** + *infinitif* ◆ ~ **chercher** *ou* **prendre qn** to call for sb, to go *ou* come and pick sb up ◆ **je passerai prendre ce colis demain** I'll come and pick the parcel up tomorrow ◆ ~ **voir qn** *ou* **rendre visite à qn** to call (in) on sb ◆ **le médecin passera te voir ce soir** the doctor will come and see you this evening ◆ **puis-je ~ te voir en vitesse ?** can I pop round (to see you)?

**c** [= changer de lieu, d'attitude, d'état] to go ◆ ~ **d'une pièce dans une autre** to go from one room to another ◆ **si nous passions au salon ?** shall we go into *ou* through to the sitting room? ◆ ~ **à table** to sit down to eat ◆ **il est passé en Belgique** he went over to Belgium ◆ ~ **à l'ennemi/l'opposition** to go over *ou* defect to the enemy/the opposition ◆ **la photo passa de main en main** the photo was passed *ou* handed round ◆ ~ **d'un extrême à l'autre** to go from one extreme to the other ◆ ~ **de l'état solide à l'état liquide** to go *ou* change from the solid to the liquid state ◆ ~ **du rire aux larmes** to switch from laughter to tears ◆ ~ **à un ton plus sévère** to take a harsher tone ◆ ~ **dans les mœurs/les habitudes** to become the custom/the habit ◆ ~ **dans la langue** to pass *ou* come into the language ◆ ~ **en proverbe** to become proverbial ◆ **son argent de poche passe en bonbons** *ou* **dans les bonbons** all his pocket money goes on sweets ◆ **l'alcool passe dans le sang** alcohol enters the bloodstream ◆ **le reste des légumes est passé dans le potage** the left-over vegetables went into the soup

**d** [Aut] ~ **en première/marche arrière** to go into first/reverse ◆ ~ **en seconde/quatrième** to go *ou* change into second/fourth ◆ **les vitesses passent mal** the gears are stiff

**e** [= franchir un obstacle] *[véhicule]* to get through; *[cheval, sauteur]* to get over; *(Alpinisme)* to get up ◆ **ça passe ?** *(Aut : en manœuvrant)* can I make it?, have I got enough room?

**f** [= s'écouler : temps] to go by, to pass ◆ **comme le temps passe (vite) !** how time flies! ◆ **ça fait ~ le temps** it passes the time

**g** [= s'écouler : liquide] to go *ou* come through, to seep through; *[café]* to go through; *(= circuler) [courant électrique]* to get through

**h** [= être digéré, avalé] to go down ◆ **mon déjeuner ne passe pas** my lunch won't go down ◆ **prendre un cachet pour faire ~ le déjeuner** to take a tablet to help one's lunch down ◆ **prends de l'eau pour faire ~ le gâteau** have some water to wash down the cake

**i** [= être accepté] *[demande, proposition]* to pass ◆ **je ne pense pas que ce projet de loi passera** I don't think this bill will be passed *ou* will go through ◆ **cette plaisanterie ne passe pas dans certains milieux** that joke doesn't go down well *ou* isn't appreciated in some circles ◆ **il y a des plaisanteries/erreurs qui passent dans certaines circonstances mais pas dans d'autres** there are certain jokes/mistakes which are all right in some circumstances but not in others ◆ **le gouvernement se demande comment faire ~ les hausses de prix** the government is wondering how to get the price increases through ◆ **il est passé de justesse à l'examen** he only just scraped through *ou* passed the exam ◆ **il est passé dans la classe supérieure** he's moved up to the next class *(Brit)*, he's passed *ou* been promoted to the next grade *(US)* ◆ **l'équipe est passée en 2^e^ division** *(progrès)* the team were promoted to *ou* have moved up to the second division; *(recul)* the team have been relegated to *ou* have moved down to the second division ◆ **ça passe ou ça casse** it's make or break (time)

**j** [= devenir] to become ◆ ~ **directeur/président** to become *ou* be appointed director/chairman

**k** [= être montré] *(Ciné) [film]* to be showing, to be on; *(TV) [émission]* to be on; *[personne]* to be on, to appear ◆ ~ **à la radio/à la télé** * to be on the radio/on TV

**l** [= être présenté] *(Jur, Parl)* to come up ◆ **le projet de loi va ~ devant la Chambre** the bill will come *ou* be put before Parliament ◆ **il est passé devant le conseil de discipline de l'école** he came up *ou* was brought up before the school disciplinary committee

**m** [= dépasser] **le panier est trop petit, la queue du chat passe** the basket is too small – the cat's tail is sticking out ◆ **son manteau est trop court, la robe passe** her coat is too short – her dress shows underneath ◆ **ne laisse pas ~ ton bras par la portière** don't put your arm out of the window

**n** [= disparaître] *[douleur]* to pass, to wear off; *(lit, fig) [orage]* to blow over, to die down; *[beauté, couleur]* to fade; *[colère]* to die down; *[mode]* to die out; *(= mourir) [personne]* to pass on *ou* away ◆ **la jeunesse passe (vite)** you're old before you know it ◆ **faire ~ à qn le goût** *ou* **l'envie de faire** to cure sb of doing ◆ **cela fera ~ votre rhume** that will get you over your cold *ou* get rid of your cold for you ◆ **le plus dur est passé** the worst is over now ◆ **il était très amoureux, mais ça lui a passé** he was very much in love but he got over it ◆ **il voulait être pompier mais ça lui a passé** he wanted to be a fireman but he grew out of it ◆ **ça lui passera (avant que ça me reprenne) !** * *[sentiment]* he'll get over it!; *[habitude]* he'll grow out of it!

**o** [Cartes] to pass

**p** [locutions] **qu'il soit menteur, passe (encore), mais voleur c'est plus grave** he may be a liar, that's one thing, but a thief, that's more serious ◆ **passe pour cette erreur, mais si tu recommences ...** we'll forget about it this time, but if you make the same mistake again ... ◆ **passons** let's say no more (about it) ~ **par** *[+ intermédiaire]* to go through; *[+ expérience]* to go through, to undergo ◆ **pour lui parler, j'ai dû ~ par sa secrétaire** I had to go through *ou* via his secretary *ou* I had to see his secretary before I could speak to him ◆ **pour téléphoner, il faut ~ par le standard** you have to go through the switchboard to make a call ◆ ~ **par de dures épreuves** to go through some very trying times ◆ **il est passé par des moments difficiles** he's been through some hard times ◆ ~ **par l'université/un lycée technique** to go through university/technical college ◆ **elle est passée par toutes les couleurs de l'arc-en-ciel** *(gêne)* she blushed to the roots of her hair; *(peur)* she turned pale ◆ **nous sommes tous passés par là** we've all been through that, that's happened to all of us

◆ **en passer par** ◆ **il faudra bien en ~ par là** there's no way round it ◆ **il a bien fallu en ~ par là** it had to come to that (in the end) ◆ **il faudra bien en ~ par ce qu'il demande** we'll have to give him what he wants, we'll have to comply with *ou* give in to his request

◆ **passer pour** ◆ **je ne voudrais pas ~ pour un imbécile** I wouldn't like to be taken for a fool ◆ **il pourrait ~ pour un Allemand** you could take him for a German, he could pass for *ou* as a German ◆ **auprès de ses amis, il passait pour un séducteur** he was regarded by his friends as (being) a ladies' man ◆ **il passe pour un intellectuel** he passes for an intellectual ◆ **il passe pour intelligent** he's thought of as intelligent, he's supposed to be intelligent ◆ **il passe pour beau auprès de certaines femmes** some women think *ou* find him good-looking, he's considered good-looking by some women ◆ **il passe pour un escroc** people say he's a crook ◆ **cela passe pour vrai** it's thought to be true ◆ **se faire ~ pour** to pass o.s. off as ◆ **il s'est fait ~ pour son patron** he passed himself off as his boss ◆ **il s'est fait ~ pour fou pour se faire réformer** he pretended to be mad so he could be declared unfit for service ◆ **faire ~ qn pour** to make sb out to be ◆ **tu veux me faire ~ pour un idiot !** do you want to make me look stupid?

♦ **y passer** * ♦ **on a eu la grippe, tout le monde y est passé** we've had the flu – everybody got it *ou* nobody escaped it ♦ **si tu conduis comme ça, on va tous y ~** if you go on driving like that, we've all had it * ♦ **toute sa fortune y est passée** he spent all his fortune on it, his whole fortune went on it ♦ **si elle veut une promotion, il faudra bien qu'elle y passe** *(sexuellement)* if she wants to be promoted, she'll have to sleep with the boss

♦ **laisser passer** *[+ air, lumière]* to let in; *[+ personne, procession]* to let through *ou* past; *[+ erreur]* to overlook, to miss; *[+ occasion]* to let slip, to miss ♦ **il faut laisser ~ le temps** give it time ♦ **s'écarter pour laisser ~ qn** to move back to let sb (get) through *ou* past ♦ **nous ne pouvons pas laisser ~ cette affaire sans protester** we cannot let this matter pass without a protest, we can't let this matter rest there – we must protest

2 - VERBE TRANSITIF

avec aux avoir

a = franchir *[+ rivière, frontière, seuil]* to cross; *[+ porte]* to go through; *[+ haie]* to jump *ou* get over ♦ **~ une rivière à la nage/en bac** to swim across/take the ferry across a river

b = se soumettre à *[+ examen]* to sit, to take ♦ **~ son permis (de conduire)** to take one's driving test ♦ **~ une visite médicale** to have a medical (examination) ♦ **~ un examen avec succès** to pass an exam

c = utiliser *[+ temps, vacances]* to spend ♦ **~ sa vie à faire** to spend one's life doing ♦ **(faire qch) pour ~ le temps** (to do sth) to while away *ou* pass the time ♦ **j'ai passé la soirée chez Luc** I spent the evening at Luc's (place); → **mauvais**

d = assouvir **~ sa colère/sa mauvaise humeur sur qn** to take one's anger/one's bad mood out on sb ♦ **~ son envie de chocolat** to satisfy one's craving for chocolate

e = omettre *[+ mot, ligne]* to leave out, to miss out *(Brit)* ♦ **~ son tour** to miss one's turn ♦ **et j'en passe !** and that's not all! ♦ **j'en passe, et des meilleures !** and that's not all – I could go on!, and that's the least of them!; → **silence**

f = permettre **~ une faute à qn** to overlook sb's mistake ♦ **~ un caprice à qn** to humour sb, to indulge sb's whim ♦ **on lui passe tout** *[+ bêtises]* he gets away with anything; *[+ désirs]* he gets everything he wants ♦ **passez-moi l'expression** (if you'll) pardon the expression

g = transmettre *[+ consigne, message, maladie]* to pass on; *(Sport) [+ ballon]* to pass ♦ **~ qch à qn** to give *ou* hand sth to sb ♦ **tu (le) fais ~** pass *ou* hand it round ♦ **~ une affaire/un travail à qn** to hand a matter/a job over to sb ♦ **passe-moi une cigarette** pass *ou* give me a cigarette ♦ **passez-moi du feu** give me a light ♦ **il m'a passé un livre** he's lent me a book ♦ **je suis fatigué, je vous passe le volant** I'm tired, you take the wheel *ou* you drive ♦ **je vous passe M. Duroy** *(au téléphone) [standard]* I'm putting you through to Mr Duroy; *(= je lui passe l'appareil)* here's Mr Duroy ♦ **passe-lui un coup de fil** phone *ou* call *ou* ring *(Brit)* him, give him a ring *(Brit)* ♦ **passez-moi tous vos paquets** give me *ou* let me have all your parcels

h Douane **~ la douane** to go through customs ♦ **après avoir passé la douane, je ...** once I'd been through *ou* cleared Customs, I ... ♦ **~ des marchandises en transit** to carry goods in transit ♦ **~ qch en fraude** to smuggle sth (in *ou* out *ou* through *etc*) ♦ **~ des faux billets** to pass forged notes

i = enfiler *[+ pull]* to slip on; *[+ robe]* to slip into ♦ **~ une bague au doigt de qn** to slip a ring on sb's finger ♦ **~ un lacet dans qch** to thread a lace through sth ♦ **~ la corde au cou de qn** to put the rope round sb's neck

j = mettre **~ la tête à la porte** to poke one's head round the door ♦ **~ la main/tête à travers les barreaux** to stick one's hand/head through the bars

k = dépasser *[+ gare, maison]* to pass, to go past ♦ **~ le poteau** to pass the post, to cross the finishing line ♦ **~ les limites** *ou* **les bornes** to go too far ♦ **tu as passé l'âge (de ces jeux)** you're too old (for these games) ♦ **il ne passera pas la nuit/la semaine** he won't last the night/the week, he won't see the night/the week out; → **cap**[1]

l Culin *[+ thé, lait]* to strain; † *[+ café]* to pour the water on ♦ **~ la soupe** *(à la passoire)* to strain the soup; *(au mixer)* to blend the soup, to put the soup through the blender

m Aut **~ la seconde/la troisième** to go *ou* change (up *ou* down) into second/third (gear)

n = montrer, faire écouter *[+ film, diapositives]* to show; *[+ disque]* to put on, to play ♦ **qu'est-ce qu'ils passent au cinéma ?** what's on *ou* showing at the cinema?

o Comm *[+ écriture]* to enter; *[+ commande]* to place; *[+ accord]* to reach, to come to; *[+ contrat]* to sign ♦ **~ un marché** to do a deal; → **profit**

p = faire subir une action **~ une pièce à l'aspirateur** to vacuum *ou* hoover ® *(Brit)* a room, to go over a room with the vacuum cleaner ♦ **~ la cuisine à la serpillière, ~ la serpillière dans la cuisine** to wash (down) the kitchen floor ♦ **~ le balai/l'aspirateur/le chiffon dans une pièce** to sweep/vacuum *ou* hoover ® *(Brit)*/dust a room ♦ **passe le chiffon dans le salon** dust the sitting room, give the sitting room a dust ♦ **~ une couche de peinture sur qch** to give sth a coat of paint ♦ **~ un mur à la chaux** to whitewash a wall ♦ **~ qch sous le robinet** to rinse *ou* run sth under the tap ♦ **elle lui passa la main dans les cheveux** she ran her hand through his hair ♦ **passe-toi de l'eau sur le visage** give your face a (quick) wash ♦ **qu'est-ce qu'il lui a passé (comme savon) !** * he gave him a really rough time! *, he really laid into him! *; → **arme, éponge, menotte, revue, tabac**

3 - VERBE PRONOMINAL

**se passer**

a = avoir lieu to take place; *(= arriver)* to happen ♦ **la scène se passe à Paris** *(Théât)* the scene takes place in Paris ♦ **qu'est-ce qui s'est passé ?** what happened? ♦ **que se passe-t-il ?, qu'est-ce qu'il se passe ?** what's going on?, what's happening? ♦ **ça ne s'est pas passé comme je l'espérais** it didn't work out as I'd hoped ♦ **tout s'est bien passé** everything went off smoothly ♦ **ça s'est mal passé** it turned out badly, it went off badly ♦ **je ne sais pas ce qui se passe en lui** I don't know what's the matter with him *ou* what's come over him *ou* what's got into him ♦ **ça ne se passera pas comme ça !** I won't stand for that!, I won't let it rest at that!

b = s'écouler to pass; *(= finir)* to pass, to be over ♦ **il ne se passe pas un seul jour sans qu'il ne pleuve** not a day goes by *ou* passes without it raining ♦ **il faut attendre que ça se passe** you'll have to wait till it's over *ou* it passes

c = s'appliquer, se mettre à soi-même **elle s'est passé de la crème solaire sur les épaules** *[+ produit]* she put some sun cream on her shoulders ♦ **il se passa un mouchoir sur le front** he wiped his forehead with a handkerchief ♦ **se ~ les mains à l'eau** to rinse one's hands

d = s'accorder **il faut bien se ~ quelques fantaisies** you've got to allow yourself a few *ou* indulge in a few extravagances

e se transmettre *[+ ballon, plat]* to pass to each other; *[+ notes de cours, livre]* to give to each other

f locutions

♦ **se passer de** *[+ chose]* to do without; *[+ personne]* to manage without ♦ **s'il n'y en a plus, je m'en passerai** if there isn't any more, I'll do without ♦ **je peux me ~ de ta présence** I can manage without you around ♦ **nous nous voyons dans l'obligation de nous ~ de vos services** we find ourselves obliged to dispense with your services ♦ **je me passe de tes conseils !** I can do without your advice! ♦ **la citation se passe de commentaires** the quotation needs no comment *ou* speaks for itself

♦ **se passer de** *+ infinitif* ♦ **on peut se ~ d'aller au théâtre** we can do without going to the theatre ♦ **je me passerais bien d'y aller !** I could do without having to go! ♦ **il se passerait de manger plutôt que de faire la cuisine** he'd go without eating *ou* without food rather than cook ♦ **tu pourrais te ~ de fumer** *(iro)* you could refrain from smoking

**passereau** (pl **passereaux**) /pasʀo/ **NM** *(Orn)* passerine; *(† = moineau)* sparrow

**passerelle** /pasʀɛl/ **NF** *(= pont)* footbridge; *(Naut = pont supérieur)* bridge; *(Aviat, Naut = voie d'accès)* gangway; *(fig)* bridge; *(Ordin)* gateway ♦ **(classe) ~** *(Scol)* reorientation class *(facilitating change of course at school)* ♦ **jeter** *ou* **lancer des ~s entre** to build bridges between

**passerose, passe-rose** (pl **passe(-)roses**) /pasʀoz/ **NF** hollyhock

**passe-temps** /pastɑ̃/ **NM INV** pastime, hobby ♦ **c'est un ~ national** it's a national pastime

**passe-thé** /paste/ **NM INV** tea strainer

**passette** /pasɛt/ **NF** tea strainer

**passeur** /pasœʀ/ **NM** *[de rivière]* ferryman, boatman; *[de frontière]* smuggler *(of drugs, refugees etc)*

**passe-vue** (pl **passe-vues**) /pasvy/ **NM** slide changer

**passible** /pasibl/ **ADJ** ♦ **~ d'une amende/peine** *[personne]* liable to a fine/penalty; *[délit]* punishable by a fine/penalty ♦ **~ d'un impôt** liable for tax ♦ **~ de droits** *(Comm)* liable to duty

**passif, -ive** /pasif, iv/ **ADJ** *(gén)* passive ♦ **rester ~ devant une situation** to remain passive in the face of a situation; → **défense**[1] **NM** a *(Ling)* passive ♦ **au ~** in the passive (voice) b *(Fin)* liabilities ♦ **le ~ d'une succession** the liabilities on an estate ♦ **au ~ de ce gouvernement, plus de 3 millions de chômeurs** the fact that there are over 3 million unemployed is a black mark against the government ♦ **ces problèmes sont à mettre au ~ de la nouvelle équipe** these problems reflect badly on the new team

**passiflore** /pasiflɔʀ/ **NF** passionflower, passiflora *(SPÉC)*

**passing-shot** (pl **passing-shots**) /pasiŋʃɔt/ **NM** passing shot ♦ **faire un ~** to play a passing shot

**passion** /pasjɔ̃/ **NF** a *(= goût)* passion ♦ **avoir la ~ du jeu/des voitures** to have a passion for gambling/for cars ♦ **le tennis est sa ~** *ou*

**est une ~ chez lui** he is mad* *ou* crazy* about tennis, his one passion is tennis

**b** *(= amour)* passion ◆ **déclarer sa ~** to declare one's love ◆ **aimer à la** *ou* **avec ~** to love passionately

**c** *(= émotion, colère)* passion ◆ **emporté par la ~** carried away by passion ◆ **discuter avec ~/sans ~** to argue passionately *ou* heatedly/dispassionately *ou* coolly ◆ **débat sans ~** lifeless debate ◆ **œuvre pleine de ~** work full of passion

**d** *(Mus, Rel)* **Passion** Passion ◆ **le dimanche de la Passion** Passion Sunday ◆ **le jour de la Passion** the day of the Passion ◆ **la semaine de la Passion** Passion week ◆ **la Passion selon saint Matthieu** *(Rel)* the Passion according to St Matthew; *(Mus)* the St Matthew Passion; → **fruit[1]**

**passionaria** /pasjɔnaʀja/ **NF** ⇒ **pasionaria**

**passionnant, e** /pasjɔnɑ̃, ɑ̃t/ **ADJ** *[personne]* fascinating; *[livre, film]* gripping, fascinating; *[métier, match]* exciting

**passionné, e** /pasjɔne/ (ptp de **passionner**) **ADJ** **a** *(= exalté) [personne, tempérament, haine]* passionate; *[description, orateur, jugement]* impassioned ◆ **débat ~** heated *ou* impassioned debate **b** *(= enthousiaste) [amateur, photographe]* keen ◆ **être ~ de** *ou* **pour qch** to have a passion for sth **NM,F** **a** *(= personne exaltée)* passionate person **b** *(= amateur)* enthusiast ◆ **c'est un ~ de jazz** he's a jazz enthusiast ◆ **c'est un ~ de voyages** he loves travelling

**passionnel, -elle** /pasjɔnɛl/ **ADJ** *[débat, relation, sentiment]* passionate ◆ **les négociations se sont déroulées dans un climat ~** the atmosphere at the talks was heated; → **crime**

**passionnément** /pasjɔnemɑ̃/ **ADV** *[aimer]* passionately ◆ **~ amoureux de** madly *ou* passionately in love with ◆ **s'intéresser ~ à qch** to have a passionate interest in sth ◆ **écrivain, il l'est ~** he writes with a passion

**passionner** /pasjɔne/ ▸ conjug 1 ◂ **VT** *[+ personne] [mystère, match]* to fascinate, to grip; *[livre, sujet]* to fascinate; *[sport, science]* to be a passion with; *[+ débat]* to inflame ◆ **ce film/roman m'a passionné** I found that film/novel fascinating ◆ **la musique le passionne** music is his passion, he has a passion for music ◆ **j'ai un métier qui me passionne** I have a fascinating job **VPR** **se passionner** ◆ **se ~ pour** *[+ livre, mystère]* to be fascinated by; *[+ sport, science]* to have a passion for, to be mad keen on*; *[+ métier]* to be fascinated by

**passivation** /pasivasjɔ̃/ **NF** *(Ling)* putting in the passive (voice); *(Tech)* passivation; *(Chim)* making passive

**passivement** /pasivmɑ̃/ **ADV** passively ◆ **ils ont assisté, ~, au lynchage** they were passive spectators at the lynching

**passivité** /pasivite/ **NF** passivity, passiveness

**passoire** /paswaʀ/ **NF** *(gén)* sieve; *[de thé]* strainer; *[de légumes]* colander ◆ **être une (vraie) ~** *(fig)* to be like a sieve ◆ **quelle ~ ce gardien de but!** what a useless goalkeeper – he lets everything in! ◆ **avoir la tête** *ou* **la mémoire comme une ~** to have a memory like a sieve ◆ **troué comme une ~** riddled with *ou* full of holes

**pastel** /pastɛl/ **NM** *(Bot)* woad, pastel; *(= teinture bleue)* pastel; *(= bâtonnet de couleur)* pastel (crayon); *(= œuvre)* pastel ◆ **au ~** in pastels **ADJ INV** *[tons]* pastel ◆ **un bleu/vert ~** a pastel blue/green

**pastelliste** /pastelist/ **NMF** pastellist

**pastenague** /pastənag/ **NF** stingray

**pastèque** /pastɛk/ **NF** watermelon

**pasteur** /pastœʀ/ **NM** **a** *(Rel = prêtre)* minister, pastor, preacher *(US)* **b** *(littér, Rel = berger)* shepherd ◆ **le Bon Pasteur** the Good Shepherd

**pasteurien, -ienne** /pastœʀjɛ̃, jɛn/ **ADJ** of Pasteur ◆ **la méthode pasteurienne** Pasteur's method **NM,F** scientist of the Pasteur Institute

**pasteurisation** /pastœʀizasjɔ̃/ **NF** pasteurization

**pasteuriser** /pastœʀize/ ▸ conjug 1 ◂ **VT** to pasteurize

**pastiche** /pastiʃ/ **NM** *(= imitation)* pastiche

**pasticher** /pastiʃe/ ▸ conjug 1 ◂ **VT** to do (*ou* write *etc*) a pastiche of

**pasticheur, -euse** /pastiʃœʀ, øz/ **NM,F** *(gén)* imitator; *(= auteur)* author of pastiches

**pastille** /pastij/ **NF** *[de médicament, sucre]* pastille, lozenge; *[d'encens, couleur]* block; *[de papier, tissu]* disc ◆ **~s de menthe** mints ◆ **~s pour la toux** cough drops *ou* lozenges *ou* pastilles *(Brit)* ◆ **~s pour la gorge** throat lozenges *ou* pastilles *(Brit)* ◆ **~ de silicium** silicon chip

**pastis** /pastis/ **NM** *(= boisson)* pastis; (* *dial* = ennui) fix* ◆ **être dans le ~** to be in a fix* *ou* a jam*

**pastoral, e** (mpl **-aux**) /pastɔʀal, o/ **ADJ** *(gén)* pastoral **NF** **pastorale** *(Littérat, Peinture, Rel)* pastoral; *(Mus)* pastorale

**pastorat** /pastɔʀa/ **NM** pastorate

**pastorien, -ienne** /pastɔʀjɛ̃, jɛn/ **ADJ, NM,F** ⇒ **pasteurien**

**pastoureau** (pl **pastoureaux**) /pastuʀo/ **NM** *(littér)* shepherd boy

**pastourelle** /pastuʀɛl/ **NF** *(littér)* shepherd girl; *(Mus)* pastourelle

**pat** /pat/ **ADJ INV** stalemate(d) **NM** ◆ **le ~** stalemate ◆ **faire ~** to end in (a) stalemate ◆ **faire qn ~** to stalemate sb

**patachon** /pataʃɔ̃/ **NM** → **vie**

**patagon, -onne** /patagɔ̃, ɔn/ **ADJ** Patagonian **NM,F** **Patagon(ne)** Patagonian

**Patagonie** /patagɔni/ **NF** Patagonia

**patagonien, -ienne** /patagɔnjɛ̃, jɛn/ **ADJ** Patagonian **NM,F** **Patagonien(ne)** Patagonian

**pataphysique** /patafizik/ **NF** pataphysics *(sg)*

**patapouf** /patapuf/ **EXCL** *(langage enfantin)* whoops! ◆ **faire ~** to tumble (down) **NMF** * fatty* ◆ **un gros ~** a big fat lump*

**pataquès** /patakɛs/ **NM** **a** *(= faute de liaison)* mistaken elision; *(= faute de langage)* malapropism **b** *(péj) (= discours)* incoherent jumble; *(= confusion)* muddle ◆ **il a fait un ~** *(discours)* his speech was an incoherent jumble; *(confusion)* he got things really confused, he muddled things up *(surtout Brit)*

**patata** * /patata/ **EXCL** → **patati**

**patate** /patat/ **NF** **a** *(Bot, Culin)* ~ **(douce)** sweet potato **b** (* = pomme de terre) potato, spud* *(surtout Brit)* **c** (* = imbécile) chump*, clot* **d** (* = coup de poing) punch ◆ **il s'est reçu une ~ en pleine figure** he got smacked in the mouth*, he got punched in the face; → **gros** **e** (* = argent) 10,000 francs

**patati** /patati/ **EXCL** **et patati et patata** * and so on and so forth

**patatras** /patatʀa/ **EXCL** crash!

**pataud, e** /pato, od/ **ADJ** clumsy, lumpish *(Brit)* **NM,F** lump **NM** *(= chien)* pup(py) *(with large paws)*

**pataugas** ® /patogas/ **NM** hiking boot

**pataugeoire** /patoʒwaʀ/ **NF** paddling pool

**patauger** /patoʒe/ ▸ conjug 3 ◂ **VI** **a** *(= marcher) (avec effort)* to wade about; *(avec plaisir)* to paddle, to splash about ◆ **on a dû ~ dans la boue pour y aller** we had to squelch through the mud to get there **b** *(dans un discours)* to get bogged down; *(dans une matière)* to flounder ◆ **le projet patauge** the project is getting nowhere

**patch** /patʃ/ **NM** *(Méd = timbre)* (skin) patch

**patchouli** /patʃuli/ **NM** patchouli

**patchwork** /patʃwœʀk/ **NM** patchwork ◆ **en ~** patchwork *(épith)*

**pâte** /pɑt/ **NF** **a** *(Culin) (à tarte)* pastry; *(à gâteaux)* mixture; *(à pain)* dough; *(à frire)* batter ◆ **il est de la ~ dont sont faits les héros** he's the stuff heroes are made of; → **bon[1], coq[1], main**

**b** *[de fromage]* cheese ◆ **(fromage à) ~ dure/molle/cuite/fermentée** hard/soft/cooked/fermented cheese

**c** ◆ **~s (alimentaires)** pasta; *(dans la soupe)* noodles

**d** *(gén) (= substance)* paste; *(= crème)* cream

**e** *(Art)* paste

**COMP** ▻ **pâte d'amandes** almond paste, marzipan ▻ **pâte brisée** shortcrust *(Brit)* *ou* pie crust *(US)* pastry ▻ **pâte à choux** choux pastry ▻ **pâte à crêpes** pancake *(Brit)* *ou* crepe batter ▻ **pâte dentifrice** toothpaste ▻ **pâte feuilletée** puff *ou* flaky *(Brit)* pastry ▻ **pâte à frire** batter ▻ **pâte de fruits** fruit jelly ◆ **une framboise en ~ de fruit** a raspberry fruit jelly ▻ **pâte à modeler** modelling clay, Plasticine ® ▻ **pâte molle** *(péj)* milksop, spineless individual ▻ **pâte à pain** (bread) dough ▻ **pâte à papier** wood pulp ▻ **pâtes pectorales** cough drops *ou* pastilles *(Brit)* ▻ **pâte sablée** sablé *(Brit)* *ou* sugar crust *(US)* pastry ▻ **pâte à sel** *modelling dough used in arts and crafts made from a mixture of flour, water and salt* ▻ **pâte de verre** molten glass ◆ **bijoux en ~ de verre** paste jewellery

**pâté** /pɑte/ **NM** **a** *(Culin)* pâté ◆ **~ en croûte** ≃ pork pie ◆ **petit ~** meat patty, small pork pie ◆ **~ de campagne** pâté de campagne, farmhouse pâté ◆ **~ de foie** liver pâté ◆ **~ impérial** spring roll *(Brit)*, egg roll *(US)* **b** *(= tache d'encre)* (ink) blot **c** ◆ **~ de maisons** block *(of houses)* **d** ◆ **~ (de sable)** sandpie

**pâtée** /pɑte/ **NF** **a** *[de volaille]* mash *(NonC)*, feed *(NonC)*; *[de porcs]* swill *(NonC)* ◆ **~ pour chiens** dog food **b** (* = *punition, défaite*) hiding* ◆ **recevoir la** *ou* **une ~** to get a hiding* ◆ **donner la** *ou* **une ~ à qn** to give sb a hiding*

**patelin[1]** * /patlɛ̃/ **NM** village ◆ **~ paumé** *(péj)* godforsaken place*

**patelin[2], e** /patlɛ̃, in/ **ADJ** *(littér péj)* bland, smooth, ingratiating

**patelinerie** /patlinʀi/ **NF** *(littér péj)* blandness *(NonC)*, smoothness *(NonC)*

**patelle** /patɛl/ **NF** *(Zool)* limpet; *(= vase)* patera

**patène** /patɛn/ **NF** paten

**patenôtre** /pat(ə)notʀ(ə)/ **NF** († , *péj*) *(= prière)* paternoster, orison † *(littér)*; *(= marmonnement)* gibberish *(NonC)*

**patent, e[1]** /patɑ̃, ɑ̃t/ **ADJ** obvious, manifest, patent *(frm)* ◆ **il est ~ que ...** it is patently obvious that ...; → **lettre**

**patentable** /patɑ̃tabl/ **ADJ** *(Comm)* liable to trading dues, subject to a (trading) licence

**patente[2]** /patɑ̃t/ **NF** *(Comm)* trading dues *ou* licence; *(Naut)* bill of health

**patenté, e** /patɑ̃te/ ADJ *(Comm)* licensed; *(hum = attitré)* established, officially recognized ◆ **c'est un menteur ~** he's a thoroughgoing liar

**pater** /patɛʀ/ NM INV **a** *(* = père)* old man *, pater * † *(Brit)* **b** *(Rel)* **Pater** pater, paternoster **c** *(Antiq, fig)* ~ **familias** paterfamilias

**patère** /patɛʀ/ NF *(= portemanteau)* (hat- *ou* coat-)peg; *[de rideau]* curtain hook; *(= vase, rosace)* patera

**paternalisme** /patɛʀnalism/ NM paternalism

**paternaliste** /patɛʀnalist/ ADJ paternalistic

**paterne** /patɛʀn/ ADJ *(littér)* bland

**paternel, -elle** /patɛʀnɛl/ ADJ **a** *[autorité, descendance]* paternal; *[famille]* on one's father's side ◆ **la maison ~le** his (*ou* her *etc*) father's home ◆ **du côté ~** on one's father's side ◆ **ma grand-mère paternelle** my grandmother on my father's side, my paternal grandmother ◆ **quitter le domicile ~** to leave one's father's house ◆ **demander l'autorisation paternelle** to ask for one's father's permission ◆ **elle a repris l'entreprise paternelle** she took over her father's company ◆ **l'amour ~** fatherly *ou* paternal love **b** *(= bienveillant) [personne, regard, conseil]* fatherly NM *(* = père)* old man *

**paternité** /patɛʀnite/ NF **a** *(Jur)* paternity, fatherhood ◆ **attribution de ~** paternity ◆ **action en recherche de ~** paternity suit ◆ **jugement en constatation de ~** paternity order **b** *[de roman]* paternity, authorship; *[d'invention, théorie]* paternity ◆ **il s'attribue la ~ de cette découverte** he claims to be the one who made the discovery

**pâteux, -euse** /pɑtø, øz/ ADJ *(gén)* pasty; *[pain]* doughy; *[encre]* thick; *[langue]* coated, furred *(Brit)*; *[voix]* thick; *[style]* fuzzy, woolly *(Brit)* ◆ **avoir la bouche pâteuse** to have a coated tongue

**pathétique** /patetik/ ADJ **a** *(= émouvant)* moving ◆ **c'est une scène très ~** it's a very moving scene **b** *(= lamentable) [tentative, personne]* pathetic **c** *(Anat)* pathetic NM ◆ **le ~** pathos

> ⚠ *Au sens de 'émouvant',* **pathétique** *ne se traduit pas par le mot anglais* **pathetic.**

**pathétisme** /patetism/ NM *(littér)* pathos

**pathogène** /patɔʒɛn/ ADJ pathogenic

**pathologie** /patɔlɔʒi/ NF pathology

**pathologique** /patɔlɔʒik/ ADJ pathological ◆ **c'est un cas ~** * he's (*ou* she's) sick *

**pathologiquement** /patɔlɔʒikmɑ̃/ ADV pathologically

**pathologiste** /patɔlɔʒist/ NMF pathologist

**pathos** /patos/ NM (overdone) pathos, emotionalism

**patibulaire** /patibylɛʀ/ ADJ *[personnage]* sinister-looking ◆ **avoir une mine** *ou* **un air ~** to look sinister, to be sinister-looking

**patiemment** /pasjamɑ̃/ ADV patiently

**patience**[1] /pasjɑ̃s/ NF **a** *(gén)* patience ◆ **souffrir avec ~** to bear one's sufferings with patience *ou* patiently ◆ **perdre ~** to lose (one's) patience ◆ **prendre** *ou* **s'armer de ~** to be patient, to have patience ◆ **il faut avoir une ~ d'ange pour le supporter** it takes the patience of a saint *ou* of Job to put up with him ◆ **je suis à bout de ~** I'm at the end of my patience, my patience is exhausted ◆ **ma ~ a des limites !** there are limits to my patience!; → **mal**[2] **b** *(Cartes) (= jeu)* patience *(Brit) (NonC)*, solitaire *(US) (NonC)*; *(= partie)* game of patience *(Brit) ou* solitaire *(US)* ◆ **faire des ~s** to play patience *(Brit) ou* solitaire *(US)* **c** *(loc)* **~, j'arrive !** wait a minute! *ou* hang on! *, I'm coming ◆ **~, il est bientôt l'heure** be patient – it's almost time ◆ **encore un peu de ~** not long now – hold on ◆ **~, j'aurai ma revanche** I'll get even in the end

**patience**[2] /pasjɑ̃s/ NF *(Bot)* (patience) dock

**patient, e** /pasjɑ̃, jɑ̃t/ ADJ patient NM,F *(Méd)* patient

**patienter** /pasjɑ̃te/ ► conjug 1 ◄ VI to wait ◆ **faites-le ~** *(pour un rendez-vous)* ask him to wait, have him wait; *(au téléphone)* ask him to hold ◆ **si vous voulez ~ un instant** could you wait *ou* bear with me a moment? ◆ **lisez ce journal, ça vous fera ~** read this paper to fill in *ou* pass the time ◆ **pour ~, il regardait les tableaux** to fill in *ou* pass the time, he looked at the paintings

**patin** /patɛ̃/ NM **a** *[de patineur]* skate; *[de luge]* runner; *[de rail]* base; *(pour le parquet)* cloth pad *(used as slippers on polished wood floors)* ◆ **~ (de frein)** brake block ◆ **~s à glace** ice-skates ◆ **~s à roulettes** roller skates ◆ **~s en ligne** rollerblades, in-line skates ◆ **faire du ~ à glace** to go ice-skating ◆ **faire du ~ à roulettes** to go roller-skating ◆ **faire du ~ en ligne** to go rollerblading **b** *(* = baiser)* French kiss ◆ **rouler un ~ à qn** to give sb a French kiss

**patinage**[1] /patinaʒ/ NM *(Sport)* skating; *(Aut) [de roue]* spinning; *[d'embrayage]* slipping ◆ **~ artistique** figure skating ◆ **~ à roulettes** roller-skating ◆ **~ de vitesse** speed skating

**patinage**[2] /patinaʒ/ NM *(Tech)* patination

**patine** /patin/ NF *(= dépôt naturel, vert-de-gris)* patina; *(= coloration, vernis)* sheen ◆ **la ~ du temps** the patina of age ◆ **la table a pris une certaine ~ avec le temps** the table has acquired a patina with age

**patiner**[1] /patine/ ► conjug 1 ◄ VI **a** *(Sport)* to skate **b** *[roue]* to spin; *[embrayage]* to slip ◆ **la voiture patina sur la chaussée verglacée** the car skidded on the icy road ◆ **faire ~ l'embrayage** to slip the clutch ◆ **ça patine sur la route** the roads are very slippery **c** *[négociations]* to be at a virtual standstill, to be making no headway; *[projet]* to be making no headway

**patiner**[2] /patine/ ► conjug 1 ◄ VT *(Tech) [+ bois, bronze, meuble]* to patinate, to give a patina to ◆ **des meubles patinés (par les siècles)** furniture that has acquired a patina (over the centuries)

**patinette** /patinɛt/ NF scooter ◆ **~ à pédale** pedal scooter ◆ **faire de la ~** to ride a scooter

**patineur, -euse** /patinœʀ, øz/ NM,F skater

**patinoire** /patinwaʀ/ NF skating rink, ice rink ◆ **cette route est une vraie ~** this road is like an ice rink

**patio** /pasjo/ NM patio

**pâtir** /pɑtiʀ/ ► conjug 2 ◄ VI *(littér)* to suffer (de because of, on account of)

**pâtisserie** /pɑtisʀi/ NF **a** *(= magasin)* cake shop, patisserie; *(= gâteau)* cake; *(avec pâte à tarte)* pastry ◆ **~ industrielle** *(= gâteaux)* factory-baked cakes; *(= usine)* bakery, cake factory **b** ◆ **la ~** *(= art ménager)* cake-making, pastry-making, baking; *(= métier, commerce)* ≃ confectionery ◆ **apprendre la ~** *(comme métier)* to learn to be a pastrycook, ≃ to learn confectionery ◆ **faire de la ~** *(en amateur)* to make cakes ◆ **moule/ustensiles à ~** pastry dish/utensils; → **rouleau** **c** *(= stuc)* fancy (plaster) moulding

**pâtissier, -ière** /pɑtisje, jɛʀ/ NM,F *(de métier)* pastrycook, ≃ confectioner ◆ **~-glacier** confectioner and ice-cream maker ◆ **~-chocolatier** confectioner and chocolate maker ◆ **il est bon ~** he makes good cakes; → **crème**

**pâtisson** /pɑtisɔ̃/ NM custard marrow *(Brit) ou* squash *(US)*

**patois, e** /patwa, waz/ ADJ patois *(épith)*, dialect, dialect *(épith)* NM patois, (provincial) dialect ◆ **parler (en) ~** to speak (in) patois

**patoisant, e** /patwazɑ̃, ɑ̃t/ ADJ patois-speaking, dialect-speaking NM,F patois *ou* dialect speaker

**patoiser** /patwaze/ ► conjug 1 ◄ VI to speak (in) dialect *ou* patois

**patraque** * /patʀak/ ADJ peaky * *(Brit)*, off-colour *(Brit) (attrib)*, peaked * *(US)* ◆ **être/se sentir ~** to be/feel off-colour * *(Brit) ou* peaked * *(US)*

**pâtre** /pɑtʀ/ NM *(littér)* shepherd

**patriarcal, e** (mpl **-aux**) /patʀijaʀkal, o/ ADJ patriarchal

**patriarcat** /patʀijaʀka/ NM *(Rel)* patriarchate; *(Sociol)* patriarchy, patriarchate

**patriarche** /patʀijaʀʃ/ NM patriarch

**patricien, -ienne** /patʀisjɛ̃, jɛn/ ADJ, NM,F patrician

**Patrick** /patʀik/ NM Patrick

**patrie** /patʀi/ NF *[de personne] (= pays)* homeland, native country *ou* land; *(= région)* native region; *(= ville)* native town ◆ **mourir pour la ~** to die for one's country ◆ **c'est ma seconde ~** it's my adoptive country ◆ **Florence, la ~ de l'art** Florence, cradle of the arts ◆ **la France, ~ des droits de l'homme** France, the birthplace of human rights; → **mère**

**patrimoine** /patʀimwan/ NM **a** *(gén)* inheritance, patrimony *(frm)*; *(= bien commun)* heritage, patrimony *(frm)* ◆ **~ héréditaire** *ou* **génétique** *(Bio)* genetic inheritance ◆ **~ culturel/national/naturel** cultural/national/natural heritage ◆ **site inscrit au ~ mondial de l'Unesco** Unesco World Heritage Site **b** *(Jur)* patrimony; *(Fin = biens)* property ◆ **~ immobilier** *[de ville]* public buildings; *[de personne]* residential property ◆ **~ social** *(= logements)* public housing

> **Journées du patrimoine**
>
> The term **les Journées du patrimoine** refers to an annual cultural event held throughout France, during which state properties are opened to the public for the weekend. The rare opportunity to visit the inside of such prestigious institutions as ministries and the Élysée Palace has made the **Journées du patrimoine** extremely popular.

**patrimonial, e** (mpl **-iaux**) /patʀimɔnjal, jo/ ADJ *(d'un pays)* relating to its national (*ou* cultural) heritage; *(d'un particulier)* relating to personal assets ◆ **déclaration de situation ~e** statement of net personal assets *(made by a politician when taking up office)* ◆ **le droit ~** inheritance law, law of succession ◆ **intérêts patrimoniaux** proprietary interests

**patriote** /patʀijɔt/ ADJ patriotic NMF *(gén)* patriot ◆ **les ~s** *(Hist)* the Patriots

**patriotique** /patʀijɔtik/ ADJ patriotic

**patriotiquement** /patʀijɔtikmɑ̃/ ADV patriotically

**patriotisme** /patʀijɔtism/ NM patriotism

**patron**[1] /patʀɔ̃/ NM **a** *(= propriétaire)* owner, boss; *(= gérant)* manager, boss; *(= employeur)* employer ◆ **le ~ est là ?** is the boss in? ◆ **le ~**

**de l'usine** the factory owner *ou* manager ◆ **le ~ du restaurant** the restaurant owner ◆ **il est ~ d'hôtel** he's a hotel proprietor ◆ **c'est le grand ~** * he's (*ou* she's) the big boss * ◆ **un petit ~** a boss of a small company ◆ **~ boulanger/boucher** master baker/butcher ◆ **le ~ des ~s** *(= représentant)* the head of the employers' union

b *(Hist, Rel = protecteur)* patron ◆ **saint ~** patron saint

c *( * = mari)* **le ~** her (*ou* my *ou* your) old man *

d *(Hôpital)* ≈ senior consultant *(of teaching hospital)*

COMP ▷ **patron (pêcheur)** *(Naut)* skipper ▷ **patron d'industrie** captain of industry ▷ **patron de presse** press baron *ou* tycoon *ou* magnate ▷ **patron de thèse** *(Univ)* supervisor *(of a doctoral thesis)*

**patron²** /patʀɔ̃/ **NM** *(Couture)* pattern; *(= pochoir)* stencil ◆ **~ de robe** dress pattern ◆ **(taille) demi-~/~/grand ~** small/medium/large (size)

**patronage** /patʀɔnaʒ/ **NM** a *(= protection)* patronage ◆ **sous le (haut) ~ de** under the patronage of b *(= organisation)* youth club; *(Rel)* youth fellowship

**patronal, e** (mpl **-aux**) /patʀɔnal, o/ **ADJ** a *(Ind)* *[charges, responsabilité, cotisation, syndicat, organisation, fédération]* employers' b *(Rel)* *[fête]* patronal

**patronat** /patʀɔna/ **NM** *(Ind)* ◆ **le ~** the employers

**patronne** /patʀɔn/ **NF** a *(= propriétaire)* owner, boss; *(= gérante)* manager, boss; *(= employeur)* employer b *( * = épouse)* **la ~** the *ou* his (*ou* my *ou* your) missus * *(Brit)*, his (*ou* my *ou* your) old lady * c *(= sainte)* patron saint

**patronner** /patʀɔne/ ▸ conjug 1 ◂ **VT** *[+ association, personne, projet, candidature]* to support; *(financièrement)* to sponsor ◆ **négociations de paix patronnées par l'ONU** peace talks sponsored by the UN

**patronnesse** /patʀɔnɛs/ **NF** → **dame**

**patronyme** /patʀɔnim/ **NM** patronymic

**patronymique** /patʀɔnimik/ **ADJ** patronymic

**patrouille** /patʀuj/ **NF** patrol ◆ **partir** *ou* **aller en/être de ~** to go/be on patrol ◆ **~ de reconnaissance/de chasse** reconnaissance/fighter patrol

**patrouiller** /patʀuje/ ▸ conjug 1 ◂ **VI** to patrol, to be on patrol ◆ **~ dans les rues** to patrol the streets

**patrouilleur** /patʀujœʀ/ **NM** *(= soldat)* soldier on patrol (duty), patroller; *(Naut)* patrol boat; *(Aviat)* patrol *ou* scout plane

**patte¹** /pat/ **NF** a *(= jambe d'animal)* leg; *(= pied) [de chat, chien]* paw; *[d'oiseau]* foot ◆ **~s de devant** forelegs, forefeet ◆ **~s de derrière** hindlegs, hind feet ◆ **coup de ~** *(fig)* cutting remark ◆ **donner un coup de ~ à qch** *[animal]* to hit sth with its paw ◆ **le chien tendit la ~** the dog put its paw out *ou* gave a paw ◆ **faire ~ de velours** *[de chat]* to draw in *ou* sheathe its claws; *[de personne]* to be all sweetness and light ◆ **ça ne va** *ou* **ne marche que sur trois ~s** *[affaire, projet]* it limps along; *[relation amoureuse]* it struggles along; → **bas¹, mouton**

b *( * = jambe)* leg ◆ **nous avons fait 50 km dans les ~s** we've walked 50 km ◆ **à ~s** on foot ◆ **nous y sommes allés à ~s** we walked *ou* hoofed * it ◆ **bas** *ou* **court sur ~s** *[personne]* short-legged; *[table, véhicule]* low ◆ **il est toujours dans mes ~s** he's always under my feet ◆ **tirer** *ou* **traîner la ~** to hobble along ◆ **avoir une ~ folle** to have a gammy * *(Brit)* *ou* a game * *(US)* leg

c *( * = main)* hand, paw * ◆ **s'il me tombe sous la ~, gare à lui !** if I get my hands on him he'd better look out! ◆ **tomber dans les/se tirer des ~s de qn** to fall into/get out of sb's clutches ◆ **montrer ~ blanche** to show one's credentials

d *(= style) [d'auteur, peintre]* style, touch ◆ **elle a un bon coup de ~** she has a nice style *ou* touch

e *[d'ancre]* palm, fluke; *(= languette) [de poche]* flap; *[de vêtement]* strap; *(sur l'épaule)* epaulette; *[de portefeuille]* tongue; *[de chaussure]* tongue

f *(= favoris)* **~s (de lapin)** sideburns; → **fil, graisser, quatre** *etc*

COMP ▷ **pantalon (à) pattes d'éléphant** *ou* **pattes d'ef** * bell-bottom *ou* flared trousers, bell-bottoms, flares ▷ **patte à glace** mirror clamp ▷ **patte(s) de mouche** spidery scrawl ◆ **faire des ~s de mouche** to write (in) a spidery scrawl

**patte²** /pat/ **NF** *(Helv = chiffon)* rag ◆ **~ à poussière** duster *(Brit)*, dustcloth *(US)* ◆ **~ à relaver** tea *ou* dish towel

**patte-d'oie** (pl **pattes-d'oie**) /patdwa/ **NF** *(= rides)* crow's-foot; *(= carrefour)* branching crossroads *ou* junction

**pattemouille** /patmuj/ **NF** damp cloth *(for ironing)*

**pâturage** /pɑtyʀaʒ/ **NM** *(= lieu)* pasture; *(= action)* grazing, pasturage; *(= droits)* grazing rights

**pâture** /pɑtyʀ/ **NF** a *(= nourriture)* food ◆ **donner qn en ~ aux fauves** *(lit, fig)* to throw sb to the lions ◆ **il fait sa ~ de romans noirs** he is an avid reader of detective stories, detective stories form his usual reading matter ◆ **les dessins animés qu'on donne en ~ à nos enfants** the cartoons served up to our children ◆ **donner une nouvelle en ~ aux journalistes** to feed a story to journalists b *(= pâturage)* pasture

**pâturer** /pɑtyʀe/ ▸ conjug 1 ◂ **VI** to graze **VT** ◆ **~ l'herbe** to graze

**paturon** /patyʀɔ̃/ **NM** pastern

**Paul** /pɔl/ **NM** Paul

**paulinien, -ienne** /polinjɛ̃, jɛn/ **ADJ** of Saint Paul, Pauline

**paulownia** /polɔnja/ **NM** paulownia

**paume** /pom/ **NF** *[de main]* palm ◆ **jeu de ~** *(= sport)* real *ou* royal tennis; *(= lieu)* real-tennis *ou* royal-tennis court ◆ **jouer à la ~** to play real *ou* royal tennis

**paumé, e** * /pome/ (ptp de **paumer**) **ADJ** a *(dans un lieu)* lost; *(dans un milieu inconnu)* bewildered; *(dans une explication)* lost, at sea * ◆ **habiter un bled** *ou* **trou ~** *(isolé)* to live in a godforsaken place *ou* hole *, to live in the middle of nowhere; *(sans attrait)* to live in a real dump *ou* godforsaken hole * b *(= socialement inadapté)* **la jeunesse ~e d'aujourd'hui** the young drop-outs * of today ◆ **il est complètement ~** he's totally lost, he hasn't got a clue where he's going in life **NM,F** *(= marginal)* misfit ◆ **un pauvre ~** a poor bum *

**paumelle** /pomɛl/ **NF** *(= gond)* split hinge; *(Naut)* palm

**paumer** * /pome/ ▸ conjug 1 ◂ **VT** a *(= perdre)* to lose b *(= prendre)* **se faire ~** *[criminel]* to get nabbed * **VPR** **se paumer** to get lost

**paupérisation** /popeʀizasjɔ̃/ **NF** pauperization, impoverishment

**paupériser** /popeʀize/ ▸ conjug 1 ◂ **VT** to pauperize, to impoverish

**paupérisme** /popeʀism/ **NM** pauperism

**paupière** /popjɛʀ/ **NF** eyelid ◆ **il écoutait, les ~s closes** he was listening with his eyes closed ◆ **battre** *ou* **cligner des ~s** to flutter one's eyelashes

**paupiette** /popjɛt/ **NF** ◆ **~ de veau** veal olive

**pause** /poz/ **NF** *(= arrêt)* break; *(en parlant)* pause; *(Mus)* pause; *(Sport)* half-time ◆ **faire une ~** to have a break, to break off ◆ **marquer une ~** *[orateur]* to pause; *[négociations]* to break off momentarily ◆ **ils ont marqué une ~ dans la diversification** they have stopped diversifying for the time being, they have put their diversification programme on hold ◆ **ça fait sept ans que je fais ce métier, j'ai besoin de marquer une ~** I've been doing this job for seven years now, I need (to take) a break ◆ **~-café/-thé/-déjeuner** coffee/tea/lunch break ◆ **la ~ de midi** the midday break ◆ **~ publicitaire** commercial break ◆ **faire une ~-cigarette** to stop for a cigarette

**pauser** /poze/ ▸ conjug 1 ◂ **VI** ◆ **laissez ~ la permanente/le masque 20 minutes** leave the perm in/the face-pack on for 20 minutes ◆ **faire ~ qn** † to keep sb waiting

**pauvre** /povʀ/ **ADJ** a *[personne, pays, sol, minerai, gisement]* poor; *[végétation]* sparse, poor; *[style]* weak; *(Aut) [mélange]* weak; *[mobilier, vêtements]* cheap-looking; *[nourriture, salaire]* meagre *(Brit)*, meager *(US)*, poor ◆ **minerai ~ en cuivre** ore with a low copper content, ore poor in copper ◆ **air ~ en oxygène** air low in oxygen ◆ **pays ~ en ressources/hommes** country short of *ou* lacking resources/men ◆ **nourriture ~ en calcium** *(par manque)* diet lacking in calcium; *(par ordonnance)* low-calcium diet ◆ **un village ~ en distractions** a village which is lacking in *ou* short of amusements ◆ **~ comme Job** as poor as a church mouse ◆ **les couches ~s de la population** the poorer *ou* deprived sections of the population ◆ **je suis ~ en vaisselle** I don't have much crockery; → **rime**

b *(avant n = piètre) [excuse, argument]* weak, pathetic; *[devoir]* poor; *[orateur]* weak, bad ◆ **de ~s chances de succès** only a slim *ou* slender chance of success ◆ **il esquissa un ~ sourire** he smiled weakly *ou* gave a weak smile

c *(avant n)* poor ◆ **~ type !** * *(= malheureux)* poor guy! * *ou* chap! * *(Brit)*; *(= crétin)* stupid bastard! ** ◆ **c'est un ~ type** * *(mal adapté)* he's a sad case; *(minable)* he's a dead loss *; *(salaud)* he's a swine * ◆ **pourquoi une fille comme elle épouserait-elle un ~ type comme moi ?** why would a girl like that marry a nobody * like me? ◆ **~ con !** ** you stupid bastard! ** *ou* sod! ** *(Brit)* ◆ **tu es bien naïve ma ~ fille !** poor dear, you're so naïve! ◆ **c'est une ~ fille** she's a sad case ◆ **~ hère** *(littér, hum)* down-and-out ◆ **~ d'esprit** *(= simple d'esprit)* half-wit ◆ **les ~s d'esprit** *(Rel)* the poor in spirit ◆ **comme disait mon ~ mari** as my poor (dear) husband used to say ◆ **~ de moi !** *(hum)* poor (little) me! ◆ **~ petit !** poor (little) thing! ◆ **mon ~ ami** my dear friend ◆ **tu es complètement fou, mon ~ vieux !** you must be crazy, mate! * *(Brit)* *ou* man! * ◆ **elle me faisait pitié avec son ~ petit air** I felt sorry for her, she looked so wretched *ou* miserable

**NMF** a *(= personne pauvre)* poor man *ou* woman, pauper † ◆ **les ~s** the poor ◆ **ce pays compte encore beaucoup de ~s** there's still a lot of poverty *ou* there are still many poor people in this country ◆ **le caviar du ~** the poor man's caviar

b *(marquant dédain ou commisération)* **mon (ou ma) ~, si tu voyais comment ça se passe ...** but my dear fellow (*ou* girl *etc*) *ou* friend, if you saw what goes on ... ◆ **le ~, il a dû en**

**voir !*** the poor guy* *ou* chap* *(Brit)*, he must have had a hard time of it! ◆ **les ~s !** the poor things!

**pauvrement** /povʀəmɑ̃/ **ADV** *[meublé, éclairé] [vivre]* poorly; *[vêtu]* poorly, shabbily

**pauvresse** † /povʀɛs/ **NF** poor woman *ou* wretch

**pauvret, -ette** /povʀɛ, ɛt/ **NM,F** poor (little) thing

**pauvreté** /povʀəte/ **NF** *[de personne]* poverty; *[de mobilier]* cheapness; *[de langage]* weakness, poorness; *[de sol]* poverty, poorness ◆ **la ~ des moyens disponibles** the dearth of available resources, the inadequacy of the available resources ◆ **la ~ de leur vocabulaire** the poverty of their vocabulary ◆ **~ n'est pas vice** *(Prov)* poverty is not a vice, there is no shame in being poor; → **vœu**

**pavage** /pavaʒ/ **NM** *(avec des pavés)* cobbling; *(avec des dalles)* paving ◆ **refaire le ~ d'une rue** to recobble (*ou* repave) a street

**pavane** /pavan/ **NF** pavane

**pavaner (se)** /pavane/ ▸ conjug 1 ◂ **VPR** to strut about ◆ **se ~ comme un dindon** to strut about like a turkey-cock

**pavé** /pave/ **NM** **a** *[de chaussée, cour]* cobblestone ◆ **déraper sur le ~** *ou* **les ~s** to skid on the cobbles ◆ **être sur le ~** *(sans domicile)* to be on the streets, to be homeless; *(sans emploi)* to be out of a job ◆ **mettre** *ou* **jeter qn sur le ~** *(domicile)* to turn *ou* throw sb out (onto the streets); *(emploi)* to give sb the sack*, to throw sb out ◆ **j'ai l'impression d'avoir un ~ sur l'estomac*** I feel as if I've got a lead weight in my stomach ◆ **c'est l'histoire du ~ de l'ours** it's another example of misguided zeal ◆ **lancer** *ou* **jeter un ~ dans la mare** *(fig)* to set the cat among the pigeons ◆ **ça a fait l'effet d'un ~ dans la mare** that really set the cat among the pigeons; → **battre, brûler, haut**

**b** *(* = livre épais)* massive *ou* hefty* tome

**c** *(Culin) (= viande) thickly-cut steak* ◆ **~ au chocolat** *(= gâteau)* chocolate slab cake

**d** *(Presse)* **~ publicitaire** (large) display advertisement

**e** *(Ordin)* **~ numérique** numeric keypad

**pavement** /pavmɑ̃/ **NM** ornamental tiling

**paver** /pave/ ▸ conjug 1 ◂ **VT** *(avec des pavés)* to cobble; *(avec des dalles)* to pave ◆ **cour pavée** cobbled (*ou* paved) yard; → **enfer**

**paveur** /pavœʀ/ **NM** paver

**pavillon** /pavijɔ̃/ **NM** **a** *(= villa)* house; *(= loge de gardien)* lodge; *(= section d'hôpital)* ward, pavilion; *(= corps de bâtiment)* wing, pavilion; *[de jardin]* pavilion; *[de club de golf]* clubhouse **b** *(Naut)* flag ◆ **sous ~ panaméen** under the Panamanian flag; → **baisser, battre** **c** *(Mus) [d'instrument]* bell; *[de phonographe]* horn **d** *[d'oreille]* pavilion, pinna

**COMP** ▷ **pavillon de banlieue** suburban house, house in the suburbs ▷ **pavillon de chasse** hunting lodge ▷ **pavillon de complaisance** flag of convenience ▷ **pavillon de détresse** distress flag ▷ **pavillon de guerre** war flag ▷ **pavillon noir** Jolly Roger ▷ **pavillon de quarantaine** yellow flag ▷ **pavillon à tête de mort** skull and crossbones ▷ **pavillon de verdure** leafy arbour *ou* bower

**pavillonnaire** /pavijɔnɛʀ/ **ADJ** ◆ **lotissement ~** private housing estate ◆ **banlieue ~** residential suburb *(consisting of houses rather than apartment blocks)*

**Pavlov** /pavlɔv/ **N** Pavlov ◆ **le chien de ~** Pavlov's dog ◆ **réflexe de ~** Pavlovian response *ou* reaction

**pavlovien, -ienne** /pavlɔvjɛ̃, jɛn/ **ADJ** Pavlovian

**pavois** /pavwa/ **NM** *(Naut = bordage)* bulwark; *(Hist = bouclier)* shield ◆ **hisser le grand ~** to dress over all *ou* full ◆ **hisser le petit ~** to dress with masthead flags ◆ **hisser qn sur le ~** to carry sb shoulder-high

**pavoiser** /pavwaze/ ▸ conjug 1 ◂ **VT** *[+ navire]* to dress; *[+ monument]* to deck with flags **VI** to put out flags; *(fig, Sport) [supporters]* to rejoice, to wave the banners, to exult ◆ **toute la ville a pavoisé** there were flags out all over the town ◆ **il pavoise maintenant qu'on lui a donné raison publiquement** he's rejoicing openly now that he has been publicly acknowledged to be in the right ◆ **il n'y a pas de quoi ~ !** it's nothing to write home about! *ou* to get excited about!

**pavot** /pavo/ **NM** poppy

**payable** /pɛjabl/ **ADJ** payable ◆ **~ en 3 fois** *[somme]* payable in 3 instalments; *[objet]* that can be paid for in 3 instalments ◆ **l'impôt est ~ par tous** taxes must be paid by everyone ◆ **billet ~ à vue** *(Fin)* bill payable at sight ◆ **chèque ~ à** cheque payable to ◆ **appareil ~ à crédit** piece of equipment which can be paid for on credit

**payant, e** /pɛjɑ̃, ɑ̃t/ **ADJ** *[spectateur]* paying; *[billet, place]* which one must pay for, not free *(attrib)*; *[spectacle]* with an admission charge; *(= rentable) [affaire]* profitable; *[politique, conduite, effort]* which pays off ◆ **"entrée payante"** "admission fee payable" ◆ **c'est ~ ?** do you have to pay (to get in)?

**paye** /pɛj/ **NF** ⇒ **paie**

**payement** /pɛjmɑ̃/ **NM** ⇒ **paiement**

**payer** /peje/ ▸ conjug 8 ◂ **VT** **a** *[+ somme, cotisation, intérêt]* to pay; *[+ facture, dette]* to pay, to settle ◆ **~ comptant** to pay cash ◆ **~ rubis sur l'ongle** † to pay cash on the nail ◆ **c'est lui qui paie** he's paying ◆ **qui paie ses dettes s'enrichit** *(Prov)* the rich man is the one who pays his debts

**b** *[+ employé]* to pay; *[+ tueur]* to hire; *[+ entrepreneur]* to pay, to settle up with ◆ **être payé par chèque/en espèces/en nature/à l'heure** to be paid by cheque/in cash/in kind/by the hour ◆ **être payé à la pièce** to be on piecework ◆ **~ qn de** *ou* **en paroles/promesses** to fob sb off with (empty) words/promises ◆ **je ne suis pas payé pour ça*** that's not what I'm paid for ◆ **il est payé pour le savoir !** *(fig)* he should know!

**c** *[+ travail, service, maison, marchandise]* to pay for ◆ **je l'ai payé de ma poche** I paid for it out of my own pocket ◆ **les réparations ne sont pas encore payées** the repairs haven't been paid for yet ◆ **il m'a fait ~ 5 €** he charged me €5 (*pour* for); ◆ **~ le déplacement de qn** to pay sb's travelling expenses ◆ **~ la casse** to pay for the damage ◆ **~ les pots cassés** *(fig)* to pick up the pieces ◆ **travail bien/mal payé** well-paid/badly-paid work; → **addition, congé**

**d** *(* = offrir)* **~ qch à qn** to buy sth for sb ◆ **c'est moi qui paie (à boire)** the drinks are on me*, have this one on me* ◆ **~ des vacances/un voyage à qn** to pay for sb to go on holiday/on a trip ◆ **~ à boire à qn** to stand *ou* buy sb a drink ◆ **sa mère lui a payé une voiture** his mother bought him a car

**e** *(= récompenser)* to reward ◆ **le succès le paie de tous ses efforts** his success makes all his efforts worthwhile *ou* rewards him for all his efforts ◆ **il l'aimait et elle le payait de retour** he loved her and she returned his love

**f** *(= expier) [+ faute, crime]* to pay for ◆ **~ qch de cinq ans de prison** to get five years in jail for sth ◆ **il l'a payé de sa vie/santé** it cost him his life/health ◆ **il a payé cher son imprudence** he paid dearly for his rashness, his rashness cost him dear(ly) ◆ **il me le paiera !** *(en menace)* he'll pay for this!, I'll make him pay for this!

**VI** **a** *[effort, tactique]* to pay off; *[métier]* to be well-paid ◆ **le crime ne paie pas** crime doesn't pay ◆ **~ pour qn** *(lit)* to pay for sb; *(fig)* to take the blame instead of sb, to carry the can for sb*

**b** *(loc)* **~ d'audace** to take a gamble *ou* a risk ◆ **~ de sa personne** to make sacrifices ◆ **pour que notre association fonctionne, il faut que chacun paie de sa personne** in order for our association to work, everyone must pull their weight *ou* make a real effort ◆ **ce poisson ne paie pas de mine** this fish doesn't look very appetizing ◆ **l'hôtel ne paie pas de mine** the hotel isn't much to look at

**VPR** **se payer** **a** ◆ **tout se paie** *(lit)* everything must be paid for; *(fig)* everything has its price ◆ **payez-vous et rendez-moi la monnaie** take what I owe you and give me the change

**b** *(* = s'offrir) [+ objet]* to buy o.s., to treat o.s. to ◆ **on va se ~ un bon dîner/le restaurant** we're going to treat ourselves to a slap-up* meal/to a meal out ◆ **se ~ une pinte de bon sang** † to have a good laugh* ◆ **se ~ la tête de qn** *(= ridiculiser)* to make fun of sb, to take the mickey out of sb* *(Brit)*; *(= tromper)* to take sb for a ride*, to have sb on* *(Brit)* ◆ **se ~ une bonne grippe** to get a bad dose of the flu ◆ **il s'est payé un arbre/le trottoir/un piéton** he wrapped his car round a tree/ran into the kerb/mowed a pedestrian down ◆ **j'ai glissé et je me suis payé la chaise** I slipped and banged *ou* crashed into the chair ◆ **ils s'en sont drôlement payé, ils s'en sont payé une bonne tranche** they had (themselves) a good time *ou* a whale of a time* ◆ **se ~ qn** ‡ *(physiquement)* to knock the living daylights out of sb*; *(verbalement)* to give sb what for*; → **luxe**

**c** *(= se contenter)* **on ne peut plus se ~ de mots** it's time we stopped all the talking and took some action ◆ **dans la lutte contre le chômage, il ne s'agit pas de se ~ de mots** fine words are not enough in the battle against unemployment

**payeur, -euse** /pɛjœʀ, øz/ **ADJ** ◆ **organisme/service ~** claims department/office ◆ **établissement ~** *[de chèque]* paying bank **NM,F** payer; *(Mil, Naut)* paymaster ◆ **mauvais ~** bad debtor; → **conseilleur**

**pays**[1] /pei/ **NM** **a** *(= contrée, habitants)* country ◆ **des ~ lointains** far-off countries *ou* lands ◆ **les ~ membres de l'Union européenne** the countries which are members of *ou* the member countries of the European Union ◆ **la France est le ~ du vin** France is the land of wine; → **mal²**

**b** *(= région)* region ◆ **un ~ de légumes, d'élevage et de lait** a vegetable-growing, cattle-breeding and dairy region ◆ **c'est le ~ de la tomate** it's tomato-growing country ◆ **le ~ de Colette/Yeats** Colette/Yeats country ◆ **nous sommes en plein ~ du vin** we're in the heart of the wine country ◆ **revenir au ~** to go back home ◆ **il est du ~** he's from these parts *ou* this area ◆ **les gens du ~** the local people, the locals ◆ **vin de** *ou* **du ~** locally-produced *ou* local wine, vin de pays *(Brit)* ◆ **melons/pêches de** *ou* **du ~** local(ly)-grown melons/peaches; → **jambon**

**c** *(† = village)* village

**d** *(loc)* **le ~ des fées** fairyland ◆ **le ~ des rêves** *ou* **des songes** the land of dreams, dreamland ◆ **je veux voir du ~** I want to travel around ◆ **il a vu du ~** he's been round a bit *ou* seen the world ◆ **se comporter**

**comme en ~ conquis** to lord it over everyone, to act all high and mighty ◆ **être en ~ de connaissance** *(dans une réunion)* to be among friends *ou* familiar faces; *(sur un sujet, dans un lieu)* to be on home ground *ou* on familiar territory

**COMP** ▷ **pays d'accueil** *[de conférences, jeux]* host country; *[de réfugiés]* country of refuge ▷ **le Pays basque** the Basque Country ▷ **pays de cocagne** land of plenty, land of milk and honey ▷ **pays développé** developed country *ou* nation ▷ **le pays de Galles** Wales ▷ **pays industrialisé** industrialized country *ou* nation ◆ **nouveaux ~ industrialisés** newly industrialized countries ▷ **les pays les moins avancés** the less developed countries ▷ **le pays du Soleil Levant** the Land of the Rising Sun ▷ **pays en voie de développement** developing country ▷ **pays en voie d'industrialisation** industrializing country

**pays², e** /pei, peiz/ **NM,F** *(dial = compatriote)* ◆ **nous sommes ~** we come from the same village *ou* region *ou* part of the country ◆ **elle est ma ~e** she comes from the same village *ou* region *ou* part of the country as me

**paysage** /peizaʒ/ **NM** **a** *(gén)* landscape, scenery *(NonC)*; *(Peinture)* landscape (painting) ◆ **on découvrait un ~ magnifique/un ~ de montagne** a magnificent/a mountainous landscape lay before us ◆ **nous avons traversé des ~s magnifiques** we drove through (some) magnificent scenery ◆ **les ~s orientaux** the landscape *ou* the scenery of the East ◆ **ce bâtiment nous gâche le ~** that building spoils our view ◆ **le ~ urbain** the urban landscape ◆ **ça fait bien dans le ~ !** *(iro)* it's all part of the image!, it fits the image! ◆ **il ne fait plus partie de mon ~** he's not part of my life anymore

**b** *(= situation)* scene ◆ **le ~ politique/cinématographique** the political/film scene ◆ **dans le ~ audiovisuel français** on the French broadcasting scene

**c** *(Ordin)* **mode ~** landscape mode

**paysagé, e** /peizaʒe/, **paysager, -ère** /peizaʒe, ɛʀ/ **ADJ** ◆ **parc paysager** landscaped garden ◆ **bureau ~** open-plan office

**paysagiste** /peizaʒist/ **NMF** *(Peinture)* landscape painter ◆ **architecte/jardinier ~** landscape architect/gardener

**paysan, -anne** /peizɑ̃, an/ **ADJ** **a** *(= agricole)* *[monde, problème]* farming *(épith)*; *[agitation, revendications]* farmers', of the farmers; *(= rural)* *[vie, coutumes]* country *(épith)*; *(péj)* *[air, manières]* peasant *(attrib)* **b** *(Culin)* **salade paysanne** *salad with onions and chopped bacon* ◆ **à la paysanne** *with onions and chopped bacon* **NM** *(gén)* (small) farmer; *(Hist)* peasant; *(péj)* peasant **NF** **paysanne** *(gén)* (small) farmer; *(Hist)* peasant (woman); *(péj)* peasant

**paysannat** /peizana/ **NM** (small) farmers

**paysannerie** /peizanʀi/ **NF** *(Hist ou péj)* peasantry

**Pays-Bas** /peiba/ **NMPL** ◆ **les ~** the Netherlands

**PC** /pese/ **NM** **a** (abrév de **parti communiste**) → **parti¹** **b** (abrév de **poste de commandement**) → **poste²** **c** *(Ordin)* (abrév de **personal computer**) PC

**PCB** /pesebe/ **NM** (abrév de **polychlorobiphényle**) PCB

**Pcc** (abrév de **pour copie conforme**) → **copie**

**PCF** /peseɛf/ **NM** (abrév de **Parti communiste français**) *French political party*

**pci** /pesei/ **NM** (abrév de **Peripheral Component Interconnect**) *(Ordin)* PCI

**PCV** /peseve/ **GRAMMAIRE ACTIVE 54.5, 54.6** **NM** (abrév de **percevoir**) *(Téléc)* ◆ **(appel en) ~** reverse-charge call *(Brit)*, collect call *(US)* ◆ **appeler en ~** to make a reverse-charge call *(Brit)*, to call collect *(US)*

**pdf** /pedeɛf/ **NM** (abrév de **Portable Document Format**) *(Ordin)* PDF

**PDG** /pedeʒe/ **NM INV** (abrév de **président-directeur général**) → **président**

**PE** /peə/ **NM** (abrév de **Parlement européen**) EP

**PEA** /peəa/ **NM** (abrév de **plan d'épargne en actions**) → **plan¹**

**péage** /peaʒ/ **NM** *(= droit)* toll; *(= barrière)* tollgate ◆ **autoroute à ~** toll motorway *(Brit)*, turnpike *(US)* ◆ **pont à ~** toll bridge ◆ **poste de ~** tollbooth ◆ **chaîne/télévision à ~** *(TV)* pay channel/TV

**péagiste** /peaʒist/ **NMF** tollbooth attendant

**peau** (pl **peaux**) /po/ **NF** **a** *[de personne]* skin ◆ **avoir une ~ de pêche** to have a peach-like complexion ◆ **soins de la/maladie de ~** skin care/disease ◆ **~x mortes** dead skin ◆ **n'avoir que la ~ et les os** to be all skin and bones ◆ **attraper qn par la ~ du cou** *ou* **du dos** *ou* **des fesses** ⁑ *(= empoigner rudement)* to grab sb by the scruff of the neck; *(= s'en saisir à temps)* to grab hold of sb in the nick of time ◆ **faire ~ neuve** *[parti politique, administration]* to adopt *ou* find a new image; *[personne] (en changeant d'habit)* to change (one's clothes); *(en changeant de conduite)* to turn over a new leaf; → **coûter, fleur**

**b** *( * = corps, vie)* **jouer** *ou* **risquer sa ~** to risk one's neck * *ou* hide * ◆ **il y a laissé sa ~** it cost him his life ◆ **sauver sa ~** to save one's skin *ou* hide * ◆ **tenir à sa ~** to value one's life ◆ **sa ~ ne vaut pas cher, je ne donnerai pas cher de sa ~** he's dead meat * ◆ **se faire crever** *ou* **trouer la ~** ⁑ to get killed, to get a bullet in one's hide * ◆ **recevoir douze balles dans la ~** to be gunned down by a firing squad *ou* an execution squad ◆ **on lui fera la ~** ⁑ we'll bump him off ⁑ ◆ **je veux** *ou* **j'aurai sa ~ !** I'll have his hide for this! * ◆ **être bien/mal dans sa ~** *(physiquement)* to feel great */awful ◆ **être bien dans sa ~** *(mentalement)* to be happy in o.s. ◆ **il est mal dans sa ~** he's not a happy person ◆ **avoir qn dans la ~** * to be crazy about sb * ◆ **avoir le jeu** *etc* **dans la ~** to have gambling *etc* in one's blood ◆ **se mettre dans la ~ de qn** to put o.s. in sb's place *ou* shoes ◆ **entrer dans la ~ du personnage** to get (right) into the part ◆ **je ne voudrais pas être dans sa ~** I wouldn't like to be in his shoes *ou* place ◆ **avoir la ~ dure** * *(= être solide)* to be hardy; *(= résister à la critique)* *[personne]* to be thick-skinned, to have a thick skin; *[idées, préjugés]* to be difficult to get rid of *ou* to overcome

**c** *[d'animal]* *(gén)* skin; *(= cuir)* hide; *(= fourrure)* pelt; *[d'éléphant, buffle]* hide ◆ **gants/vêtements de ~** leather gloves/clothes ◆ **cuir pleine ~** full leather; → **vendre**

**d** *[de fruit, lait, peinture]* skin; *[de fromage]* rind; *(= épluchure)* peel ◆ **enlever la ~ de** *[+ fruit]* to peel; *[+ fromage]* to take the rind off

**e** ◆ **~ de balle!** ⁑ nothing doing! *, not a chance! *, no way! ⁑

**COMP** ▷ **peau d'âne** † *(= diplôme)* diploma, sheepskin * *(US)* ▷ **peau de banane** banana skin ◆ **glisser sur une ~ de banane** to slip on a banana skin ◆ **glisser** *ou* **placer des ~x de banane sous les pieds de qn** to try to trip sb up ▷ **peau de chagrin** *(lit)* shagreen ◆ **diminuer** *ou* **rétrécir** *ou* **se réduire comme une ~ de chagrin** to shrink away ▷ **peau de chamois** chamois leather, shammy ▷ **peau d'hareng** * ◆ **quelle ~ d'hareng tu fais!** you naughty thing! * ▷ **peau lainée** treated sheepskin ▷ **peau de mouton** sheepskin ◆ **en ~ de mouton** sheepskin *(épith)* ▷ **peau d'orange** *(Physiol)* orange peel effect ▷ **peau de porc** pigskin ▷ **peau de serpent** snakeskin ▷ **peau de tambour** drumskin ▷ **peau de vache** * *(= homme)* bastard *⁑ *(= femme)* bitch *⁑ ▷ **peau de zénana** *ou* **de zébi** ◆ **c'est en ~ de zénana** *ou* **de zébi** it's made of some sort of cheap stuff

**peaucier** /posje/ **ADJ M, NM** ◆ **(muscle) ~** platysma

**peaufiner** /pofine/ ▸ conjug 1 ◂ **VT** *[+ travail]* to polish up, to put the finishing touches to; *[+ style]* to polish

**Peau-Rouge** (pl **Peaux-Rouges**) /poʀuʒ/ **NMF** Red Indian, Redskin

**peausserie** /posʀi/ **NF** *(= articles)* leatherwear *(NonC)*; *(= commerce)* skin trade; *(= boutique)* suede and leatherware shop

**peaussier** /posje/ **ADJ M** leather *(épith)* **NM** *(= ouvrier)* leatherworker; *(= commerçant)* leather dealer

**pébroc** *, **pébroque** * /pebʀɔk/ **NM** umbrella, brolly * *(Brit)*

**pécan, pecan** /pekɑ̃/ **NM** ◆ **(noix de) ~** pecan (nut)

**pécari** /pekaʀi/ **NM** peccary

**peccadille** /pekadij/ **NF** *(= vétille)* trifle; *(= faute)* peccadillo

**pechblende** /pɛʃblɛ̃d/ **NF** pitchblende

**péché** /peʃe/ **NM** sin ◆ **pour mes ~s** for my sins ◆ **à tout ~ miséricorde** every sin can be forgiven *ou* pardoned ◆ **vivre dans le ~** *(gén)* to lead a sinful life; *(sans être marié)* to live in sin ◆ **mourir en état de ~** to die a sinner ◆ **commettre un ~** to sin, to commit a sin

**COMP** ▷ **péché capital** deadly sin ◆ **les sept ~s capitaux** the seven deadly sins ▷ **péché de chair** † sin of the flesh ▷ **péché de jeunesse** youthful indiscretion ▷ **péché mignon** ◆ **le whisky, c'est son ~ mignon** he's rather partial to whisky ▷ **péché mortel** mortal sin ▷ **le péché d'orgueil** the sin of pride ▷ **le péché originel** original sin ▷ **péché véniel** venial sin

**pêche¹** /pɛʃ/ **NF** **a** *(= fruit)* peach ◆ **~-abricot, ~ jaune** *ou* **abricotée** yellow peach ◆ **~ blanche** white peach ◆ **~ de vigne** bush peach ◆ **avoir un teint de ~** to have a peaches and cream complexion; → **fendre, peau** **b** ( * = *vitalité*) **avoir la ~** to be on form ◆ **avoir une ~ d'enfer** to be on top form, to be full of beans * *(Brit)* ◆ **ça donne la ~** it gets you going ◆ **il n'a pas la ~** he's feeling a bit low **c** ( ⁑ = *coup*) punch, clout * *(Brit)* ◆ **donner une ~ à qn** to punch sb, to give sb a clout * *(Brit)* **ADJ** peach-coloured *(Brit)* *ou* -colored *(US)*

**pêche²** /pɛʃ/ **NF** **a** *(= activité)* fishing; *(= saison)* fishing season ◆ **la ~ à la ligne** *(en mer)* line fishing; *(en rivière)* angling ◆ **la ~ à la baleine** whaling ◆ **la ~ au gros** big-game fishing ◆ **grande ~ au large** deep-sea fishing ◆ **la ~ au harpon** harpoon fishing ◆ **la ~ à la crevette** shrimp fishing ◆ **la ~ à la truite** trout fishing ◆ **la ~ aux moules** mussel gathering ◆ **aller à la ~** *(lit)* to go fishing ◆ **aller à la ~ aux informations** to go fishing for information ◆ **aller à la ~ aux voix** to canvass, to go vote-catching * ◆ **filet/barque de ~** fishing net/boat; → **canne** **b** *(= poissons)* catch ◆ **faire une belle ~** to have *ou* make a good catch ◆ **la ~ miraculeuse** *(Bible)* the miraculous draught of fishes; *(fête foraine)* the bran tub *(Brit)*, the lucky dip *(Brit)*, the go-fish tub *(US)*

**pécher** /peʃe/ **GRAMMAIRE ACTIVE 53.3** ▸ conjug 6 ◂ **VI** **a** *(Rel)* to sin ◆ **~ par orgueil** to commit the sin of pride **b** ◆ ~ **contre la politesse/l'hospitalité** to break the rules of courtesy/of hospitality ◆ ~ **par négligence/imprudence** to be too careless/reckless ◆ ~ **par ignorance** to err through ignorance ◆ ~ **par excès de prudence/d'optimisme** to be over-careful/over-optimistic, to err on the side of caution/of optimism ◆ **ça pèche par bien des points** *ou* **sur bien des côtés** it has a lot of weaknesses *ou* shortcomings

**pêcher**[1] /peʃe/ ▸ conjug 1 ◂ **VT** *(= être pêcheur de)* to fish for; *(= attraper)* to catch, to land ◆ ~ **des coquillages** to gather shellfish ◆ ~ **la baleine/la crevette** to go whaling/shrimping ◆ ~ **la truite/la morue** to fish for trout/cod, to go trout-/cod-fishing ◆ ~ **qch à la ligne/à l'asticot** to fish for sth with rod and line/with maggots ◆ ~ **qch au chalut** to trawl for sth ◆ **où as-tu été** ~ **cette idée/cette boîte ?** * where did you dig that idea/that box up from? * ◆ **où a-t-il été** ~ **que ... ?** * wherever did he get the idea that ...? **VI** to fish, to go fishing; *(avec un chalut)* to trawl, to go trawling ◆ ~ **à la ligne** to go angling ◆ ~ **à l'asticot** to fish with maggots ◆ ~ **à la mouche** to fly-fish ◆ ~ **en eau trouble** *(fig)* to fish in troubled waters

**pêcher**[2] /peʃe/ **NM** *(= arbre)* peach tree

**pêcherie** /pɛʃʀi/ **NF** fishery, fishing ground

**pécheur, pécheresse** /peʃœʀ, peʃʀɛs/ **ADJ** sinful **NM,F** sinner

**pêcheur** /pɛʃœʀ/ **NM** fisherman; *(à la ligne)* angler ◆ ~ **de crevettes** shrimper ◆ ~ **de baleines** whaler ◆ ~ **de palourdes** clamdigger ◆ ~ **de perles** pearl diver ◆ ~ **de corail** coral fisherman **ADJ** *[bateau]* fishing

**pêcheuse** /pɛʃøz/ **NF** fisherwoman; *(à la ligne)* (woman) angler

**pêchu, e*** /peʃy/ **ADJ** ◆ **être** ~ to be full of energy

**pecnot** /pɛkno/ **NM** ⇒ **péquenaud**

**PECO** /peko/ **NMPL** (abrév de **pays d'Europe centrale et orientale**) ◆ **les** ~ the CEEC

**pécore** * /pekɔʀ/ **NF** *(péj = imbécile)* silly goose * **NMF** *(péj = paysan)* country bumpkin, yokel, hick * *(US)*

**pectine** /pɛktin/ **NF** pectin

**pectique** /pɛktik/ **ADJ** pectic

**pectoral, e** (mpl **-aux**) /pɛktɔʀal, o/ **ADJ** **a** *(Anat, Zool)* pectoral **b** *(Méd) [sirop, pastille]* throat *(épith)*, cough *(épith)*, expectorant *(SPÉC) (épith)* **NM** *(Anat)* pectoral muscle ◆ **avoir de beaux pectoraux** to have big pecs * *ou* chest muscles

**pécule** /pekyl/ **NM** *(= économies)* savings, nest egg; *[de détenu, soldat]* earnings, wages *(paid on release or discharge)* ◆ **se faire** *ou* **se constituer un petit** ~ to build up a little nest egg

**pécuniaire** /pekynjɛʀ/ **ADJ** *[embarras]* financial, pecuniary *(frm)*; *[aide, avantage, situation]* financial

**pécuniairement** /pekynjɛʀmɑ̃/ **ADV** financially

**pédagogie** /pedagɔʒi/ **NF** *(= éducation)* education; *(= art d'enseigner)* teaching skills; *(= méthodes d'enseignement)* educational methods ◆ **avoir beaucoup de** ~ to have excellent teaching skills, to be a skilled teacher ◆ **il manque de** ~ he's not a good teacher ◆ **faire œuvre de** ~ to explain things clearly ◆ **il a dû faire œuvre de** ~ **auprès de ses collègues** he had to exercise great skills in persuading his colleagues

**pédagogique** /pedagɔʒik/ **ADJ** *[intérêt, contenu, théorie, moyens, méthode, projet]* educational, pedagogic(al) ◆ **outils ~s** teaching aids ◆ **stage (de formation)** ~ teacher-training course ◆ **il a fait un exposé très** ~ he gave a very clear lecture ◆ **ouvrage/musée à vocation** ~ educational work/museum; → **conseiller**[2]

**pédagogiquement** /pedagɔʒikmɑ̃/ **ADV** *(= sur le plan de la pédagogie)* from an educational standpoint, pedagogically *(SPÉC)*; *(= avec pédagogie)* clearly

**pédagogue** /pedagɔg/ **NMF** *(= professeur)* teacher; *(= spécialiste)* teaching specialist, educationalist ◆ **c'est un bon ~, il est bon** ~ he's a good teacher

**pédale** /pedal/ **NF** **a** *[de bicyclette, piano, voiture]* pedal; *[de machine à coudre ancienne, tour]* treadle **b** *(Mus)* ~ **douce/forte** soft/sustaining pedal ◆ **(note de)** ~ pedal (point) ◆ ~ **wah-wah** wah-wah pedal ◆ **mettre la** ~ **douce** * *(fig)* to soft-pedal *, to go easy *; → **emmêler, perdre** **c** (* *péj = homosexuel*) queer *, poof * *(Brit)*, fag * *(US)* ◆ **être de la** ~ † to be (a) queer *

**pédaler** /pedale/ ▸ conjug 1 ◂ **VI** to pedal; ( * *= se dépêcher)* to hurry ◆ ~ **dans la choucroute** * *ou* **la semoule** * *ou* **le yaourt** * *(= ne rien comprendre)* to be all at sea, to be at a complete loss; *(= ne pas progresser)* to get nowhere (fast) *

**pédaleur, -euse** /pedalœʀ, øz/ **NM,F** *(Cyclisme)* pedaller

**pédalier** /pedalje/ **NM** *[de bicyclette]* pedal and gear mechanism; *[d'orgue]* pedal-board, pedals

**pédalo ®** /pedalo/ **NM** pedalo, pedal boat ◆ **faire du** ~ to go for a ride on a pedal boat

**pédant, e** /pedɑ̃, ɑ̃t/ **ADJ** pretentious **NM,F** pretentious person

**pédanterie** /pedɑ̃tʀi/ **NF** *(littér)* pretentiousness

**pédantesque** /pedɑ̃tɛsk/ **ADJ** abstruse

**pédantisme** /pedɑ̃tism/ **NM** ◆ **sans** ~ without being pedantic

**pédé** * /pede/ **NM** (abrév de **pédéraste**) *(péj)* queer *, poof * *(Brit)*, fag * *(US)* ◆ **être** ~ to be (a) queer * *ou* a poof * *(Brit) ou* a fag * *(US)* ◆ **il est ~ comme un phoque** * he's as queer as a coot * *ou* as a three-dollar bill * *(US)*

**pédéraste** /pederast/ **NM** pederast; *(par extension)* homosexual

**pédérastie** /pederasti/ **NF** pederasty; *(par extension)* homosexuality

**pédérastique** /pederastik/ **ADJ** pederast; *(par extension)* homosexual

**pédestre** /pedɛstʀ/ **ADJ** *(littér, hum)* ◆ **promenade** *ou* **circuit** ~ walk, ramble, hike ◆ **sentier** ~ pedestrian footpath

**pédiatre** /pedjatʀ/ **NMF** paediatrician *(Brit)*, pediatrician *(US)*

**pédiatrie** /pedjatʀi/ **NF** paediatrics *(sg) (Brit)*, pediatrics *(sg) (US)*

**pédiatrique** /pedjatʀik/ **ADJ** paediatric *(Brit)*, pediatric *(US)*

**pedibus (cum jambis)** /pedibys(kumʒɑ̃bis)/ **ADV** on foot, on Shanks' pony * *(Brit) ou* mare * *(US)*

**pédicule** /pedikyl/ **NM** *(Anat)* pedicle; *(Bot, Zool)* peduncle

**pédicure** /pedikyʀ/ **NMF** chiropodist, podiatrist *(US)*

**pédicurie** /pedikyʀi/ **NF** *(= soins médicaux)* chiropody, podiatry *(US)*; *(= soins de beauté)* pedicure

**pedigree** /pedigʀe/ **NM** pedigree

**pédologie** /pedɔlɔʒi/ **NF** **a** *(Géol)* pedology **b** *(Méd)* paedology *(Brit)*, pedology *(US)*

**pédologique** /pedɔlɔʒik/ **ADJ** *(Géol)* pedological

**pédologue** /pedɔlɔg/ **NMF** *(Géol)* pedologist

**pédoncule** /pedɔ̃kyl/ **NM** *(Anat, Bot, Zool)* peduncle

**pédonculé, e** /pedɔ̃kyle/ **ADJ** pedunculate(d) ◆ **chêne** ~ pedunculate oak

**pédophile** /pedɔfil/ **NM** pedophile, paedophile *(Brit)* **ADJ** pedophile *(épith)*, paedophile *(épith) (Brit)*

**pédophilie** /pedɔfili/ **NF** pedophilia, paedophilia *(Brit)*

**pédopsychiatre** /pedopsikjatʀ/ **NMF** child psychiatrist

**pedzouille** * /pɛdzuj/ **NM** *(péj)* peasant, country bumpkin, hick * *(US)*

**PEE** /peəə/ **NM** (abrév de **plan d'épargne entreprise**) → **plan**[1]

**peeling** /piliŋ/ **NM** *(= gommage)* facial scrub; *(Méd)* peel, dermabrasion ◆ **se faire un** ~ to use a facial scrub; *(Méd)* to have dermabrasion

**Pégase** /pegaz/ **NM** Pegasus

**PEGC** /peəʒese/ **NM** (abrév de **professeur d'enseignement général des collèges**) → **professeur**

**pègre** /pɛgʀ/ **NF** ◆ **la** ~ the underworld ◆ **membre de la** ~ gangster, mobster

**peignage** /pɛɲaʒ/ **NM** *[de laine]* carding; *[de lin, chanvre]* carding, hackling

**peigne** /pɛɲ/ **NM** **a** *[de cheveux]* comb; *(Tex) [de laine]* card; *[de lin, chanvre]* card, hackle; *[de métier]* reed ◆ ~ **de poche** pocket comb ◆ **passer qch au** ~ **fin** *(fig)* to go through sth with a fine-tooth comb ◆ **se donner un coup de** ~ to run a comb through one's hair **b** *(Zool) [de scorpion]* comb; *[d'oiseau]* pecten; *(= mollusque)* pecten

**peigne-cul** * (pl **peigne-culs**) /pɛɲky/ **NM** *(péj) (= mesquin)* creep *; *(= inculte)* lout, yob * *(Brit)*

**peignée** * /peɲe/ **NF** *(= raclée)* thrashing, hiding * ◆ **donner/recevoir une** *ou* **la** ~ to give/get a thrashing *ou* hiding *

**peigner** /peɲe/ ▸ conjug 1 ◂ **VT** *[+ cheveux]* to comb; *(Tex) [+ laine]* to card; *[+ lin, chanvre]* to card, to hackle ◆ ~ **qn** to comb sb's hair ◆ **être bien peigné** *[+ personne]* to have well-combed hair ◆ **des cheveux bien peignés** well-combed hair ◆ **mal peigné** dishevelled, tousled ◆ **faire ça ou** ~ **la girafe** *(hum)* it's either that or some other pointless task **VPR** **se peigner** to comb one's hair, to give one's hair a comb

**peignoir** /pɛɲwaʀ/ **NM** dressing gown ◆ ~ **(de bain)** bathrobe

**peinard, e** * /pɛnaʀ, aʀd/ **ADJ** **a** *(= sans tracas) [travail, vie]* cushy *, easy ◆ **on est ~s dans ce service** we have a cushy * time of it in this department ◆ **il fait ses 35 heures,** ~ he does his 35 hours and that's it ◆ **rester** *ou* **se tenir** ~ to keep out of trouble, to keep one's nose clean * **b** *(= au calme) [coin]* quiet, peaceful ◆ **on va être ~s** *(pour se reposer)* we'll have a bit of peace, we can take it easy; *(pour agir)* we'll be left in peace ◆ **il vit** ~ **sur une île** he leads a nice quiet life on an island

**peindre** /pɛ̃dʀ/ ▸ conjug 52 ◂ **VT** *(gén)* to paint; *[+ mœurs]* to paint, to depict ◆ ~ **qch en jaune** to paint sth yellow ◆ ~ **à la chaux** to whitewash ◆ **tableau peint à l'huile** picture painted in oils ◆ ~ **au pinceau/au rouleau** to paint with a brush/a roller ◆ **se faire** ~ **par qn** to have one's portrait painted by sb ◆ **romancier qui sait bien** ~ **ses personnages** novelist who portrays his characters well ◆ **il l'avait peint sous les traits d'un vieillard dans son livre** he had depicted *ou* portrayed him as an old man in his book ◆ **la cruauté était peinte sur son visage** his face was a mask of cruelty

VPR **se peindre** *(= se décrire)* to portray o.s. ◆ **Montaigne s'est peint dans "Les Essais"** "Les Essais" are a self-portrayal of Montaigne ◆ **la consternation/le désespoir se peignait sur leur visage** dismay/despair was written on their faces

**peine** /pɛn/ NF **a** *(= chagrin)* sorrow, sadness *(NonC)* ◆ **avoir de la ~** to be sad *ou* upset ◆ **être dans la ~** to be grief-stricken ◆ **faire de la ~ à qn** to upset sb, to make sb sad, to distress sb ◆ **elle m'a fait de la ~ et je lui ai donné de l'argent** I felt sorry for her and gave her some money ◆ **je ne voudrais pas te faire de (la) ~, mais ...** I don't want to disappoint you but ... ◆ **avoir des ~s de cœur** to have an unhappy love life ◆ **cela fait ~ à voir** it hurts to see it ◆ **il faisait ~ à voir** he looked a sorry *ou* pitiful sight; → **âme**

**b** *(= effort)* effort, trouble *(NonC)* ◆ **il faut se donner de la ~, cela demande de la ~** it requires an effort, you have to make an effort ◆ **se donner de la ~ pour faire qch** to go to a lot of trouble to do sth ◆ **si tu te mettais seulement en ~ d'essayer, si tu te donnais seulement la ~ d'essayer** if you would only bother to try *ou* take the trouble to try ◆ **il ne se donne aucune ~** he just doesn't try *ou* bother ◆ **donnez-vous** *ou* **prenez donc la ~ d'entrer/de vous asseoir** *(formule de politesse)* please *ou* do come in/sit down ◆ **ne vous donnez pas la ~ de venir me chercher** please don't bother to come and get me ◆ **c'est ~ perdue** it's a waste of time (and effort) ◆ **on lui a donné 50 € pour sa ~** he was given €50 for his trouble ◆ **en être pour sa ~** to get nothing for one's pains *ou* trouble ◆ **tu as été sage, pour la ~, tu auras un bonbon** here's a sweet for being good ◆ **ne vous mettez pas en ~ pour moi** don't go to *ou* put yourself to any trouble for me ◆ **toute ~ mérite salaire** the labourer is worthy of his hire *(Prov)* any effort should be rewarded ◆ **à chaque jour suffit sa ~** *(Prov)* sufficient unto the day is the evil thereof *(Prov)*

◆ **c'est/c'était** + **peine** ◆ **est-ce que c'est la ~ d'y aller ?** is it worth going? ◆ **ce n'est pas la ~ de me le répéter** there's no point in repeating that, you've no need to repeat that ◆ **ce n'est pas la ~** don't bother ◆ **c'était bien la ~ !** *(iro)* after all that trouble! ◆ **c'était bien la ~ de l'inviter !** *ou* **qu'on l'invite !** *(iro)* it was a waste of time inviting him!

◆ **valoir la peine** ◆ **cela vaut la ~** it's worth it, it's worth the trouble ◆ **cela valait la ~ d'essayer** it was worth trying *ou* a try *ou* a go ◆ **ça vaut la ~ qu'il y aille** it's worth it for him to go, it's worth his while going ◆ **cela ne vaut pas la ~ d'en parler** *(= c'est trop mauvais)* it's not worth wasting one's breath over, it's not worth talking about; *(= c'est insignifiant)* it's hardly *ou* not worth mentioning

**c** *(= difficulté)* difficulty ◆ **il a eu de la ~ à finir son repas/la course** he had difficulty finishing his meal/the race ◆ **il a eu de la ~ mais il y est arrivé** it wasn't easy (for him) but he managed it ◆ **avoir de la ~ à faire** to have difficulty in doing, to find it difficult *ou* hard to do ◆ **j'ai (de la) ~ à croire que ...** I find it hard to believe that ..., I can hardly believe that ... ◆ **avec ~** with difficulty ◆ **sans ~** without (any) difficulty, easily ◆ **il n'est pas en ~ pour trouver des secrétaires** he has no difficulty *ou* trouble finding secretaries ◆ **j'ai eu toutes les ~s du monde à le convaincre/à démarrer** I had a real job convincing him/getting the car started ◆ **je serais bien en ~ de vous le dire/d'en trouver** I'd be hard pushed* *ou* hard pressed to tell you/to find any

**d** *(= punition)* punishment, penalty; *(Jur)* sentence ◆ **~ capitale** *ou* **de mort** capital punishment, death sentence *ou* penalty ◆ **~ de prison** prison sentence ◆ **~ alternative** *ou* **de substitution** alternative sentence ◆ **sous ~ de mort** on pain of death ◆ **"défense d'afficher sous peine d'amende"** "billposters will be fined" ◆ **"défense d'entrer sous peine de poursuites"** "trespassers will be prosecuted" ◆ **la ~ n'est pas toujours proportionnée au délit** the punishment does not always fit the crime ◆ **on ne peut rien lui dire, sous ~ d'être renvoyé** you daren't *ou* can't say anything to him for fear of being fired ◆ **pour la** *ou* **ta ~ tu mettras la table** for that you can set the table

◆ **à peine** hardly, scarcely, barely ◆ **il est à ~ 2 heures** it's only just 2 o'clock, it's only just turned 2 ◆ **il leur reste à ~ de quoi manger** they hardly have any food left ◆ **il gagne à ~ de quoi vivre** he hardly earns enough to keep body and soul together ◆ **il parle à ~** *[personne silencieuse]* he hardly says anything; *[enfant]* he can hardly *ou* barely talk ◆ **il était à ~ rentré qu'il a dû ressortir** he had only just got in when he had to go out again ◆ **à ~ dans la voiture, il s'est endormi** no sooner had he got in the car than he fell asleep ◆ **c'est à ~ si on l'entend** you can hardly hear him ◆ **il était à ~ aimable** he was barely civil ◆ **celui-ci est à ~ plus cher que les autres** this one is hardly any more expensive than the others

**peiner** /pene/ ▸ conjug 1 ◂ VI *[personne]* to work hard, to toil; *[moteur]* to labour *(Brit)*, to labor *(US)*; *[voiture, plante]* to struggle ◆ **~ sur un problème** to struggle with a problem ◆ **le coureur peinait dans les derniers mètres** the runner was struggling over the last few metres ◆ **le chien peine quand il fait chaud** the dog suffers when it's hot VT to grieve, to sadden ◆ **j'ai été peiné de l'apprendre** I was sad to hear it ◆ **... dit-il d'un ton peiné** *(gén)* ... he said in a sad voice; *(vexé)* ... he said in a hurt *ou* an aggrieved tone ◆ **il avait un air peiné** he looked upset

**peintre** /pɛ̃tʀ/ NMF *(lit)* painter ◆ **~ en bâtiment** house painter, painter and decorator ◆ **~-décorateur** painter and decorator ◆ **c'est un merveilleux ~ de notre société** *(écrivain)* he paints a marvellous picture of the society we live in

**peinture** /pɛ̃tyʀ/ NF **a** *(= action, art)* painting ◆ **faire de la ~ (à l'huile/à l'eau)** to paint (in oils/in watercolours)

**b** *(= ouvrage)* painting, picture ◆ **vendre sa ~** to sell one's paintings; → **voir**

**c** *(= surface peinte)* paintwork *(NonC)* ◆ **toutes les ~s sont à refaire** all the paintwork needs re-doing

**d** *(= matière)* paint ◆ **"attention à la peinture", "peinture fraîche"** "wet paint" ◆ **donner un coup de ~ à un mur** to give a wall a coat of paint

**e** *(fig)* *(= action)* portrayal; *(= résultat)* portrait ◆ **c'est une ~ des mœurs de l'époque** it portrays *ou* depicts the social customs of the period

COMP ▷ **peinture abstraite** *(NonC)* abstract art; *(= tableau)* abstract (painting) ▷ **peinture acrylique** acrylic paint ▷ **peinture en bâtiment** house painting, painting and decorating ▷ **peinture brillante** gloss paint ▷ **peinture au doigt** fingerpainting ▷ **peinture à l'eau** *(= tableau, matière)* watercolour *(Brit)*, watercolor *(US)*; *(pour le bâtiment)* water(-based) paint ▷ **peinture à l'huile** *(= tableau)* oil painting; *(= matière)* oil paint; *(pour le bâtiment)* oil-based paint ▷ **peinture laquée** gloss paint ▷ **peinture mate** matt emulsion (paint) ▷ **peinture métallisée** metallic paint ▷ **peinture murale** mural ▷ **peinture au pinceau** painting with a brush ▷ **peinture au pistolet** spray painting ▷ **peinture au rouleau** roller painting ▷ **peinture satinée** satin-finish paint ▷ **peinture sur soie** silk painting

**peinturer** /pɛ̃tyʀe/ ▸ conjug 1 ◂ VT **a** *(* = mal peindre)* to slap paint on **b** *(Can)* to paint

**peinturlurer** * /pɛ̃tyʀlyʀe/ ▸ conjug 1 ◂ VT *(péj)* to daub (with paint) ◆ **~ qch de bleu** to daub sth with blue paint ◆ **visage peinturluré** painted face ◆ **lèvres peinturlurées en rouge** lips with a slash of red across them ◆ **se ~ le visage** to slap make-up on one's face

**péjoratif, -ive** /peʒɔʀatif, iv/ ADJ derogatory, pejorative NM *(Ling)* pejorative word

**péjoration** /peʒɔʀasjɔ̃/ NF pejoration

**péjorativement** /peʒɔʀativmɑ̃/ ADV in a derogatory fashion, pejoratively

**Pékin** /pekɛ̃/ N Beijing, Peking

**pékin** /pekɛ̃/ NM *(arg Mil)* civvy *(arg)* ◆ **s'habiller en ~** to dress in civvies *ou* mufti

**pékinois, e** /pekinwa, waz/ ADJ Pekinese NM **a** *(= chien)* Pekinese, peke* **b** *(Ling)* Mandarin (Chinese), Pekinese NM,F **Pékinois(e)** Pekinese

**PEL** /peəɛl/ NM (abrév de **plan d'épargne logement**) → **plan¹**

**pelade** /pəlad/ NF alopecia

**pelage** /pəlaʒ/ NM coat, fur

**pélagique** /pelaʒik/ ADJ pelagic

**pélargonium** /pelaʀgɔnjɔm/ NM pelargonium

**pelé, e** /pəle/ (ptp de **peler**) ADJ *[personne]* bald(-headed); *[animal]* hairless; *[vêtement]* threadbare; *[terrain, montagne]* bare NM *(* = personne)* bald-headed man, baldie* ◆ **il n'y avait que trois** *ou* **quatre ~s et un tondu à la réunion** * there was hardly anyone at the meeting

**pêle-mêle** /pɛlmɛl/ ADV any old how ◆ **ils s'entassaient ~ dans l'autobus** they piled into the bus any old how ◆ **on y trouvait ~ des chapeaux, des rubans, des colliers** there were hats, ribbons and necklaces all mixed *ou* jumbled up together ◆ **un roman où l'on trouve ~ une rencontre avec Charlemagne, un voyage sur Mars ...** a novel containing a hotchpotch of meetings with Charlemagne, trips to Mars ... NM INV *(= cadre)* multiple photo frame

**peler** /pəle/ ▸ conjug 5 ◂ VTI *(gén)* to peel ◆ **ce fruit se pèle bien** this fruit peels easily *ou* is easy to peel ◆ **on pèle (de froid) ici !*** it's damn cold here!*, it's bloody freezing here!* *(Brit)*

**pèlerin** /pɛlʀɛ̃/ NM pilgrim ◆ **(faucon) ~** peregrine falcon ◆ **(requin) ~** basking shark ◆ **criquet ~** migratory locust ◆ **qui c'est ce ~ ?** * *(= individu)* who's that guy? * *ou* bloke* *(Brit)*?

**pèlerinage** /pɛlʀinaʒ/ NM *(= voyage)* pilgrimage ◆ **(lieu de) ~** place of pilgrimage, shrine ◆ **aller en** *ou* **faire un ~ à** to go on a pilgrimage to

**pèlerine** /pɛlʀin/ NF cape

**pélican** /pelikɑ̃/ NM pelican

**pelisse** /pəlis/ NF pelisse

**pellagre** /pelagʀ/ NF pellagra

**pelle** /pɛl/ NF **a** *(gén)* shovel; *[d'enfant]* spade ◆ **ramasser qch à la ~** to shovel sth up ◆ **on en ramasse** *ou* **il y en a à la ~** there are loads of them* ◆ **avoir de l'argent** *ou* **remuer l'argent à la ~** to have loads* *ou* pots* of money ◆ **(se) ramasser** *ou* **se prendre une ~*** *(= tomber, échouer)* to fall flat on one's face, to come a cropper* *(Brit)*; *(après avoir demandé qch)* to be sent packing*;

→ **rond** b (* = *baiser*) **rouler une ~ à qn** to give sb a French kiss COMP ▷ **pelle à charbon** coal shovel ▷ **pelle mécanique** mechanical shovel *ou* digger ▷ **pelle à ordures** dustpan ▷ **pelle à poisson** fish slice ▷ **pelle à tarte** cake *ou* pie server

**pelletée** /pɛlte/ NF shovelful, spadeful ◆ **des ~s de** masses of

**pelleter** /pɛlte/ ▸ conjug 4 ◂ VT to shovel (up)

**pelleterie** /pɛltʀi/ NF (= *commerce*) fur trade, furriery; (= *préparation*) fur dressing; (= *peau*) pelt

**pelleteur** /pɛltœʀ/ NM workman (*who does the digging*)

**pelleteuse** /pɛltøz/ NF mechanical shovel *ou* digger, excavator

**pelletier, -ière** /pɛltje, jɛʀ/ NM,F furrier

**pellicule** /pelikyl/ NF a (= *couche fine*) film, thin layer; (*Photo*) film ◆ **~ couleur/noir et blanc** colour/black and white film ◆ **ne gâche pas de la ~** don't waste film ◆ **(rouleau de) ~** (roll of) film b (*Méd*) **~s** dandruff (*NonC*) ◆ **lotion contre les ~s** dandruff lotion

**pelliculé, e** /pelikyle/ ADJ [*pochette, couverture de livre*] plastic-coated

**péloche** * /pelɔʃ/ NF (= *film*) film; (= *rouleau*) roll of film

**Péloponnèse** /pelɔpɔnɛz/ NM ◆ **le ~** the Peloponnese ◆ **la guerre du ~** the Peloponnesian War

**pelotage** * /p(ə)lɔtaʒ/ NM petting * (*NonC*)

**pelotari** /p(ə)lɔtaʀi/ NM pelota player

**pelote** /p(ə)lɔt/ NF a [*de laine*] ball ◆ **mettre de la laine en ~** to wind wool into a ball ◆ **faire sa ~** † to feather one's nest, to make one's pile * ◆ **~ d'épingles** pin cushion ◆ **c'est une vraie ~ d'épingles** (*fig*) he (*ou* she) is really prickly; → **nerf** b (*Sport*) **~ (basque)** pelota c (*Zool*) **~ (plantaire)** pad

**peloter** * /p(ə)lɔte/ ▸ conjug 1 ◂ VT to feel up *, to touch up * ◆ **elle se faisait ~ par Paul** Paul was feeling * *ou* touching * her up ◆ **arrêtez de me ~ !** stop pawing me! *, keep your hands to yourself! ◆ **ils se pelotaient** they were petting *

**peloteur, -euse** * /p(ə)lɔtœʀ, øz/ ADJ ◆ **il a des gestes ~s** *ou* **des mains peloteuses** he can't keep his hands to himself NM,F groper * ◆ **c'est un ~** he can't keep his hands to himself

**peloton** /p(ə)lɔtɔ̃/ NM a [*de laine*] small ball b (= *groupe*) cluster, group; [*de pompiers, gendarmes*] squad; (*Mil*) platoon; (*Sport*) pack, bunch COMP ▷ **peloton d'exécution** firing squad ▷ **peloton de tête** (*Sport*) leaders, leading runners (*ou* riders *etc*) ◆ **être dans le ~ de tête** (*Sport*) to be up with the leaders; (*en classe*) to be among the top few [*pays, entreprise*] to be one of the front runners

**pelotonner** /p(ə)lɔtɔne/ ▸ conjug 1 ◂ VT [+ *laine*] to wind into a ball VPR **se pelotonner** to curl (o.s.) up ◆ **se ~ contre qn** to snuggle up to sb, to nestle close to sb ◆ **il s'est pelotonné entre mes bras** he snuggled up in my arms

**pelouse** /p(ə)luz/ NF lawn; (*Courses*) public enclosure; (*Ftbl, Rugby*) field, ground ◆ **"pelouse interdite"** "keep off the grass"

**peluche** /p(ə)lyʃ/ NF a (*Tex*) plush; (= *poil*) fluff (*NonC*), bit of fluff ◆ **ce pull fait des ~s** this jumper pills b ◆ **(jouet en) ~** soft *ou* cuddly toy ◆ **chien/lapin en ~** stuffed *ou* fluffy (*Brit*) dog/rabbit; → **ours**

**pelucher** /p(ə)lyʃe/ ▸ conjug 1 ◂ VI (*par l'aspect*) to pill, to go fluffy; (= *perdre des poils*) to leave fluff

**pelucheux, -euse** /p(ə)lyʃø, øz/ ADJ fluffy

**pelure** /p(ə)lyʀ/ NF a (= *épluchure*) peel (*NonC*), peeling, piece of peel; (* *hum* = *manteau*) overcoat ◆ **~ d'oignon** (*Bot*) onion skin; (= *vin*) (pale) rosé wine; (= *couleur*) pinkish orange b ◆ **(papier) ~** flimsy (paper), copy *ou* bank paper; (= *feuille*) flimsy (copy)

**pelvien, -ienne** /pɛlvjɛ̃, jɛn/ ADJ pelvic; → **ceinture**

**pelvis** /pɛlvis/ NM pelvis

**pénal, e** (mpl **-aux**) /penal, o/ ADJ [*responsabilité, enquête, justice, loi*] criminal ◆ **le droit ~** criminal law ◆ **poursuivre qn au ~** to sue sb, to take legal action against sb; → **clause, code**

**pénalement** /penalmɑ̃/ ADV ◆ **être ~ responsable** to be criminally responsible ◆ **acte ~ répréhensible** act for which one is liable to prosecution

**pénalisant, e** /penalizɑ̃, ɑ̃t/ ADJ [*mesure, réforme*] disadvantageous ◆ **cette réglementation est très ~e pour notre industrie** this regulation puts our industry at a serious disadvantage *ou* severely penalizes our industry

**pénalisation** /penalizasjɔ̃/ NF a (*Sport*) (= *action*) penalization; (= *sanction*) penalty ◆ **points de ~** penalty points ◆ **cette mesure prévoit la ~ financière de certains produits polluants** this measure makes provision for imposing financial penalties *ou* sanctions against certain products that cause pollution b (*Jur*) [*d'usage, pratique*] criminalization

**pénaliser** /penalize/ ▸ conjug 1 ◂ VT [+ *contrevenant, faute, joueur*] to penalize; (= *défavoriser*) to penalize, to put at a disadvantage ◆ **ils ont été lourdement pénalisés par cette mesure** they were severely penalized by this measure

**pénalité** /penalite/ NF (*Fin, Sport* = *sanction*) penalty ◆ **~ de retard** (*Fin*) late payment penalty; (*pour retard de livraison*) late delivery penalty ◆ **coup de pied de ~** (*Ftbl, Rugby*) penalty (kick) ◆ **il a marqué sur un coup de ~** he scored from a penalty

**penalty** /penalti/ (pl **penalties** /penaltiz/) NM (*Ftbl*) (= *coup de pied*) penalty (kick); (= *sanction*) penalty ◆ **marquer sur ~** to score a penalty goal *ou* from a penalty ◆ **tirer un ~** to take a penalty (kick) ◆ **siffler le** *ou* **un ~** to award a penalty ◆ **point de ~** (= *endroit*) penalty spot

**pénard, e** * /penaʀ, aʀd/ ADJ ⇒ **peinard, e**

**pénates** /penat/ NMPL (*Myth*) Penates; (*fig hum*) home ◆ **regagner ses ~** to go back home ◆ **installer ses ~ quelque part** to settle down somewhere

**penaud, e** /pəno, od/ ADJ sheepish, contrite ◆ **d'un air ~** sheepishly, contritely ◆ **il en est resté tout ~** he became quite sheepish *ou* contrite

**pence** /pɛns/ NMPL pence

**penchant** /pɑ̃ʃɑ̃/ NM (= *tendance*) tendency, propensity (*à faire* to do); (= *faible*) liking, fondness (*pour qch* for sth); ◆ **avoir un ~ à faire qch** to be inclined *ou* have a tendency to do sth ◆ **avoir un ~ pour qch** to be fond of *ou* have a liking *ou* fondness for sth ◆ **avoir un ~ pour la boisson** to be partial to a drink ◆ **avoir du ~ pour qn** (*littér*) to be in love with sb ◆ **le ~ qu'ils ont l'un pour l'autre** the fondness they have for each other ◆ **mauvais ~s** baser instincts

**penché, e** /pɑ̃ʃe/ (ptp de **pencher**) ADJ [*tableau*] lop-sided; [*mur*] sloping; [*poteau, arbre, colonne*] leaning; [*écriture*] sloping, slanting; [*tête*] tilted (to one side) ◆ **le corps ~ en avant/en arrière** leaning forward/backward) ◆ **être ~ sur ses livres** [*personne*] to be bent over one's books; → **tour**[1]

**pencher** /pɑ̃ʃe/ ▸ conjug 1 ◂ VT [+ *meuble, bouteille*] to tip up, to tilt ◆ **~ son assiette** to tip one's plate up ◆ **~ la tête** (*en avant*) to bend one's head forward; (*sur le côté*) to tilt one's head

VI a (= *être incliné*) [*mur, arbre*] to lean; [*navire*] to list; [*objet en déséquilibre*] to tilt, to tip (to one side) ◆ **le tableau penche un peu de ce côté** the picture is leaning to this side, this side of the picture is lower than the other ◆ **faire ~ la balance** (*fig*) to tip the scales (*en faveur de* in favour of)

b (= *être porté à*) **je penche pour la première hypothèse** I'm inclined to favour the first hypothesis ◆ **je penche à croire qu'il est sincère** I'm inclined to believe he's sincere

VPR **se pencher** a (= *s'incliner*) to lean over; (= *se baisser*) to bend down ◆ **se ~ en avant** to lean forward ◆ **se ~ par-dessus bord** to lean overboard ◆ **se ~ sur un livre** to bend over a book ◆ **"défense de se pencher au dehors** *ou* **par la fenêtre"** "do not lean out of the window"

b (= *examiner*) **se ~ sur un problème/cas** to look into *ou* study a problem/case ◆ **se ~ sur les malheurs de qn** to turn one's attention to sb's misfortunes

**pendable** /pɑ̃dabl/ ADJ → **cas, tour**[2]

**pendaison** /pɑ̃dɛzɔ̃/ NF hanging ◆ **~ de crémaillère** house warming, house-warming party

**pendant**[1]**, e** /pɑ̃dɑ̃, ɑ̃t/ ADJ a (= *qui pend*) [*bras, jambes*] hanging, dangling; [*langue*] hanging out (*attrib*); [*joue*] sagging; [*oreilles*] drooping; (*Jur*) [*fruits*] on the tree (*attrib*) ◆ **ne reste pas là les bras ~s** don't just stand there (doing nothing) ◆ **assis sur le mur les jambes ~es** sitting on the wall with his legs hanging down ◆ **le chien haletait la langue ~e** the dog was panting with its tongue hanging out ◆ **chien aux oreilles ~es** dog with drooping ears, lop-eared dog ◆ **les branches ~es du saule** the hanging *ou* drooping branches of the willow b (*Admin* = *en instance*) [*question*] outstanding, in abeyance (*attrib*); [*affaire*] pending (*attrib*); (*Jur*) [*procès*] pending (*attrib*)

**pendant**[2] /pɑ̃dɑ̃/ NM a (= *objet*) **~ (d'oreille)** drop earring, pendant earring ◆ **~ d'épée** frog b (= *contrepartie*) **le ~ de** [+ *œuvre d'art, meuble*] the matching piece to; [+ *personne, institution*] the counterpart of ◆ **faire ~ à** to match, to be the counterpart of ◆ **se faire ~** to match ◆ **j'ai un chandelier et je cherche le ~** I've got a candlestick and I'm looking for one to match it *ou* and I'm trying to make up a pair

**pendant**[3] /pɑ̃dɑ̃/ PRÉP (= *au cours de*) during; (*indiquant la durée*) for ◆ **~ la journée/son séjour** during the day/his stay ◆ **~ ce temps Paul attendait** during this time *ou* meanwhile Paul was waiting ◆ **qu'est-ce qu'il faisait ~ ce temps-là ?** what was he doing during that time? *ou* in the meantime? ◆ **à prendre ~ le repas** [*médicament*] to be taken at mealtimes *ou* with meals ◆ **on a marché ~ des kilomètres** we walked for miles ◆ **il a vécu en France ~ plusieurs années** he lived in France for several years ◆ **~ quelques mois, il n'a pas pu travailler** for several months he was unable to work ◆ **on est resté sans nouvelles de lui ~ longtemps** we had no news from him for a long time ◆ **~ un moment on a cru qu'il ne reviendrait pas** for a while we thought he would not return ◆ **avant la guerre et ~** before and during the war

**LOC CONJ** **pendant que** while, whilst *(frm)* ♦ **~ qu'elle se reposait, il écoutait la radio** while she was resting he would listen to the radio ♦ **~ que vous serez à Paris, pourriez-vous aller le voir ?** while you're in Paris could you go and see him? ♦ **~ que j'y pense, n'oubliez pas de fermer la porte à clé** while I think of it, don't forget to lock the door ♦ **arrosez le jardin et, ~ que vous y êtes, arrachez les mauvaises herbes** water the garden and do some weeding while you're at *ou* about it ♦ **finissez le plat ~ que vous y êtes !** *(iro)* why don't you eat it all (up) while you're at it! *(iro)* ♦ **dire que des gens doivent suivre un régime ~ que des enfants meurent de faim** to think that some people have to go on a diet while there are children dying of hunger

**pendard, e** †† /pɑ̃daʀ, aʀd/ **NM,F** *(hum)* scoundrel

**pendeloque** /pɑ̃d(ə)lɔk/ **NF** *[de boucles d'oreilles]* pendant; *[de lustre]* lustre, pendant

**pendentif** /pɑ̃dɑ̃tif/ **NM** *(= bijou)* pendant; *(Archit)* pendentive

**penderie** /pɑ̃dʀi/ **NF** *(= meuble)* wardrobe *(with hanging space only)*; *(= barre)* clothes rail ♦ **le placard du couloir nous sert de ~** we hang our clothes in the hall cupboard *(Brit) ou* closet *(US)* ♦ **le côté ~ de l'armoire** the part of the wardrobe you hang things in

**pendiller** /pɑ̃dije/ ▸ **conjug 1** ◂ **VI** *[clés, boucles d'oreilles, corde]* to dangle; *[linge]* to flap gently

**Pendjab** /pɛdʒab/ **NM** ♦ **le ~** the Punjab

**pendouiller** * /pɑ̃duje/ ▸ **conjug 1** ◂ **VI** to dangle, to hang down

**pendre** /pɑ̃dʀ/ ▸ **conjug 41** ◂ **VT** **a** *[+ rideau]* to hang, to put up (*à* at); *[+ tableau, manteau]* to hang (up) (*à* on); *[+ lustre]* to hang (up) (*à* from); ♦ **~ le linge pour le faire sécher** *(dans la maison)* to hang up the washing to dry; *(dehors)* to hang out the washing to dry ♦ **~ la crémaillère** to have a house-warming party *ou* a house warming

**b** *[+ criminel]* to hang ♦ **~ qn haut et court** *(Hist)* to hang sb ♦ **qu'il aille se faire ~ ailleurs !** * he can go hang! *, he can take a running jump! * ♦ **je veux être pendu si ...** I'll be damned * *ou* hanged if ... ♦ **dussé-je être pendu, je ne dirais jamais cela !** I wouldn't say that even if my life depended on it!; → **pis²**

**VI** **a** *(= être suspendu)* to hang (down) ♦ **des fruits pendaient aux branches** there was fruit hanging from the branches ♦ **cela lui pend au nez** * he's got it coming to him *

**b** *[bras, jambes]* to dangle; *[joue]* to sag; *[langue]* to hang out; *[robe]* to dip, to hang down; *[cheveux]* to hang down ♦ **un lambeau de papier pendait** a strip of wallpaper was hanging off ♦ **laisser ~ ses jambes** to dangle one's legs

**VPR** **se pendre** **a** *(= se tuer)* to hang o.s.

**b** *(= se suspendre)* **se ~ à une branche** to hang from a branch ♦ **se ~ au cou de qn** to throw one's arms round sb *ou* sb's neck

**pendu, e** /pɑ̃dy/ (ptp de **pendre**) **ADJ** **a** *(= accroché)* hung up, hanging up ♦ **~ à** *(lit)* hanging from ♦ **être toujours ~ aux basques de qn** *(fig)* to keep pestering sb ♦ **il est toujours ~ aux jupes** *ou* **jupons de sa mère** he's always clinging to his mother's skirts, he's still tied to his mother's apron strings ♦ **~ au bras de qn** holding on to sb's arm ♦ **elle est toujours ~e au téléphone** she spends all her time on the phone ♦ **ça fait deux heures qu'il est ~ au téléphone** he's been on the phone for two hours; → **langue** **b** *(= mort)* hanged **NM,F** hanged man (*ou* woman) ♦ **le (jeu du) ~** hangman ♦ **jouer au ~** to play hangman

**pendulaire** /pɑ̃dylɛʀ/ **ADJ** pendular ♦ **train ~** tilting train

**pendule** /pɑ̃dyl/ **NF** clock ♦ **~ à coucou** cuckoo clock ♦ **remettre les ~s à l'heure** * *(fig)* to set the record straight ♦ **tu ne vas pas nous en chier** *** **une ~ (à treize coups) !** you're not going to make a fucking** * song and dance about it, are you? **NM** pendulum ♦ **~ astronomique** pendulum clock ♦ **faire un ~** *[alpiniste]* to do a pendule *ou* a pendulum

**pendulette** /pɑ̃dylɛt/ **NF** small clock ♦ **~ de voyage** travelling clock

**pêne** /pɛn/ **NM** *[de serrure]* bolt ♦ **~ dormant** dead bolt ♦ **~ demi-tour** latch *ou* spring bolt

**Pénélope** /penelɔp/ **NF** Penelope ♦ **c'est un travail de ~** it's a never-ending task

**pénéplaine** /peneplɛn/ **NF** peneplain, peneplane

**pénétrabilité** /penetʀabilite/ **NF** penetrability

**pénétrable** /penetʀabl/ **ADJ** *[endroit]* penetrable ♦ **difficilement ~** barely *ou* scarcely penetrable

**pénétrant, e** /penetʀɑ̃, ɑ̃t/ **ADJ** **a** *[pluie]* drenching; *[froid]* biting, bitter; *[odeur]* penetrating, pervasive; *[crème]* penetrating; *(Phys Nucl) [radiations, rayons]* penetrating **b** *[regard]* penetrating, searching, piercing; *[esprit]* penetrating, keen, shrewd; *[analyse, remarque]* penetrating, shrewd; *[charme]* irresistible **NF** **pénétrante** urban motorway *(Brit) ou* freeway *(US)* *(linking centre of town to inter-city routes)*

**pénétration** /penetʀasjɔ̃/ **NF** **a** *(= action)* penetration ♦ **force de ~** *(Mil)* force of penetration ♦ **la ~ des idées nouvelles** the establishment *ou* penetration of new ideas **b** *(= sagacité)* penetration, perception **c** *(Comm)* penetration ♦ **taux de ~** penetration rate **d** *(sexuelle)* penetration

**pénétré, e** /penetʀe/ (ptp de **pénétrer**) **ADJ** ♦ **être ~ de son importance** *ou* **de soi-même** to be full of self-importance, to be imbued *(frm)* with a sense of one's own importance ♦ **~ de l'importance de son rôle** imbued *(frm)* with a sense of the importance of his role ♦ **orateur ~ de son sujet** speaker totally enthused by his subject ♦ **il est ~ de l'idée que ...** he is deeply convinced that ... ♦ **~ de reconnaissance** full of gratitude ♦ **écouter qch d'un air ~** to listen to sth with solemn intensity

**pénétrer** /penetʀe/ ▸ **conjug 6** ◂ **VI** **a** *[personne, véhicule]* **~ dans** *[+ lieu]* to enter; *[+ groupe, milieu]* to get into ♦ **personne ne doit ~ ici** nobody must be allowed to enter ♦ **~ chez qn par la force** to force an entry *ou* one's way into sb's home ♦ **les envahisseurs/les troupes ont pénétré dans le pays** the invaders/the troops have entered the country ♦ **il est difficile de ~ dans les milieux de la finance** it is hard to get into financial circles ♦ **faire ~ qn dans une pièce** to show sb into a room ♦ **des voleurs ont pénétré dans la maison en son absence** thieves broke into his house while he was away ♦ **l'habitude n'a pas encore pénétré dans les mœurs** the habit hasn't established itself yet ♦ **faire ~ une idée dans la tête de qn** to instil an idea in sb, to get an idea into sb's head

**b** *[soleil]* to shine *ou* come in; *[vent]* to blow *ou* come in; *[air, liquide, insecte]* to come *ou* get in ♦ **~ dans** to shine *ou* come *ou* blow into, to get into ♦ **la lumière pénétrait dans la cellule (par une lucarne)** light came into *ou* entered the cell (through a skylight) ♦ **le liquide pénètre à travers une membrane** the liquid comes *ou* penetrates through a membrane ♦ **la fumée/l'odeur pénètre par tous les interstices** the smoke/the smell comes *ou* gets in through all the gaps ♦ **faire ~ de l'air (dans)** to let fresh air in(to)

**c** *(en s'enfonçant)* **~ dans** *[crème, balle, verre]* to penetrate; *[aiguille]* to go in, to penetrate; *[habitude]* to make its way into; *[huile, encre]* to soak into ♦ **ce vernis pénètre dans le bois** this varnish soaks into the wood ♦ **faire ~ une crème (dans la peau)** to rub a cream in(to the skin)

**VT** **a** *(= percer) [froid, air]* to penetrate; *[odeur]* to spread through, to fill; *[liquide]* to penetrate, to soak through; *[regard]* to penetrate, to go through ♦ **le froid les pénétrait jusqu'aux os** the cold cut *ou* went right through them

**b** *(= découvrir) [+ mystère, secret]* to fathom; *[+ intentions, idées, plans]* to fathom, to understand ♦ **il est difficile à ~** it is difficult to fathom him

**c** *(= remplir)* **son sang-froid me pénètre d'admiration** his composure fills me with admiration ♦ **le remords pénétra sa conscience** he was filled with remorse, he was conscience-stricken ♦ **il se sentait pénétré de pitié/d'effroi** he was filled with pity/with fright

**d** *(Comm) [+ marché]* to penetrate, to break into

**e** *(sexuellement)* to penetrate

**VPR** **se pénétrer** **a** ♦ **se ~ d'une idée** to get an idea firmly fixed *ou* set in one's mind ♦ **s'étant pénétré de l'importance de sa mission** firmly convinced of the importance of his mission ♦ **il faut bien vous ~ du fait que ...** you must be absolutely clear in your mind that *ou* have it firmly in your mind that ... ♦ **j'ai du mal à me ~ de l'utilité de tout cela** I find it difficult to convince myself of the usefulness of all this

**b** *(= s'imbiber)* **se ~ d'eau/de gaz** to become permeated with water/with gas

> ⚠ *Attention à ne pas traduire automatiquement* **pénétrer** *par* **to penetrate** *; l'anglais préfère employer un verbe à particule.*

**pénibilité** /penibilite/ **NF** hardness

**pénible** /penibl/ **ADJ** **a** *(= fatigant, difficile) [travail, voyage, ascension]* hard; *[personne]* tiresome ♦ **~ à lire** hard *ou* difficult to read ♦ **les derniers kilomètres ont été ~s (à parcourir)** the last few kilometres were heavy going *ou* hard going ♦ **l'hiver a été ~** it's been a hard winter, the winter has been unpleasant ♦ **tout effort lui est ~** any effort is difficult for him, he finds it hard to make the slightest effort ♦ **il est vraiment ~** *[enfant]* he's a real nuisance; *[adulte]* he's a real pain in the neck * ♦ **sa façon de parler est vraiment ~ !** he's got a really irritating way of speaking!

**b** *(= douloureux) [sujet, séparation, moment, maladie]* painful (*à* to); *[nouvelle, spectacle]* sad, painful; *[respiration]* laboured *(Brit)*, labored *(US)* ♦ **la lumière violente lui est ~** bright light hurts his eyes ♦ **ce bruit est ~ à supporter** this noise is unpleasant *ou* painful to listen to ♦ **il m'est ~ de constater/d'avoir à vous dire que ...** I'm sorry to find/to have to tell you that ...

**péniblement** /penibləmɑ̃/ **ADV** *(= difficilement)* with difficulty; *(= tristement)* painfully; *(= tout juste)* only just ♦ **il a réussi ~ son examen** he scraped through the exam ♦ **leurs salaires atteignent ~ 500 euros par mois** they barely earn 500 euros a month

**péniche** /peniʃ/ **NF** *(= bateau)* barge ♦ **~ de débarquement** *(Mil)* landing craft ♦ **il a une vraie ~** * *(= grosse voiture)* he's got a great tank of a car ♦ **tu as vu ses ~s !** * *(= grands pieds)* did you see the size of his feet!

**pénicilline** /penisilin/ NF penicillin

**pénil** /penil/ NM mons veneris

**péninsulaire** /penɛ̃sylɛʀ/ ADJ peninsular

**péninsule** /penɛ̃syl/ NF peninsula ◆ **la ~ ibérique/italienne/coréenne** the Iberian/Italian/Korean peninsula ◆ **la ~ balkanique** the Balkan peninsula

**pénis** /penis/ NM penis

**pénitence** /penitɑ̃s/ NF a *(Rel) (= repentir)* penitence; *(= peine, sacrement)* penance ◆ **faire ~** to repent (*de* of); ◆ **pour votre ~** as a penance b *(gén, Scol = châtiment)* punishment ◆ **infliger une ~ à qn** to punish sb ◆ **mettre un enfant en ~** to make a child stand in the corner ◆ **pour ta ~** as a punishment (to you) c *[de jeux]* forfeit

**pénitencier** /penitɑ̃sje/ NM a *(= prison)* prison, penitentiary *(US)* b *(Rel)* penitentiary

**pénitent, e** /penitɑ̃, ɑ̃t/ ADJ, NM,F penitent

**pénitentiaire** /penitɑ̃sjɛʀ/ ADJ penitentiary, prison *(épith)* ◆ **établissement ~** penal establishment, prison; → **colonie**

**penne** /pɛn/ NF *(Zool)* large feather, penna *(SPÉC)*; *[de flèche]* flight

**Pennine** /penin/ ADJ F ◆ **la chaîne ~** the Pennine Chain *ou* Range NFPL **Pennines** ◆ **les ~s** the Pennines

**Pennsylvanie** /pɛnsilvani/ NF Pennsylvania

**penny** (pl **pennies**) /peni/ NM penny

**pénombre** /penɔ̃bʀ/ NF *(= faible clarté)* half-light, shadowy light; *(= obscurité)* darkness; *(Astron)* penumbra ◆ **ses yeux s'étaient habitués à la ~** his eyes had got accustomed to the dark ◆ **demeurer dans la ~** *(fig)* to stay in the background

**pensable** /pɑ̃sabl/ ADJ thinkable ◆ **ce n'est pas ~** it's unthinkable

**pensant, e** /pɑ̃sɑ̃, ɑ̃t/ ADJ thinking

**pense-bête** (pl **pense-bêtes**) /pɑ̃sbɛt/ NM *(gén)* reminder; *(= objet)* note *ou* memo board

**pensée**[1] /pɑ̃se/ NF a *(= ce que l'on pense)* thought ◆ **sans déguiser sa ~** without hiding one's thoughts *ou* feelings ◆ **je l'ai fait dans la seule ~ de vous être utile** I only did it thinking it would help you, my only thought in doing it was to help you ◆ **recevez mes plus affectueuses ~s** with fondest love ◆ **saisir/deviner les ~s de qn** to grasp/guess sb's thoughts *ou* what sb is thinking (about) ◆ **plongé dans ses ~s** deep in thought ◆ **avoir une ~ pour qn** to think of sb ◆ **j'ai eu une ~ émue pour toi** *(hum)* I spared a thought for you *(hum)* ◆ **si vous voulez connaître le fond de ma ~** if you want to know what I really think (about it) *ou* how I really feel about it ◆ **aller jusqu'au bout de sa ~** *(= raisonner)* to carry one's line of thought through to its conclusion; *(= dire ce qu'on pense)* to say what's on one's mind ◆ **à la ~ de faire qch** at the thought of doing sth ◆ **à la ~ que ...** to think that ..., when one thinks that ...

b *(= faculté, fait de penser)* thought ◆ **la dignité de l'homme est dans la ~** human dignity lies in man's capacity for thought ◆ **arrêter sa ~ sur qch** *(littér)* to pause to think about sth

c *(= manière de penser)* thinking ◆ **~ claire/obscure** clear/muddled thinking

d *(= esprit)* thought, mind ◆ **venir à la ~ de qn** to occur to sb ◆ **se représenter qch par la ~** *ou* **en ~** to imagine sth in one's mind, to conjure up a mental picture of sth ◆ **transportons-nous par la ~ au XVIe siècle** let's imagine ourselves back in the 16th century ◆ **j'ai essayé de chasser ce souvenir de ma ~** I tried to banish this memory from my mind

e *(= doctrine)* thought, thinking ◆ **la ~ unique** *(péj gén)* doctrinaire approach; *(Pol) doctrinaire approach to government exclusively based on market forces and liberalism* ◆ **la ~ marxiste** Marxist thinking *ou* thought ◆ **la ~ de cet auteur est difficile à comprendre** it is difficult to understand what this author is trying to say

f *(= maxime)* thought ◆ **les ~s de Pascal** the thoughts of Pascal

**pensée**[2] /pɑ̃se/ NF *(Bot)* pansy ◆ **~ sauvage** wild pansy

**penser** /pɑ̃se/ GRAMMAIRE ACTIVE 28.1, 33.1, 35.1, 35.2, 53.2 ► conjug 1 ◄

VI a *(= réfléchir)* to think ◆ **façon de ~** way of thinking ◆ **une nouvelle qui donne** *ou* **laisse à ~** a piece of news which makes you (stop and) think *ou* which gives (you) food for thought ◆ **~ tout haut** to think aloud *ou* out loud

b ◆ **~ à** *[+ ami]* to think of *ou* about; *[+ problème, offre]* to think about *ou* over, to turn over in one's mind ◆ **pensez donc à ce que vous dites** just think about what you're saying ◆ **~ aux autres/aux malheureux** to think of others/of those who are unhappy ◆ **vous pensez à quelqu'un de précis pour ce travail ?** do you have anyone in particular in mind for this job? ◆ **tu vois à qui/à quoi je pense ?** you see who/what I'm thinking of? ◆ **faire ~ à** to make one think of, to remind one of ◆ **cette mélodie fait ~ à Debussy** this tune reminds you of Debussy *ou* is reminiscent of Debussy ◆ **il ne pense qu'à jouer** playing is all he ever thinks about ◆ **pensez-y avant d'accepter** think it over *ou* give it some thought before you accept ◆ **j'ai bien autre chose à ~** * I've got other things on my mind ◆ **il ne pense qu'à ça** * *(hum)* he's got a one-track mind * ◆ **il lui a donné un coup de pied où je pense** * he kicked him you know where * ◆ **faire/dire qch sans y ~** to do/say sth without thinking (about it) ◆ **n'y pensons plus !** let's forget it! ◆ **c'est simple mais il fallait y ~** it's simple when you know how ◆ **mais j'y pense, c'est aujourd'hui, l'anniversaire de Lisa !** I've just remembered, it's Lisa's birthday today! ◆ **ça me fait ~ qu'il ne m'a toujours pas répondu** that reminds me that he still hasn't replied

c ◆ **~ à** *(= prévoir)* to think of; *(= se souvenir de)* to remember ◆ **il pense à tout** he thinks of everything ◆ **~ à l'avenir/aux conséquences** to think of the future/of the consequences ◆ **a-t-il pensé à rapporter du pain ?** did he think of bringing *ou* did he remember to bring some bread? ◆ **pense à l'anniversaire de ta mère** remember *ou* don't forget your mother's birthday ◆ **fais m'y ~** remind me (about that), don't let me forget ◆ **il suffisait d'y ~** it was just a matter of thinking of it ◆ **voyons, pense un peu au danger !** just think of *ou* consider the danger!

d *(loc excl)* **il vient ? – penses-tu !** *ou* **pensez-vous !** is he coming? – is he heck! *(Brit)* * *ou* you must be joking! * ◆ **tu penses !** *ou* **vous pensez ! je le connais trop bien pour le croire** not likely! * I know him too well to believe him ◆ **il va accepter ? – je pense bien !** will he accept? – of course he will! *ou* I should think so! *ou* I should think he will! ◆ **mais vous n'y pensez pas, c'est bien trop dangereux !** don't even think about it, it's much too dangerous! ◆ **tu penses que je vais lui dire !** * you bet I'll tell him! *

VT a *(= avoir une opinion)* to think (*de* of, about); ◆ **~ du bien/du mal de qch/qn** to have a high/poor opinion of sth/sb ◆ **que pense-t-il du film ?** what does he think of the film? ◆ **que pensez-vous de ce projet ?** what do you think *ou* how do you feel about this plan? ◆ **il est difficile de savoir ce qu'il pense** it's difficult to know what he's thinking ◆ **je pense comme toi** I agree with you ◆ **je ne dis rien mais je n'en pense pas moins** I am not saying anything but that doesn't mean that I don't have an opinion ◆ **que penseriez-vous d'un voyage à Rome ?** what would you say to *ou* how would you fancy *ou* how about a trip to Rome?

b *(= supposer)* to think, to suppose, to believe; *(= imaginer)* to think, to expect, to imagine ◆ **il n'aurait jamais pensé qu'elle ferait cela** he would never have thought *ou* imagined *ou* dreamt she would do that, he would never have expected her to do that ◆ **quand on lui dit musique, il pense ennui** when you mention the word music to him, his only thought is that it's boring ◆ **je pense que non** I don't think so, I think not *(frm)* ◆ **je pense que oui** I think so ◆ **ce n'est pas si bête qu'on le pense** it's not such a silly idea as you might think *ou* suppose ◆ **pensez-vous qu'il vienne ?** *ou* **viendra ?** do you think he'll come?, are you expecting him to come? ◆ **je vous laisse à ~ s'il était content** you can imagine how pleased he was ◆ **pensez (qu')il est encore si jeune !** to think that he's still so young! ◆ **ils pensent avoir trouvé une maison** they think they've found a house ◆ **c'est bien ce que je pensais !** I thought as much!, just as *ou* what I thought! ◆ **vous pensez bien qu'elle a refusé** you can well imagine (that) she refused, as you may well expect, she refused ◆ **j'ai pensé mourir/m'évanouir** I thought I was going to die/faint ◆ **tout laisse à ~ qu'elle l'a quitté** there is every indication that she has left him

c ◆ **~ faire** *(= avoir l'intention de)* to be thinking of doing, to consider doing; *(= espérer)* to hope to do ◆ **il pense partir jeudi** he's thinking of going on Thursday ◆ **elle pense arriver demain** she's hoping *ou* expecting to arrive tomorrow

d *(= concevoir) [+ problème, projet, machine]* to think out ◆ **c'est bien/fortement pensé** it's well/very well thought out

NM *(littér)* thought

**penseur** /pɑ̃sœʀ/ NM thinker; → **libre** ADJ M † thoughtful

**pensif, -ive** /pɑ̃sif, iv/ ADJ thoughtful, pensive ◆ **il était tout ~** he was lost in thought ◆ **d'un air ~** pensively, thoughtfully

**pension** /pɑ̃sjɔ̃/ NF a *(= allocation)* pension ◆ **~ de guerre** war pension ◆ **~ d'invalidité** disablement pension ◆ **~ de retraite** old age pension, retirement pension ◆ **~ réversible** *ou* **de réversion** survivor's *ou* reversion pension, reversionary annuity ◆ **toucher sa ~** to draw one's pension

b *(= hôtel)* boarding house; *[de chats]* cattery; *[de chiens]* (boarding) kennels; *[de chevaux]* livery (stables) ◆ **mettre en ~** *[+ chien]* to put in kennels; *[+ cheval]* to put in livery (stables) ◆ **son poney est en ~** her pony's at livery

c *(Scol)* (boarding) school ◆ **mettre qn/être en ~** to send sb to/be at boarding school

d *(= hébergement) [de personne]* board and lodging, bed and board ◆ **la ~ coûte 60 € par jour** board and lodging is €60 a day ◆ **être en ~ chez qn** to board with sb *ou* at sb's ◆ **prendre ~ chez qn** *(lit)* to take board and lodging at sb's; *(hum)* to take up residence at sb's ◆ **prendre qn en ~** to take sb (in) as a lodger, to board sb ◆ **chambre sans ~** room *(with no meals provided)* ◆ **chambre avec ~ complète** full board ◆ **avoir en ~** *(hum) [+ chat, chien]* to look after

**e** *(Fin)* **taux de prise en ~** repurchase rate

**COMP** ▷ **pension alimentaire** *[d'étudiant]* living allowance; *[de divorcée]* alimony, maintenance allowance ▷ **pension de famille** ≈ boarding house

**pensionnaire** /pɑ̃sjɔnɛʀ/ **NMF** *(Scol)* boarder; *[de famille]* lodger; *[d'hôtel]* resident; *[de sanatorium]* patient; *[de Comédie-Française] salaried actor having no share in the profits*

**pensionnat** /pɑ̃sjɔna/ **NM** (boarding) school

**pensionné, e** /pɑ̃sjɔne/ (ptp de **pensionner**) **ADJ** who gets *ou* draws a pension **NM,F** pensioner

**pensionner** /pɑ̃sjɔne/ ► conjug 1 ◄ **VT** to give a pension to

**pensivement** /pɑ̃sivmɑ̃/ **ADV** pensively, thoughtfully

**pensum** † /pɛ̃sɔm/ **NM** *(Scol)* punishment, lines *(Brit)*; *(fig)* chore

**pentaèdre** /pɛ̃taɛdʀ/ **ADJ** pentahedral **NM** pentahedron

**pentagonal, e** (mpl **-aux**) /pɛ̃tagɔnal, o/ **ADJ** pentagonal

**pentagone** /pɛ̃tagɔn/ **NM** pentagon ◆ **le Pentagone** *(Mil)* the Pentagon

**pentamètre** /pɛ̃tamɛtʀ/ **ADJ, NM** pentameter

**Pentateuque** /pɛ̃tatøk/ **NM** Pentateuch

**pentathlon** /pɛ̃tatlɔ̃/ **NM** pentathlon

**pentatonique** /pɛ̃tatɔnik/ **ADJ** pentatonic

**pente** /pɑ̃t/ **NF** **a** *(gén)* slope ◆ **la ~ d'un toit** the pitch *ou* slope of a roof ◆ **~ à 4%** *[de route]* gradient of 1 in 25, 4% gradient *ou* incline *(US)*

◆ **en pente** *[toit]* sloping; *[allée, pelouse]* on a slope *(attrib)* ◆ **de petites rues en ~ raide** steep little streets ◆ **garé dans une rue en ~** parked on a slope ◆ **être en ~ douce/raide** to slope (down) gently/steeply

**b** *(loc)* **être sur une** *ou* **la mauvaise ~** to be going downhill, to be on a downward path ◆ **remonter la ~** *(fig)* to get back on one's feet again, to fight one's way back again ◆ **être sur une ~ glissante** *ou* **dangereuse** *ou* **savonneuse** *(fig)* to be on a slippery slope *(fig)* ◆ **suivre sa ~ naturelle** to follow one's natural bent *ou* inclination; → **dalle, rupture**

**Pentecôte** /pɑ̃tkot/ **NF** **a** *(Rel = dimanche)* Whit Sunday, Pentecost, Whitsun; *(= période)* Whit(suntide) ◆ **lundi de ~** Whit Monday ◆ **de la ~** Pentecostal, Whit *(épith)* **b** *(= fête juive)* Pentecost

**pentecôtiste** /pɑ̃tkotist/ **ADJ** *[personne]* Pentecostalist; *[église]* Pentecostal **NMF** Pentecostalist

**penthotal** ® /pɛ̃tɔtal/ **NM** Pentothal ®

**pentu, e** /pɑ̃ty/ **ADJ** sloping

**penture** /pɑ̃tyʀ/ **NF** *[de volet, porte]* strap hinge

**pénultième** /penyltjɛm/ **ADJ** penultimate **NF** penultimate (syllable)

**pénurie** /penyʀi/ **NF** shortage ◆ **~ de** shortage *ou* lack of ◆ **~ de main-d'œuvre/sucre** labour/sugar shortage ◆ **on ne peut guère qu'organiser la ~** we must just make the best of a bad job* *ou* the best of what we've got

**people** /pipɔl/ **ADJ INV** ◆ **magazine/photo ~** celebrity magazine/photo ◆ **émission ~** programme with celebrity guests ◆ **rubrique ~** gossip column

**PEP** /pɛp/ **NM** (abrév de **plan d'épargne populaire**) → **plan**[1]

**pep** * /pɛp/ **NM** *(= dynamisme)* pep *, liveliness ◆ **elle a du ~** she's full of pep* *ou* beans* *(Brit)* ◆ **ça m'a donné un coup de ~ !** that pepped* me up! *ou* gave me a boost!

**pépé** * /pepe/ **NM** grandad *, grandpa *

**pépée** ‡ /pepe/ **NF** *(= fille)* girl, chick ‡ *(US)*

**pépère** * /pepɛʀ/ **NM** **a** *(= pépé)* grandad *, grandpa * ◆ **un petit ~** a little old man **b** ◆ **un gros ~** *(enfant)* a bonny *(Brit) ou* cute *(US)* child; *(homme)* an old fatty* **ADJ** *[vie]* quiet, uneventful; *[travail]* cushy *, easy ◆ **un petit coin ~** a nice quiet spot ◆ **avoir une conduite ~** *(en voiture)* to potter *(Brit) ou* putter *(US)* along ◆ **c'est quelqu'un d'assez ~** he's the stay-at-home type

**pépettes, pépètes** †* /pepɛt/ **NFPL** dough ‡, lolly ‡ *(Brit)* ◆ **avoir les ~** *(= avoir peur)* to have the heebie-jeebies*

**pépie** /pepi/ **NF** *(Orn)* pip ◆ **avoir la ~** † to have a terrible thirst, to be parched*

**pépiement** /pepimɑ̃/ **NM** chirping *(NonC)*, chirruping *(NonC)*

**pépier** /pepje/ ► conjug 7 ◄ **VI** to chirp, to chirrup

**Pépin** /pepɛ̃/ **NM** ◆ **~ le Bref** Pepin the Short

**pépin** /pepɛ̃/ **NM** **a** *(Bot)* pip ◆ **sans ~s** seedless **b** (* *= ennui)* snag, hitch ◆ **avoir un ~** to hit a snag*, to have a spot of bother *(Brit)* ◆ **j'ai eu un ~ avec ma voiture** I had a problem with my car ◆ **gros/petit ~ de santé** major/slight health problem ◆ **c'est un gros ~ pour l'entreprise** it's a major setback for the company **c** (* *= parapluie)* umbrella, brolly* *(Brit)*

**pépinière** /pepinjɛʀ/ **NF** *(lit)* tree nursery; *(fig)* breeding-ground, nursery (*de* for); *(de formation en entreprise)* graduate training scheme ◆ **~ d'entreprises** *(= parc)* enterprise zone

**pépiniériste** /pepinjeʀist/ **NM** nurseryman **NF** nurserywoman

**pépite** /pepit/ **NF** *[d'or]* nugget ◆ **~s de chocolat** chocolate chips

**péplum** /peplɔm/ **NM** *(Antiq)* peplos, peplum; *(= film)* epic *(set in antiquity)*

**peps** * /pɛps/ **NM** ⇒ **pep**

**pepsine** /pɛpsin/ **NF** pepsin

**peptide** /pɛptid/ **NM** peptide

**peptique** /pɛptik/ **ADJ** peptic

**péquenaud, e** ‡ /pekno, od/ **ADJ** peasant *(épith)* **NM,F** country bumpkin

**péquenot** /pekno/ **ADJ, NM** ⇒ **péquenaud**

**péquin** /pekɛ̃/ **NM** *(arg Mil)* ⇒ **pékin**

**péquiste** /pekist/ **ADJ** of the Parti québécois **NMF** member of the Parti québécois

**PER** /peəɛʀ/ **NM** (abrév de **plan d'épargne retraite**) → **plan**[1]

**perborate** /pɛʀbɔʀat/ **NM** perborate

**perçage** /pɛʀsaʒ/ **NM** *[de trou]* boring, drilling; *[de matériau]* boring through

**percale** /pɛʀkal/ **NF** percale

**percaline** /pɛʀkalin/ **NF** percaline

**perçant, e** /pɛʀsɑ̃, ɑ̃t/ **ADJ** *[cri, voix]* piercing, shrill; *[froid]* biting, bitter; *[vue]* sharp, keen; *[regard]* piercing; *[esprit]* penetrating

**per capita** /pɛʀkapita/ **LOC ADV** per capita

**perce** /pɛʀs/ **NF** ◆ **mettre en ~** *[+ tonneau]* to broach, to tap

**percée** /pɛʀse/ **NF** *(dans une forêt)* opening, clearing; *(dans un mur)* breach, gap; *(Mil, Sci, Écon)* breakthrough; *(Rugby)* break ◆ **~ technologique** technological breakthrough ◆ **faire** *ou* **réaliser une ~ sur un marché/dans une élection** to achieve a breakthrough in a market/in an election

**percement** /pɛʀsəmɑ̃/ **NM** *[de trou]* piercing; *(avec perceuse)* drilling, boring; *[de rue]* building; *[de tunnel]* cutting, driving, boring; *[de fenêtre]* making

**perce-neige** (pl **perce-neige(s)**) /pɛʀsənɛʒ/ **NM** *ou* **NF** snowdrop

**perce-oreille** (pl **perce-oreilles**) /pɛʀsɔʀɛj/ **NM** earwig

**percepteur, -trice** /pɛʀsɛptœʀ, tʀis/ **ADJ** perceptive, of perception **NM** tax collector, tax man*

**perceptibilité** /pɛʀsɛptibilite/ **NF** perceptibility

**perceptible** /pɛʀsɛptibl/ **ADJ** **a** *[son, ironie]* perceptible (*à* to); ◆ **elle fit un mouvement à peine ~** she moved almost imperceptibly ◆ **sa voix était à peine ~** his voice was barely audible ◆ **une amélioration nettement ~** a marked improvement **b** *[impôt]* collectable, payable

**perceptif, -ive** /pɛʀsɛptif, iv/ **ADJ** perceptive

**perception** /pɛʀsɛpsjɔ̃/ **NF** **a** *[d'objet, douleur, son]* perception ◆ **~ visuelle** visual perception ◆ **~ extra-sensorielle** extrasensory perception **b** *(= compréhension, appréhension)* perception ◆ **nous n'avons pas la même ~ de la situation** we don't perceive the situation in quite the same way ◆ **la ~ que nous avons de l'artiste/de la vie** our view of *ou* the way we perceive the artist/life **c** *[d'impôt, amende, péage]* collection; *[d'avantages financiers, allocation]* receipt; *(= bureau)* tax (collector's) office

**percer** /pɛʀse/ ► conjug 3 ◄ **VT** **a** *(gén = perforer)* to pierce, to make a hole in; *(avec perceuse)* to drill *ou* bore through, to drill *ou* bore a hole in; *[+ lobe d'oreille]* to pierce; *[+ chaussette, chaussure]* to wear a hole in; *[+ coffre-fort]* to break open, to crack*; *[+ tonneau]* to broach, to tap; *(Méd) [+ abcès]* to lance; *[+ tympan]* to burst ◆ **avoir une poche/une chaussure percée** to have a hole in one's pocket/shoe ◆ **percé de trous** full of holes, riddled with holes ◆ **la rouille avait percé le métal** rust had eaten into the metal ◆ **on a retrouvé son corps percé de coups de couteau** his body was found full of stab wounds ◆ **se faire ~ les oreilles** to have one's ears pierced; → **chaise, panier**

**b** *[+ fenêtre, ouverture]* to pierce, to make; *[+ canal]* to build; *[+ tunnel]* to cut, to drive, to bore (*dans* through); ◆ **~ un trou dans** to pierce *ou* make a hole in; *(avec perceuse)* to drill *ou* bore a hole through *ou* in ◆ **ils ont percé une nouvelle route à travers la forêt** they have built a new road through the forest ◆ **~ une porte dans un mur** to make *ou* open a doorway in a wall ◆ **mur percé de petites fenêtres** wall with small windows set in it

**c** *(= traverser)* **~ l'air/le silence** to pierce the air/the silence ◆ **~ les nuages/le front ennemi** to pierce *ou* break through the clouds/the enemy lines ◆ **~ la foule** to force *ou* elbow one's way through the crowd ◆ **bruit qui perce les oreilles** ear-splitting noise ◆ **~ qn du regard** to give sb a piercing look ◆ **ses yeux essayaient de ~ l'obscurité** he tried to peer through the darkness ◆ **cela m'a percé le cœur** † it cut me to the heart

**d** *(= découvrir) [+ mystère]* to penetrate; *[+ complot]* to uncover ◆ **~ qch à jour** to see (right) through sth

**e** *[bébé]* **~ des** *ou* **ses dents** to be teething, to cut one's teeth ◆ **il a percé deux dents** he has cut two teeth

**VI** **a** *[abcès]* to burst; *[plante]* to come up; *[soleil]* to come out, to break through; *(Mil)* to break through; *(Sport)* to make a break ◆ **il a une dent qui perce** he's cutting a tooth ◆ **~ sur un nouveau marché** *(Comm)* to break into a new market b *[sentiment, émotion]* to show; *[nouvelle]* to filter through *ou* out ◆ **rien n'a percé des négociations** no news of the negotiations has filtered through ◆ **il ne laisse jamais ~ ses sentiments** he never lets his feelings show ◆ **un ton où perçait l'ironie** a tone tinged with irony

c *(= réussir, acquérir la notoriété)* to make a name for o.s.

**perceur** /pɛʀsœʀ/ NM a *(pour piercing)* (body) piercer b ~ **de coffre-fort** * safe-breaker, safe-cracker

**perceuse** /pɛʀsøz/ NF drill ◆ ~ **à percussion** hammer drill

**percevable** /pɛʀsəvabl/ ADJ *[impôt]* collectable, payable

**percevoir** /pɛʀsəvwaʀ/ GRAMMAIRE ACTIVE 33.1 ▸ conjug 28 ◂ VT a *(= ressentir)* *[+ objet, son, couleur]* to perceive; *[+ odeur, nuance, changement]* to detect; *[+ douleur, émotion]* to feel ◆ **j'ai cru ~ une légère hésitation dans sa voix** I thought I detected a slight note of hesitation in his voice b *(= comprendre)* *[+ situation]* to perceive ◆ **son action a été bien/mal perçue** what he did was well/badly received *ou* was perceived as something positive/negative ◆ **je le perçois comme quelqu'un de sensible** I see him as a sensitive person ◆ **il perçoit mal les problèmes** he hasn't got a clear grasp of the problems ◆ **c'est quelqu'un que je perçois mal** I can't make him out, I find it hard to get a sense of him ◆ **il perçoit bien les enfants** he understands children c *(= faire payer)* *[+ taxe, loyer]* to collect; *(= recevoir)* *[+ indemnité, revenu]* to receive, to be paid

**perche**[1] /pɛʀʃ/ NF *(= poisson)* perch ◆ ~ **de mer** sea perch

**perche**[2] /pɛʀʃ/ NF a *(gén)* pole; *[de tuteur]* stick; *[de téléski]* ski tow; *(Ciné, Radio, TV)* boom; → **saut, tendre**[1] b (* = personne) **(grande)** ~ beanpole * *(Brit)*, stringbean * *(US)*

**perché, e** /pɛʀʃe/ (ptp de **percher**) ADJ ◆ **voix haut ~e** high-pitched voice ◆ **~e sur des talons aiguille** perched on stilettos ◆ **village ~ sur la montagne** village set high up *ou* perched in the mountains

**percher** /pɛʀʃe/ ▸ conjug 1 ◂ VI *[oiseau]* to perch; *[volailles]* to roost; ⁑ *[personne]* to live, to hang out *; *(pour la nuit)* to stay, to crash ⁑; → **chat** VT to stick ◆ ~ **qch sur une armoire** to stick sth up on top of a cupboard ◆ **la valise est perchée sur l'armoire** the case is perched up on top of the wardrobe VPR **se percher** *[oiseau]* to perch; *(* = se jucher)* to perch

**percheron, -onne** /pɛʀʃəʀɔ̃, ɔn/ ADJ of *ou* from the Perche NM,F **Percheron(ne)** inhabitant *ou* native of the Perche NM *(= cheval)* Percheron

**percheur, -euse** /pɛʀʃœʀ, øz/ ADJ ◆ **oiseau ~** perching bird

**perchiste** /pɛʀʃist/ NMF *(Sport)* pole vaulter; *(Ciné, Radio, TV)* boom operator; *[de téléski]* ski lift *ou* ski tow attendant

**perchoir** /pɛʀʃwaʀ/ NM *(lit, fig)* perch; *[de volailles]* roost; *(Pol) seat of the president of the French National Assembly*

**perclus, e** /pɛʀkly, yz/ ADJ *(= paralysé)* crippled, paralyzed (*de* with); *(= ankylosé)* stiff; *(fig)* paralyzed

**percolateur** /pɛʀkɔlatœʀ/ NM coffee machine *(for making expresso, cappuccino etc)*

**percussion** /pɛʀkysjɔ̃/ NF *(Méd, Mus, Phys)* percussion ◆ **instrument à** *ou* **de ~** percussion instrument ◆ **les ~s** *[d'orchestre]* the percussion (section)

**percussionniste** /pɛʀkysjɔnist/ NMF percussionist

**percutané, e** /pɛʀkytane/ ADJ percutaneous

**percutant, e** /pɛʀkytɑ̃, ɑ̃t/ ADJ a *(Mil)* percussion *(épith)*; *(Phys)* percussive b *[slogan, titre]* snappy, punchy; *[réponse]* trenchant; *[analyse]* incisive; *[argument, discours, pensée]* forceful, powerful; *[images]* powerful ◆ **il n'a pas été très ~ pendant le débat** he didn't express himself very forcefully in the debate

**percuter** /pɛʀkyte/ ▸ conjug 1 ◂ VT *(Mil, Phys)* to strike; *(Méd)* to percuss; *[conducteur, véhicule]* to smash into *ou* crash into VI a ◆ ~ **contre** *[conducteur, véhicule]* to smash *ou* crash into; *[obus]* to strike b (⁑ = comprendre) **il percute vite** he catches on * quickly, he's quick on the uptake ◆ **je n'ai pas percuté** I didn't twig * *ou* catch on *

**percuteur** /pɛʀkytœʀ/ NM firing pin, striker

**perdant, e** /pɛʀdɑ̃, ɑ̃t/ ADJ *[numéro, cheval]* losing *(épith)* ◆ **je suis ~** *(gén)* I lose out *; *(financièrement)* I'm out of pocket, I've lost out ◆ **tu es loin d'être ~** *(gén)* you're certainly not losing out; *(financièrement)* you're certainly not out of pocket *ou* not losing out NM,F loser ◆ **partir ~** to have lost before one starts ◆ **être bon/mauvais ~** to be a good/a bad loser

**perdition** /pɛʀdisjɔ̃/ NF *(Rel)* perdition ◆ **lieu de ~** den of iniquity ◆ **en ~** *[bateau]* in distress; *[jeunesse]* on the wrong path; *[entreprise]* on the road to ruin

**perdre** /pɛʀdʀ(ə)/ ▸ conjug 41 ◂ VT a *[+ match, guerre, procès, travail, avantage]* to lose; *[+ habitude]* to lose, to get out of; *(volontairement)* to break, to get out of ◆ **il a perdu son père à la guerre** he lost his father in the war ◆ **ce quartier est en train de ~ son cachet** this district is losing its distinctive charm ◆ **j'ai perdu le goût de manger** I've lost all interest in food ◆ **j'ai perdu le goût de rire** I don't feel like laughing any more ◆ **n'avoir rien à ~** *(fig)* to have nothing to lose ◆ ~ **un set/son service** *(Tennis)* to lose *ou* drop a set/one's serve ◆ **le Président perd 3 points dans le dernier sondage** the President is down 3 points in the latest poll ◆ **l'agriculture a perdu des milliers d'emplois** thousands of jobs have been lost in farming

b *[+ objet]* *(= ne plus trouver)* to lose; *(= égarer)* to mislay ◆ ~ **(le souvenir de)** *[+ nom, date]* to forget ◆ ~ **sa page** *(en lisant)* to lose one's place ◆ ~ **son chemin** to lose one's way

c *[+ membre, cheveux, dent]* to lose ◆ ~ **du poids** to lose weight ◆ ~ **l'appétit/la mémoire/la vie** to lose one's appetite/one's memory/one's life ◆ **il perd la vue** his sight is failing ◆ **il a perdu le souffle** he's out of breath ◆ ~ **la parole** to lose the power of speech ◆ **ce tableau a perdu beaucoup de valeur** this painting has lost a lot of its value ◆ ~ **l'équilibre** to lose one's balance ◆ ~ **espoir/patience** to lose hope/(one's) patience ◆ ~ **l'esprit** *ou* **la raison** to go out of one's mind, to take leave of one's senses ◆ ~ **courage** to lose heart, to be downhearted ◆ ~ **confiance** to lose one's confidence ◆ **elle a perdu les eaux** *(Méd)* her waters have broken ◆ **la voiture perd de la vitesse** the car is losing speed; → **langue**

d *[+ feuille, pétale, pelage, corne]* to lose, to shed ◆ **il perd son pantalon** his trousers are falling *ou* coming down ◆ **tu perds ton collier !** your necklace is coming off! ◆ **ce réservoir perd beaucoup d'eau** this tank leaks badly *ou* loses a lot of water

e *(= gaspiller)* *[+ temps, peine, souffle, argent]* to waste (*à qch* on sth); *(= abîmer)* *[+ aliments]* to spoil ◆ **tu as du temps/de l'argent à ~ !** you've got time to waste/money to burn! ◆ **il a perdu une heure à la chercher** he wasted an hour looking for her ◆ **vous n'avez pas une minute à ~** you haven't (got) a minute to lose ◆ **sans ~ une minute** without wasting a minute

f *(= manquer)* *[+ occasion]* to lose, to miss ◆ **tu ne l'as jamais vu ? tu n'y perds rien !** you've never seen him? you haven't missed anything! ◆ **il n'a pas perdu un mot/une miette de la conversation** he didn't miss a single word/a single syllable of the conversation ◆ **il ne perd rien pour attendre !** he's got it coming to him! * ◆ **rien n'est perdu !** nothing is lost!

g *(= porter préjudice à)* to ruin, to be the ruin of ◆ ~ **qn dans l'esprit de qn** to lower sb's opinion of sb, to send sb down in sb's esteem ◆ **son ambition l'a perdu** ambition was his downfall *ou* the ruin of him, ambition proved his undoing ◆ **c'est le témoignage de son cousin qui l'a perdu** it was his cousin's evidence which was his undoing ◆ **ta bonté te perdra !** *(iro)* you're too kind! *(iro)*

h *(loc fig)* ~ **le nord** * to lose one's way ◆ **il ne perd pas le nord** * he keeps his wits about him ◆ **tu ne perds pas le nord, toi !** * you don't miss a trick! ◆ ~ **les pédales** * *(dans une explication)* to get all mixed up; *(= s'affoler)* to lose one's head *ou* one's grip; *[vieillard]* to lose one's marbles * ◆ ~ **ses moyens** to crack up * ◆ ~ **la tête** *(= s'affoler)* to lose one's head; *(= devenir fou)* to go mad *ou* crazy *; *[vieillard]* to lose one's marbles *; → **boule, face, illusion, pied** *etc*

VI a *(gén)* to lose ◆ ~ **sur un article** *(Comm)* to lose on an article, to sell an article at a loss ◆ **vous y perdez** *(dans une transaction)* you lose by it, you lose out on it; *(= vous ratez quelque chose)* it's your loss; → **change**

b *[citerne, réservoir]* to leak

VPR **se perdre** a *(= s'égarer)* to get lost, to lose one's way

b *(fig)* **se ~ dans les détails/dans ses explications** to get bogged down *ou* get lost in details/in one's explanations ◆ **se ~ en conjectures** to become lost in conjecture ◆ **se ~ dans ses pensées** to be lost in thought ◆ **il y a trop de chiffres, je m'y perds** there are too many figures, I'm all confused *ou* all at sea *

c *(= disparaître)* to disappear, to vanish; *[coutume]* to be dying out; *(Naut)* to sink, to be wrecked ◆ **c'est un métier qui se perd** it's a dying trade ◆ **se ~ dans la foule** to disappear *ou* vanish into the crowd ◆ **son cri se perdit dans le vacarme** his shout was lost in the din *ou* was drowned (out) by the din ◆ **leurs silhouettes se perdirent dans la nuit** their figures vanished into the night *ou* were swallowed up by the darkness ◆ **ce sens s'est perdu** this meaning has died out *ou* has been lost ◆ **rien ne se perd, rien ne se crée(, tout se transforme)** matter can neither be created nor destroyed(, only transformed)

d *(= devenir inutilisable)* to be wasted, to go to waste; *[denrées]* to go bad ◆ **il y a des gifles/des coups de pied qui se perdent** * *(fig)* he (*ou* she *etc*) deserves to be slapped *ou* a good slap/deserves a kick in the pants *

**perdreau** (pl **perdreaux**) /pɛʀdʀo/ NM (young) partridge

**perdrix** /pɛʀdʀi/ NF partridge ◆ ~ **blanche** *ou* **des neiges** ptarmigan ◆ ~ **de mer** pratincole

**perdu, e** /pɛʀdy/ (ptp de **perdre**) ADJ a *[bataille, cause, réputation, aventurier]* lost ◆ **il est ~** *[malade]* there's no hope for him ◆ **je suis ~ !** I'm done for!, it's all up with me! * *(Brit)* ◆ **quand il se vit ~** when he saw he was lost *ou* done for * ◆ **tout est ~** all is lost ◆ **rien**

**n'est** ~ nothing's lost, there's no harm done; → **corps**

**b** *(= égaré) [personne, objet]* lost; *[balle, chien]* stray ◆ **ce n'est pas ~ pour tout le monde** somebody's made good use of it ◆ **un(e) de ~(e), dix de retrouvé(e)s** there are plenty more fish in the sea; → **salle**

**c** *(= gaspillé) [occasion]* lost, wasted, missed; *[temps]* wasted ◆ **c'était une soirée de ~e** it was a wasted evening *ou* a waste of an evening ◆ **c'est de l'argent** ~ it's money down the drain ◆ **il y a trop de place ~e** there's too much space wasted ◆ **à ses moments ~s, à temps** ~ in his spare time; → **pain, peine**

**d** *(= abîmé) [aliment]* spoilt, wasted; *[récolte]* ruined

**e** *(= écarté) [pays, endroit]* out-of-the-way, isolated

**f** *(= non consigné) [emballage, verre]* non-returnable, no-deposit *(épith)*

**g** *[personne] (= embrouillé)* lost, all at sea * *(attrib)* ◆ ~ **dans ses pensées** *(= absorbé)* lost in thought

**NM** †† madman ◆ **crier/rire comme un** ~ to shout/laugh like a madman

**perdurer** /pɛʀdyʀe/ ▸ conjug 1 ◂ **VI** *(littér) [tradition]* to endure

**père** /pɛʀ/ **NM** **a** *(gén)* father ◆ **marié et ~ de trois enfants** married with three children *ou* and father of three children ◆ **il est ~ depuis hier** he became a father yesterday ◆ **Martin (le)** ~ Martin senior ◆ **né de ~ inconnu** of an unknown father ◆ **c'est bien la fille de son ~ !** she really takes after her father! ◆ **à ~ avare, enfant** *ou* **fils prodigue** *(Prov)* a miser will father a spendthrift son ◆ **le coup du ~ François** * a stab in the back ◆ **il m'a fait le coup du ~ François** he stabbed me in the back; → **tel**

◆ **de père en fils** from father to son, from one generation to the next ◆ **ils sont bouchers de ~ en fils** they've been butchers for generations

**b** *(pl = ancêtres)* **~s** forefathers, ancestors

**c** *(= inventeur)* father ◆ **le ~ de la bombe H** the father of the H-bomb ◆ ~ **fondateur** *[de parti, association, idéologie]* founding father

**d** *(Zool) [d'animal]* sire

**e** *(Rel)* father ◆ **le Père René** Father René ◆ **mon Père** Father; → **dieu**

**f** *(* = monsieur)* **le ~ Benoît** old (man) Benoît * ◆ **un gros ~** *(= homme)* a big fat guy * ◆ **dis-donc, petit ~** tell me old man *ou* buddy *

**g** *(* = enfant)* **un brave petit ~** a fine little fellow * ◆ **un (bon) gros ~** a chubby chap *

**COMP** ▷ **père abbé** *(Rel)* abbot ▷ **les Pères blancs** the White Fathers ▷ **les Pères de l'Église** *(Rel)* the Church Fathers ▷ **le Père éternel** *(Rel)* our Heavenly Father ▷ **père de famille** *(Jur)* father ◆ **tu es ~ de famille, ne prends pas de risques** you have a wife and family to think about *ou* you're a family man, don't take risks ◆ **en bon ~ de famille, il ...** as a good father should, he ... ◆ **maintenant, c'est le vrai ~ de famille** *(hum)* now he's the serious family man ▷ **le père Fouettard** the Bogeyman ▷ **le père Noël** Father Christmas, Santa Claus ▷ **père peinard, père tranquille** genial fellow ▷ **père spirituel** *[de groupe]* spiritual leader; *[de personne]* spiritual father; → **croire, placement, valeur**

**pérégrination** /peʀegʀinasjɔ̃/ **NF** *(surtout pl)* peregrination

**péremption** /peʀɑ̃psjɔ̃/ **NF** *(Jur)* limitation period ◆ **il y a ~ au bout de trois ans** there is a three-year limitation period (after which claims are time-barred); → **date**

**péremptoire** /peʀɑ̃ptwaʀ/ **ADJ** *[argument, ton]* peremptory

**péremptoirement** /peʀɑ̃ptwaʀmɑ̃/ **ADV** peremptorily

**pérennisation** /peʀenizasjɔ̃/ **NF** perpetuation

**pérenniser** /peʀenize/ ▸ conjug 1 ◂ **VT** to perpetuate

**pérennité** /peʀenite/ **NF** *[d'institution, goûts]* durability; *[de tradition]* continuity, perpetuity; *[de lignée]* continuity

**péréquation** /peʀekwasjɔ̃/ **NF** *[de prix, impôts]* balancing out, evening out; *[de notes]* coordination, adjustment; *[de salaires]* adjustment, realignment

**perestroïka** /peʀɛstʀɔika/ **NF** perestroika

**perfectibilité** /pɛʀfɛktibilite/ **NF** perfectibility

**perfectible** /pɛʀfɛktibl/ **ADJ** perfectible

**perfectif, -ive** /pɛʀfɛktif, iv/ **ADJ, NM** perfective

**perfection** /pɛʀfɛksjɔ̃/ **NF** perfection ◆ **la ~ n'est pas de ce monde** there's no such thing as perfection, nothing's perfect ◆ **parvenir à** *ou* **atteindre la ~** to attain perfection

◆ **à la perfection** *[jouer, fonctionner]* to perfection; *[connaître]* perfectly ◆ **cela illustre à la ~ ce que je disais** that's a perfect illustration of *ou* that perfectly illustrates what I was saying

**perfectionné, e** /pɛʀfɛksjɔne/ (ptp de **perfectionner**) **ADJ** *[dispositif, machine]* sophisticated

**perfectionnement** /pɛʀfɛksjɔnmɑ̃/ **NM** **a** *(NonC) (= amélioration)* improving; *(pour parfaire)* perfecting ◆ **les ordinateurs ont atteint un tel degré de ~ que ...** computers have become so sophisticated that ... ◆ **des cours de ~ en danse/en anglais** advanced dance classes/English course **b** *(= raffinement)* improvement ◆ **ce logiciel nécessite encore quelques ~s** this software still needs a few improvements ◆ **les derniers ~s techniques** the latest technical developments *ou* improvements

**perfectionner** /pɛʀfɛksjɔne/ ▸ conjug 1 ◂ **VT** *(= améliorer)* to improve; *(= parfaire)* to perfect **VPR** **se perfectionner** *[technique]* to improve; *[personne]* to improve o.s. ◆ **se ~ en anglais** to improve one's English

**perfectionnisme** /pɛʀfɛksjɔnism/ **NM** perfectionism

**perfectionniste** /pɛʀfɛksjɔnist/ **NMF** perfectionist

**perfide** /pɛʀfid/ **ADJ** *(littér) [personne, manœuvre, promesse]* perfidious, treacherous, deceitful, false; *[chose]* treacherous **NMF** *(littér)* traitor; *(en amour)* perfidious *ou* false-hearted person

**perfidement** /pɛʀfidmɑ̃/ **ADV** *(littér)* perfidiously, treacherously

**perfidie** /pɛʀfidi/ **NF** *(= caractère)* perfidy, treachery; *(= acte)* act of perfidy *ou* treachery

**perforage** /pɛʀfɔʀaʒ/ **NM** *(= poinçonnage)* punching; *(Tech)* boring, drilling

**perforant, e** /pɛʀfɔʀɑ̃, ɑ̃t/ **ADJ** *[instrument]* perforating; *[balle, obus]* armour-piercing *(Brit)*, armor-piercing *(US)*

**perforateur, -trice** /pɛʀfɔʀatœʀ, tʀis/ **ADJ** perforating **NM,F** *(= ouvrier)* punch-card operator **NM** *(Méd)* perforator **NF** **perforatrice** *(= perceuse)* drilling *ou* boring machine; *(Ordin)* card punch ◆ **perforatrice à clavier** key punch ◆ **perforatrice à air comprimé** compressed-air drill

**perforation** /pɛʀfɔʀasjɔ̃/ **NF** *(gén, Méd)* perforation; *(Ordin) (= action)* punching; *(= trou)* punched hole

**perforer** /pɛʀfɔʀe/ ▸ conjug 1 ◂ **VT** *(= percer)* to pierce; *(Méd)* to perforate; *(= poinçonner)* to punch ◆ **carte perforée** *(Ordin)* punch card ◆ **bande/feuille perforée** punched tape/sheet

**perforeuse** /pɛʀfɔʀøz/ **NF** card punch

**performance** /pɛʀfɔʀmɑ̃s/ **NF** **a** *(= résultat)* result, performance *(NonC)*; *(= exploit)* feat, achievement ◆ **ses ~s en anglais** his results *ou* performance in English ◆ **s'il y parvient, ce sera une ~ remarquable** if he succeeds, it'll be an outstanding feat *ou* achievement ◆ **réussir une bonne ~** to achieve a good result **b** *[de voiture, machine, économie, industrie]* performance *(NonC)* **c** *(Ling)* **la ~** performance

**performant, e** /pɛʀfɔʀmɑ̃, ɑ̃t/ **ADJ** *[machine, voiture]* high-performance *(épith)*; *[résultat]* outstanding, impressive; *[entreprise, économie]* successful; *[investissement]* high-return *(épith)*; *[administrateur, procédé]* effective

**performatif, -ive** /pɛʀfɔʀmatif, iv/ **ADJ, NM** performative

**perfuser** /pɛʀfyze/ ▸ conjug 1 ◂ **VT** *[+ patient]* to put on a drip

**perfusion** /pɛʀfyzjɔ̃/ **NF** *(Méd)* drip *(Brit)*, IV *(US)*, perfusion ◆ **mettre qn/être sous ~** to put sb/be on a drip *(Brit) ou* an IV *(US)* ◆ **le pays est encore sous ~ (financière)** this country is still heavily subsidized *ou* still dependent on subsidies

**pergola** /pɛʀgɔla/ **NF** pergola

**péri** /peʀi/ **ADJ M, NM** ◆ **(marin) ~ en mer** sailor lost at sea ◆ **au profit des ~s en mer** in aid of those lost at sea

**périanthe** /peʀjɑ̃t/ **NM** *(Bot)* perianth

**péricarde** /peʀikaʀd/ **NM** pericardium

**péricarpe** /peʀikaʀp/ **NM** *(Bot)* pericarp

**péricliter** /peʀiklite/ ▸ conjug 1 ◂ **VI** *[affaire, économie]* to be in a state of collapse, to collapse

**péridot** /peʀido/ **NM** peridot

**péridural, e** (mpl **-aux**) /peʀidyʀal, o/ **ADJ** epidural **NF** **péridurale** epidural ◆ **faire une ~e à qn** to give sb an epidural

**périf** * /peʀif/ **NM** (abrév de **(boulevard) périphérique**) → **périphérique**

**périgée** /peʀiʒe/ **NM** perigee

**périglaciaire** /peʀiglasjɛʀ/ **ADJ** periglacial

**péri-informatique** /peʀiɛ̃fɔʀmatik/ **ADJ** peripheral **NF** computer peripherals

**péril** /peʀil/ **NM** *(littér)* peril, danger ◆ **le ~ rouge/jaune** the red/yellow peril ◆ **au ~ de sa vie** at the risk of one's life ◆ **il n'y a pas ~ en la demeure** there's no need to hurry ◆ **il y a ~ à faire** it is perilous to do

◆ **en péril** *[monument, institution]* in peril ◆ **mettre en ~** to imperil, to endanger, to jeopardize

**périlleusement** /peʀijøzmɑ̃/ **ADV** *(littér)* perilously

**périlleux, -euse** /peʀijø, øz/ **ADJ** perilous; → **saut**

**périmé, e** /peʀime/ (ptp de **périmer**) **ADJ** *[billet, bon]* out-of-date *(épith)*, no longer valid *(attrib)*; *[idée]* dated, outdated; * *[nourriture]* past its use-by date ◆ **ce passeport est ~** this passport has expired

**périmer** /peʀime/ ▸ conjug 1 ◂ **VI** ◆ **laisser ~ un passeport/billet** to let a passport/ticket expire **VPR** **se périmer** *(Jur)* to lapse; *[passeport, billet]* to expire; *[idée]* to date, to become outdated

**périmètre** /peʀimɛtʀ/ **NM** *(Math)* perimeter; *(= zone)* area ◆ **dans un ~ de 3 km** within a 3 km radius ◆ **~ de sécurité** safety zone

**périnatal, e** (mpl **périnatals**) /peʀinatal/ ADJ perinatal

**périnéal, e** (mpl **-aux**) /peʀineal, o/ ADJ perineal

**périnée** /peʀine/ NM perineum

**période** /peʀjɔd/ NF a *(gén)* period ◆ **par ~s** from time to time ◆ **pendant la ~ des vacances** during the holiday period ◆ **en ~ scolaire** during termtime *(Brit)*, while school is in session *(US)* ◆ **pendant la ~ électorale** at election time ◆ **~ (d'instruction)** *(Mil)* training *(NonC)* ◆ **~ d'essai** trial period ◆ **~ ensoleillée/de chaleur** sunny/warm spell *ou* period ◆ **c'est la bonne ~ pour les champignons** it's the right time for mushrooms ◆ **j'ai eu une ~ concert/théâtre** * I went through a period *ou* phase of going to concerts/the theatre a lot ◆ **elle a traversé une ~ difficile** she has been through a difficult period *ou* patch ◆ **la ~ bleue de Picasso** Picasso's blue period ◆ **~ bleue/blanche** *(Transport) slack/relatively slack period during which discounts are available on tickets* ◆ **~ rouge** *peak period during which tickets are at their most expensive*
b *(Math) [de fonction]* period; *[de fraction]* repetend
c *(Phys)* **~ radioactive** half-life

**périodicité** /peʀjɔdisite/ NF periodicity

**périodique** /peʀjɔdik/ ADJ *(gén, Chim, Phys)* periodic; *(Presse)* periodical; *(Méd) [fièvre]* recurring ◆ **fraction ~** *(Math)* recurring decimal ◆ **fonction ~** *(Math)* periodic function; → **garniture** NM *(Presse)* periodical

**périodiquement** /peʀjɔdikmɑ̃/ ADV periodically

**périoste** /peʀjɔst/ NM periosteum

**péripatéticien, -ienne** /peʀipatetisjɛ̃, jɛn/ ADJ, NM,F *(Philos)* peripatetic NF **péripatéticienne** *(hum = prostituée)* streetwalker

**péripétie** /peʀipesi/ NF a *(= épisode)* event, episode ◆ **les ~s d'une révolution/d'une exploration** the various episodes in a revolution/an exploration ◆ **après bien des ~s** after all sorts of incidents ◆ **voyage plein de ~s** eventful journey b *(Littérat)* peripeteia

**périph** * /peʀif/ NM (abrév de **(boulevard) périphérique**) → **périphérique**

**périphérie** /peʀifeʀi/ NF *(= limite)* periphery; *(= banlieue)* outskirts ◆ **la proche ~** the inner suburbs

**périphérique** /peʀifeʀik/ ADJ *(Anat, Math)* peripheral; *[quartier]* outlying *(épith)*; *[communes, régions, activités]* associated ◆ **poste** *ou* **radio** *ou* **station ~** private radio station *(broadcasting from a neighbouring country)* NM a *(Ordin)* peripheral ◆ **~ entrée-sortie** input-output device b ◆ **(boulevard) ~** ring road *(Brit)*, beltway *(US)* ◆ **(boulevard) ~ intérieur/extérieur** inner/outer ring road *(Brit)* ou beltway *(US)*

**périphrase** /peʀifʀɑz/ NF circumlocution, periphrasis *(SPÉC)*, periphrase *(SPÉC)*

**périphrastique** /peʀifʀastik/ ADJ circumlocutory, periphrastic

**périple** /peʀipl/ NM *(par mer)* voyage; *(par terre)* tour, journey ◆ **au cours de son ~ américain** during his tour of the USA

**périr** /peʀiʀ/ ▸ conjug 2 ◂ VI *(littér)* to perish *(littér)*, to die; *[navire]* to go down, to sink; *[empire]* to perish, to fall ◆ **~ noyé** to drown, to be drowned ◆ **faire ~** *[+ personne, plante]* to kill ◆ **son souvenir ne périra jamais** his memory will never die *ou* perish *(littér)* ◆ **~ d'ennui** *(fig)* to die of boredom

**périscolaire** /peʀiskɔlɛʀ/ ADJ extracurricular

**périscope** /peʀiskɔp/ NM periscope

**périscopique** /peʀiskɔpik/ ADJ periscopic

**périssable** /peʀisabl/ ADJ perishable ◆ **denrées ~s** perishable goods, perishables

**périssoire** /peʀiswaʀ/ NF canoe

**péristaltisme** /peʀistaltism/ NM peristalsis

**péristyle** /peʀistil/ NM peristyle

**péritel** ® /peʀitɛl/ ADJ F, NF ◆ **(prise) ~** SCART (socket)

**péritoine** /peʀitwan/ NM peritoneum

**péritonite** /peʀitɔnit/ NF peritonitis

**périurbain, e** /peʀiyʀbɛ̃, ɛn/ ADJ outlying ◆ **zone ~e** outlying suburbs, peri-urban area

**perle** /pɛʀl/ NF a *(= bijou)* pearl; *(= boule)* bead ◆ **des dents de ~** pearly teeth ◆ **c'est jeter** *ou* **donner des ~s aux pourceaux** *(fig)* it's like casting pearls before swine; → **enfiler** b *(littér = goutte) [d'eau, sang]* drop(let); *[de sueur]* bead c *(= personne, chose de valeur)* gem ◆ **la cuisinière est une ~** the cook is an absolute gem *ou* a perfect treasure ◆ **c'est la ~ des maris** he's the best of husbands, you couldn't hope for a better husband ◆ **vous êtes une ~ rare** you're a (real) gem ◆ **la ~ d'une collection** the highlight of a collection d *(= erreur)* gem, howler COMP ▷ **perle de culture** cultured pearl ▷ **perle fine**, **perle naturelle** natural pearl ▷ **perle de rosée** dewdrop

**perlé, e** /pɛʀle/ (ptp de **perler**) ADJ *[orge]* pearl *(épith)*; *[riz]* polished; *[coton, laine]* pearlized; *[tissu]* beaded; *[travail]* perfect, exquisite; *[rire]* rippling; → **grève**

**perler** /pɛʀle/ ▸ conjug 1 ◂ VI *[sueur]* to form ◆ **la sueur perlait sur son front** beads of sweat stood out *ou* formed on his forehead VT † *[+ travail]* to take great pains over

**perlier, -ière** /pɛʀlje, jɛʀ/ ADJ pearl *(épith)*

**perlimpinpin** /pɛʀlɛ̃pɛ̃pɛ̃/ NM → **poudre**

**perlouse** *, **perlouze** * /pɛʀluz/ NF *(= perle)* pearl; *(= pet)* smelly fart *

**perm** * /pɛʀm/ NF a abrév de **permanence c** b *(arg Mil)* abrév de **permission b**

**permafrost** /pɛʀmafʀɔst/ NM permafrost

**permanence** /pɛʀmanɑ̃s/ NF a *(= durée)* permanence, permanency
◆ **en permanence** *[siéger]* permanently; *[crier]* continuously ◆ **dans ce pays ce sont des émeutes/c'est la guerre en ~** in that country there are constant *ou* continuous riots/there is a permanent state of war ◆ **elle ment en ~** she's always lying
b *(= service)* **être de ~** to be on duty *ou* on call ◆ **une ~ est assurée le dimanche** there is someone on duty on Sundays, the office is manned on Sundays c *(= bureau)* (duty) office; *(Pol)* committee room; *(Scol)* study room *ou* hall *(US)* ◆ **heure de ~** *(Scol)* private study period

**permanent, e** /pɛʀmanɑ̃, ɑ̃t/ ADJ permanent; *[armée, comité]* standing *(épith)*; *[spectacle, angoisse]* continuous; *[conflit, effort]* ongoing ◆ **« permanent de 14 heures à minuit »** *(Ciné)* "continuous showings from 2 o'clock to midnight" ◆ **cinéma ~** cinema showing a continuous programme ◆ **ils sont en contact ~** they are in constant contact ◆ **elle s'est installée en France de façon ~e** she has settled in France permanently ◆ **cela implique un travail ~ de recherche** this necessitates ongoing research work; → **formation** NM *(Pol)* (paid) official *(of union, political party)*; *(dans une entreprise)* permanent employee ◆ **un ~ du parti** a party worker NF **permanente** *(Coiffure)* perm ◆ **se faire faire une ~e** to have one's hair permed, to get a perm

**permanenter** /pɛʀmanɑ̃te/ ▸ conjug 1 ◂ VT to perm ◆ **se faire ~** to have one's hair permed, to get a perm ◆ **cheveux permanentés** permed hair

**permanganate** /pɛʀmɑ̃ganat/ NM permanganate

**perméabilité** /pɛʀmeabilite/ NF a *(Phys)* permeability (*à* to); ◆ **~ à l'air** air permeability b *[de frontière]* openness

**perméable** /pɛʀmeabl/ ADJ a *(Phys)* permeable (*à* to); ◆ **~ à l'air** permeable to air b *(= ouvert) [frontière]* open (*à* to); ◆ **~ à** *[personne]* receptive to, open to ◆ **la frontière est trop ~** the border is too open *ou* too easily crossed ◆ **trop ~ aux idées extrémistes** too easily influenced by extremist ideas

**permettre** /pɛʀmɛtʀ/ GRAMMAIRE ACTIVE 28.1, 30, 36.1, 37.4 ▸ conjug 56 ◂
VT a *(= tolérer)* to allow, to permit ◆ **~ à qn de faire qch**, **~ que qn fasse qch** to allow *ou* permit sb to do sth, to let sb do sth ◆ **la loi le permet** it is allowed *ou* permitted by law, the law allows *ou* permits it ◆ **le docteur me permet l'alcool** the doctor allows me to drink *ou* lets me drink ◆ **il se croit tout permis** he thinks he can do what he likes *ou* as he pleases ◆ **est-il permis d'être aussi bête !** how can anyone be so stupid! ◆ **il est permis à tout le monde de se tromper !** anyone can make mistakes *ou* a mistake! ◆ **le professeur lui a permis de ne pas aller à l'école aujourd'hui** the teacher has given him permission to stay off school *ou* not to go to school today ◆ **il hurlait comme ce n'est pas permis** * he was yelling like mad *
b *(= rendre possible)* to allow, to permit ◆ **ce diplôme va lui ~ de trouver du travail** this qualification will allow *ou* enable *ou* permit him to find a job ◆ **mes moyens ne me le permettent pas** I can't afford it ◆ **mes occupations ne me le permettent pas** I'm too busy to do that ◆ **sa santé ne le lui permet pas** his health doesn't allow him to do that ◆ **son attitude permet tous les soupçons** his way of behaving gives cause for suspicion ◆ **si le temps le permet** weather permitting ◆ **autant qu'il est permis d'en juger** as far as one can tell
c *(= donner le droit)* to entitle ◆ **cette carte lui permet d'obtenir des réductions** this card entitles him to reductions ◆ **être majeur permet de voter** once you're 18 you're eligible to vote ◆ **qu'est-ce qui te permet de me juger ?** what gives you the right to judge me?
d *(idée de sollicitation)* **vous permettez ?** may I? ◆ **permettez-moi de vous présenter ma sœur/de vous interrompre** may I introduce my sister/interrupt (you)? ◆ **s'il m'est permis de faire une objection** if I may *ou* might raise an objection ◆ **vous permettez que je fume ?** do you mind if I smoke? ◆ **vous permettez que je passe !** *(ton irrité)* if you don't mind I'd like to come past! ◆ **permettez ! je ne suis pas d'accord** I'm very sorry but I disagree! ◆ **permets-moi de te le dire** let me tell you
VPR **se permettre** a *(= s'offrir)* to allow o.s. ◆ **je me permets une petite fantaisie de temps en temps** I indulge myself from time to time ◆ **je ne peux pas me ~ d'acheter ce manteau** I can't afford this coat
b *(= risquer) [+ grossièreté, plaisanterie]* to dare to make ◆ **ce sont des plaisanteries qu'on ne peut se ~ qu'entre amis** these jokes are only acceptable among friends ◆ **je me suis permis de sourire** *ou* **un sourire** I allowed myself *ou* ventured a smile ◆ **il s'est permis de partir sans permission** he took the liberty of going without permission ◆ **il se permet bien des choses** he takes a lot of liberties ◆ **je me permettrai de vous faire remarquer que ...** I'd like to point out (to you) that ... ◆ **puis-je me ~ de vous offrir un verre ?** will

you let me buy you a drink? ◆ **je me permets de vous écrire au sujet de ...** *(formule épistolaire)* I am writing to you in connection with ...

> ⚠ *Attention à ne pas traduire automatiquement* **permettre** *par* **to permit**, *qui est d'un usage moins courant que 'to get'.*

**permien, -ienne** /pɛʀmjɛ̃, jɛn/ ADJ permian NM ◆ **le ~** the Permian era

**permis, e** /pɛʀmi, iz/ GRAMMAIRE ACTIVE 36.1, 37.4 (ptp de **permettre**) ADJ *[limites]* permitted ◆ **il est ~ de s'interroger sur la nécessité de ...** *(frm)* one might *ou* may well question the necessity of ... NM permit, licence ◆ **~ de chasse** hunting licence ◆ **~ (de conduire)** *(= carte)* driving licence *(Brit)*, driver's license *(US)*; *(= épreuve)* driving test ◆ **~ à points** *driving licence with a penalty point system* ◆ **~ de construire** planning permission *(NonC)* ◆ **~ d'inhumer** burial certificate ◆ **~ bateau** boating licence ◆ **~ moto** motorbike licence ◆ **~ de pêche** fishing permit ◆ **~ poids lourd** heavy-goods vehicle licence ◆ **~ de port d'armes** gun licence ◆ **~ de séjour** residence permit ◆ **~ de travail** work permit

**permissif, -ive** /pɛʀmisif, iv/ ADJ permissive

**permission** /pɛʀmisjɔ̃/ NF a *(= autorisation)* permission ◆ **avec votre ~** with your permission ◆ **accorder à qn la ~ de faire qch** to give sb permission to do sth ◆ **demander la ~** to ask permission (*de* to); ◆ **je lui ai demandé la ~** I asked his permission (*de* to); ◆ **demander à qn la ~** to ask sb his permission (*de* to); ◆ **est-ce qu'il t'a donné la ~ (de le faire) ?** did he give you permission (to do it)? b *(Mil)* *(= congé)* leave, furlough; *(= certificat)* pass ◆ **en ~** on leave *ou* furlough ◆ **~ de minuit** late pass

**permissionnaire** /pɛʀmisjɔnɛʀ/ NM soldier on leave

**permissivité** /pɛʀmisivite/ NF permissiveness

**permutabilité** /pɛʀmytabilite/ NF permutability

**permutable** /pɛʀmytabl/ ADJ which can be changed *ou* swapped *ou* switched round; *(Math)* permutable

**permutation** /pɛʀmytasjɔ̃/ NF permutation

**permuter** /pɛʀmyte/ ▸ conjug 1 ◂ VT *(gén)* to change *ou* swap *ou* switch round, to permutate; *(Math)* to permutate, to permute VI to change, to swap, to switch (seats *ou* positions *ou* jobs *etc*)

**pernicieusement** /pɛʀnisjøzmɑ̃/ ADV *(littér)* perniciously

**pernicieux, -ieuse** /pɛʀnisjø, jøz/ ADJ *(gén, Méd)* pernicious ◆ **~ pour** injurious *ou* harmful to

**péroné** /peʀɔne/ NM fibula

**péroniste** /peʀɔnist/ ADJ Peronist NMF **Péroniste** Peronist

**péronnelle** /peʀɔnɛl/ NF *(péj)* silly goose * *(péj)*

**péroraison** /peʀɔʀɛzɔ̃/ NF *(Littérat = conclusion)* peroration, summing up; *(péj = discours)* windy discourse *(péj)*

**pérorer** /peʀɔʀe/ ▸ conjug 1 ◂ VI to hold forth *(péj)*, to declaim *(péj)*

**Pérou** /peʀu/ NM *(Géog)* Peru ◆ **ce qu'il gagne, ce n'est pas le ~ !** * he doesn't exactly earn a fortune ◆ **on a 60 € ? c'est le ~ !** * *(iro)* we've got €60? we're loaded! * *ou* we're rolling in it ! *

**Pérouse** /peʀuz/ N Perugia

**peroxyde** /pɛʀɔksid/ NM peroxide ◆ **~ d'hydrogène** hydrogen peroxide

**peroxydé, e** /pɛʀɔkside/ ADJ ◆ **cheveux ~s** peroxide hair

**perpendiculaire** /pɛʀpɑ̃dikylɛʀ/ ADJ, NF perpendicular (*à* to)

**perpendiculairement** /pɛʀpɑ̃dikylɛʀmɑ̃/ ADV perpendicularly ◆ **~ à** at right angles to, perpendicular to

**perpète** * /pɛʀpɛt/ NF a *(= perpétuité)* **il a eu la ~** he got life * ◆ **jusqu'à ~** * *(= longtemps)* forever and a day * b *(= loin)* **à ~ (les oies)** miles away *

**perpétration** /pɛʀpetʀasjɔ̃/ NF perpetration

**perpétrer** /pɛʀpetʀe/ ▸ conjug 6 ◂ VT to perpetrate

**perpette** * /pɛʀpɛt/ NF ⇒ **perpète**

**perpétuation** /pɛʀpetɥasjɔ̃/ NF *(littér)* perpetuation

**perpétuel, -elle** /pɛʀpetɥɛl/ ADJ *(= pour toujours)* perpetual, everlasting; *(= incessant)* perpetual, never-ending; *[fonction, secrétaire]* permanent

**perpétuellement** /pɛʀpetɥɛlmɑ̃/ ADV *(= constamment)* constantly; *(littér = toujours)* perpetually

**perpétuer** /pɛʀpetɥe/ ▸ conjug 1 ◂ VT *(= immortaliser)* to perpetuate; *(= maintenir)* to perpetuate, to carry on VPR **se perpétuer** *[usage, abus]* to be perpetuated, to be carried on; *[espèce]* to survive ◆ **se ~ dans son œuvre/dans ses enfants** to live on in one's work/in one's children

**perpétuité** /pɛʀpetɥite/ NF perpetuity, perpetuation ◆ **à ~** *[condamnation]* for life; *[concession]* in perpetuity; → **réclusion**

**perplexe** /pɛʀplɛks/ ADJ perplexed, puzzled ◆ **rendre** *ou* **laisser ~** to perplex, to puzzle

**perplexité** /pɛʀplɛksite/ NF perplexity ◆ **je suis dans une grande ~** I just don't know what to think ◆ **être dans la plus complète ~** to be completely baffled *ou* utterly perplexed

**perquisition** /pɛʀkizisjɔ̃/ NF *(Police)* search ◆ **ils ont fait une ~** they carried out *ou* made a search, they searched the premises; → **mandat**

**perquisitionner** /pɛʀkizisjɔne/ ▸ conjug 1 ◂ VI to carry out a search, to make a search ◆ **~ au domicile de qn** to search sb's house, to carry out *ou* make a search of sb's house VT * to search

**perron** /peʀɔ̃/ NM steps *(leading to entrance)*, perron *(SPÉC)* ◆ **sur le ~ de l'Élysée** on the steps of the Élysée Palace

**perroquet** /peʀɔkɛ/ NM a *(Orn, fig)* parrot ◆ **~ de mer** puffin ◆ **répéter qch comme un ~** to repeat sth parrot fashion b *(Naut)* topgallant (sail) c *(= boisson) apéritif made of pastis and mint syrup*

**perruche** /peʀyʃ/ NF a *(Orn)* budgerigar, budgie *; *(= femelle du perroquet)* female parrot b *(Naut)* mizzen topgallant (sail)

**perruque** /peʀyk/ NF a *(= coiffure)* wig; *(Hist)* wig, periwig, peruke b *(Pêche = enchevêtrement)* tangle c *( * = travail clandestin)* **faire des ~s** to work on the side *(during office hours)* ◆ **faire de la ~** *(= détournement de matériel)* to pilfer office equipment for personal use

**perruquier, -ière** /peʀykje, jɛʀ/ NM,F wigmaker

**pers** /pɛʀ/ ADJ M *[yeux]* greenish-blue, blue-green

**persan, e** /pɛʀsɑ̃, an/ ADJ Persian ◆ **(chat) ~** Persian (cat); → **tapis** NM *(Ling)* Persian NM,F **Persan(e)** Persian

**perse** /pɛʀs/ ADJ Persian NM *(Ling)* Persian NMF **Perse** Persian NF *(Géog)* ◆ **Perse** Persia

**persécuté, e** /pɛʀsekyte/ NM,F *(gén)* persecuted person; *(Psych)* person suffering from a persecution mania *ou* complex

**persécuter** /pɛʀsekyte/ ▸ conjug 1 ◂ VT *(= opprimer)* to persecute; *(= harceler)* to harass, to plague

**persécuteur, -trice** /pɛʀsekytœʀ, tʀis/ ADJ persecuting NM,F persecutor

**persécution** /pɛʀsekysjɔ̃/ NF persecution ◆ **délire de ~** persecution mania *ou* complex

**Persée** /pɛʀse/ NM Perseus

**Perséphone** /pɛʀsefɔn/ NF Persephone

**persévérance** /pɛʀseveʀɑ̃s/ NF perseverance

**persévérant, e** /pɛʀseveʀɑ̃, ɑ̃t/ ADJ persevering ◆ **être ~** to persevere, to be persevering

**persévérer** /pɛʀseveʀe/ ▸ conjug 6 ◂ VI to persevere ◆ **~ dans** *[+ effort, entreprise, recherches]* to persevere with *ou* in, to persist in; *[+ erreur, voie]* to persevere in ◆ **je persévère à le croire coupable** I continue to believe he's guilty

**persienne** /pɛʀsjɛn/ NF (louvred) shutter

**persiflage** /pɛʀsiflaʒ/ NM mockery *(NonC)*

**persifler** /pɛʀsifle/ ▸ conjug 1 ◂ VT to mock, to make fun of

**persifleur, -euse** /pɛʀsiflœʀ, øz/ ADJ mocking NM,F mocker

**persil** /pɛʀsi/ NM parsley ◆ **~ plat/frisé** flat-leaved/curly parsley ◆ **faux ~** fool's parsley

**persillade** /pɛʀsijad/ NF *(= sauce)* parsley vinaigrette; *(= viande) cold beef served with parsley vinaigrette*

**persillé, e** /pɛʀsije/ ADJ *[plat]* sprinkled with chopped parsley; *[viande]* marbled; *[fromage]* veined

**persique** /pɛʀsik/ ADJ Persian; → **golfe**

**persistance** /pɛʀsistɑ̃s/ NF *[de pluie, fièvre, douleur, odeur]* persistence; *[de personne]* persistence, persistency (*à faire* in doing); ◆ **cette ~ dans le mensonge** this persistent lying ◆ **avec ~** *(= tout le temps)* persistently; *(= avec obstination)* persistently, doggedly, stubbornly

**persistant, e** /pɛʀsistɑ̃, ɑ̃t/ ADJ *(gén)* persistent; *[feuilles]* evergreen, persistent *(SPÉC)* ◆ **arbre à feuillage ~** evergreen (tree)

**persister** /pɛʀsiste/ ▸ conjug 1 ◂ VI *[pluie]* to persist, to keep up; *[fièvre, douleur, odeur]* to persist, to linger; *[symptôme, personne]* to persist ◆ **la pluie/la douleur n'a pas persisté** the rain/the pain didn't last *ou* persist ◆ **~ dans qch/à faire qch** to persist in sth/in doing sth ◆ **il persiste dans son refus** he won't go back on his refusal ◆ **~ dans son opinion/ses projets** to stick to one's opinion/one's plans ◆ **il persiste dans son silence** he persists in keeping quiet ◆ **il persiste à faire cela** he persists in doing *ou* keeps (on) doing that ◆ **je persiste à croire que ...** I still believe that ... ◆ **c'est non, je persiste et signe !** *(fig)* the answer is no, and that's final! ◆ **il persistait une odeur de moisi** a musty smell lingered *ou* persisted ◆ **il persiste un doute** some doubt remains

**perso** * /pɛʀso/ ADJ (abrév de **personnel**) *(= privé)* personal; *(= égoïste)* selfish ◆ **jouer ~** *(gén)* to go one's own way, to go solo ◆ **il joue trop ~** *(Sport)* he tends to keep the ball to himself

**persona** /pɛʀsɔna/ NF ◆ **~ grata/non grata** persona grata/non grata

**personnage** /pɛʀsɔnaʒ/ NM a *(= individu)* character, individual ◆ **c'est un ~ !** he's (*ou* she's) quite a character!
b *(= célébrité)* (very) important person ◆ **~ influent/haut placé** influential/highly placed person ◆ **~ connu** celebrity, well-known person ◆ **~ officiel** VIP ◆ **un grand ~** a great figure ◆ **grands ~s de l'État** State dignitaries ◆ **~s de l'Antiquité/historiques** great names of Antiquity/in history ◆ **il est devenu un ~** he's become a very important person *ou* a big name * ◆ **il se prend pour un grand ~** he really thinks he's someone important, he really thinks he's somebody *
c *(Littérat)* character ◆ **liste des ~s** dramatis personae, list of characters ◆ **jouer un ~** *(lit, fig)* to play a part, to act a part *ou* role; → **peau**
d *(Art) [de tableau]* figure

**personnalisation** /pɛʀsɔnalizasjɔ̃/ NF personalization

**personnaliser** /pɛʀsɔnalize/ ▸ conjug 1 ◂ VT *[+ produit] [fabricant]* to customize; *[propriétaire]* to personalize; *[+ appartement]* to give a personal touch to ◆ **crédit/service personnalisé** personalized loan/service

**personnalité** /pɛʀsɔnalite/ NF a *(Psych)* personality ◆ **avoir une forte ~/de la ~** to have a strong personality/lots of personality ◆ **sans ~** lacking in personality b *(= personne importante)* personality ◆ **il y aura de nombreuses ~s pour l'inauguration** there will be a number of key figures *ou* personalities at the opening c *(Jur)* **acquérir une ~ juridique** to acquire legal status

**personne** /pɛʀsɔn/ NF a *(= être humain)* person ◆ **deux ~s** two people ◆ **grande ~** adult, grown-up ◆ **le respect de la ~ humaine** respect for human dignity ◆ **les ~s qui ...** those who ..., the people who ... ◆ **c'est une ~ sympathique** he (*ou* she) is a very nice *ou* pleasant person ◆ **une ~ de connaissance m'a dit ...** someone *ou* a person I know told me ... ◆ **il n'y a pas ~ plus discrète que lui** there's no one more discreet than he is *ou* than him ◆ **c'est une drôle de petite/une jolie ~** † she's a funny little/a pretty little thing ◆ **trois gâteaux par ~** three cakes per person, three cakes each ◆ **15 € par ~** €15 each *ou* a head *ou* per person ◆ **par ~ interposée** through an intermediary, through a third party *ou* person ◆ **querelles/rivalités de ~s** personal quarrels/rivalries ◆ **les droits de la ~** *(Jur)* the rights of the individual; → **tiers**
b *(= personnalité)* **toute sa ~ inspire confiance** everything about him inspires confidence ◆ **j'admire son œuvre mais je le méprise en tant que ~** I admire his works but I have no time for him as a person ◆ **la ~ et l'œuvre de Balzac** Balzac, the man and his work
c *(= corps)* **être bien (fait) de sa ~** to be good-looking ◆ **exposer** *ou* **risquer sa ~** to risk one's life *ou* one's neck ◆ **sur ma ~** on my person ◆ **il semble toujours très content de sa petite ~** he always seems very pleased with himself ◆ **il prend soin de sa petite ~** he looks after himself

◆ **en personne** ◆ **je l'ai vu en ~** I saw him in person ◆ **je m'en occupe en ~** I'll see to it personally ◆ **c'est la paresse/la bonté en ~** he's *ou* she's laziness/kindness itself *ou* personified

d *(Gram)* person ◆ **à la première/troisième ~** in the first/third person

PRON a *(= quelqu'un)* anyone, anybody ◆ **elle le sait mieux que ~ (au monde)** she knows that better than anyone *ou* anybody (else) ◆ **il est entré sans que ~ le voie** he came in without anyone *ou* anybody seeing him ◆ **~ de blessé ?** is anyone *ou* anybody injured?, no one hurt? ◆ **elle sait faire le café comme ~** she makes better coffee than anyone (else)
b *(avec ne = aucun)* no one, nobody ◆ **presque ~** hardly anyone *ou* anybody, practically no one *ou* nobody ◆ **~ (d'autre) ne l'a vu** no one *ou* nobody (else) saw him ◆ **il n'a vu ~ (d'autre)** he didn't see anyone *ou* anybody (else), he saw no one *ou* nobody (else) ◆ **~ d'autre que lui** no one *ou* nobody but him *ou* he ◆ **il n'y a ~** there's no one *ou* nobody in, there isn't anyone *ou* anybody in ◆ **il n'y a eu ~ de blessé** no one *ou* nobody was injured, there wasn't anyone *ou* anybody injured ◆ **à qui as-tu demandé ? – à ~** who did you ask? – no one *ou* nobody *ou* I didn't ask anyone *ou* anybody ◆ **ce n'est la faute de ~** it's no one's *ou* nobody's fault ◆ **il n'y avait ~ d'intéressant à qui parler** there was no one *ou* nobody interesting to talk to ◆ **il n'y est pour ~** he doesn't want to see anyone *ou* anybody ◆ **pour le travail, il n'y a plus ~** * *(iro)* as soon as there's a bit of work to be done, everyone disappears *ou* clears off * *ou* there's suddenly no one *ou* nobody around ◆ **n'y a-t-il ~ qui sache où il est ?** doesn't anyone *ou* anybody know where he is?

COMP ▷ **personne âgée** elderly person ◆ **mesure en faveur des ~s âgées** measure benefiting the elderly ▷ **personne à charge** dependent ▷ **personne civile** *(Jur)* legal entity ▷ **personnes déplacées** *(Pol)* displaced persons ▷ **personne humaine potentielle** potential human being ▷ **personne morale** *(Jur)* ⇒ **personne civile** ▷ **personne physique** *(Jur)* natural person

**personnel, -elle** /pɛʀsɔnɛl/ ADJ a *(= particulier, privé)* personal; *[appel téléphonique]* private ◆ **fortune personnelle** personal *ou* private fortune ◆ **strictement ~** *[lettre]* highly confidential, private and personal; *[billet]* not transferable *(attrib)* ◆ **il a des idées/des opinions très personnelles sur la question** he has ideas/opinions of his own *ou* he has his own ideas/opinions on the subject ◆ **critiques personnelles** personal criticism
b *(= égoïste)* selfish, self-centred; *(Sport) [joueur]* selfish
c *(Gram) [pronom, nom, verbe]* personal; *[mode]* finite
NM *[d'école]* staff; *[de château, hôtel]* staff, employees; *[d'usine]* workforce, employees, personnel; *[de service public]* personnel, employees ◆ **manquer de ~** to be shortstaffed *ou* understaffed ◆ **il y a trop de ~ dans ce service** this department is overstaffed ◆ **faire partie du ~** to be on the staff ◆ **l'usine a 60 membres de ~** *ou* **un ~ de 60** the factory has 60 people on the payroll, the factory has a workforce *ou* payroll of 60 ◆ **~ de maison** domestic staff ◆ **~ à terre/navigant** *(Aviat, Mil)* ground/flight personnel *ou* staff ◆ **~ en civil/en tenue** plain-clothes/uniformed staff ◆ **bureau/chef du ~** personnel office/officer

**personnellement** /pɛʀsɔnɛlmɑ̃/ GRAMMAIRE ACTIVE 33.2, 53.5 ADV personally ◆ **je lui dirai ~** I'll tell him myself *ou* personally ◆ **~ je veux bien** personally I don't mind, I for one don't mind

**personnification** /pɛʀsɔnifikasjɔ̃/ NF personification ◆ **c'est la ~ de la cruauté** he's the personification *ou* the embodiment of cruelty

**personnifier** /pɛʀsɔnifje/ ▸ conjug 7 ◂ VT to personify ◆ **cet homme personnifie le mal** this man is the embodiment of evil *ou* is evil itself *ou* is evil personified ◆ **être la bêtise personnifiée** to be stupidity itself *ou* personified ◆ **il personnifie son époque** he personifies *ou* typifies his age, he's the embodiment of his age

**perspectif, -ive**[1] /pɛʀspɛktif, iv/ ADJ perspective

**perspective**[2] /pɛʀspɛktiv/ NF a *(Art)* perspective ◆ **effet de ~** 3-D *ou* 3 dimensional effect
b *(= point de vue) (lit)* view; *(fig)* angle, viewpoint ◆ **dans une ~ historique** from a historical angle *ou* viewpoint, in a historical perspective ◆ **examiner une question sous des ~s différentes** to examine a question from different angles *ou* viewpoints
c *(= événement en puissance)* prospect; *(= idée)* prospect, thought ◆ **des ~s d'avenir** future prospects ◆ **quelle ~ !** what a thought *ou* prospect!
d *(locutions)*

◆ **à la perspective de** with the prospect of ◆ **l'optimisme est revenu à la ~ d'un accord** optimism has returned with the prospect of an agreement ◆ **à la ~ de le voir gagner les élections, ils ont formé une coalition** faced with the prospect of him winning the election, they formed a coalition

◆ **en perspective** *[dessin]* in perspective ◆ **il y a du travail en ~** there's a lot of work ahead ◆ **mettre qch en ~** to put sth in(to) perspective ◆ **il faut mettre les choses en ~** you have to put things in(to) perspective ◆ **il propose une nouvelle mise en ~ de l'art moderne** he offers a new perspective on modern art ◆ **la mise en ~ historique de cette évolution s'impose** this development must be put into historical perspective

◆ **dans la perspective de** with the prospect of ◆ **dans la ~ de l'élection présidentielle, nous devrons ...** with the presidential election coming up, we must ...

**perspicace** /pɛʀspikas/ ADJ shrewd, perspicacious *(frm)*

**perspicacité** /pɛʀspikasite/ NF insight, perspicacity *(frm)*

**persuader** /pɛʀsɥade/ ▸ conjug 1 ◂ VT *(= convaincre)* to persuade, to convince (*qn de qch* sb of sth); ◆ **~ qn (de faire qch)** to persuade sb (to do sth) ◆ **il les a persuadés que tout irait bien** he persuaded *ou* convinced them that all would be well ◆ **on l'a persuadé de partir** he was persuaded to leave ◆ **j'en suis persuadé** I'm quite sure *ou* convinced (of it) ◆ **il sait ~** he's very persuasive, he knows how to convince people VI *(littér)* ◆ **~ à qn (de faire)** to persuade sb (to do) ◆ **on lui a persuadé de rester** he was persuaded to stay VPR **se persuader** ◆ **se ~ de qch** to convince *ou* persuade o.s. of sth ◆ **se ~ que ...** to convince *ou* persuade o.s. that ...

**persuasif, -ive** /pɛʀsɥazif, iv/ ADJ *[ton, éloquence]* persuasive; *[argument, orateur]* persuasive, convincing

**persuasion** /pɛʀsɥazjɔ̃/ NF *(= action, art)* persuasion; *(= croyance)* conviction, belief

**perte** /pɛʀt/ GRAMMAIRE ACTIVE 51.4
NF a *(gén)* loss, losing *(NonC)*; *(Comm)* loss ◆ **vendre à ~** to sell at a loss ◆ **la ~ d'une bataille/d'un procès** the loss of a battle/of a court case, losing a battle/a court case ◆ **essuyer une ~ importante** to suffer heavy losses ◆ **de lourdes ~s (en hommes)** *(Mil)* heavy losses (in men) ◆ **ce n'est pas une grosse ~** it's not a serious loss ◆ **la ~ cruelle d'un être cher** the cruel *ou* grievous loss of a loved one; → **profit**
b *(= ruine)* ruin ◆ **il a juré sa ~** he has sworn to ruin him ◆ **il court à sa ~** he is on the road to ruin
c *(= déperdition)* loss; *(= gaspillage)* waste ◆ **~ de chaleur/d'énergie** loss of heat/of energy, heat/energy loss ◆ **~ de lumière**

loss of light ◆ **c'est une ~ de temps/d'énergie** it's a waste of time/of energy

d *(loc)*

◆ **avec pertes et fracas** ◆ **mis à la porte avec ~s et fracas** thrown out ◆ **il a quitté le parti avec ~s et fracas** after a big scene he left the party

◆ **à perte de vue** *(= très loin)* as far as the eye can see; *(= longtemps)* interminably

COMP ▷ **pertes blanches** *(Méd)* vaginal discharge, leucorrhoea *(SPÉC)* ▷ **perte de charge** pressure drop, drop in *ou* loss of pressure ▷ **perte de connaissance** *ou* **de conscience** loss of consciousness ◆ **avoir une ~ de connaissance** *ou* **de conscience** to lose consciousness ▷ **perte de mémoire** loss of memory, memory loss ▷ **perte de poids** weight loss ▷ **pertes de sang** *(Méd)* heavy bleeding ▷ **perte sèche** *(Fin)* dead loss *(Fin)*, absolute loss ▷ **perte à la terre** *(Élec)* earth *(Brit)* *ou* ground *(US)* leakage ▷ **perte de vitesse** ◆ **être en ~ de vitesse** *(Aviat)* to lose lift *[mouvement]* to be losing momentum; *[entreprise, vedette]* to be going downhill

**pertinemment** /pɛʀtinamɑ̃/ ADV *[parler]* pertinently ◆ **il a répondu ~** his reply was to the point ◆ **savoir ~ que …** to know full well that …, to know for a fact that …

**pertinence** /pɛʀtinɑ̃s/ NF a *(= à-propos)* *[de remarque, question, idée, analyse]* pertinence, relevance ◆ **il remarqua avec ~ que …** he aptly pointed out that … b *(Ling)* significance, distinctive nature

**pertinent, e** /pɛʀtinɑ̃, ɑ̃t/ ADJ a *[remarque, question, idée, analyse]* pertinent, relevant b *(Ling)* significant, distinctive

**pertuis** /pɛʀtɥi/ NM *(= détroit)* strait(s), channel; *[de fleuve]* narrows

**pertuisane** /pɛʀtɥizan/ NF partisan *(weapon)*

**perturbant, e** /pɛʀtyʀbɑ̃, ɑ̃t/ ADJ disturbing, perturbing ◆ **le divorce a été très ~ pour l'enfant** the divorce was a very disturbing *ou* unsettling experience for the child

**perturbateur, -trice** /pɛʀtyʀbatœʀ, tʀis/ ADJ disruptive NM,F *(gén)* troublemaker; *(dans un débat)* heckler

**perturbation** /pɛʀtyʀbasjɔ̃/ NF *[de services publics, travaux, cérémonie, réunion]* disruption; *(Radio, TV)* *[de transmission]* disruption; *(Astron)* perturbation ◆ **jeter** *ou* **semer la ~ dans** to disrupt ◆ **facteur de ~** disruptive factor ◆ **~s dans l'acheminement du courrier** disruption(s) in the mail service ◆ **les ~s ont surtout affecté les lignes de banlieue** it was mainly the suburban lines that were disrupted ◆ **~ (atmosphérique)** *(Mét)* (atmospheric) disturbance

**perturbé, e** /pɛʀtyʀbe/ ADJ a *[personne]* unsettled b *[services publics, trafic]* disrupted ◆ **le trafic reste très ~** traffic is still severely disrupted ◆ **j'ai un sommeil très ~** I have trouble sleeping

**perturber** /pɛʀtyʀbe/ ► conjug 1 ◄ VT a *[+ services publics, travaux, cérémonie, réunion]* to disrupt; *(Radio, TV)* *[+ transmission]* to disrupt; *(Astron)* to perturb; *(Mét)* to disturb ◆ **le match/tournoi a été fortement perturbé par la pluie** the match/tournament was severely disrupted by rain b *(= déstabiliser)* *[+ personne]* to perturb ◆ **son divorce l'a profondément perturbé** he was deeply upset by his divorce ◆ **qu'est-ce qui te perturbe ?** what's bothering you?

**péruvien, -ienne** /peʀyvjɛ̃, jɛn/ ADJ Peruvian NM,F **Péruvien(ne)** Peruvian

**pervenche** /pɛʀvɑ̃ʃ/ NF *(Bot)* periwinkle; *(* = contractuelle)* female traffic warden *(Brit)*, meter maid *(US)* ADJ INV periwinkle blue

**pervers, e** /pɛʀvɛʀ, ɛʀs/ ADJ *(littér)* *(= diabolique)* perverse; *(= vicieux)* perverted, depraved ◆ **les effets ~ de la publicité** the pernicious effects of advertising NM,F pervert ◆ **~ sexuel** (sexual) pervert

**perversion** /pɛʀvɛʀsjɔ̃/ NF perversion, corruption; *(Méd, Psych)* perversion

**perversité** /pɛʀvɛʀsite/ NF perversity, depravity

**pervertir** /pɛʀvɛʀtiʀ/ ► conjug 2 ◄ VT *(= dépraver)* to corrupt, to pervert, to deprave; *(= altérer)* to pervert VPR **se pervertir** to become corrupt(ed) *ou* perverted *ou* depraved

**pesage** /pəzaʒ/ NM weighing; *[de jockey]* weigh-in; *(= salle)* weighing room; *(= enceinte)* enclosure

**pesamment** /pəzamɑ̃/ ADV *[chargé, tomber]* heavily; *[marcher]* with a heavy step *ou* tread, heavily

**pesant, e** /pəzɑ̃, ɑ̃t/ ADJ a *(= lourd)* *[paquet]* heavy, weighty; *[sommeil]* deep; *[démarche, pas, architecture]* heavy; *[esprit]* slow, sluggish; *[style, ton]* heavy, weighty, ponderous b *(= pénible)* *[charge, silence]* heavy; *[présence]* burdensome ◆ **il devient ~ avec ses questions** he's becoming a nuisance with all those questions NM ◆ **valoir son ~ d'or** *[personne]* to be worth one's weight in gold; *[diplôme]* to be worth its weight in gold ◆ **il faut le voir faire un discours, ça vaut son ~ d'or** *ou* **de cacahuètes** * *(hum)* you should hear him make a speech, it's priceless *

**pesanteur** /pəzɑ̃tœʀ/ NF a *(Phys)* gravity ◆ **défier les lois de la ~** to defy (the laws of) gravity b *(= lourdeur)* *[de paquet]* heaviness, weightiness; *[de démarche]* heaviness; *[d'esprit]* slowness, sluggishness; *[d'architecture]* heaviness; *[de style]* heaviness, weightiness, ponderousness ◆ **avoir des ~s d'estomac** to have problems with one's digestion ◆ **les ~s administratives** cumbersome administrative procedures

**pèse-acide** (pl **pèse-acides**) /pɛzasid/ NM acidimeter

**pèse-alcool** (pl **pèse-alcools**) /pɛzalkɔl/ NM alcoholometer

**pèse-bébé** (pl **pèse-bébés**) /pɛzbebe/ NM (baby) scales

**pesée** /pəze/ NF a *(= action)* weighing ◆ **effectuer une ~** to find out the weight b *(= pression, poussée)* push, thrust c *(Sport)* **aller à la ~** to weigh in

**pèse-lait** (pl **pèse-laits**) /pɛzlɛ/ NM lactometer

**pèse-lettre** (pl **pèse-lettres**) /pɛzlɛtʀ/ NM letter scales

**pèse-personne** (pl **pèse-personnes**) /pɛzpɛʀsɔn/ NM scales; *(dans une salle de bains)* (bathroom) scales

**peser** /pəze/ GRAMMAIRE ACTIVE 53.4 ► conjug 5 ◄

VT a *[+ objet, personne]* to weigh ◆ **~ qch dans sa main** to feel the weight of sth (in one's hand) ◆ **se ~** to weigh o.s. ◆ **se faire ~** *[sportif]* to get weighed in ◆ **il pèse 3 millions** he is worth 3 million

b *(= évaluer)* to weigh (up) ◆ **~ le pour et le contre** to weigh (up) the pros and cons ◆ **~ ses mots/chances** to weigh one's words/chances ◆ **tout bien pesé** all things considered ◆ **ce qu'il dit est toujours pesé** what he says is always carefully thought out

VI a *(gén)* to weigh; *[sportif]* to weigh in ◆ **cela pèse beaucoup** it weighs a lot ◆ **cela pèse peu** it doesn't weigh much ◆ **~ 60 kg** to weigh 60 kg ◆ **~ lourd** to be heavy ◆ **ce ministre ne pèse pas lourd** * this minister doesn't carry much weight *ou* doesn't count for much ◆ **il n'a pas pesé lourd (devant son adversaire)** he was no match for his opponent

b *(= appuyer)* to press, to push ◆ **~ sur/contre qch (de tout son poids)** to press *ou* push down on/against sth (with all one's weight) ◆ **~ sur l'estomac** *[aliment, repas]* to lie (heavy) on the stomach ◆ **cela lui pèse sur le cœur** that makes him heavy-hearted ◆ **les remords lui pèsent sur la conscience** remorse lies heavy on his conscience, he is weighed down with remorse ◆ **le soupçon/l'accusation qui pèse sur lui** the suspicion/the accusation hanging *ou* which hangs over him ◆ **la menace/sentence qui pèse sur sa tête** the threat/sentence which hangs over his head ◆ **toute la responsabilité pèse sur lui** *ou* **sur ses épaules** all the responsibility is on him *ou* on his shoulders, he has to shoulder all the responsibility

c *(= accabler)* **~ à qn** to weigh sb down, to weigh heavy on sb ◆ **le silence/la solitude lui pèse** the silence/solitude is getting him down * *ou* weighs heavy on him ◆ **le temps lui pèse** time hangs heavy on his hands ◆ **ses responsabilités de maire lui pèsent** his responsibilities as mayor weigh heavy on him

d *(= avoir de l'importance)* to carry weight ◆ **cela va ~ (dans la balance)** that will carry some weight ◆ **sa timidité a pesé dans leur décision** his shyness influenced their decision

**peseta** /pezeta/ NF peseta

**peso** /pezo, peso/ NM peso

**pessaire** /pesɛʀ/ NM pessary

**pessimisme** /pesimism/ NM pessimism

**pessimiste** /pesimist/ ADJ pessimistic (*sur* about) NMF pessimist

**peste** /pɛst/ NF *(Méd)* plague; *(péj = personne)* pest, nuisance, menace ◆ **la ~ bubonique** the bubonic plague ◆ **la ~ noire** the black plague, the Black Death ◆ **~ bovine** *(Vét)* rinderpest, cattle plague ◆ **fuir qch/qn comme la ~** to avoid sth/sb like the plague EXCL *(littér)* good gracious! ◆ **~ soit de …** a plague on …

**pester** /pɛste/ ► conjug 1 ◄ VI to curse ◆ **~ contre qn/qch** to curse sb/sth

**pesticide** /pɛstisid/ ADJ pesticidal NM pesticide

**pestiféré, e** /pɛstifeʀe/ ADJ plague-stricken NM,F plague victim ◆ **fuir qn comme un ~** to avoid sb like the plague

**pestilence** /pɛstilɑ̃s/ NF stench

**pestilentiel, -elle** /pɛstilɑ̃sjɛl/ ADJ *(gén)* stinking, foul(-smelling); *(Méd)* pestilent

**pet**[1] ** /pɛ/ NM a *(** = gaz)* fart ** ◆ **faire** *ou* **lâcher un ~** to break wind, to fart ** ◆ **il a toujours un ~ de travers** he's always got something wrong with him ◆ **partir comme un ~ (sur une toile cirée)** to scarper ** *(Brit)*, to split *; → **valoir** b († * = *guet*) **faire le ~** to be on watch *ou* on look-out

**pet**[2] ** /pɛt/ NM *(= coup)* thump, bash; *(= marque)* dent ◆ **la table a pris un ~** the table has taken a bash ◆ **il y a plein de ~s sur l'étagère** the shelf is all dented

**pétainiste** /petenist/ ADJ Pétain *(épith)* NMF **Pétainiste** Pétain supporter

**pétale** /petal/ NM petal

**pétanque** /petɑ̃k/ NF petanque *(type of bowls played in the South of France)*; → BOULES

**pétant, e** * /petɑ̃, ɑ̃t/ ADJ ◆ **à 2 heures ~(es)** at 2 on the dot *

**pétaradant, e** /petaʀadɑ̃, ɑ̃t/ ADJ *[moto]* noisy, spluttering, back-firing

**pétarade** /petaʀad/ NF *[de moteur, véhicule]* backfiring *(NonC)*; *[de feu d'artifice, fusillade]* crackling *(NonC)*

**pétarader** /petaʀade/ ▸ conjug 1 ◂ VI *[moteur, véhicule]* to backfire; *[feu d'artifice]* to go off ◆ **il les entendait ~ dans la cour** he could hear them revving up their engines in the backyard

**pétard** /petaʀ/ NM **a** *(= feu d'artifice)* firecracker, banger *(Brit)*; *(= accessoire de cotillon)* cracker; *(Rail)* detonator *(Brit)*, torpedo *(US)*; *(Mil)* petard, explosive charge ◆ **tirer** *ou* **faire partir un ~** to let off a firecracker *ou* banger *(Brit)* ◆ **lancer un ~** *(fig)* to drop a bombshell ◆ **c'était un ~ mouillé** *(fig)* it was a damp squib **b** *(* = tapage)* din *, racket *, row * ◆ **il va y avoir du ~** sparks will fly, there's going to be a hell of a row * ◆ **faire du ~** *[nouvelle]* to cause a stir, to raise a stink *; *[personne]* to kick up a row * *ou* fuss * *ou* stink * ◆ **être en ~** to be raging mad *, to be in a flaming temper *(contre* at) **c** *(* = revolver)* gun **d** *(* = derrière)* bottom *, bum * *(Brit)* **e** *(Drogue)* joint *, reefer *

**pétasse** * /petas/ NF slut *

**pétaudière** /petodjɛʀ/ NF bedlam, bear garden

**pet-de-nonne** (pl **pets-de-nonne**) /pɛd(ə)nɔn/ NM fritter *(made with choux pastry)*

**pété, e** * /pete/ (ptp de **péter**) ADJ *(= ivre)* plastered *, pissed * *(Brit)*; *(= drogué)* stoned *; *(= fou)* crazy, bonkers *

**pet-en-l'air** † /pɛtɑ̃lɛʀ/ NM INV bumfreezer *

**péter** /pete/ ▸ conjug 6 ◂ VI **a** * *[personne]* to break wind, to fart * ◆ **il veut ~ plus haut que son derrière** *ou* **son cul** ** he thinks he's it *, he's a cocky bugger * *(Brit)* ◆ **il m'a envoyé ~** he told me to go to hell * ◆ **~ dans la soie** to live in the lap of luxury

**b** * *[détonation]* to go off; *[tuyau]* to burst; *[ballon]* to pop, to burst; *[ficelle]* to snap ◆ **la bombe lui a pété à la figure** the bomb went off *ou* blew up in his face ◆ **l'affaire lui a pété dans la main** the deal fell through ◆ **la crise est si grave qu'un jour ça va ~** the crisis is so serious that one day all hell's going to break loose *

VT * **a** *[+ ficelle]* to snap; *[+ transistor, vase]* to bust * ◆ **je me suis pété une cheville** I did my ankle in * ◆ **~ la gueule à qn** * to smash sb's face in * ◆ **se ~ la gueule** * *(= tomber)* to fall flat on one's face; *(= s'enivrer)* to get plastered * *ou* pissed ** *(Brit)* ◆ **c'est un coup à se ~ la gueule** * you'll (*ou* he'll *etc*) break your (*ou* his *etc*) neck doing that ◆ **il s'est pété la gueule en vélo** * he smashed himself up when he came off his bike *

**b** *(loc)* **~ le feu** *ou* **les flammes** *[personne]* to be full of go * *ou* beans * *(Brit)* ◆ **~ la** *ou* **de santé** to be bursting with health ◆ **il pète la forme** * he's on top form ◆ **ça va ~ des flammes** there's going to be a heck of a row * ◆ **~ les plombs** to flip one's lid *

**pète-sec** * /pɛtsɛk/ NMF INV, ADJ INV ◆ **c'est un ~, il est très ~** he has a very curt *ou* abrupt manner

**péteux, -euse** * /petø, øz/ ADJ *(= peureux)* cowardly, yellow, yellow-bellied *; *(= honteux)* ashamed *(attrib)* NM,F *(= peureux)* coward, yellowbelly *; *(= prétentieux)* pretentious twit *

**pétillant, e** /petijɑ̃, ɑ̃t/ ADJ *[eau, vin]* sparkling; *[yeux]* sparkling, twinkling ◆ **discours ~ d'esprit** speech sparkling with wit

**pétillement** /petijmɑ̃/ NM *[de feu]* crackling *(NonC)*; *[de champagne, vin, eau]* bubbling *(NonC)*; *[de yeux]* sparkling *(NonC)*, twinkling *(NonC)* ◆ **entendre des ~s** to hear crackling *ou* crackles ◆ **ce ~ de malice dans son regard** the mischievous twinkle in his eye

**pétiller** /petije/ ▸ conjug 1 ◂ VI *[feu]* to crackle; *[champagne, vin, eau]* to bubble; *[joie]* to sparkle (*dans* in); *[yeux]* to sparkle, to twinkle (*de* with); ◆ **ses yeux pétillaient de malice** his eyes were sparkling *ou* twinkling mischievously ◆ **il pétillait de bonne humeur** he was bubbling (over) with good humour ◆ **~ d'intelligence** to sparkle with intelligence

**pétiole** /pesjɔl/ NM leafstalk, petiole *(SPÉC)*

**petiot, e** * /pətjo, jɔt/ ADJ teenyweeny *, tiny (little) NM little boy *ou* lad * *(Brit)* NF **petiote** little girl *ou* lass * *(US)*

## petit, e /p(ə)ti, it/

| | |
|---|---|
| 1 ADJECTIF | 3 NOM MASCULIN |
| 2 LOC ADV | 4 NOM FÉMININ |
| 5 COMPOSÉS | |

1 - ADJECTIF

Lorsque **petit** s'emploie dans des expressions telles que **les petites gens, entrer par la petite porte, ce n'est pas une petite affaire** etc., cherchez au nom.

**a** gén, en dimension *[main, personne, objet, colline]* small, little *(épith)*; *[pointure]* small ◆ **~ et mince** short and thin ◆ **~ et carré** squat ◆ **~ et rond** dumpy ◆ **il est tout ~** he's very small *ou* a very small man; *(nuance affective)* he's a little *ou* a tiny (little) man ◆ **se faire tout ~** *(fig)* to keep a low profile, to make o.s. as inconspicuous as possible ◆ **depuis, il se fait tout ~ devant moi** ever since then, he's been acting like he's afraid of me ◆ **un ~ vieux** a little old man ◆ **ces chaussures sont un peu ~es/trop ~es pour moi** these shoes are a bit small *ou* rather a small fit/too small for me ◆ **~ poisson deviendra grand** *(Prov)* ◆ **les ~s ruisseaux font les grandes rivières** *(Prov)* great *ou* mighty oaks from little acorns grow *(Prov)*

◆ **en petit** ◆ **c'est écrit en ~** it's written in small letters ◆ **une cour d'école, c'est le monde en ~** a school playground is the world in miniature ◆ **le dessin est répété en ~ sur les fauteuils** there's a smaller version of the pattern on the armchairs, the pattern is the same on the armchairs but smaller

**b** = mince *[tranche]* thin ◆ **avoir de ~s os** to be small-boned *ou* slight-boned ◆ **avoir de ~s bras** to have slender *ou* thin arms ◆ **une ~e pluie (fine) tombait** a (fine) drizzle was falling

**c** = miniature, jouet toy *(épith)* ◆ **~e voiture** toy *ou* miniature car ◆ **~ train** *(= jouet)* toy train; *(= dans un parc)* miniature train ◆ **faire le ~ train** *(= jeu)* to play trains

**d** = maladif **avoir une ~e santé** to be in poor health, to be frail ◆ **avoir une ~e figure** *ou* **mine** to look pale *ou* wan ◆ **tu as de ~s yeux ce matin** you're a bit bleary-eyed this morning

**e** = jeune small, young; *(avec nuance affective)* little ◆ **quand il était ~** when he was small *ou* little ◆ **un ~ Anglais** an English boy ◆ **les ~s Anglais** English children ◆ **tu es encore trop ~ pour comprendre** you're still too young to understand ◆ **~ chat/chien** (little) kitten/puppy ◆ **~ lion/tigre/ours** lion/tiger/bear cub ◆ **dans sa ~e enfance** when he was very small, in his early childhood ◆ **~ garçon** little boy ◆ **je ne suis plus un ~ garçon !** I'm not a child anymore! ◆ **il fait très ~ garçon** he's very boyish ◆ **à côté de lui, Marc est un ~ garçon** *(fig)* compared to him, Marc is a babe in arms

**f** = cadet **son ~ frère** his younger *ou* little brother; *(très petit)* his baby *ou* little brother ◆ **tu vas bientôt avoir une ~e sœur** you'll soon have a baby *ou* little sister

**g** = court *[promenade, voyage]* short, little ◆ **sur une ~e distance** over a short distance ◆ **par ~es étapes** in short *ou* easy stages ◆ **c'est une ~e semaine/un ~ mois** *(écourtés par congé)* it's a short week/a short month ◆ **il est resté deux (pauvres) ~es heures** he stayed for a mere two hours ◆ **il en a pour une ~e heure** it will take him an hour at the most, it won't take him more than an hour ◆ **c'est à un ~ kilomètre d'ici** it's no more than *ou* just under a kilometre from here

**h** = faible *[bruit]* faint, slight; *[cri]* little, faint; *[coup, tape]* light, gentle; *[pente]* gentle, slight; *[somme d'argent, budget]* small; *[loyer]* low ◆ **on entendit deux ~s coups à la porte** we heard two light *ou* gentle knocks on the door ◆ **il a un ~ appétit** he has a small appetite, he hasn't much of an appetite ◆ **une toute ~e voix** a tiny voice ◆ **film à ~ budget** low-budget film ◆ **c'est un ~ mardi** *(= la recette est faible)* it's a poor showing for a Tuesday ◆ **ils ont gagné par un ~ 1 à 0** *(Sport)* they won by a very slim 1-0; → **salaire**

**i** = peu important *[commerçant, pays, entreprise, groupe]* small; *[opération, détail]* small, minor; *[amélioration, changement, inconvénient]* slight, minor; *[espoir, chance]* faint, slight; *[odeur, rhume]* slight; *[fonctionnaire, employé, romancier]* minor; *[cadeau, bibelot, soirée, réception]* little ◆ **le ~ commerce** small businesses ◆ **les ~es et moyennes entreprises/industries** small and medium-sized businesses/industries ◆ **chez le ~ épicier du coin** at the little grocer's down the street ◆ **avec un ~ effort** with a bit of an *ou* with a little effort ◆ **ce fait n'est connu que d'un ~ nombre** only a small number of people *ou* a few people are aware of this fact

**j** péj = mesquin *[attitude, action]* mean, petty, low; *[personne]* petty ◆ **c'est ~ ce qu'il a fait là** that was a mean thing to do, that was mean of him

**k** avec nuance affective ou euph little ◆ **vous prendrez bien un ~ dessert/verre ?** you'll have a little dessert/drink, won't you? ◆ **faire une ~e partie de cartes** to play a little game of cards ◆ **juste une ~e signature** can I just have your signature ◆ **un ~ coup de rouge** * a (little) glass of red wine ◆ **une ~e robe d'été** a light summer dress ◆ **ma ~e maman** my mummy ◆ **mon ~ papa** my daddy ◆ **mon ~ chou** *ou* **rat** *etc* (my little) darling ◆ **un ~ coin tranquille** a nice quiet spot ◆ **on va se faire un bon ~ souper** we'll make ourselves a nice little (bit of) supper ◆ **cela coûte une ~e fortune** it costs a small fortune ◆ **ce n'est pas grand-chose, mais c'est tout de même une ~e victoire** it's not much but it's a small victory nonetheless ◆ **il y a un ~ vent** *(agréable)* there's a bit of a breeze; *(désagréable)* it's a bit windy

**l** pour déprécier **espèce de ~ impertinent** you cheeky little so-and-so * ◆ **je vous préviens, mon ~ ami** *ou* **monsieur** I warn you my good man *ou* dear fellow ◆ **~ con !** ** stupid jerk! *

**m** locutions **c'est de la ~e bière** it's small beer *(Brit)*, it's small potatoes *(US)* ◆ **ce n'est pas de la ~e bière** it's no small matter, it's not without importance ◆ **être aux ~s soins pour qn** to wait on sb hand and foot; → **semaine, soulier** *etc*

2 - LOCUTION ADVERBIALE

**petit à petit** little by little, gradually ◆ **~ à ~, l'oiseau fait son nid** *(Prov)* with time and perseverance one accomplishes one's goals

3 - NOM MASCULIN

**a** [= enfant] (little) boy ◆ **les ~s** the children ◆ **viens ici, ~** come here, son ◆ **pauvre ~** poor little thing ◆ **le ~ Durand** the Durands' son, the Durand boy ◆ **les ~s Durand** the Durand children ◆ **jeu pour ~s et grands** game for old and young (alike); → **tout-petit**

**b** [Scol] junior (boy)

**c** [= jeune animal] **les ~s** the young ◆ **la chatte et ses ~s** the cat and her kittens ◆ **la lionne et ses ~s** the lioness and her young *ou* cubs ◆ **faire des ~s** to have kittens (*ou* puppies *ou* lambs *etc*) ◆ **son argent a fait des ~s** *(fig)* his money has made more money

**d** [= personne de petite taille] small man; *(= personne sans pouvoir)* little man ◆ **les ~s** small people ◆ **c'est toujours le ~ qui a tort** it's always the little man who's in the wrong

4 - NOM FÉMININ

**petite** *(= enfant)* (little) girl; *(= femme)* small woman ◆ **la ~e Durand** the Durands' daughter, the Durand girl ◆ **pauvre ~e** poor little thing ◆ **viens ici, ~e** come here, little one

5 - COMPOSÉS

▷ **petit ami** boyfriend ▷ **petite amie** girlfriend ▷ **petit banc** low bench ▷ **les petits blancs** poor white settlers ▷ **petit bleu** † wire *(telegram)* ▷ **petits chevaux** ◆ **jouer aux ~s chevaux** ≃ to play ludo *(Brit)* ▷ **le petit coin** *(euph)* the smallest room *(euph)*, the bathroom *(euph)*, the toilet ▷ **petit cousin, petite cousine** *(= enfant, jeune)* little *ou* young cousin; *(= enfant du cousin germain)* second cousin; *(= parent éloigné)* distant cousin ▷ **le petit endroit** *(euph)* ⇒ **le petit coin** ▷ **petit four** petit four ▷ **petit gâteau (sec)** biscuit ▷ **le Petit Livre rouge** the Little Red Book ▷ **petite main** *(Couture)* apprentice seamstress; *(= subalterne)* minion ▷ **petit nom** * *(= prénom)* Christian name, first name; *(= surnom)* nickname; *(entre amoureux)* pet name ▷ **petit pain** ≃ bread roll ◆ **ça part** *ou* **se vend comme des ~s pains** * they're selling like hot cakes * ▷ **petit point** *(Couture)* petit point ▷ **la petite reine** *(= bicyclette)* the bicycle ▷ **petit salé** *(Culin)* salt pork ▷ **la petite vérole** smallpox ▷ **petite voiture (d'infirme)** *(gén)* wheelchair; *(à moteur)* invalid carriage

**petit-beurre** (pl **petits-beurre**) /p(ə)tibœʀ/ NM petit beurre biscuit *(Brit)*, butter cookie *(US)*

**petit-bourgeois, petite-bourgeoise** (pl **petits-bourgeois**) /p(ə)tibuʀʒwa, p(ə)titbuʀʒwaz/ ADJ *(gén)* lower middle-class; *(péj)* petit-bourgeois, middle-class NM,F *(gén)* lower middle-class person; *(péj)* petit-bourgeois

**petit(-)déjeuner** (pl **petits(-)déjeuners**) /p(ə)tideʒœne/ NM breakfast ◆ **~ anglais/continental** English/continental breakfast VI **petit-déjeuner** * ▸ conjug 1 ◂ to have breakfast

**petite-fille** (pl **petites-filles**) /p(ə)titfij/ NF granddaughter

**petite-maîtresse** †† (pl **petites-maîtresses**) /p(ə)titmetʀes/ NF lady of fashion

**petitement** /pətitmɑ̃/ ADV *(= chichement)* poorly; *(= mesquinement)* meanly, pettily ◆ **nous sommes ~ logés** our accommodation is cramped

**petit-enfant** (pl **petits-enfants**) /pətitɑ̃fɑ̃, pətizɑ̃fɑ̃/ NM grandchild

**petite-nièce** (pl **petites-nièces**) /p(ə)titnjɛs/ NF great-niece, grand-niece

**petitesse** /p(ə)titɛs/ NF *[de taille, endroit]* smallness, small size; *[de somme]* smallness, modesty; *[d'esprit, acte]* meanness *(NonC)*, pettiness *(NonC)*

**petit-fils** (pl **petits-fils**) /p(ə)tifis/ NM grandson

**petit-gris** (pl **petits-gris**) /p(ə)tigʀi/ NM **a** *(= escargot)* garden snail **b** *(= écureuil)* Siberian squirrel; *(= fourrure)* grey squirrel fur

**pétition** /petisjɔ̃/ NF **a** *(= demande, requête)* petition ◆ **faire une ~ auprès de qn** to petition sb ◆ **faire signer une ~** to set up a petition **b** *(Philos)* **~ de principe** petitio principii *(SPÉC)*, begging the question *(NonC)* ◆ **c'est une ~ de principe** it's begging the question

**pétitionnaire** /petisjɔnɛʀ/ NMF petitioner

**petit-lait** (pl **petits-laits**) /p(ə)tilɛ/ NM whey; → **lait**

**petit-maître** †† (mpl **petits-maîtres**) /p(ə)timɛtʀ/ NM coxcomb (††), fop †

**petit-nègre** /pətinɛgʀ/ NM *(péj)* pidgin French; *(= galimatias)* gibberish, gobbledygook *

**petit-neveu** (pl **petits-neveux**) /p(ə)tin(ə)vø/ NM great-nephew, grand-nephew

**petit-pois** (pl **petits-pois**) /pətipwa/ NM (garden) pea ◆ **il a un ~ dans la tête** *ou* **à la place de la cervelle** * he's a bit feather-brained

**petit-suisse** (pl **petits-suisses**) /p(ə)tisɥis/ NM petit-suisse *(kind of cream cheese eaten as a dessert)*

**pétochard, e** ‡ /petɔʃaʀ, aʀd/ ADJ cowardly, yellow-bellied * NM,F coward, yellowbelly *

**pétoche** ‡ /petɔʃ/ NF ◆ **avoir la ~** to be scared silly * *ou* stiff * ◆ **flanquer la ~ à qn** to scare the living daylights out of sb *, to put the wind up sb ‡ *(Brit)*

**pétoire** /petwaʀ/ NF *(= sarbacane)* peashooter; *(= vieux fusil)* old gun; *(= cyclomoteur)* (motor) scooter

**peton** * /pətɔ̃/ NM *(= pied)* foot, tootsy *

**pétoncle** /petɔ̃kl/ NM queen scallop

**Pétrarque** /petʀaʀk/ NM Petrarch

**pétrarquisme** /petʀaʀkism/ NM Petrarchism

**pétrel** /petʀɛl/ NM (stormy) petrel

**pétri, e** /petʀi/ (ptp de **pétrir**) ADJ ◆ **~ d'orgueil** filled with pride ◆ **il est ~ de qualités** he's got lots of good points ◆ **~ de contradictions** full of contradictions ◆ **~ de culture orientale/littérature slave** steeped in Eastern culture/Slavic literature

**pétrifiant, e** /petʀifjɑ̃, jɑ̃t/ ADJ *[spectacle]* petrifying; *[nouvelle]* horrifying

**pétrification** /petʀifikasjɔ̃/ NF **a** *(Géol)* petrifaction, petrification **b** *[d'idées]* fossilization

**pétrifier** /petʀifje/ ▸ conjug 7 ◂ VT **a** *(Géol)* to petrify **b** *[+ personne]* to paralyze, to transfix; *[+ idées]* to fossilize, to ossify ◆ **être pétrifié de terreur** to be petrified VPR **se pétrifier** **a** *(Géol)* to petrify, to become petrified **b** *[sourire]* to freeze; *[personne]* to be petrified; *[idées]* to become fossilized *ou* ossified

**pétrin** /petʀɛ̃/ NM **a** (* *= ennui)* mess *, jam *, fix * ◆ **tirer qn du ~** to get sb out of a mess * *ou* fix * *ou* tight spot * ◆ **être dans le ~** to be in a mess * *ou* jam * *ou* fix * ◆ **laisser qn dans le ~** to leave sb in *ou* jam * *ou* fix * ◆ **être/se mettre dans un beau ~** to be in/get (o.s.) into a fine mess * *ou* a jam * **b** *(Boulangerie)* kneading trough; *(mécanique)* kneading machine

**pétrir** /petʀiʀ/ ▸ conjug 2 ◂ VT *[+ pâte, argile, muscle, main]* to knead; *[+ personne, esprit]* to mould, to shape

**pétrissage** /petʀisaʒ/ NM *[de pâte]* kneading

**pétrochimie** /petʀoʃimi/ NF petrochemistry

**pétrochimique** /petʀoʃimik/ ADJ petrochemical

**pétrochimiste** /petʀoʃimist/ NMF petrochemist

**pétrodollar** /petʀodɔlaʀ/ NM petrodollar

**pétrographie** /petʀɔgʀafi/ NF petrography

**pétrographique** /petʀɔgʀafik/ ADJ petrographic(al)

**pétrole** /petʀɔl/ NM *(brut)* oil, petroleum ◆ **~ (lampant)** paraffin (oil) *(Brit)*, kerosene *(US)* ◆ **~ brut** crude (oil), petroleum ◆ **lampe/réchaud à ~** paraffin *(Brit) ou* kerosene *(US) ou* oil lamp/heater ◆ **le ~ vert** agricultural produce *ou* resources

> ⚠ *Attention à ne pas traduire automatiquement* **pétrole** *par le mot anglais* **petrol**, *qui a le sens de 'essence'.*

**pétrolette** † /petʀɔlɛt/ NF moped

**pétroleuse** /petʀɔløz/ NF *(Hist)* pétroleuse *(female fire-raiser during the Commune)*; *(fig)* agitator

**pétrolier, -ière** /petʀɔlje, jɛʀ/ ADJ *[industrie, produits]* petroleum *(épith)*, oil *(épith)*; *[port, société]* oil *(épith)*; *[pays]* oil-producing *(épith)* NM *(= navire)* (oil) tanker; *(= personne, financier)* oil magnate, oilman; *(= technicien)* petroleum engineer

**pétrolifère** /petʀɔlifɛʀ/ ADJ *[roches, couches]* oil-bearing ◆ **gisement ~** oilfield

**pétromonarchie** /petʀomɔnaʀʃi/ NF oil kingdom, oil-rich nation ◆ **les ~s du Golfe** the oil-kingdoms of the Gulf

**P. et T.** /peete/ NFPL (abrév de **Postes et Télécommunications**) → **poste²**

**pétulance** /petylɑ̃s/ NF exuberance, vivacity

**pétulant, e** /petylɑ̃, ɑ̃t/ ADJ exuberant, vivacious

> ⚠ **pétulant** *ne se traduit pas par le mot anglais* **petulant**, *qui a le sens de 'irritable' ou 'irrité'.*

**pétunia** /petynja/ NM petunia

## peu /pø/

| | |
|---|---|
| 1 ADVERBE | 2 PRONOM INDÉFINI |
| 3 NOM MASCULIN | |

1 - ADVERBE

> Lorsque **peu** suit un autre mot dans une locution figée telle que **avant peu, sous peu, quelque peu, si peu que**, cherchez sous l'autre mot.

**a** [= pas beaucoup] little, not much ◆ **il gagne/mange/lit ~** he doesn't earn/eat/read much ◆ **il s'intéresse ~ à la peinture** he isn't very *ou* greatly interested in painting, he takes little interest in painting ♦ **il se contente de ~** it doesn't take much to satisfy him ♦ **il a donné 10 €, c'est ~** he gave €10, which isn't (very) much; → **dire**

♦ *adverbe* + **peu** ♦ **il gagne/mange/lit assez ~** he doesn't earn/eat/read very much ♦ **il gagne/mange/lit très ~** he earns/eats/reads very little ♦ **il y a bien ~ à faire/à voir ici** there's very little *ou* precious little * to do/see here, there's not much at all to do/see here ♦ **il boit trop ~** he doesn't drink enough ♦ **je le connais bien trop ~ pour le juger** I don't know him (nearly) well enough to judge him

♦ **à peu près** about ♦ **il pèse à ~ près 50 kilos** he weighs about 50 kilos ♦ **il sait à ~ près tout ce qui se passe** he knows just about everything that goes on ♦ **à ~ près terminé/cuit** almost finished/cooked, more or less finished/cooked; → **à-peu-près**

♦ **de peu** ♦ **il est le plus âgé de ~** he's slightly *ou* a little older ♦ **il l'a battu de ~** he just beat him ♦ **il a manqué le train de ~** he just missed the train; → **falloir**

♦ **peu de** *(quantité)* little, not much ♦ **nous avons eu (très) ~ de soleil** we had (very) little sunshine, we didn't have (very) much sunshine ♦ **du pain, il m'en reste très ~, il me reste très ~ de pain** I haven't very much bread left ♦ **il est ici depuis ~ de temps** he hasn't been here long, he's been here (only) for a short while *ou* time ♦ **il est ici pour ~ de temps** he isn't here for long, he's here for (only) a short time *ou* while ♦ **cela a ~ d'importance** that's not important, that's of little importance ♦ **il suffit de ~ de chose pour le choquer** it doesn't take much to shock him ♦ **ne me remerciez pas, c'est ~ de chose** there's no need to thank me, it's nothing

*(nombre)* few, not (very) many ♦ **nous avons eu ~ d'orages** we had few storms, we didn't have many storms ♦ **on attendait beaucoup de touristes, mais il en est venu (très) ~** we were expecting a lot of tourists but not (very) many came *ou* but (very) few came ♦ **~ de monde** *ou* **de gens** few people, not many people ♦ **en ~ de mots** briefly, in a few words ♦ **~ de choses ont changé** not much has changed

♦ **peu ou prou** *(littér)* to a greater or lesser degree, more or less ♦ **ils pensent tous ~ ou prou la même chose** they are all more or less of one mind

♦ **pour peu que** + *subjonctif* if ♦ **pour ~ qu'il soit sorti sans sa clé ...** if he should have come out without his key ... ♦ **je saurai le convaincre, pour ~ qu'il veuille bien m'écouter** I'll be able to persuade him if *ou* as long as he's willing to listen to me

**b** [= pas très]

♦ **peu** + *adjectif* (a) little, not very ♦ **il est ~ sociable** he's not very sociable, he's unsociable ♦ **c'est ~ probable** it's unlikely *ou* not very likely

♦ *adverbe* + **peu** + *adjectif* ♦ **il est très ~ sociable** he is not very sociable at all, he is very unsociable ♦ **ils sont (bien) trop ~ nombreux** there are (far) too few of them ♦ **fort ~ intéressant** decidedly uninteresting, of very little interest ♦ **un auteur assez ~ connu** a relatively little-known *ou* relatively unknown author ♦ **il n'est pas ~ fier d'avoir réussi** he's as pleased as Punch about his success ♦ **elle n'est pas ~ soulagée d'être reçue** she's more than a little relieved at passing her exam

**c** [= pas longtemps] **il était tombé malade ~ avant** he had been taken ill shortly before(hand) ♦ **je l'ai rencontré ~ avant Noël/midi** I met him shortly *ou* just before Christmas/midday ♦ **elle est arrivée ~ après** she arrived shortly *ou* soon after(wards) ♦ **~ après 11 heures/son arrivée** shortly after 11 o'clock/his arrival

**d** [= rarement] **ils se voient ~** they don't see much of each other, they don't see each other very often ♦ **elle sort ~** she doesn't go out much

**e** [locutions]

♦ **peu à peu** gradually, little by little ♦ **~ à ~, l'idée a gagné du terrain** little by little *ou* gradually *ou* bit by bit the idea has gained ground

2 - PRONOM INDÉFINI

[= personnes ou choses en petit nombre] ♦ **ils sont ~ à croire que ...** few believe that ..., there are few people *ou* there aren't many people who believe that ... ♦ **bien ~/trop ~ le savent** very few/too few people know ♦ **~ d'entre eux sont restés** few (of them) stayed, not many (of them) stayed

3 - NOM MASCULIN

**a** [= petite quantité] little ♦ **j'ai oublié le ~ (de français) que j'avais appris** I've forgotten the little (French) I'd learnt ♦ **elle se contente du ~ (d'argent) qu'elle a** she is satisfied with what little (money) *ou* the little (money) she has ♦ **son ~ de compréhension/patience lui a nui** his lack of understanding/patience hasn't helped him ♦ **elle s'est aliéné le ~ d'amis qu'elle avait** she alienated the few friends she had ♦ **le ~ de cheveux qu'il lui reste** what little hair he has left

♦ **un peu de** a little, a bit of ♦ **un ~ d'eau** a little water, a drop of water ♦ **un ~ de patience** a little patience, a bit of patience ♦ **un ~ de silence/de calme, s'il vous plaît !** can we have some quiet *ou* a bit of quiet/some peace *ou* a bit of peace please! ♦ **il a un ~ de sinusite/bronchite** he has a touch of sinusitis/bronchitis ♦ **tu refuses parce que tu as peur ? – il y a un ~ de ça** * you're refusing because you're afraid? – that's partly it

♦ *verbe* + **un peu** a little, slightly, a bit ♦ **essaie de manger un ~** try to eat a little *ou* a bit ♦ **il boite un ~** he limps slightly *ou* a little *ou* a bit, he is slightly *ou* a bit lame ♦ **il te ressemble un ~** he looks rather *ou* a bit like you ♦ **restez encore un ~** stay a little longer ♦ **tu en veux encore ? – un (petit) ~** would you like some more? – a little bit *ou* just a little ♦ **un ~, beaucoup, passionnément, à la folie, pas du tout** *(en effeuillant la marguerite)* he loves me, he loves me not ♦ **il t'agace ? – un ~ beaucoup, oui !** * is he annoying you? – you could say that!

♦ **un peu** + *adverbe* ♦ **elle va un tout petit ~ mieux** she's slightly *ou* a little better ♦ **il y a un ~ moins de bruit** it is slightly *ou* a little less noisy, there's slightly *ou* a little less noise ♦ **nous avons un ~ moins de clients aujourd'hui** we don't have quite so many customers today ♦ **on trouve ce produit un ~ partout** you can get this product just about anywhere ♦ **j'aimerais avoir un ~ plus d'argent/d'amis** I'd like to have a bit *ou* a little more money/a few more friends ♦ **il y a un ~ plus d'un an** a little more than *ou* just over a year ago ♦ **un ~ plus et il écrasait le chien/oubliait son rendez-vous** he very nearly ran over the dog/forgot his appointment ♦ **un ~ plus et j'étais parti** I'd very nearly left ♦ **il travaille un ~ trop/un ~ trop lentement** he works a bit too much/a little *ou* a bit too slowly

♦ **un peu** + *adjectif* ♦ **c'est un ~ grand/petit** it's a little *ou* a bit (too) big/small ♦ **elle était un ~ perturbée** she was a bit *ou* rather upset ♦ **il est un ~ artiste** he's a bit of an artist, he's something of an artist

♦ **pour un peu** ♦ **pour un ~, il m'aurait accusé d'avoir volé** he all but *ou* just about * accused me of stealing ♦ **pour un ~, je l'aurais giflé !** I could have slapped him!

**b** [intensif] **montre-moi donc un ~ comment tu fais** just (you) show me how you do it then ♦ **je me demande un ~ où sont les enfants** I just wonder where the children are *ou* can be ♦ **c'est un ~ fort !** that's a bit much! * ♦ **un ~ !** * and how! * ♦ **tu as vraiment vu l'accident ? – un ~ (mon neveu) !** * did you really see the accident? – you bet! * *ou* and how! * *ou* I sure did! * *(US)* ♦ **un ~, qu'il nous a menti !** * I'll say he lied to us! * ♦ **il nous a menti, et pas qu'un ~ !** * he lied to us bigtime! * ♦ **comme menteur/comique il est un ~ là !** * as liars/comedians go, he must be hard to beat! *; → **poser**

**peuchère** /pøʃɛʀ/ EXCL *(dial Midi)* well! well!

**peuh** /pø/ EXCL pooh!, bah!, phooey * *(US)*

**peu(h)l, e** /pøl/ ADJ Fulani NM *(Ling)* Fula(h), Fulani NM,F **Peu(h)l(e)** Fula(h), Fulani

**peuplade** /pœplad/ NF (small) tribe, people

**peuple** /pœpl/ NM **a** *(Pol = communauté)* people, nation ♦ **les ~s d'Europe** the peoples *ou* nations of Europe ♦ **le ~ élu** *(Rel)* the chosen people **b** *(= prolétariat)* **le ~** the people ♦ **les gens du ~** the common people, ordinary people ♦ **homme du ~** man of the people ♦ **le bas** *ou* **petit ~** †† *(péj)* the lower classes *(péj)* ♦ **faire ~** *(péj) (= ne pas être distingué)* to be common *(péj)*; *(= vouloir paraître simple)* to try to appear working-class ♦ **que demande le ~ !** *(hum)* what more could anyone want! ♦ **trois heures pour faire ça, il se moque** *ou* **se fiche du ~** 3 hours to do that, he must be joking! **c** *(= foule)* crowd (of people) ♦ **un ~ de badauds/d'admirateurs** *(littér)* a crowd of onlookers/of admirers ♦ **il y a du ~ !** * there's a big crowd!

**peuplé, e** /pœple/ (ptp de **peupler**) ADJ *[ville, région]* populated, inhabited ♦ **très/peu ~** densely/sparsely populated

**peuplement** /pœpləmɑ̃/ NM **a** *(= action) [de colonie]* populating; *[d'étang]* stocking; *[de forêt]* planting *(with trees)* **b** *(= population)* population

**peupler** /pœple/ ► conjug 1 ◄ VT **a** *(= pourvoir d'une population) [+ colonie]* to populate; *[+ étang]* to stock; *[+ forêt]* to plant out, to plant with trees; *(littér)* to fill (*de* with); ♦ **les rêves/souvenirs qui peuplent mon esprit** the dreams/memories that fill my mind ♦ **les cauchemars/monstres qui peuplent ses nuits** the nightmares/monsters which haunt his nights **b** *(= habiter) [+ terre]* to inhabit, to populate; *[+ maison]* to live in, to inhabit ♦ **maison peuplée de souvenirs** house filled with *ou* full of memories VPR **se peupler** *[ville, région]* to become populated; *(= s'animer)* to fill (up), to be filled (*de* with); ♦ **la rue se peuplait de cris** the street filled with cries

**peupleraie** /pøplərɛ/ NF poplar grove

**peuplier** /pøplije/ NM poplar (tree)

**peur** /pœʀ/ NF fear ♦ **inspirer de la ~** to cause *ou* inspire fear ♦ **prendre ~** to take fright ♦ **la ~ lui donnait des ailes** fear lent him wings ♦ **être vert** *ou* **mort de ~** to be frightened *ou* scared out of one's wits, to be petrified (with fear) ♦ **la ~ de la punition/de mourir/du qu'en-dira-t-on** (the) fear of punishment/of death *ou* dying/of what people might say ♦ **la ~ de gagner** the fear of winning ♦ **la ~ du gendarme** * the fear of being caught ♦ **il y a eu plus de ~ que de mal**

it was more frightening than anything else ◆ **être sans** ~ to be fearless (*de* of); ◆ **faire qch sans** ~ to do sth fearlessly

◆ **avoir** + **peur** ◆ **avoir** ~ to be frightened *ou* afraid *ou* scared (*de* of); ◆ **avoir ~ pour qn** to be afraid for sb *ou* on sb's behalf, to fear for sb ◆ **avoir grand ~ que ...** to be very much afraid that ... ◆ **n'ayez pas** ~ *(craindre)* don't be afraid *ou* frightened *ou* scared; *(s'inquiéter)* don't worry ◆ **il sera puni, n'aie pas ~ !** he will be punished – don't worry! ◆ **il veut faire ce voyage en deux jours, il n'a pas ~, lui au moins !** * he wants to do the trip in two days – well, he's a braver man than I! ◆ **il prétend qu'il a téléphoné, il n'a pas ~, lui au moins !** * he says he phoned – he's got a nerve! ◆ **n'ayez pas ~ de dire la vérité** don't be afraid *ou* scared to tell *ou* of telling the truth ◆ **il n'a ~ de rien** he's afraid of nothing, he's not afraid of anything ◆ **avoir ~ d'un rien** to frighten easily ◆ **avoir ~ de son ombre** to be frightened *ou* scared of one's own shadow ◆ **je n'ai pas ~ des mots** I'm not afraid of using plain language ◆ **j'ai bien ~/très ~ qu'il ne pleuve** I'm afraid/very much afraid it's going to rain *ou* it might rain ◆ **il va échouer ? – j'en ai (bien) ~** is he going to fail? – I'm (very much) afraid so *ou* I'm afraid he is ◆ **j'ai ~ qu'il ne vous ait menti/que cela ne vous gêne** I'm afraid *ou* worried *ou* I fear that he might have lied to you/that it might inconvenience you ◆ **je n'ai pas ~ qu'il dise la vérité** I'm not afraid *ou* frightened he'll tell the truth ◆ **il a eu plus de ~ que de mal** he was more frightened than hurt, he wasn't hurt so much as frightened ◆ **je n'ai qu'une ~, c'est qu'il ne revienne pas** my only fear is that he won't come back, I have only one fear, that he won't come back ◆ **il a eu une ~ bleue** he had a bad fright *ou* scare ◆ **il a une ~ bleue de sa femme** he's scared stiff * of his wife

◆ **faire** + **peur** ◆ **faire ~ à qn** *(= intimider)* to frighten *ou* scare sb; *(= causer une frayeur à)* to give sb a fright, to frighten *ou* scare sb ◆ **pour faire ~ aux oiseaux** to frighten *ou* scare the birds away *ou* off ◆ **l'idée de l'examen lui fait ~** the idea of sitting the exam frightens *ou* scares him, he's frightened *ou* scared at the idea of sitting the exam ◆ **cette pensée fait ~** it's a frightening *ou* scary * thought ◆ **il m'a fait une de ces ~s !** he gave me a horrible fright! *ou* scare!, he didn't half * give me a fright! *ou* scare! *(Brit)* ◆ **tout lui fait ~** he's afraid *ou* frightened *ou* scared of everything ◆ **le travail ne lui fait pas ~** he's not afraid of hard work ◆ **laid** *ou* **hideux à faire ~** frighteningly ugly ◆ **il est compétent, ça fait ~ !** * *(iro)* he's so efficient it's frightening! ◆ **il joue à se faire ~** he gets a kick out of being scared *

◆ **de peur de/que** for fear of ◆ **il a couru de ~ de manquer le train** he ran because he was afraid he might miss the train *ou* so as not to miss the train ◆ **il a accepté de ~ de les vexer** he accepted for fear of annoying them *ou* lest he (should) annoy them ◆ **il renonça, de ~ du ridicule** he gave up for fear of ridicule ◆ **j'ai fermé la porte, de ~ qu'elle ne prenne froid** I closed the door so that she didn't catch cold *ou* lest she (should) catch cold

**peureusement** /pøʀøzmɑ̃/ **ADV** fearfully, timorously *(frm)*

**peureux, -euse** /pøʀø, øz/ **ADJ** fearful, timorous *(frm)* **NM,F** fearful *ou* timorous *(frm)* person

**peut-être** /pøtɛtʀ/ GRAMMAIRE ACTIVE 28.1, 42.3, 53.6 **ADV** perhaps, maybe ◆ **il est ~ intelligent, ~ est-il intelligent** perhaps *ou* maybe he's clever, he may *ou* might (well) be clever ◆ **il n'est ~ pas beau mais il est intelligent** he may *ou* might not be handsome but he is clever, maybe *ou* perhaps he's not handsome but he is clever ◆ ~ **bien** perhaps (so), it could well be ◆ ~ **pas** perhaps *ou* maybe not ◆ ~ **bien mais ...** that's as may be but ..., perhaps so but ... ◆ ~ **que ...** perhaps ... ◆ ~ **bien qu'il pleuvra** it may well rain ◆ ~ **que oui** perhaps so, perhaps he will (*ou* they are *etc*) ◆ **tu vas y aller ? – ~ bien que oui, ~ bien que non** will you go? – maybe, maybe not *ou* maybe I will, maybe I won't ◆ **je ne sais pas conduire ~ ?** who's (doing the) driving? *(iro)*, I do know how to drive, you know! ◆ **tu le sais mieux que moi ~ ?** so (you think) you know more about it than I do, do you?, I do know more about it than you, you know!

**p.ex.** (abrév de **par exemple**) e.g.

**pèze** * /pɛz/ **NM** *(= argent)* dough *, bread *

**pff(t)** /pf(t)/, **pfut** /pfyt/ **EXCL** pooh!, bah!

**pH** /peaʃ/ **NM** (abrév de **potentiel d'hydrogène**) pH

**phacochère** /fakɔʃɛʀ/ **NM** wart hog

**Phaéton** /faetɔ̃/ **NM** *(Myth)* Phaëthon

**phaéton** /faetɔ̃/ **NM** *(= calèche)* phaeton; *(= oiseau)* tropicbird

**phagocyte** /fagɔsit/ **NM** phagocyte

**phagocyter** /fagɔsite/ ▸ conjug 1 ◂ **VT** *(Bio)* to phagocytose; *(fig)* to absorb, to engulf

**phagocytose** /fagɔsitoz/ **NF** phagocytosis

**phalange** /falɑ̃ʒ/ **NF** *(Anat)* phalanx; *(Antiq, littér = armée)* phalanx ◆ **la ~** *(Pol : espagnole)* the Falange

**phalangien, -ienne** /falɑ̃ʒjɛ̃, jɛn/ **ADJ** *(Anat)* phalangeal

**phalangiste** /falɑ̃ʒist/ **ADJ, NMF** Falangist

**phalanstère** /falɑ̃stɛʀ/ **NM** phalanstery

**phalène** /falɛn/ **NF** *ou* **m** emerald, geometrid *(SPÉC)*

**phallique** /falik/ **ADJ** phallic

**phallocrate** /falɔkʀat/ **ADJ** chauvinist **NM** (male) chauvinist

**phallocratie** /falɔkʀasi/ **NF** male chauvinism

**phallocratique** /falɔkʀatik/ **ADJ** (male) chauvinist

**phalloïde** /falɔid/ **ADJ** phalloid; → **amanite**

**phallus** /falys/ **NM** *(Anat)* phallus; *(Bot)* stinkhorn

**phantasme** /fɑ̃tasm/ **NM** ⇒ **fantasme**

**pharamineux, -euse** /faʀaminø, øz/ **ADJ** ⇒ **faramineux**

**pharaon** /faʀaɔ̃/ **NM** Pharaoh

**pharaonien, -ienne** /faʀaɔnjɛ̃, jɛn/, **pharaonique** /faʀaɔnik/ **ADJ** Pharaonic

**phare** /faʀ/ **NM** **a** *(= tour)* lighthouse; *(Aviat, fig)* beacon ◆ ~ **à feu fixe/tournant** *(Naut)* fixed/revolving light *ou* beacon **b** *(Aut)* headlight, headlamp ◆ ~ **antibrouillard** fog lamp ◆ **~s longue portée** high intensity headlamps ◆ ~ **à iode** quartz halogen lamp ◆ **rouler pleins ~s** *ou* **en ~s** to drive with one's headlights full on *ou* on full beam *(Brit)* *ou* with high beams on *(US)*; → **appel, code** **ADJ INV** *[entreprise, produit, secteur, pays, titre boursier]* leading ◆ **l'émission ~ de notre chaîne** our channel's flagship programme ◆ **c'est un film ~** it's a seminal *ou* highly influential film ◆ **personnalité ~** leading light ◆ **c'est l'épreuve ~ de cette compétition** it's the main event *ou* it's the highlight of the competition

**pharisaïque** /faʀizaik/ **ADJ** *(Hist)* Pharisaic; *(fig)* pharisaic(al)

**pharisaïsme** /faʀizaism/ **NM** *(Hist)* Pharisaism, Phariseeism; *(fig)* pharisaism, phariseeism

**pharisien, -ienne** /faʀizjɛ̃, jɛn/ **NM,F** *(Hist)* Pharisee; *(fig)* pharisee

**pharmaceutique** /faʀmasøtik/ **ADJ** pharmaceutical, pharmaceutic

**pharmacie** /faʀmasi/ **NF** **a** *(= magasin)* pharmacy, chemist's (shop) *(Brit)*, drugstore *(Can, US)*; *(= officine)* dispensary; *[d'hôpital]* dispensary, pharmacy ◆ **ce produit est vendu en ~** this product is available in pharmacies *ou* from chemists *(Brit)* **b** *(= science)* pharmacy ◆ **laboratoire de ~** pharmaceutical laboratory **c** *(= produits)* medicines ◆ **(armoire à) ~** medicine chest *ou* cabinet *ou* cupboard

**pharmacien, -ienne** /faʀmasjɛ̃, jɛn/ **NM,F** *(= qui tient une pharmacie)* pharmacist, (dispensing) chemist *(Brit)*, druggist *(US)*; *(= préparateur)* pharmacist, chemist *(Brit)*

**pharmacodépendance** /faʀmakodepɑ̃dɑ̃s/ **NF** drug dependency

**pharmacologie** /faʀmakɔlɔʒi/ **NF** pharmacology

**pharmacologique** /faʀmakɔlɔʒik/ **ADJ** pharmacological

**pharmacopée** /faʀmakɔpe/ **NF** pharmacopoeia

**pharyngal, e** (mpl **-aux**) /faʀɛ̃gal, o/ **ADJ** pharyngeal **NF** **pharyngale** *(Ling)* pharyngeal

**pharyngé, e** /faʀɛ̃ʒe/, **pharyngien, -ienne** /faʀɛ̃ʒjɛ̃, jɛn/ **ADJ** pharyngeal, pharyngal

**pharyngite** /faʀɛ̃ʒit/ **NF** pharyngitis *(NonC)* ◆ **il a fait trois ~s** he had three bouts of pharyngitis

**pharynx** /faʀɛ̃ks/ **NM** pharynx

**phase** /fɑz/ **NF** *(gén, Méd)* phase, stage; *(Astron, Chim, Phys)* phase ◆ **la ~** *(Élec)* the live wire ◆ ~ **de jeu** *(Sport)* passage of play ◆ ~ **terminale** *(Méd)* terminal stage *ou* phase ◆ **l'économie a connu une longue ~ de croissance** the economy went through a long period of growth ◆ **être en ~** *(Phys)* to be in phase; *[personnes]* to be on the same wavelength; *[projets]* to be in line (*avec* with)

**Phébus** /febys/ **NM** Phoebus

**Phèdre** /fɛdʀ/ **NF** Phaedra

**Phénicie** /fenisi/ **NF** Phoenicia

**phénicien, -ienne** /fenisjɛ̃, jɛn/ **ADJ** Phoenician **NM** *(Ling)* Phoenician **NM,F** **Phénicien(ne)** Phoenician

**phénix** /feniks/ **NM** **a** *(Myth)* phoenix **b** († : *littér)* **ce n'est pas un ~** * he (*ou* she) is no genius **c** *(Bot)* ⇒ **phœnix**

**phénobarbital** (pl **phénobarbitals**) /fenɔbaʀbital/ **NM** phenobarbital, phenobarbitone

**phénol** /fenɔl/ **NM** carbolic acid, phenol

**phénoménal, e** (mpl **-aux**) /fenɔmenal, o/ **ADJ** *(gén)* phenomenal

**phénoménalement** /fenɔmenalmɑ̃/ **ADV** phenomenally

**phénomène** /fenɔmɛn/ **NM** **a** *(gén, Philos)* phenomenon ◆ **~s** phenomena ◆ ~ **de société/de mode** social/fashion phenomenon ◆ **les ~s de violence dans les écoles** incidents of violence *ou* violent incidents in schools **b** *(= monstre de foire)* freak (of nature); *( * = personne) (génial)* phenomenon; *(excentrique)* character *; *(anormal)* freak * ◆ **son petit dernier est un sacré ~ !** his youngest is a real devil! *

**phénoménologie** /fenɔmenɔlɔʒi/ **NF** phenomenology

**phénoménologique** /fenɔmenɔlɔʒik/ ADJ phenomenological

**phénoménologue** /fenɔmenɔlɔg/ NMF phenomenologist

**phénotype** /fenɔtip/ NM phenotype

**phéromone** /feʀɔmɔn/ NF pheromone

**phi** /fi/ NM phi

**Philadelphie** /filadɛlfi/ N Philadelphia

**philanthrope** /filɑ̃tʀɔp/ NMF philanthropist

**philanthropie** /filɑ̃tʀɔpi/ NF philanthropy

**philanthropique** /filɑ̃tʀɔpik/ ADJ philanthropic(al)

**philatélie** /filateli/ NF philately, stamp collecting

**philatélique** /filatelik/ ADJ philatelic

**philatéliste** /filatelist/ NMF philatelist, stamp collector

**philharmonie** /filaʀmɔni/ NF philharmonic society

**philharmonique** /filaʀmɔnik/ ADJ philharmonic

**philhellène** /filelɛn/ ADJ philhellenic NMF philhellene, philhellenist

**philhellénique** /filelenik/ ADJ philhellenic

**philhellénisme** /filelenism/ NM philhellenism

**philippin, e** /filipɛ̃, in/ ADJ Philippine NM,F **Philippin(e)** Filipino

**Philippines** /filipin/ NFPL ◆ **les** ~ the Philippines

**philippique** /filipik/ NF *(littér)* diatribe, philippic *(littér)*

**philistin** /filistɛ̃/ ADJ M, NM *(Hist)* Philistine; *(fig)* philistine

**philistinisme** /filistinism/ NM philistinism

**philo** * /filo/ NF abrév de **philosophie**

**philodendron** /filɔdɛ̃dʀɔ̃/ NM philodendron

**philologie** /filɔlɔʒi/ NF philology

**philologique** /filɔlɔʒik/ ADJ philological

**philologiquement** /filɔlɔʒikmɑ̃/ ADV philologically

**philologue** /filɔlɔg/ NMF philologist

**philosophale** /filɔzɔfal/ ADJ F → **pierre**

**philosophe** /filɔzɔf/ NMF philosopher ADJ philosophical

**philosopher** /filɔzɔfe/ ► conjug 1 ◄ VI to philosophize (*sur* about)

**philosophie** /filɔzɔfi/ NF philosophy ◆ **il l'a accepté avec** ~ he was philosophical about it ◆ **c'est ma** ~ **(de la vie)** it's my philosophy (of life)

**philosophique** /filɔzɔfik/ ADJ philosophical

**philosophiquement** /filɔzɔfikmɑ̃/ ADV philosophically

**philtre** /filtʀ/ NM philtre ◆ ~ **d'amour** love potion

**phlébite** /flebit/ NF phlebitis

**phlébologie** /flebɔlɔʒi/ NF phlebology

**phlébologue** /flebɔlɔg/ NMF vein specialist

**phlébotomie** /flebɔtɔmi/ NF phlebotomy

**phlegmon** /flɛgmɔ̃/ NM abscess, phlegmon *(SPÉC)*

**phlox** /flɔks/ NM INV phlox

**Phnom Penh** /pnɔmpɛn/ N Phnom Penh

**phobie** /fɔbi/ NF phobia ◆ **avoir la** ~ **de** to have a phobia about

**phobique** /fɔbik/ ADJ, NMF phobic

**phocéen, -enne** /fɔseɛ̃, ɛn/ ADJ Phocaean ◆ **la cité phocéenne** Marseilles NM,F **Phocéen(ne)** Phocaean

**phœnix** /feniks/ NM *(Bot)* phoenix

**phonateur, -trice** /fɔnatœʀ, tʀis/ ADJ phonatory

**phonation** /fɔnasjɔ̃/ NF phonation

**phonatoire** /fɔnatwaʀ/ ADJ ⇒ **phonateur**

**phone** /fɔn/ NM phon

**phonématique** /fɔnematik/ NF phonology, phonemics *(sg)*

**phonème** /fɔnɛm/ NM phoneme

**phonémique** /fɔnemik/ ADJ phonemic NF ⇒ **phonématique**

**phonéticien, -ienne** /fɔnetisjɛ̃, jɛn/ NM,F phonetician

**phonétique** /fɔnetik/ NF phonetics *(sg)* ◆ ~ **articulatoire/acoustique/auditoire** articulatory/acoustic/auditory phonetics ADJ phonetic ◆ **loi/système** ~ phonetic law/system

**phonétiquement** /fɔnetikmɑ̃/ ADV phonetically

**phoniatre** /fɔnjatʀ/ NMF speech therapist

**phoniatrie** /fɔnjatʀi/ NF speech therapy

**phonie** /fɔni/ NF *(Téléc)* radiotelegraphy, wireless telegraphy *(Brit)*

**phonique** /fɔnik/ ADJ phonic

**phono** /fono/ NM abrév de **phonographe**

**phonogramme** /fɔnɔgʀam/ NM *(= signe)* phonogram

**phonographe** /fɔnɔgʀaf/ NM *(à rouleau)* phonograph; *(à disque)* (wind-up) gramophone, phonograph *(US)*; *(= électrophone)* record player, phonograph *(US)*

**phonographique** /fɔnɔgʀafik/ ADJ phonographic

**phonologie** /fɔnɔlɔʒi/ NF phonology

**phonologique** /fɔnɔlɔʒik/ ADJ phonological

**phonologue** /fɔnɔlɔg/ NMF phonologist

**phonothèque** /fɔnɔtɛk/ NF sound archives

**phoque** /fɔk/ NM *(= animal)* seal; *(= fourrure)* sealskin; → **souffler**

**phosphatage** /fɔsfataʒ/ NM treating with phosphates

**phosphate** /fɔsfat/ NM phosphate

**phosphaté, e** /fɔsfate/ (ptp de **phosphater**) ADJ phosphatic, phosphated ◆ **engrais** ~**s** phosphate-enriched fertilizers

**phosphater** /fɔsfate/ ► conjug 1 ◄ VT to phosphatize, to phosphate, to treat with phosphates

**phosphène** /fɔsfɛn/ NM phosphene

**phosphine** /fɔsfin/ NF phosphine

**phosphore** /fɔsfɔʀ/ NM phosphorus

**phosphoré, e** /fɔsfɔʀe/ ADJ phosphorous

**phosphorer** * /fɔsfɔʀe/ ► conjug 1 ◄ VI to think hard

**phosphorescence** /fɔsfɔʀesɑ̃s/ NF luminosity, phosphorescence *(SPÉC)*

**phosphorescent, e** /fɔsfɔʀesɑ̃, ɑ̃t/ ADJ luminous, phosphorescent *(SPÉC)*

**phosphoreux, -euse** /fɔsfɔʀø, øz/ ADJ *[acide]* phosphorous; *[bronze]* phosphor *(épith)*

**phosphorique** /fɔsfɔʀik/ ADJ phosphoric

**phosphure** /fɔsfyʀ/ NM phosphide

**phot** /fɔt/ NM *(Phys)* phot

**photo** /fɔto/ NF (abrév de **photographie**) a *(= image)* photo, picture; *(instantané, d'amateur)* snap(shot); *[de film]* still ◆ **faire une** ~ **de, prendre en** ~ to take a photo *ou* picture of ◆ **ça rend bien en** ~ it looks good in a photo ◆ **j'ai mon fils en** ~ I've got a photo *ou* picture of my son ◆ **elle est bien en** ~ she takes a good photo, she's photogenic ◆ **qui est sur cette** ~ **?** who is in this photo? *ou* picture? ◆ ~ **de famille** *(gén)* family photo; *(= portrait)* family portrait; *[de collègues etc]* group photo ◆ ~ **d'identité** passport photo ◆ ~ **de mode** fashion photo *ou* shot ◆ ~**s de vacances** holiday *(Brit) ou* vacation *(US)* photos *ou* snaps ◆ **tu veux ma** ~ **?** * what are you staring at? ◆ **il n'y a pas** ~ * there's no question about it ◆ **entre les deux candidats il n'y a pas** ~ there's no competition between the two candidates; → **appareil**

b *(= art)* photography ◆ **faire de la** ~ *(en amateur)* to be an amateur photographer; *(en professionnel)* to be a (professional) photographer ◆ **je fais de la** ~ **à mes heures perdues** I take photo(graph)s in my spare time, I do photography in my spare time

**photochimie** /fɔtɔʃimi/ NF photochemistry

**photochimique** /fɔtɔʃimik/ ADJ photochemical

**photocomposer** /fɔtokɔ̃poze/ ► conjug 1 ◄ VT to photocompose, to filmset

**photocomposeur** /fɔtokɔ̃pozœʀ/ NM ⇒ **photocompositeur**

**photocomposeuse** /fɔtokɔ̃pozøz/ NF *(= machine)* photocomposer, filmsetter

**photocompositeur** /fɔtokɔ̃pozitœʀ/ NM (photo)typesetter

**photocomposition** /fɔtokɔ̃pozisjɔ̃/ NF filmsetting *(Brit)*, photocomposition *(US)*

**photoconducteur, -trice** /fɔtokɔ̃dyktœʀ, tʀis/ ADJ photoconductive

**photocopie** /fɔtɔkɔpi/ NF *(= action)* photocopying; *(= copie)* photocopy

**photocopier** /fɔtɔkɔpje/ ► conjug 7 ◄ VT to photocopy ◆ ~ **qch en trois exemplaires** to make three photocopies of sth

**photocopieur** /fɔtɔkɔpjœʀ/ NM, **photocopieuse** /fɔtɔkɔpjøz/ NF photocopier

**photocopillage** /fɔtɔkɔpijaʒ/ NM *illegal photocopying of copyright material*

**photodissociation** /fɔtodisɔsjasjɔ̃/ NF photodistintegration

**photoélasticimétrie** /fɔtoelastisimetʀi/ NF photoelasticity

**photoélectricité** /fɔtoelɛktʀisite/ NF photoelectricity

**photoélectrique** /fɔtoelɛktʀik/ ADJ photoelectric ◆ **cellule** ~ photoelectric cell, photocell

**photo-finish** (pl **photos-finish**) /fɔtofiniʃ/ NM ◆ **l'arrivée de la deuxième course a dû être contrôlée au** ~ the second race was a photo finish

**photogénique** /fɔtɔʒenik/ ADJ photogenic

**photographe** /fɔtɔgʀaf/ NMF *(= artiste)* photographer; *(= commerçant)* camera dealer ◆ ~ **de mode/de presse** fashion/press photographer ◆ **vous trouverez cet article chez un** ~ you will find this item at a camera shop *ou* store *(US)*

**photographie** /fɔtɔgʀafi/ NF a *(= art)* photography ◆ **faire de la** ~ *(comme passe-temps)* to be an amateur photographer, to take photographs; *(en professionnel)* to be a (professional) photographer b *(= image)* photograph, picture ◆ **ce sondage est une** ~ **de l'opinion publique** this survey is a snapshot of public opinion; *pour autres loc voir* **photo**

**photographier** /fɔtɔgʀafje/ ► conjug 7 ◄ VT to photograph, to take a photo(graph) of, to take a picture of ◆ **se faire** ~ to have one's photo(graph) *ou* picture taken ◆ **il avait**

**photographié l'endroit** *(= mémoriser)* he had got the place firmly fixed in his mind *ou* in his mind's eye

**photographique** /fɔtɔgʀafik/ **ADJ** photographic; → **appareil**

**photograveur** /fɔtɔgʀavœʀ/ **NM** photoengraver

**photogravure** /fɔtɔgʀavyʀ/ **NF** photoengraving

**photojournalisme** /fɔtɔʒuʀnalism/ **NM** photojournalism

**photojournaliste** /fɔtɔʒuʀnalist/ **NMF** photojournalist

**photolithographie** /fɔtɔlitɔgʀafi/ **NF** photolithography

**photoluminescence** /fɔtɔlyminesɑ̃s/ **NF** photoluminescence

**photolyse** /fɔtɔliz/ **NF** photolysis

**Photomaton** ® /fɔtɔmatɔ̃/ **NM** automatic photo booth **NM** (photo booth) photo ◆ **se faire faire des ~s** to get one's pictures taken (in a photo booth)

**photomètre** /fɔtɔmɛtʀ/ **NM** photometer

**photométrie** /fɔtɔmetʀi/ **NF** photometry

**photométrique** /fɔtɔmetʀik/ **ADJ** photometric(al)

**photomontage** /fɔtɔmɔ̃taʒ/ **NM** photomontage

**photomultiplicateur** /fɔtɔmyltiplikatœʀ/ **NM** photomultiplier

**photon** /fɔtɔ̃/ **NM** photon

**photopériode** /fɔtɔpeʀjɔd/ **NF** photoperiod

**photopériodisme** /fɔtɔpeʀjɔdism/ **NM** photoperiodism

**photophobie** /fɔtɔfɔbi/ **NF** photophobia

**photophore** /fɔtɔfɔʀ/ **NM** *[de mineur]* (miner's) cap lamp; *(Anat)* photophore; *(= coupe décorative)* globe

**photopile** /fɔtɔpil/ **NF** solar cell

**photoréalisme** /fɔtɔʀealizm/ **NM** photorealism

**photoreportage** /fɔtɔʀəpɔʀtaʒ/ **NM** photo story

**photoroman** /fɔtɔʀɔmɑ̃/ **NM** photo story

**photosensibilisant, e** /fɔtɔsɑ̃sibilizɑ̃, ɑ̃t/ **ADJ** *[médicament]* photosensitive

**photosensible** /fɔtɔsɑ̃sibl/ **ADJ** photosensitive ◆ **dispositif ~** photosensor

**photosphère** /fɔtɔsfɛʀ/ **NF** *(Astron)* photosphere

**photostat** /fɔtɔsta/ **NM** photostat

**photostoppeur, -euse** /fɔtɔstɔpœʀ, øz/ **NM,F** street photographer

**photostyle** /fɔtɔstil/ **NM** light pen

**photosynthèse** /fɔtɔsɛ̃tɛz/ **NF** photosynthesis

**photothèque** /fɔtɔtɛk/ **NF** photographic library, picture library

**phrase** /fʀɑz/ **NF** **a** *(Ling)* sentence; *(= propos)* words ◆ **faire des ~s** *[enfant]* to make sentences; *(péj)* to talk in flowery language ◆ **assez de grandes ~s !** enough of the rhetoric *ou* fine words! ◆ **il termina son discours sur cette ~** he closed his speech with these words ◆ **~ toute faite** stock phrase ◆ **citer une ~ célèbre** to quote a famous phrase *ou* saying ◆ **petite ~** *(Pol)* soundbite; → **membre** **b** *(Mus)* phrase

**phrasé** /fʀɑze/ **NM** *(Mus)* phrasing

**phraséologie** /fʀazeɔlɔʒi/ **NF** *(gén)* phraseology ◆ **la ~ marxiste/capitaliste** *(péj)* Marxist/capitalist jargon

**phraser** /fʀɑze/ ▸ conjug 1 ◂ **VT** *(Mus)* to phrase **VI** *(péj)* to use fine words *(péj) ou* high-flown language *(péj)*

**phraseur, -euse** /fʀɑzœʀ, øz/ **NM,F** man (*ou* woman) of fine words *(péj)*

**phrastique** /fʀastik/ **ADJ** phrasal

**phréatique** /fʀeatik/ **ADJ** → **nappe**

**phrénique** /fʀenik/ **ADJ** phrenic

**phrénologie** /fʀenɔlɔʒi/ **NF** phrenology

**phrénologue** /fʀenɔlɔg/, **phrénologiste** /fʀenɔlɔʒist/ **NMF** phrenologist

**Phrygie** /fʀiʒi/ **NF** Phrygia

**phrygien, -ienne** /fʀiʒjɛ̃, jɛn/ **ADJ** Phrygian; → **bonnet** **NM,F** **Phrygien(ne)** Phrygian

**phtaléine** /ftalein/ **NF** phthalein

**phtisie** /ftizi/ **NF** consumption, phthisis *(SPÉC)* ◆ **~ galopante** galloping consumption

**phtisiologie** /ftizjɔlɔʒi/ **NF** phthisiology

**phtisiologue** /ftizjɔlɔg/ **NMF** phthisiologist

**phtisique** /ftizik/ **ADJ** consumptive, phthisical *(SPÉC)*

**phycologie** /fikɔlɔʒi/ **NF** phycology

**phylactère** /filaktɛʀ/ **NM** phylactery

**phylloxéra** /filɔksеʀa/ **NM** phylloxera

**phylogenèse** /filɔʒənɛz/ **NF** phylogenesis

**phylogénétique** /filɔʒenetik/ **ADJ** phylogenetic, phyletic

**physicien, -ienne** /fizisjɛ̃, jɛn/ **NM,F** physicist ◆ **~ atomiste** *ou* **nucléaire** atomic *ou* nuclear physicist

> ⚠ **physicien** *ne se traduit pas par le mot anglais* **physician**, *qui a le sens de 'médecin'.*

**physicochimie** /fizikoʃimi/ **NF** physical chemistry

**physicochimique** /fizikoʃimik/ **ADJ** physico-chemical

**physicomathématique** /fizikomatematik/ **ADJ** of mathematical physics

**physiocrate** /fizjɔkʀat/ **NMF** physiocrat **ADJ** physiocratic

**physiocratie** /fizjɔkʀasi/ **NF** physiocracy

**physiologie** /fizjɔlɔʒi/ **NF** physiology

**physiologique** /fizjɔlɔʒik/ **ADJ** physiological

**physiologiquement** /fizjɔlɔʒikmɑ̃/ **ADV** physiologically

**physiologiste** /fizjɔlɔʒist/ **NMF** physiologist **ADJ** physiological

**physionomie** /fizjɔnɔmi/ **NF** *(= traits du visage)* facial appearance *(NonC)*, physiognomy *(frm)*; *(= expression)* countenance *(frm)*, face; *(= aspect)* appearance ◆ **en fonction de la ~ du marché** *(Bourse)* depending on how the market looks ◆ **la ~ de l'Europe a changé** the face of Europe has changed

**physionomiste** /fizjɔnɔmist/ **ADJ** ◆ **il est (très) ~** he has a (very) good memory for faces

**physiopathologie** /fizjopatɔlɔʒi/ **NF** physiopathology

**physiothérapeute** /fizjoteʀapøt/ **NMF** *person practising natural medicine*

**physiothérapie** /fizjoteʀapi/ **NF** natural medicine

**physique** /fizik/ **ADJ** **a** *(gén)* physical ◆ **je ne peux pas le supporter, c'est ~** I can't stand him, the very sight of him makes me sick; → **amour, culture, personne** *etc* **b** *(= athlétique) [joueur, match, jeu]* physical **NM** *(= aspect)* physical appearance; *(= stature, corps)* physique ◆ **elle sait se servir de son ~** she knows how to use her looks ◆ **avoir un ~ agréable** to be good-looking ◆ **avoir le ~ de l'emploi** to look the part ◆ **au ~** physically ◆ **il a un ~ de jeune premier** he looks really cute, he has the looks of a film star **NF** physics *(sg)* ◆ **~ nucléaire/des particules** nuclear/particle physics

**physiquement** /fizikmɑ̃/ **ADV** physically ◆ **il est plutôt bien ~** physically he's quite attractive

**phytobiologie** /fitobjɔlɔʒi/ **NF** phytology

**phytogéographie** /fitoʒeɔgʀafi/ **NF** phytogeography

**phytopathologie** /fitopatɔlɔʒi/ **NF** phytopathology

**phytoplancton** /fitoplɑ̃ktɔ̃/ **NM** phytoplankton

**phytosanitaire** /fitosanitɛʀ/ **ADJ** ◆ **produit ~** *(de soins)* plant-care product; *(= pesticide)* pesticide; *(= herbicide)* weedkiller ◆ **contrôles ~s** phytosanitary regulations

**phytothérapeute** /fitoteʀapøt/ **NMF** (medical) herbalist, phytotherapist *(SPÉC)*

**phytothérapie** /fitoteʀapi/ **NF** herbal medicine

**pi** /pi/ **NM** *(= lettre, Math)* pi

**p.i.** (abrév de **par intérim**) acting, actg

**piaf** * /pjaf/ **NM** sparrow

**piaffement** /pjafmɑ̃/ **NM** *[de cheval]* stamping, pawing

**piaffer** /pjafe/ ▸ conjug 1 ◂ **VI** *[cheval]* to stamp, to paw the ground ◆ **~ d'impatience** *[personne]* to be champing at the bit

**piaillement** * /pjɑjmɑ̃/ **NM** *[d'oiseau]* cheeping *(NonC)*, peeping *(NonC)* ◆ **~s** *(péj) [d'enfant]* whining *(NonC)*

**piailler** * /pjɑje/ ▸ conjug 1 ◂ **VI** *[oiseau]* to cheep, to peep; *[enfant]* to whine

**piaillerie** * /pjɑjʀi/ **NF** ⇒ **piaillement**

**piailleur, -euse** * /pjɑjœʀ, øz/ **ADJ** *[oiseau]* cheeping, peeping; *[enfant]* whining **NM,F** whiner

**piane-piane** * /pjanpjan/ **ADV** gently ◆ **allez-y ~** go gently *ou* easy *, easy *ou* gently does it * ◆ **le projet avance ~** the project is coming along slowly but surely

**pianissimo** /pjanisimo/ **ADV** *(Mus)* pianissimo; (* *fig*) very gently **NM** *(Mus)* pianissimo

**pianiste** /pjanist/ **NMF** pianist, piano player

**pianistique** /pjanistik/ **ADJ** pianistic

**piano**[1] /pjano/ **NM** piano ◆ **~ acoustique/électronique** acoustic/electric piano ◆ **~ de concert/crapaud** concert grand/boudoir grand (piano) ◆ **~ droit/à queue** upright/grand piano ◆ **~ demi-queue/quart de queue** baby grand/miniature grand (piano) ◆ **~ mécanique** player piano, piano organ, Pianola ® ◆ **~ préparé** prepared piano ◆ **~ à bretelles** *(hum)* accordion ◆ **faire** *ou* **jouer du ~** to play the piano ◆ **se mettre au ~** *(= apprendre)* to take up *ou* start the piano; *(= s'asseoir)* to sit down at the piano ◆ **accompagné au ~ par ...** accompanied on the piano by ...

**piano**[2] /pjano/ **ADV** *(Mus)* piano; (* *fig*) gently ◆ **allez-y ~** easy *ou* gently does it *, go easy * *ou* gently

**piano-bar** (pl **pianos-bars**) /pjanobaʀ/ **NM** piano bar

**piano(-)forte** /pjanofɔʀte/ **NM** pianoforte

**pianotage** /pjanɔtaʒ/ **NM** *(sur un piano)* tinkling; *(sur un clavier)* tapping; *(sur une table)* drumming

**pianoter** /pjanɔte/ ▸ conjug 1 ◂ **VI** **a** *(= jouer du piano)* to tinkle away (at the piano) **b** *(= tapoter)* to drum one's fingers; *(sur un* *clavier)* to tap away ◆ **il pianotait sur son ordinateur** he was tapping away at his computer **VT** *[+ signal, code]* to tap out ◆ ~ **un air** to tinkle out a tune on the piano

**piastre** / pjastʀ / **NF** piastre *(Brit)*, piaster *(US)*; *(Can = dollar)* (Canadian) dollar

**piaule** * / pjol / **NF** *(= chambre louée)* room ◆ **ma** ~ my (bed)room

**piaulement** / pjolmɑ̃ / **NM** *[d'oiseau]* cheeping *(NonC)*, peeping *(NonC)*; *(* : péj) [d'enfant]* whining *(NonC)*, whimpering *(NonC)*

**piauler** / pjole / ▸ **conjug 1** ◂ **VI** *[oiseau]* to cheep, to peep; *(* : péj) [enfant]* to whine, to whimper

**PIB** / peibe / **NM** (abrév de **produit intérieur brut**) GDP

**pic** / pik / **NM** **a** *[de montagne, courbe]* peak ◆ **à chaque** ~ **de pollution** whenever pollution levels peak *ou* reach a peak ◆ **atteindre un** ~ to reach *ou* hit a peak, to peak
◆ **à pic** *[rochers]* sheer, precipitous *(frm)*; *[mont, chemin]* steep, precipitous *(frm)* ◆ **le chemin s'élève** *ou* **monte à** ~ the path rises steeply ◆ **la falaise plonge à** ~ **dans la mer** the cliff falls *ou* drops sheer (in)to the sea ◆ **arriver** *ou* **tomber à** ~ * to come just at the right time *ou* moment ◆ **vous arrivez à** ~ * you couldn't have come at a better time *ou* moment, you've come just at the right time *ou* moment
**b** *(= pioche)* pick(axe) ◆ ~ **à glace** ice pick **c** *(= oiseau)* ~**(-vert)** (green) woodpecker ◆ ~ **épeiche** great-spotted woodpecker, pied woodpecker

**pica** / pika / **NM** *(Typo)* pica

**picaillons** * / pikajɔ̃ / **NMPL** cash * *(NonC)*

**picaresque** / pikaʀɛsk / **ADJ** picaresque

**piccolo** / pikɔlo / **NM** piccolo

**pichenette** * / piʃnɛt / **NF** flick ◆ **faire tomber qch d'une** ~ to flick sth off *ou* away

**pichet** / piʃɛ / **NM** pitcher, jug ◆ **un** ~ **de vin** *(dans un restaurant)* ≃ a carafe of wine

**pickpocket** / pikpɔkɛt / **NM** pickpocket

**pick-up** † * / pikœp / **NM INV** *(= bras)* pickup; *(= électrophone)* record player

**pico-** / piko / **PRÉF** pico- ◆ ~**seconde** picosecond

**picoler** ⁑ / pikɔle / ▸ **conjug 1** ◂ **VI** to booze * ◆ **qu'est-ce qu'il peut** ~ ! he sure can knock it back! * ◆ ~ **dur** *(habituellement)* to be a real boozer *; *(à l'occasion)* to hit the bottle * *ou* sauce * *(US)*

**picoleur, -euse** ⁑ / pikɔlœʀ, øz / **NM,F** tippler *, boozer *

**picorer** / pikɔʀe / ▸ **conjug 1** ◂ **VI** to peck (about); *(= manger très peu)* to nibble **VT** to peck, to peck (away) at

**picot** / piko / **NM** *[de dentelle]* picot; *[de planche]* burr; *(= petite pointe)* spike ◆ **dispositif d'entraînement à** ~**s** *(Ordin)* tractor drive

**picotement** / pikɔtmɑ̃ / **NM** *[de peau, membres]* tingling *(NonC)* ◆ **j'ai des** ~**s dans les yeux** my eyes are smarting *ou* stinging ◆ **j'ai des** ~**s dans la gorge** I've got a tickle in my throat ◆ **la décharge électrique provoque de légers** ~**s** the electrical discharge creates a slight tingling sensation

**picoter** / pikɔte / ▸ **conjug 1** ◂ **VT** **a** *(= provoquer des picotements)* ~ **la gorge** to tickle the throat ◆ ~ **la peau** to make the skin tingle ◆ ~ **les yeux** to make the eyes smart, to sting the eyes ◆ **j'ai les yeux qui me picotent** my eyes are stinging *ou* smarting **b** *(avec une épingle)* to prick **c** *(= picorer)* to peck, to peck (away) at **VI** *[gorge]* to tickle; *[peau]* to tingle; *[yeux]* to smart, to sting

**picotin** / pikɔtɛ̃ / **NM** *(= ration d'avoine)* oats, ration of oats; *(= mesure)* peck

**picouse** * / pikuz / **NF** → **piquouse**

**picrate** / pikʀat / **NM** *(Chim)* picrate; *(* : péj)* cheap wine, plonk * *(Brit)*

**picrique** / pikʀik / **ADJ** ◆ **acide** ~ picric acid

**picrocholin, e** / pikʀɔkɔlɛ̃, in / **ADJ** *(frm)* ◆ **guerre** *ou* **dispute** ~**e** petty wrangling *(NonC)*

**Pictes** / pikt / **NMPL** Picts

**pictogramme** / piktɔgʀam / **NM** pictogram

**pictographie** / piktɔgʀafi / **NF** pictography

**pictographique** / piktɔgʀafik / **ADJ** pictographic

**pictural, e** (mpl **-aux**) / piktyʀal, o / **ADJ** pictorial

**pidgin** / pidʒin / **NM** pidgin ◆ ~**-english** pidgin English

**Pie** / pi / **NM** Pius

**pie**[1] / pi / **NF** *(= oiseau)* magpie; *(* péj = personne)* chatterbox *; → **bavard, voleur** **ADJ INV** *[cheval]* piebald; *[vache]* black and white; → **voiture**

**pie**[2] / pi / **ADJ F** → **œuvre**

**pièce** / pjɛs / **NF** **a** *(= fragment)* piece ◆ **en** ~**s** in pieces ◆ **mettre en** ~**s** *(lit) (= casser)* to smash to pieces; *(= déchirer)* to pull *ou* tear to pieces; *(fig)* to tear *ou* pull to pieces ◆ **c'est inventé** *ou* **forgé de toutes** ~**s** it's made up from start to finish, it's a complete fabrication ◆ **fait d'une seule** ~ made in one piece ◆ **fait de** ~**s et de morceaux** *(lit)* made with *ou* of bits and pieces; *(fig péj)* cobbled together ◆ **il est tout d'une** ~ he's very cut and dried about things; → **tailler**
**b** *(gén = unité, objet)* piece; *[de jeu d'échecs, de dames]* piece; *[de tissu, drap]* length, piece; *(Mil)* gun; *(Chasse, Pêche = prise)* specimen ◆ **se vendre à la** ~ *(Comm)* to be sold separately *ou* individually ◆ **2 F (la)** ~ 2 francs each *ou* apiece ◆ **travail à la** ~ *ou* **aux** ~**s** piecework ◆ **payé à la** ~ *ou* **aux** ~**s** on piece(work) rate, on piecework ◆ **on n'est pas aux** ~**s !** * there's no rush! ◆ **un deux-**~**s** *(Habillement) (= costume, tailleur)* a two-piece suit; *(= maillot de bain)* a two-piece (swimsuit) ◆ ~**s honorables** *(Hér)* honourable ordinaries; → **chef**[1]
**c** *[de machine, voiture]* part, component ◆ ~**s (de rechange)** spares, (spare) parts ◆ ~ **d'origine** guaranteed genuine spare part
**d** *(= document)* paper, document ◆ **avez-vous toutes les** ~**s nécessaires ?** have you got all the necessary papers? *ou* documents? ◆ **juger/décider sur** ~**s** to judge/decide on actual evidence ◆ **avec** ~**s à l'appui** with supporting documents ◆ **les plaintes doivent être accompagnées de** ~**s justificatives** *(Admin, Jur)* complaints must be documented *ou* accompanied by written proof *ou* evidence
**e** *(Couture, Chir)* patch ◆ **mettre une** ~ **à qch** to put a patch on sth
**f** *[de maison]* room ◆ **appartement de cinq** ~**s** five-room(ed) apartment *ou* flat *(Brit)* ◆ **un deux** ~**s (cuisine)** a two-room(ed) apartment *ou* flat *(Brit)* (with kitchen)
**g** *(Théât)* play; *(Littérat, Mus)* piece ◆ **jouer** *ou* **monter une** ~ **de Racine** to put on a play by Racine ◆ **une** ~ **pour hautbois** a piece for oboe
**h** ◆ ~ **(de monnaie)** coin ◆ ~ **d'argent/d'or** silver/gold coin ◆ **une** ~ **de 5 euros/de 50 centimes** a 5-euro/50-centime coin ◆ ~**s jaunes** centime coins, ≃ coppers * *(Brit)* ◆ **donner la** ~ **à qn** * to give sb a tip, to tip sb; → **rendre**
**i** *(littér)* **faire** ~ **à qn/à un projet** to thwart sb *ou* sb's plans/a project
**COMP** ▷ **pièce d'artifice** firework ▷ **pièce d'artillerie** piece of ordnance, gun ▷ **pièce de bétail** head of cattle ◆ **50** ~**s de bétail** 50 head of cattle ▷ **pièce de blé** wheat field, cornfield *(Brit)* ▷ **pièce de bois** piece of wood *ou* timber *(for joinery etc)* ▷ **pièce de charpente** member ▷ **pièce de collection** collector's item *ou* piece ▷ **pièce comptable** accounting record ▷ **pièce à conviction** *(Jur)* exhibit ▷ **pièce détachée** spare, (spare) part ◆ **livré en** ~**s détachées** (delivered) in kit form ▷ **pièce d'eau** ornamental lake; *(plus petit)* ornamental pond ▷ **pièce d'identité** identity paper ◆ **avez-vous une** ~ **d'identité ?** have you (got) any identification? ▷ **pièce maîtresse** *[de collection, musée] (gén)* showpiece; *(en exposition)* showpiece, prize *ou* main exhibit; *[de politique, stratégie]* cornerstone ▷ **pièce montée** *(Culin) pyramid-shaped cake made out of choux puffs, eaten on special occasions*; *(à un mariage)* ≃ wedding cake ▷ **pièce de musée** museum piece ▷ **pièce rapportée** *(Couture)* patch; *[de marqueterie, mosaïque]* insert, piece; *(* hum = belle-sœur, beau-frère etc)* in-law *; *(dans un groupe)* late addition ▷ **pièce de résistance** main dish, pièce de résistance ▷ **pièce de terre** piece *ou* patch of land ▷ **pièce de théâtre** play ▷ **pièce de vers** piece of poetry, short poem ▷ **pièce de viande** side of meat ▷ **pièce de vin** cask of wine

**piécette** / pjesɛt / **NF** small coin

## pied / pje /

| 1 NOM MASCULIN | 2 COMPOSÉS |
|---|---|

1 - NOM MASCULIN

**a** Anat *[de personne, animal]* foot; *(= sabot) [de cheval, bœuf]* hoof; *[de mollusque]* foot ◆ **avoir les** ~**s plats** to have flat feet, to be flat-footed ◆ **sauter d'un** ~ **sur l'autre** to hop from one foot to the other ◆ **avoir** ~ *[nageur]* to be able to touch the bottom ◆ **je n'ai plus** ~ I'm out of my depth ◆ **avoir bon** ~ **bon œil** to be as fit as a fiddle, to be fighting fit, to be hale and hearty ◆ **avoir le** ~ **léger** to be light of step ◆ **avoir le** ~ **marin** to be a good sailor ◆ **avoir les (deux)** ~**s sur terre** to have one's feet firmly (planted) on the ground ◆ **avoir un** ~ **dans la tombe** to have one foot in the grave ◆ **avoir/garder un** ~ **dans l'entreprise** to have a foot/keep one's foot in the door, to have/maintain a foothold *ou* a toehold in the firm ◆ **conduire** *ou* **foncer (le)** ~ **au plancher** to drive with one's foot to the floor ◆ **faire du** ~ **à qn** *(= prévenir qn)* to give sb a warning kick; *(galamment)* to play footsie with sb * ◆ **faire le** ~ **de grue** * to stand about (waiting), to kick one's heels *(Brit)* ◆ **faire des** ~**s et des mains pour obtenir qch** * to move heaven and earth to get sth ◆ **cela lui fera les** ~**s** * that'll teach him (a thing or two) * ◆ **le** ~ **lui a manqué** he lost his footing, his foot slipped ◆ **mettre** ~ **à terre** to dismount ◆ **mettre les** ~**s chez qn** to set foot in sb's house ◆ **je n'y remettrai jamais les** ~**s** I'll never set foot (in) there again ◆ **je n'ai pas mis les** ~**s dehors aujourd'hui** I haven't been outside all day ◆ **mettre les** ~**s dans le plat** * *(= gaffer)* to boob ⁑, to put one's foot in it; *(= se fâcher)* to put one's foot down ◆ **il est incapable de mettre un** ~ **devant l'autre** he can't walk straight ◆ **partir du bon** ~ to get off to a good start ◆ **partir** *ou* **sortir les** ~**s devant** * *(= mourir)* to go out feet first ◆ **perdre** ~ *(lit, fig)* to be *ou* get out of one's depth; *(en montagne)* to lose one's footing ◆ **prendre** ~ **sur un marché** to gain *ou* get a foothold in a market ◆ **leur parti a pris** ~ **dans la région** their party has gained a foothold in the region ◆ **se prendre les** ~**s dans le tapis** * *(fig)* to slip up ♦ **il va prendre mon ~ au derrière !** * I'll give him a kick up the backside! * ♦ **repartir du bon ~** to make a clean *ou* fresh start ♦ **sans remuer** *ou* **bouger ni ~ ni patte** * without moving a muscle ♦ **avec lui, on ne sait jamais sur quel ~ danser** you never know where you stand with him ♦ **je ne sais pas sur quel ~ danser** I don't know what to do ♦ **il ne tient pas sur ses ~s** *(ivre)* he can hardly stand up; *(faible)* he's dead on his feet ♦ **"les pieds dans l'eau"** *(sur une annonce)* "on the waterfront" ♦ **"au pied !"** *(à un chien)* "heel!"; → **casser, deux, lâcher, retomber**

♦ **à pied** *(en marchant)* on foot ♦ **aller à ~** to go on foot, to walk ♦ **nous avons fait tout le chemin à ~** we walked all the way, we came all the way on foot ♦ **faire de la marche/course à ~** to go walking/running ♦ **ce type, on l'emmerde**⁑ **à ~, à cheval et en voiture !** *(fig)* he can go to hell!⁑ ♦ **mettre qn à ~** to suspend sb ♦ **mise à ~** suspension

♦ **à pied sec** without getting one's feet wet

♦ **à pieds joints** with one's feet together; → **sauter**

♦ **au pied levé** ♦ **remplacer qn au ~ levé** to stand in for sb at a moment's notice

♦ **aux pieds de** ♦ **le chien est couché aux ~s de son maître** the dog is lying at its master's feet ♦ **tomber aux ~s de qn** to fall at sb's feet

♦ **de pied en cap** from head to foot, from top to toe

♦ **de pied ferme** resolutely ♦ **s'il veut me créer des ennuis, je l'attends de ~ ferme** if he wants to create trouble for me, I'm ready and waiting for him

♦ **des pieds à la tête** from head to foot

♦ **en pied** *[portrait]* full-length; *[statue]* full-scale, full-size

♦ **le pied à l'étrier** ♦ **avoir le ~ à l'étrier** to be well on the way ♦ **mettre le ~ à l'étrier à qn** to give sb a boost *ou* a leg up *(Brit)*

♦ **pieds et poings liés** *(fig)* tied *ou* bound hand and foot

♦ **pied à pied** *[se défendre, lutter]* every inch of the way

♦ **sur pied** *(= levé, guéri)* ♦ **être sur ~** *[personne, malade]* to be up and about ♦ **remettre qn sur ~** to set sb back on his feet again *(= constitué)* ♦ **maintenant que l'équipe est sur ~ ...** now that the team has been set up ... ♦ **l'organisation sera sur ~ en mai** the organization will be operational in May ♦ **mettre qch sur ~** to set sth up ♦ **la mise sur ~ de qch** the setting up of sth *(= vivant, non coupé)* ♦ **bétail sur ~** beef (*ou* mutton *etc*) on the hoof ♦ **blé sur ~** standing *ou* uncut corn *(Brit)* *ou* wheat *(US)*

♦ **coup de pied** *(gén, Sport)* kick ♦ **coup de ~ arrêté** free kick ♦ **un coup de ~ au derrière** * *ou* **aux fesses** * a kick in the pants * *ou* up the backside * ♦ **coup de ~ au cul**⁑ kick up the arse *⁑ *(Brit)* *ou* in the ass *⁑ *(US)* ♦ **donner un coup de ~ à** *ou* **dans** to kick ♦ **donner un coup de ~ dans la fourmilière** *(fig)* to stir things up ♦ **il a reçu un coup de ~** he was kicked ♦ **le coup de ~ de l'âne** *(fig)* delayed revenge; → **pénalité, touche**

**b** [= partie inférieure, base, support] *[d'arbre, colline, échelle, lit, mur]* foot, bottom; *[de table]* leg; *[de champignon]* stalk; *[d'appareil-photo]* stand, tripod; *[de lampe]* base; *[de lampadaire]* stand; *[de verre]* stem; *[de colonne]* base, foot; *(Math) [de perpendiculaire]* foot; *[de chaussette]* foot ♦ **le ~ droit me va, mais le gauche est un peu grand** *(= chaussure)* the right shoe fits me, but the left one is a bit too big

♦ **au pied du mur** *(fig)* ♦ **être au ~ du mur** to have one's back to the wall ♦ **mettre qn au ~ du mur** to call sb's bluff

♦ **à pied d'œuvre** ready to get down to the job

**c** [Agr] *[de salade, tomate]* plant ♦ **~ de laitue** lettuce (plant) ♦ **~ de céleri** head of celery ♦ **~ de vigne** vine

**d** [Culin] *[de porc, mouton, veau]* trotter ♦ **~s paquets** *dish made of mutton tripe and pig's trotters*

**e** [= mesure] foot ♦ **un poteau de six ~s** a six-foot pole ♦ **j'aurais voulu être à 100 ~s sous terre** I wished the ground would open up (and swallow me), I could have died *

**f** [Poésie] foot

**g** [⁑ = idiot] twit *, idiot ♦ **quel ~, celui-là !** what an idiot!, what a (useless) twit! *

♦ **comme un pied** ♦ **jouer comme un ~** to be a useless * *ou* lousy⁑ player ♦ **il s'y prend comme un ~** he hasn't a clue how to go about it * ♦ **il conduit/chante comme un ~** he's a hopeless *ou* lousy⁑ driver/singer

**h** [⁑ = plaisir] **c'est le ~ !, quel ~ !** it's brilliant! * *ou* great! * ♦ **ce n'est pas le ~** it's no picnic * *ou* fun ♦ **c'est une solution, mais c'est pas le ~** * it's a solution but it's not brilliant * *ou* great * ♦ **prendre son ~** *(= s'amuser)* to get one's kicks⁑ *(avec* with); *(sexuellement)* to have it away *ou* off⁑ *(avec* with)

**i** [locutions]

♦ **au petit pied** *(littér)* ♦ **un Balzac/un Versailles au petit ~** a poor man's Balzac/Versailles ♦ **un don Juan** *ou* **un séducteur au petit ~** a small-time Casanova

♦ **au pied de la lettre** literally ♦ **ne prends pas tout au ~ de la lettre !** don't take everything so literally! ♦ **il a suivi vos conseils au ~ de la lettre** he followed your advice to the letter

♦ **sur le pied de guerre** (all) ready to go, ready for action

♦ **sur un grand pied** ♦ **vivre sur un grand ~** to live in (great *ou* grand) style

♦ **sur un pied d'égalité, sur le même pied** *[être, mettre]* on an equal footing; *[traiter]* as equals

2 - COMPOSÉS

▷ **pied d'athlète** *(Méd)* athlete's foot ▷ **pied autoréglable** ⇒ **pied de nivellement** ▷ **pied de col** NM *(Couture)* collarstand ▷ **pied à coulisse** calliper rule ▷ **pied de fer** (cobbler's) last ▷ **pied de lit** footboard ▷ **pied de nez** NM **faire un ~ de nez à qn** to thumb one's nose at sb, to cock a snook at sb *(Brit)* ▷ **les Pieds Nickelés** *early 20th century French cartoon characters* ♦ **la bande de ~s nickelés qui traîne dans ce café** * the gang of good-for-nothings *ou* layabouts * who hang out * in this café ▷ **pied de nivellement** *(sur un meuble)* self-levelling foot ▷ **pied de page** footer

---

**pied-à-terre** /pjetatɛʀ/ NM INV pied-à-terre

**pied-bot** (pl **pieds-bots**) /pjebo/ NM person with a club-foot

**pied-d'alouette** (pl **pieds-d'alouette**) /pjedalwɛt/ NM larkspur

**pied-de-biche** (pl **pieds-de-biche**) /pjed(ə)biʃ/ NM *[de machine à coudre]* presser foot; *[de meuble]* cabriole leg; *(= levier)* wrecking bar; *(= arrache-clous)* nail puller *ou* extractor

**pied-de-cheval** (pl **pieds-de-cheval**) /pjed(ə)ʃəval/ NM *large specially cultivated oyster*

**pied-de-loup** (pl **pieds-de-loup**) /pjed(ə)lu/ NM club moss

**pied-de-poule** (pl **pieds-de-poule**) /pjed(ə)pul/ ADJ INV hound's-tooth, dog's-tooth NM hound's-tooth check *(NonC)*, dog's-tooth check *(NonC)*

**pied-de-roi** (pl **pieds-de-roi**) /pjed(ə)ʀwa/ NM *(Can)* folding foot-rule

**pied-de-veau** (pl **pieds-de-veau**) /pjed(ə)vo/ NM *(Bot)* lords and ladies, cuckoopint

**pied-d'oiseau** (pl **pieds-d'oiseau**) /pjedwazo/ NM *(Bot)* bird's-foot

**piédestal** (pl **-aux**) /pjedɛstal, o/ NM *(lit, fig)* pedestal ♦ **mettre** *ou* **placer qn sur un ~** *(fig)* to put sb on a pedestal ♦ **descendre/tomber de son ~** *(fig)* to come down from/fall off one's pedestal

**pied-noir** (pl **pieds-noirs**) /pjenwaʀ/ NMF pied-noir *(French colonial born in Algeria)*

**pied-plat** †† (pl **pieds-plats**) /pjepla/ NM lout

**piégé, e** /pjeʒe/ (ptp de **piéger**) ADJ ♦ **engin ~** booby trap ♦ **lettre ~e** letter bomb ♦ **colis** *ou* **paquet ~** parcel *ou* mail bomb ♦ **voiture ~e** car bomb

**piège** /pjɛʒ/ NM *(lit, fig)* trap; *(= fosse)* pit; *(= collet)* snare ♦ **~ à rats/à moineaux** rat-/sparrow-trap ♦ **~ à loups** mantrap ♦ **~ à touristes** tourist trap ♦ **c'est un ~ à cons**⁑ it's a con * *ou* a gyp⁑ *(US)* ♦ **prendre au ~** to (catch in a) trap ♦ **être pris à son propre ~** to be caught in *ou* fall into one's own trap ♦ **tendre un ~ (à qn)** to set a trap (for sb) ♦ **traduction/dictée pleine de ~s** translation/dictation full of pitfalls ♦ **donner** *ou* **tomber dans le ~** to fall into the trap, to be trapped ♦ **c'était un ~ et tu es tombé dedans !** *[question]* it was a trick question and you got caught out!

**piégeage** /pjeʒaʒ/ NM **a** *[d'animal]* trapping **b** *[de bois, arbre]* setting of traps (*de* in); *(avec des explosifs) [de colis, voiture]* setting of booby traps (*de* in)

**piéger** /pjeʒe/ ▸ conjug 3 et 6 ◂ VT **a** *[+ animal, substance]* to trap; *[+ personne] (gén)* to trap; *(par une question)* to trick ♦ **se faire ~ par un radar** to get caught in a radar trap ♦ **il s'est laissé ~ par un journaliste** he got caught out by a journalist ♦ **je me suis laissé ~ par son charme** I was completely taken in by his charm ♦ **l'eau se retrouve piégée dans la roche** the water gets trapped in the rock ♦ **la question était piégée** it was a trick question **b** *[+ bois, arbre]* to set a trap *ou* traps in; *(avec des explosifs) [+ engin, colis, voiture]* to booby-trap

**pie-grièche** (pl **pies-grièches**) /pigʀijɛʃ/ NF shrike, butcherbird

**pie-mère** (pl **pies-mères**) /pimɛʀ/ NF pia mater

**Piémont** /pjemɔ̃/ NM Piedmont

**piémontais, e** /pjemɔ̃tɛ, ɛz/ ADJ Piedmontese NM *(Ling)* Piedmontese NM,F **Piémontais(e)** Piedmontese

**piercing** /piʀsiŋ/ NM body piercing

**piéride** /pjeʀid/ NF pierid, pieridine butterfly ♦ **~ du chou** cabbage white (butterfly)

**pierraille** /pjeʀɑj/ NF *[de route, sentier]* loose stones, chippings; *[de pente, montagne]* scree *(NonC)*, loose stones

**Pierre** /pjɛʀ/ NM Peter ♦ **~ le Grand** *(Hist)* Peter the Great

**pierre** /pjɛʀ/ NF **a** *(gén, Méd)* stone ♦ **maison de** *ou* **en ~** stone(-built) house, house built of stone ♦ **mur en ~s sèches** dry-stone wall ♦ **attaquer qn à coups de ~s** to throw stones at sb ♦ **il resta** *ou* **son visage resta de ~** he remained stony-faced ♦ **jeter la première ~** to cast the first stone ♦ **je ne veux pas lui jeter la ~** I don't want to be too hard on him; → **âge, casseur**

**b** *(= immobilier)* **la ~** bricks and mortar ♦ **investir dans la ~** to invest in bricks and mortar c *(loc)* **faire d'une ~ deux coups** to kill two birds with one stone ◆ **il s'est mis une ~ au cou** he's taken on a heavy burden ◆ **~ qui roule n'amasse pas mousse** *(Prov)* a rolling stone gathers no moss *(Prov)* ◆ **c'est une ~ dans son jardin** it is a black mark against him ◆ **jour à marquer d'une ~ blanche** red-letter day ◆ **jour à marquer d'une ~ noire** black day ◆ **bâtir qch ~ à ~** to build sth up piece by piece *ou* stone by stone ◆ **ils n'ont pas laissé ~ sur ~** they didn't leave a stone standing ◆ **apporter sa ~ à qch** to add one's contribution to sth ◆ **aimer les vieilles ~s** to like old buildings

COMP ▷ **pierre à aiguiser** whetstone ▷ **pierre angulaire** *(lit, fig)* cornerstone ▷ **pierre à bâtir** building stone ▷ **pierre à briquet** flint ▷ **pierre à chaux** limestone ▷ **pierre à feu** flint ▷ **pierre fine** semiprecious stone ▷ **pierre funéraire** tombstone, gravestone ▷ **pierre à fusil** gunflint ▷ **pierre de lard** French chalk, tailor's chalk ▷ **pierre levée** standing stone ▷ **pierre de lune** moonstone ▷ **pierre ollaire** soapstone, steatite *(SPÉC)* ▷ **pierre philosophale** philosopher's stone ▷ **pierre ponce** pumice stone, pumice *(NonC)* ▷ **pierre précieuse** precious stone, gem ▷ **la pierre de Rosette** the Rosetta stone ▷ **pierre de taille** freestone ▷ **pierre tombale** tombstone, gravestone ▷ **pierre de touche** *(lit, fig)* touchstone

**pierreries** /pjɛʀʀi/ NFPL gems, precious stones

**pierreux, -euse** /pjeʀø, øz/ ADJ *[terrain]* stony; *[fruit]* gritty; *(Méd)* calculous *(SPÉC)*

**Pierrot** /pjɛʀo/ NM *(Théât)* Pierrot

**pierrot** /pjeʀo/ NM *(= oiseau)* sparrow

**pietà** /pjeta/ NF pietà

**piétaille** /pjetaj/ NF *(péj) (Mil)* rank and file; *(= subalternes)* rank and file, menials; *(= piétons)* foot-sloggers *, pedestrians

**piété** /pjete/ NF *(Rel)* piety; *(= attachement)* devotion, reverence ◆ **~ filiale** filial devotion *ou* respect ◆ **articles/livre de ~** devotional articles/book ◆ **images de ~** pious images

**piètement** /pjɛtmɑ̃/ NM *[de meuble]* base

**piétinement** /pjetinmɑ̃/ NM a *(= stagnation)* **le ~ de la discussion** the fact that the discussion is not (*ou* was not) making (any) progress ◆ **vu le ~ de l'enquête** given that the investigation is (*ou* was) at a virtual standstill b *(= marche sur place)* standing about ◆ **ce fut moins un défilé qu'un gigantesque ~** it was more of a slow shuffle than a march c *(= bruit)* stamping

**piétiner** /pjetine/ ▸ conjug 1 ◂ VI a *(= trépigner)* to stamp (one's foot *ou* feet) ◆ **~ de colère/d'impatience** to stamp (one's feet) angrily/impatiently b *(= ne pas avancer) [personne]* to stand about; *[cortège]* to mark time; *[discussion]* to make no progress; *[affaire, enquête]* to be at a virtual standstill, to be making no headway; *[économie, science]* to stagnate, to be at a standstill ◆ **~ dans la boue** to trudge through the mud VT *[+ sol]* to trample on; *[+ victime] (fig) [+ adversaire]* to trample underfoot; *[+ parterres, fleurs]* to trample on, to trample underfoot, to tread on ◆ **plusieurs personnes furent piétinées** several people were trampled on *ou* trampled underfoot ◆ **~ les principes de qn** to trample sb's principles underfoot, to ride roughshod over sb's principles; → **plat[1]**

**piétisme** /pjetism/ NM pietism

**piétiste** /pjetist/ ADJ pietistic NMF pietist

**piéton[1]** /pjetɔ̃/ NM pedestrian

**piéton[2], -onne** /pjetɔ̃, ɔn/, **piétonnier, -ière** /pjetɔnje, jɛʀ/ ADJ pedestrian *(épith)* ◆ **rue piétonne** *ou* **piétonnière** *(gén)* pedestrianized street; *(commerciale)* pedestrian shopping street ◆ **zone piétonne** *ou* **piétonnière** *(gén)* pedestrian precinct; *(commerciale)* shopping precinct

**piètre** /pjɛtʀ/ ADJ *(frm) [adversaire, écrivain, roman]* very poor, mediocre; *[excuse]* paltry, lame ◆ **c'est une ~ consolation** it's small *ou* little comfort ◆ **dans un ~ état** in a very poor state ◆ **faire ~ figure** to cut a sorry figure ◆ **avoir ~ allure** to be a sorry *ou* wretched sight

**piètrement** /pjɛtʀəmɑ̃/ ADV very poorly

**pieu** (pl **pieux**) /pjø/ NM a *(= poteau)* post; *(pointu)* stake, pale; *(Constr)* pile b (‡ = *lit)* bed ◆ **se mettre au ~** to hit the hay * *ou* sack *, to turn in *

**pieusement** /pjøzmɑ̃/ ADV *(Rel)* piously; *(= respectueusement)* reverently ◆ **un vieux tricot qu'il avait ~ conservé** *(hum)* an old sweater which he had lovingly kept

**pieuter** ‡ /pjøte/ ▸ conjug 1 ◂ VI ◆ **(aller) ~ chez qn** to crash *ou* kip *(Brit)* at sb's place ‡ VPR **se pieuter** to hit the hay * *ou* sack *, to turn in *

**pieuvre** /pjœvʀ/ NF a *(= animal)* octopus ◆ **cette entreprise est une ~** this is a very tentacular company ◆ **cette ville est une ~** this is a huge, sprawling city ◆ **la Pieuvre** *(= Mafia)* the Mob b *(= sandow)* spider

**pieux, pieuse** /pjø, pjøz/ ADJ *[personne] (= religieux)* pious, devout; *(= dévoué)* devoted, dutiful; *[pensée, souvenir, lecture, image]* pious; *[silence]* reverent, respectful ◆ **~ mensonge** white lie *(told out of pity etc)*

**piézoélectricité** /pjezoelɛktʀisite/ NF piezoelectricity

**piézoélectrique** /pjezoelɛktʀik/ ADJ piezoelectric

**piézomètre** /pjezɔmɛtʀ/ NM piezometer

**pif[1]** ‡ /pif/ NM *(= nez)* nose, conk ‡ *(Brit)*, schnozzle ‡ *(US)* ◆ **j'ai failli y aller, j'ai eu du ~** I nearly went but I had a funny feeling about it ◆ **je l'ai dans le ~** I can't stand *ou* stick * *(Brit)* him

◆ **au pif** *(= approximativement)* at a rough guess; *(= au hasard) [répondre, choisir]* at random ◆ **faire qch au ~** *[+ plan, exercice, recette]* to do sth by guesswork

**pif[2]** /pif/ EXCL ◆ **~! paf!** *(explosion)* bang! bang!; *(gifle)* smack! smack!, slap! slap!

**pif(f)er** ‡ /pife/ ▸ conjug 1 ◂ VT ◆ **je ne peux pas le pif(f)er** I can't stand *ou* stick * *(Brit)* him

**pifomètre** ‡ /pifɔmɛtʀ/ NM intuition, instinct

◆ **au pifomètre** at a rough guess ◆ **faire qch au ~** to do sth by guesswork ◆ **j'y suis allé au ~** I followed my nose *

**pifrer** ‡ /pifʀe/ ▸ conjug 1 ◂ VT ⇒ **pif(f)er**

**pige** /piʒ/ NF a (‡ = *année)* **il a 50 ~s** he's 50 ◆ **à 60 ~s** at 60 b *(Presse, Typo)* **être payé à la ~** *[typographe]* to be paid at piecework rates; *[journaliste]* to be paid by the line; *[artiste]* to be paid per commission ◆ **faire des ~s pour un journal** to do freelance work for a newspaper c (‡ = *surpasser)* **faire la ~ à qn** to leave sb standing *, to put sb in the shade

**pigeon** /piʒɔ̃/ NM a *(= oiseau)* pigeon b (* = *dupe)* mug ‡, sucker ‡ COMP ▷ **pigeon d'argile** clay pigeon ▷ **pigeon ramier** woodpigeon, ring dove ▷ **pigeon vole** *(= jeu) game of forfeits*, ≃ Simon says ▷ **pigeon voyageur** carrier *ou* homing pigeon ◆ **par ~ voyageur** by pigeon post

**pigeonnant, e** /piʒɔnɑ̃, ɑ̃t/ ADJ ◆ **soutien-gorge ~** uplift bra ◆ **avoir une poitrine ~e** to have a lot of cleavage

**pigeonne** /piʒɔn/ NF hen-pigeon

**pigeonneau** (pl **pigeonneaux**) /piʒɔno/ NM young pigeon, squab

**pigeonner** /piʒɔne/ ▸ conjug 1 ◂ VT (* = *duper)* ◆ **~ qn** to do sb ‡, to take sb for a ride ‡ ◆ **se laisser** *ou* **se faire ~** to be done ‡, to be taken for a ride ‡, to be had * VI ◆ **ce soutien-gorge fait ~ les seins** this bra pushes the breasts up

**pigeonnier** /piʒɔnje/ NM pigeon house *ou* loft; (* = *logement)* garret, attic room

**piger** ‡ /piʒe/ ▸ conjug 3 ◂ VT *(= comprendre)* to get it * ◆ **il a pigé** he's got it *, he's twigged * *(Brit)*, the penny has dropped * *(Brit)* ◆ **tu piges ?** (do you) get it? * ◆ **je ne pige rien à la chimie** chemistry's all Greek * *ou* double Dutch * *(Brit)* to me ◆ **je n'y pige rien** I just don't get it (at all) *, I can't make head (n)or tail of it ◆ **tu y piges quelque chose, toi ?** can you make anything of it?

**pigiste** /piʒist/ NMF *(= typographe)* (piecework) typesetter; *(= journaliste)* freelance journalist *(paid by the line)*; *(= artiste)* freelance artist

**pigment** /pigmɑ̃/ NM pigment

**pigmentaire** /pigmɑ̃tɛʀ/ ADJ pigmentary, pigmental

**pigmentation** /pigmɑ̃tasjɔ̃/ NF pigmentation

**pigmenter** /pigmɑ̃te/ ▸ conjug 1 ◂ VT to pigment

**pigne** /piɲ/ NF *(= pomme de pin)* pine cone; *(= graine)* pine kernel *ou* nut

**pignocher** /piɲɔʃe/ ▸ conjug 1 ◂ VI to pick *ou* nibble at one's food

**pignon** /piɲɔ̃/ NM a *(Archit)* gable ◆ **à ~** gabled ◆ **avoir ~ sur rue** *(fig)* to be well-established b *(= roue dentée)* cog(wheel), gearwheel; *(= petite roue)* pinion c *(Bot)* **~ (de pin)** pine kernel *ou* nut

**pignouf** ‡ /piɲuf/ NM peasant *, boor

**pilaf** /pilaf/ NM pilaf(f), pilau ◆ **riz ~** pilau rice

**pilage** /pilaʒ/ NM crushing, pounding

**pilastre** /pilastʀ/ NM pilaster

**Pilate** /pilat/ NM Pilate

**pilchard** /pilʃaʀ/ NM pilchard

**pile** /pil/ NF a *(= tas)* pile, stack; *(Ordin)* stack b *[de pont]* support, pile, pier

c *(Élec)* battery ◆ **à ~(s)** battery *(épith)*, battery-operated ◆ **~ sèche** dry cell *ou* battery ◆ **~ bâton** pencil battery ◆ **~ rechargeable** rechargeable battery ◆ **~ plate/ronde** flat/round battery ◆ **~ bouton** watch battery ◆ **~ atomique** nuclear reactor, (atomic) pile ◆ **~ solaire** solar cell ◆ **appareil à ~s** *ou* **fonctionnant sur ~s** battery-operated *ou* battery-driven appliance

d ‡ *(= coups)* belting, thrashing; *(= défaite)* hammering *, thrashing * ◆ **donner une ~ à qn** *(rosser)* to give sb a belting *ou* thrashing, to lay into sb ‡; *(vaincre)* to lick sb *, to beat sb hollow * *(Brit)* ◆ **prendre** *ou* **recevoir une ~** *(coups)* to get a belting; *(défaite)* to be licked *, to be beaten hollow * *(Brit)*

e *[de pièce]* **c'est tombé sur (le côté) ~** it came down tails ◆ **~ ou face ?** heads or tails? ◆ **~ c'est moi, face c'est toi** tails it's me, heads it's you ◆ **sur le côté ~ il y a …** on the reverse side there's … ◆ **on va jouer** *ou* **tirer ça à ~ ou face** we'll toss (up) for it ◆ **tirer à ~ ou face pour savoir si …** to toss up to find out if …

f *(Hér)* pile

ADV (* = *net)* ◆ **s'arrêter ~** to stop dead * ◆ **ça l'a arrêté ~** it stopped him dead * *ou* in his tracks, it brought him up short * ◆ **vous êtes tombé ~ en m'offrant ce cadeau** *[personne]* you've chosen exactly the right present for me ◆ **j'ai ouvert l'annuaire et je**

**suis tombé ~ sur le numéro** I opened the directory and came up with the number right *ou* straight *(Brit)* away ◆ **il lâcha sa gomme qui tomba ~ dans la corbeille à papier** he let go of his eraser and it fell right *ou* straight into the wastepaper basket ◆ **ça tombe ~ !** that's just *ou* exactly what I (*ou* we *etc*) need(ed)! ◆ **on est six et il y en a douze – ça tombe ~** there are six of us and twelve of them – that works out exactly *ou* evenly ◆ **son mariage tombe ~ le jour de son anniversaire** her wedding is on the same day as her birthday ◆ **tomber** *ou* **arriver ~** *(survenir) [personne]* to turn up * just at the right moment *ou* time; *[chose]* to come just at the right moment *ou* time ◆ **à 2 heures ~** (at) dead on 2 *, at 2 on the dot * ◆ **il est 11 heures ~** it's dead on 11 *, it's 11 o'clock exactly ◆ **c'est ~ poil ce que je voulais** * it's just what I wanted ◆ **ça rentre ~ poil** * it just fits in

**piler** /pile/ ▸ conjug 1 ◂ **VT** a *(lit)* to crush, to pound b ~ **qn** * *(= rosser)* to lay into sb *, to give sb a hammering * *ou* belting *; *(= vaincre)* to lick sb *, to beat sb hollow * *(Brit)* **VI** (* *= freiner)* to jam on the brakes

**pileux, -euse** /pilø, øz/ **ADJ** *[follicule]* hair *(épith)*; → **système**

**pilier** /pilje/ **NM** a *(Anat, Constr)* pillar; *[de dispositif, institution, politique]* mainstay, linchpin; *(= personne) [d'organisation, parti]* mainstay ◆ **la famille, ~ de la société** the family, the bedrock of society ◆ **c'est un ~ de bar** *ou* **de bistro** he spends his life propping up the bar, he's a barfly * *(US)* b *(Rugby)* prop (forward)

**pillage** /pijaʒ/ **NM** a *[de ville]* pillage, plundering; *[de magasin, maison]* looting; *[d'église, tombe]* looting, plundering; *(Zool) [de ruche]* robbing ◆ **mettre au ~** to pillage, to plunder, to loot ◆ **le ~ des caisses de l'État** plundering the state coffers b *(= plagiat) [d'ouvrage, auteur]* plagiarism

**pillard, e** /pijaʀ, aʀd/ **ADJ** *[soldats, bande]* pillaging *(épith)*, looting *(épith)*; *[oiseau]* thieving *(épith)* **NM,F** pillager, plunderer, looter

**piller** /pije/ ▸ conjug 1 ◂ **VT** a *[+ ville]* to pillage, to plunder; *[+ magasin, maison]* to loot; *[+ église, tombe]* to loot, to plunder; *[+ verger]* to raid ◆ **~ les caisses de l'État/les richesses minières d'un pays** to plunder the state coffers/the mineral resources of a country b *(= plagier) [+ ouvrage, auteur]* to plagiarize, to borrow wholesale from

**pilleur, -euse** /pijœʀ, øz/ **NM,F** pillager, plunderer, looter; († *= plagiaire)* literary pirate, plagiarist ◆ **~ d'épaves** looter *(of wrecked ships)* ◆ **~ de tombes** tomb robber

**pilon** /pilɔ̃/ **NM** *(= instrument)* pestle; *(= jambe)* wooden leg; *[de poulet]* drumstick ◆ **mettre un livre au ~** *(Typo)* to pulp a book

**pilonnage** /pilɔnaʒ/ **NM** a *(Mil)* shelling, bombardment ◆ **il y a eu des ~s intensifs** there has been intense *ou* heavy shelling b *(Typo)* pulping c *(Culin, Pharm)* pounding, crushing

**pilonner** /pilɔne/ ▸ conjug 1 ◂ **VT** a *(Mil)* to shell, to bombard ◆ **l'artillerie a pilonné la capitale** artillery pounded the capital b *[+ livre]* to pulp c *(Culin, Pharm)* to pound, to crush

**pilori** /pilɔʀi/ **NM** pillory, stocks ◆ **mettre** *ou* **clouer au ~** *(lit)* to put in the stocks; *(fig)* to pillory ◆ **être condamné au ~** to be put in the stocks

**pilosité** /pilozite/ **NF** pilosity ◆ **avoir une ~ très développée** to be very hairy

**pilotage** /pilɔtaʒ/ **NM** a *(Aviat)* piloting, flying; *(Naut)* piloting ◆ **école de ~** *(Aviat)* flying school; *(Aut)* driving school *(specializing in advanced driving skills)* ◆ **~ automatique** automatic piloting ◆ **l'accident a été attribué à une erreur de ~** the accident was put down to pilot error; → **poste²** b *[d'entreprise, économie, projet]* running, management; → **comité**

**pilote** /pilɔt/ **NM** a *(Aviat, Naut)* pilot; *(Aut)* driver; *(= guide)* guide ◆ **servir de ~ à qn** to show sb round, to be sb's guide b *(Ordin)* driver c *(= poisson)* pilotfish d *(en apposition = expérimental) [école, ferme]* experimental; *[projet, entreprise, usine]* pilot *(épith)*; *(Comm) [produit]* low-priced **COMP** ▷ **pilote automatique** automatic pilot, autopilot ◆ **être/passer en ~ automatique** to be on/switch to automatic pilot *ou* autopilot ▷ **pilote automobile** racing driver ▷ **pilote de chasse** fighter pilot ▷ **pilote de course** ⇒ **pilote automobile** ▷ **pilote d'essai** test pilot ▷ **pilote de guerre** fighter pilot ▷ **pilote de ligne** airline pilot

**piloter** /pilɔte/ ▸ conjug 1 ◂ **VT** a *[+ avion]* to pilot, to fly; *[+ navire]* to pilot; *[+ voiture]* to drive b *[+ entreprise, projet]* to run, to manage ◆ **~ qn** *(fig)* to show sb round

**pilotis** /pilɔti/ **NM** pile, pilotis *(SPÉC)* ◆ **sur ~** on piles

**pilou** /pilu/ **NM** flannelette

**pilule** /pilyl/ **NF** a *(Pharm)* pill ◆ **prendre la ~, être sous ~** * *(contraceptive)* to be on *ou* be taking the pill ◆ **~ abortive/du lendemain** abortion/morning-after pill ◆ **il a eu du mal à avaler la ~, il a trouvé la ~ un peu amère** *ou* **un peu dure à avaler** *(fig)* he found it a bitter pill to swallow, he found it hard to take ◆ **faire qch pour faire passer la ~** to do sth to sweeten *ou* sugar the pill; → **dorer** b (* *= défaite)* thrashing *, hammering * ◆ **on a pris la ~** we were thrashed * *ou* hammered *

**pimbêche** /pɛ̃bɛʃ/ **ADJ F** stuck-up *, full of herself *(attrib)* **NF** stuck-up thing * ◆ **c'est une horrible ~** she's so full of herself, she's horribly stuck-up *

**pimbina** /pɛ̃bina/ **NM** *(Can)* pembina *(Can) (type of cranberry)*

**piment** /pimɑ̃/ **NM** a *(= plante)* pepper, capsicum ◆ **~ rouge** *(= épice)* chilli ◆ **~ doux** *(= fruit)* pepper, capsicum; *(= poudre)* paprika ◆ **~ vert** green chilli b *(fig)* spice, piquancy ◆ **avoir du ~** to be spicy *ou* piquant ◆ **donner du ~ à une situation** to add *ou* give spice to a situation ◆ **ça donne du ~ à la vie** it adds a bit of spice to life, it makes life more exciting ◆ **trouver du ~ à qch** to find sth spicy *ou* piquant

**pimenté, e** /pimɑ̃te/ (ptp de **pimenter**) **ADJ** *[plat]* hot, spicy; *[récit]* spicy

**pimenter** /pimɑ̃te/ ▸ conjug 1 ◂ **VT** *(Culin)* to put chilli in; *(fig)* to add *ou* give spice to

**pimpant, e** /pɛ̃pɑ̃, ɑ̃t/ **ADJ** *[robe, personne]* spruce

**pimprenelle** /pɛ̃pʀənɛl/ **NF** *(à fleurs verdâtres)* (salad) burnet; *(à fleurs rouges)* great burnet

**pin** /pɛ̃/ **NM** *(= arbre)* pine (tree); *(= bois)* pine(wood); → **aiguille, pomme** **COMP** ▷ **pin laricio** *ou* **noir** Corsican pine ▷ **pin maritime** maritime pine ▷ **pin d'Oregon** Oregon pine ▷ **pin parasol** *ou* **pignon** umbrella pine ▷ **pin sylvestre** Scots *ou* Scotch fir, Scots *ou* Scotch pine

**pinacle** /pinakl/ **NM** *(Archit)* pinnacle ◆ **être au ~** *(fig)* to be at the top ◆ **porter** *ou* **mettre qn au ~** *(fig)* to praise sb to the skies

**pinacothèque** /pinakɔtɛk/ **NF** art gallery

**pinaillage** * /pinɑjaʒ/ **NM** hair-splitting, quibbling

**pinailler** * /pinɑje/ ▸ conjug 1 ◂ **VI** to quibble, to split hairs ◆ **il pinaille sur tout** he's forever splitting hairs

**pinailleur, -euse** * /pinɑjœʀ, øz/ **ADJ** pernickety, nitpicking * *(épith)*, hair-splitting *(épith)* **NM,F** nitpicker *, quibbler

**pinard** * /pinaʀ/ **NM** *(gén)* wine; *(péj)* cheap wine, plonk * *(Brit)*

**pinardier** * /pinaʀdje/ **NM** wine tanker

**pince** /pɛ̃s/ **NF** a *(= outil)* ~(s) *(gén)* pair of pliers, pliers; *(à charbon)* pair of tongs, tongs

b *(= levier)* crowbar

c *(Zool) [de crabe, homard]* pincer, claw

d *(Couture)* dart ◆ **faire des ~s à** to put darts in ◆ **~ de poitrine** bust darts ◆ **pantalon à ~s** front-pleated trousers

e (* *= main)* hand, mitt *, paw * ◆ **je lui ai serré la ~** I shook hands with him

f (* *= jambe)* leg ◆ **aller à ~s** to foot * *ou* hoof * it ◆ **j'ai fait 15 km à ~s** I footed it for 15 km *

**COMP** ▷ **pince à billets** note *(Brit) ou* bill *(US)* clip ▷ **pince à cheveux** hair clip ▷ **pince coupante** wire cutters ▷ **pince crocodile** crocodile clip ▷ **pince de cycliste** bicycle clip ▷ **pince à dénuder** wire strippers, wire stripping pliers ▷ **pince à épiler** (eyebrow) tweezers ▷ **pince à escargots** *special tongs used for eating snails* ▷ **pince à glace** ice tongs ▷ **pince à linge** clothes peg *(Brit)*, clothespin *(US, Écos)* ▷ **pince multiprise** ⇒ **pince crocodile** ▷ **pince à ongles** nail clippers ▷ **pince plate** flat-nose pliers ▷ **pince à sucre** sugar tongs ▷ **pince universelle** (universal) pliers ▷ **pince à vélo** bicycle clip

**pincé, e¹** /pɛ̃se/ (ptp de **pincer**) **ADJ** *[personne, air]* stiff, starchy; *[sourire]* stiff, tight-lipped; *[ton]* stiff ◆ **d'un air ~** stiffly ◆ **les lèvres ~es** with pursed lips ◆ **aux lèvres ~es** thin-lipped ◆ **instrument à cordes ~es** *(Mus)* plucked stringed instrument

**pinceau** (pl **pinceaux**) /pɛ̃so/ **NM** *(gén)* brush; *(Peinture)* (paint)brush; *(= manière de peindre)* brushwork; (* *= pied)* foot ◆ **~ à colle** paste brush ◆ **~ lumineux** pencil of light ◆ **coup de ~** brushstroke, stroke of the brush ◆ **donner un coup de ~ à un mur** to give a wall a lick of paint ◆ **avoir un bon coup de ~** to paint well, to be a good painter

**pincée²** /pɛ̃se/ **NF** *[de sel, poivre]* pinch

**pince-fesses** † * /pɛ̃sfɛs/ **NM INV** dance, hop *

**pincement** /pɛ̃smɑ̃/ **NM** *(Mus)* plucking; *(Agr)* pinching out ◆ **~ des roues** *(Aut)* toe-in ◆ **elle a eu un ~ de cœur** she felt a twinge of sorrow

**pince-monseigneur** (pl **pinces-monseigneur**) /pɛ̃smɔ̃sɛɲœʀ/ **NF** jemmy *(Brit)*, crowbar

**pince-nez** /pɛ̃sne/ **NM INV** pince-nez

**pince-oreille** (pl **pince-oreilles**) /pɛ̃sɔʀɛj/ **NM** earwig

**pincer** /pɛ̃se/ ▸ conjug 3 ◂ **VT** a *(accidentellement, pour faire mal)* to pinch; *[froid]* to nip ◆ **je me suis pincé dans la porte/avec l'ouvre-boîte** I caught myself in the door/with the can opener ◆ **se (faire) ~ le doigt** to catch one's finger ◆ **se (faire) ~ le doigt dans une porte** to trap *ou* catch one's finger in a door ◆ **il s'est fait ~ par un crabe** he was nipped by a crab ◆ **pince-moi, je rêve !** pinch me, I'm dreaming!

b *(= tenir, serrer)* to grip ◆ **~ les lèvres** to purse (up) one's lips ◆ **se ~ le nez** to hold one's nose ◆ **une robe qui pince la taille** a dress which is tight at the waist

c *(Mus)* to pluck

d (Couture) [+ veste] to put darts in

e (* = arrêter, prendre) to catch, to cop ‡; [police] to cop ‡, to catch, to nick ‡ (Brit) ◆ se faire ~ to get caught

f (Agr) to pinch out, to nip out

g ◆ en ~ pour qn * to be stuck on sb *, to be mad about sb * ◆ il est pincé * he's hooked *

VI ◆ ça pince (dur) ‡ it's freezing (cold), it's bitterly cold

**pince-sans-rire** /pɛ̃ssɑ̃ʀiʀ/ ADJ INV deadpan NMF INV ◆ c'est un ~ he's got a deadpan sense of humour

**pincette** /pɛ̃sɛt/ NF (gén pl, pour le feu) pair of (fire) tongs, (fire) tongs; [d'horloger] pair of tweezers, tweezers; (Helv = pince à linge) peg ◆ il n'est pas à toucher ou prendre avec des ~s (sale) he's filthy dirty; (mécontent) he's like a bear with a sore head

**pinçon** /pɛ̃sɔ̃/ NM pinch-mark

**Pindare** /pɛ̃daʀ/ NM Pindar

**pindarique** /pɛ̃daʀik/ ADJ Pindaric

**pine** ⁑ /pin/ NF cock ⁑, prick ⁑

**pinéal, e** (mpl -aux) /pineal, o/ ADJ pineal ◆ glande ~e pineal gland ou body

**pinède** /pinɛd/, **pineraie** /pinʀɛ/ NF pinewood, pine forest

**pingouin** /pɛ̃gwɛ̃/ NM auk; (= manchot) penguin ◆ (petit) ~ razorbill ◆ habillé en ~ * (hum) in tails ◆ qui c'est ce ~ ? * (= individu) who's that guy? * ou bloke * (Brit) ?

**ping-pong** /piŋpɔ̃g/ NM INV table tennis, Ping-Pong ®

**pingre** /pɛ̃gʀ/ (péj) ADJ stingy, niggardly NMF skinflint, niggard

**pingrerie** /pɛ̃gʀəʀi/ NF (péj) stinginess, niggardliness

**Pinocchio** /pinɔkjo/ NM Pinocchio

**pin-pon** /pɛ̃pɔ̃/ EXCL sound made by two-tone siren

**pin's** /pins/ NM INV lapel badge, pin

**pinson** /pɛ̃sɔ̃/ NM chaffinch ◆ ~ du nord brambling; → gai

**pintade** /pɛ̃tad/ NF guinea-fowl

**pintadeau** (pl pintadeaux) /pɛ̃tado/ NM young guinea-fowl, guinea-poult (SPÉC)

**pinte** /pɛ̃t/ NF a (= ancienne mesure) ≈ quart (0.93 litre), (= mesure anglo-saxonne) pint; (Can) quart (1.136 litre); → payer b (Helv = débit de boissons) bar

**pinté, e** ‡ /pɛ̃te/ (ptp de pinter) ADJ smashed ‡, plastered ‡

**pinter** ‡ /pɛ̃te/ VI se pinter ‡ VPR ▸ conjug 1 ◂ to booze *, to liquor up ‡ (US) ◆ on s'est pintés au whisky we got smashed ‡ ou plastered ‡ on whisky

**pin up** /pinœp/ NF INV (= personne) sexy (-looking) girl; (= photo) pinup

**pioche** /pjɔʃ/ NF a (à deux pointes) pick, pickaxe, pickax (US); (à pointe et à houe) mattock, pickaxe, pickax (US); → tête b (= tas de dominos, cartes) stock, pile

**piocher** /pjɔʃe/ ▸ conjug 1 ◂ VT [+ terre] to pickaxe, to pickax (US); (* = étudier) [+ sujet] to swot up * (Brit), to slave ou slog (Brit) away at *; [+ examen] to cram ou swot * (Brit) for; (Jeux) [+ carte, domino] to take (from the stock ou pile); [+ numéro] to take VI (= creuser) to dig (with a pick); (* : Jeux) to pick up ou take a card (ou domino) (from the stock ou pile) ◆ ~ dans le tas (nourriture) to dig in; (objets) to dig into the pile ◆ ~ dans ses économies to dip into one's savings

**piocheur, -euse** * /pjɔʃœʀ, øz/ ADJ hard-working NM,F swot * (Brit), grind * (US)

**piolet** /pjɔlɛ/ NM ice axe

**pion**[1] /pjɔ̃/ NM (Échecs) pawn; (Dames) piece, draught (Brit), checker (US) ◆ n'être qu'un ~ (sur l'échiquier) to be just a pawn ou be nothing but a pawn (in the game) ◆ avancer ou pousser ses ~s (fig) to position o.s.; → damer

**pion**[2], **pionne** /pjɔ̃, pjɔn/ NM,F (arg Scol = surveillant) supervisor (student paid to supervise schoolchildren)

**pioncer** ‡ /pjɔ̃se/ ▸ conjug 3 ◂ VI to sleep, to get some shut-eye * ◆ j'ai pas pioncé de la nuit I didn't get a wink of sleep (all night) ◆ il a pioncé deux heures he got two hours' sleep ou kip ‡ (Brit)

**pionnier, -ière** /pjɔnje, jɛʀ/ NM,F (lit, fig) pioneer

**pioupiou** * † /pjupju/ NM young soldier, tommy * † (Brit)

**pipe** /pip/ NF a (à fumer) (= contenant) pipe; (= contenu) pipeful, pipe ◆ fumer la ~ (gén) to smoke a pipe; (habituellement) to be a pipe-smoker ◆ ~ de bruyère/de terre briar/clay pipe; → casser, fendre, tête b (* = cigarette) cig *, fag ‡ (Brit) c (= futaille) pipe d (⁑ = acte sexuel) blow job ⁑ ◆ tailler une ~ à qn to give sb a blow job ⁑

**pipeau** (pl pipeaux) /pipo/ NM (Mus) (reed-) pipe; [d'oiseleur] bird call ◆ ~x (gluaux) limed twigs ◆ c'est du ~ * that's a load of rubbish *

**pipelette** * /piplɛt/ NF (péj) chatterbox

**pipeline** /piplin/ NM pipeline ◆ traitement en ~ (Ordin) pipelining

**piper** /pipe/ ▸ conjug 1 ◂ VT [+ cartes] to mark; [+ dés] to load ◆ les dés sont pipés (fig) the dice are loaded ◆ il n'a pas pipé (mot) * he didn't breathe a word, he kept mum *

**piperade** /pipeʀad/ NF piperade (kind of omelette with tomatoes and peppers)

**pipette** /pipɛt/ NF pipette

**pipi** * /pipi/ NM pee *, wee *, wee-wee (langage enfantin) ◆ faire ~ to have a pee * ou a wee *, to have a wee-wee (langage enfantin) ◆ faire ~ au lit to wet the bed ◆ le chien a fait ~ sur le tapis the dog has made a puddle * on ou has done a wee * on the carpet ◆ c'est du ~ de chat [boisson] it's dishwater *, it's like cat's piss ⁑; [livre, film, théorie] it's pathetic *, it's a waste of time; → dame

**pipi-room** * (pl pipi-rooms) /pipiʀum/ NM loo * (Brit), bathroom (US) ◆ aller au ~ to go and spend a penny * (Brit), to go to the bathroom (US)

**pipit** /pipit/ NM pipit ◆ ~ des arbres tree pipit

**piquage** /pikaʒ/ NM (Couture) sewing up, stitching, machining

**piquant, e** /pikɑ̃, ɑ̃t/ ADJ a [barbe] prickly; (Bot) [tige] thorny, prickly b [goût, radis, sauce, moutarde] hot; [odeur] pungent; [fromage] sharp; [vin] sour, tart ◆ eau ~e * fizzy water ◆ sauce ~e (Culin) sauce piquante, piquant sauce c [air, froid] biting d [détail] (= paradoxal) surprising; (= grivois) spicy; [description, style] racy, piquant; [conversation, charme, beauté] piquant e (= mordant) [mot, réplique] biting, cutting NM a [de hérisson, oursin] spine; [de porc-épic] quill; [de rosier] thorn, prickle; [de chardon] prickle; [de barbelé] barb b [de style, description] raciness; [de conversation] piquancy; [d'aventure] spice ◆ le ~ de l'histoire, c'est que ..., et, détail qui ne manque pas de ~, ... the most entertaining thing (about it) is that ...

**pique** /pik/ NF (= arme) pike; [de picador] lance; (= parole blessante) dig, cutting remark ◆ il n'a pas arrêté de me lancer des ~s he kept making cutting remarks NM (= carte) spade; (= couleur) spades ◆ le trois de ~ the three of spades

**piqué, e** /pike/ (ptp de piquer) ADJ a (Couture = cousu) (machine-)stitched; [couvre-lit] quilted

b (= marqué) [linge] mildewed, mildewy; [miroir] speckled; [livre] foxed; [meuble] worm-eaten; (= aigre) [vin] sour ◆ visage ~ de taches de rousseur freckled face ◆ ~ de rouille [métal] pitted with rust; [linge] covered in rust spots ◆ ~ par l'acide pitted with acid marks ◆ pas ~ des hannetons * ou des vers * (= excellent) brilliant *, great *; (= excentrique) wild * ◆ son article n'est pas ~ des hannetons * ou des vers * his article is spot on * ◆ ce problème n'était pas ~ des hannetons ! * ou des vers ! * it was a tough problem! *

c (* = fou) nuts *, barmy * (Brit) ◆ il est ~, c'est un ~ he's nuts * ou barmy * (Brit), he's a nutter * (Brit)

d (Mus) [note] staccato

NM a (Aviat) dive ◆ attaque en ~ (bombardement) dive bombing run; (à la mitrailleuse) strafing run ◆ bombardement en ~ dive bombing run ◆ faire un ~ to (go into a) dive

b (= tissu) piqué

**pique-assiette** * (pl pique-assiettes) /pikasjɛt/ NMF scrounger *, sponger * (for a free meal)

**pique-feu** (pl pique-feu(x)) /pikfø/ NM poker

**pique-fleurs** /pikflœʀ/ NM INV flower-holder

**pique-nique** (pl pique-niques) /piknik/ NM picnic ◆ faire un ~ to picnic, to have a picnic ◆ demain nous allons faire un ~ tomorrow we're going for ou on a picnic

**pique-niquer** /piknike/ ▸ conjug 1 ◂ VI to have a picnic, to picnic

**pique-niqueur, -euse** (mpl pique-niqueurs) /piknikœʀ, øz/ NM,F picnicker

**piquer** /pike/ ▸ conjug 1 ◂ VT a [guêpe] to sting; [moustique, serpent] to bite; (avec une épingle, une pointe) to prick; (Méd) to give an injection to, to give a shot * ou jab * (Brit) to ◆ se faire ~ contre la variole to have a smallpox injection ou shot * ou jab * (Brit) ◆ faire ~ qn contre qch to have sb vaccinated ou inoculated against sth ◆ faire ~ un chat/chien (euph) to have a cat/dog put down ou put to sleep ◆ se ~ le doigt to prick one's finger ◆ les ronces, ça pique brambles are prickly; → mouche

b [+ aiguille, fourche, fléchette] to stick, to stab, to jab (dans into); ◆ rôti piqué d'ail joint stuck with cloves of garlic ◆ piqué de lardons larded ◆ ~ la viande avec une fourchette to prick the meat with a fork ◆ ~ des petits pois avec une fourchette to stab peas with a fork ◆ ~ qch au mur to put ou stick sth up on the wall ◆ ~ une fleur sur un corsage to pin a flower on(to) a blouse ◆ ~ une fleur dans ses cheveux to stick a flower in one's hair ◆ des papillons piqués sur une planche butterflies pinned on a board ◆ ~ (une frite/un haricot) dans le plat * to help o.s. (to a chip/a bean or two) ◆ ~ au hasard * ou dans le tas * to choose ou pick at random

c (Couture) ~ qch (à la machine) to machine sth, to (machine) stitch sth, to sew sth up ◆ ta mère sait-elle ~ ? can your mother use a sewing machine?

d [barbe] to prick, to prickle; [ortie] to sting ◆ tissu qui pique (la peau) prickly material, material that prickles the skin ◆ liqueur qui pique la gorge liqueur which burns the throat ◆ la fumée me pique les yeux the smoke is stinging my eyes ou making my eyes sting *ou* smart ◆ **le froid/le vent nous piquait le** *ou* **au visage** the cold/the wind stung our faces ◆ **ça (me) pique** *[démangeaison]* it's itching *ou* itchy, it's making me itch ◆ **les yeux me piquent, j'ai les yeux qui piquent** my eyes are smarting *ou* stinging ◆ **ma gorge me pique** my throat's burning ◆ **tu piques avec ta barbe** your beard's scratchy ◆ **attention, ça pique** OK now, this is going to sting; → **frotter**

e *(= exciter) [+ bœufs]* to goad; *[+ curiosité]* to arouse, to excite; *[+ intérêt]* to arouse, to provoke; *(† = vexer) [+ personne]* to pique, to nettle; *[+ amour-propre]* to pique, to hurt ◆ **~ qn au vif** to cut sb to the quick

f *(* = faire brusquement)* **~ un cent mètres** *ou* **un sprint** to (put on a) sprint, to put on a burst of speed ◆ **~ un roupillon** * *ou* **un somme** to have forty winks * *ou* a nap, to get a bit of shut-eye * ◆ **~ un galop** to break into a gallop ◆ **~ une** *ou* **sa crise** to throw a fit ◆ **~ une crise de larmes** to have a crying fit ◆ **~ une colère** to fly into a rage, to have a fit * ◆ **~ un fard** to go (bright) red ◆ **~ une suée** to break out in a sweat ◆ **~ un plongeon** to dive ◆ **~ une tête dans une piscine** to dive (headfirst) into a pool

g *(* = attraper) [+ manie, maladie]* to pick up, to catch, to get

h *(* = voler) [+ portefeuille]* to pinch *, to swipe *, to nick * *(Brit)*; *[+ idée]* to pinch *, to steal (*à qn* from sb)

i *(* = arrêter) [+ voleur]* to cop *, to nab *, to nick * *(Brit)*

j *(Mus)* **~ les notes** to play staccato

**VI** a *[avion]* to go into a dive; *[oiseau]* to swoop down ◆ **le cavalier piqua droit sur nous** the horseman came straight at us ◆ **il faudrait ~ vers le village** we'll have to head towards the village ◆ **~ du nez** *[avion]* to go into a nose-dive; *[bateau]* to dip its head; *[fleurs]* to droop; *[personne]* to fall headfirst ◆ **~ du nez dans son assiette** * *(de sommeil)* to nod off * *ou* doze off * (during a meal); *(de honte)* to hang one's head in shame ◆ **~ des deux** to go full tilt

b *[moutarde, radis]* to be hot; *[vin]* to be sour, to have a sour taste; *[fromage]* to be sharp ◆ **eau qui pique** * fizzy water

**VPR se piquer** a *(= se blesser) (avec une aiguille)* to prick o.s.; *(dans les orties)* to get stung, to sting o.s.

b *[morphinomane]* to shoot up; *[diabétique]* to give o.s. an injection, to inject o.s. ◆ **il se pique à l'héroïne** he uses heroin

c *[bois, linge]* to go mildewed *ou* mildewy; *[livre]* to become foxed; *[miroir]* to become speckled; *[métal]* to be pitted; *[vin, cidre]* to go *ou* turn sour

d *(= prétendre connaître ou pouvoir)* **se ~ de littérature/psychologie** to like to think one knows a lot about literature/psychology, to pride o.s. on one's knowledge of literature/psychology ◆ **se ~ de faire qch** to pride o.s. on one's ability to do sth

e *(= se vexer)* to take offence

f ◆ **il s'est piqué au jeu** he became quite taken with it

**piquet** /pikɛ/ **NM** a *(= pieu)* post, stake, picket; *[de tente]* peg; *(Ski)* (marker) pole; → **raide** b *(Ind)* **~ (de grève)** (strike-)picket, picket line ◆ **organiser un ~ de grève** to organize a picket line ◆ **il y a un ~ de grève à l'usine** there's a picket line at the factory ◆ **~ d'incendie** *(Mil)* fire-fighting squad c *(Scol)* **mettre qn au ~** to make sb stand *ou* put sb in the corner d *(Cartes)* piquet

**piquetage** /pik(ə)taʒ/ **NM** staking (out)

**piqueter** /pik(ə)te/ ▸ conjug 4 ◂ **VT** a *[+ allée]* to stake out, to put stakes along b *(= moucheter)* to dot (*de* with); ◆ **ciel piqueté d'étoiles** star-studded *ou* star-spangled sky, sky studded with stars

**piquette** /pikɛt/ **NF** a *(= cru local)* local wine; *(= mauvais vin)* cheap wine, plonk * *(Brit)* b *(* = défaite)* hammering *, thrashing * ◆ **prendre une ~** to be hammered * *ou* thrashed *

**piqueur, -euse** /pikœʀ, øz/ **ADJ** *[insecte]* stinging *(épith)* **NM** a *[d'écurie]* groom; *(Chasse)* whip b *(= mineur)* hewer c *(= surveillant)* foreman d *(* = voleur)* thief **NM,F** *(Couture)* machinist

**piquier** /pikje/ **NM** pikeman

**piquouse** * /pikuz/ **NF** shot *, jab * ◆ **il m'a fait une ~** he gave me a jab * *ou* an injection

**piqûre** /pikyʀ/ **NF** a *[d'insecte, moustique]* bite; *[de guêpe, ortie]* sting ◆ **~ d'épingle** pinprick ◆ **la ~ faite par l'aiguille** *(= plaie)* the hole made by the needle b *(Méd)* injection, shot *, jab * *(Brit)* ◆ **faire une ~ à qn** to give sb an injection *ou* a shot * *ou* a jab * *(Brit)* ◆ **se faire faire une ~** to have an injection *ou* a shot * *ou* a jab * *(Brit)* ◆ **~ de rappel** booster injection *ou* shot *, booster *(Brit)* c *(= petit trou)* hole; *[de moisi, rouille]* speck, spot ◆ **~ de ver** wormhole d *(Couture) (= point)* stitch; *(= rang)* stitching *(NonC)* ◆ **rang de ~s** row *ou* line of stitches *ou* stitching ◆ **jupe à ~s apparentes** skirt with overstitched seams

**piranha** /piʀana/ **NM** piranha

**piratage** /piʀataʒ/ **NM** *[de cassette, vidéo]* pirating; *[de ligne téléphonique]* hacking (*de* into); ◆ **~ (informatique)** (computer) hacking

**pirate** /piʀat/ **NM** pirate; *(† = escroc)* swindler, shark * ◆ **~ de l'air** hijacker, skyjacker * ◆ **~ (informatique)** (computer) hacker ◆ **c'est un vrai ~, cet enfant !** that child's a little rascal! ◆ **~ de la route** carjacker **ADJ** *[bateau, émission, radio, télévision]* pirate *(épith)*

**pirater** /piʀate/ ▸ conjug 1 ◂ **VT** *[+ cassette, film, logiciel]* to pirate; *[+ ligne téléphonique]* to hack into ◆ **~ un ordinateur** to hack into a computer

**piraterie** /piʀatʀi/ **NF** *(NonC)* piracy; *(= acte)* act of piracy; *(fig)* swindle, swindling *(NonC)* ◆ **~ commerciale** illegal copying, forgery *(of famous brand name goods)* ◆ **acte de ~** act of piracy ◆ **~ aérienne** hijacking, skyjacking * ◆ **c'est de la ~ !** it's daylight robbery!

**piraya** /piʀaja/ **NM** ⇒ **piranha**

**pire** /piʀ/ **ADJ** a *(compar)* worse ◆ **c'est bien ~** it's much worse ◆ **c'est ~ que jamais** it's worse than ever ◆ **c'est ~ que tout** it's the worst thing you can imagine ◆ **c'est de ~ en ~** it's getting worse and worse ◆ **il y a ~ comme chef** you could do worse for a boss ◆ **j'ai déjà entendu ~ !** I've heard worse! ◆ **il n'est ~ eau que l'eau qui dort** *(Prov)* still waters run deep *(Prov)* ◆ **il n'est ~ sourd que celui qui ne veut pas entendre** *(Prov)* there are none so deaf as those who will not hear *(Prov)*

b *(superl)* **le ~, la ~** the worst ◆ **les ~s rumeurs/difficultés** the most terrible rumours/severe difficulties

**NM** ◆ **le ~** the worst ◆ **le ~ de tout c'est** the worst thing of all is ◆ **le ~ c'est que ...** the worst of it (all) is that ... ◆ **(en mettant les choses) au ~** at (the very) worst, if the worst comes to the worst ◆ **je m'attends au ~** I expect the worst; → **politique**

**Pirée** /piʀe/ **NM** ◆ **le ~** Piraeus

**pirogue** /piʀɔg/ **NF** dugout, canoe, pirogue ◆ **~ à balancier** outrigger

**piroguier** /piʀɔgje/ **NM** boatman *(in a pirogue)*

**pirouette** /piʀwɛt/ **NF** a *[de danseuse, cheval]* pirouette b *(= faux-fuyant)* evasive reply ◆ **répondre par une ~** to cleverly side-step *ou* evade the question ◆ **il s'est sorti de la situation par une ~** he managed to wriggle out of the situation

**pirouetter** /piʀwete/ ▸ conjug 1 ◂ **VI** to pirouette

**pis**[1] /pi/ **NM** *[de vache]* udder

**pis**[2] /pi/ *(littér)* **ADJ** worse ◆ **qui ~ est** what is worse **ADV** worse ◆ **aller de ~ en ~** to get worse and worse ◆ **dire ~ que pendre de qn** to badmouth * sb; → **mal**[1]**, tant NM** ◆ **le ~** the worst (thing) ◆ **au ~** at the (very) worst ◆ **au ~ aller** if the worst comes to the worst

**pis-aller** /pizale/ **NM INV** stopgap ◆ **cette solution n'est qu'un ~** it's only a stopgap solution ◆ **nous verrons ce film en vidéo, c'est un ~** we'll have to make do with second best and watch the film on video ◆ **au ~** if the worst comes to the worst

**piscicole** /pisikɔl/ **ADJ** *[réserve, vie, élevage]* fish, piscicultural *(SPÉC)* ◆ **ferme ~** fish farm ◆ **la faune ~** fish life

**pisciculteur, -trice** /pisikyltœʀ, tʀis/ **NM,F** fish breeder *ou* farmer, pisciculturist *(SPÉC)*

**pisciculture** /pisikyltyʀ/ **NF** fish breeding *ou* farming, pisciculture *(SPÉC)*

**pisciforme** /pisifɔʀm/ **ADJ** pisciform

**piscine** /pisin/ **NF** a *(= bassin)* swimming pool; *[de réacteur nucléaire]* cooling pond ◆ **~ municipale** public (swimming) pool, public baths *(Brit)* ◆ **~ olympique** Olympic-size(d) (swimming) pool ◆ **faire de la gymnastique en ~** to do water gymnastics b *(arg Police)* **la ~** *the French secret service*

**piscivore** /pisivɔʀ/ **ADJ** fish-eating *(épith)*, piscivorous *(SPÉC)* **NM** fish eater

**Pise** /piz/ **N** Pisa; → **tour**[1]

**pisé** /pize/ **NM** adobe, pisé

**pissaladière** /pisaladjɛʀ/ **NF** *(Culin) Provençal pizza with onions, anchovy fillets and olives*

**pisse** * /pis/ **NF** pee *, piss **

**pisse-copie** /piskɔpi/ **NM INV** *(péj)* hack *

**pisse-froid** * /pisfʀwa/ **NM INV** wet blanket *

**pissement** /pismɑ̃/ **NM** ◆ **~ de sang** passing of blood (with the urine)

**pissenlit** /pisɑ̃li/ **NM** dandelion ◆ **manger les ~s par la racine** * to be pushing up the daisies *, to be dead and buried

**pisser** * /pise/ ▸ conjug 1 ◂ **VI** a *(= uriner) [personne]* to (have a) pee * *ou* piss **; *[animal]* to pee *, to piss ** ◆ **je vais ~ un coup** I'm going for a pee * *ou* a piss ** ◆ **il a pissé dans sa culotte** he wet his trousers, he peed in his pants * ◆ **~ au lit** to wet the *ou* one's bed, to pee in the bed * ◆ **il ne se sent plus ~** *(péj)* he thinks the sun shines out of his arse ** *(Brit)* *ou* ass ** *(US)*, he thinks his shit doesn't stink ** *(US)* ◆ **ça l'a pris comme une envie de ~** he suddenly got an urge to do it * ◆ **les principes, je leur pisse dessus !** I couldn't give a shit ** about principles! ◆ **c'est comme si on pissait dans un violon** it's like pissing in the wind ** ◆ **laisse ~ (le mérinos) !** forget it! *, let him (*ou* them *etc*) get on with it! ◆ **ça ne pisse pas loin** it's nothing to shout about *ou* to write home about *

b *(= couler)* to gush; *(= fuir)* to gush out ◆ **ça pisse** *(= il pleut)* it's coming down in buckets *, it's pissing down ** *(Brit)*

**VT** ◆ **~ du sang** to pass blood (with the urine) ◆ **son nez pissait le sang** blood was gushing *ou* pouring from his nose ◆ **il pissait le sang** the blood was gushing out of him ◆ **le réservoir pissait l'eau** water was gushing *ou* pouring out of the tank ◆ **~ de la copie** * *(péj)* to churn out garbage *ou* rubbish *(Brit)*

**pissette** * / pisɛt / NF (= *filet de liquide*) trickle

**pisseur, -euse**[1] / pisœʀ, øz / NM,F ⁑ weak-bladdered individual, person who is always going for a pee * ou a piss ⁑ NF **pisseuse** ⁑ female *(péj)* COMP ▷ **pisseur de copie** * *writer (or journalist etc) who churns out rubbish*

**pisseux, -euse**[2] * / pisø, øz / ADJ *[couleur]* wishy-washy *, insipid; *[aspect]* tatty *, scruffy ◆ **odeur pisseuse** smell of pee * ou piss ⁑

**pisse-vinaigre** ⁑ / pisvinɛgʀ / NM INV (= *rabat-joie*) wet blanket *; (= *avare*) skinflint

**pissoir** / piswaʀ / NM *(dial)* urinal

**pissotière** ⁑ / pisɔtjɛʀ / NF (street) urinal

**pistache** / pistaʃ / NF pistachio (nut) ADJ INV pistachio (green)

**pistachier** / pistaʃje / NM pistachio (tree)

**pistage** / pistaʒ / NM *[de gibier]* tracking, trailing; *[de personne]* tailing

**pistard** / pistaʀ / NM track cyclist, track racer ou specialist

**piste** / pist / NF a (= *traces*) *[d'animal, suspect]* track, tracks, trail ◆ **suivre/perdre la ~** to follow/lose the trail ◆ **être/mettre qn sur la (bonne) ~** to be/put sb on the right track ◆ **être sur/perdre la ~ d'un meurtrier** to be on/lose a murderer's trail ◆ **se lancer sur la ~ de qn** to follow sb's trail, to set out to track sb down; → **brouiller, faux**[2], **jeu**

b *(Police = indice)* lead

c *(fig)* **c'est une ~ à explorer** it's an avenue worth exploring ◆ **il a proposé de nouvelles ~s de recherche** he suggested some new avenues of research ◆ **tu as trouvé un emploi ? – pas encore, mais j'ai quelques ~s** have you found a job? – not yet, but I've got some possibilities to follow up

d *[d'hippodrome]* course; *[de vélodrome, autodrome, stade]* track; *[de patinage]* rink; *[de danse]* (dance) floor; *[de cirque]* ring

◆ **en piste** ◆ **en ~ !** *(cirque)* into the ring!; *(fig)* off you go! ◆ **être en ~** *(lit)* to be in the ring; *(dans un concours, une élection etc)* to be in the running ◆ **entrer en ~** *(lit)* to enter the ring; *(fig)* to enter the arena, to come on(to) the scene ◆ **dès leur entrée en ~** *(lit)* as soon as they entered the ring; *(fig)* as soon as they entered the arena ou came on(to) the scene

e *(Ski)* (ski) run, piste; *[de ski de fond]* trail ◆ **il y a 30 km de ~ dans cette station** there are 30 km of pistes ou ski runs at this resort ◆ **~ artificielle** dry ou artificial ski slope ◆ **~ pour débutants** nursery slope ◆ **~ rouge/noire** red/black piste ou ski run ◆ **ski hors ~** off-piste skiing ◆ **faire du hors ~** to go off-piste skiing

f *(Aviat)* runway; *[de petit aéroport]* airstrip ◆ **~ d'atterrissage/d'envol** landing/takeoff runway

g (= *sentier*) track; *[de désert]* trail

h *[de magnétophone]* track ◆ **à 2/4 ~s** 2/4 track ◆ **~ sonore** *(Ciné)* sound track ◆ **~ magnétique** *[de carte]* magnetic strip

COMP ▷ **piste cavalière** bridle path ▷ **piste cyclable** *(sur route)* (bi)cycle lane; (= *voie séparée*) (bi)cycle path ou track

**pister** / piste / ▸ conjug 1 ◂ VT *[+ gibier]* to track, to trail; *[police] [+ personne]* to tail

**pisteur** / pistœʀ / NM (member of the) ski patrol ◆ **les ~s** the ski patrol

**pistil** / pistil / NM pistil

**pistole** / pistɔl / NF pistole

**pistolet** / pistɔlɛ / NM (= *arme*) pistol, gun; (= *jouet*) (toy) pistol, (toy) gun; *[de peintre]* spray gun; (* = *urinal*) bed-bottle ◆ **peindre au ~** to spray-paint ◆ **un drôle de ~** * † an odd customer *, a weird duck * *(US)* COMP ▷ **pistolet agrafeur** staple gun ▷ **pistolet à air comprimé** airgun ▷ **pistolet d'alarme** alarm gun ▷ **pistolet d'arçon** horse pistol ▷ **pistolet à bouchon** popgun ▷ **pistolet à capsules** cap gun ▷ **pistolet à eau** water pistol

**pistolet-mitrailleur** (pl **pistolets-mitrailleurs**) / pistɔlɛmitʀɑjœʀ / NM submachine gun, tommy gun, Sten gun ® *(Brit)*

**piston** / pistɔ̃ / NM a *(Tech)* piston b * string-pulling *, wire-pulling *(US)* ◆ **avoir du ~** to have friends in the right places * ◆ **il a eu le poste par ~** he got the job thanks to a bit of string-pulling * c *(Mus)* (= *valve*) valve; (= *instrument*) cornet

**pistonner** * / pistɔne / ▸ conjug 1 ◂ VT to pull strings ou wires *(US)* for * (*auprès de* with); ◆ **il s'est fait ~** he got somebody to pull some strings ou wires *(US)* for him *

**pistou** / pistu / NM ◆ **soupe au ~** *vegetable soup with basil and garlic*

**pita** / pita / NM pitta (bread)

**pitance** † / pitɑ̃s / NF *(péj)* (means of) sustenance † *(frm)*

**pit-bull** (pl **pit-bulls**) / pitbyl / NM pit bull (terrier)

**pitchpin** / pitʃpɛ̃ / NM pitch pine

**piteusement** / pitøzmɑ̃ / ADV pathetically ◆ **échouer ~** to fail miserably

**piteux, -euse** / pitø, øz / ADJ (= *minable*) *[apparence]* sorry *(épith)*, pitiful, pathetic; *[résultats]* pitiful, pathetic; (= *honteux*) *[personne, air]* ashamed, shamefaced ◆ **en ~ état** in a sorry ou pitiful state ◆ **faire piteuse figure** to cut a sorry figure, to be a sorry ou pitiful sight ◆ **avoir piteuse mine** to be shabby-looking

**pithécanthrope** / pitekɑ̃tʀɔp / NM pithecanthrope

**pithiviers** / pitivje / NM *pastry with an almond paste filling*

**pitié** / pitje / NF a (= *compassion*) pity ◆ **avoir ~ de qn** to pity sb, to feel pity for sb ◆ **prendre qn en ~** to take pity on sb ◆ **il me fait ~** I feel sorry for him, I pity him ◆ **cela me faisait ~ de le voir si malheureux** it was pitiful to see him so unhappy ◆ **son sort me fit ~** I took pity on him ◆ **il est si maigre que c'est à faire ~** he is pitifully ou painfully thin ◆ **il ne fait pas ~ !** (= *il est gros, riche*) it's hard to feel sorry for him! ◆ **quelle ~ !, c'est une ~ !** what a pity!, it's such a pity! ◆ **c'est (une vraie) ~** ou **quelle ~ de voir ça** it's pitiful to see (that)

b (= *miséricorde*) pity, mercy ◆ **avoir ~ d'un ennemi** to take pity on an enemy, to have pity ou mercy on an enemy ◆ **~ !** (= *grâce*) (have) mercy!; (= *assez*) for goodness' ou pity's ou Pete's sake! * ◆ **par ~ !** for pity's sake! ◆ **sans ~** *[agir]* pitilessly, mercilessly; *[regarder]* pitilessly ◆ **il est sans ~** he's pitiless ou merciless ou ruthless ◆ **un monde sans ~** a cruel world

**piton** / pitɔ̃ / NM a (*à anneau*) eye; (*à crochet*) hook; *(Alpinisme)* piton, peg b *(Géog)* peak

**pitonner** / pitɔne / ▸ conjug 1 ◂ VI a *(Alpinisme)* to drive pitons ou pegs into the rock b *(Can)* (= *zapper*) to channel-hop, to zap from channel to channel; (= *saisir sur ordinateur*) to keyboard VT *(Can) [+ numéro de téléphone]* to dial; *[+ code]* to enter VT INDIR **pitonner sur** *(Can) [+ clavier]* to tap away on

**pitonneuse** / pitɔnøz / NF *(Can = télécommande)* channel-hopper, zapper

**pitoyable** / pitwajabl / ADJ *(gén)* pitiful ◆ **il était dans un état ~** he was in a pitiful ou a sorry state

**pitoyablement** / pitwajabləmɑ̃ / ADV pitifully ◆ **échouer ~** to fail miserably

**pitre** / pitʀ / NM *(lit, fig)* clown ◆ **faire le ~** to clown ou fool about ou around, to act the fool

**pitrerie** / pitʀəʀi / NF tomfoolery *(NonC)* ◆ **il n'arrête pas de faire des ~s** he's always ou he never stops clowning around ou acting the fool ◆ **arrête de faire des ~s !** stop fooling around!

**pittoresque** / pitɔʀɛsk / ADJ *[site]* picturesque; *[personnage]* picturesque, colourful *(Brit)*, colorful *(US)*; *[récit, style, détail]* colourful *(Brit)*, colorful *(US)*, picturesque, vivid NM ◆ **le ~** the picturesque ◆ **le ~ de qch** the picturesque quality of sth, the colourfulness ou vividness of sth ◆ **le ~ dans tout cela c'est que ...** *(fig)* the amusing ou ironic thing about it all is that ...

**pivert** / pivɛʀ / NM green woodpecker

**pivoine** / pivwan / NF peony; → **rouge**

**pivot** / pivo / NM *(gén, Sport, Mil)* pivot; (= *chose essentielle*) mainspring, linchpin; (= *personne essentielle*) linchpin; *[de dent]* post; *(Bot)* taproot ◆ **cours ~** *(Écon)* central rate ◆ **il a eu un rôle ~** he played a pivotal role

**pivotant, e** / pivɔtɑ̃, ɑ̃t / ADJ *[bras, panneau]* pivoting *(épith)*, revolving *(épith)*; *[fauteuil]* swivel *(épith)*; → **racine**

**pivoter** / pivɔte / ▸ conjug 1 ◂ VI *[porte]* to revolve, to pivot; *(Mil)* to wheel round ◆ **~ (sur ses talons)** *[personne]* to turn ou swivel round, to turn on one's heels ◆ **faire ~ qch** to pivot ou swivel sth round

**pixel** / piksɛl / NM pixel

**pizza** / pidza / NF pizza

**pizzeria** / pidzeʀja / NF pizzeria

**pizzicato** / pidzikato / (pl **pizzicatos** ou **pizzicati** / pidzikati /) NM pizzicato

**PJ**[1] (abrév de **pièce(s) jointe(s)**) enc, encl

**PJ**[2] / peʒi / NF (abrév de **police judiciaire**) ≈ CID *(Brit)*, FBI *(US)*

**PL** (abrév de **poids lourd**) HGV *(Brit)*, heavy truck *(US)*

**Pl** (abrév de **place**) Pl

**placage** / plakaʒ / NM a (*en bois*) veneering *(NonC)*, veneer; (*en marbre, pierre*) facing ◆ **~ en acajou** mahogany veneer b *(Rugby)* ⇒ **plaquage**

**placard** / plakaʀ / NM a (= *armoire*) cupboard ◆ **~ à balai/de cuisine** broom/kitchen cupboard b (= *affiche*) poster, notice ◆ **~ publicitaire** *[de journal]* display advertisement c *(Typo)* galley (proof) d (* = *couche*) thick layer, thick coating *(NonC)* e *(arg Police = casier judiciaire)* (police) record f *(loc)* **mettre qn au ~** ⁑ *(en prison)* to put sb away *, to send sb down *; *(renvoyer)* to fire sb, to give sb the push *; *(mettre à l'écart)* to push sb to one side ◆ **mettre qch au ~** to shelve sth

**placarder** / plakaʀde / ▸ conjug 1 ◂ VT *[+ affiche]* to stick up, to put up; *[+ mur]* to stick posters on ◆ **mur placardé d'affiches** wall covered with posters

**placardiser** / plakardize / ▸ conjug 1 ◂ VT *[+ personne]* to sideline

## place / plas /

GRAMMAIRE ACTIVE 28, 29

NOM FÉMINININ

a (= esplanade) square ◆ **la ~ Rouge** Red Square ◆ **la ~ du marché** the market square, the marketplace ◆ **ils ont porté le débat sur la ~ publique** they've brought the discussion into the public arena ◆ **étaler ses divergences sur la ~ publique** to air one's differences in public ◆ **clamer qch sur la ~**

**publique** to proclaim sth from the rooftops

**b** [d'objet] place ◆ **changer la ~ de qch** to change the place of sth ◆ **changer qch de ~** to move *ou* shift sth, to put sth in a different place ◆ **la ~ des mots dans la phrase** word order in sentences ◆ **une ~ pour chaque chose et chaque chose à sa ~** *(Prov)* a place for everything and everything in its place *(Prov)*

**c** [de personne] place; *(assise)* seat ◆ **~ d'honneur** place *ou* seat of honour ◆ **à vos ~s !** to your places! ◆ **~s assises 20, ~s debout 40** seating capacity 20, standing passengers 40 ◆ **il n'y a que des ~s debout** it's standing room only ◆ **une (voiture de) 4 ~s** a 4-seater (car) ◆ **la ~ du mort** *(Aut)* the (front) passenger seat ◆ **tente à 4 ~s** tent that sleeps 4, 4-man tent ◆ **j'ai trois ~s dans ma voiture** I've room for three in my car ◆ **avoir sa ~ dans le cœur de qn/l'histoire** to have a place in sb's heart/in history ◆ **il ne donnerait pas sa ~ pour un empire** he wouldn't change places with anyone for all the tea in China * *ou* for the world ◆ **sa ~ n'est pas ici** he doesn't belong here ◆ **se faire une ~ dans la société/dans la littérature** to carve out a place *ou* niche for o.s. in society/in literature ◆ **se faire une ~ au soleil** to find o.s. a place in the sun *(fig)* ◆ **laisser sa ~ à qn** *(lit)* to give (up) one's seat to sb; *(fig)* to hand over to sb ◆ **prenez ~** take a seat ◆ **prendre la ~ de qn** to take sb's place; *(= remplacer qn)* to take over from sb, to take sb's place ◆ **la religion tient une ~ importante dans cette société** religion holds *ou* has an important place in this society ◆ **elle tient une grande ~ dans ma vie** she means a great deal *ou* a lot to me ◆ **tenir sa ~** *(= faire bonne figure)* to put up a good show, to hold one's own ◆ **trouver** *ou* **prendre ~ parmi/dans** to find a place (for o.s.) among/in; → **chasse[1]**

**d** [= espace libre] room, space ◆ **tenir** *ou* **prendre de la ~** to take up a lot of room *ou* space ◆ **faire/gagner de la ~** to make/save room *ou* space ◆ **j'ai trouvé une ~** *ou* **de la ~ pour me garer** *ou* *(Helv)* **une ~ de parc** I've found a parking space *ou* place ◆ **pouvez-vous me faire une petite ~ ?** can you make a bit of room for me? ◆ **il y a juste la ~ de mettre un lave-vaisselle** there's just enough room *ou* space for a dishwasher ◆ **on n'a pas la ~ de se retourner** there's no room to move *ou* not enough room to swing a cat * *(Brit)* ◆ **ne mange pas trop, garde une ~ pour le gâteau** don't eat too much, leave some room for the cake ◆ **ce journal accorde** *ou* **consacre une ~ importante au sport** this newspaper gives a lot of coverage to sport ◆ **dans notre société, il y a ~ pour de nouvelles initiatives** our company provides scope for new initiatives ◆ **faire ~ à qch** *(fig)* to give way to sth ◆ **faire ~ à qn** *(lit)* to let sb pass; *(fig)* to give way to sb ◆ **~ aux jeunes !** make way for the young! ◆ **faire ~ nette** to make a clean sweep

**e** [= billet] seat; *(= prix, trajet)* fare; *(= emplacement réservé)* space ◆ **louer** *ou* **réserver sa ~** to book one's seat ◆ **il n'a pas payé sa ~** he hasn't paid for his seat, he hasn't paid his fare ◆ **payer ~ entière** *(au cinéma etc)* to pay full price; *(dans le bus etc)* to pay full fare ◆ **~ de parking** parking space ◆ **parking de 500 ~s** parking (space) for 500 cars ◆ **cinéma de 400 ~s** cinema seating 400 (people) *ou* with a seating capacity of 400

**f** [= rang] *(Scol)* place (in class); *(Sport)* place, placing ◆ **il a eu une bonne ~** he got a good place *ou* a good placing ◆ **être reçu dans les premières ~s** to get one of the top places, to be amongst the top ◆ **il a eu une première ~** *ou* **une ~ de premier en histoire** he was *ou* came *(Brit)* first in history ◆ **ce champion a reconquis la première ~ mondiale** the champion has won back the number one world ranking *ou* title ◆ **l'entreprise occupe la seconde ~ sur le marché des ordinateurs** the company ranks second in the computer market ◆ **figurer en bonne ~** *[personne]* to be prominent ◆ **son nom figure en bonne ~ dans la liste** his name is high on the list ◆ **la question figure en bonne ~ dans l'ordre du jour** the matter is *ou* features high on the agenda ◆ **ses livres trônent en bonne ~ dans la vitrine** his books have pride of place in the shop window

**g** [= emploi] job; *[de domestique]* position, situation ◆ **une ~ de serveuse/coursier** a job as a waitress/courier ◆ **dans les médias, les ~s sont chères** there's a lot of competition for jobs in the media, jobs in the media are hard to come by

**h** [Mil] **~ (forte** *ou* **de guerre)** fortified town ◆ **le commandant de la ~** the fortress commander ◆ **s'introduire/avoir des contacts dans la ~** to get/have contacts on the inside ◆ **maintenant il est dans la ~** *(fig)* now he's on the inside ◆ **~ d'armes** parade ground

**i** [Comm, Fin] market ◆ **vous ne trouverez pas moins cher sur la ~ de Paris** you won't find cheaper on the Paris market ◆ **dans toutes les ~s financières du monde** in all the money markets of the world ◆ **~ bancaire/commerciale** banking/trade centre ◆ **~ boursière** stock market

**j** [locutions]

♦ **à la place** *(= en échange)* instead ◆ **si tu n'en veux pas, prends autre chose à la ~** if you don't want any, take something else instead ◆ **ils ont démoli la maison et construit un immeuble à la ~** they've demolished the house and built an apartment building in its place

♦ **à la place de** *(= au lieu de)* instead of ◆ **elle a emporté ma veste à la ~ de la sienne** she went off with my jacket instead of her own ◆ **ils ont construit un parking à la ~ de la maison** they've built a car park where the house used to be ◆ **faire une démarche à la ~ de qn** *(= en le remplaçant)* to take steps on sb's behalf ◆ **répondre à la ~ de qn** to reply in sb's place *ou* on sb's behalf ◆ **se mettre à la ~ de qn** to put o.s. in sb's place *ou* in sb's shoes

♦ **à sa (***ou* **ma** *etc***) place** *(= à l'endroit habituel ou convenable)* ◆ **cette lampe n'est pas à sa ~** this lamp isn't in the right place *ou* in its proper place *ou* is in the wrong place ◆ **il n'est pas à sa ~ dans ce milieu** he feels out of place in this setting ◆ **remettre qch à sa ~** to put sth back where it belongs *ou* in its proper place ◆ **remettre les choses à leur ~** *(en perspective)* to put things in perspective; *(au clair)* to put the record straight ◆ **remettre qn à sa ~** to put sb in his place, to take sb down a peg or two * ◆ **savoir rester à sa ~** to know one's place ◆ **à votre/sa ~** *(= si j'étais vous)* if I were you/him, in your/his place ◆ **je n'aimerais pas être à sa ~** I wouldn't like to be in his shoes ◆ **à ma ~, tu aurais accepté ?** in my place *ou* position would you have agreed?, would you have accepted if you were in my shoes?

♦ **de place en place, par places** here and there, in places

♦ **en place** ◆ **les gens en ~** *(= influents)* influential people; *(= décisionnaires)* decision-makers ◆ **le pouvoir/régime en ~** *(maintenant)* the current government/regime; *(à l'époque)* the government/regime at the time ◆ **l'arrivée d'un cadre de haut niveau peut inquiéter les gens en ~** if a senior manager joins them, it can be worrying for the existing team ◆ **être en ~** *[plan]* to be ready; *[forces de l'ordre]* to be in position; † *[domestique]* to be in service (*chez* with); ◆ **maintenant qu'il est en ~** *(dans un emploi)* now that he has got the position ◆ **tout le monde est en ~** everyone is in place *ou* is seated ◆ **le gouvernement est en ~ depuis trois mois** the government has been in power *ou* office for three months ◆ **tout est en ~ pour le drame** the scene is set for the tragedy ◆ **en ~ pour la photo !** everybody take up your positions for the photograph! ◆ **mettre en ~** *[+ plan]* to set up, to organize; *[+ marchandises]* to put on the shelves; *[+ service d'ordre]* to deploy; *[+ mécanisme, dispositif]* to install ◆ **le dispositif d'évacuation s'est mis en ~** evacuation procedures have been set up ◆ **mise en ~** *[de plan]* setting up; *[de service d'ordre]* deployment ◆ **il a terminé la mise en ~ au rayon confiserie** *[de marchandises]* he finished stocking the shelves in the confectionery department ◆ **remettre qch en ~** to put sth back where it belongs *ou* in its proper place ◆ **il ne tient pas en ~** he can't keep *ou* stay still, he's always fidgeting

♦ **sur place** on the spot ◆ **être/rester/se rendre sur ~** to be/stay/go there ◆ **les sauveteurs sont déjà sur ~** rescuers are already on the spot *ou* at the scene ◆ **on annonce l'envoi sur ~ d'observateurs internationaux** it has been announced that international observers are being sent out there ◆ **la situation sur ~ est catastrophique** the situation on the ground is disastrous ◆ **on peut faire la réparation sur ~** we can repair it right here *ou* on the spot ◆ **sa présence sur ~ est indispensable** his presence on the spot *ou* on site is essential ◆ **vous trouverez des vélos/des brochures sur ~** bicycles/leaflets are available on site ◆ **(à consommer) sur ~ ou à emporter ?** *(Comm)* eat in or take away? ◆ **les produits fabriqués sur ~** *(dans la région)* locally-manufactured products; *(dans le magasin)* goods made on the premises ◆ **il s'est enfui, abandonnant sur ~ la moto volée** he abandoned the stolen motorbike and fled; → **clouer, surplace**

---

**placé, e** /plase/ (ptp de **placer**) **ADJ** **a** *(gén)* **la fenêtre/leur maison est ~e à gauche** the window/their house is (situated) on the left ◆ **je suis** *ou* **je me trouve ~ dans une position délicate** I am (placed) in *ou* I find myself (placed) in a tricky position ◆ **être bien/mal ~** *[terrain]* to be well/badly situated, to be favourably/unfavourably situated; *[objet]* to be well/badly placed; *[de spectateur]* to have a good/a poor seat; *[concurrent]* to be in a good/bad position, to be well/badly placed ◆ **leur confiance a été bien/mal ~e** their trust was justified/misplaced ◆ **sa fierté est mal ~e** his pride is misplaced *ou* out of place ◆ **il est bien ~ pour gagner** he is in a good position *ou* well placed to win ◆ **il est bien ~ pour le savoir** he should know ◆ **je suis bien/mal ~ pour vous répondre** I'm in a/in no position to answer ◆ **tu es mal ~ pour te plaindre !** * you've got nothing to complain about!; → **haut**

**b** *(Courses)* **arriver ~** to be placed ◆ **jouer (un cheval) ~** to back a horse each way *(Brit)*, to put an each-way *(Brit)* bet on (a horse), to back a horse across the board *(US)*

**placebo** /plasebo/ **NM** placebo ◆ **effet ~** placebo effect

**placement** /plasmɑ̃/ **NM** **a** *(Fin)* investment ◆ **faire un ~ d'argent** to invest (some) money ◆ **~ de père de famille** gilt-edged investment, safe investment **b** *[d'employés]* placing ◆ **l'école assure le ~ des élèves** the school ensures that the pupils find employment; → **bureau** **c** *(Psych)* **~ d'office** compulsory admission ◆ **~ volontaire** voluntary admission

**placenta** /plasɛ̃ta/ NM *(Anat)* placenta; *(= arrière-faix)* afterbirth, placenta

**placentaire** /plasɛ̃tɛʀ/ ADJ placental

**placer** /plase/ ▸ conjug 3 ◂ VT **a** *(= assigner une place à) [+ objet, personne]* to place, to put; *[+ invité]* to seat, to put; *[+ spectateur]* to seat, to give a seat to, to put; *[+ sentinelle]* to post, to station; *(Ftbl) [+ balle]* to place; *(Boxe) [+ coup]* to land, to place; *(Tech = installer)* to put in, to fit ◆ **vous me placez dans une situation délicate** you're placing *ou* putting me in a tricky position ◆ ~ **sa voix** to pitch one's voice ◆ ~ **ses affaires bien en ordre** to tidy up one's things

**b** *(= situer)* to place, to set, to put ◆ **il a placé l'action de son roman en Provence** he has set *ou* situated the action of his novel in Provence ◆ **où placez-vous Lyon ?** whereabouts do you think Lyons is?, where would you put Lyons? ◆ ~ **l'honnêteté avant l'intelligence** to set *ou* put *ou* place honesty above intelligence ◆ ~ **le bonheur dans la vie familiale** to consider that happiness is found in family life ◆ ~ **un nom sur un visage** to put a name to a face ◆ **je ne peux pas ~ de nom sur son visage** I can't place him, I can't put a name to his face ◆ ~ **ses espérances en qn/qch** to set *ou* pin one's hopes on sb/sth

**c** *(= introduire) [+ remarque, anecdote, plaisanterie]* to put in, to get in ◆ **il n'a pas pu ~ un mot** he couldn't get a word in (edgeways)

**d** *[+ ouvrier, malade, écolier]* to place (*dans* in); ◆ ~ **qn comme vendeur** to get *ou* find sb a job as a salesman ◆ ~ **qn comme apprenti (chez qn)** to apprentice sb (to sb) ◆ ~ **qn à la comptabilité** to give sb a job *ou* place sb in the accounts department ◆ ~ **qn à la tête d'une entreprise** to put sb at the head of a business, to put sb in charge of a business ◆ **ils n'ont pas encore pu ~ leur fille** *(hum)* they've still not been able to marry off their daughter *ou* to get their daughter off their hands ◆ ~ **qn/qch sous l'autorité/les ordres de** to place *ou* put sb/sth under the authority/orders of

**e** *(Comm = vendre) [+ marchandise]* to place, to sell ◆ **elle a réussi à ~ sa vieille machine à laver** *(hum)* she managed to find a home *(hum)* *ou* a buyer for her old washing machine

**f** *[+ argent] (à la Bourse)* to invest; *(à la caisse d'épargne, sur un compte)* to deposit ◆ ~ **une somme sur son compte** to put *ou* pay a sum into one's account

VPR **se placer** **a** *[personne]* to take up a position; *(debout)* to stand; *(assis)* to sit (down); *[événement, action]* to take place ◆ **se ~ de face/contre le mur/en cercle** to stand face on/against the wall/in a circle ◆ **se ~ sur le chemin de qn** to stand in sb's path ◆ **cette démarche se place dans le cadre de nos revendications** these steps should be seen in the context of our claims ◆ **si nous nous plaçons à ce point de vue** *ou* **dans cette perspective** *(fig)* if we look at things from this point of view, if we view the situation in this way ◆ **plaçons-nous dans le cas où cela arriverait** let us suppose that this happens, let us put ourselves in the situation where this actually happens

**b** *[cheval]* to be placed ◆ **se ~ 2ᵉ** *(Scol, Sport)* to be *ou* come 2nd, to be in 2nd place ◆ **il s'est bien placé dans la course** he was well placed in the race ◆ **se ~ parmi les premiers** to be in the first few

**c** *(= prendre une place)* to get *ou* find a job (*comme* as); ◆ **retraité qui voudrait bien se ~ (dans une institution)** pensioner who would like to find a place in a home

**placet** /plasɛ/ NM *(Hist, Jur)* petition

**placeur** /plasœʀ/ NM *[de spectateurs, invités]* usher

**placeuse** /plasøz/ NF *[de spectateurs]* usherette

**placide** /plasid/ ADJ placid, calm

**placidement** /plasidmɑ̃/ ADV placidly, calmly

**placidité** /plasidite/ NF placidity, placidness, calmness

**placier** /plasje/ NM travelling salesman, traveller ◆ ~ **en assurances** insurance broker

**Placoplâtre** ® /plakoplɑtʀ/ NM plasterboard

**plafond** /plafɔ̃/ NM **a** *(lit) [de salle]* ceiling; *[de voiture, caverne]* roof; *(Art)* ceiling painting ◆ ~ **à caissons** coffered ceiling ◆ **pièce haute/basse de ~** high-ceilinged/low-ceilinged room, room with a high/low ceiling ◆ **il est bas de ~** * he hasn't got much up top *; → **araignée** **b** *(= limite) [de prix, loyer]* ceiling; *(Mét = nuages)* ceiling, cloud cover; *(Aviat)* ceiling, maximum height; *(Aut)* top *ou* maximum speed ◆ **niveau/prix-~** ceiling, ceiling *ou* maximum limit/price ◆ **âge(-)~** maximum age ◆ ~ **de crédit** lending *ou* credit limit ◆ ~ **de la Sécurité sociale** *upper limit on salary deductions for social security contributions* ◆ **le ~ est bas** *(Mét)* the cloud cover is low

**plafonnement** /plafɔnmɑ̃/ NM ◆ **il y a un ~ des salaires/cotisations** there is an upper limit on salaries/contributions

**plafonner** /plafɔne/ ▸ conjug 1 ◂ VI *[prix, écolier, salaire]* to reach a ceiling *ou* maximum; *(Aviat)* to reach one's ceiling; *(Aut)* to reach one's top speed *ou* maximum speed ◆ **les ventes plafonnent** sales have reached their *ou* a ceiling (limit) ◆ **la voiture plafonne à 100 km/h** the car can't do more than 100 km/h VT **a** *(Constr)* to put a ceiling in ◆ **grenier plafonné** loft which has had a ceiling put in **b** *[+ salaires]* to put an upper limit on ◆ **cotisations plafonnées à 250 €** contributions which have had their ceiling *ou* upper limit fixed at €250

**plafonnier** /plafɔnje/ NM *[de voiture]* courtesy *ou* interior light; *[de chambre]* ceiling light *ou* lamp

**plage** /plaʒ/ NF **a** *[de mer, rivière, lac]* beach ◆ ~ **de sable/de galets** sandy/pebble beach ◆ **sac/serviette/robe de ~** beach bag/towel/robe **b** *(= ville)* (seaside) resort **c** *(= zone) (dans un barème, une progression)* range, bracket; *(dans un horaire etc)* (time) slot ◆ ~ **d'ombre** band of shadow, shadowy area ◆ **temps d'écoute divisé en ~s (horaires)** listening time divided into slots ◆ ~ **horaire** *(Scol)* slot (in timetable) ◆ ~ **musicale** intermission ◆ ~ **publicitaire** commercial break, commercials ◆ ~ **de prix** price range *ou* bracket **d** *[de disque]* track COMP ▷ **plage arrière** *(Naut)* quarter-deck; *(Aut)* parcel shelf, back shelf ▷ **plage avant** *(Naut)* forecastle (head *ou* deck), fo'c'sle

**plagiaire** /plaʒjɛʀ/ NMF plagiarist, plagiarizer

**plagiat** /plaʒja/ NM plagiarism, plagiary ◆ **c'est un véritable ~** it's absolute plagiarism ◆ **faire du ~** to plagiarize

**plagier** /plaʒje/ ▸ conjug 7 ◂ VT to plagiarize

**plagiste** /plaʒist/ NM beach manager *ou* attendant

**plaid** /plɛd/ NM *(= couverture)* car rug, lap robe *(US)*

**plaidant, e** /plɛdɑ̃, ɑ̃t/ ADJ *[partie]* litigant; *[avocat]* pleading

**plaider** /plede/ ▸ conjug 1 ◂ VT to plead ◆ ~ **coupable/non coupable/la légitime défense** to plead guilty/not guilty/self-defence ◆ ~ **la cause de qn** *(fig)* to plead sb's cause, to argue *ou* speak in favour of sb; *(Jur)* to plead for sb, to plead sb's case, to defend sb ◆ ~ **sa propre cause** to speak in one's own defence ◆ **l'affaire s'est plaidée à Paris/à huis clos** the case was heard in Paris/in closed court *ou* in camera VI **a** *[avocat]* to plead (*pour* for, on behalf of; *contre* against); ◆ ~ **pour** *ou* **en faveur de qn/qch** *(fig)* to speak in favour of sb/sth **b** *(= intenter un procès)* to go to court, to litigate ◆ ~ **contre qn** to take sb to court, to take proceedings against sb ◆ **ils ont plaidé pendant des années** their case has dragged on for years

**plaideur, -euse** /plɛdœʀ, øz/ NM,F litigant

**plaidoirie** /plɛdwaʀi/ NF *(Jur)* speech for the defence, defence speech; *(fig)* plea, appeal (*en faveur de* on behalf of)

**plaidoyer** /plɛdwaje/ NM *(Jur)* speech for the defence; *(fig)* defence, plea ◆ ~ **en faveur de/contre qch** *(fig)* plea for/against sth

**plaie** /plɛ/ NF *(physique, morale)* wound; *(= coupure)* cut; *(= fléau)* scourge ◆ **rouvrir une ~** *(fig)* to open an old wound ◆ ~ **ouverte/béante/profonde/vive** open/gaping/deep/raw wound ◆ **quelle ~ !** * *(personne)* he's such a nuisance! *ou* pest *!; *(chose)* what a nuisance! *ou* bind * *(Brit)*! ◆ **remuer** *ou* **tourner le couteau** *ou* **le fer dans la ~** to twist *ou* turn the knife in the wound, to rub salt in the wound ◆ ~ **d'argent n'est pas mortelle** *(Prov)* money isn't everything ◆ **les ~s d'Égypte** *(Bible)* the plagues of Egypt; → **rêver**

**plaignant, e** /plɛɲɑ̃, ɑ̃t/ ADJ ◆ **la partie ~e** the plaintiff, the complainant NM,F plaintiff, complainant

**plain** /plɛ̃/ NM *(Naut)* ◆ **le ~** high tide

**plain-chant** (pl **plains-chants**) /plɛ̃ʃɑ̃/ NM plainchant *(NonC)*, plainsong *(NonC)*

**plaindre** /plɛ̃dʀ/ ▸ conjug 52 ◂ VT **a** *[+ personne]* to pity, to feel sorry for ◆ **aimer se faire ~** to like to be pitied ◆ **il est bien à ~** he is to be pitied ◆ **elle n'est pas à ~** *(= c'est bien fait)* she doesn't deserve (any) sympathy, she doesn't deserve to be pitied; *(= elle a de la chance)* she's got nothing to complain about ◆ **je vous plains de vivre avec lui** I pity you *ou* I sympathize with you (for) having to live with him

**b** *(* = donner chichement)* to begrudge, to grudge ◆ **donne-moi plus de papier, on dirait que tu le plains** give me some more paper – anybody would think you begrudged it (me) ◆ **il ne plaint pas son temps/sa peine** he doesn't grudge his time/his efforts

VPR **se plaindre** *(= gémir)* to moan; *(= protester)* to complain, to grumble, to moan * (*de* about); *(frm, Jur = réclamer)* to make a complaint (*de* about; *auprès de* to); ◆ **se ~ de** *(souffrir) [+ maux de tête etc]* to complain of ◆ **se ~ de qn/qch à qn** to complain to sb about sb/sth ◆ **de quoi te plains-tu ?** *(lit)* what are you complaining *ou* grumbling *ou* moaning * about?; *(iro)* what have you got to complain *ou* grumble *ou* moan * about? ◆ **il se plaint que les prix montent** he's complaining about rising prices *ou* that prices are going up ◆ **ne viens pas te ~ si tu es puni** don't come and complain *ou* moan * (to me) if you're punished ◆ **je vais me ~ à qui de droit** I'm going to make a formal complaint

**plaine** /plɛn/ NF plain ◆ **c'est de la ~** it is flat open country ◆ **en ~** in the plains ◆ **haute ~** high plain ◆ **les Grandes Plaines** the Great Plains

**plain-pied** /plɛ̃pje/ **de plain-pied** LOC ADV *[pièce]* on the same level (*avec* as); *[maison]* (built) at street-level ◆ **entrer de ~ dans le sujet** to come straight to the point

**plainte** /plɛ̃t/ NF **a** *(= gémissement)* moan, groan; *(littér) [de vent]* moaning **b** *(= doléance)* complaint, moaning * *(NonC)* *(péj)* **c** *(Jur)* complaint ◆ **porter ~ *ou* déposer une ~ contre qn** to lodge *ou* register a complaint against sb ◆ **je vais porter ~ !** I'm going to make a formal complaint! ◆ **désirez-vous porter ~ ?** do you wish to press charges? ◆ **~ contre X** complaint against person or persons unknown

**plaintif, -ive** /plɛ̃tif, iv/ **ADJ** plaintive, doleful

**plaintivement** /plɛ̃tivmɑ̃/ **ADV** plaintively, dolefully

**plaire** /plɛʀ/ GRAMMAIRE ACTIVE 39.2, 41 ► conjug 54 ◄

**VI** **a** *(= être apprécié)* **ce garçon me plaît** I like that boy ◆ **ce garçon ne me plaît pas** I don't like that boy, I don't care for that boy ◆ **ce spectacle/dîner/livre m'a plu** I liked *ou* enjoyed that show/dinner/book ◆ **ce genre de musique ne me plaît pas beaucoup** I don't really care for *ou* I'm not very keen on * *(Brit)* that kind of music, that kind of music doesn't appeal to me very much ◆ **ton nouveau travail te plaît ?** (how) do you like your new job?, how are you enjoying your new job? ◆ **les brunes me plaisent** I like *ou* go for * dark-haired girls, dark-haired girls appeal to me ◆ **tu ne me plais pas avec cette coiffure** I don't like you with your hair like that ◆ **c'est une chose qui me plairait beaucoup à faire** it's something I'd very much like to do *ou* I'd love to do ◆ **on ne peut pas ~ à tout le monde** you can't be liked by everyone ◆ **c'est le genre d'homme qui plaît aux femmes** he's the sort of man that women like *ou* who appeals to women ◆ **le désir de ~** the desire to please ◆ **c'est le genre de personne qui plaît en société** he's the type of person that people like to have around ◆ **tu commences à me ~ (avec tes questions) !** * *(iro)* you're starting to get on my nerves (with your questions)!

**b** *(= convenir à)* **ce plan me plaît** this plan suits me ◆ **ça te plairait d'aller au théâtre ?** would you like to go to the theatre?, do you feel like *ou* do you fancy *(Brit)* going to the theatre? ◆ **j'irai si ça me plaît** I'll go if I feel like it *ou* if I want (to) ◆ **je travaille quand ça me plaît** I work when I feel like it *ou* when it suits me ◆ **je fais ce qui me plaît** I do what I like *ou* as I please ◆ **si ça ne te plaît pas c'est le même prix !** * if you don't like it (that's just) too bad! * *ou* that's tough! *

**c** *(= avoir du succès)* **achète des fleurs, cela plaît toujours** buy some flowers, they're always appreciated *ou* welcome ◆ **la pièce/cette réponse a plu** the play/this reply went down well

**VB IMPERS** ◆ **ici, je fais ce qu'il me plaît** I do as I please *ou* like here ◆ **et s'il me plaît d'y aller ?** and what if I want to go? ◆ **vous plairait-il de venir dîner ce soir ?** would you care *ou* like to come for dinner this evening? ◆ **il lui plaît de croire que ...** *(littér)* he likes to think that ... ◆ **comme il vous plaira** just as you like *ou* please *ou* choose *ou* wish ◆ **plaise *ou* plût à Dieu *ou* au ciel qu'il réussisse !** *(littér)* please God that he succeed! *(littér)* ◆ **plaît-il ?** *(frm)* I beg your pardon?

◆ **s'il te/vous plaît** please ◆ **deux croissants, s'il vous plaît** two croissants, please ◆ **et elle a un manteau de vison, s'il vous plaît !** * and she's got a mink coat if you please! *ou* no less!

**VPR** **se plaire** **a** *(= se sentir bien, à l'aise)* **il se plaît à Londres** he likes *ou* enjoys being in London, he likes it in London ◆ **j'espère qu'il s'y plaira** I hope he'll like it there ◆ **se ~ avec qn** to enjoy being with sb, to enjoy sb's company ◆ **te plais-tu avec tes nouveaux amis ?** do you like being with your new friends? ◆ **les fougères se plaisent à l'ombre** ferns like shade

**b** *(= s'apprécier)* **je ne me plais pas en robe** I don't like myself in a dress ◆ **tu te plais avec ce chapeau ?** do you like yourself in that hat? ◆ **ces deux-là se plaisent** those two get on *ou* along *(Brit)* well together, those two have really hit it off *

**c** *(littér = prendre plaisir à)* **se ~ à lire** to take pleasure in reading, to like *ou* be fond of reading ◆ **se ~ à tout critiquer** to delight in criticizing everything ◆ **je me plais à penser que ...** I like to think that ...

**plaisamment** /plɛzamɑ̃/ **ADV** **a** *(= agréablement)* pleasantly, agreeably **b** *(= de façon amusante)* amusingly

**plaisance** /plɛzɑ̃s/ **NF** ◆ **la (navigation de) ~** boating; *(à voile)* sailing, yachting; → **bateau, port[1]**

**plaisancier** /plɛzɑ̃sje/ **NM** (amateur) sailor *ou* yachtsman

**plaisant, e** /plɛzɑ̃, ɑ̃t/ **ADJ** **a** *(= agréable)* *[personne, séjour, souvenir]* pleasant, agreeable; *[maison]* pleasant, nice ◆ **~ à l'œil** pleasing to the eye, nice *ou* attractive to look at ◆ **ce n'est guère ~** it's not exactly pleasant, it's not very nice ◆ **c'est une ville très ~e à vivre** it's a very pleasant *ou* nice town to live in ◆ **il n'est pas très ~ à vivre** he's not that easy to get along with; → **mauvais** **b** *(= amusant)* *[histoire, aventure]* amusing, funny ◆ **le ~ de la chose** the funny side *ou* part of it, the funny thing about it **c** *(= ridicule)* laughable, ridiculous **d** *(† = bizarre)* bizarre, singular ◆ **voilà qui est ~ !** it's quite bizarre!

**plaisanter** /plɛzɑ̃te/ ► conjug 1 ◄ **VI** to joke, to have a joke (*sur* about); ◆ **je ne suis pas d'humeur à ~** I'm in no mood for jokes *ou* joking, I'm not in a joking mood ◆ **et je ne plaisante pas !** and I mean it!, and I'm not joking! ◆ **c'est quelqu'un qui ne plaisante pas** he's not the sort you can have a joke with ◆ **non, je plaisante !** * just kidding! * ◆ **vous plaisantez** you must be joking *ou* kidding *, you're joking *ou* kidding * ◆ **c'était juste pour ~** it was just a joke ◆ **dit-il pour ~** he said jokingly *ou* in jest ◆ **on ne plaisante pas avec cela** this is no joking *ou* laughing matter ◆ **il ne faut pas ~ avec les médicaments** you shouldn't mess around * with medicines ◆ **il ne plaisante pas sur la discipline/cette question** there's no joking with him over matters of discipline/this subject ◆ **on ne plaisante pas avec la police** the police are not to be trifled with

**VT** to make fun of, to tease ◆ **~ qn sur qch** to tease sb about sth

**plaisanterie** /plɛzɑ̃tʀi/ **NF** **a** *(= blague)* joke (*sur* about); ◆ **aimer la ~** to be fond of a joke ◆ **~ de corps de garde** barrack-room joke ◆ **par ~** for fun *ou* a joke *ou* a laugh * ◆ **faire une ~** to tell *ou* crack a joke ◆ **tourner qch en ~** to make a joke of sth, to laugh sth off ◆ **les ~s les plus courtes sont (toujours) les meilleures** brevity is the soul of wit

**b** *(= raillerie)* joke ◆ **il est en butte aux ~s de ses amis** his friends are always making fun of him *ou* poking fun at him ◆ **faire des ~s sur** to joke *ou* make jokes about *ou* at the expense of ◆ **il comprend *ou* prend bien la ~** he knows how to *ou* he can take a joke ◆ **il ne faudrait pas pousser la ~ trop loin** we mustn't take the joke too far

**c** *(= farce)* (practical) joke, prank; → **mauvais**

**d** *(loc)* **résoudre ce problème/gagner la course est une ~ pour lui** he could solve this problem/win the race with his eyes shut *ou* standing on his head * ◆ **la ~ a assez duré !** this has gone far enough!, this has gone beyond a joke! ◆ **lui, se lever tôt ? c'est une ~ !** him, get up early? what a joke! *ou* you must be joking! *ou* you must be kidding! *

**plaisantin** /plɛzɑ̃tɛ̃/ **NM** **a** *(= blagueur)* joker ◆ **c'est un petit ~** he's quite a joker **b** *(= fumiste)* phoney *

**plaisir** /plezir/ GRAMMAIRE ACTIVE 30, 36.2, 46.5, 51.1, 51.2 **NM** **a** *(= joie)* pleasure ◆ **avoir du ~ *ou* prendre ~ à faire qch** to find *ou* take pleasure in doing sth, to delight in doing sth ◆ **prendre (un malin) ~ à faire qch** to take (a mischievous) delight in doing sth ◆ **j'ai le ~ de vous annoncer que ...** I am pleased to inform you that ..., I have great pleasure to inform you that ... ◆ **M. et Mme Lebrun ont le ~ de vous faire part de ...** Mr and Mrs Lebrun are pleased to announce ... ◆ **c'est un ~ de le voir** it's a pleasure to see him ◆ **c'est un ~ chaque fois renouvelé de te voir** it's always a pleasure to see you ◆ **par ~, pour le ~** *(gén)* for pleasure; *[bricoler, peindre]* as a hobby ◆ **ranger pour le ~ de ranger** to tidy up just for the sake of it ◆ **je vous souhaite bien du ~ !** *(iro)* good luck to you! *(iro)*, I wish you (the best of) luck! *(iro)* ◆ **ça nous promet du ~ (en perspective)** *(iro)* I can hardly wait! *(iro)* ◆ **avec (le plus grand) ~** with (the greatest of) pleasure ◆ **au ~ de vous revoir, au ~** * (I'll) see you again sometime, (I'll) be seeing you * ◆ **les ~s de la table** good food; → **durer, gêne**

**b** *(sexuel)* pleasure ◆ **avoir du ~** to experience pleasure ◆ **le ~ solitaire** self-abuse ◆ **les ~s de la chair** the pleasures of the flesh

**c** *(= distraction)* pleasure ◆ **les ~s de la vie** life's (little) pleasures ◆ **courir après les ~s** to be a pleasure-seeker ◆ **le golf est un ~ coûteux** golf is an expensive hobby *ou* pleasure ◆ **lieu de ~** house of pleasure

**d** *(littér = volonté)* pleasure *(littér)*, wish ◆ **si c'est votre (bon) ~** if such is your will *ou* wish, if you so desire ◆ **les faits ont été grossis à ~** the facts have been wildly exaggerated ◆ **il s'inquiète/ment à ~** he worries/lies for the sake of it

**e** *(loc)* **faire ~ à qn** to please sb ◆ **ce cadeau m'a fait ~** I was very pleased with this gift, this gift gave me great pleasure ◆ **ça me fait ~ de vous entendre dire cela** I'm pleased *ou* delighted to hear you say that ◆ **cela fait ~ à voir** it is a pleasure to see *ou* to behold ◆ **ça t'a agacé ? – au contraire, ça m'a fait ~** did it annoy you? – no, I was pleased ◆ **pour me faire ~** (just) to please me ◆ **fais-moi ~ : mange ta soupe/arrête la radio** do me a favour, eat your soup/turn off the radio, be a dear and eat your soup/turn off the radio ◆ **voulez-vous me faire le ~ de venir dîner ?** *(frm)* I should be most pleased if you would come to dinner, would you do me the pleasure of dining with me (*ou* us)? *(frm)* ◆ **fais-moi le ~ de te taire !** would you mind being quiet!, do me a favour and shut up! * ◆ **il se fera un ~ de vous reconduire** he'll be (only too) pleased *ou* glad to drive you back, it will be a pleasure for him to drive you back ◆ **bon, c'est bien pour vous faire ~ *ou* si cela peut vous faire ~** all right, if it will make you happy ◆ **j'irai, mais c'est bien pour vous faire ~** I'll go (just) to keep you happy ◆ **se faire ~** *(= s'amuser)* to enjoy o.s., to have fun ◆ **faites-vous ~, allez dîner au "Gourmet"** treat *ou* spoil yourself, go and have dinner at the "Gourmet"

**plan[1]** /plɑ̃/ **NM** **a** *[de maison]* plan, blueprint; *[de machine]* plan, scale drawing; *[de ville, métro]* map, plan; *[de région]* map ◆ **acheter une maison sur ~** to buy a house while it's still only a plan on paper ◆ **faire *ou* tracer**

*ou* **tirer un** ~ to draw a plan ◆ **tirer des ~s sur la comète** * to build castles in the air

b *(Math, Phys = surface)* plane

c *(Ciné, Photo)* shot ◆ **premier** ~ *(Peinture, Photo)* foreground ◆ **dernier** ~ background ◆ **au second** ~ in the background ◆ **au deuxième** ~ *(Peinture)* in the middle distance ◆ ~ **américain** *(Ciné)* medium close shot; → **gros**

d *(fig)* **mettre qch au deuxième** ~ to consider sth of secondary importance ◆ **ce problème est au premier ~ de nos préoccupations** this problem is uppermost in our minds *ou* is one of our foremost preoccupations ◆ **parmi toutes ces questions, l'inflation vient au premier** ~ *ou* **nous mettons l'inflation au premier** ~ of all these questions, inflation is the key *ou* priority issue *ou* we consider inflation to be the most important ◆ **personnalité de premier** ~ key figure ◆ **personnalité de second** ~ minor figure ◆ **un savant de tout premier** ~ a scientist of the first rank, one of our foremost scientists ◆ **au premier ~ de l'actualité** at the forefront of the news, very much in the news

e *(= niveau)* level ◆ **mettre sur le même** ~ to put on the same plane *ou* level ◆ **au ~ national/international** at the national/international level ◆ **sur le ~ du confort** as far as comfort is concerned, as regards comfort ◆ **sur le ~ moral/intellectuel** morally/intellectually speaking, on the moral/intellectual plane ◆ **sur tous les ~s** in every way, on all fronts

f *(= projet)* plan, project; *(Écon)* plan, programme ◆ **avoir/exécuter un** ~ to have/carry out a plan ◆ ~ **de carrière** career path ◆ ~ **de cinq ans** five-year plan ◆ ~ **de relance** *ou* **de redressement de l'économie** economic recovery plan ◆ ~ **d'action/d'attaque** plan of action/of attack ◆ ~ **de paix** peace plan ◆ ~ **de modernisation/de restructuration** modernization/restructuring plan ◆ ~ **de développement économique et social** economic and social development plan ◆ ~ **social** *ou* **de licenciements** redundancy scheme *ou* plan ◆ ~ **média** media campaign

g *(* = idée)* idea ◆ **tu as un ~ pour les vacances ?** have you any ideas for the holidays? *ou* about where to go on holiday? ◆ **c'est un super ~ !** *ou* **un ~ d'enfer !** it's a great idea! ◆ **il a toujours des ~s foireux** ‡ he's full of madcap * ideas *ou* schemes ◆ **on s'est fait un ~ restau/ciné hier soir** we ate out/we went to the cinema last night

h *[de livre, dissertation, devoir]* plan, outline ◆ **faire un ~ de qch** to make a plan for sth, to plan sth out

i *(* : loc)* **rester en** ~ *[personne]* to be left stranded, to be left high and dry; *[voiture]* to be abandoned *ou* ditched *; *[projets]* to be abandoned in midstream, to be left (hanging) in mid air ◆ **laisser en** ~ *[+ personne]* to leave in the lurch *ou* high and dry *ou* stranded; *[+ voiture]* to abandon, to ditch *; *[+ affaires]* to abandon; *[+ projet, travail]* to drop, to abandon ◆ **il a tout laissé en ~ pour venir me voir** he dropped everything to come and see me

COMP ▷ **plan d'affaires** business plan ▷ **plan d'aménagement rural** rural development plan ▷ **plan d'amortissement** *(pour un bien, un investissement)* depreciation schedule; *(pour un emprunt)* redemption plan ▷ **plan comptable** *French accounting standards* ▷ **plan de cuisson** hob *(Brit)*, stovetop *(US)* ▷ **plan directeur** *(Mil) map of the combat area*; *(Écon)* blueprint, master plan ▷ **plan d'eau** *(lac)* lake; *(sur un cours d'eau)* stretch of smooth water ▷ **plan d'épargne en actions** stock portfolio *(with tax advantages)* ▷ **plan d'épargne entreprise** company savings plan ▷ **plan d'épargne-logement** *savings plan for property purchase* ▷ **plan d'épargne populaire** individual savings plan ▷ **plan d'épargne-retraite** personal pension plan *ou* scheme ▷ **plan d'équipement** industrial development programme ▷ **plan d'études** study plan *ou* programme ▷ **plan de faille** fault plane ▷ **plan de financement** financing plan ▷ **plan fixe** *(Ciné)* static shot ▷ **plan incliné** inclined plane ◆ **en ~ incliné** sloping ▷ **plan de niveau** floor plan ▷ **plan d'occupation des sols** land use plan *(Brit)*, zoning regulations *ou* ordinances *(US)* ▷ **plan ORSEC** *scheme set up to deal with major civil emergencies* ▷ **plan rapproché** *ou* **serré** *(Ciné)* close-up (shot) ▷ **plan séquence** *(Ciné)* sequence shot ▷ **plan de travail** *(dans une cuisine)* worktop, work(ing) surface *(Brit)*, counter (top) *(US)*; *(planning)* work plan *ou* programme *ou* schedule ▷ **plan de vol** flight plan; → **plan-concave, plan-convexe**

**plan$^2$, e** /plɑ̃, plan/ ADJ a *[miroir]* flat; *[surface]* flat, level b *(Math)* plane

**planant, e** * /planɑ̃, ɑ̃t/ ADJ *[musique]* mind-blowing *

**planche** /plɑ̃ʃ/ NF a *(en bois)* plank; *(plus large)* board; *(= rayon)* shelf; *(Naut = passerelle)* gangplank; *(= plongeoir)* diving board; *(* = ski)* ski ◆ **cabine/sol en ~s** wooden hut/floor ◆ **dormir sur une** ~ to sleep on a wooden board ◆ **quand il sera entre quatre ~s** * when he's six foot under *; → **pain**

b *(Typo = illustration)* plate

c *(Hort)* bed

d *(Natation)* **faire la** ~ to float on one's back

NFPL **planches** *(Théât)* **les ~s** the boards, the stage *(NonC)* ◆ **monter sur les ~s** *(= faire du théâtre)* to go on the stage, to tread the boards; → **brûler**

COMP ▷ **planche anatomique** anatomical chart ▷ **planche à billets** banknote plate ◆ **faire marcher la ~ à billets** * to print money ▷ **planche à découper** *[de cuisinière]* chopping board; *[de boucher]* chopping block ▷ **planche à dessin** *ou* **à dessiner** drawing board ▷ **planche à laver** washboard ▷ **planche à pain** *(lit)* breadboard ◆ **c'est une ~ à pain** *(péj)* she's as flat as a board * *ou* pancake * ▷ **planche à pâtisserie** pastry board ▷ **planche à repasser** ironing board ▷ **planche à roulettes** *(= objet)* skateboard; *(= sport)* skateboarding ◆ **faire de la ~ à roulettes** to skateboard, to go skateboarding ▷ **planche de salut** *(= appui)* mainstay; *(= dernier espoir)* last hope ▷ **planche de surf** surfboard ▷ **planche à voile** *(= objet)* windsurfing board, sailboard; *(= sport)* windsurfing ◆ **faire de la ~ à voile** to windsurf, to go windsurfing

**planche-contact** (pl **planches-contacts**) /plɑ̃ʃkɔ̃takt/ NF *(Photo)* contact sheet

**plancher$^1$** /plɑ̃ʃe/ NM a *(Constr)* floor ◆ **faux** ~ false floor ◆ **le ~ des vaches** * dry land; → **débarrasser, pied** b *(= limite)* lower limit ◆ ~ **des cotisations** lower limit on contributions ◆ **prix** ~ minimum *ou* floor *ou* bottom price c *(Anat)* floor ◆ ~ **pelvien** pelvic floor

**plancher$^2$** * /plɑ̃ʃe/ ▸ conjug 1 ◂ VI *(= parler)* to talk ◆ **sur quoi as-tu planché ?** what did they get you to talk on? ◆ ~ **sur un rapport** *(= travailler)* to work on a report

**planchette** /plɑ̃ʃɛt/ NF *(gén)* (small) board; *(= rayon)* (small) shelf

**planchiste** /plɑ̃ʃist/ NMF windsurfer

**plan-concave** (pl **plan-concaves**) /plɑ̃kɔ̃kav/ ADJ plano-concave

**plan-convexe** (pl **plan-convexes**) /plɑ̃kɔ̃vɛks/ ADJ plano-convex

**plancton** /plɑ̃ktɔ̃/ NM plankton

**planéité** /planeite/ NF a *[de miroir]* flatness; *[de surface]* flatness, levelness b *(Math)* planeness

**planer** /plane/ ▸ conjug 1 ◂ VI a *[oiseau, avion]* to glide; *[brume, fumée]* to hang ◆ **l'oiseau planait au-dessus de sa tête** the bird was hovering above his head *ou* overhead ◆ **il laissa son regard ~ sur la foule** his gaze swept over the crowd; → **vol$^1$** b *[danger, soupçons]* ~ **sur** to hang over ◆ **laisser ~ le doute/une incertitude (sur)** to allow some doubt/some uncertainty to remain (about) ◆ **il faisait ~ la menace d'un licenciement** he was using the threat of redundancy ◆ **il a laissé ~ le mystère sur ses intentions** he remained mysterious about his intentions c *(* = se détacher) [personne]* to have one's head in the clouds d *[drogué]* to be high * *ou* spaced out * ◆ **ça fait** ~ *[musique, spectacle]* it's really trippy *

**planétaire** /planetɛʀ/ ADJ a *(Astron, Tech)* planetary b *(= mondial) [réchauffement]* global; *[succès, réseau]* global, worldwide; *[dimension, événement, stratégie]* global, international ◆ **à l'échelle** ~ on a global *ou* worldwide scale

**planétarium** /planetaʀjɔm/ NM planetarium

**planète** /planɛt/ NF planet ◆ **la ~ bleue/rouge** the blue/red planet ◆ **sur toute la** ~ all over the world ◆ **l'épidémie s'est étendue à la ~ entière** the epidemic has spread throughout the world

**planétologie** /planetɔlɔʒi/ NF planetology

**planeur** /planœʀ/ NM *(Aviat)* glider ◆ **faire du** ~ to go gliding

**planificateur, -trice** /planifikatœʀ, tʀis/ *(Écon)* ADJ planning *(épith)* NM,F planner

**planification** /planifikasjɔ̃/ NF ◆ ~ **(économique)** (economic) planning ◆ ~ **familiale** family planning

**planifier** /planifje/ ▸ conjug 7 ◂ VT to plan ◆ **économie planifiée** planned *ou* controlled economy

**planimétrie** /planimetʀi/ NF planimetry

**planimétrique** /planimetʀik/ ADJ planimetric(al)

**planisphère** /planisfɛʀ/ NM planisphere

**planning** /planiŋ/ NM *(Écon, Ind)* programme, schedule ◆ **je vais regarder mon** ~ I'll just take a look at my schedule ◆ **avoir un ~ très serré** to have a very tight schedule ◆ ~ **familial** family planning

**plan-plan** * /plɑ̃plɑ̃/ ADJ INV *[allure]* laid-back * ◆ **ils mènent une vie** ~ they lead a humdrum life ◆ **c'était** ~ it was easy going

**planque** * /plɑ̃k/ NF *(= cachette)* hideaway, hideout, hidey-hole *; *(Police)* hideout; *(= travail tranquille)* cushy job *ou* number * ◆ **c'est la ~ !** it's a real cushy number! *

**planqué, e** * /plɑ̃ke/ *(péj)* NM,F *(au travail)* ◆ **c'est un** ~ he's got a cushy job * NM *(Mil)* *(= non mobilisé)* draft dodger; *(qui évite l'action)* soldier with a desk job

**planquer** ‡ /plɑ̃ke/ ▸ conjug 1 ◂ VT to hide (away), to stash away * VPR **se planquer** to hide

**plan-relief** (pl **plans-reliefs**) /plɑ̃ʀəljɛf/ NM *(= maquette)* architectural model, scale model *(of a building)*

**plant** /plɑ̃/ NM *(= plante) [de légume]* seedling, young plant; *[de fleur]* bedding plant; *(= plantation) [de légumes]* bed, (vegetable) patch; *[de fleurs]* (flower) bed; *[d'arbres]* plantation ◆ **un ~ de salade** a lettuce seedling, a young lettuce (plant) ◆ **un ~ de vigne/de bégonia** a young vine/begonia

**plantage** * /plɑ̃taʒ/ NM *(Ordin)* crash ◆ **il y a eu un ~ dans la comptabilité** someone made a mistake in the accounts

**Plantagenêt** /plɑ̃taʒnɛ/ NMF Plantagenet

**plantain** /plɑ̃tɛ̃/ NM *(= herbacée)* plantain ◆ **(banane) ~** plantain

**plantaire** /plɑ̃tɛʀ/ ADJ plantar ◆ **verrue ~** verruca *(Brit)*, plantar wart *(US)*; → **voûte**

**plantation** /plɑ̃tasjɔ̃/ NF a *(Hort) (= action)* planting; *(= culture)* plant; *(= terrain) [de légumes]* bed, (vegetable) patch; *[de fleurs]* (flower) bed; *[d'arbres, café, coton]* plantation ◆ **faire des ~s de fleurs** to plant flowers (out) ◆ **comment vont tes ~s ?** how's your garden doing? b *(= exploitation agricole)* plantation

**plante**[1] /plɑ̃t/ NF *(Bot)* plant ◆ **~ annuelle** annual (plant) ◆ **~ d'appartement** *ou* **d'agrément** house *ou* pot plant ◆ **~ à fleurs** flowering plant ◆ **~ fourragère** fodder plant ◆ **~ grasse** succulent (plant) ◆ **~ grimpante** creeper ◆ **~s médicinales** medicinal plants ◆ **~ de serre** *(lit)* greenhouse *ou* hothouse plant; *(fig)* hothouse plant, delicate flower ◆ **~ textile** fibre *(Brit) ou* fiber *(US)* plant ◆ **~ verte** house plant, green (foliage) plant ◆ **c'est une belle ~** *(fig)* she's a lovely *ou* fine specimen

**plante**[2] /plɑ̃t/ NF *(Anat)* ◆ **~ (des pieds)** sole (of the foot)

**planté, e** /plɑ̃te/ (ptp de **planter**) ADJ ◆ **avoir les dents bien/mal ~es** to have straight/uneven teeth ◆ **ses cheveux sont ~s très bas** he has a very low hairline ◆ **être bien ~ (sur ses jambes)** to be sturdily built ◆ **il est resté ~ au milieu de la rue** he stood stock-still in the middle of the road ◆ **ne restez pas ~ (debout** *ou* **comme un piquet) à ne rien faire !** don't just stand there doing nothing! ◆ **rester ~ devant une vitrine** to stand looking in a shop window

**planter** /plɑ̃te/ ► conjug 1 ◄ VT a *[+ plante, graine]* to plant, to put in; *[+ jardin]* to put plants in; *(= repiquer)* to plant out ◆ **on a planté la région en vignes** the region was planted with vines ◆ **~ un terrain en gazon** to grass over a piece of ground ◆ **avenue plantée d'arbres** tree-lined avenue ◆ **aller ~ ses choux** *(fig)* to retire to the country

b *(= enfoncer) [+ clou]* to hammer in, to knock in; *[+ pieu]* to drive in ◆ **~ un poignard dans le dos de qn** to stick a knife into sb's back, to knife *ou* stab sb in the back ◆ **l'ours planta ses griffes dans son bras** the bear stuck its claws into his arm ◆ **se ~ une épine dans le doigt** to get a thorn stuck in one's finger ◆ **la flèche se planta dans la cible** the arrow hit the target

c *(= mettre)* to stick, to put ◆ **il planta son chapeau sur sa tête** he stuck his hat on his head ◆ **il a planté sa voiture au milieu de la rue et il est parti** he stuck his car in the middle of the road and went off ◆ **il nous a plantés sur le trottoir pour aller chercher un journal** he left us hanging about* *ou* standing on the pavement while he went to get a paper ◆ **~ un baiser sur la joue de qn** to plant a kiss on sb's cheek ◆ **~ son regard** *ou* **ses yeux sur qn** to fix one's eyes on sb ◆ **il se planta devant moi** he planted *ou* plonked* himself in front of me ◆ **~ là** *(= laisser sur place) [+ personne]* to dump*, to leave behind; *[+ voiture]* to dump*, to ditch*; *[+ travail, outils]* to dump*, to drop; *(= délaisser) [+ épouse]* to walk out on*, to ditch*; *[+ travail]* to pack in

d *(= installer) [+ échelle, drapeau]* to put up; *[+ tente]* to put up, to pitch ◆ **~ une échelle contre un mur** to put a ladder (up) *ou* stand a ladder (up) against a wall ◆ **~ le décor** *(Théât)* to put up *ou* set up the scenery; *[auteur]* to set the scene ◆ **cet auteur sait ~ ses personnages** this author is good at characterization

e *(* = poignarder)* to stab

VPR **se planter** * a *(= se tromper)* to mess up* ◆ **il s'est planté dans ses calculs** he got his calculations wrong ◆ **se ~ à un examen** to fail *ou* flunk* an exam, to blow it* in an exam *(US)* ◆ **je me suis planté en histoire** I flunked* history, I really blew it* in history ◆ **l'ordinateur s'est planté** the computer crashed

b *(= avoir un accident)* to crash ◆ **il s'est planté en moto** he had a motorbike crash, he crashed his motorbike

VI *(= tomber en panne)* ◆ **l'ordinateur a planté, on a planté** the computer crashed

**planteur** /plɑ̃tœʀ/ NM a *(= colon)* planter b *(= cocktail)* planter's punch

**planteuse** /plɑ̃tøz/ NF *(Agr)* (potato) planter

**plantigrade** /plɑ̃tigʀad/ ADJ, NM plantigrade

**plantoir** /plɑ̃twaʀ/ NM dibble, dibber

**planton** /plɑ̃tɔ̃/ NM *(Mil)* orderly ◆ **être de ~** to be on orderly duty ◆ **faire le ~** * to hang about*, to stand around *ou* about (waiting)

**plantureux, -euse** /plɑ̃tyʀø, øz/ ADJ a *[repas]* copious, lavish; *[femme]* buxom; *[poitrine]* ample b *[région, terre]* fertile ◆ **année plantureuse** bumper year

**plaquage** /plakaʒ/ NM a *(Tech) (de bois)* veneering; *(de métal)* plating b *(Rugby)* tackling *(NonC)*, tackle ◆ **~ à retardement** late tackle c *(* = abandon) [de fiancé]* jilting*, ditching*, chucking*; *[d'épouse]* ditching*; *[d'emploi]* chucking (in *ou* up)*, packing in* *(Brit)*

**plaque** /plak/ NF a *[de métal, verre]* sheet, plate; *[de marbre]* slab; *[de chocolat]* block; *[de beurre]* pack; *(= revêtement)* plate, cover(ing) ◆ **légumes surgelés vendus en ~s** frozen vegetables sold in blocks

b *[de verglas]* sheet, patch

c *(= tache sur la peau)* patch, blotch, plaque *(SPÉC)*; *[d'eczéma]* patch; → **sclérose**

d *(portant une inscription)* plaque; *(= insigne)* badge; *(au casino)* chip ◆ **poser** *ou* **visser sa ~** *[de médecin, avocat]* to set up in practice

e *(Élec, Photo)* plate

f *(Géol)* plate ◆ **~ continentale/océanique** continental/oceanic plate

g *(* = 10 000 F)* ten thousand francs

h *(loc)* **il est à côté de la ~** * he hasn't got a clue* ◆ **j'ai mis à côté de la ~** * I got it completely wrong, I was way off the mark

COMP ▷ **plaque de blindage** armour-plate *(NonC)*, armour-plating *(NonC)* ▷ **plaque chauffante** *[de cuisinière]* hotplate ▷ **plaque de cheminée** fireback ▷ **plaque commémorative** commemorative plaque *ou* plate ▷ **plaque de cuisson** *[de four]* baking tray; *(= table de cuisson)* hob, hotplate *(Brit)*, burner *(US)* ▷ **plaque dentaire** dental plaque ▷ **plaque d'égout** manhole cover ▷ **plaque de four** baking tray ▷ **plaque à gâteau** *(Helv)* baking tin ▷ **plaque d'identité** *[de soldat]* identity disc; *[de chien]* name tag, identity disc; *[de bracelet]* nameplate ▷ **plaque d'immatriculation** *ou* **minéralogique** *ou* **de police** *(Aut)* number plate, registration plate *(Brit)*, license plate *(US)* ▷ **plaque de propreté** fingerplate ▷ **plaque sensible** *(Photo)* sensitive plate ▷ **plaque tournante** *(Rail)* turntable; *(fig) (= lien)* hub; *(= personne)* linchpin

**plaqué, e** /plake/ (ptp de **plaquer**) ADJ *[bracelet]* plated; *[poches]* patch *(épith)*; *[accord]* nonarpeggiated ◆ **~ or/argent** gold-/silver-plated ◆ **~ chêne** oak-veneered NM a *(Orfèvrerie)* plate ◆ **en ~** plated ◆ **c'est du ~** it's plated b *(Menuiserie)* veneer

**plaquer** /plake/ ► conjug 1 ◄ VT a *(Tech) [+ bois]* to veneer; *[+ bijoux]* to plate ◆ **~ du métal sur du bois** to plate wood with metal ◆ **~ des bijoux d'or/d'argent** to plate jewellery with gold/silver, to gold-plate/silver-plate jewellery

b *(= surajouter)* to tack on ◆ **ce passage semble plaqué sur le reste du texte** this passage looks like it has just been stuck onto *ou* tacked onto the rest of the text

c *(* = abandonner) [+ fiancé]* to jilt*, to ditch*; *[+ époux]* to ditch*, to walk out on; *[+ emploi]* to chuck (in *ou* up)*, to pack in* *(Brit)* ◆ **elle a tout plaqué pour le suivre** she chucked up* *ou* packed in* *(Brit)* everything to follow him

d *(= aplatir) [+ cheveux]* to plaster down ◆ **la sueur plaquait sa chemise contre son corps** the sweat made his shirt cling *ou* stick to his body ◆ **le vent plaquait la neige contre le mur** the wind was flattening *ou* plastering the snow up against the wall ◆ **~ une personne contre un mur/au sol** to pin a person to a wall/to the ground ◆ **se ~ les cheveux** to plaster one's hair down (*sur* on, over); ◆ **se ~ au sol/contre un mur** to flatten o.s. on the ground/against a wall

e *(= appliquer)* **elle lui plaqua un baiser sur la joue** she planted a kiss on his cheek ◆ **~ sa main sur la bouche de qn** to slap one's hand over sb's mouth

f *(Rugby)* to tackle, to bring down

g *(Mus) [+ accord]* to strike, to play

**plaquette** /plakɛt/ NF a *(= petite plaque) [de métal]* plaque; *[de marbre]* tablet b *[de chocolat]* block, bar; *[de pilules]* blister *ou* bubble pack *ou* package; *[de beurre]* small pack *(Brit)*, ≃ stick *(US)* ◆ **~ de frein** *(Aut)* brake pad c *(= livre)* small volume ◆ **~ (publicitaire** *ou* **promotionnelle)** (promotional) leaflet ◆ **~ de présentation** presentation brochure ◆ **~ d'information** information leaflet d *[de sang]* platelet

**plasma** /plasma/ NM *(Anat, Phys)* plasma ◆ **~ sanguin** blood plasma

**plastic** /plastik/ NM plastic explosive

**plasticage** /plastikaʒ/ NM bombing (*de* of) bomb attack (*de* on)

**plasticien, -ienne** /plastisjɛ̃, jɛn/ NM,F a *(Art)* visual artist b *(= chirurgien)* plastic surgeon c *(Tech)* plastics specialist

**plasticité** /plastisite/ NF *(lit)* plasticity; *(fig)* malleability, plasticity

**plastie** /plasti/ NF plastic surgery ◆ **elle a subi une ~ des doigts** she had plastic surgery on her fingers

**plastifiant, e** /plastifjɑ̃, jɑ̃t/ ADJ plasticizing NM plasticizer

**plastification** /plastifikasjɔ̃/ NF ◆ **~ de documents** lamination of documents

**plastifier** /plastifje/ ► conjug 7 ◄ VT to coat with plastic; *[+ document]* to laminate ◆ **plastifié** plastic-coated; *[document]* laminated

**plastiquage** /plastikaʒ/ NM ⇒ **plasticage**

**plastique** /plastik/ ADJ a *(Art)* plastic ◆ **chirurgie ~** plastic surgery b *(= malléable)* malleable, plastic ◆ **en matière ~** plastic NM plastic ◆ **en ~** plastic NF *[de sculpteur]* modelling, plastic art; *[de statue]* modelling; *(= arts)* plastic arts; *[de personne]* physique

**plastiquement** /plastikmɑ̃/ ADV from the point of view of form, plastically *(SPÉC)*

**plastiquer** /plastike/ ► conjug 1 ◄ VT to blow up, to carry out a bomb attack on

**plastiqueur** /plastikœʀ/ NM terrorist *(planting a plastic bomb)*

**plastoc** * /plastɔk/ NM plastic ◆ **en ~** plastic *(épith)*

**plastron** /plastʀɔ̃/ NM *(Habillement) [de corsage]* front; *[de chemise]* shirt front; *(amovible)* false shirt front, dicky *; *[d'escrimeur]* plastron; *[d'armure]* plastron, breastplate

**plastronner** /plastʀɔne/ ► conjug 1 ◄ VI to swagger VT to put a plastron on

**plat¹, plate** /pla, plat/ ADJ a *[surface, pays, couture, pli]* flat; *[mer]* smooth, still; *[eau]* plain, still; *(Géom) [angle]* straight; *[encéphalogramme, ventre, poitrine]* flat; *[cheveux]* straight ◆ **bateau à fond ~** flat-bottomed boat ◆ **chaussure ~e** *ou* **à talon ~** flat(-heeled) *ou* low(-heeled) shoe ◆ **elle est ~e de poitrine, elle a la poitrine ~e** she is flat-chested ◆ **elle est ~e comme une galette** * *ou* **une limande** * *ou* **une planche à pain** * she's as flat as a board *; → **assiette, battre**

b *(= fade) [style]* flat, dull, unimaginative; *[dissertation, livre]* dull, unremarkable, unimaginative; *[adaptation]* unimaginative, unremarkable; *[voix]* flat, dull; *[vin]* insipid; *[personne, vie]* dull, uninteresting ◆ **ce qu'il écrit est très ~** what he writes is very dull *ou* flat

c *(= obséquieux) [personne]* obsequious, ingratiating *(épith)* ◆ **il nous a fait ses plus ~es excuses** he made the humblest of apologies to us

NM *(= partie plate)* flat (part); *[de main]* flat ◆ **il y a 15 km de ~ avant la montagne** there is a 15 km flat stretch before the mountain ◆ **course de ~** flat race ◆ **faire un ~** *(Natation)* to (do a) belly flop ◆ **faire du ~ à** * *[+ supérieur]* to crawl *ou* grovel *ou* toady to; *[+ femme]* to try to pick up, to chat up * *(Brit)*

◆ **à plat** ◆ **mettre** *ou* **poser qch à ~** to lay sth (down) flat ◆ **posez le ruban bien à ~** lay the ribbon down nice and flat ◆ **mettre qch à ~** *(fig)* to have a close look at things ◆ **remettre qch à ~** *(fig)* to reexamine sth from every angle ◆ **remise à ~** *[de dossier, problème, situation]* complete *ou* thorough review ◆ **poser la main à ~ sur qch** to lay one's hand flat on sth ◆ **être à ~** *[pneu, batterie]* to be flat; * *[personne]* to be washed out * *ou* run down ◆ **la grippe l'a mis à ~** * he was laid low by (the) flu ◆ **être/rouler à ~** *(Aut)* to have/drive on a flat (tyre) ◆ **tomber à ~** *[remarque, plaisanterie]* to fall flat ◆ **tomber à ~ ventre** to fall flat on one's face, to fall full-length ◆ **se mettre à ~ ventre** to lie face down ◆ **se mettre à ~ ventre devant qn** *(fig)* to crawl *ou* grovel *ou* toady to sb

NF **plate** *(= bateau)* punt, flat-bottomed boat

COMP ▷ **plat de côtes, plates côtes** middle *ou* best *ou* short *(US)* rib

**plat²** /pla/ NM *(= récipient, mets)* dish; *(= partie du repas)* course; *(= contenu)* dish, plate(ful) ◆ **~ à gratin** gratin dish ◆ **on en était au ~ de viande** we had reached the meat course ◆ **deux ~s de viande au choix** a choice of two meat dishes *ou* courses ◆ **il en a fait tout un ~** * *(fig)* he made a song and dance * *ou* a great fuss * about it ◆ **il voudrait qu'on lui apporte tout sur un ~ (d'argent)** he wants everything handed to him on a plate *(Brit)* *ou* a silver platter *(US)* ◆ **mettre les petits ~s dans les grands** to lay on a first-rate meal, to go to town on the meal * ◆ **il lui prépare de bons petits ~s** he makes tasty little dishes for her ◆ **pour un ~ de lentilles** *(Bible, fig)* for a mess of potage ◆ **quel ~ de nouilles !** * *(péj)* he's (*ou* she's) such an idiot!; → **œuf, pied**

COMP ▷ **plat à barbe** shaving mug ▷ **plat cuisiné** *(chez un traiteur)* ready-made meal ▷ **plat à four** oven dish ▷ **plat garni** main course (served with vegetables) ▷ **plat du jour** dish of the day, plat du jour ◆ **quel est le ~ du jour ?** what's today's special? ▷ **plat de résistance** main course; *(fig)* pièce de résistance ▷ **plat de service** serving dish

**platane** /platan/ NM plane tree ◆ **faux ~** sycamore ◆ **rentrer dans un ~** * to crash into a tree

**plat-bord** (pl **plats-bords**) /plabɔʀ/ NM gunwale

**plateau** (pl **plateaux**) /plato/ NM a *(gén)* tray; *(de ball-trap)* clay pigeon ◆ **~ à fromages** cheeseboard ◆ **~ de fromages** cheeseboard, choice of cheeses *(on a menu)* ◆ **~ d'huîtres** plate of oysters ◆ **~ de fruits de mer** seafood platter ◆ **il faut tout lui apporter sur un ~ (d'argent)** *(fig)* he wants everything handed to him on a plate *(Brit)* *ou* a silver platter *(US)* ◆ **la victoire leur a été offerte sur un ~ (d'argent)** victory was handed to them on a plate

b *[de balance]* pan; *[d'électrophone]* turntable, deck; *[de table]* top; *[de graphique]* plateau ◆ **la courbe fait un ~ avant de redescendre** the curve levels off *ou* reaches a plateau before falling again ◆ **arriver à un ~** *(dans une activité, une progression)* to reach a plateau ◆ **mettre qch dans** *ou* **sur les ~x de la balance** *(fig)* to weigh sth up *(fig)*

c *(Géog)* plateau ◆ **haut ~** high plateau

d *(Théât)* stage; *(Ciné, TV)* set ◆ **nous avons un ~ exceptionnel ce soir** *(= invités)* we have an exceptional line-up this evening ◆ **sur le ~ de l'émission** on the set

e *(Rail) (= wagon)* flat wagon *(Brit)* *ou* car *(US)*; *(= plate-forme roulante)* trailer

f *[de pédalier]* chain wheel

COMP ▷ **plateau continental** continental shelf ▷ **plateau d'embrayage** *(Aut)* pressure plate ▷ **plateau sous-marin** submarine plateau ▷ **plateau technique** *[d'hôpital etc]* technical wherewithal *ou* capacity ▷ **plateau télé** TV dinner ▷ **plateau de tournage** *(Ciné)* film set

**plateau-repas** (pl **plateaux-repas**) /platoʀəpa/ NM *(en avion, en train)* tray meal; *(devant la télévision)* TV dinner

**plate-bande** (pl **plates-bandes**), **platebande** /platbɑ̃d/ NF *(de fleurs)* flower bed; *(Archit)* platband ◆ **marcher sur** *ou* **piétiner les plates-bandes de qn** * to encroach on sb's preserve, to poach on sb's territory

**platée** /plate/ NF *(Culin)* dish(ful), plate(ful)

**plate-forme** (pl **plates-formes**), **plateforme** /platfɔʀm/ NF a *(gén = terrasse, estrade)* platform; *[d'autobus]* platform; *(Rail = wagon)* flat wagon *(Brit)* *ou* car *(US)* ◆ **~ continentale** *(Géog)* continental shelf ◆ **~ (de forage en mer)** (off-shore) oil rig ◆ **~ flottante** floating rig b *(Ordin)* platform ◆ **~ logiciel/matériel** software/hardware platform c *(Pol)* platform ◆ **~ électorale** election platform

**platement** /platmɑ̃/ ADV *[écrire, s'exprimer]* dully, unimaginatively; *[s'excuser]* humbly

**platine¹** /platin/ NM platinum ◆ **~ iridié** platinum-iridium alloy ADJ INV *(= couleur)* platinum *(épith)* ◆ **blond ~** platinum blond

**platine²** /platin/ NF *[d'électrophone]* deck, turntable; *[de microscope]* stage; *[de presse]* platen; *[de montre, serrure]* plate; *[de machine à coudre]* throat plate ◆ **~ laser** laser disk player ◆ **~ cassette** cassette deck

**platiné, e** /platine/ ADJ *[cheveux]* platinum *(épith)* ◆ **une blonde ~e** a platinum blonde; → **vis**

**platitude** /platityd/ NF a *[de style]* flatness, dullness; *[de livre, film, discours, remarque]* dullness, lack of imagination (*de* in, of); *[de vie, personnage]* dullness b *(= propos)* platitude ◆ **dire des ~s** to make trite remarks, to utter platitudes c † *(= servilité) [de personne]* obsequiousness; *[d'excuse]* humility; *(= acte)* obsequiousness *(NonC)*

**Platon** /platɔ̃/ NM Plato

**platonicien, -ienne** /platɔnisjɛ̃, jɛn/ ADJ Platonic NM,F Platonist

**platonique** /platɔnik/ ADJ *[amour]* platonic ◆ **avoir un intérêt ~ pour qch** *(hum = de pure forme)* to have a casual *ou* passing interest in sth ◆ **les déclarations de l'ONU paraissent plutôt ~s** the statements issued by the UN seem to be nothing more than talk *ou* a matter of pure form

**platoniquement** /platɔnikmɑ̃/ ADV platonically

**platonisme** /platɔnism/ NM Platonism

**plâtrage** /plɑtʀaʒ/ NM a *[de mur]* plastering b *(Méd) [de membre]* setting *ou* putting in plaster; *[d'estomac]* lining c *(Agr) [de prairie]* liming

**plâtras** /plɑtʀɑ/ NM *(= débris)* rubble; *(= morceau de plâtre)* chunk *ou* lump of plaster

**plâtre** /plɑtʀ/ NM a *(= matière) (gén)* plaster; *(Agr)* lime ◆ **mettre une jambe dans le ~** to put *ou* set a leg in plaster ◆ **j'avais une jambe dans le ~** I had my leg in plaster ◆ **c'est du ~ !** *[fromage]* it's like chalk!; → **battre** b *(Art, Chir = objet)* plaster cast ◆ **les ~s** *(Constr)* the plasterwork *(NonC)* ◆ **porter un ~ au bras** *(Chir)* to have one's arm in plaster ◆ **~ de marche** walking plaster *(Brit)* *ou* cast *(US)*; → **essuyer**

**plâtrer** /plɑtʀe/ ► conjug 1 ◄ VT a *[+ mur]* to plaster b *(Méd) [+ membre]* to set *ou* put in plaster; *[+ estomac]* to line ◆ **il a la jambe plâtrée** his leg is in plaster ◆ **elle est plâtrée du genou à la cheville** her leg is in plaster from her knee down to her ankle c *(Agr) [+ prairie]* to lime

**plâtrerie** /plɑtʀəʀi/ NF *(= usine)* plaster works

**plâtreux, -euse** /plɑtʀø, øz/ ADJ *[sol]* limey, chalky; *[surface]* plastered, coated with plaster; *[fromage]* chalky

**plâtrier** /plɑtʀije/ NM plasterer

**plâtrière** /plɑtʀijɛʀ/ NF *(= carrière)* gypsum *ou* lime quarry; *(= four)* gypsum kiln

**plausibilité** /plozibilite/ NF plausibility, plausibleness

**plausible** /plozibl/ ADJ plausible

**plausiblement** /ploziblәmɑ̃/ ADV plausibly

**Plaute** /plot/ NM Plautus

**play-back** /plɛbak/ NM INV lip-synching ◆ **c'est du ~** they're (*ou* he is *etc*) just miming to a prerecorded tape *ou* lip-synching ◆ **chanter en ~** to mime to a prerecorded tape, to lip-synch

**play-boy** (pl **play-boys**) /plɛbɔj/ NM playboy

**plèbe** /plɛb/ NF ◆ **la ~** *(péj)* the plebs, the proles; *(Hist)* the plebeians

**plébéien, -ienne** /plebejɛ̃, jɛn/ ADJ *(Hist)* plebeian; *[goûts]* plebeian, common NM,F plebeian

**plébiscitaire** /plebisitɛʀ/ ADJ of a plebiscite

**plébiscite** /plebisit/ NM plebiscite ◆ **faire** *ou* **organiser un ~** to hold a referendum

**plébisciter** /plebisite/ ► conjug 1 ◄ VT *(Pol) (lit)* to elect by plebiscite; *(= élire à la majorité)* to elect by an overwhelming majority ◆ **se faire ~** *[candidat]* to be elected by an overwhelming majority ◆ **le public a plébiscité ce nouveau magazine** this new magazine has proved a tremendous success with the public

**plectre** /plɛktʀ/ NM plectrum

**pléiade** /plejad/ **NF** *(= groupe)* group ◆ **la Pléiade** *(Littérat)* the Pléiade ◆ **une ~ d'artistes** a whole host of stars **NFPL** **Pléiades** *(Astron)* **les Pléiades** the Pleiades

## plein, pleine /plɛ̃, plɛn/

1 ADJECTIF 2 ADVERBE
3 NOM MASCULIN

Lorsque **plein** s'emploie dans des locutions telles que **de plein droit, à plein régime, en plein air, en mettre plein la vue** etc, cherchez au nom.

### 1 - ADJECTIF

**a** [= rempli] *[boîte]* full; *[bus, salle]* full (up); *[crustacé, coquillage]* full; *[vie, journée]* full, busy ◆ **~ à craquer** *[valise]* full to bursting, crammed full; *[salle, bus, train]* packed (out), crammed full, full to bursting ◆ **un ~ verre de vin** a full glass of wine ◆ **un ~ panier de pommes** a whole basketful of apples, a full basket of apples ◆ **j'ai les mains ~es** my hands are full, I've got my hands full ◆ **~ comme un œuf** * *[tiroir]* chock-a-block * *(Brit)*, chock-full *; *[nez]* stuffed up ◆ **être ~ aux as** ‡ to be rolling in money * *ou* in it *, to be filthy rich ‡ ◆ **un gros ~ de soupe** * *(péj)* a big fat slob ‡ *(péj)*

◆ **plein de**

Lorsque **plein de** signifie 'couvert de', il ne se traduit pas par **full of**.

*[bonne volonté, admiration, fautes, vie]* full of; *(= couvert de) [taches, graisse]* covered in *ou* with ◆ **salle ~e de monde** room full of people, crowded room ◆ **j'ai la tête ~e de projets** I'm full of ideas ◆ **son film est ~ de sensualité** his film is very sensual ◆ **leur maison est ~e d'enfants/de fleurs** their house is full of children/of flowers ◆ **voilà une remarque ~e de finesse** that's a very shrewd remark ◆ **il est ~ de santé/d'idées** he's bursting with health/with ideas ◆ **il est ~ de son sujet/de sa nouvelle voiture** he's full of his subject/of his new car ◆ **mets ~ de saveur** dish full of flavour, tasty dish ◆ **être ~ de soi-même** to be full of o.s. *ou* of one's own importance

**b** [= complet] *[succès]* complete; *[confiance]* complete, total; *[satisfaction]* full, complete, total ◆ **vous avez mon ~ accord** you have my wholehearted consent *ou* approval ◆ **au ~ sens du terme** in the full *ou* fullest sense of the word ◆ **absent un jour ~** absent for a whole day ◆ **il a ~ pouvoir pour agir** he has full power *ou* authority to act ◆ **avoir les ~s pouvoirs** to have full powers; → **arc, temps**[1]

**c** [= à son maximum] **~e lune** *(Astron)* full moon ◆ **la mer est ~e, c'est la ~e mer** *(Naut)* the tide is in, it's high tide

**d** [= entier] **deux volumes, reliure ~ cuir** two volumes fully bound in leather ◆ **manteau de fourrure ~e peau** fur coat made of solid *ou* full skins

**e** [= non creux] *[paroi, porte, pneu, roue]* solid; *[trait]* unbroken, continuous; *[son]* solid; *[voix]* rich, sonorous; *(= rond) [visage]* full; *[joues]* chubby

**f** [‡ = ivre] plastered ‡, stoned ‡ *(US)* ◆ **~ comme une barrique** as drunk as a lord *

**g** [Vét] pregnant, in calf (*ou* foal *ou* lamb *etc*)

**h** [indiquant l'intensité] **la ~e lumière le fatiguait** he found the bright light tiring ◆ **avoir ~e conscience de qch** to be fully aware of sth ◆ **heurter qch de ~ fouet** to crash headlong into sth ◆ **rincer le sol à ~s seaux** to rinse the floor with bucketfuls of water ◆ **ramasser qch à ~s bras/à ~es mains** to pick up armfuls/handfuls of sth ◆ **prendre qch à ~es mains** to lay a firm hold on sth, to grasp sth firmly

**i** [locutions]

◆ **en plein** + *nom (= au milieu de, au plus fort de)* ◆ **en ~e poitrine** full *ou* right in the chest ◆ **en ~e tête** right in the head ◆ **arriver en ~ (milieu du) cours/en ~e répétition** to arrive (right) in the middle of the class/rehearsal ◆ **en ~ cœur de la ville** right in the centre of the town ◆ **c'est arrivé en ~ Paris/en ~e rue** it happened in the middle of Paris/in the middle of the street ◆ **restaurant en ~ ciel** restaurant up in the sky ◆ **en ~ jour** in broad daylight ◆ **en ~e nuit** in the middle of the night, at dead of night ◆ **en ~ hiver** in the depths *ou* middle of winter ◆ **son visage était en ~e lumière** the light was shining straight into his face *ou* at him ◆ **en ~e obscurité** in complete *ou* utter darkness ◆ **oiseau en ~ vol** bird in full flight ◆ **je suis en ~ travail** I'm in the middle of (my) work, I'm hard at work ◆ **arriver en ~ drame** to arrive in the middle of a crisis ◆ **enfant en ~e croissance** child who is growing fast *ou* shooting up ◆ **affaire en ~ essor** rapidly expanding *ou* growing business

### 2 - ADVERBE

**a** [= en grande quantité dans, partout sur] **il a des bonbons ~ les poches** his pockets are full of *ou* stuffed with sweets ◆ **j'ai de l'encre ~ les mains** I've got ink all over my hands, my hands are covered in ink ◆ **il a des jouets ~ son placard** he's got a cupboardful *ou* a cupboard full of toys ◆ **en avoir ~ le dos** * *ou* **le cul** ** **de qch** to be fed up with sth *, to be sick and tired of sth *, to be pissed off ** with sth ◆ **en avoir ~ les jambes** * *ou* **les bottes** * *ou* **les pattes** * to be all-in *

**b** [* = beaucoup]

◆ **plein de** lots of, loads of * ◆ **il y a ~ de bouteilles dans la cave/de gens dans la rue** the cellar/street is full of bottles/people, there are lots *ou* loads of bottles in the cellar/people in the street ◆ **un gâteau avec ~ de crème** a cake with lots of *ou* plenty of cream ◆ **il a mis ~ de chocolat sur sa veste** he's got chocolate all over his jacket ◆ **tu as des romans ? – j'en ai ~** have you any novels? – I've got loads; → **tout**

**c** [= exactement vers] **se diriger/donner ~ ouest** to head/face due west

**d** [locutions]

◆ **à plein** *[fonctionner, tourner]* at full capacity; *[exploiter]* to the full *ou* maximum ◆ **utiliser à ~ son potentiel/une machine/ses connaissances** to use one's potential/a machine/one's knowledge to the full, to make full use of one's potential/a machine/one's knowledge ◆ **il faut profiter à ~ de ces jours de congé** you should make the very most of your time off ◆ **le partenariat joue à ~ dans notre entreprise** partnership plays a full role in our company

◆ **en plein** ◆ **la lumière frappait son visage en ~** the light was shining straight *ou* right into his face

◆ **en plein dans/sur/dedans** ◆ **en ~ dans l'eau/l'œil** right *ou* straight in the water/the eye ◆ **la branche est tombée en ~ sur la voiture** the branch fell right on top of the car ◆ **j'ai marché en ~ dedans** I stepped right in it

### 3 - NOM MASCULIN

**a** [Aut] full tank, tankful ◆ **faire le ~ (d'essence)** to fill up ◆ **(faites) le ~, s'il vous plaît** fill it *ou* her * up please ◆ **on a fait deux ~s pour descendre jusqu'à Nice** we had to fill up twice to get down to Nice ◆ **faire le ~ d'eau/d'huile** to top up the water/the oil ◆ **le théâtre fait le ~ tous les soirs** the theatre has a full house every night ◆ **faire le ~ de soleil** to get a good dose of the sun ◆ **mangez des fruits, faites le ~ de vitamines** eat fruit and get a full dose of vitamins ◆ **la gauche a fait le ~ des voix aux élections** the left got their maximum possible vote in the elections ◆ **la coalition n'a pas fait le ~ de ses voix** the coalition didn't pick up its full quota of votes ◆ **j'ai fait le ~ de sensations fortes au cours de ce voyage** I had lots of exciting experiences during the trip ◆ **j'ai fait le ~ de souvenirs** I came back with lots of memories ◆ **tu as acheté beaucoup de conserves/livres – oui, j'ai fait le ~** * you bought lots of tins/books – yes I stocked up; → **battre**

**b** [Archit] solid

**c** [Calligraphie] downstroke

**pleinement** /plɛnmɑ̃/ **ADV** *[approuver]* wholeheartedly, fully ◆ **utiliser qch ~** to make full use of sth, to use sth to the full *ou* fully ◆ **jouir ~ de qch** to enjoy full use of sth ◆ **vivre ~** to live life to the full ◆ **~ responsable/satisfait de** wholly *ou* entirely *ou* fully responsible for/satisfied with ◆ **~ rassuré** completely *ou* totally reassured

**plein-emploi, plein emploi** /plɛnɑ̃plwa/ **NM** full employment

**plein-temps** (pl **pleins-temps**) /plɛ̃tɑ̃/ **NM** *(= emploi)* full-time job ◆ **je fais un ~** I work full time

**pléistocène** /pleistɔsɛn/ **ADJ** Pleistocene **NM** ◆ **le ~** the Pleistocene (period)

**plénier, -ière** /plenje, jɛʀ/ **ADJ** plenary

**plénipotentiaire** /plenipɔtɑ̃sjɛʀ/ **ADJ, NM** plenipotentiary; → **ministre**

**plénitude** /plenityd/ **NF** *[de forme]* plenitude *(littér)*, fullness; *[de son]* fullness, richness; *[de droit]* completeness ◆ **réaliser ses désirs dans leur ~** to realize one's desires in their entirety ◆ **vivre la vie avec ~** to live one's life to the full ◆ **dans la ~ de sa jeunesse/beauté** in the fullness of his youth/beauty *(littér)*

**plenum** /plenɔm/ **NM** plenary session *ou* meeting

**pléonasme** /pleɔnasm/ **NM** pleonasm

**pléonastique** /pleɔnastik/ **ADJ** pleonastic

**plésiosaure** /plezjɔzɔʀ/ **NM** plesiosaurus

**pléthore** /pletɔʀ/ **NF** overabundance, plethora

**pléthorique** /pletɔʀik/ **ADJ** **a** *[production, nombre]* excessive; *[offre]* excess; *[administration, bureaucratie]* bloated, excessive; *[majorité]* massive ◆ **avoir un personnel ~** *ou* **des effectifs ~s** *[entreprise]* to be overmanned, to have excess staff ◆ **des classes aux effectifs ~s** overcrowded classes **b** *(Méd)* obese

**pleur** /plœʀ/ **NM** **a** *(littér) (= larme)* tear; *(= sanglot)* sob ◆ **verser un ~** *(hum)* to shed a tear **b** *(loc)* **en ~s** in tears ◆ **il y aura des ~s et des grincements de dents quand ...** there'll be much wailing and gnashing of teeth when ... ◆ **essuyer** *ou* **sécher les ~s de qn** to wipe away *ou* dry sb's tears **c** *(Bot)* bleeding

**pleurage** /plœʀaʒ/ **NM** *(Élec)* wow

**pleural, e** (mpl **-aux**) /plœʀal, o/ **ADJ** pleural

**pleurant** /plœʀɑ̃/ **NM** *(Art)* weeping figure

**pleurard, e** /plœʀaʀ, aʀd/ *(péj)* **ADJ** *[enfant]* whining *(épith)*, who never stops crying; *[ton]* whimpering *(épith)*, whining *(épith)* **NM,F** crybaby *, whiner

**pleurer** /plœʀe/ ► conjug 1 ◄ VI a (= larmoyer) [personne] to cry, to weep; [yeux] to water, to run ◆ **s'endormir en pleurant** to cry oneself to sleep ◆ ~ **de rire** to shed tears of laughter, to laugh until one cries ◆ ~ **de rage** to weep ou cry with rage, to shed tears of rage ◆ ~ **de joie** to cry ou weep for joy, to shed tears of joy ◆ ~ **d'avoir fait qch** to cry ou weep at ou over having done sth ◆ **j'ai perdu mon sac, j'en aurais pleuré** I lost my bag – I could have cried ou wept ◆ **il vaut mieux en rire que d'en** ~ it's better to laugh (about it) than cry about ou over it ◆ **faire** ~ **qn** to make sb cry, to bring tears to sb's eyes ◆ **les oignons me font** ~ onions make my eyes water ou make me cry ◆ ~ **comme un veau** (péj) ou **une Madeleine** ou **à chaudes larmes** to cry one's eyes ou one's heart out ◆ **être sur le point de** ~ to be almost in tears, to be on the point ou verge of tears ◆ **aller** ~ **dans le gilet de qn** * to run crying to sb ◆ **triste à (faire)** ~ dreadfully ou terribly sad ◆ **bête à (faire)** ~ pitifully stupid ◆ **c'est bête à (faire)** ~ it's enough to make you weep

b ◆ ~ **sur** to lament (over) ◆ ~ **sur son propre sort** to bemoan one's lot

c (péj = réclamer) **elle est tout le temps à** ~ she's always whining ou begging for something ◆ ~ **après qch** to shout for sth ◆ **il a été** ~ **à la direction pour obtenir une augmentation** he's been whingeing to the management about getting a rise

d (littér) [sirène, violon] to wail

VT a [+ personne] to mourn (for); [+ chose] to bemoan; [+ faute] to bewail, to bemoan, to lament ◆ **mourir sans être pleuré** to die unlamented ou unmourned ◆ ~ **des larmes de joie** to weep ou shed tears of joy, to weep for joy ◆ ~ **des larmes de sang** to shed tears of blood ◆ ~ **tout son soûl** ou **toutes les larmes de son corps** to cry one's eyes out ◆ ~ **misère** to cry poverty ◆ ~ **sa jeunesse** to mourn for one's lost youth

b (péj) (= quémander) [+ augmentation, objet] to beg for; (= lésiner sur) [+ nourriture, fournitures] to begrudge, to stint ◆ **il ne pleure pas sa peine** * he spares no effort ◆ **il ne pleure pas son argent** * he's very free with his money

**pleurésie** /plœʀezi/ NF pleurisy ◆ **avoir une** ~ to have pleurisy

**pleurétique** /plœʀetik/ ADJ pleuritic

**pleureur, -euse** /plœʀœʀ, øz/ ADJ a [enfant] whining (épith), always crying (attrib); [ton] tearful, whimpering (épith) ◆ **c'est un ~/une pleureuse** (pleurard) he/she is always crying; (péj : quémandeur) he/she is always begging for something b (Bot) [frêne, mûrier etc] weeping; → **saule** NF **pleureuse** (hired) mourner

**pleurnichard, e** /plœʀniʃaʀ, aʀd/ ADJ, NM,F ⇒ **pleurnicheur**

**pleurnichement** /plœʀniʃmɑ̃/ NM ⇒ **pleurnicherie**

**pleurnicher** /plœʀniʃe/ ► conjug 1 ◄ VI to snivel *, to whine

**pleurnicherie** /plœʀniʃʀi/ NF snivelling * (NonC), whining (NonC), grizzling * (Brit) (NonC)

**pleurnicheur, -euse** /plœʀniʃœʀ, øz/ ADJ [enfant] snivelling * (épith), whining (épith), grizzling * (Brit) (épith); [ton] whining (épith) NM,F crybaby *, whiner, grizzler * (Brit)

**pleuropneumonie** /plœʀopnømɔni/ NF pleuropneumonia

**pleurote** /plœʀɔt/ NF oyster mushroom, pleurotus (SPÉC)

**pleurotomie** /plœʀɔtɔmi/ NF pleurotomy

**pleutre** /pløtʀ/ (littér) ADJ cowardly NM coward

**pleutrerie** /pløtʀəʀi/ NF (littér) (= caractère) cowardice; (= acte) act of cowardice

**pleuvasser** /pløvase/, **pleuviner** /pløvine/, **pleuvioter** /pløvjɔte/ VB IMPERS ► conjug 1 ◄ (= crachiner) to drizzle, to spit (with rain); (par averses) to be showery

**pleuvoir** /pløvwaʀ/ ► conjug 23 ◄ VB IMPERS to rain ◆ **il pleut** it's raining ◆ **les jours où il pleut** on rainy days ◆ **on dirait qu'il va** ~ it looks like rain ◆ **il pleut à grosses gouttes** it's raining heavily ◆ **il pleut à flots** ou **à torrents** ou **à seaux** ou **à verse, il pleut des cordes** ou **des hallebardes** it's pouring (with rain) ◆ **il pleut comme vache qui pisse** ⁑ it's pouring down, it's pissing it down ⁑ (Brit) ◆ **qu'il pleuve ou qu'il vente** (come) rain or shine ◆ **il a reçu des cadeaux comme s'il en pleuvait** he was showered with presents ◆ **il ramasse de l'argent comme s'il en pleuvait** * he's raking it in *, he's raking in the money * ◆ **tu vas faire** ~ ! (hum) (à une personne qui chante mal) you'll shatter the (glass in the) windows! (hum)

VI [coups, projectiles] to rain down; [critiques, invitations] to shower down ◆ **faire** ~ **des coups sur qn** to rain blows on sb ◆ **faire** ~ **des injures sur qn** to shower insults on sb, to subject sb to a torrent of insults ou abuse ◆ **les invitations pleuvaient sur lui** he was showered with invitations, invitations were showered on him

**pleuvoter** /pløvɔte/ ► conjug 1 ◄ VB IMPERS ⇒ **pleuvasser**

**plèvre** /plɛvʀ/ NF pleura

**Plexiglas** ® /plɛksiglas/ NM Perspex ®, Plexiglass ® (US)

**plexus** /plɛksys/ NM plexus ◆ ~ **solaire** solar plexus

**pli** /pli/ NM a [de tissu, rideau, ourlet, accordéon] fold; (Couture) pleat ◆ **(faux)** ~ crease ◆ **faire un** ~ **à un pantalon** (au fer) to put a crease in a pair of trousers; (par négligence) to crease a pair of trousers ◆ **jupe/robe à ~s** pleated skirt/dress ◆ **son manteau est plein de ~s** his coat is all creased ◆ **ton manteau fait un** ~ **dans le dos** your coat has a crease at the back, your coat creases (up) at the back ◆ **son corsage est trop étroit, il fait des ~s** her blouse is too tight – it's all puckered (up) ◆ **les ~s et les replis de sa cape** the many folds of her cloak ◆ **il va refuser, cela ne fait pas un** ~ * he'll refuse, no doubt about it ◆ **j'avais dit qu'elle oublierait, ça n'a pas fait de** ~ ! I'd said she'd forget and sure enough she did!

b (= jointure) [de genou, bras] bend; (= bourrelet) [de menton, ventre] (skin-)fold; (= ligne) [de bouche, yeux] crease; (= ride) [de front] crease, furrow, line ◆ **sa peau faisait des ~s au coin des yeux/sur son ventre** his skin was creased round his eyes/made folds on his stomach ◆ **le** ~ **de l'aine** the (fold of the) groin ◆ **les ~s et les replis de son menton** the many folds under his chin, his quadruple chin (hum)

c (= forme) [de vêtement] shape ◆ **garder un beau** ou **bon** ~ to keep its shape ◆ **prendre un mauvais** ~ [vêtement] to get crushed; [cheveux] to curl the wrong way; → **mise²**

d (= habitude) habit ◆ **prendre le** ~ **de faire qch** to get into the habit of doing sth ◆ **il a pris un mauvais** ~ he's got into a bad habit ◆ **c'est un** ~ **à prendre !** you get used to it!

e (= enveloppe) envelope; (Admin = lettre) letter ◆ **sous ce** ~ enclosed, herewith ◆ **sous** ~ **cacheté** in a sealed envelope

f (Cartes) trick ◆ **faire un** ~ to win ou take a trick

g (Géol) fold

COMP ▷ **pli d'aisance** (Couture) inverted pleat ▷ **pli creux** (Couture) box pleat ▷ **pli de pantalon** trouser crease ▷ **pli plat** (Couture) flat pleat ▷ **pli de terrain** fold in the ground, undulation

**pliable** /plijabl/ ADJ [chaise, trottinette] folding

**pliage** /plijaʒ/ NM (= action) folding; (= feuille) folded piece of paper ◆ **l'art du** ~ origami

**pliant, e** /plijɑ̃, ɑ̃t/ ADJ [lit, table, vélo] collapsible, folding (épith); [mètre] folding (épith); [canot] collapsible NM folding ou collapsible (canvas) stool, campstool

**plie** /pli/ NF plaice

**plier** /plije/ ► conjug 7 ◄ VT a [+ papier, tissu] (gén) to fold; (= ranger) to fold up ◆ ~ **le coin d'une page** to fold over ou fold down ou turn down the corner of a page

b (= rabattre) [+ lit, table, tente] to fold up; [+ éventail] to fold; [+ livre, cahier] to close (up); [+ volets] to fold back ◆ ~ **bagage** (fig) to pack up (and go)

c (= ployer) [+ branche] to bend; [+ genou, bras] to bend, to flex ◆ ~ **le genou devant qn** (lit) to go down on one knee before sb; (fig) to bow before sb ◆ **être plié par l'âge** to be bent (double) with age ◆ **être plié (en deux), être plié de rire** to be doubled up with laughter ◆ **être plié de douleur** to be doubled up with pain

d [+ personne] ~ **qn à une discipline** to force a discipline upon sb ◆ ~ **qn à sa volonté** to bend sb to one's will ◆ ~ **qn à sa loi** to lay down the law to sb

e (* = endommager) [+ voiture] to wreck ◆ **sa voiture est complètement pliée** his car is a wreck ou a write-off * (Brit)

VI a [arbre, branche] to bend (over); [plancher, paroi] to sag, to bend over ◆ **les branches pliant sous le poids des pêches** the branches bending ou sagging under the weight of the peaches ◆ **faire** ~ **le plancher sous son poids** to make the floor sag beneath one's weight ◆ ~ **sous le poids des soucis/des ans** to be weighed down by worry/the years

b (= céder) [personne] to yield, to give in, to knuckle under; [armée] to give way, to lose ground; [résistance] to give way ◆ ~ **devant l'autorité** to give in ou yield ou bow to authority ◆ **faire** ~ **qn** to make sb give in ou knuckle under ◆ **notre défense plie mais ne rompt pas** (Sport) our defence is weakening but isn't breaking down completely

VPR **se plier** a [meuble, objet] to fold (up)

b ◆ **se** ~ **à** [+ règle] to submit to, to abide by; [+ discipline] to submit o.s. to; [+ circonstances] to bow to, to submit to, to yield to; [+ désirs, caprices de qn] to give in to, to submit to

**Pline** /plin/ NM Pliny

**plinthe** /plɛ̃t/ NF (gén) skirting board; (Archit) plinth

**pliocène** /plijɔsɛn/ ADJ Pliocene NM ◆ **le** ~ the Pliocene

**plissage** /plisaʒ/ NM pleating

**plissé, e** /plise/ (ptp de **plisser**) ADJ [jupe] pleated; [terrain] folded; [peau] creased, wrinkled NM pleats ◆ ~ **soleil** sunray pleats

**plissement** /plismɑ̃/ NM a [de lèvres] puckering (up); [de yeux] screwing up; [de front] creasing; [de nez] wrinkling b [de papier] folding c (Géol) folding ◆ **le** ~ **alpin** the folding of the Alps ◆ ~ **de terrain** fold

**plisser** /plise/ ► conjug 1 ◄ VT a [+ jupe] to pleat, to put pleats in; [+ papier] to fold (over) b [+ lèvres, bouche] to pucker (up); [+ yeux] to screw up; [+ nez] to wrinkle ◆ **un sourire plissa son visage** his face creased into a smile ◆ **il plissa le front** he knitted his brow ◆ **une ride lui plissa le front** a wrinkle furrowed his brow **c** *(= froisser) [+ vêtement]* to crease **d** *(Géol)* to fold **VI** *[vêtement]* to be creased ◆ **elle a les bas qui plissent** her stockings are wrinkled **VPR se plisser** **a** *[front]* to crease, to furrow; *[lèvres, bouche]* to pucker (up); *[nez]* to wrinkle **b** *(= se froisser)* to become creased ◆ **le lin se plisse très facilement** linen creases easily *ou* is easily creased

**plissure** /plisyʀ/ **NF** pleats

**pliure** /plijyʀ/ **NF** fold; *[de bras, genou]* bend; *(Typo)* folding

**ploc** /plɔk/ **EXCL** plop!

**ploiement** /plwamɑ̃/ **NM** bending

**plomb** /plɔ̃/ **NM** **a** *(= métal)* lead ◆ **de ~** *[tuyau]* lead; *[soldat]* tin; *[ciel]* leaden; *[soleil]* blazing; *[sommeil]* deep, heavy ◆ **j'ai des jambes de ~** my legs are *ou* feel like lead ◆ **sans ~** *[essence]* unleaded, lead-free ◆ **il n'a pas de ~ dans la tête** *ou* **la cervelle** he's feather brained ◆ **ça lui mettra du ~ dans la tête** *ou* **la cervelle** that will knock some sense into him

**b** *(Chasse)* (lead) shot *(NonC)* ◆ **j'ai trouvé trois ~s dans le lièvre en le mangeant** I found three pieces of (lead) shot in the hare when I was eating it ◆ **du gros ~** buckshot ◆ **du petit ~** small shot ◆ **avoir du ~ dans l'aile** *(fig)* to be in a bad way

**c** *(Pêche)* sinker; *(Typo)* type; *[de vitrail]* lead; *(= sceau)* (lead) seal; *(Élec = fusible)* fuse; *(Couture)* lead weight ◆ **~ (de sonde)** *(Naut)* sounding lead ◆ **les ~s ont sauté** the fuses have blown *ou* gone; → **péter vt b**

**d** *(loc)* **mettre un mur à ~** to plumb a wall ◆ **le soleil tombe à ~** the sun is blazing straight down

**plombage** /plɔ̃baʒ/ **NM** **a** *[de dent]* filling ◆ **j'ai perdu mon ~** my filling has come out **b** *[de canne, ligne, rideaux]* weighting (with lead) **c** *[de colis, wagon]* sealing (with lead)

**plombe** * /plɔ̃b/ **NF** hour ◆ **ça fait deux ~s que j'attends** I've been waiting two hours now ◆ **à trois ~s du matin** at three o'clock in the morning

**plombé, e** /plɔ̃be/ (ptp de **plomber**) **ADJ** **a** *[teint, couleur, ciel]* leaden **b** *[essence]* leaded; *[dent]* filled ◆ **canne ~e** *ou* **à bout ~** walking stick with a lead(en) tip **NF plombée** *(= arme)* bludgeon; *(Pêche)* sinkers, weights

**plomber** /plɔ̃be/ ▸ conjug 1 ◂ **VT** **a** *[+ dent]* to fill, to put a filling in **b** *(= garnir de plomb) [+ canne, ligne, rideaux]* to weight (with lead) **c** *(= sceller) [+ colis, wagon]* to seal (with lead), to put a lead seal on **d** *(Constr) [+ mur]* to plumb **e** *(Agr)* to tamp (down) **f** *(= colorer en gris)* to turn leaden **g** *(= handicaper) [+ marché]* to drag down, to cripple; *[+ projet]* to hamper ◆ **un système bancaire plombé par d'énormes créances** a banking system crippled by heavy debts ◆ **les nouveaux investissements ont plombé les comptes de l'entreprise** the new investments have been a drain on the company accounts **h** *(* = contaminer)* to infect **VPR se plomber** *[ciel]* to turn leaden; *[visage]* to become livid

**plomberie** /plɔ̃bʀi/ **NF** *(= métier, installations)* plumbing; *(= atelier)* plumber's (work)shop; *(= industrie)* lead industry ◆ **faire de la ~** to do some plumbing

**plombier** /plɔ̃bje/ **NM** **a** *(= ouvrier)* plumber **b** *(* = agent secret)* mole *, spy *(who plants bugs)*

**plombières** /plɔ̃bjɛʀ/ **NF INV** tutti-frutti (ice cream)

**plombifère** /plɔ̃bifɛʀ/ **ADJ** plumbiferous

**plonge** * /plɔ̃ʒ/ **NF** dishwashing, washing-up *(in restaurant)* ◆ **faire la ~** to do the washing-up

**plongé, e**[1] /plɔ̃ʒe/ (ptp de **plonger**) **ADJ** ◆ **~ dans** *[+ obscurité, désespoir, misère]* plunged in; *[+ vice]* steeped in; *[+ méditation, pensées]* immersed in, deep in ◆ **~ dans la lecture d'un livre** buried *ou* immersed in a book ◆ **~ dans le sommeil** sound asleep, in a deep sleep

**plongeant, e** /plɔ̃ʒɑ̃, ɑ̃t/ **ADJ** *[décolleté, tir]* plunging ◆ **vue ~e** view from above

**plongée**[2] /plɔ̃ʒe/ **NF** **a** *[de nageur, sous-marin, gardien de but]* dive ◆ **faire de la ~** to go diving ◆ **effectuer plusieurs ~s** to make several dives ◆ **en ~, le sous-marin ...** when diving, the submarine ... ◆ **~ sous-marine** *(gén)* diving; *(avec scaphandre autonome)* skin *ou* scuba diving ◆ **~ avec tuba** snorkelling ◆ **~ avec bouteille(s)** diving with breathing apparatus ◆ **l'avion a fait une ~ sur la ville** the plane swooped down over the town ◆ **cette ~ dans la préhistoire/le passé** this journey deep into prehistory/the past **b** *[de cours, monnaie]* (nose-)dive **c** *(Ciné = prise de vue)* high angle shot ◆ **faire une ~ sur qch** to take a high angle shot of sth ◆ **en ~ verticale** from above

**plongeoir** /plɔ̃ʒwaʀ/ **NM** diving board

**plongeon**[1] /plɔ̃ʒɔ̃/ **NM** *(Ftbl, Natation)* dive ◆ **faire un ~** *[nageur]* to dive; *[gardien de but]* to make a dive, to dive; *(= tomber)* to go head over heels ◆ **faire le ~** *[société]* to go under suddenly; *[prix, valeurs]* to nose-dive, to take a nose dive

**plongeon**[2] /plɔ̃ʒɔ̃/ **NM** *(= oiseau)* diver *(Brit)*, loon *(US)*

**plonger** /plɔ̃ʒe/ ▸ conjug 3 ◂ **VI** **a** *[personne, sous-marin]* to dive (*dans* into; *sur* on, onto); *[avion, oiseau]* to dive, to swoop; *[gardien de but]* to dive, to make a dive ◆ **l'avion a plongé sur son objectif** the plane dived (down) *ou* swooped down towards its target ◆ **l'oiseau plongea sur sa proie** the bird swooped (down) onto its prey

**b** *[route, terrain]* to plunge (down), to dip (sharply *ou* steeply); *[racines]* to go down ◆ **~ dans le sommeil** to fall (straight) into a deep sleep ◆ **mon regard plongeait sur la vallée** I gazed down on the valley ◆ **il a plongé dans l'alcool/la drogue** he turned to drink/to drugs ◆ **il a plongé dans la dépression** he sank into a deep depression

**c** *[société]* to go under; *[prix, valeurs]* to nose-dive, to take a nose-dive, to plummet; *[notes scolaires]* to plummet

**d** *(arg Crime) [truand]* to get busted * *ou* done * *(Brit) (pour* for)

**VT** ◆ **~ qch dans** *[+ sac]* to plunge *ou* thrust sth into; *[+ eau]* to plunge sth into ◆ **~ qn dans** *[+ obscurité, misère, sommeil, méditation, vice]* to plunge sb into; *[+ désespoir]* to throw *ou* plunge sb into ◆ **il plongea sa main dans sa poche pour prendre son mouchoir** he plunged his hand into his pocket to get his handkerchief out ◆ **~ qn dans la surprise** to surprise sb greatly ◆ **vous me plongez dans l'embarras** you've put me in a difficult position ◆ **il lui plongea un poignard dans le cœur** he plunged a dagger into his heart ◆ **plante qui plonge ses racines dans le sol** plant that thrusts its roots deep into the ground ◆ **~ son regard sur/vers** to cast one's eyes at/towards ◆ **il plongea son regard dans mes yeux** he looked deeply into my eyes

**VPR se plonger** ◆ **se ~ dans** *[+ études, lecture]* to bury *ou* immerse o.s. in, to throw o.s. into; *[+ dossier, eau, bain]* to plunge into, to immerse o.s. in ◆ **se ~ dans le vice** to throw o.s. into a life of vice

**plongeur, -euse** /plɔ̃ʒœʀ, øz/ **ADJ** diving **NM,F** **a** *(Sport)* diver ◆ **~ sous-marin** *(gén)* diver; *(sans scaphandre)* skin diver; → **cloche** **b** *[de restaurant]* dishwasher, washer-up *(Brit)* **NM** *(= oiseau)* diver *(Brit)*, loon *(US)*

**plosive** /ploziv/ **NF** plosive

**plot** /plo/ **NM** *(Élec)* contact; *[de billard électrique]* pin ◆ **~ (de départ)** *[de piscine]* (starting) block

**plouc** * /pluk/ **NM** *(péj) (= paysan)* country bumpkin; *(= crétin)* ninny * **ADJ** ◆ **il est ~** he's a ninny * ◆ **sa robe fait ~** her dress looks dowdy

**plouf** /pluf/ **EXCL** splash! ◆ **il est tombé dans l'eau avec un gros ~** he fell into the water with a splash ◆ **la pierre a fait ~ en tombant dans l'eau** the stone made a splash as it fell into the water

**ploutocrate** /plutɔkʀat/ **NM** plutocrat

**ploutocratie** /plutɔkʀasi/ **NF** plutocracy

**ploutocratique** /plutɔkʀatik/ **ADJ** plutocratic

**ployer** /plwaje/ ▸ conjug 8 ◂ *(littér)* **VI** *[branche, dos]* to bend; *[poutre, plancher]* to sag; *[genoux, jambes]* to give way, to bend; *[armée]* to yield, to give in; *[résistance]* to give way ◆ **faire ~ le plancher sous son poids** to make the floor sag beneath one's weight ◆ **~ sous l'impôt** to be weighed down by taxes ◆ **notre défense ploie mais ne rompt pas** *(Sport)* our defence is weakening but not breaking down completely ◆ **~ sous le joug** *(fig)* to bend beneath the yoke **VT** to bend ◆ **~ un pays sous son autorité** to make a country bow down *ou* submit to one's authority

**pluches** /plyʃ/ **NFPL** **a** *(arg Mil)* **être de (corvée de) ~** to be on potato-peeling *ou* spud-bashing * *(Brit)* duty **b** *(Culin)* **~ de cerfeuil** chervil sprigs

**pluie** /plɥi/ **NF** **a** *(gén)* rain; *(= averse)* shower (of rain) ◆ **les ~s** the rains ◆ **la saison des ~s** the rainy season ◆ **le temps est à la ~** we're in for some rain, it looks like rain ◆ **jour/temps de ~** wet *ou* rainy day/weather ◆ **sous la ~** in the rain ◆ **~ battante** driving *ou* lashing rain ◆ **~ diluvienne** pouring rain *(NonC)*, downpour ◆ **~ fine** drizzle ◆ **une ~ fine tombait** it was drizzling ◆ **~ jaune/acide** yellow/acid rain

**b** *[de cadeaux, cendres]* shower; *[de balles, pierres, coups]* hail, shower ◆ **en ~** in a shower ◆ **tomber en ~** to shower down ◆ **versez le riz en ~** *(Culin)* add the rice gradually

**c** *(loc)* **après la ~ (vient) le beau temps** *(lit)* the sun is shining again after the rain; *(fig)* everything's fine again ◆ **faire la ~ et le beau temps** *(fig)* to call the shots * ◆ **il n'est pas né** *ou* **tombé de la dernière ~** *(fig)* he wasn't born yesterday ◆ **petite ~ abat grand vent** *(Prov)* a small effort can go a long way; → **ennuyeux, parler**

**plumage** /plymaʒ/ **NM** plumage *(NonC)*, feathers

**plumard** * /plymaʀ/ **NM** bed ◆ **aller au ~** to turn in *, to hit the hay * *ou* the sack *

**plume** /plym/ **NF** **a** *[d'oiseau]* feather ◆ **chapeau à ~s** feathered hat, hat with feathers ◆ **oreiller/lit de ~s** feather pillow/bed ◆ **être aussi léger qu'une ~, ne pas peser plus lourd qu'une ~** to be as light as a feather ◆ **soulever qch comme une ~** to lift sth up as if it weighed practically nothing ◆ **se mettre dans les ~s** * to hit the sack * *ou* the hay *, to turn in * ◆ **il y a laissé des ~s** * *(gén)* he came off badly; *(financièrement)* he got his fingers burnt ◆ **il perd ses ~s** * *(hum)* his hair is falling out, he's going bald; → **gibier, poids, voler**[1]

**b** *(pour écrire, d'oiseau)* quill (pen); *(en acier)* (pen) nib ◆ **écrire à la ~** *(= stylo)* to write with a fountain pen ◆ **~ d'oie** goose quill ◆ **dessin à la ~** pen-and-ink drawing ◆ **écrire au fil** *ou* **courant de la ~** to write just as the ideas come to one *ou* come into one's head ◆ **il a la ~ facile** writing comes easy to him ◆ **vivre de sa ~** to live by writing *ou* by one's pen ◆ **prendre la ~ pour ...** to take up one's pen to ..., to put pen to paper to ... ◆ **il a pris sa plus belle ~ pour écrire au percepteur** *(hum)* he wrote the tax inspector a very elaborate letter ◆ **je lui passe la ~** *(dans une lettre)* I'll hand over to him, I'll let him carry on ◆ **tremper sa ~ dans le poison** *(fig)* to steep one's pen in venom; → **homme**

**c** *(Pêche)* quill

**d** *[de coquille]* pen

**NM** ⇒ **plumard**

**COMP** ▷ **plume à vaccin** vaccine point

**plumeau** (pl **plumeaux**) /plymo/ **NM** feather duster

**plumer** /plyme/ ▸ conjug 1 ◂ **VT** **a** *[+ volaille]* to pluck **b** * *[+ personne]* to fleece * ◆ **se faire ~** to be *ou* get fleeced *

**plumet** /plymɛ/ **NM** plume

**plumetis** /plym(ə)ti/ **NM** *(= tissu)* Swiss muslin; *(= broderie)* raised satin stitch

**plumeux, -euse** /plymø, øz/ **ADJ** feathery

**plumier** /plymje/ **NM** pencil box

**plumitif** /plymitif/ **NM** *(péj)* *(= employé)* penpusher *(péj)*; *(= écrivain)* scribbler *(péj)*

**plupart** /plypaʀ/ GRAMMAIRE ACTIVE 53.1 **NF** ◆ **la ~ des gens** most people, the majority of people ◆ **la ~ des gens qui se trouvaient là** most of the people there ◆ **la ~ (d'entre eux) pensent que ...** most (of them) *ou* the majority (of them) think that ... ◆ **dans la ~ des cas** in most cases, in the majority of cases ◆ **pour la ~** mostly, for the most part ◆ **ces gens qui, pour la ~, avaient tout perdu** these people who, for the most part, had lost everything, these people, most of whom had lost everything ◆ **la ~ du temps** most of the time ◆ **la ~ de mon temps** most of my time, the greater part of my time

**plural, e** (mpl **-aux**) /plyʀal, o/ **ADJ** *[vote]* plural

**pluralisme** /plyʀalism/ **NM** pluralism

**pluraliste** /plyʀalist/ **ADJ** pluralistic **NMF** pluralist

**pluralité** /plyʀalite/ **NF** multiplicity, plurality

**pluriannuel, -elle** /plyʀianɥɛl/ **ADJ** *[contrat]* long-term; *(Bot)* perennial

**pluriculturel, -elle** /plyʀikyltyʀɛl/ **ADJ** multicultural

**pluridisciplinaire** /plyʀidisiplinɛʀ/ **ADJ** *(Scol)* pluridisciplinary, multidisciplinary

**pluridisciplinarité** /plyʀidisiplinaʀite/ **NF** pluridisciplinarity, multidisciplinary nature

**pluriel, -elle** /plyʀjɛl/ **ADJ** **a** *(Ling)* plural **b** *(= composite) [musique]* that draws on several sources; *[sanctions]* various ◆ **la gauche ~le** *(Pol)* the left coalition ◆ **liste ~le** *single voting list with candidates from different parties* ◆ **c'est une œuvre plurielle** *[livre, pièce de théâtre]* it is a work which can be read (*ou* understood *etc*) on many different levels **NM** plural ◆ **au ~** in the plural ◆ **la première personne du ~** the first person plural ◆ **le ~ de majesté** the royal "we" ◆ **le ~ de "cheval" est "chevaux"** the plural of "cheval" is "chevaux"

**pluriethnique** /plyʀiɛtnik/ **ADJ** multiethnic

**plurifonctionnalité** /plyʀifɔ̃ksjɔnalite/ **NF** *[d'appareil, salle]* versatility

**plurilatéral, e** (mpl **-aux**) /plyʀilateʀal, o/ **ADJ** multilateral

**plurilingue** /plyʀilɛ̃g/ **ADJ** multilingual

**plurilinguisme** /plyʀilɛ̃gɥism/ **NM** multilingualism

**pluripartisme** /plyʀipaʀtism/ **NM** *(Pol)* multiparty system

**plurivalent, e** /plyʀivalɑ̃, ɑ̃t/ **ADJ** multivalent, polyvalent

## plus /plu, plys/

| | |
|---|---|
| 1 ADVERBE DE NÉGATION | 3 ADVERBE (EMPLOI SUPERLATIF) |
| 2 ADVERBE (EMPLOI COMPARATIF) | 4 CONJONCTION |
| | 5 NOM MASCULIN |

Lorsque **plus** s'emploie dans des locutions telles que **d'autant plus, raison de plus, tant et plus, à plus forte raison, non ... plus** etc, cherchez à l'autre mot.

### 1 - ADVERBE DE NÉGATION

> **plus** adverbe de négation se prononce [ply] devant une consonne et en fin de phrase, [plyz] devant une voyelle.

♦ **(ne +)** *verbe* + **plus** *(temps)* not any longer *ou* any more, no longer; *(quantité)* no more, not any more ◆ **il ne la voit ~** he no longer sees her, he doesn't see her any more ◆ **il n'a ~ besoin de son parapluie** he doesn't need his umbrella any longer *ou* any more ◆ **il n'a ~ à s'inquiéter/travailler maintenant** he doesn't need to worry/work any more now ◆ **je ne reviendrai ~/~ jamais** I won't/I'll never come back again ◆ **il n'a ~ dit un mot** he didn't say another word (after that) ◆ **il n'est ~ là, il est ~ là** * he isn't here anymore ◆ **son père n'est ~** *(euph)* his father has passed away *(euph)* ◆ **elle n'est ~ très jeune** she's not as young as she used to be ◆ **~ besoin de rester !** there's no need to stay now ◆ **t'as ~ faim ?** * aren't you hungry any more?

♦ **plus de** + *nom* ◆ **elle n'a ~ de pain/d'argent** she's got no more *ou* she hasn't got any more bread/money, she's got no (more) bread/money left ◆ **elle ne veut ~ de pain** she doesn't want any more bread ◆ **il n'y a guère** *ou* **beaucoup de pain** there's hardly any bread left ◆ **il n'y a ~ d'enfants/de jeunesse !** *(hum)* children/young people aren't what they used to be! ◆ **~ de doute !** there's no longer any doubt about it ◆ **~ de vin, merci** no more wine, thank you ◆ **des fruits ? y en a ~** * fruit? there's none left *ou* there's no more left *ou* there isn't any (more) left

♦ **plus que** *(= seulement)* ◆ **il n'y a ~ que des miettes** there are only crumbs left, there's nothing left but crumbs ◆ **ça ne tient ~ qu'à elle** it's up to her now ◆ **il n'y a (guère) ~ que huit jours avant les vacances** there's only (about) a week to go before the holidays ◆ **il ne nous reste ~ qu'à attendre** all we've got to do now is wait ◆ **il ne me reste ~ qu'à vous dire au revoir** it only remains for me to say goodbye ◆ **~ que 5 km à faire** only another 5 km to go

♦ **plus rien/personne/aucun** ◆ **il n'y a ~ rien** there's nothing left ◆ **il n'y a ~ rien d'autre à faire** there's nothing else to do ◆ **on n'y voit presque ~ rien** you can hardly see anything now ◆ **(il n'y a) ~ personne à la maison** there's no one left in the house ◆ **il n'y a ~ aucun espoir** there's no hope left

### 2 - ADVERBE (EMPLOI COMPARATIF)

> **plus** comparatif se prononce [ply] devant une consonne, [plyz] devant une voyelle, [plys] en fin de phrase, [ply(s)] devant **que**.

**a**

♦ *verbe* + **plus (que)** ◆ **il devrait sortir/lire ~** he should go out/read more ◆ **vous travaillez ~ (que nous)** you work more (than us) ◆ **il ne gagne pas ~ (que vous)** he doesn't earn any more (than you) ◆ **j'aime la poésie ~ que tout au monde** I like poetry more than anything (else) in the world ◆ **~ fait douceur que violence** *(Prov)* kindness succeeds where force will fail

**b**

♦ **plus** + *adjectif ou adverbe court* (+ **que**)

> Lorsque l'adjectif ou l'adverbe est court, c'est-à-dire qu'il n'a qu'une ou deux syllabes, son comparatif se forme généralement avec **-er**.

◆ **il est ~ foncé/large (que l'autre)** it's darker/wider (than the other one) ◆ **elle n'est pas ~ grande (que sa sœur)** she isn't any taller (than her sister) ◆ **il est ~ vieux qu'elle de 10 ans** he's 10 years older than her *ou* than she is *ou* than she *(frm)* ◆ **il court ~ vite (qu'elle)** he runs faster (than her *ou* than she does) ◆ **une heure ~ tôt/tard** an hour earlier/later ◆ **ne venez pas ~ tard que 6 heures** don't come any later than 6 o'clock

> Lorsque l'adjectif se termine par **y**, son comparatif est formé avec **-ier**.

◆ **elle est ~ jolie/bête** she's prettier/sillier ◆ **c'était ~ drôle** it was funnier

> Lorsque l'adjectif n'a qu'une syllabe avec une voyelle brève et se termine par une consonne, il y a doublement de cette consonne finale.

◆ **il est ~ gros/mince** he's bigger/slimmer

> Certains mots de deux syllabes admettent les deux types de comparatifs mais l'usage privilégie une forme plutôt que l'autre.

◆ **c'est ~ simple** it's simpler, it's more simple ◆ **cette méthode est ~ courante que l'autre** this method is more common *ou* is commoner than the other one ◆ **~ souvent que tu ne le penses** more often than you think, oftener than you think

> Certaines terminaisons telles que **-ing, -ed, -s, -ly** interdisent l'ajout du suffixe de comparaison sur des mots de deux syllabes.

◆ **il est ~ malin** he's more cunning ◆ **c'est encore ~ pompeux** it's even more pompous ◆ **pour y arriver ~ rapidement** to get there more quickly ◆ **prends-le ~ doucement** take hold of it more gently

> Attention aux comparatifs irréguliers.

◆ **c'est ~ loin** it's further, it's farther

> Notez les autres traductions possibles lorsque la comparaison porte sur une même personne ou un même objet.

◆ **il est ~ bête que méchant** he's stupid rather than malicious, he's more stupid than malicious ◆ **c'est ~ agaçant que douloureux** it's not so much painful as annoying, it's more annoying than painful

**c**

♦ **plus** + *adjectif ou adverbe long*

> Lorsque l'adjectif ou l'adverbe anglais est long (au moins trois syllabes), son comparatif se forme généralement avec **more**.

◆ **il est ~ compétent (que vous/moi)** he is

more competent (than you [are]/than me *ou* than I am *ou* than I *(frm)*) ◆ **beaucoup ~ facilement** much more *ou* a lot more easily MAIS **il est ~ malheureux que jamais** he's unhappier than ever

Notez l'emploi possible de **as** pour traduire les expressions avec **fois**.

◆ **deux fois ~ souvent que ...** twice as often as ... ◆ **deux ou trois fois ~ cher que ...** two or three times more expensive than ..., two or three times as expensive as ... ◆ **il est deux fois ~ âgé qu'elle** he's twice as old as her, he's twice her age

♦ **à plus tard!, à plus!** * see you later!

**d** constructions

♦ **plus que** + *adjectif ou adverbe* ◆ **il est ~ qu'intelligent** he's clever to say the least ◆ **un résultat ~ qu'honorable** a more than honourable result, an honourable result to say the least ◆ **~ que jamais** more than ever ◆ **je lui ai parlé ~ que gentiment** I spoke to him most kindly ◆ **j'en ai ~ qu'assez !** I've had more than enough of this!

♦ **de plus** *(comparaison)* ◆ **elle a 10 ans de ~ (que lui)** she's 10 years older (than him) ◆ **il y a dix personnes de ~ (qu'hier)** there are ten more people (than yesterday) ◆ **ça leur a pris dix minutes de ~ (que la veille)** it took them ten minutes longer (than the day before)
*(= en outre)* furthermore, what is more, moreover
*(= encore)* ◆ **une fois de ~** once more, once again ◆ **il me faut une heure de ~** I need one more *ou* another hour

♦ **de plus en plus** more and more ◆ **il fait de ~ en ~ beau** the weather's getting better and better ◆ **aller de ~ en ~ vite** to go faster and faster ◆ **de ~ en ~ drôle** funnier and funnier, more and more funny

♦ **en plus** *(= en supplément)* ◆ **les frais d'envoi sont en ~** postal charges are extra *ou* are not included ◆ **on nous a donné deux verres en ~** we were given two more *ou* extra glasses; *(= de trop)* we were given two glasses too many; *(= en prime)* we were given two glasses free ◆ **vous n'avez pas une chaise en ~ ?** you wouldn't have a spare chair? ◆ **elle a choisi le même chapeau avec les fleurs en ~** she chose the same hat but with flowers on it ◆ **il est doué, rapide, et en ~ il travaille !** he's talented, quick and on top of that *ou* and what's more he's a good worker!

♦ **en plus** + *adjectif* ◆ **il ressemble à sa mère, mais en ~ blond** he's like his mother only fairer ◆ **je cherche le même genre de maison en ~ grand** I'm looking for the same kind of house only bigger

♦ **en plus de** ◆ **en ~ de son travail, il prend des cours du soir** on top of his work, he's taking evening classes ◆ **en ~ de cela** on top of (all) that, in addition to that

♦ **... et plus** ◆ **les enfants de six ans et ~** children aged six and over ◆ **les familles de trois enfants et ~** families with three or more children ◆ **10 000 € et ~** €10,000 and more *ou* and over

♦ **ni plus ni moins** ◆ **il est compétent, mais ni ~ ni moins que sa sœur** he's competent, but neither more (so) nor less so than his sister ◆ **elle est secrétaire, ni ~ ni moins** she's just a secretary, no more no less ◆ **c'est du vol, ni ~ ni moins** it's sheer *ou* daylight robbery ◆ **il envisage, ni ~ ni moins, de licencier la moitié du personnel** *(iro)* he's considering sacking half of the staff, no less

♦ **plus de** *(= davantage de)* ◆ **(un peu) ~ de pain** (a little *ou* a bit) more bread ◆ **j'ai ~ de pain que vous** I've got more bread than you (have) ◆ **il y aura (beaucoup) ~ de monde demain** there will be (a lot *ou* many) more people tomorrow ◆ **il n'y aura pas ~ de monde demain** there won't be any more people tomorrow
*(= au-delà de)* ◆ **il y aura ~ de 100 personnes** there will be more than *ou* over 100 people ◆ **à ~ de 100 mètres d'ici** more than *ou* over 100 metres from here ◆ **il roulait à ~ de 100 km/h** he was driving at over 100 km per hour ◆ **les enfants de ~ de 4 ans** children over 4 ◆ **les ~ de 30/40 ans** the over 30s/40s ◆ **il n'y avait pas ~ de 10 personnes** there were no more than 10 people ◆ **il est ~ de 9 heures** it's after *ou* past *ou* gone * 9 o'clock ◆ **~ d'un** more than one ◆ **~ d'un aurait refusé** many would have refused

♦ **plus ..., moins ...** the more ..., the less ... ◆ **~ on le connaît, moins on l'apprécie** the more you get to know him, the less you like him

♦ **plus ..., plus ...** the more ..., the more ... ◆ **~ il en a, ~ il en veut** the more he has, the more he wants ◆ **~ on boit, ~ on a soif** the more you drink, the thirstier you get ◆ **~ on est de fous, ~ on rit** *ou* **s'amuse** *(Prov)* the more the merrier

♦ **plus ou moins** *(= à peu près, presque)* more or less ◆ **ils sont ~ ou moins fiancés** they're more or less engaged ◆ **des pratiques ~ ou moins douteuses** more or less shady practices ◆ **à ~ ou moins long terme** sooner or later ◆ **je l'ai trouvé ~ ou moins sympathique** *(= pas très)* I didn't find him very friendly ◆ **est-elle efficace ? – ~ ou moins** is she efficient? – not particularly ◆ **les gens sont ~ ou moins réceptifs à la publicité** *(variant avec les individus)* some people are more receptive to advertising than others; *(selon leur humeur etc)* people can be more or less receptive to advertising ◆ **il supporte ~ ou moins bien cette situation** he just about puts up with the situation ◆ **je le connais ~ ou moins** I know him vaguely ◆ **ils utilisent cette méthode avec ~ ou moins de succès/d'enthousiasme** they use this method with varying degrees of success/of enthusiasm

♦ **qui plus est** furthermore, what's more, moreover

3 - ADVERBE (EMPLOI SUPERLATIF)

**plus** superlatif se prononce [ply(s)] devant une consonne, [plyz] devant une voyelle, [plys] en fin de phrase.

♦ *verbe* + **le plus** ◆ **ce qui m'a frappé le ~** what struck me most ◆ **ce qui les a le ~ étonnés** what surprised them (the) most ◆ **ce que j'aime le ~** what I most like, what I like (the) most *ou* (the) best

♦ **le plus** + *adjectif ou adverbe court*

Lorsque l'adjectif ou l'adverbe est court, c'est-à-dire qu'il n'a qu'une ou deux syllabes, son superlatif se forme avec **-est**.

◆ **c'est le ~ grand peintre qui ait jamais vécu** he is the greatest painter that ever lived ◆ **il a couru le ~ vite** he ran the fastest

Lorsque l'adjectif se termine par **y** son superlatif se forme avec **-iest**.

◆ **c'est la ~ jolie/bête** she's the prettiest/silliest ◆ **c'était le moment le ~ drôle du film** that was the funniest part of the film

Lorsque l'adjectif n'a qu'une syllabe avec une voyelle brève et se termine par une consonne, il y a doublement de cette consonne finale.

◆ **c'est le ~ gros/mince** he's the biggest/slimmest

Certains mots de deux syllabes admettent les deux types de superlatifs mais l'usage privilégie une forme plutôt que l'autre.

◆ **c'est le ~ simple** it's the simplest, it's the most simple ◆ **c'est la méthode la ~ courante** it's the commonest *ou* the most common method

Certaines terminaisons telles que **-ing, -ed, -s, -ly** interdisent l'ajout du suffixe sur des mots de deux syllabes.

◆ **l'enfant le ~ doué que je connaisse/de la classe** the most gifted child I've (ever) met/in the class ◆ **c'est la partie la ~ ennuyeuse** it's the most boring part ◆ **c'est ce que j'ai de ~ précieux** it's the most precious thing I possess ◆ **c'est le livre que je lis le ~ souvent** it's the book I read most often

Attention aux superlatifs irréguliers.

◆ **c'est le ~ loin** it's the furthest, it's the farthest

Lorsque la comparaison se fait entre deux personnes ou deux choses, on utilise la forme du comparatif.

◆ **le ~ petit (des deux)** the smaller (of the two) MAIS **le ~ petit (de tous)** the smallest (of all)

♦ **le plus** + *adjectif ou adverbe long*

Lorsque l'adjectif ou l'adverbe est long, c'est-à-dire qu'il a au moins trois syllabes, son superlatif se forme généralement avec **the most**.

◆ **c'est le ~ intéressant** it's the most interesting ◆ **le ~ beau de tous mes livres** the most beautiful of all my books MAIS **c'est la personne la ~ désordonnée que je connaisse** she's the untidiest person I know

Attention : lorsque la comparaison se fait entre deux personnes ou deux choses, on utilise la forme du comparatif.

◆ **le ~ beau (des deux)** the more beautiful (of the two)

♦ **le plus de** + *nom* ◆ **c'est nous qui avons cueilli le ~ de fleurs** we've picked the most flowers ◆ **c'est le samedi qu'il y a le ~ de monde** it's on Saturdays that there are the most people ◆ **les films qui rapportent le ~ d'argent** the films that make the most money ◆ **ce qui m'a donné le ~ de mal** the thing I found (the) most difficult ◆ **celui qui a le ~ de chances de gagner** the one who has the most chances of winning

♦ **le plus ( ...) possible** ◆ **pour y arriver le ~ rapidement possible** to get there as quickly as possible ◆ **il a couru le ~ vite possible** he ran as fast as possible *ou* as fast as he could ◆ **prends-en le ~ possible** take as much (*ou* as many) as possible *ou* as you can ◆ **prends le ~ possible de livres/de beurre** take as many books/as much butter as possible

♦ **au plus** at the most ◆ **il y a au ~ un quart d'heure qu'il est parti** he left a quarter of an hour ago at the most ◆ **ça vaut 15 € au ~** its worth €15 maximum *ou* at (the) most ◆ **ils étaient une vingtaine au ~** there were twenty of them at (the) most *ou* at the outside

♦ **au plus** + *adverbe* ◆ **rappelle-moi au ~ vite** call me back as soon as you can *ou* as soon as possible; → **tard, tôt**

♦ **des plus** + *adjectif* ◆ **une situation des ~ embarrassantes** a most embarrassing situation ◆ **l'entreprise est des ~ rentables** the company is highly profitable ◆ **ses craintes sont des ~ justifiées** he has every reason to be afraid

♦ **tout au plus** at the very most ◆ **il a trente ans, tout au ~** he's thirty at (the) most *ou* at the outside ◆ **tout au ~ peut-on** *ou* **on peut tout au ~ affirmer que ...** all we can say is that ..., the best we can say is that ...

4 - CONJONCTION

| **plus** conjonction se prononce /plys/ |
|---|

/plys/ plus, and ◆ **deux ~ deux font quatre** two and two are four, two plus two make four ◆ **tous les voisins, ~ leurs enfants** all the neighbours, plus their children *ou* and their children (as well) ◆ **il paie sa chambre, ~ le téléphone et l'électricité** he pays for his room, plus the telephone and electricity bills ◆ **il fait ~ deux aujourd'hui** it's plus two (degrees) today, it's two above freezing today

5 - NOM MASCULIN

| **plus** nom se prononce /plys/ |
|---|

**a** Math **(signe) ~** plus (sign)

**b** = avantage plus ◆ **ici, parler breton est un ~ indéniable** being able to speak Breton is definitely a plus *ou* is quite an asset here ◆ **les ~ de ce nouveau modèle : ABS, airbag etc** the new model's plus points: ABS, airbag etc ◆ **quels sont les ~ de ce produit par rapport aux autres ?** what does this product have that the others don't?

**plusieurs** /plyzjœʀ/ ADJ INDÉF PL several ◆ **on ne peut pas être en ~ endroits à la fois** you can't be in more than one place at once ◆ **ils sont ~** there are several (of them), there are a number of them ◆ **ils sont ~ à vouloir venir** several of them want to come ◆ **un ou ~** one or more ◆ **~ fois, à ~ reprises** several times, on several occasions ◆ **payer en ~ fois** to pay in instalments PRON INDÉF PL several (people) ◆ **~ (d'entre eux)** several (of them) ◆ **ils se sont mis à ~ pour ...** several people got together to ... ◆ **nous nous sommes mis à ~ pour ...** several of us got together to ...

**plus-que-parfait** /plyskəpaʀfɛ/ NM *(Gram)* pluperfect (tense), past perfect

**plus-value** (pl **plus-values**) /plyvaly/ NF **a** *(= accroissement de valeur)* appreciation *(NonC)*, increase in value; *(= bénéfice réalisé)* capital gain; *(= excédent)* surplus, profit ◆ **réaliser** *ou* **faire** *ou* **dégager une ~** *[personne]* to make a profit ◆ **ces actions ont enregistré une ~ importante** the shares have yielded a substantial capital gain; → **impôt** **b** *(dans la pensée marxiste)* surplus value

**Plutarque** /plytaʀk/ NM Plutarch

**Pluton** /plytɔ̃/ NM *(Astron, Myth)* Pluto

**plutonium** /plytɔnjɔm/ NM plutonium

**plutôt** /plyto/ ADV **a** *(= de préférence)* rather; *(= à la place)* instead ◆ **ne lis pas ce livre, prends ~ celui-ci** don't read that book, take this one instead ◆ **prends ce livre ~ que celui-là** take this book rather than *ou* instead of that one ◆ **cette maladie affecte ~ les enfants** this illness affects children for the most part *ou* tends to affect children ◆ **je préfère ~ celui-ci** *(= je voudrais celui-ci de préférence)* I'd rather *ou* sooner have this one; *(= j'aime mieux celui-ci)* I prefer this one, I like this one better ◆ **~ mourir que souffrir** it is better to die than to suffer ◆ **~ que de me regarder, viens m'aider** instead of (just) watching me, come and help ◆ **n'importe quoi ~ que cela !** anything but that!, anything rather than that! ◆ **~ mourir (que de ...) !** I'd sooner die (than ...)!

**b** *(= plus exactement)* rather ◆ **il n'est pas paresseux mais ~ apathique** he's not so much lazy as apathetic ◆ **il est ignorant ~ que sot** he's more ignorant than stupid, he's not so much stupid as ignorant ◆ **ou ~, c'est ce qu'il pense** or rather that's what he thinks ◆ **c'est un journaliste ~ qu'un romancier** he's more of a journalist than a novelist, he's a journalist more *ou* rather than a novelist ◆ **il s'y habitue ~ qu'il n'oublie** he's getting used to it rather than *ou* more than forgetting about it

**c** *(= assez) [chaud, bon]* rather, quite, fairly ◆ **il remange, c'est ~ bon signe** he's eating again – that's quite a good sign ◆ **nos vacances sont ~ compromises avec cet événement** our holidays are somewhat in the balance because of this incident ◆ **un homme brun, ~ petit** a dark-haired man, rather *ou* somewhat on the short side *ou* rather short ◆ **il est ~ pénible, celui-là !** he's a bit of a pain in the neck! * ◆ **il faisait beau ? – non, il faisait ~ frais** was the weather good? – no, if anything it was cool ◆ **qu'est-ce qu'il est pénible, celui-là ! – ah oui, ~ !** * what a pain in the neck he is! * – you said it! * *ou* you're telling me! *

**pluvial, e** (mpl **-iaux**) /plyvjal, jo/ ADJ *[régime, écoulement]* pluvial ◆ **eau ~e** rainwater

**pluvier** /plyvje/ NM plover ◆ **~ guignard** dotterel

**pluvieux, -ieuse** /plyvjø, jøz/ ADJ *[journée, temps]* rainy, wet; *[été, climat]* wet

**pluviner** /plyvine/ ► conjug 1 ◄ VB IMPERS ⇒ **pleuvasser**

**pluviomètre** /plyvjɔmɛtʀ/ NM pluviometer *(SPÉC)*, rain gauge

**pluviométrie** /plyvjɔmetʀi/ NF pluviometry

**pluviométrique** /plyvjɔmetʀik/ ADJ pluviometric(al) ◆ **carte ~** isopluvial map ◆ **courbe ~** rainfall graph

**pluviôse** /plyvjoz/ NM Pluviôse *(fifth month in the French Republican calendar)*

**pluviosité** /plyvjozite/ NF *[de temps, saison]* raininess, wetness; *(= pluie tombée)* (average) rainfall

**PLV** /peɛlve/ NF (abrév de **publicité sur le lieu de vente**) → **publicité**

**PM** /peɛm/ NF **a** (abrév de **préparation militaire**) → **préparation** **b** (abrév de **police militaire**) MP NM **a** abrév de **pistolet-mitrailleur** **b** (abrév de **poids moléculaire**) → **poids**

**PMA** /peɛma/ NF (abrév de **procréation médicale(ment) assistée**) → **procréation** NMPL (abrév de **pays les moins avancés**) LDCs

**PME** /peɛmə/ NF INV (abrév de **petite et moyenne entreprise**) small (*ou* medium-sized) business, SME ◆ **les ~** small (and medium-sized) businesses, SMEs ◆ **les ~-PMI** small and medium-sized businesses and industries, SMEs/SMIs

**PMI** /peɛmi/ NF **a** (abrév de **petite et moyenne industrie**) small (*ou* medium-sized) industry, SMI ◆ **les ~** small and medium-sized industries, SMIs **b** (abrév de **protection maternelle et infantile**) → **protection**

**PMU** /peɛmy/ NM (abrév de **Pari mutuel urbain**) pari-mutuel, ≃ tote * *(Brit)* ◆ **jouer au ~** to bet on the horses, ≃ to bet on the tote * *(Brit)* ◆ **le bureau du ~** the betting office; → PMU

**PNB** /peɛnbe/ NM (abrév de **Produit national brut**) GNP

**pneu** /pnø/ NM (abrév de **pneumatique**) **a** *[de véhicule]* tyre *(Brit)*, tire *(US)* ◆ **~ clouté** studded tyre ◆ **~ sans chambre** *ou* **tubeless** tubeless tyre ◆ **~-neige** snow tyre ◆ **~ plein** solid tyre ◆ **~ radial** *ou* **à carcasse radiale** radial(ply) tyre **b** *(= message)* letter sent by pneumatic dispatch *ou* tube ◆ **par ~** by pneumatic dispatch *ou* tube

**pneumatique** /pnømatik/ ADJ *(Sci)* pneumatic; *(= gonflable)* inflatable; → **canot, marteau, matelas** NF pneumatics *(sg)* NM ⇒ **pneu**

**pneumectomie** /pnømɛktɔmi/ NF pneumectomy

**pneumoconiose** /pnømokɔnjoz/ NF pneumoconiosis

**pneumocoque** /pnømɔkɔk/ NM pneumococcus

**pneumocystose** /pnømosistoz/ NF pneumocystis carinii pneumonia, PCP

**pneumogastrique** /pnømogastʀik/ ADJ pneumogastric NM vagus nerve

**pneumologie** /pnømɔlɔʒi/ NF pneumology

**pneumologue** /pnømɔlɔg/ NMF lung specialist

**pneumonectomie** /pnømɔnɛktɔmi/ NF pneumonectomy

**pneumonie** /pnømɔni/ NF pneumonia *(NonC)* ◆ **faire** *ou* **avoir une ~** to have pneumonia

**pneumonique** /pnømɔnik/ ADJ pneumonic NMF pneumonia patient

**pneumothorax** /pnømotɔʀaks/ NM pneumothorax

**Pnom-Penh** /pnɔmpɛn/ N Phnom Penh

**PO** (abrév de **petites ondes**) MW

**Pô** /po/ NM ◆ **le ~** the Po

**pochade** /pɔʃad/ NF *(= dessin)* quick sketch *(in colour)*; *(= histoire)* humorous piece

**pochard, e** * /pɔʃaʀ, aʀd/ NM,F drunk, lush *

**poche[1]** /pɔʃ/ NF **a** *[de vêtement, sac]* pocket ◆ **~ revolver/intérieure** hip/inside pocket ◆ **~ de pantalon** trouser pocket ◆ **~ appliquée** *ou* **plaquée** patch pocket ◆ **~ coupée** inset pocket ◆ **fausse ~** false pocket

**b** *(loc)* **connaître un endroit comme sa ~** to know a place like the back of one's hand *ou* inside out ◆ **faire les ~s à qn** * to go through sb's pockets ◆ **s'en mettre plein les ~s** *, **se remplir les ~s** * to line one's pockets ◆ **en être de sa ~** * to be out of pocket, to lose out * (financially) ◆ **il a payé de sa ~** it came *ou* he paid for it out of his (own) pocket ◆ **de ~** *[collection, livre]* paperback *(épith)*; *[sous-marin, couteau, mouchoir]* pocket *(épith)*; *[jeu, ordinateur]* pocket-size *(épith)*

♦ **dans + poche** ◆ **il a mis le maire dans sa ~** he's got the mayor in his pocket ◆ **c'est dans la ~ !** * it's in the bag! * ◆ **ce n'est pas dans la ~ !** * it's not in the bag yet! * ◆ **mets ça dans ta ~ (et ton mouchoir par-dessus)** *[+ somme d'argent]* put that in your pocket (and forget about it); *[+ renseignement]* keep it under your hat *

♦ **en poche** ◆ **j'avais 5 euros/je n'avais pas un sou en ~** I had 5 euros/I didn't have a penny on me ◆ **(son) diplôme en ~, il a cherché du travail** armed with his diploma *ou* with his diploma under his belt, he started looking for a job ◆ **il a sa nomination en ~** his appointment is in the bag * ◆ **sans diplôme en ~, on ne peut rien faire** you can't do anything without qualifications

**c** *(= déformation)* **faire des ~s** *[veste]* to lose its shape; *[pantalon]* to go baggy ◆ **avoir des ~s sous les yeux** to have bags under one's eyes

**d** *(Helv = sac)* (carrier) bag

**e** *[de kangourou]* pouch

**f** *(= cavité)* pocket ◆ **~ d'air** air pocket ◆ **~ d'eau** pocket of water ◆ **~ de pus** pus sac

◆ ~ **de sang** haematoma *(Brit)*, hematoma *(US)* ◆ ~ **des eaux** amniotic sac

g *(Culin)* ~ **à douille** piping bag

h *(= secteur)* ~ **de résistance** pocket of resistance ◆ ~ **de chômage/pauvreté** pocket of unemployment/poverty

i *(Méd)* colostomy bag

**poche[2]** /pɔʃ/ NM *(= livre)* paperback ◆ **ce roman est paru en** ~ this novel has come out in paperback

**pocher** /pɔʃe/ ▸ conjug 1 ◂ VT *(Culin)* to poach; *(Art)* to sketch ◆ ~ **un œil à qn** to give sb a black eye VI *[pantalon]* ◆ ~ **aux genoux** to go baggy at the knees ◆ ~ **derrière** to go baggy in the bottom *ou* seat *(Brit)*

**pochetron, -onne** ⁑ /pɔʃtʀɔ̃, ɔn/ NM,F ⇒ **pochard, e**

**pochette** /pɔʃɛt/ NF *(= mouchoir)* pocket handkerchief; *(= petite poche)* breast pocket; *(= sac)* clutch *ou* envelope bag; *[de timbres, photos]* wallet, envelope; *[de serviette, aiguilles]* case; *[de disque]* sleeve, jacket *(US)* ◆ ~ **d'allumettes** book of matches

**pochette-surprise** (pl **pochettes-surprises**) /pɔʃɛtsyʀpʀiz/ NF lucky bag, Cracker Jack ® *(US)* ◆ **il a eu son permis dans une** ~ **!** *(hum)* God knows where he got his driving licence from! ◆ **elle a eu son diplôme dans une** ~ *(hum)* she's got a Mickey Mouse * degree

**pocheuse** /pɔʃøz/ NF (egg)poacher

**pochoir** /pɔʃwaʀ/ NM *(= cache)* stencil; *(= tampon)* transfer ◆ **dessin au** ~ stencil drawing ◆ **faire** *ou* **peindre qch au** ~ to stencil sth

**podagre** /pɔdagʀ/ NF †† gout ADJ † suffering from gout

**podium** /pɔdjɔm/ NM *(= estrade)* podium; *[de défilé de mode]* catwalk ◆ **il peut espérer une place sur le** ~ **(du 400 m haies)** *[sportif]* he can hope to come away with a medal (in the 400 metre hurdles) ◆ **pour assurer notre présence sur les ~s olympiques** to ensure that we are among the Olympic medal winners ◆ **monter sur le** ~ to mount the podium ◆ **monter sur la plus haute marche du** ~ *[sportif, équipe] (gén)* to be the winner; *(aux Jeux olympiques)* to get the gold medal

**podologie** /pɔdɔlɔʒi/ NF chiropody, podiatry *(US)*

**podologue** /pɔdɔlɔg/ NMF chiropodist, podiatrist *(US)*

**podomètre** /pɔdɔmɛtʀ/ NM pedometer

**poêle[1]** /pwal/ NF ◆ ~ **(à frire)** frying pan; *( * = détecteur de métaux)* metal detector ◆ **passer qch à la** ~ to fry sth ◆ ~ **à crêpes** pancake *(Brit) ou* crêpe pan ◆ ~ **à marrons** chestnut-roasting pan

**poêle[2]** /pwal/ NM stove ◆ ~ **à mazout/à pétrole** oil/paraffin *(Brit) ou* kerosene *(US)* stove ◆ ~ **à bois** wood(-burning) stove

**poêle[3]** /pwal/ NM *[de cercueil]* pall

**poêlée** /pwale/ NF ◆ **une** ~ **de** a frying pan full of ◆ ~ **de champignons/de légumes** *(= plat)* mixed fried mushrooms/vegetables

**poêler** /pwale/ ▸ conjug 1 ◂ VT to fry

**poêlon** /pwalɔ̃/ NM casserole

**poème** /pɔɛm/ NM poem ◆ ~ **en prose/symphonique** prose/symphonic poem ◆ **c'est tout un** ~ * *(= c'est compliqué)* it's a whole lot of hassle *, it's a real palaver * *(Brit)*

**poésie** /pɔezi/ NF *(= art, qualité)* poetry; *(= poème)* poem, piece of poetry ◆ **faire de la** ~ to write poetry ◆ **roman/film plein de** ~ poetic novel/film

**poète** /pɔɛt/ NM poet; *(= rêveur)* poet, dreamer; → **œillet** ADJ *[tempérament]* poetic ◆ **être** ~ to be a poet ◆ **femme** ~ poetess

**poétesse** /pɔetɛs/ NF poetess

**poétique** /pɔetik/ ADJ poetic, poetical *(frm)* NF poetics *(sg)*

**poétiquement** /pɔetikmɑ̃/ ADV poetically

**poétisation** /pɔetizasjɔ̃/ NF *(= action)* poetizing; *(= résultat)* poetic depiction

**poétiser** /pɔetize/ ▸ conjug 1 ◂ VT to poetize

**pogne** ⁑ /pɔɲ/ NF mitt ⁑, paw * ◆ **être à la** ~ **de qn** to be under sb's thumb ◆ **avoir qn à sa** ~ to have sb under one's thumb

**pognon** ⁑ /pɔɲɔ̃/ NM cash, dough ⁑ ◆ **ils sont pleins de** ~ ⁑ they're loaded *

**pogrom(e)** /pɔgʀɔm/ NM pogrom

**poids** /pwɑ/ NM a *(gén)* weight ◆ **prendre du** ~ *[adulte]* to put on *ou* gain weight; *[bébé]* to gain weight ◆ **perdre du** ~ to lose weight ◆ **ce genre d'alimentation favorise la prise de** ~ this kind of food makes you put on weight ◆ **quel** ~ **fait-il ?** how much does he weigh?, what's his weight? ◆ **vendu au** ~ sold by weight ◆ **ces bijoux d'argent seront vendus au** ~ **du métal** this silver jewellery will be sold by the weight of the metal ◆ **la branche pliait sous le** ~ **des fruits** the branch was weighed down with (the) fruit *ou* was bending beneath the weight of the fruit ◆ **elle s'appuyait contre lui de tout son** ~ she leaned against him with all her weight ◆ **elle a ajouté une pomme pour faire le** ~ she put in an extra apple to make up the weight ◆ **faire bon** ~ to give good weight ◆ **notre entreprise ne fait vraiment pas le** ~ our firm really doesn't measure up ◆ **il ne fait pas le** ~ **face à son adversaire** he's no match for his opponent

b *(= objet) [de balance, horloge]* weight; *(Sport)* shot ◆ **lancer le** ~ *(Sport)* to put(t) the shot; → **deux**

c *(= charge)* weight ◆ **tout le** ~ **de l'entreprise repose sur lui** he carries the weight of the whole business on his shoulders ◆ **syndicat qui a beaucoup de** ~ union which carries a lot of weight ◆ **plier sous le** ~ **des soucis/des impôts** to be weighed down by worries/taxes ◆ **être courbé sous le** ~ **des ans** to be bent by (the weight of) years ◆ **c'est le** ~ **des ans** *(hum)* old age never comes alone *(hum)* ◆ **enlever un** ~ **(de la conscience) à qn** to take a weight *ou* a load off sb's mind ◆ **c'est un** ~ **sur sa conscience** it lies *ou* weighs heavy on his conscience, it's a weight on his conscience ◆ **avoir** *ou* **se sentir un** ~ **sur l'estomac** to have something lying heavy on one's stomach ◆ **j'ai un** ~ **sur la poitrine** my chest feels tight

d *(= force, influence)* weight ◆ **argument de** ~ weighty *ou* forceful argument, argument of great weight ◆ **homme de** ~ man who carries weight *ou* influence ◆ **cela donne du** ~ **à son hypothèse** that gives *ou* lends weight to his hypothesis ◆ **ses arguments ont eu beaucoup de** ~ **dans les négociations** his arguments carried a lot of weight in the negotiations

e *(Boxe)* ~ **coq** bantamweight ◆ ~ **léger** lightweight ◆ ~ **mi-lourd** light heavyweight ◆ ~ **mi-mouche** light flyweight ◆ ~ **mi-moyen** *ou* **welter** welterweight ◆ ~ **mouche** flyweight ◆ ~ **moyen** middleweight ◆ ~ **plume** featherweight ◆ **c'est un** ~ **plume** * *[personne légère]* he's (*ou* she's) as light as a feather; *[objet]* it's as light as a feather; *[personne peu importante]* he's (*ou* she's) a lightweight ◆ **c'est un tissu** ~ **plume** it's an ultra-light fabric ◆ ~ **super-léger** light welterweight ◆ ~ **superwelter** *ou* **super-mi-moyen** light middleweight; → aussi **comp**

COMP ▷ **poids atomique** † atomic weight ▷ **poids brut** gross weight ▷ **poids et haltères** *(Sport)* NMPL weightlifting ◆ **faire des** ~ **et haltères** *(spécialité)* to be a weightlifter; *(pour s'entraîner)* to do weight training *ou* weightlifting ▷ **poids lourd** *(= boxeur)* heavyweight; *(= camion)* heavy goods vehicle, heavy truck *(US)*; *(= entreprise)* big name *; *(= personne)* heavyweight, big name * ◆ **c'est un** ~ **lourd de la finance/de l'industrie** he's a financial/industrial heavyweight, he's a big name in finance/in industry ◆ **le championnat du monde (des)** ~ **lourds** *(Boxe)* the world heavyweight championship ▷ **poids et mesures** NMPL weights and measures ▷ **poids moléculaire** molecular weight ▷ **poids mort** *(Tech, péj)* dead weight ▷ **poids net** net weight ▷ **poids net égoutté** drained weight ▷ **poids spécifique** specific gravity ▷ **poids total autorisé en charge** gross weight ▷ **poids utile** net weight ▷ **poids à vide** *[de véhicule]* tare

**poignant, e** /pwaɲɑ̃, ɑ̃t/ ADJ *[témoignage]* heartbreaking; *[texte, roman, histoire, voix, simplicité]* deeply moving; *[tristesse]* extreme ◆ **c'était** ~ it was heartrending

**poignard** /pwaɲaʀ/ NM dagger ◆ **coup de** ~ *(lit)* stab ◆ **frappé d'un coup de** ~ **en plein cœur** stabbed in *ou* through the heart ◆ **on l'a tué à coups de** ~ he was stabbed to death ◆ **cette décision est un coup de** ~ **au processus de paix** this decision is a serious blow for the peace process ◆ **c'est un coup de** ~ **dans le dos** it's a stab in the back

**poignarder** /pwaɲaʀde/ ▸ conjug 1 ◂ VT to stab, to knife ◆ **mortellement poignardé** stabbed to death ◆ ~ **qn dans le dos** *(lit, fig)* to stab sb in the back

**poigne** /pwaɲ/ NF *(= étreinte)* grip; *(= main)* hand; *(= autorité)* firm-handedness ◆ **avoir de la** ~ *(lit)* to have a strong grip; *(fig)* to rule with a firm hand ◆ **à** ~ *[personne, gouvernement]* firm-handed

**poignée** /pwaɲe/ NF a *(lit = quantité)* handful; *[de billets de banque]* fistful; *(= petit nombre)* handful ◆ **ajoutez une** ~ **de sel** add a handful of salt ◆ **à** *ou* **par ~s** in handfuls ◆ **je perds mes cheveux par ~s** my hair is coming out in handfuls b *[de porte, tiroir, valise]* handle; *[d'épée]* handle, hilt ◆ ~ **de frein** brake handle ◆ **~s d'amour** *(hum)* love handles COMP ▷ **poignée de main** handshake ◆ **donner une** ~ **de main à qn** to shake hands with sb, to shake sb's hand *ou* sb by the hand

**poignet** /pwaɲɛ/ NM *(Anat)* wrist; *(Habillement)* cuff ◆ ~ **de force** wrist band; → **force**

**poil** /pwal/ NM a *(Anat)* hair ◆ **avoir du** ~ *ou* **des ~s sur la poitrine** to have a hairy chest ◆ **avoir du** ~ **aux pattes** ⁑ to have hairy legs ◆ **les ~s de sa barbe** *(entretenue)* the bristles *ou* hairs of his beard; *(mal rasée)* the stubble on his face ◆ **sans ~s** *[poitrine, bras]* hairless ◆ **il n'a pas un** ~ **sur le caillou** * he's as bald as a coot * *ou* an egg * ◆ **il n'a pas un** ~ **de sec** * *(pluie)* he's drenched, he's soaked to the skin; *(sueur)* he's drenched with sweat

b *[d'animal]* hair; *(= pelage)* coat ◆ **animal à** ~ **ras/court/long** smooth-/short-/long-haired animal ◆ **animal au** ~ **soyeux/roux** animal with a silky/ginger coat ◆ **en** ~ **de chèvre** goathair *(épith)* ◆ **en** ~ **de chameau** camelhair *(épith)* ◆ **caresser dans le sens du** ~ *[+ chat]* to stroke the right way; *[+ personne]* to butter up; → **gibier**

c *[de brosse à dents, pinceau]* bristle; *[de tapis, étoffe]* strand; *(Bot) [de plante]* down *(NonC)*; *[d'artichaut]* choke *(NonC)* ◆ **les ~s d'un tapis** the pile of a carpet ◆ **les ~s d'un tissu** the pile *ou* nap of a fabric

d *( * = un petit peu)* **s'il avait un** ~ **de bon sens** if he had an iota *ou* an ounce of good sense ◆ **à un** ~ **près, l'armoire ne passait pas**

**dans la porte** a fraction more and the cupboard wouldn't have gone through the doorway ◆ **ça mesure environ un mètre, à un ~ près** it measures one metre as near as makes no difference ◆ **il n'y a pas un ~ de différence entre les deux** there isn't the slightest difference between the two ◆ **pousser qch d'un ~** to shift sth a fraction ◆ **il s'en est fallu d'un ~** it was a near *ou* close thing *ou* a close shave *; → **quart**

**e** *(loc)* **avoir un ~ dans la main** * to be bone-idle * ◆ **ce n'est plus un ~ qu'il a dans la main, c'est une canne !** *ou* **un bambou !** * he's as lazy as they come ◆ **un jeune blanc-bec qui n'a même pas de ~ au menton** * *(péj)* a young guy who's still wet behind the ears * *(péj)*, a babe in arms *(péj)* ◆ **tu parleras quand tu auras du ~ au menton** you can have your say when you're out of short pants * ◆ **être de bon/de mauvais ~** * to be in a good/bad mood ◆ **avoir qn sur le ~** * to have sb breathing down one's neck ◆ **tomber sur le ~ à qn** * *(agresser)* to go for * *ou* lay into * sb; *[police]* to pounce on sb *; *[fisc]* to come down on sb ◆ **reprendre du ~ de la bête** * *[malade]* to pick up (again), to regain strength; *[plante]* to pick up (again); *[rebelles, mouvement]* to regain strength; *[parti]* to be on the way up again ◆ **réglé au quart de ~** * strictly regulated

◆ **à poil** * *(= nu)* stark naked, starkers * *(Brit)* ◆ **des mecs */des filles à ~** naked guys */girls ◆ **à ~ !** *(= déshabillez-vous)* get your clothes off!, get 'em off! * *(Brit)*; *(à chanteur, orateur)* get off! * ◆ **se mettre à ~** to strip off ◆ **se baigner à ~** to go skinny-dipping *

◆ **au poil** * *(= magnifique)* great *, fantastic *; *(= précisément) [réglé, convenir]* perfectly ◆ **tu arrives au ~, j'allais partir** you've come just at the right moment - I was just about to leave ◆ **ça me va au ~** * it suits me fine * *ou* to a T *

◆ **de tout poil, de tous poils** of all sorts *ou* kinds ◆ **des artistes de tout ~** all sorts *ou* kinds of artists

COMP ▷ **poil de carotte** *[personne]* red-haired, red-headed; *[cheveux]* red, carroty ▷ **poils follets** down *(NonC)* ▷ **poil à gratter** itching powder; *(fig)* provocateur

**poilant, e** * /pwalɑ̃, ɑ̃t/ ADJ hilarious

**poiler (se)** * /pwale/ ▸ conjug 1 ◂ VPR to kill o.s. (laughing) *

**poilu, e** /pwaly/ ADJ hairy NM poilu *(French soldier in First World War)*

**poinçon** /pwɛ̃sɔ̃/ NM **a** *(= outil) [de cordonnier]* awl; *[de menuisier]* awl, bradawl; *[de brodeuse]* bodkin; *[de graveur]* style; *[de bijou, or]* die, stamp **b** *(= estampille)* hallmark **c** *(= matrice)* pattern

**poinçonnage** /pwɛ̃sɔnaʒ/, **poinçonnement** /pwɛ̃sɔnmɑ̃/ NM **a** *[de marchandise]* stamping; *[de pièce d'orfèvrerie]* hallmarking **b** *[de billet]* punching, clipping **c** *[de tôle]* punching

**poinçonner** /pwɛ̃sɔne/ ▸ conjug 1 ◂ VT **a** *(= estampiller) [+ marchandise]* to stamp; *[+ pièce d'orfèvrerie]* to hallmark **b** *(= perforer) [+ billet]* to punch (a hole in), to clip **c** *(= découper) [+ tôle]* to punch

**poinçonneur, -euse** /pwɛ̃sɔnœʀ, øz/ NM,F *(Hist = personne)* ticket-puncher NF **poinçonneuse** *(= machine)* punching machine, punch press

**poindre** /pwɛ̃dʀ/ ▸ conjug 49 ◂ VI *(littér) [jour]* to break, to dawn; *[aube]* to break; *[plante]* to come up, to peep through ◆ **un sentiment de jalousie/haine commençait à ~** he (*ou* she) began to feel the first stirrings of jealousy/hatred VT *(littér) [tristesse]* to afflict; *[douleur, amour]* to sting *(littér)*

**poing** /pwɛ̃/ NM **a** *(gén)* fist ◆ **les ~s sur les hanches** with (one's) hands on (one's) hips, with (one's) arms akimbo ◆ **lever le ~** *(gén)* to raise one's fist; *(salut)* to give the clenched fist salute ◆ **ils défilaient le ~ levé** they marched with clenched fists raised ◆ **montrer le ~** to shake one's fist ◆ **menacer qn du ~** to shake one's fist at sb ◆ **taper** *ou* **frapper du ~ sur la table** *(lit)* to thump the table (with one's fist), to bang *ou* thump one's fist on the table; *(fig)* to put one's foot down ◆ **revolver au ~** revolver in hand ◆ **je vais t'envoyer** *ou* **te coller** * **mon ~ dans la figure** you'll get my fist in your face * ◆ **tu veux mon ~ dans** *ou* **sur la gueule ?** * do you want my fist in your face?, do you want a knuckle sandwich? *; → **dormir, pied, serrer** *etc*

**b** ◆ **coup de ~** punch ◆ **donner un coup de ~** *ou* **des coups de ~ à qn** to punch sb ◆ **donner des coups de ~ dans une porte** to bang on a door ◆ **il a reçu** *ou* **pris un coup de ~ dans la figure** he was punched in the face ◆ **faire le coup de ~ avec qn/contre qn** to fight alongside sb/against sb ◆ **opération coup de ~** *(= raid)* lightning raid; *(= action d'envergure)* blitz ◆ **opération coup de ~ contre le chômage/les fraudeurs** assault on unemployment/blitz *ou* crackdown on tax dodgers ◆ **"opération coup de poing sur les prix"** "prices slashed"

COMP ▷ **poing américain** *(= arme)* knuckle-duster

## point¹ /pwɛ̃/

GRAMMAIRE ACTIVE 33.3, 53.3, 53.4

1 NOM MASCULIN    2 COMPOSÉS

### 1 - NOM MASCULIN

**a** = endroit point, place; *(Astron, Géom)* point ◆ **pour aller d'un ~ à un autre** to go from one point *ou* place to another ◆ **fixer un ~ précis dans l'espace** to stare at a fixed point in space ◆ **le fleuve déborde en plusieurs ~s** the river overflows at several points *ou* in several places ◆ **ils étaient venus de tous les ~s de l'horizon** they had come from the four corners of the earth ◆ **je reprends mon discours au ~ où je l'ai laissé** I take up my speech where I left off

**b** = situation point, stage ◆ **avoir atteint le ~ où ..., en être arrivé au ~ où ...** to have reached the point *ou* stage where ... ◆ **nous en sommes toujours au même ~** we haven't got any further, we're no further forward ◆ **c'est bête d'en être (arrivé) à ce ~-là et de ne pas finir** it's silly to have got so far *ou* to have reached this point *ou* stage and not to finish ◆ **au ~ où en sont les choses** as matters *ou* things stand ◆ **au ~ où nous en sommes, cela ne changera pas grand-chose** considering the situation we're in, it won't make much difference ◆ **on continue ? - au ~ où on en est** shall we go on? – we've got this far so we might as well

**c** locutions

◆ **au point** *[image, photo]* in focus; *[affaire]* completely finalized *ou* settled; *[procédé, technique, machine]* perfected; *[discours, ouvrage]* finalized, up to scratch *(attrib)* ◆ **ce n'est pas encore au ~** *[machine, spectacle, organisation]* it isn't quite up to scratch yet; *[discours, devoir]* it's not quite finalized yet, it still needs some working on ◆ **ce n'est pas au ~** *[appareil photo, caméra]* it's out of focus

◆ **mettre + au point** *[+ photo, caméra]* to (bring into) focus; *[+ stratégie, technique]* to perfect; *[+ médicament, invention, système]* to develop; *[+ moteur]* to tune; *[+ mécanisme]* to tune, to adjust; *[+ projet]* to finalize ◆ **mettre une affaire au ~ avec qn** to finalize *ou* settle all the details of a matter with sb

◆ **mise au point** *[d'appareil photo, caméra]* focusing; *[de stratégie, technique]* perfecting; *[de médicament, invention, système]* development; *[de moteur]* tuning; *[de mécanisme]* tuning, adjustment; *(Ordin)* debugging; *[d'affaire, projet]* finalizing; *(fig = explication, correction)* clarification ◆ **publier une mise au ~** to issue a statement *(setting the record straight or clarifying a point)*

**d** = degré, niveau *(gén)* point, stage; *(Sci)* point ◆ **~ d'ébullition/de congélation** boiling/freezing point ◆ **est-il possible d'être bête à ce ~(-là) !** how stupid can you get? * ◆ **il n'est pas inquiet à ce ~-là** he's not that worried ◆ **il s'est montré grossier au dernier ~** *(littér)* he was extremely rude ◆ **vous voyez à quel ~ il est généreux** you see how (very) generous he is *ou* the extent of his generosity ◆ **sa colère avait atteint un ~ tel** *ou* **un tel ~ que ...** he was so (very) angry that ..., his anger was such that ... ◆ **il en était arrivé à un tel ~ d'avarice que ...** he had become so miserly that ..., his miserliness had reached such proportions that ...

◆ **à ce** *ou* **tel point que ...** ◆ **c'était à ce ~ absurde que ...** it was so (very) absurd that ... ◆ **elles se ressemblent à ce** *ou* **tel ~ qu'on pourrait les confondre** they look so alike that you could easily mistake one for the other ◆ **son invention a eu du succès, à tel ~ qu'il est devenu célèbre** his invention was a success, so much so that *ou* to such an extent *ou* degree that he became famous

◆ **à point** *(Culin) (= bon à consommer) [fruit]* just ripe *(attrib)*, nicely ripe; *[fromage]* just right for eating *(attrib)*; *[viande]* medium ◆ **quelle cuisson ? – à ~** how would you like it cooked? – medium rare ◆ **le rôti est cuit à ~** the roast is cooked *ou* done to a turn

◆ **au plus haut point** *[détester, admirer]* intensely ◆ **se méfier au plus haut ~ de qch** to be extremely mistrustful of *ou* highly sceptical about sth ◆ **être au plus haut ~ de la gloire** to be at the peak *ou* summit of glory

◆ **au point de** + *infinitif* so much that ◆ **il ne pleut pas au ~ de mettre des bottes** it isn't raining enough for you to put boots on, it isn't raining so much that you need boots ◆ **tirer sur une corde au ~ de la casser** to pull on a rope so hard that it breaks, to pull a rope to the point where it breaks

◆ **au point que** ⇒ **à ce** *ou* **tel point que**

**e** = aspect, détail, subdivision point ◆ **exposé en trois ~s** three-point presentation ◆ **~ de théologie/de philosophie** point of theology/of philosophy ◆ **passons au ~ suivant de l'ordre du jour** let us move on to the next item on the agenda ◆ **~ d'accord/de désaccord** point of agreement/of disagreement ◆ **~ mineur** *ou* **de détail** minor point, point of detail ◆ **nous abordons maintenant un ~ capital** we now come to a crucial point *ou* issue ◆ **voilà déjà un ~ acquis** *ou* **réglé** that's one thing *ou* point settled ◆ **avoir des ~s communs** to have things in common ◆ **je n'ai aucun ~ commun avec elle** I have nothing in common with her ◆ **ils sont d'accord sur ce ~/sur tous les ~s** they agree on this point *ou* score/on all points *ou* scores *ou* counts ◆ **exécutez ces instructions de ~ en ~** *(frm)* carry these instructions out point by point *ou* in every detail

◆ **en tout point, en tous points** in every respect ◆ **ils se ressemblent en tout ~** they resemble each other in every respect ◆ **ce fut en tous ~s réussi** it was an all-round *ou* unqualified success

♦ **jusqu'à un certain point** up to a point, to a certain extent

♦ **point par point** point by point ◆ **nous avons repris la question ~ par ~** we went over the question point by point ◆ **il répondit ~ par ~ aux accusations** he answered the charges point by point *ou* taking each point in turn

**f** [temps]

♦ **à point (nommé)** *[arriver, venir]* just at the right moment, just when needed ◆ **cela tombe à ~ (nommé)** that comes just at the right moment, that's just *ou* exactly what I (*ou* we *etc*) need

♦ **sur le point de** *+ infinitif* ◆ **être sur le ~ de faire qch** to be (just) about to do sth, to be just going to do sth, to be on the point of doing sth ◆ **j'étais sur le ~ de faire du café** I was just going to *ou* (just) about to make some coffee ◆ **une bombe sur le ~ d'exploser** a bomb about to go off ◆ **elle est sur le ~ de quitter son mari** she is about to leave *ou* is on the verge of leaving her husband

**g** [= position] *(Aviat, Naut)* position ◆ **recevoir le ~ par radio** to be given one's position by radio ◆ **faire le ~** *(Naut)* to take a bearing, to plot one's position ◆ **faire le ~ cartographique** *ou* **géographique** *(Mil)* to take a bearing ◆ **faire le ~ horaire** to give regular bulletins, to have regular updates ◆ **faire le ~ de la situation** *(= examiner)* to take stock of the situation, to review the situation; *(= faire un compte rendu)* to sum up the situation ◆ **nous allons faire le ~ sur les derniers événements** let's have an update on the latest events ◆ **et maintenant, le ~ sur la grève des transports** *(Journalisme)* and now, the latest (update) on the transport strike ◆ **~ fixe** *(Aviat)* (engine) run-up

**h** [= marque] *(gén, Mus, en morse, sur i)* dot; *(= ponctuation)* full stop *(Brit)*, period *(US)*; *(= petite tache)* spot, speck; *[de dé]* pip ◆ **le bateau n'était plus qu'un ~ à l'horizon** the ship was now nothing but a dot *ou* speck *ou* spot on the horizon ◆ **mettre les ~s sur les i** *(fig)* to spell it out ◆ **il a toujours besoin qu'on lui mette les ~s sur les i** you always have to spell things out to him ◆ **~, à la ligne** *(lit)* new paragraph; *(fig)* full stop *(Brit)*, period *(US)* ◆ **tu n'iras pas, un ~ c'est tout** you're not going and that's all there is to it *ou* and that's that, you're not going – full stop *(Brit)* *ou* period *(US)*

**i** [d'un score] *(Cartes, Sport)* point; *(Scol, Univ)* mark, point ◆ **~s d'honneurs/de distribution** *(Cartes)* points for honours/for distribution ◆ **je n'ai pas les ~s d'annonce** *(Cartes)* I haven't got enough points to open the bidding ◆ **gagner aux ~s** *(Boxe)* to win on points ◆ **il a échoué d'un ~** he failed by one mark *ou* point ◆ **la partie se joue en 15 ~s** the winner is the first person to get to *ou* to score 15 (points) ◆ **on joue le ~** *(Tennis)* let's play on ◆ **faire** *ou* **marquer le ~** *(Tennis)* to win the point ◆ **rendre des ~s à qn** *(fig)* to give sb points, to give sb a (head) start ◆ **enlever un ~ par faute** *(Scol)* to take a mark *ou* point off for every mistake ◆ **bon/mauvais ~** good/bad mark *(for conduct etc)*; *(fig)* plus/minus (mark) ◆ **la maîtresse m'a donné deux bons ~s** † ≃ the teacher gave me two stars ◆ **un bon ~ pour vous !** *(fig)* that's a point in your favour!; → **compter, marquer**

**j** [= pour cent] point ◆ **sa cote de popularité a baissé de 3 ~s** his popularity rating has fallen (by) 3 points *ou* is down 3 points ◆ **~ de base** basis point

**k** [Méd] **avoir un ~ dans le dos** to have a twinge (of pain) in one's back ◆ **vous avez un ~ de congestion là** you have a spot of congestion there

**l** [TV, Typo] point ◆ **caractère de 8/10 ~s** 8-/10-point type

2 - COMPOSÉS

▷ **point d'appui** *(Mil)* base of operations; *[de levier]* fulcrum; *[de personne] (lit, fig)* support ◆ **chercher un ~ d'appui** to look for something to lean on ◆ **l'échelle a glissé de son ~ d'appui** the ladder slipped from where it was leaning ▷ **point barre** * *(= c'est tout)* **je fais mon travail, ~ barre** I do my job, full stop *(Brit)* *ou* period *(US)* ◆ **c'est non, ~ barre** the answer is no, and that's all there is to it ▷ **points cardinaux** points of the compass, cardinal points ▷ **point chaud** *(Mil)* trouble spot, hot spot; *(fig) (= endroit)* trouble spot ◆ **c'est un des ~s chauds de l'actualité** *(= fait)* it's one of the burning *ou* most topical issues of the moment ▷ **point de chute** *(lit)* landing place ◆ **vous avez un ~ de chute à Rome ?** do you have somewhere to stay in Rome? ◆ **l'ex-ministre est à la recherche d'un ~ de chute dans l'industrie** *(emploi)* the former minister is looking for a job in industry to retire into ▷ **point com** *(Internet)* dotcom, dot.com ▷ **points de conduite** *(Typo)* dot leaders ▷ **point de contrôle** checkpoint ▷ **point de côté** stitch, pain in the side ▷ **point critique** *(Phys, fig)* critical point ▷ **point culminant** *[de gloire, réussite, panique, épidémie]* height; *[d'affaire, scandale]* climax, culmination; *[de montagne]* peak, summit; *[de carrière]* height, zenith ▷ **point de départ** *[de train, autobus]* point of departure; *[de science, réussite, aventure]* starting point; *[d'enquête]* point of departure, starting point; *(Sport)* start ◆ **revenir à son ~ de départ** to come back to where it (*ou* one) started ◆ **nous voilà revenus au ~ de départ** *(fig)* (so) we're back to square one *, we're back where we started ▷ **point de distribution** *[d'eau]* supply point; *(Comm)* distribution outlet ▷ **point de droit** point of law ▷ **point d'eau** *(= source)* watering place; *[de camping]* water (supply) point ▷ **point d'équilibre** *(Phys)* equilibrium point; *(Fin)* break-even point ◆ **le gouvernement doit trouver le ~ d'équilibre** *(fig)* the government needs to find the right balance *ou* the happy medium ▷ **point d'exclamation** exclamation mark *(Brit)* *ou* point *(US)* ▷ **point faible** weak point ▷ **point final** *(lit)* full stop *(Brit)*, period *(US)* ◆ **je refuse, ~ final** *(fig)* I refuse, full stop *(Brit)* *ou* period *(US)*, I refuse and that's final ◆ **mettre un ~ final à qch** *(fig)* to put an end to sth, to bring sth to an end ▷ **point fort** strong point ▷ **point géométrique** (geometrical) point ▷ **point d'honneur** point of honour ◆ **mettre un ~ d'honneur à** *ou* **se faire un ~ d'honneur de faire qch** to make it a point of honour to do sth ▷ **point d'impact** point of impact ▷ **point d'incidence** point of incidence ▷ **point d'information** point of information ▷ **point d'interrogation** question mark ◆ **qui sera élu, c'est là le ~ d'interrogation** who will be elected – that's the big question (mark) *ou* that's the 64,000-dollar question * ▷ **point d'intersection** point of intersection ▷ **point du jour** daybreak, break of day ▷ **point lumineux** dot *ou* spot of light ▷ **point mort** *(Tech)* dead centre; *(Aut)* neutral; *(Fin)* break-even point ◆ **au ~ mort** *(Aut)* in neutral; *[de négociations, affaires]* at a standstill ▷ **point névralgique** *(Méd)* nerve centre; *(fig)* sensitive spot ▷ **point noir** *(= comédon)* blackhead; *(= problème)* problem, difficulty; *(= lieu d'accidents)* blackspot ▷ **point de non-retour** point of no return ▷ **point d'ordre** point of order ▷ **point d'orgue** *(Mus)* pause; *[de festival]* grand finale ▷ **point de passage** *(lit)* crossing point ◆ **ce café est le ~ de passage obligé du tout-Paris médiatique** this café is the place to be seen in Parisian media circles ▷ **point de presse** press briefing ▷ **point de ralliement** rallying point ▷ **point de rassemblement** *(à l'aéroport etc)* meeting point; *(Naut)* muster station ▷ **point de ravitaillement** *(en nourriture)* refreshment point, staging point; *(en essence)* refuelling point ▷ **points de reprise** *(Mus)* repeat marks ▷ **points de retraite** *points calculated on the basis of social security contributions that count towards retirement pensions* ▷ **point de rouille** spot *ou* speck of rust ▷ **point de saturation** *(Sci, fig)* saturation point ▷ **point sensible** *(sur la peau)* tender spot; *(Mil)* trouble spot; *(fig)* sensitive area, sore point ▷ **point de soudure** spot *ou* blob of solder ▷ **point stratégique** key point ▷ **points de suspension** *(gén)* suspension points; *(en dictant)* dot, dot, dot ▷ **point de tangence** tangential point ▷ **point de vente** *(Comm)* point of sale, sales outlet ◆ **"points de vente dans toute la France"** "on sale throughout France" ◆ **liste des ~s de vente** list of stockists *ou* retailers ▷ **point de vue** *(lit)* view(point); *(fig)* point of view, standpoint ◆ **du** *ou* **au ~ de vue moral** from a moral point of view, from a moral standpoint ◆ **au ~ de vue argent** as regards money, moneywise * ◆ **nous aimerions connaître votre ~ de vue sur ce sujet** we should like to know your point of view *ou* standpoint *ou* where you stand in this matter

**point²** /pwɛ̃/ NM *(Couture, Tricot)* stitch ◆ **bâtir à grands ~s** to tack ◆ **coudre à grands ~s** to sew using a long stitch ◆ **faire un (petit) ~ à qch** to put a stitch in sth

COMP ▷ **point d'Alençon** Alençon lace ▷ **point d'arrêt** finishing-off stitch ▷ **point arrière** backstitch ▷ **point de chaînette** chain stitch ▷ **point de chausson** *(Couture)* blind hem stitch; *(Broderie)* closed herringbone stitch ▷ **point de couture** stitch ▷ **point de croix** cross-stitch ▷ **point devant** running stitch ▷ **point d'épine** feather stitch ▷ **point de feston** blanket stitch ▷ **point de jersey** stocking stitch ▷ **point mousse** garter stitch ▷ **point d'ourlet** hem-stitch ▷ **point de riz** moss stitch ▷ **point de suture** *(Méd)* stitch ◆ **faire des ~s de suture à qch** to put stitches in sth, to stitch sth up ▷ **point de tapisserie** canvas stitch ▷ **point de tige** stem stitch ▷ **point de torsade** cable stitch ▷ **point de tricot** *(gén)* knitting stitch; *(maille à l'endroit)* knit stitch ▷ **point de Venise** rose point

**point³** /pwɛ̃/ ADV *(littér, hum)* ⇒ **pas²**

**pointage** /pwɛ̃taʒ/ NM **a** *(= fait de cocher)* ticking *ou* checking *ou* marking off; *(Ind) [de personnel] (à l'arrivée)* clocking in *ou* on; *(au départ)* clocking out ◆ **procéder au ~ des voix** to count the votes **b** *[de fusil]* pointing, aiming, levelling (*vers, sur* at); *[de jumelles, lunette, télescope]* training (*vers, sur* on); *[de lampe]* directing (*vers, sur* towards) **c** *(Mus) [de note]* dotting **d** *(Tech) [de trou de vis]* starting off **e** *(= contrôle)* check

**pointe** /pwɛ̃t/ NF **a** *(= extrémité) [d'aiguille, épée]* point; *[de flèche, lance]* head, point; *[de couteau, crayon, clocher, clou]* point, tip; *[de canne]* (pointed) end, tip, point; *[de montagne]* peak, top; *[de menton, nez, langue, sein, ski]* tip; *[de moustache, col]* point; *[de chaussure]* toe, tip ◆ **à la ~ de l'île** at the tip of the island ◆ **chasser l'ennemi à la ~ de l'épée/de la baïonnette** to chase away the enemy with swords drawn/at bayonet point

**b** *(= partie saillante) [de grillage]* spike; *[de côte]* headland ◆ **la côte forme une ~** *ou* **s'avance en ~ à cet endroit** the coast juts out (into the sea) *ou* forms a headland at that point ◆ **objet qui forme une ~** object that tapers (in)to a point

c *(= clou)* tack; *(Sport) [de chaussure de football, d'alpiniste]* spike; *(= outil pointu)* point ◆ **tu cours avec des tennis ou avec des ~s ?** do you run in trainers or spikes?

d *(Danse)* **(chaussons à) ~s** points, point shoes ◆ **faire des ~s** to dance on points

e *(= foulard)* triangular (neck)scarf; *(† = couche de bébé)* (triangular-shaped) nappy *(Brit)* ou diaper *(US)*

f *(= allusion ironique)* pointed remark; *(= trait d'esprit)* witticism

g *(= petite quantité)* **une ~ d'ail/d'ironie/de jalousie** a touch ou hint of garlic/of irony/of jealousy ◆ **il a une ~ d'accent** he has the merest hint of an accent ou a very slight accent

h *(= maximum)* peak ◆ **faire** ou **pousser une ~ jusqu'à Paris** *(Aut)* to push ou press on as far as Paris ◆ **faire** ou **pousser une ~ de vitesse** *[athlète, cycliste, automobiliste]* to put on a burst of speed, to put on a spurt ◆ **j'ai fait une ~ (de vitesse) de 180 (km/h)** I hit 180 km/h ◆ **faire du 200 km/h en ~** to have a top ou maximum speed of 200 km/h

i *(Naut) [de compas]* point

j *(loc)* **à la ~ du combat** in the forefront of (the) battle ◆ **à la ~ de l'actualité** in the forefront of current affairs ou of the news ◆ **à la ~ du progrès** in the forefront ou the front line ou at the leading edge of progress

◆ **de pointe** *[industrie]* leading, high-tech; *[technique]* latest, ultramodern, advanced; *[vitesse]* top, maximum ◆ **heure** ou **période de ~** *(gaz, électricité, téléphone)* peak period; *(circulation)* rush ou peak hour; *(magasin)* peak shopping period, busy period

◆ **en pointe** *[barbe, col]* pointed ◆ **décolleté en ~** V-neckline ◆ **tailler en ~** *[+ arbre, barbe]* to cut ou trim into a point; *[+ crayon]* to sharpen (in)to a point ◆ **canne qui se termine en ~** pointed stick

COMP ▷ **pointe d'asperge** asparagus tip ou spear ▷ **pointe Bic** ® Biro ® *(Brit)*, Bic (pen) ® *(US)* ▷ **pointe fibre** *(stylo)* fibre-tip (pen) *(Brit)*, fiber-tip (pen) *(US)* ▷ **pointe du jour** *(littér)* **à la ~ du jour** at daybreak, at the crack of dawn ▷ **la pointe des pieds** the toes ◆ **(se mettre) sur la ~ des pieds** (to stand) on tiptoe ou on one's toes ◆ **marcher/entrer sur la ~ des pieds** to walk/come in on tiptoe ou on one's toes, to tiptoe in/out ◆ **il faut y aller sur la ~ des pieds (avec lui)** *(fig)* you have to tread very carefully (when dealing with him) ▷ **pointe sèche** *(Art)* dry-point ◆ **gravure à la ~ sèche** dry-point engraving ▷ **pointe du sein** nipple ▷ **pointe de terre** spit ou tongue of land, headland

**pointeau** (pl **pointeaux**) /pwɛ̃to/ NM a *[de carburateur, graveur]* needle b *(Ind = surveillant)* timekeeper

**pointer[1]** /pwɛ̃te/ ▸ conjug 1 ◂ VT a *(= cocher)* to tick off, to check off, to mark off ◆ **~ (sa position sur) la carte** *(Naut)* to prick off ou plot one's position; → **zéro**

b *(Ind) [personnel] (à l'arrivée)* to clock in ou on; *(au départ)* to clock out

c *(= braquer) [+ fusil]* to point, to aim, to level (vers, sur at); *[+ jumelles]* to train (vers, sur on); *[+ lampe]* to direct (vers, sur towards); *[+ boule de pétanque]* to roll *(as opposed to throw)* ◆ **il pointa vers elle un index accusateur** he pointed an accusing finger at her

d *(Mus) [+ note]* to dot ◆ **notes pointées** dotted rhythm

e *(Tech) [+ trou de vis]* to start off

VI *[employé] (à l'arrivée)* to clock in ou on; *(au départ)* to clock out ◆ **~ à l'ANPE** to sign on *(at the national employment agency)* ◆ **il pointe au chômage depuis trois mois** he's been on the dole * *(Brit)* ou on welfare *(US)* for three months

VPR **se pointer** * *(= arriver)* to turn up *, to show up *

**pointer[2]** /pwɛ̃te/ ▸ conjug 1 ◂ VT a *(= piquer)* to stick (dans into); ◆ **il lui pointa sa lance dans le dos** he stuck his lance into his back b *(= dresser)* **église qui pointe ses tours vers le ciel** church whose towers soar (up) into the sky ◆ **le chien pointa les oreilles** the dog pricked up its ears VI *(littér)* a *(= s'élever) [tour]* to soar up b *(= apparaître) [plante]* to peep out; *[ironie]* to pierce through ◆ **ses seins pointaient sous la robe** her nipples showed beneath her dress ◆ **le jour pointait** day was breaking ou dawning

**pointer[3]** /pwɛ̃tœʀ/ NM *(= chien)* pointer

**pointeur** /pwɛ̃tœʀ/ NM *(Ind, Sport)* timekeeper; *(Ordin)* pointer; *[de boules] player who aims at the jack; [de canon]* gun-layer

**pointeuse** /pwɛ̃tøz/ NF *(= personne)* timekeeper; *(= machine-outil)* jig borer ◆ **(horloge) ~** time clock

**pointillage** /pwɛ̃tijaʒ/ NM stipple, stippling

**pointillé, e** /pwɛ̃tije/ (ptp de **pointiller**) ADJ dotted NM a *(Art) (= procédé)* stipple, stippling; *(= gravure)* stipple b *(= trait)* dotted line; *(= perforations)* perforation(s) ◆ **"détacher** ou **découper suivant le pointillé"** "tear ou cut along the dotted line"

◆ **en pointillé** *(lit)* dotted; *[sous-entendu]* hinted at; *(= discontinu) [carrière, vie]* marked by stops and starts ◆ **un nouvel accord se dessine en ~** the first signs of a new agreement are emerging

**pointillement** /pwɛ̃tijmɑ̃/ NM ⇒ **pointillage**

**pointiller** /pwɛ̃tije/ ▸ conjug 1 ◂ *(Art)* VI to draw (ou engrave) in stipple VT to stipple

**pointilleux, -euse** /pwɛ̃tijø, øz/ ADJ particular, pernickety *(péj)*, fussy *(péj)* (sur about)

**pointillisme** /pwɛ̃tijism/ NM pointillism

**pointilliste** /pwɛ̃tijist/ ADJ, NMF pointillist

**pointu, e** /pwɛ̃ty/ ADJ a *(= en forme de pointe)* pointed; *(= aiguisé)* sharp b *(péj) [air]* peeved; *[caractère]* touchy, peevish; *[voix, ton]* shrill ◆ **accent ~** northern French accent c *(= précis) [domaine, connaissances, compétence]* specialized; *[question]* well-informed; *[analyse]* in-depth; *[diagnostic]* precise ◆ **des normes d'hygiène de plus en plus ~es** increasingly stringent ou rigorous standards of hygiene ADV ◆ **parler ~** to speak with ou have a northern French accent

**pointure** /pwɛ̃tyʀ/ NF *[de gant, chaussure]* size ◆ **quelle est votre ~ ?, quelle ~ faites-vous ?** what size do you take? ou are you? ◆ **c'est une (grande** ou **grosse) ~ dans la chanson/ce domaine** * he's a big name * in songwriting/this field

**point-virgule** (pl **points-virgules**) /pwɛ̃viʀgyl/ NM semi-colon

**poire** /pwaʀ/ NF a *(= fruit)* pear ◆ **il m'a dit cela entre la ~ et le fromage** he told me that quite casually over lunch (ou dinner); → **couper, garder**

b *(* = tête)* mug *, face ◆ **il a une bonne ~** he's got a nice enough face ◆ **se ficher de** ou **se payer la ~ de qn** *(ridiculiser)* to have a good laugh at sb's expense, to take the mickey out of sb * *(Brit)*; *(tromper)* to take sb for a ride * ◆ **en pleine ~** right in the face

c *(* = dupe)* sucker *, mug * *(Brit)* ◆ **c'est une bonne ~** he's a real sucker * ou mug * *(Brit)* ◆ **et moi, bonne ~, j'ai dit oui** and like a sucker * ou mug * *(Brit)* I said yes

d *[de vaporisateur]* squeezer

ADJ ◆ **être ~** * to be a sucker * ou mug * *(Brit)*

COMP ▷ **poire Belle-Hélène** *stewed pear with chocolate sauce and cream* ▷ **poire électrique** (pear-shaped) switch ▷ **poire à injections** douche, syringe ▷ **poire à lavement** enema syringe ▷ **poire à poudre** powder horn

**poiré** /pwaʀe/ NM perry

**poireau** (pl **poireaux**) /pwaʀo/ NM leek ◆ **faire le ~** * to hang about *

**poireauter** * /pwaʀote/ ▸ conjug 1 ◂ VI to hang about * ◆ **faire ~ qn** to leave sb hanging about *

**poirée** /pwaʀe/ NF *(= bette)* Swiss chard

**poirier** /pwaʀje/ NM *(= arbre)* pear tree ◆ **faire le ~** *(= acrobatie)* to do a headstand

**poiroter** * /pwaʀote/ ▸ conjug 1 ◂ VI ⇒ **poireauter**

**pois** /pwɑ/ NM a *(= légume)* pea ◆ **petits ~** (garden) peas b *(Habillement)* (polka) dot, spot ◆ **robe à ~** spotted ou polka dot dress; → **purée** COMP ▷ **pois cassés** split peas ▷ **pois chiche** chickpea, garbanzo (bean) ◆ **il a un ~ chiche dans la tête** * he's a peabrain *, he's short on grey matter * ▷ **pois gourmands** mangetout peas ▷ **pois de senteur** sweet pea; → **mangetout**

**poiscaille** * /pwaskaj/ NF ou m *(souvent péj)* fish

**poison** /pwazɔ̃/ NM *(lit, fig)* poison ◆ **on a mis du ~ dans sa soupe** there was poison in his soup, his soup was poisoned NMF * *(= personne)* nuisance; *(= enfant)* little horror *; *(= chose)* drag *, bind * *(Brit)*

**poissard, e** /pwasaʀ, aʀd/ ADJ *[accent, langage]* vulgar, coarse NF **poissarde** ◆ **parler comme une ~e** to talk like a fishwife

**poisse** * /pwas/ NF rotten luck *, bad luck ◆ **avoir la ~** to have rotten * ou bad luck ◆ **quelle ~ !, c'est la ~ !** just my (ou our) (rotten) luck! * ◆ **ne le fais pas, ça porte la ~** don't do that – it's bad luck ou it's unlucky ◆ **ça leur a porté la ~** it brought them bad luck

**poisser** /pwase/ ▸ conjug 1 ◂ VT a (* = attraper) to nab *, to cop * b *(= salir)* to make sticky; *(= engluer) [+ cordage]* to pitch ◆ **ça poisse** it's all sticky

**poisseux, -euse** /pwasø, øz/ ADJ *[mains, surface]* sticky

**poisson** /pwasɔ̃/ NM a *(gén)* fish ◆ **pêcher du ~** to fish ◆ **deux ~s** two fish ou fishes ◆ **fourchette/couteau à ~** fish fork/knife ◆ **être (heureux) comme un ~ dans l'eau** to be in one's element ◆ **être comme un ~ hors de l'eau** to be like a fish out of water ◆ **engueuler qn comme du ~ pourri** * to call sb all the names under the sun, to bawl sb out ◆ **un gros ~** * a big fish *; → **petit, queue**

b *(Astron)* **les Poissons** Pisces, the Fishes ◆ **c'est un Poissons, il est (du signe du) Poissons** he's a Pisces

COMP ▷ **poisson d'argent** silverfish ▷ **poisson d'avril!** April fool! ◆ **c'est un ~ d'avril** it's an April fool's trick ▷ **poisson d'eau douce** freshwater fish ▷ **poisson lune** sunfish ▷ **poisson de mer** saltwater fish ▷ **poisson pilote** pilotfish ▷ **poisson plat** flatfish ▷ **poisson rouge** goldfish ▷ **poisson volant** flying fish

**Poisson d'avril**

In France, as in Britain, 1 April is a day for playing practical jokes. The expression **poisson d'avril** comes from the tradition of pinning or sticking a paper fish on the back of an unsuspecting person, though by extension it can also refer to any form of practical joke played on 1 April.

**poisson-chat** (pl **poissons-chats**) /pwasɔ̃ʃa/ NM catfish

**poisson-épée** (pl **poissons-épées**) /pwasɔ̃epe/ NM swordfish

**poissonnerie** /pwasɔnʀi/ NF (= *boutique*) fish shop, fishmonger's (shop) (*surtout Brit*); (= *métier*) fish trade

**poissonneux, -euse** /pwasɔnø, øz/ ADJ full of fish (*attrib*), well-stocked with fish

**poissonnier** /pwasɔnje/ NM fishmonger (*surtout Brit*), fish merchant (*US*)

**poissonnière** /pwasɔnjɛʀ/ NF a (= *personne*) (woman) fishmonger (*surtout Brit*), fish merchant (*US*) b (= *ustensile*) fish kettle

**poisson-perroquet** (pl **poissons-perroquets**) /pwasɔ̃peʀɔkɛ/ NM parrotfish

**poisson-scie** (pl **poissons-scies**) /pwasɔ̃si/ NM sawfish

**poitrail** /pwatʀaj/ NM (*Zool*) breast; (*hum* = *poitrine*) chest; (*Constr*) lintel

**poitrinaire** † /pwatʀinɛʀ/ ADJ ◆ **être ~** to have TB, to be tuberculous (*SPÉC*) NMF tuberculosis sufferer

**poitrine** /pwatʀin/ NF (*gén*) chest, breast (*littér*); (= *seins*) bust, bosom; (*Culin*) [*de veau, mouton*] breast; [*de porc*] belly ◆ **~ salée** (ou **fumée**) ≃ streaky bacon ◆ **~ de bœuf** brisket (of beef) ◆ **maladie de ~** † chest complaint ◆ **elle a beaucoup de ~** she's got a big bust *ou* bosom, she's big-busted ◆ **elle n'a pas de ~** she's flat-chested ◆ **un cri jaillit de sa ~** he uttered a cry; → **fluxion, tour², voix**

**poivrade** /pwavʀad/ NF a (= *sauce*) vinaigrette (sauce) with pepper ◆ **(à la) ~** with salt and pepper b ◆ **(artichaut) ~** *baby artichoke*

**poivre** /pwavʀ/ NM pepper; → **moulin, steak** COMP ▷ **poivre blanc** white pepper ▷ **poivre de Cayenne** Cayenne pepper ▷ **poivre en grains** whole pepper, peppercorns ▷ **poivre gris** black pepper ▷ **poivre moulu** ground pepper ▷ **poivre noir** black pepper ▷ **poivre en poudre** ⇒ **poivre moulu** ▷ **poivre rouge** red pepper ▷ **poivre et sel** ADJ INV [*cheveux*] pepper-and-salt ▷ **poivre vert** green pepper (*spice*)

**poivré, e** /pwavʀe/ (ptp de **poivrer**) ADJ a [*plat, goût, odeur*] peppery; [*histoire*] spicy, juicy *, saucy * b (* = *soûl*) pickled *, plastered *

**poivrer** /pwavʀe/ ▸ conjug 1 ◂ VT to pepper, to put pepper in *ou* on VPR **se poivrer** * (= *se soûler*) to get pickled * *ou* plastered *

**poivrier** /pwavʀije/ NM a (*Bot*) pepper plant b (*Culin*) pepperpot, pepper shaker (*US*)

**poivrière** /pwavʀijɛʀ/ NF a (*Culin*) pepperpot, pepper shaker (*US*) b (= *plantation*) pepper plantation c (*Archit*) pepper-box

**poivron** /pwavʀɔ̃/ NM ◆ **~ (doux)** (sweet) pepper, capsicum ◆ **~ (vert)** green pepper ◆ **~ rouge** red pepper

**poivrot, e** * /pwavʀo, ɔt/ NM,F drunkard, wino *

**poix** /pwa/ NF pitch (*tar*)

**poker** /pɔkɛʀ/ NM (*Cartes*) (= *jeu*) poker; (= *partie*) game of poker ◆ **faire un ~** to have a game of poker ◆ **~ d'as/de dames** four aces/queens ◆ **~ d'as** (= *jeu*) poker dice ◆ **~ menteur** *type of poker* ◆ **c'est une partie de ~ menteur, ils jouent au ~ menteur** (*fig*) they're calling his (*ou* their *etc*) bluff ◆ **coup de ~** gamble ◆ **tenter un coup de ~** to take a gamble ◆ **tout s'est joué sur un coup de ~** it was all a big gamble ◆ **on ne joue pas sa carrière sur un coup de ~** you don't gamble *ou* risk your entire career on a throw of the dice

**polaire** /pɔlɛʀ/ ADJ (*Chim, Géog, Math*) polar ◆ **froid ~** arctic cold ◆ **laine ~** (= *tissu*) fleece ◆ **(sweat en) laine ~** fleece (sweatshirt); → **cercle, étoile** NF a (*Math*) polar b (= *vêtement*) fleece jacket (*ou* sweatshirt *etc*)

**polaque** **/pɔlak/ NM (*injurieux*) Polack ** (*injurieux*)

**polar¹** * /pɔlaʀ/ NM (= *roman*) detective novel

**polar²** /pɔlaʀ/ NM (*arg Scol*) swot * (*Brit*), grind * (*US*)

**polarisant, e** /pɔlaʀizɑ̃, ɑ̃t/ ADJ (*Élec, Phys*) polarizing

**polarisation** /pɔlaʀizasjɔ̃/ NF (*Élec, Phys*) polarization; (*fig*) focusing

**polariser** /pɔlaʀize/ ▸ conjug 1 ◂ VT a (*Élec, Phys*) to polarize ◆ **lumière polarisée** polarized light b (= *faire converger sur soi*) [+ *attention, regards*] to attract ◆ **ce problème polarise tout le mécontentement** this problem is the focus of all the discontent c (= *concentrer*) ◆ **~ son attention/ses efforts sur qch** to focus *ou* centre one's attention/one's efforts on sth ◆ **~ son énergie sur qch** to bring all one's energies to bear on sth VPR **se polariser** (*Phys*) to polarize ◆ **se ~** *ou* **être polarisé sur qch** [*débat, mécontentement, critiques*] to be centred around *ou* upon sth, to be focused upon sth; [*personne*] to focus *ou* centre one's attention on sth ◆ **elle est trop polarisée sur sa réussite professionnelle** she's too bound up *ou* wrapped up in her career

**polariseur** /pɔlaʀizœʀ/ ADJ, NM ◆ **(prisme) ~** polarizer

**polarité** /pɔlaʀite/ NF (*Bio, Ling, Math, Phys*) polarity

**Polaroïd** ® /pɔlaʀɔid/ N Polaroid ® ◆ **(appareil-photo) ~** Polaroid ® (camera)

**polder** /pɔldɛʀ/ NM polder

**poldérisation** /pɔldeʀizasjɔ̃/ NF converting into a polder

**pôle** /pol/ NM a (*Sci*) pole ◆ **le ~ Nord/Sud** the North/South Pole ◆ **~ magnétique** magnetic pole b (= *centre*) **~ d'activité** [*d'entreprise*] area of activity ◆ **~ de conversion** relocation area ◆ **~ de développement** pole of development ◆ **~ universitaire** university centre ◆ **la ville est devenue un ~ d'attraction pour les artistes/les investisseurs** the town has become a magnet for artists/investors, the town is drawing artists/investors like a magnet ◆ **Montpellier est le ~ économique de la région** Montpellier is the economic hub of the region

**polémique** /pɔlemik/ ADJ [*sujet*] controversial, contentious; [*écrit, article*] polemical ◆ **j'ai pris part à la discussion sans aucun esprit ~** I took part in the discussion without wanting to be contentious NF (= *controverse*) controversy, argument (*sur* about, over); ◆ **chercher à faire de la ~** to try to stir up controversy ◆ **engager une ~ avec qn** to enter into an argument with sb ◆ **une violente ~ s'est engagée sur ...** a fierce controversy has flared up about ... ◆ **relancer une ~** to rekindle a controversy

**polémiquer** /pɔlemike/ ▸ conjug 1 ◂ VI to argue (*sur* about, over); ◆ **sans vouloir ~, j'ai toujours pensé que ...** I don't want to be controversial, but I've always thought that ... ◆ **je ne veux pas ~ sur ce point** I don't want to be drawn into an argument on this issue

**polémiste** /pɔlemist/ NMF polemist, polemicist

**polémologie** /pɔlemɔlɔʒi/ NF study of war

**polenta** /pɔlɛnta/ NF polenta

**pole position** /polpozisjɔ̃/ NF (*Aut, fig*) pole position ◆ **être en ~** to be in pole position

**poli¹, e** /pɔli/ ADJ [*personne, refus, silence*] polite ◆ **ce n'est pas ~ de parler la bouche pleine** it's bad manners *ou* it's rude *ou* it's not nice to talk with your mouth full ◆ **ce n'est pas très ~ de dire ça** that's a rather rude thing to say, it's rather rude to say that ◆ **soyez ~ !** don't be rude! ◆ **elle a été tout juste ~e avec moi** she was barely civil to me

**poli², e** /pɔli/ (ptp de **polir**) ADJ [*bois, ivoire*] polished; [*métal*] burnished, polished; [*caillou*] smooth NM shine ◆ **donner du ~ à** to put a shine on, to polish (up)

**police¹** /pɔlis/ NF a

> L'anglais **police** se construit généralement avec un verbe au pluriel.

(= *corps*) police (*NonC*), police force ◆ **voiture de ~** police car ◆ **être dans** *ou* **de la ~** to be in the police (force) ◆ **la ~ est à ses trousses** the police are after him *ou* are on his tail ◆ **la guerre des ~s** the rivalry between different branches of the police ◆ **toutes les ~s de France** the police throughout France ◆ **après avoir passé la douane et les formalités de ~** once you've gone through customs and immigration; → **plaque, salle**

b (= *maintien de l'ordre*) policing, enforcement of (law and) order ◆ **les pouvoirs de ~ dans la société** powers to enforce *ou* maintain law and order in society ◆ **exercer** *ou* **faire la ~** to keep (law and) order ◆ **faire la ~ dans une classe** to keep order in a class, to keep a class in order ◆ **faire sa propre ~** to do one's own policing, to keep (law and) order for o.s.

COMP ▷ **police de l'air et des frontières** border police ▷ **police à cheval** (*Can*) mounted police, Mounties * ▷ **police de la circulation** traffic police ▷ **police judiciaire** ≃ Criminal Investigation Department ▷ **police des mœurs, police mondaine** ≃ vice squad ▷ **police montée** (*Can*) mounted police, Mounties * ▷ **police municipale** ≃ local police ▷ **police nationale** national police force ▷ **police parallèle** ≃ secret police ▷ **la police des polices** Complaints and Discipline Branch (*Brit*), Internal Affairs (*US*) ▷ **police privée** private police force ▷ **police de la route** traffic police (*Brit*), state highway patrol (*US*) ▷ **police secours** ≃ emergency services ◆ **appeler ~ secours** ≃ to dial 999 (*Brit*) *ou* 911 (*US*), to call the emergency services ▷ **police secrète** secret police

**police²** /pɔlis/ NF a (*Assurances*) (insurance) policy ◆ **~ d'assurance vie** life insurance *ou* assurance policy ◆ **~ d'assurance contre l'incendie** fire insurance policy b (*Typo, Ordin*) ~ **(de caractères)** font

**policé, e** /pɔlise/ (ptp de **policer**) ADJ (*frm*) [*musique, société*] refined; [*langue, manières*] refined, polished

**policer** /pɔlise/ ▸ conjug 3 ◂ VT (*littér ou* ††) to civilize

**polichinelle** /pɔliʃinɛl/ NM a (*Théât*) **Polichinelle** Punchinello; → **secret** b (= *marionnette*) Punch ◆ **avoir un ~ dans le tiroir** * to have a bun in the oven * c *(péj = personne)* buffoon ◆ **faire le** ~ to act the buffoon

**policier, -ière** /pɔlisje, jɛʀ/ ADJ *[chien, enquête, régime]* police *(épith)*; *[film, roman]* detective *(épith)* NM a *(= agent)* policeman, police officer ◆ **femme** ~ policewoman, woman police officer b *(= roman)* detective novel; *(= film)* detective film NF **policière** policewoman, woman police officer

**policlinique** /pɔliklinik/ NF out-patients' clinic

**poliment** /pɔlimɑ̃/ ADV politely

**polio** /pɔljo/ NF (abrév de **poliomyélite**) polio NMF (* abrév de **poliomyélitique**) polio victim

**poliomyélite** /pɔljɔmjelit/ NF poliomyelitis, polio

**poliomyélitique** /pɔljɔmjelitik/ ADJ suffering from polio NMF polio victim

**polir** /pɔliʀ/ ▸ conjug 2 ◂ VT a *[+ meuble, chaussures, pierre, verre]* to polish; *[+ métal]* to polish, to burnish, to buff ◆ **se** ~ **les ongles** to buff one's nails b *(= parfaire) [+ discours, style, phrase]* to polish; *[+ manières]* to polish, to refine

**polissage** /pɔlisaʒ/ NM *[de meuble, chaussures, pierre, verre]* polishing; *[de métal]* polishing, burnishing, buffing; *[d'ongles]* buffing

**polisseur, -euse** /pɔlisœʀ, øz/ NM,F polisher NF **polisseuse** *(= machine)* polisher, polishing machine

**polissoir** /pɔliswaʀ/ NM polisher, polishing machine ◆ ~ **à ongles** nail buffer

**polisson, -onne** /pɔlisɔ̃, ɔn/ ADJ a *(= espiègle) [enfant, air]* naughty, mischievous b *(= grivois) [chanson]* naughty, saucy; *[regard]* saucy, randy * NM,F *(= enfant)* (little) rascal, (little) devil *, mischief *; *(= personne égrillarde)* saucy devil *; *(†† = petit vagabond)* street urchin

**polissonner** † /pɔlisɔne/ ▸ conjug 1 ◂ VI to be naughty

**polissonnerie** /pɔlisɔnʀi/ NF a *(= espièglerie)* naughty trick b *(= grivoiserie, parole)* naughty *ou* saucy remark; *(= action)* naughty thing

**politesse** /pɔlitɛs/ NF a *(= savoir-vivre)* politeness, courtesy ◆ **par** ~ out of politeness, to be polite ◆ **je vais t'apprendre la** ~ **!** I'll teach you some manners! ◆ **tu aurais pu avoir la** ~ **de lui répondre** you could at least have had the courtesy to reply to him ◆ **il a eu la** ~ **de ne rien dire** he was polite enough to say nothing, he politely said nothing; → **brûler, formule, visite** b *(= parole)* polite remark; *(= action)* polite gesture ◆ **rendre une** ~ to return a favour ◆ **se faire des ~s** *(paroles)* to exchange polite remarks; *(actions)* to make polite gestures to one another ◆ **ce serait la moindre des ~s** it's the least you (*ou* he *etc*) can do, it would only be polite

**politicaillerie** * /pɔlitikajʀi/ NF *(péj)* politicking *(péj)*

**politicard, e** /pɔlitikaʀ, aʀd/ *(péj)* ADJ *[ambitions]* petty political NM,F politician, political schemer *(péj)*

**politicien, -ienne** /pɔlitisjɛ̃, jɛn/ ADJ *(péj) [manœuvre, querelle]* (petty) political ◆ **la politique politicienne** politicking NM,F politician, political schemer *(péj)*

**politico-** /pɔlitiko/ PRÉF politico- ◆ **des questions politico-religieuses** politico-religious issues

**politique** /pɔlitik/ ADJ a *[institutions, économie, parti, prisonnier, pouvoir, réfugié]* political; *[carrière]* political, in politics ◆ **compte rendu de la semaine** ~ report on the week in politics; → **homme, science**
b *(littér = habile) [personne]* diplomatic; *[acte, invitation]* diplomatic, politic
NF a *(= science, carrière)* politics *(sg)* ◆ **parler** ~ to talk politics ◆ **faire de la** ~ *(militantisme)* to be a political activist; *(métier)* to be in politics
b *(Pol) (= ligne de conduite)* policy; *(= manière de gouverner)* policies ◆ ~ **intérieure/industrielle/sociale** domestic/industrial/social policy ◆ **il critique la** ~ **du gouvernement** he criticizes the government's policies ◆ **avoir une** ~ **de gauche/droite** to follow left-/right-wing policies ◆ **discours** *ou* **déclaration de** ~ **générale** policy speech ◆ ~ **agricole commune** *(Europe)* common agricultural policy
c *(= manière d'agir)* policy ◆ **il est de bonne** ~ **de ...** it is good policy to ... ◆ **la** ~ **du moindre effort** the principle of least effort ◆ **la** ~ **du pire** *making things worse in order to further one's own ends* ◆ **faire** *ou* **pratiquer la** ~ **de la chaise vide** to make a show of non-attendance ◆ **pratiquer la** ~ **de l'autruche** to bury one's head in the sand ◆ **c'est la** ~ **de l'autruche** it's like burying one's head in the sand
NM *(= politicien)* politician ◆ **le** ~ *(= aspects politiques)* politics *(sg)*

**politique-fiction** /pɔlitikfiksjɔ̃/ NF political fantasy *ou* fiction ◆ **film de** ~ political thriller ◆ **ce n'est pas de la** ~, **ces lois existent** this does not belong to the realms of political fantasy, these laws exist

**politiquement** /pɔlitikmɑ̃/ ADV *(lit)* politically; *(littér)* diplomatically ◆ ~ **correct** politically correct, PC ◆ ~ **incorrect** politically incorrect, non-PC

**politiquer** * † /pɔlitike/ ▸ conjug 1 ◂ VI to talk (about) politics

**politisation** /pɔlitizasjɔ̃/ NF politicization

**politiser** /pɔlitize/ ▸ conjug 1 ◂ VT *[+ débat]* to politicize, to bring politics into; *[+ événement]* to make a political issue of; *[+ personne, mouvement, action]* to politicize ◆ **être très politisé** *[personne]* to be highly politicized, to be politically aware VPR **se politiser** *[action, mouvement, débat]* to become politicized; *[personne]* to become politicized *ou* politically aware

**politiste** /pɔlitist/ NMF political scientist

**politologie** /pɔlitɔlɔʒi/ NF political science

**politologue** /pɔlitɔlɔg/ NMF political pundit *ou* analyst *ou* expert

**polka** /pɔlka/ NF polka

**pollen** /pɔlɛn/ NM pollen

**pollinisateur, -trice** /pɔlinizatœʀ, tʀis/ ADJ ◆ **insecte** ~ insect pollinator, pollinating insect

**pollinisation** /pɔlinizasjɔ̃/ NF pollination

**polluant, e** /pɔlɥɑ̃, ɑ̃t/ ADJ polluting ◆ **produit** ~ pollutant, polluting agent ◆ **non** ~ non-polluting, environment-friendly ◆ **c'est très/peu** ~ it produces a lot of/little pollution ◆ **industrie très ~e** highly polluting industry

**polluer** /pɔlɥe/ ▸ conjug 1 ◂ VT to pollute ◆ **ça me pollue la vie** * it really makes life hell for me *

**pollueur, -euse** /pɔlɥœʀ, øz/ ADJ polluting NM,F *(= substance)* pollutant, polluting agent; *(= industrie, personne)* polluter ◆ **le principe ~-payeur** the polluter-pays principle

**pollution** /pɔlysjɔ̃/ NF pollution ◆ ~ **atmosphérique/radioactive** atmospheric/radioactive pollution ◆ ~ **sonore** noise pollution ◆ ~ **de l'air/des eaux/de l'environnement** air/water/environmental pollution ◆ ~ **par les nitrates** nitrate pollution ◆ **~s nocturnes** *(Méd)* nocturnal emissions *(SPÉC)*, wet dreams

**polo** /pɔlo/ NM a *(Sport)* polo b *(= chemise)* polo shirt

**polochon** * /pɔlɔʃɔ̃/ NM bolster ◆ **sac** ~ duffel bag

**Pologne** /pɔlɔɲ/ NF Poland

**polonais, e** /pɔlɔnɛ, ɛz/ ADJ Polish NM a *(Ling)* Polish b ◆ **Polonais** Pole; → **soûl** NF **polonaise** a ◆ **Polonaise** Pole b *(= danse, Mus)* polonaise c *(= gâteau)* polonaise *(meringue-covered sponge cake containing preserved fruit and Kirsch)*

**polonium** /pɔlɔnjɔm/ NM polonium

**poltron, -onne** /pɔltʀɔ̃, ɔn/ ADJ cowardly, craven *(littér)* NM,F coward

**poltronnerie** /pɔltʀɔnʀi/ NF cowardice

**poly...** /pɔli/ PRÉF poly...

**polyacide** /pɔliasid/ ADJ, NM polyacid

**polyamide** /pɔliamid/ NM polyamide

**polyandre** /pɔljɑ̃dʀ/ ADJ polyandrous

**polyandrie** /pɔliɑ̃dʀi/ NF polyandry

**polyarchie** /pɔljaʀʃi/ NF polyarchy

**polyarthrite** /pɔliaʀtʀit/ NF polyarthritis

**polycarburant** /pɔlikaʀbyʀɑ̃/ ADJ M *[moteur]* multifuel *(épith)*

**polychlorure** /pɔliklɔʀyʀ/ NM ◆ ~ **de vinyle** polyvinyl chloride

**polychrome** /pɔlikʀom/ ADJ polychrome, polychromatic

**polyclinique** /pɔliklinik/ NF private general hospital

**polycopie** /pɔlikɔpi/ NF duplication, stencilling ◆ **tiré à la** ~ duplicated, stencilled

**polycopié** /pɔlikɔpje/ NM *(Univ)* duplicated lecture notes

**polycopier** /pɔlikɔpje/ ▸ conjug 7 ◂ VT to duplicate, to stencil ◆ **cours polycopiés** duplicated lecture notes ◆ **machine à** ~ duplicator

**polyculture** /pɔlikyltyʀ/ NF mixed farming

**polyèdre** /pɔljɛdʀ/ ADJ *[angle, solide]* polyhedral NM polyhedron

**polyédrique** /pɔljedʀik/ ADJ polyhedral

**polyester** /pɔliɛstɛʀ/ NM polyester

**polyéthylène** /pɔlietilɛn/ NM polyethylene

**polygame** /pɔligam/ ADJ polygamous NM polygamist

**polygamie** /pɔligami/ NF polygamy

**polyglotte** /pɔliglɔt/ ADJ, NMF polyglot

**polygonal, e** (mpl **-aux**) /pɔligɔnal, o/ ADJ polygonal, many-sided

**polygone** /pɔligɔn/ NM *(Math)* polygon ◆ ~ **de tir** *(Mil)* rifle range

**polygraphe** /pɔligʀaf/ NMF polygraph

**poly-insaturé, e** /pɔliɛ̃satyʀe/ ADJ polyunsaturated

**polymère** /pɔlimɛʀ/ ADJ polymeric NM polymer

**polymérisation** /pɔlimeʀizasjɔ̃/ NF polymerization

**polymériser** VT, **se polymériser** VPR /pɔlimeʀize/ ▸ conjug 1 ◂ to polymerize

**polymorphe** /pɔlimɔʀf/ ADJ polymorphous, polymorphic

**polymorphie** /pɔlimɔʀfi/ NF, **polymorphisme** /pɔlimɔʀfism/ NM polymorphism

**Polynésie** /pɔlinezi/ NF Polynesia ◆ ~ **française** French Polynesia

**polynésien, -ienne** /pɔlinezjɛ̃, jɛn/ ADJ Polynesian NM *(Ling)* Polynesian NM,F **Polynésien(ne)** Polynesian

**polynévrite** /pɔlinevʀit/ NF polyneuritis

**Polynice** /pɔlinis/ NM Polynices

**polynôme** /pɔlinom/ NM polynomial *(Math)*

**polynucléaire** /pɔlinykleɛʀ/ ADJ polynuclear, multinuclear NM polymorphonuclear leucocyte

**polype** /pɔlip/ NM *(Zool)* polyp; *(Méd)* polyp, polypus *(SPÉC)*

**polyphasé, e** /pɔlifɑze/ ADJ polyphase

**Polyphème** /pɔlifɛm/ NM Polyphemus

**polyphonie** /pɔlifɔni/ NF polyphony *(Mus)*

**polyphonique** /pɔlifɔnik/ ADJ polyphonic *(Mus)*

**polyphosphate** /pɔlifɔsfat/ NM polyphosphate

**polypier** /pɔlipje/ NM polypary

**polypore** /pɔlipɔʀ/ NM polyporus

**polypropylène** /pɔlipʀɔpilɛn/ NM *(Chim)* polypropylene, polypropene

**polysémie** /pɔlisemi/ NF polysemy

**polysémique** /pɔlisemik/ ADJ polysemous, polysemic

**polystyrène** /pɔlistiʀɛn/ NM polystyrene ◆ ~ **expansé** expanded polystyrene

**polysyllabe** /pɔlisi(l)lab/ ADJ polysyllabic NM polysyllable

**polysyllabique** /pɔlisi(l)labik/ ADJ polysyllabic ◆ **mot** ~ polysyllable

**polytechnicien, -ienne** /pɔlitɛknisjɛ̃, jɛn/ NM,F *student or ex-student of the École polytechnique*

**polytechnique** /pɔlitɛknik/ ADJ, NF ◆ **l'École** ~, **Polytechnique** the École polytechnique

> **Polytechnique**
>
> The term **Polytechnique** is not to be confused with the English word « polytechnic » which used to refer to a particular kind of higher education establishment in Britain. In France, **Polytechnique** is the name of one of the most prestigious engineering schools, also known as l'« X ».
> → GRANDES ÉCOLES

**polythéisme** /pɔliteism/ NM polytheism

**polythéiste** /pɔliteist/ ADJ polytheistic NMF polytheist

**polythérapie** /pɔliteʀapi/ NF combination therapy

**polytoxicomanie** /pɔlitɔksikɔmani/ NF multiple (drug) addiction

**polytransfusé, e** /pɔlitʀɑ̃sfyze/ NM,F *person who has been given multiple blood transfusions*

**polyuréthan(n)e** /pɔliyʀetan/ NM polyurethan(e) ◆ **mousse de polyuréthan(n)e** polyurethan(e) foam

**polyvalence** /pɔlivalɑ̃s/ NF *(Chim, Méd)* polyvalency; *[de personne, mot]* versatility

**polyvalent, e** /pɔlivalɑ̃, ɑ̃t/ ADJ **a** *[salle]* multipurpose *(épith)*; *[personne]* versatile ◆ **formation** ~**e** comprehensive training ◆ **professeur** ~ *teacher who teaches a variety of subjects* ◆ **nous recherchons une personne** ~**e** we're looking for a good all-rounder *(Brit)* *ou* for someone who's good all-around *(US)* **b** *[sérum, vaccin]* polyvalent **c** *(Chim)* polyvalent NM tax inspector *(sent to examine company's books)* NF **polyvalente** *(Can) secondary school teaching academic and vocational subjects*

> ⚠ **polyvalent** *se traduit par le mot anglais* **polyvalent** *uniquement dans les domaines médical et chimique.*

**polyvinylique** /pɔlivinilik/ ADJ polyvinyl *(épith)*

**pomélo** /pɔmelo/ NM grapefruit, pomelo *(US)*

**Poméranie** /pɔmeʀani/ NF Pomerania; → **loulou**[1]

**pommade** /pɔmad/ NF *(pour la peau)* ointment; *(pour les cheveux)* cream, pomade ◆ ~ **pour les lèvres** lip salve *ou* balm ◆ **beurre en** ~ *(Culin)* softened butter ◆ **passer de la** ~ **à qn** * to butter sb up *, to soft-soap sb * *(Brit)*

**pommader** /pɔmade/ ► conjug 1 ◄ VT *[+ cheveux]* to pomade

**pomme** /pɔm/ NF **a** *(= fruit)* apple; *(= pomme de terre)* potato ◆ **tomber dans les** ~**s** * to faint, to pass out ◆ **elle est restée longtemps dans les** ~**s** * she was out (cold) * for some time ◆ **c'est aux** ~**s !** * it's ace! *; → **haut**
**b** *[de chou, laitue]* heart; *[de canne, lit]* knob; *[d'arrosoir]* rose; *[de mât]* truck ◆ ~ **de douche** showerhead
**c** *(* = tête)* head, nut *; *(= visage)* face, mug * ◆ **c'est pour ma** ~ *(gén)* it's for me *ou* for yours truly *; *(qch de désagréable)* it's for yours truly * *ou* for muggins here ⁑ *(Brit)* ◆ **je m'occupe d'abord de ma** ~ I'm looking after number one * ◆ **c'est pour ta** ~ it's for you
**d** *(* = naïf, indulgent)* sucker *, mug * *(Brit)* ◆ **et moi, bonne** ~**, j'ai dit oui** and like a sucker * *ou* mug * *(Brit)* I said yes
COMP ▷ **pomme d'Adam** Adam's apple ▷ **pommes allumettes** matchstick potatoes ▷ **pomme d'amour** *(= sucrerie)* toffee apple; *(= tomate)* love apple ▷ **pomme d'api** *type of small apple* ▷ **pommes boulangère** *(Culin)* fried potatoes with onions ▷ **pomme cannelle** custard apple, sweetsop *(Brit)* ▷ **pomme à cidre** cider apple ▷ **pomme à couteau** eating apple ▷ **pomme à cuire** cooking apple, cooker * ▷ **pommes dauphine** pommes dauphine, ≃ potato croquettes *(without breadcrumbs)* ▷ **pomme de discorde** *(fig)* bone of contention ▷ **pomme fruit** apple ▷ **pommes mousseline** mashed potatoes ▷ **pommes noisettes** ≃ mini potato croquettes *(without breadcrumbs)* ▷ **pommes paille** straw potatoes, ≃ shoestring potatoes *(US)* ▷ **pomme de pin** pine *ou* fir cone ▷ **pomme sauvage** crab apple ▷ **pomme de terre** potato ▷ **pommes vapeur** boiled potatoes; → **frite**[2]

**pommé, e** /pɔme/ (ptp de **pommer**) ADJ *[chou]* firm and round; *[laitue]* with a good heart

**pommeau** (pl **pommeaux**) /pɔmo/ NM *[d'épée, selle]* pommel; *[de canne]* knob

**pommelé, e** /pɔm(ə)le/ (ptp de **pommeler**) ADJ *[cheval]* dappled; *[ciel]* full of fluffy *ou* fleecy clouds ◆ **gris** ~ dapple-grey

**pommeler (se)** /pɔm(ə)le/ ► conjug 4 ◄ VPR *[ciel]* to become full of fluffy *ou* fleecy clouds; *[chou, laitue]* to form a head *ou* heart

**pommelle** /pɔmɛl/ NF filter *(over a pipe)*

**pommer** /pɔme/ ► conjug 1 ◄ VI *(Bot)* to form a head *ou* heart

**pommeraie** /pɔm(ə)ʀɛ/ NF apple orchard

**pommette** /pɔmɛt/ NF cheekbone ◆ **le rouge lui monta aux** ~**s** his cheeks reddened ◆ ~**s saillantes** high cheekbones

**pommier** /pɔmje/ NM apple tree ◆ ~ **sauvage** crab-apple tree ◆ ~ **du Japon** Japan (flowering) quince (tree)

**Pomone** /pɔmɔn/ NF Pomona

**pompage** /pɔ̃paʒ/ NM pumping ◆ ~ **optique** optical pumping

**pompe**[1] /pɔ̃p/ NF **a** *(= machine)* pump ◆ ~ **à air/à vide/de bicyclette** air/vacuum/bicycle pump
**b** *(* = chaussure)* shoe ◆ **être à l'aise** *ou* **bien dans ses** ~**s** *(fig)* to feel good ◆ **je suis à côté de mes** ~**s en ce moment** I'm not quite with it * at the moment ◆ **ce type est vraiment à côté de ses** ~**s** that guy's really out of it *
**c** *(* : loc)* **(soldat de) deuxième** ~ private ◆ **faire des** ~**s** *(Sport)* to do press-ups *(Brit)* *ou* push-ups *(US)* ◆ **c'est juste un petit coup de** ~ I'm (*ou* we're) just feeling a bit drained ◆ **j'ai eu un** *ou* **le coup de** ~ I felt drained, I was shattered *
◆ **à toute pompe** at top speed, flat out *
COMP ▷ **pompe aspirante** suction *ou* lift pump ◆ ~ **aspirante et foulante** suction and force pump ▷ **pompe à chaleur** heat pump ▷ **pompe à essence** *(= distributeur)* petrol *(Brit)* *ou* gas(oline) *(US)* pump; *(= station)* petrol *(Brit)* *ou* gas *(US)* station ▷ **pompe foulante** force pump ▷ **pompe à incendie** fire engine *(apparatus)*

**pompe**[2] /pɔ̃p/ NF **a** *(littér = solennité)* pomp ◆ **en grande** ~ with great pomp **b** *(Rel = vanités)* ~**s** pomps and vanities ◆ **renoncer au monde et à ses** ~**s** to renounce the world and all its pomps and vanities COMP ▷ **pompes funèbres** undertaker's, funeral director's *(Brit)*, mortician's *(US)* ◆ **entreprise de** ~**s funèbres** funeral home, funeral director's *(Brit)*, funeral parlor *(US)* ◆ **employé des** ~**s funèbres** undertaker's *ou* mortician's *(US)* assistant

**pompé, e** ⁑ /pɔ̃pe/ (ptp de **pomper**) ADJ *(= fatigué)* dead-beat *, knackered ⁑ *(Brit)*, pooped * *(US)*

**Pompée** /pɔ̃pe/ NM Pompey

**Pompéi** /pɔ̃pei/ N Pompeii

**pompéien, -ienne** /pɔ̃pejɛ̃, jɛn/ ADJ Pompeiian NM,F **Pompéien(ne)** Pompeiian

**pomper** /pɔ̃pe/ ► conjug 1 ◄ VT **a** *[+ air, liquide]* to pump; *[moustique]* to suck; *(= évacuer)* to pump out; *(= faire monter)* to pump up ◆ ~ **de l'eau** to get water from the pump, to pump water out ◆ **tu me pompes (l'air)** ⁑ you're getting on my nerves, I'm fed up with you ⁑ ◆ **il m'a pompé pas mal d'argent** ⁑ he sponged * quite a lot of money off me ◆ **les impôts nous pompent tout notre argent** * all our money gets eaten up in tax
**b** *[éponge, buvard]* to soak up
**c** *(arg Scol = copier)* to crib * (*sur* from); ◆ **il m'a pompé toutes mes idées** he copied *ou* lifted * all my ideas ◆ **elle a pompé mon style** she has copied *ou* imitated my style
**d** *(* = boire)* to knock back * ◆ **qu'est-ce qu'il pompe !** he can't half *(Brit)* *ou* he sure can *(US)* knock it back! *
**e** *(* = épuiser)* to wear out, to tire out ◆ **tout ce travail m'a pompé** I'm worn out * *ou* knackered ⁑ *(Brit)* *ou* pooped * *(US)* after all that work

**pompette** * /pɔ̃pɛt/ ADJ tipsy *, tiddly * *(Brit)* ◆ **être/se sentir** ~ to be/feel a bit tipsy * *ou* tiddly * *(Brit)*

**pompeusement** /pɔ̃pøzmɑ̃/ ADV pompously, pretentiously

**pompeux, -euse** /pɔ̃pø, øz/ ADJ *(= ampoulé)* pompous, pretentious; *(= imposant)* solemn

**pompier, -ière** /pɔ̃pje, jɛʀ/ ADJ *(péj)* *[style, écrivain]* pompous, pretentious; *[morceau de musique]* slushy * ◆ **art** ~ *(Art)* official art NM **a** *(= personne)* fireman, firefighter ◆ **appeler les** ~**s** to call the fire brigade *(Brit)* *ou* department *(US)*; → **fumer** **b** *(⁑ = acte sexuel)* blow job*,* ♦ **faire un ~ à qn** to give sb a blow job*,*

**pompiste** /pɔ̃pist/ NMF petrol pump *(Brit)* *ou* gas station *(US)* attendant

**pompon** /pɔ̃pɔ̃/ NM *[de chapeau, coussin]* pompom; *[de frange, instrument]* bobble ♦ **c'est le ~ !*** it's the last straw!, that beats everything!*, that's the limit!* ♦ **décrocher le ~** *(fig, aussi iro)* to hit the jackpot ♦ **décerner le ~ à qn** to give first prize to sb; → **rose**

**pomponner** /pɔ̃pɔne/ ► conjug 1 ◄ VT to titivate, to doll up*; *[+ bébé]* to dress up ♦ **bien pomponné** all dolled up* *ou* dressed up VPR **se pomponner** to doll o.s. up*, to get dolled up* *ou* dressed up

**ponant** /pɔnɑ̃/ NM *(littér)* west

**ponçage** /pɔ̃saʒ/ NM a *(avec du papier de verre)* sanding (down), sandpapering; *(avec une ponceuse)* sanding (down) b *(avec une pierre ponce)* pumicing

**ponce** /pɔ̃s/ NF a ♦ **(pierre) ~** pumice (stone) b *(Art)* pounce box

**ponceau** (pl **ponceaux**) /pɔ̃so/ NM *(= fleur)* corn *ou* Flanders *ou* field poppy, coquelicot; *(= colorant)* ponceau ADJ ponceau, dark red

**Ponce Pilate** /pɔ̃spilat/ NM Pontius Pilate

**poncer** /pɔ̃se/ ► conjug 3 ◄ VT a *(= décaper) (avec du papier de verre)* to sand (down), to sandpaper; *(avec une ponceuse)* to sand (down) ♦ **il faut commencer par ~** it needs sanding down first b *(avec une pierre ponce = polir)* to pumice c *(Art) [+ dessin]* to pounce

**ponceuse** /pɔ̃søz/ NF sander

**poncho** /pɔ̃(t)ʃo/ NM *(= cape)* poncho

**poncif** /pɔ̃sif/ NM a *(= cliché)* commonplace, cliché b *(Art)* stencil *(for pouncing)*

**ponction** /pɔ̃ksjɔ̃/ NF a *(Méd) (lombaire)* puncture; *(pulmonaire)* tapping ♦ **faire une ~ lombaire à qn** to perform a lumbar puncture on sb ♦ **faire une ~ pulmonaire à qn** to drain fluid from sb's lungs b *[d'argent]* draining ♦ **~ fiscale** (tax) levy (*sur* on); ♦ **les ~s opérées sur nos bénéfices** the levies on our profits ♦ **les ~s massives opérées sur notre pouvoir d'achat** the huge drain on our spending power ♦ **par de fréquentes ~s il a épuisé son capital** he has dipped into *ou* drawn on his capital so often he has used it all up ♦ **faire une sérieuse ~ dans ses économies** *[impôt]* to make a large hole in *ou* make serious inroads into one's savings; *[personne]* to draw heavily on one's savings

**ponctionner** /pɔ̃ksjɔne/ ► conjug 1 ◄ VT *[+ région lombaire]* to puncture; *[+ poumon]* to tap; *[+ réserves]* to tap; *[+ contribuable, entreprise]* to tax

**ponctualité** /pɔ̃ktɥalite/ NF *(= exactitude)* punctuality; *(= assiduité)* punctiliousness *(frm)*, meticulousness

**ponctuation** /pɔ̃ktɥasjɔ̃/ NF punctuation

**ponctuel, -elle** /pɔ̃ktɥɛl/ ADJ a *(= à l'heure)* punctual; *(= scrupuleux)* punctilious *(frm)*, meticulous b *(= limité, ciblé) [mesure, mission, projet]* specific; *[opération, coopération, accord, partenariat]* one-off; *[étude]* limited; *[événement]* particular ♦ **ces terroristes se livrent à des actions ponctuelles** the terrorists make sporadic attacks ♦ **je n'ai fait que quelques modifications ponctuelles** I've only changed a few details c *(Ling) [aspect]* punctual d *(Phys)* punctual

> ⚠ *Au sens de 'limité', 'ciblé',* **ponctuel** *ne se traduit pas par le mot anglais* **punctual.**

**ponctuellement** /pɔ̃ktɥɛlmɑ̃/ ADV a *(= avec exactitude) [arriver]* punctually b *(= de temps en temps)* from time to time; *(= ici et là)* here and there

**ponctuer** /pɔ̃ktɥe/ ► conjug 1 ◄ VT *(lit, fig)* to punctuate (*de* with); *(Mus)* to phrase

**pondéral, e** (mpl **-aux**) /pɔ̃deʀal, o/ ADJ weight *(épith)*; → **surcharge**

**pondérateur, -trice** /pɔ̃deʀatœʀ, tʀis/ ADJ *[influence]* stabilizing, steadying

**pondération** /pɔ̃deʀasjɔ̃/ NF a *[de personne]* level-headedness b *(= équilibrage)* balancing; *(Écon, Math)* weighting ♦ **~ des pouvoirs** balance of powers ♦ **le coefficient de ~ est 3** it's weighted by a factor of 3

**pondéré, e** /pɔ̃deʀe/ (ptp de **pondérer**) ADJ a *[personne, attitude]* level-headed b *(Écon)* **indice ~** weighted index

**pondérer** /pɔ̃deʀe/ ► conjug 6 ◄ VT *(= équilibrer)* to balance; *(= compenser)* to counterbalance (*par* by); *(Écon) [+ indice]* to weight

**pondéreux, -euse** /pɔ̃deʀø, øz/ ADJ *[marchandises, produits]* heavy NMPL heavy goods

**pondeur** /pɔ̃dœʀ/ NM *(péj)* ♦ **~ de romans** writer who churns out books

**pondeuse** /pɔ̃døz/ NF ♦ **(poule) ~** good layer; *(*: péj ou hum)* prolific child-bearer *(hum)*

**pondre** /pɔ̃dʀ/ ► conjug 41 ◄ VT *[+ œuf]* to lay; **[+ enfant]* to produce; *[+ devoir, texte]* to produce, to turn out* ♦ **œuf frais pondu** new-laid egg VI *[poule]* to lay; *[poisson, insecte]* to lay its eggs

**poney** /pɔnɛ/ NM pony

**pongé(e)** /pɔ̃ʒe/ NM *(Tex)* pongee

**pongiste** /pɔ̃ʒist/ NMF table tennis player

**pont** /pɔ̃/ NM a *(Constr)* bridge; *(= lien)* bridge, link (*entre* between); ♦ **passer un ~** to go over *ou* cross a bridge ♦ **vivre** *ou* **coucher sous les ~s** to sleep rough, to live on the streets ♦ **solide comme le Pont-Neuf** (as) strong as an ox ♦ **se porter comme le Pont-Neuf*** to be hale and hearty ♦ **faire un ~ d'or à qn** *(pour l'employer)* to offer sb a fortune *(to take on a job)* ♦ **couper les ~s avec qn** to sever all links with sb ♦ **jeter un ~ sur une rivière** to bridge a river, to throw a bridge over a river ♦ **jeter un ~ entre les générations/deux cultures** to build bridges between generations/two cultures; → **eau**

b *(= acrobatie)* crab ♦ **faire le ~** to do a crab

c *(Naut)* deck ♦ **~ avant/arrière** fore/rear deck ♦ **~ principal/supérieur** main/upper *ou* top deck ♦ **navire à deux/trois ~s** two/three decker ♦ **tout le monde sur le ~ !** all hands on deck!

d *(Aut)* axle ♦ **~ avant/arrière** front/rear axle

e *(Mécanique)* **~ (élévateur)** (hydraulic) ramp ♦ **mettre une voiture sur le ~** to put a car on the ramp

f *(= vacances)* extra day(s) off *(taken between two public holidays or a public holiday and a weekend)* ♦ **on a un ~ de trois jours pour Noël** we have three extra days (off) for *ou* at Christmas ♦ **faire le ~** to take the extra day (off), to make a long weekend of it; → FÊTES LÉGALES

g *(Antiq)* **(royaume du) Pont** Pontus

h *(Ftbl)* **petit ~** nutmeg *(Brit)*, between-the-leg pass *(US)* ♦ **faire un grand ~ à qn** to send the ball round sb's legs ♦ **faire un petit ~ à qn** to send the ball between sb's legs, to nutmeg sb *(Brit)*

i *(Élec)* bridge (circuit) ♦ **~ de Wheatstone** Wheatstone bridge

COMP ▷ **pont aérien** airlift ▷ **pont aux ânes** pons asinorum ♦ **c'est le ~ aux ânes** *(fig)* any fool knows that ▷ **pont basculant** bascule bridge ▷ **les Ponts et Chaussées** *(= service)* the highways department, the department of civil engineering; *(= école)* school of civil engineering ♦ **ingénieur des ~s et chaussées** civil engineer ▷ **pont d'envol** *(Naut)* flight deck ▷ **pont flottant** pontoon bridge ▷ **pont garage** car deck, vehicle deck ▷ **pont de glace** *(Can)* ice bridge *ou* road ▷ **pont de graissage** *(Aut)* ramp *(in a garage)* ▷ **pont mobile** movable bridge ▷ **pont à péage** tollbridge ▷ **pont promenade** *(Naut)* promenade deck ▷ **pont roulant** *(Rail)* travelling crane ▷ **pont suspendu** suspension bridge ▷ **pont tournant** swing bridge ▷ **pont transbordeur** transporter bridge; → **hauban**

**pontage** /pɔ̃taʒ/ NM *(Naut)* decking ♦ **~ (cardiaque)** *(Méd)* (heart) bypass operation *ou* surgery *(NonC)* ♦ **~ coronarien** coronary bypass operation *ou* surgery *(NonC)* ♦ **faire un ~ à qn** to carry out a (heart) bypass operation on sb ♦ **on lui a fait un triple ~** he had triple bypass surgery *ou* a triple bypass operation

**pont-canal** (pl **ponts-canaux**) /pɔ̃kanal, o/ NM canal bridge

**ponte¹** /pɔ̃t/ NF *(= action)* laying (of eggs); *(= œufs)* eggs, clutch; *(= saison)* (egg-)laying season ♦ **~ ovulaire** ovulation

**ponte²** /pɔ̃t/ NM a *(* = pontife)* bigwig* ♦ **les grands ~s de l'université/du parti** the academic/party bigwigs ♦ **un ~ de la médecine** a leading light in the medical world ♦ **un ~ de la banque** a bigshot* in the banking world b *(Jeux)* punter

**ponter¹** /pɔ̃te/ ► conjug 1 ◄ VT *(Naut)* to deck, to lay the deck of

**ponter²** /pɔ̃te/ ► conjug 1 ◄ *(Jeux)* VI to punt VT to bet

**Pont-Euxin** /pɔ̃tøksɛ̃/ NM ♦ **le ~** the Euxine Sea

**pontife** /pɔ̃tif/ NM a *(Rel)* pontiff; → **souverain** b *(* = personne importante)* big shot*, pundit*

**pontifiant, e*** /pɔ̃tifjɑ̃, jɑ̃t/ ADJ *[personne, ton]* pontificating

**pontifical, e** (mpl **-aux**) /pɔ̃tifikal, o/ ADJ *(Antiq)* pontifical; *(Rel) [messe]* pontifical; *[siège, gardes, États]* papal

**pontificat** /pɔ̃tifika/ NM pontificate

**pontifier** /pɔ̃tifje/ ► conjug 7 ◄ VI to pontificate

**pont-levis** (pl **ponts-levis**) /pɔ̃l(ə)vi/ NM drawbridge

**ponton** /pɔ̃tɔ̃/ NM *(= plate-forme)* pontoon, (floating) landing stage; *(= chaland)* lighter; *(= navire)* hulk

**ponton-grue** (pl **pontons-grues**) /pɔ̃tɔ̃gʀy/ NM floating crane

**pontonnier** /pɔ̃tɔnje/ NM *(Mil)* pontoneer, pontonier

**pool** /pul/ NM *[de producteurs, dactylos]* pool ♦ **~ bancaire** banking pool

**pop** /pɔp/ ADJ INV *[musique, art]* pop NM INV ♦ **le ~** *(= musique)* pop (music); *(= art)* pop art

**pop art, pop'art** /pɔpaʀt/ NM pop art

**pop-corn** /pɔpkɔʀn/ NM INV popcorn

**pope** /pɔp/ NM (Orthodox) priest

**popeline** /pɔplin/ NF poplin

**popote** /pɔpɔt/ NF a *(* = cuisine)* cooking ♦ **faire la ~** to cook b *(Mil)* mess, canteen ♦ **j'ai fait le tour des ~s*** *(pour collecter des informations)* I asked around ADJ INV * stay-at-home *(épith)*, home-loving ♦ **il est très ~** he likes his home comforts

**popotin** */pɔpɔtɛ̃/ NM bottom*; → **se magner**

**populace** /pɔpylas/ NF *(péj)* rabble, mob

**populaire** /pɔpylɛʀ/ ADJ **a** *(= du peuple) [gouvernement, front, croyance, tradition]* popular; *[démocratie]* popular, people's; *[république]* people's; *[mouvement, manifestation]* mass ◆ **la République ~ de ...** the People's Republic of ... **b** *(= pour la masse) [roman, art, chanson]* popular; *[édition]* cheap; → **bal, soupe** **c** *(= plébéien) [goût]* common; *(= ouvrier) [milieu, quartier, origines]* working-class ◆ **les classes ~s** the working classes **d** *(= qui plaît)* popular, well-liked ◆ **très ~ auprès des jeunes** very popular with young people **e** *(Ling) [mot, expression]* vernacular; *[étymologie]* popular; *[latin]* popular

**populairement** /pɔpylɛʀmɑ̃/ ADV *(gén)* popularly; *[parler]* in the vernacular

**popularisation** /pɔpylaʀizasjɔ̃/ NF *(= vulgarisation)* popularization ◆ **avec la ~ des concepts freudiens** *(= propagation)* with Freudian theories becoming more widely known ◆ **la télévision a joué un rôle important dans la ~ de l'art lyrique** television played an important role in making opera accessible to *ou* in bringing opera to the general public

**populariser** /pɔpylaʀize/ ► conjug 1 ◄ VT to popularize VPR **se populariser** to become more (and more) popular

**popularité** /pɔpylaʀite/ NF popularity

**population** /pɔpylasjɔ̃/ NF population ◆ **région à ~ musulmane/mixte** area with a large Muslim population/with a mixed population ◆ **~ active/agricole** working/farming population ◆ **~ carcérale/civile/scolaire** prison/civilian/school population ◆ **mouvement de ~** population movement ◆ **l'attentat a fait quatre victimes parmi la ~** the bomb attack claimed four civilian casualties

**populeux, -euse** /pɔpylø, øz/ ADJ *[pays, ville]* densely populated, populous; *[rue]* crowded

**populisme** /pɔpylism/ NM **a** *(Pol)* populism **b** *(Littérat)* populisme *(a literary movement of the 1920s and 1930s which sets out to describe the lives of ordinary people)*

**populiste** /pɔpylist/ ADJ, NMF populist

**populo** * /pɔpylo/ NM *(péj = peuple)* ordinary people *ou* folks *; *(= foule)* crowd (of people)

**porc** /pɔʀ/ NM **a** *(= animal)* pig, hog *(US)*; *(= viande)* pork; *(= peau)* pigskin **b** *(* péj)* pig, swine *

**porcelaine** /pɔʀsəlɛn/ NF **a** *(= matière)* porcelain, china; *(= objet)* piece of porcelain ◆ **~ dure/tendre** soft-paste/hard-paste porcelain ◆ **~ tendre naturelle** bone china ◆ **~ vitreuse** vitreous china ◆ **~ de Saxe/de Sèvres** Dresden/Sèvres china ◆ **~ de Chine** China ◆ **~ de Limoges** Limoges porcelain ◆ **de** *ou* **en ~** china, porcelain **b** *(Zool)* cowrie

**porcelainier, -ière** /pɔʀsəlenje, jɛʀ/ ADJ china *(épith)*, porcelain *(épith)* NM *(= fabricant)* porcelain *ou* china manufacturer

**porcelet** /pɔʀsəlɛ/ NM *(Zool)* piglet; *(Culin)* sucking pig

**porc-épic** (pl **porcs-épics**) /pɔʀkepik/ NM porcupine; *(= personne irritable)* prickly customer * ◆ **tu es un vrai ~ !** *(= homme mal rasé)* you're all bristly!

**porche** /pɔʀʃ/ NM porch ◆ **sous le ~ de l'immeuble** in the entrance to the building

**porcher, -ère** /pɔʀʃe, ɛʀ/ NM,F pig-keeper, swineherd †

**porcherie** /pɔʀʃəʀi/ NF *(lit, fig)* pigsty, pigpen *(US)*

**porcin, e** /pɔʀsɛ̃, in/ ADJ *(lit)* porcine; *(fig)* piglike NM pig ◆ **les ~s** pigs

**pore** /pɔʀ/ NM pore ◆ **il sue l'arrogance par tous les ~s** he exudes arrogance from every pore

**poreux, -euse** /pɔʀø, øz/ ADJ porous

**porno** * /pɔʀno/ ADJ (abrév de **pornographique**) porn *, porno * ◆ **film/revue/cinéma ~** porn(o) * film/magazine/cinema NM (abrév de **pornographie**) porn *

**pornographe** /pɔʀnɔgʀaf/ NMF pornographer ADJ of pornography *(attrib)*, pornographic

**pornographie** /pɔʀnɔgʀafi/ NF pornography

**pornographique** /pɔʀnɔgʀafik/ ADJ pornographic

**porosité** /pɔʀozite/ NF porosity

**porphyre** /pɔʀfiʀ/ NM porphyry

**porphyrique** /pɔʀfiʀik/ ADJ porphyritic

**port**[1] /pɔʀ/ NM **a** *(= bassin)* harbour *(Brit)*, harbor *(US)*; *(commercial)* port; *(= ville)* port; *(littér = abri)* port, haven ◆ **se promener sur le ~** to walk around the harbour *ou* along the quayside ◆ **sortir du ~** to leave port *ou* harbour ◆ **arriver au ~** *(Naut)* to dock; *(fig)* to reach one's destination ◆ **arriver à bon ~** to arrive intact, to arrive safe and sound ◆ **un ~ dans la tempête** *(fig)* a port in a storm **b** *(dans les Pyrénées)* pass **c** *(Ordin)* port ◆ **~ parallèle/série** parallel/serial port

COMP ▷ **port artificiel** artificial harbour *(Brit)* *ou* harbor *(US)* ▷ **port d'attache** *(Naut)* port of registry; *(fig)* home base ▷ **port autonome** *(= gestion)* port authority; *(= lieu)* port *(publicly managed)* ▷ **port de commerce** commercial port ▷ **port fluvial** river port ▷ **port franc** free port ▷ **port de guerre** naval base ▷ **port maritime, port de mer** sea port ▷ **port militaire** military port ▷ **port de pêche** fishing port ▷ **port de plaisance** *(= bassin)* marina; *(= ville)* sailing *ou* yachting resort

**port**[2] /pɔʀ/ NM **a** *(= fait de porter) [d'objet]* carrying; *[d'habit, barbe, décoration]* wearing ◆ **le ~ du casque est obligatoire sur le chantier** hard hats must be worn on the building site ◆ **~ d'armes prohibé** illegal carrying of firearms ◆ **se mettre au ~ d'armes** *(Mil)* to shoulder arms **b** *(= prix) (poste)* postage; *(= transport)* carriage ◆ **franco** *ou* **franc de ~** carriage paid ◆ **(en) ~ dû/payé** postage due/paid **c** *(= comportement)* bearing, carriage ◆ **elle a un ~ majestueux** *ou* **de reine** she has a noble *ou* majestic *ou* queenly bearing ◆ **elle a un joli ~ de tête** she holds her head very nicely **d** *(Mus)* **~ de voix** portamento

**portabilité** /pɔʀtabilite/ NF *(gén, Ordin)* portability

**portable** /pɔʀtabl/ ADJ **a** *(= portatif) (gén)* portable; *[téléphone]* mobile ◆ **logiciels ~s** portable software **b** *[vêtement]* wearable NM *(Ordin, gén)* portable; *(= qui tient sur les genoux)* laptop; *(= téléphone)* mobile phone, mobile *

**portage** /pɔʀtaʒ/ NM *[de marchandise]* porterage; *(Naut, Can)* portage ◆ **~ à domicile** *(Presse)* home delivery

**portager** /pɔʀtaʒe/ ► conjug 3 ◄ VI *(Can)* to portage

**portail** /pɔʀtaj/ NM *(= porte)* gate; *(Internet)* portal

**portance** /pɔʀtɑ̃s/ NF *(Aviat)* lift; *(Constr)* load-bearing capacity

**portant, e** /pɔʀtɑ̃, ɑ̃t/ ADJ **a** *[mur]* structural, supporting; *[roue]* running ◆ **surface ~e** *(Aviat)* aerofoil *(Brit)*, airfoil *(US)* ◆ **vent ~** *(Naut)* fair wind **b** ◆ **être bien/mal ~** to be healthy *ou* in good health/in poor health; → **bout** NM *(= anse)* handle; *(Théât)* upright; *(= présentoir)* rack

**portatif, -ive** /pɔʀtatif, iv/ ADJ portable

**Port-au-Prince** /pɔʀopʀɛ̃s/ N Port-au-Prince

**porte** /pɔʀt/ NF **a** *[de maison, voiture, meuble]* door; *[de forteresse, jardin, stade, ville]* gate; *(= seuil)* doorstep; *(= embrasure)* doorway ◆ **~ pliante/coulissante** folding/sliding door ◆ **franchir** *ou* **passer la ~** to go through *ou* come through the door(way) ◆ **sonner à la ~** to ring the (door)bell ◆ **c'est à ma ~** it's close by, it's on the doorstep ◆ **le bus me descend** *ou* **met à ma ~** the bus takes me right to my door ◆ **j'ai trouvé ce colis à ma ~** I found this parcel on my doorstep ◆ **ils se réfugièrent sous la ~** they took shelter in the doorway ◆ **une (voiture) 3/5 ~s** a 3-door/5-door (car) ◆ **il y a 100 km/j'ai mis deux heures (de) ~ à ~** it's 100 km/it took me two hours (from) door to door ◆ **de ~ en ~** from house to house ◆ **faire du ~ à ~** *(= vendre)* to sell from door to door, to be a door-to-door salesman, to do doorstep selling *(Brit)*; *(= chercher du travail)* to go around knocking on doors ◆ **l'ennemi est à nos ~s** the enemy is at our gate(s) ◆ **Dijon, ~ de la Bourgogne** Dijon, the gateway to Burgundy; → **casser, clé** *etc*

**b** *[d'aéroport]* gate

**c** *[d'écluse]* (lock) gate; *(Ski)* gate

**d** *(loc)* **c'est/ce n'est pas la ~ à côté** * it's practically/it's not exactly on our (*ou* my *etc*) doorstep ◆ **la ~ !** * (shut the) door! ◆ **(à) la ~ !** (get) out! ◆ **être à la ~** to be locked out ◆ **mettre** *ou* **flanquer qn à la ~** * *(licencier)* to fire sb *, to sack sb * *(Brit)*, to give sb the sack * *(Brit)*; *(Scol)* to expel sb; *(Univ)* to send sb down *(Brit)*, to flunk sb out * *(US)*; *(éjecter)* to throw *ou* boot * sb out ◆ **montrer la ~ à qn** to show sb the door ◆ **claquer/fermer la ~ au nez de qn** to slam/shut the door in sb's face ◆ **entrer** *ou* **passer par la petite/la grande ~** *(fig)* to start at the bottom (rung of the ladder)/at the top ◆ **le ministre est sorti** *ou* **s'est en allé par la petite ~** the minister left quietly *ou* made a discreet exit ◆ **ça lui a permis de sortir par la grande ~** this allowed him to leave with dignity *ou* without losing face ◆ **fermer** *ou* **refuser sa ~ à qn** to close the door to sb, to bar sb from one's house ◆ **fermer la ~ à qch** *(fig)* to close the door on sth ◆ **j'ai trouvé ~ close** *ou* **de bois** *(Belg) (maison)* no one answered the door; *(magasin, bâtiment public)* it was closed ◆ **vous avez frappé** *ou* **sonné à la bonne/mauvaise ~** *(fig)* you've come to the right/wrong person *ou* place ◆ **c'est la ~ ouverte** *ou* **c'est ouvrir la ~ à tous les abus** *(fig)* it means leaving the door wide open *ou* the way open to all sorts of abuses ◆ **toutes les ~s lui sont ouvertes** every door is open to him ◆ **laisser la ~ ouverte à un compromis** to leave the way open for compromise ◆ **journée ~(s) ouverte(s)** open day *(Brit)*, open house *(US)* ◆ **opération ~(s) ouverte(s)** open day event ◆ **il faut qu'une ~ soit ouverte ou fermée** you can't have it both ways ◆ **aux ~s de la mort** at death's door ◆ **parler à qn entre deux ~s** to have a quick word with sb, to speak to sb very briefly *ou* in passing ◆ **recevoir qn entre deux ~s** to meet sb very briefly ◆ **prendre la ~** to go away, to leave ◆ **aimable** *ou* **souriant comme une ~ de prison** like a bear with a sore head

ADJ ◆ **veine ~** portal vein

COMP ▷ **porte accordéon** folding door ▷ **les portes du Ciel** the gates of Heaven ▷ **porte cochère** carriage entrance, porte-cochère ▷ **porte à deux battants** double door *ou* gate ▷ **porte d'embarque-**

**ment** *(Aviat)* departure gate ▷ **les portes de l'Enfer** the gates of Hell ▷ **porte d'entrée** front door ▷ **les Portes de Fer** *(Géog)* the Iron Gate(s) ▷ **porte palière** front door *(of an apartment)* ▷ **porte de secours** emergency exit *ou* door ▷ **porte de service** rear *ou* tradesman's *(surtout Brit)* entrance ▷ **porte de sortie** *(lit)* exit, way out *(surtout Brit)*; *(fig)* way out, let-out * *(Brit)* ◆ **se ménager une ~ de sortie** to leave o.s. a way out *ou* loophole

**porté, e**[1] /pɔʀte/ (ptp de **porter**) ADJ ◆ **être ~ à faire qch** to be apt *ou* inclined to do sth, to tend to do sth ◆ **nous sommes ~s à croire que ...** we are inclined to believe that ... ◆ **être ~ à la colère/à l'exagération** to be prone to anger/to exaggeration ◆ **être ~ sur qch** to be fond of *ou* keen on *(Brit)* sth, to be partial to sth ◆ **être ~ sur la chose** * to have a one-track mind * NM *(Danse)* lift

**porte-aéronefs** /pɔʀtaeʀɔnɛf/ NM INV aircraft carrier

**porte-à-faux** /pɔʀtafo/ NM INV *[de mur]* slant; *[de rocher]* precarious balance, overhang; *(Archit)* cantilever ◆ **en ~** *[mur, construction]* slanting, out of plumb; *[rocher]* precariously balanced; *(fig) [personne] (= dans une situation délicate)* in an awkward position; *(= en décalage, isolé)* out on a limb ◆ **être** *ou* **se trouver en ~ par rapport à** *ou* **avec qch** to be at odds *ou* out of step with sth ◆ **mettre qn en ~** to put sb in an awkward position

**porte-aiguilles** /pɔʀtegɥij/ NM INV *(= boîte)* needle case; *(en tissu)* needle book

**porte-avions** /pɔʀtavjɔ̃/ NM INV aircraft carrier

**porte-bagages** /pɔʀt(ə)bagaʒ/ NM INV *[de vélo]* rack; *[de train]* (luggage) rack

**porte-bébé** (pl **porte-bébés**) /pɔʀt(ə)bebe/ NM *(= nacelle)* carrycot *(Brit)*; *(à bretelles)* baby sling, baby carrier

**porte-billets** /pɔʀt(ə)bijɛ/ NM INV wallet, notecase, billfold *(US)*

**porte-bonheur** /pɔʀt(ə)bɔnœʀ/ NM INV lucky charm ◆ **acheter du muguet ~** to buy lily of the valley for good luck

**porte-bouquet** (pl **porte-bouquets**) /pɔʀt(ə)bukɛ/ NM flower holder

**porte-bouteille(s)** (pl **porte-bouteilles**) /pɔʀt(ə)butɛj/ NM *(à anse)* bottle-carrier; *(à casiers)* wine rack; *(= hérisson)* bottle-drainer

**porte-cartes** /pɔʀt(ə)kaʀt/ NM INV *[de papiers d'identité]* card wallet *ou* holder; *[de cartes géographiques]* map wallet

**porte-chéquier** (pl **porte-chéquier**) /pɔʀt(ə)ʃekje/ NM chequebook *(Brit) ou* checkbook *(US)* holder

**porte-cigares** /pɔʀt(ə)sigaʀ/ NM INV cigar case

**porte-cigarettes** /pɔʀt(ə)sigaʀɛt/ NM INV cigarette case

**porte-clés** /pɔʀt(ə)kle/ NM INV **a** *(= anneau)* key ring; *(= étui)* key case **b** *(†† = geôlier)* turnkey *(††)*

**porte-conteneurs** /pɔʀt(ə)kɔ̃t(ə)nœʀ/ NM INV container ship

**porte-copie** (pl **porte-copies**) /pɔʀt(ə)kɔpi/ NM copy holder

**porte-couteau** (pl **porte-couteaux**) /pɔʀt(ə)kuto/ NM knife rest

**porte-crayon** (pl **porte-crayons**) /pɔʀt(ə)kʀɛjɔ̃/ NM pencil holder

**porte-croix** /pɔʀt(ə)kʀwa/ NM INV cross bearer

**porte-documents** /pɔʀt(ə)dɔkymɑ̃/ NM INV briefcase, attaché case, document case

**porte-drapeau** (pl **porte-drapeaux**) /pɔʀt(ə)dʀapo/ NM *(lit, fig)* standard bearer

**portée**[2] /pɔʀte/ NF **a** *(= distance)* range, reach; *[de fusil, radar]* range; *[de cri, voix]* carrying-distance, reach ◆ **canon à faible/longue ~** short-/long-range gun ◆ **missile de moyenne ~** intermediate-range weapon ◆ **à ~ de la main** within (arm's) reach, at *ou* on hand ◆ **restez à ~ de voix** stay within earshot ◆ **restez à ~ de vue** don't go out of sight ◆ **cet hôtel est/n'est pas à la ~ de toutes les bourses** this hotel is/is not within everyone's means, this hotel suits/does not suit everyone's purse ◆ **ne laissez pas les médicaments à ~ de main** *ou* **à la ~ des enfants** keep medicines out of the reach of children ◆ **hors de ~** *(lit)* out of reach *ou* range; *(fig)* beyond reach ◆ **hors de ~ de fusil/de voix** out of rifle range/earshot

**b** *(= capacité) [d'intelligence]* reach, scope, capacity; *(= niveau)* level ◆ **ce concept dépasse la ~ de l'intelligence ordinaire** this concept is beyond the reach *ou* scope *ou* capacity of the average mind ◆ **être à la ~ de qn** to be understandable to sb ◆ **il faut savoir se mettre à la ~ des enfants** you have to be able to come down to a child's level ◆ **mettre la science à la ~ de tous** to bring science within everyone's reach

**c** *(= effet) [de parole, écrit]* impact, import; *[d'acte]* significance, consequences ◆ **il ne mesure pas la ~ de ses paroles/ses actes** he doesn't think about the import of what he's saying/the consequences of his actions ◆ **la ~ de cet événement est incalculable** it is impossible to foresee the consequences of this event ◆ **sans ~ pratique** of no practical consequence *ou* importance *ou* significance

**d** *(Archit) (= poussée)* loading; *(= distance)* span

**e** *(Mus)* stave, staff

**f** *(Vét)* litter

**porte-étendard** (pl **porte-étendards**) /pɔʀtetɑ̃daʀ/ NM *(lit, fig)* standard bearer

**porte-étrivière** (pl **porte-étrivières**) /pɔʀtetʀivjɛʀ/ NM stirrup leather holder

**portefaix** †† /pɔʀtəfɛ/ NM INV porter

**porte-fenêtre** (pl **portes-fenêtres**) /pɔʀt(ə)fənɛtʀ/ NF French window *(Brit) ou* door *(US)*

**portefeuille** /pɔʀtəfœj/ NM *[d'argent]* wallet, billfold *(US)*; *(Assurances, Bourse, Pol)* portfolio ◆ **société de ~** holding *ou* investment company ◆ **avoir un ~ bien garni** to be well-off ◆ **ils ont dû mettre la main au ~** they had to fork out * *ou* pay; → **lit, ministre**

**porte-flingue** ‡ /pɔʀtəflɛ̃g/ NM INV henchman

**porte-fusibles** /pɔʀtəfyzibl/ NM INV fuse box

**porte-greffe** (pl **porte-greffes**) /pɔʀtəgʀɛf/ NM *(Agr)* stock *(for graft)*

**porte-hélicoptères** /pɔʀtelikɔptɛʀ/ NM INV helicopter carrier

**porte-jarretelles** /pɔʀt(ə)ʒaʀtɛl/ NM INV suspender belt *(Brit)*, garter belt *(US)*

**porte-jupe** (pl **porte-jupes**) /pɔʀtəʒyp/ NM skirt hanger

**porte-malheur** /pɔʀt(ə)malœʀ/ NM INV *(= chose)* jinx; *(= personne)* jinx, Jonah

**portemanteau** (pl **portemanteaux**) /pɔʀt(ə)mɑ̃to/ NM **a** *(= cintre)* coat hanger; *(accroché au mur)* coat rack; *(sur pied)* hat stand ◆ **accrocher une veste au ~** to hang up a jacket **b** *(†† = malle)* portmanteau

**porte-menu** (pl **porte-menus**) /pɔʀt(ə)məny/ NM menu holder

**portemine** /pɔʀtəmin/ NM propelling pencil

**porte-monnaie** /pɔʀt(ə)mɔnɛ/ NM INV *(gén)* purse *(Brit)*, coin purse *(US)*; *(pour homme)* wallet ◆ **~ électronique** electronic purse ◆ **on fait souvent appel au ~ du contribuable** the taxpayer is often asked to dip into his pocket ◆ **avoir le ~ bien garni** to be well-off

**porte-musique** /pɔʀt(ə)myzik/ NM INV music case

**porte-objet** (pl **porte-objets**) /pɔʀt(ə)ɔbʒɛ/ NM *(= lamelle)* slide; *(= platine)* stage

**porte-outil** (pl **porte-outils**) /pɔʀtuti/ NM *(Tech)* chuck

**porte-parapluies** /pɔʀt(ə)paʀaplɥi/ NM INV umbrella stand

**porte-parole** /pɔʀt(ə)paʀɔl/ NMF INV spokesperson; *(= homme)* spokesman; *(= femme)* spokeswoman ◆ **le ~ du gouvernement** the government spokesperson, ≃ the press secretary *(US)* ◆ **se faire le ~ de qn** to act as spokesman for sb, to speak on sb's behalf ◆ **leur journal est le ~ du parti** their newspaper is the mouthpiece *ou* organ of the party

**porte-plume** (pl **porte-plumes**) /pɔʀtəplym/ NM penholder ◆ **prise ~** *(Ping-Pong)* penholder grip

**porter** /pɔʀte/ ▸ conjug 1 ◂ VT **a** *[+ parapluie, paquet, valise]* to carry; *(fig) [+ responsabilité]* to bear, to carry ◆ **~ un enfant dans ses bras/sur son dos** to carry a child in one's arms/on one's back ◆ **pouvez-vous me ~ ma valise ?** can you carry my case for me? ◆ **laisse-toi ~ par la vague** let yourself be carried by the waves ◆ **ses jambes ne le portent plus** his legs can no longer carry him ◆ **ce pont n'est pas fait pour ~ des camions** this bridge isn't meant to carry lorries *ou* meant for lorries *ou* can't take the weight of a lorry ◆ **portez ... arme !** *(Mil)* present ... arms! ◆ **la tige qui porte la fleur** the stem which bears the flower, the stem with the flower on ◆ **cette poutre porte tout le poids du plafond** this beam bears *ou* carries *ou* takes the whole weight of the ceiling ◆ **~ sa croix** *(fig)* to carry *ou* bear one's cross ◆ **~ le poids de ses fautes** *(fig)* to bear the weight of one's mistakes

**b** *(= apporter)* to take ◆ **~ qch à qn** to take sth to sb ◆ **porte-lui ce livre** take this book to him, take him this book ◆ **le facteur porte les lettres et les colis** the postman delivers letters and parcels ◆ **je vais ~ la lettre à la boîte** I'm going to take the letter to the postbox, I'm going to put this letter in the postbox ◆ **~ les plats sur la table** to take the dishes (out *ou* over) to the table ◆ **porte-la sur le lit** put *ou* lay her on the bed ◆ **~ la main à son front** to put one's hand to one's brow ◆ **~ la main à son chapeau** to lift one's hand to one's hat ◆ **~ la main sur qn** to raise one's hand to sb ◆ **~ qch à sa bouche** to lift *ou* put sth to one's lips ◆ **~ de l'argent à la banque** to take some money to the bank ◆ **se faire ~ à manger** to have food brought (to one) ◆ **~ l'affaire sur la place publique/devant les tribunaux** to take *ou* carry the matter into the public arena/before the courts ◆ **~ la nouvelle à qn** to take *ou* bring the news to sb ◆ **~ une œuvre à l'écran/à la scène** *(Ciné, Théât)* to transfer a work to the screen/to the stage ◆ **~ chance** *ou* **bonheur/malheur (à qn)** to be lucky/unlucky (for sb), to bring (sb) (good) luck/bad luck ◆ **ça porte bonheur !** it brings good luck!, it's lucky! ◆ **~ de l'eau à la rivière** *(Prov)* to carry coals to Newcastle ◆ **portant partout la terreur et la mort** *(littér)* carrying fear and death everywhere

**c** *[+ vêtement, bague, laine, lunettes]* to wear; *[+ armes héraldiques]* to bear; *[+ barbe]* to have, to wear; *[+ nom]* to have, to bear ◆ **~ les cheveux longs** to wear one's hair long, to have long hair ◆ **~ le nom d'une fleur** to be called after a flower ◆ ~ **le nom de Jérôme** to be called Jerome ◆ **il porte bien son nom** his name suits him ◆ **elle porte bien son âge** she looks good for her age ◆ **elle porte bien le pantalon** trousers suit her ◆ **c'est elle qui porte le pantalon** *ou* **la culotte** *(fig)* she's the one that wears trousers *(Brit)* *ou* pants *(US)* ◆ **je ne veux pas** ~ **le chapeau** * *(fig)* I don't want to carry the can * *ou* take the rap * *(pour* for); ◆ **on lui a fait** ~ **le chapeau** * he carried the can * *ou* took the rap *

**d** *(= tenir)* to hold, to keep ◆ ~ **la tête haute** *(lit)* to hold *ou* keep one's head up; *(fig)* to hold one's head high ◆ ~ **le corps en avant** to lean *ou* stoop forward

**e** *(= montrer)* *[+ signe, trace]* to show, to bear; *[+ blessure, cicatrice]* to have, to bear; *[+ inscription, date]* to bear ◆ **il porte la bonté sur son visage** he has a very kind(-looking) face, his face is a picture of kindness ◆ **ce livre porte un beau titre** this book has a good title ◆ **la lettre porte la date du 12 mai** the letter is dated *ou* bears the date of 12 May ◆ ~ **la marque de** *(Ling)* to be marked for

**f** *(= inscrire)* *[+ nom]* to write down, to put down (*sur* on, in); *(Comm)* *[+ somme]* to enter (*sur* in); ◆ ~ **de l'argent au crédit d'un compte** to credit an account with some money ◆ **nous portons cette somme à votre débit** we are debiting this sum from your account ◆ **se faire** ~ **absent** to go absent ◆ **se faire** ~ **malade** to report *ou* go sick ◆ ~ **qn absent** *(Mil)* to report sb absent; *(Scol)* to mark sb absent ◆ **porté disparu/au nombre des morts** reported missing/dead ◆ **porté manquant** unaccounted for

**g** *(= diriger)* *[+ regard]* to direct, to turn (*sur, vers* towards); *[+ attention]* to turn, to give (*sur* to) to focus (*sur* on); *[+ effort]* to direct (*sur* towards); *[+ pas]* to turn (*vers* towards); *[+ coup]* to deal (*à* to); *[+ accusation]* to make (*contre* against); *[+ attaque]* to make (*contre* on); ◆ **il fit** ~ **son attention sur ce détail** he turned his attention to *ou* focused his attention on this detail ◆ **il fit** ~ **son choix sur ce livre** he chose this book, his choice fell on this book

**h** *(= ressentir)* *[+ amour, haine]* to feel (*à* for); *[+ reconnaissance]* to feel (*à* to, towards); ◆ ~ **de l'amitié à qn** to feel friendship towards sb

**i** *(Méd)* *[+ enfant]* to carry; *(Vét)* *[+ petits]* to carry; *(Fin)* *[+ intérêts]* to yield; *(Bot)* *[+ graines, fruit]* to bear; *[+ récolte, moisson]* to yield ◆ **cette ardeur/haine qu'il portait en lui** the passion/hatred which he carried with him ◆ **idée qui porte en soi les germes de sa propre destruction** idea which carries (within itself) *ou* bears the seeds of its own destruction ◆ ~ **ses fruits** *(fig)* to bear fruit

**j** *(= conduire, amener)* to carry; *(= entraîner)* *[foi]* to carry along; *[vent]* to carry away ◆ **se laisser** ~ **par la foule** to (let o.s.) be carried away by the crowd ◆ ~ **qn au pouvoir** to bring *ou* carry sb to power ◆ ~ **qch à sa perfection/à son paroxysme/à l'apogée** to bring sth to perfection/to a peak/to a climax ◆ ~ **la température à 800°/le salaire à 2 000 €/la vitesse à 30 nœuds** to bring the temperature up to 800°/the salary up to €2,000/the speed up to 30 knots ◆ **cela porte le nombre de blessés à 20** that brings the number of casualties (up) to 20

**k** *(= inciter)* ~ **qn à faire qch** to prompt *ou* induce *ou* lead sb to do sth ◆ **ça le portera à l'indulgence** that will prompt him to be indulgent, that will make him indulgent ◆ **tout (nous) porte à croire que ...** everything leads us to believe that ...; → **porté**

**l** *(Ordin)* *[+ logiciel]* to port (*sous* to)

**VI** **a** *[bruit, voix, canon]* to carry ◆ **le son/le coup a porté à 500 mètres** the sound/the shot carried 500 metres ◆ **le fusil porte à 300 mètres** the rifle has a range of 300 metres

**b** *[reproche, coup]* ~ **(juste)** to hit *ou* strike home ◆ **tous les coups portaient** every blow told ◆ **un coup qui porte** a telling blow ◆ **ses conseils ont porté** his advice had some effect *ou* was of some use

**c** *(Méd)* *[femme]* to carry her child *ou* baby; *(Vét)* *[animal]* to carry its young

**d** *(= frapper)* **sa tête a porté sur le bord du trottoir** his head struck the edge of the pavement ◆ **c'est la tête qui a porté** his head took the blow

**e** *(= reposer)* *[édifice, pilier]* to be supported by *ou* on ◆ **tout le poids du plafond porte sur cette poutre** the whole weight of the ceiling is supported by this beam, this beam bears the whole weight of the ceiling ◆ ~ **à faux** *[mur]* to be out of plumb *ou* true; *[rocher]* to be precariously balanced; *(fig)* *[remarque]* to be out of place

**f** ◆ ~ **sur** *(= concerner)* *[débat, cours]* to turn on, to revolve around, to be about; *[revendications, objection]* to concern; *[étude, effort, action]* to be concerned with, to focus on; *[accent]* to fall on ◆ **la question portait sur des auteurs au programme** the question was on some of the authors on the syllabus ◆ **il a fait** ~ **son exposé sur la situation économique** in his talk he concentrated *ou* focused on the economic situation

**VPR** **se porter** **a** *[personne]* **se** ~ **bien/mal** to be well/unwell *ou* in poor health ◆ **comment vous portez-vous ? – je me porte bien** how are you? – I'm fine *ou* I'm very well ◆ **se** ~ **comme un charme** to be fighting fit, to be as fit as a fiddle * ◆ **buvez moins, vous ne vous en porterez que mieux** drink less and you'll feel (all the) better for it ◆ **et je ne m'en suis pas plus mal porté** and I didn't come off any worse for it, and I was no worse off for it; → **pont**

**b** *(= se présenter comme)* **se** ~ **candidat** to put o.s. up *ou* stand *(Brit)* *ou* run as a candidate ◆ **se** ~ **acquéreur (de)** to put in a bid (for) ◆ **se** ~ **fort pour qn** to answer for sb; → **caution** *etc*

**c** *(= aller)* to go ◆ **se** ~ **à la rencontre** *ou* **au-devant de qn** to go to meet sb ◆ **se** ~ **à** *(= se laisser aller à)* *[+ voies de fait, violences]* to commit ◆ **se** ~ **à des extrémités** to go to extremes ◆ **se** ~ **sur** *(= se diriger vers)* *[soupçon, choix]* to fall on ◆ **son regard se porta sur moi** his eyes *ou* gaze fell on me, he looked towards me ◆ **son attention se porta sur ce point** he focused *ou* concentrated his attention on this point

**d** *(= être porté)* *[vêtement]* **les jupes se portent très courtes** the fashion's for very short skirts, skirts are being worn very short ◆ **ça ne se porte plus** that's out of fashion, nobody wears that any more

**porte-revues** /pɔʀt(ə)ʀəvy/ **NM INV** magazine rack

**porte-savon** (pl **porte-savons**) /pɔʀt(ə)savɔ̃/ **NM** soapdish

**porte-serviette** /pɔʀt(ə)sɛʀvjɛt/ **NM INV** *(= pochette)* napkin-holder; *(péj Pol)* sidekick *, flunkey

**porte-serviettes** /pɔʀt(ə)sɛʀvjɛt/ **NM INV** towel rail ◆ ~ **chauffant** heated towel rail

**porte-skis** /pɔʀtəski/ **NM INV** ski rack

**porteur, -euse** /pɔʀtœʀ, øz/ **ADJ** *[fusée]* booster *(épith)*; *[courant]* carrier *(épith)*; *[mur]* load-bearing ◆ **thème** ~ key theme ◆ **marché/créneau** ~ *(Écon)* growth market/area ◆ **onde porteuse** *(Phys)* carrier (wave); → **mère**

**NM,F** **a** *[de valise, colis]* porter; *[de message]* messenger; *[de chèque]* bearer; *[de titre, actions]* holder ◆ ~ **d'eau** water carrier ◆ ~ **de journaux** newsboy, paper boy ◆ **le** ~ **du message** the bearer of the message ◆ **il arriva** ~ **d'une lettre/d'une nouvelle alarmante** he came bearing *ou* with a letter/an alarming piece of news ◆ **il était** ~ **de faux papiers** he was carrying forged papers ◆ **être** ~ **d'espoir** to bring hope ◆ **le** ~ **du ballon** the person with the ball *ou* who has (possession of) the ball ◆ **payable au** ~ payable to bearer ◆ **les petits/gros** ~**s** *(Fin)* small/big shareholders

**b** *(Méd)* carrier ◆ ~ **de germes** germ carrier ◆ ~ **sain** carrier ◆ **il est** ~ **du virus** he is carrying the virus

**porte-vélos** /pɔʀtəvelo/ **NM INV** bicycle rack

**porte-voix** /pɔʀtəvwɑ/ **NM INV** megaphone; *(électrique)* loudhailer ◆ **mettre ses mains en** ~ to cup one's hands round one's mouth ◆ **il était le** ~ **des SDF** he spoke out on behalf of the homeless

**portfolio** /pɔʀtfɔljo/ **NM** *[de gravures, photographies]* portfolio

**portier** /pɔʀtje/ **NM** **a** *(= garde)* porter, commissionaire *(Brit, Can)* ◆ **(frère)** ~ *(Rel)* porter ◆ ~ **de nuit** night porter ◆ ~ **électronique** entrance intercom, entry phone **b** *(Ftbl)* goalkeeper

**portière** /pɔʀtjɛʀ/ **NF** **a** *(Aut, Rail)* door **b** *(= rideau)* portiere **c** *(Rel)* **(sœur)** ~ portress

**portillon** /pɔʀtijɔ̃/ **NM** gate; *[de métro]* gate, barrier ◆ ~ **automatique** (automatic) ticket barrier; → **bousculer**

**portion** /pɔʀsjɔ̃/ **NF** *[d'héritage]* portion, share; *(Culin)* portion, helping; *(= partie)* portion, section, part ◆ **fromage en** ~**s** cheese portions ◆ **être réduit à la** ~ **congrue** *(fig)* to get the smallest *ou* meanest share ◆ **bonne/mauvaise** ~ **de route** good/bad stretch of road

**portique** /pɔʀtik/ **NM** *(Archit)* portico; *(Sport)* crossbar and stands *(for holding gymnastic apparatus)* ◆ ~ **électronique** *ou* **de sécurité** *ou* **de détection** *(à l'aéroport)* metal detector, diver's gate *(SPÉC)* ◆ ~ **à signaux** *(Rail)* signal gantry

**Port-Louis** /pɔʀlui/ **N** Port-Louis

**Port Moresby** /pɔʀmɔʀɛsbi/ **N** Port Moresby

**Porto** /pɔʀto/ **N** Oporto, Porto

**porto** /pɔʀto/ **NM** port (wine) ◆ **verre à** ~ sherry *ou* Madeira *ou* port glass

**Port of Spain** /pɔʀɔfspɛjn/ **N** Port of Spain

**Porto-Novo** /pɔʀtonovo/ **N** Porto Novo

**portoricain, e** /pɔʀtɔʀikɛ̃, ɛn/ **ADJ** Puerto Rican **NM,F** **Portoricain(e)** Puerto Rican

**Porto Rico** /pɔʀtɔʀiko/ **NF** Puerto Rico

**portrait** /pɔʀtʀɛ/ **NM** **a** *(= peinture)* portrait; *(= photo)* photograph ◆ ~ **fidèle** good likeness ◆ ~ **de famille** family portrait ◆ ~ **de groupe** group portrait ◆ ~ **en pied/en buste** full-length/head-and-shoulders portrait ◆ **c'est tout le** ~ **de son père** he's the spitting image of his father ◆ **faire le** ~ **de qn** *(lit)* to paint sb's portrait ◆ **se faire tirer le** ~ * to have one's photograph taken ◆ **se faire abîmer** *ou* **esquinter le** ~ * to get one's face *ou* head bashed in * *ou* smashed in * ◆ **il t'a bien abîmé le** ~ **!** * he made a real mess of your face!

**b** *(= description)* *[de personne]* portrait, description; *[de situation]* picture ◆ **faire** *ou* **brosser** *ou* **dresser le** ~ **de qn** to draw *ou* paint a portrait of sb, to paint a picture of sb ◆ **elle en a fait un** ~ **flatteur** she painted a flattering picture *ou* portrait of him

◆ ~-**charge** caricature ◆ **jouer au** ~ to play twenty questions

**c** *(= genre)* **le** ~ portraiture

**portraitiste** /pɔʀtʀetist/ **NMF** portrait painter, portraitist

**portrait-robot** (pl **portraits-robots**) /pɔʀtʀɛʀɔbo/ **NM** Identikit ® picture, Photofit ® (picture) ◆ **la police a diffusé** *ou* **donné le** ~ **du suspect** the police issued a Photofit *ou* Identikit (picture) of the suspect ◆ **faire le** ~ **de** *[+ criminel]* to make up a Photofit *ou* Identikit (picture) of ◆ **faire le** ~ **du Français moyen** to draw the profile of the average Frenchman

**portraiturer** /pɔʀtʀetyʀe/ ▸ conjug 1 ◂ **VT** *(lit, fig)* to portray

**portuaire** /pɔʀtɥɛʀ/ **ADJ** port *(épith)*, harbour *(épith) (Brit)*, harbour *(épith) (US)*

**portugais, e** /pɔʀtygɛ, ɛz/ **ADJ** Portuguese **NM** **a** *(Ling)* Portuguese **b** ◆ **Portugais** Portuguese **NF** **portugaise** **a** ◆ **Portugaise** Portuguese **b** *(= huître)* Portuguese oyster ◆ **il a les ~es ensablées** * *(= oreille)* he's as deaf as a post

**Portugal** /pɔʀtygal/ **NM** Portugal

**Port-Villa** /pɔʀvila/ **N** Port Vila

**POS** /peoɛs/ **NM** (abrév de **plan d'occupation des sols**) → **plan**[1]

**pose** /poz/ **NF** **a** *(= installation) [de tableau, rideaux]* hanging, putting up; *[de tapis]* laying, putting down; *[de moquette]* fitting, laying; *[de vitre]* putting in, fixing; *[de serrure]* fitting; *[de chauffage]* installation, putting in; *[de gaz, électricité]* laying on, installation; *[de canalisations]* laying, putting in; *[de fondations, mines, voie ferrée]* laying

**b** *(= attitude)* pose, posture; *(Art)* pose ◆ **garder la** ~ to hold the pose ◆ **prendre une** ~ to strike a pose ◆ **prendre des ~s (devant le miroir)** to pose (in front of the mirror) ◆ **faire prendre une** ~ **à qn** to pose sb

**c** *(Photo = vue)* exposure ◆ **un film (de) 36 ~s** a 36-exposure film ◆ **déterminer le temps de** ~ to decide on the exposure (time) ◆ **indice de** ~ exposure index ◆ **mettre le bouton sur** ~ to set the button to time exposure ◆ **prendre une photo en** ~ *ou* **à la** ~ to take a photo in time exposure

**d** *(= affectation)* posing, pretention

**posé, e** /poze/ (ptp de **poser**) **ADJ** **a** *(= pondéré) [personne]* level-headed ◆ **d'un ton** ~ **mais ferme** calmly but firmly **b** *(Mus)* **bien/mal** ~ *[voix]* steady/unsteady

**Poséidon** /pɔseidɔ̃/ **NM** Poseidon

**posément** /pozemɑ̃/ **ADV** *[parler]* calmly, deliberately; *[agir]* calmly, unhurriedly

**posemètre** /pozmɛtʀ/ **NM** exposure meter

**poser** /poze/ ▸ conjug 1 ◂ **VT** **a** *(= placer) [+ objet]* to put down, to lay down, to set down; *(debout)* to stand (up), to put (up) ◆ ~ **son manteau/chapeau** *(= ôter)* to take off one's coat/hat ◆ ~ **qch sur une table/par terre** to put sth (down) on the table/on the floor ◆ ~ **sa main/tête sur l'épaule de qn** to put *ou* lay one's hand/head on sb's shoulder ◆ ~ **sa tête sur l'oreiller** to lay one's head on the pillow ◆ ~ **une échelle contre un mur** to lean *ou* stand *ou* put (up) a ladder against a wall ◆ **où ai-je posé mes lunettes ?** where have I put my glasses? ◆ **pose ton journal et viens à table** put your paper down and come and have your dinner ◆ **il a posé son regard** *ou* **les yeux sur elle** he looked at her, his gaze came to rest on her ◆ **le pilote posa son avion en douceur** the pilot brought his plane down *ou* landed his plane gently ◆ ~ **la voix de qn** *(Mus)* to train sb's voice

**b** *(= installer) [+ tableau, rideaux]* to hang, to put up; *[+ antenne]* to put up; *[+ tapis, carrelage]* to lay, to put down; *[+ moquette]* to fit, to lay; *[+ vitre]* to put in; *[+ serrure]* to fit; *[+ chauffage]* to put in, to install *(Brit)*, to instal *(US)*; *[+ gaz, électricité]* to lay on, to install *(Brit)*, to instal *(US)*; *[+ canalisations]* to lay, to put in; *[+ fondations, mines, voie ferrée]* to lay; *[+ bombe]* to plant ◆ ~ **la première pierre** *(lit, fig)* to lay the foundation stone ◆ ~ **des étagères au mur** to put up some shelves; → **jalon**

**c** *[+ opération, chiffres]* to write, to set down ◆ **je pose 4 et je retiens 3** (I) put down 4 and carry 3, 4 and 3 to carry

**d** *(= énoncer) [+ principe, condition]* to lay *ou* set down, to set out; *[+ question]* to ask; *(à un examen)* to set; *[+ devinette]* to set, to ask ◆ ~ **sa candidature à un poste** to apply for a post, to put in *ou* submit an application for a post ◆ ~ **sa candidature** *(Pol)* to put o.s. up *ou* run *(US)* for election ◆ **dire cela, c'est** ~ **que ...** in saying that, one is supposing that *ou* taking it for granted that ... ◆ **ceci posé** supposing that this is (*ou* was *etc*) the case, assuming this to be the case ◆ **posons que ...** let us suppose *ou* assume *ou* take it that ...; → **problème, question**

**e** *(= demander)* ~ **des jours de congé** to put in a request for leave

**f** ◆ ~ **qn** *(= lui donner de l'importance)* to give standing to sb; *(professionnellement)* to establish sb's reputation ◆ **voilà ce qui pose un homme** that's what sets a man up ◆ **avoir un frère ministre, ça vous pose !** * having a brother who's a cabinet minister really makes people look up to you! *ou* gives you real status! ◆ **une maison comme ça, ça (vous) pose** * with a house like that people really think you're somebody

**VI** **a** *(Art, Photo)* to pose, to sit (*pour* for); *(= chercher à se faire remarquer)* to swank *(Brit)*, to show off, to put on airs ◆ ~ **pour la postérité** to pose for posterity ◆ ~ **pour la galerie** *(fig)* to play to the gallery ◆ **faire** ~ **qn** * *(= faire attendre)* to keep sb hanging about * *ou* around *

**b** ◆ ~ **à** *(= jouer à)* ~ **au grand patron/à l'artiste** to play *ou* act *ou* come * the big businessman/the artist, to pretend to be a big businessman/an artist ◆ ~ **au martyr** to play the martyr

**c** *(Constr)* ~ **sur** *[poutre]* to bear *ou* rest on, to be supported by

**VPR** **se poser** **a** *[insecte, oiseau]* to land, to settle (*sur* on); *[avion]* to land; *[regard]* to (come to) rest, to settle, to fix (*sur* on); ◆ **se** ~ **en catastrophe/sur le ventre** *(Aviat)* to make an emergency landing/a belly-landing ◆ **son regard se posa sur la pendule** he turned his eyes to the clock, his glance fell on the clock ◆ **une main se posa soudain sur son épaule** he suddenly felt a hand on his shoulder ◆ **pose-toi là** * sit down here

**b** *[question, problème]* to come up, to crop up, to arise; → aussi **problème, question**

**c** *(= se présenter)* **se** ~ **en chef/en expert** to pass o.s. off as *ou* pose as a leader/an expert ◆ **se** ~ **comme victime** to pretend *ou* claim to be a victim ◆ **se** ~ **en défenseur des droits de l'homme** to claim to be a defender of human rights

**d** (* : *loc*) **comme menteur, vous vous posez (un peu) là !** you're a terrible *ou* an awful liar! ◆ **comme erreur, ça se posait (un peu) là !** that was some mistake! *ou* some blunder! * ◆ **tu as vu leur chien/père ? – il se pose là !** have you seen their dog/father? – it's/he's enormous! *ou* huge! *ou* massive!

**poseur, -euse** /pozœʀ, øz/ **ADJ** affected **NM,F** **a** *(péj)* show-off, poseur **b** *(= ouvrier)* ~ **de carrelage/de tuyaux** tile/pipe layer ◆ ~ **d'affiches** billposter, billsticker *(Brit)* ◆ ~ **de bombes** terrorist *(who plants bombs)*

**posidonie** /pɔzidɔni/ **NF** Posidonia (oceanica)

**positif, -ive** /pozitif, iv/ **ADJ** *(gén, Ling, Sci)* positive; *[cuti]* positive; *[fait, preuve]* positive, definite; *[personne, esprit]* pragmatic, down-to-earth; *[action, idée]* positive, constructive; *[avantage]* positive, real ◆ **Rhésus** ~ *(sang)* Rhesus positive **NM** **a** *(= réel)* positive, concrete ◆ **je veux du** ~ **!** I want something positive! **b** *(Mus) (= clavier d'un orgue)* choir organ *(division of organ)*; *(= instrument)* positive organ **c** *(Photo)* positive **d** *(Ling)* positive (degree) ◆ **au** ~ in the positive (form)

**position** /pozisjɔ̃/ **NF** **a** *(gén, Ling, Mil = emplacement)* position; *[de navire]* bearings, position; *(Comm) [de produit]* position ◆ ~ **de défense/fortifiée** defensive/fortified position ◆ **rester sur ses ~s** *(lit)* to stand one's ground ◆ **rester** *ou* **camper sur ses ~s** *(fig)* to stand one's ground, to stick to one's guns *ou* line ◆ **abandonner ses ~s** to retreat, to abandon one's position, to withdraw ◆ **avoir une** ~ **de repli** *(Mil, fig)* to have a fallback position ◆ **la ville jouit d'une** ~ **idéale** the town is ideally situated ◆ **les joueurs ont changé de** ~ the players have changed position(s) ◆ **être en première/seconde** ~ *(dans une course)* to be in the lead/in second place; *(sur une liste)* to be at the top of/second on the list ◆ **être en dernière** ~ *(dans une course)* to be last, to bring up the rear; *(sur une liste)* to be at the bottom *ou* end of the list ◆ **arriver en première/deuxième/dernière** ~ to come first/second/last ◆ **en première ~, Banjo** *(dans une course)* (and it's) Banjo leading *ou* in the lead ◆ **syllabe en** ~ **forte/faible** *(Ling)* stressed/unstressed syllable, syllable in (a) stressed/(an) unstressed position ◆ **voyelle en** ~ **forte/faible** *(Ling)* stressed *ou* strong/unstressed *ou* weak vowel; → **feu**[1], **guerre**

**b** *(= posture)* position ◆ **dormir dans une mauvaise** ~ to sleep in the wrong position *ou* in an awkward position ◆ **être assis/couché dans une mauvaise** ~ to be sitting/lying in an awkward position ◆ **se mettre en** ~ *(Mil, gén)* to take up (one's) position(s), to get into position ◆ **en** ~ **!** (get to your) positions! ◆ **en** ~ **de combat** in a fighting position ◆ **en** ~ **allongée/assise/verticale** in a reclining/sitting/vertical *ou* upright position ◆ **la** ~ **du missionnaire** the missionary position

**c** *(= situation)* position, situation; *(dans la société)* position ◆ **être dans une** ~ **délicate/fausse** to be in a difficult *ou* an awkward/in a false position ◆ **être en** ~ **de force pour négocier** to be bargaining from a position of strength ◆ **être en** ~ **de faire qch** to be in a position to do sth ◆ **dans sa** ~ **il ne peut se permettre une incartade** a man in his position dare not commit an indiscretion ◆ **il occupe une** ~ **importante** he holds an important position

**d** *(= attitude)* position, stance ◆ **le gouvernement doit définir sa** ~ **sur cette question** the government must make its position *ou* stance on this question clear ◆ **prendre** ~ to take a stand, to declare o.s. ◆ **prendre (fermement)** ~ **en faveur de qch** to come down (strongly) in favour of sth ◆ **prise de** ~ stand ◆ **sa politique est en contradiction avec ses prises de** ~ his policy is at odds with the stands that he takes

**e** *(Fin) [de compte bancaire]* position, balance ◆ **demander sa** ~ to ask for the balance of one's account

**f** *(Bourse)* position ◆ ~ **acheteur/vendeur** bull *ou* long/bear *ou* short position

**positionnement** /pozisjɔnmɑ̃/ **NM** *[d'objet, produit, entreprise]* positioning ◆ ~ **avant/arrière** *(Aviat)* nose out/in positioning

**positionner** /pozisjɔne/ ▸ conjug 1 ◂ **VT** **a** *(= placer) (gén, Mil)* to position; *(Comm) [+ produit]* to position **b** *(= repérer) [+ navire, troupes]* to locate **c** *[+ compte bancaire]* to establish the position *ou* balance of **VPR se positionner** *(gén)* to position o.s.; *[troupe]* to take up (one's) position, to get into position; *(dans un débat)* to take a stand ◆ **comment se positionne ce produit sur le marché ?** what slot does this product fill in the market? ◆ **comment vous positionnez-vous dans ce débat ?** what's your position *ou* stand in this debate?

**positivement** /pozitivmɑ̃/ **ADV** *(gén, Sci)* positively ◆ **je ne le sais pas** ~ I'm not positive about it

**positiver** /pozitive/ ▸ conjug 1 ◂ **VT** ◆ ~ **son angoisse/son stress** to channel one's anxiety/one's stress ◆ **essayez de** ~ **votre choix** try to concentrate on the positive aspects *ou* the plus side of your decision ◆ **ils essaient de** ~ **l'opinion des employés envers les cadres** they're trying to get the workers to have a more positive attitude towards *ou* to be more favourably disposed towards management **VI** to think positive, to look on the bright side (of things)

**positivisme** /pozitivism/ **NM** positivism

**positiviste** /pozitivist/ **ADJ, NMF** positivist

**positivité** /pozitivite/ **NF** positivity

**positon** /pozitɔ̃/, **positron** /pozitʀɔ̃/ **NM** *(Phys)* positron

**posologie** /pozɔlɔʒi/ **NF** *(= étude)* posology; *(= indications)* directions for use, dosage

**possédant, e** /pɔsedɑ̃, ɑt/ **ADJ** propertied, wealthy **NM** ◆ **les ~s** the wealthy, the rich

**possédé, e** /pɔsede/ (ptp de **posséder**) **ADJ** possessed *(de* by); ◆ ~ **du démon** possessed by the devil **NM,F** person possessed ◆ **crier comme un** ~ to cry like one possessed

**posséder** /pɔsede/ ▸ conjug 6 ◂ **VT** **a** *[+ bien, maison, fortune]* to possess, to own, to have ◆ **c'est tout ce que je possède** it's all I possess *ou* all I've got ◆ ~ **une femme** † to possess a woman ◆ **pour** ~ **le cœur d'une femme** to capture a woman's heart

**b** *[+ caractéristique, qualité, territoire]* to have, to possess; *[+ expérience]* to have (had); *[+ diplôme, titre]* to have, to hold ◆ **cette maison possède une vue magnifique/deux entrées** this house has a magnificent view/two entrances ◆ **il croit** ~ **la vérité** he believes that he possesses the truth

**c** *(= bien connaître) [+ métier]* to have a thorough knowledge of, to know inside out; *[+ technique]* to have mastered; *[+ langue]* to have a good command of ◆ **elle possède parfaitement l'anglais** she has a perfect command of English ◆ ~ **la clé de l'énigme** to possess *ou* have the key to the mystery ◆ **bien** ~ **son rôle** to be really on top of *ou* into* one's role *ou* part

**d** *(= égarer) [démon]* to possess ◆ **la fureur/jalousie le possède** he is beside himself with *ou* he is overcome *ou* consumed with rage/jealousy ◆ **quel démon** *ou* **quelle rage te possède ?** what's got into you?*, what's come over you?; → **possédé**

**e** *(* = duper)* ~ **qn** to take sb in* ◆ **se faire** ~ to be taken in*, to be had*

**VPR se posséder** ◆ **elle ne se possédait plus de joie** she was beside herself *ou* was overcome with joy ◆ **lorsqu'il est en colère, il ne se possède pas** when he's angry he loses all self-control *ou* all control of himself

**possesseur** /pɔsesœʀ/ **NM** *[de bien]* possessor, owner; *[de diplôme, titre, secret]* holder, possessor; *[de billet de loterie]* holder ◆ **être** ~ **de** *[+ objet]* to have; *[+ diplôme]* to hold; *[+ secret]* to possess, to have

**possessif, -ive** /pɔsesif, iv/ **ADJ** *(gén, Ling)* possessive **NM** *(Ling)* possessive

**possession** /pɔsesjɔ̃/ **NF** **a** *(= fait de posséder) [de bien]* possession, ownership; *[de diplôme, titre]* holding, possession; *[de billet de loterie]* holding ◆ **la** ~ **d'une arme/de cet avantage le rendait confiant** having a weapon/this advantage made him feel confident ◆ ~ **vaut titre** possession amounts to title ◆ **prendre** ~ **de, entrer en** ~ **de** *[+ fonction]* to take up; *[+ bien, héritage]* to take possession of, to enter into possession of; *[+ appartement]* to take possession of; *[+ voiture]* to take delivery of ◆ **à la prise de** ~ **des terres** when he (*ou* they *etc*) took possession of the land

◆ **en + possession** ◆ **avoir qch en sa** ~ to have sth in one's possession ◆ **être en** ~ **de qch** to be in possession of sth ◆ **tomber en la** ~ **de qn** to come into sb's possession ◆ **être en** ~ **de toutes ses facultés** to be in possession of all one's faculties ◆ **il était en pleine** ~ **de ses moyens** he was in full possession of his faculties ◆ **entrer en** ~ **de** to take possession of; *[+ voiture]* to take delivery of

**b** *(= chose possédée)* possession ◆ **nos ~s à l'étranger** our overseas possessions

**c** *(= maîtrise)* ~ **de soi** self-control ◆ **reprendre** ~ **de soi-même** to regain one's self-control *ou* one's composure

**d** *(= connaissance) [de langue]* command, mastery

**e** *(Rel = envoûtement)* possession

**possessivité** /pɔsesivite/ **NF** possessiveness

**possibilité** /pɔsibilite/ GRAMMAIRE ACTIVE 43.3 **NF** *(gén)* possibility ◆ ~ **non nulle** *(Stat)* non-zero probability ◆ **il y a plusieurs ~s** there are several possibilities ◆ **je ne vois pas d'autre** ~ **(que de ...)** I don't see any other possibility (than to ...) ◆ **ai-je la** ~ **de faire du feu/de parler librement ?** is it possible for me to light a fire/to speak freely? ◆ **~s** *(= moyens)* means; *(= potentiel)* possibilities, potential ◆ **quelles sont vos ~s financières ?** how much money can you put up?, what is your financial situation? ◆ **quelles sont vos ~s de logement ?** how many people can you accommodate? *ou* put up? ◆ **les ~s d'une découverte/d'un pays neuf** the possibilities *ou* potential of a discovery/of a new country ◆ ~ **(de réalisation)** *[d'entreprise, projet]* feasibility

**possible** /pɔsibl/ GRAMMAIRE ACTIVE 31, 36.1, 42.3, 43.3

**ADJ** **a** *(= faisable) [solution]* possible; *[projet, entreprise]* feasible ◆ **il est ~/il n'est pas** ~ **de ...** it is possible/impossible to ... ◆ **nous avons fait tout ce qu'il était humainement** ~ **de faire** we've done everything that was humanly possible ◆ **lui serait-il** ~ **d'arriver plus tôt ?** could he possibly *ou* would it be possible for him to come earlier? ◆ **arrivez tôt si (c'est)** ~ arrive early if possible *ou* if you can ◆ **c'est parfaitement** ~ it's perfectly possible *ou* feasible ◆ **ce n'est pas** ~ **autrement** there's no other way, otherwise it's impossible ◆ **il n'est pas** ~ **qu'il soit aussi bête qu'il en a l'air** he can't possibly be as stupid as he looks ◆ **c'est dans les choses ~s** it's a possibility ◆ **la paix a rendu** ~ **leur rencontre** peace has made a meeting between them possible *ou* has made it possible for them to meet

**b** *(= éventuel) (gén)* possible; *[danger]* possible, potential ◆ **une erreur est toujours** ~ a mistake is always possible ◆ **il est** ~ **qu'il vienne/qu'il ne vienne pas** he may *ou* might come/not come, it's possible (that) he'll come/he won't come ◆ **il est bien** ~ **qu'il se soit perdu en route** he may very well have *ou* it could well be *ou* it's quite possible that he has lost his way ◆ **c'est (bien) ~/très** ~ possibly/very possibly ◆ **son** ~ **retour sur la scène politique** his possible return to the political stage

**c** *(= indiquant une limite)* possible ◆ **dans le meilleur des mondes ~s** in the best of all possible worlds ◆ **il a essayé tous les moyens ~s** he tried every possible means *ou* every means possible ◆ **il a eu toutes les difficultés ~s et imaginables à obtenir un visa** he had all kinds of problems getting a visa, he had every possible *ou* conceivable difficulty getting a visa ◆ **venez aussi vite/aussitôt que** ~ come as quickly as possible *ou* as you (possibly) can/as soon as possible *ou* as you (possibly) can ◆ **venez le plus longtemps** ~ come for as long as you (possibly) can ◆ **venez le plus vite/tôt** ~ come as quickly/as soon as you (possibly) can ◆ **il sort le plus (souvent)/le moins (souvent)** ~ he goes out as often/as little as possible *ou* as he can ◆ **il a acheté la valise la plus légère** ~ he bought the lightest possible suitcase *ou* the lightest suitcase possible ◆ **le plus grand nombre** ~ **de personnes** as many people as possible, the greatest possible number of people; → **autant**

**d** *(* : nég = acceptable)* **cette situation n'est plus** ~ the situation has become impossible ◆ **il n'est pas** ~ **de travailler dans ce bruit** it just isn't possible *ou* it's (quite) impossible to work in this noise ◆ **un bruit/une puanteur pas** ~ * an incredible racket*/stink* ◆ **il est d'une méchanceté pas** ~ * he's incredibly *ou* unbelievably nasty

**e** *(loc)* **est-ce** ~ **!** I don't believe it! ◆ **c'est pas** ~ **!** * *(faux)* that can't be true! *ou* right!; *(étonnant)* well I never! *; *(irréalisable)* it's out of the question!, it's impossible! ◆ **ce n'est pas** ~ **d'être aussi bête !** how can anyone be so stupid!, how stupid can you get! * ◆ **elle voudrait vous parler – c'est (bien) ~, mais il faut que je parte** she'd like a word with you – that's as may be, but I've got to go ◆ **il devrait se reposer ! – c'est (bien) ~, mais il n'a pas le temps** he ought to take a rest! – maybe (he should), but he's too busy

**NM** ◆ **faire reculer les limites du** ~ to push back the frontiers of what is possible *ou* of the possible ◆ **essayons, dans les limites du ~, de ...** let's try, as far as possible, to ... ◆ **c'est dans le domaine** *ou* **dans les limites du** ~ it's within the realms of possibility ◆ **faire (tout) son** ~ to do one's utmost *ou* one's best, to do all one can (*pour* to; *pour que* to make sure that); ◆ **il a été grossier/aimable au** ~ he couldn't have been ruder/nicer (if he'd tried), he was as rude/nice as it's possible to be ◆ **c'est énervant au** ~ it's extremely annoying; → **mesure**

**possiblement** /pɔsibləmɑ̃/ **ADV** possibly

**post-** /pɔst/ **PRÉF** *(dans les mots composés à trait d'union, le préfixe reste invariable)* post- ◆ **~électoral/-surréaliste** post-election *(épith)*/-surrealist ◆ **grossesse ~ménopausique** post-menopausal pregnancy ◆ **~baccalauréat** *[formation, classe, enseignement]* post-baccalauréat

**postal, e** (mpl **-aux**) /pɔstal, o/ **ADJ** *[service, taxe, voiture]* postal, mail; *[train, avion]* mail; *[colis]* sent by post *ou* mail ◆ **sac** ~ postbag, mailbag; → **car¹, carte, chèque, code, franchise**

**postcolonial, e** (pl **-iaux**) /pɔstkɔlɔnjal, jo/ **ADJ** postcolonial

**postcommunisme** /pɔstkɔmynism/ **NM** postcommunism

**postcommuniste** /pɔstkɔmynist/ ADJ *[ère]* postcommunist

**postcure** /pɔstkyʀ/ NF aftercare

**postdater** /pɔstdate/ ▸ conjug 1 ◂ VT to postdate

**postdoctoral, e** (mpl **-aux**) /pɔstdɔktɔʀal, o/ ADJ postdoctoral

**poste¹** /pɔst/ NF **a** *(= administration, bureau)* post office ◆ **employé/ingénieur des ~s** post office worker/engineer ◆ **les Postes et Télécommunications, les Postes, Télécommunications et Télédiffusion** † *French post office and telecommunications service* ◆ **la grande ~, la ~ principale, le bureau de ~ principal** the main *ou* head post office **b** *(= service postal)* mail, post *(surtout Brit)*, postal *ou* mail service ◆ **envoyer qch par la ~** to send sth by post *ou* mail ◆ **mettre une lettre à la ~** to post *ou* mail a letter; → **cachet** **c** *(Hist)* post ◆ **maître de ~** postmaster ◆ **cheval de ~** post horse ◆ **courir la ~** to go posthaste; → **chaise, voiture**
COMP ▷ **poste aérienne** airmail ▷ **poste auxiliaire** sub post office ▷ **poste restante** poste restante *(Brit)*, general delivery *(US)*

**poste²** /pɔst/ GRAMMAIRE ACTIVE 54.2, 54.4, 54.7, 46
NM **a** *(= emplacement)* post ◆ **~ de douane** customs post ◆ **être/rester à son ~** to be/stay at one's post ◆ **mourir à son ~** to die at one's post ◆ **à vos ~s !** to your stations! *ou* posts! ◆ **à vos ~s de combat !** action stations! ◆ **toujours fidèle au ~ ?** *(hum)* still manning the fort?
**b** *(Police)* **~ (de police)** (police) station ◆ **conduire** *ou* **emmener qn au ~** to take sb to the police station ◆ **il a passé la nuit au ~** he spent the night in the cells
**c** *(= emploi) (gén)* job; *[de fonctionnaire]* post, appointment *(frm)*; *(dans une hiérarchie)* position; *(= nomination)* appointment ◆ **être en ~ à l'étranger** to hold an appointment *ou* a post abroad ◆ **il a trouvé un ~ de bibliothécaire** he has found a post *ou* job as a librarian ◆ **il a un ~ de professeur/en fac** he is a teacher/a university lecturer ◆ **la liste des ~s vacants** the list of positions available *ou* of unfilled appointments ◆ **~ d'enseignant** teaching position *ou* post *ou* job
**d** *(Radio, TV)* set ◆ **~ émetteur/récepteur** transmitting/receiving set, transmitter/receiver ◆ **~ de radio/de télévision** radio/television (set) ◆ **ils l'ont dit au ~** * *(à la radio)* they said so on the radio; *(à la télévision)* they said so on the TV *ou* the box * *(Brit)*
**e** *(Téléc = ligne)* extension
**f** *(Fin = opération)* item, entry; *[de budget]* item, element
**g** *(Ind)* shift ◆ **~ de huit heures** eight-hour shift
COMP ▷ **poste d'aiguillage** *(Rail)* signal box ▷ **poste avancé** *(Mil)* advanced post ▷ **poste budgétaire** budget item ▷ **poste de commande** position of responsibility ◆ **ceux qui sont aux ~s de commande du pays** those at the helm of the country, the country's leaders ▷ **poste de commandement** headquarters ▷ **poste de contrôle** checkpoint ▷ **poste d'équipage** *(Naut)* crew's quarters ▷ **poste d'essence** filling station, petrol *(Brit) ou* gas *(US)* station ▷ **poste frontière** border *ou* frontier post ▷ **poste de garde** *(Mil)* guardroom ▷ **poste d'incendie** fire point ▷ **poste de lavage** *(Aut)* car wash ▷ **poste d'observation** observation post ▷ **poste de pilotage** *(Aviat)* cockpit ▷ **poste de police** *(Police)* police station; *(Mil)* guard-room, guardhouse ▷ **poste de secours** first-aid post ▷ **poste téléphonique** telephone ▷ **poste de travail** *(Ordin)* work station; *(= emplacement)* post; *(= emploi)* job, post

**posté, e** /pɔste/ (ptp de **poster**) ADJ ◆ **travail/travailleur ~** shift work/worker

**poster¹** /pɔste/ ▸ conjug 1 ◂ VT **a** *[+ lettre]* to post *(surtout Brit)*, to mail *(surtout US)* **b** *[+ sentinelle]* to post, to station VPR **se poster** to take up (a) position, to position o.s., to station o.s.

**poster²** /pɔstɛʀ/ NM poster

**postérieur, e** /pɔsteʀjœʀ/ ADJ *(dans le temps) [date, document]* later; *[événement]* subsequent, later; *(dans l'espace) [partie]* back, posterior *(frm)*; *[membre]* hind, rear, back; *[voyelle]* back ◆ **ce document est légèrement/très ~ à cette date** this document dates from slightly later/much later ◆ **l'événement est ~ à 1850** the event took place later than *ou* after 1850 ◆ **~ à 1800** after 1800 NM * behind *, rear, posterior *(hum)*

**postérieurement** /pɔsteʀjœʀmɑ̃/ ADV later, subsequently ◆ **~ à** after

**posteriori** /pɔsteʀjɔʀi/ → **a posteriori**

**postériorité** /pɔsteʀjɔʀite/ NF posteriority

**postérité** /pɔsteʀite/ NF *(= descendants)* descendants; *(= avenir)* posterity ◆ **mourir sans ~** *(frm)* to die without issue ◆ **être jugé par la ~** to be judged by posterity ◆ **entrer dans la ~, passer à la ~** to go down in history

**postface** /pɔstfas/ NF postscript, postface

**postglaciaire** /pɔstglasjɛʀ/ ADJ postglacial

**posthume** /pɔstym/ ADJ posthumous ◆ **à titre ~** posthumously

**postiche** /pɔstiʃ/ ADJ *[cheveux, moustache]* false; *[ornement, fioriture]* postiche, superadded; *[sentiment]* fake; *(Ling) [élément, symbole]* dummy NM *(pour homme)* toupee; *(pour femme)* hairpiece, postiche

**postier, -ière** /pɔstje, jɛʀ/ NM,F post office worker ◆ **grève des ~s** postal strike

**postillon** /pɔstijɔ̃/ NM **a** *(* = salive)* sputter ◆ **envoyer des ~s** to sputter, to splutter **b** *(Hist = cocher)* postilion

**postillonner** * /pɔstijɔne/ ▸ conjug 1 ◂ VI to sputter, to splutter

**postimpressionnisme** /pɔstɛ̃pʀesjɔnism/ NM postimpressionism

**postimpressionniste** /pɔstɛ̃pʀesjɔnist/ ADJ, NMF postimpressionist

**post(-)industriel, -elle** /pɔstɛ̃dystʀijɛl/ ADJ post-industrial

**Post-it** ® /pɔstit/ NM INV Post-it ®

**postmoderne** /pɔstmɔdɛʀn/ ADJ postmodern

**postmodernisme** /pɔstmɔdɛʀnism/ NM postmodernism

**post mortem** /pɔstmɔʀtɛm/ LOC ADJ *[prélèvement, examen]* post-mortem

**postnatal, e** (mpl **postnatals**) /pɔstnatal/ ADJ postnatal

**postopératoire** /pɔstɔpeʀatwaʀ/ ADJ postoperative

**postposer** /pɔstpoze/ ▸ conjug 1 ◂ VT to place after the verb (*ou* noun *etc*) ◆ **sujet postposé** postpositive subject, subject placed after the verb

**postposition** /pɔstpozisjɔ̃/ NF postposition ◆ **verbe à ~** phrasal verb

**postprandial, e** (mpl **-iaux**) /pɔstpʀɑ̃djal, jo/ ADJ postprandial

**post-production, postproduction** /pɔstpʀɔdyksjɔ̃/ NF *(Ciné)* postproduction

**postscolaire** /pɔstskɔlɛʀ/ ADJ *[enseignement]* further *(épith)*, continuing *(épith)*

**post-scriptum** /pɔstskʀiptɔm/ NM INV postscript

**postsonorisation** /pɔstsɔnɔʀizasjɔ̃/ NF dubbing

**postsonoriser** /pɔstsɔnɔʀize/ ▸ conjug 1 ◂ VT to dub

**postsynchronisation** /pɔstsɛ̃kʀɔnizasjɔ̃/ NF *(Ciné)* dubbing

**postsynchroniser** /pɔstsɛ̃kʀɔnize/ ▸ conjug 1 ◂ VT *(Ciné)* to dub

**postulant, e** /pɔstylɑ̃, ɑt/ NM,F applicant; *(Rel)* postulant

**postulat** /pɔstyla/ NM premise; *(Philos)* postulate ◆ **~ de base** *ou* **de départ** basic premise ◆ **partant du ~ que ...** starting from the premise that ...

**postuler** /pɔstyle/ ▸ conjug 1 ◂ VT **a** *[+ emploi]* to apply for, to put in for **b** *[+ principe]* to postulate VI **a** ◆ **~ à** *ou* **pour un emploi** to apply for a job **b** *(Jur)* **~ pour** to represent

**posture** /pɔstyʀ/ NF posture, position ◆ **être en bonne ~** to be in a good position ◆ **être en très mauvaise ~** to be in a really bad position *ou* a tight corner ◆ **en ~ de faire qch** † *(littér)* in a position to do sth

**pot** /po/ NM **a** *(= récipient) (en verre)* jar; *(en terre)* pot; *(en métal)* can, tin *(Brit)*, pot; *(en carton)* carton ◆ **petit ~ (pour bébé)** jar of baby food ◆ **il ne mange encore que des petits ~s** all he eats at the moment is baby food ◆ **~ à confiture** jamjar, jampot *(Brit)* ◆ **~ de confiture** jar *ou* pot *(Brit)* of jam ◆ **mettre en ~** *[+ fleur]* to pot; *[+ confiture]* to put in jars, to pot *(Brit)* ◆ **plantes en ~** pot plants ◆ **mettre un enfant sur le ~** to put a child on the potty ◆ **tourner autour du ~** *(fig)* to beat about *ou* around the bush; → **cuiller, découvrir, fortune** *etc*
**b** * *(= boisson)* drink; *(= réunion)* drinks party ◆ **~ d'adieu** farewell party ◆ **~ de départ** *(à la retraite etc)* leaving party *ou* do * *(Brit)* ◆ **tu viens prendre** *ou* **boire un ~ ?** * are you coming for a drink?
**c** *(* = chance)* luck ◆ **avoir du ~** to be lucky ◆ **tu as du ~ !** some people have all the luck!, you're a lucky beggar! * ◆ **t'as du ~, il est encore là** you're lucky *ou* in luck, he's still here ◆ **je n'ai jamais eu de ~ dans la vie/avec les hommes** I've always been unlucky *ou* I've never had any luck in life/with men ◆ **manquer de ~** to be unlucky *ou* out of luck ◆ **pas de** *ou* **manque de ~ !** just his (*ou* your *etc*) luck! ◆ **c'est un vrai coup de ~ !** what a stroke of luck!
**d** *(Cartes) (= enjeu)* kitty; *(= restant)* pile
**e** ◆ **plein ~** * **rouler plein ~** to drive flat out * ◆ **payer plein ~** to pay the full whack *
COMP ▷ **pot à bière** *(en verre)* beer mug; *(en terre ou en métal)* tankard ▷ **pot catalytique** catalytic converter ▷ **pot de chambre** chamber pot ▷ **pot de colle** *(lit)* pot of glue; *(péj = crampon)* leech ◆ **il est du genre ~ de colle !** you just can't shake him off!, he sticks like a leech! ▷ **pot commun** kitty ▷ **pot à eau** *(pour se laver)* water jug, pitcher; *(pour boire)* water jug ▷ **pot d'échappement** exhaust pipe; *(silencieux)* silencer *(Brit)*, muffler *(US)* ▷ **pot de fleurs** *(= récipient)* plant pot, flowerpot; *(= fleurs)* pot plant ◆ **elle fait un peu ~ de fleurs** *(péj ou hum)* she just sits there and looks pretty ▷ **pot à lait** *(pour transporter)* milk can; *(sur la table)* milk jug ▷ **pot(-)au(-)noir** *(Naut)* doldrums ▷ **pot de peinture** can *ou* pot *ou* tin *(Brit)* of paint ◆ **c'est un vrai ~ de peinture** * *(péj)* she wears far too much make-up, she plasters herself with make-up * ▷ **pot à tabac** *(lit)* tobacco jar; *(† fig)* dumpy little person ▷ **pot de terre** earthenware pot ◆ **un particulier qui se bat contre l'administration, c'est le ~ de terre contre le ~ de fer** one individual struggling

against the authorities can't hope to win ▷ **pot de yaourt** *(en verre)* pot of yoghurt; *(en carton)* carton *ou* pot of yoghurt

**potabilité** /pɔtabilite/ NF *[d'eau]* drinkability, potability *(SPÉC)*

**potable** /pɔtabl/ ADJ *(lit)* drinkable, potable *(frm)*; *(* = acceptable)* passable, decent ◆ **eau** ~ drinking water ◆ **eau non** ~ water which is not for drinking, non-drinking water ◆ **il ne peut pas faire un travail** ~ he can't do a decent piece of work ◆ **le film est** ~ the film isn't bad ◆ **ce travail est tout juste** ~ this piece of work is barely passable *ou* acceptable

**potache** * /pɔtaʃ/ NM schoolboy, schoolkid * ◆ **plaisanteries (de)** ~ schoolboy pranks

**potage** /pɔtaʒ/ NM soup ◆ **être dans le** ~ * *(mal réveillé)* to be in a daze; *(désorienté)* to be in a muddle; *(en mauvaise posture)* to be in the soup *

**potager, -ère** /pɔtaʒe, ɛʀ/ ADJ *[plante]* edible ◆ **jardin** ~ kitchen *ou* vegetable garden NM **a** *(= jardin)* kitchen *ou* vegetable garden **b** *(Helv = cuisinière)* cooker

**potasse** /pɔtas/ NF *(= hydroxide)* potassium hydroxide, caustic potash; *(= carbonate)* potash *(impure potassium carbonate)*

**potasser** * /pɔtase/ ▸ conjug 1 ◂ VT *[+ livre, discours, examen]* to cram *ou* bone up * *ou* swot up * *(Brit)* for; *[+ sujet]* to bone up (on) *, to swot up (on) * *(Brit)* VI to cram, to swot * *(Brit)*

**potassique** /pɔtasik/ ADJ potassic

**potassium** /pɔtasjɔm/ NM potassium

**pot-au-feu** /pɔtofø/ NM INV *(= plat)* boiled beef with vegetables; *(= viande)* stewing beef ◆ ~ **de la mer** assorted boiled fish

**pot-de-vin** (pl **pots-de-vin**) /pod(ə)vɛ̃/ NM bribe, backhander * *(Brit)*, payola *(US)* ◆ **donner un** ~ **à qn** to bribe sb, to grease sb's palm, to give sb a backhander * *(Brit)*

**pote** * /pɔt/ NM pal *, mate * *(Brit)*, buddy * *(US)* ◆ **salut, mon** ~ **!** hi there! *

**poteau** (pl **poteaux**) /pɔto/ NM **a** *(= pilier)* post ◆ **rester au** ~ *(Courses)* to be left at the (starting) post ◆ **elle a les jambes comme des** ~**x** * she's got legs like tree trunks * **b** ◆ ~ **(d'exécution)** execution post, stake *(for execution by shooting)* ◆ **envoyer au** ~ to sentence to execution by firing squad ◆ **au** ~ **!** lynch him!, string him up! * ◆ **le directeur au** ~ **!** down with the boss! **c** († * = ami) pal *, buddy * *(US)* COMP ▷ **poteau d'arrivée** winning *ou* finishing post ▷ **poteau de but** goal-post ▷ **poteau de départ** starting post ▷ **poteau électrique** electricity pole ▷ **poteau indicateur** signpost ▷ **poteau télégraphique** telegraph post *ou* pole ▷ **poteau de torture** torture post

**potée** /pɔte/ NF **a** *(Culin)* ≈ hotpot *(of pork and cabbage)* **b** *(Tech)* ~ **d'étain** tin putty, putty powder

**potelé, e** /pɔt(ə)le/ ADJ *[enfant]* chubby; *[bras]* plump

**potence** /pɔtɑ̃s/ NF **a** *(= gibet)* gallows *(sg)*; → **gibier b** *(= support)* bracket ◆ **en** ~ *(= en équerre)* L-shaped; *(= en T)* T-shaped

**potentat** /pɔtɑ̃ta/ NM *(lit)* potentate; *(péj)* despot

**potentialiser** /pɔtɑ̃sjalize/ ▸ conjug 1 ◂ VT *(Pharm)* to potentiate; *[+ mécanisme]* to maximize the potential of, to potentiate

**potentialité** /pɔtɑ̃sjalite/ NF potentiality

**potentiel, -ielle** /pɔtɑ̃sjɛl/ ADJ *[marché, risque, client]* potential NM **a** *(Sci)* potential ◆ ~ **électrique** electric potential **b** *(= capacité)* potential ◆ ~ **industriel/militaire/nucléaire** industrial/military/nuclear potential ◆ **ce candidat a un bon** ~ this applicant has good potential ◆ **ce pays a un énorme** ~ **économique/de croissance** this country has huge economic/growth potential

**potentiellement** /pɔtɑ̃sjɛlmɑ̃/ ADV potentially

**potentille** /pɔtɑ̃tij/ NF potentilla

**potentiomètre** /pɔtɑ̃sjɔmɛtʀ/ NM potentiometer

**poterie** /pɔtʀi/ NF *(= atelier, art)* pottery; *(= objet)* piece of pottery ◆ ~**s** earthenware, pieces of pottery

**poterne** /pɔtɛʀn/ NF postern

**potiche** /pɔtiʃ/ NF (large) oriental vase; *(péj = prête-nom)* figurehead ◆ **il ne veut pas être un juge/président** ~ he doesn't want to be a mere figurehead judge/president ◆ **elle ne veut pas jouer les** ~**s** she doesn't want to just sit there and look pretty

**potier, -ière** /pɔtje, jɛʀ/ NM,F potter

**potimarron** /pɔtimaʀɔ̃/ NM *variety of small pumpkin*

**potin** * /pɔtɛ̃/ NM **a** *(= vacarme)* din *, racket * ◆ **faire du** ~ *(lit)* to make a noise; *(fig)* to kick up a fuss * ◆ **ça va faire du** ~ *(lit)* there'll be a lot of noise, it'll be noisy; *(fig)* this is going to stir things up *, there'll be quite a rumpus (over this) **b** *(= commérage)* ~**s** gossip, tittle-tattle

**potiner** /pɔtine/ ▸ conjug 1 ◂ VI to gossip

**potion** /posjɔ̃/ NF *(lit)* potion ◆ ~ **magique** *(lit, fig)* magic potion; *(fig)* ◆ ~ **amère** bitter pill ◆ **la** ~ **sera amère** it will be a bitter pill to swallow

**potiron** /pɔtiʀɔ̃/ NM pumpkin

**pot-pourri** (pl **pots-pourris**) /popuʀi/ NM *(= fleurs)* pot-pourri; *(Mus)* potpourri, medley; *(fig)* mixture, medley

**potron-minet** * /pɔtʀɔ̃minɛ/ **dès potron-minet** LOC ADV at the crack of dawn, at daybreak

**pou** (pl **poux**) /pu/ NM louse ◆ ~ **du pubis** pubic louse, crab (louse) ‡ ◆ **couvert de** ~**x** covered in lice, lice-ridden; → **chercher, laid**

**pouah** /pwa/ EXCL ugh!, yuk!

**poubelle** /pubɛl/ NF **a** *[d'ordures]* (dust-)bin *(Brit)*, trash *ou* garbage can *(US)* ◆ **descendre/sortir la** ~ to take down/put out the bin *(Brit) ou* the garbage *(US) ou* trash *(US)* ◆ **les** ~**s sont passées ?** * have the binmen *(Brit) ou* the garbage men *(US)* been? ◆ **allez, hop ! à la** ~ **!** right! (let's) throw it out! ◆ **jeter/mettre qch à la** ~ to throw/put sth in the (dust)bin *(Brit) ou* trash can *(US) ou* garbage can *(US)* ◆ **c'est bon à mettre à la** ~ it's only fit for the (dust)bin *(Brit)*, you can put it right into the trash *ou* garbage can *(US)* ◆ **faire les** ~**s** to rummage through bins *(Brit) ou* garbage cans *(US)* ◆ **il roule dans une** ~ * his car is a real tip * *(Brit)*, his car is a garbage can on wheels *(US)* ◆ **ça appartient aux** ~**s de l'histoire** that has been consigned to the scrap heap of history **b** *(en apposition)* **camion(-)**~ bin lorry *(Brit)*, garbage truck *(US)* ◆ **classe(-)**~ class of rejects ◆ **chaîne(-)**~ trashy * television channel ◆ **navire(-)**~ coffin ship *(often transporting dangerous nuclear waste etc)* ◆ **la presse(-)**~ the gutter press COMP ▷ **poubelle de table** *container placed on a table for bones, wrappers etc*

**pouce** /pus/ NM **a** *(Anat) [de main]* thumb; *[de pied]* big toe ◆ **se tourner** *ou* **se rouler les** ~**s** to twiddle one's thumbs ◆ **mettre les** ~**s** * to give in *ou* up ◆ ~ **!** *(au jeu)* truce!, pax! *(Brit)* ◆ **on a déjeuné** *ou* **on a pris un morceau sur le** ~ * we had a quick snack *ou* a bite to eat * ◆ **faire du** ~ *, **voyager sur le** ~ (* *Can)* to thumb * a lift, to hitch *, to hitch-hike ◆ **coup de** ~ *(pour aider qn)* nudge in the right direction ◆ **donner un coup de** ~ **aux ventes** to give sales a bit of a boost ◆ **donner un coup de** ~ **à un projet** to help a project along **b** *(= mesure)* inch ◆ **ils n'ont pas cédé un** ~ **de terrain** *(fig) [armée]* they haven't yielded an inch of land ◆ **son travail n'a pas avancé d'un** ~ he hasn't made the least *ou* the slightest bit of progress in his work ◆ **il n'a pas bougé d'un** ~ *(dans sa prise de position)* he refused to budge, he wouldn't budge an inch ◆ **la situation/ville n'a pas changé d'un** ~ the situation/town hasn't changed in the slightest *ou* hasn't changed the least little bit ◆ **il n'a pas varié** *ou* **dévié d'un** ~ **dans sa politique** he hasn't altered his policy in the slightest ◆ **et le** ~ **!** * and the rest!

**Poucet** /pusɛ/ NM ◆ **le Petit Poucet** "Tom Thumb"

**Pouchkine** /puʃkin/ NM Pushkin

**pouding** /pudiŋ/ NM ⇒ **pudding**

**poudingue** /pudɛ̃g/ NM *(Géol)* pudding stone

**poudre** /pudʀ/ NF *(gén)* powder; *(= poussière)* dust; *(= fard)* (face) powder; *(= explosif)* (gun) powder; *(Méd)* powder; *(arg Drogue = héroïne)* smack ‡ ◆ ~ **d'or/de diamant** gold/diamond dust ◆ **réduire qch en** ~ to reduce *ou* grind sth to powder, to powder sth ◆ **en** ~ *[lait, œufs]* dried, powdered ◆ **chocolat en** ~ cocoa powder ◆ **se mettre de la** ~ to powder one's face *ou* nose ◆ **se mettre de la** ~ **sur** to powder ◆ ~ **libre/compacte** loose/pressed powder ◆ **prendre la** ~ **d'escampette** * to take to one's heels, to skedaddle * ◆ **de la** ~ **de perlimpinpin** magical cure ◆ **jeter de la** ~ **aux yeux de qn** to impress sb ◆ **c'est de la** ~ **aux yeux** it's all just for show; → **feu**[1], **inventer**
COMP ▷ **poudre à canon** gunpowder ▷ **poudre dentifrice** tooth powder ▷ **poudre à éternuer** sneezing powder ▷ **poudre à laver** washing powder *(Brit)*, soap powder *(Brit)*, (powdered) laundry detergent *(US)* ▷ **poudre à lever** *(surtout Helv)* baking powder ▷ **poudre à récurer** scouring powder ▷ **poudre de riz** face powder

**poudrer** /pudʀe/ ▸ conjug 1 ◂ VT to powder VI *(Can) [neige]* to drift VPR **se poudrer** to powder one's face *ou* nose

**poudrerie**[1] /pudʀəʀi/ NF *(= fabrique)* gunpowder *ou* explosives factory

**poudrerie**[2] /pudʀəʀi/ NF *(Can)* drifting snow

**poudreux, -euse** /pudʀø, øz/ ADJ *(= poussiéreux)* dusty ◆ **neige poudreuse** powder snow NF **poudreuse a** *(= neige)* powder snow **b** *(= meuble)* dressing table **c** *(Agr)* duster

**poudrier** /pudʀije/ NM (powder) compact

**poudrière** /pudʀijɛʀ/ NF powder magazine; *(fig)* powder keg *(fig)*

**poudroiement** /pudʀwamɑ̃/ NM dust haze

**poudroyer** /pudʀwaje/ ▸ conjug 8 ◂ VI *[poussière]* to rise in clouds; *[neige]* to rise in a flurry ◆ **la route poudroyait** clouds of dust rose up from the road

**pouet (pouet)** * /puɛt(puɛt)/ EXCL *(klaxon)* beep! beep! ◆ **t'en sais rien, alors** ~ ~ **!** you don't know anything about it, so just shut up! *

**pouf**[1] /puf/ NM pouffe EXCL thud! ◆ **faire** ~ to tumble (over) ◆ ~ **par terre !** whoops-a-daisy!

**pouf**[2], **pouffe** ‡ /puf/ NF *(péj) (= femme)* tart ‡

**pouffer** /pufe/ ▸ conjug 1 ◂ VI ◆ ~ **(de rire)** to burst out laughing

**pouf(f)iasse** ✱ /pufjas/ NF *(péj)* tart ✱, slag ✱ *(Brit)*; *(= prostituée)* whore, tart ✱

**pouh** /pu/ EXCL pooh!

**pouillerie** /pujʀi/ NF squalor

**pouilleux, -euse** /pujø, øz/ ADJ **a** *(lit)* lousy, flea-ridden, verminous **b** *(= sordide) [quartier, endroit]* squalid, seedy; *[personne]* dirty, filthy NM,F *(= pauvre)* down-and-out; *(= couvert de poux)* flea-ridden *ou* lice-ridden *ou* verminous person

**pouillot** /pujo/ NM warbler ◆ ~ **fitis** willow warbler ◆ ~ **véloce** chiffchaff

**poujadisme** /puʒadism/ NM Poujadism

**poujadiste** /puʒadist/ ADJ, NMF Poujadist

**poulailler** /pulɑje/ NM henhouse ◆ **le** ~ * *(Théât)* the gallery, the gods * *(Brit)*

**poulain** /pulɛ̃/ NM **a** *(Zool)* foal, colt; *(fig)* promising youngster; *(= protégé)* protégé **b** *(Tech)* ~ **(de chargement)** skid

**poulaine** /pulɛn/ NF *(Hist = soulier)* poulaine, long pointed shoe

**poularde** /pulaʀd/ NF fattened chicken

**poulbot** /pulbo/ NM street urchin *(in Montmartre)*

**poule**[1] /pul/ NF **a** *(Zool)* hen; *(Culin)* (boiling) fowl ◆ **se lever avec les ~s** *(fig)* to be an early riser, to get up with the lark *(Brit) ou* birds *(US)* ◆ **se coucher avec les ~s** to go to bed early ◆ **quand les ~s auront des dents** never in a month of Sundays ◆ **être comme une ~ qui a trouvé un couteau** to be at a complete loss; → **chair, lait**

**b** ✱ *(= maîtresse)* mistress; *(= fille)* bird * *(Brit)*, broad ✱ *(US)*, chick * *(US)*; *(prostituée)* whore, tart ✱, hooker ✱ *(US)* ◆ ~ **de luxe** high-class prostitute

**c** *(= terme affectueux)* **ma** ~ (my) pet ◆ **ça roule ma ~ !** * okey-doke! *

COMP ▷ **poule d'eau** moorhen ▷ **poule faisane** hen pheasant ▷ **poule mouillée** *(= lâche)* softy *, coward ▷ **la poule aux œufs d'or** the goose that lays the golden eggs ◆ **tuer la** ~ **aux œufs d'or** to kill the goose that lays the golden eggs ▷ **poule pondeuse** laying hen, layer ▷ **poule au pot** boiled chicken ◆ **la** ~ **au pot tous les dimanches** *(Hist)* a chicken in the pot every Sunday ▷ **poule au riz** chicken and rice

**poule**[2] /pul/ NF **a** *(= enjeu)* pool, kitty **b** *(= tournoi) (gén)* tournament; *(Escrime)* pool; *(Rugby)* group **c** *(Courses)* ~ **d'essai** maiden race

**poulet** /pulɛ/ NM **a** *(= volaille)* chicken ◆ ~ **de grain/fermier** corn-fed/free-range *(Brit)* chicken ◆ **mon (petit)** ~ **!** * (my) love! *ou* pet! *(Brit)* **b** *(✱ = policier)* cop ✱ **c** *(†† = billet doux)* love letter

**poulette** /pulɛt/ NF **a** *(Zool)* pullet ◆ **ma** ~ **!** * (my) love *ou* pet *(Brit)*! **b** *(* = fille)* girl, lass *, bird * *(Brit)*, chick * *(US)* **c** *(Culin)* **sauce** ~ sauce poulette *(made with eggs and lemon juice)*

**pouliche** /puliʃ/ NF filly

**poulie** /puli/ NF pulley; *(avec sa caisse)* block ◆ ~ **simple/double/fixe** single/double/fixed block ◆ ~ **folle** loose pulley

**pouliner** /puline/ ▸ conjug 1 ◂ VI to foal

**poulinière** /pulinjɛʀ/ ADJ F, NF ◆ **(jument)** ~ brood mare

**poulot, -otte** † * /pulo, ɔt/ NM,F ◆ **mon ~!, ma poulotte!** poppet! *, (my) pet! *(Brit) ou* love!

**poulpe** /pulp/ NM octopus

**pouls** /pu/ NM pulse ◆ **prendre** *ou* **tâter le** ~ **de qn** *(lit)* to feel *ou* take sb's pulse; *(fig)* to sound sb out ◆ **prendre** *ou* **tâter le** ~ **de** *(fig) [+ opinion publique]* to test, to sound out; *[+ économie]* to feel the pulse of

**poumon** /pumɔ̃/ NM *(Anat)* lung ◆ **respirer à pleins ~s** to breathe deeply ◆ **chanter/crier à pleins ~s** to sing/shout at the top of one's voice ◆ ~ **artificiel/d'acier** artificial/iron lung ◆ **cette région est le** ~ **économique du pays** this region is the hub of the country's economy ◆ **la forêt amazonienne,** ~ **de la terre** the Amazon rainforest, the lungs of the earth ◆ **Hyde Park, le** ~ **de Londres** Hyde Park, London's green lung

**poupard** /pupaʀ/ ADJ † chubby(-cheeked) NM bouncing *ou* bonny *(Brit)* baby

**poupe** /pup/ NF *(Naut)* stern; → **vent**

**poupée** /pupe/ NF **a** *(= jouet)* doll ◆ **~(s) gigogne(s)** *ou* **russe(s)** nest of dolls, Russian dolls ◆ ~ **gonflable** inflatable *ou* blow-up doll ◆ ~ **de son** rag doll *(stuffed with bran)* ◆ **elle joue à la** ~ she's playing with her doll(s); → **maison b** *(* = jolie femme)* doll * ◆ **bonjour,** ~ **!** hullo, doll! **c** *(= pansement)* finger bandage ◆ **faire une** ~ **à qn** to bandage sb's finger **d** *(Tech)* ~ **fixe** headstock ◆ ~ **mobile** tailstock

**poupin, e** /pupɛ̃, in/ ADJ chubby

**poupon** /pupɔ̃/ NM little baby, babe-in-arms

**pouponner** /pupɔne/ ▸ conjug 1 ◂ VI *[femme]* to play mother; *[homme]* to play father ◆ **tu vas bientôt (pouvoir)** ~ soon you'll be fussing around like a fond mother (*ou* father *etc*)

**pouponnière** /pupɔnjɛʀ/ NF day nursery, crèche

## pour /puʀ/

GRAMMAIRE ACTIVE 53.4

| 1 PRÉPOSITION | 2 NOM MASCULIN |
|---|---|

### 1 - PRÉPOSITION

**a** direction for, to ◆ **partir** ~ **l'Espagne** to leave for Spain ◆ **il part** ~ **l'Espagne demain** he leaves for Spain *ou* he is off to Spain tomorrow ◆ **partir** ~ **l'étranger** to go abroad ◆ **un billet** ~ **Caen** a ticket to *ou* for Caen ◆ **le train** ~ **Londres** the London train, the train for London

**b** temps for ◆ **tu restes à Paris** ~ **Noël ?** are you staying in Paris for Christmas? ◆ **il est absent** ~ **deux jours** he's away for two days ◆ **promettre qch** ~ **le mois prochain/~ dans huit jours/~ après les vacances** to promise sth for next month/for next week/for after the holidays ◆ **ce sera** ~ **l'an prochain** we'll have to wait for *ou* until next year ◆ **il lui faut sa voiture** ~ **demain** he must have his car for *ou* by tomorrow ◆ ~ **le moment** *ou* **l'instant** for the moment ◆ ~ **toujours** for ever

◆ **en avoir pour** *[+ durée]* ◆ **tu en as** ~ **combien de temps ?** how long are you going to be?, how long will it take you? ◆ **ne m'attendez pas, j'en ai encore** ~ **une heure** don't wait for me, I'll be another hour (yet) ◆ **elle en a bien** ~ **trois semaines** it'll take her at least three weeks ◆ **quand il se met à pleuvoir, on en a** ~ **trois jours** once it starts raining, it goes on *ou* sets in for three days ◆ **on en a encore** ~ **20 km de cette mauvaise route** *(distance)* there's another 20 km of this awful road

**c** intention, destination for ◆ **faire qch** ~ **qn** to do sth for sb ◆ **il ferait tout** ~ **elle/sa mère** he would do anything for her *ou* for her sake/his mother *ou* his mother's sake ◆ **faire qch** ~ **le plaisir** to do sth for pleasure ◆ **il n'est pas fait** ~ **le travail de bureau** he's not made for office work ◆ **c'est fait** *ou* **étudié** ~ **!** * that's what it's meant *ou* made for! ◆ **il travaille** ~ **un cabinet d'architectes** he works for a firm of architects ◆ **ce n'est pas un livre** ~ **(les) enfants** it's not a book for children, it's not a children's book ◆ **c'est mauvais/bon** ~ **vous/~ la santé** it's bad/good for you/for the health ◆ **c'est trop compliqué** ~ **elle** it's too complicated for her ◆ **son amour** ~ **elle/les bêtes** his love for her/of animals ◆ **il a été très gentil** ~ **ma mère** he was very kind to my mother ◆ ~ **la plus grande joie des spectateurs** to the delight of the onlookers ◆ **coiffeur** ~ **dames** ladies' hairdresser ◆ **sirop** ~ **la toux** cough mixture *(Brit) ou* syrup *(US)* ◆ **pastilles** ~ **la gorge** throat tablets

◆ **pour** + *infinitif (= afin de)* to ◆ **trouvez un argument** ~ **le convaincre** find an argument to convince him *ou* that will convince him ◆ **il sera d'accord** ~ **nous aider** he'll agree to help us ◆ ~ **mûrir, les tomates ont besoin de soleil** tomatoes need sunshine to ripen ◆ **je ne l'ai pas dit** ~ **le vexer** I didn't say that to annoy him ◆ **je n'ai rien dit** ~ **ne pas le blesser** I didn't say anything so as not to hurt him ◆ **elle se pencha** ~ **ramasser son gant** she bent down to pick up her glove ◆ **il tendit le bras** ~ **prendre la boîte** he reached for the box ◆ **creuser** ~ **trouver de l'eau/du pétrole** to dig for water/oil ◆ **il y a des gens assez innocents** ~ **le croire** some people are naive enough to believe him ◆ **il finissait le soir tard** ~ **reprendre le travail tôt le lendemain** he used to finish work late at night only to start again early the next morning ◆ **il est parti** ~ **ne plus revenir** he left never to return, he left and never came back again

◆ **pour que** + *subjonctif (= afin que)* so that, in order that *(frm)* ◆ **écris vite ta lettre** ~ **qu'elle parte ce soir** write your letter quickly so (that) it will go *ou* it goes this evening ◆ **il a mis une barrière** ~ **que les enfants ne sortent pas** he has put up a fence so that the children won't get out ◆ **c'est ça, laisse ton sac là** ~ **qu'on te le vole !** *(iro)* that's right, leave your bag there for someone to steal it! *ou* so that someone steals it! ◆ **il est trop tard** ~ **qu'on le prévienne** it's too late to warn him *ou* for him to be warned ◆ **elle est assez grande** ~ **qu'on puisse la laisser seule** *(iro)* she's old enough to be left on her own

**d** cause ~ **quelle raison ?** for what reason?, why? ◆ **être condamné** ~ **vol** to be convicted for theft ◆ **"fermé pour réparations"** "closed for repairs" ◆ **il n'en est pas plus heureux** ~ **ça !** he's none the happier for all that!, he's no happier for all that! ◆ **on l'a félicité** ~ **son audace/~ son élection** he was congratulated on his daring/on his election ◆ **il est connu** ~ **sa générosité** he is known for his generosity ◆ **quelle histoire** ~ **si peu** what a fuss *ou* to-do * over *ou* about such a little thing ◆ **pourquoi se faire du souci** ~ **ça ?** why worry about that? ◆ **il est** ~ **quelque chose/~ beaucoup dans le succès de la pièce** he is partly/largely responsible for the success of the play, he had something/a lot to do with the play's success

◆ **pour** + *infinitif (introduisant une cause)* ◆ **elle a été punie** ~ **avoir menti** she was punished for lying *ou* having lied ◆ **on l'a félicité** ~ **avoir sauvé l'enfant** he was congratulated for having saved the child

*(= susceptible de)* ◆ **le travail n'est pas** ~ **l'effrayer** *ou* ~ **lui faire peur** he's not afraid of

hard work ◆ **ce n'est pas ~ arranger les choses** this isn't going to help matters, this will only make things worse

**e** [approbation] for, in favour *(Brit)* *ou* favor *(US)* of ◆ **manifester ~ la paix** to demonstrate *ou* march for peace ◆ **je suis ~ les réformes/~ réduire** *ou* **qu'on réduise les dépenses** I'm in favour of the reforms/of reducing expenditure ◆ **je suis ~ !** * I'm all for it! *, I'm all in favour (of it)!

**f** [= du point de vue de qn] ~ **lui, le projet n'est pas réalisable** as he sees it *ou* in his opinion *ou* in his view the plan isn't feasible ◆ ~ **moi, elle était déjà au courant** if you ask me, she already knew ◆ ~ **moi, je suis d'accord** personally *ou* for my part I agree ◆ **sa fille est tout ~ lui** his daughter is everything to him

**g** [= en ce qui concerne] ~ **(ce qui est de) notre voyage, il faut y renoncer** as for our trip *ou* as far as our trip goes, we'll have to forget it ◆ **et ~ les billets, c'est toi qui t'en charges ?** so, are you going to take care of the tickets? ◆ **ça ne change rien ~ nous** that makes no difference as far as we're concerned ◆ **le plombier est venu/a téléphoné ~ la chaudière** the plumber came/phoned about the boiler

**h** [= à la place de, en échange de] **payer ~ qn** to pay for sb ◆ **signez ~ moi** sign in my place *ou* for me ◆ ~ **le directeur** *(Comm)* p.p. Manager ◆ **il a parlé ~ nous tous** he spoke on behalf of all of us *ou* on our behalf, he spoke for all of us ◆ **donnez-moi ~ 50 € d'essence** give me 50 euros' worth of petrol ◆ **il l'a eu ~ 2 €** he got it for €2

◆ **en avoir pour** *[+ prix]* ◆ **j'en ai eu ~ 10 € de photocopies** it cost me €10 to do the photocopies

**i** [rapport, comparaison] for ◆ **il est petit ~ son âge** he is small for his age ◆ **il fait chaud ~ la saison** it's warm for the time of year ◆ **c'est bien trop cher ~ ce que c'est !** it's far too expensive for what it is! ◆ ~ **un Anglais, il parle bien le français** he speaks French well for an Englishman ◆ ~ **cent/mille** per cent/thousand ◆ ~ **500 g de farine, il te faut six œufs** for 500 grams of flour you need six eggs ◆ ~ **un qui s'intéresse, il y en a dix qui bâillent** for every one that takes an interest there are ten who just sit there yawning ◆ **mourir ~ mourir, je préfère que ce soit ici** if I have to die I should prefer it to be here

**j** [= comme] for, as ◆ **prendre qn ~ femme** to take sb as one's wife ◆ **il a ~ adjoint son cousin** he has his cousin as his deputy ◆ **il a ~ principe/méthode de faire ...** it is his principle/method to do ..., his principle /method is to do ... ◆ **ça a eu ~ effet de changer son comportement** this had the effect of changing his behaviour

**k** [emphatique] ~ **un sale coup, c'est un sale coup !** * of all the unfortunate things (to happen)! ◆ ~ **une vedette, c'en est une !** that's what I call a star! ◆ ~ **être furieux, je suis furieux !** I am so angry!

**l** [indiquant une restriction] ~ **avoir réussi, il n'en est pas plus heureux** he's no happier *ou* none the happier for having succeeded *ou* for his success ◆ ~ **être petite, elle n'en est pas moins solide** she may be small but that doesn't mean she's not strong ◆ ~ **riche qu'il soit, il n'est pas généreux** (as) rich as he is *ou* rich though he is, he's not generous

**m** [locutions]

◆ **pour peu que** + *subjonctif* ◆ ~ **peu qu'il soit sorti sans sa clé ...** if he's left without his key ... ◆ **il la convaincra, ~ peu qu'il sache s'y prendre** he'll convince her if he goes about it (in) the right way

◆ **être pour** + *infinitif* * ◆ **j'étais ~ partir** *(= être sur le point de)* I was just going, I was just about to go, I was on the point of leaving

2 - NOM MASCULIN

**a** [= arguments] **le ~ et le contre** the arguments for and against, the pros and cons ◆ **il y a du ~ et du contre** there are arguments on both sides *ou* arguments for and against; → **peser**

**b** [= personne] **les ~ ont la majorité** those in favour are in the majority ◆ **devant ses tableaux, il y a les ~ et les contre** people either like or dislike his paintings

---

**pourboire** /purbwar/ **NM** tip ◆ ~ **interdit** no gratuities, our staff do not accept gratuities ◆ **donner un ~ de 2 € à qn, donner 2 € de ~ à qn** to tip sb 2 euros, to give sb a 2 euro tip

**pourceau** (pl **pourceaux**) /purso/ **NM** *(littér, péj)* pig, swine *(inv)*; → **perle**

**pour-cent** /pursɑ̃/ **NM INV** *(= commission)* percentage, cut *

**pourcentage** /pursɑ̃taʒ/ **NM** percentage ◆ **résultat exprimé en ~** result expressed in percentages ◆ **fort ~ d'abstentions** high abstention rate ◆ **travailler** *ou* **être au ~** to work on commission ◆ **toucher un ~ sur les bénéfices** to get a share *ou* a cut * of the profits ◆ **côte à fort ~** hill with a steep gradient, steep slope

**pourchasser** /purʃase/ ▸ conjug 1 ◂ **VT** *[police, chasseur, ennemi]* to pursue, to hunt down; *[créancier, importun]* to hound ◆ ~ **la misère/le crime** to hunt out *ou* seek out poverty/crime ◆ ~ **les fautes d'orthographe** to hunt out spelling mistakes

**pourfendeur** /purfɑ̃dœr/ **NM** *(hum)* destroyer

**pourfendre** /purfɑ̃dr/ ▸ conjug 41 ◂ **VT** *(littér)* *[+ adversaire]* to set about, to assail; *[+ abus]* to fight against, to combat

**pourlécher (se)** /purleʃe/ ▸ conjug 6 ◂ **VPR** *(lit, fig)* to lick one's lips ◆ **je m'en pourlèche déjà** *(lit)* my mouth is watering already; *(fig)* I can hardly wait ◆ **se ~ les babines** * *(lit)* to lick one's chops *; *(fig)* to lick *ou* smack one's lips

**pourliche** * /purliʃ/ **NM** tip

**pourparlers** /purparle/ **NMPL** talks, negotiations, discussions ◆ **entrer en ~ avec qn** to start negotiations *ou* discussions with sb, to enter into talks with sb ◆ **être en ~ avec qn** to be negotiating with sb, to be having talks *ou* discussions with sb

**pourpier** /purpje/ **NM** portulaca; *(comestible)* purslane

**pourpoint** /purpwɛ̃/ **NM** doublet, pourpoint

**pourpre** /purpr/ **ADJ** *(gén)* crimson; *(Hér)* purpure ◆ **il devint ~** *(furieux)* he went purple (in the face); *(gêné)* he turned crimson *ou* scarlet **NM a** *(= couleur)* crimson; *(Hér)* purpure ◆ ~ **rétinien** visual purple **b** *(Zool)* murex **NF** *(= matière colorante, étoffe, symbole)* purple; *(= couleur)* scarlet ◆ ~ **royale** royal purple ◆ **accéder à la ~ cardinalice** *ou* **romaine** to be given the red hat ◆ **né dans la ~** born to the purple

**pourpré, e** /purpre/ **ADJ** *(littér)* crimson

**pourquoi** /purkwa/ GRAMMAIRE ACTIVE 28.1

**CONJ** why ◆ ~ **est-il venu ?** why did he come?, what did he come for? ◆ ~ **les avoir oubliés ?** why did he (*ou* they *etc*) forget them? ◆ **c'est** *ou* **voilà ~ il n'est pas venu** that's (the reason) why he didn't come

**ADV** why ◆ **tu me le prêtes ? – ~ (donc) ?** can you lend me it? — why? *ou* what for? ◆ **tu viens ? – ~ pas ?** are you coming? — why not? ◆ **il a réussi, ~ pas vous ?** *(dans le futur)* he succeeded so why shouldn't you?; *(dans le passé)* he succeeded so why didn't you? *ou* so how come you didn't? * ◆ **je vais vous dire ~** I'll tell you why ◆ **il faut que ça marche, ou que ça dise ~** * it had better work or else *, it had better work, or I'll want to know why (not) ◆ **allez savoir** *ou* **comprendre ~ !** *, **je vous demande bien ~** I just can't imagine why!

**NM INV** *(= raison)* reason (*de* for); *(= question)* question ◆ **le ~ de son attitude** the reason for his attitude ◆ **il veut toujours savoir le ~ et le comment** he always wants to know the whys and wherefores ◆ **il est difficile de répondre à tous les ~ des enfants** it isn't easy to find an answer for everything children ask you

**pourri, e** /puri/ (ptp de **pourrir**) **ADJ a** *[fruit]* rotten, bad; *[bois]* rotten; *[feuille]* decayed, rotting; *[viande]* bad; *[œuf]* rotten, bad, addled; *[enfant]* spoilt rotten *(attrib)*; *[cadavre]* decomposed, putrefied ◆ **être ~** *[pomme]* to have gone rotten *ou* bad; *[œuf]* to have gone bad; → **poisson b** *[roche]* crumbling, rotten; *[neige]* melting, half-melted **c** *(= mauvais)* *[temps, été]* rotten; *[personne, société]* rotten, corrupt ◆ **flic ~** * bent copper * *(Brit)*, dirty *ou* bad cop * *(US)* ◆ ~ **de fric** * stinking * *ou* filthy * rich ◆ ~ **de défauts** full of *ou* riddled with faults ◆ ~ **de talent** * oozing with talent **NM a** *(= partie gâtée)* rotten *ou* bad part ◆ **sentir le ~** to smell rotten *ou* bad **b** (* = *crapule)* swine * ◆ **bande de ~s !** (you) bastards! ** **c** (* = *policier corrompu)* bent copper * *(Brit)*, dirty *ou* bad cop * *(US)*

**pourrir** /purir/ ▸ conjug 2 ◂ **VI** *[fruit]* to go rotten *ou* bad, to spoil; *[bois]* to rot (away); *[œuf]* to go bad; *[cadavre]* to rot (away); *[corps, membre]* to be eaten away; *[relations]* to deteriorate ◆ **récolte qui pourrit sur pied** harvest rotting on the stalk ◆ ~ **dans la misère** to languish in poverty ◆ ~ **en prison** to rot (away) in prison ◆ **laisser ~ la situation** to let the situation deteriorate *ou* get worse ◆ **laisser ~ une grève** to let a strike peter out **VT a** *[+ fruit]* to rot, to spoil; *[+ bois]* to rot; *(= infecter)* *[+ corps]* to eat away (at) **b** *(= gâter)* *[+ enfant]* to spoil rotten; *(= corrompre)* *[+ personne]* to corrupt, to spoil ◆ **ça me pourrit la vie** it's ruining my life **VPR se pourrir** *[fruit]* to go rotten *ou* bad, to spoil; *[bois]* to rot (away); *[relations, situation]* to deteriorate, to get worse

**pourrissement** /purismɑ̃/ **NM** *[de situation]* deterioration, worsening (*de* in, of)

**pourriture** /purityr/ **NF a** *(lit, Agr)* rot; *[de société]* rottenness ◆ **odeur de ~** putrid smell ◆ ~ **noble** noble rot, botrytis *(SPÉC)* **b** (* *péj*) *(= homme)* louse *, swine *; *(= femme)* bitch **

**pour-soi** /purswa/ **NM** *(Philos)* pour-soi

**poursuite** /pursɥit/ **NF a** *[de voleur, animal]* chase (*de* after) pursuit (*de* of); *[de bonheur, gloire]* pursuit (*de* of); ◆ **se mettre** *ou* **se lancer à la ~ de qn** to chase *ou* run after sb, to go in pursuit of sb **b** *(Jur)* **~s (judiciaires)** legal proceedings ◆ **engager des ~s contre qn** to start legal proceedings against sb, to take legal action against sb ◆ **s'exposer à des ~s** to lay o.s. open to *ou* run the risk of prosecution **c** *(= continuation)* continuation ◆ **ils ont voté/décidé la ~ de la grève** they voted/decided to continue the strike **d** ◆ **(course) ~** *(Sport)* track race; *(Police)* chase, pursuit ◆ ~ **individuelle** individual pursuit ◆ ~ **en voiture** car chase

**poursuiteur, -euse** /pursɥitœr, øz/ **NM,F** track rider *ou* cyclist

**poursuivant, e** /puʀsɥivɑ̃, ɑ̃t/ ADJ *(Jur)* ◆ **partie ~e** plaintiff NM,F *(= ennemi)* pursuer; *(Jur)* plaintiff

**poursuivre** /puʀsɥivʀ/ ▸ conjug 40 ◂ VT a *(= courir après) [+ fugitif, ennemi]* to pursue; *[+ animal]* to chase (after), to hunt down, to pursue; *[+ malfaiteur]* to chase (after), to pursue ◆ **un enfant poursuivi par un chien** a child (being) chased *ou* pursued by a dog ◆ **les motards poursuivaient la voiture** the police motorcyclists were chasing the car *ou* were in pursuit of the car

b *(= harceler) [importun, souvenir]* to hound ◆ **être poursuivi par ses créanciers** to be hounded by one's creditors ◆ **~ qn de sa colère/de sa haine** to be bitterly angry with sb/hate sb bitterly ◆ **~ une femme de ses assiduités** to force one's attentions on a woman ◆ **cette idée le poursuit** he can't get the idea out of his mind, he's haunted by the idea ◆ **les photographes ont poursuivi l'actrice jusque chez elle** the photographers followed the actress all the way home

c *(= chercher à atteindre) [+ fortune, gloire]* to seek (after); *[+ vérité]* to pursue, to seek (after); *[+ rêve]* to pursue, to follow; *[+ but, idéal]* to strive towards, to pursue

d *(= continuer) (gén)* to continue, to go *ou* carry on with; *[+ avantage]* to follow up, to pursue ◆ **~ sa marche** to carry on walking

e *(Jur)* **~ qn (en justice)** *(au criminel)* to prosecute sb, to bring proceedings against sb; *(au civil)* to sue sb, to bring proceedings against sb ◆ **être poursuivi pour vol** to be prosecuted for theft

VI a *(= continuer)* to carry on, to go on, to continue ◆ **poursuivez, cela m'intéresse** go on *ou* tell me more, I'm interested ◆ **puis il poursuivit : voici pourquoi ...** then he went on *ou* continued: that's why ...

b *(= persévérer)* to keep at it, to keep it up

VPR **se poursuivre** *[négociations, débats]* to go on, to continue; *[enquête, recherches, travail]* to be going on ◆ **les débats se sont poursuivis jusqu'au matin** discussions went on *ou* continued until morning

**pourtant** /puʀtɑ̃/ ADV *(= néanmoins, en dépit de cela)* yet, nevertheless, all the same, even so; *(= cependant)* (and) yet ◆ **et ~** and yet, but nevertheless ◆ **frêle mais ~ résistant** frail but (nevertheless) resilient, frail (and) yet resilient ◆ **il faut ~ le faire** it's got to be done nevertheless *ou* all the same *ou* even so ◆ **il n'est ~ pas très intelligent** (and) yet he's not very clever, he's not very clever though ◆ **c'est ~ facile !** *(intensif)* but it's easy!, but it's not difficult! ◆ **on lui a ~ dit de faire attention** and yet we told him *ou* did tell him to be careful

**pourtour** /puʀtuʀ/ NM *[de cercle]* circumference; *[de rectangle]* perimeter; *(= bord)* surround ◆ **le ~ méditerranéen** the Mediterranean region ◆ **sur le ~ de** around

**pourvoi** /puʀvwa/ NM *(Jur)* appeal ◆ **~ en grâce** appeal for clemency ◆ **former un ~ en cassation** to (lodge an) appeal

**pourvoir** /puʀvwaʀ/ ▸ conjug 25 ◂ VT a ◆ **~ qn de qch** to provide *ou* equip *ou* supply sb with sth ◆ **~ un enfant de vêtements chauds** to provide a child with warm clothes ◆ **la nature l'a pourvu d'une grande intelligence** nature has endowed him with great intelligence ◆ **la nature l'a pourvue d'une grande beauté** she is graced with great natural beauty ◆ **~ sa maison de tout le confort moderne** to fit one's house out *ou* equip one's house with all modern conveniences ◆ **~ sa cave de vin** to stock one's cellar with wine; → **pourvu**[1]

b *[+ poste]* to fill ◆ **il y a deux postes à ~** there are two posts to fill

VT INDIR **pourvoir à** *[+ éventualité]* to provide for, to cater for; *[+ emploi]* to fill ◆ **~ aux besoins de qn** to provide for *ou* cater for *ou* supply sb's needs ◆ **~ à l'entretien du ménage** to provide for the upkeep of the household ◆ **j'y pourvoirai** I'll see to it *ou* deal with it

VPR **se pourvoir** a ◆ **se ~ de** *[+ argent, vêtements]* to provide o.s. with; *[+ provisions, munitions]* to provide o.s. with, to equip o.s. with, to supply o.s. with

b *(Jur)* to appeal, to lodge an appeal ◆ **se ~ en appel** to take one's case to the Court of Appeal ◆ **se ~ en cassation** to (lodge an) appeal

**pourvoyeur, -euse** /puʀvwajœʀ, øz/ NM,F supplier, purveyor; *[de drogue]* supplier, pusher* NM *(Mil = servant de pièce)* artilleryman

**pourvu**[1], **e** /puʀvy/ (ptp de **pourvoir**) ADJ a *[personne]* **être ~ de** *[+ intelligence, imagination]* to be gifted with, to be endowed with; *[+ grâce]* to be endowed with ◆ **avec ces provisions nous voilà ~s pour l'hiver** with these provisions we're stocked up for the winter ◆ **nous sommes très bien/très mal ~s en commerçants** we're very well-off/very badly off for shops ◆ **après l'héritage qu'il a fait c'est quelqu'un de bien ~** with the inheritance he's received, he's very well-off *ou* very well provided for b *[chose]* **être ~ de** to be equipped *ou* fitted with ◆ **feuille de papier ~e d'une marge** sheet of paper with a margin ◆ **animal (qui est) ~ d'écailles** animal which has scales *ou* which is equipped with scales

**pourvu**[2] /puʀvy/ **pourvu que** LOC CONJ *(souhait)* let's hope; *(condition)* provided (that), so long as ◆ **~ que ça dure !** let's hope it lasts!

**poussa(h)** /pusa/ NM *(= jouet)* wobbly toy, Weeble ®; *(péj = homme)* potbellied man

**pousse** /pus/ NF a *(= bourgeon)* shoot ◆ **~s de bambou** bamboo shoots ◆ **~s de soja** beansprouts ◆ **la plante fait des ~s** the plant is putting out shoots ◆ **jeune ~** *(= entreprise)* start-up; *(= jeune talent)* new talent b *(= action) [de feuilles]* sprouting; *[de dents, cheveux]* growth

**poussé, e**[1] /puse/ (ptp de **pousser**) ADJ *[études]* advanced; *[enquête]* extensive, exhaustive; *[interrogatoire]* intensive; *[moteur]* souped-up* ◆ **très ~** *[organisation, technique, dessin]* elaborate, sophisticated; *[précision]* high-level *(épith)*, extreme ◆ **il n'a pas eu une formation/éducation très ~e** he hasn't had much training/education ◆ **une plaisanterie un peu ~e** a joke which goes a bit too far NM *(Mus)* up-bow

**pousse-au-crime** * /pusokʀim/ NM INV *(= boisson)* firewater* ◆ **c'est du ~ !** *(fig) [décolleté, tenue]* it's an open invitation! ◆ **c'est une société ~** it's a society that drives people to crime

**pousse-café** * /puskafe/ NM INV liqueur

**poussée**[2] /puse/ NF a *(= pression) [de foule]* pressure, pushing; *(Archit, Aviat, Géol, Phys)* thrust *(NonC)* ◆ **sous la ~** under the pressure ◆ **la ~ d'Archimède** Archimedes' principle; *(Bot)* ◆ **~ radiculaire** root pressure b *(= coup)* push, shove; *[d'ennemi]* thrust ◆ **écarter qn d'une ~** to thrust *ou* push *ou* shove sb aside ◆ **enfoncer une porte d'une ~ violente** to break a door down with a violent heave *ou* shove c *(= éruption) [d'acné]* attack, eruption; *[de prix]* rise, upsurge, increase ◆ **~ de fièvre** (sudden) high temperature ◆ **la ~ de la gauche/droite aux élections** the upsurge of the left/right in the elections ◆ **la ~ révolutionnaire de 1789** the revolutionary upsurge of 1789

**pousse-pousse** /puspus/ NM INV rickshaw; *(Helv = poussette)* pushchair *(Brit)*, stroller *(US)*

**pousser** /puse/ ▸ conjug 1 ◂ VT a *(gén) [+ voiture, meuble, personne]* to push; *[+ brouette, landau]* to push, to wheel; *[+ verrou] (= ouvrir)* to slide, to push back; *(= fermer)* to slide, to push to *ou* home; *[+ objet gênant]* to move, to shift, to push aside; *[+ pion]* to move ◆ **~ une chaise contre le mur/près de la fenêtre/dehors** to push a chair (up) against the wall/over to the window/outside ◆ **~ les gens vers la porte** to push the people towards *ou* to the door ◆ **il me poussa du genou/du coude** he nudged me with his knee/(with his elbow) ◆ **~ un animal devant soi** to drive an animal in front of one ◆ **~ la porte/la fenêtre** *(fermer)* to push the door/window to *ou* shut; *(ouvrir)* to push the door/window open ◆ **~ un caillou du pied** to kick a stone (along) ◆ **le vent nous poussait vers la côte** the wind was blowing *ou* pushing *ou* driving us towards the shore ◆ **le courant poussait le bateau vers les rochers** the current was carrying the boat towards the rocks ◆ **peux-tu me ~ ?** *(balançoire, voiture en panne)* can you give me a push? ◆ **peux-tu ~ ta voiture ?** can you move your car (out of the way)? ◆ **pousse tes fesses !**‡ shift your backside!‡, shove over!‡ ◆ **(ne) poussez pas, il y a des enfants !** don't push *ou* stop pushing, there are children here! ◆ **il m'a poussé** he pushed me ◆ **il y a une voiture qui me pousse au derrière** * *ou* **au cul** *‡ the car behind me is right up my backside‡ *(Brit)*, there's a car riding my ass*‡ *(US)* ◆ **faut pas ~ (grand-mère dans les orties) !** ‡ *(fig)* that's going a bit far!, you (*ou* he) must be kidding! * ◆ **~ un peu loin le bouchon** *(fig)* to push it *, to go a bit far ◆ **ne pousse pas le bouchon trop loin** don't push it *, don't push your luck; → **pointe**

b *(= stimuler) [+ élève, ouvrier]* to urge on, to egg on, to push; *[+ cheval]* to ride hard, to push; *[+ moteur] (techniquement)* to soup up, to hot up, to hop up *(US)*; *(en accélérant)* to flog * *(surtout Brit)*, to drive hard; *[+ voiture]* to drive hard *ou* fast; *[+ machine]* to work hard; *[+ feu]* to stoke up; *[+ chauffage]* to turn up; *(= mettre en valeur) [+ candidat, protégé]* to push; *[+ dossier]* to help along ◆ **c'est l'ambition qui le pousse** he is driven by ambition, it's ambition which drives him on ◆ **dans ce lycée on pousse trop les élèves** the pupils are worked *ou* driven *ou* pushed too hard in this school ◆ **ce prof l'a beaucoup poussé en maths** this teacher has really pushed him *ou* made him get on in maths ◆ **pousse le son, on n'entend rien !** turn it up a bit, we can't hear a thing!

c ◆ **~ qn à faire qch** *[faim, curiosité]* to drive sb to do sth; *[personne] (= inciter)* to urge *ou* press sb to do sth; *(= persuader)* to persuade sb to do sth, to talk sb into doing sth ◆ **ses parents le poussent à entrer à l'université/vers une carrière médicale** his parents are urging *ou* encouraging *ou* pushing him to go to university/to take up a career in medicine ◆ **c'est elle qui l'a poussé à acheter cette maison** she talked him into *ou* pushed him into buying this house ◆ **son échec nous pousse à croire que ...** his failure leads us to think that ..., because of his failure we're tempted to think that ... ◆ **~ qn au crime/au désespoir** to drive sb to crime/to despair ◆ **~ qn à la consommation** to encourage sb to buy (*ou* eat *ou* drink *etc*) ◆ **~ qn à la dépense** to encourage sb to spend money ◆ **le sentiment qui le poussait vers sa bien-aimée** the feeling which drove him to his beloved ◆ **~ qn sur un sujet** to get sb onto a subject

**d** *(= poursuivre) [+ études, discussion]* to continue, to carry on (with), to go on with; *[+ avantage]* to press (home), to follow up; *[+ affaire]* to follow up, to pursue; *[+ marche, progression]* to continue, to carry on with ◆ **~ l'enquête/les recherches plus loin** to carry on *ou* press on with the inquiry/the research ◆ **~ la curiosité/la plaisanterie un peu (trop) loin** to take curiosity/the joke a bit (too) far ◆ **~ qch à la perfection** to carry *ou* bring sth to perfection ◆ **il pousse les choses au noir** he always looks on the black side (of things) *ou* takes a black view of things ◆ **il a poussé le dévouement/la gentillesse/la malhonnêteté jusqu'à faire ...** he was devoted/kind/dishonest enough to do ..., his devotion/kindness/dishonesty was such that he did ... ◆ **~ l'indulgence jusqu'à la faiblesse** to carry indulgence to the point of weakness ◆ **~ qn à bout** to push sb to breaking point, to drive sb to his wits' end *ou* the limit

**e** *[+ cri, hurlement]* to let out, to utter, to give; *[+ soupir]* to heave, to give ◆ **~ des cris** to shout, to scream ◆ **~ des rugissements** to roar ◆ **les enfants poussaient des cris perçants** the children were shrieking ◆ **le chien poussait de petits jappements plaintifs** the dog was yelping pitifully ◆ **~ la chansonnette** *ou* **la romance, en ~ une** * *(hum)* to sing a (little) song

**VI** **a** *[plante] (= sortir de terre)* to sprout; *(= se développer)* to grow; *[barbe, enfant]* to grow; *[dent]* to come through; *[ville]* to grow, to expand ◆ **alors, les enfants, ça pousse ?** * and how are the kids doing? * ◆ **son bébé pousse bien** * her baby's growing well ◆ **mes choux poussent bien** my cabbages are coming on *ou* doing nicely *ou* well ◆ **tout pousse bien dans cette région** everything grows well in this region ◆ **ils font ~ des tomates par ici** they grow tomatoes in these parts, this is a tomato-growing area ◆ **la pluie fait ~ les mauvaises herbes** the rain makes the weeds grow ◆ **ça pousse comme du chiendent** they grow like weeds ◆ **il se fait** *ou* **se laisse ~ la barbe** he's growing a beard ◆ **il se fait** *ou* **se laisse ~ les cheveux** he's growing his hair, he's letting his hair grow ◆ **il a une dent qui pousse** he's cutting a tooth, he's got a tooth coming through ◆ **~ comme un champignon** to be shooting up ◆ **de nouvelles villes poussaient comme des champignons** new towns were springing up *ou* sprouting like mushrooms, new towns were mushrooming

**b** *(= faire un effort) (pour accoucher, aller à la selle)* to push ◆ **~ à la roue** *(fig)* to do a bit of pushing, to push a bit ◆ **~ (à la roue) pour que qn fasse qch** to keep nudging *ou* pushing sb to get him to do sth ◆ **~ à la hausse** *(Fin)* to push prices up ◆ **~ à la baisse** *(Fin)* to force prices down

**c** *(= aller)* **nous allons ~ un peu plus avant** we're going to go on *ou* push on a bit further ◆ **~ jusqu'à Lyon** to go on *ou* push on as far as *ou* carry on to Lyons

**d** *(* = exagérer)* to go too far, to overdo it ◆ **tu pousses !** that's going a bit far! ◆ **faut pas ~ !** that's going a bit far!, that's overdoing it a bit!

**e** *[vin]* to referment in spring

**VPR** **se pousser** **a** *(= se déplacer)* to move, to shift; *(= faire de la place)* to move *ou* shift over (*ou* up *ou* along *ou* down); *(en voiture)* to move ◆ **pousse-toi de là que je m'y mette** * move over and make room for me

**b** *(= essayer de s'élever)* **se ~ (dans la société)** to make one's way *ou* push o.s. up in society *ou* in the world

**poussette** /pusɛt/ **NF** *(pour enfant)* pushchair *(Brit)*, stroller *(US)*; *(Helv)* pram *(Brit)*, baby carriage *(US)*; *(à provisions)* shopping trolley *(Brit)*, shopping cart *(US)*; *(arg Cyclisme)* push *(given to a cyclist to spur him on in a race)*

**poussette-canne** (pl **poussettes-cannes**) /pusɛtkan/ **NF** baby buggy, (folding) stroller *(US)*

**poussier** /pusje/ **NM** coaldust, screenings *(SPÉC)*

**poussière** /pusjɛʀ/ **NF** **a** *(= particules)* dust ◆ **faire** *ou* **soulever de la ~** to raise a lot of dust ◆ **prendre la ~** to collect *ou* gather dust ◆ **faire la ~** * to do the dusting ◆ **couvert de ~** dusty, covered in dust ◆ **avoir une ~ dans l'œil** to have a speck of dust in one's eye ◆ **leur ~ repose dans ces tombes** *(frm)* their ashes *ou* mortal remains lie in these tombs ◆ **une ~ de** *(fig)* a myriad of ◆ **réduire/tomber en ~** to reduce to/crumble into dust

**b** *(loc)* **5 € et des ~s** * just over €5 ◆ **il a 50 ans et des ~s** he's just over 50 ◆ **il était 22 heures et des ~s** it was just gone *ou* a little after 10 o'clock

**COMP** ▷ **poussière d'ange** *(= drogue)* angel dust ▷ **poussière de charbon** coaldust ▷ **poussière cosmique** cosmic dust ▷ **poussière d'étoiles** stardust ▷ **poussière d'or** gold dust ▷ **poussière radioactive** radioactive particles *ou* dust *(NonC)* ▷ **poussière volcanique** volcanic ash *ou* dust

**poussiéreux, -euse** /pusjeʀø, øz/ **ADJ** *(lit)* dusty, covered in dust; *(fig)* fusty

**poussif, -ive** /pusif, iv/ **ADJ** *[personne]* wheezy, short-winded; *[cheval]* broken-winded; *[moteur]* puffing, wheezing; *[style]* laboured *(Brit)*, labored *(US)*

**poussin** /pusɛ̃/ **NM** **a** *(Zool)* chick ◆ **mon ~ !** * *(terme affectueux)* pet!, poppet! * **b** *(Sport)* under eleven, junior **c** *(arg Mil) first-year cadet in the air force*

**poussivement** /pusivmɑ̃/ **ADV** ◆ **il monta ~ la côte/l'escalier** he wheezed up *ou* puffed up the hill/the stairs

**poussoir** /puswaʀ/ **NM** *[de sonnette]* button ◆ **~ (de soupape)** *(Aut)* tappet

**poutre** /putʀ/ **NF** *(en bois)* beam; *(en métal)* girder; *(Gym)* beam ◆ **~s apparentes** exposed beams; → **maître, paille**

**poutrelle** /putʀɛl/ **NF** *(en bois)* beam; *(en métal)* girder

**poutse** *, **poutze** * /puts/ **NF** *(Helv = nettoyage)* cleaning

**poutser** *, **poutzer** * /putse/ ▸ conjug 1 ◂ **VT** *(Helv)* to clean

## pouvoir[1] /puvwaʀ/

▸ conjug 33 ◂

**GRAMMAIRE ACTIVE 28.1, 30, 31, 36, 42, 43**

| | |
|---|---|
| 1 VERBE AUXILIAIRE | 3 VERBE TRANSITIF |
| 2 VERBE IMPERSONNEL | 4 VERBE PRONOMINAL |

### 1 - VERBE AUXILIAIRE

**a** permission

> Lorsque **pouvoir** exprime la permission donnée par le locuteur à quelqu'un, il peut se traduire par **can** ou **may** ; **can** est le plus courant et couvre la majorité des cas ; **may** appartient à une langue plus soutenue et indique nettement un ton de supériorité.

◆ **tu peux le garder si tu veux** you can keep it if you want ◆ **maintenant, tu peux aller jouer** now you can *ou* may go and play ◆ **vous pouvez desservir** you can *ou* may *(frm)* clear the table

> On emploie **can** ou **be allowed to** lorsque la permission dépend d'une tierce personne ou d'une autorité.

◆ **vous ne pouvez pas avoir accès à ces documents** you are not allowed access to these documents ◆ **crois-tu qu'il pourra venir ?** do you think he'll be allowed to come? ◆ **sa mère a dit qu'il ne pouvait pas rester** his mother said he couldn't stay *ou* wasn't (allowed) to stay ◆ **on ne peut pas marcher sur les pelouses** you can't walk *ou* you aren't allowed to walk on the grass ◆ **elle ne pourra lui rendre visite qu'une fois par semaine** she'll only be allowed to visit him once a week ◆ **arrêtez de la taquiner ! – si on ne peut plus s'amuser maintenant !** stop teasing her! – we can have a bit of fun, can't we?

> Notez l'usage de **have to, be obliged to** lorsque la proposition infinitive est une négative.

◆ **il peut ne pas venir** he doesn't have to come, he's not obliged to come ◆ **tu peux très bien ne pas accepter** you don't have to accept

**b** demande

> Lorsque l'on demande à quelqu'un la permission de faire quelque chose, on utilise **can** ou la forme plus polie **could** ; **may** appartient à un registre plus soutenu et **might** appartient à une langue très recherchée.

◆ **est-ce que je peux fermer la fenêtre ?, puis-je** *(frm)* **fermer la fenêtre ?** can I *ou* may I *(frm)* shut the window? ◆ **puis-je emprunter votre stylo ?** can *ou* could *ou* may I borrow your pen? ◆ **pourrais-je vous parler ?, puis-je** *(frm)* **vous parler ?** can *ou* could *ou* may *ou* might *(frm)* I have a word with you? ◆ **puis-je vous être utile ?** can I be of any help (to you)?, can *ou* may I be of assistance?

> Lorsque l'on demande un service à quelqu'un ou qu'on lui donne un ordre poli, on utilise **can** ou la forme plus courtoise **could**.

◆ **tu peux m'ouvrir la porte, s'il te plaît ?** can you *ou* could you open the door for me, please? ◆ **pourriez-vous nous apporter du thé ?** could you bring us some tea?

**c** = avoir de bonnes raisons pour should ◆ **je suis désolé – tu peux (l'être) !** I'm sorry – so you should be! ◆ **ils se sont excusés – ils peuvent !** they said they were sorry – I should think they did! ◆ **elle s'est plainte/a demandé une indemnité – elle peut !** she complained/demanded compensation – I should think she did!

**d** possibilité

> Lorsque **pouvoir** exprime une possibilité ou une capacité physique, intellectuelle ou psychologique, il se traduit généralement par **can** ou par **be able to** ; **can** étant un verbe défectif, **be able to** le remplace aux temps où il ne peut être conjugué.

◆ **peut-il venir ?** can he come? ◆ **ne peut-il pas venir ?** can't he come?, isn't he able to come? ◆ **il ne peut pas ne pas venir** he can't not come ◆ **il ne peut pas venir** he can't come, he isn't able to *ou* is unable to come ◆ **peut-il marcher sans canne ?** can he walk *ou* is he able to walk without a stick? ◆ **il ne pourra plus jamais marcher** he will never be able to walk again ◆ **je ne peux que vous féliciter** I can only congratulate you ◆ **je voudrais ~ vous aider** I would like to be able to help you, I wish I could help you ◆ **il pourrait venir demain si vous aviez besoin de lui** he could come tomorrow if you needed him ◆ **il aurait pu venir s'il avait été prévenu plus tôt** he could have come *ou* he would have been able to come if he had been told earlier ◆ **il n'a (pas) pu** *ou* **ne put** *(littér)*

**venir** he couldn't come, he wasn't able to *ou* was unable to come ◆ **comment as-tu pu (faire ça) !** how could you (do such a thing)! ◆ **la salle peut contenir 100 personnes** the auditorium can seat 100 people ◆ **la nouvelle moto pourra faire du 300 km/h** the new motorcycle will be able to do 300 km/h ◆ **c'est fait de telle manière qu'on ne puisse pas l'ouvrir** it's made so that it's impossible to open *ou* so that you can't open it ◆ **j'ai essayé de le joindre, mais je n'ai pas pu** I tried to get in touch with him but I couldn't *ou* but I wasn't able to ◆ **à l'époque, je pouvais soulever 100 kg** in those days, I could lift *ou* I was able to lift 100 kilos ◆ **on peut dire ce qu'on veut, les diplômes c'est utile** whatever anyone says *ou* you can say what you like, a degree is useful

> Lorsque **pouvoir** implique la notion de réussite, on peut également employer **to manage** ; dans ces exemples, **can, could** ne peuvent pas être utilisés.

◆ **il a pu réparer la machine à laver** he was able to *ou* he managed to fix the washing machine ◆ **tu as pu lui téléphoner ?** did you manage to phone him?

**e** probabilité, hypothèse

> Lorsque **pouvoir** exprime une probabilité, une éventualité, une hypothèse ou un risque, il se traduit par **may** ou **could** ; **might** implique une plus grande incertitude.

◆ **il peut être italien** he may *ou* could *ou* might be Italian ◆ **peut-il être italien ?** could *ou* might he be Italian? ◆ **il peut ne pas être italien** he may *ou* might not be Italian ◆ **il pourrait être italien** he might *ou* could be Italian ◆ **ça peut laisser une cicatrice** it might leave a scar ◆ **ça aurait pu être un voleur !** it might *ou* could have been a burglar! ◆ **vous pourrez en avoir besoin** you may *ou* might need it ◆ **les cambrioleurs ont pu entrer par la fenêtre** the burglars could *ou* may *ou* might have got in through the window ◆ **il pouvait être 2 heures du matin** it could *ou* may *ou* might have been 2 o'clock in the morning ◆ **cela pourrait arriver** that might *ou* could happen MAIS **il ne peut pas être italien** he can't be Italian ◆ **une lettre peut toujours se perdre** letters can *ou* do get lost

♦ **bien + pouvoir** ◆ **il pourrait bien avoir raison** he could *ou* may *ou* might well be right ◆ **où ai-je bien pu mettre mon stylo ?** where on earth can I have put my pen? ◆ **qu'est-ce qu'elle a bien pu lui raconter ?** what on earth can she have told him? ◆ **qu'est-ce qu'il peut bien faire ?** what on earth is he doing?, what CAN he be doing? ◆ **tu pourrais bien le regretter** you may *ou* might well regret it ◆ **il a très bien pu entrer sans qu'on le voie** he could very well have come in without anyone seeing him ◆ **qu'est-ce que cela peut bien lui faire?** * what's it to him? *

**f** suggestion could, can ◆ **je pourrais venir te chercher** I could come and pick you up ◆ **tu peux bien lui prêter ton livre !** you can lend him your book, can't you?, surely you can lend him your book ◆ **il peut bien faire cela** that's the least he can do

> **might** peut être utilisé pour exprimer l'agacement.

◆ **elle pourrait arriver à l'heure !** she might *ou* could at least be on time! ◆ **tu aurais pu me dire ça plus tôt !** you might *ou* could have told me sooner!

**g** souhaits

> Dans une langue soutenue, **pouvoir** s'utilise au subjonctif pour exprimer les souhaits ; il se traduit alors différemment selon les contextes.

◆ **puisse Dieu/le ciel les aider !** (may) God/Heaven help them! ◆ **puisse-t-il guérir rapidement !** let's hope he makes a speedy recovery! ◆ **puissiez-vous dire vrai !** let's pray *ou* hope you're right! ◆ **puissé-je le revoir un jour !** I only hope I see him again one day!

2 - VERBE IMPERSONNEL

> La probabilité, l'éventualité, l'hypothèse ou le risque sont rendus par **may** ou **could** ; **might** implique une plus grande incertitude.

◆ **il peut** *ou* **pourrait pleuvoir** it may *ou* could *ou* might rain ◆ **il pourrait y avoir du monde** there may *ou* could *ou* might be a lot of people there ◆ **il aurait pu y avoir un accident !** there could have been an accident! ◆ **il pourrait s'agir d'un assassinat** it could be murder ◆ **il pourrait se faire qu'elle ne soit pas chez elle** she may *ou* might well not be at home

3 - VERBE TRANSITIF

= être capable ou avoir la possibilité de faire

**est-ce qu'on peut quelque chose pour lui ?** is there anything we can do for him? ◆ **il partira dès qu'il (le) pourra** he will leave as soon as he can ◆ **il fait ce qu'il peut** he does what he can ◆ **il a fait tout ce qu'il a pu** he did all he could *ou* everything in his power ◆ **il peut beaucoup** he can do a lot ◆ **que puis-je** *(frm)* **pour vous ?** what can I do for you?, can I do anything to help you? ◆ **qui peut le plus peut le moins** *(Prov)* he who can do more can do less

♦ **ne/n'y pouvoir rien** ◆ **on n'y peut rien** it can't be helped, nothing can be done about it ◆ **désolé, mais je n'y peux rien** I'm sorry, but I can't do anything *ou* there's nothing I can do about it ◆ **la justice ne peut rien contre eux** the law is powerless *ou* can do nothing against them ◆ **je ne peux rien faire pour vous** I can't do anything for you

♦ **on ne peut plus/mieux** ◆ **il a été on ne peut plus aimable/prudent** he couldn't have been kinder/more careful ◆ **il a été on ne peut plus clair** he couldn't have made it clearer ◆ **c'est on ne peut mieux** it couldn't be better ◆ **elle le connaît on ne peut mieux** no one knows him better than she does ◆ **ils sont on ne peut plus mal avec leurs voisins** they couldn't be on worse terms with their neighbours, they're on the worst possible terms with their neighbours

♦ **n'en pouvoir plus** ◆ **je n'en peux plus** *(fatigue)* I'm worn out *ou* exhausted, I've had it *; *(énervement)* I've had it (up to here) *; *(désespoir)* I can't go on, I can't take it any longer, I can't take any more; *(impatience)* I can't stand it any longer ◆ **je n'en pouvais plus dans la montée** I tired myself out on the way up ◆ **ma voiture n'en peut plus** *(usée)* my car's had it * ◆ **regarde-le sur sa moto, il n'en peut plus !** * *(de fierté)* look at him on that motorbike, he's as proud as punch!

♦ **n'en pouvoir plus de** *+ nom* ◆ **elle n'en pouvait plus de joie** she was beside herself with joy ◆ **je n'en pouvais plus de honte** I was absolutely mortified ◆ **ils n'en peuvent plus des humiliations** they can't take any more humiliation, they've had enough of being humiliated ◆ **elle n'en peut plus de leur machisme** she's had enough of their macho attitude

♦ **n'en pouvoir plus de** *+ infinitif* ◆ **il n'en peut plus d'attendre** he's fed up with waiting *, he can't bear to wait any longer ◆ **je n'en pouvais plus de rire** I laughed so much it hurt

♦ **n'en pouvoir mais** *(littér)* ◆ **il n'en pouvait mais** he could do nothing about it

4 - VERBE PRONOMINAL

**se pouvoir**

> L'éventualité, l'hypothèse ou le risque sont rendus par **may, might, could, be possible** ou un adverbe.

◆ **ça se peut** * possibly, perhaps, maybe, it's possible ◆ **tu crois qu'il va pleuvoir ? – ça se pourrait bien** do you think it's going to rain? – it might ◆ **ça ne se peut pas** * that's impossible, that's not possible ◆ **essayez, s'il se peut, de la convaincre** *(frm)* try to convince her, if at all possible

♦ **il se peut/se pourrait que** *+ subjonctif* ◆ **il se peut/se pourrait qu'elle vienne** she may/might come ◆ **il se pourrait bien qu'il pleuve** it might *ou* could well rain ◆ **se peut-il que ... ?** is it possible that ...?, could *ou* might it be that ...? ◆ **comment se peut-il que le dossier soit perdu ?** how can the file possibly be lost? ◆ **il se peut, éventuellement, que ...** it may possibly be that ...

---

**pouvoir**[2] /puvwaʀ/ NM **a** *(= faculté)* power; *(= capacité)* ability, capacity; *(Phys)* power ◆ **avoir le ~ de faire qch** to have the power *ou* ability to do sth ◆ **il a le ~ de se faire des amis partout** he has the ability *ou* he is able to make friends everywhere ◆ **il a un extraordinaire ~ d'éloquence/de conviction** he has remarkable *ou* exceptional powers of oratory/of persuasion ◆ **ce n'est pas en mon ~** it's not within *ou* in my power, it's beyond my power ◆ **il n'est pas en son ~ de vous aider** it's beyond *ou* it doesn't lie within his power to help you ◆ **il fera tout ce qui est en son ~** he will do everything (that is) in his power *ou* all that he possibly can ◆ **~ absorbant** absorption power, absorption factor *(SPÉC)* ◆ **~ d'attraction** *[de ville, idée]* appeal, attractiveness ◆ **~ couvrant/éclairant** covering/lighting power

**b** *(= autorité)* power; *(= influence)* influence ◆ **avoir beaucoup de ~** to have a lot of power *ou* influence, to be very powerful *ou* influential ◆ **avoir du ~ sur qn** to have influence *ou* power over sb ◆ **n'avoir aucun ~ sur qn** to have no influence *ou* authority over sb ◆ **le père a ~ sur ses enfants** a father has power over his children ◆ **tenir qn en son ~** to hold sb in one's power ◆ **le pays entier est en son ~** the whole country is in his power, he has the whole country in his power ◆ **avoir du ~ sur soi-même** to have self-control ◆ **le troisième ~** *(= magistrature)* the magistracy ◆ **le quatrième ~** *(= presse)* the press, the fourth estate

**c** *(= droit, attribution)* power ◆ **dépasser ses ~s** to exceed one's powers ◆ **en vertu des ~s qui me sont conférés** by virtue of the power which has been vested in me ◆ **séparation des ~s** separation *ou* division of powers ◆ **avoir ~ de faire qch** *(autorisation)* to have authority to do sth; *(droit)* to have the right to do sth ◆ **je n'ai pas ~ pour vous répondre** I have no authority to reply to you; → **plein**

**d** *(Pol)* **le ~** *(= direction des pays)* power; *(= dirigeants)* the government ◆ **~ absolu** absolute power ◆ **~ central** central government ◆ **le parti (politique) au ~** the (political) party in power *ou* in office, the ruling party ◆ **avoir le ~** to have *ou* hold power ◆ **exercer le ~** to exercise power, to rule, to govern ◆ **prendre le ~, arriver au ~** *(légalement)* to come to power *ou* into office; *(illégalement)* to seize power ◆ **prise de** *ou* **du** ~ *(légal)* coming to power; *(illégal, par la force)* seizure of power ◆ **des milieux proches du** ~ sources close to the government ◆ **le** ~ **actuel dans ce pays** the present régime in this country ◆ **l'opinion et le** ~ public opinion and the authorities, us and them *

**e** *(Jur = procuration)* proxy ◆ ~ **par-devant notaire** power of attorney ◆ **donner** ~ **à qn de faire qch** to give sb proxy to do sth *(Jur)*, to empower sb to do, to give sb authority to do; → **fondé**

COMP ▷ **pouvoir d'achat** purchasing *ou* buying power ▷ **pouvoir de concentration** powers of concentration ▷ **les pouvoirs constitués** the powers that be ▷ **pouvoir de décision** decision-making power(s) ▷ **pouvoir disciplinaire** disciplinary power(s) ▷ **pouvoirs exceptionnels** emergency powers ▷ **le pouvoir exécutif** executive power ▷ **le pouvoir judiciaire** judicial power ▷ **le pouvoir législatif** legislative power ▷ **pouvoirs publics** authorities ▷ **pouvoir spirituel** spiritual power ▷ **pouvoir temporel** temporal power

**pp** (abrév de **pages**) pp

**p.p.** (abrév de **per procurationem**) p.p.

**ppcm** /pepeseɛm/ NM (abrév de **plus petit commun multiple**) LCM

**PQ** /peky/ NM abrév de **Parti québécois** *et de* **Province de Québec** NM (‡ = *papier hygiénique)* bog paper‡ *(Brit)*, loo paper* *(Brit)*, TP* *(US)*

**PR** /peɛʀ/ NM (abrév de **parti républicain**) *French political party* NF (abrév de **poste restante**) → **poste¹**

**Pr** (abrév de **professeur**) Prof

**practice** /pʀaktis/ NM *[de golf]* driving range

**præsidium** /pʀezidjɔm/ NM praesidium ◆ **le** ~ **suprême** the praesidium of the Supreme Soviet

**pragmatique** /pʀagmatik/ ADJ pragmatic NF ◆ **la** ~ pragmatics *(sg)*

**pragmatisme** /pʀagmatism/ NM pragmatism

**pragmatiste** /pʀagmatist/ ADJ pragmatic, pragmatist NMF pragmatist

**Prague** /pʀag/ N Prague

**Praia** /pʀaja/ N Praia

**praire** /pʀɛʀ/ NF clam

**prairial** /pʀɛʀjal/ NM Prairial *(ninth month of French Republican calendar)*

**prairie** /pʀeʀi/ NF meadow ◆ **la** ~ *(aux USA)* the prairie ◆ **des hectares de** ~ acres of grassland

**pralin** /pʀalɛ̃/ NM *(Culin)* praline *(filling for chocolates)*

**praline** /pʀalin/ NF **a** *(Culin) (à l'amande)* praline, sugared almond; *(à la cacahuète)* caramelized peanut; *(Belg = chocolat)* chocolate **b** ‡ *(= balle)* bullet ◆ **il lui a envoyé une** ~ *(Ftbl etc)* he blasted the ball to him

**praliné, e** /pʀaline/ ADJ *[amande]* sugared; *[glace, crème]* praline-flavoured NM praline-flavoured ice cream

**prame** /pʀam/ NF *(Naut)* pram, praam

**praséodyme** /pʀazeɔdim/ NM praseodymium

**praticable** /pʀatikabl/ ADJ **a** *[projet, moyen, opération]* practicable, feasible; *[chemin]* passable, negotiable, practicable ◆ **route difficilement** ~ **en hiver** road which is almost impassable in winter **b** *(Théât) [porte, décor]* working NM *(Théât = décor)* piece of working scenery; *(Ciné = plate-forme)* gantry; *(Sport)* floor mat

**praticien, -ienne** /pʀatisjɛ̃, jɛn/ NM,F *(gén, Méd)* practitioner ◆ ~ **hospitalier** hospital doctor

**pratiquant, e** /pʀatikɑ̃, ɑ̃t/ ADJ practising *(épith)*, practicing *(épith) (US)* ◆ **catholique/juif/musulman** ~ practising Catholic/Jew/Muslim ◆ **il est très/peu** ~ *(allant à l'église)* he's/he isn't a regular churchgoer, he goes to *ou* attends/he doesn't go to church regularly ◆ **c'est un catholique non** ~ he's a non-practising Catholic ◆ **elle n'est pas ~e** she isn't a practising Christian (*ou* Catholic *etc*) NM,F practising Christian (*ou* Catholic *etc*); *(qui va à l'église)* (regular) churchgoer; *(= adepte)* follower ◆ **cette religion compte 30 millions de ~s** the religion has 30 million followers *ou* 30 million faithful

**pratique** /pʀatik/ ADJ **a** *(= non théorique) [jugement, connaissance]* practical; *(Scol) [exercice, cours]* practical ◆ **considération d'ordre** ~ practical consideration; → **travail¹**

**b** *(= réaliste) [personne]* practical(-minded) ◆ **il faut être** ~ **dans la vie** you have to be practical in life ◆ **avoir le sens** *ou* **l'esprit** ~ to be practical-minded

**c** *(= commode) [livre, moyen, vêtement, solution]* practical; *[instrument]* practical, handy; *[emploi du temps]* convenient ◆ **c'est très** ~**, j'habite à côté du bureau** it's very convenient *ou* handy, I live next door to the office

NF **a** *(= application)* practice ◆ **dans la** ~ in practice ◆ **dans la** ~ **de tous les jours** in the ordinary run of things, in the normal course of events ◆ **en** ~ in practice ◆ **mettre qch en** ~ to put sth into practice ◆ **la mise en** ~ **ne sera pas aisée** putting it into practice won't be easy, it won't be easy to put it into practice *ou* to carry it out in practice

**b** *(= expérience)* practical experience ◆ **il a une longue** ~ **des élèves** he has a lot of practical teaching experience ◆ **il a perdu la** ~ he is out of practice, he's lost the knack ◆ **avoir la** ~ **du monde** †† to be well-versed in *ou* be familiar with the ways of society

**c** *(= coutume, procédé)* practice ◆ **c'est une** ~ **générale** it is widespread practice ◆ **des ~s malhonnêtes** dishonest practices, sharp practice ◆ **~s religieuses/sexuelles** religious/sexual practices

**d** *(= exercice, observance) [de règle]* observance; *[de médecine]* practising, exercise; *[de sport]* practising; *[de vertu]* exercise, practice ◆ **la** ~ **de l'escrime/du cheval/du golf développe les réflexes** fencing/horse-riding/golfing *ou* (playing) golf develops the reflexes ◆ **la** ~ **du yoga** the practice of yoga, doing yoga ◆ ~ **(religieuse)** religious practice *ou* observance ◆ **condamné pour** ~ **illégale de la médecine** convicted of practising medicine illegally

**e** *(†† = clientèle) [de commerçant]* custom *(NonC)*, clientele *(NonC)*; *[d'avocat]* practice, clientele *(NonC)* ◆ **donner sa** ~ **à un commerçant** to give a tradesman one's custom

**f** *(†† = client) [de commerçant]* customer; *[d'avocat]* client

**g** *(†† = fréquentation) [de personne, société]* frequenting, frequentation; *[d'auteur]* close study

**pratiquement** /pʀatikmɑ̃/ ADV *(= en pratique, en réalité)* in practice; *(= presque)* practically, virtually ◆ **c'est** ~ **la même chose, ça revient** ~ **au même** it's practically *ou* basically the same (thing) ◆ **il n'y en a** ~ **plus** there are virtually *ou* practically none left, there are hardly any left ◆ **je ne l'ai** ~ **jamais utilisé** I've hardly ever used it ◆ **je ne les ai** ~ **pas vus** I hardly saw them ◆ ~**, la méthode consiste à ...** in practical terms, the method involves ...

**pratiquer** /pʀatike/ GRAMMAIRE ACTIVE 46.2

► conjug 1 ◄

VT **a** *(= mettre en pratique) [+ philosophie, politique]* to put into practice, to practise *(Brit)*, to practice *(US)*; *[+ règle]* to observe; *[+ religion, vertu, charité]* to practise *(Brit)*, to practice *(US)*

**b** *(= exercer) [+ profession, art]* to practise *(Brit)*, to practice *(US)*; *[+ football, golf]* to play ◆ ~ **l'escrime/le cheval/la pêche** to go fencing/horse-riding/fishing ◆ ~ **la photo** to do photography ◆ **il est recommandé de** ~ **un sport** it is considered advisable to play *ou* do a sport ◆ **ils pratiquent l'exploitation systématique du touriste** they systematically exploit tourists

**c** *(= faire) [+ ouverture, trou]* to make; *[+ route]* to make, to build; *(Méd) [+ intervention]* to carry out (*sur* on)

**d** *(= utiliser) [+ méthode]* to practise *(Brit)*, to practice *(US)*, to use; *[+ système]* to use ◆ ~ **le chantage** to use blackmail ◆ ~ **le bluff** to bluff

**e** *(Comm) [+ rabais]* to give ◆ **ils pratiquent des prix élevés** they keep their prices high

**f** *(†† = fréquenter) [+ auteur]* to study closely; *[+ personne, haute société]* to frequent

VI **a** *(Rel)* to practise *(Brit) ou* practice *(US)* one's religion *ou* faith, to be a practising *(Brit) ou* practicing *(US)* Christian (*ou* Muslim *etc*); *(= aller à l'église)* to go to church, to be a churchgoer

**b** *(Méd)* to be in practice, to have a practice

VPR **se pratiquer** *[méthode]* to be used; *[religion]* to be practised *(Brit) ou* practiced *(US)*; *[sport]* to be played ◆ **cela se pratique encore dans les villages** people still do it in the villages ◆ **comme cela se pratique en général** as is the usual practice ◆ **les prix qui se pratiquent à Paris** Paris prices ◆ **le vaudou se pratique encore dans cette région** voodoo is still practised in this region

**praxis** /pʀaksis/ NF praxis

**Praxitèle** /pʀaksitɛl/ NM Praxiteles

**pré** /pʀe/ NM meadow ◆ **aller sur le** ~ *(Hist)* to fight a duel ◆ **mettre un cheval au** ~ to put a horse out to pasture COMP ▷ **pré carré** private preserve *ou* domain *ou* territory

**pré...** /pʀe/ PRÉF pre...

**préachat, pré-achat** (pl **pré-achats**) /pʀeaʃa/ NM *[de billet]* buying in advance, advance purchasing; *[de film, droits de diffusion]* buying up

**pré-acheter** /pʀeaʃ(ə)te/ ► conjug 5 ◄ VT *[+ billet]* to buy *ou* purchase in advance; *[+ film, scénario]* to buy up

**préadolescent, e** /pʀeadɔlesɑ̃, ɑ̃t/ ADJ preadolescent, pre-teenage *(épith)* NM,F preadolescent, pre-teenager

**préalable** /pʀealabl/ ADJ *[entretien, condition, étude]* preliminary; *[accord, avis]* prior, previous ◆ **faites un essai** ~ **sur une petite zone** test first on a small area ◆ ~ **à** preceding ◆ **lors des entretiens ~s aux négociations** during the discussions (which took place) prior to the negotiations ◆ **vous ne pouvez pas partir sans l'accord** ~ **du directeur** you cannot leave without first obtaining the director's permission *ou* without the prior agreement of the director ◆ **sans avis** *ou* **avertissement** ~ without prior *ou* previous notice NM *(= condition)* precondition, prerequisite; *(† = préparation)* preliminary ◆ **poser qch comme** ~ **à** to lay sth down as a preliminary condition for

◆ **au préalable** first, beforehand

**préalablement** /pʀealabləmɑ̃/ ADV first, beforehand ◆ ~ **à** prior to ◆ ~ **à toute négociation** before any negotiation can take place, prior to any negotiation

**Préalpes** /pʀealp/ NFPL ◆ **les** ~ the Pre-Alps

**préalpin, e** /pʀealpɛ̃, in/ ADJ of the Pre-Alps

**préambule** /pʀeɑ̃byl/ NM *[de discours, loi]* preamble (*de* to); *[de contrat]* recitals; *(= prélude)* prelude (*à* to); ◆ **sans** ~ without any preliminaries, straight off

**préau** (pl **préaux**) /pʀeo/ NM *[d'école]* covered playground; *[de prison]* (exercise) yard; *[de couvent]* inner courtyard ◆ **sous le** ~ **de l'école** in the covered part of the school playground

**préavis** /pʀeavi/ NM (advance) notice ◆ **un** ~ **d'un mois** a month's notice *ou* warning ◆ ~ **de licenciement** notice (of termination) ◆ ~ **de grève** strike notice ◆ **déposer un** ~ **de grève** to give notice *ou* warning of strike action ◆ **sans** ~ *[faire grève, partir]* without (previous) notice, without advance warning; *[retirer de l'argent]* on demand, without advance *ou* previous notice

**prébende** /pʀebɑ̃d/ NF *(Rel)* prebend; *(péj)* emoluments, payment *(NonC)*

**prébendé, e** /pʀebɑ̃de/ ADJ prebendal

**prébendier** /pʀebɑ̃dje/ NM prebendary

**prébiotique** /prebjotik/ ADJ *[chimie, molécule]* prebiotic

**précaire** /pʀekɛʀ/ ADJ *[position, situation, bonheur, équilibre, paix]* precarious; *[emploi]* insecure; *[santé]* shaky, precarious; *[abri]* makeshift ◆ **possesseur/possession (à titre)** ~ *(Jur)* precarious holder/tenure

**précairement** /pʀekɛʀmɑ̃/ ADV precariously

**précambrien, -ienne** /pʀekɑ̃bʀijɛ̃, ijɛn/ ADJ, NM Precambrian

**précancéreux, -euse** /pʀekɑ̃seʀø, øz/ ADJ *[état, lésion]* precancerous

**précarisation** /pʀekaʀizasjɔ̃/ NF *[de situation]* jeopardizing; *[d'emploi]* casualization

**précariser** /pʀekaʀize/ ▸ conjug 1 ◂ VT *[+ situation, statut]* to jeopardize; *[+ emploi]* to make insecure ◆ **un tel taux de chômage précarise la société** such a high unemployment rate is a threat to *ou* undermines social stability

**précarité** /pʀekaʀite/ NF *(gén, Jur)* precariousness ◆ ~ **de l'emploi** lack of job security ◆ **prime/indemnité de** ~ *bonus/allowance paid to an employee to compensate for lack of job security* ◆ **la** ~ **des installations nucléaires** the hazards of *ou* the potential dangers of nuclear plants

**précaution** /pʀekosjɔ̃/ NF **a** *(= disposition)* precaution ◆ **prendre la** ~ **de faire qch** to take the precaution of doing sth ◆ **prendre des** *ou* **ses** ~**s** to take precautions ◆ **s'entourer de** ~**s** to take a lot of precautions ◆ **prendre** *ou* **s'entourer de** ~**s oratoires** to choose one's words with great care ◆ **il ne s'est pas embarrassé de** ~**s oratoires** he didn't beat about the bush ◆ **faire qch avec les plus grandes** ~**s** to do sth with the utmost care *ou* the greatest precaution ◆ ~**s d'emploi** *(pour appareil)* safety instructions; *(pour médicament)* precautions before use; → **deux**

**b** *(= prudence)* caution, care ◆ **avec** ~ cautiously ◆ **"à manipuler avec précaution"** "handle with care" ◆ **par** ~ as a precaution (*contre* against); ◆ **par mesure de** ~ as a precautionary measure ◆ **pour plus de** ~ to be on the safe side ◆ **le principe de** ~ the safety-first principle ◆ **sans** ~ carelessly

**précautionner (se)** /pʀekosjɔne/ ▸ conjug 1 ◂ VPR to take precautions (*contre* against)

**précautionneusement** /pʀekosjɔnøzmɑ̃/ ADV *(= par précaution)* cautiously; *(= avec soin)* carefully

**précautionneux, -euse** /pʀekosjɔnø, øz/ ADJ *(= prudent)* cautious; *(= soigneux)* careful

**précédemment** /pʀesedamɑ̃/ ADV before, previously

**précédent, e** /pʀesedɑ̃, ɑ̃t/ ADJ previous ◆ **un discours/article** ~ a previous *ou* an earlier speech/article ◆ **le discours/film** ~ the preceding *ou* previous speech/film ◆ **le jour/mois** ~ the previous day/month, the day/month before NM *(= fait, décision)* precedent ◆ **sans** ~ unprecedented, without precedent ◆ **créer un** ~ to create *ou* set a precedent

> ⚠ *L'adjectif* **précédent** *se traduit rarement par le mot anglais* **precedent**.

**précéder** /pʀesede/ ▸ conjug 6 ◂ VT **a** *(= venir avant) (dans le temps, dans une hiérarchie)* to precede, to come before; *(dans l'espace)* to precede, to be in front of, to come before; *(dans une file de véhicules)* to be in front *ou* ahead of, to precede ◆ **les jours qui ont précédé le coup d'État** the days preceding *ou* leading up to the coup d'état ◆ **être précédé de** to be preceded by ◆ **faire** ~ **son discours d'un préambule** to precede one's speech by *ou* preface one's speech with an introduction, to give a short introduction to one's speech

**b** *(= devancer) (dans le temps, l'espace)* to precede, to go in front *ou* ahead of; *(dans une carrière etc)* to precede, to get ahead of ◆ **quand j'y suis arrivé, j'ai vu que quelqu'un m'avait précédé** when I got there I saw that someone had got there before me *ou* ahead of me *ou* had preceded me ◆ **il le précéda dans la chambre** he went into the room in front of him, he entered the room ahead of *ou* in front of him ◆ **il m'a précédé de cinq minutes** he got there five minutes before me *ou* ahead of me ◆ **sa mauvaise réputation l'avait précédé** his bad reputation had gone before *ou* preceded him

VI to precede, to go before ◆ **les jours qui ont précédé** the preceding days ◆ **dans tout ce qui a précédé** in all that has been said (*ou* written *etc*) before *ou* so far ◆ **dans le chapitre/la semaine qui précède** in the preceding chapter/week

**précepte** /pʀesɛpt/ NM precept

**précepteur** /pʀesɛptœʀ/ NM private tutor

**préceptorat** /pʀesɛptɔʀa/ NM tutorship, tutorage *(frm)*

**préceptrice** /pʀesɛptʀis/ NF governess

**préchauffage** /pʀeʃofaʒ/ NM preheating

**préchauffer** /pʀeʃofe/ ▸ conjug 1 ◂ VT to preheat

**prêche** /pʀɛʃ/ NM *(lit, fig)* sermon

**prêcher** /pʀeʃe/ ▸ conjug 1 ◂ VT **a** *(Rel, fig)* to preach; *[+ personne]* to preach to ◆ ~ **un converti** to preach to the converted; → **parole** **b** *(= recommander) [+ modération, non-violence, tolérance]* to advocate ◆ ~ **le faux pour savoir le vrai** to make false statements in order to discover the truth VI *(Rel)* to preach; *(fig)* to preach, to preachify, to sermonize ◆ ~ **dans le désert** *(fig)* to preach in the wilderness ◆ ~ **d'exemple** *ou* **par l'exemple** to practise what one preaches, to preach by example ◆ ~ **pour son saint** *ou* **sa paroisse** to look after one's own interests, to look after *ou* take care of number one *

**prêcheur, -euse** /pʀɛʃœʀ, øz/ ADJ *[personne, ton]* moralizing ◆ **frères** ~**s** *(Rel)* preaching friars NM,F *(Rel)* preacher; *(fig)* moralizer

**prêchi-prêcha** /pʀeʃipʀeʃa/ NM INV *(péj)* preachifying *(NonC)*, continuous moralizing *(NonC) ou* sermonizing *(NonC)*

**précieusement** /pʀesjøzmɑ̃/ ADV **a** *(= soigneusement) [conserver]* carefully ◆ **garde ces lettres** ~ take great care of these letters **b** *(= de manière affectée) [parler]* in an affected manner

**précieux, -ieuse** /pʀesjø, jøz/ ADJ **a** *(= de valeur) [pierre, métal, bois, bijou]* precious **b** *(= très utile) [collaborateur, aide, conseil]* invaluable (*à* to); ◆ **votre aide m'est précieuse** your help is invaluable to me **c** *(= cher) [ami]* valued, precious **d** *(= affecté)* precious, affected **e** *(Littérat) [écrivain, salon]* précieux, precious NF **précieuse** précieuse

**préciosité** /pʀesjozite/ NF **a** ◆ **la** ~ *(Littérat)* preciosity; *(= affectation)* preciosity, affectation **b** *(= formule, trait)* stylistic affectation, euphuism *(frm)*

**précipice** /pʀesipis/ NM **a** *(= gouffre)* chasm; *(= paroi abrupte)* precipice ◆ **un** ~ **de plusieurs centaines de mètres** a drop of several hundred metres ◆ **la voiture s'immobilisa au bord du** ~**/tomba dans le** ~ the car stopped at the very edge *ou* brink of the precipice/went over the precipice ◆ **ne t'aventure pas près du** ~ you mustn't go too near the edge **b** *(fig)* abyss ◆ **être au bord du** ~ to be at the edge of the abyss

**précipitamment** /pʀesipitamɑ̃/ ADV hurriedly, hastily, precipitately *(frm)* ◆ **sortir** ~ to rush *ou* dash out

**précipitation** /pʀesipitasjɔ̃/ NF **a** *(= hâte)* haste; *(= hâte excessive)* great haste, violent hurry ◆ **dans ma** ~**, je l'ai oublié chez moi** in my haste, I left it at home ◆ **avec** ~ in great haste, in a great rush *ou* hurry **b** *(Chim)* precipitation NFPL **précipitations** *(Mét)* rainfall, precipitation ◆ **de fortes** ~**s** heavy rainfall ◆ **de nouvelles** ~**s sont prévues** more rain is forecast

**précipité, e** /pʀesipite/ (ptp de **précipiter**) ADJ *[départ, décision]* hurried, hasty, precipitate *(frm)*; *[fuite]* headlong; *[pas]* hurried; *[pouls, respiration, rythme]* fast, rapid ◆ **tout cela est trop** ~ it's all happening too fast NM *(Chim)* precipitate

**précipiter** /pʀesipite/ ▸ conjug 1 ◂ VT **a** *(= jeter) [+ personne]* to throw, to push; *[+ objet]* to throw, to hurl (*contre* against, at; *vers* towards, at); ◆ ~ **qn du haut d'une falaise** to push sb off a cliff ◆ ~ **qn dans un escalier** to push sb downstairs ◆ **le choc l'a précipité contre le pare-brise** the shock threw *ou* hurled him against the windscreen ◆ ~ **qn dans le malheur** to plunge sb into misfortune

**b** *(= hâter) [+ pas]* to quicken, to speed up; *[+ événement]* to hasten, to precipitate; *[+ départ]* to hasten ◆ **il ne faut rien** ~ we mustn't be too hasty, we mustn't rush things

**c** *(Chim)* to precipitate

VI *(Chim)* to precipitate

VPR **se précipiter** **a** *(= se jeter) [personne]* **se** ~ **dans le vide** to hurl o.s. into space ◆ **se** ~ **du haut d'une falaise** to jump off *ou* throw o.s. off a cliff

**b** *(= se ruer)* **se** ~ **vers** to rush *ou* race towards ◆ **se** ~ **sur** to rush at ◆ **se** ~ **contre** *[personne]* to rush at, to throw o.s. against; *[voiture]* to smash into ◆ **se** ~ **au devant de qn/aux pieds de qn** to throw o.s. in front of sb/at sb's feet ◆ **se** ~ **sur l'ennemi** to rush at *ou* hurl o.s. on *ou* at the enemy ◆ **elle se précipita dans ses bras** she rushed into *ou* threw herself into *ou* flew into his arms ◆ **il se précipita à la porte pour ouvrir** he rushed to open the door ◆ **il se précipita sur le balcon** he raced *ou* dashed *ou* rushed out onto the balcony

**c** *(= s'accélérer) [rythme]* to speed up; *[pouls]* to quicken, to speed up ◆ **les choses** *ou* **événements se précipitaient** everything was happening at once

**d** *(= se dépêcher)* to hurry, to rush ◆ **ne nous précipitons pas** let's not rush things

**précis, e** /pʀesi, iz/ **ADJ** **a** *(= exact) [style, vocabulaire, terme, indication, témoignage]* precise; *[sens]* precise, exact; *[description]* accurate, precise; *[chiffre, calcul]* accurate, precise; *[instrument, tir, montre]* accurate ◆ **sois plus ~ dans le choix de tes mots** be more precise in your choice of words, choose your words more carefully

**b** *(= bien défini, particulier) [idée, donnée, règle]* precise, definite; *[heure, date]* precise, exact; *[ordre, demande]* precise; *[fait, raison]* precise, particular, specific; *[souvenir]* clear ◆ **sans raison ~e** for no particular *ou* precise reason ◆ **sans but ~** with no clear aim, with no particular aim in mind ◆ **je ne pense à rien de ~** I'm not thinking of anything in particular ◆ **à cet instant ~** at that precise *ou* very moment ◆ **au moment ~ où ...** at the precise *ou* exact *ou* very moment when ... ◆ **à 4 heures ~es** at 4 o'clock sharp *ou* on the dot*, at 4 o'clock precisely ◆ **à l'endroit ~ où ...** at the exact place where ... ◆ **sans que l'on puisse dire de façon ~e ...** although we can't say precisely *ou* with any precision ... ◆ **se référer à un texte de façon ~e** to make precise reference to a text

**c** *(= net) [point]* precise, exact; *[contours]* precise, distinct; *[geste, esprit]* precise; *[trait]* distinct

**NM** *(= résumé)* précis, summary; *(= manuel)* handbook

**précisément** /pʀesizemɑ̃/ **GRAMMAIRE ACTIVE 40.2, 53.1** **ADV** **a** *(= avec précision) [décrire, chiffrer]* accurately, precisely; *[définir, déterminer, expliquer]* clearly ◆ **ou plus ~** or more precisely *ou* exactly, or to be more precise

**b** *(= justement)* **je venais ~ de sortir** I had in fact just gone out, as it happened I'd just gone out ◆ **c'est lui ~ qui m'avait conseillé de le faire** as a matter of fact it was he *ou* it so happens that it was he who advised me to do it ◆ **c'est ~ la raison pour laquelle** *ou* **c'est ~ pour cela que je viens vous voir** that's precisely *ou* just why I've come to see you, it's for that very *ou* precise reason that I've come to see you ◆ **mais je ne l'ai pas vu ! – ~ !** but I didn't see him! – precisely! *ou* exactly! *ou* that's just it! *ou* that's just the point!

**c** *(= exactement)* exactly, precisely ◆ **c'est ~ ce que je cherchais** that's exactly *ou* precisely *ou* just what I was looking for ◆ **il est arrivé ~ à ce moment-là** he arrived right *ou* just at that moment *ou* at that exact *ou* precise *ou* very moment ◆ **ce n'est pas ~ un chef-d'œuvre** it's not exactly what I'd call a masterpiece

**préciser** /pʀesize/ ▸ conjug 1 ◂ **VT** *[+ idée, intention]* to specify, to make clear, to clarify; *[+ fait, point]* to be more specific about, to clarify; *[+ destination]* to name, to specify ◆ **je vous préciserai la date de la réunion plus tard** I'll let you know the exact date of the meeting *ou* precisely when the meeting is later ◆ **il a précisé que ...** he explained that ..., he made it clear that ... ◆ **je dois ~ que ...** I must point out *ou* add that ... ◆ **pourriez-vous ~ quand cela est arrivé ?** could you say exactly when it happened? ◆ **pourriez-vous ~ ?** could you be more precise? *ou* specific? **VPR** **se préciser** *[idée]* to take shape; *[danger, intention]* to become clear *ou* clearer ◆ **la situation commence à se ~** we are beginning to see the situation more clearly

**précision** /pʀesizjɔ̃/ **NF** **a** *(gén)* precision, preciseness; *[de description, instrument]* precision, preciseness, accuracy; *[de contours]* precision, preciseness, distinctness; *[de trait]* distinctness ◆ **avec ~** precisely, with precision ◆ **de ~** precision *(épith)* ◆ **de haute ~** high-precision *(épith)*

**b** *(= détail)* point, piece of information ◆ **j'aimerais vous demander une ~/des ~s** I'd like to ask you to explain one thing/for further information ◆ **il a apporté des ~s intéressantes** he revealed some interesting points *ou* facts *ou* information ◆ **il n'a donné aucune ~ sur ce point** he didn't go into any detail on this point ◆ **encore une ~** one more point *ou* thing ◆ **sans autre ~** without any further information *ou* details ◆ **il m'a dit cela sans autre ~** he told me no more than that

**précité, e** /pʀesite/ **ADJ** aforesaid, aforementioned; *(par écrit)* aforesaid, above(-mentioned)

**précoce** /pʀekɔs/ **ADJ** *[fruit, saison, gelée]* early; *[plante]* early-flowering, early-fruiting, precocious *(SPÉC)*; *[calvitie, sénilité]* premature; *[mariage]* young *(épith)*, early *(épith)*; *[diagnostic]* early; *[enfant] (intellectuellement)* precocious, advanced for his (*ou* her) age *(attrib)*; *(sexuellement)* sexually precocious

**précocement** /pʀekɔsmɑ̃/ **ADV** precociously

**précocité** /pʀekɔsite/ **NF** *[de fruit, saison]* earliness; *[d'enfant] (intellectuelle)* precocity, precociousness; *(sexuelle)* sexual precocity *ou* precociousness

**précolombien, -ienne** /pʀekɔlɔ̃bjɛ̃, jɛn/ **ADJ** pre-Colombian

**précombustion** /pʀekɔ̃bystjɔ̃/ **NF** precombustion

**précompte** /pʀekɔ̃t/ **NM** *(= évaluation)* estimate ◆ **~ (fiscal)** *(= déduction)* tax withholding

**précompter** /pʀekɔ̃te/ ▸ conjug 1 ◂ **VT** *(= évaluer)* to estimate; *(= déduire)* to deduct (*sur* from)

**préconception** /pʀekɔ̃sɛpsjɔ̃/ **NF** preconception

**préconçu, e** /pʀekɔ̃sy/ **ADJ** preconceived ◆ **idée ~e** preconceived idea

**préconisation** /pʀekɔnizasjɔ̃/ **NF** recommendation

**préconiser** /pʀekɔnize/ ▸ conjug 1 ◂ **VT** *[+ remède]* to recommend; *[+ méthode, mode de vie, plan, solution]* to advocate

**précontraint, e** /pʀekɔ̃tʀɛ̃, ɛt/ **ADJ, NM** ◆ **(béton) ~** prestressed concrete **NF** **précontrainte** *(Tech)* prestressing

**précuit, e** /pʀekɥi, it/ **ADJ** precooked

**précurseur** /pʀekyʀsœʀ/ **ADJ M** precursory ◆ **~ de** preceding; → **signe** **NM** *(= personne)* forerunner, precursor; *(Bio)* precursor ◆ **il fait figure de ~ dans ce domaine** he's something of a trail-blazer in this field

**prédateur, -trice** /pʀedatœʀ, tʀis/ **ADJ** predatory **NM** *(gén)* predator; *(Écon)* raider

**prédation** /pʀedasjɔ̃/ **NF** predation

**prédécesseur** /pʀedesesœʀ/ **NM** predecessor

**prédécoupé, e** /pʀedekupe/ **ADJ** precut

**prédéfinir** /pʀedefiniʀ/ ▸ conjug 2 ◂ **VT** to predefine

**prédestination** /pʀedɛstinasjɔ̃/ **NF** predestination

**prédestiné, e** /pʀedɛstine/ (ptp de **prédestiner**) **ADJ** predestined (*à qch* for sth; *à faire* to do) fated (*à faire* to do); ◆ **elle portait un nom ~** she bore a prophetic name

**prédestiner** /pʀedɛstine/ ▸ conjug 1 ◂ **VT** to predestine (*à qch* for sth; *à faire* to do); ◆ **rien ne le prédestinait à devenir président** nothing about him suggested that he might one day become president

**prédétermination** /pʀedetɛʀminasjɔ̃/ **NF** predetermination

**prédéterminer** /pʀedetɛʀmine/ ▸ conjug 1 ◂ **VT** to predetermine

**prédicant** /pʀedikɑ̃/ **NM** preacher

**prédicat** /pʀedika/ **NM** predicate

**prédicateur** /pʀedikatœʀ/ **NM** preacher

**prédicatif, -ive** /pʀedikatif, iv/ **ADJ** predicative

**prédication1** /pʀedikasjɔ̃/ **NF** *(= activité)* preaching; *(= sermon)* sermon

**prédication2** /pʀekikasjɔ̃/ **NF** *(Ling)* predication

**prédiction** /pʀediksjɔ̃/ **NF** prediction

**prédigéré, e** /pʀediʒeʀe/ **ADJ** predigested

**prédilection** /pʀedilɛksjɔ̃/ **NF** *(pour qn, qch)* predilection, partiality (*pour* for); ◆ **avoir une ~ pour qch** to be partial to sth ◆ **de ~** favourite

**prédire** /pʀediʀ/ ▸ conjug 37 ◂ **VT** *[prophète]* to foretell; *(gén)* to predict ◆ **~ l'avenir** to tell *ou* predict the future ◆ **~ qch à qn** to predict sth for sb ◆ **il m'a prédit que je ...** he predicted (that) I ..., he told me (that) I ...

**prédisposer** /pʀedispoze/ ▸ conjug 1 ◂ **VT** to predispose (*à qch* to sth; *à faire qch* to do sth); ◆ **être prédisposé à une maladie** to be predisposed *ou* prone to an illness ◆ **être prédisposé en faveur de qn** to be predisposed in sb's favour ◆ **cela peut entraîner une prise de poids chez les sujets prédisposés** this may cause people to put on weight if they are prone to it

**prédisposition** /pʀedispozisjɔ̃/ **NF** predisposition (*à qch* to sth; *à faire qch* to do sth); ◆ **~ génétique** genetic (pre)disposition ◆ **avoir une ~ à l'obésité/à l'hypertension** to have a tendency to put on weight/to high blood pressure ◆ **elle avait des ~s pour la peinture** she showed a talent for painting

**prédominance** /pʀedɔminɑ̃s/ **NF** *(gén)* predominance, predominancy (*sur* over); *[de couleur]* predominance, prominence ◆ **population à ~ protestante** predominantly Protestant population ◆ **œuvres à ~ littéraire** mainly literary works

**prédominant, e** /pʀedɔminɑ̃, ɑ̃t/ **ADJ** *(gén)* predominant; *[avis, impression]* prevailing; *[couleur]* predominant, most prominent ◆ **ce pays occupe une place ~e sur le marché européen** this country occupies a dominant position in the European market

**prédominer** /pʀedɔmine/ ▸ conjug 1 ◂ **VI** *(gén)* to predominate; *[avis, impression]* to prevail; *[couleur]* to predominate, to be most prominent ◆ **le souci qui prédomine dans mon esprit** the worry which is uppermost in my mind

**pré-électoral, e** (mpl **-aux**) /pʀeelɛktɔʀal, o/ **ADJ** pre-election *(épith)*

**préemballé, e** /pʀeɑ̃bale/ **ADJ** prepacked, prepackaged

**préembauche** /pʀeɑ̃boʃ/ **NF INV** pre-recruitment

**prééminence** /pʀeeminɑ̃s/ **NF** pre-eminence ◆ **donner la ~ à qch** to give pre-eminence to sth

**prééminent, e** /pʀeeminɑ̃, ɑ̃t/ **ADJ** pre-eminent

**préempter** /pʀeɑ̃pte/ ▸ conjug 1 ◂ **VT** *(Jur)* to pre-empt

**préemption** /pʀeɑ̃psjɔ̃/ **NF** pre-emption ◆ **droit de ~** pre-emptive right

**préencollé, e** /pʀeɑ̃kɔle/ **ADJ** ◆ **papier peint ~** pre-pasted *ou* ready-pasted wallpaper ◆ **enveloppe ~e** gummed envelope

**préenregistré, e** /pʀeɑ̃ʀ(ə)ʒistʀe/ **ADJ** *[émission]* prerecorded ◆ **rires ~s** canned laughter

**préenregistrement** /pʀeɑ̃ʀ(ə)ʒistʀəmɑ̃/ **NM** *[de son, d'image]* pre-recording; *[de bagages]* check-in

**préenregistrer** /pʀeɑ̃ʀ(ə)ʒistʀe/ **VT** *[+ son, image]* to pre-record ◆ **vous pouvez ~ vos bagages** you can check in your luggage in advance

**préétabli, e** /pʀeetabli/ (ptp de **préétablir**) **ADJ** *[schéma, plan]* preestablished ◆ **harmonie ~e** *(Philos)* preestablished harmony

**préétablir** /pʀeetabliʀ/ ▸ conjug 2 ◂ **VT** to pre-establish

**préexistant, e** /pʀeɛgzistɑ̃, ɑ̃t/ **ADJ** pre-existent, pre-existing

**préexistence** /pʀeɛgzistɑ̃s/ **NF** pre-existence

**préexister** /pʀeɛgziste/ ▸ conjug 1 ◂ **VI** to pre-exist ◆ **~ à** to exist before

**préfabrication** /pʀefabʀikasjɔ̃/ **NF** prefabrication

**préfabriqué, e** /pʀefabʀike/ **ADJ** prefabricated **NM** *(= maison)* prefabricated house, prefab *; *(= matériau)* prefabricated material ◆ **en ~** prefabricated

**préface** /pʀefas/ **NF** preface; *(fig = prélude)* preface, prelude (*à* to)

**préfacer** /pʀefase/ ▸ conjug 3 ◂ **VT** *[+ livre]* to write a preface for, to preface

**préfacier** /pʀefasje/ **NM** preface writer

**préfectoral, e** (mpl **-aux**) /pʀefɛktɔʀal, o/ **ADJ** *(Admin française, Antiq)* prefectorial, prefectural; → **arrêté**

**préfecture** /pʀefɛktyʀ/ **NF** prefecture ◆ **~ de police** police headquarters ◆ **~ maritime** *police port authority*

> **Préfecture, préfet**
>
> In France, a **préfet** is a high-ranking civil servant who represents the State at the level of the « département » or the « région ». Besides a range of important administrative duties, the role of the **préfet** is to ensure that government decisions are carried out properly at local level. The term **préfecture** refers to the area over which the **préfet** has authority, to the town where the administrative offices of the **préfet** are situated, and to these offices themselves. Official documents such as driving licences are issued by the **préfecture**. → DÉPARTEMENT, RÉGION

**préférable** /pʀefeʀabl/ **ADJ** preferable (*à qch* to sth); ◆ **il est ~ que je parte** it is preferable *ou* better that I should leave *ou* for me to leave ◆ **il serait ~ d'y aller** *ou* **que vous y alliez** it would be better if you went *ou* for you to go ◆ **il est ~ de ...** it is preferable *ou* better to ...

**préférablement** /pʀefeʀabləmɑ̃/ **ADV** preferably ◆ **~ à** in preference to

**préféré, e** /pʀefeʀe/ GRAMMAIRE ACTIVE 34.1 **ADJ, NM,F** favourite *(Brit)*, favorite *(US)*

**préférence** /pʀefeʀɑ̃s/ GRAMMAIRE ACTIVE 34.5 **NF** preference ◆ **donner la ~ à** to give preference to ◆ **avoir une ~ marquée pour ...** to have a marked preference for ... ◆ **avoir la ~ sur** to have preference over ◆ **je n'ai pas de ~** I have no preference, I don't mind ◆ **par ordre de ~** in order of preference ◆ **la ~ communautaire** *(Europe)* Community preference ◆ **la ~ nationale** *(Pol) discrimination in favour of a country's own nationals*

◆ **de préférence** *(= plutôt)* preferably ◆ **de ~ à** in preference to, rather than

**préférentiel, -ielle** /pʀefeʀɑ̃sjɛl/ **ADJ** preferential ◆ **tarif ~** *(gén)* preferential *ou* special rate; *(Douane)* preferential tariff ◆ **action préférentielle** *(Bourse)* preferred *ou* preference share

**préférentiellement** /pʀefeʀɑ̃sjɛlmɑ̃/ **ADV** preferentially

**préférer** /pʀefeʀe/ GRAMMAIRE ACTIVE 31, 34.1, 34.4, 35.5 ▸ conjug 6 ◂ **VT** to prefer (*à* to); ◆ **je préfère ce manteau à l'autre** I prefer this coat to the other one, I like this coat better than the other one ◆ **je te préfère avec les cheveux courts** I like you better *ou* prefer you with short hair ◆ **je préfère aller au cinéma** I prefer to go *ou* I would rather go to the cinema ◆ **il préfère que ce soit vous qui le fassiez** he would rather you did it ◆ **nous avons préféré attendre avant de vous le dire** we thought it better to wait before telling you ◆ **nous avons préféré attendre que d'y aller tout de suite** we preferred to wait *ou* thought it better to wait rather than go straight away ◆ **que préférez-vous, du thé ou du café ?** what would you rather have *ou* what would you prefer – tea or coffee? ◆ **si tu préfères** if you prefer, if you like, if you'd rather ◆ **comme vous préférez** as you prefer *ou* like *ou* wish *ou* please ◆ **j'aurais préféré ne jamais l'avoir rencontré** I wish I'd never met him

**préfet** /pʀefɛ/ **NM** *(Admin française, Antiq)* prefect; *(Belg = directeur)* headmaster, principal *(of a college)*, head *(Brit)* ◆ **~ de police** prefect of police, chief of police

**préfète** /pʀefɛt/ **NF** **a** *(= femme préfet)* (female *ou* woman) prefect; *(= femme du préfet)* prefect's wife **b** *(Belg = directrice)* headmistress, principal *(of a college)*, head *(Brit)*

**préfiguration** /pʀefigyʀasjɔ̃/ **NF** prefiguration, foreshadowing

**préfigurer** /pʀefigyʀe/ ▸ conjug 1 ◂ **VT** to prefigure, to foreshadow

**préfixal, e** (mpl **-aux**) /pʀefiksal, o/ **ADJ** prefixal

**préfixation** /pʀefiksasjɔ̃/ **NF** prefixation

**préfixe** /pʀefiks/ **NM** prefix

**préfixer** /pʀefikse/ ▸ conjug 1 ◂ **VT** to prefix

**préglaciaire** /pʀeglasjɛʀ/ **ADJ** preglacial

**prégnance** /pʀegnɑ̃s/ **NF** *(littér) [de souvenir]* vividness; *[de tradition]* resonance; *(Psych)* pregnance *(SPÉC)*, Prägnanz *(SPÉC)*

**prégnant, e** /pʀegnɑ̃, ɑ̃t/ **ADJ** *(littér) [souvenir]* vivid; *[débat]* meaningful ◆ **cette tradition est encore très ~e** this tradition still has great resonance

**préhenseur** /pʀeɑ̃sœʀ/ **ADJ M** prehensile

**préhensile** /pʀeɑ̃sil/ **ADJ** prehensile

**préhension** /pʀeɑ̃sjɔ̃/ **NF** prehension

**préhispanique** /pʀeispanik/ **ADJ** *[civilisation, culture]* pre-Hispanic

**préhistoire** /pʀeistwaʀ/ **NF** prehistory ◆ **les hommes de la ~** prehistoric men ◆ **depuis la ~** since prehistoric times

**préhistorien, -ienne** /pʀeistɔʀjɛ̃, jɛn/ **NM,F** prehistorian

**préhistorique** /pʀeistɔʀik/ **ADJ** prehistoric; *(= suranné)* antediluvian, ancient

**préimplantatoire** /pʀeɛ̃plɑ̃tatwaʀ/ **ADJ** ◆ **diagnostic ~** pre-implantation screening

**préindustriel, -ielle** /pʀeɛ̃dystʀijɛl/ **ADJ** preindustrial ◆ **la Grande-Bretagne préindustrielle** preindustrial Britain, Great Britain before the industrial revolution

**préinscription** /pʀeɛ̃skʀipsjɔ̃/ **NF** *(à l'université)* preregistration (*à* at); *(à un concours)* preregistration (*à* for)

**préjudice** /pʀeʒydis/ **NM** *(matériel, financier)* loss; *(moral)* harm *(NonC)*, damage *(NonC)*, wrong ◆ **~ commercial/financier** commercial/financial loss ◆ **~ matériel** material loss *ou* damage ◆ **~ moral** moral wrong ◆ **subir un ~** *(matériel)* to sustain a loss; *(moral)* to be wronged ◆ **le ~ subi par la victime** *(financier, matériel)* the loss sustained by the victim; *(moral)* the moral wrong *ou* damage suffered by the victim ◆ **causer un ~** *ou* **porter ~ à qn** *(gén)* to do sb harm, to harm sb; *[décision]* to be detrimental to sb *ou* to sb's interests ◆ **ce supermarché a porté ~ aux petits commerçants** this supermarket was detrimental to (the interests of) small tradesmen ◆ **je ne voudrais pas vous porter ~ en leur racontant cela** I wouldn't like to harm you *ou* your case *ou* make difficulties for you by telling them about this

◆ **au préjudice de** ◆ **au ~ de sa santé/de M. Dufeu** to the detriment of health/of M. Dufeu ◆ **au ~ de la vérité** at the expense of truth

◆ **sans préjudice de** without prejudice to

> ⚠ *Attention à ne pas traduire automatiquement* **préjudice** *par le mot anglais* **prejudice**, *qui a le sens de 'préjugé'.*

**préjudiciable** /pʀeʒydisjabl/ **ADJ** prejudicial, detrimental, harmful (*à* to)

**préjugé** /pʀeʒyʒe/ **NM** prejudice ◆ **avoir un ~ contre** to be prejudiced *ou* biased against ◆ **sans ~** unprejudiced, unbiased ◆ **bénéficier d'un ~ favorable** to be favourably considered ◆ **~s de classe** class bias ◆ **~ de race** racial prejudice

**préjuger** /pʀeʒyʒe/ ▸ conjug 3 ◂ **préjuger de VT INDIR** to prejudge ◆ **~ d'une réaction** to foresee a reaction, to judge what a reaction might be ◆ **autant qu'on peut le ~, à ce qu'on en peut ~** as far as it is possible to judge in advance

**prélasser (se)** /pʀelɑse/ ▸ conjug 1 ◂ **VPR** *(dans un fauteuil)* to sprawl, to lounge; *(au soleil)* to bask

**prélat** /pʀela/ **NM** prelate

**prélature** /pʀelatyʀ/ **NF** prelacy

**prélavage** /pʀelavaʒ/ **NM** prewash

**prélaver** /pʀelave/ ▸ conjug 1 ◂ **VT** to prewash

**prélèvement** /pʀelɛvmɑ̃/ **NM** **a** *(Méd, Sci) [d'échantillon]* taking *(NonC)*; *[d'organe]* removal ◆ **faire un ~ de sang** *ou* **sanguin** to take a blood sample **b** *(Fin) [de montant, pourcentage]* deduction; *(sur un compte, par le titulaire)* withdrawal, drawing out *(NonC)*; *(par un créancier)* debit ◆ **~ automatique** *[de somme fixe]* standing order; *[de somme variable]* direct debit ◆ **~ bancaire** standing *ou* banker's order *(Brit)*, automatic deduction *(US)* **c** *[d'impôt]* levying *(NonC)*, levy, imposition ◆ **~ fiscal/compensatoire/sur le capital/à l'importation** tax/compensatory/capital/import levy ◆ **~s obligatoires** tax and social security deductions

**prélever** /pʀel(ə)ve/ ▸ conjug 5 ◂ **VT** **a** *(Méd, Sci) [+ échantillon]* to take (*sur* from); *[+ sang]* to take (a sample of); *[+ organe]* to remove **b** *(Fin) [+ montant, pourcentage]* to deduct (*sur* from); *[+ somme] (sur un compte) [titulaire]* to withdraw (*sur* from); *[créancier]* to debit (*sur* from); ◆ **ses factures d'électricité sont auto-**

**matiquement prélevées sur son compte** his electricity bills are debited *ou* automatically deducted from his account **c** *[+ impôt]* to levy, to impose (*sur* on)

**préliminaire** /pʀeliminɛʀ/ **ADJ** *(gén)* preliminary; *[discours]* introductory **NMPL** **préliminaires** preliminaries; *[de négociations]* preliminary talks

**prélude** /pʀelyd/ **NM** *(Mus = morceau)* prelude; *(pour se préparer)* warm-up; *(fig)* prelude (*à* to)

**préluder** /pʀelyde/ ▸ conjug 1 ◂ **VI** *(Mus)* to warm up ◆ **~ par qch** to begin with sth **VT INDIR** **préluder à** to be a prelude to, to lead up to

**prématuré, e** /pʀematyʀe/ **ADJ** *[bébé, nouvelle]* premature; *[mort]* untimely, premature ◆ **il est ~ de ...** it is premature to ..., it's too early to ... ◆ **~ de 3 semaines** 3 weeks premature *ou* early **NM,F** premature baby

**prématurément** /pʀematyʀemɑ̃/ **ADV** prematurely ◆ **une cruelle maladie l'a enlevé ~ à notre affection** a grievous illness brought his untimely departure from our midst

**prémédication** /pʀemedikasjɔ̃/ **NF** premedication, premed *

**préméditation** /pʀemeditasjɔ̃/ **NF** premeditation ◆ **avec ~** *[crime]* premeditated; *[tuer]* with intent, with malice aforethought ◆ **meurtre sans ~** unpremeditated murder

**préméditer** /pʀemedite/ ▸ conjug 1 ◂ **VT** to premeditate ◆ **~ de faire qch** to plan to do sth ◆ **meurtre prémédité** premeditated *ou* wilful murder

**prémenstruel, -elle** /pʀemɑ̃stʀyɛl/ **ADJ** premenstrual ◆ **syndrome ~** premenstrual tension *ou* syndrome

**prémices** /pʀemis/ **NFPL** *(littér)* beginnings; *[de récolte]* first fruits; *[d'animaux]* first-born (animals); *[de guerre, crise]* first *ou* warning signs; *[d'évolution]* beginnings

**premier, -ière**[1] /pʀəmje, jɛʀ/ GRAMMAIRE ACTIVE 53.2, 53.5

**ADJ** **a** *(dans le temps)* first; *[impression]* first, initial ◆ **les premières heures du jour** the early hours (of the morning), the small hours ◆ **dès les ~s jours** from the very first days ◆ **ses ~s poèmes** his first *ou* early poems ◆ **les ~s habitants de la Terre** the earliest *ou* first inhabitants of the Earth ◆ **les premières années de sa vie** the first few *ou* the early years of his life ◆ **c'est la première et la dernière fois que je suis tes conseils** it's the first and last time I follow your advice ◆ **au ~ signe de résistance** at the first *ou* slightest sign of resistance ◆ **à mon ~ signal** at the first signal from me, as soon as you see my signal; → **art, lit, main** *etc*; → aussi **sixième**

**b** *(dans un ordre)* first; *(à un examen)* first, top; *(en importance)* leading, foremost, top ◆ **~ commis/clerc** chief shop *(Brit)* *ou* store *(US)* assistant/clerk ◆ **le ~ constructeur automobile européen** the leading European car manufacturer ◆ **le ~ personnage de l'État** the country's leading *ou* most senior statesman ◆ **arriver/être ~** to arrive/be first ◆ **il est toujours ~ en classe** he's always top of the class *ou* first in the class ◆ **être reçu ~** to come first

**c** *(dans l'espace) [branche]* lower, bottom; *[rangée]* front ◆ **la première marche de l'escalier** *(en bas)* the bottom step; *(en haut)* the top step ◆ **le ~ barreau de l'échelle** the bottom *ou* first *ou* lowest rung of the ladder ◆ **le ~ mouchoir de la pile** the first handkerchief in the pile, the top handkerchief in the pile ◆ **les 100 premières pages** the first 100 pages ◆ **en première page** *(Presse)* on the front page ◆ **lire un livre de la première à la dernière ligne** to read a book from beginning to end *ou* from cover to cover

**d** *(= de base) [échelon, grade]* bottom; *[ébauche, projet]* first, rough ◆ **quel est votre ~ prix pour ce type de voyage ?** what do your prices start at for this kind of trip? ◆ **apprendre les ~s rudiments d'une science** to learn the first *ou* basic rudiments of a science

**e** *(après n = originel, fondamental) [cause, donnée]* basic; *[principe]* first, basic; *[état]* initial, original ◆ **c'est la qualité première d'un chef d'État** it's the prime *ou* essential quality for a head of state ◆ **retrouver sa vivacité première/son éclat ~** to regain one's former *ou* initial liveliness/sparkle

**NM,F** **a** *(dans le temps, l'espace)* first (one) ◆ **parler/passer/sortir le ~** to speak/go/go out first ◆ **arriver les ~s** to arrive (the) first ◆ **arriver dans les ~s** to be one of *ou* be among the first to arrive ◆ **les ~s arrivés seront les ~s servis** first come, first served ◆ **elle sera servie la première** she will be served first ◆ **au ~ de ces messieurs** next gentleman please ◆ **il a été le ~ à reconnaître ses torts** he was the first to admit that he was in the wrong ◆ **elle fut l'une des premières à ...** she was one of the first to ...; → **né**

**b** *(dans une hiérarchie, un ordre)* **il a été reçu dans** *ou* **parmi les ~s** *(Scol, Univ)* he was in the top *ou* first few ◆ **il est le ~ de sa classe** he is top of his class ◆ **il a une tête de ~ de la classe** *(péj)* he looks like a real egghead * *ou* swot * *(Brit)* ◆ **il s'est classé dans les dix ~s** *(Sport)* he was ranked in *ou* among the top *ou* first ten ◆ **les ~s seront les derniers (, et les derniers seront les ~s)** *(Bible)* the last shall be first (, and the first last); → **jeune**

**c** *(dans une série, une comparaison)* **Pierre et Paul sont cousins, le ~ est médecin** Peter and Paul are cousins, the former is a doctor ◆ **le ~ semble mieux** *(entre deux)* the first one seems better; *(dans une série)* the first one seems best

**NM** *(gén)* first; *(= étage)* first floor *(Brit)*, second floor *(US)* ◆ **c'est leur ~** *(= enfant)* it's their first child ◆ **mon ~ est ...** *(charade)* my first is in ...

◆ **en premier** *[arriver, parler]* first ◆ **je l'ai servi en ~** I served him first ◆ **en ~ je dirai que ...** firstly *ou* first *ou* to start with I'd like to say that ... ◆ **cela vient en ~ dans ma liste de priorités** that's first on *ou* top of my list of priorities ◆ **pour lui, la famille vient toujours en ~** his family always comes first

**COMP** ▷ **le premier de l'an** New Year's Day ▷ **le premier avril** the first of April, April Fool's Day, All Fools' Day ▷ **le Premier Mai** the first of May, May Day

**première**[2] /pʀəmjɛʀ/ **NF** **a** *(gén)* first; *(Aut)* first (gear); *(Hippisme)* first (race) ◆ **être en/passer la ~** *(Aut)* to be in/go into first (gear)

**b** *(Théât)* first night; *(Ciné)* première; *(= exploit) (gén)* first; *(Alpinisme)* first ascent ◆ **le soir de la ~, il ...** *(Ciné)* on the opening night, he ... ◆ **le public des grandes ~s** firstnighters ◆ **c'est une ~ mondiale** *(gén)* it's a world first; *(Ciné)* it's a world première ◆ **c'est une grande ~ pour notre équipe** it's a big first for our team

**c** *(Aviat, Rail)* first class ◆ **voyager en ~** to travel first-class ◆ **billet de ~** first-class ticket

**d** *(Scol)* **(classe de) ~** ≃ lower sixth (form) *(Brit)*, eleventh grade *(US)* ◆ **élève de ~** ≃ lower sixth former *(Brit)*, eleventh grader *(US)*, junior (in high school) *(US)*

**e** *(Couture)* head seamstress

**f** *(= semelle)* insole

**LOC ADJ** **de première** * ◆ **c'est de ~!** it's first-class! ◆ **il a fait un boulot de ~** he's done a first-class *ou* a first-rate job ◆ **c'est un salaud ✱ de ~!** he's an out-and-out *ou* a right *(Brit)* bastard! *✱ ◆ **il est de ~ pour trouver les bons restaurants/pour les gaffes !** he's got a real knack * for *ou* he's great * at finding good restaurants/making blunders!

**premièrement** /pʀəmjɛʀmɑ̃/ GRAMMAIRE ACTIVE 53.5 **ADV** *(= d'abord)* first(ly); *(= en premier lieu)* in the first place; *(introduisant une objection)* for a start ◆ **~ il ne m'a rien dit, et en plus ...** for a start, he didn't say anything to me, and what's more ...

**premier-maître** (pl **premiers-maîtres**) /pʀəmjemɛtʀ/ **NM** chief petty officer

**premier-né** /pʀəmjene/, **première-née** /pʀəmjɛʀne/ (mpl **premiers-nés**) **ADJ, NM,F** first-born

**prémisse** /pʀemis/ **NF** premise, premiss

**prémix** /pʀemiks/ **NM** alcopop

**prémolaire** /pʀemɔlɛʀ/ **NF** premolar (tooth)

**prémonition** /pʀemɔnisjɔ̃/ **NF** premonition

**prémonitoire** /pʀemɔnitwaʀ/ **ADJ** premonitory

**prémunir** /pʀemyniʀ/ ▸ conjug 2 ◂ **VT** *(littér)* *(= mettre en garde)* to warn; *(= protéger)* to protect (*contre* against) **VPR** **se prémunir** to protect o.s. (*contre* from) to guard (*contre* against)

**prenant, e** /pʀənɑ̃, ɑ̃t/ **ADJ** **a** *(= captivant) [film, livre]* absorbing, engrossing, compelling; *[voix]* fascinating, captivating **b** *(= qui prend du temps) [activité]* time-consuming ◆ **ce travail est trop ~** this job is too time-consuming *ou* takes up too much of my (*ou* our *etc*) time **c** *(Zool) [queue]* prehensile

**prénatal, e** (mpl **prénatals**) /pʀenatal/ **ADJ** *[diagnostic, dépistage, examen, visite]* antenatal, prenatal; *[allocation]* maternity *(épith)* ◆ **clinique ~e** antenatal clinic

## prendre /pʀɑ̃dʀ/

▸ conjug 58 ◂

| | |
|---|---|
| 1 VERBE TRANSITIF | 2 VERBE INTRANSITIF |
| 3 VERBE PRONOMINAL | |

Lorsque **prendre** s'emploie dans des locutions telles que **prendre une photo/du poids/son temps, prendre en charge** etc, cherchez aussi au nom.

1 - VERBE TRANSITIF

**a** = saisir *[+ objet]* to take ◆ **prends-le dans le placard/sur l'étagère** take it out of the cupboard/off *ou* (down) from the shelf ◆ **il l'a pris dans le tiroir** he took *ou* got it out of the drawer ◆ **il prit un journal/son crayon sur la table** he picked up *ou* took a newspaper/his pencil from the table ◆ **il la prit par le cou/par la taille** he put his arms round her neck/round her waist ◆ **~ qn par le bras/la taille** to take sb by the arm/the waist ◆ **~ qch des mains de qn** *(= débarrasser)* to take sth out of sb's hands; *(= enlever)* to take sth off sb *ou* away from sb ◆ **c'est toujours ça** *ou* **autant de pris** that's something at least ◆ **c'est à ~ ou à laisser** *[offre]* (you can) take it or leave it ◆ **je vous le fais à 80 €, c'est à ~ ou à laisser** I'll let you have it for €80, that's my final offer ◆ **avec lui, il faut en ~ et en laisser** you can only believe half of what he says, you must take what he tells you with a pinch of salt ◆ **je prends** *(dans un jeu de questions-réponses)* I'll answer; *(appel téléphonique)* I'll take it

**b** [= choisir] to take ◆ **il y a plusieurs livres, lequel prends-tu ?** there are several books – which one are you going to take? *ou* which one do you want? ◆ **il a pris le bleu** he took the blue one

**c** [= se munir de] *[+ instrument]* **tiens, prends ce marteau** here, use this hammer ◆ **il faut ~ un tournevis pour faire ça** you need a screwdriver for that ◆ **si tu sors, prends ton parapluie** if you go out, take your umbrella (with you) ◆ **prends ta chaise et viens t'asseoir ici** bring your chair and come and sit over here ◆ **as-tu pris les valises ?** have you brought the suitcases? ◆ **prends tes lunettes pour lire** put your glasses on to read

**d** [= aller chercher] *[+ chose]* to pick up, to get, to fetch *(Brit)*; *[+ personne]* to pick up; *(= emmener)* to take ◆ **passer ~ qn à son bureau** to pick sb up *ou* call for sb at his office ◆ **je passerai les ~ chez toi** I'll come and collect *ou* get them *ou* I'll call in for them at your place ◆ **pouvez-vous me ~ (dans votre voiture) ?** can you give me a lift? ◆ **je ne veux plus de ce manteau, tu peux le ~** I don't want this coat any more – you can take *ou* have it ◆ **prends du beurre dans le réfrigérateur** get some butter out of the fridge

**e** [= s'emparer de force] *[+ poisson, voleur]* to catch; *[+ argent, place, otage]* to take; *(Mil) [+ ville]* to take, to capture; *(Cartes, Échecs)* to take ◆ **un voleur lui a pris son portefeuille** a thief has taken *ou* stolen his wallet *ou* has robbed him of his wallet ◆ **il m'a pris mon idée** he has taken *ou* used *ou* pinched* *(Brit)* my idea ◆ **il prend tout ce qui lui tombe sous la main** he takes *ou* grabs everything he can lay his hands on ◆ **~ le service de qn** *(Tennis)* to break sb's service ◆ **se faire ~** *[voleur]* to be *ou* get caught ◆ **le voleur s'est fait ~** the robber was *ou* got caught; → **tel**

**f** [*: sexuellement] *[+ personne]* to take ◆ **il l'a prise par devant/derrière** he took her from the front/from behind

**g** [= assaillir] *[colère]* to come over; *[fièvre, douleur]* to strike ◆ **la colère le prit soudain** he was suddenly overcome with anger, anger suddenly overcame him ◆ **il fut pris d'un doute** he suddenly had a doubt, he felt doubtful all of a sudden ◆ **la douleur m'a pris au genou** I suddenly got a pain in my knee ◆ **les douleurs la prirent** her labour pains started ◆ **ça me prend dans le bas du dos et ça remonte*** it starts in my lower back and works its way up ◆ **qu'est-ce qui te prend ?*** what's the matter *ou* what's up* with you?, what's come over you?* ◆ **ça te prend souvent ?*** are you often like that? *(iro)* ◆ **quand ça me prend*, je peux rêvasser pendant des heures** I can daydream for hours when I feel like it *ou* when the mood takes me; → **tête**

**h** [= surprendre] to catch ◆ **~ qn à faire qch** to catch sb doing sth ◆ **je vous y prends !** caught you! ◆ **si je t'y prends (encore), que je t'y prenne** *(menace)* just *ou* don't let me catch you doing that (again) *ou* at it (again) ◆ **~ qn sur le fait** to catch sb in the act *ou* red-handed ◆ **il s'est fait ~ en train de copier sur son voisin** he got caught copying from his neighbour

**i** [= duper] to take in ◆ **on ne m'y prendra plus** I won't be taken in again, I won't be had a second time* ◆ **se laisser ~ à des paroles aimables** to let o.s. be sweet-talked *ou* taken in by sweet talk

**j** [= manger, boire] *[+ aliment, boisson]* to have; *[+ médicament]* to take ◆ **prenez-vous du sucre ?** do you take sugar? ◆ **est-ce que vous prendrez du café ?** will you have *ou* would you like some coffee? ◆ **à ~ avant les repas** to be taken before meals ◆ **fais-lui ~ son médicament** give him his medicine ◆ **ce médicament se prend dans de l'eau** this medicine must be taken in water ◆ **as-tu pris de ce bon gâteau ?** have you had some of this nice cake? ◆ **il n'a rien pris depuis hier** he hasn't eaten anything since yesterday ◆ **le docteur m'interdit de ~ de l'alcool** the doctor won't allow me *ou* has forbidden me (to drink) alcohol

**k** [= voyager par] *[+ métro, taxi]* to take, to travel *ou* go *ou* come by; *[+ voiture]* to take; *(= s'engager dans) [+ direction, rue]* to take ◆ **il prit le train puis l'avion de Paris à Londres** he took the train *ou* went by train then flew from Paris to London ◆ **j'ai pris l'avion/le train de 4 heures** I caught the 4 o'clock plane/train ◆ **je préfère ~ ma voiture** I'd rather take the car *ou* go in the car ◆ **ils ont pris la rue Blanche** they went down (*ou* up) the rue Blanche

**l** [= acheter] *[+ billet, essence]* to get; *[+ voiture]* to buy; *(= réserver) [+ couchette, place]* to book ◆ **il prend toujours son pain à côté** he always gets *ou* buys his bread from the shop next door ◆ **peux-tu me ~ du pain ?** can you get me some bread? ◆ **nous avons pris une maison** *(loué)* we've taken *ou* rented a house; *(acheté)* we've bought a house ◆ **je prends du 38 (en chaussures/en robe)** I take a size 38 (shoe/dress)

**m** [= accepter] *[+ client]* to take; *[+ passager]* to pick up; *[+ locataire]* to take (in); *[+ personnel]* to take on; *[+ domestique]* to engage, to take on ◆ **l'école ne prend plus de pensionnaires** the school no longer takes boarders ◆ **ce train ne prend pas de voyageurs** this train doesn't pick up passengers ◆ **il l'a prise comme interprète** he took her on as an interpreter

**n** [= noter] *[+ renseignement, adresse, nom, rendez-vous]* to write down, to take down; *[+ mesures, température, empreintes]* to take; *(sous la dictée) [+ lettre]* to take (down) ◆ **~ des notes** to take notes

**o** [= adopter] *[+ air, ton]* to put on, to assume; *[+ décision]* to take, to make, to come to; *[+ risque, mesure]* to take; *[+ attitude]* to strike, to take up ◆ **il prit un ton menaçant** a threatening note crept into his voice, his voice took on a threatening tone

**p** [= acquérir] **~ de l'autorité** to gain authority ◆ **cela prend un sens particulier** it takes on a particular meaning

**q** [= s'accorder] *[+ congé]* to take; *[+ vacances]* to take, to have, to go on; *[+ repos]* to have, to take ◆ **je prends quelques jours à Noël** I'm having a few days off at Christmas; → **temps[1]**

**r** [= coûter] *[+ temps, place, argent]* to take ◆ **cela me prend tout mon temps** it takes up all my time ◆ **la réparation a pris des heures** the repair took hours *ou* ages ◆ **attendez ici, ça ne prendra pas longtemps** wait here, it won't take long

**s** [= faire payer] to charge ◆ **ils (m')ont pris 20 € pour une petite réparation** they charged (me) €20 for a minor repair ◆ **ce spécialiste prend très cher** this specialist charges very high fees, this specialist's charges *ou* fees are very high ◆ **ce plombier prend cher de l'heure** this plumber's hourly rate is high

**t** [= prélever] *[+ pourcentage]* to take ◆ **ils prennent un pourcentage sur la vente** they charge a commission on the sale, they take a percentage on the sale ◆ **il prend sa commission sur la vente** he takes his commission on the sale ◆ **~ de l'argent à la banque/sur son compte** to draw (out) *ou* withdraw money from the bank/from one's account ◆ **la cotisation à la retraite est prise sur le salaire** the pension contribution is taken off one's salary *ou* deducted from one's salary ◆ **il a dû ~ sur ses économies pour payer les dégâts** he had to dip into *ou* go into his savings to pay for the damage ◆ **il a pris sur son temps pour venir m'aider** he gave up some of his time to help me

**u** [* = recevoir, subir] *[+ coup, choc]* to get, to receive ◆ **il a pris la porte en pleine figure** the door hit *ou* got* him right in the face ◆ **qu'est-ce qu'on a pris !*, on en a pris plein la gueule**‡ **ou la tronche !**‡, **on s'en est pris plein la gueule**‡ **ou la tronche !**‡ *(reproches)* we really got it in the neck!*, we really got what for!‡; *(défaite)* we got hammered!*; *(averse)* we got drenched! ◆ **il a pris pour les autres** *(emploi absolu)* he took the rap* ◆ **c'est toujours moi qui prends pour ma sœur !** I always get the blame for what my sister does! ◆ **le seau d'eau s'est renversé et c'est moi qui ai tout pris** the bucket of water tipped over and I got it all over me

**v** [= réagir à] *[+ nouvelle]* to take ◆ **si vous le prenez ainsi ...** if that's how you want it ... ◆ **il a bien/mal pris la chose, il l'a bien/mal pris** he took it well/badly ◆ **il a bien pris ce que je lui ai dit** he took what I said in good part *ou* quite well ◆ **il a mal pris ce que je lui ai dit** he took exception *ou* didn't take kindly to what I said to him ◆ **~ qch avec bonne humeur** to take sth good-humouredly *ou* in good part ◆ **~ les choses comme elles sont/la vie comme elle vient** to take things as they come/life as it comes

**w** [= manier] *[+ personne]* to handle; *[+ problème]* to handle, to tackle, to deal with, to cope with ◆ **elle sait le ~** she knows how to handle *ou* approach *ou* get round him ◆ **c'est quelqu'un de gentil mais il faut savoir le ~** he's nice but you have to keep on the right side of him ◆ **il y a plusieurs façons de ~ le problème** there are several ways of going about *ou* tackling the problem; → **bout**

**x** [locutions]

◆ **prendre qn/qch pour** *(= considérer comme)* to take sb/sth for *(= utiliser comme)* to take sb/sth as ◆ **pour qui me prenez-vous ?** what *ou* who do you take me for?, what *ou* who do you think I am? ◆ **~ qn pour un autre** to take sb for *ou* think sb is somebody else, to mistake sb for somebody else ◆ **je n'aime pas qu'on me prenne pour un imbécile** I don't like being taken for a fool ◆ **~ qch pour prétexte/cible** to take sth as a pretext/target

◆ **prendre sur soi** *(= se maîtriser)* to grin and bear it ◆ **savoir ~ sur soi** to keep a grip on o.s. *(= assumer)* ◆ **j'ai dû ~ tout cela sur moi** I had to cope on my own ◆ **~ sur soi de faire qch** to take it upon o.s. to do sth

◆ **à tout prendre** on the whole, all in all

2 - VERBE INTRANSITIF

**a** [= durcir] *[ciment, pâte, crème]* to set

**b** [= réussir] *[plante]* to take (root); *[vaccin]* to take; *[mouvement, mode]* to catch on; *[livre, spectacle]* to be a success ◆ **le lilas a bien pris** the lilac's doing really well ◆ **la teinture prend mal avec ce tissu** this material is difficult to dye ◆ **la plaisanterie a pris** the joke was a great success ◆ **avec moi, ça ne prend pas*** it doesn't work with me*, it won't wash with me* *(Brit)* c [= commencer à brûler] *[feu] (gén)* to go; *(accidentellement)* to start; *[allumette]* to light; *[bois]* to catch fire ◆ **le feu ne veut pas** ~ the fire won't go ◆ **le feu a pris sur le toit** the fire took hold in the roof

d [= se diriger] to go ◆ ~ **à gauche** to go *ou* turn *ou* bear left ◆ ~ **par les petites rues** to take to *ou* go along *ou* keep to the side streets

3 - VERBE PRONOMINAL

**se prendre**

a [= se considérer] **il se prend pour un intellectuel** he thinks *ou* likes to think he's an intellectual ◆ **pour qui se prend-il ?** (just) who does he think he is? ◆ **se** ~ **au sérieux** to take o.s. seriously

b [= accrocher, coincer] to catch, to trap ◆ **le chat s'est pris la patte dans un piège** the cat got its paw trapped, the cat caught its paw in a trap ◆ **le rideau se prend dans la fenêtre** the curtain gets caught (up) *ou* stuck in the window ◆ **mon manteau s'est pris dans la porte** I caught *ou* trapped my coat in the door, my coat got trapped *ou* caught in the door ◆ **se** ~ **les pieds dans le tapis** *(lit)* to catch one's foot in the rug, to trip on the rug; *(fig)* to trip oneself up

c [locutions]

♦ **se prendre à** + *infinitif (littér)* ◆ **se** ~ **à faire qch** *(= commencer)* to begin to do *ou* begin doing sth, to start to do *ou* start doing sth

♦ **s'en prendre à** *[+ personne] (= agresser)* to lay into *, to set about; *(= passer sa colère sur)* to take it out on; *(= blâmer)* to lay *ou* put the blame on, to attack ◆ **tu ne peux t'en** ~ **qu'à toi-même** you've only got yourself to blame
*[+ chose] (= remettre en question) [+ tradition, préjugé]* to challenge; *(= critiquer) [+ autorité, organisation]* to attack, to take on ◆ **il s'en est pris à son ordinateur** he took it out on his computer

♦ **s'y prendre** to set about (doing) it ◆ **il ne sait pas s'y** ~ he doesn't know how to go *ou* set about it ◆ **je ne sais pas comment tu t'y prends** I don't know how you manage it ◆ **il ne s'y serait pas pris autrement s'il avait voulu tout faire échouer** he couldn't have done better if he had actually set out to ruin the whole thing ◆ **il fallait s'y** ~ **à temps** you should have done something about it *ou* started before it was too late ◆ **il faut s'y** ~ **à l'avance** you have to do it in advance ◆ **il s'y est bien/mal pris (pour le faire)** he went about it the right/wrong way ◆ **il s'y est pris drôlement pour le faire** he chose the oddest way of doing it, he went about it in the strangest way ◆ **s'y** ~ **à deux fois/plusieurs fois pour faire qch** to try twice/several times to do sth, to make two/several attempts to do sth ◆ **il faut s'y** ~ **à deux** it needs two of us (to do it) ◆ **s'y** ~ **bien** *ou* **savoir s'y** ~ **avec qn** to handle sb the right way ◆ **il sait s'y** ~ **avec les enfants** he really knows how to deal with children

**preneur, -euse** /pʀənœʀ, øz/ **NM,F** *(= acheteur)* buyer; *(= locataire)* lessee *(Jur)*, tenant ◆ ~ **de son** *(Ciné)* sound engineer ◆ ~ **d'otages** hostage taker ◆ **trouver** ~ to find a buyer ◆ **ces restes de gâteau vont vite trouver** ~ there'll be no problem finding a taker for the rest of this cake ◆ **cet objet n'avait pas trouvé** ~ there were no takers for this object ◆ **je suis** ~ **à 30 €** I'll buy *ou* take it for €30 ◆ **je ne suis pas** ~ I'm not interested

**prénom** /pʀenɔ̃/ **NM** *(gén)* Christian name, first name; *(Admin)* forename, given name *(US)* ◆ ~ **usuel** name by which one is known ◆ **il a dû se faire un** ~ he had to make a name for himself in his own right

**prénommé, e** /pʀenɔme/ (ptp de **prénommer**) **ADJ** ◆ **le** ~ **Paul** the said Paul **NM,F** *(Jur)* above-named

**prénommer** /pʀenɔme/ ▸ conjug 1 ◂ **VT** to call, to name, to give a name to ◆ **on l'a prénommé comme son oncle** he was called *ou* named after his uncle, he was given the same name as his uncle **VPR se prénommer** to be called *ou* named

**prénuptial, e** (mpl **-aux**) /pʀenypsjal, o/ **ADJ** premarital

**préoccupant, e** /pʀeɔkypɑ̃, ɑ̃t/ **ADJ** worrying

**préoccupation** /pʀeɔkypasjɔ̃/ **NF** a *(= souci)* worry, anxiety ◆ **sa mauvaise santé était une** ~ **supplémentaire pour ses parents** his ill health was a further worry to *ou* cause for concern to his parents b *(= priorité)* preoccupation, concern ◆ **sa seule** ~ **était de ...** his one concern *ou* preoccupation was to ...

**préoccupé, e** /pʀeɔkype/ (ptp de **préoccuper**) **ADJ** *(= absorbé)* preoccupied (*de qch* with sth; *de faire qch* with doing sth); *(= soucieux)* concerned (*de qch* about sth; *de faire qch* to do sth) worried (*de qch* about sth; *de faire qch* about doing sth); ◆ **tu as l'air** ~ you look worried

**préoccuper** /pʀeɔkype/ GRAMMAIRE ACTIVE 53.1, 53.2 ▸ conjug 1 ◂

**VT** a *(= inquiéter)* to worry ◆ **il y a quelque chose qui le préoccupe** something is worrying *ou* bothering him, he's got *ou* there's something on his mind ◆ **l'avenir de son fils le préoccupe** he's concerned *ou* anxious about his son's future

b *(= absorber)* to preoccupy ◆ **cette idée lui préoccupe l'esprit** *ou* **le préoccupe** he is preoccupied with the idea ◆ **il est uniquement préoccupé de sa petite personne** all he ever thinks about is himself, he's totally wrapped up in himself

**VPR se préoccuper** to concern o.s. (*de* with) to be concerned (*de* with) to worry (*de* about); ◆ **se** ~ **de la santé de qn** to show (great) concern about sb's health ◆ **il ne se préoccupe pas beaucoup de notre sort** he isn't very worried *ou* he doesn't care very much about what happens to us ◆ **il ne s'en préoccupe guère** he hardly gives it a thought

**préopératoire** /pʀeɔpeʀatwaʀ/ **ADJ** preoperative

**prépa** /pʀepa/ **NF** *(arg Scol)* (abrév de **classe préparatoire**) → **préparatoire**

**préparateur, -trice** /pʀepaʀatœʀ, tʀis/ **NM,F** *(gén)* assistant; *(Univ)* demonstrator ◆ ~ **en pharmacie** pharmaceutical *ou* chemist's *(Brit)* assistant

**préparatifs** /pʀepaʀatif/ **NMPL** preparations (*de* for); ◆ **nous en sommes aux** ~ **de départ** we're getting ready *ou* we're preparing to leave

**préparation** /pʀepaʀasjɔ̃/ **NF** a *(= confection) (gén)* preparation; *[de repas]* preparation, making; *[de médicament]* preparation, making up; *[de complot]* laying, hatching; *[de plan]* preparation, working out, drawing up ◆ **la** ~ **de ce plat demande des soins minutieux** this dish requires very careful preparation

b *(= apprêt) (gén)* preparation; *[de table]* laying, getting ready; *[de peaux, poisson, volaille]* dressing; *[d'attaque, départ, voyage]* preparation (*de* for); ◆ **la** ~ **de l'avenir** preparing *ou* preparation for the future ◆ **attaque après** ~ **d'artillerie** attack following initial assault by the artillery ◆ **elle a plusieurs livres en** ~ she has several books in the pipeline

c *(= étude) [d'examen]* preparation, getting ready (*de* for)

d *(= entraînement) [de personne] (à un examen)* preparation (*à* for); *(à une épreuve sportive)* preparation, training (*à* for); ◆ **annoncer quelque chose sans** ~ to announce something abruptly *ou* without preparation

e *(Chim, Pharm)* preparation

f *(Scol)* **faire une** ~ **à Polytechnique** *(= classe préparatoire)* to prepare for entrance to the École polytechnique *(in one of the classes préparatoires)* ◆ **une** ~ **française** *(= devoir)* a French exercise, a piece of French homework ◆ **faire sa** ~ **militaire** *(Mil)* to do a training course in preparation for one's military service

**préparatoire** /pʀepaʀatwaʀ/ **ADJ** *[travail, démarche, conversation]* preparatory, preliminary ◆ **classe** ~ **(aux Grandes Écoles)** *class which prepares students for the entry exams to the Grandes Écoles;* → **cours**

**Classes préparatoires**

**Classes préparatoires** is the term given to the two years of intensive study required to sit the competitive entrance examinations to the « grandes écoles ». They are extremely demanding post-baccalauréat courses, usually taken in a « lycée ». Schools which provide such classes are more highly regarded than those which do not. → BACCALAURÉAT, CONCOURS, GRANDES ÉCOLES, LYCÉE

**préparer** /pʀepaʀe/ ▸ conjug 1 ◂ **VT** a *(= confectionner) (gén)* to prepare; *[+ repas]* to prepare, to make; *[+ médicament]* to prepare, to make up; *[+ piège, complot]* to lay, to hatch; *[+ plan]* to draw up, to work out, to prepare; *[+ cours, discours]* to prepare; *[+ thèse]* to be doing, to be working on, to prepare ◆ **elle nous prépare une tasse de thé** she's making a cup of tea for us, she's getting us a cup of tea ◆ **il lui prépare de bons petits plats** he makes *ou* cooks *ou* prepares tasty dishes for her ◆ **plat préparé** ready(-made) meal

b *(= apprêter) (gén)* to prepare; *[+ table]* to lay, to get ready; *[+ affaires, bagages, chambre]* to prepare, to get ready; *[+ peaux, poisson, volaille]* to dress; *(Agr) [+ terre]* to prepare; *[+ attaque, rentrée, voyage]* to prepare (for), to get ready for; *[+ transition]* to prepare for ◆ ~ **le départ** to get ready *ou* prepare to leave, to make ready for one's departure *(frm)* ◆ ~ **l'avenir** to prepare for the future ◆ ~ **ses effets** to time one's effects carefully, to prepare one's effects ◆ **il a préparé la rencontre des deux ministres** he made the preparations for *ou* he organized *ou* he set up the meeting between the two ministers ◆ **l'attaque avait été soigneusement préparée** the attack had been carefully prepared *ou* organized ◆ **le coup avait été préparé de longue main** they (*ou* he *etc*) had been preparing for it for a long time ◆ ~ **le terrain** *(Mil, fig)* to prepare the ground

c *(Scol) [+ examen]* to prepare for, to study for ◆ ~ **Normale Sup** to study for entrance to the École normale supérieure

d *(= habituer, entraîner)* ~ **qn à qch/à faire qch** to prepare sb for sth/to do sth ◆ ~ **les esprits** to prepare people('s minds) (*à qch* for sth); ◆ ~ **qn à un examen** to prepare *ou* coach sb for an exam ◆ **il a essayé de la ~ à la triste nouvelle** he tried to prepare her for the sad news ◆ **je n'y étais pas préparé** I wasn't prepared for it, I wasn't expecting it

**e** *(= réserver)* ~ **qch à qn** to have sth in store for sb ◆ **je me demande ce qu'elle nous prépare** I wonder what she's got in store for us *ou* she's cooking up for us * ◆ **on ne sait pas ce que l'avenir nous prépare** we don't know what the future holds (in store) for us *ou* has in store for us ◆ **il nous prépare une surprise** he has a surprise in store for us, he's got a surprise up his sleeve ◆ **ce temps nous prépare de joyeuses vacances !** *(iro)* if this weather continues the holidays will be just great! * *(iro)* ◆ **il nous prépare un bon rhume** he's getting a cold

**VPR se préparer** **a** *(= s'apprêter)* to prepare (o.s.), to get ready (*à qch* for sth; *à faire* to do); ◆ **attendez, elle se prépare** wait a minute, she's getting ready ◆ **se ~ à une mauvaise nouvelle** to prepare o.s. for some bad news ◆ **se ~ au combat** *ou* **à combattre** to prepare to fight *ou* to do battle ◆ **se ~ pour les Jeux olympiques** to prepare *ou* train for the Olympics ◆ **préparez-vous au pire** prepare for the worst ◆ **je ne m'y étais pas préparé** I hadn't prepared myself for it, I wasn't expecting it ◆ **se ~ pour un bal/pour sortir dîner en ville** to get ready *ou* dressed for a dance/to go out to dinner ◆ **préparez-vous à être appelé d'urgence** be prepared to be called out urgently ◆ **vous vous préparez des ennuis** you're making trouble *ou* storing up trouble for yourself

**b** *(= approcher)* *[orage]* to be brewing ◆ **il se prépare une bagarre** there's going to be a fight ◆ **il se prépare quelque chose de louche** there's something fishy going on *

**prépayé, e** /prepeje/ **ADJ** *[billet]* prepaid, paid in advance

**prépondérance** /prepɔ̃derɑ̃s/ **NF** *[de nation, groupe]* ascendancy, preponderance, supremacy (*sur* over); *[d'idée, croyance, théorie]* supremacy (*sur* over); *[de trait de caractère]* domination (*sur* over)

**prépondérant, e** /prepɔ̃derɑ̃, ɑ̃t/ **ADJ** *[rôle]* dominating, preponderant ◆ **voix ~e** *(Pol)* casting vote

**préposé** /prepoze/ **NM** *(gén)* employee; *(= facteur)* postman *(Brit)*, mailman *(US)*; *[de douane]* official, officer; *[de vestiaire]* attendant

**préposée** /prepoze/ **NF** *(gén)* employee; *(= factrice)* postwoman *(Brit)*, mailwoman *(US)*; *[de vestiaire]* attendant

**préposer** /prepoze/ ▸ conjug 1 ◂ **VT** to appoint (*à* to); ◆ **préposé à** in charge of

**prépositif, -ive** /prepozitif, iv/ **ADJ** prepositional

**préposition** /prepozisjɔ̃/ **NF** preposition

**prépositionnel, -elle** /prepozisjɔnɛl/ **ADJ** prepositional

**prépositivement** /prepozitivmɑ̃/ **ADV** prepositionally, as a preposition

**pré(-)presse** /prepʀɛs/ **NF** prepress

**préprogrammé, e** /preprɔgrame/ **ADJ** *(Ordin)* preprogrammed

**prépuce** /prepys/ **NM** foreskin, prepuce *(SPÉC)*

**préraphaélisme** /prerafaelism/ **NM** Pre-Raphaelitism

**préraphaélite** /prerafaelit/ **ADJ, NM** Pre-Raphaelite

**prérégler** /preregle/ ▸ conjug 6 ◂ **VT** to preset

**prérentrée** /prerɑ̃tre/ **NF** *(Scol)* *preparatory day for teachers before school term starts*

**préretraite** /prer(ə)trɛt/ **NF** *(= état)* early retirement; *(= pension)* early retirement pension ◆ **partir en ~** to take early retirement ◆ **être mis en ~** to be given early retirement, to be retired early

**préretraité, e** /prerətrete/ **NM,F** *person who has taken early retirement*

**prérogative** /prerɔgativ/ **NF** prerogative

**préroman, e** /prerɔmɑ̃, an/ **ADJ** *[art]* pre-Romanesque

**préromantique** /prerɔmɑ̃tik/ **ADJ** pre-Romantic ◆ **les ~s** the pre-Romantics, the pre-Romantic poets (*ou* musicians *etc*)

**préromantisme** /prerɔmɑ̃tism/ **NM** pre-Romanticism

**près** /prɛ/ **ADV** **a** *(dans l'espace)* near(by), close (by); *(dans le temps)* near, close ◆ **la gare est tout ~** we're very close to the station, the station is very nearby ◆ **il habite assez/tout ~** he lives quite/very near(by) *ou* close (by) ◆ **ne te mets pas trop ~** don't get too close *ou* near ◆ **c'est plus/moins ~ que je ne croyais** *(espace)* it's nearer *ou* closer than/further than I thought; *(temps)* it's nearer *ou* sooner *ou* closer than/not as near *ou* soon as I thought *ou* further off than I thought ◆ **Noël est très ~ maintenant** Christmas is (getting) very near *ou* close now, it'll very soon be Christmas now

**b** *(loc)* **c'est terminé à peu de chose ~** it's more or less *ou* pretty well * finished ◆ **ce n'est pas aussi bon, à beaucoup ~** it's nothing like *ou* nowhere near as good ◆ **ils sont identiques, à la couleur ~** they are identical apart from *ou* except for the colour ◆ **à cela ~ que ...** if it weren't for *ou* apart from the fact that ... ◆ **je vais vous donner le chiffre à un franc/à un centimètre ~** I'll give you the figure to within about a franc/a centimetre ◆ **cela fait 15 € à quelque chose** *ou* **à peu de chose(s) ~** that comes to €15, or as near as makes no difference ◆ **il a raté le bus à une minute ~** he missed the bus by a minute or so ◆ **il n'est pas à 10 minutes/à un kilo de sucre/à 15 € ~** he can spare 10 minutes/a kilo of sugar/€15 ◆ **il n'est pas à un crime ~** he won't let a crime stop him ◆ **il n'est plus à 10 minutes ~** he can wait another 10 minutes; → aussi **peu**

**PRÉP** *(littér ou Admin)* *(lieu)* near ◆ **ambassadeur ~ le roi de ...** ambassador to the king of ...

**LOC PRÉP près de** **a** *(dans l'espace)* close to, near (to) ◆ **leur maison est ~ de l'église** their house is close to *ou* near the church ◆ **le plus/moins ~ possible de la porte/de Noël** as close *ou* near to/as far away as possible from the door/Christmas ◆ **une robe ~ du corps** a close-fitting dress ◆ **ils étaient très ~ l'un de l'autre** they were very close to each other ◆ **elle est ~ de sa mère** she's with her mother ◆ **être très ~ du but** to be very close *ou* near to one's goal ◆ **être ~ de son argent** *ou* **de ses sous** * *(fig)* to be close- *ou* tight-fisted

**b** *(dans le temps)* close to ◆ **il est ~ de minuit** it's close to midnight, it's nearly midnight ◆ **il est ~ de la retraite** he's close to *ou* nearing retirement ◆ **arriver ~ de la fin d'un voyage** to be nearing the end *ou* coming near *ou* close to the end of a journey ◆ **il est ~ de la cinquantaine** he's nearly *ou* almost fifty, he's going on fifty, he's coming up to fifty *(Brit)*

**c** *(approximativement)* nearly, almost ◆ **il a dépensé ~ de la moitié de son salaire** he has spent nearly *ou* almost half his salary ◆ **il y a ~ de 5 ans qu'ils sont partis** they left nearly *ou* close on 5 years ago, it's nearly 5 years since they left

**d** *(avec verbe à l'infinitif = sur le point de)* **être très ~ d'avoir trouvé la solution** to have almost *ou* nearly found the solution ◆ **elle a été très ~ de refuser** she was on the point of refusing, she was about to refuse, she came close to refusing ◆ **je suis très ~ de croire que ...** I'm (almost) beginning to think that ... ◆ **je ne suis pas ~ de partir/de réussir** at this rate, I'm not likely to be going (yet)/to succeed ◆ **je ne suis pas ~ d'y retourner/de recommencer** I won't go back there/do that again in a hurry, you won't catch me going back there/doing that again in a hurry

**LOC ADV de près** ◆ **le coup a été tiré de ~** the shot was fired at close range ◆ **il voit mal/bien de ~** he can't see very well/he can see all right close to ◆ **surveiller qn de ~** to keep a close watch on sb, to watch sb closely ◆ **il a vu la mort de ~** he has stared *ou* looked death in the face ◆ **il faudra examiner cette affaire de plus ~** we must have *ou* take a closer look at *ou* look more closely into this business ◆ **on a frôlé de très ~ la catastrophe** we came within an inch of disaster, we had a close shave *ou* a narrow escape ◆ **de ~ ou de loin** *[ressembler]* more or less ◆ **tout ce qui touche de ~ ou de loin au cinéma** everything remotely connected with cinema; → **rasé, regarder**

**présage** /prezaʒ/ **NM** omen, presage *(littér)* ◆ **bon/mauvais/heureux ~** good/ill/happy omen ◆ **ces bons résultats sont le ~ de jours meilleurs** these good results are the sign of better days to come

**présager** /prezaʒe/ ▸ conjug 3 ◂ **VT** *(= annoncer)* to be a sign *ou* an omen of, to presage *(littér)*; *(= prévoir)* to predict, to foresee ◆ **cela ne présage rien de bon** nothing good will come of it, that's an ominous sign ◆ **cela nous laisse ~ que ...** it leads us to predict *ou* expect that ... ◆ **rien ne laissait ~ la catastrophe** there was nothing to suggest that such a disaster might happen ◆ **rien ne laissait ~ que ...** there was nothing to suggest that ...

**pré-salé** (pl **prés-salés**) /presale/ **NM** ◆ **(agneau/mouton de) ~** salt meadow lamb/sheep; *(= viande)* salt meadow lamb/mutton

**presbyte** /prɛsbit/ **ADJ** long-sighted, far-sighted *(US)*, presbyopic *(SPÉC)*

**presbytère** /prɛsbitɛr/ **NM** presbytery

**presbytérianisme** /prɛsbiterjanism/ **NM** Presbyterianism

**presbytérien, -ienne** /prɛsbiterjɛ̃, jɛn/ **ADJ, NM,F** Presbyterian

**presbytie** /prɛsbisi/ **NF** long-sightedness, far-sightedness *(US)*, presbyopia *(SPÉC)*

**prescience** /presjɑ̃s/ **NF** prescience, foresight

**prescient, e** /presjɑ̃, jɑ̃t/ **ADJ** prescient, far-sighted

**préscolaire** /preskɔlɛr/ **ADJ** preschool *(épith)* ◆ **enfant d'âge ~** preschool child, child of preschool age

**prescripteur, -trice** /prɛskriptœr, tris/ **NM,F** *(Comm)* prescriber; *(Scol)* teacher *(who recommends schoolbooks)* ◆ **(médecin) ~** consultant

**prescriptible** /prɛskriptibl/ **ADJ** prescriptible

**prescription** /prɛskripsjɔ̃/ **NF** **a** *(Méd)* prescription, directions ◆ **"se conformer aux prescriptions du médecin"** "to be taken in accordance with the doctor's instructions" ◆ **obtenu sur ~ médicale** obtained on prescription **b** *(= ordre)* *(gén)* order, instruction; *[de morale, règlement]* dictate; *(= recommandation) [d'ouvrage, méthode]* recommendation ◆ **~s techniques** technical requirements **c** *(Jur) (droit civil)* prescription; *(droit pénal)* statute of limitations ◆ **au bout de sept ans il y a ~** the statute of limitations is seven years ◆ **il y a ~ maintenant, on peut en parler** *(hum)* it's ancient history now so it's all right to talk about it

**prescrire** /pʀɛskʀiʀ/ ► conjug 39 ◄ **VT** *(Méd, Jur)* to prescribe; *[+ objet, méthode, livre]* to recommend; *[morale, honneur, loi]* to stipulate, to lay down; *(= ordonner)* to order, to command ◆ **à la date prescrite** on the prescribed date, on the date stipulated ◆ **"ne pas dépasser la dose prescrite"** *(Méd)* "do not exceed the prescribed dose" ◆ **être prescrit, se ~** *[peine, dette]* to lapse

**préséance** /pʀeseɑ̃s/ **NF** precedence *(NonC)* ◆ **par ordre de ~** in order of precedence

**présélecteur** /pʀeselɛktœʀ/ **NM** preselector

**présélection** /pʀeselɛksjɔ̃/ **NF** *(gén)* pre-selection; *[de candidats]* pre-selection, shortlisting *(Brit)*; *(Helv : sur route)* lane ◆ **bouton** *ou* **touche de ~** *(Radio)* preset button ◆ **programme de ~** preset programme ◆ **effectuer une ~ des candidats** to shortlist *ou* preselect applicants ◆ **boîte de vitesses à ~** *(Aut)* pre-selector gearbox

**présélectionner** /pʀeselɛksjɔne/ ► conjug 1 ◄ **VT** *[+ chaîne de radio]* to preset, to pre-select; *[+ candidats]* to pre-select, to short-list *(Brit)*; *[+ sportifs]* to pre-select

**présence** /pʀezɑ̃s/ **NF** **a** *[de personne, chose, pays]* presence; *(au bureau, à l'école)* attendance; *(Rel)* presence ◆ **la ~ aux cours est obligatoire** attendance at classes is compulsory ◆ **fuir la ~ de qn** to avoid sb, to keep well away from sb ◆ **Monsieur le maire nous a honoré de sa ~** *(frm)* the Mayor honoured us with his presence ◆ **j'ai juste à faire de la ~** I just have to be there *ou* present ◆ **~ assidue au bureau** regular attendance at the office ◆ **~ policière** police presence

◆ **en présence** ◆ **les forces en ~** the opposing armies ◆ **mettre deux personnes en ~** to bring two people together *ou* face to face ◆ **les parties en ~** *(Jur)* the litigants, the opposing parties

◆ **en présence de** in the presence of ◆ **en ~ de tels incidents** faced with *ou* in the face of such incidents ◆ **mettre qn en ~ de qn/qch** to bring sb face to face with sb/sth ◆ **cela s'est produit en ma ~** it happened while I was there *ou* in my presence

**b** *(= personnalité)* presence ◆ **avoir de la ~** to have (a) great presence ◆ **elle a beaucoup de ~ à l'écran/sur scène** she has great screen/stage presence

**c** *(= être)* **j'ai senti une ~** I felt a presence, I suddenly felt that I was not alone

**COMP** ▷ **présence d'esprit** presence of mind

**présent¹, e** /pʀezɑ̃, ɑ̃t/ **ADJ** **a** *[personne]* present; *(Rel)* present ◆ **les personnes ici ~es** *(frm)* those present, the persons here present *(frm)* ◆ **les personnes (qui étaient) ~es au moment de l'incident** the people who were present *ou* there when the incident occurred ◆ **être ~ à une cérémonie** to be present at *ou* attend a ceremony ◆ **être ~ à l'appel** to be present at roll call ◆ **~ !** present! ◆ **répondre ~** *(lit)* to answer "present" ◆ **il a toujours répondu ~ quand j'ai eu besoin de lui** *(fig)* he always came through *ou* he was always there when I needed him ◆ **cette année au festival, beaucoup de jeunes musiciens ont répondu ~(s)** many young musicians attended this year's festival ◆ **pour un bon repas, il est toujours ~ !** *(hum)* you can always count on him to be there when there's good food around! ◆ **je suis ~ en pensée** my thoughts are with you (*ou* him *etc*), I'm thinking of you (*ou* him *etc*)

**b** *[chose]* present ◆ **métal ~ dans un minerai** metal present *ou* found in an ore ◆ **son pessimisme est partout ~ dans son dernier roman** his pessimism runs right through *ou* is evident throughout his latest novel ◆ **sa gentillesse est ~e dans chacun de ses actes** his kindness is evident in everything he does ◆ **avoir qch ~ à l'esprit** to have sth fresh in one's mind ◆ **je n'ai pas les chiffres ~s à l'esprit** I can't bring the figures to mind, I can't remember the figures offhand ◆ **j'aurai toujours ce souvenir ~ à l'esprit** this memory will be ever-present in my mind *ou* will always be fresh in my mind ◆ **gardez ceci ~ à l'esprit** keep *ou* bear this in mind

**c** *(= actuel) [circonstances, état, heure, époque]* present ◆ **le 15 du mois ~** on the 15th of this month

**d** *(Gram) [temps, participe]* present

**e** *(= dont il est question)* present ◆ **le ~ récit** the present account, this account ◆ **nous vous signalons par la ~e lettre que ...** *(Admin)* we hereby inform you that ...

**f** *(= actif)* **ils sont très ~s dans le secteur informatique** they have a strong foothold in the computer sector ◆ **il est très ~ sur le terrain** *(Sport)* he covers the field really well ◆ **elle est très ~e au filet** *(Tennis)* she covers the net really well

**NM** **a** *(= époque)* **le ~** the present

◆ **à présent** *(= en ce moment)* at present, presently *(US)*; *(= maintenant)* now; *(= de nos jours)* now, nowadays ◆ **la jeunesse/les gens d'à ~** young people/people of today, young people/people nowadays

◆ **à présent que** ◆ **à ~ que nous savons** now that we know

**b** *(Gram)* present (tense) ◆ **au ~** in the present (tense) ◆ **~ de l'indicatif** present indicative ◆ **~ historique** *ou* **de narration** historic(al) *ou* narrative present

**c** *(= personne)* **les ~s et les absents** those present and those absent ◆ **il n'y avait que cinq ~s** there were only five people present *ou* there

**NF** **présente** *(Admin)* **veuillez recevoir par la ~e ...** *(= lettre)* please find enclosed ... ◆ **nous vous signalons par la ~e que ...** we hereby inform you that ... ◆ **le contrat annexé à la ~e** the contract enclosed herewith

**présent²** /pʀezɑ̃/ **NM** *(littér)* gift, present ◆ **faire ~ de qch à qn** to present sb with sth

**présentable** /pʀezɑ̃tabl/ **ADJ** presentable ◆ **avec cet œil au beurre noir, je ne suis pas ~** with this black eye, I'm not fit to be seen

**présentateur, -trice** /pʀezɑ̃tatœʀ, tʀis/ **NM,F** *(Radio, TV) [de jeu, causerie, variétés]* host, compere *(Brit)*, emcee *(US)*; *[de débat]* presenter; *[de nouvelles]* newscaster, newsreader

**présentation** /pʀezɑ̃tasjɔ̃/ **NF** **a** *(gén)* presentation ◆ **sur ~ d'une pièce d'identité** on presentation of proof of identity

**b** *[de nouveau venu, conférencier]* introduction; *(frm : à la cour)* presentation ◆ **faire les ~s** to make the introductions, to introduce people to one another

**c** *(au public) [de tableaux, pièce]* presentation; *[de marchandises]* presentation, display; *[de film]* presentation, showing; *(Radio, TV) [d'émission]* presentation, introduction ◆ **~ de mode** fashion show

**d** *(= manière de présenter) [d'idée, produit, travail]* presentation ◆ **avoir une bonne/mauvaise ~** *[personne]* to have a good *ou* pleasant/an unattractive *ou* off-putting appearance

**e** *(Rel)* **la Présentation** the Presentation

**f** *(Méd) [de fœtus]* presentation ◆ **~ par la tête/le siège** head/breech presentation

**g** *(Fin)* presentation ◆ **payable sur ~** payable on presentation *ou* at call *ou* at sight *ou* over the counter

**présentement** /pʀezɑ̃tmɑ̃/ **ADV** *(= en ce moment)* at present, presently *(US)*; *(= maintenant)* now

**présenter** /pʀezɑ̃te/ ► conjug 1 ◄ **VT** **a** *[+ personne] (à qn d'autre, à un groupe)* to introduce (*à* to; *dans* into); *(au roi, à la cour)* to present (*à* to); ◆ **je vous présente ma femme** this is my wife, have you met my wife?, may I introduce my wife (to you)?

**b** *(= montrer) [+ billet, passeport]* to present, to show, to produce ◆ **il présentait une apparence de calme** he appeared calm ◆ **la ville présente un aspect inhabituel** the town looks different from usual *ou* doesn't look the same as it usually does

**c** *(= proposer au public) [+ marchandises]* to present, to display (*à* to) to set out (*à* before); *(Théât) [+ acteur, pièce]* to present; *(Radio, TV) [+ émission]* to present, to introduce; *[+ jeux]* to present, to compère *(Brit)*; *[+ mode, tableaux]* to present ◆ **c'est lui qui présente les nouvelles** *(TV)* he presents *ou* reports the news

**d** *(= offrir) [+ plat]* to present, to hold out; *[+ rafraîchissements]* to offer, to hand round; *[+ bouquet]* to present ◆ **~ son bras à qn** to offer one's arm to sb

**e** *(= exposer) [+ problème]* to set out, to explain; *[+ idées]* to present, to set *ou* lay out; *[+ théorie]* to expound, to set out ◆ **un travail bien/mal présenté** a well-/badly presented *ou* laid-out piece of work ◆ **les plats sont bien/mal présentés** the food is/isn't nicely *ou* attractively presented ◆ **présentez-lui cela avec tact** explain it to him *ou* put it to him tactfully ◆ **il nous a présenté son ami comme un héros** he spoke of his friend as a hero; → **jour**

**f** *(= exprimer) [+ excuses]* to present, to offer, to make; *[+ condoléances, félicitations]* to present, to offer; *[+ respects]* to present, to pay; *[+ objection]* to raise

**g** *(= comporter) [+ avantage, intérêt]* to present, to afford; *[+ différences]* to reveal, to present; *[+ risque, difficulté, obstacle]* to present ◆ **ce malade présente des symptômes de tuberculose** this patient presents *ou* shows symptoms of tuberculosis ◆ **ce tissu présente de nombreux défauts** this material has a number of flaws ◆ **le budget présente un déficit important** there is a big deficit in the budget ◆ **la situation présente un caractère d'urgence** the situation is *ou* appears urgent

**h** *(= soumettre) [+ note, facture, devis, bilan]* to present, to submit; *[+ thèse]* to submit; *[+ motion]* to move; *[+ projet de loi]* to present, to introduce; *[+ rapport, requête]* to present, to put in, to submit ◆ **~ sa candidature à un poste** to apply for *ou* put in for a job ◆ **il a présenté sa démission** he has handed in his resignation ◆ **~ un candidat à un concours** to put a candidate in *ou* enter a candidate for a competitive examination ◆ **à l'examen, il a présenté un texte de Camus** *(Scol)* he chose *ou* did a text by Camus for the exam

**i** *(= tourner dans la direction de)* to turn ◆ **~ le flanc à l'ennemi** to turn one's flank towards the enemy ◆ **bateau qui présente le travers au vent** ship turning *ou* sailing broadside on to the wind

**j** *(Mil) [+ armes]* to present; *[+ troupes]* to present *(for inspection)*; → **arme**

**k** *(Tech = placer)* to position, to line up

VI *[personne]* ◆ ~ **bien/mal** to have a good *ou* pleasant/an unattractive *ou* off-putting *(Brit)* appearance

VPR **se présenter** a *(= se rendre)* to go, to come, to appear ◆ **se ~ chez qn** to go to sb's house ◆ **il ose encore se ~ chez toi !** does he still dare to show himself *ou* to appear at your house! ◆ **il ne s'est présenté personne** no one turned up *ou* came *ou* appeared ◆ **je ne peux pas me ~ dans cette tenue** I can't appear dressed like this ◆ **"ne pas écrire, se présenter"** *(dans une annonce)* "(interested) applicants should apply in person" ◆ **se ~ à l'audience** *(Jur)* to appear in court, to make a court appearance

b *(= être candidat)* to come forward ◆ **se ~ pour un emploi** to put in *ou* apply for a job ◆ **se ~ à** *[+ examen]* to sit *(Brit)*, to take; *[+ concours]* to go in for, to enter ◆ **se ~ aux élections** to stand *(Brit) ou* run *(surtout US)* for election, to stand *(Brit) ou* run *(surtout US)* in the elections ◆ **se ~ aux élections présidentielles** to stand for president *ou* in the presidential elections *(Brit)*, to run for president *(surtout US)* ◆ **se ~ comme candidat** *(aux élections)* to be a candidate, to stand *(Brit) ou* run *(surtout US)* as a candidate *(à* in); *(à un poste)* to apply *(à* for)

c *(= se faire connaître : gén)* to introduce o.s. *(à* to)

d *(= surgir) [d'occasion]* to arise, to present itself; *[de difficulté]* to crop *ou* come up, to arise, to present itself; *[de solution]* to come to mind, to present itself ◆ **un problème se présente à nous** we are faced *ou* confronted with a problem ◆ **il lit tout ce qui se présente** he reads everything he can get his hands on, he reads anything that's going* ◆ **il faut attendre que quelque chose se présente** we must wait until something turns up ◆ **deux noms se présentent à l'esprit** two names come *ou* spring to mind ◆ **un spectacle magnifique se présenta à ses yeux** a magnificent sight met his eyes

e *(= apparaître)* **cela se présente sous forme de cachets** it's presented *ou* it comes in tablet form ◆ **l'affaire se présente bien/mal** things are looking good/aren't looking too good ◆ **les choses se présentent sous un nouveau jour** things appear in a new light ◆ **comment se présente le problème ?** what exactly is the problem?, what is the nature of the problem? ◆ **comment l'enfant se présente-t-il ?** *(Méd)* how is the baby presenting?

**présentoir** /prezɑ̃twaʀ/ NM *(= étagère)* display

**présérie** /preseʀi/ NF pilot production

**préservateur, -trice** /prezɛʀvatœʀ, tʀis/ ADJ preventive, protective NM *(Chim)* preservative

**préservatif, -ive** /prezɛʀvatif, iv/ ADJ preventive, protective NM ◆ ~ **(masculin)** condom ◆ ~ **féminin** female condom ◆ **refuser le ~** to refuse to wear a condom

> ⚠ *Le nom* **préservatif** *ne se traduit pas par le mot anglais* **preservative**, *qui a le sens de 'agent de conservation'.*

**préservation** /prezɛʀvasjɔ̃/ NF *[d'environnement, espèce, patrimoine]* preservation, protection; *[d'identité culturelle]* preservation; *[d'emploi]* protection ◆ **les gens sont obnubilés par la ~ de leur emploi** people are obsessed with holding on to their jobs

**préserver** /prezɛʀve/ ► conjug 1 ◄ VT *[+ emploi, droits]* to safeguard, to preserve; *[+ identité culturelle, paix, liberté, valeurs, équilibre, indépendance]* to preserve; *[+ environnement, patrimoine, intérêts]* to preserve, to protect *(de* from, against); *[+ vie] (= protéger)* to protect; *(= sauver)* to save ◆ **se ~ du soleil** to protect o.s. from the sun ◆ **le ciel** *ou* **Dieu m'en préserve !** Heaven preserve me!, Heaven forbid!

**pré-sida** /presida/ ADJ *[traitement, époque]* pre-AIDS

**présidence** /prezidɑ̃s/ NF a *[d'État, tribunal]* presidency; *[de comité, réunion]* chairmanship; *[de firme]* chairmanship, directorship; *[d'université]* vice-chancellorship *(Brit)*, presidency *(US)* ◆ **candidat à la ~** *(Pol)* presidential candidate b *(= résidence)* presidential residence *ou* palace

**président** /prezidɑ̃/ NM a *(Pol)* president ◆ **Monsieur/Madame le ~** Mr/Madam President ◆ ~ **de la République française/des États-Unis** President of the French Republic/of the United States

b *[de comité, réunion, conseil d'administration, commission]* chairman; *[de club, société savante]* president; *[de firme]* chairman, president; *[de jury d'examen]* chairman, chief examiner; *[d'université]* vice-chancellor *(Brit)*, president *(US)*, chancellor *(US)*

c *(Jur) [de tribunal]* presiding judge *ou* magistrate; *[de jury]* foreman ◆ **Monsieur** *(ou* **Madame) le ~** Your Honour

COMP ▷ **président de l'Assemblée nationale** President of the National Assembly ▷ **président du Conseil** *(Hist)* Prime Minister ▷ **président-directeur général** chairman and managing director *(Brit)*, chief executive officer *(US)* ▷ **le président Mao** Chairman Mao ▷ **président du Parlement européen** President of the European Parliament ▷ **président du Sénat** President of the Senate ▷ **président à vie** life president

**présidente** /prezidɑ̃t/ NF a *(en titre : Pol)* president; *[de comité, réunion, conseil d'administration, commission]* chairwoman; *[de club, société savante]* president; *[de firme]* chairwoman, president; *[de jury d'examen]* chairwoman; *[d'université]* vice-chancellor *(Brit)*, president *(US)*, chancellor *(US)*; *(Jur) [de tribunal]* presiding judge *ou* magistrate; *[de jury]* forewoman b *(† = épouse) (gén)* president's *ou* chairman's wife; *(Pol)* president's wife, first lady

**présidentiable** /prezidɑ̃sjabl/ ADJ ◆ **être ~** to be a possible *ou* potential presidential candidate

**présidentialisation** /prezidɑ̃sjalizasjɔ̃/ NF ◆ **il prône la ~ du régime** he wants the president to play a more important role in the government

**présidentialiser** /prezidɑ̃sjalize/ ► conjug 1 ◄ VT ◆ ~ **un régime** to give the president a more important role in the government

**présidentialisme** /prezidɑ̃sjalism/ NM presidentialism

**présidentiel, -ielle** /prezidɑ̃sjɛl/ ADJ presidential ◆ **les (élections) présidentielles** the presidential elections; → ÉLECTIONS

**présider** /prezide/ ► conjug 1 ◄ VT *[+ tribunal, conseil, assemblée]* to preside over; *[+ comité, débat, séance]* to chair ◆ ~ **un dîner** to be the guest of honour at a dinner ◆ **c'est M. Leblanc qui préside** *[+ séance]* Mr Leblanc is in *ou* taking the chair; *[+ club]* Mr Leblanc is president VT INDIR **présider à** *[+ préparatifs, décisions, exécution]* to direct, to be in charge *ou* command of; *[+ destinées]* to rule over; *[+ cérémonie]* to preside over ◆ **règles qui président à qch** rules which govern sth ◆ **la volonté de conciliation a présidé aux discussions** a conciliatory spirit prevailed throughout the talks

**présidium** /prezidjɔm/ NM presidium

**présocratique** /presɔkʀatik/ ADJ, NM pre-Socratic

**présomptif, -ive** /prezɔ̃ptif, iv/ ADJ ◆ **héritier ~** heir apparent

**présomption** /prezɔ̃psjɔ̃/ NF a *(= supposition)* presumption, assumption; *(Jur)* presumption ◆ **de lourdes ~s pèsent sur lui** he is under grave suspicion ◆ **il a été condamné sur de simples ~s** he was convicted on suspicion alone ◆ ~ **de paternité** presumption of paternity ◆ ~ **d'innocence** presumption of innocence ◆ **faire respecter la ~ d'innocence** to respect the principle that the defendant is innocent until proven guilty b *(= prétention)* presumptuousness, presumption

**présomptueusement** /prezɔ̃ptɥøzmɑ̃/ ADV presumptuously

**présomptueux, -euse** /prezɔ̃ptɥø, øz/ ADJ presumptuous, self-assured ◆ **d'un ton** *ou* **d'un air ~** presumptuously

**presque** /pʀɛsk/ ADV a *(contexte positif)* almost, nearly, virtually ◆ **j'ai ~ terminé** I've almost *ou* nearly *ou* as good as finished ◆ ~ **à chaque pas** at almost every step ◆ **une espèce d'inquiétude, ~ d'angoisse** a kind of anxiety – almost anguish ◆ **c'est ~ de la folie** it's little short of madness ◆ **c'est ~ impossible** it's almost *ou* virtually *ou* well-nigh impossible ◆ **c'est sûr ou ~** it's almost *ou* practically *ou* virtually certain

b *(contexte négatif)* hardly, scarcely, almost, virtually ◆ **personne/rien ou ~, ~ personne/rien** hardly *ou* scarcely anyone/anything, almost nobody/nothing, next to nobody/nothing ◆ **as-tu trouvé des fautes ? – ~ pas** did you find any mistakes? – hardly any ◆ **a-t-il dormi ? – ~ pas** did he sleep? – hardly at all *ou* no, not really ◆ **je ne l'ai ~ pas entendu** I hardly *ou* scarcely heard him ◆ **il n'y a ~ plus de vin** there's hardly any wine left, the wine has nearly all gone ◆ **ça n'arrive ~ jamais** it hardly *ou* scarcely ever happens, it almost *ou* practically never happens

c *(avant n)* **dans la ~ obscurité** in the near darkness ◆ **la ~ totalité des lecteurs** almost *ou* nearly all the readers ◆ **j'en ai la ~ certitude** I'm almost *ou* virtually certain

**presqu'île** /pʀɛskil/ NF peninsula

**pressage** /pʀesaʒ/ NM *[de disque, raisin]* pressing

**pressant, e** /pʀesɑ̃, ɑ̃t/ ADJ *[besoin, danger, invitation]* urgent, pressing *(épith)*; *[situation, travail, désir, demande]* urgent; *[personne]* insistent ◆ **demander qch de façon ~e** to ask for sth urgently ◆ **le créancier a été/s'est fait ~** the creditor was insistent/started to insist *ou* started to press him *(ou* me *etc)* ◆ **avoir un besoin ~** *ou* **une envie ~e** *(euph)* to need to answer an urgent call of nature, to need to spend a penny *(euph) (Brit) ou* to go to the restroom *(US)*

**press-book** (pl **press-books**) /pʀɛsbuk/ NM *[de mannequin]* portfolio

**presse** /pʀɛs/ NF a *(= institution)* press; *(= journaux)* (news)papers ◆ **la grande ~, la ~ à grand tirage** the popular press ◆ **la ~ écrite** the press ◆ **c'est dans toute la ~** it's in all the papers ◆ **la ~ périodique** periodicals, journals ◆ ~ **régionale/mensuelle** regional/monthly press *ou* papers ◆ ~ **féminine/automobile** women's/car magazines ◆ ~ **d'opinion** papers specializing in analysis and commentary ◆ ~ **d'information** newspapers ◆ ~ **à scandale** *ou* **à sensation** gutter press ◆ ~ **du cœur** romance magazines ◆ **avoir bonne/mauvaise ~** *(lit)* to get *ou* have a good/bad press; *(fig)* to be well/badly thought of ◆ **agence/attaché/conférence de**

~ press agency/attaché/conference; → **délit, liberté, service**

b (= *appareil*) (*gén*) press; (*Typo*) (printing) press ◆ ~ **à cylindres/à bras** cylinder/hand press ◆ ~ **de musculation** weight training machine ◆ **mettre sous** ~ [+ *livre*] to send to press; [+ *journal*] to put to bed ◆ **le livre a été mis sous** ~ the book has gone to press ◆ **le journal a été mis sous** ~ the (news)paper has gone to bed ◆ **livre sous** ~ book in press ◆ **correct au moment de la mise sous** ~ correct at the time of going to press

c (*littér* = *foule*) throng (*littér*), press (*littér*)

d (= *urgence*) **pendant les moments de** ~ when things get busy ◆ **il n'y a pas de** ~ * there's no rush *ou* hurry

**pressé, e** /pʀese/ (ptp de **presser**) ADJ a [*pas*] hurried ◆ **avoir un air** ~ to look as though one is in a hurry ◆ **marcher d'un pas** ~ to hurry along ◆ **je suis (très)** ~ I'm in a (great) hurry *ou* (very) pressed for time ◆ **je ne suis pas** ~ I'm in no hurry *ou* not in any hurry ◆ **être** ~ **de partir** to be in a hurry to leave b (= *urgent*) [*travail, lettre*] urgent ◆ **c'est** ~ **?** is it urgent? ◆ **il n'a eu rien de plus** ~ **que de faire ...** he wasted no time doing ..., he just couldn't wait to do ... ◆ **si tu n'as rien de plus** ~ **à faire que de ...** if you have nothing more urgent to do than ... ◆ **il faut parer au plus** ~ we must do the most urgent thing(s) first, first things first

**presse-agrumes** /pʀɛsagʀym/ NM INV (*électrique*) (electric) juice extractor (*Brit*), (electric) juicer (*US*); (*manuel*) orange (*ou* lemon *etc*) squeezer

**presse-ail** /pʀɛsaj/ NM INV garlic press *ou* crusher

**presse-bouton** /pʀɛsbutɔ̃/ ADJ INV push-button

**presse-citron** (pl **presse-citrons**) /pʀɛssitʀɔ̃/ NM lemon squeezer

**pressentiment** /pʀesɑ̃timɑ̃/ NM (= *intuition*) foreboding, presentiment, premonition; (= *idée*) feeling ◆ **j'ai comme un** ~ **qu'il ne viendra pas** I've got a feeling he won't come ◆ **avoir le** ~ **de qch/que ...** to have a premonition of sth/that ...

**pressentir** /pʀesɑ̃tiʀ/ ▸ conjug 16 ◂ VT a [*danger*] to sense, to have a foreboding *ou* a premonition of ◆ ~ **que ...** to have a feeling *ou* a premonition that ... ◆ **j'avais pressenti quelque chose** I had sensed something ◆ **il n'a rien laissé** ~ **de ses projets** he gave no hint of his plans ◆ **rien ne laissait** ~ **cette catastrophe** there was nothing to suggest that such a disaster might happen b [+ *personne*] to sound out, to approach ◆ **il a été pressenti pour le poste** he has been sounded out *ou* approached about taking the job ◆ **ministre pressenti** prospective minister

**presse-papiers** /pʀɛspapje/ NM INV paperweight; (*Ordin*) clipboard

**presse-purée** /pʀɛspyʀe/ NM INV potato-masher

**presser** /pʀese/ ▸ conjug 1 ◂ VT a [+ *éponge, fruit*] to squeeze; [+ *raisin*] to press ◆ **un citron pressé** a glass of freshly-squeezed lemon juice ◆ ~ **qn comme un citron** to squeeze sb dry ◆ **on presse l'orange** *ou* **le citron et on jette l'écorce** (*fig*) you use people as long as they can be of service to you and then you cast them aside ◆ **si on lui pressait le nez, il en sortirait du lait** (*hum*) he's barely out of nappies (*Brit*) *ou* diapers (*US*)

b (= *serrer*) [+ *objet*] to squeeze ◆ **les gens étaient pressés les uns contre les autres** people were squashed up *ou* crushed up against one another ◆ ~ **qn dans ses bras** to hug sb ◆ ~ **qn contre sa poitrine** to clasp sb to one's chest ◆ ~ **la main de** *ou* **à qn** to squeeze sb's hand, to give sb's hand a squeeze

c (= *appuyer sur*) [+ *bouton, sonnette*] to press, to push ◆ ~ **une matrice dans la cire** to press a mould into the wax

d (= *façonner*) [+ *disque, pli de pantalon*] to press

e (= *inciter à*) ~ **qn de faire qch** to urge *ou* press sb to do sth

f (= *hâter*) [+ *affaire*] to speed up; [+ *départ*] to hasten, to speed up ◆ **(faire)** ~ **qn** to hurry sb (up) ◆ **(faire)** ~ **les choses** to speed things up ◆ ~ **le pas** *ou* **l'allure** to speed up, to hurry on ◆ **il fit** ~ **l'allure** he speeded up *ou* quickened the pace ◆ ~ **le mouvement** to hurry up, to pick up the pace ◆ **qu'est-ce qui vous presse ?** what's the hurry? ◆ **rien ne vous presse** there's no hurry

g (= *harceler*) [+ *débiteur*] to press, to put pressure on; (*littér, Mil*) [+ *ennemi*] to press ◆ **être pressé par le besoin** to be driven *ou* pressed by need ◆ **le désir qui le presse** (*littér*) the desire which drives him ◆ ~ **qn de questions** to ply sb with questions

VI (= *être urgent*) to be urgent ◆ **l'affaire presse** it's urgent ◆ **le temps presse** time is short ◆ **cela ne presse pas, rien ne presse** there's no hurry *ou* rush *ou* urgency, there's no need to rush *ou* hurry

VPR **se presser** a (= *se serrer*) **se** ~ **contre qn** to squeeze up against sb ◆ **les gens se pressaient pour entrer** people were pushing to get in, there was a crush to get in ◆ **les gens se pressaient autour de la vedette** people were pressing *ou* crowding round the star

b (= *se hâter*) to hurry (up) ◆ **ils allaient/travaillaient sans se** ~ they went/were working at a leisurely pace ◆ **pressez-vous, il est tard** hurry up *ou* get a move on*, it's getting late ◆ **il faut se** ~ we must hurry up *ou* get cracking* *ou* get a move on* ◆ **presse-toi de partir** hurry up and go ◆ **allons, pressons(-nous) !** come on, come on!, come on, we must hurry!

**presse-raquette** (pl **presse-raquettes**) /pʀɛsʀakɛt/ NM racket press

**pressing** /pʀesiŋ/ NM a (= *établissement*) dry-cleaner's b (*Sport*) pressure ◆ **faire le** ~ **sur qn** to put the pressure on sb

**pression** /pʀesjɔ̃/ NF a (= *action*) pressure ◆ **je sentais la** ~ **de sa main sur la mienne** I could feel the pressure of his hand on mine *ou* his hand pressing on mine ◆ **une simple** ~ **du doigt suffit pour l'ouvrir** to open it, just press ◆ **faire** ~ **sur le couvercle d'une boîte** (*pour fermer*) to press (down) on the lid of a box; (*pour ouvrir*) to push up the lid of a box

b (*Méd, Phys*) pressure ◆ ~ **artérielle/atmosphérique** blood/atmospheric pressure ◆ **à haute/basse** ~ high/low pressure (*épith*) ◆ **être sous** ~ [*machine*] to be under pressure; [*cabine*] to be pressurized; [*personne*] to be keyed up, to be tense ◆ **mettre sous** ~**, je suis sous** ~ **en ce moment** (*excès de travail*) I am under pressure just now ◆ **faire monter/baisser la** ~ (*fig*) to increase/reduce the pressure

c (= *contrainte*) pressure ◆ ~ **sociale/fiscale** social/tax pressure ◆ **sous la** ~ **des événements** under the pressure of events ◆ **faire** ~ *ou* **exercer une** ~ **sur qn (pour qu'il fasse qch)** to put pressure on sb (to do sth), to bring pressure to bear on sb (to do sth), to pressurize sb (into doing sth) ◆ **être soumis à des** ~**s** to be under pressure; → **groupe**

◆ **mettre la pression** ◆ **en deuxième mi-temps, les Bordelais ont mis la** ~ the Bordeaux team put the pressure on in then second half ◆ **mettre la** ~ **sur** to pressurize, to put pressure on ◆ **je ne voulais pas le faire, on m'a mis la** ~ * I didn't want to do it, I was pressurized (into it)

d ◆ **bière à la** ~ draught (*Brit*) *ou* draft (*US*) beer, beer on draught (*Brit*) *ou* draft (*US*) ◆ **deux** ~**(s)** ***, s'il vous plaît** two (draught) beers, please

e (= *bouton*) press stud (*Brit*), snap (fastener) (*US*), popper * (*Brit*)

**pressoir** /pʀeswaʀ/ NM a (= *appareil*) [*de vin*] wine press; [*de cidre*] cider press; [*d'huile*] oil press b (= *local*) press-house

**pressothérapie** /pʀesoteʀapi/ NF pressotherapy

**pressurage** /pʀesyʀaʒ/ NM [*de fruit*] pressing

**pressurer** /pʀesyʀe/ ▸ conjug 1 ◂ VT [+ *fruit*] to press; [+ *personne*] to pressurize, to put under pressure ◆ **se** ~ **le cerveau** * to rack one's brains

**pressurisation** /pʀesyʀizasjɔ̃/ NF pressurization

**pressuriser** /pʀesyʀize/ ▸ conjug 1 ◂ VT to pressurize ◆ **cabine pressurisée** pressurized cabin

**prestance** /pʀɛstɑ̃s/ NF presence ◆ **avoir de la** ~ to have great presence

**prestataire** /pʀɛstatɛʀ/ NM a (= *fournisseur*) ~ **de service** service provider ◆ **nous avons des** ~**s extérieurs** we outsource some of our work b (= *bénéficiaire*) person receiving benefits *ou* allowances

**prestation** /pʀɛstasjɔ̃/ NF a (= *allocation*) [*d'assurance*] benefit b (*gén pl* = *service*) service ◆ **"prestations luxueuses"** [*de maison*] "luxuriously appointed" c (= *performance*) [*d'artiste, sportif*] performance ◆ **faire une bonne** ~ to put up a good performance, to perform well COMP ▹ **prestations familiales** State benefits paid to the family (*maternity benefit, family income supplement, rent rebate etc*) ▹ **prestation d'invalidité** disablement benefit *ou* allowance ▹ **prestation en nature** payment in kind ▹ **prestation de serment** taking the oath ◆ **la** ~ **de serment du président a eu lieu hier** the president was sworn in yesterday ▹ **prestation de service** provision of a service ▹ **prestations sociales** social security benefits, welfare payments ▹ **prestation de vieillesse** old age pension

**preste** /pʀɛst/ ADJ (*littér*) nimble

**prestement** /pʀɛstəmɑ̃/ ADV (*littér*) nimbly

**prestesse** /pʀɛstɛs/ NF (*littér*) nimbleness

**prestidigitateur, -trice** /pʀɛstidiʒitatœʀ, tʀis/ NM,F conjurer, magician

**prestidigitation** /pʀɛstidiʒitasjɔ̃/ NF conjuring ◆ **faire de la** ~ to do conjuring tricks ◆ **tour de** ~ conjuring trick ◆ **ça relève de la** ~ **!** (*hum*) it's pure wizardry!

**prestige** /pʀɛstiʒ/ NM (*gén*) prestige ◆ **le** ~ **de l'uniforme** the glamour of uniforms ◆ **de** ~ [*politique, opération, voiture*] prestige (*épith*) ◆ **faire qch pour le** ~ to do sth for the glory of it *ou* for (the) prestige

**prestigieux, -ieuse** /pʀɛstiʒjø, jøz/ ADJ prestigious; (*Comm*) renowned, prestigious ◆ **une marque prestigieuse de voiture** a famous *ou* prestigious make of car

**presto** /pʀɛsto/ ADV (*Mus*) presto; (* *fig*) double-quick *

**présumable** /pʀezymabl/ ADJ presumable ◆ **il est** ~ **que ...** it may be presumed that ...

**présumer** /pʀezyme/ ▸ conjug 1 ◂ VT to presume, to assume ◆ **présumé innocent** presumed innocent ◆ **l'auteur présumé du livre** the presumed author of the book ◆ **le meurtrier présumé** the alleged killer ◆ **affaire de corruption présumée** alleged corruption affair ◆ **le père présumé** *(Jur)* the putative father VT INDIR **présumer de** ◆ **trop ~ de qch/qn** to overestimate *ou* overrate sth/sb ◆ **(trop) ~ de ses forces** to overestimate one's strength

**présupposé** /pʀesypoze/ NM presupposition

**présupposer** /pʀesypoze/ ▸ conjug 1 ◂ VT to presuppose

**présupposition** /pʀesypozisjɔ̃/ NF presupposition

**présure** /pʀezyʀ/ NF rennet

**prêt¹, prête** /pʀɛ, pʀɛt/ ADJ **a** *(= préparé)* ready ◆ **~ à** *ou* **pour qch/à** *ou* **pour faire qch** ready for sth/to do sth ◆ **~ à fonctionner** *ou* **à l'emploi** ready for use ◆ **poulet ~ à cuire** *ou* **rôtir** oven-ready chicken ◆ **~ au départ** *ou* **à partir** ready to go *ou* leave, ready for the off* *(Brit)* ◆ **être fin ~ (au départ)** to be all set, to be raring* to go ◆ **tout est (fin) ~** everything is (quite) ready ◆ **se tenir ~ à qch/à faire qch** to hold o.s. *ou* be ready for sth/to do sth ◆ **tiens ta monnaie ~e pour payer** have your money ready to pay ◆ **il est ~ à tout** *(criminel)* he'll do anything, he'll stop at nothing ◆ **on m'a averti : je suis ~ à tout** they've warned me and I'm ready for anything ◆ **toujours ~ !** *(devise scoute)* be prepared!; → **marque**

**b** *(= disposé)* **~ à** ready *ou* prepared *ou* willing to ◆ **être tout ~ à faire qch** to be quite ready *ou* prepared *ou* willing to do sth

**prêt²** /pʀɛ/ NM **a** *(= action)* loaning, lending; *(= somme)* loan ◆ **le service de ~ d'une bibliothèque** the lending department of a library ◆ **~ inter-bibliothèques** inter-library loan ◆ **~ sur gages** *(= service)* pawnbroking; *(= somme)* loan against security; → **bibliothèque** **b** *(Mil)* pay **c** *(= avance)* advance

COMP ▷ **prêt aidé d'accession à la propriété** *loan for first-time home buyers* ▷ **prêt bancaire** bank loan ◆ **~ (à taux) bonifié** subsidized *ou* guaranteed loan ▷ **prêt à la construction** building loan ▷ **prêt conventionné** regulated mortgage loan ▷ **prêt d'honneur** *(government) loan made with no guarantee of repayment* ▷ **prêt immobilier** ≈ mortgage (loan), real-estate loan *(US)* ▷ **prêt locatif aidé (d'insertion)** *low-cost subsidized housing loan* ▷ **prêt personnel** personal loan ▷ **prêt privilégié** guaranteed loan ▷ **prêt relais** bridging loan

**prêt-à-coudre** (pl **prêts-à-coudre**) /pʀɛtakudʀ/ NM ready-to-sew garment

**prêt-à-manger** (pl **prêts-à-manger**) /pʀɛtamɑ̃ʒe/ NM ready-made meals

**prêt-à-monter** (pl **prêts-à-monter**) /pʀɛtamɔ̃te/ NM kit

**prêt-à-porter** (pl **prêts-à-porter**) /pʀɛtapɔʀte/ NM ready-to-wear (clothes) ◆ **acheter qch en ~** to buy sth ready to wear *ou* off the peg *(Brit)* *ou* off the rack *(US)* ◆ **je n'achète que du ~** I only buy ready-to-wear *ou* off-the-peg *(Brit)* *ou* off-the-rack *(US)* clothes

**prêt-bail** (pl **prêts-bails**) /pʀɛbaj/ NM leasing

**prêté** /pʀete/ NM ◆ **c'est un ~ pour un rendu** it's tit for tat

**prétendant, e** /pʀetɑ̃dɑ̃, ɑ̃t/ NM *(= prince)* pretender; *(littér = galant)* suitor NM,F *(= candidat)* candidate (*à* for)

**prétendre** /pʀetɑ̃dʀ/ ▸ conjug 41 ◂ VT **a** *(= affirmer)* to claim, to maintain ◆ **il prétend être** *ou* **qu'il est le premier à avoir trouvé la réponse** he claims he was the first to find the answer ◆ **il se prétend insulté/médecin** he claims he's been insulted/he's a doctor ◆ **je ne prétends pas qu'il l'ait fait** I don't say *ou* I'm not saying he did it ◆ **on le prétend très riche** he is said to be very rich ◆ **en prétendant qu'il venait chercher un livre** on the pretence of coming to get a book ◆ **à ce qu'il prétend** according to him *ou* to what he says, if what he says is true ◆ **à ce qu'on prétend** allegedly

**b** *(= avoir la prétention de)* to pretend ◆ **je ne prétends pas être expert** I don't pretend to be an expert ◆ **tu ne prétends pas le faire tout seul ?** you don't expect to do it on your own? ◆ **je ne prétends pas me défendre** I'm not trying to justify myself

**c** *(littér) (= vouloir)* to want; *(= avoir l'intention de)* to mean, to intend ◆ **que prétendez-vous de moi ?** what do you want of me? *(littér)* ◆ **que prétend-il faire ?** what does he mean *ou* intend to do? ◆ **je prétends être obéi** *ou* **qu'on m'obéisse** I mean to be obeyed

VT INDIR **prétendre à** *[+ honneurs, emploi]* to lay claim to, to aspire to; *[+ femme]* to aspire to ◆ **~ à faire qch** to aspire to do sth

**prétendu, e** /pʀetɑ̃dy/ (ptp de **prétendre**) ADJ *[ami, expert]* so-called, supposed; *[alibi, preuves, déclaration]* alleged NM,F (†= fiancé) intended †

**prétendument** /pʀetɑ̃dymɑ̃/ ADV supposedly, allegedly

**prête-nom** (pl **prête-noms**) /pʀɛtnɔ̃/ NM frontman

**prétentaine** † /pʀetɑ̃tɛn/ NF ◆ **courir la ~** to go gallivanting

**prétentieusement** /pʀetɑ̃sjøzmɑ̃/ ADV pretentiously

**prétentieux, -ieuse** /pʀetɑ̃sjø, jøz/ ADJ *[personne, manières, ton]* pretentious, conceited; *[appellation]* pretentious, fancy; *[maison]* pretentious, showy NM,F conceited person ◆ **c'est un petit ~ !** he's so conceited!

**prétention** /pʀetɑ̃sjɔ̃/ NF **a** *(= exigence)* claim ◆ **avoir des ~s à** *ou* **sur** to lay claim to ◆ **quelles sont vos ~s ?** *(= salaire)* what sort of salary do you expect? *ou* are you looking for?* ◆ **écrire avec CV et ~s** write enclosing CV and stating expected salary

**b** *(= ambition)* pretension, claim (*à* to); ◆ **avoir la ~ de faire qch** to claim to be able to do sth, to like to think one can do sth ◆ **je n'ai pas la ~ de rivaliser avec lui** I don't claim *ou* expect *ou* pretend (to be able) to compete with him ◆ **il n'a pas la ~ de tout savoir** he makes no pretence of knowing everything, he doesn't pretend *ou* claim to know everything ◆ **sa ~ à l'élégance** her claims *ou* pretensions to elegance ◆ **sans ~** *[maison, repas]* unpretentious; *[robe]* simple

**c** *(= vanité)* pretentiousness, pretension, conceitedness ◆ **avec ~** pretentiously, conceitedly

**prêter** /pʀete/ ▸ conjug 1 ◂ VT **a** *[+ objet, argent]* to lend ◆ **~ qch à qn** to lend sth to sb, to lend sb sth ◆ **peux-tu me ~ ton stylo ?** can you lend me your pen, can I borrow your pen? ◆ **ils prêtent à 10%** they lend (money) at 10%, they give loans at 10% ◆ **ils m'ont prêté 20 €** they lent me €20 ◆ **~ sur gages** to lend against security ◆ **on ne prête qu'aux riches** *(Prov)* unto those that have shall more be given *(Prov)*

**b** *(= attribuer) [+ sentiment, facultés]* to attribute, to ascribe ◆ **on lui prête l'intention de démissionner** he is alleged *ou* said to be intending to resign ◆ **on me prête des paroles que je n'ai pas dites** people are claiming I said things that I didn't ◆ **nous prêtons une grande importance à ces problèmes** we consider these problems of great importance, we accord a great deal of importance to these problems

**c** *(= apporter, offrir) [+ aide, appui]* to give, to lend ◆ **~ assistance/secours à qn** to go to sb's assistance/aid ◆ **~ main forte à qn** to lend sb a hand, to come to sb's assistance, to come to help sb ◆ **~ son concours à** to give one's assistance to ◆ **~ sa voix à une cause** to speak on behalf of *ou* in support of a cause ◆ **~ sa voix pour un gala** to sing at a gala performance ◆ **dans cette émission il prêtait sa voix à Napoléon** in this broadcast he played *ou* spoke the part of Napoleon ◆ **~ son nom à** to lend one's name to ◆ **~ la main à une entreprise/un complot** to be *ou* get involved in *ou* take part in an undertaking/a plot ◆ **~ attention à** to pay attention to, to take notice of ◆ **il faut ~ la plus grande attention à mes paroles** you must listen very closely *ou* you must pay very close attention to what I have to say ◆ **~ le flanc à la critique** to lay o.s. open to criticism, to invite criticism ◆ **~ l'oreille** to listen, to lend an ear (*à* to); ◆ **~ serment** to take an *ou* the oath ◆ **faire ~ serment à qn** to administer the oath to sb ◆ **si Dieu me prête vie** *(hum)* if God grants me life, if I am spared *(hum)*

VT INDIR **prêter à** ◆ **son attitude prête à équivoque/à la critique/aux commentaires** his attitude is ambiguous/is open to criticism/is likely to make people talk ◆ **cette décision prête à (la) discussion** the decision is open to debate ◆ **sa conduite prête à rire** his behaviour makes you want to laugh *ou* is laughable

VI *[tissu, cuir]* to give, to stretch

VPR **se prêter** **a** *(= consentir)* **se ~ à** *[+ expérience]* to participate in; *[+ projet, jeu]* to fall in with, to go along with ◆ **il n'a pas voulu se ~ à leurs manœuvres** he didn't want any part in *ou* refused to have anything to do with their schemes

**b** *(= s'adapter)* **se ~ (bien) à qch** to lend itself (well) to sth ◆ **la salle se prête mal à une réunion intime** the room doesn't lend itself to informal meetings

**c** *[chaussures, cuir]* to give, to stretch

**prétérit** /pʀeteʀit/ NM preterite (tense) ◆ **au ~** in the preterite (tense)

**prétérition** /pʀeteʀisjɔ̃/ NF paralipsis, paraleipsis

**préteur** /pʀetœʀ/ NM *(Antiq)* praetor

**prêteur, -euse** /pʀɛtœʀ, øz/ ADJ unselfish ◆ **il n'est pas ~** *[enfant]* he's possessive about his toys *ou* belongings, he doesn't like lending his things; *[adulte]* he isn't willing to lend things, he doesn't believe in lending (things) NM,F (money) lender ◆ **~ sur gages** pawnbroker

**prétexte** /pʀetɛkst/ GRAMMAIRE ACTIVE 44.1 NM pretext, excuse ◆ **mauvais ~** poor *ou* lame excuse ◆ **sous ~ d'aider son frère** on the pretext *ou* pretence *ou* under (the) pretext of helping his brother ◆ **sous (le) ~ que ...** on *ou* under the pretext that ..., on the pretence that ... ◆ **sous ~ qu'elle est jeune on lui passe tout** just because she's young she gets away with everything ◆ **sous aucun ~** on no account ◆ **il a pris ~ du froid** *ou* **il a donné le froid comme ~ pour rester chez lui** he used the cold weather as a pretext *ou* an excuse for staying at home ◆ **tous les ~s sont bons pour ne pas aller chez le dentiste** any excuse will do not to go to the dentist ◆ **servir de ~ à qch/à faire qch** to be a pretext *ou* an excuse for sth/to do sth ◆ **ça lui a servi de ~** *ou* **ça lui a donné un ~ pour refuser** it provided him with an excuse to refuse *ou* with a pretext for refusing ◆ **il saisit le**

**premier ~ venu pour partir** he made the first excuse he could think of for leaving ◆ **ce n'est qu'un** ~ it's just an excuse ◆ **pour elle tout est ~ à se plaindre** she'll complain about anything and everything

**prétexter** /pʀetɛkste/ ▸ conjug 1 ◂ VT to give as a pretext *ou* an excuse ◆ **il a prétexté qu'il était trop fatigué** he said he was too tired ◆ **en prétextant que ...** on the pretext that ... ◆ **~ une angine pour refuser une invitation** to say one has a sore throat to get out of an invitation

**prétimbré, e** /pʀetɛ̃bʀe/ ADJ *[enveloppe]* stamped

**prétoire** /pʀetwaʀ/ NM *(Antiq)* praetorium; *(Jur: frm)* court

**Pretoria** /pʀetɔʀja/ N Pretoria

**prétorien, -ienne** /pʀetɔʀjɛ̃, jɛn/ ADJ, NM *(Antiq)* praetorian

**prêtraille** /pʀɛtʀɑj/ NF *(péj)* ◆ **la ~** priests, the clergy

**prêtre** /pʀɛtʀ/ NM priest ◆ **se faire ~** to become a priest ◆ **grand ~** *(lit)* high priest ◆ **les grands ~s du monétarisme** the high priests of monetarism

**prêt-relais** (pl **prêts-relais**) /pʀɛʀəlɛ/ NM bridging loan

**prêtre-ouvrier** (pl **prêtres-ouvriers**) /pʀɛtʀuvʀije/ NM worker priest

**prêtresse** /pʀɛtʀɛs/ NF priestess

**prêtrise** /pʀɛtʀiz/ NF priesthood ◆ **recevoir la ~** to be ordained

**preuve** /pʀœv/ NF **a** *(= démonstration)* proof, evidence ◆ **faire la ~ de qch/que** to prove sth/that ◆ **avoir la ~ de/que** to have proof *ou* evidence of/that ◆ **pouvez-vous apporter la ~ de ce que vous dites ?** can you prove *ou* can you produce proof *ou* evidence of what you're saying? ◆ **c'est la ~ que ...** that proves that ... ◆ **j'avais prévu cela, la ~, j'ai déjà mon billet** * I'd thought of that, and to prove it I've already got my ticket ◆ **jusqu'à ~ (du) contraire** until we find proof *ou* evidence to the contrary, until there's proof *ou* evidence that it's not the case ◆ **n'importe qui peut conduire, à ~ mon fils** * anyone can drive, just look at *ou* take my son (for instance) ◆ **il a réussi, à ~ qu'il ne faut jamais désespérer** * he succeeded, which just goes to show *ou* prove you should never give up hope

**b** *(= indice)* proof *(NonC)*, evidence *(NonC)*, piece of evidence ◆ **je n'ai pas de ~s** I have no proof *ou* evidence ◆ **c'est une ~ supplémentaire de sa culpabilité** it's further proof *ou* it's further evidence of his guilt ◆ **il y a trois ~s irréfutables qu'il ment** there are three definite pieces of evidence which prove quite clearly that he's lying ◆ **affirmer qch ~s en mains** to back sth up with concrete proof *ou* evidence

**c** *(= marque)* proof *(NonC)* ◆ **c'est une ~ de bonne volonté/d'amour** it's proof of his good intentions/of his love

**d** *(Math) [d'opération]* proof ◆ **faire la ~ par neuf** to cast out the nines

**e** *(loc)* **faire ~ de** to show ◆ **faire ses ~s** *[personne]* to prove o.s., to show one's ability; *[voiture]* to prove itself ◆ **cette nouvelle technique n'a pas encore fait ses ~s** this new technique hasn't yet proved its worth

COMP ▷ **preuve par l'absurde** reductio ad absurdum ▷ **preuve concluante** conclusive *ou* positive proof ▷ **preuve a contrario** a contrario proof ▷ **preuve matérielle** material evidence *(NonC)*

**preux** †† /pʀø/ ADJ valiant †, gallant † NM valiant knight †

**prévaloir** /pʀevalwaʀ/ ▸ conjug 29 ◂ VI *(littér)* to prevail (*sur* over; *contre* against); ◆ **faire ~ ses droits** to insist upon one's rights ◆ **faire ~ son opinion** to win agreement *ou* acceptance for one's opinion ◆ **son opinion a prévalu sur celle de ses collègues** his opinion prevailed over *ou* overrode that of his colleagues ◆ **rien ne peut ~ contre ses préjugés** nothing can overcome his prejudices

VPR **se prévaloir** **a** *(= se flatter)* **se ~ de** to pride o.s. on **b** *(= profiter)* **se ~ de** to take advantage of

**prévaricateur, -trice** /pʀevaʀikatœʀ, tʀis/ ADJ corrupt NM,F corrupt official

**prévarication** /pʀevaʀikasjɔ̃/ NF corrupt practices

> ⚠ **prévarication** *ne se traduit pas par le mot anglais* **prevarication**, *qui a le sens de 'faux-fuyants'.*

**prévariquer** /pʀevaʀike/ ▸ conjug 1 ◂ VI to be guilty of corrupt practices

**prévenance** /pʀev(ə)nɑ̃s/ NF thoughtfulness *(NonC)*, consideration *(NonC)*, kindness *(NonC)* ◆ **toutes les ~s que vous avez eues pour moi** all the consideration *ou* kindness you've shown me ◆ **entourer qn de ~s** to be very considerate to *ou* towards sb ◆ **il n'a aucune ~ pour les autres** he shows *ou* has no consideration for others, he's very thoughtless

**prévenant, e** /pʀev(ə)nɑ̃, ɑ̃t/ ADJ *[personne]* considerate, kind (*envers* to) thoughtful (*envers* of); *[manières]* kind, attentive

**prévendre** /pʀevɑ̃dʀ/ ▸ conjug 41 ◂ VT *[+ billets, marchandises]* to pre-sell

**prévenir** /pʀev(ə)niʀ/ GRAMMAIRE ACTIVE 29.3 ▸ conjug 22 ◂ VT **a** *(= avertir)* to warn (*de qch* about *ou* against *ou* of sth); *(= aviser)* to inform, to tell (*de qch* about sth); ◆ **qui faut-il ~ en cas d'accident ?** who should be informed *ou* told if there's an accident? ◆ **~ le médecin/la police** to call the doctor/the police ◆ **tu es prévenu !** you've been warned! ◆ **partir sans ~** to leave without warning, to leave without telling anyone ◆ **il aurait pu ~** he could have let us know

**b** *(= empêcher) [+ accident, catastrophe]* to prevent, to avert, to avoid; *[+ maladie]* to prevent, to guard against; *[+ danger]* to avert, to avoid; *[+ malheur]* to ward off, to avoid, to provide against; → **mieux**

**c** *(= devancer) [+ besoin, désir]* to anticipate; *[+ question, objection]* to forestall ◆ **il voulait arriver le premier mais son frère l'avait prévenu** *(littér)* he wanted to be the first to arrive but his brother had anticipated him *ou* had got there before him

**d** *(frm = influencer)* **~ qn contre qn** to prejudice *ou* bias sb against sb ◆ **~ qn en faveur de qn** to prejudice *ou* predispose sb in sb's favour

**prévente** /pʀevɑ̃t/ NF pre-selling

**préventif, -ive** /pʀevɑ̃tif, iv/ ADJ *[mesure, médecine]* preventive ◆ **à titre ~** as a precaution *ou* preventive measure ◆ **la lutte préventive contre le sida** AIDS prevention

NF *(Jur)* ◆ **être en préventive** to be on remand, to be remanded in custody ◆ **mettre qn en préventive** to remand sb in custody, to hold sb on remand ◆ **il a fait 6 mois de (prison) préventive** he was remanded in custody for 6 months

**prévention** /pʀevɑ̃sjɔ̃/ NF **a** *[d'accident, crime, corruption, maladie, délinquance]* prevention ◆ **~ routière** road safety ◆ **faire de la ~** to take preventive action ◆ **campagne/politique de ~** prevention campaign/policy ◆ **mesures de ~** preventive measures **b** *(Jur)* custody, detention ◆ **mettre en ~** to detain, to remand in *ou* take into custody **c** *(= préjugé)* prejudice (*contre* against); *(= réserve)* reservation ◆ **considérer qch sans ~** to take an unprejudiced *ou* unbiased view of sth

**préventivement** /pʀevɑ̃tivmɑ̃/ ADV *[agir]* preventively, as a precaution *ou* preventive measure ◆ **être incarcéré ~** *(Jur)* to be remanded *ou* held in custody *ou* detention (awaiting trial)

**prévenu, e** /pʀev(ə)ny/ (ptp de **prévenir**) ADJ *(Jur)* charged ◆ **être ~ d'un délit** to be charged with *ou* accused of a crime NM,F *(Jur)* defendant, accused (person)

**préverbe** /pʀevɛʀb/ NM verbal prefix, preverb

**prévisibilité** /pʀevizibilite/ NF foreseeable nature

**prévisible** /pʀevizibl/ ADJ *[réaction, résultat, personne]* predictable; *[événement, évolution]* foreseeable, predictable ◆ **difficilement ~** difficult to foresee ◆ **dans un avenir ~** in the foreseeable future ◆ **une amélioration est ~ dans les prochains mois** an improvement can be expected *ou* is foreseeable within the next few months ◆ **il était ~ que ...** it was to be expected that ..., it was predictable that ...

**prévision** /pʀevizjɔ̃/ NF **a** *(gén pl = prédiction)* prediction, expectation; *(Fin)* forecast, estimate, prediction ◆ **~s budgétaires** budget estimates ◆ **~s météorologiques** weather forecast ◆ **~ à court/long terme** short-term/long-term forecast ◆ **~ en temps réel** nowcast ◆ **il a réussi au-delà de toute ~** he has succeeded beyond all expectations **b** *(= action)* **la ~ du temps** weather forecasting ◆ **la ~ de ses réactions est impossible** it's impossible to predict his reactions *ou* to foresee what his reactions will be ◆ **en ~ de son arrivée/d'une augmentation du trafic** in anticipation *ou* expectation of his arrival/of an increase in the traffic

**prévisionnel, -elle** /pʀevizjɔnɛl/ ADJ *[mesure, plan]* forward-looking; *[budget]* projected

**prévisionniste** /pʀevizjɔnist/ NMF (economic) forecaster

**prévoir** /pʀevwaʀ/ ▸ conjug 24 ◂ VT **a** *(= anticiper) [+ événement, conséquence]* to foresee, to anticipate; *[+ temps]* to forecast; *[+ réaction, contretemps]* to expect, to reckon on, to anticipate ◆ **~ le pire** to expect the worst ◆ **il faut ~ les erreurs éventuelles** we must allow for *ou* make provision for possible errors ◆ **nous n'avions pas prévu qu'il refuserait** we hadn't reckoned on his refusing, we hadn't anticipated *ou* foreseen that he'd refuse ◆ **cela fait** *ou* **laisse ~ un malheur** it bodes ill ◆ **rien ne laisse ~ une amélioration rapide** there's no prospect *ou* suggestion of a quick improvement ◆ **tout laisse ~ une issue rapide/qu'il refusera** everything points *ou* all the signs point to a rapid solution/to his refusing ◆ **rien ne faisait** *ou* **ne laissait ~ que ...** there was nothing to suggest *ou* to make us think that ... ◆ **on ne peut pas tout ~** you can't think of everything ◆ **plus tôt que prévu** earlier than expected *ou* anticipated; → **programme**

**b** *(= projeter) [+ voyage, construction]* to plan ◆ **~ de faire qch** to plan to do *ou* on doing sth ◆ **pour quand prévoyez-vous votre arrivée ?** when do you plan to arrive? ◆ **au moment prévu** at the appointed *ou* scheduled *ou* prescribed time ◆ **comme prévu** as planned, according to plan ◆ **"ouverture prévue pour la fin de l'année"** *[autoroute]* "scheduled to open at the end of the year"

**c** *(= préparer, envisager)* to allow ◆ **il faudra ~ des trous pour l'écoulement des eaux** you must leave *ou* provide some holes for drainage ◆ **prévoyez de l'argent en plus pour les faux frais** allow some extra money for incidental expenses ◆ **il vaut mieux ~ quelques couvertures en plus** you'd better allow a few extra blankets *ou* bring (along) a few extra blankets ◆ **il faudrait ~ un repas** you ought to make plans for *ou* to organize a meal ◆ **tout est prévu pour l'arrivée de nos hôtes** everything is in hand *ou* organized for the arrival of our guests ◆ **cette voiture est prévue pour quatre personnes** this car is designed for four people ◆ **vous avez prévu grand** you've planned things on a grand scale ◆ **déposez vos lettres dans la boîte prévue à cet effet** put your letters in the box provided ◆ **on a prévu des douches** *(à installer)* they have made provision for showers to be built; *(déjà installées)* they have laid on *ou* provided showers

**d** *(Jur) [loi, règlement]* to provide for, to make provision for ◆ **c'est prévu à l'article 8** article 8 makes provision for that, it's provided for in article 8 ◆ **le code pénal prévoit que ...** the penal code holds that ... ◆ **la loi prévoit une peine de prison** the law makes provision for a prison sentence ◆ **ce n'est pas prévu dans le contrat** it is not provided for in the contract, the contract makes no provision for it

**prévôt** /pʀevo/ **NM** *(Hist, Rel)* provost; *(Mil)* provost marshal

**prévôtal, e** (mpl **-aux**) /pʀevotal, o/ **ADJ** of a provost

**prévôté** /pʀevote/ **NF** *(Hist)* provostship; *(Mil)* military police

**prévoyance** /pʀevwajɑ̃s/ **NF** foresight, forethought ◆ **caisse de ~** contingency fund ◆ **société de ~** provident society

**prévoyant, e** /pʀevwajɑ̃, ɑ̃t/ **ADJ** provident

**Priam** /pʀijam/ **NM** Priam

**priapisme** /pʀijapism/ **NM** priapism

**prie-Dieu** /pʀidjø/ **NM INV** prie-dieu

**prier** /pʀije/ GRAMMAIRE ACTIVE 31 ► conjug 7 ◄

**VT** **a** *[+ Dieu, saint]* to pray to ◆ **~ Dieu de faire un miracle** to pray for a miracle ◆ **je prie Dieu que cela soit vrai** pray God that it is true

**b** *(= implorer)* to beg, to beseech *(littér)* ◆ **elle le pria de rester** she begged *ou* urged *ou* pressed him to stay ◆ **je vous prie de me pardonner** please forgive me ◆ **dites oui, je vous en prie !** please say yes! ◆ **Pierre, je t'en prie, calme-toi !** Pierre, for heaven's sake, calm down! ◆ **je t'en prie, ça suffit !** please, that's quite enough!

**c** *(= inviter)* to invite, to ask; *(frm)* to request *(frm)* ◆ **il m'a prié à déjeuner** *ou* **de venir déjeuner** he has invited *ou* asked me to lunch ◆ **vous êtes prié de vous présenter à 9 heures** you are requested to present yourself at 9 o'clock ◆ **on l'a prié d'assister à la cérémonie** he was invited to attend the ceremony ◆ **nous vous prions d'honorer de votre présence la cérémonie** we request the honour *ou* pleasure of your company at the ceremony

**d** *(= ordonner)* **je vous prie de sortir** will you please leave the room ◆ **vous êtes prié de répondre quand on vous parle/de rester assis** please reply when spoken to/remain seated ◆ **taisez-vous, je vous prie** would you please be quiet

**e** *(formules de politesse)* **je vous en prie** *(= faites donc)* please do, of course; *(= après vous)* after you; *(idée d'irritation)* do you mind! ◆ **excusez-moi – je vous en prie** I'm sorry – not at all ◆ **merci beaucoup – je vous en prie** thank you – don't mention it *ou* you're welcome ◆ **voulez-vous ouvrir la fenêtre je vous prie ?** would you mind opening the window please?, would you be so kind as to open the window please?; → **agréer**

**f** *(loc)* **il s'est fait ~** he needed coaxing *ou* persuading ◆ **il ne s'est pas fait ~** he didn't need persuading, he didn't wait to be asked twice, he was only too willing (to do it) ◆ **il a accepté l'offre sans se faire ~** he accepted the offer without hesitation ◆ **allez, viens, ne te fais pas ~ !** come on! don't be such a bore!

**VI** to pray (*pour* for); ◆ **prions, mes frères** brothers, let us pray

**prière** /pʀijɛʀ/ **NF** **a** *(Rel = oraison, office)* prayer ◆ **être en ~** to be praying *ou* at prayer ◆ **dire** *ou* **faire ses ~s** to say one's prayers ◆ **se rendre à la ~** to go to prayer ◆ **ne m'oubliez pas dans vos ~s** *(hum)* remember me in your prayers, pray for me; → **livre**[1], **moulin**

**b** *(= demande)* plea, entreaty ◆ **céder aux ~s de qn** to give in to sb's requests ◆ **à la ~ de qn** at sb's request *ou* behest *(littér)* ◆ **j'ai une ~ à vous adresser** I have a request to make to you ◆ **il est resté sourd à mes ~s** he turned a deaf ear to my pleas *ou* entreaties

◆ **prière de ...** please ... ◆ **~ de répondre par retour du courrier** please reply by return of post ◆ **~ de vous présenter à 9 heures** you are requested to present yourself *ou* please present yourself at 9 o'clock ◆ **"prière de ne pas fumer"** "no smoking (please)" ◆ **"prière de ne pas se pencher à la fenêtre"** "(please) do not lean out of the window" ◆ **~ d'insérer** *(Édition)* please insert

**prieur** /pʀijœʀ/ **NM** ◆ **(père) ~** prior

**prieure** /pʀijœʀ/ **NF** ◆ **(mère) ~** prioress

**prieuré** /pʀijœʀe/ **NM** *(= couvent)* priory; *(= église)* priory (church)

**prima donna** /pʀimadɔna/ (pl inv *ou* **prime donne** /pʀimedɔne/) **NF** prima donna

**primaire** /pʀimɛʀ/ **ADJ** **a** *(Écon, Élec, Méd, Pol, Géol) [ère]* primary, palaeozoic; *(Psych) [personne, caractère, fonction]* primary *(SPÉC)*; *[élection]* primary ◆ **délinquant ~** first offender ◆ **école ~** primary *ou* elementary school, grade school *(US)* **b** *(péj = simpliste) [personne]* simple-minded, limited *; *[raisonnement]* simplistic; *[plaisanterie]* obvious **NM** *(Scol)* primary school *ou* education; *(Élec)* primary; *(Géol)* Primary, Palaeozoic ◆ **être en ~** *(Scol)* to be in primary school **NF** *(Pol)* primary (election)

**primal, e** (mpl **-aux**) /pʀimal, o/ **ADJ** ◆ **cri ~** primal scream ◆ **thérapie ~e** primal (scream) therapy, scream therapy

**primarité** /pʀimaʀite/ **NF** primarity

**primat** /pʀima/ **NM** **a** *(Rel)* primate **b** *(littér = primauté)* primacy

**primate** /pʀimat/ **NM** **a** *(Zool)* primate **b** *(* péj = personne)* ape *

**primatologie** /pʀimatɔlɔʒi/ **NF** primatology

**primatologue** /pʀimatɔlɔg/ **NMF** primatologist

**primauté** /pʀimote/ **NF** *(Rel)* primacy; *(fig)* primacy, pre-eminence (*sur* over); ◆ **donner la ~ à qch** to prioritize sth

**prime**[1] /pʀim/ **NF** **a** *(= cadeau)* free gift ◆ **donné en ~ avec qch** given away *ou* given as a free gift with sth ◆ **cette année il a eu la rougeole, la varicelle et les oreillons en ~ !** *(iro)* this year he had the measles, chickenpox and the mumps to boot! *ou* on top of that!

**b** *(= bonus)* bonus; *(= subvention)* premium, subsidy; *(= indemnité)* allowance ◆ **~ d'allaitement** nursing mother's allowance ◆ **~ d'ancienneté** seniority bonus *ou* pay ◆ **~ de déménagement** relocation allowance ◆ **~ de départ** *bonus paid to an employee when leaving a job;* *(importante)* golden handshake ◆ **~ à l'emploi** *financial incentive to promote employment* ◆ **~ à l'exportation** export premium *ou* subsidy ◆ **~ de fin d'année/de rendement** Christmas/productivity bonus ◆ **~ d'intéressement** performance(-related) bonus ◆ **~ de licenciement** severance pay, redundancy payment ◆ **~ de risque** danger money *(NonC)* ◆ **~ de transport** transport allowance ◆ **c'est donner une ~ à la paresse !** it's just paying people to sit around doing nothing!; → **précarité**

**c** *(Assurances, Bourse)* premium ◆ **~ d'assurances** insurance premium ◆ **~ d'émission** issuing share *ou* premium ◆ **~ de remboursement** redemption premium ◆ **faire ~** to be at a premium

**prime**[2] /pʀim/ **ADJ** **a** ◆ **de ~ abord** at first glance ◆ **dès sa ~ jeunesse** from his earliest youth ◆ **il n'est plus de ~ jeunesse** he's no longer in the prime of youth *ou* the first flush of youth **b** *(Math)* prime ◆ **n ~** n prime

**primé, e** /pʀime/ (ptp de **primer**) **ADJ** *[film, reportage, auteur, cinéaste]* award-winning *(épith)*; *[animal]* prize(-winning); *[invention, produit]* prize-winning ◆ **ce film a été plusieurs fois ~** this film has won several awards

**primer** /pʀime/ ► conjug 1 ◄ **VT** **a** *(= surpasser)* to prevail over, to take precedence over ◆ **chez elle, l'intelligence prime la générosité** in her case, intelligence is more in evidence *ou* to the fore than generosity **b** *(= récompenser)* to award a prize to; *(= subventionner)* to subsidize **VI** *(= dominer)* to be the prime *ou* dominant feature, to dominate; *(= compter, valoir)* to be of prime importance, to take first place ◆ **c'est le bleu qui prime dans ce tableau** blue is the dominant colour in this picture ◆ **pour moi ce sont les qualités de cœur qui priment** the qualities of the heart are what count the most for me

**primerose** /pʀimʀoz/ **NF** hollyhock

**primesautier, -ière** /pʀimsotje, jɛʀ/ **ADJ** impulsive ◆ **être d'humeur primesautière** to have an impulsive temperament *ou* nature

**prime time** /pʀajmtajm/ **NM INV** *(TV)* prime time ◆ **diffusé en ~** broadcast on prime-time television *ou* in prime time

**primeur** /pʀimœʀ/ **NFPL** *(Comm)* ◆ **~s** early fruit and vegetables ◆ **marchand de ~s** greengrocer *(Brit)*, grocer *(US) (specializing in early produce)* **NF** **a** *(Presse = nouvelle)* scoop ◆ **avoir la ~ d'une nouvelle** to be the first to hear a piece of news ◆ **je vous réserve la ~ de mon manuscrit** I'll let you be the first to read my manuscript **b** ◆ **vin (de) ~** nouveau wine, wine of the latest vintage

**primevère** /pʀimvɛʀ/ **NF** *(sauvage)* primrose; *(cultivée)* primula; *(jaune)* primrose

**primigeste** /pʀimiʒɛst/ **NF** primigravida

**primipare** /pʀimipaʀ/ **ADJ** primiparous **NF** primipara

**primitif, -ive** /pʀimitif, iv/ **ADJ** **a** *(= originel) [forme, état]* original, primitive; *[projet, question, préoccupation]* original, first; *[église]* primitive, early; *[peintre]* primitive; *(Logique) [proposition, concept]* basic; *(Art) [couleurs]* primary; *(Géol) [terrain]* primitive, primeval ◆ **ville construite sur le site ~ d'une cité romaine** town built on the original site of a Roman city ◆ **je préfère revenir à mon projet ~/à mon idée primitive** I'd rather revert to my original *ou* initial *ou* first plan/idea **b** *(Sociol) [peuple, art, mœurs]* primitive **c**

*(= sommaire) [installation]* primitive, crude **d** *(Ling) [temps, langue]* basic; *[mot]* primitive; *[sens]* original **e** *(Math)* **fonction primitive** primitive **NM,F** *(Art, Sociol)* primitive **NF** **primitive** *(Math)* primitive

**primitivement** /pʀimitivmɑ̃/ **ADV** originally

**primitivisme** /pʀimitivism/ **NM** *(Art)* primitivism

**primo** /pʀimo/ **ADV** first (of all), firstly

**primo-accédant, e** (pl **primo-accédants**) /pʀimoaksedɑ̃, ɑ̃t/ **NM,F** ♦ **~ (à la propriété)** first-time (home-)buyer

**primogéniture** /pʀimoʒenityʀ/ **NF** primogeniture

**primo-infection** (pl **primo-infections**) /pʀimoɛ̃fɛksjɔ̃/ **NF** primary infection

**primordial, e** (mpl **-iaux**) /pʀimɔʀdjal, jo/ **ADJ** **a** *(= vital) [élément, question]* essential, vital; *[objectif, préoccupation]* chief, main; *[rôle]* crucial, key *(épith)* ♦ **d'une importance ~e** of the utmost *ou* of paramount *ou* primordial importance **b** *(littér = originel)* primordial

**primordialement** /pʀimɔʀdjalmɑ̃/ **ADV** essentially

**prince** /pʀɛ̃s/ **NM** **a** *(lit)* prince ♦ **le ~ des chanteurs** *etc (fig)* the prince *ou* king of singers *etc* ♦ **Robin des bois, le ~ des voleurs** Robin Hood, Prince of Thieves; → **fait**[1]

**b** *(loc)* **être** *ou* **se montrer bon ~** to be magnanimous *ou* generous, to behave generously ♦ **être habillé/vivre comme un ~** to be dressed/live like a prince

**COMP** ▹ **prince des apôtres** Prince of the apostles ▹ **le Prince charmant** Prince Charming ♦ **elle attend le** *ou* **son ~ charmant** she's waiting for her Prince Charming *ou* for Mr. Right* to come along, she's waiting for her knight in shining armour ▹ **prince consort** Prince Consort ▹ **prince de l'Église** prince of the Church ▹ **prince de Galles** Prince of Wales; *(= tissu)* Prince of Wales check ▹ **prince héritier** crown prince ▹ **prince du sang** prince of royal blood ▹ **le Prince des ténèbres** *ou* **des démons** the prince of darkness

**princeps** /pʀɛ̃sɛps/ **ADJ** *[édition]* first

**princesse** /pʀɛ̃sɛs/ **NF** princess ♦ **faire la** *ou* **sa ~, prendre des airs de ~** to put on airs ♦ **robe ~** princess dress; → **frais**[2]

**princier, -ière** /pʀɛ̃sje, jɛʀ/ **ADJ** *(lit, fig)* princely

**princièrement** /pʀɛ̃sjɛʀmɑ̃/ **ADV** in (a) princely fashion

**principal, e** (mpl **-aux**) /pʀɛ̃sipal, o/ **GRAMMAIRE ACTIVE 53.2** **ADJ** **a** *[entrée, bâtiment, résidence]* main; *[clerc, employé]* chief, head; *[question, raison, but]* principal, main; *[personnage, rôle]* leading, main, principal ♦ **elle a eu l'un des rôles principaux dans l'affaire** she played a major role *ou* she was one of the leading *ou* main figures in the business **b** *(Gram) [proposition]* main **NM** **a** *(Fin)* principal **b** *(Scol)* headmaster, principal, head *(Brit)*; *(Admin)* chief clerk **c** *(= chose importante)* **le ~** the most important thing, the main point ♦ **c'est le ~** that's the main thing **d** *(Mus)* principal **NF** **principale** **a** *(Gram)* main clause **b** *(Scol)* headmistress, principal, head *(Brit)*

**principalement** /pʀɛ̃sipalmɑ̃/ **ADV** principally, mainly, chiefly

**principat** /pʀɛ̃sipa/ **NM** princedom

**principauté** /pʀɛ̃sipote/ **NF** principality ♦ **la Principauté (de Monaco)** Monaco

**principe** /pʀɛ̃sip/ **NM** **a** *(= règle) [de science, géométrie]* principle ♦ **il nous a expliqué le ~ de la machine** he explained the principle on which the machine worked ♦ **le ~ d'Archimède** Archimedes' principle; → **pétition**

**b** *(= hypothèse)* principle, assumption ♦ **partir du ~ que ..., poser comme ~ que ...** to work on the principle *ou* assumption that ...; → **accord**

**c** *(= règle morale)* principle ♦ **il a des ~s** he's a man of principle, he's got principles ♦ **il n'a pas de ~s** he's unprincipled, he has no principles ♦ **avoir pour ~ de faire qch** to make it a principle to do sth, to make a point of doing sth ♦ **je ne mens pas, c'est un ~ chez moi** I make a point of not telling lies, it's a rule with me that I don't tell lies ♦ **il n'est pas dans mes ~s de ...** I make it a principle not to ... ♦ **il a manqué à ses ~s** he has failed to stick to his principles

**d** *(= origine)* principle ♦ **remonter jusqu'au ~ des choses** to go back to first principles

**e** *(= élément)* principle, element, constituent ♦ **~ nécessaire à la nutrition** necessary principle of nutrition

**f** *(= rudiment)* **~s** rudiments, principles

**g** *(loc)* **faire qch pour le ~** to do sth on principle *ou* for the sake of it

♦ **de principe** *[hostilité, objection, opposition, soutien]* systematic, automatic ♦ **décision de ~** decision in principle ♦ **c'est une question de ~** it's a matter of principle

♦ **en principe** *(= d'habitude, en général)* as a rule; *(= théoriquement)* in principle, theoretically

♦ **par principe** on principle

**printanier, -ière** /pʀɛ̃tanje, jɛʀ/ **ADJ** *[soleil, couleur, temps, vêtement]* spring *(épith)*; *[atmosphère]* spring-like ♦ **navarin (d'agneau) ~** *(Culin)* navarin of lamb with spring vegetables

**printemps** /pʀɛ̃tɑ̃/ **NM** spring ♦ **au ~** in (the) spring(time) ♦ **au ~ de la vie** *(littér)* in the springtime of life ♦ **mes 40 ~** *(hum)* my 40 summers *(hum)*

**prion** /pʀijɔ̃/ **NM** prion

**priorat** /pʀijɔʀa/ **NM** priorate

**priori** /pʀijɔʀi/ → **a priori**

**prioritaire** /pʀijɔʀitɛʀ/ **ADJ** **a** *[projet, opération]* priority *(épith)* ♦ **être ~** *[personne, projet]* to take *ou* have priority **b** *(Aut)* **être ~** *[véhicule, personne]* to have priority *ou* right of way ♦ **il était sur une route ~** he had right of way, he was on the main road **NMF** *(Aut)* person who has right of way *ou* priority

**prioritairement** /pʀijɔʀitɛʀmɑ̃/ **ADV** *(gén)* first and foremost; *[traiter]* as a (matter of) priority ♦ **ces places sont ~ réservées aux handicapés** the disabled have priority for these seats, these seats are reserved first and foremost for the disabled

**priorité** /pʀijɔʀite/ **NF** **a** *(gén)* priority ♦ **donner la ~ absolue à qch** to give top priority to sth ♦ **il faut établir une ~ dans les questions à régler** we must prioritize the questions to be dealt with ♦ **l'une des ~s essentielles** one of the first *ou* top priorities

♦ **en + priorité** ♦ **discuter qch en ~** to discuss sth as a (matter of) priority ♦ **venir en ~** to come first ♦ **l'une des choses à faire en grande ~, il nous faudrait en ~ des vivres** first and foremost we need supplies, we need supplies as a matter of urgency

**b** *(Aut)* priority, right of way ♦ **avoir la ~** to have right of way (*sur* over); ♦ **~ à droite** *(principe) system of giving way to traffic coming from the right; (panneau)* give way to the vehicles on your right ♦ **laisser** *ou* **céder la ~ à qn** to give way to sb *(Brit)*, to yield to sb *(US)*; → **refus**

**pris, prise**[1] /pʀi, pʀiz/ (ptp de **prendre**) **ADJ** **a** *[place]* taken ♦ **avoir les mains ~es** to have one's hands full ♦ **tous les billets sont ~** the tickets are sold out, all the tickets have been sold ♦ **toutes les places sont ~es** all the seats are taken *ou* have gone ♦ **toute ma journée est ~e** I'm busy all day ♦ **ça me fera 50 €, c'est toujours ça de ~*** I'll get €50, that's better than nothing

**b** *[personne]* busy ♦ **le directeur est très ~ cette semaine** the manager is very busy this week ♦ **si vous n'êtes pas ~ ce soir ...** if you're free *ou* if you've got nothing on *ou* if you're not doing anything this evening ... ♦ **désolé, je suis ~** sorry, I'm busy

**c** *(Méd) [nez]* stuffy, stuffed-up; *[gorge]* hoarse ♦ **j'ai le nez ~** my nose is stuffed up ♦ **j'ai la gorge ~e** my throat is hoarse ♦ **les poumons sont ~** the lungs are (now) affected

**d** *(Culin) [crème, mayonnaise]* set ♦ **mer ~e par les glaces** frozen sea

**e** † **avoir la taille bien ~e** to have a neat waist ♦ **la taille ~e dans un manteau de bonne coupe** wearing a well-cut coat to show off a neat waist

**f** *(= envahi par)* **~ de peur/remords** stricken with *ou* by fear/remorse ♦ **~ d'une inquiétude soudaine** seized by a sudden anxiety ♦ **j'ai été ~ d'une envie soudaine de chocolat** I had a sudden urge to eat some chocolate ♦ **~ de boisson** *(frm)* under the influence*, the worse for drink

**prise**[2] /pʀiz/ **NF** **a** *(= moyen d'empoigner, de prendre)* hold *(NonC)*, grip *(NonC)*; *(pour soulever, faire levier)* purchase *(NonC)*; *(Catch, Judo)* hold; *(Alpinisme)* hold; *(Sport : sur raquette, club, batte)* grip ♦ **faire une ~ de judo à qn** to get sb in a judo hold ♦ **on n'a pas de ~ pour soulever la caisse** there's no purchase to lift the chest, you can't get a hold on the chest to lift it ♦ **cette construction offre trop de ~ au vent** this building catches the wind very badly ♦ **avoir ~ sur** to have a hold on *ou* over ♦ **on n'a aucune ~ sur lui** no one has any hold *ou* influence over him ♦ **ces théories n'ont que trop de ~ sur elle** these theories have all too great a hold on *ou* over her ♦ **donner ~ à** to give rise to ♦ **son attitude donne ~ aux soupçons** his attitude gives rise to *ou* lays him open to suspicion; → **lâcher**

**b** *(Chasse, Pêche = butin)* catch; *(= saisie) [de contrebande, drogue]* capture, seizure; *(Mil) [de ville, navire]* capture; *(Échecs, Dames)* capture

**c** *(Élec)* **~ (de courant)** *(mâle)* plug; *(femelle)* socket, point, power point *(SPÉC)*; *(au mur)* socket ♦ **~ multiple** adaptor; *(avec rallonge)* trailing socket ♦ **triple ~** three-way adaptor ♦ **~ pour rasoir électrique** razor point; → aussi **comp**

**d** *[de tabac]* pinch of snuff; *[de cocaïne]* snort‡

**e** *(Méd)* **à administrer en plusieurs ~s par jour** to be given *ou* administered at intervals throughout the day ♦ **arrêter la ~ de la pilule** to stop taking the pill ♦ **la ~ de ce médicament est déconseillée pendant la grossesse** it is not recommended that this medicine be taken during pregnancy

**f** *(= durcissement) [de ciment, enduit]* setting ♦ **à ~ rapide** quick-setting

**g** *(locutions)*

♦ **aux prises (avec)** ♦ **être** *ou* **se trouver aux ~s avec des difficultés** to be battling *ou* grappling *ou* wrestling with difficulties ♦ **être aux ~s avec un créancier** to be battling against *ou* doing battle with a creditor ♦ **cette campagne met aux ~s deux hommes bien différents** this campaign pits two extremely different men against each other ♦ **je l'ai trouvé aux ~s avec son ordinateur** *(hum)* I found him battling with *ou* trying to get to grips with his computer

♦ **en prise** ♦ **être/mettre en ~** *(Aut)* to be in/put the car into gear ♦ **en ~ (directe)** in direct drive ♦ **en ~ (directe) avec** *ou* **sur** *(fig)* tuned into ♦ **un gouvernement en ~ avec les réalités du pays** a government in tune with *ou* that is tuned into the realities of the country ♦ **littérature en ~ directe avec les mutations de la société** writing that has its finger on the pulse of a changing society

COMP ▷ **prise d'air** air inlet *ou* intake ▷ **prise d'armes** military review *ou* parade ▷ **la prise de la Bastille** the storming of the Bastille ▷ **prise de bec*** row*, set-to* ♦ **avoir une ~ de bec avec qn** to have a row* *ou* a set-to* with sb, to fall out with sb ▷ **prise de corps** *(Jur)* arrest ▷ **prise d'eau** water (supply) point; *(= robinet)* tap *(Brit)*, faucet *(US)* ▷ **prise de guerre** spoils of war ▷ **prise péritel** → **péritel** ▷ **prise de sang** blood test ♦ **faire une ~ de sang à qn** to take a blood sample from sb ▷ **prise de son** *(Ciné, Radio, TV)* sound recording ♦ **~ de son : J. Dupont** sound (engineer): J. Dupont ▷ **prise de téléphone** phone socket ▷ **prise de terre** *(Élec, Radio)* earth *(Brit)*, ground *(US)* ♦ **la machine à laver n'a pas de ~ de terre** the washing machine isn't earthed *(Brit)* *ou* grounded *(US)* ▷ **prise de tête quelle ~ de tête ces maths/son copain !** maths/her boyfriend drives me crazy! ou does my head in‡ ▷ **prise de vue(s)** *(Ciné, TV)* filming, shooting ♦ **~ de vue** *(= photographie)* shot ♦ **~ de vue(s) : J. Dupont** camera(work): J. Dupont; → **charge, conscience, contact, main** *etc*

**priser**[1] /pʀize/ ▸ conjug 1 ◂ VT *(littér)* to prize, to value ♦ **très prisé** highly prized ♦ **je prise fort peu ce genre de plaisanterie** I don't appreciate this sort of joke at all

**priser**[2] /pʀize/ ▸ conjug 1 ◂ VT *[+ tabac]* to take; *[+ drogue]* to take, to snort‡; → **tabac** VI to take snuff

**priseur, -euse** /pʀizœʀ, øz/ NM,F snuff taker

**prismatique** /pʀismatik/ ADJ prismatic

**prisme** /pʀism/ NM prism

**prison** /pʀizɔ̃/ NF a *(= lieu)* prison, jail, penitentiary *(US)*; *(= demeure sombre)* prison ♦ **~ pour dettes** *(Hist)* debtors' prison ♦ **mettre qn en ~** to send sb to prison *ou* jail, to imprison sb ♦ **~ ouverte** open prison ♦ **elle vit dans une ~ dorée** *(fig)* she's like a bird in a gilded cage; → **porte** b *(= emprisonnement)* prison, jail ♦ **peine de ~** prison sentence ♦ **faire de la ~** to go to *ou* be in prison ♦ **faire 6 mois de ~** to spend 6 months in jail *ou* prison ♦ **condamné à 3 mois de ~ ferme/à la ~ à vie** sentenced to 3 months' imprisonment/to life imprisonment

**prisonnier, -ière** /pʀizɔnje, jɛʀ/ ADJ *[soldat]* captive ♦ **être ~** *(enfermé)* to be trapped, to be a prisoner; *(en prison)* to be imprisoned, to be a prisoner ♦ **être ~ de ses vêtements** to be hampered by one's clothes ♦ **être ~ de ses préjugés/de l'ennemi** to be a prisoner of one's prejudices/of the enemy NM,F prisoner ♦ **~ d'opinion** prisoner of conscience ♦ **~ politique** political prisoner ♦ **faire/retenir qn ~** to take/hold sb prisoner ♦ **~ de guerre** prisoner of war; → **camp, constituer**

**Prisunic** ® /pʀizynik/ NM department store *(for inexpensive goods)*, ≃ Woolworth's ®, five and dime *(US)* ♦ **de ~** *(péj)* cheap

**privatif, -ive** /pʀivatif, iv/ ADJ a *(Gram)* privative b *(Jur = qui prive)* which deprives of rights (*ou* liberties *etc*) c *(Jur = privé)* private ♦ **avec jardin ~** with private garden ♦ **"jardin privatif"** *(sur annonce)* "own garden"; → **carte** NM *(Gram)* privative (prefix *ou* element)

**privation** /pʀivasjɔ̃/ NF a *(= suppression)* deprivation ♦ **la ~ des droits civiques** *(Jur)* the forfeiture *ou* deprivation of civil rights ♦ **la ~ de liberté** the loss of liberty ♦ **la ~ de la vue/d'un membre** the loss of one's sight/of a limb ♦ **la ~ de nourriture/sommeil** food/sleep deprivation b *(gén pl = sacrifice)* privation, hardship ♦ **les ~s que je me suis imposées** the things I went *ou* did *ou* managed without, the hardships I bore ♦ **souffrir de ~s** to endure hardship

**privatisation** /pʀivatizasjɔ̃/ NF privatization ♦ **~ partielle/totale** partial/wholesale privatization ♦ **entreprise en cours de ~** company undergoing privatization

**privatiser** /pʀivatize/ ▸ conjug 1 ◂ VT *[+ entreprise]* to privatize ♦ **entreprise privatisée** privatized company

**privautés** /pʀivote/ NFPL liberties ♦ **prendre des ~ avec** to take liberties with ♦ **~ de langage** familiar *ou* coarse language

**privé, e** /pʀive/ ADJ *(gén)* private; *(Presse) [source]* unofficial; *(Jur) [droit]* civil; *[télévision, radio]* independent ♦ **personne ~e** private person ♦ **en séjour (à titre) ~** on a private visit NM a ♦ **le ~** *(= vie)* private life; *(Comm = secteur)* the private sector ♦ **dans le ~** *(gén)* in one's private life; *(Comm)* in the private sector

♦ **en privé** *[conversation, réunion]* private, in private *(attrib)*; *[parler]* privately, in private

b *(* = détective)* private eye*, private detective

**privément** /pʀivemɑ̃/ ADV *(littér)* privately

**priver** /pʀive/ ▸ conjug 1 ◂ VT a *(délibérément, pour punir)* **~ qn de qch** to deprive sb of sth ♦ **il a été privé de dessert** he was deprived of dessert, he had to go without his dessert ♦ **il a été privé de récréation** he was kept in at playtime ♦ **on l'a privé de sa liberté/ses droits** he was deprived of his freedom/his rights

b *(= faire perdre)* **~ qn de ses moyens** to deprive sb of *ou* strip sb of his means ♦ **cette perte m'a privé de ma seule joie** this loss has deprived me of my only joy *ou* has taken my only joy from me ♦ **l'accident l'a privé d'un bras** he lost an arm in the accident ♦ **privé de connaissance** unconscious ♦ **privé de voix** speechless, unable to speak ♦ **un discours privé de l'essentiel** a speech from which the main content had been removed *ou* which was stripped of its essential content

c *(= démunir)* **nous avons été privés d'électricité pendant 3 jours** we were without *ou* we had no *ou* we were deprived of electricity for 3 days ♦ **il a été privé de sommeil** he didn't get any sleep ♦ **on m'interdit le sel, ça me prive beaucoup** I'm not allowed salt and I must say I miss it *ou* and I don't like having to go *ou* do without it ♦ **cela ne me prive pas du tout** *(de vous le donner)* I can spare it (quite easily); *(de ne plus en manger)* I don't miss it at all; *(de ne pas y aller)* I don't mind at all

VPR **se priver** a *(par économie)* to go without, to do without ♦ **se ~ de qch** to go *ou* do *ou* manage without sth ♦ **ils ont dû se ~ pour leurs enfants** they had to go *ou* do without for the sake of their children ♦ **je n'ai pas l'intention de me ~** I've no intention of going *ou* doing without, I don't intend to go short *(Brit)*

b *(= se passer de)* **se ~ de** to manage without, to do without, to deny o.s., to forego ♦ **il se prive de dessert par crainte de grossir** he does without dessert for fear of putting on weight ♦ **se ~ de cigarettes** to deny o.s. cigarettes ♦ **ils ont dû se ~ d'une partie de leur personnel** they had to manage without *ou* do without some of their staff ♦ **tu te prives d'un beau spectacle en refusant d'y aller** you'll miss out on* *ou* you'll deprive yourself of a fine show by not going

c *(gén nég = se retenir)* **il ne s'est pas privé de le dire/le critiquer** he made no bones about *ou* he had no hesitation in saying it/criticizing him ♦ **j'aime bien manger et quand j'en ai l'occasion je ne m'en prive pas** I love eating and whenever I get the chance I don't hold back ♦ **si tu veux y aller, ne t'en prive pas pour moi** if you want to go don't stop yourself because of me

**privilège** /pʀivilɛʒ/ NM *(gén)* privilege ♦ **j'ai eu le ~ d'assister à la cérémonie** I had the privilege of attending *ou* I was privileged to attend the ceremony ♦ **avoir le triste ~ de faire qch** to have the unhappy privilege of doing sth ♦ **ce pays a le triste ~ d'être le pays le plus pollué** this country has the dubious distinction *ou* privilege of being the most polluted country

**privilégié, e** /pʀivileʒje/ (ptp de **privilégier**) ADJ a *(= exceptionnel) [lieu, moyen, traitement, tarif, site, climat]* special; *[accès]* privileged, special ♦ **la France est le partenaire ~ de l'Allemagne dans la construction européenne** France and Germany have a special relationship in the building of Europe ♦ **entretenir des relations ~es avec qn** to have a special *ou* privileged relationship with sb ♦ **ils ont un accès ~ au marché** they have privileged *ou* special access to the market ♦ **j'ai été le témoin ~ de ces mutations** I was privileged to witness these changes

b *(= riche)* privileged ♦ **les classes ~es** the privileged classes

c *(= qui a de la chance)* fortunate

d *(Fin) [action]* preference *(épith)* *(Brit)*, preferred *(US)*; *[créancier]* preferential

NM,F privileged person ♦ **c'est un ~** he is fortunate *ou* lucky ♦ **quelques ~s** a privileged *ou* lucky few

**privilégier** /pʀivileʒje/ ▸ conjug 7 ◂ VT to favour *(Brit)*, to favor *(US)* ♦ **privilégié par le sort** fortunate, lucky ♦ **la police semble ~ la thèse de l'attentat** the police appear to favour the theory that it was a terrorist attack ♦ **il a été privilégié par la nature** nature has been kind to him

**prix** /pʀi/ NM a *(= coût) [d'objet, produit]* price; *[de location, transport]* cost ♦ **le ~ d'un billet Paris-Lyon** the fare between Paris and Lyons, the price of a ticket between Paris and Lyons ♦ **à quel ~ vend-il/sont ses tapis ?** what price is he asking for/are his carpets?, how much is he charging *ou* asking for/are his carpets? ♦ **quel ~ veut-elle de sa maison ?** what (price) is she asking *ou* how much does she want for her house? ♦ **quels sont vos ~ ?** *(pour service)* what are your rates?; *(pour objet)* what sort of prices do you charge? ♦ **je l'ai payé 80 € ! – c'est le ~** I paid 80 euros for it! – that's the going rate ♦ **1 000 €, ~ à débattre** €1,000 or nearest offer, €1,000 o.n.o. *(Brit)* ♦ **au ~ que ça coûte, il ne faut pas le gaspiller** at that price we'd better not waste any ♦ **au ~ où sont les choses** *ou* **où est le beurre !*** with prices what they are! ♦ **votre ~ sera le mien** name *ou* state your price ♦ **c'était le premier ~** it was the cheapest ♦ **quel est votre dernier ~ ?** *(pour vendre)* what's the lowest you'll go?; *(pour acheter)* what's your final offer? ♦ **acheter qch à ~ d'or** to pay a (small) fortune for sth ♦ **payer le ~ fort** *(lit)* to pay the full price; *(fig)* to pay a heavy price ♦ **faire payer le ~ fort** to charge the full price ♦ **au ~ fort** at the highest possible price ♦ **à bas ~** *[produit, terrain]* cheap; *[acheter, vendre]* cheaply ♦ **je l'ai eu à bas ~** I got it cheap ♦ **ça n'a pas de ~** it's priceless

◆ **je vous fais un ~ (d'ami)** I'll let you have it cheap *ou* at a reduced price, I'll knock a bit off for you * ◆ **j'y ai mis le ~ (qu'il fallait)** I had to pay a lot *ou* quite a price for it, it cost me a lot ◆ **il faut y mettre le ~** you have to be prepared to pay for it ◆ **il n'a pas voulu y mettre le ~** he didn't want to pay that much ◆ **je cherche une robe – dans quels ~ ?** I'm looking for a dress – in what price range? ◆ **c'est dans mes ~** that's affordable *ou* within my price range ◆ **c'est hors de ~** it's outrageously expensive ◆ **cette table est hors de ~** the price of this table is exorbitant *ou* outrageous ◆ **ce magasin est hors de ~** the prices in this shop are exorbitant *ou* outrageous ◆ **c'est un objet qui n'a pas de ~** it's a priceless object ◆ **mettre qch à ~** *(enchères)* to set a reserve price *(Brit) ou* an upset price *(US)* on sth ◆ **mettre à ~ la tête de qn** to put a price on sb's head, to offer a reward for sb's capture ◆ **mise à ~ : 200 €** *(enchères)* reserve *(Brit) ou* upset *(US)* price: €200 ◆ **objet de ~** expensive item; → **bas**[1]

**b** *(fig)* price ◆ **le ~ du succès/de la gloire** the price of success/of glory ◆ **j'apprécie votre geste à son juste ~** I appreciate the true worth of what you did ◆ **son amitié n'a pas de ~ pour moi** I cannot put a price on his friendship ◆ **donner du ~ à** *[+ exploit, aide]* to make (even) more worthwhile ◆ **leur pauvreté donne encore plus de ~ à leur cadeau** their poverty makes their present even more precious *ou* impressive, their poverty increases the value *ou* worth of their gift even more

**c** *(= récompense, Scol)* prize ◆ **(livre de) ~** *(Scol)* prize(-book) ◆ **le ~ Nobel de la paix** the Nobel Peace Prize

**d** *(= vainqueur, personne)* prizewinner; *(= livre)* prizewinning book ◆ **premier ~ du Conservatoire** first prizewinner at the Conservatoire ◆ **as-tu lu le dernier ~ Goncourt ?** have you read the book that won the last *ou* latest Prix Goncourt?

**e** *(Courses)* race ◆ **Grand Prix (automobile)** *(Aut)* Grand Prix

**f** *(loc)* **à tout ~** at all costs, at any price ◆ **à aucun ~** on no account, not at any price ◆ **au ~ de grands efforts/sacrifices** after much effort/ many sacrifices

**COMP** ▷ **prix d'achat** purchase price ▷ **prix actuel** going price (*de* for) ▷ **prix agricoles** *(Europe)* agricultural prices ▷ **prix d'appel** introductory price ▷ **prix conseillé** manufacturer's recommended price, recommended retail price ▷ **prix coûtant** cost price ▷ **prix de départ** asking price ▷ **prix de détail** retail price ▷ **prix d'encouragement** special prize *(for promising entrant)* ▷ **prix d'excellence** *(Scol)* prize for coming first in the class *ou* for being top of the form ▷ **prix de fabrique** factory price ▷ **prix fixe** *(gén)* set price; *(menu)* set (price) menu ◆ **(repas à) ~ fixe** set (price) meal ▷ **prix forfaitaire** contract price ▷ **prix de gros** wholesale price ▷ **prix imposé** *(Comm)* regulation price ▷ **prix d'interprétation féminine/masculine** *(Ciné, Théât)* prize for best actress/actor ▷ **prix d'intervention** intervention price ▷ **prix de lancement** introductory price ▷ **prix littéraire** literary prize ▷ **prix marqué** marked price ▷ **prix à la production** *ou* **au producteur** farm gate price ▷ **prix public** retail *ou* list *ou* base price ▷ **prix de revient** cost price ▷ **prix sortie d'usine** factory price ▷ **prix de vente** selling price, sale price ▷ **prix de vertu** paragon of virtue

> **Prix littéraires**
>
> The prix Goncourt, France's best-known annual literary prize, is awarded for the year's finest prose work (usually a novel). The winner is chosen by a jury made up of members of the Académie Goncourt, who make their final decision over lunch at Drouant, a famous Paris restaurant.
> There are over 100 other important literary prizes in France, the most coveted of which include the Prix Femina, the Prix Interallié, the Prix Renaudot and the Prix Médicis.

**pro** * /pʀo/ **NMF** (abrév de **professionnel**) pro * ◆ **c'est un travail de ~** it's a professional job ◆ **il est très ~** he's very professional, he's a real pro *

**pro-** /pʀo/ **PRÉF** pro- ◆ **~américain/chinois** pro-American/-Chinese ◆ **~Maastricht** pro-Maastricht

**proactif, -ive** /pʀɔaktif, iv/ **ADJ** proactive

**probabilisme** /pʀɔbabilism/ **NM** probabilism

**probabiliste** /pʀɔbabilist/ **ADJ** *(Stat)* probability *(épith)*

**probabilité** /pʀɔbabilite/ GRAMMAIRE ACTIVE 42.2 **NF** **a** *(= vraisemblance) [d'événement, hypothèse]* probability, likelihood ◆ **selon toute ~** in all probability *ou* likelihood **b** *(Math, Stat)* probability ◆ **calcul/théorie des ~s** probability calculus/theory

**probable** /pʀɔbabl/ GRAMMAIRE ACTIVE 42.2, 43.2 **ADJ** **a** *(= vraisemblable) [événement, hypothèse, évolution]* probable, likely ◆ **il est ~ qu'il gagnera** it's likely that he will win, he's likely to win, he'll probably win, the chances are (that) he'll win ◆ **il est peu ~ qu'il vienne** he's unlikely to come, there's little chance of his coming, the chances are (that) he won't come ◆ **il est fort ~ qu'il ait raison** in all likelihood he's right, it's highly likely that he's right ◆ **c'est (très) ~** it's (very *ou* highly) probable, (most *ou* very) probably, it's (highly) likely ◆ **c'est son successeur ~** he's likely to succeed him **b** *(Math, Stat)* probable **ADV** * ◆ **j'ai dû l'oublier dans le bus – ~** *(= sûrement)* I must have left it on the bus – most likely

**probablement** /pʀɔbabləmɑ̃/ GRAMMAIRE ACTIVE 42.2, 43.2, 53.6 **ADV** probably ◆ **il viendra ~** he's likely to come, he'll probably come ◆ **~ pas** probably not

**probant, e** /pʀɔbɑ̃, ɑt/ **ADJ** *[argument, expérience]* convincing; *(Jur)* probative

**probation** /pʀɔbasjɔ̃/ **NF** *(Jur, Rel)* probation ◆ **stage de ~** trial *ou* probationary period

**probatoire** /pʀɔbatwaʀ/ **ADJ** *[examen, test]* grading, preliminary ◆ **stage ~** trial *ou* probationary period

**probe** /pʀɔb/ **ADJ** *(littér)* upright, honest

**probité** /pʀɔbite/ **NF** probity, integrity

**problématique** /pʀɔblematik/ **ADJ** problematic(al) **NF** *(= problème)* problem, issue; *(= science)* problematics *(sg)*

**problème** /pʀɔblɛm/ GRAMMAIRE ACTIVE 53.1, 53.2, 53.3 **NM** **a** *(= difficulté)* problem; *(= question débattue)* problem, issue ◆ **le ~ du logement** the housing problem, the problem of housing ◆ **~ de santé** health problem ◆ **j'ai eu quelques ~s de santé dernièrement** I've had some problems with my health *ou* health problems recently, my health hasn't been too good recently ◆ **c'est tout un ~** it's a real problem ◆ **elle risque d'avoir de sérieux ~s avec la police** she could run into serious trouble with the police ◆ **soulever un ~** to raise a problem ◆ **faire ~** to pose problems ◆ **(il n'y a) pas de ~ !** * no problem!, no sweat! * ◆ **ça lui pose un ~ de conscience** this is troubling his conscience ◆ **il a bien su poser le ~** he put *ou* formulated the problem well ◆ **ce retard pose un ~** this delay poses a problem *ou* confronts us with a problem ◆ **son admission au club pose des ~s** his joining the club is problematic *ou* is not straightforward ◆ **son cas nous pose un sérieux ~** his case poses a difficult problem for us, his case presents us with a difficult problem ◆ **le ~ qui se pose** the problem we are faced with *ou* we must face ◆ **si tu viens en voiture, le ~ ne se pose pas** if you come by car the problem doesn't arise ◆ **le ~ ne se pose pas dans ces termes** that isn't the problem, the problem shouldn't be stated in these terms
◆ **à problèmes** *[peau, cheveux, enfant]* problem *(épith)* ◆ **famille à ~s** problem *ou* dysfunctional family ◆ **quartier/banlieue à ~s** problem area/suburb *(in which there is a lot of crime)*

**b** *(Math)* problem ◆ **~s de robinets** *(Scol)* *sums about the volume of water in containers* ◆ **le prof nous a posé un ~ difficile** the teacher set us a difficult problem

**pro bono** /pʀobono/ **ADJ, ADV** pro bono

**procédé** /pʀɔsede/ **NM** **a** *(= méthode)* process ◆ **~ de fabrication** manufacturing process **b** *(= conduite)* behaviour *(Brit) (NonC)*, behavior *(US) (NonC)*, conduct *(NonC)* ◆ **avoir recours à un ~ malhonnête** to do something in a dishonest way, to resort to dishonest behaviour ◆ **ce sont là des ~s peu recommandables** that's pretty disreputable behaviour; → **échange** **c** *(Billard)* tip

**procéder** /pʀɔsede/ ▸ conjug 6 ◂ **VI** *(= agir)* to proceed; *(moralement)* to behave ◆ **~ par ordre** to take things one by one, to do one thing at a time ◆ **~ avec prudence** to proceed with caution ◆ **~ par élimination** to use a process of elimination ◆ **je n'aime pas sa façon de ~ (envers les gens)** I don't like the way he behaves (towards people)

**VT INDIR** **procéder à** *(= opérer) [+ enquête, expérience]* to conduct, to carry out; *[+ dépouillement]* to start ◆ **ils ont procédé à l'ouverture du coffre** they proceeded to open the chest, they set about opening the chest ◆ **nous avons fait ~ à une étude sur ...** we have initiated *ou* set up a study on ... ◆ **~ au vote** to take a vote (*sur* on); ◆ **~ à une élection** to hold an election ◆ **~ à l'élection du nouveau président** to hold an election for the new president, to elect the new president

**VT INDIR** **procéder de** *(frm = provenir de)* to come from, to proceed from, to originate in; *(Rel)* to proceed from ◆ **cette philosophie procède de celle de Platon** this philosophy originates in *ou* is a development from that of Plato ◆ **cela procède d'une mauvaise organisation** it comes from *ou* is due to bad organization

**procédural, e** (mpl **-aux**) /pʀɔsedyʀal, o/ **ADJ** procedural

**procédure** /pʀɔsedyʀ/ **NF** **a** *(= marche à suivre)* procedure ◆ **quelle ~ doit-on suivre pour obtenir ... ?** what procedure must one follow to obtain ...?, what's the (usual) procedure for obtaining ...? **b** *(Jur)* *(= règles)* procedure; *(= procès)* proceedings ◆ **~ accélérée** expeditious procedure ◆ **~ de conciliation** conciliation procedure ◆ **~ civile** civil (law) procedure ◆ **~ pénale** criminal (law) procedure ◆ **problème de ~** procedural problem

**procédurier, -ière** /pʀɔsedyʀje, jɛʀ/ **ADJ** *(péj) [tempérament, attitude]* quibbling *(épith)*, pettifogging *(épith)* ◆ **il est très ~** he's a real stickler for the regulations

**procès** /pʀɔsɛ/ NM a (*Jur* = *poursuite*) (legal) proceedings, (court) action, lawsuit; *[de cour d'assises]* trial ◆ **faire/intenter un ~ à qn** to take/start *ou* institute *(frm)* (legal) proceedings against sb ◆ **engager un ~ contre qn** to take (court) action against sb, to bring an action against sb, to take sb to court, to sue sb ◆ **intenter un ~ en divorce** to institute divorce proceedings ◆ **être en ~ avec qn** to be involved in a lawsuit with sb ◆ **gagner/perdre son ~** to win/lose one's case ◆ **réviser un ~** to review a case *ou* judgment

b *(fig)* **faire le ~ de qn/la société capitaliste** to put sb/capitalism on trial *ou* in the dock ◆ **faire le ~ de qch** to pick holes in sth, to criticize sth ◆ **là tu me fais un ~ d'intention** you're putting words into my mouth ◆ **vous me faites un mauvais ~** you're making unfounded *ou* groundless accusations against me; → **forme**

c *(Anat, Ling)* process

COMP ▷ **procès civil** civil proceedings *ou* action ▷ **procès criminel** criminal proceedings *ou* trial

**processeur** /pʀɔsesœʀ/ NM processor

**procession** /pʀɔsesjɔ̃/ NF *(gén)* procession ◆ **marcher en ~** to walk in procession

**processionnaire** /pʀɔsesjɔnɛʀ/ ADJ processionary NF processionary caterpillar

**processionnel, -elle** /pʀɔsesjɔnɛl/ ADJ processional

**processionnellement** /pʀɔsesjɔnɛlmɑ̃/ ADV in procession

**processus** /pʀɔsesys/ NM a (= *procédure*) process ◆ **~ de paix** peace process ◆ **le ~ d'intégration européenne** the European integration process b *[de maladie]* progress ◆ **l'apparition d'un ~ cancéreux** the appearance of a cancerous growth c *(Anat)* process

**procès-verbal** (pl **procès-verbaux**) /pʀɔsɛvɛʀbal, o/ NM (= *compte rendu*) minutes; *(Jur* = *constat)* report, statement; *(de contravention)* statement ◆ **dresser (un) ~ à un automobiliste** to give a ticket to *ou* book *(Brit)* a motorist

**prochain, e** /pʀɔʃɛ̃, ɛn/ ADJ a (= *suivant*) *[réunion, numéro, semaine]* next ◆ **lundi/le mois ~** next Monday/month ◆ **le 8 septembre ~** on 8 September (of this year) ◆ **la ~e rencontre aura lieu à Paris** the next meeting will take place in Paris ◆ **la ~e fois que tu viendras** (the) next time you come ◆ **la ~e fois** *ou* **la fois ~e, je le saurai** I'll know next time ◆ **je ne peux pas rester dîner aujourd'hui, ce sera pour une ~e fois** I can't stay for dinner today – it'll have to be *ou* I'll have to come some other time ◆ **au revoir, à une ~e fois!** goodbye, see you again! * ◆ **je descends à la ~e** * I'm getting off at the next stop (*ou* station *etc*) ◆ **à la ~e occasion** at the next *ou* first opportunity

◆ **à la prochaine!** * (= *salut*) see you! *, be seeing you! *

b (= *proche*) *[arrivée, départ]* impending, imminent; *[mort]* imminent; *[avenir]* near, immediate ◆ **un jour ~** soon, in the near future ◆ **un de ces ~s jours** one of these days, before long

c *[village]* (= *suivant*) next; (= *voisin*) neighbouring *(Brit)*, neighboring *(US)*, nearby; (= *plus près*) nearest

d *(littér) [cause]* immediate

NM fellow man; *(Rel)* neighbour *(Brit)*, neighbor *(US)*

**prochainement** /pʀɔʃɛnmɑ̃/ ADV soon, shortly ◆ **~ (sur vos écrans) ...** *(Ciné)* coming soon *ou* shortly ...

**proche** /pʀɔʃ/ ADJ a *(dans l'espace) [village]* neighbouring *(Brit) (épith)*, neighboring *(US) (épith)*, nearby *(épith)*; *[rue]* nearby *(épith)* ◆ **être (tout) ~** to be (very) near *ou* close, to be (quite) close by ◆ **le magasin le plus ~** the nearest shop

b (= *imminent) [mort]* close *(attrib)*, at hand *(attrib)*; *[départ]* imminent, at hand *(attrib)* ◆ **dans un ~ avenir** in the near *ou* immediate future ◆ **être ~** *[de fin, but]* to be drawing near, to be near at hand ◆ **la nuit est ~** it's nearly nightfall ◆ **l'heure est ~ où ...** the time is at hand when ...; → **futur**

c (= *récent) [événement]* close *(attrib)*, recent

d *[parent]* close, near ◆ **mes plus ~s parents** my nearest *ou* closest relatives, my next of kin *(Admin)*

e *[ami]* close ◆ **je me sens très ~ d'elle** I feel very close to her ◆ **les ~s conseillers/collaborateurs du président** the president's closest *ou* immediate advisers/associates

f (= *semblable)* similar ◆ **nos positions sont très ~s** our positions are very similar, we take a very similar position *ou* line

g *(loc)*

◆ **proche de** (= *avoisinant*) close to, near; (= *parent de*) closely related to ◆ **~ de la ville** near the town, close to the town ◆ **être ~ de** *[+ fin, victoire]* to be nearing, to be close to; *[+ dénouement]* to be nearing, to be drawing close to ◆ **être ~ de la mort** to be near death *ou* close to death ◆ **les maisons sont très ~s les unes des autres** the houses are very close together ◆ **l'italien est ~ du latin** Italian is closely related to Latin ◆ **une désinvolture ~ de l'insolence** offhandedness verging on insolence ◆ **selon des sources ~s de l'ONU** according to sources close to the UN

ADV

◆ **de proche en proche** step by step, gradually ◆ **la nouvelle se répandit de ~ en ~** the news gradually spread

NM *(surtout pl)* close relation ◆ **les ~s** close relations, next of kin *(Admin)*

**Proche-Orient** /pʀɔʃɔʀjɑ̃/ NM ◆ **le ~** the Near East ◆ **du ~** Near Eastern, in *ou* from the Near East

**proche-oriental, e** (mpl **proche-orientaux**) /pʀɔʃɔʀjɑ̃tal, o/ ADJ Near Eastern

**proclamateur, -trice** /pʀɔklamatœʀ, tʀis/ NM,F proclaimer

**proclamation** /pʀɔklamasjɔ̃/ NF a (= *reconnaissance officielle) [de république, état d'urgence]* proclamation, declaration; *[de verdict, résultats d'élection, résultats d'examen]* announcement ◆ **~ de l'indépendance** declaration of independence b (= *texte)* proclamation

**proclamer** /pʀɔklame/ ► conjug 1 ◄ VT a (= *affirmer) [+ conviction, vérité]* to proclaim ◆ **~ son innocence** to proclaim *ou* declare one's innocence ◆ **~ que ...** to proclaim *ou* declare *ou* assert that ... ◆ **il se proclamait le sauveur du pays** he proclaimed *ou* declared himself (to be) the saviour of the country ◆ **chez eux, tout proclamait la pauvreté** *(littér)* everything in their house proclaimed their poverty b (= *reconnaître officiellement) [+ république, état d'urgence, état de siège, indépendance]* to proclaim, to declare; *[+ décret]* to publish; *[+ verdict, résultats]* to announce ◆ **~ qn roi** to proclaim sb king

**proclitique** /pʀɔklitik/ ADJ, NM proclitic

**proconsul** /pʀokɔ̃syl/ NM proconsul

**procrastination** /pʀɔkʀastinasjɔ̃/ NF *(littér)* procrastination

**procréateur, -trice** /pʀɔkʀeatœʀ, tʀis/ *(littér)* ADJ procreative NM,F procreator

**procréation** /pʀɔkʀeasjɔ̃/ NF *(littér)* procreation *(littér)*, reproduction ◆ **~ artificielle** *ou* **médicale(ment) assistée** artificial *ou* assisted reproduction

**procréer** /pʀɔkʀee/ ► conjug 1 ◄ VT *(littér)* to procreate

**procuration** /pʀɔkyʀasjɔ̃/ NF *(Jur) (pour voter, représenter qn)* proxy; *(pour toucher de l'argent)* power of attorney ◆ **avoir (une) ~** to have power of attorney *ou* an authorization ◆ **avoir ~ sur un compte en banque** to have power of attorney over a bank account ◆ **donner (une) ~ à qn** to give sb power of attorney, to authorize sb ◆ **par ~** *(lit)* by proxy; *(fig) [vivre, voyager]* vicariously

**procurer** /pʀɔkyʀe/ ► conjug 1 ◄ VT a (= *faire obtenir*) **~ qch à qn** to get *ou* obtain sth for sb, to find sth for sb, to provide sb with sth b (= *apporter) [+ joie, ennuis]* to bring; *[+ avantage]* to bring, to give, to procure ◆ **le plaisir que procure le jardinage** the pleasure that gardening brings *ou* that one gets from gardening VPR **se procurer** (= *obtenir)* to get, to procure, to obtain (for o.s.); (= *trouver)* to find, to come by; (= *acheter)* to get, to buy (o.s.)

**procureur** /pʀɔkyʀœʀ/ NM a *(Jur)* **~ (de la République)** public *ou* state prosecutor ◆ **~ général** public prosecutor *(in appeal courts)* ◆ **~ de la Couronne** *(Can)* Crown prosecutor *(Can)* b *(Rel)* procurator

**prodigalité** /pʀɔdigalite/ NF a (= *caractère)* prodigality, extravagance b (= *dépenses)* **~s** extravagance, extravagant expenditure *(NonC)* c *(littér* = *profusion) [de détails]* abundance, profusion, wealth

**prodige** /pʀɔdiʒ/ NM (= *événement)* marvel, wonder; (= *personne)* prodigy ◆ **un ~ de la nature/science** a wonder of nature/science ◆ **tenir du ~** to be astounding *ou* extraordinary ◆ **faire des ~s** to work wonders ◆ **grâce à des ~s de courage/patience** thanks to his (*ou* her *etc*) prodigious *ou* extraordinary courage/patience ADJ ◆ **enfant ~** child prodigy

**prodigieusement** /pʀɔdiʒjøzmɑ̃/ ADV *[ennuyeux, long, compliqué, cher]* incredibly ◆ **~ doué** prodigiously talented ◆ **cela nous a agacé ~** we found it intensely irritating

**prodigieux, -ieuse** /pʀɔdiʒjø, jøz/ ADJ *[foule, force, bêtise]* prodigious, incredible, phenomenal; *[personne, génie]* prodigious, phenomenal; *[effort]* prodigious, tremendous, fantastic

**prodigue** /pʀɔdig/ ADJ (= *dépensier)* extravagant, wasteful, prodigal; (= *généreux)* generous ◆ **être ~ de ses compliments** to be lavish with one's praise ◆ **être ~ de conseils** to be full of advice *ou* free with one's advice ◆ **lui, en général si peu ~ de compliments/conseils** he who is usually so sparing of compliments/advice ◆ **être ~ de son temps** to be unsparing *ou* unstinting of one's time ◆ **être ~ de son bien** to be lavish with one's money ◆ **l'enfant** *ou* **le fils ~** *(Rel)* the prodigal son NMF spendthrift

**prodiguer** /pʀɔdige/ ► conjug 1 ◄ VT *[+ compliments, conseils]* to be full of, to pour out; *[+ argent]* to be lavish with ◆ **~ des compliments/conseils à qn** to lavish compliments/advice on sb, to pour out compliments/advice to sb ◆ **elle me prodigua ses soins** she lavished care on me ◆ **malgré les soins que le médecin lui a prodigués** in spite of the care *ou* treatment the doctor gave him ◆ **se ~ sans compter** to spare no effort, to give unsparingly *ou* unstintingly of o.s.

**pro domo** /pʀodomo/ LOC ADJ ◆ **faire un plaidoyer ~** *(Jur)* to defend o.s., to plead one's own case; *(fig)* to justify o.s. ◆ **le discours du ministre était un véritable plaidoyer ~** the minister's speech was a real exercise in self-justification

**prodrome** /pʀɔdʀom/ **NM** *(littér)* forerunner; *(Méd)* prodrome

**producteur, -trice** /pʀɔdyktœʀ, tʀis/ **ADJ** ◆ **pays ~ de pétrole** oil-producing country, oil producer ◆ **pays ~ de blé** wheat-growing country, wheat producer ◆ **société productrice** *(Ciné)* film company **NM,F** **a** *(Comm)* producer; *(Agr)* *[d'œufs]* producer; *[de blé, tomates]* grower, producer ◆ **du ~ au consommateur** from the producer to the consumer **b** *(Ciné, TV)* producer ◆ **~-réalisateur** *(TV)* producer and director

**productible** /pʀɔdyktibl/ **ADJ** producible

**productif, -ive** /pʀɔdyktif, iv/ **ADJ** productive ◆ **~ d'intérêts** *(Fin)* that bears interest, interest-bearing

**production** /pʀɔdyksjɔ̃/ **NF** **a** *(NonC) (Ind)* production; *(Agr)* production, growing; *[de rouille, humidité, son]* production

**b** *(= ensemble de produits, rendement) (Ind)* production, output; *(Agr)* production, yield ◆ **~ annuelle de blé** annual wheat production *ou* yield ◆ **notre ~ est inférieure à nos besoins** our output is lower than our needs ◆ **~ brute** gross output ◆ **capacité/coûts de ~** production capacity/costs ◆ **directeur de la ~** production manager; → **moyen²**

**c** *(= produit)* product ◆ **~s** *(Agr)* produce; *(Comm, Ind)* products, goods

**d** *(= œuvre)* work; *(= ensemble de l'œuvre)* works ◆ **la ~ cinématographique/dramatique du XX^e siècle** 20th-century cinema/plays ◆ **les ~s de l'esprit** creations of the mind

**e** *(Jur) [de document]* presentation

**f** *(Ciné, Radio, TV)* production ◆ **assistant/directeur de ~** production assistant/manager; → **société**

**productique** /pʀɔdyktik/ **NF** factory *ou* industrial automation

**productivisme** /pʀɔdyktivism/ **NM** emphasis on high productivity, productivism *(SPÉC)*

**productiviste** /pʀɔdyktivist/ **ADJ** *[société]* that puts strong emphasis on high productivity, productivist *(SPÉC)* ◆ **pour rompre avec la logique ~** to break away from the overemphasis on high productivity **NMF** advocate of high productivity, productivist *(SPÉC)*

**productivité** /pʀɔdyktivite/ **NF** productivity, productiveness; *(Écon, Ind = rendement)* productivity

**produire** /pʀɔdɥiʀ/ ► conjug 38 ◄ **VT** **a** *(Ind)* to produce; *(Agr)* to produce, to grow ◆ **pays qui produit du pétrole** country which produces oil, oil-producing country ◆ **cette école a produit plusieurs savants** this school has produced several scientists

**b** *(= créer) [+ roman]* to produce, to write; *[+ tableau]* to produce, to paint ◆ **un poète qui ne produit pas beaucoup** a poet who doesn't write much

**c** *(Fin) [+ intérêt]* to yield, to return ◆ **arbre/terre qui produit de bons fruits** tree/soil which yields *ou* produces good fruit ◆ **certains sols produisent plus que d'autres** some soils are more productive *ou* give a better yield than others

**d** *(= causer) [+ rouille, humidité, son]* to produce, to make; *[+ effet]* to produce, to have; *[+ changement]* to produce, to bring about; *[+ résultat]* to produce, to give; *[+ sensation]* to cause, to create ◆ **~ une bonne/mauvaise impression sur qn** to make a good/bad impression on sb ◆ **il a produit une forte impression sur les examinateurs** he made a great impression on the examiners, the examiners were highly impressed by him

**e** *(Jur) [+ document]* to present, to produce; *[+ témoin]* to produce

**f** *(Ciné, Radio, TV) [+ film, émission]* to produce

**VPR** **se produire** **a** *(= survenir)* to happen, to occur, to take place ◆ **cela peut se ~** it can happen ◆ **ce cas ne s'était jamais produit** this kind of case had never come up before ◆ **il s'est produit un revirement dans l'opinion** there has been a complete change in public opinion ◆ **le changement qui s'est produit en lui** the change that has come over him *ou* taken place in him

**b** *[acteur, chanteur]* to perform, to give a performance, to appear ◆ **se ~ sur scène** to appear live *ou* on stage ◆ **se ~ en public** to appear in public, to give a public performance

**produit** /pʀɔdɥi/ **NM** **a** *(= denrée, article)* product ◆ **~s** *(Agr)* produce; *(Comm, Ind)* goods, products ◆ **il faudrait acheter un ~ pour nettoyer les carreaux** we'll have to buy something to clean the windows (with) ◆ **il y avait plein de ~s dans le placard** there was all sorts of stuff in the cupboard ◆ **chef** *ou* **responsable (de) ~** product manager, brand manager ◆ **un ~ typique de notre université** *(fig)* a typical product of our university ◆ **c'est le (pur) ~ de ton imagination** it's a (pure) figment of your imagination

**b** *(= rapport)* product, yield; *(= bénéfice)* profit; *(= revenu)* income ◆ **le ~ de la collecte sera donné à une bonne œuvre** the proceeds from the collection will be given to charity ◆ **vivre du ~ de sa terre** to live off the land

**c** *(Math)* product

**d** *(Chim)* product, chemical

**e** *(Zool = petit)* offspring *(inv)*

**COMP** ▷ **produits agricoles** agricultural *ou* farm produce ▷ **produits alimentaires** foodstuffs ▷ **produit d'appel** loss leader ▷ **produit bancaire** banking product ▷ **produits de beauté** cosmetics, beauty products ▷ **produits blancs** white goods ▷ **produits bruns** brown goods ▷ **produit brut** *(= bénéfice)* gross profit; *(= objet)* unfinished product ▷ **produit chimique** chemical ▷ **produit de consommation** consumable ◆ **~ de consommation courante** basic consumable ◆ **~s de grande consommation** consumer goods ▷ **produits dérivés** *(Comm, Fin)* derivatives ▷ **produit d'entretien** clean(s)ing product ▷ **produit d'épargne** savings product ▷ **produit financier** financial product ▷ **produit de l'impôt** tax yield ▷ **produits industriels** industrial goods *ou* products ▷ **produit intérieur brut** gross domestic product ▷ **produits manufacturés** manufactured goods ▷ **produit national brut** gross national product ▷ **produit net** net profit ▷ **produit pétrolier** oil product ▷ **produit pharmaceutique** pharmaceutical (product) ▷ **produits de première nécessité** vital commodities ▷ **produits de toilette** toiletries ▷ **produit pour la vaisselle** washing-up liquid *(Brit)*, dish soap *(US)* ▷ **produit des ventes** income *ou* proceeds from sales; → **substitution**

**proéminence** /pʀɔeminɑ̃s/ **NF** prominence, protuberance

**proéminent, e** /pʀɔeminɑ̃, ɑ̃t/ **ADJ** prominent, protuberant

**prof** * /pʀɔf/ **NMF** (abrév de **professeur**) *(Scol)* teacher; *(Univ)* ≃ lecturer *(Brit)*, instructor *(US)*, prof * *(US)*; *(avec chaire)* prof *

**profanateur, -trice** /pʀɔfanatœʀ, tʀis/ **ADJ** profaning *(épith)*, profane **NM,F** profaner

**profanation** /pʀɔfanasjɔ̃/ **NF** **a** *[d'église, autel, hostie, sépulture]* desecration **b** *[de sentiment, souvenir, nom]* defilement; *[d'institution]* debasement; *[de talent]* prostitution, debasement

**profane** /pʀɔfan/ **ADJ** **a** *(= non spécialiste)* **je suis ~ en la matière** I'm a layman in the field, I don't know (very) much about the subject **b** *(= non religieux) [fête]* secular; *[auteur, littérature, musique]* secular, profane *(littér)* **NMF** **a** *(gén)* layman, lay person ◆ **aux yeux du ~** to the layman *ou* the uninitiated ◆ **un ~ en art** a person who knows nothing about art **b** *(Rel)* non-believer **NM** *(Rel)* ◆ **le ~** the secular, the profane *(littér)* ◆ **le ~ et le sacré** the sacred and the profane

> ⚠ **profane** *se traduit par le mot anglais* **profane** *uniquement au sens de 'non religieux'.*

**profaner** /pʀɔfane/ ► conjug 1 ◄ **VT** **a** *[+ église, autel, hostie, sépulture]* to desecrate **b** *[+ sentiments, souvenir, nom]* to defile; *[+ institution]* to debase; *[+ talent]* to prostitute, to debase

**proférer** /pʀɔfeʀe/ ► conjug 6 ◄ **VT** *[+ parole]* to utter; *[+ injures]* to utter, to pour out

**professer** /pʀɔfese/ ► conjug 1 ◄ **VT** **a** *[+ idées, opinions]* to put forward; *[+ doctrine, admiration, mépris]* to proclaim; *[+ foi]* to profess; *(fig)* to proclaim ◆ **~ que ...** to proclaim that ... **b** *(Scol)* to teach

**professeur** /pʀɔfesœʀ/ **NM** *(gén)* teacher; *[de lycée, collège]* (school) teacher; *(Univ)* ≃ lecturer *(Brit)*, instructor *(US)*; *(avec chaire)* professor ◆ **elle est ~** she's a (school) teacher ◆ **(Monsieur) le ~ Durand** *(Univ)* Professor Durand ◆ **~ de piano/de chant** piano/singing teacher *ou* master *(Brit) ou* mistress *(Brit)* ◆ **~ de droit** lecturer in law, professor of law ◆ **l'ensemble des ~s** the teaching staff

**COMP** ▷ **professeur agrégé** *(gén)* qualified schoolteacher *(who has passed the agrégation)*; *(en médecine)* professor of medicine *(holder of the agrégation)*; *(Can Univ)* associate professor ▷ **professeur certifié** qualified schoolteacher *(who has passed the CAPES)* ▷ **professeur des écoles** primary school teacher ▷ **professeur d'enseignement général des collèges** basic-grade schoolteacher *(in a collège)* ▷ **professeur principal** ≃ class teacher *(Brit)*, form tutor *(Brit)*, homeroom teacher *(US)*; → **associé**

**professeure** /pʀɔfesœʀ/ **NF** *(surtout Can)* → **professeur**

**profession** /pʀɔfesjɔ̃/ **NF** **a** *(gén)* occupation; *(manuelle)* trade; *(libérale)* profession ◆ **exercer la ~ de médecin** to be a doctor by profession, to practise as a doctor *(Brit)*, to practice medicine *(US)* ◆ **menuisier de ~** carpenter by trade ◆ **menteur de ~** *(hum)* professional liar ◆ **"sans profession"** *(Admin) (gén)* "unemployed"; *(femme mariée)* "housewife"

**b** *(= personnes)* **(les gens de) la ~** *(gén)* the people in the profession; *(= artisans)* the people in the trade

**c** *(loc)* **faire ~ de non-conformisme** to profess nonconformism ◆ **ceux qui font ~ de démocratiser l'information** those who proclaim that they want to make information available to all

**COMP** ▷ **profession de foi** *(Rel, fig)* profession of faith ▷ **profession libérale** (liberal) profession ◆ **les membres des ~s libérales** professional people, the members of the (liberal) professions

**professionnalisation** /pʀɔfesjɔnalizasjɔ̃/ **NF** *[d'armée, recherche]* professionalization ◆ **la ~ des études est renforcée par les stages en entreprise** work experience schemes in companies help to give a vocational focus to studies

**professionnaliser** /pʀɔfesjɔnalize/ ▸ conjug 1 ◂ VT *[+ armée, métier]* to professionalize; *[+ sportif]* to make professional ◆ **filière/formation professionnalisée** vocational course/training VPR **se professionnaliser** *[sport, activité]* to become professionalized, to professionalize; *[sportif]* to turn professional

**professionnalisme** /pʀɔfesjɔnalism/ NM professionalism

**professionnel, -elle** /pʀɔfesjɔnɛl/ ADJ a *[activité, maladie]* occupational *(épith)*; *[école]* technical *(épith)* ◆ **faute professionnelle** (professional) negligence *(NonC)*; *(Méd)* malpractice ◆ **formation/orientation professionnelle** vocational training/guidance ◆ **cours ~** vocational training course ◆ **frais ~s** business expenses ◆ **(être tenu par) le secret ~** (to be bound by) professional secrecy; → **certificat, conscience, déformation**

b *[écrivain, sportif]* professional; *(hum) [menteur]* professional, adept ◆ **il est très ~ (dans ce qu'il fait)** he's very professional, he has a very professional attitude

NM,F a *(gén, Sport)* professional ◆ **c'est un travail de ~** *(pour un professionnel)* it's a job for a professional; *(bien fait)* it's a professional job ◆ **passer ~** to turn professional ◆ **les ~s du tourisme** people working in the tourist industry

b *(Ind)* skilled worker

**professionnellement** /pʀɔfesjɔnɛlmɑ̃/ ADV professionally

**professoral, e** (mpl **-aux**) /pʀɔfesɔʀal, o/ ADJ *[ton, attitude]* professorial ◆ **le corps ~** *(gén)* (the) teachers, the teaching profession; *[d'école]* the teaching staff

**professorat** /pʀɔfesɔʀa/ NM ◆ **le ~** the teaching profession ◆ **le ~ de français** French teaching, the teaching of French

**profil** /pʀɔfil/ NM a *(= silhouette) [de personne]* profile; *[d'édifice]* outline, profile; *[de voiture]* line ◆ **de ~** *[dessiner]* in profile; *[regarder]* sideways on, in profile ◆ **un ~ de médaille** *(fig)* a finely chiselled profile ◆ **garder (le) ~ bas, prendre** *ou* **adopter un ~ bas** *(fig)* to keep a low profile b *(= coupe) [de bâtiment, route]* profile; *(Géol) [de sol]* section c *(Psych)* profile ◆ **~ de carrière** career profile ◆ **le ~ d'un étudiant** the profile of a student's performance ◆ **il a le bon ~ pour le métier** his previous experience *ou* his career to date *ou* his career profile seems right for the job

**profilé, e** /pʀɔfile/ (ptp de **profiler**) ADJ *(gén)* shaped; *(= aérodynamique)* streamlined NM *(Tech)* ◆ **~ (métallique)** metal section

**profiler** /pʀɔfile/ ▸ conjug 1 ◂ VT a *(Tech) (= dessiner)* to profile, to represent in profile; *(= fabriquer)* to shape; *(= rendre aérodynamique)* to streamline b *(= faire ressortir)* **la cathédrale profile ses tours contre le ciel** the cathedral towers stand out *ou* stand outlined *ou* are silhouetted against the sky VPR **se profiler** *[objet]* to stand out (in profile), to be outlined *(sur, contre* against); *[ennuis, solution]* to emerge ◆ **se ~ à l'horizon** *[obstacles, menace]* to loom on the horizon; *[élections]* to loom ◆ **une solution politique se profile à l'horizon** we can see the beginnings of a political solution

**profit** /pʀɔfi/ NM a *(Comm, Fin = gain)* profit ◆ **(faire) passer qch par** *ou* **aux ~s et pertes** *(lit, fig)* to write sth off (as a loss) ◆ **il n'y a pas de petit(s) ~(s)** great oaks from little acorns grow *(Prov)* look after the pennies and the pounds will look after themselves *(Brit)*; → **compte**

b *(= avantage)* benefit, advantage ◆ **être d'un grand ~ à qn** to be of great benefit *ou* most useful to sb ◆ **faire du ~** *(gén)* to be economical, to be good value (for money); * *[de vêtement]* to wear well; *[de rôti]* to go a long way ◆ **ce rôti n'a pas fait de ~** that roast didn't go very far ◆ **ses vacances lui ont fait beaucoup de ~** *ou* **lui ont été d'un grand ~** his holiday did him a lot of good, he greatly benefited from his holiday ◆ **il fait (son) ~ de tout** he turns everything to (his) advantage ◆ **vous avez ~ à faire cela** it's in your interest *ou* to your advantage to do that ◆ **s'il le fait, c'est qu'il y trouve son ~** if he does it, it's because it's to his advantage *ou* in his interest *ou* because he's getting something out of it* ◆ **il a suivi les cours sans (en tirer) aucun ~** he attended the classes without deriving any benefit from them ◆ **il a suivi les cours avec ~** he attended the classes and got a lot out of them *ou* and gained a lot from them ◆ **tirer ~ de** *[+ leçon, affaire]* to profit *ou* benefit from ◆ **tirer ~ du malheur des autres** to profit from *ou* take advantage of other people's misfortune

c *(locutions)*

◆ **à profit** ◆ **mettre à ~** *[+ idée, invention]* to turn to (good) account; *[+ jeunesse, temps libre, sa beauté]* to make the most of, to take advantage of ◆ **tourner qch à ~** to turn sth to good account ◆ **il a mis à ~ le mauvais temps pour ranger le grenier** he made the most of *ou* took advantage of the bad weather to tidy the attic, he turned the bad weather to (good) account by tidying up the attic

◆ **au profit de** *(gén)* for; *(= pour aider)* in aid of ◆ **il est soupçonné d'espionnage au ~ d'un pays étranger** he's suspected of spying for a foreign country ◆ **collecte au ~ des aveugles** collection in aid of the blind ◆ **ils ont perdu du terrain/la ville au ~ des socialistes** they've lost ground/the town to the socialists ◆ **il sacrifie sa vie de famille au ~ de son travail** he sacrifices his family life to his work ◆ **le dessin a disparu au ~ de la photo** drawing has been replaced *ou* supplanted by photography ◆ **le fioul a été abandonné au ~ du gaz** oil has been dropped in favour of gas

**profitabilité** /pʀɔfitabilite/ NF profitability

**profitable** /pʀɔfitabl/ ADJ *(= utile)* beneficial, of benefit *(attrib)*; *(= lucratif)* profitable *(à* to); ◆ **le stage lui a été très ~** he got a lot out of the training course, the training course was of great benefit to him

**profiter** /pʀɔfite/ ▸ conjug 1 ◂ VT INDIR **profiter de** *(= tirer avantage de) [+ situation, privilège, occasion, crédulité]* to take advantage of; *(= jouir de) [+ jeunesse, vacances]* to make the most of, to take advantage of ◆ **ils ont profité de ce que le professeur était sorti pour se battre** they took advantage of the fact that the teacher had gone out to have a fight ◆ **elle en a profité pour se sauver** she took advantage of the opportunity to slip away ◆ **profitez de la vie !** make the most of life! ◆ **je n'ai pas assez profité de mes enfants (quand ils étaient petits)** I wasn't able to enjoy being with my children as much as I would have liked (when they were small)

VT INDIR **profiter à** *(= rapporter à)* ◆ **à qn** *(financièrement)* to be profitable to sb; *[situation]* to be to sb's advantage; *[repos]* to benefit sb, to be beneficial to sb; *[conseil]* to benefit sb ◆ **à qui cela profite-t-il ?** who stands to gain by it?, who will that help? ◆ **à qui profite le crime ?** who would benefit from the crime?; → **bien**

VI * *(= se développer) [enfant]* to thrive, to grow; *(= être économique) [plat]* to go a long way, to be economical; *[vêtement]* to wear well

**profiterole** /pʀɔfitʀɔl/ NF profiterole

**profiteur, -euse** /pʀɔfitœʀ, øz/ NM,F profiteer ◆ **~ de guerre** war profiteer

**profond, e** /pʀɔfɔ̃, ɔ̃d/ ADJ a *(lit)* deep ◆ **décolleté ~** plunging neckline ◆ **peu ~** *[eau, vallée, puits]* shallow; *[coupure]* superficial ◆ **~ de 3 mètres** 3 metres deep ◆ **forage ~** deep-sea drilling; → **eau**

b *(= grand, extrême) [soupir, silence]* deep, heavy; *[sommeil]* deep, sound; *[coma, respect]* deep; *[mystère, malaise]* deep, profound; *(littér) [nuit]* deep *(littér)*, dark; *[changement, joie, foi, différence, influence]* profound; *[erreur]* serious; *[ignorance]* profound, extreme; *[intérêt, sentiment]* profound, keen; *[ennui]* profound, acute; *[révérence]* low, deep ◆ **les couches ~es** *[de peau]* the deeper *ou* lower layers; *[de sol]* the (earth's) substrata

c *(= caché, secret) [cause, signification]* underlying, deeper; *(Ling) [structure]* deep; *[tendance]* deep-seated, underlying ◆ **son comportement traduit sa nature ~e** his true nature is reflected in his behaviour ◆ **la France ~e** *(gén)* the broad mass of French people; *(des campagnes)* rural France ◆ **l'Amérique ~e** middle America

d *(= pénétrant) [penseur, réflexion]* profound, deep; *[esprit, remarque]* profound

e *[couleur, regard, voix]* deep

ADV *[creuser]* deep; *[planter]* deep (down)

LOC PRÉP **au plus profond de** *[+ désespoir, forêt]* in the depths of ◆ **au plus ~ de la mer** at the (very) bottom of the sea, in the depths of the sea ◆ **au plus ~ de la nuit** at dead of night ◆ **au plus ~ de mon être** in the depths of my being, in my deepest being

**profondément** /pʀɔfɔ̃demɑ̃/ ADV *[choqué, ému]* deeply, profoundly; *[préoccupé]* deeply, intensely; *[attristé, bouleversé]* deeply; *[convaincu]* deeply, utterly; *[différent]* profoundly, vastly; *[influencer, se tromper]* profoundly; *[réfléchir]* deeply, profoundly; *[aimer, ressentir, regretter]* deeply; *[respirer]* deep(ly); *[creuser, pénétrer]* deep; *[s'incliner]* low ◆ **il dort ~** *(en général)* he sleeps soundly, he's a sound sleeper; *(en ce moment)* he's sound *ou* fast asleep ◆ **s'ennuyer ~** to be utterly *ou* acutely *ou* profoundly bored ◆ **idée ~ ancrée dans les esprits** idea deeply rooted in people's minds ◆ **une tradition ~ enracinée** a deeply-rooted tradition ◆ **ça m'est ~ égal** I really couldn't care less

**profondeur** /pʀɔfɔ̃dœʀ/ NF a *[de boîte, mer, trou]* depth; *[de plaie]* deepness, depth ◆ **à cause du peu de ~ de la rivière** because of the shallowness of the river ◆ **cela manque de ~** it's not deep enough ◆ **creuser en ~** to dig deep ◆ **creuser jusqu'à 3 mètres de ~** to dig down to a depth of 3 metres ◆ **avoir 10 mètres de ~** to be 10 metres deep *ou* in depth ◆ **à 10 mètres de ~** 10 metres down, at a depth of 10 metres ◆ **~ de champ** *(Photo)* depth of field

b *(= fond)* **~s** *[de métro, mine, poche]* depths ◆ **les ~s de l'être** the depths of the human psyche ◆ **se retrouver dans les ~s du classement** *(Sport)* to be at the bottom of the table(s)

c *[de personne]* profoundness, profundity, depth; *[d'esprit, remarque]* profoundness, profundity; *[de sentiment]* depth, keenness; *[de sommeil]* soundness, depth; *[de regard]* depth; *[de couleur, voix]* deepness

LOC ADV, LOC ADJ **en profondeur** *[agir, exprimer]* in depth; *[réformer]* radically, completely; *[nettoyage]* thorough; *[réforme]* radical, thorough(going) ♦ **cette pommade agit en ~** this cream works deep into the skin

**pro forma** /pʀofɔʀma/ ADJ INV ♦ **facture ~** pro forma invoice

**profus, e** /pʀɔfy, yz/ ADJ *(littér)* profuse

**profusément** /pʀɔfyzemɑ̃/ ADV *(littér)* profusely, abundantly

**profusion** /pʀɔfyzjɔ̃/ NF *[de fleurs, lumière]* profusion; *[d'idées, conseils]* wealth, abundance, profusion ♦ **il nous a décrit la scène avec une incroyable ~ de détails** he described the scene to us in the most elaborate detail ♦ **nous ne nous attendions pas à une telle ~ de candidatures** we didn't expect such a flood of applicants *ou* such a large number of applications

♦ **à profusion** ♦ **il y a des fruits à ~ sur le marché** there is fruit galore* *ou* in plenty *ou* there is plenty of fruit on the market ♦ **nous en avons à ~** we've got plenty *ou* masses*

**progéniture** /pʀɔʒenityʀ/ NF *[d'homme, animal]* offspring, progeny *(littér)*; *(hum = famille)* offspring *(hum)*

**progéria** /pʀɔʒeʀja/ NM progeria

**progestatif** /pʀɔʒɛstatif/ NM progestogen, progestin

**progestérone** /pʀɔʒɛsteʀɔn/ NF progesterone

**progiciel** /pʀɔʒisjɛl/ NM software package

**programmable** /pʀɔgʀamabl/ ADJ programmable ♦ **touche ~** user-definable key ♦ **l'enchaînement des titres est ~ (à l'avance)** *(Hi-fi)* the sequence of tracks can be preset

**programmateur, -trice** /pʀɔgʀamatœʀ, tʀis/ NM,F *(Radio, TV)* programme *(Brit)* *ou* program *(US)* planner NM *(= appareil)* *(gén)* time switch; *[de four]* autotimer

**programmation** /pʀɔgʀamasjɔ̃/ NF *(Radio, TV)* programming, programme *(Brit)* *ou* program *(US)* planning; *(Ordin)* programming

**programmatique** /pʀɔgʀamatik/ ADJ *(Pol)* programmatic ♦ **document ~** policy document

**programme** /pʀɔgʀam/ NM a *(= éléments prévus) [de cinéma, concert, radio, télévision]* programme *(Brit)*, program *(US)* ♦ **au ~** on the programme ♦ **voici le ~ de la matinée** *(Radio, TV)* here is a rundown of the morning's programmes ♦ **fin de nos ~s à minuit** *(Radio, TV)* our programmes will end at midnight, close-down will be at midnight *(Brit)*, we will be closing down at midnight *(Brit)* ♦ **changement de ~** change in (the) *ou* of programme

b *(= brochure) [de cinéma, théâtre, concert]* programme *(Brit)*, program *(US)*; *[de radio, télévision]* *(gén)* guide, listings magazine; *(= section de journal)* listings

c *(Scol) [de matière]* syllabus; *[de classe, école]* curriculum ♦ **le ~ de français** the French syllabus ♦ **quel est le ~ cette année ?** what's (on) the curriculum this year? ♦ **les œuvres du** *ou* **au ~** the set *(Brit)* *ou* assigned *(US)* books *ou* works, the books on the syllabus

d *(= projet, Pol)* programme *(Brit)*, program *(US)* ♦ **~ d'action/de travail** programme of action/of work ♦ **~ commun** joint programme ♦ **~ économique/nucléaire/de recherches** economic/nuclear/research programme ♦ **~ électoral** election programme *ou* platform ♦ **le ~ européen Socrates** the European Socrates programme ♦ **c'est tout un ~ !*, vaste ~ !*** that'll take some doing!

e *(= calendrier)* programme *(Brit)*, program *(US)* ♦ **quel est le ~ de la journée ?** *ou* **des réjouissances ?*** what's the programme for the day?, what's on the agenda?* ♦ **j'ai un ~ très chargé** I have a very busy timetable ♦ **il y a un changement de ~** there's been a change of plan ♦ **ce n'était pas prévu au ~** it wasn't expected, that wasn't on the agenda ♦ **son frère n'était pas prévu au ~** his brother wasn't supposed to come along

f *[de machine à laver]* programme *(Brit)*, program *(US)*; *(Ordin)* (computer) program ♦ **~ source/objet** source/object program

g *(Sport)* programme *(Brit)*, program *(US)* ♦ **~ libre** *[de patinage artistique]* free skating

**programmer** /pʀɔgʀame/ ► conjug 1 ◄ VT a *[+ émission]* to schedule; *[+ machine]* to programme *(Brit)*, to program *(US)*; *[+ magnétoscope]* to set, to programme *(Brit)*, to program *(US)*; *[+ ordinateur]* to program ♦ **composition programmée** *(Typo)* computer(ized) *ou* electronic typesetting ♦ **~ à l'avance** *[+ magnétoscope]* to preset b *(= prévoir, organiser) [+ opération, naissance, vacances]* to plan ♦ **son dernier concert est programmé à Paris** his last concert is scheduled to take place in Paris ♦ **ce bébé n'était pas vraiment programmé*** this baby wasn't really planned VI *(Ordin)* to (write a) program

**programmeur, -euse** /pʀɔgʀamœʀ, øz/ NM,F (computer) programmer

**progrès** /pʀɔgʀɛ/ NM a *(= amélioration)* progress *(NonC)* ♦ **faire des ~/de petits ~** to make progress/a little progress ♦ **il y a du ~ !** *(gén)* there is some progress *ou* improvement; *(iro)* you're (*ou* he's *etc*) improving! *ou* getting better! *(iro)* ♦ **c'est un grand ~** it's a great advance, it's a great step forward ♦ **il a fait de grands ~** he has made great progress *ou* shown (a) great improvement ♦ **nos ventes ont enregistré un léger/net ~** our sales have increased slightly/sharply ♦ **les ~ de la médecine** advances in medicine ♦ **les grands ~ technologiques de ces dix dernières années** the great strides forward *ou* the great advances made in technology in the last ten years

b ♦ **le ~** *(= évolution)* progress *(NonC)* ♦ **le ~ économique** economic progress *ou* development ♦ **le ~ social** social progress ♦ **c'est le ~ !** that's progress! ♦ **on n'arrête pas le ~ !** you can't stop progress!; *(iro)* that's progress for you! ♦ **les forces de ~** *(Pol)* the forces of progress ♦ **les hommes et les femmes de ~** progressives, progressive people

c *(= progression) [d'incendie, inondation]* spread, progress; *[de maladie]* progression, progress; *[d'armée]* progress, advance; *[de criminalité, délinquance]* rise (*de* in); ♦ **suivre les ~ de** *[+ incendie, maladie]* to monitor the progress of

LOC ADV **en progrès** ♦ **être en ~** *[élève]* to be making progress; *[résultats d'un élève]* to be improving; *[résultats économiques]* to be improving, to show an increase; *[productivité, rentabilité]* to be increasing *ou* improving; *[monnaie]* to gain ground ♦ **le franc est en léger ~** the franc is up slightly ♦ **hier, le dollar était en net ~** yesterday the dollar rose sharply ♦ **avec le PIB en ~ de 2%** with GDP up by 2% ♦ **leur parti est en ~ par rapport aux dernières élections** their party has gained ground since the last elections ♦ **il est en net ~ dans les sondages** he's gaining a lot of ground in the polls

**progresser** /pʀɔgʀese/ ► conjug 1 ◄ VI a *(= s'améliorer) [élève]* to progress, to make progress ♦ **il a beaucoup progressé cette année** he has made a lot of progress *ou* has come on well this year

b *(= augmenter) [prix, ventes, production, chômage]* to rise, to increase, to go up; *[monnaie]* to rise; *[criminalité, délinquance]* to be on the increase ♦ **le mark a progressé de 3% face au franc** the mark rose 3% against the franc ♦ **la criminalité a encore progressé** crime is on the rise again ♦ **il a progressé dans les sondages** he has gained ground in the polls ♦ **elle a progressé de 3 points dans les sondages** she has gained 3 points in the polls

c *(= avancer) [ennemi, explorateurs, sauveteurs]* to advance, to make headway *ou* progress; *[maladie]* to progress; *[recherches, science]* to advance, to progress; *[projet]* to progress; *[idée, théorie]* to gain ground, to make headway ♦ **afin que notre monde/la science progresse** so that our world/science goes forward *ou* progresses *ou* makes progress

**progressif, -ive** /pʀɔgʀesif, iv/ ADJ a *(= graduel) [détérioration, réduction, développement]* progressive, gradual; *[impôt, taux]* progressive ♦ **de manière progressive** gradually, progressively b *[lunettes]* varifocal; *[verres]* progressive c *(Ling)* progressive

**progression** /pʀɔgʀesjɔ̃/ NF a *[d'élève, explorateurs]* progress; *[d'ennemi]* advance; *[de maladie]* progression, spread; *[de science]* progress, advance; *[d'idées]* spread, advance ♦ **il faut stopper la ~ du racisme** we must stop the spread of racism, we must stop racism from spreading

♦ **en progression** ♦ **être en ~** *[chiffre d'affaires, ventes]* to be increasing, to be up; *[monnaie]* to be gaining ground ♦ **ventes en ~** rising *ou* increasing sales ♦ **le PIB est en ~ de 3%** GDP is up *ou* has risen by 3% ♦ **le chômage est en ~ constante/de 5%** unemployment is steadily increasing/has increased by 5% ♦ **le chiffre d'affaires est en ~ par rapport à l'année dernière** turnover is up on last year

b *(Math, Mus)* progression ♦ **~ arithmétique/géométrique** arithmetic/geometric progression ♦ **~ économique** economic advance

**progressisme** /pʀɔgʀesism/ NM progressivism

**progressiste** /pʀɔgʀesist/ ADJ, NMF progressive

**progressivement** /pʀɔgʀesivmɑ̃/ ADV gradually, progressively

**progressivité** /pʀɔgʀesivite/ NF progressiveness

**prohibé, e** /pʀɔibe/ (ptp de **prohiber**) ADJ *[marchandise, action]* prohibited, forbidden; *[arme]* illegal

**prohiber** /pʀɔibe/ ► conjug 1 ◄ VT to prohibit, to ban, to forbid

**prohibitif, -ive** /pʀɔibitif, iv/ ADJ *[prix]* prohibitive; *[mesure]* prohibitory, prohibitive

**prohibition** /pʀɔibisjɔ̃/ NF *(gén)* prohibition (*de* of, on); ♦ **la Prohibition** *(Hist US)* Prohibition ♦ **~ du port d'armes** ban on the carrying of weapons ♦ **ils veulent imposer la ~ de l'alcool** they want a ban on alcohol to be introduced

**prohibitionnisme** /pʀɔibisjɔnism/ NM prohibitionism

**prohibitionniste** /pʀɔibisjɔnist/ ADJ, NMF prohibitionist

**proie** /pʀwɑ/ NF *(lit, fig)* prey *(NonC)* ♦ **c'est une ~ facile pour des escrocs** he's easy prey *ou* game* for swindlers ♦ **être la ~ de** to fall prey *ou* victim to, to be the prey of ♦ **le pays fut la ~ des envahisseurs** the country fell prey to invaders ◆ **la maison était la ~ des flammes** the house was engulfed in flames ◆ **lâcher** *ou* **laisser la ~ pour l'ombre** *(fig)* to give up what one has (already) for some uncertain *ou* fanciful alternative; → **oiseau**

◆ **en proie à** ◆ **être en ~ à** *[+ guerre, crise, violence, récession]* to be plagued by, to be in the grip of; *[+ difficultés financières]* to be plagued *ou* beset by; *[+ doute, émotion]* to be prey to; *[+ colère]* to be seething with; *[+ douleur]* to be racked *ou* tortured by ◆ **il était en ~ au remords** he was stricken with *ou* racked by remorse ◆ **en ~ au désespoir** racked by despair ◆ **en ~ à la panique** panic-stricken

**projecteur** /pʀɔʒɛktœʀ/ NM **a** *[de diapositives, film]* projector ◆ **~ sonore** sound projector **b** *(= lumière) [de théâtre]* spotlight; *[de prison, bateau]* searchlight; *[de monument public, stade]* floodlight; *(Aut)* headlamp unit *ou* assembly, headlight ◆ **être (placé) sous les ~s (de l'actualité)** *(fig)* to be in the spotlight *ou* limelight ◆ **braquer les ~s de l'actualité sur qch** to turn the spotlight on sth ◆ **jeter un coup de ~ sur qch** *(fig)* to put sth under the spotlight

**projectif, -ive** /pʀɔʒɛktif, iv/ ADJ projective

**projectile** /pʀɔʒɛktil/ NM *(gén)* missile; *(Mil, Tech)* projectile

**projection** /pʀɔʒɛksjɔ̃/ NF **a** *[de film] (= action)* projection, screening, showing; *(= séance)* screening, showing ◆ **~ privée/publique** private/public screening *ou* showing ◆ **~ vidéo** video screening ◆ **appareil de ~** projector ◆ **conférence avec des ~s (de diapositives)** lecture (illustrated) with slides, slide lecture; → **cabine, salle**

**b** *(= prévision)* forecast ◆ **selon les ~s officielles, le déficit public devrait augmenter** according to official forecasts *ou* predictions, the public deficit is going to rise ◆ **faire des ~s** to make forecasts ◆ **si nous faisons des ~s sur sept ans** if we forecast seven years ahead *ou* make forecasts for the next seven years

**c** *(Math, Psych)* projection (*sur* onto); ◆ **~ de Mercator** Mercator's projection

**d** *[d'ombre]* casting

**e** *(= lancement) [de liquide, vapeur]* discharge, ejection ◆ **~s volcaniques** volcanic ejections *ou* ejecta ◆ **~ de cendres** emission of ash ◆ **des ~s de graisse/d'acide** splashes of fat/acid

**projectionniste** /pʀɔʒɛksjɔnist/ NMF projectionist

**projet** /pʀɔʒɛ/ NM **a** *(= dessein, intention)* plan ◆ **~s criminels/de vacances** criminal/holiday plans ◆ **faire des ~s d'avenir** to make plans for the future, to make future plans ◆ **faire** *ou* **former le ~ de faire qch** to plan to do sth ◆ **ce ~ de livre/d'agrandissement** this plan for a book/for an extension ◆ **quels sont vos ~s pour le mois prochain ?** what are your plans *ou* what plans have you got for next month? ◆ **ce n'est encore qu'un ~, c'est encore à l'état de ~** *ou* **en ~** it's still only at the planning stage ◆ **c'est resté à l'état de ~** *(gén)* it never came to anything; *[réforme, mesure]* it never got off the drawing-board

**b** *(= ébauche) [de roman]* (preliminary) draft; *[de maison, ville]* plan ◆ **~ de budget** budget proposal ◆ **~ de loi** bill ◆ **~ de réforme** reform bill ◆ **~ de réforme constitutionnelle** constitutional amendment bill ◆ **~ de résolution de l'ONU** UN draft resolution ◆ **établir un ~ d'accord/de contrat** to draft an agreement/a contract, to produce a draft agreement/contract ◆ **~ de société** vision of society ◆ **~ de vie** life plan

**c** *(= travail en cours)* project ◆ **~ de construction de logements** house-building scheme *ou* project

> ⚠ Au sens de 'intention', **projet** se traduit rarement par **project**.

**projeter** /pʀɔʒ(ə)te/ GRAMMAIRE ACTIVE 35.2 ▸ conjug 4 ◂

VT **a** *(= envisager)* to plan (*de faire* to do); ◆ **as-tu projeté quelque chose pour les vacances ?** have you made any plans *ou* have you planned anything for your holidays?

**b** *(= jeter) [+ gravillons]* to throw up; *[+ étincelles]* to throw off; *[+ fumée]* to send out, to discharge; *[+ lave]* to eject, to throw out ◆ **attention ! la poêle projette de la graisse** careful! the frying pan is spitting (out) fat ◆ **être projeté hors de** to be thrown *ou* hurled *ou* flung out of ◆ **on lui a projeté de l'eau dans les yeux** someone threw water into his eyes

**c** *(= envoyer) [+ ombre, reflet]* to cast, to project, to throw; *[+ film, diapositive]* to project; *(= montrer)* to show ◆ **on peut ~ ce film sur un petit écran** this film may be projected onto *ou* shown on a small screen ◆ **on nous a projeté des diapositives** we were shown some slides

**d** *(Math, Psych)* to project (*sur* onto)

VPR **se projeter** *[ombre]* to be cast, to fall (*sur* on)

**projeteur, -euse** /pʀɔʒ(ə)tœʀ, øz/ NM,F project designer

**projo*** /pʀoʒo/ NM abrév de **projecteur**

**prolapsus** /pʀolapsys/ NM prolapse

**prolégomènes** /pʀɔlegɔmɛn/ NMPL prolegomena

**prolepse** /pʀɔlɛps/ NF *(Littérat)* prolepsis

**prolétaire** /pʀɔletɛʀ/ ADJ proletarian NMF proletarian ◆ **les enfants de ~s** children of working-class people ◆ **~s de tous les pays, unissez-vous !** workers of the world, unite!

**prolétariat** /pʀɔletaʀja/ NM proletariat

**prolétarien, -ienne** /pʀɔletaʀjɛ̃, jɛn/ ADJ proletarian

**prolétarisation** /pʀɔletaʀizasjɔ̃/ NF proletarianization

**prolétariser** /pʀɔletaʀize/ ▸ conjug 1 ◂ VT to proletarianize

**prolifération** /pʀɔlifeʀasjɔ̃/ NF proliferation ◆ **la ~ nucléaire** nuclear proliferation

**proliférer** /pʀɔlifeʀe/ ▸ conjug 6 ◂ VI to proliferate ◆ **les guerres civiles prolifèrent** civil wars are breaking out all over the world

**prolifique** /pʀɔlifik/ ADJ prolific

**prolixe** /pʀɔliks/ ADJ *[orateur, discours]* verbose, prolix *(frm)* ◆ **il n'a pas été très ~** he wasn't very forthcoming

**prolixité** /pʀɔliksite/ NF verbosity, prolixity *(frm)*

**prolo*** /pʀolo/ (abrév de **prolétaire**) NMF working-class person ADJ *[quartier, personne]* working-class ◆ **ça fait ~** it's common

**prologue** /pʀɔlɔg/ NM prologue (*à* to)

**prolongateur** /pʀɔlɔ̃gatœʀ/ NM extension cable *ou* lead

**prolongation** /pʀɔlɔ̃gasjɔ̃/ NF **a** *(dans le temps) [de séjour, trêve, séance, visa, délai, contrat]* extension; *[de vie, maladie]* prolongation; *(Mus) [de note]* prolongation ◆ **~s** *(Ftbl)* extra time *(NonC) (Brit)*, overtime *(NonC) (US)* ◆ **obtenir une ~** to get an extension ◆ **ils ont joué les ~s** *(Ftbl)* they played extra time *(Brit) ou* overtime *(US)*, the game *ou* they went into extra time *(Brit) ou* overtime *(US)*; *(hum : en vacances, pour un travail)* they stayed on **b** *(dans l'espace) [de rue]* extension; *(Math) [de ligne]* prolongation

**prolonge** /pʀɔlɔ̃ʒ/ NF ammunition wagon ◆ **~ d'artillerie** gun carriage

**prolongé, e** /pʀɔlɔ̃ʒe/ (ptp de **prolonger**) ADJ *[débat, séjour, absence]* prolonged, lengthy; *[rire, cri, sécheresse]* prolonged; *[effort]* prolonged, sustained ◆ **exposition ~e au soleil** prolonged exposure to the sun ◆ **jeune fille ~e** *(hum ou †)* old maid ◆ **c'est un adolescent ~** he's an overgrown teenager ◆ **rue de la Paix ~e** continuation of Rue de la Paix ◆ **en cas d'arrêt ~** in case of prolonged stoppage ◆ **week-end ~** long weekend ◆ **la station assise/debout ~e peut provoquer des douleurs** sitting/standing in the same position for an extended period of time can cause aches and pains ◆ **ce déodorant a une action ~e** this deodorant has a long-lasting effect ◆ **"pas d'utilisation prolongée sans avis médical"** "not to be taken for long periods without medical advice"

**prolongement** /pʀɔlɔ̃ʒmɑ̃/ NM **a** *[de bâtiment, voie ferrée, ligne de métro, route, délai, période]* extension ◆ **l'outil doit être un ~ du bras** the tool should be like an extension of one's arm ◆ **décider le ~ d'une route** to decide to extend *ou* continue a road ◆ **cette rue se trouve dans le ~ de l'autre** this street runs on from the other *ou* is the continuation of the other

**b** *(= suite) [d'affaire, politique, rapport]* repercussion, consequence ◆ **c'est le ~ logique de la politique entreprise** it's the logical extension *ou* consequence of the policy that has been undertaken ◆ **ce rapport est dans le ~ du précédent** this report follows on from the previous one ◆ **dans le ~ de ce que je disais ce matin** following on from *ou* to continue with what I was saying this morning ◆ **dans le ~ de la réflexion amorcée en 1998, il a déclaré que ...** expanding on *ou* developing the line of thought first outlined in 1998, he declared that ...

**prolonger** /pʀɔlɔ̃ʒe/ ▸ conjug 3 ◂ VT **a** *(dans le temps) [+ séjour, trêve, séance, délai, contrat]* to extend, to prolong; *[+ visa]* to extend; *[+ vie, maladie]* to prolong; *(Mus) [+ note]* to prolong ◆ **nous ne pouvons ~ notre séjour** we can't stay any longer, we can't prolong our stay

**b** *(dans l'espace) [+ rue]* to extend, to continue; *(Math) [+ ligne]* to prolong, to produce ◆ **on a prolongé le mur jusqu'au garage** we extended *ou* continued the wall as far as *ou* up to the garage ◆ **ce bâtiment prolonge l'aile principale** this building is an extension *ou* a continuation of the main wing

VPR **se prolonger** **a** *(= continuer) [attente]* to go on; *[situation]* to go on, to last, to persist; *[effet]* to last, to persist; *[débat]* to last, to go on, to carry on; *[maladie]* to continue, to persist ◆ **il voudrait se ~ dans ses enfants** *(= se perpétuer)* he would like to live on in his children

**b** *(= s'étendre) [rue, chemin]* to go on, to carry on *(Brit)*, to continue

**promenade** /pʀɔm(ə)nad/ NF **a** *(à pied)* walk, stroll; *(en voiture)* drive, ride; *(en bateau)* sail; *(en vélo, à cheval)* ride ◆ **partir en ~, faire une ~** to go for a walk *ou* stroll (*ou* drive *etc*) ◆ **être en ~** to be out walking *ou* out for a walk ◆ **faire faire une ~ à qn** to take sb (out) for a walk ◆ **cette course a été une vraie ~ pour lui** the race was a walkover for him ◆ **ça n'a pas été une ~ de santé** it was no picnic* **b** *(= avenue)* walk, esplanade; *(= front de mer)* promenade

**promener** /pʀɔm(ə)ne/ ▸ conjug 5 ◂ VT **a** ◆ **(emmener) ~ qn** to take sb (out) for a walk *ou* stroll ◆ **~ le chien** to walk the dog, to take the dog out (for a walk) ♦ ~ **des amis à travers une ville** to show *ou* take friends round a town ♦ **cela te promènera** it will get you out for a while ♦ **il promène son nounours partout** * he trails his teddy bear around everywhere with him ♦ **est-ce qu'il va nous ~ encore longtemps à travers ces bureaux ?** * is he going to trail us round these offices much longer?; → **envoyer**

**b** *(fig)* ~ **son regard sur qch** to run *ou* cast one's eyes over sth ♦ ~ **ses doigts sur qch** to run *ou* pass one's fingers over sth ♦ **il promène sa tristesse/son ennui** he goes around looking sad/bored all the time ♦ **il promenait sa caméra/son micro dans les rues de New York** he roved the streets of New York with his camera/his microphone

**VPR se promener** **a** *(= aller en promenade)* to go for a walk *ou* stroll (*ou* drive *etc*) ♦ **aller se ~** to go (out) for a walk *ou* stroll (*ou* drive *etc*) ♦ **viens te ~ avec maman** come for a walk with mummy ♦ **se ~ dans sa chambre** to walk *ou* pace up and down in one's room ♦ **allez vous ~ !** * go and take a running jump! *, get lost! * ♦ **je ne vais pas laisser tes chiens se ~ dans mon jardin** I'm not going to let your dogs wander round my garden ♦ **il s'est vraiment promené dans cette course** *(Sport)* the race was a walkover for him

**b** *[pensées, regard, doigts]* to wander ♦ **son crayon se promenait sur le papier** he let his pencil wander over the paper, his pencil wandered over the paper ♦ **ses affaires se promènent toujours partout** * he always leaves his things lying around

**promeneur, -euse** /pʀɔm(ə)nœʀ, øz/ **NM,F** walker, stroller ♦ **les ~s du dimanche** people out for a Sunday walk *ou* stroll

**promenoir** /pʀɔm(ə)nwaʀ/ **NM** *(† : Théât)* promenade (gallery), standing gallery; *[d'école, prison]* (covered) walk

**promesse** /pʀɔmɛs/ **NF** *(= assurance)* promise; *(= parole)* promise, word; *(Comm)* commitment, undertaking ♦ ~ **de mariage** promise of marriage ♦ ~ **en l'air** *ou* **d'ivrogne** *ou* **de Gascon** empty *ou* vain promise ♦ ~ **d'achat/de vente** agreement to buy/to sell, purchase/sales agreement ♦ **fausses ~s** empty *ou* false promises ♦ **méfiez-vous des belles ~s des politiques** beware of politicians and their big promises ♦ **faire une ~** to make a promise, to give one's word ♦ **il m'en a fait la ~** he gave me his word ♦ **manquer à/tenir sa ~** to break/keep one's promise *ou* word ♦ **honorer/respecter ses ~s** to honour/keep one's promises ♦ **j'ai sa ~** I have his word for it, he has promised me ♦ **auteur plein de ~s** writer showing much promise *ou* full of promise, very promising writer ♦ **sourire plein de ~s** smile that promised (*ou* promises) much

**Prométhée** /pʀɔmete/ **NM** Prometheus

**prométhéen, -enne** /pʀɔmeteɛ̃, ɛn/ **ADJ** Promethean ♦ **le rêve ~** *man's dream of becoming master of his own destiny*

**prométhium** /pʀɔmetjɔm/ **NM** promethium

**prometteur, -euse** /pʀɔmetœʀ, øz/ **ADJ** *[début, signe]* promising; *[acteur, politicien]* up-and-coming, promising

**promettre** /pʀɔmɛtʀ/ ► conjug 56 ◄ **VT** **a** *[+ chose, aide]* to promise ♦ **je lui ai promis un cadeau** I promised him a present ♦ **je te le promets** I promise (you) ♦ **il n'a rien osé ~** he couldn't promise anything, he didn't dare commit himself ♦ **il a promis de venir** he promised to come ♦ **il m'a promis de venir** *ou* **qu'il viendrait** he promised me (that) he would *ou* he'd come ♦ ~ **la lune, ~ monts et merveilles** to promise the moon *ou* the earth ♦ **tu as promis, il faut y aller** you've promised *ou* you've given your word so you have to go ♦ **il ne faut pas ~ quand on ne peut pas tenir** one mustn't make promises that one cannot keep ♦ ~ **le secret** to promise to keep a secret ♦ ~ **son cœur/sa main/son amour** to pledge one's heart/one's hand/one's love

**b** *(= prédire)* to promise ♦ **je vous promets qu'il ne recommencera pas** I (can) promise you he won't do that again ♦ **il sera furieux, je te le promets** he'll be furious, I can promise you that ♦ **on nous promet du beau temps/un été pluvieux** we are promised *ou* we are in for * some fine weather/a rainy summer ♦ **ces nuages nous promettent de la pluie** these clouds mean *ou* promise rain ♦ **cela ne nous promet rien de bon** this doesn't look at all hopeful *ou* good (for us)

**c** *(= faire espérer)* to promise ♦ **le spectacle/dîner promet d'être réussi** the show/dinner promises to be a success ♦ **cet enfant promet** this child shows promise *ou* is promising, he's (*ou* she's) a promising child ♦ **ça promet !** *(iro)* that's a good start! *(iro)*, that's promising! *(iro)* ♦ **ça promet pour l'avenir/pour l'hiver !** *(iro)* that bodes well for the future/(the) winter! *(iro)*

**VPR se promettre** ♦ **se ~ du bon temps** *ou* **du plaisir** to promise o.s. a good time ♦ **je me suis promis un petit voyage** I've promised myself a little trip ♦ **se ~ de faire qch** to mean *ou* resolve to do sth ♦ **je me suis bien promis de ne jamais plus l'inviter** I vowed never to invite him again ♦ **elles se sont promis de garder le secret** they promised each other they'd keep it a secret

**promis, e** /pʀɔmi, iz/ (ptp de **promettre**) **ADJ** **a** *(= assuré)* promised ♦ **comme ~, il est venu** as promised, he came ♦ **voilà la photo ~e** here's the photograph I promised you ♦ **tu le feras ? – ~(, juré) !** *ou* **c'est ~ !** you'll do it? – yes, cross my heart! *ou* I promise! **b** *(= destiné)* **être ~ à un bel avenir** *[personne]* to be destined for great things, to have a bright future ahead of one; *[invention]* to have a bright future ♦ **quartier ~ à la démolition** area earmarked *ou* scheduled for demolition; → **chose, terre** **NM,F** *(††, dial)* betrothed †

**promiscuité** /pʀɔmiskɥite/ **NF** **a** *[de lieu public]* crowding *(NonC)* (*de* in); *[de chambre]* lack of privacy *(NonC)* (*de* in); ♦ **vivre dans la ~** to live in very close quarters, to live on top of one another **b** ♦ ~ **sexuelle** (sexual) promiscuity

**promo** * /pʀɔmo/ **NF** abrév de **promotion**

**promontoire** /pʀɔmɔ̃twaʀ/ **NM** *(Géog)* headland, promontory

**promoteur, -trice** /pʀɔmɔtœʀ, tʀis/ **NM,F** *(= instigateur)* promoter ♦ ~ **(immobilier)** property developer ♦ ~ **de ventes** sales promoter **NM** *(Chim)* promoter

**promotion** /pʀɔmosjɔ̃/ **NF** **a** *(= avancement)* promotion (*à un poste* to a job); ♦ ~ **sociale** social advancement **b** *(Scol)* year, class *(US)* ♦ **être le premier de sa ~** to be first in one's year *ou* class *(US)* **c** *(Comm = réclame)* special offer ♦ **notre ~ de la semaine** this week's special offer ♦ **article en ~** item on special offer ♦ **il y a une ~ sur les chemises** shirts are on special offer, there's a special on shirts *(US)* ♦ ~ **des ventes** sales promotion **d** *(= encouragement)* promotion ♦ **faire la ~ de** *[+ politique, idée, technique]* to promote **NFPL promotions** *(Helv Scol)* end of term party

**promotionnel, -elle** /pʀɔmosjɔnɛl/ **ADJ** *[article]* on (special) offer; *[vente, campagne]* promotional ♦ **tarif ~** special offer ♦ **offre promotionnelle** special offer, special *(US)* ♦ **matériel ~** publicity material

**promouvoir** /pʀɔmuvwaʀ/ ► conjug 27 ◄ **VT** *[+ personne]* to promote, to upgrade (*à* to); *[+ politique, recherche, idée, technique]* to promote; *(Comm) [+ produit]* to promote ♦ **il a été promu directeur** he was promoted *ou* upgraded to (the rank of) manager

**prompt, prompte** /pʀɔ̃(pt), pʀɔ̃(p)t/ **ADJ** *[réaction, départ]* prompt, swift; *[changement]* quick, swift ♦ **je vous souhaite un ~ rétablissement** get well soon, I wish you a speedy recovery ♦ ~ **à l'injure/aux excuses/à réagir/à critiquer** quick to insult/to apologize/to react/to criticize ♦ **avoir le geste ~** to be quick to act ♦ **il a l'esprit ~** he has a quick *ou* ready wit ♦ ~ **comme l'éclair** *ou* **la foudre** as quick as lightning ♦ **dans l'espoir d'une ~e réponse** *(Comm)* hoping for an early reply

**promptement** /pʀɔ̃ptəmɑ̃/ **ADV** *[agir, réagir]* quickly, swiftly; *[finir]* quickly; *[répondre, riposter]* promptly

**prompteur** /pʀɔ̃ptœʀ/ **NM** Autocue ® *(Brit)*, teleprompter ® *(US)*

**promptitude** /pʀɔ̃(p)tityd/ **NF** *[de répartie, riposte]* quickness; *[de réaction]* promptness, swiftness; *[de départ, changement]* suddenness; *[de guérison]* speed ♦ **il a réagi avec ~** he was quick to react

**promulgation** /pʀɔmylgasjɔ̃/ **NF** promulgation

**promulguer** /pʀɔmylge/ ► conjug 1 ◄ **VT** to promulgate

**pronateur** /pʀɔnatœʀ/ **ADJ M, NM** ♦ **(muscle) ~** pronator

**pronation** /pʀɔnasjɔ̃/ **NF** pronation

**prône** /pʀon/ **NM** sermon

**prôner** /pʀone/ ► conjug 1 ◄ **VT** **a** *(= préconiser)* to advocate, to recommend **b** *(= vanter)* to laud, to extol

**pronom** /pʀɔnɔ̃/ **NM** pronoun

**pronominal, e** (mpl **-aux**) /pʀɔnɔminal, o/ **ADJ** pronominal ♦ **(verbe) ~** pronominal *ou* reflexive (verb) ♦ **mettre un verbe à la forme ~e** to put a verb in its pronominal *ou* reflexive form

**pronominalement** /pʀɔnɔminalmɑ̃/ **ADV** pronominally, reflexively

**prononçable** /pʀɔnɔ̃sabl/ **ADJ** pronounceable ♦ **son nom est difficilement ~** his name is hard to pronounce ♦ **ce mot n'est pas ~** that word is unpronounceable

**prononcé, e** /pʀɔnɔ̃se/ (ptp de **prononcer**) **ADJ** *[accent, goût, trait]* pronounced, strong **NM** *(Jur)* pronouncement

**prononcer** /pʀɔnɔ̃se/ **GRAMMAIRE ACTIVE 33.3** ► conjug 3 ◄

**VT** **a** *(= articuler) [+ mot, son]* to pronounce ♦ **son nom est impossible à ~** his name is impossible to pronounce *ou* is unpronounceable ♦ **comment est-ce que ça se prononce ?** how is it pronounced?, how do you pronounce it? ♦ **cette lettre ne se prononce pas** that letter is silent *ou* is not pronounced ♦ **tu prononces mal** your pronunciation is poor ♦ **mal ~ un mot** to mispronounce a word, to pronounce a word badly ♦ ~ **distinctement** to speak clearly, to pronounce one's words clearly

**b** *(= dire) [+ parole, nom]* to utter; *[+ souhait]* to utter, to make; *[+ discours]* to make, to deliver ♦ **sortir sans ~ un mot** to go out without uttering a word ♦ **ne prononcez plus jamais ce nom !** don't you ever mention *ou* utter that name again! ♦ ~ **ses vœux** *(Rel)* to take one's vows c *[+ sentence]* to pronounce, to pass; *[+ dissolution, excommunication]* to pronounce ◆ ~ **le huis clos** to order that a case (should) be heard in camera

VI *(Jur)* to deliver *ou* give a verdict ◆ ~ **en faveur de/contre** *(littér)* to come down *ou* pronounce in favour of/against

VPR **se prononcer** *(= se décider) (gén)* to reach *ou* come to a decision (*sur* on, about); *(Jur)* to reach a verdict (*sur* on); *(= s'exprimer) (avis)* to give *ou* express an opinion (*sur* on); *(décision)* to give a decision (*sur* on); *(Jur)* to give a verdict (*sur* on); ◆ **le médecin ne s'est toujours pas prononcé** the doctor still hasn't given a verdict *ou* a firm opinion ◆ **se ~ en faveur de qn/pour qch** to come down *ou* pronounce o.s. in favour of sb/in favour of sth ◆ **se ~ contre une décision** to declare one's opposition to *ou* pronounce o.s. against a decision ◆ **"ne se prononcent pas"** *(sondage)* "don't know"

**prononciation** /pʀɔnɔ̃sjasjɔ̃/ NF a *(Ling)* pronunciation ◆ **la ~ de ce mot est difficile** this word is hard to pronounce ◆ **il a une bonne/mauvaise ~** he speaks/doesn't speak clearly, he pronounces/doesn't pronounce his words clearly; *(dans une langue étrangère)* his pronunciation is good/poor ◆ **faute** *ou* **erreur de ~** pronunciation error, error of pronunciation ◆ **faire une faute de ~** to mispronounce a word ◆ **défaut** *ou* **vice de ~** speech impediment *ou* defect b *(Jur)* pronouncement

**pronostic** /pʀɔnɔstik/ NM *(gén)* forecast, prognostication *(frm)*; *(Méd)* prognosis; *(Courses)* tip; *(Sport)* forecast ◆ **quels sont vos ~s ?** what's your forecast? ◆ **au ~ infaillible** unerring in his (*ou* her *etc*) forecasts ◆ **elle a fait le bon ~** *(gén)* her prediction proved correct; *(Méd)* she made the right prognosis ◆ **se tromper dans ses ~s** *(gén)* to get one's forecasts wrong ◆ **mes ~s donnaient le 11 gagnant** *(Courses)* I tipped number 11 to win ◆ **faire des ~s sur les matchs de football** to forecast the football results

**pronostiquer** /pʀɔnɔstike/ ▸ conjug 1 ◂ VT *(= prédire)* to forecast, to prognosticate *(frm)*; *(= être le signe de)* to foretell, to be a sign of; *(Courses)* to tip

**pronostiqueur, -euse** /pʀɔnɔstikœʀ, øz/ NM,F *(gén)* forecaster, prognosticator *(frm)*; *(Courses)* tipster

**pronunciamiento** /pʀɔnunsjamjɛnto/ NM pronunciamento

**pro-occidental, e** (mpl **pro-occidentaux**) /pʀɔɔksidɑ̃tal, o/ ADJ pro-Western

**propagande** /pʀɔpagɑ̃d/ NF propaganda ◆ ~ **électorale/de guerre** electioneering/war propaganda ◆ **faire de la ~ pour qch/qn** to push *ou* plug* sth/sb ◆ **je ne ferai pas de ~ pour ce commerçant/ce produit** I certainly won't be doing any advertising for *ou* plugging* this trader/this product ◆ **journal de ~** propaganda sheet *ou* newspaper ◆ **film/discours de ~** propaganda film/speech ◆ **discours de ~ électorale** electioneering speech

**propagandiste** /pʀɔpagɑ̃dist/ NMF propagandist

**propagateur, -trice** /pʀɔpagatœʀ, tʀis/ NM,F *[de méthode, religion, théorie]* propagator; *[de nouvelle]* spreader

**propagation** /pʀɔpagasjɔ̃/ NF a *[de foi, idée]* propagation; *[de nouvelle]* spreading; *[de maladie, épidémie]* spread; *[de rumeur]* spreading, putting about *(Brit)* ◆ **pour arrêter la ~ de l'incendie** to stop the fire spreading b *(Phys) [de son, onde, lumière, chaleur]* propagation ◆ **vitesse de ~** velocity of propagation c *(Bio)* propagation

**propager** /pʀɔpaʒe/ ▸ conjug 3 ◂ VT a *(= diffuser) [+ foi, idée]* to propagate; *[+ nouvelle, maladie]* to spread; *[+ rumeur]* to spread, to put about *(Brit)* b *(Phys) [+ son, lumière, onde]* to propagate c *(Bio) [+ espèce]* to propagate

VPR **se propager** a *(= se répandre) [incendie, idée, nouvelle, maladie]* to spread b *(Phys) [onde]* to be propagated c *(Bio) [espèce]* to propagate

**propane** /pʀɔpan/ NM propane

**propédeutique** † /pʀɔpedøtik/ NF *(Univ)* foundation course for first-year university students

**propène** /pʀɔpɛn/ NM propene

**propension** /pʀɔpɑ̃sjɔ̃/ NF proclivity *(frm)* (*à qch* to *ou* towards sth; *à faire* to do) propensity (*à qch* for sth; *à faire* to do); ◆ ~ **à consommer/économiser** *(Écon)* propensity to spend/save

**propergol** /pʀɔpɛʀgɔl/ NM *[de fusée]* propellant, propellent

**prophète** /pʀɔfɛt/ NM *(gén)* prophet, seer; *(Rel)* prophet ◆ **faux ~** false prophet ◆ ~ **de malheur** prophet of doom, doomsayer ◆ **les (livres des) Prophètes** *(Bible)* the Books of (the) Prophets; → **nul**

**prophétesse** /pʀɔfetɛs/ NF *(gén)* prophetess, seer; *(Rel)* prophetess

**prophétie** /pʀɔfesi/ NF prophecy

**prophétique** /pʀɔfetik/ ADJ prophetic

**prophétiquement** /pʀɔfetikmɑ̃/ ADV prophetically

**prophétiser** /pʀɔfetize/ ▸ conjug 1 ◂ VT to prophesy ◆ **il est facile de ~** it's easy to make predictions *ou* prophesies

**prophylactique** /pʀɔfilaktik/ ADJ prophylactic

**prophylaxie** /pʀɔfilaksi/ NF disease prevention, prophylaxis *(SPÉC)*

**propice** /pʀɔpis/ ADJ *[circonstance, occasion]* favourable *(Brit)*, favorable *(US)*, auspicious, propitious; *[milieu, terrain]* favourable *(Brit)*, favorable *(US)* ◆ **attendre le moment ~** to wait for the right moment *ou* an opportune *(frm)* moment ◆ **cherchons un endroit plus ~ pour discuter** let's look for a more suitable place to talk ◆ **être ~ à qch** to favour sth, to be favourable to sth ◆ **un climat ~ à la négociation** an atmosphere favourable *ou* conducive to negotiation ◆ **que les dieux vous soient ~s !** *(littér, hum)* may the gods look kindly *ou* smile upon you! *(littér, hum)*

**propitiation** /pʀɔpisjasjɔ̃/ NF propitiation ◆ **victime de ~** propitiatory victim

**propitiatoire** /pʀɔpisjatwaʀ/ ADJ propitiatory

**propolis** /pʀɔpɔlis/ NF propolis

**proportion** /pʀɔpɔʀsjɔ̃/ NF *(Art, Math)* proportion ◆ **la ~ hommes/femmes** the proportion *ou* ratio of men to women ◆ **hors de (toute) ~** out of (all) proportion (*avec* with); ◆ **sans ~ avec** out of proportion to ◆ **toute(s) ~(s) gardée(s)** relatively speaking, making due allowance(s)

◆ **à proportion de** in proportion to, proportionally to

◆ **en proportion** proportionately, in proportion ◆ **si le chiffre d'affaires augmente, les salaires seront augmentés en ~** if turnover increases, salaries will be raised proportionately *ou* commensurately ◆ **il a un poste élevé et un salaire en ~** he has a top position and a correspondingly high salary ◆ **pour maintenir un tel train de vie, il faut avoir des revenus en ~** to maintain such a lavish lifestyle, you must have an income to match

◆ **en proportion de** *(= relatif à)* proportional *ou* proportionate to, in proportion to, relative to; *(= relativement à)* proportionally to ◆ **l'entreprise investira en ~ de son chiffre d'affaires** the amount of money the company invests will be relative *ou* proportional to its turnover ◆ **c'est bien peu, en ~ du service qu'il m'a rendu** it's nothing, compared to all the favours he has done me

NFPL **proportions** *(= taille, importance)* proportions ◆ **édifice de belles ~s** well-proportioned building ◆ **cela a pris des ~s considérables** it reached considerable proportions ◆ **il faut ramener l'affaire à de justes ~s** this matter must be put into perspective ◆ **augmenter/réduire qch dans des ~s considérables** to increase/reduce sth considerably

**proportionnalité** /pʀɔpɔʀsjɔnalite/ NF proportionality; *(Pol)* proportional representation ◆ ~ **de l'impôt** proportional taxation (system)

**proportionné, e** /pʀɔpɔʀsjɔne/ (ptp de **proportionner**) ADJ ◆ ~ **à** proportional *ou* proportionate to ◆ **bien ~** well-proportioned ◆ **admirablement ~** admirably well-proportioned

**proportionnel, -elle** /pʀɔpɔʀsjɔnɛl/ ADJ *(gén, Math, Pol)* proportional ◆ ~ **à** proportional *ou* proportionate to, in proportion to *ou* with ◆ **directement/inversement ~ à** directly/inversely proportional to, in direct/inverse proportion to NF **proportionnelle** *(Math)* proportional ◆ **la proportionnelle (intégrale)** *(Pol)* (pure) proportional representation ◆ **élu à la proportionnelle** elected by proportional representation

**proportionnellement** /pʀɔpɔʀsjɔnɛlmɑ̃/ ADV proportionally, proportionately ◆ ~ **plus grand** proportionally *ou* proportionately bigger ◆ ~ **à** in proportion to, proportionally to

**proportionner** /pʀɔpɔʀsjɔne/ ▸ conjug 1 ◂ VT to proportion, to make proportional, to adjust (*à* to)

**propos** /pʀɔpo/ NM a *(gén pl)* words ◆ **ses ~ ont irrité tout le monde** what he said annoyed everyone ◆ **ce sont des ~ en l'air** it's just empty *ou* idle talk *ou* hot air* ◆ **tenir des ~ blessants** to say hurtful things, to make hurtful remarks ◆ **tenir des ~ désobligeants à l'égard de qn** to make offensive remarks about sb, to say offensive things about sb ◆ **des ~ de personne soûle** *(péj)* drunken ramblings

b *(frm = intention)* intention, aim ◆ **mon ~ est de vous expliquer ...** my intention *ou* aim is to explain to you ... ◆ **il n'entre pas dans mon ~ de ...** it is not my intention to ... ◆ **tel n'était pas mon ~** that was not my intention ◆ **avoir le ferme ~ de faire qch** to have the firm intention of doing sth ◆ **faire qch de ~ délibéré** to do sth deliberately *ou* on purpose

c *(= sujet)* **à quel ~ voulait-il me voir ?** what did he want to see me about? ◆ **à quel ~ est-il venu ?** what was his reason for coming?, what brought him?* ◆ **c'est à quel ~ ?** what is it about?, what is it in connection with? ◆ **à ~ de ta voiture** about your car, on the subject of your car ◆ **je vous écris à ~ de l'annonce** I am writing regarding *ou* concerning the advertisement *ou* in connection with the advertisement ◆ **à tout ~** *(= sans arrêt)* every other minute ◆ **il se plaint à tout ~** he complains at the slightest (little) thing ◆ **il se met en colère à ~ de tout et de rien** *ou* **à tout ~** he loses his temper at the slightest (little) thing *ou* for no reason at all ◆ **à ce ~** in this connection, (while) on this subject ◆ **hors de ~** irrelevant d ◆ **à ~** *[décision]* well-timed, opportune, timely; *[remarque]* apt, pertinent, apposite; *[arriver]* at the right moment *ou* time ◆ **tomber** *ou* **arriver mal à ~** to happen (just) at the wrong moment *ou* time ◆ **voilà qui tombe à ~/mal à ~ !** it couldn't have come at a better/worse time! *ou* moment! ◆ **il a jugé à ~ de nous prévenir** he thought it right to let us know, he saw fit to let us know ◆ **à ~, dis-moi ...** incidentally *ou* by the way, tell me ...

**proposer** /pRɔpoze/ GRAMMAIRE ACTIVE 28.1
► conjug 1 ◄

VT a *(= suggérer) [+ arrangement, interprétation, projet, appellation]* to suggest, to propose; *[+ solution, interprétation]* to suggest, to put forward, to propose; *[+ candidat]* to propose, to nominate, to put forward; *(Scol, Univ) [+ sujet, texte]* to set *(Brit)*, to assign *(US)*; *(Pol) [+ loi]* to move, to propose ◆ **on a proposé mon nom pour ce poste** my name has been put forward for this post ◆ **~ qch à qn** to suggest *ou* put sth to sb ◆ **~ de faire qch** to suggest *ou* propose doing sth ◆ **le film que nous vous proposons (de voir) ce soir** *(TV)* the film we are showing this evening, our film this evening ◆ **l'homme propose, Dieu dispose** *(Prov)* man proposes, God disposes *(Prov)* ◆ **je vous propose de passer me voir** I suggest that you come round and see me ◆ **qu'est-ce que tu proposes ?** what do you suggest? ◆ **~ qu'une motion soit mise aux voix** to move that a motion be put to the vote

b *(= offrir) [+ aide, prix, situation]* to offer ◆ **~ qch à qn** to offer sth to sb, to offer sb sth ◆ **~ de faire qch** to offer to do sth ◆ **on me propose une nouvelle voiture** I am being offered *ou* I have the offer of a new car ◆ **je lui ai proposé de la raccompagner** I offered to see her home

VPR **se proposer** a *(= offrir ses services)* to offer one's services ◆ **elle s'est proposée pour garder les enfants** she offered to look after the children

b *(= envisager) [+ but, tâche]* to set o.s. ◆ **se ~ de faire qch** to intend *ou* mean *ou* propose to do sth ◆ **il se proposait de prouver que ...** he set out to prove that ...

> ⚠ *Au sens de 'offrir',* **proposer** *ne se traduit pas par* **to propose**.

**proposition** /pRɔpozisjɔ̃/ NF a *(= suggestion)* proposal, suggestion; *(Comm)* proposition; *(Pol = recommandation)* proposal ◆ **~s de paix** peace proposals ◆ **~ de réforme** reform proposal ◆ **~ de résolution** *(Jur)* proposal *ou* motion for a resolution ◆ **~ de loi** *(Pol)* private bill, private member's bill *(Brit)* ◆ **sur (la) ~ de** at the suggestion of, on the proposal of ◆ **sur sa ~, il a été décidé d'attendre** at his suggestion it was decided to wait ◆ **la ~ de qn à un grade supérieur** the nomination of sb to a higher position ◆ **faire une ~ (à qn)** to make (sb) a proposition ◆ **faire des ~s (malhonnêtes) à une femme** to proposition a woman ◆ **il a eu plusieurs ~s de films** he's been approached by several film directors

b *(Math, Philos) (= postulat)* proposition; *(= déclaration)* proposition, assertion

c *(Gram)* clause ◆ **~ principale/subordonnée/indépendante** main/subordinate/independent clause ◆ **~ consécutive** *ou* **de conséquence** consecutive *ou* result clause

**propositionnel, -elle** /pRɔpozisjɔnɛl/ ADJ propositional

**propre[1]** /pRɔpR/ ADJ a *(= pas sali, nettoyé) [linge, mains, maison, personne]* clean ◆ **des draps bien ~s** nice clean sheets ◆ **~ comme un sou neuf** as clean as a new pin ◆ **leurs enfants sont toujours (tenus) très ~s** their children are always very neat and tidy *ou* very neatly turned out ◆ **ce n'est pas ~ de manger avec les doigts** it's dirty to eat with your fingers ◆ **nous voilà ~s !** * now we're in a fine *ou* proper mess! * ◆ **c'est quelqu'un de très ~ sur lui** * he's very clean-cut ◆ **~ en ordre** *(Helv hum)* excessively clean and tidy

b *(= soigné) [travail, exécution]* neat, neatly done; *[cahier, copie]* neat; *[personne]* tidy, neat

c *(= qui ne salit pas) [chien, chat]* house-trained; *[enfant]* toilet-trained, potty-trained *; *(= non polluant) [moteur, voiture, produit]* clean ◆ **il n'est pas encore ~** he isn't toilet-trained *ou* potty-trained * yet

d *(= honnête) [personne]* honest, decent; *[affaire, argent]* honest; *[mœurs]* decent ◆ **il n'a jamais rien fait de ~** he's never done a decent *ou* an honest thing in his life ◆ **une affaire pas très ~** a slightly suspect *ou* shady piece of business ◆ **ce garçon-là, ce n'est pas grand-chose de ~** * that young man hasn't got much to recommend him *ou* isn't up to much *

NM ◆ **sentir le ~** * to smell clean ◆ **mettre** *ou* **recopier qch au ~** to make a fair copy of sth, to copy sth out neatly ◆ **c'est du ~ !** * *(gâchis)* what a mess!, what a shambles! *; *(comportement)* what a way to behave!, it's an absolute disgrace!

**propre[2]** /pRɔpR/ ADJ a *(intensif possessif)* own ◆ **il a sa ~ voiture** he's got his own car *ou* a car of his own ◆ **ce sont ses ~s mots** those are his own *ou* his very *ou* his actual words ◆ **de mes ~s yeux** with my own eyes ◆ **ils ont leurs caractères/qualités ~s** they have their own (specific) *ou* their particular characters/qualities; → **chef[2], initiative, main, moyen[2]**

b *(= particulier, spécifique)* **c'est un trait qui lui est ~** it's a trait which is peculiar to him, it's a distinctive *ou* specific characteristic of his ◆ **les coutumes ~s à certaines régions** the customs peculiar to *ou* characteristic of *ou* proper to *(frm)* certain regions ◆ **biens ~s** *(Jur)* personal property; → **fonds, nom, sens**

c *(= qui convient)* suitable, appropriate *(à* for); ◆ **le mot ~** the right *ou* proper word ◆ **ce n'est pas un lieu ~ à la conversation** it isn't a suitable *ou* an appropriate place for talking ◆ **sol ~ à la culture du blé** soil suitable for *ou* suited to wheat-growing ◆ **on l'a jugé ~ à s'occuper de l'affaire** he was considered the right man for *ou* suitable for the job

d *(= de nature à)* **un poste ~ à lui apporter des satisfactions** a job likely to bring him satisfaction ◆ **exercice ~ à développer les muscles des épaules** exercise that will develop the shoulder muscles ◆ **un lieu/une musique ~ au recueillement** a place/a type of music favourable *ou* conducive to meditation ◆ **c'est bien ~ à vous dégoûter de la politique** it's (exactly) the sort of thing that turns you *ou* to turn you right off politics, it's guaranteed to put you off politics

NM a *(= qualité distinctive)* peculiarity, (exclusive *ou* distinctive) feature ◆ **la raison est le ~ de l'homme** reason is a (distinctive) feature of man, reason is peculiar to man ◆ **la parole est le ~ de l'homme** speech is man's special gift *ou* attribute ◆ **c'est le ~ de ce système d'éducation de fabriquer des paresseux** it's a peculiarity *ou* feature of this educational system that it turns out idlers ◆ **avoir un domaine en ~** to be the sole owner of an estate, to have exclusive possession of an estate ◆ **cette caractéristique que la France possède en ~** this feature which is peculiar *ou* exclusive to France

b *(Ling)* **au ~** in the literal sense *ou* meaning, literally

> ⚠ **propre** *se traduit par* **proper** *uniquement au sens de 'qui convient'.*

**propre-à-rien** (pl **propres-à-rien**) /pRɔpRaRjɛ̃/ NMF good-for-nothing, ne'er-do-well, waster

**proprement** /pRɔpRəmɑ̃/ ADV a *(= avec propreté)* cleanly; *(= avec netteté)* neatly, tidily; *(= comme il faut)* properly; *(= décemment)* decently ◆ **tenir une maison très ~** to keep a house very clean ◆ **mange ~ !** don't make such a mess (when you're eating)!, eat properly! ◆ **se conduire ~** to behave properly *ou* correctly

b *(= exactement)* exactly, literally; *(= exclusivement)* specifically, strictly; *(= vraiment)* absolutely ◆ **à ~ parler** strictly speaking ◆ **le village ~ dit** the actual village, the village itself ◆ **la linguistique ~ dite** linguistics proper ◆ **c'est un problème ~ français** it's a specifically French problem ◆ **c'est ~ scandaleux** it's absolutely disgraceful ◆ **il m'a ~ fermé la porte au nez** he simply shut the door in my face ◆ **on l'a ~ rossé** he was well and truly beaten up

**propret, -ette** /pRɔpRɛ, ɛt/ ADJ *[personne]* neat (and tidy); *[chose]* neat (and tidy), spick-and-span *(attrib)*

**propreté** /pRɔpRəte/ NF a *[de linge, mains, maison, personne]* cleanliness, cleanness ◆ **ils n'ont aucune notion de ~** they have no notion of hygiene ◆ **l'apprentissage de la ~ chez l'enfant** toilet-training in the child ◆ **apprendre la ~ à un chiot** to house-train a puppy ◆ **d'une ~ méticuleuse** scrupulously clean ◆ **d'une ~ douteuse** not very clean ◆ **des meubles luisants de ~** sparkling clean furniture; → **plaque** b *[de travail, exécution d'un morceau de musique]* neatness; *(Scol) [de cahier, copie]* neatness

**propriétaire** /pRɔpRijetɛR/ NM a *[de voiture, chien, maison]* owner; *[d'hôtel, entreprise]* proprietor, owner ◆ **il est ~ (de sa maison)** he owns his (own) house ◆ **quand on est ~, il faut ...** when one is a home-owner *ou* house-owner one has to ...; → **tour[2]**

b *[de location]* landlord, owner ◆ **mis à la porte par son ~** thrown out by his landlord

c *[de terres, immeubles]* owner ◆ **~ éleveur** breeder ◆ **~ récoltant** grower ◆ **achat direct au ~** direct purchase from the grower ◆ **~ terrien** landowner ◆ **~ foncier** property owner ◆ **les petits ~s** smallholders

NF *(gén)* owner; *[d'hôtel, entreprise]* proprietress, owner; *[de location]* landlady, owner

ADJ *(Ordin) [logiciel, système]* proprietary

> ⚠ **propriétaire** *se traduit par* **proprietor** *uniquement quand on parle d'un hôtel, d'un restaurant ou d'une entreprise.*

**propriété** /pRɔpRijete/ NF a *(= droit)* ownership, property *(frm) (Jur)*; *(= possession)* property ◆ **~ de l'État/collective** state/collective ownership ◆ **la petite ~** *(gén)* small estates; *(Agr)* smallholdings ◆ **la grande ~** large estates; *(Agr)* large farms ◆ **posséder qch en toute ~** to be the sole owner of sth, to have sole ownership of sth ◆ **recevoir qch en pleine ~** to acquire the freehold of sth; → **accession, titre**

b *(= immeuble, maison)* property; *(= terres)* property *(NonC)*, land *(NonC)*, estate ◆ **revenu d'une ~** revenue from a property *ou* a piece of land

c *(= qualité)* property ◆ **~s chimiques/physiques/thérapeutiques** chemical/physical/therapeutic properties d *(= correction) [de mot]* appropriateness, suitability, correctness

COMP ▷ **propriété artistique** artistic copyright ▷ **propriété bâtie** developed property ▷ **propriété commerciale** security of tenure *(of industrial or commercial tenant)* ▷ **propriété foncière** property ownership ▷ **propriétés immobilières** real estate *(NonC)*, realty *(NonC) (Jur)* ▷ **propriété industrielle** patent rights ▷ **propriété intellectuelle** intellectual property ▷ **propriété littéraire** author's copyright ▷ **propriété non bâtie** undeveloped property ▷ **propriété privée** private property ▷ **propriété publique** public property

> ⚠ **propriété** *ne se traduit pas par le mot anglais* **propriety**, *qui a le sens de 'bienséance'.*

**proprio** * /pʀɔpʀijo/ NMF (abrév de **propriétaire**) *(= homme)* landlord; *(= femme)* landlady

**propulser** /pʀɔpylse/ ▸ conjug 1 ◂ VT a *[+ voiture]* to propel, to drive (along *ou* forward); *[+ missile]* to propel, to power

b *(= projeter)* to hurl, to fling ◆ **il a été propulsé contre le mur** he was hurled *ou* flung against the wall

c *(= promouvoir)* **on l'a propulsé à la direction du service** he suddenly found himself at the head of the department ◆ **avant de se retrouver propulsé au sommet de la hiérarchie** before suddenly finding himself at the top of *ou* thrust to the top of the hierarchy ◆ **le voilà propulsé au rang de star/à la tête de l'entreprise** and now he's suddenly become a star/the head of the company ◆ **on se retrouve propulsés dans un monde féerique** we suddenly find ourselves transported to a magical world

VPR **se propulser** *(= avancer)* to propel o.s. ◆ **l'entreprise s'est propulsée à la première place du marché** the company has shot into the lead

**propulseur** /pʀɔpylsœʀ/ ADJ M propulsive, driving *(épith)* NM a *[de fusée]* thruster ◆ ~ **d'appoint** booster b *(Ethnol)* throwing stick

**propulsif, -ive** /pʀɔpylsif, iv/ ADJ propelling, propellent

**propulsion** /pʀɔpylsjɔ̃/ NF propulsion ◆ **moteur à ~** propulsion engine ◆ **système de ~** propulsion system ◆ **à ~ atomique/nucléaire** atomic-/nuclear-powered ◆ **sous-marin à ~ classique** conventionally-powered submarine

**propylène** /pʀɔpilɛn/ NM propylene

**prorata** /pʀɔʀata/ NM INV proportional share, proportion ◆ **au ~ de** in proportion to, proportionally to, on the basis of ◆ **paiement au ~** payment on a pro rata basis

**prorogation** /pʀɔʀɔgasjɔ̃/ NF a *[de délai, durée]* extension; *[d'échéance]* putting back, deferment b *[de séance]* adjournment; *(Parl)* prorogation

**proroger** /pʀɔʀɔʒe/ ▸ conjug 3 ◂ VT a *(= prolonger) [+ délai, durée]* to extend; *(= reporter) [+ échéance]* to put back, to defer b *(= ajourner) [+ séance]* to adjourn; *(Parl)* to prorogue ◆ **le parlement s'est prorogé jusqu'en octobre** the parliament has adjourned *ou* prorogued until October

**prosaïque** /pʀozaik/ ADJ *[esprit, personne, vie, style, remarque, détail]* mundane, prosaic; *[goûts]* mundane, commonplace

**prosaïquement** /pʀozaikmɑ̃/ ADV prosaically ◆ **vivre ~** to lead a mundane life *ou* a prosaic existence ◆ **plus ~, je dirais ...** more prosaically, I would say ...

**prosaïsme** /pʀozaism/ NM mundanity, mundaneness

**prosateur** /pʀozatœʀ/ NM prose-writer, writer of prose

**proscription** /pʀɔskʀipsjɔ̃/ NF a *[d'idéologie, activité, drogue, mot]* banning, prohibition, proscription b *[de personne] (= mise hors la loi)* outlawing *(NonC)*; *(= exil)* banishment, exiling *(NonC)*

**proscrire** /pʀɔskʀiʀ/ ▸ conjug 39 ◂ VT a *[+ idéologie, activité]* to ban, to proscribe; *[+ drogue, mot]* to ban, to prohibit the use of, to proscribe ◆ ~ **une expression de son vocabulaire** to banish an expression from one's vocabulary ◆ **c'est à ~ absolument !** it is to be avoided at all costs! b *[+ personne] (= mettre hors la loi)* to outlaw; *(= exiler)* to banish, to exile

**proscrit, e** /pʀɔskʀi, it/ (ptp de **proscrire**) NM,F *(= hors-la-loi)* outlaw; *(= exilé)* exile

**prose** /pʀoz/ NF *(gén)* prose; *(= style)* prose (style) ◆ **poème/tragédie en ~** prose poem/tragedy ◆ **écrire en ~** to write in prose ◆ **faire de la ~** to write prose ◆ **la ~ administrative** *(péj)* officialese ◆ **je viens de lire sa ~** *(péj) (lettre)* I've just read his epistle *(hum)*; *(devoir, roman)* I've just read his great work *(iro, hum)*

**prosélyte** /pʀozelit/ NMF proselyte *(frm)*, convert ◆ **les ~s des médecines douces** converts to alternative medicine

**prosélytisme** /pʀozelitism/ NM proselytism ◆ **faire du ~** to proselytize, to preach

**prosodie** /pʀɔzɔdi/ NF prosody

**prosodique** /pʀɔzɔdik/ ADJ prosodic ◆ **trait ~** prosodic feature

**prosopopée** /pʀɔzɔpɔpe/ NF prosopopoeia, prosopopeia

**prospect** /pʀɔspɛ(kt)/ NM *(Écon)* prospect, prospective customer

**prospecter** /pʀɔspɛkte/ ▸ conjug 1 ◂ VT a *(Min)* to prospect b *(Comm) [+ marché]* to explore; *[+ région, clientèle]* to canvass ◆ **j'ai prospecté le quartier pour trouver une maison** I scoured *ou* searched the area to find a house

**prospecteur, -trice** /pʀɔspɛktœʀ, tʀis/ NM,F prospector

**prospecteur-placier** (pl **prospecteurs-placiers**) /pʀɔspɛktœʀplasje/ NM employment officer, job placement officer *(Brit)*

**prospectif, -ive** /pʀɔspɛktif, iv/ ADJ *(Écon)* ◆ **analyse prospective** forecast ◆ **cellule prospective** group of economic forecasters ◆ **ils ont fait des études prospectives** they made some forecasts ◆ **nous manquons d'une vision prospective sur ces marchés** we can't predict what will happen in these markets NF **prospective** *(gén)* futurology; *(Écon)* economic forecasting

> ⚠ *L'adjectif* **prospectif** *se traduit rarement par* **prospective**, *qui a le sens de 'futur'.*

**prospection** /pʀɔspɛksjɔ̃/ NF a *(Min)* prospecting ◆ **ils font de la ~ pétrolière** they are prospecting for oil b *(Comm) [de marché]* exploring; *[de région, clientèle]* canvassing ◆ **faire de la ~** to canvass for business

**prospectiviste** /pʀɔspɛktivist/ NMF *(gén)* futurologist; *(Écon)* (economic) forecaster

**prospectus** /pʀɔspɛktys/ NM leaflet ◆ ~ **publicitaire** publicity *ou* advertising leaflet ◆ **ma boîte aux lettres était pleine de ~** my letter box was full of junk mail

**prospère** /pʀɔspɛʀ/ ADJ a *[commerce, pays, collectivité]* prosperous, thriving, flourishing; *[période]* prosperous b *[personne]* blooming with health *(attrib)* ◆ **avoir une mine ~** to look healthy ◆ **être d'une santé ~** to be blooming with health

**prospérer** /pʀɔspeʀe/ ▸ conjug 6 ◂ VI *[commerce]* to prosper, to thrive, to flourish; *[personne]* to prosper, to do well; *[animal, activité, plante]* to thrive, to flourish

**prospérité** /pʀɔspeʀite/ NF a *(matérielle)* prosperity; *(économique)* prosperity, affluence b *(= santé)* (flourishing) health

**prostaglandine** /pʀɔstaglɑ̃din/ NF prostaglandin

**prostate** /pʀɔstat/ NF prostate (gland)

**prostatectomie** /pʀɔstatɛktɔmi/ NF prostatectomy

**prostatique** /pʀɔstatik/ ADJ prostatic NM prostate sufferer

**prosternation** /pʀɔstɛʀnasjɔ̃/ NF prostration

**prosterné, e** /pʀɔstɛʀne/ (ptp de **prosterner**) ADJ prostrate

**prosternement** /pʀɔstɛʀnəmɑ̃/ NM *(= action)* prostration; *(= attitude)* prostrate attitude; *(fig)* grovelling

**prosterner** /pʀɔstɛʀne/ ▸ conjug 1 ◂ VT *(littér)* to bow low ◆ **il prosterna le corps** he prostrated himself VPR **se prosterner** *(= s'incliner)* to bow low, to bow down, to prostrate o.s. (*devant* before); *(= s'humilier)* to grovel (*devant* before) to kowtow (*devant* to)

**prostitué** /pʀɔstitɥe/ NM male prostitute, rent boy * *(Brit)*

**prostituée** /pʀɔstitɥe/ NF prostitute

**prostituer** /pʀɔstitɥe/ ▸ conjug 1 ◂ VT *(lit)* ◆ ~ **qn** to make a prostitute of sb VPR **se prostituer** *(lit, fig)* to prostitute o.s.

**prostitution** /pʀɔstitysjɔ̃/ NF *(lit, fig)* prostitution

**prostration** /pʀɔstʀasjɔ̃/ NF *(Méd, Rel)* prostration

**prostré, e** /pʀɔstʀe/ ADJ *(fig)* prostrate, prostrated; *(Méd)* prostrate

**protactinium** /pʀɔtaktinjɔm/ NM protactinium

**protagoniste** /pʀɔtagɔnist/ NMF protagonist ◆ **les principaux ~s de l'affaire/du conflit** the main players *ou* protagonists in the affair/the conflict

**protecteur, -trice** /pʀɔtɛktœʀ, tʀis/ ADJ a *(gén, Chim, Écon)* protective (*de* of); *(Cosmétique) [film]* protective ◆ **crème protectrice** protective *ou* barrier cream; → **société** b *[ton, air]* patronizing NM,F *(= défenseur)* protector, guardian; *[d'arts]* patron ◆ ~ **de la nature/l'environnement** protector of nature/the environment NM *(= souteneur)* pimp *(péj)*; († *= galant)* fancy man †

**protection** /pʀɔtɛksjɔ̃/ NF a *(= défense)* protection (*contre* against, from); ◆ ~ **contre les rayonnements** radiation protection ◆ **assurer la ~ de** to protect ◆ **chargé d'assurer la ~ rapprochée du chef de l'État** in charge of the close protection *ou* personal safety of the head of state ◆ **zone sous ~ policière/militaire** area under police/military protection ◆ **région sous ~ de l'ONU** UN protection zone, area under UN protection ◆ **sous la ~ de** under the protection of ◆ **elle a été placée sous la ~ de la police** she was given police protection ◆ **prendre qn sous sa ~** to give sb one's protection, to take sb under one's wing ◆ **l'ambassade est sous haute ~ policière** the embassy is under heavy police guard ◆ **crème solaire/indice haute ~** high-protection sun cream/factor ◆ **rapports sexuels sans ~** unprotected sex

b ◆ **de ~** *[équipement, grille, lunettes, mesures]* protective ◆ **zone de ~** *[de population]* safe haven ◆ **système de ~** security system c *(= patronage) (gén)* protection; *[de personne puissante, mécène]* patronage ◆ **placer un enfant sous la ~ de qn** to place a child in sb's care ◆ **prendre qn sous sa ~** to give sb one's patronage, to take sb under one's wing ◆ **obtenir une place par ~** to get a post by pulling strings

d *(= dispositif) (pour une partie du corps)* item of protective clothing (*ou* gear); *(= blindage) [de navire]* armour(-plating) *(Brit)*, armor (-plating) *(US)*

e *(Ordin)* protection ◆ **~ contre l'écriture** write protection

COMP ▹ **protection aérienne** air *ou* aerial protection ▹ **protection civile** *(lors de catastrophes)* disaster and emergency services; *(en temps de guerre)* civil defence ▹ **protection du consommateur** consumer protection ▹ **protection de l'emploi** job protection ▹ **protection de l'enfance** child welfare ▹ **protection de l'environnement** environmental protection ▹ **protection maternelle et infantile** *mother and child care* ▹ **protection de la nature** nature conservation ▹ **protection périodique** sanitary towel *(Brit) ou* napkin *(US)* ▹ **protection des sites** preservation *ou* protection of beauty spots ▹ **protection sociale** social welfare ◆ **personnes sans ~ sociale** people not covered by social security *ou* with no social welfare cover ▹ **protection solaire** *(= produit)* sun cream (*ou* lotion)

**protectionnisme** /pʀɔtɛksjɔnism/ NM protectionism

**protectionniste** /pʀɔtɛksjɔnist/ ADJ, NMF protectionist

**protectorat** /pʀɔtɛktɔʀa/ NM protectorate

**protégé, e** /pʀɔteʒe/ ADJ a *[espèce, site, zone]* protected; *(Écon) [secteur, marché]* protected; *(Ordin) [disquette]* write-protected; *[logiciel]* copy-protected ◆ **~ en écriture** write-protected ◆ **la reproduction d'œuvres ~es** the reproduction of works under copyright protection *ou* of copyright works ◆ **rapports sexuels ~s/non ~s** safe/unprotected sex; → **passage** b *(pour handicapé)* **atelier ~** sheltered workshop ◆ **emploi ~** job in a sheltered workshop NM protégé; *(* = chouchou)* favourite, pet * NF **protégée** protégée; *(* = favorite)* favourite, pet *

**protège-bas** /pʀɔtɛʒba/ NM INV sockette

**protège-cahier** (pl **protège-cahiers**) /pʀɔtɛʒkaje/ NM exercise-book cover

**protège-dents** /pʀɔtɛʒdɑ̃/ NM INV gum-shield

**protège-poignet** /pʀɔtɛʒpwaɲɛ/ (pl **protège-poignets**) NM wrist guard

**protéger** /pʀɔteʒe/ ▸ conjug 6et3 ◂ VT a *[+ personne] (= veiller à la sécurité de)* to protect, to guard; *(= abriter)* to protect, to shield; *(moralement)* to protect, to guard, to shield; *[+ plantes, lieu] (des éléments)* to protect, to shelter; *[+ équipement, matériel, membres] (des chocs etc)* to protect; *[+ institution, tradition]* to protect (*de, contre* from); ◆ **~ les intérêts de qn** to protect sb's interests ◆ **crème qui protège contre le soleil** cream that gives (good) protection against the sun

b *(= patronner) [+ personne]* to be a patron of; *[+ carrière]* to further; *[+ arts, sports, artisanat]* to patronize

c *(Comm) [+ produits locaux]* to protect

d *(Ordin)* to protect

VPR **se protéger** to protect o.s. (*de* from; *contre* against); ◆ **se ~ contre le** *ou* **du sida/contre le** *ou* **du soleil** to protect o.s. against AIDS/against the sun ◆ **se ~ du froid/contre les piqûres d'insectes** to protect o.s. from the cold/against insect bites

**protège-slip** (pl **protège-slips**) /pʀɔtɛʒslip/ NM panty liner

**protège-tibia** (pl **protège-tibias**) /pʀɔtɛʒtibja/ NM shin guard

**protéiforme** /pʀɔteifɔʀm/ ADJ protean

**protéine** /pʀɔtein/ NF protein

**protéiné, e** /pʀɔteine/ ADJ ◆ **diète ~e** high-protein diet

**protéique** /pʀɔteik/ ADJ protein *(épith)*, proteinic

**protestable** /pʀɔtɛstabl/ ADJ protestable, which may be protested

**protestant, e** /pʀɔtɛstɑ̃, ɑ̃t/ ADJ, NM,F Protestant

**protestantisme** /pʀɔtɛstɑ̃tism/ NM Protestantism

**protestataire** /pʀɔtɛstatɛʀ/ ADJ *[personne]* protesting *(épith)*; *[marche, mesure]* protest *(épith)* NMF protestor, protester

**protestation** /pʀɔtɛstasjɔ̃/ NF a *(= plainte)* protest (*contre* against); *(Jur)* protesting, protestation ◆ **en signe de ~** as a (sign of) protest ◆ **lettre/marche/mouvement de ~** protest letter/march/movement b *(souvent pl = déclaration)* protestation, profession ◆ **faire des ~s d'amitié à qn** to profess one's friendship to sb

**protester** /pʀɔtɛste/ GRAMMAIRE ACTIVE 41 ▸ conjug 1 ◂ VI to protest (*contre* against, about); ◆ **~ de son innocence/de sa loyauté** to protest one's innocence/one's loyalty ◆ **"mais non", protesta-t-il** "no", he protested VT *(Jur)* to protest; *(frm = déclarer)* to declare, to affirm, to profess ◆ **il protesta la plus vive admiration pour elle** *(frm)* he declared that he had the keenest admiration for her

**protêt** /pʀɔtɛ/ NM *(Comm, Jur)* protest

**prothèse** /pʀɔtɛz/ NF a *(= appareil)* prosthesis *(SPÉC)*; *(= membre artificiel)* artificial limb (*ou* hand *ou* arm *etc*), prosthesis *(SPÉC)* ◆ **~ dentaire** dentures, false teeth, dental prosthesis *(SPÉC)* ◆ **~ auditive** hearing aid ◆ **~ mammaire** breast prosthesis ◆ **pose d'une ~ de hanche** hip replacement (operation) b *(= science, technique)* prosthetics *(sg)* ◆ **la ~ dentaire** prosthodontics *(sg)*

**prothésiste** /pʀɔtezist/ NMF prosthetist, prosthetic technician ◆ **~ (dentaire)** dental technician, prosthodontist

**protide** /pʀɔtid/ NM protein

**proto...** /pʀɔtɔ/ PRÉF proto...

**protocolaire** /pʀɔtɔkɔlɛʀ/ ADJ *[invitation, cérémonie]* formal ◆ **question ~** question of protocol ◆ **ce n'est pas très ~ !** it doesn't show much regard for protocol!

**protocole** /pʀɔtɔkɔl/ NM a *(= étiquette)* etiquette; *(Pol)* protocol ◆ **il est très attaché au ~** he's a stickler for form ◆ **chef du ~** chief *ou* head of protocol b *(= procès-verbal)* protocol; *(= résolutions)* agreement ◆ **~ d'accord/de coopération/financier** draft/cooperation/financial agreement c *(Ordin, Sci)* protocol ◆ **~ de transfert de fichiers** file transfer protocol; *(rédaction d'ouvrage)* style guide ◆ **~ thérapeutique** medical protocol

**proton** /pʀɔtɔ̃/ NM proton

**protoplasma** /pʀɔtɔplasma/, **protoplasme** /pʀɔtɔplasm/ NM protoplasm

**protoplasmique** /pʀɔtɔplasmik/ ADJ protoplasmic

**prototype** /pʀɔtɔtip/ NM prototype ◆ **~ d'avion** prototype aircraft

**protoxyde** /pʀɔtɔksid/ NM protoxide

**protozoaire** /pʀɔtɔzɔɛʀ/ NM protozoon ◆ **~s** protozoa

**protubérance** /pʀɔtybeʀɑ̃s/ NF bulge, protuberance ◆ **~ solaire** *(Astron)* (solar) prominence

**protubérant, e** /pʀɔtybeʀɑ̃, ɑ̃t/ ADJ *[ventre, yeux]* bulging, protuberant, protruding; *[nez, menton]* protuberant, protruding

**prou** /pʀu/ ADV → **peu**

**proue** /pʀu/ NF bow, bows, prow; → **figure**

**prouesse** /pʀuɛs/ NF *(frm)* feat ◆ **faire des ~s** to work miracles, to perform amazing feats ◆ **il a fallu faire des ~s pour le convaincre** it was quite a feat to convince him ◆ **il nous racontait ses ~s (sexuelles)** he regaled us with tales of his sexual exploits ◆ **cela n'a pu être réalisé qu'au prix de ~s techniques** this could not have been achieved without technical wizardry ◆ **ses ~s d'haltérophile** his prowess as a weight lifter

**proustien, -ienne** /pʀustjɛ̃, jɛn/ ADJ Proustian

**prout** * /pʀut/ NM ◆ **faire (un) ~** to fart * ◆ **elle est très ~ ~ ma chère** she's terribly la-di-da *

**prouvable** /pʀuvabl/ ADJ provable ◆ **allégations difficilement ~s** allegations which are difficult to prove

**prouver** /pʀuve/ GRAMMAIRE ACTIVE 53.4 ▸ conjug 1 ◂ VT to prove ◆ **les faits ont prouvé qu'il avait raison/qu'il était innocent** the facts proved him (to be) right/innocent *ou* proved that he was right/innocent ◆ **il est prouvé que ...** it has been proved that ... ◆ **cela prouve que ...** it proves *ou* shows that ... ◆ **il n'est pas prouvé qu'il soit coupable** there is no proof that he is guilty *ou* of his guilt ◆ **cela n'est pas prouvé** there's no proof of it, that hasn't been proved, that remains to be proved ◆ **sa culpabilité reste à ~** it has yet to be proved that he is guilty ◆ **cette réponse prouve de l'esprit** that answer gives proof of his (*ou* her *etc*) wit *ou* shows wit ◆ **comment vous ~ ma reconnaissance ?** how can I show *ou* demonstrate my gratitude to you? ◆ **il a voulu se ~ (à lui-même) qu'il en était capable** he wanted to prove to himself that he was capable of it ◆ **son efficacité n'est plus à ~** its effectiveness is no longer in doubt *ou* in question ◆ **j'ai 25 ans d'expérience, je n'ai plus rien à ~** I have 25 years' experience, I have nothing to prove; → **A¹, absurde**

**provenance** /pʀɔv(ə)nɑ̃s/ NF origin, provenance *(frm)* ◆ **j'ignore la ~ de cette lettre** I don't know where this letter comes *ou* came *ou* was sent from ◆ **pays de ~** country of origin ◆ **des objets de toutes ~s** articles of every possible origin ◆ **de ~ étrangère** of foreign origin ◆ **le train en ~ de Cherbourg** the train from Cherbourg

**provençal, e** (mpl **-aux**) /pʀɔvɑ̃sal, o/ ADJ Provençal ◆ **(à la) ~e** *(Culin)* (à la) Provençale NM *(Ling)* Provençal NM,F **Provençal(e)** Provençal

**Provence** /pʀɔvɑ̃s/ NF Provence

**provenir** /pʀɔv(ə)niʀ/ ▸ conjug 22 ◂ **provenir de** VT INDIR *(= venir de) [+ pays]* to come from, to be from; *(= résulter de) [+ cause]* to be due to, to be the result of ◆ **son genre de vie provient de son éducation** his life style is the result of his upbringing ◆ **mot qui provient d'une racine grecque** word which comes *ou* derives from a Greek root ◆ **cette fortune provient d'une lointaine cousine** this fortune comes from a distant cousin ◆ **vase provenant de Chine** vase (that comes) from China ◆ **je me demande d'où provient sa fortune** I wonder where he got his money from, I wonder how he came by so much money

**proverbe** /pʀɔvɛʀb/ NM proverb ◆ **comme dit le ~** as the saying goes ◆ **passer en ~** to become proverbial ♦ **le livre des Proverbes** *(Bible)* the (Book of) Proverbs

**proverbial, e** (mpl **-iaux**) /pʀɔvɛʀbjal, jo/ ADJ proverbial

**proverbialement** /pʀɔvɛʀbjalmɑ̃/ ADV proverbially

**providence** /pʀɔvidɑ̃s/ NF *(Rel)* providence; *(= sauveur)* guardian angel ♦ **cette bouteille d'eau a été notre ~** *(fig)* that bottle of water was our salvation *ou* was a lifesaver ♦ **vous êtes ma ~ !** you're my salvation!; → **état**

**providentiel, -ielle** /pʀɔvidɑ̃sjɛl/ ADJ providential ♦ **voici l'homme ~** here's the man we need

**providentiellement** /pʀɔvidɑ̃sjɛlmɑ̃/ ADV providentially

**province** /pʀɔvɛ̃s/ NF a *(= région)* province ♦ **Paris et la ~** Paris and the provinces ♦ **vivre en ~** to live in the provinces ♦ **ville de ~** provincial town ♦ **il arrive de sa ~** *(péj)* where has he been? ♦ **elle fait très ~** *(péj)* she's very provincial ♦ **les Provinces Unies** *(Hist)* the United Provinces b *(au Canada)* province ♦ **les Provinces maritimes** the Maritime Provinces, the Maritimes *(Can)* ♦ **habitant des Provinces maritimes** Maritimer ♦ **les Provinces des prairies** the Prairie Provinces *(Can)* ♦ **la Belle Province** Quebec

**provincial, e** (mpl **-iaux**) /pʀɔvɛ̃sjal, jo/ ADJ a *(gén, Rel)* provincial b *(au Canada)* **gouvernement ~** Provincial government NM,F provincial ♦ **les provinciaux** people who live in the provinces, provincials NM a *(Rel)* Provincial b *(au Canada)* **le ~** the Provincial Government

**provincialiser (se)** /pʀɔvɛ̃sjalize/ ▸ conjug 1 ◂ VPR *[ville]* to become more provincial

**provincialisme** /pʀɔvɛ̃sjalism/ NM provincialism

**proviseur** /pʀɔvizœʀ/ NM *[de lycée]* headmaster, principal, head *(Brit)* ♦ **~-adjoint** ≈ deputy *ou* assistant head *(Brit)*, assistant *ou* vice-principal *(US)*

**provision** /pʀɔvizjɔ̃/ NF a *(= réserve) [de vivres, cartouches]* stock, supply; *[d'eau]* supply ♦ **faire (une) ~ de** *[+ nourriture, papier]* to stock up with, to lay *ou* get in a stock of; *[+ énergie, courage]* to build up a stock of ♦ **j'ai acheté toute une ~ de bonbons** I've bought a good supply *ou* stock of sweets ♦ **j'ai une bonne ~ de conserves** I have a good stock of canned food ♦ **avoir une bonne ~ de courage** to have considerable reserves of courage

b *(= vivres)* **~s** provisions, food *(NonC)* ♦ **faire ses ~s, aller aux ~s*** to go shopping (for groceries *ou* food) ♦ **elle posa ses ~s sur la table** she put her groceries on the table ♦ **faire des ~s pour l'hiver** *(lit)* to stock up (with food *ou* provisions) for the winter; *(hum : financièrement)* to put something away for a rainy day ♦ **tu fais des ~s pour l'hiver ?** *(hum : à qn qui mange trop)* are you fattening yourself up for the winter? ♦ **~s de guerre** war supplies ♦ **~s de bouche** provisions ♦ **filet/panier à ~s** shopping bag/basket ♦ **armoire** *ou* **placard à ~s** food cupboard

c *(= arrhes) (chez un avocat)* retainer, retaining fee; *(pour un achat)* deposit ♦ **y a-t-il ~ au compte ?** *(Banque)* are there sufficient funds in the account? ♦ **~s sur charges** *(immeuble d'habitation)* interim payment for maintenance *ou* service charges ♦ **~s pour créances douteuses** provision for bad debts ♦ **~s pour risques** contingency reserve; → **chèque**

> ⚠ **provision** *se traduit par le mot anglais* **provision** *uniquement au pluriel, au sens de 'vivres'.*

**provisionnel, -elle** /pʀɔvizjɔnɛl/ ADJ *(Jur)* provisional ♦ **acompte** *ou* **tiers ~** provisional payment *(towards one's income tax)*; → IMPÔTS

**provisionner** /pʀɔvizjɔne/ ▸ conjug 1 ◂ VT *(Banque) [+ compte]* to pay money *ou* funds into ♦ **la banque a provisionné à 20% ses risques sur l'immobilier** the bank has set aside 20% of its capital in provision against *ou* to cover real estate losses

**provisoire** /pʀɔvizwaʀ/ ADJ *[mesure, solution]* temporary, provisional; *[bonheur, liaison, installation]* temporary; *[arrêt, jugement]* provisional; *[adjoint]* temporary, acting *(épith)*; *[gouvernement]* provisional, interim *(épith)* ♦ **à titre ~** temporarily, provisionally; → **liberté** NM ♦ **c'est du ~** it's a temporary *ou* provisional arrangement

**provisoirement** /pʀɔvizwaʀmɑ̃/ ADV *(= momentanément)* temporarily; *(= pour l'instant)* for the time being

**provitamine** /pʀɔvitamin/ NF provitamin

**provoc*** /pʀɔvɔk/ NF abrév de **provocation**

**provocant, e** /pʀɔvɔkɑ̃, ɑ̃t/ ADJ provocative

**provocateur, -trice** /pʀɔvɔkatœʀ, tʀis/ ADJ provocative; → **agent** NM agitator

**provocation** /pʀɔvɔkasjɔ̃/ NF a *(= défi)* provocation ♦ **ils ont accusé les manifestants de faire de la ~** they accused the demonstrators of being provocative *ou* of trying to provoke trouble ♦ **il l'a fait par pure ~** he did it just to be provocative *ou* to get a reaction ♦ **leur façon de s'habiller, c'est de la ~** *(gén)* they're out to shock people by the way they dress; *(pour exciter)* they dress to be provocative ♦ **il a multiplié les ~s à l'égard des autorités** he has increasingly tried to provoke the authorities ♦ **~ en duel** challenge to a duel b *(= incitation)* **~ à (faire) qch** incitement to (do) sth ♦ **~ à la haine raciale/au crime** incitement to racial hatred/to commit a crime ♦ **~ au suicide** ≈ assisted suicide

**provoquer** /pʀɔvɔke/ GRAMMAIRE ACTIVE 44.2 ▸ conjug 1 ◂ VT a *(= défier)* to provoke ♦ **elle aime ~ les hommes** she likes to provoke men ♦ **~ qn du regard** to give sb a defiant look; *(pour exciter)* to give sb a provocative look ♦ **les deux adversaires s'étaient provoqués** the two opponents had provoked each other ♦ **~ qn en duel** to challenge sb to a duel

b *(= causer) [+ accident, incendie, explosion, dégâts]* to cause; *[+ réaction, changement d'attitude]* to provoke, to prompt, to produce; *[+ courant d'air]* to create, to cause; *[+ crise, révolte]* to cause, to bring about, to provoke; *[+ commentaires]* to give rise to, to provoke, to prompt; *[+ colère]* to arouse, to spark off; *[+ curiosité]* to arouse, to excite; *[+ gaieté]* to cause, to provoke; *[+ aveux, explications]* to prompt; *[+ accouchement]* to induce ♦ **l'accident a provoqué la mort de six personnes** six people were killed in the accident ♦ **médicament qui provoque le sommeil** sleep-inducing drug ♦ **le malade est sous sommeil provoqué** the patient is in an induced sleep ♦ **l'élévation de température a provoqué cette réaction** *(Chim)* the rise in temperature brought about *ou* triggered off *ou* started up this reaction ♦ **les émeutes ont provoqué la chute du régime** rioting brought about *ou* led to the fall of the regime ♦ **~ des élections anticipées** to force an early election

c *(= inciter)* **~ qn à** to incite sb to

**proxénète** /pʀɔksenɛt/ NMF procurer

**proxénétisme** /pʀɔksenetism/ NM procuring ♦ **il a été condamné pour ~** he was convicted of living off immoral earnings

**proximité** /pʀɔksimite/ NF a *(dans l'espace)* proximity, nearness, closeness ♦ **à cause de la ~ de l'aéroport** because the airport is so close, because of the proximity of the airport

♦ **à proximité** nearby, close by

♦ **à proximité de** near (to), close to, in the vicinity of

♦ **de proximité** ♦ **commerce de ~** local shop *(Brit) ou* store *(US)*, neighborhood store *(US)* ♦ **emploi de ~** *job created at local community level, typically involving childminding, domestic work, caring for old people etc* ♦ **la police de ~** community policing ♦ **il faut développer les services de ~** we need to develop local community-based services

b *(dans le temps)* closeness ♦ **c'est lié à la ~ de l'élection** it's connected to the fact that the elections are so close

**pruche** /pʀyʃ/ NF *(Can)* hemlock spruce

**prude** /pʀyd/ ADJ prudish NF prude ♦ **faire la ~, jouer les ~s** to behave prudishly

**prudemment** /pʀydamɑ̃/ ADV *[conduire]* carefully; *[avancer, répondre]* cautiously ♦ **garder le silence** to keep a cautious silence

**prudence** /pʀydɑ̃s/ NF a *(= circonspection)* care, caution, prudence; *(= réserve)* caution ♦ **~ ! ça glisse** careful! it's slippery ♦ **faire preuve de ~** to be cautious *ou* careful ♦ **il a manqué de ~** he wasn't cautious *ou* careful enough ♦ **par (mesure de) ~** as a precaution ♦ **avec la plus grande ~** with the greatest caution, extremely carefully *ou* cautiously ♦ **il faudra lui annoncer la nouvelle avec beaucoup de ~** the news must be broken to him very carefully ♦ **~ est mère de sûreté** *(Prov)* discretion is the better part of valour *(Prov)* b *(= sagesse)* wisdom ♦ **il a eu la ~ de partir** he had the good sense to leave

**prudent, e** /pʀydɑ̃, ɑ̃t/ GRAMMAIRE ACTIVE 29.2 ADJ a *(= circonspect)* careful, cautious, prudent; *(= réservé)* cautious ♦ **soyez ~ !** *(gén)* be careful!, take care!; *(sur la route)* drive carefully! ♦ **il s'est montré très ~ au sujet du résultat** he was very cautious *ou* cagey about the result ♦ **c'est un ~** he's a careful *ou* cautious man ♦ **avancer à pas ~s** to move forward cautiously *ou* with cautious steps ♦ **soyez plus ~ à l'avenir** be more careful in future ♦ **il n'est pas très ~ en voiture** he's not a careful driver

b *(= sage)* wise, sensible ♦ **il est ~ de faire** it is wise *ou* advisable to do ♦ **il serait ~ de vous munir d'un parapluie** it would be wise *ou* sensible to take an umbrella, you would be well-advised to take an umbrella ♦ **ce n'est pas ~** it's not advisable, it's not a good idea ♦ **ce n'est pas ~ de boire avant de conduire** it's not sensible *ou* wise *ou* advisable to drink before driving ♦ **c'est plus ~** it's wiser *ou* safer *ou* more sensible ♦ **il jugea plus ~ de se taire** he thought it wiser *ou* more sensible to keep quiet

**pruderie** /pʀydʀi/ NF *(littér)* prudishness *(NonC)*, prudery

**prud'homal, e** (mpl **-aux**) /pʀydɔmal, o/ ADJ of an industrial tribunal *(Brit) ou* labor relations board *(US)*

**prud'homie** /pʀydɔmi/ NF jurisdiction of an industrial tribunal *(Brit) ou* labor relations board *(US)*; → **prud'homme**

**prud'homme** /pʀydɔm/ NM ≈ member of an industrial tribunal *(Brit) ou* labor relations board *(US)* ♦ **conseil des ~s, les ~s** ≈ industrial tribunal *(Brit)*, labor relations board *(US) (with wide administrative and advisory powers)* ♦ **aller aux** *ou* **devant les ~s** ≈ to go before an industrial tribunal *(Brit)* *ou* the labor relations board *(US)*

**prudhommerie** /pʀydɔmʀi/ NF sententiousness, pomposity

**prudhommesque** /pʀydɔmɛsk/ ADJ sententious, pompous

**prune** /pʀyn/ NF a (= *fruit*) plum; (= *alcool*) plum brandy ◆ **pour des ~s** * for nothing ◆ **des ~s !** * not likely! *, not on your life! *, no way! * b (* = *contravention*) ticket *(for speeding, illegal parking etc)* ◆ **il m'a filé une ~** he gave me a ticket, he booked me *(Brit)* c († * = *coup*) clout * ◆ **filer une ~ à qn** * to give sb a clout *, to clout * sb ADJ INV plum-coloured *(Brit)* *ou* -colored *(US)*

> ⚠ **prune** *ne se traduit pas par le mot anglais* **prune**, *qui a le sens de 'pruneau'.*

**pruneau** (pl **pruneaux**) /pʀyno/ NM a (= *fruit sec*) prune; *(Helv = quetsche)* *kind of dark-red plum* b (* = *balle*) slug *

**prunelle** /pʀynɛl/ NF a *(Bot)* sloe; (= *eau-de-vie*) sloe gin b *(Anat = pupille)* pupil; (= *œil*) eye ◆ **il y tient comme à la ~ de ses yeux** *(objet)* he treasures *ou* cherishes it; *(personne)* she (*ou* he) is the apple of his eye, she (*ou* he) is very precious to him ◆ **il/elle jouait de la ~** * he/she was giving her/him the eye *

**prunellier** /pʀynəlje/ NM sloe, blackthorn

**prunier** /pʀynje/ NM plum tree; → **secouer**

**prunus** /pʀynys/ NM prunus, Japanese flowering cherry

**prurigineux, -euse** /pʀyʀiʒinø, øz/ ADJ pruriginous

**prurigo** /pʀyʀigo/ NM prurigo

**prurit** /pʀyʀit/ NM *(Méd)* pruritus ◆ **leur ~ réformateur/égalitaire** *(hum)* their zeal for reform/egalitarianism ◆ **le ~ de l'écriture le démange** he's got the writing bug

**Prusse** /pʀys/ NF Prussia; → **bleu**

**prussien, -ienne** /pʀysjɛ̃, jɛn/ ADJ Prussian NM,F **Prussien(ne)** Prussian

**prytanée** /pʀitane/ NM *(Antiq)* prytaneum ◆ **~ militaire** military academy

**PS** /peɛs/ NM (abrév de **parti socialiste**) *French political party*

**P.-S., PS** /peɛs/ NM (abrév de **post-scriptum**) ps

**psallette** /psalɛt/ NF choir

**psalmiste** /psalmist/ NM psalmist

**psalmodie** /psalmɔdi/ NF *(Rel)* psalmody, chant; *(littér)* drone *(NonC)*

**psalmodier** /psalmɔdje/ ► conjug 7 ◄ VT *(Rel)* to chant; *(littér)* to drone out VI to chant; *(littér)* to drone (on *ou* away)

**psaume** /psom/ NM psalm ◆ **le livre des Psaumes** *(Bible)* the Book of Psalms

**psautier** /psotje/ NM psalter

**pschitt** /pʃit/ EXCL hiss NM (* = *atomiseur*) spray ◆ **vaporisez deux coups de ~ sur un chiffon** spray twice onto a cloth

**pseudo** * /psødo/ NM abrév de **pseudonyme**

**pseudo-** /psødo/ PRÉF *(gén)* pseudo- ◆ **~historien** pseudo-historian ◆ **~science/-réalité** pseudo-science/-reality ◆ **les ~révélations parues dans leur journal** the pseudo-revelations *ou* so-called revelations published in their newspaper

**pseudonyme** /psødɔnim/ NM *(gén)* assumed *ou* fictitious name; *[d'écrivain]* pen name, pseudonym; *[de comédien]* stage name; *(Jur, hum)* alias

**psitt** /psit/ EXCL ps(s)t!

**psittacisme** /psitasism/ NM (= *répétition mécanique*) parrotry; *(Psych)* psittacism

**psittacose** /psitakoz/ NF psittacosis

**psoriasis** /psɔʀjazis/ NM psoriasis

**psy** * /psi/ ADJ INV abrév de **psychologique, psychique, psychosomatique** NMF (abrév de **psychiatre, psychologue, psychothérapeute, psychanalyste**) ◆ **il va chez son ~ toutes les semaines** he goes to see his analyst *ou* shrink * every week NF abrév de **psychiatrie, psychologie**

**psychanalyse** /psikanaliz/ NF *[de personne]* psychoanalysis, analysis; *[de texte]* psychoanalytical study ◆ **entreprendre/faire/suivre une ~** to start/do/undergo analysis

**psychanalyser** /psikanalize/ ► conjug 1 ◄ VT *[+ personne]* to psychoanalyze; *[+ texte]* to study from a psychoanalytical viewpoint ◆ **se faire ~** to have o.s. psychoanalyzed

**psychanalyste** /psikanalist/ NMF psychoanalyst, analyst

**psychanalytique** /psikanalitik/ ADJ psychoanalytic(al)

**psyché** /psiʃe/ NF a *(Psych)* psyche b (= *miroir*) cheval glass, swing mirror c *(Myth)* **Psyché** Psyche

**psychédélique** /psikedelik/ ADJ psychedelic

**psychédélisme** /psikedelism/ NM psychedelic state

**psychiatre** /psikjatʀ/ NMF psychiatrist

**psychiatrie** /psikjatʀi/ NF psychiatry

**psychiatrique** /psikjatʀik/ ADJ *[troubles]* psychiatric; *[hôpital]* psychiatric, mental *(épith)*

**psychique** /psiʃik/ ADJ psychological, psychic(al)

**psychiquement** /psiʃikmɑ̃/ ADV psychologically

**psychisme** /psiʃism/ NM psyche, mind

**psycho** * /psiko/ NF abrév de **psychologie**

**psychodrame** /psikɔdʀam/ NM *(Psych)* psychodrama; (= *drame*) drama

**psychogène** /psikɔʒɛn/ ADJ psychogenic

**psychokinésie** /psikokinezi/ NF psychokinesis

**psycholinguistique** /psikolɛ̃gɥistik/ ADJ psycholinguistic NF psycholinguistics *(sg)*

**psychologie** /psikɔlɔʒi/ NF psychology ◆ **la ~ de l'enfant/des foules/du comportement** child/crowd/behavioural psychology ◆ **il faut faire preuve de ~** you have to be perceptive about people, you have to have good insight into people ◆ **il manque complètement de ~** he's completely unperceptive about people, he's got absolutely no insight into people

**psychologique** /psikɔlɔʒik/ ADJ psychological ◆ **tu sais, mon vieux, c'est ~ !** it's psychological *ou* it's all in the mind, my friend!; → **moment**

**psychologiquement** /psikɔlɔʒikmɑ̃/ ADV psychologically

**psychologue** /psikɔlɔg/ ADJ (= *intuitif*) ◆ **il est/il n'est pas très ~** he's very/he's not very perceptive about people NMF psychologist ◆ **~ d'entreprise** industrial psychologist ◆ **~ scolaire** educational psychologist

**psychométrie** /psikɔmetʀi/ NF psychometry, psychometrics *(sg)*

**psychométrique** /psikɔmetʀik/ ADJ psychometric

**psychomoteur, -trice** /psikomɔtœʀ, tʀis/ ADJ psychomotor

**psychopathe** /psikɔpat/ NMF psychopath ◆ **tueur ~** psychopathic killer

**psychopathie** /psikɔpati/ NF psychopathy

**psychopathologie** /psikopatɔlɔʒi/ NF psychopathology

**psychopédagogie** /psikopedagɔʒi/ NF educational psychology

**psychopédagogique** /psikopedagɔʒik/ ADJ *[études, formation]* in educational psychology

**psychophysiologie** /psikofizjɔlɔʒi/ NF psychophysiology

**psychophysiologique** /psikofizjɔlɔʒik/ ADJ psychophysiological

**psychose** /psikoz/ NF *(Psych)* psychosis; (= *obsession*) obsessive fear ◆ **~ maniacodépressive** manic depressive psychosis ◆ **~ collective** mass hysteria, collective hysteria ◆ **~ de guerre** war psychosis *ou* hysteria

**psychosensoriel, -ielle** /psikosɑ̃sɔʀjɛl/ ADJ psychosensory

**psychosocial, e** (mpl **-iaux**) /psikosɔsjal, jo/ ADJ psychosocial

**psychosociologie** /psikosɔsjɔlɔʒi/ NF psychosociology

**psychosomatique** /psikosɔmatik/ ADJ psychosomatic NF psychosomatics *(sg)*

**psychotechnicien, -ienne** /psikotɛknisjɛ̃, jɛn/ NM,F psychotechnician, psychotechnologist

**psychotechnique** /psikotɛknik/ ADJ psychotechnical, psychotechnological NF psychotechnics *(sg)*, psychotechnology

**psychothérapeute** /psikoteʀapøt/ NMF psychotherapist

**psychothérapie** /psikoteʀapi/ NF psychotherapy ◆ **~ de soutien** supportive therapy ◆ **entreprendre/faire/suivre une ~** to start/do/undergo (a course of) psychotherapy

**psychothérapique** /psikoteʀapik/ ADJ psychotherapeutic

**psychotique** /psikɔtik/ ADJ, NMF psychotic

**Pte** abrév de **porte**

**ptérodactyle** /pteʀɔdaktil/ NM pterodactyl

**Ptolémée** /ptɔleme/ NM Ptolemy

**ptose** /ptoz/ NF ptosis

**P.T.T.** /petete/ NFPL (abrév de **Postes, Télécommunications et Télédiffusion**) → **poste**[1]

**ptyaline** /ptjalin/ NF ptyalin

**puant, e** /pɥɑ̃, pɥɑ̃t/ ADJ a *(lit)* stinking, foul-smelling b (* : *péj*) *[personne, attitude]* arrogant ◆ **il est ~, c'est un type ~** he's an arrogant creep * ◆ **~ d'orgueil** bloated with pride

**puanteur** /pɥɑ̃tœʀ/ NF stink, stench

**pub**[1] /pœb/ NM (= *bar*) pub

**pub**[2] * /pyb/ NF (= *annonce*) ad *, advert * *(Brit)*; *(Ciné, TV)* commercial, ad *, advert * *(Brit)* ◆ **la ~** *(métier)* advertising ◆ **faire de la ~ pour qch** *(Comm)* to advertise sth; (= *inciter à acheter qch*) to plug sth *, to give sth a plug * ◆ **ça lui a fait de la ~** it was a plug * for him ◆ **coup de ~** publicity stunt ◆ **ses disques ne se vendent qu'à coups de ~** his records are selling only as a result of heavy advertising

**pubère** /pybɛʀ/ ADJ pubescent

**puberté** /pybɛʀte/ NF puberty

**pubien, -ienne** /pybjɛ̃, jɛn/ ADJ pubic ◆ **région pubienne** pubic region, pubes

**pubis** /pybis/ NM (= *os*) pubis; (= *bas-ventre*) pubes ◆ **os ~** pubic bone

**publiable** /pyblijabl/ **ADJ** publishable ◆ **ce n'est pas** ~ it's not fit for publication

**public, -ique** /pyblik/ **ADJ** **a** *(= non privé)* *[intérêt, lieu, opinion, vie]* public; *[vente, réunion]* public, open to the public *(attrib)* ◆ **danger/ennemi/homme** ~ public danger/enemy/figure ◆ **la nouvelle est maintenant publique** the news is now common *ou* public knowledge ◆ **la nouvelle a été rendue publique hier** the news was made public *ou* was released yesterday; → **domaine, droit**[3], **notoriété**

**b** *(= de l'État)* *[services, secteur, finances]* public; *[école, instruction]* State *(épith)*, public *(US)*; → **charge, chose, dette** *etc*

**NM** **a** *(= population)* **le** ~ the (general) public ◆ **"interdit au public"** "no admittance to the public"

**b** *(= audience, assistance)* audience ◆ **œuvre conçue pour un jeune** ~ work written for a young audience ◆ **le** ~ **parisien est très exigeant** Paris audiences are very demanding ◆ **des huées s'élevèrent du** ~ the audience started booing ◆ **cet écrivain s'adresse à un vaste** ~ this author writes for a wide readership ◆ **cet acteur a son** ~ this actor has his fans *ou* followers ◆ **cet ouvrage plaira à tous les ~s** this work will be appreciated by all kinds of readers ◆ **un ~ clairsemé assistait au match** the match was attended by very few spectators ◆ **le ~ est informé que ...** the public is advised that ... ◆ **en** ~ in public ◆ **le grand** ~ the general public ◆ **roman destiné au grand** ~ novel written for the general reader *ou* public ◆ **appareils électroniques grand** ~ consumer electronics ◆ **film grand** ~ film with mass appeal ◆ **il lui faut toujours un** ~ *(fig)* he always needs an audience ◆ **être bon/mauvais** ~ to be easy/hard to please

**c** *(= secteur)* **le** ~ the public sector

**publicain** /pyblikɛ̃/ **NM** *(Hist romaine)* publican, tax-gatherer

**publication** /pyblikasjɔ̃/ **NF** *(= action)* publication, publishing; *(= écrit publié)* publication ◆ **après sa** ~ **aux États-Unis** after being published *ou* after its publication in the United States ◆ **ce livre a été interdit de** ~ this book has been banned ◆ ~ **des bans (de mariage)** publication *ou* reading of the banns ◆ ~ **assistée par ordinateur** desktop publishing

**publiciste** /pyblisist/ **NMF** **a** *(* = publicitaire)* advertising executive **b** *(Jur)* public law specialist

**publicitaire** /pyblisitɛʀ/ **ADJ** *[budget, affiche, agence, campagne]* advertising *(épith)*; *[film]* promotional ◆ **annonce** ~ advertisement ◆ **échantillon** ~ give-away, free sample ◆ **grande vente** ~ big promotional sale ◆ **matériel** ~ publicity material ◆ **rédacteur** ~ copywriter **NMF** advertising executive

**publicité** /pyblisite/ **NF** **a** *(Comm = méthode, profession)* advertising ◆ **il travaille dans la** ~ he's in advertising, he's an adman * ◆ **faire de la** ~ **pour qch** *(Comm)* to advertise sth; *(= inciter à acheter qch)* to plug sth * ◆ **il sait bien faire sa propre** ~ he's good at selling himself ◆ **cette marque fait beaucoup de** ~ this make does a lot of advertising ◆ **son livre a été lancé à grand renfort de** ~ his book was launched amid a blaze of publicity *ou* amid much media hype * ◆ **coup de** ~ publicity stunt ◆ ~ **par affichage** poster advertising ◆ ~ **collective/comparative** collective/comparative advertising ◆ ~ **directe** direct advertising ◆ ~ **de rappel** reminder advertising ◆ ~ **mensongère** misleading advertising ◆ ~ **sur les lieux de vente** point-of-sale advertising ◆ **matériel de** ~ *(Comm)* publicity material ◆ **dépenses de** ~ advertising costs ◆ **campagne de** ~ publicity *ou* advertising campaign; → **agence** *etc*

**b** *(= annonce)* advertisement, ad *, advert * *(Brit)*; *(Ciné, TV)* commercial, advertisement ◆ ~ **rédactionnelle** special advertising feature, advertorial *(US)*

**c** *(= révélations)* publicity ◆ **on a fait trop de** ~ **autour de cette affaire** this affair has had *ou* has been given too much publicity

**d** *(Jur)* **la** ~ **des débats** the public nature of the proceedings

**publier** /pyblije/ ▸ conjug 7 ◂ **VT** **a** *[+ livre]* *[auteur]* to publish; *[éditeur]* to publish, to bring out **b** *[+ bans, décret]* to publish; *(littér)* *[+ nouvelle]* to publish (abroad) *(littér)*, to make public ◆ **ça vient d'être publié** it's just out, it has just come out *ou* been published ◆ ~ **un communiqué** to release a statement (*au sujet de* about)

**publiphone** ® /pyblifɔn/ **NM** public telephone, payphone ◆ ~ **à carte** card phone

**publipostage** /pyblipɔstaʒ/ **NM** mailshot, mass mailing

**publiquement** /pyblikmɑ̃/ **ADV** publicly ◆ **le ministre a exprimé** ~ **son désaccord** the minister went on the record to express his disagreement, the minister publicly expressed his disagreement ◆ **le président a dû intervenir** ~ the president had to issue a public statement

**publireportage** /pybliʀ(ə)pɔʀtaʒ/ **NM** special advertising feature, advertorial *(US)*

**puce** /pys/ **NF** **a** *(Zool)* flea ◆ ~ **de mer** *ou* **de sable** sand flea ◆ ~ **d'eau** water flea ◆ **ça m'a mis la** ~ **à l'oreille** that started *ou* got me thinking ◆ **le marché aux ~s, les ~s** the flea market ◆ **oui, ma** ~ * yes, pet * ◆ **c'est une petite** ~ *(fig)* she's a tiny little thing ◆ **être agité** *ou* **excité comme une** ~ to be all excited; → **sac**[1], **secouer** **b** ◆ **jeu de ~s** tiddlywinks ◆ **jouer aux ~s** to play tiddlywinks **c** *(Ordin)* (silicon) chip ◆ ~ **électronique** microchip ◆ ~ **mémoire** memory chip **ADJ INV** *(= couleur)* puce

**puceau** * (pl **puceaux**) /pyso/ **ADJ M** ◆ **être** ~ to be a virgin **NM** virgin

**pucelage** * /pys(ə)laʒ/ **NM** virginity

**pucelle** †† * /pysɛl/ *(hum)* **ADJ F** ◆ **être** ~ to be a virgin ◆ **elle n'est plus** ~ she has lost her virginity, she's not a virgin **NF** virgin, maid(en) *(littér)* ◆ **la Pucelle d'Orléans** *(Hist)* the Maid of Orleans

**puceron** /pys(ə)ʀɔ̃/ **NM** aphid, greenfly ◆ ~ **cendré** blackfly

**pucier** ** /pysje/ **NM** bed

**pudding** /pudiŋ/ **NM** *close-textured fruit sponge*

**puddlage** /pydlaʒ/ **NM** puddling

**pudeur** /pydœʀ/ **NF** **a** *(concernant le corps)* modesty ◆ **elle a beaucoup de** ~ she has a keen sense of modesty ◆ **elle est sans ~, elle n'a aucune** ~ she has no modesty, she's quite shameless ◆ **expliquer qch sans fausse** ~ to explain sth without undue prudery *ou* quite openly ◆ **il parle de sa maladie sans fausse** ~ he talks about his illness quite openly; → **attentat, outrage** **b** *(= délicatesse)* sense of propriety *ou* decency ◆ **agir sans** ~ to act with no regard to propriety ◆ **il aurait pu avoir la** ~ **de ne pas en parler** he could have had the decency not to talk about it

**pudibond, e** /pydibɔ̃, ɔd/ **ADJ** (excessively) prudish, prim and proper

**pudibonderie** /pydibɔ̃dʀi/ **NF** (excessive) prudishness, (excessive) primness

**pudicité** /pydisite/ **NF** *(littér)* *(= chasteté)* modesty; *(= discrétion)* discretion

**pudique** /pydik/ **ADJ** **a** *(= chaste)* *[personne, geste]* modest **b** *(= discret)* *[allusion]* discreet ◆ **un terme** ~ **pour désigner ...** a nice way of saying ..., a euphemism for ...

**pudiquement** /pydikmɑ̃/ **ADV** **a** *(= chastement)* modestly **b** *(= avec tact)* discreetly ◆ **ils détournaient les yeux** ~ they looked away discreetly *ou* out of a sense of decency **c** *(= par euphémisme)* discreetly ◆ **cela désigne** ~ **...** it's a nice way of saying ..., it's a euphemism for ...

**puer** /pɥe/ ▸ conjug 1 ◂ **VI** to stink ◆ **il pue des pieds** his feet stink, he has smelly feet ◆ **il pue de la gueule** his breath stinks ◆ **ça pue !** it stinks! **VT** to stink *ou* reek of ◆ **ça pue l'argent** it reeks *ou* stinks of money

**puériculteur, -trice** /pɥeʀikyltœʀ, tʀis/ **NM,F** *(dans un hôpital)* paediatric *(Brit)* *ou* pediatric *(US)* nurse; *(dans une crèche)* nursery nurse

**puériculture** /pɥeʀikyltyʀ/ **NF** *(gén)* infant care; *(dans une crèche)* nursery nursing; *(en pédiatrie)* paediatric *(Brit)* *ou* pediatric *(US)* nursing ◆ **donner des cours de** ~ **aux mamans** to give courses on infant care to mothers

**puéril, e** /pɥeʀil/ **ADJ** puerile, childish

**puérilement** /pɥeʀilmɑ̃/ **ADV** childishly

**puérilité** /pɥeʀilite/ **NF** *(= caractère)* puerility, childishness; *(= acte)* childish behaviour *(Brit)* *ou* behavior *(US)* *(NonC)*

**puerpéral, e** (mpl **-aux**) /pɥɛʀpeʀal, o/ **ADJ** puerperal

**pugilat** /pyʒila/ **NM** (fist) fight

**pugiliste** /pyʒilist/ **NM** *(littér)* pugilist *(littér)*

**pugilistique** /pyʒilistik/ **ADJ** *(littér)* pugilistic *(littér, frm)*

**pugnace** /pygnas/ **ADJ** pugnacious

**pugnacité** /pygnasite/ **NF** *(littér)* pugnacity

**puîné, e** † /pɥine/ **ADJ** *(= de deux)* younger; *(= de plusieurs)* youngest **NM,F** *(de deux)* younger brother (*ou* sister); *(de plusieurs)* youngest brother (*ou* sister)

**puis** /pɥi/ **ADV** *(= ensuite)* then; *(dans une énumération)* then, next ◆ **et** ~ *(= en outre)* and besides ◆ **et** ~ **ensuite** *ou* **après** and then, and after that ◆ **et** ~ **c'est tout** and that's all *ou* that's it *ou* that's all there is to it ◆ **il est parti, et** ~ **voilà !** off he went, and that was that! ◆ **et** ~ **après tout** and after all ◆ **et** ~ **après ?** *(= ensuite)* and what next?, and then (what)?; *(= et alors ?)* so what? *, what of it? ◆ **et** ~ **quoi ?** *(= quoi d'autre)* well, what?, and then what?; *(= et alors ?)* so what? *, what of it? ◆ **et** ~ **quoi encore ?** *(= tu exagères)* whatever next?

**puisage** /pɥizaʒ/ **NM** drawing (of water)

**puisard** /pɥizaʀ/ **NM** *(gén)* cesspool, sink; *(Naut)* well; *(Min)* sump

**puisatier** /pɥizatje/ **NM** well-digger

**puiser** /pɥize/ ▸ conjug 1 ◂ **VT** *[+ eau]* to draw (*dans* from); *[+ exemple, renseignement, inspiration]* to draw, to take (*dans* from); ◆ **les deux auteurs ont puisé aux mêmes sources** the two authors drew on the same sources ◆ ~ **dans son sac/ses économies** to dip into one's bag/one's savings ◆ **j'ai dû** ~ **dans mes réserves pour finir la course** I had to draw on my reserves to finish the race

**puisque** /pɥisk(ə)/ **GRAMMAIRE ACTIVE 44.1** **CONJ** **a** *(= du moment que)* since, seeing that ◆ **ces animaux sont donc des mammifères, puisqu'ils allaitent leurs petits** these animals are therefore mammals, seeing that *ou* since they suckle their young ◆ **ça doit être vrai, puisqu'il le dit** it must be true since he says so

**b** *(= comme)* as, since, seeing that ◆ ~ **vous êtes là, venez m'aider** as *ou* since *ou* seeing that you're here come and help me ◆ **ces escrocs, puisqu'il faut les appeler ainsi ...** these crooks – as *ou* since one must call them that ... ◆ **son échec, ~ échec il y a ...** his failure, given that he has indeed failed ..., his failure, seeing as that is what it amounts to ... ◆ **~ c'est comme ça, je ne viendrai plus !** if that's how it is, I won't come anymore!

**c** *(valeur intensive)* **~ je te le dis !** I'm telling you (so)! ◆ **~ je te dis que c'est vrai !** I'm telling you it's true!

**puissamment** /pɥisamɑ̃/ **ADV** *(= fortement)* powerfully; *(= beaucoup)* greatly ◆ **~ raisonné !** *(iro)* what brilliant reasoning! *(iro)*

**puissance** /pɥisɑ̃s/ **NF** **a** *(= force)* *[d'armée, muscle, impulsion]* power, strength; *[de vent]* strength, force

**b** *(Élec, Phys)* power; *[de microscope]* (magnifying) power; *[de moteur, voiture, haut-parleur]* power ◆ **~ en watts** wattage ◆ **~ de sortie** *[de chaîne hi-fi]* output ◆ **~ de calcul/de traitement** *(Ordin)* computing/processing power *ou* capacity ◆ **modifier la ~ de l'éclairage** to adjust the lighting ◆ **~ effective** *ou* **au frein d'un moteur** *(Aut)* engine power output ◆ **bombe de forte ~** powerful *ou* high-powered bomb ◆ **bombe de faible ~** low-power bomb ◆ **la ~ de destruction de ce missile** this missile's destructive potential

**c** *(= capacité)* power ◆ **la ~ d'évocation de la musique** the evocative power of music ◆ **une grande ~ de séduction/suggestion** great seductive/suggestive power(s), great powers of seduction/suggestion ◆ **la ~ d'attraction de la capitale** the pull of the capital ◆ **grâce à la ~ de sa volonté** thanks to his willpower *ou* his strength of will ◆ **avoir une grande ~ de travail** to have a great capacity for work ◆ **avoir une grande ~ d'imagination** to have a very powerful imagination *ou* great powers of imagination

**d** *(= pouvoir)* *[de classe sociale, pays, argent]* power ◆ **l'or/le pétrole est une ~** gold/oil confers power ◆ **les ~s qui agissent sur le monde** the powers that influence the world

♦ **en puissance** *[délinquant, dictateur]* potential ◆ **l'homme est en ~ dans l'enfant** the man is latent in the child ◆ **exister en ~** to have a potential existence ◆ **c'est là en ~** it is potentially present ◆ **monter en ~** *[idée, théorie]* to gain ground ◆ **montée en ~** *[de pays, mouvement, personne]* increase in power; *[de secteur]* increase in importance

**e** *(Pol)* power ◆ **grande ~** major *ou* great power, superpower ◆ **la première ~ économique/nucléaire mondiale** the world's leading economic/nuclear power

**f** *(Math)* power ◆ **élever un nombre à la ~ 10** to raise a number to the power of 10 ◆ **10 ~ 4** 10 to the power of 4, 10 to the 4th

**COMP** ▷ **puissance administrative** *(Aut)* engine rating ▷ **les puissances d'argent** the forces of money ▷ **puissance de feu** *(Mil)* fire power ▷ **puissance fiscale** ⇒ **puissance administrative** ▷ **puissance au frein** *(Aut)* brake horsepower ▷ **puissance maritale** *(Jur)* marital rights ▷ **les puissances occultes** unseen *ou* hidden powers ▷ **puissance paternelle** *(Jur)* parental rights *ou* authority ◆ **exercer/être déchu de sa ~ paternelle** to exercise/have lost one's parental rights ▷ **la puissance publique** the public authorities ▷ **les puissances des ténèbres** the powers of darkness

**puissant, e** /pɥisɑ̃, ɑ̃t/ **ADJ** powerful; *[drogue, remède]* potent, powerful ◆ **c'est ~ !** * *(= formidable)* it's great! * **NM** ◆ **les ~s** the mighty *ou* powerful

**puits** /pɥi/ **NM** *[d'eau, pétrole]* well; *(Min)* shaft; *(Constr)* well, shaft ◆ **c'est un ~ sans fond** *(fig)* it's a bottomless pit **COMP** ▷ **puits d'aérage** *ou* **d'aération** ventilation shaft ▷ **puits d'amour** ≈ cream puff ▷ **puits artésien** artesian well ▷ **puits à ciel ouvert** *(Min)* opencast mine ▷ **puits d'érudition** *(fig)* ⇒ **puits de science** ▷ **puits d'extraction** winding shaft ▷ **puits de jour** *ou* **de lumière** *(Constr)* light shaft ▷ **puits de mine** mine shaft ▷ **puits perdu** cesspool, sink ▷ **puits de pétrole** oil well ▷ **puits de science** *(fig)* fount of knowledge

**pull** /pyl/ **NM** pullover, sweater, jumper *(Brit)* ◆ **~ chaussette** skinnyrib sweater

**pullman** /pulman/ **NM** Pullman (car)

**pull-over** (pl **pull-overs**) /pylɔvɛʀ/ **NM** pullover, sweater, jumper *(Brit)*

**pullulation** /pylylasjɔ̃/ **NF**, **pullulement** /pylylmɑ̃/ **NM** *(= action)* proliferation; *(= profusion)* *[d'insectes]* multitude; *[d'insectes volants]* swarm, multitude

**pulluler** /pylyle/ ▸ conjug 1 ◂ **VI** *(= se reproduire)* to proliferate, to multiply, to pullulate *(frm)*; *(= grouiller)* to swarm, to pullulate *(frm)*; *[erreurs, contrefaçons]* to abound, to pullulate *(frm)* ◆ **la ville pullule de touristes** the town is swarming with tourists ◆ **la rivière pullule de truites** the river is teeming with trout

**pulmonaire** /pylmɔnɛʀ/ **ADJ** *[maladie]* pulmonary, lung *(épith)*; *[artère]* pulmonary ◆ **congestion ~** congestion of the lungs

**pulpe** /pylp/ **NF** *[de fruit, dent, bois]* pulp; *[de doigt]* pad ◆ **boisson/yaourt à la ~ de fruits** real fruit drink/yoghurt

**pulpeux, -euse** /pylpø, øz/ **ADJ** *[fruit]* pulpy; *[lèvres]* full, fleshy; *[femme]* curvaceous

**pulsar** /pylsaʀ/ **NM** pulsar

**pulsation** /pylsasjɔ̃/ **NF** *(Méd)* *[de cœur, pouls]* beating *(NonC)*, beat, pulsation *(SPÉC)*; *(Phys)* pulsation; *(Élec)* pulsatance ◆ **~s (du cœur)** *(= rythme cardiaque)* heartbeat; *(= battements)* heartbeats

**pulsé** /pylse/ **ADJ M** ◆ **chauffage à air ~** forced air heating

**pulsion** /pylsjɔ̃/ **NF** *(Psych)* drive, urge ◆ **la ~ sexuelle** the sex drive ◆ **~s sexuelles** sexual urges ◆ **~ de mort** death wish ◆ **~ meurtrière/suicidaire** murderous/suicidal impulse ◆ **~ de vie** life instinct

**pulsionnel, -elle** /pylsjɔnɛl/ **ADJ** *[comportement]* instinctual ◆ **réaction pulsionnelle** impulsive reaction

**pulvérisable** /pylveʀizabl/ **ADJ** *[+ liquide, médicament]* in spray form

**pulvérisateur** /pylveʀizatœʀ/ **NM** *(à parfum)* spray, atomizer; *(à peinture)* spray; *(pour médicament)* spray, vaporizer ◆ **~ d'insecticide** *(Agr)* (crop) duster

**pulvérisation** /pylveʀizasjɔ̃/ **NF** **a** *(= broyage)* pulverizing, pulverization **b** *(= vaporisation)* spraying ◆ **"trois pulvérisations dans chaque narine"** *(Méd)* "spray three times into each nostril" ◆ **le médecin a ordonné des ~s (nasales)** the doctor prescribed a nasal spray **c** *(= anéantissement)* *[d'adversaire]* pulverizing, demolishing; * *[de record]* smashing *, shattering *; *[d'argument]* demolition, demolishing

**pulvériser** /pylveʀize/ ▸ conjug 1 ◂ **VT** **a** *(= broyer)* to pulverize, to reduce to powder **b** *[+ liquide, insecticide]* to spray ◆ **~ des insecticides sur un champ** to spray a field with insecticides **c** *(= anéantir)* *[+ adversaire]* to pulverize, to demolish; * *[+ record]* to smash *, to shatter *; *[+ argument]* to demolish, to pull to pieces ◆ **bâtiment pulvérisé par l'explosion** building reduced to rubble by the explosion

**pulvériseur** /pylveʀizœʀ/ **NM** disc harrow

**pulvérulence** /pylveʀylɑ̃s/ **NF** pulverulence

**pulvérulent, e** /pylveʀylɑ̃, ɑ̃t/ **ADJ** pulverulent

**puma** /pyma/ **NM** puma, cougar, mountain lion

**punaise** /pynɛz/ **NF** **a** *(Zool)* bug ◆ **~ d'eau** water stick insect ◆ **c'est une vraie ~** *(péj)* he's a real mischief-maker ◆ **~ !** * well!, blimey! * *(Brit)*, gee! * *(US)* ◆ **~ de sacristie** * *(péj)* churchy woman **b** *(= clou)* drawing pin *(Brit)*, thumbtack *(US)*

**punaiser** /pyneze/ ▸ conjug 1 ◂ **VT** to pin up (*ou* down *ou* on etc) ◆ **~ une affiche au mur** to pin up a poster, to pin a poster up on the wall

**punch**[1] /pɔ̃ʃ/ **NM** *(= boisson)* punch

**punch**[2] /pœnʃ/ **NM** **a** *(= énergie)* punch ◆ **avoir du ~** *[personne]* to have lots of drive, to have a lot of get up and go; *[slogan]* to be catchy * *ou* punchy *; *[cheveux]* to have lots of bounce ◆ **pour donner du ~ à vos cheveux** to give new life to your hair ◆ **manquer de ~** *[personne]* to lack dynamism *ou* drive; *[entreprise, économie]* to lack dynamism ◆ **cette mise en scène manque de ~** the production isn't punchy * enough **b** *(Boxe)* punching ability ◆ **avoir du ~** to pack *ou* have a good punch

**puncheur** /pœnʃœʀ/ **NM** good puncher, hard hitter

**punching-ball** (pl **punching-balls**) /pœnʃiŋbol/ **NM** punching bag, punchbag *(Brit)*, punchball ◆ **je lui sers de ~** *(fig)* he uses me as a punching bag

**punique** /pynik/ **ADJ** Punic

**punir** /pyniʀ/ ▸ conjug 2 ◂ **VT** **a** *[+ criminel, enfant]* to punish (*pour* for); ◆ **être puni de prison/de mort** to be sentenced to prison/to death **b** *(= faire souffrir)* to punish ◆ **il a été puni de son imprudence** he was punished for his recklessness, he suffered for his recklessness ◆ **tu as été malade, ça te punira de ta gourmandise** you've been ill – that'll teach you not to be greedy ◆ **il est orgueilleux, et l'en voilà bien puni** he's paying the penalty for *ou* being made to suffer for his pride ◆ **il est puni par où il a péché** he has got his (just) deserts, he's paying for his sins **c** *(= sanctionner)* *[+ faute, infraction, crime]* to punish ◆ **tout abus sera puni (de prison)** all abuses are punishable *ou* will be punished (by prison) ◆ **ce crime est puni par la loi/puni de mort** this crime is punishable by law/punishable by death

**punissable** /pynisabl/ **ADJ** punishable (*de* by)

**punitif, -ive** /pynitif, iv/ **ADJ** ◆ **action punitive** punitive action *(NonC)* ◆ **expédition punitive** *[d'armée, rebelles]* punitive expedition *ou* raid; *[de criminels, gang]* revenge killing

**punition** /pynisjɔ̃/ **NF** punishment (*de qch* for sth); ◆ **avoir une ~** *(Scol)* to be given a punishment ◆ **~ corporelle** corporal punishment *(NonC)* ◆ **en ~ de ses fautes** as a punishment for his mistakes ◆ **pour ta ~** as a punishment

**punk** /pœk/ **ADJ INV, NMF** punk

**pupille**[1] /pypij/ **NF** *(Anat)* pupil

**pupille**[2] /pypij/ **NMF** *(= enfant)* ward ◆ **~ de l'État** child in (local authority) care ◆ **~ de la Nation** war orphan

**pupitre** /pypitʀ/ **NM** *(Scol)* desk; *(Rel)* lectern; *(Mus)* *[de musicien]* music stand; *[de piano]* music rest; *[de chef d'orchestre]* rostrum; *(Ordin)* console ◆ **au ~, Henri Dupont** *(Mus)* at the rostrum – Henri Dupont, conducting

– Henri Dupont ◆ **chef de ~** *(Mus)* head of section

**pupitreur, -euse** /pypitʀœʀ, øz/ NM,F *(Ordin)* system operator

**pur, e** /pyʀ/ ADJ a *(= sans mélange)* *[alcool, eau, race, métal]* pure; *[vin]* undiluted; *[whisky, gin]* neat, straight; *[ciel]* clear; *[voyelle]* pure; *[diamant]* flawless ◆ **~ fruit** *[confiture]* real fruit *(épith)* ◆ **~ beurre** *[sablé]* all butter ◆ **~ porc** *[saucisson]* pure pork ◆ **~e laine** pure wool ◆ **c'est un communiste/capitaliste ~ jus** *ou* **sucre** he's a dyed-in-the-wool communist/capitalist ◆ **c'est un Parisien ~ jus** *ou* **sucre** he's a Parisian through and through *ou* to the core ◆ **c'est du Woody Allen ~ jus** it's stock Woody Allen ◆ **un ~ produit de la bourgeoisie** a pure product of the middle class ◆ **un Australien de ~e souche** an Australian born and bred ◆ **boire son vin ~** to drink one's wine without water *ou* undiluted ◆ **à l'état ~** *(Chim)* in the pure state ◆ **l'air ~ de la campagne** the pure *ou* fresh country air; → **esprit, pur-sang**

b *(= théorique)* *[science, mathématiques]* pure

c *(= innocent)* *[âme, cœur, intentions, pensées]* pure; *[personne]* pure, pure-hearted; *[conscience]* clear; *[regard]* frank

d *(= parfait)* *[style]* pure; *(= limpide)* *[voix]* pure, clear ◆ **un visage d'un ovale très ~** a perfectly oval face ◆ **elle parle un français très ~** she speaks very pure French

e *(= exact, strict)* pure, sheer ◆ **c'est de la folie ~e** it's pure *ou* sheer *ou* utter madness ◆ **c'est de la poésie/de l'imagination toute ~e** it's pure *ou* sheer poetry/imagination ◆ **c'est de l'insubordination ~e et simple** it's insubordination pure and simple ◆ **c'était du racisme ~ et simple** *ou* **à l'état ~** it was straight *ou* plain racism ◆ **ils réclament la suppression ~e et simple de la loi** they're quite simply asking for the law to be withdrawn ◆ **il ne s'agit pas d'une ~e et simple déclaration publique** it's not just *ou* it's not purely and simply a public statement ◆ **cela relève de la ~e fiction** it's pure fiction ◆ **il a dit cela par ~e méchanceté** he said that out of pure spite ◆ **œuvre de ~e imagination** work of pure imagination ◆ **c'est une question de ~e forme** it's merely *ou* purely a question of form ◆ **c'est par ~ hasard que je l'ai vu** I saw it by sheer chance *ou* purely by chance ◆ **c'est la ~e vérité** it's the plain *ou* simple (unadulterated) truth ◆ **en ~e perte** for absolutely nothing, fruitlessly ◆ **il a travaillé en ~e perte** absolutely nothing came of his work, his work was fruitless ◆ **par ~e ignorance** out of sheer ignorance ◆ **~ et dur** *(Pol)* hard-line

NM,F *(Pol)* ◆ **~ (et dur)** hard-liner

**purée** /pyʀe/ NF ◆ **~ (de pommes de terre)** mashed potato(es) ◆ **~ de marrons/de tomates** chestnut/tomato purée ◆ **c'est de la ~ de pois** *(fig)* it's murky fog *ou* a peasouper * *(Brit)* ◆ **être dans la ~** * to be in a real mess * ◆ **~, je l'ai oublié !** * darn (it) * *ou* sugar *, I forgot!

**purement** /pyʀmɑ̃/ ADV purely ◆ **~ et simplement** purely and simply

**pureté** /pyʀte/ NF a *(Chim)* *[de métal, substance]* purity b *(= perfection)* *[de traits]* perfection; *[de style]* purity; *[d'air, eau, son]* purity, pureness; *[de voix]* purity, clarity; *[de diamant]* flawlessness c *(= innocence)* *[d'âme, cœur, personne, intentions, pensées]* purity; *[de conscience]* clearness; *[de regard]* frankness

**purgatif, -ive** /pyʀgatif, iv/ ADJ purgative NM purgative, purge

**purgation** /pyʀgasjɔ̃/ NF *(Méd)* *(= action)* purgation; *(= remède)* purgative, purge

**purgatoire** /pyʀgatwaʀ/ NM *(Rel, fig)* purgatory ◆ **elle a déjà fait son ~** she's already done her penance

**purge** /pyʀʒ/ NF *(Méd)* purge, purgative; *(Pol)* purge; *(Tech)* *[de conduite]* flushing out, draining; *[de freins, radiateur]* bleeding

**purger** /pyʀʒe/ ► conjug 3 ◄ VT a *(Jur)* *[+ peine]* to serve b *(= vidanger)* *[+ conduite, radiateur]* to bleed, to flush (out), to drain; *[+ circuit hydraulique, freins]* to bleed c *(Méd)* to purge, to give a purgative to d *(= débarrasser)* to purge, to cleanse, to rid *(de* of*)* VPR **se purger** to take a purgative *ou* purge

**purgeur** /pyʀʒœʀ/ NM *[de tuyauterie]* draincock, tap *(Brit)*; *[de radiateur]* bleed-tap

**purifiant, e** /pyʀifjɑ̃, jɑ̃t/ ADJ purifying, cleansing

**purificateur, -trice** /pyʀifikatœʀ, tʀis/ ADJ purifying, cleansing, purificatory NM *(= appareil)* (air) purifier

**purification** /pyʀifikasjɔ̃/ NF *[d'air, liquide, langue]* purification, purifying; *[de métal]* refinement; *[d'âme]* cleansing, purging ◆ **~ ethnique** ethnic cleansing ◆ **la Purification** *(Rel)* the Purification

**purificatoire** /pyʀifikatwaʀ/ ADJ *(littér)* purificatory, purifying, cleansing

**purifier** /pyʀifje/ ► conjug 7 ◄ VT *(gén)* to purify, to cleanse; *[+ air, langue, liquide]* to purify; *[+ métal]* to refine; *(littér)* *[+ âme]* to cleanse, to purge ◆ **~ l'atmosphère** *(lit)* to purify the atmosphere *ou* air; *(fig)* to clear the air VPR **se purifier** to cleanse o.s.

**purin** /pyʀɛ̃/ NM slurry

**purisme** /pyʀism/ NM purism

**puriste** /pyʀist/ ADJ, NMF purist

**puritain, e** /pyʀitɛ̃, ɛn/ ADJ puritan(ical); *(Hist)* Puritan NM,F puritan; *(Hist)* Puritan

**puritanisme** /pyʀitanism/ NM puritanism; *(Hist)* Puritanism

**purpurin, e** /pyʀpyʀɛ̃, in/ ADJ *(littér)* crimson

**pur-sang** /pyʀsɑ̃/ NM INV thoroughbred, purebred

**purulence** /pyʀylɑ̃s/ NF purulence, purulency

**purulent, e** /pyʀylɑ̃, ɑ̃t/ ADJ purulent

**pus** /py/ NM pus

**pusillanime** /pyzi(l)lanim/ ADJ *(littér)* pusillanimous *(littér)*, fainthearted

**pusillanimité** /pyzi(l)lanimite/ NF *(littér)* pusillanimity *(littér)*, faintheartedness

**pustule** /pystyl/ NF pustule

**pustuleux, -euse** /pystylø, øz/ ADJ pustular

**putain** ‡ /pytɛ̃/ NF a *(= prostituée)* whore, hooker ‡, hustler ‡ *(US)*; *(= fille facile)* slut ‡, slag ‡ *(Brit)* ◆ **faire la ~** ‡ *(lit)* to be a whore *ou* hooker ‡ *ou* hustler ‡ *(US)*, to turn tricks ‡ *(US)*; *(fig)* to sell one's soul, to sell out * b *(en exclamation)* **~ !** bloody hell! ‡ *(Brit)*, goddammit! ‡ *(US)* ◆ **cette ~ de guerre** *(intensif)* this bloody ‡ *(Brit)* awful *ou* goddamn ‡ *(US)* war ◆ **ce ~ de réveil !** that bloody ‡ *(Brit)* *ou* goddamn ‡ *(US)* alarm clock! ◆ **quel ~ de vent !** this fucking *‡ wind!, this bloody ‡ *(Brit)* awful wind!

**putassier, -ière** ‡ /pytasje, jɛʀ/ ADJ a *[personne, mœurs]* sluttish; *[maquillage, tenue]* sluttish, tarty ‡ ◆ **avoir un langage ~** to swear like a trooper, to be foul-mouthed b *(= servile)* **comportement ~** bootlicking, arselicking *‡ *(Brit)*, ass-licking *‡ *(US)*

**putatif, -ive** /pytatif, iv/ ADJ putative, presumed ◆ **père ~** putative father

**pute** *‡ /pyt/ NF whore, hooker ‡, hustler ‡ *(US)* ◆ **aller aux** *ou* **chez les ~s** to go and see a whore

**putois** /pytwa/ NM *(= animal)* polecat; *(= fourrure)* fitch ◆ **crier comme un ~** to shout *ou* scream one's head off (in protest), to scream *ou* yell blue murder * *(Brit)*

**putréfaction** /pytʀefaksjɔ̃/ NF putrefaction ◆ **cadavre en ~** body in a state of putrefaction, putrefying *ou* rotting body

**putréfiable** /pytʀefjabl/ ADJ putrefiable

**putréfier** /pytʀefje/ ► conjug 7 ◄ VT to putrefy, to rot VPR **se putréfier** to putrefy, to rot, to go rotten

**putrescence** /pytʀesɑ̃s/ NF putrescence

**putrescent, e** /pytʀesɑ̃, ɑ̃t/ ADJ putrescent

**putrescible** /pytʀesibl/ ADJ putrescible

**putride** /pytʀid/ ADJ putrid

**putridité** /pytʀidite/ NF putridity, putridness

**putsch** /putʃ/ NM putsch

**putschiste** /putʃist/ NM putschist

**puvathérapie** /pyvateʀapi/ NF PUVA treatment *ou* therapy

**puzzle** /pœzl/ NM *(lit)* jigsaw (puzzle); *(fig)* jigsaw ◆ **faire un ~** to do a jigsaw ◆ **reconstituer le ~, rassembler toutes les pièces du ~** *(fig)* to fit *ou* put the pieces of the jigsaw together again

**p.-v., PV** * /peve/ NM (abrév de **procès-verbal**) *(Aut)* *(gén)* fine; *(pour stationnement interdit)* (parking) ticket; *(pour excès de vitesse)* speeding ticket ◆ **je me suis pris un ~** I got a ticket, I got booked *(Brit)*

**PVC** /pevese/ NM INV (abrév de **polyvinyl chloride**) PVC ◆ **en (plastique) ~** PVC *(épith)*

**pygargue** /pigaʀg/ NM white-tailed eagle

**Pygmalion** /pigmaljɔ̃/ NM Pygmalion ◆ **il a voulu jouer les ~s avec elle** he wanted to be her Pygmalion

**pygmée** /pigme/ ADJ, NMF pygmy, pigmy ◆ **c'est un vrai ~** *(péj)* he's a dwarf

**pyjama** /piʒama/ NM pyjamas, pajamas *(US)* ◆ **il était en ~(s)** he was in his pyjamas ◆ **acheter un ~** to buy a pair of pyjamas, to buy some pyjamas ◆ **deux ~s** two pairs of pyjamas; → **veste**

**pylône** /pilon/ NM pylon ◆ **~ électrique** electricity pylon

**pylore** /pilɔʀ/ NM pylorus

**pylorique** /pilɔʀik/ ADJ pyloric

**Pyongyang** /pjɔŋjɑŋ/ N Pyongyang

**pyorrhée** /pjɔʀe/ NF pyorrhoea, pyorrhea

**pyralène** ® /piʀalɛn/ NM Pyralene ®

**pyramidal, e** (mpl **-aux**) /piʀamidal, o/ ADJ pyramid-shaped, pyramid-like, pyramidal *(SPÉC)*

**pyramide** /piʀamid/ NF *(Anat, Archit, Géom, fig)* pyramid ◆ **~ inversée** inverted pyramid ◆ **~ humaine** human pyramid ◆ **~ des âges** population pyramid ◆ **~s rénales** *ou* **de Malpighi** *(Anat)* Malpighian pyramids ◆ **structure/organisation en ~** pyramidal structure/organization

**pyrénéen, -enne** /piʀeneɛ̃, ɛn/ ADJ Pyrenean NM,F **Pyrénéen(ne)** inhabitant *ou* native of the Pyrenees, Pyrenean

**Pyrénées** /piʀene/ NFPL ◆ **les ~** the Pyrenees

**pyrex** ® /piʀɛks/ NM Pyrex ® ◆ **assiette en ~** Pyrex dish

**pyrite** /piʀit/ NF pyrites

**pyrograver** /piʀogʀave/ ► conjug 1 ◄ VT to do pyrography *ou* poker-work

**pyrograveur, -euse** /piʀogʀavœʀ, øz/ **NM,F** pyrographer

**pyrogravure** /piʀogʀavyʀ/ **NF** *(Art)* pyrography, poker-work; *(= objet)* pyrograph

**pyrolyse** /piʀɔliz/ **NF** pyrolysis

**pyromane** /piʀɔman/ **NMF** *(Méd)* pyromaniac; *(gén, Jur)* arsonist, fire raiser

**pyromanie** /piʀɔmani/ **NF** pyromania

**pyromètre** /piʀɔmɛtʀ/ **NM** pyrometer

**pyrométrie** /piʀɔmetʀi/ **NF** pyrometry

**pyrométrique** /piʀɔmetʀik/ **ADJ** pyrometric

**pyrotechnie** /piʀɔtɛkni/ **NF** pyrotechnics *(sg)*, pyrotechny

**pyrotechnique** /piʀɔtɛknik/ **ADJ** pyrotechnic ◆ **spectacle** ~ firework display

**Pyrrhon** /piʀɔ̃/ **NM** Pyrrho

**pyrrhonien, -ienne** /piʀɔnjɛ̃, jɛn/ **ADJ** Pyrrhonic, Pyrrhonian **NM,F** Pyrrhonist, Pyrrhonian

**pyrrhonisme** /piʀɔnism/ **NM** Pyrrhonism

**Pyrrhus** /piʀys/ **NM** Pyrrhus; → **victoire**

**Pythagore** /pitagɔʀ/ **NM** Pythagoras

**pythagoricien, -ienne** /pitagɔʀisjɛ̃, jɛn/ **ADJ, NM,F** Pythagorean

**pythagorique** /pitagɔʀik/ **ADJ** Pythagorean

**Pythie** /piti/ **NF** **a** *(Antiq)* **la ~ (de Delphes)** the Pythia **b** ◆ **pythie** *(= devineresse)* prophetess ◆ **jouer la pythie** to be a seer *ou* soothsayer

**python** /pitɔ̃/ **NM** python

**pythonisse** /pitɔnis/ **NF** prophetess

# Q

**Q, q** /ky/ NM *(= lettre)* Q, q ◆ **fièvre Q** Q fever
**qat** /kat/ NM ⇒ **khat**
**Qatar** /kataʀ/ NM Qatar
**qatari, e** /kataʀi/ ADJ Qatari NM,F **Qatari(e)** Qatari ◆ **les Qatari** Qataris
**qch** (abrév de **quelque chose**) sth
**QCM** /kyseɛm/ NM (abrév de **questionnaire à choix multiple**) → **questionnaire**
**QF** /kyɛf/ NM (abrév de **quotient familial**) → **quotient**
**QG** /kyʒe/ NM (abrév de **quartier général**) HQ
**QHS** † /kyaʃɛs/ NM (abrév de **quartier de haute sécurité**) → **quartier**
**QI** /kyi/ NM (abrév de **quotient intellectuel**) IQ
**qn** (abrév de **quelqu'un**) sb
**qq** abrév de **quelque**
**qu'** /k/ → **que**
**quadra** * /k(w)adʀa/ NMF (abrév de **quadragénaire**) person in his (*ou* her) forties ◆ **les ~s** forty somethings * ◆ **les ~s du gouvernement** the forty-year-olds in the government
**quadragénaire** /k(w)adʀaʒenɛʀ/ ADJ *(= de quarante ans)* forty-year-old *(épith)* ◆ **il est ~** *(= de quarante à cinquante ans)* he's in his forties ◆ **maintenant que tu es ~** *(hum)* now that you're forty (years old), now that you've reached forty NMF forty-year-old man (*ou* woman)
**Quadragésime** /kwadʀaʒezim/ NF Quadragesima
**quadrangle** /k(w)adʀɑ̃gl/ NM *(Géom)* quadrangle
**quadrangulaire** /k(w)adʀɑ̃gylɛʀ/ ADJ quadrangular
**quadrant** /kadʀɑ̃/ NM quadrant
**quadrature** /k(w)adʀatyʀ/ NF *(gén)* quadrature ◆ **~ du cercle** *(Math)* quadrature *ou* squaring of the circle ◆ **c'est la ~ du cercle** *(fig)* it's like trying to square the circle, it's attempting the impossible
**quadriceps** /k(w)adʀisɛps/ NM quadriceps
**quadrichromie** /k(w)adʀikʀɔmi/ NF four-colour (printing) process
**quadriennal, e** (mpl **-aux**) /k(w)adʀijenal, o/ ADJ four-year *(épith)*, quadrennial ◆ **assolement ~** four-year rotation
**quadrige** /k(w)adʀiʒ/ NM quadriga
**quadrijumeaux** /k(w)adʀiʒymo/ ADJ MPL → **tubercule**
**quadrilatéral, e** (mpl **-aux**) /k(w)adʀilateʀal, o/ ADJ quadrilateral
**quadrilatère** /k(w)adʀilatɛʀ/ NM *(Géom, Mil)* quadrilateral
**quadrilingue** /k(w)adʀilɛ̃g/ ADJ quadrilingual
**quadrillage** /kadʀijaʒ/ NM **a** *(= dessin)* *[de papier]* square pattern; *[de tissu]* check pattern; *[de rues]* criss-cross *ou* grid pattern *ou* layout **b** *[de ville, pays]* *(gén)* covering; *(Mil, Police)* covering, control(ling) ◆ **la police a établi un ~ serré du quartier** the area is under close *ou* tight police control
**quadrille** /kadʀij/ NM *(= danse, danseurs)* quadrille ◆ **~ des lanciers** lancers
**quadrillé, e** /kadʀije/ (ptp de **quadriller**) ADJ *[papier, feuille]* squared
**quadriller** /kadʀije/ ▸ conjug 1 ◂ VT *[+ papier]* to mark out in squares; *[+ ville, pays]* *(gén)* to cover; *(Mil, Police)* to cover, to control ◆ **la ville est étroitement quadrillée par la police** the town is under close *ou* tight police control ◆ **la ville est quadrillée par un réseau de rues** the town is criss-crossed by a network of streets
**quadrillion** /k(w)adʀiljɔ̃/ NM quadrillion *(Brit)*, septillion *(US)*
**quadrimoteur** /kadʀimɔtœʀ/ ADJ M four-engined NM four-engined plane
**quadriparti, e** /k(w)adʀipaʀti/, **quadripartite** /k(w)adʀipaʀtit/ ADJ *(Bot)* quadripartite ◆ **conférence quadripartite** *(Pol)* *(entre pays)* four-power conference; *(entre partis)* four-party conference
**quadriphonie** /k(w)adʀifɔni/ NF quadraphony
**quadriphonique** /k(w)adʀifɔnik/ ADJ quadraphonic
**quadriréacteur** /k(w)adʀiʀeaktœʀ/ ADJ M four-engined NM four-engined jet *ou* plane
**quadrisyllabe** /k(w)adʀisi(l)lab/ NM quadrisyllable
**quadrisyllabique** /k(w)adʀisi(l)labik/ ADJ quadrisyllabic
**quadrumane** /k(w)adʀyman/ ADJ quadrumanous NM quadrumane
**quadrupède** /k(w)adʀypɛd/ ADJ fourfooted, quadruped NM quadruped
**quadruple** /k(w)adʀypl/ ADJ *[nombre, quantité, rangée]* quadruple ◆ **une quantité ~ de l'autre** a quantity four times (as great as) the other ◆ **en ~ exemplaire** in four copies ◆ **la ~ championne d'Europe** the European champion four times over; → **croche** NM *(Math, gén)* quadruple ◆ **je l'ai payé le ~/le ~ de l'autre** I paid four times as much for it/four times as much as the other for it ◆ **augmenter qch au ~** to increase sth fourfold
**quadrupler** /k(w)adʀyple/ ▸ conjug 1 ◂ VTI to quadruple, to increase fourfold *ou* four times
**quadruplés, -ées** /k(w)adʀyple/ (ptp de **quadrupler**) NM,F PL quadruplets, quads *
**quadruplex** /k(w)adʀyplɛks/ NM *(Téléc)* quadruplex system
**quai** /ke/ NM *[de port]* *(gén)* quay; *(pour marchandises)* wharf, quay; *[de gare]* platform; *[de rivière]* bank, embankment; *(= route)* riverside road ◆ **droits de ~** dockage, wharfage ◆ **être à ~** *[bateau]* to be alongside (the quay); *[de train]* to be in (the station) ◆ **venir à ~** *[bateau]* to berth ◆ **rester à ~** *[bateau]* to remain in dock; *[train]* to remain in the station ◆ **sur les ~s de la Seine** on the banks *ou* embankments of the Seine; → **accès, billet**
COMP ▷ **le Quai des Orfèvres** police headquarters *(in Paris)*, ≃ (New) Scotland Yard *(Brit)*, the FBI *(US)* ▷ **le Quai (d'Orsay)** *the French Foreign Office*

> **Quai**
>
> In French towns, the word **quai** refers to a street running along the river, and appears in the street name itself. In Paris, some of these street names are used by extension to refer to the famous institutions situated there: the **Quai Conti** refers to the Académie française, the **Quai des Orfèvres** to the headquarters of the police force, and the **Quai d'Orsay** to the Foreign Office.

**quaker, quakeresse** /kwɛkœʀ, kwɛkʀɛs/ NM,F Quaker
**quakerisme** /kwɛkœʀism/ NM Quakerism
**qualifiable** /kalifjabl/ ADJ **a** *(= qui peut se qualifier)* *(Sport)* *[équipe, joueur]* able to qualify **b** *(= qui peut être nommé)* *(Jur)* **cet acte n'est pas juridiquement ~** this act cannot be legally defined ◆ **un délit ~ de haute trahison** a treasonable offence ◆ **une telle conduite n'est pas ~** such behaviour is beyond description *ou* defies description
**qualifiant, e** /kalifjɑ̃, jɑ̃t/ ADJ *[formation]* leading to a qualification

**qualificateur** /kalifikatœʀ/ NM *(Ling)* qualifier

**qualificatif, -ive** /kalifikatif, iv/ ADJ *[adjectif]* qualifying ◆ **épreuves qualificatives** *(Sport)* qualifying heats *ou* rounds NM *(Ling)* qualifier; *(= mot)* term ◆ **ce produit mérite le ~ de révolutionnaire** this product deserves to be described as revolutionary

**qualification** /kalifikasjɔ̃/ GRAMMAIRE ACTIVE 42.4 NF **a** *(Sport)* **obtenir sa ~** to qualify (*en, pour* for); ◆ **la ~ de notre équipe demeure incertaine** it's still not certain whether our team will qualify ◆ **épreuves de ~** qualifying heats *ou* rounds, qualifiers ◆ **c'est le but de la ~** this goal secures the team's qualification **b** *(= aptitude)* skill; *(= diplôme)* qualification ◆ **~ professionnelle** professional qualification ◆ **sans ~** *[personne]* *(= sans compétence)* unskilled; *(= sans diplômes)* unqualified ◆ **ce travail demande un haut niveau de ~** this is highly skilled work **c** *(Jur)* **la ~ d'homicide involontaire a été retenue contre lui** he was charged with manslaughter **d** *(Ling)* qualification **e** *(= nom)* label, description

**qualifié, e** /kalifje/ (ptp de **qualifier**) ADJ **a** *(= compétent)* *(gén)* qualified; *(Ind)* *[emploi, main-d'œuvre, ouvrier]* skilled ◆ **non ~** *[emploi, main-d'œuvre, ouvrier]* unskilled ◆ **emploi/ouvrier très ~** highly skilled job/worker ◆ **il n'est pas ~ pour ce poste/gérer le service** he isn't qualified for this post/to manage the department ◆ **je ne suis pas ~ pour en parler** I'm not qualified to talk about it ◆ **majorité ~e** *(Pol)* qualified majority **b** *(Sport)* **les joueurs ~s pour la finale** the players who have qualified for the final, the qualifiers for the final **c** *(Jur)* *[vol, délit]* aggravated ◆ **c'est du vol ~** *(fig)* it's daylight robbery ◆ **c'est de l'hypocrisie ~e** it's blatant hypocrisy

**qualifier** /kalifje/ ▸ conjug 7 ◂ VT **a** *[+ conduite, projet]* to describe (*de* as); ◆ **cet accord a été qualifié d'historique** this agreement has been described as historic ◆ **sa maison qu'il qualifiait pompeusement (de) manoir** his house which he described pompously as a manor ◆ **~ qn de menteur** to call sb a liar **b** *(Sport)* **~ une équipe** to ensure a team qualifies **c** *(Ling)* to qualify VPR **se qualifier** *(Sport)* to qualify (*pour* for); ◆ **il se qualifie d'artiste** *(hum)* he describes himself as an artist, he calls himself an artist

**qualitatif, -ive** /kalitatif, iv/ ADJ qualitative

**qualitativement** /kalitativmɑ̃/ ADV qualitatively ◆ **c'est une œuvre ~ discutable** the quality of the work is debatable

**qualité** /kalite/ NF **a** *[de marchandise]* quality ◆ **la ~ de (la) vie** the quality of life ◆ **de ~** *[article, ouvrage, spectacle]* quality *(épith)* ◆ **de bonne/mauvaise ~** of good *ou* high/bad *ou* poor quality ◆ **produits de haute ~** high-quality products ◆ **article de première ~** top-quality article, article of the highest quality ◆ **fruits de ~ supérieure** fruit of superior quality, superior-quality fruit ◆ **~ courrier** *(Ordin)* near letter quality

**b** *(Ind : pour homologation)* quality ◆ **service ~** quality (control) department ◆ **responsable ~** quality controller

**c** *[de personne]* *(= vertu)* quality; *(= don)* skill ◆ **~s humaines/personnelles** human/personal qualities ◆ **ses ~s de cœur** his noble-heartedness ◆ **~s professionnelles** professional skills ◆ **~s de gestionnaire** management *ou* managerial skills ◆ **cette œuvre a de grandes ~s littéraires** this work has great literary qualities

**d** *(= fonction)* position ◆ **sa ~ de directeur** his position as manager ◆ **en sa ~ de maire** in his capacity as mayor ◆ **en (ma) ~ d'auteur/de femme mariée** as an author/a married woman ◆ **sa ~ d'étranger** his alien status ◆ **la ~ de Français** status as a French citizen ◆ **vos nom, prénom et ~** *(Admin)* surname, forename *(Brit)* *ou* given name *(US)* and occupation ◆ **avoir ~ pour** *(Jur)* to have authority to

**e** *(† = noblesse)* quality ◆ **les gens/un homme de ~** people/a man of quality

**qualiticien, -ienne** /kalitisjɛ̃, jɛn/ NM,F quality controller *(Brit)* *ou* controler *(US)*

**quand** /kɑ̃/ CONJ **a** *(= lorsque)* when ◆ **~ ce sera fini, nous irons prendre un café** when it's finished we'll go and have a coffee ◆ **sais-tu de ~ était sa dernière lettre ?** do you know when his last letter was written? *ou* what was the date of his last letter? ◆ **~ je te le disais !** I told you so! ◆ **~ je pense que … !** when I think that …!, to think that …! ◆ **on y va ? – ~ tu veux** shall we go? — ready when you are ◆ **c'est ~ tu veux !** * *(ton irrité)* take your time! ◆ **pour la bière, c'est ~ il veut !** * *(iro)* he's taking his time with that beer!

**b** *(= alors que)* when ◆ **pourquoi ne pas acheter une voiture ~ nous pouvons nous le permettre ?** why not buy a car when we can afford it? ◆ **pourquoi vivre ici ~ tu pourrais avoir une belle maison ?** why live here when you could have a beautiful house?

**c** *(loc)*

◆ **quand bien même** even though *ou* if ◆ **~ bien même tu aurais raison, je n'irais pas** even though *ou* even if you were right, I wouldn't go; → **même**

ADV when ◆ **~ pars-tu ?, ~ est-ce que tu pars ?, tu pars ~ ?** * when are you leaving? ◆ **dis-moi ~ tu pars** tell me when you're leaving *ou* when you'll be leaving ◆ **à ~ le voyage ?** when are you going? ◆ **c'est pour ~ ?** *(devoir)* when is it due? *ou* for?; *(rendez-vous)* when is it?; *(naissance)* when is it to be? ◆ **ça date de ~ ?** *(événement)* when did it take place?; *(lettre)* what's the date on it?, when was it written?; → **depuis, importer², jusque**

**quant** /kɑ̃/ ADV ◆ **~ à** *(= pour ce qui est de)* as for, as to; *(= au sujet de)* as regards, regarding ◆ **~ à moi, je pense qu'il est fou** as far as I'm concerned, he's mad ◆ **~ à moi, je pars** as for me, I'm leaving ◆ **~ à affirmer cela …** as for stating that … ◆ **je n'ai rien su ~ à ce qui s'est passé** I knew nothing about *ou* of what happened ◆ **~ à cela, tu peux en être sûr** you can be quite sure about that ◆ **~ à cela, je n'en sais rien** as to that *ou* as regards that *ou* as far as that goes, I know nothing about it

**quanta** /k(w)ɑ̃ta/ (pl de **quantum**)

**quant-à-soi** /kɑ̃taswa/ NM INV reserve ◆ **il est resté sur** *ou* **a gardé son ~** he kept his own counsel

**quantième** /kɑ̃tjɛm/ NM *(Admin)* day *(of the month)*

**quantifiable** /kɑ̃tifjabl/ ADJ quantifiable ◆ **facteurs non ~s** factors which cannot be quantified, unquantifiable factors

**quantificateur** /kɑ̃tifikatœʀ/ NM quantifier

**quantification** /kɑ̃tifikasjɔ̃/ NF *(gén, Philos)* quantification; *(Phys)* quantization

**quantifier** /kɑ̃tifje/ ▸ conjug 7 ◂ VT *(gén, Philos)* to quantify; *(Phys)* to quantize

**quantifieur** /kɑ̃tifjœʀ/ NM ⇒ **quantificateur**

**quantique** /k(w)ɑ̃tik/ ADJ quantum *(épith)* NF quantum physics

**quantitatif, -ive** /kɑ̃titatif, iv/ ADJ quantitative

**quantitativement** /kɑ̃titativmɑ̃/ ADV quantitatively

**quantité** /kɑ̃tite/ NF **a** *(= nombre, somme)* quantity, amount ◆ **la ~ d'eau nécessaire à l'organisme** the amount *ou* quantity of water necessary for the body ◆ **la ~ de gens qui ne paient pas leurs impôts** the number of people who don't pay their taxes ◆ **quelle ~ de pétrole s'est déversée dans la mer ?** how much oil was spilled into the sea? ◆ **en ~s industrielles** in vast quantities *ou* amounts ◆ **en grande/petite ~** in large/small quantities *ou* amounts ◆ **en ~ suffisante** in sufficient quantities

**b** *(= grand nombre)* **(une) ~ de** *[+ raisons, personnes]* a great many, a lot of ◆ **des ~s** *ou* **(une) ~ de gens croient que …** a great many people *ou* a lot of people believe that … ◆ **~ d'indices révèlent que …** many signs *ou* a (great) number of signs indicate that … ◆ **il y a des fruits en (grande) ~** fruit is in plentiful supply ◆ **il y a eu des accidents en ~** there have been a great number of *ou* a lot of *ou* a great many accidents ◆ **du travail en ~** a great deal of work

**c** *(Ling, Sci)* quantity ◆ **~ négligeable** *(Sci)* negligible quantity *ou* amount ◆ **considérer qn comme ~ négligeable** to consider sb of minimal importance

**quantum** /k(w)ɑ̃tɔm/ (pl **quanta** /k(w)ɑ̃ta/) NM *(Jur, Phys)* quantum ◆ **la théorie des quanta** quantum theory

**quarantaine** /kaʀɑ̃tɛn/ NF **a** *(= âge, nombre)* about forty; *pour loc voir* **soixantaine** **b** *(Méd, Naut)* quarantine ◆ **mettre en ~** *(lit)* *[+ animal, malade, navire]* to quarantine, to put in quarantine; *(= ostraciser)* *[+ personne]* to blacklist, to send to Coventry *(Brit)*; *[+ pays]* to blacklist; → **pavillon**

**quarante** /kaʀɑ̃t/ ADJ INV, NM INV forty ◆ **les Quarante** *the members of the French Academy* ◆ **un ~-cinq tours** *(= disque)* a single, a forty-five; *pour autres loc voir* **soixante, an;** → ACADÉMIE

**quarantenaire** /kaʀɑ̃tnɛʀ/ ADJ **a** *[période]* forty-year *(épith)* **b** *(Méd, Naut)* quarantine *(épith)* NM *(= anniversaire)* fortieth anniversary

**quarantième** /kaʀɑ̃tjɛm/ ADJ, NMF fortieth ◆ **les ~s rugissants** *(Naut)* the Roaring Forties

**quark** /kwaʀk/ NM quark

**quart** /kaʀ/ NM **a** *(= fraction)* quarter; *(= 250 g)* ≃ half a pound; *(= 250 ml)* quarter litre ◆ **un ~ de poulet** a quarter chicken ◆ **un ~ de beurre** 250 g of butter ◆ **un ~ de vin** a quarter-litre carafe of wine ◆ **un kilo/une livre un ~** *ou* **et ~** a kilo/a pound and a quarter ◆ **on n'a pas fait le ~ du travail** we haven't done a quarter of the work ◆ **c'est réglé au ~ de poil** * it's finely *ou* perfectly tuned; → **tiers, trois**

**b** *(Mil = gobelet)* beaker *(of 1/4 litre capacity)*

**c** *(dans le temps)* **~ d'heure** quarter of an hour, quarter-hour *(surtout US)* ◆ **3 heures moins le ~** (a) quarter to *ou* of *(US)* 3 ◆ **3 heures et ~, 3 heures un ~** (a) quarter past *ou* after *(US)* 3 ◆ **il est le ~/moins le ~** it's (a) quarter past/(a) quarter to ◆ **de ~ d'heure en ~ d'heure** every quarter of an hour ◆ **passer un mauvais** *ou* **sale ~ d'heure** to have a bad *ou* hard time of it ◆ **il lui a fait passer un mauvais ~ d'heure** he gave him a bad *ou* hard time ◆ **~ d'heure américain** lady's choice ◆ **un ~ de seconde** *(lit)* a quarter of a second; *(fig)* a split second ◆ **en un ~ de seconde** *(lit)* in a quarter of a second; *(fig)* in no time at all ◆ **un ~ de siècle** a quarter of a century

**d** *(Naut)* watch ◆ **être de ~** to keep the watch ◆ **prendre le ~** to take the watch ◆ **de ~** *[homme, matelot]* on watch ◆ **officier de ~** officer of the watch ◆ **petit ~** dogwatch ◆ **grand ~** six-hour watch

**COMP** ▷ **quart de cercle** quarter-circle ▷ **quarts de finale** quarter finals ◆ **être en ~s de finale** to be in the quarter finals ▷ **quart de soupir** semiquaver rest *(Brit)*, sixteenth rest *(US)* ▷ **quart de ton** quarter tone ▷ **quart de tour** quarter turn ◆ **donner un ~ de tour à un bouton de porte** to turn a knob round a quarter of the way, to give a knob a quarter turn ◆ **démarrer** *ou* **partir au ~ de tour** *[engin]* to start (up) first time; * *[personne]* to have a short fuse ◆ **comprendre au ~ de tour** * to understand straight off *, to be quick on the uptake

**quart-de-rond** (pl **quarts-de-rond**) /kaʀdəʀɔ̃/ **NM** ovolo, quarter round

**quarte** /k(w)aʀt/ **NF** *(Escrime)* quarte; *(Cartes)* quart; *(Mus)* fourth; *(Hist = deux pintes)* quart **ADJ F** → **fièvre**

**quarté** /k(w)aʀte/ **NM** *French system of forecast betting on four horses in a race*

**quarteron, -onne** /kaʀtəʀɔ̃, ɔn/ **NM,F** *(= métis)* quadroon **NM** *(péj = groupe)* small *ou* insignificant band, minor group

**quartette** /k(w)aʀtɛt/ **NM** *(Mus)* jazz quartet(te)

**quartier** /kaʀtje/ **NM** **a** *[de ville] (Admin = division)* district, area; *(gén = partie)* neighbourhood *(Brit)*, neighborhood *(US)*, area ◆ **le ~ chinois** Chinatown, the Chinese quarter *ou* area ◆ **le ~ juif** the Jewish quarter *ou* area ◆ **les vieux ~s de la ville** the old part of the town ◆ **les gens du ~** the local people, the people in the neighbourhood ◆ **vous êtes du ~ ?** do you live around here? ◆ **le ~ est/ouest de la ville** the east/west end *ou* side of (the) town ◆ **~ commerçant** shopping area *ou* district ◆ **le ~ des affaires** the business district *ou* area ◆ **le Quartier latin** the Latin Quarter ◆ **de ~** *[cinéma, épicier]* local *(épith)* ◆ **association/maison de ~** community association/centre ◆ **la vie de ~** community life; → **bas¹, beau**

**b** *(= portion) [de bœuf]* quarter; *[de viande]* large piece, chunk; *[de fruit]* piece, segment ◆ **mettre en ~s** *(lit, fig)* to tear to pieces

**c** *(Astron, Hér)* quarter

**d** *(† = grâce, pitié)* quarter † ◆ **demander/faire ~** to ask for/give quarter ◆ **ne pas faire de ~** to give no quarter ◆ **pas de ~ !** show no mercy!

**e** *(Mil)* **~(s)** quarters ◆ **rentrer au(x) ~(s)** to return to quarters ◆ **avoir ~(s) libre(s)** *(Mil)* to have leave from barracks; *[élèves, touristes]* to be free (for a few hours) ◆ **prendre ses ~s d'hiver** *(lit, fig)* to go into winter quarters ◆ **c'est là que nous tenons nos ~s** *(fig)* this is where we have our headquarters

**COMP** ▷ **quartier général** *(Mil, fig)* headquarters ◆ **grand ~ général** *(Mil)* general headquarters ▷ **quartier de haute sécurité, quartier de sécurité renforcée** *[de prison]* high *ou* maximum *ou* top security wing ▷ **quartier de noblesse** *(lit)* degree of noble lineage *(representing one generation)* ◆ **avoir ses ~s de noblesse** *(fig)* to be well established and respected, to have earned one's colours ▷ **quartier réservé** red-light district

**quartier-maître** (pl **quartiers-maîtres**) /kaʀtjemɛtʀ/ **NM** *(Naut)* ≈ leading seaman ◆ **~ de 1re classe** leading rating *(Brit)*, petty officer third class *(US)*

**quartile** /kwaʀtil/ **NM** quartile

**quart-monde** (pl **quarts-mondes**) /kaʀmɔ̃d/ **NM** ◆ **le ~** *(= démunis)* the underclass; *(= pays)* the Fourth World

**quarto** /kwaʀto/ **ADV** fourthly

**quartz** /kwaʀts/ **NM** quartz

**quartzite** /kwaʀtsit/ **NM** quartzite

**quasar** /kazaʀ/ **NM** quasar

**quasi¹** /kazi/ **NM** *(Culin) cut of meat from upper part of leg of veal*

**quasi²** /kazi/ **ADV** almost, nearly **PRÉF** near, quasi- *(surtout US)* ◆ **~-certitude/-obscurité** near certainty/darkness ◆ **~-monnaie** near money ◆ **~-contrat** quasi-contract ◆ **~-collision** *(Aviat)* near miss ◆ **la ~-totalité des dépenses** almost all (of) the expenditure

**quasi-délit** (pl **quasi-délits**) /kazideli/ **NM** *(Jur)* technical offence *(Brit)* *ou* offense *(US)*

**quasiment** /kazimɑ̃/ **ADV** *(dans une affirmation)* practically ◆ **c'est ~ fait** it's as good as done ◆ **~ jamais** hardly ever ◆ **il n'a ~ pas parlé/dormi** he hardly said a word/slept ◆ **je n'y vais ~ plus** I hardly ever *ou* almost never go there anymore

**Quasimodo** /kazimɔdo/ **NF** ◆ **la ~, le dimanche de ~** Low Sunday

**quaternaire** /kwatɛʀnɛʀ/ **ADJ** *(gén, Chim)* quaternary; *(Géol)* Quaternary **NM** *(Géol)* ◆ **le ~** the Quaternary (period)

**quatorze** /katɔʀz/ **ADJ INV, NM INV** fourteen ◆ **avant/après (la guerre de) ~** before/after the First World War ◆ **le ~ juillet** the Fourteenth of July, Bastille Day *(French national holiday)*; → **chercher, repartir²**; *pour autres loc voir* **six**; → LE QUATORZE JUILLET

**quatorzième** /katɔʀzjɛm/ **ADJ INV, NMF** fourteenth; *pour loc voir* **sixième**

**quatrain** /katʀɛ̃/ **NM** quatrain

**quatre** /katʀ/ **ADJ INV, NM INV** four ◆ **aux ~ coins de** *(lit, fig)* in the four corners of ◆ **à ~ mains** *(Mus) [morceau]* for four hands, four-handed *[jouer]* four-handed ◆ **marcher à ~ pattes** to walk on all fours ◆ **nos amis à ~ pattes** our four-legged friends ◆ **les ~ grands** *(Pol)* the Big Four ◆ **monter/descendre (l'escalier) ~ à ~** to rush up/down the stairs four at a time ◆ **manger comme ~** to eat like a horse ◆ **une robe de ~ sous** a cheap dress ◆ **il avait ~ sous d'économies** he had a modest amount of savings ◆ **s'il avait ~ sous de bon sens** if he had a scrap *ou* modicum of common sense ◆ **être tiré à ~ épingles** to be dressed up to the nines ◆ **un de ces ~ (matins)** * one of these (fine) days ◆ **je ne vais pas recommencer tous les ~ matins !** * I'm not going to keep doing it! ◆ **faire les ~ cents coups** to lead a wild life ◆ **tomber les ~ fers en l'air** to fall flat on one's back ◆ **faire ses ~ volontés** to do exactly as one pleases ◆ **faire les ~ volontés de qn** to satisfy sb's every whim ◆ **dire à qn ses ~ vérités** to tell sb a few plain *ou* home truths ◆ **se mettre** *ou* **se couper en ~ pour (aider) qn** to bend over backwards to help sb * ◆ **elle se tenait à ~ pour ne pas rire/pour ne pas le gifler** she was doing all she could to keep from laughing/to keep from smacking him ◆ **je n'irai pas par ~ chemins** I'm not going to beat about the bush ◆ **entre ~ murs** within *ou* between four walls ◆ **je n'ai pas ~ bras !** * I've only got one pair of hands! ◆ **quand il sera entre ~ planches** * when he's six foot under * ◆ **entre ~'z'yeux** *, **entre quat-z-yeux** * *(= directement)* face to face; *(= en privé)* in private; → **trèfle, vent,** *etc; pour autres loc voir* **six**

**NM** *(Naut)* ◆ **~ barré** coxed four ◆ **~ sans barreur** coxless four

**quatre-cent-vingt-et-un** /kat(ʀə)sɑ̃vɛ̃teœ̃/ **NM INV** *dice game*

**quatre-épices** /katʀepis/ **NM INV** allspice

**quatre-heures** * /katʀœʀ/ **NM INV** *(langage enfantin)* afternoon tea *(Brit)* *ou* snack

**quatre-huit** /kat(ʀə)ɥit/ **NM INV** *(Mus)* common time

**quatre-mâts** /kat(ʀə)mɑ/ **NM INV** four-master

**quatre-quarts** /kat(ʀə)kaʀ/ **NM INV** *(Culin)* pound cake

**quatre-quatre** /kat(ʀə)katʀ/ **ADJ INV, NM INV** four-wheel drive

**quatre-vingt-dix** /katʀəvɛ̃dis/ **ADJ INV, NM INV** ninety

**quatre-vingt-dixième** /katʀəvɛ̃dizjɛm/ **ADJ INV, NMF** ninetieth

**quatre-vingt-et-un** /katvɛ̃teœ̃/ **NM INV** ⇒ **quatre-cent-vingt-et-un**

**quatre-vingtième** /katʀəvɛ̃tjɛm/ **ADJ INV, NMF** eightieth

**quatre-vingt-onze** /katʀəvɛ̃ɔ̃z/ **ADJ INV, NM INV** ninety-one

**quatre-vingt-onzième** /katʀəvɛ̃ɔ̃zjɛm/ **ADJ INV, NMF** ninety-first

**quatre-vingts** /katʀəvɛ̃/ **ADJ INV, NM INV** eighty

**quatre-vingt-un** /katʀəvɛ̃ɛ̃/ **ADJ INV, NM INV** eighty-one

**quatre-vingt-unième** /katʀəvɛ̃ynjɛm/ **ADJ INV, NMF** eighty-first

**quatrième** /katʀijɛm/ **ADJ** fourth ◆ **le ~ pouvoir** the fourth estate ◆ **le ~ âge** *(= personnes)* the over 75s; *(= état)* the fourth age *(75 onwards)* ◆ **faire qch en ~ vitesse** to do sth at top speed; *pour autres loc voir* **sixième** **NMF** *(= joueur de cartes)* fourth player **NF** *(Aut = vitesse)* fourth gear; *(Cartes = quarte)* quart; *(Scol = classe)* ≈ third form *ou* year *(Brit)*, third year (in junior high school) *(US)* ◆ **~ de couverture** *[de livre]* back cover

**quatrièmement** /katʀijɛmmɑ̃/ **ADV** fourthly, in the fourth place

**quatrillion** /k(w)atʀiljɔ̃/ **NM** quadrillion *(Brit)*, septillion *(US)*

**quattrocento** /kwatʀotʃɛnto/ **NM** ◆ **le ~** the quattrocento

**quatuor** /kwatɥɔʀ/ **NM** *(= œuvre, musiciens)* quartet(te); *(fig)* quartet(te), foursome ◆ **~ à cordes** string quartet(te)

## que /kə/

Devant voyelle ou **h** muet = **qu'**.

| | |
|---|---|
| 1 CONJONCTION | 3 PRONOM RELATIF |
| 2 ADVERBE | 4 PRONOM INTERROGATIF |

1 - CONJONCTION

Lorsque **que** sert à former des locutions conjonctives (**afin que, à mesure que, dès que, tant que, tel que, plus/moins ... que etc**), reportez-vous à l'autre mot.

**a** *(complétive)*

Lorsque **que** introduit une subordonnée complétive, il se traduit généralement par **that** mais est souvent omis.

◆ **elle sait ~ tu es prêt** she knows (that) you're ready ◆ **tu crois qu'il réussira ?** do you think he'll succeed? ◆ **c'est agréable qu'il fasse beau** it's nice that the weather's fine ◆ **c'est dommage qu'il pleuve** it's a pity (that) it's raining ◆ **l'idée qu'il pourrait échouer** the idea of him *ou* his failing, the idea that he might fail

Avec un verbe de volonté, l'anglais emploie une proposition infinitive.

◆ **je veux/j'aimerais qu'il vienne** I want him/would like him to come ◆ **je ne veux pas qu'il vienne** I don't want him to come

MAIS **j'aimerais qu'il ne vienne pas** I'd rather he didn't come

Avec les verbes d'opinion tels que **penser, croire** suivis de **oui, si, non, que** n'est pas traduit.

◆ **je pense ~ oui/non** I think/don't think so ◆ **mais il n'a pas de voiture ! – il dit ~ si** but he has no car! – he says he has; → **craindre, douter, peur,** *etc*

**b** *(remplaçant* « si », « quand », « comme », *etc.)*

Lorsque **que** est précédé d'une proposition introduite par **si, quand, comme, que, etc** il ne se traduit pas.

◆ **si vous êtes sages et qu'il fait beau, nous sortirons** if you are good and the weather is fine, we'll go out ◆ **il vous recevra quand il rentrera et qu'il aura déjeuné** he'll see you when he comes home and he's had a meal ◆ **comme la maison est petite et qu'il n'y a pas de jardin ...** as the house is small and there's no garden ... ◆ **bien qu'il soit en retard et ~ nous soyons pressés** although he's late and we're in a hurry

**c** [hypothèse = si] whether ◆ **il ira, qu'il le veuille ou non** he'll go whether he wants to or not *ou* whether he likes it or not ◆ **qu'il parte ou qu'il reste, ça m'est égal** whether he leaves or stays, it's all the same to me, he can leave or he can stay, it's all the same to me

**d** [but] **tenez-le, qu'il ne tombe pas** hold him in case he falls *ou* so that he won't fall ◆ **venez ~ nous causions** come along and we'll have *ou* so that we can have a chat

**e** [temps] **elle venait à peine de sortir qu'il se mit à pleuvoir** she had no sooner gone out than it started raining, she had hardly *ou* just gone out when it started raining ◆ **ils ne se connaissaient pas depuis 10 minutes qu'ils étaient déjà amis** they had only known each other for 10 minutes and already they were friends; → **faire, ne, si**[2]

**f** [ordre, souhait, résignation]

Lorsque **que** suivi d'une 3e personne exprime l'ordre, le souhait, la résignation ou la menace, il se traduit par un verbe, un adverbe ou une conjonction.

◆ **qu'il se taise !** I wish he would be quiet! ◆ **~ la lumière soit** let there be light ◆ **~ la guerre finisse !** if only the war would end! ◆ **qu'ils me laissent en paix !** I wish they'd leave me in peace! ◆ **eh bien, qu'il vienne !** all right, he can come! *ou* let him come! ◆ **~ le Seigneur ait pitié de lui !** (may) the Lord have mercy upon him! ◆ **qu'elle vienne me reprocher quelque chose(, je saurai la recevoir) !** she'd better not start criticizing! ◆ **qu'il essaie seulement !** just let him try!

**g** *(renforçant affirmation)*

Notez l'emploi d'adverbes ou de l'auxiliaire en anglais lorsque **que** renforce une affirmation ou une négation.

◆ **~ oui !** yes indeed! ◆ **il était fâché ? – ~ oui !** was he angry? – was he ever! ◆ **~ non !** certainly not!, not at all! ◆ **tu viens ? – ~ non/oui !** are you coming? – no I am not!/you bet I am! * ◆ **mais il n'en veut pas ! – ~ si/non** but he doesn't want any! – yes he does/no he doesn't

**h** [pour reprendre ce qui vient d'être dit] **~ tu crois !** * that's what YOU think! ◆ **~ je l'aide ? tu plaisantes !** me, help him? you must be joking! ◆ **~ tu y ailles seul ? c'est trop dangereux !** go on your own? that's far too dangerous!

**i** [après un discours rapporté] **"viens ici !", qu'il me crie** * "come here", he shouted ◆ **"et pourquoi ?" ~ je lui fais** * "why's that?", I go to him *

**j** [locutions]

♦ **que ... ne ...** *(littér)* ◆ **il ne se passe pas une minute ~ je ne pense à lui** *(= sans que)* not a minute goes by when I don't think about him *ou* without me thinking about him ◆ **ils pourraient me supplier ~ je n'accepterais pas** even if they begged me I wouldn't accept ◆ **j'avais déjà fini de déjeuner qu'elle n'avait pas commencé** I'd already finished my lunch and she hadn't even started

2 - ADVERBE

**a** [valeur intensive]

♦ **que, qu'est-ce que** *(devant adjectif, adverbe)* how; *(devant nom singulier)* what a; *(devant nom pluriel)* what a lot of ◆ **(qu'est-ce) ~ tu es lent !** you're so slow!, how slow you are! ◆ **qu'est-ce qu'il est bête !** he's such an idiot! ◆ **~ de monde !, qu'est-ce qu'il y a comme monde !** what a crowd (there is)!, what a lot of people! ◆ **~ de voitures !, qu'est-ce qu'il y a comme circulation !** there's so much traffic! ◆ **~ de mal vous vous donnez !** what a lot of trouble you're taking! ◆ **(qu'est-ce) qu'il joue bien !** doesn't he play well!, what a good player he is!

**b** [dans des interrogatives = pourquoi] why ◆ **qu'avais-tu besoin de lui en parler ?** why did you have to go and talk to him about it? ◆ **~ n'es-tu venu me voir ?** *(littér)* why didn't you come to see me?

3 - PRONOM RELATIF

**a** [antécédent personne]

**que** se traduit par **who** ou par **that**, ce dernier étant souvent omis ; dans une langue plus soutenue, on peut employer **whom**.

◆ **la fille qu'il a rencontrée là-bas et qu'il a épousée par la suite** the girl (that) he met there and later married ◆ **les enfants ~ tu vois jouer dans la rue** the children (that) you see playing in the street ◆ **la femme qu'il aime toujours** the woman (whom *(frm)*) he still loves

Quand l'antécédent est un nom propre, on traduit obligatoirement par **who** ou **whom**.

◆ **il y avait David Legrand, ~ je n'avais pas vu depuis des années** David Legrand, who *ou* whom *(frm)* I hadn't seen for years, was there

**b** [antécédent animal ou chose]

**que** se traduit par **which** ou **that**, ce dernier étant souvent omis.

◆ **le chaton qu'il a trouvé dans la cave** the kitten (that) he found in the cellar ◆ **j'ai déjà les livres qu'il m'a offerts** I've already got the books he gave me ◆ **la raison qu'il a donnée** the reason (that *ou* which) he gave

**c** [en incise]

Notez que lorsque la relative est en incise, on n'emploie jamais **that**.

◆ **un certain M. Leduc, ~ je ne connais même pas, m'a appelé** a certain Mr Leduc, who *ou* whom *(frm)* I don't even know, called me ◆ **l'étiquette, ~ j'avais pourtant bien collée, est tombée** the label, which I'd stuck on properly, fell off all the same

**d** [temps] when ◆ **un jour/un été ~ ...** * one day/one summer when ... ◆ **tu te souviens de l'hiver qu'il a fait si froid ?** * do you remember the winter (when) it was so cold?; → **temps**[1]

**e** [dans des formes attributives] **quel homme charmant ~ votre voisin !** what a charming man your neighbour is! ◆ **tout distrait qu'il est, il s'en est aperçu** absent-minded though he is, he still noticed it ◆ **et moi, aveugle ~ j'étais, je ne m'en suis pas aperçu** and blind as I was, I didn't see it ◆ **pour ignorante qu'elle soit** ignorant though she may be, however ignorant she is *ou* may be ◆ **c'est un inconvénient ~ de ne pas avoir de voiture** it's inconvenient not having a car ◆ **de brune qu'elle était, elle est devenue blonde** once a brunette, she has now turned blonde ◆ **en bon fils qu'il est** being the good son (that) he is ◆ **plein d'attentions qu'il était *, ce jeune homme !** he was so considerate that young man was! *

4 - PRONOM INTERROGATIF

what ◆ **~ fais-tu ?, qu'est-ce ~ tu fais ?** what are you doing? ◆ **qu'est-ce qu'il voulait ?** what did he want? ◆ **qu'en sais-tu ?** what do you know about it?

Notez que dans les cas où il y a discrimination ou choix, on emploie **which**.

◆ **qu'est-ce ~ tu préfères, le rouge ou le noir ?** which (one) do you prefer, the red or the black?

♦ **qu'est-ce qui** what ◆ **qu'est-ce qui l'a mis en colère ?** what made him so angry? ◆ **qu'est-ce qui t'empêchait de le faire ?** what stopped you from doing it?

---

**Québec** /kebɛk/ **N** *(= ville)* Quebec (City) **NM** *(= province)* ◆ **le ~** Quebec

> **Québec**
>
> Quebec's history as a French-speaking province of Canada has meant that the French spoken there has developed many distinctive characteristics. Since the 1970s, the government of Quebec has been actively promoting the use of French terms instead of anglicisms in everyday life in order to preserve the Francophone identity of the province, over 80% of whose inhabitants have French as their mother tongue. → OFFICE DE LA LANGUE FRANÇAISE, RÉVOLUTION TRANQUILLE

**québécisme** /kebesism/ **NM** *expression (ou word etc) used in Quebec*

**québécois, e** /kebekwa, waz/ **ADJ** Quebec *(épith)* ◆ **le Parti ~** the Parti Québécois **NM** *(Ling)* Quebec French **NM,F** **Québécois(e)** Quebecker, Quebecer, Québécois *(Can)*

**quechua** /ketʃwa/ **ADJ, NM** Quechua, Kechua

**Queensland** /kwinzlɑd/ **NM** Queensland

**quel, quelle** /kɛl/ **ADJ** **a** *(interrog : dir, indir, être animé : attrib)* who; *(être animé : épith)* what; *(chose)* what ◆ **~ est cet auteur ?** who is that author? ◆ **sur ~ auteur va-t-il parler ?** what author is he going to talk about? ◆ **quelles ont été les raisons de son départ ?** what were the reasons for his leaving? *ou* departure? ◆ **dans ~s pays êtes-vous allé ?** what countries have you been to? ◆ **lui avez-vous dit à quelle adresse (il faut) envoyer la lettre ?** have you told him the *ou* what address to send the letter to? ◆ **j'ignore ~ est l'auteur de ces poèmes** I don't know who wrote these poems *ou* who the author of these poems is

**b** *(interrog discriminatif)* which ◆ **~ acteur préférez-vous ?** which actor do you prefer? ◆ **~ est le vin le moins cher des trois ?** which wine is the cheapest of the three?

**c** *(excl)* what ◆ **quelle surprise/coïncidence !** what a surprise/coincidence! ◆ **~ courage !** what courage! ◆ **~s charmants enfants !** what charming children! ◆ **~ imbécile je suis !** what a fool I am! ◆ **~ (sale) temps !** what rotten weather! ◆ **il a vu ~s amis**

**fidèles il avait** he saw what faithful friends he had ◆ **j'ai remarqué avec quelle attention ils écoutaient** I noticed how attentively they were listening

d *(relatif, être animé)* whoever; *(chose)* whatever; *(discriminatif)* whichever, whatever ◆ **quelle que soit** *ou* **quelle que puisse être votre décision, écrivez-nous** write to us whatever your decision may be *ou* whatever you decide ◆ ~ **que soit le train que vous preniez, vous arriverez trop tard** whichever *ou* whatever train you take, you will be too late ◆ **quelles que soient les conséquences** whatever the consequences (may be) ◆ **quelle que soit la personne qui vous répondra** whoever answers you ◆ ~ **qu'il soit, le prix sera toujours trop élevé** whatever the price (is), it will still be too high ◆ **les hommes, ~s qu'ils soient** all men, irrespective of who they are

PRON INTERROG which ◆ **de tous ces enfants, ~ est le plus intelligent ?** of all these children, which (one) is the most intelligent? ◆ **des deux solutions quelle est celle que vous préférez ?** of the two solutions, which (one) do you prefer?

**quelconque** /kɛlkɔ̃k/ ADJ a *(= n'importe quel)* some (or other), any ◆ **une lettre envoyée par un ami ~** *ou* **par un ~ de ses amis** a letter sent by some friend of his *ou* by some friend or other (of his) ◆ **choisis un stylo ~ parmi ceux-là** choose any one of those pens ◆ **sous un prétexte ~** on some pretext or other ◆ **pour une raison ~** for some reason (or other) ◆ **à partir d'un point ~ du cercle** from any point on the circle; → **triangle**

b *(= moindre)* **un** *ou* **une ~** any, the least *ou* slightest ◆ **il n'a pas manifesté un désir ~ d'y aller** he didn't show the slightest *ou* least desire *ou* any desire to go ◆ **avez-vous une ~ idée de l'endroit où ça se trouve ?** have you any idea where it might be?

c *(= médiocre)* *[repas]* poor, indifferent; *[élève, devoir]* poor; *[acteur]* poor, second-rate ◆ **c'est un repas/devoir ~** this is a poor meal/essay, this meal/essay isn't up to much * *(Brit)* ◆ **c'est quelqu'un de très ~** *(laid)* he's not very good-looking at all; *(ordinaire)* he's a very ordinary *ou* nondescript sort of person

## quelque /kɛlk(ə)/

1 ADJECTIF INDÉFINI 2 ADVERBE

1 - ADJECTIF INDÉFINI

a au singulier some ◆ **il habite à ~ distance d'ici** he lives some distance *ou* way from here ◆ **dans ~ temps** before long, in a (little) while ◆ **attendre ~ temps** to wait a while ◆ **je ne le vois plus depuis ~ temps** I haven't seen him for some time *ou* for a while, it's some time *ou* a while since I've seen him ◆ **il faut trouver ~ autre solution** we'll have to find some other solution ◆ **j'ai ~ peine à croire cela** I find that rather *ou* somewhat difficult to believe, I have some difficulty in believing that ◆ **avec ~ impatience/inquiétude** with some impatience/anxiety ◆ **désirez-vous ~ autre chose ?** would you like something *ou* anything else?

♦ **en quelque sorte** *(= pour ainsi dire)* as it were, so to speak; *(= bref)* in a word; *(= d'une certaine manière)* in a way ◆ **le liquide s'était en ~ sorte solidifié** the liquid had solidified as it were *ou* so to speak ◆ **en ~ sorte, tu refuses** in a word, you refuse ◆ **on pourrait dire en ~ sorte que ...** you could say in a way that ...

♦ **quelque chose** something; *(avec interrogation)* anything, something ◆ **~ chose d'extraordinaire** something extraordinary ◆ **~ chose d'autre** something else ◆ **puis-je faire ~ chose pour vous ?** is there anything *ou* something I can do for you? ◆ **il a ~ chose (qui ne va pas)** *(maladie)* there's something wrong *ou* the matter with him; *(ennuis)* there's something the matter (with him) ◆ **vous prendrez bien ~ chose (à boire)** do have something to drink ◆ **il/ça y est pour ~ chose** he/it has got something to do with it ◆ **il y a ~ chose comme une semaine** something like a week ago, a week or so ago ◆ **je t'ai apporté un petit ~ chose** I've brought you a little something; → **déjà, dire, malheur** ◆ **faire ~ chose à qn** to have an effect on sb ◆ **ça m'a fait ~ chose d'apprendre sa mort** I was upset when I heard he had died ◆ **quand il me prend dans ses bras, ça me fait ~ chose** it does something to me when he takes me in his arms

(* : *intensif*) ◆ **il a plu ~ chose (de bien) !** it rained like anything! *, it didn't half rain! * *(Brit)* ◆ **je tiens ~ chose comme rhume !** I've got a terrible *ou* a dreadful cold! ◆ **il se prend pour ~ chose** he thinks he's quite something ◆ **ce film/être pilote, c'est ~ chose !** that film/being a pilot is quite something! ◆ **ça alors, c'est ~ chose !** *(ton irrité)* that's (a bit) too much!, that's a bit stiff! * *(Brit)*

♦ **quelque part** somewhere ◆ **posez votre paquet ~ part dans un coin** put your parcel down in a corner somewhere ◆ **je vais ~ part** *(euph = toilettes)* I'm going to wash my hands *(euph)* ◆ **tu veux mon pied ~ part ?** * *(euph)* do you want a kick up the backside? *

b au pluriel **~s** a few, some ◆ **M. Dupont va vous dire ~s mots** Mr Dupont is going to say a few words (to you) ◆ **~s milliers (de)** a few thousand ◆ **il ne peut rester que ~s instants** he can only stay (for) a few moments ◆ **~s autres** some *ou* a few others ◆ **avez-vous ~s feuilles de papier à me passer ?** could you let me have a few sheets of paper?

♦ **et quelques** ◆ **20 kg et ~s** * a bit over 20 kg * ◆ **il doit être trois heures et ~s** * it must be a bit * *ou* a little after three

♦ **les** *ou* **ces** *ou* **ses** *etc* **quelques ...** ◆ **les ~s enfants qui étaient venus** the few children who had come ◆ **ces ~s poèmes** these few poems ◆ **les ~s centaines/milliers de personnes qui ...** the few hundred/thousand people who ...

d locutions

♦ **quelque ... que** whatever; *(discriminatif)* whichever, whatever ◆ **de ~ façon que l'on envisage le problème** whatever *ou* whichever way you look at the problem ◆ **par ~ temps qu'il fasse** whatever the weather (may be *ou* is like) ◆ **il veut l'acheter, à ~ prix que ce soit, par ~ moyen que ce soit** he wants to buy it no matter what the cost and no matter how

2 - ADVERBE

a = environ, à peu près some, about ◆ **il y a ~ 20 ans qu'il enseigne ici** he has been teaching here for some *ou* about 20 years *ou* for 20 years or so ◆ **ça a augmenté de ~ 10 €** it's gone up by about €10 *ou* by €10 or so *ou* by some €10

b locutions

♦ **quelque peu** rather, somewhat ◆ **~ peu déçu** rather *ou* somewhat disappointed ◆ **~ peu grivois** a touch *ou* somewhat risqué ◆ **il est ~ peu menteur** he is something of *ou* a bit of a liar

♦ **quelque ... que** *(littér)* however ◆ **~ pénible que soit la tâche** however laborious the task may be

**quelquefois** /kɛlkəfwa/ ADV sometimes, occasionally, at times

**quelques-uns, -unes** /kɛlkəzœ̃, yn/ PRON INDÉF PL some, a few ◆ **~ de nos lecteurs/ses amis** some *ou* a few of our readers/his friends ◆ **privilège réservé à ~** privilege reserved for a very few

**quelqu'un** /kɛlkœ̃/ PRON INDÉF a *(gén)* somebody, someone; *(avec interrog)* anybody, anyone ◆ **~ d'autre** somebody *ou* someone else ◆ **c'est ~ de sûr/d'important** he's a reliable/an important person, he's someone reliable/important ◆ **Claire, c'est ~ de bien** Claire is a nice person ◆ **il faudrait ~ de plus** we need one more person ◆ **~ pourrait-il répondre ?** could somebody answer? ◆ **il y a ~ ?** is there anybody there?

b *(intensif)* **c'est vraiment ~ cette fille** that girl's really something else * ◆ **c'est ~ (d'important) dans le monde du cinéma** she's really somebody in cinema ◆ **dans ce métier, c'est difficile de devenir ~** * it's not easy to make a name for yourself in this profession ◆ **ça alors, c'est ~ !** † * that's (a bit) too much!, that's a bit stiff! * *(Brit)*

**quémander** /kemɑ̃de/ ▸ conjug 1 ◂ VT *[+ argent, faveur]* to beg for; *[+ louanges]* to beg *ou* fish *ou* angle for

**quémandeur, -euse** /kemɑ̃dœʀ, øz/ NM,F *(littér)* beggar

**qu'en-dira-t-on** /kɑ̃diʀatɔ̃/ NM INV *(= commérage)* ◆ **le ~** gossip ◆ **il se moque du ~** he doesn't care what people say, he doesn't care about gossip

**quenelle** /kənɛl/ NF *(Culin)* quenelle

**quenotte** /kənɔt/ NF *(langage enfantin)* tooth, toothy-peg *(Brit) (langage enfantin)*

**quenouille** /kənuj/ NF distaff ◆ **tomber en ~** *(Hist)* to pass into female hands; *(= échouer)* to fall through; *(= être abandonné) [pouvoir, privilège]* to be forsaken

**quéquette** * /kekɛt/ NF *(langage enfantin)* willy * *(Brit)*, peter * *(US)*

**querelle** /kəʀɛl/ NF a *(= dispute)* quarrel ◆ **~ d'amoureux** lovers' tiff ◆ **~ d'ivrognes** drunken row ◆ **~ d'Allemand, mauvaise ~** quarrel over nothing ◆ **chercher une ~ d'Allemand** *ou* **une mauvaise ~ à qn** to pick a quarrel with sb for nothing *ou* for no reason at all ◆ **~ de famille** *ou* **familiale** family quarrel *ou* squabble; *(grave)* family feud ◆ **~ de chapelle** *ou* **de clocher** petty squabbling *(NonC)* *ou* in-fighting *(NonC)* b *(= polémique)* dispute *(sur* over, about); ◆ **la ~ sur l'enseignement privé** the dispute over private education c *(††, littér = cause, parti)* cause, quarrel † ◆ **épouser** *ou* **embrasser la ~ de qn** to take up *ou* fight sb's cause; → **chercher, vider**

**quereller** /kəʀele/ ▸ conjug 1 ◂ VT *(† = gronder)* to scold VPR **se quereller** to quarrel (with one another) ◆ **se ~ au sujet** *ou* **à propos de qch** to quarrel *ou* squabble over *ou* about sth

**querelleur, -euse** /kəʀelœʀ, øz/ ADJ quarrelsome

**quérir** /keʀiʀ/ ▸ conjug 21 ◂ VT *(littér = chercher)* ◆ **envoyer** *ou* **faire ~ qn** to summon sb, to bid sb (to) come † ◆ **aller ~ qn** to go seek sb †, to go in quest of sb †

**questeur** /kɛstœʀ/ NM *(Antiq)* quaestor *(Brit)*, questor *(US)*; *(Pol française)* questeur *(administrative and financial officer elected to the French Parliament)*

**question** /kɛstjɔ̃/ GRAMMAIRE ACTIVE 39.3, 43.3, 53.1, 53.2, 53.6 NF **a** *(= demande) (gén)* question; *(pour lever un doute)* query, question ◆ **~ piège** *(d'apparence facile)* trick question; *(pour nuire à qn)* loaded question ◆ **~ subsidiaire** tie-breaker ◆ **évidemment ! cette ~ !** *ou* **quelle ~ !** obviously! what a question! ◆ **c'est la grande ~** *(problème)* it's the main *ou* major issue *ou* question ◆ **c'est la grande ~, c'est la ~ à mille francs** * *(interrogation)* it's the big question *ou* the sixty-four thousand dollar question *

**b** *(Pol)* **~ écrite/orale** written/oral question ◆ **séance de ~s au gouvernement** question and answer session *(at the French National Assembly)*, ≃ question time *(Brit)*

**c** *(= problème)* question, matter, issue ◆ **~s économiques/sociales** economic/social questions *ou* matters *ou* issues ◆ **pour des ~s de sécurité/d'hygiène** for reasons of security/of hygiene ◆ **~ d'actualité** *(Presse)* topical question ◆ **la ~ est délicate** it's a delicate question *ou* matter ◆ **la ~ est de savoir si ...** the question is whether ... ◆ **la ~ sociale** the social question *ou* issue ◆ **sortir de la ~** to stray *ou* wander from the point ◆ **la ~ n'est pas là, là n'est pas la ~** that's not the point ◆ **c'est toute la ~, c'est la grosse** *ou* **grande ~** that's the big question, that's the crux of the matter, that's the whole point ◆ **il n'y a pas de ~, c'est lui le meilleur** he is indisputably *ou* unquestionably the best, there's no question about it – he's the best ◆ **cela ne fait pas ~** there's no question about it ◆ **c'est une ~ de temps** it's a question *ou* matter of time ◆ **c'est une ~ d'heures/de vie ou de mort/d'habitude** it's a matter *ou* question of time/of life or death/of habit ◆ **je ne céderai pas, c'est une ~ de principe** I won't give in, it's a matter of principle ◆ **"autres questions"** *(ordre du jour)* "any other business"; → **autre**

**d** *( * = en ce qui concerne)* **~ argent** as far as money goes, money-wise * ◆ **~ bêtise, il se pose là !** he's a prize idiot! ◆ **~ cuisine, elle est nulle** when it comes to cooking, she's useless *

**e** *(avec poser, se poser)* **poser une ~ à qn** to ask sb a question, to put a question to sb ◆ **l'ambiguïté de son attitude pose la ~ de son honnêteté** his ambivalent attitude makes you wonder how honest he is *ou* makes you question his honesty ◆ **sans poser de ~s** without asking any questions, without raising any queries ◆ **la ~ me semble mal posée** I think the question is badly put ◆ **poser la ~ de confiance** *(Pol)* to ask for a vote of confidence ◆ **la ~ qui se pose** the question which must be asked *ou* considered ◆ **il y a une ~ que je me pose** there's one thing I'd like to know, I wonder about one thing ◆ **je me pose la ~** that's the question, that's what I'm wondering ◆ **il commence à se poser des ~s** he's beginning to wonder *ou* to have doubts ◆ **il l'a fait sans se poser de ~s** he did it without a second thought

**f** *(loc)* **de quoi est-il ~ ?** what is it about? ◆ **il fut d'abord ~ du budget** first they spoke about *ou* discussed the budget ◆ **il est ~ de lui comme ministre** *ou* **qu'il soit ministre** there's some question *ou* talk of his being a minister ◆ **il n'est plus ~ de ce fait dans la suite** no further mention of this fact is made subsequently, there is no further reference to this fact thereafter ◆ **il n'est pas ~ que nous y renoncions/d'y renoncer** there's no question of our *ou* us giving it up/of giving it up ◆ **il n'en est pas ~ !** that's out of the question! ◆ **moi y aller ? pas ~ !** * me go? nothing doing! * *ou* no way! * ◆ **c'est hors de ~** it is out of the question

**g** *(loc)* **en ~** *(= dont on parle)* in question ◆ **c'est votre vie qui est en ~** *(= en jeu)* it's your life which is at stake voirGraallosa**mettre** *ou* **remettre en ~** *[+ autorité, théorie]* to question, to challenge; *[+ compétence, honnêteté, pratique]* to question, to call *ou* bring into question ◆ **la remise en ~ de nos accords** the fact that our agreements are being called into question ◆ **cela remet sa compétence en ~** this puts a question mark over his competence ◆ **le projet est sans cesse remis en ~** the project is continually being called into question ◆ **il faut se remettre en ~ de temps en temps** it's important to do some soul-searching *ou* to take a good look at oneself from time to time ◆ **elle ne se remet jamais en ~** she never questions herself

**h** *(Hist = torture)* question ◆ **soumettre qn à la ~, infliger la ~ à qn** to put sb to the question

**questionnaire** /kɛstjɔnɛʀ/ NM questionnaire ◆ **~ à choix multiple** multiple choice question paper

**questionnement** /kɛstjɔnmɑ̃/ NM **a** *(= remise en cause)* questioning ◆ **le ~ des valeurs de notre temps** the questioning *ou* the calling into question of contemporary values **b** *[de personne]* questioning (*sur* about); ◆ **le ~ des philosophes** *(= questions)* the questions philosophers are asking themselves

**questionner** /kɛstjɔne/ ▸ conjug 1 ◂ VT *(= interroger)* to question (*sur* about); ◆ **arrête de ~ toujours comme ça** stop pestering me with questions all the time, stop questioning me all the time

**questionneur, -euse** /kɛstjɔnœʀ, øz/ NM,F questioner

**questure** /kɛstyʀ/ NF *(Antiq)* quaestorship *(Brit)*, questorship *(US)*; *(Pol française) administrative and financial commission at the French Parliament*

**quête** /kɛt/ NF **a** *(= collecte)* collection ◆ **faire la ~** *(à l'église)* to take (the) collection; *[artiste de rue]* to go round with the hat; *[association caritative]* to collect for charity **b** *(= recherche)* search, quest ◆ **sa ~ spirituelle** his spiritual quest; → **Graal**

◆ **en + quête de** in search of ◆ **se mettre en ~ de** *[+ pain]* to go to get; *[+ champignons]* to go in search of ◆ **se mettre en ~ d'un appartement** to start looking for an apartment *ou* flat *(Brit)*, to start flat-hunting *(Brit)* ◆ **être en ~ de travail** to be looking for *ou* seeking work ◆ **des jeunes en ~ d'absolu/d'identité** young people in search of the absolute/of an identity ◆ **des publicitaires en ~ permanente d'idées** advertising people always on the lookout for ideas

**quêter** /kete/ ▸ conjug 1 ◂ VI *(à l'église)* to take (the) collection; *(dans la rue)* to collect money ◆ **~ pour les aveugles** to collect for the blind VT *[+ louanges]* to seek (after), to fish *ou* angle for; *[+ suffrages]* to seek; *[+ sourire, regard]* to seek, to try to win

**quêteur, -euse** /kɛtœʀ, øz/ NM,F *(dans la rue, à l'église)* collector

**quetsche** /kwɛtʃ/ NF *kind of dark-red plum*

**quetzal** /kɛtzal/ NM *(= oiseau, monnaie)* que(t)zal

**queue** /kø/ NF **a** *[d'animal, avion, comète, lettre, note]* tail; *[d'orage]* tail end; *[de classement]* bottom; *[de casserole, poêle]* handle; *[de feuille, fruit]* stalk; *[de fleur]* stem, stalk; *[de colonne, train]* rear ◆ **en ~ de phrase** at the end of the sentence ◆ **en ~ de liste/classe** at the bottom of the list/class ◆ **être en ~ de peloton** *(lit)* to be at the back of the pack; *(fig)* to be lagging behind ◆ **en ~ (de train)** at the rear of the train ◆ **compartiments de ~** rear compartments; → **diable**

**b** *(= file de personnes)* queue *(Brit)*, line *(US)* ◆ **faire la ~** to queue (up) *(Brit)*, to stand in line *(US)* ◆ **il y a trois heures de ~** there's a three-hour queue *(Brit)* *ou* line *(US)* ◆ **mettez-vous à la ~** join the queue *(Brit)* *ou* line *(US)*

**c** *( ** = pénis)* cock **, prick **

**d** *(loc)* **la ~ basse** * *ou* **entre les jambes** * with one's tail between one's legs ◆ **à la ~ leu leu** *[arriver, marcher]* in single file; *[venir se plaindre]* one after the other ◆ **il n'y en avait pas la ~ d'un** * there wasn't a single one ◆ **faire une ~ de poisson à qn** *(Aut)* to cut in front of sb ◆ **finir en ~ de poisson** to come to an abrupt end ◆ **histoire sans ~ ni tête** * cock-and-bull story ◆ **mettre des ~s aux zéros** *[marchand]* to overcharge ◆ **faire une fausse ~** *(Billard)* to miscue

COMP ▷ **queue d'aronde** dovetail ◆ **assemblage en ~ d'aronde** dovetail joint ▷ **queue de billard** (billiard) cue ▷ **queue de cheval** ponytail ◆ **se faire une ~ de cheval** to put one's hair in a ponytail ▷ **queue de vache** ADJ INV *[couleur, cheveux]* reddish-brown

**queue-de-morue** (pl **queues-de-morue**) /kød(ə)mɔʀy/ NF **a** *(= pinceau)* (medium) paintbrush **b** †† *(= basques)* tails; *(= habit)* tail coat

**queue-de-pie** (pl **queues-de-pie**) /kød(ə)pi/ NF *(habit)* tails, tail coat

**queue-de-rat** (pl **queues-de-rat**) /kød(ə)ʀa/ NF *(= lime)* round file

**queue-de-renard** (pl **queues-de-renard**) /kød(ə)ʀənaʀ/ NF *(Bot)* ◆ **~ à épi vert clair** green amaranth ◆ **~ des jardins** love-lies-bleeding

**queux** /kø/ NM → **maître**

## qui /ki/

1 PRONOM INTERROG 2 PRONOM REL

Pour les proverbes commençant par **qui**, cherchez sous le verbe, le nom ou l'adjectif.

1 - PRONOM INTERROGATIF

**a** sujet

Lorsque **qui** ou **qui est-ce qui** sont sujets, ils se traduisent par **who**.

◆ **~ l'a vu ?, ~ est-ce ~ l'a vu ?** who saw him? ◆ **vous devinez ~ me l'a dit !** you can guess who told me! ◆ **on m'a raconté ... – ~ ça ?** somebody told me ... – who was that? ◆ **~ va là ?** who goes there? ◆ **je me demande ~ est là** I wonder who's there

Notez l'emploi de **which** lorsqu'il y a discrimination entre plusieurs personnes.

◆ **~ d'entre eux** *ou* **parmi eux saurait ?** which of them would know? ◆ **~, parmi les candidats, pourrait répondre ?** which (one) of the candidates could reply?

**b** objet

Lorsque **qui** est objet, il se traduit par **who** dans la langue courante et par **whom** dans une langue plus soutenue.

◆ **~ a-t-elle vu ?** who *ou* whom *(frm)* did she see? ◆ **elle a vu ~ ?** *, **~ est-ce qu'elle a vu ?** who did she see? ◆ **elle a vu ~ ?** *(surprise)* she saw who?, who did she see? ◆ **je me demande ~ il a invité** I wonder who *ou* whom *(frm)* he has invited

**c** avec préposition

Notez la place de la préposition en anglais : avec **who** et **whose**, elle est rejetée en fin de proposition, alors qu'elle précède toujours **whom**.

◆ **à** *ou* **avec ~ voulez-vous parler ?** who would you like to speak to? ◆ **à ~ donc parlais-tu ?** who were you talking to?, who was it you were talking to? ◆ **elle ne sait pas à ~ parler** she doesn't know who to talk to ◆ **à ~ est ce sac ?** *(sens possessif)* whose bag is this?, who does this bag belong to?, whose is this bag? ◆ **chez ~ allez-vous ?** whose house are you going to? ◆ **de ~ parles-tu ?** who are you talking about? ◆ **de ~ est la pièce ?** who is the play by? ◆ **pour ~ ont-ils voté ?** who did they vote for?, for whom *(frm)* did they vote?

2 - PRONOM RELATIF

**a** sujet

> Lorsque **qui** est sujet, il se traduit par **who** ou **that** quand l'antécédent est une personne ; si c'est un nom propre, on traduit obligatoirement par **who**.

◆ **je connais des gens ~ se plaindraient** I know some people who *ou* that would complain ◆ **j'ai rencontré Luc ~ m'a raconté que ...** I met Luc, who told me that ...

> **qui** sujet se traduit par **that** ou **which** quand l'antécédent est un animal ou une chose.

◆ **il a un perroquet ~ parle** he's got a parrot that *ou* which talks

> Notez que lorsque la relative est en incise, on n'emploie jamais **that**.

◆ **Tom, ~ travaille à la poste, m'a dit ...** Tom, who works at the post office, told me ... ◆ **la table, ~ était en acajou, était très lourde** the table, which was made of mahogany, was very heavy

> Lorsque la proposition définit ou qualifie l'antécédent, le pronom peut être omis.

◆ **les amis ~ viennent ce soir sont américains** the friends (who *ou* that are) coming tonight are American ◆ **prends le plat ~ est sur la table** take the dish which *ou* that is on the table ◆ **Paul, ~ traversait la rue, trébucha** Paul tripped (as he was) crossing the street ◆ **je la vis ~ nageait vers le pont** I saw her swimming towards the bridge ◆ **moi ~ espérais rentrer tôt !** and there I was thinking I was going to get home early tonight!; → **ce²**, **moi**, **toi**

**b** avec préposition

> Le pronom relatif est parfois omis en anglais ; notez la place de la préposition (voir aussi **pron interrog c**).

◆ **la personne à ~ j'ai parlé** the person (who *ou* that) I spoke to ◆ **l' élève de ~ il attendait de meilleurs résultats** the pupil (who *ou* that) he was expecting better results from, the pupil from whom *(frm)* he was expecting better results ◆ **le patron pour ~ il travaille** the employer (that *ou* who) he works for, the employer for whom *(frm)* he works ◆ **la femme sans ~ il ne pouvait vivre** the woman (who *ou* that) he couldn't live without

**c** sans antécédent

> Lorsque **qui** n'a pas d'antécédent, il représente toujours un être animé ou plusieurs, et se traduit par **whoever**, **anyone who**, **anyone that**.

◆ **ira ~ voudra** whoever wants *ou* anyone who wants to go can go ◆ **il a dit à ~ voulait l'entendre que ...** he told anyone who *ou* that would listen that ..., he told whoever would listen that ... ◆ **amenez ~ vous voulez** bring along whoever you like *ou* anyone (that) you like ◆ **~ les verrait ensemble ne devinerait jamais ça** anyone seeing them together would never guess, anyone who *ou* that saw them together would never guess ◆ **pour ~ s'intéresse à la physique, ce livre est indispensable** for anyone (who *ou* that is) interested in physics this book is indispensable ◆ **ils ont pris tout ce qu'ils ont pu : ~ une chaise, ~ une table, ~ un livre** they took whatever they could: one took a chair, one a table, another a book ◆ **c'est à ~ des deux mangera le plus vite** each tries to eat faster than the other ◆ **c'est à ~ criera le plus fort** each tries to shout louder than the other

♦ **à qui mieux mieux** *(gén)* each one more so than the other; *(crier)* each one louder than the other; *(frapper)* each one harder than the other

♦ **qui de droit** *(Admin)* ◆ **"à qui de droit"** "to whom it may concern" ◆ **je le dirai à ~ de droit** I will tell whoever is concerned *ou* is the proper authority ◆ **le tableau a été restitué à ~ de droit** the painting was returned to its rightful owner ◆ **je remercierai ~ de droit** I'll thank whoever I have to thank

♦ **qui que ce soit** anybody, anyone ◆ **j'interdis à ~ que ce soit d'entrer ici** I forbid anybody *ou* anyone to come in here

♦ **qui tu sais, qui vous savez** ◆ **cela m'a été dit par ~ vous savez** I was told that by you-know-who *

---

**quia** /kɥija/ **ADV** ◆ **mettre à ~** to confound sb †, to nonplus sb ◆ **être à ~** to be at a loss for an answer

**quiche** /kiʃ/ **NF** ◆ **~ (lorraine)** quiche (Lorraine) ◆ **~ au crabe** crab quiche

**quick** /kwik/ **NM** ◆ **court** *ou* **terrain (de tennis) en ~** all-weather court, hard court

**quiconque** /kikɔ̃k/ **PRON REL** *(= celui qui)* whoever, anyone who, whosoever † ◆ **~ a tué sera jugé** whoever has killed will be judged ◆ **la loi punit ~ est coupable** the law punishes anyone who is guilty **PRON INDÉF** *(= n'importe qui, personne)* anyone, anybody ◆ **je le sais mieux que ~** I know better than anyone (else) ◆ **il ne veut recevoir d'ordres de ~** he won't take orders from anyone *ou* anybody

**quid** /kwid/ **PRON INTERROG** ◆ **~ de la démocratie ?** *(= et au sujet de la démocratie ?)* and what about democracy?; *(= que va-t-il advenir de la démocratie ?)* whither democracy?

**quidam** † /k(ɥ)idam/ **NM** *(hum = individu)* fellow, chap *(Brit)*, cove † *(Brit)*

**quiet, quiète** †† /kjɛ, kjɛt/ **ADJ** *(littér)* calm, tranquil

**quiétisme** /kjetism/ **NM** quietism

**quiétiste** /kjetist/ **ADJ, NMF** quietist

**quiétude** /kjetyd/ **NF** *(littér)* *[de lieu]* quiet, tranquility; *[de personne]* peace (of mind) ◆ **en toute ~** *(= sans soucis)* with complete peace of mind; *(= sans obstacle)* in (complete) peace ◆ **les voleurs ont pu opérer en toute ~** the thieves were able to go about their business undisturbed

**quignon** /kiɲɔ̃/ **NM** ◆ **~ (de pain)** *(= croûton)* crust (of bread), heel of the loaf; *(= morceau)* hunk *ou* chunk of bread

**quille** /kij/ **NF** **a** *(Jeux)* skittle ◆ **(jeu de) ~s** ninepins, skittles; → **chien** **b** *(* = jambe)* pin * **c** *(arg Mil)* **la ~** demob *(arg Mil Brit)* **d** *(Naut)* keel ◆ **la ~ en l'air** bottom up(wards), keel up

**quincaillerie** /kɛ̃kɑjʀi/ **NF** *(= métier, ustensiles)* hardware, ironmongery *(Brit)*; *(= magasin)* hardware shop *ou* store, ironmonger's (shop) *(Brit)*; *(péj = bijoux)* cheap(-looking) jewellery *(Brit)* *ou* jewelry *(US)* ◆ **elle a sorti toute sa ~** she's put on all her trinkets

**quincaillier, -ière** /kɛ̃kɑje, jɛʀ/ **NM,F** hardware dealer, ironmonger *(Brit)*

**quinconce** /kɛ̃kɔ̃s/ **en quinconce LOC ADV** in staggered rows

**quinine** /kinin/ **NF** quinine

**quinqua** * /kɛ̃ka/ **NMF** (abrév de **quinquagénaire**) person in his (*ou* her) fifties ◆ **les ~s** fifty somethings *

**quinquagénaire** /kɛ̃kaʒenɛʀ/ **ADJ** *(= de cinquante ans)* fifty-year-old *(épith)* ◆ **il est ~** *(= de cinquante à soixante ans)* he is in his fifties ◆ **maintenant que tu es ~** *(hum)* now that you're fifty (years old), now that you've reached fifty **NMF** fifty-year-old man (*ou* woman)

**Quinquagésime** /kɥɛ̃kwaʒezim/ **NF** Quinquagesima

**quinquennal, e** (mpl **-aux**) /kɛ̃kenal, o/ **ADJ** five-year *(épith)*, quinquennial ◆ **assolement ~** five-year rotation

**quinquennat** /kɛ̃kena/ **NM** *(Pol)* five year term (of office)

**quinquet** /kɛ̃kɛ/ **NM** *(Hist)* oil lamp ◆ **~s** * *(† = yeux)* peepers * *(hum)*

**quinquina** /kɛ̃kina/ **NM** *(Bot, Pharm)* cinchona ◆ **(apéritif au) ~** *quinine tonic wine*

**quint** /kɛ̃/ **ADJ** → **Charles**

**quintal** (pl **-aux**) /kɛ̃tal, o/ **NM** quintal *(100 kg)*; *(Can)* hundredweight

**quinte** /kɛ̃t/ **NF** **a** *(Méd)* **~ (de toux)** coughing fit **b** *(Mus)* fifth; *(Escrime)* quinte; *(Cartes)* quint

**quinté** /kɛ̃te/ **NM** *French forecast system involving betting on five horses*

**quintessence** /kɛ̃tesɑ̃s/ **NF** *(Chim, Philos, fig)* quintessence ◆ **abstracteur de ~** *(hum)* hair-splitter

**quintet** /k(ɥ)ɛ̃tɛ/ **NM** *(Jazz)* jazz quintet

**quintette** /k(ɥ)ɛ̃tɛt/ **NM** *(= morceau, musiciens)* quintet(te) ◆ **~ à cordes/à vent** string/wind quintet

**quinteux, -euse** †† /kɛ̃tø, øz/ **ADJ** *(littér)* *[vieillard]* crotchety, crabbed †

**quintillion** /kɛ̃tiljɔ̃/ **NM** quintillion *(Brit)*, nonillion *(US)*

**quintuple** /kɛ̃typl/ **ADJ** *[quantité, rangée, nombre]* quintuple ◆ **une quantité ~ de l'autre** a quantity five times (as great as) the other ◆ **en ~ exemplaire/partie** in five copies/parts ◆ **le ~ champion du monde** the world champion five times over **NM** *(Math, gén)* quintuple (*de* of) ◆ **je l'ai payé le ~/le ~ de l'autre** I paid five times as much for it/five times as much as the other for it ◆ **je vous le rendrai au ~** I'll repay you five times over ◆ **augmenter au ~** to increase fivefold

**quintupler** /kɛ̃typle/ ▸ **conjug 1** ◂ **VTI** to quintuple, to increase fivefold *ou* five times

**quintuplés, -ées** /kɛ̃typle/ (ptp de **quintupler**) **NM,F PL** quintuplets, quins * *(Brit)*, quints * *(US)*

**quinzaine** /kɛ̃zɛn/ **NF** *(= nombre)* about fifteen, fifteen or so; *(= salaire)* two weeks' *ou* fortnightly *(Brit)* *ou* fortnight's *(Brit)* pay ◆ **une ~ (de jours)** *(= deux semaines)* two weeks, a fortnight *(Brit)* ◆ **~ publicitaire** *ou* **commerciale** (two-week) sale ◆ **~ du blanc** (two-week) linen sale ◆ **"quinzaine des soldes"** "two-week sale", "sales fortnight" *(Brit)*

**quinze** /kɛ̃z/ **NM INV** fifteen ◆ **le ~ de France** *(Rugby)* the French fifteen; *pour autres loc voir* **six** **ADJ INV** fifteen ◆ **le ~ août** 15 August, Assumption ◆ **demain en ~** a fortnight tomorrow *(Brit)*, two weeks from tomorrow *(US)* ◆ **lundi en ~** a fortnight on Monday *(Brit)*, two weeks from Monday *(US)* ◆ **dans ~ jours** in two weeks, in a fortnight

*(Brit)*, in a fortnight's time *(Brit)*, in two weeks' time *(Brit)* ◆ **tous les ~ jours** every two weeks, every fortnight *(Brit)*; → FÊTES LÉGALES

**quinzième** /kɛ̃zjɛm/ **ADJ, NMF** fifteenth; *pour loc voir* **sixième**

**quinzièmement** /kɛ̃zjɛmmɑ̃/ **ADV** in the fifteenth place, fifteenthly

**quiproquo** /kipʀɔko/ **NM** **a** *(= méprise sur une personne)* mistake; *(= malentendu sur un sujet)* misunderstanding ◆ **le ~ durait depuis un quart d'heure, sans qu'ils s'en rendent compte** they had been talking at cross-purposes for a quarter of an hour without realizing it **b** *(Théât)* (case of) mistaken identity

**Quito** /kito/ **N** Quito

**quittance** /kitɑ̃s/ **NF** *(= reçu)* receipt; *(= facture)* bill ◆ **~ d'électricité** receipt *(to show one has paid one's electricity bill)* ◆ **~ de loyer** rent receipt ◆ **donner ~ à qn de qch** *(frm)* to acquit sb of sth *(frm)*

**quitte** /kit/ **ADJ** **a** ◆ **être ~ envers qn** to be quits* *ou* all square with sb, to be no longer in sb's debt ◆ **être ~ envers sa patrie** to have served one's country ◆ **être ~ envers la société** to have paid one's debt to society ◆ **nous sommes ~s** *(dette)* we're quits* *ou* all square; *(méchanceté)* we're even *ou* quits* *ou* all square ◆ **tu es ~ pour cette fois** I'll let you off this time, I'll let you get away with it this time ◆ **je ne vous tiens pas ~** you still owe me

**b** ◆ **être/tenir qn ~ d'une dette/obligation** to be/consider sb rid *ou* clear of a debt/an obligation ◆ **je suis ~ de mes dettes envers vous** all my debts to you are clear *ou* are paid off ◆ **nous en sommes ~s pour la peur** we got off with a fright

**c** ◆ **~ à** *(idée de risque)* even if it means ◆ **~ à s'ennuyer, ils préfèrent rester chez eux** they prefer to stay at home even if it means getting bored ◆ **~ à aller au restaurant, autant en choisir un bon** *(idée de nécessité)* if we're going to a restaurant, we might as well go to a good one

**d** ◆ **~ ou double** *(= jeu)* double or quits ◆ **c'est (du) ~ ou double, c'est jouer à ~ ou double** *(fig)* it's a big gamble, it's risking a lot

**quitter** /kite/ **GRAMMAIRE ACTIVE 54.3, 54.4, 54.5** ▸ conjug 1 ◂

**VT** **a** *[+ école, pays, personne]* to leave; *[+ métier]* to leave, to quit, to give up ◆ **il n'a pas quitté la maison depuis trois jours** he hasn't been outside *ou* he hasn't set foot outside the house for three days, he hasn't left the house for three days ◆ **je suis pressé, il faut que je vous quitte** I'm in a hurry so I must leave you *ou* I must be off* ◆ **il a quitté sa femme** he's left his wife ◆ **ne pas ~ la chambre** to be confined to one's room ◆ **"les clients sont priés de quitter la chambre avant 11 heures"** "guests are requested to vacate their rooms before 11 o'clock" ◆ **~ l'autoroute à Lyon** to turn off *ou* leave the motorway at Lyon ◆ **le camion a quitté la route** the lorry ran off *ou* left the road ◆ **le train a quitté la voie** *ou* **les rails** the train derailed *ou* jumped the rails ◆ **il a quitté ce monde** *(euph)* he has departed this world ◆ **~ la place** *(fig)* to withdraw, to retire ◆ **si je le quitte des yeux une seconde** if I take my eyes off him for a second, if I let him out of my sight for a second ◆ **ne quittez pas** *(Téléc)* hold the line, hold on a moment; → **lieu¹, semelle**

**b** *(= renoncer à) [+ espoir, illusion]* to give up, to forsake; *(= abandonner) [crainte, énergie]* to leave, to desert ◆ **tout son courage l'a quitté** all his courage left *ou* deserted him

**c** *(† = enlever) [+ vêtement]* to take off ◆ **~ le deuil** to come out of mourning ◆ **~ l'habit** *ou* **la robe** *(fig)* to leave the priesthood ◆ **~ l'uniforme** *(Mil)* to leave the army (*ou* navy *etc*)

**d** *(Ordin)* to quit, to exit

**VPR** **se quitter** *[couple]* to split up, to part ◆ **nous nous sommes quittés bons amis** we parted good friends ◆ **ils ne se quittent pas** they are always together, you never see them apart ◆ **nous nous sommes quittés à 11 heures** we left each other at 11

**quitus** /kitys/ **NM** *(Comm)* full discharge, quietus

**qui-vive** /kiviv/ **NM INV** ◆ **être sur le ~** to be on the alert

**quiz(z)** /kwiz/ **NM INV** quiz ◆ **~z télévisé** TV quiz show

**quoi** /kwa/ **PRON INTERROG** **a** what ◆ **on joue ~ au cinéma ?*** what's on at the cinema? ◆ **~ faire/lui dire ?** what are we (going) to do/to say to him? ◆ **~ encore ?** *(gén)* what else?; *(exaspération)* what is it now? ◆ **~ de plus beau que … ?** what can be more beautiful than …? ◆ **~ de neuf ?** *ou* **de nouveau ?** what's new? ◆ **je ne sais ~ lui donner** I don't know what to give him ◆ **je ne vois pas avec ~/sur ~ vous allez écrire** I don't see what you are going to write with/on ◆ **vers ~ allons-nous ?** what are we heading for? ◆ **en ~ est cette statue ?** what is this statue made of? ◆ **en ~ puis-je vous aider ?** how can I help you? ◆ **il voudrait savoir en ~ cela le concerne** he would like to know what that's got to do with him; → **comme, sans**

**b** *(en exclamatif)* **~ ! tu oses l'accuser ?** *(excl)* what! you dare to accuse him! ◆ **~ ? qu'est-ce qu'il a dit ?** *(pour faire répéter)* what was it *ou* what was that he said? ◆ **et puis ~ encore !** *(iro)* what next! ◆ **puisque je te le dis, ~ !*** I'm telling you it's true!‡

**c** *(loc)*

♦ **à quoi** ◆ **à ~ reconnaissez-vous le cristal ?** how can you tell that something is crystal? ◆ **à ~ bon (faire) ?** what's the use (of doing)? ◆ **à ~ ça sert ?*** what's that for? ◆ **dites-nous à ~ cela sert** tell us what that's for ◆ **je sais à ~ tu fais allusion** I know what (it is) you're referring to

♦ **de quoi** ◆ **de ~ parles-tu ?, tu parles de ~ ?*** what are you talking about?, what are you on about?* *(Brit)* ◆ **il voudrait savoir de ~ il est question** he would like to know what it's about

**PRONOM RELATIF** ◆ **as-tu de ~ écrire ?** have you got a pen? ◆ **ils n'ont même pas de ~ vivre** they haven't even got enough to live on ◆ **il n'y a pas de ~ rire** it's no laughing matter, there's nothing to laugh about ◆ **il n'y a pas de ~ pleurer** it's not worth crying over *ou* about, there's nothing to cry about ◆ **il n'y a pas de ~ s'étonner** there's nothing surprising about *ou* in that ◆ **ils ont de ~ occuper leurs vacances** they've got enough *ou* plenty to occupy them on their holiday ◆ **avoir/emporter de ~ manger** to have/take something to eat ◆ **avoir de ~** to have means ◆ **des gens qui ont de ~** people of means ◆ **merci beaucoup ! – il n'y a pas de ~** many thanks! – don't mention it *ou* (it's) a pleasure *ou* not at all *ou* you're welcome ◆ **ils n'ont pas de ~ s'acheter une voiture** they can't afford to buy a car ◆ **de ~ (de ~) !**‡ what's all this nonsense! ◆ **c'est en ~ tu te trompes** that's where you're wrong

♦ **quoi que** + *subj* ◆ **~ qu'il arrive** whatever happens ◆ **~ qu'il en soit** be that as it may, however that may be ◆ **~ qu'on en dise/qu'elle fasse** whatever *ou* no matter what people say/she does ◆ **si vous avez besoin de ~ que ce soit** if there's anything (at all) you need

**quoique** /kwak(ə)/ **CONJ** *(= bien que)* although, though ◆ **quoiqu'il soit malade et qu'il n'ait pas d'argent** although *ou* though he is ill and has no money ◆ **je ne pense pas qu'il faisait semblant, ~ …** I don't think he was pretending, but then *ou* there again …

**quolibet** † /kɔlibɛ/ **NM** *(= raillerie)* gibe, jeer ◆ **couvrir qn de ~s** to gibe *ou* jeer at sb

**quorum** /kɔʀɔm/ **NM** quorum ◆ **le ~ a/n'a pas été atteint** there was/was not a quorum, we (*ou* they *etc*) had/did not have a quorum

**quota** /k(w)ɔta/ **NM** *(Admin)* quota ◆ **~s d'importation** import quotas ◆ **1 000 personnes sélectionnées selon la méthode des ~s** a quota sample of 1,000 people

**quote-part** (pl **quotes-parts**) /kɔtpaʀ/ **NF** *(lit, fig)* share

**quotidien, -ienne** /kɔtidjɛ̃, jɛn/ **ADJ** *(= journalier) [nourriture, trajet, travail]* daily *(épith)*; *(= banal) [incident]* everyday *(épith)*, daily *(épith)*; *[existence]* everyday *(épith)*, humdrum ◆ **dans la vie quotidienne** in everyday *ou* daily life; → **pain** **NM** **a** *(= journal)* daily (paper), (news)paper ◆ **les grands ~s** the big national dailies **b** *(= routine)* **le ~** everyday life ◆ **la pratique médicale/l'enseignement au ~** day-to-day medical practice/teaching

**quotidiennement** /kɔtidjɛnmɑ̃/ **ADV** daily, every day

**quotidienneté** /kɔtidjɛnte/ **NF** everyday nature

**quotient** /kɔsjɑ̃/ **NM** *(Math)* quotient ◆ **~ intellectuel** intelligence quotient, IQ ◆ **~ familial** *(Impôts)* dependents' allowance set against tax

**quotité** /kɔtite/ **NF** *(Fin)* quota ◆ **~ disponible** *(Jur) portion of estate of which testator may dispose at his discretion*

**QWERTY** /kwɛʀti/ **ADV** ◆ **clavier ~** QWERTY keyboard

# R

**R, r** /ɛʀ/ **NM** *(= lettre)* R, r; → **mois**

**rab** * /ʀab/ **NM** a *[de nourriture]* extra ◆ **est-ce qu'il y a du ~ ?** is there any extra (left)?, is there any extra food (left)? ◆ **qui veut du ~ ?** anyone for seconds? ◆ **il reste un ~ de viande, il reste de la viande en ~** there is some meat left b *[de temps] (gén, Mil)* extra time ◆ **un ~ de 5 minutes** *ou* **5 minutes de ~ pour finir le devoir** 5 minutes' extra time *ou* 5 minutes extra to finish off the exercise ◆ **faire du ~** *(travail)* to do *ou* work extra time; *(Mil)* to do *ou* serve extra time

**rabâchage** /ʀabɑʃaʒ/ **NM** *(= répétition)* boring repetition; *(= révision)* going over and over ◆ **ses conférences, c'est du ~** his lectures are just a rehash of old stuff ◆ **un ~ de généralités inconsistantes** a rehash of empty generalities

**rabâcher** /ʀabɑʃe/ ► conjug 1 ◄ **VT** *(= ressasser) [+ histoire]* to harp on about *, to keep (on) repeating; *(= réviser) [+ leçon]* to go over and over, to keep going back over (*à qn* for sb); ◆ **il rabâche toujours la même chose** he keeps rambling *ou* harping on about the same (old) thing **VI** *(= radoter)* to keep repeating o.s.

**rabâcheur, -euse** /ʀabɑʃœʀ, øz/ **NM,F** repetitive *ou* repetitious bore ◆ **il est du genre ~** he's the type who never stops repeating himself *ou* harping on *

**rabais** /ʀabɛ/ **NM** reduction, discount ◆ **5 € de ~, ~ de 5 €** reduction *ou* discount of €5, €5 off ◆ **faire un ~ de 5 € sur qch** to give a reduction *ou* discount of €5 on sth, to knock €5 off (the price of) sth

◆ **au rabais** *[acheter, vendre]* at a reduced price, (on the) cheap; *(péj) [acteur, journaliste]* third-rate; *(péj) [enseignement, médecine]* cheap-rate, on the cheap *(attrib)* ◆ **je ne veux pas travailler au ~** *(péj)* I won't work for a pittance

**rabaissant, e** /ʀabɛsɑ̃, ɑ̃t/ **ADJ** *[remarque]* disparaging, derogatory; *[métier]* degrading

**rabaisser** /ʀabese/ ► conjug 1 ◄ **VT** a *(= dénigrer) [+ personne]* to disparage; *[+ efforts, talent, travail]* to belittle, to disparage b *(= réduire) [+ pouvoirs]* to reduce, to decrease; *[+ orgueil]* to humble; *[+ exigences]* to moderate, to reduce; *[+ qualité]* to impair ◆ **il voulait 10 000 € par mois, mais il a dû ~ ses prétentions** he wanted €10,000 a month but he had to lower his sights; → **caquet** c *(= diminuer) [+ prix]* to reduce, to knock down, to bring down d *(= baisser) [+ robe, store]* to pull (back) down **VPR se rabaisser** to belittle o.s. ◆ **elle se rabaisse toujours** she never gives herself enough credit, she's always belittling herself *ou* running herself down ◆ **se ~ devant qn** to humble o.s. *ou* bow before sb

**rabane** /ʀaban/ **NF** raffia fabric

**Rabat** /ʀabat/ **N** Rabat

**rabat** /ʀaba/ **NM** a *[de table]* flap, leaf; *[de poche, enveloppe]* flap; *[de drap]* fold *(over the covers)*; *[d'avocat, prêtre]* bands ◆ **poche à ~** flapped pocket b ⇒ **rabattage**

**rabat-joie** /ʀabaʒwa/ **NM INV** killjoy, spoilsport, wet blanket * ◆ **faire le ~** to spoil the fun, to act like *ou* be a spoilsport, to be a wet blanket * ◆ **il est drôlement ~** he's an awful killjoy *ou* spoilsport *ou* wet blanket *

**rabattable** /ʀabatabl/ **ADJ** *[siège]* folding *(épith)*

**rabattage** /ʀabataʒ/ **NM** *(Chasse)* beating

**rabatteur, -euse** /ʀabatœʀ, øz/ **NM,F** *(Chasse)* beater; *(fig : péj)* tout; *[de prostituée]* procurer, pimp ◆ **le ~ de l'hôtel** the hotel tout **NM** *[de moissonneuse]* reel

**rabattre** /ʀabatʀ/ ► conjug 41 ◄ **VT** a *[+ capot, clapet]* to close, to shut; *[+ couvercle]* to close; *[+ drap]* to fold over *ou* back; *[+ col]* to turn down; *[+ bord de chapeau]* to turn *ou* pull down; *[+ strapontin] (= ouvrir)* to pull down; *(= fermer)* to put up; *[+ jupe]* to pull down ◆ **le vent rabat la fumée** the wind blows the smoke back down ◆ **il rabattit ses cheveux sur son front** he brushed his hair down over his forehead ◆ **le chapeau rabattu sur les yeux** his hat pulled down over his eyes ◆ **~ les couvertures** *(pour couvrir)* to pull the blankets up; *(pour découvrir)* to push *ou* throw back the blankets

b *(= diminuer)* to reduce; *(= déduire)* to deduct, to take off ◆ **il n'a pas voulu ~ un centime (du prix)** he wouldn't take *ou* knock a halfpenny *(Brit)* *ou* cent *(US)* off (the price), he wouldn't come down (by) one centime (on the price) ◆ **~ l'orgueil de qn** to humble sb's pride

◆ **en rabattre** *(de ses prétentions)* to climb down; *(de ses ambitions)* to lower one's sights; *(de ses illusions)* to lose one's illusions

c *(Chasse) [+ gibier]* to drive; *[+ terrain]* to beat ◆ **~ des clients** * *[de prostituée]* to tout for customers

d *(Tricot)* **~ des mailles** to cast off ◆ **~ une couture** *(Couture)* to stitch down a seam

e *(Arboriculture) [+ arbre]* to cut back

**VPR se rabattre** a *[voiture]* to cut in; *[coureur]* to cut in, to cut across ◆ **se ~ devant qn** *[voiture]* to cut in front of sb; *[coureur]* to cut *ou* swing in front of *ou* across sb ◆ **le coureur s'est rabattu à la corde** the runner cut *ou* swung across to the inside lane

b *(= prendre faute de mieux)* **se ~ sur** *[+ marchandise, personne]* to fall back on, to make do with

c *(= se refermer) [porte]* to fall *ou* slam shut; *[couvercle]* to close; *[dossier]* to fold down, to fold away ◆ **la porte se rabattit sur lui** the door closed *ou* shut on *ou* behind him

**rabattu, e** /ʀabaty/ (ptp de **rabattre**) **ADJ** *[col, bords]* turned down; *[poche]* flapped

**rabbin** /ʀabɛ̃/ **NM** rabbi ◆ **grand ~** chief rabbi

**rabbinat** /ʀabina/ **NM** rabbinate

**rabbinique** /ʀabinik/ **ADJ** rabbinic(al)

**rabbinisme** /ʀabinism/ **NM** rabbinism

**rabelaisien, -ienne** /ʀablɛzjɛ̃, jɛn/ **ADJ** Rabelaisian

**rabibochage** * /ʀabibɔʃaʒ/ **NM** *(= réconciliation)* reconciliation

**rabibocher** * /ʀabibɔʃe/ ► conjug 1 ◄ **VT** *(= réconcilier) [+ amis, époux]* to bring together (again), to reconcile, to patch things up between **VPR se rabibocher** to make it up, to patch things up (*avec* with) ◆ **ils se sont rabibochés** they've patched things up

**rabiot** * /ʀabjo/ **NM** ⇒ **rab**

**rabioter** * /ʀabjɔte/ ► conjug 1 ◄ **VT** a *(= obtenir)* to wangle * ◆ **j'ai rabioté cinq minutes de sommeil** I managed to snatch another five minutes' sleep b *(= voler) [+ temps, argent]* to fiddle * *(Brit)* (*qch à qn* sth from sb); ◆ **le plombier m'a rabioté 10 €/un quart d'heure** the plumber swindled *ou* did * me out of €10/a quarter of an hour ◆ **un commerçant qui rabiote** a shopkeeper who makes a bit on the side ◆ **~ sur la quantité** to give short measure

**rabioteur, -euse** * /ʀabjɔtœʀ, øz/ **NM,F** *(= qui vole)* ◆ **c'est un vrai ~** he's always trying to make a bit on the side, he's always on the fiddle * *(Brit)*

**rabique** /ʀabik/ **ADJ** rabies *(épith)*

**râble** /ʀɑbl/ **NM** *(Zool)* back; (* *= dos)* small of the back ◆ **tomber** *ou* **sauter sur le ~ de qn** * to set on sb *, to go for sb * ◆ **le pauvre, il ne sait pas ce qui va lui tomber sur le ~ !** * the poor guy doesn't know what he's in for! ◆ **~ de lièvre** *(Culin)* saddle of hare

**râblé, e** /ʀɑble/ **ADJ** *[homme]* stocky, well-set *(Brit)*, heavy-set *(US)*; *[cheval]* broad-backed

**rabot** /ʀabo/ **NM** plane ◆ **passer qch au ~** to plane sth (down)

**rabotage** /ʀabɔtaʒ/ **NM** planing (down)

**raboter** /ʀabɔte/ ▸ conjug 1 ◂ **VT** a *(Menuiserie)* to plane (down) b *(* = racler) [+ objet]* to scrape; *[+ partie du corps]* to graze, to scrape ◆ **mon pare-chocs a raboté le mur** my bumper scraped the wall ◆ **baisse-toi si tu ne veux pas te ~ la tête contre le plafond** bend down if you don't want to scrape your head on the ceiling c *(fig = diminuer)* to reduce ◆ **crédits/salaires rabotés** reduced credits/wages

**raboteur** /ʀabɔtœʀ/ **NM** *(= ouvrier)* planer

**raboteuse**[1] /ʀabɔtøz/ **NF** *(= machine)* planing machine

**raboteux, -euse**[2] /ʀabɔtø, øz/ **ADJ** *(= rugueux) [surface, arête]* uneven, rough; *[chemin]* rugged, uneven, bumpy; *(littér) [style]* rough, rugged; *[voix]* rough

**rabougri, e** /ʀabugʀi/ (ptp de **rabougrir**) **ADJ** *(= chétif) [plante]* stunted, scraggy; *[personne]* stunted, puny; *(= desséché) [plante]* shrivelled; *[vieillard]* wizened, shrivelled

**rabougrir** /ʀabugʀiʀ/ ▸ conjug 2 ◂ **VT** *[+ personne]* to (cause to) shrivel up; *[+ plante] (= dessécher)* to shrivel (up); *(= étioler)* to stunt **VPR se rabougrir** *[personne]* to become shrivelled (with age), to become wizened; *[plante]* to shrivel (up), to become stunted

**rabougrissement** /ʀabugʀismɑ̃/ **NM** *(= action) [de plante]* stunting, shrivelling (up); *[de personne]* shrivelling up; *(= résultat) [de plante]* scragginess; *[de personne]* stunted appearance; *[de vieillard]* wizened appearance

**rabouter** /ʀabute/ ▸ conjug 1 ◂ **VT** *[+ tubes, planches]* to join (together) (end to end); *[+ étoffes]* to seam *ou* sew together

**rabrouer** /ʀabʀue/ ▸ conjug 1 ◂ **VT** to snub, to rebuff ◆ **elle me rabroue tout le temps** she rebuffs me all the time ◆ **se faire ~** to be rebuffed

**racaille** /ʀakɑj/ **NF** rabble, riffraff

**raccommodable** /ʀakɔmɔdabl/ **ADJ** *[vêtement]* repairable, mendable

**raccommodage** /ʀakɔmɔdaʒ/ **NM** a *(= action) [de vêtement, accroc, filet]* mending, repairing; *[de chaussettes]* darning, mending ◆ **faire du ~ ou des ~s** *(pour soi)* to do some mending; *(comme métier)* to take in mending b *(= endroit réparé) (gén)* mend, repair; *[de chaussette]* darn

**raccommodement** * /ʀakɔmɔdmɑ̃/ **NM** *(= réconciliation)* reconciliation

**raccommoder** /ʀakɔmɔde/ ▸ conjug 1 ◂ **VT** a *[+ vêtements, accroc]* to mend, to repair; *[+ chaussette]* to darn, to mend b * *[+ ennemis]* to bring together again, to patch things up between **VPR se raccommoder** * to make it up, to be reconciled

**raccommodeur, -euse** /ʀakɔmɔdœʀ, øz/ **NM,F** *[de linge, filets]* mender ◆ **~ de porcelaines** †† china restorer

**raccompagner** /ʀakɔ̃paɲe/ ▸ conjug 1 ◂ **VT** to take back (*à* to) ◆ **~ qn (chez lui)** to take sb home ◆ **~ qn au bureau en voiture** to drive sb back to the office ◆ **~ qn au bureau à pied** to walk sb back to the office ◆ **~ qn à la gare** to take sb to the station ◆ **~ qn (jusqu')à la porte** to see sb to the door ◆ **il l'a raccompagnée jusqu'à sa voiture** he saw her to her car ◆ **je vous raccompagne** *(chez vous)* I'll take you home; *(à la sortie)* I'll see you out

**raccord** /ʀakɔʀ/ **NM** a *[de papier peint]* join ◆ **~ (de maçonnerie)** pointing *(NonC)* ◆ **faire un ~** *(de papier peint)* to line up the pattern ◆ **faire un ~ de peinture/de maquillage** to touch up the paintwork/one's makeup ◆ **on ne voit pas les ~s (de peinture)** you can't see where the paint has been touched up ◆ **les ~s sont mal faits** *(papier peint)* the pattern isn't matched properly ◆ **papier peint sans ~s** random match wallpaper b *[de texte, discours]* link, join; *(Ciné) [de séquence]* continuity; *[de scène]* link shot; *(= collage) [de film, bande magnétique]* splice ◆ **à cause des coupures, nous avons dû faire des ~s** *(Ciné)* because of the cuts, we had to do some link shots ◆ **ce plan n'est pas ~** this shot doesn't follow on from the preceding one c *(= pièce, joint)* link; *[de pompe à vélo]* nozzle

**raccordement** /ʀakɔʀdəmɑ̃/ **NM** a *(NonC) [de routes, bâtiments, voies ferrées]* linking, joining, connecting; *[de fils électriques]* joining; *[de tuyaux]* joining, connecting; *(Ciné)* linking ◆ **~ (au réseau)** *(Téléc)* connection (to the phone network); *(à l'électricité)* connection (to the mains) ◆ **ils sont venus faire le ~** *(Téléc)* they've come to connect the phone; *(à l'électricité)* they've come to connect the electricity; → **bretelle, taxe, voie** b *(= soudure, épissure)* join; *(= tunnel, passage)* connecting passage; *(= carrefour, voie ferrée)* junction

**raccorder** /ʀakɔʀde/ ▸ conjug 1 ◂ **VT** a *[+ routes, bâtiments, voies ferrées]* to link up, to join (up), to connect (*à* with, to); *[+ fils électriques]* to join; *[+ tuyaux]* to join, to connect (*à* to); ◆ **les motifs du papier peint sont parfaitement raccordés** the wallpaper is perfectly lined up b *(Ciné) [+ plans, scènes]* to link up c ◆ **~ qn au réseau** *(Téléc)* to connect sb's phone; *(à l'électricité)* to connect sb to the mains ◆ **quand les deux tuyaux seront raccordés** when the two pipes are joined together *ou* connected d *(= établir une relation entre)* to connect **VPR se raccorder** *[routes]* to link *ou* join up (*à* with); ◆ **se ~ à** *[faits]* to tie up *ou* in with

**raccourci** /ʀakuʀsi/ **NM** a *(= chemin)* short cut ◆ **prendre un ~ par la forêt** to take a short cut through the forest ◆ **~ clavier** *(Ordin)* hot key b *(= formule frappante)* pithy turn of phrase; *(= résumé)* summary ◆ **en ~** *(= en miniature)* in miniature; *(= dans les grandes lignes)* in (broad) outline; *(= en bref)* in a nutshell, in brief ◆ **cet article donne un ~ saisissant de leurs pratiques** this article provides a graphic resumé of their methods ◆ **dans ou un ~ saisissant, il écrit que ...** in a graphic phrase, he writes that ... c *(Art)* foreshortening ◆ **figure en ~** foreshortened figure

**raccourcir** /ʀakuʀsiʀ/ ▸ conjug 2 ◂ **VT** a *[+ distance, temps]* to shorten; *[+ vêtement]* to shorten, to take up; *[+ vacances]* to shorten, to cut short; *[+ texte]* to cut ◆ **j'ai raccourci le chapitre de trois pages** I cut *ou* shortened the chapter by three pages ◆ **ça raccourcit le trajet de 5 km** it cuts *ou* knocks 5 km off the journey ◆ **passons par là, ça (nous) raccourcit** let's go this way, it's shorter *ou* quicker ◆ **les vêtements amples raccourcissent la silhouette** baggy clothes make people look shorter b *(* hum)* **~ qn** *(= décapiter)* to chop sb's head off **VI** *[jours]* to grow shorter, to draw in; *[vêtement] (au lavage)* to shrink ◆ **les jupes ont raccourci cette année** *(Mode)* skirts are shorter this year, hemlines have gone up this year

**raccourcissement** /ʀakuʀsismɑ̃/ **NM** *[de distance, temps, jour, vacances, texte]* shortening; *[de vêtement] (en cousant)* shortening; *(au lavage)* shrinking

**raccoutumer** /ʀakutyme/ ▸ conjug 1 ◂ **VT** ⇒ **réaccoutumer**

**raccroc** /ʀakʀo/ **NM** *(frm)* ◆ **par ~** *(= par hasard)* by chance; *(= par un heureux hasard)* by a stroke of good fortune

**raccrocher** /ʀakʀɔʃe/ GRAMMAIRE ACTIVE 54.3, 54.5 ▸ conjug 1 ◂ **VI** a *(Téléc)* to hang up, to ring off *(surtout Brit)* ◆ **ne raccroche pas** hold on, don't hang up *ou* ring off *(surtout Brit)* ◆ **~ au nez de qn** * to put the phone down on sb, to hang up on sb b *(arg Sport)* to retire **VT** a *[+ vêtement, tableau]* to hang back up; *(Téléc) [+ combiné]* to put down ◆ **j'avais mal raccroché** I hadn't put the receiver down properly ◆ **~ les gants/chaussures** *(Sport)* to hang up one's gloves/boots b *(= racoler) [vendeur, portier]* to tout for ◆ **~ le client** *[prostituée]* to solicit, to accost customers c *(= attraper) [+ personne, bonne affaire]* to grab *ou* get hold of ◆ **il m'a raccroché dans la rue** he stopped *ou* waylaid *ou* buttonholed me in the street d *(= relier) [+ wagons, faits]* to link, to connect (*à* to, with) e *(* = rattraper) [+ affaire, contrat]* to save, to rescue **VPR se raccrocher** ◆ **se ~ à** *[+ branche, rampe]* to catch *ou* grab (hold of); *[+ espoir, personne]* to cling to, to hang on to ◆ **cette idée se raccroche à la précédente** this idea ties in with the previous one; → **branche**

**race** /ʀas/ **NF** a *(= ethnie)* race ◆ **la ~ humaine** the human race ◆ **être de ~ indienne** to be of Indian stock *ou* blood ◆ **un individu de ~ blanche/noire** a white/black person ◆ **c'est de la sale ~ ! **** *(péj)* they're just scum! ** b *(Zool)* breed ◆ **la ~ chevaline** horses, equines ◆ **la ~ bovine normande** Normandy cattle ◆ **de ~** *(gén)* pedigree *(épith)*, purebred *(épith)*; *[cheval]* thoroughbred ◆ **avoir de la ~** to be of good stock; → **chien** c *(= ancêtres)* stock, race ◆ **être de ~ noble** to be of noble stock *ou* blood *ou* race ◆ **avoir de la ~** to have breeding d *(= catégorie)* breed ◆ **lui et les gens de sa ~** him and others like him ◆ **les cordonniers, c'est une ~ qui disparaît** cobblers are a dying breed *ou* race ◆ **il est de la ~ des héros** he's the stuff heroes are made of

**racé, e** /ʀase/ **ADJ** *[animal]* purebred *(épith)*, pedigree *(épith)*; *[cheval]* thoroughbred; *[personne]* distinguished; *[voiture, voilier, ligne]* sleek

**rachat** /ʀaʃa/ **NM** a *[d'objet que l'on possédait avant]* buying back, repurchase; *[d'objet d'occasion]* buying, purchase; *[d'usine en faillite]* buying up *ou* out *ou* over; *[de dette, rente]* redemption ◆ **~ d'entreprise par l'encadrement/par les salariés** management/employee buyout ◆ **option ou possibilité de ~** buy-back option ◆ **après le ~ du journal par le groupe** after the group bought the paper back b *[d'esclave, otage]* ransom, ransoming c *(= réparation)* redemption, atonement; *(Rel)* redemption

**rachetable** /ʀaʃ(ə)tabl/ **ADJ** *[dette, rente]* redeemable; *[péché]* expiable; *[pécheur]* redeemable ◆ **cette faute n'est pas ~** you can't make up for this mistake

**racheter** /ʀaʃ(ə)te/ ▸ conjug 5 ◂ **VT** a *[+ objet que l'on possédait avant]* to buy back, to repurchase; *[+ nouvel objet]* to buy *ou* purchase another; *[+ pain, lait]* to buy some more; *[+ objet d'occasion]* to buy, to purchase; *[+ entreprise]* to buy out, to take over; *[+ usine en faillite]* to buy up *ou* out *ou* over ◆ **je lui ai racheté son vieux vélo** I bought his old bike from *ou* off him ◆ **il a racheté toutes les parts de son associé** he bought his partner out, he bought up all his partner's shares ◆ **j'ai dû ~ du tissu/des verres** I had to buy some more material/some more glasses

b *[+ dette, rente]* to redeem
c *[+ esclave, otage]* to ransom, to pay a ransom for
d *(= réparer) [+ péché, crime]* to atone for, to expiate; *[+ mauvaise conduite, faute]* to make amends for, to make up for; *[+ imperfection]* to make up *ou* compensate for; *[+ pécheur]* to redeem ♦ **il n'y en a pas un pour ~ l'autre** * they're both (just) as bad as each other
e *(Scol) [+ candidat]* to mark up
f *(Archit)* to modify
VPR **se racheter** *[pécheur]* to redeem o.s.; *[criminel]* to make amends ♦ **se ~ aux yeux de qn** to redeem o.s. in sb's eyes ♦ **essaie de te ~ en t'excusant** try and make up for it *ou* try to make amends by apologizing

**rachidien, -ienne** /ʀaʃidjɛ̃, jɛn/ ADJ of the spinal column, rachidian *(SPÉC)*

**rachis** /ʀaʃis/ NM *(Anat)* vertebral *ou* spinal column, r(h)ac *(SPÉC)*

**rachitique** /ʀaʃitik/ ADJ *[personne] (Méd)* suffering from rickets, rachitic *(SPÉC)*; *(= maigre)* puny; *[arbre, poulet]* scraggy, scrawny ♦ **c'est un ~, il est ~** he suffers from rickets

**rachitisme** /ʀaʃitism/ NM rickets *(sg)*, rachitis *(SPÉC)* ♦ **faire du ~** to have rickets

**racial, e** (mpl **-iaux**) /ʀasjal, jo/ ADJ racial; *[discrimination, lois]* racial, race *(épith)*; *[émeutes, relations]* race *(épith)* ♦ **son appartenance ~e** his race

**racine** /ʀasin/ NF a *(gén)* root ♦ **la carotte est une ~** *(Bot)* the carrot is a root (vegetable), carrots are a root crop ♦ **prendre ~** *(lit)* to take *ou* strike root(s), to put out roots; *(fig = s'établir)* to put down (one's) roots; *(* : chez qn, à attendre)* to take root * ♦ **prendre le mal à la ~, s'attaquer aux ~s du mal** to get to the root of the problem; → **rougir** b *(Math) [d'équation]* root ♦ **~ carrée/cubique/dixième** *[de nombre]* square/cube/tenth root c *(Ling) [de mot]* root NFPL **racines** *(= attaches, origines)* roots ♦ **il est sans ~s** he's rootless, he belongs nowhere ♦ **cette idée a des ~s profondes dans notre société** this idea is deeply rooted in our society COMP ▷ **racine adventive** adventitious root ▷ **racine aérienne** aerial root ▷ **racine fasciculée** fascicled root ▷ **racine pivotante** taproot

**racinien, -ienne** /ʀasinjɛ̃, jɛn/ ADJ Racinian

**racisme** /ʀasism/ NM racism ♦ **~ anti-arabe** racism against Arabs ♦ **~ anticorse** prejudice against Corsicans ♦ **~ antijeunes** discrimination against young people

**raciste** /ʀasist/ ADJ, NMF racist

**racket** /ʀakɛt/ NM *(= activité)* racketeering *(NonC)*; *(= vol)* (extortion) racket ♦ **~ scolaire** *school children bullying other children for money etc* ♦ **faire du ~, se livrer au ~** *(contre protection)* to run a protection racket ♦ **c'est du ~ !** it's daylight robbery!

**racketter** /ʀakete/ ▸ conjug 1 ◂ VT ♦ **~ qn** to extort money from sb ♦ **il se fait ~ à l'école** children bully him into giving them money (*ou* his personal belongings *etc*) at school

**racketteur** /ʀaketœʀ/ NM racketeer

**raclage** /ʀɑklaʒ/ NM *(Tech)* scraping

**raclée** * /ʀɑkle/ NF *(= coups)* hiding, thrashing; *(= défaite)* thrashing * ♦ **flanquer une bonne ~ à qn** to give sb a good hiding ♦ **il a pris une bonne ~ aux élections** he got thrashed * *ou* hammered * in the elections

**raclement** /ʀɑkləmɑ̃/ NM *(= bruit)* scraping (noise) ♦ **on entendit un ~ de gorge** someone could be heard clearing their throat

**racler** /ʀɑkle/ ▸ conjug 1 ◂ VT a *(gén, Méd, Tech)* to scrape; *[+ fond de casserole]* to scrape out; *[+ parquet]* to scrape (down) ♦ **ce vin racle le gosier** this wine is really rough ♦ **se ~ la gorge** to clear one's throat; → **fond** b *(= ratisser) [+ allée, gravier, sable]* to rake c *(= enlever) [+ tache, croûte]* to scrape away *ou* off; *[+ peinture, écailles]* to scrape off ♦ **~ la boue de ses semelles** to scrape the mud off one's shoes d *(péj) [+ violon]* to scrape *ou* saw (a tune) on; *[+ guitare]* to strum (a tune) on

**raclette** /ʀɑklɛt/ NF a *(= outil)* scraper b *(Culin)* raclette *(melted cheese served with boiled potatoes and cold meats)*

**racloir** /ʀɑklwaʀ/ NM scraper

**raclure** /ʀɑklyʀ/ NF a *(gén pl = déchet)* scraping b *(* péj)* louse *

**racolage** /ʀakɔlaʒ/ NM a *(par une prostituée)* soliciting b *(péj : par un agent électoral, un portier, un vendeur)* soliciting, touting ♦ **faire du ~** to solicit, to tout ♦ **cette émission fait du ~ émotionnel** this programme deliberately plays on people's emotions

**racoler** /ʀakɔle/ ▸ conjug 1 ◂ VT a *[prostituée]* **~ des clients** to solicit for clients ♦ **~ en voiture** to solicit in a car b *(péj) [agent électoral, portier, vendeur]* to solicit, to tout for c *(Hist) [+ soldats]* to pressgang

**racoleur, -euse** /ʀakɔlœʀ, øz/ NM *(pour spectacle)* tout; *(† Mil)* crimp; *(péj Pol)* canvasser NF **racoleuse** *(= prostituée)* streetwalker, whore ADJ *[slogan, publicité] (gén)* eye-catching, enticing; *(Pol)* vote-catching

**racontable** /ʀakɔ̃tabl/ ADJ repeatable ♦ **cette histoire n'est pas ~ devant des enfants** this story is not fit to be told in front of children

**racontar** /ʀakɔ̃taʀ/ NM story, bit of gossip ♦ **ce ne sont que des ~s !** it's just gossip!

**raconter** /ʀakɔ̃te/ ▸ conjug 1 ◂ VT a *(= relater) [+ histoire, légende]* to tell ♦ **~ qch à qn** to tell sb sth ♦ **~ sa vie** to tell one's life story ♦ **il nous a raconté ses malheurs** he told us about his misfortunes ♦ **il raconte qu'il a vu la reine** he says that he's seen the queen ♦ **elle m'a raconté qu'elle t'avait rencontré** she told me that she had met you ♦ **on raconte que ...** people say that ... ♦ **à ce qu'on raconte** from what people say ♦ **il est un peu radin à ce qu'on raconte** he's a bit mean by all accounts *ou* from what people say ♦ **le témoin a raconté ce qui s'était passé** the witness described *ou* recounted what had happened ♦ **il raconte bien** he tells a good story, he's a good storyteller ♦ **alors, raconte !** come on, tell me! (*ou* us!) ♦ **alors, qu'est-ce que tu racontes ?** * so, what's new? *, so, how are things with you? * ♦ **je te raconte pas !** * you can imagine!
b *(= dire de mauvaise foi)* **qu'est-ce que tu racontes ?** what on earth are you talking about?, what are you (going) on about? * ♦ **il raconte n'importe quoi** he's talking nonsense *ou* rubbish * *(Brit)* ♦ **~ des histoires, en ~** to tell stories, to spin yarns ♦ **il a été ~ qu'on allait divorcer** he's been (going around) telling people we're getting divorced
VPR **se raconter** *[écrivain]* to talk about o.s. ♦ **se ~ des histoires** *(= se leurrer)* to lie to o.s.

**raconteur, -euse** /ʀakɔ̃tœʀ, øz/ NM,F storyteller ♦ **~ de** narrator of

**racornir** /ʀakɔʀniʀ/ ▸ conjug 2 ◂ VT a *(= durcir) [+ peau, cuir]* to toughen, to harden; *[+ cœur, personne]* to harden ♦ **cuir racorni** hardened *ou* dried-up leather ♦ **dans son cœur racorni** in his hard heart b *(= ratatiner) [+ personne, plante]* to shrivel (up) ♦ **un vieillard racorni** a shrivelled(-up) *ou* wizened old man VPR **se racornir** a *(= se durcir) [peau, cuir, cœur, personne]* to become tough *ou* hard b *(= se ratatiner) [personne, plante]* to shrivel (up), to become shrivelled (up)

**racornissement** /ʀakɔʀnismɑ̃/ NM *[de peau, cuir]* toughening, hardening; *[de plante]* shrivelling (up)

**rad** /ʀad/ NM rad

**radar** /ʀadaʀ/ NM radar ♦ **système/écran ~** radar system/screen ♦ **contrôle ~** *(Aut)* speed check ♦ **il s'est fait prendre au ~** * he was caught by a speed trap * ♦ **marcher *ou* fonctionner au ~** * *(fig)* to be on automatic pilot *

**radariste** /ʀadaʀist/ NMF radar operator

**radasse** * /ʀadas/ NF *(péj)* tart *

**rade** /ʀad/ NF *(= port)* (natural) harbour *(Brit)* *ou* harbor *(US)*, roads *(SPÉC)*, roadstead *(SPÉC)*
♦ **en rade** *[bateau]* in harbour, in the roads *(SPÉC)* ♦ **en ~ de Brest** in Brest harbour ♦ **laisser en ~** * *[+ personne]* to leave in the lurch, to leave high and dry; *[+ projet]* to forget about, to drop, to shelve; *[+ voiture]* to leave behind ♦ **elle/sa voiture est restée en ~** * she/her car was left stranded ♦ **tomber en ~** * *(panne d'essence)* to run out of petrol *(Brit)* *ou* gas *(US)*; *(ennuis mécaniques)* to break down

**radeau** (pl **radeaux**) /ʀado/ NM raft; *(= train de bois)* timber float *ou* raft ♦ **~ de sauvetage/pneumatique** rescue/inflatable raft

**radial, e** (mpl **-iaux**) /ʀadjal, jo/ ADJ *(gén)* radial NF **radiale** *(= route)* urban motorway *(Brit)* *ou* highway *(US)*

**radian** /ʀadjɑ̃/ NM radian

**radiant, e** /ʀadjɑ̃, jɑ̃t/ ADJ *[énergie]* radiant ♦ **(point) ~** *(Astron)* radiant

**radiateur** /ʀadjatœʀ/ NM *(à eau, à huile)* radiator; *(à gaz, à barres chauffantes)* heater; *[de voiture]* radiator ♦ **~ à accumulation** storage radiator *ou* heater ♦ **~ électrique** electric heater ♦ **~ extraplat** slimline radiator ♦ **~ soufflant** fan heater ♦ **~ parabolique** electric fire

**radiation** /ʀadjasjɔ̃/ NF a *(Phys)* radiation b *[de nom, mention]* crossing *ou* striking off ♦ **on a demandé sa ~ du club** there have been calls for him to be expelled from the club *ou* for his club membership to be cancelled

**radical, e** (mpl **-aux**) /ʀadikal, o/ ADJ *[changement, mesure, solution]* radical, drastic; *(Bot, Math, Hist, Pol)* radical ♦ **une rupture ~e avec les pratiques passées** a complete break with past practices ♦ **essayez ce remède, c'est ~** * try this remedy, it works like a charm *ou* it really does the trick * ♦ **un mois de ce régime et tu maigris, c'est ~ !** * one month on this diet and you lose weight, it never fails! NM *[de mot]* stem, radical, root; *(Chim, Pol)* radical; *(Math)* radical sign ♦ **radicaux libres** *(Chim)* (free) radicals

**radicalement** /ʀadikalmɑ̃/ ADV *[changer, différer]* radically; *[faux, nouveau]* completely ♦ **~ opposé à/différent** radically opposed to/different ♦ **rompre ~ avec** to make a complete break with

**radicalisation** /ʀadikalizasjɔ̃/ NF *[de position, revendications]* toughening; *[de conflit]* intensification; *[de régime, parti]* radicalization ♦ **certains élus préconisent une ~ du texte** some representatives would like the text to be made even more radical

**radicaliser** /ʀadikalize/ ▸ conjug 1 ◂ VT *[+ position]* to toughen, to harden; *[+ politique]* to toughen VPR **se radicaliser** *[personne, parti, position, politique]* to become more radical; *[conflit]* to intensify

**radicalisme** /ʀadikalism/ NM *(Pol)* radicalism

**radical-socialisme** /ʀadikalsɔsjalism/ NM radical socialism

**radical-socialiste, radicale-socialiste** /ʀadikalsɔsjalist/ (mpl **radicaux-socialistes** /ʀadikosɔsjalist/) ADJ, NMF radical socialist

**radicelle** /ʀadisɛl/ NF rootlet, radicle *(SPÉC)*

**radiculaire** /ʀadikylɛʀ/ ADJ radicular

**radicule** /ʀadikyl/ NF radicle

**radié, e** /ʀadje/ (ptp de **radier**) ADJ *(= rayonné)* rayed, radiate

**radier** /ʀadje/ ► conjug 7 ◄ VT *[+ mention, nom]* to cross off, to strike off ◆ **il a été radié de l'Ordre des médecins** he has been struck off the medical register

**radiesthésie** /ʀadjɛstezi/ NF (power of) divination, dowsing *(based on the detection of radiation emitted by various bodies)*

**radiesthésiste** /ʀadjɛstezist/ NMF diviner, dowser

**radieusement** /ʀadjøzmɑ̃/ ADV radiantly ◆ ~ **beau** *[personne]* radiantly *ou* dazzlingly beautiful; *[temps]* absolutely glorious

**radieux, -ieuse** /ʀadjø, jøz/ ADJ *[personne, sourire, beauté]* radiant; *[journée, temps]* beautiful

**radin, e** * /ʀadɛ̃, in/ ADJ stingy, mean *(Brit)* NM,F skinflint ◆ **quel ~ !** how mean can you get!, mean, or what? *

**radiner** * VI, **se radiner** * VPR /ʀadine/ ► conjug 1 ◄ *(= arriver)* to turn up, to show up *, to roll up *; *(= accourir)* to rush over, to dash over ◆ **allez, radine(-toi) !** come on, step on it! * *ou* get your skates on! * *(Brit)*

**radinerie** * /ʀadinʀi/ NF stinginess *(NonC)*, meanness *(Brit)*

**radio** /ʀadjo/ NF **a** *(= poste)* radio ◆ **mets la ~** turn on *ou* put on the radio; → **poste²**

**b** *(= radiodiffusion)* **la ~** (the) radio ◆ **avoir la ~** to have a radio ◆ **parler à la ~** to speak on the radio ◆ **passer à la ~** to be on the radio ◆ **travailler à la ~** to work in broadcasting *ou* on the radio ◆ **antenne/fréquence ~** radio aerial/frequency

**c** *(= station)* radio station ◆ **~ pirate** pirate radio station ◆ **la ~ du Caire** Cairo radio ◆ **~ libre** *ou* **locale privée** independent local radio station

**d** *(= radiotéléphonie)* radio ◆ **message ~** radio message ◆ **la ~ de bord du navire** the ship's radio

**e** *(= radiographie)* X-ray (photograph) ◆ **passer une ~** to have an X-ray (taken) ◆ **on lui a fait passer une ~** he was X-rayed

NM *(= opérateur)* radio operator; († *= message)* radiogram, radiotelegram

> ⚠ *Au sens de 'radiographie',* **radio** *ne se traduit pas par le mot anglais* **radio**.

**radioactif, -ive** /ʀadjoaktif, iv/ ADJ radioactive ◆ **déchets faiblement/hautement ~s** low-level/highly *ou* high-level radioactive waste

**radioactivité** /ʀadjoaktivite/ NF radioactivity ◆ **~ naturelle** natural *ou* naturally-occurring radioactivity

**radioalignement** /ʀadjoaliɲ(ə)mɑ̃/ NM radio navigation system

**radioamateur** /ʀadjoamatœʀ/ NM radio ham *

**radioastronome** /ʀadjoastʀɔnɔm/ NMF radio astronomer

**radioastronomie** /ʀadjoastʀɔnɔmi/ NF radio astronomy

**radiobalisage** /ʀadjobalizaʒ/ NM radio beacon signalling

**radiobalise** /ʀadjobaliz/ NF radio beacon

**radiobaliser** /ʀadjobalize/ ► conjug 1 ◄ VT to equip with a radio beacon system

**radiobiologie** /ʀadjobjɔlɔʒi/ NF radiobiology

**radiocarbone** /ʀadjokaʀbɔn/ NM radiocarbon, radioactive carbon

**radiocassette** /ʀadjokasɛt/ NM cassette radio, radio cassette player

**radiocobalt** /ʀadjokɔbalt/ NM radio cobalt, radioactive cobalt

**radiocommande** /ʀadjokɔmɑ̃d/ NF radio control

**radiocommunication** /ʀadjokɔmynikasjɔ̃/ NF radio communication

**radiocompas** /ʀadjokɔ̃pɑ/ NM radio compass

**radioconducteur** /ʀadjokɔ̃dyktœʀ/ NM detector

**radiodiagnostic** /ʀadjodjagnɔstik/ NM radiodiagnosis

**radiodiffuser** /ʀadjodifyze/ ► conjug 1 ◄ VT to broadcast *(by radio)* ◆ **interview radiodiffusée** broadcast *ou* radio interview

**radiodiffuseur** /ʀadjodifyzœʀ/ NM (radio) broadcaster

**radiodiffusion** /ʀadjodifyzjɔ̃/ NF broadcasting *(by radio)*

**radioélectricien, -ienne** /ʀadjoelɛktʀisjɛ̃, jɛn/ NM,F radio-engineer

**radioélectricité** /ʀadjoelɛktʀisite/ NF radio-engineering

**radioélectrique** /ʀadjoelɛktʀik/ ADJ radio *(épith)*

**radioélément** /ʀadjoelemɑ̃/ NM radio-element

**radiofréquence** /ʀadjofʀekɑ̃s/ NF radio frequency

**radiogénique** /ʀadjoʒenik/ ADJ radiogenic

**radiogoniomètre** /ʀadjogɔnjɔmɛtʀ/ NM direction finder, radiogoniometer

**radiogoniométrie** /ʀadjogɔnjɔmetʀi/ NF radio direction finding, radiogoniometry

**radiogramme** /ʀadjɔgʀam/ NM *(= télégramme)* radiogram, radiotelegram; *(= film)* radiograph, radiogram

**radiographie** /ʀadjɔgʀafi/ NF **a** *(= technique)* radiography, X-ray photography ◆ **passer une ~** to have an X-ray (taken), to be X-rayed **b** *(= photographie)* X-ray (photograph), radiograph

**radiographier** /ʀadjɔgʀafje/ ► conjug 7 ◄ VT to X-ray

**radiographique** /ʀadjɔgʀafik/ ADJ X-ray *(épith)*

**radioguidage** /ʀadjogidaʒ/ NM *(Aviat)* radio control, radiodirection ◆ **le ~ des automobilistes** *(Radio)* broadcasting traffic reports to motorists

**radioguidé, e** /ʀadjogide/ ADJ radio-controlled

**radioguider** /ʀadjogide/ ► conjug 1 ◄ VT to radio-control

**radio-isotope** (pl **radio-isotopes**) /ʀadjoizɔtɔp/ NM radio-isotope

**radiologie** /ʀadjɔlɔʒi/ NF radiology

**radiologique** /ʀadjɔlɔʒik/ ADJ radiological

**radiologiste** /ʀadjɔlɔʒist/, **radiologue** /ʀadjɔlɔg/ NMF radiologist

**radiomessagerie** /ʀadjomesaʒʀi/ NF radiopaging

**radiomètre** /ʀadjɔmɛtʀ/ NM radiometer

**radio-moquette** * /ʀadjomɔkɛt/ NF rumours *(Brit)*, rumors *(US)*

**radionavigant** /ʀadjonavigɑ̃/ NM radio officer

**radionavigation** /ʀadjonavigasjɔ̃/ NF radio navigation

**radiophare** /ʀadjofaʀ/ NM radio beacon

**radiophonie** /ʀadjɔfɔni/ NF radiotelephony

**radiophonique** /ʀadjɔfɔnik/ ADJ radio *(épith)*

**radioprotection** /ʀadjopʀɔtɛksjɔ̃/ NF radiation protection

**radioreportage** /ʀadjoʀ(ə)pɔʀtaʒ/ NM radio report

**radioreporter** /ʀadjoʀ(ə)pɔʀtɛʀ/ NM radio reporter

**radio-réveil** (pl **radio-réveils**) /ʀadjoʀevɛj/ NM radio-alarm, clock-radio

**radioscopie** /ʀadjɔskɔpi/ NF radioscopy

**radioscopique** /ʀadjɔskɔpik/ ADJ radioscopic

**radiosondage** /ʀadjosɔ̃daʒ/ NM *(Mét)* radiosonde exploration; *(Géol)* seismic prospecting

**radiosonde** /ʀadjosɔ̃d/ NF radiosonde

**radiosource** /ʀadjosuʀs/ NF radio source, star source

**radio-taxi** (pl **radio-taxis**) /ʀadjotaksi/ NM radio taxi, radio cab

**radiotechnique** /ʀadjotɛknik/ NF radio technology ADJ radiotechnological

**radiotélégraphie** /ʀadjotelegʀafi/ NF radiotelegraphy, wireless telegraphy

**radiotélégraphique** /ʀadjotelegʀafik/ ADJ radiotelegraphic

**radiotélégraphiste** /ʀadjotelegʀafist/ NMF radiotelegrapher

**radiotéléphone** /ʀadjotelefɔn/ NM radiotelephone

**radiotéléphonie** /ʀadjotelefɔni/ NF radiotelephony, wireless telephony

**radiotélescope** /ʀadjotelɛskɔp/ NM radio telescope

**radiotélévisé, e** /ʀadjotelevize/ ADJ broadcast on both radio and television, broadcast and televised

**radiotélévision** /ʀadjotelevizjɔ̃/ NF radio and television

**radiothérapeute** /ʀadjoteʀapøt/ NMF radiotherapist

**radiothérapie** /ʀadjoteʀapi/ NF radiotherapy

**radis** /ʀadi/ NM **a** *(Bot)* radish ◆ **~ noir** black winter radish **b** (* *= sou)* penny, cent *(US)* ◆ **je n'ai pas un ~** I haven't got a penny (to my name) *(Brit) ou* a cent * *ou* a bean *(US)* * ◆ **ça ne vaut pas un ~** it's not worth a penny *ou* a bean *(Brit)* *

**radium** /ʀadjɔm/ NM radium

**radius** /ʀadjys/ NM *(Anat)* radius

**radjah** /ʀadʒa/ NM ⇒ **rajah**

**radome** /ʀadom/ NM radome

**radon** /ʀadɔ̃/ NM radon

**radotage** /ʀadɔtaʒ/ NM *(péj)* drivel *(NonC)*, rambling

**radoter** /ʀadɔte/ ► conjug 1 ◄ VI *(péj)* to ramble on *ou* drivel (on) ◆ **tu radotes** * you're talking a load of drivel * VT *(péj)* ◆ **il radote toujours les mêmes histoires** * he's always going on *ou* wittering on * about the same old things

**radoteur, -euse** /ʀadɔtœʀ, øz/ NM,F *(péj)* drivelling (old) fool, (old) driveller

**radoub** /ʀadu/ NM *(Naut)* refitting ◆ **navire au ~** ship under repair *ou* undergoing a refit; → **bassin**

**radouber** /ʀadube/ ▸ conjug 1 ◂ VT [+ navire] to repair, to refit; [+ filet de pêche] to repair, to mend

**radoucir** /ʀadusiʀ/ ▸ conjug 2 ◂ VT [+ ton, attitude] to soften; [+ temps] to make milder VPR **se radoucir** [personne] (après une colère) to calm down, to be mollified; (avec l'âge) to mellow; [voix] to soften, to become milder; [temps] to become milder

**radoucissement** /ʀadusismɑ̃/ NM a (Mét) ~ **(de la température)** rise in (the) temperature ◆ **on prévoit un léger/net** ~ the forecast is for slightly/much milder weather b [de ton, attitude] softening; [de personne] calming down

**rafale** /ʀafal/ NF [de vent] gust; [de pluie] sudden shower; [de neige] flurry ◆ **une soudaine ~ (de vent)** a sudden gust of wind ◆ ~ **de mitrailleuse** burst of machine gun fire ◆ **en** ou **par ~s** [souffler] in gusts; [tirer] in bursts ◆ **tir en ~s** firing ou shooting in bursts ◆ **une** ~ ou **des ~s de balles** a hail of bullets ◆ **le gouvernement publiait des communiqués en ~s** the government issued statements in rapid-fire succession

**raffermir** /ʀafɛʀmiʀ/ ▸ conjug 2 ◂ VT a [+ muscle] to harden, to tone up; [+ chair] to firm up, to make firm(er); [+ peau] to tone up; [+ voix] to steady b [+ gouvernement, popularité] to strengthen, to reinforce; [+ prix, marché, cours] to steady; [+ courage, résolution] to strengthen VPR **se raffermir** a [muscle] to harden; [chair] to firm up, to become firm(er) b [autorité] to strengthen, to become strengthened ou reinforced; [prix, marché, cours, voix] to become steadier ◆ **son visage se raffermit** his face became more composed ◆ **ma résolution se raffermit** I grew stronger in my resolve ◆ **se ~ dans ses intentions** to strengthen one's resolve ◆ **le cours du dollar s'est légèrement raffermi** the dollar is slightly steadier

**raffermissant, e** /ʀafɛʀmisɑ̃, ɑ̃t/ ADJ (Cosmétique) toning

**raffermissement** /ʀafɛʀmismɑ̃/ NM a [de muscle] strengthening; [de chair] firming; [de peau] firming up; [de voix] steadying b [de gouvernement, popularité] reinforcement; [de cours, monnaie] steadying; [de courage, résolution] strengthening ◆ **la nouvelle a provoqué un ~ du dollar** the news steadied the dollar

**raffinage** /ʀafinaʒ/ NM refining

**raffiné, e** /ʀafine/ (ptp de **raffiner**) ADJ a [pétrole, sucre] refined b [personne, mœurs, style] refined, polished, sophisticated; [esprit, gourmet, goûts] discriminating, refined; [confort, décor] elegant; [cuisine, élégance] refined ◆ **peu** ~ unrefined, unsophisticated ◆ **supplice** ~ slow torture

**raffinement** /ʀafinmɑ̃/ NM a (= caractère) [de personne, civilisation] refinement, sophistication b (gén pl = détail raffiné) nicety, refinement c (= excès) **c'est du** ~ that's being oversubtle ◆ **avec un ~ de luxe/de cruauté** with refinements of luxury/of cruelty

**raffiner** /ʀafine/ ▸ conjug 1 ◂ VT a [+ pétrole, sucre, papier] to refine b [+ langage, manières] to refine, to polish VI (dans le raisonnement) to be oversubtle; (sur les détails) to be (over)meticulous

**raffinerie** /ʀafinʀi/ NF refinery ◆ ~ **de pétrole/de sucre** oil/sugar refinery

**raffineur, -euse** /ʀafinœʀ, øz/ NM,F refiner

**raffoler** /ʀafɔle/ ▸ conjug 1 ◂ **raffoler de** VT INDIR to be mad ou crazy* ou wild* about ◆ **le chocolat, j'en raffole !** I'm mad* about chocolate!

**raffut*** /ʀafy/ NM (= vacarme) row, racket ◆ **faire du** ~ (= être bruyant) to make a row ou racket; (= protester) to kick up a fuss ou stink* ◆ **ils ont fait un ~ de tous les diables** they made a hell* of a racket ◆ **sa démission va faire du** ~ his resignation will cause a row ou a stink*

**rafiot** /ʀafjo/ NM (péj = bateau) (old) tub (péj)

**rafistolage*** /ʀafistɔlaʒ/ NM (= action : lit, fig) patching up ◆ **ce n'est qu'un** ou **que du** ~ (lit) it's only a patched-up ou makeshift repair; (fig) it's just a stopgap (solution)

**rafistoler*** /ʀafistɔle/ ▸ conjug 1 ◂ VT (= réparer) to patch up

**rafle** /ʀɑfl/ NF (police) roundup ou raid, swoop ◆ **la police a fait une** ~ the police rounded up some suspects ◆ **être pris dans une** ~ to be caught in a roundup ou a raid ◆ **la ~ du Vél' d'Hiv** (Hist) the roundup of Jews in the Paris Vélodrome d'Hiver during the Second World War

**rafler*** /ʀɑfle/ ▸ conjug 1 ◂ VT (= prendre) [+ récompenses] to run off with; [+ place] to bag*, to grab; (= voler) [+ bijoux] to swipe* ◆ **les clients avaient tout raflé** the customers had swept up ou snaffled* everything ◆ **elle a raflé tous les prix** she ran away ou off with all the prizes, she made a clean sweep of the prizes ◆ **le film a raflé sept Oscars** the film scooped seven Oscars

**rafraîchir** /ʀafʀeʃiʀ/ ▸ conjug 2 ◂ VT a (= refroidir) [+ air] to cool (down), to freshen; [+ vin] to chill; [+ boisson] to cool, to make cooler; [+ haleine] to freshen; → **fruit**[1]

b (= redonner du tonus à) [+ visage, corps] to freshen (up)

c (= désaltérer) [boisson] to refresh

d (= rénover) [+ vêtement] to smarten up, to brighten up; [+ tableau, couleur] to brighten up, to freshen up; [+ appartement] to do up, to brighten up; [+ connaissances] to brush up ◆ **"à rafraîchir"** [+ appartement] "needs some work" ◆ **se faire ~ les cheveux** to have a trim, to have one's hair trimmed ◆ ~ **la mémoire** ou **les idées de qn** to jog ou refresh sb's memory

e (Ordin) [+ écran] to refresh

VI [vin etc] to cool (down) ◆ **mettre à** ~ [+ vin, dessert] to chill

VPR **se rafraîchir** a (Mét) **le temps/ça se rafraîchit** the weather/it's getting cooler ou colder

b (en se lavant) to freshen (o.s.) up; (en buvant) to refresh o.s. ◆ **on se rafraîchirait volontiers** a cool drink would be very welcome

**rafraîchissant, e** /ʀafʀeʃisɑ̃, ɑ̃t/ ADJ [vent] refreshing, cooling; [boisson] refreshing; (fig) [idée, œuvre] refreshing

**rafraîchissement** /ʀafʀeʃismɑ̃/ NM a [de température] cooling ◆ **dû au ~ de la température** due to the cooler weather ou the cooling of the weather ◆ **on s'attend à un ~ rapide de la température** we expect temperatures to drop sharply, we expect the weather to get rapidly cooler b (= boisson) cool ou cold drink ◆ **~s** (= glaces, fruits) refreshments c (Ordin) refresh ◆ **fréquence de** ~ refresh rate

**raft** /ʀaft/ NM raft

**rafting** /ʀaftiŋ/ NM rafting ◆ **faire du** ~ to raft, to go rafting

**ragaillardir** /ʀagajaʀdiʀ/ ▸ conjug 2 ◂ VT to perk up, to buck up* ◆ **tout ragaillardi par cette nouvelle** bucked up by this news*

**rage** /ʀaʒ/ NF a (= colère) rage, fury ◆ **la ~ au cœur** (inwardly) seething with rage ou anger ◆ **mettre qn en** ~ to infuriate ou enrage sb, to make sb's blood boil ◆ **être dans une ~ folle, être ivre** ou **fou de** ~ to be mad with rage, to be in a raging temper ◆ **être en ~, avoir la** ~* to be in a rage ◆ **suffoquer** ou **étouffer de** ~ to choke with anger ou rage ◆ **dans sa ~ de ne pouvoir l'obtenir, il ...** in his rage ou fury at not being able to get it, he ... ◆ **être pris d'une ~ aveugle** ou **destructrice** to go into a blind rage; → **amour**

b (= envie violente) **avoir la ~ de (faire) qch** to have a passion for (doing) sth ◆ **sa ~ de vaincre** his dogged determination to win ◆ **sa ~ de vivre** his lust for life

c ◆ **faire** ~ [guerre, incendie, tempête, polémique] to rage; [concurrence] to be fierce

d (Méd) **la** ~ rabies (sg); → **noyer**[2]

e ◆ ~ **de dents** raging toothache

**rageant, e*** /ʀaʒɑ̃, ɑ̃t/ ADJ infuriating, maddening ◆ **ce qui est ~ avec lui, c'est que ...** the infuriating ou maddening thing about him is that ...

**rager** /ʀaʒe/ ▸ conjug 3 ◂ VI to fume ◆ **ça (me) fait ~ !** it makes me fume! ou furious! ou mad! ◆ **rageant de voir que les autres n'étaient pas punis** furious that the others weren't punished

**rageur, -euse** /ʀaʒœʀ, øz/ ADJ [enfant] hot-tempered, quick-tempered; [voix, geste] bad-tempered, angry ◆ **il était** ~ he was furious ou livid

**rageusement** /ʀaʒøzmɑ̃/ ADV angrily

**ragga** /ʀaga/ NM (Mus) ragga (music)

**raglan** /ʀaglɑ̃/ NM, ADJ INV raglan

**ragondin** /ʀagɔ̃dɛ̃/ NM (= animal) coypu; (= fourrure) nutria

**ragot*** /ʀago/ NM piece of (malicious) gossip ou tittle-tattle ◆ **~s** gossip, tittle-tattle

**ragougnasse*** /ʀaguɲas/ NF (péj = nourriture) pigswill (NonC)

**ragoût** /ʀagu/ NM stew, ragout ◆ ~ **de mouton** lamb stew ◆ **en** ~ stewed

**ragoûtant, e** /ʀagutɑ̃, ɑ̃t/ ADJ ◆ **peu** ~ [mets] unappetizing; [individu] unsavoury; [travail] unwholesome, unpalatable ◆ **ce n'est guère** ~ that's not very inviting ou tempting

**ragtime** /ʀagtajm/ NM ragtime

**rahat-loukoum** (pl **rahat-loukoums**) /ʀaatlukum/ NM ⇒ **loukoum**

**rai** /ʀɛ/ NM (littér = rayon) ray; (Tech) spoke (of wooden wheel)

**raï** /ʀaj/ ADJ INV rai (épith) NM INV rai

**raid** /ʀɛd/ NM a (Mil) raid, hit-and-run attack ◆ ~ **aérien** air raid ◆ ~ **boursier** raid ◆ **faire un ~ sur** (Fin, Mil) to raid b (Sport) ~ **automobile/à skis** long-distance car/ski trek

**raide** /ʀɛd/ ADJ a [corps, membre, geste, étoffe] stiff; [cheveux] straight; [câble] taut, tight ◆ **être** ou **se tenir ~ comme un échalas** ou **un piquet** ou **un manche à balai** ou **la justice** to be (as) stiff as a poker ◆ **assis ~ sur sa chaise** sitting bolt upright on his chair ◆ **avoir une jambe** ~ to have a stiff leg ◆ **ses cheveux sont ~s comme des baguettes de tambour** her hair is dead straight; → **corde**

b [pente, escalier] steep, abrupt

c (= inflexible) [attitude, morale, personne] rigid, inflexible; [manières] stiff, starchy; [démarche] stiff

d (= fort, âpre) [alcool] rough

e (* = difficile à croire) **c'est un peu** ~ that's a bit hard to swallow ou a bit far-fetched ◆ **elle est ~ celle-là !** that's a bit much!* ◆ **il en a vu de ~s** he's seen a thing or two*

f (* = osé) **assez** ou **un peu** ~ [propos, passage, scène] daring ◆ **il s'en passe de ~s, chez eux** all sorts of things go on at their place ◆ **il en raconte de ~s** he tells some pretty daring stories g (⁑ = *sans argent)* broke * ◆ **être ~ comme un passe-lacet** to be flat *ou* stony *(Brit)* broke *

h ⁑ *(= ivre)* drunk, sloshed *; *(= drogué)* stoned ⁑, high * ◆ **être complètement ~** *(sous l'effet d'une drogue)* to be completely stoned ⁑, to be as high as a kite *; *(sous l'effet de l'alcool)* to be blind drunk *

ADV a *(= en pente)* **ça montait/descendait ~** *(ascension, descente)* it was a steep climb/climb down; *(pente)* it climbed/fell steeply

b *(= net)* **tomber ~** to drop to the ground *ou* floor ◆ **quand elle m'a dit ça, j'en suis tombé ~** * I was thunderstruck when she told me ◆ **tomber ~ mort** to drop *ou* fall down dead ◆ **tuer qn ~** * to kill sb outright *ou* stone dead *(Brit)* ◆ **il l'a étendu ~ (mort)** * he laid him out cold * ◆ **être ~ fou** *ou* **dingue** * to be completely crazy *ou* nuts *

**raider** / ʀɛdœʀ / NM *(Bourse)* raider

**raideur** / ʀɛdœʀ / NF a *[de corps, membre, geste, étoffe]* stiffness; *[de cheveux]* straightness; *[de câble]* tautness, tightness ◆ **j'ai une ~ dans la nuque** I've got a stiff neck b *[de pente, escalier]* steepness, abruptness c *[d'attitude, morale, personne]* rigidity, inflexibility; *[de manières]* stiffness, starchiness; *[de démarche]* stiffness ◆ **avec ~** *[répondre, saluer, marcher]* stiffly d *(= âpreté) [d'alcool]* roughness

**raidillon** / ʀedijɔ̃ / NM steep path

**raidir** / ʀediʀ / ► conjug 2 ◄ VT *[+ drap, tissu]* to stiffen; *[+ corde, fil de fer]* to pull taut *ou* tight, to tighten ◆ **~ ses muscles** to tense *ou* stiffen one's muscles ◆ **des corps raidis par la mort** stiff corpses ◆ **~ sa position** *(fig)* to harden *ou* toughen one's position, to take a hard(er) *ou* tough(er) line VPR **se raidir** a *[toile, tissu]* to stiffen, to become stiff(er); *[corde]* to grow taut; *(fig) [position]* to harden b *[personne] (= perdre sa souplesse)* to become stiff(er); *(= bander ses muscles)* to stiffen; *(= se préparer moralement)* to brace *ou* steel o.s.; *(= s'entêter)* to take a hard(er) *ou* tough(er) line

**raidissement** / ʀedismɑ̃ / NM *(= perte de souplesse)* stiffening ◆ **ce ~ soudain du parti adverse** *(= intransigeance)* this sudden tough(er) line taken by the opposing party

**raidisseur** / ʀedisœʀ / NM *(= tendeur)* tightener

**raie**[1] / ʀɛ / NF a *(= trait)* line; *(Agr = sillon)* furrow; *(= éraflure)* mark, scratch ◆ **faire une ~** to draw a line ◆ **attention, tu vas faire des ~s** careful, you'll scratch it ◆ **la ~ des fesses** the cleft between the buttocks b *(= bande)* stripe ◆ **chemise avec des ~s** striped *ou* stripy *(Brit)* shirt ◆ **les ~s de son pelage** the stripes on its fur ◆ **~ d'absorption/d'émission** *(Phys)* absorption/emission line c *(Coiffure)* parting *(Brit)*, part *(US)* ◆ **avoir la ~ au milieu/sur le côté** to have a centre/side parting *(Brit) ou* part *(US)*, to have one's hair parted in the middle/to the side

**raie**[2] / ʀɛ / NF *(= poisson)* skate, ray; *(Culin)* skate ◆ **~ bouclée** thornback ray ◆ **~ manta** manta ray ◆ **~ électrique** electric ray; → **gueule**

**raifort** / ʀɛfɔʀ / NM *(= aromate)* horseradish; *(= radis noir)* black winter radish

**rail** / ʀɑj / NM a *(= barre)* rail ◆ **les ~s** *(= voie)* the rails, the track ◆ **~ conducteur** live rail ◆ **~ de sécurité** guardrail, crash barrier *(Brit)* ◆ **le ~ est plus pratique que la route** it's more practical to travel by train than by road ◆ **être sur les ~s** *(fig)* to be under way ◆ **remettre sur les ~s** *(lit, fig)* to put back on the rails ◆ **quitter les ~s, sortir des ~s** to jump the rails, to go off the rails ◆ **transport ~-route** road-rail transport ◆ **~ de travelling** *(Ciné)* dolly b *(Naut)* lane

**railler** / ʀɑje / ► conjug 1 ◄ VT *(frm = se moquer de) [+ personne, chose]* to scoff at, to jeer at, to mock at VI († † = *plaisanter)* to jest ◆ **vous raillez ?** you jest? ◆ **..., dit-il en raillant** ..., he quipped VPR **se railler** † † to scoff, to jeer, to mock (*de* at)

**raillerie** / ʀɑjʀi / NF *(frm) (= ironie)* mockery, scoffing; *(= remarque)* gibe ◆ **il sortit de scène sous les ~s du public** he left the stage to the booing *ou* catcalls of the audience

**railleur, -euse** / ʀɑjœʀ, øz / ADJ mocking, derisive, scoffing NM scoffer, mocker

**railleusement** / ʀɑjøzmɑ̃ / ADV mockingly, derisively, scoffingly

**rainer** / ʀene / ► conjug 1 ◄ VT to groove

**rainette** / ʀɛnɛt / NF a *(= grenouille)* tree frog b ⇒ **reinette**

**rainurage** / ʀenyʀaʒ / NM grooved surface

**rainure** / ʀenyʀ / NF *(longue, formant glissière)* groove; *(courte, pour emboîtage)* slot ◆ **les ~s du parquet** the gaps between the floorboards

**rainurer** / ʀenyʀe / ► conjug 1 ◄ VT to groove

**rais** / ʀɛ / NM ⇒ **rai**

**raïs** / ʀais / NM head of state *(of an Arab country)*

**raisin** / ʀɛzɛ̃ / NM a *(= espèce)* grape ◆ **du ~, des ~s** *(= fruit)* grapes ◆ **~ noir/blanc** black/white grape ◆ **c'est un ~ qui donne du bon vin** it's a grape that yields a good wine; → **grain, grappe, jus** b *(= papier)* ≈ royal c *(= œufs)* **~s de mer** *[de seiche]* cuttlefish eggs; *[de poulpe]* octopus eggs COMP ▷ **raisins de Corinthe** currants ▷ **raisins secs** raisins ▷ **raisins de Smyrne** sultanas ▷ **raisin de table** dessert *ou* eating grapes

**raisiné** / ʀezine / NM *(= jus)* grape jelly; *(= confiture) pear or quince jam made with grape jelly*; († ⁑ = *sang)* blood

**raisinet** / ʀɛzinɛ / NM *(Helv = groseille rouge)* red currant

**raison** / ʀɛzɔ̃ / GRAMMAIRE ACTIVE 38.1, 40.3, 44.1, 53.2, 53.3

NF a *(gén, Philos = faculté de discernement)* reason ◆ **seul l'homme est doué de ~** man alone is endowed with reason ◆ **conforme/contraire à la ~** reasonable/unreasonable ◆ **il n'a plus sa ~, il a perdu la ~** he has lost his reason, he has taken leave of his senses, he is not in his right mind ◆ **si tu avais toute ta ~ tu verrais que ...** if you were in your right mind, you would see that ... ◆ **manger/boire plus que de ~** to eat/drink more than is sensible *ou* more than one should; → **âge, mariage, rime**

b *(= motif)* reason ◆ **la ~ pour laquelle je suis venu** the reason (why *ou* that) I came ◆ **pour quelles ~s l'avez-vous renvoyé ?** why *ou* on what grounds did you fire him?, what were your reasons for firing him? ◆ **la ~ de cette réaction** the reason for this reaction ◆ **il n'y a pas de ~ de s'arrêter** there's no reason to stop ◆ **j'ai mes ~s** I have my reasons ◆ **pour (des) ~s politiques/familiales** for political/family reasons ◆ **pour ~s de santé** for health reasons, on grounds of (ill) health ◆ **~s cachées** hidden motives *ou* reasons ◆ **il a refusé pour la simple ~ que ...** he refused simply on the grounds that ..., he refused simply because ... ◆ **pour la simple et bonne ~ que je ne veux pas** for the simple reason that I don't want to ◆ **j'ai de bonnes ~s de penser que ...** I have good *ou* every reason to think that ... ◆ **la ~ en est que ...** the reason is that ...

c *(= argument, explication, excuse)* reason ◆ **sans ~** without reason ◆ **sans ~ valable** for no valid reason ◆ **il a toujours de bonnes ~s !** *(iro)* he's always got a good excuse! *ou* reason! ◆ **la ~ du plus fort est toujours la meilleure** *(Prov)* might is right *(Prov)* ◆ **ce n'est pas une ~ !** that's no excuse! *ou* reason!; → **comparaison, rendre**

d *(Math)* ratio ◆ **~ directe/inverse** direct/inverse ratio *ou* proportion

e *(loc)* **pour une ~ ou pour une autre** for some reason or other, for one reason or another ◆ **rire sans ~** to laugh for no reason ◆ **non sans ~** not without reason ◆ **se faire une ~** to accept it ◆ **entendre ~, se rendre à la ~** to listen to *ou* see reason ◆ **faire entendre ~ à qn, ramener qn à la ~** to make sb see sense *ou* reason ◆ **mettre qn à la ~** † to bring sb to their senses, to make sb see sense *ou* reason, to talk (some) sense into sb ◆ **demander ~ à qn de** *(littér) [+ offense]* to demand satisfaction from sb for *(frm)*

◆ **avoir raison** to be right (*de faire* in doing, to do); ◆ **tu as bien ~ !** you're absolutely *ou* dead * right! ◆ **avoir ~ de qn/qch** to get the better of sb/sth

◆ **donner raison à qn** *[événement]* to prove sb right ◆ **tu donnes toujours ~ à ta fille** you're always siding with your daughter, you're always on your daughter's side ◆ **la justice a fini par lui donner ~** the court eventually decided in his favour

◆ **raison de plus** all the more reason (*pour faire* for doing, to do)

◆ **à raison de** ◆ **à ~ de 25 € par caisse** at the rate of €25 per crate ◆ **payé à ~ de 40 lignes par page** paid on the basis of 40 lines a page ◆ **à ~ de 3 fois par semaine** 3 times a week

◆ **avec (juste) raison, à juste raison** rightly, justifiably, with good reason

◆ **à plus forte raison** ◆ **à plus forte ~, je n'irai pas** all the more reason for me not to go ◆ **à plus forte ~ si/quand ...** all the more so if/when ...

◆ **comme de raison** as one might expect

◆ **en raison de** ◆ **en ~ du froid** because of *ou* owing to the cold weather ◆ **en ~ de son jeune âge** because of *ou* on the grounds of his youth ◆ **on est payé en ~ du travail fourni** we are paid according to *ou* in proportion to the work produced

COMP ▷ **raison d'État** reasons of state ▷ **raison d'être** raison d'être ◆ **cet enfant est toute sa ~ d'être** this child is her whole life *ou* her entire reason for living *ou* her entire raison d'être ◆ **cette association n'a aucune ~ d'être** this association has no reason to exist *ou* no raison d'être ▷ **raison sociale** *(Comm)* corporate name ▷ **raison de vivre** reason for living

**raisonnable** / ʀɛzɔnabl / ADJ a *(= sensé) [personne, solution, conduite]* sensible, reasonable; *[conseil, opinion, propos]* sensible ◆ **soyez ~** be reasonable ◆ **elle devrait être plus ~ à son âge** she should know better *ou* she should have more sense at her age ◆ **réaction bien peu ~** very unreasonable reaction ◆ **boire trop avant un match, ce n'est pas ~** it isn't sensible *ou* it's silly to drink too much before a match ◆ **250 € pour cette vieillerie, ce n'est pas ~ !** €250 for this old thing, that's crazy! *ou* ridiculous! ◆ **est-ce bien ~ ?** *(hum)* is it wise?

b *(= décent) [prix, demande, salaire, quantité]* reasonable, fair; *[heure, limite, délai]* reasonable ◆ **le déficit budgétaire reste ~** the budget deficit is still at a reasonable level

c *(littér = doué de raison)* rational, reasoning

**raisonnablement** / ʀɛzɔnabləmɑ̃ / ADV *[conseiller]* sensibly, soundly; *[agir]* sensibly, reasonably; *[boire]* in moderation; *[dépenser]* moderately; *[travailler, rétribuer]* reasonably *ou* fairly well ◆ **on peut ~ espérer que ...** one can reasonably hope that ...

**raisonné, e** /ʀɛzɔne/ (ptp de **raisonner**) ADJ a *(= mûri, réfléchi) [attitude, projet]* well thought-out, reasoned; *(= mesuré) [confiance, optimisme]* cautious ◆ **il a pris une décision ~e** he made a reasoned decision ◆ **c'est bien ~** it's well reasoned *ou* argued b *(= systématique)* **grammaire/méthode ~e de français** reasoned grammar/primer of French ◆ **catalogue ~** catalogue raisonné

**raisonnement** /ʀɛzɔnmɑ̃/ NM a *(= activité de la raison)* reasoning *(NonC)*; *(= faculté de penser)* power of reasoning; *(= façon de réfléchir)* way of thinking; *(= cheminement de la pensée)* thought process ◆ **~ analogique/par déduction/par induction** analogical/deductive/inductive reasoning ◆ **~ économique/politique** economic/political thinking ◆ **prouver qch par le ~** to prove sth by one's reasoning *ou* by the use of reason; → **absurde**

b *(= argumentation)* argument ◆ **il tient le ~ suivant** his argument *ou* reasoning is as follows ◆ **il m'a tenu ce ~** he gave me this explanation ◆ **si l'on tient le même ~ que lui** if you take the same line as he does ◆ **si tu tiens ce ~** if this is the view you hold *ou* take, if this is how you think ◆ **j'ai du mal à suivre son ~** I'm having trouble following his argument *ou* his line of thought ◆ **un ~ logique** a logical argument, a logical line *ou* chain of reasoning ◆ **ses ~s m'étonnent** his reasoning surprises me ◆ **ce n'est pas un ~ !** * that's not a valid argument!

c *(péj = ergotages)* **~s** arguing, argument ◆ **tous les ~s ne changeront pas ma décision** no amount of arguing *ou* argument will alter my decision

**raisonner** /ʀɛzɔne/ ► conjug 1 ◄ VI a *(= penser, réfléchir)* to reason *(sur* about); ◆ **~ par induction/déduction** to reason by induction/deduction ◆ **il raisonne juste/mal** his reasoning is/isn't very sound ◆ **il raisonne comme une pantoufle** * he can't follow his own argument b *(= discourir, argumenter)* to argue *(sur* about); ◆ **on ne peut pas ~ avec lui** you (just) can't argue *ou* reason with him c *(péj = ergoter)* to argue, to quibble *(avec* with) VT a *(= sermonner)* to reason with ◆ **inutile d'essayer de le ~** it's useless to try and reason with him b *(= justifier par la raison) [+ croyance, conduite, démarche]* to reason out VPR **se raisonner** to reason with o.s., to make o.s. see reason ◆ **raisonne-toi** try to be reasonable *ou* to make yourself see reason ◆ **l'amour ne se raisonne pas** love cannot be reasoned *ou* knows no reason

**raisonneur, -euse** /ʀɛzɔnœʀ, øz/ ADJ a *(péj)* quibbling *(épith)*, argumentative b *(= réfléchi)* reasoning *(épith)* NM,F a *(péj = ergoteur)* arguer, quibbler ◆ **ne fais pas le ~** stop arguing *ou* quibbling b *(= penseur)* reasoner

**rajah** /ʀa(d)ʒa/ NM rajah

**rajeunir** /ʀaʒœniʀ/ ► conjug 2 ◄ VT a ◆ **~ qn** *[cure]* to rejuvenate sb; *[repos, expérience]* to make sb feel younger; *[soins de beauté, vêtement]* to make sb look younger ◆ **l'amour/ce chapeau la rajeunit de 10 ans** being in love/that hat takes 10 years off her * *ou* makes her look 10 years younger ◆ **tu le rajeunis (de 5 ans), il est né en 1950** you're making him out to be (5 years) younger than he is – he was born in 1950 ◆ **ça ne nous rajeunit pas !** *(hum)* that makes you realize we're not getting any younger!

b *[+ institution]* to modernize; *[+ installation, mobilier]* to modernize, to give a new look to; *[+ manuel, image de marque]* to update, to bring up to date; *[+ vieux habits]* to give a new look to, to brighten up; *[+ personnel, entreprise]* to bring new *ou* young blood into, to recruit younger people into; *[+ thème, théorie]* to inject new life into ◆ **ils cherchent à ~ leur clientèle/public** they're trying to attract younger customers/a younger audience

VI *[personne] (= se sentir plus jeune)* to feel younger; *(= paraître plus jeune)* to look younger; *[institution, quartier] (= se moderniser)* to be modernized; *(= avoir un personnel, des habitants plus jeunes)* to have a younger feel ◆ **notre public rajeunit** our audience is getting younger ◆ **avec les enfants, la vieille demeure rajeunissait** with the children around, the old house had a younger feel to it

VPR **se rajeunir** *(= se prétendre moins âgé)* to make o.s. younger than one is; *(= se faire paraître moins âgé)* to make o.s. look younger

**rajeunissant, e** /ʀaʒœnisɑ̃, ɑ̃t/ ADJ *[traitement, crème]* rejuvenating

**rajeunissement** /ʀaʒœnismɑ̃/ NM *[de personne]* rejuvenation; *[de manuel]* updating; *[d'installation, mobilier]* modernization; *[de vieux habits]* brightening up ◆ **~ du personnel** injection of new *ou* young blood into the staff ◆ **nous assistons à un ~ de la population/clientèle** the population is/the customers are getting younger ◆ **la cathédrale a subi une cure de ~** *(fig)* the cathedral has been given a face-lift

**rajout** /ʀaʒu/ NM addition *(sur* to)

**rajouter** /ʀaʒute/ ► conjug 1 ◄ VT *[+ du sucre]* to put on *ou* put in *ou* add (some) more; *[+ un sucre]* to add another ◆ **après avoir donné 20 €, il en rajouta 5** having already given 20 euros he added another 5 ◆ **il rajouta que ...** he added that ... ◆ **en ~** * *(fig)* to lay it on (thick) *, to exaggerate ◆ **il ne faut pas croire tout ce qu'il dit, il en rajoute** * **toujours** you mustn't believe everything he says, he always exaggerates

**rajustement** /ʀaʒystəmɑ̃/ NM ⇒ **réajustement**

**rajuster** /ʀaʒyste/ ► conjug 1 ◄ VT ⇒ **réajuster**

**raki** /ʀaki/ NM raki

**râlant, e** * /ʀɑlɑ̃, ɑ̃t/ ADJ infuriating ◆ **attendre pour rien, c'est ~ !** it's infuriating, all this waiting around for nothing!

**râle¹** /ʀɑl/ NM a *[de blessé]* groan ◆ **~ (d'agonie *ou* de la mort)** *[de mourant]* death rattle b *(Méd)* rale

**râle²** /ʀɑl/ NM *(Orn)* rail ◆ **~ des genêts** corncrake ◆ **~ d'eau, ~ noir** water rail

**ralenti, e** /ʀalɑ̃ti/ (ptp de **ralentir**) ADJ *[vie]* slow-moving, slow; *[mouvement]* slow NM a *(Ciné)* slow motion ◆ **en *ou* au ~** *[filmer, projeter]* in slow motion b *(Aut)* **régler le ~** to adjust the idle *ou* the tick-over *(Brit)* ◆ **le moteur est un peu faible au ~** the engine doesn't idle too well *ou* doesn't tick over *(Brit)* ◆ **tourner au ~** to idle, to tick over *(Brit)* ◆ **vivre au ~** to live at a slower pace ◆ **cette existence paisible, au ~** this peaceful, slow existence ◆ **usine qui tourne au ~** factory which is just idling *ou* ticking over *(Brit)* ◆ **ça tourne au ~ chez lui !** *(péj)* he's a bit slow! *

**ralentir** /ʀalɑ̃tiʀ/ ► conjug 2 ◄ VT *[+ processus, véhicule]* to slow down; *[+ mouvement, expansion]* to slow down *ou* up; *(Mil) [+ avance]* to check, to hold up; *[+ effort, zèle]* to slacken ◆ **~ l'allure** to slow down *ou* up, to reduce speed ◆ **~ le pas** to slacken one's *ou* the pace, to slow down VI *[marcheur]* to slow down, to slacken one's pace; *[véhicule, automobiliste]* to slow down, to reduce speed ◆ **"ralentir"** *(Aut)* "slow", "reduce speed now" VPR **se ralentir** *[production]* to slow down *ou* up, to slacken (off); *(Mil) [offensive]* to let up, to ease off; *[ardeur, zèle]* to flag; *(Physiol) [fonctions]* to slow down; *[rythme]* to slow (down) ◆ **sa respiration s'est ralentie** he is breathing more slowly ◆ **l'inflation s'est ralentie** inflation has slowed down

**ralentissement** /ʀalɑ̃tismɑ̃/ NM a *[de processus, véhicule, automobiliste, marcheur]* slowing down; *[de mouvement, expansion]* slowing down *ou* up; *(Mil) [d'avance]* checking, holding up; *[d'effort, zèle]* slackening ◆ **un ~ de l'activité économique** a slowdown in economic activity ◆ **un ~ sur 3 km** a 3 km tailback *(Brit) ou* hold-up *(US)* b *[de production]* falloff; *(Mil) [d'offensive]* letting up, easing; *[d'ardeur, zèle]* flagging; *(Physiol) [de fonctions]* slowing down ◆ **provoquer le ~ de qch** to slow sth down

**ralentisseur** /ʀalɑ̃tisœʀ/ NM a *(Tech) [de camion]* speed reducer b *(sur route)* speed bump, sleeping policeman *(Brit)* c *(Phys)* moderator

**râler** /ʀɑle/ ► conjug 1 ◄ VI a *[blessé]* to groan, to moan; *[mourant]* to give the death rattle b *(* = protester)* to moan * ◆ **il est allé ~ chez le prof** he went to moan * to the teacher ◆ **il râlait contre *ou* après moi** he was moaning * about me ◆ **faire ~ qn** to infuriate sb ◆ **ça (vous) fait ~** it's infuriating ◆ **arrête de ~ !** stop moaning!

**râleur, -euse** * /ʀɑlœʀ, øz/ ADJ ◆ **des gens ~s** moaners * ◆ **il est ~** he never stops moaning NM,F moaner * ◆ **quel ~, celui-là !** he never stops moaning!

**ralingue** /ʀalɛ̃g/ NF boltrope

**ralliement** /ʀalimɑ̃/ NM a *(Chasse, Mil, Naut)* rallying; *(= union) [de groupe, parti]* rallying, uniting ◆ **le ~ des troupes** the rallying of troops b *(= adhésion) [de personne, groupe]* winning over, rallying ◆ **~ à** joining, going over to ◆ **je suis étonné de son ~ (à notre cause)** I am surprised by the fact that he joined (our cause) ◆ **signe/cri de ~** rallying sign/cry ◆ **point de ~** *(en cas d'incendie)* assembly point; *(fig)* rallying point

**rallier** /ʀalje/ ► conjug 7 ◄ VT a *(Chasse, Mil, Naut = regrouper)* to rally b *(= gagner) [+ personne, groupe]* to win over, to rally *(à* to); *[+ suffrages]* to bring in, to win ◆ **~ qn à son avis/sa cause** to bring sb round *(Brit) ou* win sb over to one's way of thinking/one's cause c *(= unir) [+ groupe, parti]* to rally, to unite ◆ **groupe rallié autour d'un idéal** group united by an ideal d *(= rejoindre) (Mil, Naut)* to rejoin ◆ **~ la majorité** *(Pol)* to rejoin the majority ◆ **~ le bord** *(Naut)* to rejoin ship ◆ **~ la côte *ou* la terre** to make landfall VPR **se rallier** a *(= suivre)* **se ~ à** *[+ parti]* to join; *[+ ennemi]* to go over to; *[+ chef]* to rally round *ou* to; *[+ avis]* to come over *ou* round to; *[+ doctrine, cause]* to be won over to b *(Mil, Naut = se regrouper)* to rally

**rallonge** /ʀalɔ̃ʒ/ NF a *[de table]* (extra) leaf; *[de fil électrique]* extension lead *ou* cord *ou* cable *(Brit)*; *[de vêtement]* piece *(used to lengthen an item of clothing)*; *[de compas]* extension arm; *[de perche]* extension piece ◆ **table à ~(s)** extendable table b *(* = supplément)* **une ~ d'argent** a bit of extra *ou* some extra money ◆ **une ~ de vacances** a few extra days holiday ◆ **obtenir une ~ de crédit** to get an extension of credit ◆ **une ~ de deux jours** an extra two days, a two-day extension c *(péj)* **histoire à ~** never-ending story ◆ **nom à ~** *(gén)* long, complicated surname; *(en deux mots)* double-barrelled name

**rallongement** /ʀalɔ̃ʒmɑ̃/ NM *[de vêtement] (en ajoutant du tissu)* lengthening; *(en défaisant l'ourlet)* letting down; *[de vacances, fil, table, bâtiment]* extension

**rallonger** /ʀalɔ̃ʒe/ ▸ conjug 3 ◂ **VT** *[+ vêtement]* *(en ajoutant)* to lengthen, to make longer; *(en défaisant l'ourlet)* to let down; *[+ texte, service militaire, piste]* to lengthen, to extend, to make longer; *[+ vacances, fil, table, bâtiment]* to extend ◆ ~ **une robe de 2 cm** to let down a dress by 2 cm ◆ **j'ai rallongé le texte de trois pages** I added three pages to the text ◆ **par ce chemin/en bus, ça me rallonge de 10 minutes** * this way/by bus, it takes me 10 minutes longer **VI** * ◆ **les jours rallongent** the days are getting longer ◆ **les jupes rallongent** hemlines are going down **VPR se rallonger** *[personne]* to lie down again; *(= devenir plus long)* to get longer

**rallumer** /ʀalyme/ ▸ conjug 1 ◂ **VT** **a** *(lit)* *[+ feu]* to light again, to relight; *[+ cigarette]* to relight, to light up again; *[+ lampe]* to switch *ou* turn *ou* put on again ◆ ~ **(l'électricité** *ou* **la lumière)** to switch *ou* turn *ou* put the light(s) on again ◆ ~ **(dans) le bureau** to switch *ou* turn *ou* put the light(s) on again in the office **b** *(fig)* *[+ courage, haine, querelle]* to revive, to rekindle; *[+ conflit, guerre]* to stir up again, to revive, to rekindle **VPR se rallumer** **a** *[incendie]* to flare up again; *[lampe]* to come on again ◆ **le bureau se ralluma** the light(s) in the office went *ou* came on again **b** *[guerre, querelle]* to flare up again; *[haine, courage]* to revive, to be revived

**rallye** /ʀali/ **NM** **a** *(Aut)* (car) rally **b** *(mondain)* series of society parties *(organized to enable young people to meet suitable friends)*

**RAM** /ʀam/ **NF** (abrév de **Random Access Memory**) *(Ordin)* RAM

**Ramadan, ramadan** /ʀamadɑ̃/ **NM** Ramadan ◆ **faire** *ou* **observer le** ~ to observe Ramadan

**ramage** /ʀamaʒ/ **NM** **a** *(littér = chant)* song, warbling *(NonC)* **b** *(= branchages, dessin)* ~**(s)** foliage ◆ **tissu à ~s** fabric with a leafy design *ou* pattern

**ramassage** /ʀamɑsaʒ/ **NM** **a** *(gén)* collection; *[de cahiers, copies]* taking in, collection ◆ ~ **scolaire** *(= service)* school bus service; *(= action)* picking up of pupils ◆ **point de** ~ pick-up point ◆ **quels sont les horaires de ~ des poubelles ?** what time is the waste collected? **b** *(= cueillette)* *[de bois mort, coquillages, foin]* gathering; *[d'épis, fruits tombés]* gathering (up); *[de champignons]* picking, gathering; *[de pommes de terre]* digging up, lifting; *[de balles de tennis]* picking up ◆ **faire l'objet d'un** ~ *[de valeur boursière]* to be snapped up

**ramasse**⁑ /ʀamas/ **NF** ◆ **il est à la** ~ *(= fatigué)* he's shattered *; *(= nul)* he's hopeless *; *(= fou)* he's crazy *

**ramassé, e** /ʀamɑse/ (ptp de **ramasser**) **ADJ** *(pour se protéger)* huddled (up); *(pour bondir)* crouched; *(= trapu)* squat, stocky; *(= concis)* compact, condensed ◆ **le petit village ~ dans le fond de la vallée** the little village nestling in the heart of the valley

**ramasse-miettes** /ʀamɑsmjɛt/ **NM INV** table tidy *(Brit)*, silent butler *(US)*

**ramasse-monnaie** /ʀamasmɔnɛ/ **NM INV** (change-)tray

**ramasser** /ʀamɑse/ ▸ conjug 1 ◂ **VT** **a** *(lit, fig = prendre)* *[+ objet, personne]* to pick up ◆ **il était à ~ à la petite cuiller** * *(blessé)* they had to scrape him off the ground; *(fatigué)* he was completely shattered * ◆ ~ **une bûche** * *ou* **un gadin** * *ou* **une gamelle** * *ou* **une pelle** * to fall flat on one's face, to come a cropper * *(Brit)*

**b** *(= collecter)* *[+ objets épars]* to pick up, to gather up; *[+ cartes, idées, informations]* to pick up; *[+ élèves]* to pick up, to collect; *[+ copies, cahiers]* to collect, to take in; *[+ cotisations, ordures]* to collect; * *[+ argent]* to pick up, to pocket *

**c** *(= récolter)* *[+ bois, feuilles, coquillages]* to gather, to collect; *[+ fruits tombés]* to gather (up); *[+ foin]* to gather; *[+ pommes de terre]* to lift, to dig up; *[+ champignons]* to pick, to gather; *(Bourse)* *[+ titres]* to snap up ◆ ~ **qch à la pelle** *(lit)* to shovel sth up; *(fig : en abondance)* to get loads * *ou* stacks * of sth

**d** *(= resserrer)* *[+ jupons, draps, cheveux]* to gather (up); *[+ style]* to condense

**e** (* *= attraper)* *[+ rhume, maladie]* to catch, to get; *[+ réprimande, coups]* to collect, to get; *[+ amende]* to pick up, to collect, to get; *[+ mauvaise note]* to get ◆ **il a ramassé 50 € (d'amende)** he picked up *ou* collected a 50-euro fine, he was done for 50 euros * *(Brit)* ◆ **où as-tu ramassé ce mec ?**⁑ where the hell did you find that guy?⁑

**f** (* *= échouer)* **se faire** ~ *[candidat]* to fail; *[dragueur]* to get the cold shoulder * ◆ **il va se faire ~ par sa mère** *(= se faire réprimander)* he'll get told off *ou* ticked off *(Brit)* by his mother * ◆ **il s'est fait ~ en anglais** he failed his English ◆ **se faire ~ dans une manif** * to get picked up at a demo *

**VPR se ramasser** **a** *(= se pelotonner)* to curl up; *(pour bondir)* to crouch

**b** *(= se relever)* to pick o.s. up

**c** (* *= tomber)* to fall over *ou* down, to come a cropper * *(Brit)*; (* *= échouer)* *[candidat]* to come a cropper * *(Brit)*, to take a flat beating *(US)*

**ramasseur, -euse** /ʀamɑsœʀ, øz/ **NM,F** *(= personne)* collector ◆ ~ **de lait** milk collector ◆ ~**/ramasseuse de balles** *(Tennis)* ballboy/ballgirl ◆ ~ **de pommes de terre/champignons** potato/mushroom picker **NM** *(= outil, machine)* pickup **NF ramasseuse** *(= machine)* **ramasseuse-presse** baler

**ramassis** /ʀamɑsi/ **NM** *(péj)* ◆ ~ **de** *[+ voyous]* pack *ou* bunch of; *[+ doctrines, objets]* jumble of

**ramassoire** /ʀamaswaʀ/ **NF** *(Helv = pelle à ordures)* dustpan

**rambarde** /ʀɑ̃baʀd/ **NF** guardrail

**ramdam**⁑ /ʀamdam/ **NM** *(= tapage)* racket, row *(surtout Brit)*; *(= protestation)* row ◆ **faire du ~** *(bruit)* to kick up * *ou* make a racket *ou* row; *(protestation)* to kick up * a fuss *ou* a row *; *(scandale)* to cause a stir

**rame** /ʀam/ **NF** **a** *(= aviron)* oar ◆ **aller à la ~** to row ◆ **faire force de ~s** *(littér)* to ply the oars *(littér)*, to row hard ◆ **il n'en fiche pas une ~**⁑ he doesn't do a damned⁑ thing, he doesn't do a stroke (of work) **b** *(Rail)* train ◆ ~ **(de métro)** (underground *(Brit)* *ou* subway *(US)*) train **c** *(Typo)* ream; *(Tex)* tenter; *(Agr)* stake, stick; → **haricot**

**rameau** (pl **rameaux**) /ʀamo/ **NM** *(lit)* (small) branch; *(fig)* branch; *(Anat)* ramification ◆ ~ **d'olivier** *(lit, fig)* olive branch ◆ **(dimanche des) Rameaux** *(Rel)* Palm Sunday

**ramée** /ʀame/ **NF** *(littér = feuillage)* leafy boughs *(littér)*; *(coupé)* leafy *ou* green branches ◆ **il n'en fiche pas une ~**⁑ he doesn't do a damned * thing, he doesn't do a stroke (of work)

**ramener** /ʀam(ə)ne/ ▸ conjug 5 ◂ **VT** **a** *[+ personne, objet]* to bring back, to take back; *[+ paix, ordre]* to bring back, to restore ◆ **je vais te ~ en voiture** I'll drive you back (home), I'll take you back (home) in the car ◆ **ramène du pain/les enfants** bring *ou* fetch *(Brit)* some bread/the children back (*de* from); ◆ **ça l'a ramené en prison** it put *ou* landed * him back in prison ◆ **l'été a ramené les accidents/la mode des chapeaux** summer has seen a resurgence of accidents/has brought hats back into fashion

**b** *(= tirer)* *[+ voile]* to draw; *[+ couverture]* to pull, to draw ◆ **il a ramené la couverture sur lui** he pulled the blanket up ◆ ~ **ses cheveux sur son front/en arrière** to brush one's hair forward/back ◆ ~ **les épaules en arrière** to pull one's shoulders back

**c** *(= faire revenir à)* ~ **à** to bring back to ◆ ~ **à la vie** *[+ personne]* to revive, to bring back to life; *[+ région]* to revitalize, to bring back to life ◆ ~ **le compteur à zéro** to put the meter back to zero, to reset the meter at zero ◆ ~ **les prix à un juste niveau** to bring prices back (down) *ou* restore prices to a reasonable level ◆ **il ramène toujours tout à lui** he always brings everything back to himself ◆ ~ **un incident à de plus justes proportions** to get *ou* bring an incident into proportion ◆ **ils ont ramené ces bagarres au rang de simple incident** they played down the fighting, passing it off as a mere incident ◆ ~ **la conversation sur un sujet** to bring *ou* steer *ou* lead the conversation back (on)to a subject ◆ **cela nous ramène 20 ans en arrière** it takes us back 20 years; → **raison**

**d** *(= réduire à)* ~ **à** to reduce to ◆ ~ **l'inflation à moins de 3%** to reduce inflation to less than 3%, to bring inflation back down to below 3%

**e** *(loc)* **la ~**⁑, ~ **sa fraise**⁑ *ou* **sa gueule**⁑ *(= protester)* to kick up a fuss * *ou* a row *(surtout Brit)*; *(= intervenir)* to interfere, to put *ou* shove one's oar in * *(Brit)*

**VPR se ramener** **a** *(= se réduire à)* **se ~ à** *[problèmes]* to come down to, to boil down to; *(Math)* *[fraction]* to reduce to, to be reduced to

**b** (⁑ *= arriver)* to roll up *, to turn up *

**ramequin** /ʀamkɛ̃/ **NM** ramekin, ramequin

**ramer**[1] /ʀame/ ▸ conjug 1 ◂ **VI** **a** *(Sport)* to row ◆ ~ **en couple** to scull **b** (* *= travailler dur)* to work hard, to slog one's guts out⁑ *(Brit)* ◆ **elle a ramé six mois avant de trouver du travail** *(= avoir des difficultés)* she struggled for six long hard months before she found a job ◆ **je rame complètement** *(= être perdu)* I haven't got a clue what I'm doing

**ramer**[2] /ʀame/ ▸ conjug 1 ◂ **VT** *(Agr)* to stake

**ramette** /ʀamɛt/ **NF** *[de papier à lettres]* ream

**rameur** /ʀamœʀ/ **NM** *(= sportif)* oarsman, rower; *(= galérien)* rower ◆ ~ **en couple** sculler

**rameuse** /ʀamøz/ **NF** *(= sportive)* oarswoman, rower

**rameuter** /ʀamøte/ ▸ conjug 1 ◂ **VT** *[+ foule, partisans]* to gather together, to round up; *[+ chiens]* to round up, to form into a pack again ◆ **les gens s'étaient rameutés** people had formed a crowd

**rami** /ʀami/ **NM** rummy ◆ **faire ~** to get rummy

**ramier** /ʀamje/ **NM** ◆ **(pigeon) ~** woodpigeon, ringdove

**ramification** /ʀamifikasjɔ̃/ **NF** *(Bot, Anat)* ramification, branching; *[de réseau routier]* branch; *[de voie ferrée]* branch line; *[d'organisation, maffia]* branch ◆ **les ~s du complot/scandale** the ramifications of the plot/scandal

**ramifié, e** /ʀamifje/ (ptp de **se ramifier**) **ADJ** *(lit, fig)* ramified

**ramifier (se)** /ʀamifje/ ▸ conjug 7 ◂ **VPR** *[veines]* to ramify; *[routes, branches, famille]* to branch out (*en* into); ◆ **cette science s'est ramifiée en plusieurs disciplines** this science has branched out into several different disciplines

**ramille** /ʀamij/ **NF** *(= brindille)* twig

**ramolli, e** /ʀamɔli/ (ptp de **ramollir**) **ADJ** *[biscuit, beurre]* soft; *[personne]* *(= avachi)* soft; *(= stupide)* soft (in the head), soft-headed ◆ **il a le cerveau ~** *(péj)* he is *ou* has gone soft in the head *

**ramollir** /ʀamɔliʀ/ ▸ conjug 2 ◂ **VT** *[+ matière]* to soften; *[+ courage, résolution]* to weaken ◆ **~ qn** *[plaisir]* to soften sb; *[climat]* to enervate sb **VI** **se ramollir** **VPR** *[beurre, argile]* to soften (up), to go soft; *[personne]* to go to seed ◆ **depuis que j'ai arrêté le tennis, je me suis ramolli** I've been out of condition since I've stopped playing tennis ◆ **son cerveau se ramollit** *(hum)* he's going soft in the head *

**ramollissement** /ʀamɔlismɑ̃/ **NM** softening ◆ **~ cérébral** softening of the brain

**ramollo** * /ʀamɔlo/ **ADJ** *(= avachi)* droopy; *(= gâteux)* soft (in the head)

**ramonage** /ʀamɔnaʒ/ **NM** chimney-sweeping; *(Alpinisme)* chimney-climbing

**ramoner** /ʀamɔne/ ▸ conjug 1 ◂ **VT** *[+ cheminée]* to sweep; *[+ pipe]* to clean out **VI** *(Alpinisme)* to climb a chimney

**ramoneur** /ʀamɔnœʀ/ **NM** (chimney) sweep

**rampant, e** /ʀɑ̃pɑ̃, ɑ̃t/ **ADJ** **a** *[animal]* crawling, creeping; *[plante, inflation]* creeping; *[caractère, employé]* grovelling, cringing ◆ **personnel ~** *(arg Aviat)* ground crew *ou* staff **b** *(Hér)* rampant ◆ **lion ~** lion rampant **NM** **a** *(arg Aviat)* member of the ground crew *ou* staff ◆ **les ~s** the ground crew *ou* staff **b** *(Archit)* pitch

**rampe** /ʀɑ̃p/ **NF** **a** *(= voie d'accès)* ramp, slope; *(= côte)* slope, incline, gradient **b** *[d'escalier]* banister(s); *[de chemin]* handrail **c** *(Théât = projecteurs)* **la ~** the footlights, the floats *(Brit)* ◆ **passer la ~** to get across to the audience **d** *(loc)* **tenez bon la ~** * hold on to your hat * ◆ **elle tient bon la ~** * she's still going strong ◆ **lâcher la ~** * *(= mourir)* to kick the bucket * **COMP** ▷ **rampe d'accès** approach ramp ▷ **rampe de balisage** runway lights ▷ **rampe de débarquement** disembarkation ramp ▷ **rampe de graissage** oil gallery ▷ **rampe de lancement** launching pad; *(fig)* springboard

**ramper** /ʀɑ̃pe/ ▸ conjug 1 ◂ **VI** **a** *[serpent]* to crawl, to slither; *[quadrupède, homme]* to crawl; *[plante, ombre, feu]* to creep; *[sentiment, brouillard, mal, maladie]* to lurk ◆ **entrer/sortir en rampant** to crawl in/out ◆ **le lierre rampe contre le mur** the ivy creeps up the wall **b** *(fig péj = s'abaisser)* to grovel (*devant* before) to crawl, to cringe (*devant* to)

**rampon** /ʀɑ̃pɔ̃/ **NM** *(Helv = mâche)* lamb's lettuce

**ramponneau** * (pl **ramponneaux**) /ʀɑ̃pɔno/ **NM** bump, knock ◆ **donner un ~ à qn** to bump *ou* knock sb

**Ramsès** /ʀamsɛs/ **NM** Rameses, Ramses

**ramure** /ʀamyʀ/ **NF** *[de cerf]* antlers; *[d'arbre]* boughs, foliage

**rancard** * /ʀɑ̃kaʀ/ **NM** **a** *(= renseignement)* tip **b** *(= rendez-vous)* *(gén)* meeting, date; *[d'amoureux]* date ◆ **donner (un) ~ à qn** to arrange to meet sb, to make a date with sb ◆ **avoir (un) ~ avec qn** to have a meeting with sb, to have a date with sb ◆ **j'ai ~ avec lui dans une heure** I'm meeting him in an hour

**rancarder** * /ʀɑ̃kaʀde/ ▸ conjug 1 ◂ **VT** *(= renseigner)* to tip off ◆ **il m'a rancardé sur le voyage** he told me about *ou* genned me up on * *(Brit)* the trip **VPR** **se rancarder** *(= s'informer)* **se ~ sur qch** to get information on sth, to find out about sth

**rancart** /ʀɑ̃kaʀ/ **au rancart** * **LOC ADV** ◆ **mettre au ~** *[+ objet, idée, projet]* to chuck out *, to scrap; *[+ personne]* to throw on the scrap heap * ◆ **bon à mettre au ~** fit for the scrap heap

**rance** /ʀɑ̃s/ **ADJ** *[beurre]* rancid; *[odeur]* rank, rancid; *(fig)* stale ◆ **sentir le ~** to smell rancid *ou* rank ◆ **odeur de ~** rank *ou* rancid smell

**ranch** (pl **ranchs** *ou* **ranches**) /ʀɑ̃tʃ/ **NM** ranch

**ranci, e** /ʀɑ̃si/ (ptp de **rancir**) **ADJ** *[beurre]* rancid; *(péj)* *[personne]* stale **NM** ◆ **sentir le ~** to smell rank *ou* rancid

**rancir** /ʀɑ̃siʀ/ ▸ conjug 2 ◂ **VI** *[lard, beurre]* to go rancid *ou* off * *(Brit)*; *(fig)* to grow stale

**rancœur** /ʀɑ̃kœʀ/ **NF** *(frm)* resentment *(NonC)*, rancour *(Brit)* *(NonC)*, rancor *(US)* *(NonC)* ◆ **avoir de la ~ contre qn** to feel resentment against *ou* towards sb ◆ **les ~s s'étaient accumulées depuis des années** the resentment had been building up for years

**rançon** /ʀɑ̃sɔ̃/ **NF** *(lit)* ransom ◆ **c'est la ~ de la gloire/du progrès** *(fig)* that's the price of fame/of progress ◆ **mettre à ~** *(littér)* to hold to ransom

**rançonner** /ʀɑ̃sɔne/ ▸ conjug 1 ◂ **VT** *(= voler)* *[+ convoi, voyageurs]* to demand a ransom from; *[+ contribuables, clients]* to fleece

**rançonneur, -euse** /ʀɑ̃sɔnœʀ, øz/ **NM,F** *(lit)* person demanding a ransom, ransomer; *(fig)* extortioner, extortionist

**rancune** /ʀɑ̃kyn/ **NF** grudge, rancour *(Brit)* *(NonC)* *(frm)*, rancor *(US)* *(NonC)* ◆ **avoir de la ~ à l'égard de** *ou* **contre qn, garder ~ à qn** to hold *ou* harbour a grudge against sb, to bear sb a grudge (*de qch* for sth); ◆ **oubliez vos vieilles ~s** put aside your old grudges ◆ **sans ~ !** no hard *ou* ill feelings!

**rancunier, -ière** /ʀɑ̃kynje, jɛʀ/ **ADJ** ◆ **être ~** to bear grudges ◆ **qu'est-ce que tu peux être ~ !** you're certainly one to bear a grudge!, you don't know how to forgive and forget, do you?

**rand** /ʀɑ̃d/ **NM** rand

**rando** * /ʀɑ̃do/ **NF** (abrév de **randonnée**) hike

**randomiser** /ʀɑ̃dɔmize/ ▸ conjug 1 ◂ **VT** to randomize

**randonnée** /ʀɑ̃dɔne/ **NF** **a** *(= promenade)* *(à pied)* walk ◆ **~ (à bicyclette)** (bike) ride ◆ **~ pédestre** *ou* **à pied** *(courte, à la campagne)* walk; *(longue, en montagne)* hike ◆ **faire une ~ à ski** to go cross-country skiing ◆ **~ équestre** *ou* **à cheval** pony trek ◆ **partir en ~** *(courte)* to go for a walk; *(longue)* to go hiking **b** *(= activité)* **la ~** rambling; *(promenades plus longues)* hiking ◆ **la ~ équestre** pony trekking ◆ **chaussures de ~** hiking boots ◆ **ski de ~** cross-country skiing ◆ **sentier de grande ~** (registered) hiking trail

**randonner** /ʀɑ̃dɔne/ ▸ conjug 1 ◂ **VI** *(gén)* to go walking *ou* rambling; *(promenades plus longues)* to go hiking ◆ **ils ont découvert les Pyrénées en randonnant** they got to know the Pyrenees by going hiking there

**randonneur, -euse** /ʀɑ̃dɔnœʀ, øz/ **NM,F** hiker

**rang** /ʀɑ̃/ **NM** **a** *(= rangée)* *[de maisons, personnes, objets, tricot]* row; *(= file)* line; *(Mil)* rank ◆ **collier à trois ~s (de perles)** necklace with three rows of pearls ◆ **porter un ~ de perles** to wear a string *ou* rope *ou* row of pearls ◆ **assis au troisième ~** sitting in the third row ◆ **deux jours de ~** *(= d'affilée)* two days running *ou* in succession ◆ **en ~s serrés** in close order, in serried ranks ◆ **en ~ d'oignons** in a row *ou* line ◆ **en ~ par deux/quatre** two/four abreast ◆ **sur deux/quatre ~s** two/four deep ◆ **se mettre sur un ~** to get into *ou* form a line ◆ **se mettre en ~s par quatre** *(Scol)* to line up in fours; *(Mil)* to form fours ◆ **plusieurs personnes sont sur** *ou* **se sont mises sur les ~s pour l'acheter** several people are in the running *ou* have got themselves lined up to buy it, several people have indicated an interest in buying it ◆ **servir dans les ~s de** *(Mil)* to serve in the ranks of ◆ **grossir les ~s de** *(fig)* to swell the ranks of ◆ **nous l'avons admis dans nos ~s** *(fig)* we allowed him to enter our ranks ◆ **à vos ~s, fixe !** *(Mil)* fall in! ◆ **officier sorti du ~** officer who has risen through *ou* from the ranks; → **rentrer, rompre, serrer**

**b** *(Can)* country road *(bordered by farms at right angles)*, concession road *(in Quebec)* ◆ **les ~s** the country

**c** *(= condition)* station ◆ **de haut ~** *(= noble)* noble; *[officier]* high-ranking *(épith)* ◆ **du plus haut ~** of the highest standing ◆ **tenir** *ou* **garder son ~** to maintain one's rank

**d** *(hiérarchique = grade, place)* rank ◆ **avoir ~ de** to hold the rank of ◆ **avoir ~ parmi** to rank among ◆ **par ~ d'âge/de taille** in order of age/of size *ou* height ◆ **être reçu dans un bon ~** to be in the top few ◆ **13ᵉ, c'est un bon ~** 13th place isn't bad ◆ **être placé au deuxième ~** to be ranked *ou* placed second ◆ **ce pays se situe au troisième ~ mondial des exportateurs de pétrole** this country is the third largest oil exporter in the world ◆ **mettre un écrivain au ~ des plus grands** to rank a writer among the greatest ◆ **c'est au premier/dernier ~ de mes préoccupations** that's the first/last thing on my mind ◆ **il est au premier ~ des artistes contemporains** he is one of the highest ranking of *ou* he ranks among the best of contemporary artists ◆ **écrivain/journaliste de second ~** second-rate writer/journalist

> **Les rangs**
>
> In Quebec, rural areas are divided into districts known as **rangs**. The word **rang** refers to a series of rectangular fields (each known as a « lot »), usually laid out between a river and a road (the road itself also being called a **rang**). The **rangs** are numbered or given names so that they can be easily identified and used in addresses (e.g. « le deuxième rang », « le rang Saint-Claude »). In Quebec, the expression « dans les rangs » means « in the countryside ».

**rangé, e**[1] /ʀɑ̃ʒe/ (ptp de **ranger**) **ADJ** *(= ordonné)* orderly; *(= sans excès)* settled, steady ◆ **il est ~ (des voitures *)** **maintenant** *[escroc]* he's going straight now; *[séducteur]* he's settled down now ◆ **petite vie bien ~e** well-ordered existence ◆ **jeune fille ~e** well-behaved young lady; → **bataille**

**range-CD** /ʀɑ̃ʒ(ə)sede/ **NM INV** CD rack

**rangée**[2] /ʀɑ̃ʒe/ **NF** *[de maisons, arbres]* row, line; *[d'objets, spectateurs, perles]* row

**rangement** /ʀɑ̃ʒmɑ̃/ **NM** **a** *(= action)* *[d'objets, linge]* putting away; *[de pièce, meuble]* tidying (up) ◆ **faire du ~** to do some tidying up ◆ **capacité de ~ d'une bibliothèque** shelf space of a bookcase ◆ **la maison manque d'espaces de ~** the house lacks storage *ou* cupboard space **b** *(= espace)* *[d'appartement]* cupboard space; *[de remise]* storage space ◆ **il faut que j'achète un ~ pour mes CD** I must buy something to keep my CDs in, I must buy a rack for my CDs; → **meuble** **c** *(= arrangement)* arrangement

**ranger**[1] /ʀɑ̃ʒe/ ▸ conjug 3 ◂ **VT** **a** *(= mettre en ordre)* *[+ tiroir, maison]* to tidy (up); *[+ dossiers, papiers]* to tidy (up), to arrange; *[+ mots, chiffres]* to arrange, to order ◆ **tout est toujours bien rangé chez elle** it's always (nice and) tidy at her place ◆ **rangé par ordre alphabétique** listed *ou* arranged alphabetically *ou* in alphabetical order

**b** *(= mettre à sa place) [+ papiers, vêtements]* to put away; *[+ bateau]* to moor, to berth; *[+ voiture, vélo] (au garage)* to put away; *(dans la rue)* to park ◆ **où se rangent les tasses ?** where do the cups go? *ou* belong? ◆ **je le range parmi les meilleurs** I rank *ou* put it among the best ◆ **ce roman est à ~ parmi les meilleurs** this novel ranks *ou* is to be ranked among the best

**c** *(= disposer) [+ écoliers]* to line up, to put *ou* form into rows; *[+ soldats]* to draw up; *[+ invités]* to place ◆ **~ qn sous son autorité** *(fig)* to bring sb under one's authority

**d** *(Naut)* ~ **la côte** to sail along the coast

**VPR se ranger** **a** *[automobiliste] (= stationner)* to park; *(= venir s'arrêter)* to pull in *ou* up, to draw up ◆ **la voiture se rangea contre le trottoir** the car pulled in *ou* up *ou* drew up at the kerb ◆ **le navire se rangea contre le quai** the ship moored *ou* berthed *ou* came alongside the quay

**b** *(= s'écarter) [piéton]* to step *ou* stand aside, to make way; *[véhicule]* to pull over ◆ **il se rangea pour la laisser passer** he stepped *ou* stood aside to let her go by, he made way for her

**c** *(= se mettre en rang)* to line up, to get into line *ou* rows ◆ **se ~ par deux/quatre** to line up in twos/fours, to get into rows of two/four

**d** *(= se rallier à)* **se ~ à** *[+ décision]* to go along with, to abide by; *[+ avis]* to come round *ou* over to, to fall in with ◆ **se ~ du côté de qn** to side with sb

**e** *( * = cesser son activité)* **se ~ (des voitures)** *[escroc]* to go straight; *[séducteur]* to settle down

**ranger²** /ʀɑ̃dʒɛʀ/ **NM** *(= soldat)* ranger; *(= scout)* rover; *(= chaussure)* canvas walking boot

**Rangoon** /ʀɑ̃gun/ **N** Rangoon

**rani** /ʀani/ **NF** rani, ranee

**ranimer** /ʀanime/ ▸ conjug 1 ◂ **VT** *[+ blessé]* to revive, to bring to, to bring round *(Brit)*; *[+ feu, braises]* to rekindle; *[+ région, souvenir, conversation]* to revive, to bring back to life; *[+ rancune, querelle]* to rake up, to revive; *[+ forces, ardeur]* to renew, to restore; *[+ amour, haine, espoir]* to rekindle, to renew; *[+ douleur]* to revive, to renew; *[+ couleurs]* to brighten up, to revive **VPR se ranimer** *[personne]* to revive, to come to, to come round *(Brit)*; *[feu, braises]* to rekindle, to be rekindled; *[haine, passion]* to be rekindled; *[conversation, débat]* to pick up (again); *[souvenirs, espoirs]* to be revived

**raout** † /ʀaut/ **NM** *(= réception)* rout †

**rap** /ʀap/ **NM** *(= musique)* rap (music); *(= technique)* rapping

**rapace** /ʀapas/ **NM** *(Orn)* bird of prey, raptor *(SPÉC)*; *(fig)* vulture **ADJ** predatory, raptorial *(SPÉC)*; *(fig)* rapacious, grasping

**rapacité** /ʀapasite/ **NF** *(lit, fig)* rapaciousness, rapacity

**râpage** /ʀɑpaʒ/ **NM** *[de carottes, fromage]* grating; *[de bois]* rasping; *[de tabac]* grinding

**rapatrié, e** /ʀapatʀije/ (ptp de **rapatrier**) **ADJ** repatriated **NM,F** repatriate ◆ **les ~s d'Algérie** *French settlers repatriated after Algerian independence*

**rapatriement** /ʀapatʀimɑ̃/ **NM** repatriation ◆ **~ sanitaire** repatriation on medical grounds ◆ **~ volontaire** voluntary repatriation

**rapatrier** /ʀapatʀije/ ▸ conjug 7 ◂ **VT** *[+ personne, capitaux]* to repatriate; *[+ objet]* to send *ou* bring back (home) ◆ **il a fait ~ le corps de son fils** he had his son's body sent back home

**râpe** /ʀɑp/ **NF** *(= ustensile de cuisine)* grater; *(pour le bois)* rasp; *(pour le tabac)* grinder ◆ **~ à fromage** cheese grater

**râpé, e** /ʀɑpe/ (ptp de **râper**) **ADJ** *(= usé) [veste]* threadbare; *[coude]* through, worn *(attrib)*; *[carottes, fromage]* grated ◆ **c'est ~ pour ce soir** *( * = raté)* we've had it for tonight * **NM** *(= fromage)* grated cheese

**râper** /ʀɑpe/ ▸ conjug 1 ◂ **VT** *[+ carottes, fromage]* to grate; *[+ bois]* to rasp; *[+ tabac]* to grind ◆ **vin qui râpe la gorge** *ou* **le gosier** rough wine ◆ **tissu qui râpe la peau** scratchy material

**rapetassage** * /ʀap(ə)tasaʒ/ **NM** patching up

**rapetasser** * /ʀap(ə)tase/ ▸ conjug 1 ◂ **VT** to patch up

**rapetissement** /ʀap(ə)tismɑ̃/ **NM** **a** *[de manteau]* taking up, shortening; *[de taille, encolure]* taking in; *[d'objet]* shortening, shrinking **b** *(= rabaissement)* belittling **c** *(= action de faire paraître plus petit)* dwarfing ◆ **le ~ des objets dû à la distance** the fact that objects look smaller when seen from a distance

**rapetisser** /ʀap(ə)tise/ ▸ conjug 1 ◂ **VT** **a** *(= raccourcir) [+ manteau]* to take up, to shorten; *[+ taille, encolure]* to take in; *[+ objet]* to shorten ◆ **l'âge l'avait rapetissé** he had shrunk with age **b** *(= rabaisser)* to belittle **c** *(= faire paraître plus petit)* ~ **qch** to make sth seem *ou* look small(er) ◆ **le château rapetissait toutes les maisons alentour** the castle dwarfed all the surrounding houses, the castle made all the surrounding houses look *ou* seem small **VI** * *[jours]* to get shorter ◆ **les objets rapetissent à distance** objects look smaller from a distance **VPR se rapetisser** **a** *[vieillard]* to shrink, to grow shorter *ou* smaller **b** *(= se rabaisser)* **se ~ aux yeux de qn** to belittle o.s. in sb's eyes

**râpeux, -euse** /ʀɑpø, øz/ **ADJ** rough

**Raphaël** /ʀafaɛl/ **NM** Raphael

**raphaélique** /ʀafaelik/ **ADJ** Raphaelesque

**raphia** /ʀafja/ **NM** raffia

**rapiat, e** /ʀapja, jat/ *(péj)* **ADJ** niggardly, stingy, tight-fisted **NM,F** niggard, skinflint

**rapide** /ʀapid/ **ADJ** **a** *(en déplacement) [coureur, marche, pas]* fast, quick; *[véhicule, route]* fast; *[animal]* fast(-moving); *[fleuve]* fast(-flowing), swift-flowing ◆ **~ comme une flèche** *ou* **l'éclair** incredibly fast ◆ **il est ~ à la course** he's a fast runner ◆ **elle marchait d'un pas ~** she was walking quickly; → **voie**

**b** *(dans le temps) [travail, guérison, progrès, remède, réponse]* quick, fast; *[intervention, visite, fortune, recette]* quick; *[poison]* quick-acting, fast-acting; *[accord]* speedy, swift ◆ **examen (trop) ~ de qch** cursory examination of sth ◆ **décision trop ~** hasty decision ◆ **faire un calcul ~** to do a quick calculation ◆ **c'est ~ à faire** *(plat)* it's very quick to make

**c** *[pente, descente]* steep

**d** *[mouvement, coup d'œil]* rapid, quick; *[esprit, intelligence]* quick; *[travailleur]* quick, fast ◆ **d'une main ~** *(= vite)* quickly, rapidly; *(= adroitement)* deftly ◆ **avoir des réflexes ~s** to have quick reflexes ◆ **tu n'es pas très ~ ce matin** you're a bit slow *ou* you're not on the ball * this morning ◆ **c'est une ~** *(qui agit vite)* she's a fast worker; *(qui comprend vite)* she's quick on the uptake ◆ **ce n'est pas un ~** he's a bit slow

**e** *(en fréquence) [pouls, rythme, respiration]* fast, rapid

**f** *[style, récit]* lively

**g** *(Tech) [pellicule]* fast; *[ciment]* quick-setting

**NM** **a** *(= train)* express (train), fast train ◆ **le ~ Paris-Nice** the Paris-Nice express

**b** *[de cours d'eau]* rapids ◆ **descendre des ~s en kayak** to canoe down some rapids, to shoot rapids in a canoe

> ⚠ *Attention à ne pas traduire automatiquement l'adjectif* **rapide** *par le mot anglais* **rapid**.

**rapidement** /ʀapidmɑ̃/ **ADV** quickly ◆ **la situation se dégrade ~** the situation is fast deteriorating, the situation is getting worse every minute ◆ **les pompiers sont intervenus ~** the fire brigade arrived very quickly ◆ **il faut mettre ~ un terme à ce conflit** we must put a swift end to the conflict ◆ **j'ai parcouru ~ le journal** I quickly skimmed through the paper

**rapidité** /ʀapidite/ **NF** *(gén)* speed; *[de changements, développement]* rapidity; *[de réponse, geste]* swiftness, quickness; *[de style]* briskness, liveliness; *[de pouls]* quickness ◆ **~ d'esprit** quickness of mind ◆ **~ de décision** quick *ou* speedy decision-making ◆ **la ~ de sa réaction m'a étonné** I was surprised by the speed of his reaction ◆ **la ~ d'adaptation est essentielle dans ce métier** the ability to adapt quickly is essential in this profession ◆ **avec ~** quickly ◆ **avec la ~ de l'éclair** *ou* **de la foudre** *ou* **d'une flèche** with lightning speed

> ⚠ *Attention à ne pas traduire automatiquement* **rapidité** *par* **rapidity**.

**rapido** * /ʀapido/, **rapidos** * /ʀapidos/ **ADV** pronto *

**rapiéçage** /ʀapjesaʒ/, **rapiècement** /ʀapjɛsmɑ̃/ **NM** **a** *[de vêtement, pneu]* patching (up); *[de chaussure]* mending, repairing **b** *(= pièce)* patch

**rapiécer** /ʀapjese/ ▸ conjug 3 et 6 ◂ **VT** *[+ vêtement, pneu]* to patch (up), to put a patch in; *[+ chaussure]* to mend, to repair ◆ **il portait une veste toute rapiécée** he was wearing a patched-up old jacket

**rapière** /ʀapjɛʀ/ **NF** rapier

**rapin** /ʀapɛ̃/ **NM** *( † ou péj = artiste peintre)* painter, dauber

**rapine** /ʀapin/ **NF** *(littér)* plundering, plunder ◆ **vivre de ~(s)** to live by plunder

**rapiner** /ʀapine/ ▸ conjug 1 ◂ **VTI** *(littér)* to plunder

**raplapla** * /ʀaplapla/ **ADJ INV** *(= fatigué)* done in *; *(= plat)* flat

**raplatir** /ʀaplatiʀ/ ▸ conjug 2 ◂ **VT** to flatten out

**rappareiller** /ʀapaʀeje/ ▸ conjug 1 ◂ **VT** to match up

**rapparier** /ʀapaʀje/ ▸ conjug 7 ◂ **VT** to pair up, to match up

**rappel** /ʀapɛl/ **NM** **a** *[d'ambassadeur]* recall, recalling; *(Mil) [de réservistes]* recall; *[de marchandises défectueuses]* callback ◆ **il y a eu trois ~s** *(Théât)* there were three curtain calls; *(à un concert)* they *(ou* he *etc)* came back on stage for three encores; → **battre**

**b** *[d'événement]* reminder; *(Comm) [de référence]* quote; *(Admin = deuxième avis)* reminder; *(Admin = somme due)* back pay *(NonC)*; *(Méd = vaccination)* booster ◆ **au ~ de cette bévue, il rougit** he blushed at being reminded of this blunder ◆ **toucher un ~ (de salaire)** to get some back pay ◆ **~ de limitation de vitesse** *(Aut)* speed limit sign, reminder of the speed limit ◆ **~ des titres de l'actualité** *(Radio, TV)* summary of the day's headlines ◆ **~ à l'ordre** call to order ◆ **~ de couleur** colour repeat

**c** *(Tech) [de pièce, levier]* return ◆ ~ **(de corde)** *(Alpinisme) (= technique)* abseiling, roping down; *(= opération)* abseil ◆ **faire un ~, descendre en ~** to abseil, to rope down ◆ **faire du ~** *(Naut)* to sit out ◆ **ressort de ~** *(Tech)* return spring; → **descente**

**rappelé** /ʀap(ə)le/ **NM** recalled soldier

**rappeler** /ʀap(ə)le/ GRAMMAIRE ACTIVE 54.2, 54.3, 54.5, 28.1 ▸ conjug 4 ◂

**VT** **a** *(= faire revenir) [+ personne, acteur, chien]* to call back; *(Mil) [+ réservistes, classe]* to recall, to call up (again); *[+ diplomate]* to recall ◆ ~ **qn au chevet d'un malade** *ou* **auprès d'un malade** to call *ou* summon sb back to a sick person's bedside ◆ **ses affaires l'ont rappelé à Paris** he was called back to Paris on business ◆ **Dieu l'a rappelé à lui** *(frm)* he (has) departed this world *ou* life ◆ ~ **des réservistes au front** *(Mil)* to recall reservists to the front ◆ ~ **un fichier (à l'écran)** *(Ordin)* to call up a file (onto the screen)

**b** ◆ ~ **qch à qn** *(= évoquer, remettre en mémoire)* to remind sb of sth ◆ **il rappela les qualités du défunt** he evoked *ou* mentioned the qualities of the deceased, he reminded the audience of the qualities of the deceased ◆ **faut-il ~ que ... ?** must I remind you that ...?, must it be repeated that ...? ◆ **ces dessins rappellent l'art arabe** those drawings are reminiscent of *ou* remind one of Arabian art ◆ **le motif des poches rappelle celui du bas de la robe** the design on the pockets is repeated round the hem of the dress ◆ **cela ne te rappelle rien ?** doesn't that remind you of anything? ◆ **tu me rappelles ma tante** you remind me of my aunt ◆ **rappelle-moi mon rendez-vous** remind me about my appointment ◆ **rappelez-moi votre nom** sorry - could you tell me your name again? ◆ **attends, ça me rappelle quelque chose** wait, it rings a bell ◆ **rappelez-moi à son bon souvenir** *(frm)* please remember me to him, please give him my kind regards

**c** ◆ ~ **qn à la vie** *ou* **à lui** to bring sb back to life, to revive sb ◆ ~ **qn à l'ordre** to call sb to order ◆ ~ **qn à son devoir** to remind sb of their duty ◆ ~ **qn à de meilleurs sentiments** to put sb in a better frame of mind

**d** *(= retéléphoner à)* to call *ou* phone *ou* ring back *(Brit)* ◆ **il vient de ~** he's just called *ou* phoned back *ou* rung *(Brit)*

**e** *(Comm) [+ référence]* to quote

**f** *(= tirer) (Tech) [+ pièce, levier]* to return; *(Alpinisme) [+ corde]* to pull to *ou* through

**VPR** **se rappeler** to remember ◆ **se ~ que ...** to remember that ... ◆ **autant que je me rappelle** as far as I can remember ◆ **mais si, rappelle-toi, il était là !** come on, you remember, he was there!, he was there, surely you remember! ◆ **je me permets de me ~ à votre bon souvenir** *(frm)* I send you my kindest regards *(frm)* ◆ **rappelle-toi que ton honneur est en jeu** remember (that) your honour is at stake ◆ **il ne se rappelle plus (rien)** he doesn't *ou* can't remember a thing

**rapper** /ʀape/ ▸ conjug 1 ◂ **VI** to rap, to play rap music

**rappeur, -euse** /ʀapœʀ, øz/ **NM,F** *(Mus)* rapper

**rappliquer** * /ʀaplike/ ▸ conjug 1 ◂ **VI** *(= revenir)* to come back; *(= arriver)* to turn up, to show up * ◆ **rapplique tout de suite à la maison !** come home right away!, get yourself back here right away! *

**rapport** /ʀapɔʀ/ GRAMMAIRE ACTIVE 32.1 **NM** **a** *(= lien, corrélation)* connection, relationship, link ◆ **établir un ~/des ~s entre deux incidents** to establish a link *ou* connection/links *ou* connections between two incidents ◆ **avoir un certain ~/beaucoup de ~ avec qch** to have something/a lot to do with sth, to have some/a definite connection with sth ◆ **avoir ~ à qch** to bear some relation to sth, to have something to do *ou* some connection with sth ◆ **n'avoir aucun ~ avec** *ou* **être sans ~ avec qch** to bear no relation to sth, to have nothing to do *ou* no connection with sth ◆ **les deux incidents n'ont aucun ~** the two incidents have nothing to do with each other *ou* are unconnected ◆ **je ne vois pas le ~** I don't see the connection

◆ **être en ~ avec qch** to be in keeping with sth ◆ **une situation en ~ avec ses goûts** a job in keeping *ou* in harmony *ou* in line with his tastes ◆ **son train de vie n'est pas en ~ avec son salaire** his lifestyle doesn't match *ou* isn't in keeping with his salary

**b** *(= relation personnelle)* relationship (*à, avec* with); ◆ **~s** relations ◆ **~s sociaux/humains** social/human relations ◆ **les ~s d'amitié entre les deux peuples** the friendly relations *ou* the ties of friendship between the two nations ◆ **les ~s entre (les) professeurs et (les) étudiants** relations between teachers and students, student-teacher *ou* student-staff relations ◆ **son ~ à l'argent est bizarre** he has a strange relationship with money ◆ **ses ~s avec les autres sont difficiles** he has problems dealing with *ou* getting along *ou* on *(Brit)* with people ◆ **avoir** *ou* **entretenir de bons/mauvais ~s avec qn** to be on good/bad terms with sb

◆ **être en ~ avec qn** to be in touch *ou* contact with sb ◆ **nous n'avons jamais été en ~ avec cette société** we have never had any dealings *ou* anything to do with that company ◆ **se mettre en ~ avec qn** to get in touch *ou* contact with sb ◆ **mettre qn en ~ avec qn d'autre** to put sb in touch *ou* contact with sb else

**c** ◆ ~ **(sexuel)** sexual intercourse *(NonC)* ◆ **avoir des ~s (sexuels)** to have (sexual) intercourse *ou* sexual relations *ou* sex ◆ **~s protégés** safe sex ◆ **~s non protégés** unprotected sex

**d** *(= exposé, compte rendu)* report; *(Mil = réunion)* (post-exercise) conference ◆ **au ~ !** *(Mil)* read!; *(hum)* let's hear what you've got to say! ◆ ~ **(annuel) d'activité** *(Écon)* annual report ◆ ~ **d'inspection** *(Scol)* evaluation (report) ◆ ~ **de police** police report

**e** *(= revenu, profit)* yield, return, revenue ◆ **~s** *[de tiercé]* winnings ◆ **être d'un bon ~** to give a good profit, to have a good yield, to give a good return ◆ **ces champs sont en plein ~** these fields are bringing in a full yield; → **immeuble, maison**

**f** *(Math, Tech)* ratio ◆ ~ **de transmission** *(Aut)* gear ratio ◆ **dans le ~ de 1 à 100/de 100 contre 1** in a ratio of 1 to 100/of 100 to 1 ◆ **le ~ qualité-prix** the quality-price ratio ◆ **il y a un bon ~ qualité-prix** it's really good value for money ◆ **ce n'est pas d'un bon ~ qualité-prix** it's not good value for money

**g** *(loc)* **le ~ de** *ou* **des forces entre les deux blocs** the balance of power between the two blocs ◆ **envisager des relations sous l'angle d'un ~ de forces** to see relationships in terms of a power struggle ◆ **il n'y a aucune inquiétude à avoir sous le ~ de l'honnêteté** from the point of view of honesty *ou* as far as honesty is concerned there's nothing to worry about

◆ **rapport à** * about, in connection with, concerning ◆ **je viens vous voir ~ à votre annonce** * I've come (to see you) about your advertisement

◆ **par rapport à** *(= comparé à)* in comparison with, in relation to; *(= en fonction de)* in relation to; *(= envers)* with respect *ou* regard to, towards ◆ **le cours de la livre par ~ au dollar** the price of the pound against the dollar

◆ **sous tous (les) rapports** in every respect ◆ **jeune homme bien sous tous ~s** *(hum)* clean-living young man

**rapportage** /ʀapɔʀtaʒ/ **NM** *(arg Scol = mouchardage)* tale-telling *(NonC)*, tattling *(NonC) (US)*

**rapporté, e** /ʀapɔʀte/ (ptp de **rapporter**) **ADJ** *(gén)* added; *(Couture)* sewn-on; *[terre]* piled-up ◆ **poche ~e** patch pocket; → **pièce**

**rapporter** /ʀapɔʀte/ ▸ conjug 1 ◂ **VT** **a** *(= apporter) [+ objet, souvenir, réponse]* to bring back; *[chien] [+ gibier]* to retrieve ◆ **Toby, rapporte !** *(à un chien)* fetch, Toby! ◆ ~ **qch à qn** to bring *ou* take sth back to sb ◆ **n'oublie pas de lui ~ son parapluie** don't forget to return his umbrella to him ◆ **il rapportera du pain en rentrant** he'll bring some bread when he gets back ◆ ~ **une bonne impression de qch** to come back *ou* come away with a good impression of sth ◆ **quand doit-il ~ la réponse ?** when does he have to come *ou* be back with the answer?

**b** *(Fin fig = produire un gain) [actions, terre]* to yield (a return of), to bring in (a yield *ou* revenue of); *[métier]* to bring in; *[vente]* to bring in (a profit *ou* revenue of) ◆ **placement qui rapporte du 5%** investment that yields (a return of) 5% ◆ **ça rapporte beaucoup d'argent** it's extremely profitable, it brings in a lot of money, it gives a high return ◆ **ça ne lui rapportera rien** *[mauvaise action]* it won't do him any good ◆ **ça leur a rapporté 25 € net** they netted €25, it brought them in €25 net

**c** *(= faire un compte rendu de) [+ fait]* to report; *(= mentionner)* to mention; *(= citer) [+ mot célèbre]* to quote; *(= répéter pour dénoncer)* to report ◆ **on nous a rapporté que son projet n'avait pas été bien accueilli** we were told that his project hadn't been well received ◆ ~ **à qn les actions de qn** to report sb's actions to sb ◆ **il a rapporté à la maîtresse ce qu'avaient dit ses camarades** he told the teacher what his classmates had said, he reported what his classmates had said to the teacher

**d** *(= ajouter) (gén)* to add; *[+ bande de tissu, poche]* to sew on ◆ ~ **une aile à une maison** to build an extra wing onto a house ◆ ~ **un peu de terre pour surélever le sol** to pile up some earth to raise the level of the ground ◆ **c'est un élément rapporté** it's been added on

**e** *(= rattacher à)* ~ **à** to relate to ◆ **il faut tout ~ à la même échelle de valeurs** everything has to be related *ou* referred to the same scale of values ◆ **il rapporte tout à lui** he brings everything back to himself

**f** *(= annuler) [+ décret, décision, mesure]* to revoke

**g** *(Math)* ~ **un angle** to plot an angle

**VI** **a** *(Chasse) [chien]* to retrieve

**b** *(Fin) [investissement]* to give a good return *ou* yield ◆ **ça rapporte bien** *ou* **gros** *[domaine d'activité]* it's very profitable, it brings in a lot of money; *[travail]* it pays very well

**c** *(arg Scol)* ~ **(sur ses camarades)** *(= moucharder)* to tell tales *ou* sneak * (on one's friends), to tell on *(Brit)* * *ou* tattle on * *(US)* one's friends

**VPR** **se rapporter** **a** ◆ **se ~ à qch** to relate to sth ◆ **se ~ à** *(Gram) (= antécédent)* to relate *ou* refer to ◆ **ce paragraphe ne se rapporte pas du tout au sujet** this paragraph bears no relation at all to the subject, this paragraph is totally irrelevant to *ou* unconnected with the subject ◆ **ça se rapporte à ce que je disais tout à l'heure** that ties *ou* links up with *ou* relates to what I was saying just now

**b** ♦ **s'en ~ à qn** to rely on sb ♦ **s'en ~ au jugement/témoignage de qn** to rely on sb's judgment/account

**rapporteur, -euse** /RapɔRtœR, øz/ NM,F *(= mouchard)* telltale, sneak*, tattler* *(US)* ♦ **elle est rapporteuse** she's a telltale *ou* sneak* *ou* tattler *(US)* NM **a** *(Jur) [de tribunal]* (court) reporter; *[de commission]* rapporteur, reporter *(member acting as spokesman)* **b** *(Géom)* protractor

**rapprendre** /RapRɑ̃dR/ ▸ conjug 58 ◂ VT ⇒ **réapprendre**

**rapproché, e** /RapRɔʃe/ (ptp de **rapprocher**) ADJ **a** *(= proche) [échéance, objet, bruit]* close ♦ **l'objet le plus ~ de toi** the object closest *ou* nearest to you ♦ **à une date ~e, dans un avenir ~** in the near *ou* not too distant future ♦ **elle a des yeux très ~s** she's got close-set eyes, her eyes are very close together ♦ **surveillance ~e** close surveillance; → **combat, garde¹, protection**

**b** *(= répété) [incidents]* frequent ♦ **des crises de plus en plus ~es** increasingly frequent crises, crises which have become more and more frequent ♦ **trois explosions très ~es** three explosions in quick succession *ou* very close together ♦ **à intervalles ~s** in quick succession, at short *ou* close intervals ♦ **des grossesses ~es** (a series of) pregnancies at short *ou* close intervals

**rapprochement** /RapRɔʃmɑ̃/ NM **a** *(= action de rapprocher) [d'objet, meuble]* bringing closer *ou* nearer; *[d'objets, meubles]* bringing closer *ou* nearer to each other; *[d'ennemis]* bringing together, reconciliation; *[de partis, factions]* bringing together; *[de points de vue, textes]* comparison, bringing together, comparing ♦ **le ~ des lèvres d'une plaie** *(Méd)* joining the edges of a wound, closing (the lips of) a wound

**b** *(= action de se rapprocher) [de bruit]* coming closer; *[d'ennemis, famille]* coming together, reconciliation; *[de partis, factions]* coming together, rapprochement ♦ **ce ~ avec la droite nous inquiète** *(Pol)* their moving closer to the right worries us ♦ **le ~ des bruits de pas** the noise of footsteps drawing *ou* coming closer

**c** *(= lien, rapport)* parallel ♦ **je n'avais pas fait le ~ (entre ces deux incidents)** I hadn't made *ou* established the connection *ou* link (between the two incidents) ♦ **il y a de nombreux ~s intéressants/troublants** there are many interesting/disturbing parallels *ou* comparisons to be made

**rapprocher** /RapRɔʃe/ ▸ conjug 1 ◂ VT **a** *(= approcher)* to bring closer *ou* nearer (*de* to); ♦ **~ sa chaise (de la table)** to pull *ou* draw one's chair up (to the table) ♦ **~ deux objets l'un de l'autre** to move two objects (closer) together ♦ **~ les lèvres d'une plaie** to join the edges of a wound, to close (the lips of) a wound ♦ **il a changé d'emploi : ça le rapproche de chez lui** he has changed jobs – that brings him closer *ou* nearer to home

**b** *(= réconcilier, réunir) [+ ennemis]* to bring together ♦ **nous nous sentions rapprochés par un malheur commun** we felt drawn together by a common misfortune, we felt that a common misfortune had brought *ou* drawn us together ♦ **leur amour de la chasse les rapproche** their love of hunting brings them together *ou* draws them to *ou* towards each other ♦ **cette expérience m'a rapproché d'elle** the experience brought me closer to her

**c** *(= mettre en parallèle, confronter) [+ indices, textes]* to put together *ou* side by side, to compare, to bring together; *(= établir un lien entre, assimiler) [+ indices, textes]* to establish a connection *ou* link *ou* parallel between ♦ **essayons de ~ ces indices de ceux-là** let's try and put *ou* bring these two sets of clues together, let's try and compare these two sets of clues ♦ **on peut ~ cela du poème de Villon** we can relate *ou* connect that to Villon's poem, we can establish a connection *ou* link *ou* parallel between that and Villon's poem ♦ **c'est à ~ de ce qu'on disait tout à l'heure** that ties up *ou* connects with *ou* relates to what we were saying earlier

VPR **se rapprocher** **a** *(= approcher) [échéance, personne, véhicule, orage]* to get closer *ou* nearer, to approach ♦ **rapproche-toi (de moi)** come closer *ou* nearer (to me) ♦ **il se rapprocha d'elle sur la banquette** he edged his way towards her *ou* drew closer to her on the bench ♦ **pour se ~ de chez lui, il a changé d'emploi** to get closer *ou* nearer to home he changed jobs ♦ **plus on se rapprochait de l'examen ...** the closer *ou* nearer we came *ou* got to the exam ... ♦ **se ~ de la vérité** to come close *ou* get near *ou* close to the truth ♦ **les bruits se rapprochèrent** the noises got closer *ou* nearer

**b** *(dans le temps) [crises, bruits]* to become more frequent

**c** *(= se réconcilier) [ennemis]* to come together, to be reconciled; *(= trouver un terrain d'entente) [points de vue]* to draw closer together; *[société]* to form links ♦ **il s'est rapproché de ses parents** he became *ou* drew closer to his parents ♦ **il a essayé de se ~ de la droite** *(Pol)* he tried to move *ou* draw closer to the right ♦ **leur position s'est rapprochée de la nôtre** their position has drawn closer to ours ♦ **se ~ des autres actionnaires** to join forces with the other shareholders

**d** *(= s'apparenter à)* to be close to ♦ **ça se rapproche de ce qu'on disait tout à l'heure** that's close to *ou* ties up *ou* connects with what we were saying earlier ♦ **ses opinions se rapprochent beaucoup des miennes** his opinions are very close *ou* similar to mine

**rapsode** /Rapsɔd/ NM ⇒ **rhapsode**

**rapsodie** /Rapsɔdi/ NF ⇒ **rhapsodie**

**rapt** /Rapt/ NM *(= enlèvement)* abduction

**raquer**** /Rake/ ▸ conjug 1 ◂ VTI *(= payer)* to fork out* ♦ **d'accord, mais il va falloir ~ !** OK, but it'll cost you!*

**raquette** /Rakɛt/ NF **a** *(Tennis, Squash)* racket; *(Ping-Pong)* bat ♦ **c'est une bonne ~** *(= joueur)* he's a good tennis (*ou* squash) player **b** *(à neige)* snowshoe **c** *(Basket)* free-throw area **d** *(Bot)* nopal, prickly pear

**raquetteur, -euse** /RakɛtœR, øz/ NM,F *(Can)* snowshoer

**rare** /RɑR/ ADJ **a** *(= peu commun) [objet, mot, édition]* rare ♦ **ça n'a rien de ~** there's nothing uncommon *ou* unusual about this ♦ **il est ~ qu'on puisse reprocher à un roman d'être trop court** it's not often that you can criticize a novel for being too short ♦ **il n'est pas ~ qu'en plein été, il fasse un temps d'hiver** quite often, in the middle of summer, it's like winter ♦ **c'est ~ de le voir fatigué** you rarely *ou* don't often see him looking tired; → **oiseau, perle**

**b** *(= peu nombreux) [cas, exemples]* rare, few; *[visites]* rare; *[passants, voitures]* few ♦ **les ~s voitures qui passaient** the few cars that went by ♦ **les ~s amis qui lui restent** the few friends he still has ♦ **à de ~s intervalles** at rare intervals ♦ **les ~s fois où ...** on the rare occasions (when) ... ♦ **il est l'un des ~s qui ...** he's one of the few (people) who ... ♦ **à cette heure les clients sont ~s** at this time of day there are very few customers, at this time of day customers are few and far between ♦ **à de ~s exceptions près** with very few exceptions

**c** *(= peu abondant) [main d'œuvre]* scarce; *[barbe, cheveux]* thin, sparse; *[végétation]* sparse ♦ **il a le cheveu ~** he's rather thin on top ♦ **se faire ~** *[argent]* to be tight, to be in short supply; *[nourriture]* to become scarce, to be in short supply ♦ **vous vous faites ~** *(hum)* you've been keeping a low profile

**d** *(= exceptionnel) [talent, qualité, sentiment, beauté]* rare; *[homme, énergie]* exceptional, singular; *[saveur, moment]* exquisite; *(hum) [imbécile, imprudence]* utter ♦ **avec un ~ courage** with rare *ou* singular *ou* exceptional courage ♦ **une attaque d'une ~ violence** an exceptionally *ou* extremely violent attack ♦ **d'une ~ beauté** exceptionally *ou* extremely beautiful ♦ **il est d'une ~ stupidité** he's utterly stupid

**e** *(Chim) [gaz]* rare

**raréfaction** /RaRefaksjɔ̃/ NF *[d'oxygène]* rarefaction; *[de nourriture] (= action)* increased scarcity; *(= résultat)* scarcity, short supply

**raréfiable** /RaRefjabl/ ADJ rarefiable

**raréfier** /RaRefje/ ▸ conjug 7 ◂ VT *[+ air]* to rarefy ♦ **gaz raréfié** rarefied gas VPR **se raréfier** *[oxygène]* to rarefy; *[argent, nourriture]* to grow *ou* become scarce, to be in short supply

**rarement** /RɑRmɑ̃/ ADV rarely, seldom ♦ **le règlement est ~ respecté** the rule is rarely *ou* seldom observed ♦ **il ne rate que ~ sa cible** he only rarely misses his target ♦ **cela arrive plus ~** it happens less often *ou* frequently

**rareté** /RɑRte/ NF **a** *[d'édition, objet]* rarity; *[de mot, cas]* rareness, rarity; *[de vivres, argent]* scarcity ♦ **la ~ des touristes/visiteurs** the small numbers of tourists/visitors ♦ **se plaindre de la ~ des lettres/visites de qn** to complain of the infrequency of sb's letters/visits **b** *(= objet précieux)* rarity, rare object ♦ **une telle erreur de sa part, c'est une ~** it's a rare *ou* an unusual occurrence for him to make a mistake like that

**rarissime** /RaRisim/ ADJ extremely rare ♦ **fait ~, la pièce est restée six mois à l'affiche** the play ran for six months, which is very rare

**ras¹** /Rɑs/ NM *(= titre éthiopien)* ras

**ras², e** /Rɑ, Rɑz/ ADJ **a** *[poil, herbe]* short; *[cheveux]* close-cropped; *[étoffe]* with a short pile; *[mesure, tasse]* full ♦ **il avait la tête ~e** he had close-cropped hair ♦ **à poil ~** *[chien]* short-haired; *[étoffe]* with a short pile ♦ **ongles/cheveux coupés ~** *ou* **à ~** nails/hair cut short

**b** *(loc)* **pull ~ du cou** crew-neck *ou* round-neck sweater ♦ **j'en ai ~ le bol*** *ou* **le pompon*** *ou* **la casquette*** **(de tout ça)** I'm sick to death of it*, I'm fed up to the back teeth (with it all) *(Brit)***

♦ **à** *ou* **au ras de** *(= au niveau de)* ♦ **au ~ de la terre** *ou* **du sol/de l'eau** level with the ground/the water ♦ **arbre coupé à ~ de terre** tree cut down to the ground ♦ **ses cheveux lui arrivent au ~ des fesses** she can almost sit on her hair ♦ **ça lui arrive au ~ des chevilles** it comes down to her ankles ♦ **voler au ~ du sol/au ~ de l'eau** *(= tout près de)* to fly close to *ou* just above the ground/the water, to skim the ground/the water ♦ **le projectile lui est passé au ~ de la tête/du visage** the projectile skimmed his head/his face ♦ **la discussion est au ~ des pâquerettes*** the discussion is pretty lowbrow ♦ **soyons pragmatiques, restons au ~ des pâquerettes*** let's be pragmatic and keep our feet on the ground

♦ **à ras bord(s)** to the brim ♦ **remplir un verre à ~ bord** to fill a glass to the brim *ou* top ♦ **plein à ~ bord** *[verre]* full to the brim,

brimful; *[baignoire]* full to overflowing *ou* to the brim
♦ **en rase campagne** in open country

**R.A.S.** /ɛʀaɛs/ (abrév de **rien à signaler**) → **rien**

**rasade** /ʀazad/ NF glassful

**rasage** /ʀazaʒ/ NM **a** *[de barbe]* shaving; → **lotion** **b** *(Tex)* shearing

**rasant, e** /ʀazɑ̃, ɑ̃t/ ADJ **a** *(* = ennuyeux)* boring ♦ **qu'il est ~ !** he's a (real) bore! *ou* drag! * **b** *[lumière]* low-angled; *[fortification]* low-built ♦ **tir ~** grazing fire

**rascasse** /ʀaskas/ NF scorpion fish

**rasé, e** /ʀɑze/ (ptp de **raser**) ADJ *[menton]* (clean-)shaven; *[tête]* shaven ♦ **être bien/mal ~** to be shaven/unshaven ♦ **~ de près** close-shaven ♦ **~ de frais** freshly shaven ♦ **avoir les cheveux ~s** to have a shaven head ♦ **les crânes ~s** *(= personnes)* skinheads

**rase-mottes** /ʀɑzmɔt/ NM INV hedgehopping ♦ **faire du ~, voler en ~** to hedgehop ♦ **vol en ~** hedgehopping flight

**raser** /ʀɑze/ ► conjug 1 ◄ VT **a** *(= tondre) [+ barbe, cheveux]* to shave off; *[+ menton, tête]* to shave; *[+ malade]* to shave ♦ **~ un prêtre/condamné** to shave a priest's/convict's head ♦ **se faire ~ la tête** to have one's head shaved ♦ **à ~** *[crème, gel, mousse]* shaving *(épith)* **b** *(= effleurer) [projectile, véhicule]* to graze, to scrape; *[oiseau, balle de tennis]* to skim (over) ♦ **~ les murs** to hug the walls **c** *(= abattre) [+ maison]* to raze (to the ground) ♦ **~ un navire** to bring a ship's masts down **d** *(* = ennuyer)* to bore ♦ **ça me rase !** it bores me stiff! * *ou* to tears! * **e** *(Tech) [+ mesure à grains]* to strike; *[+ velours]* to shear VPR **se raser** **a** *(toilette)* to shave, to have a shave ♦ **se ~ la tête/les jambes** to shave one's head/one's legs **b** *(* = s'ennuyer)* to be bored stiff * *ou* to tears *

**raseur, -euse** * /ʀɑzœʀ, øz/ ADJ boring ♦ **qu'il est ~ !** he's a (real) bore! *ou* drag! * NM,F bore

**rasibus** ‡ /ʀɑzibys/ ADV *[couper]* very close *ou* fine ♦ **passer ~** *[projectile]* to whizz past very close

**ras-le-bol** * /ʀɑl(ə)bɔl/ EXCL enough is enough! NM INV *(= mécontentement)* discontent ♦ **provoquer le ~ général** to cause widespread discontent ♦ **le ~ étudiant** the students' discontent *ou* dissatisfaction, student unrest; → **table**

**rasoir** /ʀɑzwaʀ/ NM razor ♦ **~ électrique** (electric) shaver, electric razor ♦ **~ mécanique** *ou* **de sûreté** safety razor ♦ **~ à main** *ou* **de coiffeur** cut-throat *ou* straight razor ♦ **~ jetable** disposable *ou* throwaway razor ♦ **se donner un coup de ~** to have a quick shave; → **feu¹, fil** *etc* ADJ *(* = ennuyeux) [film, livre]* dead boring * ♦ **qu'il est ~ !** what a bore *ou* drag * he is!

**Raspoutine** /ʀasputin/ NM Rasputin

**rassasier** /ʀasazje/ ► conjug 7 ◄ *(frm)* VT **a** *(= assouvir) [+ faim, curiosité, désirs]* to satisfy **b** *(= nourrir)* **~ qn** *[aliment]* to satisfy sb *ou* sb's appetite ♦ **~ qn de qch** *(= lui en donner suffisamment)* to satisfy sb with sth *ou* sb's appetite *ou* hunger with sth; *(= lui en donner trop)* to give sb too much of sth ♦ **être rassasié** *(= n'avoir plus faim)* to be satisfied, to have eaten one's fill; *(= en être dégoûté)* to be satiated *ou* sated, to have had more than enough ♦ **on ne peut pas le ~ de chocolats** you can't give him too many chocolates ♦ **~ ses yeux de qch** to feast one's eyes on sth ♦ **je suis rassasié de toutes ces histoires !** I've had quite enough of all this! VPR **se rassasier** *(= se nourrir)* to satisfy one's hunger, to eat one's fill ♦ **se ~ d'un spectacle** to feast one's eyes on a sight ♦ **je ne me rassasierai jamais de ...** I'll never tire *ou* have enough of ...

**rassemblement** /ʀasɑ̃bləmɑ̃/ NM **a** *(= action de regrouper) [de troupeau]* rounding up; *[d'objets, documents]* gathering, collecting **b** *[de pièces, mécanisme]* reassembly **c** *(Équitation) [de cheval]* collecting **d** *(= réunion, attroupement) (gén)* assembly, gathering; *[de manifestants]* rally ♦ **~ !** *(Mil)* fall in! ♦ **~ à 9 heures sur le quai** we'll meet at 9 o'clock on the platform ♦ **~ pour la paix** *(Pol)* peace rally; → **point¹** **e** **le Rassemblement pour la République** *centre-right political party*

**rassembler** /ʀasɑ̃ble/ ► conjug 1 ◄ VT **a** *(= regrouper) [+ personnes]* to gather, to assemble; *[+ troupes]* to muster; *[+ troupeau]* to round up; *[+ objets épars]* to gather together, to collect ♦ **il rassembla les élèves dans la cour** he gathered *ou* assembled the pupils in the playground ♦ **le festival rassemble les meilleurs musiciens** the festival brings together the best musicians
**b** *(= rallier)* to rally; *[+ sympathisants]* to round up, to rally ♦ **cette cause a rassemblé des gens de tous horizons** people from all walks of life have rallied to this cause
**c** *[+ documents, manuscrits, notes]* to gather together, to collect, to assemble
**d** *[+ idées, souvenirs]* to collect; *[+ courage, forces]* to summon up, to muster ♦ **~ ses esprits** to collect one's thoughts
**e** *(= remonter) [+ pièces, mécanisme]* to put back together, to reassemble
**f** *(Équitation) [+ cheval]* to collect
VPR **se rassembler** **a** *[se regrouper]* to gather; *[soldats, participants]* to assemble, to gather ♦ **nous nous rassemblons deux fois par semaine** we get together twice a week ♦ **en cas d'urgence, rassemblez-vous sur le pont** *(Naut)* in an emergency, assemble on deck ♦ **rassemblés autour du feu** gathered round the fire ♦ **toute la famille était rassemblée** the whole family was gathered together
**b** *(= s'unir)* **nous devons nous ~ autour du président/pour lutter contre ...** we must unite behind the president/to fight against ...
**c** *(Sport)* to bend *(to gather one's strength)*

**rassembleur, -euse** /ʀasɑ̃blœʀ, øz/ ADJ *[discours]* rallying; *[thème, projet]* unifying NM,F unifier ♦ **il fut le ~ d'une nation divisée** he was the unifier of *ou* he unified a divided nation

**rasseoir** /ʀaswaʀ/ ► conjug 26 ◄ VT *[+ bébé]* to sit back up (straight); *[+ objet]* to put back up straight VPR **se rasseoir** to sit down again ♦ **faire (se) ~ qn** to make sb sit down again ♦ **rassieds-toi !** sit down!

**rasséréné, e** /ʀaseʀene/ (ptp de **rasséréner**) ADJ *[ciel, personne, visage]* serene

**rasséréner** /ʀaseʀene/ ► conjug 6 ◄ VT to make serene again VPR **se rasséréner** *[personne, visage, ciel]* to become serene again, to recover one's (*ou* its) serenity

**rassir** VI, **se rassir** VPR /ʀasiʀ/ ► conjug 2 ◄ to go stale

**rassis, e** /ʀasi, iz/ (ptp de **rassir, rasseoir**) ADJ **a** *[pain]* stale; *[viande]* hung **b** *[personne] (= pondéré)* composed, calm; *(péj)* stale

**rassortiment** /ʀasɔʀtimɑ̃/ NM ⇒ **réassortiment**

**rassortir** /ʀasɔʀtiʀ/ ► conjug 2 ◄ VT ⇒ **réassortir**

**rassurant, e** /ʀasyʀɑ̃, ɑ̃t/ ADJ *[nouvelle, voix]* reassuring, comforting; *[discours, présence, visage]* reassuring; *[indice]* encouraging ♦ **"ne vous inquiétez pas", dit-il d'un ton ~** "don't worry", he said reassuringly ♦ **il a tenu des propos peu ~s** he said some rather worrying things ♦ **c'est ~ !** *(iro)* that's very reassuring! *(iro)*, that's a great comfort! * *(iro)* ♦ **le gouvernement se veut ~** the government is seeking to reassure the public ♦ **son discours se voulait ~** what he said was intended to reassure people

**rassurer** /ʀasyʀe/ ► conjug 1 ◄ VT ♦ **~ qn** to put sb's mind at ease *ou* rest, to reassure sb ♦ **le médecin m'a rassuré sur son état de santé** the doctor reassured me about the state of his health ♦ **me voilà rassuré maintenant** I've got nothing to worry about now, that's put my mind at rest VPR **se rassurer** ♦ **à cette nouvelle, il se rassura** the news put his mind at ease *ou* rest, he was relieved *ou* reassured when he heard the news ♦ **il essayait de se ~ en se disant que c'était impossible** he tried to reassure himself by saying it was impossible ♦ **rassure-toi** don't worry

**rasta¹** /ʀasta/ ADJ, NMF (abrév de **rastafari**) Rasta

**rasta²** * /ʀasta/ ADJ, NM abrév de **rastaquouère**

**rastafari** /ʀastafaʀi/ ADJ, NM Rastafarian

**rastaquouère** /ʀastakwɛʀ/ NM *(péj)* flashy foreigner *(péj)*

**rat** /ʀa/ NM *(Zool)* rat; *(péj = avare)* miser ♦ **c'est un vrai ~, ce type** that guy's really stingy * *ou* a real skinflint * ♦ **les ~s quittent le navire** *(fig)* the rats are leaving the sinking ship ♦ **s'ennuyer** *ou* **s'emmerder** ‡ **comme un ~ mort** to be bored stiff * *ou* to death * ♦ **mon (petit) ~** *(terme d'affection)* (my) pet, darling ♦ **petit ~ de l'Opéra** *pupil of the Opéra de Paris ballet class (working as an extra)*; → **chat, fait²** COMP ▷ **rat d'Amérique** muskrat, musquash *(Brit)* ▷ **rat de bibliothèque** bookworm *(who spends all his time in libraries)* ▷ **rat de cave** wax taper *(used for lighting one's way in a cellar or on a staircase)* ▷ **rat des champs** fieldmouse ▷ **rat d'eau** water vole ▷ **rat d'égout** sewer rat ▷ **rat d'hôtel** hotel thief ▷ **rat musqué** muskrat, musquash *(Brit)* ▷ **rat palmiste** ground squirrel

**rata** † /ʀata/ NM *(arg Mil) (= nourriture)* grub *; *(= ragoût)* stew

**ratafia** /ʀatafja/ NM *(= liqueur)* ratafia

**ratage** * /ʀataʒ/ NM **a** *(= échec)* failure ♦ **des ~s successifs** successive failures ♦ **son film est un ~ complet** his film is a complete failure *ou* flop **b** *(= action) [de travail, affaire]* messing up, spoiling; *[de mayonnaise, sauce]* spoiling; *[d'examen]* failing, flunking *

**rataplan** /ʀataplɑ̃/ EXCL, NM rat-a-tat-tat

**ratatiné, e** /ʀatatine/ (ptp de **ratatiner**) ADJ **a** *[pomme]* dried-up, shrivelled; *[visage, personne]* wrinkled, wizened **b** ‡ *[voiture]* smashed-up *, banjaxed * *(US)*; *[personne]* exhausted, knackered ‡ *(Brit)*

**ratatiner** /ʀatatine/ ► conjug 1 ◄ VT **a** *[+ pomme]* to dry up, to shrivel ♦ **ratatiné par l'âge** *[visage, personne]* wrinkled *ou* wizened with age **b** *(‡ = détruire) [+ maison]* to wreck; *[+ machine, voiture]* to smash to bits *ou* pieces ♦ **se faire ~** *(battre)* to get thrashed *ou* a thrashing; *(tuer)* to get done in ‡ *ou* bumped off ‡ ♦ **sa voiture a été complètement ratatinée** his car was a complete write-off *(Brit)*, his car was totaled * *(US)* VPR **se ratatiner** *[pomme]* to shrivel *ou* dry up; *[visage]* to become wrinkled *ou* wizened; *[personne] (par l'âge)* to become wrinkled *ou* wizened; *(pour tenir moins de place)* to curl up

**ratatouille** /ʀatatuj/ NF *(Culin)* ♦ **~ (niçoise)** ratatouille; *(péj) (= ragoût)* bad stew; *(= cuisine)* lousy * food

**rate¹** /Rat/ NF (= organe) spleen; → **dilater, fouler**

**rate²** /Rat/ NF (= animal) she-rat

**raté, e** /Rate/ ADJ [tentative, mariage, artiste] failed; [vie] wasted; [départ] bad, poor ◆ **un film ~** a flop ◆ **ma mayonnaise/la dernière scène est complètement ~e** my mayonnaise/the last scene is a complete disaster ◆ **encore une occasion ~e !** another missed opportunity! NM,F (* = personne) failure NM a (Aut : gén pl) misfiring (NonC) ◆ **avoir des ~s** to misfire ◆ **il y a eu des ~s dans les négociations** (fig) there were some hiccups in the negotiations b [d'arme à feu] misfire

**râteau** (pl **râteaux**) /Rɑto/ NM (Agr, Roulette) rake; [de métier à tisser] comb ◆ **se prendre un ~** * (avec une fille, un garçon) to get blown out *

**râtelier** /Rɑtəlje/ NM [de bétail, armes, outils] rack; (* = dentier) (set of) false teeth ◆ **~ à pipes** pipe rack; → **manger**

**rater** /Rate/ ▸ conjug 1 ◂ VI a [projet, affaire] to fail, to fall through ◆ **ce contretemps/cette erreur risque de tout faire ~** this hitch/this mistake could well ruin everything ◆ **je t'avais dit qu'elle y allait : ça n'a pas raté** * I told you she'd go and I was dead right * (Brit) ou and (so) she did ◆ **ça ne rate jamais !** it never fails!

b [arme] to fail to go off, to misfire

VT a (= manquer) [+ balle, cible, occasion, train, rendez-vous, spectacle, personne] to miss ◆ **c'est une occasion à ne pas ~** it's an opportunity not to be missed ◆ **raté !** missed! ◆ **ils se sont ratés de peu** they just missed each other ◆ **si tu croyais m'impressionner, c'est raté** if you were trying to impress me, it hasn't worked! ◆ **il n'en rate pas une !** (iro) he's always putting his foot in it! * ◆ **je ne te raterai pas !** I'll get you! *, I'll show you! ◆ **il voulait faire le malin mais je ne l'ai pas raté** he tried to be smart but I soon sorted him out I didn't let him get away with it ◆ **il ne t'a pas raté !** he really got you there! *

b (= ne pas réussir) [+ travail, affaire] to mess up, to spoil; [+ mayonnaise, sauce, plat] to make a mess of; [+ examen] to fail, to flunk * ◆ **ces photos sont complètement ratées** these photos are a complete disaster ◆ **un écrivain raté** a failed writer ◆ **~ son entrée** to miss one's entrance ◆ **j'ai raté mon effet** I didn't achieve the effect I was hoping for ◆ **~ sa vie** to make a mess of one's life ◆ **il a raté son coup** he didn't pull it off ◆ **il a raté son suicide, il s'est raté** he bungled his suicide attempt ◆ **le coiffeur m'a raté** the hairdresser made a mess of my hair

**ratiboiser** ** /Ratibwaze/ ▸ conjug 1 ◂ VT a (= rafler) **~ qch à qn** (au jeu) to clean sb out of sth *; (en le volant) to pinch * ou nick ** (Brit) sth from sb ◆ **on lui a ratiboisé son portefeuille, il s'est fait ~ son portefeuille** he got his wallet pinched * ou nicked ** (Brit) b (= dépouiller) **~ qn** to skin sb (alive) *, to clean sb out * c (= abattre) [+ maison] to wreck ◆ **il a été ratiboisé en moins de deux** [personne] in next to no time he was dead d (= couper les cheveux à) [+ personne] to scalp * (fig) ◆ **se faire ~** to be scalped *

**raticide** /Ratisid/ NM rat poison

**ratier** /Ratje/ NM ◆ **(chien) ~** ratter

**ratière** /RatjɛR/ NF rattrap

**ratification** /Ratifikasjɔ̃/ NF (Admin, Jur) ratification ◆ **~ de vente** sales confirmation

**ratifier** /Ratifje/ ▸ conjug 7 ◂ VT (Admin, Jur) to ratify; (littér = confirmer) to confirm, to ratify

**ratine** /Ratin/ NF (Tex) ratine

**rating** /Ratiŋ, Retiŋ/ NM (Écon, Naut) rating

**ratio** /Rasjo/ NM ratio

**ratiocination** /Rasjɔsinasjɔ̃/ NF (littér péj) (= action) hair-splitting, quibbling; (= raisonnement) hair-splitting argument, quibbling (NonC)

**ratiociner** /Rasjɔsine/ ▸ conjug 1 ◂ VI (littér péj) to split hairs, to quibble (sur over)

**ratiocineur, -euse** /Rasjɔsinœr, øz/ NM,F (littér péj) hair-splitter, quibbler

**ration** /Rasjɔ̃/ NF (= portion limitée) ration; [de soldat] rations; [d'animal] (feed) intake; [d'organisme] (food) intake ◆ **~ de viande/fourrage** meat/fodder ration ◆ **~ alimentaire** food intake ◆ **~ d'entretien** minimum daily requirement ◆ **~ de survie** survival rations ◆ **il a eu sa ~ d'épreuves/de soucis** he had his share of trials/of worries

**rationalisation** /Rasjɔnalizasjɔ̃/ NF rationalization

**rationaliser** /Rasjɔnalize/ ▸ conjug 1 ◂ VT to rationalize

**rationalisme** /Rasjɔnalism/ NM rationalism

**rationaliste** /Rasjɔnalist/ ADJ, NMF rationalist

**rationalité** /Rasjɔnalite/ NF rationality

**rationnel, -elle** /Rasjɔnɛl/ ADJ rational

**rationnellement** /Rasjɔnɛlmɑ̃/ ADV rationally

**rationnement** /Rasjɔnmɑ̃/ NM rationing; → **carte**

**rationner** /Rasjɔne/ ▸ conjug 1 ◂ VT [+ pain, eau] to ration; [+ personne] (lit) to put on rations; (fig hum = ne pas donner assez à) to give short rations to VPR **se rationner** to ration o.s.

**ratissage** /Ratisaʒ/ NM (Agr) raking; (Mil, Police) combing

**ratisser** /Ratise/ ▸ conjug 1 ◂ VT [+ gravier] to rake; [+ feuilles] to rake up; (Mil, Police) to comb; (Rugby) [+ ballon] to heel; (* = dépouiller au jeu) to clean out * ◆ **~ large** to cast the net wide ◆ **il s'est fait ~ (au jeu)** * he was cleaned out * ou he lost everything at the gambling table

**raton** /Ratɔ̃/ NM a (Zool) young rat ◆ **~ laveur** racoon b (**, raciste) racist term applied to North Africans in France c (= terme d'affection) **mon ~ !** (my) pet!

**raton(n)ade** /Ratɔnad/ NF racist attack (mainly on North African Arabs)

**RATP** /ɛRatepe/ NF (abrév de **Régie autonome des transports parisiens**) → **régie**

**rattachement** /Rataʃmɑ̃/ NM (Admin, Pol) uniting (à with) joining (à to); ◆ **le ~ de la Savoie à la France** the incorporation of Savoy into France ◆ **demander son ~ à** to ask to be united with ou joined to ◆ **quel est votre service de ~ ?** which service are you attached to?

**rattacher** /Rataʃe/ ▸ conjug 1 ◂ VT a (= attacher de nouveau) [+ animal, prisonnier, colis] to tie up again; [+ ceinture, lacets, jupe] to do up ou fasten again b (= annexer, incorporer) [+ territoire] to incorporate (à into); [+ commune, service] to join (à to) to unite (à with); [+ employé, fonctionnaire] to attach (à to) c (= comparer, rapprocher) [+ problème, question] to link, to connect, to tie up (à with); [+ fait] to relate (à to); ◆ **cela peut se ~ au premier problème** that can be related to ou tied up with the first problem ◆ **on peut ~ cette langue au groupe slave** this language can be related to ou linked with the Slavonic group d (= relier) [+ personne] to bind, to tie (à to); ◆ **rien ne le rattache plus à sa famille** he has no more ties with his family, nothing binds ou ties him to his family any more

**rattrapable** /RatRapabl/ ADJ [erreur, gaffe] which can be put right; [heure, journée] which can be made up

**rattrapage** /RatRapaʒ/ NM [de maille] picking up; [d'erreur] making good; [de candidat d'examen] passing ◆ **le ~ d'une bêtise/d'un oubli** making up for something silly/for an omission ◆ **le ~ du retard** [d'élève] catching up, making up for lost time; [de conducteur] making up for lost time ◆ **~ scolaire** remedial teaching ou classes ◆ **cours de ~** remedial class ou course ◆ **suivre des cours de ~** to go to remedial classes ◆ **épreuve de ~** (Scol) additional exam for borderline cases ◆ **session de ~** (Scol) retakes, resits (Brit) ◆ **pour permettre le ~ économique de certains pays européens** to allow certain European economies to catch up ◆ **le ~ des salaires sur les prix** an increase in salaries to keep up with ou keep pace with prices

**rattraper** /RatRape/ ▸ conjug 1 ◂ VT a (= reprendre) [+ animal échappé, prisonnier] to recapture

b (= retenir) [+ objet, personne qui tombe] to catch (hold of)

c (= réparer) [+ maille] to pick up; [+ mayonnaise] to salvage; [+ erreur] to make good, to make up for; [+ bêtise, parole malheureuse, oubli] to make up for ◆ **je vais essayer de ~ le coup** * I'll try and sort this out

d (= regagner) [+ argent perdu] to recover, to get back, to recoup; [+ sommeil] to catch up on; [+ temps perdu] to make up for ◆ **le conducteur a rattrapé son retard** the driver made up for lost time ◆ **cet élève ne pourra jamais ~ son retard** this pupil will never be able to catch up ◆ **ce qu'il perd d'un côté, il le rattrape de l'autre** what he loses in one way he gains in another, what he loses on the swings he gains on the roundabouts (Brit)

e (= rejoindre) **~ qn** (lit, fig) to catch sb up, to catch up with sb ◆ **le coût de la vie a rattrapé l'augmentation de salaire** the cost of living has caught up with the increase in salaries

f (Scol) **~ qn** (= repêcher) to give sb a pass, to let sb get through

VPR **se rattraper** a (= reprendre son équilibre) to stop o.s. falling, to catch o.s. (just) in time ◆ **se ~ à la rampe/à qn** to catch hold of the banister/of sb to stop o.s. falling ◆ **j'ai failli gaffer, mais je me suis rattrapé in extremis** I nearly put my foot in it but stopped myself just in time; → **branche**

b (= compenser) to make up for it ◆ **j'ai passé trois nuits sans dormir, mais hier je me suis rattrapé** I had three sleepless nights, but I made up for it yesterday ◆ **les plats ne sont pas chers mais ils se rattrapent sur les vins** the food isn't expensive but they make up for it on the wine ◆ **les fabricants comptent sur les marchés extérieurs pour se ~** manufacturers are looking to foreign markets to make up their losses ◆ **le joueur avait perdu les deux premiers sets, mais il s'est rattrapé au troisième** the player had lost the first two sets but he pulled back in the third

**rature** /RatyR/ NF deletion, erasure, crossing out ◆ **faire une ~** to make a deletion ou an erasure ◆ **sans ~s ni surcharges** (Admin) without deletions or alterations

**raturer** /RatyRe/ ▸ conjug 1 ◂ VT (= corriger) [+ mot, phrase, texte] to make an alteration ou alterations to; (= barrer) [+ lettre, mot] to cross out, to erase, to delete

**RAU** † /ɛRay/ NF (abrév de **République arabe unie**) UAR †

**rauque** /Rok/ ADJ [voix] (gén) hoarse; (chanteuse de blues) husky, throaty; [cri] raucous

**ravage** /Ravaʒ/ NM a (littér = action) [de pays, ville] pillaging b (gén pl = dégâts) ravages ◆ **les ~s de la guerre/du sida** the devastation caused by war/AIDS, the ravages of war/AIDS ◆ **les ~s du chômage** the devastating effects *ou* the ravages of unemployment ◆ **les ~s du temps** the ravages of time ◆ **les ~s de la maladie** the devastating effects of the disease

◆ **faire des ravages** *[tempête, grêle]* to wreak havoc; *[séducteur]* to be a real heartbreaker; *[doctrine]* to gain a lot of ground ◆ **l'épidémie a fait de terribles ~s parmi les jeunes** the epidemic has wrought terrible devastation among young people

**ravagé, e** /ʀavaʒe/ (ptp de **ravager**) ADJ a *(= tourmenté) [visage]* harrowed, haggard ◆ **avoir les traits ~s** to have harrowed *ou* ravaged *ou* haggard features ◆ **visage ~ par la maladie** face ravaged by illness b (* = fou) **il est complètement ~** he's completely nuts* *ou* bonkers* *(Brit)*, he's off his head*

**ravager** /ʀavaʒe/ ▸ conjug 3 ◂ VT *[+ pays]* to lay waste, to ravage, to devastate; *[+ maison, ville]* to ravage, to devastate; *[+ visage] [maladie]* to ravage; *[chagrin, soucis]* to harrow; *[+ personne, vie]* to wreak havoc upon

**ravageur, -euse** /ʀavaʒœʀ, øz/ ADJ *[passion, sourire]* devastating; *[humour]* scathing ◆ **insectes ~s** pests ◆ **les effets ~s de la drogue** the devastating effects of drugs NM,F *(= pillard)* ravager, devastator

**ravalement** /ʀavalmɑ̃/ NM a *(Constr) (= nettoyage)* cleaning; *(= remise en état) [de façade, mur]* restoration; *[d'immeuble]* renovation, facelift* ◆ **faire le ~ de** to clean, to restore, to give a facelift to* ◆ **faire un ~*** *(= retoucher son maquillage)* to fix one's warpaint* b *(littér = avilissement) [de dignité, personne, mérite]* lowering

**ravaler** /ʀavale/ ▸ conjug 1 ◂ VT a *(Constr) (= nettoyer)* to clean; *(= remettre en état) [+ façade, mur]* to do up, to restore; *[+ immeuble]* to renovate, to give a facelift to* ◆ **se faire ~ la façade*** to have a facelift b *(= avaler) [+ salive, dégoût]* to swallow; *[+ sanglots]* to swallow, to choke back; *[+ colère]* to stifle; *[+ larmes]* to hold *ou* choke back; *[+ sourire]* to suppress ◆ **faire ~ ses paroles à qn** to make sb take back *ou* swallow their words c *(littér) [+ dignité, personne, mérite]* to lower ◆ **ce genre d'acte ravale l'homme au rang de la bête** this kind of behaviour brings man down *ou* reduces man to the level of animals VPR **se ravaler** a *(= s'abaisser)* to lower o.s. ◆ **se ~ au rang de ...** to reduce o.s. to the level of ... b * **se ~ la façade** to slap on* some make-up

**ravaleur** /ʀavalœʀ/ NM *(= maçon)* stone restorer

**ravaudage** /ʀavodaʒ/ NM *[de vêtement]* mending, repairing; *[de chaussette]* darning; *[d'objet]* makeshift repair ◆ **faire du ~** to mend, to darn

**ravauder** /ʀavode/ ▸ conjug 1 ◂ VT *(littér = repriser) [+ vêtement]* to repair, to mend; *[+ chaussette]* to darn

**rave** /ʀav/ NF *(= navet)* turnip; *(= radis)* radish; → **céleri**

**ravenelle** /ʀavnɛl/ NF *(= giroflée)* wallflower; *(= radis)* wild radish

**Ravenne** /ʀavɛn/ N Ravenna

**ravi, e** /ʀavi/ (ptp de **ravir**) ADJ *(= enchanté)* delighted ◆ **je n'étais pas franchement ~ de sa décision** I wasn't exactly overjoyed about his decision ◆ **~ de vous connaître** delighted *ou* pleased to meet you

**ravier** /ʀavje/ NM hors d'oeuvres dish

**ravigotant, e*** /ʀavigɔtɑ̃, ɑ̃t/ ADJ *[air]* bracing ◆ **ce vin est ~** this wine bucks you up* *ou* puts new life into you

**ravigote** /ʀavigɔt/ NF *(= vinaigrette)* (oil and vinegar) dressing *(with hard-boiled eggs, shallot and herbs)*

**ravigoter*** /ʀavigɔte/ ▸ conjug 1 ◂ VT *[alcool]* to buck up*, to pick up; *[repas, douche, nouvelle, chaleur]* to buck up*, to put new life into ◆ **(tout) ravigoté par une bonne nuit** feeling refreshed after a good night's sleep

**ravin** /ʀavɛ̃/ NM *(gén)* gully; *(encaissé)* ravine

**ravine** /ʀavin/ NF (small) ravine, gully

**ravinement** /ʀavinmɑ̃/ NM *(= action)* gullying *(Géog)* ◆ **~s** *(= rigoles, ravins)* gullies ◆ **le ~ de ces pentes** *(= aspect)* the (numerous) gullies furrowing these slopes ◆ **le ~ affecte particulièrement ces sols** gully erosion *ou* gullying affects these kinds of soil in particular

**raviner** /ʀavine/ ▸ conjug 1 ◂ VT *[+ visage, chemin]* to furrow; *[+ versant]* to gully *(Géog)* ◆ **visage raviné par les larmes** tear-streaked face, face streaked with tears ◆ **les bords ravinés de la rivière** the gullied *(Géog)* *ou* furrowed banks of the river

**ravioli** /ʀavjɔli/ NM ◆ **~s** ravioli *(NonC)*

**ravir** /ʀaviʀ/ ▸ conjug 2 ◂ VT *(littér)* a *(= charmer)* to delight ◆ **cela lui va à ~** that suits her beautifully, she looks delightful in it ◆ **il danse à ~** he's a beautiful dancer ◆ **elle est jolie à ~** she's as pretty as a picture b *(= enlever)* **~ à qn** *[+ trésor, être aimé, honneur]* to rob sb of, to take (away) from sb ◆ **elle lui a ravi son titre de championne d'Europe** she took the European championship title off her; → **vedette** c († = *kidnapper)* to ravish †, to abduct

**raviser (se)** /ʀavize/ ▸ conjug 1 ◂ VPR to change one's mind, to decide otherwise ◆ **après avoir dit oui, il s'est ravisé** after saying yes he changed his mind *ou* decided otherwise *ou* decided against it ◆ **il s'est ravisé** he decided against it, he thought better of it

**ravissant, e** /ʀavisɑ̃, ɑ̃t/ ADJ *[beauté]* ravishing; *[femme, robe]* ravishing, beautiful; *[maison, tableau]* delightful, beautiful

**ravissement** /ʀavismɑ̃/ NM a *(gén, Rel)* rapture ◆ **plonger qn dans le ~** to send sb into raptures ◆ **plongé dans le ~** in raptures ◆ **regarder qn avec ~** to look at sb rapturously b († *ou littér* = *enlèvement)* ravishing †, abduction

**ravisseur, -euse** /ʀavisœʀ, øz/ NM,F kidnapper, abductor

**ravitaillement** /ʀavitajmɑ̃/ NM a *(NonC, en vivres, munitions) [d'armée, ville, navire]* resupplying; *[de coureurs, skieurs]* getting fresh supplies to; *(en carburant) [de véhicule, avion, embarcation]* refuelling ◆ **~ en vol** in-flight refuelling ◆ **le ~ des troupes (en vivres/munitions)** supplying the troops (with food/ammunition), the provision *ou* providing of the troops with fresh supplies (of food/ammunition) ◆ **aller au ~*** to go for fresh supplies ◆ **les voies de ~ sont bloquées** supply routes are blocked ◆ **convoi de ~** supply convoy b *(= provisions)* supplies

**ravitailler** /ʀavitaje/ ▸ conjug 1 ◂ VT *(en vivres, munitions) [+ armée, ville, navire]* to provide with fresh supplies, to resupply; *[+ coureurs, skieurs]* to give fresh supplies to; *(en carburant) [+ véhicule, avion, embarcation]* to refuel ◆ **~ une ville en combustible** to provide a town with fresh supplies of fuel ◆ **~ un avion en vol** to refuel an aircraft in flight VPR **se ravitailler** *[ville, armée, coureurs, skieurs]* to get fresh supplies; *[véhicule, avion]* to refuel; *(= faire des courses)* to stock up

**ravitailleur** /ʀavitajœʀ/ NM *(Mil) (= navire)* supply ship; *(= avion)* supply plane; *(= véhicule)* supply vehicle ◆ **~ en vol** aerial tanker ADJ *[navire, avion, véhicule]* supply *(épith)*

**raviver** /ʀavive/ ▸ conjug 1 ◂ VT *[+ feu, sentiment, douleur]* to revive, to rekindle; *[+ couleur]* to brighten up; *[+ souvenir]* to revive, to bring back to life; *(Tech) [+ métal]* to clean; *(Méd) [+ plaie]* to reopen ◆ **sa douleur/sa jalousie s'est ravivée** his grief/his jealousy was revived *ou* rekindled

**ravoir** /ʀavwaʀ/ ▸ conjug 34 ◂ VT a *(= recouvrer)* to have *ou* get back b (* = *nettoyer* : *gén nég) [+ tissu, métal]* to get clean ◆ **cette casserole est difficile à ~** this saucepan is hard to clean, it's hard to get this saucepan clean

**rayage** /ʀɛjaʒ/ NM a *[de nom]* crossing *ou* scoring out b *[de canon]* rifling

**rayé, e** /ʀeje/ (ptp de **rayer**) ADJ a *[tissu, pelage]* striped; *[papier à lettres]* ruled, lined b *[surface]* scratched; *[disque]* scratched, scratchy c *(Tech) [canon]* rifled

**rayer** /ʀeje/ ▸ conjug 8 ◂ VT a *(= marquer de raies) [+ papier à lettres]* to rule, to line ◆ **des cicatrices lui rayaient le visage** scars lined his face b *(= érafler)* to scratch c *(= biffer)* to cross *ou* score out d *(= exclure)* **~ qn de** to cross sb *ou* sb's name off ◆ **il a été rayé de la liste** he *ou* his name has been crossed *ou* struck off the list ◆ **"rayer la mention inutile"** "cross out where not applicable", "delete where inapplicable" ◆ **~ qch de sa mémoire** to blot out *ou* erase sth from one's memory ◆ **~ un pays/une ville de la carte** *(fig)* to wipe a country/a town off the map ◆ **je l'ai rayé de mes tablettes** *(fig)* I want nothing to do with him ever again e *(Tech) [+ canon]* to rifle

**ray-grass** /ʀɛgʀɑs/ NM INV rye-grass, English meadow grass

**rayon** /ʀɛjɔ̃/ NM a *(gén = trait, faisceau, Opt, Phys)* ray; *[d'astre]* ray; *[de lumière, jour]* ray, beam; *[de phare]* beam

b *(= radiations)* **~s** rays ◆ **~s infrarouges/ultraviolets** infrared/ultraviolet rays ◆ **~s alpha/bêta** alpha/beta rays ◆ **~s X** X-rays ◆ **traitement par les ~s** radiation treatment ◆ **on lui fait des ~s** he's having radiation treatment

c *(fig = lueur)* ray ◆ **~ d'espoir** ray *ou* gleam of hope

d *(Math)* radius

e *[de roue]* spoke

f *(= planche)* shelf; *[de bibliothèque]* (book)shelf ◆ **le livre n'est pas en ~** the book is not on display *ou* on the shelves

g *(Comm)* department; *(petit)* counter ◆ **le ~ (de l')alimentation/(de la) parfumerie** *(= comptoir)* the food/perfume counter; *(= section)* the food/perfume department ◆ **le ~ frais** the fresh food department ◆ **le ~ enfants** the children's department ◆ **c'est/ce n'est pas son ~** *(spécialité)* that's/that isn't his line; *(responsabilité)* that's/that's not his concern *ou* responsibility *ou* department* ◆ **il en connaît un ~*** he knows masses about it*, he's really clued up about it* *(Brit)*

h *[de ruche]* (honey)comb

i *(= périmètre)* radius ◆ **dans un ~ de 10 km** within a radius of 10 km *ou* a 10-km radius

j *(Agr = sillon)* drill

COMP ▷ **rayon d'action** *(lit)* range; *(fig)* field of action, scope, range ◆ **engin à grand ~ d'action** long-range missile ▷ **rayon de braquage** *(Aut)* turning circle, (steering) lock *(Brit)* ▷ **rayon cathodique** cathode ray ▷ **rayons cosmiques** cosmic rays ▷ **rayon de courbure** radius of curvature ▷ **rayons gamma** gamma rays *ou* radiation ▷ **rayon ionisant** ionizing radiation

▷ **rayon laser** laser beam ▷ **rayon de lune** moonbeam ▷ **le rayon de la mort** the death ray ▷ **rayon de soleil** *(lit)* ray of sunlight *ou* sunshine, sunbeam; *(fig)* ray of sunshine ◆ **aux premiers ~s de soleil** at sunrise ▷ **rayon vert** green flash ▷ **rayon visuel** *(Opt)* line of vision *ou* sight

**rayonnage** /ʀɛjɔnaʒ/ NM a *(= planches)* set of shelves, shelving *(NonC)* ◆ **~s** (sets of) shelves, shelving b *(Agr)* drilling

**rayonnant, e** /ʀɛjɔnɑ̃, ɑ̃t/ ADJ a *(= radieux)* *[beauté, air, personne]* radiant; *[sourire]* radiant, beaming *(épith)*; *[visage]* wreathed in smiles, beaming ◆ **visage ~ de joie/santé** face radiant with joy/glowing *ou* radiant with health b *(= en étoile) [motif, fleur]* radiating ◆ **le style (gothique) ~** High Gothic ◆ **chapelles ~es** radiating chapels c *(Phys) [énergie, chaleur]* radiant; *(Méd) [douleur]* spreading

**rayonne** /ʀɛjɔn/ NF rayon ◆ **en ~** rayon *(épith)*

**rayonnement** /ʀɛjɔnmɑ̃/ NM a *(= influence)* influence; *(= magnétisme)* charisma ◆ **le ~ international de la France** the influence exerted internationally by France ◆ **le ~ de la culture française, le ~ culturel de la France** France's cultural influence ◆ **une université au ~ international** a university with an international reputation b *(= éclat) [de jeunesse, beauté]* radiance ◆ **dans tout le ~ de sa jeunesse** in the full radiance of his youth ◆ **le ~ de son bonheur** his radiant happiness c *(= lumière) [d'astre, soleil]* radiance d *(= radiations) [de chaleur, lumière, astre]* radiation ◆ **~ ionisant** ionizing radiation ◆ **chauffage par ~** radiant heating ◆ **~ fossile** background radiation

**rayonner** /ʀɛjɔne/ ▸ conjug 1 ◂ VI a *(= étinceler)* *[influence, culture, personnalité]* to shine forth ◆ **~ sur/dans** *(= se répandre) [influence, prestige]* to extend over/in, to make itself felt over/in; *[culture]* to extend over/in, to be influential over/in, to exert its influence over/in; *[personnalité]* to be influential over/in

b *(= être éclatant) [joie, bonheur]* to shine *ou* beam forth; *[beauté]* to shine forth, to be radiant; *[visage, personne] (de joie, de beauté)* to be radiant *(de* with); ◆ **le bonheur faisait ~ son visage** his face glowed with happiness ◆ **l'amour rayonne dans ses yeux** love shines *ou* sparkles in his eyes ◆ **~ de bonheur** to be radiant *ou* glowing *ou* beaming with happiness ◆ **~ de beauté** to be radiantly *ou* dazzlingly beautiful

c *(littér = briller) [lumière, astre]* to shine (forth), to be radiant

d *(Phys = émettre un rayonnement) [chaleur, énergie, lumière]* to radiate

e *(= faire un circuit)* ~ **autour d'une ville** *[touristes]* to use a town as a base for touring (around a region); *[cars]* to service the area around a town ◆ **~ dans une région** *[touristes]* to tour around a region (from a base); *[cars]* to service a region

f *(= aller en rayons) [avenues, lignes]* to radiate *(autour de* from, out from)

VT *(= garnir de rayonnages)* to shelve

**rayure** /ʀɛjyʀ/ NF *(= dessin)* stripe; *(= éraflure)* scratch; *[de fusil]* groove ◆ **papier/tissu à ~s** striped paper/material ◆ **à ~s noires** with black stripes, black-striped ◆ **costume à ~s fines** pinstriped suit

**raz-de-marée, raz de marée** /ʀɑdmaʀe/ NM INV *(Géog, fig)* tidal wave ◆ **~ électoral** *(victoire)* landslide (election) victory; *(changement)* big swing *(to a party in an election)*

**razzia** /ʀa(d)zja/ NF raid, foray, razzia ◆ **faire une ~ dans une maison/le frigo** * *(fig)* to raid a house/the fridge

**razzier** /ʀa(d)zje/ ▸ conjug 7 ◂ VT *(lit, fig = piller)* to raid, to plunder

**RDA** † /ɛʀdea/ NF (abrév de **République démocratique allemande**) GDR †

**rdc** abrév de **rez-de-chaussée**

**RDS** /ɛʀdeɛs/ NM (abrév de **remboursement de la dette sociale**) → **remboursement**

**ré** /ʀe/ NM *(Mus)* D; *(en chantant la gamme)* re, ray ◆ **en ~ mineur** in D minor

**réabonnement** /ʀeabɔnmɑ̃/ NM renewal of subscription ◆ **le ~ doit se faire dans les huit jours** renewal of subscription must be made within a week, subscriptions must be renewed within a week

**réabonner** /ʀeabɔne/ ▸ conjug 1 ◂ VT ◆ **~ qn** to renew sb's subscription *(à* to) VPR **se réabonner** to renew one's subscription, to take out a new subscription *(à* to)

**réabsorber** /ʀeapsɔʀbe/ ▸ conjug 1 ◂ VT to reabsorb

**réabsorption** /ʀeapsɔʀpsjɔ̃/ NF reabsorption

**réac** * /ʀeak/ ADJ, NMF abrév de **réactionnaire**

**réaccoutumer** /ʀeakutyme/ ▸ conjug 1 ◂ VT to reaccustom VPR **se réaccoutumer** to reaccustom o.s., to become reaccustomed *(à* to)

**réacheminer** /ʀeaʃəmine/ ▸ conjug 1 ◂ VT *[+ courrier, vivres]* to redirect

**réacteur** /ʀeaktœʀ/ NM *(Aviat)* jet engine; *(Chim, Phys)* reactor ◆ **~ nucléaire** nuclear reactor ◆ **~ thermique** thermal reactor ◆ **~ à neutrons rapides** fast-breeder reactor ◆ **~ à eau pressurisée** pressurised water reactor

**réactif, -ive** /ʀeaktif, iv/ ADJ reactive ◆ **papier ~** reagent *ou* test paper ◆ **peau réactive** sensitive skin NM *(Chim)* reagent

**réaction** /ʀeaksjɔ̃/ GRAMMAIRE ACTIVE 33.1 NF a *(gén, Sci)* reaction ◆ **être *ou* rester sans ~** to show no reaction ◆ **~ de défense/en chaîne** defence/chain reaction ◆ **une ~ de rejet à l'égard de ce parti** a rejection of this party ◆ **cette décision a provoqué *ou* suscité de violentes ~s dans l'opinion publique** there was strong public reaction to this decision ◆ **la ~ des marchés boursiers a été immédiate** the stock markets reacted immediately ◆ **sa ~ a été excessive** he overreacted ◆ **cette voiture a de bonnes ~s** this car responds well

♦ **en réaction** ◆ **être en ~ contre** to be in reaction against ◆ **en ~ contre les abus, ils ...** as a reaction against the abuses, they ...

♦ **en réaction à** *[propos, décision]* in reaction *ou* response to

b *(Pol)* **la ~** reaction

c *(Aviat)* **moteur à ~** jet engine ◆ **propulsion par ~** jet propulsion; → **avion**

**réactionnaire** /ʀeaksjɔnɛʀ/ ADJ, NMF reactionary

**réactionnel, -elle** /ʀeaksjɔnɛl/ ADJ *(Chim, Physiol)* reactional; *(Psych)* reactive ◆ **psychose réactionnelle** reactive psychosis

**réactivation** /ʀeaktivasjɔ̃/ NF reactivation

**réactiver** /ʀeaktive/ ▸ conjug 1 ◂ VT *[+ négociations, processus de paix, programme]* to revive, to restart; *[+ croissance, économie, mesures, projet]* to revive; *[+ machine, système]* to reactivate

**réactivité** /ʀeaktivite/ NF a *(Phys, Méd)* reactivity b *[d'employé]* adaptability, resourcefulness

**réactualisation** /ʀeaktɥalizasjɔ̃/ NF updating, bringing up to date

**réactualiser** /ʀeaktɥalize/ ▸ conjug 1 ◂ VT to update, to bring up to date

**réadaptation** /ʀeadaptasjɔ̃/ NF *[de personne]* readjustment; *(Méd)* rehabilitation; *[de muscle]* re-education ◆ **centre de ~ à la vie sauvage** animal sanctuary *(where animals are prepared for release into the wild)* ◆ **~ fonctionnelle** *(Méd)* rehabilitation

**réadapter** /ʀeadapte/ ▸ conjug 1 ◂ VT *[+ personne]* to readjust *(à* to) VPR **se réadapter** to readjust, to become readjusted *(à* to)

**réadmettre** /ʀeadmɛtʀ/ ▸ conjug 56 ◂ VT to readmit

**réadmission** /ʀeadmisjɔ̃/ NF readmission, readmittance

**ready-made** /ʀedimɛd/ NM INV *(Art)* ready-made

**réaffectation** /ʀeafɛktasjɔ̃/ NF *[de crédits, terrain, personne]* reallocation

**réaffecter** /ʀeafɛkte/ ▸ conjug 1 ◂ VT *(surtout passif) [+ crédits, terrain, personne]* to reallocate *(à* to)

**réaffirmation** /ʀeafiʀmasjɔ̃/ NF reaffirmation

**réaffirmer** /ʀeafiʀme/ ▸ conjug 1 ◂ VT to reaffirm, to reassert

**réagir** /ʀeaʒiʀ/ ▸ conjug 2 ◂ VI a *(gén, Chim)* to react *(à* to; *contre* against); *(= répondre)* to respond *(à* to); ◆ **il a réagi positivement à ma proposition** he reacted positively to my proposal ◆ **tu réagis trop violemment** you're overreacting ◆ **ils ont assisté à la scène sans ~** they saw what happened, but did nothing ◆ **il faut ~ !** you have to do something! ◆ **souhaitez-vous ~ à cette déclaration ?** would you like to respond to that statement? ◆ **il réagit bien au traitement** he's responding well to treatment ◆ **sa voiture réagit mal au freinage** his brakes aren't very responsive ◆ **les organes des sens réagissent aux excitations** sense organs respond to stimuli b ◆ **~ sur** to have an effect on, to affect ◆ **cet événement a réagi sur les sondages** this event affected the polls

**réajustement** /ʀeaʒystəmɑ̃/ NM *[de prix, loyer, salaires, taux]* adjustment

**réajuster** /ʀeaʒyste/ ▸ conjug 1 ◂ VT a *(= remettre en place) [+ mécanisme]* to readjust; *[+ vêtement]* to straighten (out), to tidy; *[+ cravate, lunettes]* to straighten, to adjust; *[+ coiffure]* to rearrange, to tidy ◆ **elle réajusta sa toilette** she straightened her clothes b *(= recentrer) [+ tir]* to (re)adjust; *[+ loyers, prix, salaires, taux]* to adjust VPR **se réajuster** *[personne]* to tidy *ou* straighten o.s. up

**réalignement** /ʀealiɲ(ə)mɑ̃/ NM *(Écon) [de monnaie, taux]* realignment

**réalisable** /ʀealizabl/ ADJ *[rêve]* attainable; *(Fin) [capital]* realizable; *[projet]* workable, feasible ◆ **difficilement ~** hard to achieve

**réalisateur, -trice** /ʀealizatœʀ, tʀis/ NM,F *(Ciné)* (film) director, film-maker; *(Radio, TV)* director

**réalisation** /ʀealizasjɔ̃/ NF a *[de rêve, ambition]* fulfilment ◆ **aura-t-il les moyens nécessaires à la ~ de son ambition ?** will he have what's needed to achieve *ou* fulfil his ambition? ◆ **plusieurs projets sont en cours de ~** several projects are in the pipeline *ou* are under way ◆ **pour accélérer la ~ du projet d'autoroute** to hasten the completion of the motorway ◆ **le constructeur automobile a joué un rôle actif dans la ~ de cet exploit** the car manufacturer played an active role in achieving this feat

b *[de meuble, bijou]* making; *[d'étude, sondage]* carrying out ◆ **une sauce dont la ~ est très délicate** a sauce that is very tricky to make ◆ **de ~ facile** easy to make ◆ **j'étais**

**chargé de la ~ de cette étude** I was asked to carry out this piece of research

c *(Fin) [de capital, valeurs, patrimoine]* realization

d *(Comm)* realization; *[de vente, contrat]* conclusion

e *(= création)* achievement, creation ◆ **c'est la plus belle ~ de l'architecte** it is the architect's finest achievement

f *(Ciné)* direction; *(Radio, TV)* production ◆ **"réalisation (de) John Huston"** "directed by John Huston" ◆ **la ~ du film a duré six mois** the film took six months to make ◆ **assistant à la ~** production assistant

g *(Mus)* realization

**réaliser** /Realize/ ▸ conjug 1 ◂ VT a *[+ ambition]* to achieve; *[+ désir]* to fulfil; *[+ effort]* to make; *[+ exploit]* to achieve, to carry off; *[+ projet]* to carry out, to carry through ◆ **~ un rêve** to fulfil *ou* achieve a dream ◆ **il a réalisé le meilleur temps aux essais** he got the best time in the trials ◆ **le sentiment d'avoir réalisé un exploit** the feeling that one has achieved something

b *(= effectuer) [+ meuble, bijou]* to make; *[+ étude, sondage]* to carry out, to do ◆ **c'est lui qui a réalisé tous les maquillages** he did all the makeup

c *(* = saisir)* to realize ◆ **~ l'importance de qch** to realize the importance of sth ◆ **je n'ai pas encore réalisé** it hasn't sunk in yet

d *(Ciné)* to direct; *(Radio, TV)* to produce ◆ **il vient de ~ son premier film** he's just made his first film ◆ **émission conçue et réalisée par ...** programme devised and produced by ...

e *(Comm)* to realize; *[+ achat, vente, bénéfice, économie]* to make; *[+ contrat]* to conclude ◆ **l'entreprise réalise un chiffre d'affaires de 15 000 € par semaine** the firm has a turnover of *ou* turns over €15,000 a week

f *(Fin) [+ capital, biens]* to realize ◆ **la banque a réalisé une partie de son portefeuille** part of the bank's portfolio was liquidated

g *(Mus)* to realize

VPR **se réaliser** a *[rêve, vœu]* to come true; *[prédiction]* to be fulfilled; *[projet]* to be carried out, to be achieved

b *[caractère, personnalité]* to be fulfilled ◆ **il s'est complètement réalisé dans son métier** he's completely fulfilled in his job

> ⚠ *Attention à ne pas traduire automatiquement* **réaliser** *par* **to realize**.

**réalisme** /Realism/ NM realism ◆ **le ~ socialiste** socialist realism

**réaliste** /Realist/ ADJ *[description, négociateur]* realistic; *(Art, Littérat)* realist NMF realist

**réalité** /Realite/ GRAMMAIRE ACTIVE 53.3, 53.4, 53.6 NF a *(= existence effective)* reality *(NonC)* ◆ **différentes ~s** different types of reality ◆ **~ virtuelle** virtual reality

◆ **en réalité** in (actual) fact, in reality

b *(= chose réelle)* reality ◆ **c'est une ~ incontournable** it's an inescapable fact ◆ **parfois la ~ dépasse la fiction** (sometimes) truth can be stranger than fiction ◆ **oublieux des ~s de la vie en communauté** neglecting the realities *ou* facts of communal life ◆ **détaché des ~s de ce monde** divorced from the realities of this world ◆ **ce sont les dures ~s de la vie** those are the harsh realities of life ◆ **son rêve est devenu (une) ~** his dream became (a) reality *ou* came true; → **désir, sens**

**reality show, reality-show** (pl **reality(-) shows**) /Realitiʃo/ NM *(TV)* reality TV show; *(= feuilleton)* real-life soap

**realpolitik** /Realpɔlitik/ NF realpolitik

**réaménagement** /Reamenaʒmɑ̃/ NM *[de site, espace]* redevelopment; *[de pièce]* refitting; *[de calendrier, horaires, structure, service]* reorganization ◆ **~ monétaire** currency readjustment

**réaménager** /Reamenaʒe/ ▸ conjug 3 ◂ VT *[+ site]* to redevelop; *[+ appartement, bâtiment]* to refit, to refurbish; *[+ horaires, structure, service]* to reorganize; *[+ taux d'intérêt]* to adjust

**réamorcer** /Reamɔrse/ ▸ conjug 3 ◂ VT a *[+ ordinateur]* to reboot; *[+ pompe]* to prime again ◆ **~ la pompe** *(fig)* to get things going again, to set things in motion again ◆ **ces investissements permettront de ~ la pompe de l'économie** these investments will give the economy a kickstart b *[+ dialogue, négociations, processus]* to start again, to reinitiate

**réanimateur, -trice** /ReanimatœR, tRis/ NM,F *(= personne)* resuscitator NM *(= respirateur)* ventilator, respirator

**réanimation** /Reanimasjɔ̃/ NF resuscitation; *(fig)* revival ◆ **être en (service de) ~** to be in the intensive care unit, to be in intensive care

**réanimer** /Reanime/ ▸ conjug 1 ◂ VT a *[+ personne]* to resuscitate, to revive b *(= faire revivre) [+ quartier, région]* to revive

**réapparaître** /ReapaRɛtR/ ▸ conjug 57 ◂ VI *[soleil]* to come out again, to reappear; *[maladie, symptôme]* to recur; *[personne]* to reappear, to come back

**réapparition** /ReapaRisjɔ̃/ NF *[de soleil]* reappearance; *[de maladie, symptôme]* recurrence; *[d'artiste]* comeback ◆ **la mode des chapeaux a fait sa ~** hats are back in *ou* have come back into fashion

**réapprendre** /ReapRɑ̃dR/ ▸ conjug 58 ◂ VT *(gén)* to relearn, to learn again; *(littér) [+ solitude, liberté]* to get to know again, to relearn *(littér)*, to learn again *(littér)* ◆ **~ qch à qn** to teach sth to sb again, to teach sb sth again ◆ **~ à faire qch** to learn to do sth again

**réapprentissage** /ReapRɑ̃tisaʒ/ NM ◆ **le ~ de qch** relearning sth, learning sth again ◆ **cela va demander un long ~** that will take a long time to relearn *ou* to learn again

**réapprovisionnement** /ReapRɔvizjɔnmɑ̃/ NM a *(Fin)* **le ~ d'un compte en banque** putting (more) money into a bank account b *(= ravitaillement)* resupplying c *[de magasin]* restocking, stocking up again

**réapprovisionner** /ReapRɔvizjɔne/ ▸ conjug 1 ◂ VT a *[+ compte en banque]* to put (more) money into b *(= ravitailler)* to resupply c *(Comm) [+ magasin]* to restock (*en* with) VPR **se réapprovisionner** to stock up again (*en* with)

**réargenter** /ReaRʒɑ̃te/ ▸ conjug 1 ◂ VT to resilver VPR **se réargenter** * *(= se renflouer)* to get back on a sound financial footing

**réarmement** /ReaRməmɑ̃/ NM a *[de fusil]* reloading; *[d'appareil-photo]* winding on b *(Naut) [de navire]* refitting c *[de pays]* rearmament ◆ **politique de ~** policy of rearmament

**réarmer** /ReaRme/ ▸ conjug 1 ◂ VT a *[+ fusil]* to reload; *[+ appareil-photo]* to wind on b *(Naut) [+ bateau]* to refit c *[+ pays]* to rearm VI **se réarmer** VPR *[pays]* to rearm

**réarrangement** /ReaRɑ̃ʒmɑ̃/ NM rearrangement ◆ **~ moléculaire** *(Phys)* molecular rearrangement

**réarranger** /ReaRɑ̃ʒe/ ▸ conjug 3 ◂ VT *[+ coiffure, fleurs, chambre]* to rearrange; *[+ cravate, jupe]* to straighten (up) again; *[+ entrevue]* to rearrange

**réassignation** /Reasiɲasjɔ̃/ NF *(Jur)* resummons *(sg)*; *(Fin)* reallocation

**réassigner** /Reasiɲe/ ▸ conjug 1 ◂ VT *(gén)* to reassign; *(Jur)* to resummon; *(Fin)* to reallocate

**réassort** /ReasɔR/ NM *(= action)* restocking; *(= marchandises)* fresh stock *ou* supply

**réassortiment** /ReasɔRtimɑ̃/ NM *(= action) [de stock]* replenishment; *[de verres]* replacement, matching (up); *[de service de table, tissu]* matching (up); *(= marchandises)* new *ou* fresh stock

**réassortir** /ReasɔRtiR/ ▸ conjug 2 ◂ VT *[+ magasin]* to restock (*en* with); *[+ stock]* to replenish; *[+ service de table]* to match (up); *[+ verres]* to replace, to match (up) VPR **se réassortir** *(Comm)* to stock up again (*de* with) to replenish one's stock(s) (*de* of)

**réassurance** /ReasyRɑ̃s/ NF reinsurance

**réassurer** VT, **se réassurer** VPR /ReasyRe/ ▸ conjug 1 ◂ to reinsure

**réassureur** /ReasyRœR/ NM reinsurer, reinsurance underwriter

**rebaisser** /R(ə)bese/ ▸ conjug 1 ◂ VI *[prix]* to go down again; *[température, niveau d'eau]* to fall again VT *[+ prix]* to bring back down, to bring down again, to lower again; *[+ radio, son, chauffage]* to turn down again; *[+ store, levier]* to pull down again, to lower again

**rebaptiser** /R(ə)batize/ ▸ conjug 1 ◂ VT *[+ enfant]* to rebaptize; *[+ rue]* to rename; *[+ navire]* to rechristen

**rébarbatif, -ive** /RebaRbatif, iv/ ADJ *(= rebutant) [mine]* forbidding, unprepossessing; *[sujet, tâche]* daunting, forbidding; *[style]* off-putting

**rebâtir** /R(ə)bɑtiR/ ▸ conjug 2 ◂ VT to rebuild

**rebattre** /R(ə)batR/ ▸ conjug 41 ◂ VT a *(Cartes)* to reshuffle b ◆ **il m'a rebattu les oreilles de son succès** he kept harping on about his success ◆ **il en parlait toute la journée, j'en avais les oreilles rebattues** he talked of it all day long until I was sick and tired of hearing about it *

**rebattu, e** /R(ə)baty/ (ptp de **rebattre**) ADJ *[sujet, citation]* hackneyed

**rebec** /Rəbɛk/ NM rebec(k)

**rebelle** /Rəbɛl/ ADJ *[troupes, soldat]* rebel *(épith)*; *[enfant, esprit, cœur]* rebellious; *[cheval]* restive; *[fièvre, maladie]* stubborn; *[mèche, cheveux]* unruly

◆ **rebelle à** ◆ **des mouvements de guérilla ~s à l'autorité de Delhi** guerilla movements resisting the Delhi government ◆ **des adolescents ~s aux activités intellectuelles** teenagers who resist *ou* rebel against intellectual activities ◆ **cette maladie est ~ aux médicaments** this disease does not respond to drugs ◆ **cheveux ~s à la brosse** unruly hair NMF rebel

**rebeller (se)** /R(ə)bele/ ▸ conjug 1 ◂ VPR to rebel (*contre* against)

**rébellion** /Rebeljɔ̃/ NF *(= révolte)* rebellion ◆ **la ~** *(= rebelles)* the rebels

**rebelote** /Rəbəlɔt/ EXCL *(Cartes)* rebelote! *(said when the king of trumps is played after the queen or the queen of trumps is played after the king)*; *(* fig)* here we go again!

**rebeu** ‡ /Rəbø/ NM *second-generation North African living in France*

**rebiffer (se)** * /R(ə)bife/ ▸ conjug 1 ◂ VPR *(= résister) [personne]* to hit *ou* strike back (*contre* at); *(fig) [corps, conscience]* to rebel (*contre* against)

**rebiquer** * /R(ə)bike/ ▸ conjug 1 ◂ VI *(= se redresser) [mèche de cheveux]* to stick up; *[col]* to curl up at the ends ◆ **ta veste rebique derrière** your jacket sticks out at the back

**reblanchir** /ʀ(ə)blɑ̃ʃiʀ/ ▸ conjug 2 ◂ **VT** *(gén)* to rewhiten; *[+ mur]* to rewhitewash

**reblochon** /ʀəblɔʃɔ̃/ **NM** *kind of cheese from Savoie*

**reboisement** /ʀ(ə)bwazmɑ̃/ **NM** reforestation, reafforestation

**reboiser** /ʀ(ə)bwaze/ ▸ conjug 1 ◂ **VT** to reforest, to reafforest

**rebond** /ʀ(ə)bɔ̃/ **NM** a *[de balle] (sur le sol)* bounce; *(contre un mur)* rebound ◆ **rattraper une balle au ~** to catch a ball on the bounce b *[d'histoire]* development c *(= amélioration) [d'activité économique, marché]* recovery ◆ **on note un léger ~ de la consommation** consumption has picked up slightly

**rebondi, e** /ʀ(ə)bɔ̃di/ (ptp de **rebondir**) **ADJ** *[objet, bouteille, forme]* potbellied; *[croupe]* rounded; *[poitrine]* well-developed; *[ventre]* fat; *[joues, visage]* chubby; *[femme]* curvaceous, amply proportioned; *[homme]* portly, corpulent; *[porte-monnaie]* well-lined ◆ **elle avait des formes ~es** she was amply proportioned ◆ **il a un ventre ~** he has a paunch, he has a fat stomach

**rebondir** /ʀ(ə)bɔ̃diʀ/ ▸ conjug 2 ◂ **VI** a *[balle] (sur le sol)* to bounce; *(contre un mur)* to rebound ◆ **faire ~ une balle par terre/contre un mur** to bounce a ball on the ground/against a wall b *[conversation]* to get going *ou* moving again; *[scandale, affaire, procès]* to be revived; *(Théât) [action, intrigue]* to get moving again, to take off again ◆ **l'affaire n'en finit pas de ~** there are new developments in the affair all the time ◆ **faire ~** *[+ conversation]* to give new impetus to, to set *ou* get going again; *[+ action d'une pièce]* to get *ou* set moving again; *[+ scandale, procès]* to revive c *[économie, marché, actions]* to pick up again ◆ **ça l'a aidé à ~ après son licenciement/son divorce** it helped him get back on his feet again after his dismissal/his divorce

**rebondissement** /ʀ(ə)bɔ̃dismɑ̃/ **NM** *(= développement)* (sudden new) development (*de* in); *(= réapparition)* sudden revival *(NonC)* (*de* of); ◆ **feuilleton/récit à ~s** action-packed serial/story ◆ **l'affaire vient de connaître un nouveau ~** there has been a new development in the affair ◆ **le ~ de la controverse sur la peine de mort** the sudden revival of the controversy about the death penalty

**rebord** /ʀ(ə)bɔʀ/ **NM** a *[d'assiette, tuyau, plat, pot]* rim; *[de puits, falaise]* edge; *[de corniche, table, buffet]* (projecting) edge ◆ **le ~ de la cheminée** the mantelpiece *ou* mantelshelf ◆ **le ~ de la fenêtre** the windowsill, the window ledge b *[de vêtement]* hem

**reborder** /ʀ(ə)bɔʀde/ ▸ conjug 1 ◂ **VT** *[+ vêtement]* to put a new edging on; *[+ enfant]* to tuck in again

**reboucher** /ʀ(ə)buʃe/ ▸ conjug 1 ◂ **VT** *[+ trou]* to fill in again; *[+ bouteille]* to recork; *[+ carafe]* to put the stopper back in; *[+ tube]* to put the cap back on **VPR se reboucher** *[tuyau]* to get blocked again

**rebours** /ʀ(ə)buʀ/ **à rebours LOC ADV** a *(= à rebrousse-poil)* **caresser un chat à ~** to stroke a cat the wrong way ◆ **lisser un tissu à ~** to smooth out a fabric against the nap *ou* pile ◆ **prendre qn à ~** *(fig)* to rub sb up the wrong way

b *(= à l'envers)* **faire un trajet à ~** to make a trip the other way round ◆ **prendre une rue en sens unique à ~** to go the wrong way up a one-way street ◆ **feuilleter un magazine à ~** to flip through a magazine from back to front ◆ **compter à ~** to count backwards ◆ **prendre l'ennemi à ~** *(Mil)* to surprise the enemy from behind; → **compte**

c *(= de travers)* **comprendre à ~** to misunderstand, to get the wrong idea, to get the wrong end of the stick* ◆ **faire tout à ~** to do everything the wrong way round *ou* back to front *(Brit)*

d *(= à l'opposé de)* **à ~ de** against ◆ **aller à ~ de la tendance générale** to go against *ou* run counter to the general trend ◆ **c'est à ~ du bon sens !** it goes against *ou* flies in the face of common sense!

**rebouteur, -euse** /ʀ(ə)butœʀ, øz/, **rebouteux, -euse** /ʀ(ə)butø, øz/ **NM,F** bonesetter

**reboutonner** /ʀ(ə)butɔne/ ▸ conjug 1 ◂ **VT** to button up again, to rebutton **VPR se reboutonner** to do o.s. up again, to do up one's buttons again

**rebrousse-poil** /ʀəbʀuspwal/ **à rebrousse-poil LOC ADV** *[caresser]* the wrong way ◆ **lisser un tissu à ~** to smooth out a fabric against the pile *ou* nap ◆ **prendre qn à ~** *(fig)* to rub sb up the wrong way ◆ **cette évolution prend toutes les habitudes à ~** this development goes right against the grain of established habits

**rebrousser** /ʀ(ə)bʀuse/ ▸ conjug 1 ◂ **VT** a ◆ **~ chemin** to turn back, to turn round and go back b *[+ poil]* to brush up; *[+ cheveux]* to brush back; *(Tech) [+ cuir]* to strike ◆ **~ le poil de qn** *(fig)* to rub sb up the wrong way

**rebuffade** /ʀ(ə)byfad/ **NF** rebuff ◆ **essuyer une ~** to be rebuffed, to suffer a rebuff

**rébus** /ʀebys/ **NM** *(= jeu)* rebus; *(fig = énigme)* puzzle

**rebut** /ʀəby/ **NM** a *(= déchets)* scrap ◆ **c'est du ~** *(objets)* it's scrap; *(vêtements)* they're just cast-offs ◆ **c'est le ~ de la cave** it's all the unwanted stuff from the cellar ◆ **mettre** *ou* **jeter au ~** to scrap, to throw out, to discard; *[+ vêtements]* to discard, to throw out ◆ **ces vieux journaux vont aller au ~** these old papers are going to be thrown out *ou* discarded ◆ **marchandises de ~** trash goods ◆ **bois de ~** old wood b *(péj = racaille)* **le ~ de la société** the scum *ou* dregs of society c *(Poste)* **~s** dead letters

**rebutant, e** /ʀ(ə)bytɑ̃, ɑ̃t/ **ADJ** *(= dégoûtant)* repellent; *(= décourageant)* disheartening, off-putting

**rebuter** /ʀ(ə)byte/ ▸ conjug 1 ◂ **VT** *(= décourager)* to dishearten, to discourage, to put off; *(= répugner)* to repel; *(littér = repousser durement)* to repulse ◆ **il ne faut pas te ~ tout de suite** don't be deterred *ou* put off straight away

**recacheter** /ʀ(ə)kaʃ(ə)te/ ▸ conjug 4 ◂ **VT** to reseal

**recadrage** /ʀ(ə)kadʀaʒ/ **NM** a *(Ciné, Photo)* cropping, reframing b *[de politique]* refocusing ◆ **le projet a subi de nombreux ~s** the project has been altered and redefined on numerous occasions

**recadrer** /ʀ(ə)kadʀe/ ▸ conjug 1 ◂ **VT** a *(Ciné, Photo)* to crop, to reframe b *[+ politique]* to refocus; *[+ action, projet]* to redefine the terms of ◆ **il faut ~ nos priorités** we need to redefine our priorities ◆ **le gouvernement a recadré sa réflexion sur l'éducation** the government has redefined *ou* rethought its position on education

**récalcitrant, e** /ʀekalsitʀɑ̃, ɑ̃t/ **ADJ** *(= indocile) [animal]* refractory, stubborn; *[personne]* recalcitrant, refractory; *[appareil, pièce]* unmanageable **NM,F** recalcitrant

**recalculer** /ʀ(ə)kalkyle/ ▸ conjug 1 ◂ **VT** *[+ budget]* to recalculate

**recalé, e** /ʀ(ə)kale/ (ptp de **recaler**) **ADJ** *(Scol, Univ) [étudiant]* failed, who has been failed ◆ **les (candidats) ~s à la session de juin** the exam candidates who were failed in June

**recaler** /ʀ(ə)kale/ ▸ conjug 1 ◂ **VT** *(Scol = refuser)* to fail ◆ **se faire ~** *ou* **être recalé en histoire** to fail (in) *ou* flunk* history ◆ **il a été recalé trois fois au permis de conduire** he failed his driving test three times

**recapitalisation** /ʀ(ə)kapitalizasjɔ̃/ **NF** *(Écon)* recapitalization

**recapitaliser** /ʀ(ə)kapitalize/ ▸ conjug 1 ◂ **VT** *(Écon)* to recapitalize

**récapitulatif, -ive** /ʀekapitylatif, iv/ **ADJ** *[chapitre]* recapitulative, recapitulatory; *[état, tableau]* summary *(épith)* ◆ **dresser un état ~ d'un compte** to draw up a summary statement of an account **NM** summary, recapitulation

**récapitulation** /ʀekapitylasjɔ̃/ **NF** recapitulation ◆ **faire la ~ de** to recapitulate

**récapituler** /ʀekapityle/ ▸ conjug 1 ◂ **VT** to recapitulate, to recap

**recarreler** /ʀ(ə)kaʀle/ ▸ conjug 4 ◂ **VT** to retile

**recaser*** /ʀ(ə)kaze/ ▸ conjug 1 ◂ **VT** *[+ chômeur]* to find a new job for; *[+ réfugié]* to rehouse ◆ **il a pu se ~** *[veuf, divorcé]* he managed to get hitched* again *ou* to find himself someone new; *[chômeur]* he managed to find a new job

**recauser*** /ʀ(ə)koze/ ▸ conjug 1 ◂ **VI** ◆ **~ de qch** to talk about sth again ◆ **je vous en recauserai** we'll talk about it again

**recéder** /ʀ(ə)sede/ ▸ conjug 6 ◂ **VT** *(= rétrocéder)* to give *ou* sell back; *(= vendre)* to resell

**recel** /ʀəsɛl/ **NM** ◆ **~ (d'objets volés)** *(= action)* receiving (stolen goods); *(= résultat)* possession of *ou* possessing stolen goods ◆ **~ de malfaiteur** harbouring a criminal ◆ **condamné pour ~** sentenced for possession of stolen goods *ou* for receiving (stolen goods)

**receler** /ʀ(ə)səle/ ▸ conjug 5 ◂ **VT** a *(Jur) [+ objet volé]* to receive, to fence*; *[+ malfaiteur]* to harbour b *(= contenir) [+ secret, erreur, trésor]* to conceal

**receleur, -euse** /ʀ(ə)səlœʀ, øz/ **NM,F** *(Jur)* receiver of stolen goods, fence*

**récemment** /ʀesamɑ̃/ **ADV** a *(= depuis peu)* recently ◆ **la pluie ~ tombée rendait la route glissante** the rain which had fallen recently *ou* had just fallen made the road slippery ◆ **~ publié** recently published b *(= dernièrement)* recently, lately *(gén dans phrases nég ou interrog)* ◆ **l'as-tu vu ~ ?** have you seen him lately *ou* recently? ◆ **encore (tout) ~ il était très en forme** just recently *ou* even quite recently he was still in tiptop form

**recensement** /ʀ(ə)sɑ̃smɑ̃/ **NM** *[de population]* census; *[d'objets]* inventory; *(Mil)* registration *(of young men eligible for military service)* ◆ **faire le ~ de la population** to take a *ou* the census of the population, to make *ou* take a population census ◆ **faire le ~ des besoins en matériel** to take *ou* make an inventory of equipment requirements

**recenser** /ʀ(ə)sɑ̃se/ ▸ conjug 1 ◂ **VT** *[+ population]* to take a *ou* the census of, to make a census of; *[+ objets]* to make *ou* take an inventory of; *[+ futurs conscrits]* to compile a register of; *[+ malades, victimes]* to make a list of ◆ **le pays compte trois millions de chômeurs recensés** the country has three million people registered as unemployed *ou* officially unemployed

**recenseur, -euse** /ʀ(ə)sɑ̃sœʀ, øz/ **ADJ M, NM,F** ◆ **(agent) ~** census taker

**recension** /ʀ(ə)sɑ̃sjɔ̃/ NF *(littér) (= collationnement)* recension, critical revision *(of a text)*; *(= inventaire) [de documents, faits]* inventory; *(= analyse) [d'œuvre littéraire]* review

**récent, e** /ʀesɑ̃, ɑ̃t/ ADJ *(= survenu récemment)* recent; *(= nouveau, de fraîche date)* new ◆ **les chiffres les plus ~s montrent que ...** the latest *ou* most recent figures show that... ◆ **jusqu'à une période ~e** until recently ◆ **ce phénomène est relativement ~** this phenomenon is relatively recent *ou* new ◆ **ce bâtiment est tout ~** this building is quite new

**recentrage** /ʀ(ə)sɑ̃tʀaʒ/ NM *[de parti]* movement towards the centre; *[de politique]* redefinition, reorientation; *(Écon) [d'activités]* refocusing

**recentralisation** /ʀ(ə)sɑ̃tʀalizasjɔ̃/ NF recentralization

**recentraliser** /ʀ(ə)sɑ̃tʀalize/ ► conjug 1 ◄ VT to recentralize

**recentrer** /ʀ(ə)sɑ̃tʀe/ ► conjug 1 ◄ VT *(Ftbl)* to centre again; *[+ politique]* to redefine, to reorient; *[+ débat]* to bring back to the main point; *(Écon) [+ activités]* to refocus VPR **se recentrer** ◆ **se ~ sur une activité** to refocus on an activity

**récépissé** /ʀesepise/ NM *(= reçu)* receipt

**réceptacle** /ʀesɛptakl/ NM *(= déversoir) (gén, Bot)* receptacle; *(Géog)* catchment basin

**récepteur, -trice** /ʀesɛptœʀ, tʀis/ ADJ receiving ◆ **poste ~** receiver NM *(gén, Téléc)* receiver; *(TV)* (receiving) set; *(Bio, Physiol)* receptor ◆ **~ (de télévision)** television set ◆ **~ téléphonique** (telephone) receiver

> ⚠ **récepteur** *se traduit par le mot anglais* **receptor** *uniquement en biochimie et physiologie.*

**réceptif, -ive** /ʀesɛptif, iv/ ADJ receptive *(à* to); *(Méd)* susceptible *(à* to)

**réception** /ʀesɛpsjɔ̃/ GRAMMAIRE ACTIVE 47.2, 52.1
NF a *(= accueil)* welcome, reception ◆ **discours de ~** welcoming speech ◆ **heures de ~ de 14 à 16 heures** consultations between 2 and 4 pm ◆ **quelles sont vos heures de ~ ?** *(Scol)* when are you available to see parents?; *(Univ)* when are you available to see students?

b *(= bureau)* reception, reception desk; *(= entrée, salon) [d'hôtel]* entrance hall; *[d'appartement, villa]* reception room ◆ **adressez-vous à la ~** ask at reception *ou* at the reception desk ◆ **salle de ~** function room ◆ **salons de ~** reception rooms

c *(= réunion, fête)* reception; → **jour**

d *(= action de recevoir) [de paquet, lettre]* receipt; *(Bio, Radio, TV)* reception ◆ **à la ~ de sa lettre** on receipt of *ou* on receiving his letter ◆ **c'est lui qui s'occupe de la ~ des marchandises** he is the one who takes delivery of the goods ◆ **la ~ est mauvaise aujourd'hui** *(Radio)* reception is bad *ou* poor today; → **accusé, accuser**

e *(Sport) (= prise, blocage) (Ftbl, Rugby)* stopping, trapping; *(Volley)* catching; *(= atterrissage) [de sauteur, parachutiste]* landing ◆ **le footballeur a manqué sa ~** the player missed the ball *ou* failed to take the pass ◆ **il a manqué sa ~** *[sauteur]* he made a bad landing *ou* landed badly

f *(Constr)* **~ des travaux** acceptance of work done *(after verification)*

**réceptionnaire** /ʀesɛpsjɔnɛʀ/ NMF *[d'hôtel]* head of reception; *(Comm) [de marchandises]* receiving clerk; *(Jur)* receiving agent

**réceptionner** /ʀesɛpsjɔne/ ► conjug 1 ◄ VT *[+ marchandises]* to receive, to take delivery of, to check and sign for; *[+ client]* to receive, to welcome; *(Sport) [+ balle]* to receive VPR **se réceptionner** *(Sport)* to land

**réceptionniste** /ʀesɛpsjɔnist/ NMF receptionist ◆ **~-standardiste** receptionist and telephonist

**réceptivité** /ʀesɛptivite/ NF *(gén)* receptivity, receptiveness; *(Méd)* susceptibility *(à* to)

**récessif, -ive** /ʀesesif, iv/ ADJ *(Bio)* recessive

**récession** /ʀesesjɔ̃/ NF recession ◆ **de ~** recessionary ◆ **~ avec inflation** slumpflation

**récessionniste** /ʀesesjɔnist/ ADJ recessionary ◆ **tendance ~** recessionary trend

**récessivité** /ʀesesivite/ NF recessiveness

**recette** /ʀ(ə)sɛt/ NF a *(Culin)* recipe; *(Chim) [de teinture, produit]* formula; *(fig = truc, secret)* formula, recipe *(de* for) b *(= encaisse)* takings ◆ **aujourd'hui, j'ai fait une bonne ~** I've made a good day's takings, the takings were good today ◆ **faire ~** *(= avoir du succès)* to be a big success, to be a winner c *(= rentrées d'argent)* **~s** receipts ◆ **l'excédent des ~s sur les dépenses** the excess of receipts *ou* revenue over expenses *ou* outlay ◆ **~s fiscales** tax revenue(s), revenue from taxation d *(Impôts) (= recouvrement)* collection; *(= bureau)* tax (collector's) office, revenue office ◆ **~ municipale** local tax office ◆ **~(-perception)** tax office ◆ **~ principale** main tax office; → **garçon**

**recevabilité** /ʀ(ə)səvabilite/ NF *(Jur) [de pourvoi, témoignage]* admissibility

**recevable** /ʀ(ə)səvabl/ ADJ *(Jur) [demande, appel, pourvoi]* admissible, allowable; *[personne]* competent ◆ **témoignage non ~** inadmissible evidence

**receveur** /ʀ(ə)səvœʀ/ NM a *(Méd)* recipient ◆ **~ universel** universal recipient b ◆ **~ (d'autobus)** conductor ◆ **~ (des contributions)** tax collector *ou* officer ◆ **~ (des postes)** postmaster ◆ **~ municipal** local tax officer

**receveuse** /ʀ(ə)səvøz/ NF a *(Méd)* recipient ◆ **~ universelle** universal recipient b ◆ **~ (d'autobus)** conductress ◆ **~ (des contributions)** tax collector *ou* officer ◆ **~ (des postes)** postmistress

**recevoir** /ʀ(ə)səvwaʀ/ ► conjug 28 ◄ VT a *(gén)* to get, to receive; *[+ approbation, refus]* to get, to meet with; *[+ modifications]* to undergo; *[+ confession]* to hear; *(Rel) [+ vœux, sacrement]* to receive ◆ **~ les ordres** *(Rel)* to take holy orders ◆ **nous avons bien reçu votre lettre du 15 juillet** we acknowledge *ou* confirm receipt of your letter of 15 July ◆ **je vous reçois cinq sur cinq** *(Radio, fig)* I'm receiving you loud and clear ◆ **un procédé qui a reçu le nom de son inventeur** a process which took its name from the inventor ◆ **l'affaire recevra toute notre attention** the matter will receive our full attention ◆ **nous avons reçu la pluie** we got *ou* had rain ◆ **j'ai reçu le caillou sur la tête** the stone hit me on the head, I got hit on the head by the stone ◆ **il a reçu un coup de pied/un coup de poing dans la figure** he got kicked/punched in the face ◆ **c'est lui qui a tout reçu** *(blâme, coups)* he bore the brunt of it; *(sauce, éclaboussures)* most of it went on him ◆ **recevez, cher Monsieur (***ou* **chère Madame), l'expression de mes sentiments distingués** *(formule épistolaire)* yours faithfully *(Brit) ou* truly *(US)*; → **leçon, ordre²**

b *[+ invité] (= accueillir)* to welcome, to greet, to receive *(frm)*; *(= traiter)* to entertain; *(= loger)* to put up, to have to stay; *[+ jeux olympiques, championnat]* to host; *(Admin) [+ employé, demandeur]* to see; *[+ demande, déposition, plainte]* to admit ◆ **~ qn à dîner** to have sb to dinner ◆ **ils ont reçu le roi** they entertained the king ◆ **être bien/mal reçu** *[proposition, nouvelles]* to be well/badly received; *[personne]* to receive a warm welcome/frosty reception ◆ **on est toujours bien/mal reçu chez eux** they always/never make you feel welcome ◆ **~ qn à bras ouverts** to welcome sb with open arms ◆ **il est reçu partout dans la haute société** all doors are open to him in society ◆ **les Dupont reçoivent beaucoup** the Duponts entertain a lot ◆ **la baronne reçoit le jeudi** the baroness is at home (to visitors) on Thursdays ◆ **le directeur reçoit le jeudi** the principal receives visitors on Thursdays ◆ **le docteur reçoit de 10 h à 12 h** the doctor's surgery is from 10 am till noon *(Brit)*, the doctor is in his office from 10 till noon *(US)* ◆ **~ la visite de qn/d'un cambrioleur** to get a visit from sb/from a burglar ◆ **se faire ~** * to get shouted at; → **chien**

c *(Scol, Univ) [+ candidat]* to pass ◆ **être reçu à un examen** to pass an exam ◆ **il a été reçu dans les premiers/dans les derniers** he was near the top/bottom in the exam ◆ **il a été reçu premier/deuxième/dernier** he came first/second/last *ou* bottom in the exam; → **reçu**

d *(= contenir) [hôtel, lycée]* to take, to accommodate; *(= récolter) [gouttière]* to collect ◆ **par manque de locaux on n'a pas pu ~ plus d'élèves cette année** we didn't have room to take more pupils this year ◆ **~ un affluent** *[rivière]* to be joined by a tributary ◆ **leur chambre ne reçoit jamais le soleil** their room never gets any sun

e *(Tech) [+ pièce mobile]* to take ◆ **cette encoche reçoit le crochet qui assure la fermeture de la porte** this notch takes the hook which keeps the door shut, the hook that keeps the door shut fits into this ring

VPR **se recevoir** a *(= tomber)* to land ◆ **se ~ sur une jambe/sur les mains** to land on one leg/on one's hands ◆ **il s'est mal reçu** he landed awkwardly

b *(† = se fréquenter)* **elles se connaissent mais ne se reçoivent pas** they know each other but they are not on visiting terms

**rechange** /ʀ(ə)ʃɑ̃ʒ/ NM a ◆ **~ (de vêtements)** change of clothes ◆ **as-tu ton ~ ?** have you got a change of clothes? b ◆ **de ~** *(= de remplacement) [solution, politique]* alternative; *(= de secours) [outil]* spare ◆ **avoir du linge de ~** to have a change of clothes ◆ **j'ai apporté des chaussures de ~** I brought a spare *ou* an extra pair of shoes; → **pièce**

**rechanger** /ʀ(ə)ʃɑ̃ʒe/ ► conjug 3 ◄ VT to change again

**rechanter** /ʀ(ə)ʃɑ̃te/ ► conjug 1 ◄ VT to sing again

**rechapage** /ʀ(ə)ʃapaʒ/ NM *(= opération)* retreading, remoulding *(Brit)* ◆ **le ~ n'a pas duré** *(= résultat)* the retread *ou* remould *(Brit)* didn't last long

**rechaper** /ʀ(ə)ʃape/ ► conjug 1 ◄ VT *[+ pneu]* to retread, to remould *(Brit)* ◆ **pneus rechapés** retreads, remoulds *(Brit)*

**réchappé, e** /ʀeʃape/ (ptp de **réchapper**) NM,F survivor *(de* of); ◆ **les ~s du naufrage** the survivors of the shipwreck

**réchapper** /ʀeʃape/ ► conjug 1 ◄ VI ◆ **~ de** *ou* **à** *[+ accident, maladie]* to come through ◆ **tu as eu de la chance d'en ~** you were lucky to escape with your life ◆ **si jamais j'en réchappe** if ever I come through this

**recharge** /ʀ(ə)ʃaʀʒ/ NF a *(= action) (Élec)* recharging; *(Mil)* reloading b *(= cartouche) [d'arme]* reload; *[de stylo, agenda]* refill

**rechargeable** /ʀ(ə)ʃaʀʒabl/ ADJ *[batterie, pile, appareil électrique, carte à puce]* rechargeable;

*[stylo, vaporisateur, aérosol]* refillable; *[briquet]* refillable, rechargeable

**rechargement** /ʀ(ə)ʃaʀʒəmɑ̃/ NM **a** *[de stylo]* refilling; *[de briquet]* refilling, recharging; *[de batterie, pile]* recharging ◆ ~ **en combustible d'un réacteur nucléaire** refuelling a nuclear reactor **b** *(Tech) [de route]* remetalling; *[de voie, rails]* relaying

**recharger** /ʀ(ə)ʃaʀʒe/ ▸ conjug 3 ◂ VT **a** *[+ arme, appareil-photo]* to reload; *[+ briquet]* to refill, to recharge; *[+ batterie, pile]* to recharge ◆ ~ **ses batteries** *ou* **ses accus** * *(fig)* to recharge one's batteries **b** *[+ véhicule]* reload, to load up again **c** *(Tech) [+ route]* to remetal; *[+ voie, rails]* to relay VPR **se recharger** *(= être rechargeable) [stylo]* to be refillable; *[briquet, batterie, pile]* to be rechargeable; *(= se charger à nouveau) [batterie, pile]* to recharge

**réchaud** /ʀeʃo/ NM **a** *(= appareil de cuisson)* (portable) stove ◆ ~ **à gaz** gas stove *ou* ring *(Brit)* ◆ ~ **à alcool** spirit stove **b** *(= chauffe-plat)* plate-warmer **c** *(= cassolette)* burner *(for incense etc)*

**réchauffage** /ʀeʃofaʒ/ NM *[d'aliment]* reheating

**réchauffé, e** /ʀeʃofe/ (ptp de **réchauffer**) ADJ *[nourriture]* reheated, warmed-up; *(péj) [plaisanterie]* stale, old hat *(attrib)*; *[théories]* rehashed, old hat *(attrib)* ◆ **des manches courtes en décembre ? eh bien ! tu es ~ !** * you're wearing short sleeves in December? you don't feel the cold, do you! NM ◆ **c'est du ~** *(ragoût)* it's reheated *ou* warmed-up; *(vieille affaire)* it's old hat

**réchauffement** /ʀeʃofmɑ̃/ NM *[d'eau, membres, personne]* warming (up) ◆ **le ~ de la planète** global warming ◆ **on constate un ~ de la température** the temperature is rising ◆ **on espère un ~ de la température** we're hoping for warmer weather ◆ **ceci a favorisé le ~ des relations entre les deux pays** this has made for warmer relations between the two countries

**réchauffer** /ʀeʃofe/ ▸ conjug 1 ◂ VT **a** *[+ aliment]* to reheat, to heat *ou* warm up again ◆ **réchauffe** *ou* **fais ~ la soupe, mets la soupe à ~** reheat the soup, heat *ou* warm the soup up again **b** *[+ personne]* to warm up ◆ **une bonne soupe, ça réchauffe** a nice bowl of soup warms you up ◆ ~ **un serpent dans son sein** *(littér, hum)* to nurse a viper in one's bosom **c** *(= réconforter) [+ cœur]* to warm; *(= ranimer) [+ courage]* to stir up, to rekindle ◆ **cela m'a réchauffé le cœur de les voir** it did my heart good *ou* it was heartwarming to see them **d** *[soleil]* to heat up, to warm up ◆ **le soleil réchauffe la terre** the sun warms the earth ◆ **ce rayon de soleil va ~ l'atmosphère** this ray of sunshine will warm up the air ◆ **les tons bruns réchauffent la pièce** the browns make the room seem warmer VPR **se réchauffer** **a** *[temps, température]* to get warmer, to warm up ◆ **on dirait que ça se réchauffe** it feels as if it's getting warmer *ou* warming up **b** *[personne]* to warm o.s. (up) ◆ **alors tu te réchauffes un peu ?** are you warming up now? *ou* feeling a bit warmer now? ◆ **se ~ les doigts, ~ ses doigts** to warm one's fingers (up)

**réchauffeur** /ʀeʃofœʀ/ NM heater

**rechausser** /ʀ(ə)ʃose/ ▸ conjug 1 ◂ VT **a** *(Agr) [+ arbre]* to earth up; *(Constr) [+ mur]* to consolidate **b** ◆ ~ **un enfant** *(chaussures enlevées)* to put a child's shoes back on; *(chaussures neuves)* to buy a child new shoes ◆ ~ **une voiture** to put new tyres *(Brit) ou* tires *(US)* on a car **c** ◆ ~ **ses skis** to put one's skis back on VPR **se rechausser** to put one's shoes back on; *(= acheter de nouvelles chaussures)* to buy (o.s.) new shoes

**rêche** /ʀɛʃ/ ADJ *(au toucher) [tissu, peau]* rough, harsh; *(au goût) [vin]* rough; *[fruit vert]* harsh; *(péj) [personne]* abrasive

**recherche** /ʀ(ə)ʃɛʀʃ/ NF **a** *(= action de rechercher)* search (*de* for); ◆ **la ~ de ce document m'a pris plusieurs heures** it took me several hours to search for the document ◆ **la ~ de l'albumine dans le sang est faite en laboratoire** tests to detect albumin in the blood are performed in a laboratory

◆ **à la recherche de** in search of ◆ **être/se mettre à la ~ de qch/qn** to be/go in search of sth/sb, to search for sth/sb ◆ **je suis à la ~ de mes lunettes** I'm searching *ou* looking for my glasses ◆ **ils sont à la ~ d'un appartement** they're looking for a flat *(Brit) ou* an apartment *(US)* ◆ **nous avons fait toute la ville à la ~ d'un livre sur la Norvège** we looked all over town for a book about Norway ◆ **il a dû se mettre à la ~ d'une nouvelle situation** he had to start looking for a new job ◆ **il est toujours à la ~ d'une bonne excuse** he's always looking for *ou* on the look-out for a good excuse

**b** *(= enquête)* ~**s** investigations ◆ **faire des ~s** to make *ou* pursue investigations ◆ **malgré toutes leurs ~s, ils n'ont pas trouvé le document** despite all their searching they couldn't find the document ◆ **toutes nos ~s pour retrouver l'enfant sont demeurées sans résultat** all our attempts to find the child remained fruitless ◆ **jusqu'ici il a échappé aux ~s de la police** until now he has eluded the police

**c** *(Scol, Univ)* **la ~** *(= activité intellectuelle, métier, spécialité)* research ◆ ~**s** *(= études, enquêtes)* research ◆ **faire des ~s sur un sujet** to do *ou* carry out research into a subject ◆ **que fait-il comme ~s ?** what is he doing research on?, what is his field of research? ◆ **être dans la ~** to be a researcher ◆ **faire de la ~** to do research ◆ **il fait de la ~ en chimie** he's doing research in chemistry ◆ **bourse/étudiant de ~** research grant/student ◆ **travail de ~** research work ◆ ~ **appliquée/fondamentale** applied/basic research ◆ ~ **clinique** clinical research ◆ ~ **et développement** research and development, R & D ◆ ~ **opérationnelle** operational research

**d** *(fig = poursuite)* pursuit (*de* of) search (*de* for); ◆ **la ~ de la gloire** the pursuit of fame ◆ **la ~ de la perfection** the search *ou* quest for perfection ◆ **la ~ des plaisirs** the pursuit of pleasure

**e** *(= raffinement) [de tenue, ameublement]* studied elegance; *(péj = affectation)* affectation ◆ **être habillé avec ~/sans ~** to be dressed with studied elegance/carelessly

**f** *(Ordin)* search

> ⚠ **recherche** *se traduit par* **research** *uniquement quand il désigne une activité intellectuelle.*

**recherché, e** /ʀ(ə)ʃɛʀʃe/ (ptp de **rechercher**) ADJ **a** *[tableau, livre]* much sought-after; *[produits, acteur, conférencier]* in great demand *(attrib)*, much sought-after; *(= apprécié des connaisseurs) [morceau délicat, plaisir]* choice *(épith)*, exquisite **b** *(= étudié, soigné) [style]* mannered; *[expression]* studied; *[vocabulaire]* recherché, carefully chosen; *[tenue]* meticulous; *(péj)* affected

**recherche-développement** /ʀ(ə)ʃɛʀʃdev(ə)lɔpmɑ̃/ NF research and development, R and D

**rechercher** /ʀ(ə)ʃɛʀʃe/ ▸ conjug 1 ◂ VT **a** *(= chercher à trouver) [+ objet, enfant]* to search for; *[+ coupable, témoin]* to try to find, to look for; *[+ cause]* to try to discover ◆ ~ **l'albumine dans le sang** to check for albumin in the blood ◆ ~ **comment/pourquoi** to try to find out how/why ◆ ~ **qch dans sa mémoire** to search one's memory for sth ◆ **il faudra ~ ce document dans tous les vieux dossiers** we'll have to search through all the old files to find this document ◆ ~ **un mot dans un fichier** *(Ordin)* to search a file for a word ◆ **"on recherche femme de ménage"** *(annonce)* "cleaner required" ◆ **recherché pour meurtre** wanted for murder ◆ **les policiers le recherchent depuis deux ans** the police have been looking for him for two years ◆ **la police recherche ...** the police want to interview ...

**b** *(= viser à) [+ honneurs]* to seek; *[+ succès, plaisir]* to pursue; *[+ danger]* to court; *[+ compliments]* to fish for ◆ ~ **la perfection** to strive for *ou* seek perfection ◆ ~ **l'amitié/la compagnie de qn** to seek sb's friendship/company ◆ **un photographe qui recherche l'insolite** a photographer who strives to capture the unusual

**c** *(= chercher à nouveau)* to search for *ou* look for again ◆ **il faudra que je recherche dans mon sac** I must have another look (for it) in my bag, I must look in my bag again ◆ **recherche donc cette lettre** have another look for that letter

**d** *(= reprendre) [+ personne]* to collect, to fetch

> ⚠ **rechercher** *se traduit rarement par* **to research**, *qui a le sens de 'faire des recherches sur'.*

**rechigner** /ʀ(ə)ʃiɲe/ ▸ conjug 1 ◂ VI *(= renâcler)* to balk, to jib (*à, devant qch* at sth; *à faire* at doing); ◆ **quand je lui ai dit de m'aider, il a rechigné** when I told him to help me he balked *ou* he made a sour face ◆ **faire qch en rechignant** to do sth with bad grace *ou* reluctantly ◆ **il m'a obéi sans trop ~** he obeyed me without making too much fuss

**rechute** /ʀ(ə)ʃyt/ NF *(Méd)* relapse; *(fig : dans l'erreur, le vice)* lapse (*dans* into); ◆ **faire** *ou* **avoir une ~** *(Méd)* to have a relapse

**rechuter** /ʀ(ə)ʃyte/ ▸ conjug 1 ◂ VI *(Méd)* to relapse, to have a relapse

**récidivant, e** /ʀesidivɑ̃, ɑ̃t/ ADJ *(Méd)* recurring

**récidive** /ʀesidiv/ NF **a** *(Jur)* second *ou* subsequent offence *(Brit) ou* offense *(US)* ◆ **en cas de ~** in the event of a second *ou* subsequent offence, in the event of a repetition of the offence ◆ **escroquerie avec ~** second offence of fraud ◆ **être en ~** to reoffend, to be a recidivist *(SPÉC)* ◆ **les cas de ~ se multiplient chez les jeunes délinquants** reoffending *ou* recidivism *(SPÉC)* is on the increase among juvenile delinquents ◆ **à la première ~, je le fiche à la porte** if he does that once again, I'll throw him out **b** *(Méd)* recurrence; *(fig = nouvelle incartade)* repetition *(of one's bad ways)*

**récidiver** /ʀeside/ ▸ conjug 1 ◂ VI *(Jur)* to reoffend; *[enfant, élève]* to do it again; *(Méd)* to recur ◆ **il a récidivé 15 minutes plus tard avec un second but** he did it again * 15 minutes later with a second goal

**récidivisme** /ʀesidivism/ NM reoffending, recidivism *(SPÉC)*

**récidiviste** /ʀesidivist/ NMF second offender, recidivist *(SPÉC)*; *(plusieurs répétitions)* habitual offender, recidivist *(SPÉC)* ◆ **condamné ~** recidivist

**récidivité** /ʀesidivite/ NF *(Méd)* recurring nature

**récif** /ʀesif/ NM reef ◆ ~ **corallien** ou **de corail** coral reef ◆ ~ **frangeant** fringing reef ◆ ~**-barrière** barrier reef

**récipiendaire** /ʀesipjɑ̃dɛʀ/ NM (Univ) recipient *(of a diploma)*; *[de société]* newly elected member, member elect

**récipient** /ʀesipjɑ̃/ NM container

> ⚠ **récipient** *ne se traduit pas par le mot anglais* **recipient**.

**réciprocité** /ʀesipʀɔsite/ NF reciprocity

**réciproque** /ʀesipʀɔk/ ADJ *[sentiments, confiance, tolérance, concessions]* reciprocal, mutual; *(Math) [figure, transformation]* reciprocal; *[adjectif, verbe, pronom]* reciprocal ◆ **propositions** ~**s** *(Logique)* converse propositions ◆ **je lui fais confiance et c'est** ~ I trust him and he trusts me ◆ **il la détestait et c'était** ~ he hated her and the feeling was mutual NF ◆ **la** ~ *(= l'inverse) (gén)* the opposite, the reverse; *(Logique)* the converse; *(= la pareille)* the same (treatment) ◆ **il me déteste mais la** ~ **n'est pas vraie** he hates me but the opposite ou reverse isn't true ◆ **s'attendre à la** ~ to expect the same (treatment) ou to be paid back

**réciproquement** /ʀesipʀɔkmɑ̃/ ADV a *(= l'un l'autre)* each other, one another ◆ **ils se félicitaient** ~ they congratulated each other ou one another b *(= vice versa)* vice versa ◆ **il me déteste et** ~ he hates me and I hate him ou and the feeling is mutual ◆ **un employé doit avoir de l'estime pour son chef et** ~ an employee should respect his boss and vice versa

**réciproquer** /ʀesipʀɔke/ ▸ conjug 1 ◂ VT *(Belg) [+ vœux, aide]* to reciprocate

**récit** /ʀesi/ NM a *(= action de raconter)* account, story; *(= histoire)* story; *(= genre)* narrative ◆ ~ **autobiographique** autobiographical account ◆ ~ **de voyage** travel story ◆ **faire le** ~ **de** to give an account of, to tell the story of ◆ **au** ~ **de ces exploits** on hearing the story of these exploits b *(Théât = monologue)* (narrative) monologue

**récital** (pl **récitals**) /ʀesital/ NM recital ◆ **donner un** ~ **de piano** to give a piano recital

**récitant, e** /ʀesitɑ̃, ɑ̃t/ ADJ *(Mus)* solo NM,F *(Mus, Radio, Théât, TV)* narrator

**récitatif** /ʀesitatif/ NM recitative

**récitation** /ʀesitasjɔ̃/ NF a *(= matière, classe)* recitation ◆ **composition de** ~ recitation test ◆ **leçon de** ~ verse to be recited by heart b *(= texte, poème)* recitation, piece (to be recited) c *(= action)* recital, reciting

**réciter** /ʀesite/ ▸ conjug 1 ◂ VT a *[+ leçon, chapelet, prière]* to recite b *(péj) [+ profession de foi, témoignage]* to trot out, to recite

**réclamation** /ʀeklamasjɔ̃/ NF a *(= plainte)* complaint; *(Sport)* objection ◆ **faire/déposer une** ~ to make/lodge a complaint ◆ **adressez vos** ~**s à ..., pour toute** ~ **s'adresser à ...** all complaints should be referred to ... ◆ **"(bureau ou service des) réclamations"** "complaints department ou office" ◆ **téléphonez aux** ~**s** *(Téléc)* ring the engineers b *(= récrimination)* protest, complaint

> ⚠ **réclamation** *ne se traduit pas par le mot anglais* **reclamation**, *qui a le sens de 'récupération'*.

**réclame** /ʀeklɑm/ NF *(= annonce publicitaire)* advertisement, ad *, advert *(Brit)* ◆ **la** ~ *(= publicité)* advertising, publicity ◆ **faire de la** ~ **pour un produit** to advertise ou publicize a product ◆ **ça ne leur fait pas de** ~ that's not very good publicity for them ◆ **je ne vais pas lui faire de la** ~ *(fig)* I'm not going to give him free publicity ◆ **en** ~ on (special) offer ◆ **article** ~ special offer

**réclamer** /ʀeklɑme/ ▸ conjug 1 ◂ VT a *(= demander) [+ silence, paix, aide]* to ask ou call for; *[+ argent, augmentation]* to ask for; *[+ pain]* to ask ou beg for ◆ **je lui ai réclamé mon stylo** I asked him for my pen back ◆ ~ **qch avec insistance** ou **haut et fort** to clamour for sth ◆ ~ **l'indulgence de qn** to beg ou crave sb's indulgence ◆ **je réclame la parole !** I want to say something! ◆ **il m'a réclamé à boire/un jouet** he asked me for a drink/a toy ◆ **je n'aime pas les enfants qui réclament** I don't like children who are always asking for things ◆ **l'enfant malade réclame sa mère** the sick child is calling ou asking for his mother, the sick child wants his mother

b *(= exiger) [+ droit, dû]* to claim; *(plus énergique) [+ rançon]* to demand; *[+ part]* to claim, to lay claim to ◆ ~ **justice** to demand justice ◆ **les policiers lui ont réclamé ses papiers d'identité** the police officers demanded (to see) his identity papers ◆ **certains réclament que cette question soit inscrite à l'ordre du jour** some people are insisting that this issue be put on the agenda ◆ ~ **la démission du ministre** to call for the minister to resign ou for the minister's resignation

c *(= nécessiter) [+ patience, soin]* to call for, demand, to require

VI *(= protester)* to complain ◆ **si vous n'êtes pas content, allez** ~ **ailleurs** if you're not happy, go and complain ou make your complaints elsewhere ◆ ~ **contre qch** to cry out against sth

VPR **se réclamer** ◆ **se** ~ **de** *[+ parti, organisation]* to claim to represent; *[+ théorie, principe]* to claim to adhere to; *[+ personne]* to claim to be a follower of ◆ **doctrine politique qui se réclame de la Révolution française** political doctrine that claims to go back to the spirit of ou that claims to have its roots in the French Revolution ◆ **il se réclame de l'école romantique** he claims to draw ou take his inspiration from the romantic school ◆ **il s'est réclamé du ministre pour obtenir ce poste** he used the minister's name (as a reference) to obtain this position

> ⚠ **réclamer** *ne se traduit pas par* **to reclaim**, *qui a le sens de 'reconquérir', 'récupérer'*.

**reclassement** /ʀ(ə)klɑsmɑ̃/ NM a *[de salarié]* redeployment; *[de chômeur]* placement; *[d'ex-prisonnier]* rehabilitation ◆ ~ **externe** outplacement b *[d'objet, dossier]* reclassifying c *[de salaires, fonctionnaire]* regrading ◆ ~ **de la fonction publique** establishing a new wage scale for the public sector

**reclasser** /ʀ(ə)klɑse/ ▸ conjug 1 ◂ VT a *(= réinsérer) [+ salarié]* to redeploy; *[+ chômeur]* to place; *[+ ex-prisonnier]* to rehabilitate b *[+ objet, dossier]* to reclassify c *(= ajuster le salaire de)* to regrade VPR **se reclasser** *(= se réinsérer)* to find a placement ◆ **elle s'est reclassée dans la restauration** she changed direction and went into catering

**reclouer** /ʀ(ə)klue/ ▸ conjug 1 ◂ VT to nail back on, to nail back together

**reclus, e** /ʀəkly, yz/ ADJ cloistered ◆ **il vit ~, il a** ou **mène une vie ~e** he leads the life of a recluse, he leads a cloistered life ◆ **une vieille dame ~e dans sa chambre** an old lady shut up in her room NM,F recluse

**réclusion** /ʀeklyzjɔ̃/ NF a *(= emprisonnement)* ~ **(criminelle)** imprisonment ◆ ~ **criminelle à perpétuité** life imprisonment ◆ **condamné à dix ans de** ~ **(criminelle)** sentenced to ten years' imprisonment b *(littér) (= retraite)* reclusion *(littér)*

**réclusionnaire** /ʀeklyzjɔnɛʀ/ NMF *(Jur)* convict

**recoiffer** /ʀ(ə)kwafe/ ▸ conjug 1 ◂ VT ◆ ~ **ses cheveux** to do one's hair ◆ ~ **qn** to do sb's hair VPR **se recoiffer** *(= se peigner)* to do one's hair; *(= remettre son chapeau)* to put one's hat back on

**recoin** /ʀəkwɛ̃/ NM *(lit)* nook; *(fig)* hidden ou innermost recess ◆ **les** ~**s du grenier** the nooks and crannies of the attic ◆ **dans les** ~**s de sa mémoire** in the recesses of his mind ◆ **il connaît les moindres** ~**s des Pyrénées** he knows the Pyrenees like the back of his hand, he knows every nook and cranny of the Pyrenees; → **coin**

**recollage** /ʀ(ə)kɔlaʒ/ NM *[d'étiquette]* resticking; *[de morceaux, vase]* sticking back together again; *[d'enveloppe]* resticking

**recoller** /ʀ(ə)kɔle/ ▸ conjug 1 ◂ VT a *[+ étiquette]* to stick back on ou down, to restick; *[+ morceaux, vase]* to stick back together; *[+ enveloppe]* to stick back down, to restick ◆ ~ **les morceaux** *(= réconcilier)* to patch things up

b *(= remettre)* ~ **son oreille à la porte** to stick one's ear against the door again ◆ ~ **qn en prison** * to stick sb back in prison * ◆ **ne recolle pas tes affaires dans ce coin !** * don't just stick your things back down in that corner! *

c *(* = redonner)* ~ **une amende à qn** to fine sb again ◆ **on nous a recollé le même moniteur que l'année dernière** we got stuck with the same group leader as last year ◆ **arrête ou je t'en recolle une** * stop it or you'll get another slap

VT INDIR **recoller à** *(Sport)* **le coureur a recollé au peloton** the runner caught up with ou closed the gap with the rest of the pack

VPR **se recoller** a *[os]* to mend, to knit (together)

b *(* = subir)* **il a fallu se** ~ **la vaisselle** we got stuck with the washing-up again

c *(* = se remettre)* **on va se** ~ **au boulot** let's get back down to work ◆ **allez, on s'y recolle !** come on, let's get back to it!

d *(* = se remettre en ménage)* to get back together

**récoltant, e** /ʀekɔltɑ̃, ɑ̃t/ ADJ, NM,F ◆ **(propriétaire)** ~ farmer *(who harvests his own crop)*, grower

**récolte** /ʀekɔlt/ NF a *(= activité) (gén)* harvesting; *[de perles]* gathering ◆ **il y a deux** ~**s par an** there are two harvests a year ◆ **faire la** ~ **des pommes de terre** to harvest potatoes b *[de souvenirs, documents, signatures]* collecting, gathering; *[d'argent]* collecting c *(= produit) [de blé, maïs, etc]* harvest, crop; *[de pommes de terre, fraises, raisin, miel]* crop ◆ **cette année, on a fait une excellente** ~ **(de fruits)** this year we had an excellent crop (of fruit) ◆ ~ **sur pied** standing crop ◆ **la saison des** ~**s** harvest time d *[de documents, souvenirs]* collection; *(= argent récolté)* takings ◆ **la** ~ **est maigre** *(= documents)* I didn't get much information

**récolter** /ʀekɔlte/ ▸ conjug 1 ◂ VT a *(gén)* to harvest; *[+ perles]* to gather ◆ ~ **ce qu'on a semé** *(fig)* to reap what one has sown; → **semer** b *(= recueillir) [+ souvenirs, documents, signatures]* to collect, to gather; *[+ argent]* to collect; *[+ renseignements]* to gather; * *[+ contravention, coups, mauvaise note]* to get; *(Pol) [+ suffrages, points, voix]* to gain ◆ **je n'ai récolté que des ennuis** all I got was a lot of trouble

**recombinant, e** /ʀ(ə)kɔ̃binɑ̃, ɑ̃t/ ADJ *(Méd) [produit, virus]* recombinant

**recommandable** /ʀ(ə)kɔmɑ̃dabl/ ADJ *(= estimable)* commendable ◆ **peu ~** *[personne]* disreputable; *[comportement, moyen]* not very commendable

**recommandation** /ʀ(ə)kɔmɑ̃dasjɔ̃/ NF a *(= conseil) (gén, Pol)* recommendation ◆ **faire des ~s à qn** to make recommendations to sb ◆ **~s de l'ONU** UN recommendations ◆ **c'est la ~ officielle pour "jet-stream"** *(Ling)* it's the recommended official French word for "jet-stream" b *(= avis favorable) [d'hôtel, livre, etc]* recommendation ◆ **je l'ai acheté sur sa ~** I bought it on his recommendation c *(= appui)* recommendation ◆ **sur la ~ de qn** on sb's recommendation ◆ **donner une ~ à qn pour un employeur** to give sb a reference (for an employer); → **lettre** d *(Poste) [de lettre, paquet]* recording; *(avec valeur assurée)* registration e *(Rel)* commendation

**recommandé, e** /ʀ(ə)kɔmɑ̃de/ (ptp de **recommander**) ADJ a *(Poste) [lettre, paquet]* recorded delivery; *(avec valeur assurée)* registered ◆ **"envoi (en) recommandé"** "recorded delivery" *(Brit)*, "certified mail" *(US)*; *(avec valeur assurée)* "registered mail", "registered post" *(Brit)* ◆ **envoyer qch en ~** to send sth recorded delivery *(Brit)* *ou* by certified mail *(US)*; *(avec valeur assurée)* to send sth by registered mail *ou* post *(Brit)*; → **lettre** b *(= conseillé) [produit, hôtel]* recommended; *[mesure, initiative]* advisable, recommended ◆ **est-ce bien ~ ?** is it advisable? *(de faire qch* to do sth); ◆ **il est ~ de ...** it's advisable *ou* recommended to ... ◆ **ce n'est pas très ~** * it's not very *ou* really advisable, it's not really recommended

**recommander** /ʀ(ə)kɔmɑ̃de/ GRAMMAIRE ACTIVE 28.1, 46.4 ▸ conjug 1 ◂

VT a *(= appuyer) [+ candidat]* to recommend *(à* to); ◆ **est-il recommandé ?** has he been recommended? ◆ **sa probité intellectuelle le recommande autant que ses découvertes** his intellectual honesty commends him as much as his discoveries

b *(= conseiller) [+ hôtel, livre, film, produit]* to recommend *(à* to); ◆ **~ à qn de faire qch** to recommend *ou* advise sb to do sth ◆ **le médecin lui a recommandé le repos** the doctor advised him to rest ◆ **je te recommande la modération/la discrétion** I advise you to be moderate/discreet, I recommend that you be moderate/discreet ◆ **je te recommande (de lire) ce livre** I recommend (that you read) this book ◆ **je te recommande de partir** *(ton menaçant)* I strongly advise you to leave ◆ **je ne saurais trop vous ~ de faire cette démarche** I strongly urge you to do this ◆ **est-ce bien à ~ ?** is it advisable?

c *(Rel)* **~ son âme à Dieu** to commend one's soul to God

d *(Poste)* to record; *(avec valeur assurée)* to register

VPR **se recommander** a *(= se réclamer de)* **se ~ de qn** to give sb's name as a reference

b *(= s'en remettre à)* **se ~ à qn/Dieu** to commend o.s. to sb/God

c *(= montrer sa valeur)* **il se recommande par son talent/son expérience** his talent/his experience commends him

**recommencement** /ʀ(ə)kɔmɑ̃smɑ̃/ NM ◆ **l'histoire/la vie est un éternel ~** history/life is a process of constant renewal ◆ **les ~s sont toujours difficiles** beginning again *ou* making a fresh start is always difficult

**recommencer** /ʀ(ə)kɔmɑ̃se/ ▸ conjug 3 ◂ VT a *(= continuer) [+ récit, lecture]* to go on with; *[+ lutte, combat]* to resume ◆ **ça fait la troisième fois que je recommence** this is the third time I've had to do it ◆ **~ à** *ou* **de** *(littér)* **faire qch** to begin *ou* start to do sth again, to begin *ou* start doing sth again ◆ **il a recommencé à neiger** it started to snow again ◆ **il recommence à neiger** it's snowing again

b *(= refaire) [+ travail, expérience]* to start again *(Brit)*, to start over *(US)*; *(= répéter) [+ erreur]* to make again ◆ **laisser bouillir 5 minutes, ~ l'opération trois fois** leave to boil for 5 minutes, repeat three times ◆ **~ sa vie** to make a fresh start (in life) ◆ **si c'était à ~** if I could start *ou* have it over again ◆ **tout est à ~** we *(ou* I *etc)* will have to start all over again ◆ **on prend les mêmes et on recommence !** * it's always the same old people!; → **zéro**

VI *[pluie, orage]* to begin *ou* start again; *[combat]* to start up again, to start afresh, to resume ◆ **la pluie recommence** it's beginning *ou* starting to rain again, the rain is beginning *ou* starting again ◆ **en septembre, l'école recommence** school begins *ou* starts again *ou* resumes in September ◆ **je leur ai dit de se taire, et voilà que ça recommence !** I told them to be quiet and now they're at it again! ◆ **ça y est, ça recommence !** * here we go again! ◆ **on lui dit de ne pas le faire, mais deux minutes plus tard, il recommence** he is told not to do it but two minutes later he does it again *ou* he's at it again ◆ **il m'a promis qu'il ne recommencerait plus** he promised he wouldn't do it again

**recomparaître** /ʀ(ə)kɔ̃paʀɛtʀ/ ▸ conjug 57 ◂ VI *(Jur)* to appear (in court) again

**récompense** /ʀekɔ̃pɑ̃s/ NF *(= action, chose)* reward; *(= prix)* award ◆ **en ~ de** in return for, as a reward for ◆ **en ~ de vos services** in return for your services ◆ **je me sacrifie et voilà ma ~** I make sacrifices and that's all the reward I get ◆ **sa réussite est la ~ de son travail** his success is just reward for his work ◆ **"forte récompense"** *(dans une annonce)* "generous reward" ◆ **obtenir la plus haute ~ pour qch** to receive the highest honour for sth

> ⚠ *Attention à ne pas traduire automatiquement* **récompense** *par le mot anglais* **recompense**, *qui est d'un registre plus soutenu et a le sens de 'dédommagement'.*

**récompenser** /ʀekɔ̃pɑ̃se/ ▸ conjug 1 ◂ VT to reward ◆ **être récompensé d'avoir fait qch** to be rewarded for having done sth ◆ **j'ai été largement récompensé de mes efforts** I have been amply rewarded for my efforts ◆ **le biologiste a été récompensé pour sa découverte** the biologist got *ou* was given an award for his discovery ◆ **ce prix récompense le premier roman d'un auteur** this prize is awarded for an author's first novel

**recomposé, e** /ʀ(ə)kɔ̃poze/ (ptp de **recomposer**) ADJ *[passé]* reconstructed ◆ **une famille ~e** a reconstituted family, a blended family *(that includes step-parents and stepchildren)*

**recomposer** /ʀ(ə)kɔ̃poze/ ▸ conjug 1 ◂ VT a *(Téléc) [+ numéro]* to dial again, to redial b *[+ scène, image, passé]* to reconstruct; *[+ puzzle] (fig)* to piece together ◆ **~ une famille** to build another family c *(Chim)* to recompose d *(Typo) [+ ligne, texte]* to reset

**recomposition** /ʀ(ə)kɔ̃pozisjɔ̃/ NF a *(de mémoire)* reconstitution b *(Chim)* recomposition c *(Téléc) [de numéro]* redialling d *(Typo)* resetting

**recompter** /ʀ(ə)kɔ̃te/ ▸ conjug 1 ◂ VT to count again, to recount

**réconciliateur, -trice** /ʀekɔ̃siljatœʀ, tʀis/ NM,F reconciler

**réconciliation** /ʀekɔ̃siljasjɔ̃/ NF reconciliation

**réconcilier** /ʀekɔ̃silje/ GRAMMAIRE ACTIVE 53.4 ▸ conjug 7 ◂ VT *(Rel)* to reconcile; *[+ personnes, théories]* to reconcile *(avec* with); ◆ **~ qn avec une idée** to reconcile sb to an idea ◆ **cette émission m'a réconcilié avec la télévision** this programme restored my faith in television VPR **se réconcilier** to be *ou* become reconciled *(avec* with); ◆ **ils se sont réconciliés** they have made their peace with one another, they've patched things up ◆ **se ~ avec soi-même** to feel *ou* be at peace with o.s.

**reconductible** /ʀ(ə)kɔ̃dyktibl/ ADJ renewable

**reconduction** /ʀ(ə)kɔ̃dyksjɔ̃/ NF renewal ◆ **tacite ~** renewal by tacit agreement

**reconduire** /ʀ(ə)kɔ̃dɥiʀ/ ▸ conjug 38 ◂ VT a *(= continuer) [+ politique, budget, bail]* to renew ◆ **commande tacitement reconduite** order renewed by tacit agreement b *(= raccompagner)* **~ qn chez lui/à la gare** to see *ou* take sb (back) home/to the station ◆ **il a été reconduit à la frontière par les policiers** he was escorted (back) to the frontier by the police ◆ **~ qn à pied/en voiture chez lui** to walk/drive sb (back) home ◆ **il m'a reconduit à la porte** he showed me to the door

**reconduite** /ʀ(ə)kɔ̃dɥit/ NF *[de personne en situation irrégulière]* ◆ **~ (à la frontière)** escorting (back) to the border ◆ **le nombre de ~s exécutées** the number of people who were escorted back to the border

**reconfiguration** /ʀ(ə)kɔ̃figyʀasjɔ̃/ NF a *(Ordin)* reconfiguration b *(Écon) [d'entreprise]* re-engineering

**reconfigurer** /ʀ(ə)kɔ̃figyʀe/ ▸ conjug 1 ◂ VT a *(Ordin)* to reconfigure b *(Écon) [+ entreprise]* to re-engineer

**réconfort** /ʀekɔ̃fɔʀ/ NM comfort ◆ **avoir besoin de ~** to need comforting ◆ **sa présence m'a apporté un grand ~** his presence was a great comfort to me ◆ **~ moral** solace ◆ **elle a trouvé un ~ dans la lecture** she found some consolation in reading

**réconfortant, e** /ʀekɔ̃fɔʀtɑ̃, ɑ̃t/ ADJ *(= rassurant) [parole, idée]* comforting; *(= stimulant) [remède]* tonic *(épith)*, fortifying; *[aliment]* fortifying

**réconforter** /ʀekɔ̃fɔʀte/ ▸ conjug 1 ◂ VT *[paroles, présence]* to comfort; *[alcool, aliment, remède]* to fortify VPR **se réconforter** *(moralement)* to comfort o.s., to cheer o.s. up, to make o.s. feel better; *(physiquement)* to fortify o.s.

**reconnaissable** /ʀ(ə)kɔnɛsabl/ ADJ recognizable *(à* by, from); ◆ **il n'était pas ~** he was unrecognizable, you wouldn't have recognized him ◆ **son style est ~ entre mille** his style is unmistakable ◆ **difficilement ~** hard to recognize

**reconnaissance** /ʀ(ə)kɔnɛsɑ̃s/ GRAMMAIRE ACTIVE 49

NF a *(= gratitude)* gratitude, gratefulness *(à qn* to *ou* towards sb); ◆ **avoir/éprouver de la ~ pour qn** to be/feel grateful to sb ◆ **en ~ de ses services/de son aide** in recognition of *ou* acknowledgement of *ou* gratitude for his services/his help ◆ **être pénétré de ~ pour la générosité de qn** to be filled with gratitude to sb for his generosity ◆ **je lui voue une ~ éternelle** I am eternally grateful to him ◆ **il n'a même pas la ~ du ventre** *(hum)* he's not even grateful for what he's been given

b *(Pol) [d'État, indépendance]* recognition; *(Jur) [de droit]* recognition, acknowledgement; *[de diplôme, rôle, statut]* recognition ◆ **il a soif de ~ sociale** he craves social recognition

**c** *(= exploration)* reconnaissance, survey; *(Mil)* reconnaissance, recce * ◆ **envoyer en ~** *(lit, fig)* to send (out) on reconnaissance *ou* on a recce * ◆ **partir en ~** *(lit, fig)* to go and reconnoitre (the ground) ◆ **faire** *ou* **pousser une ~** *(Mil)* to make a reconnaissance, to go on reconnaissance ◆ **mission/patrouille de ~** reconnaissance mission/patrol

**d** *(= identification)* recognition ◆ **il lui fit un petit signe de ~** he gave her a little sign of recognition ◆ **il tenait un journal en signe de ~** he was carrying a newspaper so that he could be recognized *ou* identified

**e** *(littér = aveu)* acknowledgement, admission

**f** *(Ordin)* recognition ◆ **~ vocale** *ou* **de la parole** speech recognition ◆ **~ de formes** pattern recognition ◆ **~ optique de caractères** optical character recognition, OCR

**COMP** ▹ **reconnaissance de dette** acknowledgement of a debt, IOU ▹ **reconnaissance d'enfant** legal recognition of a child ▹ **reconnaissance du mont-de-piété** pawn ticket ▹ **reconnaissance d'utilité publique** official approval

**reconnaissant, e** /ʀ(ə)kɔnɛsɑ̃, ɑ̃t/ GRAMMAIRE ACTIVE 29.1, 31, 46.1, 46.3, 46.4. 47.1, 48.1, 49 **ADJ** grateful (*à qn de qch* to sb for sth); ◆ **se montrer ~ envers qn** to show one's gratitude to sb ◆ **je vous serais ~ de me répondre rapidement** I would be grateful if you would reply quickly *ou* for a speedy reply

**reconnaître** /ʀ(ə)kɔnɛtʀ/ GRAMMAIRE ACTIVE 38.1, 40.2, 45.2, 53.6 ▸ conjug 57 ◂

**VT** **a** *(gén = identifier)* to recognize ◆ **je l'ai reconnu à sa voix** I recognized him *ou* I knew it was him *ou* I could tell it was him from *ou* by (the sound of) his voice ◆ **je le reconnaîtrais entre mille** I'd recognize him anywhere ◆ **elle reconnut l'enfant à son foulard rouge** she recognized the child by his red scarf ◆ **~ la voix/le pas de qn** to recognize sb's voice/walk ◆ **~ le corps** *(d'un mort)* to identify the body ◆ **ces jumeaux sont impossibles à ~** these twins are impossible to tell apart, it's impossible to tell which of these twins is which ◆ **on reconnaît un gros fumeur à ses doigts jaunis** you can tell *ou* recognize a heavy smoker by his stained fingers ◆ **on reconnaît bien là sa paresse** that's just typical of his laziness ◆ **je le reconnais bien là !** that's just like him!, that's him all over! ◆ **méfiez-vous, il sait ~ un mensonge** be careful – he knows *ou* recognizes *ou* he can spot a lie when he hears one ◆ **on ne le reconnaît plus** you wouldn't know *ou* recognize him now

**b** *(= convenir de)* *[+ innocence, supériorité, valeur]* to recognize, to acknowledge; *(= avouer)* *[+ torts]* to recognize, to acknowledge, to admit ◆ **il reconnut peu à peu la difficulté de la tâche** he gradually came to recognize the difficulty of the task ◆ **il faut ~ les faits** we must face *ou* recognize the facts ◆ **on lui reconnaît une qualité, il est honnête** he is recognized as having one quality – he is honest ◆ **il faut ~ qu'il faisait très froid** admittedly it was very cold ◆ **il a reconnu s'être trompé/qu'il s'était trompé** he admitted to *ou* acknowledged making a mistake/that he had made a mistake ◆ **je reconnais que j'avais tout à fait oublié ce rendez-vous** I must confess *ou* admit (that) I had completely forgotten this appointment

**c** *(= admettre)* *[+ maître, chef]* to recognize; *(Pol)* *[+ État, gouvernement]* to recognize; *(Jur)* *[+ enfant]* to recognize legally, to acknowledge; *[+ dette]* to acknowledge; *[+ diplôme]* to recognize ◆ **~ qn pour** *ou* **comme chef** to acknowledge *ou* recognize sb as (one's) leader ◆ **~ la compétence d'un tribunal** to acknowledge *ou* recognize the competence of a court ◆ **~ qn coupable** to find sb guilty ◆ **~ sa signature** to acknowledge one's signature ◆ **il ne reconnaît à personne le droit d'intervenir** he doesn't acknowledge that anyone has the right to intervene

**d** *(Mil)* *[+ côte, île, terrain]* to reconnoitre ◆ **on va aller ~ les lieux** *ou* **le terrain** we're going to see how the land lies, we're going to reconnoitre (the ground) ◆ **les gangsters étaient certainement venus ~ les lieux auparavant** the gangsters had probably been to look over the place beforehand

**e** *(littér = montrer de la gratitude pour)* to recognize, to acknowledge

**VPR** **se reconnaître** **a** *(dans la glace)* to recognize o.s.; *(entre personnes)* to recognize each other ◆ **elle ne se reconnaît pas du tout dans ses filles** she (just) can't see any likeness between herself and her daughters

**b** *(lit, fig = se retrouver)* to find one's way about *ou* around ◆ **je ne m'y reconnais plus** I'm completely lost ◆ **je commence à me ~** I'm beginning to find my bearings

**c** *(= être reconnaissable)* to be recognizable (*à* by); ◆ **le pêcher se reconnaît à ses fleurs roses** the peach tree is recognizable by its pink flowers, you can tell a peach tree by its pink flowers

**d** *(= s'avouer)* **se ~ vaincu** to admit *ou* acknowledge defeat ◆ **se ~ coupable** to admit *ou* acknowledge one's guilt

**reconnecter** **VT**, **se reconnecter** **VPR** /ʀ(ə)kɔnɛkte/ ▸ conjug 1 ◂ *(gén)* to reconnect (*à* to)

**reconnu, e** /ʀ(ə)kɔny/ (ptp de **reconnaître**) **ADJ** *[fait]* recognized, accepted; *[auteur, chef, diplôme]* recognized ◆ **c'est un fait ~ que ...** it's a recognized *ou* an accepted fact that ... ◆ **il est ~ que ...** it is recognized *ou* accepted *ou* acknowledged that ...

**reconquérir** /ʀ(ə)kɔ̃keʀiʀ/ ▸ conjug 21 ◂ **VT** *(Mil)* to reconquer, to recapture, to capture back; *[+ personne, titre, siège de député]* to win back; *[+ dignité, liberté]* to recover, to win back

**reconquête** /ʀ(ə)kɔ̃kɛt/ **NF** *(Mil)* reconquest, recapture; *[de droit, liberté]* recovery

**reconsidérer** /ʀ(ə)kɔ̃sidere/ ▸ conjug 6 ◂ **VT** to reconsider

**reconstituant, e** /ʀ(ə)kɔ̃stitɥɑ̃, ɑ̃t/ **ADJ** *[aliment, régime]* energy-giving **NM** energy-giving food, energizer

**reconstituer** /ʀ(ə)kɔ̃stitɥe/ ▸ conjug 1 ◂ **VT** **a** *[+ parti, armée, association]* to re-form; *[+ fortune, capital, réserves]* to build up again ◆ **bifteck haché reconstitué** mincemeat *(Brit)* *ou* hamburger *(US)* patty **b** *[+ crime, faits, histoire]* to reconstruct, to piece together; *[+ décor]* to recreate; *[+ puzzle]* to piece together; *[+ fichier]* to rebuild; *[+ texte]* to restore, to reconstitute; *[+ édifice, vieux quartier]* to reconstruct **c** *[+ objet brisé]* to put *ou* piece together **d** *(Bio)* *[+ organisme]* to regenerate **VPR** **se reconstituer** *[équipe, parti]* to re-form; *[+ réserves]* to be built up again

**reconstitution** /ʀ(ə)kɔ̃stitysjɔ̃/ **NF** **a** *[de parti, armée, association]* re-forming; *[de fortune, capital, réserves]* rebuilding **b** *[de crime, faits, puzzle, histoire]* reconstruction, piecing together; *[de fichier]* rebuilding; *[de texte]* restoration, reconstitution ◆ **la ~ du crime** the reconstruction of the crime *(in the presence of the examining magistrate and the accused)* **c** *[d'objet brisé]* repairing **d** *(Bio)* *[d'organisme]* regeneration

**reconstructeur, -trice** /ʀ(ə)kɔ̃stʀyktœʀ, tʀis/ **ADJ** *[chirurgie]* reconstructive

**reconstruction** /ʀ(ə)kɔ̃stʀyksjɔ̃/ **NF** *[de maison, ville, pays]* rebuilding, reconstruction; *[de fortune]* rebuilding

**reconstructive** /ʀəkɔ̃stʀyktiv/ **ADJ F** **chirurgie reconstructive** reconstructive surgery

**reconstruire** /ʀ(ə)kɔ̃stʀɥiʀ/ ▸ conjug 38 ◂ **VT** *[+ maison, ville, pays]* to rebuild, to reconstruct; *[+ fortune]* to build up again, to rebuild ◆ **il a dû ~ sa vie** he had to rebuild his life

**recontacter** /ʀ(ə)kɔ̃takte/ ▸ conjug 1 ◂ **VT** ◆ **~ qn** to get in touch with sb again ◆ **je vous recontacterai quand j'aurai pris une décision** I'll get in touch with you again when I've made a decision

**reconversion** /ʀ(ə)kɔ̃vɛʀsjɔ̃/ **NF** *[d'usine]* reconversion; *[de personnel]* redeployment, retraining; *[de région]* redevelopment; *[d'économie]* restructuring ◆ **stage/plan de ~** retraining course/scheme

**reconvertir** /ʀ(ə)kɔ̃vɛʀtiʀ/ ▸ conjug 2 ◂ **VT** *[+ personnel]* to retrain; *[+ région]* to redevelop; *[+ économie, entreprise]* to restructure ◆ **l'ancienne fabrique a été reconvertie en école** the old factory has been converted into a school **VPR** **se reconvertir** *[personne]* to move into *ou* turn to a new type of employment; *[entreprise]* to change activity ◆ **il s'est reconverti dans la publicité** he has changed direction and gone into advertising ◆ **nous nous sommes reconvertis dans le textile** we have moved over *ou* gone over into textiles

**recopier** /ʀ(ə)kɔpje/ ▸ conjug 7 ◂ **VT** *(= transcrire)* to copy out, to write out; *(= recommencer)* to copy out *ou* write out again ◆ **~ ses notes au propre** to write up one's notes, to make a clean *ou* fair *(Brit)* copy of one's notes

**record** /ʀ(ə)kɔʀ/ **NM** *(Sport)* record ◆ **~ masculin/féminin** men's/women's record ◆ **~ de vitesse/d'altitude** speed/altitude record ◆ **~ du monde/d'Europe** world/European record ◆ **le yen a battu son ~ historique** the yen has hit *ou* reached a record high *ou* an all-time high ◆ **le ministre bat tous les ~s d'impopularité** the minister breaks *ou* beats all the records for unpopularity ◆ **ça bat (tous) les ~s !** * that beats everything! ◆ **ce film a connu des ~s d'affluence** the film broke box-office records ◆ **un ~ d'abstentions** a record number of abstentions ◆ **j'ai lu deux livres en une semaine, c'est mon ~** I read two books within a week, it's a personal record

**ADJ INV** *[chiffre, niveau, production, taux]* record *(épith)* ◆ **les bénéfices ont atteint un montant ~ de 5 milliards** profits reached a record total of 5 billion ◆ **en un temps ~** in record time

**recorder** /ʀ(ə)kɔʀde/ ▸ conjug 1 ◂ **VT** *[+ raquette]* to restring

**recordman** /ʀ(ə)kɔʀdman/ (pl **recordmen** /ʀ(ə)kɔʀdmɛn/) **NM** (men's) record holder

> ⚠ **recordman** *ne se traduit pas par* **record man**, *qui n'existe pas en anglais.*

**recordwoman** /ʀ(ə)kɔʀdwuman/ (pl **recordwomen** /ʀ(ə)kɔʀdwumɛn/) **NF** (women's) record holder

> ⚠ **recordwoman** *ne se traduit pas par* **record woman**, *qui n'existe pas en anglais.*

**recorriger** /ʀəkɔʀiʒe/ ▸ conjug 3 ◂ VT to recorrect, to correct again; *(Scol)* to mark *ou* grade again

**recoucher** /ʀ(ə)kuʃe/ ▸ conjug 1 ◂ **VT** *[+ enfant]* to put back to bed; *[+ objet]* to lay *ou* put down again **VPR se recoucher** to go back to bed

**recoudre** /ʀ(ə)kudʀ/ ▸ conjug 48 ◂ VT *[+ ourlet]* to sew up again; *[+ bouton]* to sew back on, to sew on again; *[+ plaie]* to stitch up (again), to put stitches (back) in; *[+ opéré]* to stitch (back) up

**recoupement** /ʀ(ə)kupmɑ̃/ NM cross-check, cross-checking *(NonC)* ◆ **par ~** by cross-checking ◆ **faire des ~s** to cross-check

**recouper** /ʀ(ə)kupe/ ▸ conjug 1 ◂ **VT** **a** *(gén)* to cut again; *[+ vêtement]* to recut; *[+ route]* to intersect ◆ **~ du pain** to cut (some) more bread ◆ **elle m'a recoupé une tranche de viande** she cut me another slice of meat **b** *[+ vin]* to blend **c** *[témoignage]* to tie up *ou* match up with, to confirm, to support **VI** *(Cartes)* to cut again **VPR se recouper** *[faits]* to tie *ou* match up, to confirm *ou* support one another; *[droites, cercles]* to intersect; *[chiffres, résultats]* to add up

**recourbé, e** /ʀ(ə)kuʀbe/ (ptp de **recourber**) ADJ *(gén)* curved; *(accidentellement)* bent; *[bec]* curved, hooked ◆ **nez ~** hooknose

**recourber** /ʀ(ə)kuʀbe/ ▸ conjug 1 ◂ **VT** *[+ bois]* to bend (over); *[+ métal]* to bend, to curve **VPR se recourber** to curve (up), to bend (up)

**recourir** /ʀ(ə)kuʀiʀ/ ▸ conjug 11 ◂ **VT** *(Sport)* to run again **VT INDIR recourir à** *[+ opération, emprunt]* to resort to, to have recourse to; *[+ force]* to resort to; *[+ personne]* to turn to, to appeal to ◆ **j'ai recouru à son aide** I turned *ou* appealed to him for help **VI** **a** *(Sport)* to race again, to run again ◆ **j'ai recouru le chercher** I ran back *ou* raced back *ou* nipped back * *(Brit)* to get it **b** *(Jur)* **~ contre qn** to (lodge an) appeal against sb

**recours** /ʀ(ə)kuʀ/ **NM** resort, recourse; *(Jur)* appeal ◆ **le ~ à la violence ne sert à rien** resorting to violence doesn't do any good ◆ **nous n'avons plus qu'un ~** there's only one course (of action) left open to us ◆ **il n'y a aucun ~ contre cette décision** there is no way of changing this decision, there is no appeal possible ◆ **il n'y a aucun ~ contre cette maladie** there is no cure *ou* remedy for this disease ◆ **la situation est sans ~** there's nothing we can do about the situation, there's no way out of the situation

◆ **avoir recours à** *[+ mesure, solution]* to resort to, to have recourse to; *[+ force]* to resort to; *[+ personne]* to turn to, to appeal to

◆ **en dernier recours** as a last resort ◆ **la banque n'effectuera des licenciements qu'en dernier ~** the bank will not make people redundant except as a last resort ◆ **en dernier ~, un tirage au sort aura lieu** if all else fails there will be a draw

**COMP** ▷ **recours en cassation** appeal to the supreme court ▷ **recours contentieux** *submission for a legal settlement* ▷ **recours en grâce** *(= remise de peine)* plea for pardon; *(= commutation de peine)* plea for clemency ▷ **recours gracieux** *submission for an out-of-court settlement* ▷ **recours hiérarchique** disciplinary complaint

**recouvrable** /ʀ(ə)kuvʀabl/ ADJ **a** *[impôt]* collectable, which can be collected; *[créance]* recoverable, reclaimable, retrievable **b** *[peinture]* recoatable

**recouvrement** /ʀ(ə)kuvʀəmɑ̃/ NM **a** *(= action)* covering (up); *(= résultat)* cover ◆ **assemblage à ~** *(Constr)* lap joint **b** *(Fin) [de cotisations]* collection, payment; *[d'impôt]* collection, levying; *(littér) [de créance]* recovery **c** *(littér) [de forces, santé]* recovery

**recouvrer** /ʀ(ə)kuvʀe/ ▸ conjug 1 ◂ VT **a** *[+ santé, vue]* to recover, to regain; *[+ liberté]* to regain; *[+ amitié]* to win back ◆ **~ la raison** to recover one's senses, to come back to one's senses **b** *(Fin) [+ cotisation]* to collect; *[+ impôt]* to collect, to levy; *(littér) [+ créance]* to recover

**recouvrir** /ʀ(ə)kuvʀiʀ/ ▸ conjug 18 ◂ **VT** **a** *(entièrement)* to cover ◆ **la neige recouvre le sol** snow covers the ground ◆ **recouvert d'écailles/d'eau** covered in *ou* with scales/water ◆ **~ un mur de papier peint/de carreaux** to paper/tile a wall ◆ **le sol était recouvert d'un tapis** the floor was carpeted, there was a carpet on the floor ◆ **le visage recouvert d'un voile** her face covered by a veil ◆ **elle avait la tête recouverte d'un fichu** she had a shawl around her head ◆ **recouvre la casserole/les haricots** put the lid on the saucepan/the beans

**b** *(à nouveau) [+ fauteuil, livre]* to re-cover, to put a new cover on; *[+ casserole]* to put the lid back on ◆ **~ un enfant qui dort** to cover (up) a sleeping child again

**c** *(= cacher) [+ intentions]* to conceal, to hide, to mask; *(= englober) [+ aspects, questions]* to cover

**VPR se recouvrir** **a** *(= se garnir)* **se ~ d'eau/de terre** to become covered in *ou* with water/earth ◆ **le ciel se recouvre** the sky is getting cloudy *ou* becoming overcast again

**b** *(= se chevaucher)* to overlap ◆ **les deux feuilles se recouvrent partiellement** the two sheets overlap slightly

**recracher** /ʀ(ə)kʀaʃe/ ▸ conjug 1 ◂ **VT** to spit out (again) ◆ **l'usine recrachait ses eaux usées dans la rivière** the factory spewed out its waste water into the river **VI** to spit again

**récré** * /ʀekʀe/ NF (abrév de **récréation**) break, recess *(US)* ◆ **à la ~** at break time, at recess time *(US)*

**récréatif, -ive** /ʀekʀeatif, iv/ ADJ *[lecture]* light *(épith)* ◆ **soirée récréative** evening's recreation *ou* entertainment

**récréation** /ʀekʀeasjɔ̃/ NF **a** *(Scol)* break, recess *(US)* ◆ **aller en ~** to go out for (the) break ◆ **les enfants sont en ~** the children are having their break, the children are on recess *(US)*; → **cour** **b** *(gén = détente)* recreation, relaxation

> ⚠ *Au sens scolaire,* **récréation** *ne se traduit généralement pas par le mot anglais* **recreation**.

**recréer** /ʀ(ə)kʀee/ ▸ conjug 1 ◂ VT to re-create

**récréer** /ʀekʀee/ ▸ conjug 1 ◂ *(littér)* **VT** to entertain, to amuse **VPR se récréer** to amuse o.s.

**recrépir** /ʀ(ə)kʀepiʀ/ ▸ conjug 2 ◂ VT to resurface (with roughcast *ou* pebble dash) ◆ **faire ~ sa maison** to have the roughcast *ou* pebble dash redone on one's house

**recreuser** /ʀ(ə)kʀøze/ ▸ conjug 1 ◂ VT *[+ trou] (de nouveau)* to dig again; *(davantage)* to dig deeper; *[+ question]* to go further *ou* deeper into, to dig deeper into

**récrier (se)** /ʀekʀije/ ▸ conjug 7 ◂ VPR *(littér)* to exclaim ◆ **se ~ d'admiration/d'indignation/de surprise** to exclaim *ou* cry out in admiration/in indignation/in surprise ◆ **se ~ contre qch** to cry out against sth

**récriminateur, -trice** /ʀekʀiminatœʀ, tʀis/ ADJ remonstrative, complaining

**récrimination** /ʀekʀiminasjɔ̃/ NF recrimination, remonstration, complaint

**récriminatoire** /ʀekʀiminatwaʀ/ ADJ *[discours, propos]* remonstrative

**récriminer** /ʀekʀimine/ ▸ conjug 1 ◂ VI to recriminate, to remonstrate (*contre* against) to complain bitterly (*contre* about)

**récrire** /ʀekʀiʀ/ ▸ conjug 39 ◂ VT ⇒ **réécrire**

**recroquevillé, e** /ʀ(ə)kʀɔk(ə)vije/ (ptp de **recroqueviller**) ADJ *[feuille, fleur]* shrivelled (up), curled (up); *[personne]* hunched *ou* huddled up ◆ **il était tout ~ dans un coin** he was all hunched up *ou* huddled up in a corner

**recroqueviller (se)** /ʀ(ə)kʀɔk(ə)vije/ ▸ conjug 1 ◂ VPR *[feuille, fleur]* to shrivel up, to curl up; *[personne]* to huddle *ou* curl o.s. up

**recru, e**[1] /ʀəkʀy/ ADJ *(littér)* ◆ **~ (de fatigue)** exhausted, tired out

**recrudescence** /ʀ(ə)kʀydesɑ̃s/ NF *[de criminalité, combats]* (fresh *ou* new) upsurge *ou* outbreak; *[d'épidémie]* (fresh *ou* new) outbreak ◆ **devant la ~ des vols** in view of the increasing number of thefts ◆ **il y a eu une ~ de froid** there was another spell of even colder weather

**recrudescent, e** /ʀ(ə)kʀydesɑ̃, ɑ̃t/ ADJ *(littér)* recrudescent ◆ **épidémie ~e** epidemic which is on the increase *ou* upsurge again

**recrue**[2] /ʀəkʀy/ NF *(Mil)* recruit; *(fig)* recruit, new member ◆ **faire une (nouvelle) ~** *(fig)* to gain a (new) recruit, to recruit a new member

**recrutement** /ʀ(ə)kʀytmɑ̃/ NM *(= action)* recruitment, recruiting; *(= recrues)* recruits ◆ **~ externe/interne** external/internal recruitment

**recruter** /ʀ(ə)kʀyte/ ▸ conjug 1 ◂ VT *(Mil, fig)* to recruit ◆ **se ~ dans** *ou* **parmi** to be recruited from, to come from ◆ **~ des cadres pour une entreprise** to headhunt for a company

**recruteur, -euse** /ʀ(ə)kʀytœʀ, øz/ **NM,F** *(Mil)* recruiting officer; *(pour cadres)* headhunter **ADJ** recruiting ◆ **agent ~** recruiting agent

**recta** † * /ʀɛkta/ ADV *[payer]* promptly, on the nail *; *[arriver]* on the dot * ◆ **quand j'ai les pieds mouillés, c'est ~, j'attrape un rhume** whenever I get my feet wet that's it *, I catch a cold

**rectal, e** (mpl **-aux**) /ʀɛktal, o/ ADJ rectal

**rectangle** /ʀɛktɑ̃gl/ **NM** *(gén)* rectangle, oblong; *(Math)* rectangle ◆ **~ blanc** † *(TV)* "suitable for adults only" sign **ADJ** right-angled

**rectangulaire** /ʀɛktɑ̃gylɛʀ/ ADJ rectangular, oblong

**recteur** /ʀɛktœʀ/ NM **a** ◆ **~ (d'académie)** ~ **chancelier des universités** ≃ chief education officer *(Brit)*, director of education *(Brit)*, commissioner of education *(US)*; → ACADÉMIE **b** *(Rel) (= prêtre)* priest; *(= directeur)* rector

**rectifiable** /ʀɛktifjabl/ ADJ *[erreur]* rectifiable, which can be put right *ou* corrected; *[alcool]* rectifiable

**rectificateur** /ʀɛktifikatœʀ/ NM *(Chim)* rectifier

**rectificatif, -ive** /ʀɛktifikatif, iv/ **ADJ** *[compte]* rectified, corrected ◆ **acte ~, note rectificative** correction **NM** correction ◆ **apporter un ~** to make a correction

**rectification** /ʀɛktifikasjɔ̃/ NF **a** *[d'erreur]* rectification, correction; *[de paroles, texte]* correction ◆ **permettez-moi une petite ~** if I might make a small rectification ◆ **apporter des ~s** to make some corrections **b** *[de route, tracé, virage]* straightening; *[de mauvaise position]* correction **c** *(Tech) [de pièce]* truing up, making true **d** *(Chim, Math)* rectification

**rectifier** /ʀɛktifje/ ► conjug 7 ◄ VT **a** *(= corriger) [+ calcul, erreur]* to correct, to rectify; *[+ paroles, texte]* to correct; *[+ facture, contrat]* to amend ◆ **"non, ils étaient deux" rectifia-t-il** "no, actually there were two of them" he said ◆ **je voudrais ~ une ou deux choses qui ont été dites** I'd like to set the record straight

**b** *(= ajuster, modifier) (gén)* to adjust; *[+ route, tracé]* to straighten; *[+ virage]* to straighten (out); *[+ mauvaise position]* to correct; *[+ assaisonnement]* to correct ◆ **~ sa position/l'alignement** *(Mil)* to correct one's stance/the alignment ◆ **~ le tir** *(lit)* to adjust one's aim; *(fig)* to change one's tack ◆ **il rectifia la position du rétroviseur** he adjusted his driving mirror

**c** *(Tech) [+ pièce]* to true (up), to adjust

**d** *(Chim, Math)* to rectify

**e** *(* = tuer)* **il a été rectifié, il s'est fait ~** they did away with him *, he got himself killed *ou* bumped off * *(Brit)*

**rectifieur, -ieuse** /ʀɛktifjœʀ, jøz/ NM,F *(= ouvrier)* grinding machine operator NF **rectifieuse** *(= machine)* grinding machine

**rectiligne** /ʀɛktiliɲ/ ADJ *(gén)* straight; *[mouvement]* rectilinear; *(Géom)* rectilinear NM *(Géom)* rectilinear angle

**rectitude** /ʀɛktityd/ NF *[de caractère]* rectitude, uprightness; *[de jugement]* soundness, rectitude; *(littér) [de ligne]* straightness

**recto** /ʀɛkto/ NM front (of a page), first side, recto *(frm)* ◆ **~ verso** on both sides (of the page) ◆ **voir au ~** see other side

**rectoral, e** (pl -aux) /ʀɛktɔʀal, o/ ADJ of the education office *ou* authority

**rectorat** /ʀɛktɔʀa/ NM *(= bureaux)* education offices; *(= administration)* education authority

**rectrice** /ʀɛktʀis/ ADJ F, NF ◆ **(plume) ~** rectrix

**rectum** /ʀɛktɔm/ NM rectum

**reçu, e** /ʀ(ə)sy/ (ptp de **recevoir**) ADJ **a** *[usages, coutumes]* accepted; → **idée** **b** *[candidat]* successful NM **a** *(= quittance)* receipt **b** *(= candidat)* successful candidate ◆ **il y a eu 50 ~s** there were 50 passes *ou* successful candidates

**recueil** /ʀəkœj/ NM *(gén)* book, collection; *[de documents]* compendium ◆ **~ de poèmes** anthology *ou* collection of poems ◆ **~ de morceaux choisis** anthology ◆ **~ de faits** *(fig)* collection of facts

**recueillement** /ʀ(ə)kœjmɑ̃/ NM *(Rel, gén)* meditation, contemplation ◆ **écouter avec un grand ~** to listen reverently ◆ **écouter avec un ~ quasi religieux** to listen with almost religious respect *ou* reverence

**recueilli, e** /ʀ(ə)kœji/ (ptp de **recueillir**) ADJ meditative, contemplative

**recueillir** /ʀ(ə)kœjiʀ/ ► conjug 12 ◄ VT **a** *(= récolter) [+ graines]* to gather, to collect; *[+ argent, documents]* to collect; *[+ liquide]* to collect, to catch; *[+ suffrages]* to win; *[+ héritage]* to inherit ◆ **~ le fruit de ses efforts** to reap the rewards of one's efforts ◆ **~ de vifs applaudissements** *[orateur, discours]* to be enthusiastically *ou* warmly applauded ◆ **il a recueilli 100 voix** he got *ou* polled 100 votes **b** *(= accueillir) [+ réfugié]* to take in ◆ **~ qn sous son toit** to receive sb in one's home, to welcome sb into one's home **c** *(= enregistrer) [+ déposition, chansons anciennes]* to take down, to take note of; *[+ opinion]* to record

VPR **se recueillir** *(Rel, gén)* to collect *ou* gather one's thoughts, to commune with o.s. ◆ **aller se ~ sur la tombe de qn** to go and meditate at sb's grave

**recuire** /ʀ(ə)kɥiʀ/ ► conjug 38 ◄ VT *[+ viande]* to recook, to cook again; *[+ pain, gâteaux]* to rebake, to bake again; *[+ poterie]* to bake *ou* fire again; *(Tech) [+ métal]* to anneal VI *[viande]* to cook for a further length of time ◆ **faire ~** *[+ viande]* to cook a little longer; *[+ gâteau]* to bake a little longer

**recuit, e** /ʀəkɥi, it/ ADJ *[visage, peau]* sunburnt; *(littér) [haine]* deep-rooted

**recul** /ʀ(ə)kyl/ NM **a** *(= éloignement dans le temps, l'espace)* distance ◆ **avec le ~ (du temps), on juge mieux les événements** when some time has elapsed one can judge events better ◆ **prendre du ~** *(lit)* to step back, to stand back; *(fig)* to stand back *(par rapport à* from); ◆ **après cette dispute, j'ai besoin de prendre un peu de ~** after that quarrel I need to take stock ◆ **avec du** *ou* **le ~** with (the benefit of) hindsight ◆ **il manque de ~** *(pour faire demi-tour)* he hasn't got enough room; *(pour prendre une photo)* he's too close; *(pour juger objectivement)* he's too involved ◆ **nous manquons de ~** *ou* **nous n'avons pas assez de ~ pour mesurer les effets à long terme** not enough time has passed *ou* it is still too soon for us to assess the long-term effects ◆ **cette salle n'a pas assez de ~** you can't get back far enough in this room

**b** *(= retraite) [d'armée]* retreat; *[de patron, négociateur]* climb-down * *(par rapport à* from); ◆ **j'ai été étonné de son ~ devant la menace de grève** I was amazed at how he caved in once there was a threat of a strike ◆ **avoir un mouvement de ~** to recoil, to shrink back *(devant, par rapport à* from)

**c** *(= déclin) [de civilisation, langue, épidémie]* decline *(de* of); *[d'investissements, ventes, prix, taux]* decline, fall, drop *(de* in); ◆ **être en ~** *[épidémie]* to be on the decline, to be subsiding; *[chômage]* to be on the decline, to be going down; *[monnaie]* to be falling, to lose value; *[parti]* to be losing ground ◆ **un ~ de la majorité aux élections** a setback for the ruling party in the election ◆ **le ~ du dollar par rapport à l'euro** the fall of the dollar against the euro ◆ **le ~ de la livre sur les marchés internationaux** the loss of value of the pound on the international markets ◆ **le dollar est en net ~ par rapport à hier** the dollar has dropped sharply since yesterday ◆ **le ~ de l'influence française en Afrique** the decline of French influence in Africa

**d** *[d'arme à feu]* recoil, kick

**e** *(= report) [d'échéance]* postponement

**f** *(= déplacement) [de véhicule]* backward movement; → **phare**

**reculade** /ʀ(ə)kylad/ NF *(Mil)* retreat, withdrawal; *(fig péj)* retreat, climb-down * ◆ **c'est la ~ générale** they're all backing down

**reculé, e** /ʀ(ə)kyle/ (ptp de **reculer**) ADJ *[époque]* remote, distant; *[région, village]* remote, out-of-the-way *(épith)*, out of the way *(attrib)* ◆ **en ces temps ~s** in those far-off times

**reculer** /ʀ(ə)kyle/ ► conjug 1 ◄ VI **a** *[personne]* to move *ou* step back; *(par peur)* to draw back, to back away; *[automobiliste, automobile]* to reverse, to back (up), to move back; *[cheval]* to back; *[mer]* to recede; *(Mil)* to retreat ◆ **~ de deux pas** to go back *ou* move back two paces, to take two paces back ◆ **~ devant l'ennemi** to retreat from *ou* draw back from the enemy ◆ **~ d'horreur** to draw back *ou* shrink back in horror, to recoil (in horror) ◆ **c'est ~ pour mieux sauter** it's just putting off the evil day ◆ **faire ~** *[+ foule]* to move back, to force back; *[+ cheval]* to move back; *[+ ennemi]* to push *ou* force back; *[+ désert]* to drive back ◆ **ce spectacle le fit ~** he recoiled at the sight

**b** *(= hésiter)* to shrink back; *(= changer d'avis)* to back down, to back out ◆ **tu ne peux plus ~ maintenant** you can't back out *ou* back down now ◆ **~ devant la dépense/difficulté** to shrink from the expense/difficulty ◆ **je ne reculerai devant rien, rien ne me fera ~** I'll stop *ou* stick *(Brit)* at nothing, nothing will stop me ◆ **il ne faut pas ~ devant ses obligations** you mustn't shrink from your obligations ◆ **il ne recule pas devant la dénonciation** he doesn't flinch at *ou* shrink from informing on people ◆ **cette condition ferait ~ de plus braves** this condition would make braver men (than I *ou* you *etc*) draw back *ou* hesitate

**c** *(= diminuer) (gén)* to be on the decline; *[patois]* to be on the decline, to lose ground; *[chômage]* to decline, to subside, to go down; *[eaux]* to subside, to recede, to go down; *[incendie]* to subside, to lose ground; *[civilisation, science]* to be on the decline ◆ **il a reculé en français** *[élève]* he's gone down in French ◆ **faire ~ l'épidémie** to get the epidemic under control ◆ **faire ~ le chômage** to reduce the number of unemployed ◆ **faire ~ l'inflation** to curb inflation ◆ **les mines d'or ont reculé d'un point** *(Bourse)* gold shares fell back a point

**d** *[arme à feu]* to recoil

VT *[+ chaise, meuble]* to move back, to push back; *[+ véhicule]* to reverse, to back (up); *[+ frontières]* to extend, to push *ou* move back; *[+ livraison, date]* to put back, to postpone; *[+ décision]* to put off, to defer, to postpone; *[+ échéance]* to defer, to postpone

VPR **se reculer** to stand *ou* step *ou* move back, to take a step back

**reculons** /ʀ(ə)kylɔ̃/ **à reculons** LOC ADV *[aller, marcher]* backwards; *[accepter]* reluctantly, unwillingly ◆ **sortir à ~ d'une pièce/d'un garage** to back out of a room/a garage ◆ **ce pays entre à ~ dans l'Europe** this country is reluctant about going into Europe ◆ **ils y vont à ~** *(fig)* they're dragging their feet

**récup** * /ʀekyp/ NF (abrév de **récupération**) *[de déchets, ferraille, chiffons, emballages]* recycling; *[de chaleur, énergie]* recovery; *[de délinquant]* rehabilitation ◆ **matériaux de ~** salvaged materials ◆ **son appartement est meublé avec de la ~** his flat is furnished with stuff salvaged from skips

**récupérable** /ʀekypeʀabl/ ADJ *[créance]* recoverable; *[heures]* which can be made up; *[ferraille]* which can be salvaged; *[vieux habits]* usable ◆ **un délinquant qui n'est plus ~** an offender with no potential for rehabilitation ◆ **il n'est plus ~** there is no hope of reforming him

**récupérateur, -trice** /ʀekypeʀatœʀ, tʀis/ ADJ *(péj) [discours, procédé]* designed to win over dissenting opinion (*ou* groups *etc*) NM,F *(= personne) [de carton, plastique, papier]* salvage dealer; *[de métal]* scrap metal dealer, scrap merchant NM *(Tech) [de chaleur]* recuperator, regenerator; *[d'arme]* recuperator

**récupération** /ʀekypeʀasjɔ̃/ NF **a** *[d'argent, biens, forces]* recovery; *(Ordin) [+ données, fichier]* retrieval, recovery ◆ **la capacité de ~ de l'organisme** the body's powers of recuperation *ou* recovery **b** *[de déchets, ferraille, chiffons, emballages]* recycling; *[de chaleur, énergie]* recovery; *[de délinquant]* rehabilitation ◆ **matériaux de ~** salvaged materials **c** *[de journées de travail]* making up ◆ **deux jours de ~** two days to make up **d** *(Pol : péj) [de mouvement, personnes]* takeover, hijacking

**récupérer** /ʀekypeʀe/ ► conjug 6 ◄ VT **a** *[+ argent, biens, territoire]* to get back, to recover; *[+ objet prêté]* to get back; *[+ forces]* to recover, to get back, to regain; *(Ordin)* to retrieve, to recover; *(= aller chercher) [+ enfant, bagages]* to pick up, to collect; *[+ sièges, voix] (= reprendre à un autre)* to take; *(= s'approprier)* to win, to take ◆ **il a récupéré son siège** *(Pol)* he won back his seat ◆ **ils**

**sont allés ~ les pilotes abattus en territoire ennemi** they went to rescue the pilots that had been shot down in enemy territory

b *(= réhabiliter) [+ délinquant]* to rehabilitate, to reform

c *[+ ferraille, chiffons, emballages]* to salvage, to reclaim; *[+ chaleur, énergie]* to recover; *[+ déchets]* to recycle; *[+ délinquant]* to rehabilitate ◆ **toutes les pêches étaient pourries, je n'ai rien pu ~** all the peaches were rotten, I couldn't use any of them ◆ **regarde si tu peux ~ quelque chose dans ces vieux habits** see if you can find anything usable among these old clothes ◆ **où es-tu allé ~ ce chat ?** * wherever did you find that cat?

d *[+ journées de travail]* to make up ◆ **on récupérera samedi** we'll make it up *ou* we'll make the time up on Saturday

e *(Pol : péj) [+ personne, mouvement]* to take over, to hijack ◆ **se faire ~ par la gauche/la droite** to be taken over by the left/the right ◆ **~ une situation/un événement à son profit** to cash in on a situation/an event

VI *(après des efforts, une maladie)* to recover, to recuperate

**récurage** /ʀekyʀaʒ/ NM scouring

**récurer** /ʀekyʀe/ ▸ conjug 1 ◂ VT to scour; → **poudre**

**récurrence** /ʀekyʀɑ̃s/ NF *(Math, Méd, littér = répétition)* recurrence

**récurrent, e** /ʀekyʀɑ̃, ɑ̃t/ ADJ *[cauchemar, phénomène, problème, thème]* recurring, recurrent; *(Anat, Ling, Méd)* recurrent ◆ **série ~e** *(Math)* recursion series ◆ **ces rumeurs apparaissent de façon ~e** these rumours are always going round

**récursif, -ive** /ʀekyʀsif, iv/ ADJ recursive

**récursivité** /ʀekyʀsivite/ NF recursiveness

**récusable** /ʀekyzabl/ ADJ *[témoin]* challengeable; *[témoignage]* impugnable

**récusation** /ʀekyzasjɔ̃/ NF *[de témoin, juge, juré]* challenging *(NonC)*, objection; *[de témoignage]* impugnment, challenging *(NonC)*, challenge ◆ **droit de ~** right to challenge

**récuser** /ʀekyze/ ▸ conjug 1 ◂ VT *[+ témoin, juge, juré]* to challenge, to object to; *[+ témoignage]* to impugn, to challenge; *[+ accusation]* to deny, to refute ◆ **~ un argument** *(Jur)* to make objection to an argument ◆ **~ la compétence d'un tribunal** to challenge the competence of a court VPR **se récuser** to decline to give an opinion *ou* accept responsibility; *(Jur) [juge]* to decline to act

**recyclable** /ʀ(ə)siklabl/ ADJ recyclable

**recyclage** /ʀ(ə)siklaʒ/ NM a *[d'élève]* reorientation; *[d'employé]* retraining ◆ **stage de ~** retraining *ou* refresher course b *(Tech)* recycling c *(Fin)* reinvestment ◆ **le ~ d'argent sale** money-laundering

**recycler** /ʀ(ə)sikle/ ▸ conjug 1 ◂ VT a *[+ employé] (dans son domaine)* to send on a refresher course; *(pour un nouveau métier)* to retrain; *[+ élève]* to reorientate b *(Tech) [+ déchets, eaux usées]* to recycle ◆ **papier recyclé** recycled paper c *(Fin) (= réinvestir)* to reinvest; *(= blanchir)* to launder VPR **se recycler** *[personne] (dans son domaine)* to go on a refresher course; *(pour un nouveau métier)* to retrain ◆ **elle s'est recyclée dans la restauration** she changed direction and went into catering ◆ **je ne peux pas me ~ à mon âge** I can't learn a new job *ou* trade at my age ◆ **se ~ en permanence** to be constantly updating one's skills ◆ **il a besoin de se ~ !** * he needs to get with it! *

**recycleur** /ʀəsiklœʀ/ NM *(= industriel)* recycler

**rédacteur, -trice** /ʀedaktœʀ, tʀis/ NM,F *(Presse)* sub-editor; *[d'article]* writer; *[de loi]* drafter; *[d'encyclopédie, dictionnaire]* compiler, editor ◆ **~ politique/économique** political/economics editor ◆ **~ sportif** sports editor, sportswriter COMP ▹ **rédacteur en chef** editor ▹ **rédacteur publicitaire** copywriter ▹ **rédacteur technique** technical writer

**rédaction** /ʀedaksjɔ̃/ NF a *[de contrat, projet]* drafting, drawing up; *[de thèse, article]* writing; *[d'encyclopédie, dictionnaire]* compiling, compilation; *(Admin, Jur)* wording ◆ **ce n'est que la première ~** it's only the first draft ◆ **~ technique** technical writing b *(Presse) (= personnel)* editorial staff; *(= bureaux)* editorial offices; → **salle, secrétaire** c *(Scol)* essay, composition

**rédactionnel, -elle** /ʀedaksjɔnɛl/ ADJ editorial

**reddition** /ʀedisjɔ̃/ NF *(Mil)* surrender; *[de comptes]* rendering ◆ **~ sans conditions** unconditional surrender

**redécoupage** /ʀədekupaʒ/ NM ◆ **effectuer un ~ électoral** to make boundary changes

**redécouverte** /ʀ(ə)dekuvɛʀt/ NF rediscovery

**redécouvrir** /ʀ(ə)dekuvʀiʀ/ ▸ conjug 18 ◂ VT to rediscover

**redéfaire** /ʀ(ə)defɛʀ/ ▸ conjug 60 ◂ VT *[+ paquet, lacet]* to undo again; *[+ manteau]* to take off again; *[+ couture]* to unpick again ◆ **le nœud s'est redéfait** the knot has come undone *ou* come untied again

**redéfinir** /ʀ(ə)definiʀ/ ▸ conjug 2 ◂ VT to redefine

**redéfinition** /ʀ(ə)definisjɔ̃/ NF redefinition

**redemander** /ʀəd(ə)mɑ̃de, ʀ(ə)dəmɑ̃de/ ▸ conjug 1 ◂ VT *[+ adresse]* to ask again for; *[+ aliment]* to ask for more; *[+ bouteille]* to ask for another ◆ **redemande-le-lui** *(une nouvelle fois)* ask him for it again; *(récupère-le)* ask him to give it back to you, ask him for it back ◆ **~ du poulet** to ask for more chicken *ou* another helping of chicken ◆ **en ~** * *(iro)* to ask for more *

**redémarrage** /ʀ(ə)demaʀaʒ/ NM a *[de moteur, réacteur, usine]* starting up again b *(= reprise) [d'économie, activité, ventes]* resurgence, upturn; *[d'inflation]* resurgence; *[de croissance]* pickup (*de* in)

**redémarrer** /ʀ(ə)demaʀe/ ▸ conjug 1 ◂ VI a *[moteur]* to start up again; *[véhicule]* to move off again; *[réacteur]* to be started up again ◆ **le chauffeur a redémarré au feu vert** the driver moved *ou* drove off again when the light turned green b *[processus]* to start again; *[économie]* to get going again, to take off again; *[croissance]* to pick up again; *[inflation]* to rise again ◆ **il tente de faire ~ son entreprise** he's trying to get his company started again

**rédempteur, -trice** /ʀedɑ̃ptœʀ, tʀis/ ADJ redemptive, redeeming NM,F redeemer

**rédemption** /ʀedɑ̃psjɔ̃/ NF a *(Rel)* redemption b *(Jur) [de rente]* redemption; *[de droit]* recovery

**redéploiement** /ʀ(ə)deplwamɑ̃/ NM *[d'armée, effectifs]* redeployment; *[de groupe industriel, activités, crédits]* restructuring

**redéployer** /ʀ(ə)deplwaje/ ▸ conjug 8 ◂ VT *[+ efforts, ressources, troupes]* to redeploy; *[+ crédits, effectifs]* to redeploy, to reassign ◆ **l'entreprise a redéployé ses activités autour de trois pôles** the company has reorganized its operations around three core areas ◆ **un nouveau musée a été construit pour ~ l'ensemble des collections** a new museum has been built so that the collection can be displayed in a new way VPR **se redéployer** *[armée, effectifs]* to redeploy; *[entreprise]* to reorganize its operations

**redescendre** /ʀ(ə)desɑ̃dʀ/ ▸ conjug 41 ◂ VT *(avec aux avoir)* a *[+ escalier]* to go *ou* come (back) down again ◆ **la balle a redescendu la pente** the ball rolled down the slope again *ou* rolled back down the slope

b *[+ objet] (à la cave)* to take downstairs again; *(du grenier)* to bring downstairs again; *(d'un rayon)* to get *ou* lift (back) down again; *(d'un crochet)* to take (back) down again ◆ **~ qch d'un cran** to put sth one notch lower down

VI *(avec aux être)* a *(dans l'escalier)* to go *ou* come (back) downstairs again; *(d'une colline)* to go *ou* come (back) down again ◆ **l'alpiniste redescend** *(à pied)* the mountaineer climbs down again; *(avec une corde)* the mountaineer ropes down again ◆ **~ de voiture** to get *ou* climb out of the car again

b *[ascenseur, avion]* to go down again; *[marée]* to go out again, to go back out; *[chemin]* to go *ou* slope down again; *[baromètre, fièvre]* to fall again

**redessiner** /ʀ(ə)desine/ ▸ conjug 1 ◂ VT *[+ paysage, jardin]* to redesign; *[+ frontière]* to redraw

**redevable** /ʀ(ə)dəvabl/ ADJ a *(Fin)* **être ~ de 20 € à qn** to owe sb €20 ◆ **~ de l'impôt** liable for tax b *(fig)* **être ~ à qn de** *[+ aide, service]* to be indebted to sb for ◆ **je vous suis ~ de la vie** I owe you my life

**redevance** /ʀ(ə)dəvɑ̃s/ NF a *(= impôt)* tax; *(Radio, TV) annual fee paid to the government to cover the costs of public television*, licence fee *(Brit)*; *(Téléc)* rental charge b *(= bail, rente)* dues, fees; *(touchée par l'inventeur)* royalties

**redevenir** /ʀ(ə)dəv(ə)niʀ/ ▸ conjug 22 ◂ VI to become again ◆ **le temps est redevenu glacial** the weather has become *ou* gone very cold again ◆ **il est redevenu lui-même** he is his old self again

**redevoir** /ʀ(ə)dəvwaʀ/ ▸ conjug 28 ◂ VT ◆ **il me redoit 1 500 €** he still owes me €1,500

**rédhibitoire** /ʀedibitwaʀ/ ADJ *[défaut]* crippling, damning; *[conditions]* totally unacceptable ◆ **un échec n'est pas forcément ~** one failure does not necessarily spell the end of everything ◆ **sa mauvaise foi est vraiment ~** his insincerity puts him quite beyond the pale ◆ **il est un peu menteur, mais ce n'est pas ~** he's a bit of a liar but that doesn't rule him out altogether ◆ **vice ~** *(Jur)* latent defect

**rediffuser** /ʀ(ə)difyze/ ▸ conjug 1 ◂ VT *[+ émission]* to repeat, to rerun

**rediffusion** /ʀ(ə)difyzjɔ̃/ NF *[d'émission]* repeat, rerun

**rédiger** /ʀediʒe/ ▸ conjug 3 ◂ VT *[+ article, lettre]* to write, to compose; *(à partir de notes)* to write up; *[+ encyclopédie, dictionnaire]* to compile, to write; *[+ contrat]* to draw up, to draft ◆ **bien rédigé** well-written

**redimensionnement** /ʀədimɑ̃sjɔnmɑ̃/ NM resizing

**redimensionner** /ʀ(ə)dimɑ̃sjɔne/ ▸ conjug 1 ◂ VT *[+ entreprise, comité]* to resize

**redingote** /ʀ(ə)dɛ̃gɔt/ NF *(Hist)* frock coat ◆ **manteau ~** *[de femme]* fitted coat

**redire** /ʀ(ə)diʀ/ ▸ conjug 37 ◂ VT a *[+ affirmation]* to say again, to repeat; *[+ histoire]* to tell again, to repeat; *[+ médisance]* to (go and) tell, to repeat ◆ **~ qch à qn** to say sth to sb again, to tell sb sth again, to repeat sth to sb ◆ **il redit toujours la même chose** he's always saying *ou* he keeps saying the same thing ◆ **je te l'ai dit et redit** I've told you that over and over again *ou* time and time again ◆ **je lui ai redit cent fois que ...** I've told him countless times that ... ◆ **redis-le après moi** repeat after me ◆ **ne le lui redites**

**pas** don't go and tell him *ou* don't go and repeat (to him) what I've said ◆ **il ne se le fait pas ~ deux fois** he doesn't need telling *ou* to be told twice

**b** ◆ **avoir** *ou* **trouver à ~ à qch** to find fault with sth ◆ **il trouve à ~ à tout** he finds fault with everything, he's always ready to criticize ◆ **on ne peut rien trouver à ~ là-dessus** there's nothing to say *ou* you can say to that ◆ **je ne vois rien à ~ (à cela)** I don't have any complaint(s) about that, I can't see anything wrong with that

**rediriger** /ʀ(ə)diʀiʒe/ ▸ conjug 3 ◂ **VT** *[+ appel, personne]* to redirect

**rediscuter** /ʀ(ə)diskyte/ ▸ conjug 1 ◂ **VT** to discuss again, to have further discussion on

**redistribuer** /ʀ(ə)distʀibɥe/ ▸ conjug 1 ◂ **VT** *[+ biens]* to redistribute; *[+ emplois, rôles, tâches]* to reallocate; *[+ cartes]* to deal again ◆ **cet événement va ~ les cartes dans la bataille électorale** this event will change the face of the electoral battle

**redistributif, -ive** /ʀ(ə)distʀibytif, iv/ **ADJ** *(Écon) [effet, fiscalité]* redistributive

**redistribution** /ʀ(ə)distʀibysjɔ̃/ **NF** *[de richesses, revenus, pouvoirs]* redistribution; *[de rôles, terres]* reallocation; *[de cartes]* redeal ◆ **la ~ des cartes dans le secteur des télécommunications** the reorganization of the telecommunications sector

**redite** /ʀ(ə)dit/ **NF** (needless) repetition

**redondance** /ʀ(ə)dɔ̃dɑ̃s/ **NF** **a** *[de style]* redundancy *(NonC)*, diffuseness *(NonC)*; *(Ling, Ordin)* redundancy *(NonC)* **b** *(= expression)* unnecessary *ou* superfluous expression ◆ **votre devoir est plein de ~s** your homework is full of repetitions

**redondant, e** /ʀ(ə)dɔ̃dɑ̃, ɑ̃t/ **ADJ** *[mot]* superfluous, redundant; *[style]* redundant, diffuse; *(Ling, Ordin)* redundant

**redonner** /ʀ(ə)dɔne/ ▸ conjug 1 ◂ **VT** **a** *(= rendre) [+ objet, bien]* to give back, to return; *[+ forme, idéal]* to give back, to give again; *[+ espoir, énergie]* to restore, to give back ◆ **l'air frais te redonnera des couleurs** the fresh air will put some colour back in your cheeks *ou* bring some colour back to your cheeks ◆ **cela te redonnera des forces** that will build your strength back up *ou* put new strength into you *ou* restore your strength ◆ **cette crème redonnera du tonus à votre peau** this cream will revitalize your skin ◆ **~ de la confiance/du courage à qn** to give sb new *ou* fresh confidence/courage, to restore sb's confidence/courage ◆ **ce voyage m'a redonné goût à la vie** this trip restored my appetite for life ◆ **~ la parole à qn** to let sb speak again ◆ **~ vie à un quartier/un village** to give an area/a village a new lease of life ◆ **ça a redonné le même résultat** it produced the same result as before

**b** *(= donner de nouveau) [+ adresse]* to give again; *[+ pain, eau]* to give some more ◆ **~ une couche de peinture** to give another coat of paint ◆ **redonne-toi un coup de peigne** give your hair another quick comb ◆ **tu peux me ~ de la viande/ des carottes ?** can you give me some more meat/some more carrots? *ou* another helping of meat/of carrots? ◆ **redonne-lui une bière/à boire** give him another beer/another drink

**c** *(Théât)* to put on again

**redorer** /ʀ(ə)dɔʀe/ ▸ conjug 1 ◂ **VT** to regild ◆ **~ son blason** *[famille]* to boost the family fortunes by marrying into money; *[entreprise, émission]* to regain prestige

**redormir** /ʀ(ə)dɔʀmiʀ/ ▸ conjug 16 ◂ **VI** to sleep some more ◆ **j'ai redormi trois heures** I slept for three more hours

**redoublant, e** /ʀ(ə)dublɑ̃, ɑ̃t/ **NM,F** *(Scol)* pupil who is repeating (*ou* has repeated) a year at school, repeater *(US)*

**redoublement** /ʀ(ə)dubləmɑ̃/ **NM** **a** *(= accroissement)* increase (*de* in), intensification (*de* of) ◆ **je vous demande un ~ d'attention** I need you to pay even closer attention, I need your increased attention ◆ **avec un ~ de larmes** with a fresh flood of tears **b** *(Scol)* **le ~ permet aux élèves faibles de rattraper** repeating a year *ou* a grade *(US) ou* being kept down *(Brit)* helps the weaker pupils to catch up **c** *(Ling)* reduplication

**redoubler** /ʀ(ə)duble/ ▸ conjug 1 ◂ **VT** **a** *(= accroître) [+ joie, douleur, craintes]* to increase, to intensify; *[+ efforts]* to step up, to redouble ◆ **frapper à coups redoublés** to bang twice as hard, to bang even harder ◆ **hurler à cris redoublés** to yell twice as loud

**b** *(Ling) [+ syllabe]* to reduplicate; *(Couture) [+ vêtement]* to reline ◆ **~ (une classe)** *(Scol)* to repeat a year *ou* a grade *(US)*, to be held back *ou* kept down *(Brit)* a year

**VT INDIR** **redoubler de** ◆ **~ d'efforts** to step up *ou* redouble one's efforts, to try extra hard ◆ **~ de prudence/de vigilance** to be extra careful/vigilant, to be doubly careful/vigilant ◆ **le vent redouble de violence** the wind is getting even stronger *ou* is blowing even more strongly

**VI** *(gén)* to increase, to intensify; *[froid, douleur]* to become twice as bad, to get even worse; *[vent]* to become twice as strong; *[joie]* to become even more intense; *[larmes]* to flow *ou* fall even faster; *[cris]* to get even louder *ou* twice as loud

**redoutable** /ʀ(ə)dutabl/ **ADJ** *[arme, adversaire, concurrence]* formidable, fearsome; *[maladie]* dreadful; *[problème]* formidable, dreadful; *[question]* tough, difficult ◆ **son charme ~** his devastating charm ◆ **elle est d'une efficacité ~** she's frighteningly efficient

**redoutablement** /ʀ(ə)dutabləmɑ̃/ **ADV** *[agile, efficace]* formidably; *[dangereux]* extremely ◆ **un couteau ~ effilé** a dangerously sharp knife

**redoute** /ʀədut/ **NF** *(Mil)* redoubt

**redouter** /ʀ(ə)dute/ ▸ conjug 1 ◂ **VT** *[+ ennemi, avenir, conséquence]* to dread, to fear ◆ **je redoute de l'apprendre** I dread finding out about it ◆ **je redoute qu'il ne l'apprenne** I dread his finding out about it

**redoux** /ʀədu/ **NM** *(= temps plus chaud)* spell of milder weather; *(= dégel)* thaw

**redresse** /ʀ(ə)dʀɛs/ **à la redresse** ‡† **LOC ADJ** *[personne]* tough

**redressement** /ʀ(ə)dʀɛsmɑ̃/ **NM** **a** *[de poteau]* setting upright, righting; *[de tige]* straightening (up); *[de tôle]* straightening out, knocking out; *[de courant]* rectification; *[de buste, corps]* straightening up **b** *[de bateau]* righting; *[de roue, voiture, avion]* straightening up **c** *[de situation] (= action)* putting right; *(= résultat)* recovery **d** *[d'économie]* recovery, upturn; *[d'entreprise]* recovery, turnaround ◆ **plan de ~** recovery package ◆ **~ économique/financier** economic/financial recovery ◆ **être mis** *ou* **placé en ~ judiciaire** *(Jur)* to be put into receivership *ou* administration **e** *[d'erreur]* righting, putting right; *[d'abus, torts]* righting, redress; *[de jugement]* correcting ◆ **~ fiscal** *(Fin)* tax adjustment; → **maison**

**redresser** /ʀ(ə)dʀese/ ▸ conjug 1 ◂ **VT** **a** *(= relever)* to straighten up; *[+ tôle cabossée]* to knock out; *[+ courant]* to rectify; *(Opt) [+ image]* to straighten ◆ **~ un malade sur son oreiller** to sit *ou* prop a patient up against his pillow ◆ **~ les épaules** to straighten one's shoulders, to throw one's shoulders back ◆ **~ le corps (en arrière)** to stand up straight, to straighten up ◆ **~ la tête** *(lit)* to hold up *ou* lift (up) one's head; *(fig = être fier)* to hold one's head up high; *(fig = se révolter)* to show signs of rebellion ◆ **se faire ~ les dents** to have one's teeth straightened

**b** *(= rediriger) [+ roue, voiture]* to straighten up; *[+ bateau]* to right; *[+ avion]* to lift the nose of, to straighten up ◆ **redresse !** straighten up!; → **barre**

**c** *(= rétablir) [+ économie]* to put *ou* set right; *[+ entreprise déficitaire]* to turn round; *[+ situation]* to put right, to straighten out ◆ **~ le pays** to get *ou* put the country on its feet again

**d** *(littér = corriger) [+ erreur]* to rectify, to put right; *[+ torts, abus]* to remedy ◆ **~ le jugement défavorable de qn** to change sb's unfavourable opinion

**VPR** **se redresser** **a** *(= se mettre assis)* to sit up; *(= se mettre debout)* to stand up; *(= se mettre droit)* to stand up straight; *(après s'être courbé)* to straighten up; *(fig = être fier)* to hold one's head up high ◆ **redresse-toi !** sit *ou* stand up straight!

**b** *[bateau]* to right itself; *[avion]* to flatten out, to straighten up; *[voiture]* to straighten up; *[pays, économie]* to recover; *[situation]* to correct itself

**c** *[coin replié, cheveux]* to stick up ◆ **les blés, couchés par le vent, se redressèrent** the wheat, which had been flattened by the wind, stood up straight again

**redresseur** /ʀ(ə)dʀɛsœʀ/ **NM** **a** *(Hist, iro)* **~ de torts** righter of wrongs ◆ **~ d'entreprises** corporate rescuer **b** *(Élec)* rectifier **ADJ M** *[muscle]* erector; *[prisme]* erecting

**réduc** * /ʀedyk/ **NF** abrév de **réduction b**

**réducteur, -trice** /ʀedyktœʀ, tʀis/ **ADJ** **a** *(Chim)* reducing; *[engrenage]* reduction **b** *(péj = simplificateur) [analyse, concept]* simplistic **NM** *(Chim)* reducing agent; *(Photo)* reducer ◆ **~ (de vitesse)** speed reducer ◆ **~ de tête** head shrinker

**réductibilité** /ʀedyktibilite/ **NF** reducibility

**réductible** /ʀedyktibl/ **ADJ** *(Chim, Math)* reducible (*en, à* to); *(Méd) [fracture]* which can be reduced *(SPÉC) ou* set; *[quantité]* which can be reduced

**réduction** /ʀedyksjɔ̃/ **NF** **a** *(= diminution) [de dépenses, personnel, production, déficit]* reduction, cut (*de* in); ◆ **~ de salaire/d'impôts** wage/tax cut, cut in wages/in taxes ◆ **~ du temps de travail** cut *ou* reduction in working time *ou* hours ◆ **obtenir une ~ de peine** to get a reduced sentence

**b** *(= rabais)* discount, reduction ◆ **faire/obtenir une ~** to give/get a reduction ◆ **une ~ de 10%** a 10% discount ◆ **~ (pour les) étudiants/chômeurs** concessions for students/the unemployed ◆ **carte de ~** *(Comm)* discount card ◆ **bénéficier d'une carte de ~ dans les transports** *(trains)* to have a railcard; *(bus)* to have a bus pass

**c** *(= reproduction) [de plan, photo]* reduction ◆ **en ~** *(fig)* in miniature

**d** *(Méd) [de fracture]* reduction *(SPÉC)*, setting; *(Bio, Chim, Math)* reduction

**e** *(Culin)* reduction (by boiling)

**f** *(Mil) [de ville]* capture; *[de rebelles]* quelling

**réductionnisme** /ʀedyksjɔnism/ **NM** reductionism

**réductionniste** /ʀedyksjɔnist/ **ADJ, NMF** reductionist

**réduire** /ʀedɥiʀ/ ▸ conjug 38 ◂ **VT** **a** *(= diminuer) [+ hauteur, vitesse, temps de travail, inégalités]* to reduce; *[+ peine, impôt, consommation]* to reduce, to cut; *[+ prix]* to reduce, to cut, to bring down; *[+ pression]* to reduce, to lessen; *[+ texte]* to shorten, to cut; *[+ production]* to reduce, to cut (back), to lower; *[+ dépenses]* to reduce, to cut, to cut down *ou* back (on); *[+ risques]* to reduce, to lower; *[+ voilure]* to shorten; *[+ tête coupée]* to shrink ◆ **il va falloir ~ notre train de vie** we'll have to cut down on *ou* curb our spending ◆ **~ petit à petit l'autorité de qn/la portée d'une loi** to chip away at sb's authority/a law

**b** *(= reproduire) [+ dessin, plan]* to reduce, to scale down; *[+ photographie]* to reduce, to make smaller; *[+ figure géométrique]* to scale down

**c** *(= contraindre)* **~ à** *[+ soumission, désespoir]* to reduce to ◆ **~ qn à l'obéissance/en esclavage** to reduce sb to obedience/to slavery ◆ **après son accident, il a été réduit à l'inaction** since his accident he's been unable to get about ◆ **il en est réduit à mendier** he has been reduced to begging

**d** ◆ **~ à** *(= ramener à)* to reduce to, to bring down to; *(= limiter à)* to limit to, to confine to ◆ **~ des fractions à un dénominateur commun** to reduce *ou* bring down fractions to a common denominator ◆ **~ des éléments différents à un type commun** to reduce different elements to one general type ◆ **je réduirai mon étude à quelques aspects** I shall limit *ou* confine my study to a few aspects ◆ **~ à sa plus simple expression** *(Math) [+ polynôme]* to reduce to its simplest expression; *(fig) [+ mobilier, repas]* to reduce to the absolute *ou* bare minimum ◆ **~ qch à néant** *ou* **à rien** *ou* **à zéro** to reduce sth to nothing

**e** *(= transformer)* **~ en** to reduce to ◆ **réduisez les grammes en milligrammes** convert the grammes to milligrammes ◆ **~ qch en miettes/en morceaux** to smash sth to tiny pieces/to pieces ◆ **~ qch en bouillie** to crush *ou* reduce sth to a pulp ◆ **~ qch en poudre** to grind *ou* reduce sth to a powder ◆ **sa maison était réduite en cendres** his house was reduced to ashes *ou* burnt to the ground ◆ **les cadavres étaient réduits en charpie** the bodies were torn to shreds

**f** *(Méd) [+ fracture]* to set, to reduce *(SPÉC)*; *(Chim) [+ minerai, oxyde]* to reduce; *(Culin) [+ sauce]* to reduce (by boiling)

**g** *(Mil) [+ place forte]* to capture; *[+ rebelles]* to quell ◆ **~ l'opposition** to silence the opposition

**VI** *(Culin) [sauce]* to reduce ◆ **faire** *ou* **laisser ~ la sauce** to cook *ou* simmer the sauce to reduce it ◆ **les épinards réduisent à la cuisson** spinach shrinks when you cook it

**VPR se réduire** **a** ◆ **se ~ à** *[affaire, incident]* to boil down to, to amount to; *[somme, quantité]* to amount to ◆ **mon profit se réduit à bien peu de chose** the profit I've made amounts to very little ◆ **notre action ne se réduit pas à quelques discours** the action we are taking involves more than *ou* isn't just a matter of a few speeches ◆ **je me réduirai à quelques exemples** I'll limit *ou* confine myself to a few examples, I'll just select *ou* quote a few examples

**b** ◆ **se ~ en** to be reduced to ◆ **se ~ en cendres** to be burnt *ou* reduced to ashes ◆ **se ~ en poussière** to be reduced *ou* crumble away *ou* turn to dust ◆ **se ~ en bouillie** to be crushed to a pulp

**c** *(= dépenser moins)* to cut down on one's spending *ou* expenditure

**réduit, e** /ʀedɥi, it/ (ptp de **réduire**) **ADJ** **a** *(= petit)* small ◆ **de taille** *ou* **dimension ~e** small ◆ **reproduction à échelle ~e** small-scale reproduction ◆ **un nombre ~ de ...** a small number of ... ◆ **métal à teneur en plomb ~e** metal with a low lead content; → **modèle**

**b** *(= diminué) [tarif, prix, taux]* reduced; *[délai]* shorter; *[moyens, débouchés]* limited ◆ **livres à prix ~s** cut-price books, books at a reduced price *ou* at reduced prices ◆ **avancer à vitesse ~e** to move forward at low speed *ou* at a reduced speed ◆ **maintenant ils produisent ces voitures en nombre ~** they're now producing a smaller number of these cars *ou* fewer of these cars ◆ **travail à temps ~** short-time work ◆ **chômeur ayant exercé une activité ~e** unemployed person who has worked a limited number of hours ◆ **"service réduit le dimanche"** "reduced service on Sundays" ◆ **tête ~e** shrunken head

**NM** *(= pièce)* tiny room; *(péj)* cubbyhole, poky little hole; *(= recoin)* recess; *(Mil)* enclave; *[de maquisards]* hideout

**redynamiser** /ʀ(ə)dinamize/ ▸ conjug 1 ◂ **VT** *[+ économie, secteur, tourisme]* to give a new boost to

**rééchelonnement** /ʀeeʃ(ə)lɔnmɑ̃/ **NM** *[de dettes]* rescheduling

**rééchelonner** /ʀeeʃ(ə)lɔne/ ▸ conjug 1 ◂ **VT** *[+ dettes]* to reschedule

**réécrire** /ʀeekʀiʀ/ ▸ conjug 39 ◂ **VT** *[+ roman, inscription]* to rewrite; *[+ lettre]* to write again ◆ **~ l'histoire** *(fig)* to rewrite history ◆ **il m'a réécrit** he has written to me again, he has written me another letter

**réécriture** /ʀeekʀityʀ/ **NF** rewriting ◆ **règle de ~** *(Ling)* rewrite *ou* rewriting rule

**réédification** /ʀeedifikasjɔ̃/ **NF** rebuilding, reconstruction

**réédifier** /ʀeedifje/ ▸ conjug 7 ◂ **VT** to rebuild, to reconstruct; *(fig)* to rebuild

**rééditer** /ʀeedite/ ▸ conjug 1 ◂ **VT** to republish; *(fig)* to repeat

**réédition** /ʀeedisjɔ̃/ **NF** new edition; *(fig)* repetition, repeat

**rééducateur, -trice** /ʀeedykatœʀ, tʀis/ **NM,F** *(= kinésithérapeute)* physiotherapist; *(= psychologue)* counsellor

**rééducation** /ʀeedykasjɔ̃/ **NF** **a** *(Méd) [de malade]* rehabilitation; *[de membre]* re-education; *(= spécialité médicale)* physiotherapy, physical therapy *(US)* ◆ **faire de la ~** to undergo *ou* have physiotherapy, to have physical therapy *(US)* ◆ **exercice de ~** physiotherapy exercise ◆ **~ de la parole** speech therapy ◆ **centre de ~** rehabilitation centre **b** *(gén, lit, Pol)* re-education; *[de délinquant]* rehabilitation

**rééduquer** /ʀeedyke/ ▸ conjug 1 ◂ **VT** **a** *(Méd) [+ malade]* to rehabilitate; *[+ membre]* to re-educate **b** *(gén, Pol, lit)* to re-educate; *[+ délinquant]* to rehabilitate

**réel, -elle** /ʀeɛl/ **ADJ** **a** *[fait, chef, existence, avantage]* real; *[besoin, cause]* real, true; *[danger, plaisir, amélioration, douleur]* real, genuine ◆ **faire de réelles économies** to make significant *ou* real savings ◆ **son héros est très ~** his hero is very lifelike *ou* realistic **b** *(Math, Opt, Philos, Phys)* real; *(Fin) [valeur, salaire]* real, actual ◆ **taux d'intérêt ~** effective interest rate **NM** ◆ **le ~** reality, the real

**réélection** /ʀeelɛksjɔ̃/ **NF** re-election

**rééligibilité** /ʀeeliʒibilite/ **NF** re-eligibility

**rééligible** /ʀeeliʒibl/ **ADJ** re-eligible

**réélire** /ʀeeliʀ/ ▸ conjug 43 ◂ **VT** to re-elect ◆ **ne pas ~ qn** to vote sb out

**réellement** /ʀeɛlmɑ̃/ **ADV** really, truly ◆ **je suis ~ désolé** I'm really *ou* truly sorry ◆ **ça m'a ~ consterné/aidé** that really worried/helped me, that was a genuine worry/help to me ◆ **~, tu exagères !** really *ou* honestly, you're going too far!

**réembarquer** /ʀeɑ̃baʀke/ ▸ conjug 1 ◂ **VTI** ⇒ **rembarquer**

**réembaucher** /ʀeɑ̃boʃe/ ▸ conjug 1 ◂ **VT** to take on again, to re-employ ◆ **l'entreprise réembauchera à l'automne prochain** the company will start hiring again next autumn

**réembobiner** /ʀeɑ̃bɔbine/ ▸ conjug 1 ◂ **VT** ⇒ **rembobiner**

**réémergence** /ʀeemɛʀʒɑ̃s/ **NF** re-emergence

**réemploi** /ʀeɑ̃plwa/ **NM** **a** *[de méthode, produit]* re-use **b** *(= réinvestissement)* reinvestment **c** *(= nouvelle embauche)* re-employment

**réemployer** /ʀeɑ̃plwaje/ ▸ conjug 8 ◂ **VT** **a** *[+ méthode, produit]* to re-use **b** *(= réinvestir)* to reinvest **c** *(= réembaucher)* to re-employ, to take back on

**réemprunter** /ʀeɑ̃pʀœ̃te/ ▸ conjug 1 ◂ **VT** **a** *[+ argent, objet] (une nouvelle fois)* to borrow again; *(davantage)* to borrow more **b** ◆ **~ le même chemin** to take the same road again, to go the same way again

**réengagement** /ʀeɑ̃gaʒmɑ̃/ **NM** ⇒ **rengagement**

**réengager** /ʀeɑ̃gaʒe/ ▸ conjug 3 ◂ **VT** ⇒ **rengager**

**réenregistrable** /ʀeɑ̃ʀ(ə)ʒistʀabl/ **ADJ** *[CD]* recordable

**réenregistrement** /ʀeɑ̃ʀ(ə)ʒistʀəmɑ̃/ **NM** *[de disque]* re-recording

**réenregistrer** /ʀeɑ̃ʀ(ə)ʒistʀe/ ▸ conjug 1 ◂ **VT** *[+ musique, titre]* to re-record ◆ **j'ai réenregistré un documentaire par-dessus le film** I recorded a documentary over the film

**réentendre** /ʀeɑ̃tɑ̃dʀ/ ▸ conjug 41 ◂ **VT** to hear again

**rééquilibrage** /ʀeekilibʀaʒ/ **NM** *[de chargement]* readjustment; *[de budget, finances, comptes]* rebalancing; *[de pouvoirs]* restoring the balance ◆ **le ~ des roues** *(Aut)* balancing the wheels ◆ **le ~ des forces au sein du gouvernement** the redistribution of power within the government

**rééquilibrer** /ʀeekilibʀe/ ▸ conjug 1 ◂ **VT** *[+ chargement]* to readjust; *(Aut) [+ roues]* to balance; *[+ économie]* to restabilize, to find a new equilibrium for; *[+ budget, comptes, finances]* to rebalance ◆ **~ les pouvoirs/la balance commerciale** to restore the balance of power/the balance of trade

**réescompte** /ʀeɛskɔ̃t/ **NM** rediscount

**réescompter** /ʀeɛskɔ̃te/ ▸ conjug 1 ◂ **VT** to rediscount

**réessayer** /ʀeeseje/ ▸ conjug 8 ◂ **VT** *[+ robe]* to try on again; *[+ recette]* to try again ◆ **je réessaierai plus tard** I'll try again later

**réétudier** /ʀeetydje/ ▸ conjug 7 ◂ **VT** *[+ dossier, question]* to reexamine

**réévaluation** /ʀeevalɥasjɔ̃/ **NF** **a** *[de monnaie]* revaluation; *[de salaire] (à la hausse)* upgrading; *(à la baisse)* downgrading **b** *[de situation, place, méthode]* reappraisal, reassessment

**réévaluer** /ʀeevalɥe/ ▸ conjug 1 ◂ **VT** **a** *[+ monnaie]* to revalue (*par rapport à* against); *[+ salaire] (à la hausse)* to upgrade; *(à la baisse)* to downgrade **b** *[+ situation, place, méthode]* to reappraise, to reassess

**réexamen** /ʀeɛgzamɛ̃/ **NM** *[de malade]* re-examination; *[de problème, situation, dossier, candidature, décision]* reconsideration ◆ **demander un ~ de la situation** to ask for the situation to be reconsidered

**réexaminer** /ʀeɛgzamine/ ▸ conjug 1 ◂ **VT** *[+ malade]* to re-examine; *[+ problème, situation, candidature, décision]* to examine again, to reconsider

**réexpédier** /ʀeɛkspedje/ ► conjug 7 ◄ VT **a** (= *retourner, renvoyer*) to return, to send back ◆ **on l'a réexpédié dans son pays** he was sent back to his country **b** (= *faire suivre*) to send on, to forward

**réexpédition** /ʀeɛkspedisjɔ̃/ NF **a** (= *retour*) returning **b** (= *fait de faire suivre*) forwarding ◆ **enveloppe/frais de** ~ forwarding envelope/charges

**réexportation** /ʀeɛkspɔʀtasjɔ̃/ NF re-export

**réexporter** /ʀeɛkspɔʀte/ ► conjug 1 ◄ VT to re-export

**réf.** (abrév de **référence**) ref.

**refaçonner** /ʀ(ə)fasɔne/ ► conjug 1 ◄ VT [+ *sculpture*] to remodel; [+ *émission*] to redesign; [+ *phrase, texte*] to rework

**réfaction** /ʀefaksjɔ̃/ NF (*Comm*) allowance, rebate

**refacturer** /ʀ(ə)faktyʀe/ ► conjug 1 ◄ VT ◆ ~ **qch à qn** to pass on the cost of sth to sb ◆ **les coûts sont en partie refacturés au client** some of the costs are passed on to the customer

**refaire** /ʀ(ə)fɛʀ/ ► conjug 60 ◄ VT **a** (= *recommencer*) (*gén*) [+ *travail, dessin*] to redo, to do again; [+ *maquillage*] to redo; [+ *voyage*] to make again; [+ *article, devoir*] to rewrite; [+ *nœud*] to retie; [+ *paquet*] to do up again ◆ **il a refait mon pansement** he put on a new bandage for me ◆ **elle a refait sa vie avec lui** she started a new relationship with him ◆ **il m'a refait une visite** he paid me another call, he called on me again ◆ **il refait (du) soleil** the sun has come out again ◆ **tu refais toujours la même faute** you always make the same mistake ◆ **il a refait de la fièvre/de l'asthme** he has had another bout of fever/of asthma ◆ **il refait du vélo** he has taken up cycling again ◆ **il va falloir tout ~ depuis le début** it will have to be done all over again, we'll have to start again from scratch ◆ **si vous refaites du bruit** if you start making a noise again, if there's any further noise from you ◆ **il va falloir ~ de la soupe** we'll have to make some more soup ◆ **je vais me ~ une tasse de café** I'm going to make myself another cup of coffee ◆ ~ **le monde** (*en parlant*) to try to solve the world's problems ◆ **si c'était à ~ !** if I had my time over again! ◆ **à ~** (*Cartes*) re-deal

**b** (= *retaper*) [+ *toit*] to redo, to renew; [+ *route*] to repair; [+ *mur*] to rebuild, to repair; [+ *meuble*] to do up, to renovate, to restore; [+ *chambre*] to decorate ◆ **on refera les peintures/les papiers au printemps** we'll repaint/repaper in the spring, we'll redo the paintwork/the wallpaper in the spring ◆ **nous allons faire ~ le carrelage du salon** we're going to have the sitting room floor re-tiled ◆ **se faire ~ le nez** to have one's nose remodelled (*Brit*) *ou* remodeled (*US*), to have a nose job * ◆ ~ **qch à neuf** to do sth up like new ◆ ~ **ses forces/sa santé** to recover one's strength/one's health ◆ **à son âge, tu ne la referas pas** at her age, you won't change her

**c** ( * = *duper*) to take in ◆ **il a été refait, il s'est fait ~** he has been taken in *ou* had * ◆ **il m'a refait de 10 €** he did * *ou* diddled * (*Brit*) me out of €10

VPR **se refaire** (= *retrouver une santé*) to recuperate, to recover; (= *regagner son argent*) to make up one's losses ◆ **se ~ une santé dans le Midi** to (go and) recuperate in the south of France, to recover *ou* regain one's health in the south of France ◆ **se ~ une beauté** to freshen up ◆ **que voulez-vous, on ne se refait pas !** what can you expect — you can't change how you're made! * *ou* you can't change your own character!; → **virginité**

**réfection** /ʀefɛksjɔ̃/ NF [*de route*] repairing; [*de mur, maison*] rebuilding, repairing ◆ **la ~ de la route va durer trois semaines** the road repairs *ou* the repairs to the road will take three weeks

**réfectoire** /ʀefɛktwaʀ/ NM (*Scol*) dining hall, canteen; (*Rel*) refectory; [*d'usine*] canteen

**refend** /ʀəfɑ̃/ NM ◆ **mur de ~** supporting (partition) wall ◆ **bois de ~** wood in planks

**référé** /ʀefeʀe/ NM (*Jur*) ◆ **(procédure en) ~** summary proceedings ◆ **(arrêt *ou* jugement en) ~** interim ruling ◆ **assigner qn en ~** to apply for summary judgment against sb ◆ **juge des ~s** judge in chambers

**référence** /ʀefeʀɑ̃s/ NF **a** (= *renvoi*) reference; (*en bas de page*) reference, footnote ◆ **par ~ à** in reference to ◆ **en ~ à votre courrier du 2 juin** with reference to your letter of 2 June ◆ **l'auteur cité en ~** (*plus haut*) the above-mentioned author ◆ **ouvrage/numéro de ~** reference book/number ◆ **période/prix de ~** base *ou* reference period/price ◆ **taux de ~** (*Fin*) benchmark *ou* reference rate ◆ **prendre qch comme point de ~** to use sth as a point of reference ◆ **faire ~ à** to refer to, to make (a) reference to ◆ **servir de ~** [*chiffres, indice, taux*] to be used as a benchmark; [*personne*] to be a role model ◆ **c'est un livre qui fait ~** it is a standard reference work; → **année**

**b** (= *recommandation*) (*gén*) reference ◆ **cet employé a-t-il des ~s ?** (*d'un employeur*) has this employee got a reference? *ou* a testimonial? (*Brit*); (*de plusieurs employeurs*) has this employee got references? *ou* testimonials? (*Brit*) ◆ **lettre de ~** letter of reference, testimonial (*Brit*) ◆ **il a un doctorat, c'est quand même une ~** he has a doctorate which is not a bad recommendation *ou* which is something to go by ◆ **ce n'est pas une ~** (*iro*) that's no recommendation

**c** (*Ling*) reference

**référencement** /ʀefeʀɑ̃smɑ̃/ NM [*de produit*] referencing

**référencer** /ʀefeʀɑ̃se/ ► conjug 3 ◄ VT to reference

**référendaire** /ʀefeʀɑ̃dɛʀ/ ADJ (*pour un référendum*) referendum (*épith*) NM ◆ **(conseiller) ~** public auditor

**référendum** /ʀefeʀɛdɔm/ NM referendum ◆ **faire *ou* organiser un ~** to hold a referendum

**référent** /ʀefeʀɑ̃/ NM referent

**référentiel, -elle** /ʀefeʀɑ̃sjɛl/ ADJ referential NM system of reference

**référer** /ʀefeʀe/ GRAMMAIRE ACTIVE 46.1 ► conjug 6 ◄ VT INDIR **en référer à** ◆ **en ~ à qn** to refer *ou* submit a matter *ou* question to sb VPR **se référer** ◆ **se ~ à** (= *consulter*) to consult; (= *faire référence à*) to refer to; (= *s'en remettre à*) to refer to ◆ **si l'on s'en réfère à son dernier article** if we refer to his most recent article

**refermer** /ʀ(ə)fɛʀme/ ► conjug 1 ◄ VT to close *ou* shut again ◆ **peux-tu ~ la porte ?** can you close *ou* shut the door? ◆ ~ **un dossier** (*fig*) to close a file VPR **se refermer** [*plaie*] to close up, to heal up; [*fleur*] to close up (again); [*fenêtre, porte*] to close *ou* shut (again) ◆ **le piège se referma sur lui** the trap closed *ou* shut on him

**refiler** * /ʀ(ə)file/ ► conjug 1 ◄ VT to give (*à qn* to sb); ◆ **refile-moi ton livre** let me have your book, give me your book ◆ **il m'a refilé la rougeole** I've caught measles off him, he has passed his measles on to me ◆ **il s'est fait ~ une fausse pièce** someone has palmed *ou* fobbed a forged coin off on him *; → **bébé**

**refinancement** /ʀ(ə)finɑ̃smɑ̃/ NM refinancing ◆ **plan de ~** refinancing plan

**refinancer** /ʀ(ə)finɑ̃se/ ► conjug 1 ◄ VT to refinance

**réfléchi, e** /ʀefleʃi/ (ptp de **réfléchir**) ADJ **a** (= *pondéré*) [*action*] well-thought-out (*épith*), well thought out (*attrib*), well-considered; [*personne, air*] thoughtful ◆ **tout bien ~** after careful consideration *ou* thought, having weighed up all the pros and cons ◆ **c'est tout ~** my mind is made up, I've made my mind up **b** (*Gram*) reflexive **c** (*Opt*) reflected NM (*Gram*) reflexive

**réfléchir** /ʀefleʃiʀ/ GRAMMAIRE ACTIVE 29.3 ► conjug 2 ◄

VI to think, to reflect ◆ **prends le temps de ~** take time to reflect *ou* to think about it *ou* to consider it ◆ **cela donne à ~** it's food for thought, it makes you think ◆ **cet accident, ça fait ~** an accident like that makes you think ◆ **il faut ~ avant d'agir** you must think before you act ◆ **je demande à ~** I'd like time to consider it *ou* to think things over ◆ **elle a accepté sans ~** she accepted without thinking ◆ **la prochaine fois, tâche de ~** next time just try and think a bit *ou* try and use your brains a bit ◆ **j'ai longuement réfléchi et je suis arrivé à cette conclusion** I have given it a lot of thought and have come to this conclusion

VT INDIR **réfléchir à** *ou* **sur qch** to think about sth, to turn sth over in one's mind ◆ **réfléchissez-y** think about it, think it over ◆ **réfléchis à ce que tu vas faire** think about what you're going to do ◆ **à bien y ~...** when you really think about it ...

VT **a** ◆ ~ **que** to realize that ◆ **il n'avait pas réfléchi qu'il ne pourrait pas venir** he hadn't thought *ou* realized that *ou* it hadn't occurred to him that he wouldn't be able to come

**b** [+ *lumière, son*] to reflect ◆ **les arbres se réfléchissent dans le lac** the trees are reflected in the lake, you can see the reflection of the trees in the lake

**réfléchissant, e** /ʀefleʃisɑ̃, ɑ̃t/ ADJ reflective

**réflecteur, -trice** /ʀeflɛktœʀ, tʀis/ ADJ reflecting NM (*gén*) reflector

**reflet** /ʀ(ə)flɛ/ NM **a** (= *éclat*) (*gén*) reflection; [*de cheveux*] (*naturel*) glint, light; (*artificiel*) highlight ◆ **les ~s moirés de la soie** the shimmering play of light on silk ◆ **les ~s du soleil sur la mer** the reflection *ou* glint *ou* flash of the sun on the sea ◆ **la lame projetait des ~s sur le mur** the reflection of the blade shone on the wall, the blade threw a reflection onto the wall ◆ **se faire faire des ~s (dans les cheveux)** to have one's hair highlighted

**b** (*lit* = *image*) reflection ◆ **le ~ de son visage dans le lac** the reflection of his face in the lake

**c** (*fig* = *représentation*) reflection ◆ **les habits sont le ~ d'une époque/d'une personnalité** clothes reflect *ou* are the reflection of an era/of one's personality ◆ **c'est le pâle ~ de son prédécesseur** he's a pale reflection of his predecessor ◆ **c'est le ~ de son père** he's the image of his father

**refléter** /ʀ(ə)flete/ ► conjug 6 ◄ VT (*lit, fig*) to reflect, to mirror ◆ **son visage reflète la bonté** his kindness shows in his face VPR **se refléter** to be reflected, to be mirrored (*dans* in; *sur* on); ◆ **son trouble se reflétait sur son visage** his agitation showed on his face

**refleurir** /ʀ(ə)flœʀiʀ/ ► conjug 2 ◄ VI (*Bot*) to flower *ou* blossom again; (= *renaître*) to flourish *ou* blossom again VT [+ *tombe*] to put fresh flowers on

**reflex** /ʀeflɛks/ ADJ reflex NM reflex camera ◆ ~ **à un objectif/deux objectifs** single-lens/twin-lens reflex (camera)

**réflexe** /ʀeflɛks/ ADJ reflex

NM *(Physiol)* reflex; *(= réaction)* reaction ◆ ~ **rotulien** knee jerk ◆ ~ **conditionné** *ou* **conditionnel** conditioned reflex *ou* response ◆ ~ **de défense** *(Physiol)* defence reflex; *(gén)* defensive reaction ◆ ~ **de survie** instinct for survival ◆ ~ **de solidarité** instinctive feeling of solidarity ◆ **avoir de bons/mauvais ~s** to have quick *ou* good/slow *ou* poor reflexes ◆ **il eut le ~ de couper l'électricité** his immediate *ou* instant reaction was to switch off the electricity, he instinctively switched off the electricity ◆ **manquer de** ~ to be slow to react ◆ **son premier ~ a été d'appeler la police** his first reaction was to call the police ◆ **par ~, j'ai regardé derrière moi** I instinctively looked behind me ◆ **il a freiné par** ~ he braked instinctively

**réflexibilité** /ʀeflɛksibilite/ NF reflexibility

**réflexible** /ʀeflɛksibl/ ADJ reflexible

**réflexif, -ive** /ʀeflɛksif, iv/ ADJ *(Math)* reflexive; *(Psych)* introspective

**réflexion** /ʀeflɛksjɔ̃/ NF **a** *(= méditation)* thought, reflection *(NonC)* ◆ **plongé** *ou* **absorbé dans ses ~s** deep *ou* lost in thought ◆ **ceci donne matière à** ~ this is food for thought, this gives you something to think about ◆ **ceci mérite** ~ *[offre]* this is worth thinking about *ou* considering; *[problème]* this needs thinking about *ou* over ◆ **ceci nécessite une ~ plus approfondie sur les problèmes** further thought needs to be given to the problems ◆ **avec** ~ thoughtfully ◆ **elle a fait son choix au terme d'une longue ~ personnelle** she made her choice after much heart-searching ◆ ~ **faite** *ou* **à la ~, je reste** on reflection *ou* on second thoughts, I'll stay ◆ **à la ~, on s'aperçoit que c'est faux** when you think about it you can see that it's wrong ◆ **groupe** *ou* **cellule** *ou* **cercle de** ~ *(Pol)* think-tank ◆ **laissez-moi un délai** *ou* **un temps de ~** give me time to think ◆ **après un temps de ~, il ajouta ...** after a moment's thought, he added ... ◆ **nous organiserons une journée de ~ sur ce thème** we will organise a one-day conference on this topic; → **mûr**

**b** *(= remarque)* remark; *(= idée)* thought ◆ **consigner ses ~s dans un cahier** to write down one's thoughts in a notebook ◆ **je m'en suis moi-même fait la** ~ I noticed that myself ◆ **je ne me suis pas fait cette** ~ I didn't think of that ◆ **garde tes ~s pour toi** keep your remarks *ou* comments to yourself ◆ **les clients commencent à faire des ~s** the customers are beginning to make comments ◆ **on m'a fait des ~s sur son travail** people have complained to me *ou* made complaints to me about his work

**c** *(Phys)* reflection

> ⚠ *Attention à ne pas traduire automatiquement* **réflexion** *au sens de 'pensée' par le mot anglais* **reflection**.

**réflexivité** /ʀeflɛksivite/ NF reflexiveness; *(Math)* reflexivity

**réflexologie** /ʀeflɛksɔlɔʒi/ NF reflexology

**refluer** /ʀ(ə)flye/ ▸ conjug 1 ◂ VI *[liquide]* to flow back; *[marée]* to go back, to ebb; *[foule]* to pour *ou* surge back; *[sang]* to rush back; *[fumée]* to blow back down; *[souvenirs]* to rush *ou* flood back ◆ **faire ~ la foule** to push *ou* force the crowd back

**reflux** /ʀəfly/ NM *[de foule]* backward surge; *[de marée]* ebb; *(Méd)* reflux; → **flux**

**refondateur, -trice** /ʀ(ə)fɔ̃datœʀ, tʀis/ ADJ *[courant]* radically reformist NM,F radical reformer

**refondation** /ʀ(ə)fɔ̃dasjɔ̃/ NF *[de parti politique]* radical reform

**refonder** /ʀ(ə)fɔ̃de/ ▸ conjug 1 ◂ VT *[+ alliance]* to reforge; *[+ parti politique]* to radically reform; *[+ système, modèle]* to build on new foundations ◆ **elle voudrait ~ son foyer sur des bases plus saines** she'd like to start her family life over again on a sounder basis

**refondre** /ʀ(ə)fɔ̃dʀ/ ▸ conjug 41 ◂ VT **a** *[+ métal]* to remelt, to melt down again; *[+ cloche]* to recast **b** *(= réviser)* *[+ texte, dictionnaire]* to revise; *[+ système, programme]* to overhaul ◆ **édition entièrement refondue et mise à jour** completely revised and updated edition VI to melt again

**refonte** /ʀ(ə)fɔ̃t/ NF **a** *[de métal]* remelting; *[de cloche]* recasting **b** *[de texte, dictionnaire]* revision; *[de système, programme]* overhaul ◆ **l'opposition exige une ~ radicale de la politique économique** the opposition is demanding a radical rethink of economic policy

**reforestation** /ʀ(ə)fɔʀɛstasjɔ̃/ NF re(af)forestation

**réformable** /ʀefɔʀmabl/ ADJ *(gén)* reformable; *[jugement]* which may be reversed; *[loi]* which may be amended *ou* reformed

**reformatage** /ʀ(ə)fɔʀmataʒ/ NM *(Ordin, TV)* reformatting

**reformater** /ʀ(ə)fɔʀmate/ ▸ conjug 1 ◂ VT *[+ disquette, grille de programmes]* to reformat

**réformateur, -trice** /ʀefɔʀmatœʀ, tʀis/ ADJ reforming NM,F reformer

**réformation** /ʀefɔʀmasjɔ̃/ NF reformation, reform ◆ **la Réformation** *(Rel)* the Reformation

**réforme** /ʀefɔʀm/ NF **a** *(= changement)* reform ◆ ~ **agraire/de l'orthographe** land/spelling reform **b** *(Mil)* *[d'appelé]* declaration of unfitness for service; *[de soldat]* discharge ◆ **mettre à la** ~ *[+ objets]* to scrap; *[+ cheval]* to put out to grass ◆ **mise à la** ~ *[de soldat]* discharge; *[d'objets]* scrapping **c** *(Rel)* reformation

**réformé, e** /ʀefɔʀme/ (ptp de **réformer**) ADJ **a** *(Rel)* Reformed ◆ **la religion ~e** the Protestant Reformed religion **b** *(Mil)* *[appelé]* declared unfit for service; *[soldat]* discharged, invalided out *(Brit)* NM,F *(Rel)* Protestant

**reformer** /ʀ(ə)fɔʀme/ ▸ conjug 1 ◂ VT to re-form ◆ ~ **les rangs** *(Mil)* to fall in again, to fall into line again VPR **se reformer** *[armée, nuage]* to re-form; *[parti]* to re-form, to be re-formed; *[groupe, rangs]* to form up again

**réformer** /ʀefɔʀme/ ▸ conjug 1 ◂ VT **a** *(= améliorer)* *[+ loi, mœurs, religion]* to reform; *[+ abus]* to correct, to (put) right, to reform; *[+ méthode]* to improve, to reform; *[+ administration]* to reform, to overhaul **b** *(Jur)* *[+ jugement]* to reverse, to quash *(Brit)* **c** *(Mil)* *[+ appelé]* to declare unfit for service; *[+ soldat]* to discharge, to invalid out *(Brit)*; *[+ matériel]* to scrap ◆ **il s'est fait** ~ he got himself declared unfit for service, he got himself discharged on health grounds *ou* invalided out *(Brit)* VPR **se réformer** to change one's ways, to turn over a new leaf

**réformette** * /ʀefɔʀmɛt/ NF so-called reform

**réformisme** /ʀefɔʀmism/ NM reformism

**réformiste** /ʀefɔʀmist/ ADJ, NMF reformist

**reformuler** /ʀ(ə)fɔʀmyle/ ▸ conjug 1 ◂ VT *[+ proposition, théorie]* to reformulate; *[+ demande, plainte]* to change the wording of; *[+ question]* to rephrase; *(Chim)* to reformulate

**refoulé, e** /ʀ(ə)fule/ (ptp de **refouler**) ADJ *[personne]* repressed, inhibited; *[conflits, sentiments, sexualité]* repressed NM,F *(= personne)* repressed *ou* inhibited person NM *(Psych)* ◆ **le** ~ the repressed

**refoulement** /ʀ(ə)fulmɑ̃/ NM **a** *[d'envahisseur, attaque]* driving back, repulsing; *[de manifestants]* driving back; *[d'immigré, étranger]* turning back **b** *[de désir, instinct, souvenir]* repression, suppression; *[de colère]* repression; *(Psych)* repression **c** *[de liquide]* **le ~ de l'eau** the reversal of the flow of the water **d** *(Rail)* backing, reversing

**refouler** /ʀ(ə)fule/ ▸ conjug 1 ◂ VT **a** *[+ envahisseur, attaque]* to drive back, to repulse; *[+ manifestant]* to drive back; *[+ immigré, étranger]* to turn back ◆ **les clandestins ont été refoulés à la frontière** the illegal immigrants were turned back at the border **b** *[+ larmes]* to force *ou* hold back, to repress; *[+ désir, instinct, souvenir]* to repress, to suppress; *[+ colère]* to repress, to hold in check; *[+ sanglots]* to choke back, to force back; *(Psych)* to repress **c** *(= faire refluer)* *[+ liquide]* to force back, to reverse *ou* invert the flow of **d** *(Rail)* to back, to reverse **e** *(Naut)* *[+ courant, marée]* to stem VI *[siphon, tuyauterie]* to flow back; *[cheminée]* to smoke

**refourguer** * /ʀ(ə)fuʀge/ ▸ conjug 1 ◂ VT *(= vendre)* to flog * (*à* to) to unload * (*à* onto); ◆ ~ **à qn** *(= donner, se débarrasser de)* *[+ problème]* to unload onto sb, to palm off onto sb *; *[+ responsabilités]* to unload onto sb ◆ **elle m'a refourgué un dossier gênant** she offloaded a difficult case onto me ◆ **il m'a refourgué un faux billet** he palmed a forged banknote off onto me

**refoutre** ‡ /ʀ(ə)futʀ/ VT ◆ **refous-le là** shove * it back in there ◆ **refous un peu de colle dessus** stick some more glue back on it ◆ **ne refous plus jamais les pieds ici !** don't you dare show your face in here again!

**réfractaire** /ʀefʀaktɛʀ/ ADJ **a** ◆ ~ **à** *[+ autorité, virus, influence]* resistant to ◆ **maladie** ~ stubborn illness ◆ **je suis ~ à la poésie** poetry is a closed book to me, poetry does nothing for me ◆ **être ~ à la discipline** to resist discipline ◆ **prêtre** ~ *(Hist)* non-juring priest **b** *[métal]* refractory; *[brique, argile]* fire *(épith)*; *[plat]* ovenproof, heat-resistant NM *(Hist, Mil)* draft dodger, draft evader ◆ **les ~s au STO** *French civilians who refused to work in Germany during the Second World War*

**réfracter** /ʀefʀakte/ ▸ conjug 1 ◂ VT to refract VPR **se réfracter** to be refracted

**réfracteur, -trice** /ʀefʀaktœʀ, tʀis/ ADJ refractive, refracting *(épith)*

**réfraction** /ʀefʀaksjɔ̃/ NF refraction ◆ **indice de** ~ refractive index

**réfractomètre** /ʀefʀaktɔmɛtʀ/ NM refractometer

**refrain** /ʀ(ə)fʀɛ̃/ NM *(Mus : en fin de couplet)* refrain, chorus; *(= chanson)* tune ◆ **c'est toujours le même** ~ * it's always the same old story ◆ **change de ~ !** change the record! *, give it a rest! *

**refréner** /ʀ(ə)fʀene/ ▸ conjug 6 ◂ VT *[+ désir, impatience]* to curb, to hold in check, to check

**réfrigérant, e** /ʀefʀiʒeʀɑ̃, ɑ̃t/ ADJ *[fluide]* refrigerant, refrigerating; *[accueil, personne]* icy, frosty; → **mélange** NM *(Tech)* cooler

**réfrigérateur** /ʀefʀiʒeʀatœʀ/ NM refrigerator, fridge ◆ **mettre un projet au** ~ *(fig)* to put a plan on ice

**réfrigération** /ʀefʀiʒeʀasjɔ̃/ NF refrigeration; *(Tech)* cooling

**réfrigérer** /ʀefʀiʒeʀe/ ▸ conjug 6 ◂ VT a *(gén)* to refrigerate; *(Tech)* to cool; *[+ local]* to cool ◆ **véhicule réfrigéré** refrigerated vehicle ◆ **vitrine réfrigérée** refrigerated display ◆ **je suis réfrigéré*** I'm frozen stiff* b *(fig) [+ enthousiasme]* to put a damper on, to cool; *[+ personne]* to have a cooling *ou* dampening effect on

**réfringence** /ʀefʀɛ̃ʒɑ̃s/ NF refringence

**réfringent, e** /ʀefʀɛ̃ʒɑ̃, ɑ̃t/ ADJ refringent

**refroidir** /ʀ(ə)fʀwadiʀ/ ▸ conjug 2 ◂ VT a *[+ nourriture]* to cool (down) b *(fig) [+ personne]* to put off, to have a cooling effect on; *[+ zèle]* to cool, to put a damper on, to dampen ◆ **ça m'a un peu refroidi** it put me off a bit c *(* = tuer)* to do in*, to bump off* VI *(= cesser d'être trop chaud)* to cool (down); *(= devenir trop froid)* to get cold ◆ **laisser** *ou* **faire ~** *[+ mets trop chaud]* to leave to cool, to let cool (down); *(involontairement)* to let get cold; *[+ moteur]* to let cool; *(péj) [+ projet]* to let slide *ou* slip ◆ **mettre qch à ~** to put sth to cool (down) ◆ **tu refroidis !** *(jeu)* you're getting cold! VPR **se refroidir** *[ardeur]* to cool (off); *[mets]* to get cold; *[temps]* to get cooler *ou* colder; *[personne] (= avoir froid)* to get cold; *(= attraper un rhume)* to catch a chill

**refroidissement** /ʀ(ə)fʀwadismɑ̃/ NM a *[d'air, liquide]* cooling ◆ **~ par air/eau** air-/water-cooling ◆ **~ de la température** drop in temperature ◆ **on observe un ~ du temps** the weather is getting cooler *ou* colder ◆ **tour de ~** cooling tower b *(Méd)* chill ◆ **prendre un ~** to catch a chill c *(fig) [de passion]* cooling (off) ◆ **on note un ~ des relations entre les deux pays** relations between the two countries are cooling

**refroidisseur, -euse** /ʀ(ə)fʀwadisœʀ, øz/ ADJ cooling NM cooler; *(en industrie)* cooling tower

**refuge** /ʀ(ə)fyʒ/ NM *(gén)* refuge; *(pour piétons)* refuge, (traffic) island; *(en montagne)* refuge, (mountain) hut ◆ **lieu de ~** place of refuge *ou* safety ◆ **valeur ~** *(Bourse)* safe investment ◆ **chercher/trouver ~** to seek/find refuge (*dans* in; *auprès de* with); ◆ **il a cherché ~ dans une église** he sought refuge *ou* sanctuary in a church ◆ **la forêt lui a servi de ~** he found refuge in the forest

**réfugié, e** /ʀefyʒje/ (ptp de **se réfugier**) ADJ, NM,F refugee ◆ **~ politique** political refugee

**réfugier (se)** /ʀefyʒje/ ▸ conjug 7 ◂ VPR *(lit, fig)* to take refuge

**refus** /ʀ(ə)fy/ NM *(gén, Équitation)* refusal ◆ **~ de comparaître** *(Jur)* refusal to appear (in court) ◆ **~ de priorité** *(Aut)* refusal to give way *(Brit) ou* to yield *(US)* ◆ **~ d'obéissance** *(gén)* refusal to obey; *(Mil)* insubordination ◆ **ce n'est pas de ~*** I wouldn't say no ◆ **en cas de ~ de paiement** *ou* **de payer, il peut être poursuivi** if he refuses to pay, he may be taken to court ◆ **ils persistent dans leur ~ de négocier/de signer** they are still refusing to negotiate/to sign

**refuser** /ʀ(ə)fyze/ GRAMMAIRE ACTIVE 35.5, 39.3, 46.5, 52.5 ▸ conjug 1 ◂

VT a *(= ne pas accepter) [+ cadeau]* to refuse; *[+ offre, invitation]* to refuse, to decline, to turn down; *[+ manuscrit]* to reject, to turn down, to refuse; *[+ marchandise, racisme, inégalité]* to reject, to refuse to accept; *[+ politique, méthodes]* to refuse, to reject ◆ **~ la lutte** *ou* **le combat** to refuse to fight ◆ **le cheval a refusé (l'obstacle)** the horse refused (the fence) ◆ **~ le risque** to refuse to take risks ◆ **il a toujours refusé la vie routinière** he has always refused to accept a routine life

b *(= ne pas accorder) [+ permission, entrée, consentement]* to refuse; *[+ demande]* to refuse, to turn down; *[+ compétence, qualité]* to deny ◆ **~ l'entrée à qn** to refuse admittance *ou* entry to sb, to turn sb away ◆ **~ sa porte à qn** to bar one's door to sb ◆ **je me suis vu ~ un verre d'eau** I was refused a glass of water ◆ **on lui a refusé l'accès aux archives** he was refused *ou* denied access to the records ◆ **il m'a refusé la priorité** *(Aut)* he didn't give me right of way *(Brit)*, he didn't yield to me *(US)* ◆ **elle est si gentille, on ne peut rien lui ~** she's so nice, you just can't say no to her ◆ **je lui refuse toute générosité** I refuse to accept *ou* admit that he has any generosity

c *[+ client]* to turn away; *[+ candidat] (à un examen)* to fail; *(à un poste)* to turn down, to reject ◆ **il s'est fait ~ au permis de conduire** he failed his driving test ◆ **on a dû ~ du monde** they had to turn people away

d ◆ **~ de faire qch** to refuse to do sth ◆ **il a refusé net (de le faire)** he refused point-blank (to do it) ◆ **la voiture refuse de démarrer** the car won't start

VI *[pieu]* to resist; *[vent]* to haul

VPR **se refuser** a *(= se priver de)* to refuse o.s., to deny o.s. ◆ **tu ne te refuses rien !** *(iro)* you certainly spoil yourself!

b ◆ **ça ne se refuse pas** *[offre]* it is not to be turned down *ou* refused ◆ **un apéritif, ça ne se refuse pas** I wouldn't say no to an apéritif

c ◆ **se ~ à** *[+ méthode, solution]* to refuse (to accept), to reject ◆ **se ~ à tout commentaire** to refuse to (make any) comment ◆ **elle s'est refusée à lui** *(frm)* she refused to give herself to him ◆ **se ~ à faire qch** to refuse to do sth

**réfutable** /ʀefytabl/ ADJ refutable, which can be disproved *ou* refuted ◆ **facilement ~** easily refuted *ou* disproved

**réfutation** /ʀefytasjɔ̃/ NF refutation ◆ **fait qui apporte la ~ d'une allégation** fact which refutes *ou* disproves an allegation

**réfuter** /ʀefyte/ ▸ conjug 1 ◂ VT to refute, to disprove

**regagner** /ʀ(ə)ɡaɲe/ ▸ conjug 1 ◂ VT a *(= récupérer) [+ amitié, faveur]* to regain, to win back; *[+ argent perdu au jeu]* to win back; *[+ confiance]* to regain, to recover, to get back; *[+ parts de marché]* to get back, to regain ◆ **~ du terrain** *(Mil, fig)* to regain ground ◆ **~ le terrain perdu** to win back lost ground ◆ **il a regagné sa place en tête du classement** he regained his place *ou* position at the top of the league b *[+ lieu]* to get *ou* go back to; *[+ pays]* to arrive back in, to get back to ◆ **les sinistrés ont pu ~ leur domicile** the disaster victims were able to return to their homes ◆ **il regagna enfin sa maison** he finally arrived back home *ou* got back home ◆ **~ sa place** to return to one's place *ou* seat ◆ **les spationautes ont regagné la Terre** the astronauts returned to earth

**regain** /ʀəɡɛ̃/ NM a ◆ **~ de** *[+ jeunesse]* renewal of; *[+ popularité]* revival of; *[+ activité, influence]* renewal *ou* revival of ◆ **un ~ d'intérêt/d'optimisme/d'énergie** renewed interest/optimism/energy ◆ **~ de violence** new *ou* fresh outbreak of violence, renewed (outbreak of) violence ◆ **~ de tension** *(Pol)* rise in tension b *(Agr)* second crop of hay, aftermath †

**régal** (pl **régals**) /ʀeɡal/ NM delight, treat ◆ **ce gâteau est un ~ !, ce gâteau, quel ~ !** this cake is absolutely delicious! ◆ **c'est un ~ pour les yeux** it is a sight for sore eyes, it is a delight *ou* treat to look at ◆ **quel ~ de manger des cerises** what a treat to have cherries

**régalade** /ʀeɡalad/ **à la régalade** LOC ADV *[boire]* without letting one's lips touch the bottle (*ou* glass *etc*)

**régaler** /ʀeɡale/ ▸ conjug 1 ◂ VT ◆ **~ qn** to treat sb to a delicious meal ◆ **c'est moi qui régale** I'm treating everyone, it's my treat ◆ **c'est le patron qui régale** it's on the house ◆ **chaque soir, il nous régalait de ses histoires** in the evenings he would regale us with his stories

VPR **se régaler** *(= bien manger)* to have a delicious meal; *(= éprouver du plaisir)* to have a wonderful time* ◆ **se ~ de gâteaux** to have a feast of cakes ◆ **on s'est (bien) régalé** *(au repas)* it was delicious; *(au cinéma, théâtre)* we had a great time*, we really enjoyed ourselves ◆ **je me régale !** this is delicious! ◆ **il y en a qui se sont régalés dans cette vente** *(péj)* some people did really well out of that sale ◆ **les cafetiers se régalent avec cette vague de chaleur** the café owners are making a mint* *ou* doing really well in this heatwave ◆ **se ~ de romans** *(habituellement)* to be a keen reader of *ou* very keen on *(Brit)* novels; *(en vacances etc)* to gorge o.s. on novels, to have a feast of novel-reading

**régalien, -ienne** /ʀeɡaljɛ̃, jɛn/ ADJ *[droits]* kingly

**regard** /ʀ(ə)ɡaʀ/ NM a *(= yeux)* eyes ◆ **son ~ bleu/noir** his blue/black eyes ◆ **son ~ se posa sur moi** his gaze *ou* eyes came to rest on me ◆ **soustraire qch aux ~s** to hide sth from sight *ou* from view, to put sth out of sight ◆ **cela attire tous les ~s** it catches everyone's eye *ou* attention ◆ **tous les ~s étaient fixés sur elle** all eyes were on her *ou* were turned towards her ◆ **il restait assis, le ~ perdu (dans le vide)** he was sitting there, staring into space ◆ **son ~ était dur/tendre** he had a hard/tender look in his eye ◆ **il avançait, le ~ fixe** he was walking along with a fixed stare ◆ **dévorer/menacer qn du ~** to look hungrily/threateningly at sb, to fix sb with a hungry/threatening look *ou* stare ◆ **sous le ~ attentif de sa mère** under his mother's watchful eye ◆ **sous le ~ des caméras** in front of the cameras; → **chercher, croiser, détourner**

b *(= coup d'œil)* look, glance ◆ **échanger des ~s avec qn** to exchange looks *ou* glances with sb ◆ **échanger des ~s d'intelligence** to exchange knowing looks ◆ **lancer un ~ de colère à qn** to glare at sb, to cast an angry look *ou* glare at sb ◆ **au premier ~** at first glance *ou* sight ◆ **~ en coin** *ou* **en coulisse** sideways *ou* sidelong glance ◆ **il lui lança un ~ noir** he shot him a black *ou* dark look ◆ **il jeta un dernier ~ en arrière** he took one last look behind him, he looked back one last time

c *(= point de vue, opinion)* **porter** *ou* **jeter un ~ critique sur qch** to take a critical look at sth, to look critically at sth ◆ **porter un ~ extérieur sur qch** to look at sth from the outside ◆ **il mène sa vie sans se soucier du ~ des autres** he lives his own life and isn't concerned about what other people think

d *[d'égout]* manhole; *[de baignoire]* inspection hole

e *(loc)*

◆ **au regard de** ◆ **au ~ de la loi** in the eyes of the law, from the legal viewpoint

◆ **en regard** ◆ **texte avec photos en ~** text with photos on the opposite facing *ou* page

◆ **en regard de** ◆ **en ~ de ce qu'il gagne** compared with *ou* in comparison with what he earns

**regardant, e** /ʀ(ə)ɡaʀdɑ̃, ɑ̃t/ ADJ careful with money ◆ **il n'est pas ~** he's quite free with his money ◆ **ils sont/ne sont pas ~s sur l'argent de poche** they are not very/they are quite generous with pocket money ◆ **il n'est pas très ~ sur la propreté/les manières** he's not very particular about cleanliness/manners

**regarder** /ʀ(ə)gaʀde/ ▸ conjug 1 ◂ VT a *(= diriger son regard vers) [+ paysage, scène]* to look at; *[+ action en déroulement, film, match]* to watch ◆ **elle regardait les voitures sur le parking** she was looking at the cars in the car park ◆ **elle regardait les voitures défiler** *ou* **qui défilaient** she was watching the cars driving past *ou* the cars as they drove past ◆ **~ tomber la pluie** *ou* **la pluie tomber** to watch the rain falling ◆ **il regarda sa montre** he looked at *ou* had a look at his watch ◆ **regarde, il pleut** look, it's raining ◆ **regarde bien, il va sauter** watch *ou* look, he's going to jump ◆ **~ la télévision/une émission à la télévision** to watch television/a programme on television ◆ **~ le journal** to look at *ou* have a look at the paper ◆ **~ sur le livre de qn** *(= partager)* to share sb's book; *(= tricher)* to look at sb's book ◆ **~ par la fenêtre** *(du dedans)* to look out of the window; *(du dehors)* to look in through the window ◆ **regarde les oiseaux par la fenêtre** look through *ou* out of the window at the birds, watch the birds through *ou* out of the window ◆ **regarde devant toi/derrière toi** look in front of you/behind you ◆ **regarde où tu marches** watch *ou* look where you're going *ou* putting your feet ◆ **regarde voir** * **dans l'armoire** take *ou* have a look in the wardrobe ◆ **regarde voir** * **s'il arrive** look *ou* have a look and see if he's coming ◆ **attends, je vais ~** hang on, I'll go and look *ou* I'll take a look ◆ **regardez-moi ça/son écriture** * just (take a) look at that/at his writing ◆ **tu ne m'as pas regardé !** * what do you take me for! *, who do you think I am! * ◆ **j'ai regardé partout, je n'ai rien trouvé** I looked everywhere but I couldn't find anything ◆ **regarde à la pendule quelle heure il est** look at the clock to see what time it is, look and see what time it is by the clock ◆ **regardez-le faire** *(gén)* watch him *ou* look at him do it; *(pour apprendre)* watch *ou* look how he does it ◆ **elles sont allées ~ les vitrines/les magasins** they've gone to do some window-shopping/to have a look around the shops ◆ **sans ~** *[traverser]* without looking; *[payer]* regardless of cost *ou* the expense; → **chien**

b *(rapidement)* to glance at, to have a glance *ou* a (quick) look at; *(furtivement)* to steal a glance at, to glance sidelong at; *(longuement)* to gaze at; *(fixement)* to stare at ◆ **~ un texte rapidement** to glance at *ou* through a text, to have a quick look *ou* glance at *ou* through a text ◆ **~ (qch) par le trou de la serrure** to peep *ou* look (at sth) through the keyhole ◆ **~ qch de près/de plus près** to have a close/closer look at sth, to look closely/more closely at sth ◆ **~ sans voir** to look with unseeing eyes ◆ **~ qn avec colère** to glare angrily at sb ◆ **~ qn avec méfiance** to look at *ou* eye sb suspiciously ◆ **~ qn de haut** to give sb a scornful look, to look scornfully at sb ◆ **~ qn droit dans les yeux/bien en face** *(lit, fig)* to look sb straight in the eye/straight in the face ◆ **~ qn dans le blanc des yeux** to look sb straight in the face *ou* eye

c *(= vérifier) [+ appareil, malade]* to look at; *[+ huile, essence]* to look at, to check ◆ **peux-tu ~ la lampe ? elle ne marche pas** can you have *ou* take a look at the lamp? it doesn't work ◆ **regarde dans l'annuaire** look in the phone book ◆ **~ un mot dans le dictionnaire** to look up *ou* check a word in the dictionary

d *(= considérer) [+ situation, problème]* to view ◆ **~ l'avenir avec appréhension** to view the future with trepidation ◆ **il ne regarde que son propre intérêt** he is only concerned with *ou* he only thinks about his own interests ◆ **nous le regardons comme un ami** we look upon him *ou* we regard him as a friend

e *(= concerner)* to concern ◆ **cette affaire me regarde quand même un peu** this business does concern me a little ◆ **en quoi cela te regarde-t-il ?** *(= de quoi te mêles-tu ?)* what business is it of yours?, what has it to do with you?; *(= en quoi es-tu touché ?)* how does it affect *ou* concern you? ◆ **fais ce que je te dis, la suite me regarde** do what I tell you, what happens next is my concern *ou* business ◆ **que vas-tu faire ? – ça me regarde** what will you do? — that's my business *ou* my concern ◆ **non mais, ça vous regarde !** * what business is it of yours? ◆ **cela ne le regarde pas** *ou* **en rien** that's none of his business, that's no concern of his ◆ **mêlez-vous de ce qui vous regarde** mind your own business

f *(= être orienté vers)* **~ (vers)** *[maison]* to face

VT INDIR **regarder à** to think of *ou* about ◆ **y ~ à deux fois avant de faire qch** to think twice before doing sth ◆ **il n'y regarde pas de si près** he's not that fussy *ou* particular ◆ **à y bien ~** on thinking it over ◆ **c'est quelqu'un qui va ~ à deux francs** he's the sort of person who will niggle over *ou* worry about two francs ◆ **il regarde à s'acheter un costume neuf** he always thinks twice before laying out money for a new suit ◆ **quand il fait un cadeau, il ne regarde pas à la dépense** when he gives somebody a present he doesn't worry how much he spends ◆ **acheter qch sans ~ à la dépense** to buy sth without bothering about the expense

VPR **se regarder** a *(soi-même)* ◆ **se ~ dans une glace** to look at o.s. in a mirror ◆ **elle ne peut plus se ~ dans une glace** *(fig)* she's ashamed of herself ◆ **il ne s'est pas regardé !** *(iro)* he should take a look at himself!

b *(mutuellement) [personnes]* to look at each other *ou* one another; *[maisons]* to face each other *ou* one another

**regarnir** /ʀ(ə)gaʀniʀ/ ▸ conjug 2 ◂ VT *[+ magasin, rayon]* to stock up again, to restock; *[+ trousse]* to refill, to replenish; *[+ réfrigérateur]* to fill (up) again; *[+ coussin]* to refill

**régate** /ʀegat/ NF ◆ **~(s)** regatta

**régater** /ʀegate/ ▸ conjug 1 ◂ VI to sail in a regatta

**régatier, -ière** /ʀegatje, jɛʀ/ NM,F regatta competitor

**regeler** /ʀəʒ(ə)le, ʀ(ə)ʒəle/ ▸ conjug 5 ◂ VT, VB IMPERS to freeze again

**régence** /ʀeʒɑ̃s/ NF *(Pol)* regency ◆ **la Régence** *(Hist)* the Regency ADJ INV *[meuble] (en France)* (French) Regency; *(en Grande-Bretagne)* Regency; *(fig) [personne, mœurs]* overrefined

**régénérant, e** /ʀeʒeneʀɑ̃, ʀɑ̃t/ ADJ *[lait, crème]* regenerating

**régénérateur, -trice** /ʀeʒeneʀatœʀ, tʀis/ ADJ regenerative NM regenerator

**régénération** /ʀeʒeneʀasjɔ̃/ NF regeneration

**régénérer** /ʀeʒeneʀe/ ▸ conjug 6 ◂ VT *(Bio, Rel)* to regenerate; *[+ personne, forces]* to revive, to restore

**régent, e** /ʀeʒɑ̃, ɑ̃t/ ADJ regent ◆ **prince ~** prince regent NM,F *(Pol)* regent; *(Admin = directeur)* manager

**régenter** /ʀeʒɑ̃te/ ▸ conjug 1 ◂ VT *(gén)* to rule over; *[+ personne]* to dictate to ◆ **il veut tout ~** he wants to run the whole show *

**reggae** /ʀege/ NM reggae

**régicide** /ʀeʒisid/ ADJ regicidal NMF *(= personne)* regicide NM *(= crime)* regicide

**régie** /ʀeʒi/ NF a *(= gestion) [d'État]* state control; *[de commune]* local government control (*de* over); ◆ **en ~** under state (*ou* local government) control ◆ **~ directe** *ou* **simple** direct state control ◆ **~ intéressée** public service concession ◆ **travaux en ~** public work contracting *(by the government)* b *(= société)* **~ (d'État)** state-owned company, government corporation ◆ **la Régie française des tabacs** *the French national tobacco company* ◆ **la Régie autonome des transports parisiens** *the Paris city transport authority* ◆ **~ publicitaire** advertising sales division c *(Ciné, Théât, TV)* production department; *(Radio, TV = salle de contrôle)* control room

**regimber** /ʀ(ə)ʒɛ̃be/ ▸ conjug 1 ◂ VI *[personne]* to rebel (*contre* against); *[cheval]* to jib ◆ **fais-le sans ~** do it without grumbling ◆ **quand je lui ai demandé de le faire, il a regimbé** when I asked him to do it he jibbed at the idea

**régime**[1] /ʀeʒim/ NM a *(Pol) (= mode)* system (of government); *(= gouvernement)* government; *(péj)* régime ◆ **~ monarchique/républicain** monarchical/republican system (of government); → **ancien**

b *(Admin) (= système)* scheme, system; *(= règlements)* regulations ◆ **~ douanier/des hôpitaux** *(= système)* customs/hospital system; *(= règle)* customs/hospital regulations ◆ **~ de la Sécurité sociale** Social Security system ◆ **~ maladie** health insurance scheme *(Brit) ou* plan *(US)* ◆ **~ vieillesse** pension scheme

c *(Jur)* **~ (matrimonial)** marriage settlement ◆ **se marier sous le ~ de la communauté/de la séparation de biens** to opt for a marriage settlement based on joint ownership of property/on separate ownership of property

d *(Méd)* diet ◆ **être/mettre qn au ~** to be/put sb on a diet ◆ **suivre un ~ (alimentaire)** *(gén)* to be on a diet; *(scrupuleusement)* to follow *ou* keep to a diet ◆ **~ sec/sans sel/lacté/basses calories/amaigrissant** alcohol-free/salt-free/milk/low-calorie/slimming *(Brit) ou* reducing *(US)* diet ◆ **chocolat/produit de ~** diet chocolate/product ◆ **être/se mettre au ~ jockey** * *(hum)* to be/go on a starvation *ou* crash diet

e *[de moteur]* (engine *ou* running) speed ◆ **ce moteur est bruyant à haut ~** this engine is noisy when it's revving hard ◆ **~ de croisière** cruising speed ◆ **à ce ~, nous n'aurons bientôt plus d'argent** (if we go on) at this rate *ou* at the rate we're going we'll soon have no money left ◆ **fonctionner** *ou* **marcher** *ou* **tourner à plein ~** *[moteur]* to run at top speed, to be on *ou* at full throttle; *[usine]* to run at full capacity ◆ **baisse de ~** *(= ralentissement)* slowdown ◆ **il a disputé trois sets sans la moindre baisse de ~** he played three sets without once slackening his *ou* the pace ◆ **montée en ~** *[de moteur]* revving (up); *[de secteur, économie]* gearing up ◆ **la montée en ~ de l'entreprise** the increased activity in the company

f *(Mét) [de pluies, fleuve]* régime

g *(Gram)* object ◆ **~ direct/indirect** direct/indirect object ◆ **cas ~** objective case

h *(Phys) [d'écoulement]* rate of flow

**régime**[2] /ʀeʒim/ NM *[de dattes]* cluster, bunch; *[de bananes]* bunch

**régiment** /ʀeʒimɑ̃/ NM a *(Mil) (= corps)* regiment; *( * = service militaire)* military *ou* national service ◆ **être au ~** * to be doing (one's) national *ou* military service ◆ **aller au ~** * to go into the army, to be called up b *( * = masse) [de personnes]* regiment, army; *[de* *choses]* mass(es), loads ◆ **il y en a pour tout un ~** there's enough for a whole army

**régimentaire** /ʀeʒimɑ̃tɛʀ/ **ADJ** regimental

**région** /ʀeʒjɔ̃/ **NF** *(Admin, Géog) (étendue)* region; *(limitée)* area; *(Anat)* region, area; *(= conseil régional)* regional council; *(fig = domaine)* region ◆ **~s polaires/équatoriales** polar/equatorial regions ◆ **la ~ parisienne/londonienne** the Paris/London area ◆ **Toulouse et sa ~** Toulouse and the surrounding area ◆ **ça se trouve dans la ~ de Lyon** it's in the Lyons area *ou* around Lyons ◆ **si vous passez dans la ~, allez les voir** if you are in the area *ou* if you go that way, go and see them ◆ **les habitants de la ~** the local inhabitants ◆ **je ne suis pas de la ~** I'm not from around here ◆ **dans nos ~s** *(= où nous sommes)* in these parts, in our part of the world; *(= d'où nous venons)* where we come from ◆ **en ~** in the provinces

> **Région**
>
> The 22 **régions** are the largest administrative divisions in France, each being made up of several « départements ». Each **région** is administered by a « conseil régional », whose members (« les conseillers régionaux ») are elected for a six-year term in the « élections régionales ». The expression « la **région** » is also used by extension to refer to the regional council itself. → DÉPARTEMENT, ÉLECTIONS

**régional, e** (mpl **-aux**) /ʀeʒjɔnal, o/ **ADJ** *[presse, élections]* regional **NM** *(Cyclisme)* ◆ **le ~ de l'étape** *cyclist from the particular region through which the Tour de France is passing* **NFPL** **régionales** *(= élections)* regional elections; *(= nouvelles)* regional news *(NonC)*

**régionalisation** /ʀeʒjɔnalizasjɔ̃/ **NF** regionalization

**régionaliser** /ʀeʒjɔnalize/ ▸ conjug 1 ◂ **VT** to regionalize

**régionalisme** /ʀeʒjɔnalism/ **NM** **a** *(Pol)* regionalism **b** *(Ling)* regionalism, regional expression

**régionaliste** /ʀeʒjɔnalist/ **ADJ** regionalist(ic) **NMF** regionalist

**régir** /ʀeʒiʀ/ ▸ conjug 2 ◂ **VT** *(gén, Ling)* to govern

**régisseur, -euse** /ʀeʒisœʀ, øz/ **NM,F** *[de propriété]* steward; *(Théât)* stage manager; *(Ciné, TV)* assistant director ◆ **~ de plateau** studio director

**registre** /ʀəʒistʀ/ **NM** **a** *(= livre)* register ◆ **~ maritime/d'hôtel/du commerce** shipping/hotel/trade register ◆ **~ de notes** *(Scol)* mark book *(Brit)*, grade book *ou* register *(US)* ◆ **~ d'absences** *(Scol)* attendance register **b** *(Mus) [d'orgue]* stop; *[de voix] (= étage)* register; *(= étendue)* register, range **c** *(Ling) (= niveau)* register, level (of language); *(= style)* register, style **d** *(Tech) [de fourneau]* damper, register; *(Ordin, Typo)* register **e** *(fig = genre, ton)* mood, vein ◆ **il a complètement changé de ~** *[écrivain]* he's completely changed his style ◆ **cet auteur joue sur tous les ~s** this author has a very varied style **COMP** ▷ **registre de comptabilité** ledger ▷ **registre de l'état civil** register of births, marriages and deaths ▷ **registre mortuaire** register of deaths ▷ **registre de vapeur** throttle valve

**réglable** /ʀeglabl/ **ADJ** **a** *[mécanisme, débit]* adjustable ◆ **siège à dossier ~** reclining seat **b** *(= payable)* payable

**réglage** /ʀeglaʒ/ **NM** **a** *[de mécanisme, débit]* regulation, adjustment; *[de moteur]* tuning; *[d'allumage, thermostat]* setting, adjustment; *[de dossier de chaise, tir]* adjustment **b** *[de papier]* ruling

**réglé, e** /ʀegle/ (ptp de **régler**) **ADJ** **a** *(= régulier) [vie]* (well-)ordered, regular; *[personne]* steady, stable ◆ **c'est ~ comme du papier à musique ***, **il arrive tous les jours à 8 heures** he arrives at 8 o'clock every day, as regular as clockwork ◆ **être ~ comme une horloge** to be as regular as clockwork **b** *[adolescente]* **elle n'est pas encore ~e** she hasn't started having periods yet ◆ **elle est bien ~e** her periods are regular **c** *[papier]* ruled, lined

**règle** /ʀɛgl/ **NF** **a** *(= loi, principe)* rule ◆ **~ de conduite** rule of conduct ◆ **~ de 3** rule of 3 ◆ **les ~s de la bienséance/de l'honneur** the rules of propriety/of honour ◆ **~ d'or** golden rule ◆ **~s de sécurité** safety regulations ◆ **respecter les ~s élémentaires d'hygiène** to observe the basic hygiene rules, to observe basic hygiene ◆ **me lever à 7 heures, j'en ai fait une ~ de vie** I've made it a rule to get up at 7 in the morning ◆ **ils ont pour ~ de se réunir chaque jour** they make it a rule to meet every day ◆ **c'est la ~ du jeu** *(lit, fig)* those are the rules of the game ◆ **se plier aux ~s du jeu** *(lit, fig)* to play the game according to the rules ◆ **c'est la ~ (de la maison)** that's the rule (of the house) ◆ **cela n'échappe pas à la ~** that's no exception to the rule ◆ **laisser jouer la ~ de l'avantage** *(Sport)* to play the advantage rule

◆ **dans les règles** ◆ **il faut faire la demande dans les ~s** you must apply through the proper channels *ou* according to the rules ◆ **dans les ~s de l'art** *(lit)* carried out professionally; *(hum)* according to the rule book

◆ **de règle** ◆ **il est de ~ qu'on fasse** *ou* **de faire un cadeau** it's usual *ou* it's standard practice *ou* the done thing to give a present ◆ **dans ce métier, la prudence est de ~** in this profession, caution is the rule

◆ **en règle** *[comptabilité, papiers]* in order; *[avertissement]* given according to the rules; *[réclamation]* made according to the rules; *[attaque, critique]* all-out *(épith)* ◆ **il lui a fait une cour en ~** he did all the right things to win her hand ◆ **être en ~ avec les autorités** to be straight with *ou* in order with the authorities ◆ **se mettre en ~ avec les autorités** to sort out *ou* straighten out one's position with the authorities ◆ **je ne suis pas en ~** my papers are not in order ◆ **se mettre en ~ avec Dieu** to make things right with God

◆ **en règle générale** as a (general) rule

**b** *(= instrument)* ruler ◆ **trait tiré à la ~** line drawn with a ruler ◆ **~ à calcul** *ou* **à calculer** slide rule

**c** *(= menstruation)* **~s** period(s) ◆ **avoir ses ~s** to have one's period(s) ◆ **pendant la période des ~s** during menstruation ◆ **avoir des ~s douloureuses** to suffer from *ou* get period pains, to have painful periods

**d** *(Rel)* rule

**règlement** /ʀɛgləmɑ̃/ GRAMMAIRE ACTIVE 47.5 **NM** **a** *(Admin, Police, Univ) (= règle)* regulation; *(= réglementation)* rules, regulations ◆ **c'est contraire au ~** it's against the rules *ou* against regulations ◆ **~ de service** administrative rule *ou* regulation ◆ **~ intérieur** *(Scol)* school rules; *[d'entreprise]* policies and procedures (manual) ◆ **d'après le ~ communautaire** *ou* **européen du 2 mars** *(Europe)* under the community *ou* European regulation of 2 March

**b** *[d'affaire, conflit]* settlement, settling; *[de facture, dette]* settlement, payment ◆ **~ en espèces** cash settlement *ou* payment ◆ **faire un ~ par chèque** to pay *ou* make a payment by cheque ◆ **la date de ~ est inscrite sur la facture** the due date *ou* the date when payment is due appears on the bill ◆ **marché à ~ mensuel** *(Bourse)* forward market ◆ **~ judiciaire** *(Jur)* (compulsory) liquidation ◆ **être mis en ~ judiciaire** to be put into receivership, to be put into the hands of the receiver ◆ **~ (à l')amiable** *(Jur)* amicable settlement, out-of-court settlement ◆ **~ de compte(s)** *(fig)* settling of scores; *(de gangsters)* gangland killing ◆ **le ~ de votre dossier interviendra sous un mois** your request will be dealt with within a month

**réglementaire** /ʀɛgləmɑ̃tɛʀ/ **ADJ** *[uniforme, taille]* regulation *(épith)*; *[procédure]* statutory, laid down in the regulations ◆ **ça n'est pas très ~** that isn't really allowed, that's really against the rules ◆ **dans le temps ~** in the prescribed time ◆ **ce certificat n'est pas ~** this certificate doesn't conform to the regulations ◆ **dispositions ~s** regulations ◆ **pouvoir ~** power to make regulations

**réglementairement** /ʀɛgləmɑ̃tɛʀmɑ̃/ **ADV** in accordance with *ou* according to the regulations, statutorily

**réglementation** /ʀɛgləmɑ̃tasjɔ̃/ **NF** *(= règles)* regulations; *(= contrôle) [de prix, loyers]* control, regulation ◆ **~ des changes** exchange control regulations

**réglementer** /ʀɛgləmɑ̃te/ ▸ conjug 1 ◂ **VT** to regulate, to control ◆ **la vente des médicaments est très réglementée** the sale of medicines is strictly controlled; → **stationnement**

**régler** /ʀegle/ GRAMMAIRE ACTIVE 47.5 ▸ conjug 6 ◂ **VT** **a** *(= conclure) [+ affaire, conflit]* to settle; *[+ problème]* to settle, to sort out; *[+ dossier]* to deal with ◆ **~ qch à l'amiable** *(gén)* to settle sth amicably; *(Jur)* to settle sth out of court ◆ **alors, c'est une affaire réglée** *ou* **c'est réglé ?** right, is that settled then? ◆ **on va ~ ça tout de suite** we'll get that settled *ou* sorted out straightaway

**b** *(= payer) [+ note, dette]* to settle (up), to pay (up); *[+ compte]* to settle; *[+ commerçant, créancier]* to settle up with, to pay; *[+ travaux]* to settle up for, to pay for ◆ **est-ce que je peux ~ ?** can I settle up (with you)? *ou* settle *ou* pay the bill? ◆ **je viens ~ mes dettes** I've come to settle my debts *ou* to square up with you * ◆ **~ qch en espèces** to pay for sth in cash ◆ **est-ce que je peux (vous) ~ par chèque ?** can I give you a cheque?, can I pay (you) by cheque? ◆ **~ son compte à un employé** * *(lit)* to settle up with an employee *; *(fig = renvoyer)* to give an employee his cards *(Brit) ou* books * *(Brit) ou* pink slip * *(US)* ◆ **j'ai un compte à ~ avec lui** I've got a score to settle with him, I've got a bone to pick with him ◆ **on lui a réglé son compte !** * *(vengeance)* they've settled his hash *; *(assassinat)* they've taken care of him *(euph)* ◆ **les deux bandes veulent ~ leurs comptes** the two gangs want to settle the score *

**c** *[+ mécanisme, débit, machine]* to regulate, to adjust; *[+ dossier de chaise, tir]* to adjust; *[+ moteur]* to tune; *[+ allumage, ralenti]* to set, to adjust; *[+ réveil]* to set ◆ **~ le thermostat à 18°** to set the thermostat to *ou* at 18° ◆ **~ une montre** *(mettre à l'heure)* to put a watch right *(sur* by); *(réparer)* to regulate a watch ◆ **le carburateur est mal réglé** the carburettor is badly tuned

**d** *(= fixer) [+ modalités, date, programme]* to settle (on), to fix (up), to decide on; *[+ conduite, réactions]* to determine ◆ **~ l'ordre d'une cérémonie** to settle *ou* fix (up) the order of (a) ceremony ◆ **il ne sait pas ~ l'emploi de ses journées** he is incapable of planning out *ou* organizing his daily routine ◆ ~ **le sort de qn** to decide *ou* determine sb's fate

**e** *(= prendre comme modèle)* ~ **qch sur** to model sth on, to adjust sth to ◆ ~ **sa vie sur (celle de) son père** to model one's life on that of one's father ◆ ~ **sa conduite sur les circonstances** to adjust one's conduct *ou* behaviour to the circumstances ◆ **se** ~ **sur qn d'autre** to model o.s. on sb else ◆ **il essaya de** ~ **son pas sur celui de son père** he tried to walk in step with his father ◆ ~ **sa vitesse sur celle de l'autre voiture** to adjust *ou* match one's speed to that of the other car

**f** *[+ papier]* to rule (lines on)

**réglette** /ʀɛglɛt/ **NF** *(Typo)* setting stick; *(= petite règle)* small ruler

**régleur, -euse** /ʀɛglœʀ, øz/ **NM,F** *(= ouvrier)* setter, adjuster **NF** **régleuse** ruling machine

**réglisse** /ʀeglis/ **NF** *ou* **nm** liquorice ◆ **bâton/rouleau de** ~ liquorice stick/roll

**réglo** * /ʀeglo/ **ADJ INV** *[personne]* straight *, honest, dependable ◆ **c'est** ~ it's OK *, it's in order ◆ **ce n'est pas très** ~ it's not really right, it's not really on * *(Brit)*

**régnant, e** /ʀeɲɑ̃, ɑ̃t/ **ADJ** *[famille, prince]* reigning *(épith)*; *[théorie, idée]* reigning *(épith)*, prevailing *(épith)*

**règne** /ʀɛɲ/ **NM** **a** *[de roi, tyran]* *(= période)* reign; *(= domination)* rule ◆ **sous le** ~ **de Louis XIV** *(période)* during the reign of Louis XIV; *(domination)* under the rule of Louis XIV **b** *(fig)* **le** ~ **de (la) terreur** the rule of terror ◆ **le** ~ **de la loi** the rule of law ◆ **ces temps de** ~ **de l'image** these times when image is all *ou* all-important ◆ **le** ~ **du chacun-pour-soi** an ethos of every man for himself **c** *(Bot, Zool)* kingdom ◆ ~ **animal/végétal/minéral** animal/vegetable *ou* plant/mineral kingdom

**régner** /ʀeɲe/ ▸ conjug 6 ◂ **VI** **a** *(= être sur le trône)* to reign; *(= exercer sa domination)* to rule (*sur* over); ◆ **il règne (en maître) sur le village** *(fig)* he reigns *ou* rules (supreme) over the village ◆ **elle règne dans la cuisine** she reigns over *ou* rules in the kitchen ◆ ~ **sur nos passions** *(littér)* to rule over *ou* govern our passions; → **diviser**

**b** *(= prédominer)* *[paix, silence]* to reign (*sur* over) ◆ **le silence régnait au déjeuner** they ate in silence ◆ **la confiance qui règne entre les deux partenaires** the trust (that exists) between the two partners ◆ **la confiance ne règne pas vraiment ici** there's no real (feeling of) confidence here ◆ **la confiance règne !** *(iro)* you see how much they (*ou* you *etc*) trust us! ◆ **la peur continue de** ~ **dans les rues de la ville** fear still pervades the streets of the town ◆ **la peur du chômage règne partout** everywhere there is the fear of unemployment ◆ **la plus grande confusion continue de** ~ there is still tremendous confusion ◆ **une maison où l'ordre règne** a house in which everything is tidy ◆ **il a fait** ~ **la terreur** he imposed a reign of terror ◆ **faire** ~ **l'ordre/la loi** to impose order/the rule of law

**regonflage** /ʀ(ə)gɔ̃flaʒ/, **regonflement** /ʀ(ə)gɔ̃fləmɑ̃/ **NM** blowing up (again), reinflating; *(avec une pompe à main)* pumping up (again)

**regonfler** /ʀ(ə)gɔ̃fle/ ▸ conjug 1 ◂ **VT** **a** *(= gonfler à nouveau)* to blow up again, to reinflate; *(avec une pompe à main)* to pump up again **b** *(= gonfler davantage)* to blow up harder, to pump up further **c** * *[+ personne]* to cheer up; *[+ ventes, bénéfices]* to boost ◆ **il est regonflé (à bloc)** he's back on top of things * ◆ ~ **le moral de qn** to bolster sb up **VI** *[rivière]* to swell *ou* rise again; *(Méd)* to swell up again

**regorgement** /ʀ(ə)gɔʀʒəmɑ̃/ **NM** overflow

**regorger** /ʀ(ə)gɔʀʒe/ ▸ conjug 3 ◂ **VI** **a** ◆ ~ **de** *[région, pays]* to abound in; *[maison, magasin]* to be packed *ou* crammed with ◆ **la région regorge d'ananas** pineapples are plentiful in the region, the region abounds in pineapples ◆ **cette année le marché regorge de fruits** this year there is a glut *ou* an abundance of fruit on the market ◆ **le pays regorge d'argent** the country has enormous financial assets ◆ **il regorge d'argent** he is rolling in money *, he has got plenty of money ◆ **sa maison regorgeait de livres/d'invités** his house was packed with *ou* crammed with *ou* cram-full of books/guests ◆ **la rue regorge de petits étals** the street is packed with little market stalls ◆ **la ville regorge de festivaliers** the town is swarming with festival-goers ◆ **son livre regorge de bonnes idées/de fautes** his book is (jam-)packed *ou* crammed with good ideas/is riddled with mistakes

**b** *[liquide]* to overflow

**régresser** /ʀegʀese/ ▸ conjug 1 ◂ **VI** *[science, enfant]* to regress; *[douleur, épidémie]* to recede, to diminish; *[chiffre d'affaires, ventes]* to drop, to fall ◆ **le taux de chômage a nettement régressé** the rate of unemployment has dropped sharply

**régressif, -ive** /ʀegʀesif, iv/ **ADJ** *[évolution, raisonnement]* regressive; *[marche]* backward *(épith)*; *(Phon)* anticipatory ◆ **érosion régressive** *(Géol)* headward erosion ◆ **forme régressive** regressive *ou* recessive form ◆ **dérivation régressive** *(Ling)* back formation ◆ **impôt** ~ *(Fin)* regressive tax

**régression** /ʀegʀesjɔ̃/ **NF** *(gén)* regression, decline; *(Bio, Math, Psych)* regression ◆ **être en (voie de)** ~ to be on the decline *ou* decrease, to be declining *ou* decreasing ◆ ~ **marine** *(Géol)* marine regression

**regret** /ʀ(ə)gʀɛ/ GRAMMAIRE ACTIVE 36.3, 45.3, 46.5, 52.5 **NM** **a** *[de décision, faute]* regret (*de* for); *[de passé]* regret (*de* about); ◆ **le** ~ **d'une occasion manquée la faisait pleurer** she wept with regret at the lost opportunity, she wept in regret at losing the opportunity ◆ **les ~s causés par une occasion manquée** the regrets felt at *ou* for a missed opportunity ◆ **le** ~ **du pays natal** homesickness ◆ **le** ~ **d'avoir échoué** the regret that he had failed *ou* at having failed ◆ **vivre dans le** ~ **d'une faute** to spend one's life regretting a mistake ◆ **c'est avec** ~ **que je vous le dis** I am sorry *ou* I regret to have to tell you this ◆ **sans** ~ with no regrets ◆ **je te le donne – sans ~s ?** take this – are you (really) sure? ◆ **~s éternels** *(sur une tombe)* sorely missed

**b** *(loc)* **je suis au** ~ **de ne pouvoir ...** I'm sorry *ou* I regret that I am unable to ... ◆ **j'ai le** ~ **de vous informer que ...** I regret to inform you that ..., I must regretfully inform you that ... *(frm)* ◆ **à mon grand** ~ to my great regret

◆ **à regret** *[partir]* with regret, regretfully; *[accepter, donner]* with regret, reluctantly

**regrettable** /ʀ(ə)gʀetabl/ GRAMMAIRE ACTIVE 45.3 **ADJ** *[incident, conséquence]* regrettable, unfortunate ◆ **il est** ~ **que ...** it's unfortunate *ou* regrettable that ...

**regrettablement** /ʀ(ə)gʀetabləmɑ̃/ **ADV** *(littér)* regrettably

**regretter** /ʀ(ə)gʀete/ GRAMMAIRE ACTIVE 45.3, 47.2 ▸ conjug 1 ◂ **VT** **a** *[+ ce que l'on n'a plus]* to miss; *[+ occasion manquée]* to regret ◆ **il regrette sa jeunesse** he thinks back (nostalgically) to his youth ◆ **il regrette le temps où tout était simple** he looks back nostalgically *ou* wistfully to the time when everything was simple ◆ **ne regrettez-vous pas le temps perdu ?** aren't you sorry this time has gone? ◆ **il regrette son argent** he wishes he hadn't spent the money ◆ **c'était cher, mais je ne regrette pas mon argent** it was expensive but I don't regret buying it *ou* spending the money ◆ **notre regretté président** our late lamented president ◆ **on le regrette beaucoup dans le village** he is greatly *ou* sadly missed in the village

**b** *(= se repentir de)* *[+ décision, imprudence]* to regret ◆ **tu le regretteras** you'll regret it, you'll be sorry for it ◆ **tu ne le regretteras pas** you won't regret it ◆ **je ne regrette rien** I have no regrets ◆ **je regrette mon geste** I wish I hadn't done that ◆ **elles regrettent d'avoir parlé** they're sorry they spoke, they wish they hadn't spoken

**c** *(= désapprouver)* to deplore, to regret ◆ **les médecins regrettent que le grand public ne soit pas mieux informé des symptômes de l'infarctus** doctors deplore the fact that the public is not better informed about the symptoms of heart attack ◆ **on regrettera que la traduction ait été bâclée** it is regrettable that the translation is so slapdash

**d** *(= être désolé)* to be sorry, to regret ◆ **je regrette, mais il est trop tard** I'm sorry, but it's too late, I'm afraid it's too late ◆ **ah non ! je regrette, il était avec moi** no, sorry, he was with me ◆ **nous avons beaucoup regretté votre absence** we were very sorry that you weren't able to join us ◆ **nous regrettons qu'il soit malade** we are sorry that he is ill ◆ **je regrette de ne pas lui avoir écrit** I'm sorry *ou* I regret that I didn't write to him ◆ **je regrette de vous avoir fait attendre** I'm sorry to have kept you waiting ◆ **je ne regrette pas d'être venu** I'm not sorry *ou* I'm glad I came ◆ **sa femme regrette de ne pas être présente** his wife is sorry that she cannot be present ◆ **je regrette de ne pouvoir donner une suite favorable à votre demande** I am sorry that I cannot meet your request

> ⚠ *Attention à ne pas traduire automatiquement* **regretter** *par* **to regret** *; l'anglais préfère une tournure contenant le mot 'sorry'.*

**regrimper** /ʀ(ə)gʀɛ̃pe/ ▸ conjug 1 ◂ **VT** *[+ pente, escalier]* to climb (up) again **VI** *[route]* to climb (up) again; *[fièvre]* to go up *ou* rise again; *[prix]* to go up *ou* climb again ◆ ~ **dans le train** to climb back into the train ◆ **ça va faire** ~ **les prix/la fièvre** it'll put up prices/his temperature again

**regrossir** /ʀ(ə)gʀosiʀ/ ▸ conjug 2 ◂ **VI** to put on weight again

**regroupement** /ʀ(ə)gʀupmɑ̃/ **NM** **a** *[d'objets, pièces de collection]* bringing together; *[d'industries, partis, parcelles]* grouping together ◆ **~s de sociétés** *(Fin, Jur)* groupings of companies **b** *(= fait de réunir de nouveau)* *[d'armée, personnes]* reassembling; *[de bétail]* rounding up again ◆ ~ **familial** *(Jur)* family reunification **c** *(Sport)* *[de coureurs]* bunching together; *[de rugbymen]* loose scrum

**regrouper** /ʀ(ə)gʀupe/ ▸ conjug 1 ◂ **VT** **a** *(= réunir)* *[+ objets]* to put *ou* group together; *[+ pièces de collection]* to bring together; *[+ industries, partis, parcelles]* to group together; *[+ territoires]* to consolidate; *(= fusionner)* *[+ services, classes]* to merge **b** *(= réunir de nouveau)* *[+ armée, personnes]* to reassemble; *[+ parti]* to regroup; *[+ bétail]* to round up, to herd together **VPR** **se regrouper** **a** *(= se réunir)* *[personnes]* to gather (together), to assemble; *[entreprises]* to group together ◆ **se** ~ **autour d'une cause** to unite behind a cause b *(Sport) [coureurs]* to bunch together again; *[rugbymen]* to form a loose scrum

**régularisable** /ʀegylaʀizabl/ ADJ *[personne]* whose status can be made legal ◆ **les personnes non ~s** people whose status cannot be regularized

**régularisation** /ʀegylaʀizasjɔ̃/ NF a *[de situation]* regularization; *[de passeport, papiers]* sorting out b *[de mécanisme, débit]* regulation c *(Fin)* equalization ◆ **~ des cours** price stabilization

**régulariser** /ʀegylaʀize/ ▸ conjug 1 ◂ VT a *[+ passeport, papiers]* to sort out ◆ **~ sa situation** *(gén)* to get one's situation sorted out; *[immigré]* to get one's papers in order, to have one's (immigration) status regularized ◆ **ils ont fini par ~** * *(= ils se sont mariés)* they ended up making it official ◆ **faire ~ ses papiers** to have one's papers put in order *ou* sorted out b *(= régler) [+ mécanisme, débit]* to regulate ◆ **~ le cours d'un fleuve** to regulate the flow of a river c *(Méd) [+ pouls, respiration, rythme cardiaque, circulation]* to regulate d *(Fin) [+ monnaie]* to equalize VPR **se régulariser** *[pouls, respiration, rythme cardiaque, circulation]* to return to normal

**régularité** /ʀegylaʀite/ NF a *[de pouls, travail, effort, respiration, rythme]* regularity, steadiness; *[de qualité, résultats]* consistency, evenness; *[de vitesse, vent]* steadiness; *[d'habitudes, progrès, paiement, visites, service de transport]* regularity ◆ **avec ~** *[se produire]* regularly; *[progresser]* steadily b *(= uniformité) [de répartition, couche, ligne]* evenness; *(= symétrie)* symmetry; *(= harmonie) [de traits, paysage]* regularity, evenness; *[d'écriture]* regularity; *(= égalité) [d'humeur]* steadiness, evenness; *(Math) [de polygone]* regularity c *(= légalité) [d'élection, procédure]* legality, lawfulness

**régulateur, -trice** /ʀegylatœʀ, tʀis/ ADJ regulating NM *(Tech, fig)* regulator ◆ **~ de vitesse/de température** speed/temperature control *ou* regulator

**régulation** /ʀegylasjɔ̃/ NF *[d'économie, trafic]* regulation; *[de mécanisme]* regulation, adjustment ◆ **~ des naissances** birth control ◆ **~ thermique** *(Physiol)* regulation of body temperature, thermotaxis *(SPÉC)* ◆ **~ de la circulation** traffic control, regulation of traffic flow

**réguler** /ʀegyle/ ▸ conjug 1 ◂ VT *[+ flux, marché, taux]* to regulate ◆ **~ la circulation routière** to regulate the flow of traffic, to control traffic

**régulier, -ière** /ʀegylje, jɛʀ/ ADJ a *(en fréquence, en force) [pouls, rythme, respiration]* regular, steady; *[effort]* sustained; *[qualité, résultats]* consistent; *[progrès, vitesse, vent]* steady; *[habitudes, paiement, revenus, visites]* regular; *(Transports) [ligne, vol]* scheduled; *[service de train, bus]* regular ◆ **incapable d'un travail ~, il voulait devenir comédien** unable to do a regular job, he wanted to become an actor ◆ **à intervalles ~s** at regular intervals ◆ **prendre ses repas à (des) heures régulières** to eat regular meals ◆ **exercer une pression régulière sur qch** to exert steady pressure on sth ◆ **être en correspondance régulière avec qn** to correspond regularly with sb, to write regularly to sb

b *(= uniforme) [répartition, couche, ligne]* even; *[façade]* regular; *[traits]* regular, even; *[écriture]* regular, neat; *(Math) [polygone]* regular; *[humeur]* steady, even; *[vie]* ordered ◆ **avoir un visage ~** to have regular features ◆ **il faut que la pression soit bien régulière partout** the pressure must be evenly distributed

c *(= légal) [gouvernement]* legitimate; *[procédure]* in order *(attrib)*; *[jugement]* regular, in order *(attrib)*; *[tribunal]* legal, official ◆ **être en situation régulière** to have one's papers in order

d *(= honnête) [opération, coup]* aboveboard *(attrib)*; *[homme d'affaires]* on the level *(attrib)* ◆ **vous me faites faire quelque chose qui n'est pas très ~** *(= correct)* what you're asking me to do is a bit dodgy * *(Brit)*, if I do what you ask, I'll be sailing a bit close to the wind ◆ **être ~ en affaires** to be straight *ou* honest in business ◆ **coup ~** *(Boxe)* fair blow; *(Échecs)* correct move

e *(Mil) [troupes]* regular; *[armée]* regular, standing; *(Rel) [clergé, ordre]* regular

f *[vers, verbe, pluriel]* regular

g *(Can = normal)* normal, regular *(US)*

NM *(= client, Mil, Rel)* regular

NF **régulière** (*, †) *(= femme)* missus *, old woman *; *(= maîtresse)* lady-love *(hum)*

LOC ADV **à la régulière** * *[battre]* fair and square

**régulièrement** /ʀegyljɛʀmɑ̃/ ADV a *(= souvent)* regularly ◆ **il est ~ en retard** he's habitually late b *(= uniformément) [répartir, disposer]* evenly; *[progresser]* steadily c *(= selon les règles)* properly ◆ **élu ~** properly elected, elected in accordance with the rules d * *(= en principe)* normally; *(= d'habitude)* normally, usually

**régurgitation** /ʀegyʀʒitasjɔ̃/ NF regurgitation

**régurgiter** /ʀegyʀʒite/ ▸ conjug 1 ◂ VT to regurgitate

**réhabilitation** /ʀeabilitasjɔ̃/ NF a *(Jur) [de condamné]* clearing (the name of), rehabilitation; *[de failli]* discharge ◆ **obtenir la ~ de qn** to get sb's name cleared, to get sb rehabilitated b *(= revalorisation) [de profession, art, idéologie]* restoring to favour c *(= rénovation) [de quartier, immeuble]* restoration, rehabilitation ◆ **~ des sites** *(Écol)* site remediation

**réhabiliter** /ʀeabilite/ ▸ conjug 1 ◂ VT a *(= blanchir) [+ condamné]* to clear (the name of); *[+ failli]* to discharge ◆ **~ la mémoire de qn** to restore sb's good name b *(= revaloriser) [+ profession, art, idéologie]* to bring back into favour, to restore to favour c *(= rénover) [+ quartier, immeuble]* to restore, to rehabilitate; *(Écol) [+ sites]* to remediate, to rehabilitate d *(= rétablir)* **~ qn dans ses fonctions** to reinstate sb (in their job) ◆ **~ qn dans ses droits** to restore sb's rights (to them) VPR **se réhabiliter** to rehabilitate o.s.

**réhabituer** /ʀeabitɥe/ ▸ conjug 1 ◂ VT ◆ **~ qn à (faire) qch** to get sb used to (doing) sth again, to reaccustom sb to (doing) sth VPR **se réhabituer** ◆ **se ~ à (faire) qch** to get used to (doing) sth again, to reaccustom o.s. to (doing) sth ◆ **ça va être dur de se ~** it will be difficult to get used to it again

**rehaussement** /ʀəosmɑ̃/ NM a *[de mur, clôture]* heightening; *[de plafond, chaise]* raising, heightening b *(Fin) [de plafond]* raising

**rehausser** /ʀəose/ ▸ conjug 1 ◂ VT a *[+ mur, clôture]* to heighten, to make higher; *[+ plafond, chaise]* to raise, to heighten ◆ **on va le ~ avec un coussin** *[+ enfant]* we'll put a cushion under him so he's sitting up a bit higher b *(= augmenter, souligner) [+ beauté, couleur, image de marque]* to enhance; *[+ goût]* to bring out; *[+ mérite, prestige]* to enhance, to increase; *[+ popularité]* to increase; *[+ détail]* to bring out, to accentuate, to underline ◆ **les épices rehaussent la saveur d'un plat** spices bring out the flavour of a dish c *(= orner) [+ tableau, robe]* to brighten up, to liven up ◆ **rehaussé de** embellished with

**rehausseur** /ʀəosœʀ/ ADJ M, NM *[de siège d'enfant]* ◆ **~ de siège, siège ~** booster seat

**réhumaniser** /ʀeymanize/ ▸ conjug 1 ◂ VT *[+ ville, justice]* to make more human

**réhydratation** /ʀeidʀatasjɔ̃/ NF *(gén)* rehydration; *[de peau]* moisturizing

**réhydrater** /ʀeidʀate/ ▸ conjug 1 ◂ VT *(gén)* to rehydrate; *[+ peau]* to moisturize

**réification** /ʀeifikasjɔ̃/ NF reification

**réifier** /ʀeifje/ ▸ conjug 7 ◂ VT to reify

**reiki** /ʀeki/ NM reiki

**réimperméabilisation** /ʀeɛ̃pɛʀmeabilizasjɔ̃/ NF reproofing

**réimperméabiliser** /ʀeɛ̃pɛʀmeabilize/ ▸ conjug 1 ◂ VT to reproof

**réimplantation** /ʀeɛ̃plɑ̃tasjɔ̃/ NF *[d'embryon, organe]* reimplantation

**réimplanter** /ʀeɛ̃plɑ̃te/ ▸ conjug 1 ◂ VT *[+ entreprise existante]* to relocate; *[+ nouvelle entreprise]* to set up; *[+ embryon, organe]* to reimplant VPR **se réimplanter** *[entreprise]* to relocate; *[personne]* to reestablish oneself

**réimportation** /ʀeɛ̃pɔʀtasjɔ̃/ NF reimportation

**réimporter** /ʀeɛ̃pɔʀte/ ▸ conjug 1 ◂ VT to reimport

**réimposer** /ʀeɛ̃poze/ ▸ conjug 1 ◂ VT a *(Fin)* to impose a new *ou* further tax on b *(Typo)* to reimpose

**réimposition** /ʀeɛ̃pozisjɔ̃/ NF a *(Fin)* further taxation b *(Typo)* reimposition

**réimpression** /ʀeɛ̃pʀesjɔ̃/ NF *(= action)* reprinting; *(= livre)* reprint ◆ **l'ouvrage est en cours de ~** the book is being reprinted

**réimprimer** /ʀeɛ̃pʀime/ ▸ conjug 1 ◂ VT to reprint

**Reims** /ʀɛ̃s/ N Rheims

**rein** /ʀɛ̃/ NM *(= organe)* kidney ◆ **être sous ~ artificiel** to be on a kidney machine ◆ **~ flottant** renal ptosis NMPL **reins** *(= région)* small of the back; *(= taille)* waist ◆ **avoir mal aux ~s** to have backache *(in the lower back)*, to have an ache in the small of one's back ◆ **ses cheveux tombent sur ses ~s** her hair comes down to her waist ◆ **il donna un coup de ~s pour se relever** he heaved himself up ◆ **donner un coup de ~s pour soulever qch** to heave sth up ◆ **avoir les ~s solides** *(lit)* to have a strong *ou* sturdy back ◆ **ils ont/n'ont pas les ~s assez solides** *(fig)* they are/aren't in a strong enough financial position ◆ **casser** *ou* **briser les ~s à qn** *(fig)* to ruin *ou* break sb ◆ **il m'a mis l'épée dans les ~s** *(fig)* he really turned on the pressure; → **creux**

**réincarcération** /ʀeɛ̃kaʀseʀasjɔ̃/ NF reimprisonment, reincarceration

**réincarcérer** /ʀeɛ̃kaʀseʀe/ ▸ conjug 6 ◂ VT to reimprison, to reincarcerate

**réincarnation** /ʀeɛ̃kaʀnasjɔ̃/ NF reincarnation

**réincarner (se)** /ʀeɛ̃kaʀne/ ▸ conjug 1 ◂ VPR to be reincarnated *(en as)*

**réincorporer** /ʀeɛ̃kɔʀpɔʀe/ ▸ conjug 1 ◂ VT *[+ soldat]* to re-enlist ◆ **~ son régiment** to re-enlist in one's regiment

**reine** /ʀɛn/ NF *(Échecs, Pol, Zool, fig)* queen ◆ **la ~ de Saba** the Queen of Sheba ◆ **la ~ d'Angleterre** the Queen of England ◆ **la ~ Élisabeth** Queen Elizabeth ◆ **la ~ mère** *(lit)* the Queen mother; (* *fig*) her ladyship * ◆ **la ~ du bal** the queen *ou* the belle of the ball ◆ **~ de beauté** beauty queen ◆ **la ~ des abeilles/des fourmis** the queen bee/ant ◆ **comme une ~**

*[vivre]* in the lap of luxury; *[traiter]* like a queen ♦ **être vêtue comme une ~** to look like a queen ♦ **la ~ de cœur/pique** *(Cartes)* the queen of hearts/spades ♦ **c'est la ~ des idiotes** * she's a prize idiot *; → **bouchée², petit, port²** COMP ▷ **reine des reinettes** rennet

**reine-claude** (pl **reines-claudes**) /ʀɛnklod/ NF greengage

**reine-des-prés** (pl **reines-des-prés**) /ʀɛndepʀe/ NF meadowsweet

**reine-marguerite** (pl **reines-marguerites**) /ʀɛnmaʀgəʀit/ NF (China) aster

**reinette** /ʀɛnɛt/ NF ≈ (Cox's orange) pippin ♦ **~ grise** russet

**réinfecter** /ʀeɛ̃fɛkte/ ▸ conjug 1 ◂ VT to reinfect ♦ **la plaie s'est réinfectée** the wound has become infected again

**réinfection** /ʀeɛ̃fɛksjɔ̃/ NF reinfection

**réingénierie** /ʀeɛ̃ʒeniʀi/ NF re-engineering

**réinitialiser** /ʀeinisjalize/ ▸ conjug 1 ◂ VT *(Ordin)* to reboot

**réinjecter** /ʀeɛ̃ʒɛkte/ ▸ conjug 1 ◂ VT *(Méd)* to re-inject ♦ **~ des fonds dans une entreprise** to pump more money into a company ♦ **ils ont réinjecté une partie des bénéfices dans la recherche** they put some of the profits back into research

**réinscriptible** /ʀeɛ̃skʀiptibl/ ADJ *(Ordin)* *[disque]* rewriteable

**réinscription** /ʀeɛ̃skʀipsjɔ̃/ NF reregistration, re-enrolment *(Brit)*, re-enrollment *(US)*

**réinscrire** /ʀeɛ̃skʀiʀ/ ▸ conjug 39 ◂ VT *[+ épitaphe]* to reinscribe; *[+ date, nom]* to put down again; *[+ élève]* to re-enrol, to reregister ♦ **je n'ai pas réinscrit mon fils à la cantine cette année** I haven't put my son's name down for school meals this year VPR **se réinscrire** to re-enrol, to reregister (*à* for)

**réinsérer** /ʀeɛ̃seʀe/ ▸ conjug 6 ◂ VT a *[+ délinquant, handicapé]* to rehabilitate ♦ **se ~ dans la société** to reintegrate into society b *[+ publicité, feuillet]* to reinsert

**réinsertion** /ʀeɛ̃sɛʀsjɔ̃/ NF a *[de délinquant, handicapé]* rehabilitation ♦ **la ~ sociale des anciens détenus** the rehabilitation of ex-prisoners b *[de publicité, feuillet]* reinsertion

> ⚠ *Au sens de 'réintégration',* **réinsertion** *ne se traduit pas par le mot anglais* **reinsertion.**

**réinstallation** /ʀeɛ̃stalasjɔ̃/ NF a *(= remise en place) [de cuisinière]* putting back, reinstallation; *[d'étagère]* putting up again; *[de téléphone]* reinstallation b *(= réaménagement)* **notre ~ à Paris/dans l'appartement va poser des problèmes** moving back to Paris/into the flat is going to create problems

**réinstaller** /ʀeɛ̃stale/ ▸ conjug 1 ◂ VT a *(= remettre en place) [+ cuisinière]* to put back; *[+ étagère]* to put back up, to put up again; *[+ téléphone]* to reconnect b *(= réaménager) [+ pièce, appartement]* to refurnish ♦ **les bureaux ont été réinstallés à Paris** the offices were moved back to Paris c *(= rétablir)* **~ qn chez lui** to move sb back into their own home ♦ **~ qn dans ses fonctions** to reinstate sb in their job, to give sb their job back VPR **se réinstaller** *(dans un fauteuil)* to settle down again (*dans* in); *(dans une maison)* to move back (*dans* into) ♦ **il s'est réinstallé à Paris** *(gén)* he's moved back to Paris; *[commerçant]* he's set up in business again in Paris ♦ **se ~ au pouvoir** to come back to power

**réinstaurer** /ʀeɛ̃stɔʀe/ VT to re-establish

**réintégration** /ʀeɛ̃tegʀasjɔ̃/ NF a *[d'employé]* reinstatement (*dans* in) b *(= retour)* return (*de* to); ♦ **~ du domicile conjugal** returning to the marital home

**réintégrer** /ʀeɛ̃tegʀe/ ▸ conjug 6 ◂ VT a *(= rétablir)* **~ qn (dans ses fonctions)** to reinstate sb (in their job), to restore sb to their (former) position ♦ **~ qn dans ses droits** to restore sb's rights b *(= regagner)* to return to, to go back to ♦ **~ le domicile conjugal** to return to the marital home

**réinterpréter** /ʀeɛ̃tɛʀpʀete/ ▸ conjug 6 ◂ VT to reinterpret

**réintroduction** /ʀeɛ̃tʀɔdyksjɔ̃/ NF *[de personne, mode, projet de loi]* reintroduction ♦ **la ~ d'espèces en voie de disparition** reintroducing endangered species

**réintroduire** /ʀeɛ̃tʀɔdɥiʀ/ ▸ conjug 38 ◂ VT a *(= réinsérer) [+ objet]* to reinsert ♦ **~ une clé dans une serrure** to put a key back into a lock ♦ **~ des erreurs dans un texte** to reintroduce errors *ou* put errors back into a text b *(= présenter de nouveau) [+ personne]* to introduce again; *[+ projet de loi]* to reintroduce c *(= relancer) [+ mode]* to reintroduce, to introduce again VPR **se réintroduire** ♦ **se ~ dans** *[+ lieu, milieu]* to get back into

**réinventer** /ʀeɛ̃vɑ̃te/ ▸ conjug 1 ◂ VT to reinvent ♦ **inutile de ~ la roue** there's no point reinventing the wheel

**réinvention** /ʀeɛ̃vɑ̃sjɔ̃/ NF reinvention

**réinvestir** /ʀeɛ̃vɛstiʀ/ ▸ conjug 2 ◂ VT *(Fin) [+ capital]* to reinvest (*dans* in); ♦ **une partie des bénéfices a été réinvestie dans l'entreprise** some of the profits have been reinvested in *ou* have gone straight back into the company

**réinviter** /ʀeɛ̃vite/ ▸ conjug 1 ◂ VT to invite back, to ask back again, to reinvite

**réislamisation** /ʀeislamizasjɔ̃/ NF revival of Islam ♦ **cela a conduit à une ~ du pays/des mœurs** this has led to a revival of Islam in the country/in people's lives

**réitératif, -ive** /ʀeiteʀatif, iv/ ADJ reiterative

**réitération** /ʀeiteʀasjɔ̃/ NF reiteration, repetition

**réitérer** /ʀeiteʀe/ ▸ conjug 6 ◂ VT *[+ promesse, ordre, question]* to reiterate, to repeat; *[+ demande, exploit]* to repeat ♦ **attaques réitérées** repeated attacks ♦ **le criminel a réitéré** the criminal has repeated his crime *ou* has done it again

**reître** /ʀɛtʀ/ NM *(littér)* ruffianly *ou* roughneck soldier

**rejaillir** /ʀ(ə)ʒajiʀ/ ▸ conjug 2 ◂ VI a *(= éclabousser) [liquide]* to splash back *ou* up (*sur* onto, at); *(avec force)* to spurt back *ou* up (*sur* onto, at); *[boue]* to splash up (*sur* onto, at); ♦ **l'huile m'a rejailli à la figure** the oil splashed up in my face b *(= retomber)* **~ sur qn** *[scandale, honte]* to rebound on sb; *[gloire]* to be reflected on sb ♦ **les bienfaits de cette invention rejailliront sur tous** everyone stands to benefit from this invention ♦ **sa renommée a rejailli sur ses collègues** his fame brought his colleagues some reflected glory

**rejaillissement** /ʀ(ə)ʒajismɑ̃/ NM a *[de liquide, boue]* splashing up; *(avec force)* spurting up b *[de scandale, honte]* rebounding; *[de gloire]* reflection

**rejet** /ʀəʒɛ/ NM a *[d'épave, corps]* casting up, washing up b *[de fumée, gaz, déchets]* discharge; *[de lave]* throwing out, spewing out c *(= refus) [de candidat, candidature, manuscrit, projet de loi, offre] [demande, conseil]* rejection; *[de recours en grâce, hypothèse]* rejection, dismissal d *(Littérat)* enjamb(e)ment, rejet e *(Ling)* **le ~ de la préposition à la fin de la phrase** putting the preposition at the end of the sentence f *(Bot)* shoot g *(Géol)* throw h *(Méd) [de greffe]* rejection ♦ **phénomène de ~** *(lit, fig)* rejection ♦ **faire un ~** *(Méd)* to reject a transplant ♦ **la musique baroque, moi je fais un ~** * I can't bear baroque music i *(Ordin)* reject

**rejeter** /ʀəʒ(ə)te, ʀ(ə)ʒəte/ GRAMMAIRE ACTIVE 39.1 ▸ conjug 4 ◂

VT a *(= refuser) [+ domination, amant, candidat, candidature, manuscrit]* to reject; *[+ projet de loi]* to reject, to throw out; *[+ accusation]* to refute, to deny; *[+ offre, demande, conseil]* to reject, to turn down; *[+ recours en grâce, hypothèse]* to reject, to dismiss; *[+ indésirable]* to cast out, to expel; *[+ envahisseur]* to push back, to drive back ♦ **la machine rejette les mauvaises pièces de monnaie** the machine rejects *ou* refuses invalid coins ♦ **la proposition de paix a été rejetée** the peace proposal has been rejected ♦ **le village l'a rejeté après ce dernier scandale** the village has cast him out after this latest scandal ♦ **~ qn d'un parti** to expel sb from *ou* throw sb out of a party

b *(= relancer) [+ objet]* to throw back (*à* to); ♦ **~ un poisson à l'eau** to throw a fish back (into the water)

c *[+ fumée, gaz, déchets]* to discharge ♦ **il ou son estomac rejette toute nourriture** his stomach rejects everything, he can't keep anything down ♦ **le volcan rejette de la lave** the volcano is spewing *ou* throwing out lava ♦ **le cadavre a été rejeté par la mer** the corpse was washed up on the shore

d *(= faire porter)* **~ une faute sur qn/qch** to put the blame on sb/sth, to blame sb/sth ♦ **il rejette la responsabilité sur moi** he blames me, he lays the responsibility at my door

e *(= placer)* **la préposition est rejetée à la fin** the preposition is put at the end ♦ **~ la tête en arrière** to throw *ou* toss one's head back ♦ **~ ses cheveux en arrière** *(avec la main)* to push one's hair back; *(en se coiffant)* to comb *ou* brush one's hair back; *(d'un mouvement de la tête)* to toss one's hair back ♦ **~ les épaules en arrière** to pull one's shoulders back ♦ **~ la terre hors d'une tranchée** to throw the earth out of a trench

f *(Méd) [+ greffon]* to reject

g *(Ordin)* to reject

VPR **se rejeter** a *(= se reculer)* **se ~ en arrière** to jump *ou* leap back(wards)

b *(= se jeter de nouveau)* **il s'est rejeté dans l'eau** he jumped back *ou* threw himself back into the water

c *(= se renvoyer)* **ils se rejettent (mutuellement) la responsabilité de la rupture** they lay the responsibility for the break-up at each other's door, each wants the other to take responsibility for the break-up

**rejeton** /ʀəʒ(ə)tɔ̃, ʀ(ə)ʒətɔ̃/ NM a (* = *enfant*) kid * ♦ **ils sont venus avec leurs ~s** they brought their kids * *ou* offspring *(hum)* with them b *(Bot)* shoot; *(fig)* offshoot

**rejoindre** /ʀ(ə)ʒwɛ̃dʀ/ ▸ conjug 49 ◂ VT a *(= regagner, retrouver) [+ lieu]* to get (back) to; *[+ route]* to (re)join, to get (back) (on)to; *[+ personne]* to (re)join, to meet (again); *[+ poste, régiment]* to rejoin, to return to ♦ **la route rejoint la voie ferrée à ...** the road meets (up with) *ou* (re)joins the railway line at ...

b *(= rattraper)* to catch up (with) ♦ **je n'arrive pas à le ~** I can't catch up with him *ou* catch him up *(Brit)*

c *(= se rallier à) [+ parti]* to join; *[+ point de vue]* to agree with ♦ **je vous rejoins sur ce point** I agree with you on that point ♦ **mon idée**

**rejoint la vôtre** my idea is closely akin to yours *ou* is very much like yours ◆ **c'est ici que la prudence rejoint la lâcheté** this is where prudence comes close to *ou* is closely akin to cowardice

**d** *(= réunir) [+ personnes]* to reunite, to bring back together; *[+ choses]* to bring together (again); *[+ lèvres d'une plaie]* to close

**VPR** **se rejoindre** *[routes]* to join, to meet; *[idées]* to be very similar; *[personnes] (pour rendez-vous)* to meet (up) (again); *(sur point de vue)* to agree

**rejointoyer** /ʀ(ə)ʒwɛ̃twaje/ ▸ conjug 8 ◂ **VT** to repoint, to regrout

**rejouer** /ʀ(ə)ʒwe/ ▸ conjug 1 ◂ **VT** *(gén)* to play again; *[+ match]* to replay ◆ ~ **cœur** *(Cartes)* to lead hearts again ◆ **on rejoue une partie ?** shall we have *ou* play another game? ◆ ~ **une pièce** *[acteurs]* to perform a play again, to give another performance of a play; *[théâtre]* to put on a play again ◆ **nous rejouons demain à Marseille** *[acteurs]* we're performing again tomorrow in Marseilles; *[joueurs]* we're playing again tomorrow in Marseilles **VI** *[enfants, joueurs]* to play again; *[musicien]* to play *ou* perform again ◆ **acteur qui ne pourra plus jamais** ~ actor who will never be able to act *ou* perform again

**réjoui, e** /ʀeʒwi/ (ptp de **réjouir**) **ADJ** ◆ **avoir l'air ~, avoir une mine ~e** to look delighted

**réjouir** /ʀeʒwiʀ/ GRAMMAIRE ACTIVE 38.2 ▸ conjug 2 ◂

**VT** *[+ personne, regard]* to delight; *[+ cœur]* to gladden ◆ **cette perspective le réjouit** this prospect delights *ou* thrills him, he is delighted *ou* thrilled at this prospect ◆ **cette idée ne me réjouit pas beaucoup** I don't find the thought of it particularly appealing

**VPR** **se réjouir** to be delighted *ou* thrilled (*de faire* to do); ◆ **se ~ de** *[+ nouvelle, événement]* to be delighted *ou* thrilled about *ou* at; *[+ malheur]* to take delight in, to rejoice over; *(surtout Helv : à l'avance)* to look forward to ◆ **vous avez gagné et je m'en réjouis pour vous** you've won and I'm delighted for you ◆ **se ~ (à la pensée) que ...** to be delighted *ou* thrilled (at the thought) that ... ◆ **je me réjouis à l'avance de les voir** I am greatly looking forward to seeing them ◆ **réjouissez-vous !** rejoice! ◆ **je me réjouis que tu aies réussi** I'm delighted *ou* thrilled that you've succeeded

**réjouissance** /ʀeʒwisɑ̃s/ **NF** rejoicing ◆ **~s** festivities, merrymaking *(NonC)* ◆ **quel est le programme des ~s pour la journée ?** *(hum)* what delights are in store (for us) today? *(hum)*, what's on the agenda for today? *

**réjouissant, e** /ʀeʒwisɑ̃, ɑ̃t/ **ADJ** *[histoire]* amusing, entertaining; *[nouvelle]* cheering ◆ **quelle perspective ~e !** *(iro)* what a delightful prospect! *(iro)* ◆ **les prévisions ne sont guère ~es** the forecasts aren't very encouraging *ou* heartening ◆ **ce n'est pas ~ !** it's no joke!

**rejuger** /ʀ(ə)ʒyʒe/ ▸ conjug 3 ◂ **VT** *(Jur) [+ affaire, accusé]* to retry

**relâche** /ʀəlɑʃ/ **NM OU NF** **a** *(littér = répit)* respite, rest ◆ **prendre un peu de ~** to take a short rest *ou* break ◆ **se donner ~** to give o.s. a rest *ou* a break ◆ **sans ~** relentlessly **b** *(Théât)* closure ◆ **faire ~** to be closed, to close ◆ **"relâche"** "no performance(s) (today *ou* this week etc)" ◆ **le lundi est le jour de ~ du cinéma local** the local cinema is closed on Monday(s) **NF** *(Naut)* port of call ◆ **faire ~ dans un port** to put in at *ou* call at a port

**relâché, e** /ʀ(ə)lɑʃe/ (ptp de **relâcher**) **ADJ** *[style]* loose, limp; *[conduite, mœurs]* lax; *[discipline, autorité]* lax, slack; *[prononciation]* lax

**relâchement** /ʀ(ə)lɑʃmɑ̃/ **NM** **a** *[d'étreinte]* relaxation, loosening; *[de lien]* loosening, slackening; *[de muscle]* relaxation; *[de ressort]* release **b** *[de discipline, effort, zèle]* relaxation, slackening; *[de surveillance]* relaxation; *[de courage, attention]* flagging ◆ **il y a du ~ dans la discipline** discipline is getting lax *ou* slack ◆ **~ des mœurs** loosening *ou* slackening of moral standards

**relâcher** /ʀ(ə)lɑʃe/ ▸ conjug 1 ◂ **VT** **a** *[+ étreinte]* to relax, to loosen; *[+ lien]* to loosen, to slacken (off); *[+ muscle]* to relax; *[+ ressort]* to release ◆ **il a relâché le poisson dans l'eau** he threw the fish back (into the water) ◆ **~ les intestins** to loosen the bowels

**b** *[+ discipline, surveillance]* to relax; *[+ effort]* to relax, to let up ◆ **ils relâchent leur attention** their attention is wandering

**c** *[+ prisonnier, otage, gibier]* to release, to let go, to set free

**d** *(= refaire tomber) [+ objet]* to drop (again), to let go of (again) ◆ **ne relâche pas la corde** don't let go of the rope (again)

**VI** *(Naut)* ◆ **~ (dans un port)** to put into port

**VPR** **se relâcher** **a** *[courroie]* to loosen, to go *ou* get loose *ou* slack; *[muscle]* to relax

**b** *[surveillance, discipline]* to become *ou* get lax *ou* slack; *[mœurs]* to become *ou* get lax; *[style]* to become sloppy; *[courage, attention]* to flag; *[zèle]* to slacken, to flag; *[effort]* to let up ◆ **il se relâche** he's letting up ◆ **ne te relâche pas maintenant !** don't let up *ou* slack(en) off now! ◆ **il se relâche dans son travail** he's growing slack in his work, his work is getting slack

**relais** /ʀ(ə)lɛ/ **NM** **a** *(Sport)* relay (race); *(Alpinisme)* stance ◆ **~ 4 fois 100 mètres** 4 by 100 metres (relay) ◆ **passer le ~ à son coéquipier** to hand over to one's team-mate ◆ **à cause du mauvais passage de ~** because one of the runners fumbled the baton *ou* pass

**b** *(Ind)* **ouvriers/équipe de ~** shift workers/team ◆ **travail par ~** shift work ◆ **passer le ~ à qn** to hand over to sb ◆ **le passage de ~ entre l'ancien et le nouveau directeur** the handover from the old manager to the new one ◆ **prendre le ~ (de qn)** to take over (from sb) ◆ **servir de ~** *(dans une transaction)* to act as an intermediary *ou* a go-between ◆ **la pluie ayant cessé, c'est la neige qui a pris le ~** once the rain had stopped the snow took over *ou* set in; → **crédit-relais, prêt²**

**c** *(= chevaux, chiens)* relay ◆ **~ (de poste)** *(Hist = auberge)* post house, coaching inn; *(Mil)* staging post ◆ **~ routier** transport café *(Brit)*, truck stop *(US)* ◆ **ville ~** stopover; → **cheval**

**d** *(Élec, Radio, Téléc) (= action)* relaying; *(= dispositif)* relay ◆ **~ de télévision** television relay station ◆ **~ hertzien** radio relay ◆ **avion/satellite de ~** relay plane/satellite

**relance** /ʀəlɑ̃s/ **NF** **a** *(= reprise) [d'économie, industrie, emploi]* boosting, stimulation; *[d'idée, projet]* revival, relaunching; *[de négociations]* reopening; *(Écon)* reflation ◆ **pour permettre la ~ du processus de paix** in order to restart the peace process ◆ **la ~ de l'économie n'a pas duré** the boost (given) to the economy did not last ◆ **la ~ du terrorisme est due à ...** the fresh outburst of *ou* upsurge in terrorism is due to ... ◆ **provoquer la ~ de** *[+ économie]* to give a boost to, to boost, to stimulate; *[+ projet]* to revive, to relaunch ◆ **mesures/politique de ~** reflationary measures/policy **b** *(Poker)* **faire une ~** to raise the stakes, to make a higher bid ◆ **limiter la ~** to limit the stakes **c** *[de débiteur]* chasing up; *[de client]* following up ◆ **lettre de ~** reminder

**relancer** /ʀ(ə)lɑ̃se/ ▸ conjug 3 ◂ **VT** **a** *(= renvoyer) [+ objet, ballon]* to throw back (again) **b** *(= faire repartir) [+ gibier]* to start (again); *[+ moteur]* to restart; *[+ idée, projet]* to revive, to relaunch; *[+ polémique, dialogue, négociations]* to reopen; *[+ économie, industrie, emploi, inflation]* to boost, to give a boost to, to stimulate ◆ **~ la machine économique** to kick-start the economy **c** *(= harceler) [+ débiteur]* to chase up; *(sexuellement) [+ personne]* to harass, to pester, to chase after ◆ **~ un client par téléphone** to make a follow-up call to a customer **d** *(Cartes) [+ enjeu]* to raise **e** *(Ordin)* to restart

**relaps, e** /ʀəlaps/ **ADJ** relapsed **NM,F** relapsed heretic

**relater** /ʀ(ə)late/ ▸ conjug 1 ◂ **VT** *(littér) [+ événement, aventure]* to relate, to recount; *(Jur) [+ pièce, fait]* to record ◆ **le journaliste relate que ...** the journalist says that ... *ou* tells us that ... ◆ **pourriez-vous ~ les faits tels que vous les avez observés ?** could you state the facts exactly as you observed them?

**relatif, -ive** /ʀ(ə)latif, iv/ **ADJ** *(gén, Gram, Mus)* relative; *[silence, luxe]* relative, comparative ◆ **tout est ~** everything is relative ◆ **discussions relatives à un sujet** discussions relative to *ou* relating to *ou* connected with a subject ◆ **faire preuve d'un enthousiasme tout ~** to be less than enthusiastic ◆ **faire preuve d'un optimisme ~** to be guardedly optimistic ◆ **(ton) majeur/mineur ~** *(Mus)* relative major/minor (key) **NM** **a** *(Gram)* relative pronoun **b** ◆ **avoir le sens du ~** to have a sense of proportion **NF** **relative** *(Gram)* relative clause

**relation** /ʀ(ə)lasjɔ̃/ **NF** **a** *(gén, Math, Philos)* relation(ship) ◆ **~ de cause à effet** relation(ship) of cause and effect ◆ **la ~ entre l'homme et l'environnement** the relation(ship) between man and the environment ◆ **il y a une ~ évidente entre ...** there is an obvious connection *ou* relation(ship) between ... ◆ **c'est sans ~** *ou* **cela n'a aucune ~ avec ...** it has no connection with ..., it bears no relation to ... ◆ **faire la ~ entre deux événements** to make the connection between two events

**b** *(= personne)* acquaintance ◆ **une de mes ~s** an acquaintance of mine, someone I know ◆ **trouver un poste par ~s** to find a job through one's connections, to find a job by knowing somebody *ou* by knowing the right people ◆ **avoir des ~s** to have (influential) connections, to know the right people

**c** *(= récit)* account, report ◆ **~ orale/écrite** oral/written account *ou* report ◆ **d'après la ~ d'un témoin** according to a witness's account ◆ **faire la ~ des événements/de son voyage** to give an account of *ou* relate the events/one's journey

**NFPL** **relations** relations; *(= rapports) (gén)* relations; *(sur le plan personnel)* relationship, relations ◆ **~s diplomatiques/culturelles/publiques/internationales** diplomatic/cultural/public/international relations ◆ **opération de ~s publiques** PR exercise ◆ **~s patrons-ouvriers/patronat-syndicats** labour-management/union-management relations ◆ **~s humaines** human relationships ◆ **les ~s sont tendues/cordiales entre nous** relations between us are strained/cordial, the relationship between us *ou* our relationship is strained/cordial ◆ **avoir des ~s (sexuelles) avec qn** to have sexual relations *ou* (sexual) intercourse with sb ◆ **avoir des ~s amoureuses avec qn** to have an affair *ou* a love affair with sb ◆ **avoir de bonnes ~s/des ~s amicales avec qn** to be on good/friendly terms with sb, to have a good/friendly relationship with sb ◆ **être et ~s d'affaires avec qn** to have business relations *ou* business dealings *ou* a business relationship with sb ◆ **être/rester en ~(s) avec qn** to be/keep in touch *ou* contact with sb ◆ **entrer** *ou* **se mettre en ~(s) avec qn** to get in touch *ou* make contact with sb ◆ **nous sommes en ~s suivies** we are in constant *ou* close contact

**relationnel, -elle** /ʀ(ə)lasjɔnɛl/ ADJ a *[problèmes]* relationship *(épith)* ◆ **réseau ~** network of contacts ◆ **sur le plan ~, il a toujours eu des problèmes** he's always had problems relating to other people ◆ **le ~ est de plus en plus important en entreprise** human relations are more and more important in the workplace b *[grammaire]* relational ◆ **base de données relationnelle** relational data base

**relativement** /ʀ(ə)lativmɑ̃/ ADV a *[facile, honnête, rare]* relatively, comparatively b ◆ **~ à** *(= par comparaison à)* in relation to, compared to; *(= concernant)* with regard to, concerning

**relativisation** /ʀəlativizasjɔ̃/ NF relativization

**relativiser** /ʀ(ə)lativize/ ▸ conjug 1 ◂ VT to relativize ◆ **il faut ~** you have to put things into perspective

**relativisme** /ʀ(ə)lativism/ NM relativism

**relativiste** /ʀ(ə)lativist/ ADJ relativistic NMF relativist

**relativité** /ʀ(ə)lativite/ NF relativity ◆ **découvrir la ~ des choses/des valeurs** to realize that things/values are relative ◆ **(théorie de la) ~ générale/restreinte** general/special (theory of) relativity

**relaver** /ʀ(ə)lave/ ▸ conjug 1 ◂ VT to wash again, to rewash

**relax** * /ʀəlaks/ ADJ ⇒ **relaxe²**

**relaxant, e** /ʀ(ə)laksɑ̃, ɑ̃t/ ADJ relaxing

**relaxation** /ʀ(ə)laksasjɔ̃/ NF relaxation ◆ **j'ai besoin de ~** I need to relax, I need a bit of relaxation ◆ **faire de la ~** to do relaxation exercises

**relaxe¹** /ʀəlaks/ NF *(= acquittement)* acquittal, discharge; *(= libération)* release

**relaxe²** * /ʀəlaks/ ADJ *[ambiance]* relaxed, informal, laid back *; *[tenue]* informal, casual; *[personne]* relaxed, easy-going, laid-back *; *[vacances]* relaxing ◆ **siège** *ou* **fauteuil ~** reclining chair, recliner

**relaxer¹** /ʀ(ə)lakse/ ▸ conjug 1 ◂ VT *(= acquitter)* to acquit, to discharge; *(= libérer)* to release

**relaxer²** /ʀ(ə)lakse/ ▸ conjug 1 ◂ VT *[+ muscles]* to relax VPR **se relaxer** to relax

**relayer** /ʀ(ə)leje/ ▸ conjug 8 ◂ VT a *[+ personne]* to relieve, to take over from; *[+ appareil]* to replace; *[+ initiative]* to take over ◆ **se faire ~** to get somebody to take over, to hand over to somebody else b *(Radio, TV)* to relay ◆ **~ l'information** to pass the message on, to relay the message VPR **se relayer** to take turns *(pour faire* to do, at doing), to take it in turns *(pour faire* to do); *(dans un relais)* to take over from one another

> ⚠ **relayer qn** *ne se traduit pas par* **to relay sb.**

**relayeur, -euse** /ʀ(ə)lɛjœʀ, øz/ NM,F relay runner

**relecture** /ʀ(ə)lɛktyʀ/ NF rereading ◆ **~ d'épreuves** proofreading ◆ **cet auteur nous propose une ~ de l'histoire contemporaine** this author offers us a rereading of contemporary history

**relégation** /ʀ(ə)legasjɔ̃/ NF a *[de personne, problème, objet]* relegation b *(Sport)* relegation *(en* to) c *(Jur = exil)* relegation, banishment

**reléguer** /ʀ(ə)lege/ ▸ conjug 6 ◂ VT a *(= confiner)* *[+ personne, problème]* to relegate *(à* to); *[+ objet]* to consign, to relegate *(à, dans* to); ◆ **~ qch/qn au second plan** to relegate sth/sb to a position of secondary importance b *(Sport)* to relegate *(en* to); ◆ **ils se trouvent relégués à la dixième place/en deuxième division** they have been relegated to tenth place/to the second division c *(Jur = exiler)* to relegate, to banish

**relent** /ʀəlɑ̃/ NM foul smell, stench *(NonC)* ◆ **un ~** *ou* **des ~s de poisson pourri** a stench *ou* foul smell of rotten fish, the reek of rotten fish ◆ **des ~s de vengeance** a whiff of revenge ◆ **ça a des ~s de racisme** it smacks of racism

**relevable** /ʀəl(ə)vabl, ʀ(ə)ləvabl/ ADJ *[siège]* tip-up *(épith)*, fold-away *(épith)*

**relevage** /ʀəl(ə)vaʒ/ NM ◆ **station de ~** sewage treatment plant, sewage pumping station

**relevé, e** /ʀəl(ə)ve/ (ptp de **relever**) ADJ a *[col]* turned-up; *[virage]* banked; *[manches]* rolled-up; *[tête] (lit)* held up; *(fig)* held high ◆ **chapeau à bords ~s** hat with a turned-up brim ◆ **porter les cheveux ~s** to wear one's hair up ◆ **pas ~** *(Équitation)* high-step

b *(= noble) [style, langue, sentiments]* elevated, lofty; *[conversation]* refined, sophisticated ◆ **cette expression n'est pas très ~e** it's not a very choice *ou* refined expression ◆ **plaisanterie peu ~e** rather crude joke

c *(Culin) [sauce, mets]* highly-seasoned, spicy, hot

NM a *[de dépenses]* summary, statement; *[de cote]* plotting; *[de citations, adresses]* list; *(= facture)* bill; *[de construction, plan]* layout ◆ **faire un ~ de** *[+ citations, erreurs]* to list, to note down; *[+ notes]* to take down; *[+ compteur]* to read ◆ **prochain ~ du compteur dans deux mois** next meter reading in two months ◆ **~ de gaz/de téléphone** gas/telephone bill ◆ **~ bancaire, ~ de compte** bank statement ◆ **~ de condamnations** police record ◆ **~ d'identité bancaire** particulars of one's bank account ◆ **~ d'identité postal** particulars of one's post-office bank account ◆ **~ de notes** marks sheet *(Brit)*, grade sheet *(US)*

b *(Danse)* relevé

**relève** /ʀ(ə)lɛv/ NF a *(= personne)* relief; *(= travailleurs)* relief (team); *(= troupe)* relief (troops); *(= sentinelles)* relief (guard) b *(= action)* relief ◆ **la ~ de la garde** the changing of the guard ◆ **assurer** *ou* **prendre la ~ de qn** *(lit)* to relieve sb, to take over from sb; *(fig)* to take over (from sb)

**relèvement** /ʀ(ə)lɛvmɑ̃/ NM a *(= redressement)* recovery ◆ **on assiste à un ~ spectaculaire du pays/de l'économie** the country/the economy is making a spectacular recovery b *(= rehaussement) [de niveau]* raising; *[de cours, salaires, impôts, taux]* raising ◆ **le ~ du plancher** raising the level of the floor ◆ **un ~ de 5%** a 5% rise ◆ **le ~ du salaire minimum** *(action)* the raising of the minimum wage; *(résultat)* the rise in the minimum wage c *(Naut)* **faire un ~ de sa position** to plot one's position

**relever** /ʀəl(ə)ve, ʀ(ə)ləve/ ▸ conjug 5 ◂ VT a *(= redresser) [+ statue, meuble]* to stand up (again); *[+ chaise]* to stand up (again), to pick up; *[+ véhicule, bateau]* to right; *[+ personne]* to help (back) up, to help (back) to his feet; *[+ blessé]* to pick up ◆ **~ une vieille dame tombée dans la rue** to help up an old lady who has fallen in the street ◆ **l'arbitre a fait ~ les joueurs** the referee made the players get up ◆ **~ la tête** *(lit)* to lift *ou* hold up one's head; *(fig) (= se rebeller)* to raise one's head, to show signs of rebelling; *(fig) (= être fier)* to hold one's head up *ou* high

b *(= remonter) [+ col]* to turn up; *[+ chaussettes]* to pull up; *[+ jupe]* to raise, to lift; *[+ manche, pantalon]* to roll up; *[+ voile]* to lift, to raise; *[+ cheveux]* to put up; *[+ vitre] (en poussant)* to push up; *(avec bouton ou manivelle)* to wind up; *[+ store]* to roll up, to raise; *[+ siège]* to tip up; *[+ manette]* to push up; *[+ couvercle]* to lift (up) ◆ **lorsqu'il releva les yeux** when he lifted (up) *ou* raised his eyes, when he looked up ◆ **elle avait les cheveux relevés** she had *ou* was wearing her hair up

c *(= mettre plus haut) [+ mur, étagère, plafond]* to raise, to heighten; *[+ niveau]* to raise, to bring up

d *(= remettre en état) [+ ruines]* to rebuild; *[+ économie]* to rebuild, to restore; *[+ pays, entreprise]* to put back on its feet

e *(= augmenter, faire monter) [+ salaire, impôts]* to raise, to increase, to put up; *[+ niveau de vie]* to raise; *[+ chiffre d'affaires]* to increase ◆ **j'ai dû ~ toutes les notes de deux points** I had to raise *ou* increase all the marks by two points ◆ **cela ne l'a pas relevé dans mon estime** that didn't raise him in my esteem, that didn't improve my opinion of him ◆ **il n'y en a pas un pour ~ l'autre** * *(péj)* they're both (just) as bad as one another ◆ **pour ~ le moral des troupes** to boost the morale of the troops

f *[+ sauce, plat]* to season ◆ **~ le goût d'un mets avec des épices** to bring out the flavour of a dish with spices ◆ **ce plat aurait pu être un peu plus relevé** this dish could have done with a bit more seasoning ◆ **mettre des touches de couleurs claires pour ~ un tableau un peu terne** *(fig)* to add dabs of light colour to brighten *ou* liven up a rather dull picture ◆ **bijoux qui relèvent la beauté d'une femme** jewellery that enhances a woman's beauty

g *(= relayer) [+ sentinelle]* to relieve, to take over from ◆ **à quelle heure viendra-t-on me ~ ?** when will I be relieved?, when is someone coming to take over from me? ◆ **~ la garde** to change the guard

h *(= remarquer) [+ faute, fait]* to pick out, to find; *[+ contradiction]* to find; *[+ traces, empreintes]* to find, to discover ◆ **les charges relevées contre l'accusé** *(Jur)* the charges laid *ou* brought against the accused

i *(= enregistrer) [+ adresse, renseignement]* to take down, to note (down); *[+ notes]* to take down; *[+ plan]* to copy out, to sketch; *(Naut) [+ point]* to plot; *[+ compteur, électricité, gaz]* to read ◆ **j'ai fait ~ le nom des témoins** I had the name of the witnesses noted (down) *ou* taken down ◆ **~ une cote** to plot an altitude ◆ **les températures relevées sous abri** temperatures recorded in the shade ◆ **~ des empreintes digitales** to take fingerprints ◆ **~ les compteurs** ** *[proxénète]* to collect the takings

j *(= réagir à) [+ injure, calomnie]* to react to, to reply to; *[+ défi]* to accept, to take up, to answer ◆ **je n'ai pas relevé cette insinuation** I ignored this insinuation, I did not react *ou* reply to this insinuation ◆ **il a dit un gros mot mais je n'ai pas relevé** he said a rude word but I didn't react *ou* I ignored it

k *(= ramasser) [+ copies, cahiers]* to collect (in), to take in ◆ **relevez 40 mailles autour de l'encolure** *(Tricot)* pick up 40 stitches around the neck; → **gant**

l ◆ **~ qn de qch** to release sb from sth ◆ **je te relève de ta promesse** I release you from your promise ◆ **~ un fonctionnaire de ses fonctions** to relieve an official of his duties

VT INDIR **relever de** a *(= se rétablir)* ~ **de maladie** to recover from *ou* get over an illness, to get back on one's feet (after an illness) ◆ **elle relève de couches** she's just had a baby

b *(= être du ressort de)* to be a matter for, to be the concern of; *(= être sous la tutelle de)* to come under ◆ **cela relève de la Sécurité sociale** that is a matter for the Social Security ◆ **cela relève de la théologie** that comes *ou* falls within the province of theology ◆ **son cas relève de la psychanalyse** he needs to see a psychoanalyst ◆ **ce service relève du ministère de l'Intérieur** this department comes under the authority of the Home Office ◆ **cette affaire ne relève pas de ma compétence** this matter does not come within my remit ◆ **ça relève de l'imagination la plus fantaisiste** that is a product of pure fancy; → **miracle**

VI *(= remonter) [vêtement]* to pull up, to go up ◆ **cette jupe relève par devant** this skirt rides up at the front

VPR **se relever** a *(= se remettre debout)* to stand *ou* get up (again), to get back (on)to one's feet (again) ◆ **le boxeur se releva** the boxer got up again *ou* got back to his feet *ou* picked himself up ◆ **il l'a aidée à se** ~ he helped her up

b *(= sortir du lit)* to get up; *(= ressortir du lit)* to get up again ◆ **se** ~ **la nuit** to get up in the night ◆ **il m'a fait (me)** ~ **pour que je lui apporte à boire** he made me get up to fetch him a drink

c *(= remonter) [strapontin]* to tip up; *[couvercle, tête de lit]* to lift up ◆ **ses lèvres se relevaient dans un sourire** his mouth curled into a smile ◆ **est-ce que cette fenêtre se relève ?** does this window go up? ◆ **à l'heure où tous les stores de magasins se relèvent** when the shopkeepers roll up their shutters

d *(= se remettre)* **se** ~ **de** *[+ deuil, chagrin, honte]* to recover from, to get over ◆ **se** ~ **de ses ruines/cendres** to rise from its ruins/ashes ◆ **il ne s'en est jamais relevé** he never got over it

**releveur, -euse** /ʀəl(ə)vœʀ, øz/ ADJ ◆ **muscle** ~ levator (muscle) NM *(Anat)* levator NM,F *[de compteur]* meter reader ◆ ~ **du gaz/de l'électricité** gasman/electricity man

**relief** /ʀəljɛf/ NM a *(Géog)* relief *(SPÉC)*, landscape ◆ **avoir un** ~ **accidenté** to be mountainous ◆ **région de peu de** ~ rather flat region ◆ **le** ~ **sous-marin** the relief of the sea bed ◆ **le** ~ **tourmenté de la Planète rouge** the rugged landscape *ou* surface of the red planet

b *(= saillies) [de visage]* contours; *[de médaille]* embossed *ou* raised design; *(Art)* relief ◆ **la pierre ne présentait aucun** ~ the stone was quite smooth ◆ **l'artiste a utilisé le** ~ **naturel de la paroi** the artist made use of the natural contours of the rock wall

c *(= profondeur, contraste) [de dessin]* depth; *[de style]* relief ◆ **portrait/photographie qui a beaucoup de** ~ portrait/photograph which has plenty of depth ◆ ~ **acoustique** *ou* **sonore** depth of sound ◆ **personnage qui manque de** ~ rather flat *ou* uninteresting character ◆ **votre dissertation manque de** ~ your essay is rather flat

d ◆ **en** ~ *[motif]* in relief, raised; *[caractères]* raised, embossed; *[carte de visite]* embossed; *[photographie, cinéma]* three-dimensional, 3-D, stereoscopic ◆ **l'impression est en** ~ the printing is embossed ◆ **carte en** ~ relief map ◆ **mettre en** ~ *[+ intelligence]* to bring out; *[+ beauté, qualités]* to set *ou* show off; *[+ idée]* to bring out ◆ **l'éclairage mettait en** ~ **les imperfections de son visage** the lighting showed up the imperfections of her face ◆ **je tiens à mettre ce point en** ~ I wish to underline *ou* stress *ou* emphasize this point ◆ **il essayait de se mettre en** ~ **en monopolisant la conversation** he was trying to get himself noticed by monopolizing the conversation

NMPL **reliefs** *(littér : d'un repas)* remains, leftovers ◆ **les ~s de sa gloire** *(littér)* the remnants of his glory

> ⚠ *Attention à ne pas traduire automatiquement* **relief** *au sens géographique par le mot anglais* **relief**, *qui est un terme technique.*

**relier** /ʀəlje/ ▸ conjug 7 ◂ VT a *[+ points, mots]* to join *ou* link up *ou* together; *(Élec)* to connect (up); *[+ villes]* to link (up); *[+ idées]* to link (up *ou* together); *[+ faits]* to connect (together), to link (up *ou* together) ◆ ~ **deux choses entre elles** to link *ou* join up two things, to link *ou* join two things together ◆ **des vols fréquents relient Paris à New York** frequent flights link *ou* connect Paris and *ou* with New York ◆ **nous sommes reliés au studio par voiture-radio** we have a radio-car link to the studio ◆ **ce verbe est relié à son complément par une préposition** this verb is linked to its complement by a preposition ◆ ~ **le passé au présent** to link the past to the present, to link the past and the present (together)

b *[+ livre]* to bind; *[+ tonneau]* to hoop ◆ **livre relié** bound volume, hardback (book) ◆ **livre relié (en) cuir** leather-bound book, book bound in leather

**relieur, -ieuse** /ʀəljœʀ, jøz/ NM,F (book)binder

**religieusement** /ʀ(ə)liʒjøzmɑ̃/ ADV *(Rel, fig)* religiously; *[écouter]* religiously, reverently; *[tenir sa parole]* scrupulously, religiously ◆ **conserver** *ou* **garder** ~ *[+ objet]* to keep lovingly; *[+ secret]* to keep scrupulously ◆ **se marier** ~ to have a church wedding, to get married in church ◆ **il a été élevé** ~ he had a religious upbringing

**religieux, -ieuse** /ʀ(ə)liʒjø, jøz/ ADJ a *(Rel) [édifice, secte, cérémonie, opinion]* religious; *[art]* sacred, religious; *[école, mariage, musique]* church *(épith)*; *[vie, ordres, personne]* religious ◆ **l'habit** ~ the monk's (*ou* nun's) habit b *(fig) [respect, soin]* religious; *[silence]* reverent; → **mante** NM *(gén)* person belonging to a religious order; *(= moine)* monk, friar NF **religieuse** a *(= nonne)* nun b *(Culin)* iced *ou* frosted *(US)* cream puff *(made with choux pastry)*

**religion** /ʀ(ə)liʒjɔ̃/ NF a *(= culte)* religion, (religious) faith ◆ **la** ~ *(= ensemble de croyances)* religion ◆ **la** ~ **chrétienne/musulmane** the Christian/Muslim religion *ou* faith ◆ **avoir de la** ~ to be religious ◆ **les gens sans** ~ people who have no religion *ou* without religion ◆ **c'est contraire à ma ~, ma** ~ **me l'interdit** *(hum)* it's against my religion *(hum)*

b *(= vie monastique)* monastic life ◆ **entrer en** ~ to take one's vows ◆ **Anne Dupuis, en** ~ **sœur Claire** Anne Dupuis, whose religious name is Sister Claire

c *(fig)* **se faire une** ~ **de qch** to make a religion of sth ◆ **il a la** ~ **de la nature** he's a nature lover ◆ **sur ce point, sa** ~ **était faite** *(= conviction)* he was absolutely convinced of this ◆ **je n'ai pas encore fait ma** ~ **là-dessus** I haven't made up my mind yet

**religiosité** /ʀ(ə)liʒjozite/ NF religiosity

**reliquaire** /ʀəlikɛʀ/ NM reliquary

**reliquat** /ʀəlika/ NM *[de dette]* remainder, outstanding amount *ou* balance; *[de compte]* balance; *[de somme]* remainder ◆ **il subsiste un** ~ **très important/un petit** ~ there's a very large/a small amount left (over) *ou* remaining ◆ **arrangez-vous pour qu'il n'y ait pas de** ~ work it so that there is nothing left over

**relique** /ʀəlik/ NF *(Rel, fig)* relic; *(Bio)* relict ◆ **garder** *ou* **conserver qch comme une** ~ to treasure sth

**relire** /ʀ(ə)liʀ/ ▸ conjug 43 ◂ VT *[+ roman]* to read again, to reread; *[+ manuscrit]* to read through again, to read over (again), to reread ◆ **je n'arrive pas à me** ~ I can't read what I've written

**reliure** /ʀəljyʀ/ NF *(= couverture)* binding; *(= art, action)* (book)binding ◆ ~ **pleine** full binding ◆ **donner un livre à la** ~ to send a book for binding *ou* to the binder('s)

**relocalisation** /ʀ(ə)lɔkalizasjɔ̃/ NF *[d'entreprise, production]* relocation, transfer

**relogement** /ʀ(ə)lɔʒmɑ̃/ NM rehousing

**reloger** /ʀ(ə)lɔʒe/ ▸ conjug 3 ◂ VT to rehouse

**relookage** /ʀ(ə)lukaʒ/ NM ◆ **le** ~ **du produit** the new look given to the product

**relooker** * /ʀ(ə)luke/ ▸ conjug 1 ◂ VT *[+ produit]* to give a new look to; *[+ personne] (physiquement)* to give a new look to; *(changer son image de marque)* to revamp the image of ◆ **relooké pour l'occasion, il ...** specially groomed for the occasion, he ...

> ⚠ *Le verbe* **to relook** *n'existe pas en anglais.*

**relou** ‡ /ʀəlu/ ADJ *(= bête)* stupid ◆ **qu'est-ce qu'il est ~ !** what a jerk! * ◆ **c'est un peu ~ ce film !** what a stupid film! ◆ **t'es ~ avec tes questions !** *(= énervant)* you're a real pain * with all your questions!

**relouer** /ʀəlwe/ ▸ conjug 1 ◂ VT *[locataire]* to rent again; *[propriétaire]* to rent out again, to relet *(Brit)* ◆ **cette année je reloue dans le Midi** I'm renting a place in the South of France again this year

**reluire** /ʀ(ə)lɥiʀ/ ▸ conjug 38 ◂ VI *[meuble, chaussures]* to shine, to gleam; *[métal, carrosserie] (au soleil)* to gleam, to shine; *(sous la pluie)* to glisten ◆ **faire** ~ **qch** to polish *ou* shine sth up, to make sth shine; → **brosse**

**reluisant, e** /ʀ(ə)lɥizɑ̃, ɑ̃t/ ADJ a *[meubles, parquet, cuivres]* shining, shiny, gleaming ◆ ~ **de graisse** shiny with grease ◆ ~ **de pluie** glistening in the rain ◆ ~ **de propreté** spotless b *(fig iro)* **peu** *ou* **pas très** ~ *[avenir, résultat, situation]* far from brilliant *(attrib)*; *[personne]* despicable

**reluquer** * /ʀ(ə)lyke/ ▸ conjug 1 ◂ VT *[+ personne]* to eye (up) *, to ogle ‡; *[+ passant]* to eye, to squint at *; *[+ objet, poste]* to have one's eye on

**rem** /ʀɛm/ NM rem

**remâcher** /ʀ(ə)mɑʃe/ ▸ conjug 1 ◂ VT *[ruminant]* to ruminate; *[personne] [+ passé, soucis, échec]* to ruminate over *ou* on, to chew over, to brood on *ou* over; *[+ colère]* to nurse

**remailler** /ʀ(ə)mɑje/ ▸ conjug 1 ◂ VT ⇒ **remmailler**

**remake** /ʀimɛk/ NM *(Ciné)* remake; *[de livre, spectacle]* new version

**rémanence** /ʀemanɑ̃s/ NF *(Phys)* remanence ◆ ~ **des images visuelles** persistence of vision

**rémanent, e** /ʀemanɑ̃, ɑ̃t/ ADJ *[magnétisme]* residual; *[pesticide]* persistent ◆ **image ~e** after-image

**remanger** /ʀ(ə)mɑ̃ʒe/ ▸ conjug 3 ◂ VT *(= manger de nouveau)* to have again; *(= reprendre)* to have *ou* eat some more ◆ **on a remangé du poulet aujourd'hui** we had chicken again today ◆ **j'en remangerais bien** I'd like to have that again, I could eat that again VI to eat again, to have something to eat again

**remaniement** /ʀ(ə)manimɑ̃/ NM a *[de roman, discours]* reworking; *[de programme]* modification, reorganization; *[de plan, constitution]* revision, amendment ♦ **apporter un ~ à qch** to revise *ou* reshape *ou* modify *etc* sth b *[d'équipe]* reorganization; *(Pol) [de cabinet, ministère]* reshuffle ♦ **~ ministériel** cabinet reshuffle

**remanier** /ʀ(ə)manje/ ▸ conjug 7 ◂ VT a *[+ roman, discours]* to rework; *[+ encyclopédie]* to revise; *[+ programme]* to modify, to reorganize; *[+ plan, constitution]* to revise, to amend b *[+ équipe]* to reorganize; *(Pol) [+ cabinet, ministère]* to reshuffle

**remaquiller** /ʀ(ə)makije/ ▸ conjug 1 ◂ VT ♦ **~ qn** to make sb up again VPR **se remaquiller** *(complètement)* to make o.s. up again, to redo one's face; *(rapidement)* to touch up one's make-up

**remarcher** /ʀ(ə)maʀʃe/ ▸ conjug 1 ◂ VI *[personne]* to walk again; *[appareil]* to work again

**remariage** /ʀ(ə)maʀjaʒ/ NM second marriage, remarriage

**remarier** /ʀ(ə)maʀje/ ▸ conjug 7 ◂ VT ♦ **il aimerait ~ son fils** he'd like to see his son remarried *ou* married again VPR **se remarier** to remarry, to marry again

**remarquable** /ʀ(ə)maʀkabl/ ADJ *[personne, exploit, réussite]* remarkable, outstanding; *[événement, fait]* noteworthy, remarkable ♦ **il est ~ par sa taille** he is notable for *ou* he stands out because of his height ♦ **elle est ~ par son intelligence** she is outstandingly intelligent

**remarquablement** /ʀ(ə)maʀkabləmɑ̃/ ADV *[beau, doué]* remarkably, outstandingly; *[réussir, jouer]* remarkably *ou* outstandingly well

**remarque** /ʀ(ə)maʀk/ NF *(= observation)* remark, comment; *(= critique)* critical remark; *(= annotation)* note ♦ **faire une ~ désobligeante/pertinente** to make an unpleasant/a pertinent comment ♦ **il m'en a fait la ~** he remarked *ou* commented on it to me ♦ **je m'en suis moi-même fait la ~** that occurred to me as well, I thought that myself ♦ **faire une ~ à qn** to criticize sb ♦ **il m'a fait des ~s sur ma tenue** he passed comment on the way I was dressed ♦ **elle a écrit des ~s sur mon devoir** she wrote some comments on my essay

**remarqué, e** /ʀ(ə)maʀke/ (ptp de **remarquer**) ADJ *[entrée, absence]* conspicuous ♦ **il a fait une intervention très ~e** his speech attracted a lot of attention

**remarquer** /ʀ(ə)maʀke/ GRAMMAIRE ACTIVE 53.5 ▸ conjug 1 ◂

VT a *(= apercevoir)* to notice ♦ **je l'ai remarqué dans la foule** I caught sight of *ou* noticed him in the crowd ♦ **avec ce chapeau, comment ne pas la ~ !** how can you fail to notice her when she's wearing that hat? ♦ **il entra sans qu'on le remarque** *ou* **sans se faire ~** he came in unnoticed *ou* without being noticed ♦ **il aime se faire ~** he likes to be noticed *ou* to draw attention to himself ♦ **je remarque que vous avez une cravate** I notice *ou* see that you are wearing a tie ♦ **je remarque que vous ne vous êtes pas excusé** I note that you did not apologize

b *(= faire une remarque)* to remark, to observe ♦ **tu es sot, remarqua son frère** you're stupid, his brother remarked *ou* observed ♦ **il remarqua qu'il faisait froid** he remarked *ou* commented that it was cold ♦ **remarquez (bien) que je n'en sais rien** I don't really know though, mind you I don't know *(Brit)* ♦ **ça m'est tout à fait égal, remarque !** I couldn't care less, by the way!, I couldn't care less, if you want the truth!

c ♦ **faire ~** *[+ détail, erreur]* to point out, to draw attention to ♦ **il me fit ~ qu'il faisait nuit/qu'il était tard** he reminded me that it was dark/late ♦ **je te ferai seulement ~ que tu n'as pas de preuves** I'd just like to point out that you have no proof

d *(= marquer de nouveau)* to re-mark, to mark again

VPR **se remarquer** *[défaut, gêne, jalousie]* to be obvious, to be noticeable ♦ **cette tache se remarque beaucoup/à peine** this stain is quite/hardly noticeable, this stain really/hardly shows ♦ **ça ne se remarquera pas** no one will notice it ♦ **ça finirait par se ~** people would start to notice *ou* start noticing

> ⚠ *Au sens de 'apercevoir',* **to remark** *est d'un registre plus soutenu que* **remarquer**.

**remballer** /ʀɑ̃bale/ ▸ conjug 1 ◂ VT a *(= ranger)* to pack (up) again; *(dans du papier)* to rewrap ♦ **remballe ta marchandise !**‡ you can clear off and take that stuff with you!‡ ♦ **tu peux ~ tes commentaires !*** you know what you can do with your remarks!* b *(‡ = rabrouer)* **on s'est fait ~** we were sent packing*, they told us to get lost*

**rembarquement** /ʀɑ̃baʀkəmɑ̃/ NM *[de passagers]* re-embarkation; *[de marchandises]* reloading

**rembarquer** /ʀɑ̃baʀke/ ▸ conjug 1 ◂ VT *[+ passagers]* to re-embark; *[+ marchandises]* to reload VI to re-embark, to go back on board (ship) ♦ **faire ~ les passagers** to re-embark the passengers VPR **se rembarquer** a *(sur un bateau)* to re-embark, to go back on board (ship) b *(= s'engager)* **elle s'est rembarquée dans une drôle d'affaire** she's got herself involved in something really weird again

**rembarrer*** /ʀɑ̃baʀe/ ▸ conjug 1 ◂ VT ♦ **~ qn** *(= recevoir avec froideur)* to brush sb aside, to rebuff sb; *(= remettre à sa place)* to put sb in their place, to take sb down a peg or two ♦ **on s'est fait ~** we were sent packing*, they told us to get lost*

**remblai** /ʀɑ̃blɛ/ NM *(Rail, pour route)* embankment; *(Constr)* cut ♦ **(terre de) ~** *(Rail)* ballast, remblai; *(pour route)* hard core; *(Constr)* backfill ♦ **travaux de ~** *(Rail, pour route)* embankment work; *(Constr)* cutting work ♦ **~s récents** *(Aut)* soft verges

**remblayage** /ʀɑ̃blɛjaʒ/ NM *[de route, voie ferrée]* banking up; *[de fossé]* filling in *ou* up

**remblayer** /ʀɑ̃bleje/ ▸ conjug 8 ◂ VT *[+ route, voie ferrée]* to bank up; *[+ fossé]* to fill in *ou* up

**rembobiner** /ʀɑ̃bɔbine/ ▸ conjug 1 ◂ VT *[+ film, bande magnétique]* to rewind, to wind back; *[+ fil]* to rewind, to wind up again

**remboîtage** /ʀɑ̃bwataʒ/, **remboîtement** /ʀɑ̃bwatmɑ̃/ NM a *[de tuyaux]* fitting together, reassembly; *(Méd) [d'os]* putting back (into place) b *(Tech) [de livre]* recasing

**remboîter** /ʀɑ̃bwate/ ▸ conjug 1 ◂ VT a *[+ tuyaux]* to fit together again, to reassemble; *(Méd) [+ os]* to put back (into place) b *(Tech) [+ livre]* to recase

**rembourrage** /ʀɑ̃buʀaʒ/ NM *[de fauteuil, matelas]* stuffing; *[de vêtement]* padding

**rembourrer** /ʀɑ̃buʀe/ ▸ conjug 1 ◂ VT *[+ fauteuil, matelas]* to stuff; *[+ vêtement]* to pad ♦ **veste rembourrée de plume d'oie** goosedown jacket ♦ **bien rembourré** *[+ coussin]* well-filled, well-padded; * *[+ personne]* well-padded ♦ **rembourré avec des noyaux de pêches*** *(hum)* rock hard

**remboursable** /ʀɑ̃buʀsabl/ ADJ *[billet, médicament]* refundable; *[emprunt]* repayable

**remboursement** /ʀɑ̃buʀsəmɑ̃/ NM *[de dette]* repayment, settlement; *[d'emprunt]* repayment; *[de somme]* reimbursement, repayment; *[de créancier]* repayment, reimbursement; *[de frais médicaux]* reimbursement ♦ **obtenir le ~ de son repas** to get one's money back for one's meal, to get a refund on one's meal ♦ **envoi contre ~** cash with order ♦ **(contribution au) ~ de la dette sociale** *tax introduced in 1996 in order to help pay off the deficit in the French social security budget*

**rembourser** /ʀɑ̃buʀse/ ▸ conjug 1 ◂ VT a *[+ dette]* to pay off, to repay, to settle; *[+ emprunt, créancier]* to pay back *ou* off, to repay; *[+ somme]* to repay, to pay back ♦ **~ qn de qch** to reimburse sth to sb, to reimburse sb for sth, to repay sb sth ♦ **je te rembourserai demain** I'll pay you back *ou* repay you tomorrow

b *[+ dépenses professionnelles]* to refund, to reimburse; *[+ article acheté]* to refund the price of; *[+ billet]* to reimburse ♦ **~ la différence** to refund the difference ♦ **je me suis fait ~ mon repas/voyage** I claimed for my meal/travel ♦ **est-ce remboursé par la Sécurité sociale ?** ≃ can you get it on the NHS *(Brit) ou* can you get it paid for by Medicaid *(US)*? ♦ **c'est remboursé à 75%** *[médicament, lunettes, etc]* you get 75% of the cost paid ♦ **"satisfait ou remboursé"** "satisfaction or your money back" ♦ **remboursez !** *(Théât)* we want our money back! *ou* a refund!

> ⚠ **rembourser** *se traduit par* **to reimburse** *uniquement quand il s'agit de frais ou de dommages-intérêts.*

**rembrunir (se)** /ʀɑ̃bʀyniʀ/ ▸ conjug 2 ◂ VPR *[visage, traits]* to darken, to cloud (over); *[personne]* to bristle, to stiffen; *[ciel]* to become overcast, to darken, to cloud over ♦ **le temps se rembrunit** it's clouding over, it's getting cloudy

**rembrunissement** /ʀɑ̃bʀynismɑ̃/ NM *(littér) [de visage, front]* darkening

**remède** /ʀ(ə)mɛd/ NM a *(Méd) (= traitement)* remedy, cure; *(= médicament)* medicine ♦ **prescrire/prendre un ~ pour un lumbago** to give/take something *ou* some medicine for lumbago ♦ **~ de bonne femme** folk cure *ou* remedy ♦ **~ souverain/de cheval*** sovereign/drastic remedy ♦ **~ universel** cure-all, universal cure *ou* remedy b *(fig)* remedy, cure ♦ **porter ~ à qch** to remedy sth ♦ **la situation est sans ~** there's nothing that can be done about the situation, the situation is hopeless ♦ **le ~ est pire que le mal** the cure is worse than the disease ♦ **il n'y a pas de ~ miracle** there is no miracle cure ♦ **c'est un ~ à** *ou* **contre l'amour !*** it's (*ou* he's *ou* she's *etc*) a real turn-off!*; → **mal²**

**remédiable** /ʀ(ə)medjabl/ ADJ *[mal]* that can be remedied *ou* cured, remediable

**remédier** /ʀ(ə)medje/ ▸ conjug 7 ◂ **remédier à** VT INDIR *(lit) [+ maladie]* to cure; *(fig) [+ mal, situation]* to remedy, to put right; *[+ abus]* to remedy, to right; *[+ perte]* to remedy, to make good; *[+ besoin]* to remedy; *[+ inconvénient]* to remedy, to find a remedy for; *[+ difficulté]* to find a solution for, to solve

**remembrement** /ʀ(ə)mɑ̃bʀəmɑ̃/ NM land consolidation

**remembrer** /ʀ(ə)mɑ̃bʀe/ ▸ conjug 1 ◂ VT *[+ terres, exploitation]* to consolidate

**remémoration** /ʀ(ə)memɔʀasjɔ̃/ NF recall, recollection

**remémorer (se)** /ʀ(ə)memɔʀe/ ▸ conjug 1 ◂ **VPR** to recall, to recollect

**remerciement** /ʀ(ə)mɛʀsimɑ̃/ GRAMMAIRE ACTIVE 49

**NM** *(= action)* thanks *(pl)*, thanking ◆ **~s** *(dans un livre, film)* acknowledgements ◆ **exprimer ses profonds/sincères ~s à qn** to express one's deep/sincere gratitude to sb ◆ **il lui bredouilla un ~** he mumbled his thanks to her ◆ **lettre de ~** thank-you letter, letter of thanks ◆ **elle adressa quelques mots de ~ à ses électeurs** she made a brief thank-you speech to the people who voted for her ◆ **il a reçu une récompense en ~ de ses services** he received an award in recognition of his services ◆ **en ~, il m'a envoyé des fleurs** he sent me some flowers by way of thanks *ou* to thank me

**NMPL** **remerciements** ◆ **avec tous mes ~s** with many thanks ◆ **adresser ses ~s à qn** to express one's thanks to sb

**remercier** /ʀ(ə)mɛʀsje/ GRAMMAIRE ACTIVE 47.1, 47.2, 49 ▸ conjug 7 ◂ **VT** **a** *(= dire merci)* to thank *(qn de ou pour qch* sb for sth; *qn d'avoir fait qch* sb for doing sth*)*; ◆ **~ le ciel** *ou* **Dieu** to thank God ◆ **~ qn par un cadeau/d'un pourboire** to thank sb with a present/with a tip, to give sb a present/a tip by way of thanks ◆ **je ne sais comment vous ~** I can't thank you enough, I don't know how to thank you ◆ **il me remercia d'un sourire** he thanked me with a smile, he smiled his thanks ◆ **je vous remercie** thank you ◆ **tu peux me ~ !** you've got me to thank for that! ◆ **je te remercie de tes conseils** *(iro)* thanks for the advice *(iro)*, I can do without your advice (thank you)

**b** *(= refuser poliment)* **vous voulez boire ? – je vous remercie** would you like a drink? – no thank you ◆ **sortir avec lui ? je te remercie !** *(iro)* go out with him? no thanks!

**c** *(euph = renvoyer) [+ employé]* to dismiss *(from his job)*

**réméré** /ʀemeʀe/ **NM** *(Fin)* ◆ **faculté de ~** option of repurchase, repurchase agreement ◆ **vente à ~** sale with option of purchase ◆ **clause de ~** repurchase clause

**remettant** /ʀ(ə)metɑ̃/ **NM** *(Fin)* remitter

**remettre** /ʀ(ə)mɛtʀ/ ▸ conjug 56 ◂ **VT** **a** *(= replacer) [+ objet]* to put back, to replace *(dans* in(to); *sur* on*)*; *[+ os luxé]* to put back in place ◆ **~ un enfant au lit** to put a child back (in)to bed ◆ **~ un enfant à l'école** to send a child back to school ◆ **~ qch à cuire** to put sth on to cook again ◆ **~ debout** *[+ enfant]* to stand back on his feet; *[+ objet]* to stand up again ◆ **~ qch droit** to put *ou* set sth straight again ◆ **~ un bouton à une veste** to sew *ou* put a button back on a jacket ◆ **il a remis l'étagère/la porte qu'il avait enlevée** he put the shelf back up/rehung the door that he had taken down ◆ **je ne veux plus ~ les pieds ici !** I never want to set foot in here again! ◆ **~ qn sur la bonne voie** *ou* **sur les rails** to put sb back on the right track ◆ **~ le couvert** * *(gén)* to go at it * again; *(sexuellement)* to be at it again *

**b** *(= porter de nouveau) [+ vêtement, chapeau]* to put back on, to put on again ◆ **j'ai remis mon manteau d'hiver** I'm wearing my winter coat again

**c** *(= replacer dans une situation)* **~ un appareil en marche** to restart a machine, to start a machine (up) again, to set a machine going again ◆ **~ un moteur en marche** to start up an engine again ◆ **~ une coutume en usage** to revive a custom ◆ **~ en question** *[+ institution, autorité]* to (call into) question, to challenge; *[+ projet, accord]* to cast doubt over ◆ **tout est remis en question** *ou* **en cause à cause du mauvais temps** everything's in the balance again because of the bad weather, the bad weather throws the whole thing back into question ◆ **~ une pendule à l'heure** to set *ou* put *(Brit)* a clock right ◆ **~ les pendules à l'heure** * *(fig)* to set the record straight ◆ **~ les idées en place à qn** * to teach sb a lesson * ◆ **~ qch à neuf** to make sth as good as new again ◆ **~ qch en état** to repair *ou* mend sth ◆ **le repos l'a remise (sur pied)** the rest has set her back on her feet ◆ **~ qn en confiance** to restore sb's confidence ◆ **~ de l'ordre dans qch** *(= ranger)* to tidy sth up; *(= classer)* to sort sth out; → **cause, jour, place** *etc*

**d** *(= donner) [+ lettre, paquet]* to hand over, to deliver; *[+ clés]* to hand in *ou* over, to give in, to return; *[+ récompense]* to present; *[+ devoir]* to hand in, to give in; *[+ rançon]* to hand over; *[+ démission]* to hand in, to give in, to tender *(à* to*)*; ◆ **il s'est fait ~ les clés par la concierge** he got the keys from the concierge ◆ **~ un enfant à ses parents** to return a child to his parents ◆ **~ un criminel à la justice** to hand a criminal over to the law ◆ **~ à qn un porte-monnaie volé** to hand *ou* give back *ou* return a stolen purse to sb

**e** *(= ajourner) [+ réunion]* to put off, to postpone *(à* until*)* to put back *(Brit) (à* to*)*; *(Jur)* to adjourn *(à* until*)*; *[+ décision]* to put off, to postpone, to defer *(à* until*)*; *[+ date]* to postpone, to put back *(Brit) (à* to*)*; ◆ **une visite qui ne peut se ~ (à plus tard)** a visit that can't be postponed *ou* put off ◆ **~ un rendez-vous à jeudi/au 8** to put off *ou* postpone an appointment till Thursday/the 8th ◆ **il ne faut jamais ~ à demain** *ou* **au lendemain ce qu'on peut faire le jour même** *(Prov)* never put off till tomorrow what you can do today *(Prov)*

**f** *(= se rappeler)* to remember ◆ **je vous remets très bien** I remember you very well ◆ **je ne le remets pas** I can't place him, I don't remember him ◆ **~ qch en esprit** *ou* **en mémoire à qn** *(= rappeler)* to remind sb of sth, to recall sth to sb ◆ **ce livre m'a remis ces événements en mémoire** this book reminded me of these events *ou* brought these events to mind

**g** *(= rajouter) [+ vinaigre, sel]* to add more, to put in (some) more; *[+ verre, coussin]* to add; *[+ maquillage]* to put on (some) more ◆ **j'ai froid, je vais ~ un tricot** I'm cold – I'll go and put another jersey on ◆ **~ de l'huile dans un moteur** to top up an engine with oil ◆ **en remettant un peu d'argent, vous pourriez avoir le grand modèle** if you paid a bit more you could have the large size ◆ **il faut ~ de l'argent sur le compte, nous sommes débiteurs** we'll have to put some money into the account as we're overdrawn ◆ **en ~** * to overdo it, to lay it on a bit thick *

**h** *(= rallumer, rétablir) [+ radio, chauffage]* to put *ou* turn *ou* switch on again ◆ **il y a eu une coupure mais le courant a été remis à midi** there was a power cut but the electricity came back on again *ou* was put back on again at midday ◆ **~ le contact** to turn the ignition on again

**i** *(= faire grâce de) [+ dette, peine]* to remit; *[+ péché]* to forgive, to pardon, to remit ◆ **~ une dette à qn** to remit sb's debt, to let sb off a debt ◆ **~ une peine à un condamné** to remit a prisoner's sentence

**j** *(= confier)* **~ son sort/sa vie entre les mains de qn** to put one's fate/one's life into sb's hands ◆ **~ son âme à Dieu** to commit one's soul to God *ou* into God's keeping

**k** ◆ **~ ça** * *(= recommencer)* **dire qu'il va falloir ~ ça !** to think that we'll have to go through all that again! ◆ **quand est-ce qu'on remet ça ?** when can we do it again? ◆ **on remet ça ?** *[+ partie de cartes]* shall we have another game?; *(au café)* shall we have another drink? *ou* round?; *[+ travail]* let's get back to it *, let's get down to it again, let's get going again * ◆ **garçon, remettez-nous ça !** (the) same again please! * ◆ **les voilà qui remettent ça !** *[+ bruit, commentaires]* here *ou* there they go again! *, they're at it again! * ◆ **tu ne vas pas ~ ça avec tes critiques** you're not criticizing again, are you? ◆ **le gouvernement va ~ ça avec les économies d'énergie** the government is going to start trying to save energy again

**VPR** **se remettre** **a** *(= recouvrer la santé)* to recover, to get better; *(psychologiquement)* to cheer up ◆ **se ~ d'une maladie/d'un accident** to recover from *ou* get over an illness/an accident ◆ **remettez-vous !** pull yourself together! ◆ **elle ne s'en remettra pas** she won't get over it

**b** *(= recommencer)* **se ~ à (faire) qch** to start (doing) sth again ◆ **se ~ à fumer** to take up *ou* start smoking again ◆ **il s'est remis au tennis/au latin** he has taken up tennis/Latin again ◆ **après son départ il se remit à travailler** *ou* **au travail** after she had gone he started working again *ou* went back *ou* got back to work ◆ **il se remet à faire froid** the weather *ou* it is getting *ou* turning cold again ◆ **le temps s'est remis au beau** the weather has turned fine again, the weather has picked up again ◆ **se ~ en selle** to remount, to get back on one's horse ◆ **se ~ debout** to get back to one's feet, to get (back) up again, to stand up again

**c** *(= se confier)* **se ~ entre les mains de qn** to put o.s. in sb's hands ◆ **je m'en remets à vous** I'll leave it (up) to you, I'll leave the matter in your hands ◆ **s'en ~ à la décision de qn** to leave it to sb to decide ◆ **s'en ~ à la discrétion de qn** to leave it to sb's discretion

**d** *(= se réconcilier)* **se ~ avec qn** to make it up with sb, to make *ou* patch up one's differences with sb ◆ **ils se sont remis ensemble** they're back together again

**remeubler** /ʀ(ə)mœble/ ▸ conjug 1 ◂ **VT** to refurnish **VPR** **se remeubler** to refurnish one's house, to get new furniture

**rémige** /ʀemiʒ/ **NF** remex

**remilitarisation** /ʀ(ə)militaʀizasjɔ̃/ **NF** remilitarization

**remilitariser** /ʀ(ə)militaʀize/ ▸ conjug 1 ◂ **VT** to remilitarize

**reminéralisant, e** /ʀ(ə)mineʀalizɑ̃, ɑ̃t/ **ADJ** *[produit, substance]* remineralizing

**reminéralisation** /ʀ(ə)mineʀalizasjɔ̃/ **NF** remineralization

**reminéraliser** /ʀ(ə)mineʀalize/ ▸ conjug 1 ◂ **VT** to remineralize

**réminiscence** /ʀeminisɑ̃s/ **NF** *(= faculté mentale) (Philos, Psych)* reminiscence; *(= souvenir)* reminiscence, vague recollection ◆ **sa conversation était truffée de ~s littéraires** literary influences were constantly in evidence in his conversation ◆ **mon latin est bien rouillé, mais j'ai encore quelques ~s** my Latin is very rusty but I can still remember some ◆ **on trouve des ~s de Rabelais dans l'œuvre de cet auteur** there are echoes of Rabelais in this author's work, parts of this author's work are reminiscent of Rabelais

**remisage** /ʀ(ə)mizaʒ/ **NM** *[d'outil, voiture]* putting away

**remise** /ʀ(ə)miz/ **NF** **a** *(= livraison) [de lettre, paquet]* delivery; *[de clés]* handing over; *[de récompense]* presentation; *[de devoir, rapport]* handing in; *[de rançon]* handing over, handover; *[d'armes]* surrender, handover ◆ **~ de parts** *(Jur)* transfer *ou* conveyance of legacy ◆ **la ~ des prix/médailles/diplômes** the prize-giving/medal/graduation ceremony; → **cause, touche**

b *(= réduction) [de peine]* remission, reduction (*de* of, in); ◆ **le condamné a bénéficié d'une importante ~ de peine** the prisoner was granted a large reduction in his sentence

c *(Comm = rabais)* discount, reduction ◆ **ils font une ~ de 5% sur les livres scolaires** they're giving *ou* allowing (a) 5% discount *ou* reduction on school books ◆ **~ de dette** *(Fin)* condonation, remission of a debt

d *(pour outils, véhicules = local)* shed

e *(= ajournement) [de réunion]* postponement, deferment, putting off *ou* back *(Brit)*; *[de décision]* putting off ◆ **~ à huitaine d'un débat** postponement of a debate for a week

**remiser** /ʀ(ə)mize/ ▸ conjug 1 ◂ VT *[+ voiture, outil, valise]* to put away VI *(Jeux)* to make another bet, to bet again VPR **se remiser** *[gibier]* to take cover

**remisier** /ʀ(ə)mizje/ NM *(Bourse)* intermediate broker

**rémissible** /ʀemisibl/ ADJ remissible

**rémission** /ʀemisjɔ̃/ NF a *[de péchés]* remission, forgiveness; *(Jur)* remission b *(Méd) [de maladie]* remission; *[de douleur, fièvre]* subsidence, abatement; *(fig littér: dans la tempête, le travail)* lull c ◆ **sans ~** *[travailler, torturer, poursuivre]* unremittingly, relentlessly; *[payer]* without fail; *[mal, maladie]* irremediable ◆ **si tu recommences, tu seras puni sans ~** if you do it again you'll be punished without fail

**remix** /ʀəmiks/ NM *(Mus)* remix

**remixage** /ʀ(ə)miksaʒ/ NM *[de chanson]* remix

**remixer** /ʀ(ə)mikse/ ▸ conjug 1 ◂ VT *[+ chanson]* to remix ◆ **version remixée** remix version

**remixeur** /ʀ(ə)miksœʀ/ NM *(= personne)* remixer

**remmailler** /ʀɑ̃maje/ ▸ conjug 1 ◂ VT *[+ tricot, bas]* to darn; *[+ filet]* to mend

**remmailleuse** /ʀɑ̃majøz/ NF darner

**remmailloter** /ʀɑ̃majɔte/ ▸ conjug 1 ◂ VT *[+ bébé]* to change

**remmancher** /ʀɑ̃mɑ̃ʃe/ ▸ conjug 1 ◂ VT *[+ couteau, balai] (= remettre le manche)* to put the handle back on; *(= remplacer le manche)* to put a new handle on

**remmener** /ʀɑ̃m(ə)ne/ ▸ conjug 5 ◂ VT to take back, to bring back ◆ **~ qn chez lui** to take sb back home ◆ **~ qn à pied** to walk sb back ◆ **~ qn en voiture** to give sb a lift back, to drive sb back

**remodelage** /ʀ(ə)mɔd(ə)laʒ/ NM a *[de visage, silhouette]* remodelling; *[de nez, joues]* reshaping; *[de ville]* remodelling, replanning b *[de profession, organisation]* reorganization, restructuring

**remodeler** /ʀ(ə)mɔd(ə)le/ ▸ conjug 5 ◂ VT a *[+ visage, silhouette]* to remodel; *[+ nez, joues]* to reshape; *[+ ville]* to remodel, to replan b *[+ profession, organisation]* to reorganize, to restructure

**remontage** /ʀ(ə)mɔ̃taʒ/ NM *[de montre]* rewinding, winding up; *[de machine, meuble]* reassembly, putting back together; *[de tuyau]* putting back

**remontant, e** /ʀ(ə)mɔ̃tɑ̃, ɑ̃t/ ADJ a *[boisson]* invigorating, fortifying b *[rosier]* reflowering, remontant *(SPÉC)*; *[fraisier, framboisier]* double-cropping, double-fruiting NM tonic, pick-me-up *

**remonte** /ʀ(ə)mɔ̃t/ NF a *[de bateau]* sailing upstream, ascent; *[de poissons]* run b *(Équitation) (= fourniture de chevaux)* remount; *(= service)* remount department

**remonté, e**[1] * /ʀ(ə)mɔ̃te/ (ptp de **remonter**) ADJ a *(= en colère)* furious (*contre qn* with sb) mad * (*contre qn* at sb); ◆ **être ~ contre qch** to be wound up * about sth ◆ **être ~ contre qn** to be livid * *ou* mad * *ou* furious with sb ◆ **il est ~ aujourd'hui** he's in a foul mood *ou* temper today b *(= dynamique)* **il est ~** he's full of energy ◆ **je suis ~ à bloc** *(gén)* I'm on top form; *(avant un examen, un entretien)* I'm all keyed up *ou* psyched up *

**remontée**[2] /ʀ(ə)mɔ̃te/ NF *[de côte]* ascent, climbing; *[de rivière]* ascent; *[d'eaux]* rising; *[de prix, taux d'intérêt]* rise ◆ **la ~ des mineurs par l'ascenseur** bringing miners up by lift ◆ **il ne faut pas que la ~ du plongeur soit trop rapide** the diver must not come back up too quickly ◆ **la ~ de l'or à la Bourse** the rise in the price *ou* value of gold on the stock exchange ◆ **faire une (belle) ~** to make a (good) recovery ◆ **faire une ~ spectaculaire (de la 30e à la 2e place)** to make a spectacular recovery (from 30th to 2nd place) ◆ **le président effectue une ~ spectaculaire dans les sondages** the president is rising swiftly in the opinion polls ◆ **~s mécaniques** *(Sport)* ski-lifts

**remonte-pente** (pl **remonte-pentes**) /ʀ(ə)mɔ̃tpɑ̃t/ NM ski tow

**remonter** /ʀ(ə)mɔ̃te/ GRAMMAIRE ACTIVE 44.2 ▸ conjug 1 ◂

VI *(surtout avec aux être)* a *(= monter à nouveau)* to go *ou* come back up ◆ **il remonta à pied** he walked back up ◆ **remonte me voir** come back up and see me ◆ **je remonte demain à Paris (en voiture)** I'm driving back up to Paris tomorrow ◆ **il remonta sur la table** he climbed back (up) onto the table ◆ **~ sur le trône** to come back *ou* return to the throne ◆ **~ sur les planches** *(Théât)* to go back on the stage

b *(dans un moyen de transport)* **~ en voiture** to get back into one's car, to get into one's car again ◆ **~ à cheval** *(= se remettre en selle)* to remount (one's horse), to get back on(to) one's horse; *(= se remettre à faire du cheval)* to take up riding again ◆ **~ à bord** *(Naut)* to go back on board (ship)

c *(= s'élever de nouveau) [marée]* to come in again; *[prix, température, baromètre]* to rise again, to go up again; *[colline, route]* to go up again, to rise again ◆ **la mer remonte** the tide is coming in again ◆ **la fièvre remonte** his temperature is rising *ou* going up again, the fever is getting worse again ◆ **les bénéfices ont remonté au dernier trimestre** profits were up again in the last quarter ◆ **les prix ont remonté en flèche** prices shot up *ou* rocketed again ◆ **ses actions remontent** *(fig)* things are looking up for him (again), his fortunes are picking up (again) ◆ **il remonte dans mon estime** my opinion of him is improving again ◆ **il est remonté de la 7e à la 3e place** he has come up from 7th to 3rd place

d *[vêtement]* to go up, to pull up ◆ **sa robe remonte sur le côté** her dress goes *ou* pulls up at the side *ou* is higher on one side ◆ **sa jupe remonte quand elle s'assied** her skirt rides up *ou* pulls up *ou* goes up when she sits down

e *(= réapparaître)* to come back ◆ **les souvenirs qui remontent à ma mémoire** memories which come back to me *ou* to my mind ◆ **~ à la surface** to come back up to the surface, to resurface ◆ **sous-marin qui remonte en surface** submarine which is coming back up to the surface *ou* which is resurfacing ◆ **une mauvaise odeur remontait de l'égout** a bad smell was coming *ou* wafting up out of the drain

f *(= retourner)* to return, to go back ◆ **~ à la source/cause** to go back *ou* return to the source/cause ◆ **~ de l'effet à la cause** to go back from the effect to the cause ◆ **~ au vent** *ou* **dans le vent** *(Naut)* to tack close to the wind ◆ **il faut ~ plus haut** *ou* **plus loin pour comprendre l'affaire** you must go *ou* look further back to understand this business ◆ **~ jusqu'au coupable** to trace the guilty person ◆ **aussi loin que remontent ses souvenirs** as far back as he can remember ◆ **~ dans le temps** to go back in time

g ◆ **~ à** *(= dater de)* **cette histoire remonte à une époque reculée/à plusieurs années** all this dates back *ou* goes back a very long time/several years ◆ **tout cela remonte au déluge !** *(hum) (= c'est très ancien)* all that's as old as the hills!; *(= c'est passé depuis longtemps)* all that was ages ago! ◆ **on ne va pas ~ au déluge !** we're not going back over ancient history again! ◆ **la famille remonte aux croisades** the family goes *ou* dates back to the time of the Crusades

VT *(avec aux avoir)* a *[+ étage, côte, marche]* to go *ou* climb back up; *[+ rue]* to go *ou* come back up ◆ **~ l'escalier en courant** to rush *ou* run back upstairs ◆ **~ la rue à pas lents** to walk slowly (back) up the street ◆ **~ le courant/une rivière** *(à la nage)* to swim (back) upstream/up a river; *(en barque)* to sail *ou* row (back) upstream/up a river ◆ **~ le courant** *ou* **la pente** *(fig)* to begin to get back on one's feet again ◆ **~ le cours du temps** to go back in time ◆ **machine à ~ le temps** time machine

b *(= rattraper) [+ adversaire]* to catch up with ◆ **~ le cortège** to move up towards *ou* work one's way towards the front of the pageant ◆ **se faire ~ par un adversaire** to let o.s. be caught up by an opponent ◆ **il a 15 points/places à ~ pour être 2e** he has 15 marks/places to catch up in order to be 2nd

c *(= relever) [+ mur]* to raise, to heighten; *[+ tableau, étagère]* to raise, to put higher up; *[+ vitre] (en poussant)* to push up; *(avec bouton ou manivelle)* to wind up; *[+ store]* to roll up, to raise; *[+ pantalon, manche]* to pull up; *(en roulant)* to roll up; *(d'une saccade)* to hitch up; *[+ chaussettes]* to pull up; *[+ col]* to turn up; *[+ jupe]* to pick up, to raise; *(fig) [+ mauvaise note]* to put up, to raise ◆ **~ les bretelles à qn** * *(fig)* to give sb a piece of one's mind * ◆ **il s'est fait ~ les bretelles par le patron** * the boss gave him a real tongue-lashing * *ou* dressing-down

d *(= remporter)* to take *ou* bring back up ◆ **~ une malle au grenier** to take *ou* carry a trunk back up to the attic

e *[+ montre, mécanisme]* to wind up

f *(= réinstaller) [+ machine, moteur, meuble]* to put together again, to put back together (again), to reassemble; *[+ robinet, tuyau]* to put back ◆ **ils ont remonté une usine à Lyon** they have set up *ou* built another factory in Lyon ◆ **il a eu du mal à ~ les roues de sa bicyclette** he had a job putting *ou* getting the wheels back on his bicycle

g *(= réassortir) [+ garde-robe]* to renew, to replenish; *[+ magasin]* to restock ◆ **mon père nous a remontés en vaisselle** my father has given us a whole new set of crockery ◆ **~ son ménage** *(en meubles)* to buy new furniture; *(en linge)* to buy new linen

h *(= remettre en état) [+ personne] (physiquement)* to set *ou* buck * up (again); *(moralement)* to cheer *ou* buck * up (again); *[+ entreprise]* to put *ou* set back on its feet; *[+ mur en ruines]* to rebuild ◆ **le nouveau directeur a bien remonté cette entreprise** the new manager has really got this firm back on its feet ◆ **ce contrat remonterait**

**bien mes affaires** this contract would really give business a boost for me; → **moral**

**i** *(Théât)* *[+ pièce]* to restage, to put on again

**VPR se remonter** **a** *(= refaire des provisions)* ◆ **se ~ en boîtes de conserves** to get in (further) stocks of canned food, to replenish one's stocks of canned food ◆ **se ~ en chaussures** to get some new shoes

**b** *(= récupérer) (physiquement)* to buck * *ou* set o.s. up (again) ◆ **se ~ (le moral)** *(moralement)* to raise (one's spirits), to cheer *ou* buck * o.s. up

**remontoir** /ʀ(ə)mɔ̃twaʀ/ **NM** *[de montre]* winder; *[de jouet, horloge]* winding mechanism

**remontrance** /ʀ(ə)mɔ̃tʀɑ̃s/ **NF** **a** *(= reproche)* remonstrance, reproof, reprimand, admonition *(frm)* ◆ **faire des ~s à qn (au sujet de qch)** to remonstrate with sb (about sth), to reprove *ou* reprimand *ou* admonish *(frm)* sb (for sth) **b** *(Hist)* remonstrance

**remontrer** /ʀ(ə)mɔ̃tʀe/ ► conjug 1 ◄ **VT** **a** *(= montrer de nouveau)* to show again ◆ **remontrez-moi la bleue** show me the blue one again, let me have another look at the blue one ◆ **ne te remontre plus ici** don't show your face *ou* yourself here again **b** *(= donner des leçons)* **en ~ à qn** to teach sb a thing or two ◆ **dans ce domaine, il pourrait t'en ~** he could teach you a thing or two about this ◆ **n'essaie pas de m'en ~** *(= montrer sa supériorité)* don't bother trying to teach me anything **c** *(†, littér)* **~ à qn que** to point out to sb that

**remords** /ʀ(ə)mɔʀ/ **NM** remorse *(NonC)* ◆ **j'éprouve quelques ~ à l'avoir laissé seul** I feel some remorse at having left him alone ◆ **j'ai eu un ~ de conscience, je suis allé vérifier** I had second thoughts *ou* I thought better of it and went to check ◆ **~ cuisants** agonies of remorse ◆ **avoir des ~** to feel remorse ◆ **être pris de ~** to be stricken *ou* smitten with remorse ◆ **n'avoir aucun ~** to have no (feeling of) remorse, to feel no remorse ◆ **je le tuerais sans (le moindre) ~** I'd kill him without (the slightest) compunction *ou* remorse ◆ **je te le donne – (c'est) sans ~ ?** here you are – are you sure?

**remorquage** /ʀ(ə)mɔʀkaʒ/ **NM** *[de voiture, caravane]* towing; *[de train]* pulling, hauling; *[de bateau]* towing, tugging

**remorque** /ʀ(ə)mɔʀk/ **NF** **a** *(= véhicule)* trailer; *(= câble)* towrope, towline; → **camion** **b** *(loc)* **prendre une voiture en ~** to tow a car ◆ **"en remorque"** "on tow" ◆ **quand ils vont se promener ils ont toujours la belle-sœur en ~** whenever they go for a walk they always have the sister-in-law in tow *ou* they always drag along their sister-in-law ◆ **être à la ~** *(péj)* to trail behind ◆ **être à la ~ de** *(péj)* to tag along behind ◆ **être à la ~ d'une grande puissance** *[pays]* to tag along *ou* to trail behind a great power

**remorquer** /ʀ(ə)mɔʀke/ ► conjug 1 ◄ **VT** **a** *[+ voiture, caravane]* to tow; *[+ train]* to pull, to haul; *[+ bateau]* to tow, to tug ◆ **je suis tombé en panne et j'ai dû me faire ~ jusqu'au village** I had a breakdown and had to get a tow *ou* get myself towed as far as the village **b** *[+ personne]* to drag along ◆ **~ toute la famille derrière soi** to have the whole family in tow, to drag the whole family along

**remorqueur** /ʀ(ə)mɔʀkœʀ/ **NM** *(= bateau)* tug(boat)

**remotivation** /ʀ(ə)mɔtivasjɔ̃/ **NF** remotivation

**remotiver** /ʀ(ə)mɔtive/ ► conjug 1 ◄ **VT** *[+ personne, personnel]* to remotivate

**remouiller** /ʀ(ə)muje/ ► conjug 1 ◄ **VT** **a** *(= mouiller de nouveau)* to wet again ◆ **~ du linge à repasser** to dampen washing ready for ironing ◆ **se faire ~ (par la pluie)** to get wet (in the rain) again ◆ **je viens de m'essuyer les mains, je ne veux pas me les ~** I've just dried my hands and I don't want to get them wet again **b** *(Naut)* **~ (l'ancre)** to drop anchor again

**rémoulade** /ʀemulad/ **NF** remoulade, rémoulade *(dressing containing mustard and herbs)*; → **céleri**

**remoulage** /ʀ(ə)mulaʒ/ **NM** **a** *(Art)* recasting **b** *(Tech) [de café]* regrinding; *[de farine] (= action)* remilling; *(= résultat)* middlings

**remouler** /ʀ(ə)mule/ ► conjug 1 ◄ **VT** *[+ statue]* to recast

**rémouleur** /ʀemulœʀ/ **NM** (knife- *ou* scissor-) grinder

**remous** /ʀəmu/ **NM** **a** *[de bateau]* (back-)wash *(NonC)*; *[d'eau]* swirl, eddy; *[d'air]* eddy ◆ **emporté par les ~ de la foule** swept along by the bustling *ou* milling crowd; → **bain** **b** *(= agitation)* stir *(NonC)* ◆ **~ d'idées** whirl *ou* swirl of ideas ◆ **l'affaire a provoqué de vifs ~ politiques** the affair caused a stir in political circles ◆ **cette décision n'a suscité aucun ~** this decision didn't raise any eyebrows

**rempaillage** /ʀɑ̃pɑjaʒ/ **NM** *[de chaise]* reseating, rebottoming *(with straw)*

**rempailler** /ʀɑ̃pɑje/ ► conjug 1 ◄ **VT** *[+ chaise]* to reseat, to rebottom *(with straw)*

**rempailleur, -euse** /ʀɑ̃pɑjœʀ, øz/ **NM,F** *[de chaise]* chair-bottomer

**rempaqueter** /ʀɑ̃pak(ə)te/ ► conjug 4 ◄ **VT** to wrap up again, to rewrap

**rempart** /ʀɑ̃paʀ/ **NM** **a** *(Mil)* rampart ◆ **~s** *[de ville]* city walls, ramparts; *[de château fort]* battlements, ramparts **b** *(fig)* bastion, rampart *(littér)* ◆ **le dernier ~ contre** the last bastion against ◆ **il lui fit un ~ de son corps** he shielded him with his body

**rempiler** /ʀɑ̃pile/ ► conjug 1 ◄ **VT** *[+ objets]* to pile *ou* stack up again **VI** *(arg Mil)* to join up again, to re-enlist

**remplaçable** /ʀɑ̃plasabl/ **ADJ** replaceable ◆ **difficilement ~** hard to replace

**remplaçant, e** /ʀɑ̃plasɑ̃, ɑ̃t/ **NM,F** *(gén)* replacement, substitute; *[de médecin]* replacement, locum *(Brit)*; *(Sport)* reserve; *(pendant un match)* substitute; *(Théât)* understudy; *(Scol)* supply *(Brit)* *ou* substitute *(US)* teacher ◆ **être le ~ de qn** to stand in for sb ◆ **trouver un ~ à un professeur malade** to get sb to stand in *ou* substitute for a sick teacher ◆ **il faut lui trouver un ~** we must find a replacement *ou* a substitute for him

**remplacement** /ʀɑ̃plasmɑ̃/ **NM** **a** *(= intérim) [d'acteur malade, médecin en vacances]* standing in *(de* for); *[de joueur, professeur malade]* standing in *(de* for) substitution *(de* for) deputizing *(de* for); ◆ **assurer le ~ d'un collègue pendant sa maladie** to stand in for a colleague during his illness ◆ **faire des ~s** *[secrétaire]* to temp *, to do temporary work; *[professeur]* to do supply teaching *(Brit)*, to work as a supply *(Brit)* *ou* substitute *(US)* teacher ◆ **j'ai fait trois ~s cette semaine** I've had three temporary replacement jobs this week

**b** *(= substitution)* replacement *(de* of) taking over *(de* from); *[d'employé, objet usagé]* replacement ◆ **effectuer le ~ d'une pièce défectueuse** to replace a faulty part ◆ **film présenté en ~ d'une émission annulée** film shown in place of a cancelled programme ◆ **je n'ai plus de stylos, en ~ je vous donne un crayon** I have no more pens so I'll give you a pencil instead ◆ **le ~ du nom par le pronom** the replacement of the noun by the pronoun ◆ **il va falloir trouver une solution de ~** we'll have to find an alternative (solution) ◆ **produit/matériel de ~** substitute (product/material)

**remplacer** /ʀɑ̃plase/ ► conjug 3 ◄ **VT** **a** *(= assurer l'intérim de) [+ acteur]* to stand in for; *[+ joueur, professeur]* to stand in for, to substitute for; *[+ médecin]* to stand in for, to do a locum for *(Brit)* ◆ **je me suis fait ~** I got someone to stand in for me *ou* to cover for me

**b** *(= succéder à)* to replace, to take over from, to take the place of ◆ **le train a remplacé la diligence** the train replaced *ou* took the place of the stagecoach ◆ **son fils l'a remplacé comme directeur** his son has taken over from him *ou* has replaced him as director ◆ **~ une sentinelle** to take over from *ou* relieve a sentry

**c** *(= tenir lieu de)* to take the place of, to replace ◆ **le miel peut ~ le sucre** honey can be used in place of *ou* used as a substitute for sugar ◆ **le pronom remplace le nom dans la phrase** the pronoun takes the place of *ou* replaces the noun in the sentence ◆ **on peut ~ le beurre par de l'huile d'olive** you can use olive oil instead of butter ◆ **rien ne remplace le vrai beurre** there's nothing like *ou* you can't beat real butter ◆ **une autre femme l'a vite remplacée (dans son cœur)** she was soon replaced (in his affections) by another woman

**d** *(= changer) [+ employé]* to replace; *[+ objet usagé]* to replace, to change ◆ **~ un vieux lit par un neuf** to replace an old bed with a new one, to change an old bed for a new one ◆ **les pièces défectueuses seront remplacées gratuitement** faulty parts will be replaced free of charge ◆ **~ un carreau cassé** to replace a broken windowpane ◆ **remplacez les pointillés par des pronoms** put pronouns in place of the dotted lines ◆ **un homme comme lui ne se remplace pas aisément** a man like that isn't easy to replace

**rempli[1], e** /ʀɑ̃pli/ (ptp de **remplir**) **ADJ** *[récipient, théâtre]* full *(de* of) filled *(de* with); *[joue, visage]* full, plump; *[journée, vie]* full, busy ◆ **il avait les yeux ~s de larmes** his eyes were brimming with *ou* full of tears ◆ **avoir l'estomac bien ~** to have a full stomach, to have eaten one's fill ◆ **texte ~ de fautes** text riddled *ou* packed with mistakes ◆ **sa tête était ~e de souvenirs** his mind was filled with *ou* full of memories ◆ **notre carnet de commandes est bien ~** our order book is full ◆ **il est ~ de son importance/de lui-même** he's full of his own importance/of himself

**rempli[2]** /ʀɑ̃pli/ **NM** *(Couture)* tuck

**remplir** /ʀɑ̃pliʀ/ ► conjug 2 ◄ **VT** **a** *(= emplir) (gén)* to fill *(de* with); *[+ récipient]* to fill (up); *(à nouveau)* to refill; *[+ questionnaire]* to fill in *ou* out ◆ **~ qch à moitié** to half fill sth, to fill sth half full ◆ **il en a rempli 15 pages** he filled 15 pages with it, he wrote 15 pages on it ◆ **ce chanteur ne remplira pas la salle** this singer won't fill the hall *ou* won't get a full house ◆ **ces tâches routinières ont rempli sa vie** these routine tasks have filled his life, his life has been filled with these routine tasks ◆ **ça remplit la première page des journaux** it fills *ou* covers the front page of the newspapers ◆ **ce résultat me remplit d'admiration** this result fills me with admiration, I am filled with admiration at this result ◆ **~ son temps** to fill one's time ◆ **il remplit bien ses journées** he gets a lot done in (the course of) a day, he packs a lot into his days

**b** *(= s'acquitter de) [+ contrat, mission, obligation]* to fulfil, to carry out; *[+ devoir]* to carry out, to do; *[+ rôle]* to fill, to play; *[+ besoin]* to fulfil, to answer, to meet ◆ **~ ses engagements** to meet one's commitments ◆ **~ ses fonctions** to do *ou* carry out one's job, to carry out *ou* perform one's functions ◆ **objet qui remplit une fonction précise** object that fulfils a precise purpose ◆ **vous ne remplissez pas les conditions** you do not fulfil *ou* satisfy *ou* meet the conditions

VPR **se remplir** *[récipient, salle]* to fill (up) (*de* with); ◆ **se ~ les poches** * to line one's pockets ◆ **on s'est bien rempli la panse** * we stuffed ourselves *, we pigged out *

**remplissage** /ʀɑ̃plisaʒ/ NM *[de tonneau, bassin]* filling (up); *(péj : dans un livre)* padding ◆ **faire du ~** to pad out one's work (*ou* speech *etc*) ◆ **taux de ~ des avions/hôtels** air passenger/hotel occupancy rate

**remploi** /ʀɑ̃plwa/ NM ⇒ **réemploi**

**remployer** /ʀɑ̃plwaje/ ▸ conjug 8 ◂ VT ⇒ **réemployer**

**remplumer (se)** * /ʀɑ̃plyme/ ▸ conjug 1 ◂ VPR *(physiquement)* to fill out again, to get a bit of flesh on one's bones again; *(financièrement)* to get back on one's feet, to have some money in one's pocket again

**rempocher** /ʀɑ̃pɔʃe/ ▸ conjug 1 ◂ VT to put back in one's pocket ◆ **le ministre a dû ~ son projet de réforme** the minister had to shelve his reform plan

**rempoissonnement** /ʀɑ̃pwasɔnmɑ̃/ NM restocking (with fish)

**rempoissonner** /ʀɑ̃pwasɔne/ ▸ conjug 1 ◂ VT to restock (with fish)

**remporter** /ʀɑ̃pɔʀte/ ▸ conjug 1 ◂ VT **a** *(= reprendre)* to take away (again), to take back **b** *[+ championnat, élections, contrat]* to win; *[+ prix]* to win, to carry off ◆ **~ la victoire** to win ◆ **~ un (vif) succès** to achieve (a great) success

**rempotage** /ʀɑ̃pɔtaʒ/ NM repotting

**rempoter** /ʀɑ̃pɔte/ ▸ conjug 1 ◂ VT to repot

**remuant, e** /ʀəmɥɑ̃, ɑ̃t/ ADJ *[enfant] (= agité)* fidgety; *(= turbulent)* boisterous; *[public]* rowdy; *[opposition]* active

**remue-ménage** /ʀ(ə)mymenaʒ/ NM INV *(= bruit)* commotion *(NonC)*; *(= activité)* hurly-burly *(NonC)*, hustle and bustle *(NonC)* ◆ **il y a du ~ chez les voisins** the neighbours are making a great commotion ◆ **faire du ~** to make a commotion ◆ **le ~ électoral** the electoral hurly-burly

**remue-méninges** /ʀ(ə)mymenɛ̃ʒ/ NM INV brainstorming

**remuement** /ʀ(ə)mymɑ̃/ NM *(littér)* moving, movement

**remuer** /ʀəmɥe/ ▸ conjug 1 ◂ VT **a** *(= bouger)* *[+ tête, bras, lèvres]* to move; *[+ oreille]* to twitch ◆ **~ la queue** *[vache, écureuil]* to flick its tail; *[chien]* to wag its tail ◆ **~ les bras** *ou* **les mains en parlant** to wave one's arms about *ou* gesticulate as one speaks ◆ **~ les épaules/les hanches en marchant** to swing *ou* sway one's shoulders/one's hips as one walks; → **doigt**

**b** *[+ objet] (= déplacer)* to move, to shift; *(= secouer)* to shake ◆ **il essaya de ~ la pierre** he tried to move *ou* shift the stone ◆ **sa valise est si lourde que je ne peux même pas la ~** his suitcase is so heavy that I can't even shift *ou* move *ou* budge it ◆ **arrête de ~ ta chaise** stop moving your chair about ◆ **ne remue pas** *ou* **ne fais pas ~ la table, je suis en train d'écrire** don't shake *ou* move *ou* wobble the table – I'm trying to write

**c** *(= brasser) [+ café]* to stir; *[+ sable]* to stir up; *[+ salade]* to toss; *[+ terre]* to dig *ou* turn over ◆ **il a remué la sauce/les braises** he gave the sauce a stir/the fire a poke, he stirred the sauce/poked the fire ◆ **il a tout remué dans le tiroir** he turned the whole drawer *ou* everything in the drawer upside down ◆ **la brise remuait les feuilles** the breeze stirred the leaves ◆ **une odeur de terre remuée** a smell of fresh earth *ou* of freshly turned *ou* dug earth ◆ **~ de l'argent (à la pelle)** to deal with *ou* handle vast amounts of money ◆ **~ ciel et terre pour** *(fig)* to move heaven and earth (in order) to ◆ **~ des souvenirs** *[personne nostalgique]* to turn *ou* go over old memories in one's mind; *[évocation]* to stir up *ou* arouse old memories

**d** *[+ personne] (= émouvoir)* to move; *(= bouleverser)* to upset ◆ **ça vous remue les tripes** * it really tugs at your heartstrings ◆ **elle était toute remuée par cette nouvelle** she was very upset when she heard the news

VI **a** *(= bouger) [personne]* to move; *[dent, tuile]* to be loose ◆ **cesse de ~ !** keep still!, stop fidgeting! ◆ **le vent faisait ~ les branchages** the wind was stirring the branches, the branches were stirring *ou* swaying in the wind ◆ **ça a remué pendant la traversée** * the crossing was pretty rough * ◆ **il a remué toute la nuit** he tossed and turned all night ◆ **j'ai entendu ~ dans la cuisine** I heard someone moving about in the kitchen; → **nez**

**b** *(fig = se rebeller)* to show signs of unrest

VPR **se remuer** **a** *(= bouger)* to move; *(= se déplacer)* to move about

**b** * *(= se mettre en route)* to get going; *(= s'activer)* to get a move on *, to shift *ou* stir o.s. * ◆ **remue-toi un peu !** get a move on! * ◆ **il s'est beaucoup remué pour leur trouver une maison** he's gone to a lot of trouble to find them a house ◆ **il ne s'est pas beaucoup remué** he didn't exactly strain himself *ou* put himself out

**remugle** /ʀəmygl/ NM *(littér)* mustiness, fustiness

**rémunérateur, -trice** /ʀemyneʀatœʀ, tʀis/ ADJ *[emploi]* remunerative, lucrative

**rémunération** /ʀemyneʀasjɔ̃/ NF *[de personne]* payment, remuneration (*de* of); *[d'investissement, capital]* return (*de* on) ◆ **la ~ moyenne des cadres** average executive pay ◆ **en ~ de vos services** in payment for your services ◆ **mode de ~** *[de salarié]* method of payment; *[d'investissement]* type of return ◆ **emploi à faible/forte ~** low-paid/highly-paid job ◆ **toucher une ~ de 1 500 €** to be paid €1,500 ◆ **placement à faible/forte ~** low-return *ou* low-yield/high-return *ou* high-yield investment

**rémunérer** /ʀemyneʀe/ ▸ conjug 6 ◂ VT *[+ personne]* to pay, to remunerate ◆ **~ le travail de qn** to pay sb for their work ◆ **travail bien/mal rémunéré** well-paid/badly-paid job ◆ **avoir une activité rémunérée** to be in salaried employment ◆ **emploi rémunéré à 1 500 €** job that pays €1,500 ◆ **placement rémunéré à 4,5%** investment yielding 4.5%; → **compte**

> ⚠ **rémunérer** *se traduit rarement par* **to remunerate**, *qui est d'un registre plus soutenu.*

**renâcler** /ʀ(ə)nɑkle/ ▸ conjug 1 ◂ VI *[animal]* to snort; *(fig) [personne]* to grumble, to complain, to show (one's) reluctance ◆ **~ à la besogne** *ou* **à la tâche** to grumble, to complain *(about having to do a job)* ◆ **~ à faire qch** to do sth reluctantly *ou* grudgingly ◆ **sans ~** uncomplainingly, without grumbling ◆ **faire qch en renâclant** to do sth grudgingly *ou* reluctantly *ou* with (a) bad grace

**renaissance** /ʀ(ə)nɛsɑ̃s/ NF *(Rel, fig)* rebirth ◆ **la Renaissance** *(Hist)* the Renaissance

ADJ INV *[mobilier, style]* Renaissance

**renaissant, e** /ʀ(ə)nɛsɑ̃, ɑ̃t/ ADJ **a** *[forces]* returning; *[économie]* reviving, recovering; *[espoir, intérêt]* renewed ◆ **toujours** *ou* **sans cesse ~** *[difficultés]* constantly recurring, that keep cropping up; *[obstacles]* that keep cropping up; *[doutes, hésitations, intérêt]* constantly renewed **b** *(Hist)* Renaissance *(épith)*

**renaître** /ʀ(ə)nɛtʀ/ ▸ conjug 59 ◂ VI **a** *[joie]* to spring up again, to be revived (*dans* in); *[espoir, doute]* to be revived (*dans* in) to be reborn *(littér)*; *[conflit]* to spring up again, to break out again; *[difficulté]* to recur, to crop up again; *[économie]* to revive, to recover; *[sourire]* to return (*sur* to) to reappear (*sur* on); *[plante]* to come *ou* spring up again; *[jour]* to dawn, to break ◆ **le printemps renaît** spring is reawakening ◆ **la nature renaît au printemps** nature comes back to life in spring ◆ **faire ~** *[+ sentiment, passé]* to bring back, to revive; *[+ problème, sourire]* to bring back; *[+ espoir, conflit]* to revive

**b** *(= revivre) (gén)* to come to life again; *(Rel)* to be born again (*en* in); ◆ **~ de ses cendres** *(Myth, fig)* to rise from one's ashes ◆ **je me sens ~** I feel as if I've been given a new lease of life

**c** *(littér)* **~ au bonheur** to find happiness again ◆ **~ à l'espérance** to find fresh hope ◆ **~ à la vie** to take on a new lease of life

**rénal, e** (mpl **-aux**) /ʀenal, o/ ADJ renal *(SPÉC)*, kidney *(épith)*

**renard** /ʀ(ə)naʀ/ NM *(= animal)* fox; *(= fourrure)* fox(-fur) ◆ **~ argenté/bleu** silver/blue fox ◆ **~ des sables** fennec ◆ **c'est un vieux ~** *(fig)* he's a sly old fox *ou* dog

**renarde** /ʀ(ə)naʀd/ NF vixen

**renardeau** (pl **renardeaux**) /ʀ(ə)naʀdo/ NM fox cub

**renardière** /ʀ(ə)naʀdjɛʀ/ NF *(= terrier)* fox's den; *(Can)* fox farm

**renationalisation** /ʀ(ə)nasjɔnalizasjɔ̃/ NF *[d'entreprise]* renationalization

**renationaliser** /ʀ(ə)nasjɔnalize/ ▸ conjug 1 ◂ VT *[+ entreprise]* to renationalize

**renauder** * † /ʀənode/ ▸ conjug 1 ◂ VI to grouse *, to grouch *

**rencaisser** /ʀɑ̃kese/ ▸ conjug 1 ◂ VT **a** *[+ argent]* to put back in the till **b** *(Hort)* to rebox

**rencard** ‡ /ʀɑ̃kaʀ/ NM ⇒ **rancard**

**rencarder** ‡ /ʀɑ̃kaʀde/ ▸ conjug 1 ◂ VT ⇒ **rancarder**

**renchérir** /ʀɑ̃ʃeʀiʀ/ ▸ conjug 2 ◂ VI **a** *(en paroles, en actes)* to go further, to go one better *(péj)* ◆ **~ sur ce que qn dit** to add something to what sb says, to go further *ou* one better *(péj)* than sb ◆ **~ sur ce que qn fait** to go further than sb ◆ **"et je n'en ai nul besoin" renchérit-il** "and I don't need it in the least", he added ◆ **il faut toujours qu'il renchérisse (sur ce qu'on dit)** he always has to go one better **b** *[prix]* to get dearer *ou* more expensive ◆ **la vie renchérit** the cost of living is going up *ou* rising **c** *(dans une vente : sur l'offre de qn)* to make a higher bid, to bid higher (*sur* than); *(sur son offre)* to raise one's bid VT *[+ coût]* to put up, to increase; *[+ produit]* to make more expensive, to put up the price of

**renchérissement** /ʀɑ̃ʃeʀismɑ̃/ NM *[de marchandises]* rise *ou* increase in (the) price (*de* of); *[de loyers]* rise, increase (*de* in); ◆ **le ~ de la vie** the rise *ou* increase in the cost of living

**rencogner (se)** * /ʀɑ̃kɔɲe/ ▸ conjug 1 ◂ VPR to huddle up, to curl up (in a corner)

**rencontre** /ʀɑ̃kɔ̃tʀ/ NF **a** *(imprévue)* encounter, meeting ◆ **le hasard d'une ~ a changé ma vie** a chance encounter *ou* meeting changed my life ◆ ~ **du premier/deuxième/troisième type** close encounter of the first/second/third kind

♦ **faire + rencontre(s)** ◆ **faire la ~ de qn** to meet sb; *(imprévue)* to meet sb, to run into sb ◆ **faire une mauvaise ~** to have an unpleasant encounter ◆ **faire une ~ inattendue** to have an unexpected encounter ◆ **j'ai peur qu'il ne fasse de mauvaises ~s** I'm afraid that he might get involved with the wrong sort of people ◆ **j'ai fait des ~s intéressantes** I met some interesting people

♦ **à la rencontre de** ◆ **aller à la ~ de qn** to go and meet sb, to go to meet sb ◆ **(partir) à la ~ des Incas** (to go) in search of the Incas

♦ **de rencontre** ◆ **lieu/point de ~** meeting place/point ◆ **amours/amis de ~** casual love affairs/friends ◆ **compagnons de ~** chance companions; → **club**

**b** *(organisée) (Pol)* meeting ◆ ~ **au sommet** summit meeting ◆ **le festival propose des ateliers et des ~s avec les artistes** the festival offers workshops and interviews with the artists ◆ **~s musicales/théâtrales** *(= événement culturel)* music/theatre festival

**c** *(= compétition)* match; *(Athlétisme)* meeting; *(Ftbl etc)* game ◆ **la ~ (des deux équipes) aura lieu le 15** the game will be on the 15th ◆ ~ **de boxe** boxing match

**d** *(Mil)* skirmish, encounter, engagement; *(= duel)* encounter, meeting

**e** *[d'éléments]* conjunction; *[de rivières]* confluence; *[de routes]* junction; *[de voitures]* collision; *[de voyelles]* juxtaposition ◆ **la ~ des deux routes/rivières se fait ici** the roads/rivers merge here

**rencontrer** /ʀɑ̃kɔ̃tʀe/ ▸ conjug 1 ◂ **VT** **a** *(gén)* to meet; *(par hasard)* to meet, to run *ou* bump into * ◆ **j'ai rencontré Paul en ville** I met *ou* ran into * *ou* bumped into * Paul in town ◆ **le Premier ministre a rencontré son homologue allemand** the Prime Minister has had a meeting with *ou* has met his German counterpart ◆ **mon regard rencontra le sien** our eyes met, my eyes met his

**b** *(= trouver) [+ expression]* to find, to come across; *[+ occasion]* to meet with ◆ **des gens/sites comme on n'en rencontre plus** the sort of people/places you don't find any more ◆ **arrête-toi au premier garage que nous rencontrerons** stop at the first garage you come across *ou* find ◆ **avec lui, j'ai rencontré le bonheur** I have found happiness with him

**c** *(= heurter)* to strike; *(= toucher)* to meet (with) ◆ **la lame rencontra un os** the blade struck a bone ◆ **sa main ne rencontra que le vide** his hand met with nothing but empty space

**d** *[+ obstacle, difficulté, opposition]* to meet with, to encounter, to come up against; *[+ résistance]* to meet with, to come up against

**e** *(Sport) [+ équipe]* to meet, to play (against); *[+ boxeur]* to meet, to fight (against)

**VPR** **se rencontrer** **a** *[personnes, regards]* to meet; *[rivières, routes]* to meet, to join; *[équipes]* to meet, to play (each other); *[boxeurs]* to meet, to fight (each other); *[véhicules]* to collide (with each other) ◆ **faire se ~ deux personnes** to arrange for two people to meet, to arrange a meeting between two people ◆ **je me suis déjà rencontré avec lui** *(frm)* I have already met him ◆ **nous nous sommes déjà rencontrés** we have already met

**b** *(= avoir les mêmes idées)* **se ~ (avec qn)** to be of the same opinion *ou* mind (as sb); → **esprit**

**c** *(= exister) [coïncidence, curiosité]* to be found ◆ **cela ne se rencontre plus de nos jours** that isn't found *ou* one doesn't come across that any more nowadays ◆ **il se rencontre des gens qui ...** you do find people who ..., there are people who ...

**rendement** /ʀɑ̃dmɑ̃/ **NM** *[de champ]* yield; *[de machine]* output; *[d'entreprise] (= productivité)* productivity; *(= production)* output; *[de personne]* output; *(Phys)* efficiency; *(Fin) [d'investissement]* return (*de* on) yield (*de* of); ◆ **taux de ~** *[d'investissement]* (rate of) return, yield ◆ **l'entreprise marche à plein ~** the business is working at full capacity ◆ **placement d'un ~ médiocre** low-yielding investment ◆ **il travaille beaucoup, mais il n'a pas de ~** * he works hard but he isn't very productive

**rendez-vous** /ʀɑ̃devu/ **NM INV** **a** *(gén)* appointment; *(d'amoureux)* date ◆ **donner** *ou* **fixer un ~ à qn, prendre ~ avec qn** *(pour affaires, consultation)* to make an appointment with sb; *(entre amis)* to arrange to see *ou* meet sb ◆ **j'ai (un) ~ à 10 heures** I have an appointment *ou* I have to meet someone at 10 o'clock ◆ **nous nous étions donné ~ à l'aéroport** we had arranged to meet at the airport ◆ **ma parole, vous vous êtes donné ~ !** my goodness, you must have planned this! ◆ **le soleil était au ~ pour le mariage** it was a sunny day for the wedding ◆ **la croissance espérée n'est pas au ~** the expected growth has not materialized ◆ **avoir ~ avec la mort** *(littér)* to have an appointment with death ◆ ~ **d'affaires** business appointment ◆ ~ **spatial** docking (in space) ◆ **prendre (un) ~ chez le dentiste/coiffeur** to make a dental/hair appointment ◆ **j'ai ~ chez le médecin** I've got a doctor's appointment *ou* an appointment at the doctor's ◆ **le médecin ne reçoit que sur ~** the doctor only sees patients by appointment ◆ **ce match sera le grand ~ sportif de l'année** this match will be the big sporting event of the year ◆ **le festival est le ~ annuel des cinéphiles** the festival brings cinema lovers together once a year ◆ ~ **manqué** *(fig)* missed *ou* wasted opportunity; → **galant**

**b** *(= lieu)* meeting place ◆ ~ **de chasse** meet; → **maison**

**c** *( * = personne)* **votre ~ est arrivé** the person you're waiting for has arrived

**COMP** ▷ **rendez-vous citoyen** *training course replacing military service in France*

**rendormir** /ʀɑ̃dɔʀmiʀ/ ▸ conjug 16 ◂ **VT** to put to sleep again, to put back to sleep **VPR** **se rendormir** to go back to sleep, to fall asleep again

**rendosser** /ʀɑ̃dose/ ▸ conjug 1 ◂ **VT** to put on again

**rendre** /ʀɑ̃dʀ/ ▸ conjug 41 ◂ **VT** **a** *(= restituer) (gén)* to give back, to return, to take *ou* bring back; *[+ marchandises défectueuses, bouteille vide]* to return, to take back; *[+ argent]* to pay *ou* give back, to return; *[+ objet volé]* to give back, to return; *[+ otage]* to return; *[+ cadeau, bague]* to return, to give back; *(Scol) [+ copie]* to hand in ◆ **quand pourriez-vous me ~ votre réponse ?** when will you be able to give me *ou* let me have your reply? ◆ ~ **son devoir en retard** to hand *ou* give in one's essay late ◆ ~ **sa parole à qn** to release sb from a promise, to let sb off (his promise) ◆ ~ **la liberté à qn** to set sb free, to give sb his freedom ◆ ~ **la santé à qn** to restore sb to health ◆ ~ **la vue à qn** to restore sb's sight, to give sb back his sight ◆ **cela lui a rendu toutes ses forces/son courage** that gave him back *ou* restored all his strength/his courage ◆ ~ **la vie à qn** to save sb's life *(fig)* ◆ **rendu à la vie civile** back in civilian life ◆ **cette lessive rend à votre linge l'éclat du neuf** this powder makes your washing as good as new

**b** *(Jur) [+ jugement, arrêt]* to pronounce, to render; *[+ verdict]* to return

**c** *(= donner en retour) [+ hospitalité, invitation]* to return, to repay; *[+ salut, coup, baiser]* to return ◆ **je lui ai rendu sa visite** I returned *ou* repaid his visit ◆ ~ **coup pour coup** to return blow for blow ◆ **il m'a joué un sale tour, mais je le lui rendrai** he played a dirty trick on me, but I'll get even with him *ou* I'll get my own back on him * ◆ **je lui ai rendu injure pour injure** I gave him as good as I got ◆ **Dieu vous le rendra au centuple** God will return it to you a hundredfold ◆ ~ **la politesse à qn** to return sb's kindness ◆ **il la déteste, et elle le lui rend bien** he hates her and she feels exactly the same (way) about him ◆ ~ **la monnaie à qn** to give sb his change ◆ **il m'a donné 10 € et je lui en ai rendu 5** he gave me 10 euros and I gave him 5 euros back *ou* 5 euros change ◆ ~ **la pareille à qn** to pay sb back in his own coin; → aussi **monnaie**

**d** *(avec adj)* to make ◆ ~ **qn heureux** to make sb happy ◆ ~ **qch public** to make sth public ◆ ~ **qn responsable de qch** to make sb responsible for sth ◆ **son discours l'a rendu célèbre** his speech has made him famous ◆ **c'est à vous ~ fou !** it's enough to drive you mad!

**e** *(= exprimer par un autre moyen) [+ mot, expression, atmosphère]* to render ◆ **cela ne rend pas bien sa pensée** that doesn't render *ou* convey his thoughts very well ◆ **le portrait ne rend pas son expression** this portrait has not caught *ou* captured his expression

**f** *(= produire) [+ liquide]* to give out; *[+ son]* to produce, to make ◆ **le concombre rend beaucoup d'eau** cucumbers give out a lot of water ◆ **l'enquête n'a rien rendu** the inquiry drew a blank *ou* didn't come to anything *ou* produced nothing ◆ **ça ne rend pas grand-chose** *[photo, décor, musique]* it's a bit disappointing

**g** *(= vomir) [+ bile]* to vomit, to bring up; *[+ déjeuner]* to vomit, to bring back *ou* up ◆ ~ **tripes et boyaux** * to be as sick as a dog * ◆ ~ **du sang (par la bouche)** to cough up *ou* vomit blood

**h** *(Sport)* ~ **du poids** *[cheval]* to have a weight handicap ◆ ~ **3 kg** to give *ou* carry 3 kg ◆ ~ **de la distance** *[coureur]* to have a handicap ◆ ~ **100 mètres** to have a 100-metre handicap ◆ ~ **des points à qn** *(fig)* to give sb points *ou* a head start

**i** *(Mil) [+ place forte]* to surrender ◆ ~ **les armes** to lay down one's arms

**j** *(loc)* ~ **l'âme** *ou* **le dernier soupir** *[personne]* to breathe one's last, to give up the ghost ◆ **ma voiture/mon frigo a rendu l'âme** * my car/my fridge has given up the ghost * ◆ ~ **gloire à** *[+ Dieu]* to glorify; *[+ hommes]* to pay homage to ◆ ~ **grâce(s) à qn** to give *ou* render *(frm)* thanks to sb; → **compte, service, visite** *etc*

**VI** **a** *[arbres, terre]* to yield, to be productive ◆ **les pommiers ont bien rendu** the apple trees have given a good yield *ou* crop ◆ **la pêche a bien rendu** we have got a good catch (of fish) ◆ **ma petite expérience n'a pas rendu** *(fig)* my little experiment didn't pay off *ou* didn't come to anything

**b** *(= vomir)* to be sick, to vomit ◆ **avoir envie de ~** to feel sick

**c** *(= produire un effet)* **la pendule rendrait mieux dans l'entrée** the clock would look better in the hall ◆ **ça rend mal en photo** a photograph doesn't do it justice ◆ **ça rend bien** it looks good

**VPR se rendre** a (= céder) [soldat, criminel] to give o.s. up, to surrender; [troupe] to surrender ◆ **se ~ à l'avis de qn** to bow to sb's opinion ◆ **se ~ à l'évidence** (= regarder les choses en face) to face facts; (= admettre son tort) to bow before the evidence ◆ **se ~ aux prières de qn** to give way ou give in ou yield to sb's pleas ◆ **se ~ aux raisons de qn** to bow to ou accept sb's reasons

b (= aller) **se ~ à** to go to ◆ **il se rend à son travail à pied/en voiture** he walks/drives to work, he goes to work on foot/by car ◆ **alors qu'il se rendait à ...** as he was on his way to ... ou going to ... ◆ **la police s'est rendue sur les lieux** the police went to ou arrived on the scene ◆ **se ~ à l'appel de qn** to respond to sb's appeal; → **lieu**[1]

c (avec adj) **se ~ utile/indispensable** to make o.s. useful/indispensable ◆ **il se rend ridicule** he's making a fool of himself, he's making himself look foolish ◆ **vous allez vous ~ malade** you're going to make yourself ill

**rendu, e** /ʀɑ̃dy/ (ptp de **rendre**) **ADJ** a (= arrivé) **être ~** to have arrived ◆ **nous voilà ~s !** here we are then! ◆ **on est plus vite ~ par le train** you get there quicker by train b (= remis) **~ à domicile** delivered to the house c (= fatigué) exhausted, tired out, worn out **NM** a (Comm) return; → **prêté** b (Art) rendering

**rêne** /ʀɛn/ **NF** rein ◆ **prendre les ~s d'une affaire** (fig) to take over a business, to assume control ou take control of a business ◆ **lâcher les ~s** (lit) to loosen ou slacken the reins; (fig) to let go ◆ **c'est lui qui tient les ~s du gouvernement** (fig) it's he who holds the reins of government ou who is in the saddle

**renégat, e** /ʀənega, at/ **NM,F** (Rel) renegade; (gén, Pol) renegade, turncoat

**renégociation** /ʀ(ə)negɔsjasjɔ̃/ **NF** renegotiation

**renégocier** /ʀ(ə)negɔsje/ ► conjug 7 ◄ **VT, VI** to renegotiate

**reneiger** /ʀ(ə)neʒe/ ► conjug 3 ◄ **VB IMPERS** to snow again

**renfermé, e** /ʀɑ̃fɛʀme/ (ptp de **renfermer**) **ADJ** [personne] withdrawn, uncommunicative **NM** ◆ **ça sent le ~** it smells musty ou stuffy (in here); → **odeur**

**renfermer** /ʀɑ̃fɛʀme/ ► conjug 1 ◄ **VT** a (= contenir) [+ trésors] to contain, to hold; [+ erreurs, vérités] to contain ◆ **phrase qui renferme plusieurs idées** sentence that encompasses ou contains several ideas b († : à clé) to lock again, to lock back up **VPR se renfermer** ◆ **se ~ (en soi-même)** to withdraw into o.s. ◆ **se ~ dans sa coquille** to withdraw into one's shell

**renfiler** /ʀɑ̃file/ ► conjug 1 ◄ **VT** [+ perles] to restring; [+ aiguille] to thread again, to rethread; [+ bas, manteau] to slip back into

**renflé, e** /ʀɑ̃fle/ (ptp de **renfler**) **ADJ** bulging (épith), bulbous

**renflement** /ʀɑ̃fləmɑ̃/ **NM** bulge

**renfler** /ʀɑ̃fle/ ► conjug 1 ◄ **VT** to make a bulge in; [+ joues] to blow out **VPR se renfler** to bulge (out)

**renflouage** /ʀɑ̃fluaʒ/, **renflouement** /ʀɑ̃flumɑ̃/ **NM** a [de navire] refloating b [d'entreprise] refloating, bailing out; [de personne] bailing out

**renflouer** /ʀɑ̃flue/ ► conjug 1 ◄ **VT** a [+ navire] to refloat b [+ entreprise] to refloat, to bail out; [+ personne] to set back on their feet again, to bail out **VPR se renflouer** [personne] to get back on one's feet again (financially)

**renfoncement** /ʀɑ̃fɔ̃smɑ̃/ **NM** recess ◆ **caché dans le ~ d'une porte** hidden in a doorway

**renfoncer** /ʀɑ̃fɔ̃se/ ► conjug 3 ◄ **VT** a [+ clou] to knock further in; [+ bouchon] to push further in ◆ **il renfonça son chapeau (sur sa tête)** he pulled his hat down (further) b (Typo) to indent

**renforçateur** /ʀɑ̃fɔʀsatœʀ/ **NM** (Photo) intensifier; (Psych) reinforcer ◆ **~ de goût** flavour enhancer

**renforcement** /ʀɑ̃fɔʀsəmɑ̃/ **NM** a [de vêtement, mur] reinforcement; [de poutre] reinforcement, trussing; [de régime, position, monnaie, amitié] strengthening; [de paix, pouvoir] consolidating b [d'équipe, armée] reinforcement ◆ **~ des effectifs de la police** increasing the number of police officers c [de crainte, soupçon] reinforcement, increase; [d'argument] reinforcement, strengthening d [de pression, effort, surveillance, contrôle] intensification, stepping up; [de couleur, ton, expression] intensification ◆ **un ~ des sanctions économiques** toughening ou stepping up economic sanctions ◆ **un ~ du dialogue Nord-Sud** stepping up dialogue between North and South

**renforcer** /ʀɑ̃fɔʀse/ ► conjug 3 ◄ **VT** a [+ vêtement, mur] to reinforce; [+ poutre] to reinforce; [+ régime, position, monnaie, amitié] to strengthen; [+ paix, pouvoir] to consolidate ◆ **bas à talon renforcé** stocking with reinforced heel

b [+ équipe, armée, effectifs] to reinforce ◆ **des réservistes sont venus ~ nos effectifs** reservists arrived as reinforcements ou to swell our numbers

c [+ crainte, soupçon] to reinforce, to increase; [+ argument] to reinforce, to strengthen ◆ **~ qn dans une opinion** to confirm sb's opinion, to confirm sb in an opinion ◆ **ça renforce ce que je dis** that backs up what I'm saying

d [+ pression, effort, surveillance, contrôle] to intensify, to step up; [+ couleur, son, expression] to intensify ◆ **(cours d')anglais renforcé** (Scol) remedial English (class)

**VPR se renforcer** [craintes] to increase; [amitié] to strengthen; [pression] to intensify ◆ **notre équipe s'est renforcée de deux nouveaux joueurs** our team has been strengthened by two new players

**renfort** /ʀɑ̃fɔʀ/ **NM** a (gén) help, helpers ◆ **~s** (Mil) (en hommes) reinforcements; (en matériel) (further) supplies ◆ **recevoir un ~ de troupes/d'artillerie** to receive more troops/guns, to receive reinforcements/a further supply of guns

b (Tech) reinforcement, strengthening piece

c (Couture) patch ◆ **collants avec ~s aux talons** tights with reinforced heels

d (loc) **de ~** [barre, toile] strengthening; [troupe] back-up, supporting; [personnel] extra, additional ◆ **envoyer qn en ~** to send sb as an extra ou sb to augment the numbers ◆ **les 500 soldats appelés en ~** the 500 soldiers called in as reinforcements ◆ **embaucher du personnel en ~** to employ extra ou additional staff

◆ **à grand renfort de** ◆ **parfum lancé à grand ~ de publicité** perfume launched amid much publicity ou a blaze of publicity ◆ **à grand ~ de gestes/d'explications** with a great many gestures/explanations ◆ **à grand ~ de citations/d'arguments** with the help ou support of a great many quotations/arguments

**renfrogné, e** /ʀɑ̃fʀɔɲe/ (ptp de **se renfrogner**) **ADJ** [visage] sullen, scowling (épith), sulky; [air, personne] sullen, sulky

**renfrognement** /ʀɑ̃fʀɔɲmɑ̃/ **NM** scowling, sullenness

**renfrogner (se)** /ʀɑ̃fʀɔɲe/ ► conjug 1 ◄ **VPR** [personne] to scowl, to pull a sour face

**rengagé** /ʀɑ̃gaʒe/ **ADJ M** [soldat] re-enlisted **NM** re-enlisted soldier

**rengagement** /ʀɑ̃gaʒmɑ̃/ **NM** a [de discussion] starting up again; [de combat] re-engagement b (= réinvestissement) reinvestment c (= nouveau recrutement) [de soldat] re-enlistment; [d'ouvrier] taking back

**rengager** /ʀɑ̃gaʒe/ ► conjug 3 ◄ **VT** a [+ discussion] to start up again; [+ combat] to re-engage b (= réinvestir) to reinvest c (= recruter de nouveau) [+ soldat] to re-enlist; [+ ouvrier] to take back d (= réintroduire) **~ une clé dans une serrure** to put a key back into a lock ◆ **~ sa voiture dans une rue** to drive (back) into a street again **VI** (Mil) to join up again, to re-enlist **VPR se rengager** a (Mil) to join up again, to re-enlist b [discussion] to start up again c (= entrer à nouveau) **se ~ dans une rue** to enter a street again

**rengaine** /ʀɑ̃gɛn/ **NF** (= formule) hackneyed expression; (= chanson) old (repetitive) song ou melody ◆ **c'est toujours la même ~** * it's always the same old refrain (Brit) ou song * (US)

**rengainer** /ʀɑ̃gene/ ► conjug 1 ◄ **VT** a * [+ compliment] to save, to withhold; [+ sentiments] to contain, to hold back ◆ **rengaine tes beaux discours !** (you can) save ou keep your fine speeches! b [+ épée] to sheathe, to put up; [+ revolver] to put back in its holster

**rengorger (se)** /ʀɑ̃gɔʀʒe/ ► conjug 3 ◄ **VPR** [oiseau] to puff out its throat; [personne] to puff o.s. up ◆ **se ~ d'avoir fait qch** to be full of o.s. for having done sth

**reniement** /ʀənimɑ̃/ **NM** [de foi, opinion] renunciation; [de frère, patrie, signature, passé, cause, parti] disowning, repudiation; [de promesse, engagement] breaking; (Rel) denial ◆ **le ~ de Jésus par saint Pierre** St Peter's denial of Christ

**renier** /ʀənje/ ► conjug 7 ◄ **VT** [+ foi, opinion] to renounce; [+ personne, patrie, signature, passé, cause, parti] to disown; [+ promesse, engagement] to go back on, to break ◆ **il renia Jésus-Christ** (Rel) he denied Christ ◆ **~ Dieu** to renounce God **VPR se renier** to go back on what one has said ou done

**reniflement** /ʀ(ə)nifləmɑ̃/ **NM** a (= action) [de fleur, objet] sniffing (NonC); [de cheval] snorting (NonC); (à cause d'un rhume, en pleurant) sniffing (NonC), snuffling (NonC), sniffling (NonC) b (= bruit) sniff, sniffle, snuffle; (plus fort) snort

**renifler** /ʀ(ə)nifle/ ► conjug 1 ◄ **VT** a [+ cocaïne] to snort, to take a snort of; [+ colle] to sniff b [+ fleur, objet, odeur] to sniff c (* = pressentir) [+ bonne affaire, arnaque] to sniff out * ◆ **~ quelque chose de louche** to smell a rat **VI** [personne] to sniff; (en pleurant) to sniff, to snuffle, to sniffle; [cheval] to snort ◆ **arrête de ~, mouche-toi !** stop sniffing and blow your nose!

**renifleur, -euse** /ʀ(ə)niflœʀ, øz/ **ADJ** sniffling, snuffling **NM,F** * sniffler, snuffler; → **avion**

**renne** /ʀɛn/ **NM** reindeer

**renom** /ʀənɔ̃/ **NM** a (= notoriété) renown, repute, fame ◆ **vin de grand ~** famous wine ◆ **restaurant en ~** celebrated ou renowned ou famous restaurant ◆ **acquérir du ~** to win renown, to become famous ◆ **avoir du ~** to be famous ou renowned b (frm = réputation) reputation ◆ **son ~ de sévérité**

his reputation for severity ◆ **bon/mauvais** ~ good/bad reputation *ou* name

**renommé, e**[1] /ʀ(ə)nɔme/ (ptp de **renommer**) ADJ celebrated, renowned, famous ◆ ~ **pour** renowned *ou* famed for

**renommée**[2] /ʀ(ə)nɔme/ NF **a** *(= célébrité)* fame, renown ◆ **marque/savant de ~ mondiale** world-famous make/scholar ◆ **de grande** ~ of great renown **b** *(littér = opinion publique)* public report **c** *(littér = réputation)* reputation ◆ **bonne/mauvaise** ~ good/bad reputation *ou* name

**renommer** /ʀ(ə)nɔme/ ▸ conjug 1 ◂ VT **a** *[+ personne]* to reappoint **b** *(Ordin) [+ fichier, répertoire]* to rename

**renonce** /ʀ(ə)nɔ̃s/ NF *(Cartes)* ◆ **faire une** ~ to revoke, to renegue, to fail to follow suit

**renoncement** /ʀ(ə)nɔ̃smɑ̃/ NM *(= action)* renouncement *(à* of); *(= sacrifice)* renunciation ◆ ~ **à soi-même** self-abnegation, self-renunciation ◆ **mener une vie de** ~ to live a life of renunciation *ou* abnegation

**renoncer** /ʀ(ə)nɔ̃se/ ▸ conjug 3 ◂ VT INDIR **renoncer à** *[+ projet, lutte]* to give up, to renounce; *[+ fonction, héritage, titre, pouvoir, trône]* to renounce, to relinquish; *[+ habitude]* to give up; *[+ métier]* to abandon, to give up ◆ ~ **à un voyage/au mariage** to give up *ou* abandon the idea of a journey/of marriage ◆ ~ **à qn** to give sb up ◆ ~ **au tabac** to give up smoking ◆ ~ **à comprendre** to give up trying to understand ◆ ~ **à lutter** to give up the struggle ◆ ~ **à se marier** to give up *ou* abandon the idea of getting married ◆ ~ **aux plaisirs/au monde** to renounce pleasures/the world ◆ **je** *ou* **j'y renonce** I give up ◆ ~ **à cœur** *(Cartes)* to fail to follow (in) hearts ◆ ~ **à toute prétention** *(Jur)* to abandon any claim

VT *(littér) [+ ami]* to give up

> ⚠ *Attention à ne pas traduire automatiquement* **renoncer à** *par* **to renounce**, *qui ne s'utilise que dans certains contextes.*

**renonciation** /ʀənɔ̃sjasjɔ̃/ NF *[de fonction, héritage, titre, pouvoir, trône]* renunciation, relinquishment *(à* of); *[d'opinion, croyance, idée, projet, lutte]* giving up

**renoncule** /ʀənɔ̃kyl/ NF *(sauvage)* buttercup; *(cultivée)* globeflower, ranunculus *(SPÉC)*

**renouer** /ʀənwe/ ▸ conjug 1 ◂ VT *[+ lacet, nœud]* to tie (up) again, to re-tie; *[+ cravate]* to reknot, to knot again; *[+ conversation, liaison]* to renew, to resume VI ◆ ~ **avec qn** to take up with sb again, to become friends with sb again ◆ ~ **avec une habitude** to take up a habit again ◆ ~ **avec une tradition** to revive a tradition ◆ **ils ont renoué avec la victoire** they came back on top

**renouveau** (pl **renouveaux**) /ʀ(ə)nuvo/ NM **a** *(= transformation)* revival ◆ **le ~ des sciences et des arts à la Renaissance** the revival of the sciences and the arts *ou* the renewed interest in *ou* the renewal of interest in the sciences and arts during the Renaissance **b** *(= regain)* ~ **de succès/faveur** renewed success/favour ◆ **connaître un ~ de faveur** to enjoy renewed favour, to come back into favour **c** *(littér = printemps)* **le** ~ springtide *(littér)*

**renouvelable** /ʀ(ə)nuv(ə)labl/ ADJ *[bail, contrat, énergie, passeport]* renewable; *[expérience]* which can be tried again *ou* repeated; *[congé]* which can be re-granted; *[assemblée]* that must be re-elected ◆ **le mandat présidentiel est ~ tous les 5 ans** the president must run *ou* stand *(Brit)* for re-election every 5 years ◆ **ressources naturelles non ~s** non-renewable natural resources ◆ **crédit** ~ revolving credit

**renouveler** /ʀ(ə)nuv(ə)le/ ▸ conjug 4 ◂ VT **a** *[+ matériel, personnel, équipe]* to renew, to replace; *[+ stock]* to renew, to replenish; *[+ pansement]* to renew, to change; *[+ conseil d'administration]* to re-elect ◆ ~ **l'air d'une pièce** to air a room ◆ ~ **l'eau d'une piscine** to renew the water in a swimming pool ◆ ~ **sa garde-robe** to renew one's wardrobe, to buy some new clothes ◆ **la chambre doit être renouvelée tous les cinq ans** *(Pol)* the house must be re-elected every five years

**b** *[+ mode, théorie]* to renew, to revive ◆ **cette découverte a complètement renouvelé notre vision des choses** this discovery has given us a whole new insight into things *ou* has cast a whole new light on things for us ◆ **les poètes de la Pléiade renouvelèrent la langue française** the poets of the Pléiade gave new *ou* renewed life to the French language

**c** *[+ passeport, contrat, abonnement, bail, prêt, mandat]* to renew ◆ **à ~** *(Méd)* to be renewed

**d** *[+ douleur]* to revive

**e** *[+ candidature]* to renew; *[+ demande, offre, promesse, erreur]* to renew, to repeat; *[+ expérience, exploit]* to repeat, to do again; *(Rel) [+ vœux]* to renew ◆ **l'énergie sans cesse renouvelée que requiert ce métier** the constantly renewed energy which this job requires ◆ **avec mes remerciements renouvelés** *(dans une lettre)* with renewed thanks, thanking you once more *ou* once again ◆ **la chambre a renouvelé sa confiance au gouvernement** the house reaffirmed *ou* reasserted its confidence in the government

**f** *(littér = emprunter)* **épisode renouvelé de l'Antiquité** episode taken *ou* borrowed from Antiquity

VPR **se renouveler** **a** *(= se répéter) [incident]* to recur, to be repeated ◆ **cette petite scène se renouvelle tous les jours** this little scene recurs *ou* is repeated every day ◆ **et que ça ne se renouvelle plus !** and don't let it happen again!

**b** *(= être remplacé)* to be renewed *ou* replaced ◆ **les cellules de notre corps se renouvellent constamment** the cells of our body are constantly being renewed *ou* replaced ◆ **les hommes au pouvoir ne se renouvellent pas assez** men in power aren't replaced often enough

**c** *(= innover) [auteur, peintre]* to change one's style, to try something new ◆ **il ne se renouvelle pas** *[comique]* he always tells the same old jokes *ou* stories

**renouvellement** /ʀ(ə)nuvɛlmɑ̃/ NM **a** *[de matériel, personnel, équipe]* renewal, replacement; *[de stock]* renewal, replenishment; *[de pansement]* renewal, changing; *[de garde-robe]* changing; *[de cellules]* renewal **b** *[de mode, théorie, art, langue]* renewal, revival; *[de genre littéraire]* revival ◆ **elle éprouve un besoin de** ~ she feels she needs to start afresh **c** *[de passeport, contrat, abonnement, bail, prêt]* renewal ◆ **solliciter le ~ de son mandat** *(Pol)* to run *ou* stand *(Brit)* for re-election **d** *[de candidature]* renewal; *[de demande, offre, promesse, erreur]* renewal, repetition; *[d'expérience, exploit]* repetition; *[d'incident]* recurrence; *[de douleur]* revival; *(Rel) [de vœux]* renewal ◆ **faire son** ~ to renew one's first communion promises

**rénovateur, -trice** /ʀenɔvatœʀ, tʀis/ ADJ *[doctrine]* which seeks a renewal, reformist; *[influence]* renewing *(épith)*, reforming *(épith)* NM,F *(de la morale, Pol)* reformer ◆ **il est considéré comme le ~ de cette science/de cet art** he's considered as having been the one who injected new life into this science/into this art form NM *(= produit d'entretien)* restorer

**rénovation** /ʀenɔvasjɔ̃/ NF **a** *[de maison]* renovation; *(= nouvelle décoration)* refurbishment; *[de quartier]* renovation, refurbishment; *[de meuble]* restoration ◆ **en (cours de)** ~ under renovation ◆ **le musée est en ~** the museum is being renovated *ou* restored ◆ **travaux de** ~ renovations, renovation work **b** *[d'enseignement, institution]* reform; *[de science]* renewal, bringing up to date; *[de méthode]* reform

**rénover** /ʀenɔve/ ▸ conjug 1 ◂ VT **a** *[+ maison]* to renovate; *(nouvelle décoration)* to refurbish; *[+ quartier]* to renovate; *[+ meuble]* to restore **b** *[+ enseignement, institution]* to reform; *[+ méthode, parti]* to reform

**renseignement** /ʀɑ̃sɛɲmɑ̃/ GRAMMAIRE ACTIVE 54.1, 54.5, 47.1 NM **a** *(gén)* information *(NonC)*, piece of information ◆ **un ~ intéressant** an interesting piece of information, some interesting information ◆ **demander un ~** *ou* **des ~s à qn** to ask sb for information ◆ **il est allé aux ~s** he has gone to find out ◆ **prendre ses ~s** *ou* **demander des ~s sur qn** to make inquiries *ou* ask for information about sb ◆ **~s pris, aucun élève n'était absent ce jour-là** (when asked) the school said no pupils were absent that day ◆ **avoir de bons ~s sur le compte de qn** to have good *ou* favourable reports about *ou* on sb ◆ **pourriez-vous me donner un ~ ?** I'd like some information, could you give me some information? ◆ **veuillez m'envoyer de plus amples ~s sur...** please send me further details of... *ou* further information about... ◆ **je peux te demander un ~ ?** can I ask you something?, could you tell me something? ◆ **merci pour le** ~ thanks for the information, thanks for telling me *ou* letting me know ◆ **guichet/bureau des ~s** information *ou* inquiry *(Brit)* desk/office ◆ **"renseignements"** *(panneau)* "information", "inquiries" *(Brit)* ◆ **(service des) ~s** *(Téléc)* directory inquiries *(Brit)*, information *(US)*

**b** *(Mil)* intelligence *(NonC)*, piece of intelligence ◆ **agent/service de ~s** intelligence agent/service ◆ **travailler dans le ~** to work in intelligence ◆ **les ~s généraux** *the security branch of the police force*

**renseigner** /ʀɑ̃seɲe/ ▸ conjug 1 ◂ VT **a** ◆ ~ **un client/un touriste** to give some information to a customer/a tourist ◆ ~ **la police/l'ennemi** to give information to the police/the enemy (*sur* about); ◆ ~ **un passant/un automobiliste** *(sur le chemin à prendre)* to give directions to a passer-by/a driver, to tell a passer-by/a driver the way ◆ **qui pourrait me ~ sur le prix de la voiture/sur lui ?** who could tell me the price of the car/something about him?, who could give me some information *ou* particulars about the price of the car/about him? ◆ **puis-je vous ~ ?** can I help you? ◆ **il pourra peut-être te ~** perhaps he'll be able to give you some information (about it), perhaps he'll be able to tell you *ou* to help you ◆ **document qui renseigne utilement** document which gives useful information ◆ **ça ne nous renseigne pas beaucoup !** that doesn't get us very far!, that doesn't tell us very much! *ou* give us much to go on! ◆ **il a l'air bien renseigné** he seems to be well informed *ou* to know a lot about it ◆ **il est mal renseigné** he doesn't know much about it, he isn't very well informed ◆ **j'ai été mal renseigné** I was misinformed *ou* given the wrong information

**b** *(= remplir) [+ case, champ de données]* to fill in

**VPR** **se renseigner** *(= demander des renseignements)* to make enquiries, to ask for information (*sur* about); *(= obtenir des renseignements)* to find out (*sur* about); ◆ **je vais me ~ auprès de lui** I'll ask him for information *ou* for particulars, I'll ask him about it ◆ **renseignez-vous auprès de l'office du tourisme/à l'accueil** enquire at *ou* ask at the tourist office/at reception (for details) ◆ **j'essaierai de me ~** I'll try to find out, I'll try and get some information ◆ **je vais me ~ sur son compte** I'll make enquiries about him, I'll find out about him ◆ **je voudrais me ~ sur les caméscopes** I'd like some information *ou* particulars about camcorders

**rentabilisation** /ʀɑ̃tabilizasjɔ̃/ **NF** *[de produit, entreprise]* making profitable; *[d'invention]* marketing, commercializing ◆ **la ~ des investissements** securing a return on investments, making investments pay

**rentabiliser** /ʀɑ̃tabilize/ ▸ conjug 1 ◂ **VT** *[+ entreprise, activité]* to make profitable, to make pay; *[+ investissements]* to secure a return on, to make pay; *[+ équipements]* to make cost-effective, to make pay ◆ **notre investissement a été très vite rentabilisé** we got a quick return on our investment ◆ **~ son temps** to make the best use of one's time

**rentabilité** /ʀɑ̃tabilite/ **NF** profitability ◆ **~ des investissements** return on investments ◆ **ce placement a une faible/forte ~** this is a low-return *ou* low-yield/high-return *ou* high-yield investment

**rentable** /ʀɑ̃tabl/ **ADJ** *[entreprise, activité]* profitable ◆ **c'est une affaire très ~** this is a very profitable business, this business really pays ◆ **au prix où est l'essence, les transports privés ne sont pas ~s** with fuel the price it is, private transport isn't a paying *ou* viable proposition *ou* private transport doesn't pay ◆ **il travaille beaucoup mais il n'est pas ~** he works a lot but he isn't very productive ◆ **ce n'est plus du tout ~** *(lit)* it's no longer financially viable; *(fig)* it just isn't worth it any more ◆ **cette prise de position s'est avérée politiquement ~** taking this stand paid off *ou* was a good move politically

**rentamer** /ʀɑ̃tame/ ▸ conjug 1 ◂ **VT** *[+ discours]* to begin *ou* start again

**rente** /ʀɑ̃t/ **NF** **a** *(= pension)* annuity, pension; *(fournie par la famille)* allowance ◆ **~ de situation** secure *ou* guaranteed income ◆ **~ viagère** life annuity ◆ **faire une ~ à qn** to give an allowance to sb **b** *(= emprunt d'État)* government stock *ou* loan *ou* bond ◆ **~s perpétuelles** perpetual loans, irredeemable securities **c** *(loc)* **avoir des ~s** to have a private *ou* an unearned income, to have private *ou* independent means ◆ **vivre de ses ~s** to live on *ou* off one's private income

> ⚠ **rente** *ne se traduit pas par le mot anglais* **rent**, *qui a le sens de 'loyer'.*

**rentier, -ière** /ʀɑ̃tje, jɛʀ/ **NM,F** person of independent *ou* private means ◆ **c'est un petit ~** he has a small private income ◆ **mener une vie de ~** to live a life of ease *ou* leisure

**rentrant, e** /ʀɑ̃tʀɑ̃, ɑ̃t/ **ADJ** *[train d'atterrissage]* retractable; *(Math) [angle]* reflex

**rentré, e**[1] /ʀɑ̃tʀe/ (ptp de **rentrer**) **ADJ** *[colère]* suppressed; *[yeux]* sunken; *[joues]* sunken, hollow **NM** *(Couture)* hem

**rentre-dedans** * /ʀɑ̃t(ʀə)dədɑ̃/ **NM INV** ◆ **il m'a fait du ~** *[dragueur]* he came on really strong to me *; *[vendeur]* he was really pushy *

**rentrée**[2] /ʀɑ̃tʀe/ **NF** **a** ◆ **~ (scolaire *ou* des classes)** start of the new school year, time when the schools go back ◆ **~ universitaire** start of the new academic year; *(du trimestre)* start of the new (school *ou* university) term ◆ **acheter des cahiers pour la ~ (des classes)** to buy exercise books for the new school year ◆ **la ~ aura lieu lundi** the new term begins on Monday, school starts again on Monday ◆ **la ~ s'est bien passée** the term began well ◆ **"les affaires de la rentrée"** *(Comm)* "back-to-school bargains" ◆ **à la ~ de Noël** at the start of (the) term after the Christmas holidays ◆ **cette langue sera enseignée à partir de la ~ 2004** this language will be part of the syllabus as from autumn 2004 *ou* as from the start of the 2004-5 school year

**b** *[de tribunaux]* reopening; *[de parlement]* reopening, reassembly ◆ **la ~ parlementaire aura lieu cette semaine** parliament reassembles *ou* reopens this week, the new session of parliament starts this week ◆ **les députés font leur ~ aujourd'hui** the deputies are returning *ou* reassembling today (for the start of the new session) ◆ **faire sa ~ politique** *(après les vacances d'été)* to start the new political season, to begin one's autumn campaign; *(après avoir fait autre chose)* to make a *ou* one's political comeback ◆ **c'est la ~ des théâtres parisiens** it's the start of the theatrical season in Paris ◆ **la ~ littéraire** the start of the literary season *ou* calendar ◆ **on craint une ~ sociale agitée** it is feared that there will be some social unrest this autumn ◆ **la réforme entrera en vigueur à la ~ prochaine** the reform will come into effect next autumn ◆ **leur album sortira à la ~ de septembre** their album will come out in September ◆ **la mode de la ~** the autumn fashions ◆ **on verra ça à la ~** we'll see about that after the holidays *ou* when we come back from holiday

**c** *[d'acteur, sportif]* comeback

**d** *(= retour)* return ◆ **pour faciliter la ~ dans la capitale** to make getting back into *ou* the return into the capital easier ◆ **la ~ des ouvriers à l'usine le lundi matin** the workers' return to work on a Monday morning ◆ **à l'heure des ~s dans Paris** when everyone is coming back into Paris ◆ **il m'a reproché mes ~s tardives** he told me off for coming in late ◆ **~ dans l'atmosphère** *(Espace)* reentry into the atmosphere ◆ **effectuer sa ~ dans l'atmosphère** to re-enter the atmosphere ◆ **~ en touche** *(Sport)* throw-in

**e** *[de récolte]* bringing in ◆ **faire la ~ du blé** to bring in the wheat

**f** *(Cartes)* cards picked up

**g** *(Comm, Fin)* **~s** income ◆ **~ d'argent** sum of money (coming in) ◆ **je compte sur une ~ d'argent très prochaine** I'm expecting a sum of money *ou* some money very soon ◆ **les ~s de l'impôt** tax revenue

> **Rentrée**
>
> **La rentrée (des classes)** in September each year is not only the time when French children and teachers go back to school; it is also the time when political and social life begins again after the long summer break. The expression « à la rentrée » is thus not restricted to an educational context, but can refer in general to the renewed activity that takes place throughout the country in the autumn.

**rentrer** /ʀɑ̃tʀe/ ▸ conjug 1 ◂ **VI** *(avec aux être)* **a** *(= entrer à nouveau) (vu de l'extérieur)* to go back in; *(vu de l'intérieur)* to come back in ◆ **il pleut trop, rentrez un instant** it's raining too hard so come back in for a while ◆ **il est rentré dans la maison/la pièce** he went back (*ou* came back) into the house/the room ◆ **la navette est rentrée dans l'atmosphère** the shuttle re-entered the atmosphere ◆ **il était sorti sans ses clés, il a dû ~ par la fenêtre** he'd gone out without his keys and he had to get back in through the window ◆ **l'acteur est rentré en scène** the actor came on again

**b** *(= revenir chez soi)* to come back, to come (back) home, to return (home); *(= s'en aller chez soi)* to go (back) home, to return home; *(= arriver chez soi)* to get (back) home, to return home ◆ **~ déjeuner/dîner** to go (back) home for lunch/dinner ◆ **est-ce qu'il est rentré ?** is he back? ◆ **elle est rentrée très tard hier soir** she came *ou* got in *ou* back very late last night ◆ **je l'ai rencontré en rentrant** I met him on my way home ◆ **~ de l'école/du bureau** to come back from school/from the office, to come (*ou* go) home from school/from the office ◆ **il a dû ~ de voyage d'urgence** he had to come back *ou* come home from his trip urgently, he had to return home urgently ◆ **~ à Paris/de Paris** to go back *ou* come back *ou* return to Paris/from Paris ◆ **je rentre en voiture** I'm driving back, I'm going back by car ◆ **dépêche-toi de ~, ta mère a besoin de toi** hurry home *ou* back, your mother needs you ◆ **~ à sa base** *(Aviat)* to return *ou* go back to base ◆ **le navire rentre au port** the ship is coming back in

**c** *(= reprendre ses activités) [élèves]* to go back to school, to start school again; *[université]* to start again; *[tribunaux]* to reopen; *[parlement]* to reassemble; *[députés]* to return, to reassemble ◆ **les enfants rentrent en classe *ou* à l'école lundi** the children go back to school *ou* start school again on Monday ◆ **le trimestre prochain, on rentrera un lundi** next term starts *ou* next term we start on a Monday ◆ **elle rentre au lycée l'année prochaine** she's starting secondary school next year

**d** *(= entrer) [personne]* to go in, to come in; *[chose]* to go in ◆ **il pleuvait, nous sommes rentrés dans un café** it was raining so we went into a cafe ◆ **les voleurs sont rentrés par la fenêtre** the thieves got in by the window ◆ **cette clé ne rentre pas (dans la serrure)** this key doesn't fit (into the lock), I can't get this key in (the lock) ◆ **j'ai grossi, je ne rentre plus dans cette jupe** I've put on weight, I can't get into this skirt any more ◆ **faire ~ qch dans la tête de qn** to get sth into sb's head ◆ **il a le cou qui lui rentre dans les épaules** he has a very short neck ◆ **il était exténué, les jambes lui rentraient dans le corps** he was so exhausted his legs were giving way under him ◆ **tout cela ne rentrera pas dans ta valise** that won't all go *ou* fit into your suitcase, you won't get all that into your suitcase ◆ **cubes qui rentrent les uns dans les autres** cubes that fit into one another; → aussi **entrer**

**e** *(= devenir membre de)* **~ dans** *[+ police, entreprise, fonction publique]* to join, to go into; *[+ industrie, banque]* to go into ◆ **c'est son père qui l'a fait ~ dans l'usine** his father helped him (to) get a job in the factory *ou* (to) get into the factory

**f** *(= se heurter à)* **~ dans** to crash into, to collide with ◆ **sa voiture a dérapé, il est rentré dans un arbre** his car skidded and he crashed into a tree ◆ **furieux, il voulait lui ~ dedans** * *ou* **dans le chou** * *(= agresser)* he was so furious he felt like smashing his head in * ◆ **rentrez-leur dedans !** * get them! * ◆ **il**

**lui est rentré dans le lard**‡ *ou* **le mou**‡ *ou* **le buffet**‡ he beat him up *

g *(= être compris dans)* ~ **dans** to be included in, to be part of ◆ **cela ne rentre pas dans ses attributions** that is not included in *ou* part of his duties ◆ **les frais de déplacement ne devraient pas ~ dans la note** travelling expenses should not be included in the bill *ou* should not be put on the bill ◆ ~ **dans une catégorie** to fall *ou* come into a category

h *[argent]* to come in ◆ **l'argent ne rentre pas en ce moment** the money isn't coming in at the moment ◆ **l'argent rentre difficilement/bien en ce moment** there isn't much money/there's plenty of money coming in at the moment ◆ **faire ~ les impôts/les fonds** to collect the taxes/the funds ◆ **faire ~ l'argent** to get the money in

i * **la grammaire/les maths, ça ne rentre pas** *[connaissances]* he can't take grammar/maths in, he can't get the hang of grammar/maths * ◆ **l'anglais, ça commence à ~** English is beginning to sink in

j *(loc)* ~ **dans ses droits** to recover one's rights ◆ ~ **dans son argent/dans ses frais** to recover *ou* get back one's money/one's expenses ◆ ~ **dans ses fonds** to recoup one's costs ◆ **tout est rentré dans l'ordre** *(dans son état normal)* everything is back to normal again; *(dans le calme)* order has returned, order has been restored; *(= tout a été clarifié)* everything is sorted out now ◆ ~ **dans le rang** to come *ou* fall back into line; → **coquille, grâce, terre** *etc*

**VT** *(avec aux avoir)* a *[+ foins, moisson]* to bring in, to get in; *[+ marchandises, animaux] (en venant)* to bring in; *(en allant)* to take in ◆ ~ **sa voiture (au garage)** to put the car away (in the garage) ◆ **ne laisse pas ton vélo sous la pluie, rentre-le** don't leave your bicycle out in the rain, put it away *ou* bring it in ◆ ~ **les bêtes à l'étable** to bring the cattle into the cowshed

b *[+ train d'atterrissage]* to raise; *(lit, fig) [+ griffes]* to draw in ◆ ~ **sa chemise (dans son pantalon)** to tuck one's shirt in (one's trousers) ◆ ~ **le cou dans les épaules** to hunch up one's shoulders ◆ **ne me rentre pas ton coude dans le ventre** don't jab *ou* stick your elbow in(to) my stomach ◆ ~ **le** *ou* **son ventre** to pull one's stomach in ◆ ~ **ses larmes** to hold back *ou* choke back the tears ◆ ~ **sa rage** to hold back *ou* suppress one's anger ◆ ~ **un but** *(Sport)* to score a goal

c *(Ordin) [+ données]* to enter

**VPR se rentrer** a *(= pouvoir être rentré)* **ce lit se rentre sous l'autre** this bed fits under the other one

b *(mutuellement)* **ils se sont rentrés dedans** *(= heurtés)* they crashed into each other; * *(= battus)* they laid into each other

**renversant, e** * /ʀɑ̃vɛʀsɑ̃, ɑ̃t/ **ADJ** *[nouvelle]* staggering *, astounding; *[personne]* amazing, incredible

**renverse** /ʀɑ̃vɛʀs/ **NF** a *(Naut) [de vent]* change; *[de courant]* turn b ◆ **tomber à la ~** to fall backwards, to fall flat on one's back ◆ **il y a de quoi tomber à la ~ !** *(fig)* it's astounding! *ou* staggering! *

**renversé, e** /ʀɑ̃vɛʀse/ (ptp de **renverser**) **ADJ** a *(= à l'envers) [objet]* upside down *(attrib)*; *[fraction]* inverted; *[image]* inverted, reversed; → **crème** b *(= stupéfait)* **être ~** to be bowled over, to be staggered * c *(= penché) [écriture]* backhand *(épith)*

**renversement** /ʀɑ̃vɛʀsəmɑ̃/ **NM** a *[d'image, fraction]* inversion; *[d'ordre des mots]* inversion, reversal; *[de vapeur]* reversing; *[de situation]* reversal; *(Mus) [d'intervalles, accord]* inversion b *[d'alliances, valeurs, rôles]* reversal; *[de ministre]* removal from office; *[de gouvernement] (par un coup d'État)* overthrow; *(par un vote)* defeat, voting *ou* turning out of office ◆ **un ~ de tendance de l'opinion publique** a shift *ou* swing in public opinion c *[de buste, tête]* tilting *ou* tipping back d *[de courant]* changing of direction; *[de marée, vent]* turning, changing of direction

**renverser** /ʀɑ̃vɛʀse/ ▸ conjug 1 ◂ **VT** a *(= faire tomber) [+ personne]* to knock over; *[+ chaise]* to knock over, to overturn; *[+ vase, bouteille]* to knock over, to upset; *[+ piéton]* to knock down, to run over ◆ **elle l'a renversé d'un coup de poing** she knocked him to the ground ◆ **un camion a renversé son chargement sur la route** a lorry has shed its load

b *(= répandre) [+ liquide]* to spill, to upset ◆ ~ **du vin sur la nappe** to spill *ou* upset some wine on the tablecloth

c *(= mettre à l'envers)* to turn upside down ◆ ~ **un seau (pour monter dessus)** to turn a bucket upside down (so as to stand on it)

d *(= abattre) [+ obstacles] (lit)* to knock down; *(fig)* to overcome; *[+ ordre établi, tradition, royauté]* to overthrow; *[+ ministre]* to put *ou* throw out of office, to remove from office ◆ ~ **le gouvernement** *(par un coup d'État)* to overthrow *ou* overturn *ou* topple the government; *(par un vote)* to defeat the government, to vote *ou* throw the government out of office

e *(= pencher)* ~ **la tête en arrière** to tip *ou* tilt one's head back ◆ ~ **le corps en arrière** to lean back ◆ **elle lui renversa la tête en arrière** she tipped *ou* put his head back

f *(= inverser) [+ ordre des mots, courant]* to reverse; *[+ fraction]* to invert; *(Opt) [+ image]* to invert, to reverse ◆ ~ **la situation** to reverse the situation, to turn things (a)round ◆ **il ne faudrait pas ~ les rôles** don't try to turn the situation round ◆ ~ **la vapeur** *(lit) [bateau]* to go astern; *(fig)* to change tack

g *( * = étonner)* to bowl over, to stagger ◆ **la nouvelle l'a renversé** the news bowled him over *ou* staggered him

**VI** *(Naut) [marée]* to turn

**VPR se renverser** a ◆ **se ~ en arrière** to lean back ◆ **se ~ sur le dos** to lie down (on one's back) ◆ **se ~ sur sa chaise** to lean back on one's chair, to tip one's chair back

b *[voiture, camion]* to overturn; *[bateau]* to overturn, to capsize; *[verre, vase]* to fall over, to be overturned

**renvoi** /ʀɑ̃vwa/ **NM** a *[d'employé]* dismissal, sacking *(Brit)*; *[d'élève, étudiant] (définitif)* expulsion; *(temporaire)* suspension ◆ **menacer de ~** *[+ employé]* to threaten with dismissal; *(Scol)* to threaten to expel *ou* with expulsion ◆ **j'ai demandé son ~ du club** I asked for him to be expelled from the club

b *[d'accusé, troupes]* discharge

c *[de lettre, colis, cadeau]* sending back, return

d *(Sport) [de balle]* sending back; *(au pied)* kicking back; *(à la main)* throwing back; *(Tennis)* return ◆ ~ **aux 22 mètres** *(Rugby)* drop-out ◆ **à la suite d'un mauvais ~ du gardien, la balle a été interceptée** as a result of a poor return *ou* throw by the goalkeeper the ball was intercepted

e *(Téléc) [d'appel]* transfer ◆ ~ **temporaire de ligne** call diversion

f *[de lecteur]* referral *(à* to)

g *[de rendez-vous]* postponement ◆ ~ **à date ultérieure** postponement to a later date ◆ ~ **à huitaine** *(Jur)* adjournment for a week

h *(= envoi, Jur)* **le ~ d'un projet de loi en commission** referral of a bill to a committee ◆ **demande de ~ devant une autre juridiction** application for transfer of proceedings

i *(= référence)* cross-reference; *(en bas de page)* footnote ◆ **faire un ~ aux notes de l'appendice** to cross-refer to the notes in the appendix

j *(= rot)* belch, burp ◆ **avoir un ~** *(gén)* to belch, to burp; *[bébé]* to burp ◆ **avoir des ~s** to have wind *(Brit) ou* gas *(US)* ◆ **ça me donne des ~s** it makes me belch, it gives me wind *(Brit)*

k *(Tech)* **levier de ~** reversing lever ◆ **poulie de ~** return pulley

l *(Mus)* repeat mark *ou* sign

**renvoyer** /ʀɑ̃vwaje/ ▸ conjug 8 ◂ **VT** a *[+ employé]* to dismiss, to fire *, to sack *(Brit)*; *[+ membre d'un club]* to expel; *[+ élève, étudiant] (définitivement)* to expel; *(temporairement)* to suspend ◆ **il s'est fait ~ de son travail** he was dismissed *ou* fired * *ou* sacked *(Brit)* from his job

b *(= faire retourner)* to send back; *(= faire repartir)* to send away; *(= libérer) [+ accusé, troupes]* to discharge; *[+ importun, créancier]* to send away ◆ **je l'ai renvoyé chez lui** I sent him back home ◆ ~ **dans leurs foyers** *[+ soldats]* to discharge, to send (back) home; *[+ femmes, enfants]* to send (back) home ◆ **les électeurs ont renvoyé les démocrates dans leurs foyers** the voters sent the democrats packing * ◆ ~ **un projet de loi en commission** to refer a bill back *ou* send a bill for further discussion

c *(= réexpédier) [+ lettre, colis]* to send back, to return; *[+ cadeau non voulu, bague de fiançailles]* to return, to give back ◆ **je te renvoie le compliment !** and the same to you!

d *(= relancer) [+ balle]* to send back; *(au pied)* to kick back; *(à la main)* to throw back; *(Tennis)* to return *(à* to); ◆ **il m'a renvoyé la balle** *(fig : argument)* he threw the *ou* my argument back at me, he came back at me with the same argument; *(responsabilité)* he handed the responsibility over to me, he left it up to me ◆ **ils se renvoient la balle** *(argument)* they come back at each other with the same argument; *(responsabilité)* they each refuse to take responsibility, they're both trying to pass the buck * ◆ ~ **l'ascenseur** *(fig)* to return the favour

e *(= référer) [+ lecteur]* to refer *(à* to); ◆ ~ **aux notes de l'appendice** to (cross-)refer to notes in the appendix ◆ ~ **un procès en Haute Cour** to refer a case to the high court ◆ ~ **le prévenu en cour d'assises** to send the accused for trial by the Crown Court ◆ ~ **qn de service en service** to send sb from one department to another ◆ **cela (nous) renvoie à l'Antiquité/à la notion d'éthique** this takes us back to ancient times/to the notion of ethics

f *(Téléc) [+ appel]* to transfer

g *(= différer) [+ rendez-vous]* to postpone, to put off ◆ **l'affaire a été renvoyée à huitaine** *(Jur)* the case was postponed *ou* put off for a week ◆ ~ **qch aux calendes grecques** to postpone sth *ou* put sth off indefinitely

h *(= réfléchir) [+ lumière, chaleur, image]* to reflect; *[+ son]* to echo

i *(Cartes)* ~ **carreau/pique** to play diamonds/spades again, to lead diamonds/spades again

**réoccupation** /ʀeɔkypasjɔ̃/ **NF** *(Mil)* reoccupation ◆ **depuis la ~ du village sinistré par les habitants** since the inhabitants of the stricken village moved back in *ou* came back

**réoccuper** /ʀeɔkype/ ▸ conjug 1 ◂ **VT** *[+ territoire]* to reoccupy; *[+ fonction]* to take up again ◆ **les grévistes ont réoccupé les locaux** the strikers have staged another sit-in ◆ ~ **une maison** to move back into a house

**réopérer** /ReɔpeRe/ ► conjug 6 ◄ VT to operate again ◆ **elle s'est fait** ~ she had another operation, she was operated on again

**réorchestration** /ReɔRkɛstRasjɔ̃/ NF reorchestration

**réorchestrer** /ReɔRkɛstRe/ ► conjug 1 ◄ VT to reorchestrate

**réorganisateur, -trice** /ReɔRganizatœR, tRis/ NM,F reorganizer

**réorganisation** /ReɔRganizasjɔ̃/ NF reorganization

**réorganiser** /ReɔRganize/ ► conjug 1 ◄ VT to reorganize VPR **se réorganiser** *[pays, parti]* to get reorganized, to reorganize itself

**réorientation** /ReɔRjɑ̃tasjɔ̃/ NF *[de politique]* redirecting, reorientation ◆ ~ **scolaire** streaming

**réorienter** /ReɔRjɑ̃te/ ► conjug 1 ◄ VT *[+ politique]* to redirect, to reorient(ate); *[+ élève]* to put into a new stream ◆ ~ **sa carrière** to take one's career in a new direction

**réouverture** /ReuvɛRtyR/ NF *[de magasin, théâtre]* reopening; *[de débat]* resumption, reopening

**repaire** /R(ə)pɛR/ NM *(Zool)* den, lair; *(fig)* den, hideout ◆ **cette taverne est un ~ de brigands** this inn is a thieves' den *ou* a haunt of robbers

**repaître** /RəpɛtR/ ► conjug 57 ◄ VT *(littér)* ◆ ~ **ses yeux de qch** to feast one's eyes on sth ◆ ~ **son esprit de lectures** to feed one's mind on books VPR **se repaître** a ◆ **se ~ de** *[+ crimes]* to wallow in; *[+ lectures, films]* to revel in; *[+ illusions]* to revel in, to feed on b *(= manger) [animal]* to eat its fill; *[personne]* to eat one's fill ◆ **se ~ de qch** to gorge o.s. on sth

**répandre** /Repɑ̃dR/ ► conjug 41 ◄ VT a *(= renverser) [+ soupe, vin]* to spill; *[+ grains]* to scatter; *(volontairement) [+ sciure, produit]* to spread ◆ **le camion a répandu son chargement sur la chaussée** the truck shed its load ◆ ~ **du sable sur le sol** to spread *ou* sprinkle sand on the ground ◆ **la rivière répand ses eaux dans la vallée** the waters of the river spread over *ou* out across the valley

b *(littér) [+ larmes]* to shed ◆ ~ **son sang** to shed one's blood ◆ ~ **le sang** to spill *ou* shed blood ◆ **beaucoup de sang a été répandu** a lot of blood was shed *ou* spilled, there was a lot of bloodshed

c *(= être source de) [+ lumière]* to shed, to give out; *[+ odeur]* to give off; *[+ chaleur]* to give out *ou* off ◆ ~ **de la fumée** *[cheminée]* to give out smoke; *[feu]* to give off *ou* out smoke

d *(= propager) [+ nouvelle, mode, joie, terreur]* to spread; *[+ dons]* to lavish, to pour out

VPR **se répandre** a *(= couler) [liquide]* to spill, to be spilled; *[grains]* to scatter, to be scattered (*sur* over); ◆ **le verre a débordé, et le vin s'est répandu par terre** the glass overflowed and the wine spilled onto the floor ◆ **le sang se répand dans les tissus** blood spreads through the tissues ◆ **la foule se répand dans les rues** the crowd spills out *ou* pours out into the streets

b *(= se dégager) [chaleur, odeur, lumière]* to spread (*dans* through); *[son]* to carry (*dans* through); ◆ **il se répandit une forte odeur de caoutchouc brûlé** a strong smell of burning rubber was given off

c *(= se propager) [doctrine, mode, nouvelle]* to spread (*dans, à travers* through); *[méthode, opinion]* to become widespread (*dans, parmi* among); *[coutume, pratique]* to take hold, to become widespread ◆ **la peur se répandit sur son visage** a look of fear spread over his face; → **traînée**

d ◆ **se ~ en calomnies/excuses/menaces** to pour out *ou* pour forth slanderous remarks/excuses/threats ◆ **se ~ en invectives** to let out a torrent of abuse, to pour out a stream of abuse

**répandu, e** /Repɑ̃dy/ (ptp de **répandre**) ADJ *[opinion, préjugé]* widespread; *[méthode]* widespread, widely used ◆ **idée très ~e** widely *ou* commonly held idea ◆ **une pratique largement ~e dans le monde** a practice that is very common throughout the world ◆ **profession peu ~e** rather unusual profession ◆ **les ordinateurs individuels étaient encore peu ~s** personal computers were still not very widespread *ou* common

**réparable** /RepaRabl/ ADJ *[objet]* repairable, which can be repaired *ou* mended; *[erreur]* which can be put right *ou* corrected; *[perte, faute]* which can be made up for ◆ **ce n'est pas ~** *[objet]* it is beyond repair; *[faute]* there's no way of making up for it; *[erreur]* it can't be put right ◆ **les dégâts sont facilement ~s** the damage can easily be repaired ◆ **cette maladresse sera difficilement ~** it will be hard to put such a blunder right *ou* to make up for such a blunder

**reparaître** /R(ə)paRɛtR/ ► conjug 57 ◄ VI *[personne, trait héréditaire]* to reappear; *[lune]* to reappear, to come out again; *[roman, texte]* to be republished; *[journal, magazine]* to be back in print

**réparateur, -trice** /RepaRatœR, tRis/ ADJ *[sommeil]* refreshing ◆ **crème réparatrice** *(Cosmétique)* conditioning cream; → **chirurgie** NM,F repairer ◆ ~ **d'objets d'art** restorer of works of art ◆ ~ **de porcelaine** porcelain restorer ◆ **le ~ de télévision** the television *ou* TV repairman *ou* engineer

**réparation** /RepaRasjɔ̃/ NF a *[de machine, montre, chaussures, voiture]* mending, repairing, repair; *[d'accroc, fuite]* mending, repair; *[de maison]* repairing; *[d'objet d'art]* restoration, repair ◆ **la voiture est en ~** the car is being repaired ◆ **on va faire des ~s dans la maison** we're going to have some repairs done in the house ◆ **pendant les ~s** during the repairs, while the repairs are (*ou* were) being carried out ◆ **atelier de ~** repair shop

b *[d'erreur]* correction; *[d'oubli, négligence]* rectification

c *[de faute, offense]* atonement (*de* for); *[de tort]* redress (*de* for); *[de perte]* compensation (*de* for); ◆ **en ~ du dommage causé** as reparation for the damage caused ◆ **obtenir ~ (d'un affront)** to obtain redress (for an insult) ◆ **demander ~ par les armes** to demand a duel

d *(Ftbl)* **coup de pied/points/surface de ~** penalty kick/points/area

e *(= recouvrement) [de forces]* recovery ◆ **la ~ des tissus sera longue** the tissues will take a long time to heal ◆ ~ **cellulaire** cell repair

f *(= dommages-intérêts)* damages, compensation ◆ **~s** *(Hist)* reparations

**réparer** /RepaRe/ ► conjug 1 ◄ VT a *(= raccommoder) [+ chaussures, montre, machine, voiture]* to mend, to repair, to fix; *[+ accroc, fuite, route]* to mend, to repair; *[+ objet d'art]* to restore, to repair ◆ **donner qch à ~** to take sth to be mended *ou* repaired ◆ **faire ~ qch** to get *ou* have sth mended *ou* repaired ◆ ~ **sommairement qch** to patch sth up ◆ **j'ai emmené la voiture à ~** * I took the car in (to be repaired)

b *(= corriger) [+ erreur]* to correct, to put right; *[+ oubli, négligence]* to put right, to rectify

c *(= compenser) [+ faute]* to make up for, to make amends for; *[+ tort]* to put right, to redress; *[+ offense]* to atone for, to make up for; *[+ perte]* to make good, to make up for, to compensate for ◆ **tu ne pourras jamais ~ le mal que tu m'as fait** you'll never put right *ou* never undo the harm you've done me ◆ **comment pourrais-je ~ ?** what could I do to make up for it? *ou* to make amends? ◆ **comment pourrais-je ~ ma bêtise ?** how could I make amends for *ou* make up for my stupidity? ◆ **cela ne pourra jamais ~ le dommage que j'ai subi** that'll never make up for *ou* compensate for the harm I've suffered ◆ **vous devez ~ en l'épousant** † you'll have to make amends by marrying her, you'll have to make an honest woman of her

d *(= recouvrer) [+ forces, santé]* to restore

e *(loc)* **il va falloir ~ les dégâts** *(lit)* we'll have to repair the damage; *(* fig)* we'll have to repair the damage *ou* pick up the pieces ◆ ~ **le désordre de sa toilette** *(littér)* to straighten *ou* tidy one's clothes

**reparler** /R(ə)paRle/ ► conjug 1 ◄ VI ◆ ~ **de qch** to talk about sth again ◆ ~ **à qn** to speak to sb again ◆ **nous en reparlerons** *(lit)* we'll talk about it again *ou* discuss it again later; *(dit avec scepticisme)* we'll see about that ◆ **c'est un romancier dont on reparlera** he's a very promising novelist, we'll be hearing more of this novelist ◆ **il commence à ~** *[accidenté, malade]* he's starting to speak again VPR **se reparler** to speak to each other again, to be on speaking terms again, to be back on speaking terms

**repartie, répartie** /Reparti/ NF retort, rejoinder *(frm)* ◆ **avoir de la ~, avoir la ~ facile** to be good *ou* quick at repartee ◆ **avoir l'esprit de ~** to have a talent *ou* gift for repartee

**repartir**[1] /RepaRtiR, R(ə)paRtiR/, **répartir**[1] /RepaRtiR/ ► conjug 16 ◄ VT *(littér = répliquer)* to retort, to reply

**repartir**[2] /R(ə)paRtiR/ ► conjug 16 ◄ VI *[voyageur]* to set *ou* start off again; *[machine]* to start (up) again, to restart; *[affaire, discussion]* to get going again ◆ ~ **chez soi** to go back *ou* return home ◆ **il est reparti hier** he left again yesterday ◆ **il est reparti comme il était venu** he left as he came ◆ ~ **en campagne** *(Pol)* to go back on the campaign trail, to start campaigning again ◆ ~ **à l'assaut** to launch another attack (*de* on); ◆ ~ **sur des bases nouvelles** to make a fresh start ◆ **les achats de véhicules neufs sont repartis à la hausse** sales of new cars have taken off *ou* picked up again ◆ **la croissance repart** growth is picking up again ◆ **heureusement, c'est bien reparti** fortunately, things have got off to a good start this time ◆ **ça y est, les voilà repartis sur la politique !** *(dans une discussion)* that's it, they're off again *ou* there they go again, talking politics! ◆ **c'est reparti pour un tour !** * *ou* **comme en 14 !** * *ou* **comme en 40 !** * here we go again! ◆ **faire ~** *[+ entreprise, économie]* to get going again; *[+ moteur]* to start up again; → **zéro**

**répartir**[2] /RepaRtiR/ ► conjug 2 ◄ VT a *(= diviser) [+ ressources, travail]* to share out, to distribute (*entre* among); *[+ impôts, charges]* to share out (*en* into; *entre* among) to apportion; *[+ butin, récompenses]* to share out, to divide up (*entre* among); *[+ rôles]* to distribute (*entre* among); *[+ poids, volume, chaleur]* to distribute ◆ **on avait réparti les joueurs en deux groupes** the players had been divided *ou* split (up) into two groups ◆ **répartissez le mélange dans des coupelles** *(Culin)* divide the mixture equally into small bowls

b *(= étaler) [+ paiement, cours, horaire]* to spread (*sur* over); ◆ **on a mal réparti les bagages dans le coffre** the luggage hasn't been evenly distributed in the boot ◆ **les troupes sont réparties le long de la frontière** troops are spread out along the border ◆ **le programme est réparti sur deux ans** the programme is spread (out) over a two-year period

VPR **se répartir** a *(= se décomposer)* **les charges se répartissent comme suit** the expenses are divided up as follows ◆ **ils se répartissent en deux ensembles** they can be divided into two sets ◆ **ils se sont répartis en deux groupes** they divided themselves *ou* they split into two groups

b *(= se partager)* **ils se sont réparti le travail** they shared the work out *ou* divided the work up among themselves

**répartiteur, -trice** /ʀepaʀtitœʀ, tʀis/ NM,F *(gén, littér)* distributor, apportioner; *[d'impôt]* assessor ◆ ~ **d'avaries** averager, average adjuster NM *(Tech) [d'électricité]* divider; *[de fluides]* regulator

**répartition** /ʀepaʀtisjɔ̃/ NF a *[de ressources, travail]* sharing out *(NonC)*, distribution; *[d'impôts, charges]* sharing out *(NonC)*; *[de butin, récompenses]* sharing out *(NonC)*, dividing up *(NonC)*; *[de poids, volume, chaleur]* dividing up *(NonC)*, distribution; *[de population, faune, flore, richesses, rôles]* distribution; *(= agencement) [de pièces, salles]* layout, distribution ◆ ~ **par âge/sexe** distribution by age/sex ◆ ~ **géographique** geographical distribution ◆ **la ~ des pouvoirs entre le Président et le Premier ministre** the distribution of power between the President and the Prime Minister b *[de paiement, cours, horaires]* spreading *(NonC)*; *(Comm)* dispatching

**reparution** /ʀ(ə)paʀysjɔ̃/ NF *[de journal]* reappearance ◆ **depuis la ~ du magazine en 1989** since the magazine resumed publication in 1989, since the magazine's reappearance in 1989 ◆ **la ~ de l'album en disque compact** the release of the CD version of the album

**repas** /ʀ(ə)pɑ/ NM meal ◆ ~ **d'affaires** *(= déjeuner)* business lunch; *(= dîner)* business dinner ◆ ~ **à la carte** à la carte meal ◆ ~ **léger** light meal ◆ ~ **de midi** midday *ou* noon *(US)* meal, lunch ◆ ~ **de noces** reception ◆ ~ **de Noël** Christmas dinner ◆ ~ **scolaire** school lunch ◆ ~ **du soir** evening meal, dinner ◆ **il prend tous ses ~ au restaurant** he always eats out ◆ **faire 3 ~ par jour** to have 3 meals a day ◆ ~ **complet** three-course meal ◆ **médicament à prendre avant/à chaque ~** medicine to be taken before/with meals ◆ **assister au ~ des fauves** to watch the big cats being fed ◆ **à l'heure du ~, aux heures des ~** at mealtimes ◆ **manger en dehors des ~** *ou* **entre les ~** to eat between meals

**repassage** /ʀ(ə)pɑsaʒ/ NM *[de linge]* ironing; *[de couteau]* sharpening ◆ **faire le ~** to do the ironing ◆ **"repassage superflu"** "wash-and-wear", "non-iron"

**repasser** /ʀ(ə)pɑse/ ► conjug 1 ◄ VT a *(au fer à repasser)* to iron; *(à la pattemouille)* to press ◆ **le nylon ne se repasse pas** nylon doesn't need ironing; → **fer, planche, table**

b *[+ examen]* to take again, to resit *(Brit)*; *[+ permis de conduire]* to take again ◆ ~ **une visite médicale** to have another medical

c *[+ souvenir, leçon, rôle]* to go (back) over, to go over again ◆ ~ **qch dans son esprit** to go over sth again *ou* go back over sth in one's mind

d *[+ plat]* to hand round again; *[+ film]* to show again; *[+ émission]* to repeat; *[+ disque, chanson]* to play again ◆ ~ **un plat au four** to put a dish in the oven again *ou* back in the oven

e *(* = transmettre) [+ affaire, travail]* to hand over *ou* on; *[+ maladie]* to pass on *(à qn* to sb); ◆ **il m'a repassé le tuyau** he passed the tip on to me ◆ **je te repasse ta mère** *(au téléphone)* I'll hand you back to your mother ◆ **je vous repasse le standard** I'll put you back through to the operator

f *[+ rivière, montagne, frontière]* to cross again, to go *ou* come back across

g *[+ couteau, lame]* to sharpen (up)

VI a *(= retourner)* to come back, to go back ◆ **je repasserai** I'll come back, I'll call (in) again ◆ **si vous repassez par Paris** *(au retour)* if you come back through Paris; *(une autre fois)* if you're passing through Paris again ◆ **ils sont repassés en Belgique** they crossed back *ou* went back over into Belgium ◆ **il va falloir que je repasse sur le billard** * I've got to have another operation ◆ **tu peux toujours ~ !** * you don't have a prayer!, you've got a hope! * *(Brit)*

b *(devant un même lieu)* to go *ou* come past again; *(sur un même trait)* to go over again, to go back over ◆ **je passai et repassai devant la vitrine** I kept walking backwards and forwards in front of the shop window ◆ **souvenirs qui repassent dans la mémoire** memories that are running through one's mind ◆ **quand il fait un travail, il faut toujours ~ derrière lui** when he does some work you always have to go over it again

**repasseur** /ʀ(ə)pɑsœʀ/ NM *(= rémouleur)* knife-grinder *ou* -sharpener

**repasseuse** /ʀ(ə)pɑsøz/ NF *(= femme)* ironer; *(= machine)* ironer, ironing machine

**repavage** /ʀ(ə)pavaʒ/ NM repaving

**repaver** /ʀ(ə)pave/ ► conjug 1 ◄ VT to repave

**repayer** /ʀ(ə)peje/ ► conjug 8 ◄ VT to pay again

**repêchage** /ʀ(ə)peʃaʒ/ NM a *[d'objet, noyé]* recovery b *(Scol) [de candidat]* letting through, passing ◆ **épreuve/question de ~** exam/question to give candidates a second chance

**repêcher** /ʀ(ə)peʃe/ ► conjug 1 ◄ VT a *[+ objet, noyé]* to recover, to fish out ◆ **je suis allé ~ la lettre dans la poubelle** I went and fished the letter out of the bin b *(Scol) [+ candidat]* to let through, to pass *(with less than the official pass mark)*; *[+ athlète]* to give a second chance to ◆ **il a été repêché à l'oral** he scraped through *ou* just got a pass thanks to the oral

**repeindre** /ʀ(ə)pɛ̃dʀ/ ► conjug 52 ◄ VT to repaint

**rependre** /ʀ(ə)pɑ̃dʀ/ ► conjug 41 ◄ VT to re-hang, to hang again

**repenser** /ʀ(ə)pɑ̃se/ ► conjug 1 ◄ VT INDIR **repenser à** ◆ ~ **à qch** to think about sth again ◆ **plus j'y repense** the more I think of it ◆ **je n'y ai plus repensé** *(plus avant)* I haven't thought about it again (since), I haven't given it any further thought (since); *(= j'ai oublié)* it completely slipped my mind ◆ **j'y repenserai** I'll think about it again, I'll have another think about it VT *[+ concept]* to rethink ◆ **il faut ~ tout l'enseignement** the whole issue of education will have to be rethought ◆ ~ **la question** to rethink the question

**repentant, e** /ʀ(ə)pɑ̃tɑ̃, ɑ̃t/ ADJ repentant, penitent

**repenti, e** /ʀ(ə)pɑ̃ti/ (ptp de **se repentir**) ADJ repentant, penitent ◆ **buveur/joueur ~** reformed drinker/gambler NM,F *(gén)* reformed man (*ou* woman); *(= ancien malfaiteur)* criminal turned informer ◆ **un ~ de la Mafia** a Mafia turncoat

**repentir (se)**[1] /ʀ(ə)pɑ̃tiʀ/ ► conjug 16 ◄ VPR a *(Rel)* to repent ◆ **se ~ d'une faute/d'avoir commis une faute** to repent of a fault/of having committed a fault b *(= regretter)* **se ~ de qch/d'avoir fait qch** to regret sth/having done sth, to be sorry for sth/for having done sth ◆ **tu t'en repentiras !** you'll be sorry!

**repentir**[2] /ʀ(ə)pɑ̃tiʀ/ NM *(Rel)* repentance *(NonC)*; *(= regret)* regret

**repérable** /ʀ(ə)peʀabl/ ADJ which can be spotted ◆ ~ **de loin** easily spotted from a distance ◆ **difficilement ~** *(gén)* difficult to spot; *(Mil)* difficult to locate

**repérage** /ʀ(ə)peʀaʒ/ NM *(Aviat, Mil)* location ◆ **le ~ d'un point sur la carte** locating a point on the map, pinpointing a spot on the map ◆ **faire des ~s** *(Ciné)* to research locations ◆ **partir en ~** *(Ciné)* to go looking for locations

**répercussion** /ʀepɛʀkysjɔ̃/ NF *(gén)* repercussion *(sur, dans* on); ◆ **la hausse des taux d'intérêt a eu des ~s sur l'économie** the rise in interest rates has had a knock-on effect on the economy ◆ **la ~ d'une taxe sur le client** *(Fin)* passing a tax on *ou* along *(US)* to the customer

**répercuter** /ʀepɛʀkyte/ ► conjug 1 ◄ VT a *[+ son]* to echo; *[+ écho]* to send back, to throw back; *[+ lumière]* to reflect b *(= transmettre)* ~ **une augmentation sur le client** to pass an increase in cost on to the customer ◆ ~ **un impôt sur le consommateur** to pass on *ou* along *(US)* a tax to the consumer VPR **se répercuter** a *[son]* to reverberate, to echo; *[lumière]* to be reflected, to reflect b ◆ **se ~ sur** to have repercussions on, to affect

**reperdre** /ʀ(ə)pɛʀdʀ/ ► conjug 41 ◄ VT to lose again

**repère** /ʀ(ə)pɛʀ/ NM a *(= marque, trait)* mark; *(= jalon, balise)* marker; *(= monument, accident de terrain)* landmark; *(= événement)* landmark; *(= date)* reference point ◆ ~ **de niveau** bench mark ◆ **j'ai laissé des branches comme ~s pour retrouver notre chemin** I've left branches as markers so that we can find the way back again

◆ **point de repère** *(dans l'espace)* landmark; *(dans le temps, fig)* point of reference

b *(fig)* **perdre ses ~s** *[personne]* to lose one's bearings, to become disorientated; *[société]* to lose its points of reference ◆ **dans un monde sans ~s** in a world that has lost its way ◆ **la disparition des ~s traditionnels** the loss of traditional points of reference ◆ **les adolescents ont besoin de ~s** adolescents need points of reference ◆ **les toxicomanes sont souvent des jeunes qui ont perdu leurs ~s** drug addicts are often youths who've lost their way ◆ **j'essaie de donner des ~s à mon fils** I'm trying to give my son guidance

**repérer** /ʀ(ə)peʀe/ ► conjug 6 ◄ VT a *(* = localiser) [+ erreur, personne]* to spot; *[+ endroit, chemin]* to locate, to find ◆ **se faire ~** *(lit)* to be spotted; *(fig)* to be found out, to get caught ◆ **il avait repéré un petit restaurant** he had discovered a little restaurant ◆ **tu vas nous faire ~** we'll be spotted because of you, you'll get us caught b *(Mil)* to locate, to pinpoint c *(Tech = jalonner) [+ niveau, alignement]* to mark out *ou* off, to stake out VPR **se repérer** *(gén = se diriger)* to find one's way about *ou* around; *(= établir sa position)* to find *ou* get one's bearings ◆ **j'ai du mal à me ~ dans cette intrigue** I have difficulty getting my bearings in this plot

**répertoire** /ʀepɛʀtwaʀ/ NM a *(= carnet)* notebook *(with alphabetical thumb index)*; *(= liste)* (alphabetical) list; *(= catalogue)* catalogue ◆ **noter un mot dans un ~** to write a word down in an alphabetical index, to index a word

**b** *[d'un théâtre]* repertoire; *[de chanteur, musicien]* repertoire, repertory ◆ **les plus grandes œuvres du ~ classique/contemporain** the greatest works in the classic/modern repertory ◆ **les plus grandes œuvres du ~ lyrique/symphonique** the greatest operas/ symphonies ◆ **les grandes œuvres du ~** the great works of the repertoire, the classics ◆ **elle n'a que deux chansons à son ~** she's only got two songs in her repertoire ◆ **elle a tout un ~ de jurons/d'histoires drôles** *(fig)* she has quite a repertoire of swearwords/of jokes

**c** *(Ordin)* directory, folder

**COMP** ▷ **répertoire d'adresses** address book ▷ **répertoire alphabétique** alphabetical index *ou* list ▷ **répertoire des rues** *(sur un plan)* street index

**répertorier** /ʀepɛʀtɔʀje/ ▸ conjug 7 ◂ **VT** *[+ information]* to list; *[+ cas, maladie]* to record; *[+ œuvre]* to index ◆ **non répertorié** unlisted ◆ **les restaurants sont répertoriés par quartiers** the restaurants are listed by area ◆ **90 espèces de coccinelles ont été répertoriées** 90 species of ladybird have been listed *ou* recorded

**repeser** /ʀ(ə)pəze/ ▸ conjug 5 ◂ **VT** to reweigh, to weigh again

**répète** * /ʀepɛt/ **NF** abrév de **répétition**

**répéter** /ʀepete/ GRAMMAIRE ACTIVE 54.4 ▸ conjug 6 ◂

**VT** **a** *(= redire) [+ explication, question]* to repeat; *[+ mot]* to repeat, to say again; *[+ histoire]* to repeat, to tell again ◆ **~ à qn que ...** to tell sb again that ... ◆ **pourriez-vous me ~ cette phrase ?** could you repeat that sentence?, could you say that sentence (to me) again? ◆ **répète-moi le numéro du code** tell me *ou* give me the code number again, tell me what the code number is again ◆ **je l'ai répété/je te l'ai répété dix fois** I've said that/I've told you that a dozen times ◆ **il répète toujours la même chose** he keeps saying *ou* repeating the same thing ◆ **répète !** *(ton de menace)* say that again! ◆ **il ne se l'est pas fait ~** he didn't have to be told *ou* asked twice, he didn't need asking *ou* telling twice ◆ **on ne répétera jamais assez que ...** it cannot be said often enough that ...

**b** *(= rapporter) [+ calomnie]* to repeat, to spread about; *[+ histoire]* to repeat ◆ **elle est allée tout ~ à son père** she went and repeated everything to her father, she went and told her father everything ◆ **je vais vous ~ exactement ce qu'il m'a dit** I'll repeat exactly what he said ◆ **c'est un secret, ne le répétez pas !** it's a secret, don't repeat it! *ou* don't tell anyone! ◆ **il m'a répété tous les détails de l'événement** he went over all the details of the event for me, he related all the details of the event to me

**c** *(= refaire) [+ expérience, exploit]* to repeat, to do again; *[+ proposition]* to repeat, to renew; *[+ essai]* to repeat ◆ **nous répéterons une nouvelle fois la tentative** we'll repeat the attempt one more time, we'll have another try ◆ **tentatives répétées de suicide/d'évasion** repeated suicide/escape attempts

**d** *[+ pièce, symphonie, émission]* to rehearse; *[+ rôle, leçon]* to learn, to go over; *[+ morceau de piano]* to practise ◆ **nous répétons à 4 heures** we rehearse at 4 o'clock, the rehearsal is at 4 o'clock ◆ **ma mère m'a fait ~ ma leçon/mon rôle** I went over my homework/my part with my mother

**e** *(= reproduire) [+ motif]* to repeat; *(Mus) [+ thème]* to repeat, to restate ◆ **les miroirs répétaient son image** his image was reflected again and again in the mirrors

**VPR** **se répéter** **a** *(= redire, radoter)* to repeat o.s. ◆ **se ~ qch à soi-même** to repeat sth to o.s. ◆ **la nouvelle que toute la ville se répète** the news which is being repeated all round the town ◆ **je ne voudrais pas me ~, mais ...** I don't want to repeat myself *ou* say the same thing twice, but ...

**b** *(= se reproduire)* to be repeated, to reoccur, to recur ◆ **ces incidents se répétèrent fréquemment** these incidents were frequently repeated, these incidents kept recurring *ou* occurred repeatedly ◆ **que cela ne se répète pas !** (just) don't let that happen again! ◆ **l'histoire ne se répète jamais** history never repeats itself

**répétiteur, -trice** /ʀepetitœʀ, tʀis/ **NM,F** *(Scol)* tutor, coach **NM** *(Tech)* ◆ **~ de signaux** repeater

**répétitif, -ive** /ʀepetitif, iv/ **ADJ** repetitive

**répétition** /ʀepetisjɔ̃/ **NF** **a** *(= redite)* repetition ◆ **il y a beaucoup de ~s** there is a lot of repetition, there are numerous repetitions

**b** *(= révision)* repetition; *[de pièce, symphonie]* rehearsal; *[de rôle]* learning; *[de morceau de piano]* practising ◆ **~ générale** (final) dress rehearsal ◆ **pour éviter la ~ d'une telle mésaventure** to prevent such a mishap happening again ◆ **la ~ d'un tel exploit est difficile** repeating a feat like that *ou* doing a feat like that again is difficult ◆ **la chorale est en ~** the choir is rehearsing *ou* practising

**c** *(= nouvelle occurrence)* ◆ **pour éviter la ~ d'une telle mésaventure** to prevent such a mishap happening again

◆ **à répétition** ◆ **faire des rhumes/des angines à ~** to have one cold/one sore throat after another ◆ **scandales/grèves à ~** one scandal/strike after another, endless scandals/strikes ◆ **fusil/montre à ~** repeater rifle/watch

**répétitivité** /ʀepetitivite/ **NF** repetitiveness

**repeuplement** /ʀ(ə)pœpləmɑ̃/ **NM** *[de région]* repopulation; *[d'étang, chasse]* restocking; *[de forêt]* replanting

**repeupler** /ʀ(ə)pœple/ ▸ conjug 1 ◂ **VT** *[+ région]* to repopulate; *[+ étang, chasse]* to restock (*de* with); *[+ forêt]* to replant (*de* with) **VPR** **se repeupler** *[région]* to be *ou* become repopulated ◆ **le village commence à se ~** people have started moving back into the village

**repincer** /ʀ(ə)pɛ̃se/ ▸ conjug 3 ◂ **VT** *(lit)* to pinch *ou* nip again; *(* fig)* to catch again, to nab * again ◆ **se faire ~** to get caught *ou* nabbed * again

**repiquage** /ʀ(ə)pikaʒ/ **NM** **a** *(Bot)* pricking out; *[de riz]* transplanting **b** *(Bio)* subculturing **c** *(Photo)* touching up, retouching **d** *(= réenregistrement)* rerecording; *(= copie)* recording, tape

**repiquer** /ʀ(ə)pike/ ▸ conjug 1 ◂ **VT** **a** *(Bot)* to prick out; *[+ riz]* to transplant ◆ **plantes à ~** bedding plants **b** *(Bio)* to subculture **c** *(Photo)* to touch up, to retouch **d** *(= réenregistrer)* to rerecord; *(= faire une copie de) [+ disque]* to record, to tape; *[+ logiciel]* to make a copy of **e** *(* = reprendre)* to catch again ◆ **il s'est fait ~ à la frontière** the police caught up with him again at the border **f** *[moustique]* to bite again; *[épine]* to prick again ◆ **~ un vêtement à la machine** *(Couture)* to restitch a garment **VT INDIR** **repiquer à** * ◆ **~ au plat** to take a second helping ◆ **~ au truc** to go back to one's old ways, to be at it again * ◆ **elle a repiqué aux somnifères** she's back on sleeping tablets again

**répit** /ʀepi/ **NM** *(= rémission)* respite *(frm)*; *(= repos)* respite *(frm)*, rest ◆ **la douleur ne lui laisse pas de ~** the pain never gives him any respite ◆ **s'accorder un peu de ~** to have a bit of a rest ◆ **donnez-moi un petit ~ pour vous payer** give me a bit more time to pay you ◆ **accordez-nous 5 minutes de ~** give us 5 minutes' rest *ou* respite

◆ **sans répit** ◆ **travailler sans ~** to work continuously *ou* without respite ◆ **harceler qn sans ~** to harass sb relentlessly

**replacement** /ʀ(ə)plasmɑ̃/ **NM** *[d'objet]* replacing, putting back; *[d'employé]* redeployment

**replacer** /ʀ(ə)plase/ ▸ conjug 3 ◂ **VT** **a** *(= remettre) [+ objet]* to replace, to put back (in its place) ◆ **~ une vertèbre** to put *ou* ease a vertebra back into place **b** *(= resituer)* **il faut ~ les choses dans leur contexte** we must put things back in their context **c** *[+ employé]* to find a new job for, to redeploy **d** * **il faudra que je la replace, celle-là !** *[+ plaisanterie, expression]* I must remember to use that one again! **VPR** **se replacer** **a** *[employé]* to find a new job **b** *(= s'imaginer)* **se ~ dans les mêmes conditions** to put o.s. in the same situation ◆ **replaçons-nous au 16ᵉ siècle** let's go *ou* look back to the 16th century

**replantation** /ʀ(ə)plɑ̃tasjɔ̃/ **NF** *[de forêt]* replanting

**replanter** /ʀ(ə)plɑ̃te/ ▸ conjug 1 ◂ **VT** *[+ plante]* to replant, to plant out; *[+ forêt, arbre]* to replant ◆ **~ un bois en conifères** to replant a wood with conifers

**replat** /ʀəpla/ **NM** projecting ledge *ou* shelf

**replâtrage** /ʀ(ə)plɑtʀaʒ/ **NM** **a** *[de mur]* replastering **b** * *[d'amitié, gouvernement]* patching up ◆ **~ ministériel** *(Pol)* patching together *ou* patch-up of the cabinet

**replâtrer** /ʀ(ə)plɑtʀe/ ▸ conjug 1 ◂ **VT** **a** *[+ mur]* to replaster; *[+ membre]* to put another cast on **b** * *[+ amitié, gouvernement]* to patch up

**replet, -ète** /ʀəplɛ, ɛt/ **ADJ** *[personne]* podgy, fat; *[visage]* chubby

**repleuvoir** /ʀ(ə)pløvwaʀ/ ▸ conjug 23 ◂ **VB IMPERS** to rain again, to start raining again ◆ **il repleut** it is raining again, it has started raining again

**repli** /ʀəpli/ **NM** **a** *[de terrain, papier]* fold; *[d'intestin, serpent]* coil; *[de rivière]* bend, twist; *[de peau] (dû à l'âge)* wrinkle; *(d'embonpoint)* fold (*de* in) **b** *(Couture) [d'ourlet, étoffe]* fold, turn (*de* in) **c** *(Mil)* withdrawal, falling back ◆ **position de ~** *(Mil, fig)* fallback position ◆ **~ stratégique** *(Mil, fig)* strategic withdrawal **d** *(Bourse)* fall, drop ◆ **le cours de l'étain a accentué son ~** the price of tin has weakened further ◆ **le dollar est en ~ à 1 €** the dollar has fallen back to €1 ◆ **mouvement de ~ des taux d'intérêt** downward trend in interest rates **e** *(= réserve)* withdrawal ◆ **~ sur soi-même** withdrawal (into oneself), turning in on oneself **f** *(= recoin) [de cœur, conscience]* hidden *ou* innermost recess, innermost reaches

**repliable** /ʀ(ə)plijabl/ **ADJ** folding *(épith)*

**réplication** /ʀeplikasjɔ̃/ **NF** *(Bio)* replication

**repliement** /ʀ(ə)plimɑ̃/ **NM** ◆ **~ (sur soi-même)** withdrawal (into oneself), turning in on oneself

**replier** /ʀ(ə)plije/ ▸ conjug 7 ◂ **VT** **a** *[+ carte, journal, robe]* to fold up (again), to fold back up; *[+ manche, bas de pantalon]* to roll up, to fold up; *[+ coin de feuille]* to fold over; *[+ ailes]* to fold (back); *[+ jambes]* to tuck up; *[+ couteau]* to close ◆ **les jambes repliées sous lui**

sitting back with his legs tucked under him ◆ ~ **le drap sur la couverture** to fold the sheet back over *ou* down over the blanket **b** *(Mil) [+ troupes]* to withdraw; *[+ civils]* to move back *ou* away **VPR se replier** *[serpent]* to curl up, to coil up; *[chat]* to curl up; *[lame de couteau]* to fold back; *(Mil)* to fall back, to withdraw (*sur* to); *(Bourse) [valeurs]* to fall (back), to drop ◆ **se ~ (sur soi-même)** to withdraw into oneself, to turn in on oneself ◆ **communauté repliée sur elle-même** inward-looking community

**réplique** /Replik/ **NF** **a** *(= réponse)* retort ◆ **il a la ~ facile** he's always ready with an answer, he's never at a loss for an answer *ou* a reply ◆ **et pas de ~ !** and don't answer back! ◆ **"non", dit-il d'un ton sans ~** "no", he said in a tone that brooked no reply ◆ **argument sans ~** irrefutable argument

**b** *(= contre-attaque)* counter-attack ◆ **la ~ ne se fit pas attendre** they weren't slow to retaliate

**c** *(Théât)* line ◆ **dialogue aux ~s spirituelles** dialogue with some witty lines ◆ **oublier sa ~** to forget one's lines *ou* words ◆ **l'acteur a manqué sa ~** the actor missed his cue ◆ **c'est Belon qui vous donnera la ~** *(pour répéter)* Belon will give you your cue; *(dans une scène)* Belon will play opposite you ◆ **je saurai lui donner la ~** *(fig)* I can match him (in an argument), I can give as good as I get

**d** *(Art)* replica ◆ **il est la ~ de son jumeau** *(fig)* he's the (spitting) image of his twin brother

**e** *[de tremblement de terre]* after-shock

**répliquer** /Replike/ ► conjug 1 ◄ **VT** to reply ◆ **il (lui) répliqua que ...** he replied *ou* retorted that ... ◆ **il n'y a rien à ~ à cela** there's no answer to that ◆ **il trouve toujours quelque chose à ~** he's always got an answer for everything **VI** **a** *(= répondre)* to reply ◆ **~ à la critique** to reply to criticism ◆ **et ne réplique pas !** *(insolence)* and don't answer back!; *(protestation)* and no protests! **b** *(= contre-attaquer)* to retaliate ◆ **il répliqua par des coups de poing/des injures** he retaliated with his fists/with foul language

**replonger** /R(ə)plɔ̃ʒe/ ► conjug 3 ◄ **VT** *[+ rame, cuiller]* to dip back (*dans* into); ◆ **replongé dans la pauvreté/la guerre/l'obscurité** plunged into poverty/war/darkness again, plunged back into poverty/war/darkness ◆ **replongeant sa main dans l'eau** dipping his hand into the water again ◆ **ce film nous replonge dans l'univers des années 30** this film takes us right back to the 1930s ◆ **elle replongea son nez dans ses dossiers** she buried herself in her files again

**VI** **a** *(dans une piscine)* to dive back, to dive again (*dans* into)

**b** * *[drogué]* to become hooked* again; *[délinquant]* to go back to one's old ways; *[alcoolique]* to go back to drinking

**VPR se replonger** to dive back *ou* again (*dans* into); ◆ **il se replongea dans sa lecture** he immersed himself in his book again, he went back to his reading ◆ **se ~ dans les études** to throw oneself into one's studies again

**repolir** /R(ə)pɔliR/ ► conjug 2 ◄ **VT** *[+ objet]* to repolish; *(fig) [+ discours]* to polish up again, to touch up again

**répondant, e** /Repɔ̃dɑ̃, ɑ̃t/ **NM,F** guarantor, surety ◆ **servir de ~ à qn** *(Fin)* to stand surety for sb, to be sb's guarantor; *(fig)* to vouch for sb **NM** **a** *(Fin)* **il a du ~** *(compte approvisionné)* he has money behind him; *(*: beaucoup d'argent)* he has something to fall back on; *(*: le sens de la répartie)* he has a talent for repartee **b** *(Rel)* server

**répondeur, -euse** /Repɔ̃dœR, øz/ **ADJ** * impertinent, cheeky* *(Brit)*, sassy* *(US)* ◆ **je n'aime pas les enfants ~s** I don't like children who answer back **NM** ◆ **~ (téléphonique)** (telephone) answering machine *(simply giving a recorded message)* ◆ **~ (enregistreur)** (telephone) answering machine, answerphone *(on which you can leave a message)* ◆ **je suis tombé sur un ~** I got a recorded message; → **interrogeable**

**répondre** /Repɔ̃dR/ GRAMMAIRE ACTIVE 54.4, 54.5, 54.7 ► conjug 41 ◄

**VT** **a** *(gén)* to answer, to reply ◆ **il a répondu une grossièreté** he replied with a rude remark, he made a rude remark in reply ◆ **il m'a répondu oui/non** he said *ou* answered yes/no ◆ **il m'a répondu (par) une lettre** he sent me a written reply ◆ **il a répondu qu'il le savait** he answered *ou* replied that he knew ◆ **il m'a répondu qu'il viendrait** he told me (in reply) that he would come ◆ **je lui ai répondu de se taire** *ou* **qu'il se taise** I told him to be quiet ◆ **vous me demandez si j'accepte, je (vous) réponds que non** you're asking me if I accept and I'm telling you I don't *ou* and my answer is no ◆ **je me suis vu ~ que ..., il me fut répondu que ...** I was told that ... ◆ **~ présent à l'appel** *(lit)* to answer present at roll call; *(fig)* to come forward, to make oneself known ◆ **réponds quelque chose, même si c'est faux** give an answer, even if it's wrong ◆ **(c'est) bien répondu !** well said! ◆ **qu'avez-vous à ~ ?** what have you got to say in reply? ◆ **il n'y a rien à ~** there's no answer to that ◆ **qu'est-ce que vous voulez ~ à cela ?** what can you say to that?

**b** *(Rel)* ~ **la messe** to serve (at) mass

**VI** **a** *(gén)* to answer, to reply ◆ **réponds donc !** well answer (then)! ◆ **~ en claquant la porte** to slam the door by way of reply *ou* by way of an answer ◆ **~ à qn/à une question/à une convocation** to reply to *ou* answer sb/a question/a summons ◆ **seul l'écho lui répondit** only the echo answered him ◆ **je ne lui ai pas encore répondu** I haven't yet replied to his letter *ou* answered his letter *ou* written back to him ◆ **je lui répondrai par écrit** I'll reply *ou* answer in writing, I'll let him have a written reply *ou* answer ◆ **avez-vous répondu à son invitation ?** did you reply to his invitation? ◆ **il répond au nom de Louis** he answers to the name of Louis ◆ **~ par oui ou par non** to reply *ou* answer *ou* say yes or no ◆ **~ par monosyllabes** to reply in words of one syllable ◆ **instruments de musique qui se répondent** musical instruments that answer each other ◆ **~ par un sourire/en hochant la tête** to smile/nod in reply ◆ **elle répondit à son salut par un sourire** she replied to *ou* answered his greeting with a smile ◆ **il a répondu par des injures** he replied with a string of insults, he replied by insulting us (*ou* them *etc*)

**b** *(= aller ouvrir ou décrocher)* ◆ **~ (à la porte** *ou* **à la sonnette)** to answer the door ◆ **~ (au téléphone)** to answer the telephone ◆ **son poste ne répond pas** there's no reply from his extension ◆ **personne ne répond, ça ne répond pas** there's no answer *ou* reply, no one's answering ◆ **on a sonné, va ~** there's the doorbell - go and see who it is ◆ **personne n'a répondu à mon coup de sonnette** no one answered the door *ou* the bell when I rang, I got no answer when I rang the bell

**c** *(= être impertinent)* to answer back ◆ **il a répondu à la maîtresse** he answered the teacher back

**d** *(= réagir) [voiture, commandes, membres]* to respond (*à* to); ◆ **son cerveau ne répond plus aux excitations** his brain no longer responds to stimuli ◆ **les freins ne répondaient plus** the brakes were no longer responding

**VT INDIR répondre à** **a** *(= correspondre à) [+ besoin]* to answer, to meet; *[+ signalement]* to answer, to fit; *[+ norme, condition]* to meet ◆ **ça répond tout à fait à l'idée que je m'en faisais** that corresponds exactly to what I imagined it to be like ◆ **cela répond/ne répond pas à ce que nous cherchons** this meets/doesn't meet *ou* falls short of our requirements ◆ **ça répond/ne répond pas à mon attente** *ou* **à mes espérances** it comes up to/falls short of my expectations ◆ **cela répond à une certaine logique** it's quite logical

**b** *(= payer de retour) [+ attaque, avances]* to respond to; *[+ amour, affection, salut]* to return; *[+ politesse, gentillesse, invitation]* to repay, to pay back ◆ **peu de gens ont répondu à cet appel** few people responded to this appeal, there was little response to this appeal ◆ **~ à la force par la force** to answer *ou* meet force with force ◆ **s'ils lancent une attaque, nous saurons y ~** if they launch an attack we'll fight back *ou* retaliate

**c** *(= être identique à) [+ dessin, façade]* to match ◆ **les deux ailes du bâtiment se répondent** the two wings of the building match (each other)

**VT INDIR répondre de** **a** *(= être garant de) [+ personne]* to answer for ◆ **~ de l'innocence/l'honnêteté de qn** to answer *ou* vouch for sb's innocence/honesty ◆ **~ des dettes de qn** to answer for sb's debts, to be answerable for sb's debts ◆ **si vous agissez ainsi, je ne réponds plus de rien** if you behave like that, I'll accept no further responsibility ◆ **il viendra, je vous en réponds !** he'll come all right, you can take my word for it! ◆ **ça ne se passera pas comme ça, je t'en réponds !** you can take it from me that it won't happen like that!, it won't happen like that, you take it from me!

**b** *(= rendre compte de) [+ actes, décision]* to be accountable for ◆ **~ de ses crimes** *(Jur)* to answer for one's crimes

**répons** /Repɔ̃/ **NM** *(Rel)* response

**réponse** /Repɔ̃s/ GRAMMAIRE ACTIVE 46.4 **NF** **a** *(à demande, lettre, objection)* reply, response; *(à coup de sonnette, prière, question,)* answer, reply; *(à énigme, examen, problème)* answer (*à* to); *(Mus)* recapitulation ◆ **en ~ à votre question** in answer *ou* reply *ou* response to your question ◆ **en ~ aux accusations portées contre lui** in response *ou* reply to the accusations brought against him ◆ **pour toute ~, il grogna** he just grunted in reply ◆ **pour toute ~, il me raccrocha au nez** he just hung up on me ◆ **ma ~ est non** my answer is no ◆ **télégramme avec ~ payée** reply-paid telegram ◆ **ma lettre est restée sans ~** my letter remained unanswered ◆ **sa demande est restée sans ~** there has been no reply *ou* response to his request ◆ **apporter une ~ au problème** to find an answer to the problem ◆ **la ~ ne s'est pas fait attendre** *(Mil, fig)* they were (*ou* he was *etc*) quick to retaliate

**b** *(Physiol, Tech = réaction)* response; *(à un appel, un sentiment = écho)* response ◆ **~ immunitaire** immune response

**c** *(loc)* **avoir ~ à tout** to have an answer for everything ◆ **c'est la ~ du berger à la bergère** it's tit for tat ◆ **il me fit une ~ de Normand** he wouldn't say yes or no, he wouldn't give me a straight answer ◆ **il fait les demandes**

**et les ~s** he doesn't let anyone get a word in edgeways * *(Brit)* *ou* edgewise *(US)*

> ⚠ *Attention à ne pas traduire automatiquement* **réponse** *par* **response**, *qui, sauf au sens de 'réaction', est d'un registre plus soutenu.*

**repopulation** /ʀ(ə)pɔpylasjɔ̃/ NF *[de ville]* repopulation; *[d'étang]* restocking

**report** /ʀəpɔʀ/ NM **a** *[de match]* postponement, putting off; *[de procès]* postponement; *[de décision]* putting off, deferment; *[de date]* putting off, putting back, deferment ♦ **~ d'échéance** *(Fin)* extension of due date ♦ **"report"** *(en bas de page)* "carried forward"; *(en haut de page)* "brought forward" **b** *[de chiffres, indications]* transfer, writing out, copying out; *(Comm)* *[d'écritures]* posting; *[de somme]* carrying forward *ou* over; *(Photo)* transfer ♦ **faire le ~ de** *[+ somme]* to carry forward *ou* over; *[+ écritures]* to post ♦ **les ~s de voix entre les deux partis se sont bien effectués au deuxième tour** *(Pol)* the votes were satisfactorily transferred to the party with more votes after the first round of the election

**reportage** /ʀ(ə)pɔʀtaʒ/ NM **a** *(Presse, Radio, TV)* report (*sur* on); *(sur le vif) [de match, événement]* commentary ♦ **~ photographique/télévisé** illustrated/television report ♦ **~ en direct** live commentary ♦ **faire un ~ sur** *(Presse)* to write a report on; *(Radio, TV)* to report on ♦ **faire** *ou* **assurer le ~ d'une cérémonie** to cover a ceremony, to do the coverage of a ceremony ♦ **être en ~** *(Presse)* to be out on a story, to be covering a story; *(Radio, TV)* to be (out) reporting ♦ **c'était un ~ de Julie Durand** that report was from Julie Durand, that was Julie Durand reporting

**b** *(= métier)* (news) reporting ♦ **il fait du ~** he's a (news) reporter ♦ **le grand ~** the coverage of major international events ♦ **il a fait plusieurs grands ~s pour ...** he has covered several big stories for ...

**reporter[1]** /ʀ(ə)pɔʀte/ GRAMMAIRE ACTIVE 48.3 ▸ conjug 1 ◂

VT **a** *(= ramener) [+ objet]* to take back; *(par la pensée)* to take back (*à* to); ♦ **cette chanson nous reporte aux années trente** this song takes us back to the thirties

**b** *(= différer) [+ match]* to postpone, to put off; *[+ décision]* to put off, to defer; *[+ date]* to put off *ou* back *(Brit)*, to defer ♦ **la réunion est reportée à demain/d'une semaine** the meeting has been postponed until tomorrow/for a week ♦ **le jugement est reporté à huitaine** *(Jur)* (the) sentence has been deferred for a week

**c** *[+ chiffres, indications]* to transfer (*sur* to) to write out, to copy out (*sur* on); *(Comm)* *[+ écritures]* to post; *(Photo)* to transfer (*sur* to); ♦ **~ une somme sur la page suivante** to carry an amount forward *ou* over to the next page

**d** *(= transférer)* **~ son affection/son vote sur** to transfer one's affection/one's vote to ♦ **~ son gain sur un autre cheval/numéro** to put *ou* place one's winnings on *ou* transfer one's bet to another horse/number

VT INDIR **reporter à** *(= en référer à) (hiérarchiquement)* to report to

VPR **se reporter** **a** *(= se référer à)* **se ~ à** to refer to ♦ **reportez-vous à la page 5** turn to *ou* refer to *ou* see page 5

**b** *(par la pensée)* **se ~ à** to think back to, to cast one's mind back to ♦ **reportez-vous (par l'esprit) aux années 50** cast your mind back to the fifties ♦ **si l'on se reporte à l'Angleterre de cette époque** if one thinks back to the England of that period

**c** *(= se transférer)* **son affection s'est reportée sur ses chats** he transferred his affection to his cats

**reporter[2]** /ʀ(ə)pɔʀtɛʀ/ NM reporter ♦ **grand ~** special correspondent ♦ **~(-)photographe** reporter and photographer ♦ **~-cameraman** news reporter and cameraman; → **radioreporter**

**reporteur** /ʀ(ə)pɔʀtœʀ/ NM **a** *(Bourse)* taker (of stock) **b** *(Typo)* transfer **c** *(TV)* reporter ♦ **~ d'images** reporter-cameraman

**reporting** /ʀipɔʀtiŋ/ NM notification ♦ **ses méthodes de ~ étaient déficientes** his notification procedures were unsatisfactory

**repos** /ʀ(ə)po/ NM **a** *(= détente)* rest ♦ **prendre du ~/un peu de ~** to take *ou* have a rest/a bit of a rest ♦ **il ne peut pas rester** *ou* **demeurer en ~ 5 minutes** he can't rest *ou* relax for (even) 5 minutes ♦ **le médecin lui a ordonné le ~ complet** the doctor has ordered him to rest *ou* ordered complete rest ♦ **après une matinée/journée de ~, il allait mieux** after a morning's/day's rest he felt better ♦ **respecter le ~ dominical** to observe Sunday as a day of rest ♦ **le ~ du guerrier** *(hum)* a well-earned rest; → **lit, maison**

**b** *(= congé)* **avoir droit à deux jours de ~ hebdomadaire** to be entitled to two days off a week ♦ **le médecin lui a donné du ~/huit jours de ~** the doctor has given him some time off/a week off

**c** *(= tranquillité)* peace and quiet; *(= quiétude morale)* peace of mind; *(littér = sommeil, mort)* rest, sleep ♦ **il n'y aura pas de ~ pour lui tant que ...** he'll have no peace of mind until ..., he won't get any rest until ... ♦ **le ~ de la tombe** the sleep of the dead ♦ **le ~ éternel** eternal rest

**d** *(= pause) [de discours]* pause; *[de vers]* rest; *(Mus)* cadence

**e** *(= petit palier)* half landing

**f** *(loc)* **~ !** *(Mil)* (stand) at ease! ♦ **muscle à l'état de ~** relaxed muscle

♦ **au repos** *[soldat]* standing at ease; *[masse, machine, animal]* at rest; *[muscle]* relaxed

♦ **de + repos** ♦ **être de ~** to be off ♦ **de tout ~** *[situation, entreprise]* secure, safe; *[placement]* gilt-edged, safe; *[travail]* easy ♦ **ce n'est pas de tout ~ !** it's not exactly restful!, it's no picnic! *

♦ **en repos** ♦ **être en ~** to be resting ♦ **avoir la conscience en ~** to have an easy *ou* a clear conscience ♦ **pour avoir l'esprit en ~** to put my (*ou* your *etc*) mind at rest ♦ **laisser qn en ~** *(frm)* to leave sb in peace *ou* alone

♦ **sans repos** *[travailler]* without stopping, relentlessly; *[marcher]* without a break *ou* a rest, without stopping; *[quête]* uninterrupted, relentless

**reposant, e** /ʀ(ə)pozɑ̃, ɑ̃t/ ADJ *[sommeil]* refreshing; *[couleur, lieu]* restful; *[musique, vacances]* restful, relaxing ♦ **c'est ~ pour la vue** it's (very) restful on *ou* to the eyes

**repose** /ʀ(ə)poz/ NF *[d'appareil]* refitting, reinstallation; *[de tapis]* relaying, putting (back) down again

**reposé, e[1]** /ʀ(ə)poze/ (ptp de **reposer**) ADJ *[air, teint, cheval]* fresh, rested *(attrib)* ♦ **elle avait le visage ~** she looked rested ♦ **j'ai l'esprit ~** my mind is fresh ♦ **maintenant que vous êtes bien ~ ...** now (that) you've had a good rest ...; → **tête**

**repose-bras** /ʀ(ə)pozbʀɑ/ NM INV armrest

**repose-pied** (pl **repose-pieds**) /ʀ(ə)pozpje/ NM footrest

**reposer** /ʀ(ə)poze/ ▸ conjug 1 ◂ VT **a** *(= poser à nouveau) [+ verre, livre]* to put back down, to put down again; *[+ tapis]* to relay, to put back down; *[+ objet démonté]* to put back together ♦ **~ ses yeux sur qch** to look at sth again ♦ **va ~ ce livre où tu l'as trouvé** go and put that book back where you found it ♦ **reposez armes !** *(Mil)* order arms!

**b** *(= soulager, délasser) [+ yeux, corps, membres]* to rest; *[+ esprit]* to rest, to relax ♦ **se ~ l'esprit** to rest one's mind, to give one's mind *ou* brain a rest ♦ **les lunettes de soleil reposent les yeux** *ou* **la vue** sunglasses rest the eyes, sunglasses are restful to the eyes ♦ **~ sa tête/jambe sur un coussin** to rest one's head/leg on a cushion ♦ **cela repose de ne voir personne (pendant une journée)** it makes a restful change not to see anyone (for a whole day); → **tête**

**c** *(= répéter) [+ question]* to repeat, to ask again; *[+ problème]* to bring up again, to raise again ♦ **cela va ~ le problème** that will raise the (whole) problem again *ou* bring the (whole) problem up again ♦ **cet incident va (nous) ~ un problème** this incident is going to pose us a new problem *ou* bring up a new problem for us

VT INDIR **reposer sur** *[bâtiment]* to be built on; *[route]* to rest on, to be supported by; *[supposition]* to rest on, to be based on; *[résultat]* to depend on ♦ **sa jambe reposait sur un coussin** his leg was resting on a cushion ♦ **sa théorie ne repose sur rien de précis** his theory doesn't rest on *ou* isn't based on anything specific ♦ **tout repose sur son témoignage** everything hinges on *ou* rests on his evidence

VI **a** *(littér) (= être étendu)* to rest, to lie (down); *(= dormir)* to sleep, to rest; *(= être enterré)* to rest ♦ **faire ~ son cheval** to rest one's horse ♦ **tout reposait dans la campagne** everything was sleeping *ou* resting in the countryside ♦ **ici repose ...** here lies ... ♦ **qu'il repose en paix** may he rest in peace ♦ **l'épave repose par 20 mètres de fond** the wreck is lying 20 metres down

**b** ♦ **laisser ~** *[+ liquide]* to leave to settle, to let settle *ou* stand; *[+ pâte à pain]* to leave to rise, to let rise; *[+ pâte feuilletée]* to (allow to) rest; *[+ pâte à crêpes]* to leave (to stand) ♦ **laisser ~ la terre** to let the earth lie fallow

VPR **se reposer** **a** *(= se délasser)* to rest ♦ **se ~ sur ses lauriers** to rest on one's laurels

**b** ♦ **se ~ sur qn** to rely on sb ♦ **je me repose sur vous pour régler cette affaire** I'll leave it to you *ou* I'm relying on you to sort this business out ♦ **elle se repose sur lui pour tout** she relies on him for everything

**c** *(= se poser à nouveau) [oiseau, poussière]* to settle again; *[problème]* to crop up again

**repose-tête** (pl **repose-têtes**) /ʀ(ə)poztɛt/ NM headrest

**repositionner** /ʀ(ə)pozisjɔne/ ▸ conjug 1 ◂ VT to reposition ♦ **ils désirent ~ la chaîne sur le marché** they are looking to reposition the chain in the market VPR **se repositionner** to reposition o.s. ♦ **nous cherchons à nous ~ dans le haut de gamme** we are seeking to reposition ourselves at the higher end of the market

**reposoir** /ʀ(ə)pozwaʀ/ NM *[d'église, procession]* altar of repose; *[de maison privée]* household altar

**repoussage** /ʀ(ə)pusaʒ/ NM *[de cuir, métal]* repoussé work, embossing

**repoussant, e** /ʀ(ə)pusɑ̃, ɑ̃t/ ADJ *[odeur, saleté, visage]* repulsive, repugnant ♦ **d'une laideur ~e** repulsive

**repousse** /ʀ(ə)pus/ NF *[de cheveux, gazon]* regrowth ♦ **pour accélérer la ~ des cheveux** to help the hair grow again *ou* grow back in

**repousse-peaux** /ʀəpuspo/ NM INV orange stick

**repousser** /ʀ(ə)puse/ ▸ conjug 1 ◂ VT **a** *(= écarter, refouler) [+ objet encombrant]* to push out of the way, to push away; *[+ ennemi, attaque]* to repel, to repulse, to drive back; *[+ coups]* to ward off; *[+ soupirant, quémandeur, malheureux]* to turn away ◆ ~ **qch du pied** to kick sth out of the way, to kick sth away ◆ **il me repoussa avec brusquerie** he pushed me away *ou* out of the way roughly ◆ **elle parvint à ~ son agresseur** she managed to drive off *ou* beat off her attacker ◆ **les électrons se repoussent** electrons repel each other

**b** *(= refuser) [+ demande, conseil, aide]* to turn down, to reject; *[+ hypothèse]* to dismiss, to rule out; *[+ tentation]* to reject, to resist, to repel; *[+ projet de loi]* to reject; *[+ objections, arguments]* to brush aside, to dismiss ◆ **la police ne repousse pas l'hypothèse du suicide** the police do not rule out the possibility of suicide

**c** *(= remettre en place) [+ meuble]* to push back; *[+ tiroir]* to push back in; *[+ porte]* to push to ◆ **repousse la table contre le mur** push the table back *ou* up against the wall

**d** *(= différer) [+ date, réunion]* to put off *ou* back *(Brit)*, to postpone, to defer ◆ **la date de l'examen a été repoussée (à huitaine/à lundi)** the exam has been put off *ou* postponed (for a week/till Monday), the date of the exam has been put back *(Brit)* (a week/till Monday)

**e** *(= dégoûter)* to repel, to repulse ◆ **tout en lui me repousse** everything about him repels *ou* repulses me

**f** *(Tech) [+ cuir, métal]* to emboss (by hand), to work in repoussé ◆ **en cuir/métal repoussé** in repoussé leather/metal

**VI** *[feuilles, cheveux]* to grow again ◆ **laisser ~ sa barbe** to let one's beard grow again

**repoussoir** /ʀ(ə)puswaʀ/ **NM** **a** *(à cuir, métal)* snarling iron; *(à ongles)* orange stick **b** *(Art)* repoussoir, high-toned foreground; *(fig = faire-valoir)* foil ◆ **servir de ~ à qn** to act as a foil to sb **c** *(péj, * = personne laide)* ugly so-and-so * ◆ **c'est un ~ !** he's (*ou* she's) ugly as sin! *

**répréhensible** /ʀepʀeɑ̃sibl/ **ADJ** *[acte, personne]* reprehensible ◆ **je ne vois pas ce qu'il y a de ~ à ça !** I don't see what's wrong with (doing) that!

**reprendre** /ʀ(ə)pʀɑ̃dʀ/ ► conjug 58 ◄ **VT** **a** *(= récupérer) [+ ville]* to recapture; *[+ prisonnier]* to recapture, to catch again; *[+ employé]* to take back; *[+ objet prêté]* to take back, to get back ◆ ~ **sa place** *(sur un siège)* to go back to one's seat, to resume one's seat; *(dans un emploi)* to go back to work ◆ **la photo avait repris sa place sur la cheminée** the photo was back in its (usual) place on the mantelpiece ◆ **passer ~ qn** to go back *ou* come back for sb ◆ **il a repris sa parole** he went back on his word ◆ **j'irai ~ mon manteau chez le teinturier** I'll go and get my coat (back) from the cleaner's ◆ ~ **son nom de jeune fille** to take one's maiden name again, to go back to *ou* revert to one's maiden name

**b** *(= se resservir de) [+ plat]* to have *ou* take (some) more ◆ **voulez-vous ~ des légumes ?** would you like a second helping of *ou* some more vegetables?

**c** *(= retrouver) [+ espoir, droits, forces]* to regain, to recover ◆ ~ **des couleurs** to get some colour back in one's cheeks ◆ ~ **confiance/courage** to regain *ou* recover one's confidence/courage ◆ ~ **ses droits** to reassert itself ◆ ~ **ses habitudes** to get back into one's old habits, to take up one's old habits again ◆ ~ **contact avec qn** to get in touch with sb again ◆ ~ **ses esprits** *ou* **ses sens** to come to, to regain consciousness, to come round *(Brit)* ◆ ~ **sa liberté** to regain one's freedom ◆ ~ **haleine** *ou* **son souffle** to get one's breath back; → **connaissance, conscience, dessus** *etc*

**d** *(Comm) [+ marchandises]* to take back; *(contre un nouvel achat)* to take in part exchange; *[+ fonds de commerce, usine]* to take over ◆ **les articles en solde ne sont ni repris ni échangés** sale goods cannot be returned or exchanged ◆ **ils m'ont repris ma vieille télé** they bought my old TV set off me (in part exchange) ◆ **j'ai acheté une voiture neuve et ils ont repris la vieille** I bought a new car and traded in the old one *ou* and they took the old one in part exchange ◆ **il a repris l'affaire de son père** he has taken on *ou* over his father's business

**e** *(= recommencer, poursuivre) [+ travaux]* to resume; *[+ études, fonctions, lutte]* to take up again, to resume; *[+ livre]* to pick up again, to go back to; *[+ lecture]* to go back to, to resume; *[+ conversation, récit]* to resume, to carry on (with); *[+ promenade]* to resume, to continue; *[+ hostilités]* to reopen, to start again; *[+ pièce de théâtre]* to put on again ◆ ~ **la route** *ou* **son chemin** *[voyageur]* to set off again ◆ ~ **la route** *[routier]* to go back on the road again ◆ ~ **la mer** *[marin]* to go back to sea ◆ **après déjeuner ils reprirent la route** after lunch they continued their journey *ou* they set off again ◆ ~ **la plume** to take up the pen again ◆ **reprenez votre histoire au début** start your story from the beginning again, go back to the beginning of your story again ◆ **reprenons les faits un par un** let's go over the facts again one by one ◆ **il reprendra la parole après vous** he will speak again after you ◆ ~ **le travail** *(après maladie, grève)* to go back to work, to start work again; *(après le repas)* to get back to work, to start work again ◆ **la vie reprend son cours** life is back to normal again ◆ **il a repris le rôle de Hamlet** *(Théât)* he has taken on the role of Hamlet; → **collier**

**f** *(= saisir à nouveau)* **son mal de gorge l'a repris** his sore throat is troubling *ou* bothering him again ◆ **ses douleurs l'ont repris** he is in pain again ◆ **voilà que ça le reprend !** *(iro)* there he goes again!, he's off again! * ◆ **ses doutes le reprirent** he started feeling doubtful again

**g** *(= attraper à nouveau)* to catch again ◆ **on ne m'y reprendra plus** *(fig)* I won't let myself be caught (out) again ◆ **que je ne t'y reprenne pas !** *(menace)* don't let me catch you doing that again!

**h** *(Sport = rattraper) [+ balle]* to catch ◆ **revers bien repris par Legrand** *(Tennis)* backhand well returned by Legrand

**i** *(= retoucher, corriger) [+ tableau]* to touch up; *[+ article, chapitre]* to go over again; *[+ manteau] (gén)* to alter; *(trop grand)* to take in; *(trop petit)* to let out; *(trop long)* to take up; *(trop court)* to let down ◆ **il n'y a rien à ~** there's not a single correction *ou* alteration to be made ◆ **il y a beaucoup de choses à ~ dans ce travail** there are lots of improvements to be made to this work, there are a lot of things that need improving in this work ◆ **il faut ~ un centimètre à droite** *(Couture)* we'll have to take it in half an inch on the right

**j** *(= réprimander) [+ personne]* to reprimand, to tell off *; *(pour faute de langue)* to pull up ◆ ~ **un élève qui se trompe** to correct a pupil

**k** *(= répéter) [+ refrain]* to take up; *[+ critique]* to repeat ◆ **il reprend toujours les mêmes arguments** he always repeats the same arguments, he always comes out with the same old arguments ◆ **reprenez les 5 dernières mesures** *(Mus)* let's have *ou* take the last 5 bars again ◆ **ils reprirent la chanson en chœur** they all joined in *ou* took up the song

**l** *(= réutiliser) [+ idée, suggestion]* to take up (again), to use (again) ◆ **l'incident a été repris par les journaux** the incident was taken up by the newspapers

**VI** **a** *(= retrouver de la vigueur) [plante]* to recover; *[affaires]* to pick up ◆ **la vie reprenait peu à peu** life gradually returned to normal ◆ **il a bien repris depuis son opération** he has made a good recovery since his operation ◆ **pour faire ~ le feu** to get the fire going (again); → **affaire**

**b** *(= recommencer) [bruit, pluie, incendie, grève]* to start again; *[fièvre, douleur]* to come back again; *(Scol, Univ)* to start again, to go back ◆ **le froid a repris depuis hier** it has turned cold again since yesterday

**c** *(= dire)* **"ce n'est pas moi", reprit-il** "it's not me", he went on

**VPR** **se reprendre** **a** *(= se corriger)* to correct o.s.; *(= s'interrompre)* to stop o.s. ◆ **il allait plaisanter, il s'est repris à temps** he was going to make a joke but he stopped himself *ou* pulled himself up in time

**b** *(= recommencer)* **se ~ à plusieurs fois pour faire qch** to make several attempts to do sth *ou* at doing sth ◆ **il a dû s'y ~ à deux fois pour ouvrir la porte** he had to make two attempts before he could open the door ◆ **il se reprit à penser à elle** he went back to thinking about her, his thoughts went back to her ◆ **il se reprit à craindre que ...** once more he began to be afraid that ... ◆ **chacun se reprit à espérer** everyone began to hope again, everyone's hopes began to revive again

**c** *(= se ressaisir)* **après une période de découragement, il s'est repris** after feeling quite despondent for a while he's got a grip on himself *ou* pulled himself together (again) ◆ **le coureur s'est bien repris sur la fin** the runner made a good recovery *ou* caught up well towards the end

**repreneur** /ʀ(ə)pʀənœʀ/ **NM** *(Ind)* (corporate) rescuer; *(péj)* raider ◆ **trouver ~** to find a buyer

**représailles** /ʀ(ə)pʀezaj/ **NFPL** *(Pol, fig)* reprisals, retaliation *(NonC)* ◆ **user de ~, exercer des ~** to take reprisals, to retaliate (*envers, contre, sur* against); ◆ **par ~** in retaliation, as a reprisal ◆ **en ~ de** as a reprisal for, in retaliation for ◆ **menacer un pays de ~ commerciales** to threaten a country with trade reprisals ◆ **mesures de ~** retaliatory measures ◆ **attends-toi à des ~ !** you can expect reprisals!

**représentable** /ʀ(ə)pʀezɑ̃tabl/ **ADJ** *[phénomène]* representable, that can be represented ◆ **c'est difficilement ~** it is difficult to represent it

**représentant, e** /ʀ(ə)pʀezɑ̃tɑ̃, ɑ̃t/ **NM,F** *(gén)* representative ◆ ~ **du personnel** staff representative ◆ ~ **syndical** union representative, shop steward *(Brit)* ◆ ~ **de commerce** sales representative, rep * ◆ ~ **des forces de l'ordre** police officer ◆ ~ **en justice** legal representative ◆ **il est ~ en cosmétiques** he's a representative *ou* a rep * for a cosmetics firm ◆ ~ **multicarte** sales representative acting for several firms

**représentatif, -ive** /ʀ(ə)pʀezɑ̃tatif, iv/ **ADJ** *(gén)* representative ◆ ~ **de** *(= typique de)* representative of ◆ **signes ~s d'une fonction** signs representing *ou* which represent a function ◆ **échantillon ~ de la population** representative sample of the population

**représentation** /ʀ(ə)pʀezɑ̃tasjɔ̃/ **NF** **a** *(= notation, transcription) [d'objet, phénomène, son]* representation; *[de paysage, société]* portrayal; *[de faits]* representation, description ◆ ~ **graphique** graphic(al) representation ◆ **c'est une ~ erronée de la réalité** it's a misrepresentation of reality ◆ ~ **en arbre** *(Ling)* tree diagram

**b** *(= évocation, perception)* representation ◆ **~s visuelles/auditives** visual/auditory representations

**c** *(Théât = action, séance)* performance ◆ **troupe en ~** company on tour ◆ **on a toujours l'impression qu'il est en ~** *(fig)* he always seems to be playing a role

**d** *[de pays, citoyens, mandant]* representation; *(= mandataires, délégation)* representatives ◆ **il assure la ~ de son gouvernement auprès de notre pays** he represents his government in our country ◆ **~ diplomatique/proportionnelle/en justice** diplomatic/proportional/legal representation

**e** *(Comm)* sales representation ◆ **faire de la ~** to be a (sales) representative *ou* a rep * ◆ **la ~ entre pour beaucoup dans les frais** *(= les représentants)* the sales force is a major factor in costs

**f** *(= réception)* entertainment

**g** *(frm = reproches)* **faire des ~s à** to make representations to

**représentativité** /R(ə)pRezɑ̃tativite/ **NF** representativeness ◆ **reconnaître la ~ d'une organisation** to recognize an organization as a representative body

**représenter** /R(ə)pRezɑ̃te/ ▸ conjug 1 ◂ **VT** **a** *(= décrire) [peintre, romancier]* to depict, to portray, to show; *[photographie]* to show ◆ **la scène représente une rue** *(Théât)* the scene is a street ◆ **~ fidèlement les faits** to describe *ou* set out the facts faithfully ◆ **on le représente comme un escroc** he's portrayed as a crook ◆ **il a voulu ~ la société du 19ᵉ siècle** he wanted to depict *ou* portray 19th-century society

**b** *(= symboliser)* to represent; *(= signifier)* to represent, to mean ◆ **les parents représentent l'autorité** parents represent authority ◆ **ce poste représente beaucoup pour moi** this job means a lot to me ◆ **ce trait représente un arbre** this line represents a tree ◆ **ça va ~ beaucoup de travail** this is going to mean *ou* involve a lot of work ◆ **ça représente une part importante des dépenses** this is *ou* represents a large part of the costs ◆ **ils représentent 12% de la population** they make up *ou* represent *ou* are 12% of the population

**c** *(Théât) (= jouer)* to perform, to play; *(= mettre à l'affiche)* to perform, to put on, to stage ◆ **on va ~ quatre pièces cette année** we (*ou* they *etc*) will perform *ou* put on four plays this year ◆ **"Hamlet" fut représenté pour la première fois en 1603** "Hamlet" was first performed in 1603

**d** *(= agir au nom de) [+ ministre, pays]* to represent ◆ **il s'est fait ~ par son notaire** he was represented by his lawyer ◆ **les personnes qui ne peuvent pas assister à la réunion doivent se faire ~ (par un tiers)** people who cannot attend the meeting should send a proxy

**e** ◆ **~ une maison de commerce** to represent a firm, to be a representative for a firm

**f** *(littér)* **~ qch à qn** to point sth out to sb, to (try to) impress sth on sb ◆ **il lui représenta les inconvénients de la situation** he pointed out the drawbacks to him

**VI** † ◆ **il représente bien/ne représente pas bien** *(= en imposer)* he cuts a fine/a poor *ou* sorry figure

**VPR** **se représenter** **a** *(= s'imaginer)* to imagine ◆ **je ne pouvais plus me ~ son visage** I could no longer bring his face to mind *ou* visualize his face ◆ **on se le représente bien en Hamlet** you can well imagine him as Hamlet ◆ **tu te représentes la scène quand il a annoncé sa démission !** you can just imagine the scene when he announced his resignation!

**b** *(= survenir à nouveau)* **l'idée se représenta à lui** the idea occurred to him again ◆ **si l'occasion se représente** if the occasion presents itself again ◆ **le même problème va se ~** the same problem will crop up again

**c** *(= se présenter à nouveau) (Scol, Univ)* to retake, to resit *(Brit)*; *(Pol)* to run again, to stand again *(Brit)* ◆ **se ~ à un examen** to retake *ou* resit *(Brit)* an exam ◆ **se ~ à une élection** to run *ou* stand *(Brit)* for re-election

**répressif, -ive** /RepResif, iv/ **ADJ** repressive

**répression** /RepResjɔ̃/ **NF** **a** *[de crime, abus]* curbing; *[de révolte]* suppression, quelling, repression ◆ **la ~** *(Pol)* repression ◆ **la ~ qui a suivi le coup d'État** the repression *ou* crackdown which followed the coup ◆ **prendre des mesures de ~ contre le crime** to crack down on crime ◆ **le service de la ~ des fraudes** the Fraud Squad **b** *(Bio, Psych)* repression

**réprimande** /RepRimɑ̃d/ **NF** reprimand, rebuke ◆ **adresser une sévère ~ à un enfant** to scold *ou* rebuke a child severely ◆ **son attitude mérite une ~** he deserves a reprimand for his attitude ◆ **faire des ~s à qn** to reprimand *ou* rebuke sb

**réprimander** /RepRimɑ̃de/ ▸ conjug 1 ◂ **VT** to reprimand, to rebuke ◆ **se faire ~ par** to be reprimanded *ou* rebuked by

**réprimer** /RepRime/ ▸ conjug 1 ◂ **VT** *[+ insurrection]* to quell, to repress, to put down; *[+ crimes, abus]* to curb, to crack down on; *[+ sentiment, désir]* to repress, to suppress; *[+ rire, bâillement]* to suppress, to stifle; *[+ larmes, colère]* to hold back, to swallow

**repris** /R(ə)pRi/ **NM INV** ◆ **il s'agit d'un ~ de justice** the man has previous convictions, the man is an ex-prisoner *ou* an ex-convict ◆ **un dangereux ~ de justice** a dangerous known criminal

**reprisage** /R(ə)pRizaʒ/ **NM** *[de chaussette, lainage]* darning; *[de collant, drap, accroc]* mending

**reprise** /R(ə)pRiz/ **NF** **a** *(= recommencement) [d'activité, cours, travaux]* resumption; *[d'hostilités]* resumption, re-opening, renewal; *[de froid]* return; *(Théât)* revival; *(Ciné)* rerun, reshowing *(NonC)*; *(Mus = passage répété)* repeat; *(Radio, TV = rediffusion)* repeat ◆ **la ~ des violons** *(Mus)* the re-entry of the violins ◆ **la ~ des combats est imminente** fighting will begin again *ou* will be resumed again very soon ◆ **pour éviter la ~ de l'inflation** to stop inflation taking off again ◆ **avec la ~ du mauvais temps** with the return of the bad weather ◆ **les ouvriers ont décidé la ~ du travail** the men have decided to go back to *ou* to return to work ◆ **on espère une ~ des affaires** we're hoping that business will pick up again ◆ **la ~ (économique) est assez forte dans certains secteurs** the (economic) revival *ou* recovery is quite marked in certain sectors

**b** *(Aut)* **avoir de bonnes ~s** *ou* **de la ~** to have good acceleration, to accelerate well ◆ **sa voiture n'a pas de ~s** his car has no acceleration

**c** *(Boxe)* round; *(Escrime)* reprise; *(Équitation) (pour le cavalier)* riding lesson; *(pour le cheval)* dressage lesson ◆ **à la ~** *(Ftbl)* at the start of the second half ◆ **~ de volée** *(Tennis)* volleyed return ◆ **~ !** *(après arrêt)* time!

**d** *(Comm) [de marchandise]* taking back; *(pour nouvel achat)* trade-in, part exchange *(Brit)*; *(pour occuper des locaux)* key money ◆ **valeur de ~ d'une voiture** trade-in value *ou* part-exchange value *(Brit)* of a car ◆ **nous vous offrons une ~ de 1 000 € pour l'achat d'un nouveau modèle** *(Aut)* we'll give you €1,000 when you trade your old car in ◆ **~ des bouteilles vides** return of empties ◆ **la maison ne fait pas de ~** goods cannot be returned *ou* exchanged ◆ **payer une ~ de 1 000 € à l'ancien locataire** to pay the outgoing tenant €1,000 for improvements made to the property

**e** *(= réutilisation) [d'idée, suggestion]* re-using, taking up again

**f** *[de chaussette]* darn; *[de drap, chemise]* mend ◆ **faire une ~ perdue** to darn (*ou* mend) invisibly ◆ **faire une ~** *ou* **des ~s à un drap** to mend a sheet

**g** *(Constr)* **~ en sous-œuvre** underpinning

**h** *(loc)* **à deux ou trois ~s** on two or three occasions, two or three times ◆ **à maintes/plusieurs ~s** on many/several occasions, many/several times

**repriser** /R(ə)pRize/ ▸ conjug 1 ◂ **VT** *[+ chaussette, lainage]* to darn; *[+ collant, drap]* to mend; *[+ accroc]* to mend, to stitch up; → **aiguille, coton, œuf**

**réprobateur, -trice** /RepRɔbatœR, tRis/ **ADJ** reproachful, reproving ◆ **elle me lança un regard ~** she gave me a reproachful *ou* reproving look, she looked at me reproachfully ◆ **d'un ton ~** reproachfully

**réprobation** /RepRɔbasjɔ̃/ **NF** **a** *(= blâme)* disapproval, reprobation *(frm)* ◆ **air/ton de ~** reproachful *ou* reproving look/tone **b** *(Rel)* reprobation

**reproche** /R(ə)pRɔʃ/ **NM** criticism ◆ **faire** *ou* **adresser des ~s à qn** to criticize sb ◆ **conduite qui mérite des ~s** blameworthy *ou* reprehensible behaviour ◆ **faire ~ à qn d'avoir menti** *(frm)* to reproach sb for lying ◆ **je me fais de grands ~s** I hold myself very much to blame ◆ **avec ~** reproachfully ◆ **ton/regard de ~** reproachful tone/look ◆ **il est sans ~** he's beyond *ou* above reproach ◆ **sans ~, permettez-moi de vous dire que ..., je ne vous fais pas de ~ mais permettez-moi de vous dire que ...** I'm not blaming you but let me say that ... ◆ **ce n'est pas un ~ !** this isn't a criticism! ◆ **soit dit sans ~, tu devrais maigrir un peu** no offence meant but you should lose a bit of weight ◆ **le seul ~ que je ferais à cette cuisine ...** the only criticism I have to make about the kitchen ...

**reprocher** /R(ə)pRɔʃe/ ▸ conjug 1 ◂ **VT** **a** ◆ **~ qch à qn** to criticize sb for sth ◆ **~ à qn de faire qch** to criticize sb for doing sth ◆ **les faits qui lui sont reprochés** *(Jur)* the charges against him ◆ **on lui a reproché sa maladresse** they criticized him for being clumsy ◆ **on lui reproche de nombreuses malhonnêtetés** he is accused of several instances of dishonesty ◆ **il me reproche mon succès/ma fortune** he resents my success/my wealth, he holds my success/my wealth against me ◆ **je ne te reproche rien** I'm not blaming you for anything ◆ **je me reproche de ne pas l'avoir fait** I regret not doing it ◆ **je n'ai rien à me ~** I've nothing to reproach myself with, I've nothing to be ashamed of ◆ **qu'est-ce qu'elle lui reproche ?** what has she got against him? ◆ **qu'est-ce que tu me reproches ?** what have I done wrong? ◆ **il est très minutieux mais on ne peut pas le lui ~** he's very meticulous but there's nothing wrong with that *ou* but that's no bad thing

**b** *(= critiquer)* **qu'as-tu à ~ à mon plan/ce tableau ?** what have you got against my plan/this picture?, what don't you like about my plan/this picture? ◆ **je reproche à ce tissu d'être trop salissant** my criticism of this material is that it shows the dirt ◆ **je ne vois rien à ~ à son travail** I can't find any faults *ou* I can't find anything to criticize in his work

**reproducteur, -trice** /ʀ(ə)pʀɔdyktœʀ, tʀis/ **ADJ** *(Bio)* reproductive ◆ **cheval ~** studhorse, stallion **NM** **a** *(= animal)* breeder ◆ **~s** breeding stock *(NonC)* **b** *(Tech = gabarit)* template

**reproductible** /ʀ(ə)pʀɔdyktibl/ **ADJ** which can be reproduced, reproducible

**reproductif, -ive** /ʀ(ə)pʀɔdyktif, iv/ **ADJ** reproductive

**reproduction** /ʀ(ə)pʀɔdyksjɔ̃/ **NF** **a** *[de son, mouvement]* reproduction; *[de modèle, tableau]* reproduction, copying; *(par reprographie)* reproduction, duplication; *[de texte]* reprinting; *[de clé]* copying ◆ **"reproduction interdite"** "all rights (of reproduction) reserved" **b** *(= copie)* reproduction ◆ **livre contenant de nombreuses ~s** book containing many reproductions ◆ **ce n'est qu'une ~** it's only a copy **c** *(Bio, Bot)* reproduction, breeding ◆ **~ artificielle** artificial reproduction ◆ **organes de ~** reproductive organs ◆ **~ par mitose** *ou* **par division cellulaire** replication

**reproduire** /ʀ(ə)pʀɔdɥiʀ/ ▸ conjug 38 ◂ **VT** **a** *(= restituer) [+ son, mouvement]* to reproduce

**b** *(= copier) [+ modèle, tableau]* to reproduce, to copy; *(par reprographie)* to reproduce, to duplicate; *(par moulage)* to reproduce; *[+ clé]* to make a copy of ◆ **la photo est reproduite en page 3** the picture is shown *ou* reproduced on page 3 ◆ **le texte de la conférence sera reproduit dans notre magazine** the text of the lecture will be printed in our magazine

**c** *(= répéter) [+ erreur, expérience]* to repeat

**d** *(= imiter)* to copy ◆ **essayant de ~ les gestes de son professeur** trying to copy his teacher's gestures

**VPR se reproduire** **a** *(Bio, Bot)* to reproduce, to breed ◆ **se ~ par mitose** *ou* **par division cellulaire** *(Bio)* to replicate

**b** *(= se répéter) [phénomène]* to recur, to happen again; *[erreur]* to reappear, to recur ◆ **et que cela ne se reproduise plus !** and don't let it happen again! ◆ **ce genre d'incident se reproduit régulièrement** this kind of thing happens quite regularly

**reprofilage** /ʀ(ə)pʀɔfilaʒ/ **NM** rejigging

**reprofiler** /ʀ(ə)pʀɔfile/ ▸ conjug 1 ◂ **VT** *[+ organisation, cotisation]* to rejig; *[+ bâtiment]* to give a new look to

**reprogrammer** /ʀ(ə)pʀɔgʀame/ ▸ conjug 1 ◂ **VT** **a** *[+ ordinateur, magnétoscope]* to reprogram **b** *(Ciné, TV)* to reschedule

**reprographie** /ʀ(ə)pʀɔgʀafi/ **NF** *(= procédés)* reprographics *(SPÉC)* ◆ **la ~ sauvage** illegal copying ◆ **le service de ~** the photocopying department ◆ **'~'** *(en vitrine)* 'photocopying available'

**reprographier** /ʀ(ə)pʀɔgʀafje/ ▸ conjug 7 ◂ **VT** to (photo)copy, to duplicate

**réprouvé, e** /ʀepʀuve/ (ptp de **réprouver**) **NM,F** *(Rel)* reprobate; *(fig)* outcast, reprobate

**réprouver** /ʀepʀuve/ GRAMMAIRE ACTIVE 41 ▸ conjug 1 ◂ **VT** **a** *[+ personne]* to reprove; *[+ attitude, comportement]* to reprove, to condemn; *[+ projet]* to condemn, to disapprove of ◆ **des actes que la morale réprouve** immoral acts **b** *(Rel)* to damn, to reprobate

**reps** /ʀɛps/ **NM** rep(p)

**reptation** /ʀɛptasjɔ̃/ **NF** crawling

**reptile** /ʀɛptil/ **NM** *(Zool)* reptile; *(= serpent)* snake; *(péj = personne)* reptile

**reptilien, -ienne** /ʀɛptiljɛ̃, jɛn/ **ADJ** reptilian

**repu, e** /ʀəpy/ (ptp de **repaître**) **ADJ** *[animal]* sated; *[personne]* full up* *(attrib)* ◆ **je suis ~** I'm full, I've eaten my fill ◆ **il est ~ de cinéma** he has had his fill of the cinema

**républicain, e** /ʀepyblikɛ̃, ɛn/ **ADJ, NM,F** republican; *(Pol US)* Republican ◆ **le calendrier ~** the French Revolutionary calendar; → **garde**[2]

**republier** /ʀəpyblije/ ▸ conjug 7 ◂ **VT** to republish

**république** /ʀepyblik/ **NF** republic ◆ **on est en ~ !** it's a free country! ◆ **la ~ des Lettres** *(fig)* the republic of letters ◆ **la République française** the French Republic ◆ **la Cinquième République** the Fifth Republic ◆ **la République arabe unie** *(Hist)* the United Arab Republic ◆ **la République d'Irlande** the Irish Republic ◆ **la République démocratique allemande** *(Hist)* the German Democratic Republic ◆ **la République fédérale d'Allemagne** the Federal Republic of Germany ◆ **la République islamique d'Iran** the Islamic Republic of Iran ◆ **la République populaire de Chine** the Chinese People's Republic, the People's Republic of China ◆ **la République tchèque** the Czech Republic ◆ **sous la République de Weimar** in the Weimar Republic ◆ **~ bananière** banana republic

> **La Cinquième République**
>
> The term « the Fifth Republic » refers to the French Republic since the presidency of General de Gaulle (1959-1969), during which a new Constitution was established.

**répudiation** /ʀepydjasjɔ̃/ **NF** **a** *[d'épouse]* repudiation **b** *[d'opinion, foi, engagement]* renouncement **c** *(Jur) [de nationalité, succession]* renouncement, relinquishment

**répudier** /ʀepydje/ ▸ conjug 7 ◂ **VT** **a** *[+ épouse]* to repudiate **b** *[+ opinion, foi]* to renounce; *[+ engagement]* to renounce, to go back on **c** *(Jur) [+ nationalité, succession]* to renounce, to relinquish

**répugnance** /ʀepyɲɑ̃s/ **NF** **a** *(= répulsion) (pour personnes)* repugnance *(pour* for) disgust *(pour* for) loathing *(pour* of); *(pour nourriture, mensonge)* disgust *(pour* for) loathing *(pour* of); ◆ **avoir de la ~ pour** to loathe, to have a loathing of ◆ **j'éprouve de la ~ à la vue de ce spectacle** this sight fills me with disgust, I find this sight quite repugnant *ou* disgusting **b** *(= hésitation)* reluctance *(à faire qch* to do sth); ◆ **il éprouvait une certaine ~ à nous le dire** he was rather loath *ou* reluctant to tell us ◆ **faire qch avec ~** to do sth reluctantly *ou* unwillingly

**répugnant, e** /ʀepyɲɑ̃, ɑ̃t/ **ADJ** *[individu]* repugnant; *[laideur]* revolting; *[action]* disgusting, loathsome; *[travail, odeur, nourriture]* disgusting, revolting

**répugner** /ʀepyɲe/ ▸ conjug 1 ◂ **VT INDIR répugner à** **a** *(= dégoûter)* to repel, to disgust, to be repugnant to ◆ **cet individu me répugne profondément** I find that man absolutely repellent ◆ **manger du poisson lui répugnait** the thought of eating fish made him feel sick ◆ **cette odeur lui répugnait** the smell made him feel sick, he was repelled by the smell ◆ **cette idée ne lui répugnait pas du tout** he didn't find this idea off-putting in the least

**b** *(= hésiter)* **~ à faire qch** to be loath *ou* reluctant to do sth ◆ **il répugnait à parler en public/à accepter cette aide** he was loath *ou* reluctant to speak in public/to accept this help ◆ **il ne répugnait pas à mentir quand cela lui semblait nécessaire** he had no qualms about lying if he thought it necessary

**VB IMPERS** *(frm)* ◆ **il me répugne de devoir vous le dire** it's very distasteful to me to have to tell you this

**VT** *(littér)* → **vt indir a**

**répulsif, -ive** /ʀepylsif, iv/ **ADJ** *(gén, Phys)* repulsive **NM** repellent, repellant

**répulsion** /ʀepylsjɔ̃/ **NF** *(gén)* repulsion, disgust; *(Phys)* repulsion ◆ **éprouver** *ou* **avoir de la ~ pour** to feel repulsion for, to be absolutely repelled by

**réputation** /ʀepytasjɔ̃/ **NF** **a** *(= honneur)* reputation, good name ◆ **préserver sa ~** to keep up *ou* protect one's reputation *ou* good name

**b** *(= renommée)* reputation ◆ **avoir bonne/mauvaise ~** to have a good/bad reputation ◆ **se faire une ~** to make a name *ou* a reputation for o.s. ◆ **sa ~ n'est plus à faire** his reputation is firmly established ◆ **ce film a fait sa ~** this film made his reputation *ou* name ◆ **produit de ~ mondiale** product which has a world-wide reputation ◆ **connaître qn/qch de ~ (seulement)** to know sb/sth (only) by repute ◆ **sa ~ de gynécologue** his reputation as a gynaecologist ◆ **il a une ~ d'avarice** he has a reputation for miserliness ◆ **il a la ~ d'être avare** he has a reputation for *ou* of being miserly, he is reputed to be miserly

**réputé, e** /ʀepyte/ **ADJ** **a** *(= célèbre) [vin, artiste]* reputable, renowned, of repute ◆ **l'un des médecins les plus ~s de la ville** one of the town's most reputable doctors, one of the best-known doctors in town ◆ **c'est un fromage/vin hautement ~** it's a cheese/wine of great repute *ou* renown ◆ **orateur ~ pour ses bons mots** speaker renowned for his witticisms ◆ **ville ~e pour sa cuisine/ses monuments** town which is renowned for *ou* which has a great reputation for its food/its monuments ◆ **il n'est pas ~ pour son honnêteté !** he's not exactly renowned *ou* famous for his honesty!

**b** *(= considéré comme)* reputed ◆ **remède ~ infaillible** cure which is reputed *ou* supposed *ou* said to be infallible ◆ **professeur ~ pour être très sévère** teacher who has the reputation of being *ou* who is reputed to be *ou* said to be very strict

**requalification** /ʀ(ə)kalifikasjɔ̃/ **NF** **a** *(= recyclage)* retraining **b** *(Jur)* **la ~ des faits** amendment of the charges

**requalifier** /ʀ(ə)kalifje/ ▸ conjug 7 ◂ **VT** **a** *[+ personne]* to retrain **b** *(Jur) [+ faits, délit]* to amend

**requérant, e** /ʀəkeʀɑ̃, ɑ̃t/ **NM,F** *(Jur)* applicant

**requérir** /ʀəkeʀiʀ/ ▸ conjug 21 ◂ **VT** **a** *(= nécessiter) [+ soins, prudence]* to call for, to require ◆ **ceci requiert toute notre attention** this calls for *ou* requires *ou* demands our full attention **b** *(= solliciter) [+ aide, service]* to request; *(= exiger) [+ justification]* to require; *(= réquisitionner) [+ personne]* to call upon ◆ **~ l'intervention de la police** to require *ou* necessitate police intervention ◆ **je vous requiers de me suivre** *(frm)* I call on you to follow me **c** *(Jur) [+ peine]* to call for, to demand ◆ **le procureur était en train de ~** the prosecutor was summing up

**requête** /ʀəkɛt/ **NF** **a** *(= demande)* request ◆ **à** *ou* **sur la ~ de qn** at sb's request, at the request of sb **b** *(Jur)* petition ◆ **adresser une ~ à un juge** to petition a judge ◆ **~ en cassation** appeal ◆ **~ civile** *appeal to a court against its judgment* **c** *(Ordin)* query

**requiem** /ʀekɥijɛm/ **NM INV** requiem

**requin** /ʀəkɛ̃/ **NM** *(Zool, fig)* shark ◆ **~ marteau** hammerhead (shark) ◆ **~ blanc/bleu/pèle-**

rin white/blue/basking shark ◆ ~-**baleine/-tigre** whale/tiger shark ◆ **les ~s de la finance** the sharks of the financial world

**requinquer*** /ʀ(ə)kɛ̃ke/ ► conjug 1 ◄ **VT** to pep up*, to buck up* ◆ **un whisky vous requinquera** a whisky will pep you up* *ou* buck you up* ◆ **avec un peu de repos, dans trois jours vous serez requinqué** with a bit of a rest in three days you'll be your old (perky) self again* *ou* you'll be back on form again *(Brit)* **VPR se requinquer** to perk up*

**requis, e** /ʀəki, iz/ (ptp de **requérir**) **ADJ** a *(= nécessaire) [majorité, niveau]* required, necessary; *[qualités, compétence, diplômes]* necessary, required, requisite ◆ **avoir les qualifications ~es pour un poste** to have the necessary *ou* requisite qualifications for a job ◆ **dans les temps** *ou* **délais ~** in the required time ◆ **satisfaire aux conditions ~es** to meet the requirements *ou* the necessary conditions ◆ **avoir l'âge ~** to meet the age requirements ◆ **il a la voix ~e pour ce rôle** he's got the right (kind of) voice for this part b *(= réquisitionné)* conscripted

**réquisition** /ʀekizisjɔ̃/ **NF** a *[de biens]* requisitioning, commandeering; *[d'hommes]* conscription, requisitioning ◆ **~ de la force armée** requisitioning of *ou* calling out of the army b *(Jur)* **~s** *(= plaidoirie)* summing-up for the prosecution

**réquisitionner** /ʀekizisjɔne/ ► conjug 1 ◄ **VT** *[+ biens]* to requisition, to commandeer; *[+ hommes]* to conscript, to requisition ◆ **j'ai été réquisitionné pour faire la vaisselle** *(hum)* I have been drafted in *ou* requisitioned to do the dishes *(hum)*

**réquisitoire** /ʀekizitwaʀ/ **NM** a *(Jur) (= plaidoirie)* summing-up for the prosecution *(specifying appropriate sentence)*; *(= acte écrit)* instruction, brief *(to examining magistrate)* b *(fig)* indictment (*contre* of); ◆ **son discours fut un ~ contre le capitalisme** his speech was an indictment of capitalism

**RER** /ɛʀøɛʀ/ **NM** (abrév de **réseau express régional**) → **réseau**

**reroutage** /ʀəʀutaʒ/ **NM** *(Téléc)* rerouting

**rerouter** /ʀəʀute/ ► conjug 1 ◄ **VT** *(Téléc) [+ message]* to reroute

**rerouteur** /ʀəʀutœʀ/ **NM** *(Téléc)* rerouter

**RES** /ʀɛs, ɛʀəɛs/ **NM** (abrév de **rachat d'entreprise par ses salariés**) → **rachat**

**resaler** /ʀ(ə)sale/ ► conjug 1 ◄ **VT** to add more salt to, to put more salt in

**resalir** /ʀ(ə)saliʀ/ ► conjug 2 ◄ **VT** *[+ tapis, mur, sol, vêtement]* to get dirty again ◆ **ne va pas te ~** don't go and get yourself dirty *ou* in a mess again ◆ **se ~ les mains** to get one's hands dirty again, to dirty one's hands again

**rescapé, e** /ʀɛskape/ **ADJ** *[personne]* surviving **NM,F** *(lit, fig)* survivor (*de* of, from)

**rescolarisation** /ʀ(ə)skɔlaʀizasjɔ̃/ **NF** *[d'enfant]* return to school

**rescolariser** /ʀ(ə)skɔlaʀize/ ► conjug 1 ◄ **VT** *[+ enfant]* to send back to school

**rescousse** /ʀɛskus/ **NF** ◆ **venir** *ou* **aller à la ~ de qn** to go to sb's rescue *ou* aid ◆ **appeler qn à la ~** to call to sb for help ◆ **ils arrivèrent à la ~** they came to the rescue

**rescrit** /ʀɛskʀi/ **NM** rescript

**réseau** (pl **réseaux**) /ʀezo/ **NM** a *(gén)* network ◆ **~ routier/ferroviaire/téléphonique** road/rail/telephone network ◆ **~ bancaire** banking network ◆ **~ de communication/d'information/ de distribution** communications / information / distribution network ◆ **~ commercial** *ou* **de vente** sales network ◆ **~ électrique** electricity network *ou* grid *(Brit)* ◆ **~ express régional** *rapid-transit train service between Paris and the suburbs* ◆ **~ d'assainissement** sewer *ou* sewerage system ◆ **~ fluvial** river system, network of rivers ◆ **~ de transports en commun** public transport system *ou* network ◆ **les abonnés du ~ sont avisés que ...** *(Téléc)* telephone subscribers are advised that ... ◆ **sur l'ensemble du ~** over the whole network; → **câblé, hertzien**

b *[d'amis, relations]* network; *[de prostitution, trafiquants, terroristes]* ring ◆ **~ d'espionnage** spy network *ou* ring ◆ **~ de résistants** resistance network ◆ **~ d'intrigues** web of intrigue ◆ **~ d'influence** network of influence

c *(Ordin, Sci)* network ◆ **le ~ des ~x** *(= Internet)* the Internet ◆ **~ étendu** wide-area network, WAN ◆ **~ local** local area network, LAN ◆ **~ neuronal** neural net(work) ◆ **sur le ~ Internet** on the Internet

◆ **en réseau** ◆ **être en ~** *[personnes, entreprises]* to be on the network ◆ **mettre des ordinateurs en ~** to network computers ◆ **entreprise en ~** networked company, company on the network ◆ **travailler en ~** to work on a network ◆ **la mise en ~ de l'information** information networking

d *(Zool)* reticulum

e *(Phys)* **~ de diffraction** diffraction pattern ◆ **~ cristallin** crystal lattice

**réséda** /ʀezeda/ **NM** reseda, mignonette

**réservataire** /ʀezɛʀvatɛʀ/ **ADJ, NM** ◆ **(héritier) ~** *rightful heir to the réserve légale*

**réservation** /ʀezɛʀvasjɔ̃/ GRAMMAIRE ACTIVE 48.3 **NF** *(à l'hôtel)* reservation; *(des places)* reservation, booking; *(Jur)* reservation ◆ **~ de groupes** *(Tourisme)* group booking ◆ **bureau de ~** booking office ◆ **faire une ~ dans un hôtel/restaurant** to make a booking *ou* a reservation in a hotel/restaurant, to book *ou* reserve a room (in a hotel)/a table (in a restaurant) ◆ **"réservation obligatoire"** *(Rail)* "passengers with reservations only"

**réserve** /ʀezɛʀv/ GRAMMAIRE ACTIVE 53.6 **NF** a *(= provision)* supply, reserve; *[de marchandises]* stock ◆ **les enfants ont une ~ énorme d'énergie** children have an enormous supply *ou* enormous reserves of energy ◆ **faire des ~s de sucre** to get in *ou* lay in a stock of sugar ◆ **heureusement, ils avaient une petite ~ (d'argent)** fortunately they had a little money put by *ou* a little money in reserve ◆ **monnaie de ~** *(Fin)* reserve currency ◆ **les ~s mondiales de pétrole** the world's oil reserves ◆ **les ~s (nutritives) de l'organisme** the organism's food reserves ◆ **il peut jeûner, il a des ~s !** *(hum)* it's no problem for him to go without food, he can live off his fat!

◆ **de** *ou* **en réserve** ◆ **avoir des provisions de** *ou* **en ~** to have provisions in reserve *ou* put by ◆ **mettre qch en ~** to put sth by, to put sth in reserve ◆ **avoir/garder qch en ~** *(gén)* to have/keep sth in reserve; *(Comm)* to have/keep sth in stock

b *(= restriction)* reservation ◆ **faire** *ou* **émettre des ~s sur qch** to have reservations about sth

◆ **sans réserve** *[soutien]* unreserved; *[admiration]* unreserved, unqualified; *[consentement]* full; *[approuver, accepter]* unreservedly, without reservation, unhesitatingly

◆ **sous réserve de** subject to

◆ **sous réserve que** ◆ **le projet est accepté sous ~ que les délais soient respectés** the project has been approved on condition that the deadlines are met

◆ **sous toutes réserves** ◆ **je vous le dis sous toutes ~s** I can't vouch for *ou* guarantee the truth of what I'm telling you ◆ **tarif/horaire publié sous toutes ~s** prices/timetable correct at time of going to press

c *(= prudence, discrétion)* reserve ◆ **être/demeurer** *ou* **se tenir sur la ~** to be/remain very reserved ◆ **il m'a parlé sans ~** he talked to me quite unreservedly *ou* openly ◆ **elle est d'une grande ~** she's very reserved, she keeps herself to herself ◆ **devoir** *ou* **obligation de ~** duty to preserve secrecy

d *(Mil)* **la ~** the reserve ◆ **les ~s** the reserves ◆ **officiers/armée de ~** reserve officers/army

e *(Sport)* **équipe/joueur de ~** reserve *ou* second string *(US)* team/player

f *(= territoire) [de nature, animaux]* reserve; *[d'Indiens]* reservation ◆ **~ de pêche/chasse** fishing/hunting preserve ◆ **~ naturelle** nature reserve ◆ **~ ornithologique** *ou* **d'oiseaux** bird sanctuary

g *[de musée]* reserve collection; *[de bibliothèque]* reserved section *(for valuable books)* ◆ **le livre est à la ~** the book is in the reserved section

h *(= entrepôt)* storehouse; *(= pièce)* storeroom; *(d'un magasin)* stockroom

i *(Jur)* **~ (héréditaire** *ou* **légale)** *part of the legacy which cannot be withheld from the rightful heirs*

**réservé, e** /ʀezɛʀve/ (ptp de **réserver**) **ADJ** a *[place, salle]* reserved (*à qn/qch* for sb/sth); ◆ **chasse/pêche ~e** private hunting/fishing ◆ **cuvée ~e** vintage cuvée ◆ **j'ai une table ~e** I've got a table reserved *ou* booked ◆ **tous droits ~s** all rights reserved ◆ **voie ~e aux autobus** bus lane; → **quartier** b *(= discret) [caractère, personne]* reserved c *(= dubitatif)* **il s'est montré très ~ sur la faisabilité du projet** he sounded very doubtful as to the feasibility of the project ◆ **je suis très ~ quant à sa réussite** I'm not too optimistic about his chances of success

**réserver** /ʀezɛʀve/ GRAMMAIRE ACTIVE 48.3 ► conjug 1 ◄

**VT** a *(= louer) [+ place, chambre, table] [voyageur]* to book, to reserve; *[agence]* to reserve

b *(= mettre à part) [+ objets]* to keep, to save, to reserve (*à, pour* for); *[+ marchandises]* to keep, to put aside *ou* on one side (*à* for); ◆ **il nous a réservé deux places à côté de lui** he's kept *ou* saved us two seats beside him ◆ **on vous a réservé ce bureau** we've reserved this office for you ◆ **~ le meilleur pour la fin** to keep *ou* save the best till last ◆ **ils réservent ces fauteuils pour les cérémonies** they keep these armchairs for (special) ceremonies ◆ **ces emplacements sont strictement réservés aux voitures du personnel** these parking places are strictly reserved for members of staff ◆ **nous réservons toujours un peu d'argent pour les dépenses imprévues** we always keep *ou* put a bit of money on one side for unexpected expenses

c *(= destiner) [+ dangers, désagréments, joies]* to have in store (*à* for); *[+ accueil, châtiment]* to have in store, to reserve (*à* for); ◆ **cette expédition devait leur ~ bien des surprises** there were many surprises in store for them on that expedition ◆ **nous ne savons pas ce que l'avenir nous réserve** we don't know what the future has in store for us *ou* holds for us ◆ **le sort qui lui est réservé est peu enviable** he has an unenviable fate in store for him *ou* reserved for him ◆ **c'est à lui qu'il était réservé de marcher le premier sur la Lune** he was to be the first man to walk on the Moon ◆ **c'est à lui que fut réservé l'honneur de porter le drapeau** the honour of carrying the flag fell to him ◆ **tu me réserves ta soirée ?** are you free tonight? *ou* this evening?, could we do something this evening?

d *(= remettre à plus tard) [+ réponse, opinion]* to reserve ◆ **le médecin préfère ~ son diagnostic** the doctor would rather not make a diagnosis yet

**VPR se réserver** a *(= prélever)* to keep *ou* reserve for o.s. ◆ **il s'est réservé le meilleur morceau** he kept *ou* saved the best bit for himself

b *(= se ménager)* to save o.s. ◆ **se ~ pour une autre occasion** to save o.s. for another time ◆ **il ne mange pas maintenant, il se réserve pour le banquet** he isn't eating now - he's saving himself for the banquet ◆ **il faut savoir se ~** *(Sport)* one must learn to conserve *ou* save one's strength

c ◆ **il se réserve d'intervenir plus tard** he's holding his fire ◆ **se ~ le droit de faire qch** to reserve the right to do sth

**réserviste** /ʀezɛʀvist/ **NM** reservist

**réservoir** /ʀezɛʀvwaʀ/ **NM** *(= cuve)* tank; *(= plan d'eau)* reservoir; *[de poissons]* fishpond; *[d'usine à gaz]* gasometer, gasholder; *(Bio) [d'infection]* reservoir ◆ **ce pays est un ~ de talents/de main-d'œuvre** *(fig)* this country has a wealth of talent/a huge pool of labour to draw on ◆ **~ d'eau** *(gén, Aut)* water tank; *(pour une maison)* water cistern; *(pour eau de pluie, en bois)* water butt; *(en ciment)* water tank ◆ **~ d'essence** petrol *(Brit) ou* gas *(US)* tank

**résidant, e** /ʀezidɑ̃, ɑ̃t/ **ADJ** resident

**résidence** /ʀezidɑ̃s/ **NF** *(gén)* residence; *(= immeuble)* (block of) residential flats *(Brit)*, residential apartment building *(US)* ◆ **établir sa ~ à** to take up residence in ◆ **changer de ~** to move (house) ◆ **en ~ à** *(Admin)* in residence at ◆ **en ~ surveillée** *ou* **forcée** under house arrest ◆ **la ~** *(Diplomatie)* the residency; → **assigner, certificat** **COMP** ▷ **résidence hôtelière** residential *ou* apartment *(US)* hotel ▷ **résidence principale** main home ▷ **résidence secondaire** second home ▷ **résidence universitaire** (university) hall(s) of residence, residence hall *(US)*, dormitory *(US)*

**résident, e** /ʀezidɑ̃, ɑ̃t/ **NM,F** *(= étranger)* foreign national *ou* resident; *(= diplomate)* resident ◆ **ministre ~** resident minister ◆ **avoir le statut de ~ permanent en France** to have permanent resident status in France **ADJ** *(Ordin)* resident

**résidentiel, -ielle** /ʀezidɑ̃sjɛl/ **ADJ** *(= riche) [banlieue, quartier]* affluent, plush; *(= d'habitations)* residential

> ⚠ **résidentiel** *au sens de 'riche' ne se traduit pas par* **residential**.

**résider** /ʀezide/ ▸ conjug 1 ◂ **VI** *(lit, fig)* to reside; *[difficulté]* to lie *(en, dans* in); ◆ **il réside à cet hôtel/à Dijon** he resides *(frm)* at this hotel/in Dijon ◆ **après avoir résidé quelques temps en France** after living *ou* residing *(frm)* in France for some time, after having been resident in France for some time ◆ **le problème réside en ceci que ...** the problem lies in the fact that ...

**résidu** /ʀezidy/ **NM** a *(= reste, Chim, fig)* residue *(NonC)*; *(Math)* remainder b *(= déchets)* **~s** remnants, residue *(NonC)* ◆ **~s industriels** industrial waste

**résiduel, -elle** /ʀezidɥɛl/ **ADJ** residual

**résignation** /ʀeziɲasjɔ̃/ **NF** resignation *(à* to); ◆ **avec ~** with resignation, resignedly

**résigné, e** /ʀeziɲe/ (ptp de **résigner**) **ADJ** *[air, geste, ton]* resigned ◆ **~ à son sort** resigned to his fate ◆ **il est ~** he is resigned to it ◆ **dire qch d'un air ~** to say sth resignedly

**résigner** /ʀeziɲe/ ▸ conjug 1 ◂ **VPR se résigner** to resign o.s. *(à* to); ◆ **il faudra s'y ~** we'll have to resign ourselves to it *ou* put up with it **VT** *(littér) [+ charge, fonction]* to relinquish, to resign

**résiliable** /ʀeziljabl/ **ADJ** *[contrat] (à terme)* which can be terminated, terminable; *(en cours)* which can be cancelled, cancellable, which can be rescinded

**résiliation** /ʀeziljasjɔ̃/ **NF** *[de contrat, bail, marché, abonnement] (à terme)* termination; *(en cours)* cancellation, rescinding; *[d'engagement]* cancellation

**résilience** /ʀeziljɑ̃s/ **NF** *(Tech)* ductility

**résilient, e** /ʀeziljɑ̃, jɑ̃t/ **ADJ** *(Tech)* ductile

**résilier** /ʀezilje/ ▸ conjug 7 ◂ **VT** *[+ contrat, bail, marché, abonnement] (à terme)* to terminate; *(en cours)* to cancel, to rescind; *[+ engagement]* to cancel

**résille** /ʀezij/ **NF** *(gén = filet)* net, netting *(NonC)*; *(pour les cheveux)* hairnet; *[de vitrail]* cames *(SPÉC)*, lead(s), leading *(NonC)*; → **bas²**

**résine** /ʀezin/ **NF** resin ◆ **~ époxy** epoxy (resin) ◆ **~ de synthèse** synthetic resin

**résiné, e** /ʀezine/ **ADJ, NM** ◆ **(vin) ~** retsina

**résineux, -euse** /ʀezinø, øz/ **ADJ** resinous **NM** coniferous tree ◆ **forêt de ~** coniferous forest

**résistance** /ʀezistɑ̃s/ **NF** a *(= opposition)* resistance *(NonC) (à, contre* to); ◆ **la Résistance** *(Hist)* the (French) Resistance ◆ **~ active/passive/armée** active/passive/armed resistance ◆ **l'armée dut se rendre après une ~ héroïque** the army was forced to surrender after putting up a heroic resistance *ou* a heroic fight ◆ **opposer une ~ farouche à un projet** to put up a fierce resistance to a project, to make a very determined stand against a project ◆ **malgré les ~s des syndicats** in spite of resistance from the trade unions ◆ **cela ne se fera pas sans ~** that won't be done without some opposition *ou* resistance ◆ **faire de la ~** *(fig)* to put up a fight; → **noyau**

b *(= endurance)* resistance, stamina ◆ **~ à la fatigue** resistance to fatigue ◆ **il a une grande ~** *ou* **beaucoup de ~** he has great *ou* a lot of resistance *ou* stamina ◆ **coureur qui a de la ~/qui n'a pas de ~** runner who has lots of/who has no staying power ◆ **ce matériau offre une grande ~ au feu/aux chocs** this material is very heat-/shock-resistant ◆ **acier/béton à haute ~** high-tensile *ou* high-strength steel/concrete; → **pièce, plat²**

c *(Élec) [de réchaud, radiateur]* element; *(= mesure)* resistance ◆ **unité de ~** unit of (electrical) resistance

d *(Phys = force)* resistance ◆ **~ d'un corps/de l'air** resistance of a body/of the air ◆ **~ mécanique** mechanical resistance ◆ **~ des matériaux** strength of materials ◆ **quand il voulut ouvrir la porte, il sentit une ~** when he tried to open the door he felt some resistance

**résistant, e** /ʀezistɑ̃, ɑ̃t/ **ADJ** *[personne]* robust, tough; *[plante]* hardy; *[tissu, vêtements, métal]* strong, hard-wearing; *[couleur]* fast; *[bois]* hard ◆ **il est très ~** *(gén)* he has a lot of stamina; *(athlète)* he has lots of staying power ◆ **~ à la chaleur** heatproof, heat-resistant ◆ **~ aux chocs** shockproof, shock-resistant ◆ **bactéries ~es aux antibiotiques** bacteria that are resistant to antibiotics, antibiotic-resistant bacteria **NM,F** *(Hist)* (French) Resistance fighter ◆ **il a été ~** he was in the Resistance

**résister** /ʀeziste/ GRAMMAIRE ACTIVE 53.3 ▸ conjug 1 ◂ **résister à VT INDIR** a *(= s'opposer à)* to resist ◆ **inutile de ~** it's pointless to resist, it's *ou* there's no point resisting ◆ **~ au courant d'une rivière** to fight against the current of a river ◆ **~ à la volonté de qn** to hold out against *ou* resist sb's will ◆ **il n'ose pas ~ à sa fille** he daren't stand up to his daughter ◆ **je n'aime pas que mes enfants me résistent** I don't like my children defying me ◆ **je n'ai pas résisté à cette robe** I couldn't resist (buying) this dress

b *(= surmonter) [+ émotion, adversité]* to overcome; *[+ fatigue]* to conquer; *[+ privations, chagrin]* to rise above; *[+ douleur]* to stand, to withstand ◆ **leur amour ne résista pas à cette infidélité** their relationship did not survive this infidelity

c *(= supporter) [+ sécheresse, gelée, vent]* to withstand, to stand up to, to resist ◆ **ça a bien résisté à l'épreuve du temps** it has really stood the test of time ◆ **le plancher ne pourra pas ~ au poids** the floor won't support *ou* take the weight ◆ **la porte a résisté** the door held *ou* didn't give ◆ **couleur qui résiste au lavage** fast colour ◆ **tissu qui résiste au lavage en machine** machine-washable material, material which can be machine-washed ◆ **cette vaisselle résiste au feu** these dishes are heat-resistant *ou* heatproof ◆ **ce raisonnement ne résiste pas à l'analyse** this reasoning does not stand up to analysis

**résistivité** /ʀezistivite/ **NF** *(Élec)* resistivity ◆ **la ~ du cuivre est très faible** copper has a very low resistance

**resituer** /ʀ(ə)sitɥe/ ▸ conjug 1 ◂ **VT** *[+ action, événement]* to put back in its context ◆ **resituons cet événement dans son contexte économique** let's place this event in its economic context

**résolu, e** /ʀezɔly/ GRAMMAIRE ACTIVE 35.2 (ptp de **résoudre**) **ADJ** *[personne, ton, air]* resolute ◆ **il est bien ~ à partir** he is firmly resolved *ou* he is determined to leave, he is set on leaving

**résoluble** /ʀezɔlybl/ **ADJ** *[problème]* soluble; *(Chim)* resolvable; *(Jur) [contrat]* annullable, cancellable

**résolument** /ʀezɔlymɑ̃/ **ADV** a *(= totalement)* resolutely ◆ **je suis ~ contre** I'm firmly against it, I'm resolutely opposed to it b *(= courageusement)* resolutely, steadfastly

**résolutif, -ive** /ʀezɔlytif, iv/ **ADJ, NM** resolvent

**résolution** /ʀezɔlysjɔ̃/ **NF** a *(gén, Pol = décision)* resolution ◆ **prendre la ~ de faire qch** to make a resolution to do sth, to resolve to do sth ◆ **ma ~ est prise** I've made my resolution ◆ **bonnes ~s** good resolutions ◆ **prendre de bonnes ~s pour le nouvel an** to make New Year's resolutions ◆ **adopter une ~** to adopt a resolution ◆ **la ~ 240 du Conseil de sécurité** Security Council resolution 240 ◆ **projet/proposition de ~** draft/proposed resolution

b *(= énergie)* resolve, resolution ◆ **la ~ se lisait sur son visage** he had a determined *ou* resolute expression on his face

c *(= solution)* solution ◆ **il attendait de moi la ~ de son problème** he expected me to give him a solution to his problem *ou* to solve his problem for him ◆ **la ~ du conflit** the resolution of the conflict ◆ **~ d'une équation** *(Math)* (re)solution of an equation ◆ **~ d'un triangle** resolution of a triangle

d *(Jur = annulation) [de contrat, vente]* cancellation, annulment

e *(Méd, Mus, Phys)* resolution ◆ **~ de l'eau en vapeur** resolution of water into steam

f *[d'image]* resolution ◆ **image de haute ~** high-resolution image ◆ **écran (à) haute ~** high-resolution screen

**résolutoire** /ʀezɔlytwaʀ/ ADJ *(Jur)* resolutive

**résonance** /ʀezɔnɑ̃s/ NF *(gén, Élec, Phon, Phys)* resonance *(NonC)*; *(fig)* echo ◆ **être/entrer en ~** to be/start resonating ◆ **~ magnétique nucléaire** nuclear magnetic resonance ◆ **ce poème éveille en moi des ~s** *(littér)* this poem strikes a chord with me ◆ **le peintre a su rester en ~ avec son époque** the painter managed to stay in tune with his times; → **caisse**

**résonateur** /ʀezɔnatœʀ/ NM resonator ◆ **~ nucléaire** nuclear resonator

**résonnant, e** /ʀezɔnɑ̃, ɑ̃t/ ADJ *[voix]* resonant

**résonner** /ʀezɔne/ ▸ conjug 1 ◂ VI *[son]* to resonate, to reverberate, to resound; *[pas]* to resound; *[salle]* to be resonant ◆ **cloche qui résonne bien/faiblement** bell which resounds well/rings feebly ◆ **ne parle pas trop fort, ça résonne** don't speak too loudly because it echoes ◆ **~ de** to resound *ou* ring *ou* resonate with

**résorber** /ʀezɔʀbe/ ▸ conjug 1 ◂ VT a *(Méd) [+ tumeur, épanchement]* to resorb ◆ **les cicatrices sont résorbées** the scar tissue has healed b *(= éliminer) [+ chômage, inflation]* to bring down, to reduce (gradually); *[+ déficit, surplus]* to absorb; *[+ stocks]* to reduce ◆ **trouver un moyen pour ~ la crise économique** to find some way of resolving the economic crisis VPR **se résorber** a *(Méd)* to be resorbed b *[chômage]* to be brought down *ou* reduced; *[déficit]* to be absorbed ◆ **l'embouteillage se résorbe peu à peu** the traffic jam is gradually breaking up

**résorption** /ʀezɔʀpsjɔ̃/ NF a *(Méd) [de tumeur, épanchement]* resorption b *[de chômage, inflation]* bringing down, gradual reduction (*de* in); *[de déficit, surplus]* absorption

**résoudre** /ʀezudʀ/ ▸ conjug 51 ◂ VT a *[+ mystère, équation, problème de maths]* to solve; *[+ dilemme, crise]* to solve, to resolve; *[+ difficultés]* to solve, to resolve, to settle; *[+ conflit]* to settle, to resolve ◆ **j'ignore comment ce problème va se ~** *ou* **va être résolu** I can't see how this problem will be solved *ou* resolved

b *(= décider) [+ exécution, mort]* to decide on, to determine on ◆ **~ de faire qch** to decide *ou* resolve to do sth, to make up one's mind to do sth ◆ **~ qn à faire qch** to prevail upon sb *ou* induce sb to do sth

c *(Méd) [+ tumeur]* to resolve

d *(Jur = annuler) [+ contrat, vente]* to cancel, to annul

e *(Mus) [+ dissonance]* to resolve

f *(= transformer)* **~ qch en cendres** to reduce sth to ashes ◆ **les nuages se résolvent en pluie/grêle** the clouds turn into rain/hail

VPR **se résoudre** ◆ **se ~ à faire qch** *(= se décider)* to resolve *ou* decide to do sth, to make up one's mind to do sth; *(= se résigner)* to resign *ou* reconcile o.s. to doing sth ◆ **il n'a pas pu se ~ à la quitter** he couldn't bring himself to leave her

**respect** /ʀɛspɛ/ NM a *(= considération)* respect (*de, pour* for); ◆ **le ~ des principes démocratiques** respect for democratic principles ◆ **le ~ humain** † fear of the judgment of others ◆ **~ de soi** self-respect ◆ **avoir du ~ pour qn** to respect sb, to have respect for sb ◆ **il n'a aucun ~ pour le bien d'autrui** he has no respect *ou* consideration *ou* regard for other people's property ◆ **manquer de ~ à** *ou* **envers qn** to be disrespectful to(wards) sb ◆ **agir dans le ~ des règles/des droits de l'homme** to act in accordance with the rules/with human rights ◆ **par ~ pour sa mémoire** out of respect *ou* consideration for his memory ◆ **malgré** *ou* **sauf le ~ que je vous dois, sauf votre ~** *(† ou hum)* with (all) respect, with all due respect

b *(= formule de politesse)* **présenter ses ~s à qn** to pay one's respects to sb ◆ **présentez mes ~s à votre femme** give my regards *ou* pay my respects to your wife ◆ **mes ~s, mon colonel** good day to you, sir

c *(loc)* **tenir qn en ~** *(avec une arme)* to keep sb at a respectful distance *ou* at bay; *(fig)* to keep sb at bay

**respectabilité** /ʀɛspɛktabilite/ NF respectability

**respectable** /ʀɛspɛktabl/ ADJ *(= honorable)* respectable; *(= important)* respectable, sizeable ◆ **il avait un ventre ~** * *(hum)* he had quite a paunch

**respecter** /ʀɛspɛkte/ GRAMMAIRE ACTIVE 38.3 ▸ conjug 1 ◂

VT a *[+ personne]* to respect, to have respect for ◆ **~ une femme** † to respect a woman's honour ◆ **faire ~ l'interdiction/l'embargo** to maintain the ban/embargo ◆ **se faire ~** to win respect ◆ **notre très respecté confrère** our highly esteemed colleague

b *[+ formes, loi, droits, environnement]* to respect; *[+ traditions]* to respect, to have respect for; *[+ calendrier, délais]* to keep to; *[+ cahier des charges, clause contractuelle]* to abide by, to respect; *[+ cessez-le-feu]* to observe; *[+ interdiction]* to observe, to obey; *[+ parole donnée, promesse]* to keep ◆ **~ ses engagements** to honour one's commitments ◆ **~ les opinions de qn** to respect sb's opinions ◆ **respectez son sommeil** let him sleep, don't disturb him while he's asleep ◆ **respectez le matériel !** be careful with the equipment! ◆ **lessive qui respecte les couleurs** washing powder that is kind to colours ◆ **"respectez les pelouses"** "keep off the grass" ◆ **~ une minute de silence** to observe a minute's silence ◆ **ces voyous ne respectent rien** those louts show no respect for anything ◆ **classer des livres en respectant l'ordre alphabétique** to arrange books in alphabetical order ◆ **faire ~ la loi** to enforce the law ◆ **le programme a été scrupuleusement respecté** the programme was strictly adhered to

VPR **se respecter** to respect o.s. ◆ **tout professeur/juge/plombier qui se respecte** *(hum)* any self-respecting teacher/judge/plumber ◆ **il se respecte trop pour faire cela** he has too much self-respect to do that

**respectif, -ive** /ʀɛspɛktif, iv/ ADJ respective

**respectivement** /ʀɛspɛktivmɑ̃/ ADV respectively ◆ **ils ont ~ 9 et 12 ans** they are 9 and 12 years old respectively

**respectueusement** /ʀɛspɛktɥøzmɑ̃/ ADV respectfully, with respect

**respectueux, -euse** /ʀɛspɛktɥø, øz/ ADJ *[langage, personne, silence]* respectful (*envers, pour* to); ◆ **se montrer ~ du bien d'autrui** to show respect *ou* consideration for other people's property ◆ **~ des traditions** respectful of traditions ◆ **~ de la loi** respectful of the law, law-abiding ◆ **projet ~ de l'environnement** environment-friendly *ou* environmentally sound project ◆ **pays ~ des droits de l'homme** country that respects human rights ◆ **être peu ~ des autres** to show little respect for others ◆ **veuillez agréer, Monsieur (*ou* Madame), mes salutations respectueuses** yours sincerely *ou* faithfully *(Brit)* ◆ **voulez-vous transmettre à votre mère mes hommages ~** please give my best regards *ou* my respects to your mother; → **distance**

NF **respectueuse** * *(= prostituée)* whore, prostitute, tart *

**respirable** /ʀɛspiʀabl/ ADJ breathable ◆ **l'air n'y est pas ~** the air there is unbreathable ◆ **l'atmosphère n'est pas ~ dans cette famille** *(fig)* the atmosphere in this family is suffocating

**respirateur** /ʀɛspiʀatœʀ/ NM ◆ **~ (artificiel)** *(gén)* respirator; *(pour malade dans le coma)* ventilator

**respiration** /ʀɛspiʀasjɔ̃/ NF a *(= fonction, action naturelle)* breathing, respiration *(SPÉC)*; *(= souffle)* breath ◆ **~ pulmonaire/cutanée/artificielle** *ou* **assistée** pulmonary/cutaneous/artificial respiration ◆ **~ entrecoupée** irregular breathing ◆ **~ courte** shortness of breath ◆ **avoir la ~ difficile** to have difficulty (in) *ou* trouble breathing ◆ **avoir la ~ bruyante** to breathe heavily *ou* noisily ◆ **faites trois ~s complètes** breathe in and out three times; → **couper, retenir** b *(Mus)* phrasing ◆ **respecter les ~s d'un poème** to respect the phrasing of a poem

**respiratoire** /ʀɛspiʀatwaʀ/ ADJ *[système, voies]* respiratory; *[troubles]* breathing *(épith)*, respiratory

**respirer** /ʀɛspiʀe/ ▸ conjug 1 ◂ VI a *(lit, Bio)* to breathe, to respire *(SPÉC)* ◆ **"respirez !"** *(chez le médecin)* "breathe in!", "take a deep breath!" ◆ **~ par la bouche/le nez** to breathe through one's mouth/one's nose ◆ **est-ce qu'il respire (encore) ?** is he (still) breathing? ◆ **~ avec difficulté** to have difficulty (in) *ou* trouble breathing, to breathe with difficulty ◆ **~ profondément** to breathe deeply, to take a deep breath ◆ **~ à pleins poumons** to breathe deeply; → **mentir**

b *(fig) (= se détendre)* to get one's breath; *(= se rassurer)* to breathe again *ou* easy ◆ **ouf, on respire !** phew, we can breathe again!

VT a *(= inhaler)* to breathe (in), to inhale ◆ **~ un air vicié/le grand air** to breathe in foul air/the fresh air ◆ **faire ~ des sels à qn** to make sb inhale smelling salts

b *(= exprimer) [+ calme, bonheur, santé]* to radiate; *[+ honnêteté, franchise, orgueil, ennui]* to exude, to emanate ◆ **son attitude respirait la méfiance** his whole attitude was mistrustful, his attitude was clearly one of mistrust

**resplendir** /ʀɛsplɑ̃diʀ/ ▸ conjug 2 ◂ VI *[soleil, lune]* to shine; *[surface métallique]* to gleam, to shine ◆ **le lac/la neige resplendissait sous le soleil** the lake/the snow glistened *ou* glittered in the sun ◆ **le ciel resplendit au coucher du soleil** the sky is radiant *ou* ablaze at sunset ◆ **toute la cuisine resplendissait** the whole kitchen shone *ou* gleamed ◆ **il resplendissait de joie/de bonheur** he was aglow *ou* radiant with joy/with happiness

**resplendissant, e** /ʀɛsplɑ̃disɑ̃, ɑ̃t/ ADJ a *(lit = brillant) [soleil]* radiant, dazzling; *[lune]* shining, beaming; *[surface métallique]* gleaming, shining; *[lac, neige]* glistening, glittering; *[ciel]* radiant b *(fig = éclatant) [beauté, santé]* radiant; *[visage, yeux]* shining ◆ **avoir une mine ~e** to look radiant ◆ **être ~ de santé/de joie** to be glowing *ou* radiant with health/with joy

**resplendissement** /ʀɛsplɑ̃dismɑ̃/ NM *[de beauté, soleil]* brilliance

**responsabilisation** /ʀɛspɔ̃sabilizasjɔ̃/ NF ◆ **pour encourager la ~ des employés/des parents** to encourage employees/parents to assume more responsibility

**responsabiliser** /ʀɛspɔ̃sabilize/ ▸ conjug 1 ◂ VT ◆ **~ qn** *(= le rendre conscient de ses responsabilités)* to make sb aware of their responsibilities, to give sb a sense of responsibility; *(= lui donner des responsabilités)* to give sb responsibilities

**responsabilité** /ʀɛspɔ̃sabilite/ GRAMMAIRE ACTIVE 47.3

NF **a** *(= charge)* responsibility ◆ **de lourdes ~s** heavy responsibilities ◆ **assumer la ~ d'une affaire** to take on the responsibility for a matter ◆ **avoir la ~ de qn** to take *ou* have responsibility for sb ◆ **avoir la ~ de la gestion/de la sécurité** to be responsible for management/for security ◆ **il fuit les ~s** he shuns (any) responsibility ◆ **il serait temps qu'il prenne ses ~s** it's (high) time he faced up to his responsibilities ◆ **ce poste comporte d'importantes ~s** this post involves *ou* carries considerable responsibilities ◆ **il a un poste de ~** he's in a position of responsibility ◆ **accéder à de hautes ~s** to reach a position of great responsibility

**b** *(légale)* liability (*de* for); *(morale)* responsibility (*de* for); *(ministérielle)* responsibility; *(financière)* (financial) accountability ◆ **emmener ces enfants en montagne, c'est une ~** it's a responsibility taking these children to the mountains ◆ **le Premier ministre a engagé la ~ de son gouvernement** ≃ the prime minister has sought a vote of confidence in his government ◆ **porter la ~ de qch** to take responsibility for sth ◆ **faire porter la ~ de qch à** *ou* **sur qn** to hold sb responsible for sth, to blame sb for sth ◆ **les bagages sont sous ta ~** you're responsible for *ou* in charge of the luggage, the luggage is your responsibility ◆ **ces élèves sont sous ma ~** I'm responsible for these pupils, these pupils are in my responsibility *ou* are in my charge; → **assurance, société**

COMP ▷ **responsabilité atténuée** diminished responsibility ▷ **responsabilité civile** civil liability ▷ **responsabilité collective** collective responsibility ▷ **responsabilité contractuelle** contractual liability ▷ **responsabilité pénale** criminal responsibility ▷ **responsabilité pleine et entière** full and entire responsibility

**responsable** /ʀɛspɔ̃sabl/ ADJ **a** *(= coupable)* responsible, to blame ◆ **Dupont, ~ de l'échec, a été renvoyé** Dupont, who was responsible *ou* to blame for the failure, has been dismissed ◆ **ils considèrent l'état défectueux des freins comme ~ (de l'accident)** they consider that defective brakes were to blame *ou* were responsible for the accident

**b** *(légalement, de dégâts)* liable, responsible (*de* for); *(de délits)* responsible (*de* for); *(moralement)* responsible, accountable (*de* for; *devant qn* to sb); ◆ **reconnu ~ de ses actes** held responsible for his actions ◆ **il n'est pas ~ des délits/dégâts commis par ses enfants** he is not responsible for the misdemeanours of/liable *ou* responsible for damage caused by his children ◆ **je le tiens pour ~ de l'accident** I hold him responsible *ou* I blame him for the accident ◆ **civilement/pénalement ~** liable in civil/criminal law ◆ **le ministre est ~ de ses décisions (devant le parlement)** the minister is responsible *ou* accountable (to Parliament) for his decisions

**c** *(= chargé de)* **~ de** responsible for, in charge of

**d** *(= sérieux)* *[attitude, employé, étudiant]* responsible ◆ **agir de manière ~** to behave responsibly

NMF **a** *(= coupable)* person responsible *ou* to blame ◆ **il faut trouver les ~s (de cette erreur)** we must find those responsible *ou* those who are to blame (for this error) ◆ **le seul ~ est l'alcool** alcohol alone is to blame *ou* is the culprit

**b** *(= personne compétente)* person in charge ◆ **adressez-vous au ~** see the person in charge

**c** *(= chef)* manager ◆ **~ des ventes** sales manager ◆ **~ marketing** marketing manager

**d** *(= dirigeant)* official ◆ **les ~s du parti** the party officials ◆ **~ syndical** trade union official ◆ **~ politique** politician

> ⚠ *Quand* **responsable** *est un nom, il ne se traduit pas par le mot anglais* **responsible**.

**resquillage** * /ʀɛskijaʒ/ NM, **resquille** * /ʀɛskij/ NF *(dans l'autobus, le métro)* fare-dodging *, grabbing a free ride; *(au match, cinéma)* sneaking in, getting in on the sly

**resquiller** * /ʀɛskije/ ▸ conjug 1 ◂ VI *(= ne pas payer) (dans l'autobus, le métro)* to sneak a free ride, to dodge the fare; *(au match, cinéma)* to get in on the sly, to sneak in; *(= ne pas faire la queue)* to jump the queue *(Brit)*, to cut in (at the beginning of) the line *(US)* VT *[+ place]* to wangle *, to fiddle *

**resquilleur, -euse** * /ʀɛskijœʀ, øz/ NM,F *(= qui n'attend pas son tour) person who doesn't wait his or her turn*, queue-jumper *(Brit)*; *(= qui ne paie pas) (dans l'autobus)* fare-dodger * ◆ **expulser les ~s** *(au stade)* to throw out the people who have wangled their way in without paying

**ressac** /ʀəsak/ NM ◆ **le ~** *(= mouvement)* the backwash, the undertow; *(= vague)* the surf

**ressaisir** /ʀ(ə)seziʀ/ ▸ conjug 2 ◂ VT **a** *[+ branche, bouée]* to catch hold of again; *[+ pouvoir, occasion, prétexte]* to seize again; *(Jur) [+ biens]* to recover possession of **b** *[peur]* to grip (once) again; *[délire, désir]* to take hold of again **c** *(Jur)* **~ un tribunal d'une affaire** to lay a matter before a court again VPR **se ressaisir** **a** *(= reprendre son sang-froid)* to regain one's self-control; *(Sport : après avoir flanché)* to rally, to recover ◆ **ressaisissez-vous !** pull yourself together!, get a grip on yourself! ◆ **le coureur s'est bien ressaisi sur la fin** the runner rallied *ou* recovered well towards the end **b** ◆ **se ~ de** *[+ objet]* to recover; *[+ pouvoir]* to seize again

**ressaisissement** /ʀ(ə)sezismɑ̃/ NM recovery

**ressassé, e** /ʀ(ə)sase/ (ptp de **ressasser**) ADJ *[plaisanterie, thème]* worn out, hackneyed

**ressasser** /ʀ(ə)sase/ ▸ conjug 1 ◂ VT *[+ pensées, regrets]* to keep turning over; *[+ plaisanteries, conseil]* to keep trotting out

**ressaut** /ʀəso/ NM *(Géog) (= plan vertical)* rise; *(= plan horizontal)* shelf; *(Archit)* projection

**ressauter** /ʀ(ə)sote/ ▸ conjug 1 ◂ VI to jump again VT *[+ obstacle]* to jump (over) again

**ressayer** /ʀeseje/ ▸ conjug 8 ◂ VT, VI *(gén)* to try again; *(Couture)* ⇒ **réessayer**

**ressemblance** /ʀ(ə)sɑ̃blɑ̃s/ NF **a** *(= similitude visuelle)* resemblance, likeness; *(= analogie de composition)* similarity ◆ **~ presque parfaite entre deux substances** near perfect similarity of two substances ◆ **avoir** *ou* **offrir une ~ avec qch** to bear a resemblance *ou* likeness to sth ◆ **la ~ entre père et fils/ces montagnes est frappante** the resemblance between father and son/these mountains is striking ◆ **ce peintre s'inquiète peu de la ~** this painter cares very little about getting a good likeness ◆ **toute ~ avec des personnes existant ou ayant existé est purement fortuite** any resemblance to any person living or dead is purely accidental **b** *(= trait)* resemblance; *(= analogie)* similarity

**ressemblant, e** /ʀ(ə)sɑ̃blɑ̃, ɑ̃t/ ADJ *[photo, portrait]* lifelike, true to life ◆ **vous êtes très ~ sur cette photo** this is a very good photo of you ◆ **il a fait d'elle un portrait très ~** he painted a very good likeness of her ◆ **ce n'est pas très ~** it's not a very good likeness

**ressembler** /ʀ(ə)sɑ̃ble/ GRAMMAIRE ACTIVE 32.4, 32.5 ▸ conjug 1 ◂

VT INDIR **ressembler à** **a** *(= être semblable à)* to be like; *(physiquement)* to be *ou* look like, to resemble ◆ **il me ressemble beaucoup physiquement/moralement** he is very like me in looks/in character ◆ **juste quelques accrochages, rien qui ressemble à une offensive** just a few skirmishes - nothing that you could call a real offensive ◆ **il ne ressemble en rien à l'image que je me faisais de lui** he's nothing like how I imagined him ◆ **à quoi ressemble-t-il ?** * what does he look like?, what's he like? ◆ **ton fils s'est roulé dans la boue, regarde à quoi il ressemble !** * your son has been rolling in the mud - just look at the state of him! ◆ **ça ne ressemble à rien !** * *[attitude]* it makes no sense at all!; *[peinture, objet]* it's like nothing on earth! ◆ **à quoi ça ressemble de crier comme ça !** * what do you mean by shouting like that!

**b** *(= être typique de)* **cela lui ressemble bien de dire ça** it's just like him *ou* it's typical of him to say that ◆ **cela ne te ressemble pas** that's (most) unlike you *ou* not like you

VPR **se ressembler** *(physiquement, visuellement)* to look *ou* be alike; *(moralement, par ses éléments)* to be alike ◆ **ils se ressemblent comme deux gouttes d'eau** they're as like as two peas (in a pod) ◆ **tu ne te ressembles plus depuis ton accident** you're not yourself since your accident ◆ **aucune ville ne se ressemble** no two towns are alike ◆ **dans cette rue, il n'y a pas deux maisons qui se ressemblent** no two houses are the same in this street ◆ **toutes les grandes villes se ressemblent** all big towns are alike *ou* the same ◆ **qui se ressemble s'assemble** *(Prov)* birds of a feather flock together *(Prov)* → **jour**

> ⚠ *Attention à ne pas traduire automatiquement* **ressembler** *par* **to resemble**, *qui est d'un registre plus soutenu.*

**ressemelage** /ʀ(ə)səm(ə)laʒ/ NM soling, resoling

**ressemeler** /ʀ(ə)səm(ə)le/ ▸ conjug 4 ◂ VT to sole, to resole

**ressemer** /ʀəs(ə)me, ʀ(ə)səme/ ▸ conjug 5 ◂ VT to resow, to sow again VPR **se ressemer** ◆ **ça s'est ressemé tout seul** it (re)seeded itself

**ressentiment** /ʀ(ə)sɑ̃timɑ̃/ NM resentment (*contre* against; *de* at); ◆ **éprouver du ~** to feel resentful (*à l'égard de* towards); ◆ **il en a gardé du ~** it has remained a sore point with him ◆ **avec ~** resentfully, with resentment

**ressentir** /ʀ(ə)sɑ̃tiʀ/ ▸ conjug 16 ◂ VT *[+ douleur, sentiment, coup]* to feel; *[+ sensation]* to feel, to experience; *[+ perte, insulte, privation]* to feel, to be affected by ◆ **il ressentit les effets de cette nuit de beuverie** he felt the effects of that night's drinking ◆ **il ressent toute chose profondément** he feels everything deeply, he is deeply affected by everything VPR **se ressentir** **a** ◆ **se ~ de** *[travail, qualité]* to show the effects of; *[personne, communauté]* to feel the effects of ◆ **la qualité/son travail s'en ressent** the quality/his work is affected, it is telling on the quality/his work ◆ **l'athlète se ressentait du manque de préparation** the athlete's lack of preparation told on his performance **b** * **s'en ~ pour** to feel up to ◆ **il ne s'en ressent pas pour faire ça** he doesn't feel up to doing that

**resserre** /ʀəsɛʀ/ NF *(= cabane)* shed; *(= réduit)* store, storeroom

**resserré, e** /ʀ(ə)seʀe/ (ptp de **resserrer**) ADJ *[chemin, vallée]* narrow ◆ **maison ~e entre des immeubles** house squeezed between high buildings ◆ **veste ~e à la taille** jacket fitted at the waist

**resserrement** /ʀ(ə)sɛʀmɑ̃/ **NM** a *(= action) [de nœud, étreinte]* tightening; *[de pores]* closing; *[de liens, amitié]* strengthening; *[de vallée]* narrowing; *[de crédits]* tightening, squeezing b *(= goulet) [de route, vallée]* narrow part

**resserrer** /ʀ(ə)seʀe/ ▸ conjug 1 ◂ **VT** a *[+ vis]* to tighten (up); *[+ nœud, ceinture, étreinte]* to tighten ◆ **produit qui resserre les pores** product which helps (to) close the pores; → **boulon** b *[+ discipline]* to tighten up; *[+ cercle, filets]* to draw tighter, to tighten; *[+ liens, amitié]* to strengthen; *[+ récit]* to tighten up, to compress; *[+ crédits]* to tighten, to squeeze ◆ **l'armée resserre son étau autour de la capitale** the army is tightening its grip *ou* the noose around the capital **VPR se resserrer** a *[nœud, étreinte]* to tighten; *[pores, mâchoire]* to close; *[chemin, vallée]* to narrow ◆ **l'étau se resserre** *(fig)* the noose is tightening b *[liens affectifs]* to grow stronger; *[cercle, groupe]* to draw in ◆ **le filet/l'enquête se resserrait autour de lui** the net/the inquiry was closing in on him

**resservir** /ʀ(ə)sɛʀviʀ/ ▸ conjug 14 ◂ **VT** a *(= servir à nouveau) [+ plat]* to serve (up) again *(à* to) to dish up again * *(péj) (à* for)
b *(= servir davantage) [+ dîneur]* to give another *ou* a second helping to ◆ **~ de la soupe/viande** to give another *ou* a second helping of soup/meat
c *[+ thème, histoire]* to trot out again ◆ **les thèmes qu'ils nous resservent depuis des années** the themes that they have been feeding us with *ou* trotting out to us for years
**VI** a *[vêtement usagé, outil]* to serve again, to do again ◆ **ça peut toujours ~** it may come in handy *ou* be useful again ◆ **cet emballage peut ~** this packaging can be used again ◆ **ce manteau pourra te ~** you may find this coat useful again (some time)
b *(Tennis)* to serve again
**VPR se resservir** a *[dîneur]* to help o.s. again, to take another helping ◆ **se ~ de fromage/viande** to help o.s. to some more cheese/meat, to take another helping of cheese/meat
b *(= réutiliser)* **se ~ de** *[+ outil]* to use again; *[+ vêtement]* to wear again

**ressort**[1] /ʀ(ə)sɔʀ/ **NM** a *(= pièce de métal)* spring ◆ **faire ~** to spring back ◆ **à ~** *[mécanisme, pièce]* spring-loaded; → **matelas, mouvoir**
b *(= énergie)* spirit ◆ **avoir du/manquer de ~** to have/lack spirit ◆ **un être sans ~** a spiritless individual
c *(littér = motivation)* **les ~s psychologiques de qn** sb's psychological motives ◆ **les ~s qui le font agir** what motivates him, what makes him tick * ◆ **les ~s secrets de l'esprit humain/de l'organisation** the inner *ou* secret workings of the human mind/the organization ◆ **les ~s secrets de cette affaire** the hidden undercurrents of this affair
d *(† = élasticité)* resilience
**COMP** ▹ **ressort à boudin** spiral spring ▹ **ressort hélicoïdal** helical *ou* coil spring ▹ **ressort à lames** leafspring ▹ **ressort de montre** hairspring ▹ **ressort de suspension** suspension spring ▹ **ressort de traction** drawspring

**ressort**[2] /ʀ(ə)sɔʀ/ **NM** a *(Admin, Jur = compétence)* **être du ~ de** to be *ou* fall within the competence of ◆ **c'est du ~ de la justice/du chef de service** that is for the law/the head of department to deal with, that is the law's/the head of department's responsibility ◆ **ce n'est pas de mon ~** *(fig)* this is not my responsibility, this is outside my remit b *(Jur = circonscription)* jurisdiction ◆ **dans le ~ du tribunal de Paris** in the jurisdiction of the courts of Paris c *(Jur)* **en dernier ~** without appeal; *(fig = en dernier recours)* as a last resort; *(= finalement)* in the last resort *ou* instance

**ressortir**[1] /ʀ(ə)sɔʀtiʀ/ ▸ conjug 16 ◂ **VI** *(avec aux être)* a *[personne]* to go *ou* come out; *[objet]* to come out; *(une nouvelle fois)* to go (*ou* come) out again ◆ **je suis ressorti faire des courses** I went out shopping again ◆ **il a jeté un coup d'œil aux journaux et il est ressorti** he glanced at the newspapers and went (back) out again ◆ **des désirs refoulés/des souvenirs qui ressortent** repressed desires/memories which resurface *ou* come back up to the surface ◆ **le rouge/7 est ressorti** the red/7 came out *ou* up again ◆ **ce film ressort sur nos écrans** this film is showing again *ou* has been re-released
b *(= contraster) [détail, couleur, qualité]* to stand out ◆ **faire ~ qch** to make sth stand out, to bring out sth
**VT INDIR ressortir de** *(= résulter)* to emerge from, to be the result of ◆ **il ressort de tout cela que personne ne savait** what emerges from all that is that no one knew
**VT** *(avec aux avoir : à nouveau) [+ vêtements d'hiver, outil]* to take out again; *[+ film]* to re-release, to bring out again; *(Comm) [+ modèle]* to bring out again ◆ **le soleil revenant, ils ont ressorti les chaises sur la terrasse** when the sun came out again, they took *ou* brought the chairs back onto the terrace ◆ **j'ai encore besoin du registre, ressors-le** I still need the register so take *ou* get it (back) out again ◆ **il (nous) ressort toujours les mêmes blagues** he always trots out the same old jokes ◆ **~ un vieux projet d'un tiroir** to dust off an old project

**ressortir**[2] /ʀ(ə)sɔʀtiʀ/ ▸ conjug 2 ◂ **ressortir à VT INDIR** *[+ tribunal]* to come under the jurisdiction of; *(frm) [+ domaine]* to be the concern *ou* province of, to pertain to ◆ **ceci ressort à une autre juridiction** this comes under *ou* belongs to a separate jurisdiction

**ressortissant, e** /ʀ(ə)sɔʀtisɑ̃, ɑ̃t/ **NM,F** national ◆ **~ français** French national *ou* citizen

**ressouder** /ʀ(ə)sude/ ▸ conjug 1 ◂ **VT** *[+ objet brisé]* to solder together again; *(= souder à nouveau) [+ petite pièce]* to resolder; *[+ grosse pièce]* to reweld; *[+ amitié]* to patch up, to renew the bonds of; *[+ équipe, parti]* to reunite **VPR se ressouder** *[os, fracture]* to knit, to mend; *[amitié]* to mend ◆ **l'opposition s'est ressoudée autour de son chef** the opposition has reunited around its leader

**ressource** /ʀ(ə)suʀs/ **NF** a *(= moyens matériels, financiers)* **~s** *[de pays]* resources; *[de famille, personne]* resources, means ◆ **~s personnelles** personal resources ◆ **avoir de maigres ~s** to have limited *ou* slender resources *ou* means ◆ **une famille sans ~s** a family with no means of support *ou* no resources ◆ **~s naturelles/pétrolières** natural/petroleum resources ◆ **les ~s en hommes d'un pays** the manpower resources of a country ◆ **les ~s de l'État** *ou* **du Trésor** the financial resources of the state ◆ **directeur/responsable des ~s humaines** director/head of human resources
b *(= possibilités)* **~s** *[d'artiste, aventurier, sportif]* resources; *[d'art, technique, système]* possibilities ◆ **les ~s de son talent/imagination** the resources of one's talent/imagination ◆ **ce système a des ~s variées** this system has a wide range of possible applications ◆ **les ~s de la langue française** the resources of the French language ◆ **les ~s de la photographie** the various possibilities of photography ◆ **être à bout de ~s** to have exhausted all the possibilities, to be at the end of one's resources ◆ **homme/femme de ~(s)** man/woman of resource, resourceful man/woman
c *(= recours)* **n'ayant pas la ~ de lui parler** having no means *ou* possibility of speaking to him ◆ **je n'ai d'autre ~ que de lui téléphoner** the only course open to me is to phone him, I have no other option but to phone him ◆ **sa seule ~ était de ...** the only way *ou* course open to him was to ... ◆ **vous êtes ma dernière ~** you are my last resort ◆ **en dernière ~** as a last resort
d *(Ordin)* resource
e ◆ **avoir de la ~** *[cheval, sportif]* to have strength in reserve ◆ **il y a de la ~** * there's plenty more where that came from

**ressourcer (se)** /ʀ(ə)suʀse/ ▸ conjug 3 ◂ **VPR** *(= retrouver ses racines)* to go back to one's roots; *(= recouvrer ses forces)* to recharge one's batteries

**ressouvenir (se)** /ʀ(ə)suv(ə)niʀ/ ▸ conjug 22 ◂ **VPR** *(littér)* ◆ **se ~ de** to remember, to recall ◆ **faire (se) ~ qn de qch** to remind sb of sth ◆ **ce bruit le fit se ~** *ou (littér)* **lui fit ~ de son accident** when he heard the noise he was reminded of his accident

**ressurgir** /ʀ(ə)syʀʒiʀ/ ▸ conjug 2 ◂ **VI** ⇒ **resurgir**

**ressusciter** /ʀesysite/ ▸ conjug 1 ◂ **VI** a *(Rel)* to rise (from the dead) ◆ **Christ est ressuscité !** Christ is risen! ◆ **le Christ ressuscité** the risen Christ ◆ **ressuscité d'entre les morts** risen from the dead
b *(fig = renaître) [malade]* to come back to life, to revive; *[sentiment, souvenir]* to revive, to reawaken
**VT** a *(lit) [+ mourant]* to resuscitate, to restore *ou* bring back to life; *(Rel)* to raise (from the dead) ◆ **buvez ça, ça ressusciterait un mort** * drink that - it'll put new life into you ◆ **bruit à ~ les morts** noise that could wake the dead
b *(= régénérer) [+ malade]* to revive; *[+ projet, entreprise]* to inject new life into, to revive
c *(= faire revivre) [+ sentiment]* to revive, to reawaken; *[+ héros, mode]* to bring back, to resurrect *(péj)*; *[+ passé, coutume, loi]* to revive, to resurrect *(péj)*

> ⚠ **ressusciter** *se traduit par* **to resuscitate** *uniquement au sens de 'ranimer'*.

**restant, e** /ʀɛstɑ̃, ɑ̃t/ **ADJ** remaining ◆ **le seul cousin ~** the sole *ou* one remaining cousin, the only *ou* one cousin left *ou* remaining; → **poste**[1] **NM** a *(= l'autre partie)* **le ~** the rest, the remainder ◆ **tout le ~ des provisions était perdu** all the rest *ou* remainder of the supplies were lost ◆ **pour le ~ de mes jours** *ou* **de ma vie** for the rest of my life b *(= ce qui est en trop)* **accommoder un ~ de poulet** to make a dish with some left-over chicken ◆ **faire une écharpe dans un ~ de tissu** to make a scarf out of some left-over material

**restau** * /ʀɛsto/ **NM** (abrév de **restaurant**) ⇒ **resto**

**restaurant** /ʀɛstɔʀɑ̃/ **NM** restaurant ◆ **on va au ~ ?** shall we go to a restaurant?, shall we eat out? **COMP** ▹ **restaurant d'entreprise** staff canteen, staff dining room ▹ **restaurant gastronomique** gourmet restaurant ▹ **restaurant libre-service** self-service restaurant, cafeteria ▹ **restaurant rapide** fast-food restaurant ▹ **restaurant scolaire** *(Admin)* school canteen ▹ **restaurant self-service** ⇒ **restaurant libre-service** ▹ **restaurant à thème** themed restaurant ▹ **restaurant universitaire** university refectory *ou* canteen *ou* cafeteria

**restaurateur, -trice** /rɛstɔʀatœʀ, tʀis/ **NM,F** a *[de tableau, dynastie]* restorer b *(= aubergiste)* restaurant owner, restaurateur

**restauration** /rɛstɔʀasjɔ̃/ **NF** a *(= rétablissement, réparation)* restoration ◆ **la Restauration** *(Hist)* the Restoration *(of the Bourbons in 1830)* ◆ **la ~ de la démocratie est en bonne voie dans ce pays** democracy is well on the way to being restored in this country b *(= hôtellerie)* catering ◆ **il travaille dans la ~** he works in catering ◆ **la ~ rapide** the fast-food industry *ou* trade ◆ **la ~ collective/scolaire** institutional/school catering c *(Ordin) [de fichier]* restore

> ⚠ *Au sens culinaire,* **restauration** *ne se traduit pas par le mot anglais* **restoration.**

**restaurer** /rɛstɔʀe/ ▸ conjug 1 ◂ **VT** a *[+ dynastie, paix, tableau]* to restore b *(= nourrir)* to feed c *(Ordin)* to restore **VPR se restaurer** to have something to eat

**restauroute** /rɛstoʀut/ **NM** ⇒ **restoroute**

**reste** /rɛst/ **NM** a *(= l'autre partie)* **le ~** the rest ◆ **le ~ de sa vie/du temps/des hommes** the rest of his life/of the time/of humanity ◆ **j'ai lu trois chapitres, je lirai le ~ (du livre) demain** I've read three chapters and I'll read the rest (of the book) tomorrow ◆ **le ~ du lait** the rest of the milk, what is left of the milk ◆ **préparez les bagages, je m'occupe du ~** get the luggage ready and I'll see to the rest *ou* to everything else

b *(= ce qui est en trop)* **il y a un ~ de fromage/de tissu** there's some *ou* a piece of cheese/material left over ◆ **s'il y a un ~, je fais une omelette/une écharpe** if there's some *ou* any left *ou* left over I'll make an omelette/a scarf ◆ **ce ~ de poulet ne suffira pas** this left-over chicken won't be enough ◆ **s'il y a un ~ (de laine), j'aimerais faire une écharpe** if there's some spare (wool) *ou* some (wool) to spare, I'd like to make a scarf ◆ **un ~ de tendresse/de pitié la poussa à rester** a last trace *ou* a remnant of tenderness/of pity moved her to stay

c *(Math = différence)* remainder

d *(loc)* **avoir de l'argent/du temps de ~** to have money/time left over *ou* in hand *ou* to spare ◆ **il ne voulait pas être *ou* demeurer en ~ avec eux** he didn't want to be outdone by them *ou* one down on them* *(Brit)* ◆ **sans demander son ~** *(= sans plus de cérémonie)* without further ado; *(= sans protester)* without a murmur ◆ **il a empoché l'argent sans demander son ~** he pocketed the money without asking any questions ◆ **il est menteur, paresseux et (tout) le ~** he's untruthful, lazy and everything else as well ◆ **avec la grève, la neige et (tout) le ~, ils ne peuvent pas venir** what with the strike, the snow and everything else *ou* all the rest, they can't come ◆ **pour le ~ *ou* quant au ~ (nous verrons bien)** (as) for the rest (we'll have to see) ◆ **il a été opéré, le temps fera le ~** he's had an operation, time will do the rest

♦ **du reste, au reste** *(littér)* (and) besides, (and) what's more ◆ **nous la connaissons, du ~, très peu** besides *ou* moreover, we hardly know her at all

**NMPL restes** *(= nourriture)* the left-overs; *(frm = dépouille mortelle)* the (mortal) remains ◆ **les ~s de** *[+ repas]* the remains of, the leftovers from; *[+ fortune, bâtiment]* the remains of, what is (*ou* was) left of ◆ **donner les ~s au chien** to give the scraps *ou* left-overs to the dog ◆ **elle a de beaux ~s** *(hum)* she's still a fine(-looking) woman

**rester** /rɛste/ ▸ conjug 1 ◂ **VI** a *(dans un lieu)* to stay, to remain; *(* = habiter)* to live ◆ **~ au lit** *[paresseux]* to stay *ou* lie in bed; *[malade]* to stay in bed ◆ **~ à la maison** to stay *ou* remain in the house *ou* indoors ◆ **~ chez soi** to stay at home *ou* in ◆ **~ au *ou* dans le jardin/à la campagne/à l'étranger** to stay *ou* remain in the garden/in the country/abroad ◆ **~ (à) dîner/déjeuner** to stay for *ou* to dinner/lunch ◆ **je ne peux ~ que 10 minutes** I can only stay *ou* stop* 10 minutes ◆ **la voiture est restée dehors/au garage** the car stayed *ou* remained outside/in the garage ◆ **la lettre va certainement ~ dans sa poche** the letter is sure to stay in his pocket ◆ **un os lui est resté dans la gorge** a bone got stuck in his throat ◆ **ça m'est resté là* *ou* en travers de la gorge** *(lit, fig)* it stuck in my throat ◆ **restez où vous êtes** stay *ou* remain where you are ◆ **~ à regarder la télévision** to stay watching television ◆ **nous sommes restés deux heures à l'attendre** we stayed there waiting for him for two hours ◆ **naturellement, ça reste entre nous** of course we shall keep this to ourselves *ou* this is strictly between ourselves ◆ **il ne peut pas ~ en place** he can't keep still

b *(dans un état)* to stay, to remain ◆ **~ éveillé/immobile** to keep *ou* stay awake/still ◆ **~ sans bouger/sans rien dire** to stay *ou* remain motionless/silent ◆ **~ indifférent devant qch/insensible à qch** to remain indifferent to sth/impervious to sth ◆ **~ maître de soi** to maintain one's composure ◆ **~ célibataire** to stay single, to remain unmarried ◆ **~ handicapé à vie** to be handicapped for life ◆ **~ dans l'ignorance** to remain in ignorance ◆ **~ en fonction** to remain in office ◆ **~ debout** *(lit)* to stand, to remain standing; *(= ne pas se coucher)* to stay up ◆ **je suis resté assis/debout toute la journée** I've been sitting/standing (up) all day ◆ **ne reste pas là les bras croisés** don't just stand there with your arms folded ◆ **il est resté très timide** he has remained *ou* he is still very shy ◆ **il est et restera toujours maladroit** he is clumsy and he always will be ◆ **cette coutume est restée en honneur dans certains pays** this custom is still honoured in certain countries ◆ **le centre-ville est resté paralysé toute la journée** the city centre was choked with traffic *ou* gridlocked all day; → **lettre, panne¹, plan¹**

c *(= subsister)* to be left, to remain ◆ **rien ne reste de l'ancien château** nothing is left *ou* remains of the old castle ◆ **c'est le seul parent qui leur reste** he's their only remaining relative, he's the only relative they have left ◆ **c'est tout l'argent qui leur reste** that's all the money they have left ◆ **10 km restaient à faire** there were still 10 km to go

d *(= durer)* to last, to live on ◆ **c'est une œuvre qui restera** it's a work which will live on *ou* which will last ◆ **le désir passe, la tendresse reste** desire passes, tenderness lives on ◆ **le surnom lui est resté** the nickname stayed with him, the nickname stuck

e *(loc)*

♦ **rester sur** ◆ **rester sur une impression** to retain an impression ◆ **je suis resté sur ma faim** *(après un repas)* I still felt hungry; *(à la fin d'une histoire)* I felt there was something missing ◆ **sa remarque m'est restée sur le cœur** his remark (still) rankles (in my mind) ◆ **mon déjeuner m'est resté sur l'estomac** my lunch is still sitting there ◆ **ça m'est resté sur l'estomac*** *(fig)* it still riles me*, I still feel sore about it* ◆ **ne restons pas sur un échec** let's not give up just because we failed

♦ **en ~ à** *(= ne pas dépasser)* to go no further than ◆ **ils en sont restés à quelques baisers/des discussions préliminaires** they got no further than a few kisses/preliminary discussions ◆ **les gens du village en sont restés à la bougie** the villagers are still using candles ◆ **les pourparlers en sont restés là** they only got that far *ou* that is as far as they got in their discussions ◆ **les choses en sont restées là jusqu'à ...** nothing more happened until ..., nothing more was done (about it) until ... ◆ **où en étions-nous restés dans notre lecture ?** where did we leave off in our reading? ◆ **restons-en là** let's leave off there, let's leave it at that

♦ **y rester*** *(= mourir)* to die ◆ **il a bien failli y ~** that was nearly the end of him

**VB IMPERS** ◆ **il reste encore un peu de jour/de pain** there's still a little daylight/bread left ◆ **il leur reste juste de quoi vivre** they have just enough left to live on ◆ **il me reste à faire ceci** I still have this to do, there's still this for me to do ◆ **il reste beaucoup à faire** much remains to be done, there's a lot left to do ◆ **il nous reste son souvenir** we still have our memories of him ◆ **il ne me reste que toi** you're all I have left ◆ **il n'est rien resté de leur maison/des provisions** nothing remained *ou* was left of their house/of the supplies ◆ **le peu de temps qu'il lui restait à vivre** the short time that he had left to live ◆ **il ne me reste qu'à vous remercier** it only remains for me to thank you ◆ **il restait à faire 50 km** there were 50 km still *ou* left to go ◆ **est-ce qu'il vous reste assez de force pour terminer ce travail ?** do you have enough strength left to finish this job? ◆ **quand on a été en prison, il en reste toujours quelque chose** when you've been in prison something of it always stays with you ◆ **(il) reste à savoir si/à prouver que ...** it remains to be seen if/to be proved that ... ◆ **il reste que ..., il n'en reste pas moins que ...** the fact remains (nonetheless) that ..., it is nevertheless a fact that ... ◆ **il reste entendu que ...** it remains *ou* is still quite understood that ...

**restituer** /rɛstitɥe/ ▸ conjug 1 ◂ **VT** a *(= redonner) [+ objet volé]* to return, to restore *(à qn* to sb); *[+ argent]* to return, to refund *(à qn* to sb)

b *(= reconstituer) [+ fresque, texte, inscription]* to reconstruct, to restore; *[+ son]* to reproduce ◆ **un texte enfin restitué dans son intégralité** a text finally restored in its entirety

c *(= recréer)* to recreate ◆ **le film restitue bien l'atmosphère de l'époque** the film successfully recreates the atmosphere of the period ◆ **appareil qui restitue fidèlement les sons** apparatus which gives faithful sound reproduction ◆ **il n'a pas su ~ la complexité des sentiments du héros** he wasn't able to render the complexity of the hero's feelings

d *(= libérer) [+ énergie, chaleur]* to release ◆ **l'énergie emmagasinée est entièrement restituée sous forme de chaleur** the energy stored up is entirely released in the form of heat

**restitution** /rɛstitysjɔ̃/ **NF** a *[d'objet volé, argent]* return ◆ **pour obtenir la ~ des territoires** to secure the return of the territories b *[de fresque, texte, inscription]* reconstruction, restoration; *[de son]* reproduction c *[d'énergie, chaleur]* release

**resto*** /rɛsto/ **NM** (abrév de **restaurant**) restaurant ◆ **~ U** university refectory *ou* canteen *ou* cafeteria ◆ **les Restos du cœur** *charity set up to provide food for the homeless during the winter*

**restoroute** ® /rɛstoʀut/ **NM** *[de route]* roadside restaurant; *[d'autoroute]* motorway *(Brit) ou* highway *(US)* restaurant

**restreindre** /rɛstʀɛ̃dʀ/ ▸ conjug 52 ◂ **VT** *[+ quantité, production, dépenses]* to restrict, to limit, to cut down; *[+ ambition]* to restrict, to limit, to curb ◆ **nous restreindrons notre étude à**

**quelques exemples** we will restrict our study to a few examples ♦ ~ **le crédit** to restrict credit VPR **se restreindre** a *(dans ses dépenses, sur la nourriture)* to cut down *(sur* on) b *(= diminuer) [production, tirage]* to decrease, to go down; *[espace]* to decrease, to diminish; *[ambition, champ d'action]* to narrow; *[sens d'un mot]* to become more restricted ♦ **le champ de leur enquête se restreint** the scope of their inquiry is narrowing

**restreint, e** /ʀɛstʀɛ̃, ɛ̃t/ (ptp de **restreindre**) ADJ *[autorité, emploi, production, vocabulaire]* limited, restricted; *[espace, moyens, nombre, personnel]* limited; *[sens]* restricted ♦ ~ **à** confined *ou* restricted *ou* limited to; → **comité, suffrage**

**restrictif, -ive** /ʀɛstʀiktif, iv/ ADJ restrictive

**restriction** /ʀɛstʀiksjɔ̃/ NF a *(= action)* restriction, limiting, limitation

b *(= réduction)* restriction ♦ **~s** *[de personnel, consommation, crédit]* restrictions ♦ **~s budgétaires** budget(ary) constraints *ou* restrictions ♦ **prendre des mesures de** ~ to adopt restrictive measures ♦ **~s à l'exportation/importation** export/import restraints

c *(= condition)* qualification; *(= réticence)* reservation ♦ ~ **mentale** mental reservation ♦ **faire** *ou* **émettre des ~s** to express some reservations ♦ **avec** ~ *ou* **des ~s** with some qualification(s) *ou* reservation(s)

♦ **sans restriction** *[soutien, attachement]* unqualified, unconditional; *[accepter, soutenir]* unreservedly ♦ **approuver qch sans** ~ to give one's unqualified approval to sth, to accept sth without reservation ♦ **ce régime alimentaire autorise sans ~ les fruits** this diet places no restriction on the consumption of fruit ♦ **ce pays accueille sans ~ les immigrants** this country allows unrestricted entry to *ou* has an open door policy towards immigrants

**restructuration** /ʀəstʀyktyʀasjɔ̃/ NF *(gén, Écon)* restructuring ♦ **notre groupe est en pleine** ~ our company is going through a major restructuring (programme) ♦ **la ~ du quartier** the reorganization of the area

**restructurer** /ʀəstʀyktyʀe/ ► conjug 1 ◄ VT to restructure VPR **se restructurer** to restructure

**resucée** * /ʀ(ə)syse/ NF a *[de boisson]* **veux-tu une ~ de whisky ?** would you like another drop *ou* shot of whisky? b *(fig) [de film, musique, théorie]* rehash *

**résultante** /ʀezyltɑ̃t/ NF *(Sci)* resultant; *(fig = conséquence)* outcome, result, consequence

**résultat** /ʀezylta/ GRAMMAIRE ACTIVE 53.4 NM a *(= conséquence)* result, outcome ♦ **cette tentative a eu des ~s désastreux** this attempt had disastrous results *ou* a disastrous outcome ♦ **cette démarche eut pour ~ une amélioration de la situation** *ou* **d'améliorer la situation** this measure resulted in *ou* led to an improvement in the situation ♦ **on l'a laissé seul : ~, il a fait des bêtises** we left him alone, and what happens? – he goes and does something silly ♦ **il n'y a que le ~ qui compte** the only thing that matters is the result ♦ **on a voulu lui faire confiance, le ~ est là !** we trusted him and look what happened!

b *(= chose obtenue, réalisation)* result ♦ **c'est un ~ remarquable** it is a remarkable result *ou* achievement ♦ **il a promis d'obtenir des ~s** he promised to get results ♦ **beau ~ !** *(iro)* well done! *(iro)* ♦ **il essaya, sans ~, de le convaincre** he tried to convince him but to no effect *ou* avail ♦ **le traitement fut sans ~** the treatment had no effect *ou* didn't work

c *(= solution) [d'addition, problème]* result

d *(= classement) [d'élection, examen]* results ♦ **et maintenant, les ~s sportifs** and now for the sports results ♦ **le ~ des courses** *(Sport)* the racing results; *(fig)* the upshot ♦ **voici quelques ~s partiels de l'élection** here are some of the election results so far

e *(Fin gén)* result; *(= chiffres)* figures; *(= bénéfices)* profit; *(= revenu)* income; *(= gains)* earnings ♦ **~s** results ♦ ~ **bénéficiaire** profit ♦ ~ **net** net profit *ou* income *ou* earnings ♦ ~ **brut d'exploitation** gross trading profit

**résulter** /ʀezylte/ ► conjug 1 ◄ VI ♦ ~ **de** to result from, to be the result of ♦ **rien de bon ne peut en** ~ no good can come of it ♦ **les avantages économiques qui en résultent** the resulting economic benefits ♦ **ce qui a résulté de la discussion est que ...** the result *ou* outcome of the discussion was that ..., what came out of the discussion was that ... VB IMPERS ♦ **il résulte de tout ceci que ...** the result of all this is that ... ♦ **il en résulte que c'est impossible** the result is that it's impossible ♦ **qu'en résultera-t-il ?** what will be the result? *ou* outcome?

**résumé** /ʀezyme/ GRAMMAIRE ACTIVE 53.4 NM *(= texte, ouvrage)* summary ♦ **faire un ~ de** to sum up, to give a brief summary of ♦ **un ~ des opérations menées depuis 1998** a review of the operations carried out since 1998 ♦ **"résumé des chapitres précédents"** "the story so far" ♦ ~ **des informations** *(Radio, TV)* news roundup

♦ **en résumé** *(= en bref)* in short, in brief; *(= pour conclure)* to sum up; *(= en miniature)* in miniature

**résumer** /ʀezyme/ GRAMMAIRE ACTIVE 53.1, 53.4 ► conjug 1 ◄ VT *(= abréger)* to summarize; *(= récapituler, aussi Jur)* to sum up; *(= symboliser)* to epitomize, to typify VPR **se résumer** a *[personne]* to sum up (one's ideas) b *(= être contenu)* **les faits se résument en quelques mots** the facts can be summed up *ou* summarized in a few words c *(= se réduire à)* **se ~ à** to amount to, to come down to, to boil down to ♦ **l'affaire se résume à peu de chose** the affair amounts to *ou* comes down to nothing really

> ⚠ **résumer** *ne se traduit pas par* **to resume**, *qui a le sens de 'recommencer'.*

**résurgence** /ʀezyʀʒɑ̃s/ NF *(Géol)* reappearance *(of river)*, resurgence; *[d'idée, mythe]* resurgence

**résurgent, e** /ʀezyʀʒɑ̃, ɑ̃t/ ADJ *(Géol) [eaux]* re-emergent

**resurgir** /ʀ(ə)syʀʒiʀ/ ► conjug 2 ◄ VI *[cours d'eau]* to come up again, to resurface; *[personne, passé, souvenir]* to resurface; *[problème, idée, débat, menace]* to resurface, to re-emerge; *[conflit]* to blow up again

**résurrection** /ʀezyʀɛksjɔ̃/ NF *[de mort]* resurrection; *(fig = renouveau)* revival ♦ **la Résurrection** *(Rel)* the Resurrection ♦ **c'est une véritable ~ !** he has really come back to life!

**retable** /ʀətabl/ NM altarpiece, reredos

**rétablir** /ʀetabliʀ/ GRAMMAIRE ACTIVE 50.4 ► conjug 2 ◄

VT a *[+ courant, communications]* to restore

b *[+ démocratie, monarchie]* to restore, to re-establish; *[+ droit, ordre, équilibre, confiance, forces, santé]* to restore; *[+ fait, vérité]* to re-establish; *[+ cessez-le-feu, paix]* to restore ♦ ~ **les relations diplomatiques** to restore diplomatic relations ♦ ~ **la situation** to rectify the situation, to get the situation back to normal ♦ **il était mené 5 jeux à rien mais il a réussi à ~ la situation** he was losing 5 games to love but managed to pull back

c *(= réintégrer)* to reinstate ♦ ~ **qn dans ses fonctions** to reinstate sb in *ou* restore sb to their post ♦ ~ **qn dans ses droits** to restore sb's rights

d *(= guérir)* ~ **qn** to restore sb to health, to bring about sb's recovery

VPR **se rétablir** a *[personne, économie]* to recover ♦ **il s'est vite rétabli** he soon recovered

b *(= revenir) [silence, calme]* to return, to be restored

c *(Sport)* to pull o.s. up *(onto a ledge etc)*; *(après perte d'équilibre)* to regain one's balance

**rétablissement** /ʀetablismɑ̃/ GRAMMAIRE ACTIVE 50.4 NM a *[de courant, communications]* restoring; *[de démocratie, monarchie, droit, ordre, équilibre, forces, santé]* restoration; *[de fait, vérité]* re-establishment; *[de cessez-le-feu]* restoration ♦ ~ **des relations diplomatiques** restoring diplomatic relations b *[de personne, économie]* recovery ♦ **en vous souhaitant un prompt ~** with my (*ou* our) good wishes for your swift recovery, hoping you will be better soon ♦ **tous nos vœux de prompt ~** our best wishes for a speedy recovery c *(Sport)* **faire** *ou* **opérer un ~** to do a pull-up *(into a standing position, onto a ledge etc)*

**retailler** /ʀ(ə)tɑje/ ► conjug 1 ◄ VT *[+ diamant, vêtement]* to re-cut; *[+ crayon]* to sharpen; *[+ arbre]* to (re-)prune

**rétamage** /ʀetamaʒ/ NM re-coating, re-tinning *(of pans)*

**rétamé, e** ‡ /ʀetame/ (ptp de **rétamer**) ADJ *(= fatigué)* worn out *, knackered ‡ *(Brit)*; *(= ivre)* plastered ‡, sloshed ‡; *(= détruit, démoli)* wiped out; *(= sans argent)* broke * ♦ **il a été ~ en un mois** *(= mort)* he was dead within a month, he was a goner within a month ‡

**rétamer** /ʀetame/ ► conjug 1 ◄ VT a *[+ casseroles]* to re-coat, to re-tin b ‡ *(= fatiguer)* to wear out *, to knacker ‡ *(Brit)*; *(= rendre ivre)* to knock out ‡; *(= démolir)* to wipe out; *(= dépouiller au jeu)* to clean out *; *(à un examen)* to flunk * ♦ **se faire ~ au poker** to be cleaned out * at poker VPR **se rétamer** ‡ *[candidat]* to flunk * ♦ **se ~ (par terre)** *(= tomber)* to take a dive *, to crash to the ground ♦ **la voiture s'est rétamée contre un arbre** the car crashed into a tree

**rétameur** /ʀetamœʀ/ NM tinker

**retapage** /ʀ(ə)tapaʒ/ NM *[de maison, vêtement]* doing up; *[de voiture]* fixing up; *[de lit]* straightening

**retape** ‡ /ʀ(ə)tap/ NF ♦ **faire (de) la ~** *[prostituée]* to walk the streets *, to be on the game ‡ *(Brit)*; *[agent publicitaire]* to tout (around) for business ♦ **faire de la ~ pour une compagnie de bateaux-mouches** to tout for a pleasure boat company

**retaper** /ʀ(ə)tape/ ► conjug 1 ◄ VT a (* *= remettre en état) [+ maison, vêtement]* to do up; *[+ voiture]* to fix up; *[+ lit]* to straighten; *[+ malade, personne fatiguée]* to buck up * ♦ **la maison a été entièrement retapée** the house has been entirely redone *ou* redecorated ♦ **ça m'a retapé, ce whisky** that whisky has really bucked me up * b *(= dactylographier)* to retype, to type again VPR **se retaper** * a *(= guérir)* to get back on one's feet ♦ **il va se ~ en quelques semaines** he'll be back on his feet in a few weeks b *(= refaire)* **j'ai dû me ~ tout le trajet à pied** I had to walk all the way back home ♦ **j'ai dû me ~ la vaisselle** I got lumbered with the washing-up again

**retapisser** /ʀ(ə)tapise/ ► conjug 1 ◄ VT *(de papier peint) [+ pièce]* to repaper; *(de tissu) [+ fauteuil]* to reupholster ♦ **j'ai retapissé la chambre de**

**papier bleu** I repapered the bedroom in blue

**retard** /ʀ(ə)taʀ/ NM **a** *[de personne attendue]* lateness *(NonC)* ◆ **ces ~s continuels seront punis** this constant lateness will be punished ◆ **plusieurs ~s dans la même semaine, c'est inadmissible** it won't do being late several times in one week ◆ **il a eu quatre ~s** *(Scol)* he was late four times ◆ **son ~ m'inquiète** I'm worried that he hasn't arrived yet ◆ **vous avez du ~** you're late ◆ **vous avez deux heures de ~** *ou* **un ~ de deux heures** you're two hours late ◆ **tu as un métro** *ou* **un train de ~ !** * *(hum) (= tu n'es pas au courant)* you must have been asleep!; *(= tu es lent à comprendre)* you're slow on the uptake!; *(= tu ne vis pas avec ton époque)* you're behind the times!; → **billet**

**b** *[de train, concurrent]* delay ◆ **un ~ de trois heures est annoncé sur la ligne Paris-Brest** there will be a delay of three hours *ou* trains will run three hours late on the Paris-Brest line ◆ **le conducteur essayait de combler son ~** the driver was trying to make up the time he had lost ◆ **avoir 2 secondes de ~ sur le champion/le record** *(Sport)* to be 2 seconds slower than *ou* behind the champion/outside the record ◆ **elle a un ~ de règles** *(Méd)* her period's late, she's late with her period

**c** *(Horlogerie)* **cette montre a du ~** this watch is slow ◆ **la pendule prend du ~** the clock is slow ◆ **la pendule prend un ~ de 3 minutes par jour** the clock loses 3 minutes a day

**d** *(= non-observation des délais)* delay ◆ **des ~s successifs** a series of delays ◆ **s'il y a du ~ dans l'exécution d'une commande** if there is a delay in carrying out an order ◆ **sans ~** without delay ◆ **livrer qch avec ~** to deliver sth late, to be late (in) delivering sth

**e** *(sur un programme)* delay ◆ **il avait un ~ scolaire considérable** he had fallen a long way behind at school ◆ **il doit combler son ~ en anglais** he has a lot of ground to make up in English ◆ **j'ai pris du ~ dans mes révisions** I have fallen behind in *ou* I am behind with my revision

**f** *(= infériorité) [de pays, peuple]* backwardness ◆ **~ de croissance** *[d'enfant]* growth retardation; *(Écon)* slow growth ◆ **~ industriel** industrial backwardness ◆ **~ mental** backwardness ◆ **il vit avec un siècle de ~** he's a hundred years behind the times, he's living in the last century

**g** *(Mus)* retardation

**h** *(loc)*

♦ **en retard** ◆ **tu es en ~** you're late ◆ **ils sont en ~ de deux heures** they're two hours late ◆ **ça/il m'a mis en ~** it/he made me late ◆ **je me suis mis en ~** I made myself late ◆ **paiement en ~** *(effectué)* late payment; *(non effectué)* overdue payment, payment overdue ◆ **vous êtes en ~ pour les inscriptions** you are late (in) registering ◆ **il est toujours en ~ pour payer sa cotisation** he is always behind with his subscription ◆ **payer qch en ~** to pay sth late, to be late (in) paying sth ◆ **j'ai du travail/courrier en ~** I'm behind with my work/mail, I have a backlog of work/ mail ◆ **il est en ~ pour son âge** he's backward for his age ◆ **région en ~** underdeveloped *ou* economically backward region ◆ **ce pays est en ~ de cent ans du point de vue économique** this country's economy is one hundred years behind, this country is economically one hundred years behind ◆ **ils sont toujours en ~ d'une guerre** they're always fighting yesterday's battles ◆ **ils ne sont jamais en ~ d'une idée** they're never short of ideas

♦ **en retard sur** ◆ **nous sommes/les recherches sont en ~ sur le programme** we are/the research is behind schedule ◆ **le train est en ~ sur l'horaire** the train is running behind schedule ◆ **être en ~ (de 2 heures/2 km) sur le peloton** *(Sport)* to be (2 hours/2 km) behind the pack ◆ **être en ~ sur son temps** *ou* **siècle** to be behind the times

ADJ INV *(Pharm)* ◆ **insuline/effet ~** delayed insulin/effect

COMP ▷ **retard à l'allumage** *(Aut)* retarded spark *ou* ignition ◆ **il a du ~ à l'allumage** * *(fig)* he's a bit slow on the uptake *

**retardataire** /ʀ(ə)taʀdatɛʀ/ ADJ *[arrivant]* late; *[théorie, méthode]* obsolete, outmoded NMF latecomer

**retardateur, -trice** /ʀ(ə)taʀdatœʀ, tʀis/ ADJ *(Sci, Tech)* retarding NM *(Photo)* self-timer; *(Chim)* retarder

**retardé, e** /ʀ(ə)taʀde/ (ptp de **retarder**) ADJ *(scolairement)* backward, slow; *(intellectuellement)* retarded, backward; *(économiquement)* backward

**retardement** /ʀ(ə)taʀdəmɑ̃/ NM *[de processus, train]* delaying ◆ **manœuvres de ~** delaying tactics

♦ **à retardement** *[+ engin, torpille]* with a timing device; *[+ dispositif]* delayed-action *(épith)*; *(Photo) [+ mécanisme]* self-timing; * *[+ excuses, souhaits]* belated; *[comprendre, se fâcher, rire]* after the event, in retrospect ◆ **il comprend tout à ~** *(péj)* he's always a bit slow on the uptake * ◆ **il rit toujours à ~** *(péj)* it always takes him a while to see the joke

**retarder** /ʀ(ə)taʀde/ ► conjug 1 ◄ VT **a** *(= mettre en retard sur un horaire) [+ arrivant, arrivée]* to delay, to make late; *[+ personne ou véhicule en chemin]* to delay, to hold up ◆ **une visite inattendue m'a retardé** I was delayed by an unexpected visitor ◆ **je ne veux pas vous ~** I don't want to delay you *ou* make you late ◆ **ne te retarde pas (pour ça)** don't make yourself late for that ◆ **il a été retardé par les grèves** he has been delayed *ou* held up by the strikes

**b** *(= mettre en retard sur un programme) [+ employé, élève]* to hinder, to set back; *[+ opération, vendange, chercheur]* to delay, to hold up ◆ **ça l'a retardé dans sa mission/ses études** this has set him back in *ou* hindered him in his mission/his studies

**c** *(= remettre) [+ départ, moment, opération]* to delay; *[+ date]* to put back; *(Aut) [+ allumage]* to retard ◆ **~ son départ d'une heure** to put back one's departure by an hour, to delay one's departure for an hour ◆ **porte à ouverture retardée** door with a time lock ◆ **parachute à ouverture retardée** parachute with fail-safe delayed opening

**d** *[+ montre, réveil]* to put back ◆ **~ l'horloge d'une heure** to put the clock back an hour

VI **a** *[montre]* to be slow; *(régulièrement)* to lose time ◆ **je retarde (de 10 minutes)** my watch is (10 minutes) slow, I'm (10 minutes) slow

**b** *(= être à un stade antérieur)* **~ sur son époque** *ou* **temps** *ou* **siècle** to be behind the times

**c** *( * = être dépassé)* to be out of touch, to be behind the times * ◆ **ma voiture ? tu retardes, je l'ai vendue il y a deux ans** *(= n'être pas au courant)* my car? you're a bit behind the times * *ou* you're a bit out of touch – I sold it two years ago

**retâter** /ʀ(ə)tɑte/ ► conjug 1 ◄ VT *[+ objet, pouls]* to feel again VI ◆ **~ de** * *[+ prison]* to get another taste of; *[+ métier]* to have another go at

**reteindre** /ʀ(ə)tɛ̃dʀ/ ► conjug 52 ◄ VT to dye again, to redye

**retéléphoner** /ʀ(ə)telefɔne/ ► conjug 1 ◄ VI to phone again, to call back ◆ **je lui retéléphonerai demain** I'll phone him again *ou* call him back tomorrow, I'll give him another call tomorrow

**retendre** /ʀ(ə)tɑ̃dʀ/ ► conjug 41 ◄ VT **a** *[+ câble]* to stretch again, to pull taut again; *[+ peau, tissu]* to tauten; *[+ cordes de guitare, de raquette]* to (re)tighten **b** *[+ piège, filets]* to reset, to set again **c** ◆ **~ la main à qn** to stretch out one's hand again to sb

**retenir** /ʀət(ə)niʀ, ʀ(ə)təniʀ/ ► conjug 22 ◄ VT **a** *(lit, fig = maintenir) [+ personne, objet qui glisse]* to hold back; *[+ chien]* to hold back; *[+ cheval]* to rein in, to hold back ◆ **~ qn par le bras** to hold sb back by the arm ◆ **il allait tomber, une branche l'a retenu** he was about to fall but a branch held him back ◆ **le barrage retient l'eau** the dam holds back the water ◆ **~ la foule** to hold back the crowd ◆ **il se serait jeté par la fenêtre si on ne l'avait pas retenu** he would have thrown himself out of the window if he hadn't been held back *ou* stopped ◆ **retenez-moi ou je fais un malheur !** * hold me back *ou* stop me or I'll do something I'll regret! ◆ **une certaine timidité le retenait** a certain shyness held him back ◆ **~ qn de faire qch** to keep sb from doing sth, to stop sb doing sth ◆ **je ne sais pas ce qui me retient de lui dire ce que je pense** I don't know what keeps me from *ou* stops me telling him what I think

**b** *(= garder) [+ personne]* to keep ◆ **~ qn à dîner** to have sb stay for dinner, to keep sb for dinner ◆ **j'ai été retenu** I was kept back *ou* detained *ou* held up ◆ **il m'a retenu une heure** he kept me for an hour ◆ **si tu veux partir, je ne te retiens pas** if you want to leave, I won't hold you back *ou* stop you ◆ **c'est la maladie de sa femme qui l'a retenu à Brest** it was his wife's illness that detained him in Brest ◆ **son travail le retenait ailleurs** his work detained *ou* kept him elsewhere ◆ **la grippe l'a retenu au lit/à la maison** flu kept him in bed/at home ◆ **~ qn prisonnier/en otage** to hold sb prisoner/hostage

**c** *(= empêcher de se dissiper) [+ eau d'infiltration, odeur]* to retain; *[+ chaleur]* to retain, to keep in; *[+ lumière]* to reflect ◆ **cette terre retient l'eau** this soil retains water ◆ **le noir retient la chaleur** black retains the heat *ou* keeps in the heat

**d** *(= fixer) [clou, nœud]* to hold ◆ **c'est un simple clou qui retient le tableau au mur** there's just a nail holding the picture on the wall ◆ **un ruban retenait ses cheveux** a ribbon kept *ou* held her hair in place, her hair was tied up with a ribbon

**e** ◆ **~ l'attention de qn** to hold sb's attention ◆ **ce détail retient l'attention** this detail holds one's attention ◆ **votre demande a retenu toute notre attention** *(frm)* your request has been given full consideration

**f** *(= louer, réserver) [+ chambre, place, table]* to book, to reserve; *[+ date]* to reserve, to set aside; *[+ domestique]* to engage

**g** *(= se souvenir de) [+ donnée, leçon, nom]* to remember; *[+ impression]* to retain ◆ **je n'ai pas retenu son nom/la date** I can't remember his name/the date ◆ **je retiens de cette aventure qu'il est plus prudent de bien s'équiper** I've learnt from this adventure that it's wiser to be properly equipped ◆ **j'en retiens qu'il est pingre et borné, c'est tout** the only thing that stands out *ou* that sticks in my mind is that he's stingy and narrow-minded ◆ **un nom qu'on retient** a name that stays in your mind, a name you remember ◆ **retenez bien ce qu'on vous a dit** don't forget *ou* make sure you remember what you were told ◆ **celui-là, je le retiens !** * I'll remember him all right!, I won't forget him in a hurry! ◆ **ah ! toi, je te retiens *, avec tes idées lumineuses !** you and your bright ideas!

**h** *(= contenir, réprimer) [+ cri, larmes]* to hold back *ou* in, to suppress; *[+ colère]* to hold back ◆ ~ **son souffle** *ou* **sa respiration** to hold one's breath ◆ **il ne put ~ un sourire/un rire** he could not hold back *ou* suppress a smile/a laugh, he could not help smiling/laughing ◆ **il retint les mots qui lui venaient à la bouche** he held back *ou* bit back *(Brit)* the words that came to him

**i** *(Math)* to carry ◆ **je pose 4 et je retiens 2** 4 down and 2 to carry, put down 4 and carry 2

**j** *(= garder) [+ salaire]* to stop, to withhold; *[+ possessions, bagages d'un client]* to retain

**k** *(= prélever, retrancher)* to deduct, to keep back ◆ **ils nous retiennent 200 € (sur notre salaire) pour les assurances** they deduct €200 (from our wages) for insurance ◆ ~ **une certaine somme pour la retraite** to deduct a certain sum for a pension scheme ◆ ~ **les impôts à la base** to deduct taxes at source

**l** *(= accepter) [+ plan, proposition]* to accept; *[+ candidature, nom]* to retain, to accept ◆ **le jury a retenu la préméditation** *(Jur)* the jury accepted the charge of premeditation ◆ **c'est notre projet qui a été retenu** it's our project that has been accepted

**VPR se retenir** **a** *(= s'accrocher)* **se ~ à qch** to hold on to sth

**b** *(= se contenir)* to restrain o.s.; *(= s'abstenir)* to stop o.s. (*de faire* doing); *(de faire ses besoins naturels)* to hold on, to hold o.s. in ◆ **se ~ de pleurer** *ou* **pour ne pas pleurer** to hold back one's tears ◆ **malgré sa colère, il essaya de se ~** despite his anger, he tried to restrain *ou* contain himself ◆ **il se retint de lui faire remarquer que ...** he refrained from pointing out to him that ...

**retenter** /ʀ(ə)tɑ̃te/ ► conjug 1 ◄ **VT** *(gén)* to try again, to make another attempt at, to have another go at; *[+ épreuve, saut]* to try again; *[+ action, opération]* to reattempt ◆ ~ **sa chance** to try one's luck again ◆ ~ **de faire qch** to try to do sth again

**rétention** /ʀetɑ̃sjɔ̃/ **NF** **a** *(Méd)* retention ◆ ~ **d'eau/d'urine** retention of water/of urine **b** ◆ ~ **d'informations** withholding information ◆ ~ **administrative** *(Jur)* detention *(of asylum seekers)* ◆ **centre de ~** detention centre

**retentir** /ʀ(ə)tɑ̃tiʀ/ ► conjug 2 ◄ **VI** **a** *[sonnerie]* to ring; *[bruit métallique, cris, détonation, explosion]* to ring out; *[écho, tonnerre]* to reverberate ◆ **à minuit, des explosions retentirent** explosions were heard at midnight ◆ **des tirs sporadiques ont à nouveau retenti dans la ville** sporadic gunfire rang out again in the city ◆ **ces mots retentissent encore à mes oreilles** those words are still ringing *ou* echoing in my ears **b** *(= résonner de)* ~ **de** to ring with, to be full of the sound of **c** *(= affecter)* ~ **sur** to have an effect upon, to affect

**retentissant, e** /ʀ(ə)tɑ̃tisɑ̃, ɑ̃t/ **ADJ** **a** *(= fort, sonore) [son, voix]* ringing *(épith)*; *[bruit, choc, claque]* resounding *(épith)* **b** *(= éclatant, frappant) [échec, succès]* resounding *(épith)*; *[scandale]* tremendous; *[faillite, procès]* spectacular; *[déclaration, discours]* sensational ◆ **son film a fait un bide ~** * his film was a resounding flop *

**retentissement** /ʀ(ə)tɑ̃tismɑ̃/ **NM** **a** *(= répercussion)* repercussion, (after-)effect ◆ **les ~s de l'affaire** the repercussions of the affair **b** *(= éclat)* stir, effect ◆ **cette nouvelle eut un grand ~ dans l'opinion** this piece of news created a considerable stir in public opinion ◆ **son œuvre fut sans grand ~** his work went virtually unnoticed ◆ **l'affaire a eu un énorme ~ médiatique** the affair created a media sensation **c** *(littér) [de son, cloche]* ringing; *[de voix]* echoing sound

**retenu, e**[1] /ʀət(ə)ny/ (ptp de **retenir**) **ADJ** *(littér = discret) [charme, grâce]* reserved, restrained

**retenue**[2] /ʀət(ə)ny/ **NF** **a** *(= prélèvement)* deduction ◆ **opérer une ~ de 10% sur un salaire** to deduct 10% from a salary ◆ ~ **pour la retraite** deductions for a pension scheme ◆ **système de ~ à la source** *system of deducting income tax at source,* ≃ PAYE *ou* pay-as-you-earn system *(Brit)*

**b** *(= modération)* self-control, (self-)restraint; *(= réserve)* reserve ◆ **avoir de la ~** to be reserved ◆ **faire preuve de ~** to show restraint ◆ **parler/s'exprimer sans ~** to talk/express o.s. quite openly ◆ **rire sans ~** to laugh without restraint *ou* unrestrainedly ◆ **il n'a aucune ~ dans ses propos** he shows no restraint in what he says ◆ **il s'est confié à moi sans aucune ~** he confided in me quite freely *ou* unreservedly ◆ **un peu de ~ !** show some restraint!, control yourself! ◆ **dans sa colère, elle perdit toute ~** she was so enraged that she lost all self-control

**c** *(Math)* **n'oublie pas la ~** don't forget what to carry (over)

**d** *(Scol)* detention ◆ **être en ~** to be in detention, to be kept in ◆ **il les a mis en ~** he kept them in, he gave them detention ◆ **il a eu deux heures de ~** he got two hours' detention, he was kept in for two hours (after school)

**e** *(Tech)* **la ~ du barrage** the volume of water behind the dam ◆ **barrage à faible ~** low-volume dam ◆ **bassin de ~** balancing *ou* compensating reservoir

**f** *(Aut = embouteillage)* tailback *(Brit)*, (traffic) backup *(US)*

**g** *(Naut)* guest rope

**h** *(Constr)* (under)pinning

**rétiaire** /ʀetjɛʀ/ **NM** *(Antiq)* retiarius

**réticence** /ʀetisɑ̃s/ **NF** **a** *(= hésitation)* hesitation, reluctance *(NonC)* ◆ **avec ~** reluctantly, with some hesitation ◆ **sans ~** without (any) hesitation ◆ **cette proposition suscite quelques ~s chez les éditeurs** publishers are a bit hesitant about *ou* are reluctant to go along with this proposal ◆ **compte tenu des ~s manifestées par les syndicats** *(= réserve)* given the misgivings *ou* reservations expressed by the unions **b** *(† = omission)* reticence *(NonC)* ◆ **parler sans ~** to speak openly, to conceal nothing

**réticent, e** /ʀetisɑ̃, ɑ̃t/ **ADJ** **a** *(= hésitant)* hesitant ◆ **se montrer ~** to be hesitant ◆ **le gouvernement reste très ~ à l'égard de toute baisse des taux d'intérêt** the government remains very doubtful about any cut in interest rates **b** *(= réservé)* reticent

> ⚠ **réticent** *se traduit par le mot anglais* **reticent** *uniquement au sens de 'réservé'.*

**réticulaire** /ʀetikylɛʀ/ **ADJ** reticular

**réticule** /ʀetikyl/ **NM** *(Opt)* reticle; *(= sac)* reticule

**réticulé, e** /ʀetikyle/ **ADJ** *(Anat, Géol)* reticulate; *(Archit)* reticulated

**rétif, -ive** /ʀetif, iv/ **ADJ** *[animal]* stubborn; *[personne]* rebellious, restive

**rétine** /ʀetin/ **NF** retina

**rétinien, -ienne** /ʀetinjɛ̃, jɛn/ **ADJ** retinal

**rétinite** /ʀetinit/ **NF** retinitis

**retirage** /ʀ(ə)tiʀaʒ/ **NM** *(Photo, Typo)* reprint

**retiré, e** /ʀ(ə)tiʀe/ (ptp de **retirer**) **ADJ** **a** *(= solitaire) [lieu]* remote, out-of-the-way; *[maison]* isolated; *[vie]* secluded ◆ **vivre ~, mener une vie ~e** to live in isolation *ou* seclusion, to lead a secluded life ◆ **il vivait ~ du reste du monde** he lived withdrawn *ou* cut off from the rest of the world ◆ ~ **quelque part dans le Béarn** living quietly somewhere in the Béarn **b** *(= en retraite)* retired ◆ ~ **des affaires** retired from business

**retirer** /ʀ(ə)tiʀe/ ► conjug 1 ◄ **VT** **a** *(lit, fig = enlever) [+ gants, lunettes, manteau]* to take off, to remove; *[+ privilèges]* to withdraw ◆ ~ **son collier au chien** to take the dog's collar off, to remove the dog's collar ◆ **retire-lui ses chaussures** take his shoes off (for him) ◆ **retire-lui ce couteau des mains** take that knife (away) from him ◆ ~ **à qn son emploi** to take sb's job away (from them), to deprive sb of their job ◆ ~ **son permis (de conduire) à qn** to take away *ou* revoke sb's (driving) licence, to disqualify sb from driving ◆ ~ **une pièce de l'affiche** to take off *ou* close a play ◆ **on lui a retiré la garde des enfants** he was deprived of custody of the children ◆ **je lui ai retiré ma confiance** I don't trust him any more ◆ ~ **la parole à qn** to make sb stand down *(Brit)*, to take the floor from sb *(US)*

**b** *(= sortir)* to take out, to remove (*de* from); ◆ ~ **un bouchon** to pull out *ou* take out *ou* remove a cork ◆ ~ **un corps de l'eau/qn de dessous les décombres** to pull a body out of the water/sb out of *ou* out from under the rubble ◆ ~ **un plat du four/les bagages du coffre** to take a dish out of the oven/the luggage out of the boot ◆ **ils ont retiré leur fils du lycée** they have taken their son away from *ou* removed their son from the school ◆ **se faire ~ une dent** to have a tooth out ◆ **je ne peux pas ~ la clé de la serrure** I can't get the key out of the lock ◆ **retire les mains de tes poches** take your hands out of your pockets ◆ **on lui retirera difficilement de l'idée** *ou* **de la tête qu'il est menacé** * we'll have difficulty *ou* a job convincing him that he's not being threatened

**c** *(= reprendre possession de) [+ bagages, billets réservés]* to collect, to pick up; *[+ argent en dépôt]* to withdraw, to take out; *[+ gage]* to redeem ◆ ~ **de l'argent (de la banque)** to withdraw money (from the bank), to take money out (of the bank) ◆ **votre commande est prête à être retirée** your order is now awaiting collection *ou* ready for collection

**d** *(= ramener en arrière)* to take away, to remove, to withdraw ◆ ~ **sa tête/sa main (pour éviter un coup)** to remove *ou* withdraw one's head/one's hand (to avoid being hit) ◆ **il retira prestement sa main** he whisked *ou* snatched his hand away

**e** *(= annuler) [+ candidature]* to withdraw; *[+ accusation, plainte]* to withdraw, to take back ◆ **je retire ce que j'ai dit** I take back what I said ◆ ~ **sa candidature** *(Pol)* to withdraw one's candidature, to stand down *(Brit)* ◆ ~ **un produit du commerce** *ou* **du marché** to take a product off the market

**f** *(= obtenir) [+ avantages]* to get, to gain *ou* derive (*de* from); ◆ **les bénéfices qu'on en retire** the profits to be had *ou* gained from it ◆ **il en a retiré un grand profit** he profited *ou* gained greatly by it ◆ **il n'en a retiré que des ennuis** it caused him nothing but trouble ◆ **tout ce qu'il en a retiré, c'est ...** the only thing he has got out of it is ..., all he has gained is ...

**g** *(= extraire) [+ extrait, huile, minerai]* to obtain ◆ **une substance dont on retire une huile précieuse** a substance from which a valuable oil is obtained

**h** *(Photo)* to reprint ◆ **faire ~ des photos** to have reprints of one's photographs done

**VPR se retirer** **a** *(= partir)* to retire, to withdraw; *(= aller se coucher)* to retire (to bed); *(= prendre sa retraite)* to retire; *(= retirer sa candidature)* to withdraw, to stand down *(Brit)* (*en faveur de* in favour of); ◆ **se ~ discrètement** to withdraw discreetly ◆ **ils se**

**sont retirés dans un coin pour discuter affaires** they withdrew *ou* retired to a corner to talk business ◆ **se ~ dans sa chambre** to go *ou* withdraw *(frm) ou* retire *(frm)* to one's room ◆ **se ~ dans sa tour d'ivoire** *(fig)* to take refuge *ou* lock o.s. up in an ivory tower ◆ **ils ont décidé de se ~ à la campagne** they've decided to retire to the country ◆ **elle s'est retirée dans un couvent** she retired *ou* withdrew to a convent

**b** *(= reculer) (pour laisser passer qn, éviter un coup)* to move out of the way; *[troupes]* to withdraw; *[marée, mer]* to recede, to go back, to ebb; *[eaux d'inondation]* to recede, to go down; *[glacier]* to recede ◆ **retire-toi d'ici** *ou* **de là, tu me gênes** stand somewhere else – you're in my way

**c** *(= quitter)* **se ~ de** to withdraw from ◆ **se ~ d'une compétition/d'un marché** to withdraw from a competition/from a market ◆ **se ~ des affaires** to retire from business ◆ **se ~ du monde** to withdraw from society ◆ **se ~ de la partie** to drop out

**retombant, e** /ʀ(ə)tɔ̃bɑ̃, ɑ̃t/ **ADJ** *[moustache]* drooping; *[branches]* hanging ◆ **plantes ~es** *ou* **à port ~** trailing plants

**retombée** /ʀ(ə)tɔ̃be/ **NF** **a** ◆ **~s (radioactives** *ou* **atomiques)** (radioactive) fallout *(NonC)* **b** *(gén pl = répercussion) [de scandale]* consequence, effect; *[d'invention]* spin-off ◆ **les ~s financières d'une opération** the financial spin-offs of a deal ◆ **l'accord a eu des ~s économiques immédiates** the agreement had an immediate knock-on effect on the economy *ou* immediate economic repercussions ◆ **le gouvernement redoute les ~s médiatiques de l'événement** the government is concerned about the effects media coverage of this event might have **c** *(Archit)* spring, springing

**retomber** /ʀ(ə)tɔ̃be/ ▸ conjug 1 ◂ **VI** **a** *(= faire une nouvelle chute)* to fall again ◆ **le lendemain, il est retombé dans la piscine** the next day he fell into the swimming pool again ◆ **~ dans la misère** to fall on hard times again ◆ **~ dans le découragement** to lose heart again ◆ **~ dans l'erreur/le péché** to fall back *ou* lapse into error/sin ◆ **son roman est retombé dans l'oubli** his novel has sunk back into oblivion ◆ **le pays retomba dans la guerre civile** the country lapsed into civil war again ◆ **je vais ~ dans l'ennui** I'll start being bored again ◆ **la conversation retomba sur le même sujet** the conversation turned once again *ou* came round again to the same subject

**b** *(= redevenir)* **~ amoureux/enceinte/malade** to fall in love/get pregnant/fall ill again ◆ **ils sont retombés d'accord** they reached agreement again

**c** *[neige, pluie]* to fall again, to come down again ◆ **la neige retombait de plus belle** the snow was falling again still more heavily

**d** *(= tomber après s'être élevé) [personne]* to land; *[chose lancée, liquide]* to come down; *[gâteau, soufflé]* to collapse; *[abattant, capot, herse]* to fall back down; *[fusée, missile]* to land, to come back to earth; *[conversation]* to fall away, to die; *[intérêt]* to fall away, to fall off; *(Pol) [tension]* to subside; *[vent]* to subside, to die down; *[silence]* to fall *ou* descend again ◆ **~ comme un soufflé** *(fig)* to fade away to nothing ◆ **il est retombé lourdement (sur le dos)** he landed heavily (on his back) ◆ **elle saute bien mais elle ne sait pas ~** she can jump well but she doesn't know how to land ◆ **le chat retombe toujours sur ses pattes** cats always land on their feet ◆ **il retombera toujours sur ses pattes** *ou* **pieds** *(fig)* he'll always land *ou* fall on his feet ◆ **se laisser ~ sur son oreiller** to fall back *ou* sink back onto one's pillow ◆ **laissez ~ les bras** *(Sport)* let your arms drop *ou* fall (by your sides) ◆ **il laissa ~ le rideau** he let the curtain fall back ◆ **l'eau retombait en cascades** the water fell back in cascades ◆ **ça lui est retombé sur le nez** * *(fig)* it backfired on him ◆ **le brouillard est retombé en fin de matinée** the fog fell again *ou* came down again *ou* closed in again towards lunchtime ◆ **l'inflation est retombée à 4%** inflation has fallen to 4%

**e** *(= pendre) [cheveux, rideaux]* to fall, to hang (down) ◆ **de petites boucles blondes retombaient sur son front** little blond curls tumbled *ou* fell onto her forehead

**f** *(= échoir à)* **la responsabilité retombera sur toi** the responsibility will fall *ou* land* on you ◆ **les frais retombèrent sur nous** we were landed* *ou* saddled with the expense ◆ **faire ~ sur qn la responsabilité de qch/les frais de qch** to pass the responsibility for sth/the cost of sth on to sb, to land* sb with the responsibility for sth/the cost of sth ◆ **ça va me ~ dessus** * *(gén)* I'll get the blame *ou* take the flak* (for it); *[travail]* I'll get lumbered *ou* landed with it* ◆ **le péché du père retombera sur la tête des enfants** the sins of the fathers will be visited on the sons

**g** ◆ **Noël retombe un samedi** Christmas falls on a Saturday again ◆ **~ en enfance** to lapse into second childhood ◆ **je suis retombé sur lui le lendemain, au même endroit** I came across him again the next day in the same place ◆ **ils nous sont retombés dessus le lendemain** they landed* on us again the next day

**retordre** /ʀ(ə)tɔʀdʀ/ ▸ conjug 41 ◂ **VT** *[+ câbles]* to twist again; *[+ linge]* to wring (out) again; → **fil**

**rétorquer** /ʀetɔʀke/ ▸ conjug 1 ◂ **VT** to retort

**retors, e** /ʀətɔʀ, ɔʀs/ **ADJ** **a** *(Tex)* **fil ~** twisted yarn **b** *(= rusé)* sly, wily, underhand

**rétorsion** /ʀetɔʀsjɔ̃/ **NF** *(frm, Jur, Pol)* retortion, retaliation ◆ **user de ~ envers un État** to retaliate *ou* use retortion against a state; → **mesure**

**retouche** /ʀ(ə)tuʃ/ **NF** *[de photo, peinture]* touching up *(NonC)*; *[de texte, vêtement]* alteration ◆ **faire une ~ à une photo** to touch up a photo ◆ **faire une ~** *(à une photo, une peinture)* to do some touching up; *(à un vêtement)* to make an alteration ◆ **~ d'images** retouching

**retoucher** /ʀ(ə)tuʃe/ ▸ conjug 1 ◂ **VT** **a** *(= améliorer) [+ peinture, photo]* to touch up, to retouch; *[+ texte, vêtement]* to alter, to make alterations to ◆ **il faudra ~ cette veste au col** this jacket will have to be altered at the neck ◆ **on voit tout de suite que cette photo est retouchée** you can see straight away that this photo has been touched up **b** *(= toucher de nouveau)* to touch again; *(= blesser de nouveau)* to hit again **VI** ◆ **~ à qch** to touch sth again ◆ **s'il retouche à ma sœur, gare à lui !** if he lays hands on *ou* touches my sister again he'd better look out! ◆ **je n'ai plus jamais retouché à l'alcool** I never touched a drop of alcohol again

**retoucheur, -euse** /ʀ(ə)tuʃœʀ, øz/ **NM,F** ◆ **~ (en confection)** dressmaker in charge of alterations ◆ **~ photographe** retoucher

**retour** /ʀ(ə)tuʀ/ **NM** **a** *(= fait d'être revenu) (gén)* return; *(à la maison)* homecoming, return home; *(= chemin, trajet)* return (journey), way back, journey back; *(= billet)* return (ticket) ◆ **il fallait déjà penser au ~** it was already time to think about going back ◆ **être sur le (chemin du) ~** to be on one's way back ◆ **pendant le ~** on the way back, during the return journey *(Brit)* ◆ **elle n'a pas assez pour payer son ~** she hasn't enough for her ticket home ◆ **(être) de ~ (de)** (to be) back (from) ◆ **à votre ~, écrivez-nous** write to us when you get back ◆ **à leur ~, ils trouvèrent la maison vide** when they got back *ou* on their return, they found the house empty ◆ **de ~ à la maison** back home ◆ **au ~ de notre voyage** when we got back from our trip ◆ **à son ~ d'Afrique** on his return from Africa, when he got back from Africa; → **cheval**

**b** *(à un état antérieur)* **~ à** return to ◆ **le ~ à une vie normale** the return to (a) normal life ◆ **ils considèrent le ~ à l'emploi comme une priorité** they regard getting people back to work as a priority ◆ **~ à la nature/la terre** return to nature/the land ◆ **c'est un ~ aux sources pour lui** he is going back to his beginnings ◆ **~ à la normale** return to normal ◆ **il y a un ~ progressif à la normale** things are getting back to normal ◆ **~ au calme** return to a state of calm ◆ **son ~ à la politique** his return to politics, his political comeback

**c** *(= réapparition)* return; *(= répétition régulière) [de cadence, motif, thème]* recurrence ◆ **le ~ du printemps/de la paix** the return of spring/of peace ◆ **on prévoit un ~ du froid** the forecasters say the cold weather is coming back ◆ **un ~ offensif de la grippe** a renewed outbreak of flu

**d** *(Comm, Poste) [d'emballage, objets invendus, récipient]* return ◆ **~ à l'envoyeur** *ou* **à l'expéditeur** return to sender ◆ **avec faculté de ~** on approval, on sale or return ◆ **clause de ~** *(Fin)* no protest clause

**e** *(Jur)* **(droit de) ~** reversion

**f** *(littér = changement d'avis)* change of heart ◆ **~s** *(= revirements)* reversals ◆ **les ~s de la fortune** the twists of fortune ◆ **un ~ soudain dans l'opinion publique** a sudden turnabout in public opinion

**g** *(Tech) [de chariot de machine, pièce mobile]* return; *(= partie de bureau)* (desk) extension ◆ **touche ~** *(Ordin)* return key

**h** *(Élec)* **~ à la terre** *ou* **à la masse** earth *(Brit)* *ou* ground *(US)* return

**i** *(Tennis)* return ◆ **~ de service** return of service *ou* serve ◆ **match ~** *(Sport)* return match, second *ou* return leg

**j** *(Fin)* return ◆ **~ sur investissements** return on investments

**k** *(loc)* **en ~** in return ◆ **choc** *ou* **effet en ~** backlash ◆ **bâtiment en ~ (d'équerre)** building constructed at right angles ◆ **être sur le ~** * *(péj)* to be over the hill*, to be a bit past it* *(Brit)* ◆ **faire ~ à** to revert to ◆ **par un juste ~ des choses, il a été cette fois récompensé** events went his way *ou* fate was fair to him this time and he got his just reward ◆ **par un juste ~ des choses, il a été puni** he was punished, which served him right ◆ **par ~ (du courrier)** by return (of post) ◆ **sans ~** *[partir]* for ever ◆ **voyage sans ~** journey from which there is no return ◆ **faire un ~ sur soi-même** to take stock of o.s., to do some soul-searching; → **payer**

**COMP** ▷ **retour d'âge** change of life ▷ **retour en arrière** *(Ciné, Littérat)* flashback; *(= souvenir)* look back; *(= mesure rétrograde)* retreat ◆ **faire un ~ en arrière** to take a look back, to look back; *(Ciné)* to flash back ▷ **retour de bâton** *(= contrecoup)* backlash ◆ **ils ont dépensé sans compter pendant des années, maintenant c'est le ~ de bâton** they spent money recklessly for years - but now the chickens are coming home to roost ▷ **retour de couches** first period (after pregnancy), return of menstruation ▷ **retour éternel** *(Philos)* eternal recurrence ▷ **retour de flamme** *(dans un moteur)* backfire; *(fig)* rekindling of passion ◆ **il y a eu un ~ de flamme** *(feu)* the flames leapt out ▷ **retour en force** ◆ **il y a**

eu un ~ **en force du racisme** racism is back with a vengeance ◆ **on assiste à un ~ en force de leur parti sur la scène politique** their party is making a big comeback ▷ **retour de manivelle** *(lit)* kick ◆ **il y aura un ~ de manivelle** *(fig)* it'll backfire (on them)

**retourne** /ʀ(ə)tuʀn/ NF a *(Ftbl)* overhead kick b *(Cartes) card turned over to determine the trump*

**retournement** /ʀ(ə)tuʀnəmɑ̃/ NM *[de situation, opinion publique]* reversal (*de* of) turnaround (*de* in)

**retourner** /ʀ(ə)tuʀne/ ▸ conjug 1 ◂ VT *(avec aux avoir)* a *(= mettre dans l'autre sens) [+ caisse, seau]* to turn upside down; *[+ matelas]* to turn (over); *[+ carte]* to turn up *ou* over; *[+ omelette, poisson, viande]* to turn over; *[+ crêpe] (avec une spatule)* to turn over; *(en lançant)* to toss ◆ ~ **un tableau contre le mur** to turn a picture to face the wall ◆ **elle l'a retourné (comme une crêpe** *ou* **un gant)** * *(fig)* she soon changed his mind for him ◆ ~ **la situation** to reverse the situation

b *(en remuant, secouant) [+ sol, terre]* to turn over; *[+ salade]* to toss; *[+ foin]* to toss, to turn (over)

c *(= mettre l'intérieur à l'extérieur) [+ parapluie, sac, vêtement]* to turn inside out; *(Couture) [+ col, vêtement]* to turn ◆ ~ **ses poches pour trouver qch** to turn one's pockets inside out *ou* turn out one's pockets to find sth ◆ **son col est retourné** *(par mégarde)* his collar is sticking up; → **veste**

d *(= orienter dans le sens opposé) [+ mot, phrase]* to turn round ◆ ~ **un argument contre qn** to turn an argument back on sb *ou* against sb ◆ **il retourna le pistolet contre lui-même** he turned the gun on himself ◆ ~ **un compliment** to return a compliment ◆ **je pourrais vous ~ votre critique** I could criticize you in the same way

e *(= renvoyer) [+ lettre, marchandise]* to return, to send back

f *( * fig = bouleverser) [+ maison, pièce]* to turn upside down; *[+ personne]* to shake ◆ **il a tout retourné dans la maison pour retrouver ce livre** he turned the whole house upside down to find that book ◆ **la nouvelle l'a complètement retourné** the news has severely shaken him ◆ **ce spectacle m'a retourné** this sight moved me deeply

g *(= tourner plusieurs fois)* ~ **une pensée/une idée dans sa tête** to turn a thought/an idea over (and over) in one's mind ◆ ~ **le couteau** *ou* **le poignard dans la plaie** *(fig)* to twist the knife in the wound; → **tourner**

VI *(avec aux être)* a *(= aller à nouveau)* to return, to go back ◆ ~ **en Italie/à la mer** to go back *ou* return to Italy/to the seaside ◆ **je devrai ~ chez le médecin** I'll have to go back to the doctor's ◆ ~ **en arrière** *ou* **sur ses pas** to turn back, to retrace one's steps ◆ **il retourne demain à son travail/à l'école** he's going back to work/to school tomorrow ◆ **elle est retournée chez elle chercher son parapluie** she went back home to get her umbrella

b *(à un état antérieur)* ~ **à** to return to, to go back to ◆ ~ **à la vie sauvage** to revert *ou* go back to the wild state ◆ ~ **à Dieu** to return to God ◆ **il est retourné à son ancien métier/à la physique** he has gone back to his old job/to physics

c *(= être restitué)* **la maison retournera à son frère** the house will go back *ou* revert to his brother

VB IMPERS ◆ **nous voudrions bien savoir de quoi il retourne** we'd really like to know what it's all about

VPR **se retourner** a *[personne couchée]* to turn over; *[automobiliste, véhicule]* to turn over, to overturn; *[bateau]* to capsize, to keel over ◆ **se ~ sur le dos/le ventre** to turn (over) onto one's back/one's stomach ◆ **se ~ dans son lit toute la nuit** to toss and turn all night in bed ◆ **il doit se ~ dans sa tombe !** *(hum)* he must be turning in his grave! *(hum)* ◆ **la voiture s'est retournée** the car overturned ◆ **laissez-lui le temps de se ~** *(fig)* give him time to sort himself out ◆ **il sait se ~** *(fig)* he knows how to cope

b *(= tourner la tête)* to turn round ◆ **partir sans se ~** to go off without looking back *ou* without a backward glance ◆ **tout le monde se retournait sur lui** *ou* **sur son passage** everyone turned round as he went by

c *(fig) [situation]* to be reversed ◆ **se ~ contre qn** *[personne]* to turn against sb; *[acte, situation]* to backfire on sb, to rebound on sb; *(Jur = poursuivre)* to take (court) action *ou* proceedings against sb ◆ **il ne savait vers qui se ~** he didn't know who to turn to

d *(= tordre) [+ pouce]* to wrench, to twist

e *(littér = cheminer)* **s'en ~** to journey back; *(= partir)* to depart, to leave ◆ **il s'en retourna comme il était venu** he left as he had come ◆ **s'en ~ dans son pays (natal)** to return to one's native country

> ⚠ *Attention à ne pas traduire automatiquement* **retourner** *par* **to return** *; l'anglais préfère employer un verbe à particule.*

**retracer** /ʀ(ə)tʀase/ ▸ conjug 3 ◂ VT a *(= raconter) [+ histoire, vie]* to relate, to recount ◆ **le film retrace la carrière de l'artiste** the film goes back over *ou* traces the artist's career b *(= tracer à nouveau) [+ trait effacé]* to redraw, to draw again

**rétractable** /ʀetʀaktabl/ ADJ *(Jur)* revocable ◆ **crayon à pointe ~** retractable pencil ◆ **volant ~ (en cas de choc)** collapsible steering wheel ◆ **clavier ~** *(Ordin)* pull-out keyboard ◆ **emballé sous film ~** shrink-wrapped

**rétractation** /ʀetʀaktasjɔ̃/ NF *[d'aveux, promesse, témoignage]* retraction, withdrawal

**rétracter** /ʀetʀakte/ ▸ conjug 1 ◂ VT a *(= contracter, rentrer) [+ griffe]* to draw in, to retract b *(littér = revenir sur) [+ parole, opinion]* to retract, to withdraw, to take back VPR **se rétracter** a *(= se retirer) [griffe, antenne]* to retract ◆ **au moindre reproche, elle se rétractait** *(littér)* she would shrink at the slightest reproach b *(= se dédire, Jur)* to retract, to withdraw one's statement ◆ **je ne veux pas avoir l'air de me ~** I don't want to appear to back down

**rétractile** /ʀetʀaktil/ ADJ retractile

**rétraction** /ʀetʀaksjɔ̃/ NF *(Méd)* retraction

**retraduction** /ʀ(ə)tʀadyksjɔ̃/ NF retranslation

**retraduire** /ʀ(ə)tʀadɥiʀ/ ▸ conjug 38 ◂ VT *(= traduire de nouveau)* to retranslate, to translate again; *(= traduire dans la langue de départ)* to translate back

**retrait** /ʀ(ə)tʀɛ/ NM a *(= départ) [de mer]* ebb; *[d'eaux, glacier]* retreat; *[de candidat, candidature, troupes]* withdrawal ◆ **on vient d'annoncer le ~ du marché de ce produit** it's just been announced that this product has been withdrawn from sale *ou* taken off the market

b *[de somme d'argent]* withdrawal; *[de bagages]* collection; *[d'objet en gage]* redemption ◆ **le ~ des bagages peut se faire à toute heure** luggage may be collected at any time ◆ **faire un ~ de 50 €** to withdraw €50 ◆ **~ à vue** withdrawal on demand

c *(= suppression) [de demande, projet]* withdrawal ◆ **~ du permis (de conduire)** disqualification from driving, driving ban, revocation of a driving licence ◆ **il a eu un ~ de deux points** his licence was endorsed with two points ◆ **~ d'emploi** *(Admin)* deprivation of office ◆ **~ de plainte** *(Jur)* nonsuit ◆ **les étudiants réclament le ~ du projet de loi** the students are demanding that the bill be withdrawn *ou* shelved

d *(= rétrécissement) [de ciment]* shrinkage, contraction; *[de tissu]* shrinkage ◆ **il y a du ~** there's some shrinkage

e *(loc)*

◆ **en retrait** ◆ **situé en ~** set back ◆ **se tenant en ~** standing back ◆ **rester en ~** *[personne]* to stay in the background ◆ **faire une passe en ~** *(Ftbl)* to pass back ◆ **ces propositions sont en ~ sur les précédentes** these offers do not go as far as the previous ones ◆ **notre chiffre d'affaires est en léger ~ par rapport aux années précédentes** our turnover is slightly down *ou* has fallen slightly compared to previous years

◆ **en retrait de** set back from ◆ **une petite maison, un peu en ~ de la route** a little house, set back a bit from the road

**retraite** /ʀ(ə)tʀɛt/ NF a *(Mil = fuite)* retreat ◆ **battre/sonner la ~** to beat/sound the retreat ◆ **battre en ~** to beat a retreat

b *(= cessation de travail)* retirement ◆ **être en** *ou* **à la ~** to be retired *ou* in retirement ◆ **travailleur en ~** retired worker, pensioner ◆ **mettre qn à la ~** to pension sb off, to superannuate sb ◆ **mise à la ~ (d'office)** (compulsory) retirement ◆ **mettre qn à la ~ d'office** to make sb take compulsory retirement ◆ **prendre sa ~** to retire, to go into retirement ◆ **prendre une ~ anticipée** to retire early, to take early retirement ◆ **pour lui, c'est la ~ forcée** he has had retirement forced on him, he has had to retire early

c *(= pension)* pension ◆ **toucher** *ou* **percevoir une petite ~** to receive *ou* draw a small pension; → **caisse, maison**

d *(littér = refuge) [de poète, amants]* retreat, refuge; *[d'ours, loup]* lair; *[de voleurs]* hideout, hiding place

e *(Rel = récollection)* retreat ◆ **faire** *ou* **suivre une ~** to be in retreat, to go into retreat

f *(Constr)* tapering

COMP ▷ **retraite des cadres** management pension ▷ **retraite par capitalisation** self-funded retirement scheme *(Brit) ou* plan *(US)* ▷ **retraite complémentaire** supplementary pension ▷ **retraite aux flambeaux** torchlight procession ▷ **retraite par répartition** contributory pension scheme *(Brit) ou* plan *(US)* ▷ **retraite des vieux** † * (old age) pension ▷ **retraite des vieux travailleurs** retirement pension

**retraité, e** /ʀ(ə)tʀete/ ADJ a *[personne]* retired b *[déchets]* reprocessed NM,F (old age) pensioner ◆ **les ~s** retired people, pensioners ◆ **~s actifs** active retired people

**retraitement** /ʀ(ə)tʀɛtmɑ̃/ NM reprocessing ◆ **usine de ~ des déchets nucléaires** nuclear reprocessing plant

**retraiter** /ʀ(ə)tʀete/ ▸ conjug 1 ◂ VT to reprocess

**retranchement** /ʀ(ə)tʀɑ̃ʃmɑ̃/ NM *(Mil)* entrenchment, retrenchment ◆ **pousser qn dans ses derniers ~s** *(fig)* to drive *ou* hound sb into a corner ◆ **poussé dans ses derniers ~s, il dut admettre les faits** he was driven into a corner and had to admit the facts

**retrancher** /ʀ(ə)tʀɑ̃ʃe/ ▸ conjug 1 ◂ VT a *(= enlever) [+ quantité]* to take away, to subtract (*de* from); *[+ somme d'argent]* to deduct, to dock, to take off; *[+ passage, mot]* to take out, to remove, to omit (*de* from); ◆ ~ **10 de 15** to take 10 (away) from 15, to subtract 10 from 15 ◆ ~ **une somme d'un salaire** to deduct *ou* dock a sum from a salary ◆ **si l'on retranche ceux qui n'ont pas de licence** if you leave out *ou* omit the non-graduates ◆ **ils étaient décidés à me ~ du monde des vivants** *(hum)* they were set on removing me from the land of the living

**b** *(littér = couper) [+ chair gangrenée]* to remove, to cut off; *[+ organe malade]* to remove, to cut out

**c** *(littér = séparer)* to cut off ◆ **son argent le retranchait des autres** his money cut him off from other people

**d** *(† Mil = fortifier)* to entrench

**VPR se retrancher** **a** *(Mil = se fortifier)* **se ~ derrière/dans** to entrench o.s. behind/in ◆ **se ~ sur une position** to entrench o.s. in a position

**b** *(fig)* **se ~ dans son mutisme** to take refuge in silence ◆ **se ~ dans sa douleur** to shut o.s. away with one's grief ◆ **se ~ derrière la loi/le secret professionnel** to take refuge behind *ou* hide behind the law/professional secrecy

**retranscription** /ʀ(ə)tʀɑ̃skʀipsjɔ̃/ **NF** *(= action)* retranscription; *(= résultat)* new transcript

**retranscrire** /ʀ(ə)tʀɑ̃skʀiʀ/ ► conjug 39 ◄ **VT** to retranscribe

**retransmettre** /ʀ(ə)tʀɑ̃smɛtʀ/ ► conjug 56 ◄ **VT** **a** *[+ match, émission, concert] (Radio)* to broadcast; *(TV)* to show, to broadcast ◆ **~ qch en différé** *(Radio)* to broadcast a recording of sth; *(TV)* to show *ou* broadcast a recording of sth ◆ **~ qch en direct** *(Radio)* to broadcast sth live; *(TV)* to show *ou* broadcast sth live ◆ **retransmis par satellite** relayed by satellite **b** *[+ nouvelle, ordre]* to pass on

**retransmission** /ʀ(ə)tʀɑ̃smisjɔ̃/ **NF** **a** *[de match, émission, concert] (Radio)* broadcast; *(TV)* broadcast, showing ◆ **~ en direct/différé** live/recorded broadcast ◆ **la ~ du match aura lieu à 23 heures** the match will be shown at 11 pm **b** *[de nouvelle, ordre]* passing on

**retravailler** /ʀ(ə)tʀavaje/ ► conjug 1 ◄ **VI** **a** *(= recommencer le travail)* to start work again ◆ **il retravaille depuis le mois dernier** he has been back at work since last month **b** *(= se remettre à)* **~ à qch** to start work on sth again, to work at sth again **VT** *[+ question]* to give (some) more thought to; *[+ discours, ouvrage]* to work on again; *[+ pâte à pain]* to knead again; *[+ argile]* to work again; *[+ minerai]* to reprocess

**retraverser** /ʀ(ə)tʀavɛʀse/ ► conjug 1 ◄ **VT** *(de nouveau)* to recross; *(dans l'autre sens)* to cross back over

**rétréci, e** /ʀetʀesi/ **ADJ** *[tricot, vêtement]* shrunk, shrunken; *[pupille]* contracted; *(péj) [esprit]* narrow; *(Écon) [marché]* shrinking ◆ **"chaussée rétrécie"** "road narrows"

**rétrécir** /ʀetʀesiʀ/ ► conjug 2 ◄ **VT** *[+ vêtement]* to take in; *[+ tissu]* to shrink; *[+ pupille]* to contract; *[+ conduit, orifice, rue]* to narrow, to make narrower; *[+ bague]* to tighten, to make smaller; *(fig) [+ champ d'activité, esprit]* to narrow **VI** *[laine, tissu]* to shrink; *[pupille]* to contract; *[rue, vallée]* to narrow, to become *ou* get narrower; *[esprit]* to grow narrow; *[cercle d'amis]* to grow smaller, to dwindle; *(Écon) [marché]* to shrink, to contract ◆ **~ au lavage** to shrink in the wash ◆ **faire ~** *[+ tissu]* to shrink **VPR se rétrécir** → vi

**rétrécissement** /ʀetʀesismɑ̃/ **NM** *[de laine, tricot]* shrinkage; *[de pupille]* contraction; *[de conduit, rue, vallée]* narrowing; *(Écon) [de marché]* shrinking, contracting; *[de vêtement]* taking in; *(Méd) [d'aorte, rectum]* stricture

**retrempe** /ʀətʀɑ̃p/ **NF** *[d'acier]* requenching

**retremper** /ʀ(ə)tʀɑ̃pe/ ► conjug 1 ◄ **VT** **a** *(Tech) [+ acier]* to requench ◆ **~ son courage aux dangers du front** *(fig)* to try *ou* test one's courage again amid the dangers at the front **b** *(= réimprégner)* to resoak **VPR se retremper** *[baigneur]* to go back into the water ◆ **se ~ dans l'ambiance familiale** *(fig)* to reimmerse o.s. in the family atmosphere

**rétribuer** /ʀetʀibɥe/ ► conjug 1 ◄ **VT** *[+ ouvrier]* to pay ◆ **~ le travail/les services de qn** to pay sb for their work/their services

**rétribution** /ʀetʀibysjɔ̃/ **NF** *(= paiement)* payment, remuneration *(NonC)*; *(littér = récompense)* reward, recompense (*de* for)

> ⚠ **rétribution** *ne se traduit pas par le mot anglais* **retribution**, *qui a le sens de 'châtiment'.*

**retriever** /ʀetʀivœʀ/ **NM** retriever

**rétro**[1] * /ʀetʀo/ **NM** **a** abrév de **rétroviseur** **b** *(Billard)* screw-back stroke

**rétro**[2] /ʀetʀo/ **ADJ INV** ◆ **la mode/le style ~** retro fashions/style ◆ **robe ~** retro-style dress **NM** ◆ **le ~** retro

**rétroactes** /ʀetʀoakt/ **NMPL** *(Belg = antécédents)* antecedents ◆ **elle ignorait les ~ de l'affaire** she knew nothing about the background to the affair

**rétroactif, -ive** /ʀetʀoaktif, iv/ **ADJ** retroactive, retrospective ◆ **mesure/augmentation de salaire avec effet ~** retroactive *ou* backdated measure/pay rise ◆ **loi à effet ~** ex post facto law ◆ **la loi est entrée en vigueur avec effet ~ à compter du 1er octobre** the law came into force, retroactive to 1 October

**rétroaction** /ʀetʀoaksjɔ̃/ **NF** retroactive *ou* retrospective effect

**rétroactivement** /ʀetʀoaktivmɑ̃/ **ADV** retroactively, retrospectively

**rétroactivité** /ʀetʀoaktivite/ **NF** retroactivity

**rétrocéder** /ʀetʀosede/ ► conjug 6 ◄ **VT** *(Jur)* to retrocede, to cede back

**rétrocession** /ʀetʀosesjɔ̃/ **NF** *(Jur)* retrocession, retrocedence ◆ **la ~ de Hong-Kong à la Chine** the handover of Hong Kong to China

**rétroéclairé, e** /ʀetʀoeklere/ **ADJ** *[document]* back-lit

**rétroflexe** /ʀetʀɔflɛks/ **ADJ** retroflex

**rétrofusée** /ʀetʀofyze/ **NF** retrorocket

**rétrogradation** /ʀetʀɔgʀadasjɔ̃/ **NF** *(littér = régression)* regression, retrogression; *(Admin) [d'officier]* demotion; *[de fonctionnaire]* demotion, downgrading; *(Astron)* retrogradation

**rétrograde** /ʀetʀɔgʀad/ **ADJ** **a** *(péj = arriéré) [esprit]* reactionary; *[idées, mesures, politique]* retrograde, reactionary **b** *(= de recul) [mouvement, sens]* backward, retrograde; *(Littérat) [rimes, vers]* palindromic; *(Astron)* retrograde ◆ **effet ~** *(Billard)* screw-back ◆ **amnésie ~** *(Méd)* retrograde amnesia

**rétrograder** /ʀetʀɔgʀade/ ► conjug 1 ◄ **VI** **a** *(Aut)* to change down ◆ **~ de troisième en seconde** to change down from third to second **b** *(= régresser) (dans une hiérarchie)* to regress, to move down; *(contre le progrès)* to go backward, to regress; *(= perdre son avance)* to fall back; *(= reculer)* to move back ◆ **il rétrograde de la 2e à la 6e place** he's moved *ou* dropped * back from second to sixth place **c** *(Astron)* to retrograde **VT** *[+ officier]* to demote; *[+ fonctionnaire]* to demote, to downgrade

**rétropédalage** /ʀetʀopedalaʒ/ **NM** backpedalling *(lit)*

**rétroplanning** /ʀetʀoplaniŋ/ **NM** reverse schedule

**rétroprojecteur** /ʀetʀopʀɔʒɛktœʀ/ **NM** overhead projector

**rétropropulsion** /ʀetʀopʀɔpylsjɔ̃/ **NF** reverse thrust

**rétrospectif, -ive** /ʀetʀɔspɛktif, iv/ **ADJ** *[étude, peur]* retrospective **NF rétrospective** *(Art = exposition)* retrospective ◆ **rétrospective Buster Keaton** *(Ciné = projections)* Buster Keaton season

**rétrospectivement** /ʀetʀɔspɛktivmɑ̃/ **ADV** *[apparaître]* in retrospect, retrospectively; *[avoir peur, être jaloux]* in retrospect, looking back ◆ **ces faits me sont apparus ~ sous un jour inquiétant** looking back on it *ou* in retrospect I saw the worrying side of these facts

**retroussé, e** /ʀ(ə)tʀuse/ **ADJ** *[jupe]* hitched up; *[manche, pantalon]* rolled up; *[nez]* turned-up, snub; *[moustaches, lèvres]* curled up

**retrousser** /ʀ(ə)tʀuse/ ► conjug 1 ◄ **VT** *[+ jupe]* to hitch up; *[+ manche, pantalon]* to roll up; *[+ lèvres]* to curl up ◆ **~ ses manches** *(lit, fig)* to roll up one's sleeves ◆ **~ ses babines** *[animal]* to snarl

**retroussis** /ʀ(ə)tʀusi/ **NM** *(= partie retroussée)* lip

**retrouvailles** /ʀ(ə)tʀuvaj/ **NFPL** *(après une séparation)* reunion ◆ **ses ~ avec son pays natal** his homecoming, his return to his homeland ◆ **aspirer aux ~ avec la nature** to dream of getting back to nature ◆ **les ~ franco-vietnamiennes** *(Pol)* the renewal of ties between France and Vietnam

**retrouver** /ʀ(ə)tʀuve/ ► conjug 1 ◄ **VT** **a** *(= récupérer) [+ objet personnel, enfant]* to find (again); *[+ fugitif, objet égaré par un tiers]* to find ◆ **~ son chemin** to find one's way again ◆ **on retrouva son cadavre sur une plage** his body was found on a beach ◆ **on les a retrouvés vivants** they were found alive ◆ **après sa maladie, il a retrouvé son poste** he got his job back again after his illness ◆ **une chienne *ou* une chatte n'y retrouverait pas ses petits, une poule n'y retrouverait pas ses poussins** it's in absolute chaos, it's an absolute shambles *ou* an unholy mess *

**b** *(= se remémorer)* to think of, to remember, to recall ◆ **je ne retrouve plus son nom** I can't think of *ou* remember *ou* recall his name

**c** *(= revoir) [+ personne]* to meet (up with) again; *[+ endroit]* to be back in, to see again ◆ **je l'ai retrouvé par hasard en Italie** I met up with him again by chance in Italy, I happened to come across him again in Italy ◆ **je l'ai retrouvé grandi/vieilli** I found him taller/looking older ◆ **et que je ne te retrouve pas ici !** and don't let me catch *ou* find you here again! ◆ **je serai ravi de vous ~** I'll be delighted to see *ou* meet you again

**d** *(= rejoindre)* to join, to meet (again), to see (again) ◆ **je vous retrouve à 5 heures au Café de la Poste** I'll join *ou* meet *ou* see you at 5 o'clock at the Café de la Poste ◆ **après le pont, vous retrouverez la route de Caen** after the bridge you'll be back on the road to Caen

**e** *(= recouvrer) [+ forces, santé, calme]* to regain; *[+ joie, foi]* to find again ◆ **~ le sommeil** to go *ou* get back to sleep (again) ◆ **elle mit longtemps à ~ la santé/le calme** she took a long time to regain her health/composure, it was a long time before she regained her health/composure ◆ **très vite elle retrouva son sourire** she very soon found her smile again

**f** *(= redécouvrir) [+ secret]* to rediscover; *[+ recette]* to rediscover, to uncover; *[+ article en* *vente, situation, poste]* to find again ◆ **je voudrais ~ des rideaux de la même couleur** I'd like to find curtains in the same colour again ◆ **~ du travail** to find work again ◆ **il a bien cherché, mais une situation pareille ne se retrouve pas facilement** he looked around but it's not easy to come by *ou* find another job like that ◆ **une telle occasion ne se retrouvera jamais** an opportunity like this will never occur again *ou* crop up again

**g** *(= reconnaître)* to recognize ◆ **on retrouve chez Louis le sourire de son père** you can see *ou* recognize his father's smile in Louis, you can see Louis has his father's smile ◆ **je retrouve bien là mon fils !** that's my son all right!

**h** *(= trouver, rencontrer)* to find, to encounter ◆ **on retrouve sans cesse les mêmes tournures dans ses romans** you find the same expressions all the time in his novels

**VPR se retrouver** **a** *(= se réunir)* to meet, to meet up; *(= se revoir après une absence)* to meet again ◆ **après le travail, ils se sont tous retrouvés au café** after work they all met in the café ◆ **ils se sont retrouvés par hasard à Paris** they met again by chance in Paris ◆ **un club où l'on se retrouve entre sportifs** a club where sportsmen get together ◆ **comme on se retrouve !** fancy *ou* imagine meeting *ou* seeing you here! ◆ **on se retrouvera !** *(menace)* I'll get even with you!, I'll get my own back! *(Brit)*

**b** *(= être de nouveau)* to find o.s. back ◆ **il se retrouva place de la Concorde** he found himself back at the Place de la Concorde ◆ **se ~ dans la même situation** to find o.s. back in the same situation ◆ **se ~ seul** *(sans amis)* to be left on one's own *ou* with no one; *(loin des autres, de la foule)* to be alone *ou* on one's own

**c** *(* = finir)* **il s'est retrouvé en prison/dans le fossé** he ended up in prison/in the ditch, he wound up* *ou* landed up* *(Brit)* in prison/in the ditch ◆ **se ~ sur le trottoir*** to be back on the streets* ◆ **se ~ à la rue** *(= sans logement)* to be out on the street(s)

**d** *(= voir clair, mettre de l'ordre)* **il ne se** *ou* **s'y retrouve pas dans ses calculs/la numération binaire** he can't make sense of his calculations/binary notation ◆ **on a de la peine à s'y ~, dans ces digressions/raisonnements** it's hard to find one's way through *ou* to make sense of these digressions/arguments ◆ **allez donc vous (y) ~ dans un désordre pareil !** let's see you try and straighten out this awful mess! ◆ **je ne m'y retrouve plus** I'm completely lost

**e** *(* = rentrer dans ses frais)* **s'y ~** to break even ◆ **les frais furent énormes mais il s'y est largement retrouvé** his costs were enormous but he did very well out of the deal ◆ **tout ce que j'espère, c'est qu'on s'y retrouve** all I hope is that we don't lose on it *ou* that we break even ◆ **s'il te prête cet argent c'est qu'il s'y retrouve** if he's lending you this money it's because there's something in it for him

**f** *(= trouver son chemin)* **se ~, s'y ~** to find one's way ◆ **la ville a tellement changé que je ne m'y retrouve plus** the town has changed so much I can't find my way around any more

**g** *(littér = faire un retour sur soi-même)* to find o.s. again

**h** *(= être présent)* **ces caractéristiques se retrouvent aussi chez les cervidés** these characteristics are also found *ou* encountered in the deer family

**rétrovirus** /RetRoviRys/ **NM** retrovirus

**rétroviseur** /RetRɔvizœR/ **NM** rear-view mirror, (driving) mirror ◆ **~ latéral** wing mirror *(Brit)*, side-view mirror *(US)*

**rets** /Rɛ/ **NMPL** *(littér = piège)* snare ◆ **prendre** *ou* **attraper qn dans ses ~** to ensnare sb ◆ **se laisser prendre** *ou* **tomber dans les ~ de qn** to be ensnared by sb

**reubeu** * /Røbø/ **NM** Arab

**réuni, e** /Reyni/ (ptp de **réunir**) **ADJ** **a** *(= pris ensemble)* **~s** (put) together, combined ◆ **aussi fort que les Français et les Anglais ~s** as strong as the French and the English put together *ou* combined **b** *(Comm = associés)* **~s** associated ◆ **les Transporteurs Réunis** Associated Carriers

**réunification** /Reynifikasjɔ̃/ **NF** reunification

**réunifier** /Reynifje/ ► conjug 7 ◄ **VT** to reunify, to reunite ◆ **l'Allemagne réunifiée** reunited *ou* reunified Germany **VPR se réunifier** to reunify

**Réunion** /Reynjɔ̃/ **NF** *(Géog)* ◆ **(l'île de) la ~** Réunion (Island)

**réunion** /Reynjɔ̃/ **NF** **a** *(= séance)* meeting ◆ **notre prochaine ~ sera le 10** our next meeting will be on the 10th ◆ **dans une ~** at *ou* in a meeting ◆ **~ d'information** briefing (session) ◆ **~ syndicale** union meeting ◆ **~ de travail** work session ◆ **être en ~** to be at *ou* in a meeting

**b** *(Sport)* **~ cycliste** cycle rally ◆ **~ d'athlétisme** athletics meeting ◆ **~ hippique** *(= concours)* horse show; *(= course)* race meeting ◆ **~ sportive** sports meeting

**c** *[d'entreprises]* merging; *[d'États]* union; *[de fleuves]* confluence, merging; *[de rues]* junction, joining; *[d'idées]* meeting

**d** *[de faits, objets]* collection, gathering; *[de fonds]* raising; *[d'amis, membres d'une famille, d'un club]* bringing together, reunion, reuniting; *[d'éléments, parties]* combination; *(Math) [d'ensembles]* union ◆ **la ~ d'une province à un État** the union of a province with a state ◆ **~ de famille** family gathering

**réunionite** * /Reynjɔnit/ **NF** mania for meetings

**réunionnais, e** /Reynjɔnɛ, ɛz/ **ADJ** of *ou* from Réunion **NM,F** **Réunionnais(e)** inhabitant *ou* native of Réunion

**réunir** /ReyniR/ ► conjug 2 ◄ **VT** **a** *(= rassembler) [+ objets]* to gather *ou* collect (together); *[+ faits, preuves]* to put together ◆ **tout son linge en un paquet** to collect all one's washing into a bundle ◆ **~ des papiers par une épingle** to pin papers together, to fix papers together with a pin

**b** *(= recueillir) [+ fonds]* to raise, to get together; *[+ preuves]* to collect, to gather (together); *[+ pièces de collection, timbres]* to collect

**c** *(= cumuler)* to combine ◆ **ce livre réunit diverses tendances stylistiques** this book combines various styles, this book is a combination of different styles ◆ **~ toutes les conditions exigées** to satisfy *ou* meet all the requirements

**d** *(= assembler) [+ participants]* to gather, to collect; *(= convoquer) [+ membres d'un parti]* to call together, to call a meeting of; *(= inviter) [+ amis, famille]* to entertain, to have over *ou* round *(Brit)*; *(= rapprocher) [+ antagonistes, ennemis]* to bring together, to reunite; *[+ anciens amis]* to bring together again, to reunite ◆ **on avait réuni les participants dans la cour** they had gathered those taking part in the yard ◆ **ce congrès a réuni des écrivains de toutes tendances** this congress gathered *ou* brought together writers of all kinds ◆ **nous réunissons nos amis tous les mercredis** we entertain our friends every Wednesday, we have our friends over *ou* round *(Brit)* every Wednesday ◆ **après une brouille de plusieurs années, ce deuil les a réunis** after a quarrel which lasted several years, this bereavement brought them together again *ou* reunited them

**e** *(= raccorder) [+ éléments, parties]* to join ◆ **le couloir réunit les deux ailes du bâtiment** the corridor joins *ou* links the two wings of the building

**f** *(= relier)* to join (up *ou* together) ◆ **~ deux fils** to tie two threads together ◆ **~ les bords d'une plaie/d'un accroc** to bring together the edges of a wound/of a tear

**g** *(= rattacher à)* **~ à** *[+ province]* to unite to

**VPR se réunir** **a** *(= se rencontrer)* to meet, to get together ◆ **se ~ entre amis** to get together with (some) friends, to have a friendly get-together ◆ **le petit groupe se réunissait dans un bar** the little group would meet *ou* get together in a bar

**b** *(= s'associer) [entreprises]* to combine, to merge; *[États]* to unite

**c** *(= se joindre) [États]* to unite; *[fleuves]* to flow into each other, to merge; *[rues]* to join, to converge; *[idées]* to unite, to be united

**réussi, e** /Reysi/ (ptp de **réussir**) **ADJ** *(= couronné de succès) [dîner, mariage, soirée]* successful; *(= bien exécuté) [mouvement]* good, well executed *(frm)*; *[photo, roman]* successful; *[mélange, tournure]* effective ◆ **c'était vraiment très ~** it really was a great success *ou* very successful ◆ **eh bien, c'est ~ !** *(iro)* well that's just great!* *(iro)*, very clever! *(iro)*

**réussir** /ReysiR/ GRAMMAIRE ACTIVE 50.5
► conjug 2 ◄

**VI** **a** *[affaire, entreprise, projet]* to succeed, to be a success, to be successful; *[culture, plantation]* to thrive, to do well; *[manœuvre, ruse]* to pay off ◆ **pourquoi l'entreprise n'a-t-elle pas réussi ?** why wasn't the venture a success?, why didn't the venture come off *ou* succeed? ◆ **le culot réussit parfois où la prudence échoue** sometimes nerve succeeds *ou* works where caution fails ◆ **la vigne ne réussit pas partout** vines don't thrive everywhere *ou* do not do well everywhere ◆ **tout lui/rien ne lui réussit** everything/nothing goes right for him, everything/nothing works for him ◆ **cela lui a mal réussi, cela ne lui a pas réussi** that didn't do him any good

**b** *[personne] (dans une entreprise)* to succeed, to be successful; *(à un examen)* to pass ◆ **~ dans la vie** to succeed *ou* get on in life ◆ **~ dans les affaires/dans ses études** to succeed *ou* do well in business/in one's studies ◆ **et leur expédition au Pôle, ont-ils réussi ? – ils n'ont pas réussi** what about their expedition to the Pole, did they succeed? *ou* did they pull it off*? – they failed ◆ **il a réussi/il n'a pas réussi à l'examen** he passed/he failed the exam ◆ **il a réussi dans tout ce qu'il a entrepris** he has made a success of *ou* been successful *ou* succeeded in all his undertakings ◆ **tous leurs enfants ont bien réussi** all their children have done well ◆ **il réussit bien en anglais/à l'école** he's a success at *ou* he does well at English/at school

**c** ◆ **~ à faire qch** to succeed in doing sth, to manage to do sth ◆ **il a réussi à les convaincre** he succeeded in convincing them, he managed to convince them ◆ **cette maladroite a réussi à se brûler*** *(iro)* this clumsy girl has managed to burn herself *ou* has gone and burnt herself*

**d** *(= être bénéfique à)* **~ à** to agree with ◆ **l'air de la mer/la vie active lui réussit** sea air/an active life agrees with him ◆ **le curry ne me réussit pas** curry doesn't agree with me

**VT** **a** *(= bien exécuter) [+ entreprise, film]* to make a success of ◆ ~ **sa carrière** to have a successful career ◆ ~ **sa vie** to make a success of one's life ◆ **ce plat est facile/difficile à** ~ this dish is easy/difficult to make ◆ **elle a bien réussi sa sauce** her sauce was a great success ◆ **le Premier ministre a réussi son examen de passage** the Prime Minister has passed the test ◆ **vont-ils ~ leur coup ?** will they manage to carry *ou* pull it off? ◆ **il a réussi son coup : 1 500 € de raflés** * **en 10 minutes !** he pulled the job off — €1,500 swiped in 10 minutes flat * ◆ **je l'ai bien réussi, mon fils** *(hum)* I did a good job on my son *(hum)* ◆ ~ **l'impossible** to manage to do the impossible ◆ **il a réussi le tour de force** *ou* **la prouesse de les réconcilier** he miraculously managed to bring about a reconciliation between them ◆ **elle a réussi une prouesse** she pulled off a remarkable feat ◆ **elle a réussi son effet** she achieved the effect she wanted

**b** *(= exécuter) [+ but, essai]* to bring off, to pull off; *[+ tâche]* to bring off, to manage successfully ◆ **il a réussi deux très jolies photos** he managed two very nice photographs, he took two very successful photographs

**réussite** /Reysit/ **NF** **a** success ◆ **ce fut une ~ complète** it was a complete *ou* an unqualified success ◆ **sa ~ sociale a été fulgurante** his rise to success was dazzling ◆ **c'est un signe de ~ sociale** it's a sign of social success ◆ **je me suis fait teindre les cheveux mais ce n'est pas une ~ !** I had my hair dyed but it hasn't turned out very well! ◆ ~ **scolaire** academic success ◆ **le taux de ~ au concours est de 10%** there is a 10% success rate in the exam ◆ **les chances de ~ de cet accord** the agreement's chances of success *ou* of succeeding ◆ **ce n'est pas une franche** ~ it's not a great success **b** *(Cartes)* patience ◆ **faire une** ~ to play patience

**réutilisable** /Reytilizabl/ **ADJ** reusable ◆ **emballage non-~** disposable *ou* non-reusable packaging

**réutiliser** /Reytilize/ ▸ **conjug 1** ◂ **VT** to reuse

**revaccination** /R(ə)vaksinasjɔ̃/ **NF** revaccination

**revacciner** /R(ə)vaksine/ ▸ **conjug 1** ◂ **VT** to revaccinate

**revaloir** /R(ə)valwaR/ ▸ **conjug 29** ◂ **VT** to pay back ◆ **je te revaudrai ça, je te le revaudrai** *(hostile)* I'll pay you back for this, I'll get even with you for this, I'll get back at you for this; *(reconnaissant)* I'll repay you some day

**revalorisation** /R(ə)valɔRizasjɔ̃/ **NF** *[de monnaie]* revaluation ◆ ~ **salariale** *ou* **des salaires** wage increase ◆ **ils prônent la ~ des carrières de l'enseignement** they want to improve the image *ou* to restore the prestige of the teaching profession

**revaloriser** /R(ə)valɔRize/ ▸ **conjug 1** ◂ **VT** **a** *[+ monnaie]* to revalue; *[+ titre]* to increase the value of **b** *[+ salaire]* to raise; *[+ conditions de travail]* to improve **c** *(= promouvoir) [+ méthode]* to promote again; *[+ valeur morale, institution, tradition]* to reassert the value of ◆ **l'entreprise veut ~ son image** the company wants to boost its image

**revanchard, e** /R(ə)vɑ̃ʃaR, aRd/ *(péj)* **ADJ** *[politique]* of revenge *(especially against enemy country)*; *[politicien]* who is an advocate of *ou* who advocates revenge; *[pays]* bent on revenge *(attrib)*; *[attitude, propos]* vengeful **NM,F** advocate of revenge, revanchist *(frm)*

**revanche** /R(ə)vɑ̃ʃ/ **NF** *(après défaite, humiliation)* revenge; *(Sport)* revenge match; *(Jeux)* return game; *(Boxe)* return fight *ou* bout ◆ **prendre sa ~ (sur qn)** to take one's revenge (on sb), to get one's own back (on sb) * *(Brit)* ◆ **prendre une ~ éclatante (sur qn)** to take a spectacular revenge (on sb) ◆ **donner sa ~ à qn** *(Jeux, Sport)* to let sb have *ou* give sb their revenge ◆ **le mépris est la ~ des faibles** contempt is the revenge of the weak

◆ **en revanche** on the other hand

**revanchisme** /R(ə)vɑ̃ʃism/ **NM** *(Pol)* revanchism

**rêvasser** /Rɛvase/ ▸ **conjug 1** ◂ **VI** to daydream, to let one's mind wander, to muse *(littér)*

**rêvasserie** /RɛvasRi/ **NF** *(= rêve)* daydreaming *(NonC)*; *(= chimère)* (idle) dream, (idle) fancy, daydreaming *(NonC)*

**rêve** /Rɛv/ **NM** **a** *(pendant le sommeil)* dream; *(éveillé)* dream, daydream; *(fig = chimère)* dream ◆ **le ~ et la réalité** dream and reality ◆ **le ~, les ~s** *(Psych)* dreaming, dreams ◆ **le ~ éveillé** *(Psych)* daydreaming ◆ **j'ai fait un ~ affreux** I had a horrible dream ◆ ~ **prémonitoire** premonitory dream ◆ **mauvais ~** bad dream, nightmare ◆ **faire des ~s** to dream, to have dreams ◆ **faites de beaux ~s !** sweet dreams! ◆ **il est perdu dans ses ~s** he's (day)dreaming, he's in a world of his own ◆ **sortir d'un** ~ to come out of a dream

**b** *(loc)* **c'était un beau ~ !** it was a lovely dream! ◆ **le ~ américain** the American dream ◆ **c'est un de mes ~s de jeunesse** it's one of the things I've always dreamt of *ou* wanted ◆ **c'est le ~ de leur vie** it's their life-long dream ◆ **mon ~ s'est enfin réalisé** my dream has finally come true ◆ **disparaître** *ou* **s'évanouir comme un** ~ to vanish *ou* fade like a dream ◆ **disparaître comme dans un** ~ to be gone *ou* disappear in a trice ◆ **ça, c'est le** ~ * that would be ideal *ou* (just) perfect ◆ **une maison comme ça, ce n'est pas le** ~ * it's not exactly a dream house

◆ **de rêve** ◆ **voiture/maison de** ~ dream car/house ◆ **créature de** ~ gorgeous *ou* lovely creature ◆ **il fait un temps de ~ pour une balade à la campagne** it's perfect weather for a walk in the country ◆ **il mène une vie de** ~ he leads an idyllic life ◆ **il a un corps de** ~ he's got a superb body

◆ **de mes/ses** *etc* **rêves** ◆ **la voiture/la femme de ses ~s** the car/the woman of his dreams, his dream car/woman

◆ **en rêve** ◆ **voir/entendre qch en** ~ to see/hear sth in a dream ◆ **créer qch en** ~ to dream sth up ◆ **même pas en ~ !** * in your dreams! *

**rêvé, e** /Reve/ (ptp de **rêver**) **ADJ** ideal, perfect ◆ **c'est l'occasion ~e !** it's the ideal *ou* a golden opportunity!

**revêche** /Rəvɛʃ/ **ADJ** *[air, ton]* surly; *[personne]* sour-tempered

**réveil** /Revɛj/ **NM** **a** *[de dormeur]* waking (up) *(NonC)*, wakening *(littér)*; *[de personne évanouie]* coming to *(NonC)*; *(fig = retour à la réalité)* awakening ◆ **à mon ~, je vis qu'il était parti** when I woke up *ou* on waking I found he was gone ◆ **il a le ~ difficile** he finds it hard to wake up, he finds waking up difficult ◆ **il eut un ~ brutal** he was rudely woken up *ou* awakened ◆ **dès le ~, il chante** as soon as he's awake *ou* he wakes up he starts singing ◆ **il a passé une nuit entrecoupée de ~s en sursaut** he had a bad night, waking with a start every so often ◆ ~ **téléphonique** alarm call ◆ **le ~ fut pénible** *(fig)* he (*ou* I *etc*) had a rude awakening

**b** *(fig = renaissance) [de nature, sentiment, souvenir]* reawakening; *[de volcan]* fresh stirrings; *[de douleur]* return ◆ **le ~ des nationalismes** the resurgence of nationalism

**c** *(Mil)* reveille ◆ **sonner le** ~ to sound the reveille ◆ **battre le** ~ *to wake soldiers up to the sound of drums* ◆ ~ **en fanfare** reveille on the bugle ◆ **ce matin, j'ai eu droit à un ~ en fanfare !** *(fig)* I was treated to a rowdy awakening this morning!

**d** *(= réveille-matin)* alarm (clock) ◆ **mets le ~ à 8 heures** set the alarm for 8 (o'clock) ◆ ~ **de voyage** travel alarm (clock)

**réveillé, e** /Reveje/ **ADJ** *(= à l'état de veille)* awake; *( * = dégourdi)* bright ◆ **à moitié** ~ half asleep ◆ **il était mal** ~ he was still half asleep, he hadn't woken up properly

**réveille-matin** /Revɛjmatɛ̃/ **NM INV** alarm clock

**réveiller** /Reveje/ ▸ **conjug 1** ◂ **VT** **a** *[+ dormeur]* to wake (up), to waken, to awaken *(littér)*; *(= ranimer) [+ personne évanouie]* to bring round, to revive; *(= ramener à la réalité) [+ rêveur]* to wake up, to waken ◆ **réveillez-moi à 5 heures** wake me (up) at 5 (o'clock) ◆ **voulez-vous qu'on vous réveille ?** *(dans un hôtel)* would you like a wake-up call? ◆ **se faire ~ tous les matins à la même heure** to be woken up every morning at the same time ◆ **être réveillé en sursaut** to be woken (up) with a start ◆ **faire un vacarme à ~ les morts** to make a racket that would waken the dead ◆ **ne réveillez pas le chat qui dort** *(Prov)* let sleeping dogs lie *(Prov)*

**b** *(= raviver) [+ appétit, courage]* to rouse, to awaken; *[+ douleur] (physique)* to start up again; *(mentale)* to revive, to reawaken; *[+ jalousie, rancune]* to reawaken, to rouse; *[+ souvenir]* to awaken, to revive, to bring back

**c** *(= ranimer) [+ membre ankylosé]* to bring some sensation *ou* feeling back into ◆ ~ **les consciences** to awaken *ou* stir people's consciences

**VPR** **se réveiller** **a** *[dormeur]* to wake (up), to awake, to awaken *(littér)*; *[personne évanouie]* to come round *(Brit) ou* around *(US)*, to come to, to regain consciousness; *[paresseux, rêveur]* to wake up (*de* from); ◆ **réveille-toi !** wake up! ◆ **se réveillant de sa torpeur** rousing himself from his lethargy ◆ **se ~ en sursaut** to wake up with a start

**b** *(= se raviver) [appétit, courage]* to be roused; *[douleur]* to return; *[jalousie, rancune]* to be reawakened *ou* roused; *[souvenir]* to return, to come back, to reawaken *(littér)*

**c** *(= se ranimer) [nature]* to reawaken; *[volcan]* to stir again ◆ **mon pied se réveille** the feeling's coming back into my foot, I'm getting some feeling back in my foot

**réveillon** /Revɛjɔ̃/ **NM** ◆ ~ **(de Noël/du Nouvel An)** *(= repas)* Christmas Eve/New Year's Eve dinner; *(= fête)* Christmas Eve/New Year's (Eve) party; *(= date)* Christmas/New Year's Eve ◆ **on ne va pas passer le ~ là-dessus !** * let's not make a meal of this!

**réveillonner** /Revɛjɔne/ ▸ **conjug 1** ◂ **VI** to celebrate Christmas *ou* New Year's Eve *(with a dinner and a party)*

**révélateur, -trice** /RevelatœR, tRis/ GRAMMAIRE ACTIVE 53.6 **ADJ** *[détail]* telling, revealing; *[indice, symptôme]* revealing ◆ **film ~ d'une mode/d'une tendance** film revealing a fashion/a tendency ◆ **c'est ~ d'un malaise profond** it reveals a deep malaise; → **lapsus** **NM** **a** *(Photo)* developer **b** *(littér) (= personne)* enlightener; *(= événement, expérience)* revelation ◆ **ce conflit a été le ~ d'une crise plus profonde** this conflict revealed a much deeper crisis

**révélation** /Revelasjɔ̃/ **NF** **a** *[de fait, projet, secret]* revelation, disclosure **b** *[d'artiste]* revelation, discovery ◆ **ce livre est une** ~ this book is a revelation ◆ **ce fut une véritable ~ !** it was quite a revelation! ◆ **ce jeune auteur a été la ~ de l'année** this young author was the discovery of the year **c** *[de sensations, talent, tendances]* revelation

♦ **avoir la ~ de qch** to discover sth **d** *(= confidence, aveu)* disclosure, revelation ♦ **faire des ~s importantes** to make important disclosures *ou* revelations **e** *(Rel)* revelation **f** *(Photo) [d'image]* developing

**révélé, e** /ʀevele/ (ptp de **révéler**) ADJ *(Rel) [dogme, religion]* revealed

**révéler** /ʀevele/ ► conjug 6 ◄ **VT** **a** *(= divulguer) [+ fait, projet]* to reveal, to make known, to disclose; *[+ secret]* to disclose, to give away, to reveal; *[+ opinion]* to make known ♦ **je ne peux encore rien ~** I can't disclose *ou* reveal anything yet, I can't give anything away yet ♦ **~ que** to reveal that ♦ **ça l'avait révélée à elle-même** this had given her a new awareness of herself

**b** *(= témoigner de) [+ aptitude, caractère]* to reveal, to show; *[+ sentiments]* to show ♦ **œuvre qui révèle une grande sensibilité** work which reveals *ou* displays great sensitivity ♦ **sa physionomie révèle la bonté/une grande ambition** his features show kindness/great ambition ♦ **son décolleté révélait la délicatesse de sa peau** her low neckline showed *ou* revealed her delicate skin

**c** *(= faire connaître) [+ artiste] [imprésario]* to discover; *[œuvre]* to bring to fame; *(Rel)* to reveal ♦ **le roman qui l'a révélé au public** the novel that introduced him to the public

**d** *(Photo)* to develop

**VPR se révéler** **a** *[vérité, talent, tendance]* to be revealed, to reveal itself; *(Rel)* to reveal o.s. ♦ **des sensations nouvelles se révélaient à lui** he was becoming aware of new feelings

**b** *[artiste]* to come into one's own ♦ **il ne s'est révélé que vers la quarantaine** he didn't really come into his own until he was nearly forty

**c** *(= s'avérer)* **se ~ cruel/ambitieux** to show o.s. *ou* prove to be cruel/ambitious ♦ **se ~ difficile/aisé** to prove difficult/easy ♦ **son hypothèse se révéla fausse** his hypothesis proved (to be) *ou* was shown to be false

**revenant, e** /ʀ(ə)vənɑ̃, ɑ̃t/ NM,F ghost ♦ **tiens, un ~ !** * hello stranger! *; → **histoire**

**revendeur, -euse** /ʀ(ə)vɑ̃dœʀ, øz/ NM,F *(= détaillant)* retailer, dealer, stockist *(Brit)*; *(d'occasion)* secondhand dealer ♦ **chez votre ~ habituel** at your local dealer *ou* stockist *(Brit)* ♦ **~ (de drogue)** (drug-)pusher * *ou* dealer

**revendicateur, -trice** /ʀ(ə)vɑ̃dikatœʀ, tʀis/ **NM,F** protester **ADJ** ♦ **lettre revendicatrice** letter putting forward one's claims ♦ **déclaration revendicatrice** declaration of claims ♦ **avoir une attitude revendicatrice** to make a lot of demands

**revendicatif, -ive** /ʀ(ə)vɑ̃dikatif, iv/ ADJ *[mouvement]* protest *(épith)* ♦ **action revendicative** protest campaign ♦ **organiser une journée d'action revendicative** to organize a day of action *ou* protest (in support of one's claims) ♦ **les syndicats ont adopté une position plus revendicative** the unions have stepped up their demands

**revendication** /ʀ(ə)vɑ̃dikasjɔ̃/ NF **a** *(= action)* claiming ♦ **il n'y a pas eu de ~ de l'attentat** no one claimed responsibility for the attack **b** *(Pol, Syndicats = demande)* claim, demand ♦ **journée de ~** day of action *ou* of protest (in support of one's claims) ♦ **lettre de ~** letter putting forward one's claims ♦ **mouvement de ~** protest movement ♦ **~s salariales/territoriales** wage/territorial claims ♦ **~s sociales** workers' demands ♦ **~s d'autonomie** demands for autonomy; → **catégoriel**

**revendiquer** /ʀ(ə)vɑ̃dike/ ► conjug 1 ◄ **VT** **a** *(= demander) [+ chose due, droits]* to claim, to demand ♦ **ils passent leur temps à ~** they're forever making demands ♦ **~ l'égalité des salaires** to demand equal pay **b** *(= assumer) [+ paternité, responsabilité]* to claim; *[+ attentat, explosion]* to claim responsibility for ♦ **l'attentat n'a pas été revendiqué** no one has claimed responsibility for the attack ♦ **il revendique son appartenance à la communauté juive** he asserts *ou* proclaims his Jewish identity **VPR se revendiquer** ♦ **il se revendique (comme) Basque** he asserts *ou* proclaims his Basque identity ♦ **elle se revendiquait du féminisme** she was a feminist and proud of it

**revendre** /ʀ(ə)vɑ̃dʀ/ ► conjug 41 ◄ **VT** **a** *(= vendre d'occasion ou au détail)* to resell, to sell; *[+ actions, terres, filiale]* to sell off ♦ **acheté 5 €, cet article est revendu** *ou* **se revend 30 €** purchased for €5, this item is being resold at €30 ♦ **ça se revend facilement** that's easily resold *ou* sold again ♦ **il a revendu sa voiture pour payer ses dettes** he sold his car to pay off his debts

**b** *(= vendre davantage)* **j'en ai vendu deux en janvier et j'en ai revendu quatre en février** I sold two in January and I sold another four in February ♦ **j'en ai vendu la semaine dernière mais je n'en ai pas revendu depuis** I sold some last week but I've sold no more since then

**c** *(loc)* **avoir de l'énergie/de l'intelligence à ~** to have energy/brains to spare ♦ **si tu veux un tableau, on en a à ~** if you want a picture, we've got lots of them ♦ **des chapeaux, elle en a à ~** she's got more hats than she knows what to do with

**revenez-y** /ʀəv(ə)nezi, ʀ(ə)vənezi/ NM INV → **goût**

## revenir /ʀəv(ə)niʀ, ʀ(ə)vəniʀ/

► conjug 22 ◄

| | |
|---|---|
| 1 VERBE INTRANSITIF | 2 VERBE PRONOMINAL |

### 1 - VERBE INTRANSITIF

**a** [= repasser, venir de nouveau] to come back, to come again ♦ **il doit ~ nous voir demain** he's coming back to see us tomorrow, he's coming to see us again tomorrow ♦ **pouvez-vous ~ plus tard ?** can you come back later? ♦ **reviens ! je plaisantais** come back! I was joking ♦ **~ sur ses pas** to retrace one's steps

**b** [= réapparaître] *[saison, mode]* to come back, to return; *[soleil, oiseaux]* to return, to reappear; *[fête, date]* to come (round) again; *[calme, ordre]* to return; *[thème, idée]* to recur, to reappear ♦ **~ à la mémoire** *[souvenir, idée]* to come back to mind ♦ **cette expression revient souvent dans ses livres** that expression often crops up in his books ♦ **Noël revient chaque année à la même date** Christmas comes (round) on the same date every year ♦ **sa lettre est revenue parce qu'il avait changé d'adresse** his letter was returned *ou* came back because he had changed his address

**c** [= rentrer] to come back, to return ♦ **~ quelque part/de quelque part** to come back *ou* return (to) somewhere/from somewhere ♦ **~ chez soi** to come back *ou* return home ♦ **~ dans son pays** to come back *ou* return to one's country ♦ **~ en bateau/avion** to sail/fly back, to come back by boat/air ♦ **~ à la hâte** to hurry back ♦ **~ de voyage** to return from a trip ♦ **en revenant de l'école** on the way back *ou* home from school ♦ **je lui téléphonerai en revenant** I'll phone him when I get back ♦ **sa femme lui est revenue** his wife has come back to him ♦ **je reviens dans un instant** I'll be back in a minute, I'll be right back * ♦ **on va à la piscine ? – j'en reviens !** shall we go to the swimming pool? – I've just come back from there!

**d** [= retourner] **~ en arrière** *(gén)* to go back ♦ **on ne peut pas ~ en arrière** *(dans le temps)* you can't turn *ou* put back the clock

**e** [= coûter] **ça revient cher** it's expensive

**f** [Culin] **faire ~** to brown ♦ **"faire revenir les oignons dans le beurre"** "brown *ou* fry the onions gently in the butter"

**g** [locutions]

♦ **revenir à qch** *(= recommencer, reprendre) [+ études, sujet]* to go back to, to return to; *[+ méthode, procédé]* to go back to, to return to, to revert to ♦ **~ à ses premières amours** to go back *ou* return to one's first love ♦ **~ à de meilleurs sentiments** to return to a better frame of mind ♦ **~ à la religion** to come back to religion ♦ **~ à la vie** to come back to life ♦ **on y reviendra, à cette mode** this fashion will come back ♦ **nous y reviendrons dans un instant** we'll come back to that in a moment ♦ **n'y revenez plus !** *(= ne recommencez plus)* don't do that again!; *(= n'en redemandez plus)* that's all you're getting!, don't bother coming back! ♦ **j'en reviens toujours là, il faut ...** I still come back to this, we must ... ♦ **il n'y a pas à y ~** there's no going back on it ♦ **~ à la charge** to return to the attack

*(= équivaloir à)* to come down to, to amount to, to boil down to ♦ **cette hypothèse revient à une proposition très simple** this hypothesis comes down *ou* amounts to a very simple proposition ♦ **ça revient à une question d'argent** it all boils down to a question of money ♦ **cela revient à dire que ...** it amounts to saying that ... ♦ **ça revient au même** it amounts *ou* comes to the same thing

*(= coûter)* to amount to, to come to, to cost ♦ **ça revient à 20 €** it comes to *ou* amounts to €20 ♦ **à combien est-ce que cela va vous ~ ?** how much will that cost you?, how much will that set you back? *

♦ **~ à la marque** *ou* **au score** *(Sport)* to draw (even *ou* level)

♦ **revenir à qn** *[souvenir, idée]* to come back to sb ♦ **son nom me revient maintenant** his name has come back to me now ♦ **ça me revient !** I've got it now!, it's coming back to me now!

*[courage, appétit, parole]* to come back to sb, to return (to sb) ♦ **le courage me revint** my courage came back to me *ou* returned ♦ **l'appétit m'est revenu** my appetite returned, I got my appetite back

*[rumeur]* ♦ **~ à qn** *ou* **aux oreilles de qn** to reach sb's ears, to get back to sb ♦ **il m'est revenu que ...** *(frm)* word has come back to me *ou* reached me that ...

*(= appartenir à) [droit, honneur, responsabilité]* to fall to sb; *[biens, somme d'argent] (= échoir à)* to come *ou* pass to sb; *(= être la part de)* to come *ou* go to sb ♦ **il lui revient de décider** *(= incomber à)* it is for him *ou* up to him to decide ♦ **ce titre lui revient de droit** this title is his by right ♦ **cet honneur lui revient** this honour is due to him *ou* is his by right ♦ **tout le mérite vous revient** all the credit goes to you, the credit is all yours ♦ **les biens de son père sont revenus à l'État** his father's property passed to the state ♦ **là-dessus, 15 € me reviennent** €15 of that comes to me

*( * = plaire à)* ♦ **il a une tête qui ne me revient pas** I don't like the look of him ♦ **elle ne me revient pas du tout cette fille** I don't like that girl at all

♦ **revenir à soi** *[personne]* to come to, to come round *(Brit)*

♦ **revenir de** *(= se remettre de) [+ maladie]* to recover from, to get over; *[+ syncope]* to come to after, to come round from *(Brit)*; *[+ égarement, surprise]* to get over; *[+ illusions]* to lose, to shake off; *[+ erreurs, théories]* to leave behind, to throw over, to put *ou* cast aside ◆ **il revient de loin** it was a close shave *ou* a near thing for him, he had a close shave ◆ **crois-tu qu'il en reviendra ?** *(= qu'il en réchappera)* do you think he'll pull through? ◆ **je n'en reviens pas !** *(surprise)* I can't get over it! ◆ **ils sont déjà revenus de ces théories** they have already thrown over *ou* put aside these theories ◆ **elle est revenue de tout** she's seen it all before

♦ **revenir sur** *(= réexaminer) [+ affaire, problème]* to go back over *(= se dédire de) [+ promesse]* to go back on; *[+ décision]* to go back on, to reconsider *(Sport = rattraper)* to catch up with ◆ **ne revenons pas là-dessus** let's not go back over that ◆ ~ **sur le passé** to go back over the past; → **tapis**

2 - VERBE PRONOMINAL

**s'en revenir** *( † ou littér)* **comme il s'en revenait (du village), il aperçut un aigle** as he was coming back (from the village), he noticed an eagle ◆ **il s'en revint la queue basse** he came back with his tail between his legs ◆ **il s'en revint, le cœur plein d'allégresse** he came away with a joyful heart

**revente** /R(ə)vɑ̃t/ NF resale ◆ **valeur à la ~** resale value ◆ **il a été inculpé de ~ de drogue** he was charged with drug dealing ◆ **la ~ de l'entreprise lui a rapporté beaucoup d'argent** he made a lot of money on the sale of the company

**revenu** /Rəv(ə)ny/ NM *[de particulier]* income *(NonC)* (*de* from); *[d'État]* revenue (*de* from); *[de domaine, terre]* income (*de* from); *[de capital, investissement]* yield (*de* from, on); ◆ ~ **annuel/brut/imposable/par habitant** annual/gross/assessed/per capita income ◆ **à ~ fixe** *(Fin) [valeurs]* fixed-yield ◆ **les pays à ~ élevé** high-income countries ◆ **famille/ménage à ~s modestes** low-income family/household ◆ **avoir de gros ~s** to have a large income, to have substantial means ◆ **personne sans ~s réguliers** person who has no regular income

COMP ▷ **revenus de l'État** public revenue ▷ **revenu fiscal** tax revenue ▷ **revenu intérieur brut** gross domestic income ▷ **revenu minimum d'insertion** *minimum welfare payment given to those who are not entitled to unemployment benefit,* ≃ income support *(Brit)*, welfare *(US)* ▷ **revenu national** gross national product ▷ **revenu net d'impôts** disposable income ▷ **revenu du travail** earned income

**rêver** /Reve/ ▸ conjug 1 ◂ VI **a** *[dormeur]* to dream (*de, à* of, about); ◆ ~ **que** to dream that ◆ **j'ai rêvé de toi** I dreamt about *ou* of you ◆ **il en rêve la nuit** he dreams about it at night ◆ ~ **tout éveillé** to be lost in a daydream ◆ **je ne rêve pas, c'est bien vrai ?** I'm not imagining it *ou* dreaming, am I? – it's really true! ◆ **tu m'as appelé ? – moi ? tu rêves !** did you call me? – me? you must have been dreaming! *ou* you're imagining things! ◆ **une révolution, maintenant ? vous rêvez !** a revolution now? your imagination's running away with you! ◆ **on croit ~ !** * I can hardly believe it!, the mind boggles! * ◆ **(non,) mais je rêve !** * he (*ou* they *etc*) can't be serious! ◆ **(il ne) faut pas ~** * I wouldn't count on it * ◆ **on peut toujours ~** there's no harm in dreaming

**b** *(= rêvasser)* to dream, to muse *(littér)*, to daydream ◆ **travaille au lieu de ~ !** get on with your work instead of (day)dreaming! ◆ ~ **à des jours meilleurs** to dream of better days

**c** *(= désirer)* to dream ◆ ~ **tout haut** to dream aloud ◆ ~ **de qch/de faire** to dream of sth/of doing ◆ **elle rêve d'une chaumière en pleine forêt** she dreams of a cottage in the heart of a forest ◆ ~ **de réussir** to long to succeed, to long for success ◆ ~ **de rencontrer la femme idéale** to dream of meeting *ou* long to meet the ideal woman ◆ **des images qui font ~** pictures that fire the imagination ◆ **ça fait ~ de l'entendre parler de ses voyages** hearing him talk about his travels really gets the imagination going

VT **a** *(en dormant)* to dream ◆ **j'ai rêvé la même chose qu'hier** I dreamt the same (thing) as last night

**b** *(littér = imaginer)* to dream ◆ **il rêve sa vie au lieu de la vivre** he's dreaming his life away instead of living it ◆ **je n'ai jamais dit ça, c'est toi qui l'as rêvé !** *(péj)* I never said that – you must have dreamt it!

**c** *(= désirer)* to dream of ◆ ~ **mariage/succès** *(littér)* to dream of marriage/success ◆ **il se rêve conquérant** *(littér)* he dreams of being a conqueror ◆ **il ne rêve que plaies et bosses** his mind is full of heroic dreams

**réverbération** /ReveRbeRasjɔ̃/ NF *[de son]* reverberation; *[de chaleur, lumière]* reflection

**réverbère** /ReveRbɛR/ NM *(d'éclairage)* street lamp *ou* light; *(Tech)* reflector; → **allumeur**

**réverbérer** /ReveRbeRe/ ▸ conjug 6 ◂ VT *[+ son]* to send back, to reverberate; *[+ chaleur, lumière]* to reflect

**reverdir** /R(ə)vɛRdiR/ ▸ conjug 2 ◂ VI *[plantes]* to grow green again VT *(Tech) [peaux]* to soak

**révérence** /ReveRɑ̃s/ NF **a** *(= salut) [d'homme]* bow; *[de femme]* curtsey ◆ **faire une ~** *[homme]* to bow; *[femme]* to curtsey (*à qn* to sb); ◆ **tirer sa ~ (à qn)** *(lit)* to bow out, to make one's bow (and leave); *(fig)* to take one's leave (of sb) **b** *(littér = respect)* reverence (*envers, pour* for); ◆ ~ **parler** † with all due respect

**révérencieux, -ieuse** /ReveRɑ̃sjø, jøz/ ADJ *(littér)* reverent ◆ **être peu ~ envers** to show scant respect for

**révérend, e** /ReveRɑ̃, ɑ̃d/ ADJ, NM reverend ◆ **le Révérend Père Martin** Reverend Father Martin

**révérendissime** /ReveRɑ̃disim/ ADJ most reverend

**révérer** /ReveRe/ ▸ conjug 6 ◂ VT *(littér) (gén)* to revere; *(Rel)* to revere, to reverence

**rêverie** /RɛvRi/ NF **a** *(= activité)* daydreaming, reverie *(littér)*, musing *(littér)* **b** *(= rêve)* daydream, reverie *(littér)* **c** *(péj = chimère)* ~s daydreams, delusions, illusions

**revérifier** /R(ə)veRifje/ ▸ conjug 7 ◂ VT to double-check

**revernir** /R(ə)vɛRniR/ ▸ conjug 2 ◂ VT to revarnish

**revers** /R(ə)vɛR/ GRAMMAIRE ACTIVE 53.3 NM **a** *[de feuille, papier]* back; *[d'étoffe]* wrong side ◆ **le ~ de la charité** *(littér)* the reverse of charity ◆ **prendre l'ennemi de** *ou* **à ~** to take the enemy from *ou* in the rear

**b** *[de médaille, pièce d'argent]* reverse, reverse side, back ◆ **pièce frappée au ~ d'une effigie** coin struck with a portrait on the reverse ◆ **c'est le ~ de la médaille** *(fig)* that's the other side of the coin ◆ **toute médaille a son ~** *(fig)* every rose has its thorn *(Prov)*

**c** *[de main]* back ◆ **d'un ~ de main** *(lit)* with the back of one's hand ◆ **il a balayé** *ou* **écarté nos arguments d'un ~ de (la) main** *(fig)* he brushed aside all our arguments, he dismissed all our arguments out of hand

**d** *(Tennis)* backhand ◆ **faire un ~** to play a backhand shot ◆ **volée de ~** backhand volley ◆ ~ **à deux mains** double-handed *ou* two-handed backhand

**e** *(Habillement) [de manteau, veste]* lapel, revers; *[de pantalon]* turn-up *(Brit)*, cuff *(US)*; *[de bottes]* top; *[de manche]* (turned-back) cuff ◆ **bottes à ~** turned-down boots ◆ **pantalons à ~** trousers with turn-ups *(Brit)* *ou* cuffs *(US)*

**f** *(= coup du sort)* setback ◆ ~ **(de fortune)** reverse (of fortune) ◆ ~ **économiques/militaires** economic/military setbacks *ou* reverses

**reversement** /R(ə)vɛRsəmɑ̃/ NM *(Fin) [d'excédent, somme]* putting back, paying back (*dans, sur* into); *[de titre]* transfer

**reverser** /R(ə)vɛRse/ ▸ conjug 1 ◂ VT **a** *[+ liquide]* *(= verser davantage)* to pour out some more ◆ **reverse-moi du vin/un verre de vin** pour me (out) some more wine/another glass of wine ◆ **reversez le vin dans la bouteille** *(= remettre)* pour the wine back into the bottle **b** *(Fin) [+ excédent, somme]* to put back, to pay back (*dans, sur* into); *[+ titre]* to transfer

**réversibilité** /RevɛRsibilite/ NF *[de pension]* reversibility; *[de mouvement] (Chim)* reversibility

**réversible** /RevɛRsibl/ ADJ *[mouvement, vêtement, réaction chimique]* reversible; *(Jur)* revertible (*sur* to); ◆ **l'histoire n'est pas ~** history cannot be undone *ou* altered

**réversion** /RevɛRsjɔ̃/ NF *(Bio, Jur)* reversion ◆ **pension de ~** reversion pension

**revêtement** /R(ə)vɛtmɑ̃/ NM *(= enduit)* coating; *(= surface) [de route]* surface; *(= garniture, placage) [de mur extérieur]* facing, cladding; *[de mur intérieur]* covering ◆ ~ **(du sol)** flooring *(NonC)*, floor-covering *(NonC)* ◆ ~ **mural** wall-covering *(NonC)* ◆ ~ **antiadhésif** *[de poêle]* nonstick coating

**revêtir** /R(ə)vetiR/ ▸ conjug 20 ◂ VT **a** *(frm, hum = mettre) [+ uniforme, habit]* to don *(frm)*, to put on, to array o.s. in *(frm)*

**b** *(= prendre, avoir) [+ caractère, importance]* to take on, to assume; *[+ apparence, forme]* to assume, to take on ◆ **une rencontre qui revêt une importance particulière** a meeting which is especially important ◆ **cela ne revêt aucun caractère d'urgence** it is by no means urgent ◆ **le langage humain revêt les formes les plus variées** human language appears in *ou* takes on the most varied forms

**c** *(frm, hum = habiller) [vêtement]* to adorn ◆ ~ **qn de** to dress *ou* array *(frm)* sb in ◆ ~ **un prélat des vêtements sacerdotaux** to array *(frm)* *ou* clothe a prelate in his priestly robes

**d** *(= couvrir, déguiser)* ~ **qch de** to cloak sth in, to cover sth with

**e** *(frm)* ~ **qn de** *[+ dignité, autorité] (= investir de)* to endow *ou* invest sb with

**f** *(Admin, Jur)* ~ **un document de sa signature/d'un sceau** to append one's signature/a seal to a document

**g** *(Tech) (= enduire)* to coat (*de* with); *(= couvrir) [+ route]* to surface (*de* with); *[+ mur, sol]* to cover (*de* with); ◆ ~ **un mur de boiseries** to (wood-)panel a wall ◆ ~ **un mur de carreaux** to tile a wall, to cover a wall with tiles ◆ ~ **de plâtre** to plaster ◆ ~ **de crépi** to face with roughcast, to roughcast ◆ ~ **d'un enduit imperméable** to cover with a waterproof coating, to give a waterproof coating to ◆ **rue revêtue d'un pavage** street which has

been paved over ◆ **sommets revêtus de neige** snow-clad *ou* snow-covered summits
VPR **se revêtir** *(= mettre)* **se ~ de** *(frm)* to array o.s. in *(frm)*, to don *(frm)*, to dress o.s. in ◆ **vers l'automne les sommets se revêtent de neige** *(littér)* as autumn draws near, the mountain tops don their snowy mantle *(littér) ou* are bedecked *(frm)* with snow

**revêtu, e** /R(ə)vety/ (ptp de **revêtir**) ADJ **a** *(= habillé de)* **~ de** dressed in, wearing **b** *(Tech) [route]* surfaced ◆ **chemin non ~** unsurfaced road **c** *(Tech)* **~ de** *(= enduit de)* coated with

**rêveur, -euse** /RɛvœR, øz/ ADJ *[air, personne]* dreamy ◆ **il a l'esprit ~** he's inclined to be a dreamer ◆ **ça vous laisse ~** * it makes you wonder NM,F *(lit, péj)* dreamer

**rêveusement** /Rɛvøzmɑ̃/ ADV *(= distraitement)* dreamily, as (if) in a dream; *(= avec perplexité)* distractedly

**revient** /Rəvjɛ̃/ NM → **prix**

**revigorant, e** /R(ə)vigɔRɑ̃, ɑ̃t/ ADJ *[vent, air frais]* invigorating; *[repas, boisson]* reviving *(épith)*; *[discours, promesse]* cheering, invigorating

**revigorer** /R(ə)vigɔRe/ ▸ conjug 1 ◂ VT *[vent, air frais]* to invigorate; *[repas, boisson]* to revive, to put new life into, to buck up *; *[discours, promesse]* to cheer, to invigorate, to buck up * ◆ **un petit vent frais qui revigore** a bracing *ou* an invigorating cool breeze ◆ **ces mesures vont ~ l'économie locale** these measures will give a boost to the local economy

**revirement** /R(ə)viRmɑ̃/ NM *(= changement d'avis)* change of mind, reversal (of opinion); *(= changement brusque) [de tendances]* reversal (*de* of); *[de goûts]* (abrupt) change (*de* in); ◆ **~ d'opinion** change *ou* U-turn *ou* turnaround in public opinion ◆ **un ~ soudain de la situation** a sudden reversal of the situation

**révisable** /Revizabl/ ADJ **a** *(= qui peut être sujet à modification) [contrat, salaire]* revisable ◆ **prix ~ à la baisse/hausse** price that can be revised downwards/upwards ◆ **prêt à taux ~** *(gén)* loan with adjustable interest rate; *(immobilier)* ≈ adjustable-rate mortgage **b** *(Jur) [procès]* reviewable

**réviser** /Revize/ ▸ conjug 1 ◂ VT **a** *[+ procès, règlement]* to review; *[+ constitution, opinion]* to revise ◆ **j'ai révisé mon jugement sur lui** I've revised my opinion of him **b** *[+ comptes]* to audit; *[+ moteur, installation]* to overhaul, to service ◆ **faire ~ sa voiture** to have one's car serviced ◆ **j'ai fait ~ les freins** I've had the brakes looked at **c** *(= mettre à jour) [+ liste, estimation]* to revise ◆ **~ à la hausse/à la baisse** to revise upwards/downwards **d** *(= corriger) [+ texte, manuscrit, épreuves]* to revise ◆ **nouvelle édition complètement révisée** new and completely revised edition **e** *(Scol) [+ sujet]* to revise ◆ **~ son histoire** to revise history, to do one's history revision ◆ **commencer à ~** to start revising *ou* (one's) revision

**réviseur** /RevizœR/ NM reviser ◆ **~-comptable** independent auditor

**révision** /Revizjɔ̃/ NF **a** *(Scol) [de sujet]* revision ◆ **faire ses ~s** to do one's revision, to revise **b** *(Aut) [de voiture]* service; *[de moteur]* overhaul *(NonC)*; *(= examen)* servicing ◆ **prochaine ~ après 10 000 km** next major service due after 10,000 km **c** *(Jur) [de procès, règlement]* review; *[de constitution]* revision **d** *(= correction) [de texte, manuscrit, épreuves]* revision **e** *(= mise à jour) [de liste]* revision *(NonC)* ◆ **~ des listes électorales** revision of the electoral register; → **conseil f** *(= vérification) [de comptes]* audit; *[d'installation]* overhaul *(NonC)*

**révisionnisme** /Revizjɔnism/ NM revisionism

**révisionniste** /Revizjɔnist/ ADJ, NMF revisionist

**revisiter** /R(ə)vizite/ ▸ conjug 1 ◂ VT *[+ musée, ville]* to revisit, to visit again; *[+ théorie]* to reexamine ◆ **la mode des années 30/la pièce de Molière revisitée par Anne Morand** thirties fashions/Molière's play reinterpreted by Anne Morand, a new take on thirties fashions/Molière's play by Anne Morand

**revisser** /R(ə)vise/ ▸ conjug 1 ◂ VT to screw back again

**revitalisant, e** /R(ə)vitalizɑ̃, ɑ̃t/ ADJ *[séjour, vacances]* revitalizing, restorative; *[crème de soin, lotion, shampoing]* revitalizing, regenerative

**revitalisation** /R(ə)vitalizasjɔ̃/ NF revitalization

**revitaliser** /R(ə)vitalize/ ▸ conjug 1 ◂ VT to revitalize

**revivifier** /R(ə)vivifje/ ▸ conjug 7 ◂ VT *(littér) [+ personne, souvenir]* to revive

**revivre** /R(ə)vivR/ ▸ conjug 46 ◂ VI **a** *(= être ressuscité)* to live again ◆ **on peut vraiment dire qu'il revit dans son fils** it's really true to say that he lives on in his son

**b** *(= être revigoré)* to come alive again ◆ **je me sentais ~** I felt alive again, I felt (like) a new man (*ou* woman) ◆ **ouf, je revis !** whew! what a relief! *ou* I can breathe again! *

**c** *(= se renouveler) [coutumes, institution, mode]* to be revived

**d** ◆ **faire ~** *(= ressusciter)* to bring back to life, to restore to life; *(= revigorer)* to revive, to put new life in *ou* into; *(= remettre en honneur) [+ mode, époque, usage]* to revive; *(= remettre en mémoire)* to bring back ◆ **faire ~ un personnage/une époque dans un roman** to bring a character/an era back to life in a novel ◆ **le grand air m'a fait ~** the fresh air put new life in me ◆ **cela faisait ~ tout un monde que j'avais cru oublié** it brought back a whole world I thought had been forgotten

VT *[+ passé, période] (lit)* to relive, to live (through) again; *(en imagination)* to relive, to live (over) again

**révocabilité** /Revɔkabilite/ NF *[de contrat]* revocability; *[de fonctionnaire]* removability

**révocable** /Revɔkabl/ ADJ *[legs, contrat]* revocable; *[fonctionnaire]* removable, dismissible

**révocation** /Revɔkasjɔ̃/ NF **a** *(= destitution) [de magistrat, fonctionnaire]* removal (from office), dismissal **b** *(= annulation) [de legs, contrat, édit]* revocation ◆ **la ~ de l'Édit de Nantes** *(Hist)* the Revocation of the Edict of Nantes

**revoici** * /R(ə)vwasi/, **revoilà** * /R(ə)vwala/ PRÉP ◆ **~ Paul!** Paul's back (again)!, here's Paul again! ◆ **me ~ !** it's me again!, here I am again! ◆ **nous ~ à la maison/en France** here we are, back home/in France (again) ◆ **~ la mer** here's the sea again ◆ **le revoilà qui se plaint !** there he goes complaining again! ◆ **les revoilà !** there they are again!

**revoir** /R(ə)vwaR/ ▸ conjug 30 ◂ VT **a** *(= retrouver) [+ personne]* to see *ou* meet again; *[+ patrie, village]* to see again ◆ **je l'ai revu deux ou trois fois depuis** I've seen him *ou* we've met two or three times since ◆ **quand le revois-tu ?** when are you seeing *ou* meeting him again?, when are you meeting again?

◆ **au revoir!** goodbye! ◆ **au ~ Monsieur/Madame** goodbye (Mr X/Mrs X) ◆ **dire au ~ à qn** to say goodbye to sb ◆ **faire au ~ de la main** to wave goodbye ◆ **ce n'était heureusement qu'un au ~** fortunately it was farewell and not adieu

**b** *(= apercevoir de nouveau)* to see again ◆ **filez, et qu'on ne vous revoie plus ici !** clear off, and don't show your face here again!

**c** *(= regarder de nouveau)* to see again ◆ **je suis allé ~ ce film** I went to (see) that film again

**d** *(= être à nouveau témoin de) [+ atrocités, scène]* to witness *ou* see again; *[+ conditions]* to see again ◆ **craignant de ~ augmenter le chômage** afraid of seeing unemployment increase again

**e** *(= imaginer de nouveau)* to see again ◆ **je le revois encore, dans sa cuisine** I can still see him there in his kitchen

**f** *(= réviser) [+ édition, texte]* to revise; *(Scol) [+ leçons]* to revise, to go over again; *(= examiner de nouveau) [+ position, stratégie]* to review, to reconsider ◆ **édition revue et corrigée/augmentée** revised and updated/expanded edition ◆ **l'histoire de France revue et corrigée par A. Leblanc** *(fig)* the history of France revised and updated *ou* given a new treatment by A. Leblanc ◆ **nos tarifs/objectifs ont été revus à la baisse/hausse** our prices/targets have been revised downwards/upwards ◆ **~ sa copie** *(fig)* to review one's plans, to go back to the drawing board

VPR **se revoir a** *(réciproque)* to see each other again ◆ **on se revoit quand ?** when shall we see each other again? ◆ **nous nous revoyons de temps en temps** we still see each other from time to time

**b** *(réfléchi)* **je me revoyais écolier, dans mon village natal** I saw myself as a schoolboy again, back in the village where I was born

**revoler** /R(ə)vɔle/ ▸ conjug 1 ◂ VI *[oiseau, pilote]* to fly again

**révoltant, e** /Revɔltɑ̃, ɑ̃t/ ADJ revolting, appalling

**révolte** /Revɔlt/ NF revolt, rebellion ◆ **les paysans sont en ~ contre ...** the peasants are in revolt against... *ou* up in arms against ... ◆ **adolescent en ~** rebellious adolescent ◆ **devant ce refus, elle a eu un mouvement de ~** she bridled at this refusal ◆ **à 17 ans, Alex était en pleine ~** at 17 Alex was going through a rebellious phase

**révolté, e** /Revɔlte/ (ptp de **révolter**) ADJ **a** *[paysans, adolescent]* rebellious **b** *(= outré)* outraged, incensed NM,F rebel

**révolter** /Revɔlte/ ▸ conjug 1 ◂ VT *(= indigner)* to revolt, to outrage, to appal ◆ **ceci nous révolte** we are revolted *ou* outraged by this VPR **se révolter a** *[personne] (= s'insurger)* to revolt, to rebel, to rise up (*contre* against); *(= se cabrer)* to rebel (*contre* against) **b** *(= s'indigner)* to be revolted *ou* repelled *ou* appalled (*contre* by); ◆ **à cette vue tout mon être se révolte** my whole being revolts at this sight ◆ **l'esprit se révolte contre une telle propagande** the mind revolts at *ou* is repelled *ou* revolted by such propaganda

**révolu, e** /Revɔly/ ADJ **a** *(littér = de jadis) [époque]* past, bygone *(épith)*, gone by ◆ **des jours ~s** past *ou* bygone days, days gone by ◆ **l'époque ~e des diligences** the bygone days of stagecoaches **b** *(= fini) [époque, jours]* past, in the past *(attrib)* ◆ **cette époque est ~e, nous devons penser à l'avenir** that era is in the past – we have to think of the future **c** *(Admin = complété)* **âgé de 20 ans ~s** over 20 years of age ◆ **avoir 20 ans ~s** to be over 20 years of age ◆ **après deux ans ~s** when two full years had (*ou* have) passed

**révolution** /Revɔlysjɔ̃/ NF **a** *(= rotation)* revolution ◆ **escalier à double ~** double staircase

**b** *(culturelle, industrielle = changement)* revolution ◆ **~ pacifique/permanente/violente**

peaceful/permanent/violent revolution ◆ **la Révolution (française)** the French Revolution ◆ **la ~ d'Octobre/de velours** the October/Velvet Revolution ◆ **~ de palais** palace revolution *ou* coup ◆ **la ~ silencieuse/verte/sexuelle** the silent/green/sexual revolution ◆ **la ~ technologique** the technological revolution, the revolution in technology ◆ **ce nouveau produit constitue une véritable ~** this new product is truly revolutionary ◆ **notre profession a subi une véritable ~** our profession has been revolutionized *ou* has undergone a radical transformation

c *(= parti, forces de la révolution)* **la ~** the forces of revolution

d *(loc)* **être en ~** *[rue, quartier]* to be in turmoil ◆ **créer une petite ~** *[idée, invention, procédé]* to cause a stir

### La Révolution tranquille

The term **la Révolution tranquille** refers to the important social, political and cultural transition that took place in Quebec from the early 1960s. As well as rapid economic expansion and a reorganization of political institutions, there was a growing sense of pride among Québécois in their specific identity as French-speaking citizens. The **Révolution tranquille** is thus seen as a strong affirmation of Quebec's identity as a French-speaking province. → OFFICE DE LA LANGUE FRANÇAISE, QUÉBEC

**révolutionnaire** /ʀevɔlysjɔnɛʀ/ ADJ *(gén)* revolutionary; *(Hist)* Revolutionary, of the French Revolution NMF *(gén)* revolutionary; *(Hist)* Revolutionary *(in the French Revolution)*

**révolutionner** /ʀevɔlysjɔne/ ▸ conjug 1 ◂ VT a *(= transformer radicalement)* to revolutionize b *(* = bouleverser) [+ personnes]* to stir up ◆ **son arrivée a révolutionné le quartier** his arrival stirred up the whole neighbourhood *ou* caused a great stir in the neighbourhood

**revolver** /ʀevɔlvɛʀ/ NM *(= pistolet) (gén)* pistol, (hand)gun; *(à barillet)* revolver ◆ **coup de ~** pistol shot, gunshot ◆ **tué de plusieurs coups de ~** gunned down ◆ **microscope à ~** microscope with a revolving nosepiece ◆ **tour ~** capstan lathe, turret lathe; → **poche**[1]

**revolving** /ʀevɔlviŋ/ ADJ INV ◆ **crédit ~** revolving credit

**révoquer** /ʀevɔke/ ▸ conjug 1 ◂ VT a *(= destituer) [+ magistrat, fonctionnaire]* to remove from office, to dismiss b *(= annuler) [+ legs, contrat, édit]* to revoke c *(littér = contester)* **~ qch en doute** to call sth into question, to question sth

**revoter** /ʀ(ə)vɔte/ ▸ conjug 1 ◂ VI to vote again VT ◆ **~ un texte de loi** to vote on a bill again

**revouloir** * /ʀ(ə)vulwaʀ/ ▸ conjug 31 ◂ VT *[+ pain]* to want more; *[+ orange]* to want another ◆ **qui en reveut ?** *(gén)* who wants (some) more?; *(nourriture)* anyone for seconds? * ◆ **tu reveux du café/un morceau de gâteau ?** would you like some more coffee/another slice of cake? ◆ **il reveut le livre** *(qui est à lui)* he wants his book back; *(qu'on lui a déjà prêté)* he wants the book again

**revoyure** * /ʀ(ə)vwajyʀ/ **à la revoyure** EXCL see you! *, (I'll) be seeing you! *

**revue** /ʀ(ə)vy/ NF a *(= examen)* review ◆ **faire la ~ de** to review, to go through ◆ **une ~ de la presse hebdomadaire** a review of the weekly press

b *(Mil) (= inspection)* inspection, review; *(= parade)* march-past, review

c *(= magazine) (à fort tirage, illustrée)* magazine; *(érudite)* review, journal ◆ **~ automobile/de mode** car/fashion magazine ◆ **~ littéraire/scientifique** literary/scientific journal *ou* review

d *(= spectacle) (satirique)* revue; *(de variétés)* variety show *ou* performance ◆ **~ à grand spectacle** extravaganza

e *(loc)* **passer en ~** *(Mil)* to pass in review, to review, to inspect; *(fig = énumérer mentalement)* to go over in one's mind, to pass in review, to go through; *(= faire la liste de)* to list ◆ **être de la ~** * to lose out

COMP ▷ **revue d'armement** *(Mil)* arms inspection ▷ **revue de détail** *(Mil)* kit inspection ▷ **revue de presse** review of the press *ou* papers

**révulsé, e** /ʀevylse/ (ptp de **se révulser**) ADJ *[yeux]* rolled upwards *(attrib)*; *[visage]* contorted

**révulser** /ʀevylse/ ▸ conjug 1 ◂ VT *(= dégoûter)* to disgust ◆ **ça me révulse** I find it repulsive *ou* disgusting VPR **se révulser** *[visage]* to contort; *[yeux]* to roll upwards

**révulsif, -ive** /ʀevylsif, iv/ *(Méd)* ADJ revulsant NM revulsant, revulsive

**révulsion** /ʀevylsjɔ̃/ NF *(Méd, fig)* revulsion

**rewriter**[1] /ʀiʀajte/ ▸ conjug 1 ◂ VT to edit, to rewrite *(US)*

**rewriter**[2] /ʀiʀajtœʀ/ NM editor, rewriter *(US)*

**rewriting** /ʀiʀajtiŋ/ NM editing, rewriting *(US)*

**Reykjavik** /ʀekjavik/ N Reykjavik

**rez-de-chaussée** /ʀed(ə)ʃose/ NM INV ground floor *(surtout Brit)*, first floor *(US)* ◆ **au ~** on the ground floor ◆ **habiter un ~** to live in a ground-floor flat *(Brit) ou* in a first-floor apartment *(US)*

**rez-de-jardin** /ʀed(ə)ʒaʀdɛ̃/ NM INV garden level ◆ **appartement en ~** garden flat *(Brit) ou* apartment *(US)*

**RF** (abrév de **République française**) → **république**

**RFA** /ɛʀɛfa/ NF (abrév de **République fédérale d'Allemagne**) → **république**

**RG** /ɛʀʒe/ NMPL (abrév de **renseignements généraux**) → **renseignement**

**Rh** (abrév de **rhésus**) Rh

**rhabiller** /ʀabije/ ▸ conjug 1 ◂ VT a ◆ **~ qn** *(lit)* to dress sb again, to put sb's clothes back on; *(= lui racheter des habits)* to fit sb out again, to reclothe sb b *[+ édifice]* to renovate ◆ **immeuble rhabillé façon moderne** renovated and modernized building c *(Tech) [+ montre, pendule]* to repair VPR **se rhabiller** to put one's clothes back on, to dress (o.s.) again ◆ **tu peux aller te ~ !** * you can forget it! *

**rhapsode** /ʀapsɔd/ NM rhapsode

**rhapsodie** /ʀapsɔdi/ NF rhapsody

**rhème** /ʀɛm/ NM rheme

**rhénan, e** /ʀenɑ̃, an/ ADJ *(Géog)* Rhine *(épith)*, of the Rhine; *(Art)* Rhenish

**Rhénanie** /ʀenani/ NF Rhineland ◆ **la ~-Palatinat** the Rhineland-Palatinate

**rhénium** /ʀenjɔm/ NM rhenium

**rhéostat** /ʀeɔsta/ NM rheostat

**rhésus** /ʀezys/ NM a *(Méd)* rhesus ◆ **~ positif/négatif** rhesus *ou* Rh positive/negative; → **facteur** b *(Zool)* rhesus monkey

**rhéteur** /ʀetœʀ/ NM *(Hist)* rhetor

**rhétique** /ʀetik/ ADJ rhetic

**rhétoricien, -ienne** /ʀetɔʀisjɛ̃, jɛn/ NM,F *(lit, péj)* rhetorician

**rhétorique** /ʀetɔʀik/ NF rhetoric; → **figure, fleur** ADJ rhetorical

**rhéto-roman, e** (pl **rhéto-romans**) /ʀetoʀɔmɑ̃, an/ ADJ Rhaeto-Romanic NM *(Ling)* Rhaeto-Romanic

**Rhin** /ʀɛ̃/ NM ◆ **le ~** the Rhine

**rhinite** /ʀinit/ NF rhinitis *(NonC) (SPÉC)*

**rhinocéros** /ʀinɔseʀɔs/ NM rhinoceros, rhino ◆ **~ d'Asie** Indian rhinoceros ◆ **~ d'Afrique** (African) white rhinoceros

**rhinolaryngite** /ʀinolaʀɛ̃ʒit/ NF sore throat, throat infection

**rhinologie** /ʀinɔlɔʒi/ NF rhinology

**rhinopharyngé, e** /ʀinofaʀɛ̃ʒe/, **rhinopharyngien, -ienne** /ʀinofaʀɛ̃ʒjɛ̃, jɛn/ ADJ nose and throat *(épith)*

**rhinopharyngite** /ʀinofaʀɛ̃ʒit/ NF sore throat, throat infection, rhinopharyngitis *(NonC) (SPÉC)*

**rhinopharynx** /ʀinofaʀɛ̃ks/ NM nose and throat, rhinopharynx *(SPÉC)*

**rhinoplastie** /ʀinoplasti/ NF rhinoplasty

**rhizome** /ʀizom/ NM rhizome

**rho** /ʀo/ NM *(= lettre grecque)* rho

**rhodanien, -ienne** /ʀɔdanjɛ̃, jɛn/ ADJ Rhone *(épith)*, of the Rhone; → **sillon**

**Rhode Island** /ʀɔdajlɑ̃d/ NM Rhode Island

**Rhodes** /ʀɔd/ N Rhodes ◆ **l'île de ~** the island of Rhodes; → **colosse**

**Rhodésie** /ʀɔdezi/ NF Rhodesia

**rhodésien, -ienne** /ʀɔdezjɛ̃, jɛn/ ADJ Rhodesian NM,F **Rhodésien(ne)** Rhodesian

**rhodium** /ʀɔdjɔm/ NM rhodium

**rhododendron** /ʀɔdɔdɛdʀɔ̃/ NM rhododendron

**rhombe** /ʀɔ̃b/ NM *(† = losange)* rhomb, rhombus; *(= instrument)* bullroarer

**rhombique** /ʀɔ̃bik/ ADJ rhombic

**rhomboïdal, e** (mpl **-aux**) /ʀɔ̃bɔidal, o/ ADJ rhomboid

**rhomboïde** /ʀɔ̃bɔid/ NM rhomboid

**Rhône** /ʀon/ NM *(= fleuve)* ◆ **le ~** the (river) Rhone

**rhône-alpin, e** /ʀonalpɛ̃, in/ ADJ in the Rhone-Alpes region NM,F **Rhône-Alpin(e)** person living in the Rhone-Alpes region

**rhovyl** ® /ʀɔvil/ NM Rhovyl ®

**rhubarbe** /ʀybaʀb/ NF rhubarb

**rhum** /ʀɔm/ NM rum ◆ **~ blanc** *ou* **agricole/brun** white/dark rum ◆ **sorbet au ~** rum-flavoured sorbet ◆ **glace ~-raisin** rum and raisin ice cream

**rhumatisant, e** /ʀymatizɑ̃, ɑt/ ADJ, NM,F rheumatic

**rhumatismal, e** (mpl **-aux**) /ʀymatismal, o/ ADJ rheumatic

**rhumatisme** /ʀymatism/ NM rheumatism *(NonC)* ◆ **avoir un ~** *ou* **des ~s dans le bras** to have rheumatism in one's arm ◆ **~ articulaire** rheumatoid arthritis *(NonC)* ◆ **~ déformant** polyarthritis *(NonC)*

**rhumato** * /ʀymato/ NF abrév de **rhumatologie** NMF abrév de **rhumatologue**

**rhumatoïde** /ʀymatoid/ ADJ → **polyarthrite**

**rhumatologie** /ʀymatɔlɔʒi/ NF rheumatology

**rhumatologue** /ʀymatɔlɔg/ NMF rheumatologist

**rhume** /ʀym/ NM cold ◆ **attraper un (gros) ~** to catch a (bad *ou* heavy) cold ◆ **~ de cerveau** head cold ◆ **~ des foins** hay fever

**rhumerie** /ʀɔmʀi/ NF *(= distillerie)* rum distillery

**rhyolit(h)e** /ʀjɔlit/ NF rhyolite

**rhythm and blues** /ʀitmɛndbluz/, **rhythm'n'blues** /ʀitmənbluz/ NM rhythm and blues, rhythm'n'blues

**ria** /ʀija/ NF ria

**riant, e** /ʀ(i)jɑ̃, ɑ̃t/ ADJ *[paysage]* pleasant; *[atmosphère, perspective]* cheerful, happy; *[visage]* cheerful, smiling, happy

**RIB** /ʀib/ NM (abrév de **relevé d'identité bancaire**) → **relevé**

**ribambelle** /ʀibɑ̃bɛl/ NF ◆ **une ~ de** *[+ enfants]* a swarm *ou* herd *ou* flock of; *[+ animaux]* a herd of; *[+ noms]* a string of; *[+ objets]* a row of; *[+ choses à faire]* stacks of

**ribaud** /ʀibo/ NM *(†† ou hum)* bawdy *ou* ribald fellow

**ribaude** †† /ʀibod/ NF trollop †*, bawdy wench †

**riboflavine** /ʀiboflavin/ NF riboflavin

**ribonucléique** /ʀibonykleik/ ADJ ◆ **acide ~** ribonucleic acid

**ribosome** /ʀibozom/ NM ribosome

**ribote** †* /ʀibɔt/ NF merrymaking *(NonC)*, revel, carousing † *(NonC)* ◆ **être en ~, faire ~** to make merry, to carouse †

**ribouldingue** *† /ʀibuldɛ̃g/ NF spree, binge * ◆ **deux jours de ~** a two-day spree * *ou* binge * ◆ **faire la ~** to go on a spree *ou* a binge *

**ricain, e** * /ʀikɛ̃, ɛn/ *(hum, péj)* ADJ Yank(ee) * *(péj)* NM,F **Ricain(e)** Yank(ee) *

**ricanant, e** /ʀikanɑ̃, ɑ̃t/ ADJ *[personne, voix]* sniggering

**ricanement** /ʀikanmɑ̃/ NM *(méchant)* snigger, sniggering *(NonC)*; *(sot)* giggle, giggling *(NonC)*; *(gêné)* nervous laughter *(NonC)* ◆ **j'ai entendu des ~s** I heard someone sniggering

**ricaner** /ʀikane/ ▸ conjug 1 ◂ VI *(méchamment)* to snigger; *(sottement)* to giggle; *(avec gêne)* to laugh nervously, to give a nervous laugh

**ricaneur, -euse** /ʀikanœʀ, øz/ ADJ *(méchant)* sniggering; *(bête)* giggling NM,F *(= personne méchante)* sniggerer; *(= personne bête)* giggler

**RICE** /ʀis/ NM (abrév de **relevé d'identité de Caisse d'épargne**) → **relevé**

**Richard** /ʀiʃaʀ/ NM Richard ◆ **~ Cœur de Lion** Richard (the) Lionheart

**richard, e** * /ʀiʃaʀ, aʀd/ NM,F *(péj)* rich person ◆ **un hôtel pour ~s** a posh * hotel

**riche** /ʀiʃ/ ADJ a *(= nanti) [personne]* rich, wealthy, well-off *(attrib)*; *[pays]* rich ◆ **~ à millions** enormously wealthy ◆ **~ comme Crésus** as rich as Croesus, fabulously rich *ou* wealthy ◆ **faire un ~ mariage** to marry into a wealthy family, to marry (into) money ◆ **~ héritière** wealthy heiress ◆ **nous ne sommes pas ~s** we're by no means rich, we're not very well-off

b *(= luxueux) [bijoux, étoffes]* rich, costly; *[coloris]* rich; *[mobilier]* sumptuous, costly ◆ **je vous donne ce stylo, mais ce n'est pas un ~ cadeau** I'll give you this pen but it's not much of a gift ◆ **ça fait ~** * it looks expensive *ou* posh *

c *(= consistant, fertile) [aliment, mélange, sujet, terre]* rich ◆ **le français est une langue ~** French is a rich language ◆ **c'est une ~ nature** he (*ou* she) is a person of immense resources *ou* qualities ◆ **c'est une ~ idée** * that's a great * *ou* grand idea

d *(= abondant) [moisson]* rich; *[végétation]* rich, lush; *[collection]* large, rich; *[vocabulaire]* rich, wide ◆ **il y a une documentation très ~ sur ce sujet** there is a wealth of *ou* a vast amount of information on this subject

e *(loc)*

♦ **riche de** *[+ espérances, possibilités]* full of ◆ **c'est une expérience ~ d'enseignements** you learn a great deal from this experience, it's a tremendous learning experience ◆ **il est revenu, ~ de souvenirs** he returned with a wealth of memories ◆ **acteur/marché ~ de promesses** highly promising actor/market ◆ **bibliothèque ~ de plusieurs millions d'ouvrages** library boasting several million books ◆ **~ de cette expérience, il ...** thanks to this experience, he ...

♦ **riche en** *[calories, gibier, monuments]* rich in ◆ **alimentation ~ en protéines/cellulose végétale** high-protein/high-fibre diet ◆ **région ~ en eau/pétrole** region rich in water/oil resources ◆ **je ne suis pas ~ en sucre** *(hum)* I'm not very well-off for sugar ◆ **année ~ en événements spectaculaires** year full of dramatic incidents, action-packed year

NMF rich *ou* wealthy person ◆ **les ~s** the rich, the wealthy ◆ **de ~(s)** *[vêtements, nourriture]* fancy ◆ **voiture de ~(s)** *(péj)* fancy *ou* flashy car; → **gosse, prêter**

**richelieu** /ʀiʃəljø/ NM *(= chaussure)* Oxford (shoe)

**richement** /ʀiʃmɑ̃/ ADV *[récompenser, vêtir]* richly; *[décoré, meublé]* richly, sumptuously ◆ **~ illustré** richly *ou* lavishly illustrated, with lavish *ou* copious illustrations; → **doter**

**richesse** /ʀiʃɛs/ NF a *[de pays, personne]* wealth ◆ **la ~ ne l'a pas changé** wealth *ou* being rich hasn't altered him ◆ **ce n'est pas la ~, mais c'est mieux que rien** * it's not exactly the lap of luxury but it's better than nothing ◆ **être d'une ~ insolente** to be obscenely rich ◆ **le tourisme est notre principale (source de) ~** tourism is our greatest asset ◆ **la ~ nationale** the country's national wealth

b *[d'ameublement, décor]* sumptuousness, richness; *[de coloris, étoffe]* richness

c *[d'aliment, collection, sol, texte]* richness; *[de végétation]* richness, lushness ◆ **la ~ de son vocabulaire** the richness of his vocabulary, his wide *ou* rich vocabulary ◆ **la ~ de cette documentation** the abundance of the information ◆ **la ~ en calcium de cet aliment** the high calcium content of this food ◆ **la ~ en matières premières/en gibier de cette région** the abundance of raw materials/of game in this region ◆ **la ~ en pétrole/en minéraux du pays** the country's abundant *ou* vast oil/mineral resources ◆ **une culture d'une ~ inouïe** an extraordinarily rich culture

d *(= bien)* **notre ferme, c'est notre seule ~** this farm is all we have ◆ **la santé est une ~** good health is a great blessing *ou* is a boon, it's a blessing to be healthy

NFPL **richesses** *(= argent)* riches, wealth; *(= ressources)* wealth; *(fig = trésors)* treasures ◆ **entasser des ~s** to pile up riches ◆ **la répartition des ~s d'un pays** the distribution of a country's wealth ◆ **l'exploitation des ~s naturelles** the exploitation of natural resources ◆ **les ~s de l'art tibétain** the treasures of Tibetan art ◆ **montrez-nous toutes vos ~s** show us your treasures

**richissime** /ʀiʃisim/ ADJ fabulously rich *ou* wealthy

**ricin** /ʀisɛ̃/ NM castor oil plant; → **huile**

**ricocher** /ʀikɔʃe/ ▸ conjug 1 ◂ VI *[balle de fusil]* to ricochet (*sur* off); *[pierre]* to rebound (*sur* off); *(sur l'eau)* to bounce (*sur* on) ◆ **faire ~ un galet sur l'eau** to skim a pebble across the water, to make a pebble bounce on the water

**ricochet** /ʀikɔʃɛ/ NM *(gén)* rebound; *[de balle de fusil]* ricochet; *[de caillou sur l'eau]* bounce ◆ **faire ~** *(lit, fig)* to rebound ◆ **il a été blessé par ~** he was wounded by a ricocheting bullet ◆ **par ~, il a perdu son emploi** *(fig)* as an indirect result he lost his job ◆ **(s'amuser à) faire des ~s** to skim pebbles ◆ **il a fait quatre ~s** he made the pebble bounce four times

**ric-rac** * /ʀikʀak/ ADV a *(= très exactement) [payer]* on the nail * b *(= de justesse) [réussir, échapper]* by the skin of one's teeth ◆ **côté finances, ce mois-ci, c'est ~** money is going to be tight this month, we'll just about make it through the month moneywise ◆ **ça va se jouer ~** it's going to be touch and go ◆ **j'ai eu mon train ~** I caught the train, but only just

**rictus** /ʀiktys/ NM *(grimaçant)* grin; *(effrayant)* snarl ◆ **~ moqueur/cruel** mocking *ou* sardonic/cruel grin

**ride** /ʀid/ NF *[de peau, pomme]* wrinkle (*de* in); *[d'eau, sable]* ripple (*de* on, in) ridge (*de* in); ◆ **les ~s de son front** the wrinkles *ou* lines on his forehead ◆ **visage creusé de ~s** deeply lined face, wrinkled face ◆ **elle/ce roman n'a pas pris une ~** *(lit, fig)* she/this novel hasn't aged a bit

**ridé, e** /ʀide/ (ptp de **rider**) ADJ *[peau, fruit]* wrinkled; *[front]* furrowed; *[eau, mer]* rippled ◆ **~e comme une vieille pomme** as wrinkled as a prune

**rideau** (pl **rideaux**) /ʀido/ NM a *(= draperie)* curtain ◆ **tirer les ~x** *(fermer)* to draw *ou* close the curtains *ou* drapes *(US)*, to draw the curtains to; *(ouvrir)* to draw the curtains, to pull *ou* draw the curtains back ◆ **tirer le ~ sur** *(fig) [+ défaut, passé]* to draw a veil over ◆ **tomber en ~** * to break down ◆ **je me suis retrouvé en ~ en pleine campagne** * there I was, broken down in the middle of nowhere

b *(Théât)* curtain ◆ **~ à 20 heures** the curtain rises at 8 o'clock, the curtain's at 8 o'clock ◆ **~ !** *(= cri des spectateurs)* curtain!; *( * fig = assez)* that's enough!, I've had enough! ◆ **le ~ est tombé sur l'affaire** *(fig)* the curtain came down on the affair

c *[de boutique]* shutter; *[de cheminée]* register, blower; *[de classeur, secrétaire]* roll shutter; *[d'appareil-photo]* shutter

d *(= écran)* **~ de** *[+ arbres, verdure]* curtain *ou* screen of; *[+ policiers, troupes]* curtain of; *[+ pluie]* curtain *ou* sheet of ◆ **~ de fumée** smoke screen ◆ **~ de feu** sheet of flame *ou* fire

COMP ▷ **rideaux bonne femme** looped curtains *ou* drapes *(US)* ▷ **rideau de douche** shower curtain ▷ **rideau de fer** *ou* **métallique** *[de boutique]* metal shutter(s); *[de théâtre]* (metal) safety curtain, fire curtain ◆ **le ~ de fer** *(Hist)* the Iron Curtain ◆ **les pays au-delà du ~ de fer** the Iron Curtain countries, the countries behind the Iron Curtain ▷ **rideaux de lit** bed hangings *ou* curtains

**ridelle** /ʀidɛl/ NF *[de camion, charrette]* slatted side

**rider** /ʀide/ ▸ conjug 1 ◂ VT *[+ fruit, peau]* to wrinkle; *[+ front] [colère, soucis]* to wrinkle; *[âge]* to line with wrinkles; *[+ eau]* to ripple, to ruffle the surface of; *[+ neige, sable]* to ruffle *ou* wrinkle the surface of; *(Naut)* to tighten VPR **se rider** *[peau, fruit, visage]* to become wrinkled, to become lined with wrinkles; *[eau, surface]* to ripple, to become rippled ◆ **à ces mots, son front se rida** his forehead wrinkled *ou* he wrinkled his forehead at these words

**ridicule** /ʀidikyl/ ADJ a *(= grotesque) [conduite, personne, vêtement]* ridiculous, ludicrous, absurd; *[prétentions]* ridiculous, laughable; *[superstition]* ridiculous, silly ◆ **se rendre ~ aux yeux de tous** to make o.s. (look) ridiculous *ou* make a fool of o.s. *ou* make o.s. look a fool in everyone's eyes ◆ **ça le rend ~** it makes him look ridiculous *ou* (like) a fool ◆ **ne sois pas ~** don't be ridiculous *ou* silly *ou* absurd

**b** *(= infime) [prix]* ridiculous, ridiculously low; *[quantité]* ridiculous, ridiculously small

**NM** **a** *(= absurdité)* ridiculousness, absurdity ◆ **le ~ de la conversation ne lui échappait pas** he was well aware of the absurdity of the conversation ◆ **je ne sais pas si vous saisissez tout le ~ de la situation** I don't know if you realize just how absurd *ou* ridiculous the situation is *ou* if you realize the full absurdity of the situation ◆ **il y a quelque ~ à faire ...** it is rather ridiculous to do ... ◆ **c'est d'un ~ achevé** it's perfectly *ou* utterly ridiculous ◆ **se donner le ~ de ...** to be ridiculous enough to ...; → **tourner**

**b** ◆ **le ~** ridicule ◆ **tomber dans le ~** *[personne]* to make o.s. ridiculous, to become ridiculous; *[film]* to become ridiculous ◆ **s'exposer au ~** to expose o.s. *ou* lay o.s. open to ridicule ◆ **avoir le sens du ~** to have a sense of the ridiculous ◆ **la peur du ~** (the) fear of ridicule *ou* of appearing ridiculous ◆ **le ~ ne tue pas** ridicule has never been the unmaking of anyone, ridicule never killed anyone ◆ **tourner qn/qch en ~** to ridicule sb/sth, to make sb/sth an object of ridicule ◆ **couvrir qn de ~** to heap ridicule on sb, to make sb look ridiculous, to make a laughing stock of sb ◆ **il y en a qui n'ont pas peur du ~ !** some people aren't afraid of looking ridiculous!

**NMPL** **ridicules** *(= travers)* silliness *(NonC)*, ridiculous *ou* silly ways, absurdities ◆ **les ~s humains** the absurdities of human nature ◆ **les ~s d'une classe sociale** the ridiculous ways *ou* the (little) absurdities of a social class

**ridiculement** /ʀidikylmɑ̃/ **ADV** *[bas, vêtu]* ridiculously; *[chanter, marcher]* in a ridiculous way

**ridiculiser** /ʀidikylize/ ► conjug 1 ◄ **VT** *[+ défaut, doctrine, personne]* to ridicule, to hold up to ridicule **VPR** **se ridiculiser** to make o.s. (look) ridiculous, to make a fool of o.s.

**ridule** /ʀidyl/ **NF** fine line *ou* wrinkle ◆ **rides et ~s** lines and wrinkles

## rien /ʀjɛ̃/

| | |
|---|---|
| 1 PRONOM INDÉFINI | 3 LOC ADV |
| 2 NOM MASCULIN | 4 ADVERBE |

### 1 - PRONOM INDÉFINI

**a**

◆ **rien + ne** *(= nulle chose)* nothing ◆ **~ ne le fera reculer** nothing will make him turn back ◆ **il n'y a ~ qui puisse m'empêcher de faire cela** there's nothing that could prevent me from doing that ◆ **il n'y a ~ que je ne fasse pour elle** there's nothing I wouldn't do for her ◆ **il n'y a plus ~** there's nothing left ◆ **on ne pouvait plus ~ pour elle** there was nothing more *ou* else to be done for her, nothing more could be done for her ◆ **je n'ai ~ entendu/compris** I didn't hear/understand anything *ou* a thing, I heard/understood nothing ◆ **je ne crois plus à ~** I don't believe in anything any more ◆ **elle ne mange presque ~** she hardly eats a thing, she eats hardly anything ◆ **il n'en sait ~** he has no idea ◆ **je n'en sais trop ~** I haven't a clue ◆ **(dans la vie) on n'a ~ sans ~** you only get out of life what you put into it ◆ **~ ne sert de courir, il faut partir à point** *ou* **temps** *(Prov)* slow and steady wins the race *(Prov)* → **risquer, valoir**

◆ **rien + avoir** ◆ **ils n'ont ~** *(possessions)* they have nothing; *(maladie, blessure)* there's nothing wrong with them ◆ **ça va, tu n'as ~ ?** are you OK? ◆ **n'avoir ~ contre qn** to have nothing against sb ◆ **il n'a ~ d'un politicien/d'un dictateur** he's got nothing of the politician/dictator in *ou* about him ◆ **il n'a ~ de son père** he is nothing *ou* not a bit like his father ◆ **j'en ai ~ à faire** * *ou* **à foutre** ‡ I don't give a damn ‡ *ou* toss ‡

◆ **rien + être** ◆ **n'être ~** *[personne]* to be a nobody; *[chose]* to be nothing ◆ **pour lui, 50 km à vélo, ce n'est ~** he thinks nothing of cycling 50 kilometres ◆ **n'être ~ en comparaison de ...** to be nothing compared to ... ◆ **il n'est ~ dans l'entreprise** he's a nobody *ou* he's nothing in the firm ◆ **il ne nous est ~** he's not connected with us, he's nothing to do with us ◆ **il n'est plus ~ pour moi** he means nothing to me anymore ◆ **il n'en est ~** it's nothing of the sort, that's not it at all ◆ **on le croyait blessé, mais il n'en est ~** we thought he was injured but he's not at all *ou* he's nothing of the sort ◆ **élever quatre enfants, ça n'est pas ~** bringing up four children is not exactly a picnic * *ou* is no mean feat ◆ **tu t'es fait mal ? – non, ce n'est ~** *ou* **c'est ~** * did you hurt yourself? — no, it's nothing ◆ **pardon ! – c'est ~** * sorry! — it doesn't matter *ou* it's alright ◆ **c'est ~ de le dire** * (and) that's putting it mildly *, (and) that's an understatement

◆ **rien + faire** ◆ **il ne fait (plus) ~** he doesn't work (any more) ◆ **huit jours sans ~ faire** a week doing nothing ◆ **il ne nous a ~ fait** he hasn't done anything to us ◆ **cela ne lui fait ~** he doesn't mind *ou* care ◆ **ça ne fait ~** it doesn't matter, never mind ◆ **ça ne fait ~ si j'amène un ami ?** is it all right if I bring a friend along? ◆ **il n'y a ~ à faire** *(gén)* there's nothing we can do, there's nothing to be done; *(= c'est inutile)* it's useless *ou* hopeless ◆ **~ à faire !** it's no good! ◆ **~ n'y fait !** nothing's any good!

◆ **en rien** *(= absolument pas)* ◆ **cela ne nous gêne en ~** it doesn't bother us in any way *ou* in the least *ou* at all ◆ **il n'est en ~ responsable de la situation** he's not in any way *ou* at all responsible for the situation, he's not the slightest bit responsible for the situation ◆ **ce tableau ne ressemble en ~ au reste de son œuvre** this picture is nothing like his other works

◆ **rien de** + *adjectif ou adverbe* nothing ◆ **~ d'autre** nothing else ◆ **~ de plus** nothing more *ou* else *ou* further ◆ **~ de moins** nothing less ◆ **~ de neuf** nothing new ◆ **~ de plus facile** nothing easier ◆ **il n'y a ~ eu de volé** nothing was stolen, there was nothing stolen ◆ **nous n'avons ~ d'autre** *ou* **de plus à ajouter** we have nothing else *ou* more *ou* further to add ◆ **ça n'a ~ d'impossible** it's perfectly possible ◆ **(il n'y a) ~ de tel qu'une bonne douche chaude !** there's nothing like *ou* nothing to beat a nice hot shower!, you can't beat a nice hot shower! ◆ **je t'achèterai le journal ; ~ d'autre ?** *(sans ne)* I'll get you a newspaper — do you want anything else? ◆ **~ de grave, j'espère ?** *(après un accident, un incident)* nothing serious, I hope? ◆ **elle a fait ce qu'il fallait, ~ de plus, ~ de moins** she did all she had to, nothing more nor less *ou* nothing more, nothing less

**b** *(= quelque chose)* anything ◆ **avez-vous jamais ~ fait pour l'aider ?** have you ever done anything to help him? ◆ **as-tu jamais ~ lu de plus drôle ?** did you ever read anything quite so funny? ◆ **as-tu jamais ~ vu de pareil ?** have you ever seen such a thing? *ou* anything like it? *ou* the like? ◆ **sans ~ qui le prouve** without anything to prove it ◆ **sans que/avant que tu en saches ~** without your knowing/before you know anything about it

**c** *(Sport)* nil; *(Tennis)* love ◆ **~ partout** *(Sport)* nil all; *(Tennis)* love all ◆ **15 à ~** *(Tennis)* 15 love ◆ **il mène par deux sets à ~** he's leading by two sets to love

**d** *(Jeux)* **~ ne va plus !** rien ne va plus!

**e** *expressions figées*

◆ **deux** *ou* **trois fois rien** next to nothing

◆ **rien à rien** ◆ **il ne comprend ~ à ~** he hasn't got a clue

◆ **rien au monde** nothing on earth *ou* in the world ◆ **je ne connais ~ au monde de plus bête** I can't think of anything more stupid ◆ **il ne quitterait son pays pour ~ au monde** he wouldn't leave his country for anything *ou* for all the tea in China

◆ **rien de rien** * nothing, absolutely nothing ◆ **il ne fait ~, mais ~ de ~** * he does nothing, and I mean nothing *ou* but nothing (at all)

◆ **rien du tout** nothing at all ◆ **une petite blessure de ~ du tout** a trifling *ou* trivial little injury, a mere scratch ◆ **qu'est-ce que c'est que cette pomme/ce cadeau de ~ du tout ?** what on earth can I (*ou* you *etc*) do with this stupid little apple/present?

◆ **rien qui vaille** ◆ **ne faire/n'écrire ~ qui vaille** to do/write nothing useful *ou* worthwhile *ou* of any use ◆ **ça ne me dit ~ qui vaille** *(= je me méfie)* I don't like the look of that, that looks suspicious to me; *(= ça ne me tente pas)* it doesn't appeal to me in the least *ou* slightest

◆ **pour rien** *(= inutilement)* for nothing *(= pour peu d'argent)* for a song, for next to nothing ◆ **ce n'est pas pour ~ que ...** *(= sans cause)* it is not without cause *ou* good reason that ..., it's not for nothing that ... ◆ **on n'a ~ pour ~** everything has its price; → **compter, coup, être**

◆ **rien que** *(= seulement)* ◆ **la vérité, ~ que la vérité** the truth and nothing but the truth ◆ **~ que la chambre coûte déjà très cher** the room alone already costs a great deal ◆ **~ que dans cet immeuble, il y a eu six cambriolages** in this apartment building alone there have been six burglaries ◆ **~ qu'à le voir, j'ai deviné** I guessed by just looking at him ◆ **je voudrais vous voir, ~ qu'une minute** could I see you just for a minute? ◆ **je voudrais une pièce ~ que pour moi** I would like a room of my own ◆ **il le fait ~ que pour l'embêter** * he does it just to annoy him ◆ **~ que d'y penser** *, **ça me rend furieux** the very idea of it makes me furious ◆ **c'est à moi, ~ qu'à moi** it's mine and mine alone, it's mine and mine only ◆ **il voulait 100 €, ~ que ça !** *(iro)* he wanted a mere €100 *(iro)*, he just *ou* only wanted €100 *(iro)* ◆ **elle veut être actrice, ~ que ça !** *(iro)* she wants to be an actress, no less!

◆ **rien moins que** ◆ **~ moins que sûr** anything but sure, not at all sure ◆ **un monument ~ moins que colossal** an absolutely huge monument ◆ **il s'agit là de ~ moins qu'un crime** it's nothing less than a crime ◆ **il n'est question de ~ moins que d'abattre deux forêts** it will mean nothing less than chopping down two forests

**f** *autres locutions* **~ à signaler/déclarer** nothing to report/declare ◆ **je vous remercie – de ~** * thank you — you're welcome *ou* don't mention it *ou* not at all ◆ **excusez-moi ! – de ~** * sorry! — no bother * *ou* no trouble (at all) ◆ **une fille de ~** † *(péj)* a worthless girl ◆ **c'est mieux que ~** it's better than nothing ◆ **c'est ça ou ~** it's that or nothing, take it or leave it ◆ **ce que tu fais ou ~ !** you may as well not bother!; → **comme, dire** *etc*

2 - NOM MASCULIN

**a** = néant nothingness

**b** = petite chose sans importance **un ~** a mere nothing ◆ **des ~s** trivia ◆ **un ~ l'effraie, il a peur d'un ~** every little thing *ou* the slightest thing frightens him ◆ **un ~ la fait rire** she laughs at every little thing *ou* at anything at all ◆ **un ~ l'habille** she looks good in anything ◆ **j'ai failli rater le train, il s'en est fallu d'un ~** I came within a hair's breadth of missing the train ◆ **il suffirait d'un ~ pour qu'ils se réconcilient** it would take nothing at all for them to make up

◆ **comme un rien** ◆ **il pourrait te casser le bras comme un ~** * he could break your arm, no trouble ◆ **ces vieilles savates, ça tue l'amour comme un ~ !** those old slippers are a real passion killer!

◆ **pour un rien** ◆ **il pleure pour un ~** he cries at the drop of a hat *ou* at the slightest little thing ◆ **il s'inquiète pour un ~** he worries about the slightest little thing

**c** = petite quantité

◆ **un rien de** a touch *ou* hint of ◆ **mettez-y un ~ de muscade** add a touch *ou* a tiny pinch of nutmeg ◆ **un ~ de vin** a taste of wine ◆ **un ~ de fantaisie** a touch of fantasy ◆ **avec un ~ d'ironie** with a hint *ou* touch of irony ◆ **en un ~ de temps** in no time (at all), in next to no time

**d** péj: désignant une personne **c'est un/une ~ du tout** *(socialement)* he/she is a nobody; *(moralement)* he/she is no good

3 - LOC ADV

**un rien** *(= un peu)* a (tiny) bit, a shade ◆ **c'est un ~ bruyant ici** it's a bit *ou* a shade noisy in here ◆ **un ~ plus grand/petit** a fraction bigger/smaller ◆ **moi pas, dit-elle un ~ insolente** I'm not, she said rather insolently

4 - ADVERBE

†, ‡ = très really, not half * *(Brit)* ◆ **il fait ~ froid ici** it's damned cold ‡ *ou* it isn't half cold * *(Brit)* here ◆ **ils sont ~ snobs** they're really stuck-up *, they aren't half snobs * *(Brit)*

---

**rieur, rieuse** /R(i)jœR, R(i)jøz/ ADJ *[personne]* cheerful, merry; *[expression, yeux]* cheerful, laughing; → **mouette** NM,F ◆ **les ~s se turent** people stopped laughing ◆ **il avait les ~s de son côté** he had people laughing with him rather than at him

**rififi** /Rififi/ NM *(arg Crime)* trouble

**riflard** /RiflaR/ NM *(Tech)* *(= rabot)* jack plane; *(= lime à métaux)* rough file

**rifle** /Rifl/ NM rifle; → **vingt-deux**

**Riga** /Riga/ N Riga

**rigaudon** /Rigodɔ̃, Rigodɔ̃/ NM rigadoon

**rigide** /Riʒid/ ADJ **a** *[armature, tige]* rigid, stiff; *[muscle, col, carton]* stiff ◆ **livre à couverture ~** hardback (book) **b** *[règle, morale, politique, discipline]* strict, rigid; *[caractère]* rigid, inflexible; *[classification, éducation]* strict; *[personne]* rigid

**rigidement** /Riʒidmɑ̃/ ADV *[élever un enfant]* strictly; *[appliquer un règlement]* strictly, rigidly

**rigidifier** /Riʒidifje/ ▸ conjug 7 ◂ VT *(lit)* to make rigid *ou* stiff; *(fig)* to rigidify

**rigidité** /Riʒidite/ NF **a** *[d'armature, tige]* rigidity, rigidness, stiffness; *[de muscle, carton, col]* stiffness ◆ **~ cadavérique** rigor mortis **b** *[de caractère, personne]* rigidity, inflexibility; *[de règle, morale, politique]* strictness, rigidity; *[de classification, éducation]* strictness

**rigodon** /Rigɔdɔ̃/ NM ⇒ **rigaudon**

**rigolade** * /Rigɔlad/ NF **a** *(= rire, amusement)* **il aime la ~** he likes a bit of fun *ou* a laugh * ◆ **on a eu une bonne partie** *ou* **séance de ~** it was *ou* we had a good laugh * *ou* a lot of fun ◆ **quelle ~, quand il est entré !** what a laugh * when he came in! ◆ **le dîner s'est terminé dans la plus franche ~** the dinner ended in uproarious laughter ◆ **il n'y a pas que la ~ dans la vie** having fun isn't the only thing in life ◆ **il prend tout à la ~** he thinks everything's a big joke *ou* laugh *, he makes a joke of everything

**b** *(= plaisanterie)* **ce procès est une (vaste) ~** this trial is a (big) joke *ou* farce ◆ **démonter ça, c'est une** *ou* **de la ~** taking that to pieces is child's play *ou* is a cinch * ◆ **ce qu'il dit là, c'est de la ~** what he says is a lot of *ou* a load of hooey ‡ ◆ **ce régime, c'est de la ~** this diet is a complete con *

**rigolard, e** * /Rigɔlar, ard/ ADJ *[air, personne]* jovial ◆ **c'est un ~** he's always ready for a laugh *, he likes a good laugh *

**rigole** /Rigɔl/ NF *(= canal)* channel; *(= filet d'eau)* rivulet; *(Agr = sillon)* furrow ◆ **la pluie avait creusé des ~s dans le sol** the rain had cut channels *ou* furrows in the earth ◆ **~ d'irrigation** irrigation channel ◆ **~ d'écoulement** drain

**rigoler** * /Rigɔle/ ▸ conjug 1 ◂ VI **a** *(= rire)* to laugh ◆ **quand il l'a su, il a bien rigolé** when he found out, he had a good laugh about it * ◆ **il nous a bien fait ~** he had us all laughing *ou* in stitches * ◆ **tu me fais ~** *(iro)* you make me laugh *(iro)* ◆ **ne me fais pas ~** *(iro)* don't make me laugh ◆ **il n'y a pas de quoi ~ !** that's nothing to laugh about!, what's so funny? ◆ **quand tu verras les dégâts, tu rigoleras moins** you'll be laughing on the other side of your face *ou* you won't be laughing when you see the damage

**b** *(= s'amuser)* to have (a bit of) fun, to have a (bit of a) laugh * ◆ **il aime ~** he likes a bit of fun *ou* a good laugh * ◆ **on a bien rigolé** we had great fun *ou* a good laugh * ◆ **chez eux, on ne doit pas ~ tous les jours !** it can't be much fun in their house!

**c** *(= plaisanter)* to joke ◆ **tu rigoles !** you're kidding! * *ou* joking! ◆ **je ne rigole pas** I'm not joking *ou* kidding * ◆ **le patron est quelqu'un qui ne rigole pas** the boss won't take any nonsense ◆ **il ne faut pas ~ avec ces médicaments** you shouldn't mess about * *ou* fool about * with medicines like these ◆ **il ne faut pas ~ avec ce genre de maladie** an illness like this has to be taken seriously *ou* can't be taken lightly ◆ **j'ai dit ça pour ~** it was only a joke, I only said it in fun *ou* for a laugh *

**rigolo, -ote** * /Rigɔlo, ɔt/ ADJ *[histoire, film]* funny; *[personne]* funny, comical ◆ **il est ~** *(plaisantin)* he's funny, he's a laugh *; *(original)* he's comical *ou* funny ◆ **ce qui lui est arrivé n'est pas ~** what's happened to him is no joke *ou* is not funny ◆ **vous êtes ~, vous, mettez-vous à ma place !** *(iro)* you make me laugh — put yourself in my shoes! ◆ **c'est ~, je n'avais jamais remarqué cela** that's funny *ou* odd, I'd never noticed that ◆ **c'est ~ comme les gens sont égoïstes** *(iro)* it's funny how selfish people can be *(iro)* NM,F *(= comique)* comic, wag; *(péj = fumiste)* fraud, phoney ◆ **c'est un sacré ~** he likes a good laugh *, he's a real comic ◆ **c'est un (petit) ~** *(péj)* he's a (little) fraud NM († ‡ = revolver) gun, rod *(US)*

**rigorisme** /Rigɔrism/ NM rigorism, austerity, rigid moral standards

**rigoriste** /Rigɔrist/ ADJ rigoristic, austere, rigid NMF rigorist, rigid moralist

**rigoureusement** /Riguʀøzmɑ̃/ ADV **a** *[punir, traiter]* harshly; *[démontrer, raisonner, sélectionner]* rigorously; *[appliquer, classifier]* rigorously, strictly ◆ **respecter ~ les consignes** to observe the regulations strictly **b** *(= absolument) [authentique, vrai]* absolutely, utterly, entirely; *[exact]* rigorously; *[interdit]* strictly; *[impossible]* utterly; *[identique]* absolutely ◆ **ça ne changera ~ rien** that'll change absolutely nothing

**rigoureux, -euse** /Riguʀø, øz/ ADJ **a** *(= sévère) [discipline, punition]* harsh, severe; *[mesures]* tough, drastic, harsh; *[maître, moraliste]* strict; *[sélection, gestion, suivi]* rigorous; *[climat]* harsh ◆ **hiver ~** hard *ou* harsh winter ◆ **avoir l'esprit ~** to have a rigorous mind ◆ **de façon rigoureuse** rigorously **b** *(= exact) [méthode, raisonnement, style, examen]* rigorous; *[classification, définition]* strict **c** *(= absolu) [interdiction, sens d'un mot]* strict ◆ **l'application rigoureuse de la loi** the strict enforcement of the law ◆ **ce n'est pas une règle rigoureuse** it's not a hard-and-fast rule

**rigueur** /RigœR/ NF **a** *(= sévérité) [de condamnation, discipline]* harshness, severity; *[de mesures]* harshness, severity; *[de climat, hiver]* harshness ◆ **punir qn avec toute la ~ de la loi** to punish sb with the maximum severity the law allows ◆ **faire preuve de ~ à l'égard de qn** to be strict with sb, to be hard on sb ◆ **traiter qn avec la plus grande ~** to treat sb with the utmost harshness *ou* severity ◆ **les ~s de l'hiver** *(littér)* the rigours of winter; → **arrêt, délai**

**b** *(= austérité) [de morale]* rigidness, strictness; *[de personne]* sternness, strictness ◆ **la politique de ~ du gouvernement** the government's austerity measures ◆ **la ~ économique** economic austerity

**c** *(= précision) [de pensée, raisonnement, style]* rigour; *[de calcul]* precision, exactness; *[de classification, définition]* strictness ◆ **manquer de ~** to lack rigour

**d** *(loc)* **tenir ~ à qn** to hold it against sb ◆ **il lui a tenu ~ de n'être pas venu** he held it against him that he didn't come ◆ **je ne vous en tiens pas ~** I don't hold it against you ◆ **en toute ~** strictly speaking

◆ **à la rigueur** ◆ **à la ~** at a pinch, if need be ◆ **on peut à l'extrême ~ remplacer le curry par du poivre** at a pinch *ou* if you really have to you can use pepper instead of curry powder ◆ **un délit, à la ~, mais un crime non : le mot est trop fort** a minor offence possibly *ou* perhaps, but not a crime - that's too strong a word ◆ **il pourrait à la ~ avoir gagné la côte, mais j'en doute** there is a faint possibility that he made it *ou* he may just possibly have made it back to the shore but I doubt it

◆ **de rigueur** ◆ **il est de ~ d'envoyer un petit mot de remerciement** it is the done thing to send a note of thanks ◆ **la tenue de ~ est ...** the dress to be worn is ..., the accepted dress *ou* attire *(frm)* is ... ◆ **"tenue de soirée de rigueur"** "evening dress", "dress: formal"

**rikiki** * /Rikiki/ ADJ INV → **riquiqui**

**rillettes** /Rijɛt/ NFPL rillettes *(type of potted meat or fish)* ◆ **~ pur porc** 100% pork rillettes

**rillons** /Rijɔ̃/ NMPL *pork cooked in fat and served cold*

**rimailler** † /Rimɑje/ ▸ conjug 1 ◂ VI *(péj)* to write doggerel, to versify

**rimailleur, -euse** † /ʀimɑjœʀ, øz/ NM,F *(péj)* would-be poet, rhymester, poetaster †

**rimaye** /ʀimaj/ NF bergschrund

**rime** /ʀim/ NF rhyme ◆ ~ **masculine/féminine** masculine/feminine rhyme ◆ ~ **pauvre/riche** poor/rich rhyme ◆ ~**s croisées** *ou* **alternées** alternate rhymes ◆ ~**s plates** *ou* **suivies** rhyming couplets ◆ ~**s embrassées** abba rhyme scheme ◆ ~**s tiercées** terza rima ◆ ~ **pour l'œil/l'oreille** rhyme for the eye/the ear ◆ **faire qch sans ~ ni raison** to do sth without either rhyme or reason ◆ **cela n'a ni ~ ni raison** there's neither rhyme nor reason to it

**rimer** /ʀime/ ▸ conjug 1 ◂ VI a *[mot]* to rhyme (*avec* with); ◆ **cela ne rime à rien** *(fig)* it doesn't make sense, there's no sense *ou* point in it ◆ **à quoi cela rime-t-il ?** what's the point of it? *ou* sense in it? ◆ **économie ne rime pas toujours avec profit** saving doesn't necessarily go together with profit, saving and profit don't necessarily go hand in hand b *[poète]* to write verse *ou* poetry VT to put into verse ◆ **poésie rimée** rhyming poetry *ou* verse

**rimeur, -euse** /ʀimœʀ, øz/ NM,F *(péj)* rhymester, would-be poet, poetaster †

**rimmel** ® /ʀimɛl/ NM mascara

**rinçage** /ʀɛ̃saʒ/ NM a *(= fait de passer à l'eau)* rinsing out *ou* through; *(pour enlever le savon)* rinsing; *(= opération)* rinse ◆ **cette machine à laver fait 3 ~s** this washing machine does 3 rinses ◆ **ajouter du vinaigre dans la dernière eau de ~** add some vinegar in the final rinse b *(pour cheveux)* (colour *(Brit) ou* color *(US)*) rinse ◆ **elle s'est fait faire un ~** she had a colour rinse

**rinceau** (pl **rinceaux**) /ʀɛ̃so/ NM *(Archit)* foliage *(NonC)*, foliation *(NonC)*

**rince-bouteille(s)** (pl **rince-bouteilles**) /ʀɛ̃sbutɛj/ NM *(= machine)* bottle-washing machine; *(= brosse)* bottlebrush

**rince-doigts** /ʀɛ̃sdwa/ NM INV *(= bol)* finger-bowl; *(en papier)* finger wipe

**rincée** * /ʀɛ̃se/ NF *(= averse)* downpour; *(= défaite, volée)* thrashing *, licking *

**rincer** /ʀɛ̃se/ ▸ conjug 3 ◂ VT a *[+ bouteille, verre]* to rinse (out); *(pour enlever le savon)* to rinse ◆ **rince l'assiette** give the plate a rinse, rinse the plate b (‡ *= offrir à boire)* **c'est lui qui rince** the drinks are on him c ◆ **se faire ~** * *(par la pluie)* to get drenched *ou* soaked; *(au jeu)* to get cleaned out * ◆ **il est rincé** * he's lost everything VPR **se rincer** *(= laver)* **se ~ la bouche** to rinse out one's mouth ◆ **se ~ les mains/les cheveux** to rinse one's hands/one's hair ◆ **se ~ l'œil** ‡ to get an eyeful * ◆ **se ~ le gosier** *ou* **la dalle** ‡ to wet one's whistle *

**rincette** * /ʀɛ̃sɛt/ NF nip of brandy *etc*, little drop of wine (*ou* brandy *etc*)

**rinçure** /ʀɛ̃syʀ/ NF *(= eau de lavage)* rinsing water; *(péj = mauvais vin)* plonk * *(Brit)*, cheap wine

**ring** /ʀiŋ/ NM (boxing) ring ◆ **les champions du ~** boxing champions ◆ **monter sur le ~** *(pour un match)* to go into the ring; *(= faire carrière)* to take up boxing

**ringard, e** * /ʀɛ̃gaʀ, aʀd/ ADJ *[personne]* square *; *[vêtement]* dowdy, naff * *(Brit)*; *[film, roman, chanson, décor]* tacky *, naff * *(Brit)* NM,F *(= dépassé)* square *; *(= médiocre)* loser *

**ringardise** * /ʀɛ̃gaʀdiz/ NF *[de vêtement]* dowdiness ◆ **ses films/chansons sont d'une ~ !** his films/songs are incredibly tacky! *

**ringardiser** * /ʀɛ̃gaʀdize/ ▸ conjug 1 ◂ VT ◆ ~ **un parti/une idéologie** to make a party/an ideology look old hat ◆ **il ne veut pas se laisser ~** he doesn't want to appear out of step with the times

**RIP** /ʀip/ NM (abrév de **relevé d'identité postal**) → **relevé**

**ripaille** † * /ʀipɑj/ NF *(= festin)* feast ◆ **faire ~** to have a feast, to have a good blow-out * *(Brit)*

**ripailler** † * /ʀipɑje/ ▸ conjug 1 ◂ VI *(= festoyer)* to feast, to have a good blow-out * *(Brit)*

**ripailleur, -euse** † * /ʀipɑjœʀ, øz/ ADJ revelling NM,F reveller

**ripaton** ‡ /ʀipatɔ̃/ NM *(= pied)* foot

**riper** /ʀipe/ ▸ conjug 1 ◂ VI a *(= déraper)* to slip b ( * *= s'en aller)* to take off VT a *(Tech = gratter)* to scrape b ◆ **(faire)** ~ *(= déplacer) [+ meuble, pierre, véhicule]* to slide along

**ripoliner** /ʀipɔline/ ▸ conjug 1 ◂ VT to paint with gloss paint ◆ **murs ripolinés de vert** walls painted in green gloss

**riposte** /ʀipɔst/ NF *(= réponse)* retort, riposte; *(= contre-attaque)* counterattack, reprisal; *(Escrime)* riposte ◆ **en ~ à** in reply to ◆ **notre ~ sera impitoyable** we will retaliate mercilessly ◆ **il est prompt à la ~** he always has a ready answer *ou* a quick retort ◆ **la ~ ne s'est pas fait attendre** the reaction was not long in coming

**riposter** /ʀipɔste/ ▸ conjug 1 ◂ VI a *(= répondre)* to answer back, to riposte, to retaliate ◆ ~ **à une insulte** to reply to an insult ◆ **il riposta (à cela) par une insulte** he answered back *ou* retorted with an insult, he flung back an insult ◆ ~ **à une accusation par une insulte** to counter an accusation with an insult b *(= contre-attaquer)* to counterattack, to retaliate ◆ ~ **à coups de grenades** to retaliate by throwing grenades ◆ ~ **à une attaque** to counter an attack c *(Escrime)* to riposte VT ◆ ~ **que** to retort *ou* riposte *ou* answer back that

**ripou** ‡ (pl **ripous, ripoux**) /ʀipu/ ADJ crooked NM *(gén)* crook; *(= policier)* crooked cop *, bent copper ‡ *(Brit)*

**riquiqui** * /ʀikiki/ ADJ INV tiny ◆ **ça fait un peu ~** *[portion]* it's a bit stingy *; *[manteau]* it's much too small

**rire** /ʀiʀ/ ▸ conjug 36 ◂ VI a *(gén)* to laugh ◆ ~ **aux éclats** *ou* **à gorge déployée** to roar with laughter, to laugh one's head off ◆ ~ **aux larmes** to laugh until one cries ◆ ~ **franchement** *ou* **de bon cœur** to laugh heartily ◆ ~ **bruyamment** to guffaw, to roar with laughter ◆ ~ **comme un bossu** *ou* **comme une baleine** *(péj)* to laugh o.s. silly, to be doubled up with laughter, to split one's sides (laughing) ◆ **c'est à mourir** *ou* **crever * de ~** it's hilarious, it's awfully funny ◆ **la plaisanterie fit ~** the joke raised a laugh *ou* made everyone laugh ◆ **ça ne me fait pas ~** I don't find it funny, I'm not amused, it doesn't make me laugh ◆ **nous avons bien ri (de notre mésaventure)** we had a good laugh * (over our mishap) ◆ **ça m'a bien fait ~** it really made me laugh, it had me in fits * ◆ **on va ~ : il va essayer de sauter** we're in for a laugh * — he's going to try and jump ◆ **il vaut mieux en ~ qu'en pleurer** it's better to look on the bright side ◆ **il a pris les choses en riant** *(avec bonne humeur)* he saw the funny side of it; *(à la légère)* he laughed it off ◆ **il n'y a pas de quoi ~** there's nothing to laugh about, it's no laughing matter ◆ **rira bien qui rira le dernier** *(Prov)* he who laughs last laughs longest *(Brit) ou* best *(US) (Prov)*

b *(littér) [yeux]* to sparkle *ou* shine with happiness *ou* laughter; *[visage]* to shine with happiness

c *(= s'amuser)* to have fun, to have a laugh * ◆ **il ne pense qu'à ~** he only thinks of having fun ◆ **il passe son temps à ~ avec ses camarades** he spends his time fooling around *ou* playing about *ou* larking about *(Brit)* with his friends ◆ ~ **aux dépens de qn** to laugh *ou* have a laugh at sb's expense ◆ **c'est un homme qui aime bien ~** he is a man who likes a bit of fun *ou* a good laugh * ◆ **c'est maintenant qu'on va ~ !** this is where the fun starts!; → **histoire**

d *(= plaisanter)* to be joking ◆ **vous voulez ~ !** you're joking!, you must be joking! *ou* kidding! * ◆ **et je ne ris pas** and I'm not joking ◆ **il a dit cela pour ~** he was only joking, he said it in fun ◆ **il a fait cela pour ~** he did it for a joke *ou* laugh * ◆ **c'était une bagarre pour ~** it was only a pretend fight, it wasn't a real fight; → **mot**

e *(loc)* ~ **dans sa barbe** *ou* **tout bas** to laugh to o.s., to chuckle (away) to o.s. ◆ ~ **sous cape** to laugh up one's sleeve, to have a quiet laugh ◆ ~ **au nez** *ou* **à la barbe de qn** to laugh in sb's face ◆ ~ **du bout des dents** *ou* **des lèvres** to force o.s. to laugh, to laugh politely ◆ **il faisait semblant de trouver ça drôle, mais en fait il riait jaune** he pretended he found it funny but in fact he had to force himself to laugh ◆ **quand il apprendra la nouvelle, il rira jaune** when he hears the news he won't find it funny *ou* he'll be laughing on the other side of his face *(Brit)* ◆ **vous me faites ~ !, laissez-moi ~ !** *(iro)* don't make me laugh!, you make me laugh! *(iro)* ◆ **sans ~, c'est vrai ?** joking apart *ou* aside, is it true?, seriously, is it true? ◆ **elle l'a quitté – oh ! sans ~ ?** she has left him — really? *ou* you're joking? *(iro)*

VT INDIR **rire de** *(= se moquer de) [+ personne, défaut, crainte]* to laugh at, to scoff at ◆ **il fait ~ de lui** people laugh at him *ou* make fun of him, he's a laughing stock

VPR **se rire** ◆ **se ~ de** *(= se jouer de) [+ difficultés, épreuve]* to make light of, to take in one's stride; *(= se moquer de) [+ menaces, recommandations]* to laugh at; *[+ personne]* to laugh at, to scoff at

NM *(= façon de rire)* laugh; *(= éclat de rire)* laughter *(NonC)*, laugh ◆ ~**s** laughter ◆ **le ~** laughter ◆ **le ~ est le propre de l'homme** *(Prov)* laughter is unique to man ◆ **un gros ~** a loud laugh, a guffaw ◆ **un ~ homérique** a hearty *ou* booming laugh ◆ **un petit ~ bête** a stupid giggle *ou* titter ◆ **un ~ moqueur** a mocking *ou* scornful laugh ◆ ~**s préenregistrés** *ou* **en boîte** * *(Radio, TV)* canned laughter ◆ **il y eut des ~s dans la salle quand ...** there was laughter in the audience when ... ◆ **elle a un ~ bête** she has a silly *ou* stupid laugh ◆ **elle eut un petit ~ méchant** she gave a wicked little laugh, she laughed wickedly ◆ **il eut un petit ~ de satisfaction** he gave a little chuckle of satisfaction, he chuckled with satisfaction ◆ **les ~s l'obligèrent à se taire** the laughter forced him to stop speaking, he was laughed down; → **éclater, fou**

**ris**[1] /ʀi/ NM a *(Culin)* ~ **de veau** calf's sweetbread; *(sur un menu)* calves' sweetbreads b *(Naut)* reef

**ris**[2] /ʀi/ NM *(littér = rire)* laugh, laughter *(NonC)*

**RISC** /ɛʀisse/ ADJ (abrév de **Reduced Instruction Set Computing**) *(Ordin)* RISC ◆ **technologie/système ~** RISC technology/system

**risée** /ʀize/ NF a *(= moquerie)* **s'exposer à la ~ générale** to lay o.s. open to ridicule ◆ **être un objet de ~** to be a laughing stock, to be an object of ridicule ◆ **être la ~ de toute l'Europe** to be the laughing stock of Europe b *(Naut)* ~**(s)** light breeze

**risette** /ʀizɛt/ NF *(langage enfantin)* ◆ **faire (une) ~ à qn** to give sb a nice *ou* little smile ◆ **fais ~ (au monsieur)** smile nicely (at the gentleman) ◆ **être obligé de faire des ~s au patron** *(fig)* to have to smile politely to the boss

**risible** /ʀizibl/ ADJ *(= ridicule) [attitude]* laughable, ridiculous, silly; *(= comique) [aventure]* laughable, funny

**risiblement** /ʀizibləmɑ̃/ ADV ridiculously, laughably

**risque** /ʀisk/ GRAMMAIRE ACTIVE 42.3 NM **a** *(gén, Assurances, Jur)* risk ◆ **~ calculé** calculated risk ◆ **entreprise pleine de ~s** high-risk business ◆ **c'est un ~ à courir** it's a risk one has to take *ou* run, one has to take *ou* run the risk ◆ **il y a du ~ à faire cela** there's a risk in doing that, it's taking a risk doing that, it's risky doing *ou* to do that ◆ **le goût du ~** a taste for danger ◆ **ce qui paie, c'est le ~** it pays off to take risks, taking risks pays off ◆ **on n'a rien sans ~** you don't get anywhere without taking risks nothing ventured, nothing gained *(Prov)* ◆ **il y a (un) ~ d'émeute/d'épidémie** there's a risk of an uprising/an epidemic ◆ **à cause du ~ d'incendie** because of the fire risk *ou* the risk of fire ◆ **cela constitue un ~ pour la santé** that is a health hazard *ou* a health risk ◆ **~ de change** *(Fin)* exchange risk *ou* exposure ◆ **prendre des ~s** to take risks ◆ **ne prendre aucun ~** *(fig)* to play (it) safe, to take no risks ◆ **prise de ~(s)** risk-taking; → **assurance**

**b** *(loc)* **le ~ zéro n'existe pas** there's no such thing as zero risk ◆ **ce sont les ~s du métier** *(hum)* that's an occupational hazard *(hum)* ◆ **il n'y a pas de ~ qu'il refuse** there's no risk *ou* chance of his refusing ◆ **au ~ de le mécontenter/de se tuer/de sa vie** at the risk of displeasing him/of killing himself/of his life ◆ **c'est à tes ~s et périls** you do it at your own risk, on your own head be it!

◆ **à + risque** *(Méd) [groupe]* high-risk; *(Fin) [placement]* risky ◆ **à haut ~** high-risk *(épith)* ◆ **pratique à ~** (high-)risk behaviour *(NonC) (Brit) ou* behavior *(NonC) (US)*

**risqué, e** /ʀiske/ (ptp de **risquer**) ADJ *(= hasardeux)* risky, dicey* *(Brit)*; *(= licencieux)* risqué, daring, off-color *(US)*

**risquer** /ʀiske/ GRAMMAIRE ACTIVE 29.3 ► conjug 1 ◄

VT **a** *(= s'exposer à)* **il risque la mort** he risks being killed ◆ **parler politique, c'est ~ la prison** if you talk about politics you could end up in prison ◆ **il risque la prison à vie** he could get life imprisonment ◆ **il risque le renvoi** he could be sacked ◆ **qu'est-ce qu'on risque ?** *(= quels sont les risques ?)* what are the risks *ou* dangers?; *(= c'est sans danger)* what have we got to lose?, where's *ou* what's the risk? ◆ **bien emballé, ce vase ne risque rien** if it's properly packed the vase will be okay ◆ **ce vieux chapeau ne risque rien** it doesn't matter what happens to this old hat ◆ **ça ne risque pas !** not a chance!

**b** *(= tenter)* to risk ◆ **~ le tout pour le tout** to risk everything ◆ **~ le paquet*** to go for broke* ◆ **risquons le coup** let's chance *ou* risk it ◆ **qui ne risque rien n'a rien** *(Prov)* nothing ventured, nothing gained *(Prov)* ◆ **tu risques gros** you're taking a big risk

**c** *(= mettre en danger) [+ fortune, réputation, vie]* to risk

**d** *(= hasarder)* **je ne risquerais pas un gros mot devant mon grand-père** I wouldn't dare use bad language in front of my grandfather ◆ **~ un œil au dehors** to take a peep *ou* a quick look outside, to poke one's nose outside ◆ **~ un orteil dans l'eau** *(hum)* to venture a toe in the water

**e** *(loc)*

◆ **risquer de** ◆ **tu risques de le perdre** *(éventualité)* you might *ou* could lose it; *(forte possibilité)* you could easily lose it; *(probabilité)* you'll probably lose it ◆ **il risque de pleuvoir** it could *ou* may rain, there's a chance of rain ◆ **le feu risque de s'éteindre** the fire might go out ◆ **avec ces embouteillages, il risque d'être en retard** with these traffic jams, he may *ou* could well be late ◆ **on risque fort d'être en retard** we're very likely to be late ◆ **pourquoi ~ de tout perdre ?** why risk losing everything? ◆ **ça ne risque pas d'arriver !** not a chance!, that's not likely to happen! ◆ **il ne risque pas de gagner** he hasn't got much chance of winning, he isn't likely to win

◆ **risquer que** ◆ **tu risques qu'on te le vole** there's a danger it'll be stolen, it might be stolen

VPR **se risquer** ◆ **se ~ dans une grotte/sur une corniche** to venture inside a cave/onto a ledge ◆ **se ~ à faire qch** to venture *ou* dare to do sth ◆ **à ta place, je ne m'y risquerais pas** if I were you, I wouldn't risk it ◆ **je vais me ~ à faire un soufflé** I'm going to try my hand *ou* have a go at making a soufflé

> ⚠ **risquer de** *se traduit rarement par* **to risk** *; les tournures avec des auxiliaires modaux sont plus courantes en anglais.*

**risque-tout** /ʀiskətu/ NMF INV daredevil ◆ **elle est ~, c'est une ~** she's a daredevil

**rissole** /ʀisɔl/ NF rissole

**rissoler** /ʀisɔle/ ► conjug 1 ◄ VT *(Culin)* ◆ **(faire) ~** to brown ◆ **pommes rissolées** fried potatoes
VI *(Culin)* to brown

**ristourne** /ʀistuʀn/ NF *(sur achat)* discount; *(sur cotisation)* rebate; *(= commission)* commission ◆ **faire une ~ à qn** to give sb a discount ◆ **je lui ai demandé 10% de ~** I asked him for a 10% discount

**ristourner** /ʀistuʀne/ ► conjug 1 ◄ VT **a** *(= accorder une réduction de)* to give a discount of; *(= rembourser un trop-perçu de)* to refund the difference of; *(= donner une commission de)* to give a commission of ◆ **ils m'ont ristourné 80 €** they gave me 80 euros back ◆ **une partie de la taxe est ristournée au pays exportateur** part of the tax is refunded to the exporting country **b** *(Jur, Naut) [+ police d'assurance]* to cancel

**ristrette** /ʀistʀɛt/, **ristretto** /ʀistʀɛto/ NM *(Helv)* espresso

**rital**** /ʀital/ NM *(injurieux = Italien)* wop** *(injurieux)*, Eyetie** *(injurieux)*

**rite** /ʀit/ NM *(gén, Rel)* rite; *(fig = habitude)* ritual ◆ **~s sociaux** social rituals ◆ **~s d'initiation** *ou* **initiatiques** initiation rites ◆ **~ de passage** rite of passage

**ritournelle** /ʀituʀnɛl/ NF *(Mus)* ritornello ◆ **c'est toujours la même ~** *(fig)* it's always the same (old) story

**ritualiser** /ʀitɥalize/ ► conjug 1 ◄ VT to ritualize

**ritualisme** /ʀitɥalism/ NM ritualism

**ritualiste** /ʀitɥalist/ ADJ ritualistic NMF ritualist

**rituel, -elle** /ʀitɥɛl/ ADJ ritual NM ritual ◆ **le ~ du départ était toujours le même** the ritual was always the same when we left

**rituellement** /ʀitɥɛlmɑ̃/ ADV *(= religieusement)* religiously, ritually; *(hum = invariablement)* invariably, unfailingly

**rivage** /ʀivaʒ/ NM shore

**rival, e** (mpl **-aux**) /ʀival, o/ ADJ, NM,F rival ◆ **sans ~** unrivalled

**rivaliser** /ʀivalize/ GRAMMAIRE ACTIVE 32.2, 32.3 ► conjug 1 ◄ VI ◆ **~ avec** *[personne]* to rival, to compete with, to vie with; *[chose]* to hold its own against, to compare with ◆ **~ de générosité/de bons mots avec qn** to vie with sb *ou* try to outdo sb in generosity/wit, to rival sb in generosity/wit ◆ **il essaie de ~ avec moi** he's trying to emulate me *ou* to vie with me ◆ **ses tableaux rivalisent avec les plus grands chefs-d'œuvre** his paintings rival the greatest masterpieces *ou* can hold their own against the greatest masterpieces

**rivalité** /ʀivalite/ NF rivalry ◆ **~s internes** *(gén)* internal rivalries; *(Pol)* internecine strife *ou* rivalries ◆ **~s de personnes** rivalry between people

**rive** /ʀiv/ NF **a** *[de mer, lac]* shore; *[de rivière]* bank ◆ **la ~ gauche/droite de la Tamise** the north/south bank of the Thames ◆ **la ~ gauche/droite (de la Seine)** the left/right bank (of the Seine) **b** *(Tech) [de four]* lip ◆ **planche de ~** *[de toit]* eaves fascia

> **Rive gauche, rive droite**
>
> The terms **rive gauche** and **rive droite** are social and cultural notions as well as geographical ones. The Left Bank of the Seine (ie, the southern half of Paris) is traditionally associated with the arts (especially literature), with students and with a somewhat Bohemian lifestyle. The Right Bank is generally viewed as being more traditionalist, commercially-minded and conformist.

**rivé, e** /ʀive/ (ptp de **river**) ADJ ◆ **~ à** *[+ bureau, travail]* tethered *ou* tied to; *[+ chaise]* glued *ou* riveted to ◆ **les yeux ~s sur moi/la tache de sang** (with) his eyes riveted on me/the bloodstain ◆ **rester ~ sur place** to be *ou* stand riveted *ou* rooted to the spot ◆ **~ à la télé*** glued to the TV*

**river** /ʀive/ ► conjug 1 ◄ VT **a** *(Tech) [+ clou]* to clinch; *[+ plaques]* to rivet together ◆ **~ son clou à qn*** *(fig)* to shut sb up* **b** *(littér = fixer)* **~ qch au mur/sol** to nail sth to the wall/floor ◆ **il la rivait au sol** he pinned her to the ground ◆ **la haine/le sentiment qui les rivait ensemble** *ou* **l'un à l'autre** the hatred/the emotional bond which held them to each other

**riverain, e** /ʀiv(ə)ʀɛ̃, ɛn/ NM,F resident ◆ **les ~s se plaignent du bruit des voitures** the residents complain about traffic noise ◆ **"interdit sauf aux riverains"** "no entry except for access", "residents only" ADJ *(d'un lac)* lakeside; *(d'une rivière)* riverside, riparian *(SPÉC)* ◆ **les propriétés ~es** *(d'une route)* the houses along the road ◆ **les propriétés ~es de la Seine** the houses along the banks of the Seine

**rivet** /ʀivɛ/ NM rivet

**rivetage** /ʀiv(ə)taʒ/ NM riveting

**riveter** /ʀiv(ə)te/ ► conjug 4 ◄ VT to rivet (together)

**riveteuse** /ʀiv(ə)tøz/, **riveuse** /ʀivøz/ NF riveting machine

**rivière** /ʀivjɛʀ/ NF *(lit, fig)* river; *(Équitation)* water jump ◆ **~ de diamants** diamond rivière; → **petit**

**rixe** /ʀiks/ NF brawl, fight, scuffle

**Riyad** /ʀijad/ N Riyadh

**riyal** /ʀijal/ NM riyal

**riz** /ʀi/ NM rice ◆ **~ Caroline** *ou* **à grains longs** long-grain rice ◆ **~ à grains ronds** round-grain rice ◆ **~ basmati** basmati rice ◆ **~ brun** *ou* **complet** brown rice ◆ **~ cantonais** fried rice ◆ **~ créole** creole rice ◆ **~ gluant** sticky rice ◆ **~ au lait** rice pudding ◆ **~ pilaf**

pilaf(f) *ou* pilau rice ◆ ~ **sauvage** wild rice; → **gâteau, paille**

**rizerie** /ʀizʀi/ **NF** rice-processing factory

**riziculture** /ʀizikyltyʀ/ **NF** rice-growing

**rizière** /ʀizjɛʀ/ **NF** paddy-field, ricefield

**RM** /ɛʀɛm/ **NM** (abrév de **règlement mensuel**) → **règlement**

**RMI** /ɛʀɛmi/ **NM** (abrév de **revenu minimum d'insertion**) → **revenu**

**rmiste, Rmiste** /ɛʀɛmist/ **NMF** *person receiving welfare payment,* ≃ person on income support *(Brit)*, person on welfare *(US)*

**RMN** /ɛʀɛmɛn/ **NF** (abrév de **résonance magnétique nucléaire**) NMR

**RN** /ɛʀɛn/ **NF** (abrév de **route nationale**) → **route** **NM** (abrév de **revenu national**) → **revenu**

**RNIS** /ɛʀɛnis/ **NM** (abrév de **Réseau Numérique à Intégration de Service**) ISDN

**robe** /ʀɔb/ **NF** **a** *[de femme, fillette]* dress ◆ ~ **courte/décolletée/d'été** short/low-necked/summer dress

**b** *[de magistrat, prélat]* robe; *[de professeur]* gown ◆ **la** ~ *(Hist Jur)* the legal profession; → **gens¹, homme, noblesse**

**c** *(= pelage) [de cheval, fauve]* coat

**d** *(= peau) [d'oignon]* skin; *[de fève]* husk

**e** *[de cigare]* wrapper, outer leaf

**f** *(= couleur) [de vin]* colour *(Brit)*, color *(US)*

**COMP** ▷ **robe bain de soleil** sundress ▷ **robe de bal** ball gown *ou* dress ▷ **robe de baptême** christening *ou* baptism robe ▷ **robe bustier** off-the-shoulder dress ▷ **robe de chambre** dressing gown ◆ **pommes de terre en** ~ **de chambre** *ou* **des champs** *(Culin)* baked *ou* jacket *(Brit)* potatoes, potatoes in their jackets ▷ **robe chasuble** pinafore dress ▷ **robe chaussette** ⇒ **robe tube** ▷ **robe chemisier** shirtwaister (dress) *(Brit)*, shirtwaist (dress) *(US)* ▷ **robe de cocktail** cocktail dress ▷ **robe de communion** *ou* **de communiant(e)** first communion dress ▷ **robe de grossesse** maternity dress ▷ **robe d'hôtesse** hostess gown ▷ **robe d'intérieur** housecoat ▷ **robe kimono** kimono (dress) ▷ **robe de mariée** wedding dress *ou* gown ▷ **robe du soir** evening dress *ou* gown ▷ **robe tube** tube ▷ **robe tunique** smock

**robe-manteau** (pl **robes-manteaux**) /ʀɔbmɑ̃to/ **NF** coat dress

**roberts** ✻ /ʀɔbɛʀ/ **NMPL** *(= seins)* tits ✻, boobs ✻

**robe-sac** (pl **robes-sacs**) /ʀɔbsak/ **NF** sack dress

**robe-tablier** (pl **robes-tabliers**) /ʀɔbtablije/ **NF** overall

**Robin** /ʀɔbɛ̃/ **NM** Robin ◆ ~ **des Bois** Robin Hood ◆ **c'est le** ~ **des Bois de la politique française** *(hum = justicier)* he's the Robin Hood of French politics

**robinet** /ʀɔbinɛ/ **NM** **a** *[d'évier, baignoire, tonneau]* tap *(Brit)*, faucet *(US)* ◆ ~ **d'eau chaude/froide** hot/cold (water) tap *(Brit) ou* faucet *(US)* ◆ ~ **mélangeur,** ~ **mitigeur** mixer tap *(Brit) ou* faucet *(US)* ◆ ~ **du gaz** gas tap ◆ ~ **d'arrêt** stopcock; → **problème** **b** *(*, langage enfantin = pénis)* willy * *(Brit)*, peter * *(US)*

**robinetterie** /ʀɔbinɛtʀi/ **NF** *(= installations)* taps *(Brit)*, faucets *(US)*, plumbing *(NonC)*; *(= usine)* tap *(Brit) ou* faucet *(US)* factory; *(= commerce)* tap *(Brit) ou* faucet *(US)* trade

**robinier** /ʀɔbinje/ **NM** locust tree, false acacia

**Robinson Crusoé** /ʀɔbɛ̃sɔ̃kʀyzɔe/ **NM** Robinson Crusoe

**roboratif, -ive** /ʀɔbɔʀatif, iv/ **ADJ** *(littér) [climat]* bracing; *[activité]* invigorating; *[liqueur, vin]* tonic, stimulating

**robot** /ʀɔbo/ **NM** *(lit, fig)* robot ◆ ~ **ménager** *ou* **de cuisine** food processor

**roboticien, -ienne** /ʀɔbɔtisjɛ̃, jɛn/ **NM,F** robotics specialist

**robotique** /ʀɔbɔtik/ **NF** robotics *(sg)*

**robotisation** /ʀɔbɔtizasjɔ̃/ **NF** *[d'atelier, usine]* automation ◆ **il redoute la** ~ **de l'humanité** he fears that human beings are being turned into robots

**robotiser** /ʀɔbɔtize/ ▸ conjug 1 ◂ **VT** *[+ atelier, usine]* to automate ◆ **des gens complètement robotisés** people who have been turned into robots

**robre** /ʀɔbʀ/ **NM** *(Bridge)* rubber

**robusta** /ʀɔbysta/ **NM** *(= café)* robusta

**robuste** /ʀɔbyst/ **ADJ** *(= fort et résistant)* strong; *(= d'apparence)* solidly-built ◆ **de** ~ **constitution** of strong *ou* robust constitution ◆ **d'une santé** ~ in excellent health

**robustement** /ʀɔbystəmɑ̃/ **ADV** robustly

**robustesse** /ʀɔbystɛs/ **NF** strength; *[de voiture, bateau]* sturdiness ◆ **ils sont confiants dans la** ~ **de la croissance** they are confident that growth is strong

**roc¹** /ʀɔk/ **NM** *(lit, fig)* rock; → **bâtir, dur**

**roc²** /ʀɔk/ **NM** *(Myth)* ◆ **(oiseau)** ~ roc

**rocade** /ʀɔkad/ **NF** *(= route)* bypass; *(Mil)* communications line

**rocaille** /ʀɔkɑj/ **NF** **a** *(= cailloux)* loose stones; *(= terrain)* rocky *ou* stony ground **b** *(= jardin)* rockery, rock garden ◆ **plantes de** ~ rock plants **c** *(Constr)* **grotte/fontaine en** ~ grotto/fountain in rockwork **ADJ** *[objet, style]* rocaille

**rocailleux, -euse** /ʀɔkɑjø, øz/ **ADJ** *[terrain]* rocky, stony; *[style]* rugged; *[son, voix]* harsh, grating

**rocambole** /ʀɔkɑ̃bɔl/ **NF** rocambole

**rocambolesque** /ʀɔkɑ̃bɔlɛsk/ **ADJ** *[aventures, péripéties]* fantastic, incredible

**rochassier, -ière** /ʀɔʃasje, jɛʀ/ **NM,F** rock climber

**roche** /ʀɔʃ/ **NF** *(gén)* rock ◆ ~**s sédimentaires/volcaniques** sedimentary/volcanic rock(s) ◆ ~ **lunaire** moon rock ◆ ~ **mère** parent rock ◆ **la** ~ **Tarpéienne** the Tarpeian Rock ◆ **fond de** ~ *(Naut)* rock bottom; → **anguille, coq¹, cristal**

**rocher** /ʀɔʃe/ **NM** **a** *(= bloc)* rock; *(gros, lisse)* boulder; *(= substance)* rock ◆ **le** ~ **de Sisyphe** the rock of Sisyphus ◆ **le** ~ **de Gibraltar, le Rocher** the Rock (of Gibraltar) ◆ **faire du** ~ *(Alpinisme)* to go rock-climbing **b** *(Anat)* petrosal bone **c** *(en chocolat)* chocolate

**rochet** /ʀɔʃɛ/ **NM** **a** *(Rel)* ratchet **b** *(Tech)* **roue à** ~ ratchet wheel

**rocheux, -euse** /ʀɔʃø, øz/ **ADJ** rocky ◆ **paroi rocheuse** rock face **NFPL** **Rocheuses** ◆ **les (montagnes) Rocheuses** the Rocky Mountains, the Rockies

**rock¹** /ʀɔk/ **NM** *(Myth)* ⇒ **roc²**

**rock²** /ʀɔk/ *(Mus)* **ADJ** rock **NM** *(= musique)* rock; *(= danse)* jive, rock 'n' roll ◆ **le** ~ **punk/alternatif** punk/alternative rock ◆ **danser le** ~ to rock, to jive ◆ ~ **and roll,** ~ **'n' roll** rock 'n' roll ◆ ~ **acrobatique** acrobatic dancing

**rocker** /ʀɔkœʀ/ **NM** ⇒ **rockeur**

**rockeur, -euse** /ʀɔkœʀ, øz/ **NM,F** *(= chanteur)* rock singer; *(= musicien)* rock musician; *(= fan)* rock fan, rocker

**rocking-chair** (pl **rocking-chairs**) /ʀɔkiŋ(t)ʃɛʀ/ **NM** rocking chair

**rococo** /ʀɔkɔko/ **NM** *(Art)* rococo **ADJ INV** *(Art)* rococo; *(péj)* old-fashioned, outdated

**rodage** /ʀɔdaʒ/ **NM** **a** *[de véhicule, moteur]* running in *(Brit)*, breaking in *(US)* ◆ **"en rodage"** "running in" *(Brit)*, "breaking in" *(US)* ◆ **pendant le** ~ during the running-in *(Brit) ou* breaking-in *(US)* period ◆ **la voiture était en** ~ the car was being run in *(Brit) ou* broken in *(US)* **b** *(Aut) [de soupape]* grinding **c** *(= mise au point)* **on a dû prévoir une période de** ~ we had to allow some time to get up to speed ◆ **ce spectacle a demandé un certain** ~ the show took a little while to get over its teething troubles *ou* get into its stride ◆ **le nouveau gouvernement est encore en** ~ the new government is still cutting its teeth

**rodéo** /ʀɔdeo/ **NM** *(= sport)* rodeo; *(= poursuite)* high-speed car chase ◆ ~ **(automobile** *ou* **motorisé),** ~ **de voitures volées** joy riding *(NonC)*

**roder** /ʀɔde/ ▸ conjug 1 ◂ **VT** **a** *[+ véhicule, moteur]* to run in *(Brit)*, to break in *(US)* **b** *(Tech) [+ soupape]* to grind **c** *(= mettre au point)* **il faut** ~ **ce spectacle/ce nouveau service** we have to let this show/this new service get into its stride, we have to give this show/this new service time to get over its teething troubles ◆ **ce spectacle est maintenant bien rodé** the show is really running well *ou* smoothly now, all the initial problems in the show have been ironed out ◆ **il n'est pas encore rodé** *[personne]* he hasn't quite got the hang of it yet; *[organisme]* it hasn't yet got into its stride

**rôder** /ʀode/ ▸ conjug 1 ◂ **VI** *(au hasard)* to roam *ou* wander about; *(de façon suspecte)* to loiter *ou* lurk (about *ou* around); *(= être en maraude)* to prowl about, to be on the prowl ◆ ~ **autour d'un magasin** to hang *ou* lurk around a shop ◆ ~ **autour de qn** to hang around sb

**rôdeur, -euse** /ʀodœʀ, øz/ **NM,F** prowler

**rodomontade** /ʀɔdɔmɔ̃tad/ **NF** *(littér) (= vantardise)* bragging *(NonC)*, boasting *(NonC)*; *(= menace)* sabre rattling *(NonC)*

**Rogations** /ʀɔgasjɔ̃/ **NFPL** *(Rel)* Rogations

**rogatoire** /ʀɔgatwaʀ/ **ADJ** *(Jur)* rogatory; → **commission**

**rogatons** /ʀɔgatɔ̃/ **NMPL** *(péj) (= nourriture)* scraps (of food), left-overs; *(= objets)* pieces of junk; *(= vêtements)* old rags

**rogne** * /ʀɔɲ/ **NF** anger ◆ **être en** ~ to be (really *ou* hopping * *(Brit)*) mad *ou* really ratty * *(Brit)* ◆ **se mettre en** ~ to get (really *ou* hopping * *(Brit)*) mad *ou* really ratty * *(Brit)*, to blow one's top * *(contre* at); ◆ **mettre qn en** ~ to make sb (really *ou* hopping * *(Brit)*) mad *ou* really ratty * *(Brit)*, to make sb lose their temper ◆ **il était dans une telle** ~ **que ...** he was in such a (foul) temper that ..., he was so mad * *ou* ratty * *(Brit)* that ... ◆ **ses** ~**s duraient des jours** his tempers lasted for days

**rogner** /ʀɔɲe/ ▸ conjug 1 ◂ **VT** **a** *(= couper) [+ ongle, page, plaque]* to trim; *[+ griffe]* to clip, to trim; *[+ aile, pièce d'or]* to clip ◆ ~ **les ailes à qn** to clip sb's wings **b** *(= réduire) [+ prix]* to whittle down, to cut down; *[+ salaire]* to cut back *ou* down, to whittle down ◆ ~ **sur** *[+ dépense, prix]* to cut down on, to cut back on; *[+ nourriture, sorties]* to cut down on

**rognon** /ʀɔɲɔ̃/ **NM** **a** *(Culin)* kidney ◆ ~**s blancs** ram's testicles **b** *(Géol)* nodule

**rognures** /ʀɔɲyʀ/ **NFPL** *[de métal]* clippings, trimmings; *[de cuir, papier]* clippings; *[d'ongles]* clippings, parings; *[de viande]* scraps

**rogomme** /ʀɔgɔm/ **NM** ◆ **voix de** ~ hoarse *ou* rasping voice

**rogue** /ʀɔg/ **ADJ** *(= arrogant)* haughty, arrogant

**roi** /ʀwa/ NM **a** *(= souverain, Cartes, Échecs)* king ◆ **le livre des Rois** *(Bible)* (the Book of) Kings ◆ **le jour des Rois** *(gén)* Twelfth Night; *(Rel)* Epiphany ◆ **tirer les ~s** to eat Twelfth Night cake ◆ **le ~ n'est pas son cousin !** he's very full of himself! ◆ **travailler pour le ~ de Prusse** to receive no reward for one's pains; → **bleu, camelot, heureux** *etc*

**b** *(fig)* king ◆ **le ~ des animaux/de la forêt** the king of the beasts/of the forest ◆ **~ du pétrole** oil king ◆ **les ~s de la finance** the kings of finance ◆ **un des ~s de la presse/du textile** one of the press/textile barons *ou* magnates *ou* tycoons ◆ **c'est le ~ des fromages** it's the prince of cheeses ◆ **c'est le ~ de la resquille !** * he's a master *ou* an ace * at getting something for nothing ◆ **tu es vraiment le ~ (des imbéciles) !** * you really are a prize idiot! *, you really take the cake (for sheer stupidity)! * ◆ **c'est le ~ des cons** **he's an utter cretin * *(Brit) ou* a total asshole ** *(US)* ◆ **c'est le ~ des salauds** * he's the world's biggest bastard **

COMP ▷ **les rois fainéants** *(Hist)* *the last Merovingian kings* ▷ **le Roi des Juifs** the King of the Jews ▷ **le Roi des Rois** the King of Kings ▷ **le Roi Très Chrétien** the King of France; → **mage**

> **Les Rois**
>
> At Epiphany, it is traditional for French people to get together and share a « galette des rois », a round, flat pastry filled with almond paste. A small figurine (« la fève ») is baked inside the pastry, and the person who finds it in his or her portion is given a cardboard crown to wear. This tradition is known as « tirer les rois ». In some families, a child goes under the table while the pastry is being shared out and says who should receive each portion.

**roide** /ʀwad/ ADJ, **roideur** /ʀwadœʀ/ NF, **roidir** /ʀwadiʀ/ VT (†† *ou littér*) ⇒ **raide, raideur, raidir**

**roiller** * /ʀɔje/ VB IMPERS *(Helv = pleuvoir)* to rain

**Roi-Soleil** /ʀwasɔlɛj/ NM ◆ **le ~** the Sun King

**roitelet** /ʀwat(ə)lɛ/ NM **a** *(péj = roi)* kinglet, petty king **b** *(= oiseau)* wren ◆ **~ (huppé)** goldcrest

**rôle** /ʀol/ NM **a** *(Théât, fig)* role, part ◆ **jouer un ~** *[personne] (Théât)* to play a part (*dans* in); *(fig)* to put on an act; *[fait, circonstance]* to play a part, to have a role (*dans* in); ◆ **premier ~** lead, leading *ou* major role *ou* part ◆ **avoir le premier ~ dans qch** *(fig)* to play a leading part in sth ◆ **second/petit ~** supporting/minor role *ou* part ◆ **jouer les seconds ~s** *(Ciné)* to play minor parts *ou* supporting roles; *(fig : en politique)* to play second fiddle ◆ **~ muet** non-speaking part ◆ **~ de composition** character part *ou* role ◆ **savoir son ~** to know one's part *ou* lines ◆ **distribuer les ~s** to cast the parts ◆ **je lui ai donné le ~ de Lear** I gave him the role *ou* part of Lear, I cast him as Lear ◆ **il joue bien son ~ de jeune cadre** he's a success in the role of the young executive ◆ **inverser** *ou* **renverser les ~s** to reverse *ou* switch roles ◆ **avoir le beau ~** to show o.s. in a good light, to come off best; → **jeu**

**b** *(= fonction, statut) [de personne]* role; *[d'institution, système]* role, function; *(= contribution)* part; *(= devoir, travail)* job ◆ **il a un ~ important dans l'organisation** he has an important role in the organization ◆ **quel a été son ~ dans cette affaire ?** what was his role in all this? ◆ **ce n'est pas mon ~ de vous sermonner mais ...** it isn't my job *ou* place to lecture you but ... ◆ **en donnant cet avertissement, il est dans son ~** *(= il fait ce qu'il a à faire)* in issuing this warning, he's simply doing his job ◆ **le ~ de la métaphore chez Lawrence** the role *ou* function of metaphor in Lawrence ◆ **la télévision a pour ~ de ...** the role *ou* function of television is to ...

**c** *(= registre, Admin)* roll; *(Jur)* cause list ◆ **~ d'équipage** muster (roll) ◆ **~ des impôts** tax list *ou* roll; → **tour²**

**rôle-titre** (pl **rôles-titres**) /ʀoltitʀ/ NM title role

**roller** /ʀɔlœʀ/ NM roller skate ◆ **~ en ligne** rollerblade, in-line roller skate ◆ **faire du ~** to roller-skate ◆ **faire du ~ en ligne** to rollerblade

**rollmops** /ʀɔlmɔps/ NM rollmop

**Rolls** ® /ʀɔls/ NF *(lit)* Rolls, Rolls Royce ®; *(fig)* Rolls Royce

**ROM** /ʀɔm/ NF (abrév de **Read Only Memory**) *(Ordin)* ROM

**romain, e** /ʀɔmɛ̃, ɛn/ ADJ *(gén)* Roman NM *(Typo)* roman NM,F **Romain(e)** Roman; → **travail¹** NF **romaine** ◆ **(laitue) ~e** cos (lettuce) *(Brit)*, romaine (lettuce) *(US)* ◆ **(balance) ~e** steelyard ◆ **être bon comme la ~e** *(trop bon)* to be too nice for one's own good; *(menacé)* to be in for it *

**romaïque** /ʀɔmaik/ ADJ, NM Romaic, demotic Greek

**roman¹** /ʀɔmɑ̃/ NM **a** *(= livre)* novel; *(fig = récit)* story ◆ **le ~** *(genre)* the novel ◆ **ils ne publient que des ~s** they only publish novels *ou* fiction ◆ **ça n'arrive que dans les ~s** it only happens in novels *ou* fiction *ou* stories ◆ **sa vie est un vrai ~** his life is like something out of a novel ◆ **c'est tout un ~ *** it's a long story, it's a real saga ◆ **Éric et sa mère, c'est un vrai ~** *ou* **tout un ~ !** you could write a book about Eric and his mother! ◆ **ça se lit comme un ~** it reads like a novel; → **eau, nouveau**

**b** *(Littérat = œuvre médiévale)* romance ◆ **~ courtois** courtly romance

COMP ▷ **roman d'amour** *(lit)* love story; *(fig)* love story, (storybook) romance ▷ **roman d'analyse** psychological novel ▷ **roman d'anticipation** futuristic novel, science-fiction novel ▷ **roman d'aventures** adventure story ▷ **roman de cape et d'épée** swashbuckler ▷ **roman de chevalerie** tale of chivalry ▷ **roman à clés** roman à clés ▷ **roman d'épouvante** horror story ▷ **roman d'espionnage** spy thriller *ou* story ▷ **roman familial** *(Psych)* family romance ▷ **roman de gare** airport novel ▷ **roman historique** historical novel ▷ **roman de mœurs** social novel ▷ **roman noir** *(Hist)* Gothic novel; *(policier)* violent thriller ▷ **roman policier** detective novel *ou* story, whodunit * ▷ **roman de science-fiction** science-fiction novel ▷ **roman (de) série noire** thriller

**roman², e** /ʀɔmɑ̃, an/ ADJ *(Ling)* Romance *(épith)*, Romanic; *(Archit)* Romanesque; *(en Grande-Bretagne)* Norman NM *(Ling)* ◆ **le ~ (commun)** late vulgar Latin ◆ **le ~** *(Archit)* the Romanesque

> ⚠ *L'adjectif* **roman** *ne se traduit pas par le mot anglais* **Roman**, *qui a le sens de 'romain'.*

**romance** /ʀɔmɑ̃s/ NF **a** *(= chanson)* sentimental ballad, lovesong ◆ **les ~s napolitaines** the Neapolitan lovesongs; → **pousser** **b** *(Littérat, Mus)* ballad, romance

**romancer** /ʀɔmɑ̃se/ ▸ conjug 3 ◂ VT *(= présenter sous forme de roman)* to make into a novel; *(= agrémenter)* to romanticize ◆ **histoire romancée** fictionalized history; → **biographie**

**romanche** /ʀɔmɑ̃ʃ/ ADJ, NM *(Ling)* Romans(c)h

**romancier** /ʀɔmɑ̃sje/ NM novelist

**romancière** /ʀɔmɑ̃sjɛʀ/ NF (woman) novelist

**romand, e** /ʀɔmɑ̃, ɑ̃d/ ADJ of French-speaking Switzerland ◆ **les Romands** the French-speaking Swiss; → **suisse**

**romanesque** /ʀɔmanɛsk/ ADJ **a** *[amours]* storybook *(épith)*; *[aventures]* storybook *(épith)*; *[histoire, imagination, personne, tempérament]* romantic **b** *(Littérat) [traitement, récit]* novelistic ◆ **la technique ~** the technique(s) of the novel ◆ **œuvres ~s** novels, fiction *(NonC)* NM *[d'imagination, personne]* romantic side ◆ **elle se réfugiait dans le ~** she took refuge in a world of romance

> ⚠ *L'adjectif* **romanesque** *ne se traduit pas par le mot anglais* **Romanesque**, *qui désigne le style 'roman'.*

**roman-feuilleton** (pl **romans-feuilletons**) /ʀɔmɑ̃fœjtɔ̃/ NM serialized novel, serial ◆ **son histoire, c'est un vrai ~** his story is like something out of a soap opera

**roman-fleuve** (pl **romans-fleuves**) /ʀɔmɑ̃flœv/ NM roman fleuve, saga

**romanichel, -elle** ** /ʀɔmaniʃɛl/ NM,F *(souvent injurieux)* gipsy, gyppo ** *(injurieux)*

**romanisant, e** /ʀɔmanizɑ̃, ɑ̃t/ ADJ *(Rel)* romanist; *(Ling)* specializing in Romance languages NM,F *(= linguiste)* romanist, specialist in Romance languages

**romaniser** /ʀɔmanize/ ▸ conjug 1 ◂ VT *(gén)* to romanize

**romaniste** /ʀɔmanist/ NMF *(Jur, Rel)* romanist; *(Ling)* romanist, specialist in Romance languages

**romanité** /ʀɔmanite/ NF *(= civilisation)* Roman civilization; *(= pays)* Roman Empire

**romano** ** /ʀɔmano/ NMF *(injurieux)* gyppo ** *(injurieux)*

**roman-photo** (pl **romans-photos**) /ʀɔmɑ̃fɔto/ NM photo romance, photo love story ◆ **une héroïne de ~** *(hum)* a Mills and Boon *(Brit) ou* Harlequin Romance *(US)* type heroine

**romantique** /ʀɔmɑ̃tik/ ADJ romantic NMF romantic

**romantisme** /ʀɔmɑ̃tism/ NM romanticism ◆ **le ~** *(Art, Littérat)* the Romantic Movement

**romarin** /ʀɔmaʀɛ̃/ NM rosemary

**rombière** * /ʀɔ̃bjɛʀ/ NF *(péj)* ◆ **(vieille) ~** old biddy * *(péj)*

**Rome** /ʀɔm/ N Rome ◆ **la ~ antique** Ancient Rome; → **tout**

**Roméo** /ʀɔmeo/ NM Romeo

**rompre** /ʀɔ̃pʀ/ ▸ conjug 41 ◂ VT **a** *(= faire cesser) [+ fiançailles, pourparlers, relations diplomatiques]* to break off; *[+ enchantement, monotonie, silence]* to break; *[+ solitude, isolement]* to put an end to; *[+ liens, contrat, traité]* to break ◆ **~ l'équilibre** to upset the balance ◆ **l'équilibre écologique est rompu** the ecological balance has been upset *ou* disturbed ◆ **~ le Carême** to break Lent *ou* the Lenten fast ◆ **~ le charme** *(littér)* to break the spell

**b** *(= casser) [+ branche]* to break; *[+ pain]* to break (up) ◆ **~ ses chaînes** *(lit, fig)* to break one's chains ◆ **~ ses amarres** *(Naut)* to break (loose from) its moorings ◆ **il a rompu les amarres avec son pays natal** *(fig)* he has cut himself off completely from *ou* broken all links with his native country ◆ **~ le front de l'ennemi** to break through the enemy front ◆ **la mer a rompu les digues** the sea has broken (through) *ou* burst the dykes; → **applaudir, glace**[1]

**c** *(littér = habituer)* ~ **qn à un exercice** to break sb in to an exercise

**d** *(loc)* ~ **une lance** *ou* **des lances pour qn** to take up the cudgels for sb ◆ ~ **une lance** *ou* **des lances contre qn** to cross swords with sb ◆ ~ **les rangs** *(Mil)* to fall out, to dismiss ◆ **rompez (les rangs) !** *(Mil)* dismiss!, fall out!

**VI** **a** *(= se séparer de)* ~ **avec qn** to break with sb, to break off one's relations with sb ◆ **il n'a pas le courage de** ~ he hasn't got the courage to break it off ◆ ~ **avec de vieilles habitudes/la tradition** to break with old habits/tradition

**b** *[corde]* to break, to snap; *[digue]* to burst, to break

**c** *(Boxe, Escrime)* to break ◆ ~ **en visière avec** *(fig)* to quarrel openly with ◆ ~ **le combat** *(Mil)* to withdraw from the engagement

**VPR** **se rompre** *(= se briser) [branche, câble, chaîne, corde]* to break, to snap; *[digue]* to burst, to break; *[vaisseau sanguin]* to burst, to rupture ◆ **il va se** ~ **les os** *ou* **le cou** he's going to break his neck

**rompu, e** /ʀɔ̃py/ (ptp de **rompre**) **ADJ** **a** *(= fourbu)* ~ **(de fatigue)** exhausted, worn-out, tired out ◆ ~ **de travail** exhausted by overwork **b** *(= expérimenté)* **être** ~ **aux affaires** to have wide business experience ◆ ~ **aux privations/à la discipline** accustomed *ou* inured to hardship/to discipline ◆ **il est** ~ **à toutes les ficelles du métier/au maniement des armes** he is experienced in *ou* familiar with all the tricks of the trade/the handling of firearms ◆ ~ **aux techniques militaires/à l'art de la diplomatie** well-versed in military techniques/in the art of diplomacy; → **bâton**

**romsteck** /ʀɔmstɛk/ **NM** *(= viande)* rumpsteak *(NonC)*; *(= tranche)* piece of rumpsteak

**ronce** /ʀɔ̃s/ **NF** **a** *(= branche)* bramble branch ◆ ~**s** *(= buissons)* brambles, thorns ◆ ~ **(des haies)** *(Bot)* blackberry bush, bramble (bush) ◆ **il a déchiré son pantalon dans les ~s** he tore his trousers on *ou* in the brambles **b** *(Menuiserie)* burr ◆ ~ **de noyer** burr walnut ◆ ~ **d'acajou** figured mahogany

**ronceraie** /ʀɔ̃sʀɛ/ **NF** bramble patch, briar patch

**Roncevaux** /ʀɔ̃s(ə)vo/ **N** Roncesvalles

**ronchon, -onne** /ʀɔ̃ʃɔ̃, ɔn/ **ADJ** grumpy, grouchy* **NM,F** grumbler, grouch(er)*, grouser*

**ronchonnement** /ʀɔ̃ʃɔnmɑ̃/ **NM** grumbling, grousing*, grouching*

**ronchonner** /ʀɔ̃ʃɔne/ ▸ conjug 1 ◂ **VI** to grumble, to grouse*, to grouch* *(après* at)

**ronchonneur, -euse** /ʀɔ̃ʃɔnœʀ, øz/ **ADJ** grumpy, grouchy* **NM,F** grumbler, grouser*, grouch(er)*

**rond, e**[1] /ʀɔ̃, ʀɔ̃d/ **ADJ** **a** *[forme, objet]* round; *[pièce, lit]* circular, round; → **dos, œil, table**

**b** *(= rebondi) [joues, visage]* round; *[épaules]* fleshy; *[fesses]* plump, well-rounded; *[hanches]* rounded, curvaceous; *[mollet]* well-rounded; *[poitrine]* full, (well-)rounded; *[ventre]* tubby, round; *[bébé]* chubby ◆ **une petite femme toute ~e** a plump little woman ◆ **un petit homme** ~ a chubby *ou* tubby little man

**c** *(= net)* round ◆ **chiffre** ~ round number *ou* figure ◆ **ça fait 10 € tout** ~ it comes to exactly €10 ◆ **ça fait un compte** ~ it makes a round number *ou* figure ◆ **être** ~ **en affaires** to be straightforward *ou* straight* *ou* on the level* in business matters

**d** *(* = soûl)* drunk, tight* ◆ **être** ~ **comme une bille** *ou* **comme une queue de pelle** to be blind *ou* rolling drunk*

**NM** **a** *(= cercle)* circle, ring ◆ **faire des ~s de fumée** to blow smoke rings ◆ **faire des ~s dans l'eau** to make rings *ou* circular ripples in the water; *(en bateau)* to potter about *(Brit)* *ou* putter around *(US)* in a boat ◆ **le verre a fait des ~s sur la table** the glass has made rings on the table

♦ **en rond** in a circle *ou* ring ◆ **s'asseoir/danser en** ~ to sit/dance in a circle *ou* ring ◆ **tourner en** ~ *(à pied)* to walk round and round; *(en voiture)* to drive round in circles; *[enquête, discussion]* to get nowhere, to go round in circles ◆ **nous tournons en** ~ **depuis trois mois** we've been marking time *ou* going round in circles for three months

**b** *(= objet) [de cuisinière]* ring ◆ ~ **de serviette** napkin *ou* serviette *(Brit)* ring ◆ **il en est resté comme deux ~s de flan*** you could have knocked him down with a feather; → **baver**

**c** *(* = sou)* ~**s** lolly‡ *(NonC)*, cash* *(NonC)* ◆ **avoir des ~s** to be loaded*, to be rolling in it*, to have plenty of cash* ◆ **il n'a pas le** *ou* **un** ~ he hasn't got a penny (to his name) *ou* a (red) cent *(US)*, he doesn't have two pennies *ou* cents *(US)* to rub together ◆ **il n'a plus un** *ou* **le** ~ he's (flat *ou* stony *(Brit)* *ou* stone *(US)*) broke* ◆ **je l'ai eu pour pas un** ~ it didn't cost me a penny *ou* a cent *(US)* ◆ **ça doit valoir des ~s !** that must be worth a mint!* *ou* a pretty penny!* *ou* a penny or two! *(Brit)*

**ADV** ◆ **avaler qch tout** ~ to swallow sth whole ◆ **tourner** ~ to run smoothly ◆ **ça ne tourne pas** ~ **chez elle***, **elle ne tourne pas** ~* she's got a screw loose* ◆ **qu'est-ce qui ne tourne pas** ~ **?*** what's the matter?, what's wrong?, what's up?*

**COMP** ▷ **rond de jambes** *(Danse)* rond de jambe ◆ **faire des ~s de jambes** *(péj)* to bow and scrape *(péj)* ▷ **rond de sorcière** *(Bot)* fairy ring

**rond-de-cuir** (pl **ronds-de-cuir**) /ʀɔ̃d(ə)kɥiʀ/ **NM** *(péj)* penpusher *(Brit)*, pencil pusher *(US)*

**ronde**[2] /ʀɔ̃d/ **NF** **a** *(= tour de surveillance) [de gardien, vigile, soldats]* rounds, patrol; *[de policier]* beat, patrol, rounds; *(= patrouille)* patrol ◆ **faire sa** ~ to be on one's rounds *ou* on the beat *ou* on patrol ◆ **sa** ~ **dura plus longtemps** he took longer doing his rounds ◆ **il a fait trois ~s aujourd'hui** he has been on his rounds three times today, he has covered his beat three times today ◆ ~ **de nuit** *(= action)* night rounds, night watch *ou* patrol; *(= soldats)* night patrol ◆ **ils virent passer la** ~ they saw the soldiers pass on their rounds; → **chemin**

**b** *(= danse)* round (dance), dance in a ring; *(= danseurs)* circle, ring ◆ ~ **villageoise/enfantine** villagers'/children's dance *(in a ring)* ◆ **faites la** ~ dance round in a circle *ou* ring ◆ **la** ~ **des hélicoptères dans le ciel** the helicopters coming and going in the sky ◆ **la** ~ **des voitures sur la place** the constant flow of traffic round the square ◆ **la** ~ **des saisons** *(littér)* the cycle of the seasons ◆ **sa vie n'est qu'une** ~ **continue de fêtes et de sorties** his life is a non-stop social whirl

**c** *(Mus = note)* semibreve *(Brit)*, whole note *(US)*

**d** *(Écriture)* roundhand

**LOC ADV** **à la ronde à 10 km à la** ~ within a 10-km radius ◆ **à des kilomètres à la** ~ for miles around ◆ **passer qch à la** ~ to pass sth round

**rondeau** (pl **rondeaux**) /ʀɔ̃do/ **NM** *(Littérat)* rondeau; *(Mus)* rondo

**ronde-bosse** (pl **rondes-bosses**) /ʀɔ̃dbɔs/ **NF** *(= technique)* sculpture in the round ◆ **personnages en** ~ figures in the round

**rondelet, -ette** /ʀɔ̃dlɛ, ɛt/ **ADJ** *[adulte]* plumpish; *[enfant]* chubby; *[salaire, somme]* tidy *(épith)*

**rondelle** /ʀɔ̃dɛl/ **NF** **a** *[de carotte, saucisson]* slice, round *(Brit)* ◆ ~ **de citron/d'orange** slice of lemon/of orange ◆ **couper en ~s** to slice, to cut into slices *ou* rounds *(Brit)*; *[+ personne]* to dismember **b** *(= disque de carton, plastique)* disc; *[de boulon]* washer; *[de bâton de ski]* basket

**rondement** /ʀɔ̃dmɑ̃/ **ADV** **a** *(= efficacement)* efficiently ◆ **il a mené** ~ **cette enquête/réunion** he conducted the investigation/meeting quickly and efficiently ◆ **c'est quelqu'un qui mène** ~ **les affaires** he's someone who gets things done ◆ **le film est** ~ **mené** the film is well-paced **b** *(= franchement)* frankly, outspokenly

**rondeur** /ʀɔ̃dœʀ/ **NF** **a** *[de bras, joues, personne]* plumpness, chubbiness; *[de visage]* roundness, chubbiness; *[de poitrine]* fullness; *[de mollet]* roundness ◆ **les ~s d'une femme** *(hum)* a woman's curves **b** *(= forme sphérique)* roundness **c** *(= bonhomie)* friendly straightforwardness, easy-going directness ◆ **avec** ~ with (an) easy-going directness

**rondin** /ʀɔ̃dɛ̃/ **NM** log; → **cabane**

**rondo** /ʀɔ̃do/ **NM** rondo

**rondouillard, e*** /ʀɔ̃dujaʀ, aʀd/ **ADJ** tubby, podgy *(Brit)*, pudgy *(US)* ◆ **c'est un petit** ~ he's a tubby *ou* podgy little guy* *ou* chap *(Brit)*

**rond-point** (pl **ronds-points**) /ʀɔ̃pwɛ̃/ **NM** *(= carrefour)* roundabout *(Brit)*, traffic circle *(US)*; *(dans un nom de lieu = place)* ≃ circus *(Brit)*

**Ronéo** ® /ʀɔneo/ **NF** mimeo, Roneo ®

**ronéoter** /ʀɔneɔte/, **ronéotyper** /ʀɔneɔtipe/ ▸ conjug 1 ◂ **VT** to duplicate, to roneo ®, to mimeo

**ronflant, e** /ʀɔ̃flɑ̃, ɑ̃t/ **ADJ** *[moteur]* purring; *(péj) [discours]* high-flown, grand(-sounding); *[titre]* grand(-sounding); *[style]* bombastic

**ronflement** /ʀɔ̃fləmɑ̃/ **NM** **a** *[de dormeur]* snore, snoring *(NonC)* ◆ **j'entendais des ~s** I could hear (somebody) snoring **b** *[de poêle, feu] (sourd)* hum(ming) *(NonC)*; *(plus fort)* roar, roaring *(NonC)*; *[de moteur]* purr(ing) *(NonC)*, throbbing *(NonC)*; *(= vrombissement)* roar, roaring *(NonC)*

**ronfler** /ʀɔ̃fle/ ▸ conjug 1 ◂ **VI** **a** *[dormeur]* to snore **b** *[poêle, feu]* to hum; *(plus fort)* to roar; *[moteur] (sourdement)* to purr, to throb ◆ **faire** ~ **son moteur** to rev up one's engine ◆ **il actionna le démarreur et le moteur ronfla** he pressed the starter and the engine throbbed *ou* roared into action **c** *(* = dormir)* to snore away, to be out for the count* *(Brit)*

**ronfleur, -euse** /ʀɔ̃flœʀ, øz/ **NM,F** snorer **NM** *[de téléphone]* buzzer

**ronger** /ʀɔ̃ʒe/ ▸ conjug 3 ◂ **VT** **a** *[souris]* to gnaw *ou* eat away at, to gnaw *ou* eat into; *[acide, pourriture, rouille, vers]* to eat into; *[mer]* to wear away, to eat into; *[eczéma]* to pit ◆ ~ **un os** *[chien]* to gnaw (at) a bone; *[personne]* to pick a bone, to gnaw (at) a bone ◆ **les chenilles rongent les feuilles** caterpillars are eating away *ou* are nibbling (at) the leaves ◆ **rongé par les vers** worm-eaten ◆ **rongé par la rouille** eaten into by rust, pitted with rust ◆ **fresques rongées par l'humidité** mildewed frescoes ◆ ~ **son frein** *(fig) [cheval]* to champ at the bit; → **os**

**b** *[maladie]* to sap (the strength of); *[chagrin, pensée]* to gnaw *ou* eat away at ◆ **le mal qui le ronge** the evil which is gnawing *ou* eating away at him ◆ **rongé par la maladie** sapped by illness ◆ **rongé par la drogue** ravaged by drugs ◆ **le chômage, ce cancer qui ronge la société** the cancer of unemployment that is eating away at society ◆ **une démocratie rongée de l'intérieur** a democracy that is being undermined from within

**VPR** **se ronger** **a** ◆ **se ~ les ongles** to bite one's nails; → **sang**

**b** *(fig)* **elle se ronge** *(de chagrin)* she's eating her heart out, she's tormented with grief; *(d'inquiétude)* she's worrying herself sick, she's making herself sick with worry

**rongeur, -euse** /ʀɔ̃ʒœʀ, øz/ **ADJ, NM** rodent

**ronron** /ʀɔ̃ʀɔ̃/ **NM** *[de chat]* purr(ing) *(NonC)*; * *[de moteur]* purr(ing) *(NonC)*, hum(ming) *(NonC)*; *(péj) [de discours]* drone *(NonC)*, droning (on) *(NonC)* ◆ **le ~ de la vie quotidienne** * the humdrum routine of daily life

**ronronnement** /ʀɔ̃ʀɔnmɑ̃/ **NM** *[de chat]* purr(ing) *(NonC)*; *[de moteur]* purr(ing) *(NonC)*, hum(ming) *(NonC)* ◆ **un ~ conformiste** stultifying conformism

**ronronner** /ʀɔ̃ʀɔne/ ► conjug 1 ◄ **VI** *[chat]* to purr; *[moteur]* to purr, to hum ◆ **il ronronnait de satisfaction** *(fig)* he was purring with satisfaction ◆ **ça ronronne dans ce service** things are ticking over nicely in the department

**roque** /ʀɔk/ **NM** *(Échecs)* castling ◆ **grand/petit ~** castling queen's/king's side

**roquefort** /ʀɔkfɔʀ/ **NM** Roquefort (cheese)

**roquer** /ʀɔke/ ► conjug 1 ◄ **VI** *(Échecs)* to castle; *(Croquet)* to roquet

**roquet** /ʀɔkɛ/ **NM** *(péj)* *(= chien)* (nasty little) dog; *(= personne)* ill-tempered little runt *

**roquette** /ʀɔkɛt/ **NF** *(Mil)* rocket ◆ **~ antichar** anti-tank rocket

**roquette²** /ʀɔkɛt/ **NF** *(Bot, Culin)* rocket, arugula *(US)*

**rorqual** (pl **rorquals**) /ʀɔʀk(w)al/ **NM** rorqual, finback

**rosace** /ʀozas/ **NF** *[de cathédrale]* rose window, rosace; *[de plafond]* (ceiling) rose; *(Broderie)* Tenerife motif; *(= figure géométrique)* rosette

**rosacé, e** /ʀozase/ **ADJ** *(Bot)* rosaceous **NF** **rosacée** **a** *(Méd)* rosacea **b** *(Bot)* rosaceous plant ◆ **~es** Rosaceae, rosaceous plants

**rosaire** /ʀozɛʀ/ **NM** rosary ◆ **réciter son ~** to say *ou* recite the rosary, to tell one's beads †

**rosat** /ʀoza/ **ADJ INV** *[miel, pommade]* rose *(épith)* ◆ **huile ~** attar of roses

**rosâtre** /ʀozɑtʀ/ **ADJ** pinkish

**rosbif** /ʀɔsbif/ **NM** **a** *(= rôti)* roast beef *(NonC)*; *(à rôtir)* roasting beef *(NonC)* ◆ **un ~** a joint of (roast) beef, a joint of (roasting) beef **b** *(† *, péj = Anglais)* Brit *

**rose** /ʀoz/ **NF** *(= fleur)* rose; *(= vitrail)* rose window; *(= diamant)* rose diamond ◆ **il n'y a pas de ~s sans épines** *(Prov)* there's no rose without a thorn *(Prov)* → **bois, découvrir, envoyer**

**NM** *(= couleur)* pink; → **vieux**

**ADJ** **a** *(gén)* pink; *[joues, teint]* pink; *(= plein de santé)* rosy ◆ **~ bonbon** candy pink ◆ **~ saumoné** *ou* **saumon** salmon pink ◆ **~ indien** hot pink ◆ **la ville ~** Toulouse *(so called because of the pink stone of which it is largely built)*, → **crevette, flamant**

**b** *(hum = socialiste)* left-wing, pink *(hum)*

**c** *(= érotique)* **messageries ~s** sex chatlines *(on Minitel)* ◆ **téléphone ~** sex chatlines, phone sex; → **Minitel**

**d** *(loc)* **voir la vie** *ou* **tout en ~** to see life through rose-tinted *ou* rose-coloured glasses ◆ **ce roman montre la vie en ~** this novel gives a rosy picture *ou* view of life ◆ **tout n'est pas ~, ce n'est pas tout ~** it's not all roses *ou* all rosy, it's no bed of roses ◆ **sa vie n'était pas bien ~** his life was no bed of roses

**COMP** ▷ **rose d'Inde** African marigold ▷ **rose de Jéricho** resurrection plant, rose of Jericho ▷ **rose de Noël** Christmas rose ▷ **rose pompon** button rose ▷ **rose des sables** gypsum flower ▷ **rose trémière** hollyhock ▷ **rose des vents** compass rose

**rosé, e¹** /ʀoze/ **ADJ** *[couleur]* pinkish; *[vin]* rosé; *[viande cuite]* pink **NM** *(= vin)* rosé (wine) ◆ **~ (des prés)** *(= champignon)* field mushroom

**roseau** (pl **roseaux**) /ʀozo/ **NM** reed

**rose-croix** /ʀozkʀwa/ **NF INV** ◆ **la Rose-Croix** *(= confrérie)* the Rosicrucians **NM INV** *(= membre)* Rosicrucian; *(= grade de franc-maçonnerie)* Rose-croix

**rosée²** /ʀoze/ **NF** dew ◆ **couvert** *ou* **humide de ~** *[herbe, prés]* dewy, covered in *ou* with dew; *[sac de couchage, objet laissé dehors]* wet with dew ◆ **point de ~** *(Phys)* dew point; → **goutte**

**roséole** /ʀozeɔl/ **NF** *(Méd = éruption)* roseola

**roseraie** /ʀozʀɛ/ **NF** *(= jardin)* rose garden; *(= plantation)* rose-nursery

**rose(-)thé** (pl **roses(-)thé**) /ʀozte/ **NF** tea rose **ADJ** tea-rose *(épith)*

**rosette** /ʀozɛt/ **NF** *(= nœud)* bow; *(= insigne)* rosette; *(Archit, Art, Bot)* rosette ◆ **avoir la ~** to be an officer of the Légion d'honneur ◆ **~ de Lyon** *(Culin) type of slicing sausage*; → LÉGION D'HONNEUR

**rosicrucien, -ienne** /ʀozikʀysjɛ̃, jɛn/ **ADJ, NM,F** Rosicrucian

**rosier** /ʀozje/ **NM** rosebush, rose tree ◆ **~ nain/grimpant** dwarf/climbing rose

**rosière** /ʀozjɛʀ/ **NF** *(Hist) village maiden publicly rewarded for her chastity*; *(hum)* innocent maiden

**rosiériste** /ʀozjeʀist/ **NMF** rose grower

**rosir** /ʀoziʀ/ ► conjug 2 ◄ **VI** *[ciel, neige]* to grow *ou* turn pink; *[personne, visage] (de confusion)* to go pink, to blush slightly; *(de santé)* to get one's colour back **VT** *[+ ciel, neige]* to give a pink(ish) hue *ou* tinge to

**rosse** /ʀɔs/ **NF** **a** *(†, péj = cheval)* nag **b** *(* = méchant) (homme)* swine *, beast *; *(femme)* cow *, beast * ◆ **ah les ~s !** the (rotten) swine! *, the (rotten) beasts! * **ADJ** *(péj) [critique, chansonnier, caricature]* nasty, vicious; *[coup, action]* lousy *, rotten *; *[homme]* horrid; *[femme]* bitchy *, horrid ◆ **tu as vraiment été ~ (avec lui)** you were really horrid (to him)

**rossée** † * /ʀɔse/ **NF** thrashing, (good) hiding, hammering *

**rosser** /ʀɔse/ ► conjug 1 ◄ **VT** **a** *(= frapper)* to thrash, to give a (good) hiding to ◆ **se faire ~** to get a (good) hiding *ou* a thrashing *ou* a hammering * **b** *(* = vaincre)* to thrash, to lick *, to hammer *

**rosserie** /ʀɔsʀi/ **NF** **a** *(= méchanceté) (gén)* horridness; *[de critique, chansonnier, caricature]* nastiness, viciousness; *[d'action]* lousiness *, rottenness * **b** *(= propos)* nasty *ou* bitchy * remark; *(= acte)* lousy * *ou* rotten * trick

**rossignol** /ʀɔsiɲɔl/ **NM** **a** *(= oiseau)* nightingale **b** *(* = invendu)* unsaleable article, piece of junk * **c** *(= clé)* picklock

**rossinante** † /ʀɔsinɑ̃t/ **NF** *(hum)* (old) jade, old nag

**rostre** /ʀɔstʀ/ **NM** *(= éperon)* rostrum **NMPL** **rostres** *(= tribune)* rostrum

**rot** /ʀo/ **NM** *(= renvoi)* belch, burp *; *[de bébé]* burp ◆ **faire** *ou* **lâcher un ~** to belch, to burp *, to let out a belch *ou* burp * ◆ **le bébé a fait son ~** the baby has done his (little) burp ◆ **faire faire son ~ à un bébé** to burp *ou* wind *(Brit)* a baby

**rôt** †† /ʀo/ **NM** roast

**rotatif, -ive** /ʀɔtatif, iv/ **ADJ** rotary ◆ **mouvement ~** rotating movement, rotary movement *ou* motion **NF** **rotative** rotary press

**rotation** /ʀɔtasjɔ̃/ **NF** **a** *(= mouvement)* rotation ◆ **mouvement de ~** rotating movement, rotary movement *ou* motion ◆ **corps en ~** rotating body, body in rotation ◆ **vitesse de ~** speed of rotation ◆ **la Terre effectue une ~ sur elle-même en 24 heures** the Earth completes a full rotation in 24 hours

**b** *(= alternance) [de matériel, stock]* turnover; *[d'avions, bateaux]* frequency (of service) ◆ **la ~ du personnel** *(à des tâches successives)* the rotation of staff; *(= départs et embauches)* the turnover of staff ◆ **taux de ~ (du personnel)** (staff) turnover rate ◆ **~ des cultures** rotation of crops, crop rotation ◆ **15 ~s quotidiennes Paris-Lyon** *(Aviat)* 15 daily return flights between Paris and Lyon ◆ **les médecins sont de garde par ~ tous les mois** the doctors are on duty each month on a rota basis *ou* system

**rotatoire** /ʀɔtatwaʀ/ **ADJ** rotatory, rotary

**roter** * /ʀɔte/ ► conjug 1 ◄ **VI** to burp *, to belch

**rôti** /ʀoti/ **NM** *(Culin) (cru)* joint, roasting meat *(NonC)*; *(cuit)* joint, roast, roast meat *(NonC)* ◆ **un ~ de bœuf/porc** a joint of beef/pork ◆ **du ~ de bœuf/porc** *(cru)* roasting beef/pork; *(cuit)* roast beef/pork

**rôtie** /ʀoti/ **NF** *(Can ou archaïque)* piece *ou* slice of toast

**rotin** /ʀɔtɛ̃/ **NM** **a** *(= fibre)* rattan (cane) ◆ **chaise de** *ou* **en ~** rattan chair **b** *(† * = sou)* penny, cent ◆ **il n'a pas un ~** he hasn't got a penny *ou* cent to his name

**rôtir** /ʀotiʀ/ ► conjug 2 ◄ **VT** *(Culin)* ◆ **(faire) ~** to roast ◆ **poulet/agneau rôti** roast chicken/lamb ◆ **il attend toujours que ça lui tombe tout rôti dans le bec** * *(fig)* he expects everything to be handed to him on a plate *ou* a silver platter *(US)* **VI** *(Culin)* to roast; * *[baigneur, estivants]* to roast ◆ **mettre un canard à ~** to put a duck in the oven to roast **VPR** **se rôtir** ◆ **se ~ au soleil** * to bask in the sun

**rôtisserie** /ʀotisʀi/ **NF** *(dans nom de restaurant)* steakhouse, grill; *(= boutique) shop selling roast meat*

**rôtisseur, -euse** /ʀotisœʀ, øz/ **NM,F** *(= traiteur) seller of roast meat*; *(= restaurateur)* steakhouse proprietor

**rôtissoire** /ʀotiswaʀ/ **NF** rotisserie, (roasting) spit

**rotogravure** /ʀɔtɔgʀavyʀ/ **NF** rotogravure

**rotonde** /ʀɔtɔ̃d/ **NF** *(Archit)* rotunda; *(Rail)* engine shed *(Brit)*, roundhouse *(US)*; *(dans un bus) row of seats at rear of bus* ◆ **édifice en ~** circular building

**rotondité** /ʀɔtɔ̃dite/ **NF** **a** *(= sphéricité)* roundness, rotundity *(frm)* **b** *(hum = embonpoint)* plumpness, rotundity *(hum)*

**rotor** /ʀɔtɔʀ/ **NM** rotor

**rottweil(l)er** /ʀɔtvajlœʀ/ **NM** Rottweiler

**rotule** /ʀɔtyl/ **NF** **a** *(Anat)* kneecap, patella *(SPÉC)* ◆ **être sur les ~s** * to be dead beat * *ou* all in * **b** *(Tech)* ball-and-socket joint

**rotulien, -ienne** /ʀɔtyljɛ̃, jɛn/ **ADJ** patellar; → **réflexe**

**roture** /ʀɔtyʀ/ **NF** *(= absence de noblesse)* common rank; *[de fief]* roture ◆ **la ~** *(= roturiers)* the commoners, the common people

**roturier, -ière** /ʀɔtyʀje, jɛʀ/ **ADJ** *(Hist)* common, of common birth; *(fig = vulgaire)* common, plebeian **NM,F** commoner

**rouage** /ʀwaʒ/ **NM** *[d'engrenage]* cog(wheel), gearwheel; *[de montre]* part ◆ **les ~s d'une montre** the works *ou* parts of a watch ◆ **il n'est qu'un ~ dans cette organisation** he's merely a cog in this organization ◆ **les ~s de l'État** the machinery of state ◆ **les ~s administratifs** the administrative machinery ◆ **organisation aux ~s compliqués** organization with complex structures

**roubignoles** ** /ʀubiɲɔl/ **NFPL** *(= testicules)* balls **, nuts **

**roublard, e** * /ʀublaʀ, aʀd/ **ADJ** crafty, wily, artful **NM,F** crafty *ou* artful devil * ◆ **ce ~ de Paul** crafty old Paul *

**roublardise** * /ʀublaʀdiz/ **NF** *(= caractère)* craftiness, wiliness, artfulness; *(= acte, tour)* crafty *ou* artful trick

**rouble** /ʀubl/ **NM** rouble

**roucoulade** /ʀukulad/ **NF**, **roucoulement** /ʀukulmɑ̃/ **NM** *(gén pl) [d'oiseau]* cooing *(NonC)*; * *[d'amoureux]* (billing and) cooing *(NonC)*; *(péj) [de chanteur]* crooning *(NonC)*

**roucouler** /ʀukule/ ▸ conjug 1 ◂ **VI** *[oiseau]* to coo; * *[amoureux]* to bill and coo; *(péj) [chanteur]* to croon **VT** *(péj) [+ chanson]* to croon; * *[+ mots d'amour]* to coo ◆ **il lui roucoulait des mots tendres** he was whispering sweet nothings to her

**roudoudou** /ʀududu/ **NM** *children's sweet in the form of a small shell filled with hard confectionery*

**roue** /ʀu/ **NF** *[de véhicule, loterie, moulin]* wheel; *[d'engrenage]* cog(wheel), (gear)wheel ◆ **véhicule à deux/quatre ~s** two-/four-wheeled vehicle ◆ **~ avant/arrière** front/back wheel ◆ **(supplice de) la ~** *(Hist)* (torture of) the wheel ◆ **la ~ de la Fortune** the wheel of Fortune ◆ **la ~ tourne !** how things change! ◆ **faire la ~** *[paon]* to spread *ou* fan its tail; *[personne] (= se pavaner)* to strut about, to swagger (about); *(Gym)* to do a cartwheel ◆ **la grande ~** *(fête foraine)* the big wheel *(Brit)*, the Ferris Wheel *(US)* ◆ **il s'est jeté sous les ~s de la voiture** he threw himself under the car ◆ **son bureau est à quelques tours de ~ de la tour Eiffel** his office is a short car-ride away from the Eiffel Tower ◆ **le coureur est revenu dans la ~ de son adversaire** the cyclist closed in right behind his opponent ◆ **être ~ à ou dans ~** to be neck and neck; → **bâton, chapeau, cinquième, pousser**

**COMP** ▷ **roue à aubes** *[de bateau]* paddle wheel ▷ **roue dentée** cogwheel ▷ **roue à friction** friction wheel ▷ **roue à godets** bucket wheel ▷ **roue de gouvernail** (steering) wheel, helm ▷ **roue hydraulique** waterwheel ▷ **roue libre** freewheel ◆ **descendre une côte en ~ libre** to freewheel *ou* coast down a hill ◆ **pédaler en ~ libre** to freewheel, to coast (along) ◆ **il s'est mis en ~ libre** * *(= il ne se surmène pas)* he's taking it easy ▷ **roue motrice** driving wheel ◆ **véhicule à 4 ~s motrices** 4-wheel drive vehicle ▷ **roue de secours** *(Aut)* spare wheel *(Brit)* *ou* tire *(US)* ▷ **roue de transmission** driving wheel

**roué, e** /ʀwe/ (ptp de **rouer**) **ADJ** *(= rusé)* cunning, wily, sly **NM,F** cunning *ou* sly individual ◆ **c'est une petite ~e** she's a cunning *ou* wily *ou* sly little minx **NM** *(Hist = débauché)* rake, roué **NF** **rouée** *(Hist = débauchée)* hussy

**rouelle** /ʀwɛl/ **NF** ◆ **~** slice

**rouer** /ʀwe/ ▸ conjug 1 ◂ **VT** **a** ◆ **~ qn de coups** to give sb a beating *ou* thrashing, to beat sb black and blue **b** *(Hist) [+ condamné]* to put on the wheel

**rouerie** /ʀuʀi/ **NF** *(littér) (= caractère)* cunning, wiliness, slyness; *(= action)* cunning *ou* wily *ou* sly trick

**rouet** /ʀwɛ/ **NM** *(à filer)* spinning wheel

**rouflaquettes** * /ʀuflakɛt/ **NFPL** *(= favoris)* sideburns, sideboards *(Brit)*

**rouge** /ʀuʒ/ **ADJ** **a** *(gén, Pol)* red; → **armée**[2]

**b** *(= incandescent) [métal]* red-hot; *[tison]* glowing red *(attrib)*, red-hot

**c** *[visage, yeux]* red ◆ **~ de colère/confusion/honte** red *ou* flushed with anger/embarrassment/shame ◆ **~ d'émotion** flushed with emotion ◆ **devenir ~ comme une cerise** to blush, to go quite pink, to go red in the face ◆ **il est ~ comme un coq** *ou* **un coquelicot** *ou* **un homard** *ou* **une pivoine** *ou* **une écrevisse** *ou* **une tomate** he's as red as a beetroot *ou* a lobster ◆ **il était ~ d'avoir couru** he was red in the face *ou* his face was flushed from running

**d** *(= roux) [cheveux, pelage]* red

**ADV** ◆ **voir ~** to see red ◆ **voter ~** *(Pol)* to vote Communist; → **fâcher**

**NM** **a** *(= couleur)* red ◆ **le feu est au ~** *(Aut)* the lights are red ◆ **passer au ~** *[feu]* to change to red; *(= redémarrer trop tôt)* to jump the lights; *(= ne pas s'arrêter)* to go through a red light, to run a red light *(US)* ◆ **tout miser sur le ~** *(Jeux)* to put all one's chips on the red ◆ **être dans le ~** * *(Fin)* to be in the red * ◆ **sortir du ~** * to get out of the red *; → **bordeaux**

**b** *(= signe d'émotion)* **ça lui a fait monter le ~ aux joues** it made him blush ◆ **le ~ lui monta aux joues** his cheeks flushed, he went red (in the face) ◆ **le ~ (de la confusion/de la honte) lui monta au front** his face went red *ou* flushed *ou* he blushed (with embarrassment/with shame)

**c** *(= vin)* red wine ◆ **boire un coup de ~** * to have a glass of red wine; → **gros**

**d** *(= fard) (à joues)* rouge †, blusher; *(à lèvres)* lipstick; → **bâton, tube**

**e** *(= incandescence)* **fer porté** *ou* **chauffé au ~** red-hot iron

**NMF** *(péj = communiste)* Red * *(péj)*, Commie * *(péj)*

**COMP** ▷ **rouge brique** **ADJ INV** brick red ▷ **rouge cerise** **ADJ INV** cherry-red ▷ **rouge à joues** rouge †, blusher ◆ **se mettre du ~ à joues** to rouge one's cheeks †, to put blusher on ▷ **rouge à lèvres** lipstick ▷ **rouge sang** **ADJ INV** blood red

**rougeâtre** /ʀuʒɑtʀ/ **ADJ** reddish

**rougeaud, e** /ʀuʒo, od/ **ADJ** red-faced ◆ **ce gros ~ la dégoûtait** she found this fat red-faced man repellent

**rouge-gorge** (pl **rouges-gorges**) /ʀuʒgɔʀʒ/ **NM** robin

**rougeoiement** /ʀuʒwamɑ̃/ **NM** *[de couchant, incendie]* red *ou* reddish glow; *[de ciel]* reddening

**rougeole** /ʀuʒɔl/ **NF** ◆ **la ~** (the) measles *(sg)* ◆ **il a eu une très forte ~** he had a very bad bout of measles

**rougeoyant, e** /ʀuʒwajɑ̃, ɑ̃t/ **ADJ** *[ciel]* reddening; *[cendres]* glowing red *(attrib)*, glowing ◆ **des reflets ~s** a glimmering red glow

**rougeoyer** /ʀuʒwaje/ ▸ conjug 8 ◂ **VI** *[couchant, feu, incendie]* to glow red; *[ciel]* to turn red, to take on a reddish hue

**rouge-queue** (pl **rouges-queues**) /ʀuʒkø/ **NM** redstart

**rouget** /ʀuʒɛ/ **NM** mullet ◆ **~ barbet** *ou* **de vase** red *ou* striped mullet, goatfish *(US)* ◆ **~ grondin** gurnard ◆ **~ de roche** surmullet

**rougeur** /ʀuʒœʀ/ **NF** **a** *(= teinte)* redness **b** *[de personne] (due à la course, un échauffement, une émotion)* red face, flushing *(NonC)*; *(due à la honte, gêne)* red face, blushing *(NonC)*, blushes; *[de visage, joues]* redness, flushing *(NonC)* ◆ **sa ~ a trahi son émotion/sa gêne** her red face *ou* her blushes betrayed her emotion/her embarrassment ◆ **la ~ de ses joues** his red face *ou* cheeks, his blushing ◆ **avoir des ~s de jeune fille** to blush like a young girl ◆ **elle était sujette à des ~s subites** she was inclined to blush suddenly **c** *(Méd = tache)* red blotch *ou* patch

**rough** /ʀœf/ **NM** *(Golf)* rough

**rougir** /ʀuʒiʀ/ ▸ conjug 2 ◂ **VI** **a** *(de honte, gêne)* to blush, to go red, to redden (*de* with); *(de plaisir, d'émotion)* to flush, to go red, to redden (*de* with); ◆ **il rougit de colère** he *ou* his face flushed *ou* reddened with anger ◆ **à ces mots, elle rougit** she blushed *ou* went red *ou* reddened at the words ◆ **~ jusqu'au blanc des yeux** *ou* **jusqu'aux yeux, ~ jusqu'aux oreilles, ~ jusqu'à la racine des cheveux** to go bright red, to blush to the roots of one's hair ◆ **faire ~ qn** *(lit, fig)* to make sb blush ◆ **dire qch sans ~** to say sth without blushing *ou* unblushingly

**b** *(fig = avoir honte)* **~ de** to be ashamed of ◆ **je n'ai pas à ~ de cela** that is nothing for me to be ashamed of ◆ **il ne rougit de rien** he's quite shameless, he has no shame ◆ **j'en rougis pour lui** I blush for him, I'm ashamed for him

**c** *(après un coup de soleil)* to go red

**d** *[ciel, feuille, neige]* to go *ou* turn red, to redden; *[métal]* to become *ou* get red-hot; *(Culin) [crustacés]* to go *ou* turn red, to redden; *(Agr) [fraises, tomates]* to redden, to turn red

**VT** *[+ ciel]* to turn red, to give a red glow to, to redden; *[+ arbres, feuilles]* to turn red, to redden; *[+ métal]* to heat to red heat, to make red-hot ◆ **~ son eau** to put a dash *ou* drop of red wine in one's water ◆ **boire de l'eau rougie** to drink water with a few drops of red wine in it ◆ **~ la terre de son sang** *(lit)* to stain the ground with one's blood; *(fig)* to shed one's blood ◆ **les yeux rougis** *(par les larmes)* with red eyes, red-eyed; *(par l'alcool, la drogue)* with bloodshot eyes

**rougissant, e** /ʀuʒisɑ̃, ɑ̃t/ **ADJ** *[personne, visage]* blushing; *[ciel, feuille]* reddening

**rougissement** /ʀuʒismɑ̃/ **NM** *(de honte)* blush, blushing *(NonC)*; *(d'émotion)* flush, flushing *(NonC)*

**rouille** /ʀuj/ **NF** **a** *(Bot, Chim)* rust **b** *(Culin)* *spicy Provençal sauce eaten with fish* **ADJ INV** rust(-coloured), rusty

**rouillé, e** /ʀuje/ (ptp de **rouiller**) **ADJ** **a** *[métal]* rusty, rusted; *(littér) [écorce, roche]* rust-coloured **b** *[personne] (intellectuellement)* rusty; *(physiquement)* out of practice; *[mémoire]* rusty; *[muscles]* stiff **c** *(Bot) [blé]* rusty

**rouiller** /ʀuje/ ▸ conjug 1 ◂ **VI** to rust, to go *ou* get rusty ◆ **laisser ~ qch** to let sth go *ou* get rusty **VT** *[+ esprit, métal]* to make rusty **VPR** **se rouiller** *[métal]* to go *ou* get rusty, to rust; *[esprit, mémoire]* to become *ou* go rusty; *[corps, muscles]* to grow *ou* get stiff; *[sportif]* to get rusty, to get out of practice ◆ **mon italien se rouille** my Italian is getting a bit rusty

**rouir** /ʀwiʀ/ ▸ conjug 2 ◂ **VT, VI** ◆ **(faire) ~** to ret

**rouissage** /ʀwisaʒ/ **NM** retting

**roulade** /ʀulad/ **NF** **a** *(Mus)* roulade, run; *[d'oiseau]* trill **b** *(Culin)* roulade ◆ **~ de veau**

veal roulade c *(Sport)* roll ◆ ~ **avant/arrière** forward/backward roll ◆ **faire des ~s** to do rolls

**roulage** /Rulaʒ/ NM *(† Min = camionnage, transport)* haulage; *(Agr)* rolling

**roulant, e** /Rulɑ̃, ɑ̃t/ ADJ a *(= mobile) [meuble]* on wheels; → **cuisine, fauteuil, table** b *(Rail)* **matériel** ~ rolling stock ◆ **personnel** ~ train crews c *[trottoir, surface transporteuse]* moving; → **escalier, feu¹, pont** d *[route, piste]* fast NMPL **roulants** *(arg Rail)* **les ~s** train crews NF **roulante** *(arg Mil)* field kitchen

**roulé, e** /Rule/ (ptp de **rouler**) ADJ a *[bord de chapeau]* curved; *[bord de foulard, morceau de boucherie]* rolled; *[journal, tapis]* rolled up; → **col** b * **elle est bien ~e** she's got all the right curves in all the right places, she's well put together c *(Ling)* rolled ◆ **r** ~ trilled *ou* rolled r NM *(= gâteau)* Swiss roll; *(= viande)* rolled meat *(NonC)* ◆ ~ **de veau** rolled veal *(NonC)* ◆ ~ **au fromage** *puff-pastry roll with cheese filling*

**rouleau** (pl **rouleaux**) /Rulo/ NM a *(= bande enroulée)* roll ◆ ~ **de papier/tissu/pellicule** roll of paper/material/film ◆ **un** ~ **de cheveux blonds** *(= boucle)* a ringlet of blond hair; *(= cheveux roulés sur la nuque)* a coil of blond hair *(rolled at the nape of the neck)*; → **bout**

b *(= cylindre) [de pièces, tabac]* roll ◆ ~ **de réglisse** liquorice roll

c *(= outil, ustensile)* roller; *[de machine à écrire]* platen, roller ◆ **passer une pelouse au** ~ to roll a lawn ◆ **avoir des ~x dans les cheveux** to have one's hair in curlers *ou* rollers, to have curlers *ou* rollers in one's hair ◆ **peindre au** ~ to paint with a roller

d *(= vague)* roller

e *(Sport = saut)* roll

COMP ▷ **rouleau compresseur** *(lit)* steamroller, roadroller; *(fig)* steamroller, bulldozer ▷ **rouleau dorsal** *(Sport)* Fosbury flop ▷ **rouleau encreur** ⇒ **rouleau imprimeur** ▷ **rouleau essuie-mains** roller towel ▷ **rouleau imprimeur** ink roller ▷ **rouleau de papier hygiénique** toilet roll, roll of toilet paper *ou* tissue ▷ **rouleau de papyrus** papyrus scroll ▷ **rouleau de parchemin** scroll *ou* roll of parchment ▷ **rouleau à pâtisserie, rouleau à pâte** *(Helv)* rolling pin ▷ **rouleau de printemps** *(Culin)* spring roll ▷ **rouleau ventral** *(Sport)* western roll

**roulé-boulé** (pl **roulés-boulés**) /Rulebule/ NM roll ◆ **faire un** ~ to roll over, to curl up ◆ **tomber en** ~ to roll (down)

**roulement** /Rulmɑ̃/ NM a *(= rotation) [d'équipe, ouvriers]* rotation ◆ **travailler par** ~ to work on a rota basis *ou* system, to work in rotation ◆ **pour le ménage, on fait un** ~ we take it in turns to do the housework b *(= circulation) [de train, voiture]* movement ◆ **route usée/pneu usé par le** ~ road/tyre worn through use; → **bande¹** c *(= bruit) [de camion, train]* rumble, rumbling *(NonC)*; *[de charrette]* rattle, rattling *(NonC)* ◆ **entendre le ~ du tonnerre** to hear thunder ◆ **il y eut un ~ de tonnerre** there was a rumble *ou* peal *ou* roll of thunder ◆ ~ **de tambour** drum roll d *[de capitaux]* circulation; → **fonds** e *(= mouvement) [d'œil]* rolling; *[de hanche]* wiggling COMP ▷ **roulement (à billes)** ball bearings ◆ **monté sur ~ à billes** mounted on ball bearings

**rouler** /Rule/ ▸ conjug 1 ◂ VT a *(= pousser) [+ meuble]* to wheel (along), to roll (along); *[+ chariot, brouette]* to wheel (along), to trundle along; *[+ boule, tonneau]* to roll (along)

b *(= enrouler) [+ tapis, tissu, carte]* to roll up; *[+ cigarette]* to roll; *[+ ficelle, fil de fer]* to wind up, to roll up; *[+ viande, parapluie, mèche de cheveux]* to roll (up) ◆ ~ **qn dans une couverture** to wrap *ou* roll sb (up) in a blanket ◆ ~ **un pansement autour d'un bras** to wrap *ou* wind a bandage round an arm ◆ ~ **ses manches jusqu'au coude** to roll up one's sleeves to one's elbows

c *(= tourner et retourner)* to roll ◆ ~ **des boulettes dans de la farine** to roll meatballs in flour ◆ **la mer roulait les galets sur la plage** the sea rolled the pebbles along the beach ◆ **il roulait mille projets dans sa tête** *(fig)* he was turning thousands of plans over (and over) in his mind ◆ **le fleuve roulait des flots boueux** *(littér)* the river flowed muddily along

d *(= passer au rouleau) [+ court de tennis, pelouse]* to roll; *(Culin) [+ pâte]* to roll out

e *(* = duper)* to con ⁑; *(sur le prix, le poids)* to diddle * *(Brit)*, to do * *(sur* over); ◆ **je l'ai bien roulé** I really conned him ⁑, I really took him for a ride * ◆ **elle m'a roulé de 5 €** she's diddled * *(Brit)* *ou* done * me out of €5 ◆ **se faire** ~ to be conned ⁑ *ou* had * *ou* done * *ou* diddled * *(Brit)* ◆ **il s'est fait ~ dans la farine** * he was had *

f *(= balancer, faire bouger)* ~ **les** *ou* **des épaules (en marchant)** to sway one's shoulders (as one walks along) ◆ ~ **les** *ou* **des mécaniques** ⁑ *(en marchant)* to (walk with a) swagger; *(= montrer sa force, ses muscles)* to show off one's muscles; *(intellectuellement)* to show off ◆ ~ **les** *ou* **des hanches** to wiggle one's hips ◆ ~ **les yeux** to roll one's eyes ◆ **il a roulé sa bosse** * *(fig)* he's been around *; → **patin, pelle**

g *(Ling)* ~ **les "r"** to roll one's r's

VI a *[voiture, train]* to go, to run ◆ **le train roulait/roulait à vive allure à travers la campagne** the train was going along/was racing (along) through the countryside ◆ **cette voiture a très peu/beaucoup roulé** this car has a very low/high mileage ◆ **cette voiture a 10 ans et elle roule encore** this car is 10 years old but it's still going *ou* running ◆ **la voiture roule bien depuis la révision** the car is running *ou* going well since its service ◆ **les voitures ne roulent pas bien sur le sable** cars don't run well on sand ◆ **le véhicule roulait à gauche** the vehicle was driving (along) on the left ◆ ~ **au pas** *(par prudence)* to go at a walking pace, to go dead slow *(Brit)*; *(dans un embouteillage)* to crawl along ◆ **le train roulait à 150 à l'heure au moment de l'accident** the train was doing 150 *ou* going at 150 kilometres an hour at the time of the accident ◆ **sa voiture roule au super/au gazole** his car runs on four-star/diesel

b *[passager, conducteur]* to drive ◆ ~ **à 80 km à l'heure** to do 80 km per hour, to drive at 80 km per hour ◆ **on a bien roulé** * we made good time ◆ **ça roule/ça ne roule pas bien** the traffic is/is not flowing well ◆ **nous roulions sur la N7 quand soudain ...** we were driving along the N7 when suddenly ... ◆ **dans son métier, il roule beaucoup** he does a lot of driving in his job ◆ **il roule en 2CV** he drives a 2CV ◆ **il roule en Rolls** he drives (around in) a Rolls ◆ ~ **carrosse** *(†, hum)* to live in high style ◆ ~ **pour qn** * *(= être à la solde de qn)* to be for sb ◆ **il roule tout seul** * *(fig)* he's a loner

c *[boule, bille, dé]* to roll; *[presse]* to roll, to run ◆ **allez, roulez !** let's roll it! *, off we go! ◆ **une larme roula sur sa joue** a tear rolled down his cheek ◆ **une secousse le fit ~ à bas de sa couchette** there was a jolt and he rolled off his couchette ◆ **il a roulé en bas de l'escalier** he rolled right down the stairs ◆ **un coup de poing l'envoya ~ dans la poussière** a punch sent him rolling in the dust ◆ **il a roulé sous la table** *(ivre)* he was legless * *ou* under the table ◆ **faire** ~ *[+ boule]* to roll; *[+ cerceau]* to roll along; → **pierre**

d *[bateau]* to roll ◆ **ça roulait** * the boat was rolling quite a bit

e *(* = bourlinguer)* to knock about * ◆ **il a pas mal roulé** he has knocked about * quite a bit, he's been around *

f *[argent, capitaux]* to turn over, to circulate

g *(= faire un bruit sourd) [tambour]* to roll; *[tonnerre]* to roll, to rumble

h *[conversation]* ~ **sur** to turn on, to be centred on

i *(* = aller bien)* **ça roule ?** how's things? *, how's life? ◆ **c'est une affaire qui roule** it's going well

j ◆ ~ **sur l'or** to be rolling in money *, to have pots of money * ◆ **ils ne roulent pas sur l'or depuis qu'ils sont à la retraite** they're not exactly living in the lap of luxury *ou* they're not terribly well-off now they've retired

VPR **se rouler** a *(allongé sur le sol ou sur qch)* to roll (about) ◆ **se ~ par terre/dans l'herbe** to roll (about) on the ground/in the grass ◆ **se ~ par terre de rire** *(fig)* to roll on the ground with laughter, to fall about * (laughing) *(Brit)* ◆ **c'est à se ~ (par terre)** * it's a scream *; → **pouce**

b *(= s'enrouler)* **se ~ dans une couverture** to roll *ou* wrap o.s. up in a blanket ◆ **se ~ en boule** to roll o.s. (up) into a ball

**roulette** /Rulɛt/ NF a *[de meuble]* caster, castor ◆ **fauteuil à ~s** armchair on casters *ou* castors ◆ **ça a marché** *ou* **été comme sur des ~s** * *[plan]* it went like clockwork *ou* very smoothly; *[interview, soirée]* it went off very smoothly *ou* like a dream; → **patin** b *(= outil) [de pâtissier]* pastry (cutting) wheel; *[de relieur]* fillet; *[de couturière]* tracing wheel; *[de vitrier]* steel(-wheel) glass cutter ◆ ~ **de dentiste** dentist's drill c *(= jeu)* roulette; *(= instrument)* roulette wheel ◆ **jouer à la** ~ to play roulette ◆ ~ **russe** Russian roulette

**rouleur** /RulœR/ NM *(Cyclisme)* flat racer ◆ **c'est un bon** ~ he's good on the flat ◆ **quel ~ de mécaniques !** ⁑ *(fig)* he likes to strut his stuff! *

**roulier** /Rulje/ NM *(Hist)* cart driver, wagoner; *(Naut)* roll-on roll-off ferry, ro-ro ferry

**roulis** /Ruli/ NM *(Naut)* roll(ing) *(NonC)* ◆ **il y a beaucoup de** ~ the ship is rolling a lot ◆ **coup de** ~ roll

**roulotte** /Rulɔt/ NF caravan *(Brit)*, trailer *(US)* ◆ **visitez l'Irlande en** ~ tour around Ireland in a horse-drawn *ou* gypsy caravan

**roulotté, e** /Rulɔte/ ADJ *(Couture)* rolled ◆ **foulard ~ (à la) main** hand-rolled scarf NM rolled hem

**roulure** ⁑ /RulyR/ NF *(péj)* slut *(péj)*, trollop † *(péj)*

**roumain, e** /Rumɛ̃, ɛn/ ADJ Romanian, Rumanian NM *(Ling)* Romanian, Rumanian NM,F **Roumain(e)** Romanian, Rumanian

**Roumanie** /Rumani/ NF Romania, Rumania

**round** /Raund/ NM *(Boxe)* round

**roupettes** ** /Rupɛt/ NFPL *(= testicules)* balls **, nuts **

**roupie** /Rupi/ NF a *(= monnaie)* rupee b *(† *)* **c'est de la ~ de sansonnet** it's a load of (old) rubbish *ou* junk *, it's absolute trash * ◆ **ce n'est pas de la ~ de sansonnet** it's none of your cheap rubbish *ou* junk *

**roupiller** * /Rupije/ ▸ conjug 1 ◂ VI *(= dormir)* to sleep; *(= faire un petit somme)* to have a snooze * *ou* a nap *ou* a kip ⁑ *(Brit)* ◆ **j'ai besoin de** ~ I must get some shut-eye ⁑ ◆ **je n'arrive pas à** ~ I can't get any shut-eye ⁑ ◆ **je vais** ~ I'll be turning in *, I'm off to hit the hay * ◆ **viens ~ chez nous** come and bed down *ou* kip down *(Brit)* at our place⁑ ◆ **secouez-vous, vous roupillez !** pull yourself together – you're half asleep! *ou* you're dozing!

**roupillon** * /rupijɔ̃/ NM snooze *, nap, kip⁑ *(Brit)* ◆ **piquer** *ou* **faire un** ~ to have a snooze * *ou* a nap *ou* a kip⁑ *(Brit)*

**rouquin, e** * /rukɛ̃, in/ ADJ *[personne]* red-haired; *[cheveux]* red, carroty * *(péj)* NM,F redhead

**rouscailler**⁑ /ruskɑje/ ▸ conjug 1 ◂ VI to moan *, to bellyache⁑

**rouspétance** * /ruspetɑ̃s/ NF *(= ronchonnement)* moaning * *(NonC)*, grousing * *(NonC)*, grouching * *(NonC)*; *(= protestation)* moaning * *(NonC)*, grumbling *(NonC)* ◆ **pas de ~ !** no grumbling!

**rouspéter** * /ruspete/ ▸ conjug 6 ◂ VI *(= ronchonner)* to moan *, to grouse *, to grouch *; *(= protester)* to moan *, to grumble (*après, contre* at); ◆ **se faire ~ par qn** to get an earful from sb *

**rouspéteur, -euse** * /ruspetœr, øz/ ADJ grumpy NM,F moaner *

**roussâtre** /rusɑtr/ ADJ reddish, russet

**rousse¹** †⁑ /rus/ NF *(arg Crime)* ◆ **la ~** *(= police)* the fuzz *(arg Crime)*, the cops *

**rousserolle** /rus(ə)rɔl/ NF ◆ **~ verderolle** marsh warbler ◆ **~ effarvatte** reed warbler

**roussette** /rusɛt/ NF a *(= poisson)* dogfish; *(Culin)* rock salmon b *(= chauve-souris)* flying fox c *(= grenouille)* common frog

**rousseur** /rusœr/ NF a *[de cheveux, barbe]* redness; *(orangé)* gingery colour; *[de pelage, robe, feuille]* russet colour; → **tache** b *(sur le papier)* **~s** brownish marks *ou* stains; *(sur la peau)* liver spots

**roussi** /rusi/ NM ◆ **odeur de ~** smell of (something) burning *ou* scorching *ou* singeing ◆ **ça sent le ~ !** *(lit)* there's a smell of (something) burning *ou* scorching *ou* singeing; *(fig)* I can smell trouble

**roussir** /rusir/ ▸ conjug 2 ◂ VT *[fer à repasser]* to scorch, to singe; *[flamme]* to singe ◆ **~ l'herbe** *[gelée]* to turn the grass brown *ou* yellow; *[chaleur]* to scorch the grass VI a *[feuilles, forêt]* to turn *ou* go brown *ou* russet b *(Culin)* **faire ~** to brown

**rouste** * /rust/ NF *(= coups)* hiding, thrashing; *(= défaite)* hammering * ◆ **prendre une ~** *(lit)* to get a hiding, to get thrashed; *(fig)* to get a hammering *, to get thrashed * ◆ **flanquer** *ou* **filer une ~ à qn** *(lit)* to give sb a hiding *ou* thrashing; *(fig)* to give sb a hammering *, to thrash sb

**roustons** ⁂ /rustɔ̃/ NMPL *(= testicules)* balls ⁂, nuts ⁂

**routage** /rutaʒ/ NM a *(= distribution)* sorting and mailing ◆ **entreprise de ~** mailing firm *ou* service b *(Naut)* plotting a course (*de* for)

**routard, e** /rutar, ard/ NM,F backpacker

**route** /rut/ NF a *(= voie de communication)* road ◆ **~ nationale** main road, ≈ A road *(Brit)* trunk road *(Brit)* ◆ **~ départementale** minor road, ≈ B road *(Brit)* ◆ **~ secondaire** minor *ou* secondary road ◆ **~ de montagne** mountain road ◆ **prenez la ~ de Lyon** take the road to Lyon *ou* the Lyon road ◆ **"route barrée"** "road closed"; → **barrer, grand-route**

b *(= moyen de transport)* **la ~** road ◆ **la ~ est plus économique que le rail** road is cheaper than rail ◆ **la ~ est meurtrière** the road is a killer ◆ **arriver par la ~** to arrive by road ◆ **faire de la ~** to do a lot of mileage; → **accident, blessé, code**

c *(= chemin à suivre)* way; *(Naut = direction, cap)* course ◆ **je ne l'emmène pas, ce n'est pas (sur) ma ~** I'm not taking him – it's not on my way ◆ **indiquer/montrer la ~ à qn** to point out/show the way to sb ◆ **perdre/retrouver sa ~** to lose/find one's way

d *(= ligne de communication)* route ◆ **~ aérienne/maritime** air/sea route ◆ **la ~ du sel/de l'opium/des épices** the salt/opium/spice route *ou* trail ◆ **la ~ de la soie** the Silk Road *ou* Route ◆ **la ~ des vins** the wine trail ◆ **la ~ des Indes** the route to India

e *(= trajet)* trip, journey *(Brit)* ◆ **bonne ~ !** have a good trip! *ou* journey! *(Brit)* ◆ **carnet** *ou* **journal de ~** travel diary *ou* journal ◆ **la ~ sera longue** *(gén)* it'll be a long journey; *(en voiture)* it'll be a long drive *ou* ride ◆ **il y a trois heures de ~** *(en voiture)* it's a three-hour drive *ou* ride *ou* journey *(Brit)*; *(à bicyclette)* it's a three-hour (cycle-)ride ◆ **ils ont fait toute la ~ à pied/à bicyclette** they walked/cycled the whole way, they did the whole journey *(Brit)* on foot/by bicycle; → **compagnon**

f *(= ligne de conduite, voie)* path, road, way ◆ **la ~ à suivre** the path *ou* road to follow ◆ **la ~ du bonheur** the road *ou* path *ou* way to happiness ◆ **nos ~s se sont croisées** our paths crossed ◆ **votre ~ est toute tracée** your path is set out for you ◆ **être sur la bonne ~** *(dans la vie)* to be on the right road *ou* path; *(dans un problème)* to be on the right track ◆ **remettre qn sur la bonne ~** to put sb back on the right road *ou* path *ou* track ◆ **c'est lui qui a ouvert la ~** he's the one who opened (up) the road *ou* way; → **faux²**

g *(loc)* **faire ~** *(Naut)* to be under way ◆ **faire ~ avec qn** to travel with sb ◆ **prendre la ~** to start out, to set off *ou* out, to get under way ◆ **reprendre la ~, se remettre en ~** to start out again, to set off *ou* out again, to resume one's journey *(Brit)* ◆ **en cours de ~** *(lit, fig)* along the way ◆ **tenir la ~** *[voiture]* to hold the road; * *[matériel]* to be well-made *ou* serviceable; * *[argument, raisonnement]* to hold water; *[solution, politique]* to be viable ◆ **tracer la ~** * to push ahead

◆ **en route** on the way *ou* journey *(Brit)*, en route ◆ **en ~ !** let's go!, let's be off! ◆ **en ~, mauvaise troupe !** *(hum)* off we go! ◆ **en ~ pour** bound for, heading for, on its way to ◆ **avoir plusieurs projets en ~** to have several projects on the go ◆ **mettre en ~** *[+ machine, moteur]* to start (up); *[+ processus, projet, réforme]* to set in motion, to get under way ◆ **mettre le repas en ~** to get the meal started ◆ **ils ont attendu longtemps avant de mettre un bébé en ~** they waited a long time before starting a family ◆ **remettre en ~ le moteur/le processus de paix** to restart the engine/the peace process, to get the engine/peace process going again ◆ **mise en ~** *[de machine]* starting up; *[de processus, projet]* setting in motion ◆ **la mise en ~ des réformes sera difficile** it will be difficult to implement the reforms *ou* to get the reforms under way ◆ **depuis la remise en ~ des machines** since the machines have been restarted *ou* started up again ◆ **ils envisagent la remise en ~ de l'usine** they're considering bringing the factory back into operation ◆ **se mettre en ~** to start out, to set off *ou* out, to get under way ◆ **se remettre en ~** to start out again, to set off *ou* out again, to resume one's journey *(Brit)*

**router** /rute/ ▸ conjug 1 ◂ VT a *[+ journaux]* to pack and mail; *(Ordin) [+ informations, fichiers, messages]* to route b *(Naut)* to plot a course for

**routeur, -euse** /rutœr, øz/ NM,F *(Naut)* route planner NM *(Ordin)* router

**routier, -ière** /rutje, jɛr/ ADJ *[carte, circulation, réseau, transport]* road *(épith)*; → **gare¹** NM *(= camionneur)* long-distance truck *ou* lorry *(Brit)* driver; *(= restaurant)* ≈ roadside café, transport café *(Brit)*, truckstop *(US)*; *(= cycliste)* road racer *ou* rider; *(Naut = carte)* route chart; († = *scout*) rover ◆ **un vieux ~ de la politique** a wily old politician, an old hand at politics NF **routière** *(= voiture)* touring car, tourer *(Brit)*; *(= moto)* road bike ◆ **grande routière** high-performance touring car *ou* tourer *(Brit)*

**routine** /rutin/ NF a *(= habitude)* routine ◆ **la ~ quotidienne** the daily routine *ou* grind ◆ **s'enfoncer/tomber dans la ~** to settle/fall into a routine ◆ **par ~** as a matter of routine ◆ **contrôle/opération de ~** routine check/operation b *(Ordin)* routine

**routinier, -ière** /rutinje, jɛr/ ADJ *[procédé, travail, vie]* humdrum, routine; *[personne]* routine-minded, addicted to routine *(attrib)* ◆ **il a l'esprit ~** he's completely tied to (his) routine ◆ **c'est un travail un peu ~** the work is a bit routine *ou* humdrum ◆ **c'est un ~** he's a creature of habit

**rouvre** /ruvr/ ADJ, NM ◆ **(chêne) ~** durmast *ou* sessile oak

**rouvrir** /ruvrir/ ▸ conjug 18 ◂ VT *(gén)* to reopen; *[+ porte, yeux]* to reopen, to open again ◆ **le stade rouvrira ses portes dimanche** the stadium will reopen its doors on Sunday VI *[magasin, musée, théâtre]* to reopen, to open again VPR **se rouvrir** *[porte]* to reopen, to open again; *[plaie, blessure]* to open up again, to reopen

**roux, rousse²** /ru, rus/ ADJ *[cheveux] (foncé)* red, auburn; *(clair)* ginger; *[barbe] (foncé)* red; *(clair)* ginger; *[pelage, robe, feuilles]* russet, reddish-brown; → **blond, lune** NM,F redhead NM a *(= couleur) [de cheveux]* red, auburn; *[de barbe]* red; *(= orangé)* ginger; *[de pelage, robe feuille]* russet, reddish-brown ◆ **cheveux d'un ~ flamboyant** flaming red hair b *(Culin)* roux

**royal, e** (mpl **-aux**) /rwajal, o/ ADJ a *(gén)* royal ◆ **la famille ~e** the Royal Family *ou* royal family; → **gelée², voie** b *[magnificence, maintien]* kingly, regal; *[cadeau, demeure, repas]* fit for a king *(attrib)*; *[salaire]* princely; → **aigle, tigre** c *(intensif) [indifférence, mépris]* majestic, lofty, regal ◆ **il m'a fichu une paix ~e** * he left me in perfect peace NF a * **la Royale** *(Naut)* the French Navy b *(Culin)* **lièvre à la ~e** hare royale

**royalement** /rwajalmɑ̃/ ADV a *(= magnifiquement, généreusement)* **vous serez traité ~** you will be treated like a king ◆ **il l'a reçue ~** he gave her a wonderful reception ◆ **il a accueilli ~ la presse internationale** he gave a lavish welcome to the international press ◆ **ils sont payés ~ 1 000 € brut par mois** they are paid the princely sum of €1,000 a month b *(= complètement)* * **il se moque ~ de sa situation** * he couldn't care less * *ou* he doesn't care two hoots * about his position

> ⚠ *Le mot* **royally** *existe, mais les traductions données ici sont plus courantes.*

**royalisme** /rwajalism/ NM royalism

**royaliste** /rwajalist/ ADJ royalist ◆ **être plus ~ que le roi** *(fig)* to carry things to extremes, to be more Catholic than the Pope ◆ **puisqu'on ne te demande rien, pourquoi être plus ~ que le roi ?** since you haven't been asked to do anything, why put yourself out? *ou* why be so zealous? NMF royalist

**royalties** /rwajalti/ NFPL royalties ◆ **toucher des ~** to receive royalties

**royaume** /rwajom/ NM *(lit)* kingdom, realm; *(fig = domaine)* domain ◆ **le vieux grenier était**

**son** ~ the old attic was his domain ◆ **le ~ céleste** *ou* **des cieux** *ou* **de Dieu** *(Rel)* the kingdom of heaven *ou* God ◆ **le ~ des morts** the kingdom of the dead ◆ **le ~ des ombres** the land of the shades, the valley of the shadows ◆ **au ~ des aveugles les borgnes sont rois** *(Prov)* in the kingdom of the blind the one-eyed man is king *(Prov)*

**Royaume-Uni** /ʀwajomyni/ **NM** ◆ **le ~ (de Grande-Bretagne et d'Irlande du Nord)** the United Kingdom (of Great Britain and Northern Ireland)

**royauté** /ʀwajote/ **NF** *(= régime)* monarchy; *(= fonction, dignité)* kingship

**RP** **NM** (abrév de **Révérend Père**) → **révérend** **NF** (abrév de **recette principale**) → **recette** **NFPL** (abrév de **relations publiques**) PR

**RPR** /ɛʀpeɛʀ/ **NM** (abrév de **Rassemblement pour la République**) *centre-right political party*

**RSVP** /ɛʀɛsvepe/ (abrév de **répondez s'il vous plaît**) RSVP

**Rte** abrév de **route**

**RTT** /ɛʀtete/ **NF** (abrév de **réduction du temps de travail**) reduction of working hours

**RU** /ʀy/ **NM** (abrév de **restaurant universitaire**) → **restaurant**

**ru** † /ʀy/ **NM** brook, rivulet *(littér)*

**ruade** /ʀɥad/ **NF** kick ◆ **tué par une ~** killed by a kick from a horse ◆ **le cheval lui a cassé la jambe d'une ~** the horse kicked *ou* lashed out at him and broke his leg ◆ **décocher** *ou* **lancer une ~** to lash *ou* kick out

**ruban** /ʀybɑ̃/ **NM** *(gén, fig)* ribbon; *[de machine à écrire]* ribbon; *[de couture, ourlet]* binding, tape ◆ **le ~ (rouge)** *(de la Légion d'honneur) the ribbon of the Légion d'Honneur* ◆ **le ~ argenté du Rhône** *(fig)* the silver ribbon of the Rhone ◆ **le double ~ de l'autoroute** the two *ou* twin lines of the motorway; → LÉGION D'HONNEUR **COMP** ▷ **ruban d'acier** steel band *ou* strip ▷ **ruban adhésif** adhesive tape, sticky tape ▷ **le ruban bleu** *(Naut)* the Blue Riband *ou* Ribbon *(of the Atlantic)* ◆ **détenir le ~ bleu (de qch)** *(fig)* to be the world leader (in sth) ▷ **ruban de chapeau** hat band ▷ **ruban d'eau** *(Bot)* bur reed ▷ **ruban encreur** typewriter ribbon ▷ **ruban isolant** insulating tape ▷ **ruban perforé** *(Ordin)* paper tape

**rubato** /ʀybato/ **ADV, NM** rubato

**rubéole** /ʀybeɔl/ **NF** German measles *(sg)*, rubella *(SPÉC)*

**Rubicon** /ʀybikɔ̃/ **NM** Rubicon; → **franchir**

**rubicond, e** /ʀybikɔ̃, ɔ̃d/ **ADJ** rubicund, ruddy

**rubidium** /ʀybidjɔm/ **NM** rubidium

**rubis** /ʀybi/ **NM** *(= pierre)* ruby; *(= couleur)* ruby (colour); *[d'horloge, montre]* jewel; → **payer** **ADJ INV** ruby(-coloured)

**rubrique** /ʀybʀik/ **NF** **a** *(= article, chronique)* column ◆ **~ sportive/littéraire/des spectacles** sports/literary/entertainments column ◆ **il tient la ~ scientifique du journal** he writes the newspaper's science column **b** *(= catégorie, titre)* heading, rubric ◆ **sous cette même ~** under the same heading *ou* rubric **c** *(Rel)* rubric

**ruche** /ʀyʃ/ **NF** **a** *(en bois)* (bee) hive; *(en paille)* (bee) hive, skep *(SPÉC)*; *(= essaim)* hive ◆ **nos bureaux sont une véritable ~** *ou* **une ~ bourdonnante** *(fig)* our offices are a real hive of activity **b** *(Couture)* ruche

**ruché** /ʀyʃe/ **NM** *(Couture)* ruching *(NonC)*, ruche

**rucher** /ʀyʃe/ **NM** apiary

**rude** /ʀyd/ **ADJ** **a** *(= rêche) [surface, barbe, peau]* rough; *(= rauque) [voix, sons]* harsh **b** *[métier, vie, combat]* hard, tough; *[montée]* stiff, tough, hard; *[adversaire]* tough; *[climat, hiver]* harsh, hard, severe ◆ **c'est un ~ coup pour elle/notre équipe** it's a hard *ou* harsh *ou* severe blow for her/our team ◆ **être mis à ~ épreuve** *[personne]* to be severely tested, to be put through the mill; *[tissu, métal]* to receive *ou* have rough treatment ◆ **mes nerfs ont été mis à ~ épreuve** it was a great strain on my nerves ◆ **il a été à ~ école dans sa jeunesse** he learned life the hard way when he was young, he went to the school of hard knocks ◆ **en faire voir de ~s à qn** to give sb a hard *ou* tough time ◆ **en voir de ~s** to have a hard *ou* tough time (of it) **c** *(= fruste) [manières]* unpolished, crude, unrefined; *[traits]* rugged; *[montagnards]* rugged, tough **d** *(= sévère, bourru) [personne, caractère]* harsh, hard, severe; *[manières]* rough ◆ **tu as été trop ~ avec elle** you were too hard on her **e** *(* : intensif)* **un ~ gaillard** a hearty fellow ◆ **avoir un ~ appétit/estomac** to have a hearty appetite/an iron stomach ◆ **il a une ~ veine** he's a lucky beggar* *(Brit) ou* son-of-a-gun* *(US)* ◆ **ça m'a fait une ~ peur** it gave me a dreadful *ou* real fright ◆ **recevoir un ~ coup de poing** to get a real *ou* proper* *(Brit)* thump

> ⚠ **rude** *se traduit rarement par* **rude**, *qui a le sens de 'impoli'.*

**rudement** /ʀydmɑ̃/ **ADV** **a** *[heurter, frapper, tomber]* hard; *[répondre]* harshly; *[traiter]* roughly, harshly **b** *(* = très) [bon, content]* terribly*, awfully*, jolly* *(Brit)*; *[cher, fatigant, mauvais]* dreadfully, terribly, awfully ◆ **il a fallu ~ travailler** we had to work really hard ◆ **elle danse ~ bien** she dances awfully *ou* jolly *(Brit)* well, she's quite a dancer ◆ **ça me change ~ de faire ça** it's a real change *ou* quite a change for me to do that ◆ **elle avait ~ changé** she had really changed, she hadn't half changed* *(Brit)* ◆ **il est ~ plus généreux que toi** he's a great deal *ou* darned sight* more generous than you ◆ **j'ai eu ~ peur** it gave me a dreadful *ou* real fright

**rudesse** /ʀydɛs/ **NF** **a** *[de surface, barbe, peau]* roughness; *[de voix, sons]* harshness **b** *[de métier, vie, combat, montée]* hardness, toughness; *[d'adversaire]* toughness; *[de climat, hiver]* harshness, hardness, severity **c** *[de manières]* crudeness; *[de traits]* ruggedness; *[de montagnards]* ruggedness, toughness **d** *[de personne, caractère]* harshness, hardness, severity; *[de manières]* roughness ◆ **traiter qn avec ~** to treat sb roughly *ou* harshly

**rudiment** /ʀydimɑ̃/ **NM** *(Anat, Zool)* rudiment **NMPL** **rudiments** *[de discipline]* rudiments; *[de système, théorie]* principles ◆ **~s d'algèbre** principles *ou* rudiments of algebra ◆ **avoir quelques ~s de chimie** to have some basic knowledge of chemistry, to know some basic chemistry ◆ **avoir quelques ~s d'anglais** to have a smattering of English *ou* some basic knowledge of English ◆ **nous n'en sommes qu'aux ~s, on en est encore aux ~s** we're still at a rudimentary stage

**rudimentaire** /ʀydimɑ̃tɛʀ/ **ADJ** *(gén)* rudimentary; *[connaissances]* rudimentary, elementary ◆ **les installations de l'hôpital sont très ~s** the hospital facilities are rather rough-and-ready *ou* a bit basic ◆ **elle parle un anglais ~** she speaks basic English

**rudoiement** /ʀydwamɑ̃/ **NM** *(littér)* rough *ou* harsh treatment

**rudologie** /ʀydolɔʒi/ **NF** garbology

**rudoyer** /ʀydwaje/ ▸ conjug 8 ◂ **VT** to treat harshly

**rue¹** /ʀy/ **NF** **a** *(= voie, habitants)* street ◆ **~ à sens unique** one-way street ◆ **scènes de la ~** street scenes ◆ **élevé dans la ~** brought up in the street(s) ◆ **être à la ~** to be on the streets ◆ **jeter qn à la ~** to put sb out *ou* throw sb out (into the street) ◆ **descendre dans la ~** *(= manifester)* to take to the streets; → **coin, combat, piéton², plein** *etc* **b** *(péj = populace)* **la ~** the mob

> **Rue**
>
> Many Paris street names are used, especially in the press, to refer to the famous institutions that have their homes there. The Ministry of Education is on the **rue de Grenelle**; the **rue de Solférino** refers to Socialist Party headquarters; the **rue d'Ulm** is where the « École normale supérieure » is situated, and the **rue de Valois** is the home of the Ministry of Culture. → QUAI

**rue²** /ʀy/ **NF** *(= plante)* rue

**ruée** /ʀɥe/ **NF** rush; *(péj)* stampede ◆ **à l'ouverture, ce fut la ~ vers l'entrée du magasin** when the shop opened, there was a (great) rush *ou* a stampede for the entrance, as soon as the doors opened there was a stampede *ou* a mad scramble to get into the shop ◆ **la ~ des touristes ne prend fin qu'à l'automne** the influx of tourists doesn't tail off until the autumn, the tourist invasion doesn't end until the autumn ◆ **dès que quelqu'un prend sa retraite ou démissionne, c'est la ~** *(fig)* the moment someone retires or resigns there's a scramble for their job ◆ **dans la ~, il fut renversé** he was knocked over in the rush *ou* stampede ◆ **cet événement a entraîné une ~ sur le dollar** this event caused a run on the dollar ◆ **la ~ vers l'or** the gold rush

**ruelle** /ʀɥɛl/ **NF** *(= rue)* alley(way), lane; †† *[de chambre]* ruelle †, space (between bed and wall); *(Hist, Littérat)* ruelle *(room used in 17th century to hold literary salons)*

**ruer** /ʀɥe/ ▸ conjug 1 ◂ **VI** *[cheval]* to kick (out) ◆ **~ dans les brancards** *(fig)* to rebel, to kick over the traces **VPR** **se ruer** ◆ **se ~ sur** *[+ article en vente, nourriture, personne]* to pounce on; *[+ emplois vacants]* to fling o.s. at, to pounce at ◆ **se ~ vers** *[+ porte, sortie]* to dash *ou* rush for *ou* towards ◆ **se ~ dans/hors de** *[+ maison, pièce]* to dash *ou* rush *ou* tear into/out of ◆ **se ~ dans l'escalier** *(monter)* to tear *ou* dash up the stairs; *(descendre)* to tear down the stairs, to hurl o.s. down the stairs ◆ **se ~ à l'assaut** to hurl *ou* fling o.s. into the attack

**ruf(f)ian** /ʀyfjɑ̃/ **NM** *(littér, = aventurier)* rogue

**ruflette** ® /ʀyflɛt/ **NF** curtain *ou* heading tape

**rugby** /ʀygbi/ **NM** rugby (football) ◆ **~ à quinze** Rugby Union ◆ **~ à treize** Rugby League ◆ **jouer au ~, faire du ~** to play rugby

**rugbyman** /ʀygbiman/ (pl **rugbymen** /ʀygbimɛn/) **NM** rugby player

> ⚠ **rugbyman** *ne se traduit pas par* **rugby man**, *qui n'existe pas en anglais.*

**rugir** /ʀyʒiʀ/ ▸ conjug 2 ◂ **VI** *[fauve, mer, moteur]* to roar; *[vent, tempête]* to howl, to roar ◆ **~ de douleur** to howl *ou* roar with pain ◆ **~ de colère** to bellow *ou* roar with anger ◆ **faire ~ son moteur** to rev (up) one's engine **VT** *[+ ordres, menaces]* to roar *ou* bellow out

**rugissant, e** /ʀyʒisɑ̃, ɑ̃t/ **ADJ** roaring, howling; → **quarantième**

**rugissement** /ʀyʒismɑ̃/ **NM** *[de fauve, mer, moteur]* roar, roaring *(NonC)*; *[de vent, tempête]* howl, howling *(NonC)* ◆ ~ **de douleur** howl *ou* roar of pain ◆ ~ **de colère** roar of anger ◆ **j'entendais des ~s de lions** I could hear lions roaring *ou* the roar of lions ◆ **pousser un ~ de rage** to roar with anger

**rugosité** /ʀygozite/ **NF** a *(NonC)* *[d'écorce, surface, vin]* roughness; *[de peau, tissu]* roughness, coarseness; *[de sol]* ruggedness, roughness, bumpiness b *(= aspérité)* rough patch, bump ◆ **poncer les ~s** to sand down the rough areas

**rugueux, -euse** /ʀygø, øz/ **ADJ** *[écorce, surface, vin]* rough; *[peau, tissu]* rough, coarse; *[sol]* rugged, rough, bumpy

**Ruhr** /ʀuʀ/ **NF** ◆ **la** ~ the Ruhr

**ruine** /ʀɥin/ **NF** a *(= décombres, destruction, perte de fortune)* ruin ◆ **~s romaines** Roman ruins ◆ **acheter une ~ à la campagne** to buy a ruin in the country ◆ ~ **(humaine)** *(péj)* (human) wreck ◆ **causer la ~ de** *[+ monarchie]* to bring about the ruin *ou* downfall of; *[+ carrière, réputation, santé]* to ruin, to bring about the ruin of; *[+ banquier, entreprise]* to ruin, to bring ruin upon ◆ **c'est la ~ de tous mes espoirs** that means the ruin of *ou* that puts paid to *(Brit)* all my hopes ◆ **courir** *ou* **aller à sa ~** to be on the road to ruin, to be heading for ruin

♦ **en ruine(s)** in ruin(s), ruined *(épith)* ◆ **tomber en ~** to fall in ruins

b *(= acquisition coûteuse)* ◆ **cette voiture est une vraie ~** that car will ruin me ◆ **20 €, c'est pas la ~ !** * 20 euros won't break the bank! *

**ruiner** /ʀɥine/ ► conjug 1 ◄ **VT** a *[+ pays, personne]* to ruin, to cause the ruin of ◆ **ça ne va pas te ~ !** * it won't break * *ou* ruin you! b *[+ réputation, santé]* to ruin; *[+ carrière]* to ruin, to wreck; *[+ espoirs]* to shatter, to dash, to ruin; *[+ efforts]* to destroy, to ruin

**VPR** **se ruiner** *(= dépenser tout son argent)* to ruin *ou* bankrupt o.s.; *(fig = dépenser trop)* to spend a fortune ◆ **se ~ en fleurs** to spend a fortune on flowers ◆ **quelques conseils pour partir en vacances sans se ~** a few tips for going on holiday without spending a fortune *ou* breaking the bank * ◆ **se ~ au jeu** to lose all one's money gambling

**ruineux, -euse** /ʀɥinø, øz/ **ADJ** *[goût]* extravagant; *[acquisition, voiture]* *(prix élevé)* ruinously expensive; *(entretien coûteux)* expensive to run *(ou* keep) ◆ **ce n'est pas ~ !** it won't break the bank!

**ruisseau** (pl **ruisseaux**) /ʀɥiso/ **NM** a *(= cours d'eau)* stream, brook ◆ **des ~x de** *(fig)* *[+ larmes]* floods of; *[+ lave, sang]* streams of; → **petit** b *(= caniveau)* gutter ◆ **élevé dans le ~** *(fig)* brought up in the gutter ◆ **tirer qn du ~** *(fig)* to pull *ou* drag sb out of the gutter

**ruisselant, e** /ʀɥis(ə)lɑ̃, ɑ̃t/ **ADJ** *[visage]* streaming; *[personne]* dripping wet, streaming ◆ **le mur était ~** the wall had water running down it ◆ **son front ~ de sueur** his forehead bathed in *ou* dripping with sweat ◆ **le visage ~ de larmes** his face streaming with tears, with tears streaming down his face

**ruisseler** /ʀɥis(ə)le/ ► conjug 4 ◄ **VI** a *(= couler)* *[lumière]* to stream; *[cheveux]* to flow, to stream *(sur* over); *[liquide, pluie]* to stream, to flow *(sur* down) b *(= être couvert d'eau)* ~ **(d'eau)** *[mur]* to have water running down it; *[visage]* to stream (with water) ◆ ~ **de lumière/larmes** to stream with light/tears ◆ ~ **de sueur** to drip *ou* stream with sweat

**ruisselet** /ʀɥis(ə)lɛ/ **NM** rivulet, brooklet

**ruissellement** /ʀɥisɛlmɑ̃/ **NM** ◆ **le ~ de la pluie/de l'eau sur le mur** the rain/water streaming *ou* running *ou* flowing down the wall ◆ **eaux de ~** runoff ◆ **le ~ de sa chevelure sur ses épaules** her hair flowing *ou* tumbling over her shoulders ◆ **un ~ de pierreries** a glistening *ou* glittering cascade of jewels ◆ **ébloui par ce ~ de lumière** dazzled by this stream of light **COMP** ▷ **ruissellement pluvial** *(Géol)* run-off

**rumba** /ʀumba/ **NF** rumba

**rumeur** /ʀymœʀ/ **NF** a *(= nouvelle imprécise)* rumour ◆ **selon certaines ~s, elle ...** rumour has it that she ..., it is rumoured that she ... ◆ **il dément les ~s selon lesquelles le boxeur était dopé** he denies the rumours that the boxer was doped ◆ **si l'on en croit la ~ publique, il ...** if you believe what is publicly rumoured, he ... ◆ **faire courir de fausses ~s** to spread rumours b *(= son)* *[de vagues, vent]* murmur(ing) *(NonC)*; *[de circulation, rue, ville]* hum *(NonC)*; *[d'émeute]* rumbling; *[de bureau, conversation]* buzz *(NonC)* c *(= protestation)* rumblings ◆ ~ **de mécontentement** rumblings of discontent ◆ **une ~ s'éleva** *ou* **des ~s s'élevèrent de la foule** angry sounds rose up from the crowd

**ruminant, e** /ʀyminɑ̃/ **ADJ, NM** *(Zool)* ruminant

**rumination** /ʀyminasjɔ̃/ **NF** *(Zool)* rumination

**ruminer** /ʀymine/ ► conjug 1 ◄ **VT** *(Zool)* to ruminate; *[+ projet]* to ruminate on *ou* over, to chew over; *[+ chagrin]* to brood over; *[+ vengeance]* to ponder, to meditate ◆ **toujours dans son coin à ~ (ses pensées)** always in his corner chewing the cud *ou* chewing things over *ou* pondering (things) **VI** *(Zool)* to ruminate, to chew the cud

**rumsteck** /ʀɔmstɛk/ **NM** ⇒ **romsteck**

**rune** /ʀyn/ **NF** *(Ling)* rune

**runique** /ʀynik/ **ADJ** *(Ling)* runic

**rupestre** /ʀypɛstʀ/ **ADJ** a *(Art)* rupestrian *(SPÉC)*, rupestral *(SPÉC)*, rock *(épith)* ◆ **peintures ~s** *(gén)* rock paintings; *(dans une grotte)* cave *ou* rock paintings b *(Bot)* rupestrine *(SPÉC)*, rock *(épith)*

**rupin, e** ‡ /ʀypɛ̃, in/ **ADJ** *[appartement, quartier]* ritzy ‡, plush *, swanky *; *[personne]* stinking *ou* filthy rich ‡ **NM,F** rich person ◆ **c'est un ~** he's rolling in it * ◆ **les ~s** the rich

**rupteur** /ʀyptœʀ/ **NM** (contact) breaker

**rupture** /ʀyptyʀ/ **NF** a *(= annulation)* *[de relations diplomatiques]* breaking off, severing, rupture; *[de fiançailles, pourparlers]* breaking off ◆ **la ~ du traité/contrat par ce pays** the breach of the treaty/contract by this country ◆ **après la ~ des négociations** after negotiations broke down, after the breakdown of the negotiations ◆ **la ~ de leurs fiançailles m'a surpris** I was surprised when they broke off their engagement ◆ **la ~ du jeûne** the breaking of the fast ◆ **il est 19h05, l'heure de ~ du jeûne** it's five past seven, when fasting ends

♦ **en rupture** ◆ **des jeunes en ~ familiale** young people who have broken off relations with their families ◆ **il est en ~ avec son parti** he has broken with his party ◆ **être en ~ avec le monde/les idées de son temps** to be at odds with the world/the ideas of one's time ◆ **cette initiative est en ~ avec la tradition** this initiative marks a break with tradition

b *(= séparation amoureuse)* break-up, split ◆ **sa ~ (d')avec Louise** his split *ou* break-up with Louise ◆ ~ **passagère** temporary break-up

c *(= cassure, déchirure)* *[de câble, branche, corde, poutre]* breaking; *[de digue]* bursting, breach(ing); *[de veine]* bursting, rupture; *[d'organe]* rupture; *[de tendon]* rupture, tearing ◆ **en cas de ~ du barrage** should the dam burst ◆ **point de ~** *(gén)* breaking point; *(Ordin)* breakpoint

d *(= solution de continuité)* break ◆ ~ **entre le passé et le présent** break between the past and the present ◆ ~ **de rythme** (sudden) break in (the) rhythm ◆ ~ **de ton** abrupt change in *ou* of tone ◆ **la ~ d'approvisionnement provoquée par les grèves** the disruption in supplies caused by the strikes ◆ **cela marque une ~ avec la tendance des années précédentes** this marks a break with the tendency of the preceding years

**COMP** ▷ **rupture d'anévrisme** aneurysmal rupture ▷ **rupture de ban** *illegal return from banishment* ◆ **en ~ de ban** *(Jur)* *illegally returning from banishment*; *(fig)* in defiance of the accepted code of conduct ◆ **en ~ de ban avec la société** at odds with society ▷ **rupture de charge** *(Transport)* transshipment ▷ **rupture de circuit** *(Élec)* break in the circuit ▷ **rupture de contrat** breach of contract ▷ **rupture de direction** steering failure ▷ **rupture d'équilibre** *(lit)* loss of balance ◆ **une ~ d'équilibre est à craindre entre ces nations** *(fig)* an upset in the balance of power is to be feared among these states ▷ **rupture d'essieu** broken axle ▷ **rupture du jeûne** breaking of a fast ▷ **rupture de pente** change of incline *ou* gradient ▷ **rupture de séquence** *(Ordin)* jump ▷ **rupture de stock** stock shortage, stockout *(US)* ◆ **être en ~ de stock** to be out of stock

**rural, e** (mpl **-aux**) /ʀyʀal, o/ **ADJ** *(gén)* country *(épith)*, rural; *(Admin)* rural ◆ **le monde ~** *(gén)* rural society; *(= agriculteurs)* the farming community; → **exode** **NM,F** country person, rustic ◆ **les ruraux** country people, countryfolk

**rurbain, e** /ʀyʀbɛ̃, ɛn/ **ADJ** ◆ **l'espace ~** the outer suburbs **NM,F** person who lives in the outer suburbs

**ruse** /ʀyz/ **NF** a *(NonC, pour gagner, obtenir un avantage)* cunning, craftiness, slyness; *(pour tromper)* trickery, guile ◆ **obtenir qch par ~** to obtain sth by *ou* through trickery *ou* by guile b *(= subterfuge)* trick, ruse ◆ ~ **de guerre** *(lit, hum)* stratagem, tactics ◆ **avec des ~s de Sioux** with crafty tactics

**rusé, e** /ʀyze/ (ptp de **ruser**) **ADJ** *[personne]* cunning, crafty, sly, wily; *[air]* sly, wily ◆ ~ **comme un (vieux) renard** as sly *ou* cunning as a fox ◆ **c'est un ~** he's a crafty *ou* sly one

**ruser** /ʀyze/ ► conjug 1 ◄ **VI** *(= être habile)* *(pour gagner, obtenir un avantage)* to use cunning; *(pour tromper)* to use trickery ◆ **ne ruse pas avec moi !** don't try and be clever *ou* smart * with me! ◆ **il va falloir ~ si l'on veut entrer** we'll have to use a bit of cunning *ou* be a bit crafty if we want to get in

**rush** /ʀœʃ/ **NM** *(= afflux)* rush; *(Ciné)* rush

**russe** /ʀys/ **ADJ** Russian ◆ **boire à la ~** to drink (and cast one's glass aside) in the Russian style; → **montagne, roulette** **NM** *(Ling)* Russian **NMF** **Russe** Russian ◆ **Russe blanc(he)** White Russian

**Russie** /ʀysi/ **NF** Russia ◆ **la ~ blanche** White Russia ◆ **la ~ soviétique** Soviet Russia

**russification** /ʀysifikasjɔ̃/ **NF** russianization, russification

**russifier** /ʀysifje/ ► conjug 7 ◄ **VT** to russianize, to russify

**russophile** /ʀysɔfil/ **ADJ, NMF** Russophil(e)

**russophone** /ʀysɔfɔn/ **ADJ** *[population, communauté, minorité]* Russian-speaking **NMF** *(= personne)* Russian speaker

**rustaud, e** /ʀysto, od/ **ADJ** countrified, rustic **NM,F** *(péj)* country bumpkin, yokel, hillbilly *(US)*

**rusticité** /ʀystisite/ NF a *[de manières, personne]* rustic simplicity, rusticity *(littér)* b *(Agr)* hardiness

**rustine** ® /ʀystin/ NF rubber repair patch *(for bicycle tyre)* ◆ **il ne suffira pas de coller quelques ~s pour sauver l'entreprise** *(fig)* it'll take more than stopgap measures *ou* cosmetic improvements to save the company

**rustique** /ʀystik/ ADJ a *[mobilier]* rustic; *[maçonnerie]* rustic, rusticated ◆ **bois ~** rustic wood b *(littér) [maison]* rustic *(épith)*; *[manières, vie]* rustic, country *(épith)* c *(Agr)* hardy NM *(= style)* rustic style ◆ **meubler une maison en ~** to furnish a house in the rustic style *ou* with rustic furniture

**rustre** /ʀystʀ/ NM a *(péj = brute)* lout, boor b *(† = paysan)* peasant ADJ brutish, boorish

**rut** /ʀyt/ NM *(= état) [de mâle]* rut; *[de femelle]* heat; *(= période) [de mâle]* rutting (period); *[de femelle]* heat period ◆ **être en ~** *[mâle]* to be rutting; *[femelle]* to be on *(Brit) ou* in *(US)* heat

**rutabaga** /ʀytabaga/ NM swede, rutabaga *(US)*

**ruthénium** /ʀytenjɔm/ NM ruthenium

**rutilant, e** /ʀytilɑ̃, ɑ̃t/ ADJ *(= brillant)* brightly shining, gleaming; *(= rouge ardent)* rutilant ◆ **vêtu d'un uniforme ~** very spick and span *ou* very spruce in his uniform

**rutiler** /ʀytile/ ▸ conjug 1 ◂ VI to gleam, to shine brightly

**rv** abrév de **rendez-vous**

**Rwanda** /ʀwɑ̃da/ NM Rwanda

**rwandais, e** /ʀwɑ̃dɛ, ɛz/ ADJ Rwandan NM,F **Rwandais(e)** Rwandan

**rythme** /ʀitm/ NM a *(Art, Littérat, Mus)* rhythm ◆ **marquer le ~** to beat time ◆ **au ~ de** *(Mus)* to the beat *ou* rhythm of ◆ **avoir le sens du ~** to have a sense of rhythm ◆ **une pièce qui manque de ~** *(Théât)* a slow-moving play

b *(= cadence) [de cœur, respiration, saisons]* rhythm ◆ **interrompant le ~ de sa respiration** interrupting the rhythm of his breathing

c *(= vitesse) [de respiration]* rate; *[de battements du cœur]* rate, speed; *[de travail, vie]* tempo, pace; *[de production]* rate ◆ **à un ~ infernal/régulier** at a phenomenal *ou* terrific/steady rate ◆ **le ~ soutenu de la croissance économique** the sustained rate of economic growth ◆ **~ cardiaque** (rate of) heartbeat ◆ **~ biologique** biological rhythm ◆ **les ~s scolaires** the way the school year is organized *ou* divided up ◆ **à ce ~-là, il ne va plus en rester** at that rate there won't be any left ◆ **il n'arrive pas à suivre le ~** he can't keep up (the pace) ◆ **produire des voitures au ~ de 1 000 par jour** to produce cars at the rate of 1,000 a *ou* per day

**rythmé, e** /ʀitme/ (ptp de **rythmer**) ADJ rhythmic(al) ◆ **bien ~** highly rhythmic(al)

**rythmer** /ʀitme/ ▸ conjug 1 ◂ VT *(= cadencer) [+ phrase, prose, travail]* to give rhythm to, to punctuate ◆ **les saisons rythmaient leur vie** their lives were governed by the rhythm of the seasons

**rythmique** /ʀitmik/ ADJ rhythmic(al); → **section** NF *(Littérat)* rhythmics *(sg)* ◆ **la (danse) ~** rhythmics *(sg)*

# S

**S¹, s¹** /ɛs/ **NM** **a** *(= lettre)* S, s **b** *(= figure)* zigzag; *(= virages)* double bend, S bend ◆ **faire des s** to zigzag ◆ **en s** *[route]* zigzagging *(épith)*, winding; *[barre]* S-shaped

**S²** (abrév de **Sud**) S

**s²** (abrév de **seconde**) s

**s'** /s/ → **se, si¹**

**s/** abrév de **sur**

**SA** /ɛsa/ **NF** (abrév de **société anonyme**) *(gén)* limited company; *(ouverte au public)* public limited company ◆ **Raymond** ~ Raymond Ltd *(Brit)*, Raymond Inc. *(US)*; *(ouverte au public)* Raymond plc

**sa** /sa/ **ADJ POSS** → **son¹**

**Saba** /saba/ **NF** Sheba ◆ **la reine de** ~ the Queen of Sheba

**sabayon** /sabajɔ̃/ **NM** *(= dessert)* zabaglione; *(= sauce)* sabayon

**sabbat** /saba/ **NM** **a** *(Rel)* Sabbath **b** *(* = bruit)* racket, row * **c** *[de sorcières]* (witches') sabbath

**sabbatique** /sabatik/ **ADJ** *(Rel, Univ)* *[année, congé]* sabbatical ◆ **prendre une année** ~ *(Univ)* to take a sabbatical year *ou* a year's sabbatical (leave); *[étudiant, employé]* to take a year off *ou* out ◆ **être en congé** ~ *(Univ)* to be on sabbatical (leave); *[employé]* to be taking a year off *ou* out

**sabin, e¹** /sabɛ̃, in/ **ADJ** Sabine **NM,F** **Sabin(e)** Sabine; → **enlèvement**

**sabir** /sabiʀ/ **NM** *(= parlé dans le Levant)* sabir; *(Ling)* ≃ pidgin; *(péj = jargon)* jargon; *(incompréhensible)* mumbo jumbo * ◆ **un curieux** ~ **fait de français et d'arabe** a strange mixture of French and Arabic

**sablage** /sɑblaʒ/ **NM** *[d'allée, route]* sanding; *[de façade]* sandblasting

**sable¹** /sɑbl/ **NM** sand ◆ **de** ~ *[dune]* sand *(épith)*; *[fond, plage]* sandy ◆ **vent de** ~ sandstorm ◆ ~**s mouvants** quicksand(s) ◆ **ville ensevelie sous les** ~**s** city buried in the sands ◆ **être sur le** ~ * *(sans argent)* to be (stony *(Brit)* *ou* stone *(US)*) broke *, to be skint * *(Brit)*; *(sans travail)* to be out of a job, to be jobless; → **bac², bâtir, grain, marchand** **ADJ INV** sandy, sand-coloured *(Brit)* *ou* -colored *(US)*

**sable²** /sɑbl/ **NM** *(Hér)* sable

**sablé, e** /sɑble/ (ptp de **sabler**) **ADJ** **a** **gâteau** ~ shortbread biscuit *(Brit)* *ou* cookie *(US)*; → **pâte** **b** *[route]* sandy, sanded **NM** *(= gâteau)* shortbread biscuit *(Brit)* *ou* cookie *(US)*

**sabler** /sɑble/ ► conjug 1 ◄ **VT** **a** *[+ route]* to sand; *[+ façade]* to sandblast **b** ◆ ~ **le champagne** *(lit)* to crack open a bottle of champagne; *(fig)* to celebrate with champagne

**sableux, -euse** /sɑblø, øz/ **ADJ** *[alluvions, sol]* sandy; *[coquillages]* gritty, sandy **NF** **sableuse** *(= machine)* sandblaster

**sablier** /sɑblije/ **NM** *(gén)* hourglass, sandglass; *(Culin)* egg timer

**sablière** /sɑblijɛʀ/ **NF** *(= carrière)* sand quarry; *(Constr)* string-piece; *(Rail)* sand-box

**sablonneux, -euse** /sɑblɔnø, øz/ **ADJ** sandy

**sablonnière** /sɑblɔnjɛʀ/ **NF** sand quarry

**sabord** /sabɔʀ/ **NM** *(Naut)* scuttle ◆ **mille** ~**s !** * *(hum)* blistering barnacles! * *(hum)*

**sabordage** /sabɔʀdaʒ/, **sabordement** /sabɔʀdəmɑ̃/ **NM** *[de bateau]* scuppering, scuttling; *[d'entreprise]* winding up

**saborder** /sabɔʀde/ ► conjug 1 ◄ **VT** *[+ bateau]* to scupper, to scuttle; *[+ entreprise]* to wind up; *[+ négociations, projet]* to put paid to, to scupper **VPR** **se saborder** *(Naut)* to scupper *ou* scuttle one's ship; *[candidat]* to write o.s. off, to scupper one's chances; *[parti]* to wind (itself) up; *[entreprise]* to wind (itself) up, to fold ◆ **il a décidé de se** ~ *(patron)* he decided to wind up the company

**sabot** /sabo/ **NM** **a** *(= chaussure)* clog; → **baignoire, venir** **b** *(Zool)* hoof ◆ **animal à** ~**s** hoofed animal ◆ **le cheval lui donna un coup de** ~ the horse kicked out at him **c** *(* : péj)* **c'est un vrai** ~ † *(voiture, machine)* it's a piece of old junk * ◆ **il travaille comme un** ~ he's a shoddy worker ◆ **il joue comme un** ~ he's a hopeless *ou* pathetic * player **d** *(= toupie)* (whipping) top **e** *(Tech)* *[de pied de table, poteau]* ferrule ◆ ~ **de frein** brake shoe ◆ ~ **(de Denver)** *(Aut)* wheel clamp, Denver boot *(US)* ◆ **mettre un** ~ **à une voiture** to clamp a car

**sabotage** /sabɔtaʒ/ **NM** **a** *(Mil, Pol, fig)* *(= action)* sabotage; *(= acte)* act of sabotage ◆ ~ **industriel** industrial sabotage **b** *(= bâclage)* botching

**sabot-de-Vénus** (pl **sabots-de-Vénus**) /sabod(ə)venys/ **NM** *(Bot)* lady's slipper

**saboter** /sabɔte/ ► conjug 1 ◄ **VT** **a** *(Mil, Pol, fig)* to sabotage **b** *(= bâcler)* to make a (proper) mess of, to botch; *(= abîmer)* to mess up, to ruin

**saboteur, -euse** /sabɔtœʀ, øz/ **NM,F** *(Mil, Pol)* saboteur; *(= bâcleur)* shoddy worker

**sabotier, -ière** /sabɔtje, jɛʀ/ **NM,F** *(= fabricant)* clog-maker; *(= marchand)* clog-seller

**sabra** /sabʀa/ **NMF** sabra

**sabre** /sɑbʀ/ **NM** sabre *(Brit)*, saber *(US)* ◆ ~ **d'abordage** cutlass ◆ ~ **de cavalerie** riding sabre ◆ **mettre** ~ **au clair** to draw one's sword ◆ **charger** ~ **au clair** to charge with swords drawn ◆ **le** ~ **et le goupillon** the Army and the Church ◆ **bruits de** ~ *(Pol)* sabre-rattling

**sabrer** /sɑbʀe/ ► conjug 1 ◄ **VT** **a** *(Mil)* to sabre *(Brit)*, to saber *(US)*, to cut down ◆ ~ **le champagne** *to open a bottle of champagne using a sabre; (fig)* to celebrate with champagne **b** *(littér = marquer)* **la ride qui sabrait son front** the deep line across his brow ◆ **dessin sabré de coups de crayon rageurs** drawing scored with angry pencil strokes **c** *(* = biffer)* *[+ texte]* to slash (great) chunks out of *; *[+ passage, phrase]* to cut out, to scrub (out) *; *[+ projet]* to axe, to chop * **d** *(* = recaler)* *[+ étudiant]* to flunk *; *(= renvoyer)* *[+ employé]* to fire *, to sack * *(Brit)* ◆ **se faire** ~ *[étudiant]* to be flunked *; *[employé]* to get fired * *ou* sacked * *(Brit)*, to get the sack * *(Brit)* **e** *(* = critiquer)* *[+ devoir]* to tear to pieces *ou* to shreds; *[+ livre, pièce]* to slam *, to pan * **f** *(* = bâcler)* *[+ travail]* to knock off * (in a rush)

**sabretache** †† /sɑbʀətaʃ/ **NF** sabretache

**sabreur** /sɑbʀœʀ/ **NM** *(péj = soldat)* fighting cock *(péj)*; *(= escrimeur)* swordsman

**sac¹** /sak/ **NM** **a** *(gén)* bag; *(de grande taille, en toile)* sack; *(= cartable)* (school) bag; *(à bretelles)* satchel; *(pour achats)* shopping bag, carrier bag *(Brit)* ◆ ~ **(en) plastique** plastic bag ◆ ~ **(à poussières)** *(pour aspirateur)* dust bag, vacuum cleaner bag, Hoover ® bag *(Brit)* ◆ **mettre en** ~**(s)** to bag; → **course**

**b** *(= contenu)* *(gén)* bag(ful); *(de grande taille, en toile)* sack(ful)

**c** *(* = 10 francs)* **dix/trente** ~**s** one hundred/three hundred francs

**d** *(loc)* **habillé comme un** ~ dressed like a tramp ◆ **ils sont tous à mettre dans le même** ~ * *(péj)* they're all as bad as each other ◆ **l'affaire est** *ou* **c'est dans le** ~ * it's in the bag * ◆ **des gens de** ~ **et de corde** †† gallows birds ◆ **le** ~ **et la cendre** *(Rel)* sackcloth and ashes; → **main, tour²**

**e** *(Anat)* sac ◆ ~ **embryonnaire/lacrymal** embryo/lacrimal sac

**COMP** ▷ **sac à bandoulière** shoulder bag ▷ **sac de couchage** sleeping bag ▷ **sac à dos** rucksack, backpack ▷ **sac d'embrouilles** * muddle ▷ **sac à main** handbag, purse *(US)*, pocketbook *(US)* ▷ **sac à malice** bag of tricks ▷ **sac de marin**

kitbag ▷ **sac de nœuds** * ⇒ **sac d'embrouilles** ▷ **sac d'os** (*, péj) bag of bones ▷ **sac à ouvrage** workbag ▷ **sac de plage** beach bag ▷ **sac polochon** sausage bag ▷ **sac à provisions** shopping bag ▷ **sac à puces** (*, péj = lit) fleabag * ▷ **sac reporter** organizer bag ▷ **sac de sable** (Constr, Mil) sandbag; (Boxe) punching bag, punchbag (Brit) ▷ **sac de sport** sports bag ▷ **sac à viande** (Camping) sleeping bag sheet ▷ **sac à vin** * (old) soak *, wino *, drunkard ▷ **sac de voyage** travelling bag; (pour l'avion) flight bag, carry-on bag

**sac$^{2}$** /sak/ **NM** ◆ **(mise à) ~** [de ville] sack, sacking (NonC); [de maison, pièce] ransacking (NonC) ◆ **mettre à ~** [+ ville] to sack; [+ maison, pièce] to ransack

**saccade** /sakad/ **NF** jerk ◆ **avancer par ~s** to jerk along, to move along in fits and starts ou jerkily ◆ **parler par ~s** to speak haltingly

**saccadé, e** /sakade/ **ADJ** [démarche, gestes, style] jerky; [débit, respiration] spasmodic, halting; [bruit] staccato; [sommeil] fitful

**saccage** /sakaʒ/ **NM** (= destruction) [de pièce, bâtiment] ransacking; [de jardin] wrecking; [de forêt, littoral, planète] destruction; (= pillage) [de pays, ville] sack, sacking (NonC); [de maison] ransacking

**saccager** /sakaʒe/ ▸ conjug 3 ◂ **VT** a (= dévaster) [+ pièce] to turn upside down, to wreck; [+ jardin, bâtiment] to wreck; [+ forêt, littoral, planète] to destroy ◆ **ils ont tout saccagé dans la maison** they turned the whole house upside down ◆ **l'appartement était entièrement saccagé** the flat was completely wrecked ◆ **champ saccagé par la grêle** field laid waste ou devastated by the hail b (= piller) [+ pays, ville] to sack, to lay waste; [+ maison] to ransack

**saccageur, -euse** /sakaʒœʀ, øz/ **NM,F** (= dévastateur) vandal; (= pillard) pillager, plunderer

**saccharification** /sakaʀifikasjɔ̃/ **NF** saccharification

**saccharifier** /sakaʀifje/ ▸ conjug 7 ◂ **VT** to saccharify

**saccharine** /sakaʀin/ **NF** saccharin(e)

**saccharose** /sakaʀoz/ **NM** sucrose, saccharose

**SACEM** /sasɛm/ **NF** (abrév de **Société des auteurs, compositeurs et éditeurs de musique**) *French body responsible for collecting and distributing music royalties,* ≃ PRS (Brit)

**sacerdoce** /sasɛʀdɔs/ **NM** (Rel) priesthood; (fig) calling, vocation

**sacerdotal, e** (mpl **-aux**) /sasɛʀdɔtal, o/ **ADJ** priestly, sacerdotal

**sachem** /saʃɛm/ **NM** sachem

**sachet** /saʃɛ/ **NM** [de bonbons, thé] bag; [de levure, sucre vanillé] sachet; [de drogue] (small) bag; [de soupe] packet ◆ **~ de lavande** lavender bag ou sachet ◆ **~ d'aspirine** sachet of (powdered) aspirin ◆ **soupe en ~(s)** packet soup ◆ **thé en ~(s)** tea bags ◆ **café en ~s individuels** individual sachets of coffee

**sacoche** /sakɔʃ/ **NF** (gén) bag; (pour outils) toolbag; [de cycliste] (de selle) saddlebag; (de porte-bagages) pannier; [d'écolier] (school) bag; (à bretelles) satchel; [d'encaisseur] (money) bag; [de facteur] (post-)bag

**sac-poubelle, sac poubelle** (pl **sacs(-)poubelles**) /sakpubɛl/ **NM** bin liner (Brit), garbage bag (US)

**sacquer** * /sake/ ▸ conjug 1 ◂ **VT** a [+ employé] **~ qn** to fire sb, to kick sb out ‡, to give sb the push ‡ ou the boot ‡ ou the sack * (Brit) ◆ **se faire ~** to get the push ‡ ou boot ‡ ou sack * (Brit), to get (o.s.) kicked out ‡ b [+ élève] to mark (Brit) ou grade (US) strictly ◆ **je me suis fait ~ à l'examen** the examiner gave me lousy * marks (Brit) ou grades (US) c (= détester) **je ne peux pas le ~** I can't stand him, I hate his guts ‡

**sacral, e** (mpl **-aux**) /sakʀal, o/ **ADJ** sacred

**sacralisation** /sakʀalizasjɔ̃/ **NF** ◆ **la ~ des loisirs/de la famille** the sanctification of leisure time/the family

**sacraliser** /sakʀalize/ ▸ conjug 1 ◂ **VT** to regard as sacred, to make sacred ◆ **~ la réussite sociale/la famille** to regard social success/the family as sacred

**sacralité** /sakʀalite/ **NF** [de personne] sacred status; [d'institution] sacredness

**sacramentel, -elle** /sakʀamɑ̃tɛl/ **ADJ** a (fig = rituel) ritual, ritualistic b (Rel) [rite, formule] sacramental

**sacre** /sakʀ/ **NM** a [de roi] coronation; [d'évêque] consecration ◆ **"le Sacre du Printemps"** (Mus) "the Rite of Spring" b (Orn) saker c (Can = juron) (blasphemous) swearword

**sacré$^{1}$, e** /sakʀe/ (ptp de **sacrer**) **ADJ** a (après n : Rel) [lieu, objet, texte] sacred, holy; [art, musique] sacred; [horreur, terreur] holy; [droit] hallowed, sacred ◆ **le Sacré Collège** the Sacred College (of Cardinals); → **feu$^{1}$, union**

b (après n = inviolable) [droit, promesse] sacred ◆ **son sommeil, c'est ~** his sleep is sacred; → **monstre**

c (* : avant n = maudit) blasted *, confounded *, damned ‡ ◆ **~ nom de nom !** ‡ hell and damnation! ‡ ◆ **elle a un ~ caractère** she's got a lousy * temper

d (* : avant n = considérable) **c'est un ~ imbécile** he's a real idiot ◆ **c'est un ~ menteur** he's a terrible liar ◆ **il a un ~ toupet** he's got a ou one heck * ou hell ‡ of a nerve, he's got a right cheek * (Brit) ◆ **elle a eu une ~e chance** she was damn(ed) lucky ‡

e (* : avant n : admiration, surprise) **~ farceur !** you old devil (you)! * ◆ **ce ~ Paul a encore gagné aux courses** Paul's gone and won on the horses again, the lucky devil *

**NM** ◆ **le ~** the sacred

**sacré$^{2}$, e** /sakʀe/ **ADJ** (Anat) sacral

**sacrebleu** * /sakʀəblø/ **EXCL** (††, hum) confound it! *, strewth! * (Brit)

**Sacré-Cœur** /sakʀekœʀ/ **NM** a (Rel) **le ~** the Sacred Heart ◆ **la fête du ~** the Feast of the Sacred Heart b (= église) **le ~, la basilique du ~** the Sacré-Cœur

**sacrement** /sakʀəmɑ̃/ **NM** sacrament ◆ **recevoir les derniers ~s** to receive the last rites ou sacraments ◆ **il est mort, muni des ~s de l'Église** he died fortified with the (last) rites ou sacraments of the Church

**sacrément** * /sakʀemɑ̃/ **ADV** [froid, intéressant, laid] damned ‡, jolly * (Brit) ◆ **j'ai eu ~ peur** I was damned ‡ ou jolly * (Brit) scared ◆ **ça m'a ~ plu** I really liked it, I liked it ever so much ◆ **il est ~ menteur** he's a downright ou an out-and-out liar

**sacrer** /sakʀe/ ▸ conjug 1 ◂ **VT** [+ roi] to crown; [+ évêque] to consecrate ◆ **il a été sacré champion du monde/meilleur joueur** he was crowned world champion/best player **VI** (††, * = jurer) to curse, to swear

**sacrificateur, -trice** /sakʀifikatœʀ, tʀis/ **NM,F** (Hist) sacrificer ◆ **grand ~** high priest

**sacrifice** /sakʀifis/ **NM** (Rel, fig) sacrifice ◆ **~ financier/humain** financial/human sacrifice ◆ **faire un ~/des ~s** to make a sacrifice/sacrifices ◆ **faire le ~ de sa vie/d'une journée de vacances** to sacrifice one's life/a day's holiday ◆ **offrir qch en ~** to offer sth as a sacrifice (à to); ◆ **être prêt à tous les ~s pour qn/qch** to be prepared to sacrifice everything for sb/sth ◆ **~ de soi** self-sacrifice; → **saint**

**sacrificiel, -ielle** /sakʀifisjɛl/ **ADJ** sacrificial

**sacrifié, e** /sakʀifje/ (ptp de **sacrifier**) **ADJ** a [peuple, troupe] sacrificed ◆ **les ~s du plan de restructuration** the victims of ou those who have been sacrificed in the restructuring plan b (Comm) **articles ~s** give-aways *, items given away at knockdown prices ◆ **"prix sacrifiés"** "giveaway prices", "rock-bottom prices", "prices slashed"

**sacrifier** /sakʀifje/ ▸ conjug 7 ◂ **VT** a (gén) to sacrifice (à to; pour for); (= abandonner) to give up ◆ **~ sa vie pour sa patrie** to lay down ou sacrifice one's life for one's country ◆ **il a sacrifié sa carrière au profit de sa famille** he sacrificed his career for (the sake of) his family ◆ **il a dû ~ ses vacances** he had to give up his holidays b (Comm) [+ marchandises] to give away (at a knockdown price) **VT INDIR** **sacrifier à** [+ mode, préjugés, tradition] to conform to **VPR** **se sacrifier** to sacrifice o.s. (à to; pour for); ◆ **il ne reste qu'un chocolat ... je me sacrifie !** (iro) there's only one chocolate left ... I'll just have to eat it myself!

**sacrilège** /sakʀilɛʒ/ **ADJ** (Rel, fig) sacrilegious ◆ **acte ~** sacrilegious act, act of sacrilege **NM** (Rel, fig) sacrilege ◆ **ce serait un ~ de ...** it would be (a) sacrilege to ... ◆ **commettre un ~** to commit sacrilege ◆ **il a coupé son vin avec de l'eau, quel ~ !** he put water in his wine, what sacrilege! **NMF** sacrilegious person

**sacripant** /sakʀipɑ̃/ **NM** (††, hum) rogue, scoundrel

**sacristain** /sakʀistɛ̃/ **NM** [de sacristie] sacristan; [d'église] sexton

**sacristaine** /sakʀistɛn/ **NF** sacristan

**sacristie** /sakʀisti/ **NF** (catholique) sacristy; (protestante) vestry; → **punaise**

**sacristine** /sakʀistin/ **NF** ⇒ **sacristaine**

**sacro-iliaque** /sakʀoiljak/ **ADJ** sacroiliac

**sacro-saint, e** /sakʀosɛ̃, sɛ̃t/ **ADJ** (lit, iro) sacrosanct

**sacrum** /sakʀɔm/ **NM** sacrum

**sadique** /sadik/ **ADJ** sadistic ◆ **stade ~ anal** (Psych) anal stage **NMF** sadist

**sadiquement** /sadikmɑ̃/ **ADV** sadistically

**sadisme** /sadism/ **NM** sadism

**sado** * /sado/ **ADJ** sadistic ◆ **il est ~-maso** he's into S&M **NMF** sadist

**sadomasochisme** /sadomazɔʃism/ **NM** sadomasochism

**sadomasochiste** /sadomazɔʃist/ **ADJ** sadomasochistic **NMF** sadomasochist

**SAE** /ɛsaø/ **ADJ** (abrév de **Society of Automotive Engineers**) SAE ◆ **classification/numéro ~** SAE classification/number

**safari** /safaʀi/ **NM** safari ◆ **faire un ~** to go on safari

**safari-photo** (pl **safaris-photos**) /safaʀifɔto/ **NM** photo(graphic) safari

**safran** /safʀɑ̃/ **NM** a (= couleur, Bot, Culin) saffron ◆ **~ des prés** autumn crocus, meadow saffron, colchium (SPÉC) ◆ **riz au ~** saffron rice b (Naut) rudder blade **ADJ INV** saffron(-coloured (Brit) ou -colored (US)) ◆ **jaune ~** saffron yellow

**safrané, e** /safʀane/ **ADJ** [plat, sauce] with saffron; [tissu] saffron(-coloured (Brit) ou -colored (US)), saffron (yellow) ◆ **de couleur ~e** saffron-coloured

**saga** /saga/ NF saga

**sagace** /sagas/ ADJ *(littér)* sagacious, shrewd

**sagacité** /sagasite/ NF sagacity, shrewdness ◆ **avec** ~ shrewdly

**sagaie** /sagɛ/ NF assegai, assagai

**sage** /saʒ/ ADJ a *(= avisé) [conseil]* sound, sensible, wise; *[action, démarche, décision, précaution]* wise, sensible; *[personne]* wise ◆ **il serait plus** ~ **de ...** it would be wiser *ou* more sensible to ..., you (*ou* he *etc*) would be better advised to ... b *(euph = chaste) [jeune fille]* good, well-behaved ◆ **elle n'est pas très** ~ she's a bit wild c *(= docile) [animal, enfant]* good, well-behaved ◆ **sois** ~ be good, behave yourself, be a good boy (*ou* girl) ◆ ~ **comme une image** (as) good as gold ◆ **il a été très** ~ **chez son oncle** he was very well-behaved *ou* he behaved (himself) very well at his uncle's ◆ **est-ce que tu as été** ~ **?** have you been a good boy (*ou* girl)? d *(= décent, modéré) [goûts]* sober, moderate; *[roman]* restrained, tame; *[prix]* moderate; *[vêtement]* sensible NM wise man; *(Antiq)* sage

**sage-femme** (pl **sages-femmes**) /saʒfam/ NF midwife

**sagement** /saʒmɑ̃/ ADV a *(= avec bon sens) [conseiller, agir]* wisely, sensibly; *[décider]* wisely b *(= chastement)* properly ◆ **se conduire** ~ to be good, to behave o.s. (properly) c *(= docilement)* quietly ◆ **il est resté** ~ **assis sans rien dire** *[enfant]* he sat quietly *ou* he sat like a good boy and said nothing ◆ **va bien** ~ **te coucher** be a good boy (*ou* girl) and go to bed, off you go to bed like a good boy (*ou* girl) ◆ **des paires de chaussures** ~ **alignées** pairs of shoes neatly lined up d *(= modérément)* wisely, moderately ◆ **savoir user** ~ **de qch** to know how to use sth wisely *ou* in moderation *ou* moderately

**sagesse** /saʒɛs/ NF a *(= bon sens) [de personne]* wisdom, (good) sense; *[de conseil]* soundness; *[d'action, démarche, décision]* wisdom ◆ **faire preuve de** ~ to be sensible ◆ **il a eu la** ~ **de ...** he had the wisdom *ou* (good) sense to ..., he was wise *ou* sensible enough to ... ◆ **dans son infinie** ~**, il m'a conseillé de ...** in his infinite wisdom, he advised me to ... ◆ **écouter la voix de la** ~ to listen to the voice of reason ◆ **la** ~ **populaire/des nations** popular/traditional wisdom

b *(euph = chasteté)* chastity

c *(= docilité) [d'enfant]* good behaviour *(Brit)* *ou* behavior *(US)* ◆ **il est la** ~ **même** he's incredibly well-behaved ◆ **il a été d'une** ~ **exemplaire** he has been very good, he has behaved himself very well; → **dent**

d *(= modération)* moderation ◆ **savoir utiliser qch avec** ~ to know how to use sth wisely *ou* in moderation

**Sagittaire** /saʒitɛʀ/ NM ◆ **le** ~ Sagittarius ◆ **il est** ~**, il est (du signe) du** ~ he's (a) Sagittarius *ou* a Sagittarian

**sagittal, e** (mpl **-aux**) /saʒital, o/ ADJ sagittal

**sagouin, e** /sagwɛ̃, in/ NM a *(= singe)* marmoset b *(* = homme) (sale)* filthy pig*, filthy slob*; *(méchant)* swine*; *(incompétent)* bungling idiot* ◆ **il mange comme un** ~ he eats like a pig ◆ **il travaille comme un** ~ he's a very sloppy worker NF **sagouine** * *(sale)* filthy slob*; *(méchante)* bitch**, cow* *(Brit)*; *(incompétente)* bungling idiot*

**Sahara** /saaʀa/ NM ◆ **le** ~ the Sahara (desert) ◆ **au** ~ in the Sahara ◆ **le** ~ **occidental** the Western Sahara

**saharien, -ienne** /saaʀjɛ̃, jɛn/ ADJ *(= du Sahara)* Saharan; *[chaleur, climat]* desert *(épith)* ◆ **ensemble** ~ *(= costume)* safari suit NF **saharienne** *(= veste)* safari jacket; *(= chemise)* safari shirt

**Sahel** /saɛl/ NM ◆ **le** ~ the Sahel

**sahélien, -ienne** /saeljɛ̃, jɛn/ ADJ Sahelian NM,F **Sahélien(ne)** Sahelian

**sahraoui, e** /saʀawi/ ADJ Western Saharan NM,F **Sahraoui(e)** Western Saharan

**saignant, e** /sɛɲɑ̃, ɑ̃t/ ADJ a *[plaie]* bleeding; *[entrecôte]* rare ◆ **je n'aime pas la viande** ~**e** I don't like rare *ou* underdone meat b * *[commentaires, critiques]* scathing NM ◆ **je n'aime pas le** ~ I don't like rare *ou* underdone meat

**saignée** /seɲe/ NF a *(Méd) (= épanchement)* bleeding *(NonC)*; *(= opération)* bloodletting *(NonC)*, bleeding *(NonC)* ◆ **faire une** ~ **à qn** to bleed sb, to let sb's blood b *[de budget]* savage cut (*à, dans* in); ◆ **les** ~**s que j'ai dû faire sur mon salaire/mes économies pour ...** the huge holes I had to make in my salary/my savings to ... ◆ **les** ~**s faites dans le pays par la guerre** the heavy losses incurred by the country in the war c *(Anat)* **la** ~ **du bras** the crook of the elbow d *(= sillon) [de sol]* trench, ditch; *[de mur]* groove ◆ **faire une** ~ **à un arbre** to make a tap-hole in a tree

**saignement** /sɛɲmɑ̃/ NM bleeding *(NonC)* ◆ ~ **de nez** nosebleed

**saigner** /seɲe/ ▸ conjug 1 ◂ VI a *(lit)* to bleed ◆ **il saignait comme un bœuf** * the blood was pouring out of him ◆ **il saignait du nez** he had a nosebleed, his nose was bleeding ◆ **ça va** ~ **!** * *(fig)* the fur will fly!* b *(littér) [dignité, orgueil]* to sting ◆ **mon cœur saigne** *ou* **le cœur me saigne encore** my heart is still bleeding *(littér)* VT a *[+ animal]* to kill *(by bleeding)*; *[+ malade]* to bleed b *(= exploiter)* to bleed ◆ ~ **qn à blanc** to bleed sb dry *ou* white ◆ **nation/ville saignée à blanc** nation/town that has been bled dry *ou* white c *[+ arbre]* to tap VPR **se saigner** ◆ **se** ~ **(aux quatre veines) pour qn** to bleed o.s. dry *ou* white for sb

**Saïgon** /saigɔ̃/ N Saigon

**saillant, e** /sajɑ̃, ɑ̃t/ ADJ a *[menton, front, pommette, veine]* prominent; *[yeux, muscle]* bulging *(épith)*; *[corniche]* projecting *(épith)*; → **angle** b *(= frappant) [point]* salient *(frm)*, key; *[trait]* outstanding, key; *[événement]* striking ◆ **l'exemple le plus** ~ **est ...** the most striking example is ... c *(Hér)* salient NM *(= avancée)* salient

**saillie** /saji/ NF a *(= aspérité)* projection ◆ **faire** ~ to project, to jut out ◆ **qui forme** ~**, en** ~ projecting, overhanging ◆ **rocher qui s'avance en** ~ rock which sticks *ou* juts out, overhang b *(littér = boutade)* sally, witticism c *(Zool = accouplement)* covering, servicing, serving

**saillir**[1] /sajiʀ/ ▸ conjug 13 ◂ VI *[balcon, corniche]* to jut out, to stick out, to project; *[menton, poitrine, pommette]* to be prominent; *[muscle, veine]* to protrude, to stand out; *[yeux]* to bulge

**saillir**[2] /sajiʀ/ ▸ conjug 2 ◂ VI *(littér = jaillir)* to gush forth VT *(Zool)* to cover, to service, to serve

**sain, saine** /sɛ̃, sɛn/ ADJ a *(= en bonne santé) [personne, cellules]* healthy; *[constitution, dents]* healthy, sound ◆ **être/arriver** ~ **et sauf** to be/arrive safe and sound ◆ **il est sorti** ~ **et sauf de l'accident** he escaped unharmed *ou* unscathed from the accident ◆ ~ **de corps et d'esprit** *(gén)* sound in body and mind; *(dans testament)* being of sound mind ◆ **être** ~ **d'esprit** to be of sound mind, to be sane; → **porteur**

b *(= salubre, bon pour la santé) [climat, vie]* healthy; *[nourriture]* healthy, wholesome ◆ **il n'est pas** ~ **de si peu manger** it's not good *ou* it's not healthy to eat so little ◆ **il est** ~ **de rire de temps en temps** it does you good to laugh from time to time

c *(= non abîmé) [fondations, mur]* sound; *[affaire, économie, gestion]* sound ◆ **établir qch sur des bases** ~**es** to establish sth on a sound basis

d *(moralement) [personne]* sane; *[jugement, politique]* sound, sane; *[goûts, idées]* healthy; *[lectures]* wholesome ◆ **ce n'est pas** ~ **pour la démocratie/notre économie** it's not healthy for democracy/our economy

e *(Naut) [côte]* safe

**saindoux** /sɛ̃du/ NM lard

**sainement** /sɛnmɑ̃/ ADV *[manger]* healthily; *[juger]* sanely; *[raisonner]* soundly ◆ **vivre** ~ to lead a healthy life, to live healthily

**sainfoin** /sɛ̃fwɛ̃/ NM sainfoin

**saint, sainte** /sɛ̃, sɛ̃t/ ADJ a *(= sacré) [image, semaine]* holy ◆ **la** ~**e Bible** the Holy Bible ◆ **les Saintes Écritures** the Holy Scriptures, Holy Scripture ◆ **les** ~**es huiles** the holy oils ◆ **la** ~**e Croix/Sainte Famille** the Holy Cross/ Family ◆ **les** ~**es femmes** the holy women ◆ **la semaine** ~**e** Holy Week ◆ **le mardi/ mercredi** ~ Tuesday/Wednesday before Easter, the Tuesday/Wednesday of Holy Week ◆ **le jeudi** ~ Maundy Thursday ◆ **le vendredi** ~ Good Friday ◆ **le samedi** ~ Holy *ou* Easter Saturday ◆ **s'approcher de la** ~**e table** to take communion; → **guerre, lieu**[1]**, semaine, terre**

b *(devant prénom)* Saint ◆ ~ **Pierre/Paul** *(apôtre)* Saint Peter/Paul ◆ **Saint-Pierre/-Paul** *(église)* Saint Peter's/Paul's ◆ **ils ont fêté la Saint-Pierre** *(fête)* they celebrated the feast of Saint Peter ◆ **le jour de la Saint-Pierre, à la Saint-Pierre** *(jour)* (on) Saint Peter's day ◆ **à la Saint-Michel/-Martin** at Michaelmas/Martinmas; → aussi **saint-pierre**

c *(= pieux) [pensée, personne]* saintly, godly; *[vie, action]* pious, saintly, holy ◆ **sa mère est une** ~**e femme** his mother is a real saint

d *(* loc)* **toute la** ~**e journée** the whole blessed day* ◆ **avoir une** ~**e horreur de qch** to have a holy horror of sth* ◆ **être saisi d'une** ~**e colère** to fly into an almighty *ou* a holy rage

NM,F *(lit, fig)* saint ◆ **il veut se faire passer pour un (petit)** ~ he wants to pass for a saint ◆ **ce n'est pas un** ~ he's no saint ◆ **elle a la patience d'une** ~**e** she has the patience of a saint *ou* of Job ◆ **un** ~ **de bois/pierre** a wooden/stone statue of a saint ◆ **la fête de tous les** ~**s** All Saints' Day ◆ ~ **laïc** secular saint ◆ **comme on connaît ses** ~**s on les honore** *(Prov)* we treat people according to their merits; → **prêcher, savoir**

COMP ▷ **le saint chrême** the chrism, the holy oil ▷ **le Saint Empire romain germanique** the Holy Roman Empire ▷ **les saints de glace** the 11th, 12th and 13th of May ▷ **Saint-Jacques-de-Compostelle** Santiago de Compostela ▷ **Saint Louis** Saint Louis ▷ **sainte nitouche** *(péj)* (pious *ou* saintly) hypocrite ◆ **c'est une** ~**e nitouche** she looks as if butter wouldn't melt in her mouth ◆ **de** ~**e nitouche** *[attitude, air]* hypocritically pious ▷ **saint patron** patron saint ▷ **le saint sacrifice** the Holy Sacrifice of the Mass ▷ **le Saint des Saints** *(Rel)* the Holy of Holies; *(fig)* the holy of holies ▷ **le saint suaire** the Holy Shroud ◆ **le** ~ **suaire de Turin** the Turin Shroud ▷ **la sainte Trinité** the Holy Trinity ▷ **la Sainte Vierge** the Blessed Virgin

**Saint-Barthélemy** /sɛ̃baʀtelemi/ N *(Géog)* Saint-Barthélemy, Saint Bartholomew, Saint Bart's NF ◆ **(le massacre de) la** ~ the Saint Bartholomew's Day Massacre

**saint-bernard** (pl **saint(s)-bernard(s)**) /sɛ̃bɛʀnaʀ/ NM (= chien) St Bernard; *(hum = personne)* good Samaritan

**Saint-Cyr** /sɛ̃siʀ/ N *French military academy*

**saint-cyrien** (pl **saint-cyriens**) /sɛ̃siʀjɛ̃/ NM (military) cadet *(of the Saint-Cyr academy)*

**Saint-Domingue** /sɛ̃dɔmɛ̃g/ N Santo Domingo

**Sainte-Alliance** /sɛ̃taljɑ̃s/ NF ♦ **la** ~ the Holy Alliance

**Sainte-Hélène** /sɛ̃telɛn/ N Saint Helena

**Sainte-Lucie** /sɛ̃tlysi/ N Saint Lucia

**saintement** /sɛ̃tmɑ̃/ ADV *[agir, mourir]* like a saint ♦ **vivre** ~ to lead a saintly *ou* holy life, to live like a saint

**Sainte-Sophie** /sɛ̃tsɔfi/ NF Saint Sophia

**Saint-Esprit** /sɛ̃tespʀi/ NM **a le** ~ the Holy Spirit *ou* Ghost; → **opération** **b** **saint-esprit** *(= croix) type of cross bearing the emblem of the Holy Ghost, sometimes worn by French Protestant women*

**sainteté** /sɛ̃tte/ NF **a** *[de personne]* saintliness, godliness; *[d'Évangile, Vierge]* holiness; *[de lieu]* holiness, sanctity; *[de mariage]* sanctity; → **odeur** **b** ♦ **Sa Sainteté (le pape)** His Holiness (the Pope)

**saint-frusquin** † /sɛ̃fʀyskɛ̃/ NM ♦ **il est arrivé avec tout son** ~ he arrived with all his gear* *ou* clobber *(Brit)** ♦ **et tout le** ~ *(= et tout le reste)* and all the rest

**saint-glinglin** /sɛ̃glɛ̃glɛ̃/ **à la saint-glinglin** * LOC ADV ♦ **il te le rendra à la** ~ he'll never give it back to you in a month of Sundays ♦ **attendre jusqu'à la** ~ to wait forever ♦ **on ne va pas rester là jusqu'à la** ~ we're not going to hang around here forever*

**saint-honoré** (pl **saint-honoré(s)**) /sɛ̃tɔnɔʀe/ NM *(Culin)* Saint Honoré (gâteau)

**Saint-Jean** /sɛ̃ʒɑ̃/ NF ♦ **la** ~ Midsummer('s) Day ♦ **les feux de la** ~ *bonfires lit to celebrate Midsummer Night*

**Saint-Laurent** /sɛ̃lɔʀɑ̃/ NM ♦ **le** ~ the St Lawrence (river)

**Saint-Marin** /sɛ̃maʀɛ̃/ NM San Marino

**Saint-Nicolas** /sɛ̃nikɔla/ NF ♦ **la** ~ St Nicholas's Day

**Saint-Office** /sɛ̃tɔfis/ NM ♦ **le** ~ the Holy Office

**Saint-Père** /sɛ̃pɛʀ/ NM ♦ **le** ~ the Holy Father

**saint-pierre** /sɛ̃pjɛʀ/ NM INV *(= poisson)* dory, John Dory

**Saint-Pierre-et-Miquelon** /sɛ̃pjɛʀemiklɔ̃/ N Saint Pierre and Miquelon

**Saint-Sacrement** /sɛ̃sakʀəmɑ̃/ NM ♦ **le** ~ the Blessed Sacrament ♦ **porter qch comme le** ~ † to carry sth with infinite care *ou* as if it were the Crown Jewels

**Saint-Sépulcre** /sɛ̃sepylkʀ/ NM ♦ **le** ~ the Holy Sepulchre

**Saint-Siège** /sɛ̃sjɛʒ/ NM ♦ **le** ~ the Holy See

**saint-simonien, -ienne** (mpl **saint-simoniens**) /sɛ̃simɔnjɛ̃, jɛn/ ADJ, NM,F Saint-Simonian

**saint-simonisme** /sɛ̃simɔnism/ NM Saint-Simonism

**Saints-Innocents** /sɛ̃zinɔsɑ̃/ NMPL ♦ **le jour des** ~ Holy Innocents' Day

**Saint-Sylvestre** /sɛ̃silvɛstʀ/ NF ♦ **la** ~ New Year's Eve

**Saint-Synode** /sɛ̃sinɔd/ NM ♦ **le** ~ the Holy Synod

**Saint-Valentin** /sɛ̃valɑ̃tɛ̃/ NF ♦ **la** ~ (Saint) Valentine's Day

**Saint-Vincent-et-(les-)Grenadines** /sɛ̃vɛ̃sɑ̃e(le)gʀənadin/ NPL Saint Vincent and the Grenadines

**saisi, e** /sezi/ (ptp de **saisir**) ADJ *(Jur)* ♦ **tiers** ~ garnishee NM *(Jur)* distrainee

**saisie** /sezi/ NF **a** *[de biens]* seizure, distraint *(SPÉC)*, distress *(SPÉC)* ♦ **opérer une** ~ to make a seizure **b** *[de documents, articles prohibés]* seizure, confiscation; *[de drogue]* seizure **c** *(= capture)* capture **d** *(Ordin)* ~ **de données** *(gén)* data capture; *(sur clavier)* keyboarding ♦ ~ **manuelle** (manual) data entry ♦ ~ **automatique** *(gén)* automatic data capture; *(au scanner)* optical reading *ou* scanning ♦ **faire de la ~ (de données)** *(gén)* to capture data; *(sur clavier)* to key(board) data COMP ▷ **saisie conservatoire** seizure of goods *(to prevent sale etc)* ▷ **saisie immobilière** seizure of property ▷ **saisie mobilière** ⇒ **saisie-exécution**

**saisie-arrêt** (pl **saisies-arrêts**) /seziaʀɛ/ NF distraint, attachment

**saisie-exécution** (pl **saisies-exécutions**) /seziɛgzekysjɔ̃/ NF distraint *(for sale by court order)*

**saisie-gagerie** (pl **saisies-gageries**) /sezigaʒʀi/ NF seizure of goods *(by landlord in lieu of unpaid rent)*

**saisine** /sezin/ NF **a** *(Jur)* submission of a case to the court **b** *(Naut = cordage)* lashing

**saisir** /seziʀ/ ▸ conjug 2 ◂ VT **a** *(= prendre)* to take hold of, to catch hold of; *(= s'emparer de)* to seize, to grab ♦ ~ **qn à la gorge** to grab *ou* seize sb by the throat ♦ ~ **un ballon au vol** to catch a ball (in mid air) ♦ **il lui saisit le bras pour l'empêcher de sauter** he grabbed his arm to stop him jumping ♦ **ils le saisirent à bras-le-corps** they took hold of *ou* seized him bodily

**b** *[+ occasion]* to seize; *[+ prétexte]* to seize (on) ♦ ~ **sa chance** to seize *ou* grab one's chance ♦ ~ **l'occasion/la chance au vol** to jump at the opportunity/the chance, to take the opportunity/the chance when it arises ♦ ~ **la balle au bond** to jump at the opportunity (while the going is good)

**c** *(= entendre) [+ nom, mot]* to catch, to get; *(= comprendre) [+ explications]* to grasp, to understand, to get ♦ **il a saisi quelques noms au vol** he caught *ou* overheard a few names in passing ♦ **d'un coup d'œil, il saisit ce qui se passait** he saw what was going on at a glance ♦ **tu saisis ce que je veux dire ?** do you get it?*, do you get what I mean?

**d** *[peur]* to take hold of, to seize, to grip; *[allégresse, colère]* to take hold of, to come over; *[malaise]* to come over ♦ **le froid l'a saisi** *ou* **il a été saisi par le froid en sortant** he was gripped by the cold as he went out ♦ **il a été saisi de mouvements convulsifs** he was seized with convulsions ♦ **saisi de joie** overcome with joy ♦ **saisi de peur** overcome by fear ♦ **saisi de panique/d'horreur** panic-/horror-stricken ♦ **je fus saisi de l'envie de ...** I suddenly had the urge to ...

**e** *(= impressionner, surprendre)* to strike ♦ **la ressemblance entre les deux sœurs le saisit** he was struck by the resemblance between the two sisters ♦ **elle fut tellement saisie que ...** she was so surprised that ...

**f** *(Jur) [+ biens]* to seize, to distrain *(SPÉC)*; *[+ documents, drogue]* to seize, to confiscate; *[+ personne]* to take into custody, to seize

**g** *(Jur) [+ juridiction]* to submit *ou* refer a case to ♦ ~ **le Conseil de sécurité d'une affaire** to submit *ou* refer a matter to the Security Council ♦ ~ **la Cour de justice** to complain to the Court of Justice ♦ **la cour a été saisie de l'affaire** *ou* **du dossier** the case has been submitted *ou* referred to the court

**h** *(Culin) [+ viande]* to seal, to sear

**i** *(Ordin) [+ données] (gén)* to capture; *(sur clavier)* to key (in), to keyboard

VPR **se saisir** ♦ **se** ~ **de qch/qn** to seize sth/sb, to catch *ou* grab hold of sth/sb ♦ **le gouvernement/le Conseil de sécurité s'est saisi du dossier** the government/Security Council has taken up the issue

> *Attention à ne pas traduire automatiquement* **saisir** *par* **to seize**, *qui est d'un registre plus soutenu.*

**saisissable** /sezisabl/ ADJ **a** *[nuance, sensation]* perceptible **b** *(Jur)* seizable, distrainable *(SPÉC)*

**saisissant, e** /sezisɑ̃, ɑ̃t/ ADJ **a** *[spectacle]* gripping; *[contraste, ressemblance]* striking, startling; *[froid]* biting, piercing; → **raccourci** **b** *(Jur)* distraining NM *(Jur)* distrainer

**saisissement** /sezismɑ̃/ NM *(= émotion)* shock; († *= frisson de froid)* sudden chill

**saison** /sɛzɔ̃/ NF **a** *(= division de l'année)* season ♦ **la belle/mauvaise** ~ the summer/winter months ♦ **en cette** ~ at this time of year ♦ **en toutes ~s** all (the) year round ♦ **il n'y a plus de ~s !** there are no seasons any more!

**b** *(= époque)* season ♦ ~ **des amours/des fraises/théâtrale/touristique** mating/strawberry/theatre/tourist season ♦ **la** ~ **des pluies** the rainy *ou* wet season ♦ **la** ~ **sèche** the dry season ♦ **la** ~ **des moissons/des vendanges** harvest/grape-harvesting time ♦ **les nouvelles couleurs de la** ~ the new season's colours ♦ **nous faisons la** ~ **sur la Côte d'Azur** we're working on the Côte d'Azur during the season ♦ **les hôteliers ont fait une bonne** ~ hoteliers have had a good season ♦ **haute/basse** ~ high *ou* peak/low *ou* off season ♦ **en (haute)** ~ **les prix sont plus chers** in the high season *ou* at the height of the season prices are higher ♦ **en pleine** ~ at the height *ou* peak of the season; → **marchand, voiture**

**c** *(= cure)* stay *(at a spa)*, cure

**d** *(loc)*

♦ **de saison** *[fruits, légumes]* seasonal ♦ **il fait un temps de** ~ the weather is right *ou* what one would expect for the time of year, the weather is seasonable ♦ **faire preuve d'un optimisme de** ~ to show fitting optimism ♦ **vos plaisanteries ne sont pas de** ~ *(frm)* your jokes are totally out of place

♦ **hors saison** *[plante]* out of season *(attrib)*; *[prix]* off-season *(épith)*, low-season *(épith)* ♦ **prendre ses vacances hors** ~ to go on holiday in the off season *ou* low season

♦ **hors de saison** *(lit)* out of season; *(frm) (= inopportun)* untimely, out of place

**saisonnalité** /sɛzɔnalite/ NF seasonality

**saisonnier, -ière** /sɛzɔnje, jɛʀ/ ADJ *[commerce, emploi, travailleur]* seasonal ♦ **variations saisonnières** seasonal variations *ou* fluctuations ♦ **dépression saisonnière** *(Psych)* seasonal affective disorder, SAD NM,F *(= ouvrier)* seasonal worker

**saké** /sake/ NM sake

**salace** /salas/ ADJ *(littér)* salacious

**salacité** /salasite/ NF *(littér)* salaciousness, salacity

**salade** /salad/ NF **a** *(= plante)* lettuce; *(= scarole)* escarole ♦ **la laitue est une** ~ lettuce is a salad vegetable **b** *(= plat)* green salad ♦ ~ **de tomates/de fruits/russe** tomato/fruit/Russian salad ♦ ~ **niçoise** salade niçoise ♦ ~ **composée** mixed salad ♦ ~ **cuite** cooked salad greens ♦ **haricots en** ~ bean salad; → **panier** **c** (* *= confusion)* tangle, muddle **d** (* *= mensonge)* **~s** stories* ♦ **raconter**

des ~s to spin yarns, to tell stories* ◆ **vendre sa ~** *[représentant]* to make one's sales pitch* **e** *[d'armure]* sallet

**saladier** /saladje/ **NM** *(= récipient)* salad bowl; *(= contenu)* bowlful

**salage** /salaʒ/ **NM** salting

**salaire** /salɛʀ/ **GRAMMAIRE ACTIVE 46.2** **NM** **a** *(mensuel, annuel)* salary; *(journalier, hebdomadaire)* wage(s), pay ◆ **~ horaire** hourly wage ◆ **famille à ~ unique** single income family ◆ **toucher le ~ unique** *(allocation)* ≃ to get income support *(Brit)* ◆ **~ de famine** *ou* **de misère** starvation wage ◆ **~ minimum** minimum wage ◆ **~ minimum agricole garanti** *guaranteed minimum agricultural wage* ◆ **~ minimum interprofessionnel de croissance, ~ minimum interprofessionnel garanti** † (index-linked) guaranteed minimum wage ◆ **~ d'embauche** starting salary ◆ **~ de base** basic pay *ou* salary ◆ **~ indirect** employer's contributions ◆ **~ brut/net** gross/net *ou* take-home pay ◆ **~ nominal/réel** nominal/real wage ◆ **~ imposable** taxable income ◆ **les petits ~s** *(= personnes)* low-wage earners ◆ **les gros ~s** high earners; → **bulletin, échelle, peine** *etc*

**b** *(= récompense)* reward (*de* for); *(= châtiment)* reward, retribution, recompense (*de* for) → **peine**

**salaison** /salɛzɔ̃/ **NF** **a** *(= procédé)* salting **b** *(= viande)* salt meat; *(= poisson)* salt fish

**salaisonnerie** /salɛzɔnʀi/ **NF** *(= secteur)* ham curing; *(= entreprise)* ham producer

**salaisonnier** /salɛzɔnje/ **NM** *person working in the cured meat industry*

**salamalecs** * /salamalɛk/ **NMPL** *(péj)* bowing and scraping ◆ **faire des ~** to bow and scrape

**salamandre** /salamɑ̃dʀ/ **NF** **a** *(= animal)* salamander **b** *(= poêle)* slow-combustion stove

**salami** /salami/ **NM** salami

**Salamine** /salamin/ **N** Salamis

**salant** /salɑ̃/ **ADJ M, NM** ◆ **(marais) ~** *(gén)* salt marsh; *(exploité)* saltern

**salarial, e** (mpl **-iaux**) /salaʀjal, jo/ **ADJ** **a** *(= des salaires) [accord, politique, exigences, revendications]* wage *(épith)*, pay *(épith)* **b** *(= des salariés)* **cotisations ~es** employee contributions ◆ **charges ~es** payroll *ou* wage costs; → **masse**

**salariat** /salaʀja/ **NM** **a** *(= salariés)* wage-earners ◆ **le ~ et le patronat** employees and employers **b** *(= rémunération) (au mois)* payment by salary; *(au jour, à la semaine)* payment by wages **c** *(= état)* (being in) employment ◆ **être réduit au ~ après avoir été patron** to be reduced to the ranks of the employees *ou* of the salaried staff after having been in a senior position

**salarié, e** /salaʀje/ **ADJ** *[travailleur] (au mois)* salaried *(épith)*; *(à la journée, à la semaine)* wage-earning; *[travail, emploi]* paid ◆ **elle est ~e** she gets a salary, she's on the payroll ◆ **travailleur non ~** non-salaried worker **NM,F** *(payé au mois)* salaried employee; *(payé au jour, à la semaine)* wage-earner ◆ **le statut de ~** employee status ◆ **notre entreprise compte 55 ~s** our company has 55 employees on the payroll *ou* has a payroll of 55 employees

**salarier** /salaʀje/ ► conjug 7 ◄ **VT** to put on a salary ◆ **il préférerait se faire ~** he would prefer to have a salaried job *ou* to be put on a salary ◆ **la direction a salarié cinq personnes** management have put five people on the company payroll

**salaud** ‡ /salo/ **NM** bastard*‡, swine‡ ◆ **quel beau ~ !** what an absolute bastard!*‡ ◆ **alors mon ~, tu ne t'en fais pas !** well you old bugger*‡ you're not exactly overdoing it! ◆ **1 500 € ? ben, mon ~ !** €1,500? I'll be damned* ◆ **tous des ~s !** they're all bastards!*‡ **ADJ** ◆ **tu es ~** you're an absolute bastard*‡ *ou* swine‡ ◆ **il a été ~ avec elle** he was a real bastard to her*‡ ◆ **il n'a pas été ~ avec toi** he's been nice to you ◆ **c'est ~ d'avoir fait ça** that was a shitty‡ thing to do ◆ **sois pas ~ !** don't be so mean!

**salazarisme** /salazaʀism/ **NM** Salazarism

**sale** /sal/ **ADJ** **a** *(= crasseux)* dirty ◆ **~ comme un cochon** *ou* **un porc** *ou* **un peigne** filthy (dirty) ◆ **oh la ~ !** you dirty girl! ◆ **c'est pas ~ !** * it's not bad! * ◆ **l'argent ~** dirty money; → **laver**

**b** *(= ordurier) [histoire]* dirty, filthy

**c** (* *: avant n = mauvais) [affaire, maladie, habitude]* nasty; *[guerre]* dirty ◆ **~ coup** *(= mauvais tour)* dirty trick; *(= choc)* terrible *ou* dreadful blow ◆ **faire un ~ coup à qn** to play a (dirty) trick on sb ◆ **c'est un ~ coup pour l'entreprise** it's bad news for the company, it's dealt a heavy blow to the company ◆ **(c'est un) ~ coup pour la fanfare** it's a real blow ◆ **~ tour** dirty trick ◆ **~ temps** filthy* *ou* foul *ou* lousy* weather ◆ **~ temps pour les petites entreprises** bad days *ou* hard times for small businesses ◆ **~ démago**‡ bloody‡ *(Brit) ou* goddamn* *(US)* demagogue ◆ **avoir une ~ tête*** *(= sembler malade)* to look awful, to look like death warmed up* *(Brit) ou* over* *(US)*; *(= faire peur)* to look evil ◆ **faire une ~ tête** *(= être mécontent)* to have a face like thunder ◆ **il a fait une ~ tête** *(= il était dépité)* his face fell ◆ **il m'est arrivé une ~ histoire** something awful happened to me ◆ **faire le ~ travail** *ou* **boulot*** to do the dirty work; → **besogne, délit**

**NM** ◆ **mettre qch au ~** to put sth in the wash ◆ **aller/être au ~** to go/be in the wash

**salé, e** /sale/ (ptp de **saler**) **ADJ** **a** *(= contenant du sel) [mer, saveur]* salty; *(= additionné de sel) [amande, plat]* salted; *[gâteau] (= non sucré)* savoury *(Brit)*, savory *(US)*; *(= au goût salé)* salty; *(= conservé au sel) [poisson, viande]* salt *(épith)*; *[beurre]* salted ◆ **ce serait meilleur plus ~** it would be better if it had more salt in; → **eau** **b** (* *= grivois)* spicy, juicy, fruity* ◆ **plaisanterie ~e** dirty joke **c** (* *= sévère) [punition]* stiff; *[facture]* steep ◆ **la note s'annonce ~e** the bill is going to be a bit steep **NM** *(= nourriture)* ◆ **le ~** *(gén)* salty foods; *(par opposition à sucré)* savoury *(Brit) ou* savory *(US)* foods ◆ **petit ~** *(= porc)* salt pork **ADV** ◆ **manger ~** to like a lot of salt on one's food, to like one's food well salted ◆ **il ne peut pas manger trop ~** he can't have his food too salty

**salement** /salmɑ̃/ **ADV** **a** *(= malproprement, bassement)* dirtily **b** (‡ *= très, beaucoup) [dur, embêtant]* damned‡, bloody‡ *(Brit)* ◆ **j'ai ~ mal** it's damned *ou* bloody *(Brit)* painful‡, it hurts like mad* ◆ **j'ai eu ~ peur** I had a *ou* one hell of a fright‡, I was damned *ou* bloody *(Brit)* scared‡

**saler** /sale/ ► conjug 1 ◄ **VT** **a** *[+ plat, soupe]* to put salt in, to salt; *(pour conserver)* to salt; *[+ chaussée]* to salt ◆ **tu ne sales pas assez** you don't put enough salt in, you don't use enough salt **b** * *[+ client]* to do*, to fleece; *[+ facture]* to bump up*; *[+ inculpé]* to be tough on*

**saleté** /salte/ **NF** **a** *(= malpropreté) [de lieu, personne]* dirtiness ◆ **il est/c'est d'une ~ incroyable** he's/it's absolutely filthy

**b** *(= crasse)* dirt, filth ◆ **murs couverts de ~** walls covered in dirt *ou* filth ◆ **vivre dans la ~** to live in filth *ou* squalor ◆ **le chauffage au charbon fait de la ~** coal heating makes a lot of mess *ou* dirt

**c** *(= ordure, impureté)* dirt *(NonC)* ◆ **il y a une ~ par terre/sur ta robe** there's some dirt on the floor/on your dress ◆ **j'ai une ~ dans l'œil** I've got some dirt in my eye ◆ **tu as fait des ~s partout en perçant le mur** you've made a mess all over the place drilling the wall ◆ **enlève tes ~s de ma chambre** get your junk* *ou* rubbish *(Brit) ou* trash *(US)* out of my room ◆ **le chat a fait des ~s** *ou* **ses ~s dans le salon** the cat has made a mess in the lounge

**d** (* *= chose sans valeur)* piece of junk* ◆ **ce réfrigérateur est une ~** *ou* **de la vraie ~** this fridge is a piece of junk* ◆ **c'est une ~ qu'ils ont achetée hier** it's some (old) junk* *ou* rubbish *(Brit) ou* trash* *(US)* they bought yesterday ◆ **chez eux, il n'y a que des ~s** their place is full of junk* *ou* trash *(US)* ◆ **il se bourre de ~s avant le repas** he stuffs himself* with junk food before meals

**e** (* *= maladie)* **je me demande où j'ai bien pu attraper cette ~-là** I wonder where on earth I could have caught this blasted thing* ◆ **je récolte toutes les ~s qui traînent** I catch every blasted thing going*

**f** (* *= obscénité)* dirty *ou* filthy thing (to say)* ◆ **dire des ~s** to say filthy things*, to talk dirty*

**g** (* *= méchanceté)* dirty trick ◆ **faire une ~ à qn** to play a dirty trick on sb ◆ **on en a vu des ~s pendant la guerre** we saw plenty of disgusting things during the war

**h** (* *= personne méprisable)* nasty piece of work*, nasty character

**i** (* *: intensif)* **~ de virus !** this blasted virus! ◆ **~ de guerre !** what a damned‡ *ou* bloody‡ *(Brit)* awful war!

**salicorne** /salikɔʀn/ **NF** salicornia

**salicylate** /salisilat/ **NM** salicylate

**salicylique** /salisilik/ **ADJ** ◆ **acide ~** salicylic acid

**salière** /saljɛʀ/ **NF** **a** *(= récipient)* saltcellar; *(à trous)* saltcellar *(Brit)*, salt shaker *(US)* **b** *[de clavicule]* saltcellar

**salification** /salifikasjɔ̃/ **NF** salification

**salifier** /salifje/ ► conjug 7 ◄ **VT** to salify

**saligaud** ‡ /saligo/ **NM** *(= malpropre)* dirty *ou* filthy pig‡; *(= salaud)* swine‡, bastard*‡

**salin, e** /salɛ̃, in/ **ADJ** saline **NM** salt marsh **NF(PL)** **saline(s)** *(= entreprise)* saltworks; *(= salin)* salt marsh

**salinité** /salinite/ **NF** salinity

**salique** /salik/ **ADJ** Salic, Salian ◆ **loi ~** Salic law

**salir** /saliʀ/ ► conjug 2 ◄ **VT** **a** *[+ lieu]* to make dirty, to mess up*, to make a mess in; *[+ objet]* to make dirty ◆ **le charbon salit** coal is messy *ou* dirty **b** *[+ imagination]* to corrupt, to defile; *[+ réputation]* to sully, to soil, to tarnish ◆ **~ qn** to tarnish *ou* sully sb's reputation ◆ **il a été sali par ces rumeurs** his reputation has been tarnished by these rumours **VPR** **se salir** **a** *[tissu]* to get dirty *ou* soiled; *[personne]* to get dirty ◆ **le blanc se salit facilement** white shows the dirt (easily), white soils easily ◆ **se ~ les mains** *(lit, fig)* to get one's hands dirty, to dirty one's hands **b** *(= se déshonorer)* to sully *ou* soil *ou* tarnish one's reputation

**salissant, e** /salisɑ̃, ɑ̃t/ **ADJ** *[étoffe]* which shows the dirt, which soils easily; *[travail]* dirty, messy ◆ **ce tissu est très ~** this material really shows the dirt

**salissure** /salisyʀ/ **NF** *(= saleté)* dirt, filth; *(= tache)* dirty mark

**salivaire** /salivɛʀ/ **ADJ** salivary

**salivation** /salivasjɔ̃/ **NF** salivation

**salive** /saliv/ NF saliva, spittle ◆ **avaler sa ~** to gulp ◆ **épargne** *ou* **ne gaspille pas ta ~** save your breath, don't waste your breath ◆ **dépenser beaucoup de ~ pour convaincre qn** to have to do a lot of talking *ou* use a lot of breath to persuade sb

**saliver** /salive/ ► conjug 1 ◄ VI to salivate; *[animal] (péj)* to drool ◆ **ça le faisait ~** *[nourriture]* it made his mouth water; *[spectacle]* it made him drool

**salle** /sal/ NF **a** *[de café, musée]* room; *[de château]* hall; *[de restaurant]* (dining) room; *[d'hôpital]* ward ◆ **en ~** *(Sport) [record, athlétisme]* indoor; → **fille, garçon**

**b** *(Ciné, Théât) (= auditorium)* auditorium, theatre *(Brit)*, theater *(US)*; *(= cinéma)* cinema *(Brit)*, movie theater *(US)*; *(= public)* audience ◆ **plusieurs ~s de quartier ont dû fermer** several local cinemas had to close down ◆ **faire ~ comble** *ou* **pleine** *[comédien]* to play to a packed *ou* full house, to have a full house; *[spectacle]* to play to a packed *ou* full house ◆ **cinéma à plusieurs ~s** cinema with several screens ◆ **film projeté dans la ~ 3** film showing on screen 3 ◆ **le film sort en ~** *ou* **dans les ~s mercredi prochain** the film will be in cinemas *ou* on general release next Wednesday ◆ **sortie en ~** *[de film]* cinema release

COMP ▷ **salle d'arcade** video *ou* amusement *(Brit)* arcade ▷ **salle d'armes** arms room ▷ **salle d'attente** waiting room ▷ **salle d'audience** courtroom ▷ **salle de bain(s)** bathroom ▷ **salle de bal** ballroom ▷ **salle de banquets** *[de château]* banqueting hall ▷ **salle basse** lower hall ▷ **salle de billard** billiard room ▷ **salle blanche** clean room ▷ **salle du chapitre** *(Rel)* chapter room ▷ **salle de cinéma** cinema *(Brit)*, movie theater *(US)* ▷ **salle de classe** classroom ▷ **salle des coffres** strongroom, vault ▷ **salle commune** *[de colonie de vacances]* commonroom; *[d'hôpital]* ward ▷ **salle de concert** concert hall ▷ **salle de conférences** lecture *ou* conference room; *(grande)* lecture hall *ou* theatre ▷ **salle de cours** classroom ▷ **salle de douches** shower-room, showers ▷ **salle d'eau** shower-room ▷ **salle d'embarquement** *(Aviat)* departure lounge ▷ **salle d'étude(s)** prep room ▷ **salle d'exposition** *(Comm)* showroom ▷ **salle des fêtes** village hall ▷ **salle de garde** staff waiting room *(in hospital)* ▷ **salle des gardes** *[de château]* guardroom ▷ **salle de jeu** *(pour enfants)* playroom, rumpus room *(US)*; *[de casino]* gaming room ▷ **salle de lecture** reading room ▷ **salle des machines** engine room ▷ **salle à manger** *(= pièce)* dining room; *(= meubles)* dining-room suite ▷ **salle de montage** cutting room ▷ **salle de musculation** weights room ▷ **les salles obscures** cinemas *(Brit)*, movie theaters *(US)* ▷ **salle d'opération** operating theatre *(Brit) ou* room *(US)* ▷ **salle des pas perdus** (waiting) hall ▷ **salle de permanence** ⇒ **salle d'étude(s)** ▷ **salle de police** guardhouse, guardroom ▷ **salle des professeurs** common room, staff room ▷ **salle de projection** film theatre ▷ **salle de réanimation** recovery room ▷ **salle de rédaction** (newspaper) office ▷ **salle de réunion** meeting room ▷ **salle de réveil** observation ward ▷ **salle de séjour** living room ▷ **salle de soins** treatment room ▷ **salle de spectacle** *(= cinéma)* cinema, movie theater *(US)*; *(= théâtre)* theatre *(Brit)*, theater *(US)* ▷ **salle de sport** gym ▷ **salle de travail** *[d'hôpital]* labour room ▷ **salle du trône** throne room ▷ **salle des ventes** saleroom, auction room

**salmigondis** /salmigɔ̃di/ NM *(Culin, fig)* hotchpotch *(Brit)*, hodgepodge *(US)*

**salmis** /salmi/ NM salmi *(rich stew)*

**salmonella** /salmɔnɛla/, **salmonelle** /salmɔnɛl/ NF salmonella

**salmonellose** /salmɔneloz/ NF salmonellosis

**salmoniculture** /salmɔnikyltyʀ/ NF salmon farming

**saloir** /salwaʀ/ NM salting-tub

**Salomé** /salɔme/ NF Salome

**Salomon** /salɔmɔ̃/ NM Solomon ◆ **le jugement de ~** the judgment of Solomon ◆ **les îles ~** the Solomon Islands

**salon** /salɔ̃/ NM **a** *[de maison]* sitting *ou* living room, lounge *(Brit)*; *[de navire]* saloon, lounge ◆ **coin ~** living area

**b** *[d'hôtel] (pour les clients)* lounge; *(pour conférences, réceptions)* function room

**c** *(= meubles)* living-room suite; *(= canapé et deux fauteuils)* three-piece suite ◆ **~ de jardin** set of garden furniture

**d** *(= exposition)* exhibition, show

**e** *(= cercle littéraire)* salon ◆ **tenir ~** *(Littérat)* to hold a salon ◆ **faire** *ou* **tenir ~** *(hum)* to have a natter * ◆ **c'est le dernier ~ où l'on cause !** *(péj hum)* what a lot of chatterboxes (you are)! *

COMP ▷ **Salon des Arts ménagers** *home improvements exhibition*, ≃ Ideal Home Exhibition *(Brit)* ▷ **salon d'attente** waiting room ▷ **le Salon de l'Auto** the Motor *ou* Car Show ▷ **salon de beauté** beauty salon *ou* parlour *(Brit) ou* parlor *(US)* ▷ **salon de coiffure** hairdressing salon ▷ **salon d'essayage** fitting room ▷ **salon funéraire** *(Can)* funeral home, funeral parlour *(Brit) ou* parlor *(US)* ▷ **le Salon du Livre** the Book Fair ▷ **salon particulier** private room ▷ **salon professionnel** trade fair *ou* show ▷ **salon de réception** *[de maison]* reception room; *[d'hôtel]* function room ▷ **salon-salle à manger** living-cum-dining room *(Brit)*, living room-dining room *(US)* ▷ **salon de thé** tearoom

**saloon** /salun/ NM *(Far-West)* saloon

**salop** ✱ /salo/ NM ⇒ **salaud**

**salopard** ✱ /salɔpaʀ/ NM bastard ✱✱, swine ✱

**salope** ✱✱ /salɔp/ NF *(= déloyale, méchante)* bitch ✱✱, cow ✱ *(Brit)*; *(= dévergondée, sale)* slut ✱

**saloper** ✱ /salɔpe/ ► conjug 1 ◄ VT *(= bâcler)* to botch, to bungle, to make a mess of; *(= salir)* to mess up *, to muck up *

**saloperie** ✱ /salɔpʀi/ NF **a** *(= chose sans valeur)* piece of junk * ◆ **cette radio est une ~** *ou* **de la vraie ~** this radio is a piece of junk * *ou* is absolute crap ✱✱ ◆ **ils n'achètent que des ~s** they only buy junk * *ou* crap ✱✱ ◆ **le grenier est plein de ~s** the attic is full of junk *ou* rubbish * *(Brit)*

**b** *(= mauvaise nourriture)* muck * *(NonC)*, rubbish * *(NonC) (Brit)* ◆ **ils nous ont fait manger de la ~** *ou* **des ~s** they gave us some awful muck *ou* rubbish *(Brit)* to eat * ◆ **c'est bon, ces petites ~s** these little things are really good ◆ **il se bourre de ~s avant le repas** he stuffs himself * with junk food before meals

**c** *(= maladie)* **il a dû attraper une ~** he must have caught some blasted bug * ◆ **il récolte toutes les ~s** he gets every blasted thing going *

**d** *(= ordure)* dirt *(NonC)*, mess *(NonC)*, muck * *(NonC)* ◆ **quand on ramone la cheminée, ça fait des ~s** *ou* **de la ~ partout** when the chimney's swept the dirt gets everywhere ◆ **va faire tes ~s ailleurs** go and make your mess somewhere else

**e** *(= action)* dirty trick; *(= parole)* bitchy remark ✱ ◆ **faire une ~ à qn** to play a dirty *ou* a lousy * trick on sb, to do the dirty on sb *

**f** *(= obscénités)* **~s** dirty *ou* filthy remarks ◆ **dire des ~s** to talk dirty *

**g** *(= crasse)* filth

**salopette** /salɔpɛt/ NF dungarees; *[d'ouvrier]* overall(s); *(Ski)* ski pants, salopettes *(Brit)*

**salpêtre** /salpɛtʀ/ NM saltpetre *(Brit)*, saltpeter *(US)*

**salpêtrer** /salpetʀe/ ► conjug 1 ◄ VT **a** *(Agr) [+ terre]* to add saltpetre *(Brit) ou* saltpeter *(US)* to **b** *[+ mur]* to cover with saltpetre *(Brit) ou* saltpeter *(US)* ◆ **cave salpêtrée** cellar covered with saltpetre

**salpingite** /salpɛ̃ʒit/ NF salpingitis

**salsa** /salsa/ NF salsa ◆ **danser la ~** to dance *ou* do the salsa

**salsifis** /salsifi/ NM *(= plante)* salsify, oyster-plant

**SALT** /salt/ (abrév de **Strategic Arms Limitation Talks**) SALT

**saltimbanque** /saltɛ̃bɑ̃k/ NMF *(= acrobate)* acrobat; *(= forain)* (travelling) performer; *(= professionnel du spectacle)* entertainer

**salto** /salto/ NM *(Sport)* somersault, flip ◆ **~ avant/arrière** forward/backward somersault ◆ **double ~** double somersault *ou* flip

**salubre** /salybʀ/ ADJ *[air, climat]* healthy, salubrious *(frm)*; *[logement]* salubrious *(frm)*

**salubrité** /salybʀite/ NF *[de lieu, climat]* healthiness, salubrity *(frm)*, salubriousness *(frm)* ◆ **par mesure de ~** as a health measure ◆ **~ publique** public health

**saluer** /salɥe/ ► conjug 1 ◄ VT **a** *(= dire bonjour à)* to greet ◆ **se découvrir/s'incliner pour ~ qn** to raise one's hat/bow to sb (in greeting) ◆ **~ qn** to wave to sb (in greeting) ◆ **~ qn d'un signe de tête** to nod (a greeting) to sb ◆ **~ qn à son arrivée** to greet sb on their arrival ◆ **saluez-le de ma part** give him my regards

**b** *(= dire au revoir à)* to say goodbye to, to take one's leave of ◆ **il nous salua et sortit** he said goodbye *ou* took his leave and went out ◆ **il salua (le public)** he bowed (to the audience)

**c** *(Mil, Naut) [+ supérieur, drapeau, navire]* to salute

**d** *(= témoigner son respect pour) [+ ennemi vaincu, courage, héroïsme]* to salute ◆ **~ la mémoire/les efforts de qn** to pay tribute to sb's memory/efforts ◆ **nous saluons en vous l'homme qui a sauvé tant de vies** we salute you as the man who has saved so many lives

**e** *(= accueillir) [+ initiative]* to welcome; *(= acclamer)* to hail ◆ **"je vous salue, Marie"** *(Rel)* "Hail, Mary" ◆ **~ qch comme un succès/une victoire** to hail sth as a success/a victory ◆ **l'événement a été salué comme historique** it was hailed as an historic event ◆ **cette déclaration a été saluée par une ovation** this announcement was greeted with thunderous applause ◆ **elle/son arrivée fut saluée par des huées** *(hum)* she/her arrival was greeted with *ou* by booing

> ⚠ *Au sens de 'dire bonjour* **ou** *au revoir à',* **saluer** *ne se traduit généralement pas par* **to salute.**

**salut** /saly/ NM **a** *(de la main)* wave (of the hand); *(de la tête)* nod (of the head); *(du buste)* bow; *(Mil, Naut)* salute ◆ **faire un ~** *(de la main)* to wave (one's hand); *(de la tête)* to nod (one's head); *(du buste)* to bow ◆ **faire le ~ militaire** to give the military salute ◆ **~ au drapeau** salute to the colours b *(= sauvegarde)* *[de personne]* (personal) safety; *[de nation]* safety ◆ **trouver/chercher son ~ dans la fuite** to find/seek safety *ou* refuge in flight ◆ **elle n'a dû son ~ qu'à son courage** only her courage saved her ◆ **mesures de ~ public** state security measures, measures to protect national security ◆ **ancre** *ou* **planche de ~** sheet anchor *(fig)*

c *(Rel = rédemption)* salvation; → **armée², hors**

EXCL a * *(= bonjour)* hello!, hi! *; *(= au revoir)* see you! *, bye! *, cheerio! * *(Brit)* ◆ **~, les gars !** hi guys! * ◆ **~ !** *(= rien à faire)* no thanks!

b *(littér)* (all) hail ◆ **~ (à toi) puissant seigneur !** (all) hail (to thee) mighty lord! ◆ **~, forêt de mon enfance !** hail (to thee), o forest of my childhood!

**salutaire** /salytɛʀ/ ADJ a *[conseil]* salutary *(épith)*, profitable *(épith)*; *[choc, épreuve]* salutary *(épith)*; *[influence]* healthy *(épith)*, salutary *(épith)*; *[dégoût]* healthy *(épith)* ◆ **cette déception lui a été ~** that disappointment was good for him *ou* did him some good ◆ **l'autodérision est un exercice ~** it is good to be able to laugh at oneself b *[air]* healthy, salubrious *(frm)*; *[remède]* beneficial ◆ **ce petit repos m'a été ~** that little rest did me good *ou* was good for me

**salutation** /salytasjɔ̃/ NF greeting, salutation *(frm)* ◆ **après les ~s d'usage** after the usual greetings

**salutiste** /salytist/ ADJ, NMF Salvationist

**Salvador** /salvadɔʀ/ NM ◆ **le ~** El Salvador ◆ **au ~** in El Salvador

**salvadorien, -ienne** /salvadɔʀjɛ̃, jɛn/ ADJ Salvadorian, Salvadorean, Salvadoran NM,F **Salvadorien(ne)** Salvadorian, Salvadorean, Salvadoran

**salvateur, -trice** /salvatœʀ, tʀis/ ADJ *(littér)* *[eau]* life-saving; *[effet]* salutary ◆ **jouer un rôle ~** to be a life-saver

**salve** /salv/ NF *[d'artillerie, roquettes]* salvo ◆ **une ~ de 21 coups de canon** a 21-gun salute ◆ **tirer une ~ d'honneur** to fire a salute ◆ **une ~ d'applaudissements** a burst *ou* round of applause ◆ **une ~ de critiques/d'injures** a volley of criticism/of abuse

**Salzbourg** /salzbuʀ/ N Salzburg

**Samarie** /samaʀi/ NF Samaria

**samaritain, e** /samaʀitɛ̃, ɛn/ ADJ Samaritan NM,F **Samaritain(e)** Samaritan ◆ **les Samaritains** the Samaritans ◆ **bon Samaritain** *(Bible)* good Samaritan ◆ **jouer les bons Samaritains** *(souvent iro)* to play the good Samaritan

**samba** /sɑ̃(m)ba/ NF samba

**samedi** /samdi/ NM Saturday ◆ **nous irons ~** we'll go on Saturday ◆ **~ nous sommes allés ...** on Saturday *ou* last Saturday we went ... ◆ **pas ~ qui vient mais l'autre** not this (coming) Saturday but the next *ou* but the one after that ◆ **ce ~(-ci), ~ qui vient** this (coming) Saturday ◆ **un ~ sur deux** every other *ou* second Saturday ◆ **nous sommes ~ (aujourd'hui)** it's Saturday (today) ◆ **le ~ 18 décembre** Saturday the 18th of December; *(à l'écrit)* Saturday 18 December ◆ **la réunion aura lieu le ~ 23 janvier** the meeting will take place on Saturday 23 January ◆ **~ matin/après-midi** (on) Saturday morning/afternoon ◆ **~ soir** (on) Saturday evening *ou* night ◆ **la nuit de ~** Saturday night ◆ **dans la nuit de ~ à dimanche** on Saturday night ◆ **l'édition de ~** *ou* **du ~** the Saturday edition; → **huit**

**samit** /sami/ NM samite

**Samoa** /samɔa/ NM ◆ **les îles ~** Samoa, the Samoa Islands ◆ **les ~-occidentales/-américaines** Western/American Samoa

**samoan, e** /samɔɑ̃, an/ ADJ Samoan NM,F **Samoan(e)** Samoan

**samosa** /samosa/ NM samosa

**samouraï** /samuʀaj/ NM samurai

**samovar** /samɔvaʀ/ NM samovar

**sampan(g)** /sɑ̃pɑ̃/ NM sampan

**sampling** /sɑ̃pliŋ/ NM *(Mus)* sampling

**Samson** /sɑ̃sɔ̃/ NM Samson ◆ **~ et Dalila** Samson and Delilah

**SAMU** /samy/ NM (abrév de **Service d'assistance médicale d'urgence**) ◆ **~ social** *mobile emergency medical service for homeless people*; → **service**

**samuraï** /samuʀaj/ NM ⇒ **samouraï**

**sana** * /sana/ NM abrév de **sanatorium**

**Sanaa** /sanaa/ N San'a, Sanaa

**sanatorium** /sanatɔʀjɔm/ NM sanatorium, sanitarium *(US)*

**sancerre** /sɑ̃sɛʀ/ NM Sancerre *(type of wine from the Loire valley)*

**Sancho Pança** /sɑ̃ʃopɑ̃sa/ NM Sancho Panza

**sanctification** /sɑ̃ktifikasjɔ̃/ NF sanctification

**sanctifié, e** /sɑ̃ktifje/ (ptp de **sanctifier**) ADJ blessed

**sanctifier** /sɑ̃ktifje/ ► conjug 7 ◄ VT to sanctify, to hallow, to bless ◆ **~ le jour du Seigneur** to observe the Sabbath ◆ **"que ton nom soit sanctifié"** *(Rel)* "hallowed be Thy name"

**sanction** /sɑ̃ksjɔ̃/ NF a *(= condamnation)* *(Jur)* sanction, penalty; *(Écon, Pol)* sanction; *(Scol)* punishment; *(= conséquence)* penalty (*de* for); ◆ **~ administrative/disciplinaire** administrative/disciplinary action *(NonC)* ◆ **~ pénale** penalty ◆ **~s commerciales/économiques** trade/economic sanctions ◆ **prendre des ~s** *(Écon, Pol)* to impose sanctions (*contre, à l'encontre de* on); ◆ **prendre des ~s contre un joueur/club/ministre** to take disciplinary action against a player/club/minister ◆ **prendre des ~s contre un élève** to punish *ou* discipline a pupil ◆ **la ~ électorale a été sévère** the electorate's rejection was complete

b *(= ratification)* sanction *(NonC)*, approval *(NonC)* ◆ **recevoir la ~ de qn** to obtain sb's sanction *ou* approval ◆ **c'est la ~ du progrès** *(= conséquence)* it's the price of progress ◆ **ce mot a reçu la ~ de l'usage** this word has been sanctioned by use

**sanctionner** /sɑ̃ksjɔne/ ► conjug 1 ◄ VT a *(= punir)* to penalize; *(mesures disciplinaires)* to take disciplinary action against; *(sanctions économiques)* to impose sanctions on ◆ **tout manquement à ce principe sera sévèrement sanctionné** any party found in breach of this principle will be heavily penalized ◆ **les électeurs ont sanctionné la politique du précédent gouvernement** the electorate rejected the policy of the previous government b *(= consacrer, ratifier)* to sanction, to approve; *[+ loi]* to sanction ◆ **ce diplôme sanctionne les études secondaires** this diploma marks the successful conclusion of secondary education

> ⚠ *Attention à ne pas traduire automatiquement* **sanctionner** *par* **to sanction**, *qui a le sens de 'approuver'.*

**sanctuaire** /sɑ̃ktyɛʀ/ NM a *(Rel = lieu saint)* sanctuary, shrine; *[de temple, église]* sanctuary b *(littér)* sanctuary c *(Pol)* sanctuary

**sanctus** /sɑ̃ktys/ NM Sanctus

**sandale** /sɑ̃dal/ NF sandal

**sandalette** /sɑ̃dalɛt/ NF (light) sandal

**sandiniste** /sɑ̃dinist/ ADJ, NMF Sandinist(a)

**sandow ®** /sɑ̃do/ NM *(= attache)* luggage elastic; *(Aviat)* catapult

**sandre** /sɑ̃dʀ/ NM pikeperch, zander

**sandwich** (pl **sandwiches** *ou* **sandwichs**) /sɑ̃dwi(t)ʃ/ NM sandwich ◆ **~ au jambon** ham sandwich ◆ **(pris) en ~ (entre)** * sandwiched (between) ◆ **les deux voitures l'ont pris en ~** * he was sandwiched between the two cars

**sandwicherie** /sɑ̃dwi(t)ʃəʀi/ NF sandwich shop *ou* bar

**San Francisco** /sɑ̃ fʀɑ̃sisko/ N San Francisco

**sang** /sɑ̃/ NM a *(lit, fig)* blood ◆ **~ artériel/veineux** arterial/venous blood ◆ **~ contaminé** infected *ou* contaminated blood ◆ **animal à ~ froid/chaud** cold-/warm-blooded animal ◆ **le ~ a coulé** blood has flowed ◆ **verser** *ou* **faire couler le ~** to shed *ou* spill blood ◆ **cela finira dans le ~** blood will be shed ◆ **il va y avoir du ~ !** * *(fig)* the fur will fly! * ◆ **avoir du ~ sur les mains** *(fig)* to have blood on one's hands ◆ **son ~ crie vengeance** his blood cries (for) vengeance ◆ **il était en ~** he was covered in *ou* with blood ◆ **pincer qn (jusqu')au ~** to pinch sb till he bleeds *ou* till the blood comes ◆ **mordre qn jusqu'au ~** to bite sb and draw blood ◆ **payer son crime de son ~** to pay for one's crime with one's life ◆ **donner son ~ pour un malade** to give *ou* donate one's blood for somebody who is ill ◆ **donner son ~ pour sa patrie** to shed one's blood for one's country; → **donneur, feu¹, noyer², pinte**

b *(= race, famille)* blood ◆ **de ~ royal** of royal blood ◆ **avoir du ~ bleu** to have blue blood, to be blue-blooded ◆ **du même ~** of the same flesh and blood ◆ **liens du ~** blood ties, ties of blood; → **prince, voix**

c *(loc)* **avoir le ~ chaud** *(= s'emporter facilement)* to be hotheaded; *(= être sensuel)* to be hot-blooded ◆ **un apport de ~ neuf** an injection of new *ou* fresh blood (*dans* into); ◆ **se faire un ~ d'encre** to be worried sick *ou* stiff * ◆ **se faire du mauvais ~** to worry, to get in a state ◆ **avoir du ~ dans les veines** to have courage *ou* guts * ◆ **il n'a pas de ~ dans les veines, il a du ~ de navet** *ou* **de poulet** *(manque de courage)* he's a spineless individual, he's got no guts *; *(manque d'énergie)* he's very lethargic ◆ **il a le jeu/le jazz dans le ~** he's got gambling/jazz in his blood ◆ **le ~ lui monta au visage** the blood rushed to his face ◆ **bon ~ !** ‡ dammit! ‡ ◆ **coup de ~** *(Méd)* stroke ◆ **attraper un coup de ~** *(fig = colère)* to fly into a rage ◆ **mon ~ n'a fait qu'un tour** *(émotion, peur)* my heart missed *ou* skipped a beat; *(colère, indignation)* I saw red ◆ **se ronger** *ou* **se manger les ~s** to worry (o.s.), to fret ◆ **se ronger les ~s pour savoir comment faire qch** to agonize over how to do sth ◆ **tourner les ~s à qn** to shake sb up ◆ **histoire à glacer le ~** bloodcurdling story ◆ **son ~ se glaça** *ou* **se figea dans ses veines** his blood froze *ou* ran cold in his veins; → **suer**

**sang-froid** /sɑ̃fʀwa/ NM INV calm, cool *, sang-froid *(frm)* ◆ **garder/perdre son ~** to keep/lose one's head *ou* one's cool * ◆ **faire qch de ~** to do sth in cold blood *ou* cold-bloodedly ◆ **répondre avec ~** to reply coolly *ou* calmly ◆ **crime commis de ~** cold-blooded murder

**sanglant, e** /sɑ̃glɑ̃, ɑ̃t/ ADJ a *[couteau, plaie]* bloody; *[bandage, habits]* blood-soaked, bloody; *[mains, visage]* covered in blood, bloody b *[répression, affrontement, attentat, dictature, guerre]* bloody c *(fig)* *[insulte, reproche, défaite]* cruel ◆ **ils se sont disputés, ça a été ~ !** they really laid into each other! d *(littér = couleur)* blood-red

**sangle** /sɑ̃gl/ NF *(gén)* strap; *[de selle]* girth ◆ **~s** *[de siège]* webbing ◆ **~ d'ouverture automatique** *[de parachute]* ripcord ◆ **~ abdominale** *(Anat)* abdominal muscles; → **lit**

**sangler** /sɑ̃gle/ ► conjug 1 ◄ VT *[+ cheval]* to girth; *[+ colis, corps]* to strap up ◆ **sanglé dans son uniforme** done up *ou* strapped up tight in one's uniform VPR **se sangler** to do one's belt up tight

**sanglier** /sɑ̃glije/ NM (wild) boar

**sanglot** /sɑ̃glo/ NM sob ◆ **avec des ~s dans la voix** in a voice choked with emotion ◆ **elle répondit dans un ~ que ...** she answered with a sob that ... ◆ **elle essayait de me parler entre deux ~s** she tried to speak to me between sobs; → **éclater**

**sangloter** /sɑ̃glɔte/ ► conjug 1 ◄ VI to sob

**sang-mêlé** /sɑ̃mele/ NMF INV *person of mixed blood*

**sangria** /sɑ̃gʀija/ NF sangria

**sangsue** /sɑ̃sy/ NF *(lit, fig)* leech

**sanguin, e** /sɑ̃gɛ̃, in/ ADJ **a** *[caractère, personne]* fiery; *[visage]* ruddy, sanguine *(frm)* **b** *(Anat)* blood *(épith)* ◆ **produits ~s** blood products NF **sanguine** **a** ◆ **(orange) ~e** blood orange **b** *(= dessin)* red chalk drawing; *(= crayon)* red chalk, sanguine *(SPÉC)*

**sanguinaire** /sɑ̃ginɛʀ/ ADJ *[personne]* bloodthirsty, sanguinary *(littér)*; *[combat, dictature]* bloody, sanguinary *(littér)* ◆ **monstre ~** bloodthirsty monster NF *(= plante)* bloodroot, sanguinaria

**sanguinolent, e** /sɑ̃ginɔlɑ̃, ɑ̃t/ ADJ *[crachat]* streaked with blood; *[plaie]* oozing blood *(attrib)*, bloody

**Sanisette** ® /sanizɛt/ NF *coin-operated public toilet*, Superloo ® *(Brit)*

**sanitaire** /sanitɛʀ/ ADJ **a** *(Méd) [services, mesures]* health *(épith)*; *[conditions]* sanitary ◆ **campagne ~** campaign to improve sanitary conditions; → **cordon, train** **b** *(Plomberie)* **l'installation ~ est défectueuse** the bathroom plumbing is faulty ◆ **appareil ~** bathroom *ou* sanitary appliance NM ◆ **le ~** bathroom installations ◆ **les ~s** *(= lieu)* the bathroom; *(= appareils)* the bathroom (suite); *(= plomberie)* the bathroom plumbing

**San José** /sɑ̃ʒoze/ N San José

**San Juan** /sɑ̃ʒyɑ̃/ N San Juan

**sans** /sɑ̃/ PRÉP **a** *(privation, absence)* without ◆ **être ~ père/mère** to have no father/mother, to be fatherless/motherless ◆ **il est ~ secrétaire en ce moment** he is without a secretary at the moment, he has no secretary at the moment ◆ **ils sont ~ argent** they have no money, they are penniless ◆ **je suis sorti ~ chapeau ni manteau** I went out without a hat or coat *ou* with no hat or coat ◆ **repas à 10 € ~ le vin** meal at €10 exclusive of wine *ou* not including wine ◆ **on a retrouvé le sac, mais ~ l'argent** they found the bag minus the money *ou* but without the money ◆ **être ~ abri** to be homeless

**b** *(manière, caractérisation)* without ◆ **manger ~ fourchette** to eat without a fork ◆ **boire ~ soif** to drink without being thirsty ◆ **il est parti ~ même** *ou* **~ seulement un mot de remerciement** he left without even a word of thanks ◆ **l'histoire n'est pas ~ intérêt** the story is not devoid of interest *ou* is not without interest ◆ **nous avons trouvé sa maison ~ mal** we found his house with no difficulty *ou* with no trouble *ou* without difficulty ◆ **marcher ~ chaussures** to walk barefoot ◆ **promenade ~ but** aimless walk ◆ **une Europe ~ frontières** a Europe without borders ◆ **je le connais, ~ plus** I know him but no more than that ◆ **tu as aimé ce film ? – ~ plus** did you like the film? – it was all right (I suppose); → **cesse, doute, effort** etc

**c** *(cause ou condition négative)* but for ◆ **~ moi, il ne les aurait jamais retrouvés** but for me *ou* had it not been for me, he would never have found them ◆ **~ cette réunion, il aurait pu partir ce soir** if it had not been for *ou* were it not for *ou* but for this meeting he could have left tonight ◆ **~ sa présence d'esprit, il se tuait** had he not had such presence of mind *ou* without *ou* but for his presence of mind he would have been killed

**d** *(avec infin)* without ◆ **il est entré ~ faire de bruit** he came in without making a noise *ou* noiselessly ◆ **je n'irai pas ~ être invité** I won't go without being invited *ou* unless I am invited ◆ **j'y crois ~ y croire** I believe it and I don't ◆ **je ne suis pas ~ avoir des doutes sur son honnêteté** I have my doubts *ou* I am not without some doubts as to his honesty ◆ **la situation n'est pas ~ nous inquiéter** the situation is somewhat disturbing; → **attendre, dire, jamais, savoir**

**e** *(loc)*

♦ **sans que** + *subj* ◆ **il est entré ~ (même** *ou* **seulement) que je l'entende** he came in without my (even) hearing him ◆ **~ (même) que nous le sachions, il avait écrit** he had written without our (even) knowing ◆ **il peut jouer de la musique ~ que cela m'empêche de travailler** he can play music without it making it impossible for me to work ◆ **il ne se passe pas de jour ~ qu'il lui écrive** not a day goes by without his writing to her

♦ **sans ça** * ◆ **sans quoi** * otherwise ◆ **si on m'offre un bon prix je vends ma voiture, ~ ça** *ou* **~ quoi je la garde** I'll sell my car if I'm offered a good price for it but otherwise *ou* if not, I'll keep it ◆ **sois sage, ~ ça ... !** be good or else ...!

♦ **non sans** ◆ **non ~ peine** *ou* **mal** *ou* **difficulté** not without difficulty ◆ **il l'a fait non ~ rechigner** he did it albeit reluctantly ◆ **l'incendie a été maîtrisé, non ~ que les pompiers aient dû intervenir** the fire was brought under control but not until the fire brigade were brought in

ADV * ◆ **votre parapluie ! vous alliez partir ~** your umbrella! you were going to go off without it ◆ **il a oublié ses lunettes et il ne peut pas conduire ~** he's forgotten his glasses, and he can't drive without them

COMP ▷ **sans domicile fixe** ADJ INV of no fixed abode NMF INV homeless person ◆ **les ~ domicile fixe** the homeless ▷ **sans faute** *[téléphoner, prévenir]* without fail

**sans-abri** /sɑ̃zabʀi/ NMF INV homeless person ◆ **les ~** the homeless

**San Salvador** /sɑ̃salvadɔʀ/ N San Salvador

**sans-cœur** /sɑ̃kœʀ/ ADJ INV heartless NMF INV heartless person

**sanscrit, e** /sɑ̃skʀi, it/ ADJ, NM ⇒ **sanskrit**

**sans-culotte** (pl **sans-culottes**) /sɑ̃kylɔt/ NM *(Hist)* sans culotte

**sans-emploi** /sɑ̃zɑ̃plwa/ NMF INV unemployed person ◆ **les ~** the jobless, the unemployed ◆ **le nombre des ~** the number of unemployed *ou* of people out of work, the jobless figure

**sans-façon** /sɑ̃fasɔ̃/ NM INV casualness, offhandedness

**sans-faute** /sɑ̃fot/ NM INV *(Équitation)* clear round; *(Sport)* faultless performance ◆ **faire un ~** *(Équitation)* to do a clear round; *(Sport)* to put up a faultless performance, not to put a foot wrong ◆ **son cursus scolaire est un ~** his academic record is impeccable ◆ **jusqu'à présent, il a réussi un ~** *(gén)* he hasn't put a foot wrong so far; *(dans un jeu avec questions)* he has got all the answers right so far

**sans-fil** /sɑ̃fil/ NM *(= téléphone)* cordless telephone; *(† = radio)* wireless telegraphy ◆ **le marché du ~** the cordless telephone market; → aussi **fil**

**sans-filiste** † (pl **sans-filistes**) /sɑ̃filist/ NMF wireless enthusiast

**sans-gêne** /sɑ̃ʒɛn/ ADJ INV inconsiderate ◆ **il est vraiment ~ !** he's got a nerve! * NM INV lack of consideration (for others), inconsiderateness ◆ **elle est d'un ~ incroyable !** she's got an incredible nerve! * NMF INV inconsiderate person

**sans-grade** /sɑ̃gʀad/ NMF INV **a** *(Mil)* serviceman, enlisted man *(US)* **b** *(= subalterne)* underling, peon *(US)* ◆ **les ~** *(dans une hiérarchie)* the underlings, the small fry; *(dans la société, un milieu)* the nobodies, the nonentities

**sanskrit, e** /sɑ̃skʀi, it/ ADJ, NM Sanskrit

**sans-le-sou** * /sɑ̃l(ə)su/ NMF INV ◆ **c'est un ~** he's penniless ◆ **les ~** the have-nots

**sans-logis** /sɑ̃lɔʒi/ NMF *(gén pl)* homeless person ◆ **les ~** the homeless

**sansonnet** /sɑ̃sɔnɛ/ NM starling; → **roupie**

**sans-papiers** /sɑ̃papje/ NMF INV undocumented immigrant

**sans-parti** /sɑ̃paʀti/ NMF INV *(gén) person who is not a member of a political party*; *(= candidat)* independent (candidate)

**sans-patrie** /sɑ̃patʀi/ NMF INV stateless person

**sans-soin** † /sɑ̃swɛ̃/ NMF INV careless person

**sans-souci** † /sɑ̃susi/ NMF INV carefree *ou* happy-go-lucky person

**sans-travail** /sɑ̃tʀavaj/ NMF INV ⇒ **sans-emploi**

**sans-voix** /sɑ̃vwa/ NMPL ◆ **les ~** people with no voice

**santal** /sɑ̃tal/ NM sandal, sandalwood ◆ **bois de ~** sandalwood ◆ **huile de ~** sandalwood oil

**santé** /sɑ̃te/ NF **a** *[de personne, esprit, pays]* health ◆ **~ mentale** mental health ◆ **en bonne/mauvaise ~** in good/bad health ◆ **avoir des problèmes** *ou* **ennuis de ~** to have health problems ◆ **la bonne ~ du franc** the good health of the Franc ◆ **la mauvaise ~ financière d'une entreprise** a company's poor financial health ◆ **c'est bon/mauvais pour la ~** it's good/bad for the health *ou* for you ◆ **être en pleine ~** to be in perfect health ◆ **avoir la ~** to be healthy, to be in good health ◆ **il a la ~ !** * *(fig = énergie)* he must have lots of energy! ◆ **il n'a pas de ~, il a une petite ~** he's in poor health ◆ **avoir une ~ de fer** to have an iron constitution ◆ **comment va la ~ ?** * how are you doing? * *ou* keeping? * *(Brit)* ◆ **meilleure ~ !** get well soon!; → **maison, raison, respirer**

**b** *(Admin)* **la ~ publique** public health ◆ **la ~** *(Naut)* the quarantine service ◆ **services de ~** *(Admin)* health services ◆ **les dépenses de ~** health spending ◆ **le système de ~** the health system ◆ **les professions de ~** health (care) professions; → **ministère, ministre**

**c** *(en trinquant)* **à votre ~ !, ~ !** * cheers!, (your) good health! ◆ **à la ~ de Paul !** (here's) to Paul! ◆ **boire à la ~ de qn** to drink to sb's health

**santiag** /sɑ̃tjag/ NM cowboy boot

**Santiago** /sɑ̃tjago/ N Santiago

**santoméen, -enne** /sɑ̃tomeɛ̃, ɛn/ **ADJ** of *ou* from São Tomé e Principe **NM,F** **Santoméen(ne)** inhabitant of São Tomé e Principe

**santon** /sɑ̃tɔ̃/ **NM** (ornamental) figure *(in a Christmas crib)*

**São Tomé** /saotɔme/ **N** ◆ ~ **et Principe** São Tomé e Principe

**saoudien, -ienne** /saudjɛ̃, jɛn/ **ADJ** Saudi Arabian **NM,F** **Saoudien(ne)** Saudi Arabian

**saoul, e** /su, sul/ **ADJ** ⇒ **soûl**

**saoulard, e** ⁑ /sulaʀ, aʀd/ **NM,F** ⇒ **soûlard**

**sapajou** /sapaʒu/ **NM** *(Zool)* capuchin monkey, sapajou

**sape** /sap/ **NF** a *(lit, fig) (= action)* undermining, sapping; *(= tranchée)* approach *ou* sapping trench ◆ **travail de** ~ *(Mil)* sap; *(fig)* chipping away b *(= habits)* ~**s** ⁑ gear * *(NonC)*, clobber ⁑ *(NonC) (Brit)*

**saper** /sape/ ▸ conjug 1 ◂ **VT** *(lit, fig)* to undermine, to sap ◆ ~ **le moral à qn** * to knock the stuffing out of sb * **VPR** **se saper** ⁑ to get all dressed up * ◆ **il s'était sapé pour aller danser** he'd got all dressed up to go dancing * ◆ **bien sapé** well-dressed

**saperlipopette** † * /sapɛʀlipɔpɛt/ **EXCL** *(hum)* gad! † *(hum)*, gadzooks! † *(hum)*

**sapeur** /sapœʀ/ **NM** *(Mil)* sapper; → **fumer**

**sapeur-pompier** (pl **sapeurs-pompiers**) /sapœʀpɔ̃pje/ **NM** firefighter, fireman *(Brit)*

**saphène** /safɛn/ **ADJ** saphenous **NF** saphena

**saphique** /safik/ **ADJ, NM** *(Littérat)* Sapphic

**saphir** /safiʀ/ **NM** *(= pierre)* sapphire; *(= aiguille)* needle; *[de tourne-disque]* stylus **ADJ INV** sapphire

**saphisme** /safism/ **NM** sapphism

**sapide** /sapid/ **ADJ** sapid

**sapidité** /sapidite/ **NF** sapidity; → **agent**

**sapience** † /sapjɑ̃s/ **NF** sapience *(frm)*, wisdom

**sapin** /sapɛ̃/ **NM** *(= arbre)* fir (tree); *(= bois)* fir ◆ ~ **de Noël** Christmas tree ◆ **toux qui sent le** ~ * graveyard cough ◆ **costume en** ~ ⁑ wooden overcoat ⁑ ◆ **ça sent le** ~ *(hum, *)* he's (*ou* you've *etc*) got one foot in the grave

**sapinière** /sapinjɛʀ/ **NF** fir plantation *ou* forest

**saponacé, e** /sapɔnase/ **ADJ** saponaceous

**saponaire** /sapɔnɛʀ/ **NF** saponin

**saponification** /sapɔnifikasjɔ̃/ **NF** saponification

**saponifier** /sapɔnifje/ ▸ conjug 7 ◂ **VT** to saponify

**sapristi** * † /sapʀisti/ **EXCL** *(colère)* for God's sake! ⁑; *(surprise)* good grief! *, (good) heavens!

**saprophage** /sapʀɔfaʒ/ **ADJ** saprophagous **NM** saprophagous animal

**saprophyte** /sapʀɔfit/ **ADJ, NM** *(Bio, Méd)* saprophyte

**saquer** * /sake/ ▸ conjug 1 ◂ **VT** ⇒ **sacquer**

**S.A.R.** (abrév de **Son Altesse Royale**) HRH

**sarabande** /saʀabɑ̃d/ **NF** *(= danse)* saraband; *( * = tapage)* racket, hullabaloo *; *(= succession)* jumble ◆ **faire la** ~ * to make a racket *ou* a hullabaloo * ◆ **les souvenirs/chiffres qui dansent la ~ dans ma tête** the memories/figures whirling around in my head

**Saragosse** /saʀagɔs/ **N** Saragossa

**sarajévien, -ienne** /saʀajevjɛ̃, ɛn/ **ADJ** Sarajevan **NM,F** **Sarajévien(ne)** Sarajevan

**Sarajevo** /saʀajevo/ **N** Sarajevo

**sarbacane** /saʀbakan/ **NF** *(= arme)* blowpipe, blowgun; *(= jouet)* peashooter

**sarcasme** /saʀkasm/ **NM** *(= ironie)* sarcasm; *(= remarque)* sarcastic remark

**sarcastique** /saʀkastik/ **ADJ** sarcastic

**sarcastiquement** /saʀkastikmɑ̃/ **ADV** sarcastically

**sarcelle** /saʀsɛl/ **NF** teal

**sarclage** /saʀklaʒ/ **NM** *[de jardin, culture]* weeding; *[de mauvaise herbe]* hoeing

**sarcler** /saʀkle/ ▸ conjug 1 ◂ **VT** *[+ jardin, culture]* to weed; *[+ mauvaises herbes]* to hoe

**sarclette** /saʀklɛt/ **NF** (small) hoe

**sarcomateux, -euse** /saʀkɔmatø, øz/ **ADJ** sarcomatoid, sarcomatous

**sarcome** /saʀkom/ **NM** sarcoma ◆ ~ **de Kaposi** Kaposi's Sarcoma

**sarcophage** /saʀkɔfaʒ/ **NM** *(Antiq, Nucl, Phys)* sarcophagus

**Sardaigne** /saʀdɛɲ/ **NF** Sardinia

**sarde** /saʀd/ **ADJ** Sardinian **NM** *(Ling)* Sardinian **NMF** **Sarde** Sardinian

**sardine** /saʀdin/ **NF** a *(= poisson)* sardine ◆ **une boîte de ~s à l'huile** a tin *(Brit) ou* can *(US)* of sardines in oil ◆ **serrés** *ou* **tassés comme des ~s (en boîte)** packed *ou* squashed together like sardines (in a tin *(Brit) ou* can *(US)*) b *( * Camping)* tent peg c *(arg Mil)* stripe

**sardinerie** /saʀdinʀi/ **NF** sardine cannery

**sardinier, -ière** /saʀdinje, jɛʀ/ **ADJ** sardine *(épith)* **NM,F** *(= ouvrier)* sardine canner **NM** *(= bateau)* sardine boat; *(= pêcheur)* sardine fisher

**sardonique** /saʀdɔnik/ **ADJ** sardonic

**sargasse** /saʀgas/ **NF** sargasso, gulfweed; → **mer**

**sari** /saʀi/ **NM** sari, saree

**sarigue** /saʀig/ **NF** (o)possum

**sarin** /saʀɛ̃/ **NM** ◆ **(gaz)** ~ sarin (gas)

**SARL** /ɛsaɛʀɛl/ **NF** (abrév de **société à responsabilité limitée**) limited liability company ◆ **Raymond** ~ Raymond Ltd *(Brit)*, Raymond Inc. *(US)*; → **société**

**sarment** /saʀmɑ̃/ **NM** *(= tige)* twining *ou* climbing stem, bine *(SPÉC)* ◆ ~ **(de vigne)** vine shoot

**sarmenteux, -euse** /saʀmɑ̃tø, øz/ **ADJ** *[plante]* climbing *(épith)*; *[tige]* climbing *(épith)*, twining *(épith)*

**saroual** /saʀwal/, **sarouel** /saʀwɛl/ **NM** baggy trousers *(worn in North Africa)*

**sarrasin¹, e** /saʀazɛ̃, in/ *(Hist)* **ADJ** Saracen **NM,F** **Sarrasin(e)** Saracen

**sarrasin²** /saʀazɛ̃/ **NM** *(Bot)* buckwheat

**sarrau** /saʀo/ **NM** smock

**sarriette** /saʀjɛt/ **NF** savory

**sas** /sɑs/ **NM** a *(Espace, Naut)* airlock; *[d'écluse]* lock; *[de banque]* double-entrance security door ◆ ~ **de décompression** decompression airlock b *(= tamis)* sieve, screen

**S.A.S.** /ɛsaɛs/ (abrév de **Son Altesse Sérénissime**) HSH

**sashimi** /saʃimi/ **NM** sashimi

**sassafras** /sasafʀa/ **NM** sassafras

**sasser** /sɑse/ ▸ conjug 1 ◂ **VT** *[+ farine]* to sift, to screen; *[+ péniche]* to take through a lock

**Satan** /satɑ̃/ **NM** Satan

**satané, e** * /satane/ **ADJ** blasted *, confounded * ◆ **c'est un ~ menteur !** he's a damned liar! ⁑ ◆ **~s embouteillages !** blasted traffic jams! *

**satanique** /satanik/ **ADJ** *(= de Satan)* satanic; *(fig) [plaisir, rire]* fiendish, satanic, wicked; *[ruse]* fiendish

**sataniser** /satanize/ ▸ conjug 1 ◂ **VT** *[+ personne]* to demonize

**satanisme** /satanism/ **NM** *(= culte)* Satanism; *(fig)* fiendishness, wickedness

**sataniste** /satanist/ **ADJ** satanic **NMF** Satanist

**satellisation** /satelizasjɔ̃/ **NF** a *[de fusée]* (launching and) putting into orbit ◆ **programme de ~** satellite launching programme b *[de pays]* satellization ◆ **la ~ de cet État est à craindre** it is feared that this state will become a satellite

**satelliser** /satelize/ ▸ conjug 1 ◂ **VT** *[+ fusée]* to put into orbit (round the earth); *[+ pays]* to make a satellite of, to make into a satellite ◆ **ils ont été satellisés dans les filiales** they have been sidelined into various subsidiaries

**satellitaire** /sateliteʀ/ **ADJ** *[diffusion, système, téléphone]* satellite *(épith)*; → **antenne**

**satellite** /satelit/ **NM** a *(Astron, Espace, Pol)* satellite ◆ ~ **artificiel/naturel** artificial/natural satellite ◆ ~ **de communication/télécommunications/radiodiffusion** communications/telecommunications/broadcast satellite ◆ ~ **météorologique/d'observation** weather/observation satellite ◆ ~ **antisatellite,** ~ **d'intervention** killer satellite ◆ ~-**espion** spy satellite, spy-in-the-sky * ◆ **diffusion par** ~ satellite broadcasting, broadcasting by satellite ◆ **j'ai le** ~ *( * = télévision)* I have satellite TV b *(en apposition) [chaîne, image, photo, liaison, pays, ville]* satellite *(épith)* ◆ **ordinateur** ~ satellite *ou* peripheral computer c *[d'aérogare]* satellite ◆ ~ **numéro 5** satellite number 5 d *(Tech)* **(pignon)** ~ bevel pinion

**satiété** /sasjete/ **NF** satiation, satiety ◆ **(jusqu')à** ~ *[répéter]* ad nauseam ◆ **boire/manger jusqu'à** ~ to eat/drink until one can eat/drink no more ◆ **j'en ai à** ~ I've got more than enough

**satin** /satɛ̃/ **NM** satin ◆ ~ **de laine/de coton** wool/cotton satin ◆ **elle avait une peau de** ~ her skin was (like) satin, she had satin (-smooth) skin

**satiné, e** /satine/ (ptp de **satiner**) **ADJ** *[aspect, tissu]* satiny, satin-like; *[peau]* satin *(épith)*, satin-smooth; *[papier, peinture]* with a silk finish **NM** satin(-like) *ou* satiny quality

**satiner** /satine/ ▸ conjug 1 ◂ **VT** *[+ étoffe]* to put a satin finish on, to satinize; *[+ papier, photo]* to give a silk finish to ◆ **la lumière satinait sa peau** the light gave her skin a satin-like quality *ou* gloss

**satinette** /satinɛt/ **NF** *(en coton et soie)* satinet; *(en coton)* sateen

**satire** /satiʀ/ **NF** *(gén)* satire; *(écrite)* satire, lampoon ◆ **faire la ~ de qch** to satirize sth, to lampoon sth

**satirique** /satiʀik/ **ADJ** satirical, satiric

**satiriquement** /satiʀikmɑ̃/ **ADV** satirically

**satiriste** /satiʀist/ **NMF** satirist

**satisfaction** /satisfaksjɔ̃/ **NF** a *(= contentement)* satisfaction ◆ **éprouver une certaine ~ à faire qch** to feel a certain satisfaction in doing sth, to get a certain satisfaction out of doing sth *ou* from doing sth ◆ **cet employé/cette lessive me donne (toute** *ou* **entière)** ~ I'm (completely) satisfied with this employee/this washing powder ◆ **je vois avec ~ que ...** I'm pleased *ou* gratified to see that ... ◆ **à la ~ générale** *ou* **de tous** to everybody's satisfaction ◆ **à leur grande ~** to their great satisfaction ◆ **la ~ du devoir**

**accompli** the satisfaction of having done one's duty

**b** *(= sujet de contentement)* satisfaction ◆ **mon travail/mon fils me procure de grandes ~s** my job/my son gives me great satisfaction, I get a lot of satisfaction out of *ou* from my job/my son ◆ **ma fille ne m'a donné que des ~s** my daughter has always been a (source of) great satisfaction to me ◆ **c'est une ~ qu'il pourrait m'accorder** he might grant me that satisfaction ◆ **~ d'amour-propre** gratification of one's self-esteem

**c** *(en réponse à une attente, des exigences)* **donner ~ à qn** to satisfy sb ◆ **il ne faut pas donner ~ aux terroristes** we mustn't give in to the terrorists' demands ◆ **obtenir ~** to get *ou* obtain satisfaction, to get what one wants ◆ **ils ont obtenu ~ (sur tous les points)** they got what they wanted (on all counts)

**d** *(frm = assouvissement) [de faim, passion]* satisfaction, appeasement; *[de soif]* satisfaction, quenching; *[d'envie]* satisfaction; *[de désir]* satisfaction, gratification

**e** *(Rel)* satisfaction

**satisfaire** /satisfɛʀ/ ► conjug 60 ◄ **VT** *[+ curiosité, personne]* to satisfy; *[+ désir]* to satisfy, to fulfil *(Brit)*, to fulfill *(US)*; *[+ faim, passion]* to satisfy, to appease; *[+ soif]* to quench, to satisfy; *[+ besoin, demande, revendications, goûts]* to meet, to satisfy; *[+ clientèle]* to satisfy, to please ◆ **votre nouvel assistant vous satisfait-il ?** are you satisfied with your new assistant? ◆ **j'espère que cette solution vous satisfait** I hope you find this solution satisfactory, I hope you are satisfied *ou* happy with this solution ◆ **je suis désolé que vous n'en soyez pas satisfait** I am sorry it was not satisfactory *ou* you were not satisfied ◆ **on ne peut pas ~ tout le monde (et son père *)** you can't please all the people (all the time), you can't please everyone ◆ **~ l'attente de qn** to come up to sb's expectations ◆ **arriver à ~ la demande** *(Ind)* to keep up with demand

**VT INDIR** **satisfaire à** *[+ désir]* to satisfy, to fulfil *(Brit)*, to fulfill *(US)*; *[+ engagement, promesse]* to fulfil *(Brit)*, to fulfill *(US)*; *[+ demande, revendication, critères]* to meet, to satisfy; *[+ condition, exigences]* to meet, to fulfil *(Brit)*, to fulfill *(US)*, to satisfy; *[+ test de qualité]* to pass ◆ **avez-vous satisfait à vos obligations militaires ?** have you completed your military service? ◆ **cette installation ne satisfait pas aux normes** this installation does not comply with *ou* satisfy standard requirements

**VPR** **se satisfaire** to be satisfied (*de* with); *(euph)* to relieve o.s. ◆ **se ~ de peu** to be easily satisfied ◆ **tu as vu son mari ?, elle se satisfait de peu !** *(hum)* have you seen her husband? she's not exactly choosy! * ◆ **il ne se satisfait pas de mots, il a besoin d'agir** words aren't enough for him, he needs to act

**satisfaisant, e** /satisfəzɑ̃, ɑ̃t/ **ADJ** *(= acceptable)* satisfactory; *(= qui fait plaisir)* satisfying ◆ **de façon ~e** satisfactorily ◆ **ces questions n'ont toujours pas reçu de réponses ~es** these questions have still not been answered satisfactorily ◆ **son état est jugé ~** *[de malade]* his condition is said to be satisfactory ◆ **peu ~** *[bilan, résultats, solution, travail]* unsatisfactory

**satisfait, e** /satisfɛ, ɛt/ (ptp de **satisfaire**) **ADJ** *[air, besoin, désir, personne]* satisfied ◆ **"satisfait ou remboursé"** *(Comm)* "satisfaction or your money back" ◆ **être ~ de** *[+ personne]* to be satisfied with; *[+ décision, solution]* to be satisfied with, to be happy with *ou* about; *[+ soirée]* to be pleased with ◆ **être ~ de soi** to be satisfied *ou* pleased with o.s. ◆ **il est toujours très ~ de lui** he's so self-satisfied ◆ **il est ~ de son sort** he is satisfied *ou* happy with his lot ◆ **te voilà ~ !** *(iro)* are you satisfied?

**satisfecit** /satisfesit/ **NM INV** *(Scol)* ≈ star, merit point ◆ **je lui donne un ~ pour la façon dont il a mené l'affaire** I'll give him full marks *(Brit)* *ou* full points *(US)* for the way he conducted the business

**satrape** /satʀap/ **NM** *(Hist)* satrap; *(littér = despote)* satrap, despot; *(menant grand train)* nabob

**saturant, e** /satyʀɑ̃, ɑ̃t/ **ADJ** saturating ◆ **vapeur ~e** saturated vapour

**saturateur** /satyʀatœʀ/ **NM** *[de radiateur]* humidifier; *(Sci)* saturator

**saturation** /satyʀasjɔ̃/ **NF** *(gén, Sci)* saturation (*de* of); ◆ **arriver à ~** to reach saturation point ◆ **à cause de la ~ des lignes téléphoniques** because the telephone lines are all engaged *(Brit)* *ou* busy *(US)* ◆ **pour éviter la ~ du réseau routier** to prevent the road network from getting clogged up *ou* becoming saturated ◆ **j'en ai jusqu'à ~** I've had more than I can take

**saturé, e** /satyʀe/ (ptp de **saturer**) **ADJ** **a** *(Chim) [solution]* saturated **b** *(= imprégné) [sol, terre]* saturated (*de* with) **c** *(= encombré) [autoroute]* heavily congested; *[marché]* saturated, glutted; *(Téléc) [réseau]* overloaded, saturated; *[standard, lignes]* jammed; *(Ordin) [mémoire]* full **d** *[personne]* **je suis ~** *(par trop de travail)* I'm up to my eyes in work, I've got more work than I can cope with ◆ **les gens sont ~s de publicité** people have had their fill of *ou* are sick of advertising ◆ **j'ai mangé tant de fraises que j'en suis ~** I couldn't eat another strawberry, I've had so many **e** *(Peinture)* **couleur ~e** saturated colour *(Brit)* *ou* color *(US)*

**saturer** /satyʀe/ ► conjug 1 ◄ **VT** *(gén, Sci)* to saturate (*de* with); ◆ **~ les électeurs de promesses** to swamp the electors with promises **VI** **a** *[appareil hi-fi]* to distort **b** * **après six heures de ce travail, je sature** after six hours of this work, I've had enough

**saturnales** /satyʀnal/ **NFPL** *(lit)* Saturnalia; *(fig)* saturnalia

**Saturne** /satyʀn/ **NM** *(Myth)* Saturn **NF** *(Astron)* Saturn ◆ **extrait** *ou* **sel de saturne** *(Pharm)* lead acetate

**saturnien, -ienne** /satyʀnjɛ̃, jɛn/ **ADJ** *(littér)* saturnine

**saturnin, e** /satyʀnɛ̃, in/ **ADJ** saturnine

**saturnisme** /satyʀnism/ **NM** lead poisoning, saturnism *(SPÉC)*

**satyre** /satiʀ/ **NM** *(Myth, Zool)* satyr; *( * = obsédé)* sex maniac

**satyrique** /satiʀik/ **ADJ** satyric

**sauce** /sos/ **NF** **a** *(Culin)* sauce; *[de salade]* dressing; *(= jus de viande)* gravy ◆ **viande en ~** meat cooked in a sauce ◆ **~ béarnaise/béchamel/blanche/moutarde/piquante/tomate** béarnaise/béchamel/white/mustard/piquant/ tomato sauce ◆ **~ vinaigrette** vinaigrette, French dressing *(Brit)* ◆ **~ à l'orange/aux câpres** orange/caper sauce ◆ **~ chasseur/mousseline** sauce chasseur/mousseline ◆ **~ madère/suprême/hollandaise** Madeira/suprême/hollandaise sauce

**b** *( * = remplissage)* padding * ◆ **reprendre un vieux discours en changeant la ~** *(= présentation)* to take an old speech and dress it up ◆ **c'est la même chose avec une autre ~** same meat, different gravy ◆ **il faudrait rallonger la ~ pour ce devoir** you'll have to pad out this essay

**c** *(loc)* **à quelle ~ allons-nous être mangés ?** I wonder what fate has in store for us ◆ **mettre qn à toutes les ~s** to make sb do any job going * ◆ **mettre un exemple à toutes les ~s** to turn *ou* adapt an example to fit any case ◆ **mettre la ~** * *(Aut)* to step on the gas *; *(gén = se dépêcher)* to step on it * ◆ **mettre toute la ~** *(Aut, gén)* to go flat out ◆ **recevoir la ~** * to get soaked *ou* drenched ◆ **faire monter la ~** to build up the hype *

**d** *(= crayon à estomper)* soft black crayon

**saucée** * /sose/ **NF** downpour ◆ **recevoir** *ou* **prendre une ~** to get soaked *ou* drenched

**saucer** /sose/ ► conjug 3 ◄ **VT** *[+ assiette]* to mop up the sauce from; *[+ pain]* to use to mop up the sauce ◆ **prends du pain pour ~** have some bread to mop up the sauce ◆ **se faire ~** * ◆ **être saucé** * to get soaked *ou* drenched

**saucier** /sosje/ **NM** sauce chef *ou* cook

**saucière** /sosjɛʀ/ **NF** *(gén)* sauceboat; *[de jus de viande]* gravy boat

**sauciflard** ** /sosiflaʀ/ **NM** sausage *(eaten cold in slices)*

**saucisse** /sosis/ **NF** **a** *(Culin)* sausage ◆ **~ de Morteau** *type of smoked sausage* ◆ **~ de Strasbourg** *type of beef sausage* ◆ **~ de Francfort** frankfurter; → **attacher, chair** **b** *(Aviat)* sausage **c** *(= idiot)* **(grande) ~** ** nincompoop *, great ninny *

**saucisson** /sosisɔ̃/ **NM** **a** *(Culin)* sausage *(eaten cold in slices)* ◆ **~ à l'ail** garlic sausage ◆ **~ sec** (dry) pork and beef sausage ◆ **~ pur porc** 100% pork sausage; → **ficeler** **b** *(= pain)* (cylindrical) loaf **c** *[de poudre] canvas tube filled with gunpowder*, saucisson *(US)*

**saucissonnage** * /sosisɔnaʒ/ **NM** *[de livre, émission]* chopping up ◆ **les gens se plaignent du ~ des émissions par la publicité** people are complaining about television programmes being chopped up *ou* constantly interrupted by commercial breaks

**saucissonné, e** * /sosisɔne/ (ptp de **saucissonner**) **ADJ** *(= ligoté)* trussed up

**saucissonner** /sosisɔne/ ► conjug 1 ◄ **VI** († * = *pique-niquer)* to (have a) picnic **VT** **a** *(hum = ligoter) [+ personne]* to truss up **b** *(= découper) [+ livre, émission]* to chop up; *[+ entreprise, territoire]* to carve *ou* slice up (*en* into); ◆ **des films saucissonnés par la publicité** films chopped up by commercials

**sauf**[1], **sauve** /sof, sov/ **ADJ** *[personne]* unharmed, unhurt; *[honneur]* intact ◆ **il a eu la vie sauve** his life was spared ◆ **laisser la vie sauve à qn** to spare sb's life ◆ **il dut à sa franchise d'avoir la vie sauve** he owed his life to his frankness, it was thanks to his frankness that his life was spared; → **sain**

**sauf**[2] /sof/ **PRÉP** **a** *(= à part)* except, but, save *(frm)* ◆ **tout le monde ~ lui** everyone except *ou* but *ou* save *(frm)* him ◆ **~ accord** *ou* **convention contraire** *(Jur)* unless otherwise agreed ◆ **~ dispositions contraires** except as otherwise provided ◆ **~ cas exceptionnel** except in exceptional circumstances ◆ **le repas était excellent ~ le dessert** *ou* **~ pour ce qui est du dessert** the meal was excellent except for *ou* apart from *ou* aside from *(surtout US)* the dessert

**b** *(avec conj)* **~ si** unless ◆ **nous irons demain, ~ s'il pleut** we'll go tomorrow unless it rains ◆ **nous sortons tout le temps ~ quand il pleut** we always go out except when it's raining ◆ **~ que** except that

**c** *(loc : littér)* **il accepte de nous aider, ~ à nous critiquer si nous échouons** he agrees to help us even if he does (reserve the right to) criticize us if we fail ◆ **~ le respect que je**

**vous dois, ~ votre respect** with all due respect

**sauf-conduit** (pl **sauf-conduits**) /sofkɔ̃dɥi/ **NM** safe-conduct

**sauge** /soʒ/ **NF** *(Culin)* sage; *(ornementale)* salvia

**saugrenu, e** /sogʀəny/ **ADJ** preposterous, ludicrous ◆ **voilà une question bien ~e !** what a ridiculous question! ◆ **quelle idée ~e !** what a ridiculous idea!

**Saül** /sayl/ **NM** Saul

**saulaie** /solɛ/ **NF** willow plantation

**saule** /sol/ **NM** willow (tree) ◆ **~ blanc/pleureur** white/weeping willow

**saumâtre** /somɑtʀ/ **ADJ** **a** *[eau]* brackish; *[goût]* briny **b** *[humeur, impression, plaisanterie]* nasty, unpleasant ◆ **il l'a trouvée ~** * he was not amused

**saumon** /somɔ̃/ **NM** **a** *(Zool)* salmon ◆ **~ fumé** smoked salmon, lox *(US)* ◆ **~ cru mariné à l'aneth** gravadlax, gravlax, salmon marinated in dill **b** *(Tech)* pig **ADJ INV** salmon (pink)

**saumoné, e** /somɔne/ **ADJ** *[couleur]* salmon (pink); → **truite**

**saumure** /somyʀ/ **NF** brine

**saumuré, e** /somyʀe/ **ADJ** *[hareng]* pickled (in brine)

**sauna** /sona/ **NM** sauna

**saunier** /sonje/ **NM** *(= ouvrier)* worker in a saltworks; *(= exploitant)* salt merchant

**saupiquet** /sopikɛ/ **NM** *(= sauce, ragoût)* spicy *sauce or stew*

**saupoudrage** /sopudʀaʒ/ **NM** **a** *(gén)* sprinkling; *(Culin)* sprinkling, dusting **b** *[crédits, subventions]* spreading thinly ◆ **ils accusent le gouvernement de faire du ~ de subventions** they are accusing the government of spreading the subsidies too thinly

**saupoudrer** /sopudʀe/ ▸ conjug 1 ◂ **VT** **a** *(gén)* to sprinkle; *(Culin)* to sprinkle, to dust (*de* with); ◆ **se ~ les mains de talc** to sprinkle talc on one's hands **b** *[+ crédits]* to spread thinly, to give sparingly ◆ **il saupoudre sa conversation de mots anglais** he peppers *ou* sprinkles his conversation with English words

**saupoudreuse** /sopudʀøz/ **NF** (sugar *ou* flour *etc*) dredger

**saur** /sɔʀ/ **ADJ M** → **hareng**

**saurer** /sɔʀe/ ▸ conjug 1 ◂ **VT** to smoke, to cure

**saurien** /sɔʀjɛ̃/ **NM** saurian ◆ **~s** Sauria *(SPÉC)*, saurians

**saurissage** /sɔʀisaʒ/ **NM** smoking, curing

**saut** /so/ **NM** **a** *(lit, fig = bond)* jump, leap ◆ **~ avec/sans élan** *(Sport)* running/standing jump ◆ **faire un ~** to (make a) jump *ou* leap ◆ **faire un ~ dans l'inconnu/le vide** to (make a) leap into the unknown/the void ◆ **le véhicule fit un ~ de 100 mètres dans le ravin** the vehicle fell *ou* dropped 100 metres into the ravine ◆ **se lever d'un ~** to jump *ou* leap up, to jump *ou* leap to one's feet ◆ **quittons Louis XIV et faisons un ~ d'un siècle** let us leave Louis XIV and jump forward a century ◆ **progresser** *ou* **avancer par ~s** *(fig)* to go forward by *ou* in stages

**b** *(Sport)* jumping ◆ **épreuves de ~** jumping events; → **triple**

**c** *(Géog = cascade)* waterfall, falls

**d** *(Math, Ordin)* jump

**e** *(loc)* **faire qch au ~ du lit** to do sth as soon as one gets up *ou* gets out of bed ◆ **prendre qn au ~ du lit** to find sb just out of bed (when one calls) ◆ **faire le ~** to take the plunge ◆ **faire le grand ~** *(= mourir)* to pass on ◆ **faire un ~ chez qn** to pop over *ou* round *(Brit)* to sb's place *, to drop in on sb ◆ **faire un ~ à la banque** to drop in at the bank ◆ **il a fait un ~ jusqu'à Bordeaux** he made a flying visit to Bordeaux

**COMP** ▷ **saut de l'ange** *(Natation)* swallow dive *(Brit)*, swan dive *(US)* ▷ **saut de carpe** jack-knife dive, pike *(Brit)* ▷ **saut de chat** pas de chat ▷ **saut en chute libre** *(= sport)* free-fall parachuting; *(= bond)* free-fall jump ▷ **saut en ciseaux** scissors (jump) ▷ **saut à la corde** skipping *(Brit)*, jumping rope *(US)* ▷ **saut à l'élastique** bungee jumping ▷ **saut groupé** tuck ▷ **saut de haies** hurdling ▷ **saut en hauteur** *(= sport)* high jump; *(= bond)* (high) jump ▷ **saut de ligne** *(Ordin)* line break ▷ **saut en longueur** *(= sport)* long jump; *(= bond)* (long) jump ▷ **saut de la mort** leap of death ▷ **saut de page** page break ▷ **saut en parachute** *(= sport)* parachuting, parachute jumping; *(= bond)* parachute jump ▷ **saut à la perche** *(= sport)* pole vaulting; *(= bond)* (pole) vault ▷ **saut périlleux** somersault ▷ **saut à pieds joints** standing jump ▷ **saut de puce** ◆ **l'avion fait des ~s de puce** the plane makes several stopovers ▷ **saut en rouleau** western roll. ▷ **saut de séquence** *(Ordin)* jump ▷ **saut à skis** *(= sport)* skijumping; *(= bond)* jump

**saut-de-lit** (pl **sauts-de-lit**) /sod(ə)li/ **NM** negligée

**saut-de-loup** (pl **sauts-de-loup**) /sod(ə)lu/ **NM** (wide) ditch

**saut-de-mouton** (pl **sauts-de-mouton**) /sod(ə)mutɔ̃/ **NM** flyover *(Brit)*, overpass *(US)*

**saute** /sot/ **NF** sudden change ◆ **~ de vent** sudden change (in the direction) of the wind ◆ **~ d'humeur** sudden change of mood ◆ **~ de température** jump in temperature ◆ **pour empêcher les ~s d'images** *(TV)* to stop the picture jumping, to keep the picture steady

**sauté, e** /sote/ (ptp de **sauter**) **ADJ, NM** sautéed, sauté ◆ **~ de veau** sauté of veal

**saute-mouton** /sotmutɔ̃/ **NM INV** leapfrog ◆ **jouer à ~** *(lit)* to play leapfrog ◆ **le scénario joue à ~ par dessus les siècles** *(fig)* the film script leapfrogs from one century to the next

**sauter** /sote/ ▸ conjug 1 ◂ **VI** **a** *[personne]* to jump, to leap (*dans* into; *par-dessus* over); *(vers le bas)* to jump *ou* leap (down); *(vers le haut)* to jump *ou* leap (up); *[oiseau]* to hop; *[insecte]* to jump, to hop; *[kangourou]* to jump ◆ **~ à pieds joints** to make a standing jump ◆ **~ à pieds joints dans qch** *(fig)* to jump into sth with both feet, to rush headlong into sth ◆ **~ à cloche-pied** to hop ◆ **~ à la corde** to skip *(Brit)*, to jump rope *(US)* ◆ **~ à la perche** to pole-vault ◆ **~ en parachute** *(gén, Sport)* to parachute, to make a parachute jump; *[parachutistes]* to parachute, to be dropped (*sur* over); *(en cas d'accident)* to bale out *(Brit)*, to bail out *(US)*, to make an emergency (parachute) jump ◆ **~ en ciseaux** to do a scissors jump ◆ **~ en hauteur/en longueur** to do the high/the long jump ◆ **faire ~ un enfant sur ses genoux** to bounce *ou* dandle † a child on one's knee ◆ **les cahots faisaient ~ les passagers** the passengers jolted *ou* bounced along over the bumps ◆ **il sauta de la table** he jumped *ou* leapt (down) off *ou* from the table ◆ **~ en l'air** to jump *ou* leap *ou* spring into the air ◆ **~ en l'air** *ou* **au plafond** *(de colère)* to hit the roof *; *(de joie)* to jump for joy; *(de surprise, de peur)* to jump (out of one's skin) ◆ **~ de joie** *(lit, fig)* to jump for joy

**b** *(= se précipiter)* **~ (à bas) du lit** to jump *ou* leap *ou* spring out of bed ◆ **~ en selle** to jump *ou* leap *ou* spring into the saddle ◆ **~ à la gorge de qn** to fly *ou* leap at sb's throat ◆ **~ au cou de qn** to fly into sb's arms ◆ **~ dans un taxi/un autobus** to jump *ou* leap into a taxi/onto a bus ◆ **~ par la fenêtre** to jump *ou* leap out of the window ◆ **~ d'un train en marche** to jump *ou* leap from a moving train ◆ **~ sur une occasion/une proposition** to jump *ou* leap at an opportunity/an offer ◆ **il m'a sauté dessus** he pounced on me ◆ **saute-lui dessus * quand il sortira du bureau pour lui demander ...** *(fig)* grab him when he comes out of the office and ask him ... ◆ **va faire tes devoirs, et que ça saute !** * go and do your homework and be quick about it! ◆ **il est malade, cela saute aux yeux** he's ill – it sticks out a mile *ou* it's (quite) obvious ◆ **sa malhonnêteté saute aux yeux** his dishonesty sticks out a mile *ou* is (quite) obvious

**c** *(indiquant la discontinuité)* to jump, to leap ◆ **~ d'un sujet à l'autre** to jump *ou* skip from one subject to another

**d** *[bouchon]* to pop *ou* fly out; *[bouton]* to fly *ou* pop off; *[chaîne de vélo]* to come off; * *[classe, cours]* to be cancelled ◆ **faire ~ un cours** to cancel a class *ou* a lecture ◆ **faire ~ une crêpe** to toss a pancake ◆ **faire ~ une serrure** to burst *ou* break open a lock ◆ **faire ~ le(s) verrou(s)** *(fig)* to break down the barrier(s) ◆ **faire ~ une contravention** * to get a fine taken care of *ou* quashed *(Brit)*

**e** *(= exploser) [bâtiment, bombe, pont]* to blow up, to explode; *(Élec) [fil, circuit]* to fuse; *[fusible]* to blow ◆ **~ sur une mine** *[personne]* to step on a mine; *[véhicule]* to go over a mine ◆ **faire ~** *[+ train, édifice]* to blow up; *(Élec) [+ plombs]* to blow ◆ **faire ~ une mine** *(pour la détruire)* to blow up a mine; *(pour détruire un bâtiment)* to set off a mine ◆ **il s'est fait ~ avec les otages** he blew himself up with the hostages ◆ **se faire ~ la cervelle** * *ou* **le caisson** ⁑ to blow one's brains out * ◆ **faire ~ la banque** *(Casino)* to break the bank

**f** *( * = être renvoyé) [directeur]* to get fired, to get the push ⁑ *ou* the sack * *(Brit)*; *[gouvernement]* to get kicked out * ◆ **faire ~ qn** *(gén)* to fire sb, to give sb the push ⁑ *ou* the sack * *(Brit)*; *[+ gouvernement]* to kick out *

**g** *(Culin)* **faire ~** to sauté, to (shallow) fry

**h** *(= clignoter) [paupière]* to twitch; *[image de télévision]* to flicker, to jump

**VT** **a** *(= franchir) [+ obstacle, mur]* to jump (over), to leap (over) ◆ **il saute 5 mètres** he can jump 5 metres ◆ **il sauta le fossé d'un bond** he jumped *ou* cleared the ditch with one bound ◆ **~ le pas** *(fig)* to take the plunge

**b** *(= omettre) [+ étape, page, repas]* to skip, to miss ◆ **~ une classe** *(Scol)* to skip a year ◆ **ces caractères héréditaires peuvent ~ une génération** these hereditary characteristics can skip a generation ◆ **on la saute ici !** ⁑ we're starving to death here! *

**c** *( ⁑ = avoir des rapports sexuels avec)* to fuck *⁑, to screw *⁑ ◆ **elle s'est fait ~ par Pierre** ⁑ she had it off with Pierre ⁑, she got laid by Pierre ⁑

**sauterelle** /sotʀɛl/ **NF** **a** *(gén)* grasshopper; *(= criquet)* locust ◆ **nuage** *ou* **nuée de ~s** *(lit, fig)* swarm of locusts ◆ **(grande) ~** * *(fig)* beanpole *(Brit)*, string bean *(US)* **b** *(= fausse équerre)* bevel; *(= appareil de manutention)* conveyor belt

**sauterie** † /sotʀi/ **NF** party ◆ **je donne une petite ~ demain** I'm giving *ou* throwing a little party tomorrow

**saute-ruisseau** (pl **saute-ruisseaux**) /sotʀɥiso/ **NM** († *ou littér*) errand boy, office boy *(in a lawyer's office)*

**sauteur, -euse** /sotœʀ, øz/ **ADJ** *[insecte]* jumping *(épith)*; *[oiseau]* hopping *(épith)*; → **scie**

**NM,F** a (= athlète, cheval) jumper b (* = fumiste) unreliable person **NF** **sauteuse** a (Culin) high-sided frying pan b (* = dévergondée) floozy * **COMP** ▷ **sauteur en hauteur** high jumper ▷ **sauteur en longueur** long jumper ▷ **sauteur à la perche** pole vaulter ▷ **sauteur à skis** skijumper

**sautillant, e** /sotijɑ̃, ɑ̃t/ ADJ *[démarche]* hopping, skipping; *[oiseau]* hopping; *[enfant]* skipping; *(sur un pied)* hopping; *[musique]* bouncy; *[style]* jumpy, jerky ◆ **les images ~es des films d'époque** the flickering images of vintage films

**sautillement** /sotijmɑ̃/ NM *[d'oiseau]* hopping; *[d'enfant]* skipping; *(sur un pied)* hopping

**sautiller** /sotije/ ▸ conjug 1 ◂ VI *[oiseau]* to hop; *[enfant]* to skip; *(sur un pied)* to hop

**sautoir** /sotwaʀ/ NM a *(Bijouterie)* chain ◆ ~ **de perles** string of pearls ◆ **porter qch en** ~ to wear sth (on a chain) round one's neck b *(Sport)* jumping pit c *(Hér)* saltire ◆ **épées en** ~ crossed swords

**sauvage** /sovaʒ/ **ADJ** a *[animal, plante, fleur, lieu]* wild; *[peuplade]* primitive, savage ◆ **côte** ~ wild coast ◆ **enfant** ~ wild child ◆ **vivre à l'état** ~ to live wild ◆ **retourner à l'état** ~ *[jardin]* to go wild; *[animal]* to revert to its wild state; → **soie**

b (= farouche) *[animal]* wild; *[personne]* unsociable

c (= brutal) *[cri]* wild; *[conduite]* savage, wild; *[combat]* savage

d (= illégal) *[vente]* unauthorized; *[concurrence]* unfair; *[crèche, école]* unofficial; *[urbanisation]* unplanned; *[immigration, importations]* illegal; *[capitalisme, libéralisme]* unrestrained, untrammelled ◆ **faire du camping** ~ *(illégal)* to camp on unauthorized sites; *(dans la nature)* to camp in the wild, to go wilderness camping *(US)* ◆ **décharge** ~ illicit rubbish *(Brit)* ou garbage *(US)* dump ◆ **il a été condamné pour affichage** ~ he was prosecuted for flyposting; → **grève, parking**

**NMF** a (= solitaire) recluse ◆ **vivre en** ~ to live a secluded life, to live as a recluse

b (= brute) brute, savage ◆ **mœurs de ~s** brutish ou savage ways

c (= indigène) savage ◆ **on n'est pas des ~s !** * we're not savages!

**sauvagement** /sovaʒmɑ̃/ ADV *[frapper, tuer]* savagely, brutally; *[assassiné]* brutally; *[torturé]* severely, brutally

**sauvageon, -onne** /sovaʒɔ̃, ɔn/ **NM,F** little savage **NM** wild stock *(for grafting)*

**sauvagerie** /sovaʒʀi/ NF (= cruauté) savagery, savageness, brutality; (= insociabilité) unsociability, unsociableness

**sauvagin, e** /sovaʒɛ̃, in/ **ADJ** *[odeur, goût]* of wildfowl **NF** **sauvagine** wildfowl ◆ **chasse à la ~e** wildfowling

**sauve** /sov/ ADJ F → **sauf¹**

**sauvegarde¹** /sovgaʀd/ NF a (= action) *[de droits, emploi, environnement]* protection, safeguarding; *[de dignité, réputation]* protecting, safeguarding; *[d'ordre public, paix]* upholding, maintenance; *(Ordin)* saving ◆ **sous la** ~ **de** under the protection of ◆ **clause de** ~ safety clause ◆ **la** ~ **des droits de l'homme** the protection of human rights, safeguarding human rights ◆ **faire la** ~ **d'un fichier** *(Ordin)* to save a file ◆ **de** ~ *(Ordin) [copie, disquette, fichier]* backup *(épith)* b (= garantie) safeguard ◆ **être la** ~ **de** to safeguard, to be the safeguard of ou for

**sauvegarde²** /sovgaʀd/ NF *(Naut)* protective rope

**sauvegarder** /sovgaʀde/ ▸ conjug 1 ◂ VT *[+ droits, emploi, environnement, dignité, réputation]* to protect, to safeguard; *[+ ordre public, paix]* to uphold, to maintain; *(Ordin)* to save

**sauve-qui-peut** /sovkipø/ NM INV (= cri) (cry of) run for your life; (= panique) stampede, mad rush

**sauver** /sove/ ▸ conjug 1 ◂ **VT** a (= épargner la mort, la faillite à) to save; (= porter secours à) to rescue ◆ **elle est sauvée !** *[malade]* she's come through!; *[accidentée, otage]* she's been rescued! ◆ **nous sommes sauvés !** * we're saved! ◆ ~ **qn/qch de** *[+ danger, désastre]* to save ou rescue sb/sth from ◆ **un mot de lui peut tout** ~ a word from him can save the day ou situation

b (= sauvegarder) *[+ biens, cargaison, mobilier]* to salvage, to save, to rescue; *[+ honneur, emplois, planète, processus de paix]* to save

c *(Rel) [+ âme, pécheurs]* to save

d (= racheter) to save, to redeem ◆ **ce sont les illustrations qui sauvent le livre** it's the illustrations which save ou redeem the book, the illustrations are the redeeming feature ou the saving grace of the book

e *(loc)* ~ **la vie à** ou **de qn** to save sb's life ◆ ~ **sa peau** * ou **sa tête** * to save one's skin ou hide * ◆ ~ **les meubles** * *(fig)* to salvage ou save something from the wreckage ◆ ~ **la situation** to save ou retrieve the situation ◆ ~ **les apparences** to keep up appearances ◆ ~ **la face** to save face ◆ **il m'a sauvé la mise** he bailed me out, he got me out of a tight corner ◆ **être sauvé par le gong** *[boxeur, candidat]* to be saved by the bell

**VPR** **se sauver** a (= s'enfuir) to run away (de from); (* = partir) to be off *, to get going ◆ **il s'est sauvé à toutes jambes** he ran away as fast as his legs could carry him ◆ **sauve-toi *, il est déjà 8 heures** you'd better be off * ou get going, it's already 8 o'clock ◆ **bon, je me sauve** * right, I'm off * ◆ **vite, le lait se sauve** * quick, the milk's boiling over ◆ **sauve qui peut !** run for your life!; → aussi **sauve-qui-peut**

b ◆ **se** ~ **de** *[+ danger, désastre]* to escape

**sauvetage** /sov(ə)taʒ/ NM a *[de personnes]* rescue; *(moral)* salvation; *[de biens]* salvaging ◆ ~ **en mer/montagne** sea/mountain rescue ◆ **le** ~ **des naufragés** rescuing the survivors of the shipwreck ◆ **opérer le** ~ **de** *[+ personnes]* to rescue; *[+ biens]* to salvage ◆ **de** ~ *[matériel, équipe]* rescue *(épith)* ◆ **opération de** ~ *[de personnes]* rescue operation; *[de biens]* salvage operation ◆ **plan de** ~ **d'une entreprise** *(Écon)* rescue plan for a firm; → **bateau, bouée, canot** etc b (= technique) **le** ~ life-saving ◆ **cours de** ~ life-saving lessons

**sauveteur** /sov(ə)tœʀ/ NM rescuer

**sauvette** * /sovɛt/ **à la sauvette** LOC ADV (= vite) hastily, hurriedly; (= en cachette) on the sly ◆ **ils se sont mariés à la** ~ they married in haste ◆ **la réforme a été votée à la** ~ the reform was rushed through parliament ◆ **images tournées à la** ~ pictures shot on the sly ◆ **vente à la** ~ (unauthorized) street hawking ou peddling ◆ **vendre qch à la** ~ to hawk ou peddle sth on the streets *(without authorization)* ◆ **vendeur** ou **marchand à la** ~ street hawker ◆ **acheter son billet à un revendeur à la** ~ to buy one's ticket from an unauthorized source ou from a ticket tout *(Brit)*

**sauveur** /sovœʀ/ **ADJ M** ◆ **le Dieu** ~ God the Saviour *(Brit)* ou Savior *(US)* **NM** saviour *(Brit)*, savior *(US)* ◆ **le Sauveur** *(Rel)* the Saviour ◆ **tu es mon** ~ ! *(hum)* you're my saviour!

**sauvignon** /soviɲɔ̃/ NM Sauvignon *(type of wine from the Loire valley)*

**SAV** /ɛsave/ NM (abrév de **service après-vente**) → **service**

**savamment** /savamɑ̃/ ADV (= avec érudition) learnedly; (= adroitement) cleverly, skilfully *(Brit)*, skillfully *(US)* ◆ **j'en parle** ~ (= par expérience) I know what I'm talking about ◆ ~ **dosé/entretenu/orchestré** skilfully controlled/maintained/orchestrated

**savane** /savan/ NF savannah; (* *Can*) swamp

**savant, e** /savɑ̃, ɑ̃t/ **ADJ** a (= érudit) *[personne]* learned, scholarly; *[édition]* scholarly; *[mot, société]* learned ◆ **être** ~ **en qch** to be learned in sth ◆ **c'est trop** ~ **pour moi** *(hum) [discussion, livre]* it's too highbrow for me; *[problème]* it's too difficult ou complicated for me b (= habile) *[arrangement, dosage, stratagème]* clever, skilful *(Brit)*, skillful *(US)* ◆ **le** ~ **désordre de sa tenue** the studied carelessness of his dress c *[chien, puce]* performing *(épith)* **NM** *(sciences)* scientist; *(lettres)* scholar

**savarin** /savaʀɛ̃/ NM *(Culin)* savarin

**savate** * /savat/ NF a (= pantoufle) worn-out old slipper; (= chaussure) worn-out old shoe ◆ **être en ~s** to be in one's slippers; → **traîner** b (* = maladroit) clumsy idiot ou oaf c *(Sport)* **la** ~ kickboxing

**savetier** †† /sav(ə)tje/ NM cobbler †

**saveur** /savœʀ/ NF *(lit* = goût) flavour *(Brit)*, flavor *(US)*; *(fig* = piment) spice ◆ **sans** ~ flavourless *(Brit)*, flavorless *(US)* ◆ **venez déguster les ~s de notre terroir** come and taste our local specialities ◆ **c'est ce lait qui fait toute la** ~ **du fromage** it's this milk that gives the cheese its flavour ◆ **ce sont les expressions dialectales qui donnent toute sa** ~ **au roman** it's the regional expressions that spice up the novel

**Savoie** /savwa/ NF (= région) ◆ **la** ~ Savoy; → **biscuit**

**savoir** /savwaʀ/ GRAMMAIRE ACTIVE 43.1, 43.4, 53.1 ▸ conjug 32 ◂

**VT** a *(gén)* to know ◆ ~ **le nom/l'adresse de qn** to know sb's name/address ◆ **c'est difficile à** ~ it's difficult to know ou ascertain ◆ **je ne savais quoi** ou **que dire/faire** I didn't know what to say/do ◆ **oui, je (le) sais** yes, I know ◆ **je savais qu'elle était malade, je la savais malade** I knew (that) she was ill ◆ **on ne lui savait pas de parents/de fortune** we didn't know whether ou if he had any relatives/money; *(en fait il en a)* we didn't know (that) he had any relatives/money ◆ **savez-vous quand/comment il vient ?** do you know when/how he's coming? ◆ **vous savez la nouvelle ?** have you heard ou do you know the news? ◆ **elle sait cela par** ou **de son boucher** she heard it from her butcher ◆ **tout le village sut bientôt la catastrophe** the whole village soon knew ou heard about the disaster ◆ **il ne savait pas s'il devait accepter** he didn't know whether to accept (or not) ◆ **je crois** ~ **que ...** I believe ou understand that ..., I am led to believe ou understand that ... ◆ **je n'en sais rien** I don't know, I have no idea ◆ **il ment – qu'en savez-vous ?** he is lying – how do you know? ◆ **leur politique ne marchera jamais – qu'en sais-tu ?** their policy will never work – what do you know about it? ◆ **je voudrais en** ~ **davantage** I'd like to know more about it ◆ **il nous a fait** ~ **que ...** he informed us ou let us know that ... ◆ **ça se saurait si c'était vrai** if it was true people would know about it ◆ **ça finira bien par se** ~ it'll get out in the end

b (= avoir des connaissances sur) to know ◆ ~ **le grec/son rôle/sa leçon** to know Greek/one's part/one's lesson ◆ **dites-nous ce que vous savez de l'affaire** tell us what you know about ou of the matter ◆ **en** ~ **trop (long)** to know too much ◆ **il croit tout** ~ he thinks he knows everything ou knows it all ◆ **Mon-**

**sieur** (*ou* **Madame** *ou* **Mademoiselle) je-sais-tout** * *(péj)* smart-alec(k) *, know-all ◆ **tu en sais, des choses** * you certainly know a thing or two, don't you! ◆ **il ne sait ni A ni B, il ne sait rien de rien** he hasn't a clue about anything

c *(avec infin = être capable de)* to know how to ◆ **elle sait lire et écrire** she can read and write, she knows how to read and write ◆ **il ne sait pas nager** he can't swim, he doesn't know how to swim ◆ ~ **plaire** to know how to please ◆ **il sait parler aux enfants** he's good at talking to children, he knows how to talk to children, he can talk to children ◆ **elle saura bien se défendre** she'll be quite capable of looking after herself ◆ **ça, je sais (le) faire** that I can do ◆ **il a toujours su y faire** *ou* **s'y prendre** he's always known how to go about things (the right way) ◆ **il sait écouter** he's a good listener ◆ **il faut ~ attendre/se contenter de peu** you have to learn to be patient *ou* to wait/be content with little ◆ **on ne saurait penser à tout** *(littér hum)* you can't think of everything ◆ **je ne saurais vous exprimer toute ma gratitude** *(littér)* I shall never be able to express my gratitude ◆ **je ne saurais pas vous répondre/vous renseigner** I'm afraid I can't answer you/give you any information ◆ **ces explications ont su éclairer et rassurer** these explanations proved both enlightening and reassuring

d *(= se rendre compte de)* to know ◆ **il ne sait plus ce qu'il dit** he doesn't know *ou* realize what he's saying, he isn't aware of what he's saying ◆ **je ne sais plus ce que je dis** I no longer know what I'm saying ◆ **il ne sait pas ce qu'il veut** he doesn't know what he wants, he doesn't know his own mind ◆ **il se savait très malade** he knew he was very ill ◆ **elle sait bien qu'il ment** she's well aware of the fact that he's lying, she knows very well *ou* full well that he's lying ◆ **sans le ~** *(= sans s'en rendre compte)* without knowing *ou* realizing (it), unknowingly; *(= sans le faire exprès)* unwittingly, unknowingly ◆ **c'est un artiste sans le ~** he's an artist but he doesn't know it

e *(Belg) (= pouvoir)* to be able to ◆ **je ne saurai pas le porter, c'est trop lourd** I can't carry it, it's too heavy

f *(loc)* **qui sait ?** who knows? ◆ **et que sais-je encore** and I don't know what else ◆ **(à) ~ si ça va lui plaire !** there's no knowing whether he'll like it or not! ◆ **tu veux celui-ci ou celui-là, faudrait ~ !** * do you want this one or that one, make up your mind, will you? ◆ **ils vont renouveler nos contrats ou pas, faudrait ~ !** * so are they going to renew our contracts or not, it's about time we knew! ◆ **je sais ce que je sais** I know what I know ◆ **je sais bien, mais ...** I know, but ... ◆ **et puis, tu sais, nous serons très heureux de t'aider** and you know, we'll be very happy to help you ◆ **il nous a emmenés je ne sais où** he took us goodness knows where ◆ **je ne sais qui de ses amis m'a dit que ...** one of his friends, whose name I forget, told me that ... ◆ **il y a je ne sais combien de temps qu'il ne l'a vue** it's been I don't know how long since he last saw her, I don't how long it is *ou* it has been since he (last) saw her ◆ **cette pièce avait je ne sais quoi de sinistre** the room had something strangely sinister about it ◆ **elle ne sait pas quoi faire** *ou* **elle ne sait que faire pour l'aider/le consoler** she's at a loss to know how to help him/comfort him ◆ **il n'a rien voulu ~** he didn't want to know ◆ **on ne sait jamais** you never know ◆ **(pour autant) que je sache** as far as I know, to the best of my knowledge ◆ **je ne l'y ai pas autorisé, que je sache** I didn't give him permission to do so, as far as I know ◆ **pas que je sache** not as far as I know, not to my knowledge ◆ **je ne sache pas que je vous ai invité !** I'm not aware that *ou* I didn't know that I invited you! ◆ **sachons-le bien, si ...** let's be quite clear, if ... ◆ **sachez (bien) que jamais je n'accepterai !** I'll have you know *ou* let me tell you I shall never accept! ◆ **oui, mais sachez qu'à l'origine, c'est elle-même qui ne le voulait pas** yes, but you should know that it was she who didn't want to in the first place ◆ **à ~** that is, namely, i.e. ◆ **l'objet/la personne que vous savez sera là demain** *(hum)* you-know-what/you-know-who will be there tomorrow ◆ **vous n'êtes pas sans ~ que ...** *(frm)* you are not *ou* will not be unaware (of the fact) that ... *(frm)*, you will not be ignorant of the fact that ... *(frm)* ◆ **il m'a su gré/il ne m'a su aucun gré de l'avoir averti** he was grateful to me/he wasn't in the least grateful to me for having warned him ◆ **il ne savait à quel saint se vouer** he didn't know which way to turn ◆ **si je savais, j'irais la chercher** if I knew (for sure) *ou* if I could be sure, I would go and look for her ◆ **si j'avais su** had I known, if I had known ◆ **elle ne savait où donner de la tête** she didn't know whether she was coming or going ◆ **il ne savait où se mettre** he didn't know where to put himself ◆ **tout ce que vous avez toujours voulu ~ sur ...** everything you always wanted to know about ...; → **dieu, qui**

NM ◆ **le ~** learning, knowledge

**savoir-être** /savwaʀɛtʀ/ NM INV inter-personal skills

**savoir-faire** /savwaʀfɛʀ/ NM INV *(gén)* know-how *; *(dans un métier)* expertise ◆ **acquérir un ~** to acquire expertise ◆ **il a beaucoup/il manque de ~ avec les enfants** he's very good/isn't very good with children

**savoir-vivre** /savwaʀvivʀ/ NM INV manners ◆ **il n'a aucun ~** he has no manners ◆ **les règles du ~** the rules of (social) etiquette

**savon** /savɔ̃/ NM a *(= matière)* soap *(NonC)*; *(= morceau)* bar of soap ◆ ~ **liquide/noir** liquid/soft soap ◆ ~ **à barbe/de toilette/de Marseille** shaving/toilet/household soap ◆ ~ **en paillettes/en poudre** soap flakes/powder; → **pain** b (* = *remontrance*) **il m'a passé/j'ai reçu un (bon) ~** he gave me/I got a (real) telling-off * *ou* dressing-down *, he really tore me off a strip * *(Brit)*

**savonnage** /savɔnaʒ/ NM soaping *(NonC)*

**savonner** /savɔne/ ▸ conjug 1 ◂ VT *[+ enfant, linge, corps]* to soap; *[+ barbe]* to lather, to soap ◆ ~ **la tête de qn** * to give sb a dressing-down *, to haul sb over the coals ◆ ~ **la planche à qn** * to make life difficult for sb * ◆ **se ~ les mains/le visage** to soap one's hands/one's face, to put soap on one's hands/one's face

**savonnerie** /savɔnʀi/ NF a *(= usine)* soap factory b *(= tapis)* Savonnerie carpet

**savonnette** /savɔnɛt/ NF bar of (toilet) soap

**savonneux, -euse** /savɔnø, øz/ ADJ soapy; → **pente**

**savourer** /savuʀe/ ▸ conjug 1 ◂ VT *[+ plat, boisson, plaisanterie, triomphe]* to savour *(Brit)*, to savor *(US)*

**savoureux, -euse** /savuʀø, øz/ ADJ *[plat]* delicious, very tasty; *[anecdote, moment, personne]* delightful

**savoyard, e** /savwajaʀ, aʀd/ ADJ Savoyard; → **fondue** NM,F **Savoyard(e)** Savoyard

**sax** * /saks/ NM (abrév de **saxophone**) sax *

**Saxe** /saks/ NF Saxony; → **porcelaine**

**saxe** /saks/ NM *(= matière)* Dresden china *(NonC)*; *(= objet)* piece of Dresden china

**saxhorn** /saksɔʀn/ NM saxhorn

**saxifrage** /saksifʀaʒ/ NF saxifrage

**saxo** * /sakso/ NM *(= instrument)* sax * NM,F *(= musicien)* sax player *

**saxon, -onne** /saksɔ̃, ɔn/ ADJ Saxon NM *(Ling)* Saxon NM,F **Saxon(ne)** Saxon

**saxophone** /saksɔfɔn/ NM saxophone

**saxophoniste** /saksɔfɔnist/ NMF saxophonist, saxophone player

**saynète** /sɛnɛt/ NF playlet

**sbire** /sbiʀ/ NM *(péj)* henchman

**s/c** (abrév de **sous couvert de**) ≈ c/o

**scabieux, -ieuse** /skabjø, jøz/ ADJ scabious NF **scabieuse** scabious

**scabreux, -euse** /skabʀø, øz/ ADJ *(= indécent)* improper, shocking; *(= dangereux)* risky

**scalaire** /skalɛʀ/ ADJ *(Math)* scalar NM *(= poisson)* angel fish, scalare

**scalène** /skalɛn/ ADJ *(Anat, Math)* scalene NM ◆ **(muscle) ~** scalenus

**scalp** /skalp/ NM *(= action)* scalping; *(= chevelure)* scalp

**scalpel** /skalpɛl/ NM scalpel

**scalper** /skalpe/ ▸ conjug 1 ◂ VT to scalp

**scampi** /skɑ̃pi/ NMPL scampi

**scandale** /skɑ̃dal/ NM a *(= fait choquant, affaire, Rel)* scandal ◆ ~ **financier/public** financial/public scandal ◆ **c'est un ~ !** it's scandalous! *ou* outrageous!, it's a scandal! ◆ **sa tenue a fait ~** people were shocked by his outfit ◆ **son livre a fait ~** his book caused a scandal ◆ **au grand ~ de mon père, j'ai voulu épouser un étranger** I wanted to marry a foreigner, which scandalized my father ◆ **elle va crier au ~** she'll make a big fuss about it ◆ **les gens vont crier au ~** there'll be an outcry ◆ **celui/celle par qui le ~ arrive** the one who broke the scandal ◆ **à ~** *[couple, livre]* controversial, headline-hitting * *(épith)* ◆ **journal à ~** scandal sheet
b *(= scène, tapage)* scene, fuss ◆ **faire un** *ou* **du ~** to make a scene, to kick up a fuss * ◆ **et pas de ~ !** and don't make a fuss! ◆ **condamné pour ~ sur la voie publique** fined for disturbing the peace *ou* for creating a public disturbance

**scandaleusement** /skɑ̃daløzmɑ̃/ ADV *[se comporter]* scandalously, outrageously, shockingly; *[cher]* scandalously, outrageously, prohibitively; *[laid, mauvais]* appallingly; *[exagéré, sous-estimé]* grossly

**scandaleux, -euse** /skɑ̃dalø, øz/ ADJ *[conduite, prix, propos]* scandalous, outrageous, shocking; *[chronique, littérature]* outrageous, shocking ◆ **vie scandaleuse** life of scandal, scandalous life ◆ **c'est ~ !** it's scandalous! ◆ **50 € pour ça, ce n'est pas ~** €50 for that is hardly exorbitant

**scandaliser** /skɑ̃dalize/ ▸ conjug 1 ◂ VT to scandalize, to shock deeply ◆ **se ~ de qch** to be deeply shocked at sth, to be scandalized by sth

**scander** /skɑ̃de/ ▸ conjug 1 ◂ VT *[+ vers]* to scan; *[+ discours]* to give emphasis to; *[+ mots]* to articulate separately; *[+ nom, slogan]* to chant

**scandinave** /skɑ̃dinav/ ADJ Scandinavian NMF **Scandinave** Scandinavian

**Scandinavie** /skɑ̃dinavi/ NF Scandinavia

**scandium** /skɑ̃djɔm/ NM scandium

**scanner[1]** /skanɛʀ/ NM *(Opt)* (optical) scanner ◆ **(examen au) ~** *(Méd)* scan ◆ **passer un ~** to have a scan ◆ ~ **à plat** flatbed scanner

**scanner**[2] /skane/, **scannériser** /skaneʀize/ ► conjug 1 ◄ VT *(Ordin)* to scan

**scanneur** /skanœʀ/ NM ⇒ **scanner**[1]

**scanographe** /skanɔgʀaf/ NM *(Méd)* scanner

**scanographie** /skanɔgʀafi/ NF *(= science)* (body) scanning; *(= photo)* scan ♦ **~ du cerveau** brain scan

**scansion** /skɑ̃sjɔ̃/ NF scanning, scansion

**scaphandre** /skafɑ̃dʀ/ NM *[de plongeur]* diving suit; *[de cosmonaute]* spacesuit ♦ **~ autonome** aqualung, scuba

**scaphandrier** /skafɑ̃dʀije/ NM (deep-sea) diver

**scapulaire** /skapylɛʀ/ ADJ, NM *(Anat, Méd, Rel)* scapular

**scarabée** /skaʀabe/ NM *(= insecte)* beetle, scarab *(SPÉC)*; *(= bijou)* scarab

**scarificateur** /skaʀifikatœʀ/ NM *(Méd)* scarificator; *(Agr)* scarifier

**scarification** /skaʀifikasjɔ̃/ NF scarification

**scarifier** /skaʀifje/ ► conjug 7 ◄ VT *(Agr, Méd)* to scarify

**scarlatine** /skaʀlatin/ NF scarlet fever, scarlatina *(SPÉC)*

**scarole** /skaʀɔl/ NF escarole

**scato** * /skato/ ADJ abrév de **scatologique**

**scatologie** /skatɔlɔʒi/ NF scatology

**scatologique** /skatɔlɔʒik/ ADJ scatological, lavatorial *(Brit)*

**sceau** (pl **sceaux**) /so/ NM *(= cachet, estampille)* seal; *(fig = marque)* stamp, mark ♦ **mettre son ~ sur** to put one's seal to *ou* on ♦ **apposer son ~ sur** to affix one's seal to ♦ **porter le ~ du génie** *(fig)* to bear the stamp *ou* mark of genius ♦ **sous le ~ du secret** under the seal of secrecy; → **garde**[2]

**scélérat, e** † /seleʀa, at/ ADJ *(littér) (= criminel)* villainous, blackguardly †; *(= méchant)* wicked NM,F *(littér = criminel)* villain, blackguard † ♦ **petit ~ !** * (you) little rascal!

**scélératesse** † /seleʀatɛs/ NF *(littér) (= caractère)* villainy, wickedness; *(= acte)* villainy, villainous *ou* wicked *ou* blackguardly † deed

**scellement** /sɛlmɑ̃/ NM **a** *[d'acte, document, sac]* sealing **b** *(Constr)* embedding *(NonC)* **c** *(Méd) [couronne, prothèse]* lute, luting

**sceller** /sele/ ► conjug 1 ◄ VT **a** *(= cacheter) [+ acte, document, sac]* to seal **b** *(Constr)* to embed **c** *(Méd) [+ couronne, prothèse]* to lute **d** *(= sanctionner) [+ amitié, pacte, réconciliation]* to seal ♦ **son destin était scellé** his fate was sealed

**scellés** /sele/ NMPL seals ♦ **apposer** *ou* **mettre les ~ sur une porte** to put the seals on a door, to affix the seals to a door ♦ **lever les ~** to take the seals off ♦ **mettre** *ou* **placer qch sous ~** to put *ou* place sth under seal

**scénario** /senaʀjo/ NM **a** *(Ciné, Théât = plan)* scenario; *(Ciné = découpage et dialogues)* screenplay, (film) script **b** *(= évolution possible)* scenario ♦ **ça s'est déroulé selon le ~ habituel** it followed the usual pattern ♦ **c'est toujours le même ~** * it's always the same old ritual *ou* carry-on * *(Brit)*; → **catastrophe**

**scénarisation** /senaʀizasjɔ̃/ NF scripting

**scénariser** /senaʀize/ ► conjug 1 ◄ VT *(TV)* to script

**scénariste** /senaʀist/ NMF *(Ciné)* scriptwriter

**scénaristique** /senaʀistik/ ADJ ♦ **l'écriture ~** script writing ♦ **la structure** *ou* **construction ~** the plot structure ♦ **le meurtre n'est qu'un prétexte ~** the murder is just a plot device

**scène** /sɛn/ NF **a** *(= estrade)* stage ♦ **~ tournante** revolving stage ♦ **sortir de ~, quitter la ~** to go off stage, to exit ♦ **occuper le devant de la ~** *(lit)* to be in the foreground, to be at the front of the stage; *(fig)* to be in the forefront ♦ **en fond de ~** at the back of the stage, in the background ♦ **sur (la) ~** on stage ♦ **il se produira** *ou* **sera sur la ~ de l'Olympia en janvier** he'll be performing *ou* appearing at the Olympia in January

**b** *(= le théâtre)* **la ~** the stage ♦ **une vedette de la ~ française** a star of the French stage ♦ **il a quitté la ~ à 75 ans** he gave up the stage at the age of 75 ♦ **à la ~ comme à la ville** (both) on stage and off, both on and off (the) stage ♦ **porter une œuvre à la ~** to bring a work to the stage, to stage a work ♦ **adapter un film pour la ~** to adapt a film for the stage

**c** *(Ciné, Théât = division)* scene ♦ **dans la première ~** in the first *ou* opening scene, in scene one ♦ **~ d'action** *(Ciné)* action scene *ou* sequence ♦ **~ d'amour** love scene ♦ **elle m'a joué la grande ~ du deux** * she made an almighty fuss

**d** *(= décor)* scene ♦ **changement de ~** scene change

**e** *(Ciné, Théât = lieu de l'action)* scene ♦ **la ~ est** *ou* **se passe à Rome** the scene is set in Rome

**f** *(= spectacle)* scene ♦ **il a assisté à toute la ~** he witnessed the whole scene ♦ **~ de panique/de violence** scene of panic/of violence ♦ **la ~ originaire** *ou* **primitive** *(Psych)* the primal scene

**g** *(= confrontation, dispute)* scene ♦ **~ de jalousie/de rupture** jealous/break-up scene ♦ **il m'a fait une ~ de jalousie** he exploded at me in a fit of jealousy ♦ **~ de ménage** domestic fight *ou* quarrel ♦ **faire une ~** to make a scene ♦ **il m'a fait une ~ parce que j'avais oublié la clé** he made a scene because I had forgotten the key ♦ **avoir une ~ (avec qn)** to have a scene (with sb)

**h** *(= domaine)* scene ♦ **sur la ~ politique/internationale/littéraire** on the political/international/literary scene ♦ **la ~ publique** the public arena ♦ **il s'est retiré de la ~ publique** he has retired from public life

**i** *(Art = tableau)* scene ♦ **~ d'intérieur/mythologique** indoor/mythological scene ♦ **~ de genre** genre painting

**j** *(loc)*

♦ **en scène** on stage ♦ **tout le monde en ~ !** everybody on stage! ♦ **être en ~** to be on stage ♦ **entrer en ~** *(Théât)* to come on stage; *[politicien, sportif]* to arrive on *ou* enter the scene ♦ **c'est là que l'informatique entre en ~** this is where computing comes in ♦ **entrée en ~** *(Théât)* entrance; *(fig)* arrival on the scene ♦ **par ordre d'entrée en ~** in order of appearance → **metteur**

♦ **mettre en scène** *(Théât) [+ histoire, personnage]* to present; *[+ auteur]* to stage *ou* produce the play(s) of; *[+ pièce de théâtre]* to stage, to direct; *[+ film]* to direct

♦ **mise en scène** *(Ciné, Théât = production)* production ♦ **il a révolutionné la mise en ~** *(= art)* he revolutionized directing *ou* stagecraft ♦ **mise en ~ de Vilar** directed by Vilar ♦ **c'est de la mise en ~** *(fig, péj)* it's all put on ♦ **toute cette mise en ~ pour nous faire croire que ...** this whole performance was to make us believe that ...

**scénique** /senik/ ADJ theatrical; → **indication**

**scéniquement** /senikmɑ̃/ ADV *(Théât)* theatrically

**scénographe** /senɔgʀaf/ NMF *(Théât)* stage *ou* theatre *(Brit) ou* theater *(US)* designer

**scénographie** /senɔgʀafi/ NF **a** *(Art)* scenography **b** *(Théât)* stage design

**scénographique** /senɔgʀafik/ ADJ *(Théât) [conditions]* relating to stage *ou* theatre *(Brit) ou* theater *(US)* design ♦ **quelle que soit la solution ~ retenue** whatever way the director decides to handle the scene

**scepticisme** /sɛptisism/ NM scepticism *(Brit)*, skepticism *(US)* ♦ **exprimer son ~ à l'égard de** *ou* **sur qch** to express scepticism about sth

**sceptique** /sɛptik/ ADJ sceptical *(Brit)*, skeptical *(US)* ♦ **d'un air ~** sceptically *(Brit)*, skeptically *(US)* ♦ **être** *ou* **se montrer ~** to be sceptical *(à l'égard de, sur, quant à* about); ♦ **ses arguments me laissent ~** his arguments don't convince me NMF sceptic *(Brit)*, skeptic *(US)*; *(Philos)* Sceptic *(Brit)*, Skeptic *(US)*

**sceptre** /sɛptʀ/ NM *(lit, fig)* sceptre *(Brit)*, scepter *(US)*

**Schéhérazade** /ʃeeʀazad/ NF Sheherazade

**schelling** /ʃ(ə)lɛ̃/ NM ⇒ **schilling**

**schéma** /ʃema/ NM **a** *(= diagramme)* diagram, sketch ♦ **~ de montage** assembly diagram *ou* instructions ♦ **~ de principe** (wiring) diagram ♦ **je vais te faire un petit ~** I'll draw you a little diagram **b** *(= plan)* plan (of action); *(= organisation)* set-up ♦ **les choses ne se déroulaient pas suivant le ~ classique** things didn't follow their usual pattern ♦ **~ d'aménagement, ~ directeur** *(Admin)* urban development plan ♦ **cela n'entre pas dans mes ~s** *(= principes)* it goes against my principles **c** *(= résumé)* outline ♦ **faire le ~ de l'opération** to give an outline of the operation **d** *(Psych)* **~ corporel** body image

**schématique** /ʃematik/ ADJ *[dessin]* diagrammatic(al), schematic; *(péj) [interprétation, conception]* oversimplified

**schématiquement** /ʃematikmɑ̃/ ADV *[représenter]* diagrammatically, schematically ♦ **il exposa l'affaire ~** he gave an outline of the affair, he outlined the affair ♦ **très ~, voici de quoi il s'agit** briefly, this is what it's all about

**schématisation** /ʃematizasjɔ̃/ NF schematization; *(péj)* (over)simplification

**schématiser** /ʃematize/ ► conjug 1 ◄ VT to schematize; *(péj)* to (over)simplify

**schématisme** /ʃematism/ NM *(péj)* oversimplicity

**schème** /ʃɛm/ NM *(Philos)* schema; *(Art)* design, scheme

**Schengen** /ʃɛngɛn/ N ♦ **l'espace ~** the Schengen zone ♦ **les accords de ~** the Schengen agreement

**scherzando** /skɛʀtsando/ ADV scherzando

**scherzo** /skɛʀdzo/ NM scherzo ADV scherzando

**schilling** /ʃiliŋ/ NM schilling

**schismatique** /ʃismatik/ ADJ, NMF schismatic

**schisme** /ʃism/ NM *(Rel)* schism; *(Pol)* split

**schiste** /ʃist/ NM *(métamorphique)* schist, shale ♦ **~ bitumineux** oil shale ♦ **huile de ~** shale oil

**schisteux, -euse** /ʃistø, øz/ ADJ schistose

**schizo** * /skizo/ ADJ, NMF (abrév de **schizophrène**) schizo *

**schizoïde** /skizɔid/ ADJ, NMF schizoid

**schizophrène** /skizɔfʀɛn/ ADJ, NMF *(Méd, fig)* schizophrenic

**schizophrénie** /skizɔfʀeni/ NF *(Méd, fig)* schizophrenia

**schizophrénique** /skizɔfʀenik/ ADJ schizophrenic

**schlague** /ʃlag/ NF *(Mil Hist)* ♦ **la ~** drubbing, flogging ♦ **ils n'obéissent qu'à la ~** ‡ they only do as they're told if you really lay into them ‡ *ou* if you give them what-for ‡

**schlass** ‡ /ʃlɑs/ ADJ INV *(= ivre)* sozzled ‡, plastered ‡ NM *(= couteau)* knife

**schlinguer** ⁑ /ʃlɛ̃ge/ ► conjug 1 ◄ VI to pong ⁑, to stink to high heaven *

**schlitte** /ʃlit/ NF sledge *(for transporting wood)*

**schlitter** /ʃlite/ ► conjug 1 ◄ VT to sledge *(wood)*

**schmilblik** * /ʃmilblik/ NM ◆ **faire avancer le ~** to help things along ◆ **ça ne fait pas avancer le ~** that doesn't get anybody anywhere, that doesn't get us very far

**schnaps** /ʃnaps/ NM schnap(p)s

**schnock** ⁑ /ʃnɔk/ NM ⇒ **chnoque**

**schnouff** † /ʃnuf/ NF *(arg Drogue)* dope ⁑

**Schtroumpf** /ʃtʀumf/ NM Smurf

**schuss** /ʃus/ NM schuss ADV ◆ **descendre (tout) ~** to schuss (down)

**schwa** /ʃva/ NM schwa(h)

**Schweppes** ® /ʃwɛps/ NM tonic (water)

**SCI** /ɛssei/ NF (abrév de **société civile immobilière**) → **société**

**sciage** /sjaʒ/ NM *[de bois, métal]* sawing

**sciatique** /sjatik/ NF sciatica ADJ sciatic

**scie** /si/ NF a *(= outil)* saw ◆ **~ à bois** wood saw ◆ **~ circulaire** circular saw ◆ **~ à chantourner** *ou* **découper** fretsaw ◆ **~ électrique** power saw ◆ **~ à guichet** panel saw ◆ **~ à métaux** hacksaw ◆ **~ musicale** musical saw ◆ **~ à ruban** bandsaw ◆ **~ sauteuse** jigsaw; → **dent** b *(péj) (= chanson)* repetitive song; *(= personne)* bore

**sciemment** /sjamɑ̃/ ADV knowingly

**science** /sjɑ̃s/ NF a *(= domaine scientifique)* science ◆ **les ~s** *(gén)* the sciences; *(Scol)* science ◆ **la ~ du beau** the science of beauty ◆ **~s appliquées/exactes/pures/humaines/occultes** applied/exact/pure/social/ occult sciences ◆ **~s expérimentales** experimental sciences ◆ **les ~s dures/molles** the hard/soft sciences ◆ **institut des ~s sociales** *(Univ)* institute of social science ◆ **~s naturelles** † *(Scol)* natural science † ◆ **~s physiques** physical science ◆ **~s marines** *ou* **de la mer** marine science ◆ **les ~s de la vie** the life sciences ◆ **~s d'observation** observational sciences ◆ **~s économiques** economics *(sg)* ◆ **~s politiques** political science ◆ **Sciences Po** *(Univ) French school of political science*; → **homme**

b *(= art, habileté)* **la ~ de la guerre** the science *ou* art of war ◆ **faire qch avec une ~ consommée** to do sth with consummate skill ◆ **sa ~ des couleurs** his skilful use of colour

c *(= érudition)* knowledge ◆ **je n'ai pas la ~ infuse** I have no way of knowing ◆ **la ~ du bien et du mal** *(Rel)* the knowledge of good and evil ◆ **savoir de ~ certaine que ...** to know for a fact *ou* for certain that ... ◆ **il faut toujours qu'il étale sa ~** he's always showing off his knowledge; → **puits**

**science-fiction** /sjɑ̃sfiksjɔ̃/ NF science fiction, sci-fi * ◆ **film/roman de ~** science fiction *ou* sci-fi * film/novel ◆ **c'est** *ou* **ça relève de la ~** it's like something out of science fiction

**scientificité** /sjɑ̃tifisite/ NF scientific character *ou* nature

**scientifique** /sjɑ̃tifik/ ADJ scientific NMF scientist

**scientifiquement** /sjɑ̃tifikmɑ̃/ ADV scientifically

**scientisme** /sjɑ̃tism/ NM scientism

**scientiste** /sjɑ̃tist/ NMF a *(= adepte du scientisme)* believer in the authority of science b *(= chrétien)* Christian Scientist ADJ scientistic

**scientologie** /sjɑ̃tɔlɔʒi/ NF Scientology ®

**scientologue** /sjɑ̃tɔlɔg/ ADJ, NMF Scientologist

**scier** /sje/ ► conjug 7 ◄ VT a *[+ bois, métal]* to saw; *[+ bûche]* to saw (up); *[+ partie en trop]* to saw off ◆ **~ une branche pour faire des bûches** to saw (up) a branch into logs ◆ **~ la branche sur laquelle on est assis** *(fig)* to dig one's own grave b *(* = stupéfier)* **ça m'a scié !** it bowled me over! *, it staggered me! * ◆ **c'est vraiment sciant !** it's absolutely staggering! * c *(* = ennuyer)* **~ qn** to bore sb rigid * *ou* stiff *

**scierie** /siʀi/ NF sawmill

**scieur** /sjœʀ/ NM sawyer ◆ **~ de long** pit sawyer

**scille** /sil/ NF scilla

**Scilly** /sili/ N ◆ **les îles ~** the Scilly Isles

**scinder** /sɛ̃de/ ► conjug 1 ◄ VT to split (up), to divide (up) (*en* in, into) VPR **se scinder** to split (up) (*en* in, into)

**scintigraphie** /sɛ̃tigʀafi/ NF scintigraphy

**scintillant, e** /sɛ̃tijɑ̃, ɑ̃t/ ADJ *[diamant, yeux, neige]* sparkling; *[étoile, lumières]* twinkling; *[robe]* shimmering; *[goutte d'eau]* glistening; *[esprit]* sparkling, scintillating

**scintillation** /sɛ̃tijasjɔ̃/ NF *(Astron, Phys)* scintillation ◆ **compteur à ~s** scintillation counter

**scintillement** /sɛ̃tijmɑ̃/ NM *[de diamant, yeux]* sparkling; *[d'étoile, lumières]* twinkling; *[de goutte d'eau]* glistening; *[d'esprit]* sparkling, scintillating ◆ **le ~ de son esprit** his scintillating mind ◆ **le ~ de ses yeux** his sparkling eyes

**scintiller** /sɛ̃tije/ ► conjug 1 ◄ VI *[diamant, yeux]* to sparkle; *[étoile, lumières]* to twinkle; *[goutte d'eau]* to glisten; *[esprit]* to sparkle, to scintillate

**scion** /sjɔ̃/ NM *(Bot) (gén)* twig; *(= greffe)* scion; *(Pêche)* top piece

**Scipion** /sipjɔ̃/ NM Scipio ◆ **~ l'Africain** Scipio Africanus

**scission** /sisjɔ̃/ NF a *(= schisme)* split, scission *(frm)* ◆ **faire ~** to split away, to secede b *(Écon)* demerger c *(Bot, Phys)* fission

**scissionniste** /sisjɔnist/ ADJ, NMF secessionist

**scissipare** /sisipaʀ/ ADJ fissiparous, schizogenetic

**scissiparité** /sisipaʀite/ NF fissiparousness, schizogenesis

**scissure** /sisyʀ/ NF fissure, sulcus ◆ **~ interhémisphérique** longitudinal fissure of the cerebrum ◆ **~ latérale** *ou* **de Sylvius** fissure of Sylvius, lateral fissure

**sciure** /sjyʀ/ NF ◆ **~ (de bois)** sawdust

**scléreux, -euse** /skleʀø, øz/ ADJ sclerotic, sclerous

**sclérosant, e** /skleʀozɑ̃, ɑ̃t/ ADJ *(fig)* ossifying

**sclérose** /skleʀoz/ NF a *(Méd)* sclerosis ◆ **~ artérielle** hardening of the arteries, arteriosclerosis *(SPÉC)* ◆ **~ en plaques** multiple sclerosis b *(fig)* ossification

**sclérosé, e** /skleʀoze/ (ptp de **se scléroser**) ADJ *(lit)* sclerosed, sclerotic; *(fig)* ossified

**scléroser** /skleʀoze/ ► conjug 1 ◄ VPR **se scléroser** *(Méd)* to become sclerotic *ou* sclerosed; *(fig)* to become ossified VT *[+ tissus]* to cause sclerosis of

**sclérotique** /skleʀɔtik/ NF sclera, sclerotic

**scolaire** /skɔlɛʀ/ ADJ a *(gén)* school *(épith)* ◆ **ses succès ~s** his success in *ou* at school ◆ **enfant d'âge ~** child of school age ◆ **en milieu ~** in schools ◆ **les ~s** schoolchildren; → **établissement, groupe, livret** *etc* b *(péj) [style]* unimaginative ◆ **son livre est un peu ~ par endroits** his book is a bit starchy in places

**scolairement** /skɔlɛʀmɑ̃/ ADV ◆ **il réussit très bien ~** he's doing very well at school ◆ **il faut intégrer ces enfants ~ et socialement** these children need to be helped to fit in, both at school and in society

**scolarisable** /skɔlaʀizabl/ ADJ *[handicapé]* educable, capable of attending school

**scolarisation** /skɔlaʀizasjɔ̃/ NF *[d'enfant]* schooling ◆ **la ~ d'une population/d'un pays** providing a population with schooling/a country with schools ◆ **taux de ~** percentage of children in full-time education

**scolariser** /skɔlaʀize/ ► conjug 1 ◄ VT *[+ enfant]* to provide with schooling, to send to school; *[+ pays]* to provide with schools *ou* schooling

**scolarité** /skɔlaʀite/ NF schooling ◆ **~ primaire/secondaire** primary/secondary schooling *ou* education ◆ **la ~ a été prolongée jusqu'à 16 ans** the school-leaving age has been raised to 16 ◆ **pendant mes années de ~** during my school years *ou* years at school ◆ **~ obligatoire** compulsory education *ou* schooling ◆ **service de la ~** *(Univ)* registrar's office ◆ **il a suivi une ~ normale** he had a normal education ◆ **il a eu une ~ difficile** he had difficulties at school; → **certificat, frais²**

**scolastique** /skɔlastik/ ADJ *(Philos, péj)* scholastic NF scholasticism NM *(Philos)* scholastic, schoolman; *(= séminariste)* seminarian, seminarist; *(péj)* scholastic

**scoliose** /skɔljoz/ NF curvature of the spine, scoliosis *(SPÉC)*

**scolopendre** /skɔlɔpɑ̃dʀ/ NF a *(Zool)* centipede, scolopendra *(SPÉC)* b *(Bot)* hart's-tongue, scolopendrium *(SPÉC)*

**sconse** /skɔ̃s/ NM skunk (fur)

**scoop** * /skup/ NM *(Presse)* scoop

**scooter** /skutœʀ/ NM (motor) scooter ◆ **~ des mers** jet ski ◆ **~ des neiges** Skidoo ® ◆ **faire du ~** to ride a scooter

**scopie** ⁑ /skɔpi/ NF abrév de **radioscopie**

**scorbut** /skɔʀbyt/ NM scurvy

**scorbutique** /skɔʀbytik/ ADJ *[symptômes]* of scurvy, scorbutic *(SPÉC)*; *[personne]* suffering from scurvy, scorbutic *(SPÉC)* NMF person with *ou* suffering from scurvy

**score** /skɔʀ/ NM *(gén, Sport)* score ◆ **faire un bon/mauvais ~** *(Pol, Scol, Sport)* to do well/ badly ◆ **obtenir un ~ de 48% aux élections** to get 48% of the votes ◆ **mener au ~** to be in the lead

**scorie** /skɔʀi/ NF *(gén pl)* a *(Ind)* slag *(NonC)*, scoria *(NonC)*, clinker *(NonC)* ◆ **~s (volcaniques)** (volcanic) scoria b *(fig)* dross *(NonC)* ◆ **il reste beaucoup de ~s dans le texte** there are still a lot of errors in the text

**scorpion** /skɔʀpjɔ̃/ NM a *(Zool)* scorpion ◆ **~ d'eau** water-scorpion ◆ **~ de mer** scorpion-fish b *(Astron)* **le Scorpion** Scorpio ◆ **il est Scorpion, il est (du signe) du Scorpion** he's (a) Scorpio

**scotch** /skɔtʃ/ NM a *(= boisson)* scotch (whisky *(Brit)* *ou* whiskey *(US, Ir)*) b *(= adhésif)* **Scotch** ® Sellotape ® *(Brit)*, Scotchtape ® *(US)*

**scotcher** /skɔtʃe/ ► conjug 1 ◄ VT to sellotape *(Brit)*, to stick with Scotchtape ® *(US)* ◆ **je suis resté scotché** * *(= stupéfait)* I was flabbergasted *ou* gobsmacked * *(Brit)* ◆ **elle était scotchée sur son siège** she was glued to her seat ◆ **il reste des heures scotché * devant sa télévision** he spends hours glued to the television

**scotch-terrier** (pl **scotch-terriers**) /skɔtʃtɛʀje/ NM Scottish *ou* Scotch terrier

**scoubidou** /skubidu/ NM *strip of plaited plastic threads*

**scoumoune** * /skumun/ NF *(arg Crime)* tough *ou* rotten luck *

**scout, e** /skut/ ADJ *[camp, mouvement]* scout *(épith)* ◆ **avoir un côté** ~ *(péj)* to be a bit of a boy scout NM (boy) scout ◆ **les ~s de France** French scouts NF **scoute** (girl) scout

**scoutisme** /skutism/ NM *(= mouvement)* scout movement; *(= activité)* scouting ◆ **faire du** ~ to be a scout

**SCP** /ɛssepe/ NF (abrév de **société civile professionnelle**) → **société**

**SCPI** /ɛssepei/ NF (abrév de **société civile de placement immobilier**) → **société**

**Scrabble** ® /skʀabl/ NM Scrabble ® ◆ **faire un** ~ to play Scrabble ®, to have a game of Scrabble ®

**scratch** /skʀatʃ/ NM a *(= bande Velcro ®)* Velcro strip b *(Mus)* scratch

**scratcher** /skʀatʃe/ ▸ conjug 1 ◂ VT *(Sport)* to scratch VPR **se scratcher** * to get smashed up *

**scriban** /skʀibɑ̃/ NM *(avec cabinet)* bureau bookcase; *(sans cabinet)* slant-front bureau

**scribe** /skʀib/ NM *(péj = bureaucrate)* penpusher *(Brit)*, pencil pusher *(US)*; *(Hist)* scribe

**scribouillard, e** /skʀibujaʀ, aʀd/ NM,F *(péj)* penpusher *(Brit)*, pencil pusher *(US)*

**scribouilleur, -euse** * /skʀibujœʀ, øz/ NM,F *(péj)* hack (writer), scribbler

**script** /skʀipt/ NM a ◆ **(écriture)** ~ printing ◆ **apprendre le** ~ to learn how to print (letters) ◆ **écrire en** ~ to print b *(Ciné)* (shooting) script NF ⇒ **script-girl**

**scripte** /skʀipt/ NF *(Ciné)* continuity girl

**scripteur** /skʀiptœʀ/ NM *(Ling)* writer

**script-girl** † (pl **script-girls**) /skʀiptgœʀl/ NF continuity girl

**scriptural, e** (mpl **-aux**) /skʀiptyʀal, o/ ADJ → **monnaie**

**scrofulaire** /skʀɔfylɛʀ/ NF figwort

**scrofule** /skʀɔfyl/ NF *(Méd)* scrofula ◆ **~s** *(Hist Méd)* scrofula, king's evil

**scrogneugneu** † /skʀɔɲøɲø/ EXCL damnation!

**scrotal, e** (mpl **-aux**) /skʀɔtal, o/ ADJ scrotal

**scrotum** /skʀɔtɔm/ NM scrotum

**scrupule** /skʀypyl/ NM scruple ◆ **avoir des ~s** to have scruples ◆ **avoir des ~s à faire qch, se faire** ~ **de faire qch** to have scruples *ou* misgivings *ou* qualms about doing sth ◆ **faire taire ses ~s** to silence one's scruples ◆ **je n'aurais aucun** ~ **à refuser** I wouldn't have any scruples *ou* qualms *ou* misgivings about refusing ◆ **son honnêteté est poussée jusqu'au** ~ he's scrupulously honest ◆ **il est dénué de ~s** he has no scruples, he is completely unscrupulous ◆ **sans ~s** *[personne]* unscrupulous, without scruples; *[agir]* unscrupulously ◆ **vos ~s vous honorent** your scrupulousness is a credit to you ◆ **je comprends votre** ~ *ou* **vos ~s** I understand your scruples ◆ **dans** *ou* **par un** ~ **d'honnêteté/d'exactitude historique** *(= par souci de)* in scrupulous regard for honesty/for historical exactness

**scrupuleusement** /skʀypyløzmɑ̃/ ADV scrupulously

**scrupuleux, -euse** /skʀypylø, øz/ ADJ scrupulous ◆ **peu** ~ unscrupulous ◆ **ils réclament le respect** ~ **des règles démocratiques** they demand that the rules of democracy be scrupulously respected ◆ **avec un soin** ~ with scrupulous care

**scrutateur, -trice** /skʀytatœʀ, tʀis/ ADJ *(littér)* *[caractère, regard]* searching ◆ **sous l'œil** ~ **du maître** under the watchful eye of the master NM *(Pol)* teller, scrutineer *(Brit)*

**scruter** /skʀyte/ ▸ conjug 1 ◂ VT *[+ horizon]* to scan, to search, to scrutinize; *[+ objet, personne]* to scrutinize, to examine; *[+ pénombre]* to peer into, to search

**scrutin** /skʀytɛ̃/ NM a *(= vote)* ballot ◆ **par voie de** ~ by ballot ◆ **voter au** ~ **secret** to vote by secret ballot ◆ **il a été élu au troisième tour de** ~ he was elected on *ou* at the third ballot *ou* round ◆ **dépouiller le** ~ to count the votes b *(= élection)* poll ◆ **le jour du** ~ polling day ◆ **ouverture/clôture du** ~ start/close of polling c *(= modalité)* ~ **de liste** list system ◆ ~ **d'arrondissement** district election system ◆ ~ **majoritaire** election on a majority basis ◆ ~ **proportionnel** proportional representation ◆ ~ **de ballottage** second ballot, second round of voting ◆ ~ **uninominal** uninominal system

**sculpter** /skylte/ ▸ conjug 1 ◂ VT *[+ marbre, statue]* to sculpt; *[+ meuble]* to carve, to sculpt; *[+ bâton, bois]* to carve ◆ ~ **qch dans du bois** to carve sth out of wood

**sculpteur** /skyltœʀ/ NM *(= homme)* sculptor; *(= femme)* sculptor, sculptress ◆ ~ **sur bois** woodcarver

**sculptural, e** (mpl **-aux**) /skyltyʀal, o/ ADJ *(Art)* sculptural; *(fig)* *[beauté, corps, formes]* statuesque

**sculpture** /skyltyʀ/ NF a *(= art, objet)* sculpture ◆ **faire de la** ~ to sculpt ◆ ~ **sur bois** woodcarving ◆ **une** ~ **sur marbre/neige/glace** a marble/snow/an ice sculpture b *[pneu]* tread (pattern) ◆ **~s** tread

**Scylla** /sila/ NF Scylla; → **Charybde**

**scythe** /sit/ ADJ Scythian NM *(Ling)* Scythian NMF **Scythe** Scythian

**Scythie** /siti/ NF Scythia

**SDF** /ɛsdeɛf/ NMF INV (abrév de **sans domicile fixe**) homeless person ◆ **les** ~ the homeless

**SDN** /ɛsdeɛn/ NF (abrév de **Société des Nations**) → **société**

**se** /sə/ PRON a *(réfléchi, sg, indéfini)* oneself; *(homme)* himself; *(femme)* herself; *(sujet non humain)* itself; *(pl)* themselves ◆ ~ **regarder dans la glace** to look at o.s. in the mirror ◆ ~ **raser/laver** to shave/wash ◆ ~ **mouiller/salir** to get wet/dirty ◆ ~ **brûler/couper** to burn/cut o.s.; → **écouter, faire**

b *(réciproque)* each other, one another ◆ **deux personnes qui s'aiment** two people who love each other *ou* one another ◆ **des gens qui** ~ **haïssent** people who hate each other *ou* one another

c *(possessif)* ~ **casser la jambe** to break one's leg ◆ **il** ~ **lave les mains** he is washing his hands ◆ **elle s'est coupé les cheveux** she has cut her hair

d *(passif)* **cela ne** ~ **fait pas** that's not done ◆ **cela** ~ **répare/recolle facilement** it can easily be repaired/glued together again ◆ **la vérité finira par** ~ **savoir** the truth will out in the end, the truth will finally be found out ◆ **l'anglais** ~ **parle dans le monde entier** English is spoken throughout the world ◆ **cela** ~ **vend bien** it sells well ◆ **les escargots** ~ **~rvent dans la coquille** snails are served in their shells

e *(impersonnel)* **il** ~ **peut que ...** it may be that ..., it is possible that ... ◆ **comment** ~ **fait-il que ... ?** how is it that ...?

**S.E.** (abrév de **Son Excellence**) HE

**S.É.** (abrév de **Son Éminence**) HE

**séance** /seɑ̃s/ NF a *(= réunion)* *[de conseil municipal]* meeting, session; *[de parlement, tribunal]* session, sitting; *[de comité]* session ◆ **être en** ~ to be in session, to sit ◆ **la** ~ **est levée** the meeting is over ◆ ~ **extraordinaire** extraordinary meeting ◆ **la proposition sera examinée en** ~ **publique** the proposal will be considered at *ou* in a public session *ou* meeting ◆ **ils l'ont fusillé** ~ **tenante** they shot him there and then *ou* on the spot ◆ **nous partirons** ~ **tenante** we shall leave forthwith *ou* without further ado; → **suspension**

b *(= période)* session ◆ ~ **de photographie/rééducation/gymnastique** photographic *ou* photography/physiotherapy/gymnastics session ◆ ~ **de pose** sitting ◆ ~ **de spiritisme** séance ◆ ~ **de travail** working session ◆ ~ **de torture** torture session

c *(= représentation)* *(Théât)* performance ◆ ~ **privée** private showing *ou* performance ◆ ~ **(de cinéma)** film ◆ **première/dernière** ~ *(Ciné)* first/last showing ◆ **la** ~ **est à 21h, et le film 15 minutes plus tard** the programme starts at 9 o'clock and the film 15 minutes later

d *(Bourse)* day of trading, session ◆ **après plusieurs ~s de hausse** after several sessions *ou* days of bullish trading ◆ **en début/fin de** ~ at the opening/close (of the day's trading) ◆ **l'indice a gagné 10 points en cours de** ~ the index gained 10 points during (the day's) trading

**séant**[1] /seɑ̃/ NM *(hum = derrière)* posterior *(hum)* ◆ **se mettre sur son** ~ *(frm)* to sit up *(from a lying position)*

**séant**[2]**, séante** /seɑ̃, seɑ̃t/ ADJ *(littér = convenable)* seemly, fitting ◆ **il n'est pas** ~ **de dire cela** it is unseemly *ou* unfitting to say such things

**seau** (pl **seaux**) /so/ NM *(= récipient)* bucket, pail *(surtout US)*; *(= contenu)* bucket(ful), pail(ful) *(surtout US)* ◆ **il pleut à ~x, la pluie tombe à ~x** it's coming *ou* pouring down in buckets *, it's raining buckets * ◆ ~ **à champagne/glace** champagne/ice bucket ◆ ~ **à charbon** coal scuttle ◆ ~ **hygiénique** slop pail

**sébacé, e** /sebase/ ADJ *[glande]* sebaceous

**sébile** /sebil/ NF begging bowl ◆ **tendre la** ~ *(lit)* to beg; *(fig)* to bring out *ou* hold out the begging bowl

**séborrhée** /sebɔʀe/ NF seborrhoea *(Brit)*, seborrhea *(US)*

**sébum** /sebɔm/ NM sebum

**sec, sèche**[1] /sɛk, sɛʃ/ ADJ a *[air, bois, climat, linge, temps, saison, toux]* dry; *[fruit]* dried ◆ **elle le regarda partir, l'œil** ~ she watched him go, dry-eyed ◆ **j'avais la gorge sèche** my throat was dry ◆ **il est au régime** ~ he's not allowed to drink alcohol ◆ **lorsque la peinture est sèche au toucher** when the paint is dry to the touch; → **cale**[1]**, cinq, cul**

b *(= sans graisse)* *[cheveu, peau]* dry

c *(= maigre)* *[bras, personne]* lean ◆ **il est** ~ **comme un coup de trique** * *ou* **comme un hareng** * he's as thin as a rake

d *(= sans douceur)* *[rire, vin]* dry; *[style]* terse; *[cœur]* cold, hard; *[réponse]* curt ◆ **elle a été très sèche avec moi** she was very curt with me ◆ **il lui a écrit une lettre très sèche** he wrote him a very curt letter ◆ **se casser avec un bruit** ~ to break with a (sharp) snap, to snap ◆ **"non", dit-il d'un ton** ~ "no", he said curtly ◆ **placage** ~ *(Sport)* hard tackle; → **coup**

e *(= sans eau)* *[alcool]* neat ◆ **il prend son whisky** ~ he takes *ou* drinks his whisky neat *ou* straight

f *(Cartes)* **atout/valet** ~ singleton trump/jack ◆ **son valet était** ~ his jack was a singleton

g *(Tennis)* **il a été battu en trois sets ~s** he was beaten in three straight sets

h *(= sans prestations supplémentaires)* **le vol** ~ **coûte 250 €** the flight-only price is €250

◆ **licenciement** ~ compulsory lay-off *ou* redundancy *(Brit) (without any compensation)*

i *(loc)* **être** *ou* **rester** ~ * to be stumped * ◆ **je suis resté ~ sur ce sujet** I drew a blank on the subject

ADV * *[frapper]* hard ◆ **il boit** ~ he really knocks it back *, he's a hard *ou* heavy drinker ◆ **démarrer** ~ *(Aut) (sans douceur)* to start (up) with a jolt *ou* jerk; *(rapidement)* to tear off ◆ **ça démarre ~ ce soir** the evening's off to a good start ◆ **conduire** ~ to drive like a racing driver ◆ **et lui, aussi ~, a répondu que ...** and he replied straight off that ... ◆ **il est arrivé et reparti aussi** ~ he arrived and left again just as quickly ◆ **je l'ai eu** ~ * I was really shocked

NM

♦ **au sec** ◆ **tenir** *ou* **conserver qch au** ~ to keep sth in a dry place ◆ **rester au** ~ to stay in the dry ◆ **pour garder les pieds au** ~ to keep your feet dry

♦ **à sec** ◆ **être à** ~ *[puits, torrent]* to be dry *ou* dried-up; *( * = être sans argent) [personne]* to be broke * *ou* skint ‡ *(Brit)*; *[caisse]* to be empty ◆ **mettre à ~ un étang** *[personne]* to drain a pond; *[soleil]* to dry up a pond ◆ **il l'a mis à** ~ *(au jeu) [+ joueur]* he cleaned him out *, he took him to the cleaner's *

**sécable** /sekabl/ ADJ *[comprimé]* divisible

**SECAM** /sekam/ ADJ, NM (abrév de **séquentiel couleur à mémoire**) SECAM

**sécant, e** /sekɑ̃, ɑ̃t/ ADJ secant NF **sécante** secant

**sécateur** /sekatœʀ/ NM (pair of) secateurs, (pair of) pruning shears

**sécession** /sesesjɔ̃/ NF secession ◆ **faire** ~ to secede, to break away; → **guerre**

**sécessionniste** /sesesjɔnist/ ADJ, NMF secessionist ◆ **république** ~ breakaway republic

**séchage** /seʃaʒ/ NM *[de cheveux, linge]* drying; *[de bois]* seasoning ◆ **le ~ (en) machine n'est pas recommandé pour ce tissu** it is not recommended that this fabric be dried in a clothes dryer ◆ **"séchage à plat"** "dry flat" ◆ **vernis/colle à ~ rapide** quick-drying varnish/glue

**sèche**[2] * /sɛʃ/ NF *(= cigarette)* cigarette, cig *, fag * *(Brit)*

**sèche-cheveux** /sɛʃʃəvø/ NM INV hairdryer

**sèche-linge** /sɛʃlɛ̃ʒ/ NM INV *(= armoire)* drying cabinet; *(= machine)* tumble-dryer

**sèche-mains** /sɛʃmɛ̃/ NM INV hand-dryer, blower

**sèchement** /sɛʃmɑ̃/ ADV *[répondre]* curtly

**sécher** /seʃe/ ▸ conjug 6 ◂ VT a *(gén)* to dry ◆ **sèche tes larmes** dry your tears *ou* eyes ◆ **~ les larmes** *ou* **les pleurs de qn** *(= le consoler)* to wipe away sb's tears ◆ **~ son verre** ‡ to drain one's glass

b *(arg Scol = manquer) [+ cours]* to skip * ◆ **il a séché l'école pendant trois jours** he skipped school * *ou* skived off school *(Brit)* * for three days

c *( * = faire tomber) [+ adversaire]* to bring down

VI a *[surface mouillée, peinture]* to dry (off); *[substance imbibée de liquide]* to dry (out); *[linge]* to dry ◆ **faire** *ou* **laisser ~ du linge, mettre du linge à** ~ *(à l'intérieur)* to put *ou* hang washing up to dry; *(à l'extérieur)* to put *ou* hang washing out to dry ◆ **"faire sécher sans essorer"** "do not spin (dry)" ◆ **"faire sécher à plat"** "dry flat"

b *(= se déshydrater) [bois]* to dry out; *[fleur]* to dry up *ou* out ◆ **le caoutchouc a séché** the rubber has dried up *ou* gone dry ◆ **~ sur pied** *[plante]* to wither on the stalk ◆ **faire** ~ *[+ fleurs, fruits, viande]* to dry; *[+ bois]* to season ◆ **boue/fleur/viande séchée** dried mud/flower/meat

c *(arg Scol = rester sec)* to be stumped * ◆ **j'ai séché en chimie** I drew a (complete) blank *ou* I dried up * completely in chemistry

VPR **se sécher** to dry o.s. (off) ◆ **se ~ les cheveux/mains** to dry one's hair/hands ◆ **se ~ au soleil/avec une serviette** to dry o.s. in the sun/with a towel ◆ **se ~ devant le feu** to dry o.s. *ou* dry (o.s.) off in front of the fire

**sécheresse** /seʃʀɛs/ NF a *[de climat, sol, style, ton]* dryness; *[de réponse]* curtness; *[de cœur]* coldness, hardness ◆ **~ vaginale** vaginal dryness ◆ **~ cutanée/oculaire** dry skin/eyes, dryness of the skin/eyes ◆ **dire qch avec** ~ to say sth curtly b *(= absence de pluie)* drought ◆ **année/période de** ~ year/period of drought

**sécherie** /seʃʀi/ NF *(= machine)* drier, dryer, drying machine; *(= installations)* drying plant

**séchoir** /seʃwaʀ/ NM *(= local) (pour nourriture)* drying shed; *(pour linge)* drying room; *(= appareil)* dryer ◆ **~ à linge** *(pliant)* clothes-horse; *(rotatif)* tumble dryer; *(à cordes)* clothes airer ◆ **~ à chanvre/à tabac** hemp/tobacco drying shed ◆ **~ à cheveux** hair-dryer ◆ **~ à tambour** tumble-dryer

**second, e**[1] /s(ə)gɔ̃, ɔ̃d/ ADJ a *(chronologiquement)* second ◆ **la ~e fois** the second time ◆ **je vous le dis pour la ~e fois, vous n'aurez rien** I repeat, you'll get nothing ◆ **~ chapitre, chapitre** ~ chapter two; → **main, noce**

b *(hiérarchiquement)* second ◆ **intelligence/malhonnêteté à nulle autre ~e** unparalleled intelligence/dishonesty; → **couteau, marché, plan**[1]

c *(= autre, nouveau)* second ◆ **une ~e jeunesse** a second youth ◆ **dans une ~e vie** in a second life ◆ **cet écrivain est un ~ Hugo** this writer is a second Hugo ◆ **chez lui, c'est une ~e nature** with him it's second nature; → **état, habitude, souffle, vue**[2]

d *(= dérivé) [cause]* secondary

NM,F second ◆ **le ~ de ses fils** his second son ◆ **il a été reçu ~ (en physique)** he came *ou* was second (in physics) ◆ **sans** ~ *(littér)* second to none, peerless *(littér)* ◆ **~ (de cordée)** *(Alpinisme)* second (on the rope)

NM a *(= adjoint)* second in command; *(Naut)* first mate; *(en duel)* second

♦ **en second** ◆ **officier** *ou* **capitaine en** ~ first mate ◆ **passer en** ~ to be second ◆ **sa famille passe en** ~ his family comes second *ou* takes second place

b *(= étage)* second floor *(Brit)*, third floor *(US)* ◆ **la dame du** ~ the lady on the second floor *(Brit) ou* the third floor *(US)*

c *(dans une charade)* second ◆ **mon ~ est ...** my second is ...

NF **seconde** a *(Transport)* second class; *(billet)* second-class ticket ◆ **les ~es sont à l'avant** *(Rail)* the second-class seats *ou* carriages are at the front *ou* in front ◆ **voyager en ~e** to travel second-class

b *(Scol)* **(classe de) ~e** ≃ fifth form *(Brit) (in secondary school)*, tenth grade *(US) (in high school)*, sophomore year *(US) (in high school)*; → Lycée

c *(Aut)* second (gear) ◆ **être en/passer la** *ou* **en ~e** to be in/change into second (gear)

d *(Mus)* second

e *(Danse)* second (position)

f *(Escrime)* seconde; → aussi **seconde**[2]

**secondaire** /s(ə)gɔ̃dɛʀ/ ADJ *(gén, Chim, Scol)* secondary; *(Géol)* mesozoic, secondary † ◆ **c'est** ~ that's of secondary importance ◆ **caractères sexuels ~s** *(Psych)* secondary sexual characteristics ◆ **intrigue** ~ *(Littérat)* subplot ◆ **effets ~s** side effects ◆ **ligne** ~ *(Rail)* branch line; → **route, secteur** NM a *(Scol)* **le** ~ secondary (school) *(Brit) ou* high-school *(US)* education ◆ **les professeurs du** ~ secondary school *(Brit) ou* high-school *(US)* teachers b *(Écon)* **le** ~ the secondary sector c *(Géol)* **le** ~ the Mesozoic, the Secondary Era † d *(Élec = enroulement)* secondary (winding)

**secondairement** /s(ə)gɔ̃dɛʀmɑ̃/ ADV secondarily

**secondariser** /s(ə)gɔ̃daʀize/ ▸ conjug 1 ◂ VT *[+ études supérieures, université]* to lower standards in

**seconde**[2] /s(ə)gɔ̃d/ NF *(gén, Géom)* second ◆ **(attends) une ~ !** just a *ou* one second! *ou* sec! * ◆ **à la ~ où il la vit ...** the (very) moment he saw her ..., the second he saw her ... ◆ **avec elle, tout doit être fait à la** ~ with her, things have to be done instantly; → **fraction, quart**

**secondement** /s(ə)gɔ̃dmɑ̃/ ADV second(ly)

**seconder** /s(ə)gɔ̃de/ ▸ conjug 1 ◂ VT *(lit, fig)* to assist, to aid, to help ◆ **bien secondé par ...** ably assisted by ...

**secouer** /s(ə)kwe/ ▸ conjug 1 ◂ VT a *[+ arbre, salade]* to shake; *[+ miettes, poussière, oppression, paresse]* to shake off; *[+ tapis]* to shake (out) ◆ **~ le joug de** *[+ dictature, tyrannie]* to throw off *ou* cast off the yoke of ◆ **arrête de me ~ comme un prunier !** * stop shaking me! ◆ **~ la tête** *(pour dire oui)* to nod (one's head); *(pour dire non)* to shake one's head ◆ **l'explosion secoua l'hôtel** the explosion shook *ou* rocked the hotel ◆ **on est drôlement secoué** *(dans un autocar)* you really get shaken about; *(dans un bateau)* you really get tossed about ◆ **le vent secouait le petit bateau** the wind tossed the little boat about ◆ **la ville a été fortement secouée par le tremblement de terre** the town was rocked by the earthquake ◆ **le malade était secoué de spasmes/sanglots** spasms/great sobs shook the patient's body, the patient was racked with *ou* by spasms/great sobs ◆ **j'en ai rien à** ~ ‡ I don't give a damn ‡ *ou* toss ‡

b *(= traumatiser)* to shake ◆ **ce deuil l'a beaucoup secoué** this bereavement has really shaken him ◆ **t'es complètement secoué !** ‡ *(= fou)* you're completely mad!

c *(= ébranler)* to shake, to rock ◆ **cela a durement secoué le franc** this has severely shaken the franc ◆ **un gouvernement secoué par des affaires de corruption** a government rocked *ou* shaken by corruption scandals

d *(= bousculer)* to shake up ◆ **il ne travaille que lorsqu'on le secoue** he only works if you push him ◆ **il faut ~ la torpeur de notre pays** this country needs to be shaken from *ou* out of its torpor ◆ **~ les puces à qn** * *(= le réprimander)* to tell *ou* tick * *(Brit)* sb off, to give sb a telling-off *ou* a ticking-off * *(Brit)*; *(= le stimuler)* to give sb a good shake ◆ **secoue tes puces** * *ou* **ta graisse** ‡ *(= cesse de te morfondre)* snap out of it *; *(= fais vite)* get a move on * ◆ **~ le cocotier** * to get rid of the deadwood *

VPR **se secouer** *(lit)* to shake o.s.; *( * = faire un effort)* to make an effort; *( * = se dépêcher)* to get a move on *

**secourable** /s(ə)kuʀabl/ ADJ *[personne]* helpful; → **main**

**secourir** /s(ə)kuʀiʀ/ ▸ conjug 11 ◂ VT *[+ blessé, pauvre]* to help, to assist; *[+ alpiniste, skieur]* to rescue

**secourisme** /s(ə)kuʀism/ NM first aid ◆ **brevet de** ~ first-aid certificate ◆ **apprendre les gestes élémentaires de** ~ to learn basic first-aid skills

**secouriste** /s(ə)kuʀist/ NMF first-aid worker

**secours** /s(ə)kuʀ/ NM a (= *aide*) help, aid, assistance ◆ **appeler qn à son ~** to call to sb for help ◆ **demander du ~** to ask for help *ou* assistance ◆ **crier au ~** to shout *ou* call (out) for help ◆ **au ~ !** help! ◆ **aller au ~ de qn** to go to sb's aid *ou* assistance ◆ **porter ~ à qn** to give sb help *ou* assistance ◆ **le Secours catholique** *Catholic charity organization giving assistance to the poor* ◆ **le Secours populaire** *charity organization giving assistance to the poor*

b (= *vivres, argent*) aid (*NonC*) ◆ **distribuer/recevoir des ~** to distribute/receive aid ◆ **~ humanitaires** humanitarian aid *ou* assistance ◆ **société de ~ mutuel** (*Hist*) friendly (*Brit*) *ou* benefit (*US*) society

c (= *sauvetage*) aid (*NonC*), assistance (*NonC*) ◆ **~ aux blessés** aid *ou* assistance for the wounded ◆ **~ d'urgence** emergency aid *ou* assistance ◆ **le ~ en montagne/en mer** mountain/sea rescue ◆ **équipe de ~** rescue party *ou* team ◆ **quand les ~ arrivèrent** when help *ou* the rescue party arrived ◆ **porter ~ à un alpiniste** to rescue a mountaineer ◆ **les premiers ~ sont arrivés très rapidement** the emergency services were soon at the scene ◆ **apporter les premiers ~ à qn** to give first aid to sb; → **poste²**

d (*Mil*) relief (*NonC*) ◆ **la colonne de ~** the relief column ◆ **les ~ sont attendus** relief is expected

e (*Rel*) **mourir avec/sans les ~ de la religion** to die with/without the last rites

f (*loc*) **cela m'a été/ne m'a pas été d'un grand ~** this has been a *ou* of great help/of little help to me ◆ **éclairage de ~** emergency lighting ◆ **batterie de ~** spare battery; → **escalier, issue², poste², roue**

**secousse** /s(ə)kus/ NF a (= *cahot*) [*de train, voiture*] jolt, bump; [*d'avion*] bump ◆ **sans (une) ~** [*s'arrêter*] without a jolt, smoothly; [*transporter*] smoothly ◆ **avancer par ~s** to jolt along b (= *choc*) jerk, jolt; (= *traction*) tug, pull ◆ **~ (électrique)** (electric) shock ◆ **il a donné des ~s à la corde** he tugged the rope ◆ **~ (tellurique *ou* sismique)** (earth) tremor ◆ **il n'en fiche pas une ~** † * he never does a stroke of work c (= *bouleversement*) jolt, shock ◆ **~s politiques/monétaires** political/monetary upheavals

**secret, -ète** /səkʀɛ, ɛt/ ADJ a (= *confidentiel*) secret ◆ **garder *ou* tenir qch ~** to keep sth secret ◆ **dans un lieu tenu ~** in a secret location ◆ **des informations classées secrètes** classified information; → **agent, fonds, service**

b (= *caché*) [*tiroir, porte, pressentiment, vie*] secret ◆ **nos plus secrètes pensées** our most secret *ou* our innermost thoughts ◆ **avoir un charme ~** to have a hidden charm

c (= *renfermé*) [*personne*] secretive

NM a (= *cachotterie*) secret ◆ **c'est son ~** it's his secret ◆ **il a gardé le ~ de notre projet** he kept our plan secret ◆ **ne pas avoir de ~(s) pour qn** [*personne*] to have no secrets from sb, to keep nothing from sb; [*sujet*] to have *ou* hold no secrets for sb ◆ **l'informatique n'a plus de ~(s) pour elle** computing holds no secrets for her now ◆ **confier un ~ à qn** to confide a secret to sb ◆ **il n'en fait pas un ~** he makes no secret about *ou* of it ◆ **~s d'alcôve** intimate talk ◆ **un ~ d'État** a state *ou* official secret ◆ **faire un ~ d'État de qch** (*fig*) to make a big secret of sth, to act as if sth were a state secret ◆ **"secret(-)défense"** "official secret" ◆ **couvert par le ~(-)défense** ≃ covered by the Official Secrets Act ◆ **~ de Polichinelle** open secret ◆ **ce n'est un ~ pour personne que ...** it's no secret that ...

b (= *mécanisme, moyen*) secret ◆ **~ industriel/de fabrication** industrial/trade secret ◆ **le ~ du bonheur/de la réussite** the secret of happiness/of success ◆ **une sauce/un tour de passe-passe dont il a le ~** a sauce/a conjuring trick of which he (alone) has the secret ◆ **il a le ~ de ces plaisanteries stupides** he's got a knack for telling stupid jokes ◆ **tiroir à ~** drawer with a secret lock ◆ **cadenas à ~** combination lock

c (= *discrétion, silence*) secrecy ◆ **demander/exiger/promettre le ~ (absolu)** to ask for/demand/promise (absolute) secrecy ◆ **trahir le ~** to betray the oath of secrecy ◆ **le ~ professionnel/bancaire** professional/bank secrecy ◆ **le ~ médical** medical confidentiality ◆ **le ~ de la confession** the seal of the confessional ◆ **le gouvernement a gardé le ~ sur les négociations** the government has maintained silence *ou* remained silent about the negotiations; → **sceau**

d (= *mystère*) secret ◆ **les ~s de la nature** the secrets of nature, nature's secrets ◆ **pénétrer dans le ~ des cœurs** to penetrate the secrets of the heart ◆ **ce dossier n'a pas encore livré tous ses ~s** this file has not given up all its secrets yet

e (*loc*) **faire ~ de tout** to be secretive about everything

◆ **dans + secret** ◆ **dans le ~** in secret *ou* secrecy, secretly ◆ **négociations menées dans le plus grand ~** negotiations carried out in the strictest *ou* utmost secrecy ◆ **mettre qn dans le ~** to let sb into *ou* in on the secret, to let sb in on it * ◆ **être dans le ~** to be in on the secret, to be in on it * ◆ **je ne suis pas dans le ~ des dieux** I don't share the secrets of the powers that be

◆ **en secret** (= *sans témoins*) in secret *ou* secrecy, secretly; (= *intérieurement*) secretly, inwardly

◆ **au secret** (*Prison*) in solitary confinement, in solitary *

**secrétaire** /s(ə)kʀetɛʀ/ NMF secretary ◆ **~ médicale/commerciale/particulière/juridique** medical/business *ou* commercial/private/legal secretary ◆ **premier ~** (*Pol*) first secretary

NM (= *meuble*) writing desk, secretaire (*Brit*), secretary (*US*)

COMP ▷ **secrétaire d'ambassade** embassy secretary ▷ **secrétaire de direction** executive secretary, personal assistant ▷ **secrétaire d'État** ≃ junior minister (*à* for); (*US Pol = ministre des Affaires étrangères*) Secretary of State ◆ **le ~ d'État américain au Trésor** the American Treasury Secretary ▷ **secrétaire général** secretary-general, general secretary ◆ **le ~ général des Nations unies** the Secretary-General of the United Nations ▷ **secrétaire de mairie** ≃ town clerk (*in charge of records and legal business*) ▷ **secrétaire perpétuel** permanent secretary (*of one of the Académies françaises*) ▷ **secrétaire de production** (*Ciné*) production secretary ▷ **secrétaire de rédaction** sub-editor (*Brit*), copy editor (*US*)

**secrétariat** /s(ə)kʀetaʀja/ NM a (= *fonction officielle*) secretaryship, post *ou* office of secretary; (= *durée de fonction*) secretaryship, term (of office) as secretary ◆ **~ d'État** (= *fonction*) post of junior minister; (= *bureau*) ≃ junior minister's office ◆ **~ général des Nations Unies** United Nations Secretariat b (= *profession, travail*) secretarial work; (= *bureaux*) [*d'école*] (secretary's) office; [*d'usine, administration*] secretarial offices; [*d'organisation internationale*] secretariat; (= *personnel*) secretarial staff ◆ **école de ~** secretarial college ◆ **~ de rédaction** editorial office

**secrètement** /səkʀɛtmɑ̃/ ADV [*négocier, se rencontrer*] secretly, in secret; [*espérer*] secretly

**sécréter** /sekʀete/ ▸ conjug 6 ◂ VT (*Bot, Physiol*) to secrete; [+ *ennui*] to exude

**sécréteur, -euse** *ou* **-trice** /sekʀetœʀ, øz, tʀis/ ADJ secretory

**sécrétion** /sekʀesjɔ̃/ NF secretion

**sécrétoire** /sekʀetwaʀ/ ADJ secretory

**sectaire** /sɛktɛʀ/ ADJ, NMF sectarian

**sectarisme** /sɛktaʀism/ NM sectarianism

**secte** /sɛkt/ NF sect

**secteur** /sɛktœʀ/ NM a (*gén, Mil*) sector; (*Admin*) district; (= *zone, domaine*) area; (= *partie*) part; [*d'agent de police*] beat ◆ **~ postal** (*Mil*) postal area, ≃ BFPO area (*Brit*) ◆ **dans le ~ *** (= *ici*) round here; (= *là-bas*) round there ◆ **changer de ~ *** to move elsewhere ◆ **~ sauvegardé** (*Admin*) conservation area ◆ **~ géographique** (*de recrutement scolaire*) catchment area (*Brit*), school district (*US*)

b (*Élec*) (= *zone*) local supply area ◆ **le ~** (= *circuit*) the mains (supply) ◆ **panne de ~** local supply breakdown ◆ **fonctionne sur pile et ~** battery or mains operated

c (*Écon*) **~ (économique)** (economic) sector ◆ **~ agricole/bancaire/industriel/pétrolier** agricultural/banking/industrial/oil sector ◆ **~ public/semi-public/privé** public *ou* state/semi-public/private sector ◆ **le ~ nationalisé** nationalized industries ◆ **~ d'activité** branch of industry ◆ **~ primaire** primary sector ◆ **~ secondaire** manufacturing *ou* secondary sector ◆ **~ tertiaire** service industries, service *ou* tertiary sector

d (*Géom*) sector ◆ **~ angulaire** sector ◆ **~ circulaire** sector of circle ◆ **~ sphérique** spherical sector, sector of sphere

e (*Ordin*) sector

**section** /sɛksjɔ̃/ NF a (= *coupe*) (*gén*) section; [*de fil électrique*] gauge ◆ **fil de petite/grosse ~** thin-/heavy-gauge wire ◆ **prenons un tube de ~ double** let's use a tube which is twice the bore ◆ **dessiner la ~ d'un os/d'une tige** to draw the section of a bone/of a stem, to draw a bone/a stem in section ◆ **la ~ (de ce câble) est toute rouillée** the end (of this cable) is all rusted

b (*Scol*) ≃ course ◆ **il est en ~ littéraire/scientifique** he's doing a literature/science course

c (*Univ*) department

d (*Admin*) section, department; (*Pol*) branch ◆ **~ du Conseil d'État** department of the Council of State ◆ **~ (du) contentieux** legal section *ou* department ◆ **~ électorale** ward ◆ **~ syndicale** (trade) union group

e (= *partie*) [*d'ouvrage*] section; [*de route, rivière, voie ferrée*] section; (*en autobus*) fare stage; → **fin²**

f (*Mus*) section ◆ **~ mélodique/rythmique** melody/rhythm section

g (*Mil*) platoon

h (*Math*) section ◆ **~ conique/plane** conic/plane section

i (*Méd = ablation*) severing

**sectionnement** /sɛksjɔnmɑ̃/ NM a [*de tube, fil, artère*] severing b [*de circonscription, groupe*] division

**sectionner** /sɛksjɔne/ ▸ conjug 1 ◂ VT a [+ *tube, fil, artère, membre*] to sever b [+ *circonscription, groupe*] to divide (up), to split (up) (*en* into) VPR **se sectionner** a [*tube, fil, artère, membre*] to be severed b [*circonscription, groupe*] to divide *ou* split (up)

**sectoriel, -ielle** /sɛktɔʀjɛl/ ADJ sectional

**sectorisation** /sɛktɔʀizasjɔ̃/ NF division into sectors

**sectoriser** /sɛktɔʀize/ ▸ conjug 1 ◂ VT to divide into sectors, to sector

**Sécu** * /seky/ NF (abrév de **Sécurité sociale**) → **sécurité**

**séculaire** /sekylɛʀ/ ADJ **a** *(= très vieux) [pratiques, traditions, conflit, histoire, croyance]* age-old; *[arbre]* ancient **b** *(= qui a lieu tous les cent ans) [fête, jeux]* centennial ◆ **année ~** last year of the century **c** *(= centenaire)* **ces forêts/maisons sont quatre fois ~s** these forests/houses are four centuries old

**sécularisation** /sekylaʀizasjɔ̃/ NF secularization

**séculariser** /sekylaʀize/ ▸ conjug 1 ◂ VT to secularize

**séculier, -ière** /sekylje, jɛʀ/ ADJ *[clergé, autorité]* secular; → **bras** NM secular

**secundo** /sәgɔ̃do/ ADV second(ly), in the second place

**sécurisant, e** /sekyʀizɑ̃, ɑ̃t/ ADJ reassuring ◆ **telles quelles, les pistes cyclables sont peu ~es pour leurs utilisateurs** as they are at present, cycle paths do not make their users feel safe

**sécurisation** /sekyʀizasjɔ̃/ NF **a** *[de personne]* reassuring ◆ **des opérations de ~ de la population** measures to reassure the people *ou* to make the people feel more secure **b** *(Internet) [d'informations, paiement, transaction]* securing, making secure ◆ **outils de ~** security tools

**sécuriser** /sekyʀize/ ▸ conjug 1 ◂ VT **a** *(= rassurer)* **~ qn** to give (a feeling of) security to sb, to make sb feel secure ◆ **~ l'opinion** to reassure people ◆ **être/se sentir sécurisé par qn/qch** to be/feel reassured by sb/sth **b** *(= accroître la sécurité de) [+ informations, paiement, site, résidence, réseau]* to secure ◆ **~ les transports de fonds** to increase the security of transfers of funds ◆ **~ l'accès à qch** to make access to sth more secure ◆ **les Casques bleus ont sécurisé la zone** the Blue Berets improved security in the area

**Securit** ® /sekyʀit/ NM ◆ **verre ~** Triplex (glass) ®

**sécuritaire** /sekyʀitɛʀ/ ADJ *[politique]* law-and-order *(épith)*; *[idéologie]* that concentrates on law and order ◆ **mesures ~s** security measures ◆ **il rompt avec le discours ~ de son parti** he's distancing himself from his party's stance on law and order ◆ **il y a une dégradation de la situation ~ dans la région** law and order is breaking down in the region

**sécurité** /sekyʀite/ NF **a** *(= absence de danger)* safety; *(= conditions d'ordre, absence de troubles)* security ◆ **une fausse impression de ~** a false sense of security ◆ **cette retraite représentait pour lui une ~** this pension meant security for him ◆ **la ~ de l'emploi** security of employment, job security ◆ **la ~ matérielle** material security ◆ **assurer la ~ d'un personnage important/des ouvriers/des installations** to ensure the safety of an important person/of workers/of the equipment ◆ **l'État assure la ~ des citoyens** the state looks after the security *ou* safety of its citizens ◆ **la ~ nationale/internationale** national/international security ◆ **pacte/traité de ~ collective** collective security pact/treaty ◆ **mesures de ~** *(contre incendie)* safety measures *ou* precautions; *(contre attentat)* security measures ◆ **des mesures de ~ très strictes avaient été prises** very strict security precautions *ou* measures had been taken, security was very tight

◆ **en + sécurité** ◆ **être/se sentir en ~** to be/feel safe, to be/feel secure ◆ **mettre qch en ~** to put sth in a safe place ◆ **en toute ~** safely, in complete safety

**b** *(= mécanisme)* safety catch, safety *(US)* ◆ **mettre la ~** *[d'arme à feu]* to put on the safety catch *ou* the safety *(US)* ◆ **de ~** *[dispositif]* safety *(épith)* ◆ **(porte à) ~ enfants** *(Aut)* childproof lock, child lock ◆ **~ informatique** computer security ◆ **assurer la ~ d'un système** to ensure that a system is secure, to ensure system security; → **cran**

**c** *(= service)* security ◆ **la ~ militaire** military security

COMP ▷ **la sécurité civile** *emergency services dealing with natural disasters, bomb disposal etc* ▷ **la sécurité publique** law and order ◆ **agent de la ~ publique** officer of the law ▷ **la sécurité routière** road safety ▷ **la Sécurité sociale** *(pour la santé)* ≃ the National Health Service *(Brit)*, Medicaid *(US)*; *(pour vieillesse etc)* ≃ the Social Security, Medicare *(US)* ◆ **prestations de la Sécurité sociale** ≃ Social Security benefits

> **Sécurité sociale**
>
> The French public welfare system is financed by compulsory contributions paid directly from salaries and by employers. It covers essential health care, pensions and other basic benefits. In many cases, costs not covered by the **Sécurité sociale** may be met by a **mutuelle.** → MUTUELLE

**sédatif, -ive** /sedatif, iv/ ADJ sedative NM sedative ◆ **sous ~s** under sedation

**sédation** /sedasjɔ̃/ NF sedation

**sédentaire** /sedɑ̃tɛʀ/ ADJ *[personne, travail, vie]* sedentary; *[population]* settled, sedentary; *(Mil)* permanently garrisoned ◆ **personnel ~** office staff

**sédentarisation** /sedɑ̃taʀizasjɔ̃/ NF settling process

**sédentariser** /sedɑ̃taʀize/ ▸ conjug 1 ◂ VT to settle ◆ **population sédentarisée** settled population

**sédentarité** /sedɑ̃taʀite/ NF *[de population]* settled way of life; *[de travail]* sedentary nature

**sédiment** /sedimɑ̃/ NM *(Géol)* deposit, sediment; *(Méd)* sediment ◆ **~s marins** marine sediments

**sédimentaire** /sedimɑ̃tɛʀ/ ADJ sedimentary

**sédimentation** /sedimɑ̃tasjɔ̃/ NF sedimentation; → **vitesse**

**sédimenter** /sedimɑ̃te/ ▸ conjug 1 ◂ VI to deposit sediment

**séditieux, -ieuse** /sedisjø, jøz/ ADJ *(= en sédition) [général, troupes]* insurrectionary *(épith)*, insurgent *(épith)*; *(= agitateur) [esprit, propos, réunion]* seditious NM,F insurrectionary, insurgent

**sédition** /sedisjɔ̃/ NF insurrection, sedition ◆ **esprit de ~** spirit of sedition *ou* insurrection *ou* revolt

**séducteur, -trice** /sedyktœʀ, tʀis/ ADJ seductive NM *(= débaucheur)* seducer; *(péj = Don Juan)* womanizer *(péj)* NF **séductrice** seductress

**séduction** /sedyksjɔ̃/ NF **a** *(= charme)* charm; *(= action)* seduction ◆ **scène de ~** seduction scene ◆ **il y a toujours un jeu de ~ entre un homme et une femme** there is always an element of flirtation between a man and a woman ◆ **il a un grand pouvoir de ~** he has great charm ◆ **le pouvoir de ~ de l'argent** the lure *ou* seductive power of money ◆ **leur opération de ~ en direction du public/des électeurs** the charm offensive they aimed at the public/the voters ◆ **leurs tentatives de ~ pour se concilier l'ONU** their attempts to win over the UN

**b** *(= attrait) [style, projet, idéologie]* appeal ◆ **exercer une forte ~ sur qn** to have a great deal of appeal for sb ◆ **les ~s de la vie estudiantine** the attractions *ou* appeal of student life

**c** *(Jur) [de femme]* seduction; *[de mineur]* corruption

> ⚠ *Attention à ne pas traduire automatiquement* **séduction** *par le mot anglais* **seduction**, *qui désigne uniquement l'action de séduire.*

**séduire** /sedɥiʀ/ ▸ conjug 38 ◂ VT **a** *(par son physique, son charme)* to charm ◆ **qu'est-ce qui t'a séduit chez** *ou* **en elle ?** what attracted you to her? ◆ **elle sait ~** she knows how to use her charms

**b** *(= plaire) [style, qualité, projet]* to appeal to ◆ **une des qualités qui me séduisent le plus** one of the qualities which most appeal to me *ou* which I find most appealing ◆ **ils ont essayé de nous ~ avec ces propositions** they tried to win us over *ou* to tempt us with these proposals ◆ **cette idée va-t-elle les ~ ?** is this idea going to tempt them? *ou* appeal to them? ◆ **leur projet/style de vie me séduit mais ...** their plan/lifestyle does appeal to me *ou* does have some appeal for me but ... ◆ **essayez cette crème, vous serez séduite** try this cream, you'll love it ◆ **séduit par les apparences** *(= tromper)* taken in by appearances

**c** *(† : sexuellement)* to seduce

**séduisant, e** /sedɥizɑ̃, ɑ̃t/ ADJ **a** *[personne, visage]* attractive; *[beauté]* seductive **b** *[genre de vie, projet, style, tenue, endroit]* appealing, attractive; *[solution, théorie, produit]* attractive

> ⚠ *L'adjectif* **séduisant** *ne se traduit pas par* **seducing**.

**sedum** /sedɔm/ NM sedum

**séfarade** /sefaʀad/ ADJ Sephardic NMF Sephardi

**segment** /sɛgmɑ̃/ NM *(gén)* segment ◆ **~ de frein** brake shoe ◆ **~ de piston** piston ring ◆ **~ de programme** *(Ordin)* segment ◆ **~ de marché** market segment, segment of the market

**segmental, e** (mpl **-aux**) /sɛgmɑ̃tal, o/ ADJ *(Ling)* segmental

**segmentation** /sɛgmɑ̃tasjɔ̃/ NF *(gén)* segmentation

**segmenter** /sɛgmɑ̃te/ ▸ conjug 1 ◂ VT to segment VPR **se segmenter** to segment, to form *ou* break into segments ◆ **dans un marché de plus en plus segmenté** on an increasingly fragmented market

**ségrégatif, -ive** /segʀegatif, iv/ ADJ segregative

**ségrégation** /segʀegasjɔ̃/ NF segregation ◆ **~ raciale** racial segregation

**ségrégationnisme** /segʀegasjɔnism/ NM racial segregation, segregationism

**ségrégationniste** /segʀegasjɔnist/ ADJ *[manifestant]* segregationist; *[problème]* of segregation; *[troubles]* due to segregation NMF segregationist

**ségréger** /segʀeʒe/ ▸ conjug 3 ou 6 ◂, **ségréguer** /segʀege/ ▸ conjug 6 ◂ VT to segregate ◆ **une nation de plus en plus ségréguée** a nation that has become increasingly segregated

**seiche** /sɛʃ/ NF *(Zool)* cuttlefish; → **os**

**séide** /seid/ NM (fanatically devoted) henchman

**seigle** /sɛgl/ NM rye; → **pain**

**seigneur** /sɛɲœʀ/ NM a (*Hist = suzerain, noble*) lord; (*fig = maître*) overlord ◆ **mon ~ et maître** (*hum*) my lord and master ◆ **grand ~** great *ou* powerful lord ◆ **se montrer grand ~ avec qn** to behave in a lordly fashion towards sb ◆ **faire le grand ~** to play *ou* act the grand *ou* fine gentleman ◆ **faire le grand ~ avec qn** to lord it over sb ◆ **à tout ~ tout honneur** (*Prov*) honour to whom honour is due (*Prov*) b (*Rel*) **le Seigneur** the Lord ◆ **Notre-Seigneur Jésus-Christ** Our Lord Jesus Christ ◆ **Seigneur Dieu !** good Lord!; → **jour, vigne**

**seigneurial, e** (mpl **-iaux**) /sɛɲœʀjal, jo/ ADJ [*château, domaine*] seigniorial; [*allure, luxe*] lordly, stately

**seigneurie** /sɛɲœʀi/ NF a ◆ **Votre/Sa Seigneurie** your/his Lordship b (*= terre*) (lord's) domain, seigniory; (*= droits féodaux*) seigniory

**sein** /sɛ̃/ NM a (*= mamelle*) breast ◆ **donner le ~ à un bébé** (*= méthode*) to breast-feed a baby, to suckle *ou* nurse a baby; (*= être en train d'allaiter*) to feed a baby (at the breast), to suckle *ou* nurse a baby; (*= présenter le sein*) to give a baby the breast ◆ **prendre le ~** to take the breast ◆ **elle était ~s nus** she was topless ◆ **ça me ferait mal aux ~s*** (*= me déplairait*) that would really get (to) me*; → **faux², nourrir**

b (*loc*)

◆ **au sein de** (*= parmi, dans*) in, within ◆ **ils sont pour la libre concurrence au ~ de l'Union européenne** they are in favour of free competition within the European Union ◆ **il a fait toute sa carrière au ~ du parti/de l'armée** he has spent his entire career in the party/in the army ◆ **sa présence au ~ de l'équipe** his presence in *ou* on the team

c (*littér*) (*= poitrine*) breast (*littér*), bosom (*littér*); (*= matrice*) womb; (*= giron, milieu*) bosom ◆ **serrer qn/qch contre son ~** to clasp sb/sth to one's bosom ◆ **porter un enfant dans son ~** to carry a child in one's womb ◆ **le ~ de Dieu** the bosom of the Father ◆ **dans le ~ de l'église** in the bosom of the church; → **réchauffer**

**Seine** /sɛn/ NF ◆ **la ~** the Seine

**seine** /sɛn/ NF (*= filet*) seine

**seing** /sɛ̃/ NM †† signature ◆ **acte sous ~ privé** (*Jur*) private agreement (*document not legally certified*)

**séisme** /seism/ NM a (*Géog*) earthquake, seism (*SPÉC*) b (*= bouleversement*) upheaval ◆ **cela a provoqué un véritable ~ dans le gouvernement** this caused a major upheaval in the government

**séismique** /seismik/ ADJ ⇒ **sismique**

**séismographe** /seismɔgʀaf/ NM ⇒ **sismographe**

**séismologie** /seismɔlɔʒi/ NF ⇒ **sismologie**

**seize** /sɛz/ ADJ INV, NM INV sixteen ◆ **film tourné en ~ millimètres** film shot in sixteen millimetres; *pour loc voir* **six**

**seizième** /sɛzjɛm/ ADJ, NMF sixteenth ◆ **~s de finale** (*Sport*) first round (*of 5-round knockout competition*) ◆ **le ~ (arrondissement)** the sixteenth arrondissement (*wealthy area in Paris*) ◆ **être très ~** to be typical of the sixteenth arrondissement; *pour loc voir* **sixième**

**seizièmement** /sɛzjɛmmɑ̃/ ADV in the sixteenth place, sixteenth

**séjour** /seʒuʀ/ NM a (*= visite*) stay ◆ **faire un ~ de trois semaines à Paris** to stay (for) three weeks in Paris, to have a three-week stay in Paris ◆ **faire un ~ à l'étranger** to spend time abroad ◆ **j'ai fait plusieurs ~s en Australie** I've been to Australia several times ◆ **c'est mon deuxième ~ aux États-Unis** it's my second stay in *ou* trip to the United States, it's the second time I've been to the United States ◆ **il a fait trois ~s en prison** he has been in prison three times before, he has had three spells in prison ◆ **elle a fait plusieurs ~s à l'hôpital** she has had several stays *ou* spells in hospital ◆ **~ officiel** (*Pol*) official visit ◆ **le ministre était en ~ privé en France** the minister was on a private holiday (*Brit*) *ou* on vacation (*US*) in France ◆ **il a fait un ~ linguistique en Irlande** he went to Ireland on a language course; → **interdit¹, permis, taxe**

b (*= salon*) living room, lounge (*Brit*) ◆ **~ double** living-cum-dining room (*Brit*), living room-dining room (*US*); → **salle**

c (*littér*) (*= endroit*) abode (*littér*), dwelling place (*littér*); (*= demeure temporaire*) sojourn (*littér*) ◆ **le ~ des dieux** the abode *ou* dwelling place of the gods

**séjourner** /seʒuʀne/ ► conjug 1 ◄ VI [*personne*] to stay; [*eau, neige*] to lie ◆ **~ chez qn** to stay with sb

**sel** /sɛl/ NM a (*gén, Chim*) salt ◆ **sans ~** [*biscottes, pain, régime*] salt-free (*épith*) ◆ **je mange sans ~** I don't put salt on my food; → **gros, poivre** b (*= humour*) wit; (*= piquant*) spice ◆ **la remarque ne manque pas de ~** it's quite a witty remark ◆ **c'est ce qui fait tout le ~ de l'aventure** that's what gives the adventure its spice ◆ **ils sont le ~ de la terre** (*littér*) they are the salt of the earth; → **grain** NMPL **sels** (*à respirer*) smelling salts COMP ▷ **sel d'Angleterre** ⇒ **sel d'Epsom** ▷ **sel attique** Attic salt *ou* wit ▷ **sels de bain** bath salts ▷ **sels biliaires** bile salts ▷ **sel de céleri** celery salt ▷ **sel de cuisine** cooking salt ▷ **sel d'Epsom** Epsom salts ▷ **sel fin** ⇒ **sel de table** ▷ **sel gemme** rock salt ▷ **sel de Guérande** sea salt from Guérande ▷ **sel marin** *ou* **de mer** sea salt ▷ **sels minéraux** mineral salts ▷ **sel de table** table salt

**sélacien, -ienne** /selasjɛ̃, jɛn/ ADJ, NM selachian

**select*** /selɛkt/ ADJ INV, **sélect, e*** /selɛkt/ ADJ [*personne*] posh*, high-class; [*clientèle, club, endroit*] select, posh*

**sélecteur** /selɛktœʀ/ NM [*d'ordinateur, télévision, central téléphonique*] selector; [*de motocyclette*] gear lever ADJ M ◆ **comité ~** selection committee

**sélectif, -ive** /selɛktif, iv/ ADJ selective; → **tri**

**sélection** /selɛksjɔ̃/ NF a (*= action*) selection ◆ **~ naturelle** (*Bio*) natural selection ◆ **il y a une ~ (à l'entrée)** (*Scol, Univ*) admission is by selective entry ◆ **faire** *ou* **opérer** *ou* **effectuer une ~ parmi** to make a selection from among

b (*= choix, gamme*) [*d'articles, produits, œuvres*] selection

c (*Sport*) (*= choix*) selection; (*= équipe*) (*gén*) team; (*Ftbl, Rugby etc*) line-up ◆ **la ~ française au festival de Cannes** the French films selected to be shown at the Cannes film festival ◆ **comité de ~** selection committee ◆ **il a plus de 20 ~s à son actif en équipe nationale** he's been selected over 20 times for the national team, he's been capped more than 20 times (*Brit*), he has more than 20 caps to his credit (*Brit*) ◆ **match de ~** trial match ◆ **épreuves de ~** (selection) trials, heats

**sélectionné, e** /selɛksjɔne/ (ptp de **sélectionner**) ADJ (*= soigneusement choisi*) specially selected, choice (*épith*) NM,F (*Ftbl etc*) selected player; (*Athlétisme*) selected competitor ◆ **les ~s** (*Ftbl, Rugby*) the line-up ◆ **figurer parmi les ~s** to be in the line-up

**sélectionner** /selɛksjɔne/ ► conjug 1 ◄ VT to select (*parmi* from (among)); ◆ **un film sélectionné à Cannes** a film selected at the Cannes film festival ◆ **il a été sélectionné trois fois en équipe nationale** he has been selected three times for the national team

**sélectionneur, -euse** /selɛksjɔnœʀ, øz/ NM,F (*Sport*) selector

**sélectivement** /selɛktivmɑ̃/ ADV selectively ◆ **les lésions cérébrales altèrent ~ la mémoire** brain lesions affect only certain parts of the memory

**sélectivité** /selɛktivite/ NF (*Radio*) selectivity

**sélénite** /selenit/ ADJ moon (*épith*)

**sélénium** /selenjɔm/ NM selenium

**self** /sɛlf/ NM (* *= restaurant*) self-service restaurant, cafeteria NF (*Élec*) (*= propriété*) self-induction; (*= bobine*) self-induction coil

**self-control** /sɛlfkɔ̃tʀol/ NM self-control

**self-inductance** /sɛlfɛ̃dyktɑ̃s/ NF self-inductance

**self-induction** /sɛlfɛ̃dyksjɔ̃/ NF self-induction

**self-made-man** /sɛlfmɛdman/ (pl **self-made-men** /sɛlfmɛdmɛn/) NM self-made man

**self-service** (pl **self-services**) /sɛlfsɛʀvis/ NM self-service; (*= restaurant*) self-service restaurant, cafeteria; (*= station-service*) self-service petrol (*Brit*) *ou* gas (*US*) station

**selle** /sɛl/ NF a (*Cyclisme, Équitation*) saddle ◆ **monter sans ~** to ride bareback ◆ **se mettre en ~** to mount, to get into the saddle ◆ **mettre qn en ~** (*lit*) to put sb in the saddle; (*fig*) to give sb a boost *ou* a leg-up ◆ **se remettre en ~** (*lit*) to remount, to get back into the saddle; (*fig*) to get back in the saddle ◆ **être bien en ~** (*lit, fig*) to be firmly in the saddle; → **cheval** b (*Boucherie*) saddle c (*Art*) [*de sculpteur*] turntable d ◆ **êtes-vous allé à la ~ aujourd'hui?** have your bowels moved today? NFPL **selles** (*Méd*) stools, motions

**seller** /sele/ ► conjug 1 ◄ VT to saddle

**sellerie** /sɛlʀi/ NF (*= articles, métier, selles*) saddlery; (*= lieu de rangement*) tack room, harness room, saddle room

**sellette** /sɛlɛt/ NF a (*pour sculpteur*) turntable; (*pour statue, pot de fleur*) stand b (*Constr*) cradle c (*loc*) ◆ **être/mettre qn sur la ~** to be/put sb in the hot seat

**sellier** /selje/ NM saddler

**selon** /s(ə)lɔ̃/ GRAMMAIRE ACTIVE 33.2, 53.3, 53.5 PRÉP

a (*= conformément à*) in accordance with ◆ **agir ~ sa conscience** to follow the dictates of one's conscience, to act according to one's conscience ◆ **~ la volonté de qn** in accordance with sb's wishes ◆ **~ la formule** *ou* **l'expression consacrée** as the saying goes

b (*= en proportion de, en fonction de*) according to ◆ **vivre ~ ses moyens** to live within one's means ◆ **donner ~ ses moyens** to give according to one's means ◆ **le nombre varie ~ la saison** the number varies (along) with *ou* according to the season ◆ **c'est ~ le cas/les circonstances** it all depends on the individual case/on the circumstances ◆ **c'est ~*** it (all) depends ◆ **il acceptera ou n'acceptera pas, ~ son humeur** he may or may not accept, depending on *ou* according to his mood *ou* how he feels

c (*= suivant l'opinion de*) according to ◆ **~ lui** according to him ◆ **~ ses propres termes** in his own words ◆ **~ moi, c'est une mauvaise idée** in my opinion, it's a bad idea ◆ **qui l'a cassé ? – ~ toi ?** who broke it? – who do you think?

**Seltz** /sɛls/ NF → **eau**

**semailles** /s(ə)mɑj/ NFPL *(= action)* sowing *(NonC)*; *(= période)* sowing period; *(= graine)* seed, seeds

**semaine** /s(ə)mɛn/ NF **a** *(gén)* week ◆ **la première ~ de mai** the first week in *ou* of May ◆ **en ~** during the week, on weekdays ◆ **louer à la ~** to let by the week ◆ **dans 2 ~s à partir d'aujourd'hui** 2 weeks *ou* a fortnight *(Brit)* (from) today ◆ **la ~ de 35 heures** the 35-hour (working) week ◆ **à la ~ prochaine !** I'll see you (*ou* talk to you) next week!; → **courant, fin²**

**b** *(= salaire)* week's wages *ou* pay, weekly wage *ou* pay; *(= argent de poche)* week's *ou* weekly pocket money

**c** *(Publicité)* week ◆ **~ publicitaire/commerciale** publicity/business week ◆ **la ~ du livre/du bricolage** book/do-it-yourself week ◆ **la ~ contre la faim** feed the hungry week ◆ **la ~ contre le SIDA** AIDS week ◆ **c'est sa ~ de bonté !** * *(hum)* it must be charity week! * *(hum)*

**d** *(Bijouterie) (= bracelet)* (seven-band) bracelet; *(= bague)* (seven-band) ring

**e** *(loc)* **il te le rendra la ~ des quatre jeudis** he'll never give it back to you in a month of Sundays ◆ **faire la ~ anglaise** to work *ou* do a five-day week; *(Mil)* ◆ **être de ~** to be on duty *(for the week)* ◆ **officier de ~** officer on duty *(for the week)*, officer of the week ◆ **gestion à la petite ~** short-sighted management ◆ **trafiquants à la petite ~** small-time dealers

**semainier, -ière** /s(ə)menje, jɛʀ/ NM,F *(= personne)* person on duty *(for the week)* NM *(= agenda)* desk diary; *(= meuble)* chest of (seven) drawers, semainier; *(= bracelet)* (seven-band) bracelet

**sémanticien, -ienne** /semɑ̃tisjɛ̃, jɛn/ NM,F semantician, semanticist

**sémantique** /semɑ̃tik/ ADJ semantic NF semantics *(sg)*

**sémaphore** /semafɔʀ/ NM *(Naut)* semaphore; *(Rail)* semaphore signal

**semblable** /sɑ̃blabl/ ADJ **a** *(= similaire)* similar ◆ **~ à** like, similar to ◆ **dans un cas ~** in a case like this, in such a case ◆ **je ne connais rien de ~** I've never come across anything like it ◆ **une maison ~ à tant d'autres** a house like any other, a house like so many others *ou* similar to so many others ◆ **il a prononcé un discours très ~ à celui de l'année dernière** he delivered a speech very much like *ou* very much in the same vein as last year's ◆ **en cette circonstance, il a été ~ à lui-même** on this occasion he behaved true to form *ou* as usual ◆ **elle était là, ~ à elle-même** she was there, the same as ever

**b** *(avant n = tel)* such ◆ **de ~s calomnies sont inacceptables** such calumnies *ou* calumnies of this kind are unacceptable

**c** *(= qui se ressemblent)* **~s** alike ◆ **les deux frères étaient ~s (en tout)** the two brothers were alike (in every way); → **triangle**

NMF fellow creature ◆ **aimer son ~** to love one's fellow creatures *ou* fellow men ◆ **toi et tes ~s** *(péj)* you and your kind *(péj)*, you and people like you *(péj)* ◆ **il n'a pas son ~** there's no-one like him

**semblablement** /sɑ̃blabləmɑ̃/ ADV similarly, likewise

**semblant** /sɑ̃blɑ̃/ NM *(= apparence)* ◆ **un ~ de calme/bonheur/vie/vérité** a semblance of calm/happiness/life/truth ◆ **un ~ de réponse** some vague attempt at a reply ◆ **un ~ de soleil** a glimmer of sun ◆ **un ~ de sourire** the shadow *ou* ghost of a smile ◆ **nous avons un ~ de jardin** we've got a garden of sorts ◆ **pour redonner un ~ de cohérence à leur politique** to make their policy look more consistent

◆ **faire semblant** ◆ **il fait ~** he's pretending ◆ **faire ~ de dormir/lire** to pretend to be asleep/to be reading ◆ **il a fait ~ de ne pas me voir** he pretended not to see me, he acted as if he didn't see me ◆ **il fait ~ de rien *, mais il entend tout** he's pretending to take no notice but he can hear everything

**sembler** /sɑ̃ble/ GRAMMAIRE ACTIVE 33.2, 53.4, 53.5 ► conjug 1 ◄

VB IMPERS **a** *(= paraître)* **il semble bon/inutile de ...** it seems a good idea/useless to ... ◆ **il semblerait qu'il ne soit pas venu** it would seem *ou* appear that he didn't come, it looks as though *ou* as if he didn't come

**b** *(= estimer)* **il peut te ~ démodé de ...** it may seem *ou* appear old-fashioned to you to ... ◆ **c'était lundi, il me semble** I think it was on Monday ◆ **il me semble que ...** it seems *ou* appears to me that ... ◆ **il me semble que oui/que non** I think so/I don't think so ◆ **il me semble que tu n'as pas le droit de ...** it seems *ou* appears to me that you don't have the right to ... ◆ **comme bon me/te semble** as I/you see fit, as I/you think best *ou* fit ◆ **ils se marieront quand bon leur semblera** they will get married when they see fit ◆ **prenez qui/ce que bon vous semble** take who/what you please *ou* wish

**c** *(= croire)* **il me semble que** I think (that) ◆ **il me semblait bien que je l'avais posé là** I really thought *ou* did think I had put it down here ◆ **il me semble revoir mon grand-père** it's as though I were seeing *ou* it's like seeing my grandfather again ◆ **il me semble vous l'avoir déjà dit** I think *ou* I have a feeling I've already told you

**d** *(loc)* **je vous connais, ce me semble** † methinks I know you †, it seems to me that I know you ◆ **je suis déjà venu ici, me semble-t-il** it seems to me (that) I've been here before, I seem to have been here before ◆ **il a, semble-t-il, essayé de me contacter** apparently he tried to contact me ◆ **à ce qu'il me semble, notre organisation est mauvaise** to my mind *ou* it seems to me (that) our organization is bad, our organization seems bad to me ◆ **que vous en semble ?** *(frm, hum)* what do you think (of it)?

VI to seem ◆ **la maison lui sembla magnifique** the house seemed magnificent to him ◆ **il semblait content/nerveux** he seemed (to be) *ou* appeared *ou* looked happy/nervous ◆ **elle me semble bien fatiguée** she seems *ou* looks very tired to me ◆ **vous me semblez bien pessimiste !** you do sound *ou* seem very pessimistic! ◆ **il ne semblait pas convaincu** he didn't seem (to be) convinced, he didn't look *ou* sound convinced ◆ **les frontières de la science semblent reculer** the frontiers of science seem *ou* appear to be retreating ◆ **tout semble indiquer que leur départ fut précipité** all the signs are that they left in a hurry ◆ **mes arguments ne semblent pas l'avoir convaincu** apparently he has not been convinced by my arguments

**semé, e** /s(ə)me/ (ptp de **semer**) ADJ ◆ **questions ~es de pièges** questions full of pitfalls ◆ **la route de la démocratie est ~e d'embûches/n'est pas ~e de roses** the road to democracy is fraught with difficulties/is not easy ◆ **mer ~e d'écueils** sea scattered *ou* dotted with reefs ◆ **robe ~e de pierreries** dress studded with gems ◆ **récit ~ d'anecdotes** story interspersed *ou* sprinkled with anecdotes ◆ **tissu ~ de fleurs** flowery material ◆ **gazon ~ de fleurs** lawn dotted with flowers ◆ **campagne ~e d'arbres** countryside dotted with trees ◆ **la vie est ~e de joies et de peines** life is full of joys and sorrows

**sème** /sɛm/ NM seme

**semelle** /s(ə)mɛl/ NF **a** *[de chaussure]* sole ◆ **~s (intérieures)** insoles ◆ **~s compensées** platform soles ◆ **chaussures à ~s compensées** platform shoes ◆ **~s de plomb** lead boots ◆ **j'avais des ~s de plomb** *(fig)* my feet felt like lead weights ◆ **il va à l'école avec des ~s de plomb** he drags himself to school as if his feet were made of lead ◆ **c'est de la vraie ~ *** *[viande]* it's as tough as old boots * *(Brit)* *ou* shoe leather *(US)*, it's like leather; → **battre, crêpe²**

**b** *(loc)* **il n'a pas avancé/reculé d'une ~** he hasn't moved forward/moved back (so much as) a single inch *ou* an inch ◆ **il ne m'a pas quitté** *ou* **lâché d'une ~** he didn't leave me for a single second, he stuck to me like a leech ◆ **ne le lâche pas d'une ~ !** don't let him out of your sight!

**c** *(Tech) [de rail]* base plate pad; *[de machine]* bedplate; *[de fer à repasser]* sole plate; *[de ski]* running surface

**semence** /s(ə)mɑ̃s/ NF **a** *(Agr, fig)* seed ◆ **blé/pommes de terre de ~** seed corn/potatoes **b** *(= sperme)* semen, seed *(littér)* **c** *(= clou)* tack **d** *(Bijouterie)* ◆ **~ de diamants** diamond sparks ◆ **~ de perles** seed pearls

**semer** /s(ə)me/ ► conjug 5 ◄ VT **a** *(= répandre) [+ discorde, graines]* to sow; *[+ confusion, terreur]* to spread; *[+ clous, confettis]* to scatter; *[+ faux bruits]* to spread, to disseminate *(frm)* ◆ **~ la panique** to spread panic ◆ **ils ont semé la mort dans la région** they brought death and destruction to the region ◆ **~ le doute dans l'esprit de qn** to sow doubts in sb's mind ◆ **~ ses propos de citations** to intersperse *ou* sprinkle one's remarks with quotations ◆ **qui sème le vent récolte la tempête** *(Prov)* he who sows the wind shall reap the whirlwind *(Prov)* **b** (* *= perdre) [+ mouchoir]* to lose; *[+ poursuivant]* to lose, to shake off

**semestre** /s(ə)mɛstʀ/ NM **a** *(= période)* half-year, six-month period ◆ **tous les ~s** every six months, twice yearly *ou* a year ◆ **taxe payée par ~** tax paid half-yearly ◆ **pendant le premier/second ~ (de l'année)** during the first/second half of the year, during the first/second six-month period (of the year) **b** *(Univ)* semester **c** *(= loyer)* half-yearly *ou* six months' rent ◆ **je vous dois un ~** I owe you six months' *ou* half a year's rent **d** *[rente, pension]* half-yearly payment

**semestriel, -ielle** /s(ə)mɛstʀijɛl/ ADJ **a** *[assemblée]* six-monthly; *[revue, bulletin]* biannual; *[résultats]* half-yearly **b** *(Univ) [examen]* end-of-semester *(épith)*; *[cours]* one-semester *(épith)* **c** *[rente, pension]* half-yearly

**semestriellement** /s(ə)mɛstʀijɛlmɑ̃/ ADV *(gén)* half-yearly; *(Univ)* every *ou* each semester ◆ **les montants sont fixés ~** the amounts are set every six months

**semeur, -euse** /s(ə)mœʀ, øz/ NM,F sower ◆ **~ de trouble(s)** troublemaker ◆ **~ de discorde** sower of discord ◆ **ces ~s de mort** these merchants of death ◆ **la Semeuse** *figure of a woman sowing seeds that appears on some French coins*

**semi-** /səmi/ PRÉF *(dans les mots composés à trait d'union, le préfixe reste invariable au pluriel)* semi- ◆ **~autonome/-professionnel** semi-autonomous/-professional

**semi-aride** /səmiaʀid/ ADJ semiarid

**semi-automatique** /səmiɔtɔmatik/ ADJ semiautomatic

**semi-auxiliaire** /səmioksiljɛʀ/ ADJ semiauxiliary NM semiauxiliary verb

**semi-chenillé, e** /səmiʃ(ə)nije/ ADJ half-tracked NM half-track

**semi-circulaire** /səmisiʀkylɛʀ/ ADJ semicircular

**semi-conducteur, -trice** /səmikɔ̃dyktœʀ, tʀis/ ADJ *[propriétés, cristaux]* semiconducting NM semiconductor

**semi-conserve** /səmikɔ̃sɛʀv/ NF semi-preserve

**semi-consonne** /səmikɔ̃sɔn/ NF semiconsonant

**semi-fini, e** /səmifini/ ADJ semi-finished ◆ **produits ~s** semi-finished goods *ou* products

**semi-liberté** /səmilibɛʀte/ NF *[de prisonnier]* ≈ partial release ◆ **les animaux vivent en ~** the animals live in relative liberty

**sémillant, e** /semijɑ̃, ɑ̃t/ ADJ *(= alerte, vif) [personne]* vivacious, spirited; *[allure, esprit]* vivacious; *(= fringant)* dashing *(épith)*

**séminaire** /seminɛʀ/ NM *(Rel)* seminary; *(Univ)* seminar ◆ **grand ~** *(Rel)* (theological) seminary ◆ **petit ~** Catholic secondary school

**séminal, e** (mpl **-aux**) /seminal, o/ ADJ *(Bio)* seminal

**séminariste** /seminaʀist/ NM seminarian, seminarist

**séminifère** /seminifɛʀ/ ADJ seminiferous

**semi-nomade** /səminɔmad/ ADJ seminomadic NMF seminomad

**semi-nomadisme** /səminɔmadism/ NM seminomadism

**semi-officiel, -elle** /səmiɔfisjɛl/ ADJ semi-official

**sémiologie** /semjɔlɔʒi/ NF *(Ling, Méd)* semiology

**sémiologique** /semjɔlɔʒik/ ADJ semiological

**sémiologue** /semjɔlɔg/ NMF semiologist

**sémioticien, -ienne** /semjɔtisjɛ̃, jɛn/ NM,F semiotician

**sémiotique** /semjɔtik/ ADJ semiotic NF semiotics *(sg)*

**semi-ouvré, e** /səmiuvʀe/ ADJ semifinished

**semi-perméable** /səmipɛʀmeabl/ ADJ semipermeable

**semi-précieux, -ieuse** /səmipʀesjø, jøz/ ADJ *[pierre]* semiprecious

**semi-produit** /səmipʀɔdɥi/ NM semifinished product

**semi-public, -ique** /səmipyblik/ ADJ semi-public

**sémique** /semik/ ADJ semic ◆ **acte ~** semic *ou* meaningful act

**Sémiramis** /semiʀamis/ NF Semiramis

**semi-remorque** /səmiʀ(ə)mɔʀk/ NM *(= camion)* articulated lorry *(Brit)*, artic* *(Brit)*, trailer truck *(US)* NF *(= remorque)* trailer *(Brit)*, semitrailer *(US)*

**semis** /s(ə)mi/ NM *(= plante)* seedling; *(= opération)* sowing; *(= terrain)* seedbed, seed plot; *(= motif)* pattern, motif

**sémite** /semit/ ADJ Semitic NMF **Sémite** Semite

**sémitique** /semitik/ ADJ Semitic

**sémitisme** /semitism/ NM Semitism

**semi-voyelle** /səmivwajɛl/ NF semivowel

**semoir** /səmwaʀ/ NM a *(= machine)* sower, seeder ◆ **~ à engrais** muckspreader, manure spreader b *(= sac)* seed-bag, seed-lip

**semonce** /səmɔ̃s/ NF reprimand ◆ **coup de ~** *(Naut)* warning shot across the bows; *(fig)* warning ◆ **un coup de ~ pour le gouvernement** *(Pol)* a warning shot across the government's bows

**semoule** /s(ə)mul/ NF ◆ **~ (de blé dur)** *(gén)* semolina; *(pour couscous)* couscous ◆ **~ de maïs** corn meal; → **gâteau, sucre**

**sempiternel, -elle** /sɑ̃pitɛʀnɛl/ ADJ *[plaintes, reproches]* eternal *(épith)*, never-ending

**sempiternellement** /sɑ̃pitɛʀnɛlmɑ̃/ ADV eternally

**sénat** /sena/ NM *(gén, Hist)* senate ◆ **le Sénat** *(Pol)* the Senate ◆ **le Sénat américain** the American Senate; → SÉNAT

> **Sénat**
>
> The **Sénat**, the upper house of the French parliament, sits at the Palais du Luxembourg in Paris. One third of its members, known as « sénateurs », are elected for a nine-year term every three years by an electoral college consisting of « députés » and other electoral representatives. The **Sénat** has a wide range of powers but is overruled by the « Assemblée nationale » in cases of disagreement. → ASSEMBLÉE NATIONALE, DÉPUTÉ, ÉLECTIONS

**sénateur, -trice** /senatœʀ, tʀis/ NM,F senator; → **train**

**sénatorial, e** (mpl **-iaux**) /senatɔʀjal, jo/ ADJ *[commission]* senatorial; *[mission, rapport]* Senate *(épith)* ◆ **la majorité ~e** the majority in the Senate NFPL ◆ **les (élections) ~es** *(gén)* the senatorial elections; *(aux USA)* the Senate elections; → ÉLECTIONS

**sénatus-consulte** (pl **sénatus-consultes**) /senatyskɔ̃sylt/ NM *(Antiq, Hist)* senatus consultum

**séné** /sene/ NM senna

**sénéchal** (pl **-aux**) /seneʃal, o/ NM *(Hist)* seneschal

**séneçon** /sensɔ̃/ NM groundsel

**Sénégal** /senegal/ NM Senegal

**sénégalais, e** /senegalɛ, ɛz/ ADJ Senegalese NM,F **Sénégalais(e)** Senegalese

**Sénèque** /senɛk/ NM Seneca

**sénescence** /senesɑ̃s/ NF senescence

**sénescent, e** /senesɑ̃, ɑ̃t/ ADJ senescent

**sénevé** /sɛnve/ NM *(= plante)* wild mustard; *(= graine)* wild mustard seed

**sénile** /senil/ ADJ *(péj, Méd)* senile

**sénilité** /senilite/ NF senility

**senior** /senjɔʀ/ ADJ, NMF *(Sport)* senior ◆ **les ~s** *(= personnes de plus de 50 ans)* the over-fifties

**senne** /sɛn/ NF ⇒ **seine**

**sens** /sɑ̃s/ NM a *(= goût, vue etc)* sense ◆ **les ~** the senses ◆ **avoir le ~ de l'odorat/de l'ouïe très développé** to have a highly developed *ou* a very keen sense of smell/of hearing ◆ **reprendre ses ~** to regain consciousness ◆ **sixième ~** sixth sense; → **organe**

b *(= instinct)* sense ◆ **avoir le ~ du rythme/de l'humour/du ridicule** to have a sense of rhythm/of humour/of the ridiculous ◆ **il n'a aucun ~ moral/pratique** he has no moral/practical sense ◆ **avoir le ~ des réalités** to have a sense of reality ◆ **avoir le ~ de l'orientation** to have a (good) sense of direction ◆ **avoir le ~ des responsabilités/des valeurs** to have a sense of responsibility/of moral values ◆ **avoir le ~ des affaires** to have business acumen *ou* good business sense, to have a good head for business

c *(= avis, jugement)* sense ◆ **ce qu'il dit est plein de ~** what he is saying makes (good) sense *ou* is very sensible ◆ **cela n'a pas de ~** that doesn't make (any) sense ◆ **il a perdu le ~ (commun)** he's lost his hold on common sense ◆ **cela tombe sous le ~** it's (perfectly) obvious, it stands to reason ◆ **à mon ~** to my mind, in my opinion, the way I see it

♦ **bon sens** common sense ◆ **homme de bon ~** man of (good) sense ◆ **le bon ~ voudrait qu'il refuse** the sensible thing would be for him to refuse, the sensible thing for him to do would be to refuse ◆ **c'est une question de bon ~** it's a matter of common sense ◆ **interprétations qui défient le bon ~** interpretations that fly in the face of common sense ◆ **ça semble de bon ~** it seems to make sense ◆ **c'est le bon ~ même de ...** it's only common sense *ou* it only makes sense to ...

d *(= signification) [de parole, geste]* meaning ◆ **ce qui donne un ~ à la vie/à son action** what gives (a) meaning to life/to what he did ◆ **au ~ propre/figuré** in the literal *ou* true/figurative sense ◆ **au ~ large/strict du terme** in the general/strict sense of the word ◆ **dans tous les ~ du terme** in every sense of the word ◆ **dans le bon ~ du terme** in the best sense of the word ◆ **faire ~** to make sense ◆ **qui n'a pas de ~, dépourvu de ~, vide de ~** meaningless, which has no meaning ◆ **en un (certain) ~** in a (certain) sense ◆ **en ce ~ que ...** in the sense that ... ◆ **la culture, au ~ où il l'entend** culture, as he understands it; → **double, faux(-)sens**

e *(= direction)* direction ◆ **aller** *ou* **être dans le bon/mauvais ~** to go *ou* be in the right/wrong direction, to go the right/wrong way ◆ **mesurer/fendre qch dans le ~ de la longueur** to measure/split sth along its length *ou* lengthwise *ou* lengthways ◆ **ça fait dix mètres dans le ~ de la longueur** it's ten metres in length ◆ **dans le ~ de la largeur** across its width, in width, widthwise ◆ **dans le ~ du bois** with the grain (of the wood) ◆ **arriver/venir en ~ contraire** *ou* **inverse** to arrive/come from the opposite direction ◆ **aller en ~ contraire** to go in the opposite direction ◆ **dans le ~ des aiguilles d'une montre** clockwise ◆ **dans le ~ inverse des aiguilles d'une montre** anticlockwise *(Brit)*, counterclockwise *(US)* ◆ **dans le ~ de la marche** facing the front (of the train), facing the engine ◆ **il retourna la boîte dans tous les ~ avant de l'ouvrir** he turned the box this way and that before opening it ◆ **ça va** *ou* **part dans tous les ~** *(fig)* it's going all over the place ◆ **une voie de circulation a été mise en ~ inverse sur ...** there is a contraflow system in operation on ... ◆ **la circulation dans le ~ Paris-province/dans le ~ province-Paris** traffic out of Paris/into Paris

♦ **sens dessus dessous** ◆ **être/mettre ~ dessus dessous** *(lit, fig)* to be/turn upside down

♦ **sens devant derrière** back to front, the wrong way round

f *(= ligne directrice)* **il a répondu dans le même ~** he replied more or less in the same way *ou* along the same lines ◆ **il a agi dans le même ~** he acted along the same lines, he did more or less the same thing ◆ **j'ai donné des directives dans ce ~** I've given instructions to that effect *ou* end ◆ **dans quel ~ allez-vous orienter votre politique ?** along what lines are you going to direct your policy? ◆ **cette réforme va dans le bon ~** this reform is a step in the right direction ◆ **le ~ de l'histoire** the course of history

COMP ▷ **sens giratoire** *(Aut)* roundabout *(Brit)*, traffic circle *(US)* ◆ **la place est en ~ giratoire** the square forms a roundabout ▷ **sens interdit** *(Aut)* one-way street ◆ **vous êtes en ~ interdit** you are in a one-way street, you are going the wrong way (up a one-way street) ▷ **sens unique** *(Aut)* one-way street ♦ **à ~ unique** *[rue]* one-way; *[concession]* one-sided ♦ **c'est toujours à ~ unique avec lui** everything is so one-sided with him

**sensass** * /sɑ̃sɑs/ ADJ INV fantastic *, terrific *, sensational

**sensation** /sɑ̃sasjɔ̃/ NF a *(= perception)* sensation; *(= impression)* feeling, sensation ♦ **il eut une ~ d'étouffement** he felt he was suffocating ♦ **éprouver une ~ de bien-être** to have a feeling of well-being ♦ **éprouver une ~ de faim/froid** to feel cold/hungry ♦ **avoir une ~ de malaise** *(psychologiquement)* to feel ill at ease; *(physiquement)* to feel weak ♦ **~ de brûlure** burning sensation ♦ **ça laisse une ~ de fraîcheur** *[déodorant]* it leaves you feeling refreshed ♦ **~ de liberté/plénitude/puissance** feeling *ou* sense of freedom/bliss/power ♦ **j'ai la ~ de l'avoir déjà vu** I have a feeling I've seen him before ♦ **quelle ~ cela te procure-t-il ?** how does it make you feel?, what kind of sensation does it give you? ♦ **les amateurs de ~s fortes** thrill-seekers, people who like big thrills
b *(= effet)* **faire ~** to cause *ou* create a sensation
♦ **à sensation** *[littérature, roman, procès]* sensational; *[magazine]* sensationalist ♦ **journal à ~** tabloid, scandal sheet; → **presse**

**sensationnalisme** /sɑ̃sasjɔnalism/ NM sensationalism

**sensationnaliste** /sɑ̃sasjɔnalist/ ADJ sensationalist

**sensationnel, -elle** /sɑ̃sasjɔnɛl/ ADJ (* = *merveilleux)* fantastic *, terrific *, sensational; *(= qui fait sensation)* sensational NM ♦ **le ~** the sensational ♦ **des journalistes à l'affût du ~** journalists on the lookout for sensational stories

**sensé, e** /sɑ̃se/ ADJ *[question, personne, mesure]* sensible ♦ **tenir des propos ~s** to talk sense

**sensément** /sɑ̃semɑ̃/ ADV sensibly ♦ **je ne peux ~ pas lui proposer cela** it would be unreasonable of me to suggest that to him

**sensibilisateur, -trice** /sɑ̃sibilizatœʀ, tʀis/ ADJ sensitizing NM sensitizer

**sensibilisation** /sɑ̃sibilizasjɔ̃/ NF a *[de personnes]* **la ~ de l'opinion publique à ce problème est récente** public opinion has only recently become sensitive *ou* alive to this problem ♦ **campagne de ~** public awareness campaign, consciousness-raising campaign ♦ **mener des actions de ~ à l'écologie** to attempt to raise public awareness of ecological issues b *(Bio, Photo)* sensitization

**sensibilisé, e** /sɑ̃sibilize/ (ptp de **sensibiliser**) ADJ **sensibilisé à** *(gén)* sensitive *ou* alive to ♦ **~ aux problèmes sociaux** socially aware ♦ **~ aux problèmes de santé** aware of health issues

**sensibiliser** /sɑ̃sibilize/ ► conjug 1 ◄ VT a ♦ **~ qn** to make sb sensitive *(à* to); ♦ **~ l'opinion publique à un problème** to heighten public awareness of a problem, to make the public aware of a problem b *(Bio, Photo)* to sensitize

**sensibilité** /sɑ̃sibilite/ NF a *[de personne]* sensitivity; *[d'artiste]* sensibility, sensitivity ♦ **n'avoir aucune ~** to have no sensitivity ♦ **être d'une grande ~** to be extremely sensitive ♦ **faire preuve d'une ~ exacerbée** to be hypersensitive ♦ **exprimer sa ~** to express one's feelings ♦ **l'évolution de la ~ artistique** the development of artistic sensibility ♦ **cela heurte notre ~** it offends our sensibilities ♦ **certaines scènes peuvent heurter la ~ des plus jeunes** some scenes may be unsuitable for a younger audience
b *(Pol)* **~ politique** political sensitivity ♦ **il a une ~ de gauche/de droite** his sympathies lie with the left/the right ♦ **les maires, toutes ~s politiques confondues, sont d'accord** mayors of all political tendencies agree
c *[d'instrument, muscle, pellicule, marché, secteur]* sensitivity

**sensible** /sɑ̃sibl/ GRAMMAIRE ACTIVE 49 ADJ a *(= impressionnable) [personne]* sensitive *(à* to); ♦ **film déconseillé aux personnes ~s** film not recommended for people of a nervous disposition ♦ **elle a le cœur ~** she is tender-hearted ♦ **être ~ au charme de qn** to be susceptible to sb's charm ♦ **j'ai été très ~ à ses attentions** I was really touched by how considerate he was ♦ **les gens sont de plus en plus ~s à la qualité du cadre de vie** people are more and more aware of the importance of their surroundings ♦ **il est très ~ à la poésie** he has a great feeling for poetry ♦ **il est peu ~ à ce genre d'argument** he's unlikely to be convinced by that kind of argument ♦ **ils ne sont pas du tout ~s à notre humour** they don't appreciate our sense of humour at all ♦ **l'opinion publique est très ~ aux problèmes des réfugiés** public opinion is very much alive to the refugees' problems; → **âme, point**[1]
b *(= notable) [hausse, changement, progrès]* appreciable, noticeable, palpable *(épith)* ♦ **la différence n'est pas ~** the difference is hardly noticeable *ou* appreciable ♦ **de façon ~** appreciably
c *(= tangible)* perceptible ♦ **le vent était à peine ~** the wind was scarcely *ou* hardly perceptible ♦ **~ à la vue/l'ouïe** perceptible to the eye/the ear
d *[blessure, organe, peau]* sensitive ♦ **avoir l'ouïe ~** to have sensitive *ou* keen hearing ♦ **~ au chaud/froid** sensitive to (the) heat/cold ♦ **être ~ de la bouche/gorge** to have a sensitive mouth/throat
e *(= qui varie)* **~ à** *[marché, secteur]* sensitive to ♦ **les valeurs (les plus) ~s à l'évolution des taux d'intérêt** shares that are (most) sensitive to fluctuating interest rates
f *(= difficile) [dossier, projet, secteur]* sensitive; *[établissement scolaire, quartier]* problem *(épith)* ♦ **zone ~** *(= quartier)* problem area; *(Mil)* sensitive area
g *(Tech) [balance, baromètre, papier]* sensitive; → **corde**
h *(Mus)* **(note) ~** leading note
i *(Philos)* **intuition ~** sensory intuition ♦ **un être ~** a sentient being ♦ **le monde ~** the physical world, the world as perceived by the senses

> ⚠ *Évitez de traduire* **sensible** *par le mot anglais* **sensible**, *qui a le sens de 'raisonnable'.*

**sensiblement** /sɑ̃sibləmɑ̃/ ADV a *(= presque)* approximately, more or less ♦ **être ~ du même âge/de la même taille** to be approximately *ou* more or less the same age/the same height b *(= notablement) [meilleur]* appreciably, noticeably; *[différent]* noticeably, markedly; *[inférieur] [améliorer]* noticeably ♦ **le risque en sera très ~ réduit** the risk will be considerably reduced

> ⚠ *Évitez de traduire* **sensiblement** *par* **sensibly**, *qui a le sens de 'avec bon sens'.*

**sensiblerie** /sɑ̃sibləʀi/ NF *(= sentimentalité)* sentimentality, mawkishness; *(= impressionnabilité)* squeamishness

**sensitif, -ive** /sɑ̃sitif, iv/ ADJ *(Anat) [nerf]* sensory; *(littér)* oversensitive NF **sensitive** *(Bot)* sensitive plant

**sensoriel, -ielle** /sɑ̃sɔʀjɛl/ ADJ sensory, sensorial ♦ **organe ~** sense organ, sensory organ

**sensorimoteur, -trice** /sɑ̃sɔʀimɔtœʀ, tʀis/ ADJ sensorimotor

**sensualisme** /sɑ̃sɥalism/ NM *(Philos)* sensualism

**sensualiste** /sɑ̃sɥalist/ *(Philos)* ADJ sensualist, sensualistic NMF sensualist

**sensualité** /sɑ̃sɥalite/ NF *(gén)* sensuality; *[de langage, style]* sensuousness

**sensuel, -uelle** /sɑ̃sɥɛl/ ADJ *(gén)* sensual; *[langage, style]* sensuous

**sensuellement** /sɑ̃sɥɛlmɑ̃/ ADV sensually

**sent-bon** /sɑ̃bɔ̃/ NM INV *(langage enfantin)* perfume

**sente** /sɑ̃t/ NF *(littér)* (foot)path

**sentence** /sɑ̃tɑ̃s/ NF *(= verdict)* sentence; *(= adage)* maxim

**sentencieusement** /sɑ̃tɑ̃sjøzmɑ̃/ ADV sententiously

**sentencieux, -ieuse** /sɑ̃tɑ̃sjø, jøz/ ADJ sententious

**senteur** /sɑ̃tœʀ/ NF *(littér)* scent, perfume; → **pois**

**senti, e** /sɑ̃ti/ (ptp de **sentir**) ADJ *(= sincère)* heartfelt, sincere ♦ **quelques vérités bien ~es** a few home truths ♦ **quelques mots bien ~s** *(bien choisis)* a few well-chosen *ou* well-expressed words; *(de blâme)* a few well-chosen words ♦ **un discours bien ~** a well-delivered *ou* heartfelt speech

**sentier** /sɑ̃tje/ NM *(lit)* (foot)path; *(fig)* path ♦ **sortir des ~s battus** to go *ou* venture off the the beaten track ♦ **hors** *ou* **loin des ~s battus** off the beaten track ♦ **les ~s de la gloire** *(littér)* the path to glory ♦ **être sur le ~ de la guerre** *(lit, fig)* to be on the warpath ♦ **le Sentier lumineux** *(Pol)* the Shining Path; → **randonnée**

**sentiériste** /sɑ̃tjerist/ NMF Shining Path guerrilla

**sentiment** /sɑ̃timɑ̃/ GRAMMAIRE ACTIVE 33.1 NM a *(= émotion)* feeling, sentiment *(frm)* ♦ **~ de pitié/tendresse/haine** feeling of pity/tenderness/hatred ♦ **~ de culpabilité** feeling of guilt, guilty feeling ♦ **avoir de bons/mauvais ~s à l'égard de qn** to be well-/ill-disposed towards sb ♦ **bons ~s** finer feelings ♦ **dans ce cas, il faut savoir oublier les ~s** in this case, we have to put sentiment to one side *ou* to disregard our own feelings ♦ **prendre qn par les ~s** to appeal to sb's feelings ♦ **ça n'empêche pas les ~s** * *(souvent iro)* that doesn't mean we *(ou* they *etc)* don't love each other
b *(= sensibilité)* **le ~** feeling, emotion ♦ **être capable de ~** to be capable of emotion ♦ **être dépourvu de ~** to be devoid of all feeling *ou* emotion ♦ **jouer/danser avec ~** to play/dance with feeling ♦ **agir par ~** to be guided by *ou* listen to one's feelings ♦ **faire du ~** *(péj)* to sentimentalize, to be sentimental ♦ **tu ne m'auras pas au ~** * you won't get round me like that, you can't sweet-talk me *
c *(= conscience)* **avoir le ~ de** to be aware of ♦ **avoir le ~ que quelque chose va arriver** to have a feeling that something is going to happen ♦ **je n'ai jamais eu le ~ qu'il mentait/de renier mes principes** I never felt that he was lying/that I was going against my principles ♦ **elle avait le ~ très vif de sa valeur** she had a keen sense of her worth
d *(formule de politesse)* **transmettez-lui nos meilleurs ~s** give him our best wishes; → **agréer**

e *(frm = opinion)* feeling ◆ **quel est votre ~ ?** what are your feelings *ou* what is your feeling (about that)? ◆ **je n'ai aucun ~ particulier sur la question** I have no particular opinion about the matter

**sentimental, e** (mpl **-aux**) /sɑ̃timɑ̃tal, o/ ADJ a *(= tendre) [personne]* romantic b *(= affectif) [raisons, voyage]* sentimental ◆ **cette bague a pour moi une grande valeur ~e** this ring is of great sentimental value to me c *(= amoureux) [aventure, vie]* love *(épith)* ◆ **sur le plan ~** *(dans horoscope)* on the romantic *ou* love front ◆ **sa vie était un échec sur le plan ~** as far as relationships were concerned, his life was a failure ◆ **il a des problèmes sentimentaux** he has problems with his love life ◆ **déception ~e** disappointment in love ◆ **drame ~** tragic love story d *(péj) [chanson, film, personne]* sentimental, soppy * ◆ **ne sois pas si ~** don't be so soft *ou* soppy * *ou* sentimental NM,F sentimentalist ◆ **c'est un grand ~** he's a great romantic

**sentimentalement** /sɑ̃timɑ̃talmɑ̃/ ADV sentimentally; *(péj)* soppily *

**sentimentalisme** /sɑ̃timɑ̃talism/ NM sentimentalism

**sentimentalité** /sɑ̃timɑ̃talite/ NF sentimentality; *(péj)* soppiness *

**sentinelle** /sɑ̃tinɛl/ NF sentry, sentinel *(littér)* ◆ **être en ~** *(Mil)* to be on sentry duty, to stand sentry ◆ **mets-toi en ~ à la fenêtre** *(fig)* stand guard *ou* keep watch at the window

**sentir** /sɑ̃tiʀ/ ► conjug 16 ◄ VT a *(= percevoir) (par l'odorat)* to smell; *(au goût)* to taste; *(au toucher, contact)* to feel ◆ **~ un courant d'air** to feel a draught ◆ **~ son cœur battre/ses yeux se fermer** to feel one's heart beating/one's eyes closing ◆ **il ne sent pas la différence entre le beurre et la margarine** he can't taste *ou* tell the difference between butter and margarine ◆ **elle sentit une odeur de gaz/de brûlé** she smelled *ou* smelt *(Brit)* gas/burning ◆ **on sent qu'il y a de l'ail dans ce plat** you can taste the garlic in this dish, you can tell there's garlic in this dish ◆ **il ne sent jamais le froid/la fatigue** he never feels the cold/feels tired ◆ **elle sentit qu'on lui tapait sur l'épaule** she felt somebody tapping her on the shoulder ◆ **je suis enrhumé, je ne sens plus rien** I have a cold and can't smell anything *ou* and I've lost my sense of smell ◆ **je ne sens plus mes doigts** *(de froid)* I have lost all sensation in my fingers, I can't feel my fingers ◆ **je ne sens plus mes jambes** *(de fatigue)* my legs are dropping off * *(Brit)*, my legs are folding under me *(US)* ◆ **je l'ai senti passer** * *[+ facture, opération]* I really felt it * ◆ **~ l'écurie** * *[personne]* to get the smell *ou* scent of home in one's nostrils ◆ **je ne le sens pas, ce type** * I don't like the look of him ◆ **je le sens mal ce voyage** * I'm not (at all) happy about this trip

b *(= dégager une certaine odeur)* to smell; *(= avoir un certain goût)* to taste ◆ **~ bon/mauvais** to smell good *ou* nice/bad ◆ **~ des pieds/de la bouche** to have smelly feet/bad breath ◆ **son manteau sent la fumée** his coat smells of smoke ◆ **ce poisson commence à ~** this fish is beginning to smell ◆ **ce thé sent le jasmin** *(goût)* this tea tastes of jasmine; *(odeur)* this tea smells of jasmine ◆ **la pièce sent le renfermé/le moisi** the room smells stale/musty ◆ **ça ne sent pas la rose !** * that doesn't smell too good!

c *(= dénoter)* to be indicative of, to reveal, to smack of ◆ **une certaine arrogance qui sent la petite bourgeoisie** a certain arrogance indicative of *ou* which reveals *ou* suggests a middle-class background

d *(= annoncer)* **ça sent le fagot/l'autoritarisme** it smacks of heresy/of authoritarianism ◆ **ça sent le piège** there's a trap *ou* catch ◆ **ça sent la pluie/la neige** it looks *ou* feels like rain/snow ◆ **ça sent l'orage** there's a storm in the air ◆ **ça sent le printemps** spring is in the air ◆ **ça sent la punition** someone's in for a telling off *, someone's going to be punished ◆ **cela sent la poudre** things could flare up; → **roussi, sapin**

e *(= avoir conscience de) [+ changement, fatigue]* to feel, to be aware *ou* conscious of; *[+ importance de qch]* to be aware *ou* conscious of; *(= apprécier) [+ beauté, élégance de qch]* to appreciate; *(= pressentir) [+ danger, difficulté]* to sense ◆ **il sentait la panique le gagner** he felt panic rising within him ◆ **sentant le but proche ...** sensing the goal was at hand ... ◆ **il ne sent pas sa force** he doesn't know *ou* realize his own strength ◆ **elle sent maintenant le vide causé par son départ** now she is feeling the emptiness left by his departure ◆ **sentez-vous la beauté de ce passage ?** do you feel *ou* appreciate the beauty of this passage? ◆ **le cheval sentait (venir) l'orage** the horse sensed the storm (coming) ◆ **c'est sa façon de ~ (les choses)** that's the way he feels (about things) ◆ **~ que** to be aware *ou* conscious that; *(= pressentir)* to sense that ◆ **il sentit qu'il ne reviendrait jamais** he sensed *ou* felt that he would never come back (again) ◆ **faire ~ son autorité** to make one's authority felt ◆ **faire ~ la beauté d'une œuvre d'art** to bring out *ou* demonstrate the beauty of a work of art ◆ **il m'a fait ~ que j'étais de trop** he let me know I wasn't wanted ◆ **j'ai senti le coup** * I knew what was coming

f *(= supporter)* **il ne peut pas le ~** * he can't stand *ou* bear (the sight of) him

VPR **se sentir** a *[personne]* **se ~ mal** *(physiquement)* to feel ill *ou* unwell *ou* sick, not to feel very well; *(psychologiquement)* to be unhappy ◆ **se ~ bien** *(physiquement, psychologiquement)* to feel good ◆ **se ~ mieux/fatigué** to feel better/tired ◆ **se ~ revivre/rajeunir** to feel o.s. coming alive again/growing young again ◆ **il ne se sent pas la force/le courage de le lui dire** he doesn't feel strong/brave enough to tell him ◆ **ne pas se ~ de joie** to be beside o.s. with joy ◆ **il ne se sent plus !** * he really thinks he's arrived! ◆ **non, mais tu ne te sens pas bien !** * are you out of your mind! *

b *(= être perceptible) [effet]* to be felt, to show ◆ **cette amélioration/augmentation se sent** this improvement/increase can be felt *ou* shows ◆ **les effets des grèves vont se faire ~ à la fin du mois** the effect of the strikes will be felt *ou* will show at the end of the month ◆ **nul besoin de réfléchir, cela se sent** there's no need to think about it - you can feel *ou* sense it ◆ **il est inquiet, ça se sent** you can tell he's worried ◆ **30 euros d'augmentation par mois, ça se sentirait à peine** a 30 euro monthly pay rise would be hardly noticeable

c *(= se supporter)* **ils ne peuvent pas se ~** * they can't stand *ou* bear each other

d *( * = être d'accord)* **tu te sens pour aller faire un tour ?** do you feel like going for a walk?

**seoir** /swaʀ/ ► conjug 26 ◄ *(frm)* VI *(= convenir)* ◆ **~ à qn** to become sb VB IMPERS ◆ **il sied de/que** it is proper *ou* fitting to/that ◆ **comme il sied** as is proper *ou* fitting ◆ **il lui sied/ne lui sied pas de faire** it befits *ou* becomes/ill befits *ou* ill becomes him to do

**Séoul** /seul/ N Seoul

**sep** /sɛp/ NM ⇒ **cep**

**sépale** /sepal/ NM sepal

**séparable** /sepaʀabl/ ADJ separable (*de* from); ◆ **deux concepts difficilement ~s** two concepts which are difficult to separate

**séparateur, -trice** /sepaʀatœʀ, tʀis/ ADJ separating *(épith)*, separative ◆ **pouvoir ~ de l'œil/d'un instrument d'optique** resolving power of the eye/of an optical instrument NM *(Élec, Tech)* separator; *(Ordin)* delimiter ◆ **~ d'isotopes** isotope separator

**séparation** /sepaʀasjɔ̃/ NF a *(= dissociation) [éléments, gaz, liquides]* separation ◆ **~ isotopique** *ou* **des isotopes** isotope separation

b *(= division) [de territoire]* division, splitting

c *[d'amis, parents]* separation ◆ **une longue ~ avait transformé leurs rapports** a long (period of) separation had changed their relationship ◆ **après cinq ans de ~** after five years' separation ◆ **au moment de la ~** *[de manifestants]* when they dispersed; *[de convives]* when they parted ◆ **~ de corps** *(Jur)* legal separation ◆ **~ de fait** de facto separation ◆ **~ à l'amiable** voluntary separation

d *[de notions, services]* separation ◆ **la ~ des pouvoirs** *(Pol)* the separation of powers ◆ **la ~ de l'Église et de l'État** *(Pol)* the separation of the Church and the State ◆ **mariés sous le régime de la ~ de biens** *(Jur)* married under separation of property

e *(= démarcation)* division, partition ◆ **mur de ~** separating *ou* dividing wall ◆ **un paravent sert de ~ entre les deux parties de la pièce** a screen separates the two parts of the room

f *(= distinction)* dividing line ◆ **il faut établir une ~ très nette entre ces problèmes** you must draw a very clear dividing line between these problems

**séparatisme** /sepaʀatism/ NM *(Pol, Rel)* separatism

**séparatiste** /sepaʀatist/ ADJ, NMF *(Pol)* separatist; *(Hist US = sudiste)* secessionist ◆ **mouvement/organisation ~** separatist movement/organization

**séparé, e** /sepaʀe/ (ptp de **séparer**) ADJ a *(= distinct) [analyses, entités, mondes, notions, paix]* separate ◆ **ces colis feront l'objet d'un envoi ~** these parcels will be sent separately ◆ **accord ~** separate agreement ◆ **ils dorment dans deux chambres ~es** they sleep in separate rooms ◆ **le développement ~** *(Pol)* (racial) separate development b *[personnes] (Jur = désuni)* separated; *(gén = éloigné)* parted *(attrib)*, apart *(attrib)* ◆ **vivre ~** to live apart, to be separated (*de* from)

**séparément** /sepaʀemɑ̃/ ADV separately

**séparer** /sepaʀe/ ► conjug 1 ◄ VT a *(= détacher) (gén)* to separate; *[+ écorce, peau, enveloppe]* to pull off, to pull away (*de* from); *(= extraire) [+ éléments, gaz, liquides]* to separate (out) (*de* from); ◆ **~ la tête du tronc** to separate *ou* sever the head from the trunk ◆ **~ la noix de sa coquille** to separate the nut from its shell ◆ **~ le grain du son** to separate the grain from the bran ◆ **~ un minerai de ses impuretés** to separate an ore from its impurities ◆ **séparez les blancs des jaunes** *(Culin)* separate the whites from the yolks ◆ **~ le bon grain de l'ivraie** *(Bible)* to separate the wheat from the chaff

b *(= diviser)* to part, to split, to divide ◆ **~ un territoire (en deux) par une frontière** to split *ou* divide a territory (in two) by a frontier

c *(= désunir) [+ amis, alliés]* to part, to drive apart; *[+ adversaires, combattants]* to separate, to pull apart, to part ◆ **ils se battaient, je les ai séparés** they were fighting and I separated them *ou* pulled them apart *ou* parted them ◆ **~ qn et** *ou* **de qn d'autre** to separate *ou* part sb from sb else ◆ **dans cet hôpital, les hommes et les femmes sont séparés** men and women are separated in this hospital ◆ **ils avaient séparé l'enfant de sa mère** they had separated the child from its mother ◆ **rien ne pourra jamais nous ~**

nothing will ever come between us *ou* drive us apart ◆ **la vie les a séparés** they went their separate ways in life ◆ **la mort les a séparés** they were parted by death

d *(= se dresser entre) [+ territoires, classes sociales, générations]* to separate ◆ **une barrière sépare les spectateurs des** *ou* **et les joueurs** a barrier separates the spectators from the players ◆ **un simple grillage nous séparait des lions** a wire fence was all that separated us from the lions ◆ **une chaîne de montagnes sépare la France et** *ou* **de l'Espagne** a chain of mountains separates France from *ou* and Spain ◆ **un seul obstacle le séparait encore du but** only one obstacle stood *ou* remained between him and his goal ◆ **près de deux heures le séparaient de la ville** he was nearly two hours away from the city ◆ **3 kilomètres séparent le village de la mer** the village is 3 kilometres from the sea ◆ **les 200 mètres qui séparent la poste et la gare** the 200 metres between the post office and the station ◆ **les six ans qui séparent l'audience de la date du drame** the six years that have elapsed between the hearing and the date of the tragedy ◆ **tout les séparait** they were worlds apart, they had nothing in common

e *(= différencier) [+ questions, aspects]* to distinguish between ◆ **~ l'érudition de** *ou* **et l'intelligence** to distinguish *ou* differentiate between learning and intelligence

VPR **se séparer** a *(= se défaire de)* **se ~ de** *[+ employé, objet personnel]* to part with ◆ **en voyage, ne vous séparez jamais de votre passeport** keep your passport on you at all times when travelling

b *(= s'écarter)* to divide, to part (*de* from); *(= se détacher)* to split off, to separate off (*de* from); ◆ **l'écorce se sépare du tronc** the bark is coming away from the trunk ◆ **l'endroit où les branches se séparent du tronc** the place where the branches split *ou* separate off from the trunk ◆ **le premier étage de la fusée s'est séparé (de la base)** the first stage of the rocket has split off (from the base) *ou* separated (off) from the base ◆ **à cet endroit, le fleuve/la route se sépare en deux** at this point the river/the road forks ◆ **les routes/branches se séparent** the roads/branches divide *ou* part ◆ **c'est là que nos routes** *ou* **chemins se séparent** this is where we go our separate ways

c *(= se disperser) [adversaires]* to separate, to break apart; *[manifestants, participants]* to disperse; *[assemblée]* to break up

d *(= se quitter) [convives]* to leave each other, to part; *[époux]* to separate *(aussi Jur)*, to part, to split up ◆ **se ~ de son mari/sa femme** to part *ou* separate from one's husband/one's wife ◆ **ils se sont séparés à l'amiable** their separation was amicable

**sépharade** /sefaʀad/ ADJ, NMF ⇒ **séfarade**

**sépia** /sepja/ NF *(Zool = sécrétion)* cuttlefish ink, sepia; *(= couleur, dessin, substance)* sepia ◆ **(dessin à la) ~** sepia (drawing)

**sept** /sɛt/ ADJ INV, NM INV seven ◆ **~ jours sur ~** seven days a week ◆ **les ~ péchés capitaux** the seven deadly sins ◆ **les Sept Merveilles du monde** the seven wonders of the world ◆ **les ~ familles** *(Cartes)* Happy Families ◆ **les ~ pays les plus industrialisés** the Group of Seven (industrialized nations) ◆ **les Sept d'or** *television awards; pour loc voir* **six**

**septain** /sɛtɛ̃/ NM *seven-line stanza or poem*

**septantaine** /sɛptɑ̃tɛn/ NF *(Belg, Helv)* about seventy, seventy or so ◆ **il doit avoir la ~** he must be about seventy

**septante** /sɛptɑ̃t/ ADJ INV *(Belg, Helv)* seventy ◆ **la version des Septante** *(Bible)* the Septuagint

**septantième** /sɛptɑ̃tjɛm/ ADJ, NMF *(Belg, Helv)* seventieth

**septembre** /sɛptɑ̃bʀ/ NM September ◆ **le mois de ~** the month of September ◆ **le premier/dix ~ tombe un mercredi** the first/tenth of September falls on a Wednesday ◆ **nous avons rendez-vous le premier/dix ~** we have an appointment on the first/tenth of September ◆ **en ~** in September ◆ **au mois de ~** in (the month of) September ◆ **au début (du mois) de ~, début ~** at the beginning of September, in early September ◆ **au milieu (du mois) de ~, à la mi-~** in the middle of September, in mid-September ◆ **à la fin (du mois) de ~, fin ~** at the end of September ◆ **pendant le mois de ~** during September ◆ **vers la fin de ~** late in September, in late September, towards the end of September ◆ **~ a été très froid** September was very cold ◆ **~ prochain/dernier** next/last September

**septennal, e** (mpl **-aux**) /sɛptenal, o/ ADJ *(durée) [mandat, période]* seven-year *(épith)*; *(fréquence) [festival]* septennial

**septennat** /sɛptena/ NM *[de président]* seven-year term (of office) ◆ **au cours de son ~** during his time in office *ou* his presidency ◆ **briguer un second ~** to run for a second term in office, to seek a second term of office

**septentrion** /sɛptɑ̃tʀijɔ̃/ NM *(†† littér)* north

**septentrional, e** (mpl **-aux**) /sɛptɑ̃tʀijɔnal, o/ ADJ northern

**septicémie** /sɛptisemi/ NF blood poisoning, septicaemia *(SPÉC) (Brit)*, septicemia *(SPÉC) (US)*

**septicémique** /sɛptisemik/ ADJ septicaemic *(Brit)*, septicemic *(US)*

**septicité** /sɛptisite/ NF septicity

**septième** /sɛtjɛm/ ADJ, NM seventh ◆ **le ~ art** the cinema ◆ **être au ~ ciel** to be in seventh heaven, to be on cloud nine *; *pour autres loc voir* **sixième** NF a *(Scol) sixth year in primary school*, fifth grade *(US)* b *(Mus)* seventh

**septièmement** /sɛtjɛmmɑ̃/ ADV seventhly; *pour loc voir* **sixièmement**

**septique** /sɛptik/ ADJ *[bactérie, fièvre]* septic; → **fosse**

**septuagénaire** /sɛptɥaʒenɛʀ/ ADJ septuagenarian, seventy-year-old *(épith)* NMF septuagenarian, seventy-year-old man (*ou* woman)

**septuagésime** /sɛptɥaʒezim/ NF Septuagesima

**septuor** /sɛptɥɔʀ/ NM septet(te)

**septuple** /sɛptypl/ ADJ *[nombre, quantité, rangée]* septuple ◆ **une quantité ~ de l'autre** a quantity seven times (as great as) the other ◆ **en ~ exemplaire** in seven copies NM *(gén, Math)* ◆ **je l'ai payé le ~/le ~ de l'autre** I paid seven times as much for it/seven times as much as the other for it ◆ **augmenter au ~** to increase sevenfold *ou* seven times

**septuplé, e** /sɛptyple/ NM,F septuplet

**septupler** /sɛptyple/ ▸ conjug 1 ◂ VTI to increase sevenfold *ou* seven times

**sépulcral, e** (mpl **-aux**) /sepylkʀal, o/ ADJ *[atmosphère, voix]* sepulchral; *[salle]* tomb-like

**sépulcre** /sepylkʀ/ NM sepulchre *(Brit)*, sepulcher *(US)*

**sépulture** /sepyltyʀ/ NF a *(† littér = inhumation)* sepulture *(littér)*, burial ◆ **être privé de ~** to be refused burial b *(= lieu)* burial place; *(= tombe)* grave; *(= pierre tombale)* gravestone, tombstone; → **violation**

**séquelle** /sekɛl/ NF *(souvent pl) [de maladie, accident]* after-effect; *(= conséquence) [de guerre]* aftermath *(NonC)* ◆ **les ~s du colonialisme** the legacy of colonialism ◆ **elle n'a gardé aucune ~ psychologique de son agression** she was not psychologically scarred by the attack ◆ **ça a laissé des ~s** *[blessure, incident]* it had serious after-effects *ou* consequences ◆ **la lutte entre les différents courants du parti a laissé des ~s** the struggle between the different factions has left its mark on the party

**séquençage** /sekɑ̃saʒ/ NM *(Bio)* sequencing

**séquence** /sekɑ̃s/ NF *(Ciné, Mus, Rel)* sequence; *(Cartes)* run; *(Ling, Ordin)* sequence, string ◆ **~ d'ADN/d'ARN** DNA/RNA sequence ◆ **~ génétique** gene sequence; → **plan**[1]

**séquencer** /sekɑ̃se/ ▸ conjug 3 ◂ VT *[+ génome]* to sequence

**séquenceur** /sekɑ̃sœʀ/ NM sequencer

**séquentiel, -ielle** /sekɑ̃sjɛl/ ADJ sequential ◆ **accès ~** *(Ordin)* sequential *ou* serial access ◆ **accomplir des tâches de façon séquentielle** to perform tasks in sequence *ou* sequentially

**séquestration** /sekɛstʀasjɔ̃/ NF a *[d'otage]* holding ◆ **~ (arbitraire)** *(Jur)* false imprisonment b *[de biens]* sequestration, impoundment c *(Chim, Méd)* sequestration

**séquestre** /sekɛstʀ/ NM a *(Jur, Pol) (= action)* confiscation, impoundment, sequestration; *(= dépositaire)* depository ◆ **mettre** *ou* **placer des biens sous ~** to sequester goods ◆ **biens sous ~** sequestrated property ◆ **mise sous ~** sequestration b *(Méd)* sequestrum

**séquestrer** /sekɛstʀe/ ▸ conjug 1 ◂ VT a *(Jur) [+ personne]* to confine illegally; *[+ otage]* to hold ◆ **les ouvriers en grève ont séquestré le directeur dans son bureau** the strikers confined the manager to his office b *(= saisir) [+ biens]* to sequester, to impound *(pending decision over ownership)*

**sequin** /səkɛ̃/ NM *(Hist = pièce d'or)* sequin

**séquoia** /sekɔja/ NM sequoia, redwood

**sérac** /seʀak/ NM serac

**sérail** /seʀaj/ NM *(lit)* seraglio, serail; *(fig)* inner circle ◆ **c'est un homme du ~** he's an establishment figure *ou* man ◆ **il est issu du ~ politique** he's from a political background

**séraphin** /seʀafɛ̃/ NM seraph

**séraphique** /seʀafik/ ADJ *(Rel, fig)* seraphic

**serbe** /sɛʀb/ ADJ Serbian NM *(Ling)* Serbian NMF **Serbe** Serb

**Serbie** /sɛʀbi/ NF Serbia ◆ **la République de ~** the Serbian Republic

**serbo-croate** (pl **serbo-croates**) /sɛʀbokʀɔat/ ADJ Serbo-Croat(ian) NM *(Ling)* Serbo-Croat

**Sercq** /sɛʀk/ NM Sark

**séré** /seʀe/ NM *(Helv) soft white cheese*

**serein, e** /səʀɛ̃, ɛn/ ADJ a *(= confiant)* confident ◆ **je suis tout à fait ~, je suis sûr que son innocence sera prouvée** I'm quite confident, I'm sure he'll be proved innocent b *(= calme) [âme, foi, visage, personne]* serene, calm c *(= impartial) [jugement, critique]* calm, dispassionate d *(= clair) [ciel, nuit, jour]* clear

> ⚠ Au sens de 'confiant', **serein** ne se traduit pas par le mot anglais **serene**.

**sereinement** /səʀɛnmɑ̃/ ADV calmly; *[regarder]* serenely; *[juger]* impartially, dispassionately ◆ **ils envisagent l'avenir ~** they view the future with equanimity, they feel confident about the future

**sérénade** /seʀenad/ NF a (*Mus = concert, pièce*) serenade ♦ **donner une ~ à qn** to serenade sb b (* *hum = charivari*) racket, hullabaloo * ♦ **faire toute une ~ à propos de qch** to make a big fuss *ou* a song and dance about sth ♦ **c'est toujours la même ~ !** it's always the same scenario!

**sérénissime** /seʀenisim/ ADJ ♦ **Son Altesse ~** His (*ou* Her) Most Serene Highness ♦ **la république ~, la Sérénissime** (*Hist*) the Venetian Republic, the *ou* la Serenissima

**sérénité** /seʀenite/ NF a [*de ciel, nuit, jour*] clearness, clarity b [*d'âme, foi, visage*] serenity, calmness ♦ **elle affiche une ~ étonnante** she's incredibly serene *ou* calm ♦ **j'ai retrouvé la ~** I feel serene *ou* calm again ♦ **il envisage l'avenir avec une relative ~** he views the future with relative equanimity, he feels quite calm about the future c [*de jugement, critique*] impartiality, dispassionateness

**séreux, -euse** /seʀø, øz/ ADJ serous NF **séreuse** serous membrane, serosa

**serf, serve** /sɛʀ(f), sɛʀv/ ADJ [*personne*] in serfdom (*attrib*) ♦ **condition serve** (state of) serfdom ♦ **terre serve** land held in villein tenure NM,F serf

**serfouette** /sɛʀfwɛt/ NF hoe-fork, weeding hoe

**serge** /sɛʀʒ/ NF serge

**sergent**[1] /sɛʀʒɑ̃/ NM (*Mil*) sergeant ♦ **~-chef** staff sergeant ♦ **~ de ville** † policeman ♦ **~(-)fourrier** quartermaster sergeant ♦ **~ instructeur** drill sergeant ♦ **~-major** ≈ quartermaster sergeant (*in charge of accounts etc*)

**sergent**[2] /sɛʀʒɑ̃/ NM (= *serre-joint*) cramp, clamp

**séricicole** /seʀisikɔl/ ADJ silkworm-breeding (*épith*), sericultural (*SPÉC*)

**sériciculteur, -trice** /seʀisikyltœʀ, tʀis/ NM,F silkworm breeder, sericulturist (*SPÉC*)

**sériciculture** /seʀisikyltyʀ/ NF silkworm breeding, sericulture (*SPÉC*)

**série** /seʀi/ NF a (= *suite*) [*de timbres*] set, series; [*de clés, casseroles, volumes*] set; [*de tests*] series, battery; [*d'accidents, ennuis, succès*] series, string; [*de mesures, réformes*] series ♦ **(toute) une ~ de ...** (*beaucoup*) a (whole) series *ou* string of ... ♦ **dans la ~ les ennuis continuent, la voiture est tombée en panne !** (*hum*) and now something else has gone wrong, the car has broken down! ♦ **(ouvrages de) ~ noire** (*Littérat*) crime thrillers, whodunnits * ♦ **c'est la ~ noire** (*fig*) it's one disaster after another, it's a chain of disasters; → **loi**

b (*Radio, TV*) series ♦ **~ télévisée** television series

c (= *catégorie, Naut*) class; (*Sport = épreuve de qualification*) qualifying heat *ou* round ♦ **joueur de deuxième ~** second-rank player ♦ **film de ~ B** B film *ou* movie ♦ **les différentes ~s du baccalauréat** the different baccalauréat options; → **tête**; → BACCALAURÉAT

d (*Comm, Ind*) ~ **limitée/spéciale** limited/special series ♦ **article/voiture de ~** standard article/car ♦ **modèle de ~** production model ♦ **hors ~** [*table, machine*] made-to-order, custom-built; [*talent, don*] incomparable, outstanding ♦ **numéro hors ~** (*Presse*) special issue; → **fin**[2]; → aussi **hors-série**

e (*Chim, Math, Mus, Phon*) series; (*Billard*) break ♦ **monté en ~** (*Élec*) connected in series ♦ **imprimante/port ~** serial printer/port

f (*loc*)

♦ **de série** ♦ **numéro de ~** [*de véhicule*] serial number ♦ **prix de ~** standard price

♦ **en série** ♦ **fabrication** *ou* **production en ~** mass production ♦ **fabriqué** *ou* **produit en ~** mass-produced ♦ **la direction assistée est (livrée) en ~** power steering is standard ♦ **meurtres en ~** serial killings ♦ **tueur en ~** serial killer

**sériel, -ielle** /seʀjɛl/ ADJ [*ordre*] serial; [*musique*] serial, twelve-note (*épith*), dodecaphonic; [*compositeur*] dodecaphonic

**sérier** /seʀje/ ► conjug 7 ◄ VT [*+ problèmes, questions*] to separate out

**sérieusement** /seʀjøzmɑ̃/ ADV a (= *consciencieusement*) [*travailler*] conscientiously b (= *sans rire*) [*parler, envisager*] seriously ♦ **elle envisage ~ de divorcer** she's seriously considering divorce ♦ **(tu parles) ~ ?** are you serious?, do you really mean it? ♦ **non, il l'a dit ~** no — he was quite serious, no — he really meant it c (= *vraiment*) really ♦ **ça commence ~ à m'agacer** it's really beginning to annoy me d (= *gravement*) [*blesser*] seriously ♦ **l'un des reins est ~ atteint** one of the kidneys is seriously damaged

**sérieux, -ieuse** /seʀjø, jøz/ ADJ a (= *grave*) [*personne, air*] serious ♦ **~ comme un pape** * deadly serious

b (= *digne de confiance*) [*personne*] reliable, dependable; (= *fiable*) [*acquéreur, promesses, raison, proposition, annonce*] genuine, serious; [*renseignement, source*] genuine, reliable ♦ **un client ~** a good customer ♦ **"pas sérieux s'abstenir"** "no time wasters", "genuine inquiries only"

c (= *réfléchi*) [*personne*] serious, serious-minded; (= *consciencieux*) [*employé, élève, apprenti*] conscientious; [*études*] serious; [*travail, artisan*] careful, painstaking ♦ **elle est très sérieuse dans son travail** she's a very conscientious worker ♦ **vous annulez le rendez-vous une heure avant, ce n'est pas ~ !** you cancel the appointment just one hour beforehand — it's just not good enough! ♦ **ça ne fait pas très ~** it doesn't look good ♦ **partir skier pendant les examens, ce n'est vraiment pas ~ !** it's not very responsible to go off skiing during the exams! ♦ **un nom comme ça, ça fait ~** a name like that makes a good impression *ou* is quite impressive ♦ **si tu veux faire ~, mets un costume** if you want to be taken seriously *ou* if you want to come across, well you should wear a suit

d (= *convenable*) [*jeune homme, jeune fille*] responsible, trustworthy

e (= *qui ne plaisante pas*) serious ♦ **ce n'est pas ~ !, vous n'êtes pas ~ !** you can't be serious!, you must be joking! ♦ **ce n'est pas ~, il ne le fera jamais** he doesn't really mean it — he'll never do it! ♦ **non, il était ~** no, he was serious *ou* he meant it ♦ **c'est ~, ce que vous dites ?** are you serious?, do you really mean that?

f (= *important*) [*conversation, livre, projet*] serious ♦ **passons aux affaires** *ou* **choses sérieuses** let's move on to more serious matters, let's get down to business

g (= *préoccupant*) [*situation, affaire, maladie, blessure*] serious

h (*intensif*) [*coup*] serious; [*somme, différence*] considerable, sizeable ♦ **de sérieuses chances de ...** a strong *ou* good chance of ... ♦ **il a de sérieuses raisons de ...** he has very good reasons to ... ♦ **je n'avais aucune raison sérieuse de penser qu'il mettrait sa menace à exécution** I had no real reason to think he would carry out his threat ♦ **ils ont une sérieuse avance** they have a strong *ou* good *ou* sizeable lead ♦ **ils ont un ~ retard** they're seriously behind schedule ♦ **il pourrait avoir de ~ ennuis** he could have real *ou* serious problems ♦ **elle a un ~ besoin d'argent/de vacances** she's in real *ou* serious need of money/of a holiday ♦ **il devra faire de ~ efforts pour rattraper son retard** he'll have to make a real effort to catch up

NM a (= *gravité*) [*de personne, air*] seriousness, earnestness; [*de conversation, livre, projet*] seriousness ♦ **garder son ~** to keep a straight face ♦ **perdre son ~** to give way to laughter ♦ **prendre qch/qn au ~** to take sth/sb seriously ♦ **se prendre au ~** to take o.s. seriously ♦ **c'est du ~** it's to be taken seriously

b (= *fiabilité*) [*de personne*] reliability, dependability; [*d'acquéreur, promesses, intentions*] genuineness, seriousness; [*de renseignement, sources*] genuineness, reliability; [*d'employé, élève, apprenti*] conscientiousness ♦ **travailler avec ~** to be a conscientious worker ♦ **il fait preuve de beaucoup de ~ dans son travail/ses études** he takes his work/his studies very seriously, he's a conscientious worker/student

c (= *sagesse*) [*de jeune homme, jeune fille*] trustworthiness

d (= *caractère préoccupant*) [*de situation, affaire, maladie*] seriousness

**sérigraphie** /seʀigʀafi/ NF (= *technique*) silkscreen printing, serigraphy (*SPÉC*); (= *estampe*) screen print, serigraph (*SPÉC*)

**serin** /s(ə)ʀɛ̃/ NM (= *oiseau*) canary; († : *péj = niais*) ninny *

**seriner** /s(ə)ʀine/ ► conjug 1 ◄ VT a (*péj = rabâcher*) **~ qch à qn** to drum sth into sb ♦ **tais-toi, tu nous serines !** * oh, be quiet, we're tired of hearing the same thing over and over again! b ♦ **~ (un air à) un oiseau** to teach a bird a tune (*using a bird organ*)

**seringa(t)** /s(ə)ʀɛ̃ga/ NM syringa, mock orange

**seringue** /s(ə)ʀɛ̃g/ NF (*Méd, Tech*) syringe

**sérique** /seʀik/ ADJ serum (*épith*)

**serment** /sɛʀmɑ̃/ NM a (*solennel*) oath ♦ **faire un ~** to take an oath ♦ **~ sur l'honneur** solemn oath ♦ **sous ~** on *ou* under oath ♦ **~ d'Hippocrate** Hippocratic oath ♦ **le ~ du Jeu de paume** (*Hist*) the Tennis Court Oath ♦ **~ professionnel** oath of office; → **prestation, prêter** b (= *promesse*) pledge ♦ **échanger des ~s (d'amour)** to exchange vows *ou* pledges of love ♦ **~ d'ivrogne** (*fig*) empty vow, vain resolution ♦ **je te fais le ~ de ne plus jouer** I (solemnly) swear to you *ou* I'll make you a solemn promise that I'll never gamble again; → **faux**[2]

**sermon** /sɛʀmɔ̃/ NM (*Rel*) sermon; (*péj*) lecture, sermon

**sermonner** /sɛʀmɔne/ ► conjug 1 ◄ VT ♦ **~ qn** to lecture sb, to sermonize sb

**sermonneur, -euse** /sɛʀmɔnœʀ, øz/ NM,F (*péj*) sermonizer, preacher

**SERNAM** /sɛʀnam/ NF (abrév de **Service national des messageries**) *French national parcels service*

**séroconversion** /seʀokɔ̃vɛʀsjɔ̃/ NF seroconversion

**sérodiagnostic** /seʀodjagnɔstik/ NM serodiagnosis

**sérologie** /seʀɔlɔʒi/ NF serology

**sérologique** /seʀɔlɔʒik/ ADJ serologic(al)

**sérologiste** /seʀɔlɔʒist/ NMF serologist

**séronégatif, -ive** /seʀonegatif, iv/ ADJ (*gén*) seronegative; (*Sida*) HIV negative NM,F (*gén*) person who is seronegative; (*Sida*) person who is HIV negative

**séronégativité** /seʀonegativite/ NF *(gén)* seronegativity; *(Sida)* HIV-negative status

**séropo** * /seʀopo/ ADJ, NM,F abrév de **séropositif, ive**

**séropositif, -ive** /seʀopozitif, iv/ ADJ *(gén)* seropositive; *(Sida)* HIV positive NM,F *(gén)* person who is seropositive; *(Sida)* person who is HIV positive, person with HIV

**séropositivité** /seʀopozitivite/ NF *(gén)* seropositivity; *(Sida)* HIV infection, seropositivity *(SPÉC)* ◆ **quand il a appris sa** ~ when he learned that he was HIV positive *ou* that he was infected with HIV

**séroprévalence** /seʀopʀevalɑ̃s/ NF HIV prevalence ◆ **taux de** ~ HIV prevalence rate

**sérosité** /seʀozite/ NF serous fluid, serosity

**sérothérapie** /seʀoteʀapi/ NF serotherapy

**sérovaccination** /seʀovaksinasjɔ̃/ NF serovaccination

**serpe** /sɛʀp/ NF billhook, bill ◆ **visage taillé à la** ~ *ou* **à coups de** ~ craggy *ou* rugged face

**serpent** /sɛʀpɑ̃/ NM a *(Zool)* snake; *(péj = personne)* viper *(péj)* ◆ **le** ~ *(Rel)* the serpent ◆ **c'est le** ~ **qui se mord la queue** *(fig)* it's a vicious circle; → **charmeur, réchauffer** b *(Mus)* bass horn c *(= ruban)* ribbon ◆ **un** ~ **de fumée** a ribbon of smoke ◆ **le** ~ **argenté du fleuve** the silvery ribbon of the river
COMP ▷ **serpent d'eau** water snake ▷ **serpent à lunettes** Indian cobra ▷ **serpent de mer** *(hum Presse)* trite news story *(that journalists fall back on in the absence of more important news)* ▷ **le serpent monétaire (européen)** *(Fin)* the (European) currency snake ▷ **serpent à plumes** *(Myth)* plumed serpent ▷ **serpent à sonnettes** rattlesnake

**serpentaire** /sɛʀpɑ̃tɛʀ/ NM *(= oiseau)* secretary bird, serpent-eater NF *(= plante)* snakeroot

**serpenteau** (pl **serpenteaux**) /sɛʀpɑ̃to/ NM *(= animal)* young snake; *(= feu d'artifice)* serpent

**serpenter** /sɛʀpɑ̃te/ ► conjug 1 ◄ VI *[chemin, rivière]* to snake, to meander, to wind; *[vallée]* to wind ◆ **la route descendait en serpentant vers la plaine** the road snaked *ou* wound (its way) down to the plain

**serpentin, e** /sɛʀpɑ̃tɛ̃, in/ ADJ *(gén)* serpentine NM *(= ruban)* streamer; *(Chim)* coil NF **serpentine** *(Minér)* serpentine

**serpette** /sɛʀpɛt/ NF pruning knife

**serpillière** /sɛʀpijɛʀ/ NF floorcloth ◆ **passer la** ~ to mop the floor

**serpolet** /sɛʀpɔlɛ/ NM mother-of-thyme, wild thyme

**serrage** /seʀaʒ/ NM *(gén, Tech) [d'écrou, vis]* tightening; *[de joint]* clamping; *[de nœud]* tightening, pulling tight; → **bague, collier, vis**

**serre¹** /sɛʀ/ NF *(Agr)* greenhouse, glasshouse; *(attenant à une maison)* conservatory ◆ **pousser en** ~ to grow under glass ◆ ~ **chaude** hothouse ◆ ~ **froide** cold greenhouse; → **effet**

**serre²** /sɛʀ/ NF *(= griffe)* talon, claw

**serré, e** /seʀe/ (ptp de **serrer**) ADJ a *[chaussures, vêtement]* tight ◆ **robe ~e à la taille** dress fitted at the waist ◆ **elle porte des jeans ~s** she wears tight-fitting jeans
b *[passagers, spectateurs]* (tightly) packed ◆ **être ~s comme des harengs** *ou* **sardines** to be packed like sardines ◆ **mettez-vous ailleurs, nous sommes trop ~s à cette table** sit somewhere else, it's too crowded at this table; → **rang**
c *[tissu]* closely woven; *[réseau]* dense; *[écriture, mailles]* close; *[blés, herbe, forêt]* dense; *[virage]* sharp; *[style]* tight, concise; *[horaire]* tight ◆ **une petite pluie fine et ~e** a steady drizzle ◆ **un café (bien)** ~ a (good) strong coffee ◆ **pousser en touffes ~es** to grow in thick clumps ◆ **nous avons un calendrier très** ~ we have a very tight schedule ◆ **plan** ~ *(Ciné)* tight shot, close-up
d *(= bloqué) [bandage, nœud]* tight ◆ **trop** ~ too tight ◆ **pas assez** ~ not tight enough
e *(= contracté)* **les mâchoires/dents ~es** with set jaws/clenched teeth ◆ **les lèvres ~es** with tight lips, tight-lipped ◆ **les poings ~s** with clenched fists ◆ **avoir le cœur** ~ to feel a pang of anguish ◆ **je le regardai partir, le cœur** ~ I felt sick at heart as I watched him go ◆ **avoir la gorge ~e** to have a lump in one's throat
f *[discussion, négociations]* closely argued; *[jeu, lutte, match]* tight, close-fought; *[budget]* tight; *[prix]* keen; *[gestion]* strict ◆ **arrivée ~e** *(Sport)* close finish ◆ **les deux candidats sont en ballottage très** ~ the two candidates are fighting it out in a very close second round, the two candidates are running neck and neck in the second round of voting ◆ **la partie est ~e, nous jouons une partie ~e** it's a tight game, we're in a tight game
ADV ◆ **écrire** ~ to write one's letters close together, to write in a cramped hand ◆ **jouer** ~ *(fig)* to play it tight, to play a tight game ◆ **vivre** ~ to live on a tight budget

**serre-file** (pl **serre-files**) /sɛʀfil/ NM *(Mil)* file closer, serrefile; *(Naut)* tail-end Charlie

**serre-joint** (pl **serre-joints**) /sɛʀʒwɛ̃/ NM clamp, cramp

**serre-livres** /sɛʀlivʀ/ NM INV bookend

**serrement** /sɛʀmɑ̃/ NM a ◆ ~ **de main** handshake ◆ ~ **de cœur** pang of anguish ◆ ~ **de gorge** tightening in the throat b *(Min)* dam

**serrer** /seʀe/ ► conjug 1 ◄ VT a *(= maintenir, presser)* to grip, to hold tight ◆ ~ **qch dans sa main** to clutch sth ◆ ~ **une pipe/un os entre ses dents** to clench *ou* have a pipe/a bone between one's teeth ◆ ~ **qn dans ses bras/contre son cœur** to clasp sb in one's arms/to one's chest ◆ ~ **la main à** *ou* **de qn** *(= la donner)* to shake sb's hand, to shake hands with sb; *(= la presser)* to squeeze *ou* press sb's hand ◆ **se** ~ **la main** to shake hands ◆ ~ **qn à la gorge** to grab sb by the throat; → **kiki**
b *(= contracter)* ~ **le poing/les mâchoires** to clench one's fist/one's jaws ◆ ~ **les lèvres** to set one's lips ◆ **avoir le cœur serré par l'émotion** to feel a pang of emotion ◆ **avoir la gorge serrée par l'émotion** to be choked by emotion ◆ **cela serre le cœur** *ou* **c'est à vous** ~ **le cœur de les voir si malheureux** it makes your heart bleed to see them so unhappy ◆ ~ **les dents** *(lit)* to clench one's teeth; *(fig)* to grit one's teeth ◆ ~ **les fesses** *(= se retenir)* to hold on; *( * = avoir peur)* to be scared stiff *ou* out of one's wits *
c *(= comprimer)* to be too tight for; *(= mouler)* to fit tightly ◆ **mon pantalon me serre** my trousers are too tight (for me) ◆ **cette jupe me serre (à) la taille** this skirt is too tight round the waist ◆ **ces chaussures me serrent (le pied)** these shoes are too tight
d *(= bloquer) [+ écrou, vis]* to tighten; *[+ pansement]* to wind tightly; *[+ joint]* to clamp; *[+ robinet]* to turn off tight; *[+ ceinture, lacet, nœud]* to tighten, to pull tight; *(= tendre) [+ câble]* to tauten, to make taut, to tighten; *(Naut) [+ voile]* to make fast, to belay *(SPÉC)* ◆ ~ **les prix** to keep prices down ◆ ~ **le frein à main** to put on the handbrake ◆ ~ **la vis à qn** * to crack down on sb *
e *(= se tenir près de) (par derrière)* to keep close behind; *(latéralement) [+ automobile, concurrent]* to squeeze *(contre* up against*)*; ◆ ~ **qn de près** to follow close behind sb ◆ ~ **une femme de près** * *(fig)* to come on strong * to a woman ◆ ~ **de près l'ennemi** to be snapping at the enemy's heels ◆ ~ **qn dans un coin** to wedge sb in a corner ◆ ~ **un cycliste contre le trottoir** to squeeze a cyclist against the pavement ◆ ~ **le trottoir** to hug the kerb ◆ ~ **sa droite** *(Aut)* to keep to the right ◆ **ne serre pas cette voiture de trop près** don't get too close to *ou* behind that car ◆ ~ **une question de plus près** to study a question more closely ◆ ~ **le texte** to follow the text closely, to keep close to the text ◆ ~ **la côte** *(Naut)* to sail close to the shore, to hug the shore ◆ ~ **le vent** *(Naut)* to hug the wind
f *( * = emprisonner)* to nab * ◆ **se faire** ~ **par la police** to get nabbed * by the police
g *(= rapprocher) [+ objets alignés, lignes, mots]* to close up, to put close together ◆ ~ **les rangs** *(Mil)* to close ranks ◆ **serrez !** *(Mil)* close ranks! ◆ ~ **son style** to write concisely, to write in a condensed *ou* concise style ◆ **il faudra** ~ **les invités, la table est petite** we'll have to squeeze the guests up *ou* together as the table is so small
h *(dial,* † *= ranger)* to put away
VI *(Aut = obliquer)* ◆ ~ **à droite/gauche** to move in to the right-/left-hand lane ◆ **"véhicules lents serrez à droite"** "slow-moving vehicles keep to the right"
VPR **se serrer** a *(= se rapprocher)* **se** ~ **contre qn** to huddle (up) against sb; *(tendrement)* to cuddle *ou* snuggle up to sb ◆ **se** ~ **autour de la table/du feu** to squeeze *ou* crowd round the table/the fire ◆ **se** ~ **pour faire de la place** to squeeze up to make room ◆ **serrez-vous un peu** squeeze up a bit; → **ceinture, coude**
b *(= se contracter)* **à cette vue, son cœur se serra** at the sight of this he felt a pang of anguish ◆ **ses poings se serrèrent, presque malgré lui** his fists clenched *ou* he clenched his fists almost in spite of himself

**serre-tête** (pl **serre-tête(s)**) /sɛʀtɛt/ NM hairband

**serrure** /seʀyʀ/ NF *[de porte, coffre-fort, valise]* lock; *(Rail)* interlocking switch ◆ ~ **encastrée** mortise lock ◆ ~ **de sûreté** safety lock ◆ ~ **à pompe** spring lock ◆ ~ **à combinaison** combination lock ◆ ~ **trois points** three-point security lock; → **trou**

**serrurerie** /seʀyʀʀi/ NF *(= métier)* locksmithing, locksmith's trade; *(= ferronnerie, objets)* ironwork ◆ ~ **d'art** ornamental ironwork, wrought-iron work ◆ **grosse** ~ heavy ironwork

**serrurier** /seʀyʀje/ NM *(= fabriquant de clés, serrures)* locksmith; *(= ferronnier)* ironsmith

**sertir** /sɛʀtiʀ/ ► conjug 2 ◄ VT a *(= monter) [+ pierre précieuse]* to set ◆ **bague sertie de diamants** ring set with diamonds b *(Tech) [+ pièces de tôle]* to crimp

**sertissage** /sɛʀtisaʒ/ NM a *[de pierre précieuse]* setting b *(Tech) [de pièces de tôle]* crimping

**sertisseur, -euse** /sɛʀtisœʀ, øz/ NM,F a *[de pierre précieuse]* setter b *(Tech) [de pièces de tôle]* crimper

**sertissure** /sɛʀtisyʀ/ NF *[de pierre précieuse] (= procédé)* setting; *(= objet)* bezel

**sérum** /seʀɔm/ NM a *(Physiol)* ~ **(sanguin)** (blood) serum ◆ ~ **artificiel** *ou* **physiologique** normal *ou* physiological salt solution b *(Méd)* serum ◆ ~ **antidiphtérique/antitétanique/antivenimeux** anti-diphtheric/antitetanus/snakebite serum ◆ ~ **de vérité** truth drug

**servage** /sɛʀvaʒ/ **NM** *(Hist)* serfdom; *(fig)* bondage, thraldom

**serval** (pl **-s**) /sɛʀval/ **NM** serval

**servant, e** /sɛʀvɑ̃, ɑ̃t/ **ADJ** ◆ **chevalier** *ou* **cavalier** ~ escort **NM** *(Rel)* server; *(Mil) [de pièce d'artillerie]* server ◆ ~ **d'autel** altar boy **NF** **servante** *(= domestique)* servant, maidservant

**serveur** /sɛʀvœʀ/ **NM** a *[de restaurant]* waiter; *[de bar]* barman b *(= ouvrier) [de machine]* feeder c *(Tennis)* server d *(Cartes)* dealer e *(Ordin)* server ◆ **centre** ~ service centre, retrieval centre ◆ ~ **Internet** Internet server ◆ ~ **de fichiers** file server ◆ ~ **vocal** answering service

**serveuse** /sɛʀvøz/ **NF** *[de restaurant]* waitress; *[de bar]* barmaid

**serviabilité** /sɛʀvjabilite/ **NF** helpfulness

**serviable** /sɛʀvjabl/ **ADJ** helpful

## service /sɛʀvis/

| 1 NOM MASCULIN | 2 COMPOSÉS |
|---|---|

### 1 - NOM MASCULIN

a [= travail] duty; *[de domestique]* (domestic) service ◆ ~ **de jour/nuit** day/night duty ◆ **on ne fume pas pendant le** ~ smoking is not allowed while on duty ◆ **un peu de vin ? – non merci, jamais pendant le** ~ a little wine? – no, thank you, not while I'm on duty ◆ **heures de** ~ hours of service *ou* duty ◆ **il est très ~(-)~** * he's a stickler for the regulations ◆ **avoir 25 ans de** ~ *(Admin, Mil)* to have completed 25 years' service ◆ **10 ans de ~ chez le même employeur** 10 years with the same employer ◆ **après 10 ans de bons et loyaux ~s** after 10 years' loyal service ◆ **qui est de ~ cette nuit ?** who's on duty tonight?, who's on night duty? ◆ **être en ~ commandé** to be acting under orders, to be on an official assignment ◆ **prendre/quitter son** ~ to come on/off duty ◆ **reprendre du** ~ *[personne]* to go back to work; *[objet]* to have a new lease of life ◆ **être en ~ chez qn** *[domestique]* to be in service with sb; → **escalier, note, règlement**

◆ **au service de** ◆ **être au ~ de** *[+ maître, Dieu]* to be in the service of; *[+ cause]* to serve ◆ **nos conseillers sont à votre** ~ our advisers are at your service ◆ **se mettre au ~ de** *[+ maître]* to enter the service of, to go into service with; *[+ cause]* to begin to serve; *[+ Dieu, État]* to place o.s. in the service of ◆ **prendre qn à son** ~ to take sb into one's service

b [= prestation] service ◆ **s'assurer les ~s de qn** to enlist sb's services ◆ **offrir** *ou* **proposer ses ~s à qn** to offer sb one's services ◆ **nous serons obligés de nous passer de vos ~s** we will have to let you go ◆ ~ **de base d'un réseau câblé** *(Téléc)* basic range of channels available to cable television subscribers

c [Écon: au pl] **les biens et les ~s** goods and services ◆ **la part des ~s dans l'économie** *(= secteur)* the role of service industries in the economy; → **emploi, société**

d [Mil] **le ~ (militaire** *ou* **national)** military *ou* national service ◆ ~ **civil** non-military national service ◆ **bon pour le** ~ fit for military service ◆ **faire son** ~ to do one's military *ou* national service ◆ ~ **armé** combatant service; → **état**

e [Admin] *(= administration)* service; *(= département)* department ◆ **les ~s d'un ministère** the departments of a ministry ◆ **les ~s de santé/postaux** health (care)/postal services ◆ **les ~s de police** the police department *(US)* ◆ **les ~s financiers de la Ville de Paris** the treasury department of the City of Paris ◆ **les ~s sociaux** the social services ◆ **le ~ social de la ville** the local social services ◆ ~ **hospitalier** hospital service ◆ ~ **de réanimation** intensive care unit ◆ ~ **du contentieux/des achats/de la communication** legal/buying/PR department ◆ ~ **consommateurs** customer service department ◆ **les ~s généraux** *(dans une entreprise)* the maintenance department ◆ ~ **informatique** computer department ◆ ~ **de surveillance/contrôle** surveillance/monitoring service; → **chef**[1]

f [Rel = office, messe] service ◆ ~ **funèbre** funeral service

g [= faveur, aide] service ◆ **rendre ~ à qn** *(= aider qn)* to do sb a service *ou* a good turn; *(= s'avérer utile)* to come in useful *ou* handy for sb, to be of use to sb ◆ **il aime rendre** ~ he likes to do good turns *ou* be helpful ◆ **rendre un petit ~ à qn** *(fig)* to do sb a favour, to do sb a small service ◆ **tous les ~s qu'il m'a rendus** all the favours *ou* services he has done me ◆ **décoré pour ~s rendus pendant la guerre** decorated for services rendered during the war ◆ **rendre un mauvais ~ à qn** to do sb a disservice ◆ **qu'y a-t-il pour votre ~ ?** *(frm)* how can I be of service to you? ◆ **merci ! – ~ !** *(Helv)* thank you! – you're welcome!

h [à table, au restaurant] service; *(= pourboire)* service charge ◆ **Marc fera le** ~ Marc will serve ◆ **passe-moi les amuse-gueules, je vais faire le** ~ hand me the appetizers, I'll pass them round ◆ **la nourriture est bonne mais le ~ est trop lent** the food is good but the service is too slow ◆ **ils ont oublié de compter le** ~ they have forgotten to include the service (charge) on the bill ◆ ~ **compris/non compris** service included/not included, inclusive/exclusive of service ◆ **premier/deuxième** ~ *(= série de repas)* first/second sitting

i [= assortiment] *[de couverts, linge de table]* set; *[de verres, vaisselle]* service, set ◆ ~ **de table** *(= linge)* set of table linen; *(= vaisselle)* set of tableware ◆ ~ **à café/thé** coffee/tea set *ou* service ◆ ~ **à liqueurs** set of liqueur glasses ◆ ~ **à poisson** *(= vaisselle)* set of fish plates; *(= couverts)* fish service ◆ ~ **à fondue** fondue set ◆ ~ **à gâteaux** *(= couverts)* set of cake knives and forks; *(= vaisselle)* set of cake plates ◆ ~ **trois pièces** * *(= sexe masculin)* wedding tackle * *(hum)*

j [Transport] service ◆ **un ~ d'autocars dessert ces localités** there is a coach service to these districts ◆ **assurer le ~ entre** to provide a service between ◆ ~ **d'hiver/d'été** winter/summer service ◆ ~ **partiel** *[d'autobus]* limited service ◆ **le ~ est interrompu sur la ligne 3** service is suspended on line 3

k [Tennis] service ◆ **être au** ~ to have the service ◆ **prendre le ~ (de qn)** to win the service (from sb) ◆ **il a un excellent** ~ he has an excellent service *ou* serve ◆ ~ **Dupont !** Dupont to serve! ◆ ~ **canon** bullet-like serve *ou* service ◆ **~-volée** serve and volley

l [= fonctionnement] *[de machine, installation]* operation, working ◆ **faire le ~ d'une pièce d'artillerie** to operate *ou* work a piece of artillery

◆ **en service** *[installation, usine]* in service ◆ **entrer en** ~ to come into service ◆ **mettre en** ~ to put *ou* bring into service ◆ **la mise en ~ des nouveaux autobus est prévue pour juin** the new buses are due to be put into service in June ◆ **remise en** ~ *[d'aéroport, réacteur, voie ferrée]* reopening

◆ **hors service** *[appareil]* out of order *(attrib)*; * *[personne]* shattered *, done in *

### 2 - COMPOSÉS

▷ **service après-vente** after-sales service
▷ **Service d'assistance médicale d'urgence** mobile emergency medical service
▷ **service en ligne** *(Ordin)* on-line service
▷ **service minimum** skeleton service
▷ **service d'ordre** *(= policiers)* police contingent; *(= manifestants)* team of stewards *(responsible for crowd control etc)* ◆ **pour assurer le ~ d'ordre** to maintain (good) order
▷ **service de presse** *[de ministère, entreprise]* press relations department; *(= distribution)* distribution of review copies; *(= ouvrage)* review copy ◆ **ce livre m'a été envoyé en ~ de presse** I got a review copy of the book
▷ **service public** public service ◆ **les ~s publics** the (public) utilities ◆ **une télévision de ~ public** a public television company
▷ **service régional de police judiciaire** regional crime squad
▷ **les services secrets** the secret service
▷ **service de sécurité** *(d'un pays)* security service ◆ **le ~ de sécurité de l'aéroport** airport security
▷ **les services spéciaux** the secret service
▷ **Service du travail obligatoire** *(Hist)* *forced labour instituted in France by the Nazis during World War II*

> **Service militaire**
>
> Until 1997, all French men over eighteen years of age were required to do ten months' **service militaire** if passed fit. The call-up could be delayed if the conscript was a full-time student in higher education. Conscientious objectors were required to do two years' public service. The entire system has now been phased out.

**serviette** /sɛʀvjɛt/ **NF** a *(en tissu)* ~ **(de toilette)** (hand) towel ◆ ~ **(de table)** (table) napkin, serviette *(Brit)*; → **mélanger, rond** b *(= cartable) [d'écolier, homme d'affaires]* briefcase **COMP** ▷ **serviette de bain** bath towel ▷ **serviette(-)éponge** terry towel ▷ **serviette hygiénique** sanitary towel *(Brit)* *ou* napkin *(US)* ▷ **serviette en papier** paper (table) napkin, paper serviette *(Brit)* ▷ **serviette périodique** ⇒ **serviette hygiénique** ▷ **serviette de plage** beach towel

**servile** /sɛʀvil/ **ADJ** a *(= obséquieux) [personne]* servile; *[obéissance]* slavish; *[flatterie]* fawning b *(= sans originalité) [traduction, imitation]* slavish c *(littér = de serf) [condition, travail]* servile

**servilement** /sɛʀvilmɑ̃/ **ADV** *[obéir, imiter, traduire, copier]* slavishly ◆ **flatter qn** ~ to fawn on sb

**servilité** /sɛʀvilite/ **NF** a *(= obséquiosité)* servility b *[de traduction, imitation]* slavishness c *(littér) [de condition, travail]* servility

**servir** /sɛʀviʀ/ ▸ conjug 14 ◂ **VT** a *(= être au service de) [+ pays, cause]* to serve; *(emploi absolu = être soldat)* to serve (*dans* in); ◆ ~ **la messe** *(Rel)* to serve mass

b *[domestique] [+ patron]* to serve, to wait on ◆ **il sert comme chauffeur** he works as a chauffeur ◆ **il servait dans la même famille depuis 20 ans** he had been in service with the same family for 20 years ◆ **elle aime se faire** ~ she likes to be waited on ◆ **on n'est jamais si bien servi que par soi-même** *(Prov)* if you want something doing, do it yourself

c *(= aider) [+ personne]* to be of service to, to aid ◆ ~ **les ambitions/intérêts de qn** to serve *ou* aid sb's ambitions/interests ◆ **ceci nous sert** this serves our interests ◆ **sa prudence l'a servi auprès des autorités** his caution served him well *ou* stood him in good stead in his dealings with the authorities ◆ **il a été servi par les circonstances** he was aided by circumstances ◆ **il a été servi par une bonne mémoire** his memory served him well

**d** *(dans un magasin) [+ client]* to serve, to attend to; *[+ consommateur]* to serve; *[+ dîneur]* to wait on; *(chez soi, à table)* to serve ◆ **ce boucher nous sert depuis des années** this butcher has supplied us for years, we've been going to this butcher for years ◆ **le boucher m'a bien servi** *(en qualité)* the butcher has given me good meat; *(en quantité)* the butcher has given me a good amount for my money ◆ **on vous sert, Madame ?** are you being served? ◆ **on n'arrive pas à se faire ~ ici** it's difficult to get served here ◆ **prenez, n'attendez pas qu'on vous serve** help yourself – don't wait to be served ◆ **"Madame est servie"** "dinner is served" ◆ **pour vous ~** † at your service ◆ **des garçons en livrée servaient** waiters in livery waited *ou* served at table ◆ **les paysans voulaient la pluie, ils ont été servis !** the farmers wanted rain - well, they've certainly got what they wanted! ◆ **en fait d'ennuis, elle a été servie** she's had more than her fair share of problems

**e** *(Mil) [+ pièce d'artillerie]* to serve

**f** *(= donner) [+ rafraîchissement, plat]* to serve ◆ **~ qch à qn** to serve sb with sth, to help sb to sth ◆ **~ le déjeuner/dîner** to serve (up) lunch/dinner ◆ **"servir frais"** "serve chilled" ◆ **~ à déjeuner/dîner** to serve lunch/dinner *(à qn* to sb); ◆ **~ à boire** to serve drinks ◆ **~ à boire à qn** to serve a drink to sb ◆ **~ le café** to serve *ou* pour the coffee ◆ **on nous a servi le petit déjeuner au lit** we were served (our) breakfast in bed ◆ **il a faim, servez-le bien** he's hungry so give him a good helping ◆ **à table, c'est servi !** come and sit down now, it's ready! ◆ **il nous sert toujours les mêmes plaisanteries** he always trots out the same old jokes ◆ **toutes ces émissions stupides qu'ils nous servent** all these stupid programmes they expect us to watch; → **soupe**

**g** *(= verser)* to pay ◆ **~ une rente/une pension/des intérêts à qn** to pay sb an income/a pension/interest

**h** *(Cartes)* to deal

**i** *(Tennis, Ping-pong, Volley)* to serve ◆ **à vous de ~** your service, it's your turn to serve

**VT INDIR servir à** *(= être utile à) [+ personne]* to be of use *ou* help to; *[+ usage, opération]* to be of use in, to be useful for ◆ **~ à faire qch** to be used for doing sth ◆ **ça m'a servi à réparer ce fauteuil** I used it to mend this armchair ◆ **ça ne sert à rien** *[objet]* it's no use, it's useless; *[démarche]* there's no point ◆ **cela ne sert à rien de pleurer/réclamer** it's no use *ou* there's no point crying/complaining, crying/complaining won't help ◆ **à quoi sert cet objet ?** what's this thing used for? ◆ **à quoi servirait de réclamer ?** what use would it be to complain?, what would be the point of complaining? ◆ **cela ne servirait pas à grand-chose de dire ...** there's little point in saying ..., it wouldn't be much use saying ... ◆ **est-ce que cela pourrait vous ~ ?** could this be (of) any use to you?, could you make use of this? ◆ **vos conseils lui ont bien servi** your advice has been very useful *ou* helpful to him ◆ **ces projecteurs servent à guider les avions** these floodlights are used to guide *ou* for guiding the planes ◆ **cet instrument sert à beaucoup de choses** this instrument has many uses *ou* is used for many things ◆ **cela a servi à nous faire comprendre les difficultés** this served to help us understand the difficulties ◆ **cet héritage n'a servi qu'à les brouiller** the inheritance only served to drive a wedge between them ◆ **ne jette pas cette boîte, ça peut toujours ~** don't throw that box away – it may still come in handy *ou* still be of some use ◆ **ce mot a beaucoup servi dans les années 60** the word was much used in the sixties ◆ **cette valise n'a jamais servi** this suitcase has never been used; → **rien**

**VT INDIR servir de** *(= être utilisé comme) [personne]* to act as; *[ustensile, objet]* to serve as ◆ **elle lui a servi d'interprète/de témoin** she acted as his interpreter/as a witness (for him) ◆ **cette pièce sert de chambre d'amis** this room serves as *ou* is used as a guest room ◆ **cela pourrait te ~ de table** you could use that as a table, that would serve *ou* do as a table for you; → **exemple, leçon**

**VPR se servir** **a** *(à table, dans une distribution)* to help o.s. ◆ **se ~ chez Leblanc** *(chez un fournisseur)* to buy *ou* shop at Leblanc's ◆ **se ~ en viande chez Leblanc** to buy one's meat at Leblanc's, to go to Leblanc's for one's meat ◆ **servez-vous donc de viande** do help yourself to some meat ◆ **tu t'es mal servi** you haven't given yourself a very big portion ◆ **ne te gêne pas, sers-toi !** *(iro)* go ahead, help yourself! *(iro)*

**b** ◆ **se ~ de** *(= utiliser) [+ outil, mot, main-d'œuvre]* to use; *[+ personne]* to use, to make use of ◆ **il sait bien se ~ de cet outil** he knows how to use this tool ◆ **t'es-tu servi de ce vêtement ?** have you ever worn this? ◆ **il se sert de sa voiture pour aller au bureau** he uses his car to go to the office ◆ **se ~ de ses relations** to make use of *ou* use one's acquaintances ◆ **il s'est servi de moi** he used me

**c** *(sens passif)* **ce vin se sert très frais** this wine should be served chilled

**serviteur** /sɛʀvitœʀ/ **NM** **a** *(= domestique)* servant ◆ **en ce qui concerne votre ~ ...** *(hum)* as far as yours truly is concerned ... *(hum)* **b** *(pour cheminée)* fire irons

**servitude** /sɛʀvityd/ **NF** **a** *(= esclavage)* servitude, bondage **b** *(gén pl = contrainte)* constraint **c** *(Jur)* easement ◆ **~ de passage** right of way

**servocommande** /sɛʀvokɔmɑ̃d/ **NF** servo-mechanism

**servodirection** /sɛʀvodiʀɛksjɔ̃/ **NF** servo(-assisted) steering

**servofrein** /sɛʀvofʀɛ̃/ **NM** servo(-assisted) brake

**servomécanisme** /sɛʀvomekanism/ **NM** servo system

**servomoteur** /sɛʀvomɔtœʀ/ **NM** servo-motor

**servovalve** /sɛʀvovalv/ **NF** servo valve

**ses** /se/ **ADJ POSS** → **son¹**

**sésame** /sezam/ **NM** *(Bot)* sesame ◆ **graines de ~** sesame seeds ◆ **pain au ~** sesame seed loaf ◆ **"Sésame ouvre-toi"** "open Sesame" ◆ **ce diplôme est un ~ pour l'emploi** this degree opens doors in the job market ◆ **le système informatisé de la bibliothèque est le véritable ~ de ses trésors** the library's computer system opens up all its treasures

**sessile** /sesil/ **ADJ** *(Bot)* sessile; → **chêne**

**session** /sesjɔ̃/ **NF** **a** *(Jur, Parl)* session, sitting ◆ **~ extraordinaire** *(Parl)* special session **b** *(Scol, Univ)* session ◆ **la ~ de printemps/d'automne** the spring/autumn session ◆ **~ d'examen** exam session ◆ **la ~ de juin** the June exams ◆ **la ~ de septembre** the (September) retakes *ou* resits *(Brit)* ◆ **~ de rattrapage** *special session of the baccalauréat for students who are unable to take the exam the first time around* **c** *(= cours, stage)* course ◆ **~ de formation** training course

**sesterce** /sɛstɛʀs/ **NM** *(Hist) (= monnaie)* sesterce, sestertius; *(= mille unités)* sestertium

**set** /sɛt/ **NM** **a** *(Tennis)* set; → **balle¹** **b** ◆ **~ (de table)** *(= ensemble)* set of tablemats *ou* place mats; *(= napperon)* tablemat, place mat

**setter** /setɛʀ/ **NM** setter ◆ **~ irlandais** Irish setter

**seuil** /sœj/ **NM** **a** *[de porte] (= marche)* doorstep; *(= entrée)* doorway, threshold †; *(fig)* threshold ◆ **se tenir sur le ~ de sa maison** to stand in the doorway of one's house ◆ **il m'a reçu sur le ~** he kept me on the doorstep *ou* at the door ◆ **avoir la campagne au ~ de sa maison** to have the country on *ou* at one's doorstep ◆ **le ~ de** *(fig = début) [+ période]* the threshold of ◆ **au ~ de la mort** at death's door ◆ **le ~ du désert** the edge of the desert

**b** *(Géog, Tech)* sill

**c** *(= limite)* threshold; *(Psych)* threshold, limen *(SPÉC)* ◆ **~ auditif** auditory threshold ◆ **~ de la douleur** pain threshold ◆ **~ de rentabilité** break-even point ◆ **~ de tolérance** threshold of tolerance ◆ **~ de pauvreté** poverty line *ou* level ◆ **vivre en dessous du ~ de pauvreté** to live below *ou* beneath the poverty line ◆ **~ de résistance** *(Bourse)* resistance level ◆ **le dollar est passé sous le ~ d'un euro** the dollar fell below the 1 euro level ◆ **~ d'imposition** tax threshold ◆ **relever les ~s sociaux** *(Jur) to raise the minimum number of employees required to establish works councils, delegates' committees etc*

**seul, e** /sœl/ **ADJ** **a** *(après n ou attrib) [personne] (= sans compagnie, non accompagné)* alone *(attrib)*, on one's own *(attrib)*, by oneself *(attrib)*; *(= isolé)* lonely; *[objet, mot]* alone *(attrib)*, on its own *(attrib)*, by itself *(attrib)* ◆ **être/rester ~** to be/remain alone *ou* on one's own *ou* by oneself ◆ **laissez-moi ~ quelques instants** leave me alone *ou* on my own *ou* by myself for a moment ◆ **~ avec qn/ses pensées/son chagrin** alone with sb/one's thoughts/one's grief ◆ **ils se retrouvèrent enfin ~s** they were alone (together) *ou* on their own *ou* by themselves at last ◆ **un homme ~/une femme ~e peut très bien se débrouiller** a man on his own/a woman on her own *ou* a single man/woman can manage perfectly well ◆ **au bal, il y avait beaucoup d'hommes ~s** at the dance there were many men on their own ◆ **se sentir (très) ~** to feel (very) lonely *ou* lonesome ◆ **~ au monde** alone in the world ◆ **les amoureux sont ~s au monde** lovers behave as if they are the only ones in the world ◆ **être ~ contre tous** to be alone against the world ◆ **il s'est battu, ~ contre tous** he fought single-handedly ◆ **mot employé ~** word used alone *ou* on its own *ou* by itself ◆ **la lampe ~e ne suffit pas** the lamp alone *ou* on its own is not enough, the lamp is not enough on its own *ou* by itself ◆ **il est tout ~** he's all alone ◆ **il était tout ~ dans un coin** he was all by himself *ou* all alone in a corner ◆ **il l'a fait tout ~** he did it all by himself *ou* (all) on his own ◆ **cette tasse ne s'est pas cassée toute ~e !** this cup didn't break all by itself!; → **cavalier**

**b** *(avant n = unique)* **un ~ homme/livre** *(et non plusieurs)* one man/book, a single man/book; *(à l'exception de tout autre)* only one man/book ◆ **le ~ homme/livre** the one man/book, the only man/book, the sole man/book ◆ **les ~es personnes/conditions** the only people/conditions ◆ **un ~ livre suffit** one book *ou* a single book will do ◆ **un ~ homme peut vous aider : Paul** only one man can help you and that's Paul ◆ **pour cette ~e raison** for this reason alone *ou* only, for this one reason ◆ **son ~ souci est de ...** his only *ou* sole *ou* one concern is to ... ◆ **un ~ moment d'inattention** one *ou* a single moment's lapse of concentration ◆ **il n'y a qu'un ~ Dieu** there is only one God, there is one God only *ou* alone ◆ **une ~e fois** only once, once only ◆ **la ~e chose, c'est que ça ferme à 6 heures** the only thing is (that) it shuts at 6

c *(en apposition)* only ◆ **~ le résultat compte** the result alone counts, only the result counts ◆ **~s les parents sont admis** only parents are admitted ◆ **~e Gabrielle peut le faire** only Gabrielle *ou* Gabrielle alone can do it ◆ **~e l'imprudence peut être la cause de cet accident** only carelessness can have caused this accident ◆ **lui ~ est venu en voiture** he alone *ou* only he came by car ◆ **à eux ~s, ils ont bu dix bouteilles** they drank ten bottles between them ◆ **je l'ai fait à moi (tout) ~** I did it (all) on my own *ou* (all) by myself, I did it single-handed

d *(loc)* **~ et unique** one and only ◆ **c'est la ~e et même personne** they're one and the same (person) ◆ **~ de son espèce** the only one of its kind ◆ **d'un ~ coup** *(= subitement)* suddenly; *(= en une seule fois)* in one go ◆ **vous êtes ~ juge** you alone can judge ◆ **à ~e fin de ...** with the sole purpose of ... ◆ **dans la ~e intention de ...** with the one *ou* sole intention of ... ◆ **du ~ fait que ...** by the very fact that ... ◆ **à la ~e pensée de ...** at the mere thought of ... ◆ **la ~e pensée d'y retourner la remplissait de frayeur** the mere *ou* very thought of going back there filled her with fear ◆ **parler à qn ~ à ~** to speak to sb in private *ou* privately *ou* alone ◆ **se retrouver ~ à ~ avec qn** to find o.s. alone with sb ◆ **comme un ~ homme** *(fig)* as one man ◆ **d'une ~e voix** with one voice

ADV a *(= sans compagnie)* **parler/rire ~** to talk/laugh to oneself ◆ **vivre/travailler ~** to live/work alone *ou* by oneself *ou* on one's own

b *(= sans aide)* by oneself, on one's own, unaided ◆ **faire qch (tout) ~** to do sth (all) by oneself *ou* (all) on one's own, to do sth unaided *ou* single-handed ◆ **ça va tout ~** it's all going smoothly

NM,F ◆ **un ~ peut le faire** *(et non plusieurs)* one man can do it, a single man can do it; *(à l'exception de tout autre)* only one man can do it ◆ **un ~ contre tous** one (man) against all ◆ **le ~ que j'aime** the only one I love ◆ **vous n'êtes pas la ~e à vous plaindre** you aren't the only one to complain, you aren't alone in complaining ◆ **une ~e de ses peintures n'a pas été détruite dans l'incendie** only one of his paintings was not destroyed in the fire ◆ **il n'en reste pas un ~** there isn't a single *ou* solitary one left

**seulement** /sœlmɑ̃/ ADV a *(quantité = pas davantage)* only ◆ **cinq personnes ~ sont venues** only five people came ◆ **nous serons ~ quatre** there will only be four of us ◆ **je pars pour deux jours ~** I'm only going away for two days

b *(= exclusivement)* only, alone, solely ◆ **on ne vit pas ~ de pain** you can't live on bread alone ◆ **ce n'est pas ~ sa maladie qui le déprime** it's not only *ou* just his illness that depresses him ◆ **250 €, c'est ~ le prix de la chambre** €250 is the price for just the room *ou* is the price for the room only ◆ **on leur permet de lire ~ le soir** they are only allowed to read at night ◆ **il fait cela ~ pour nous ennuyer** he only does that to annoy us

c *(temps = pas avant)* only ◆ **il vient ~ d'entrer** he's only just (now) come in ◆ **ce fut ~ vers 10 heures qu'il arriva** he only got there at about 10 o'clock ◆ **il est parti ~ ce matin** he left only this morning, he only left this morning

d *(en tête de proposition = mais, toutefois)* only, but ◆ **je connais un bon chirurgien, ~ il est cher** I know a good surgeon, only *ou* but he is expensive ◆ **j'avais tout organisé, ~ voilà, ils ne sont même pas venus** I'd organized everything, the only thing was they didn't turn up

e *(loc)* **non ~ il ne travaille pas mais (encore) il empêche les autres de travailler** not only does he not work but he stops the others working too ◆ **non ~ le directeur mais aussi ou encore les employés** not only *ou* just the manager but the employees too *ou* as well ◆ **non ~ il a plu, mais (encore) il a fait froid** it didn't only rain but it was cold too, it not only rained but it was also cold ◆ **on ne nous a pas ~ donné un verre d'eau** *(même pas)* we were not even given a glass of water, we were not given so much as a glass of water ◆ **il n'a pas ~ de quoi se payer un costume** he hasn't even got enough to buy himself a suit ◆ **il est parti sans ~ nous prévenir** he left without so much as *ou* without even telling us ◆ **si ~** if only; → **si¹**

**seulet, -ette** † * /sœlɛ, ɛt/ ADJ *(hum)* lonesome, lonely, all alone ◆ **se sentir bien ~** to feel all alone *ou* very lonesome

**sève** /sɛv/ NF *[d'arbre]* sap; *(fig)* sap, life, vigour *(Brit)*, vigor *(US)* ◆ **~ ascendante/brute/descendante élaborée** rising/crude/falling elaborated sap ◆ **les arbres sont en pleine ~** the sap has risen in the trees ◆ **la jeunesse est débordante de ~** young people are brimming with strength and vigour

**sévère** /sevɛʀ/ ADJ a *(= dur, strict) [maître, juge, climat, mesures, règlement, sanctions]* severe, harsh; *[parent, éducation, ton]* strict, severe; *[jugement]* severe, harsh; *[regard, visage]* severe, stern; *[verdict]* harsh ◆ **elle suit un régime ~** she's on a strict diet ◆ **après une sélection ~** after a rigorous selection process ◆ **une morale ~** a strict *ou* stern moral code ◆ **ne soyez pas trop ~ avec elle** don't be too harsh on her *ou* strict with her ◆ **la critique a été très ~ avec son film** the critics were very hard on his film ◆ **son rapport est très ~ sur l'état de nos prisons** his report is highly critical of the state of our prisons

b *(= austère) [style, architecture]* severe; *[traits du visage, tenue]* severe, stern ◆ **une beauté ~** a severe beauty

c *(= important) [pertes, échec]* severe, heavy; *[concurrence]* tough; *[défaite]* heavy ◆ **ils ont dû faire des coupes ~s dans le budget militaire** they had to make heavy *ou* severe cuts in the military budget

ADV (‡ : intensif) ◆ **il s'est fait engueuler, (mais alors) ~ !** he got a real bollocking‡ ◆ **elle s'est fait amocher, ~ !** she got badly beaten up

**sévèrement** /sevɛʀmɑ̃/ ADV a *(= durement) [punir]* severely; *[juger, critiquer]* harshly, severely; *[contrôler, réglementer]* strictly ◆ **les visites sont ~ contrôlées** visits are under strict control b *(= gravement) [éprouver, affecter]* severely ◆ **cette ville est ~ affectée par la crise** the town has been severely hit by the crisis ◆ **un malade ~ atteint** a severely affected patient

**sévérité** /seveʀite/ NF a *(= dureté, rigueur) [de maître, juge, jugement, climat, mesures, règlement]* severity, harshness; *[de parent, éducation, ton]* strictness, severity; *[de regard]* severity, sternness; *[de verdict]* harshness ◆ **elle a élevé ses enfants avec une grande ~** she was very strict with her children ◆ **il se juge avec trop de ~** he's too hard on himself ◆ **tu manques de ~ avec lui** you're not strict enough with him, you're too soft on him b *(= austérité) [de style, architecture]* severity; *[de tenue, mœurs, traits du visage]* severity, sternness c *(= gravité) [de pertes, échec, récession]* severity

**sévices** /sevis/ NMPL physical cruelty *(NonC)*, ill treatment *(NonC)* ◆ **~ corporels/sexuels** physical/sexual abuse *(NonC)* ◆ **faire subir des ~ à la population** to treat the population brutally *ou* cruelly ◆ **exercer des ~ sur un enfant** *(gén)* to ill-treat a child; *(sexuels)* to abuse a child ◆ **être victime de ~** to be ill-treated *ou* abused

**Séville** /sevil/ N Seville

**sévir** /seviʀ/ ► conjug 2 ◄ VI a *(= punir)* to act ruthlessly ◆ **~ contre** *[+ personne, abus, pratique]* to deal ruthlessly with ◆ **si vous continuez, je vais devoir ~** if you carry on, I shall have to deal severely with you *ou* use harsh measures b *(= exercer ses ravages) [virus]* to be rife; *[doctrine]* to hold sway ◆ **ce fléau sévit encore en Asie** the illness is still rife in Asia ◆ **la pauvreté sévissait** poverty was rampant *ou* rife ◆ **il sévit à la télé/dans notre service depuis 20 ans** *(hum)* he's been plaguing our screens/our department for 20 years now *(hum)* ◆ **est-ce qu'il sévit encore à l'université ?** *(hum)* do they still let him loose on the students? *(hum)*

**sevrage** /səvʀaʒ/ NM a *[de nourrisson, jeune animal]* weaning b *(Hort)* separation c *(Méd)* **une méthode de ~ des toxicomanes** a method of weaning addicts off drugs ◆ **les cures de ~ des toxicomanes** drug withdrawal programmes ◆ **pour faciliter le ~ tabagique** to make it easier for people to give up *ou* to stop smoking ◆ **il lui faudra un ~ pharmacologique** he'll need some kind of prop *ou* substitute product to help him give up

**sevrer** /səvʀe/ ► conjug 5 ◄ VT a *[+ nourrisson, jeune animal]* to wean ◆ **~ un toxicomane** to wean an addict off drugs ◆ **pour ~ les fumeurs** to help smokers give up b *(Hort)* to separate c *(littér = priver)* **~ qn de qch** to deprive sb of sth ◆ **nous avons été sevrés de théâtre** we have been deprived of theatre outings

**sèvres** /sɛvʀ/ NM *(= porcelaine)* Sèvres porcelain; *(= objet)* piece of Sèvres porcelain

**sexagénaire** /sɛksaʒenɛʀ/ ADJ sixty-year-old *(épith)*, sexagenarian NMF sixty-year-old, sexagenarian

**sexagésimal, e** (mpl **-aux**) /sɛgzaʒezimal, o/ ADJ sexagesimal

**sexagésime** /sɛgzaʒezim/ NF *(Rel)* Sexagesima (Sunday)

**sex-appeal** /sɛksapil/ NM sex appeal

**sexe** /sɛks/ NM a *(= catégorie)* sex ◆ **enfant de ou du ~ masculin/féminin** male/female child ◆ **nous recherchons une personne de ~ féminin/masculin** we are looking for a woman/man ◆ **le ~ faible/fort** the weaker/stronger sex ◆ **le (beau) ~** *(littér)* the fair sex ◆ **discuter du ~ des anges** * to discuss futilities b *(= sexualité)* sex ◆ **ce journal ne parle que de ~** this paper is full of nothing but sex c *(= organes génitaux)* genitals, sex organs; *(= verge)* penis

**sexisme** /sɛksism/ NM sexism ◆ **être accusé de ~** to be accused of sexism *ou* of being sexist

**sexiste** /sɛksist/ ADJ, NMF sexist

**sexologie** /sɛksɔlɔʒi/ NF sexology

**sexologue** /sɛksɔlɔg/ NMF sexologist, sex specialist

**sexothérapeute** /sɛksɔteʀapøt/ NMF sex therapist

**sex-shop** (pl **sex-shops**) /sɛksʃɔp/ NM sex-shop

**sex-symbol** (pl **sex-symbols**) /sɛkssɛ̃bɔl/ NM sex symbol

**sextant** /sɛkstɑ̃/ NM *(= instrument)* sextant; *(Math = arc)* sextant arc

**sextuor** /sɛkstɥɔʀ/ NM *(Mus)* sextet(te)

**sextuple** /sɛkstypl/ ADJ *[nombre, quantité, rangée]* sextuple ◆ **une quantité ~ de l'autre** a quantity six times (as great as) the other ◆ **en ~ exemplaire** in six copies NM *(gén, Math)* ◆ **je l'ai payé le ~/le ~ de l'autre** I paid six times as much for it/six times as much as the other for it ◆ **augmenter au ~** to increase sixfold *ou* six times

**sextupler** /sɛkstyple/ ▸ conjug 1 ◂ VTI to increase six times *ou* sixfold

**sextuplés, -ées** /sɛkstyple/ NM,F PL sextuplets

**sexualiser** /sɛksɥalize/ ▸ conjug 1 ◂ VT to sexualize

**sexualité** /sɛksɥalite/ NF sexuality ◆ **troubles de la ~** sexual problems ◆ **avoir une ~ épanouie** to have a full sex life

**sexué, e** /sɛksɥe/ ADJ *[mammifères, plantes]* sexed, sexual; *[reproduction]* sexual

**sexuel, -elle** /sɛksɥɛl/ ADJ *[caractère, instinct, plaisir]* sexual; *[éducation, hormone, organe, partenaire]* sexual, sex *(épith)*; *[abus, comportement, sévices]* sexual ◆ **avoir une activité sexuelle importante** to have a very active sex life; → **rapport**

**sexuellement** /sɛksɥɛlmɑ̃/ ADV sexually; → **maladie**

**sexy** * /sɛksi/ ADJ INV sexy *

**seyant, e** /sɛjɑ̃, ɑ̃t/ ADJ *[vêtement]* becoming ◆ **elle portait une jupe très ~e** she was wearing a skirt that really suited her

**Seychelles** /seʃɛl/ NFPL ◆ **les ~** the Seychelles

**seychellois, e** /seʃɛlwa, az/ ADJ of *ou* from the Seychelles NM,F **Seychellois(e)** inhabitant *ou* native of the Seychelles

**SF** * /ɛsɛf/ NF (abrév de **science-fiction**) sci-fi * ◆ **film/roman de ~** sci-fi * film/novel

**SG** /ɛsʒe/ NM (abrév de **secrétaire général**) → **secrétaire**

**SGBD** /ɛsʒebede/ NM (abrév de **système de gestion de bases de données**) → **système**

**SGML** /ɛsʒeɛmɛl/ NM (abrév de **Standard Generalized Mark-Up Language**) *(Ordin)* SGML

**shabbat** /ʃabat/ NM ⇒ **sabbat**

**shah** /ʃa/ NM shah

**shaker** /ʃɛkœʀ/ NM cocktail shaker

**shakespearien, -ienne** /ʃɛkspiʀjɛ̃, jɛn/ ADJ Shakespearian

**shako** /ʃako/ NM shako

**shampoing, shampooing** /ʃɑ̃pwɛ̃/ NM *(= lavage, produit)* shampoo ◆ **faire un ~ à qn** to give sb a shampoo, to shampoo *ou* wash sb's hair ◆ **se faire un ~** to shampoo one's hair ◆ **à appliquer après chaque ~** apply every time after shampooing ◆ **~ colorant** shampoo-in hair colourant *(Brit) ou* colorant *(US)* ◆ **~ crème** cream shampoo ◆ **~ à moquette** carpet shampoo

**shampouiner, shampooiner** /ʃɑ̃pwine/ ▸ conjug 1 ◂ VT to shampoo ◆ **se ~ la tête** to shampoo one's hair

**shampouineur, -euse, shampooineur, -euse** /ʃɑ̃pwinœʀ, øz/ NM,F trainee hairdresser *(who washes hair)*, junior NF **shampouineuse, shampooineuse** *(= machine)* carpet shampooer

**shant(o)ung** /ʃɑ̃tuŋ/ NM shantung (silk)

**Shape, SHAPE** /ʃap/ (abrév de **Supreme Headquarters Allied Powers Europe**) NM SHAPE

**shareware** /ʃɛrwɛʀ/ NM shareware

**shekel** /ʃekɛl/ NM shekel

**shérif** /ʃeʀif/ NM *[de western]* sheriff, marshal

**sherpa** /ʃɛʀpa/ NM *(= guide)* Sherpa; *(Pol)* aide *(helping with preparations for summit talks)*

**sherry** /ʃeʀi/ NM sherry

**shetland** /ʃɛtlɑ̃d/ NM *(= laine)* Shetland wool; *(= tricot)* Shetland pullover NFPL **Shetland** ◆ **les (îles) Shetland** the Shetlands, the Shetland Islands ◆ **les (îles) Shetland-du-Sud** the South Shetlands

**shetlandais, e** /ʃɛtlɑ̃dɛ, ɛz/ ADJ Shetland *(épith)* NM,F **Shetlandais(e)** Shetlander

**shilling** /ʃiliŋ/ NM shilling

**shimmy** /ʃimi/ NM *(= danse)* shimmy; *(Aut)* shimmy

**shinto** /ʃinto/, **shintoïsme** /ʃintɔism/ NM Shinto, Shintoism

**shintoïste** /ʃintɔist/ ADJ, NMF Shintoist

**shit** /ʃit/ NM *(arg Drogue)* dope *, hash *

**Shiva** /ʃiva/ NM ⇒ **Siva**

**Shoah** /ʃɔa/ NF Shoah

**shog(o)un** /ʃɔgun/ NM shogun

**shoot** /ʃut/ NM a *(Ftbl)* shot b *(arg Drogue)* fix * ◆ **se faire un ~ d'héroïne** to shoot up *̣* with heroin

**shooter** /ʃute/ ▸ conjug 1 ◂ VI *(Ftbl)* to shoot, to make a shot VT ◆ **~ un penalty** to take a penalty (kick *ou* shot) VPR **se shooter** *(arg Drogue)* to shoot up * ◆ **se ~ à l'héroïne** to mainline * heroin, to shoot up * with heroin ◆ **il s'est shooté pendant dix ans** he mainlined * drugs for ten years ◆ **je me shoote au café** * I need to have my daily fix * of coffee ◆ **on l'a complètement shooté aux médicaments** * he's been drugged *ou* doped up to the eyeballs *

**shopping** /ʃɔpiŋ/ NM shopping ◆ **faire du ~** to go shopping ◆ **faire son ~** to do one's shopping

**short** /ʃɔʀt/ NM ◆ **~(s)** pair of shorts, shorts ◆ **être en ~(s)** to be in shorts *ou* wearing shorts; → **tailler** ADJ *( * = juste)* ◆ **3 bouteilles de vin pour 9, c'est un peu ~** 3 bottles of wine for 9 people, that's not really enough ◆ **5 minutes pour aller à la gare, c'est un peu ~** 5 minutes to get to the station, that's cutting it a bit fine ◆ **je suis un peu ~ en pain** I'm a bit low on bread

**show** /ʃo/ NM show

**showbiz** * /ʃobiz/ NM INV (abrév de **show-business**) show biz *

**show-business** /ʃobiznɛs/ NM INV show business

**show-room** (pl **show-rooms**) /ʃoʀum/ NM showroom

**shrapnel(l)** /ʃʀapnɛl/ NM shrapnel

**shunt** /ʃœ̃t/ NM *(Élec)* shunt

**shunter** /ʃœ̃te/ ▸ conjug 1 ◂ VT *(Élec)* to shunt; * *[+ personne, service]* to bypass

**SI** a (abrév de **syndicat d'initiative**) → **syndicat** b (abrév de **Système international (d'unités)**) SI

**si**[1] /si/ GRAMMAIRE ACTIVE 30

CONJ a *(éventualité, condition)* if ◆ **s'il fait beau demain (et ~ j'en ai *ou* et que j'en aie le temps), je sortirai** if it's fine tomorrow (and (if) I have time), I'll go out

b *(hypothèse)* if ◆ **~ et seulement ~** *(Math)* if and only if ◆ **~ j'avais de l'argent, j'achèterais une voiture** if I had any money *ou* had I any money, I would buy a car ◆ **même s'il s'excusait, je ne lui pardonnerais pas** even if he were to apologize I wouldn't forgive him ◆ **~ nous n'avions pas été prévenus, nous serions arrivés *ou* nous arrivions trop tard** if we hadn't been warned, we would have arrived too late ◆ **il a déclaré que ~ on ne l'augmentait pas, il partirait *ou* il partait** he said that if he didn't get a rise he would leave *ou* he was leaving ◆ **viendras-tu ? ~ oui, préviens-moi à l'avance** are you coming? if so *ou* if you are, tell me in advance; → **comme**

c *(répétition = toutes les fois que)* if, when ◆ **s'il faisait beau, il allait se promener** if *ou* when it was nice he used to go for a walk ◆ **~ je sors sans parapluie, il pleut** if *ou* whenever I go out without an umbrella it always rains

d *(opposition)* while, whilst *(surtout Brit)* ◆ **~ lui est aimable, sa femme (par contre) est arrogante** while *ou* whereas he is very pleasant his wife (on the other hand) is arrogant

e *(exposant un fait)* **s'il ne joue plus, c'est qu'il s'est cassé la jambe** if he doesn't play any more it's because he has broken his leg, the reason he no longer plays is that he has broken his leg ◆ **c'est un miracle ~ la voiture n'a pas pris feu** it's a miracle (that) the car didn't catch fire ◆ **excusez-nous *ou* pardonnez-nous ~ nous n'avons pas pu venir** please excuse *ou* forgive us for not being able to come

f *(dans une interrogation indirecte)* if, whether ◆ **il ignore/se demande ~ elle viendra (ou non)** he doesn't know/is wondering whether *ou* if she'll come (or not) ◆ **il faut s'assurer ~ la télé marche** we must make sure that the TV is working ◆ **vous imaginez s'ils étaient fiers !** you can imagine how proud they were! ◆ **~ je veux y aller ! quelle question !** do I want to go! what a question!

g *(en corrélation avec proposition implicite)* if ◆ **~ j'avais su !** if I had only known!, had I (only) known! ◆ **~ je le tenais !** if I could (only) lay my hands on him! ◆ **et s'il refusait ?** and what if he refused?, and what if he should refuse?, and supposing he refused? ◆ **~ tu lui téléphonais ?** how *ou* what about phoning him?, supposing *ou* suppose you phoned him? ◆ **~ nous allions nous promener ?** what *ou* how about going for a walk?, what would you say to a walk?

h *(loc)* **~ j'ai bien compris/entendu** if I understood correctly/heard properly ◆ **~ seulement il venait/était venu** if only he was coming/had come ◆ **brave homme s'il en fut** a fine man if ever there was one ◆ **~ c'est ça *, je m'en vais** if that's how it is, I'm off *

◆ **si + dire** ◆ **~ j'ose dire** *(frm, hum)* if I may say so ◆ **~ je puis dire** *(frm)* if I may put it like that ◆ **~ l'on peut dire** *(frm)* in a way, as it were, so to speak, in a manner of speaking

◆ **si ce n'est** ◆ **qui peut le savoir, ~ ce n'est lui ?** if he doesn't know, who will? ◆ **~ ce n'est elle, qui aurait osé ?** who but she would have dared? ◆ **~ ce n'était la crainte de les décourager** if it were not *ou* were it not for the fear of putting them off ◆ **il n'avait rien emporté, ~ ce n'est quelques biscuits et une pomme** he had taken nothing with him apart from *ou* other than a few biscuits and an apple ◆ **une des plus belles, ~ ce n'est la plus belle** one of the most beautiful, if not the most beautiful ◆ **elle se porte bien, ~ ce n'est qu'elle est très fatiguée** she's quite well apart from the fact that she is very tired *ou* apart from feeling very tired

◆ **si tant est que** so long as, provided *ou* providing that ◆ **invite-les tous, ~ tant est que nous ayons assez de verres** invite them all, so long as we have enough glasses *ou* if we have enough glasses that is ◆ **ils sont sous-payés, ~ tant est qu'on les paie** they are underpaid, if they are paid at all

NM INV if ◆ **avec des ~ (et des mais), on mettrait Paris en bouteille** if ifs and ands were pots and pans there'd be no need for tinkers

**si**[2] /si/ ADV **a** *(affirmatif)* **vous ne venez pas ? – ~/mais ~/que** ~ aren't you coming? – yes I am/of course I am/indeed I am *ou* I certainly am ◆ **vous n'avez rien mangé ? – ~, une pomme** haven't you had anything to eat? – yes (I have), an apple ◆ **~, ~, il faut venir** oh but you must come! ◆ **il n'a pas voulu, moi ~** he didn't want to, but I did ◆ **il n'a pas écrit ? – il semble bien** *ou* **il paraît que** ~ hasn't he written? – yes, it seems that he has ◆ **je pensais qu'il ne viendrait pas, mais quand je lui en ai parlé il m'a répondu que** ~ I thought he wouldn't come but when I mentioned it to him he told me he would ◆ **je croyais qu'elle ne voulait pas venir, mais il m'a dit que** ~ I thought she didn't want to come but he said she did ◆ **~ fait** † indeed yes

**b** *(intensif = tellement) (modifiant attrib, adv)* so ◆ **un ami ~ gentil** *(modifiant épith)* such a kind friend, so kind a friend *(frm)* ◆ **des amis ~ gentils, de ~ gentils amis** such kind friends ◆ **il parle ~ bas qu'on ne l'entend pas** he speaks so low *ou* in such a low voice that you can't hear him ◆ **j'ai ~ faim** I'm so hungry ◆ **elle n'est pas ~ stupide qu'elle ne puisse comprendre ceci** she's not so stupid that she can't understand this ◆ **il est stupide, non ? – ~ peu !** *(iro)* he's stupid, isn't he? – and how! * *ou* too right! *

♦ **si bien que** so that, with the result that

**c** *(concessif = aussi)* however ◆ **~ bête soit-il** *ou* **qu'il soit, il comprendra** however stupid he is he will understand ◆ **~ rapidement qu'il progresse** however rapidly he progresses ◆ **~ adroitement qu'il ait parlé, il n'a convaincu personne** for all that he spoke very cleverly *ou* however cleverly he may have spoken he didn't convince anyone ◆ **~ beau qu'il fasse, il ne peut encore sortir** however good the weather is, he can't go out yet ◆ **~ peu que ce soit** however little it may be, little as *ou* though it may be

**d** *(égalité = aussi)* as, so ◆ **elle n'est pas ~ timide que vous croyez** she's not so *ou* as shy as you think ◆ **il ne travaille pas ~ lentement qu'il en a l'air** he doesn't work as slowly as he seems to ◆ **ce n'est pas ~ facile** *ou* **simple** it's not as simple as that

**si**[3] /si/ NM INV *(Mus)* B; *(en chantant la gamme)* ti, te

**Siam** /sjam/ NM Siam

**siamois, e** /sjamwa, waz/ ADJ († *Géog*) Siamese; *[chat]* Siamese ◆ **frères ~, sœurs ~es** Siamese twins NM,F **a** † **Siamois(e)** *(Géog)* Siamese **b** *(pl = jumeaux)* Siamese twins NM *(= chat)* Siamese

**Sibérie** /sibeʀi/ NF Siberia

**sibérien, -ienne** /sibeʀjɛ̃, jɛn/ ADJ *(Géog, fig)* Siberian NM,F **Sibérien(ne)** Siberian

**sibylle** /sibil/ NF sibyl

**sibyllin, e** /sibilɛ̃, in/ ADJ *(Myth)* sibylline; *[phrase, personne]* cryptic, sibylline *(frm)* ◆ **tenir des propos ~s** to talk in riddles ◆ **de façon** *ou* **de manière ~e** cryptically

**sic** /sik/ ADV sic

**SICAV, sicav** /sikav/ NF INV (abrév de **société d'investissement à capital variable**) *(= fonds)* unit trust *(Brit)*, open-end investment trust *(US)*, mutual fund *(US)*; *(= part)* share in a unit trust *(Brit) ou* an open-end investment trust *(US) ou* a mutual fund *(US)* ◆ **sicav monétaire** money market fund ◆ **sicav obligataire** bond fund ◆ **sicav de trésorerie** cash management unit trust *ou* mutual fund

**siccatif, -ive** /sikatif, iv/ ADJ, NM siccative

**Sicile** /sisil/ NF Sicily

**sicilien, -ienne** /sisiljɛ̃, jɛn/ ADJ Sicilian NM **a** *(= dialecte)* Sicilian **b** ◆ **Sicilien** Sicilian NF **sicilienne a** ◆ **Sicilienne** Sicilian **b** *(= danse)* Siciliano, Sicilienne

**SIDA, sida** /sida/ NM (abrév de **syndrome d'immunodéficience acquise**) AIDS, Aids ◆ **avoir le/être atteint du sida** to have/be suffering from AIDS ◆ **le virus du sida** the AIDS virus ◆ **la lutte contre le sida** the battle against AIDS

**side-car** (pl **side-cars**) /sidkaʀ/ NM *(= habitacle)* sidecar; *(= véhicule entier)* motorcycle and sidecar

**sidéen, -enne** /sideɛ̃, ɛn/ ADJ *[personne]* (infected) with AIDS *ou* Aids NM,F AIDS *ou* Aids sufferer, person with AIDS, PWA

**sidéral, e** (mpl **-aux**) /sideʀal, o/ ADJ sidereal

**sidérant, e** * /sideʀɑ̃, ɑ̃t/ ADJ staggering *, shattering *

**sidération** /sideʀasjɔ̃/ NF *(Méd)* sideration

**sidérer** /sideʀe/ ► conjug 6 ◄ VT **a** *( * = abasourdir)* to stagger * ◆ **cette nouvelle m'a sidéré** I was staggered * *ou* dumbfounded by the news ◆ **je suis sidéré par son intelligence/son insolence** I'm dumbfounded *ou* amazed by his intelligence/his insolence ◆ **la foule regardait, sidérée** the crowd watched, dumbfounded **b** *(Méd)* to siderate

**sidérurgie** /sideʀyʀʒi/ NF *(= fabrication)* (iron and) steel metallurgy; *(= industrie)* (iron and) steel industry

**sidérurgique** /sideʀyʀʒik/ ADJ *[procédé]* (iron-and) steel-manufacturing *(épith)*; *[industrie]* iron and steel *(épith)*

**sidérurgiste** /sideʀyʀʒist/ NMF *(= industriel)* steel manufacturer; *(= ouvrier)* steel worker

**sidi** † /sidi/ NM *(injurieux) North African immigrant (resident in France)*

**Sidon** /sidɔ̃/ N Sidon

**siècle** /sjɛkl/ NM **a** *(gén)* century ◆ **au 3e ~ avant Jésus-Christ/après Jésus-Christ** *ou* **de notre ère** in the 3rd century B.C./A.D. ◆ **au ~ dernier** in the last century ◆ **le Grand Siècle** the 17th century *(in France)*, the grand siècle ◆ **le hold-up/match du ~** * the hold-up/match of the century ◆ **cet arbre a/ces ruines ont des ~s** this tree is/these ruins are centuries old ◆ **après des ~s de colonisation, le pays ...** after centuries of colonial rule, the country ... ◆ **il est né avec le ~, il a l'âge du ~** he's as old as the century; → **consommation, fin**[2]**, mal**[2]

**b** *(= époque)* age ◆ **être de son ~/d'un autre ~** to belong to one's age/to another age ◆ **de ~ en ~** from age to age, through the ages ◆ **le ~ de Périclès/d'Auguste** the age of Pericles/of Augustus ◆ **le Siècle des lumières** (the Age of) the Enlightenment ◆ **il y a un ~** *ou* **des ~s que nous ne nous sommes vus** * it has been *ou* it is years *ou* ages since we last saw each other

**c** *(Rel = monde)* **le ~** the world ◆ **les plaisirs du ~** worldly pleasures, the pleasures of the world

**siège**[1] /sjɛʒ/ NM **a** *(= meuble)* seat ◆ **~ de jardin/de bureau** garden/office chair ◆ **le ~ des toilettes** the toilet seat ◆ **donner/offrir un ~ à qn** to give/offer sb a seat ◆ **prenez un ~** take a seat ◆ **Dupont, le spécialiste du ~ de bureau** Dupont, the specialist in office seating ◆ **~ avant/arrière** *(Aut)* front/back seat

**b** *(frm, Méd = postérieur)* seat ◆ **l'enfant se présente par le ~** the baby's in the breech position; → **bain**

**c** *(Pol = fonction)* seat ◆ **~ vacant** vacant seat ◆ **retrouver son ~ de député** to win back one's parliamentary seat

**d** *(Jur) [de magistrat]* bench; → **magistrature**

**e** *(= résidence principale) [de firme]* head office; *[de parti, organisation internationale]* headquarters; *[d'assemblée, tribunal]* seat ◆ **~ social** registered office ◆ **~ épiscopal/pontifical** episcopal/pontifical see ◆ **cette organisation, dont le ~ est à Genève** this Geneva-based organization, this organization which is based in Geneva *ou* which has its headquarters in Geneva

**f** *(= centre) [de maladie, passions, rébellion]* seat; *(Physiol) [de faculté, sensation]* centre *(Brit)*, center *(US)*

COMP ▷ **siège-auto** *(pour bébé)* baby (car) seat ▷ **siège baquet** *(Aut)* bucket seat ▷ **siège pour bébé(s)** *(Aut)* baby (car) seat ▷ **siège éjectable** *(Aviat)* ejector seat ◆ **il est sur un ~ éjectable** *(fig)* he could be fired any time

**siège**[2] /sjɛʒ/ NM *[de place forte]* siege ◆ **mettre le ~ devant une ville** to besiege a town ◆ **faire le ~ de** *(lit, fig)* to lay siege to; → **état, lever**[1]

**siéger** /sjeʒe/ ► conjug 3 et 6 ◄ VI **a** *(= être en session) [assemblée, tribunal]* to be in session **b** *(= être membre de)* **~ à** *[+ conseil, comité]* to sit *ou* be on **c** *(= être situé à)* **~ à** *[tribunal, organisme]* to have its headquarters in, to be headquartered in *(US)* **d** *(= résider)* **voilà où siège le mal** that's where the trouble lies

**sien, sienne** /sjɛ̃, sjɛn/ PRON POSS ◆ **le ~, la sienne, les ~s, les siennes** *[d'homme]* his (own); *[de femme]* hers, her own; *[de chose, animal]* its own; *[de nation]* its own, hers, her own; *(indéf)* one's own ◆ **ce sac/cette robe est le ~/la sienne** this bag/this dress is hers, this is her bag/dress ◆ **il est parti avec une veste qui n'est pas la sienne** he left with a jacket which isn't his *ou* with somebody else's jacket ◆ **mes enfants sont sortis avec deux des ~s/les deux ~s** my children have gone out with two of hers/her two ◆ **cet oiseau préfère les nids des autres au ~** this bird prefers other birds' nests to its own ◆ **je préfère mes ciseaux, les ~s ne coupent pas** I prefer my scissors because hers don't cut ◆ **la sienne de voiture est plus rapide** * *(emphatique)* his car is faster, his is a faster car ◆ **de tous les pays, on préfère toujours le ~** of all countries one always prefers one's own

NM **a** ◆ **les choses s'arrangent depuis qu'elle y a mis du ~** things are beginning to sort themselves out since she began to pull her weight ◆ **chacun doit être prêt à y mettre du ~** everyone must be prepared to pull his weight *ou* to make some effort

**b** ◆ **les ~s** *(= famille)* one's family, one's folks *; *(= partisans)* one's (own) people ◆ **Dieu reconnaît les ~s** God knows his own *ou* his people

NFPL **siennes** ◆ **il/elle a encore fait des siennes** * he/she has (gone and) done it again * ◆ **le mal de mer commençait à faire des siennes parmi les passagers** seasickness was beginning to claim some victims among the passengers

ADJ POSS († *ou littér*) ◆ **un ~ cousin** a cousin of his (*ou* hers) ◆ **il fait siennes toutes les opinions de son père** he adopts all his father's opinions

**Sienne** /sjɛn/ N Siena; → **terre**

**sierra** /sjeʀa/ NF sierra ◆ **la ~ Madre/Nevada** the Sierra Madre/Nevada

**Sierra Leone** /sjeʀaleɔn(e)/ NF Sierra Leone

**sierra-léonien, -ienne** /sjeʀaleɔnjɛ̃, jɛn/ ADJ Sierra Leonean NM,F **Sierra-Léonien(ne)** Sierra Leonean

**sieste** /sjɛst/ NF *(gén)* nap, snooze *; *(en Espagne etc)* siesta ◆ **faire la ~** *(gén)* to have *ou* take a nap; *(en Espagne etc)* to have a siesta ◆ **je vais faire une petite ~** I'm going to take a little nap ◆ **c'est l'heure de la ~ !** it's time for a snooze! * *ou* an afternoon nap!

**sieur** /sjœʀ/ NM ◆ **le ~ Leblanc** *(††, Jur)* Mr Leblanc; *(péj, hum)* Master Leblanc

**sifflant, e** /siflɑ̃, ɑ̃t/ ADJ *[sonorité]* whistling; *[toux]* wheezing; *[prononciation]* hissing, whistling NF **sifflante** ◆ **(consonne) ~e** sibilant

**sifflement** /sifləmɑ̃/ NM **a** *[de personne, oiseau, train, bouilloire, vent]* whistling *(NonC)*; *[de serpent, vapeur, gaz, machine à vapeur]* hissing *(NonC)*; *[de voix, respiration]* wheezing *(NonC)*; *[de projectile]* whistling *(NonC)*, hissing *(NonC)* ◆ **un ~** a whistle, a hiss ◆ **un ~ d'admiration** *ou* **admiratif** a whistle of admiration ◆ **un ~ mélodieux** a tuneful whistle ◆ **des ~s se firent entendre** there was the sound of whistling ◆ **j'entendis le ~ aigu/les ~s de la locomotive** I heard the shrill whistle/the whistling of the locomotive ◆ **des ~s** whistling noises, hissing noises ◆ **~ d'oreilles** ringing in the ears

**b** *(gén pl = huées)* booing *(NonC)*, hissing *(NonC)* ◆ **il quitta la scène sous les ~s du public** he left the stage to hisses and boos from the audience, he was booed off the stage

**siffler** /sifle/ ▸ conjug 1 ◂ VI *[personne]* to whistle; *(avec un sifflet)* to blow one's *ou* a whistle; *[oiseau, train, bouilloire, vent]* to whistle; *[serpent, vapeur, gaz, machine à vapeur]* to hiss; *[voix, respiration]* to wheeze; *[projectile]* to whistle, to hiss ◆ **~ comme un merle** to whistle like a bird ◆ **la balle/l'obus siffla à ses oreilles** the bullet/the shell whistled past his ears ◆ **il siffle en respirant** he wheezes ◆ **j'ai les oreilles qui sifflent** my ears are ringing

VT **a** *(= appeler) [+ chien, personne]* to whistle for; *[+ fille]* to whistle at; *[+ automobiliste ou joueur en faute]* to blow one's whistle at; *(= signaler) [+ départ, faute]* to blow one's whistle for ◆ **~ la fin du match/la mi-temps** *(Ftbl)* to blow the final whistle/the half-time whistle, to blow for time/for half time ◆ **elle s'est fait ~ dans la rue** someone wolf-whistled at her in the street

**b** *(= huer) [+ orateur, acteur, pièce]* to hiss, to boo ◆ **se faire ~** to get booed

**c** *(= moduler) [+ air, chanson]* to whistle

**d** *(‡ = avaler)* to guzzle *, to knock back ‡

**sifflet** /siflɛ/ NM **a** *(= instrument, son)* whistle ◆ **~ à roulette** whistle ◆ **~ à vapeur** steam whistle ◆ **~ d'alarme** alarm whistle ◆ **coup de ~** whistle; → **couper b** *(= huées)* **~s** whistles of disapproval, hissing, booing, catcalls ◆ **il est sorti sous les ~s du public** he was booed off the stage

**siffleur, -euse** /siflœʀ, øz/ ADJ *[merle]* whistling; *[serpent]* hissing ◆ **(canard) ~** widgeon NM,F *(= qui sifflote)* whistler; *(= qui hue)* hisser, booer

**siffleux** * /siflø/ NM *(Can)* groundhog, woodchuck, whistler *(US, Can)*

**sifflotement** /siflɔtmɑ̃/ NM whistling *(NonC)*

**siffloter** /siflɔte/ ▸ conjug 1 ◂ VI to whistle (a tune) ◆ **~ entre ses dents** to whistle under one's breath VT *[+ air]* to whistle

**sigillé, e** /siʒile/ ADJ sigillated

**sigisbée** † /siʒizbe/ NM *(hum = amant)* beau †

**sigle** /sigl/ NM *(prononcé lettre par lettre)* (set of) initials, abbreviation; *(= acronyme)* acronym

**siglé, e** /sigle/ ADJ *[objet]* bearing the initials of a designer ◆ **sac ~** designer bag ◆ **boutons ~s ARA** buttons with ARA engraved on them

**sigma** /sigma/ NM sigma

**signal** (pl **-aux**) /siɲal, o/ NM **a** *(= signe convenu) (Psych = stimulus)* signal; *(= indice)* sign ◆ **~ de détresse** distress signal ◆ **c'était le ~ de la fin du repas** it was the signal that the meal was over ◆ **cette émeute fut le ~ d'une véritable révolution** the riot was the signal for the start of *ou* signalled the outbreak of a virtual revolution ◆ **à mon ~ tous se levèrent** when I gave the signal everyone got up ◆ **donner un ~ à** *(lit)* to give a signal to; *(fig)* to send a signal to ◆ **le gouvernement voulait donner un ~ fort/clair aux employeurs** the government wanted to send a strong/clear signal to employers ◆ **ça été le ~ du déclenchement de la crise** it was the trigger for the crisis ◆ **donner le ~ de** *(lit)* to give the signal for; *(= déclencher)* to be the signal for, to signal ◆ **donner le ~ du départ** *(gén, Sport)* to give the starting signal

**b** *(Naut, Rail = écriteau, avertisseur)* signal; *(Aut = écriteau)* (road) sign ◆ **signaux (lumineux)** *(= feux)* traffic signals *ou* lights ◆ **~ automatique** *(Rail)* automatic signal ◆ **~ sonore** *ou* **acoustique** sound *ou* acoustic signal ◆ **~ optique/lumineux** visual/light signal

**c** *(Ling, Ordin, Téléc)* signal ◆ **~ horaire** time signal ◆ **"signal d'appel"** *(Téléc : option)* "call waiting"

COMP ▷ **signal d'alarme** alarm ◆ **ça a déclenché le ~ d'alarme** it set the alarm off ◆ **tirer le ~ d'alarme** *(lit)* to pull the alarm, to pull the communication cord *(Brit)*; *(fig)* to sound the alarm ◆ **les climatologues avaient tiré un premier ~ d'alarme dans les années 80** climatologists had first sounded the alarm in the 1980s ▷ **signal d'alerte** warning signal

**signalé, e** /siɲale/ (ptp de **signaler**) ADJ *(littér = remarquable) [récompense, service]* signal *(littér) (épith)*

**signalement** /siɲalmɑ̃/ NM *[de personne, véhicule]* description, particulars ◆ **donner le ~ de qn** to describe sb

**signaler** /siɲale/ GRAMMAIRE ACTIVE 47.4 ▸ conjug 1 ◂

VT **a** *(= être l'indice de)* to indicate, to be a sign of ◆ **des empreintes qui signalent la présence de qn** footprints indicating sb's presence

**b** *[écriteau, sonnerie]* to signal; *[personne] (= faire un signe)* to signal; *(en mettant un écriteau ou une indication)* to indicate ◆ **on signale l'arrivée d'un train au moyen d'une sonnerie** the arrival of a train is signalled by a bell ringing, a bell warns of *ou* signals the arrival of a train ◆ **sur ma carte, on signale l'existence d'une source près du village** my map indicates that there's a spring near the village, on my map there's a spring marked near the village ◆ **signalez que vous allez tourner en tendant le bras** indicate *ou* signal that you are turning by putting out your arm

**c** *[+ détail, erreur]* to indicate, to point out; *[+ fait nouveau, perte, vol]* to report ◆ **rien à ~** nothing to report ◆ **son père a signalé sa disparition à la police** his father had reported him missing to the police ◆ **~ qn à l'attention de qn** to bring sb to sb's attention ◆ **on signale l'arrivée du bateau** it has just been announced that the boat is coming in ◆ **on a signalé leur présence à Paris** they are reported to be in Paris ◆ **nous vous signalons en outre que ...** we would further point out to you that ... ◆ **nous vous signalons qu'il ...** for your information, he ... ◆ **signalons la parution du livre en format poche** we should mention that the book is now available in pocket format ◆ **il a klaxonné pour ~ sa présence** he hooted to show that he was there ◆ **un rapport avait déjà signalé la présence d'hormones dans la viande** a report had already pointed to the presence of hormones in the meat ◆ **personne ne nous avait signalé l'existence de ce manuscrit** nobody had told us that this manuscript existed ◆ **je te signale que je t'attends depuis une heure !** I'd like you to know that I've been waiting for you for an hour! ◆ **il est déjà 11 heures, je te signale !** * it's already 11 o'clock, I'll have you know!

VPR **se signaler a** *(= s'illustrer)* to distinguish o.s., to stand out ◆ **il s'est signalé à plusieurs reprises par son courage** he showed exceptional bravery on several occasions ◆ **enfin, un film qui se signale par la beauté des dialogues** at last a film that is distinguished by the beauty of its scripts

**b** *(= attirer l'attention)* to draw attention to o.s. ◆ **se ~ à l'attention de qn** to attract sb's attention, to bring o.s. to sb's attention

**signalétique** /siɲaletik/ ADJ *[détail]* identifying, descriptive ◆ **fiche ~** identification sheet NF means of signalling

**signalisation** /siɲalizasjɔ̃/ NF **a** *(= balisage) [de route, réseau]* erection of (road)signs (and signals) *(de* on); *[de piste]* laying out of runway markings and lights *(de* on); *[de voie]* putting signals *(de* on); ◆ **"absence de signalisation"** "no road markings" ◆ **~ automatique** *(Rail)* automatic signalling ◆ **erreur de ~** *(Aut)* signposting error; *(Rail)* signalling error ◆ **moyens de ~** means of signalling; → **feu**[1], **panneau b** *(Aut = panneaux)* signs; *(Rail = signaux)* signals ◆ **~ routière** roadsigns and markings ◆ **~ horizontale** *(Aut)* road markings ◆ **~ verticale** roadsigns

**signaliser** /siɲalize/ ▸ conjug 1 ◂ VT *[+ route, réseau]* to put up (road)signs on; *[+ piste]* to put runway markings and lights on; *[+ voie de chemin de fer]* to put signals on ◆ **bien signalisé** *[+ route]* well signposted; *[+ piste]* clearly marked; *[+ voie de chemin de fer]* with clear signals ◆ **la frontière n'est pas toujours signalisée** the border isn't always marked

**signataire** /siɲatɛʀ/ ADJ signatory ◆ **pays ~s** signatory countries NMF *[de traité, paix]* signatory ◆ **les ~s** those signing, the signatories

**signature** /siɲatyʀ/ NF **a** *(= action)* signing; *(= marque, nom)* signature ◆ **avant la ~ du contrat** before the contract is signed ◆ **les fondés de pouvoir ont la ~** the senior executives may sign for the company ◆ **ouvrage publié sous la ~ d'un journaliste** work published under the name of a journalist ◆ **donner un document à la ~** to give a document to be signed ◆ **le traité sera soumis à la ~ de tous les États** the treaty will be presented to all the states for signature ◆ **les négociations ont abouti à la ~ d'un accord** the talks ended with the signing of an agreement ◆ **~ électronique** *(Internet)* electronic signature

**b** *(= signe distinctif)* mark ◆ **l'attentat porte leur ~** the attack bears their mark *ou* has their name written all over it *

**c** *(Typo = cahier)* signature

**signe** /siɲ/ NM **a** *(= geste) (de la main)* sign, gesture; *(de l'expression)* sign ◆ **s'exprimer par ~s** to use signs to communicate ◆ **langage** *ou* **langue des ~s** sign language ◆ **faire un ~ à qn** to make a sign to sb, to sign to sb ◆ **un ~ de tête affirmatif/négatif** a nod/a shake of the head ◆ **ils se faisaient des ~s** they were making signs to each other ◆ **un ~ d'adieu/de refus** a sign of farewell/of refusal ◆ **elle m'a fait un ~ d'adieu** she waved goodbye to me

**b** *(= indice)* sign ◆ **~ précurseur** *ou* **avant-coureur** portent, omen, forewarning ◆ **elle t'a invité ? c'est un ~ !** she invited you? that's a good sign! ◆ **il recommence à manger, c'est bon ~** he's beginning to eat again, that's a good sign ◆ **c'est (un) ~ de**

**pluie** it's a sign of rain ◆ **c'est ~ qu'il va pleuvoir/qu'il est de retour** it shows *ou* it's a sign that it's going to rain/that he's back ◆ **c'est mauvais ~** it's a bad sign ◆ **y a-t-il des ~s de vie sur Mars ?** are there signs of life on Mars? ◆ **il n'a plus jamais donné ~ de vie** we've never heard from him since ◆ **c'est un ~ des temps** it's a sign of the times ◆ **c'est un ~ révélateur** it's very revealing ◆ **c'est un ~ qui ne trompe pas** the signs are unmistakable ◆ **montrer** *ou* **donner des ~s de faiblesse** *ou* **de fatigue** *[personne]* to show signs of tiredness; *[appareil, montre]* to be on its last legs; *[coalition]* to be showing signs of strain; *[monnaie]* to be weakening ◆ **~ clinique** *(Méd)* clinical sign

c *(= trait)* mark ◆ **"signes particuliers : néant"** "distinguishing marks: none" ◆ **~ distinctif** distinguishing feature ◆ **leur argot est un ~ de reconnaissance** using slang is a way for them to recognize each other

d *(= symbole) (gén, Ling, Math, Mus)* sign; *(Typo) [de correcteurs]* mark ◆ **le ~ moins/plus/égal** the minus/plus/equal(s) sign ◆ **~ (typographique)** character ◆ **~s d'expression** *(Mus)* expression marks ◆ **~ accidentel** *(Mus)* accidental

e *(Astrol)* **~ du zodiaque** sign of the zodiac ◆ **sous quel ~ es-tu né ?** what sign were you born under?, what's your sign?

◆ **sous le signe de** ◆ **une rencontre placée sous le ~ de l'amitié franco-britannique** a meeting where the dominant theme was Franco-British friendship ◆ **cette semaine a été placée sous le ~ de l'optimisme** this week was marked by optimism ◆ **l'action gouvernementale sera placée sous le double ~ de la lutte contre le chômage et contre la pauvreté** government action will focus on fighting both unemployment and poverty

f *(loc)* **faire ~ à qn** *(lit)* to make a sign to sb; *(= contacter)* to get in touch with sb, to contact sb ◆ **faire ~ à qn d'entrer** to motion sb in, to make a sign for sb to come in ◆ **de la tête, il m'a fait ~ de ne pas bouger** he shook his head to tell me not to move ◆ **il a fait ~ à la voiture de franchir les grilles** he waved the car through the gates ◆ **faire ~ du doigt à qn** to beckon (to) sb ◆ **faire ~ que oui** to nod (in agreement) ◆ **faire ~ que non** *(de la tête)* to shake one's head (in disagreement *ou* disapproval); *(de la main)* to make a gesture of refusal (*ou* disagreement *ou* disapproval)

◆ **en signe de** ◆ **en ~ de protestation** as a sign *ou* mark of protest ◆ **en ~ de reconnaissance** as a token of gratitude ◆ **en ~ de respect** as a sign *ou* mark *ou* token of respect ◆ **en ~ de solidarité/de deuil** as a sign of solidarity/of mourning

COMP ▷ **signe cabalistique** cabalistic sign ▷ **signe de la croix** sign of the cross ◆ **faire le ~ de la croix** *ou* **un ~ de croix** to make the sign of the cross, to cross o.s. ▷ **signes extérieurs de richesse** outward signs of wealth ▷ **signes héraldiques** coat of arms ▷ **signe de ponctuation** punctuation mark ▷ **signe de ralliement** rallying symbol

**signer** /siɲe/ ▸ conjug 1 ◂ VT a *[+ document, traité, œuvre d'art]* to sign ◆ **~ la paix** to sign a peace treaty ◆ **signez au bas de la page/en marge** sign at the bottom of the page/in the margin ◆ **~ un chèque en blanc** *(lit, fig)* to sign a blank cheque ◆ **~ son nom** to sign one's name ◆ **elle signe "Malou"** she signs herself "Malou" ◆ **il a signé avec le club italien** *(Sport)* he's signed for the Italian club ◆ **~ d'une croix/de son vrai nom** to sign with a cross/with one's real name ◆ **~ de son sang** to sign in blood ◆ **tableau non signé** unsigned painting ◆ **œuvre signée de la main de l'artiste** work signed by the artist ◆ **cela a signé la fin de leur collaboration** that signalled the end of their collaboration; → **arrêt**

b *(= être l'auteur de)* to make ◆ **elle vient de ~ son deuxième film** she's just made her second film ◆ **il signe le troisième but de la partie** *(Sport)* he's scored the third goal of the match ◆ **cravate/carrosserie signée Paul** tie/coachwork by Paul ◆ **il signe le meilleur temps aux essais** he got the best times in the trials ◆ **c'est signé Louis !** * it has Louis written all over it! * ◆ **c'est signé !** * it's obvious who did it!

c *(= engager) [+ sportif, artiste, auteur]* to sign

d *(Tech)* to hallmark

VPR **se signer** *(Rel)* to cross o.s.

**signet** /siɲɛ/ NM *(livre, Internet)* bookmark

**signifiant, e** /siɲifjɑ̃, jɑ̃t/ ADJ *(littér)* significative, meaningful NM *(Ling)* signifier, signifiant

**significatif, -ive** /siɲifikatif, iv/ ADJ a *(= révélateur) [exemple, mot]* significant, revealing; *[geste, sourire]* meaningful ◆ **ces oublis sont ~s de son état d'esprit** his forgetfulness reflects his state of mind b *(= visible) [amélioration, baisse, changement, progrès]* significant, considerable ◆ **de manière significative** significantly c *(= expressif) [symbole]* meaningful, significant

**signification** /siɲifikasjɔ̃/ NF a *[de fait, chiffres]* significance *(NonC)* ◆ **une omission lourde de ~** a highly significant omission ◆ **cette mesure n'a pas grande ~** this measure is not very significant b *[de mot, symbole]* meaning ◆ **la ~** *(Ling)* signification ◆ **quelle est la ~ de ce dessin ?** what does this drawing mean? c *(Jur) [de décision judiciaire]* notification ◆ **~ d'actes** service of documents

**significativement** /siɲifikativmɑ̃/ ADV *[améliorer, augmenter, réduire]* significantly, to a significant extent; *[meilleur, supérieur]* significantly ◆ **les commentaires ont été assez ~ unanimes** significantly, most people made the same kind of comments

**signifié** /siɲifje/ NM *(Ling)* signified, signifié

**signifier** /siɲifje/ ▸ conjug 7 ◂ VT a *(= avoir pour sens)* to mean, to signify ◆ **que signifie ce mot/son silence ?** what is the meaning of this word/his silence?, what does this word/his silence mean *ou* signify? ◆ **les symboles signifient** *(Ling)* symbols convey meaning ◆ **que signifie cette cérémonie ?** what is the significance of this ceremony?, what does this ceremony signify? ◆ **ses colères ne signifient rien** his tempers don't mean anything ◆ **bonté ne signifie pas forcément faiblesse** kindness does not necessarily mean *ou* signify *ou* imply weakness *ou* is not necessarily synonymous with weakness ◆ **cela signifie que l'automne est proche** it means *ou* shows that autumn is near, it marks *ou* signifies the approach of autumn ◆ **qu'est-ce que cela signifie ?** what's the meaning of this?; *(après remarque hostile)* what's that supposed to mean?; *(à un enfant qui fait une scène)* what's all this in aid of?

b *(frm = faire connaître)* to make known ◆ **~ ses intentions/sa volonté à qn** to make one's intentions/one's wishes known to sb, to inform sb of one's intentions/one's wishes ◆ **~ son congé à qn** *(= renvoyer qn)* to give sb notice of dismissal, to give sb their notice ◆ **son regard me signifiait tout son mépris** his look conveyed to me his utter scorn ◆ **signifiez-lui qu'il doit se rendre à cette convocation** inform him that he is to answer this summons

c *(Jur) [+ exploit, décision judiciaire]* to serve notice of (*à* on) to notify (*à* to)

**signofile** /siɲɔfil/ NM *(Helv = clignotant)* indicator

**sikh** /sik/ ADJ Sikh NMF **Sikh** Sikh

**silence** /silɑ̃s/ NM a *(= absence de bruits, de conversation)* silence ◆ **garder le ~** to keep silent, to say nothing ◆ **faire ~** to be silent ◆ **réclamer le ~** to ask for silence ◆ **il n'arrive pas à faire le ~ dans sa classe** he can't get his pupils to be quiet ◆ **sortez vos livres et en ~ !** get out your books and no talking! ◆ **(faites) ~ !** silence!; *(en classe)* silence!, no talking! ◆ **~ ! on tourne** *(Ciné)* quiet everybody, action! ◆ **il prononça son discours dans un ~ absolu** there was dead silence while he made his speech ◆ **un ~ de mort** a deathly hush *ou* silence; → **minute, parole**

◆ **en silence** in silence; *[pleurer]* quietly ◆ **souffrir en ~** to suffer in silence ◆ **vous pouvez jouer, mais en ~** you can play, but don't make any noise ◆ **il l'a aimée en ~ pendant plus de 20 ans** he loved her secretly for more than 20 years

b *(= pause) (dans la conversation, un récit)* pause; *(Mus)* rest ◆ **récit entrecoupé de longs ~s** account broken by lengthy pauses ◆ **il y eut un ~ gêné** there was an embarrassed silence ◆ **à son entrée il y eut un ~** there was a hush when he came in

c *(= impossibilité ou refus de s'exprimer)* silence ◆ **les journaux gardèrent le ~ sur cette grève** the newspapers kept silent *ou* were silent on this strike ◆ **promets-moi un ~ absolu** promise me you won't breathe a word ◆ **garder un ~ absolu sur qch** to say absolutely nothing about sth, to keep completely quiet about sth ◆ **contraindre l'opposition au ~** to force the opposition to keep silent ◆ **réduire qn au ~** to silence sb, to reduce sb to silence ◆ **acheter le ~ de qn** to buy sb's silence ◆ **briser** *ou* **rompre le ~** to break one's silence ◆ **passer qch sous ~** to pass sth over in silence ◆ **le sujet est passé sous ~** the subject was not mentioned ◆ **surprise préparée dans le plus grand ~** surprise prepared in the greatest secrecy ◆ **~ radio** *(lit)* radio silence, blackout; *(fig)* total silence ◆ **le célèbre compositeur vient de sortir de 12 années de ~** the famous composer has just broken 12 years of silence ◆ **le ~ de la loi sur ce sujet** the lack *ou* absence of legislation on this matter; → **loi**

d *(= paix)* silence, still(ness) ◆ **dans le grand ~ de la plaine** in the great silence *ou* stillness of the plain ◆ **vivre dans la solitude et le ~** to live in solitary silence

**silencieusement** /silɑ̃sjøzmɑ̃/ ADV *[avancer, défiler, regarder]* in silence; *[pleurer]* quietly ◆ **la cérémonie s'est déroulée ~** the ceremony took place in silence

**silencieux, -ieuse** /silɑ̃sjø, jøz/ ADJ a *(= peu bruyant) [mouvement, pas, personne]* silent, quiet; *[moteur, machine]* quiet, noiseless; *[lieu, cloître]* silent, still ◆ **le voyage du retour fut ~** the return journey took place in silence b *(= peu communicatif)* quiet; *(= qui ne veut ou ne peut s'exprimer)* silent ◆ **rester ~** to remain silent (*sur, à propos de* about) → **majorité** NM *[d'arme à feu]* silencer; *[de pot d'échappement]* silencer *(Brit)*, muffler *(US)*

**Silésie** /silezi/ NF Silesia

**silex** /silɛks/ NM flint ◆ **des (armes en) ~** *(Archéol)* flints

**silhouette** /silwɛt/ NF a *(= contours)* outline, silhouette; *[de voiture]* shape ◆ **la ~ du château se détache sur le couchant** the château is silhouetted against the sunset ◆ **on le voyait en ~, à contre-jour** he could be seen silhouetted against the light b *(= personne)* figure ◆ **je distinguais une ~ dans le brouillard** I could make out a figure in the fog ◆ **~s de tir** *(Mil)* figure targets ◆ **faire des ~s** *[figurant]* to have walk-on parts c *(= allure)* figure ◆ **une ~ massive/élégante** a heavy/an elegant figure

**silhouetter** /silwete/ ► conjug 1 ◄ VT a (Art) to outline ◆ **l'artiste silhouetta un corps de femme** the artist outlined ou drew an outline of a woman's body b (Photo) to block out VPR **se silhouetter** to be silhouetted ◆ **le clocher se silhouette sur le ciel** the bell tower is silhouetted ou outlined against the sky

**silicate** /silikat/ NM silicate

**silice** /silis/ NF silica ◆ **~ fondue** ou **vitreuse** silica glass

**siliceux, -euse** /silisø, øz/ ADJ siliceous, silicious

**silicium** /silisjɔm/ NM silicon

**silicone** /silikon/ NF silicone ◆ **gel de ~** silicone gel

**siliconer** /silikone/ ► conjug 1 ◄ VT to cover with silicone ◆ **pare-brise siliconé** silicone-coated windscreen ◆ **sa poitrine siliconée** (péj ou hum) her silicone breasts

**silicose** /silikoz/ NF silicosis

**sillage** /sijaʒ/ NM a [d'embarcation] wake; [d'avion à réaction] (= déplacement d'air) slipstream; (= trace) (vapour (Brit) ou vapor (US)) trail; [de personne, animal, parfum] trail ◆ **dans le ~ de qn** (lit, fig) (following) in sb's wake ◆ **marcher dans le ~ de qn** to follow in sb's footsteps b (Phys) wake

**sillon** /sijɔ̃/ NM a [de champ] furrow ◆ **les ~s** (littér) the (ploughed (Brit) ou plowed (US)) fields b (= ride, rayure) furrow c (Anat) fissure d [de disque] groove e ◆ **le ~ rhodanien** the Rhone valley

**sillonner** /sijɔne/ ► conjug 1 ◄ VT a (= traverser) [avion, bateau, routes] to cut across, to cross ◆ **les canaux qui sillonnent la Hollande** the canals which cut across ou which criss-cross Holland ◆ **région sillonnée de canaux/routes** region criss-crossed by canals/roads ◆ **des avions ont sillonné le ciel toute la journée** planes have been droning backwards and forwards ou to and fro across the sky all day ◆ **des éclairs sillonnaient le ciel** flashes of lightning criss-crossed the sky ◆ **~ les routes** to travel the country ◆ **les touristes sillonnent la France en été** tourists travel to every corner ou throughout the length and breadth of France in the summer

b (= creuser) [rides, ravins, crevasses] to furrow ◆ **visage sillonné de rides** face furrowed with wrinkles ◆ **front sillonné d'une ride profonde** deeply furrowed brow

**silo** /silo/ NM (Aviat, Mil) silo ◆ **~ à céréales** ou **à grains/fourrage** grain/fodder silo ◆ **mettre en ~** to put in a silo, to silo

**silotage** /silɔtaʒ/ NM (Tech) ensilage

**silure** /silyʀ/ NM silurid

**silurien, -ienne** /silyʀjɛ̃, jɛn/ ADJ Silurian NM ◆ **le ~** the Silurian

**simagrées** /simagʀe/ NFPL fuss (NonC), playacting (NonC) ◆ **faire des ~** to playact ◆ **arrête tes ~ !** stop your playacting! ◆ **elle a fait beaucoup de ~ avant d'accepter son cadeau** she made a great fuss (about it) ou she put on a great show of reluctance before she accepted his present

**simien, -ienne** /simjɛ̃, jɛn/ ADJ, NM simian

**simiesque** /simjɛsk/ ADJ monkey-like, ape-like

**similaire** /similɛʀ/ ADJ similar (à to); ◆ **le rouge à lèvres, le fond de teint et produits ~s** lipstick, foundation and similar products ou products of a similar nature

**similarité** /similaʀite/ NF similarity (entre between; avec with)

**simili** /simili/ PRÉF imitation (épith), artificial ◆ **en ~ fourrure** fun fur (épith) ◆ **des ~-prophètes** (péj) pseudo prophets NM imitation ◆ **bijoux en ~** imitation ou costume jewellery NF * abrév de **similigravure**

**similicuir** /similikɥiʀ/ NM imitation leather, Leatherette ®

**similigravure** /similigʀavyʀ/ NF half-tone engraving

**similitude** /similityd/ NF a (= ressemblance) similarity ◆ **il y a certaines ~s entre ces méthodes** there are certain similarities between these methods b (Géom) similarity

**simonie** /simɔni/ NF simony

**simoun** /simun/ NM simoom, simoon

**simple** /sɛ̃pl/ ADJ a (= non composé, non multiple) [fleur] simple; [nœud, cornet de glace] single; (Chim) [corps] simple; (Math) [racine] simple ◆ **en ~ épaisseur** in a single layer ou thickness; → **passé**

b (= peu complexe) simple ◆ **réduit à sa plus ~ expression** reduced to a minimum ◆ **sa situation est loin d'être ~** his situation is far from being simple ou straightforward ◆ **~ comme bonjour** * (as) easy as falling off a log * ou as pie * ◆ **dans ce cas, c'est bien ~ : je m'en vais** * in that case it's quite simple ou straightforward – I'm leaving ◆ **pourquoi faire ~ quand on peut faire compliqué ?** * (hum) why not make things really complicated! (hum) ◆ **ce serait trop ~ !** that would be too easy! ou too simple! ◆ **ce n'est pas si ~** it's not as simple as that ◆ **il y a un moyen ~ pour ...** there is an easy way of ...

c (= modeste) [personne] unaffected ◆ **il a su rester ~** he hasn't let it go to his head

d (= peu sophistiqué) [vie, goûts] simple; [robe, repas, style] simple, plain ◆ **être ~ dans sa mise** to dress simply ou plainly ◆ **dans le plus ~ appareil** (hum) in one's birthday suit, in the altogether *

e (= de condition modeste) modest ◆ **ce sont des gens ~s** they are simple folk

f (= naïf) simple ◆ **il est un peu ~** he's a bit simple ◆ **il est ~ d'esprit, c'est un ~ d'esprit** he's simple-minded

g (= ordinaire) [particulier, salarié] ordinary ◆ **un ~ soldat** a private

h (valeur restrictive) **une ~ formalité** a mere formality ◆ **un ~ regard/une ~ remarque la déconcertait** just a ou a mere look/comment would upset her ◆ **d'un ~ geste de la main** with a simple movement ou with just a movement of his hand ◆ **par ~ curiosité** out of pure curiosity ◆ **sur ~ présentation de votre carte d'étudiant** simply ou just show your student card ◆ **vous obtiendrez des informations sur ~ appel (téléphonique)** simply pick up the phone and you will get all the information you need; → **pur**

NM a ◆ **passer du ~ au double** to double ◆ **les prix peuvent varier du ~ au double** prices can vary by as much as 100%

b (Bot) medicinal plant, simple †

c (Tennis) singles ◆ **~ messieurs/dames** men's/women's ou ladies' singles

**simplement** /sɛ̃pləmɑ̃/ ADV a (= sans sophistication) simply ◆ **elle s'habille très ~** she dresses very simply ◆ **ils vivent très ~** they lead a very simple life b (= seulement) simply, merely, just ◆ **je vous demande ~ de me prévenir** I simply ou just want you to warn me, all I ask is that you warn me ◆ **je veux ~ dire que ...** I simply ou merely ou just want to say that ... c (= tout à fait) **tout ~** [remarquable, insupportable, incroyable] quite simply, just ◆ **c'est tout ~ inadmissible** it's quite simply intolerable; → **purement** d (= facilement) easily ◆ **cela s'explique très ~** that's easily explained

**simplet, -ette** /sɛ̃plɛ, ɛt/ ADJ a [personne] simple(-minded), ingenuous b [question, raisonnement] simplistic, naïve; [intrigue, roman] simple, unsophisticated

**simplex** /sɛ̃plɛks/ NM (Ordin) simplex

**simplicité** /sɛ̃plisite/ NF a (= facilité) simplicity ◆ **un appareil d'une grande ~ d'emploi** an easy-to-use appliance, an appliance that is very easy to use ◆ **cet exercice est d'une ~ biblique** ou **enfantine** this exercise is child's play ou is simplicity itself

b (= manque de sophistication) [de vie, goûts] simplicity; [de robe, repas, style] simplicity, plainness ◆ **habillé avec ~** dressed simply ◆ **décor d'une grande ~** very simple decor ◆ **"c'est une vocation", dit-elle en toute ~** "it's a vocation", she said modestly ◆ **venez dîner demain, ce sera en toute ~** come for dinner tomorrow – it won't be anything fancy ◆ **il dit en toute ~ être un sculpteur de génie** (iro) he very modestly says that he's a brilliant sculptor (iro)

c (= naïveté) simpleness ◆ **j'avais la ~ de croire que cela durerait toujours** I was naïve enough to think that it would last forever

d (= modestie, naturel) unaffectedness ◆ **il manque de ~** he's rather affected

**simplifiable** /sɛ̃plifjabl/ ADJ (gén) [méthode] that can be simplified; (Math) [fraction] reducible

**simplificateur, -trice** /sɛ̃plifikatœʀ, tʀis/ ADJ simplifying (épith)

**simplification** /sɛ̃plifikasjɔ̃/ NF simplification

**simplifier** /sɛ̃plifje/ ► conjug 7 ◄ VT (gén, Math) to simplify ◆ **disons, pour ~ les choses, que ...** to simplify matters, let's say that ... ◆ **~ à l'extrême** ou **à l'excès, trop ~** to oversimplify ◆ **des procédures très simplifiées** streamlined procedures

**simplisme** /sɛ̃plism/ NM (péj) simplism

**simplissime** /sɛ̃plisim/ ADJ ◆ **c'est ~** it couldn't be simpler

**simpliste** /sɛ̃plist/ ADJ (péj) simplistic

**simulacre** /simylakʀ/ NM a (= action simulée) enactment ◆ **les acteurs firent un ~ de sacrifice humain** the actors enacted a human sacrifice b (péj = fausse apparence) **un ~ de justice** a pretence of justice ◆ **un ~ de gouvernement/de procès** a sham government/trial, a mockery of a government/of a trial

**simulateur, -trice** /simylatœʀ, tʀis/ NM,F (gén) pretender; (= qui feint la maladie) malingerer NM simulator ◆ **~ de conduite** (Aut) (driving) simulator ◆ **~ de vol** (Aviat) flight simulator

**simulation** /simylasjɔ̃/ NF simulation ◆ **il n'est pas malade, c'est de la ~** he isn't ill – it's all put on ou he's just malingering ◆ **logiciel de ~** simulation software

**simulé, e** /simyle/ (ptp de **simuler**) ADJ (= feint) [attaque, retraite] simulated; [amabilité, gravité] feigned; [accident, suicide] fake (épith); (Tech = reproduit) [conditions, situation, essais nucléaires] simulated ◆ **~ sur ordinateur** computer-simulated

**simuler** /simyle/ ► conjug 1 ◄ VT a (= feindre) [+ sentiment, attaque] to feign, to simulate (frm) ◆ **~ une maladie** to feign illness, to pretend to be ill, to malinger b (= avoir l'apparence de) to simulate ◆ **ce papier peint simule une boiserie** this wallpaper is made to look like ou simulates wood panelling c (Ordin, Tech = reproduire) to simulate d (Jur) [+ contrat, vente] to effect fictitiously

**simultané, e** /simyltane/ ADJ simultaneous ◆ **la présence ~e de deux personnes dans un même lieu** the presence of two people in the same place at the same time ◆ **de**

**manière ~e** at the same time, simultaneously ◆ **diffusion en ~** simultaneous broadcast ◆ **c'était en ~** it was shown *ou* broadcast simultaneously; → **traduction** NF **simultanée** *(Échecs)* simultaneous, simul

**simultanéisme** /simyltaneism/ NM *(Littérat = procédé narratif)* (use of) simultaneous action

**simultanéité** /simyltaneite/ NF simultaneousness, simultaneity

**simultanément** /simyltanemɑ̃/ ADV simultaneously

**Sinaï** /sinai/ NM Sinai; → **mont**

**sinapisé** /sinapize/ ADJ ◆ **bain/cataplasme ~** mustard bath/poultice

**sinapisme** /sinapism/ NM mustard poultice *ou* plaster

**sincère** /sɛ̃sɛʀ/ GRAMMAIRE ACTIVE 49 ADJ a *(= franc, loyal) [personne, aveu, paroles]* sincere; *[réponse, explication]* sincere, honest ◆ **est-il ~ dans son amitié ?** is he sincere in his friendship?, is his friendship sincere? *ou* genuine? ◆ **sois ~ avec toi-même** be honest with yourself b *(= réel) [repentir, amour, partisan, admiration]* sincere, genuine, true ◆ **son chagrin est ~** he's genuinely upset, his sorrow is genuine ◆ **un ami ~ des arts** a true *ou* genuine friend of the arts ◆ **mes ~s condoléances** *(formules épistolaires)* my sincere *ou* heartfelt condolences ◆ **mes regrets les plus ~s** my sincerest regrets ◆ **mes ~s salutations** yours sincerely ◆ **nos vœux les plus ~s** with our best wishes

**sincèrement** /sɛ̃sɛʀmɑ̃/ ADV a *(= réellement) [espérer, croire, penser, regretter, remercier]* sincerely; *[aimer]* truly ◆ **je vous souhaite ~ de réussir** I sincerely hope you will succeed ◆ **je suis ~ désolé que ...** I am sincerely *ou* truly *ou* genuinely sorry that ... ◆ **il a paru ~ étonné** he seemed genuinely surprised b *(= franchement)* honestly, really ◆ **~, vous feriez mieux de refuser** to be honest you'd be better off saying no

**sincérité** /sɛ̃seʀite/ NF a *(= franchise, loyauté) [de personne, aveu, paroles]* sincerity; *[de réponse, explications]* sincerity, honesty ◆ **en toute ~** in all sincerity ◆ **répondez-moi en toute ~** give me an honest answer b *[de repentir, amour, admiration]* sincerity, genuineness

**sinécure** /sinekyʀ/ NF sinecure ◆ **ce n'est pas une ~** * it's no picnic *

**sine die** /sinedje/ LOC ADV sine die

**sine qua non** /sinekwanɔn/ GRAMMAIRE ACTIVE 37.1 LOC ADJ ◆ **une condition ~** an indispensable condition, a prerequisite, a sine qua non ◆ **c'est la condition ~ de la réussite/pour enrayer la récession** it's a sine qua non of success/for curbing the recession

**Singapour** /sɛ̃gapuʀ/ N Singapore

**singapourien, -ienne** /sɛ̃gapuʀjɛ̃, jɛn/ ADJ Singaporean NM,F **Singapourien(ne)** Singaporean

**singe** /sɛ̃ʒ/ NM a *(Zool) (à longue queue)* monkey; *(à queue courte ou sans queue)* ape ◆ **les grands ~s** the big apes b *(péj) (= personne laide)* horror; *(= enfant espiègle)* monkey ◆ **c'est un vrai ~** *(très agile)* he's very agile c *(arg Mil = corned beef)* bully beef * d (‡ = *patron)* boss * e *(loc)* **faire le ~** to monkey about ◆ **être laid comme un ~** to be as ugly as sin; → **apprendre, malin, monnaie** COMP ▷ **singe-araignée** spider monkey ▷ **singe-écureuil** squirrel monkey ▷ **singe hurleur** howler monkey

**singer** /sɛ̃ʒe/ ▸ conjug 3 ◂ VT *[+ démarche, personne]* to ape, to mimic, to take off; *[+ sentiments]* to feign

**singerie** /sɛ̃ʒʀi/ NF a *(gén pl = grimaces et pitreries)* antics, clowning *(NonC)* ◆ **faire des ~s** to clown about, to play the fool b *(= simagrées)* **~s** antics c *(= cage)* monkey house

**single** /siŋgœl/ NM *(= chambre)* single room; *(= disque)* single

**singleton** /sɛ̃glətɔ̃/ NM singleton

**singulariser** /sɛ̃gylaʀize/ ▸ conjug 1 ◂ VT to mark out, to make conspicuous VPR **se singulariser** *(= se faire remarquer)* to call attention to o.s., to make o.s. conspicuous ◆ **se ~ par qch** to distinguish o.s. by sth ◆ **cette église se singularise par son étrange clocher** this church is remarkable for its strange steeple

**singularité** /sɛ̃gylaʀite/ NF a *(= particularité)* singularity ◆ **cet orchestre a pour ~** *ou* **présente la ~ de jouer sans chef** this orchestra is unusual in that it doesn't have a conductor ◆ **il cultive sa ~** he likes to stand out from the crowd *ou* to be different b *(= bizarrerie)* peculiarity ◆ **le manuscrit présente plusieurs ~s** the manuscript is odd in several respects

**singulier, -ière** /sɛ̃gylje, jɛʀ/ ADJ a *(= étonnant, peu commun)* remarkable, singular *(frm)* ◆ **un visage d'une beauté singulière** a face of remarkable *ou* singular *(frm)* beauty ◆ **c'est un personnage ~** he's an unusual character b *(= étrange)* odd, strange ◆ **je trouve ~ qu'il n'ait pas jugé bon de ...** I find it odd *ou* strange that he didn't see fit to ... ◆ **singulière façon de se comporter !** what a strange way to behave! c *(Ling)* singular NM *(Ling)* singular ◆ **au ~** in the singular ◆ **à la deuxième personne du ~** in the second person singular

**singulièrement** /sɛ̃gyljɛʀmɑ̃/ ADV a *(= étrangement)* in a peculiar way, oddly, strangely b *(= beaucoup, très) [intéressant, fort]* remarkably, extremely ◆ **cela leur complique ~ la tâche** that makes things particularly difficult for them ◆ **il manque ~ d'imagination** he is singularly lacking in imagination ◆ **sa marge de manœuvre est ~ réduite** his room for manoeuvre has been greatly *ou* severely reduced ◆ **trancher** *ou* **contraster ~ avec qch** to be in singular contrast with sth c *(= en particulier)* particularly, especially

**sinisation** /sinizasjɔ̃/ NF sinicization

**siniser** /sinize/ ▸ conjug 1 ◂ VT *[+ culture, région]* to sinicize ◆ **une population fortement sinisée** a people strongly influenced by Chinese culture VPR **se siniser** to become sinicized

**sinistre** /sinistʀ/ ADJ a *(= lugubre) [voix, air]* gloomy; *[personne]* grim-looking; *[soirée, réunion]* grim, deadly (boring) *; *[image, tableau]* grim ◆ **c'est vraiment ~ ici** *(= glauque)* it's really miserable in here; *(= effrayant)* it's really creepy in here ◆ **tu es ~ ce soir !** you're cheerful tonight! *(iro)* ◆ **le patron est ~** the boss gives me the creeps *

b *(avant n) [personnage]* appalling, evil ◆ **un pénitencier de ~ réputation** a prison of evil repute ◆ **ce pays détient le ~ record du nombre de tués sur la route** this country holds the gruesome record for road fatalities ◆ **une ~ liste d'assassinats** a grim list of killings ◆ **un ~ avertissement** a grim warning ◆ **une ~ réalité** a grim reality; → **mémoire**[1]

c *(intensif)* **un ~ voyou/imbécile** an absolute lout/idiot

d *(= de mauvais augure) [bruit, projet]* sinister

NM *(= catastrophe)* disaster; *(= incendie)* blaze; *(Assurances = cas)* accident ◆ **l'assuré doit déclarer le ~ dans les 24 heures** any (accident) claim must be notified within 24 hours ◆ **évaluer l'importance d'un ~** *(Assurances)* to appraise the extent of the damage (*ou* loss *etc*)

> ⚠ *L'adjectif* **sinistre** *se traduit par le mot anglais* **sinister** *uniquement au sens de 'de mauvais augure'.*

**sinistré, e** /sinistʀe/ ADJ *[région, pays]* (disaster-) stricken *(épith)*; *[secteur économique]* devastated ◆ **zone ~e** disaster area ◆ **ville ~e sur le plan de l'emploi** town devastated *ou* blighted by unemployment ◆ **les personnes ~es** the disaster victims NM,F disaster victim

**sinistrement** /sinistʀəmɑ̃/ ADV in a sinister way ◆ **nom ~ célèbre** infamous name

**sinistrose** /sinistʀoz/ NF pessimism

**Sinn Fein** /sinfɛjn/ NM *(Pol)* Sinn Féin

**sino-** /sinɔ/ PRÉF Sino- ◆ **~américain/tibétain** Sino-American/Tibetan

**sinologie** /sinɔlɔʒi/ NF sinology

**sinologue** /sinɔlɔg/ NMF sinologist, specialist in Chinese affairs

**sinon** /sinɔ̃/ CONJ a *(= autrement)* otherwise, or else ◆ **fais-le, ~ nous aurons des ennuis** do it, otherwise *ou* or else we will be in trouble ◆ **faites-le, vous vous exposerez ~ à des ennuis** do it - you're likely to get into trouble otherwise ◆ **elle doit être malade, ~ elle serait déjà venue** she must be ill, otherwise *ou* or else she would have already come ◆ **fais-le, ~ ...** *(pour indiquer la menace)* do it, or else ...

b *(concession = si ce n'est)* if not ◆ **il faut le faire, ~ pour le plaisir, du moins par devoir** it must be done, if not for pleasure, (then) at least out of a sense of duty ◆ **il avait leur approbation, ~ leur enthousiasme** he had their approval, if not their enthusiasm ◆ **cette histoire est savoureuse, ~ très morale** *(frm)* this story is spicy, if not very moral ◆ **ils y étaient opposés, ~ hostiles** *(frm)* they were opposed, if not (actively) hostile, to it

c *(frm = sauf)* except, other than, save *(frm)* ◆ **on ne possède jamais rien, ~ soi-même** there is nothing one ever possesses, except (for) *ou* other than oneself ◆ **à quoi peut bien servir cette manœuvre ~ à nous intimider ?** what can be the purpose of this manoeuvre other than *ou* if not to intimidate us?

◆ **sinon que** only that, other than that ◆ **je ne sais pas grand-chose, ~ qu'il a démissionné** I don't know much about it, only that *ou* other than that he has resigned

**sinophile** /sinɔfil/ ADJ, NMF sinophile

**sinoque** † ‡ /sinɔk/ ADJ crazy *, batty *, nutty * NMF loony *, nutcase *

**sinuer** /sinɥe/ ▸ conjug 1 ◂ VI *(littér) [rivière, route]* to meander, to wind

**sinueux, -euse** /sinɥø, øz/ ADJ a *[rivière]* winding *(épith)*, meandering *(épith)*; *[route, chemin]* winding *(épith)*; *[ligne]* sinuous b *[pensée, raisonnement]* tortuous ◆ **il a eu un parcours ~** his career followed a tortuous path *ou* route

**sinuosité** /sinɥozite/ NF *(NonC) [de route]* winding; *[de rivière]* winding, meandering; *[de pensée, raisonnement]* tortuousness ◆ **les ~s du chemin/de la rivière** the twists and turns of the path/of the river ◆ **les ~s de sa pensée** his tortuous train of thought, his convoluted thought processes ◆ **les ~s de la politique** the tortuous course of politics

**sinus**[1] /sinys/ NM *(Anat)* sinus ◆ **~ frontal/maxillaire** frontal/maxillary sinus

**sinus**[2] /sinys/ NM *(Math)* sine

**sinusite** /sinyzit/ NF sinusitis *(NonC)*

**sinusoïdal, e** (mpl **-aux**) /sinyzɔidal, o/ ADJ sinusoidal

**sinusoïde** /sinyzɔid/ NF sinusoid, sine curve

**Sion** /sjɔ̃/ N Zion

**sionisme** /sjɔnism/ NM Zionism

**sioniste** /sjɔnist/ ADJ, NMF Zionist

**sioux** /sju/ ADJ INV Sioux NM *(Ling)* Sioux NMF **Sioux** Sioux; → **ruse**

**siphon** /sifɔ̃/ NM *(= tube, bouteille, Zool)* siphon; *[d'évier, W-C]* U-bend; *(Spéléologie)* sump

**siphonné, e** * /sifɔne/ ADJ *(= fou)* crazy *

**siphonner** /sifɔne/ ▸ conjug 1 ◂ VT to siphon

**sire** /siʀ/ NM a *(au roi)* **Sire** Sire b *(Hist = seigneur)* lord c ◆ **un triste ~** an unsavoury *(Brit)* ou unsavory *(US)* individual ◆ **un pauvre ~** † a poor ou penniless fellow

**sirène** /siʀɛn/ NF a *(Myth)* siren; *(à queue de poisson)* mermaid ◆ **écouter le chant des ~s** to listen to the sirens' song ◆ **céder à l'appel des ~s nationalistes** to give in to the lure of nationalist ideas b *(= appareil) [d'ambulance, bateau]* siren; *[d'usine]* hooter *(Brit)*, siren *(US)*; *[de pompiers]* fire siren ◆ **~ d'alarme** *(en temps de guerre)* air-raid siren; *(en temps de paix)* fire alarm ◆ **la police est arrivée toutes ~s hurlantes** the police cars arrived with their sirens wailing

**Sirius** /siʀjys/ NM Sirius

**sirocco** /siʀɔko/ NM sirocco

**sirop** /siʀo/ NM a *(= médicament)* syrup, mixture; *(= boisson)* fruit drink ou cordial *(Brit)* ◆ **~ d'orgeat** barley water ◆ **~ de groseille/d'ananas/de menthe** redcurrant/pineapple/mint cordial *(Brit)* ou beverage *(US)* ◆ **~ d'érable** maple syrup ◆ **~ de maïs** corn syrup ◆ **~ contre la toux** cough mixture ou syrup ou linctus *(Brit)* b *(* : péj)* schmaltz * ◆ **cette musique, c'est du ~** this music is schmaltz * ou very syrupy

**siroter** * /siʀɔte/ ▸ conjug 1 ◂ VT to sip

**sirupeux, -euse** /siʀypø, øz/ ADJ *[liquide]* syrupy; *(péj) [musique]* schmaltzy *, syrupy

**sis, sise** /si, siz/ ADJ *(Admin, Jur)* located

**sisal** /sizal/ NM sisal

**sismal, e** (mpl **-aux**) /sismal, o/ ADJ ◆ **ligne ~e** path of an earthquake

**sismicité** /sismisite/ NF seismicity

**sismique** /sismik/ ADJ seismic; → **secousse**

**sismogramme** /sismɔgʀam/ NM seismogram

**sismographe** /sismɔgʀaf/ NM seismograph

**sismographie** /sismɔgʀafi/ NF seismography

**sismologie** /sismɔlɔʒi/ NF seismology

**sismologue** /sismɔlɔg/ NMF seismologist

**sismothérapie** /sismoteʀapi/ NF shock therapy

**sistre** /sistʀ/ NM sistrum

**Sisyphe** /sizif/ NM Sisyphus; → **rocher**

**sitar** /sitaʀ/ NM sitar

**sitcom** /sitkɔm/ NM ou NF (abrév de **situation comedy**) sitcom

**site** /sit/ NM a *(= environnement)* setting; *(= endroit remarquable)* beauty spot ◆ **dans un ~ merveilleux/très sauvage** in a marvellous/very wild setting ◆ **~ naturel/historique** natural/historic site ◆ **les ~s pittoresques de la région** the beauty spots of the area ◆ **~ touristique** tourist spot ou attraction ◆ **la protection des ~s** the conservation of places of interest ◆ **~ protégé** ou **classé** conservation area ◆ **"Beaumanoir, ses plages, ses hôtels, ses sites"** "Beaumanoir for beaches, hotels and places to visit"

b *(= emplacement) (industriel, militaire)* site ◆ **~ archéologique/olympique/de production** archeological/Olympic/production site ◆ **pistes cyclables en ~ propre** separate bicycle lanes ◆ **ligne de bus en ~ propre** bus lane system *(with a physical barrier between the bus lane and the street)*

c *(Mil)* **(angle de) ~** (angle of) sight ◆ **ligne de ~** line of sight

d *(Ordin)* site ◆ **~ Web** website

e *(loc)*

◆ **sur site** on site ◆ **dépannage sur ~** on-site repairs

**sit-in** /sitin/ NM INV sit-in ◆ **faire un ~** to stage a sit-in

**sitôt** /sito/ ADV a *(= dès que)* **~ couchée, elle s'endormit** as soon as she was in bed she fell asleep, she was no sooner in bed ou no sooner was she in bed than she fell asleep ◆ **~ dit, ~ fait** no sooner said than done ◆ **~ après la guerre** immediately ou straight *(Brit)* ou right after the war, immediately the war was over *(Brit)*

b *(avec nég)* **il ne reviendra pas de ~** he won't be back for quite a while ou for (quite) some time, he won't be back in a hurry ◆ **il a été si bien puni qu'il ne recommencera pas de ~ !** he was so severely punished that he won't be doing that again for a while! ou in a hurry!

PRÉP *(littér)* ◆ **~ ton retour, il faudra que ...** as soon as you're back, we must ... ◆ **~ les vacances, elle partait** she would go away as soon as the holidays started, the holidays had no sooner begun than she would go away

LOC CONJ **sitôt (après) que** as soon as, no sooner than ◆ **~ (après) que le docteur fut parti, elle se sentit mieux** as soon as the doctor had left she felt better, the doctor had no sooner left than she felt better ◆ **~ qu'il sera guéri, il reprendra le travail** as soon as he is better he'll go back to work

**sittelle** /sitɛl/ NF nuthatch

**situation** /sitɥasjɔ̃/ GRAMMAIRE ACTIVE 46.2 NF a *(= emplacement)* situation, location ◆ **la ~ de cette villa est excellente** this villa is very well situated ou is in an excellent location

b *(= conjoncture, circonstances)* situation ◆ **tu vois la ~ où je me trouve** you see the situation ou position I'm in ◆ **être dans une ~ délicate** ou **difficile** to be in a difficult position ou situation ◆ **être en ~ de faire qch** to be in a position to do sth ◆ **~ de fait** de facto situation ◆ **~ de famille** marital status ◆ **~ financière/politique** financial/political situation ◆ **étranger en ~ irrégulière** foreigner whose papers are not in order ◆ **dans une ~ désespérée** in a desperate plight ◆ **l'entreprise est en ~ de monopole** the company has a monopoly on the market ◆ **faire face à une ~ d'urgence** to cope with an emergency situation ◆ **c'est l'homme de la ~** he's the right man for the job; → **comique, renverser**

c *(= emploi)* post, job, position ◆ **chercher une/perdre sa ~** to look for a/lose one's post ou job ◆ **il a une belle ~** he has an excellent job ◆ **il s'est fait une belle ~ dans l'édition** he's worked up to a good position in publishing

d *(Fin = état)* statement of finances ◆ **~ de trésorerie** cash flow statement

e *(loc)* **en ~** in a real-life situation

**situationnisme** /sitɥasjɔnism/ NM situationism

**situationniste** /sitɥasjɔnist/ NMF situationist

**situé, e** /sitɥe/ (ptp de **situer**) ADJ situated ◆ **bien/mal ~** well/poorly situated

**situer** /sitɥe/ ▸ conjug 1 ◂ VT a *(lit = placer, construire)* to site, to situate, to locate

b *(par la pensée) (= localiser)* to set, to place; *( * = catégoriser) [+ personne]* to place ◆ **on ne le situe pas bien** * you just can't figure him out *

VPR **se situer** a *(emploi réfléchi)* to place o.s. ◆ **essayer de se ~ par rapport à qn/qch** to try to place o.s. in relation to sb/sth ◆ **il se situe à gauche** *(Pol)* he's on the left, he leans towards the left

b *(= se trouver) (dans l'espace)* to be situated; *(dans le temps)* to take place; *(par rapport à des notions)* to stand ◆ **l'action/cette scène se situe à Paris** the action/this scene is set ou takes place in Paris ◆ **la hausse des prix se situera entre 5% et 10%** prices will rise by between 5% and 10%, there will be price rises of between 5% and 10% ◆ **la France se situe dans le peloton de tête** France is among the leading countries

**Siva** /ʃiva/ NM Siva, Shiva

**six** /sis, *devant n commençant par consonne* si, *devant n commençant par voyelle ou h muet* siz/

ADJ CARDINAL INV six ◆ **il y avait ~ mille personnes** there were six thousand people ◆ **ils sont ~ enfants** there are six children ◆ **je suis resté ~ heures/jours** I stayed six hours/days ◆ **les ~ huitièmes de cette somme** six eighths of this sum ◆ **il a ~ ans** he is six (years old) ◆ **un enfant de ~ ans** a six-year-old (child), a child of six ◆ **un objet de 6 €** an item costing €6 ◆ **polygone à ~ faces** six-sided polygon ◆ **couper qch en ~ morceaux** to cut sth into six pieces ◆ **j'en ai pris trois, il en reste ~** I've taken three (of them) and there are six (of them) left ◆ **il est ~ heures** it's six o'clock ◆ **il est ~ heures du soir** it's 6 pm, it's six in the evening ◆ **il est ~ heures du matin** it's 6 am, it's six in the morning ◆ **il est trois heures moins ~** it is six minutes to three ◆ **il est trois heures ~** it is six minutes past ou after *(US)* three ◆ **par vingt voix contre ~** by twenty votes to six ◆ **cinq jours/fois sur ~** five days/times out of six ◆ **ils sont venus tous les ~** all six of them came ◆ **ils ont porté la table à eux ~** the six of them carried the table ◆ **ils ont mangé le jambon à eux ~** the six of them ate the ham, they ate the ham between the six of them ◆ **partagez cela entre vous ~** share that among the six of you ◆ **ils viennent à ~ pour déjeuner** there are six coming to lunch ◆ **on peut s'asseoir à ~ autour de cette table** this table can seat six (people) ◆ **ils vivent à ~ dans une seule pièce** there are six of them living in one room ◆ **se battre à ~ contre un/à un contre ~** to fight six against one/one against six ◆ **entrer ~ par ~** to come in by sixes ou six at a time ou six by six ◆ **se mettre en rangs par ~** to form rows of six

ADJ ORDINAL INV ◆ **arriver le ~ septembre** to arrive on the sixth of September ou (on) September the sixth ou (on) September sixth ◆ **Louis ~** Louis the Sixth ◆ **chapitre/page/article ~** chapter/page/article six ◆ **le numéro ~ gagne un lot** number six wins a prize ◆ **il habite au numéro ~ de la rue Arthur** he lives at number six Rue Arthur

NM INV a *(= nombre)* six ◆ **trente-/quarante-~** thirty-/forty-six ◆ **quatre et deux font ~** four and two are ou make six ◆ **il fait mal ses ~** he writes his sixes badly ◆ **c'est le ~ qui a gagné** number six has won ◆ **il habite au ~ (de la rue)** he lives at number six ◆ **il habite ~ rue de Paris** he lives at six, Rue de Paris ◆ **nous sommes le ~ aujourd'hui** it's the sixth today ◆ **il est venu le ~** he came on the sixth ◆ **il est payé le ~** ou **tous les ~ de chaque mois** he is paid on the sixth of each month ◆ **le ~ de cœur** *(Cartes)* the six of hearts ◆ **le ~ et deux** *(Dominos)* the six-two ◆ **la facture est datée du ~** the bill is dated the 6th

**b** *(Pol)* **les Six, l'Europe des Six** *(jusqu'en 1973)* the Six, the Europe of the Six

**sixain** /sizɛ̃/ **NM** ⇒ **sizain**

**six-huit** /sisɥit/ **NM INV** *(Mus)* six-eight (time) ◆ **mesure à ~** bar in six-eight (time)

**sixième** /sizjɛm/ **ADJ** sixth ◆ **vingt-/trente-~** twenty-/thirty-sixth ◆ **recevoir la ~ partie d'un héritage** to receive a sixth of a bequest ◆ **demeurer dans le ~ (arrondissement)** to live in the sixth arrondissement *(in Paris)* ◆ **habiter au ~ (étage)** to live on the sixth floor *(Brit)* *ou* the seventh floor *(US)*

**NMF** *(gén)* sixth (person) ◆ **se classer ~** to come sixth ◆ **nous avons besoin d'un ~ pour compléter l'équipe** we need a sixth (person) to complete the team ◆ **elle est arrivée (la) ~ dans la course** she came (in) sixth in the race

**NM** *(= portion)* sixth ◆ **calculer le ~ d'un nombre** to work out the sixth of a number ◆ **recevoir le ~** *ou* **un ~ d'une somme** to receive a sixth of a sum ◆ **(les) deux ~s du budget seront consacrés à ...** two sixths of the budget will be given over to ...

**NF** *(Scol)* ≈ first form *(Brit)*, sixth grade *(US)* ◆ **entrer en (classe de) ~** ≈ to go into the first form *(Brit)* *ou* sixth grade *(US)* ◆ **élève de ~** ≈ first form *(Brit)* *ou* sixth-grade *(US)* pupil

**sixièmement** /sizjɛmmɑ̃/ **ADV** in the sixth place, sixthly

**six-mâts** /sima/ **NM INV** *(Naut)* six-master

**six-quatre-deux** * /siskatdø/ **à la six-quatre-deux LOC ADV** *[faire]* in a slapdash way, any old way, any old how * *(Brit)*

**sixte** /sikst/ **NF** *(Mus)* sixth; *(Escrime)* sixte

**Sixtine** /sixtin/ **ADJ, NF** ◆ **la (chapelle) ~** the Sistine Chapel

**sizain** /sizɛ̃/ **NM** *(Littérat)* six-line stanza; *(Cartes)* packet of six packs of cards

**ska** /ska/ **NM** ska

**skaï ®** /skaj/ **NM** Leatherette ® ◆ **en ~** Leatherette *(épith)*

**skate(-board), skateboard** /skɛt(bɔʀd)/ **NM** skateboard ◆ **le ~(-board)** *(= activité)* skateboarding ◆ **faire du ~(-board)** to skateboard

**skateur, -euse** /skɛtœʀ, øz/ **NM,F** skateboarder

**sketch** (pl **sketches**) /skɛtʃ/ **NM** (variety) sketch; → **film**

**ski** /ski/ **NM** *(= objet)* ski; *(= sport)* skiing ◆ **s'acheter des ~s** to buy o.s. a pair of skis *ou* some skis ◆ **~ amont/aval** uphill/downhill ski ◆ **aller quelque part à** *ou* **en ~s** to go somewhere on skis, to ski somewhere ◆ **faire du ~** to ski, to go skiing ◆ **aller au ~** * to go skiing ◆ **vacances/équipement de ~** ski(ing) holiday/equipment ◆ **chaussures/moniteur/épreuve/station de ~** ski boots/instructor/race/resort; → **lunette, piste**

**COMP** ▷ **ski acrobatique** hot-dogging, freestyling ▷ **ski alpin** *(= discipline)* Alpine skiing; *(opposé à ski de fond)* downhill skiing ▷ **ski artistique** ski ballet ▷ **ski sur bosses** mogul skiing ▷ **ski court** short ski ▷ **ski de descente** downhill skiing ▷ **ski d'été** glacier skiing ▷ **ski évolutif** short ski method, ski évolutif ▷ **ski de fond** *(= sport)* cross-country skiing, ski touring *(US)*, langlauf; *(= objet)* cross-country ski ▷ **ski sur glacier** glacier skiing ▷ **ski de haute montagne** ski-mountaineering ▷ **ski nautique** water-skiing ▷ **ski nordique** Nordic skiing ▷ **ski parabolique** parabolic ski ▷ **ski de piste** downhill skiing ▷ **ski de randonnée** ⇒ **ski de fond**

**skiable** /skjabl/ **ADJ** *[neige, piste]* skiable ◆ **ils ont un grand domaine ~** they have a lot of ski slopes *ou* pistes

**ski-bob** (pl **ski-bobs**) /skibɔb/ **NM** skibob ◆ **faire du ~** to go skibobbing

**skidoo** /skidu/ **NM** skidoo, snow scooter ◆ **faire du ~** to skidoo ◆ **il y est allé en ~** he went there on a skidoo *ou* on a snow scooter

**skier** /skje/ ► conjug 7 ◄ **VI** to ski

**skieur, skieuse** /skjœʀ, skjøz/ **NM,F** skier; *(Ski nautique)* water-skier ◆ **~ de fond** cross-country *ou* langlauf skier ◆ **~ hors piste** off-piste skier ◆ **deux ~s hors piste ont été tués** two people skiing off-piste were killed

**skif(f)** /skif/ **NM** skiff

**skin** * /skin/ **NM** skin *

**skinhead** /skinɛd/ **NM** skinhead

**skipper** /skipœʀ/ **NM** *(Voile)* skipper

**Skopje** /skɔpje/ **N** Skopje

**slalom** /slalɔm/ **NM** *(= épreuve, piste)* slalom; *(= mouvement)* slalom *ou* weaving movement; *(entre divers obstacles)* zigzag ◆ **faire du ~** to slalom (*entre, parmi* between); ◆ **~ géant/spécial** giant/special slalom ◆ **le ~ nautique** slalom canoeing; → **descente**

**slalomer** /slalɔme/ ► conjug 1 ◄ **VI** *(Sport)* to slalom ◆ **il slalomait entre les voitures** he was weaving in and out of the traffic *ou* zigzagging through the traffic ◆ **le serveur slalomait entre les tables** the waiter was weaving between the tables

**slalomeur, -euse** /slalɔmœʀ, øz/ **NM,F** slalom skier *ou* specialist *ou* racer

**slave** /slav/ **ADJ** Slav(onic), Slavic; *[langue]* Slavic, Slavonic ◆ **le charme ~** Slavonic charm **NMF** **Slave** Slav

**slavisant, e** /slavizɑ̃, ɑ̃t/ **NM,F** Slavist

**Slavonie** /slavɔni/ **NF** Slavonia

**slavophile** /slavɔfil/ **ADJ, NMF** Slavophile

**sleeping** † /slipiŋ/ **NM** sleeping car

**slice** /slajs/ **NM** *(Tennis etc)* slice

**slicer** /slajse/ ► conjug 3 ◄ **VT** *(Tennis etc)* to slice ◆ **revers slicé** sliced backhand

**slip** /slip/ **NM** **a** *[d'homme]* briefs, underpants; *[de femme]* pants *(Brit)*, panties *(US)*, briefs ◆ **~ de bain** *[d'homme]* (bathing *ou* swimming) trunks; *(bikini)* bikini bottom(s) ◆ **~ brésilien** tanga ◆ **~ kangourou** Y-fronts ◆ **j'ai acheté deux ~s** I bought two pairs of briefs *ou* pants ◆ **se retrouver en ~** * *(fig)* to lose one's shirt **b** *(Naut)* slipway

> ⚠ *Au sens français,* **slip** *ne se traduit pas par le mot anglais* **slip.**

**slipé, e** /slipe/ **ADJ** *[collant]* with integral pants *(Brit)* *ou* panty *(US)*

**slogan** /slɔgɑ̃/ **NM** slogan

**sloop** /slup/ **NM** sloop

**slovaque** /slɔvak/ **ADJ** Slovak **NMF** **Slovaque** Slovak

**Slovaquie** /slɔvaki/ **NF** Slovakia

**slovène** /slɔvɛn/ **ADJ** Slovene **NM** *(Ling)* Slovene **NMF** **Slovène** Slovene

**Slovénie** /slɔveni/ **NF** Slovenia

**slow** /slo/ **NM** *(= danse)* slow dance; *(= musique)* slow number; *(= fox-trot)* slow fox trot ◆ **danser un ~** to do *ou* dance a slow dance

**SMAG** /smag/ **NM** (abrév de **salaire minimum agricole garanti**) → **salaire**

**smala** * /smala/ **NF** *(péj = troupe)* tribe * ◆ **ils ont débarqué avec toute la ~** they turned up with all their family in tow

**smash** /sma(t)ʃ/ **NM** *(Tennis)* smash ◆ **faire un ~** to do a smash, to smash (the ball)

**smasher** /sma(t)ʃe/ ► conjug 1 ◄ *(Tennis)* **VT** to smash **VI** to do a smash, to smash (the ball)

**SME** /ɛsɛmə/ **NM** (abrév de **système monétaire européen**) EMS

**SMIC** /smik/ **NM** (abrév de **salaire minimum interprofessionnel de croissance**) → **salaire**

**smicard, e** * /smikaʀ, aʀd/ **NM,F** minimum wage earner

**SMIG** † /smig/ **NM** (abrév de **salaire minimum interprofessionnel garanti**) → **salaire**

**smocks** /smɔk/ **NMPL** *(= fronces)* smocking *(NonC)* ◆ **robe à ~** smocked dress

**smog** /smɔg/ **NM** smog

**smok** * /smɔk/ **NM** (abrév de **smoking**) DJ * *(Brit)*, tux * *(US)*

**smoking** /smɔkiŋ/ **NM** *(= costume)* dinner suit, evening suit, dress suit; *(= veston)* dinner jacket, DJ * *(Brit)*, tuxedo *(US)*, tux * *(US)*

> ⚠ **smoking** *ne se traduit pas par le mot anglais* **smoking**, *qui a le sens de 'tabagisme'.*

**SMS** /ɛsɛmɛs/ **NM** (abrév de **Short Message Service**) SMS

**SMUR** /smyʀ/ **NM** (abrév de **Service médical d'urgence et de réanimation**) *mobile emergency unit*

**smurf** /smœʀf/ **NM** *(Danse)* break dancing ◆ **danser le ~** to break-dance

**snack** /snak/, **snack-bar** (pl **snack-bars** /snakbaʀ/) **NM** snack bar

**SNCF** /ɛsɛnseɛf/ **NF** (abrév de **Société nationale des chemins de fer français**) → **société**

**snif(f)** /snif/ **EXCL** boo hoo!

**sniffer** * /snife/ ► conjug 1 ◄ **VT** to sniff ◆ **~ de la cocaïne/de la colle** to sniff cocaine/glue

**sniper** /snajpœʀ/ **NM** sniper

**snob** /snɔb/ **NMF** snob **ADJ** *[personne, attitude]* snobbish; *[quartier]* snobbish, posh *

**snober** /snɔbe/ ► conjug 1 ◄ **VT** *[+ personne]* to snub, to give the cold shoulder to; *[+ endroit, réception]* to turn one's nose up at

**snobinard, e** * /snɔbinaʀ, aʀd/ *(péj)* **ADJ** snooty *, stuck-up *, snobbish **NM,F** stuck-up thing *, snob

**snobisme** /snɔbism/ **NM** snobbery, snobbishness ◆ **~ à l'envers** *ou* **à rebours** inverted snobbery

**snowboard** /snobɔʀd/ **NM** snowboard ◆ **le ~** *(= activité)* snowboarding ◆ **faire du ~** to snowboard

**snowboardeur, -euse** /snobɔʀdœʀ, øz/ **NM,F** snowboarder

**soap-opéra** (pl **soap-opéras**) /sopɔpeʀa/ **NM** soap opera

**sobre** /sɔbʀ/ **ADJ** **a** *[personne]* *(= qui mange et boit peu)* abstemious; *(= qui ne boit pas d'alcool)* teetotal; *(= qui n'est pas ivre)* sober ◆ **~ comme un chameau** * as sober as a judge **b** *(= mesuré, simple)* *[décor, style, éloquence]* sober; *[tenue]* simple, plain; *[commentaire, vie]* simple ◆ **~ de gestes/en paroles** sparing of gestures/of words ◆ **des vêtements de coupe ~** clothes cut simply

**sobrement** /sɔbʀəmɑ̃/ **ADV** **a** *[vivre]* abstemiously **b** *(= simplement)* *[s'habiller]* simply, plainly; *[commenter, expliquer]* simply

**sobriété** /sɔbʀijete/ NF a *[de personne] (= fait de boire et manger peu)* temperance; *(= fait de ne pas boire d'alcool)* abstinence b *(= simplicité) [de style, éloquence]* sobriety; *[de mise en scène, décor]* simplicity ◆ ~ **de gestes/paroles** restraint in one's gestures/words

**sobriquet** /sɔbʀikɛ/ NM nickname

**soc** /sɔk/ NM ploughshare *(Brit)*, plowshare *(US)*

**sociabilité** /sɔsjabilite/ NF a *(Sociol)* sociability, social nature b *(= civilité) [de personne, caractère]* sociability

**sociable** /sɔsjabl/ ADJ a *(Sociol)* social b *(= ouvert, civil) [personne, caractère]* sociable; *[milieu]* hospitable ◆ **je ne suis pas d'humeur ~ aujourd'hui** I'm not in a sociable mood today, I don't feel like socializing today

**social, e** (mpl **-iaux**) /sɔsjal, jo/ ADJ a *[animal, créature, rapports, conventions]* social; → **science** b *[classe, questions, loi, politique, système]* social ◆ **œuvres ~es** charity activities; → **assistant, sécurité, siège**[1] c *(= du travail)* **revendications ~es** workers' demands ◆ **conflit ~** industrial *ou* trade dispute ◆ **plan ~** restructuring programme NM ◆ **le ~** *(= questions)* social issues ◆ **faire du ~** to tackle social issues

**social-démocrate, sociale-démocrate** (mpl **sociaux-démocrates**) /sɔsjaldemɔkʀat, sɔsjodemɔkʀat/ ADJ, NM,F Social Democrat

**social-démocratie** (pl **social-démocraties**) /sɔsjaldemɔkʀasi/ NF social democracy

**socialement** /sɔsjalmɑ̃/ ADV socially

**socialisant, e** /sɔsjalizɑ̃, ɑt/ ADJ *[idéologie]* with socialist leanings *ou* tendencies

**socialisation** /sɔsjalizasjɔ̃/ NF a *(Écon) [de moyens de production]* collectivization b *(Sociol) [de personne]* socialization

**socialiser** /sɔsjalize/ ► conjug 1 ◄ VT a *(Écon)* to socialize ◆ **le financement socialisé des dépenses médicales** socialized healthcare ◆ **ils ont décidé de ~ les pertes** they've decided that the state should pay for the losses b *(Sociol) [+ personne]* to socialize ◆ **les individus les plus socialisés** those who are most fully socialized VPR **se socialiser** *(Sociol) [personne]* to become socialized

**socialisme** /sɔsjalism/ NM socialism ◆ **~ utopique/scientifique/révolutionnaire** utopian/scientific/revolutionary socialism ◆ **~ d'État** state socialism

**socialiste** /sɔsjalist/ ADJ, NMF socialist

**socialo** /sɔsjalo/ PRÉF socialo ◆ **~-communiste** socialo-communist NMF *(*, souvent péj)* Socialist

**sociétaire** /sɔsjetɛʀ/ NMF member *(of a society)* ◆ **~ de la Comédie-Française** (shareholding) member of the Comédie-Française

**sociétal, e** (mpl **-aux**) /sɔsjetal, o/ ADJ *[changement, structure]* societal ◆ **engagement ~** community involvement

**société** /sɔsjete/ NF a *(= groupe, communauté)* society ◆ **la ~** society ◆ **la vie en ~** life in society ◆ **~ sans classe** classless society ◆ **la ~ de consommation** the consumer society ◆ **la ~ de loisirs** the leisure society

b *(= club) (littéraire)* society; *(sportif)* club ◆ **~ de pêche/tir** angling/shooting club ◆ **~ secrète/savante** secret/learned society ◆ **la Société protectrice des animaux** ≃ the Royal Society for the Prevention of Cruelty to Animals *(Brit)*, the American Society for the Prevention of Cruelty to Animals *(US)*

c *(= entreprise)* company, firm ◆ **~ financière** finance company ◆ **~ immobilière** *(= compagnie)* property *(Brit)* *ou* real estate *(US)* company; *[de copropriétaires]* housing association

d *(= classes supérieures)* **la ~** society ◆ **dans la bonne ~** in polite society ◆ **la haute ~** high society

e *(= assemblée)* company, gathering ◆ **il y venait une ~ assez mêlée/une ~ d'artistes et d'écrivains** a fairly mixed company *ou* gathering/a company *ou* gathering of artists and writers used to come ◆ **toute la ~ se leva pour l'acclamer** the whole company rose to acclaim him

f *(= compagnie)* company, society *(frm)* *(littér)* ◆ **rechercher/priser la ~ de qn** to seek/value sb's company *ou* society *(littér)* *ou* companionship ◆ **dans la ~ de qn** in the company *ou* society *(frm, littér)* of sb; → **jeu, talent**[1]

COMP ▷ **société par actions** joint-stock company ▷ **société anonyme** *(gén)* ≃ limited (liability) company; *(ouverte au public)* ≃ public limited company ▷ **Société des auteurs, compositeurs et éditeurs de musique** *French body responsible for collecting and distributing music royalties,* ≃ Publishing Rights Society *(Brit)* ▷ **société de Bourse** brokerage *ou* broking firm ▷ **société à capital variable** company with variable capital ▷ **société de capitaux** joint-stock company ▷ **société civile** *(Comm)* non-trading company; *(Philos)* civil society ◆ **personne de la ~ civile** *(Pol)* lay person ▷ **société civile immobilière** non-trading property *(Brit)* *ou* real estate *(US)* company ▷ **société civile de placement immobilier** non-trading property *(Brit)* *ou* real estate *(US)* investment trust ▷ **société civile professionnelle** professional partnership ▷ **société en commandite** limited partnership ▷ **société commerciale** trading company ▷ **société commune** joint-venture company ▷ **société de crédit** credit *ou* finance company ▷ **société d'économie mixte** semi-public company ▷ **société écran** bogus *ou* dummy company ▷ **société d'exploitation** development company ▷ **société d'investissement** investment trust ◆ **~ d'investissement à capital variable** unit trust *(Brit)*, open-end investment trust *(US)*, mutual fund *(US)* ▷ **la société de Jésus** the Society of Jesus ▷ **Société nationale des chemins de fer français** *French national railway company* ▷ **la Société des Nations** *(Hist Pol)* the League of Nations ▷ **société en nom collectif** general partnership ▷ **société en participation** joint-venture company ▷ **société de personnes** partnership ▷ **société de portefeuille** holding company ▷ **société de production** *(Audiov)* production company ▷ **société à responsabilité limitée** limited liability company ▷ **société de services** service company ◆ **~ de services informatiques** software house ▷ **société de tempérance** temperance society

> ⚠ *Au sens de 'entreprise',* **société** *ne se traduit pas par* **society**.

**socio** * /sɔsjo/ NF abrév de **sociologie**

**sociobiologie** /sɔsjobjɔlɔʒi/ NF sociobiology

**socioculturel, -elle** /sɔsjokyltyʀɛl/ ADJ sociocultural

**sociodrame** /sɔsjodʀam/ NM sociodrama

**socio-économique** (pl **socio-économiques**) /sɔsjoekɔnɔmik/ ADJ socioeconomic

**socio-éducatif, -ive** (mpl **socio-éducatifs**) /sɔsjoedykatif, iv/ ADJ socioeducational

**sociogéographique** /sɔsjoʒeɔgʀafik/ ADJ sociogeographic

**sociogramme** /sɔsjogʀam/ NM sociogram

**sociolinguistique** /sɔsjolɛ̃gɥistik/ ADJ sociolinguistic NF sociolinguistics *(sg)*

**sociologie** /sɔsjɔlɔʒi/ NF sociology

**sociologique** /sɔsjɔlɔʒik/ ADJ sociological

**sociologiquement** /sɔsjɔlɔʒikmɑ̃/ ADV sociologically

**sociologue** /sɔsjɔlɔg/ NMF sociologist

**sociométrie** /sɔsjɔmetʀi/ NF sociometry

**sociopathe** /sɔsjopat/ NMF sociopath

**sociopolitique** /sɔsjopɔlitik/ ADJ sociopolitical

**socio(-)professionnel, -elle** /sɔsjopʀɔfesjɔnɛl/ ADJ socio-professional

**soclage** /sɔklaʒ/ NM *[d'œuvre d'art]* mounting *(on a base)*

**socle** /sɔkl/ NM a *[de statue, colonne]* plinth, pedestal, socle *(SPÉC)*; *[de lampe, vase]* base b *(fig)* **le ~ de connaissances et de compétences commun à tous les élèves** the core knowledge and skills shared by all the pupils ◆ **ils cherchent à consolider leur ~ électoral** they are trying to strengthen their electoral base ◆ **le ~ sur lequel fut fondée notre république** the foundation stone of our republic c *(Géog)* basement ◆ **~ continental** continental shelf ◆ **~ rocheux** bedrock

**socler** /sɔkle/ ► conjug 1 ◄ VT *[+ œuvre d'art]* to mount *(on a base)*

**socque** /sɔk/ NM *(= sabot)* clog

**socquette** /sɔkɛt/ NF ankle sock *(Brit)*, anklet *(US)*

**Socrate** /sɔkʀat/ NM Socrates

**socratique** /sɔkʀatik/ ADJ Socratic

**soda** /sɔda/ NM fizzy drink *(Brit)*, soda *(US)*, pop * ◆ **~ à l'orange** orangeade ◆ **whisky ~** whisky and soda

**sodé, e** /sɔde/ ADJ sodium *(épith)*

**sodium** /sɔdjɔm/ NM sodium

**Sodome** /sɔdɔm/ N Sodom ◆ **~ et Gomorrhe** Sodom and Gomorrah

**sodomie** /sɔdɔmi/ NF sodomy, buggery

**sodomiser** /sɔdɔmize/ ► conjug 1 ◄ VT to bugger, to have anal intercourse with

**sodomite** /sɔdɔmit/ NM sodomite

**sœur** /sœʀ/ NF a *(lit, fig)* sister ◆ **avec un dévouement de ~** with a sister's *ou* with sisterly devotion ◆ **la poésie, ~ de la musique** poetry, sister of *ou* to music ◆ **peuplades/organisations ~s** sister peoples/organizations ◆ **~ d'infortune** *(littér)* fellow sufferer ◆ **j'ai trouvé la ~ de cette commode chez un antiquaire** *(hum)* I found the partner to this chest of drawers in an antique shop ◆ **et ta ~ !** ‡ get lost! ‡; → **âme, lait**

b *(Rel)* nun, sister; *(comme titre)* Sister ◆ **~ Jeanne** Sister Jeanne ◆ **elle a été élevée chez les ~s** she was convent-educated ◆ **elle était en pension chez les ~s** she went to a convent (boarding) school ◆ **les Petites ~s des pauvres** the Little Sisters of the Poor ◆ **les ~s de la Charité** the Sisters of Charity; → **bon**[1]

**sœurette** * /sœʀɛt/ NF little sister, kid * sister ◆ **salut ~ !** hi sis! *

**sofa** /sɔfa/ NM sofa

**Sofia** /sɔfja/ N Sofia

**SOFRES** /sɔfʀɛs/ NF (abrév de **Société française d'enquêtes par sondage**) *French public opinion poll institute,* ≃ Gallup, MORI *(Brit)*

**soft** /sɔft/ ADJ INV *[film]* soft-porn *, soft-core * ◆ **érotisme ~** soft(-core) porn * ◆ **l'ambiance ~ d'un salon de thé** the cosy atmosphere of a tearoom ◆ **c'est la version ~ de son premier livre** it's the watered-down version of his first book ◆ **la campagne électorale est plus ~ que la précédente** the electoral campaign is less aggressive than the previous one NM ◆ **le ~** *(Ordin)* software; *(Ciné)* soft(-core) porn films *

**software** /sɔftwɛʀ/ NM software

**soi** /swa/ PRON PERS **a** *(gén)* one(self); *(fonction d'attribut)* oneself ◆ **n'aimer que ~** to love only oneself ◆ **regarder devant/derrière ~** to look in front of/behind one ◆ **malgré ~** in spite of oneself ◆ **avoir confiance en ~** to be self-confident ◆ **rester chez ~** to stay at home

**b** † *(= lui)* himself; *(= elle)* herself; *(= chose)* itself ◆ **il n'agissait que pour ~** *(frm)* he was only acting for himself *ou* in his own interests ◆ **elle comprenait qu'il fût mécontent de ~** *(évite une ambiguïté)* she understood his not being pleased with himself ◆ **il allait droit devant ~** *(frm)* he was going straight ahead

**c** *(loc)* **aller de ~** to be self-evident, to be obvious ◆ **cela va de ~** it goes without saying, it's obvious, it stands to reason ◆ **il va de ~ que ...** it goes without saying *ou* it stands to reason that ... ◆ **en ~** *(= intrinsèquement)* in itself ◆ **n'exister que pour ~** to exist only for oneself ◆ **dans un groupe, on peut se rendre service entre ~** in a group, people can help each other *ou* one another (out) ◆ **être/rester ~** to be/remain oneself; → **chacun, hors, maître**

**d** ◆ **~-même** oneself ◆ **on le fait ~-même** you do it yourself, one does it oneself *(frm)* ◆ **le respect de ~-même** self-respect ◆ **Monsieur Leblanc ? – ~-même !** *(hum)* Mr Leblanc? – in person! *ou* none other!; *pour autres loc voir* **même**

NM *(Philos, littér = personnalité, conscience)* self; *(Psych = inconscient)* id ◆ **la conscience de ~** self-awareness, awareness of self; → **en-soi, pour-soi**

**soi-disant** /swadizɑ̃/ ADJ INV so-called ◆ **un ~ poète/professeur** a so-called *ou* would-be poet/teacher ADV supposedly ◆ **il était ~ parti à Rome** he had supposedly left for Rome, he was supposed to have left for Rome ◆ **il était venu ~ pour discuter** he had come to talk – or so he said, he had come ostensibly for a talk ◆ **~ que * ...** it would appear that ..., apparently ...

**soie** /swa/ NF **a** *(Tex)* silk ◆ **~ sauvage/végétale** wild/vegetal silk ◆ **~ grège/lavée** raw/washed silk; → **papier, ver** **b** *(= poil) [de sanglier]* bristle ◆ **brosse en ~s de sanglier** (boar) bristle brush ◆ **brosse à dents en ~s de nylon** nylon (bristle) tooth brush, tooth brush with nylon bristles **c** *(Tech) [de lime, couteau]* tang

**soierie** /swaʀi/ NF *(= tissu)* silk; *(= industrie, commerce)* silk trade; *(= filature)* silk mill

**soif** /swaf/ NF **a** *(lit)* thirst ◆ **avoir ~** *[personne]* to be thirsty; *[plante, terre]* to be dry *ou* thirsty ◆ **avoir grand ~** † to be very thirsty ◆ **ça donne ~** it makes you thirsty ◆ **il fait ~ *** I'm parched * ◆ **jusqu'à plus ~** *(lit)* till one's thirst is quenched; *(fig)* till one can't take any more ◆ **rester sur sa ~** *(lit)* to remain thirsty; *(fig)* to be left unsatisfied; → **boire, étancher, garder, mourir** **b** *(= désir)* **~ de** *[+ richesse, connaissances, vengeance, pouvoir]* thirst *ou* craving for ◆ **~ de faire qch** craving to do sth

**soiffard, e** * † /swafaʀ, aʀd/ *(péj)* ADJ boozy * NM,F boozer *

**soignant, e** /swaɲɑ̃, ɑ̃t/ ADJ *[personnel]* nursing *(épith)* ◆ **équipe ~e** (team of) doctors and nurses

**soigné, e** /swaɲe/ (ptp de **soigner**) ADJ **a** *(= propre) [personne, chevelure]* well-groomed, neat, tidy; *[ongles]* manicured, well-kept; *[mains]* well-cared-for *(épith)*, well cared for *(attrib)* ◆ **peu ~** *[personne]* untidy; *[cheveux]* unkempt, untidy; *[ongles, mains]* neglected (-looking) ◆ **il est très ~ de sa personne** he is very well turned-out *ou* well-groomed

**b** *(= consciencieux) [travail, style, présentation]* careful, meticulous; *[vitrine]* neat, carefully laid out; *[jardin]* well-kept; *[repas]* carefully prepared ◆ **peu ~** *[travail]* careless, sloppy ◆ **ils font une cuisine très ~e** their food is beautifully prepared ◆ **c'est un film très ~** it's a very polished *ou* well-crafted film

**c** *(* : intensif) [note]* massive *, whopping * *(épith)*; *[punition]* stiff * ◆ **avoir un rhume (quelque chose de) ~** to have a real beauty * *ou* a whopper * of a cold ◆ **la note était ~e** it was some bill *, it was a massive * *ou* whopping * bill

**soigner** /swaɲe/ ► conjug 1 ◄ VT **a** *(= traiter) [+ patient, maladie] [médecin]* to treat; *[infirmière, mère]* to look after, to nurse ◆ **~ les blessés** to tend *ou* nurse the wounded ◆ **tu devrais te faire ~** you should see a doctor ◆ **il faut te faire ~ ! *** you need your head examined *ou* examining! ◆ **rentrez chez vous pour ~ votre rhume** go back home and look after *ou* nurse that cold (of yours) ◆ **je soigne mes rhumatismes avec des pilules** I'm taking pills for my rheumatism ◆ **j'ai été très bien soigné dans cette clinique** I had very good treatment *ou* I was very well looked after in that clinic ◆ **un rhume mal soigné peut avoir de graves conséquences** if not treated properly a cold can lead to something more serious

**b** *(= entretenir) [+ chien, plantes, invité]* to look after; *[+ ongles, chevelure, outils, livres]* to look after, to take (good) care of; *[+ cheval]* to groom; *[+ tenue, travail, repas, style, présentation]* to take care over ◆ **~ sa clientèle** to look after one's customers ◆ **~ son image (de marque)** to be careful about one's image ◆ **le pays essaie de ~ son image à l'étranger** the country is trying to cultivate its image abroad

**c** *(* = maltraiter)* **~ qn** to let sb have it * ◆ **5 € le café – ils nous ont soignés !** €5 for a coffee – what a rip-off! * *ou* we've been had! * *ou* done! * *(Brit)* ◆ **ils lui sont tombés dessus à quatre : j'aime autant te dire qu'ils l'ont soigné** four of them laid into him – I can tell you they really let him have it *; → **oignon**

VPR **se soigner** **a** *[personne] (= prendre des médicaments)* to take medicine ◆ **se ~ par les plantes** to take herbal medicine ◆ **soigne-toi bien** take good care of yourself, look after yourself ◆ **ils se soignent : champagne, saumon ... !** *(hum)* they take good care of *ou* they look after themselves (all right) – champagne, salmon, the lot!

**b** *[maladie]* **de nos jours, la tuberculose se soigne** these days tuberculosis can be treated ◆ **ça se soigne, tu sais !** * *(hum)* there's a cure for that, you know!

**soigneur** /swaɲœʀ/ NM *(Boxe)* second; *(Cyclisme, Ftbl)* trainer

**soigneusement** /swaɲøzmɑ̃/ ADV *[ranger, nettoyer, entretenir, éviter, choisir]* carefully; *[écrire, plier]* carefully, neatly ◆ **~ préparé** carefully prepared, prepared with care ◆ **il pèse ~ ses mots** he weighs his words carefully

**soigneux, -euse** /swaɲø, øz/ ADJ **a** *(= propre, ordonné)* tidy, neat ◆ **ce garçon n'est pas assez ~** that boy isn't tidy enough **b** *(= appliqué, minutieux) [travailleur]* careful, painstaking; *[travail]* careful, meticulous; *[recherche, examen]* careful ◆ **être ~ dans son travail** to take care over one's work **c** *(= soucieux)* **être ~ de sa santé** to be careful about one's health ◆ **être ~ de ses affaires** to be careful with one's belongings ◆ **être ~ de sa personne** to be careful about *ou* take care over one's appearance ◆ **être ~ de ses vêtements** to take care of *ou* look after one's clothes

**soi-même** /swamɛm/ PRON → **même, soi**

**soin** /swɛ̃/ NM **a** *(= application)* care; *(= ordre et propreté)* tidiness, neatness ◆ **être sans ~, n'avoir aucun ~** to be careless *ou* untidy *ou* sloppy ◆ **faire qch sans ~** to do sth carelessly ◆ **faire qch avec (grand) ~** to do sth with (great) care *ou* (very) carefully ◆ **il nous évite avec un certain ~, il met un certain ~ à nous éviter** he takes great care *ou* he goes to some lengths to avoid us

**b** *(= charge, responsabilité)* care ◆ **confier à qn le ~ de ses affaires** to entrust sb with the care of one's affairs ◆ **confier à qn le ~ de faire qch** to entrust sb with the job *ou* task of doing sth ◆ **je vous laisse ce ~** I leave this to you, I leave you to take care of this ◆ **son premier ~ fut de ...** his first concern was to ... ◆ **le ~ de son salut/avenir l'occupait tout entier** *(littér)* his thoughts were filled with the care of his salvation/future *(littér)*

**c** *(= traitement)* **le ~ du cheveu** hair care

**d** *(loc)* **avoir** *ou* **prendre ~ de faire qch** to take care to do sth, to make a point of doing sth ◆ **avoir** *ou* **prendre ~ de qn/qch** to take care of *ou* look after sb/sth ◆ **il prend bien ~/grand ~ de sa petite personne** he takes good care/great care of his little self *ou* of number one * ◆ **ayez** *ou* **prenez ~ d'éteindre** take care *ou* be sure to turn out the lights, make sure you turn out the lights ◆ **avoir ~ que ...** to make sure that ...

NMPL **soins** **a** *(= entretien, hygiène)* care *(NonC)*; *(= traitement)* treatment *(NonC)* ◆ **~s esthétiques** *ou* **de beauté** beauty care ◆ **~s des cheveux/des ongles** hair/nail care ◆ **~s du visage** (facial) skin care ◆ **son état demande des ~s** his condition requires treatment *ou* (medical) attention ◆ **le blessé a reçu les premiers ~s** the injured man has been given first aid

**b** *(= attention)* care (and attention) *(NonC)* ◆ **l'enfant a besoin des ~s d'une mère** the child needs a mother's care (and attention) ◆ **confier qn/qch aux (bons) ~s de qn** to leave sb/sth in the hands *ou* care of sb ◆ **aux bons ~s de** *(sur lettre : frm)* care of, c/o ◆ **être aux petits ~s pour qn** to attend to sb's every need, to wait on sb hand and foot

**c** *(Rel)* **donner ses ~s à qn** to minister to sb

COMP ▷ **soins dentaires** dental treatment *ou* care ▷ **soins hospitaliers** hospital care *ou* treatment ▷ **soins intensifs** intensive care ◆ **unité de ~s intensifs** intensive care unit ▷ **soins médicaux** medical *ou* health care

**soir** /swaʀ/ NM **a** evening ◆ **les ~s d'automne/d'hiver** autumn/winter evenings ◆ **le ~ descend** *ou* **tombe** night is falling, evening is closing in ◆ **le ~ où j'y suis allé** the evening I went ◆ **au ~ de la/de sa vie** *(littér)* in the evening of life/of his life *(littér)* ◆ **le grand ~** the big night; *(Pol)* the revolution; → **matin**

◆ **du soir** ◆ **repas/journal du ~** evening meal/paper ◆ **5 heures du ~** 5 (o'clock) in the afternoon *ou* evening, 5 pm ◆ **8 heures du ~** 8 (o'clock) in the evening, 8 o'clock at night, 8 pm ◆ **11 heures du ~** 11 (o'clock) at night, 11 pm ◆ **être du ~** to be a night owl *; → **cours, robe**

**b** *(loc)* **le ~, je vais souvent les voir** I often go to see them in the evening ◆ **le ~, je suis allé les voir/il a plu** I went to see them/it rained in the evening ◆ **il pleut assez souvent le ~** it quite often rains in the evening(s) ◆ **sortir le ~** to go out in the evening ◆ **j'y vais ce ~** I'm going this evening *ou* tonight ◆ **à ce ~ !** (I'll) see you (*ou* I'll talk to you) this evening! *ou* tonight! ◆ **vivement ce ~ qu'on se couche** * I can't wait until bedtime, roll on bedtime * *(Brit)* ◆ **tous les ~s, chaque ~** every evening *ou* night ◆ **hier ~** last night, yesterday evening ◆ **demain ~** tomorrow evening *ou* night ◆ **dimanche ~** Sunday evening *ou* night ◆ **hier au ~** yesterday evening ◆ **le 17 au ~** on the evening of the 17th ◆ **la veille au ~** the previous evening ◆ **il est arrivé un (beau) ~** he turned up one (fine) evening ◆ **viens nous voir un de ces ~s** come and see us one evening *ou* night

**soirée** /swaʀe/ GRAMMAIRE ACTIVE 52.2 **NF** **a** *(= soir)* evening ◆ **bonne ~ !** have a nice evening! ◆ **les longues ~s d'hiver** the long winter evenings **b** *(= réception)* party ◆ **~ dansante** dance ◆ **~ mondaine** society party; → **tenue²** **c** *(Ciné, Théât = séance)* evening performance ◆ **donner un spectacle/une pièce en ~** to give an evening performance of a show/play ◆ **~ thématique** *(TV) evening of programmes devoted to a theme* ◆ **~ électorale** election night

**soit** /swa/ **ADV** *(frm = oui)* very well, so be it *(frm)* ◆ **eh bien, ~, qu'il y aille !** very well then, let him go!; → **tant**

**CONJ** **a** *(= ou)* **~ l'un ~ l'autre** (either) one or the other ◆ **~ avant ~ après** (either) before or after ◆ **~ timidité, ~ mépris** *ou* **~ timidité ou mépris, elle ne lui adressait jamais la parole** be it (out of) *ou* whether out of shyness or contempt, she never spoke to him ◆ **~ qu'il soit fatigué, ~ qu'il en ait assez** whether he is tired or whether he has had enough ◆ **~ qu'il n'entende pas, ou ne veuille pas entendre** whether he cannot hear or (whether) he does not wish to hear

**b** *(= à savoir)* that is to say ◆ **des détails importants, ~ l'approvisionnement, le transport, etc** important details, that is to say *ou* for instance provisions, transport, etc

**c** *(Math = posons)* **~ un rectangle ABCD** let ABCD be a rectangle ◆ **soient deux triangles isocèles** given two isosceles triangles

**soixantaine** /swasɑ̃tɛn/ **NF** **a** *(= environ soixante)* sixty or so, (round) about sixty, sixty-odd * ◆ **il y avait une ~ de personnes/de livres** there were sixty or so *ou* about sixty people/books, there were sixty-odd * people/books ◆ **la ~ de spectateurs qui étaient là** the sixty or so *ou* the sixty-odd * people there ◆ **ils étaient une bonne ~** there were a good sixty of them ◆ **il y a une ~/une bonne ~ d'années** sixty or so *ou* sixty-odd */a good sixty years ago ◆ **ça doit coûter une ~ de mille (francs)** that must cost sixty thousand or so francs *ou* (round) about sixty thousand francs *ou* some sixty thousand francs

**b** *(= soixante unités)* sixty ◆ **sa collection n'atteint pas encore/a dépassé la ~** his collection has not yet reached/has passed the sixty mark, there are not yet sixty/are now over sixty in his collection

**c** *(= âge)* sixty ◆ **approcher de la/atteindre la ~** to near/reach sixty ◆ **un homme dans la ~** a man in his sixties ◆ **d'une ~ d'années** *[personne]* of about sixty; *[arbre]* sixty or so years old ◆ **elle a la ~** she's sixtyish, she's about sixty

**soixante** /swasɑ̃t/ **ADJ INV, NM INV** sixty ◆ **à la page ~** on page sixty ◆ **habiter au ~** to live at number sixty ◆ **les années ~** the sixties, the 60s ◆ **~ et un** sixty-one ◆ **~ et unième** sixty-first ◆ **~-dix** seventy ◆ **~-dixième** seventieth ◆ **~ mille** sixty thousand ◆ **le (numéro) ~** *(jeu, rue)* number sixty ◆ **un ~-neuf** ⁑ *(= position sexuelle)* a soixante-neuf ⁑, a sixty-nine ⁑

**soixante-huitard, e** (mpl **soixante-huitards**) /swasɑ̃tɥitaʀ, aʀd/ **ADJ** *[personne]* who took part in the events of May 1968; *[idéologie, slogan]* inspired by the events of May 1968 **NM,F** *(en mai 68)* participant in the events of May 1968; *(après 1968)* proponent of the ideals of May 1968; → MAI 68

**soixantième** /swasɑ̃tjɛm/ **ADJ, NM** sixtieth

**soja** /sɔʒa/ **NM** *(= plante)* soya; *(= graines)* soya beans

**sol¹** /sɔl/ **NM** *(gén)* ground; *(= plancher)* floor; *(= revêtement)* floor, flooring *(NonC)*; *(= territoire, terrain, Agr, Géol)* soil ◆ **étendu sur le ~** spread out on the ground ◆ **posé au ~** *ou* **à même le ~** (placed) on the ground (*ou* floor) ◆ **~ carrelé/cimenté** tiled/concrete floor ◆ **la surface au ~** the floor surface ◆ **la pose des ~s** *(Constr)* the laying of floors *ou* of flooring ◆ **~ natal** native soil ◆ **sur le ~ français** on French soil ◆ **personnel au ~** *(Aviat)* ground staff *ou* personnel ◆ **essais/vitesse au ~** *(Aviat)* ground tests/speed ◆ **exercices au ~** *(Sport)* floor exercises

**sol²** /sɔl/ **NM INV** *(Mus)* G; *(en chantant la gamme)* so(h); → **clé**

**sol³** /sɔl/ **NM** *(Chim)* sol

**sol⁴** /sɔl/ **NM** *(= monnaie)* sol

**sol-air** /sɔlɛʀ/ **ADJ INV** ground-to-air

**solaire** /sɔlɛʀ/ **ADJ** *(Astrol, Astron) [énergie, panneaux]* solar; *[crème, filtre]* sun *(attrib)*; *[calculatrice]* solar(-powered); → **cadran, plexus, spectre** **NM** *(= énergie)* ◆ **le ~** solar energy

**solarisation** /sɔlaʀizasjɔ̃/ **NF** *(= chauffage)* solar heating; *(Photo)* solarization

**solarium** /sɔlaʀjɔm/ **NM** solarium

**soldanelle** /sɔldanɛl/ **NF** *(Bot) (= primulacée)* soldanella; *(= liseron)* sea bindweed

**soldat** /sɔlda/ **NM** *(gén)* soldier ◆ **(simple) ~, ~ de 2ᵉ classe** *(armée de terre)* private; *(armée de l'air)* aircraftman *(Brit)*, basic airman *(US)* ◆ **~ de 1ʳᵉ classe** *(armée de terre)* ≈ private *(Brit)*, private first class *(US)*; *(armée de l'air)* leading aircraftman *(Brit)*, airman first class *(US)* ◆ **se faire ~** to join the army, to enlist ◆ **~ de la liberté/du Christ** *(littér)* soldier of liberty/of Christ ◆ **jouer aux (petits) ~s** to play (at) soldiers ◆ **jouer au petit ~** *(fig)* to throw one's weight around; → **fille** **COMP** ▷ **soldat du feu** firefighter ▷ **le Soldat inconnu** the Unknown Soldier *ou* Warrior ▷ **soldat d'infanterie** infantryman ▷ **soldats de la paix** peacekeepers ▷ **soldat de plomb** tin *ou* toy soldier

**soldate** /sɔldat/ **NF** woman soldier

**soldatesque** /sɔldatɛsk/ *(péj)* **NF** army rabble **ADJ** † barrack-room *(épith)*

**solde¹** /sɔld/ **NF** **a** *[de soldat, matelot]* pay **b** *(péj)* **être à la ~ de qn** to be in the pay of sb ◆ **avoir qn à sa ~** to have sb in one's pay

**solde²** /sɔld/ **NM** **a** *(Fin = reliquat) (gén)* balance; *(= reste à payer)* balance outstanding ◆ **il y a un ~ de 25 € en votre faveur** there is a balance of €25 in your favour ◆ **~ débiteur/créditeur** debit/credit balance ◆ **~ de trésorerie** cash balance ◆ **pour ~ de (tout) compte** in settlement **b** *(Comm)* **~ (de marchandises)** remaining goods ◆ **vente de ~s** sale, sale of reduced items ◆ **mettre des marchandises en ~** to put goods in a sale ◆ **vendre/acheter qch en ~** to sell (off)/buy sth at sale price ◆ **article (vendu) en ~** sale(s) item *ou* article **NMPL** **soldes** *(parfois nfpl)* **"soldes"** *(pancarte)* "sale" ◆ **les ~s** the sales ◆ **je l'ai acheté dans les ~s** I bought it in the sales ◆ **faire les ~s** to go to the sales ◆ **la saison des ~s** the sales season

**solder** /sɔlde/ ▸ conjug 1 ◂ **VT** **a** *[+ compte] (= arrêter)* to wind up, to close; *(= acquitter)* to pay (off) the balance of, to settle

**b** *[+ marchandises]* to sell (off) at sale price ◆ **ils soldent ces pantalons à 20 €** they are selling off these trousers at *ou* for €20, they are selling these trousers in the sale at *ou* for €20 ◆ **je vous le solde à 5 €** I'll let you have it for €5, I'll knock it down * *ou* reduce it to €5 for you

**VPR** **se solder** ◆ **se ~ par** *(Comm) [exercice, budget]* to show; *(fig) [entreprise, opération]* to end in ◆ **les comptes se soldent par un bénéfice** the accounts show a profit ◆ **l'exercice se solde par un déficit/bénéfice de 50 millions** the end-of-year figures show a loss/profit of 50 million ◆ **l'entreprise/la conférence s'est soldée par un échec** the undertaking/the conference ended in failure *ou* came to nothing

**solderie** /sɔldəʀi/ **NF** discount store

**soldeur, -euse** /sɔldœʀ, øz/ **NM,F** *(= propriétaire)* discount store owner; *(= entreprise)* discount store

**sole¹** /sɔl/ **NF** *(= poisson)* sole ◆ **~ meunière** *(Culin)* sole meunière

**sole²** /sɔl/ **NF** *(Tech) [de four]* hearth; *[de sabot, bateau]* sole

**solécisme** /sɔlesism/ **NM** solecism *(in language)*

**soleil** /sɔlɛj/ **NM** **a** *(= astre, gén)* sun ◆ **le Soleil** *(Astron, Myth)* the Sun ◆ **orienté au ~ levant/couchant** facing the rising/setting sun ◆ **le ~ de minuit** the midnight sun ◆ **les ~s pâles/brumeux de l'hiver** *(littér)* the pale/misty winter sun ◆ **tu es mon (rayon de) ~** you are my sunshine; → **coucher, lever², rayon**

**b** *(= chaleur)* sun, sunshine; *(= lumière)* sun, sunshine, sunlight ◆ **au ~** in the sun ◆ **être assis/se mettre au ~** to be sitting in/go into the sun(shine) ◆ **vivre au ~** to live in the sun ◆ **il y a du ~, il fait du ~, il fait ~** * the sun's shining, it's sunny ◆ **il fait un beau ~** it's nice and sunny ◆ **il fait un ~ de plomb** the sun is blazing down, there's a blazing sun ◆ **être en plein ~** to be right in the sun ◆ **rester en plein ~** to stay (out) in the sun ◆ **c'est une plante de plein ~** this plant thrives in full sun ◆ **des jours sans ~** sunless days ◆ **se chercher un coin au ~** to look for a spot in the sun(shine) *ou* a sunny spot ◆ **la couleur a passé au ~** the colour has faded in the sun

◆ **coup de soleil** sunburn *(NonC)* ◆ **attraper** *ou* **prendre un coup de ~** to get sunburned ◆ **j'ai (pris) un coup de ~ dans le dos** I burned my back, my back is sunburned

**c** *(= motif, ornement)* sun

**d** *(= feu d'artifice)* Catherine wheel

**e** *(= acrobatie)* grand circle ◆ **faire un ~** *(= culbute)* to turn *ou* do a somersault, to somersault

**f** *(= fleur)* sunflower

**g** *(loc)* **se lever avec le ~** to rise with the sun, to be up with the sun *ou* the lark *(Brit)* ◆ **le ~ brille pour tout le monde** *(Prov)* nature belongs to everyone ◆ **rien de nouveau** *ou* **neuf sous le ~** there's nothing new under the sun ◆ **avoir du bien** *ou* **des biens au ~** to be the owner of property, to have property ◆ **se faire/avoir une place au ~** *(fig)* to find oneself/have a place in the sun

**solennel, -elle** /sɔlanɛl/ **ADJ** *(gén)* solemn; *[promesse, ton, occasion]* solemn, formal; *[séance]* ceremonious; → **communion**

**solennellement** /sɔlanɛlmɑ̃/ **ADV** *(gén)* solemnly; *[offrir, ouvrir]* ceremoniously

**solenniser** /sɔlanize/ ► conjug 1 ◄ VT to solemnize

**solennité** /sɔlanite/ NF **a** *(= caractère)* solemnity **b** *(= fête)* grand *ou* formal occasion **c** *(gén pl = formalité)* formality, solemnity

**solénoïde** /sɔlenɔid/ NM solenoid

**soleret** /sɔlʀɛ/ NM *(Hist)* solleret

**Solex** ® /sɔlɛks/ NM ≈ moped

**solfège** /sɔlfɛʒ/ NM *(= théorie)* music theory, musical notation; *(= livre)* (music) theory book; *(† = gamme)* (tonic) sol-fa ◆ **apprendre le ~** to learn music theory *ou* musical notation

**solfier** /sɔlfje/ ► conjug 7 ◄ VTI to sing naming the notes

**solidaire** /sɔlidɛʀ/ ADJ **a** *[personnes]* **être ~s** to show solidarity, to stand *ou* stick together ◆ **pendant les grèves les ouvriers sont ~s** during strikes workers stand *ou* stick together *ou* show solidarity ◆ **être ~ de** to stand by, to be behind ◆ **nous sommes ~s du gouvernement** we stand by *ou* are behind *ou* are backing the government ◆ **nous sommes ~s de leur combat** we support their struggle ◆ **être ~ des victimes d'un régime** to show solidarity with *ou* stand by *ou* support the victims of a régime ◆ **ils ne sont pas très ~s l'un de l'autre** they're not very supportive of each other ◆ **ces pays se sentent ~s** these countries feel they have each others' support *ou* feel a sense of solidarity ◆ **se montrer ~ de qn** to show solidarity with sb ◆ **il rêve d'une société plus ~** he dreams of a more united society

**b** *[mécanismes, pièces, systèmes]* interdependent ◆ **cette pièce est ~ de l'autre** the two parts are interdependent ◆ **ces trois objectifs sont étroitement ~s** these three objectives are closely interlinked

**c** *(Jur) [contrat, engagement]* binding all parties; *[débiteurs]* jointly liable; → **caution**

**solidairement** /sɔlidɛʀmɑ̃/ ADV jointly, jointly and severally *(SPÉC)*

**solidariser** /sɔlidaʀize/ ► conjug 1 ◄ VT *[+ personnes]* to unify; *[+ objets]* to interlock VPR **se solidariser** ◆ **se ~ avec** to show solidarity with

**solidarité** /sɔlidaʀite/ NF **a** *[de personnes]* solidarity ◆ **~ de classe/professionnelle** class/professional solidarity ◆ **~ ministérielle** ministerial solidarity *(whereby all ministers assume responsibility for a government's decisions)* ◆ **cesser le travail par ~ avec des grévistes** to come out *ou* stop work in sympathy with the strikers; → **grève** **b** *[de mécanismes, systèmes]* interdependence **c** *(Jur)* joint and several liability

**solide** /sɔlid/ ADJ **a** *(= non liquide) [nourriture, état, corps]* solid; *(Géom, Phys)* solid ◆ **ne lui donnez pas encore d'aliments ~s** don't give him any solid food *ou* any solids yet

**b** *(= robuste) [construction, meuble]* solid, sturdy; *[matériaux]* sturdy, hard-wearing; *[outil]* sturdy; *[monnaie, économie]* strong ◆ **c'est du ~** * *[meuble]* it's solid stuff ◆ **être ~ sur ses jambes** to be steady on one's legs ◆ **avoir une position ~** to have a secure position ◆ **ce n'est pas très ~** *[pont, chaise]* it's not very solid

**c** *(= durable, sérieux) [institutions, qualités, vertus]* solid, sound; *[bases]* solid, firm, sound; *[preuve, alibi, liens, expérience, amitié]* solid, firm; *[argument, formation, culture, connaissances, raisons]* sound ◆ **être doué d'un ~ bon sens** to have sound common sense ◆ **ces opinions/raisonnements ne reposent sur rien de ~** these opinions/arguments have no solid *ou* sound foundation ◆ **leur couple, c'est du ~** * they have a solid *ou* strong relationship

**d** *(= vigoureux) [personne]* sturdy, robust; *[poigne, jambes, bras]* sturdy, solid; *[santé, poumons, cœur, esprit, psychisme]* sound ◆ **avoir la tête ~** *(lit)* to have a hard head; *(fig)* to have a good head on one's shoulders ◆ **il n'a plus la tête bien ~** his mind's not what it was ◆ **il n'a pas l'estomac très ~** he has a rather weak *ou* delicate stomach ◆ **il faut avoir les nerfs ~s** you need strong nerves *ou* nerves of steel; → **rein**

**e** *(intensif) [coup de poing]* hefty *; *[revenus]* substantial; *[engueulade]* good, proper * *(Brit)* ◆ **il a un ~ appétit** *ou* **coup de fourchette** * he has a hearty appetite, he's a hearty eater ◆ **un ~ repas le remit d'aplomb** a (good) solid meal put him back on his feet

**f** *(loc)* **être ~ au poste** *(Mil)* to be loyal to one's post; *(fig)* to be completely dependable *ou* reliable ◆ **~ comme un roc** as solid as a rock

NM *(Géom, Phys)* solid

**solidement** /sɔlidmɑ̃/ ADV **a** *[installé, implanté, établi]* firmly; *[arrimé]* securely, firmly ◆ **rester ~ attaché aux traditions locales** to remain firmly attached to local traditions ◆ **être ~ attaché à qn/qch** to be deeply attached to sb/sth ◆ **une certitude ~ ancrée dans les esprits** a conviction firmly entrenched in people's minds ◆ **tradition ~ établie** long *ou* solidly established tradition **b** *[fixer, tenir]* firmly; *[fabriquer, construire]* solidly ◆ **résister ~** to put up a solid *ou* firm resistance

**solidification** /sɔlidifikasjɔ̃/ NF solidification

**solidifier** VT, **se solidifier** VPR /sɔlidifje/ ► conjug 7 ◄ to solidify

**solidité** /sɔlidite/ NF **a** *(= robustesse) [de matériaux, construction, meuble]* solidity, sturdiness; *[d'outil]* solidity ◆ **d'une ~ à toute épreuve** *[de construction, meuble]* strong enough to resist anything **b** *(= stabilité) [d'institutions]* solidity, soundness; *[de bases]* solidity, firmness, soundness; *[d'amitié, liens]* solidity, firmness; *[de monnaie, économie]* strength; *[de raisonnement]* soundness **c** *(= vigueur) [de personne]* sturdiness, robustness; *[de poigne, jambes, bras]* sturdiness, solidity

**soliflore** /sɔliflɔʀ/ NM bud vase

**soliloque** /sɔlilɔk/ NM soliloquy

**soliloquer** /sɔlilɔke/ ► conjug 1 ◄ VI to soliloquize

**Soliman** /sɔlimɑ̃/ NM ◆ **~ le Magnifique** Suleiman the Magnificent

**solipède** /sɔlipɛd/ ADJ, NM solidungulate

**solipsisme** /sɔlipsism/ NM solipsism

**soliste** /sɔlist/ NMF soloist

**solitaire** /sɔlitɛʀ/ ADJ **a** *(= isolé) [passant]* solitary *(épith)*, lone *(épith)*; *[arbre, maison, rocher]* solitary *(épith)*, lonely *(épith)*, isolated ◆ **là vivaient quelques chasseurs/bûcherons ~s** a few solitary *ou* lone hunters/woodcutters lived there

**b** *(= désert) [chemin, demeure, parc]* lonely *(épith)*, deserted

**c** *(= sans compagnie) [adolescent, vieillard, vie]* solitary, lonely, lonesome *(US)*; *[caractère, passe-temps]* solitary; → **plaisir**

**d** *(Bot) [fleur]* solitary; → **ver**

NMF loner

◆ **en solitaire** ◆ **il préfère travailler en ~** he prefers to work on his own ◆ **ascension/traversée en ~** solo climb/crossing ◆ **course en ~** single-handed *ou* solo race ◆ **partir/voyager en ~** to leave/travel alone *ou* on one's own ◆ **elle a fait le tour du monde en ~** *[navigatrice]* she sailed single-handed *ou* solo around the world

NM **a** *(= sanglier)* old boar

**b** *(= diamant)* solitaire

**c** *(= jeu)* solitaire

**solitairement** /sɔlitɛʀmɑ̃/ ADV *[souffrir]* alone ◆ **vivre ~** to lead a solitary life

**solitude** /sɔlityd/ NF **a** *[de personne] (= tranquillité)* solitude; *(= manque de compagnie)* loneliness, lonesomeness *(US)*; *[d'endroit]* loneliness ◆ **~ morale** moral isolation ◆ **la ~ à deux** shared solitude ◆ **éprouver un sentiment de ~** to feel lonely ◆ **dans les moments de grande ~** at times of great loneliness ◆ **aimer la ~** to like being on one's own, to like one's own company **b** *(= désert)* solitude ◆ **les ~s glacées du Grand Nord** *(littér)* the icy solitudes *ou* wastes of the far North *(littér)*

**solive** /sɔliv/ NF joist

**sollicitation** /sɔlisitasjɔ̃/ NF **a** *(= démarche)* entreaty, appeal ◆ **céder/répondre aux ~s de qn** to yield/respond to sb's entreaties **b** *(littér : gén pl = tentation)* solicitation *(littér)*, enticement **c** *(Tech = impulsion)* prompting ◆ **l'engin répondait aux moindres ~s de son pilote** the craft responded to the slightest touch (from the pilot)

**solliciter** /sɔlisite/ ► conjug 1 ◄ VT **a** *(frm = demander) [+ poste, explication]* to seek; *[+ faveur, audience]* to seek, to solicit *(frm)* (**de qn** from sb) **b** *(frm = faire appel à) [+ personne]* to appeal to ◆ **~ qn de faire qch** to appeal to sb *ou* request sb to do sth ◆ **je l'ai déjà sollicité à plusieurs reprises à ce sujet** I have already appealed to him *ou* approached him on several occasions over this matter ◆ **il est très sollicité** he's very much in demand **c** *(= agir sur) [+ curiosité, sens de qn]* to appeal to; *[+ attention]* to attract, to solicit ◆ **les attractions qui sollicitent le touriste** the attractions that are there to tempt *ou* entice the tourist ◆ **le moteur répondait immédiatement lorsque le pilote le sollicitait** the engine responded immediately to the pilot's touch ◆ **~ un cheval** to urge a horse on

**solliciteur, -euse** /sɔlisitœʀ, øz/ NM,F supplicant NM *(Can)* ◆ **~ général** Solicitor General

**sollicitude** /sɔlisityd/ NF concern *(NonC)*, solicitude *(frm)* ◆ **demander/dire qch avec ~** to ask/say sth solicitously *ou* with concern ◆ **être** *ou* **se montrer plein de ~ envers qn** to be very attentive *ou* solicitous *(frm)* to(wards) sb ◆ **toutes leurs ~s finissaient par nous agacer** we found their constant concern (for our welfare) *ou* their solicitude *(frm)* annoying in the end

**solo** /solo/ (pl **solos** *ou* **soli** /sɔli/) ADJ INV, NM solo ◆ **~ de violon** violin solo ◆ **violon/flûte ~** solo violin/flute ◆ **(spectacle) ~** one-man (*ou* one-woman) show ◆ **carrière ~** solo career

◆ **en solo** ◆ **jouer/chanter en ~** to play/sing solo ◆ **l'escalade en ~** solo climbing ◆ **travailler en ~** to work on one's own ◆ **il a décidé d'agir en ~** he decided to go it alone *

**sol-sol** /sɔlsɔl/ ADJ INV ground-to-ground

**solstice** /sɔlstis/ NM solstice ◆ **~ d'hiver/d'été** winter/summer solstice

**solubiliser** /sɔlybilize/ ► conjug 1 ◄ VT to make soluble

**solubilité** /sɔlybilite/ NF solubility

**soluble** /sɔlybl/ ADJ **a** *[substance]* soluble ◆ **ce n'est pas ~ dans l'eau** it isn't soluble in water, it isn't water soluble ◆ **leur électorat n'est pas ~ dans la droite modérée** their voters cannot be absorbed into the moderate right; → **café** **b** *[problème]* soluble, solvable ◆ **c'est aisément/difficilement ~** it's easy/hard to solve

**soluté** /sɔlyte/ NM *(Chim, Pharm)* solution

**solution** /sɔlysjɔ̃/ NF a *[de problème, énigme, équation]* *(= action)* solution, solving (*de* of); *(= résultat)* solution, answer (*de* to) b *[de difficulté, situation]* *(= issue)* solution, answer (*de* to); *(= moyens employés)* solution (*de* to); ♦ **c'est une ~ de facilité** it's the easy way out ♦ **ce n'est pas une ~ à la crise qu'ils traversent** that's no way to resolve the crisis they're in ♦ **ce n'est pas une ~ !** that won't solve anything! ♦ **hâter la ~ d'une crise** to hasten the resolution *ou* settling of a crisis c *(Chim = action, mélange)* solution ♦ **en ~** in solution COMP ▷ **solution de continuité** *(frm)* solution of continuity *(frm)* ▷ **la solution finale** *(Hist Pol)* the Final Solution

**solutionner** /sɔlysjɔne/ ▸ conjug 1 ◂ VT to solve

**solvabilisation** /sɔlvabilizasjɔ̃/ NF *(Écon)* ♦ **pour faciliter la ~ de la demande** to stimulate demand

**solvabiliser** /sɔlvabilize/ ▸ conjug 1 ◂ VT a *[+ foyers, personne]* to give disposable income to b *[+ demande]* to stimulate

**solvabilité** /sɔlvabilite/ NF solvency, creditworthiness

**solvable** /sɔlvabl/ ADJ solvent, creditworthy

> ⚠ **solvable** *ne se traduit pas par le mot anglais* **solvable**, *qui a le sens de 'soluble'.*

**solvant** /sɔlvɑ̃/ NM *(Chim)* solvent

**soma** /sɔma/ NM soma

**somali** /sɔmali/ NM *(Ling)* Somali NMPL **Somalis** Somalis

**Somalie** /sɔmali/ NF *(= région)* Somaliland; *(= État)* Somalia

**somalien, -ienne** /sɔmaljɛ̃, jɛn/ ADJ Somalian NM,F **Somalien(ne)** Somalian

**somatique** /sɔmatik/ ADJ *(Bio, Psych)* somatic

**somatisation** /sɔmatizasjɔ̃/ NF somatization

**somatiser** /sɔmatize/ ▸ conjug 1 ◂ VT to somatize ♦ **il a tendance à ~** he tends to have psychosomatic problems

**sombre** /sɔ̃bʀ/ ADJ a *(= obscur, foncé)* *[ciel, nuit, pièce]* dark ♦ **il fait déjà ~** it's already dark ♦ **bleu/vert ~** dark blue/green ♦ **de ~s abîmes** *(littér)* dark abysses ♦ **le ~ empire, les ~s rivages** *(Myth)* the underworld, the nether world; → **coupe²**

b *(= mélancolique)* sombre *(Brit)*, somber *(US)*, gloomy, dismal; *(= sinistre, funeste)* *[période]* dark ♦ **d'un air ~** sombrely *(Brit)*, somberly *(US)*, gloomily ♦ **il avait le visage ~** he looked gloomy *ou* sombre ♦ **de ~s pensées** sombre *ou* gloomy *ou* dark thoughts ♦ **un ~ avenir** a dark *ou* gloomy *ou* dismal future ♦ **les moments** *ou* **heures ~s de notre histoire** the dark moments in our history

c *(* : valeur intensive)* **~ idiot/brute** absolute idiot/brute ♦ **une ~ histoire de meurtre** a dark tale of murder ♦ **ils se sont disputés pour une ~ histoire d'argent** they argued over a sordid financial matter

d *(Phon)* *[voyelle]* dark

**sombrement** /sɔ̃bʀ(ə)mɑ̃/ ADV *[dire]* sombrely *(Brit)*, somberly *(US)*, gloomily

**sombrer** /sɔ̃bʀe/ ▸ conjug 1 ◂ VI *[bateau]* to sink, to go down, to founder; *[empire]* to founder; *[fortune]* to be swallowed up; *[entreprise]* to collapse ♦ **sa raison a sombré** he has lost his reason, his mind has gone ♦ **~ dans** *[+ désespoir, sommeil, oubli]* to sink into; *[+ crise, anarchie, misère]* to slide into, to sink into; *[+ coma]* to sink into, to slip into ♦ **elle a sombré dans l'alcool** she sank into alcoholism ♦ **ils ont lentement sombré dans la délinquance** they drifted into crime ♦ **~ dans le ridicule** to become ridiculous

**sombrero** /sɔ̃bʀeʀo/ NM sombrero

**sommaire** /sɔmɛʀ/ ADJ a *(= court)* *[exposé, explication]* basic, summary *(épith)*, brief; *[réponse]* brief, summary *(épith)*; *(= expéditif)* *[justice, procédure, exécution]* summary *(épith)* b *(= rudimentaire, superficiel)* *[connaissances, éducation]* basic; *[examen]* brief, cursory, perfunctory; *[analyse, description]* brief, cursory; *[instruction, réparation, repas]* basic; *[décoration]* minimal NM *(= exposé)* summary; *(= résumé de chapitre)* summary, argument; *[de revue]* (table of) contents ♦ **au ~ du numéro spécial** appearing in *ou* featured in the special issue ♦ **au ~ de notre émission ce soir ...** in our programme tonight ...

**sommairement** /sɔmɛʀmɑ̃/ ADV a *[exposer, juger, exécuter]* summarily ♦ **il me l'a expliqué assez ~** he gave me a fairly basic explanation of it b *(= rudimentairement)* *[réparer]* superficially; *[meubler]* basically

**sommation¹** /sɔmasjɔ̃/ NF *(Jur)* summons *(sg)*; *(frm = injonction)* demand; *(avant de faire feu)* warning ♦ **recevoir ~ de payer une dette** *(Jur)* to be served notice to pay a debt ♦ **faire les ~s d'usage** *(Mil, Police)* to give the standard *ou* customary warnings ♦ **tirer sans ~** to shoot without warning

**sommation²** /sɔmasjɔ̃/ NF *(Math, Physiol)* summation

**somme¹** /sɔm/ NF → **bête**

**somme²** /sɔm/ NM *(= sieste)* nap, snooze ♦ **faire un petit ~** to have a (short) nap *ou* a (little) snooze *ou* forty winks *

**somme³** /sɔm/ GRAMMAIRE ACTIVE 47.5 NF a *(Math)* sum; *(= quantité)* amount ♦ **~ algébrique** algebraic sum ♦ **la ~ totale** the grand total, the sum total ♦ **faire la ~ de** to add up ♦ **la ~ des dégâts est considérable** the (total) amount of damage *ou* the total damage is considerable ♦ **une ~ de travail énorme** an enormous amount of work

b ♦ **~ (d'argent)** sum *ou* amount (of money) ♦ **dépenser des ~s folles** * to spend vast amounts *ou* sums of money ♦ **c'est une ~ !** *(intensif)* it's quite a sum! ♦ **payer/toucher/atteindre une ~ de 150 €** to pay/get/fetch €150 ♦ **pour la coquette ~ de 2 millions d'euros** for the tidy sum of 2 million euros

c *(= ouvrage de synthèse)* comprehensive survey ♦ **une ~ littéraire/scientifique** a comprehensive survey of literature/of science

d *(loc)*

♦ **en somme** *(= tout bien considéré)* all in all; *(= bref)* in short ♦ **en ~, il ne s'agit que d'un incident sans importance** in fact, it's only an incident of minor importance ♦ **en ~, vous n'en voulez plus ?** in short, you don't want any more?

♦ **somme toute** when all is said and done

**sommeil** /sɔmɛj/ NM a *(= fait de dormir)* sleep ♦ **huit heures de ~** eight hours' sleep ♦ **avoir le ~ léger/profond** to be a light/heavy sleeper, to sleep lightly/deeply ♦ **avoir un bon ~** to be a sound sleeper ♦ **dormir d'un ~ agité** to sleep fitfully ♦ **un ~ profond** *ou* **de plomb** a heavy *ou* deep sleep ♦ **le ~ paradoxal** REM sleep ♦ **premier ~** first hours of sleep ♦ **nuit sans ~** sleepless night ♦ **être en plein ~** to be fast asleep ♦ **la sonnerie du téléphone l'a tirée de son ~** she was woken (up) by the phone ringing ♦ **il en a perdu le ~** he lost sleep over it ♦ **le ~ éternel, le dernier ~** *(littér)* eternal rest ♦ **le ~ des morts** *(littér)* the sleep of the dead ♦ **avoir ~** to be *ou* feel sleepy ♦ **tomber de ~** to be asleep on one's feet, to be ready *ou* fit to drop * ♦ **chercher le ~** to try to sleep ♦ **il ne pouvait pas trouver le ~** he couldn't get to sleep ♦ **un ~ agréable l'envahissait** he was beginning to feel pleasantly sleepy; → **cure¹, dormir, maladie**

b *(= inactivité)* **le ~ de la nature** nature's sleep *(littér)*, the dormant state of nature ♦ **laisser une affaire en ~** to leave a matter (lying) dormant, to leave a matter in abeyance ♦ **le ~ de la petite ville pendant l'hiver** the sleepiness of the little town during winter

**sommeiller** /sɔmeje/ ▸ conjug 1 ◂ VI *[personne]* to doze; *[qualité, défaut, nature, argent]* to lie dormant ♦ **l'artiste qui sommeillait en lui** the dormant artist within him; → **cochon**

**sommelier** /sɔməlje/ NM wine waiter

**sommelière** /sɔməljɛʀ/ NF *(= caviste)* wine waitress; *(Helv = serveuse)* waitress

**sommer¹** /sɔme/ ▸ conjug 1 ◂ VT *(frm = enjoindre)* ♦ **~ qn de faire qch** to command *ou* enjoin sb to do sth *(frm)* ♦ **~ qn de** *ou* **à comparaître** *(Jur)* to summon sb to appear

**sommer²** /sɔme/ ▸ conjug 1 ◂ VT *(= additionner)* to add

**sommet** /sɔmɛ/ NM a *(= point culminant)* *[de montagne]* summit, top; *[de tour, arbre, toit, pente, hiérarchie]* top; *[de vague]* crest; *[de crâne]* crown, vertex *(SPÉC)*; *[d'angle]* vertex; *[de solide, figure, parabole]* vertex, apex ♦ **présentation du ~** *(Méd)* vertex presentation ♦ **au ~ de l'échelle sociale** at the top of the social ladder ♦ **les ~s de la gloire/des honneurs** the summits *ou* heights of fame/of honour ♦ **redescendons de ces ~s** *(littér, hum)* let us climb down from these lofty heights *(littér)* *(hum)* b *(= cime, montagne)* summit, mountain top ♦ **l'air pur des ~s** the pure air of the summits *ou* the mountain tops c *(Pol)* summit ♦ **au ~** *[réunion, discussions]* summit *(épith)*; → **conférence**

**sommier** /sɔmje/ NM a *[de lit]* **~ (à ressorts), ~ tapissier** *(s'encastrant dans le lit, fixé au lit)* springing *(NonC)* *(Brit)*, springs *(of bedstead)*; *(avec pieds)* bed base, box springs *(US)* ♦ **~ (métallique)** mesh-springing *(Brit)*, mesh-sprung bed base, mesh springs *(US)* ♦ **~ à lattes** slatted bed base ♦ **~ extra-plat** metal-framed bed base b *(Tech)* *[de voûte]* impost, springer; *[de clocher]* stock; *[de porte, fenêtre]* transom; *[de grille]* lower crossbar; *[d'orgue]* windchest c *(= registre)* ledger

**sommité** /sɔ(m)mite/ NF a *(= personne)* prominent person, leading light (*de* in); ♦ **les ~s du monde médical** leading medical experts b *(Bot)* head

**somnambule** /sɔmnɑ̃byl/ NMF sleepwalker, somnambulist *(SPÉC)* ♦ **marcher/agir comme un ~** to walk/act like a sleepwalker *ou* as if in a trance ADJ ♦ **être ~** to be a sleepwalker, to sleepwalk

**somnambulisme** /sɔmnɑ̃bylism/ NM sleepwalking, somnambulism *(SPÉC)*

**somnifère** /sɔmnifɛʀ/ NM sleeping drug, soporific; *(= pilule)* sleeping pill, sleeping tablet ADJ somniferous *(frm)*, sleep-inducing, soporific

**somnolence** /sɔmnɔlɑ̃s/ NF *[de personne]* sleepiness *(NonC)*, drowsiness *(NonC)*, somnolence *(NonC)* *(frm)*; *[de marché, économie]* sluggishness ♦ **être dans un état de ~** to be in a drowsy state ♦ **"risques de somnolence attachés à ce médicament"** "this medicine can cause drowsiness"

**somnolent, e** /sɔmnɔlɑ̃, ɑ̃t/ ADJ *[personne]* sleepy, drowsy, somnolent *(frm)*; *[vie, province]* sleepy; *[faculté]* dormant, inert

**somnoler** /sɔmnɔle/ ▸ conjug 1 ◂ VI *[personne]* to doze; *[ville]* to be sleepy; *[économie, marché]* to be sluggish

**somptuaire** /sɔ̃ptɥɛʀ/ ADJ **a** *[loi, réforme]* sumptuary **b** *[projet, dépenses]* extravagant

**somptueusement** /sɔ̃ptɥøzmɑ̃/ ADV *[décorer, meubler, illustrer]* lavishly ◆ **il nous a reçus** ~ he received us royally

**somptueux, -euse** /sɔ̃ptɥø, øz/ ADJ *[résidence, palais, décor, spectacle, fête]* magnificent, grand; *[habit, couleurs, paysage]* magnificent; *[train de vie, illustration, cadeau]* lavish; *[repas, festin]* lavish, sumptuous ◆ **tu es somptueuse ce soir** you look magnificent tonight

> ⚠ **somptueux** *se traduit rarement par le mot anglais* **sumptuous**, *qui est d'un registre plus soutenu.*

**somptuosité** /sɔ̃ptɥozite/ NF *[d'habit, résidence]* sumptuousness, magnificence; *[de train de vie]* lavishness; *[de cadeau]* handsomeness, sumptuousness; *[de repas, festin]* sumptuousness, lavishness ◆ **impressionné par la ~ des images** impressed by the sumptuous images

**son**[1] /sɔ̃/, **sa** /sa/ (pl **ses** /se/) ADJ POSS **a** *(homme)* his; *(emphatique)* his own; *(femme)* her; *(emphatique)* her own; *(nation)* its, her; *(emphatique)* its own, her own ◆ **Son Altesse Royale** *(prince)* His Royal Highness; *(princesse)* Her Royal Highness ◆ **Sa Majesté** *(roi)* His Majesty; *(reine)* Her Majesty ◆ **Sa Sainteté le pape** His Holiness the Pope ◆ **ce n'est pas ~ genre** he (*ou* she) is not that sort, it's not like him (*ou* her) ◆ **quand s'est passé ~ accident ?** when did he have his accident? ◆ **~ père et sa mère, ses père et mère** his (*ou* her) father and (his *ou* her) mother ◆ **~ jardin à lui/à elle est une vraie jungle** *(emphatique)* his *ou* his own/her *ou* her own garden is a real jungle ◆ **ses date et lieu de naissance** his (*ou* her) date and place of birth ◆ **à sa vue, elle poussa un cri** she screamed at the sight of him (*ou* her) ◆ **un de ses amis** one of his (*ou* her) friends, a friend of his (*ou* hers) ◆ **~ idiote de sœur** * that stupid sister of his (*ou* hers)

**b** *[d'objet, abstraction]* its ◆ **l'hôtel est réputé pour sa cuisine** the hotel is famous for its food ◆ **pour comprendre ce crime il faut chercher ~ mobile** to understand this crime we must try to find the motive ◆ **ça a ~ importance** it has its *ou* a certain importance

**c** *(à valeur d'indéfini)* one's; *(après chacun, personne)* his, her ◆ **faire ses études** to study ◆ **on ne connaît pas ~ bonheur** one never knows how fortunate one is, you never know how fortunate you are ◆ **être satisfait de sa situation** to be satisfied with one's situation ◆ **chacun selon ses possibilités** each according to his (own) capabilities ◆ **personne ne sait comment finira sa vie** no-one knows how his *ou* their life will end ◆ **quelqu'un a-t-il oublié sa veste ?** has someone left their jacket?

**d** *(* : valeur affective, ironique, intensive)* **il doit (bien) gagner ~ million par an** he must be (easily) earning a million a year ◆ **avoir ~ samedi/dimanche** to have (one's) Saturday(s)/Sunday(s) off ◆ **il a passé tout ~ dimanche à travailler** he spent the whole of *ou* all Sunday working ◆ **~ M. Dupont ne me plaît pas du tout** I don't care for his (*ou* her) Mr Dupont at all ◆ **avoir ses petites manies** to have one's funny little ways ◆ **elle a ses jours !** she has her (good and bad) days! ◆ **il a sa crise de foie** he is having one of his bilious attacks ◆ **cet enfant ne ferme jamais ses portes** that child never shuts the door behind him ◆ **alors, on est content de revoir ses camarades ?** so, are you happy to see your friends again?; → **sentir**

**son**[2] /sɔ̃/ NM **a** *(gén, Ling, Phys)* sound ◆ **~ articulé/inarticulé** articulate/inarticulate sound ◆ **le timbre et la hauteur du ~ d'une cloche/d'un tambour/d'un avertisseur** the tone and pitch of (the sound of) a bell/of a drum/of an alarm ◆ **réveillé par le ~ des cloches/tambours/klaxons** woken by the sound of bells/drums/horns, woken by the ringing of bells/the beat of drums/ the blare of horns ◆ **défiler au ~ d'une fanfare** to march past to the sound of a band ◆ **elle dansait au ~ de l'accordéon** she was dancing to the accordion ◆ **elle tressaillit au ~ de sa voix** she started at the sound of his voice ◆ **proclamer qch à ~ de trompe** to proclaim sth from the rooftops *ou* the housetops ◆ **n'entendre qu'un/entendre un autre ~ de cloche** *(fig)* to hear only one/another side of the story ◆ **j'aimerais bien entendre un autre ~ de cloche** I'd like to have a second opinion ◆ **même ~ de cloche chez les patrons/à l'ambassade** the bosses are/the embassy is telling the same story ◆ **c'est un autre ~ de cloche** that's quite another story ◆ **qui n'entend qu'une cloche n'entend qu'un ~** *(Prov)* you should always get both sides of the story

**b** *(Ciné, Radio, TV)* sound ◆ **baisser le ~** to turn down the sound *ou* volume ◆ **équipe/ingénieur du ~** sound team/engineer ◆ **synchroniser le ~ et l'image** to synchronize the sound and the picture ◆ **(spectacle) ~ et lumière** son et lumière (show); → **numérique, stéréo**

**son**[3] /sɔ̃/ NM *(Bot)* bran ◆ **farine de ~** bran flour; → **pain, poupée, tache**

**sonar** /sɔnaʀ/ NM sonar

**sonate** /sɔnat/ NF sonata ◆ **~s pour piano** sonatas for piano, piano sonatas

**sonatine** /sɔnatin/ NF sonatina

**sondage** /sɔ̃daʒ/ NM **a** *(= enquête) (succincte)* poll; *(approfondie)* survey ◆ **~ d'opinion** opinion poll ◆ **~ par téléphone** telephone poll ◆ **il remonte/baisse dans les ~s** he is going up again/down in the polls ◆ **faire un ~** to take a poll, to conduct a survey *(auprès de* among) ◆ **procéder par ~** to do a spot check; → **institut b** *(Tech = forage)* boring, drilling; *(Mét, Naut)* sounding; *(Méd)* probing *(NonC)*, probe; *(pour évacuer)* catheterization ◆ **puits de ~** borehole

**sonde** /sɔ̃d/ NF **a** *(Naut) (= instrument)* lead line, sounding line; *(gén pl = relevé)* soundings ◆ **naviguer à la ~** to navigate by soundings ◆ **jeter une ~** to cast the lead; → **île b** *(Tech : de forage)* borer, drill **c** *(Méd)* probe; *(à canal central)* catheter; *(d'alimentation)* feeding tube ◆ **mettre une ~ à qn** to put a catheter in sb ◆ **alimenter un malade avec une ~** to feed a patient through a tube **d** *(Aviat, Mét)* sonde ◆ **~ aérienne** sounding balloon ◆ **~ atmosphérique** sonde ◆ **~ moléculaire/spatiale** molecular/space probe **e** *(Douane : pour fouiller)* probe; *(Comm : pour prélever)* taster; *(à avalanche)* pole *(for locating victims)* ◆ **~ à fromage** cheese taster

**sondé, e** /sɔ̃de/ NM,F *person taking part in an opinion poll* ◆ **la majorité des ~s était pour** the majority of those polled were in favour of the idea

**sonder** /sɔ̃de/ ▸ conjug 1 ◂ VT **a** *(Naut)* to sound; *(Tech) [+ terrain]* to bore, to drill; *[+ bagages]* to probe, to search (with a probe); *[+ avalanche]* to probe; *(Méd) [+ plaie]* to probe; *[+ organe, malade]* to catheterize ◆ **~ l'atmosphère** to make soundings in the atmosphere ◆ **il sonda l'abîme du regard** *(littér)* his eyes probed the depths of the abyss **b** *[+ personne] (gén)* to sound out; *(par sondage d'opinion)* to poll; *[+ conscience, avenir]* to sound out, to probe ◆ **je l'ai sondé sur ses intentions** I sounded him out, I asked him what his intentions were ◆ **~ les esprits** to sound out opinion ◆ **~ l'opinion** to make a survey of (public) opinion; → **terrain**

**sondeur, -euse** /sɔ̃dœʀ, øz/ NM *(Tech)* sounder NM,F *[de sondage d'opinion]* pollster

**songe** /sɔ̃ʒ/ NM *(littér)* dream ◆ **en ~** in a dream ◆ **faire un ~** to have a dream ◆ **~, mensonge** *(Prov)* dreams are just illusions

**songe-creux** † /sɔ̃ʒkʀø/ NM INV *(littér)* visionary

**songer** /sɔ̃ʒe/ GRAMMAIRE ACTIVE 28.1, 35.2 ▸ conjug 3 ◂

VI *(littér = rêver)* to dream

VT ◆ **~ que ...** to reflect *ou* consider that ... ◆ **ils pourraient refuser, songeait-il** they could refuse, he reflected *ou* mused ◆ **songez que cela peut présenter de grands dangers** remember *ou* you must be aware that it can be very dangerous ◆ **il n'avait jamais songé qu'ils puissent réussir** he had never imagined they might be successful ◆ **cela me fait ~ que je voulais lui téléphoner** that reminds me — I wanted to phone him ◆ **songez donc !** just imagine! *ou* think!

VT INDIR **songer à** *(= considérer)* to consider, to think about ◆ **~ à se marier** *ou* **au mariage** to contemplate marriage, to think of getting married ◆ **j'y ai sérieusement songé** I gave it some serious thought ◆ **elle songe sérieusement à s'expatrier** she's seriously thinking about *ou* considering going to live abroad ◆ **songez-y** think it over, give it some thought ◆ **il ne songe qu'à son avancement** all he thinks about is his own advancement ◆ **quand on songe à tout ce gaspillage** when you think of all this waste ◆ **il ne faut pas y ~, inutile d'y ~** it's no use (even) thinking about it ◆ **vous n'y songez pas !** you must be joking!, you're not serious! ◆ **vous me faites ~ à mon frère** you remind me of my brother; → **mal**[2] **e**

**songerie** /sɔ̃ʒʀi/ NF *(littér)* reverie

**songeur, -euse** /sɔ̃ʒœʀ, øz/ ADJ pensive ◆ **tu as l'air bien songeuse** you look very pensive ◆ **cela me laisse ~** I just don't know what to think NM,F dreamer

**sonique** /sɔnik/ ADJ *[vitesse]* sonic ◆ **barrière ~** sound barrier

**sonnaille** /sɔnɑj/ NF *(= cloche)* bell; *(= bruit)* ringing *(NonC)*

**sonnant, e** /sɔnɑ̃, ɑ̃t/ ADJ **a** *(= précis)* **à 4 heures ~es** on the stroke of 4, at 4 (o'clock) sharp **b** *[horloge]* chiming, striking **c** *[voix]* resonant; → **espèce**

**sonné, e** /sɔne/ (ptp de **sonner**) ADJ **a** *(= annoncé)* **il est midi ~** it's past *ou* gone *(Brit)* twelve ◆ **avoir trente ans bien ~s** * *(= révolu)* to be on the wrong side of thirty * **b** *( * = fou)* cracked *, off one's rocker * *(attrib)* **c** *( * = assommé)* groggy

**sonner** /sɔne/ GRAMMAIRE ACTIVE 54.5 ▸ conjug 1 ◂

VT **a** *[+ cloche]* to ring; *[+ tocsin, glas]* to sound, to toll; *[+ clairon]* to sound ◆ **~ trois coups à la porte** to ring three times at the door ◆ **se faire ~ les cloches** * to get a good telling-off * *ou* ticking-off * *(Brit)* ◆ **~ les cloches à qn** * to give sb a roasting * *ou* a telling-off *

**b** *(= annoncer) [+ messe, matines]* to ring the bell for; *[+ réveil, rassemblement, retraite]* to sound ◆ **~ l'alarme** to sound the alarm ◆ **~ la charge** *(Mil)* to sound the charge; *(fig)* to declare war *(contre* on); ◆ **~ l'heure** to strike the hour ◆ **la pendule sonnait 3 heures** the clock was striking 3 (o'clock)

**c** *(= appeler) [+ portier, infirmière]* to ring for ◆ **on ne t'a pas sonné !** * nobody asked you!

d *(* = étourdir) [chute, grippe]* to knock out; *[nouvelle]* to stagger *, to take aback ◆ **la nouvelle l'a un peu sonné** he was rather taken aback by the news

VI a *[cloches, téléphone]* to ring; *[réveil]* to go off; *[clairon]* to sound; *[tocsin, glas]* to sound, to toll ◆ **elle a mis le réveil à ~ pour** *ou* **à 7 heures** she set the alarm for 7 o'clock ◆ **la cloche a sonné** *(Scol)* the bell has gone *ou* rung ◆ **~ à toute volée** to peal (out) ◆ **les oreilles lui sonnent** his ears are ringing

b *(son métallique) [marteau]* to ring; *[clés, monnaie]* to jangle, to jingle ◆ **~ clair** to give a clear ring ◆ **~ creux** *(lit)* to sound hollow; *[discours]* to have a hollow ring, to ring hollow ◆ **~ faux** *(lit)* to sound out of tune; *[rire, paroles]* to ring *ou* sound false ◆ **~ juste** *(lit)* to sound in tune; *[déclaration]* to ring true ◆ **~ bien/mal** *(fig)* to sound good/bad ◆ **ce prénom sonne bien à l'oreille** that name has a nice ring to it, it's a nice-sounding name ◆ **l'argent sonna sur le comptoir** the money clattered onto the counter

c *(= être annoncé) [midi, minuit]* to strike ◆ **3 heures venaient de ~** it had just struck 3 o'clock, 3 o'clock had just struck ◆ **la récréation a sonné** the bell has gone for break ◆ **la messe sonne** the bells are ringing *ou* going for mass; → **heure**

d *(= actionner une sonnette)* to ring ◆ **on a sonné** the bell has just gone, I just heard the bell, somebody just rang (the bell) ◆ **~ chez qn** to ring at sb's door, to ring sb's doorbell ◆ **"sonner avant d'entrer"** "please ring before you enter"

e ◆ **faire ~** *[+ nom, mot]* to say in a resonant voice

VT INDIR **sonner de** *[+ clairon, cor]* to sound

**sonnerie** /sɔnʀi/ NF a *(= son) [de sonnette, cloches]* ringing ◆ **la ~ du clairon** the bugle call, the sound of the bugle ◆ **j'ai entendu la ~ du téléphone** I heard the telephone ringing ◆ **la ~ du téléphone l'a réveillé** he was woken by the telephone (ringing) ◆ **elle sursautait à chaque ~ du téléphone** she jumped every time the phone rang ◆ **~ d'alarme** alarm bell b *(Mil = air)* call ◆ **la ~ du réveil** (the sounding of) reveille ◆ **la ~ aux morts** the last post c *(= mécanisme) [de réveil]* alarm (mechanism), bell; *[de pendule]* chimes, chiming *ou* striking mechanism; *(= sonnette)* bell ◆ **~ électrique/téléphonique** electric/telephone bell

**sonnet** /sɔnɛ/ NM sonnet

**sonnette** /sɔnɛt/ NF a *(électrique, de porte)* bell; *(= clochette)* (hand) bell ◆ **coup de ~** ring ◆ **je n'ai pas entendu le coup de ~** I didn't hear the bell (ring) ◆ **~ de nuit** night bell ◆ **~ d'alarme** alarm bell ◆ **tirer la ~ d'alarme** *(fig)* to set off *ou* sound the alarm (bell) ◆ **tirer les ~s** *(jeu d'enfants)* to ring doorbells (and run away); *(fig = démarcher)* to go knocking on doors; → **serpent** b *(Tech)* pile driver

**sonneur** /sɔnœʀ/ NM a *[de cloches]* bell ringer b *(Tech)* pile driver operator

**sono** * /sono/ NF (abrév de **sonorisation**) *[de salle de conférences]* PA (system); *[de discothèque]* sound system ◆ **la ~ est trop forte** the sound's too loud

**sonore** /sɔnɔʀ/ ADJ a *[objet, surface en métal]* resonant; *[voix]* ringing *(épith)*, sonorous, resonant; *[rire]* ringing *(épith)*, resounding *(épith)*; *[baiser, gifle]* resounding *(épith)* b *[salle]* resonant; *[voûte]* echoing c *(péj) [paroles, mots]* high-sounding, sonorous d *(Acoustique) [niveau, onde, vibrations]* sound *(épith)* ◆ **fond ~** *(= bruits)* background noise; *(= musique)* background music e *(Ciné) [film, effets]* sound *(épith)*; → **bande**[1] f *(Ling)* voiced NF *(Ling)* voiced consonant

**sonorisation** /sɔnɔʀizasjɔ̃/ NF a *(Ciné)* adding the soundtrack *(de* to) dubbing *(de* of) b *(= action) [de salle de conférences]* fitting with a public address system; *[de discothèque]* fitting with a sound system; *(= équipement) [de salle de conférences]* public address system, PA (system); *[de discothèque]* sound system c *(Phon)* voicing

**sonoriser** /sɔnɔʀize/ ▸ conjug 1 ◂ VT a *[+ film]* to add the soundtrack to, to dub; *[+ salle de conférences]* to fit with a public address system *ou* a PA (system) b *(Phon)* to voice

**sonorité** /sɔnɔʀite/ NF a *(= timbre, son) [de radio, instrument de musique]* tone; *[de voix]* sonority, tone ◆ **~s** *[de voix, instrument]* tones b *(Ling)* voicing c *(= résonance) [d'air]* sonority, resonance; *[de salle]* acoustics *(sg)*; *[de cirque rocheux, grotte]* resonance

**sonothèque** /sɔnɔtɛk/ NF sound (effects) library

**sonotone** ® /sɔnɔtɔn/ NM hearing aid

**sophisme** /sɔfism/ NM sophism

**sophiste** /sɔfist/ NMF sophist

**sophistication** /sɔfistikasjɔ̃/ NF sophistication; *(† = altération)* adulteration

**sophistique** /sɔfistik/ ADJ sophistic NF sophistry

**sophistiqué, e** /sɔfistike/ (ptp de **sophistiquer**) ADJ *(gén)* sophisticated; *(† = altéré)* adulterated

**sophistiquer** /sɔfistike/ ▸ conjug 1 ◂ VT *(= raffiner)* to make (more) sophisticated; *(† = altérer)* to adulterate VPR **se sophistiquer** to become (more) sophisticated

**Sophocle** /sɔfɔkl/ NM Sophocles

**sophrologie** /sɔfʀɔlɔʒi/ NF relaxation therapy

**sophrologue** /sɔfʀɔlɔg/ NMF relaxation therapist

**soporifique** /sɔpɔʀifik/ ADJ *(lit)* soporific, sleep-inducing; *(péj)* soporific NM sleeping drug, soporific

**soprane** /sɔpʀan/ NMF ⇒ **soprano nmf**

**sopraniste** /sɔpʀanist/ NM (male) soprano

**soprano** /sɔpʀano/ (pl **sopranos** *ou* **soprani** /sɔpʀani/) ADJ ◆ **saxophone ~** soprano (saxophone) NM *(= voix)* soprano (voice); *(= voix d'enfant)* soprano, treble NMF *(= personne)* soprano ◆ **~ dramatique/lyrique** dramatic/lyric soprano

**sorbe** /sɔʀb/ NF sorb (apple)

**sorbet** /sɔʀbɛ/ NM sorbet, water ice *(Brit)*, sherbet *(US)* ◆ **~ au citron/à l'orange** lemon/orange sorbet

**sorbetière** /sɔʀbətjɛʀ/ NF ice cream maker

**sorbier** /sɔʀbje/ NM service tree, sorb ◆ **~ des oiseleurs** European mountain ash, rowan tree

**sorbitol** /sɔʀbitɔl/ NM sorbitol

**sorbonnard, e** /sɔʀbɔnaʀ, aʀd/ *(péj)* ADJ pedantic NM,F *student or teacher at the Sorbonne*

**sorcellerie** /sɔʀsɛlʀi/ NF witchcraft, sorcery ◆ **c'est de la ~ !** it's magic! ◆ **procès en ~** *(fig)* witch hunt

**sorcier** /sɔʀsje/ NM *(lit)* sorcerer ◆ **il ne faut pas être ~ pour ...** *(fig)* you don't have to be a wizard to ...; → **apprenti** ADJ ◆ **ce n'est pas ~ !** * it's dead easy! *

**sorcière** /sɔʀsjɛʀ/ NF witch, sorceress ◆ **vieille ~ !** *(péj)* old witch! *ou* hag!; → **chasse**[1]

**sordide** /sɔʀdid/ ADJ a *[bar, hôtel, quartier, banlieue]* seedy, squalid ◆ **des conditions de vie ~s** squalid living conditions b *[réalité, histoire, crime, querelle, affaire, détails]* sordid; *[action, mentalité, avarice, égoïsme]* base NM ◆ **le ~ de la situation** the sordidness of the situation

**sordidement** /sɔʀdidmɑ̃/ ADV *[vivre]* in squalor; *[agir]* basely ◆ **il a fini ~** he came to a squalid *ou* sordid end

**sorgho** /sɔʀgo/ NM sorghum

**Sorlingues** /sɔʀlɛ̃g/ NFPL ◆ **les (îles) ~** the Scilly Isles, the Isles of Scilly, the Scillies

**sornettes** † /sɔʀnɛt/ NFPL twaddle, balderdash ◆ **~ !** fiddlesticks!

**sort** /sɔʀ/ NM a *(= condition)* lot ◆ **être content** *ou* **satisfait de son ~** to be happy with one's lot (in life) ◆ **améliorer le ~ des pauvres/handicapés** to improve the lot of the poor/the handicapped ◆ **envier le ~ de qn** to envy sb's lot

b *(= destinée)* fate ◆ **le ~ qui l'attend** the fate that awaits him ◆ **abandonner qn à son triste ~** *(hum)* to abandon sb to his sad fate ◆ **sa proposition a eu** *ou* **subi le même ~ que les précédentes** his proposal met with the same fate as the previous ones ◆ **le ~ décidera** fate will decide ◆ **pour essayer de conjurer le (mauvais) ~** to try to ward off fate ◆ **c'est un coup du ~** it's a stroke of fate ◆ **faire un ~ à** *(= mettre en valeur)* to stress, to emphasize; *(* = se débarrasser de)* to get rid of, to get shot of * *(Brit)*; *[+ plat, bouteille]* to polish off *; → **caprice, ironie**

c *(= hasard)* fate ◆ **le ~ est tombé sur lui** he was chosen by fate, it fell to him ◆ **le ~ en est jeté** the die is cast ◆ **tirer au ~** to draw lots ◆ **tirer qch au ~** to draw lots for sth; → **tirage**

d *(Sorcellerie)* spell; *(= malédiction)* curse ◆ **il y a un ~ sur qn** there is a curse on sb ◆ **jeter un ~ à** *ou* **sur qn** to put *ou* cast a spell on, to put a curse *ou* jinx * on sb

**sortable** * /sɔʀtabl/ ADJ *(gén nég) [personne]* presentable ◆ **tu n'es pas ~ !** we *(ou* I) can't take you anywhere!

**sortant, e** /sɔʀtɑ̃, ɑ̃t/ ADJ *[député, maire]* outgoing *(épith)* ◆ **les numéros ~s** the numbers which come up NM *(= personne : gén pl)* ◆ **les ~s** the outgoing crowd; *(Pol)* the outgoing deputies

**sorte** /sɔʀt/ NF a *(= espèce)* sort, kind ◆ **toutes ~s de gens/choses** all kinds *ou* sorts *ou* manner of people/things ◆ **des vêtements de toutes (les) ~s** all kinds *ou* sorts *ou* manner of clothes ◆ **nous avons trois ~s de fleurs** we have three kinds *ou* types *ou* sorts of flower(s) ◆ **des roches de même ~** rocks of the same sort *ou* kind *ou* type

b ◆ **une ~ de** a sort *ou* kind of ◆ **une ~ de médecin/voiture** *(péj)* a doctor/car of sorts ◆ **robe taillée dans une ~ de satin** dress cut out of some sort *ou* kind of satin

c *(loc)*

◆ **de la sorte** *(= de cette façon)* in that way ◆ **accoutré de la ~** dressed in that way ◆ **il n'a rien fait de la ~** he did nothing of the kind *ou* no such thing

◆ **de sorte à** so as to, in order to

◆ **de (telle) sorte que, en sorte que** *(littér)* *(= de façon à ce que)* so that, in such a way that; *(= si bien que)* so much so that ◆ **faire en ~ que** to see to it that ◆ **faites en ~ que vous ayez fini** *ou* **d'avoir fini demain** see to it *ou* arrange it *ou* arrange things so that you finish tomorrow

◆ **en quelque sorte** in a way, sort of * ◆ **vous avouez l'avoir dit, en quelque ~** you are in a way *ou* sort of * admitting to having said it ◆ **c'est un ami en quelque ~** I suppose you could say he's a friend, he's sort of a friend *

**sortie** /sɔʀti/ NF a *(= action, moment) [de personne]* exit; *[de véhicule, bateau, armée occupante]* departure; *(Mil = mission)* sortie;

*(Théât)* exit ♦ **elle attend la ~ des artistes** she's waiting for the performers to come out ♦ **à sa ~, tous se sont tus** when he went out *ou* left everybody fell silent ♦ **à sa ~ du salon** when he went out of *ou* left the lounge ♦ **il a fait une ~ remarquée** he made a dramatic exit ♦ **il a fait une ~ discrète** he made a discreet exit, he left discreetly ♦ **faire une ~** *(Aviat, Mil)* to make a sortie ♦ **faire une ~ dans l'espace** to take *ou* make a space walk ♦ **tenter une ~** *(Mil)* to attempt a sortie ♦ **les sauveteurs ont fait 30 ~s en mer cette semaine** the lifeboatmen were called out 30 times this week ♦ **la ~ des classes est fixée au 29 juin** the schools will close for the summer on 29 June ♦ **à la ~ des ouvriers/bureaux/théâtres** when the workers/offices/theatres come out ♦ **sa mère l'attend tous les jours à la ~ de l'école** his mother waits for him every day after school *ou* when school comes out *ou* finishes ♦ **retrouvons-nous à la ~ (du concert)** let's meet at the end (of the concert) ♦ **à sa ~ de prison** when he comes (*ou* came) out of prison ♦ **c'est sa première ~ depuis sa maladie** it's the first time he's been out since his illness ♦ **elle a manqué sa ~ à l'acte 2** *(Théât)* she missed *ou* fluffed *(Brit)* her exit in act 2 ♦ **pousser qn vers la ~** *(fig)* to push sb out; → **faux²**

**b** *(= fin)* end ♦ **à la ~ de l'enfance** at the end of childhood ♦ **à la ~ de l'hiver** at the end of winter

**c** *(= congé)* day off; *(= promenade)* outing; *(le soir : au théâtre, au cinéma etc)* evening *ou* night out ♦ **c'est le jour de ~ de la bonne** it's the maid's day off ♦ **c'est le jour de ~ des pensionnaires** it's the boarders' day out ♦ **il est de ~** *[soldat, domestique]* it's his day off ♦ **nous sommes de ~ ce soir** we're going out tonight, we're having an evening out tonight ♦ **ils viennent déjeuner le dimanche, cela leur fait une petite ~** they come to lunch on Sundays - it gives them a little outing *ou* it's a day out for them ♦ **elle s'est acheté une robe du soir pour leurs ~s** she's bought herself an evening dress for when they go out *ou* have a night out ♦ **faire une ~ en mer** to go on a boat trip *(at sea)* ♦ **~ éducative** *ou* **scolaire** *(Scol)* field-trip, school outing *(Brit)*, school visit *(Brit)* ♦ **il dépense tout son argent pour ses ~s** he spends all his money on going out

**d** *(= lieu)* exit, way out ♦ **~ d'autoroute** motorway exit *(Brit)*, highway exit *(US)* ♦ **~ de métro** metro exit, underground *(Brit) ou* subway *(US)* exit ♦ **~ de secours** emergency exit ♦ **~ des artistes** stage door ♦ **"attention, sortie d'usine"** "caution, factory entrance *ou* exit" ♦ **"sortie de camions"** "vehicle exit" ♦ **garé devant la ~ de l'école** parked in front of the school gates *ou* entrance ♦ **sa maison se trouve à la ~ du village** his house is at the edge of the village *ou* just as you come out of the village ♦ **les ~s de Paris sont encombrées** the roads out of Paris are congested ♦ **par ici la ~ !** this way out! ♦ **trouver une (porte de) ~** *(fig)* to find a way out ♦ **il faut se ménager une (porte de) ~** you must try to leave yourself a way out

**e** *(= écoulement) [d'eau, gaz]* outflow ♦ **cela empêche la ~ des gaz** it prevents the gases from coming out *ou* escaping

**f** *(= emportement)* outburst; *(= remarque drôle)* sally; *(= remarque incongrue)* peculiar *ou* odd remark ♦ **elle est sujette à ce genre de ~** she's given to that kind of outburst ♦ **faire une ~ à qn** to let fly at sb ♦ **faire une ~ contre qch/qn** to lash out against sth/sb

**g** *(Comm = mise en vente) [de voiture, modèle]* launching; *[de livre]* appearance, publication; *[de disque, film]* release ♦ **à la ~ du livre** when the book comes (*ou* came) out

**h** *(Comm) [de marchandises, devises]* export ♦ **~ (de capitaux)** outflow (of capital) ♦ **la ~ de l'or/des devises/de certains produits est contingentée** there are controls on gold/currency/certain products leaving the country *ou* on the export of gold/currency/certain products ♦ **il y a eu d'importantes ~s de devises** large amounts of currency have been flowing out of *ou* leaving the country

**i** *(Comm, Fin = somme dépensée)* item of expenditure ♦ **il y a eu plus de ~s que de rentrées** there have been more outgoings than receipts ♦ **~s de caisse** cash payments

**j** *(Ordin)* output, readout ♦ **~ (sur) imprimante** print-out

**k** *(Sport)* **~ en touche** going into touch ♦ **il y a ~ en touche si le ballon touche la ligne** the ball is in touch *ou* has gone into touch if it touches the line ♦ **ils ont marqué l'essai sur une ~ de mêlée** *(Rugby)* they scored a try straight out of the scrum ♦ **le ballon est allé en ~ de but** *(Ftbl)* the ball has gone into touch behind the back line ♦ **faire une ~** *[gardien de but]* to leave the goalmouth, to come out of goal ♦ **lors de la dernière ~ de l'équipe de France contre l'Angleterre** when France last played (against) England ♦ **faire une ~ de route** *(Aut)* to go off the track

**COMP** ▷ **sortie de bain** bathrobe

**sortilège** /sɔʀtilɛʒ/ **NM** (magic) spell

## sortir¹ /sɔʀtiʀ/

▸ conjug 16 ◂

| | |
|---|---|
| 1 VERBE INTRANSITIF | 2 VERBE TRANSITIF |
| 3 VERBE PRONOMINAL | |

### 1 - VERBE INTRANSITIF

avec auxiliaire être

**a** *[personne] (= aller)* to go out, to leave; *(= venir)* to come out, to leave; *(à pied)* to walk out; *(en voiture)* to drive out, to go *ou* come out; *[véhicule]* to drive out, to go *ou* come out; *(Ordin)* to exit, to log out; *(Théât)* to exit, to leave (the stage) ♦ **~ en voiture/à bicyclette** to go out for a drive/a cycle ride, to go out in one's car/on one's bike ♦ **~ en courant** to run out ♦ **~ en boitant** to limp out ♦ **~ par la porte/par la fenêtre** to go *ou* get out *ou* leave by the door/by the window ♦ **ça me sort par les yeux** *ou* **les oreilles** * I've had more than I can take (of it) ♦ **~ en mer** to put out to sea ♦ **depuis trois jours, les bateaux ne sont pas sortis** the boats haven't been out for three days ♦ **faites ~ ces gens** make these people go *ou* leave, get these people out ♦ **Madame, est-ce que je peux ~ ?** *(Scol)* Miss, can I be excused please? ♦ **~ de** *[+ pièce]* to go *ou* come out of, to leave; *[+ région, pays]* to leave ♦ **~ de chez qn** to go *ou* come out of sb's house, to leave sb's house ♦ **mais d'où sort-il (donc) ?** * *(= il est tout sale)* where has he been!; *(= il ne sait pas la nouvelle)* where has he been (all this time)?; *(= il est mal élevé)* where was he brought up? *(iro)*; *(= il est bête)* where did they find him? *(iro)* ♦ **il sortit discrètement (de la pièce)** he went out (of the room) *ou* left (the room) discreetly, he slipped out (of the room) ♦ **sors (d'ici) !** get out (of here)! ♦ **le train sort du tunnel** the train is coming out of the tunnel ♦ **les voiliers sortaient du port** the sailing boats were leaving the harbour ♦ **"la servante sort"** *(Théât)* "exit the maid" ♦ **"les 3 gardes sortent"** *(Théât)* "exeunt 3 guards" ♦ **laisser ~ qn** to let sb out, to let sb leave ♦ **ne laissez ~ personne** don't let anybody out *ou* leave ♦ **laisser ~ qn de** *[+ pièce, pays]* to let sb out of, to let sb leave; → **gond**

**b** = partir de chez soi to go out ♦ **~ faire des courses/prendre l'air** to go out shopping/for some fresh air ♦ **~ acheter du pain** to go out to buy *ou* for some bread ♦ **~ dîner/déjeuner** to go out for *ou* to dinner/lunch ♦ **mon père est sorti, puis-je prendre un message ?** *(au téléphone)* my father's gone out, can I take a message? ♦ **ils sortent beaucoup/ne sortent pas beaucoup** they go out a lot/don't go out much ♦ **tu ne les connais pas ? il faut ~ un peu** *ou* **le dimanche** * you don't know them? where have you been? * ♦ **mes parents ne me laissent pas ~** my parents don't let me (go) out ♦ **le médecin lui a permis de ~** the doctor has allowed him (to go) out ♦ **c'est le soir que les moustiques sortent** the mosquitoes come out in the evening ♦ **il n'est jamais sorti de son village** he has never been out of *ou* gone outside his village

**c** Comm *[marchandises, devises]* to leave ♦ **tout ce qui sort (du pays) doit être déclaré** everything going out (of the country) *ou* leaving (the country) must be declared

**d** = quitter to leave, to come out; *[élèves]* to get out; *[objet, pièce]* to come out ♦ **le joint est sorti de son logement** the joint has come out of its socket ♦ **~ du théâtre** to go *ou* come out of *ou* leave the theatre ♦ **~ de l'hôpital/de prison** to come out of hospital/of prison ♦ **quand sort-il ?** *(de prison)* when does he come *ou* get out?; *(de l'hôpital)* when is he coming out? *ou* leaving? ♦ **je sors à 6 heures** *(du bureau, du lycée)* I finish at 6 ♦ **~ de table** to leave the table ♦ **~ de l'eau** to come out of the water ♦ **~ du lit** to get out of bed, to get up ♦ **~ de son lit** *[fleuve]* to overflow its banks ♦ **~ de terre** *[plante]* to sprout ♦ **~ des rails** *(Rail)* to go off the rails ♦ **la voiture est sortie de la route** the car left *ou* came off the road ♦ **~ de convalescence/d'un profond sommeil** to come out of *ou* emerge from convalescence/a deep sleep ♦ **~ de son calme** to lose one's calm ♦ **~ de son indifférence** to overcome one's indifference ♦ **~ indemne d'un accident** to come out of an accident unscathed ♦ **ce secret ne doit pas ~ de la famille** this secret must not go beyond *ou* outside family ♦ **c'est confidentiel, ça ne doit pas ~ d'ici** it's confidential, it must not leave this room ♦ **~ de la récession** to get out of the recession ♦ **il a trop de copies à corriger, il n'en sort pas** he has too many papers to correct — there's no end to them ♦ **on n'est pas sortis de l'auberge** * we're not out of the woods yet ♦ **cela lui est sorti de la mémoire** *ou* **de l'esprit** it slipped his mind ♦ **ça m'est sorti de la tête** it went right out of my head; → **impasse, mauvais**

**e** = fréquenter **~ avec qn** to go out with sb ♦ **ils sortent ensemble depuis 2 ans** they've been going out together for 2 years

**f** marquant le passé immédiat **il sortait tout juste de l'enfance quand ...** he was in his early teens when ... ♦ **on sortait de l'hiver** it was the end of winter ♦ **il sort d'ici** he's just left ♦ **il sort du lit** he's just got up, he's just out of bed ♦ **on ne dirait pas qu'elle sort de chez le coiffeur !** you'd never believe she'd just had her hair done! ♦ **il sort d'une bronchite** he's just had bronchitis, he's just recovering from a bout of bronchitis ♦ **il sort d'une période de cafard** he's just gone through *ou* had a spell of depression ♦ **il en est sorti grandi** *(d'une épreuve)* he came out of it a stronger person, he was better for it ♦ **je sors de lui parler** * I've just been talking to him ♦ **je sors d'en prendre** * I've had quite enough thank you *(iro)*

**g** [= s'écarter de] ~ **du sujet/de la question** to go *ou* get off the subject/the point ◆ ~ **de la légalité** to overstep *ou* go outside *ou* go beyond the law ◆ ~ **des limites de** to go beyond the bounds of, to overstep the limits of ◆ ~ **(du jeu)** *(Sport) [balle, ballon]* to go out (of play) ◆ ~ **en touche** *[ballon]* to go into touch ◆ **la balle est sortie** *(Tennis)* the ball is out ◆ **cela sort de mes compétences** that's outside my field ◆ **vous sortez de votre rôle** that is not your responsibility *ou* part of your brief; → **ordinaire**

**h** [= être issu de] ~ **d'une bonne famille/du peuple** to come from a good family/from the working class ◆ **il sort du lycée Victor Duruy** he was (educated) at the lycée Victor Duruy ◆ **il sort de l'université de Perpignan** he was *ou* he studied at the University of Perpignan ◆ **pas besoin de** *ou* **il ne faut pas ~ de Polytechnique pour comprendre ça** * you don't need a PhD to understand that ◆ **un ingénieur tout droit sorti de l'école** an engineer fresh out of college

**i** [= dépasser] to stick out; *(= commencer à pousser) [blé, plante]* to come up; *[dent]* to come through; *[bouton]* to appear

**j** [= être fabriqué, publié] to come out; *[disque, film]* to be released ◆ **le film sort sur les écrans le 2 mai** the film is on general release from 2 May ◆ **cette encyclopédie sort par fascicules** this encyclopaedia comes out *ou* is published in instalments ◆ **sa robe sort de chez un grand couturier** her dress is by one of the top fashion designers

**k** [Jeux, Loterie] *[numéro, couleur]* to come up; *(Scol) [sujet d'examen]* to come up

**l** [= provenir de] ~ **de** to come from ◆ **sait-on ce qui sortira de ces entrevues !** *(fig) (= résulter)* who knows what will come (out) of these talks! *ou* what these talks will lead to! ◆ **il n'est rien sorti de nos recherches** nothing came (out) of our research ◆ **que va-t-il ~ de tout cela ?** what will come of all this? ◆ **des mots qui sortent du cœur** words which come from the heart, heartfelt words ◆ **une odeur de brûlé sortait de la cuisine** a smell of burning came from the kitchen ◆ **une épaisse fumée sortait par les fenêtres** thick smoke was pouring out of the windows

**m** [= être dit] **c'est sorti tout seul** * *[propos, remarque]* it just came out * ◆ **il fallait que ça sorte** * I (*ou* he *etc*) just had to say it

2 - VERBE TRANSITIF

[avec auxiliaire avoir]

**a** [= mener dehors] *[+ personne, chien]* to take out; *(* = accompagner lors d'une sortie)* to take out; *(= expulser) [+ personne]* to throw out ◆ **sortez-le !** throw him out!, get him out of here! ◆ **va au cinéma, cela te sortira** go and see a film, that'll get you out a bit *ou* give you a change of scene

**b** [= extraire] to take out; *(Aviat) [+ train d'atterrissage]* to lower ◆ ~ **des vêtements d'une armoire/une voiture du garage** to get *ou* take clothes out of a wardrobe/the car out of the garage ◆ **ils ont réussi à ~ les enfants de la grotte/le car du ravin** they managed to get the children out of the cave/the coach out of the ravine ◆ **il sortit de sa poche un mouchoir** he took *ou* brought *ou* pulled a handkerchief out of his pocket ◆ ~ **les mains de ses poches** to take one's hands out of one's pockets ◆ **il a sorti son passeport** he took out *ou* produced his passport ◆ **les douaniers ont tout sorti de sa valise** the customs men took everything out of his suitcase ◆ **sortons les fauteuils dans le jardin** let's take the armchairs out into the garden ◆ **il nous a sorti son vieux bordeaux** he got his old claret out for us ◆ **il faut le ~ de là** *(lit, fig) (d'un lieu)* we must get him out of there; *(d'une situation difficile)* we must get him out of it; → **affaire**

**c** [Comm] **(faire)** ~ *[+ marchandises] (par la douane)* to take out; *(en fraude)* to smuggle out

**d** [= mettre en vente] *[+ voiture, modèle]* to bring out; *[+ livre]* to bring out, to publish; *[+ disque, film] [artiste]* to bring out; *[compagnie]* to release ◆ **ils viennent de ~ un nouveau logiciel** they've just brought out a new software package

**e** [* = dire] to come out with * ◆ **il vous sort de ces réflexions !** the things he comes out with! * ◆ **elle en a sorti une bien bonne** she came out with a good one * ◆ **qu'est-ce qu'il va encore nous ~ ?** what will he come out with next? * ◆ **c'est ce journal qui a sorti l'affaire** *(Journalisme = révéler)* this was the newspaper that first broke the story

**f** [* = éliminer d'un concours] *[+ concurrent, adversaire]* to knock out *(fig)* ◆ **il s'est fait ~ dès le premier match** he was knocked out in the first match

3 - VERBE PRONOMINAL

**se sortir** ◆ **se ~ d'une situation difficile** to manage to get out of a difficult situation *ou* to extricate o.s. from a difficult situation ◆ **la voiture est en miettes, mais il s'en est sorti sans une égratignure** the car's a write-off but he came out of it without a scratch ◆ **tu crois qu'il va s'en ~ ?** *(il est malade)* do you think he'll pull through?; *(il est surchargé de travail)* do you think he'll ever get to *ou* see the end of it?; *(il est sur la sellette)* do you think he'll come through all right? ◆ **avec son salaire, il ne peut pas s'en ~** he can't get by on what he earns ◆ **va l'aider, il ne s'en sort pas** go and help him, he can't cope *ou* manage ◆ **j'ai trop de travail, je ne m'en sors pas** I've got too much work, I can't see the end of it ◆ **bravo, tu t'en es très bien sorti !** you've done really well!

**sortir²** /sɔrtir/ NM *(littér)* ◆ **au ~ de l'hiver/de l'enfance** as winter/childhood draws (*ou* drew) to a close ◆ **au ~ de la réunion** at the end of the meeting, when the meeting broke up

**SOS** /ɛsoɛs/ NM SOS ◆ **lancer un ~** *(Aviat, Naut)* to put out an SOS ◆ **envoyer un ~ à qn** to send an SOS to sb ◆ ~ **médecins/dépannage** *etc* emergency medical/repair *etc* service

**sosie** /sɔzi/ NM *(= personne)* double ◆ **c'est le ~ de son frère** he's the (spitting) image of his brother

**sot, sotte** /so, sɔt/ ADJ silly, foolish, stupid ◆ **il n'y a pas de ~ métier(, il n'y a que de ~tes gens)** *(Prov)* every trade has its value ◆ **il est facteur – il n'y a pas de ~ métier !** he's a postman — well, there's nothing wrong with that! NM,F *( †, frm) (= niais)* fool; *(= enfant)* (little) idiot; *(Hist, Littérat = bouffon)* fool

**sotie** /sɔti/ NF *(Hist Littérat) satirical farce of 15th and 16th centuries*

**sot-l'y-laisse** /solilɛs/ NM INV *[de volaille]* oyster *(in chicken)*

**sottement** /sɔtmɑ̃/ ADV foolishly, stupidly

**sottie** /sɔti/ NF ⇒ **sotie**

**sottise** /sɔtiz/ NF **a** *(= caractère)* stupidity, foolishness ◆ **avoir la ~ de faire** to be foolish *ou* stupid enough to do sth, to have the stupidity to do sth **b** *(= parole)* silly *ou* foolish remark; *(= action)* silly *ou* foolish thing to do, folly † *(frm)* ◆ **dire des ~s** to say silly *ou* stupid *ou* foolish things, to make silly *ou* foolish remarks ◆ **faire une ~** *[adulte]* to do a silly *ou* foolish thing, to do something stupid ◆ **faire des ~s** *[enfant]* to misbehave, to be naughty

**sottisier** /sɔtizje/ NM *(= livre)* collection of howlers *; *(Radio, TV)* collection of out-takes

**sou** /su/ NM **a** *(= monnaie) (Hist)* sou, ≃ shilling *(Brit)*; *( †, Helv = cinq centimes)* 5 centimes; *(* Can)* cent ◆ **un trente ~s** * *(Can)* a quarter *(US, Can)*

**b** *(loc)* **un ~ est un ~** every penny counts ◆ **c'est une affaire** *ou* **une histoire de gros ~s** *(péj)* there's big money involved ◆ **donner/compter/économiser ~ à** *ou* **par ~** to give/count/save penny by penny ◆ **il n'a pas le (premier) ~, il n'a pas un ~ vaillant** he hasn't got a penny *ou* a cent *(US)* (to his name) ◆ **il est sans le** *ou* **un ~** he's penniless ◆ **il est toujours en train de compter ses ~s** he's always counting the pennies ◆ **ils en sont à leurs derniers ~s** they're down to their last few pennies ◆ **dépenser jusqu'à son dernier ~** to spend every last penny ◆ **y laisser jusqu'à son dernier ~** to lose everything, to lose one's last buck * *(US)* ◆ **il n'a pas pour un ~ de méchanceté/bon sens** he hasn't got an ounce of unkindness/good sense (in him) ◆ **il n'est pas hypocrite/raciste pour un ~** *ou* **deux ~s** he isn't at all *ou* (in) the least bit hypocritical/racist ◆ **propre/reluisant** *ou* **brillant comme un ~ neuf** (as) clean/bright as a new pin, spick and span; → **appareil, cent¹, machine, près, quatre**

**soubassement** /subasmɑ̃/ NM *[de maison]* base; *[de murs, fenêtre]* dado; *[de colonne]* crepidoma; *(Géol)* bedrock; *[de thèse]* basis ◆ **leur parti n'a aucun ~ idéologique** their party has no ideological base ◆ **un pays sans aucun ~ économique** a country with no economic base

**soubresaut** /subrəso/ NM **a** *(= cahot)* jolt ◆ **le véhicule fit un ~** the vehicle gave a jolt **b** *(= tressaillement) (de peur)* start; *(d'agonie)* convulsive movement ◆ **avoir** *ou* **faire un ~** to give a start, to start

**soubrette** /subrɛt/ NF *( †, hum = femme de chambre)* maid; *(Théât)* soubrette

**souche** /suʃ/ NF **a** *(Bot) [d'arbre]* stump; *[de vigne]* stock ◆ **rester planté comme une ~** to stand stock-still; → **dormir b** *[de famille, race]* founder ◆ **faire ~** to found a line ◆ **de vieille ~** of old stock ◆ **elle est française de ~** she's of French origin *ou* extraction **c** *(Ling)* root ◆ **mot de ~ latine** word with a Latin root ◆ **mot ~** root word **d** *(Bio) [de bactéries, virus]* clone, strain ◆ **cellule ~** original cell **e** *(= talon)* counterfoil, stub ◆ **carnet à ~s** counterfoil book **f** *(Archit) [de cheminée]* (chimney) stack

**souci¹** /susi/ NM *(= fleur)* ◆ ~ **(des jardins)** marigold ◆ ~ **d'eau** *ou* **des marais** marsh marigold

**souci²** /susi/ NM **a** *(= inquiétude)* worry ◆ **se faire du ~** to worry (*pour* about); ◆ **avec un fils comme ça, ils ont du ~ à se faire !** with a son like that they've got reason to worry! ◆ **être sans ~** to be free of worries *ou* care(s) ◆ **cela t'éviterait bien du ~** it would save *ou* spare you a lot of worry ◆ **cela lui donne (bien) du ~** it worries him (a lot), he worries (a great deal) over it ◆ **~s d'argent** money worries, worries about money

**b** *(= préoccupation)* concern (*de* for); ◆ **avoir ~ du bien-être de son prochain** to be concerned about other people's well-being ◆ **sa carrière est son unique ~** his career is his sole concern *ou* is all he worries about ◆ **cet enfant est un ~ perpétuel pour ses parents** that child is a constant source of worry for his parents ◆ **avoir le ~ de bien faire** to be concerned about doing things well ◆ **dans le ~ de lui plaire** in his concern to please her ◆ **nous avons fait ce choix dans**

**un ~ de cohérence** we made this choice with a view to being consistent *ou* for the sake of consistency ◆ **par ~ d'honnêteté** for honesty's sake ◆ **ils produisent sans ~ de qualité** they churn out products regardless of quality ◆ **c'est le moindre** *ou* **le cadet** *ou* **le dernier de mes ~s** that's the least of my worries

**soucier** /susje/ ▸ conjug 7 ◂ VPR **se soucier** ◆ **se ~ de** to care about ◆ **se ~ des autres** to care about *ou* for others, to show concern for others ◆ **je ne m'en soucie guère** I am quite indifferent to it ◆ **il s'en soucie comme de sa première chemise** *ou* **comme de l'an quarante** * he doesn't give *ou* care a hoot* (about it)*, he couldn't care less (about it)* ◆ **il se soucie peu de plaire** *(littér)* he cares little *ou* he doesn't bother whether he is liked or not ◆ **il se soucie fort de ce qu'ils pensent** *(littér)* he cares very much what they think ◆ **sans se ~ de leur réaction** without worrying about their reaction ◆ **sans se ~ de fermer la porte à clé** without bothering to lock the door ◆ **elle a accepté sans se ~ des conséquences** she accepted without giving any thought to the consequences ◆ **se ~ que** *(littér) (+ subj)* to care that VT to worry, to trouble

**soucieux, -ieuse** /susjø, jøz/ ADJ a *(= inquiet) [personne, air, ton]* concerned, worried b ◆ **être ~ de qch** to be concerned with *ou* about sth, to be preoccupied with sth ◆ **~ de son seul intérêt** concerned *ou* preoccupied solely with his own interests ◆ **être ~ de faire** to be anxious to do ◆ **~ que** *(frm)* concerned *ou* anxious that ◆ **peu ~ qu'on le voie** caring little *ou* unconcerned whether he be *ou* is seen or not

**soucoupe** /sukup/ NF saucer ◆ **~ volante** flying saucer; → **œil**

**soudage** /sudaʒ/ NM *(avec brasure, fil à souder)* soldering; *(autogène)* welding

**soudain, e** /sudɛ̃, ɛn/ ADJ *(gén)* sudden; *[mort]* sudden, unexpected ADV *(= tout à coup)* suddenly, all of a sudden ◆ **~, il se mit à pleurer** all of a sudden he started to cry, he suddenly started to cry

**soudainement** /sudɛnmɑ̃/ ADV suddenly, all of a sudden

**soudaineté** /sudɛnte/ NF suddenness

**Soudan** /sudɑ̃/ NM ◆ **le ~** (the) Sudan

**soudanais, e** /sudanɛ, ɛz/ ADJ Sudanese, of *ou* from (the) Sudan NM,F **Soudanais(e)** Sudanese, inhabitant *ou* native of (the) Sudan

**soudard** /sudaʀ/ NM *(péj)* ruffianly *ou* roughneck soldier

**soude** /sud/ NF a *(industrielle)* soda ◆ **~ caustique** caustic soda; → **bicarbonate, cristal** b *(Bot)* saltwort ◆ **(cendre de) ~** † *(Chim)* soda ash

**soudé, e** /sude/ (ptp de **souder**) ADJ *[organes, pétales]* joined (together); *[couple]* close, united; *[équipe]* closely-knit ◆ **notre équipe n'est pas assez ~e** our team isn't united enough ◆ **l'opposition est ~e derrière lui** the opposition is united behind him

**souder** /sude/ ▸ conjug 1 ◂ VT a *(Tech) [+ métal] (avec brasure, fil à souder)* to solder; *(soudure autogène)* to weld; *[+ plastique]* to weld, to seal ◆ **~ à chaud/froid** to hot-/cold-weld; → **fer, fil, lampe** b *(Méd) [+ os]* to knit c *(= unir) [+ choses, organismes]* to fuse (together); *(littér) [+ cœurs, êtres]* to bind *ou* knit together *(littér)*, to unite d *(Culin) [+ bords]* to seal VPR **se souder** a *[os]* to knit together; *[vertèbres]* to fuse b *[équipe, parti]* to pull together, to unite; *(= s'unir)* to be knit together *(littér)*

**soudeur, -euse** /sudœʀ, øz/ NM,F *[de métal] (avec brasure, fil à souder)* solderer; *(soudure autogène)* welder NF **soudeuse** *(= machine)* welder

**soudoyer** /sudwaje/ ▸ conjug 8 ◂ VT to bribe

**soudure** /sudyʀ/ NF a *(Tech) (= opération) [de métal] (avec brasure, fil à souder)* soldering; *(autogène)* welding; *[de plastique]* welding, sealing; *(= endroit)* soldered joint, weld; *(= substance)* solder ◆ **~ à l'arc** arc welding ◆ **~ autogène** welding ◆ **~ au chalumeau** torch welding ◆ **il faut faire une ~** it needs soldering *ou* welding ◆ **faire la ~ (entre)** *(fig)* to bridge the gap (between) ◆ **je dois faire la ~** *(= remplacer qn)* I've got to fill in b *[d'os]* knitting; *[d'organes, pétales]* join; *(littér) [de partis, cœurs]* binding *ou* knitting *(littér)* together, uniting

**soufflage** /suflaʒ/ NM a *(Métal)* blowing ◆ **~ du verre** glass-blowing b *(Naut)* sheathing

**soufflant, e** /suflɑ̃, ɑ̃t/ ADJ a ◆ **(machine) ~e** blower ◆ **(radiateur) ~** fan heater b († * *= étonnant)* staggering, stunning NM *(arg Crime = pistolet)* pistol, rod* *(US)*

**souffle** /sufl/ NM a *(= expiration) (en soufflant)* blow, puff; *(en respirant)* breath ◆ **éteindre une bougie d'un ~** to blow a candle out ◆ **il murmura mon nom dans un ~** he breathed my name ◆ **le dernier ~ d'un agonisant** the last breath of a dying man ◆ **pour jouer d'un instrument à vent, il faut du ~** you need a lot of breath *ou* puff* *(Brit)* to play a wind instrument

b *(= respiration)* breathing ◆ **on entendait un ~ dans l'obscurité** we heard (someone) breathing in the darkness ◆ **manquer de ~** *(lit)* to be short of breath; *(fig) [prose]* to be lacklustre *(Brit) ou* lackluster *(US)*; *[campagne électorale]* to be lacklustre *(Brit) ou* lackluster *(US)*, to be lacking (in) oomph* ◆ **son roman manque de ~** his novel flags in parts ◆ **il ne manque pas de ~ !** * *(= il a du toupet)* he's got a nerve!* ◆ **avoir le ~ court** to be short of breath, to be short-winded ◆ **retenir son ~** to hold one's breath ◆ **reprendre son ~** to get one's breath back ◆ **ne plus avoir de ~, être à bout de ~** to be out of breath ◆ **couper le ~ à qn** *(lit)* to wind sb; *(fig)* to take sb's breath away ◆ **j'en ai eu le ~ coupé** *(fig)* it (quite) took my breath away ◆ **c'est à vous couper le ~** it's breathtaking, it's enough to take your breath away ◆ **donner un ~ nouveau** *ou* **redonner du ~ à** to give a new lease of life to, to breathe new life into ◆ **la dévaluation va redonner du ~ aux exportations** devaluation will give a fillip to exports ◆ **trouver son second ~** *(Sport, fig)* to get one's second wind; → **bout, second**

c *(= déplacement d'air) [d'incendie, ventilateur, explosion]* blast

d *(= vent)* puff *ou* breath of air, puff of wind ◆ **le ~ du vent dans les feuilles** the wind blowing through the leaves ◆ **un ~ d'air faisait bruire le feuillage** a slight breeze was rustling the leaves ◆ **il n'y avait pas un ~ (d'air** *ou* **de vent)** there was not a breath of air

e *(= force créatrice)* inspiration ◆ **le ~ du génie** the inspiration born of genius ◆ **le ~ créateur** *(Rel)* the breath of God

f *(Méd)* ~ **cardiaque** *ou* **au cœur** cardiac *ou* heart murmur; → **bruit**

g *(Téléc)* background noise

**soufflé, e** /sufle/ (ptp de **souffler**) ADJ a *(Culin)* soufflé *(épith)* b (* *= surpris)* flabbergasted*, staggered* NM *(Culin)* soufflé ◆ **~ au fromage** cheese soufflé; → **retomber**

**souffler** /sufle/ ▸ conjug 1 ◂ VI a *[vent, personne]* to blow ◆ **~ dans un instrument à vent** to blow (into) a wind instrument ◆ **~ sur une bougie (pour l'éteindre)** to blow out a candle ◆ **~ sur sa soupe (pour la faire refroidir)** to blow on one's soup (to cool it down) ◆ **~ sur ses doigts (pour les réchauffer)** to blow on one's fingers (to warm them up) ◆ **voir de quel côté souffle le vent** *(lit, fig)* to see which way the wind is blowing ◆ **le vent a soufflé si fort qu'il a abattu deux arbres** the wind was so strong *ou* blew so hard that it brought two trees down ◆ **le vent soufflait en rafales** the wind was blowing in gusts ◆ **le vent soufflait en tempête** it was blowing a gale ◆ **j'ai dû ~ dans le ballon** * *(alcootest)* I was breathalyzed, they gave me a breath test ◆ **~ sur le feu** *(lit)* to blow on the fire; *(fig)* to add fuel to the fire ◆ **il croit qu'il va y arriver en soufflant dessus** *(fig)* he thinks it's going to be a cinch*

b *(= respirer avec peine)* to puff (and blow) ◆ **il ne peut monter les escaliers sans ~** he can't go up the stairs without puffing (and blowing) ◆ **~ comme un bœuf** *ou* **une locomotive** *ou* **un phoque** * to puff and blow like an old steam engine

c *(= se reposer)* to get one's breath back ◆ **laisser ~ qn/un cheval** to let sb/a horse get his breath back ◆ **il ne prend jamais le temps de ~** he never lets up, he never stops to catch his breath ◆ **donnez-lui un peu de temps pour ~** *(pour se reposer)* give him time to get his breath back, give him a breather*; *(avant de payer)* give him a breather*

VT a *[+ bougie, feu]* to blow out

b *(= envoyer)* ~ **de la fumée au nez de qn** to blow smoke in(to) sb's face ◆ **~ des odeurs d'ail au visage de qn** to breathe garlic over sb *ou* into sb's face ◆ **le ventilateur soufflait des odeurs de graillon** the fan was blowing out greasy smells ◆ **le vent leur soufflait le sable dans les yeux** the wind was blowing the sand into their eyes ◆ **~ le chaud et le froid** *(fig)* to blow hot and cold

c (* *= prendre)* to pinch*, to swipe*, to nick* *(Brit)* (*à qn* from sb); ◆ **il lui a soufflé sa petite amie/son poste** he's pinched* his girlfriend/his job ◆ **~ un pion** *(Dames)* to huff a draught ◆ **~ n'est pas jouer** *(Dames)* huffing isn't a real move

d *[bombe, explosion]* to destroy ◆ **leur maison a été soufflée par une bombe** their house was destroyed by the blast from a bomb

e *(= dire) [+ conseil, réponse, réplique]* to whisper (*à qn* to sb); ◆ **on lui a soufflé sa leçon** *(fig)* he was told what to say ◆ **~ son rôle à qn** *(Théât)* to prompt sb, to give sb a prompt ◆ **~ qch à l'oreille de qn** to whisper sth in sb's ear ◆ **on ne souffle pas !** *(en classe, dans un jeu)* no whispering! ◆ **il n'a pas soufflé mot** he didn't breathe a word ◆ **c'est lui qui m'en avait soufflé l'idée** he's the one who gave me the idea

f (* *= étonner)* to flabbergast*, to stagger* ◆ **elle a été soufflée d'apprendre leur échec** she was flabbergasted* *ou* staggered* to hear they had failed ◆ **leur toupet m'a soufflé** I was flabbergasted* *ou* staggered* at their nerve

g *(Tech)* ~ **le verre** to blow glass

**soufflerie** /sufləʀi/ NF *[d'orgue, forge]* bellows; *(Tech : d'aération)* ventilating fan; *(Ind)* blower ◆ **~ (aérodynamique)** *(Aviat)* wind tunnel

**soufflet[1]** /suflɛ/ NM a *[de forge]* bellows b *(Rail)* vestibule; *(Couture)* gusset; *[de sac, classeur]* extendible gusset; *[d'appareil photographique, instrument de musique]* bellows ◆ **classeur à ~s** accordion file

**soufflet[2]** /suflɛ/ NM *(littér = gifle)* slap in the face

**souffleter** / suflǝte / ▸ conjug 4 ◂ VT *(littér)* ◆ ~ **qn** to give sb a slap in the face

**souffleur, -euse** / suflœʀ, øz / NM a *(Géol)* fumarole b *(Zool) (= baleine)* blower; *(= dauphin)* bottle-nose(d) dolphin c *(Tech)* ~ **de verre** glass-blower NM,F *(Théât)* prompter; → **trou** NF **souffleuse** *(Can)* snowblower

**souffrance** / sufʀɑ̃s / NF a *(= douleur)* suffering ◆ ~ **physique/morale** physical/mental suffering ◆ **les ~s infligées à la population** the suffering inflicted on the population ◆ **elle est morte dans d'atroces ~s** she died in agony *ou* great pain b ◆ **être en** ~ *[marchandises, colis]* to be awaiting delivery, to be held up; *[affaire, dossier]* to be pending, to be waiting to be dealt with

**souffrant, e** / sufʀɑ̃, ɑ̃t / ADJ a *(= malade) [personne]* unwell, poorly ◆ **avoir l'air** ~ to look unwell *ou* poorly b *(littér)* **l'humanité ~e** suffering humanity ◆ **l'Église ~e** the Church suffering

**souffre-douleur** / sufʀǝdulœʀ / NMF INV whipping boy, punch bag *(Brit)*, punching bag *(US)*

**souffreteux, -euse** / sufʀǝtø, øz / ADJ *[personne, plante]* sickly, puny

**souffrir** / sufʀiʀ / ▸ conjug 18 ◂ VI a *(physiquement)* to suffer ◆ **elle souffre beaucoup** she is in great pain *ou* is suffering a great deal ◆ ~ **comme un damné** to suffer torture *ou* torment(s) ◆ **il faut ~ pour être belle** *(hum)* you have to suffer to be beautiful, no pain no gain ◆ **faire ~ qn** *[personne, blessure]* to hurt sb ◆ **mon bras me fait** ~ my arm hurts *ou* is painful ◆ ~ **de l'estomac/des reins** to have stomach/kidney trouble ◆ **il souffre d'une grave maladie/de rhumatismes** he is suffering from a serious illness/from rheumatism ◆ ~ **du froid/de la chaleur** to suffer from the cold/from the heat

b *(moralement)* to suffer (*de* from); ◆ **faire ~ qn** *[personne]* to make sb suffer; *[attitude, événement]* to cause sb pain ◆ **il a beaucoup souffert d'avoir été chassé de son pays** he has suffered a great deal from being forced to leave his country ◆ **je souffre de le voir si affaibli** it pains *ou* grieves me to see him so weak ◆ **j'en souffrais pour lui** I felt bad for him

c *(= pâtir)* to suffer ◆ **les fraises souffrent de la chaleur** strawberries suffer in the heat ◆ **les fraises ont souffert du gel** the strawberries have suffered from *ou* have been hard hit by the frost ◆ **sa réputation en a souffert** his reputation suffered by it ◆ **le pays a souffert de la guerre** the country has suffered from the war

d *( * = éprouver de la difficulté)* to have a hard time of it ◆ **on a fini par gagner, mais ils nous ont fait** ~ *ou* **mais on a souffert** we won in the end but we had a hard time of it *ou* they gave us a rough time ◆ **je l'ai réparé mais j'ai souffert** I fixed it, but it wasn't easy

VT a *(= éprouver)* ~ **le martyre** to go through agonies, to go through hell ◆ **sa jambe lui fait ~ le martyre** he goes through hell with that leg of his ◆ ~ **mille morts** to die a thousand deaths

b *(littér = supporter)* to bear ◆ **il ne peut pas ~ cette fille/le mensonge/les épinards** he can't stand *ou* bear that girl/lies/spinach ◆ **je ne peux ~ de te voir malheureux** I can't bear to see you unhappy ◆ **il ne peut pas ~ que ...** he cannot bear that ... ◆ **je ne souffrirai pas qu'il me donne des ordres** I won't take him giving me orders ◆ **souffrez que je vous contredise** allow *ou* permit me to contradict you

c *(frm = admettre)* to admit of, to allow of ◆ **la règle souffre quelques exceptions** the rule admits of *ou* allows of a few exceptions ◆ **la règle ne peut ~ aucune exception** the rule admits of no exception ◆ **cette affaire ne peut ~ aucun retard** this matter simply cannot be delayed

VPR **se souffrir** *(= se supporter)* **ils ne peuvent pas se** ~ they can't stand *ou* bear each other

**soufi, e** / sufi / ADJ Sufi, Sufic NM,F Sufi

**soufisme** / sufism / NM Sufism

**soufrage** / sufʀaʒ / NM *[de vigne, laine]* sulphuration *(Brit)*, sulfuration *(US)*; *[d'allumettes]* sulphuring *(Brit)*, sulfuring *(US)*

**soufre** / sufʀ / NM sulphur *(Brit)*, sulfur *(US)* ◆ **jaune** ~ sulphur *(Brit) ou* sulfur *(US)* yellow ◆ **sentir le** ~ *(fig)* to smack of heresy

**soufré, e** / sufʀe / ADJ a *(= enduit de soufre)* coated with sulphur *(Brit) ou* sulfur *(US)* b *(= jaune)* sulphur *(Brit) ou* sulfur *(US)* yellow

**soufrer** / sufʀe / ▸ conjug 1 ◂ VT *[+ vigne]* to (treat with) sulphur *(Brit) ou* sulfur *(US)*; *[+ allumettes]* to sulphur *(Brit) ou* sulfur *(US)*; *[+ laine]* to sulphurate *(Brit) ou* sulfurate *(US)*

**soufrière** / sufʀijɛʀ / NF sulphur *(Brit) ou* sulfur *(US)* mine ◆ **la Soufrière** *(Géog)* the Soufrière

**souhait** / swɛ / NM wish ◆ **formuler des ~s pour qch** to express one's best wishes for sth ◆ **les ~s de bonne année** New Year greetings, good wishes for the New Year ◆ **tous nos ~s de réussite** our best wishes for your success ◆ **à vos ~s !** bless you!, gesundheit! *(US)* ◆ **la viande était rôtie à** ~ the meat was done to perfection *ou* done to a turn ◆ **le vin était fruité à** ~ the wine was delightfully fruity ◆ **tout marchait à** ~ everything went perfectly *ou* went like a dream ◆ **une chanson niaise à** ~ *(hum)* an incredibly silly song

**souhaitable** / swɛtabl / ADJ desirable ◆ **ce n'est guère** ~ it is not really to be desired ◆ **sa présence n'a pas été jugée** ~ his presence was deemed undesirable

**souhaiter** / swete / GRAMMAIRE ACTIVE 28.1, 31, 50.1, 50.3 ▸ conjug 1 ◂ VT a *(= espérer) [+ réussite, changements]* to wish for ◆ ~ **que** to hope that ◆ **il est à ~ que ...** it is to be hoped that ... ◆ **ce n'est pas à** ~ it's not really to be desired ◆ **je souhaite qu'il réussisse** I hope he succeeds ◆ **je souhaite réussir** I hope to succeed ◆ ~ **pouvoir étudier/partir à l'étranger** to hope to be able to study/go abroad ◆ **je le souhaitais différent/plus affectueux** I wished he were different/more affectionate ◆ **je souhaiterais parler à Jean** I'd like to speak to Jean, please ◆ **à quelle heure souhaitez-vous partir ?** what time would you like to leave? ◆ **"anglais souhaité"** *(dans une offre d'emploi)* "knowledge of English desirable"

b *(= exprimer ses vœux)* ~ **à qn le bonheur/la réussite** to wish sb happiness/success ◆ **je vous souhaite bien des choses** all the best ◆ ~ **à qn de réussir** to wish sb success ◆ **je vous souhaite bien du plaisir !, je vous en souhaite !** * *(iro)* (and the) best of luck to you! * *(iro)* ◆ ~ **la bonne année/bonne chance à qn** to wish sb a happy New Year/(the best of) luck ◆ **je vous la souhaite bonne et heureuse !** * here's hoping you have a really good New Year! ◆ **je ne souhaite à personne de connaître une telle horreur** I wouldn't wish such an awful thing on anybody ◆ **tout ce que je souhaite, c'est que tu sois heureux** all I want is for you to be happy

**souiller** / suje / ▸ conjug 1 ◂ VT *(littér) [+ drap, vêtement]* to soil, to dirty; *[+ atmosphère]* to pollute; *[+ réputation, pureté, âme]* to sully, to tarnish ◆ **souillé de boue** spattered with mud ◆ ~ **ses mains du sang des innocents** to stain one's hands with the blood of innocents

**souillon** / sujɔ̃ / NF slattern, slut

**souillure** / sujyʀ / NF *(littér, lit)* stain; *(fig)* blemish, stain ◆ **la ~ du péché** the stain of sin

**souk** / suk / NM a *(= marché)* souk b * **c'est le ~ ici !** *(= désordre)* this place is absolute chaos! ◆ **c'est fini, ce ~ ?** *(= tintamarre)* will you stop that racket?

**soul** / sul / *(Mus)* ADJ INV soul *(épith)* NF OU NM soul

**soûl, soûle** / su, sul / ADJ *(= ivre)* drunk, drunken *(épith)* ◆ ~ **comme une bourrique** * *ou* **un Polonais** * *ou* **une grive** blind drunk *, (as) drunk as a lord *(surtout Brit)* NM *(= à satiété)* ◆ **manger tout son** ~ to eat one's fill ◆ **chanter tout son** ~ to sing one's heart out ◆ **elle a ri/pleuré tout son** ~ she laughed/cried till she could laugh/cry no more

**soulagement** / sulaʒmɑ̃ / NM relief ◆ **j'ai éprouvé un immense** ~ I felt an immense sense of relief, I felt immensely relieved ◆ **un murmure de ~ parcourut la foule** the crowd murmured in relief ◆ **ça a été un ~ d'apprendre que ...** it was a relief *ou* I was (*ou* we were *etc*) relieved to learn that ... ◆ **cette annonce a été accueillie avec** ~ the announcement came as a relief ◆ **à mon grand** ~ to my great relief

**soulager** / sulaʒe / ▸ conjug 3 ◂ VT a *[+ personne] (physiquement)* to relieve; *(moralement)* to relieve, to soothe; *[+ douleur]* to relieve, to soothe; *[+ maux]* to relieve; *[+ conscience]* to ease ◆ **ça le soulage de s'étendre** it relieves the pain when he stretches out ◆ **ça le soulage de prendre ces pilules** these pills bring him relief ◆ **buvez, ça vous soulagera** drink this – it'll make you feel better ◆ **être soulagé d'avoir fait qch** to be relieved that one has done *ou* to have done sth ◆ **cet aveu l'a soulagé** this confession made him feel better *ou* eased his conscience ◆ **cela me soulage d'un grand poids** it's a great weight off my mind ◆ ~ **les pauvres/les déshérités** to bring relief to *ou* relieve the poor/the underprivileged ◆ **si ça peut te ~, sache que tu n'es pas le seul dans ce cas** if it's any consolation you should know that you're not the only one in this situation ◆ **mets de la crème, ça soulage** put some cream on, it's soothing ◆ **pleure un bon coup, ça soulage !** have a good cry, it'll make you feel better!

b *(= décharger) [+ personne]* to relieve (*de* of); *(Archit) [+ mur, poutre]* to relieve the strain on ◆ ~ **qn de son portefeuille** *(hum)* to relieve sb of their wallet *(hum)*

VPR **se soulager** a *(= se décharger d'un souci)* to find relief, to ease one's feelings, to make o.s. feel better; *(= apaiser sa conscience)* to ease one's conscience ◆ **elle se soulageait en lui prodiguant des insultes** she found relief in *ou* eased her feelings by throwing insults at him ◆ **leur conscience se soulage à bon marché** their consciences can be eased at little expense

b *(euph = uriner)* to relieve o.s.

**soûlant, e** * / sulɑ̃, ɑ̃t / ADJ wearing ◆ **tu es ~ avec tes questions** you're wearing me out *ou* tiring me out with your questions

**soûlard, e** * / sulaʀ, aʀd /, **soûlaud, e** * / sulo, od / NM,F drunkard, old soak *

**soûler** / sule / ▸ conjug 1 ◂ VT a ( * = *rendre ivre*) ~ **qn** *[personne]* to get sb drunk; *[boisson]* to make sb drunk

b ( * = *fatiguer*) ~ **qn** to make sb's head spin *ou* reel ◆ **tu nous soûles avec tes questions** you're driving us mad with all your questions ◆ ~ **qn de** *[+ théories]* to make sb's head spin *ou* reel with; *[+ questions, conseils]* to wear *ou* tire sb out with; *[+ luxe, sensations]* to intoxicate sb with ◆ **chaque fois qu'il vient, il nous soûle de paroles** every time he comes, he wears us out with all his talking

c (= griser qn) [parfum] to go to sb's head, to intoxicate sb; [vent, vitesse, théories] to intoxicate sb, to make sb's head spin ou reel

VPR **se soûler** (* = s'enivrer) to get drunk ◆ **se ~ à la bière/au whisky** to get drunk on beer/on whisky ◆ **se ~ la gueule** ‡ to get blind drunk *, to get pissed *‡ (Brit) ◆ **se ~ de** [+ bruit, vitesse, vent, parfums] to get drunk on; [+ sensations] to make o.s. drunk with ou on

**soûlerie** /sulʀi/ NF (péj) drunken binge

**soulèvement** /sulɛvmɑ̃/ NM a (= révolte) uprising b (Géol) upthrust, upheaval

**soulever** /sul(ə)ve/ GRAMMAIRE ACTIVE 53.2, 53.6 ► conjug 5 ◄

VT a (= lever) [+ fardeau, malade, couvercle, rideau] to lift (up) ◆ **~ qn de terre** to lift sb (up) off the ground ◆ **cela me soulève le cœur** [odeur] it makes me feel sick ou want to heave *, it turns my stomach; [attitude] it makes me sick, it turns my stomach ◆ **odeur/spectacle qui soulève le cœur** nauseating ou sickening smell/sight ◆ **cette déclaration a permis de ~ un coin du voile** (fig) this declaration has thrown a little light on the matter

b (= remuer) [+ poussière] to raise ◆ **le véhicule soulevait des nuages de poussière** the vehicle sent up ou raised clouds of dust ◆ **le bateau soulevait de grosses vagues** the boat was making great waves ◆ **le vent soulevait les vagues/le sable** the wind whipped up the waves/blew ou whipped up the sand

c (= indigner) to stir up; (= pousser à la révolte) to stir up ou rouse (to revolt); (= exalter) to stir ◆ **~ l'opinion publique (contre qn)** to stir up ou rouse public opinion (against sb)

d (= provoquer) [+ enthousiasme, colère] to arouse; [+ protestations, applaudissements] to raise; [+ difficultés, questions] to raise, to bring up

e (= évoquer) [+ question, problème] to raise, to bring up

f (‡ = voler) **~ qch (à qn)** to pinch * ou swipe ‡ sth (from sb) ◆ **il lui a soulevé sa femme** he stole his wife

VPR **se soulever** a (= se lever) [personne] to lift o.s. up; [poitrine] to heave ◆ **soulève-toi pour que je redresse ton oreiller** lift yourself up ou sit up a bit so that I can plump up your pillow ◆ **il s'est soulevé sur un bras** he raised himself on one elbow

b [véhicule, couvercle, rideau] to lift; [vagues, mer] to swell (up) ◆ **à cette vue, son cœur se souleva** his stomach turned at the sight

c (= s'insurger) to rise up (contre against)

**soulier** /sulje/ NM shoe ◆ **~s bas/plats** low-heeled/flat shoes ◆ **~s montants** ankle boots ◆ **~s de marche** walking shoes ◆ **être dans ses petits ~s** (fig) to feel awkward ou ill at ease

**soulignage** /suliɲaʒ/, **soulignement** /suliɲmɑ̃/ NM underlining

**souligner** /suliɲe/ GRAMMAIRE ACTIVE 53.6 ► conjug 1 ◄ VT a (lit) to underline; (fig = accentuer) to accentuate, to emphasize ◆ **~ qch d'un trait double** to underline sth twice, to double underline sth ◆ **~ qch en rouge** to underline sth in red ◆ **~ ses yeux de noir** to put on black eye-liner ◆ **ce tissu à rayures soulignait son embonpoint** that striped material emphasized ou accentuated his stoutness b (= faire remarquer) to underline, to stress, to emphasize ◆ **il souligna l'importance de cette rencontre** he underlined ou stressed ou emphasized the importance of this meeting

**soûlographie** * /sulɔɡʀafi/ NF (hum) drunkenness, boozing ‡ (Brit)

**soumettre** /sumɛtʀ/ ► conjug 56 ◄ VT a (= dompter) [+ pays, peuple] to subject, to subjugate; [+ personne] to subject; [+ rebelles] to put down, to subdue, to subjugate

b (= asservir) **~ qn à** [+ maître, loi] to subject sb to

c (= astreindre) **~ qn à** [+ traitement, formalité, régime, impôt] to subject sb to ◆ **~ qch à** [+ traitement, essai, taxe] to subject sth to ◆ **être soumis à des règles strictes** to be subject to strict rules ◆ **soumis aux droits de douane** dutiable, subject to (customs) duty ◆ **soumis à l'impôt** subject to tax(ation), taxable

d (= présenter) [+ idée, cas, manuscrit] to submit (à to); ◆ **~ une idée/un projet/une question à qn** to submit an idea/a plan/a matter to sb, to put an idea/a plan/a matter before sb ◆ **~ un document à la signature** to submit a document for signature ◆ **~ un projet de loi à référendum** to submit ou put a bill to referendum

VPR **se soumettre** a (= obéir) to submit (à to)

b ◆ **se ~ à** [+ traitement, formalité] to submit to; [+ entraînement, régime] to submit to, to subject o.s. to

**soumis, e** /sumi, iz/ (ptp de **soumettre**) ADJ (= docile) [personne, air] submissive ◆ **fille ~e** † ≃ registered prostitute

**soumission** /sumisjɔ̃/ NF a (= obéissance) submission (à to); ◆ **il est toujours d'une parfaite ~ à leur égard** he is always totally submissive to their wishes ◆ **il exigeait de moi une totale ~** he demanded that I submit completely to him, he demanded my complete submission b (= reddition) submission ◆ **ils ont fait leur ~** they have submitted (à to) c (Comm) tender ◆ **faire une ~ pour un contrat** to tender for a contract ◆ **~ cachetée** sealed bid

**soumissionnaire** /sumisjɔnɛʀ/ NMF (Comm) bidder, tenderer

**soumissionner** /sumisjɔne/ ► conjug 1 ◄ VT (Comm) to bid for, to tender for

**soupape** /supap/ NF valve ◆ **moteur 16 ~s** 16-valve engine ◆ **~ d'admission/d'échappement** inlet/exhaust valve ◆ **~s en tête/latérales** overhead/side valves ◆ **~ de sûreté** ou **de sécurité** (lit, fig) safety valve

**soupçon** /supsɔ̃/ NM a (= suspicion) suspicion ◆ **conduite exempte de tout ~** conduct above suspicion ◆ **personne à l'abri de** ou **au-dessus de tout ~** person free from ou person above all ou any suspicion ◆ **de graves ~s pèsent sur lui** he's under serious suspicion ◆ **avoir des ~s (sur)** to have one's suspicions (about), to be suspicious (about) ◆ **j'en avais le ~ !** I suspected as much! ◆ **sa femme eut bientôt des ~s** his wife soon became suspicious ◆ **des difficultés dont il n'avait pas ~** difficulties of which he had no inkling ou no suspicion b (= petite quantité) [d'assaisonnement, maquillage, vulgarité] hint, touch; [de vin, lait] drop

**soupçonnable** /supsɔnabl/ ADJ (gén nég) that arouses suspicion(s) ◆ **il est peu ~ de sympathies racistes** he can hardly be accused of being a racist

**soupçonner** /supsɔne/ ► conjug 1 ◄ VT to suspect ◆ **il est soupçonné de vol** he is suspected of theft ◆ **on le soupçonne d'y avoir participé, on soupçonne qu'il y a participé** he is suspected of having taken part in it ◆ **il soupçonnait un piège** he suspected a trap ◆ **vous ne soupçonnez pas ce que ça demande comme travail** you've no idea how much work it involves

**soupçonneux, -euse** /supsɔnø, øz/ ADJ suspicious ◆ **il me lança un regard ~** he gave me a suspicious glance, he glanced at me suspiciously

**soupe** /sup/ NF a (Culin) soup ◆ **~ à l'oignon/aux légumes/de poisson** onion/vegetable/fish soup; → **cheveu, marchand, plein**

b (hum = nourriture) grub ‡, nosh ‡ ◆ **à la ~ !** grub's up! ‡, come and get it! ◆ **on en a assez de la ~ qu'ils nous servent à la télévision** we've had enough of the rubbish they put on television ◆ **ce n'est pas de la musique, c'est de la ~ !** that's not music, it's garbage!

c (* : Ski) porridge *

d (loc) **par ici la bonne ~ !** * roll up! roll up! ◆ **il est allé à la ~** * (fig) he has taken a backhander * ◆ **servir la ~ à qn** * (fig) to crawl to sb *

COMP ▷ **soupe au lait** ◆ **il est (très) ~ au lait** ◆ **c'est une ~ au lait** he flies off the handle easily, he's very quick-tempered ▷ **soupe populaire** (= lieu) soup kitchen; (= nourriture) free meals ◆ **se retrouver à la ~ populaire** (fig) to end up penniless ▷ **soupe primitive** (Bio) primeval soup

**soupente** /supɑ̃t/ NF cupboard (Brit) ou closet (US) (under the stairs)

**souper** /supe/ NM supper; (Belg, Can, Helv = dîner) dinner, supper VI ► conjug 1 ◄ a (lit) to have supper; (Belg, Can, Helv) to have dinner ou supper ◆ **après le spectacle, nous sommes allés ~** after the show we went for supper b * **j'en ai soupé de ces histoires !** I'm sick and tired * ou I've had a bellyful ‡ of all this fuss!

**soupeser** /supəze/ ► conjug 5 ◄ VT (lit) to weigh in one's hand(s), to feel the weight of; (fig) to weigh up

**soupière** /supjɛʀ/ NF (soup) tureen

**soupir** /supiʀ/ NM a (gén) sigh ◆ **~ de satisfaction** sigh of satisfaction, satisfied sigh ◆ **pousser un ~ de soulagement** to give ou heave a sigh of relief ◆ **pousser un gros ~** to let out ou give a heavy sigh, to sigh heavily ◆ **"oui", dit-il dans un ~** "yes", he said with a sigh ou he sighed ◆ **rendre le dernier ~** (littér) to breathe one's last (littér) ◆ **l'objet de ses ~s** (littér) the object of his desire b (Mus) crotchet rest (Brit), quarter(-note) rest (US); → **quart**

**soupirail** (pl **-aux**) /supiʀaj, o/ NM (small) basement window (gen with bars)

**soupirant** /supiʀɑ̃/ NM († ou hum) suitor † (aussi hum), wooer † (aussi hum)

**soupirer** /supiʀe/ ► conjug 1 ◄ VI to sigh ◆ **~ d'aise** to sigh with contentment, to heave a contented sigh ◆ **~ après** ou **pour qch/qn** (littér) to sigh for sth/sb (littér), to yearn for sth/sb ◆ **"j'ai tout perdu", soupira-t-il** "I've lost everything," he sighed ◆ **... dit-il en soupirant** ... he said with a sigh ou he sighed

**souple** /supl/ ADJ a (= flexible) [corps, membres, poignet, cuir] supple; [branche, tige, lame] flexible; [plastique, brosse à dents, lentilles, col] soft; [peau, cheveux] smooth, soft; [trait] gentle ◆ **des chaussures en cuir ~** soft leather shoes ◆ **couverture de livre ~** flexi-cover ◆ **il est ~ comme un verre de lampe** he's as stiff as a board ◆ **avoir une conduite ~** (Aut) to be a smooth driver; → **disque, échine**

b (= accommodant) [personne, caractère] flexible, adaptable; [attitude, discipline, règlement] flexible ◆ **horaires ~s** flexible hours ◆ **c'est un mode de paiement plus ~** it's a more flexible mode of payment

c (= gracieux, fluide) [corps, silhouette] lithe, lissom (littér); [démarche, taille] lithe, supple; [style] fluid, flowing (épith) ◆ **~ comme un chat** ou **une chatte** as agile as a cat

⚠ *Attention à ne pas traduire automatiquement* **souple** *par* **supple** *; les deux mots ne se correspondent que dans certains contextes.*

**souplement** /supləmɑ̃/ **ADV** *[utiliser]* flexibly ◆ **les mesures sont appliquées plus ~ dans ce pays** the measures are applied with greater flexibility in this country

**souplesse** /suplɛs/ **NF** **a** *(physique) [de corps, membres, cuir]* suppleness; *[de branche, tige, lame]* flexibility; *[de plastique]* softness ◆ **pour entretenir la ~ de la peau/des cheveux** to keep the skin/the hair soft ◆ **d'une grande ~ d'utilisation** very easy to use ◆ **je manque de ~** I'm not very supple **b** *(= adaptabilité) [de personne, caractère, esprit]* flexibility, adaptability; *[de discipline, forme d'expression, règlement]* flexibility ◆ **il manque de ~** he's quite inflexible ◆ **il faut introduire plus de ~ dans les horaires** we must bring in more flexible working hours **c** *(= grâce, fluidité) [de corps, silhouette]* litheness, lissomness *(littér)*; *[de démarche, taille]* litheness; *[de style]* fluidity ◆ **faire qch en ~** to do sth smoothly ◆ **un démarrage en ~** a smooth start

**souquenille** /suknij/ **NF** *(Hist)* smock

**souquer** /suke/ ▸ conjug 1 ◂ **VT** *(= serrer)* to tighten **VI** *(= ramer)* ◆ **~ ferme** *ou* **dur** to pull hard (at the oars)

**sourate** /suʀat/ **NF** sura

**source** /suʀs/ **NF** **a** *(= point d'eau)* spring ◆ **~ thermale/d'eau minérale** hot *ou* thermal/mineral spring; → **couler, eau**

**b** *(= foyer)* source ◆ **~ de chaleur/d'énergie** source of heat/of energy ◆ **~ lumineuse** *ou* **de lumière** source of light, light source ◆ **~ sonore** source of sound

**c** *[de cours d'eau]* source ◆ **cette rivière prend sa ~ dans le Massif central** this river has its source in the Massif Central

**d** *(= origine)* source ◆ **~ de ridicule/d'inspiration** source of ridicule/of inspiration ◆ **~ de revenus** source of income ◆ **l'argent est la ~ de tous les maux** money is the root of all evil ◆ **cette voiture est une ~ de tracas** this car causes me a lot of trouble ◆ **de ~ sûre, de bonne ~** from a reliable source, on good authority ◆ **tenir qch de ~ sûre** to have sth on good authority, to get sth from a reliable source ◆ **de ~ généralement bien informée** from a usually well-informed *ou* accurate source ◆ **de ~ officielle** *ou* **autorisée** from an official source ◆ **citer ses ~s** to quote one's sources ◆ **langage/programme/fichier ~** *(Ordin)* source language/program/file ◆ **langue ~** *(Ling)* departure *ou* source language; → **retenue², retour**

**sourcier, -ière** /suʀsje, jɛʀ/ **NM,F** water diviner; → **baguette**

**sourcil** /suʀsi/ **NM** (eye)brow ◆ **aux ~s épais** heavy-browed, beetle-browed; → **froncer**

**sourcilier, -ière** /suʀsilje, jɛʀ/ **ADJ** superciliary; → **arcade**

**sourciller** /suʀsije/ ▸ conjug 1 ◂ **VI** ◆ **il n'a pas sourcillé** he didn't turn a hair *ou* bat an eyelid ◆ **écoutant sans ~ mes reproches** listening to my reproaches without turning a hair *ou* batting an eyelid

**sourcilleux, -euse** /suʀsijø, øz/ **ADJ** *(= pointilleux)* finicky; *(littér = hautain)* haughty

**sourd, e** /suʀ, suʀd/ **ADJ** **a** *[personne]* deaf ◆ **~ d'une oreille** deaf in one ear ◆ **être ~ comme un pot** * to be as deaf as a post ◆ **faire la ~e oreille** to turn a deaf ear (*à* to) → **naissance**

**b** ◆ **~ à** *[+ conseils, prières]* deaf to; *[+ vacarme, environnement]* oblivious of *ou* to ◆ **rester ~ aux appels de qn** to remain deaf to sb's appeals

**c** *[son, voix]* muffled, muted; *[couleur]* muted, subdued; *(Phon) [consonne]* voiceless, unvoiced ◆ **chambre ~e** anechoic room; → **lanterne**

**d** *(= vague) [douleur]* dull; *[désir, angoisse, inquiétude]* muted, gnawing; *[colère]* subdued, muted

**e** *(= caché) [lutte]* silent, hidden ◆ **se livrer à de ~es manigances** to be engaged in hidden manoeuvring

**NM,F** deaf person ◆ **les ~s** the deaf ◆ **taper** *ou* **frapper** *ou* **cogner comme un ~** * to bang with all one's might ◆ **crier** *ou* **hurler comme un ~** * to yell at the top of one's voice *ou* for all one is worth; → **dialogue, pire**

**NF** **sourde** *(Phon)* voiceless *ou* unvoiced consonant

**sourdement** /suʀdəmɑ̃/ **ADV** *(= avec un bruit assourdi)* dully; *(littér = secrètement)* silently ◆ **le tonnerre grondait ~ au loin** there was a muffled rumble of thunder *ou* thunder rumbled dully in the distance

**sourdine** /suʀdin/ **NF** *[de trompette, violon]* mute ◆ **mettre une ~ à** *[+ prétentions]* to tone down; *[+ enthousiasme]* to dampen, to mute

◆ **en sourdine** *[jouer]* softly, quietly; *[faire, suggérer]* quietly ◆ **on entendait une musique en ~** there was music playing softly in the background ◆ **mettre en ~** *[+ débat]* to relegate to the background; *[+ idée, querelle]* to pass over; *[+ critiques]* to tone down; *[+ revendications]* to set aside ◆ **mets-la en ~ !** * put a sock in it! *, shut your mouth! *

**sourdingue** * /suʀdɛ̃g/ **ADJ** deaf, cloth-eared *

**sourd-muet, sourde-muette** (mpl **sourds-muets**) /suʀmɥɛ, suʀd(ə)mɥɛt/ **ADJ** deaf-and-dumb **NM,F** deaf-mute, deaf-and-dumb person

**sourdre** /suʀdʀ/ **VI** *(littér) [source]* to rise; *[eau]* to spring up, to rise; *[émotions]* to well up, to rise

**souriant, e** /suʀjɑ̃, jɑ̃t/ **ADJ** *[visage]* smiling; *[personne]* cheerful; *[pensée, philosophie]* benign, agreeable ◆ **la standardiste est très ~e** the receptionist is always smiling *ou* is very cheerful

**souriceau** (pl **souriceaux**) /suʀiso/ **NM** young mouse

**souricière** /suʀisjɛʀ/ **NF** *(lit)* mousetrap; *(fig)* trap ◆ **établir une ~** *(Police)* to set a trap

**sourire** /suʀiʀ/ **NM** smile ◆ **le ~ aux lèvres** with a smile on his lips ◆ **avec le ~** *[accueillir qn]* with a smile; *[travailler]* cheerfully ◆ **gardez le ~ !** keep smiling! ◆ **avoir le ~** *(lit, fig)* to have a smile on one's face ◆ **il avait un ~ jusqu'aux oreilles** he was grinning from ear to ear ◆ **faire** *ou* **adresser un ~ à qn** to give sb a smile ◆ **faire des ~s à qn** to keep smiling at sb ◆ **être tout ~** to be all smiles ◆ **un large ~** *(chaleureux)* a broad smile; *(amusé)* a (broad) grin, a broad smile; → **coin**

**VI** ▸ conjug 36 ◂ **a** *(gén)* to smile (*à qn* at sb); ◆ **~ à la vie** to enjoy being alive ◆ **~ aux anges** *[personne]* to have a great beam *ou* vacant grin on one's face; *[bébé]* to smile happily in one's sleep ◆ **cette remarque les fit ~** *(lit)* this remark made them smile *ou* brought a smile to their faces ◆ **ce projet fait ~** *(fig)* this project is laughable ◆ **il est difficile d'en ~** it's nothing to smile about ◆ **je souris de le voir si vaniteux** it makes me smile to see how vain he is ◆ **il sourit de nos efforts** he laughs at our efforts, our efforts make him smile ◆ **il ne faut pas ~ de ces menaces** these threats can't just be laughed *ou* shrugged off

**b** ◆ **~ à** *(= plaire à)* to appeal to; *(= être favorable à)* to smile on, to favour *(Brit)*, to favor *(US)* ◆ **cette idée ne me sourit guère** that idea doesn't appeal to me, I don't fancy that idea * *(Brit)* ◆ **l'idée de faire cela ne me sourit pas** I don't relish the thought of doing that, the idea of doing that doesn't appeal to me ◆ **la chance lui souriait** luck smiled on him ◆ **tout lui sourit** everything goes his way

**souris¹** /suʀi/ **NF** **a** *(= animal)* mouse ◆ **~ blanche** white mouse ◆ **~ grise** house mouse ◆ **je voudrais bien être une petite ~** *(pour espionner)* I'd love to be a fly on the wall ◆ **la petite ~ viendra chercher ta dent** the tooth fairy will come; → **gris, jouer, trotter** **b** (* = *femme*) chick * ◆ **~ d'hôtel** sneak thief *(operating in hotels)* **c** *[de gigot]* knuckle-joint ◆ **~ d'agneau** knuckle of lamb **d** *(Ordin)* mouse

**souris²** †† /suʀi/ **NM** *(= sourire)* smile

**sournois, e** /suʀnwa, waz/ **ADJ** *[personne, regard, air]* sly, shifty; *[méthode, attaque, manœuvres]* underhand; *[douleur, virus, maladie]* insidious **NM,F** sly person ◆ **c'est un petit ~** he's a sly little devil *

**sournoisement** /suʀnwazmɑ̃/ **ADV** *[agir, regarder]* slyly ◆ **il s'approcha ~ de lui** he stole *ou* crept stealthily up to him

**sournoiserie** /suʀnwazʀi/ **NF** *(littér) [de personne, regard, air]* slyness, shiftiness; *[de méthode, attaque]* underhand nature

**sous** /su/ GRAMMAIRE ACTIVE 53.6

**PRÉP** **a** *(position)* under, underneath, beneath; *(atmosphère)* in ◆ **~ terre** under the ground, underground ◆ **~ le canon** *ou* **le feu de l'ennemi** under enemy fire ◆ **nager ~ l'eau** to swim under water ◆ **s'abriter ~ un arbre/un parapluie** to shelter under *ou* underneath *ou* beneath a tree/an umbrella ◆ **porter son sac ~ le bras** to carry one's bag under one's arm ◆ **dormir ~ la tente** to sleep under canvas *ou* in a tent ◆ **une mèche dépassait de ~ son chapeau** a lock of hair hung down from under her hat ◆ **vous trouverez le renseignement ~ tel numéro/telle rubrique** you will find the information under such-and-such a number/such-and-such a heading ◆ **~ des dehors frustes/une apparence paisible, il ...** beneath *ou* under *ou* behind his rough/peaceful exterior, he ... ◆ **se promener ~ la pluie/~ le soleil** to take a walk in the rain/in the sunshine ◆ **le village est plus joli ~ la lune/la clarté des étoiles** the village is prettier in the *ou* by moonlight/by starlight ◆ **le pays était ~ la neige** the country was covered with *ou* in snow; → **clé, coup, manteau** *etc*

**b** *(temps) (= à l'époque de)* under; *(= dans un délai de)* within ◆ **~ le règne/le pontificat de ...** under *ou* during the reign/the pontificate of ... ◆ **~ Charles X** under Charles X ◆ **~ la Révolution/la Vᵉ République** at the time of *ou* during the Revolution/the Vth Republic ◆ **~ peu** shortly, before long ◆ **~ huitaine/quinzaine** within a week/two weeks *ou* a fortnight *(Brit)*

**c** *(cause)* under ◆ **~ l'influence de qn/qch** under the influence of sb/sth ◆ **le rocher s'est effrité ~ l'action du soleil/du gel** the rock has crumbled away due to the action of the sun/of the frost ◆ **plier ~ le poids de qch** to bend beneath *ou* under the weight of sth

**d** *(manière)* **examiner une question ~ tous ses angles** *ou* **toutes ses faces** to examine every angle *ou* facet of a question, to look at a question from every angle ◆ **~ un faux nom/une identité d'emprunt** under a false name/an assumed identity ◆ **~ certaines conditions, j'accepte** I accept on certain conditions ◆ ~ **ce rapport** on that score, in this *ou* that respect ◆ **il a été peint ~ les traits d'un berger** he was painted as a shepherd *ou* in the guise of a shepherd

**e** *(dépendance)* under ◆ **être ~ les ordres de qn** to be under sb's orders ◆ ~ **un régime capitaliste/socialiste** under a capitalist/socialist régime ◆ **la valise est ~ sa garde** the suitcase is in his care ◆ **se mettre ~ la protection/la garde de qn** to commit o.s. to sb's protection/care ◆ **l'affaire est ~ sa direction** he is running *ou* managing the affair, the affair is under his management ◆ **l'affaire est ~ sa responsabilité** the affair is his responsibility *ou* comes within his sphere of responsibility

**f** *(Méd)* **il est ~ calmants/antibiotiques** he's on tranquilizers/antibiotics

**g** *(Tech)* **câble ~ gaine** sheathed *ou* encased cable ◆ **(emballé) ~ plastique** plastic-wrapped ◆ ~ **tube** in (a) tube ◆ **(emballé) ~ vide** vacuum-packed

**h** *(Ordin)* **travailler ~ DOS ®/UNIX ®** to work in DOS ®/UNIX ®

**PRÉF** *(pour les composés les plus fréquents, voir à l'ordre alphabétique)* **a** *(infériorité)* **c'est de la ~-littérature/du ~-Giono** it's substandard literature/Giono

**b** *(subordination)* sub- ◆ **~-catégorie** subcategory ◆ **~-agence** *(Écon)* sub-branch

**c** *(insuffisance)* **~-industrialisé** underindustrialized ◆ **~-peuplement** underpopulation ◆ **les dangers de la ~-productivité** the dangers of underproductivity ◆ **~-rémunéré** underpaid ◆ **la région est ~-urbanisée** the region is insufficiently urbanized

**sous-alimentation** /suzalimɑ̃tasjɔ̃/ **NF** undernourishment, malnutrition

**sous-alimenté, e** /suzalimɑ̃te/ **ADJ** undernourished, underfed

**sous-amendement** /suzamɑ̃dmɑ̃/ **NM** *amendment to an amendment*

**sous-bibliothécaire** /subiblijɔtekɛʀ/ **NMF** assistant librarian, sub-librarian

**sous-bois** /subwɑ/ **NM INV** undergrowth ◆ **se promener dans les** *ou* **en ~** to walk through the trees

**sous-brigadier** /subʀigadje/ **NM** deputy sergeant

**sous-chef** /suʃɛf/ **NMF** *(gén)* second-in-command ◆ ~ **de bureau** *(Admin)* deputy chief clerk ◆ ~ **de gare** deputy *ou* substationmaster

**sous-classe** /suklɑs/ **NF** sub-class

**sous-comité** /sukɔmite/ **NM** subcommittee

**sous-commission** /sukɔmisjɔ̃/ **NF** subcommittee

**sous-consommation** /sukɔ̃sɔmasjɔ̃/ **NF** underconsumption

**sous-continent** /sukɔ̃tinɑ̃/ **NM** subcontinent

**sous-couche** /sukuʃ/ **NF** *[peinture]* undercoat; *[parquet, moquette]* underlay ◆ **la ~ de glace** the underlying layer of ice

**souscripteur, -trice** /suskʀiptœʀ, tʀis/ **NM,F** *[d'emprunt, publication]* subscriber (*de* to)

**souscription** /suskʀipsjɔ̃/ **NF** *(Fin) [d'actions]* subscription, application (*de* for); *[de police d'assurance]* taking out; *(= somme)* subscription, contribution ◆ **ouvrir une ~ en faveur de qch** to start a fund in aid of sth ◆ **livre en ~** book sold on a subscription basis ◆ **ce livre est offert en ~ jusqu'au 15 novembre au prix de 100 €** this book is available to subscribers until 15 November at the prepublication price of €100

**souscrire** /suskʀiʀ/ ▸ conjug 39 ◂ **VT INDIR** **souscrire à** **a** *[+ emprunt, publication]* to subscribe to; *[+ émission d'actions]* to subscribe for, to apply for ◆ **il a souscrit pour 200 € à l'emprunt** he subscribed *ou* applied for 200 euros' worth of shares in the scheme **b** *[+ idée, opinion, projet]* to subscribe to ◆ **c'est une excellente idée et j'y souscris** it's an excellent idea and I subscribe to it *ou* and I'm all in favour of it **VT** *[+ abonnement, assurance]* to take out; *[+ actions]* to subscribe for, to apply for; *[+ emprunt]* to subscribe to; *[+ billet de commerce]* to sign ◆ **le capital a été entièrement souscrit** the capital was fully subscribed

**souscrit, e** /suskʀi, it/ (ptp de **souscrire**) **ADJ** ◆ **capital ~** subscribed capital

**sous-cutané, e** /sukytane/ **ADJ** subcutaneous ◆ **piqûre en ~** subcutaneous injection

**sous-développé, e** /sudev(ə)lɔpe/ **ADJ** underdeveloped ◆ **les pays ~s** the underdeveloped countries

**sous-développement** /sudev(ə)lɔpmɑ̃/ **NM** underdevelopment

**sous-diacre** /sudjakʀ/ **NM** subdeacon

**sous-directeur, -trice** /sudiʀɛktœʀ, tʀis/ **NM,F** assistant manager, sub-manager

**sous-dominante** /sudɔminɑ̃t/ **NF** subdominant

**sous-doué, e** /sudwe/ *(péj ou hum)* **ADJ** dim **NM,F** dimwit *

**sous-effectif** /suzefɛktif/ **NM** understaffing ◆ **en ~** *(Mil)* undermanned; *[entreprise, service]* understaffed; *[usine, police]* undermanned ◆ **nous travaillons en ~** we are understaffed

**sous-embranchement** /suzɑ̃bʀɑ̃ʃmɑ̃/ **NM** sub-branch

**sous-emploi** /suzɑ̃plwa/ **NM** underemployment

**sous-employer** /suzɑ̃plwaje/ ▸ conjug 8 ◂ **VT** to underuse

**sous-ensemble** /suzɑ̃sɑ̃bl/ **NM** subset

**sous-entendre** /suzɑ̃tɑ̃dʀ/ ▸ conjug 41 ◂ **VT** to imply, to infer ◆ **qu'est-ce qu'il sous-entend par là ?** what's he trying to imply *ou* what does he mean by that?

**sous-entendu, e** /suzɑ̃tɑ̃dy/ **ADJ** implied, understood ◆ **il me faut une personne jeune, ~ : plus jeune que vous** I need a young person, meaning: younger than you **NM** insinuation; *(surtout sexuel)* innuendo ◆ **d'une voix pleine** *ou* **chargée** *ou* **lourde de ~s** *(gén)* in a voice full of hidden meaning; *(avec connotations sexuelles)* in a voice full of *ou* charged with innuendo

**sous-équipé, e** /suzekipe/ **ADJ** underequipped

**sous-équipement** /suzekipmɑ̃/ **NM** lack of equipment

**sous-espèce** /suzɛspɛs/ **NF** subspecies

**sous-estimation** /suzɛstimasjɔ̃/ **NF** underestimate

**sous-estimer** /suzɛstime/ ▸ conjug 1 ◂ **VT** to underestimate

**sous-évaluation** /suzevalɥasjɔ̃/ **NF** *[de bijou, meuble, monnaie]* undervaluation; *[de compétence, adversaire]* underestimation

**sous-évaluer** /suzevalɥe/ ▸ conjug 1 ◂ **VT** *[+ objet, entreprise, monnaie]* to undervalue; *[+ sentiment, risque, conséquence]* to underestimate

**sous-exploitation** /suzɛksplwatasjɔ̃/ **NF** underexploitation, underuse

**sous-exploiter** /suzɛksplwate/ ▸ conjug 1 ◂ **VT** to underexploit, to underuse

**sous-exposer** /suzɛkspoze/ ▸ conjug 1 ◂ **VT** to underexpose

**sous-exposition** /suzɛkspozisjɔ̃/ **NF** underexposure

**sous-fifre** * /sufifʀ/ **NM** underling

**sous-filiale** /sufiljal/ **NF** sub-branch

**sous-gouverneur** /suguvɛʀnœʀ/ **NM** deputy governor

**sous-groupe** /sugʀup/ **NM** subgroup

**sous-homme** /suzɔm/ **NM** subhuman

**sous-informé, e** /suzɛ̃fɔʀme/ **ADJ** poorly informed

**sous-jacent, e** /suʒasɑ̃, ɑ̃t/ **ADJ** *[terrain, couche]* subjacent, underlying; *[raison, problème]* underlying

**sous-lieutenant** /suljøt(ə)nɑ̃/ **NM** *(armée de terre)* second lieutenant; *(marine)* sub-lieutenant; *(aviation)* pilot officer *(Brit)*, second lieutenant *(US)*

**sous-locataire** /sulɔkatɛʀ/ **NMF** subtenant

**sous-location** /sulɔkasjɔ̃/ **NF** *(= action)* subletting; *(= logement)* house *ou* apartment that is sublet

**sous-louer** /sulwe/ ▸ conjug 1 ◂ **VT** to sublet

**sous-main** /sumɛ̃/ **NM INV** desk blotter ◆ **en ~** *(fig) [agir, négocier]* secretly, behind the scenes

**sous-maîtresse** /sumɛtʀɛs/ **NF** brothel-keeper, madam

**sous-marin, e** /sumaʀɛ̃, in/ **ADJ** *[pêche, chasse]* underwater *(épith)*; *[végétation, faune]* submarine *(épith)*, underwater *(épith)*; *[câble]* undersea *(épith)*; → **plongée², plongeur** **NM** **a** *(lit)* submarine ◆ ~ **nucléaire d'attaque** nuclear hunter-killer (submarine), nuclear attack submarine ◆ ~ **de poche** pocket *ou* midget submarine **b** *(= espion)* mole

**sous-marinier** /sumaʀinje/ **NM** submariner

**sous-marque** /sumaʀk/ **NF** sub-brand

**sous-médicalisé, e** /sumedikalize/ **ADJ** *[population, région]* underprovided with medical care; *[hôpital]* with inadequate medical facilities

**sous-menu** /sumәny/ **NM** *(Ordin)* sub-menu

**sous-ministre** /suministʀ/ **NM** *(Can)* deputy minister

**sous-multiple** /sumyltipl/ **NM** submultiple

**sous-nappe** /sunap/ **NF** undercloth

**sous-nutrition** /sunytʀisjɔ̃/ **NF** malnutrition

**sous-off** * /suzɔf/ **NM** (abrév de **sous-officier**) non-com *

**sous-officier** /suzɔfisje/ **NM** non-commissioned officer, NCO

**sous-ordre** /suzɔʀdʀ/ GRAMMAIRE ACTIVE 26.6 **NM** **a** *(Zool)* suborder **b** *(= subalterne)* subordinate, underling

**sous-payer** /supeje/ ▸ conjug 8 ◂ **VT** to underpay

**sous-peuplé, e** /supœple/ **ADJ** underpopulated

**sous-peuplement** /supœplәmɑ̃/ **NM** underpopulation

**sous-pied** /supje/ **NM** (under)strap

**sous-plat** (pl **sous-plats**) /supla/ **NM** *(Belg = dessous-de-plat)* table mat *(for hot serving dishes)*

**sous-préfecture** /supʀefɛktyʀ/ **NF** sub-prefecture

**sous-préfet** /supʀefɛ/ **NM** sub-prefect

**sous-préfète** /supʀefɛt/ **NF** *(= fonctionnaire)* sub-prefect; *(= épouse)* sub-prefect's wife

**sous-production** /supʀɔdyksjɔ̃/ **NF** underproduction

**sous-produit** /supʀɔdɥi/ **NM** *(Ind)* by-product; *(péj)* inferior product

**sous-programme** /supʀɔgʀam/ NM subroutine, subprogram

**sous-prolétaire** /supʀɔletɛʀ/ NMF member of the urban underclass

**sous-prolétariat** /supʀɔletaʀja/ NM underclass

**sous-pull** /supyl/ NM thin poloneck jersey

**sous-qualifié, e** /sukalifje/ ADJ *[emploi, main-d'œuvre]* underqualified

**sous-secrétaire** /sus(ə)kʀetɛʀ/ NM ◆ **~ d'État** Under-Secretary

**sous-secrétariat** /sus(ə)kʀetaʀja/ NM *(= fonction)* post of Under-Secretary; *(= bureau)* Under-Secretary's office

**sous-seing** /susɛ̃/ NM INV *(Jur)* private document *(not officially recorded)*, signed writing

**soussigné, e** /susiɲe/ ADJ, NM,F undersigned ◆ **je ~, Dupont Charles-Henri, déclare que ...** I the undersigned, Charles-Henri Dupont, certify that ... ◆ **les (témoins) ~s** we the undersigned

**sous-sol** /susɔl/ NM *(Géol)* subsoil, substratum; *[de maison]* basement; *[de magasin]* basement, lower ground floor ◆ **les richesses de notre ~** our mineral resources ◆ **parking en ~** underground car park ◆ **~ total** full basement

**sous-tasse** /sutɑs/ NF *(Belg, Helv)* saucer

**sous-tendre** /sutɑ̃dʀ/ ▸ conjug 41 ◂ VT *(Géom)* to subtend; *(fig)* to underlie, to underpin ◆ **l'idéologie qui sous-tend toutes ces publicités** the underlying ideology behind all these advertisements

**sous-titrage** /sutitʀaʒ/ NM subtitling *(NonC)*

**sous-titre** /sutitʀ/ NM *[de journal, livre]* subheading, subhead; *[de film]* subtitle

**sous-titrer** /sutitʀe/ ▸ conjug 1 ◂ VT to subtitle ◆ **en version originale sous-titrée** in the original (version) with subtitles

**soustractif, -ive** /sustʀaktif, iv/ ADJ subtractive

**soustraction** /sustʀaksjɔ̃/ NF **a** *(Math)* subtraction ◆ **faire la ~ de** *[+ somme]* to take away, to subtract ◆ **il faut encore déduire les frais de réparation : faites la ~ vous-même** then you still have to deduct repair costs - you can work it out for yourself **b** *(Jur)* removal ◆ **~ d'enfant** abduction of a child *(by non-custodial parent)*

**soustraire** /sustʀɛʀ/ ▸ conjug 50 ◂ VT **a** *(gén, Math = défalquer)* to subtract, to take away *(de* from) **b** *(frm) (= dérober)* to remove, to abstract; *(= cacher)* to conceal, to shield *(à* from); ◆ **~ qn à la justice/à la colère de qn** to shield sb from justice/from sb's anger ◆ **~ à la compétence de** *(Jur)* to exclude from the jurisdiction of VPR **se soustraire** *(frm)* **se ~ à** *[+ devoir]* to shirk; *[+ obligation, corvée]* to escape, to shirk; *[+ autorité]* to elude, to escape from; *[+ curiosité]* to conceal o.s. from, to escape from; *[+ regards, vue]* to conceal o.s. from ◆ **se ~ à la justice** to elude justice; *(en s'enfuyant)* to abscond ◆ **quelle corvée ! comment m'y ~ ?** what a chore! how can I get out of it?

**sous-traitance** /sutʀɛtɑ̃s/ NF subcontracting

**sous-traitant** /sutʀɛtɑ̃/ NM subcontractor

**sous-traiter** /sutʀete/ ▸ conjug 1 ◂ VI *[maître d'œuvre]* to subcontract work *ou* jobs, to contract out work; *[exécutant]* to be subcontracted ◆ **son entreprise sous-traite pour une grosse société** his company does contract work for a big firm VT *[+ affaire, tâche]* to subcontract, to contract out ◆ **cette marque sous-traite la fabrication des vêtements** this company contracts out *ou* subcontracts clothes manufacturing

**sous-utiliser** /suzytilize/ ▸ conjug 1 ◂ VT *[+ capacités, réseau]* to underuse

**sous-ventrière** /suvɑ̃tʀijɛʀ/ NF *[de cheval]* girth, bellyband ◆ **manger à s'en faire péter * la ~** to stuff o.s.

**sous-verre** /suvɛʀ/ NM *(= encadrement)* clip frame; *(= image encadrée)* clip-framed picture

**sous-vêtement** /suvɛtmɑ̃/ NM item of underwear, undergarment ◆ **~s** underwear

**soutache** /sutaʃ/ NF *(Couture)* frog, braid

**soutane** /sutan/ NF cassock, soutane ◆ **prendre la ~** *(fig)* to enter the Church ◆ **la ~** *(péj = le clergé)* priests, the cloth

**soute** /sut/ NF *[de navire]* hold ◆ **~ (à bagages)** *[de bateau, avion]* baggage hold ◆ **~ à charbon** coal bunker ◆ **~ à munitions** ammunition store ◆ **~ à mazout** oil tank ◆ **~ à bombes** bomb bay

**soutenable** /sut(ə)nabl/ ADJ **a** *(= défendable) [opinion]* tenable **b** *(= durable) [croissance, rythme, développement]* sustainable **c** *(= supportable)* **ce film est d'une violence difficilement ~** this film is almost unbearably violent

**soutenance** /sut(ə)nɑ̃s/ NF *(Univ)* ◆ **~ de thèse** ≃ viva (voce) *(Brit)*, defense *(US)*

**soutènement** /sutɛnmɑ̃/ NM ◆ **travaux de ~** support(ing) works ◆ **ouvrage de ~** support (ing) structure ◆ **mur de ~** retaining *ou* breast wall

**souteneur** /sut(ə)nœʀ/ NM *(= proxénète)* pimp, procurer

**soutenir** /sut(ə)niʀ/ GRAMMAIRE ACTIVE 40.2, 53.2, 53.5 ▸ conjug 22 ◂

VT **a** *(= servir d'appui à) [+ personne, toit, mur]* to support, to hold up; *[médicament, traitement]* to sustain ◆ **on lui a fait une piqûre pour ~ le cœur** they gave him an injection to sustain his heart *ou* to keep his heart going ◆ **ses jambes peuvent à peine le ~** his legs can hardly support him, he can hardly stand ◆ **prenez un peu d'alcool, cela soutient** have a little drink — it'll give you a lift * *ou* keep you going

**b** *(= aider) [+ gouvernement, parti, candidat]* to support, to back; *[+ famille]* to support ◆ **~ le franc/l'économie** to support *ou* bolster the franc/the economy ◆ **elle soutient les enfants contre leur père** she takes the children's part *ou* she stands up for the children against their father ◆ **son amitié/il les a beaucoup soutenus dans leur épreuve** his friendship/he was a real support *ou* prop to them in their time of trouble ◆ **~ le moral des troupes** to keep the troops' morale up *ou* high

**c** *(= faire durer) [+ attention, conversation, effort]* to keep up, to sustain; *[+ réputation]* to keep up, to maintain

**d** *(= résister à) [+ assaut, combat]* to stand up to, to withstand; *[+ siège]* to withstand; *[+ regard]* to bear, to support ◆ **~ la comparaison avec** to bear *ou* stand comparison with, to compare (favourably) with

**e** *(= affirmer) [+ opinion, doctrine]* to uphold, to support; *(= défendre) [+ droits]* to uphold, to defend ◆ **~ sa thèse** *(Univ)* to attend *ou* have one's viva *(Brit)*, to defend one's dissertation *(US)* ◆ **c'est une doctrine que je ne pourrai jamais ~** it is a doctrine which I shall never be able to support *ou* uphold ◆ **elle soutient toujours le contraire de ce qu'il dit** she always maintains the opposite of what he says ◆ **il a soutenu jusqu'au bout qu'il était innocent** he maintained to the end that he was innocent ◆ **il m'a soutenu (mordicus) qu'il avait écrit *** he swore (blind) that he'd written

VPR **se soutenir** **a** *(= se maintenir) (sur ses jambes)* to hold o.s. up, to support o.s.; *(dans l'eau)* to keep (o.s.) afloat *ou* up ◆ **il n'arrivait plus à se ~ sur ses jambes** his legs could no longer support him, he could no longer stand

**b** *(= s'entraider)* to stand by each other ◆ **dans la famille, ils se soutiennent tous** the family all stand by each other *ou* stick together

**c** *(= être défendu)* **ça peut se ~** it's a tenable point of view ◆ **un tel point de vue ne peut se ~** a point of view like that is indefensible *ou* untenable

**soutenu, e** /sut(ə)ny/ (ptp de **soutenir**) ADJ **a** *(= constant, assidu) [attention, effort, travail, croissance]* sustained; *[rythme]* steady ◆ **après plusieurs années de croissance très ~e** after several years of strong growth **b** *(= châtié) [style, langue]* formal, elevated **c** *(= intense) [couleur]* strong; *[marché]* buoyant

**souterrain, e** /sutɛʀɛ̃, ɛn/ ADJ **a** *[parking, laboratoire, autoroute, explosion, abri, nappe]* underground; *[cours d'eau, galerie]* subterranean, underground; → **passage** **b** *[action, influence]* subterranean; *[travail]* behind-the-scenes ◆ **économie ~e** underground economy NM *(= passage) (gén)* underground *ou* subterranean passage; *(pour piétons)* underpass, subway *(Brit)*; *(= cave)* underground *ou* subterranean room; *(Archéol)* souterrain

**soutien** /sutjɛ̃/ GRAMMAIRE ACTIVE 38.1, 38.2, 40.2 NM **a** *(= aide)* support ◆ **~ financier** financial backing ◆ **~ logistique/moral** logistical/ moral support ◆ **cours de ~** *(Scol)* remedial course ◆ **~ en français** extra teaching in French ◆ **apporter son ~ à qn/qch** to give sb/sth one's support ◆ **psychothérapie de ~** supportive psychotherapy ◆ **unité de ~** *(Mil)* support *ou* reserve unit **b** *(= personne)* support, prop; *[de parti]* supporter ◆ **tu es mon seul ~** you're my only support ◆ **l'un des ~s du régime** one of the mainstays of the regime ◆ **être ~ de famille** *(Admin)* to be the main wage-earner in the family **c** *(= action) [de voûte]* supporting ◆ **~ des prix** price support

**soutien-gorge** (pl **soutiens-gorge**) /sutjɛ̃gɔʀʒ/ NM bra ◆ **~ d'allaitement** nursing bra

**soutier** /sutje/ NM *(Naut)* coal-trimmer

**soutif *** /sutif/ NM (abrév de **soutien-gorge**) bra

**soutirage** /sutiʀaʒ/ NM *[de vin]* decanting

**soutirer** /sutiʀe/ ▸ conjug 1 ◂ VT **a** *(= prendre)* **~ qch à qn** *[+ argent]* to squeeze *ou* get sth out of sb; *[+ promesse]* to extract sth from sb, to worm sth out of sb **b** *[+ vin]* to decant, to rack

**souvenance** /suv(ə)nɑ̃s/ NF *(littér)* recollection ◆ **avoir ~ de** to recollect, to have a recollection of ◆ **à ma ~** *(frm)* as I recall

**souvenir** /suv(ə)niʀ/ GRAMMAIRE ACTIVE 48.2

NM **a** *(= réminiscence)* memory ◆ **~s** *(= mémoires écrits)* memoirs ◆ **elle a gardé de lui un bon/mauvais ~** she has good/bad memories of him ◆ **j'ai gardé un ~ ému de cette soirée** I have fond memories of that evening ◆ **ce n'est plus qu'un mauvais ~** it's just a bad memory now ◆ **je n'ai qu'un vague ~ de l'incident/de l'avoir rencontré** I have only a vague *ou* dim recollection of the incident/of having met him *ou* of meeting him ◆ **raconter des ~s d'enfance/de guerre** to recount memories of one's childhood/of the war ◆ **si mes ~s sont exacts** if my memory serves me right *ou* correctly, if memory serves ◆ **~-écran** *(Psych)* screen memory b *(littér = fait de se souvenir)* recollection, remembrance *(littér)* ♦ **avoir le ~ de qch** to remember sth ♦ **garder** *ou* **conserver le ~ de qch** to remember sth, to retain the memory of sth ♦ **perdre le ~ de qch** to lose all recollection of sth ♦ **évoquer le ~ de qn** to recall *ou* evoke the memory of sb ♦ **je n'ai pas ~ d'avoir ...** *(frm)* I have no recollection *ou* memory of having ...

♦ **en souvenir de** *[+ personne disparue]* in memory *ou* remembrance of; *[+ occasion]* in memory of ♦ **en ~ du passé** for old times' sake

c *(= objet à valeur sentimentale)* keepsake, memento; *(pour touristes, marque d'un événement)* souvenir ♦ **photo ~** souvenir photo ♦ **garder qch comme ~ (de qn)** to keep sth as a memento (of sb) ♦ **cette cicatrice est un ~ de la guerre** this scar is a souvenir from the war ♦ **cette montre est un ~ de famille** this watch is a family heirloom ♦ **boutique** *ou* **magasin de ~s** souvenir shop

d *(= formule de politesse)* **amical** *ou* **affectueux ~** yours (ever) ♦ **meilleur** *ou* **amical ~ de Rome** *(sur une carte)* greetings from Rome ♦ **mon bon ~ à Jean, transmettez mon meilleur ~ à Jean** remember me to Jean, (give my) regards to Jean ♦ **rappelez-moi au bon ~ de votre mère** remember me to your mother, give my (kind) regards to your mother ♦ **croyez à mon fidèle ~** yours ever, yours sincerely

VPR **se souvenir** ▸ conjug 22 ◂ to remember ♦ **se ~ de qn** to remember sb ♦ **se ~ de qch/d'avoir fait qch/que ...** to remember *ou* recall *ou* recollect sth/doing sth/that ... ♦ **il a plu tout l'été, tu t'en souviens ?** *ou* **tu te souviens ?** * it rained all summer, do you remember?, it rained all summer, remember? * ♦ **elle lui a donné une leçon dont il se souviendra** she taught him a lesson he won't forget (in a hurry) ♦ **souvenez-vous qu'il est très puissant** bear in mind *ou* remember that he is very powerful ♦ **souviens-toi de ta promesse !** remember your promise! ♦ **autant que je m'en souvienne ...** as *ou* so far as I (can) remember ... ♦ **tu m'as fait me ~ que ..., tu m'as fait ~ que ...** *(littér)* you have reminded me that ... ♦ **je m'en souviendrai !** *(menace)* I won't forget!

VB IMPERS *(littér)* ♦ **il me souvient d'avoir entendu raconter cette histoire** I recollect *ou* recall *ou* remember having heard *ou* hearing that story

> ⚠ *Le mot* **souvenir** *se traduit par l'anglais* **souvenir** *uniquement quand il désigne un objet.*

**souvent** /suvɑ̃/ ADV often ♦ **le plus ~, ça marche bien** more often than not it works well ♦ **il ne vient pas ~ nous voir** he doesn't come to see us often, he doesn't often come and see us ♦ **on se voit ~ ces derniers temps** we have seen a lot of each other recently ♦ **il se trompe plus ~ qu'à son tour** he's very often mistaken ♦ **bien ~** very often ♦ **peu ~** seldom

**souverain, e** /suv(ə)ʀɛ̃, ɛn/ ADJ a *[État, puissance]* sovereign; *[assemblée, cour, juge]* supreme ♦ **le ~ pontife** the Supreme Pontiff, the Pope b *(= suprême)* sovereign ♦ **le ~ bien** the sovereign good ♦ **remède ~ contre qch** sovereign remedy against sth c *(intensif) [mépris]* supreme NM,F a *(= monarque)* sovereign, monarch ♦ **~ absolu/constitutionnel** absolute/constitutional monarch ♦ **la ~e britannique** the British sovereign, the Queen b *(fig)* sovereign ♦ **s'imposer en ~** to reign supreme ♦ **la philosophie est la ~e des disciplines de l'esprit** philosophy is the most noble *ou* the highest of the mental disciplines NM a *(Jur, Pol)* **le ~** the sovereign power b *(Hist Brit = monnaie)* sovereign

**souverainement** /suv(ə)ʀɛnmɑ̃/ ADV a *(= intensément)* supremely ♦ **ça me déplaît ~** I dislike it intensely b *(= en tant que souverain)* with sovereign power

**souveraineté** /suv(ə)ʀɛnte/ NF sovereignty

**souverainiste** /suv(ə)ʀɛnist/ ADJ, NMF *(au Canada)* Quebec separatist

**soviet** † /sɔvjɛt/ NM soviet † ♦ **le Soviet suprême** the Supreme Soviet † ♦ **les Soviets** * *(péj)* the Soviets †

**soviétique** /sɔvjetik/ ADJ Soviet NMF **Soviétique** Soviet citizen

**soviétisation** /sɔvjetizasjɔ̃/ NF sovietization

**soviétiser** /sɔvjetize/ ▸ conjug 1 ◂ VT to sovietize

**soviétologue** /sɔvjetɔlɔg/ NMF Kremlinologist

**sovkhoze** /sɔvkoz/ NM sovkhoz

**soya** /sɔja/ NM ⇒ **soja**

**soyeux, -euse** /swajø, øz/ ADJ silky NM silk manufacturer *(of Lyons)*, silk merchant *(of Lyons)*

**SPA** /ɛspea/ NF (abrév de **Société protectrice des animaux**) ≈ RSPCA *(Brit)*, ASPCA *(US)*

**spacieusement** /spasjøzmɑ̃/ ADV spaciously ♦ **~ aménagé** spaciously laid out ♦ **nous sommes ~ logés** we have ample room where we are staying

**spacieux, -ieuse** /spasjø, jøz/ ADJ spacious, roomy ♦ **nous avons déménagé dans des locaux plus ~** we have moved to bigger premises

**spadassin** /spadasɛ̃/ NM *(littér, † = mercenaire)* hired killer *ou* assassin; *(† = bretteur)* swordsman

**spaghetti** /spageti/ NM ♦ **des ~s** spaghetti ♦ **~s bolognaise** spaghetti Bolognaise ♦ **un ~** a strand of spaghetti; → **western**

**spahi** /spai/ NM *(Hist, Mil)* Spahi *(soldier of native cavalry corps of French army in North Africa)*

**spam** /spam/ NM *(Internet)* spam

**spamming** /spamiŋ/ NM *(Internet)* spamming

**spanglish** /spɑ̃gliʃ/ NM spanglish

**sparadrap** /spaʀadʀa/ NM Band-Aid ®, plaster *(Brit)*

**Spartacus** /spaʀtakys/ NM Spartacus

**spartakiste** /spaʀtakist/ NMF Spartacist

**Sparte** /spaʀt/ N Sparta

**spartiate** /spaʀsjat/ ADJ *(Hist, fig)* Spartan NMF *(Hist)* ♦ **Spartiate** Spartan NFPL **spartiates** *(= chaussures)* Roman sandals

**spasme** /spasm/ NM spasm

**spasmodique** /spasmɔdik/ ADJ spasmodic

**spasmophile** /spasmɔfil/ ADJ spasmophilic NMF person suffering from spasmophilia

**spasmophilie** /spasmɔfili/ NF spasmophilia

**spath** /spat/ NM *(Minér)* spar ♦ **~ fluor** fluorspar, fluorite *(US)*

**spatial, e** (mpl **-iaux**) /spasjal, jo/ ADJ *(opposé à temporel)* spatial; *(Espace)* space *(épith)*; → **combinaison, engin, station**

**spatialisation** /spasjalizasjɔ̃/ NF spatialization

**spatialiser** /spasjalize/ ▸ conjug 1 ◂ VT to spatialize

**spatialité** /spasjalite/ NF spatiality

**spationaute** /spasjonot/ NM astronaut, spaceman NF astronaut, spacewoman

**spationef** /spasjɔnɛf/ NM spaceship, spacecraft

**spatiotemporel, -elle** /spasjotɑ̃pɔʀɛl/ ADJ spatiotemporal

**spatule** /spatyl/ NF a *(= ustensile) [de peintre, cuisinier]* spatula ♦ **doigts en ~** spatula-shaped fingers b *(= bout) [de ski, manche de cuiller]* tip c *(= oiseau)* spoon-bill

**speaker** /spikœʀ/ NM *(Radio, TV) (= annonceur)* announcer; *(= journaliste)* newscaster, newsreader ♦ **le ~** *(Pol Brit et US)* the Speaker

**speakerine** † /spikʀin/ NF *(Radio, TV) (= annonceuse)* announcer; *(= journaliste)* newsreader, newscaster

**spécial, e** (mpl **-iaux**) /spesjal, jo/ ADJ a *(= spécifique)* special ♦ **une (émission) ~e élections** an election special ♦ **le prix ~ du jury** *(Ciné)* the special jury prize ♦ **épreuve ~e** *(Rallye)* special stage ♦ **crème ~ visage** face cream; → **édition, envoyé, service** b *(= bizarre)* peculiar ♦ **il a des mœurs un peu ~es** *(euph)* he's that way inclined * *(euph)* ♦ **il est très ~** he's very peculiar *ou* odd ♦ **la cuisine japonaise, c'est ~** Japanese food is not to everybody's taste NF **spéciale** a *(= huître)* top-quality oyster b *(Rallye) (= épreuve)* special stage c *(= émission)* special

**spécialement** /spesjalmɑ̃/ ADV *(= plus particulièrement)* especially, particularly; *(= tout exprès)* specially ♦ **pas ~ intéressant** not particularly *ou* especially interesting ♦ **tu es pressé ? – pas ~** * are you in a hurry? – not really *ou* especially ♦ **c'est très intéressant, ~ vers la fin** it is very interesting, especially *ou* particularly towards the end ♦ **on l'a choisi ~ pour ce travail** he was specially chosen for this job ♦ **~ construit pour cet usage** specially built for this purpose

**spécialisation** /spesjalizasjɔ̃/ NF specialization ♦ **faire une ~ en qch** *(Univ)* to specialize in sth

**spécialisé, e** /spesjalize/ (ptp de **spécialiser**) ADJ *[travail, personne, ouvrage, revue]* specialized ♦ **être ~ dans** *[personne]* to be a specialist in; *[entreprise]* to specialize in; → **ouvrier**

**spécialiser** /spesjalize/ ▸ conjug 1 ◂ VPR **se spécialiser** to specialize *(dans* in) VT to specialize

**spécialiste** /spesjalist/ NMF *(gén, Méd)* specialist ♦ **c'est un ~ de la gaffe** * he's always putting his foot in it * ♦ **lecteur/public non ~** non-specialist reader/audience

**spécialité** /spesjalite/ NF *(gén, Culin)* speciality *(Brit)*, specialty *(US)*; *(Univ = branche)* special field, specialism *(Brit)* ♦ **~ pharmaceutique** patent medicine ♦ **~ médicale** area of medical specialization ♦ **sa ~, c'est la chirurgie** he specializes in surgery ♦ **~s régionales** *(Culin)* regional specialties ♦ **"la spécialité du chef"** "the chef's special *ou* speciality" ♦ **il est le meilleur dans sa ~** he's the best in his field ♦ **les gaffes, c'est sa ~** he's always putting his foot in it ♦ **il a la ~ de faire ...** * he has a special *ou* particular knack of doing ..., he specializes in doing ... ♦ **se faire une ~ de (faire) qch** to specialize in (doing) sth

**spécieusement** /spesjøzmɑ̃/ ADV speciously

**spécieux, -ieuse** /spesjø, jøz/ ADJ specious

**spécification** /spesifikasjɔ̃/ NF specification

**spécificité** /spesifisite/ NF specificity

**spécifier** /spesifje/ ▸ conjug 7 ◂ VT *(= préciser)* to specify, to state; *(= indiquer, mentionner)* to state ♦ **veuillez ~ le modèle que vous désirez** please specify the model that you require ♦ **en passant votre commande, n'oubliez pas de ~ votre adresse** when placing your order, don't forget to state your address ♦ **a-t-il spécifié l'heure ?** did he specify *ou* state the time? ♦ **j'avais bien spécifié qu'il**

**devait venir le matin** I had stated specifically that he should come in the morning

**spécifique** /spesifik/ GRAMMAIRE ACTIVE 53.1 ADJ specific

**spécifiquement** /spesifikmɑ̃/ ADV *(= tout exprès)* specifically; *(= typiquement)* typically

**spécimen** /spesimɛn/ NM *(= échantillon, exemple)* specimen; *(= exemplaire publicitaire)* specimen *ou* sample copy ◆ ~ **de signature** specimen signature ◆ **c'est un drôle de** ~ * *(iro)* he's an odd character *ou* a queer fish * *(Brit)*

**spectacle** /spɛktakl/ NM a *(= vue, tableau)* sight; *(grandiose, magnifique)* sight, spectacle ◆ **au** ~ **de** at the sight of ◆ **j'étais ému par ce** ~ I was moved by what I saw ◆ **se donner** *ou* **s'offrir en** ~ **(à qn)** *(péj)* to make a spectacle *ou* an exhibition of o.s. (in front of sb) ◆ **une vieille dame qui assistait au** ~ **de la foule/de la rue** an old lady who was watching the crowd/the bustle of the street
b *(Ciné, Théât = représentation)* show ◆ **le** ~ *(= branche)* show business, show biz * ◆ **les arts du** ~ the performing arts ◆ **"spectacles"** *(= rubrique)* "entertainment" ◆ **le** ~ **va commencer** the show is about to begin ◆ **un** ~ **lyrique** an opera ◆ **un** ~ **dramatique** a play ◆ ~ **de variétés** variety show ◆ **aller au** ~ to go to a show ◆ **donner un** ~ to put on a show ◆ **donner un** ~ **de danse/marionnettes** to put on a dance/puppet show ◆ **l'industrie du** ~ the entertainment(s) industry ◆ **film à grand** ~ epic (film), blockbuster; → **salle**
c *(en apposition)* **l'information-**~ news as entertainment ◆ **procès-**~ show trial ◆ **politique-**~ showbiz politics ◆ **c'est de la justice-**~ it isn't justice, it's a circus

**spectaculaire** /spɛktakylɛʀ/ ADJ spectacular

**spectaculairement** /spɛktakylɛʀmɑ̃/ ADV a *(= d'une manière théâtrale)* **manifester** ~ **son soutien à une cause** to give a dramatic demonstration of one's support for a cause ◆ **il a** ~ **démissionné** he resigned in a blaze of publicity ◆ **affirmer qch** ~ to state sth emphatically b *(= considérablement) [augmenter, améliorer, renforcer]* greatly; *[progresser]* enormously

**spectateur, -trice** /spɛktatœʀ, tʀis/ NM,F *[d'événement, accident]* onlooker, witness; *[d'œuvre d'art]* viewer; *(Sport)* spectator; *(Ciné, Théât)* member of the audience ◆ **les** ~**s** *(Ciné, Théât)* the audience ◆ **traverser la vie en** ~ to go through life as an onlooker *ou* a spectator ◆ **allons-nous assister en** ~**s impuissants à cette horreur ?** are we just going to stand by helplessly and watch this horrific spectacle?

**spectral, e** (mpl **-aux**) /spɛktʀal, o/ ADJ a *(= fantomatique)* ghostly, spectral b *(Phys)* spectral; → **analyse**

**spectre** /spɛktʀ/ NM a *(= fantôme)* ghost; *(fig)* spectre *(Brit)*, specter *(US)* ◆ **comme s'il avait vu un** ~ as if he'd seen a ghost ◆ **le** ~ **de l'inflation** the spectre of inflation ◆ **agiter** *ou* **brandir le** ~ **de la guerre civile** to raise the spectre of civil war b *(Phys)* spectrum ◆ ~ **d'absorption/de masse/de résonance** absorption/mass/resonance spectrum ◆ ~ **solaire** solar spectrum c *(= éventail) [de thèmes, partis politiques]* spectrum ◆ **aux deux extrémités du** ~ **politique** at both ends of the political spectrum ◆ **ils attirent un large** ~ **de lecteurs** they appeal to a wide and varied readership d *(Pharm)* spectrum ◆ **antibiotique à large** ~ broad-spectrum antibiotic

**spectrogramme** /spɛktʀɔgʀam/ NM spectrogram

**spectrographe** /spɛktʀɔgʀaf/ NM spectrograph

**spectrographie** /spɛktʀɔgʀafi/ NF spectrography

**spectromètre** /spɛktʀɔmɛtʀ/ NM spectrometer

**spectroscope** /spɛktʀɔskɔp/ NM spectroscope

**spectroscopie** /spɛktʀɔskɔpi/ NF spectroscopy

**spectroscopique** /spɛktʀɔskɔpik/ ADJ spectroscopic

**spéculaire** /spekylɛʀ/ ADJ *(gén)* specular ◆ **écriture/image** ~ mirror writing/image NF *(Bot)* Venus's looking-glass

**spéculateur, -trice** /spekylatœʀ, tʀis/ NM,F speculator ◆ ~ **à la baisse** bear ◆ ~ **à la hausse** bull

**spéculatif, -ive** /spekylatif, iv/ ADJ *(Fin, Philos)* speculative

**spéculation** /spekylasjɔ̃/ NF *(gén)* speculation ◆ ~ **à la baisse/à la hausse** bear/bull operation ◆ ~ **boursière/immobilière** stock-market/property *(Brit) ou* real-estate *(US)* speculation ◆ **ce ne sont que des** ~**s (hasardeuses)** it's pure speculation *ou* conjecture ◆ **cela a relancé les** ~**s sur l'éventualité d'un accord** this prompted new speculation about the possibility of an agreement

**spéculer** /spekyle/ ▸ conjug 1 ◂ VI a *(Bourse)* to speculate *(sur* in); ◆ ~ **à la hausse/à la baisse** to bull/bear b *(Philos)* to speculate *(sur* on, about); ◆ ~ **sur** *(fig = tabler sur)* to bank on, to rely on

**spéculum** /spekylɔm/ NM speculum

**speech** * /spitʃ/ NM *(= laïus)* speech ◆ **faire un** ~ to make a speech ◆ **elle nous a fait son** ~ **sur le machisme** she gave us her speech *ou* spiel * on male chauvinism

**speed** * /spid/ ADJ *(= agité)* hyper * ◆ **elle est très** ~ she's really hyper * NM *(arg Drogue)* speed

**speedé, e** * /spide/ ADJ *(= agité)* hyper *, hyped up *

**speeder** * /spide/ ▸ conjug 1 ◂ VI a ◆ **elle speede tout le temps** *(= va vite)* she just never stops; *(= est hyperactive)* she's really hyper * b *(= se droguer)* to take speed

**spéléo** * /speleo/ NF abrév de **spéléologie** NMF abrév de **spéléologue**

**spéléologie** /speleɔlɔʒi/ NF *(= étude)* speleology; *(= exploration)* caving, potholing *(Brit)*, spelunking *(US)*

**spéléologique** /speleɔlɔʒik/ ADJ *[recherche]* speleological; *[expédition]* caving *(épith)*, potholing *(Brit) (épith)*, spelunking *(US) (épith)*

**spéléologue** /speleɔlɔg/ NMF *(= spécialiste)* speleologist; *(= explorateur)* caver, potholer *(Brit)*, spelunker *(US)*

**spencer** /spɛnsœʀ/ NM short jacket, spencer; *(Mil)* mess jacket

**spermaceti** /spɛʀmaseti/ NM spermaceti

**spermatique** /spɛʀmatik/ ADJ spermatic ◆ **cordon** ~ spermatic cord

**spermatogénèse** /spɛʀmatɔʒenɛz/ NF spermatogenesis

**spermatozoïde** /spɛʀmatɔzɔid/ NM sperm, spermatozoon

**sperme** /spɛʀm/ NM semen, sperm

**spermicide** /spɛʀmisid/ ADJ spermicide *(épith)*, spermicidal NM spermicide

**spermogramme** /spɛʀmɔgʀam/ NM semen analysis

**sphaigne** /sfɛɲ/ NF peat *ou* bog moss

**sphénoïde** /sfenɔid/ NM sphenoid bone

**sphère** /sfɛʀ/ NF *(Astron, fig)* sphere ◆ ~ **céleste/terrestre** celestial/terrestrial sphere ◆ ~ **d'influence/d'activité** sphere of influence/of activity ◆ **dans toutes les** ~**s de la vie privée/publique** in all spheres of private/public life ◆ **les hautes** ~**s de l'État** the higher *ou* highest echelons *ou* levels of government ◆ **il évolue dans les hautes** ~**s** he moves in influential circles

**sphéricité** /sfeʀisite/ NF sphericity

**sphérique** /sfeʀik/ ADJ spherical; → **calotte**

**sphéroïde** /sfeʀɔid/ NM spheroid

**sphincter** /sfɛ̃ktɛʀ/ NM sphincter

**sphinx** /sfɛ̃ks/ NM a *(Art, Myth, fig)* sphinx ◆ **le Sphinx** *(Myth)* the Sphinx ◆ **sourire de** ~ sphinx-like smile b *(Zool)* hawkmoth *(Brit)*, sphinx moth *(US)*

**spi** /spi/ NM ⇒ **spinnaker**

**spina-bifida** /spinabifida/ NM INV spina bifida

**spinal, e** (mpl **-aux**) /spinal, o/ ADJ spinal

**spinnaker** /spinakɛʀ/ NM spinnaker

**spiral, e** (mpl **-aux**) /spiʀal, o/ ADJ spiral NM ◆ **(ressort)** ~ hairspring NF **spirale** spiral ◆ **s'élever/tomber en** ~**e** to spiral up(wards)/down(wards) ◆ **la** ~**e de l'inflation** *ou* **inflationniste** the inflationary spiral ◆ **pris dans une** ~**e de violence** caught up in a spiral of violence; → **cahier**

**spiralé, e** /spiʀale/ ADJ spiral *(épith)*

**spirante** /spiʀɑ̃t/ ADJ F, NF ◆ **(consonne)** ~ spirant, fricative

**spire** /spiʀ/ NF *[d'hélice, spirale]* (single) turn; *[de coquille]* whorl; *[de ressort]* spiral

**spirite** /spiʀit/ ADJ, NMF spiritualist

**spiritisme** /spiʀitism/ NM spiritualism

**spiritualiser** /spiʀitɥalize/ ▸ conjug 1 ◂ VT to spiritualize

**spiritualisme** /spiʀitɥalism/ NM spiritualism

**spiritualiste** /spiʀitɥalist/ ADJ spiritualist(ic) NMF spiritualist

**spiritualité** /spiʀitɥalite/ NF spirituality

**spirituel, -elle** /spiʀitɥɛl/ ADJ a *(= vif, fin) [personne, remarque]* witty b *(Philos, Rel) [chef, maître, père, fils, pouvoir]* spiritual ◆ **musique spirituelle** sacred music ◆ **concert** ~ concert of sacred music ◆ **le** ~ **et le temporel** the spiritual and the temporal

**spirituellement** /spiʀitɥɛlmɑ̃/ ADV a *[remarquer]* wittily b *(Philos, Rel)* spiritually

**spiritueux, -euse** /spiʀitɥø, øz/ ADJ spirituous NM spirit ◆ **les** ~ spirits

**spiroïdal, e** (mpl **-aux**) /spiʀɔidal, o/ ADJ spiroid

**spleen** /splin/ NM *(littér)* melancholy, spleen *(††)* ◆ **avoir le** ~ to feel melancholy

**splendeur** /splɑ̃dœʀ/ NF a *[de paysage, réception, résidence]* magnificence, splendour *(Brit)*, splendor *(US)* ◆ **ce tapis est une** ~ this carpet is quite magnificent ◆ **les** ~**s de l'art africain** the splendours of African art ◆ **quelle** ~ **!** it's magnificent! b *(= gloire)* glory, splendour *(Brit)*, splendor *(US)* ◆ **du temps de sa** ~ in the days of its (*ou* his *etc*) glory *ou* splendour ◆ **dans toute sa/leur** ~ *(iro)* in all its/their splendour *ou* glory c *(littér = éclat, lumière)* brilliance, splendour *(Brit)*, splendor *(US)*

**splendide** /splɑ̃did/ ADJ *[temps, journée]* splendid, gorgeous, glorious; *[soleil]* glorious; *[réception, résidence, spectacle]* splendid, magnificent; *[femme]* magnificent, gorgeous; *[voix, œuvre, film, image, interprétation]* magnificent, wonderful ◆ ~ **isolement** splendid isolation ◆ **tu as un teint** *ou* **une mine** ~ you look wonderful

**splendidement** /splɑ̃didmɑ̃/ ADV splendidly, magnificently ◆ **un rôle ~ interprété par un jeune acteur** a wonderful *ou* magnificent performance by a young actor

**spoiler** /spɔjlɛʀ/ NM *(Aut)* spoiler

**spoliateur, -trice** /spɔljatœʀ, tʀis/ ADJ *[loi]* spoliatory NM,F despoiler

**spoliation** /spɔljasjɔ̃/ NF despoilment (*de* of)

**spolier** /spɔlje/ ► conjug 7 ◄ VT to despoil (*de* of)

**spondaïque** /spɔ̃daik/ ADJ spondaic

**spondée** /spɔ̃de/ NM spondee

**spongieux, -ieuse** /spɔ̃ʒjø, jøz/ ADJ *(gén, Anat)* spongy

**spongiforme** /spɔ̃ʒifɔʀm/ ADJ spongiform; → **encéphalopathie**

**sponsor** /spɔ̃sɔʀ/ NM sponsor

**sponsorisation** /spɔ̃sɔʀizasjɔ̃/ NF sponsoring

**sponsoriser** /spɔ̃sɔʀize/ ► conjug 1 ◄ VT to sponsor ◆ **se faire ~ par une société** to get sponsorship from a company

**spontané, e** /spɔ̃tane/ ADJ *(gén)* spontaneous; *[candidature, témoignage]* unsolicited; *[aveux]* voluntary ◆ **c'est quelqu'un de très ~** he's very spontaneous ◆ **une grève ~e** a lightning strike; → **génération**

**spontanéité** /spɔ̃taneite/ NF spontaneity

**spontanément** /spɔ̃tanemɑ̃/ ADV spontaneously

**Sporades** /spɔʀad/ NFPL ◆ **les ~** the Sporades

**sporadicité** /spɔʀadisite/ NF sporadic nature *ou* occurrence

**sporadique** /spɔʀadik/ ADJ sporadic

**sporadiquement** /spɔʀadikmɑ̃/ ADV sporadically

**sporange** /spɔʀɑ̃ʒ/ NM spore case, sporangium *(SPÉC)*

**spore** /spɔʀ/ NF spore

**sport** /spɔʀ/ NM a *(= activité)* sport ◆ **faire du ~** to do sport ◆ **~ individuel/d'équipe** *ou* **collectif** individual/team sport ◆ **~ amateur/professionnel** amateur/professional sport ◆ **~ en salle/de plein air** indoor/outdoor sport ◆ **~ de compétition/de combat** competitive/combat sport ◆ **~ de loisir** recreational sport ◆ **les ~s d'hiver** winter sports ◆ **aller aux ~s d'hiver** to go on a winter sports holiday ◆ **~s nautiques/mécaniques** water/motor sports ◆ **~ cérébral** mental exercise ◆ **la corruption/la fraude fiscale est devenue un véritable ~ national** corruption/tax fraud has become a national pastime ◆ **(section) ~-études** *(Scol) special course in secondary school for athletically-gifted pupils* ◆ **de ~** *[vêtements, terrain, voiture]* sports *(épith)*
b *(* = action)* **il va y avoir du ~ !** we're going to see some fun! * *ou* action! * ◆ **faire ça, c'est vraiment du ~** it's no picnic * ◆ **faire qch pour le ~** to do sth for the hell of it *
ADJ INV a *(= décontracté)* *[vêtement]* casual
b *(† = chic, fair-play)* sporting, fair

**sportif, -ive** /spɔʀtif, iv/ ADJ a *[épreuve, journal, résultats]* sports *(épith)*; *[pêche, marche]* competitive *(épith)* ◆ **pratiquer une activité sportive** to play *ou* practise a sport b *[personne, jeunesse]* athletic, fond of sports *(attrib)*; *[allure, démarche]* athletic ◆ **elle a une conduite sportive** she drives like a rally driver c *[attitude, mentalité, comportement]* sporting, sportsmanlike ◆ **faire preuve d'esprit ~** to be sportsmanlike NM sportsman NF **sportive** sportswoman

**sportivement** /spɔʀtivmɑ̃/ ADV sportingly

**sportivité** /spɔʀtivite/ NF sportsmanship

**spot** /spɔt/ NM a *(Phys)* light spot; *(Élec)* scanning spot; *[de radar]* blip b *(= lampe, Ciné, Théât)* spotlight, spot c *(= publicité)* **~ (publicitaire)** commercial, advert * *(Brit)*, ad * ADJ INV *[crédit, marché, prix]* spot *(épith)*

**spoutnik** /sputnik/ NM sputnik

**sprat** /spʀat/ NM sprat

**spray** /spʀɛ/ NM *(= aérosol)* spray, aerosol ◆ **déodorant en ~** spray(-on) deodorant

**sprint** /spʀint/ NM *(de fin de course)* (final) sprint, final spurt; *(= épreuve)* sprint → **piquer**

**sprinter**[1] /spʀinte/ ► conjug 1 ◄ VI to sprint; *(en fin de course)* to put on a final spurt

**sprinter**[2] /spʀintœʀ/ NM, **sprinteur, -euse** /spʀintœʀ, øz/ NM,F sprinter; *(en fin de course)* fast finisher

**squale** /skwal/ NM shark

**squame** /skwam/ NF *(Méd)* scale, squama *(SPÉC)*

**squameux, -euse** /skwamø, øz/ ADJ *(Méd)* squamous, squamose; *(littér)* scaly

**square** /skwaʀ/ NM public garden(s)

**squash** /skwaʃ/ NM squash ◆ **faire du ~** to play squash

**squat** * /skwat/ NM *(= logement)* squat

**squatter**[1] /skwatœʀ/ NM squatter

**squatter**[2] /skwate/, **squattériser** /skwateʀize/ ► conjug 1 ◄ VT a *[+ logement]* to squat (in) b *(* = utiliser)* *[+ ordinateur]* to borrow ◆ **je peux ~ ton bureau quelques minutes ?** can I use your office for a few minutes?

**squatteur** /skwatœʀ/ NM ⇒ **squatter**[1]

**squaw** /skwo/ NF squaw

**squeezer** /skwize/ ► conjug 1 ◄ VT a *(au bridge)* to squeeze b *(* = évincer)* to bypass

**squelette** /skəlɛt/ NM *(lit, fig)* skeleton ◆ **après sa maladie, c'était un vrai ~** after his illness he was just a bag of bones *ou* he was like a skeleton ◆ **c'est un ~ ambulant** * he's a walking skeleton ◆ **un ~ dans le placard** * *(= scandale)* a skeleton in the cupboard *(Brit)* *ou* closet *(US)*

**squelettique** /skəletik/ ADJ *[personne, arbre]* scrawny; *[exposé]* sketchy, skimpy; *(Anat)* skeletal ◆ **d'une maigreur ~** skin and bone ◆ **il est ~** he's skin and bone, he's like a skeleton ◆ **des effectifs ~s** a skeleton staff

**Sri Lanka** /sʀilɑ̃ka/ NM Sri Lanka

**SRAS** /sʀas/ NM (abrév de **syndrome respiratoire aigu sévère**) SARS

**sri-lankais, e** /sʀilɑ̃kɛ, ɛz/ ADJ Sri-Lankan NM,F **Sri-Lankais(e)** Sri-Lankan

**SRPJ** /ɛsɛʀpeʒi/ NM (abrév de **service régional de la police judiciaire**) ≈ regional crime squad, CID *(Brit)*

**S.S.** /ɛsɛs/ NF a (abrév de **Sécurité sociale**) → **sécurité** b (abrév de **Sa Sainteté**) HH NM *(= soldat)* SS man

**SSII** /ɛsɛsii/ NF (abrév de **société de service et d'ingénierie en informatique**) computer engineering and maintenance company

**St** (abrév de **Saint**) St

**stabilisant** /stabilizɑ̃/ NM *(Chim)* stabilizer

**stabilisateur, -trice** /stabilizatœʀ, tʀis/ ADJ stabilizing ◆ **l'effet ~ de l'euro** the stabilizing effect of the euro NM *(Tech)* *[de véhicule]* anti-roll device; *[de navire, vélo]* stabilizer; *[d'avion]* *(horizontal)* tailplane; *(vertical)* fixed fin; *(Chim : pour aliments)* stabilizer

**stabilisation** /stabilizasjɔ̃/ NF stabilization

**stabiliser** /stabilize/ ► conjug 1 ◄ VT *[+ situation, prix]* to stabilize; *[+ terrain]* to consolidate ◆ **à 90 km/h en vitesse stabilisée** *(Aut)* at a constant 90 km/h; → **accotement** VPR **se stabiliser** *[situation, prix, cours]* to stabilize, to become stabilized; *[courbe de graphe]* to plateau; *[personne]* *(physiquement)* to find one's balance; *(dans la vie)* to settle down

**stabilité** /stabilite/ NF stability ◆ **~ des prix** price stability ◆ **~ monétaire/économique/politique** monetary/economic/political stability

**stable** /stabl/ ADJ *[monnaie, gouvernement, personne]* *(Chim, Phys)* stable; *[position, échelle]* stable, steady ◆ **~ sur ses jambes** steady on one's legs

**stabulation** /stabylasjɔ̃/ NF *[de bétail]* stalling; *[de chevaux]* stabling; *[de poissons]* storing in tanks

**staccato** /stakato/ ADV staccato NM staccato passage

**stade** /stad/ NM a *(sportif)* stadium b *(= période, étape)* stage ◆ **à ce ~** at this stage ◆ **à ce ~ de la maladie** at this stage in the development of the disease ◆ **il en est resté au ~ de l'adolescence** he never got beyond adolescence *ou* the adolescent phase ◆ **passer à un ~ supérieur** to go one step higher ◆ **~ oral/anal/génital** *(Psych)* oral/anal/genital stage

**stadier** /stadje/ NM steward *(working in a stadium)*

**staff**[1] /staf/ NM a *(= personnel)* staff b *(Méd = réunion de travail)* staff meeting

**staff**[2] /staf/ NM *(= plâtre)* staff

**staffeur** /stafœʀ/ NM plasterer *(working in staff)*

**stage** /staʒ/ GRAMMAIRE ACTIVE 46.1 NM *(= période)* training period, internship *(US)*; *(= cours)* training course; *[d'avocat]* articles ◆ **~ de perfectionnement** advanced training course ◆ **~ de formation (professionnelle)** vocational (training) course ◆ **~ en entreprise** work experience scheme *ou* placement ◆ **~ d'insertion (professionnelle)** *training scheme for the young unemployed to help them find work* ◆ **~ de réinsertion** retraining course ◆ **~-parking** * useless training course ◆ **~ d'initiation** introductory course ◆ **~ pédagogique** teaching practice ◆ **il a fait son ~ chez Maître Legrand** he did his articles in Mr Legrand's practice *ou* under Mr Legrand ◆ **faire** *ou* **suivre un ~** to undergo a period of training, to go on a (training) course ◆ **faire un ~ d'informatique** *(gén)* to go on a computing course; *(sur son lieu de travail)* to have in-service *ou* in-house training in computing

> ⚠ **stage** *ne se traduit pas par le mot anglais* **stage**, *qui a le sens de 'étape' ou 'scène'.*

**stagflation** /stagflasjɔ̃/ NF stagflation

**stagiaire** /staʒjɛʀ/ NMF trainee, intern *(US)* ADJ trainee *(épith)* ◆ **professeur ~** student *ou* trainee teacher

**stagnant, e** /stagnɑ̃, ɑ̃t/ ADJ *(lit, fig)* stagnant

**stagnation** /stagnasjɔ̃/ NF *(lit, fig)* stagnation ◆ **marché en ~** stagnating market

**stagner** /stagne/ ► conjug 1 ◄ VI *(lit, fig)* to stagnate

**stakhanovisme** /stakanɔvism/ NM Stakhanovism

**stakhanoviste** /stakanɔvist/ ADJ Stakhanovist NMF Stakhanovite

**stalactite** /stalaktit/ NF stalactite

**stalag** /stalag/ NM stalag

**stalagmite** /stalagmit/ NF stalagmite

**Staline** /stalin/ NM Stalin

**stalinien, -ienne** /stalinjɛ̃, jɛn/ ADJ, NM,F Stalinist

**stalinisme** /stalinism/ NM Stalinism

**stalle** /stal/ NF *[de cheval]* stall, box; *(Rel)* stall

**stance** /stɑ̃s/ NF († = *strophe)* stanza ◆ **~s** *(= poème) type of verse form (of lyrical poem)*

**stand** /stɑ̃d/ NM *[d'exposition]* stand; *[de foire]* stall ◆ **~ (de tir)** *[de foire] (Sport)* shooting range; *(Mil)* firing range ◆ **~ de ravitaillement** *(Sport)* pit

**standard[1]** /stɑ̃daʀ/ NM *(Téléc)* switchboard

**standard[2]** /stɑ̃daʀ/ NM **a** *(= norme)* standard ◆ **~ de vie** standard of living **b** *(Mus)* (jazz) standard ADJ INV *(Comm, Tech)* standard *(épith)*; → **échange**

**standardisation** /stɑ̃daʀdizasjɔ̃/ NF standardization

**standardiser** /stɑ̃daʀdize/ ▸ conjug 1 ◂ VT to standardize

**standardiste** /stɑ̃daʀdist/ NMF switchboard operator ◆ **demandez à la ~** ask the operator

**stand-by** /stɑ̃dbaj/ ADJ INV stand-by *(épith)* ◆ **en ~** on stand-by NM INV stand-by passenger

**standing** /stɑ̃diŋ/ NM standing ◆ **immeuble de grand ~** block of luxury flats *(Brit)* ou apartments *(US)*

**staphylocoque** /stafilɔkɔk/ NM staphylococcus ◆ **~ doré** staphylococcus aureus

**star** /staʀ/ NF *(Ciné)* star ◆ **c'est une ~ du journalisme/de la politique** he's (ou she's) a big name in journalism/in politics ◆ **~ du tennis** top name in tennis, star tennis player

**starisation** /staʀizasjɔ̃/ NF ◆ **il refuse la ~** he refuses to be made into a star ou turned into a celebrity

**stariser** * /staʀize/ ▸ conjug 1 ◂ VT *[+ personne]* to make into a star

**starking** /staʀkiŋ/ NF starking (apple)

**starlette** /staʀlɛt/ NF starlet

**star-system** (pl **star-systems**) /staʀsistɛm/ NM star system

**START** /staʀt/ (abrév de **Strategic Arms Reduction Talks**) START

**starter** /staʀtɛʀ/ NM **a** *(Aut)* choke ◆ **mettre le ~** to pull the choke out ◆ **marcher au ~** to run with the choke out ◆ **~ automatique** automatic choke **b** *(Sport)* starter

> ⚠ **starter** *se traduit par le mot anglais* **starter** *uniquement au sens sportif.*

**starting-block** (pl **starting-blocks**) /staʀtiŋblɔk/ NM starting block ◆ **être dans les ~s** to be on the starting blocks

**starting-gate** (pl **starting-gates**) /staʀtiŋgɛt/ NM starting gate

**start-up** /staʀtɔp/ NF INV *(= entreprise)* start-up

**stase** /stɑz/ NF stasis

**stat** * /stat/ NF (abrév de **statistique**) stat * ◆ **faire des ~s** to do stats *

**station** /stasjɔ̃/ NF **a** *(= lieu d'arrêt)* **~ (de métro)** (underground *(Brit)* ou subway *(US)*) station ◆ **~ (d'autobus)** (bus) stop ◆ **~ (de chemin de fer)** halt ◆ **~ de taxis** taxi rank

**b** *(= poste, établissement)* station ◆ **~ d'observation/de recherches** observation/research station ◆ **~ agronomique/météorologique** agricultural research/meteorological station ◆ **~ d'épuration** water-treatment plant ◆ **~ de pompage** pumping station ◆ **~ géodésique** geodesic ou geodetic station ◆ **~ d'émission** ou **émettrice** transmitting station ◆ **~ (de) radar** radar tracking station ◆ **~ de radio** radio station ◆ **~ spatiale/orbitale** space/orbiting station ◆ **~ d'essence** service ou filling station, petrol *(Brit)* ou gas *(US)* station ◆ **~ de lavage** carwash

**c** *(= site)* site; *(Bot, Zool)* station ◆ **~ préhistorique** prehistoric site ◆ **une ~ de gentianes** *(Bot)* a gentian station

**d** *(de vacances)* resort ◆ **~ balnéaire/climatique** sea ou seaside/health resort ◆ **~ de ski** ou **de sports d'hiver** winter sports ou (winter) ski resort ◆ **~ de montagne** ou **d'altitude** mountain resort ◆ **~ thermale** thermal spa

**e** *(= posture)* posture, stance ◆ **~ verticale** upright position ◆ **la ~ debout lui est pénible** he finds standing upright painful

**f** *(= halte)* stop ◆ **faire des ~s prolongées devant les vitrines** to linger in front of the shop windows

**g** *(Rel)* station ◆ **les ~s de la Croix** the Stations of the Cross

**h** *(Marine)* station

**i** *(Astron)* stationary point

**j** *(Ordin)* **~ d'accueil** docking station ◆ **~ de travail** workstation

**stationnaire** /stasjɔnɛʀ/ ADJ stationary ◆ **son état est ~** *(Méd)* his condition is stable ◆ **ondes ~s** *(Phys)* standing waves ◆ **l'hélicoptère était en vol ~** the helicopter was hovering overhead NM *(Naut)* station ship

**stationnement** /stasjɔnmɑ̃/ NM **a** *[de véhicule]* parking ◆ **~ alterné** parking on alternate sides ◆ **~ bilatéral/unilatéral** parking on both sides/on one side only ◆ **"stationnement gênant"** "limited parking" ◆ **"stationnement réglementé"** "restricted parking" ◆ **"stationnement interdit"** "no parking", "no waiting"; *(sur autoroute)* "no stopping" ◆ **"stationnement payant"** *(avec parcmètres)* "meter zone"; *(avec tickets)* "parking with ticket only" ◆ **en ~** *[véhicule]* parked; *(Mil)* stationed; → **disque, feu[1]** **b** *(Can = parking)* car park *(Brit)*, parking lot *(US)*

**stationner** /stasjɔne/ ▸ conjug 1 ◂ VI **a** *(= être garé)* to be parked; *(= se garer)* to park **b** *(= rester sur place) [personne]* to stay, to remain **c** *(Mil)* **armes nucléaires/troupes stationnées en Europe** nuclear weapons/troops stationed in Europe

**station-service** (pl **stations-service(s)**) /stasjɔ̃sɛʀvis/ NF service ou filling station, petrol *(Brit)* ou gas *(US)* station

**statique** /statik/ ADJ static NF statics *(sg)*

**statiquement** /statikmɑ̃/ ADV statically

**statisme** /statism/ NM stasis

**statisticien, -ienne** /statistisjɛ̃, jɛn/ NM,F statistician

**statistique** /statistik/ NF *(= science)* ◆ **la ~** statistics *(sg)* ◆ **des ~s** *(= données)* statistics ◆ **une ~** a statistic ADJ statistical ◆ **données ~s** statistical data

**statistiquement** /statistikmɑ̃/ ADV statistically

**stator** /statɔʀ/ NM stator

**statuaire** /statɥɛʀ/ NF statuary ADJ statuary NM *(littér)* sculptor

**statue** /staty/ NF statue ◆ **rester immobile comme une ~** to stand as still as a statue, to stand stock-still ◆ **elle était la ~ du désespoir** she was the picture of despair ◆ **changé en ~ de sel** *(Bible)* turned into a pillar of salt; *(fig)* transfixed, rooted to the spot

**statuer** /statɥe/ ▸ conjug 1 ◂ VI to give a verdict ◆ **~ sur** to rule on, to give a ruling on ◆ **~ sur le cas de qn** to decide sb's case

**statuette** /statɥɛt/ NF statuette

**statufier** /statyfje/ ▸ conjug 7 ◂ VT *(= immortaliser)* to erect a statue to; *(= pétrifier)* to transfix, to root to the spot

**statu quo** /statykwo/ NM INV status quo

**stature** /statyʀ/ NF *(= taille)* stature; *(fig = calibre)* calibre *(Brit)*, caliber *(US)* ◆ **de haute ~** of (great) stature ◆ **cet écrivain est d'une tout autre ~** this writer is in a different league altogether

**statut** /staty/ NM *(= position)* status ◆ **~ social/fiscal/juridique** social/tax/legal status ◆ **avoir/obtenir le ~ de salarié** to be on/be put on the payroll ◆ **il a obtenu le ~ de réfugié politique** he has been given ou granted political refugee status NMPL **statuts** *(= règlement)* statutes

**statutaire** /statytɛʀ/ ADJ statutory ◆ **horaire ~** regulation ou statutory number of working hours

**statutairement** /statytɛʀmɑ̃/ ADV in accordance with the statutes ou regulations, statutorily

**Ste** (abrév de **Sainte**) St

**Sté** (abrév de **société**) ◆ **et ~** and Co.

**steak** /stɛk/ NM steak ◆ **~ au poivre** steak au poivre, peppered steak ◆ **~ tartare** steak tartar(e) ◆ **~ frites** steak and chips *(Brit)* ou French fries *(US)* ◆ **~ haché** minced beef *(Brit)*, ground beef *(US)*; *(moulé)* hamburger ◆ **~ de thon** tuna steak

**stéarine** /steaʀin/ NF stearin

**stéatite** /steatit/ NF steatite

**steeple** /stipœl/ NM ◆ **~(-chase)** *(Athlétisme, Équitation)* steeplechase ◆ **le 3 000 mètres ~** the 3,000 metres steeplechase

**stèle** /stɛl/ NF stele

**stellaire** /stelɛʀ/ ADJ stellar NF stitchwort

**stem(m)** /stɛm/ NM *(Ski)* stem ◆ **faire du ~(m)** to stem

**stencil** /stɛnsil/ NM *(pour polycopie)* stencil

**sténo** /steno/ NMF (abrév de **sténographe**) shorthand typist, steno * *(US)* NF (abrév de **sténographie**) shorthand ◆ **prendre une lettre en ~** to take a letter (down) in shorthand

**sténodactylo[1]** /stenodaktilo/, **sténodactylographe** † /stenodaktilɔgʀaf/ NMF shorthand typist

**sténodactylo[2]** /stenodaktilo/, **sténodactylographie** † /stenodaktilɔgʀafi/ NF shorthand typing

**sténographe** † /stenɔgʀaf/ NMF shorthand typist, stenographer *(US)*

**sténographie** /stenɔgʀafi/ NF shorthand, stenography

**sténographier** /stenɔgʀafje/ ▸ conjug 7 ◂ VT to take down in shorthand

**sténographique** /stenɔgʀafik/ ADJ shorthand *(épith)*, stenographic

**sténopé** /stenɔpe/ NM *(Photo)* pinhole

**sténotype** /stenɔtip/ NF stenotype

**sténotypie** /stenɔtipi/ NF stenotypy

**sténotypiste** /stenɔtipist/ NMF stenotypist

**stentor** /stɑ̃tɔʀ/ NM **a** *(= homme)* stentor ◆ **une voix de ~** a stentorian voice **b** *(Zool)* stentor

**steppe** /stɛp/ NF steppe

**stepper** /stɛpœʀ/ NM *(= machine)* stepper

**stercoraire** /stɛʀkɔʀɛʀ/ NM skua

**stère** /stɛʀ/ NM stere

**stéréo** /steʀeo/ NF (abrév de **stéréophonie**) stereo ◆ **émission (en) ~** programme in stereo ◆ **enregistrement (en) ~** stereo recording ◆ **c'est en ~** it's in stereo ADJ INV (abrév de **stéréophonique**) stereo ◆ **son ~** stereo sound

**stéréophonie** /steʀeɔfɔni/ NF stereophony

**stéréophonique** /steʀeɔfɔnik/ ADJ stereophonic

**stéréoscope** /steʀeɔskɔp/ NM stereoscope

**stéréoscopie** /steʀeɔskɔpi/ NF stereoscopy

**stéréoscopique** /steʀeɔskɔpik/ ADJ stereoscopic

**stéréotype** /steʀeɔtip/ NM *(lit, fig)* stereotype

**stéréotypé, e** /steʀeɔtipe/ ADJ stereotyped

**stérile** /steʀil/ ADJ **a** *[personne, couple]* sterile, infertile; *[animal, plante, union]* sterile; *[terre, sol]* barren **b** *(= aseptique) [milieu, compresse, flacon, seringue]* sterile **c** *[sujet, réflexions, pensées]* sterile; *[discussion, effort, débat]* futile; *[écrivain, artiste]* unproductive; *[concurrence]* pointless ♦ **il faut éviter de se livrer au jeu ~ de la comparaison** you should avoid making pointless comparisons

**stérilet** /steʀilɛ/ NM coil, IUD, intra-uterine device

**stérilisant, e** /steʀilizɑ̃, ɑ̃t/ ADJ *(lit)* sterilizing; *(fig)* unproductive, fruitless

**stérilisateur** /steʀilizatœʀ/ NM sterilizer

**stérilisation** /steʀilizasjɔ̃/ NF sterilization

**stériliser** /steʀilize/ ► conjug 1 ◄ VT to sterilize ♦ **lait stérilisé** sterilized milk

**stérilité** /steʀilite/ NF **a** *[de personne]* infertility, sterility; *[d'animal, plante, union]* sterility; *[de terre, sol]* barrenness **b** *[de milieu, compresse, flacon]* sterility **c** *[de sujet, réflexion, pensées]* sterility; *[de discussion, débat, effort]* fruitlessness, futility; *[d'écrivain, artiste]* lack of creativity

**sterling** /stɛʀliŋ/ ADJ INV, NM INV sterling; → **livre²**

**sterne** /stɛʀn/ NF tern ♦ **~ arctique** Arctic tern

**sternum** /stɛʀnɔm/ NM breastbone, sternum *(SPÉC)*

**stéroïde** /steʀɔid/ NM steroid ADJ steroidal

**stéthoscope** /stetɔskɔp/ NM stethoscope

**Stetson** ® /stɛtsɔn/ NM Stetson ®

**steward** /stiwaʀt/ NM steward, flight attendant

**stick** /stik/ NM *[de colle]* stick; *(Hockey)* stick; *(= groupe de parachutistes)* stick ♦ **déodorant en ~** stick deodorant

**stigmate** /stigmat/ NM **a** *(= marque, Méd)* mark, scar ♦ **~s** *(Rel)* stigmata ♦ **~s du vice/de la bêtise** marks of vice/of stupidity ♦ **son corps porte encore les ~s de cette expédition** his body still bears scars from that expedition ♦ **les collines qui portent les ~s de la guerre** the battle-scarred hills ♦ **la colonisation y a laissé des ~s** colonisation has left its mark there **b** *(= orifice) (Zool)* stigma, spiracle; *(Bot)* stigma

**stigmatisation** /stigmatizasjɔ̃/ NF *(Rel)* stigmatization; *(= blâme)* condemnation, denunciation

**stigmatiser** /stigmatize/ ► conjug 1 ◄ VT **a** *(= blâmer)* to denounce, to condemn ♦ **ces quartiers stigmatisés comme des zones de non-droit** these districts that are branded as no-go areas **b** *(Méd)* to mark, to scar

**stimulant, e** /stimylɑ̃, ɑ̃t/ ADJ stimulating ♦ **c'est intellectuellement très ~** intellectually it's very stimulating NM *(physique)* stimulant; *(intellectuel)* stimulus, spur, incentive; *(= drogue)* upper*

**stimulateur** /stimylatœʀ/ NM ♦ **~ cardiaque** pacemaker

**stimulation** /stimylasjɔ̃/ NF stimulation ♦ **mesures de ~ de la demande** *(Écon)* measures to stimulate *ou* boost demand

**stimuler** /stimyle/ ► conjug 1 ◄ VT *[+ personne]* to stimulate, to spur on; *[+ économie, croissance, demande]* to stimulate, to boost; *[+ appétit]* to stimulate ♦ **cet élève a besoin d'être stimulé sans arrêt** this pupil needs constant stimulation

**stimulus** /stimylys/ (pl **stimuli** /stimyli/) NM *(Physiol, Psych)* stimulus

**stipendié, e** /stipɑ̃dje/ (ptp de **stipendier**) ADJ *(littér, péj)* hired

**stipendier** /stipɑ̃dje/ ► conjug 7 ◄ VT *(littér, péj)* to hire, to take into one's pay

**stipulation** /stipylasjɔ̃/ NF stipulation

**stipuler** /stipyle/ ► conjug 1 ◄ VT *[clause, loi, condition]* to state, to stipulate; *(= faire savoir expressément)* to stipulate, to specify

**STO** /ɛsteo/ NM (abrév de **Service du travail obligatoire**) → **service**

**stock** /stɔk/ NM **a** *(Comm)* stock; *(fig)* stock, supply ♦ **~ d'or** gold reserves ♦ **faire des ~s** to stock up (*de* on); ♦ **avoir qch en ~** to have *ou* keep sth in stock ♦ **prends un crayon, j'en ai tout un ~** take a pencil, I've got a whole stock of them ♦ **dans la limite des ~s disponibles** while stocks last ♦ **~s stratégiques/régulateurs** strategic/regulatory stocks; → **rupture** **b** *(Bio)* stock

**stockage** /stɔkaʒ/ NM **a** *(= accumulation)* stocking; *(= entreposage)* storage ♦ **le ~ de l'énergie** energy storage ♦ **le ~ des déchets radioactifs** the storage of nuclear waste **b** *(Ordin)* storage

**stock-car** (pl **stock-cars**) /stɔkkaʀ/ NM *(= sport)* stock-car racing; *(= voiture)* stock car ♦ **une course de ~** a stock-car race

**stocker** /stɔke/ ► conjug 1 ◄ VT *(= accumuler)* to stock; *(= entreposer)* to store; *(péj : pour spéculer, amasser)* to stockpile ♦ **~ (sur mémoire)** *(Ordin)* to store (in the memory)

**Stockholm** /stɔkɔlm/ N Stockholm

**stockiste** /stɔkist/ NMF *(Comm)* stockist *(Brit)*, dealer *(US)*; *(Aut)* agent

**stock-option** /stɔkɔpsjɔ̃/ NF stock option

**stoïcien, -ienne** /stɔisjɛ̃, jɛn/ ADJ, NM,F stoic

**stoïcisme** /stɔisism/ NM *(Philos)* Stoicism; *(fig)* stoicism

**stoïque** /stɔik/ ADJ stoical, stoic NMF *(gén)* stoic; *(Philos)* Stoic

**stoïquement** /stɔikmɑ̃/ ADV stoically

**stomacal, e** (mpl **-aux**) /stɔmakal, o/ ADJ stomach *(épith)*, gastric

**stomatologie** /stɔmatɔlɔʒi/ NF stomatology

**stomatologiste** /stɔmatɔlɔʒist/, **stomatologue** /stɔmatɔlɔg/ NMF stomatologist

**stop** /stɔp/ EXCL **a** ♦ **~!** stop! ♦ **tu me diras ~ – ~ !** *(en servant qn)* say when – when! ♦ **il faut savoir dire ~** you have to know when to say no ♦ **après deux ans sans vacances, j'ai dit ~ !** after two years without a holiday, I said enough is enough! **b** *(Téléc)* stop NM **a** *(Aut) (= panneau)* stop *ou* halt sign; *(= feu arrière)* brake-light **b** (* abrév de **auto-stop**) **faire du ~** to hitch(hike), to thumb * a lift *ou* a ride ♦ **faire le tour de l'Europe en ~** to hitch round Europe ♦ **il a fait du ~ pour rentrer chez lui, il est rentré chez lui en ~** he hitched (a lift) home ♦ **j'ai pris deux personnes en ~** I picked up two hitchhikers ♦ **je l'ai pris en ~** I gave him a lift *ou* ride

**stop and go** /stɔpɛndgo/ NM INV *(Écon)* stop and go ♦ **politique de ~** stop-go policy

**stoppage** /stɔpaʒ/ NM invisible mending

**stopper** /stɔpe/ ► conjug 1 ◄ VI to halt, to stop VT **a** *(= arrêter)* to stop, to halt **b** *(Couture) [+ bas]* to mend ♦ **faire ~ un vêtement** to get a garment (invisibly) mended

**stoppeur, -euse** /stɔpœʀ, øz/ NM,F **a** *(Couture)* invisible mender **b** (* = *auto-stoppeur*) hitchhiker **c** *(Ftbl)* fullback

**store** /stɔʀ/ NM **a** *(en plastique, bois, tissu)* blind; *[de magasin] (en toile)* awning, shade; *(en métal)* shutters ♦ **~ vénitien** *ou* **à lamelles orientables** Venetian blind ♦ **~ à enrouleur** roller blind **b** *(= voilage)* net curtain

**strabisme** /stʀabism/ NM squinting *(Brit)*, strabismus *(SPÉC)* ♦ **~ divergent** divergent squint ♦ **~ convergent** convergent strabismus *(SPÉC)* ♦ **il souffre d'un léger ~** he is slightly cross-eyed, he suffers from a slight strabismus *(SPÉC)*, he has a slight squint *(Brit)*

**stradivarius** /stʀadivaʀjys/ NM Stradivarius

**strangulation** /stʀɑ̃gylasjɔ̃/ NF strangulation

**strapontin** /stʀapɔ̃tɛ̃/ NM *(Aut, Théât)* jump seat, foldaway seat; *(fig = position subalterne)* minor role ♦ **il n'occupe qu'un ~ dans la commission** he has a very minor role in the commission

**Strasbourg** /stʀazbuʀ/ N Strasbourg

**strasbourgeois, e** /stʀazbuʀʒwa, waz/ ADJ of *ou* from Strasbourg NM,F **Strasbourgeois(e)** inhabitant *ou* native of Strasbourg

**strass** /stʀas/ NM *(lit)* paste; *(péj)* show, gloss ♦ **broche/collier en ~** paste brooch/necklace

**stratagème** /stʀataʒɛm/ NM stratagem

**strate** /stʀat/ NF *(Géol, fig)* stratum ♦ **les différentes ~s de la société** the different strata of society

**stratège** /stʀatɛʒ/ NM *(Mil, fig)* strategist ♦ **c'est un grand** *ou* **fin ~** he's a master strategist

**stratégie** /stʀateʒi/ NF strategy ♦ **~ de communication/de vente** communication/selling strategy ♦ **~ d'entreprise** corporate strategy

**stratégique** /stʀateʒik/ ADJ strategic

**stratégiquement** /stʀateʒikmɑ̃/ ADV strategically

**stratification** /stʀatifikasjɔ̃/ NF stratification

**stratifié, e** /stʀatifje/ (ptp de **stratifier**) ADJ stratified; *(Tech)* laminated NM laminate ♦ **en ~** laminated

**stratifier** /stʀatifje/ ► conjug 7 ◄ VT to stratify

**stratigraphie** /stʀatigʀafi/ NF *(Géol)* stratigraphy

**stratocumulus** /stʀatokymylys/ NM INV stratocumulus

**stratosphère** /stʀatɔsfɛʀ/ NF stratosphere

**stratosphérique** /stʀatɔsfeʀik/ ADJ stratospheric

**stratus** /stʀatys/ NM INV stratus

**streptocoque** /stʀɛptɔkɔk/ NM streptococcus

**streptomycine** /stʀɛptomisin/ NF streptomycin

**stress** /stʀɛs/ NM *(gén, Méd)* stress ♦ **être dans un état de ~ permanent** to be under constant stress

**stressant, e** /stʀesɑ̃, ɑ̃t/ ADJ *[situation, vie, métier]* stressful ♦ **qu'est-ce qu'il est ~ !** he really stresses me out! *

**stresser** /stʀese/ ► conjug 1 ◄ VT to put under stress, to stress out * ♦ **cette réunion m'a complètement stressé** the meeting really stressed me out *, I felt completely stressed after the meeting ♦ **être stressé** to be under stress ♦ **se sentir stressé** to feel stressed ♦ **les cadres stressés d'aujourd'hui** today's stressed(-out) executives VPR **se stresser** to get stressed

**stretch** /stʀɛtʃ/ ADJ INV stretch *(épith)*, stretchy NM ◆ **Stretch** ® stretch fabric ◆ **jupe en Stretch** stretch skirt

**stretching** /stʀɛtʃiŋ/ NM *(Sport)* stretches ◆ **faire du ~** to do stretches ◆ **cours de ~** stretch class

**striation** /stʀijasjɔ̃/ NF striation

**strict, e** /stʀikt/ ADJ **a** *(= astreignant, étroit) [obligation, sens]* strict; *[interprétation]* literal; *(Math)* strict ◆ **au sens ~ du terme** in the strict sense of the word ◆ **la ~e observation du règlement** the strict observance of the rules

**b** *(= sévère) [discipline, maître, morale, principes]* strict ◆ **il est très ~ sur la ponctualité** he is a stickler for punctuality, he's very strict about punctuality ◆ **il était très ~ avec nous** *ou* **à notre égard** he was very strict with us

**c** *(= absolu)* **c'est son droit le plus ~** it is his most basic right ◆ **le ~ nécessaire/minimum** the bare essentials/minimum ◆ **c'est la ~e vérité** it is the plain *ou* simple truth ◆ **dans la plus ~e intimité** in the strictest privacy

**d** *(= sobre) [tenue]* severe, plain; *[coiffure]* austere, severe ◆ **un uniforme/costume très ~** a very austere *ou* plain uniform/suit

**strictement** /stʀiktəmɑ̃/ ADV **a** *(= rigoureusement) [confidentiel, personnel]* strictly ◆ **les sanctions seront ~ appliquées** the sanctions will be strictly enforced ◆ **~ inférieur/supérieur** *(Math)* strictly lesser/greater **b** *(= sévèrement)* strictly ◆ **il a été élevé très ~** he had a very strict upbringing **c** *(= sobrement)* plainly

**stricto sensu** /stʀiktosɛ̃sy/ LOC ADV strictly speaking

**strident, e** /stʀidɑ̃, ɑ̃t/ ADJ shrill, strident; *(Phon)* strident

**stridulation** /stʀidylasjɔ̃/ NF stridulation, chirring *(NonC)*

**striduler** /stʀidyle/ ▸ conjug 1 ◂ VI to stridulate, to chirr

**strie** /stʀi/ NF *(de couleur)* streak; *(en relief)* ridge; *(en creux)* groove; *(Anat, Géol)* stria

**strié, e** /stʀije/ ADJ **a** *[coquille, roche, tige]* striated **b** *(Anat) [muscle]* striated ◆ **corps ~** (corpus) striatum

**strier** /stʀije/ ▸ conjug 7 ◂ VT *(de couleurs)* to streak; *(en relief)* to ridge; *(en creux)* to groove; *(Anat, Géol)* to striate ◆ **cheveux striés de blanc** hair streaked with grey ◆ **l'orage striait le ciel d'éclairs** lightning ripped through the sky; → **muscle**

**string** /stʀiŋ/ NM *(= sous-vêtement)* G-string; *(= maillot de bain)* tanga

**striptease, strip-tease** (pl **strip-teases**) /stʀiptiz/ NM *(= spectacle)* striptease ◆ **faire un ~** to do a striptease ◆ **faire du ~** to be a striptease artist, to be a stripper

**strip-teaseur, -euse** (mpl **strip-teaseurs**) /stʀiptizœʀ, øz/ NM,F stripper, striptease artist

**striure** /stʀijyʀ/ NF *[de couleurs]* streaking *(NonC)* ◆ **la ~** *ou* **les ~s de la pierre** the ridges *ou* grooves in the stone

**stroboscope** /stʀɔbɔskɔp/ NM stroboscope

**stroboscopique** /stʀɔbɔskɔpik/ ADJ stroboscopic, strobe *(épith)* ◆ **lumière ~** strobe lighting

**strontium** /stʀɔ̃sjɔm/ NM strontium

**strophe** /stʀɔf/ NF *(Littérat)* verse, stanza; *(Théât grec)* strophe

**structural, e** (mpl **-aux**) /stʀyktyʀal, o/ ADJ structural

**structuralisme** /stʀyktyʀalism/ NM structuralism

**structuraliste** /stʀyktyʀalist/ ADJ, NMF structuralist

**structurant, e** /stʀyktyʀɑ̃, ɑ̃t/ ADJ *[principe]* founding; *[expérience]* formative; → **gel**

**structuration** /stʀyktyʀasjɔ̃/ NF structuring

**structure** /stʀyktyʀ/ NF **a** *(= architecture, lit, fig)* structure ◆ **la ~ familiale** the family structure ◆ **~s d'accueil** *(gén)* facilities; *[d'hôpital]* reception facilities ◆ **la ~ des dépenses s'est modifiée** spending patterns have changed ◆ **~ profonde/superficielle** *ou* **de surface** *(Ling)* deep/surface structure ◆ **~ mentale** mindset ◆ **réformes de ~** structural reforms **b** *(= organisme)* organization

**structuré, e** /stʀyktyʀe/ (ptp de **structurer**) ADJ structured

**structurel, -elle** /stʀyktyʀɛl/ ADJ structural

**structurellement** /stʀyktyʀɛlmɑ̃/ ADV structurally ◆ **cette entreprise est ~ déficitaire** the way the company is structured means it's bound to run up debts

**structurer** /stʀyktyʀe/ ▸ conjug 1 ◂ VT to structure, to give structure to VPR **se structurer** *[parti]* to develop a structure; *[enfant]* to form

**strychnine** /stʀiknin/ NF strychnine

**stuc** /styk/ NM stucco ◆ **en ~** stucco *(épith)*

**studette** /stydɛt/ NF small studio flat *(Brit)* *ou* apartment *(surtout US)*

**studieusement** /stydjøzmɑ̃/ ADV studiously

**studieux, -ieuse** /stydjø, jøz/ ADJ *[personne, ambiance]* studious ◆ **j'ai eu** *ou* **passé des vacances studieuses** I spent the holidays studying

**studio** /stydjo/ NM **a** *(d'habitation)* studio flat *(Brit)* *ou* apartment *(surtout US)*; *(d'artiste)* studio **b** *(Ciné, TV : de prise de vues)* studio; *(= salle de cinéma)* film theatre *(Brit)* *ou* theater *(US)* ◆ **tourner en ~** to film *ou* shoot in the studio ◆ **~ d'enregistrement** recording studio ◆ **à vous les ~s !** *(TV)* and now back to the studio!

**stupéfaction** /stypefaksjɔ̃/ NF *(= étonnement)* amazement, astonishment, stupefaction ◆ **à la ~ générale** to everyone's astonishment *ou* amazement

**stupéfaire** /stypefɛʀ/ ▸ conjug 60 ◂ VT to stun, to astound, to dumbfound

**stupéfait, e** /stypefɛ, ɛt/ (ptp de **stupéfaire**) ADJ stunned, dumbfounded, astounded (*de qch* at sth); ◆ **~ de voir que ...** astounded *ou* stunned to see that ...

**stupéfiant, e** /stypefjɑ̃, jɑ̃t/ ADJ **a** *(= étonnant)* astounding, staggering **b** *(Méd)* stupefying, stupefacient *(SPÉC)* NM drug, narcotic, stupefacient *(SPÉC)*; → **brigade**

**stupéfié, e** /stypefje/ (ptp de **stupéfier**) ADJ staggered, dumbfounded

**stupéfier** /stypefje/ ▸ conjug 7 ◂ VT *(= étonner)* to stagger, to astound; *(Méd, littér)* to stupefy

**stupeur** /stypœʀ/ NF *(= étonnement)* astonishment, amazement; *(Méd)* stupor ◆ **être frappé de ~** to be dumbfounded *ou* stunned ◆ **c'est avec ~ que j'appris la nouvelle** I was stunned when I heard the news ◆ **à la ~ générale** to everyone's astonishment *ou* amazement

**stupide** /stypid/ ADJ *(= inepte)* stupid; *(= hébété)* stunned, bemused; *(= imprévisible) [accident]* stupid, silly ◆ **c'est ~, j'ai oublié !** how stupid of me, I forgot!

**stupidement** /stypidmɑ̃/ ADV stupidly

**stupidité** /stypidite/ NF *(= caractère)* stupidity; *(= parole)* stupid thing to say; *(= acte)* stupid thing to do ◆ **c'est une vraie ~** *ou* **de la ~** that's a really stupid *ou* silly *ou* foolish thing to say (*ou* do)

**stupre** † /stypʀ/ NM *(littér)* debauchery, depravity

**stups** * /styp/ NMPL (abrév de **stupéfiants**) → **brigade**

**style** /stil/ NM **a** *(gén, Art, Littérat, Sport)* style ◆ **meubles/reliure de ~** period furniture/binding ◆ **meubles de ~ Directoire/Louis XVI** Directoire/Louis XVI furniture ◆ **je reconnais bien là son ~** that is just his style ◆ **ce n'est pas son ~** *(vêtements)* it's not his style; *(comportement étonnant)* it's not like him ◆ **ou quelque chose de ce ~** *(fig)* or something along those lines ◆ **cet athlète a du ~** this athlete has style ◆ **offensive/opération de grand ~** full-scale *ou* large-scale offensive/operation ◆ **il a fait ~ * celui qui ne m'entendait pas** he made as if * he didn't hear me; → **exercice**

**b** *(= pointe, Bot)* style; *[de cylindre enregistreur]* stylus; *[de cadran solaire]* style, gnomon; *(Hist = poinçon)* style, stylus

COMP ▷ **style direct** *(Ling)* direct speech ▷ **style indirect** *(Ling)* indirect *ou* reported speech ◆ **~ indirect libre** indirect free speech ▷ **style journalistique** journalistic style, journalese *(péj)* ▷ **style télégraphique** telegraphic style ▷ **style de vie** lifestyle

**stylé, e** /stile/ ADJ *[domestique, personnel]* perfectly trained

**stylet** /stilɛ/ NM *(= poignard)* stiletto, stylet; *(Méd)* stylet; *(Zool)* proboscis, stylet

**stylisation** /stilizasjɔ̃/ NF stylization

**styliser** /stilize/ ▸ conjug 1 ◂ VT to stylize ◆ **colombe/fleur stylisée** stylized dove/flower

**stylisme** /stilism/ NM *(= métier)* dress designing; *(= snobisme)* concern for style

**styliste** /stilist/ NMF *(= dessinateur industriel)* designer; *(= écrivain)* stylist ◆ **~ de mode** clothes *ou* dress designer

**stylisticien, -ienne** /stilistisjɛ̃, jɛn/ NM,F stylistician, specialist in stylistics

**stylistique** /stilistik/ NF stylistics *(sg)* ADJ *[analyse, emploi]* stylistic

**stylo** /stilo/ NM pen ◆ **~-bille, ~ à bille** ball-point (pen), Biro ® *(Brit)*, Bic ® *(US)* ◆ **~ à encre** *ou* **(à) plume** *ou* **à réservoir** fountain pen ◆ **~-feutre** felt-tip pen ◆ **~ à cartouche** cartridge pen

**stylographe** † /stilɔgʀaf/ NM fountain pen

**Styx** /stiks/ NM ◆ **le ~** the Styx

**su, e** /sy/ (ptp de **savoir**) ADJ known NM ◆ **au ~ de** → **vu**[1]

**suaire** /sɥɛʀ/ NM *(littér = linceul)* shroud, winding sheet; *(fig)* shroud; → **saint**

**suant, suante** /sɥɑ̃, sɥɑ̃t/ ADJ **a** *(= en sueur)* sweaty **b** *(* = ennuyeux) [livre, cours]* deadly (dull) * ◆ **ce film est ~ *** this film is a real drag * *ou* is deadly * ◆ **ce qu'il est ~ ! *** what a drag * *ou* a pain (in the neck) * he is!

**suave** /sɥav/ ADJ *[personne, manières]* suave, smooth; *[voix]* smooth; *[musique, parfum]* sweet; *[couleurs]* mellow; *[formes]* smooth

**suavement** /sɥavmɑ̃/ ADV *[s'exprimer]* suavely

**suavité** /sɥavite/ NF *[de personne, manières, voix, regard]* suavity, smoothness; *[de musique, parfum]* sweetness; *[de couleurs]* mellowness; *[de formes]* smoothness

**subaigu, -uë** /sybegy/ ADJ subacute

**subalterne** /sybaltɛʀn/ ADJ *[rôle]* subordinate, subsidiary; *[employé, poste]* junior *(épith)* ◆ **officier ~** subaltern NMF subordinate, inferior

**subantarctique** /sybɑ̃taʀktik/ ADJ subantarctic

**subaquatique** /sybakwatik/ ADJ subaquatic, underwater *(épith)*

**subarctique** /sybaʀktik/ ADJ subarctic

**subconscient, e** /sypkɔ̃sjɑ̃, jɑ̃t/ ADJ, NM subconscious

**subdiviser** /sybdivize/ ▸ conjug 1 ◂ VT to subdivide (*en* into) VPR **se subdiviser** to be subdivided, to be further divided (*en* into)

**subdivision** /sybdivizjɔ̃/ NF *(gén)* subdivision; *[de classeur]* section

**subéquatorial, e** (mpl **-iaux**) /sybekwatɔʀjal, jo/ ADJ subequatorial

**subir** /sybiʀ/ ▸ conjug 2 ◂ VT **a** *(= être victime de)* *[+ affront]* to be subjected to, to suffer; *[+ violences, attaque, critique]* to undergo, to suffer, to be subjected to; *[+ perte, défaite, dégâts]* to suffer, to sustain; *[+ choc]* to suffer ◆ **faire ~ un affront/des tortures à qn** to subject sb to an insult/to torture ◆ **faire ~ des pertes/une défaite à l'ennemi** to inflict losses/defeat on the enemy

**b** *(= être soumis à)* *[+ charme]* to be subject to, to be under the influence of; *[+ influence]* to be under; *[+ peine de prison]* to serve; *[+ examen]* to undergo, to go through; *[+ opération, interrogatoire]* to undergo ◆ **~ les effets de qch** to be affected by sth ◆ **~ la loi du plus fort** to be subjected to the law of the strongest ◆ **~ les rigueurs de l'hiver** to undergo *ou* be subjected to the rigours of winter ◆ **faire ~ son influence à qn** to exert an influence over sb ◆ **faire ~ un examen à qn** to put sb through *ou* subject sb to an examination, to make sb undergo an examination

**c** *(= endurer)* to suffer, to put up with, to endure ◆ **il faut ~ et se taire** you must suffer in silence ◆ **il va falloir le ~ pendant toute la journée** * we're going to have to put up with him all day ◆ **on subit sa famille, on choisit ses amis** you can pick your friends but not your family

**d** *(= recevoir)* *[+ modification, transformation]* to undergo, to go through ◆ **les prix ont subi une hausse importante** there has been a considerable increase in prices, prices have undergone a considerable increase

**subit, e** /sybi, it/ ADJ sudden

**subitement** /sybitmɑ̃/ ADV suddenly, all of a sudden

**subito (presto)** * /sybito(pʀesto)/ LOC ADV *(= brusquement)* all of a sudden; *(= immédiatement)* at once

**subjectif, -ive** /sybʒɛktif, iv/ ADJ subjective ◆ **un danger ~** a danger which one creates for oneself

**subjectivement** /sybʒɛktivmɑ̃/ ADV subjectively

**subjectivisme** /sybʒɛktivism/ NM subjectivism

**subjectiviste** /sybʒɛktivist/ ADJ subjectivistic NMF subjectivist

**subjectivité** /sybʒɛktivite/ NF subjectivity

**subjonctif, -ive** /sybʒɔ̃ktif, iv/ ADJ, NM subjunctive ◆ **au ~** in the subjunctive

**subjuguer** /sybʒyge/ ▸ conjug 1 ◂ VT **a** *[+ auditoire, personne malléable]* to captivate, to enthrall ◆ **complètement subjugué par les thèses fascistes** in thrall to fascist ideas **b** *(littér)* *[+ peuple vaincu]* to subjugate ◆ **être subjugué par le charme/la personnalité de qn** to be captivated by sb's charm/personality

**sublimation** /sublimasjɔ̃/ NF *(Chim, Psych)* sublimation

**sublime** /syblim/ ADJ *(gén)* sublime; *[personne]* magnificent, wonderful ◆ **~ de dévouement** sublimely dedicated ◆ **la Sublime Porte** *(Hist)* the Sublime Porte NM ◆ **le ~** the sublime

**sublimé, e** /syblime/ (ptp de **sublimer**) ADJ sublimate(d) NM sublimate

**sublimement** /syblimmɑ̃/ ADV sublimely

**sublimer** /syblime/ ▸ conjug 1 ◂ VT *(Psych)* to sublimate; *(Chim)* to sublimate, to sublime

**subliminaire** /sybliminɛʀ/, **subliminal, e** (mpl **-aux**) /subliminal, o/ ADJ subliminal

**sublimité** /syblimite/ NF *(littér)* sublimeness *(NonC)*, sublimity

**sublingual, e** (mpl **-aux**) /syblɛ̃gwal, o/ ADJ sublingual ◆ **comprimé ~** tablet to be dissolved under the tongue

**submergé, e** /sybmɛʀʒe/ (ptp de **submerger**) ADJ **a** *[terres, plaine]* flooded, submerged; *[récifs]* submerged **b** *(= débordé, dépassé)* swamped, snowed under ◆ **~ de** *[+ appels téléphoniques, commandes]* snowed under *ou* swamped *ou* inundated with; *[+ douleur, plaisir, inquiétude]* overwhelmed *ou* overcome with ◆ **le standard est ~ d'appels** the switchboard is inundated *ou* flooded *ou* swamped with calls ◆ **les hôpitaux sont ~s de blessés** the hospitals are overflowing with wounded people ◆ **~ de travail** snowed under *ou* swamped with work, up to one's eyes *(Brit)* *ou* ears *(US)* in work * ◆ **nous étions complètement ~s** we were completely snowed under, we were up to our eyes *(Brit)* *ou* ears *(US)* in it *

**submerger** /sybmɛʀʒe/ ▸ conjug 3 ◂ VT *(= inonder)* *[+ terres, plaine]* to flood, to submerge; *[+ barque]* to submerge ◆ **~ qn** *[foule]* to engulf sb; *[ennemi]* to overwhelm sb; *[émotion]* to overcome sb, to overwhelm sb ◆ **ils nous submergeaient de travail** they swamped *ou* inundated us with work ◆ **les policiers ont été submergés par les manifestants** the police were overwhelmed by the demonstrators

**submersible** /sybmɛʀsibl/ ADJ *(Bot)* *[plante]* submerged NM *(Naut)* submersible

**submersion** /sybmɛʀsjɔ̃/ NF *[de terres]* flooding, submersion ◆ **mort par ~** *(Méd)* death by drowning

**subodorer** /sybɔdɔʀe/ ▸ conjug 1 ◂ VT *(parfois hum = soupçonner)* to suspect ◆ **aucun professeur n'avait subodoré son génie** none of the teachers realized how brilliant he was *ou* realized that he was a genius ◆ **elle subodorait un drame épouvantable** she sensed that a terrible tragedy was taking place

**subordination** /sybɔʀdinasjɔ̃/ NF subordination ◆ **je m'élève contre la ~ de cette décision à leurs plans** I object to this decision being subject to their plans ◆ **relation** *ou* **rapport de ~** *(Ling)* relation of subordination; → **conjonction**

**subordonné, e** /sybɔʀdɔne/ (ptp de **subordonner**) ADJ *(gén, Ling)* subordinate (*à* to); ◆ **proposition ~e** *(Ling)* dependent *ou* subordinate clause NM,F subordinate NF **subordonnée** *(Ling)* dependent *ou* subordinate clause

**subordonner** /sybɔʀdɔne/ ▸ conjug 1 ◂ VT **a** *(dans une hiérarchie)* **~ qn à** to subordinate sb to ◆ **accepter de se ~ à qn** to agree to subordinate o.s. to sb, to accept a subordinate position under sb **b** *(Ling)* to subordinate ◆ **~ qch à** *(= placer au second rang)* to subordinate sth to ◆ **nous subordonnons notre décision à ses plans** *(= faire dépendre de)* our decision will be subject to his plans ◆ **leur départ est subordonné au résultat des examens** their departure is subject to *ou* depends on the exam results

**subornation** /sybɔʀnasjɔ̃/ NF *(Jur)* *[de témoins]* bribing, subornation *(SPÉC)*

**suborner** /sybɔʀne/ ▸ conjug 1 ◂ VT *(Jur)* *[+ témoins]* to bribe, to suborn *(SPÉC)*; *(littér)* *[+ jeune fille]* to lead astray, to seduce

**suborneur** † /sybɔʀnœʀ/ NM seducer

**subreptice** /sybʀɛptis/ ADJ *[moyen]* stealthy, surreptitious ◆ **acte ~** *(Jur)* subreption

**subrepticement** /sybʀɛptismɑ̃/ ADV stealthily, surreptitiously

**subrogation** /sybʀɔgasjɔ̃/ NF *(Jur)* subrogation

**subrogé, e** /sybʀɔʒe/ (ptp de **subroger**) ADJ *(Jur)* ◆ **~(-)tuteur** surrogate guardian ◆ **langage ~** *(Ling)* subrogate language NM,F *(Jur)* surrogate

**subroger** /sybʀɔʒe/ ▸ conjug 3 ◂ VT *(Jur)* to subrogate, to substitute

**subsaharien, -ienne** /sybsaaʀjɛ̃, jɛn/ ADJ *[désert, pays]* sub-Saharan; → **Afrique**

**subséquemment** /sypsekamɑ̃/ ADV († *, Jur)* subsequently

**subséquent, e** /sypsekɑ̃, ɑ̃t/ ADJ († *, Jur, Géog)* subsequent

**subside** /sybzid/ NM grant ◆ **les modestes ~s qu'il recevait de son père** the small allowance he received from his father

**subsidiaire** /sybzidjɛʀ/ ADJ *[raison, motif]* subsidiary; → **question**

**subsidiairement** /sybzidjɛʀmɑ̃/ ADV subsidiarily

**subsidiarité** /sybzidjaʀite/ NF *(Pol)* subsidiarity ◆ **le principe de ~** *(Europe)* the principle of subsidiarity

**subsistance** /sybzistɑ̃s/ NF *(= moyens d'existence)* subsistence ◆ **assurer la ~ de sa famille/de qn** to support *ou* maintain *ou* keep one's family/sb ◆ **assurer sa (propre) ~** to keep *ou* support o.s. ◆ **ma ~ était assurée** I had enough to live on ◆ **ils tirent leur ~ de certaines racines** they live on certain root crops ◆ **moyens de ~** means of subsistence ◆ **économie/agriculture de ~** subsistence economy/agriculture

**subsistant, e** /sybzistɑ̃, ɑ̃t/ ADJ remaining *(épith)* NM *(Mil)* seconded serviceman

**subsister** /sybziste/ ▸ conjug 1 ◂ VI *[personne]* *(= ne pas périr)* to live on, to survive; *(= se nourrir, gagner sa vie)* to live, to stay alive, to subsist; *(= rester)* *[erreur, vestiges]* to remain ◆ **ils ont tout juste de quoi ~** they have just enough to live on *ou* to keep body and soul together ◆ **le doute subsiste** *ou* **il subsiste un doute quant à** *ou* **sur** there is still some doubt as to, there remains some doubt as to ◆ **du château primitif, il ne subsiste que l'aile gauche** only the left wing of the original castle remains intact ◆ **il ne subsiste que quelques spécimens de cette plante** there are only a few specimens of this plant left

**subsonique** /sypsɔnik/ ADJ subsonic

**substance** /sypstɑ̃s/ NF *(gén, Philos)* substance ◆ **la ~ de notre discussion** the substance *ou* gist of our discussion ◆ **c'était un discours sans ~, ce discours manquait de ~** the speech had no substance to it ◆ **~ blanche/grise** *(Anat)* white/grey matter ◆ **~ étrangère** foreign substance *ou* matter *(NonC)* ◆ **le lait est une ~ alimentaire** milk is a food ◆ **en ~** in substance ◆ **voilà, en ~, ce qu'ils ont dit** here is, in substance, what they said, here is the gist of what they said

**substantialité** /sypstɑ̃sjalite/ NF substantiality

**substantiel, -ielle** /sypstɑ̃sjɛl/ ADJ *(gén, Philos)* substantial

**substantiellement** /sypstɑ̃sjɛlmɑ̃/ ADV substantially

**substantif, -ive** /sypstɑ̃tif, iv/ NM noun, substantive ADJ *[proposition]* noun *(épith)*; *[emploi]* nominal, substantival; *[style]* nominal

**substantifique** /sypstɑ̃tifik/ ADJ *(hum)* ◆ **la ~ moelle** the very substance

**substantivation** /sypstɑ̃tivasjɔ̃/ NF nominalization, substantivization

**substantivement** /sypstɑ̃tivmɑ̃/ ADV nominally, as a noun, substantively

**substantiver** /sypstɑ̃tive/ ▸ conjug 1 ◂ VT to nominalize, to substantivize

**substituer** /sypstitɥe/ ▸ conjug 1 ◂ VT a *(= remplacer)* **~ qch/qn à** to substitute sth/sb for b *(Jur) [+ legs]* to entail VPR **se substituer** ◆ **se ~ à qn** *(en l'évinçant)* to substitute o.s. for sb; *(en le représentant)* to substitute for sb, to act as a substitute for sb ◆ **l'adjoint s'est substitué au chef** the deputy is substituting for the boss

**substitut** /sypstity/ NM *(= magistrat)* deputy public prosecutor *(Brit)*, assistant district attorney *(US)*; *(= succédané)* substitute *(de* for); *(Ling)* pro-form substitute ◆ **~ maternel** *(Psych)* substitute mother ◆ **~ de repas** meal replacement

**substitutif, -ive** /sypstitytif, iv/ ADJ *(Méd)* ◆ **traitement ~** replacement therapy ◆ **traitement hormonal ~** hormone replacement therapy

**substitution** /sypstitysjɔ̃/ NF *(gén, Chim) (intentionnelle)* substitution *(à* for); *(accidentelle) [de vêtements, bébés]* mix-up *(de* of, in); ◆ **il y a eu ~ d'enfants** the babies were switched ◆ **produit de ~** substitute (product) ◆ **produit** *ou* **drogue de ~ à l'héroïne** heroin substitute ◆ **traitement de ~** *treatment of drug addicts with substitute drugs* ◆ **hormones de ~** replacement hormones ◆ **énergies de ~** alternative (sources of) energy ◆ **carburant de ~** substitute fuel ◆ **effet de ~** *(dans l'emploi)* substitution effect; → **mère, peine**

**substrat** /sypstʀa/ NM *(Géol, Ling, Philos)* substratum

**subsumer** /sypsyme/ ▸ conjug 1 ◂ VT to subsume

**subterfuge** /syptɛʀfyʒ/ NM subterfuge ◆ **user de ~s** to use subterfuge

**subtil, e** /syptil/ ADJ a *(= sagace) [personne, esprit, intelligence, réponse, calcul]* subtle ◆ **c'est un négociateur ~** he's a skilful negotiator b *(= raffiné) [nuance, distinction]* subtle, fine; *[parfum, goût, raisonnement]* subtle ◆ **un ~ mélange d'autorité et de tendresse** a subtle blend of authority and tenderness ◆ **c'est trop ~ pour moi** it's too subtle for me

**subtilement** /syptilmɑ̃/ ADV subtly, in a subtle way

**subtilisation** /syptilizasjɔ̃/ NF spiriting away

**subtiliser** /syptilize/ ▸ conjug 1 ◂ VT *(= dérober)* to steal ◆ **il s'est fait ~ sa valise** his suitcase was stolen VI *(littér = raffiner)* to subtilize

**subtilité** /syptilite/ NF subtlety ◆ **les ~s de la langue française** the subtleties of the French language

**subtropical, e** (mpl **-aux**) /sybtʀɔpikal, o/ ADJ subtropical ◆ **régions ~es** subtropical regions, subtropics

**suburbain, e** /sybyʀbɛ̃, ɛn/ ADJ suburban

**subvenir** /sybvəniʀ/ ▸ conjug 22 ◂ **subvenir à** VT INDIR *[+ besoins]* to provide for, to meet; *[+ frais]* to meet, to cover ◆ **~ aux besoins de sa famille** to provide for *ou* support one's family ◆ **~ à ses propres besoins** to support o.s.

**subvention** /sybvɑ̃sjɔ̃/ NF subsidy ◆ **ils reçoivent des ~s publiques** they receive public subsidies

**subventionner** /sybvɑ̃sjɔne/ ▸ conjug 1 ◂ VT to subsidize ◆ **théâtre subventionné** subsidized theatre ◆ **école subventionnée** grant-maintained school

**subversif, -ive** /sybvɛʀsif, iv/ ADJ subversive

**subversion** /sybvɛʀsjɔ̃/ NF subversion

**subversivement** /sybvɛʀsivmɑ̃/ ADV subversively

**subvertir** /sybvɛʀtiʀ/ ▸ conjug 2 ◂ VT *[+ structure, valeurs]* to undermine

**suc** /syk/ NM *[de plante]* sap; *[de viande, fleur, fruit]* juice; *(littér) [d'œuvre]* pith, meat ◆ **~s digestifs** *ou* **gastriques** gastric juices

**succédané** /syksedane/ NM *(= substitut)* substitute *(de* for); *(= médicament)* substitute, succedaneum *(SPÉC)* ◆ **un ~ de ...** *(péj = imitation)* a pale imitation of ...

**succéder** /syksede/ ▸ conjug 6 ◂ VT INDIR **succéder à** *[+ directeur, roi]* to succeed; *[+ période, chose, personne]* to succeed, to follow; *(Jur) [+ titres, héritage]* to inherit, to succeed to ◆ **~ à qn à la tête d'une entreprise** to succeed sb *ou* take over from sb at the head of a firm ◆ **des prés succédèrent aux champs de blé** cornfields were followed *ou* replaced by meadows, cornfields gave way to meadows ◆ **le rire succéda à la peur** fear gave way to laughter

VPR **se succéder** to follow one another, to succeed one another ◆ **ils se succédèrent de père en fils** son followed father ◆ **les mois se succédèrent** month followed month ◆ **les échecs se succédèrent** one failure followed another ◆ **trois gouvernements se sont succédé en trois ans** there have been three successive governments in three years ◆ **les visites se sont succédé toute la journée dans la chambre du malade** visitors filed in and out of the patient's room all day

**succès** /syksɛ/ NM a *(= réussite) [d'entreprise, roman]* success ◆ **~ militaires/sportifs** military/sporting successes ◆ **félicitations pour votre ~** congratulations on your success ◆ **le ~ ne l'a pas changé** success hasn't changed him ◆ **~ d'estime** succès d'estime, praise from the critics *(with poor sales)* ◆ **avoir du ~ auprès des femmes** to be successful with women

b *(= livre)* success, bestseller; *(= chanson, disque)* success, hit *; *(= film, pièce)* box-office success, hit * ◆ **~ de librairie** bestseller ◆ **tous ses livres ont été des ~** all his books were bestsellers, every one of his books was a success ◆ **~ commercial** commercial success ◆ **~ d'audience** success *ou* hit * with the audience(s), ratings success

c *(= conquête amoureuse)* **~ (féminin)** conquest ◆ **son charme lui vaut de nombreux ~** numerous women have fallen for his charms

d *(loc)* **avec ~** successfully ◆ **avec un égal ~** equally successfully, with equal success ◆ **sans ~** unsuccessfully, without success ◆ **pour ce film, c'est le ~ assuré** *ou* **garanti** this film is sure to be a success ◆ **avoir du ~, être un ~** to be successful, to be a success ◆ **cette pièce a eu un grand ~** *ou* **beaucoup de ~** *ou* **un ~ fou** * the play was a great success *ou* was very successful *ou* was a smash hit * ◆ **ce chanteur a eu un ~ monstre** * *ou* **bœuf** * this singer was a big hit *

◆ **à succès** *[auteur, livre]* successful, best-selling ◆ **film à ~** hit film *, blockbuster * ◆ **chanson/pièce à ~** hit *, successful song/play ◆ **roman à ~** successful novel, bestseller

**successeur** /syksesœʀ/ NM *(gén)* successor

**successif, -ive** /syksesif, iv/ ADJ successive

**succession** /syksesjɔ̃/ NF a *(= enchaînement, série)* succession ◆ **la ~ des saisons** the succession *ou* sequence of the seasons ◆ **toute une ~ de visiteurs/malheurs** a whole succession *ou* series of visitors/misfortunes b *(= transmission de pouvoir)* succession; *(Jur) (= transmission de biens)* succession; *(= patrimoine)* estate, inheritance ◆ **partager une ~** to share an estate *ou* an inheritance ◆ **la ~ est ouverte** *(Jur)* ≃ the will is going through probate ◆ **~ vacante** estate in abeyance ◆ **par voie de ~** by right of inheritance *ou* succession ◆ **prendre la ~ de** *[+ ministre, directeur]* to succeed, to take over from; *[+ roi]* to succeed; *[+ maison de commerce]* to take over; → **droit³, guerre**

**successivement** /syksesivmɑ̃/ ADV successively

**successoral, e** (mpl **-aux**) /syksesɔʀal, o/ ADJ ◆ **droits successoraux** inheritance tax

**succinct, e** /syksɛ̃, ɛ̃t/ ADJ *[écrit]* succinct; *[repas]* frugal ◆ **soyez ~** be brief ◆ **il a été très ~** he was very brief

**succinctement** /syksɛ̃tmɑ̃/ ADV *[raconter]* succinctly; *[manger]* frugally

**succion** /sy(k)sjɔ̃/ NF *(Phys, Tech)* suction; *(Méd) [de plaie]* sucking ◆ **bruit de ~** sucking noise

**succomber** /sykɔ̃be/ ▸ conjug 1 ◂ VI a *(= mourir)* to die, to succumb *(frm)* ◆ **~ à ses blessures** to die from one's injuries b *(= être vaincu)* to succumb *(frm)*; *(par tentations)* to succumb, to give way ◆ **~ sous le nombre** to be overcome by numbers ◆ **~ à** *[+ tentation]* to succumb *ou* yield *ou* give way to; *[+ promesses]* to succumb to; *[+ charme]* to succumb to, to fall under; *[+ fatigue, désespoir, sommeil]* to give way to, to succumb to ◆ **~ sous le poids de qch** *(littér : lit, fig)* to yield *ou* give way beneath the weight of sth ◆ **ce gâteau était trop tentant, j'ai succombé !** this cake was so tempting I just couldn't resist! ◆ **la ville a succombé sous les assauts répétés de l'armée** the town fell under the repeated attacks of the army

**succube** /sykyb/ NM succubus

**succulence** /sykylɑ̃s/ NF *(littér)* succulence

**succulent, e** /sykylɑ̃, ɑ̃t/ ADJ a *(= délicieux) [fruit, rôti]* succulent; *[mets, repas]* delicious; *[récit]* juicy * b *(Bot) [plante]* succulent NF *(Bot) (= plante)* succulent

**succursale** /sykyʀsal/ NF *[de magasin, firme]* branch; → **magasin**

**sucer** /syse/ ▸ conjug 3 ◂ VT a *(lit)* to suck ◆ **toujours à ~ des bonbons** always sucking sweets ◆ **ces pastilles se sucent** these tablets are to be sucked ◆ **~ son pouce** to suck one's thumb ◆ **ce procès lui a sucé toutes ses économies** * this lawsuit has bled him of all his savings ◆ **~ qn jusqu'à la moelle** * *ou* **jusqu'au dernier sou** * to suck sb dry *, to bleed sb dry * ◆ **se ~ la poire** ** *ou* **la pomme** ** to neck **, to kiss passionately ◆ **on voit bien qu'il ne suce pas de la glace !** * *(hum)* he really knocks it back! ** b (** = *boire)* to tipple *, to booze * ◆ **cette voiture suce beaucoup** this car guzzles * a lot of petrol *(Brit)* *ou* gas *(US)* c *** *(fellation)* to suck off ***; *(cunnilingus)* to go down on ***

**sucette** /sysɛt/ NF *(= bonbon)* lollipop, lolly *(Brit)*; *(= tétine)* comforter, dummy *(Brit)*, pacifier *(US)* ◆ **partir en ~** * *(= se détériorer, ne pas aboutir)* to go pear-shaped *

**suceur, -euse** /sysœʀ, øz/ NM a *(Zool)* **(insecte) ~** sucking insect b *[d'aspirateur]* nozzle NM (fig) ◆ ~ **de sang** bloodsucker NF **suceuse** (= machine) suction dredge

**suçon** * /sysɔ̃/ NM love bite * (Brit), hickey * (US) ◆ **faire un ~ à qn** to give sb a love bite (Brit) ou a hickey (US)

**suçoter** /sysɔte/ ▸ conjug 1 ◂ VT to suck

**sucrage** /sykʀaʒ/ NM [de vin] sugaring, sweetening

**sucrant, e** /sykʀɑ̃, ɑ̃t/ ADJ sweetening ◆ **c'est très ~** it's very sweet

**sucrase** /sykʀɑz/ NF sucrase

**sucre** /sykʀ/ NM **a** (= substance) sugar; (= morceau) lump of sugar, sugar lump ◆ **prendre deux ~s dans son café** to take two lumps of sugar ou two sugars in one's coffee ◆ **combien de ~s ?** how many sugars (do you take)? ◆ **fraises au ~** strawberries sprinkled with sugar ◆ **chewing-gum sans ~** sugarless ou sugar-free chewing gum ◆ **cet enfant n'est pas en ~ quand même !** for goodness sake, the child won't break! ◆ **être tout ~ tout miel** [personne] to be all sweetness and light ◆ **mon petit trésor en ~** my little honey-bun ou sugarplum ◆ **partie de ~** (au Canada) sugaring-off party; → **casser**

**b** (= unité monétaire) sucre

COMP ▷ **sucre de betterave** beet sugar ▷ **sucre brun** brown sugar ▷ **sucre candi** sugar candy ▷ **sucre de canne** cane sugar ▷ **sucre cristallisé** (coarse) granulated sugar ▷ **sucre d'érable** * (Can) maple sugar ▷ **sucre glace** icing sugar (Brit), confectioners' sugar (US) ▷ **sucres lents** complex sugars ▷ **sucre en morceaux** lump ou cube sugar ▷ **sucre d'orge** (= substance) barley sugar; (= bâton) stick of barley sugar ▷ **sucre en poudre** fine granulated sugar, caster sugar (Brit) ▷ **sucres rapides** simple sugars ▷ **sucre roux** brown sugar ▷ **sucre semoule** ⇒ **sucre en poudre** ▷ **sucre vanillé** vanilla sugar

> **Le Temps des sucres**
>
> Maple sugar and syrup production is an important traditional industry in Quebec, and the sugar harvest is a time for festivities in rural areas. The local community traditionally gets together for a celebration with music and dancing, and boiling maple sugar is thrown into the snow where it hardens into a kind of toffee known as « tire ».

**sucré, e** /sykʀe/ (ptp de **sucrer**) ADJ **a** [fruit, saveur, vin] sweet; [jus de fruits, lait condensé] sweetened ◆ **eau ~e** sugar water ◆ **ce thé est trop ~** this tea is too sweet, there's too much sugar in this tea ◆ **prenez-vous votre café ~ ?** do you take sugar (in your coffee)? ◆ **tasse de thé bien ~e** well-sweetened cup of tea, cup of nice sweet tea ◆ **non ~** unsweetened **b** (péj) [ton] sugary, honeyed; [air] sickly-sweet ◆ **elle fait sa ~e** she's turning on the charm NM ◆ **le ~ et le salé** sweet and savoury food ◆ **je préfère le ~ au salé** I prefer sweet things to savouries

**sucrer** /sykʀe/ ▸ conjug 1 ◂ VT **a** [+ boisson] to sugar, to put sugar in, to sweeten; [+ produit alimentaire] to sweeten ◆ **le miel sucre autant que le sucre lui-même** honey sweetens as much as sugar, honey is as good a sweetener as sugar ◆ **on peut ~ avec du miel** honey may be used as a sweetener ou may be used to sweeten things ◆ **sucrez à volonté** sweeten ou add sugar to taste ◆ **~ les fraises** ⁑ to be a bit doddery *

**b** (⁑ = supprimer) ~ **son argent de poche à qn** to stop sb's pocket money ◆ **il s'est fait ~ ses heures supplémentaires** he's had his overtime money stopped ◆ **il s'est fait ~ son permis de conduire** he had his driving licence taken away ◆ **ils m'ont sucré mes vacances à la dernière minute** I was told at the last minute I couldn't take my holiday

VPR **se sucrer** **a** (* lit = prendre du sucre) to help o.s. to sugar, to have some sugar

**b** (⁑ = s'enrichir) to line one's pockets *

**sucrerie** /sykʀəʀi/ NF **a** (= bonbon) sweet (Brit), candy (US) ◆ **~s** sweets, sweet things ◆ **aimer les ~s** to have a sweet tooth, to like sweet things **b** (= usine) sugar house; (= raffinerie) sugar refinery; (Can) (maple) sugar house

**Sucrette** ® /sykʀɛt/ NF artificial sweetener

**sucrier, -ière** /sykʀije, ijɛʀ/ ADJ [industrie, betterave] sugar (épith); [région] sugar-producing NM **a** (= récipient) sugar basin, sugar bowl ◆ **~ (verseur)** sugar dispenser ou shaker **b** (= industriel) sugar producer

**sud** /syd/ NM INV **a** (= point cardinal) south ◆ **le vent du ~** the south wind ◆ **un vent du ~** a south(erly) wind, a southerly (Naut) ◆ **le vent tourne/est au ~** the wind is veering south(wards) ou towards the south/is blowing from the south ◆ **regarder vers le ~** ou **dans la direction du ~** to look south(wards) ou towards the south ◆ **au ~** (situation) in the south; (direction) to the south, south(wards) ◆ **au ~ de** south of, to the south of ◆ **la maison est (exposée) au ~/exposée plein ~** the house faces (the) south ou southwards/due south, the house looks south(wards)/due south

**b** (= régions) south ◆ **le ~ de la France, le Sud** the South of France ◆ **l'Europe/l'Italie du Sud** Southern Europe/Italy ◆ **le Pacifique Sud** the South Pacific ◆ **les mers du Sud** the South Seas ◆ **le dialogue Nord-Sud** (Pol) the North-South dialogue; → **Amérique, Corée, croix**

ADJ INV [région, partie] southern; [entrée, paroi] south; [versant, côte] south(ern); [côté] south(ward); [direction] southward, southerly (Mét) ◆ **il habite (dans) la banlieue ~** he lives in the southern suburbs; → **hémisphère, pôle**

**sud-africain, e** (mpl **sud-africains**) /sydafʀikɛ̃, ɛn/ ADJ South African NM,F **Sud-Africain(e)** South African

**sud-américain, e** (mpl **sud-américains**) /sydameʀikɛ̃, ɛn/ ADJ South American NM,F **Sud-Américain(e)** South American

**sudation** /sydasjɔ̃/ NF sweating, sudation (SPÉC)

**sudatoire** /sydatwaʀ/ ADJ sudatory

**sud-coréen, -enne** (mpl **sud-coréens**) /sydkɔʀeɛ̃, ɛn/ ADJ South Korean NM,F **Sud-Coréen(ne)** South Korean

**sud-est** /sydɛst/ ADJ INV south-east; [banlieue] south-eastern; [côte] south-east(ern) NM south-east ◆ **le Sud-Est asiatique** South-East Asia ◆ **aller dans le Sud-Est (de la France)** to go to the south-east (of France) ◆ **au ~ de Rome** (à l'extérieur) south-east of Rome; (dans la ville) in the south-east of Rome ◆ **regarder vers le ~** to look south-east(wards) ou towards the southeast ◆ **en direction du ~** in a south-easterly direction ◆ **vent du ou de ~** southeasterly (wind), southeaster

**sudiste** /sydist/ NMF Southerner; (Hist US) Confederate ADJ Southern; (Hist US) Confederate

**sudorifère** /sydɔʀifɛʀ/ ADJ ⇒ **sudoripare**

**sudorifique** /sydɔʀifik/ ADJ, NM sudorific

**sudoripare** /sydɔʀipaʀ/ ADJ sudoriferous, sudoriparous ◆ **glande ~** sweat gland

**sud-ouest** /sydwɛst/ ADJ INV south-west; [banlieue] south-western; [côte] south-west(ern) NM southwest ◆ **aller dans le Sud-Ouest (de la France)** to go to the south-west (of France) ◆ **au ~ de Rome** (à l'extérieur) south-west of Rome; (dans la ville) in the south-west of Rome ◆ **regarder vers le ~** to look south-west(wards) ou towards the southwest ◆ **en direction du ~** in a south-westerly direction ◆ **vent du ou de ~** southwesterly (wind), southwester

**sud-sud-est** /sydsydɛst/ NM, ADJ INV south-southeast

**sud-sud-ouest** /sydsydwɛst/ NM, ADJ INV south-southwest

**sud-vietnamien, -ienne** (mpl **sud-vietnamiens**) /sydvjɛtnamjɛ̃, jɛn/ ADJ South Vietnamese NM,F **Sud-Vietnamien(ne)** South Vietnamese

**suédé, e** /sɥede/ ADJ, NM suede

**Suède** /sɥɛd/ NF Sweden

**suède** /sɥɛd/ NM (= peau) suede ◆ **en ou de ~** suede

**suédine** /sɥedin/ NF suedette

**suédois, e** /sɥedwa, waz/ ADJ Swedish; → **allumette, gymnastique** NM (Ling) Swedish NM,F **Suédois(e)** Swede

**suée** * /sɥe/ NF sweat ◆ **prendre ou attraper une bonne ~** to work up a good sweat ◆ **à l'idée de cette épreuve, j'en avais la ~** I was in a (cold) sweat at the thought of the test * ◆ **je dois aller le voir, quelle ~ !** I've got to go and see him – what a drag! * ou pain! *

**suer** /sɥe/ ▸ conjug 1 ◂ VI **a** (= transpirer) to sweat; (fig = peiner) to sweat * (sur over); ◆ **~ de peur** to be in a cold sweat ◆ **~ à grosses gouttes** to sweat profusely ◆ **~ sur une dissertation** to sweat over an essay *

**b** (= suinter) [murs] to ooze, to sweat (de with)

**c** (Culin) **faire ~** to sweat

**d** (loc) **faire ~ qn** (lit) [médicament] to make sb sweat ◆ **tu me fais ~** * (fig) you're a pain (in the neck) * ou a drag * ◆ **on se fait ~ ici** * it's such a drag here * ◆ **ce qu'on se fait ~ à ses cours** * his classes are such a drag * ◆ **je me suis fait ~ à le réparer** * I sweated blood to repair that ◆ **faire ~ le burnous** ⁑ (péj) to use sweated labour, to exploit native labour

VT **a** [+ sueur, sang] to sweat ◆ **~ sang et eau à ou pour faire qch** (fig) to sweat blood to get sth done, to sweat blood over sth

**b** [+ humidité] to ooze

**c** (= révéler, respirer) [+ pauvreté, misère, avarice, lâcheté] to exude, to reek of ◆ **cet endroit sue l'ennui** this place reeks of boredom

**d** († , ⁑ = danser) **en ~ une** to shake a leg *

**sueur** /sɥœʀ/ NF sweat (NonC) ◆ **en ~** in a sweat, sweating ◆ **être en ~** to be bathed in sweat ◆ **à la ~ de son front** by the sweat of one's brow ◆ **donner des ~s froides à qn** to put sb in a cold sweat ◆ **j'en avais des ~s froides** I was in a cold sweat about it ◆ **vivre de la ~ du peuple** (fig) to live off the backs of the people

**Suez** /sɥɛz/ N Suez ◆ **le canal de ~** the Suez Canal ◆ **le golfe de ~** the Gulf of Suez

**suffire** /syfiʀ/ ▸ conjug 37 ◂ VI **a** (= être assez) [somme, durée, quantité] to be enough, to be sufficient, to suffice (frm) ◆ **cette explication ne (me) suffit pas** this explanation isn't enough ou isn't sufficient (for me) ou won't do ◆ **cinq hommes suffisent (pour ce travail)** five men will do (for this job) ◆ **un rien suffirait pour ou à bouleverser nos plans** it would only take the smallest thing to upset our plans; → **peine**

b (= *satisfaire, combler*) ~ **à** [+ *besoins*] to meet; [+ *personne*] to be enough for ◆ **ma femme me suffit** *ou* **suffit à mon bonheur** my wife is all I need to make me happy, my wife is enough to make me happy ◆ **il ne suffit pas aux besoins de la famille** he does not meet the needs of his family ◆ **il ne peut ~ à tout** he can't manage (to do) everything, he can't cope with everything ◆ **les week-ends, il ne suffisait plus à servir les clients** at weekends he couldn't manage to serve all the customers by himself

c (*loc*) **ça suffit** that's enough, that'll do ◆ **(ça) suffit !** that's enough!, that will do! ◆ **comme ennuis, ça suffit (comme ça)** we've had enough trouble as it is thank you very much ◆ **ça ne te suffit pas de l'avoir tourmentée ?** isn't it enough for you to have tormented her? ◆ **ça suffira pour aujourd'hui** that's enough for today *ou* for one day

**VB IMPERS** a (*avec de*) **il suffit de s'inscrire pour devenir membre** all you have to do to become a member is sign up ◆ **il suffit de (la) faire réchauffer et la soupe est prête** just heat (up) the soup and it's ready (to serve) ◆ **il suffit d'un accord verbal pour conclure l'affaire** a verbal agreement is sufficient *ou* is enough *ou* will suffice (*frm*) to conclude the matter ◆ **il suffisait d'y penser** it's obvious when you think about it ◆ **il suffit d'un rien pour l'inquiéter** (*intensif*) it only takes the smallest thing to worry him, the smallest thing is enough to worry him ◆ **il suffit d'une fois : on n'est jamais trop prudent** once is enough – you can never be too careful

b (*avec que*) **il suffit que vous leur écriviez** all you have to do is write to them ◆ **il suffit que tu me dises comment me rendre à l'aéroport** all you have to do is tell me how to get to the airport ◆ **il suffit qu'il ouvre la bouche pour que tout le monde se taise** he has only to open his mouth and everyone stops talking ◆ **il suffit qu'il soit démotivé pour faire du mauvais travail** if he feels the least bit demotivated he doesn't produce very good work

**VPR se suffire** ◆ **se ~ (à soi-même)** [*pays, personne*] to be self-sufficient ◆ **la beauté se suffit (à elle-même)** beauty is sufficient unto itself (*littér*) ◆ **ils se suffisent (l'un à l'autre)** they have each other and don't need anyone else

**suffisamment** /syfizamɑ̃/ **ADV** sufficiently, enough ◆ **~ fort/clair** sufficiently strong/clear, strong/clear enough ◆ **être ~ vêtu** to have enough clothes on ◆ **lettre ~ affranchie** letter with enough stamps on ◆ **~ de nourriture/d'argent** sufficient *ou* enough food/money ◆ **y a-t-il ~ à boire ?** is there enough *ou* sufficient to drink? ◆ **nous ne sommes pas ~ nombreux** there aren't enough of us

**suffisance** /syfizɑ̃s/ **NF** a (= *vanité*) self-importance, smugness b (*littér*, †) **avoir sa ~ de qch, avoir qch en ~** to have sth in plenty, to have a sufficiency of sth † ◆ **il y en a en ~** there is sufficient of it ◆ **des livres, il en a sa ~** † *ou* **à sa ~** he has books aplenty *ou* in abundance

**suffisant, e** /syfizɑ̃, ɑ̃t/ **ADJ** a (= *adéquat*) sufficient; (*Scol*) [*résultats*] satisfactory ◆ **c'est ~ pour qu'il se mette en colère** it's enough to make him lose his temper ◆ **je n'ai pas la place/la somme ~e** I haven't got sufficient *ou* enough room/money ◆ **75 €, c'est amplement** *ou* **plus que ~** €75 is more than enough; → **condition, grâce** b (= *prétentieux*) [*personne, ton*] self-important, smug ◆ **faire le ~** to put on airs

**suffixal, e** (mpl **-aux**) /syfiksal, o/ **ADJ** suffixal

**suffixation** /syfiksasjɔ̃/ **NF** suffixation

**suffixe** /syfiks/ **NM** suffix

**suffixer** /syfikse/ ▸ conjug 1 ◂ **VT** to suffix, to add a suffix to ◆ **mot suffixé** word with a suffix

**suffocant, e** /syfɔkɑ̃, ɑ̃t/ **ADJ** a [*fumée, chaleur*] suffocating, stifling b (= *étonnant*) staggering

**suffocation** /syfɔkasjɔ̃/ **NF** (= *action*) suffocation; (= *sensation*) suffocating feeling ◆ **il avait des ~s** he had fits of choking

**suffoquer** /syfɔke/ ▸ conjug 1 ◂ **VI** (*lit*) to choke, to suffocate, to stifle (*de* with); ◆ **~ de** (*fig*) [+ *rage, indignation*] to choke with **VT** a [*fumée*] to suffocate, to choke, to stifle; [*colère, joie*] to choke ◆ **les larmes la suffoquaient** she was choking with tears b (= *étonner*) [*nouvelle, comportement de qn*] to stagger ◆ **la nouvelle nous a suffoqués** we were staggered by the news

**suffragant** /syfʀagɑ̃/ **ADJ M, NM** (*Rel*) suffragan

**suffrage** /syfʀaʒ/ **NM** a (*Pol* = *voix*) vote ◆ **~s exprimés** valid votes ◆ **le parti obtiendra peu de/beaucoup de ~s** the party will poll badly/heavily, the party will get a poor/good share of the vote b (= *approbation*) [*de public, critique*] approval (*NonC*), approbation (*NonC*) ◆ **accorder son ~ à qn/qch** to give one's approval to sb/sth ◆ **ce livre a remporté tous les ~s** this book met with universal approval ◆ **cette nouvelle voiture mérite tous les ~s** this new car deserves everyone's approval **COMP** ▷ **suffrage censitaire** suffrage on the basis of property qualification ▷ **suffrage direct** direct suffrage ▷ **suffrage indirect** indirect suffrage ▷ **suffrage restreint** restricted suffrage ▷ **suffrage universel** universal suffrage *ou* franchise

**suffragette** /syfʀaʒɛt/ **NF** suffragette

**suggérer** /sygʒeʀe/ GRAMMAIRE ACTIVE 28.1, 42.3 ▸ conjug 6 ◂ **VT** (*gén*) to suggest; [+ *solution, projet*] to suggest, to put forward ◆ **~ une réponse à qn** to suggest a reply to sb ◆ **je lui suggérai que c'était moins facile qu'il ne pensait** I suggested to him *ou* I put it to him that it was not as easy as he thought ◆ **~ à qn une solution** to put forward *ou* suggest *ou* put a solution to sb ◆ **j'ai suggéré d'aller au cinéma/que nous allions au cinéma** I suggested going to the cinema/that we went to the cinema ◆ **elle lui a suggéré de voir un médecin** she suggested he should see a doctor ◆ **mot qui en suggère un autre** word which brings another to mind

**suggestibilité** /sygʒɛstibilite/ **NF** suggestibility

**suggestible** /sygʒɛstibl/ **ADJ** suggestible

**suggestif, -ive** /sygʒɛstif, iv/ **ADJ** (= *évocateur, indécent*) suggestive

**suggestion** /sygʒɛstjɔ̃/ GRAMMAIRE ACTIVE 28 **NF** suggestion ◆ **faire une ~** to make a suggestion

**suggestionner** /sygʒɛstjɔne/ ▸ conjug 1 ◂ **VT** to influence by suggestion

**suggestivité** /sygʒɛstivite/ **NF** suggestiveness

**suicidaire** /sɥisidɛʀ/ **ADJ** (*lit, fig*) suicidal **NMF** person with suicidal tendencies

**suicide** /sɥisid/ **NM** (*lit, fig*) suicide ◆ **c'est un** *ou* **du ~ !** (*fig*) it's suicide! ◆ **opération** *ou* **mission ~** suicide mission ◆ **attaque/commando ~** suicide attack/commando squad ◆ **~ collectif/rituel** group/ritual suicide ◆ **pousser qn au ~** to push sb to suicide ◆ **ce serait un véritable ~ politique** it would be political suicide; → **tentative**

**suicidé, e** /sɥiside/ (ptp de **se suicider**) **ADJ** who has committed suicide **NM,F** (= *personne*) suicide

**suicider** /sɥiside/ ▸ conjug 1 ◂ **VPR se suicider** to commit suicide **VT** * ◆ **ils ont suicidé le témoin** (= *tuer*) they made it look as if the witness had committed suicide

**suie** /sɥi/ **NF** soot; → **noir**

**suif** /sɥif/ **NM** tallow ◆ **~ de mouton** mutton suet ◆ **chercher du ~ à qn** (*arg Crime*) to needle sb * ◆ **il va y avoir du ~** (*arg Crime*) there's going to be trouble

**sui generis** /sɥiʒeneʀis/ **LOC ADJ** sui generis ◆ **l'odeur ~ d'un hôpital** the distinctive *ou* peculiar *ou* characteristic smell of a hospital ◆ **odeur ~** (*hum*) foul smell

**suint** /sɥɛ̃/ **NM** [*de laine*] suint

**suintant, e** /sɥɛ̃tɑ̃, ɑ̃t/ **ADJ** [*pierre, roche, mur*] oozing, sweating

**suintement** /sɥɛ̃tmɑ̃/ **NM** [*d'eau*] seepage; [*de sève*] oozing; [*de mur*] oozing, sweating; [*de plaie, ulcère*] weeping ◆ **des ~s sur le mur** moisture oozing out of the wall ◆ **le ~ des eaux entraîne des fissures** water seepage causes cracks to form

**suinter** /sɥɛ̃te/ ▸ conjug 1 ◂ **VI** [*eau*] to seep; [*sève*] to ooze; [*mur*] to ooze, to sweat; [*plaie*] to weep ◆ **des gouttes de pluie suintent du plafond** rainwater is seeping through the ceiling ◆ **l'humidité suintait des murs** the damp was streaming *ou* dripping off the walls

**Suisse** /sɥis/ **NF** (= *pays*) Switzerland ◆ **~ romande/allemande** *ou* **alémanique** French-speaking/German-speaking Switzerland **NMF** (= *personne*) Swiss ◆ **~ romand** French-speaking Swiss ◆ **~ allemand** German-speaking Swiss, Swiss German ◆ **boire/manger en ~** † (*fig*) to drink/eat alone

**suisse** /sɥis/ **ADJ** Swiss ◆ **~ romand** Swiss French ◆ **~ allemand** Swiss German **NM** a (= *bedeau*) ≈ verger b [*de Vatican*] Swiss Guard c (*Zool*) chipmunk

**Suissesse** /sɥisɛs/ **NF** Swiss (woman)

**suite** /sɥit/ GRAMMAIRE ACTIVE 44.1, 47.1 **NF** a (= *escorte*) retinue, suite

b (= *nouvel épisode*) continuation, following episode; (= *second roman, film*) sequel; (= *rebondissement d'une affaire*) follow-up; (= *reste*) remainder, rest ◆ **voici la ~ de notre feuilleton** here is the next episode in *ou* the continuation of our serial ◆ **ce roman/film a une ~** there is a sequel to this novel/film ◆ **voici la ~ de l'affaire que nous évoquions hier** (*Presse*) here is the follow-up to *ou* further information on the item we mentioned yesterday ◆ **la ~ du film/du repas/de la lettre était moins bonne** the remainder *ou* the rest of the film/the meal/the letter was not so good ◆ **la ~ au prochain numéro** (*journal*) to be continued (in the next issue); (* *fig*) we'll talk about this later ◆ **~ et fin** concluding *ou* final episode ◆ **la ~ des événements devait lui donner raison** what followed was to prove him right ◆ **le projet n'a pas eu de ~** the project came to nothing ◆ **attendons la ~** (*d'un repas*) let's wait for the next course; (*d'un discours*) let's see what comes next; (*d'un événement*) let's (wait and) see how it turns out ◆ **lisez donc la ~** please read on

c (= *aboutissement*) result ◆ **~s** (= *prolongements*) [*de maladie*] effects; [*d'accident*] results; [*d'affaire, incident*] consequences, repercussions ◆ **la ~ logique de qch** the obvious *ou* logical result of sth ◆ **cet incident a eu des ~s fâcheuses/n'a pas eu de ~s** the incident has had annoying consequences *ou* repercussions/has had no repercussions ◆ **il est mort des ~s de ses blessures/d'un cancer** he died as a result of his injuries/died of cancer ◆ **mourir des ~s d'un accident de cheval** to die following a riding accident

d *(= succession, Math)* series; *(Ling)* sequence ◆ **~ de** *[de personnes, maisons]* succession *ou* string *ou* series of; *[d'événements]* succession *ou* train of ◆ **article sans ~** *(Comm)* discontinued line

e *(frm = cohérence)* coherence ◆ **il y a beaucoup de ~ dans son raisonnement/ses réponses** his reasoning is/his replies are very coherent ◆ **ses propos n'avaient guère de ~** what he said lacked coherence *ou* consistency ◆ **travailler avec ~** to work steadily ◆ **des propos sans ~** disjointed words ◆ **il a de la ~ dans les idées** *(réfléchi, décidé)* he's very single-minded; *(iro : entêté)* he's not easily put off; → **esprit**

f *(= appartement)* suite

g *(Mus)* suite ◆ **~ instrumentale/orchestrale** instrumental/orchestral suite

h *(loc)* **donner ~ à** *[+ projet]* to pursue, to follow up; *[+ demande, commande, lettre]* to follow up ◆ **ils n'ont pas donné ~ à notre lettre** they have taken no action concerning our letter, they have not followed up our letter ◆ **faire ~ à** *[+ événement]* to follow; *[+ chapitre]* to follow (after); *[+ bâtiment]* to adjoin ◆ **prendre la ~ de** *[+ directeur]* to succeed, to take over from; *[+ entreprise]* to take over ◆ **entraîner qn à sa ~** *(lit)* to drag sb along behind one ◆ **entraîner qn à sa ~ dans une affaire** *(fig)* to drag sb into an affair

◆ **suite à** ◆ **(comme) ~ à votre lettre/notre entretien** further to your letter/our conversation

◆ **à la suite** *(= successivement)* one after the other ◆ **mettez-vous à la ~** *(= derrière)* join on at the back, go to *ou* join the back of the queue *(Brit)* *ou* line *(US)*

◆ **à la suite de** *(objet, personne)* behind ◆ **à la ~ de sa maladie** *(= événement)* following his illness

◆ **de suite** *(* = immédiatement)* at once ◆ **je reviens de ~** * I'll be right *ou* straight *(Brit)* back ◆ **boire trois verres de ~** *(= d'affilée)* to drink three glasses in a row *ou* one after another ◆ **pendant trois jours de ~** for three days in succession ◆ **il est venu trois jours de ~** he came three days in a row *ou* three days running ◆ **il n'arrive pas à dire trois mots de ~** he can't string two words together

◆ **par suite** consequently, therefore

◆ **par suite de** *(= à cause de)* owing to, as a result of

◆ **par la suite, dans la suite** afterwards, subsequently

**suivant[1], e** /sɥivɑ̃, ɑ̃t/ ADJ a *(dans le temps)* following, next; *(dans une série)* next ◆ **le mardi ~ je la revis** I saw her again the following Tuesday ◆ **vendredi et les jours ~s** Friday and the following days ◆ **le malade ~ était très atteint** the next patient was very badly affected ◆ **"voir page suivante"** "see next page"

b *(= ci-après)* following ◆ **faites l'exercice ~** do the following exercise

NM,F a *(= prochain) (dans une série)* next (one); *(dans le temps)* following (one), next (one) ◆ **(au) ~ !** next (please)! ◆ **cette année fut mauvaise et les ~es ne le furent guère moins** that year was bad and the following ones were scarcely any better ◆ **pas jeudi prochain, le ~** not this (coming) Thursday, the one after (that) ◆ **je descends à la ~e** * I'm getting off at the next stop

b *(littér = membre d'escorte)* attendant

NF **suivante** *(Théât)* handmaiden, lady-in-waiting; †† companion

**suivant[2]** /sɥivɑ̃/ PRÉP *(= selon)* according to ◆ **~ son habitude** as usual, as is (*ou* was) his wont ◆ **~ l'usage** according to custom ◆ **~ l'expression consacrée** as the saying goes, as they say ◆ **~ les jours/les cas** depending on the day/the circumstances ◆ **découper ~ le pointillé** cut along the dotted line ◆ **~ un axe** along an axis ◆ **~ que ...** according to whether ...

**suiveur, -euse** /sɥivœʀ, øz/ ADJ *[véhicule]* following behind *(attrib)* NM a *(Sport)* (official) follower *(of a race)* b *(= imitateur)* imitator ◆ **ils n'innovent pas, ce ne sont que des ~s** they don't innovate, they just follow along c († = *dragueur)* **elle se retourna, son ~ avait disparu** she turned round and the man who was following her had disappeared ◆ **elle va me prendre pour un ~** she'll think I'm the sort who follows women

**suivi, e** /sɥivi/ (ptp de **suivre**) ADJ a *(= régulier) [travail]* steady; *[correspondance]* regular; *(= constant) [qualité]* consistent; *[effort]* consistent, sustained; *(Comm) [demande]* constant, steady; *(= cohérent) [conversation, histoire, raisonnement]* coherent; *[politique]* consistent

b *(Comm) [article]* in general production *(attrib)*

c *(= apprécié)* **très ~** *[cours]* well-attended; *[mode, recommandation]* widely adopted; *[exemple]* widely followed ◆ **le match était très ~** a lot a people watched the match ◆ **cours peu ~** poorly-attended course ◆ **mode peu ~e** fashion that has a limited following ◆ **exemple peu ~** example which is not widely followed ◆ **procès très ~** trial that is being closely followed by the public ◆ **feuilleton très ~** serial with a large following

NM *(= accompagnement) [de dossier, travaux, négociations]* monitoring ◆ **assurer le ~ de** *[+ affaire]* to follow through; *[+ produit en stock]* to go on stocking ◆ **il n'y a pas eu de ~** there was no follow-up ◆ **~ médical** aftercare ◆ **assurer le ~ pédagogique des élèves** to provide pupils with continuous educational support ◆ **assurer le ~ psychologique des victimes** to provide victims with counselling

**suivisme** /sɥivism/ NM *(Pol)* follow-my-leader attitude

**suiviste** /sɥivist/ ADJ *[attitude, politique]* follow-my-leader *(épith)* NMF person with a follow-my-leader attitude

**suivre** /sɥivʀ/ ► conjug 40 ◄ VT a *(gén) (= accompagner, marcher derrière, venir après)* to follow ◆ **elle le suit comme un petit chien** *ou* **un caniche** *ou* **un toutou** * she follows him (around) like a little dog ◆ **il me suit comme mon ombre** he follows me about like a shadow ◆ **ralentis, je ne peux pas (te) ~** slow down, I can't keep up (with you) ◆ **pars sans moi, je te suis** go on without me and I'll follow (on) ◆ **si vous voulez bien me ~** if you'll just follow me, come this way please ◆ **~ qn de près** *[garde du corps]* to stick close to sb; *[voiture, coureur]* to follow close behind sb ◆ **faire ~ qn** to have sb followed ◆ **suivez le guide !** this way, please! ◆ **son image me suit sans cesse** *(fig)* his image is constantly with me ◆ **cette préposition est toujours suivie de ...** this preposition is always followed by ... ◆ **il la suivit des yeux** *ou* **du regard** he followed her with his eyes, his eyes followed her ◆ **certains députés, suivez mon regard, ont ...** *(iro)* certain deputies, without mentioning any names *ou* no names mentioned, have ... ◆ **~ sa balle** *(Tennis, Golf)* to follow through ◆ **l'été suit le printemps** *(dans le temps)* summer follows spring *ou* comes after spring ◆ **le mariage sera suivi d'une réception** the wedding ceremony will be followed by a reception ◆ **le jour qui suivit son arrivée** the day following *ou* after his arrival, the day after he arrived ◆ **suivent deux mois d'intense activité** two months of intense activity will follow; → **aimer, lettre, trace**

b *(dans une série)* to follow ◆ **la maison qui suit la mienne** the house after mine; → **jour**

c *(= longer) [personne]* to follow, to keep to; *[route, itinéraire]* to follow ◆ **suivez la N7 sur 10 km** keep to *ou* go along *ou* follow the N7 for 10 km ◆ **prenez la route qui suit la Loire** take the road which goes alongside *ou* which follows the Loire ◆ **~ une piste** *(fig)* to follow up a clue ◆ **ces deux amis ont suivi des voies bien différentes** *(fig)* the two friends have gone very different ways ◆ **découpez en suivant le pointillé** cut along the dotted line ◆ **suivez les flèches** follow the arrows

d *(= se conformer à) [+ exemple, mode, conseil, consigne]* to follow ◆ **~ un régime** to be on a diet ◆ **il me fait ~ un régime sévère** he has put me on a strict diet ◆ **~ son instinct** to follow one's instinct *ou* one's nose * ◆ **il suit son idée** he does things his (own) way ◆ **il se leva et chacun suivit son exemple** he stood up and everyone else followed suit ◆ **on n'a pas voulu le ~** we didn't want to follow his advice ◆ **je ne vous suivrai pas sur ce terrain** I won't follow you down that road ◆ **tout le monde vous suivra** everybody will back you up *ou* support you ◆ **la maladie/l'enquête suit son cours** the illness/the inquiry is running *ou* taking its course ◆ **laisser la justice ~ son cours** to let justice take its course ◆ **~ le mouvement** to follow the crowd ◆ **si les prix augmentent, les salaires doivent ~** if prices rise, salaries must do the same; → **marche[1], traitement**

e *(Scol) [+ classe, cours] (= être inscrit à)* to attend, to go to; *(= être attentif à)* to follow; *(= assimiler) [+ programme]* to keep up with

f *(= observer l'évolution de) [+ carrière de qn, affaire, match]* to follow; *[+ feuilleton]* to follow, to keep up with ◆ **~ un malade/un élève** to follow *ou* monitor the progress of a patient/a pupil ◆ **~ la messe** to follow (the) mass ◆ **elle suit de près l'actualité** she keeps abreast of *ou* up with the news ◆ **il se fait ~ *ou* il est suivi par un médecin** he's seeing a doctor ◆ **j'ai suivi ses articles avec intérêt** I've followed his articles with interest ◆ **"à suivre"** *[feuilleton]* "to be continued" ◆ **(c'est une) affaire à ~** watch this space, it's worth keeping an eye on

g *(Comm = avoir en stock) [+ article]* to (continue to) stock ◆ **nous ne suivons plus cet article** this is a discontinued line

h *(= comprendre) [+ argument, personne, exposé]* to follow ◆ **jusqu'ici je vous suis** I'm with you *ou* I follow you so far ◆ **il parlait si vite qu'on le suivait mal** he spoke so fast he was difficult to follow ◆ **là, je ne vous suis pas très bien** I don't really follow you *ou* I'm not really with you there

i *(Jeux) [+ numéro, cheval]* to follow

VI a *[élève] (= être attentif)* to pay attention ◆ **suivez avec votre voisin** share with the person sitting next to you

b *[élève] (= assimiler le programme)* to keep up, to follow ◆ **elle suit bien en physique** she's keeping up well in physics ◆ **il a du mal à ~ en maths** he has trouble keeping up in maths

c *(Cartes)* to follow ◆ **je suis** *(Poker)* I'm in, count me in d ◆ **faire ~ son courrier** to have one's mail forwarded ◆ **"faire suivre"** *(sur enveloppe)* "please forward"

e *(= venir après)* to follow ◆ **lisez ce qui suit** read what follows ◆ **les enfants suivent à pied** the children are following on foot ◆ **les personnes dont les noms suivent** the following people ◆ **comme suit** as follows

**VB IMPERS** ◆ **il suit de ce que vous dites que ...** it follows from what you say that ...

**VPR** **se suivre** a *(dans une série)* to follow each other ◆ **ils se suivaient sur l'étroit sentier** *[deux personnes]* they were walking one behind the other along the narrow path; *[plusieurs personnes]* they were walking one behind the other *ou* in single file along the narrow path ◆ **leurs enfants se suivent (de près)** there's not much of an age difference between their children ◆ **trois démissions qui se suivent** three resignations in a row *ou* in close succession

b *(dans le bon ordre)* to be in (the right) order ◆ **les pages ne se suivent pas** the pages are not in (the right) order, the pages are in the wrong order

**sujet, -ette** /syʒɛ, ɛt/ **ADJ** ◆ **~ à** *[+ vertige, mal de mer]* prone to; *[+ lubies, sautes d'humeur]* subject to, prone to; *[+ impôt, modification]* liable to, subject to ◆ **question sujette à controverse** *ou* **polémique** controversial issue ◆ **~ aux accidents** accident-prone ◆ **il était ~ aux accidents les plus bizarres** he used to have the strangest accidents ◆ **~ à faire qch** liable *ou* inclined *ou* prone to do sth ◆ **il n'est pas ~ à faire des imprudences** he is not one to do anything careless ◆ **~ à caution** *[renseignement, nouvelle]* unconfirmed; *[moralité, vie privée, honnêteté]* questionable ◆ **je vous dis ça mais c'est ~ à caution** I'm telling you that but I can't guarantee it's true

**NM,F** *(= gouverné)* subject

**NM** a *(= matière, question, thème)* subject (de for); ◆ **un excellent ~ de conversation** an excellent topic (of conversation) ◆ **revenons à notre ~** let's get back to the subject at hand ◆ **c'était devenu un ~ de plaisanterie** it had become a standing joke *ou* something to joke about ◆ **ça ferait un bon ~ de comédie** that would be a good subject *ou* theme for a comedy ◆ **bibliographie par ~s** bibliography arranged by subject ◆ **~ d'examen** examination question ◆ **quel ~ ont-ils donné ?** what did you have to write about? ◆ **distribuer les ~s** to give out the examination papers ◆ **votre dissertation est hors ~** your essay is off the point ◆ **faire du hors ~** to wander off the point; → **or**[1], **vif**

b *(= motif, cause)* **~ de mécontentement** cause *ou* grounds for dissatisfaction ◆ **il n'avait vraiment pas ~ de se mettre en colère/se plaindre** he really had no cause to lose his temper/for complaint ◆ **il a ~ de se plaindre** he has every reason to complain ◆ **protester/réclamer sans ~** to protest/complain without good cause

c *(= individu)* subject ◆ **le ~ parlant** *(Ling)* the speaker ◆ **les rats qui servent de ~s (d'expérience)** the rats which serve as experimental subjects ◆ **son frère est un ~ brillant/un ~ d'élite** his brother is a brilliant/an exceptionally brilliant student ◆ **un mauvais ~** *(= enfant)* a bad boy; *(= jeune homme)* a bad sort *ou* lot *(Brit)*

d *(Ling, Mus, Philos)* subject ◆ **~ grammatical/réel/apparent** grammatical/real/apparent subject ◆ **nom/pronom ~** noun/pronoun subject

e *(Mus, Peinture)* subject

f *(= figurine)* figurine ◆ **des petits ~s en ivoire** small ivory figurines

g *(Jur)* **~ de droit** holder of a right

h *(= à propos de)* **au ~ de** about, concerning ◆ **que sais-tu à son ~ ?** what do you know about him? ◆ **au ~ de cette fille, je peux vous dire que ...** about *ou* concerning that girl, I can tell you that ... ◆ **à ce ~, je voulais vous dire que ...** on that subject *ou* about that *, I wanted to tell you that ... ◆ **c'est à quel ~ ?** can I ask what it's about?

**sujétion** /syʒesjɔ̃/ **NF** a *(= asservissement)* subjection ◆ **maintenir un peuple dans la ~** *ou* **sous sa ~** to keep a nation in subjection ◆ **tomber sous la ~ de qn** to fall into sb's power *ou* under sb's sway ◆ **~ aux passions/au désir** *(littér) (= asservissement)* subjection to passions/to desire b *(= obligation, contrainte)* constraint ◆ **les enfants étaient pour elle une ~** the children were a real constraint to her *ou* were like a millstone round her neck ◆ **des habitudes qui deviennent des ~s** habits which become compulsions ◆ **indemnité de ~ spéciale** *(Scol) bonus paid to teachers working in schools in problem areas*

**sulfamides** /sylfamid/ **NMPL** sulpha drugs, sulphonamides *(SPÉC)*

**sulfatage** /sylfataʒ/ **NM** *[de vigne]* spraying (with copper sulphate *ou* sulfate *(US)*)

**sulfate** /sylfat/ **NM** sulphate, sulfate *(US)* ◆ **~ de cuivre** copper sulphate

**sulfaté, e** /sylfate/ (ptp de **sulfater**) **ADJ** sulphated

**sulfater** /sylfate/ ► conjug 1 ◄ **VT** *[+ vigne]* to spray (with copper sulphate *ou* sulfate *(US)*)

**sulfateuse** /sylfatøz/ **NF** a *(Agr)* (copper sulphate *ou* sulfate *(US)*) spraying machine b *(arg Crime = mitraillette)* machine gun, MG *

**sulfite** /sylfit/ **NM** sulphite, sulfite *(US)*

**sulfure** /sylfyʀ/ **NM** a *(Chim)* sulphide, sulfide *(US)* ◆ **~ de fer/mercure** iron/mercuric sulphide ◆ **~ de carbone** carbon disulphide b *(= presse-papier)* millefiore glass paperweight

**sulfuré, e** /sylfyʀe/ (ptp de **sulfurer**) **ADJ** sulphurated, sulfurated *(US)*, sulphurized, sulphuretted ◆ **hydrogène ~** hydrogen sulphide *ou* sulfide *(US)*, sulphuretted *ou* sulfuretted *(US)* hydrogen

**sulfurer** /sylfyʀe/ ► conjug 1 ◄ **VT** to sulphurate, to sulphurize

**sulfureux, -euse** /sylfyʀø, øz/ **ADJ** a *(Chim)* sulphurous ◆ **anhydride** *ou* **gaz ~** sulphur dioxide ◆ **source sulfureuse** sulphur spring b *(= diabolique) [personnage, réputation]* nefarious; *[propos]* heretical; *[charme]* demonic

**sulfurique** /sylfyʀik/ **ADJ** sulphuric ◆ **acide ~** sulphuric acid ◆ **anhydride ~** sulphur trioxide

**sulfurisé, e** /sylfyʀize/ **ADJ** ◆ **papier ~** greaseproof paper

**sulky** /sylki/ **NM** *(Courses)* sulky

**sultan** /syltɑ̃/ **NM** sultan

**sultanat** /syltana/ **NM** sultanate

**sultane** /syltan/ **NF** a *(= épouse)* sultana b *(= canapé)* couch

**sumac** /symak/ **NM** sumach *(Brit)*, sumac *(US)*

**Sumatra** /symatʀa/ **N** Sumatra

**sumérien, -ienne** /symeʀjɛ̃, jɛn/ **ADJ** Sumerian **NM** *(Ling)* Sumerian **NM,F** **Sumérien(ne)** Sumerian

**summum** /sɔ(m)mɔm/ **NM** *[de gloire, civilisation]* acme,, peak; *[de bêtise, hypocrisie]* height ◆ **c'est le ~ de l'horreur** it's absolutely horrific ◆ **il a atteint le ~ de sa gloire en 1985** he reached the height of his fame in 1985 ◆ **c'est un bon groupe ? – en blues, c'est le ~ !** are they a good group? – for blues, they're the best *ou* the tops *!

**sumo** /symo/ **NM** *(= lutteur)* sumo wrestler; *(= lutte)* sumo (wrestling)

**sumotori** /symotɔʀi/ **NM** sumo wrestler

**sunnisme** /synism/ **NM** Sunni

**sunnite** /synit/ **ADJ, NMF** Sunni

**sup**[1] * /syp/ **ADJ** (abrév de **supplémentaire**) ◆ **heures ~** overtime ◆ **faire des heures ~** to do overtime ◆ **être payé en heures ~** to be paid overtime

**sup**[2] * /syp/ **ADJ** (abrév de **supérieur**) ◆ **Sup de Co** *grande école for business students*; → **école, lettres, math(s)**

**super**[1] /sypɛʀ/ **NM** (abrév de **supercarburant**) four-star (petrol) *(Brit)*, extra *(US)*, premium *(US)*, super *(US)* ◆ **~ plombé** super leaded petrol ◆ **~ sans plomb** super unleaded (petrol)

**super**[2] * /sypɛʀ/ **ADJ INV** *(= sensationnel)* terrific *, great *, fantastic *

**super-** * /sypɛʀ/ **PRÉF** *(dans les mots composés à trait d'union, le préfixe reste invariable)* a *(avant adj)* **~cher/-chic** ultra-expensive/ultra-chic ◆ **c'est ~intéressant** it's ever so interesting ◆ **il est ~sympa** he's really nice b *(avant nom)* **une ~moto** a fantastic * motorbike ◆ **un ~héros** a superhero ◆ **un ~flic** * a supercop *

**superbe** /sypɛʀb/ **ADJ** a *(= splendide) [temps, journée]* superb, glorious, gorgeous; *[femme, enfant]* beautiful; *[homme]* handsome; *[maison, cheval, corps, yeux]* superb, beautiful; *[résultat, salaire, performance, vue, voix]* superb, magnificent ◆ **tu as une mine ~** you look wonderful ◆ **~ d'indifférence** *(littér)* superbly indifferent b *(littér = orgueilleux)* arrogant, haughty **NF** *(littér)* arrogance, haughtiness ◆ **il a perdu de sa ~** he's no longer quite so high and mighty

**superbement** /sypɛʀbəmɑ̃/ **ADV** *(= magnifiquement)* superbly, wonderfully, beautifully ◆ **il m'a ~ ignorée** *(= orgueilleusement)* he loftily ignored me

**superbénéfice** /sypɛʀbenefis/ **NM** immense profit

**supercalculateur** /sypɛʀkalkylatœʀ/ **NM** supercomputer

**supercarburant** /sypɛʀkaʀbyʀɑ̃/ **NM** high-octane petrol *(Brit)*, high-octane *ou* high-test gasoline *(US)*

**superchampion, -ionne** /sypɛʀʃɑ̃pjɔ̃, jɔn/ **NM,F** (sporting) superstar

**supercherie** /sypɛʀʃəʀi/ **NF** trick, trickery *(NonC)* ◆ **il s'aperçut de la ~** he saw through the trick ◆ **user de ~s pour tromper qn** to trick sb ◆ **~ littéraire** literary hoax *ou* fabrication

**supérette** /sypeʀɛt/ **NF** mini-market, superette *(US)*

**superfétation** /sypɛʀfetasjɔ̃/ **NF** *(littér)* superfluity

**superfétatoire** /sypɛʀfetatwaʀ/ **ADJ** *(littér)* superfluous, supererogatory *(littér)*

**superficialité** /sypɛʀfisjalite/ **NF** superficiality

**superficie** /sypɛʀfisi/ **NF** *(= aire)* (surface) area; *(= surface)* surface; *[de terrain]* area ◆ **couvrir une ~ de** to cover an area of ◆ **un appartement d'une ~ de 80 m²** an apartment of 80 square metres ◆ **s'en tenir à la ~ des choses** *(fig)* to skim the surface of things

**superficiel, -ielle** /sypɛʀfisjɛl/ **ADJ** *(gén)* superficial; *[idées, esprit, personne]* superficial, shallow; *[beauté]* superficial, skin-deep;

*[modification]* cosmetic; *(= près de la surface) [couche de liquide]* superficial, upper; *(= fin) [couche de peinture]* thin; → **tension**

**superficiellement** /sypɛʀfisjɛlmɑ̃/ ADV superficially

**superfin, e** /sypɛʀfɛ̃, in/ ADJ *[beurre, produit]* top-quality *(épith)*; *[qualité]* top *(épith)*, superior

**superflu, e** /sypɛʀfly/ ADJ a *(= pas nécessaire) [précaution, travail]* unnecessary ◆ **il est ~ d'insister** there is no point (in) insisting b *(= en trop) [discours, détails, explications]* superfluous, redundant; *[kilos]* surplus; *[poils]* unwanted ◆ **un brin d'humour ne serait pas ~** a bit of humour wouldn't go amiss ◆ **il n'est pas ~ de rappeler que ...** it's worth bearing in mind that ... NM ◆ **le ~** *(gén)* non-essentials; *(= produits de luxe)* luxuries ◆ **distinguer le ~ de l'indispensable** to differentiate between essentials and non-essentials ◆ **maintenant, je peux m'offrir le ~** now I can afford to spend money on luxuries ◆ **débarrasser son style du ~** to pare down one's style

**superfluité** /sypɛʀflyite/ NF *(littér)* superfluity

**superforme** * /sypɛʀfɔʀm/ NF ◆ **être en ~** *(moralement)* to feel great *; *(physiquement)* to be in great shape * ◆ **c'est la ~** *(morale)* I'm (*ou* he's *etc*) feeling great *; *(physique)* I'm (*ou* he's *etc*) in great shape *

**superforteresse** /sypɛʀfɔʀtəʀɛs/ NF superfortress

**super-G** /sypɛʀʒe/, **super-géant** /sypɛʀʒeɑ̃/ NM *(Ski)* super-giant slalom

**supergrand** * /sypɛʀgʀɑ̃/ NM superpower

**super-huit** /sypɛʀɥit/ ADJ INV, NM INV super-8 ◆ **caméra ~** super-8 camera

**supérieur, e** /sypeʀjœʀ/ GRAMMAIRE ACTIVE 32.2

ADJ a *(dans l'espace, gén)* upper *(épith)*; *[planètes]* superior ◆ **dans la partie ~e du clocher** in the highest *ou* upper *ou* top part of the bell tower ◆ **la partie ~e de l'objet** the top part of the object ◆ **le feu a pris dans les étages ~s** fire broke out on the upper floors ◆ **montez à l'étage ~** go to the next floor up *ou* to the floor above, go up to the next floor ◆ **mâchoire/lèvre ~e** upper jaw/lip ◆ **le lac Supérieur** Lake Superior

b *(dans un ordre) [vitesse]* higher, greater; *[nombre]* higher, greater, bigger; *[classes sociales]* upper *(épith)*; *[niveaux, échelons]* upper *(épith)*, topmost; *[animaux, végétaux]* higher *(épith)* ◆ **passer dans la classe ~e** *(Scol)* to go up to the next class ◆ **Père ~** *(Rel)* Father Superior ◆ **Mère ~e** *(Rel)* Mother Superior ◆ **commandement ~** *(Mil)* senior command ◆ **à l'échelon ~** on the next rung up ◆ **faire une offre ~e** *(aux enchères)* to make a higher bid ◆ **forces ~es en nombres** forces superior in number; → **cadre, enseignement, mathématique, officier**[1]

c *(= excellent, qui prévaut) [intérêts, principe]* higher *(épith)*; *[intelligence, esprit]* superior ◆ **produit de qualité ~e** product of superior quality ◆ **des considérations d'ordre ~** considerations of a higher order

d *(= hautain) [air, ton, regard]* superior

e ◆ **~ à** *[nombre]* greater *ou* higher than, above; *[somme]* greater *ou* bigger than; *[production]* greater than, superior to ◆ **intelligence/qualité ~e à la moyenne** above-average *ou* higher than average intelligence/quality ◆ **il a obtenu un score nettement ~ à la moyenne nationale** he scored well above the national average ◆ **il est d'une taille ~e à la moyenne** he's of above average height ◆ **des températures ~es à 300°** temperatures in excess of *ou* higher than *ou* of more than 300° ◆ **parvenir à un niveau ~ à ...** to reach a higher level than ... ◆ **il est d'un niveau bien ~ à celui de son adversaire** he is of a far higher standard than his opponent ◆ **il se croit ~ à tout le monde** he thinks he's better than *ou* superior to everybody else ◆ **être ~ à qn (dans une hiérarchie)** to be higher up than sb (in a hierarchy), to be sb's superior ◆ **faire une offre ~e à celle de qn** *(aux enchères)* to outbid sb

NM,F *(Admin, Mil, Rel)* superior ◆ **mon ~ hiérarchique direct** my immediate superior

NM *(Univ)* ◆ **le ~** higher education

**supérieurement** /sypeʀjœʀmɑ̃/ ADV *[exécuter qch, dessiner]* exceptionally well ◆ **~ doué/ennuyeux** exceptionally gifted/boring

**supériorité** /sypeʀjɔʀite/ NF a *(= prééminence)* superiority ◆ **~ militaire/technologique** military/technological superiority ◆ **nous avons la ~ du nombre** we outnumber them, we are superior in number(s) ◆ **ce pays s'est révélé d'une écrasante ~ sur ses adversaires** this country has turned out to be overwhelmingly superior to its enemies b *(= condescendance)* superiority ◆ **air de ~** superior air, air of superiority ◆ **sourire de ~** superior smile ◆ **avoir un sentiment de ~** to feel superior; → **complexe**

**super-jumbo** /sypɛʀdʒəbo/ NM *(= avion)* super-jumbo

**superlatif, -ive** /sypɛʀlatif, iv/ ADJ superlative NM superlative ◆ **~ absolu/relatif** absolute/relative superlative ◆ **au ~** * in the superlative ◆ **il m'ennuie au ~** * *(fig)* I find him extremely boring

**superlativement** /sypɛʀlativmɑ̃/ ADV superlatively

**superléger** /sypɛʀleʒe/ ADJ, NM *(Sport)* light welterweight

**superman** /sypɛʀman/ (pl **supermans** *ou* **supermen** /sypɛʀmɛn/) NM superman ◆ **il aime jouer les ~s** *ou* **supermen** *(péj)* he likes to let everybody know what a great guy * he is

**supermarché** /sypɛʀmaʀʃe/ NM supermarket

**supernova** /sypɛʀnɔva/ (pl **supernovae** /sypɛʀnɔve/) NF supernova

**superordinateur, super-ordinateur** /sypɛʀɔʀdinatœʀ/ NM supercomputer

**superpétrolier** /sypɛʀpetʀɔlje/ NM supertanker

**superphosphate** /sypɛʀfɔsfat/ NM superphosphate

**superposable** /sypɛʀpozabl/ ADJ *(gén)* that may be superimposed, superimposable (*à* on); *[éléments de mobilier]* stacking *(épith)*

**superposé, e** /sypɛʀpoze/ (ptp de **superposer**) ADJ *[visions, images]* superimposed ◆ **il y avait plusieurs couches ~es** there were several layers ◆ **des blocs ~s** blocks one on top of the other; → **lit**

**superposer** /sypɛʀpoze/ ▸ conjug 1 ◂ VT a *(= empiler) [+ blocs, briques, éléments de mobilier]* to stack ◆ **~ des couches de peinture** to apply several layers of paint ◆ **~ les consignes aux consignes** to give one instruction after another b *(= faire chevaucher) [+ cartes, clichés]* to superimpose; *[+ figures géométriques]* to superpose ◆ **~ qch à** to superimpose *ou* superpose sth on VPR **se superposer** a *[clichés photographiques, images]* to be superimposed (on one another) b *(= s'ajouter) [couches de sédiments]* to be superposed; *[éléments de mobilier]* to be stackable

**superposition** /sypɛʀpozisjɔ̃/ NF a *(= action) [de blocs]* stacking; *[de cartes, clichés, visions]* superimposition; *[de figures géométriques]* superposing b *(Photo)* superimposition ◆ **la ~ de ces couches de sédiments** the way these strata of sediment are superposed ◆ **la ~ de plusieurs influences** the cumulative effect of several influences

**superpréfet** /sypɛʀpʀefɛ/ NM superprefect *(in charge of a region)*

**superproduction** /sypɛʀpʀɔdyksjɔ̃/ NF *(Ciné)* spectacular, blockbuster

**superprofit** /sypɛʀpʀɔfi/ NM immense profit

**superpuissance** /sypɛʀpɥisɑ̃s/ NF superpower

**supersonique** /sypɛʀsɔnik/ ADJ supersonic; → **bang** NM supersonic aircraft

**superstar** /sypɛʀstaʀ/ NF superstar

**superstitieusement** /sypɛʀstisjøzmɑ̃/ ADV superstitiously

**superstitieux, -ieuse** /sypɛʀstisjø, jøz/ ADJ superstitious NM,F superstitious person

**superstition** /sypɛʀstisjɔ̃/ NF superstition ◆ **il a la ~ du chiffre 13** he's superstitious about the number 13

**superstrat** /sypɛʀstʀa/ NM *(Ling)* superstratum

**superstructure** /sypɛʀstʀyktyʀ/ NF *(gén)* superstructure

**supertanker** /sypɛʀtɑ̃kœʀ/ NM supertanker

**superviser** /sypɛʀvize/ ▸ conjug 1 ◂ VT to supervise, to oversee

**superviseur** /sypɛʀvizœʀ/ NM a *(= personne)* supervisor b *(Ordin)* supervisor

**supervision** /sypɛʀvizjɔ̃/ NF supervision

**superwelter** /sypɛʀwɛltɛʀ/ ADJ, NM light middleweight

**superwoman** /sypɛʀwuman/ (pl **superwomans** *ou* **superwomen** /sypɛʀwumɛn/) NF superwoman

**supin** /sypɛ̃/ NM supine

**supinateur** /sypinatœʀ/ ADJ supine NM *(= muscle)* supinator

**supination** /sypinasjɔ̃/ NF *[de main]* supination

**supplanter** /syplɑ̃te/ ▸ conjug 1 ◂ VT to supplant ◆ **le disque compact a supplanté le microsillon** the compact disc has replaced the record VPR **se supplanter** to supplant one another

**suppléance** /sypleɑ̃s/ NF *(= poste)* supply post *(Brit)*, substitute post *(US)*; *(= action)* temporary replacement ◆ **faire des ~s** to take supply posts, to do supply *(Brit) ou* substitute *(US)* teaching

**suppléant, e** /sypleɑ̃, ɑ̃t/ ADJ *(gén)* deputy *(épith)*, substitute *(épith) (US)*; *[professeur]* supply *(épith) (Brit)*, substitute *(épith) (US)* ◆ **médecin ~** locum *(Brit)*, replacement doctor *(US)* ◆ **verbe ~** substitute verb NM,F *(= professeur)* supply *(Brit) ou* substitute *(US)* teacher; *(= juge)* deputy (judge); *(Pol)* deputy; *(= médecin)* locum *(Brit)*, replacement doctor *(US)* ◆ **pendant les vacances, on fait appel à des ~s** during the holidays we take on relief *ou* temporary staff

**suppléer** /syplee/ ▸ conjug 1 ◂ VT a *(= ajouter) [+ mot manquant]* to supply, to provide; *[+ somme complémentaire]* to make up, to supply b *(= compenser) [+ lacune]* to fill in; *[+ manque, défaut]* to make up for, to compensate for c *(frm = remplacer) [+ professeur]* to stand in for, to replace; *[+ juge]* to deputize for ◆ **la machine a suppléé l'homme dans ce domaine** *(littér)* men have been replaced by machines in this area VT INDIR **suppléer à** *(= compenser) [+ défaut, manque]* to make up for, to compensate for; *(= remplacer) [+ chose, personne, qualité]* to substitute for

**supplément** /syplemɑ̃/ **NM** **a** *(= surcroît)* **un ~ de travail/salaire** extra *ou* additional work/pay ◆ **avoir droit à un ~ de 50 €** to be allowed a supplement of €50 *ou* a €50 supplement, to be allowed an extra *ou* an additional €50 ◆ **demander un ~ d'information** to ask for additional *ou* further *ou* supplementary information ◆ **~ d'imposition** additional tax

**b** *[de journal, dictionnaire]* supplement ◆ **~ illustré** illustrated supplement

**c** *(à payer, au théâtre, au restaurant)* extra charge, supplement; *(dans le train pour prolongement de trajet)* excess fare; *(sur trains spéciaux)* supplement ◆ **~ de 1^re^ classe** supplement for travelling 1st class, 1st-class supplement ◆ **sans ~ de prix** without additional charge *ou* surcharge ◆ **payer un ~ pour excès de bagages** to pay (for) excess luggage, to pay excess on one's luggage

◆ **en supplément** extra ◆ **le vin est en ~** wine is extra ◆ **le tableau de bord en bois est en ~** the wooden dashboard is an optional extra ◆ **ils nous l'ont facturé en ~** they charged us extra for it

**supplémentaire** /syplemɑ̃tɛʀ/ **ADJ** *[dépenses, crédits, retards]* additional, further *(épith)*; *[travail, vérifications]* additional, extra *(épith)*; *[trains, autobus]* relief *(épith)*; *[angle]* supplementary ◆ **lignes ~s** *(Mus)* ledger lines ◆ **accorder un délai ~** to grant an extension of the deadline, to allow additional time ◆ **faire des/10 heures ~s** to work *ou* do overtime/10 hours' overtime ◆ **les heures ~s sont bien payées** you get well paid for (doing) overtime, overtime hours are well-paid

**supplétif, -ive** /sypletif, iv/ **ADJ** additional **NM** *(Mil)* back-up soldier ◆ **les ~s** the back-up troops

**suppliant, e** /syplijɑ̃, ijɑ̃t/ **ADJ** *[regard, voix]* beseeching, imploring; *[personne]* imploring **NM,F** suppliant, supplicant

**supplication** /syplikasjɔ̃/ **NF** *(gén)* plea, entreaty; *(Rel)* supplication

**supplice** /syplis/ **NM** **a** *(= peine corporelle)* form of torture, torture *(NonC)* ◆ **le (dernier) ~** *(peine capitale)* execution, death ◆ **conduire qn au ~** to take sb to be executed ◆ **le ~ de la roue** (torture on) the wheel ◆ **le ~ du fouet** flogging, the lash ◆ **le ~ du collier** necklacing

**b** *(= souffrance)* torture ◆ **~s moraux** moral tortures *ou* torments ◆ **éprouver le ~ de l'incertitude** to be tormented by uncertainty ◆ **cette lecture est un (vrai) ~ !** reading this is absolute torture!

**c** *(loc)* **être au ~** *(appréhension)* to be in agonies *ou* on the rack; *(gêne, douleur)* to be in misery ◆ **mettre qn au ~** to torture sb

**COMP** ▷ **supplice chinois** Chinese torture *(NonC)* ▷ **le supplice de la Croix** the Crucifixion ▷ **supplice de Tantale** *(lit)* torment of Tantalus ◆ **c'est un vrai ~ de Tantale** *(fig)* it's so frustrating

**supplicié, e** /syplisje/ (ptp de **supplicier**) **NM,F** victim of torture, torture victim ◆ **les corps/cris des ~s** the bodies/cries of the torture victims

**supplicier** /syplisje/ ▸ conjug 7 ◂ **VT** *(lit, fig)* to torture; *(à mort)* to torture to death

**supplier** /syplije/ ▸ conjug 7 ◂ **VT** to implore, to beseech *(frm)*, to entreat *(frm)* (*de faire* to do); ◆ **~ qn à genoux** to beseech *ou* implore *ou* entreat sb on one's knees ◆ **tais-toi, je t'en supplie !** will you please be quiet! ◆ **il m'a suppliée de rester** he begged me to stay

**supplique** /syplik/ **NF** petition ◆ **présenter une ~ au roi** to petition the king, to bring a petition before the king

**support** /sypɔʀ/ **NM** **a** *(gén = soutien)* support; *(= béquille, pied)* prop, support; *[d'instruments de laboratoire, outils, livre]* stand **b** *(= moyen)* medium; *(= aide)* aid ◆ **~ publicitaire** advertising medium ◆ **conférence faite à l'aide d'un ~ écrit/magnétique/visuel** lecture given with the help of a written text/a tape/visual aids ◆ **les différents ~s d'information** the different media through which information is transmitted ◆ **~ pédagogique** teaching aid **c** *[de dessin]* support; *(Ordin) [d'information codée]* medium ◆ **passer du ~ papier au ~ informatique** to go from using paper *ou* hard copy to using computers ◆ **les chaînes d'ADN, ~ de l'hérédité** DNA sequences, the carriers of genetic information ◆ **le symbole est le ~ du concept** the symbol is the concrete expression of the concept

**supportable** /sypɔʀtabl/ **ADJ** *[douleur, température]* bearable; *[conduite]* tolerable; *(* = passable, pas trop mauvais)* tolerable, passable

**supporter[1]** /sypɔʀte/ GRAMMAIRE ACTIVE 34.3, 41 ▸ conjug 1 ◂

**VT** **a** *(= endurer) [+ maladie, solitude, revers]* to bear, to endure, to put up with; *[+ douleur]* to bear, to endure; *[+ conduite, ingratitude]* to tolerate, to put up with; *[+ recommandations, personne]* to put up with, to bear ◆ **il ne pouvait plus ~ la vie** life had become unbearable for him ◆ **il supportait leurs plaisanteries avec patience** he patiently put up with their jokes ◆ **la mort d'un être cher est difficile à ~** the death of a loved one is hard to bear ◆ **il va falloir le ~ pendant toute la journée !** we're going to have to put up with him all day long! ◆ **elle supporte tout d'eux, sans jamais rien dire** she puts up with everything they do without a word ◆ **je ne supporte pas ce genre de comportement/qu'on me parle sur ce ton** I won't put up with *ou* stand for *ou* tolerate this sort of behaviour/being spoken to in that tone of voice ◆ **je ne peux pas ~ l'hypocrisie** I can't bear *ou* abide *ou* stand hypocrisy ◆ **je ne peux pas les ~** I can't bear *ou* stand them ◆ **je ne supporte pas de voir ça** I can't bear seeing *ou* to see that, I can't stand seeing that ◆ **on supporte un gilet, par ce temps** * you can do with a cardigan in this weather ◆ **je pensais avoir trop chaud avec un pull, mais on le supporte** * I thought I'd be too hot with a pullover but I can do with it after all

**b** *(= subir) [+ frais]* to bear; *[+ conséquences, affront, malheur]* to suffer, to endure ◆ **il m'a fait ~ les conséquences de son acte** he made me suffer the consequences of his action

**c** *(= résister à) [+ température, conditions atmosphériques, épreuve]* to withstand ◆ **verre qui supporte la chaleur** heatproof *ou* heat-resistant glass ◆ **il a bien/mal supporté l'opération** he took the operation well/badly ◆ **il ne supporte pas l'alcool** he can't take alcohol ◆ **elle ne supporte pas la vue du sang** she can't bear *ou* stand the sight of blood *ou* seeing blood ◆ **il ne supporte pas la chaleur** he can't take *ou* stand *ou* bear the heat ◆ **je ne supporte pas les épinards** *(= je ne les aime pas)* I can't stand spinach; *(= ils me rendent malade)* spinach doesn't agree *ou* disagrees with me ◆ **lait facile à ~** easily-digested milk ◆ **tu as de la chance de ~ l'ail** you're lucky being able to eat garlic ◆ **ce roman ne supporte pas l'examen** this novel does not stand up to analysis ◆ **cette règle ne supporte aucune exception** this rule admits of no exception

**d** *(= servir de base à)* to support, to hold up

**e** *(Ordin, Pol, Sport)* to support

**VPR** **se supporter** *(= se tolérer)* **ils ne peuvent pas se ~** they can't stand *ou* bear each other

> ⚠ *Au sens de 'subir' ou 'résister à', le verbe* **supporter** *ne se traduit pas par* **to support.**

**supporter[2]** /sypɔʀtɛʀ/ **NM**, **supporteur, -trice** /sypɔʀtœʀ, tʀis/ **NM,F** *(Pol, Sport)* supporter

**supposé, e** /sypoze/ (ptp de **supposer**) **ADJ** *(= présumé) [nombre, total]* estimated; *[meurtrier]* alleged; *(Jur) [père]* putative; *[nom]* assumed; *(= faux) [testament, signature]* forged ◆ **l'auteur ~ de cet article** *(= prétendu)* the presumed *ou* alleged author of this article ◆ **un ~ âge d'or** a supposed *ou* so-called golden age

**supposer** /sypoze/ GRAMMAIRE ACTIVE 53.6 ▸ conjug 1 ◂ **VT** **a** *(à titre d'hypothèse)* to suppose, to assume ◆ **supposons une nouvelle guerre** (let's) suppose another war broke out ◆ **supposez que vous soyez malade** suppose you were ill ◆ **en supposant que, à ~ que** supposing (that), assuming (that) ◆ **pour les besoins de l'expérience, la pression est supposée constante** *(Sci)* for the purposes of the experiment the pressure is taken to be *ou* assumed (to be) constant ◆ **supposons une ligne A-B** let there be a line A-B

**b** *(= présumer)* to suppose, to assume ◆ **~ qn amoureux/jaloux** to imagine *ou* suppose sb to be in love/jealous ◆ **je lui suppose une grande ambition** I imagine him to have great ambition ◆ **on vous supposait malade** we thought you were ill ◆ **je ne peux que le ~** I can only make a supposition, I can only surmise ◆ **cela laisse ~ que ...** it leads one to suppose that ... ◆ **je suppose que tu es contre** I assume *ou* I suppose *ou* I presume you are against it

**c** *(= impliquer, présupposer)* to presuppose; *(= suggérer, laisser deviner)* to imply ◆ **la gestation suppose la fécondation** gestation presupposes fertilization ◆ **cela suppose du courage** that takes courage ◆ **cette décision suppose que les hôpitaux sont bien équipés** this decision is based on the assumption that hospitals are properly equipped

**d** *(Jur) [+ testament, signature]* to forge

**supposition** /sypozisjɔ̃/ **NF** supposition, assumption ◆ **on ne peut que faire des ~s** we can only surmise, we can only make suppositions *ou* assumptions ◆ **je l'ignore, c'est une simple ~** I don't know, I'm just guessing *ou* it's pure conjecture on my part ◆ **une ~ que ...** * supposing ...

**suppositoire** /sypozitwaʀ/ **NM** suppository

**suppôt** /sypo/ **NM** *(littér)* henchman ◆ **~ de Satan** *ou* **du diable** fiend, hellhound ◆ **les ~s d'un tyran/de l'impérialisme** the lackeys of a tyrant/of imperialism

**suppression** /sypʀesjɔ̃/ **NF** **a** *(= fait d'enlever, d'abolir) [de mot, clause]* deletion, removal; *[de mur, obstacle]* removal; *[d'avantage, crédits]* withdrawal; *[de loi, taxe, peine de mort]* abolition; *[de libertés]* suppression; *[de discrimination, concurrence, pauvreté, chômage, douleur, fatigue]* elimination ◆ **la ~ des inégalités** the elimination *ou* abolition of inequalities ◆ **faire des ~s dans un texte** to make some deletions in a text ◆ **il y a eu 7 000 ~s d'emplois** *ou* **d'effectifs** 7,000 jobs were axed *ou* shed

**b** *[d'avion, train, vol]* cancellation ◆ **pour éviter la ~ des petites lignes de province** to prevent the closure of small regional lines

**c** *[de témoin gênant]* elimination

d (*Jur*) ~ **de part** *ou* **d'enfant** concealment of birth ◆ ~ **d'état** *depriving someone of the means to prove their civil status*

> ⚠ **suppression** *se traduit rarement par le mot anglais* **suppression**, *qui a des emplois spécifiques.*

**supprimer** /sypʀime/ ▸ conjug 1 ◂ VT a (*= enlever, abolir*) *[+ mot, clause]* to delete, to remove (*de* from); *[+ mur, obstacle]* to remove; *[+ emploi, poste]* to axe, to shed; *[+ crédits, avantage]* to withdraw; *[+ loi, taxe]* to do away with, to abolish; *[+ libertés]* to suppress; *[+ peine de mort]* to abolish; *[+ publication]* to ban; *[+ document]* to suppress; *[+ discrimination, inégalité, concurrence, pauvreté, chômage]* to do away with, to put an end to, to eliminate ◆ **ce fortifiant aide à ~ la fatigue** this tonic helps to banish tiredness ◆ **ce médicament supprime la douleur** this medicine is a pain-killer ◆ **on ne parviendra jamais à ~ la douleur** we shall never succeed in eliminating pain ◆ **cette technique supprime des opérations inutiles** this technique does away with *ou* cuts out unnecessary operations ◆ **il faut ~ les intermédiaires** we must cut out the middleman ◆ **l'avion supprime les distances** air travel shortens distances ◆ ~ **qch à qn** to deprive sb of sth ◆ ~ **les permissions aux soldats** to put a stop *ou* an end to the soldiers' leave ◆ **on lui a supprimé sa prime/pension** he's had his bonus/pension stopped ◆ ~ **qch de son alimentation** to cut sth out of one's diet, to eliminate sth from one's diet

b *[+ avion, train, vol]* to cancel ◆ **la ligne a été supprimée** the line was taken out of service

c (*= tuer*) *[+ témoin gênant]* to do away with, to eliminate

VPR **se supprimer** to take one's own life

> ⚠ **supprimer** *se traduit rarement par* **to suppress**, *qui a des emplois spécifiques.*

**suppurant, e** /sypyʀɑ̃, ɑ̃t/ ADJ suppurating

**suppuration** /sypyʀasjɔ̃/ NF suppuration

**suppurer** /sypyʀe/ ▸ conjug 1 ◂ VI to suppurate

**supputation** /sypytasjɔ̃/ NF a *[de dépenses, frais]* calculation, computation; *[de chances, possibilités]* calculation b (*frm = hypothèse*) guess, prognostication (*frm*) ◆ **ce ne sont que des ~s** this is just a guess

**supputer** /sypyte/ ▸ conjug 1 ◂ VT *[+ dépenses, frais]* to calculate, to compute; *[+ chances, possibilités]* to calculate ◆ **je suppute que ...** I presume that ..., my guess is that ...

**supra** /sypʀa/ ADV above ◆ **voir ~** see above

**supra-** /sypʀa/ PRÉF supra ... ◆ **une autorité ~humaine** a suprahuman *ou* superhuman authority

**supraconducteur, -trice** /sypʀakɔ̃dyktœʀ, tʀis/ ADJ superconductive, superconducting (*épith*) NM superconductor

**supraconductivité** /sypʀakɔ̃dyktivite/ NF superconductivity

**supraliminaire** /sypʀaliminɛʀ/ ADJ supraliminal

**supranational, e** (mpl **-aux**) /sypʀanasjɔnal, o/ ADJ supranational

**supranationalisme** /sypʀanasjɔnalism/ NM supranationalism

**supranationaliste** /sypʀanasjɔnalist/ ADJ supranationalist

**supranationalité** /sypʀanasjɔnalite/ NF ◆ **il craint de voir l'Europe basculer dans la ~** he's afraid that Europe will end up as a supranational state

**suprasegmental, e** (mpl **-aux**) /sypʀasɛgmɑ̃tal, o/ ADJ suprasegmental

**suprasensible** /sypʀasɑ̃sibl/ ADJ suprasensitive

**supraterrestre** /sypʀatɛʀɛstʀ/ ADJ superterrestrial

**suprématie** /sypʀemasi/ NF supremacy

**suprématisme** /sypʀematism/ NM Suprematism

**suprême** /sypʀɛm/ ADJ (*= supérieur*) *[chef, autorité, cour]* supreme; (*= très grand, ultime*) *[raffinement, élégance, effort, ennui]* extreme; *[indifférence]* sublime; *[affront]* ultimate ◆ **bonheur ~, notre chambre a vue sur la mer** joy of joys, our room overlooks the sea ◆ **au ~ degré** to the highest degree ◆ **le pouvoir ~** the supreme power ◆ **le moment/l'heure ~** (*= la mort*) the moment/the hour of reckoning; → **sauce, soviet** NM (*Culin*) ◆ ~ **de volaille** chicken supreme

**suprêmement** /sypʀɛmmɑ̃/ ADV supremely

**sur**[1] /syʀ/ PRÉP a (*position*) on, upon (*frm*); (*= sur le haut de*) on top of, on; (*avec mouvement*) on, onto; (*= dans*) in; (*= par-dessus*) over; (*= au-dessus de*) above ◆ **il y a un sac ~ la table/une affiche ~ le mur** there's a bag on the table/a poster on the wall ◆ **mettre une annonce ~ un tableau** to put a notice (up) on a board ◆ **il a laissé tous ses papiers ~ la table** he left all his papers (lying) on the table ◆ **je n'ai pas d'argent/la lettre ~ moi** I haven't got any money on me/the letter on *ou* with me ◆ **se promener ~ la rivière** to go boating on the river ◆ **il y avait beaucoup de circulation ~ la route** there was a lot of traffic on the road ◆ ~ **ma route** *ou* **mon chemin** on my way ◆ ~ **les grandes/petites ondes** (*Radio*) on long/short wave ◆ **elle rangea ses chapeaux ~ l'armoire** she put her hats away on top of the wardrobe ◆ **pose ta valise ~ une chaise** put your case (down) on a chair ◆ **elle a jeté son sac ~ la table** she threw her bag onto the table ◆ **retire tes livres de ~ la table** take your books off the table ◆ **il grimpa ~ le toit** he climbed (up) onto the roof ◆ **une chambre (qui donne) ~ la rue** a room that looks out onto the street ◆ **il n'est jamais monté ~ un bateau** he's never been in *ou* on a boat ◆ ~ **la place (du marché)** in the (market) square ◆ **la clé est restée ~ la porte** the key was left in the door ◆ **lire qch ~ le journal** * to read sth in the paper ◆ **chercher qch ~ une carte** to look for sth on a map ◆ **des orages sont prévus ~ l'Alsace** storms are forecast in Alsace ◆ **il a 250 € ~ son compte** he has €250 in his account ◆ **livraison gratuite ~ Paris** free delivery in *ou* within Paris ◆ **il neige ~ Paris/~ toute l'Europe** snow is falling on *ou* in Paris/over the whole of Europe, it's snowing in Paris/all over Europe ◆ **mettre du papier d'aluminium ~ un plat/un couvercle ~ une casserole** to put silver foil over a dish/a lid on a saucepan ◆ **un pont ~ la rivière** a bridge across *ou* on *ou* over the river ◆ **s'endormir ~ un livre/son travail** (*fig*) to fall asleep over a book/over *ou* at one's work ◆ **elle a acheté des poires ~ le marché** she bought some pears at the market ◆ ~ **terre et ~ mer** on land and (at) sea ◆ **s'étendre ~ 3 km** to spread over 3 km ◆ **"travaux ~ 5 km"** "roadworks for 5 km" ◆ **vivre les uns ~ les autres** (*fig*) to live on top of each other ◆ **gravure ~ bois/verre** wood/glass engraving; → **appuyer, pied, place** *etc*

b (*direction*) to, towards ◆ **tourner ~ la droite** to turn (to the) right ◆ **l'église est ~ votre gauche** the church is on *ou* to your left ◆ **revenir ~ Paris** to return to Paris ◆ **les vols ~ Lyon** flights to Lyons ◆ **concentrer son attention ~ un problème** to concentrate on a problem, to focus one's attention on a problem ◆ **fermez bien la porte ~ vous** be sure and close the door behind *ou* after you

c (*temps : proximité, approximation*) **il est arrivé ~ les 2 heures** he came (at) about *ou* (at) around 2 ◆ **il va ~ la quarantaine** he's getting on for (*Brit*) *ou* going on (*US*) forty ◆ **la pièce s'achève ~ une réconciliation** the play ends with a reconciliation ◆ **il est ~ le départ, il est ~ le point de partir** he's just going, he's (just) about to leave ◆ ~ **le moment** *ou* ~ **le coup, je n'ai pas compris** at the time *ou* at first I didn't understand ◆ ~ **une période de 3 mois** over a period of 3 months ◆ **juger les résultats ~ une année** to assess the results over a year ◆ **boire du café ~ de la bière** to drink coffee on top of beer

d (*cause*) on, by ◆ ~ **invitation/commande** by invitation/order ◆ ~ **présentation d'une pièce d'identité** on presentation of identification ◆ **nous l'avons nommé ~ la recommandation/les conseils de Marc** we appointed him on Marc's recommendation/advice ◆ ~ **un signe/une remarque du patron, elle sortit** at the boss's signal/at a word from the boss, she left

e (*moyen, manière*) on ◆ **ils vivent ~ son salaire/ses économies** they live on *ou* off his salary/his savings ◆ **rester ~ la défensive/ses gardes** to stay on the defensive/one's guard ◆ **travailler ~ écran** to work on screen ◆ **renseignements disponibles ~ Minitel** information available on Minitel ◆ **choisir ~ catalogue** to choose from a catalogue ◆ **chanter** *ou* **entonner qch ~ l'air de la Marseillaise** to sing sth to the tune of the Marseillaise ◆ **fantaisie ~ un air de Brahms** (*Mus*) fantasy on an air by *ou* from Brahms ◆ ~ **le mode mineur** (*Mus*) in the minor key *ou* mode

f (*matière, sujet*) on, about ◆ **conférence/renseignements ~ la Grèce/la drogue** lecture/information on *ou* about Greece/drug addiction ◆ **roman/film ~ Louis XIV** novel/film about Louis XIV ◆ **questionner** *ou* **interroger qn ~ qch** to question sb about *ou* on sth ◆ **gémir** *ou* **se lamenter ~ ses malheurs** to lament (over) *ou* bemoan one's misfortunes ◆ **être ~ un travail** to be occupied with a job, to be (in the process of) doing a job ◆ **être ~ un projet** to be working on a project ◆ **être ~ une bonne affaire/une piste/un coup** * to be onto a bargain/on a trail/in on a job * ◆ **"réductions importantes sur les chaussures"** "big discounts on shoes" ◆ **il touche une commission de 10% ~ les ventes** he gets a 10% commission on sales

g (*rapport de proportion*) out of, in; (*prélèvement*) from; (*mesure*) by ◆ ~ **douze verres, six sont ébréchés** out of twelve glasses six are chipped ◆ **un homme ~ dix** one man in (every) *ou* out of ten ◆ **neuf fois ~ dix** nine times out of ten ◆ **il a une chance ~ deux de réussir** he has a fifty-fifty chance of success ◆ **il y a une chance ~ dix pour que cela arrive** there's a one in ten chance that it will happen ◆ **il mérite 7 ~ 10** (*Scol, Univ*) he deserves 7 out of 10 ◆ **un jour/un vendredi ~ trois** every third day/Friday ◆ **il vient un jour/mercredi ~ deux** he comes every other day/Wednesday ◆ **les cotisations sont retenues ~ le salaire** contributions are deducted from salaries ◆ **la cuisine fait 2 mètres ~ 3** the kitchen is *ou* measures 2 metres by 3

h (*accumulation*) after ◆ **faire faute ~ faute** to make one mistake after another ◆ **il a eu rhume ~ rhume** he's had one cold after another *ou* the other; → **coup** i *(influence, supériorité)* over, on ◆ **avoir de l'influence/de l'effet ~ qn** to have influence on *ou* over/an effect on sb ◆ **avoir des droits ~ qn/qch** to have rights over sb/to sth ◆ **cela a influé ~ sa décision** that has influenced *ou* had an influence on his decision ◆ **elle n'a aucun pouvoir ~ lui** she has no hold *ou* influence over him

LOC ADV **sur ce** *(= sur ces mots)* so saying, with this *ou* that ◆ **~ ce, il est sorti** whereupon *ou* upon which he went out ◆ **~ ce, il faut que je vous quitte** and now I must leave you

**sur², e** /syʀ/ ADJ *(= aigre)* sour

**sur...** /syʀ/ PRÉF over... ◆ **suractif** overactive ◆ **surdiplômé** overqualified

**sûr, e** /syʀ/ GRAMMAIRE ACTIVE 42.1, 43.1, 52.6, 53.6

ADJ a ◆ **~ de** *[+ résultats, succès]* sure *ou* certain of; *[+ allié, réflexes, moyens]* sure of; *[+ fait, diagnostic, affirmation]* sure *ou* certain of *ou* about ◆ **il avait le moral et était ~ du succès** he was in good spirits and was sure *ou* certain *ou* confident of success ◆ **s'il s'entraîne régulièrement, il est ~ du succès** if he trains regularly he's sure of success ◆ **il est ~/il n'est pas ~ de venir** he's/he's not sure *ou* certain that he'll be able to come ◆ **il est ~ de son fait** *ou* **coup** * *(qu'il réussira)* he's sure *ou* confident he'll pull it off; *(qu'il a raison)* he's sure he's right ◆ **~ de soi** self-assured, self-confident, sure of oneself ◆ **elle n'est pas ~e d'elle(-même)** she's lacking in self-assurance *ou* self-confidence ◆ **j'en étais ~ !** I knew it!, just as I thought! ◆ **j'en suis ~ et certain** I'm positive (about it), I'm absolutely sure *ou* certain (of it) ◆ **soyez-en ~** you can depend upon it, you can be sure of it

b *(= certain)* certain, sure ◆ **la chose est ~e** that's certain, that's for sure *ou* certain ◆ **ce** *ou* **il n'est pas ~ qu'elle aille au Maroc** it's not definite *ou* certain that she's going to Morocco ◆ **est-ce si ~ qu'il gagne ?** is he so certain *ou* sure to win? ◆ **c'est ~ et certain** that's absolutely certain ◆ **ça, c'est ~** that's for sure ◆ **ce n'est pas (si) ~** * not necessarily ◆ **c'est le plus ~ moyen de réussir** it is the surest way to succeed ◆ **ce qui est ~, c'est qu'ils ...** one thing is for sure – they ...

◆ **à coup sûr** definitely, without a doubt ◆ **à coup ~ il ne viendra pas** he definitely won't come, there's no way he'll come

◆ **pour sûr** ◆ **tenir qch pour ~** to be sure about sth ◆ **il tient pour ~ que ...** he's sure that ... ◆ **pour ~ !** * absolutely!

c *(= sans danger) [quartier, rue]* safe ◆ **peu ~** unsafe ◆ **il est plus ~ de ne pas compter sur lui** it's safer not to rely on him ◆ **le plus ~ est de mettre sa voiture au garage** the safest thing is to put your car in the garage ◆ **en lieu ~** in a safe place ◆ **en mains ~es** in safe hands

d *(= digne de confiance) [personne]* reliable, trustworthy; *[renseignements, diagnostic, entreprise]* reliable; *[valeurs morales, raisonnement]* sound; *[remède, moyen]* reliable, sure; *[dispositif, arme, valeurs boursières]* safe; *[investissement]* sound, safe; *[main, pied, œil]* steady; *[goût, instinct]* reliable, sound ◆ **le temps n'est pas assez ~ pour une ascension** the weather's not reliable enough to go climbing ◆ **avoir la main ~e** to have a steady hand ◆ **raisonner sur des bases peu ~es** to argue on unsound *ou* shaky premises ◆ **nous apprenons de source ~e que ...** we have been informed by a reliable source that ... ◆ **peu ~** *[allié]* unreliable, untrustworthy; *[renseignements]* unreliable; *[moyen, méthode]* unreliable, unsafe

ADV * ◆ **~ qu'il y a quelque chose qui ne tourne pas rond** there must be something wrong ◆ **tu penses qu'il viendra ? – pas ~** do you think he'll come? – I'm not so sure; → **bien, pour**

**surabondamment** /syʀabɔ̃damɑ̃/ ADV *(littér) [expliquer]* in excessive detail ◆ **~ décoré de** overabundantly decorated with ◆ **ce thème a été ~ exploité** this theme has been dealt with more than amply ◆ **~ informé** over-informed

**surabondance** /syʀabɔ̃dɑ̃s/ NF *(= quantité excessive)* overabundance, superabundance; *(= grande abondance)* profusion

**surabondant, e** /syʀabɔ̃dɑ̃, ɑ̃t/ ADJ *(= trop abondant)* overabundant, superabundant ◆ **recevoir un courrier ~** *(= très abondant)* to receive a huge amount of mail

**surabonder** /syʀabɔ̃de/ ► conjug 1 ◄ VI a *[richesses, plantes, matières premières]* to be overabundant ◆ **une station où surabondent les touristes** a resort overflowing with tourists ◆ **des circulaires où surabondent les fautes d'impression** circulars riddled *ou* littered with printing errors ◆ **un port où surabondent les tavernes** a port with an inordinate number *ou* a plethora *(frm)* of taverns b *(littér)* **~ de** *ou* **en** to abound with *ou* in ◆ **~ de richesses** to have an overabundance of riches, to have overabundant riches

**suractivé, e** /syʀaktive/ ADJ superactivated

**suractivité** /syʀaktivite/ NF superactivity

**suraigu, -uë** /syʀegy/ ADJ very high-pitched, very shrill

**surajouter** /syʀaʒute/ ► conjug 1 ◄ VT to add ◆ **raisons auxquelles se surajoutent celles-ci** reasons to which one might add the following ◆ **ornements surajoutés** superfluous ornaments

**suralimentation** /syʀalimɑ̃tasjɔ̃/ NF a *[de personne] (thérapeutique)* feeding up; *(par excès)* overeating b *[d'animal]* fattening c *[de moteur]* supercharging, boosting

**suralimenter** /syʀalimɑ̃te/ ► conjug 1 ◄ VT a *[+ personne]* to feed up b *(= engraisser) [+ animal]* to fatten c *[+ moteur]* to supercharge, to boost ◆ **moteur diesel suralimenté** supercharged diesel engine VPR **se suralimenter** to overeat

**suranné, e** /syʀane/ ADJ *[idées, mode, beauté, style, tournure]* old-fashioned ◆ **un hôtel au charme ~** a hotel with old-fashioned charm ◆ **dans un décor délicieusement ~** in a delightfully old-world setting

**surarmement** /syʀaʀməmɑ̃/ NM *(= action)* stockpiling of weapons; *(= armes)* massive stock of weapons

**surarmer** /syʀaʀme/ ► conjug 1 ◄ VT *(surtout passif)* ◆ **pays surarmé** country with a massive stock of weapons

**surate** /syʀat/ NF ⇒ **sourate**

**surbaissé, e** /syʀbese/ (ptp de **surbaisser**) ADJ *[plafond]* lowered; *[voûte]* surbased; *[châssis]* underslung; *[voiture]* low-slung

**surbaissement** /syʀbɛsmɑ̃/ NM *(Archit)* surbasement

**surbaisser** /syʀbese/ ► conjug 1 ◄ VT *[+ plafond]* to lower; *[+ voûte]* to surbase; *[+ voiture, châssis]* to make lower

**surbooké, e** /syʀbuke/ ADJ *[vol, train]* overbooked ◆ **je suis ~** * **en ce moment** I've got too much on at the moment

**surbooker** /syʀbuke/ VI *[compagnie aérienne]* to overbook

**surbooking** /syʀbukiŋ/ NM overbooking ◆ **les compagnies aériennes qui pratiquent le ~** airlines that overbook

**surboum** † * /syʀbum/ NF party

**surbrillance** /syʀbʀijɑ̃s/ NF *(Ordin)* ◆ **mettre qch en ~** to highlight sth ◆ **texte en ~** highlighted text

**surcapacité** /syʀkapasite/ NF overcapacity

**surcapitalisation** /syʀkapitalizasjɔ̃/ NF overcapitalization

**surcharge** /syʀʃaʀʒ/ NF a *[de véhicule]* overloading

b *(= poids en excédent)* extra load, excess load; *[de cheval de course]* weight handicap ◆ **~ pondérale** excess weight ◆ **~ électrique** overload ◆ **une tonne de ~** an extra *ou* excess load of a ton ◆ **les passagers/marchandises en ~** the excess *ou* extra passengers/goods ◆ **prendre des passagers en ~** to take on excess passengers ◆ **ascenseur en ~** overloaded lift *(Brit) ou* elevator *(US)* ◆ **payer un supplément pour une ~ de bagages** to pay (for) excess luggage, to pay excess on one's luggage

c *(fig)* **cela me cause une ~ de travail** it gives me extra work ◆ **la ~ des programmes scolaires** the overloaded school syllabus ◆ **il y a une ~ de détails/d'ornements** there is a surfeit *ou* an overabundance of detail/of ornamentation

d *(= ajout manuscrit ou imprimé) [de document, chèque]* alteration; *[de timbre-poste]* surcharge, overprint

**surcharger** /syʀʃaʀʒe/ ► conjug 3 ◄ VT *[+ voiture, cheval, mémoire]* to overload; *[+ timbre]* to surcharge; *[+ mot écrit]* to alter; *(Élec) [+ circuit]* to overload; *(Écon) [+ marché]* to overload, to glut ◆ **~ qn de travail/d'impôts** to overload *ou* overburden sb with work/with taxes ◆ **je suis surchargé (de travail)** I'm overloaded *ou* snowed under with work ◆ **emploi du temps surchargé** crowded timetable ◆ **programmes scolaires surchargés** overloaded syllabuses ◆ **classes surchargées** overcrowded classes ◆ **train surchargé** overcrowded train ◆ **palais surchargé de dorures** palace smothered in gilt ◆ **manuscrit surchargé de corrections** manuscript covered *ou* littered with corrections

**surchauffe** /syʀʃof/ NF *(Écon)* overheating; *(Tech)* superheating; *(Phys)* superheat ◆ **il y a une ~ de l'économie** the economy is overheating

**surchauffé, e** /syʀʃofe/ (ptp de **surchauffer**) ADJ *[pièce]* overheated; *(Phys, Tech)* superheated; *(= exalté)* overexcited ◆ **le procès s'est déroulé dans une ambiance ~e** the trial took place in a highly charged atmosphere ◆ **les esprits étaient ~s** emotions were running very high *ou* were at fever pitch

**surchauffer** /syʀʃofe/ ► conjug 1 ◄ VT *[+ pièce]* to overheat; *(Phys, Tech)* to superheat

**surchoix** /syʀʃwa/ ADJ INV *[viande]* prime *(épith)*, top-quality; *[produit, fruit]* top-quality

**surclasser** /syʀklɑse/ ► conjug 1 ◄ VT to outclass

**surcompensation** /syʀkɔ̃pɑ̃sasjɔ̃/ NF *(Psych)* overcompensation

**surcomposé, e** /syʀkɔ̃poze/ ADJ double-compound

**surcompression** /syʀkɔ̃pʀesjɔ̃/ NF *[de gaz]* supercharging

**surcomprimer** /syʀkɔ̃pʀime/ ► conjug 1 ◄ VT *[+ gaz]* to supercharge

**surconsommation** /syʀkɔ̃sɔmasjɔ̃/ NF overconsumption

**surcontrer** /syʀkɔ̃tʀe/ ► conjug 1 ◄ VT *(Cartes)* to redouble

**surcote** /syʀkɔt/ NF overvaluation

**surcoter** /syʀkɔte/ ► conjug 1 ◄ VT to overvalue

**surcouper** /syʀkupe/ ► conjug 1 ◄ VI *(Cartes)* to overtrump

**surcoût** /syʀku/ NM extra *ou* additional cost *ou* expenditure

**surcroît** /syʀkʀwa/ NM ◆ **cela lui a donné un ~ de travail/d'inquiétudes** it gave him additional *ou* extra work/worries ◆ **ça lui a valu un ~ de respect** this won him even more respect ◆ **par (un) ~ d'honnêteté/de scrupules** through an excess of honesty/of scruples, through excessive honesty/scrupulousness

◆ **de** *ou* **par surcroît** *(= de plus)* what is more, moreover ◆ **il est avare et paresseux de** *ou* **par ~** he's mean and idle into the bargain

**surdéveloppé, e** /syʀdevlɔpe/ ADJ overdeveloped

**surdéveloppement** /syʀdevlɔpmɑ̃/ NM overdevelopment

**surdimensionné, e** /syʀdimɑ̃sjɔne/ ADJ a *(Tech)* oversized ◆ **le réservoir est ~ par rapport à nos besoins** the tank is far too big for our needs b *(fig) [investissement]* excessive; *[projet]* overambitious ◆ **les investissements sont ~s par rapport à la taille de la ville** the investments are out of proportion to the size of the town ◆ **il a un ego ~** he has an oversized ego

**surdimutité** /syʀdimytite/ NF deaf-and-dumbness

**surdité** /syʀdite/ NF deafness ◆ **~ verbale** word deafness

**surdosage** /syʀdozaʒ/ NM *(Méd)* overdosage

**surdose** /syʀdoz/ NF *(lit, fig)* overdose

**surdoué, e** /syʀdwe/ ADJ *[enfant]* gifted, exceptional *(US)* NM,F gifted *ou* exceptional *(US)* child

**sureau** (pl **sureaux**) /syʀo/ NM elder (tree) ◆ **baies de ~** elderberries

**sureffectif** /syʀefɛktif/ NM overmanning *(NonC)*, overstaffing *(NonC)* ◆ **personnel en ~** excess staff

**surélévation** /syʀelevasjɔ̃/ NF *(= action)* raising, heightening; *(= état)* extra height

**surélever** /syʀel(ə)ve/ ▸ conjug 5 ◂ VT *[+ plafond, étage]* to raise, to heighten; *[+ mur]* to heighten ◆ **~ une maison d'un étage** to heighten a house by one storey ◆ **rez-de-chaussée surélevé** raised ground floor, ground floor higher than street level

**sûrement** /syʀmɑ̃/ ADV a *(= sans risques, efficacement) [cacher qch, progresser]* in safety; *[attacher]* securely; *[fonctionner]* safely ◆ **l'expérience instruit plus ~ que les livres** experience is a surer teacher than books; → **lentement** b *(= vraisemblablement)* **il viendra ~** he's sure to come ◆ **~ qu'il a été retenu** * he must have been held up ◆ **tu connais ~ des gens importants** you must know some important people ◆ **ça lui plaira ~** she's bound to like it, I'm sure she'll like it ◆ **il me trouve ~ trop sévère** no doubt he thinks I'm being too harsh c ◆ **~ pas** *(= pas du tout)* certainly not ◆ **il n'est ~ pas très intelligent, mais ...** *(= peut-être pas)* he might not be very clever but ... ◆ **ce n'est ~ pas difficile** it can't be that difficult

**suremploi** /syʀɑ̃plwa/ NM overemployment

**surenchère** /syʀɑ̃ʃɛʀ/ NF a *(Comm) (sur prix fixé)* overbid; *(= enchère plus élevée)* higher bid ◆ **faire une ~ (sur)** to make a higher bid (than) ◆ **une douzaine de ~s successives firent monter le prix** a dozen bids one after the other put up the price ◆ **faire une ~ de 150 €** to bid €150 more *ou* higher (*sur* than) to bid €150 over the previous bid *ou* bidder b *(fig = exagération, excès)* **la presse, royaume de la ~** the press, where overstatement is king ◆ **faire de la ~** to try to outdo one's rivals ◆ **la ~ électorale** political one-upmanship ◆ **une ~ de violence** a build-up of violence

**surenchérir** /syʀɑ̃ʃeʀiʀ/ ▸ conjug 2 ◂ VI *(= offrir plus qu'un autre)* to bid higher; *(= élever son offre)* to raise one's bid; *(lors d'élections)* to try to outdo each other (*de* with); ◆ **~ sur une offre** to bid higher than an offer, to top a bid * ◆ **~ sur qn** to bid higher than sb, to outbid *ou* overbid sb

**surenchérisseur, -euse** /syʀɑ̃ʃeʀisœʀ, øz/ NM,F (higher) bidder

**surencombré, e** /syʀɑ̃kɔ̃bʀe/ ADJ *[rue]* overcrowded; *[lignes téléphoniques]* overloaded

**surencombrement** /syʀɑ̃kɔ̃bʀəmɑ̃/ NM *[de rue]* overcrowding; *[de lignes téléphoniques]* overloading

**surendetté, e** /syʀɑ̃dete/ ADJ over-indebted, overburdened with debt

**surendettement** /syʀɑ̃dɛtmɑ̃/ NM excessive debt ◆ **pour limiter le ~ des ménages** to reduce the chance that families will run up big debts, to stop families running up big debts

**surentraînement** /syʀɑ̃tʀɛnmɑ̃/ NM overtraining

**surentraîner** VT, **se surentraîner** VPR /syʀɑ̃tʀene/ ▸ conjug 1 ◂ to overtrain

**suréquipement** /syʀekipmɑ̃/ NM overequipment

**suréquiper** /syʀekipe/ ▸ conjug 1 ◂ VT to overequip

**surestarie** /syʀɛstaʀi/ NF *(Jur)* demurrage

**surestimation** /syʀɛstimasjɔ̃/ NF *[d'importance, forces, capacité, frais]* overestimation; *[de tableau, maison à vendre]* overvaluation ◆ **la ~ des devis est fréquente** estimates are often inflated *ou* made too high

**surestimer** /syʀɛstime/ ▸ conjug 1 ◂ VT *[+ importance, forces, frais]* to overestimate; *[+ tableau, maison à vendre]* to overvalue VPR **se surestimer** to overestimate one's abilities

**suret, -ette** /syʀɛ, ɛt/ ADJ *[goût]* sharp, tart

**sûreté** /syʀte/ NF a *(= sécurité)* safety ◆ **complot contre la ~ de l'État** plot against state security ◆ **pour plus de ~** as an extra precaution, to be on the safe side ◆ **être en ~** to be in safety, to be safe ◆ **mettre qn/qch en ~** to put sb/sth in a safe *ou* secure place ◆ **de ~** *[serrure, verrou]* safety *(épith)* ◆ **c'est une ~ supplémentaire** it's an extra precaution ◆ **20 ans de réclusion assortis d'une peine de ~ de 13 ans** a 20-year prison sentence with a minimum recommendation of 13 years

b *(= exactitude, efficacité) [de renseignements, méthode]* reliability; → **cour, prudence**

c *(= précision) [de coup d'œil, geste]* steadiness; *[de goût]* reliability, soundness; *[de réflexe, diagnostic]* reliability ◆ **il a une grande ~ de main** he has a very sure hand ◆ **~ d'exécution** sureness of touch

d *(= dispositif)* safety device ◆ **mettre la ~ à une arme** to put the safety catch *ou* lock on a gun; → **cran**

e *(= garantie)* assurance, guarantee ◆ **demander/donner des ~s à qn** to ask sb for/give sb assurances *ou* a guarantee ◆ **~ individuelle** *(Jur)* protection against unlawful detention ◆ **~ personnelle** guaranty ◆ **~ réelle** security

f *(Police)* **la Sûreté (nationale)** the (French) criminal investigation department, ≃ the CID *(Brit)*, the FBI *(US)*

**surévaluation** /syʀevalɥasjɔ̃/ NF overvaluation

**surévaluer** /syʀevalɥe/ ▸ conjug 1 ◂ VT *[+ monnaie, coûts]* to overvalue; *[+ difficultés, influence]* to overestimate ◆ **l'euro est surévalué par rapport au dollar** the euro is overvalued against the dollar

**surexcitable** /syʀɛksitabl/ ADJ overexcitable

**surexcitation** /syʀɛksitasjɔ̃/ NF overexcitement

**surexcité, e** /syʀɛksite/ (ptp de **surexciter**) ADJ *(= enthousiaste, énergique)* overexcited; *(= énervé)* all worked up ◆ **il me parlait d'une voix ~e** he spoke to me in a very excited voice

**surexciter** /syʀɛksite/ ▸ conjug 1 ◂ VT to overexcite

**surexploitation** /syʀɛksplwatasjɔ̃/ NF *[de terre]* overexploitation; *[de main-d'œuvre]* gross exploitation

**surexploiter** /syʀɛksplwate/ ▸ conjug 1 ◂ VT *[+ terres, ressources]* to overexploit; *[+ main-d'œuvre]* to grossly exploit; *[+ thème, idée]* to overdo

**surexposer** /syʀɛkspoze/ ▸ conjug 1 ◂ VT to overexpose

**surexposition** /syʀɛkspozisjɔ̃/ NF overexposure

**surf** /sœʀf/ NM a *(= activité)* surfing ◆ **faire du ~** to surf, to go surfing ◆ **~ sur neige** snowboarding ◆ **faire du ~ sur neige** to snowboard, to go snowboarding b *(= objet)* **(planche de) ~** surfboard ◆ **~ des neiges** snowboard

**surface** /syʀfas/ NF a *(gén, Géom)* surface; *(= aire) [de champ, chambre]* surface area ◆ **faire ~** to surface ◆ **refaire ~** *(lit, fig)* to resurface ◆ **le plongeur est remonté à la ~** the diver came back up to the surface ◆ **il ne voit que la ~ des choses** he can't see below the surface ◆ **l'appartement fait 100 mètres carrés de ~** the flat has a surface area of 100 square metres ◆ **il dispose d'une ~ financière rassurante** he has a sound financial base, his financial situation is sound ◆ **avoir de la ~** * *(fig, Fin)* to have great standing

◆ **de surface** *[politesse]* superficial; *[modifications]* cosmetic; *[eaux, température]* surface *(épith)* ◆ **navire de ~** surface vessel ◆ **réseau/installations de ~** above-ground *ou* overground network/installations

◆ **en surface** *[nager, naviguer]* at the surface; *[travailler, apprendre]* superficially ◆ **tout en ~** *[personne]* superficial, shallow

b *(Comm)* **grande ~** hypermarket

COMP ▷ **surface de but** *(Ftbl)* goal area ▷ **surface de chauffe** heating surface ▷ **surface corrigée** *(Admin)* amended area *(calculated on the basis of amenities etc for assessing rent)* ▷ **surface habitable** living space ▷ **surface porteuse** *(Aviat)* aerofoil *(Brit)*, airfoil *(US)* ▷ **surface de réparation** *(Ftbl)* penalty area ▷ **surface de séparation** *(Phys)* interface ▷ **surface au sol** floor surface ▷ **surface de sustentation** *(Aviat)* ⇒ **surface porteuse** ▷ **surface utile** *(Constr)* floor space ▷ **surface de vente** *(Comm)* sales area ▷ **surface de voilure** sail area

**surfacturation** /syʀfaktyʀasjɔ̃/ NF *[de produit, prestations]* overbilling; *[de client]* overcharging ◆ **ils ont procédé à une ~ systématique des travaux** they systematically overcharged for the building work

**surfacturer** /syʀfaktyʀe/ ▸ conjug 1 ◂ VT *[+ produit, prestations]* to overbill; *[+ client]* to overcharge ◆ **il a surfacturé de 10% ses prestations** he overcharged customers by 10% for his services

**surfaire** /syʀfɛʀ/ ▸ conjug 60 ◂ VT *[+ réputation, auteur]* to overrate; *[+ marchandise]* to overprice

**surfait, e** /syʀfɛ, ɛt/ (ptp de **surfaire**) ADJ *[ouvrage, auteur]* overrated ◆ **c'est très** ~ it's highly overrated

**surfer** /sœʀfe/ ▸ conjug 1 ◂ VI *(Sport)* to surf, to go surfing; *(Ordin)* to surf ◆ ~ **sur Internet** to surf (on) the Internet ◆ **le Premier ministre a longtemps surfé sur la vague des opinions favorables** the Prime Minister has been riding on a wave of popularity for a long time ◆ **ces industriels surfent sur la vague écologique** these industrialists are cashing in on the ecology trend *ou* have jumped on the green bandwagon

**surfeur, -euse** /sœʀfœʀ, øz/ NM,F surfer

**surfil** /syʀfil/ NM *(Couture)* oversewing, overcasting

**surfilage** /syʀfilaʒ/ NM *(Couture)* oversewing, overcasting

**surfiler** /syʀfile/ ▸ conjug 1 ◂ VT *(Couture)* to oversew, to overcast

**surfin, e** /syʀfɛ̃, in/ ADJ *[beurre, produit]* top-quality *(épith)*; *[qualité]* top *(épith)*, superior

**surgélation** /syʀʒelasjɔ̃/ NF deep-freezing, fast-freezing

**surgelé, e** /syʀʒəle/ ADJ deep-frozen ◆ **produits ~s** frozen foods NM ◆ **les ~s** (deep-) frozen food ◆ **magasin de ~s** freezer centre

**surgeler** /syʀʒəle/ ▸ conjug 5 ◂ VT to deep-freeze, to fast-freeze

**surgénérateur** /syʀʒeneʀatœʀ/ ADJ M, NM ◆ **(réacteur)** ~ fast breeder (reactor)

**surgeon** /syʀʒɔ̃/ NM *(Bot)* sucker

**surgir** /syʀʒiʀ/ ▸ conjug 2 ◂ VI **a** *[animal, véhicule en mouvement, spectre]* to appear suddenly; *[montagne, navire]* to loom up (suddenly); *[plante, immeuble]* to shoot up, to spring up ◆ **deux hommes ont surgi de derrière un camion** two men suddenly appeared *ou* came out from behind a truck **b** *[problèmes, difficultés]* to arise, to crop up; *[dilemme]* to arise ◆ **des obstacles surgissent de toutes parts** obstacles are cropping up all over the place ◆ **cela a fait ~ plusieurs questions** this raised several questions

**surgissement** /syʀʒismɑ̃/ NM *(littér)* *[d'animal, véhicule en mouvement, spectre]* sudden appearance; *[de montagne, navire]* sudden looming up; *[de plante, immeuble]* shooting up, springing up

**surhausser** /syʀose/ ▸ conjug 1 ◂ VT *(gén, Archit)* to raise

**surhomme** /syʀɔm/ NM superman

**surhumain, e** /syʀymɛ̃, ɛn/ ADJ superhuman

**surimi** /syʀimi/ NM surimi ◆ **bâtonnets de** ~ crab *ou* ocean sticks

**surimposé, e** /syʀɛ̃poze/ (ptp de **surimposer**) ADJ *(Géol)* superimposed; *(Fin)* overtaxed

**surimposer** /syʀɛ̃poze/ ▸ conjug 1 ◂ VT *(Fin)* to overtax

**surimposition** /syʀɛ̃pozisjɔ̃/ NF **a** *(Fin)* overtaxation **b** *(Géol)* epigenesis

**surimpression** /syʀɛ̃pʀesjɔ̃/ NF *(Photo)* double exposure; *(fig)* *[d'idées, visions]* superimposition ◆ **en** ~ superimposed ◆ **on voyait apparaître un visage en** ~ a face appeared superimposed (on it)

**surin** †* /syʀɛ̃/ NM *(= couteau)* knife

**Surinam, Suriname** /syʀinam/ NM Surinam

**surinamais, e** /syʀinamɛ, ɛz/ ADJ Surinamese NM,F **Surinamais(e)** Surinamese

**surinfecter (se)** /syʀɛ̃fɛkte/ ▸ conjug 1 ◂ VPR to develop a secondary infection

**surinfection** /syʀɛ̃fɛksjɔ̃/ NF secondary infection

**surinformation** /syʀɛ̃fɔʀmasjɔ̃/ NF information overload ◆ **le public est victime d'une ~ quotidienne** the public are subjected to information overload every day

**surinformé, e** /syʀɛ̃fɔʀme/ ADJ *[personne]* suffering from information overload ◆ **dans notre monde** ~ in today's world of information overload

**surintendance** /syʀɛ̃tɑ̃dɑ̃s/ NF *(Hist)* superintendency

**surintendant** /syʀɛ̃tɑ̃dɑ̃/ NM *(Hist)* ◆ ~ **(des finances)** superintendent (of finances)

**surinvestir** /syʀɛ̃vɛstiʀ/ ▸ conjug 2 ◂ VT *(Fin)* to overinvest (*dans* in); *(Psych)* to invest too much of o.s. in

**surinvestissement** /syʀɛ̃vɛstismɑ̃/ NM *(Écon, Psych)* overinvestment

**surir** /syʀiʀ/ ▸ conjug 2 ◂ VI *[lait, vin]* to turn sour, to (go) sour

**surjet** /syʀʒɛ/ NM **a** *(Couture)* overcast seam ◆ **point de** ~ overcast stitch **b** *(Chir)* continuous suture

**surjeter** /syʀʒəte/ ▸ conjug 4 ◂ VT *(Couture)* to overcast

**sur-le-champ** /syʀləʃɑ̃/ ADV immediately, at once, right away, straightaway *(Brit)*

**surlendemain** /syʀlɑ̃d(ə)mɛ̃/ NM ◆ **le ~ de son arrivée** two days after his arrival ◆ **il est mort le** ~ he died two days later ◆ **il revint le lendemain et le** ~ he came back the next day and the day after (that) ◆ **le ~ matin** two days later in the morning

**surligner** /syʀliɲe/ ▸ conjug 1 ◂ VT to highlight

**surligneur** /syʀliɲœʀ/ NM highlighter (pen)

**surmédiatisation** /syʀmedjatizasjɔ̃/ NF *[d'affaire, événement]* excessive media coverage ◆ **la ~ de l'affaire a entraîné des polémiques** the excessive coverage given to the case in the media caused controversy ◆ **il y a risque de** ~ there's a danger of media overkill

**surmédiatisé, e** /syʀmedjatize/ ADJ *[affaire, événement]* that has received too much media exposure *ou* coverage

**surmédicalisation** /syʀmedikalizasjɔ̃/ NF *[de problème, cas, grossesse]* excessive medicalization; *[de population, pays]* overprovision of medical care (*de* to)

**surmédicaliser** /syʀmedikalize/ ▸ conjug 1 ◂ VT *[+ problème, cas]* to overmedicalize; *[+ population, pays]* to overprovide with medical care

**surmenage** /syʀmənaʒ/ NM **a** *(= action de surmener qn)* overworking, overtaxing ◆ **éviter le ~ des élèves** to avoid overworking schoolchildren *ou* pushing schoolchildren too hard **b** *(= action de se surmener)* overwork(ing) ◆ **éviter à tout prix le** ~ to avoid overwork(ing) *ou* overtaxing o.s. at all costs **c** *(= état maladif)* overwork ◆ **souffrant de** ~ suffering from (the effects of) overwork ◆ **le ~ intellectuel** mental fatigue ◆ ~ **physique** overexertion

**surmené, e** /syʀməne/ (ptp de **surmener**) ADJ *(par le travail)* overworked ◆ **je suis vraiment ~ en ce moment** I've got an awful lot on my plate at the moment

**surmener** /syʀməne/ ▸ conjug 5 ◂ VT *[+ personne]* to overwork, to overtax; *[+ animal]* to overtax VPR **se surmener** *(gén)* to overwork *ou* overtax (o.s.), to push o.s. too hard; *(physiquement)* to overexert o.s.

**surmoi** /syʀmwa/ NM superego

**surmontable** /syʀmɔ̃tabl/ ADJ surmountable ◆ **obstacle difficilement** ~ obstacle that is difficult to surmount *ou* overcome

**surmonter** /syʀmɔ̃te/ ▸ conjug 1 ◂ VT **a** *(= être au-dessus de)* to surmount, to top ◆ **surmonté d'un dôme/clocheton** surmounted *ou* topped by a dome/bell-turret ◆ **un clocheton surmontait l'édifice** the building was surmounted *ou* topped by a bell-turret **b** *(= vaincre)* *[+ obstacle, difficultés]* to overcome, to get over, to surmount; *[+ dégoût, peur]* to overcome, to get the better of, to fight down VPR **se surmonter** *[personne]* to master o.s., to control o.s. ◆ **la peur peut se** ~ fear can be overcome

**surmortalité** /syʀmɔʀtalite/ NF comparatively high deathrate ◆ **il y a eu une ~ masculine de 12%** the deathrate was 12% higher among men

**surmultiplié, e** /syʀmyltiplije/ ADJ ◆ **vitesse ~e** overdrive NF **surmultipliée** overdrive ◆ **passer la ~e** *(fig)* to get a move on*, to step on it*

**surnager** /syʀnaʒe/ ▸ conjug 3 ◂ VI **a** *[huile, objet]* to float (on the surface) **b** *(fig)* *[sentiment, souvenir]* to linger on ◆ **tu suis en maths ? – je surnage** can you keep up in maths? – I cope ◆ **son émission surnage malgré bien des difficultés** his programme struggles on in spite of many difficulties ◆ **les rares films qui surnagent dans cette compétition** the rare films that stand out in this competition

**surnatalité** /syʀnatalite/ NF comparatively high birthrate

**surnaturel, -elle** /syʀnatyʀɛl/ ADJ *(gén)* supernatural; *(= inquiétant)* uncanny, eerie NM ◆ **le** ~ the supernatural

**surnom** /syʀnɔ̃/ NM *(gén)* nickname; *[de roi, héros]* name ◆ **"le Courageux", ~ du roi Richard** "the Brave", the name by which King Richard was known

> ⚠ **surnom** *ne se traduit pas par* **surname**, *qui a le sens de 'nom de famille'.*

**surnombre** /syʀnɔ̃bʀ/ NM surplus ◆ **en** ~ *[effectifs, personnel]* surplus *(épith)*, excess *(épith)* ◆ **nous étions en** ~ *(= trop)* there were too many of us; *(= plus qu'eux)* we outnumbered them ◆ **plusieurs élèves en** ~ several pupils too many ◆ **ils ont fait sortir les spectateurs en** ~ they asked those without seats to leave

**surnommer** /syʀnɔme/ ▸ conjug 1 ◂ VT ◆ ~ **qn le gros** to nickname sb "fatty" ◆ ~ **un roi "le Fort"** to give a king the name "the Strong" ◆ **cette infirmité l'avait fait ~ "le Crapaud"** this disability had earned him the nickname of "the Toad" ◆ **le roi Richard surnommé "le Courageux"** King Richard known as *ou* named "the Brave"

**surnotation** /syʀnɔtasjɔ̃/ NF *(Scol)* overmarking *(Brit)*, overgrading *(US)*

**surnoter** /syʀnɔte/ ▸ conjug 1 ◂ VT *(Scol)* to overmark *(Brit)*, to overgrade *(US)*

**surnuméraire** /syʀnymeʀɛʀ/ ADJ, NMF supernumerary ◆ **embryons ~s** spare *ou* surplus embryos

**suroffre** /syʀɔfʀ/ NF *(Jur)* higher offer *ou* bid

**suroît** /syʀwa/ NM *(= vent)* south-wester, sou'wester; *(= chapeau)* sou'wester ◆ **vent de** ~ south-westerly wind

**surpassement** /syʀpasmɑ̃/ NM *(littér)* ◆ ~ **de soi** surpassing (of) oneself

**surpasser** /syʀpase/ ▸ conjug 1 ◂ VT **a** *(= l'emporter sur)* *[+ concurrent, rival]* to surpass, to outdo ◆ ~ **qn en agilité/connaissances** to surpass sb in agility/knowledge ◆ **sa gloire surpassait en éclat celle de Napoléon** his glory outshone that of Napoleon **b**

*(= dépasser)* to surpass ◆ **le résultat surpasse toutes les espérances** the result surpasses *ou* is beyond all our hopes VPR **se surpasser** to surpass o.s., to excel o.s. ◆ **le cuisinier s'est surpassé aujourd'hui** the cook has excelled *ou* surpassed himself today ◆ **encore un échec, décidément tu te surpasses !** *(iro)* failed again — you're really excelling *ou* surpassing yourself!

**surpaye** /syʀpɛj/ NF *[de salariés, marchands]* overpayment ◆ **la ~ des marchandises** paying too much for goods

**surpayer** /syʀpeje/ ▸ conjug 8 ◂ VT *[+ employé]* to overpay; *[+ marchandise]* to pay too much for

**surpêche** /syʀpɛʃ/ NF overfishing

**surpeuplé, e** /syʀpœple/ ADJ overpopulated

**surpeuplement** /syʀpœpləmɑ̃/ NM overpopulation

**surpiquer** /syʀpike/ ▸ conjug 1 ◂ VT to topstitch

**surpiqûre** /syʀpikyʀ/ NF topstitch

**sur-place, surplace** /syʀplas/ NM ◆ **faire du ~** *(= ne pas avancer) (à vélo)* to do a track-stand; *(en voiture) (= être immobilisé)* to be stuck; *(= avancer très lentement)* to move at a snail's pace; *[oiseau]* to hover; *(= ne pas progresser) [enquête]* to hang fire, to mark time; *[négociations]* to be getting nowhere, to stall; *[projet]* to be getting nowhere ◆ **notre économie fait du ~** our economy is stagnating

**surplis** /syʀpli/ NM surplice

**surplomb** /syʀplɔ̃/ NM overhang ◆ **en ~** overhanging

**surplombant, e** /syʀplɔ̃bɑ̃, ɑ̃t/ ADJ overhanging *(épith)*

**surplomber** /syʀplɔ̃be/ ▸ conjug 1 ◂ VI to overhang; *(Tech)* to be out of plumb VT to overhang

**surplus** /syʀply/ NM a *(= excédent non écoulé)* surplus *(NonC)* ◆ **vendre le ~ de son stock** to sell off one's surplus stock ◆ **avoir des marchandises en ~** to have surplus goods b *(= reste non utilisé)* **il me reste un ~ de clous/de papier dont je ne me suis pas servi** I've got some nails/paper left over *ou* some surplus nails/paper that I didn't use ◆ **avec le ~ (de bois), je vais essayer de me faire une bibliothèque** with what's left over (of the wood) *ou* with the leftover *ou* surplus (wood) I'm going to try to build myself a bookcase ◆ **ce sont des ~ qui restent de la guerre/de l'exposition** they're left over *ou* it's surplus from the war/the exhibition ◆ **~ américains** American army surplus c *(= d'ailleurs)* **au ~** moreover, what is more

**surpopulation** /syʀpɔpylasjɔ̃/ NF overpopulation

**surprenant, e** /syʀpʀənɑ̃, ɑ̃t/ ADJ surprising ◆ **il n'y a rien de ~ à cela** that's not at all surprising ◆ **cette tendance n'est guère ~e** this trend hardly comes as a surprise *ou* is hardly surprising ◆ **chose ~e, il n'a jamais répondu** surprisingly (enough), he never replied ◆ **de façon ~e** surprisingly

**surprendre** /syʀpʀɑ̃dʀ/ ▸ conjug 58 ◂ VT a *(= prendre sur le fait) [+ voleur]* to surprise, to catch in the act

b *(= découvrir) [+ secret, complot]* to discover; *[+ conversation]* to overhear; *[+ regard, sourire complice]* to intercept ◆ **je crus ~ en lui de la gêne** I thought I detected signs of some embarrassment in him

c *(= prendre au dépourvu) (par attaque) [+ ennemi]* to surprise; *(par visite inopinée) [+ amis, voisins]* to catch unawares, to catch on the hop * *(Brit)* ◆ **~ des amis chez eux** to drop in unexpectedly on friends, to pay a surprise visit to friends ◆ **espérant la ~ au bain** hoping to catch her while she was in the bath

d *[pluie, marée, nuit]* to catch out ◆ **se laisser ~ par la marée** to be caught (out) by the tide ◆ **se laisser ~ par la pluie** to be caught in the rain ◆ **se laisser ~ par la nuit** to be overtaken by darkness

e *(= étonner) [nouvelle, conduite]* to surprise ◆ **tu me surprends** you amaze me ◆ **cela me surprendrait fort** that would greatly surprise me ◆ **cela m'a agréablement surpris** I was pleasantly surprised ◆ **cela semble te ~** you seem *ou* look surprised ◆ **il a réussi, ce qui n'est pas pour nous ~** he succeeded, which is hardly surprising *ou* which hardly comes as a surprise ◆ **cette question a de quoi** *ou* **peut ~** this question may seem surprising

f *(littér)* **~ la vigilance de qn** to catch sb out ◆ **~ la bonne foi de qn** to betray sb's good faith ◆ **~ la confiance de qn** † to win sb's trust fraudulently

VPR **se surprendre** ◆ **se ~ à faire qch** to catch *ou* find o.s. doing sth

**surpression** /syʀpʀesjɔ̃/ NF *(gén)* extremely high pressure; *(Tech)* overpressure

**surprime** /syʀpʀim/ NF *(Assurances)* additional premium

**surpris, e**[1] /syʀpʀi, iz/ (ptp de **surprendre**) ADJ *[air, regard]* surprised ◆ **~ de qch** surprised at sth ◆ **~ de me voir là/que je sois encore là** surprised at seeing me there *ou* to see me there/that I was still there ◆ **il va être désagréablement ~** he has an unpleasant surprise in store for him, he's in for an unpleasant surprise ◆ **j'ai été le premier ~ de cette victoire** this victory came as a real surprise to me ◆ **vous ne seriez pas ~ si je vous disais que ...** it wouldn't surprise you *ou* come as a surprise to you if I told you that ...

**surprise**[2] /syʀpʀiz/ NF a *(= étonnement)* surprise ◆ **regarder qn avec ~** to look at sb with *ou* in surprise ◆ **muet de ~** speechless with surprise ◆ **avoir la ~ de voir que ...** to be surprised to see that ... ◆ **avoir la bonne/mauvaise ~ de constater que ...** to be pleasantly/unpleasantly surprised to find that ... ◆ **à ma grande ~** much to my surprise, to my great surprise ◆ **à la ~ générale** to everybody's surprise ◆ **avec lui, on va de ~ en ~** it's one surprise after another with him ◆ **créer la ~** to create a stir *ou* a sensation

b *(= cause d'étonnement, cadeau)* surprise ◆ **avec ça, pas de (mauvaises) ~s !** you'll have no nasty *ou* unpleasant surprises with this! ◆ **il m'a apporté une petite ~** he brought me a little surprise ◆ **quelle bonne ~ !** what a nice *ou* pleasant *ou* lovely surprise! ◆ **"la surprise du chef"** *(Culin)* "the chef's surprise"

◆ **sans surprise** ◆ **il a été réélu sans ~ avec 64% des suffrages** his re-election with 64% of the votes came as no surprise to anyone ◆ **victoire sans ~** unsurprising victory ◆ **c'est un film/scénario sans ~** it's a rather unexciting film/script ◆ **voyage sans ~** uneventful *ou* unremarkable journey ◆ **prix sans ~** (all-)inclusive price ◆ **avec cette entreprise, c'est sans ~** you always know what you're getting with this company

◆ **par surprise** *[attaquer]* by surprise ◆ **il m'a pris par ~** he took me by surprise, he caught me off guard *ou* unawares

c *(en apposition)* **attaque-~** surprise attack ◆ **échappée-~** *(Sport)* sudden breakaway ◆ **grève-~** unofficial strike ◆ **invité-~** surprise guest ◆ **visite-~** surprise visit ◆ **voyage-~** *[d'homme politique]* surprise *ou* unexpected trip *ou* visit

**surprise-partie** † (pl **surprises-parties**) /syʀpʀizpaʀti/ NF party

**surproduction** /syʀpʀɔdyksjɔ̃/ NF overproduction

**surproduire** /syʀpʀɔdɥiʀ/ ▸ conjug 38 ◂ VT to overproduce

**surprotéger** /syʀpʀɔteʒe/ ▸ conjug 6 et 3 ◂ VT to overprotect

**surpuissant, e** /syʀpɥisɑ̃, ɑ̃t/ ADJ *[voiture, moteur]* ultra-powerful

**surqualification** /syʀkalifikasjɔ̃/ NF overqualification ◆ **malgré sa ~, il a accepté le poste** despite the fact that he was overqualified, he accepted the job

**surqualifié, e** /syʀkalifje/ ADJ overqualified

**surréalisme** /syʀʀealism/ NM surrealism

**surréaliste** /syʀʀealist/ ADJ *[écrivain, peintre]* surrealist; *[tableau, poème]* surrealist, surrealistic; *(= bizarre)* surreal, surrealistic NMF surrealist

**surréel, -elle** /syʀʀeɛl/ ADJ surreal

**surrégénérateur** /syʀʀeʒeneʀatœʀ/ NM ⇒ **surgénérateur**

**surrégime** /syʀʀeʒim/ NM ◆ **être** *ou* **tourner en ~** *[voiture, moteur]* to be over-revving; *[économie]* to be overheating

**surrénal, e** (mpl **-aux**) /sy(ʀ)ʀenal, o/ ADJ suprarenal NFPL **surrénales** ◆ **(glandes) ~es** suprarenals

**surreprésentation** /sy(ʀ)ʀəpʀezɑ̃tasjɔ̃/ NF *[de catégorie de personnes]* over-representation

**surreprésenté, e** /sy(ʀ)ʀəpʀezɑ̃te/ ADJ *[catégorie de personnes]* over-represented

**sur(-)réservation** /syʀʀezɛʀvasjɔ̃/ NF double booking, overbooking

**surround** /səʀaund/ ADJ ◆ **son ~** surround sound

**sursalaire** /syʀsalɛʀ/ NM bonus, premium

**sursaturé, e** /syʀsatyʀe/ ADJ a *(Sci) [solution]* supersaturated b *(Écon) [marché]* saturated

**sursaut** /syʀso/ NM a *(= mouvement brusque)* start, jump ◆ **se réveiller en ~** to wake up with a start *ou* jump ◆ **elle a eu un ~** she gave a start, she jumped b *(= élan, accès)* **~ d'énergie** (sudden) burst *ou* fit of energy ◆ **l'élève a eu un ~ au troisième trimestre** the pupil put on a spurt in the third term

**sursauter** /syʀsote/ ▸ conjug 1 ◂ VI to start, to jump, to give a start ◆ **faire ~ qn** to make sb jump, to give sb a start ◆ **~ de peur** to jump with fright

**surseoir** /syʀswaʀ/ ▸ conjug 26 ◂ **surseoir à** VT INDIR *[+ publication, délibération]* to defer, to postpone; *[+ poursuites, jugement, sentence, exécution]* to stay ◆ **~ à l'exécution d'un condamné** to grant a stay of execution *ou* a reprieve to a condemned man

**sursis** /syʀsi/ NM a *(Jur) [de condamnation à mort]* reprieve ◆ **peine avec ~** *ou* **assortie du ~** suspended *ou* deferred sentence ◆ **il a eu deux ans avec ~** he was given a two-year suspended *ou* deferred sentence ◆ **~ à exécution** *ou* **d'exécution** stay of execution ◆ **~ avec mise à l'épreuve** conditional discharge b *(Mil)* **~ (d'incorporation)** deferment c *(= temps de répit)* reprieve ◆ **c'est un mort en ~** he's a condemned man, he's living under a death sentence *ou* on borrowed time ◆ **gouvernement/entreprise en ~** government/company living on borrowed time ◆ **demander un ~ de paiement** to ask for an extension *(on the deadline for a debt)* ◆ **on a eu un ~ de trois jours** we got three days' grace

**sursitaire** /syʀsitɛʀ/ ADJ *(Mil)* deferred *(épith)*; *(Jur)* with a suspended *ou* deferred sentence NM *(Mil)* deferred conscript

**surtaxe** /syʀtaks/ NF *(Fin)* surcharge; *[de lettre mal affranchie]* surcharge; *[d'envoi exprès]* additional charge, surcharge ◆ **~ à l'importation** import surcharge

**surtaxer** /syʀtakse/ ▸ conjug 1 ◂ VT to surcharge

**surtension** /syʀtɑ̃sjɔ̃/ NF *(Élec)* overvoltage

**surtitre** /syʀtitʀ/ NM surtitle

**surtitrer** /syʀtitʀe/ ▸ conjug 1 ◂ VT *[+ opéra, pièce de théâtre]* to surtitle ◆ **"surtitré"** "with surtitles" ◆ **l'opéra était surtitré** the opera had surtitles

**surtout**[1] /syʀtu/ ADV **a** *(= avant tout, d'abord)* above all; *(= spécialement)* especially, particularly ◆ **rapide, efficace et ~ discret** quick, efficient and above all discreet ◆ **il est assez timide, ~ avec les femmes** he's quite shy, especially *ou* particularly with women ◆ **j'aime ~ les romans, mais je lis aussi de la poésie** I particularly like novels, but I also read poetry ◆ **dernièrement, j'ai ~ lu des romans** lately I've been reading mostly *ou* mainly novels ◆ **j'aime les romans, ~ les romans policiers** I like novels, especially *ou* particularly detective novels ◆ **le poulet, je l'aime ~ à la broche** I like chicken best (when it's) spit-roasted

**b** ◆ **~ que** * especially as *ou* since

**c** *(intensif)* **~, n'en parle pas !** don't forget, mum's the word! ◆ **~ pas maintenant** certainly not now ◆ **je ne veux ~ pas vous déranger** the last thing I want is to disturb you, I certainly don't want to disturb you ◆ **~ pas !** certainly not! ◆ **~ ne vous mettez pas en frais** whatever you do, don't go to any expense ◆ **ne m'aide pas, ~ !** *(iro)* don't help me, will you!

**surtout**[2] /syʀtu/ NM **a** *(† = manteau)* greatcoat † **b** *(= milieu de table)* centrepiece *(Brit)*, centerpiece *(US)*, epergne *(SPÉC)*

**survaloriser** /syʀvalɔʀize/ ▸ conjug 1 ◂ VT *[+ personne]* to overrate, to over-value; *[+ critère, fonction]* to attach too much importance to

**surveillance** /syʀvɛjɑ̃s/ NF **a** *(= garde) [d'enfant, élève, bagages]* watch ◆ **sous la ~ attentive de qn** under the watchful eye of sb ◆ **laisser un enfant sans ~** to leave a child unsupervised

**b** *(Mil, Police) [de personne, maison]* surveillance; *[de frontières]* surveillance, monitoring; *[de cessez-le-feu]* monitoring, supervision ◆ **~ aérienne** air surveillance ◆ **mission/service de ~** surveillance mission/personnel ◆ **société de ~** security firm ◆ **sous ~ médicale** under medical supervision ◆ **sous (étroite) ~ policière** under (close) police surveillance ◆ **placer qn/qch sous haute ~** *(lit, fig)* to keep a close watch on sb/sth ◆ **il y aura une ~ bancaire au niveau européen** banks will be monitored at European level

◆ **en surveillance** ◆ **navire/avion en ~** ship/plane carrying out surveillance ◆ **être/rester en ~ à l'hôpital** to be/remain under observation at the hospital

**c** *(= contrôle) [d'éducation, études, réparation, construction]* supervision; *(Scol, Univ) [d'examen]* invigilation ◆ **déjouer** *ou* **tromper la ~ de ses gardiens** to slip by *ou* evade the guards ◆ **l'enseignant qui assure la ~ de l'épreuve** the teacher invigilating

**d** *(= fait d'épier) [de personne, mouvement, proie]* watch; *(Sport)* watch ◆ **exercer une ~ continuelle/une étroite ~ sur** to keep a constant/a close watch over

COMP ▷ **surveillance à distance** remote electronic surveillance ▷ **surveillance électronique** electronic surveillance; *(Méd)* electronic monitoring ▷ **surveillance vidéo** video surveillance

**surveillant, e** /syʀvɛjɑ̃, ɑ̃t/ NM,F *[de prison]* warder *(Brit)*, guard *(US)*; *[d'usine, chantier]* supervisor, overseer; *[de magasin]* shopwalker; *(Méd)* head nurse, charge nurse; *(Scol : aux examens)* invigilator *(Brit)*, proctor *(US)* ◆ **~ (d'étude)** supervisor ◆ **~ général** † *(Scol)* chief supervisor ◆ **~ d'internat** *(Scol)* dormitory supervisor, dormitory monitor *(US)* ◆ **~e générale** *(Méd)* nursing officer, matron *(Brit)*

**surveillé, e** /syʀveje/ (ptp de **surveiller**) ADJ → **liberté**

**surveiller** /syʀveje/ ▸ conjug 1 ◂ VT **a** *(= garder) [+ enfant, élève, bagages]* to watch, to keep an eye on; *[+ prisonnier]* to keep watch over, to keep (a) watch on; *[+ malade]* to watch over, to keep watch over ◆ **les opposants au régime sont très surveillés** opponents of the regime are kept under close watch *ou* are watched very closely ◆ **ce régime politique doit être surveillé de près** this régime needs to be watched closely *ou* to be kept under close scrutiny

**b** *(= contrôler) [+ éducation, études de qn, récréation]* to supervise; *[+ réparation, construction]* to supervise, to oversee; *(Scol, Univ) [+ examen]* to invigilate ◆ **surveille la soupe** keep an eye on the soup, watch the soup ◆ **surveille la cuisson du rôti** watch the roast ◆ **je surveille l'heure, il ne faut pas être en retard** I'm keeping an eye on the time, we mustn't be late

**c** *(= défendre) [+ locaux]* to keep watch on; *[+ territoire]* to watch over, to keep watch over; *[+ frontières, espace aérien]* to monitor; *[+ cessez-le-feu]* to monitor, to supervise ◆ **l'entrée de l'aéroport est très surveillée** there is tight security at the entrance to the airport

**d** *(= épier) [+ personne, mouvements, proie]* to watch; *[+ adversaire] (Mil)* to keep watch on; *(Sport)* to watch ◆ **se sentant surveillé, il partit** feeling he was being watched, he left ◆ **~ qn de près** to keep a close eye *ou* watch on sb ◆ **~ qn du coin de l'œil** to watch sb out the corner of one's eye

**e** *(= être attentif à)* **~ son langage/sa tension/sa ligne** to watch one's language/one's blood pressure/one's figure ◆ **tu devrais ~ ta santé** you should look after your health

VPR **se surveiller** to keep a check *ou* a watch on o.s. ◆ **il devrait se ~, il grossit de plus en plus** he ought to watch himself because he's getting fatter and fatter ◆ **ils sont obligés de se ~ devant les enfants** they have to watch themselves *ou* be careful in front of the children

> ⚠ **surveiller** *ne se traduit pas par* **to survey**, *qui a le sens de 'inspecter'.*

**survenir** /syʀvəniʀ/ ▸ conjug 22 ◂ VI *[événement]* to take place; *[incident, complications, retards]* to occur, to arise; *[personne]* to appear, to arrive (unexpectedly) ◆ **s'il survenait quelque chose de nouveau** if anything new comes up ◆ **s'il survient des complications ...** should any complications arise ...

**survenue** /syʀvəny/ NF *[de personne]* unexpected arrival *ou* appearance; *[de maladie]* onset; *[de mutations, symptômes]* appearance

**survêt** * /syʀvɛt/ NM (abrév de **survêtement**) tracksuit, sweat suit

**survêtement** /syʀvɛtmɑ̃/ NM *[de sportif]* tracksuit, sweat suit; *[d'alpiniste, skieur]* overgarments

**survie** /syʀvi/ NF *[de malade, accidenté, auteur, amitié, entreprise, mode]* survival; *(Rel : dans l'au-delà)* afterlife ◆ **ce médicament lui a donné quelques mois de ~** this drug has given him a few more months to live ◆ **une ~ de quelques jours, à quoi bon, dans son état ?** what's the use of prolonging his life for a few more days in his condition? ◆ **maintenir qn en ~** to keep sb alive artificially

◆ **de survie** *[instinct, réflexe]* survival *(épith)* ◆ **équipement/combinaison/couverture de ~** survival equipment/suit/blanket ◆ **radeau de ~** life-raft ◆ **ses chances de ~ sont importantes** he has *ou* stands a good chance of survival *ou* surviving

**survirer** /syʀviʀe/ ▸ conjug 1 ◂ VI *(Aut)* to oversteer

**survireur, -euse** /syʀviʀœʀ, øz/ ADJ *(Aut)* ◆ **voiture survireuse** car which oversteers

**survitrage** /syʀvitʀaʒ/ NM double-glazing

**survivance** /syʀvivɑ̃s/ NF *(= vestige)* relic, survival ◆ **cette coutume est une ~ du passé** this custom is a survival *ou* relic from the past ◆ **~ de l'âme** *(littér)* survival of the soul (after death), afterlife

**survivant, e** /syʀvivɑ̃, ɑ̃t/ ADJ surviving NM,F *(= rescapé, Jur)* survivor ◆ **des sœurs, la ~e ...** the surviving sister ... ◆ **un ~ d'un âge révolu** a survivor from a past age

**survivre** /syʀvivʀ/ ▸ conjug 46 ◂ VI **a** *(= continuer à vivre : lit, fig)* to survive ◆ **va-t-il ~ ?** *(après accident)* will he live? *ou* survive? ◆ **il n'avait aucune chance de ~** he had no chance of survival *ou* surviving ◆ **~ à** *[+ accident, maladie, humiliation]* to survive ◆ **rien ne survivait de leurs anciennes coutumes** nothing survived of their old customs **b** *(= vivre plus longtemps que)* **~ à** *[personne]* to outlive; *[œuvre, idée]* to outlive, to outlast VPR **se survivre a** *(= se perpétuer)* **se ~ dans** *[+ œuvre, enfant, souvenir]* to live on in **b** *(péj) [auteur]* to outlive one's talent; *[aventurier]* to outlive one's time

**survol** /syʀvɔl/ NM **a** *(Aviat)* **le ~ de** flying over ◆ **ils interdisent le ~ de leur territoire** they won't allow anyone to fly over their territory ◆ **faire un ~ à basse altitude** to make a low flight **b** *(= examen rapide) [de livre]* skimming through, skipping through; *[de question]* skimming over ◆ **après un rapide ~ de sa filmographie, nous ...** after a brief look at his filmography, we ...

**survoler** /syʀvɔle/ ▸ conjug 1 ◂ VT **a** *(Aviat)* to fly over **b** *[+ livre]* to skim through, to skip through; *[+ question]* to skim over **c** *(Sport) [+ épreuve]* to sail through

**survoltage** /syʀvɔltaʒ/ NM *(Élec)* boosting

**survolté, e** /syʀvɔlte/ ADJ **a** *(= surexcité) [foule]* over-excited; *[ambiance]* electric, highly charged **b** *(Élec)* stepped up, boosted

**sus** /sy(s)/ ADV **a** *(Admin)* **en ~** in addition ◆ **en ~ de** in addition to, over and above **b** *(††, hum)* **courir ~ à l'ennemi** to rush upon the enemy ◆ **~ à l'ennemi !** at them! ◆ **~ au tyran !** death to the tyrant!

**susceptibilité** /sysɛptibilite/ NF *(= sensibilité)* touchiness *(NonC)*, sensitiveness *(NonC)* ◆ **afin de ménager** *ou* **de ne pas froisser les ~s** so as not to offend people's susceptibilities *ou* sensibilities ◆ **être d'une grande ~** to be extremely touchy, to be hypersensitive

**susceptible** /sysɛptibl/ ADJ **a** *(= ombrageux)* touchy, sensitive ◆ **ne sois pas si ~ !** don't be so touchy *ou* sensitive!

**b** *(= de nature à)* ◆ ~ **de** likely to ◆ **des souches de virus ~s de provoquer une épidémie** virus strains that are likely to cause an epidemic ◆ **les personnes ~s d'être infectées** the people likely to be infected ◆ **des conférences ~s de l'intéresser** lectures liable *ou* likely to be of interest to him ◆ **ce sont des documents ~s de provoquer un scandale** these documents could well cause a scandal ◆ **texte ~ d'être amélioré** *ou* **d'améliorations** text open to improvement *ou* that can be improved upon

**c** *(hypothèse)* **est-il ~ de le faire ?** is he likely to do it? ◆ **il est ~ de gagner** he may well win, he is liable to win

> ⚠ *Au sens de 'facilement vexé',* **susceptible** *ne se traduit pas par le mot anglais* **susceptible.**

**susciter** /sysite/ ▸ conjug 1 ◂ VT **a** *(= donner naissance à) [+ admiration, intérêt]* to arouse; *[+ passions, jalousies, haine]* to arouse, to incite; *[+ controverse, critiques, querelle]* to give rise to, to provoke; *[+ obstacles]* to give rise to, to create **b** *(= provoquer volontairement)* to create ◆ ~ **des obstacles/ennuis à qn** to create obstacles/difficulties for sb ◆ ~ **des ennemis à qn** to make enemies for sb

**suscription** /syskʀipsjɔ̃/ NF *(Admin)* address

**susdit, e** /sysdi, dit/ ADJ *(Jur)* aforesaid

**sus-dominante** /sysdɔminɑ̃t/ NF submediant

**sushi** /suʃi/ NM sushi

**susmentionné, e** /sysmɑ̃sjɔne/ ADJ *(Admin)* above-mentioned, aforementioned

**susnommé, e** /sysnɔme/ ADJ, NM,F *(Admin, Jur)* above-named

**suspect, e** /syspɛ(kt), ɛkt/ ADJ **a** *(= louche) [individu, conduite, colis]* suspicious ◆ **sa générosité m'est** *ou* **me paraît ~e** his generosity seems suspect *ou* suspicious to me ◆ **il est mort dans des conditions ~es** he died in suspicious circumstances

**b** *(= douteux) [opinion, témoignage]* suspect; *[viande, poisson]* suspect ◆ **elle était ~e aux yeux de la police** the police were suspicious of her ◆ **pensées ~es à la majorité conservatrice** thoughts which the conservative majority find suspect

**c** *(= soupçonné)* **les personnes ~es** those under suspicion

**d** ◆ ~ **de** suspected of ◆ **ils sont ~s de collusion avec l'ennemi** they are suspected of collusion with the enemy ◆ **Leblanc, pourtant bien peu ~ de royalisme, a proposé que ...** Leblanc, though hardly likely to be suspected of royalism, did propose that ...

NM,F suspect ◆ **principal** ~ chief *ou* prime suspect

**suspecter** /syspɛkte/ ▸ conjug 1 ◂ VT *[+ personne]* to suspect; *[+ bonne foi, honnêteté]* to suspect, to have (one's) suspicions about, to question ◆ ~ **qn de faire qch** to suspect sb of doing sth ◆ **on le suspecte de sympathies gauchistes** he is suspected of having leftist sympathies

**suspendre** /syspɑ̃dʀ/ ▸ conjug 41 ◂ VT **a** *(= accrocher) [+ vêtements]* to hang up; *[+ lampe, décoration]* to hang, to suspend *(à* from); *[+ hamac]* to sling (up) ◆ ~ **qch à** *[+ clou, crochet, portemanteau]* to hang sth on ◆ ~ **un lustre au plafond par une chaîne** to hang *ou* suspend a chandelier from the ceiling on *ou* by *ou* with a chain ◆ ~ **un hamac à des crochets/à deux poteaux** to sling a hammock between two hooks/between two posts

**b** *(= interrompre) [+ publication, combat, paiement, mouvement de grève, transactions]* to suspend; *[+ récit, négociations, relations diplomatiques]* to break off; *[+ audience, séance]* to adjourn; *[+ permis de conduire]* to suspend; *[+ jugement]* to suspend, to defer; *[+ décision]* to postpone, to defer; *[+ recherche, projet]* to suspend, to break off ◆ ~ **la cotation d'une action** *(Bourse)* to suspend a share

**c** *(= destituer) [+ prélat, fonctionnaire]* to suspend; *(= mettre à pied) [+ joueur]* to suspend ◆ ~ **qn de ses fonctions** to suspend sb from office

VPR **se suspendre** ◆ **se ~ à** *[+ branche, barre]* to hang from *(par* by); ◆ **les enfants se suspendaient aux jupes de leur mère** the children were hanging onto their mother's skirt

**suspendu, e** /syspɑ̃dy/ (ptp de **suspendre**) ADJ **a** *(= accroché)* **vêtement ~ à** garment hanging on ◆ **lustre ~ à** light hanging *ou* suspended from ◆ **benne ~e à un câble/dans le vide** skip suspended by a cable/in mid air ◆ **montre ~e à une chaîne** watch hanging on a chain ◆ **être ~ aux lèvres de qn** to be hanging on sb's every word *ou* on sb's lips ◆ **chalets ~s au-dessus d'une gorge** chalets perched *ou* suspended over a gorge; → **jardin, pont b** *(= interrompu) [séance]* adjourned; *[jugement]* suspended, deferred; *[fonctionnaire, magistrat]* suspended **c** *(Aut)* **voiture bien/mal ~e** car with good/poor suspension

**suspens** /syspɑ̃/ NM

◆ **en suspens** *(= en attente) [question, dossier, projet]* on hold; *(= dans l'incertitude)* in suspense; *(= en suspension) [poussière, flocons de neige]* in suspension ◆ **on a laissé la question en ~** the matter has been put on hold ◆ **il reste beaucoup de questions/problèmes en ~** many questions/problems remain unresolved ◆ **tenir les lecteurs en ~** to keep the reader in suspense ◆ **en ~ dans l'air** hanging *ou* suspended in the air

**suspense** /syspɛns, syspɑ̃s/ NM *[de film, roman]* suspense ◆ **un moment de ~** a moment's suspense ◆ **un ~ angoissant** an agonizing feeling of suspense ◆ **film à ~** suspense film, thriller

**suspenseur** /syspɑ̃sœʀ/ ADJ M suspensory NM suspensor

**suspensif, -ive** /syspɑ̃sif, iv/ ADJ *(Jur)* suspensive

**suspension** /syspɑ̃sjɔ̃/ NF **a** *[de vêtements]* hanging; *[de lampe, décoration]* hanging, suspending

**b** *(= interruption) [de publication, combats, paiement, permis de conduire]* suspension; *[de récit]* breaking off; *[d'audience, séance]* adjournment ◆ **le juge a ordonné la ~ de l'audience** the judge ordered that the hearing be adjourned ◆ **il a eu un an de ~ de permis** he had his driving licence suspended for a year ◆ **la ~ des relations diplomatiques entre les deux pays** the breaking off *ou* suspension of diplomatic relations between the two countries

**c** *(= fait de différer) [de jugement]* suspension, deferment; *[de décision]* postponement, deferment

**d** *[de prélat, fonctionnaire]* suspension; *[de joueur]* suspension ◆ **prononcer la ~ de qn pour 2 ans** to suspend sb for 2 years ◆ ~ **à vie** lifetime ban

**e** *(Aut)* suspension ◆ ~ **active/hydraulique** active/hydraulic suspension

**f** *(= lustre)* ceiling light

**g** *(= installation, système)* suspension ◆ ~ **florale** hanging basket

**h** *(Chim)* suspension

LOC ADJ **en suspension** *[particule, poussière]* in suspension, suspended ◆ **en ~ dans l'air** *[poussière]* hanging *ou* suspended in the air ◆ **en ~ dans l'air** *ou* **dans le vide** *[personne, câble]* hanging *ou* suspended in mid-air

COMP ⊳ **suspension d'audience** adjournment ⊳ **suspension des hostilités** suspension of hostilities ⊳ **suspension de paiement** suspension of payment(s) ⊳ **suspension des poursuites** suspension of proceedings ⊳ **suspension de séance** ⇒ **suspension d'audience**

**suspensoir** /syspɑ̃swaʀ/ NM athletic support, jockstrap

**suspicieusement** /syspisjøzmɑ̃/ ADV suspiciously

**suspicieux, -ieuse** /syspisjø, jøz/ ADJ suspicious

**suspicion** /syspisjɔ̃/ NF suspicion ◆ **avoir de la ~ à l'égard de qn** to be suspicious of sb, to have one's suspicions about sb ◆ **regard plein de ~** suspicious look ◆ ~ **légitime** *(Jur)* reasonable suspicion *(about the fairness of a trial)*

**sustentateur, -trice** /systɑ̃tatœʀ, tʀis/ ADJ *(Aviat)* lifting ◆ **surface sustentatrice** aerofoil *(Brit)*, airfoil *(US)*

**sustentation** /systɑ̃tasjɔ̃/ NF *(Aviat)* lift ◆ **plan de ~** *(Aviat)* aerofoil *(Brit)*, airfoil *(US)* ◆ **polygone** *ou* **base de ~** *(Géom)* base ◆ **train à ~ magnétique** magnetic levitation train, maglev train

**sustenter** /systɑ̃te/ ▸ conjug 1 ◂ VT († = *nourrir)* to sustain ◆ **la lecture sustente l'esprit** *(fig)* reading nourishes the mind VPR **se sustenter** *(hum, frm)* to take sustenance *(hum, frm)*

**sus-tonique** /systɔnik/ ADJ *(Mus)* supertonic

**susurrement** /sysyʀmɑ̃/ NM *[de personne]* whisper, whispering; *[d'eau]* murmuring

**susurrer** /sysyʀe/ ▸ conjug 1 ◂ VTI *[personne]* to whisper; *[eau]* to murmur ◆ **il lui susurrait des mots doux à l'oreille** he whispered sweet nothings in her ear ◆ **les mauvaises langues susurrent qu'il a fait de la prison** malicious gossips are putting it about that he has been to prison ◆ **on susurre qu'il a été impliqué** it's whispered that *ou* the whisper is that he was involved

**susvisé, e** /sysvize/ ADJ *(Admin)* above-mentioned, aforementioned

**suture** /sytyʀ/ NF *(Anat, Bot, Méd)* suture; → **point²**

**suturer** /sytyʀe/ ▸ conjug 1 ◂ VT to suture *(SPÉC)*, to stitch up

**SUV** /ɛsyve/ NM (abrév de **Sport Utility Vehicle**) SUV

**Suva** /syva/ N Suva

**suzerain, e** /syz(ə)ʀɛ̃, ɛn/ NM,F suzerain, overlord ADJ suzerain

**suzeraineté** /syz(ə)ʀɛnte/ NF suzerainty

**svastika** /svastika/ NM swastika

**svelte** /svɛlt/ ADJ *[personne]* slender, svelte; *[édifice, silhouette]* slender, slim

**sveltesse** /svɛltɛs/ NF slenderness

**SVP** /ɛsvepe/ (abrév de **s'il vous plaît**) please

**swahili, e** /swaili/ ADJ Swahili(an) NM *(Ling)* Swahili NM,F **Swahili(e)** Swahili

**swazi, e** /swazi/ ADJ Swazi NM,F **Swazi(e)** Swazi

**Swaziland** /swazilɑ̃d/ NM Swaziland

**sweat** /swit, swɛt/ NM sweatshirt

**sweater** /switœʀ, swɛtœʀ/ NM sweater

**sweat-shirt** (pl **sweat-shirts**) /switʃœʀt, swɛtʃœʀt/ NM sweatshirt

**sweepstake** /swipstɛk/ NM sweepstake

**swing** /swiŋ/ NM *(= musique)* swing; *(= danse)* jive ◆ **danser le ~** to jive

**swinguer** * /swiŋge/ ▸ conjug 1 ◂ VI to swing * ◆ **ça swingue !** it's really swinging! *

**sybarite** /sibaʀit/ NMF sybarite

**sybaritique** /sibaʀitik/ ADJ sybaritic

**sybaritisme** /sibaʀitism/ NM sybaritism

**sycomore** /sikɔmɔʀ/ NM sycamore (tree)

**sycophante** /sikɔfɑ̃t/ NM *(littér = délateur)* informer

**syllabation** /si(l)labasjɔ̃/ NF syllabication, syllabification

**syllabe** /si(l)lab/ NF syllable ◆ **~ ouverte/fermée** open/closed syllable ◆ **~ finale/muette/accentuée** final/silent/accented *ou* stressed syllable ◆ **il n'a pas prononcé une ~** he didn't say a single word

**syllabique** /si(l)labik/ ADJ syllabic

**syllabisme** /si(l)labism/ NM syllabism

**syllogisme** /silɔʒism/ NM syllogism

**syllogistique** /silɔʒistik/ ADJ syllogistic NF syllogistics *(sg)*

**sylphe** /silf/ NM sylph

**sylphide** /silfid/ NF sylphid; *(= femme)* sylphlike creature ◆ **sa taille de ~** her sylphlike figure

**sylvestre** /silvɛstʀ/ ADJ forest *(épith)*, silvan *(littér)*; → **pin**

**sylvicole** /silvikɔl/ ADJ forestry *(épith)*

**sylviculteur, -trice** /silvikyltœʀ, tʀis/ NM,F forester

**sylviculture** /silvikyltyʀ/ NF forestry, silviculture *(SPÉC)*

**symbiose** /sɛ̃bjoz/ NF *(lit, fig)* symbiosis ◆ **en ~** in symbiosis

**symbiotique** /sɛ̃bjɔtik/ ADJ symbiotic

**symbole** /sɛ̃bɔl/ NM **a** *(gén)* symbol ◆ **une ville(-)~/des années(-)~ de la liberté** a city that has come to symbolize/years that have come to symbolize freedom ◆ **la colombe, ~ de la paix** the dove, symbol of peace **b** *(Rel)* Creed ◆ **le Symbole des apôtres** the Apostles' Creed ◆ **le ~ de saint Athanase** the Athanasian Creed

**symbolique** /sɛ̃bɔlik/ ADJ *(gén)* symbolic(al); *(= très modique) [donation, augmentation, amende]* token *(épith)*, nominal; *[cotisation, contribution, dommages-intérêts]* nominal; *(= sans valeur) [solution]* cosmetic ◆ **c'est un geste purement ~** it's a purely symbolic gesture, it's just a token gesture ◆ **logique ~** symbolic logic; → **franc²** NF *(= science)* symbolics *(sg)*; *(= système de symboles)* symbolic system ◆ **la ~ des rêves** the symbolism of dreams, dream symbolism

**symboliquement** /sɛ̃bɔlikmɑ̃/ ADV symbolically

**symbolisation** /sɛ̃bɔlizasjɔ̃/ NF symbolization

**symboliser** /sɛ̃bɔlize/ ▸ conjug 1 ◂ VT to symbolize

**symbolisme** /sɛ̃bɔlism/ NM *(gén)* symbolism; *(Littérat)* Symbolism

**symboliste** /sɛ̃bɔlist/ ADJ, NMF Symbolist

**symétrie** /simetʀi/ NF *(gén)* symmetry (*par rapport à* in relation to); ◆ **centre/axe de ~** centre/axis of symmetry

**symétrique** /simetʀik/ ADJ symmetrical (*de* to; *par rapport à* in relation to) NM *[de muscle, point]* symmetry NF *[de figure plane]* symmetrical figure

**symétriquement** /simetʀikmɑ̃/ ADV symmetrically

**sympa** * /sɛ̃pa/ ADJ INV (abrév de **sympathique**) *[personne, soirée, robe]* nice; *[endroit, ambiance]* nice, friendly ◆ **un type vachement ~** a really nice guy * *ou* bloke * *(Brit)* ◆ **sois ~, prête-le-moi** be a pal * and lend it to me ◆ **ce n'est pas très ~ de sa part** that's not very nice of him

**sympathie** /sɛ̃pati/ GRAMMAIRE ACTIVE 51.4 NF **a** *(= amitié)* liking ◆ **ressentir de la ~ à l'égard de qn** to (rather) like sb, to feel drawn to *ou* towards sb ◆ **se prendre de ~ pour qn** to take a liking to sb ◆ **j'ai beaucoup de ~ pour lui** I like him a great deal ◆ **il inspire la ~** he's very likeable, he's a likeable sort ◆ **s'attirer la ~ de qn** to win sb over ◆ **n'ayant que peu de ~ pour cette nouvelle théorie** having little time for this new theory **b** *(= affinité)* friendship ◆ **la ~ qui existe entre eux** the friendship there is between them, the affinity they feel for each other ◆ **des relations de ~ les unissaient** they were united by friendship ◆ **il n'y a guère de ~ entre ces factions/personnes** there's no love lost between these factions/people **c** *(= compassion)* sympathy; *(frm = condoléances)* sympathy ◆ **ce drame lui a attiré la ~ du public** the tragedy earned him the sympathy of the public ◆ **croyez à notre ~** please accept our deepest *ou* most heartfelt sympathy, you have our deepest sympathy ◆ **témoignages de ~** *(pour deuil)* expressions of sympathy **d** *(= tendance)* sympathy ◆ **on le suspecte de ~ avec le nazisme** he is suspected of having Nazi sympathies *ou* leanings ◆ **il ne cache pas ses ~s communistes** he doesn't hide his communist sympathies ◆ **ils sont en ~ avec le parti communiste** they sympathize with the communist party

> ⚠ *Au sens de 'amitié' ou 'affinité',* **sympathie** *ne se traduit pas par le mot anglais* **sympathy**.

**sympathique** /sɛ̃patik/ ADJ **a** *(= agréable, aimable) [personne]* likeable, nice; *[geste, accueil]* friendly, kindly; *[soirée, réunion, ambiance]* pleasant, friendly; *[plat]* good, nice; *[appartement]* nice, pleasant ◆ **il m'est très ~, je le trouve très ~** I like him very much, I think he's very nice ◆ **elle ne m'est pas très ~** I don't like her very much ◆ **cela me l'a rendu plutôt ~** that warmed me to him ◆ **il a une tête ~** * he has a friendly *ou* nice face ◆ **ce n'est pas un régime/une idéologie très ~** it is not a very pleasant regime/ideology **b** *(Anat)* sympathetic NM *(Anat)* ◆ **le (grand) ~** the sympathetic nervous system

> ⚠ *Au sens de 'agréable', 'aimable',* **sympathique** *ne se traduit pas par* **sympathetic**.

**sympathisant, e** /sɛ̃patizɑ̃, ɑt/ *(Pol)* ADJ sympathizing *(épith)* NM,F sympathizer

**sympathiser** /sɛ̃patize/ ▸ conjug 1 ◂ VI **a** *(= se prendre d'amitié)* to hit it off * (*avec* with); *(= bien s'entendre)* to get on (well) (*avec* with); ◆ **ils ont tout de suite sympathisé** they took to each other immediately, they hit it off * straight away ◆ **je suis heureux de voir qu'il sympathise avec Lucien** I'm pleased to see he gets on (well) with Lucien ◆ **ils ne sympathisent pas avec les voisins** *(= fréquenter)* they don't have much contact with *ou* much to do with * the neighbours **b** *(Pol)* ◆ **il sympathise avec l'extrême droite** he has sympathies *ou* he sympathizes with the far right

> ⚠ **sympathiser** *se traduit par* **to sympathize** *uniquement au sens politique.*

**symphonie** /sɛ̃fɔni/ NF *(Mus, fig)* symphony ◆ **~ concertante** symphonia concertante

**symphonique** /sɛ̃fɔnik/ ADJ symphonic; → **orchestre, poème**

**symphoniste** /sɛ̃fɔnist/ NMF symphonist

**symposium** /sɛ̃pozjɔm/ NM symposium

**symptomatique** /sɛ̃ptɔmatik/ ADJ *(Méd)* symptomatic; *(= révélateur)* significant ◆ **~ de** symptomatic of

**symptomatiquement** /sɛ̃ptɔmatikmɑ̃/ ADV symptomatically

**symptomatologie** /sɛ̃ptɔmatɔlɔʒi/ NF symptomatology

**symptôme** /sɛ̃ptom/ NM symptom

**synagogue** /sinagɔg/ NF synagogue

**synapse** /sinaps/ NF *[de neurones]* synapse, synapsis; *[de gamètes]* synapsis

**synarchie** /sinaʀʃi/ NF synarchy

**synchro** * /sɛ̃kʀo/ ADJ abrév de **synchronisé, e** NF abrév de **synchronisation**

**synchrone** /sɛ̃kʀon/ ADJ synchronous

**synchronie** /sɛ̃kʀɔni/ NF synchronic level, synchrony

**synchronique** /sɛ̃kʀɔnik/ ADJ *[linguistique, analyse]* synchronic; → **tableau**

**synchroniquement** /sɛ̃kʀɔnikmɑ̃/ ADV synchronically

**synchronisation** /sɛ̃kʀɔnizasjɔ̃/ NF synchronization

**synchronisé, e** /sɛ̃kʀɔnize/ (ptp de **synchroniser**) ADJ synchronized

**synchroniser** /sɛ̃kʀɔnize/ ▸ conjug 1 ◂ VT to synchronize

**synchroniseur** /sɛ̃kʀɔnizœʀ/ NM *(Élec)* synchronizer; *(Aut)* synchromesh

**synchroniseuse** /sɛ̃kʀɔnizøz/ NF *(Ciné)* synchronizer

**synchronisme** /sɛ̃kʀɔnism/ NM *[d'oscillations, dates]* synchronism; *(Philos)* synchronicity ◆ **avec un ~ parfait** with perfect synchronization

**synchrotron** /sɛ̃kʀɔtʀɔ̃/ NM synchrotron ◆ **rayonnement ~** synchrotron radiation

**synclinal, e** (mpl **-aux**) /sɛ̃klinal, o/ ADJ synclinal NM syncline

**syncope** /sɛ̃kɔp/ NF **a** *(= évanouissement)* blackout, fainting fit, syncope *(SPÉC)* ◆ **avoir une ~** to have a blackout, to faint, to pass out **b** *(Mus)* syncopation **c** *(Ling)* syncope

**syncopé, e** /sɛ̃kɔpe/ ADJ **a** *(Littérat, Mus)* syncopated **b** *(* = stupéfait)* staggered, flabbergasted *

**syncrétique** /sɛ̃kʀetik/ ADJ syncretic

**syncrétisme** /sɛ̃kʀetism/ NM syncretism

**syndic** /sɛ̃dik/ NM **a** *(Jur)* receiver ◆ **~ (d'immeuble** *ou* **de copropriété)** managing agent ◆ **~ de faillite** *(Jur, Fin)* official assignee, trustee (in bankruptcy), judicial factor *(US)* **b** *(Hist)* syndic **c** *(Helv = maire)* mayor

**syndical, e** (mpl **-aux**) /sɛ̃dikal, o/ ADJ **a** *(Ind)* (trade-)union, labor-union *(US)* ◆ **le mouvement ~** the trade-union *(Brit)* *ou* labor-union *(US)* movement ◆ **la liberté ~e** freedom for unions ◆ **400 euros est le minimum ~** 400 euros is the legal minimum wage ◆ **il fait le minimum ~** *(fig)* he doesn't do any more than he has to; → **central, chambre, tarif** **b** *(copropriété)* **conseil ~ d'un immeuble** management committee of a block of flats *(Brit)* *ou* of an apartment building *(US)*

**syndicalisation** /sɛ̃dikalizasjɔ̃/ NF unionization

**syndicaliser** /sɛ̃dikalize/ ▸ conjug 1 ◂ VT to unionize ◆ **un secteur fortement syndicalisé** a highly unionized sector

**syndicalisme** /sɛ̃dikalism/ NM *(= mouvement)* trade unionism; *(= activité)* (trade-)union activities; *(= doctrine politique)* syndicalism ◆ **faire du ~** to participate in (trade-)union activities, to be a (trade-)union activist

**syndicaliste** /sɛ̃dikalist/ NMF *(= responsable d'un syndicat)* (trade) union official, trade unionist; *(= doctrinaire)* syndicalist ADJ *[chef]* trade-union *(épith)*; *[doctrine, idéal]* unionist *(épith)*

**syndicat** /sɛ̃dika/ NM a *[de travailleurs]* (trade) union; *[d'employeurs]* union; *[de producteurs agricoles]* union ◆ **~ de mineurs/de journalistes** miners'/journalists' union ◆ **~ du crime** crime syndicate

b *(non professionnel)* association; → **comp**

COMP ▷ **syndicat de banques** banking syndicate ▷ **syndicat de communes** association of communes ▷ **syndicat financier** syndicate of financiers ▷ **syndicat d'initiative** tourist (information) office *ou* bureau *ou* centre ▷ **syndicat interdépartemental** association of regional authorities ▷ **syndicat de locataires** tenants' association ▷ **syndicat ouvrier** trade union ▷ **syndicat patronal** employers' syndicate, federation of employers, bosses' union * ▷ **syndicat de propriétaires** *(gén)* association of property owners; *(d'un même immeuble)* householders' association

> ⚠ *Au sens de 'association de travailleurs',* **syndicat** *ne se traduit pas par le mot anglais* **syndicate.**

**syndicataire** /sɛ̃dikatɛʀ/ ADJ of a syndicate NMF syndicate member

**syndiqué, e** /sɛ̃dike/ (ptp de **syndiquer**) ADJ belonging to a (trade) union ◆ **ouvrier ~** union member ◆ **est-il ~ ?** is he in a *ou* the union?, is he a union man *ou* member? ◆ **les travailleurs non ~s** non-union *ou* non-unionized workers NM,F union member

**syndiquer** /sɛ̃dike/ ▸ conjug 1 ◂ VT to unionize VPR **se syndiquer** *(= se grouper)* to form a trade union, to unionize; *(= adhérer)* to join a trade union

**syndrome** /sɛ̃dʀom/ NM syndrome ◆ **~ chinois** China syndrome ◆ **le ~ de Down** Down's syndrome ◆ **~ de fatigue chronique** chronic fatigue syndrome ◆ **~ d'immunodéficience acquise** acquired immuno-deficiency syndrome ◆ **~ prémenstruel** premenstrual syndrome ◆ **~ respiratoire aigu sévère** severe acute respiratory syndrome ◆ **~ de la classe économique** *(Aviat)* economy class syndrome ◆ **il souffre d'un ~ dépressif** he suffers from a depressive syndrome

**synecdoque** /sinɛkdɔk/ NF synecdoche

**synérèse** /sineʀɛz/ NF *(Ling)* synaeresis; *(Chim)* syneresis

**synergie** /sinɛʀʒi/ NF synergy, synergism ◆ **travailler en ~** to work in synergy (*avec* with); ◆ **opérer des ~s entre différents services** to bring about synergies between different departments

**synergique** /sinɛʀʒik/ ADJ synergetic

**synesthésie** /sinɛstezi/ NF synaesthesia

**synode** /sinɔd/ NM synod

**synodique** /sinɔdik/ ADJ *(Astron)* synodic(al); *(Rel)* synod(ic)al

**synonyme** /sinɔnim/ ADJ synonymous (*de* with) NM synonym

**synonymie** /sinɔnimi/ NF synonymy

**synonymique** /sinɔnimik/ ADJ synonymic(al)

**synopsis** /sinɔpsis/ NF *ou* m synopsis

**synoptique** /sinɔptik/ ADJ synoptic ◆ **les (Évangiles) ~s** the synoptic gospels

**synovial, e** (mpl **-iaux**) /sinɔvjal, jo/ ADJ synovial

**synovie** /sinɔvi/ NF synovia; → **épanchement**

**synovite** /sinɔvit/ NF synovitis

**syntactique** /sɛ̃taktik/ ADJ ⇒ **syntaxique**

**syntagmatique** /sɛ̃tagmatik/ ADJ syntagmatic, phrasal NF syntagmatic analysis

**syntagme** /sɛ̃tagm/ NM (word) group, phrase, syntagm *(SPÉC)* ◆ **~ adjoint** adjunctive phrase, adjunct ◆ **~ nominal** nominal group, noun phrase ◆ **~ verbal** verb phrase

**syntaxe** /sɛ̃taks/ NF *(Ling, Ordin)* syntax ◆ **erreur de ~** syntax error

**syntaxique** /sɛ̃taksik/ ADJ syntactic

**synthé** * /sɛ̃te/ NM (abrév de **synthétiseur**) synth *

**synthèse** /sɛ̃tɛz/ NF synthesis ◆ **faire la ~ d'un exposé** to summarize the major points of a talk ◆ **~ vocale/de la parole** *(Ordin)* voice/speech synthesis

◆ **de synthèse** *[drogue, molécule, produit]* synthetic; *[édulcorant]* artificial ◆ **document de ~** *(= résumé)* summary; → **esprit**

**synthétique** /sɛ̃tetik/ ADJ a *[textile, fibre]* synthetic, man-made; *[résine, caoutchouc, revêtement]* synthetic ◆ **matières ~s** synthetic materials, synthetics ◆ **c'est de la fourrure ~** it's fake fur *ou* fun fur b *(= artificiel)* *[images, voix, son]* synthetic c *(= qui envisage la totalité)* *[exposé]* that gives an overall picture (of a subject); *[ouvrage]* that takes a global perspective ◆ **avoir l'esprit ~** to be good at synthesizing information ◆ **avoir une vision ~ des choses** to (be able to) see the overall picture ◆ **présenter un sujet de façon ~** to give an overall picture of a subject NM *(Tex)* synthetics ◆ **c'est du ~** it's synthetic ◆ **vêtement/chaussures en ~** garment/shoes made of synthetic material

**synthétiquement** /sɛ̃tetikmɑ̃/ ADV synthetically

**synthétiser** /sɛ̃tetize/ ▸ conjug 1 ◂ VT to synthetize, to synthesize

**synthétiseur** /sɛ̃tetizœʀ/ NM synthesizer ◆ **~ de (la) parole** speech synthesizer

**syntonie** /sɛ̃tɔni/ NF *(Psych)* syntonia; *(Phys)* syntonism

**syntoniser** /sɛ̃tɔnize/ ▸ conjug 1 ◂ VT to syntonize, to tune

**syntoniseur** /sɛ̃tɔnizœʀ/ NM tuner

**syphilis** /sifilis/ NF syphilis

**syphilitique** /sifilitik/ ADJ, NMF syphilitic

**syriaque** /siʀjak/ ADJ Syriac *(épith)* NM *(Ling)* Syriac

**Syrie** /siʀi/ NF Syria

**syrien, -ienne** /siʀjɛ̃, jɛn/ ADJ Syrian ◆ **République arabe syrienne** Syrian Arab Republic NM,F **Syrien(ne)** Syrian

**systématique** /sistematik/ ADJ *[opposition, classement, esprit]* systematic; *[soutien, aide]* unconditional ◆ **opposer un refus ~ à qch** to refuse sth systematically ◆ **avec l'intention ~ de nuire** systematically intending to harm ◆ **il est trop ~** he's too dogmatic, his views are too set ◆ **chaque fois qu'elle est invitée quelque part il l'est aussi, c'est ~** every time she's invited somewhere, he's automatically invited too NF *(gén)* systematics *(sg)*; *(Bio)* taxonomy

**systématiquement** /sistematikmɑ̃/ ADV systematically

**systématisation** /sistematizasjɔ̃/ NF systematization

**systématiser** /sistematize/ ▸ conjug 1 ◂ VT *[+ recherches, mesures]* to systematize ◆ **il n'a pas le sens de la nuance, il systématise (tout)** he has no sense of nuance – he systematizes everything VPR **se systématiser** to become the rule

**système** /sistɛm/ NM a *(gén)* *(= structure)* system ◆ **~ de vie** way of life, lifestyle ◆ **entrer dans le ~** *(= institution)* to join *ou* enter the system ◆ **~ casuel** *(Ling)* case system ◆ **troubles du ~** *(Méd)* systemic disorders; → **esprit**

b *(= moyen)* system ◆ **il connaît un ~ pour entrer sans payer** he's got a system for getting in without paying ◆ **il connaît le ~** he knows the system ◆ **le meilleur ~, c'est de se relayer** the best plan *ou* system is to take turns

c *(loc)* **par ~** *[agir]* in a systematic way; *[contredire]* systematically ◆ **il me tape** *ou* **court** *ou* **porte sur le ~** ‡ he gets on my nerves * *ou* wick * *(Brit)*

COMP ▷ **système ABS** ABS ▷ **système d'alarme** alarm system ▷ **système d'alimentation** *(électrique)* electricity supply system; *(en eau)* water supply system ▷ **système D** * resourcefulness ◆ **recourir au ~ D** to rely on one's own resources, to fend for o.s. ▷ **système décimal** decimal system ▷ **système de défense** *(Mil)* defence system; *(Physiol)* defence mechanism ▷ **système d'éducation** education system ▷ **système d'équations** system of equations ▷ **système expert** expert system ▷ **système d'exploitation** operating system ▷ **système de gestion de bases de données** database management system ▷ **système immunitaire** immune system ▷ **Système international d'unités** International System of Units ▷ **système métrique** metric system ▷ **système monétaire européen** European monetary system ▷ **système nerveux** nervous system ◆ **~ nerveux central/périphérique** central/peripheral nervous system ▷ **système pénitentiaire** prison *ou* penal system ▷ **système pileux** ◆ **avoir un ~ pileux très développé** to have a lot of body hair ▷ **système respiratoire** respiratory system ▷ **système de santé** health system ▷ **système de sécurité sociale** social security system ▷ **système solaire** solar system ▷ **système de traitement de l'information** data-processing system

**systémique** /sistemik/ ADJ systemic NF systems analysis

**systole** /sistɔl/ NF systole

**systolique** /sistɔlik/ ADJ systolic

**syzygie** /siziʒi/ NF syzygy

# T

**T, t**[1] /te/ NM a (= *lettre*) T, t ◆ **en T** *[table, immeuble]* T-shaped ◆ **bandage/antenne/équerre en T** T-bandage/-aerial/-square b (*Méd*) **T4** T4

**t**[2] a (abrév de **tonne**) t b (abrév de **tome**) vol.

**t'** /t/ → **te, tu**

**ta** /ta/ ADJ POSS → **ton**[1]

**ta, ta, ta** /tatata/ EXCL (stuff and) nonsense!, rubbish!

**tabac** /taba/ NM a (= *plante, produit*) tobacco; (= *couleur*) buff, tobacco (brown); → **blague, bureau, débit** b (= *commerce*) tobacconist's; (= *bar*) *café with a cigarette counter* c (* : *loc*) **passer qn à ~** to beat sb up ◆ **faire un ~** to be a big hit *ou* a roaring success, to hit it big * (*US*) ◆ **quelque chose du même ~** something like that; → **passage**

◆ **coup de tabac** squall

ADJ INV buff, tobacco (brown) COMP ▷ **tabac blond** light *ou* mild *ou* Virginia tobacco ▷ **tabac brun** dark tobacco ▷ **tabac à chiquer** chewing tobacco ▷ **tabac gris** shag ▷ **tabac à priser** snuff

**tabacologie** /tabakɔlɔʒi/ NF study of tobacco addiction ◆ **spécialiste de ~** specialist in tobacco addiction

**tabacologue** /tabakɔlɔg/ NMF specialist in tobacco addiction

**tabagie** /tabaʒi/ NF (= *lieu enfumé*) smoke-filled room; (*au Canada* = *bureau de tabac*) tobacconist's (shop) (*Brit*), tobacco *ou* smoke shop (*US*) ◆ **ce bureau, quelle ~ !** it's really smoky in this office!

**tabagique** /tabaʒik/ ADJ *[consommation, publicité]* tobacco (*épith*) ◆ **dépendance ~** tobacco *ou* nicotine addiction, addiction to smoking ◆ **afin de faciliter le sevrage ~** to make it easier to give up smoking NMF chain smoker

**tabagisme** /tabaʒism/ NM nicotine addiction, addiction to smoking ◆ **~ passif** passive smoking ◆ **lutte contre le ~** anti-smoking campaign

**tabasco** ® /tabasko/ NM (*Culin*) Tabasco (sauce) ®

**tabasser** * /tabase/ ▸ conjug 1 ◂ VT (= *passer à tabac*) ◆ **~ qn** to beat sb up ◆ **se faire ~** to get beaten up (*par* by) VPR **se tabasser** (= *se bagarrer*) to have a fight *ou* punch-up * (*Brit*)

**tabatière** /tabatjɛʀ/ NF a (= *boîte*) snuffbox ◆ **~ anatomique** anatomical snuffbox b (= *lucarne*) skylight; → **fenêtre**

**T.A.B.D.T.** /teabedete/ NM (abrév de **vaccin antityphoïdique et anti-paratyphoïdique A et B, antidiphtérique et tétanique**) *vaccine against typhoid, paratyphoid A and B, diphtheria and tetanus*

**tabellion** /tabeljɔ̃/ NM (*hum péj* : = *notaire*) lawyer

**tabernacle** /tabɛʀnakl/ NM (*Rel*) tabernacle

**tablar(d)** /tablaʀ/ NM (*Helv* = *étagère*) shelf

**tablature** /tablatyʀ/ NF (*Mus*) tablature

**table** /tabl/ NF a (= *meuble*) table ◆ **~ de salle à manger/de cuisine/de billard** dining-room/kitchen/billiard table ◆ **~ de** *ou* **en bois/marbre** wooden/marble table ◆ **s'asseoir à la ~ des grands** to play with the big boys * *ou* in the major league (*US*); → **dessous, carte, tennis**

b (*pour le repas*) **mettre** *ou* (*littér*) **dresser la ~** to lay *ou* set the table ◆ **débarrasser** *ou* (*littér*) **desservir la ~** to clear the table ◆ **présider la ~** to sit at the head of the table ◆ **recevoir qn à sa ~** to have sb to lunch (*ou* dinner *etc*) ◆ **se lever de ~** to get up from the table ◆ **quitter la ~, sortir de ~** to leave the table ◆ **~ de 12 couverts** table set for 12 ◆ **une ~ pour quatre** (*au restaurant*) a table for four ◆ **linge/vin/propos de ~** table linen/wine/talk ◆ **tenir ~ ouverte** to keep open house

◆ **à table** ◆ **être à ~** to be having a meal, to be eating ◆ **nous étions huit à ~** there were eight of us at *ou* round the table ◆ **à ~ !** come and eat!, dinner (*ou* lunch *etc*) is ready! ◆ **si vous voulez bien passer à ~** if you'd like to come through ◆ **se mettre à ~** to sit down to eat, to sit down at the table; (* = *avouer*) to talk, to come clean *

c (= *tablée*) table ◆ **toute la ~ éclata de rire** everyone round the table *ou* the whole table burst out laughing ◆ **soldats et officiers mangeaient à la même ~** soldiers and officers ate at the same table

d (= *restaurant*) restaurant ◆ **une des meilleures ~s de Lyon** one of the best restaurants in Lyons ◆ **avoir une bonne ~** to keep a good table; *[restaurant]* to serve very good food ◆ **aimer (les plaisirs de) la ~** to enjoy one's food

e (= *tablette avec inscriptions*) **~ de marbre** marble tablet ◆ **les Tables de la Loi** the Tables of the Law ◆ **la Loi des Douze Tables** (*Antiq*) the Twelve Tables

f (= *liste*) table ◆ **~ de logarithmes/de multiplication** log/multiplication table ◆ **~ de vérité** truth table ◆ **~ alphabétique** alphabetical table ◆ **il sait sa ~ de 8** he knows his 8 times table

g (*Géol* = *plateau*) tableland, plateau

COMP ▷ **table à abattants** drop-leaf table ▷ **table anglaise** gate-legged table ▷ **table d'architecte** drawing board ▷ **table d'autel** altar stone ▷ **table basse** coffee table, occasional table ▷ **table de bridge** card *ou* bridge table ▷ **table à cartes** (*Naut*) chart house ▷ **table de chevet** bedside table, night stand *ou* table (*US*) ▷ **table de communion** communion table ▷ **table de conférence** conference table ▷ **table de cuisson** hob ▷ **table à dessin** drawing board ▷ **table à digitaliser** digitizer ▷ **table d'écoute** wire-tapping set ◆ **mettre qn sur ~ d'écoute** to tap sb's phone ▷ **tables gigognes** nest of tables ▷ **table d'harmonie** sounding board ▷ **table d'honneur** top table ▷ **table d'hôte** table d'hôte ◆ **faire ~ d'hôte** to serve table d'hôte dinners, to serve dinner for residents ▷ **table de jeu** gaming table ▷ **table de lancement** launch(ing) pad ▷ **table à langer** changing table ▷ **table de lecture** *[de chaîne haute fidélité]* turntable ▷ **table lumineuse** light table ▷ **table de malade** bedtable ▷ **table des matières** (table of) contents ▷ **table de Mendeleïev** Mendeleyev's periodic table ▷ **table de mixage** mixing desk ▷ **la table des négociations** the negotiating table ▷ **table de nuit** ⇒ **table de chevet** ▷ **table d'opération** operating table ▷ **table d'orientation** viewpoint indicator ▷ **table à ouvrage** worktable ▷ **table de ping-pong** table-tennis table ▷ **table pliante** folding table ▷ **table de Pythagore** Pythagorean table ▷ **table à rallonges** extending table ▷ **table rase** (*Philos*) tabula rasa ◆ **faire ~ rase** to make a clean sweep (*de* of); ◆ **on a fait ~ rase du passé** we put the past behind us ▷ **table à repasser** ironing board ▷ **table ronde** (*lit*) round table; (*fig*) round table, panel ▷ **la Table ronde** (*Hist*) the Round Table ▷ **table roulante** trolley (*Brit*), cart (*US*) ▷ **table de survie** life table ▷ **tables de tir** range tables ▷ **table de toilette** (*pour lavabo*) washstand; (= *coiffeuse*) dressing table ▷ **table tournante** séance table ▷ **table traçante** (*Ordin*) (graph) plotter ▷ **table de travail** work table

**tableau** (pl **tableaux**) /tablo/ NM a (= *peinture*) painting; (= *reproduction, gravure*) picture ◆ **exposition de ~x** art exhibition; → **galerie**

b (= *scène*) picture, scene ◆ **le ~ l'émut au plus haut point** he was deeply moved by the scene ◆ **un ~ tragique/idyllique** a tragic/an idyllic picture *ou* scene ◆ **le ~**

**changeant de la vallée du Rhône** the changing landscape of the Rhone valley

c *(Théât)* scene ◆ **acte un, premier** ~ act one, scene one

d *(= description)* picture ◆ **un** ~ **de la guerre** a picture *ou* depiction of war ◆ **il m'a fait un** ~ **très noir de la situation** he drew a very black picture of the situation for me

e *(Scol)* ~ **(noir)** (black)board ◆ ~ **blanc** (white)board ◆ **aller au** ~ *(lit)* to go up to the blackboard; *(= se faire interroger)* to be asked questions *(on a school subject)*

f *(= support mural) [de sonneries]* board; *[de fusibles]* box; *[de clés]* rack, board

g *(= panneau)* board; *(Rail)* train indicator; *[de bateau]* escutcheon, name board ◆ ~ **des départs/arrivées** departure(s)/arrival(s) board ◆ ~ **des horaires** timetable

h *(= carte, graphique)* table, chart; *(Ordin : fait par tableur)* spreadsheet ◆ ~ **généalogique/chronologique** genealogical/chronological table *ou* chart ◆ ~ **des conjugaisons** conjugation table, table of conjugations ◆ **présenter qch sous forme de** ~ to show sth in tabular form

i *(Admin = liste)* register, list ◆ ~ **de l'ordre des avocats** ≃ register of the association of barristers ◆ **médicament au** ~ **A/B/C** class A/B/C drug *(according to French classification of toxicity)*

j *(loc)* **vous voyez (d'ici) le** ~ **!** you can (just) imagine! ◆ **pour compléter** *ou* **achever le** ~ to cap it all ◆ **jouer** *ou* **miser sur les deux** ~**x** to hedge one's bets ◆ **il a gagné sur les deux/sur tous les** ~**x** he won on both/on all counts

COMP ▷ **tableau d'affichage** *(gén)* notice board; *(Sport)* scoreboard ▷ **tableau d'amortissement** depreciation schedule ▷ **tableau d'avancement** *(Admin)* promotion table ▷ **tableau de bord** *[de voiture]* dashboard; *[d'avion, bateau]* instrument panel; *[d'économie]* (performance) indicators ▷ **tableau de chasse** *[de chasseur]* bag; *[d'aviateur]* tally of kills; *[de séducteur]* list of conquests ◆ **ajouter qch à son** ~ **de chasse** to add sth to one's list of successes ▷ **tableau clinique** clinical picture ▷ **tableau électronique** *(gén)* electronic noticeboard; *(Sport)* electronic scoreboard ▷ **tableau d'honneur** merit *ou* prize list *(Brit)*, honor roll *(US)* ◆ **être inscrit au** ~ **d'honneur** to appear on the merit *ou* prize list *(Brit)*, to make the honor roll *(US)* ◆ **au** ~ **d'honneur du sport français cette semaine, Luc Legrand ...** pride of place in French sport this week goes to Luc Legrand ... ▷ **tableau de maître** masterpiece ▷ **tableau de marche** schedule ▷ **tableau de service** *(gén)* work notice board; *(= horaire de service)* duty roster ▷ **tableau synchronique** synchronic table of events *etc* ▷ **tableau synoptique** synoptic table ▷ **tableau vivant** *(Théât)* tableau (vivant)

**tableautin** /tablotɛ̃/ NM little picture

**tablée** /table/ NF table *(of people)* ◆ **toute la** ~ **éclata de rire** the whole table *ou* everyone round the table burst out laughing

**tabler** /table/ ▸ conjug 1 ◂ **tabler sur** VT INDIR ◆ ~ **sur qch** to count *ou* bank on sth ◆ **il avait tablé sur une baisse des taux** he had counted *ou* banked on the rates going down ◆ **table sur ton travail plutôt que sur la chance** rely on your work rather than on luck

**tablette** /tablɛt/ NF a *(= plaquette) [de chocolat]* bar; *[de médicament]* tablet; *[de chewing-gum]* stick; *[de métal]* block ◆ ~ **de bouillon** stock cube b *(= planchette, rayon) [de lavabo, radiateur, cheminée]* shelf; *[de secrétaire]* flap ◆ ~ **à glissière** pull-out flap c *(Archéol, Hist : pour écrire)* tablet ◆ ~ **de cire/d'argile** wax/clay tablet ◆ **je vais l'inscrire sur mes** ~**s** *(hum)* I'll make a note of it ◆ **ce n'est pas écrit sur mes** ~**s** *(hum)* I have no record of it d *(Ordin)* tablet ◆ ~ **graphique** graphic tablet

**tableur** /tablœʀ/ NM spreadsheet (program)

**tablier** /tablije/ NM a *(Habillement) (gén)* apron; *[de ménagère] (sans manches)* apron, pinafore; *(avec manches)* overall; *[d'écolier]* overall, smock ◆ **rendre son** ~ *[domestique]* to hand *ou* give in one's notice; *[homme politique]* to resign, to step down ◆ **ça lui va comme un** ~ **à une vache** * *[vêtement]* it looks really weird on him; *[poste]* he's totally out of place in that job ◆ ~ **de sapeur** *(Culin) tripe in breadcrumbs* b *[de pont]* roadway c *(Tech = plaque protectrice) [de cheminée]* (flue-)shutter; *[de magasin]* (iron *ou* steel) shutter; *[de machine-outil]* apron; *[de scooter]* fairing; *(Aut : entre moteur et habitacle)* bulkhead

**tabloïd(e)** /tablɔid/ ADJ, NM tabloid

**tabou, e** /tabu/ ADJ taboo ◆ **sujet** ~ taboo subject ◆ **une société où la sexualité reste** ~**(e)** a society where sexuality is still taboo NM taboo ◆ **briser un** ~ to break a taboo

**taboulé** /tabule/ NM tabbouleh

**tabouret** /tabuʀɛ/ NM *(pour s'asseoir)* stool; *(pour les pieds)* footstool ◆ ~ **de piano/de bar** piano/bar stool

**tabulaire** /tabylɛʀ/ ADJ tabular

**tabulateur** /tabylatœʀ/ NM tab key, tabulator

**tabulation** /tabylasjɔ̃/ NF tabulation ◆ **poser des** ~**s** to set tabs

**tabulatrice** /tabylatʀis/ NF tabulator *(for punched cards)*

**tabuler** /tabyle/ ▸ conjug 1 ◂ VT to tabulate, to tabularize, to tab

**tac** /tak/ NM a *(= bruit)* tap ◆ **le** ~ ~ **des mitrailleuses** the rat-a-tat(-tat) of the machine guns; → **tic-tac** b ◆ **il répond** *ou* **riposte du** ~ **au** ~ he always has a ready answer ◆ **il lui a répondu du** ~ **au** ~ **que ...** he came back at him immediately *ou* quick as a flash that ...

**tache** /taʃ/ NF a *(= moucheture) [de fruit]* mark; *[de léopard]* spot; *[de plumage, pelage]* mark(ing), spot; *[de peau]* blotch, mark ◆ **les** ~**s des ongles** the white marks on the fingernails ◆ **faire** ~ *[bâtiment, personne]* to stick out like a sore thumb

b *(= salissure)* stain, mark ◆ ~ **de graisse** greasy mark, grease stain ◆ ~ **de brûlure/de suie** burn/sooty mark ◆ **des draps couverts de** ~**s** sheets covered in stains ◆ **sa robe n'avait pas une** ~ her dress was spotless ◆ **il a fait une** ~ **à sa cravate** he got a stain on his tie ◆ **tu t'es fait une** ~ you've got a stain on your shirt (*ou* dress *ou* tie *etc*)

c *(littér = flétrissure)* blot, stain ◆ **c'est une** ~ **à sa réputation** it's a blot *ou* stain on his reputation ◆ **sans** ~ *[vie, réputation]* spotless, unblemished; → **agneau, pur**

d *(= impression visuelle)* patch, spot ◆ **le soleil parsemait la campagne de** ~**s d'or** the sun scattered patches of gold over the countryside ◆ **des** ~**s d'ombre çà et là** patches of shadow here and there

e *(Peinture)* spot, blob ◆ ~ **de couleur** patch of colour

f *(* = nullité)* jerk *

COMP ▷ **tache d'encre** *(sur les doigts)* ink stain; *(sur le papier)* (ink) blot *ou* blotch ▷ **tache d'huile** oily mark, oil stain ◆ **faire** ~ **d'huile** to spread, to gain ground ▷ **tache jaune (de l'œil)** yellow spot (of the eye) ▷ **tache originelle** *(Rel)* stain of original sin ▷ **tache de rousseur** freckle ◆ **visage couvert de** ~**s de rousseur** freckled face, face covered in freckles ▷ **tache de sang** bloodstain ▷ **tache solaire** *(Astron)* sunspot ▷ **tache de son** ⇒ **tache de rousseur** ▷ **tache de vin** *(sur la nappe)* wine stain; *(sur la peau = envie)* strawberry mark

**tâche** /tɑʃ/ NF *(= besogne)* task, work *(NonC)*; *(= mission)* task, job; *(Ordin)* task ◆ **il a la lourde** ~ **de ...** he has the difficult task of ... ◆ **il a pour** ~ **de ...** his task is to ... ◆ **assigner une** ~ **à qn** to give *ou* set *(Brit)* sb a task ◆ **s'atteler à une** ~ to get down to work ◆ ~ **de fond** *ou* **d'arrière-plan** *(Ordin)* background task

◆ **à la tâche** *[payer]* by the piece ◆ **ouvrier à la** ~ pieceworker ◆ **travail à la** ~ piecework ◆ **être à la** ~ to be on piecework ◆ **je ne suis pas à la** ~ * I'll do it in my own good time ◆ **mourir à la** ~ to die in harness

**tachéomètre** /takeɔmɛtʀ/ NM *(= théodolite)* tacheometer, tachymeter

**tachéométrie** /takeɔmetʀi/ NF tacheometry

**tacher** /taʃe/ ▸ conjug 1 ◂ VT a *[encre, vin]* to stain; *[graisse]* to mark, to stain ◆ **le café tache** coffee stains (badly) *ou* leaves a stain ◆ **taché de sang** bloodstained b *(littér = colorer) [+ pré, robe]* to spot, to dot; *[+ peau, fourrure]* to spot, to mark ◆ **pelage blanc taché de noir** white coat with black spots *ou* markings, white coat flecked with black c *(† = souiller)* to tarnish, to sully VPR **se tacher** a *(= se salir) [personne]* to get stains on one's clothes, to get o.s. dirty; *[nappe, tissu]* to get stained *ou* marked ◆ **tissu qui se tache facilement** fabric that stains *ou* marks easily b *(= s'abîmer) [fruits]* to become marked

**tâcher** /tɑʃe/ ▸ conjug 1 ◂ VT INDIR **tâcher de** *(= essayer de)* ~ **de faire qch** to try *ou* endeavour *(frm)* to do sth ◆ **tâchez de venir avant samedi** try to *ou* try and come before Saturday ◆ **et tâche de ne pas recommencer !** * and make sure *ou* mind it doesn't happen again! ◆ ~ **moyen de faire qch** * to try to do sth VT ◆ **tâche qu'il n'en sache rien** * make sure that he doesn't get to know about it

**tâcheron** /tɑʃ(ə)ʀɔ̃/ NM a *(péj)* drudge ◆ **un** ~ **de la littérature/politique** a literary/political drudge *ou* hack b *(= ouvrier) (dans le bâtiment)* jobber; *(agricole)* pieceworker

**tacheter** /taʃ(ə)te/ ▸ conjug 4 ◂ VT *[+ peau, fourrure]* to spot, to speckle; *[+ tissu, champ]* to spot, to dot, to fleck ◆ **pelage blanc tacheté de brun** white coat with brown spots *ou* markings, white coat flecked with brown

**tachisme** /taʃism/ NM *(= art abstrait)* tachisme

**tachiste** /taʃist/ ADJ, NMF tachiste

**Tachkent** /taʃkɛnt/ N Tashkent

**tachycardie** /takikaʀdi/ NF tachycardia

**tachygraphe** /takigʀaf/ NM tachograph, black box

**tachymètre** /takimɛtʀ/ NM *(Aut)* tachometer

**Tacite** /tasit/ NM Tacitus

**tacite** /tasit/ ADJ tacit ◆ **par** ~ **reconduction** *(Jur)* by tacit agreement

**tacitement** /tasitmɑ̃/ ADV tacitly ◆ **reconduit** ~ renewed by tacit agreement

**taciturne** /tasityʀn/ ADJ taciturn, silent

**tacle** /takl/ NM *(Sport)* tackle ◆ **faire un** ~ to make a tackle ◆ **faire un** ~ **à qn** to tackle sb

**taco** /tako/ NM *(Culin)* taco

**tacot** * /tako/ NM *(= voiture)* jalopy *, old rattletrap *, banger * *(Brit)*

**tact** /takt/ NM a *(= délicatesse)* tact ◆ **avoir du** ~ to have tact, to be tactful ◆ **homme de** ~**/sans** ~ tactful/tactless man ◆ **faire qch avec/sans** ~ to do sth tactfully/tactlessly ◆ **manquer de** ~ to be tactless, to be lacking in tact b *(† = toucher)* touch, tact *(††)*

**tacticien, -ienne** /taktisjɛ̃, jɛn/ NM,F tactician

**tactile** /taktil/ ADJ *(= physique)* tactile ◆ **écran** ~ touch screen ◆ **pavé** ~ touch pad, trackpad

**tactique** /taktik/ ADJ *(gén, Mil)* tactical ◆ **ils ont un jeu très** ~ they play a very tactical game NF tactics ◆ **changer de** ~ to change (one's) tactics ◆ **il y a plusieurs ~s possibles** there are several different tactics one might adopt ◆ **la ~ de l'adversaire est très simple** the opponent's tactics are very simple ◆ **ce n'est pas la meilleure ~ pour le faire céder** it's not the best way to get him to give in

**tactiquement** /taktikmɑ̃/ ADV tactically

**tadjik** /tadʒik/ ADJ Tadzhiki NM *(Ling)* Tadzhiki NMF **Tadjik** Tadzhik, Tadjik, Tajik

**Tadjikistan** /tadʒikistɑ̃/ NM Tadzhikistan

**tænia** /tenja/ NM ⇒ **ténia**

**taf, taffe*** /taf/ NM *(= travail)* work ◆ **j'ai pas mal de** ~ I've got quite a bit of work

**taffe*** /taf/ NF *[de cigarette]* drag*, puff; *[de pipe]* puff

**taffetas** /tafta/ NM *(Tex)* taffeta ◆ **robe de** ~ taffeta dress ◆ ~ **(gommé)** sticking plaster *(Brit)*, bandaid ®

**tag** /tag/ NM *(= graffiti)* tag

**Tage** /tɑʒ/ NM ◆ **le** ~ the Tagus

**tagine** /taʒin/ NM ⇒ **tajine**

**tagliatelles** /taljatɛl/ NFPL tagliatelle *(NonC)*

**taguer** /tage/ ► conjug 1 ◄ VTI *(= faire des graffiti)* to tag

**tagueur, -euse** /tagœʀ, øz/ NM,F tagger

**Tahiti** /taiti/ NF Tahiti

**tahitien, -ienne** /taisjɛ̃, jɛn/ ADJ Tahitian NM,F **Tahitien(ne)** Tahitian

**taïaut** †† /tajo/ EXCL tallyho!

**taie** /tɛ/ NF **a** ◆ ~ **(d'oreiller)** pillowcase, pillowslip ◆ ~ **de traversin** bolster case **b** *(Méd)* opaque spot, leucoma *(SPÉC)*

**taïga** /tajga/ NF taiga

**taillable** /tɑjabl/ ADJ ◆ ~ **et corvéable (à merci)** *(Hist)* subject to tallage; *[employés, main d'œuvre]* who can be exploited at will

**taillade** /tɑjad/ NF *(dans la chair)* gash, slash; *(dans un tronc d'arbre)* gash

**taillader** /tɑjade/ ► conjug 1 ◄ VT to slash, to gash ◆ **se** ~ **les poignets** to slash one's wrists

**taillanderie** /tɑjɑ̃dʀi/ NF *(= fabrication)* edge-tool making; *(= outils)* edge-tools

**taillandier** /tɑjɑ̃dje/ NM edge-tool maker

**taille**[1] /tɑj/ NF **a** *(= hauteur) [de personne, cheval, objet]* height ◆ **être de petite** ~ *[personne]* to be short *ou* small; *[animal]* to be small ◆ **homme de petite** ~ short *ou* small man ◆ **les personnes de petite** ~ small people *(especially dwarves and midgets)* ◆ **homme de** ~ **moyenne** man of average *ou* medium height ◆ **homme de grande** ~ tall man ◆ **ils sont de la même ~, ils ont la même** ~ they're the same height ◆ **il a atteint sa ~ adulte** he's fully grown

**b** *(= grosseur, volume)* size ◆ **de petite** ~ small ◆ **de ~ moyenne** medium-sized ◆ **de grande** ~ large, big ◆ **un chien de belle** ~ quite a big *ou* large dog ◆ **le paquet est de la ~ d'une boîte à chaussures** the parcel is the size of a shoebox ◆ ~ **de mémoire** *(Ordin)* memory capacity

**c** *(Comm = mesure)* size ◆ **les grandes/petites ~s** large/small sizes ◆ ~ **40** size 40 ◆ **"taille unique"** "one size (fits all)" ◆ **il ne reste plus de ~s moyennes** there are no medium sizes *ou* mediums left ◆ **il lui faut la ~ au-dessous/au-dessus** he needs the next size down/up, he needs one *ou* a size smaller/larger ◆ **deux ~s au-dessous/au-dessus** two sizes smaller/larger ◆ **ce pantalon n'est pas à sa** ~ these trousers aren't his size, these trousers don't fit him ◆ **avez-vous quelque chose dans ma ~ ?** do you have anything in my size? ◆ **si je trouvais quelqu'un de ma** ~ if I found someone my size ◆ **avoir la ~ mannequin** to have a perfect figure

**d** *(loc)*

◆ **à la taille de** *(= proportionnel à)* ◆ **c'est un poste à sa** ~ it's a job which matches his capabilities ◆ **il a trouvé un adversaire à sa** ~ he's met his match

◆ **de taille** *[erreur]* serious, major; *[objet]* sizeable; *[surprise, concession, décision]* big; *[difficulté, obstacle]* huge, big ◆ **la gaffe est de ~ !** it's a major blunder! ◆ **l'enjeu est de** ~ the stakes are high ◆ **il n'est pas de** ~ *(pour une tâche)* he isn't up *ou* equal to it; *(face à un concurrent, dans la vie)* he doesn't measure up

◆ **être de taille à faire qch** to be up to doing sth, to be quite capable of doing sth

**e** *(= partie du corps)* waist; *(= partie du vêtement)* waist, waistband ◆ **elle n'a pas de** ~ she has no waist(line), she doesn't go in at the waist ◆ **avoir la ~ fine** to have a slim waist, to be slim-waisted ◆ **avoir une ~ de guêpe** to have an hour-glass figure, to have a wasp waist ◆ **avoir la ~ bien prise** to have a neat waist(line) ◆ **prendre qn par la** ~ to put one's arm round sb's waist ◆ **ils se tenaient par la** ~ they had their arms round each other's waists ◆ **avoir de l'eau jusqu'à la** ~ to be in water up to one's waist, to be waist-deep in water ◆ **robe serrée à la** ~ dress fitted at the waist ◆ **robe à ~ basse/haute** low-/high-waisted dress ◆ **pantalon (à) ~ basse** low-waisted trousers, hipsters; → **tour**[2]

**taille**[2] /tɑj/ NF **a** *[de pierre précieuse]* cutting; *[de pierre]* cutting, hewing; *[de bois]* carving; *[de verre]* engraving; *[de crayon]* sharpening; *[d'arbre, vigne]* pruning, cutting back; *[de haie]* trimming, clipping, cutting; *[de tissu]* cutting (out); *[de cheveux, barbe]* trimming ◆ **diamant de ~ hexagonale/en étoile** diamond with a six-sided/star-shaped cut; → **pierre** **b** *(= taillis)* **~s** coppice **c** *(= tranchant) [d'épée, sabre]* edge ◆ **il a reçu un coup de** ~ he was hit with the sharp edge of the sword; → **frapper** **d** *(Chir)* cystotomy **e** *(Hist = redevance)* tallage, taille **f** *(Min = galerie)* tunnel

**taillé, e** /tɑje/ (ptp de **tailler**) ADJ **a** *(= bâti)* **il est ~ en athlète** *[personne]* he's built like an athlete, he has an athletic build **b** *(= destiné à) [personne]* ~ **pour être/faire** cut out to be/do ◆ ~ **pour qch** cut out for sth **c** *(= coupé) [arbre]* pruned; *[haie]* clipped, trimmed; *[moustache, barbe]* trimmed ◆ **crayon ~ en pointe** pencil sharpened to a point ◆ **verre/cristal** ~ cut glass/crystal ◆ **costume bien** ~ well-cut suit ◆ **il avait les cheveux ~s en brosse** he had a crew-cut ◆ **visage ~ à la serpe** rough-hewn *ou* craggy features; → **âge**

**taille-crayon** (pl **taille-crayons**) /tɑjkʀɛjɔ̃/ NM pencil sharpener

**taille-douce** (pl **tailles-douces**) /tɑjdus/ NF *(= technique, estampe)* copperplate ◆ **gravure en** ~ copperplate engraving

**taille-haie** (pl **taille-haies**) /tɑjɛ/ NM hedge trimmer

**tailler** /tɑje/ ► conjug 1 ◄ VT **a** *(= couper) [+ pierre précieuse]* to cut; *[+ pierre]* to cut, to hew; *[+ bois]* to carve; *[+ verre]* to engrave; *[+ crayon]* to sharpen; *[+ arbre, vigne]* to prune, to cut back; *[+ haie]* to trim, to clip, to cut; *[+ tissu]* to cut (out); *[+ barbe, cheveux]* to trim ◆ ~ **qch en pointe** to cut sth to a point ◆ **bien taillé** *[haie]* neatly trimmed *ou* clipped; *[moustache]* neatly trimmed; *[crayon]* well-sharpened ◆ ~ **un if en cône** to trim *ou* clip a yew tree into a cone shape; → **serpe**

**b** *(= confectionner) [+ vêtement]* to make; *[+ statue]* to carve; *[+ tartines]* to cut, to slice; *(Alpinisme) [+ marche]* to cut ◆ **il a un rôle taillé à sa mesure** *ou* **sur mesure** the role is tailor-made for him

**c** *(loc)* ~ **une bavette*** to have a natter* *(Brit) ou* a rap* *(US)* ◆ ~ **des croupières à qn** († *ou littér)* to make difficulties for sb ◆ ~ **une armée en pièces** to hack an army to pieces ◆ **il s'est fait ~ en pièces par les journalistes** the journalists tore him to pieces ◆ **il préférerait se faire ~ en pièces plutôt que de révéler son secret** he'd go through fire *ou* he'd suffer tortures rather than reveal his secret ◆ ~ **un costard** *ou* **une veste à qn*** to run sb down behind their back* ◆ **attention ! tu vas te faire ~ un short*** careful! you'll get flattened!* ◆ ~ **la route*** to hit the road*

VI **a** *[vêtement, marque]* ~ **petit/grand** to be cut on the small/large side

**b** *(= couper)* ~ **dans la chair** *ou* **dans le vif** to cut into the flesh ◆ ~ **dans les dépenses** to make cuts in expenditure

VPR **se tailler** **a** *(= se couper)* **se ~ la moustache** to trim one's moustache ◆ **elle s'est taillé une robe dans un coupon de taffetas** she made a dress for herself from a remnant of taffeta

**b** *(= se faire)* **se ~ une belle part de marché** to carve o.s. *ou* corner a large share of the market ◆ **il s'est taillé une réputation d'honnêteté/de manager** he has earned a reputation for honesty/as a manager ◆ **se ~ un beau** *ou* **franc succès** to be a great success ◆ **se ~ la part du lion** to take the lion's share ◆ **se ~ un empire/une place** to carve out an empire/a place for o.s.

**c** *(* = partir)* to beat it*, to clear off*, to split* ◆ **taille-toi !** beat it!*, clear off!* ◆ **allez, on se taille !** come on, let's split!* ◆ **il est onze heures, je me taille** it's eleven o'clock, I'm off* ◆ **j'ai envie de me ~ de cette boîte** I want to get out of this place

**tailleur** /tɑjœʀ/ NM **a** *(= couturier)* tailor ◆ ~ **pour dames** ladies' tailor **b** *(= costume)* (lady's) suit ◆ **~-pantalon** trouser suit *(Brit)*, pantsuit *(surtout US)* ◆ **un ~ Chanel** a Chanel suit **c** *(loc)*

◆ **en tailleur** *[assis, s'asseoir]* cross-legged

COMP ▷ **tailleur de diamants** diamond-cutter ▷ **tailleur à façon** bespoke tailor *(Brit)*, custom tailor *(US)* ▷ **tailleur de pierre(s)** stone-cutter ▷ **tailleur de verre** glass engraver ▷ **tailleur de vignes** vine pruner

**taillis** /tɑji/ NM copse, coppice, thicket ◆ **dans les** ~ in the copse *ou* coppice *ou* thicket

**tain** /tɛ̃/ NM **a** *[de miroir]* silvering ◆ **glace sans** ~ two-way mirror **b** *(Tech = bain)* tin bath

**T'ai-pei** /tajpɛ/ N Taipei, T'ai-pei

**taire** /tɛʀ/ ► conjug 54 ◄ VPR **se taire** **a** *(= être silencieux) [personne]* to be silent *ou* quiet; *(littér) [nature, forêt]* to be silent, to be still; *[vent]* to be still; *[bruit]* to disappear ◆ **les élèves se taisaient** the pupils kept *ou* were quiet *ou* silent ◆ **taisez-vous !** be quiet!; *(plus fort)* shut up! ◆ **ils ne voulaient pas se** ~ they wouldn't stop talking ◆ **les dîneurs se sont tus** the diners stopped talking, the diners fell silent ◆ **l'orchestre s'était tu** the orchestra had fallen silent *ou* was silent

**b** *(= s'abstenir de s'exprimer)* to keep quiet, to remain silent ◆ **dans ces cas il vaut mieux se** ~ in these cases it's best to keep quiet *ou* to remain silent *ou* to say nothing ◆ **il sait**

**se ~** he can keep a secret ◆ **se ~ sur qch** to say nothing *ou* keep quiet about sth ◆ **tais-toi !** * *(= ne m'en parle pas)* don't talk to me about it!

**VT** a *(= passer sous silence) [+ fait, vérité, raisons]* to keep silent about ◆ **une personne dont je tairai le nom** a person who shall be *ou* remain nameless ◆ **~ la vérité, c'est déjà mentir** not telling the truth is as good as lying ◆ **il a préféré ~ le reste de l'histoire** he preferred not to reveal the rest of the story

b *(= garder pour soi) [+ douleur, amertume]* to conceal, to keep to o.s. ◆ **~ son chagrin** to hide one's grief

**VI** ◆ **faire ~** *[+ témoin gênant, opposition, récriminations]* to silence; *[+ craintes, désirs]* to suppress; *[+ scrupules, réticences]* to overcome ◆ **fais ~ les enfants** make the children keep *ou* be quiet, make the children shut up *

**taiseux, -euse** /tɛzø, øz/ *(Belg, Can)* **ADJ** taciturn **NM,F** taciturn person

**Taiwan, Taïwan** /tajwan/ **N** Taiwan

**taiwanais, e, taïwanais, e** /tajwanɛ, ɛz/ **ADJ** Taiwanese **NM,F** **Taiwanais(e), Taïwanais(e)** Taiwanese

**tajine** /taʒin/ **NM** *(= récipient)* earthenware cooking pot; *(= plat cuisiné) North African stew*

**talc** /talk/ **NM** *[de toilette]* talc, talcum powder; *(Chim)* talc(um)

**talé, e** /tale/ (ptp de **taler**) **ADJ** *[fruits]* bruised

**talent¹** /talɑ̃/ **NM** a *(= disposition, aptitude)* talent ◆ **il a des ~s dans tous les domaines** he's multitalented ◆ **un ~ littéraire** a literary talent ◆ **il n'a pas le métier d'un professionnel mais un beau ~ d'amateur** he's not a professional but he's a talented amateur ◆ **montrez-nous vos ~s** * *(hum)* show us what you can do ◆ **décidément, vous avez tous les ~s !** what a talented young man (*ou* woman *etc*) you are! ◆ **ses ~s d'imitateur/d'organisateur** his talents *ou* gifts as an impersonator/as an organizer

b ◆ **le ~** talent ◆ **avoir du ~** to have talent, to be talented ◆ **avoir beaucoup de ~** to have a great deal of talent, to be highly talented ◆ **auteur de (grand) ~** (highly) talented author

c *(= personnes douées)* **~s** talent *(NonC)* ◆ **encourager les jeunes ~s** to encourage young talent ◆ **faire appel aux ~s disponibles** to call on (all) the available talent

d *(iro)* **il a le ~ de se faire des ennemis** he has a talent *ou* gift for making enemies

**talent²** /talɑ̃/ **NM** *(= monnaie)* talent

**talentueusement** /talɑ̃tɥøzmɑ̃/ **ADV** with talent

**talentueux, -euse** /talɑ̃tɥø, øz/ **ADJ** talented

**taler** /tale/ ▸ conjug 1 ◂ **VT** *[+ fruits]* to bruise

**taleth** /talɛt/ **NM** ⇒ **talith**

**taliban** /talibɑ̃/ **ADJ** Taliban **NM** **Taliban** Taliban ◆ **les ~** the Taliban

**talion** /taljɔ̃/ **NM** → **loi**

**talisman** /talismɑ̃/ **NM** talisman

**talismanique** /talismanik/ **ADJ** talismanic

**talith** /talit/ **NM** tallith

**talkie-walkie** (pl **talkies-walkies**) /tokiwoki/ **NM** walkie-talkie

**talle** /tal/ **NF** *(Agr)* sucker

**taller** /tale/ ▸ conjug 1 ◂ **VI** *(Agr)* to sucker, to put out suckers

**Tallin** /talin/ **N** Tallin(n)

**Talmud** /talmyd/ **NM** ◆ **le ~** the Talmud

**talmudique** /talmydik/ **ADJ** Talmudic

**talmudiste** /talmydist/ **NMF** Talmudist

**taloche** /talɔʃ/ **NF** a (* = *gifle*) cuff, clout * *(Brit)* ◆ **flanquer une ~ à qn** to slap sb b *(Constr)* float

**talocher** /talɔʃe/ ▸ conjug 1 ◂ **VT** a (* = *gifler*) to cuff, to clout * *(Brit)* b *(Constr)* to float

**talon** /talɔ̃/ **NM** a *(Anat) [de cheval, chaussure]* heel ◆ **être sur les ~s de qn** to be hot on sb's heels ◆ **tourner les ~s** to turn on one's heel (and walk away); → **estomac, pivoter** b *(= croûton, bout) [de jambon, fromage]* heel; *[de pain]* crust, heel c *[de pipe]* spur d *[de chèque]* stub, counterfoil; *[de carnet à souche]* stub e *(Cartes)* talon f *(Mus) [d'archet]* heel g *[de ski]* tail **COMP** ▷ **talon d'Achille** Achilles' heel ▷ **talons aiguilles** stiletto heels ▷ **talons bottier** medium heels ▷ **talons compensés** wedge heels ▷ **talons hauts** high heels ◆ **des chaussures à ~s hauts** high-heeled shoes, high heels ▷ **talon-minute** heel bar ▷ **talons plats** flat heels ◆ **chaussures à ~s plats** flat shoes, flatties * *(Brit)*, flats * *(US)* ▷ **talon rouge** *(Hist)* aristocrat

**talonnade** /talɔnad/ **NF** *(Rugby)* heel; *(Ftbl)* back-heel

**talonnage** /talɔnaʒ/ **NM** heeling

**talonner** /talɔne/ ▸ conjug 1 ◂ **VT** a *(= suivre) [+ fugitifs, coureurs]* to follow (hot) on the heels of ◆ **talonné par qn** hotly pursued by sb b *(= harceler) [+ débiteur, entrepreneur]* to hound; *[faim]* to gnaw at c *(= frapper du talon) [+ cheval]* to kick, to spur on ◆ **~ (le ballon)** *(Rugby)* to heel (the ball) **VI** *(Naut)* to touch *ou* scrape the bottom with the keel ◆ **le bateau talonne** the boat is touching the bottom

**talonnette** /talɔnɛt/ **NF** *[de chaussures]* heelpiece; *[de pantalon]* binding

**talonneur** /talɔnœʀ/ **NM** *(Rugby)* hooker

**talquer** /talke/ ▸ conjug 1 ◂ **VT** to put talcum powder *ou* talc on

**talqueux, -euse** /talkø, øz/ **ADJ** talcose

**talus** /taly/ **NM** a *[de route, voie ferrée]* embankment; *[de terrassement]* bank, embankment b *(Mil)* talus **COMP** ▷ **talus continental** *(Géol)* continental slope ▷ **talus de déblai** excavation slope ▷ **talus d'éboulis** *(Géol)* scree ▷ **talus de remblai** embankment slope

**talweg** /talvɛg/ **NM** ⇒ **thalweg**

**tamago(t)chi** ® /tamagɔ(t)ʃi/ **NM** tamagochi ®

**tamanoir** /tamanwaʀ/ **NM** anteater

**tamarin** /tamaʀɛ̃/ **NM** a *(= animal)* tamarin b *(= fruit)* tamarind c ⇒ **tamarinier** d ⇒ **tamaris**

**tamarinier** /tamaʀinje/ **NM** tamarind (tree)

**tamaris** /tamaʀis/, **tamarix** /tamaʀiks/ **NM** tamarisk

**tambouille** * /tɑ̃buj/ **NF** *(péj = nourriture)* grub ‡ ◆ **faire la ~** to cook the grub ‡ ◆ **ça, c'est de la bonne ~ !** that's what I call food!

**tambour** /tɑ̃buʀ/ **NM** a *(= instrument de musique)* drum; → **roulement** b *(= musicien)* drummer c *(à broder)* embroidery hoop, tambour d *(= porte) (sas)* tambour; *(à tourniquet)* revolving door(s) e *(= cylindre) [de machine à laver, treuil, roue de loterie]* drum; *[de moulinet]* spool; *[de montre]* barrel ◆ **moulinet à ~ fixe** fixed-spool reel; → **frein** f *(Archit) [de colonne, coupole]* drum g *(loc)* ~ **battant** briskly ◆ **sans ~ ni trompette** without any fuss, unobtrusively ◆ **il est parti sans ~ ni trompette** he left quietly, he slipped away unobtrusively h *(Ordin)* drum ◆ **~ magnétique** magnetic drum **COMP** ▷ **tambour de basque** tambourine ▷ **tambour d'église** tambour ▷ **tambour de frein** brake drum ▷ **tambour plat** side drum ▷ **tambour à timbre** snare drum ▷ **tambour de ville** *(Hist)* ≃ town crier

**tambourin** /tɑ̃buʀɛ̃/ **NM** *(= tambour de basque)* tambourine; *(= tambour haut et étroit)* tambourin

**tambourinage** /tɑ̃buʀinaʒ/ **NM** drumming *(NonC)*

**tambourinaire** /tɑ̃buʀinɛʀ/ **NM** *(= joueur de tambourin)* tambourin player; *(Hist) (= tambour de ville)* ≃ town crier

**tambourinement** /tɑ̃buʀinmɑ̃/ **NM** drumming *(NonC)*

**tambouriner** /tɑ̃buʀine/ ▸ conjug 1 ◂ **VI** *(avec les doigts)* to drum ◆ **~ contre** *ou* **à/sur** to drum (one's fingers) against *ou* at/on ◆ **la pluie tambourinait sur le toit** the rain was beating down *ou* drumming on the roof ◆ **~ à la porte** to hammer at the door **VT** a *(= jouer) [+ marche]* to drum *ou* beat out b († = *annoncer*) *[+ nouvelle, décret]* to cry (out) ◆ **~ une nouvelle** to shout a piece of news from the rooftops

**tambour-major** (pl **tambours-majors**) /tɑ̃buʀmaʒɔʀ/ **NM** drum major

**Tamerlan** /tamɛʀlɑ̃/ **NM** Tamburlaine, Tamerlane

**tamil** /tamil/ **ADJ, NMF** ⇒ **tamoul**

**tamis** /tami/ **NM** *(gén)* sieve; *(à sable)* riddle, sifter; *[de raquette] (= surface)* head; *(= cordage)* strings ◆ **raquette grand ~** large-headed racket ◆ **passer au ~** *[+ farine, plâtre]* to sieve, to sift; *[+ sable]* to riddle, to sift; *[+ campagne, bois]* to comb, to search; *[+ personnes]* to vet thoroughly; *[+ dossier]* to sift *ou* search through ◆ **~ moléculaire** molecular sieve

**tamisage** /tamizaʒ/ **NM** *[de farine, plâtre]* sifting, sieving; *[de sable]* riddling, sifting

**Tamise** /tamiz/ **NF** ◆ **la ~** the Thames

**tamiser** /tamize/ ▸ conjug 1 ◂ **VT** a *[+ farine, plâtre]* to sift, to sieve; *[+ sable]* to riddle, to sift ◆ **farine tamisée** sifted flour b *(= voiler) [+ lumière]* to filter ◆ **lumière tamisée** subdued lighting

**tamoul, e** /tamul/ **ADJ** Tamil **NM** *(Ling)* Tamil **NM,F** **Tamoul(e)** Tamil

**tamoxifène** /tamɔksifɛn/ **NM** tamoxifen

**tampon** /tɑ̃pɔ̃/ **NM** a *(pour boucher, gén)* stopper, plug; *(en bois)* plug; *(pour étendre un liquide, un vernis)* pad ◆ **rouler qch en ~** to roll sth (up) into a ball; → **vernir**

b *(Méd) (en coton)* wad, plug; *(pour nettoyer une plaie)* swab

c *(pour règles)* tampon

d *(pour timbrer) (= instrument)* (rubber) stamp; *(= cachet)* stamp ◆ **le ~ de la poste** the postmark ◆ **apposer** *ou* **mettre un ~ sur qch** to stamp sth, to put a stamp on sth

e *(Rail, fig = amortisseur)* buffer ◆ **servir de ~ entre deux personnes** to act as a buffer between two people

f *(Chim)* **solution ~** buffer solution

**ADJ INV** ◆ **État/zone ~** buffer state/zone ◆ **mémoire ~** *(Ordin)* buffer (memory)

**COMP** ▷ **tampon buvard** blotter ▷ **tampon encreur** inking-pad ▷ **tampon hygiénique** tampon ▷ **tampon Jex** ® Brillo pad ® ▷ **tampon à nettoyer** cleaning pad ▷ **tampon à récurer** scouring pad, scourer

> ⚠ **tampon** *se traduit par le mot anglais* **tampon** *uniquement au sens de 'tampon hygiénique'.*

**tamponnement** /tɑ̃pɔnmɑ̃/ **NM** a *(= collision)* collision, crash b *(Méd) [de plaie]* tamponade, tamponage **c** *(Tech) [de mur]* plugging

**tamponner** /tɑ̃pɔne/ ▸ conjug 1 ◂ **VT** **a** *(= essuyer) [+ plaie]* to mop up, to dab; *[+ yeux]* to dab (at); *[+ front]* to mop, to dab; *[+ surface à sécher, à vernir]* to dab **b** *(= heurter) [+ train, véhicule]* to ram (into), to crash into **c** *(avec un timbre) [+ document, lettre]* to stamp ◆ **faire ~ un reçu** to have a receipt stamped **d** *(Tech = percer) [+ mur]* to plug, to put (wall-) plugs in **VPR** **se tamponner** **a** *(= s'essuyer) [+ yeux]* to dab; *[+ front]* to mop ◆ **se ~ le visage avec un coton** to dab one's face with a piece of cotton wool **b** *(= se heurter) (accident)* to crash into each other; *(exprès)* to ram each other **c** *(loc)* **je m'en tamponne (le coquillard)** ‡ I don't give a damn ‡

**tamponneuse** /tɑ̃pɔnøz/ **ADJ F** → **auto**

**tamponnoir** /tɑ̃pɔnwaʀ/ **NM** masonry drill bit

**tam-tam** (pl **tam-tams**) /tamtam/ **NM** **a** *(= tambour)* tomtom **b** *(* = battage, tapage)* fuss ◆ **faire du ~ autour de** *[+ affaire, événement]* to make a lot of fuss *ou* a great ballyhoo * *ou* hullaballoo * about

**tan** /tɑ̃/ **NM** tan *(for tanning)*

**tancer** /tɑ̃se/ ▸ conjug 3 ◂ **VT** *(littér)* to scold, to berate, to rebuke

**tanche** /tɑ̃ʃ/ **NF** tench

**tandem** /tɑ̃dɛm/ **NM** *(= bicyclette)* tandem; *(= duo)* pair, duo ◆ **travailler en ~** to work in tandem

**tandis** /tɑ̃di/ **tandis que** **LOC CONJ** *(simultanéité)* while, whilst *(frm)*, as; *(pour marquer le contraste, l'opposition)* whereas, while, whilst *(frm)*

**tandoori, tandouri** /tɑ̃duʀi/ **NM** tandoori ◆ **poulet ~** tandoori chicken

**tangage** /tɑ̃gaʒ/ **NM** *[de navire, avion]* pitching ◆ **il y a du ~** *(Naut)* the boat's pitching

**Tanganyika** /tɑ̃ganika/ **NF** Tanganyika ◆ **le lac ~** Lake Tanganyika

**tangence** /tɑ̃ʒɑ̃s/ **NF** tangency

**tangent, e** /tɑ̃ʒɑ̃, ɑ̃t/ **ADJ** **a** *(Géom)* tangent, tangential ◆ **~ à** tangent *ou* tangential to **b** *(* = juste)* close, touch and go *(attrib)* ◆ **il a eu son examen mais c'était ~** he passed his exam but it was a close(-run) thing *ou* it was touch and go ◆ **le candidat était ~** the candidate was a borderline case **NF** **tangente** **a** *(Géom)* tangent **b** *(fig)* **prendre la ~e** * *(= partir)* to make off *, to make o.s. scarce; *(= éluder)* to dodge the issue, to wriggle out of it

**tangentiel, -ielle** /tɑ̃ʒɑ̃sjɛl/ **ADJ** tangential

**tangentiellement** /tɑ̃ʒɑ̃sjɛlmɑ̃/ **ADV** tangentially

**Tanger** /tɑ̃ʒe/ **N** Tangier(s)

**tangerine** /tɑ̃ʒ(ə)ʀin/ **NF** tangerine

**tangible** /tɑ̃ʒibl/ **ADJ** tangible

**tangiblement** /tɑ̃ʒibləmɑ̃/ **ADV** tangibly

**tango** /tɑ̃go/ **NM** **a** *(= danse)* tango ◆ **danser le ~** to tango, to do the tango **b** *(= boisson)* beer with grenadine **c** *(= couleur)* tangerine **ADJ INV** tangerine

**tanguer** /tɑ̃ge/ ▸ conjug 1 ◂ **VI** **a** *[navire, avion]* to pitch ◆ **l'embarcation tanguait dangereusement** the boat pitched dangerously **b** *(= vaciller)* to reel ◆ **tout tanguait autour de lui** *(gén)* everything around him was reeling; *(dans une pièce)* the room was spinning **c** *(= tituber)* to reel, to sway ◆ **des marins ivres tanguaient dans la rue** drunken sailors were reeling *ou* swaying along the street

**tanière** /tanjɛʀ/ **NF** *[d'animal]* den, lair; *[de malfaiteur]* lair; *[de poète, solitaire] (= pièce)* den; *(= maison)* hideaway, retreat

**tanin** /tanɛ̃/ **NM** tannin

**tank** /tɑ̃k/ **NM** tank

**tanker** /tɑ̃kœʀ/ **NM** tanker

**tankiste** /tɑ̃kist/ **NM** member of a tank crew

**tannage** /tanaʒ/ **NM** tanning

**tannant, e** /tanɑ̃, ɑ̃t/ **ADJ** **a** *(* = ennuyeux) [livre, travail]* boring ◆ **qu'est-ce que tu es ~ avec tes questions !** you're really getting on my nerves with all your questions! **b** *(Tech)* tanning

**tannée** * /tane/ **NF** **a** *(* = coups, défaite)* hammering * ◆ **(se) prendre une ~** to get hammered * **b** *(Tech)* (spent) tanbark

**tanner** /tane/ ▸ conjug 1 ◂ **VT** **a** *[+ cuir]* to tan; *[+ visage]* to weather ◆ **visage tanné** weather-beaten face ◆ **~ le cuir à qn** ‡ to give sb a hammering *, to tan sb's hide * **b** * **~ qn** *(= harceler)* to badger sb, to pester sb; *(= ennuyer)* to drive sb mad *, to drive sb up the wall * ◆ **ça fait des semaines qu'il me tanne pour aller voir ce film** he's been badgering *ou* pestering me for weeks to go and see that film

**tannerie** /tanʀi/ **NF** *(= endroit)* tannery; *(= activité)* tanning

**tanneur** /tanœʀ/ **NM** tanner

**tannin** /tanɛ̃/ **NM** ⇒ **tanin**

**tannique** /tanik/ **ADJ** *[acide, vin]* tannic

## tant /tɑ̃/

ADVERBE

Lorsque **tant** s'emploie dans des locutions figées commençant par un autre mot, telles que **si tant est que, tous tant qu'ils sont**, cherchez au premier mot.

**a** = tellement

◆ **tant** + *verbe* so much ◆ **il mange ~ !** he eats so much! *ou* such a lot! ◆ **il l'aime ~ !** he loves her so much! ◆ **j'ai ~ marché que je suis épuisé** I've walked so much that I'm exhausted ◆ **tu m'en diras** *ou* **vous m'en direz ~ !** really! ◆ **~ va la cruche à l'eau qu'à la fin elle se casse** *(Prov)* people who play with fire must expect to get burnt

◆ **tant** + *adjectif, participe* so ◆ **il est rentré ~ le ciel était menaçant** he went home because the sky looked so overcast, the sky looked so overcast that he went home ◆ **cet enfant ~ désiré** this child they had longed for so much ◆ **le jour ~ attendu arriva** the long-awaited day arrived

◆ **tant de** + *nom ou pronom singulier [+ temps, eau, argent]* so much; *[+ gentillesse, mauvaise foi]* such, so much ◆ **fait avec ~ d'habileté** done with so much *ou* such skill ◆ **elle a ~ de sensibilité** she's so sensitive, she has such sensitivity ◆ **il a ~ de mal** *ou* **de peine à se décider** he has so much *ou* such trouble making up his mind ◆ **il gagne ~ et ~ d'argent qu'il ne sait pas quoi en faire** he earns so much money *ou* such a lot (of money) that he doesn't know what to do with it all ◆ **il y avait ~ de brouillard qu'il n'est pas parti** it was so foggy *ou* there was so much fog about that he didn't go

◆ **tant de** + *nom ou pronom pluriel [+ choses, livres, arbres, gens]* so many ◆ **~ de fois** so many times, so often ◆ **comme ~ d'autres** like so many others ◆ **~ de précautions semblaient suspectes** it seemed suspicious to take so many precautions ◆ **des gens comme il y en a ~** ordinary people ◆ **c'est une histoire comme il y en a ~** it's a familiar story

◆ **tant il est vrai que ...** since ..., as ... ◆ **le dialogue sera difficile, ~ il est vrai que les attentats ont altéré les relations entre les deux pays** dialogue will not be easy, as *ou* since the bombings have damaged the relationship between the two countries ◆ **il sera difficile de sauver l'entreprise, ~ il est vrai que sa situation financière est désastreuse** the financial situation is so disastrous that it will be difficult to save the company

**b** quantité non précisée so much ◆ **gagner ~ par mois** to earn so much a month, to earn such-and-such an amount a month ◆ **ça coûte ~** it costs so much ◆ **il devrait donner ~ à l'un, ~ à l'autre** he should give so much to one, so much to the other ◆ **~ pour cent** so many per cent

**c** comparaison = autant **les enfants, ~ filles que garçons** the children, both girls and boys *ou* girls as well as boys *ou* (both) girls and boys alike ◆ **ses œuvres ~ politiques que lyriques** both his political and his poetic works ◆ **il criait ~ qu'il pouvait** he shouted as loud as he could *ou* for all he was worth ◆ **je n'aime rien ~ que l'odeur des sous-bois** *(littér)* there is nothing I love more than woodland smells ◆ **ce n'est pas ~ leur maison qui me plaît que leur jardin** it's not so much their house that I like as their garden ◆ **~ que ça ?** that much?, as much as that? ◆ **pas ~ que ça** not that much ◆ **tu la paies ~ que ça ?** do you pay her that much? *ou* as much as that? ◆ **je ne l'ai pas vu ~ que ça pendant l'été** I didn't see him (all) that much during the summer

**d** locutions

◆ **tant bien que mal** ◆ **ils essaient ~ bien que mal de conserver leur emploi** they're doing their best to keep their jobs ◆ **ils résistent ~ bien que mal à l'influence de la publicité** they resist the influence of advertising as best they can ◆ **il essaie, ~ bien que mal, d'égayer l'atmosphère** he's doing his best to liven things up ◆ **la centrale nucléaire continue de fonctionner ~ bien que mal** the nuclear power station is still more or less operational ◆ **la plupart survivent ~ bien que mal avec leurs économies** most of them manage to get by on what they've saved

◆ **tant et plus** ◆ **il y en a ~ et plus** *[eau, argent]* there is a great deal; *[objets, personnes]* there are a great many ◆ **il a protesté ~ et plus, mais sans résultat** he protested for all he was worth *ou* over and over again but to no avail

◆ **tant et si bien que** so much so that, to such an extent that ◆ **il a fait ~ et si bien qu'elle l'a quitté** he finally succeeded in making her leave him

◆ **tant mieux** *(= à la bonne heure)* good; *(avec une certaine réserve)* so much the better, that's fine ◆ **~ mieux pour lui** good for him

◆ **tant pis** *(= ça ne fait rien)* never mind, (that's) too bad; *(= peu importe, qu'à cela ne tienne)* (that's just) too bad ◆ **~ pis pour lui** (that's just) too bad for him ◆ **je ne peux pas venir – ~ pis pour toi !** I can't come — tough!

◆ **tant qu'à** + *infinitif* ◆ **~ qu'à faire, allons-y maintenant** we might *ou* may as well go now ◆ **~ qu'à faire, tu aurais pu ranger la vaisselle** you could have put away the dishes while you were at it ◆ **j'aurais préféré être mince, beau et riche, ~ qu'à faire** I would have preferred to have been slim, handsome and rich for that matter ◆ **~ qu'à faire, je préfère payer tout de suite** (since I have to pay) I might *ou* may as well pay right away ◆ **~ qu'à faire, faites-le bien** if you're going to do it, do it properly ◆ **~ qu'à marcher, allons en forêt** if we have to walk *ou* if we are walking, let's go to the woods

♦ **tant s'en faut** not by a long way, far from it, not by a long shot *ou* chalk *(Brit)* ◆ **il n'a pas la gentillesse de son frère, ~ s'en faut** he's not nearly as *ou* he's nothing like as nice as his brother, he's not as nice as his brother — not by a long way *ou* shot

♦ **tant soit peu** ◆ **s'il est ~ soit peu intelligent il saura s'en tirer** if he is (even) remotely intelligent *ou* if he has the slightest grain of intelligence he'll be able to get out of it ◆ **si vous craignez ~ soit peu le froid, restez chez vous** if you feel the cold at all *ou* the slightest bit, stay at home ◆ **il est un ~ soit peu prétentieux** he's ever so slightly *ou* he's just a little bit pretentious

♦ **tant que** *(= aussi longtemps que)* as long as ◆ **~ qu'elle aura de la fièvre, elle restera au lit** while *ou* as long as she has a temperature she'll stay in bed ◆ **~ que tu n'auras pas fini tes devoirs, tu resteras à la maison** you'll have to stay indoors until you've finished your homework ◆ **(tout va bien) ~ qu'on a la santé !** * (you're all right) as long as you've got your health! ◆ **~ qu'il y a de la vie, il y a de l'espoir** *(Prov)* where there's life, there's hope *(Prov)*
*(= pendant que)* while ◆ **~ que vous y êtes, achetez les deux volumes** while you are about it *ou* at it, buy both volumes ◆ **~ que vous êtes ici, donnez-moi un coup de main** * seeing (as) *ou* since you're here, give me a hand ◆ **je veux une moto – pourquoi pas une voiture ~ que tu y es !** * I want a motorbike — why not a car while you're at it! *

♦ **en tant que** *(= comme)* as ◆ **en ~ qu'ami de la famille** as a family friend ◆ **en ~ que tel** as such

**tantale** /tɑ̃tal/ NM a *(Myth)* **Tantale** Tantalus; → **supplice** b *(Chim)* tantalum

**tante** /tɑ̃t/ NF *(= parente)* aunt, auntie *; *(⁑ = homosexuel)* queer ⁑ ◆ **la ~ Marie** Aunt *ou* Auntie * Marie ◆ **je l'ai mis chez ma ~** † * *(= au mont-de-piété)* I pawned it

**tantième** /tɑ̃tjɛm/ NM *(= pourcentage)* percentage; *(d'une copropriété)* percentage share; *(= jeton de présence)* director's percentage of profits ADJ ◆ **la ~ partie de qch** such (and such) a proportion of sth

**tantine** /tɑ̃tin/ NF *(langage enfantin)* auntie *

**tantinet** * /tɑ̃tinɛ/ NM ◆ **un ~ fatigant/ridicule** a tiny bit tiring/ridiculous ◆ **un ~ de** a tiny bit of

**tantôt** /tɑ̃to/ ADV a *(= cet après-midi)* this afternoon; *(†† = tout à l'heure)* shortly ◆ **mardi ~** † * on Tuesday afternoon b *(= parfois)* **~ à pied, ~ en voiture** sometimes on foot, sometimes by car ◆ **~ riant, ~ pleurant** *(littér)* now laughing, now crying

**tantouse** ⁑, **tantouze** ⁑ /tɑ̃tuz/ NF *(= homosexuel)* queer ⁑

**tantrique** /tɑ̃tʀik/ ADJ Tantric

**tantrisme** /tɑ̃tʀism/ NM Tantrism

**Tanzanie** /tɑ̃zani/ NF Tanzania ◆ **la République unie de ~** the United Republic of Tanzania

**tanzanien, -ienne** /tɑ̃zanjɛ̃, jɛn/ ADJ Tanzanian NM,F **Tanzanien(ne)** Tanzanian

**TAO** /teao/ NF (abrév de **traduction assistée par ordinateur**) machine-aided translation

**Tao** /tao/ NM Tao

**taoïsme** /taoism/ NM Taoism

**taoïste** /taoist/ ADJ, NMF Taoist

**taon** /tɑ̃/ NM horsefly, gadfly

**tapage** /tapaʒ/ NM a *(= vacarme)* row, racket ◆ **faire du ~** to kick up * *ou* make a row, to make a racket b *(= battage)* fuss, talk ◆ **ils ont fait un tel ~ autour de cette affaire que ...** there was so much fuss made about *ou* so much talk over this affair that ... COMP ▷ **tapage nocturne** *(Jur)* disturbance of the peace *(at night)* ◆ **porter plainte pour ~ nocturne** to make a complaint about the noise at night

**tapageur, -euse** /tapaʒœʀ, øz/ ADJ a *(= bruyant)* *[enfant, hôtes]* noisy, rowdy b *(= peu discret, voyant)* *[élégance, toilette]* flashy, showy; *[luxe]* ostentatious ◆ **liaison tapageuse** *(= qui fait scandale)* scandalous affair ◆ **publicité tapageuse** excessive hype *

**tapant, e** /tapɑ̃, ɑ̃t/ ADJ ◆ **à 8 heures ~(es)** at 8 (o'clock) sharp, on the stroke of 8, at 8 o'clock on the dot *

**tapas** /tapas/ NFPL tapas

**tape** /tap/ NF *(= coup)* slap ◆ **il m'a donné une grande ~ dans le dos** he slapped me hard on the back ◆ **petite ~ amicale** friendly little tap

**tapé, e**[1] /tape/ (ptp de **taper**) ADJ a *[fruit]* *(= talé)* bruised; * *[personne]* *(= marqué par l'âge)* wizened b *(* = fou)* cracked *, bonkers ⁑ *(Brit)*

**tape-à-l'œil** /tapalœj/ *(péj)* ADJ INV *[décoration, vêtements]* flashy, showy NM INV ◆ **c'est du ~** it's all show

**tapecul, tape-cul** (pl **tape-culs**) /tapky/ NM *(= voile)* jigger; *(* = balançoire)* see-saw; *(* = voiture)* rattletrap *, bone-shaker * *(Brit)*; *(* = trot assis)* close trot ◆ **faire du ~** to trot close

**tapée**[2] ⁑ /tape/ NF ◆ **une ~ de, des ~s de** loads of *, masses of *

**tapement** /tapmɑ̃/ NM banging *(NonC)*, banging noise

**tapenade** /tap(ə)nad/ NF tapenade *(savoury spread made with pureed olives)*

**taper** /tape/ ▸ conjug 1 ◂ VT a *(= battre)* *[+ tapis]* to beat; * *[+ enfant]* to slap, to smack; *(= claquer)* *[+ porte]* to bang, to slam ◆ **~ le carton** * to have a game of cards
b *(= frapper)* **~ un coup/deux coups à la porte** to knock once/twice at the door, to give a knock/two knocks at the door ◆ **~ un air sur le piano** *(péj)* to bang *ou* thump out a tune on the piano
c *(à la machine, sur un ordinateur)* to type (out) ◆ **apprendre à ~ à la machine** to learn (how) to type ◆ **elle tape bien** she types well, she's a good typist ◆ **elle tape 60 mots à la minute** her typing speed is 60 words a minute ◆ **tapé à la machine** typed, typewritten ◆ **lettre tapée sur ordinateur** letter done on computer ◆ **tapez 36 15, code ...** *(sur Minitel)* type in 36 15, code ... ◆ **tape sur la touche "Retour"** hit *ou* press "Return"
d *(* = demander de l'argent)* **il tape tous ses collègues** he scrounges * *ou* cadges *(Brit)* off all his colleagues ◆ **~ qn de 50 €** to scrounge * *ou* cadge *(Brit)* €50 off sb
VI a *(= frapper)* **~ sur un clou** to hit a nail ◆ **~ sur la table** to bang *ou* rap on the table ◆ **~ sur un piano** *(péj)* to bang *ou* thump away on a piano ◆ **~ sur qn** * to thump sb ◆ **~ sur la gueule de qn** ⁑ to belt sb ⁑ ◆ **~ sur le ventre de** *ou* **à qn** * *(fig)* to be overfamiliar with sb ◆ **~ à la porte/au mur** to knock on the door/on the wall ◆ **il tapait comme un sourd** he was thumping away for all he was worth ◆ **il tape (dur), le salaud** ⁑ the bastard's got one hell of a punch ⁑ ◆ **~ dans un ballon** to kick a ball about *ou* around
b *(* = dire du mal de)* **~ sur qn** to run sb down *, to have a go at sb * (behind their back)
c *(* = entamer)* **~ dans** *[+ provisions, caisse]* to dig into *
d *(= être fort, intense)* *[soleil]* to beat down; * *[vin]* to go to one's head ◆ **ça tape fort aujourd'hui !** * the sun's beating down today, it's scorching hot today
e *(⁑ = sentir mauvais)* to stink *, to pong ⁑ *(Brit)*
f *(loc)* **~ des pieds** to stamp one's feet ◆ **~ des mains** to clap one's hands ◆ **se faire ~ sur les doigts** * *(fig)* to be rapped over the knuckles ◆ **il a tapé à côté** * he was wide of the mark ◆ **~ sur les nerfs** *ou* **le système de qn** * to get on sb's nerves * *ou* wick * *(Brit)* ◆ **~ dans l'œil de qn** * to take sb's fancy * ◆ **elle lui a tapé dans l'œil** * he took a fancy to her, she took his fancy ◆ **~ dans le tas** * *(bagarre)* to pitch into the crowd; *(repas)* to tuck in *, to dig in *; → **mille**[1]
VPR **se taper** a *(⁑ = prendre)* *[+ repas]* to put away *; *[+ corvée]* to get landed with *; *[+ importun]* to get landed * *ou* lumbered * *(Brit)* with ◆ **je me taperais bien un petit cognac** I could murder a brandy *, I'd love a brandy ◆ **on s'est tapé les 10 km à pied** we did the whole 10 km on foot ◆ **se ~ qn** *(sexuellement)* to have it off with sb ⁑
b *(loc)* **se ~ sur les cuisses de contentement** * to slap one's thighs with satisfaction ◆ **il y a de quoi se ~ le derrière** * *ou* **le cul** ⁑ **par terre** it's damned * *ou* bloody ⁑ *(Brit)* ridiculous ◆ **c'est à se ~ la tête contre les murs** it's enough to drive you up the wall * ◆ **se ~ la cloche** * to feed one's face ⁑, to have a blow-out * *(Brit)* *ou* nosh-up * *(Brit)* ◆ **il peut toujours se ~** ⁑ he knows what he can do ⁑ ◆ **se ~ sur le ventre** * to be buddies * *ou* pals * ◆ **il s'en tape complètement** * he couldn't give a damn ⁑

**tapette** /tapɛt/ NF a *(= petite tape)* little tap b *(pour tapis)* carpet beater; *(pour mouches)* flyswatter c *(pour souris)* mousetrap d *(† *)* **il a une bonne ~** *ou* **une de ces ~s** *(= langue)* he's a real chatterbox * e *(⁑ = homosexuel)* poof ⁑ *(Brit)*, fag ⁑ *(US)*

**tapeur, -euse** * /tapœʀ, øz/ NM,F *(= emprunteur)* cadger *

**tapin** ⁑ /tapɛ̃/ NM ◆ **le ~** *(= prostitution)* prostitution ◆ **faire le ~** to be on the game ⁑ *(Brit)*, to hustle * *(US)*

**tapiner** ⁑ /tapine/ ▸ conjug 1 ◂ VI to be on the game ⁑ *(Brit)*, to hustle * *(US)*

**tapineuse** ⁑ /tapinøz/ NF streetwalker, hustler * *(US)*

**tapinois** /tapinwa/ NM ◆ **en ~** *[s'approcher]* stealthily, furtively; *[agir]* on the sly

**tapioca** /tapjɔka/ NM tapioca

**tapir** /tapiʀ/ NM *(= animal)* tapir

**tapir (se)** /tapiʀ/ ▸ conjug 2 ◂ VPR *(= se blottir)* to crouch; *(= se cacher)* to hide away; *(= s'embusquer)* to lurk ◆ **une maison tapie au fond de la vallée** a house nestling in the bottom of the valley

**tapis** /tapi/ NM a *[de sol]* *(gén)* carpet; *(petit)* rug; *(= natte)* mat; *(dans un gymnase)* mat ◆ **~ mécanique** machine-woven carpet ◆ **exercices au ~** *(Gym)* floor exercises; → **marchand**
b *[de meuble]* cloth; *[de table de jeu]* baize *(NonC)*, cloth, covering ◆ **le ~ vert des tables de conférence** the green baize *ou* covering of conference tables ◆ **le ~ brûle** *(Casino)* place your stakes
c *(= étendue)* carpet ◆ **~ de verdure/neige** carpet of greenery/snow
d *(loc)* **aller au ~** to go down for the count ◆ **envoyer qn au ~** *(lit, fig)* to floor sb ◆ **mettre une entreprise au ~** to sink a company ◆ **mettre** *ou* **porter sur le ~** *[+ affaire, question]* to lay on the table, to bring up for discussion ◆ **être/revenir sur le ~** to come up/come back up for discussion

COMP ▷ **tapis à bagages** *(dans un aéroport)* carousel ▷ **tapis de bain** bath mat ▷ **tapis de billard** baize *(NonC)* ▷ **tapis de bombes** carpet of bombs ▷ **tapis de chœur** altar carpet ▷ **tapis de couloir** runner ▷ **tapis de haute laine** long-pile carpet ▷ **tapis d'Orient** oriental carpet ▷ **tapis persan** Persian carpet ▷ **tapis de prière** prayer mat ▷ **tapis ras** short-pile carpet ▷ **tapis rouge** red carpet ◆ **dérouler le ~ rouge** to roll out the red carpet ▷ **tapis roulant** *(pour colis, marchandises)* conveyor belt; *(pour piétons)* moving walkway, travelator; *(pour bagages)* carousel ▷ **tapis de selle** saddlecloth ▷ **tapis de sol** *(Camping)* groundsheet; *(Gym)* (exercise) mat ▷ **tapis de souris** *(Ordin)* mouse mat ▷ **tapis de table** table cover ▷ **tapis végétal** ground cover ▷ **tapis volant** magic *ou* flying carpet

**tapis-brosse** (pl **tapis-brosses**) /tapibʀɔs/ NM doormat

**tapissé, e** /tapise/ (ptp de **tapisser**) ADJ ◆ **~ de neige** *[sol]* carpeted with snow; *[sommet]* snow-clad, covered in snow ◆ **mur ~ de photos/d'affiches** wall covered *ou* plastered with photos/with posters ◆ **murs ~s de livres** walls lined with books ◆ **~ de lierre/de mousse** ivy-/moss-clad ◆ **carrosse ~ de velours** carriage with velvet upholstery

**tapisser** /tapise/ ▸ conjug 1 ◂ VT **a** *[personne] (de papier peint)* to (wall)paper; *(Culin) [+ plat, moule]* to line ◆ **~ un mur/une pièce de tentures** to hang a wall/a room with drapes, to cover a wall/a room with hangings ◆ **~ un mur d'affiches/de photos** to plaster *ou* cover a wall with posters/with photos **b** *[tenture, papier]* to cover, to line; *[mousse, neige, lierre]* to carpet, to cover; *(Anat, Bot) [membranes, tissus]* to line ◆ **le lierre tapissait le mur** the wall was covered with ivy

**tapisserie** /tapisʀi/ NF **a** *(= tenture)* tapestry; *(= papier peint)* wallpaper; *(= activité)* tapestry-making ◆ **faire ~** *[subalterne]* to stand on the sidelines; *[danseur]* to be a wallflower, to sit out ◆ **j'ai dû faire ~ pendant que ma femme dansait** I had to sit out while my wife was dancing **b** *(= broderie)* tapestry; *(= activité)* tapestrywork ◆ **faire de la ~** to do tapestry work ◆ **fauteuil recouvert de ~** tapestried armchair ◆ **pantoufles en ~** embroidered slippers ◆ **les ~s d'Aubusson/des Gobelins** the Aubusson/Gobelins tapestries; → **point²**

**tapissier, -ière** /tapisje, jɛʀ/ NM,F *(= fabricant)* tapestry-maker; *(= commerçant)* upholsterer ◆ **~-décorateur** interior decorator

**tapon** † /tapɔ̃/ NM ◆ **en ~** in a ball ◆ **mettre en ~** to roll (up) into a ball

**tapotement** /tapɔtmɑ̃/ NM *(sur la table)* tapping *(NonC)*; *(sur le piano)* plonking *(NonC)*

**tapoter** /tapɔte/ ▸ conjug 1 ◂ VT *[+ joue]* to pat; *[+ baromètre]* to tap ◆ **~ sa cigarette pour faire tomber la cendre** to flick (the ash off) one's cigarette VI ◆ **~ sur** *ou* **contre** to tap on; *(nerveusement)* to drum one's fingers on ◆ **~ sur un clavier d'ordinateur** to tap away at a computer keyboard

**tapuscrit** /tapyskʀi/ NM typescript

**taquet** /takɛ/ NM *(= coin, cale)* wedge; *(= cheville, butée)* peg; *(pour enrouler un cordage)* cleat; *[de machine à écrire]* stop ◆ **~ de tabulation** *(Ordin)* tab stop

**taquin, e** /takɛ̃, in/ ADJ *[caractère, personne]* teasing *(épith)*; *[sourire]* mischievous, cheeky ◆ **il est très ~, c'est un ~** he's a real tease

**taquiner** /takine/ ▸ conjug 1 ◂ VT *[personne]* to tease; *[fait, douleur]* to bother, to worry ◆ **~ le goujon** *(hum)* to do a bit of fishing ◆ **~ le cochonnet** *(hum)* to have a game of petanque ◆ **~ la muse** *(hum)* to dabble in poetry, to court the Muse *(hum)* ◆ **ils n'arrêtent pas de se ~** they're always teasing each other

**taquinerie** /takinʀi/ NF teasing *(NonC)* ◆ **agacé par ses ~s** annoyed by his teasing

**tarabiscoté, e** /taʀabiskɔte/ ADJ *[meuble]* (over-)ornate, fussy; *[style]* involved, (over-)ornate, fussy; *[explication]* (overly) involved

**tarabuster** /taʀabyste/ ▸ conjug 1 ◂ VT *[personne]* to badger, to pester; *[fait, idée]* to bother, to worry ◆ **il m'a tarabusté pour que j'y aille** he badgered *ou* pestered me to go

**tarama** /taʀama/ NM taramasalata

**taratata** /taʀatata/ EXCL (stuff and) nonsense!, rubbish!

**taraud** /taʀo/ NM *(Tech)* tap

**taraudage** /taʀodaʒ/ NM *(Tech)* tapping ◆ **~ à la machine/à la main** machine-/hand-tapping

**tarauder** /taʀode/ ▸ conjug 1 ◂ VT *(Tech) [+ plaque, écrou]* to tap; *[+ vis, boulon]* to thread; *[insecte]* to bore into; *[remords, angoisse]* to pierce

**taraudeur, -euse** /taʀodœʀ, øz/ NM,F *(= ouvrier)* tapper NF **taraudeuse** *(= machine)* tapping-machine; *(à fileter)* threader

**Tarawa** /taʀawa/ N Tarawa

**tard** /taʀ/ ADV *(dans la journée, dans la saison)* late ◆ **il est ~** it's late ◆ **il se fait ~** it's getting late ◆ **se coucher/travailler ~** to go to bed/work late ◆ **travailler ~ dans la nuit** to work late (on) into the night ◆ **il vint nous voir ~ dans la matinée/journée** he came to see us late in the morning *ou* in the late morning/late in the day ◆ **c'est un peu ~ pour t'excuser** it's a bit late in the day to apologize, it's a bit late to apologize now; → **jamais, mieux, tôt**

◆ **plus tard** later (on) ◆ **remettre qch à plus ~** to put sth off till later, to postpone sth ◆ **pas plus ~ qu'hier** only yesterday ◆ **pas plus ~ que la semaine dernière** just *ou* only last week, as recently as last week

◆ **au plus tard** at the latest ◆ **il vous faut arriver jeudi au plus ~** you must come on Thursday at the latest

◆ **sur le tard** *(dans la vie)* late (on) in life, late in the day *(fig)*; *(dans la journée)* late in the day

**tarder** /taʀde/ ▸ conjug 1 ◂ VI **a** *(= différer, traîner)* to delay ◆ **~ à entreprendre qch** to put off *ou* delay starting sth ◆ **ne tardez pas (à le faire)** don't delay, do it without delay ◆ **~ en chemin** to loiter *ou* dawdle on the way ◆ **sans (plus) ~** without (further) delay *ou* ado ◆ **pourquoi tant ~ ?** why delay it *ou* put it off so long?

**b** *(= se faire attendre) [réaction, moment]* to be a long time coming; *[lettre]* to take a long time (coming), to be a long time coming ◆ **l'été tarde (à venir)** summer is a long time coming ◆ **sa réponse a trop tardé** his reply took too long

**c** *(loc nég)* **ça ne va pas ~** it won't be long (coming) ◆ **ça n'a pas tardé** it wasn't long (in) coming ◆ **leur réaction ne va pas ~** they won't take long to react ◆ **il est 2 heures : ils ne vont pas ~** it's 2 o'clock – they won't be long (now) ◆ **ils n'ont pas tardé à être endettés** before long they were in debt, it wasn't long before they were in debt ◆ **il n'a pas tardé à s'en apercevoir** it didn't take him long to notice, he noticed soon enough ◆ **ils n'ont pas tardé à réagir, leur réaction n'a pas tardé** they didn't take long to react ◆ **l'élève ne tarda pas à dépasser le maître** the pupil soon outstripped the teacher

**d** *(= sembler long)* **le temps** *ou* **le moment me tarde d'être en vacances** I can't wait to be on holiday

VB IMPERS *(littér)* ◆ **il me tarde de le revoir/que ces travaux soient finis** I am longing *ou* I can't wait to see him again/for this work to be finished

**tardif, -ive** /taʀdif, iv/ ADJ late; *[regrets, remords]* belated ◆ **rentrer à une heure tardive** to come home late at night ◆ **cette prise de conscience a été tardive** this realization was slow in coming

**tardivement** /taʀdivmɑ̃/ ADV *(= à une heure tardive) [rentrer]* late; *(= après coup, trop tard) [s'apercevoir]* belatedly

**tare** /taʀ/ NF **a** *(= contrepoids)* tare ◆ **faire la ~** to allow for the tare **b** *(= défaut) [de personne, marchandise]* defect (*de* in, of); *[de cheval]* vice; *[de société, système]* flaw (*de* in) defect (*de* of); ◆ **~ héréditaire** *(Méd)* hereditary defect ◆ **ce n'est pas une ~ !** *(hum)* it's not a sin! *ou* crime!

**taré, e** /taʀe/ ADJ **a** *[enfant, animal]* with a defect **b** *(péj)* **il faut être ~ pour faire cela** * *(= pervers)* you have to be sick to do that * ◆ **il est complètement ~, ce type !** * *(= fou)* that guy's completely crazy * *ou* out to lunch *! NM,F *(Méd)* degenerate ◆ **regardez-moi ce ~** * *(péj)* look at that cretin *

**tarentelle** /taʀɑ̃tɛl/ NF tarantella

**tarentule** /taʀɑ̃tyl/ NF tarantula

**tarer** /taʀe/ ▸ conjug 1 ◂ VT *(Comm)* to tare, to allow for the tare

**targette** /taʀʒɛt/ NF *(= verrou)* bolt

**targuer (se)** /taʀge/ ▸ conjug 1 ◂ VPR *(= se vanter)* ◆ **se ~ de qch** to boast about sth ◆ **se ~ de ce que ...** to boast that ... ◆ **se ~ d'avoir fait qch** to pride o.s. on having done sth ◆ **se targuant d'y parvenir aisément ...** boasting that he would easily manage it ...

**targui, e** /taʀgi/ ADJ Tuareg NM,F **Targui(e)** Tuareg

**tarière** /taʀjɛʀ/ NF **a** *(Tech) (pour le bois)* auger; *(pour le sol)* drill **b** *(Zool)* drill, ovipositor *(SPÉC)*

**tarif** /taʀif/ NM *(= tableau)* price list, tariff *(Brit)*; *(= prix) (gén)* rate; *(Transport)* fare ◆ **consulter/afficher le ~ des consommations** to check/put up the price list for drinks *ou* the bar tariff *(Brit)* ◆ **le ~ postal pour l'étranger/le ~ des taxis va augmenter** overseas postage rates/taxi fares are going up ◆ **payé au ~ syndical** paid according to union rates, paid the union rate ◆ **quels sont vos ~s ?** *(réparateur)* how much do you charge?; *(profession libérale)* what are your fees? ◆ **est-ce le ~ habituel ?** is this the usual *ou* going rate? ◆ **voyager à plein ~/à ~ réduit** to travel at full/at reduced fare ◆ **billet plein ~/à ~ réduit** *(Transport)* full-fare/reduced-fare ticket; *(Ciné, Théât)* full-price/reduced-price ticket ◆ **"tarifs réduits pour étudiants"** "special prices for students", "student concessions" *(Brit)* ◆ **envoyer une lettre au ~ lent** *ou* **économique** ≃ to send a letter second class, to send a letter by second-class mail *ou* post *(Brit)* ◆ **100 € d'amende/deux mois de prison, c'est le ~ !** * *(hum)* a 100-euro fine/two months' prison is what you get!

COMP ▷ **tarif de base** *(gén)* standard *ou* basic rate; *(Publicité)* open rate, transient rate *(US)* ▷ **tarif dégressif** *(gén)* tapering charges; *(Publicité)* earned rate ▷ **tarif étudiant** *(pour transports)* student fare; *(pour loisirs)* student concession ▷ **tarif extérieur commun** *(Europe)* common external tariff ▷ **tarif jeunes** *(pour transports)* youth *ou* under-26 fare ▷ **tarif de nuit** night *ou* off-peak rate

**tarifaire** /taʀifɛʀ/ ADJ *[réduction, augmentation, préférence, guerre]* tariff ◆ **conditions ~s** tariff rates ◆ **politique ~** pricing policy ◆ **harmonisation ~** harmonisation of tariffs ◆ **barrières ~s** tariff barriers

**tarifer** /taʀife/ ▸ conjug 1 ◂ VT to fix the price *ou* rate for ◆ **marchandises tarifées** fixed-price goods

**tarification** /taʀifikasjɔ̃/ NF *(= action)* setting *ou* fixing of prices *(de* for*)*; *(= prix)* prices ◆ **nouvelle ~ à compter du 23 mai** new prices as of 23 May

**tarin** /taʀɛ̃/ NM a *(* = nez)* nose, conk * *(Brit)*, snoot * *(US)* b *(= oiseau)* siskin

**tarir** /taʀiʀ/ ▸ conjug 2 ◂ VI a *[cours d'eau, puits, ressource]* to run dry, to dry up; *[larmes]* to dry (up); *[pitié, conversation, imagination]* to dry up b *[personne]* **il ne tarit pas sur ce sujet** he can't stop talking about it, he's unstoppable * on that subject ◆ **il ne tarit pas d'éloges sur elle** he never stops *ou* he can't stop singing her praises VT *(= arrêter)* to dry up ◆ **~ les larmes de qn** *(littér)* to dry sb's tears VPR **se tarir** *[source]* to run dry, to dry up; *[rentrées d'argent, imagination]* to dry up ◆ **un puits tari** a dried-up well

**tarissement** /taʀismɑ̃/ NM *[de cours d'eau, puits]* drying up; *[de gisement, ressource]* depletion; *[de commandes, débouchés, offre, demande]* drying up

**tarmac** /taʀmak/ NM *(Aviat)* tarmac

**tarot** /taʀo/ NM *(= jeu)* tarot; *(= paquet de cartes)* tarot (pack)

**Tarse** /taʀs/ NM Tarsus

**tarse** /taʀs/ NM *(Anat, Zool)* tarsus

**tarsien, -ienne** /taʀsjɛ̃, jɛn/ ADJ tarsal

**Tartan** ® /taʀtan/ NM *(= revêtement)* Tartan ®; *(= piste)* tartan track

**tartan** /taʀtɑ̃/ NM *(= tissu)* tartan

**tartane** /taʀtan/ NF *(Naut)* tartan

**tartare** /taʀtaʀ/ ADJ a *(Hist)* Tartar b *(Culin)* **sauce ~** tartar(e) sauce; → **steak** NMF *(Hist)* ◆ **Tartare** Tartar

**tarte** /taʀt/ NF a *(Culin)* tart ◆ **~ aux fruits/à la crème** fruit/cream tart ◆ **~ aux pommes** apple tart ◆ **~ Tatin** tarte Tatin, ≈ apple upside-down tart ◆ **une ~ à la crème** *(péj) (= rengaine)* a pet theme; *(= comédie)* slapstick (comedy) ◆ **c'est pas de la ~** * it's no joke *, it's no easy matter b *(* = gifle)* clout, clip round the ear ◆ **elle lui a filé une ~** she slapped him in the face ADJ INV * *(= laid) [personne]* plain-looking; *[chaussures, vêtement]* tacky *, naff * *(Brit)*; *(= bête)* stupid, daft * *(Brit)* ◆ **j'ai l'air ~ dans cette robe** I look stupid in this dress

**tartelette** /taʀtəlɛt/ NF tartlet, tart

**Tartempion** * /taʀtɑ̃pjɔ̃/ NM thingumabob *, so-and-so *, what's-his (*ou* -her)-name ◆ **un ~ quelconque** someone or other

**tartiflette** /taʀtiflɛt/ NF *dish made with potatoes, bacon and cheese*

**tartignol(l)e** * /taʀtiɲɔl/ ADJ *[personne, film]* stupid, daft * *(Brit)*; *[vêtement, chaussures]* tacky *

**tartine** /taʀtin/ NF a *(= tranche)* slice *ou* piece of bread; *(beurrée)* slice of bread and butter; *(de confiture)* slice of bread and jam ◆ **le matin, on mange des ~s** in the morning we have bread and butter ◆ **tu as déjà mangé trois ~s, ça suffit** you've already had three slices *ou* three pieces of bread, that's enough ◆ **couper des tranches de pain pour faire des ~s** to cut (slices of) bread for buttering ◆ **~ de miel** slice *ou* piece of bread and honey ◆ **~ grillée et beurrée** piece of toast and butter b *(* = texte long)* **il en a mis une ~** he wrote reams ◆ **il y a une ~ dans le journal à propos de …** there's a great spread in the paper about …

**tartiner** /taʀtine/ ▸ conjug 1 ◂ VT a *[+ pain]* to spread *(de* with*)*; *[+ beurre]* to spread ◆ **pâté de foie/fromage à ~** liver/cheese spread ◆ **pâte à ~** spread ◆ **~ du pain de beurre** to butter bread b *(fig)* **il en a tartiné plusieurs pages** * he went on about it for several pages

**tartre** /taʀtʀ/ NM *[de dents, tonneau]* tartar, scale; *[de chaudière, bouilloire]* scale, fur *(Brit)*

**tartrique** /taʀtʀik/ ADJ ◆ **acide ~** tartaric acid

**tartu(f)fe** /taʀtyf/ NM (sanctimonious) hypocrite ADJ hypocritical ◆ **il est un peu tartu(f)fe** he's something of a hypocrite

**tartu(f)ferie** /taʀtyfʀi/ NF hypocrisy

**Tarzan** /taʀzɑ̃/ NM Tarzan; *(* = homme musclé)* muscleman

**tas** /tɑ/ NM *(= amas)* heap, pile ◆ **mettre en ~** to make a pile of, to put into a heap, to heap *ou* pile up ◆ **quel gros ~ !** * *(= personne obèse)* what a fat lump! *

◆ **un** *ou* **des tas de** * *(= beaucoup de)* loads of *, heaps of *, lots of ◆ **il connaît un ~ de choses/gens** he knows loads * *ou* heaps * *ou* lots of things/people ◆ **il y avait tout un ~ de gens** there was a whole load * of people there ◆ **j'ai appris des ~ de choses sur lui** I found out a lot about him ◆ **il m'a raconté un ~ de mensonges** he told me a pack of lies ◆ **~ de crétins !** * you load *ou* bunch of idiots! *

◆ **dans le tas** * ◆ **tirer dans le ~** to fire into the crowd ◆ **foncer dans le ~** to charge in ◆ **dans le ~, on en trouvera bien un qui sache conduire** we're bound to find ONE who can drive ◆ **dans le ~, tu trouveras bien un stylo qui marche** you're bound to find ONE pen that works ◆ **j'ai acheté des cerises, tape** *ou* **pioche dans le ~** I've bought some cherries so dig in * *ou* tuck in * *ou* help yourself

◆ **sur le tas** *(= par la pratique)* ◆ **apprendre un métier sur le ~** to learn a trade on the job *ou* as one goes along ◆ **il a appris/s'est formé sur le ~** he learned/was trained on the job ◆ **formation sur le ~** on-the-job training; → **grève**

COMP ▷ **tas de boue** * *(= voiture)* heap *, wreck *, banger * *(Brit)* ▷ **tas de charge** *(Archit)* tas de charge ▷ **tas de ferraille** scrapheap ◆ **cette voiture/ce vélo, c'est un vrai ~ de ferraille !** * that car/that bike's only fit for the scrapheap ▷ **tas de fumier** dung *ou* manure heap ▷ **tas d'ordures** rubbish *(Brit) ou* garbage *(US)* heap

**Tasmanie** /tasmani/ NF Tasmania

**tasmanien, -ienne** /tasmanjɛ̃, jɛn/ ADJ Tasmanian NM,F **Tasmanien(ne)** Tasmanian

**Tasse** /tas/ NM ◆ **le ~** Tasso

**tasse** /tɑs/ NF cup ◆ **~ de porcelaine** china cup ◆ **~ à thé** teacup ◆ **~ à café** coffee cup ◆ **~ de thé** cup of tea ◆ **ce n'est pas ma ~ de thé** *(hum)* it's not my cup of tea; → **boire**

**tassé, e** /tɑse/ (ptp de **tasser**) ADJ a *(= affaissé) [façade, mur]* that has settled *ou* sunk *ou* subsided; *[vieillard]* shrunken ◆ **~ sur sa chaise** slumped on his chair b *(= serrés)* **~s** *[spectateurs, passagers]* packed (tight)

◆ **bien tassé** * *(= fort) [whisky]* stiff *(épith)*; *(= bien rempli) [verre]* well-filled, full to the brim *(attrib)* ◆ **café bien ~** good strong coffee ◆ **trois kilos bien ~s** a good three kilos ◆ **il a 50 ans bien ~s** he's well into his fifties, he's well over fifty

**tasseau** (pl **tasseaux**) /tɑso/ NM *(= morceau de bois)* piece *ou* length of wood; *(= support)* bracket

**tassement** /tɑsmɑ̃/ NM a *[de sol, neige]* packing down b *[de mur, terrain]* settling, subsidence ◆ **~ de la colonne (vertébrale)** compression of the spinal column c *(= diminution)* **le ~ des voix en faveur du candidat** the drop *ou* fall-off in votes for the candidate ◆ **un ~ de l'activité économique** a downturn *ou* a slowing down in economic activity

**tasser** /tɑse/ ▸ conjug 1 ◂ VT a *(= comprimer) [+ sol, neige]* to pack down, to tamp down; *[+ foin, paille]* to pack ◆ **~ des vêtements dans une valise** to cram clothes into a suitcase ◆ **~ le contenu d'une valise** to push down the contents of a case ◆ **~ le tabac dans sa pipe** to pack *ou* tamp down the tobacco in one's pipe ◆ **~ des prisonniers dans un camion** to cram *ou* pack prisoners into a truck

b *(Sport) [+ concurrent]* to box in

VPR **se tasser** a *(= s'affaisser) [façade, mur, terrain]* to sink, to subside; *[vieillard, corps]* to shrink; *[demande]* to slow down

b *(= se serrer)* to bunch up ◆ **on s'est tassé à dix dans la voiture** ten of us crammed into the car ◆ **tassez-vous, il y a encore de la place** bunch *ou* squeeze up, there's still room

c *(* = s'arranger)* to settle down ◆ **ne vous en faites pas, ça va se ~** don't worry – things will settle down *ou* iron themselves out *

d *(* = engloutir) [+ petits fours, boissons]* to down *, to get through *

**taste-vin** /tastəvɛ̃/ NM INV (wine-)tasting cup

**tata** /tata/ NF a *(langage enfantin = tante)* auntie * b *(* = homosexuel)* queer *

**tatami** /tatami/ NM tatami

**tatane** * /tatan/ NF shoe

**tatar, e** /tataʀ/ ADJ Ta(r)tar NM *(Ling)* Ta(r)tar NM,F **Tatar(e)** Ta(r)tar

**tâter** /tɑte/ ▸ conjug 1 ◂ VT a *(= palper) [+ objet, étoffe, pouls]* to feel ◆ **~ qch du bout des doigts** to feel *ou* explore sth with one's fingertips ◆ **marcher en tâtant les murs** to feel *ou* grope one's way along the walls

b *(= sonder) [+ adversaire, concurrent]* to try (out) ◆ **~ l'opinion** to sound *ou* test out opinion ◆ **~ le terrain** to find out how the land lies, to put out feelers, to find out the lie *(Brit) ou* lay *(US)* of the land

VT INDIR **tâter de** a *(†, littér = goûter à) [+ mets]* to taste, to try

b *(= essayer, passer par)* to sample, to try out ◆ **~ de la prison** to sample prison life, to have a taste of prison ◆ **il a tâté de tous les métiers** he's had a go at * *ou* he's tried his hand at lots of jobs

VPR **se tâter** a *(après une chute)* to feel o.s. *(for injuries)*; *(pensant avoir perdu qch)* to feel one's pocket(s) ◆ **il se releva, se tâta : rien de cassé** he got up and felt himself but there was nothing broken

b *(* = hésiter)* to be in *(Brit) ou* of *(US)* two minds ◆ **tu viendras ? – je ne sais pas, je me tâte** are you coming? – I don't know, I haven't made up my mind

**tâte-vin** /tatvɛ̃/ NM INV ⇒ **taste-vin**

**tati(e)** /tati/ NF *(langage enfantin)* auntie *

**tatillon, -onne** /tatijɔ̃, ɔn/ ADJ *[personne]* pernickety *(Brit)*, persnickety *(US)* ◆ **il est ~, c'est un ~** he's very pernickety *(Brit)* ◆ **des contrôles ~s** overzealous checks ◆ **surveillance ~ne** strict supervision

**tâtonnant, e** /tɑtɔnɑ̃, ɑ̃t/ ADJ *[geste, main]* groping *(épith)*; *[style]* hesitant ◆ **leurs recherches étaient ~es** they were feeling their way in their research

**tâtonnement** /tatɔnmɑ̃/ **NM** *(gén pl = essai)* trial and error *(NonC)*, experimentation *(NonC)* ◆ **après bien des ~s** after a lot of trial and error ◆ **procéder par ~(s)** to proceed by trial and error ◆ **les premiers ~s d'une technique** the first tentative steps in a new technique

**tâtonner** /tatɔne/ ▸ conjug 1 ◂ **VI** a *(pour se diriger)* to grope *ou* feel one's way (along), to grope along; *(pour trouver qch)* to grope *ou* feel around *ou* about b *(= essayer)* to grope around; *(par méthode)* to proceed by trial and error

**tâtons** /tatɔ̃/ **à tâtons LOC ADV** ◆ **avancer à ~** *(lit)* to grope along, to grope *ou* feel one's way along; *(fig)* to feel one's way along ◆ **chercher qch à ~** *(lit, fig)* to grope *ou* feel around for sth

**tatou** /tatu/ **NM** armadillo

**tatouage** /tatwaʒ/ **NM** *(= action)* tattooing; *(= dessin)* tattoo ◆ **son dos est couvert de ~s** his back is covered with *ou* in tattoos

**tatouer** /tatwe/ ▸ conjug 1 ◂ **VT** to tattoo ◆ **se faire ~ le dos** to have one's back tattooed ◆ **mon chat est tatoué à l'oreille** my cat has a tattoo in its ear *(for identification)*

**tatoueur, -euse** /tatwœʀ, øz/ **NM,F** tattooer

**tau** /to/ **NM INV** a *(= lettre grecque)* tau b *(Hér)* tau cross, Saint Anthony's cross

**taudis** /todi/ **NM** *(= logement)* hovel; *(pl) (Admin)* slums ◆ **ta chambre est un vrai ~** *(en désordre)* your room's a real pigsty

**taulard, -arde** ‡ /tolaʀ, aʀd/ **NM,F** convict, con ‡

**taule** ‡ /tol/ **NF** a *(= prison)* jail, clink ‡, nick ‡ *(Brit)* ◆ **être en ~** to be inside *, to be in the nick ‡ *(Brit)* ◆ **aller en ~** to go down *, to get banged up ‡ *(Brit)* ◆ **mettre** *ou* **foutre ‡ qn en ~** to put sb in jail ◆ **il a fait de la ~** he's done time * *ou* a stretch *, he's been inside * ◆ **il a eu cinq ans de ~** he's been given a five-year stretch * *ou* five years in the nick ‡ *(Brit)* b *(= chambre)* room

**taulier, -ière** ‡ /tolje, jɛʀ/ **NM,F** (hotel) boss *

**taupe** /top/ **NF** a *(= animal)* mole b *(= fourrure)* moleskin; → **myope** c * *(= espion)* mole ◆ **une vieille ~** *(péj)* an old bag ‡ *ou* hag d *(arg Scol = classe) advanced maths class preparing students for the Grandes Écoles*

**taupin** /topɛ̃/ **NM** a *(= animal)* click beetle, elaterida *(SPÉC)* b *(arg Scol) maths student preparing for the Grandes Écoles*

**taupinière** /topinjɛʀ/ **NF** *(= tas)* molehill; *(= galeries, terrier)* mole tunnel

**taureau** (pl **taureaux**) /tɔʀo/ **NM** a *(= animal)* bull ◆ **~ de combat** fighting bull ◆ **il avait une force de ~** he was as strong as an ox ◆ **une encolure** *ou* **un cou de ~** a bull neck ◆ **prendre le ~ par les cornes** to take the bull by the horns b *(Astron)* **le Taureau** Taurus ◆ **il est Taureau, il est (du signe) du Taureau** he's (a) Taurus; → **course**

**taurillon** /tɔʀijɔ̃/ **NM** bull-calf

**taurin, e** /tɔʀɛ̃, in/ **ADJ** bullfighting *(épith)*

**tauromachie** /tɔʀɔmaʃi/ **NF** bullfighting, tauromachy *(SPÉC)*

**tauromachique** /tɔʀɔmaʃik/ **ADJ** bullfighting *(épith)*

**tautologie** /totɔlɔʒi/ **NF** tautology

**tautologique** /totɔlɔʒik/ **ADJ** tautological

**taux** /to/ **NM** a *(Fin)* rate ◆ **~ actuariel (brut)** annual percentage rate ◆ **~ de base bancaire** minimum *ou* base *ou* prime *(US)* lending rate ◆ **~ de change** exchange rate, rate of exchange ◆ **~ court/moyen/long** short-term/medium-term/long-term rate ◆ **~ de croissance** growth rate ◆ **~ d'escompte** discount rate ◆ **~ d'intérêt** interest rate, rate of interest ◆ **~ officiel d'escompte** bank rate ◆ **~ de prêt** lending rate ◆ **~ de TVA** VAT rate ◆ **prêt à ~ zéro** interest-free loan

b *(Stat)* rate ◆ **~ de natalité/mortalité** birth/death *ou* mortality rate ◆ **~ de chômage** unemployment rate ◆ **~ de réussite** *(à un examen)* pass rate ◆ **~ d'audience** *(TV)* audience figures ◆ **~ d'écoute** *(Radio)* audience figures ◆ **~ de fréquentation** *(Ciné, Théât)* attendance *ou* audience figures

c *(Méd, Sci = niveau, degré) [de cholestérol, sucre]* level ◆ **~ de pollution/radioactivité** level of pollution/radioactivity, pollution/radioactivity level ◆ **~ d'invalidité** *(Méd)* degree of disability ◆ **~ de compression** *[de moteur]* compression ratio

**tavelé, e** /tav(ə)le/ (ptp de **taveler**) **ADJ** *[fruit]* marked ◆ **visage ~ de taches de son** face covered in freckles ◆ **visage ~ par la petite vérole** pockmarked face, face pitted with pockmarks

**taveler** /tav(ə)le/ ▸ conjug 4 ◂ **VT** *[+ fruit]* to mark **VPR se taveler** *[fruit]* to become marked

**tavelure** /tav(ə)lyʀ/ **NF** mark *(on fruit)*

**taverne** /tavɛʀn/ **NF** *(Hist)* inn, tavern; *(Can)* tavern, beer parlor *(Can)*

**tavernier, -ière** /tavɛʀnje, jɛʀ/ **NM,F** *(Hist, hum)* innkeeper

**taxable** /taksabl/ **ADJ** *(gén)* taxable; *(à la douane)* liable to duty *(épith)*, dutiable

**taxation** /taksasjɔ̃/ **NF** a *(= imposition) [de marchandise, service, particuliers]* taxing, taxation ◆ **seuil de ~** tax threshold b *(Admin, Comm) [de valeur]* fixing (the rate); *[de marchandise]* fixing the price; *(Jur) [de dépens]* taxation ◆ **~ d'office** estimation of tax(es)

**taxe** /taks/ **NF** a *(= impôt, redevance)* tax; *(à la douane)* duty ◆ **~s locales/municipales** local/municipal taxes ◆ **toutes ~s comprises** inclusive of tax ◆ **hors ~(s)** *[boutique, article]* duty-free; *(sur facture)* exclusive of VAT; *[prix]* before tax *(attrib)*

b *(Admin, Comm = tarif)* statutory price ◆ **vendre des marchandises à la ~/plus cher que la ~** to sell goods at/for more than the statutory price

c *(Jur) [de dépens]* taxation, assessment

**COMP** ▷ **taxes d'aéroport** airport tax(es) ▷ **taxe d'apprentissage** apprenticeship tax *(paid by French employers to finance apprenticeships)* ▷ **taxe d'habitation** *local tax paid by residents*, ≃ council tax *(Brit)* ▷ **taxe professionnelle** local tax on businesses, ≃ business rate *(Brit)* ▷ **taxe de raccordement** *(Téléc)* connection fee ▷ **taxe de séjour** tourist tax ▷ **taxe à** *ou* **sur la valeur ajoutée** ≃ sales tax, value-added tax *(Brit)*

**taxer** /takse/ ▸ conjug 1 ◂ **VT** a *(= imposer) [+ marchandises, service]* to put *ou* impose a tax on, to tax; *(à la douane)* to impose *ou* put duty on; *[+ personne, entreprise]* to tax ◆ **produits taxés à 5,5%** products taxed at 5.5% ◆ **~ qn d'office** to assess sb for tax *ou* taxation (purposes)

b *(Admin, Comm) [+ valeur]* to fix (the rate of); *[+ marchandise]* to fix the price of; *(Jur) [+ dépens]* to tax, to assess

c *(‡ = voler)* to pinch *, to nick ‡ *(Brit)* ◆ **il l'a taxé au supermarché** he pinched * *ou* nicked ‡ *(Brit)* it from the supermarket

d *( * = prendre)* **je peux te ~ une cigarette ?** can I pinch a cigarette? ◆ **il m'a taxé de 20 €** he got 20 euros out of me *

e ◆ **~ qn de qch** *(= le qualifier de qch)* to call sb sth; *(= l'accuser de qch)* to accuse sb of sth, to tax sb with sth *(frm)* ◆ **une méthode que l'on a taxée de charlatanisme** a method which has been referred to as charlatanism ◆ **on le taxe d'avarice** he's accused of miserliness *ou* of being a miser

**taxi** /taksi/ **NM** a *(= voiture)* taxi, (taxi)cab ◆ **~-brousse** bush taxi ◆ **bateau-/vélo-~** *(en apposition)* boat/bicycle taxi; → **chauffeur, station** b *( * = chauffeur)* cabby * *(Brit)*, taxi *ou* cab driver ◆ **elle fait (le) ~** she's a cabby *, she's a taxi *ou* cab driver ◆ **j'en ai assez de faire le ~** *(fig)* I'm fed up * driving everyone around

**taxidermie** /taksidɛʀmi/ **NF** taxidermy

**taxidermiste** /taksidɛʀmist/ **NMF** taxidermist

**taxi-girl** (pl **taxi-girls**) /taksigœʀl/ **NF** *(= danseuse)* taxigirl

**taximètre** /taksimɛtʀ/ **NM** (taxi)meter

**taxinomie** /taksinɔmi/ **NF** taxonomy

**taxinomique** /taksinɔmik/ **ADJ** taxonomic(al)

**taxinomiste** /taksinɔmist/ **NMF** taxonomist

**taxiphone** ® /taksifɔn/ **NM** payphone, public (tele)phone

**taxiway** /taksiwɛ/ **NM** taxiway

**taxonomie** /taksɔnɔmi/ **NF** ⇒ **taxinomie**

**taxonomique** /taksɔnɔmik/ **ADJ** ⇒ **taxinomique**

**taylorisation** /tɛlɔʀizasjɔ̃/ **NF** Taylorization

**tayloriser** /tɛlɔʀize/ ▸ conjug 1 ◂ **VT** *[+ production]* to Taylorize ◆ **usine taylorisée** mass production factory

**taylorisme** /tɛlɔʀism/ **NM** Taylorism

**TB** (abrév de **très bien**) VG

**TBB** /tebebe/ **NM** (abrév de **taux de base bancaire**) → **taux**

**Tbilissi** /tbilisi/ **N** Tbilisi

**Tchad** /tʃad/ **NM** ◆ **le ~** Chad ◆ **le lac ~** Lake Chad

**tchadien, -ienne** /tʃadjɛ̃, jɛn/ **ADJ** Chad **NM,F Tchadien(ne)** Chad

**tchador** /tʃadɔʀ/ **NM** chador

**tchao** /tʃao/ **EXCL** bye!, ciao!, cheerio! *(Brit)*

**tchatche** ‡ /tʃatʃ/ **NF** *(gén)* talk; *(péj)* yacking * ◆ **il a une de ces ~s !** he's got the gift of the gab! *

**tchatcher** ‡ /tʃatʃe/ ▸ conjug 1 ◂ **VI** *(péj)* to yack * ◆ **il ne fait que ~** he never stops yacking *, all he does is yak yak yak *

**tchatcheur, -euse** ‡ /tʃatʃœʀ, øz/ **NM,F** smooth talker

**tchécoslovaque** /tʃekɔslɔvak/ **ADJ** Czechoslovak(ian) **NMF Tchécoslovaque** Czechoslovakian

**Tchécoslovaquie** /tʃekɔslɔvaki/ **NF** Czechoslovakia

**Tchekhov** /tʃekɔv/ **NM** Chek(h)ov

**tchèque** /tʃɛk/ **ADJ** Czech ◆ **la République ~** the Czech Republic **NM** *(Ling)* Czech **NMF Tchèque** Czech

**Tchéquie** /tʃeki/ **NF** ◆ **la ~** the Czech Republic

**Tchernobyl** /tʃɛʀnɔbil/ **N** Chernobyl

**tchétchène** /tʃetʃɛn/ **ADJ** Chechen **NMF Tchétchène** Chechen

**Tchétchénie** /tʃetʃeni/ **NF** Chechnya

**tchin(-tchin)** * /tʃin(tʃin)/ **EXCL** cheers!

**TD** /tede/ **NM** (abrév de **travaux dirigés**) *(Univ)* → **travail**[1]

**TDF** /tedeɛf/ **NF** (abrév de **Télédiffusion de France**) ≃ IBA *(Brit)*, FCC *(US)*

**te** /tə/ **PRON PERS** a *(objet direct ou indirect)* you ◆ **~ l'a-t-il dit ?** did he tell you? ◆ **t'en a-t-il parlé ?** did he speak to you about it? b *(réfléchi)* yourself ◆ **si tu ~ poses des questions** if you ask yourself questions ◆ **tu t'es**

**fait mal ?** did you hurt yourself? ◆ **comment ~ sens-tu ?** *(souvent non traduit)* how do you feel? ◆ **tu devrais ~ doucher** you should have a shower ◆ **va ~ laver les dents/les mains** go and brush your teeth/wash your hands

**té**[1] /te/ **NM** *(= règle)* T-square; *(= ferrure)* T(-shaped) bracket ◆ **fer en ~** T-shaped iron

**té**[2] /te/ **EXCL** *(dial)* well! well!, my!

**TEC** /teəse/ **NF** (abrév de **tonne équivalent charbon**) TCE

**technétium** /tɛknesjɔm/ **NM** technetium

**technicien, -ienne** /tɛknisjɛ̃, jɛn/ **NM,F** technician ◆ **il est ~ en électronique** he's an electronics engineer ◆ **~ de surface** *(Admin)* cleaning operative ◆ **~ de (la) télévision** television technician ◆ **c'est un ~ de la politique/finance** he's a political/financial expert *ou* wizard

**technicité** /tɛknisite/ **NF** *[de recherche, sujet, langage]* technical nature; *[de personne]* technical skill ◆ **produit de haute ~** technically advanced *ou* high-tech product

**technico-commercial, e** (mpl **technico-commerciaux**) /tɛknikokɔmɛʀsjal, jo/ **ADJ, NM,F** ◆ **(agent) ~** technical salesman ◆ **(ingénieur) ~** sales engineer

**Technicolor** ® /tɛknikɔlɔʀ/ **NM** Technicolor ® ◆ **film en ~** Technicolor film, film in Technicolor

**technique** /tɛknik/ **ADJ** technical; → **contrôle, escale, incident** **NF** **a** *(= méthode)* technique ◆ **il n'a pas la (bonne) ~** * he hasn't got the knack * *ou* the right technique ◆ **c'est toute une ~ !** it's quite an art! ◆ **manquer de ~** to lack technique **b** *(= aire de la connaissance)* **la ~** technology **NM** *(enseignement)* ◆ **le ~** technical education, industrial arts *(US)* ◆ **il est professeur dans le ~** he's a technical teacher

**techniquement** /tɛknikmɑ̃/ **ADV** technically

**techno**[1] /tɛkno/ **ADJ, NF** *(Mus)* techno ◆ **la (musique) ~** techno (music)

**techno**[2] * /tɛkno/ **NF** abrév de **technologie**

**technocrate** /tɛknɔkʀat/ **NMF** technocrat

**technocratie** /tɛknɔkʀasi/ **NF** technocracy

**technocratique** /tɛknɔkʀatik/ **ADJ** technocratic

**technocratisme** /tɛknɔkʀatism/ **NM** *[de gestionnaire]* technocratic attitude; *[d'institution]* technocratic ethos

**technologie** /tɛknɔlɔʒi/ **NF** *(gén)* technology; *(Scol) subject area covering basic technological skills taught in French schools* ◆ **~ de pointe** *ou* **avancée** leading-edge *ou* advanced technology ◆ **~ de l'information** information technology ◆ **la haute ~** high technology ◆ **~ des systèmes automatisés** automated systems technology

**technologique** /tɛknɔlɔʒik/ **ADJ** technological ◆ **révolution ~** technological revolution

**technologiquement** /tɛknɔlɔʒikmɑ̃/ **ADV** technologically

**technologue** /tɛknɔlɔg/ **NMF** technologist

**technophobe** /tɛknɔfɔb/ **NMF** technophobe

**technopole** /tɛknɔpɔl/ **NF** town with high-tech industrial research and development facilities

**technopôle** /tɛknopol/ **NM** science and technology park *(with research facilities)*

**technostructure** /tɛknostʀyktyʀ/ **NF** technostructure

**teck** /tɛk/ **NM** teak

**teckel** /tekɛl/ **NM** dachshund

**tectonique** /tɛktɔnik/ **ADJ** tectonic **NF** tectonics *(sg)* ◆ **~ des plaques** plate tectonics

**Te Deum** /tedeɔm/ **NM INV** Te Deum

**tee** /ti/ **NM** tee ◆ **partir du ~** to tee off

**tee(-)shirt** /tiʃœʀt/ **NM** T-shirt, tee shirt

**Téflon** ® /teflɔ̃/ **NM** Teflon ®

**Tegucigalpa** /tegusigalpa/ **N** Tegucigalpa

**tégument** /tegymɑ̃/ **NM** *(Bot, Zool)* (in)tegument

**Téhéran** /teeʀɑ̃/ **N** Teheran

**teigne** /tɛɲ/ **NF** **a** *(Zool)* moth, tinea *(SPÉC)* **b** *(Méd)* ringworm, tinea *(SPÉC)* **c** *(péj) (= homme)* bastard *✱, swine *✱ *(Brit)*; *(= femme)* shrew, vixen ◆ **mauvais** *ou* **méchant comme une ~** as nasty as anything

**teigneux, -euse** /tɛɲø, øz/ **ADJ** *(Méd)* suffering from ringworm ◆ **il est ~** *(lit)* he has *ou* is suffering from ringworm; *(péj = pouilleux)* he's scabby *; *(péj = acariâtre)* he's very cantankerous, he's real ornery * *(US)*

**teindre** /tɛ̃dʀ/ ▸ conjug 52 ◂ **VT** *[+ vêtement, cheveux]* to dye; *(littér)* to tint, to tinge **VPR** **se teindre** **a** ◆ **se ~ (les cheveux)** to dye one's hair ◆ **se ~ la barbe/la moustache** to dye one's beard/one's moustache **b** *(littér = se colorer)* **les montagnes se teignaient de rose** the mountains took on a pink hue *ou* were tinged with pink

**teint**[1] /tɛ̃/ **NM** **a** *(= couleur de peau) (permanent)* complexion, colouring *(Brit)*, coloring *(US)*; *(momentané)* colour *(Brit)*, color *(US)* ◆ **avoir le ~ frais** to be looking well ◆ **~ de rose/de porcelaine** rosy/porcelain complexion **b** *(= couleur d'un tissu)* **grand ~** *[couleur]* fast; *[tissu]* colourfast *(Brit)*, colorfast *(US)* ◆ **bon ~** *[couleur]* fast; *[syndicaliste]* staunch, dyed-in-the-wool; → **fond**

**teint**[2]**, e**[1] /tɛ̃, tɛ̃t/ (ptp de **teindre**) **ADJ** *[cheveux, laine]* dyed ◆ **elle est ~e** *(péj)* her hair is dyed, she dyes her hair

**teinte**[2] /tɛ̃t/ **NF** **a** *(= nuance)* shade, hue, tint; *(= couleur)* colour *(Brit)*, color *(US)* ◆ **pull aux ~s vives** brightly-coloured sweater **b** *(fig) (= léger côté)* tinge, hint ◆ **avec une ~ de tristesse dans la voix** with a tinge *ou* hint of sadness in his voice

**teinté, e** /tɛ̃te/ (ptp de **teinter**) **ADJ** *[bois]* stained; *[verre]* tinted ◆ **crème ~e** tinted day cream ◆ **table ~e acajou** mahogany-stained table ◆ **blanc ~ de rose** white with a hint of pink ◆ **discours ~ de puritanisme** speech tinged with puritanism

**teinter** /tɛ̃te/ ▸ conjug 1 ◂ **VT** *[+ papier, verre]* to tint; *[+ meuble, bois]* to stain ◆ **un peu d'eau teintée de vin** a little water with a hint of wine *ou* just coloured with wine **VPR** **se teinter** *(littér)* **se ~ d'amertume** to become tinged with bitterness ◆ **les sommets se teintèrent de pourpre** the peaks took on a purple tinge *ou* hue *ou* tint, the peaks were tinged with purple

**teinture** /tɛ̃tyʀ/ **NF** **a** *(= colorant)* dye; *(= action)* dyeing **b** *(Pharm)* tincture ◆ **~ d'arnica/d'iode** tincture of arnica/of iodine

**teinturerie** /tɛ̃tyʀʀi/ **NF** *(= métier, industrie)* dyeing; *(= magasin)* (dry) cleaner's

**teinturier, -ière** /tɛ̃tyʀje, jɛʀ/ **NM,F** *(qui nettoie)* dry cleaner; *(qui teint)* dyer

**tek** /tɛk/ **NM** ⇒ **teck**

**tel, telle** /tɛl/ **ADJ** **a** *(similitude, sg : avec nom concret)* such, like; *(avec nom abstrait)* such; *(pl)* such ◆ **une telle ignorance/réponse est inexcusable** such ignorance/such an answer is inexcusable ◆ **~ père, ~ fils** like father like son ◆ **nous n'avons pas de ~s orages en Europe** we don't get such storms *ou* storms like this in Europe ◆ **as-tu jamais rien vu de ~ ?** have you ever seen such a thing?, have you ever seen anything like it? ◆ **s'il n'est pas menteur, il passe pour ~** perhaps he isn't a liar but that's the reputation he has ◆ **il a filé ~ un zèbre** he was off like a shot ◆ **~s sont ces gens que vous croyiez honnêtes** that's what the people you thought were honest are really like ◆ **prenez telles décisions qui vous sembleront nécessaires** *(frm)* take such decisions as you deem *ou* whatever decisions you deem necessary ◆ **telles furent ses dernières paroles** those *ou* such *(frm)* were his last words ◆ **il est le patron, en tant que ~** *ou* **comme ~ il aurait dû agir** he is the boss and as such he ought to have taken action, he's the boss and in that capacity he should have acted ◆ **~ il était enfant, ~ je le retrouve** thus he was as a child, and thus he has remained ◆ **le lac ~ un miroir** *(littér)* the lake like a mirror *ou* mirror-like; → **rien**

**b** *(valeur d'indéfini)* such-and-such ◆ **~ et ~** such-and-such ◆ **venez ~ jour/à telle heure** come on such-and-such a day/at such-and-such a time ◆ **telle quantité d'arsenic peut tuer un homme et pas un autre** a given quantity of arsenic can kill one man and not another ◆ **telle ou telle personne vous dira que ...** someone *ou* somebody or other will tell you that ... ◆ **j'ai lu dans ~ ou ~ article que ...** I read in some article or other that ... ◆ **~ enfant qui se croit menacé devient agressif** any child that feels threatened will become aggressive ◆ **l'on connaît ~ bureau où ...** there's *ou* I know a certain office *ou* one office where ...

**c** *(loc)*

◆ **tel(le) que** like, (such *ou* the same *ou* just) as; *(énumération)* like, such as ◆ **il est resté ~ que je le connaissais** he is still the same *ou* just as he used to be, he's stayed just as I remember him ◆ **un homme ~ que lui doit comprendre** a man like him *ou* such a man as he *(frm)* must understand ◆ **~ que je le connais, il ne viendra pas** if I know him, he won't come ◆ **~ que vous me voyez, je reviens d'Afrique** I'm just back from Africa ◆ **~ que vous me voyez, j'ai 72 ans** you wouldn't think it to look at me but I'm 72 ◆ **restez ~ que vous êtes** stay (just) as you are ◆ **là il se montre ~ qu'il est** now he's showing himself in his true colours *ou* as he really is ◆ **les métaux ~s que l'or, l'argent et le platine** metals like *ou* such as gold, silver and platinum ◆ **le ciel à l'occident ~ qu'un brasier** *(littér)* the western sky like a fiery furnace ◆ **laissez tous ces dossiers ~s que** * leave all those files as they are *ou* as you find them ◆ **il m'a dit : "sortez d'ici ou je vous sors", ~ que !** * he said to me "get out of here or I'll throw you out" – just like that!

◆ **tel(le) quel(le)** ◆ **il a acheté la maison telle quelle** * he bought the house (just) as it was *ou* stood ◆ **"à vendre tel quel"** *(sur objet en solde)* "sold as seen" *(Brit)*, "sold as is" *(US)*

**d** *(intensif, sg : avec nom concret)* such a; *(avec nom abstrait)* such; *(pl)* such ◆ **on n'a jamais vu une telle cohue** you've never seen such a crush ◆ **c'est une telle joie de l'entendre !** what a joy *ou* it's such a joy to hear him!

**e** *(avec conséquence)* **de telle façon** *ou* **manière** in such a way ◆ **ils ont eu de ~s ennuis avec leur voiture qu'ils l'ont vendue** they had such (a lot of) trouble *ou* so much trouble with their car that they sold it ◆ **de telle sorte que** so that ◆ **à telle(s) enseigne(s) que** so much so that; → **point**[1]

**PRON INDÉF** ◆ **~ vous dira qu'il faut voter oui, ~ autre ...** one will tell you you must vote yes, another ... ◆ **si ~ ou ~ vous dit que ...** if somebody *ou* anybody tells you that ... ◆ **~ est pris qui croyait prendre** *(Prov)* it's the biter bit

◆ ~ **qui rit vendredi, dimanche pleurera** *(Prov)* you can be laughing on Friday but crying by Sunday; → **un**

**tél.** (abrév de **téléphone**) tel.

**télé** * /tele/ NF (abrév de **télévision**) a *(= organisme)* TV ◆ **il travaille à la** ~ he works on TV b *(= programmes)* TV ◆ **qu'est-ce qu'il y a à la** ~ **ce soir ?** what's on TV *ou* the box * *ou* telly * *(Brit)* tonight? ◆ **son mari est passé à la** ~ her husband has been *ou* has appeared on TV c *(= poste)* TV, telly * *(Brit)* ◆ **allume la** ~ turn on the TV *ou* the telly * *(Brit)* NM abrév de **téléobjectif**

**téléachat** /teleaʃa/ NM teleshopping *(NonC)*, armchair shopping *(NonC)*

**téléacteur, -trice** /teleaktœʀ, tʀis/ NM,F telesales operator *ou* clerk

**téléalarme** /telealaʀm/ NF remote alarm

**télébenne** /telebɛn/ NF ⇒ **télécabine**

**téléboutique** ® /telebutik/ NF phone shop

**télécabine** /telekabin/ NF cable car

**télécarte** ® /telekaʀt/ NF phonecard

**téléchargeable** /teleʃaʀʒabl/ ADJ downloadable

**téléchargement** /teleʃaʀʒəmɑ̃/ NM downloading

**télécharger** /teleʃaʀʒe/ ▸ conjug 3 ◂ VTI to download

**télécinéma** /telesinema/ NM *(= appareil)* telecine

**télécommande** /telekɔmɑ̃d/ NF remote control

**télécommander** /telekɔmɑ̃de/ ▸ conjug 1 ◂ VT *(Tech)* to operate by remote control ◆ **un complot télécommandé de l'étranger** a plot masterminded from abroad

**télécommunication** /telekɔmynikasjɔ̃/ NF telecommunications ◆ **réseau de** ~**(s)** telecommunications *ou* telecoms network ◆ **les** ~**s sont en pleine expansion** the telecommunications industry is booming

**télécoms** * /telekɔm/ NFPL (abrév de **télécommunications**) ◆ **les** ~ telecommunications, the telecommunications industry ◆ **ingénieur télécom(s)** telecommunications engineer

**téléconférence** /telekɔ̃feʀɑ̃s/ NF *(= méthode)* teleconferencing; *(= discussion)* teleconference, conference call

**télécopie** /telekɔpi/ NF *(= procédé)* fax; *(= document)* fax ◆ **transmettre par** ~ to send by fax, to fax

**télécopieur** /telekɔpjœʀ/ NM fax (machine)

**télédétection** /teledetɛksjɔ̃/ NF remote sensing ◆ **satellite de** ~ remote-sensing satellite

**télédiffuser** /teledifyze/ ▸ conjug 1 ◂ VT to broadcast by television

**télédiffusion** /teledifyzjɔ̃/ NF television broadcasting ◆ **Télédiffusion de France** *French broadcasting authority*, ≃ Independent Broadcasting Authority *(Brit)*, Federal Communications Commission *(US)*

**télédistribution** /teledistʀibysjɔ̃/ NF cable broadcasting

**téléenseignement** /teleɑ̃sɛɲmɑ̃/ NM distance learning

**téléférique** /telefeʀik/ NM *(= installation)* cableway; *(= cabine)* cable-car

**téléfilm** /telefilm/ NM television *ou* TV film, made-for-TV movie

**télégénique** /teleʒenik/ ADJ telegenic

**télégestion** /teleʒɛstjɔ̃/ NF remote management

**télégramme** /telegʀam/ NM telegram, wire, cable

**télégraphe** /telegʀaf/ NM telegraph

**télégraphie** /telegʀafi/ NF *(= technique)* telegraphy ◆ ~ **optique** signalling ◆ ~ **sans fil** † wireless telegraphy †

**télégraphier** /telegʀafje/ ▸ conjug 7 ◂ VT *[+ message]* to telegraph, to wire, to cable ◆ **tu devrais lui** ~ you should send him a telegram *ou* wire *ou* cable, you should wire (to) him *ou* cable him

**télégraphique** /telegʀafik/ ADJ a *[poteau, fils]* telegraph *(épith)*; *[alphabet, code]* Morse *(épith)*; *[message]* telegram *(épith)*, telegraphed, telegraphic ◆ **adresse** ~ telegraphic address b *[style, langage]* telegraphic

**télégraphiste** /telegʀafist/ NMF *(= technicien)* telegrapher, telegraphist; *(= messager)* telegraph boy

**téléguidage** /telegidaʒ/ NM remote control

**téléguider** /telegide/ ▸ conjug 1 ◂ VT a *(Tech)* to operate by remote control ◆ **voiture téléguidée** remote-controlled *ou* radio-controlled car ◆ **engin téléguidé** guided missile b *(= manipuler) [+ personne, organisation]* to control (from a distance); *(= diriger) [+ action, complot, campagne de presse]* to mastermind

**téléimprimeur** /teleɛ̃pʀimœʀ/ NM teleprinter

**téléinformatique** /teleɛ̃fɔʀmatik/ NF telecomputing, remote computing

**téléjournal** /teleʒuʀnal/ NM *(Helv = journal télévisé)* television news (bulletin)

**télékinésie** /telekinezi/ NF telekinesis

**télémaintenance** /telemɛ̃t(ə)nɑ̃s/ NF remote maintenance

**télémanipulation** /telemanipylasjɔ̃/ NF remote control handling

**Télémaque** /telemak/ NM Telemachus

**télémark** /telemaʀk/ NM *(= discipline)* telemark skiing; *(= virage)* telemark turn ◆ **skis** ~ telemark skis

**télémarketing** /telemaʀketiŋ/ NM telemarketing

**télématique** /telematik/ ADJ *[serveur, service, réseau]* data communications *(épith)* NF computer telephone integration, CTI

**télémessage** /telemesaʒ/ NM text message

**télémètre** /telemɛtʀ/ NM *(Mil, Photo)* rangefinder

**télémétrie** /telemetʀi/ NF telemetry

**télémétrique** /telemetʀik/ ADJ telemetric(al)

**téléobjectif** /teleobʒɛktif/ NM telephoto lens

**téléologie** /teleɔlɔʒi/ NF teleology

**téléologique** /teleɔlɔʒik/ ADJ teleologic(al)

**téléopérateur, -trice** /teleɔpeʀatœʀ, tʀis/ NM paging operator

**téléopération** /teleɔpeʀasjɔ̃/ NF ◆ **service/système de** ~ paging service/system

**télépaiement** /telepɛmɑ̃/ NM electronic payment

**télépathe** /telepat/ ADJ telepathic NMF telepathist

**télépathie** /telepati/ NF telepathy

**télépathique** /telepatik/ ADJ telepathic

**télépayer** /telepeje/ ▸ conjug 8 ◂ VT to pay for *(via electronic payment system)*

**télépéage** /telepeaʒ/ NM *motorway toll system based on electronic tagging of cars*

**téléphérage** /telefeʀaʒ/ NM transport by cableway

**téléphérique** /telefeʀik/ NM ⇒ **téléférique**

**téléphone** /telefɔn/ GRAMMAIRE ACTIVE 54.7

NM *(= système)* telephone; *(= appareil)* (tele)phone ◆ **le** ~ **marche très bien dans notre pays** *(= service)* our country has an excellent telephone service ◆ **avoir le** ~ to be on the (tele)phone *(Brit)*, to have a (tele)phone ◆ **donne-moi ton** ~ * *(= numéro)* give me your phone number; → **abonné, numéro**

◆ **au téléphone** ◆ **demande-le-lui au** ~ phone him (and ask) about it, give him a call about it ◆ **je l'ai/il est au** ~ I have him/he's on the phone ◆ **j'avais Jean au** ~ **quand on nous a coupés** I was on the phone to Jean when we were cut off ◆ **on vous demande au** ~ there's someone on the phone for you, you're wanted on the phone

◆ **par téléphone** ◆ **demande-le-lui par** ~ phone him (and ask) about it, give him a call about it ◆ **tu peux me donner les renseignements par** ~ you can give me the information over the phone ◆ **réserver par** ~ to reserve by telephone, to make a (tele)phone booking

◆ **coup de téléphone** (phone) call ◆ **j'ai eu un coup de** ~ **de Richard** I had *ou* got a phone call from Richard ◆ **donner** *ou* **passer un coup de** ~ **à qn** to phone sb, to call sb, to give sb a call *ou* ring *(Brit)*, to ring sb up *(Brit)* ◆ **il faut que je donne un coup de** ~ I've got to make a phone call ◆ **recevoir un coup de** ~ **(de qn)** to get a (phone) call (from sb)

COMP ▷ **téléphone arabe** bush telegraph ◆ **apprendre qch par le** ~ **arabe** to hear sth through the grapevine *ou* on the bush telegraph ▷ **téléphone automatique** automatic telephone system ▷ **téléphone de brousse** ⇒ **téléphone arabe** ▷ **téléphone à cadran** dial (tele)phone ▷ **téléphone à carte (magnétique)** cardphone ▷ **téléphone cellulaire** cellular (tele)phone ▷ **téléphone interne** internal (tele)phone ▷ **téléphone à manivelle** magneto telephone ▷ **téléphone mobile** mobile (tele) phone ▷ **téléphone de poche** pocket (tele)phone ▷ **téléphone portable** portable (tele)phone ▷ **téléphone public** public (tele)phone, pay-phone ▷ **téléphone rose** *(= service)* telephone sex line, phone sex chatline; *(= concept)* telephone sex ▷ **le téléphone rouge** *(Pol)* the hot line ◆ **il l'a appelé par le** ~ **rouge** he called him on the hot line ▷ **téléphone sans fil** cordless (tele)phone ▷ **téléphone à touches** push-button (tele)phone ▷ **téléphone de voiture** car phone

**téléphoner** /telefɔne/ GRAMMAIRE ACTIVE 54.1, 54.2 ▸ conjug 1 ◂

VT a *[+ message]* to give by (tele)phone ◆ **il m'a téléphoné la nouvelle** he phoned me and told me the news ◆ **téléphone-lui de venir** phone him and tell him to come ◆ **télégramme téléphoné** telegram sent by telephone

b *( * = manipuler)* **c'était un peu téléphoné** it was a bit obvious ◆ **leur manœuvre était téléphonée** you could see what they were up to from a mile off * ◆ **ses passes/attaques sont téléphonées** *(Sport)* his passes/attacks are telegraphed

VI to (tele)phone ◆ ~ **à qn** to (tele)phone sb, to call *ou* ring *(Brit)* sb (up) ◆ **où est Paul ? – il téléphone** where's Paul? – he's on the phone *ou* he's making a call ◆ **j'étais en train de** ~ **à Paul** I was on the phone to Paul ◆ **je téléphone beaucoup, je n'aime pas écrire** I phone people a lot *ou* I use the phone a lot as I don't like writing

VPR **se téléphoner** to (tele)phone each other

**téléphonie** /telefɔni/ NF telephony ◆ ~ **sans fil** wireless telephony, radiotelephony ◆ ~ **mobile** mobile telephony

**téléphonique** /telefɔnik/ ADJ telephone *(épith)*; → **appel, carte** *etc*

**téléphoniquement** /telefɔnikmɑ̃/ ADV by telephone, telephonically

**téléphoniste** /telefɔnist/ NMF *[de poste]* telephonist *(Brit)*, (telephone) operator; *[d'entreprise]* switchboard operator

**téléphotographie** /telefɔtɔgʀafi/ NF telephotography

**téléprompteur** /telepʀɔ̃ptœʀ/ NM Autocue ® *(Brit)*, Teleprompter ® *(US)*

**téléprospection** /telepʀɔspɛksjɔ̃/ NF telesales

**téléréalité** /teleʀealite/ NF reality TV

**télescopage** /telɛskɔpaʒ/ NM *[de véhicules]* concertinaing *(NonC)*; *[de trains]* telescoping *(NonC)*, concertinaing *(NonC)*

**télescope** /telɛskɔp/ NM telescope ◆ ~ **spatial** space telescope

**télescoper** /telɛskɔpe/ ▸ conjug 1 ◂ VT *[+ véhicule]* to crash into; *[+ faits, idées]* to mix up, to jumble together VPR **se télescoper** *[véhicules]* to concertina; *[trains]* to telescope, to concertina; *[souvenirs]* to become confused *ou* mixed up

**télescopique** /telɛskɔpik/ ADJ telescopic

**téléscripteur** /teleskʀiptœʀ/ NM teleprinter, Teletype ® (machine)

**télésecrétariat** /telesəkʀetaʀja/ NM secretarial teleworking

**téléservice** /teleseʀvis/ NM on-line *ou* remote services

**télésiège** /telesjɛʒ/ NM chairlift

**téléski** /teleski/ NM (ski) lift, (ski) tow ◆ ~ **à fourche** T-bar tow ◆ ~ **à archets** T-bar lift

**téléspectateur, -trice** /telespɛktatœʀ, tʀis/ NM,F (television *ou* TV) viewer

**télésurveillance** /telesyʀvɛjɑ̃s/ NF electronic surveillance ◆ **caméra de** ~ security *ou* surveillance camera

**Télétel** ® /teletɛl/ NM electronic telephone directory

**télétexte** /teletɛkst/ NM Teletext ®, Viewdata ®

**Téléthon** /teletɔ̃/ NM Telethon

**télétraitement** /teletʀɛtmɑ̃/ NM *(Ordin)* teleprocessing

**télétransmettre** /teletʀɑ̃smɛtʀ/ ▸ conjug 56 ◂ VT *[+ données]* to transmit electronically

**télétransmission** /teletʀɑ̃smisjɔ̃/ NF remote transmission

**télétravail** /teletʀavaj/ NM teleworking, telecommuting

**télétravailler** /teletʀavaje/ ▸ conjug 1 ◂ VI to telework, to telecommute

**télétravailleur, -euse** /teletʀavajœʀ, øz/ NM,F teleworker, telecommuter

**Télétype** ® /teletip/ NM teleprinter, Teletype ® (machine)

**télévangéliste** /televɑ̃ʒelist/ NMF televangelist, television *ou* TV evangelist

**télévendeur, -euse** /televɑ̃dœʀ, øz/ NM,F telesales operator

**télévente** /televɑ̃t/ NF *(= technique)* telephone selling, telesales; *(= action)* telephone sales

**téléviser** /televize/ ▸ conjug 1 ◂ VT to televise; → **journal**

**téléviseur** /televizœʀ/ NM television (set), TV (set)

**télévision** /televizjɔ̃/ NF **a** *(= organisme, technique)* television, TV ◆ **la** ~ **par satellite** satellite television *ou* TV ◆ **la** ~ **câblée** *ou* **par câble** cable television *ou* TV, cablevision *(US)* ◆ ~ **(à) haute définition** high definition television *ou* TV, HDTV ◆ ~ **16/9ᵉ** widescreen television ◆ ~ **payante** pay television *ou* TV ◆ **il travaille pour la** ~ **allemande** he works for German television

**b** *(= programmes)* television, TV ◆ **à la** ~ on television *ou* TV ◆ **il est passé à la** ~ *[personne]* he has been *ou* appeared on television *ou* TV; *[film]* it has been on television *ou* TV ◆ **regarder la** ~ to watch television *ou* TV ◆ **la** ~ **du matin** breakfast television *ou* TV; → **carte, interactif**

**c** *(= chaîne)* television channel ◆ **les** ~**s étrangères** foreign channels ◆ ~ **privée** independent *ou* private channel

**d** *(= poste)* television (set) ◆ ~ **(en) noir et blanc/couleur** black-and-white/colour television

**télévisuel, -elle** /televizɥɛl/ ADJ television *(épith)*, televisual

**télex** /telɛks/ NM INV telex ◆ **envoyer qch par** ~ to telex sth

**télexer** /telɛkse/ ▸ conjug 1 ◂ VT to telex

**télexiste** /telɛksist/ NMF telex operator

**tellement** /tɛlmɑ̃/ ADV **a** *(= si) (avec adj ou adv)* so; *(avec compar)* so much ◆ **il est** ~ **gentil** he's so nice ◆ ~ **mieux/plus fort/plus beau** so much better/stronger/more beautiful ◆ **j'étais** ~ **fatigué que je me suis couché immédiatement** I was so tired (that) I went straight to bed

**b** *(= tant)* so much ◆ ~ **de gens** so many people ◆ ~ **de temps** so much time, so long ◆ **il a** ~ **insisté que ...** he insisted so much that ..., he was so insistent that ... ◆ **il travaille** ~ **qu'il se rend malade** he works so much *ou* hard (that) he's making himself ill

**c** *(introduisant une causale = tant)* **on ne le comprend pas,** ~ **il parle vite** he talks so fast (that) you can't understand him ◆ **il trouve à peine le temps de dormir,** ~ **il travaille** he works so much *ou* hard that he hardly finds time to sleep

**d** *(avec négation)*

◆ **pas tellement** ◆ **pas** ~ **fort/lentement** not (all) that strong/slowly, not so (very) strong/slowly ◆ **il ne travaille pas** ~ he doesn't work (all) that much *ou* hard, he doesn't work so (very) much *ou* hard ◆ **tu aimes le cinéma ? – pas** ~ do you like the cinema? – not (all) that much *ou* not particularly *ou* not especially

◆ **plus tellement** ◆ **on ne la voit plus** ~ we don't really see (very) much of her any more ◆ **y allez-vous toujours ? – plus** ~**, maintenant qu'il y a le bébé** do you still go there? – not (very) much *ou* not all that much now that there's the baby ◆ **cet article n'est plus** ~ **demandé** this article is no longer very much in demand ◆ **ce n'est plus** ~ **à la mode** it's not really *ou* all that fashionable any more ◆ **cela ne se fait plus** ~ people no longer do that very much

**tellure** /telyʀ/ NM tellurium

**tellurique** /telyʀik/ ADJ *[eaux, courants]* telluric; → **secousse**

**téloche** * /telɔʃ/ NF TV, box *, telly * *(Brit)* ◆ **à la** ~ on TV, on the box * *ou* telly *(Brit)*, on the (boob)tube * *(US)*

**téméraire** /temeʀɛʀ/ ADJ *[action, entreprise, personne]* rash, reckless, foolhardy; *[jugement]* rash ◆ ~ **dans ses jugements** rash in one's judgments ◆ **courageux** *ou* **audacieux, mais pas** ~ **!** * *(hum)* brave maybe, but not foolhardy!

**témérairement** /temeʀɛʀmɑ̃/ ADV *[entreprendre]* rashly, recklessly; *[décider, juger]* rashly

**témérité** /temeʀite/ NF *[d'action, entreprise]* rashness, recklessness, foolhardiness; *[de jugement]* rashness; *[de personne] (= imprudence)* recklessness, foolhardiness, rashness; *(= audace)* temerity ◆ **avoir la** ~ **de faire qch** to have the temerity to do sth

**témoignage** /temwaɲaʒ/ NM **a** *(en justice) (= déclaration)* testimony *(NonC)*, evidence *(NonC)*; *(= faits relatés)* evidence *(NonC)* ◆ **recueillir des** ~**s** to gather evidence ◆ **d'après le** ~ **de M. Lebrun** according to Mr Lebrun's testimony *ou* evidence, according to the evidence of *ou* given by Mr Lebrun ◆ **j'étais présent lors de son** ~ I was present when he gave evidence *ou* gave his testimony ◆ **ces** ~**s sont contradictoires** these are contradictory pieces of evidence ◆ **c'est un** ~ **écrasant/irrécusable** the evidence is overwhelming/incontestable ◆ **porter** *ou* **rendre** ~ **de qch** to testify to sth, to bear witness to sth ◆ **rendre** ~ **au courage de qn** to praise sb's courage; → **faux²**

**b** *(= récit, rapport)* account, testimony ◆ **ce livre est un merveilleux** ~ **sur notre époque** this book gives a marvellous account of the age we live in

**c** *(= attestation)* ~ **de probité/de bonne conduite** evidence *(NonC) ou* proof *(NonC)* of honesty/of good conduct ◆ **invoquer le** ~ **de qn pour prouver sa bonne foi** to call on sb's evidence *ou* testimony to prove one's good faith ◆ **en** ~ **de quoi ...** in witness whereof ...

**d** *(= manifestation)* expression ◆ ~ **d'amitié/de reconnaissance** *(= geste)* expression *ou* gesture of friendship/of gratitude; *(= cadeau)* token *ou* mark of friendship/of gratitude ◆ **leurs** ~**s de sympathie nous ont touchés** we were touched by their expressions *ou* gestures of sympathy ◆ **en** ~ **de ma reconnaissance** as a token *ou* mark of my gratitude ◆ **le** ~ **émouvant de leur confiance** the touching expression of their trust

**témoigner** /temwaɲe/ ▸ conjug 1 ◂ VI *(Jur)* to testify ◆ ~ **en faveur de qn/contre qn** to testify *ou* give evidence in sb's favour/against sb ◆ ~ **en justice** to testify in court ◆ ~ **de vive voix/par écrit** to give spoken/written evidence, to testify in person/in writing

VT **a** *(= attester que)* ~ **que ...** to testify that ... ◆ **il a témoigné qu'il ne l'avait jamais vu** *ou* **ne l'avoir jamais vu** he testified that he had never seen him

**b** *(= faire preuve de, faire paraître) (gén)* to show, to display; *[+ reconnaissance]* to show, to evince *(frm)* ◆ ~ **un goût pour qch** to show *ou* display a taste *ou* liking for sth ◆ ~ **de l'aversion à qn** to show dislike of sb

**c** *(= démontrer)* ~ **que ...** to show that ... ◆ ~ **de qch** to show sth ◆ **son attitude témoigne qu'il est préoccupé** his behaviour shows how preoccupied he is ◆ **tout cela témoigne que les temps changent** all this shows how times change

VT INDIR **témoigner de** **a** *(= confirmer)* to testify to, to bear witness to ◆ ~ **de Dieu** to bear witness to God ◆ **je peux en** ~ I can testify to that, I can bear witness to that *(frm)*

**b** *(= montrer)* to show ◆ **son geste témoigne de son courage** what he did shows how brave he is ◆ **cette décision témoigne de la volonté du gouvernement de négocier** this decision shows the government's wish to negotiate ◆ **comme en témoigne le courrier de nos lecteurs, ce problème préoccupe beaucoup de gens** as can be seen from our readers' letters, this problem is worrying a lot of people

**témoin** /temwɛ̃/ NM a *(gén, Jur) (= personne)* witness; *[de duel]* second; *(à un mariage, gén)* witness ◆ **c'est le ~ du marié** he's the best man ◆ **~ auriculaire** earwitness ◆ **~ oculaire** eyewitness ◆ **~ direct/indirect** direct/indirect witness ◆ **~ de moralité** character witness, character reference *(person)* ◆ **~ gênant** embarrassing witness ◆ **être ~ à charge/à décharge** *(Jur)* to be (a) witness for the prosecution/for the defence ◆ **être ~ de** *[+ crime, scène]* to witness, to be a witness to; *[+ la sincérité de qn]* to vouch for ◆ **prendre qn à ~ (de qch)** to call sb to witness (to sth) ◆ **parler devant ~(s)** to speak in front of witnesses ◆ **faire qch sans ~** to do sth unwitnessed ◆ **cela doit être signé devant ~** this must be signed in front of a witness ◆ **il a été entendu comme ~ dans l'affaire Lebrun** he was a witness in the Lebrun case ◆ **que Dieu m'en soit ~** as God is my witness ◆ **Dieu m'est ~ que je n'ai pas voulu le tuer** as God is my witness, I didn't mean to kill him ◆ **les Témoins de Jéhovah** Jehovah's Witnesses ◆ **ces lieux ~s de notre enfance** these places which witnessed our childhood; → **faux²**

b *(= preuve)* evidence *(NonC)*, testimony ◆ **ces ruines sont le ~ de la férocité des combats** these ruins are (the) evidence of *ou* a testimony to the fierceness of the fighting ◆ **ils sont les ~s d'une époque révolue** they are the survivors of a bygone age ◆ **la région est riche, ~ les constructions nouvelles qui se dressent partout** the region is rich – witness the new buildings going up everywhere

c *(Sport)* baton ◆ **passer le ~** to hand on *ou* pass the baton

d *(Géol)* outlier; *[d'excavations]* dumpling; → **butte**

e *(Constr : posé sur une fente)* telltale

f *(= borne)* boundary marker

g ◆ **(lampe) ~** warning light

ADJ *(après n)* control *(épith)* ◆ **animaux/sujets ~s** control animals/subjects ◆ **appartement ~** show-flat *(Brit)*, model apartment *(US)* ◆ **réalisation ~** pilot *ou* test development; → **lampe**

**tempe** /tɑ̃p/ NF *(Anat)* temple ◆ **avoir les ~s grisonnantes** to be going grey

**tempera** /tɑ̃peʀa/ **a tempera** LOC ADJ in *ou* with tempera

**tempérament** /tɑ̃peʀamɑ̃/ NM a *(= constitution)* constitution ◆ **~ robuste/faible** strong/weak constitution ◆ **se tuer** *ou* **s'esquinter le ~** * to wreck one's health ◆ **~ sanguin/lymphatique** sanguine/lymphatic constitution ◆ **~ nerveux** nervous disposition

b *(= nature, caractère)* disposition, temperament, nature ◆ **elle a un ~ actif/réservé** she is of *ou* has an active/a reserved disposition ◆ **~ romantique** romantic nature *ou* temperament ◆ **moqueur par ~** naturally given to *ou* disposed to mockery ◆ **avoir du ~** to have a strong personality ◆ **c'est un ~** he (*ou* she) has a strong personality

c *(= sensualité)* sexual nature ◆ **être de ~ ardent/froid** to have a passionate/cold nature ◆ **avoir du ~** to be hot-blooded *ou* highly sexed

d *(Comm)* **vente à ~** hire purchase *(Brit)*, installment plan *(US)* ◆ **acheter qch à ~** to buy sth on hire purchase *(Brit) ou* on an installment plan *(US)* ◆ **trop d'achats à ~ l'avaient mis dans une situation difficile** too many hire purchase commitments *(Brit) ou* too many installment purchases *(US)* had got him into a difficult situation

e *(Mus)* temperament

**tempérance** /tɑ̃peʀɑ̃s/ NF temperance; → **société**

**tempérant, e** /tɑ̃peʀɑ̃, ɑ̃t/ ADJ temperate

**température** /tɑ̃peʀatyʀ/ NF a *(Mét, Phys)* temperature ◆ **les ~s sont en hausse/en baisse** temperatures are rising/falling ◆ **~ d'ébullition/de fusion** boiling/melting point ◆ **~ absolue** *ou* **en degrés absolus** absolute temperature ◆ **lavage à basse/haute ~** low-/high-temperature wash b *(= chaleur du corps)* temperature ◆ **animaux à ~ fixe/variable** warm-blooded/cold-blooded animals ◆ **avoir** *ou* **faire de la ~** to have a temperature, to be running a temperature ◆ **prendre la ~ de** *[+ malade]* to take the temperature of; *[+ auditoire, groupe]* to sound out; → **courbe, feuille**

**tempéré, e** /tɑ̃peʀe/ (ptp de **tempérer**) ADJ *[climat, zone]* temperate; *(Mus)* tempered

**tempérer** /tɑ̃peʀe/ ► conjug 6 ◄ VT *[+ froid, rigueur du climat]* to temper; *(littér) [+ peine, douleur]* to soothe, to ease; *(littér) [+ ardeur, sévérité]* to temper

**tempête** /tɑ̃pɛt/ NF a *(lit)* storm, gale, tempest *(littér)* ◆ **~ de neige** snowstorm, blizzard ◆ **~ de sable** sandstorm; → **briquet¹, semer, souffler** b *(= agitation)* storm ◆ **une ~ dans un verre d'eau** a storm in a teacup *(Brit)*, a tempest in a teapot *(US)* ◆ **cela va déchaîner des ~s** that's going to raise a storm ◆ **il est resté calme dans la ~** he remained calm in the midst of the storm ◆ **les ~s de l'âme** inner turmoil c *(= déchaînement)* **une ~ d'applaudissements** a storm of applause, thunderous applause *(NonC)* ◆ **une ~ d'injures** a storm of abuse

**tempêter** /tɑ̃pete/ ► conjug 1 ◄ VI to rant and rave (*contre* about), to rage (*contre* against)

**tempétueux, -euse** /tɑ̃petɥø, øz/ ADJ *(littér) [région, côte]* tempestuous *(littér)*, stormy; *[vie, époque]* tempestuous, stormy, turbulent

**temple** /tɑ̃pl/ NM a *(Hist, littér)* temple b *(Rel)* (Protestant) church ◆ **l'Ordre du Temple, le Temple** the Order of the Temple

**templier** /tɑ̃plije/ NM (Knight) Templar

**tempo** /tɛmpo/ NM *(Mus)* tempo; *(= rythme)* tempo, pace

**temporaire** /tɑ̃pɔʀɛʀ/ ADJ *[personnel, mesures, crise]* temporary ◆ **nomination à titre ~** temporary appointment, appointment on a temporary basis; → **travail¹**

**temporairement** /tɑ̃pɔʀɛʀmɑ̃/ ADV temporarily

**temporal, e** (mpl **-aux**) /tɑ̃pɔʀal, o/ *(Anat)* ADJ temporal NM temporal (bone)

**temporalité** /tɑ̃pɔʀalite/ NF *(Ling, Philos)* temporality

**temporel, -elle** /tɑ̃pɔʀɛl/ ADJ a *(Rel) (= non spirituel)* worldly, temporal; *(= non éternel)* temporal ◆ **biens ~s** temporal *ou* worldly goods, temporals b *(Ling, Philos)* temporal

**temporellement** /tɑ̃pɔʀɛlmɑ̃/ ADV temporally

**temporisateur, -trice** /tɑ̃pɔʀizatœʀ, tʀis/ ADJ *[tactique]* delaying *(épith)*, stalling *(épith)*; *[effet]* delaying *(épith)* NM,F *(= personne)* temporizer NM *(Tech)* timer

**temporisation** /tɑ̃pɔʀizasjɔ̃/ NF *(= attentisme)* delaying, stalling, playing for time; *(Tech)* time delay

**temporiser** /tɑ̃pɔʀize/ ► conjug 1 ◄ VI to delay, to stall, to play for time VT *(Tech)* to delay

## temps¹ /tɑ̃/

| 1 NOM MASCULIN | 2 COMPOSÉS |
|---|---|

### 1 - NOM MASCULIN

a [= passage des ans] **le ~** time ◆ **le Temps** *(personnifié)* (Old) Father Time ◆ **l'usure du ~** the ravages of time ◆ **avec le ~, ça s'arrangera** things will sort themselves out in time ◆ **il faut laisser** *ou* **donner du ~ au ~** you must give these things time; → **tuer**

b [= durée] time ◆ **cela prend trop de ~** it takes (up) too much time, it's too time-consuming ◆ **la blessure mettra du ~ à guérir** the wound will take (some) time to heal ◆ **il a mis beaucoup de ~ à se préparer** he took a long time to get ready ◆ **la jeunesse n'a qu'un ~** youth doesn't last ◆ **travailler à plein ~** *ou* **à ~ plein/à ~ partiel** to work full-time/part-time ◆ **(travail à) ~ choisi** flexitime ◆ **en peu de ~** in a short time ◆ **peu de ~ avant/après Noël** shortly before/after Christmas ◆ **je l'ai vu peu de ~ après** I saw him a short time after(wards), I saw him shortly after(wards) ◆ **dans peu de ~** before (very) long ◆ **pendant ce ~(-là)** meanwhile, in the meantime ◆ **il y a beau ~ que je le sais** I've known that for a long time; → **depuis, hors, quelque**

c [= portion de temps] time ◆ **s'accorder un ~ de réflexion** to give o.s. time to think ◆ **avoir le ~ (de faire)** to have time (to do) ◆ **je n'ai pas le ~** I haven't got (the) time ◆ **je n'ai pas le ~ de le faire** I haven't got the time *ou* I can't spare the time to do it ◆ **vous avez tout votre ~** you have all the time in the world *ou* plenty of time *ou* all the time you need ◆ **avoir** *ou* **se donner** *ou* **prendre du bon ~** to enjoy o.s., to have a good time ◆ **(donnez-moi) le ~ de m'habiller et je suis à vous** just give me time *ou* a moment to get dressed and I'll be with you ◆ **faire son ~** *[soldat]* to serve one's time (in the army); *[prisonnier]* to do *ou* serve one's time ◆ **il a fait son ~** *[personnage]* he has had his day; *[objet]* it has had its day ◆ **je me suis arrêté juste le ~ de prendre un verre** I stopped just long enough for a drink *ou* to have a drink ◆ **il passe son ~ à la lecture** *ou* **à lire** he spends his time reading ◆ **passer tout son ~ à faire qch/à qch** to spends all one's time doing sth/on sth ◆ **il faut bien passer le ~** you've got to pass the time somehow ◆ **cela fait passer le ~** it passes the time ◆ **comme le ~ passe !** how time flies! ◆ **perdre du/son ~ (à faire qch)** to waste time/waste one's time (doing sth) ◆ **il n'y a pas de ~ à perdre** there's no time to lose ◆ **le ~ perdu ne se rattrape jamais** *(Prov)* time and tide wait for no man *(Prov)* ◆ **prendre le ~ de faire** to find time to do ◆ **prendre le ~ de vivre** to make time to enjoy life ◆ **prenez donc votre ~** do take your time ◆ **il a pris son ~ !** he took his time (over *ou* about it)! ◆ **le ~ presse** time is short, time presses ◆ **le ~ est compté** there's not much time left ◆ **le ~ c'est de l'argent** *(Prov)* time is money *(Prov)* → **clair, devant, plupart**

d [= moment précis] time ◆ **il est ~ de partir** it's time to go, it's time we left ◆ **il est** *ou* **il serait (grand) ~ qu'il parte** it's (high) time he went, it's time for him to go ◆ **le ~ est venu de supprimer les frontières** the time has come to abolish frontiers, it's time frontiers were abolished ◆ **ce n'est ni le ~ ni le lieu de discuter** this is neither the time nor the place for discussions ◆ **il était ~ !** *(= ce n'est pas trop tôt)* not before time!, about time too!; *(c'était juste)* it came in the nick of time! ◆ **il n'est plus ~ de se plaindre** the time for complaining is past *ou* over ◆ **il**

**n'est que ~ de s'en préoccuper** it's high time we started worrying about it ◆ **il y a un ~ pour tout** *(Prov)* there's a right time for everything; → **chaque**

**e** = époque time, times ◆ **le ~ des moissons/des vacances** *(= saison)* harvest/holiday time ◆ **les ~ modernes** modern times ◆ **au** *ou* **du ~ où ..., dans le ~ où ..., du ~ que ...** *(littér)* in the days when ..., at the time when ... ◆ **au ~ de la marine à voile** in the days of sailing ships ◆ **ces derniers ~, ces ~ derniers** lately, recently, of late ◆ **dans les derniers ~ du colonialisme** towards the end of the colonial period ◆ **les premiers ~** at the beginning, at first, at the outset ◆ **dans les premiers ~ de la crise** at the beginning of the crisis ◆ **en ~ de guerre/paix** in wartime/peacetime ◆ **en ~ de crise** in times of crisis ◆ **en un ~ où ...** at a time when ... ◆ **en ces ~ troublés** *(actuellement)* in these troubled times; *(dans le passé)* in those troubled times ◆ **les ~ ont bien changé** times have changed ◆ **le ~ n'est plus où ...** gone are the days when ... ◆ **il fut un ~** *(frm)* **où l'on pensait que ...** time was *ou* there was a time when people thought that ... ◆ **c'était le bon ~** those were the days ◆ **dans le** *ou* **au bon vieux ~** in the good old days ◆ **quels ~ nous vivons !** what times we live in! ◆ **les ~ sont durs !** times are hard!; → **ancien, nuit, signe**

**f** = époque délimitée time(s), day(s) ◆ **du ~ de Néron** in Nero's time *ou* day, at the time of Nero ◆ **au ~ des Tudors** in Tudor times, in the days of the Tudors ◆ **de mon ~** in my day *ou* time ◆ **dans mon jeune ~** in my younger days ◆ **être de son ~** *[homme]* to be a man of his time; *[femme]* to be a woman of her time ◆ **il faut être de son ~** you have to move with the times ◆ **les jeunes de notre ~** young people today

**g** = phase **l'opération s'est déroulée en trois ~** there were three phases to the operation ◆ **dans un premier ~** at first, to start *ou* begin with ◆ **dans un deuxième ~** subsequently

**h** marquant un rythme *(Mus)* beat; *(Gym)* *[d'exercice, mouvement]* stage ◆ **~ fort/faible** strong/weak beat ◆ **c'était un des ~ forts/faibles du match** it was one of the high/low points of the match ◆ **~ frappé** *(Mus)* downbeat ◆ **trois ~** three beats to the bar ◆ **à deux/trois ~** in duple/triple time ◆ **~ de valse** waltz time; → **deux**

**i** Ling *[de verbe]* tense ◆ **~ simple/composé** simple/compound tense ◆ **~ surcomposé** double-compound tense ◆ **adverbe/complément de ~** adverb/complement of time, temporal adverb/complement; → **concordance**

**j** Tech stroke ◆ **moteur à 4 ~** 4-stroke engine ◆ **un 2 ~** a 2-stroke

**k** Sport *[de coureur, concurrent]* time ◆ **le skieur a réalisé un très bon ~** the skier achieved a very good time ◆ **dans les meilleurs ~** among the best times

**l** expressions figées

◆ **à temps** in time ◆ **j'arrive à ~ !** I've come just in time!

◆ **à temps perdu** in my (*ou* your *etc*) spare time

◆ **au temps pour moi!** my mistake!

◆ **ces temps-ci** these days

◆ **dans ce temps-là, en ce temps-là** at that time

◆ **dans le temps** in the old days, in the past, formerly

◆ **dans les temps** ◆ **être dans les ~** *(= délai)* to be within the time limit; *(= programme)* to be on schedule; *(pas en retard)* to be on time ◆ **il ne reste que 12 jours avant la fin, mais nous sommes dans les ~** there are only 12 days left, but we're on schedule ◆ **le train part à 11h30, on est dans les ~** the train leaves at 11.30, we're OK for time ◆ **cette commande sera livrée dans les ~** the order will be delivered on time

◆ **de tout temps** from time immemorial, since the beginning of time

◆ **de temps à autre, de temps en temps** from time to time, now and again, every now and then

◆ **du temps que** * ◆ **du ~ que tu y es, rapporte des fruits** *(= pendant que)* while you're at it * *ou* about it *, get some fruit

◆ **en temps et en heure** in due course

◆ **en temps et lieu** in due course, at the proper time (and place)

◆ **en temps** + *adjectif* ◆ **en ~ normal** *ou* **ordinaire** usually, under normal circumstances ◆ **en ~ opportun** at the appropriate time ◆ **en ~ voulu** *ou* **utile** in due time *ou* course

◆ **entre temps** ⇒ **entre-temps**

◆ **par les temps qui courent** these days, nowadays

◆ **pour un temps** for a time *ou* while

◆ **tout le temps** all the time ◆ **l'air est presque tout le ~ pollué** the air is polluted almost all the time ◆ **il se plaint tout le ~** he complains all the time, he's forever complaining ◆ **je ne vis pas tout le ~ à Rome** I don't live in Rome all the time

2 - COMPOSÉS

▷ **temps d'accès** *(Ordin)* access time ▷ **temps d'antenne** airtime ▷ **temps d'arrêt** pause, halt ◆ **marquer un ~ d'arrêt** to pause ▷ **temps astronomique** *(Sci)* mean *ou* astronomical time ▷ **temps atomique** *(Phys)* atomic time ▷ **temps de cuisson** cooking time ▷ **temps différé** *(Ordin)* batch mode ▷ **temps libre** spare time ◆ **comment occupes-tu ton ~ libre ?** what do you do in your spare time? ▷ **temps mort** *(Ftbl, Rugby)* injury time *(NonC)*, stoppage for injury; *(dans le commerce, le travail)* slack period; *(dans la conversation)* lull ▷ **temps de parole** *(dans une émission)* air time ▷ **temps partagé** *(Ordin)* time-sharing ◆ **utilisation en ~ partagé** *(Ordin)* time-sharing ◆ **travail à ~ partagé** job-sharing ▷ **temps de pose** *(Photo)* exposure *ou* value index ▷ **temps de réaction** reaction time ▷ **temps réel** *(Ordin)* real time ◆ **ordinateur exploité en ~ réel** real-time computer ▷ **temps de réponse** response time ▷ **temps de saignement** *(Méd)* bleeding time ▷ **temps sidéral** *(Astron)* sideral time ▷ **temps solaire vrai** apparent *ou* real solar time ▷ **temps universel** universal time

---

**temps²** /tɑ̃/ **NM** *(= conditions atmosphériques)* weather ◆ **quel ~ fait-il ?** what's the weather like? ◆ **il fait beau/mauvais ~** the weather's fine/bad ◆ **le ~ s'est mis au beau** the weather has turned fine ◆ **le ~ se gâte** the weather is changing for the worse ◆ **par ~ pluvieux/mauvais ~** in wet/bad weather ◆ **sortir par tous les ~** to go out in all weathers ◆ **avec le ~ qu'il fait !** in this weather! ◆ **il fait un ~ de chien** * the weather's awful *ou* lousy * ◆ **~ de saison** seasonable weather ◆ **il faisait un beau ~ sec** *(pendant une période)* it was beautiful dry weather; *(ce jour-là)* it was a lovely dry day ◆ **le ~ est lourd aujourd'hui** it's very humid *ou* close *(Brit)* today ◆ **prendre le ~ comme il vient** to take things as they come; → **air¹**

**tenable** /t(ə)nabl/ **ADJ** *(gén nég)* *[température, situation]* bearable; *[position]* tenable ◆ **il fait trop chaud ici, ce n'est pas ~** it's too hot here, it's unbearable ◆ **quand ils sont ensemble, ce n'est plus ~** when they're together it becomes *ou* they become unbearable ◆ **la situation n'est plus ~** the situation is untenable

**tenace** /tənas/ **ADJ** **a** *(= persistant)* *[douleur, rhume]* stubborn, persistent; *[maladie, toux, rumeur, souvenir]* persistent; *[croyance, préjugés]* deep-seated, deep-rooted, stubborn; *[espoir, illusions]* tenacious, stubborn; *[rancune, méfiance]* lingering; *[odeur, parfum]* lingering, persistent; *[tache]* stubborn **b** *(= têtu, obstiné)* *[quémandeur]* persistent; *[chercheur]* dogged, tenacious; *[résistance, volonté]* tenacious, stubborn

**ténacité** /tenasite/ **NF** **a** *(= persistance)* *[de douleur, rhume]* stubbornness, persistence; *[de croyance, préjugés]* deep-seated nature, stubbornness; *[de rumeur, souvenir, odeur, parfum]* persistence; *[d'espoir, illusion]* tenacity, stubbornness **b** *(= entêtement, obstination)* *[de quémandeur]* persistence; *[de chercheur]* tenacity; *[de résistance, volonté]* tenacity, doggedness ◆ **avec ~** persistently, tenaciously, doggedly ◆ **ils ont fait preuve de ~** they were persistent *ou* tenacious **c** *(Tech)* tenacity, toughness

**tenaille** /t(ə)nɑj/ **NF** **a** *(gén pl)* *[de menuisier, bricoleur]* pliers, pincers; *[de forgeron]* tongs; *[de cordonnier]* nippers, pincers **b** *(Mil)* *[de fortification]* tenaille, tenail ◆ **prendre en ~** *(manœuvre)* to catch in a pincer movement ◆ **mouvement de ~** pincer movement

**tenailler** /tənɑje/ ▸ conjug 1 ◂ **VT** *[remords, inquiétude]* to torture, to torment ◆ **la faim le tenaillait** hunger gnawed at him ◆ **le remords le tenaillait** he was racked with remorse ◆ **l'inquiétude le tenaillait** he was desperately worried

**tenancier** /tənɑ̃sje/ **NM** **a** *[de maison de jeu, hôtel, bar]* manager **b** *[de ferme]* tenant farmer; *(Hist)* *[de terre]* (feudal) tenant

**tenancière** /tənɑ̃sjɛʀ/ **NF** *[de maison close]* brothel-keeper, madam; *[de maison de jeu, hôtel, bar]* manageress

**tenant, e** /tənɑ̃, ɑ̃t/ **ADJ** → **séance** **NM** **a** *(gén pl = partisan)* *[de doctrine]* supporter, upholder (de of) adherent (de to); *[d'homme politique]* supporter **b** *(Sport)* *[de coupe]* holder ◆ **le ~ du titre** the titleholder, the reigning champion **c** *(loc)* **les ~s et (les) aboutissants d'une affaire** the ins and outs of a question ◆ **d'un seul ~** *[terrain]* all in one piece ◆ **100 hectares d'un seul ~** 100 unbroken *ou* uninterrupted hectares **d** *(Hér)* supporter

**tendance** /tɑ̃dɑ̃s/ GRAMMAIRE ACTIVE 53.1

**NF** **a** *(= inclination, Psych)* tendency ◆ **~s refoulées/inconscientes** repressed/unconscious tendencies ◆ **la ~ principale de son caractère est l'égoïsme** the chief tendency in his character *ou* his chief tendency is selfishness ◆ **manifester des ~s homosexuelles** to show homosexual leanings *ou* tendencies ◆ **~ à l'exagération/à s'enivrer** tendency to exaggerate *ou* to exaggeration/to get drunk

◆ **avoir tendance à** *[+ paresse, exagération]* to have a tendency to, to tend towards ◆ **avoir ~ à boire/être impertinent** to have a tendency to get drunk/to be cheeky, to tend to get drunk/to be cheeky ◆ **le temps a ~ à se gâter vers le soir** the weather tends to deteriorate towards the evening ◆ **en période d'inflation, les prix ont ~ à monter** in a period of inflation, prices tend *ou* have a tendency *ou* are inclined to go up ◆ **j'aurais ~ à penser que ...** I'd be inclined to think that ...

**b** *(= opinions)* *[de parti, politicien]* leanings, sympathies; *[de groupe artistique, artiste]* leanings; *[de livre]* drift, tenor ◆ **il est de ~ gauchiste/surréaliste** he has leftist/surrealist leanings ◆ **à quelle ~ (politique) appar-**

**tient-il ?** what are his (political) leanings? *ou* sympathies? ◆ **les députés, toutes ~s confondues ...** deputies from across the political spectrum *ou* on all sides ...

**c** *(= évolution) [d'art, langage, système économique ou politique]* trend ◆ **~s démographiques** population trends ◆ **~ à la hausse/baisse** *[de prix]* upward/downward trend, rising/falling trend; *[de température]* upward/downward trend ◆ **la récente ~ à la baisse des valeurs mobilières** the recent downward *ou* falling trend in stocks and shares ◆ **les ~s actuelles de l'opinion publique** the current trends in public opinion; → **indicateur**

**ADJ** ◆ **c'est très ~** *[couleur, décor, vêtements, boîte de nuit]* it's very trendy

**tendanciel, -ielle** /tɑ̃dɑ̃sjɛl/ **ADJ** underlying

**tendancieusement** /tɑ̃dɑ̃sjøzmɑ̃/ **ADV** tendentiously

**tendancieux, -ieuse** /tɑ̃dɑ̃sjø, jøz/ **ADJ** tendentious *(frm)*, biased

**tender** /tɑ̃dɛʀ/ **NM** *(Rail)* tender

**tendeur** /tɑ̃dœʀ/ **NM** *(= dispositif) [de fil de fer]* wire-strainer; *[de ficelle de tente]* runner; *[de chaîne de bicyclette]* chain-adjuster; *[de porte-bagages]* bungee (cord *ou* rope) ◆ **~ de chaussures** shoe-stretcher

**tendineux, -euse** /tɑ̃dinø, øz/ **ADJ** *[viande]* stringy; *(Anat)* tendinous

**tendinite** /tɑ̃dinit/ **NF** tendinitis *(NonC)*

**tendon** /tɑ̃dɔ̃/ **NM** tendon, sinew ◆ **~ d'Achille** Achilles' tendon

**tendre[1]** /tɑ̃dʀ/ ► conjug 41 ◄ **VT** **a** *(= raidir) [+ corde, câble, corde de raquette]* to tighten, to tauten; *[+ corde d'arc]* to brace, to draw tight; *[+ arc]* to bend, to draw back; *[+ ressort]* to set; *[+ muscles]* to tense; *[+ pièce de tissu]* to stretch, to pull *ou* draw tight ◆ **~ la peau d'un tambour** to brace a drum ◆ **~ le jarret** to flex one's leg muscles ◆ **~ son esprit vers ...** *(littér)* to bend one's mind to ...

**b** *(= installer, poser) [+ tapisserie, tenture]* to hang; *[+ piège]* to set ◆ **~ une bâche sur une remorque** to pull a tarpaulin over a trailer ◆ **~ une chaîne entre deux poteaux** to hang *ou* fasten a chain between two posts ◆ **~ ses filets** *(lit)* to set one's nets; *(fig)* to set one's snares ◆ **~ un piège/une embuscade (à qn)** to set a trap/an ambush (for sb)

**c** *(† littér = tapisser)* **~ une pièce de tissu** to hang a room with material ◆ **~ une pièce de soie bleue** to line the walls of a room with blue silk

**d** *(= avancer)* **~ le cou** to crane one's neck ◆ **~ l'oreille** to prick up one's ears ◆ **~ la joue** to offer one's cheek ◆ **~ l'autre joue** *(fig)* to turn the other cheek ◆ **~ la gorge au couteau** *(fig)* to put *ou* lay one's head on the block ◆ **~ le poing** to raise one's fist ◆ **~ la main** *(pour attraper, mendier)* to hold out one's hand ◆ **~ la main à qn** *(pour saluer)* to hold out one's hand to sb; *(pour aider)* to lend *ou* offer sb a helping hand; *(pour se réconcilier)* to hold out *ou* extend the hand of friendship to sb ◆ **~ le bras** to stretch out one's arm ◆ **il me tendit les bras** he stretched out his arms to me ◆ **~ une main secourable** to offer a helping hand ◆ **~ le dos** *(lit, fig)* to brace oneself

**e** *(= présenter, donner)* **~ qch à qn** *[+ briquet, objet demandé]* to hold sth out to *ou* for sb; *[+ cigarette offerte, bonbon]* to offer sth to sb ◆ **il lui tendit un paquet de cigarettes** he held out a packet of cigarettes to him ◆ **il lui tendit un bonbon/une cigarette** he offered him a sweet/a cigarette ◆ **~ une perche à qn** *(fig)* to throw sb a line

**VPR** **se tendre** *[corde]* to become taut, to tighten; *[rapports]* to become strained

**VI** **a** *(= avoir tendance à)* **~ à qch/à faire qch** to tend towards sth/to do sth ◆ **le langage tend à se simplifier** language tends to become simpler ◆ **la situation tend à s'améliorer** the situation seems to be improving ◆ **ceci tend à prouver/confirmer que ...** *(sens affaibli)* this seems *ou* tends to prove/confirm that ...

**b** *(littér = viser à)* **~ à qch/à faire** to aim at sth/to do ◆ **cette mesure tend à faciliter les échanges** this measure aims to facilitate *ou* at facilitating exchanges ◆ **~ à *ou* vers la perfection** to strive towards perfection, to aim at perfection

**c** *(Math)* **~ vers l'infini** to tend towards infinity

**tendre[2]** /tɑ̃dʀ/ **ADJ** **a** *(= délicat) [peau, pierre, bois]* soft; *[haricots, viande]* tender ◆ **crayon à mine ~** soft(-lead) pencil ◆ **un steak bien ~** a nice tender steak ◆ **avoir la bouche ~** *[cheval]* to be tender-mouthed ◆ **couché dans l'herbe ~** *(littér)* lying in the sweet grass *ou* the fresh young grass ◆ **~s bourgeons/fleurettes** *(littér)* tender shoots/little flowers ◆ **depuis sa plus ~ enfance** from his earliest days ◆ **dans ma ~ enfance** *(hum)* in my innocent childhood days ◆ **~ comme la rosée** wonderfully tender; → **âge**

**b** *(= affectueux) [ami, amitié]* loving; *[amour]* tender; *[regard, mot]* tender, loving ◆ **~ aveu** tender confession ◆ **il la regardait d'un air ~** he looked at her tenderly *ou* lovingly, he gave her a tender *ou* loving look ◆ **dire des mots ~s à qn** to say tender *ou* loving things to sb ◆ **ne pas être ~ pour *ou* avec qn** * to be hard on sb

**c** *(= cher) [+ ami, époux]* dear ◆ **à mon ~ époux** to my dear(est) husband

**d** *[couleur]* soft, delicate ◆ **rose/vert/bleu ~** soft *ou* delicate pink/green/blue

**NMF** ◆ **c'est un ~** he's tender-hearted *ou* soft-hearted ◆ **en affaires, ce n'est pas un ~** * he's a tough businessman

**tendrement** /tɑ̃dʀəmɑ̃/ **ADV** *[aimer]* tenderly; *[regarder, embrasser]* tenderly, lovingly ◆ **époux ~ unis** loving couple

**tendresse** /tɑ̃dʀɛs/ **NF** **a** *(= affection)* tenderness ◆ **un geste de ~** a tender *ou* loving gesture ◆ **privé de ~ maternelle** denied maternal affection ◆ **avoir *ou* ressentir *ou* éprouver de la ~ pour qn** to feel tenderness *ou* affection for sb **b** *(= câlineries)* **~s** tokens of affection, tenderness *(NonC)* ◆ **combler qn de ~s** to overwhelm sb with tenderness *ou* with tokens of (one's) affection ◆ **mille ~s** *(sur lettre)* lots of love, much love **c** *(= penchant)* **n'avoir aucune ~ pour qn** to have no fondness for sb ◆ **il avait gardé des ~s royalistes** he had retained (his) royalist sympathies

**tendreté** /tɑ̃dʀəte/ **NF** *[de viande]* tenderness; *[de bois, métal]* softness

**tendron** /tɑ̃dʀɔ̃/ **NM** **a** *(Culin)* **~ de veau** tendron of veal *(Brit)*, plate of veal *(US)* **b** *(= pousse, bourgeon)* (tender) shoot **c** *(† hum = jeune fille)* young *ou* little girl

**tendu, e** /tɑ̃dy/ (ptp de **tendre[1]**) **ADJ** **a** *(= raide) [corde, toile]* tight, taut; *[muscles]* tensed; *[ressort]* set; *(Ling) [voyelle, prononciation]* tense ◆ **tir ~** *(Mil)* straight shot; *(Ftbl)* straight kick ◆ **la corde est trop ~e/bien ~e** the rope is too tight *ou* taut/is taut ◆ **la corde est mal ~e** the rope is slack *ou* isn't tight *ou* taut enough

**b** *(= appliqué) [esprit]* concentrated

**c** *(= empreint de nervosité) [rapports, relations]* strained, fraught; *[personne] (gén)* tense; *(= nerveux, inquiet)* strained; *[situation]* tense, fraught; *[climat, ambiance]* tense, strained ◆ **il entra, le visage ~** he came in looking tense ◆ **avant le match il était ~** he was all keyed-up before the match

**d** *(= en avant, pointé)* **les bras ~s** with arms outstretched, with outstretched arms ◆ **s'avancer la main ~e** to come forward with one's hand held out ◆ **la politique de la main ~e à l'égard de ...** a policy of friendly cooperation with ... *ou* friendly exchanges with ... ◆ **le poing ~** with one's fist raised

**e** *(= tapissé de)* **~ de** *[+ velours, soie]* hung with ◆ **chambre ~e de bleu/de soie bleue** bedroom with blue hangings/blue silk hangings

**ténèbres** /tenɛbʀ/ **NFPL** *(littér) [de nuit, cachot]* darkness, gloom ◆ **plongé dans les ~** plunged in darkness ◆ **s'avançant à tâtons dans les ~** groping his way forward in the dark(ness) *ou* gloom ◆ **les ~ de la mort** the shades of death *(littér)* ◆ **le prince/l'empire des ~** the prince/the world of darkness ◆ **les ~ de l'ignorance** the darkness of ignorance ◆ **les ~ de l'inconscient** the dark regions *ou* murky depths of the unconscious ◆ **une lueur au milieu des ~** a ray of light in the darkness *ou* amidst the gloom

**ténébreux, -euse** /tenebʀø, øz/ **ADJ** **a** *(littér) (= obscur) [prison, forêt]* dark, gloomy; *(= mystérieux et dangereux) [intrigue, dessein]* dark *(épith)*; *(= sombre) [époque, temps]* obscure; *(= incompréhensible) [affaire, philosophie]* dark *(épith)*, mysterious **b** *(littér) [personne]* saturnine ◆ **un beau ~** *(hum)* a man with dark, brooding good looks

**Ténéré** /teneʀe/ **NM** ◆ **le ~** Ténéré

**Tenerife** /teneʀif/ **N** Tenerife

**teneur** /tənœʀ/ **NF** **a** *[de traité]* terms; *[de lettre]* content, terms; *[d'article]* content ◆ **il n'a pu révéler la ~ exacte de leurs entretiens** he couldn't reveal the actual content *ou* the exact nature of their conversations **b** *[de minerai]* grade, content; *[de solution]* content ◆ **de haute/faible ~** high-/low-grade *(épith)* ◆ **~ en cuivre/alcool/matières grasses** copper/alcohol/fat content ◆ **la forte ~ en fer d'un minerai** the high iron content of an ore, the high percentage of iron in an ore ◆ **la ~ en hémoglobine du sang** the haemoglobin content of the blood

**ténia** /tenja/ **NM** tapeworm, taenia *(SPÉC)*

## tenir /t(ə)niʀ/

► conjug 22 ◄

GRAMMAIRE ACTIVE 53.3, 53.6

| | |
|---|---|
| 1 VERBE TRANSITIF | 4 VERBE TRANSITIF INDIRECT |
| 2 VERBE INTRANSITIF | 5 VERBE IMPERSONNEL |
| 3 VERBE TRANSITIF INDIRECT | 6 VERBE PRONOMINAL |

Lorsque **tenir** s'emploie dans des expressions figées telles que **tenir compagnie/compte/rigueur, tenir chaud, tenir en haleine** etc, cherchez à l'autre mot.

### 1 - VERBE TRANSITIF

**a** [avec les mains] to hold ◆ **la clé qu'il tient à la main *ou* dans sa main** the key that he's holding *ou* that he's got in his hand ◆ **il tient son fils par la main** he's holding his son's hand ◆ **elle le tenait par le cou** *(pour l'empêcher de s'enfuir)* she had got him by the neck; *(par affection)* she had her arm around his neck

**b** [= maintenir dans un certain état] to keep; *(maintenir dans une certaine position)* to hold, to keep ◆ **~ les yeux fermés/les bras levés** to keep one's eyes shut/one's arms raised *ou* up ◆ **le café le tient éveillé** coffee keeps him awake ◆ **elle tient ses enfants très propres** she keeps her children very neat ◆ ~ **qch en place/en position** to hold *ou* keep sth in place/in position ◆ **ses livres sont tenus par une courroie** his books are held (together) by a strap ◆ **il m'a tenu la tête sous l'eau** he held my head under the water ◆ ~ **la porte à qn** to hold the door open for sb

**c** [Mus = garder] *[+ note]* to hold ◆ ~ **l'accord** to stay in tune

**d** [= avoir, détenir] *[+ voleur, maladie]* * to have, to have caught; *[+ vérité, preuve, solution]* to hold, to have ◆ **faire ~ qch à qn** *(littér) [+ lettre, objet]* to transmit *ou* communicate sth to sb ◆ **si je le tenais !** *(menace)* if I could get my hands *ou* lay hands on him! ◆ **nous le tenons** *(lit) (= nous l'avons attrapé)* we've got *ou* caught him; *(= il ne peut se dérober)* we've got him (where we want him) ◆ **je tiens le mot de l'énigme/la clé du mystère** I've found *ou* got the secret of the riddle/the key to the mystery ◆ **parfait, je tiens mon article/mon sujet** great, now I have my article/my subject ◆ **je tiens un de ces rhumes !** * I've got *ou* caught a nasty cold ◆ **qu'est-ce qu'il tient !** *, **il en tient une bonne !** * *(= il est ivre)* he's plastered * *ou* loaded! * *(US)*; *(= il est idiot)* he's such a wally * *(Brit) ou* clot * *(Brit)*! ◆ **un tiens vaut mieux que deux tu l'auras** *(Prov)* ◆ **mieux vaut ~ que courir** *(Prov)* a bird in the hand is worth two in the bush *(Prov)*

**e** [Comm = avoir en stock] *[+ article, marchandise]* to stock, to keep

**f** [= avoir le contrôle de] *[+ enfant, classe]* to have under control, to keep under control *ou* on a tight rein; *[+ pays]* to have under one's control ◆ **il tient (bien) sa classe** he has *ou* keeps his class (well) under control, he controls his class well ◆ **les enfants sont très tenus** the children are held very much in check *ou* are kept on a very tight rein ◆ **les soldats tiennent la plaine** the soldiers are holding the plain, the soldiers control the plain

**g** [= gérer] *[+ hôtel, magasin]* to run, to keep; *[+ comptes, registre, maison, ménage]* to keep

**h** [= organiser] *[+ séance, réunion, conférence]* to hold; → **langage, propos, raisonnement** *etc*

**i** [= occuper] *[+ place, largeur]* to take up; *[+ rôle]* to fulfill; *[+ emploi]* to hold ◆ **tu tiens trop de place !** you're taking up too much room! ◆ **le camion tenait toute la largeur/la moitié de la chaussée** the lorry took up the whole width of/half the roadway ◆ **il tenait sa droite** *(Aut)* he was keeping to the right ◆ **elle a bien tenu son rôle de femme au foyer/de chef** she was the perfect housewife/manager ◆ **elle tient le rôle d'Ophélie** *(Théât, Ciné)* she plays the role of Ophelia, she's cast as Ophelia *ou* in the role of Ophelia

**j** [= contenir] *[récipient]* to hold

**k** [= résister à, bien se comporter] ~ **l'alcool** * to be able to hold *ou* take *(Brit)* one's drink ◆ ~ **la mer** *[bateau]* to be seaworthy ◆ ~ **le coup** *[personne]* to survive; *[chose] (= durer)* to last ◆ **financièrement, ils n'auraient pas tenu le coup** financially they wouldn't have survived *ou* been able to hold out ◆ **avec tout ce travail, est-ce qu'il pourra ~ le coup ?** with all that work will he be able to cope? ◆ **leur mariage tient le coup malgré tout** their marriage has survived *ou* lasted in spite of everything ◆ **si on danse, est-ce que la moquette tiendra le coup ?** if we dance, will the carpet stand up to it?

**l** [= respecter] *[+ promesse]* to keep; *[+ pari]* to keep to, to honour *(Brit)*, to honor *(US)*; *(= se conformer à) [+ planning]* to keep to ◆ ~ **le rythme** to keep up (the pace)

**m** [= immobiliser] **il m'a tenu dans son bureau pendant une heure** he kept me in his office for an hour ◆ **il est très tenu par ses affaires** he's very tied *(Brit) ou* tied up by his business ◆ **la colère le tenait** *(littér)* anger had him in its grip ◆ **l'envie me tenait de ...** *(littér)* I was filled *ou* gripped by the desire to ... ◆ **cette maladie le tient depuis deux mois** he's had this illness for two months (now)

**n** [locutions]

◆ **tenir qch de qn** *(= avoir reçu) [+ renseignement, meuble, bijou]* to have (got) sth from sb; *[+ trait physique, de caractère]* to get sth from sb ◆ **il tient cela de son père** he gets that from his father ◆ **je tiens ce renseignement d'un voisin** I have *ou* I got this information from a neighbour

◆ **tenir qn/qch pour** *(= considérer comme)* to regard sb/sth as, to consider sb/sth (as), to hold sb/sth to be *(frm)* ◆ **je le tenais pour un honnête homme** I regarded him as *ou* considered him (to be) *ou* held him to be *(frm)* an honest man ◆ **elle le tient pour responsable de l'accident** she holds him responsible *ou* considers him to be responsible for the accident ◆ ~ **pour certain** *ou* **assuré que ...** to be quite sure that ...

◆ **en tenir pour qch** *(= être partisan de) [+ solution]* to be keen on sth, to be in favour *(Brit) ou* favor *(US)* of sth ◆ **il en tient pour l'équipe d'Irlande** he's for the Irish team

◆ **en tenir pour qn** *(= l'aimer)* to fancy sb * *(Brit)*, to be keen on sb *, to have a crush on sb *

◆ **tiens!, tenez!** *(en donnant)* here (you are) ◆ **tiens, voilà mon frère !** *(surprise)* ah *ou* hullo, there's my brother! ◆ **tiens, tiens** well, well!, fancy that! ◆ **tenez, je vais vous expliquer** *(pour attirer l'attention)* look, I'll explain ◆ **tenez, ça m'écœure** you know, that sickens me

2 - VERBE INTRANSITIF

**a** [= rester en place, en position] *[objet fixe, nœud]* to hold; *[objets empilés, échafaudage]* to stay up, to hold (up) ◆ **croyez-vous que le clou va ~ ?** do you think the nail will hold? ◆ **l'armoire tient au mur** the cupboard is fixed to the wall ◆ **ce chapeau ne tient pas sur ma tête** this hat won't stay on (my head) ◆ **la branche est cassée mais elle tient encore** the branch is broken but it's still attached to the tree ◆ **il tient bien sur ses jambes** he's very steady on his legs

**b** [= être valable] to be on ◆ **ça tient toujours, notre pique-nique ?** * is our picnic still on? ◆ **il n'y a pas de bal/match qui tienne** there's no question of going to any dance/match

**c** [= résister] *(Mil, gén)* to hold out ◆ ~ **bon** *ou* **ferme** to stand fast *ou* firm, to hold out ◆ **il fait trop chaud, on ne tient plus ici** it's too hot - we can't stand it here any longer ◆ **il n'a pas pu ~ : il a protesté violemment** he couldn't contain himself and protested vehemently

**d** [= pouvoir être contenu dans] ~ **dans** *ou* **à** *ou* **en** to fit in(to) ◆ **est-ce que la caisse tiendra en hauteur ?** will the box fit in vertically? ◆ **ils ne tiendront pas dans la pièce/la voiture** the room/the car won't hold them, they won't fit into the room/the car ◆ **à cette table, on peut ~ à huit** this table can seat eight, we can get eight round this table ◆ **son discours tient en quelques pages** his speech takes up just a few pages, his speech is just a few pages long ◆ **ma réponse tient en un seul mot : non** in a word, my answer is no

**e** [= durer] *[accord, beau temps]* to hold; *[couleur]* to be fast; *[mariage]* to last; *[fleurs]* to last (well) ◆ **sa coiffure a tenu 2 jours** her hairstyle held for 2 days

3 - VERBE TRANSITIF INDIRECT

**tenir à**

**a** [= aimer, être attaché à] *[+ réputation, opinion de qn]* to value, to care about; *[+ objet]* to be attached to, to be fond of; *[+ personne]* to be attached to, to be fond of, to care for ◆ **il ne tenait plus à la vie** he had lost his will to live, he no longer had any desire to live ◆ **voudriez-vous un peu de vin ? – je n'y tiens pas** would you like some wine? — not really *ou* not particularly *ou* I'm not that keen * *(Brit)*

**b** [= vouloir]

◆ **tenir à** *+ infinitif*, **tenir à ce que** *+ subjonctif* to be anxious to, to be anxious that ◆ **il tient beaucoup à vous connaître** he's very anxious *ou* keen *(Brit) ou* eager to meet you ◆ **elle tenait absolument à parler** she insisted on speaking ◆ **il tient à ce que nous sachions ...** he insists *ou* is anxious that we should know ... ◆ **si vous y tenez** if you really want to, if you insist ◆ **tu viens avec nous ? – si tu y tiens** are you coming with us? — if you really want me to *ou* if you insist

**c** [= avoir pour cause] to be due to, to stem from ◆ **ça tient au climat** it's because of the climate, it's due to the climate ◆ **à quoi tient sa popularité ?** what's the reason for his popularity? ◆ **cela tient à peu de chose, la vie d'un enfant de deux ans** a two year-old's life is precarious ◆ **le succès d'un sommet tient souvent à peu de chose** the success of a summit often depends on something quite small

**d** [= être contigu à] to adjoin ◆ **le jardin tient à la ferme** the garden adjoins the farmhouse

4 - VERBE TRANSITIF INDIRECT

**tenir de** *(= ressembler à) [+ parent]* to take after ◆ **il tient de son père** he takes after his father ◆ **il a de qui ~** it runs in the family ◆ **sa réussite tient du prodige** his success is something of a miracle ◆ **cela tient du comique et du tragique** there's something (both) comic and tragic about it, there are elements of both the comic and the tragic in it

5 - VERBE IMPERSONNEL

[= dépendre de] to depend ◆ **il ne tient qu'à vous de décider** it's up to you to decide, the decision rests with you ◆ **il ne tient qu'à elle que cela se fasse** it's up to her whether it's done ◆ **ça ne tient pas qu'à lui** it doesn't depend on him alone ◆ **à quoi cela tient-il qu'il n'écrive pas ?** how is it *ou* why is it that he doesn't write? ◆ **ça tient à peu de chose** it can easily go one way or the other

◆ **qu'à cela ne tienne** that's no problem

6 - VERBE PRONOMINAL

**se tenir**

**a** [avec les mains ou une partie du corps] **il se tenait le ventre de douleur** he was clutching *ou* holding his stomach in pain ◆ **se ~ à qch** to hold onto sth ◆ **l'acrobate se tenait par les pieds** the acrobat hung on by his feet ◆ **ils se tenaient (par) la main** *(mutuellement)* they were holding hands *ou* holding each other by the hand ◆ **ils se tenaient par la taille/le cou** they had their arms round each other's waists/necks

**b** [= être dans une position, un état ou un lieu] **se ~ debout/couché/à genoux** to be standing (up)/lying (down)/kneeling (down) *ou* on one's knees ◆ **tiens-toi droit** *ou* **bien (debout)**

stand up straight; (assis) sit up (straight) ◆ **redresse-toi, tu te tiens mal** stand up straight, you're slouching ◆ **tenez-vous prêts à partir** be ready to leave ◆ **elle se tenait à sa fenêtre/dans un coin de la pièce** she was standing at her window/in a corner of the room

c [= se conduire] to behave ◆ **il ne sait pas se ~** he doesn't know how to behave ◆ **se ~ tranquille** to be quiet ◆ **tiens-toi tranquille** *(= sois calme)* keep still; *(= n'agis pas)* lie low ◆ **se ~ bien/mal** *(à table)* to have good/bad table manners; *(en société)* to behave well/badly ◆ **devant cette dame, tâche de te ~ comme il faut** *ou* **de bien te ~** when you meet the lady, try to behave properly ◆ **il se tient mieux à table qu'à cheval** * *(hum)* he's a healthy eater, he's got a healthy appetite ◆ **il n'a qu'à bien se ~** *(avertissement, bien se conduire)* he'd better behave himself; *(faire attention)* he'd better watch out

d [= avoir lieu] *[réunion, séance]* to be held; *[festival]* to take place ◆ **le marché se tient là chaque semaine** the market is held there every week

e [= être cohérent] *[raisonnement]* to hold together; *(= être liés, solidaires) [événements, faits]* to be connected *ou* interlinked ◆ **tout se tient** it's all connected

f [= se retenir] *(gén nég)* **il ne peut se ~ de rire/critiquer** he can't help laughing/criticizing ◆ **il ne se tenait pas de joie** he couldn't contain his joy ◆ **tiens-toi bien !** wait till you hear the next bit! ◆ **tu sais combien elle a gagné ? tiens-toi bien : 3 millions !** do you know how much she won? wait for it! *ou* you won't believe it! — 3 million!; → **quatre**

g [locutions]

◆ **s'en tenir à** *(= se limiter à)* to confine o.s. to, to stick to; *(= se satisfaire de)* to content o.s. with ◆ **nous nous en tiendrons là pour aujourd'hui** we'll leave it at that for today ◆ **il aimerait savoir à quoi s'en ~** he'd like to know where he stands ◆ **je sais à quoi m'en ~ sur son compte** I know exactly who I'm dealing with, I know just the sort of man he is

◆ **se tenir pour** *(= se considérer comme)* ◆ **il se tient pour responsable** he holds himself responsible ◆ **il ne se tient pas pour battu** he doesn't consider himself beaten ◆ **tenez-vous-le pour dit !** *(avertissement)* you've been warned!, you won't be told again!

**Tennessee** /tenesi/ NM Tennessee

**tennis** /tenis/ NM a *(= sport)* tennis ◆ **~ sur gazon** lawn tennis ◆ **~ sur terre battue** clay-court tennis ◆ **~ en salle** indoor tennis ◆ **~ de table** table tennis b *(= terrain)* (tennis) court c *(= partie)* game of tennis ◆ **faire un ~** to have a game of tennis, to play tennis NMPL *(= chaussures)* tennis shoes; *(par extension = chaussures de gym)* gym shoes, trainers *(Brit)*, sneakers *(US)*

**tennisman** /tenisman/ (pl **tennismen** /tenismɛn/) NM tennis player

**tennistique** /tenistik/ ADJ tennis *(épith)*

**tenon** /tənɔ̃/ NM *(Menuiserie)* tenon ◆ **assemblage à ~ et mortaise** mortice and tenon joint

**ténor** /tenɔʀ/ NM a *(Mus)* tenor ◆ **~ léger** light tenor b *(Pol)* leading light, big name *(de* in); *(Sport)* star player, big name ADJ tenor

**tenseur** /tɑ̃sœʀ/ NM, ADJ M *(Anat, Math)* tensor

**tensioactif, -ive** /tɑ̃sjoaktif, iv/ ADJ, NM ◆ **(agent) ~** surface-active agent

**tensiomètre** /tɑ̃sjɔmɛtʀ/ NM tensiometer

**tension** /tɑ̃sjɔ̃/ NF a *[de ressort, cordes de piano, muscles]* tension; *[de courroie]* tightness, tautness, tension ◆ **chaîne à ~ réglable** adjustable tension chain ◆ **corde de ~ d'une scie** tightening-cord of a saw

b *(Phon) (= phase d'articulation)* attack; *(= état d'un phonème tendu)* tension, tenseness

c *(Élec)* voltage, tension ◆ **~ de 220 volts** tension of 220 volts ◆ **à haute/basse ~** high-/low-voltage *ou* -tension *(épith)* ◆ **baisse** *ou* **chute de ~** voltage drop, drop in voltage ◆ **sous ~** live ◆ **mettre un appareil sous ~** to switch on a piece of equipment

d *(Méd)* **~ nerveuse** nervous tension *ou* strain ◆ **~ (artérielle)** blood pressure ◆ **avoir** *ou* **faire de la ~, avoir trop de ~** to have high blood pressure ◆ **prendre la ~ de qn** to take *ou* check sb's blood pressure ◆ **baisse** *ou* **chute de ~** sudden drop in blood pressure

e *[de relations, situation]* tension *(de* in); ◆ **~s sociales/ethniques/politiques** social/ethnic/political tensions ◆ **~s inflationnistes/monétaires** inflationary/monetary pressures ◆ **on note un regain de ~ dans la région** there is renewed tension in the region ◆ **~ entre deux pays/personnes** tension *ou* strained relationship between two countries/people

f *(= concentration, effort)* **~ d'esprit** sustained mental effort ◆ **~ vers un but/idéal** *(littér)* striving *ou* straining towards a goal/an ideal

g *(Phys) [de liquide]* tension; *[de vapeur]* pressure; *(Tech)* stress ◆ **~ superficielle** surface tension

**tentaculaire** /tɑ̃takylɛʀ/ ADJ *(Zool)* tentacular ◆ **villes ~s** sprawling towns ◆ **firmes ~s** monster (international) combines

**tentacule** /tɑ̃takyl/ NM *(Zool, fig)* tentacle

**tentant, e** /tɑ̃tɑ̃, ɑ̃t/ ADJ *[plat]* tempting; *[offre, projet]* tempting, attractive

**tentateur, -trice** /tɑ̃tatœʀ, tʀis/ ADJ *[beauté]* tempting, alluring, enticing; *[propos]* tempting, enticing ◆ **l'esprit ~** *(Rel)* the Tempter NM tempter ◆ **le Tentateur** *(Rel)* the Tempter NF **tentatrice** temptress

**tentation** /tɑ̃tasjɔ̃/ NF temptation ◆ **la ~ de saint Antoine** *(Rel)* the temptation of Saint Anthony ◆ **résister à la ~** to resist temptation ◆ **succomber à la ~** to yield *ou* give in to temptation

**tentative** /tɑ̃tativ/ NF *(gén)* attempt, endeavour; *(sportive, style journalistique)* bid, attempt ◆ **de vaines ~s** vain attempts *ou* endeavours ◆ **~ d'évasion** attempt *ou* bid to escape, escape bid *ou* attempt ◆ **~ de meurtre/de suicide** *(gén)* murder/suicide attempt; *(Jur)* attempted murder/suicide ◆ **faire une ~ auprès de qn (en vue de ...)** to approach sb (with a view to ...)

**tente** /tɑ̃t/ NF *(gén)* tent ◆ **~ de camping** (camping) tent ◆ **coucher sous la ~** to sleep under canvas, to camp out ◆ **se retirer sous sa ~** *(fig)* to go and sulk in one's corner

COMP ▷ **tente de cirque** circus tent, marquee ▷ **tente(-)igloo** igloo tent ▷ **tente à oxygène** oxygen tent ▷ **tente de plage** beach tent

**tenté, e** /tɑ̃te/ (ptp de **tenter**) ADJ ◆ **être ~ de faire/croire qch** to be tempted to do/believe sth

**tente-abri** (pl **tentes-abris**) /tɑ̃tabʀi/ NF shelter tent

**tenter** /tɑ̃te/ GRAMMAIRE ACTIVE 28.1 ▸ conjug 1 ◂ VT

a *(= chercher à séduire) [+ personne] (gén, Rel)* to tempt ◆ **~ qn (par une offre)** to tempt sb (with an offer) ◆ **ce n'était pas cher, elle s'est laissée ~** it wasn't expensive and she let herself be tempted ◆ **se laisser ~ par une offre** to be tempted by an offer ◆ **qu'est-ce qui te tente comme gâteau ?** * what kind of cake do you feel like? *ou* do you fancy? * ◆ **un match de tennis, ça te tenterait ?** do you feel like *ou* do you fancy * *(Brit)* a game of tennis?, how about a game of tennis? ◆ **tu peux venir si ça te tente** you can come if you feel like it ◆ **c'est vraiment ~ le diable** it's really tempting fate *ou* Providence ◆ **il ne faut pas ~ le diable** don't tempt fate, don't push your luck *

b *(= risquer) [+ expérience, démarche]* to try, to attempt ◆ **on a tout tenté pour le sauver** they tried everything to save him ◆ **on a tenté l'impossible pour le sauver** they attempted the impossible to save him ◆ **~ le tout pour le tout** to risk one's all ◆ **~ la** *ou* **sa chance** to try one's luck ◆ **~ le coup** * to have a go * *ou* a bash *, to give it a try * *ou* a whirl * ◆ **~ l'aventure** to take the plunge, to try one's luck

c *(= essayer)* **~ de faire qch** to attempt *ou* try to do sth ◆ **je vais ~ de le convaincre** I'll try to *ou* try and convince him

**tenture** /tɑ̃tyʀ/ NF a *(= tapisserie)* hanging ◆ **~ murale** wall covering b *(= grand rideau)* hanging, curtain, drape *(US)*; *(derrière une porte)* door curtain c *(de deuil)* funeral hangings

**tenu, e**[1] /t(ə)ny/ (ptp de **tenir**) ADJ a *(= entretenu)* **bien ~** *[enfant]* well *ou* neatly turned out; *[maison]* well-kept, well looked after; *[comptes, registres]* well-kept, tidy ◆ **mal ~** *[enfant]* poorly turned out, untidy; *[maison]* poorly kept, poorly looked after; *[comptes, registres]* badly kept, untidy b *(= strictement surveillé)* **leurs filles sont très ~es** their daughters are kept on a tight rein *ou* are held very much in check c *(= obligé)* **être ~ de faire qch** to be obliged to do sth, to have to do sth ◆ **être ~ au secret professionnel** to be bound by professional secrecy; → **impossible** d *(Mus) [note]* held, sustained e *(Bourse) [valeurs]* firm, steady

**ténu, e** /teny/ ADJ *(littér)* a *[point, particule, fil]* fine; *[brume]* thin; *[voix]* thin, reedy b *[raison]* tenuous, flimsy; *[nuance, cause]* tenuous, subtle; *[souvenir, espoir]* faint

**tenue**[2] /t(ə)ny/ NF a *[de maison]* upkeep, running; *[de magasin]* running; *[de classe]* handling, control; *[de séance]* holding; *(Mus) [de note]* holding, sustaining ◆ **la ~ des livres de comptes** the book-keeping ◆ **~ fautive de la plume** wrong way of holding one's pen

b *(= conduite)* (good) manners, good behaviour *(Brit) ou* behavior *(US)* ◆ **bonne ~ en classe/à table** good behaviour in class/at (the) table ◆ **avoir de la ~** to have good manners, to know how to behave (o.s.) ◆ **allons ! un peu de ~ !** come on, behave yourself! *ou* watch your manners!

c *(= qualité) [de journal]* standard, quality ◆ **publication qui a de la ~** publication of a high standard, quality publication

d *(= maintien)* posture ◆ **mauvaise ~ d'un écolier** bad posture of a schoolboy

e *(Bourse)* performance ◆ **la bonne/mauvaise ~ du franc face au dollar** the good/poor performance of the franc against the dollar

f *(= habillement, apparence)* dress, appearance; *(= vêtements, uniforme)* dress ◆ **leur ~ négligée** their sloppy dress *ou* appearance ◆ **en ~ négligée** wearing *ou* in casual clothes ◆ **ce n'est pas une ~ pour aller au golf !** that's no way to dress to play golf! ◆ **"tenue correcte exigée"** "strict dress code" ◆ **~ d'intérieur** indoor clothes ◆ **en ~ légère** *(d'été)* wearing *ou* in light clothing; *(osée)* scantily dressed *ou* clad ◆ **en petite ~** scantily dressed *ou* clad ◆ **en ~ d'Adam** *(ou* **d'Ève)** *(hum)* in one's birthday suit * ◆ **en grande ~** in full dress (uniform) ◆ **des touristes en ~ estivale/d'hiver** tourists in summer/winter clothes ◆ **se mettre en ~** to get dressed ◆ **être en ~** *(Mil)* to be in uniform ◆ **les policiers en** ~ uniformed policemen, policemen in uniform ◆ ~ **camouflée** *ou* **de camouflage/de campagne** *(Mil)* camouflage/combat dress

COMP ▷ **tenue de combat** battle dress ▷ **tenue de route** road holding ▷ **tenue de service** uniform ▷ **tenue de soirée** formal *ou* evening dress ◆ **"tenue de soirée de rigueur"** ≈ black tie ▷ **tenue de sport** sports clothes, sports gear ▷ **tenue de ville** *[d'homme]* lounge suit *(Brit)*, town suit *(US)*; *[de femme]* town dress *ou* suit ▷ **tenue de vol** flying gear

**ténuité** /tenɥite/ NF *(littér)* **a** *[de point, particule, fil]* fineness; *[de brume]* thinness; *[de voix]* thinness, reediness **b** *[de raison]* tenuousness, tenuity, flimsiness; *[de nuance, cause]* tenuousness, tenuity, subtlety

**tenure** /tənyʀ/ NF *(Hist, Jur)* tenure

**TEP** /teəpe/ NF (abrév de **tonne équivalent pétrole**) TOE

**tequila** /tekila/ NF tequila

**ter** /tɛʀ/ ADJ *(dans une adresse)* ◆ **il habite au 10** ~ he lives at (number) 10b ADV *(Mus)* three times, ter

**TER** /teəɛʀ/ NM (abrév de **train express régional**) → **train**

**tératogène** /teʀatɔʒɛn/ ADJ teratogenic

**tératologie** /teʀatɔlɔʒi/ NF teratology

**tératologique** /teʀatɔlɔʒik/ ADJ teratological

**terbium** /tɛʀbjɔm/ NM terbium

**tercet** /tɛʀsɛ/ NM *(Poésie)* tercet, triplet

**térébenthine** /teʀebɑ̃tin/ NF turpentine ◆ **nettoyer à l'essence de** ~ *ou* **à la** ~ to clean with turpentine *ou* turps * *(Brit)* *ou* turp *(US)*

**térébinthe** /teʀebɛ̃t/ NM terebinth

**Tergal** ® /tɛʀgal/ NM Terylene ®

**tergiversations** /tɛʀʒivɛʀsasjɔ̃/ NFPL prevarication, equivocation ◆ **après des semaines de** ~ after weeks of prevarication ◆ **trêve de** ~ **!** stop beating about the bush!, stop prevaricating!

**tergiverser** /tɛʀʒivɛʀse/ ▸ conjug 1 ◂ VI to prevaricate, to equivocate, to shilly-shally ◆ **cessez donc de** ~ **!** stop beating about the bush!, stop prevaricating!

**terme** /tɛʀm/ NM **a** *(Ling = mot, expression)* term; *(Math, Philos = élément)* term ◆ ~ **de marine/de métier** nautical/professional term ◆ **aux** ~**s du contrat** according to the terms of the contract ◆ **en** ~**s clairs/voilés/flatteurs** in clear/veiled/flattering terms ◆ **en d'autres** ~**s** in other words ◆ **il ne l'a pas dit en ces** ~**s** he didn't put it like that ◆ **il raisonne en** ~**s d'efficacité** he thinks in terms of efficiency ◆ **... et le** ~ **est faible** ... and that's putting it mildly, ... and that's an understatement ◆ **moyen** ~ *(gén)* middle course; *(Logique)* middle term; → **acception, force**

**b** *(= date limite)* time limit, deadline; *(littér = fin)* *[de vie, voyage, récit]* end ◆ **passé ce** ~ after this date ◆ **se fixer un** ~ **pour ...** to set o.s. a time limit *ou* a deadline for ... ◆ **mettre un** ~ **à qch** to put an end *ou* a stop to sth

**c** *(Méd)* **elle a dépassé le** ~ **de trois jours** she's three days overdue

**d** *[de loyer]* *(= date)* term, date for payment; *(= période)* quarter, rental term *ou* period; *(= somme)* (quarterly) rent *(NonC)* ◆ **payer à** ~ **échu** to pay at the end of the rental term, to pay a quarter *ou* term in arrears ◆ **le (jour du)** ~ *(= loyer)* the quarterday ◆ **il a un** ~ **de retard** he's one quarter *ou* one payment behind (with his rent) ◆ **devoir/payer son** ~ to owe/pay one's rent

**e** *(loc)*

♦ **à + terme** ◆ **à** ~ *[accouchement]* full term; *[naître]* at term; *(Bourse, Fin)* forward ◆ **être à** ~ *[femme enceinte]* to be at full term ◆ **acheter/vendre à** ~ to buy/sell forward ◆ **transaction à** ~ *(Bourse de marchandises)* forward transaction; *(Bourse des valeurs)* settlement bargain ◆ **crédit/emprunt à court/long** ~ short-term *ou* short-dated/long-term *ou* long-dated credit/loan, short/long credit/loan ◆ **arriver à** ~ *[délai, mandat, contrat]* to expire; *[opération]* to reach its *ou* a conclusion; *[paiement]* to fall due ◆ **à** ~**, c'est ce qui arrivera** this is what will happen eventually *ou* in the long run *ou* in the end ◆ **mener qch à (son)** ~ to bring sth to completion, to carry sth through (to completion) ◆ **prévisions à court/moyen/long** ~ *(gén)* short-/medium-/long-term forecasts; *(Mét)* short-/medium-/long-range forecasts ◆ **ce sera rentable à court/moyen/long** ~ it will be profitable in the short/medium/long term; → **marché**

♦ **au terme de** *(= au bout de)* after ◆ **au** ~ **de dix jours de grève, ils sont parvenus à un accord** after ten days of strike action, they reached an agreement ◆ **arrivé au** ~ **de sa vie** having reached the end of his life

♦ **avant terme** *[naître, accoucher]* prematurely ◆ **bébé né/naissance avant** ~ premature baby/birth ◆ **un bébé né deux mois avant** ~ a baby born two months premature, a two-months premature baby

NMPL **termes** *(= relations)* terms ◆ **être en bons/mauvais** ~**s avec qn** to be on good *ou* friendly/bad terms with sb ◆ **ils sont dans les meilleurs** ~**s** they are on the best of terms

**terminaison** /tɛʀminɛzɔ̃/ NF *(Ling)* ending ◆ ~**s nerveuses** *(Anat)* nerve endings

**terminal, e** (mpl **-aux**) /tɛʀminal, o/ ADJ *[élément, bourgeon, phase de maladie]* terminal ◆ **classe** ~**e** *(Scol)* final year, ≈ upper sixth (form) *(Brit)*, twelfth grade *(US)*, ≈ senior year *(US)* ◆ **élève de** ~**e** ≈ upper sixth former *(Brit)*, senior *(US)*, twelfth grader *(US)* ◆ **malade au stade** ~ *ou* **en phase** ~**e** terminally ill patient NM **a** *(= aérogare)* (air) terminal **b** *[de pétrole, marchandises]* terminal ◆ ~ **pétrolier** oil terminal ◆ ~ **maritime** shipping terminal **c** *(= ordinateur)* terminal ◆ ~ **intelligent/passif** smart *ou* intelligent/dumb terminal ◆ ~ **vocal** vocal terminal ◆ ~ **de paiement électronique** electronic payment terminal ◆ ~ **point de vente** point-of-sale *ou* POS terminal NF **terminale** *(Scol)* → **adj**

**terminer** /tɛʀmine/ ▸ conjug 1 ◂ VT **a** *(= clore)* *[+ débat, séance]* to bring to an end *ou* to a close, to terminate

**b** *(= achever)* *[+ travail]* to finish (off), to complete; *[+ repas, temps d'exil]* to end, to finish; *[+ récit, débat]* to finish, to close, to end ◆ **il termina en nous remerciant** he finished (up *ou* off) *ou* he ended by thanking us ◆ **nous avons terminé la journée/soirée chez un ami/par une promenade** we finished off *ou* ended the day/evening at a friend's house/with a walk ◆ ~ **ses jours à la campagne/à l'hôpital** to end one's days in the country/in hospital ◆ ~ **un repas par un café** to finish off *ou* round off *ou* end a meal with a coffee ◆ ~ **un livre par quelques conseils pratiques** to end a book with a few pieces of practical advice ◆ **en avoir terminé avec un travail** to be finished with a job ◆ **j'en ai terminé avec eux** I am *ou* have finished with them, I have done with them ◆ **pour** ~ **je dirais que ...** in conclusion *ou* to conclude I would say that ..., and finally I would say that ... ◆ **j'attends qu'il termine** I'm waiting for him to finish, I'm waiting till he's finished

**c** *(= former le dernier élément de)* **le café termina le repas** the meal finished *ou* ended with coffee, coffee finished off the meal ◆ **un bourgeon termine la tige** the stalk ends in a bud

VPR **se terminer** **a** *(= prendre fin)* *[rue, domaine]* to end, to terminate *(frm)*; *[affaire, repas]* to (come to an) end ◆ **les vacances se terminent demain** the holidays finish *ou* (come to an) end tomorrow ◆ **le parc se termine ici** the park ends here ◆ **ça s'est bien/mal terminé** it ended well/badly, it turned out well *ou* all right/badly (in the end) ◆ **alors ces travaux, ça se termine ?** *(gén)* well, is the work just about complete? *ou* done?; *(impatience)* when's the work going to be finished?

**b** *(= s'achever sur)* **se** ~ **par** to end with ◆ **la thèse se termine par une bibliographie** the thesis ends with a bibliography ◆ **la soirée se termina par un jeu** the evening ended with a game ◆ **ces verbes se terminent par le suffixe "ir"** these verbs end in the suffix "ir"

**c** *(= finir en)* **se** ~ **en** to end in ◆ **les mots qui se terminent en "ation"** words which end in "ation" ◆ **cette comédie se termine en tragédie** this comedy ends in tragedy ◆ **se** ~ **en pointe** to taper to a point, to end in a point

**terminologie** /tɛʀminɔlɔʒi/ NF terminology

**terminologique** /tɛʀminɔlɔʒik/ ADJ terminological

**terminologue** /tɛʀminɔlɔg/ NMF terminologist

**terminus** /tɛʀminys/ NM *[d'autobus, train]* terminus ◆ ~ **! tout le monde descend !** (last stop!) all change!

**termite** /tɛʀmit/ NM termite, white ant

**termitière** /tɛʀmitjɛʀ/ NF termites' nest, termitarium *(SPÉC)*

**ternaire** /tɛʀnɛʀ/ ADJ ternary

**terne** /tɛʀn/ ADJ *[teint]* lifeless, colourless *(Brit)*, colorless *(US)*; *[regard]* lifeless, lacklustre *(Brit)*, lackluster *(US)*; *[personne]* dull, drab, colourless *(Brit)*, colorless *(US)*; *[style, conversation]* dull, drab, lacklustre *(Brit)*, lackluster *(US)*; *[couleur, journée, vie]* dull, drab; *[cheveux]* dull, lifeless

**terni, e** /tɛʀni/ (ptp de **ternir**) ADJ *(lit, fig)* tarnished

**ternir** /tɛʀniʀ/ ▸ conjug 2 ◂ VT **a** *[+ métal, glace]* to tarnish **b** *[+ mémoire, honneur, réputation]* to stain, to tarnish, to sully VPR **se ternir** *[métal, glace]* to tarnish, to become tarnished; *[réputation]* to become tarnished *ou* stained

**ternissement** /tɛʀnismɑ̃/ NM *[de métal]* tarnishing

**ternissure** /tɛʀnisyʀ/ NF *(= aspect)* *[d'argenterie, métal, glace]* tarnish, tarnished condition; *(= tache)* tarnished *ou* dull spot

**terrain** /tɛʀɛ̃/ NM **a** *(= relief)* ground, terrain *(SPÉC)* *(littér)*; *(= sol)* soil, ground ◆ ~ **caillouteux/vallonné** stony/hilly ground ◆ ~ **meuble/lourd** loose/heavy soil *ou* ground ◆ **c'est un bon** ~ **pour la culture** it's (a) good soil for cultivation; → **accident, glissement, tout-terrain**

**b** *(Ftbl, Rugby)* pitch, field; *(avec les installations)* ground; *(Courses, Golf)* course; *(Basket, Volley, Hand-ball)* court ◆ **sur le** ~ on the field (*ou* on court *etc*) ◆ **disputer un match sur** ~ **adverse/sur son propre** ~ to play an away/a home match

**c** *(= étendue de terre)* land *(NonC)*; *(= parcelle)* plot (of land), piece of land; *(à bâtir)* site ◆ ~ **à lotir** land for dividing into plots ◆ **"terrain à bâtir"** "site *ou* building land for sale"

◆ **une maison avec deux hectares de ~** a house with two hectares of land ◆ **le prix du ~ à Paris** the price of land in Paris

d *(Géog, Géol : souvent pl)* formation ◆ **les ~s primaires/glaciaires** primary/glacial formations

e *(Mil = lieu d'opérations)* terrain; *(gagné ou perdu)* ground ◆ **en ~ ennemi** on enemy ground *ou* territory ◆ **disputer le ~** *(Mil)* to fight for every inch of ground; *(fig)* to fight every inch of the way ◆ **céder/gagner/perdre du ~** *(lit, fig)* to give/gain/lose ground ◆ **céder du ~ à l'ennemi** to lose *ou* yield ground to the enemy, to fall back before the enemy ◆ **ils finiront par céder du ~** *[négociateurs]* in the end they'll make concessions ◆ **l'épidémie cède du ~ devant les efforts des médecins** the epidemic is receding before the doctors' efforts ◆ **la livre a cédé/gagné du ~** the pound has lost/gained ground *(par rapport à* against); ◆ **reconnaître le ~** *(lit)* to reconnoitre the terrain; *(fig)* to see how the land lies, to get the lie *(Brit) ou* lay *(US)* of the land ◆ **sonder** *ou* **tâter le ~** *(fig)* to test the ground, to put out feelers ◆ **avoir l'avantage du ~** *(lit)* to have territorial advantage; *(fig)* to have the advantage of being on (one's) home ground ◆ **préparer/déblayer le ~** to prepare/clear the ground ◆ **aller/être sur le ~** to go out into/be out in the field ◆ **de ~** *[politicien]* grass-roots ◆ **le nouveau PDG est un homme de ~** the new managing director is a practical, experienced man

f *(= domaine)* ground ◆ **être sur son ~** to be on home ground *ou* territory ◆ **trouver un ~ d'entente** to find common ground *ou* an area of agreement ◆ **chercher un ~ favorable à la discussion** to seek an area conducive to (useful) discussion ◆ **je ne le suivrai pas sur ce ~** I can't go along with him there *ou* on that, I'm not with him on that ◆ **être en** *ou* **sur un ~ mouvant** to be on uncertain ground ◆ **être sur un ~ glissant** to be on slippery *ou* dangerous ground ◆ **le journaliste s'aventura sur un ~ brûlant** the journalist ventured onto dangerous ground *ou* brought up a highly sensitive *ou* ticklish issue ◆ **l'épidémie a trouvé un ~ très favorable chez les réfugiés** the epidemic found an ideal breeding ground amongst the refugees

g *(Méd)* ~ **allergique** conditions likely to produce allergies ◆ **il a un mauvais ~** he's quite susceptible to illness ◆ **il a un ~ arthritique** he's quite susceptible to arthritis

COMP ▷ **terrain d'atterrissage** landing ground ▷ **terrain d'aviation** airfield ▷ **terrain de camping** campsite, camping ground ▷ **terrain de chasse** hunting ground ▷ **terrain d'exercice** training ground ▷ **terrain de jeu** playing field ▷ **terrain de manœuvre** *(Mil)* training ground; *(= domaine)* stomping ground ▷ **terrain militaire** army ground ▷ **terrain de sport** sports ground ▷ **terrain de tennis** tennis court ▷ **terrain de tir** shooting *ou* firing range ▷ **terrain vague** waste ground *(NonC)*, wasteland *(NonC)*

**terra incognita** /teʀaɛ̃kɔgnita/ (pl **terrae incognitae** /teʀaeɛ̃kɔgnitae/) NF *(littér)* terra incognita

**terrasse** /teʀas/ NF a *[de parc, jardin]* terrace ◆ **cultures en ~s** terrace cultivation ◆ **~ fluviale** *(Géog)* river terrace b *[d'appartement]* terrace; *(sur le toit)* terrace roof ◆ **toiture en ~, toit-~** flat roof c *[de café]* terrace, pavement (area) ◆ **j'ai aperçu Charles attablé à la ~ du Café Royal** I saw Charles sitting at the terrace of the Café Royal *ou* outside the Café Royal ◆ **à la** *ou* **en ~** outside ◆ **il refusa de me servir à la** *ou* **en ~** he refused to serve me outside d *(Constr = métier)* excavation work ◆ **faire de la ~** to do excavation work

**terrassement** /teʀasmɑ̃/ NM a *(= action)* excavation ◆ **travaux de ~** excavation work ◆ **engins de ~** earth-moving *ou* excavating equipment b *(= terres creusées)* **~s** excavations, earthworks; *[de voie ferrée]* embankments

**terrasser** /teʀase/ ▸ conjug 1 ◂ VT a *[adversaire]* to floor, to bring down; *[attaque]* to bring down; *[fatigue]* to overcome; *[émotion, nouvelle]* to overwhelm; *[maladie]* to strike down ◆ **cette maladie l'a terrassé** this illness laid him low ◆ **terrassé par une crise cardiaque** struck down *ou* felled by a heart attack b *(Tech)* to excavate, to dig out; *(Agr)* to dig over

**terrassier** /teʀasje/ NM unskilled road worker, navvy *(Brit)*

**terre** /tɛʀ/ NF a *(= planète)* earth; *(= monde)* world ◆ **la planète Terre** (the) planet Earth ◆ **sur la ~ comme au ciel** *(Rel)* on earth as it is in heaven ◆ **Dieu créa le Ciel et la Terre** God created the Heavens and the Earth, God created Heaven and Earth ◆ **il a parcouru la ~ entière** he has travelled the world over, he has travelled all over the world *ou* globe ◆ **prendre à témoin la ~ entière** to take the world as one's witness ◆ **tant qu'il y aura des hommes sur la ~** as long as there are men on (the) earth ◆ **être seul sur (la) ~** to be alone in the world ◆ **il ne faut pas s'attendre au bonheur sur (cette) ~** happiness is not to be expected in this world *ou* on this earth ◆ **redescendre** *ou* **revenir sur ~** *(fig)* to come (back) down to earth; → **remuer, sel, ventre**

b *(= sol, surface)* ground, land; *(= matière)* earth, soil; *(pour la poterie)* clay ◆ **pipe/vase en ~** clay pipe/vase ◆ **ne t'allonge pas par ~, la ~ est humide** don't lie on the ground – it's damp, don't lie down – the ground is damp ◆ **une ~ fertile/aride** a fertile/an arid *ou* a barren soil ◆ **retourner/labourer la ~** to turn over/work the soil ◆ **travailler la ~** to work the soil *ou* land ◆ **planter un arbre en pleine ~** to plant a tree in the ground; → **chemin, motte, ver**

◆ **à/par terre** ◆ **être à ~** *[lutteur]* to be down ◆ **il ne faut pas frapper quelqu'un qui est à ~** *(lit, fig)* you shouldn't kick a man when he's down *ou* somebody when they're down ◆ **poser qch à** *ou* **par ~** to put sth (down) on the ground ◆ **jeter qch à** *ou* **par ~** to throw sth (down) on the ground, to throw sth to the ground ◆ **cela fiche** *ou* **flanque tous nos projets par ~** * that really messes up all our plans, that puts paid to all our plans *(Brit)* ◆ **mettre qn à ~** *[+ adversaire]* to beat sb hollow

◆ **en terre** ◆ **mettre qn en ~** to bury sb ◆ **mettre qch en ~** to put sth into the soil

◆ **sous terre** ◆ **cinq mètres sous ~** five metres underground ◆ **être à six pieds sous ~** *(fig)* to be six feet under, to be pushing up the daisies * ◆ **j'aurais voulu rentrer sous ~** *(de honte)* I wished the ground would swallow me up, I could have died *

c *(= étendue, campagne)* **~(s)** land *(NonC)* ◆ **une bande** *ou* **langue de ~** a strip *ou* tongue of land ◆ **des ~s à blé** wheat-growing land ◆ **il a acheté un bout** *ou* **un lopin de ~** he's bought a piece *ou* patch *ou* plot of land ◆ **~s cultivées** cultivated land ◆ **~s en friche** *ou* **en jachère/incultes** fallow/uncultivated land

d *(par opposition à mer)* land *(NonC)* ◆ **sur la ~ ferme** on dry land, on terra firma ◆ **apercevoir la ~** to sight land ◆ **~ !** *(Naut)* land ho! ◆ **aller à ~** *(Naut)* to go ashore ◆ **dans les ~s** inland ◆ **aller/voyager par (voie de) ~** to go/travel by land *ou* overland ◆ **toucher ~** *[navire, avion]* to land

e *(= propriété, domaine)* land *(gén NonC)* ◆ **la ~** land ◆ **une ~** an estate ◆ **il a acheté une ~ en Normandie** he's bought an estate *ou* some land in Normandy ◆ **vivre sur/de ses ~s** to live on/off one's lands *ou* estates ◆ **se retirer sur ses ~s** to go and live on one's country estate ◆ **la ~ est un excellent investissement** land is an excellent investment

f *(= pays, région)* land, country ◆ **sa ~ natale** his native land *ou* country ◆ **la France, ~ d'accueil** France, (the) land of welcome ◆ **~s lointaines/australes** distant/southern lands ◆ **la Terre promise** the Promised Land

g *(Élec)* earth *(Brit)*, ground *(US)* ◆ **mettre** *ou* **relier à la ~** to earth *(Brit)*, to ground *(US)*; → **prise**[2]

COMP ▷ **la Terre Adélie** the Adélie Coast, Adélie Land ▷ **terre d'asile** country of refuge *ou* asylum ▷ **terre battue** beaten earth ◆ **sol en ~ battue** beaten-earth floor ◆ **jouer sur ~ battue** *(Tennis)* to play on a clay court ▷ **terre brûlée** ◆ **politique de la ~ brûlée** scorched earth policy ▷ **terre de bruyère** heath-mould, heath-peat ▷ **terre cuite** *(pour briques, tuiles)* baked clay; *(pour jattes, statuettes)* terracotta ◆ **objets en ~ cuite, ~s cuites** terracotta ware *(NonC)* ◆ **une ~ cuite** a terracotta (object) ▷ **terre d'exil** land *ou* country of exile ▷ **la Terre de Feu** Tierra del Fuego ▷ **terre à foulon** fuller's earth ▷ **terre glaise** clay ▷ **terre noire** *(Géog)* chernozem ▷ **terre à potier** potter's clay ▷ **terres rares** *(Chim)* rare earths ▷ **la Terre sainte** the Holy Land ▷ **terre de Sienne** sienna ▷ **terre végétale** topsoil ▷ **terres vierges** virgin lands

**terre à terre, terre-à-terre** /tɛʀatɛʀ/ ADJ INV *[esprit]* matter-of-fact; *[personne]* down-to-earth; *[préoccupations]* mundane, workaday, prosaic

**terreau** /teʀo/ NM (soil-based) compost ◆ **~ de feuilles** leaf mould ◆ **les rumeurs trouvent ici un ~ très favorable** this is an ideal breeding ground for rumours

**terre-neuvas** /tɛʀnœva/ NM INV *(= bateau)* fishing boat *(for fishing off Newfoundland)*; *(= marin)* fisherman, trawlerman *(who fishes off Newfoundland)*

**Terre-Neuve** /tɛʀnœv/ NF Newfoundland

**terre-neuve** /tɛʀnœv/ NM INV *(= chien)* Newfoundland terrier; *(hum = personne)* good Samaritan

**terre-neuvien, -ienne** (mpl **terre-neuviens**) /tɛʀnœvjɛ̃, jɛn/ ADJ Newfoundland *(épith)* NM,F **Terre-Neuvien(ne)** Newfoundlander

**terre-neuvier** (pl **terre-neuviers**) /tɛʀnœvje/ NM ⇒ **terre-neuvas**

**terre-plein** (pl **terre-pleins**) /tɛʀplɛ̃/ NM *(Mil)* terreplein; *(Constr)* platform ◆ **~ (central)** *(sur chaussée)* central reservation *(Brit)*, median strip *(US)*

**terrer** /teʀe/ ▸ conjug 1 ◂ VPR **se terrer** a *[personne poursuivie]* to flatten o.s., to crouch down; *[criminel]* to lie low, to go to ground *ou* earth; *[personne peu sociable]* to hide (o.s.) away ◆ **terrés dans la cave pendant les bombardements** hidden *ou* buried (away) in the cellar during the bombings b *[lapin, renard] (dans son terrier)* to go to earth *ou* ground; *(contre terre)* to crouch down, to flatten itself VT *(Agr)* *[+ arbre]* to earth round *ou* up; *[+ pelouse]* to spread with soil; *[+ semis]* to earth over; *(Tech)* *[+ drap]* to full

**terrestre** /teʀɛstʀ/ ADJ a *[faune, flore, transports, habitat]* land *(épith)*; *[surface, magnétisme]* earth's *(épith)*, terrestrial, of earth ◆ **effectifs ~s** *(Mil)* land forces ◆ **missile ~** land-based missile; → **croûte, écorce, globe** b *(= d'ici-bas) [biens, plaisirs, vie]* earthly, terrestrial; → **paradis**

**terreur** /tɛʀœʀ/ **NF** a *(= peur)* terror *(gén NonC)* ◆ **avec** ~ with terror *ou* dread ◆ **vaines ~s** vain *ou* empty fears ◆ **le dentiste était ma grande** ~ the dentist was my greatest fear, I was terrified of the dentist ◆ **il vivait dans la ~ d'être découvert/de la police** he lived in terror of being discovered/of the police ◆ **faire régner la** ~ to conduct *ou* impose a reign of terror ◆ **semer la** ~ to spread terror ◆ **climat/régime de** ~ climate/reign of terror b *(= terrorisme)* terror ◆ **la Terreur** *(Hist)* the (Reign of) Terror c *(* hum = personne)* terror ◆ **petite** ~ little terror *ou* horror ◆ **jouer les ~s** to play the tough guy * ◆ **on l'appelait Joe la** ~ he was known as Joe, the tough guy * ◆ **c'est la ~ de la ville** he's the terror of the town

**terreux, -euse** /tɛʀø, øz/ **ADJ** a *[goût, odeur]* earthy b *[semelles, chaussures]* muddy; *[mains]* grubby, soiled; *[salade]* gritty, dirty c *[teint]* sallow, muddy; *[ciel]* muddy, leaden, sullen

**terrible** /tɛʀibl/ **ADJ** a *(= effroyable) [accident, maladie, châtiment]* terrible, dreadful, awful; *[arme]* terrible

b *(= terrifiant, féroce) [air, menaces]* terrible, fearsome; *[guerrier]* fearsome

c *(intensif) [vent, force, pression, bruit]* terrific, tremendous; *[colère, erreur]* terrible ◆ **c'est un ~ menteur** he's a terrible *ou* an awful liar ◆ **c'est ~ ce qu'il peut manger** he can eat an incredible amount

d *(= affligeant, pénible)* terrible, dreadful, awful ◆ **c'est ~ d'en arriver là** it's terrible *ou* awful *ou* dreadful to come to this ◆ **le (plus) ~, c'est que ...** the (most) terrible *ou* awful thing about it is that ... ◆ **il est ~, avec sa manie de toujours vous contredire** he's got a dreadful habit of always contradicting you ◆ **c'est ~ de devoir toujours tout répéter** it's awful *ou* dreadful always having to repeat everything; → **enfant**

e *(* = formidable) [film, soirée, personne]* terrific *, great *, tremendous * ◆ **ce film n'est pas ~** this film is nothing special *ou* nothing to write home about

**ADV** ◆ **ça marche ~** ⁑ it's working fantastically (well) * *ou* really great ⁑

**terriblement** /tɛʀibləmɑ̃/ **ADV** a *(= extrêmement)* terribly, dreadfully, awfully b *(† = affreusement)* terribly †

**terrien, -ienne** /tɛʀjɛ̃, jɛn/ **ADJ** a *(= qui possède des terres)* landed *(épith)*, landowning *(épith)* ◆ **propriétaire** ~ landowner, landed proprietor b *(= rural)* rural, country ◆ **vertus terriennes** virtues of the soil *ou* land ◆ **avoir une vieille ascendance terrienne** to come of old country stock **NM** a *(= paysan)* man of the soil, countryman b *(= habitant de la Terre)* Earthman, earthling c *(Naut)* landsman **NF** **terrienne** a *(= paysanne)* countrywoman b *(= habitante de la Terre)* Earthwoman, earthling c *(Naut)* landswoman

**terrier** /tɛʀje/ **NM** a *(= tanière) [de lapin, taupe]* burrow, hole; *[de renard]* earth; *[de blaireau]* set b *(= chien)* terrier

**terrifiant, e** /teʀifjɑ̃, jɑ̃t/ **ADJ** a *(= effrayant)* terrifying b *(sens affaibli) [progrès, appétit]* fearsome, incredible ◆ **c'est ~ comme il a maigri/grandi !** it's frightening how much weight he's lost/how much he's grown!

**terrifier** /teʀifje/ ► conjug 7 ◄ **VT** to terrify

**terril** /teʀi(l)/ **NM** (coal) tip, slag heap

**terrine** /tɛʀin/ **NF** *(= pot)* earthenware vessel, terrine; *(Culin) (= récipient)* terrine; *(= pâté)* pâté, terrine ◆ ~ **du chef** chef's special pâté ◆ ~ **de lapin/de légumes** rabbit/vegetable terrine *ou* pâté

**territoire** /teʀitwaʀ/ **NM** *(gén, Pol, Zool)* territory; *[de département, commune]* area; *[d'évêque, juge]* jurisdiction ◆ **~s d'outre-mer** (French) overseas territories; → **aménagement, surveillance**

**territorial, e** (mpl **-iaux**) /teʀitɔʀjal, jo/ **ADJ** a *[puissance]* land *(épith)*; *[intégrité, modifications]* territorial ◆ **eaux ~es** territorial waters ◆ **armée ~e** Territorial Army b *(Jur : opposé à personnel)* territorial **NM** *(Mil)* Territorial **NF** **territoriale** *(Mil)* Territorial Army

**territorialement** /teʀitɔʀjalmɑ̃/ **ADV** territorially ◆ **être ~ compétent** *(Jur)* to have jurisdiction

**territorialité** /teʀitɔʀjalite/ **NF** *(Jur)* territoriality

**terroir** /tɛʀwaʀ/ **NM** a *(Agr)* soil b *(= région rurale)* land ◆ **accent du** ~ country *ou* rural accent ◆ **cuisine du** ~ country cooking ◆ **mots du** ~ words with a rural flavour ◆ **il sent son** ~ he is very much of his native heath *ou* soil ◆ **poète du** ~ poet of the land

**terrorisant, e** /teʀɔʀizɑ̃, ɑ̃t/ **ADJ** terrifying

**terroriser** /teʀɔʀize/ ► conjug 1 ◄ **VT** to terrorize

**terrorisme** /teʀɔʀism/ **NM** terrorism

**terroriste** /teʀɔʀist/ **ADJ, NMF** terrorist

**tertiaire** /tɛʀsjɛʀ/ **ADJ** *(Écon, Géol, Méd)* tertiary **NM** ◆ **le** ~ *(Géol)* the Tertiary; *(Écon)* the service *ou* tertiary sector

**tertiairisation** /tɛʀsjɛʀizasjɔ̃/, **tertiarisation** /tɛʀsjaʀizasjɔ̃/ **NF** expansion *ou* development of the service sector

**tertio** /tɛʀsjo/ **ADV** third(ly)

**tertre** /tɛʀtʀ/ **NM** *(= monticule)* hillock, mound, knoll *(littér)* ◆ ~ **(funéraire)** (burial) mound

**tes** /te/ **ADJ POSS** → **ton¹**

**tessiture** /tesityʀ/ **NF** *[de voix]* tessitura; *[d'instrument]* range

**tesson** /tesɔ̃/ **NM** a *(Archéol)* potsherd b *(gén)* ~ **(de bouteille)** shard (of glass), piece of broken glass *ou* bottle

**test¹** /tɛst/ **NM** *(gén)* test ◆ **faire passer un ~ à qn** to give sb a test ◆ **soumettre qn à des ~s** to subject sb to tests, to test sb ◆ ~ **d'intelligence** IQ test ◆ ~ **d'orientation professionnelle** vocational *ou* occupational test ◆ ~ **d'aptitude/psychologique** *ou* **de personnalité** aptitude/personality test ◆ ~ **de grossesse/d'allergie** pregnancy/allergy test; → **dépistage** **ADJ** ◆ **groupe-/région-~** test group/area

**test²** /tɛst/ **NM** *(Zool)* test

**test³** /tɛst/ **NM** ⇒ **têt**

**testable** /tɛstabl/ **ADJ** testable

**testament** /tɛstamɑ̃/ **NM** a *(Rel)* **l'Ancien/le Nouveau Testament** the Old/the New Testament b *(Jur)* will, testament *(Jur)* ◆ **mourir sans** ~ to die intestate *ou* without leaving a will ◆ **ceci est mon** ~ this is my last will and testament ◆ **il peut faire son** ~ * *(hum)* he can *ou* he'd better make out his will *(hum)*; → **coucher, léguer** c *(fig) [d'homme politique, artiste]* legacy ◆ ~ **politique** political legacy

**COMP** ▷ **testament par acte public, testament authentique** *will dictated to notary in the presence of witnesses* ▷ **testament mystique** *will written or dictated by testator, signed by him, and handed to notary in a sealed envelope, before witnesses* ▷ **testament olographe** *will written, dated and signed by the testator* ▷ **testament secret** ⇒ **testament mystique**

**testamentaire** /tɛstamɑ̃tɛʀ/ **ADJ** ◆ **dispositions ~s** provisions of a (*ou* the) will ◆ **donation ~** bequest, legacy ◆ **héritier ~** legatee; *(de biens immobiliers)* devisee; → **exécuteur**

**testateur** /tɛstatœʀ/ **NM** testator, legator; *(léguant des biens immobiliers)* devisor

**testatrice** /tɛstatʀis/ **NF** testatrix, legator; *(léguant des biens immobiliers)* devisor

**tester¹** /tɛste/ ► conjug 1 ◄ **VT** *[+ personne, produit, connaissances]* to test ◆ **produit testé en laboratoire** laboratory-tested product ◆ **cosmétiques non testés sur animaux** cosmetics that have not been tested on animals, non-animal-tested cosmetics ◆ **il cherchait à ~ ma détermination** he was testing my resolve

**tester²** /tɛste/ ► conjug 1 ◄ **VI** *(Jur)* to make (out) one's will

**testeur** /tɛstœʀ/ **NM** *(= personne, machine)* tester

**testiculaire** /tɛstikylɛʀ/ **ADJ** testicular

**testicule** /tɛstikyl/ **NM** testicle, testis *(SPÉC)*

**test-match** (pl **test-match(e)s**) /tɛstmatʃ/ **NM** *(Rugby)* rugby international

**testostérone** /tɛstɔsteʀɔn/ **NF** testosterone

**têt** /tɛ(t)/ **NM** *(Chim)* ◆ ~ **à rôtir** roasting dish *ou* crucible ◆ ~ **à gaz** beehive shelf

**tétanie** /tetani/ **NF** tetany

**tétanique** /tetanik/ **ADJ** *[convulsions]* tetanic; *[patient]* tetanus *(épith)*, suffering from tetanus *(attrib)*

**tétanisation** /tetanizasjɔ̃/ **NF** *[de muscle]* tetanization

**tétaniser** /tetanize/ ► conjug 1 ◄ **VT** *(Méd)* to tetanize ◆ **muscle qui se tétanise** muscle that becomes tetanized ◆ **il était tétanisé par la peur** *(fig)* he was paralyzed with fear ◆ **le public était tétanisé de surprise** the audience was stunned

**tétanos** /tetanos/ **NM** *(= maladie)* tetanus, lockjaw; *(= contraction)* tetanus ◆ ~ **musculaire** *ou* **physiologique** tetanus (of a muscle) ◆ **vaccin contre le** ~ tetanus vaccine

**têtard** /tɛtaʀ/ **NM** tadpole

## tête /tɛt/

| | |
|---|---|
| 1 NOM FÉMININ | 2 COMPOSÉS |

### 1 - NOM FÉMININ

a Anat *[de personne, animal]* head; *(= chevelure)* hair *(NonC)* ◆ **être ~ nue, n'avoir rien sur la ~** to be bareheaded, to have nothing on one's head ◆ **avoir mal à la ~** to have a headache ◆ **j'ai la ~ lourde** my head feels heavy ◆ **sa ~ brune/bouclée** his brown/curly hair ◆ **avoir la ~ sale/propre** to have dirty/clean hair ◆ **veau à deux ~s** two-headed calf ◆ **se tenir la ~ à deux mains** to hold one's head in one's hands ◆ **tomber la ~ la première** to fall headfirst ◆ **c'est à se cogner** *ou* **se taper la ~ contre les murs** it's enough to drive you up the wall * ◆ **j'en donnerais ma ~ à couper** I would stake my life on it ◆ **faire une** *ou* **la ~ au carré à qn** ⁑ to smash sb's face in ⁑, to knock sb's block off ⁑ ◆ **tenir ~ à qn/qch** to stand up to sb/sth

♦ **tête baissée** ◆ **courir** *ou* **foncer ~ baissée** *(lit)* to rush *ou* charge headlong ◆ **y aller ~ baissée** *(fig)* to charge in blindly ◆ **se jeter** *ou* **donner ~ baissée dans** *[+ entreprise, piège]* to rush headlong into

♦ **la tête basse** ◆ **marcher la ~ basse** to walk along with one's head bowed ◆ **il est reparti la ~ basse** *(fig)* he left hanging his head

♦ **la tête haute** *(fig)* ◆ **aller** *ou* **marcher la ~ haute** to walk with one's head held high, to carry one's head high ◆ **battu aux**

**élections, il peut néanmoins se retirer la ~ haute** although beaten in the elections he can nevertheless withdraw with his head held high

♦ **de la tête aux pieds** from head to foot *ou* toe, from top to toe

♦ **coup de tête** *(lit)* head-butt; *(fig)* sudden impulse ◆ **donner un coup de ~ à qn** to head-butt sb ◆ **donner des coups de ~ contre qch** to bang one's head against sth ◆ **agir sur un coup de ~** to act on impulse; → **tête-à-tête**

**b** [= vie] **mettre à prix la ~ de qn** to put a price on sb's head ◆ **réclamer la ~ de qn** to demand sb's head ◆ **jurer sur la ~ de qn** to swear on sb's life ◆ **risquer sa ~** to risk one's neck ◆ **sauver sa ~** to save one's skin *ou* neck ◆ **il y va de sa ~** his life is at stake

**c** [= visage, expression] face ◆ **il a une ~ sympathique** he has a nice *ou* friendly face ◆ **il a une ~ sinistre** he has a sinister look about him, he looks an ugly customer ◆ **il a une bonne ~** he looks a decent sort ◆ **quand il a appris la nouvelle il a fait une (drôle de) ~ !** he pulled a face when he heard the news!, you should have seen his face when he heard the news! ◆ **il en fait une ~ !** what a face!, just look at his face! ◆ **faire la ~** to sulk, to have the sulks * *(Brit)* ◆ **tu as vu la ~ qu'il a !** *ou* **sa ~ !** have you seen his face! ◆ **je connais cette ~-là !** I know that face! ◆ **mettre un nom sur une ~** to put a name to a face ◆ **il a** *ou* **c'est une ~ à claques** * he has got the sort of face you'd love to smack *ou* that just asks to be smacked ◆ **jeter** *ou* **lancer à la ~ de qn que ...** to hurl in sb's face ... ◆ **c'est à la ~ du client** * it depends on the person ◆ **il fait son prix à la ~ du client** he charges what he feels like; → **enterrement, payer** *etc*

**d** [= personne] head ◆ **~ couronnée** crowned head ◆ **de nouvelles ~s** new faces ◆ **des ~s connues** familiar faces ◆ **des ~s vont tomber** heads will roll ◆ **avoir ses ~s** * to have one's favourites ◆ **le repas coûtera 25 € par ~ (de pipe** *)** the meal will cost €25 a head *ou* €25 per person *ou* €25 apiece

**e** [= animal] **20 ~s de bétail** 20 head of cattle

**f** [mesure] head ◆ **il a une ~/demi-~ de plus que moi** he's a head/half a head taller than me ◆ **gagner d'une ~** *(Courses)* to win by a head

**g** [= partie supérieure] *[de clou, marteau]* head; *[d'arbre]* top ◆ **~ d'ail** head of garlic ◆ **~ d'artichaut** artichoke head ◆ **~ d'épingle** pinhead ◆ **gros comme une ~ d'épingle** no bigger than a pinhead ◆ **~ de l'humérus** *(Anat)* head of the humerus

**h** [= partie antérieure] *[de train, procession]* front, head; *(Mil) [de colonne, peloton]* head; *(= première place) [de liste, chapitre, classe]* top, head ◆ **l'équipe conserve la ~ du classement** the team retains its lead ◆ **prendre la ~** to take the lead ◆ **prendre la ~ du cortège** to lead the procession, to take one's place at the head of the procession ◆ **prendre la ~ d'un mouvement** to take over leadership of a movement, to become the leader of a movement ◆ **prendre la ~ d'une affaire** to take over a business

♦ **à la tête de** ◆ **à la ~ du cortège** at the head of the procession ◆ **tué à la ~ de ses troupes** killed leading his troops *ou* at the head of his troops ◆ **être à la ~ d'un mouvement/d'une affaire** *(= diriger)* to be at the head of a movement/of a business, to head (up) a movement/a business ◆ **se trouver à la ~ d'une petite fortune/de deux maisons** to find o.s. the owner *ou* possessor of a small fortune/of two houses

♦ **en tête** ◆ **ils sont entrés dans la ville, musique en ~** they came into the town led *ou* headed by the band ◆ **on monte en ~ ou en queue ?** *(Rail)* shall we get on at the front or (at) the back? ◆ **être en ~** to be in the lead *ou* in front ◆ **dans les sondages, il arrive largement en ~** he's well ahead in the polls

♦ **en tête de** ◆ **en ~ de phrase** at the beginning of the sentence ◆ **monter dans le métro en ~ de ligne** to get on the metro at the beginning of the line ◆ **être** *ou* **venir en ~ de liste** to head the list, to come at the head *ou* top of the list ◆ **il arrive en ~ du scrutin** he's leading in the elections

**i** [= facultés mentales] **avoir (toute) sa ~** to have (all) one's wits about one ◆ **n'avoir rien dans la ~** to be empty-headed ◆ **où ai-je la ~ ?** whatever am I thinking of? ◆ **avoir une petite ~** to be dim-witted ◆ **avoir** *ou* **être une ~ sans cervelle** *ou* **de linotte, être ~ en l'air** to be scatterbrained, to be a scatterbrain ◆ **avoir de la ~** to have a good head on one's shoulders ◆ **ce type-là, c'est une ~** * that guy's really brainy * ◆ **c'est une ~ en maths** * he's *ou* she's really good at maths ◆ **femme/homme de ~** level-headed *ou* capable woman/man ◆ **avoir la ~ bien faite** to have a good mind ◆ **avoir la ~ sur les épaules** to be level-headed ◆ **calculer qch de ~** to work sth out in one's head ◆ **chercher qch dans sa ~** to search one's memory for sth ◆ **il est vieux dans sa ~** he behaves like an old man ◆ **il est bien/mal dans sa ~** * he's at ease/not at ease with himself ◆ **mettre** *ou* **fourrer** * **qch dans la ~ de qn** to put sth into sb's head ◆ **se mettre dans la ~ que** *(= s'imaginer)* to get it into one's head that ◆ **se mettre dans la ~ de faire qch** *(= décider)* to take it into one's head to do sth ◆ **j'ai la ~ vide** my mind is a blank *ou* has gone blank ◆ **avoir la ~ à ce que l'on fait** to have one's mind on what one is doing ◆ **avoir la ~ ailleurs** to have one's mind on other matters *ou* elsewhere ◆ **n'en faire qu'à sa ~** to do (exactly) as one pleases, to please o.s., to go one's own (sweet) way ◆ **il me prend la ~** * he drives me nuts * *ou* mad ◆ **la géométrie, ça me prend la ~** * geometry does my head in! * ◆ **les maths, quelle prise de ~ !** * maths does my head in! * ◆ **j'y réfléchirai à ~ reposée** I'll think about it when I've got a quiet moment; → **creuser, monter[1], perdre** *etc*

♦ **en tête** ◆ **je n'ai plus le chiffre/le nom en ~** I can't recall the number/the name, the number/the name has gone (clean) out of my head ◆ **avoir des projets en ~** to have plans ◆ **se mettre en ~ que** *(= s'imaginer)* to get it into one's head that ◆ **se mettre en ~ de faire qch** *(= décider)* to take it into one's head to do sth

**j** [= tempérament] **avoir la ~ chaude/froide** to be quick- *ou* fiery-tempered/cool-headed ◆ **garder la ~ froide** to keep a cool head, to remain cool, to keep one's head ◆ **avoir la ~ dure** to be a blockhead * ◆ **avoir** *ou* **être une ~ de mule** * *ou* **de bois** * *ou* **de lard** * *ou* **de cochon** *, **être une ~ de pioche** * to be as stubborn as a mule, to be mulish *ou* pigheaded ◆ **avoir la ~ près du bonnet** to be quick-tempered, to have a short fuse; → **fort[1], mauvais**

**k** [Ftbl] header ◆ **faire une ~** to head the ball

2 - COMPOSÉS

▷ **tête d'affiche** *(Théât)* top of the bill ◆ **être la ~ d'affiche** to head the bill, to be top of the bill ▷ **tête de bielle** *(Aut)* big end ▷ **tête blonde** * *(= enfant)* little one ▷ **tête brûlée** *(= baroudeur)* desperado ▷ **tête chercheuse** *(lit)* homing device; *(fig = personne)* pioneering researcher; *(= groupe)* pioneering research group ◆ **fusée à ~ chercheuse** homing rocket ▷ **tête de cuvée** tête de cuvée ▷ **tête de Delco** ® *(Aut)* distributor ▷ **tête d'écriture** *(Ordin)* writing head ▷ **tête d'enregistrement** recording head ▷ **tête d'injection** *(Tech)* swivel ▷ **tête de lecture** *[de pick-up]* pickup head; *[de magnétophone, magnétoscope]* playback head; *(Ordin)* reading head ◆ **~ de lecture-écriture** *(Ordin)* read-write head ▷ **tête de ligne** terminus, start of the line *(Rail)* ▷ **tête de liste** *(Pol)* chief candidate *(in list system of voting)* ▷ **tête de lit** bedhead ▷ **tête de mort** *(= emblème)* death's-head; *[de pavillon]* skull and crossbones, Jolly Roger; *(Zool)* death's-head moth; *(Culin)* Gouda cheese ▷ **tête de nœud** *⁑ prick *⁑, dickhead *⁑ ▷ **tête nucléaire** nuclear warhead ▷ **tête d'œuf** *(péj)* egghead ▷ **tête pensante** brains * ▷ **tête de pont** *(au-delà d'un fleuve)* bridgehead; *(au-delà de la mer)* beachhead; *(fig)* bridgehead ▷ **tête de série** *(Tennis)* seeded player ◆ **il était classé troisième ~ de série** he was seeded third ◆ **il est ~ de série numéro 2** he's the number 2 seed ▷ **tête de Turc** whipping boy

---

**tête-à-queue** /tɛtakø/ **NM INV** spin ◆ **faire un ~** *[de cheval]* to turn about; *[de voiture]* to spin round

**tête-à-tête** /tɛtatɛt/ **NM INV** **a** *(= conversation)* tête-à-tête, private conversation ◆ **en ~** alone together ◆ **discussion en ~** discussion in private ◆ **on a dîné en ~** the two of us had dinner together **b** *(= service)* breakfast set for two, tea *ou* coffee set for two; *(= meuble)* tête-à-tête

**tête-bêche** /tɛtbɛʃ/ **ADV** head to foot *ou* tail ◆ **timbre ~** tête-bêche stamp

**tête-de-loup** (pl **têtes-de-loup**) /tɛtdəlu/ **NF** ceiling brush

**tête-de-nègre** /tɛtdənɛgʀ/ **ADJ INV** dark brown, chocolate brown *(Brit)* **NF** **a** *(Culin)* chocolate-covered meringue **b** *(= champignon)* brown boletus

**tétée** /tete/ **NF** *(= action)* sucking; *(repas, lait)* nursing, feed *(Brit)* ◆ **cinq ~s par jour** five nursings *ou* feeds *(Brit)* a day ◆ **l'heure de la ~** nursing *ou* feeding *(Brit)* time

**téter** /tete/ ▸ conjug 6 ◂ **VT** **a** *[+ lait]* to suck; *[+ biberon, sein]* to suck at ◆ **~ sa mère** to suck at one's mother's breast ◆ **donner à ~ à un bébé** to feed a baby (at the breast), to suckle *ou* nurse a baby **b** * *[+ pouce]* to suck; *[+ pipe]* to suck at *ou* on **c** * *[voiture]* **elle tête du 13 litres au cent** ≈ it does 20 miles to the gallon ◆ **elle tête énormément** it's a real gas-guzzler *

**têtière** /tɛtjɛʀ/ **NF** *[de cheval]* headstall; *[de siège] (en tissu, dentelle)* antimacassar; *(= repose-tête)* head rest

**tétine** /tetin/ **NF** *[de vache]* udder, dug *(SPÉC)*; *[de truie]* teat, dug *(SPÉC)*; *[de biberon]* teat *(Brit)*, nipple *(US)*; *(= sucette)* comforter, dummy *(Brit)*, pacifier *(US)*

**téton** /tetɔ̃/ **NM** **a** *(* = sein)* breast, tit ⁑ **b** *(Tech = saillie)* stud, nipple

**tétrachlorure** /tetʀaklɔʀyʀ/ **NM** tetrachloride ◆ **~ de carbone** carbon tetrachloride

**tétracorde** /tetʀakɔʀd/ **NM** tetrachord

**tétraèdre** /tetʀaɛdʀ/ **NM** tetrahedron

**tétraédrique** /tetʀaedʀik/ **ADJ** tetrahedral

**tétralogie** /tetʀalɔʒi/ **NF** tetralogy ◆ **la Tétralogie de Wagner** Wagner's Ring

**tétramètre** /tetʀamɛtʀ/ **NM** tetrameter

**tétraphonie** /tetʀafɔni/ **NF** quadraphonia

**tétraphonique** /tetʀafɔnik/ **ADJ** quadraphonic

**tétraplégie** /tetʀapleʒi/ **NF** tetraplegia

**tétraplégique** /tetʀapleʒik/ **ADJ, NMF** quadraplegic, tetraplegic

**tétrapode** /tetʀapɔd/ **NM** tetrapod

**tétrarque** /tetʀaʀk/ **NM** tetrarch

**tétras** /tetʀɑ(s)/ **NM** grouse ◆ **~-lyre** black grouse ◆ **grand ~** capercaillie

**tétrasyllabe** /tetʀasi(l)lab/ **ADJ** tetrasyllabic **NM** tetrasyllable

**tetrasyllabique** /tetʀasi(l)labik/ **ADJ** tetrasyllabic

**têtu, e** /tety/ **ADJ** stubborn, obstinate ◆ **~ comme une mule** *ou* **une bourrique** *ou* **un âne** as stubborn as a mule ◆ **les faits sont ~s** there's no getting away from the facts **NM,F** ◆ **c'est un ~** he's stubborn

**teuf** * /tøf/ **NF** party ◆ **faire la ~** to party

**teuf-teuf** (pl **teufs-teufs**) /tœftœf/ **NM** a *(= bruit) [de train]* puff-puff, chuff-chuff; *[de voiture]* chug-chug b *( * = automobile)* boneshaker, rattle-trap *; *(langage enfantin = train)* chuff-chuff, puff-puff

**teuton, -onne** /tøtɔ̃, ɔn/ **ADJ** *(Hist, péj, hum)* Teutonic **NM,F** **Teuton(ne)** *(Hist, hum)* Teuton ◆ **les Teutons** *(péj)* the Huns *(péj)*

**teutonique** /tøtɔnik/ **ADJ** *(Hist, péj)* Teutonic; → **chevalier**

**texan, e** /tɛksɑ̃, an/ **ADJ** Texan **NM,F** **Texan(e)** Texan

**Texas** /tɛksas/ **NM** Texas

**tex-mex** /tɛksmɛks/ **ADJ** *[musique, restaurant, repas]* Tex-Mex

**texte** /tɛkst/ **NM** a *(= partie écrite) [de contrat, livre, pièce de théâtre]* text ◆ **~ de loi** *(adopté)* law; *(en discussion)* bill ◆ **il y a des erreurs dans le ~** there are textual errors *ou* errors in the text ◆ **lire Shakespeare dans le ~ (original)** to read Shakespeare in the original (text) ◆ **"texte et illustrations de Julien Leduc"** "written and illustrated by Julien Leduc" ◆ **apprendre son ~** *(Théât)* to learn one's lines ◆ **il écrit lui-même le ~ de ses chansons** *ou* **ses ~s** he writes his own lyrics ◆ **en français dans le ~** *(lit)* in French in the original (text); *(iro)* those were the very words used ◆ **recherche en ~ intégral** *(Ordin)* full text search
b *(= œuvre littéraire)* text; *(fragment)* passage, piece ◆ **~s choisis** selected passages ◆ **les grands ~s classiques** the great classics ◆ **expliquez ce ~ de Gide** comment on this passage *ou* piece from *ou* by Gide; → **explication**
c *(Scol = énoncé) [de devoir, dissertation]* subject, topic ◆ **~ libre** free composition; → **cahier**

**textile** /tɛkstil/ **NM** a *(= matière)* textile ◆ **~s artificiels** man-made fibres ◆ **~s synthétiques** synthetic *ou* man-made fibres b *(Ind)* **le ~** the textile industry, textiles **ADJ** textile

**texto** * /tɛksto/ **ADV** word for word

**Texto ®** /tɛksto/ **NM** text message

**textuel, -elle** /tɛkstɥɛl/ **ADJ** a *(= conforme au texte) [traduction]* literal, word for word; *[copie]* exact; *[citation]* verbatim *(épith)*, exact ◆ **elle m'a dit d'aller me faire cuire un œuf : ~ !** * she told me to get lost – those were her very words! ◆ **c'est ~ !** those were his (*ou* her) very *ou* exact words! b *(= du texte)* textual; *[analyse, sens]* textual

**textuellement** /tɛkstɥɛlmɑ̃/ **ADV** literally, word for word, verbatim ◆ **alors il m'a dit, ~, que j'étais un imbécile** so he told me I was a fool – those were his very words ◆ **il m'a ~ rapporté ses paroles** he told me what he had said word for word

**texture** /tɛkstyʀ/ **NF** *(gén)* texture

**TF1** /teɛfœ̃/ **N** (abrév de **Télévision française un**) *independent French television channel*

**TG** /teʒe/ **NF** (abrév de **Trésorerie générale**) → **trésorerie**

**TGV** /teʒeve/ **NM** (abrév de **train à grande vitesse**) → **train**

**thaï** /taj/ **NM** *(Ling)* Thai **ADJ** Thai

**thaïlandais, e** /tajlɑ̃dɛ, ɛz/ **ADJ** Thai **NM,F** **Thaïlandais(e)** Thai

**Thaïlande** /tailɑ̃d/ **NF** Thailand

**thalamus** /talamys/ **NM** thalamus

**thalassémie** /talasemi/ **NF** thalassemia

**thalasso** * /talaso/ **NF** abrév de **thalassothérapie**

**thalassothérapie** /talasoteʀapi/ **NF** thalassotherapy

**thalle** /tal/ **NM** thallus

**thallium** /taljɔm/ **NM** thallium

**thallophytes** /talɔfit/ **NFPL, NMPL** thallophytes

**thalweg** /talvɛg/ **NM** thalweg

**Thanatos** /tanatɔs/ **NM** Thanatos

**thaumaturge** /tomatyʀʒ/ **NM** miracle-worker, thaumaturge *(SPÉC)*, thaumaturgist *(SPÉC)* **ADJ** miracle-working *(épith)*, thaumaturgic(al) *(SPÉC)*

**thaumaturgie** /tomatyʀʒi/ **NF** miracle-working, thaumaturgy *(SPÉC)*

**thé** /te/ **NM** a *(= feuilles séchées, boisson)* tea ◆ **~ de Chine** China tea ◆ **les ~s de Ceylan** Ceylon teas ◆ **~ vert/noir** green/black tea ◆ **~ au lait/nature** tea with milk/without milk ◆ **~ glacé** iced tea ◆ **~ au citron/au jasmin/à la menthe** lemon/jasmine/mint tea ◆ **~ à la bergamote** tea scented with bergamot, ≃ Earl Grey ◆ **faire le** *ou* **du ~** to make some tea ◆ **prendre le ~** to have tea ◆ **à l'heure du ~** at teatime; → **feuille, rose, salon** b *(= arbre)* tea plant c *(= réunion)* tea party ◆ **~ dansant** tea dance, thé-dansant d *(Helv = infusion)* herbal tea, tisane

**théâtral, e** (mpl **-aux**) /teɑtʀal, o/ **ADJ** a *[œuvre, situation]* theatrical, dramatic; *[rubrique, chronique]* stage *(épith)*, theatre *(Brit) (épith)*, theater *(US) (épith)*; *[saison]* theatre *(Brit) (épith)*, theater *(US) (épith)*; *[représentation]* stage *(épith)*, theatrical b *(péj) [air, personne]* theatrical, histrionic ◆ **ses attitudes ~es m'agacent** his theatricals *ou* histrionics irritate me

**théâtralement** /teɑtʀalmɑ̃/ **ADV** *(lit)* theatrically; *(péj)* histrionically

**théâtralisation** /teɑtʀalizasjɔ̃/ **NF** *[de roman]* dramatization ◆ **la ~ de ses discours politiques** *(péj)* the way he turns his political speeches into theatrical performances

**théâtraliser** /teɑtʀalize/ ▸ conjug 1 ◂ **VT** to dramatize

**théâtralité** /teɑtʀalite/ **NF** *(littér)* theatricality

**théâtre** /teɑtʀ/ **NM** a *(= genre artistique)* theatre *(Brit)*, theater *(US)*; *(= ensemble de techniques)* drama, theatre *(Brit)*, theater *(US)*; *(= activité, profession)* stage, theatre *(Brit)*, theater *(US)* ◆ **faire du ~** *(comme acteur)* to be a stage actor, to be on the stage; *(comme metteur en scène)* to be in the theatre ◆ **elle a fait du ~** she has appeared on the stage, she has done some acting ◆ **elle veut faire du ~** she wants to go on the stage ◆ **je n'aime pas le ~ à la télévision** I do not like televised stage dramas *ou* stage productions on television ◆ **c'est du ~ filmé** it's a filmed stage production, it's a film of the play ◆ **ce n'est pas du bon ~** it doesn't make good theatre ◆ **technique** *ou* **art du ~** stagecraft ◆ **~ d'essai** experimental theatre *ou* drama ◆ **le ~ musical** musicals ◆ **il fait du ~ d'amateur** he's involved in *ou* he does some amateur dramatics ◆ **un roman adapté pour le ~** a novel adapted for the stage *ou* the theatre; → **critique²**
b *(= genre littéraire)* drama, theatre *(Brit)*, theater *(US)*; *(= œuvres théâtrales)* plays, dramatic works, theatre *(Brit)*, theater *(US)* ◆ **le ~ de Sheridan** Sheridan's plays *ou* dramatic works, the theatre of Sheridan ◆ **le ~ classique/élisabéthain** the classical/Elizabethan theatre, classical/Elizabethan drama ◆ **le ~ antique** *(gén)* ancient theatre; *(grec)* Greek theatre ◆ **le ~ de caractères/de situation** the theatre of character/of situation ◆ **le ~ de l'absurde** the theatre of the absurd ◆ **le ~ de boulevard** light comedies *(as performed in the theatres of the Paris Boulevards)*; → **pièce**
c *(= lieu, entreprise)* theatre *(Brit)*, theater *(US)* ◆ **~ de rue** street theatre ◆ **~ de marionnettes/de verdure** puppet/open-air theatre ◆ **~ d'ombres** shadow theatre ◆ **~ de guignol** ≃ Punch and Judy show ◆ **il ne va jamais au ~** he never goes to the theatre, he is not a theatregoer ◆ **le ~ est plein ce soir** it's a full house tonight, the performance is sold out tonight
d *(locutions)*
◆ **de théâtre** ◆ **homme/femme de ~** man/woman of the theatre ◆ **les gens de ~** theatre people, people who work in the theatre ◆ **cours de ~** drama lessons ◆ **accessoires/costumes/décors de ~** stage props/costumes/sets ◆ **artifices de ~** stage tricks ◆ **directeur de ~** theatre *ou* stage director ◆ **festival de ~** drama festival ◆ **voix/gestes de ~** theatrical *ou* histrionic *ou* stagey * voice/gestures
◆ **coup de théâtre** *(Théât)* coup de théâtre; *(gén)* dramatic turn of events ◆ **et coup de ~, il a démissionné** to everybody's amazement, he resigned
e *(péj) (= exagération)* theatricals, histrionics; *(= simulation)* playacting ◆ **c'est du ~** it's just playacting
f *[d'événement, crime]* scene ◆ **les Flandres ont été le ~ de combats sanglants** Flanders was the scene of bloody fighting ◆ **le ~ des opérations** *(Mil)* the theatre of operations ◆ **les émeutes ont eu pour ~ la capitale** the riots took place in the capital, the capital was the scene of the riots *ou* rioting

**théâtreux, -euse** * /teɑtʀø, øz/ **NM,F** *(hum)* Thespian; *(péj)* second-rate *ou* ham actor

**thébaïde** /tebaid/ **NF** *(littér)* solitary retreat

**thébain, e** /tebɛ̃, ɛn/ **ADJ** Theban **NM,F** **Thébain(e)** Theban

**Thèbes** /tɛb/ **N** Thebes

**théier** /teje/ **NM** tea plant

**théière** /tejɛʀ/ **NF** teapot

**théine** /tein/ **NF** theine

**théisme** /teism/ **NM** a *(Rel)* theism b *(Méd)* tea poisoning

**théiste** /teist/ **ADJ** theistic(al), theist **NMF** theist

**thématique** /tematik/ **ADJ** *(gén)* thematic; *[voyelle]* thematic; *[chaîne de télévision]* specialized; *[exposition, supplément d'un journal]* thematic, based on a theme *(attrib)* ◆ **index ~** subject index **NF** set of themes

**thème** /tɛm/ **NM** a *(= sujet : gén, Littérat, Mus)* theme; *[de débat]* theme, subject ◆ **le ~ de composition d'un peintre** a painter's theme ◆ **ce livre propose plusieurs ~s de réflexion** this book raises several issues b *(Scol = traduction)* translation *(into a foreign language)*, prose (translation) ◆ **~ allemand/espagnol** German/Spanish prose (translation), translation into German/Spanish; → **fort²** c *(Ling)* stem, theme ◆ **~ nominal/verbal** noun/verb stem *ou* theme d *(Astrol)* **~ astral** birth chart

**théocratie** /teɔkʀasi/ **NF** theocracy

**théocratique** /teɔkʀatik/ **ADJ** theocratic

**Théocrite** /teɔkʀit/ **NM** Theocritus

**théodicée** /teɔdise/ NF theodicy

**théodolite** /teɔdɔlit/ NM theodolite

**théogonie** /teɔgɔni/ NF theogony

**théologal, e** (mpl **-aux**) /teɔlɔgal, o/ ADJ → **vertu**

**théologie** /teɔlɔʒi/ NF theology ◆ **études de ~** theological studies ◆ **faire sa ~** to study theology *ou* divinity

**théologien, -ienne** /teɔlɔʒjɛ̃, jɛn/ NM,F theologian, theologist

**théologique** /teɔlɔʒik/ ADJ *(Rel)* theological

**Théophraste** /teɔfʀast/ NM Theophrastus

**théorbe** /teɔʀb/ NM theorbo

**théorème** /teɔʀɛm/ NM theorem ◆ **le ~ d'Archimède/de Pythagore** Archimedes'/Pythagoras' theorem

**théoricien, -ienne** /teɔʀisjɛ̃, jɛn/ NM,F theoretician, theorist

**théorie**[1] /teɔʀi/ GRAMMAIRE ACTIVE 53.2 NF *(= doctrine, hypothèse)* theory ◆ **la ~ et la pratique** theory and practice ◆ **en ~** in theory ◆ **la ~, c'est bien joli, mais ...** theory *ou* theorizing is all very well, but ... ◆ **~ des catastrophes/du chaos/des jeux/des ensembles** catastrophe/chaos/game/set theory

**théorie**[2] /teɔʀi/ NF *(littér = procession)* procession, file

**théorique** /teɔʀik/ ADJ theoretical ◆ **c'est une liberté toute ~** it's a purely theoretical freedom

**théoriquement** /teɔʀikmɑ̃/ ADV theoretically, in theory ◆ **~, c'est vrai** in theory *ou* theoretically it's true

**théorisation** /teɔʀizasjɔ̃/ NF theorization

**théoriser** /teɔʀize/ ▸ conjug 1 ◂ VI to theorize *(sur* about) VT to theorize about

**théosophe** /teozɔf/ NMF theosophist

**théosophie** /teozɔfi/ NF theosophy

**théosophique** /teozɔfik/ ADJ theosophic

**thérapeute** /teʀapøt/ NMF therapist

**thérapeutique** /teʀapøtik/ ADJ *[usage, effet, avortement]* therapeutic ◆ **essais ~s** drug trials ◆ **les moyens ~s actuels** current methods of treatment NF *(= branche de la médecine)* therapeutics *(sg)*; *(= traitement)* therapy

**thérapie** /teʀapi/ NF *(Méd)* therapy, treatment; *(Psych)* therapy ◆ **~ de groupe/comportementale** group/behavioural therapy ◆ **~ génique** gene therapy ◆ **suivre une ~** to undergo *ou* have therapy

**thermal, e** (mpl **-aux**) /tɛʀmal, o/ ADJ *[source]* thermal, hot ◆ **cure ~e** water cure ◆ **faire une cure ~e** to take the waters ◆ **eaux ~es** hot springs ◆ **établissement ~** hydropathic *ou* water-cure establishment ◆ **station ~e** spa ◆ **ville ~e** spa town

**thermalisme** /tɛʀmalism/ NM *(= science)* balneology; *(= cures)* water cures

**thermes** /tɛʀm/ NMPL *(Hist)* thermae; *(= établissement thermal)* thermal baths

**thermidor** /tɛʀmidɔʀ/ NM Thermidor *(11th month of French Republican calendar)*

**thermidorien, -ienne** /tɛʀmidɔʀjɛ̃, jɛn/ ADJ of the 9th Thermidor NM,F revolutionary of the 9th Thermidor

**thermie** /tɛʀmi/ NF *(Phys)* therm

**thermique** /tɛʀmik/ ADJ *[unité, équilibre]* thermal; *[énergie]* thermic ◆ **moteur ~** heat engine ◆ **carte ~** temperature map ◆ **ascendance ~** thermal, thermal current; → **central**

**thermocautère** /tɛʀmokotɛʀ/ NM diathermy, electro-cautery

**thermochimie** /tɛʀmoʃimi/ NF thermochemistry

**thermocouple** /tɛʀmokupl/ NM thermocouple, thermoelectric couple

**thermodynamique** /tɛʀmodinamik/ NF thermodynamics *(sg)* ADJ thermodynamic(al)

**thermoélectricité** /tɛʀmoelɛktʀisite/ NF thermoelectricity

**thermoélectrique** /tɛʀmoelɛktʀik/ ADJ thermoelectric(al) ◆ **couple ~** thermoelectric couple, thermocouple ◆ **effet ~** thermoelectric *ou* Seebeck effect ◆ **pile ~** thermopile, thermoelectric pile

**thermoformage** /tɛʀmofɔʀmaʒ/ NM thermal compression moulding

**thermoformé, e** /tɛʀmofɔʀme/ ADJ thermally moulded

**thermogène** /tɛʀmoʒɛn/ ADJ → **ouate**

**thermographe** /tɛʀmɔgʀaf/ NM thermograph

**thermographie** /tɛʀmɔgʀafi/ NF thermography

**thermoluminescence** /tɛʀmolyminesɑ̃s/ NF thermoluminescence

**thermomètre** /tɛʀmɔmɛtʀ/ NM thermometer ◆ **le ~ affiche** *ou* **indique 38°** the thermometer is (standing) at *ou* is showing 38° ◆ **le ~ monte** the temperature is rising, the thermometer is showing a rise in temperature ◆ **~ à mercure/à alcool** mercury/alcohol thermometer ◆ **~ à maxima et minima** maximum and minimum thermometer ◆ **~ médical** clinical thermometer ◆ **l'indice CAC 40, principal ~ du marché** the CAC 40 index, the main barometer of the market

**thermométrie** /tɛʀmɔmetʀi/ NF thermometry

**thermométrique** /tɛʀmɔmetʀik/ ADJ thermometric(al)

**thermonucléaire** /tɛʀmonykleɛʀ/ ADJ thermonuclear

**thermopile** /tɛʀmopil/ NF thermopile

**thermoplastique** /tɛʀmoplastik/ ADJ thermoplastic

**thermopropulsion** /tɛʀmopʀɔpylsjɔ̃/ NF thermal propulsion

**Thermopyles** /tɛʀmɔpil/ NFPL ◆ **les ~** Thermopylae

**thermorégulateur, -trice** /tɛʀmoʀegylatœʀ, tʀis/ ADJ thermotaxic, thermoregulation *(épith)*

**thermorégulation** /tɛʀmoʀegylasjɔ̃/ NF thermotaxis, thermoregulation *(épith)*

**thermorésistant, e** /tɛʀmoʀezistɑ̃, ɑ̃t/ ADJ *(gén)* heat-resistant; *[plastique]* thermosetting

**thermos** ® /tɛʀmos/ NM *ou* nf ◆ **(bouteille) ~** vacuum *ou* Thermos ® flask *(Brit) ou* bottle *(US)*

**thermoscope** /tɛʀmɔskɔp/ NM thermoscope

**thermosiphon** /tɛʀmosifɔ̃/ NM thermosiphon

**thermosphère** /tɛʀmɔsfɛʀ/ NF thermosphere

**thermostat** /tɛʀmɔsta/ NM thermostat ◆ **préchauffez le four, ~ 7** preheat the oven to gas mark 7

**thermothérapie** /tɛʀmoteʀapi/ NF (deep) heat treatment, thermotherapy

**thésard, e** * /tezaʀ, aʀd/ NM,F PhD student

**thésaurisation** /tezɔʀizasjɔ̃/ NF hoarding *(of money)*; *(Écon)* building up of capital

**thésauriser** /tezɔʀize/ ▸ conjug 1 ◂ VI to hoard money VT to hoard (up)

**thésauriseur, -euse** /tezɔʀizœʀ, øz/ NM,F hoarder *(of money)*

**thésaurus** /tezɔʀys/ NM *dictionary of specialized terms*

**thèse** /tɛz/ NF a *(= doctrine)* thesis, argument ◆ **pièce/roman à ~** *play/novel expounding a philosophical or social message*, pièce/roman à thèse *(SPÉC)* b *(Univ)* thesis ◆ **~ de doctorat (d'État)** PhD, doctoral thesis *(Brit)*, doctoral dissertation *(US)* ◆ **~ de 3e cycle** ≈ MA *ou* MSc thesis, Master's thesis; → **soutenance, soutenir** c *(Philos)* thesis ◆ **~, antithèse, synthèse** thesis, antithesis, synthesis d *(= théorie)* theory, possibility ◆ **selon la ~ officielle, il ...** the official line is that he ... ◆ **la ~ du suicide a été écartée** suicide has been ruled out

**Thésée** /teze/ NM Theseus

**Thessalie** /tɛsali/ NF Thessaly

**thessalien, -ienne** /tɛsaljɛ̃, jɛn/ ADJ Thessalian NM,F **Thessalien(ne)** Thessalian

**Thessalonique** /tesalɔnik/ N Thessalonica

**thibaude** /tibod/ NF anti-slip undercarpeting *(NonC)*, carpet underlay *(NonC)* ◆ **moquette sur ~** fitted carpet *(Brit) ou* wall-to-wall carpet *(US)* with underlay

**Thimbou** /timbu/ N Thimbu

**Thomas** /tɔmɑ/ NM Thomas ◆ **saint ~** Saint Thomas ◆ **je suis comme saint ~, je ne crois que ce que je vois** I'm a real doubting Thomas, I'll believe it when I see it, seeing is believing ◆ **saint ~ d'Aquin** (Saint) Thomas Aquinas

**thomisme** /tɔmism/ NM Thomism

**thomiste** /tɔmist/ ADJ Thomistic(al) NMF Thomist

**thon** /tɔ̃/ NM a *(Zool)* tuna, tunny (fish) *(Brit)*; *(en boîte)* tuna(-fish) *(NonC)* ◆ **~ blanc** long fin tuna ◆ **~ rouge** blue fin tuna ◆ **miettes de ~** flaked tuna ◆ **~ au naturel/à l'huile** tuna(-fish) in brine/in oil b *(* : péj)* lump *

**thonier** /tɔnje/ NM tuna boat

**Thor** /tɔʀ/ NM Thor

**Thora, Torah** /tɔʀa/ NF ◆ **la ~** the Torah

**thoracique** /tɔʀasik/ ADJ *[cavité, canal]* thoracic ◆ **capacité ~** respiratory *ou* vital capacity; → **cage**

**thorax** /tɔʀaks/ NM thorax

**thorium** /tɔʀjɔm/ NM thorium

**Thrace** /tʀas/ NF Thrace

**thrène** /tʀɛn/ NM threnody

**thrombine** /tʀɔ̃bin/ NF thrombin

**thrombocyte** /tʀɔ̃bɔsit/ NM thrombocyte

**thrombose** /tʀɔ̃boz/ NF thrombosis ◆ **~ veineuse profonde** deep vein thrombosis, DVT

**Thucydide** /tysidid/ NM Thucydides

**Thulé** /tyle/ N Thule

**thulium** /tyljɔm/ NM thulium

**thune** /tyn/ NF a *(† * = pièce)* 5-franc piece b *(* = argent)* **de la ~, des ~s** cash *, dosh * *(Brit)* ◆ **j'ai plus une ~** I'm flat *ou* stony *(Brit)* broke ◆ **il se fait pas mal de ~(s)** he makes loads of *ou* a pile of money *

**thuriféraire** /tyʀifeʀɛʀ/ NM *(Rel)* thurifier; *(littér)* flatterer, sycophant

**thuya** /tyja/ NM thuja

**thym** /tɛ̃/ NM thyme ◆ **~ sauvage** wild thyme

**thymique** /timik/ ADJ *(Méd, Psych)* thymic

**thymus** /timys/ NM thymus

**thyroïde** /tiʀɔid/ ADJ thyroid *(épith)* NF ◆ **(glande) ~** thyroid (gland)

**thyroïdien, -ienne** /tiʀɔidjɛ̃, jɛn/ ADJ thyroid *(épith)*

**thyroxine** /tiʀɔksin/ NF thyroxin

**thyrse** /tiʀs/ NM *(Bot, Myth)* thyrsus

**tiare** /tjaʀ/ NF tiara

**Tibère** /tibɛʀ/ NM Tiberius

**Tibériade** /tibeʀjad/ N ◆ **le lac de ~** Lake Tiberias, the Sea of Galilee

**Tibesti** /tibɛsti/ NM ◆ **le (massif du) ~** the Tibesti (Massif)

**Tibet** /tibɛ/ NM Tibet

**tibétain, e** /tibetɛ̃, ɛn/ ADJ Tibetan NM *(Ling)* Tibetan NM,F **Tibétain(e)** Tibetan

**tibia** /tibja/ NM *(Anat) (= os)* tibia *(SPÉC)*, shinbone; *(= partie antérieure de la jambe)* shin ◆ **donner un coup de pied dans les ~s à qn** to kick sb in the shins

**Tibre** /tibʀ/ NM ◆ **le ~** the Tiber

**TIC** /teise/ NFPL (abrév de **technologies de l'information et de la communication**) ICT

**tic** /tik/ NM a *(facial)* (facial) twitch *ou* tic; *(du corps)* twitch, mannerism, tic; *(= manie)* habit, mannerism ◆ **~ (nerveux)** nervous twitch *ou* tic ◆ **~ verbal** *ou* **de langage** verbal tic ◆ **c'est un ~ chez lui** *(manie)* it's a habit with him; *(geste)* it's a tic he has ◆ **il est plein de ~s** he never stops twitching b *(Vét = déglutition)* cribbing *(NonC)*, crib-biting *(NonC)*

**ticket** /tikɛ/ NM a *(= billet)* ticket ◆ **~ de métro/consigne/vestiaire** underground *(Brit) ou* subway *(US)*/left-luggage/cloakroom ticket b *(† ‡ = 10 francs)* 10-franc note c **j'ai le** *ou* **un ~ avec sa sœur** * I've made a hit with his sister * d *(Pol)* ticket COMP ▷ **ticket d'alimentation** ≈ ration card, food stamp *(US)* ▷ **ticket de caisse** sales slip *ou* receipt ▷ **ticket d'entrée** (entrance) ticket ◆ **leur ~ d'entrée sur le marché européen** their ticket into the European market ▷ **ticket modérateur** patient's contribution *(towards cost of medical treatment)* ▷ **ticket de quai** platform ticket ▷ **ticket de rationnement** ≈ ration card

**ticket-repas** (pl **tickets-repas**) /tikɛʀəpa/ NM luncheon voucher *(Brit)*, ≈ meal ticket *(US)*

**Ticket-Restaurant** ® (pl **Tickets-Restaurant**) /tikɛʀɛstɔʀɑ̃/ NM ⇒ **ticket-repas**

**tic-tac** /tiktak/ NM INV ticking, tick-tock ◆ **faire ~** to tick, to go tick tock

**tie-break** (pl **tie-breaks**) /tajbʀɛk/ NM tie break ◆ **il a remporté le premier set au ~** he won the first set on *ou* in a tie-break

**tiédasse** /tjedas/ ADJ *(péj)* lukewarm, tepid

**tiède** /tjɛd/ ADJ a *(= refroidi) [boisson, bain] (désagréablement)* lukewarm, tepid; *(agréablement)* warm; *(= doux) [vent, saison, température]* mild, warm; *[atmosphère]* balmy ◆ **salade ~** warm salad

b *(= sans conviction) [sentiment, foi, accueil]* lukewarm, half-hearted, tepid; *[chrétien, militant]* half-hearted, lukewarm ◆ **tu lui as proposé ? – oui, mais il était plutôt ~** did you suggest it to him? – yes, but he wasn't very enthusiastic

NMF *(péj)* lukewarm *ou* half-hearted individual ◆ **des mesures qui risquent d'effaroucher les ~s** *(Pol)* measures likely to scare the wets

ADV ◆ **elle boit son café ~** she drinks her coffee lukewarm, she doesn't like her coffee too hot ◆ **ils boivent leur bière ~** they drink their beer (luke)warm ◆ **je n'aime pas boire ~** I don't like drinking things when they're lukewarm ◆ **servir ~/à peine ~** *(dans une recette)* serve warm/just warm

**tièdement** /tjɛdmɑ̃/ ADV *[accueillir]* in a lukewarm way, half-heartedly ◆ **~ soutenu par son parti** with the half-hearted support of his party

**tiédeur** /tjedœʀ/ NF a *[de bain]* tepidness; *[de vent, saison, température]* mildness, warmth; *[d'atmosphère]* balminess ◆ **les premières ~s du printemps** the first warm days of spring ◆ **la ~ du vent/de la nuit** the warm wind/night air b *[de sentiment, foi, accueil]* lukewarmness, half-heartedness, tepidness; *[de chrétien, militant]* half-heartedness, lukewarmness ◆ **la ~ du public à l'égard du référendum** the public's lack of enthusiasm for *ou* half-hearted attitude towards the referendum

**tiédir** /tjediʀ/ ▸ conjug 2 ◂ VI a *(= refroidir)* to cool (down) ◆ **laisser ~ un café trop chaud** to let a cup of coffee cool down b *(= se réchauffer)* to grow warm(er) ◆ **faire ~ de l'eau** to warm *ou* heat up some water ◆ **dans un bol, versez le lait tiédi** pour the warmed milk into a bowl c *(= faiblir) [sentiment, foi, ardeur]* to cool (off) ◆ **l'enthousiasme tiédit avec le temps** enthusiasm wanes with time VT a *(= réchauffer)* to warm (up) b *(= rafraîchir)* to cool (down)

**tien, tienne** /tjɛ̃, tjɛn/ PRON POSS ◆ **le tien, la tienne, les tiens, les tiennes** yours; *(†, Rel)* thine ◆ **ce sac n'est pas le ~** this bag is not yours, this is not your bag ◆ **mes fils sont stupides comparés aux ~s** my sons are stupid compared to yours ◆ **à la ~ne !** * your (good) health!, cheers! ◆ **tu vas faire ce travail tout seul ? - à la ~ne ! †** * *(iro)* you're going to do the job all by yourself? - good luck to you!; *pour autres loc voir* **sien** NM a ◆ **il n'y a pas à distinguer le ~ du mien** what's mine is yours; *pour autres loc voir* **sien** b ◆ **les ~s** your family, your (own) folks * ◆ **toi et tous les ~s** you and yours; *pour autres loc voir* **sien** ADJ POSS *(† ou hum)* ◆ **un ~ cousin** a cousin of yours

**tierce**[1] /tjɛʀs/ NF a *(Mus)* third ◆ **~ majeure/mineure** major/minor third b *(Cartes)* tierce ◆ **~ majeure** tierce major c *(Typo)* final proof d *(Rel)* terce e *(Escrime)* tierce f *(= unité de temps)* sixtieth of a second ADJ → **tiers**

**tiercé, e** /tjɛʀse/ ADJ *(Hér)* tiercé, tierced; → **rime** NM *French triple forecast system for horse-racing*, tierce *(Austral)* ◆ **réussir le ~ dans l'ordre/dans le désordre** *ou* **dans un ordre différent** to win on the tiercé with the right placings/without the right placings ◆ **un beau ~** a good win on the tiercé ◆ **toucher** *ou* **gagner le ~** to win the tiercé ◆ **le ~ gagnant** *(lit, fig)* the three winners, the first three

**tierceron** /tjɛʀsəʀɔ̃/ NM tierceron

**tiers, tierce**[2] /tjɛʀ, tjɛʀs/ ADJ third ◆ **b tierce** *(Math)* b triple dash ◆ **une tierce personne** a third party ◆ **pays ~** *(Europe)* third country ◆ **tierce épreuve** *(Typo)* final proof ◆ **~ porteur** *(Jur)* endorsee ◆ **tierce opposition** *(Jur)* opposition by third party *(to outcome of litigation)*

NM a *(= fraction)* third ◆ **le premier ~/les deux premiers ~ de l'année** the first third/the first two thirds of the year ◆ **j'ai lu le** *ou* **un ~/les deux ~ du livre** I have read a third/two thirds of the book ◆ **j'en suis au ~** I'm a third of the way through ◆ **les deux ~ des gens pensent que ...** the majority of people think that ... ◆ **l'article est trop long d'un ~** the article is a third too long *ou* over length, the article is too long by a third ◆ **remplissez la casserole aux deux ~** fill the pan two-thirds full ◆ **la ville était détruite aux deux ~** two thirds of the city was destroyed

b *(= troisième personne)* third party *ou* person; *(= étranger, inconnu)* outsider; *(Jur)* third party ◆ **il a appris la nouvelle par un ~** somebody else told him the news, he learnt the news through a third party ◆ **l'assurance ne couvre pas les ~** the insurance does not cover third party risks ◆ **il se moque du ~ comme du quart †** he doesn't care a fig *ou* a hoot * *ou* a damn *; → **assurance**

c *(= troisième élément)* **principe du ~ exclu** *(Logique)* law of excluded middle

COMP ▷ **le Tiers État** NM *(Hist)* the third estate ▷ **tiers ordre** *(Rel)* third order ▷ **tiers payant** direct payment by insurers *(for medical treatment)* ▷ **tiers provisionnel** provisional *ou* interim payment *(of tax)*

**tiers-arbitre, tiers arbitre** (pl **tiers(-)arbitres**) /tjɛʀaʀbitʀ/ NM independent arbitrator

**Tiers-Monde** /tjɛʀmɔ̃d/ NM ◆ **le ~** the Third World

**tiers-mondisme** /tjɛʀmɔ̃dism/ NM third-worldism

**tiers-mondiste** /tjɛʀmɔ̃dist/ ADJ *(= du Tiers-Monde)* Third-World *(épith)*; *(= en faveur du Tiers-Monde)* supporting the Third World NMF *(= spécialiste)* specialist of the Third World; *(= partisan)* supporter of the Third World

**tiers-point** (pl **tiers-points**) /tjɛʀpwɛ̃/ NM *(Archit)* crown; *(= lime)* saw-file

**tifs** * /tif/ NMPL *(gén pl)* hair

**TIG** /teiʒe/ NM (abrév de **travaux d'intérêt général**) → **travail**[1]

**tige** /tiʒ/ NF a *[de fleur, arbre]* stem; *[de céréales, graminées]* stalk ◆ **fleurs à longues ~s** long-stemmed flowers ◆ **(arbre de) haute/basse ~** standard/half-standard tree ◆ **~ aérienne/souterraine** overground/underground stem b *(= plant)* sapling c *[de colonne, plume, démarreur]* shaft; *[de botte, chaussette, bas]* leg (part); *[de chaussure]* ankle (part); *[de clé, clou]* shank; *[de pompe]* rod ◆ **chaussures à ~** boots ◆ **~ de métal** metal rod ◆ **~ de culbuteur** pushrod ◆ **~ de forage** drill pipe d *(†, littér) [d'arbre généalogique]* stock ◆ **faire ~** to found a line e *(†, * = cigarette)* cig *, smoke *, fag * *(Brit)*

**tignasse** /tiɲas/ NF *(= chevelure mal peignée)* shock of hair, mop (of hair); *( * = cheveux)* hair

**Tigre** /tigʀ/ NM ◆ **le ~** the Tigris

**tigre** /tigʀ/ NM a *(= animal)* tiger ◆ **~ royal** *ou* **du Bengale** Bengal tiger b *(= homme cruel)* monster ◆ **~ de papier** paper tiger ◆ **les ~s asiatiques** *(Écon)* the tiger economies, the Asian tigers

**tigré, e** /tigʀe/ ADJ a *(= tacheté)* spotted *(de* with); *[cheval]* piebald b *(= rayé)* striped, streaked ◆ **chat ~** tabby (cat)

**tigresse** /tigʀɛs/ NF *(= animal)* tigress; *(= harpie)* tigress, hellcat *

**tilbury** /tilbyʀi/ NM tilbury

**tilde** /tild(e)/ NM tilde

**tillac** /tijak/ NM *(Hist Naut)* upper deck

**tilleul** /tijœl/ NM *(= arbre)* lime (tree), linden (tree); *(= infusion)* lime(-blossom) tea ◆ **(vert) ~** lime green

**tilt** /tilt/ NM *(Jeux)* tilt sign *ou* signal ◆ **faire ~** *(lit)* to show tilt ◆ **ce mot a fait ~ dans mon esprit** * the word rang a bell ◆ **soudain, ça a fait ~** * it suddenly clicked, the penny suddenly dropped

**tilter** * /tilte/ ▸ conjug 1 ◂ VI *(= comprendre)* to understand, to twig *

**timbale** /tɛ̃bal/ NF a *(Mus)* kettledrum ◆ **les ~s** the timpani, the timps *, the kettledrums b *(= gobelet)* (metal) cup *(without* *handle)*, (metal) tumbler c *(Culin) (= moule)* timbale (mould) ◆ ~ **de langouste** *(= mets)* lobster timbale

**timbalier** / tɛ̃balje / NM timpanist

**timbrage** / tɛ̃bʀaʒ / NM a *(= affranchissement) [de lettre, envoi]* stamping ◆ **dispensé de** ~ postage paid *(Brit)*, post paid *(US)* b *(= apposition d'un cachet) [de document, acte]* stamping; *[de lettre, envoi]* postmarking

**timbre** / tɛ̃bʀ / NM a *(= vignette)* stamp ◆ ~**(-poste)** (postage) stamp ◆ ~ **neuf/oblitéré** new/used stamp ◆ **marché** *ou* **Bourse aux ~s** stamp market ◆ **~s antituberculeux/anticancéreux** TB/cancer research stamps ◆ ~ **(thérapeutique)** *(Méd)* patch ◆ ~ **à la nicotine** *ou* **antitabac** * nicotine patch; → **collection**

b *(= marque)* stamp ◆ **mettre** *ou* **apposer son ~ sur** to put one's stamp on, to affix one's stamp to ◆ ~ **sec/humide** embossed/ink(ed) stamp; → **droit³**

c *(= instrument)* stamp ◆ ~ **de caoutchouc/de cuivre** rubber/brass stamp

d *(Mus) [de tambour]* snares

e *(= son) [d'instrument, voix]* timbre, tone; *[de voyelle]* timbre ◆ **avoir le ~ voilé** to have a muffled voice ◆ **voix qui a du** ~ sonorous *ou* resonant voice ◆ **voix sans** ~ voice lacking in resonance

f *(= sonnette)* bell

COMP ▷ **timbre fiscal** excise *ou* revenue *ou* fiscal stamp ▷ **timbre horodateur** time and date stamp ▷ **timbre de quittance** receipt stamp

**timbré, e** / tɛ̃bʀe / (ptp de **timbrer**) ADJ a *(Admin, Jur) [document, acte]* stamped, bearing a stamp *(attrib)* ◆ **"joindre une enveloppe timbrée"** "send a stamped addressed envelope" *(Brit)*, "send an sae" *(Brit)*, "send a self-addressed, stamped envelope"; → **papier** b *[voix]* resonant, sonorous; *[sonorité]* resonant ◆ **voix bien ~e** beautifully resonant voice ◆ **mal** ~ lacking in resonance c *(* = fou)* cracked *, nuts * NM,F *(* = fou)* loony *, nutcase *, head case *

**timbre-amende** (pl **timbres-amendes**) / tɛ̃bʀamɑ̃d / NM *stamp purchased to pay a fine for a parking offence*

**timbre-prime** (pl **timbres-primes**) / tɛ̃bʀpʀim / NM trading stamp

**timbre-quittance** (pl **timbres-quittances**) / tɛ̃bʀkitɑ̃s / NM receipt stamp

**timbrer** / tɛ̃bʀe / ▸ conjug 1 ◂ VT a *(= affranchir) [+ lettre, envoi]* to stamp, to put a stamp (*ou* stamps) on b *(= apposer un cachet sur) [+ document, acte]* to stamp; *[+ lettre, envoi]* to postmark ◆ **lettre timbrée de** *ou* **à Paris** letter with a Paris postmark, letter postmarked Paris

**timbre-taxe** (pl **timbres-taxes**) / tɛ̃bʀtaks / NM postage-due stamp

**timide** / timid / ADJ a *(= gauche) [personne, air, sourire, voix, amoureux]* shy, timid, bashful ◆ **ne sois pas si ~, approche !** don't be shy, come over here! ◆ **faussement** ~ coy ◆ **d'une voix** ~ shyly, in a shy voice ◆ **c'est un grand** ~ he's awfully shy b *(= hésitant) [personne, critique, réponse, tentative]* timid, timorous; *[réforme]* timid; *[politique, reprise économique]* tentative ◆ **une ~ amélioration de l'économie** a slight *ou* faint improvement in the economy ◆ **des mesures ~s** half measures ◆ **des protestations bien ~s** half-hearted protests ◆ **le soleil fera de ~s apparitions au nord** there will be intermittent sunshine in the north

**timidement** / timidmɑ̃ / ADV a *(= gauchement)* shyly, timidly ◆ **il l'a abordée** ~ he approached her shyly *ou* timidly ◆ **..., demanda-t-il** ~ ..., he asked shyly b *(= légèrement)* **l'activité a ~ repris** business has picked up slightly ◆ **la région s'ouvre ~ au tourisme** the region is tentatively opening up to tourism

**timidité** / timidite / NF a *(= embarras) [de personne, air, sourire, voix, amoureux]* shyness, timidity, bashfulness ◆ **avec** ~ shyly, timidly ◆ **il n'a pas osé, par** ~ he was too shy to dare, he didn't dare, he was too shy b *(= faiblesse) [de personne, critique, réponse, tentative, d'entreprise]* timidity ◆ **étant donné la ~ de la reprise économique** given the fact that there has been only a slight *ou* faint improvement in the economy

**timing** / tajmiŋ / NM timing

**timon** / timɔ̃ / NM *[de char]* shaft; *[de charrue]* beam; *[d'embarcation]* tiller

**timonerie** / timɔnʀi / NF a *(Naut) (= poste, service)* wheelhouse; *(= marins)* wheelhouse crew b *(Aut)* steering and braking systems

**timonier** / timɔnje / NM a *(Naut)* helmsman, steersman b *(= cheval)* wheel-horse, wheeler

**timorais, e** / timɔʀɛ, ɛz / ADJ Timorese NM,F **Timorais,e** Timorese

**timoré, e** / timɔʀe / ADJ *(gén) [caractère, personne]* timorous, fearful; *(Rel, littér) [conscience]* over-scrupulous

**tinctorial, e** (mpl **-iaux**) / tɛ̃ktɔʀjal, jo / ADJ *[opération, produit]* tinctorial *(SPÉC)*, dyeing *(épith)* ◆ **matières ~es** dyestuffs ◆ **plantes ~es** plants used in dyeing

**tinette** / tinɛt / NF *(pour la vidange)* sanitary tub ◆ **~s** *(arg Mil = toilettes)* latrines

**tintamarre** / tɛ̃tamaʀ / NM racket, din, hullabaloo * ◆ **faire du** ~ to make a racket *ou* din ◆ **on a entendu un ~ de klaxons** we heard horns blaring

**tintement** / tɛ̃tmɑ̃ / NM *[de cloche]* ringing, chiming; *[de clochette]* tinkling, jingling; *[de sonnette]* ringing; *[d'objets métalliques, pièces de monnaie]* jingling, chinking; *[de verres entrechoqués]* clinking; *[de verre frotté]* ringing ◆ ~ **d'oreilles** ringing in the ears, tinnitus *(SPÉC)*

**tinter** / tɛ̃te / ▸ conjug 1 ◂ VI *[cloche]* to ring, to chime; *[clochette]* to tinkle, to jingle; *[sonnette]* to ring; *[objets métalliques, pièces de monnaie]* to jingle, to chink; *[verres entrechoqués]* to clink; *[verre frotté]* to ring ◆ **faire** ~ *[+ cloche]* to ring; *[+ pièces de monnaie]* to jingle; *[+ verres]* to clink ◆ **trois coups tintèrent** the bell rang *ou* chimed three times ◆ **les oreilles me tintent** my ears are ringing, there's a ringing in my ears ◆ **les oreilles ont dû vous** ~ *(fig)* your ears must have been burning VT *[+ cloche, heure, angélus]* to ring; *[+ messe]* to ring for

**tintin** * / tɛ̃tɛ̃ / EXCL nothing doing! *, no way! * ◆ **faire** ~ to go without

**tintinnabuler** / tɛ̃tinabyle / ▸ conjug 1 ◂ VI *(littér)* to tinkle, to tintinnabulate *(littér)*

**Tintoret** / tɛ̃tɔʀɛ / NM ◆ **le** ~ Tintoretto

**tintouin** * / tɛ̃twɛ̃ / NM a *(= tracas)* bother, worry ◆ **quel ~ pour y aller** it was such a hassle * getting there ◆ **donner du ~ à qn** to give sb a lot of trouble ◆ **se donner du** ~ to go to a lot of trouble ◆ **et tout le** ~ and all the rest, and what have you * b *(† = bruit)* racket, din

**TIP** / tip / NM (abrév de **titre interbancaire de paiement**) → **titre**

**tipi** / tipi / NM te(e)pee

**Tipp-Ex** ® / tipɛks / NM Tipp-Ex ® *(Brit)*, liquid paper ® *(US)*, White out ® *(US)*

**tique** / tik / NF *(= parasite)* tick

**tiquer** / tike / ▸ conjug 1 ◂ VI a *[personne]* to make *ou* pull *(Brit)* a face, to raise an eyebrow ◆ **il n'a pas tiqué** he didn't bat an eyelid *ou* raise an eyebrow b *[cheval]* to crib(-bite), to suck wind

**tiqueté, e** / tik(ə)te / ADJ *(littér)* speckled, mottled

**TIR** / tiʀ / NMPL (abrév de **transports internationaux routiers**) TIR

**tir** / tiʀ / NM a *(= discipline sportive ou militaire)* shooting ◆ ~ **au pistolet/à la carabine** pistol/rifle shooting; → **stand**

b *(= action de tirer)* firing *(NonC)* ◆ **en position de** ~ in firing position ◆ **commander/déclencher le** ~ to order/set off *ou* open the firing ◆ **puissance/vitesse de ~ d'une arme** fire-power/firing speed of a gun ◆ **des ~s d'exercice** practice rounds ◆ **des ~s à blanc** firing blank rounds *ou* blanks ◆ **secteur** *ou* **zone de ~ libre** free-fire zone ◆ **corriger** *ou* **rectifier** *ou* **ajuster le** ~ *(lit)* to adjust one's aim; *(fig)* to make some adjustments

c *(= manière de tirer)* firing; *(trajectoire des projectiles)* fire ◆ **arme à ~ automatique/rapide** automatic/rapid-firing gun ◆ **arme à ~ courbe/tendu** gun with curved/flat trajectory fire ◆ **~s croisés** *(lit, fig)* crossfire ◆ **être pris sous des ~s croisés** to be caught in the crossfire ◆ ~ **groupé** *(lit)* grouped fire; *(fig) (= série d'attaques)* combined attack; *(= série de succès)* string of successes ◆ **un ~ groupé de mesures/films** a string of measures/films ◆ **plan/angle/ligne de** ~ plane/angle/line of fire; → **table**

d *(= feu, rafales)* fire *(NonC)* ◆ **stoppés par un ~ ou des ~s de mitrailleuses/d'artillerie** halted by machine-gun/artillery fire ◆ **~s de roquettes** rocket fire ◆ ~ **de harcèlement** harassing fire ◆ **~s de sommation** warning shots

e *(Boules)* shot *(at another bowl)*; *(Ftbl)* shot ◆ ~ **au but** *(gén)* shot at goal; *(de pénalité)* penalty kick ◆ **épreuve des ~s au but** penalty shootout

f *(= stand)* ~ **(forain)** shooting gallery, rifle range

g *(Espace = lancement)* launch

COMP ▷ **tir d'appui** ⇒ **tir de soutien** ▷ **tir à l'arbalète** crossbow archery ▷ **tir à l'arc** archery ▷ **tir de barrage** barrage fire; *(fig)* attack ▷ **tir au pigeon** clay pigeon shooting ▷ **tir de soutien** support fire

**tirade** / tiʀad / NF *(Théât)* monologue, speech; *(péj)* tirade

**tirage** / tiʀaʒ / NM a *[de chèque]* drawing; *[de vin]* drawing off; *[de carte]* taking, drawing

b *(Photo, Typo)* printing ◆ **faire le ~ de clichés/d'une épreuve** to print negatives/a proof ◆ ~ **à la main** hand-printing ◆ **un ~ sur papier glacé** a print on glazed paper ◆ ~ **par contact/inversion** contact/reversal print

c *[de journal]* circulation; *[de livre] (= nombre d'exemplaires)* (print) run; *(= édition)* edition ◆ ~ **de luxe/limité** de luxe/limited edition ◆ **cet auteur réalise de gros ~s** this author's works have huge print runs *ou* are printed in great numbers ◆ **quel est le ~ de cet ouvrage ?** how many copies of this work were printed? ◆ **les gros ~s de la presse quotidienne** the high circulation figures of the daily press ◆ **magazine à faible** ~ small-circulation magazine ◆ ~ **de 2 000 exemplaires** run *ou* impression of 2,000 copies

d *[de cheminée]* draught *(Brit)*, draft *(US)* ◆ **avoir du** ~ to draw well, to have a good draught ◆ **cette cheminée a un bon/mauvais** ~ this chimney draws well/badly

e *(Loterie)* draw ◆ **le ~ des numéros gagnants** the draw for the winning numbers

**f** *(* = désaccord)* friction ◆ **il y avait du ~ entre eux** there was some friction between them

**g** *[de métaux]* drawing

COMP ▷ **tirage à part** off-print ▷ **tirage au sort** drawing lots ◆ **procéder par ~ au sort** to draw lots ◆ **le gagnant sera désigné par ~ au sort** the winner will be chosen by drawing lots ◆ **le ~ au sort des équipes de football** the selection *ou* choice of the football teams by drawing lots

**tiraillement** /tiʀajmɑ̃/ NM **a** *(sur une corde)* tugging *(NonC)*, pulling *(NonC)* **b** *(= douleur) [d'intestin]* gnawing pain; *[de peau, muscles]* tightness ◆ **~s d'estomac** gnawing pains in the stomach NMPL **tiraillements** *(= conflits)* friction *(NonC)*, conflict *(NonC)*

**tirailler** /tiʀaje/ ▸ conjug 1 ◂ VT **a** *[+ corde, moustache, manche]* to pull at, to tug at ◆ **~ qn par le bras** *ou* **la manche** to pull *ou* tug at sb's sleeve **b** *[douleurs]* to gnaw at, to stab at ◆ **douleurs qui tiraillent l'estomac** gnawing pains in the stomach ◆ **des élancements lui tiraillaient l'épaule** he had sharp *ou* shooting *ou* stabbing pains in his shoulder **c** *[doutes, remords]* to tug at, to plague, to pester; *[choix, contradictions]* to beset, to plague ◆ **être tiraillé entre plusieurs possibilités** to be torn between several possibilities ◆ **la crainte et l'ambition le tiraillaient** he was torn between fear and ambition VI *(en tous sens)* to shoot wild; *(Mil : par tir de harcèlement)* to fire at random ◆ **ça tiraillait de tous côtés dans le bois** there was firing on all sides in the wood

**tirailleur** /tiʀajœʀ/ NM **a** *(Mil, fig)* skirmisher ◆ **se déployer/avancer en ~s** to be deployed/advance as a skirmish contingent **b** *(Hist Mil : originaire des colonies)* soldier, infantryman

**tiramisu** /tiʀamisu/ NM tiramisu

**Tirana** /tiʀana/ N Tirana

**tirant** /tiʀɑ̃/ NM **a** *(= cordon)* (draw) string; *(= tirette) [de botte]* bootstrap; *(= partie de la tige) [de chaussure]* facing **b** *(Constr) [d'arcades]* tie-rod; *[de comble]* tie-beam ◆ **~ d'air** *[de pont]* headroom **c** *(Naut)* **~ (d'eau)** draught *(Brit)*, draft *(US)* ◆ **navire de faible ~ d'eau** ship with a shallow draught ◆ **~ avant/arrière** draught *(Brit) ou* draft *(US)* at the bows/stern ◆ **avoir six mètres de ~ (d'eau)** to draw six metres of water ◆ **~ d'air** *[de navire]* clearance height

**tire[1]** ⁑ /tiʀ/ NF *(= voiture)* wagon *, car ◆ **vieille ~** old rattletrap * *ou* crate * *ou* banger * *(Brit)*

**tire[2]** /tiʀ/ NF ◆ **vol à la ~** picking pockets ◆ **voleur à la ~** pickpocket

**tire[3]** /tiʀ/ NF *(Can) (= caramel)* toffee, taffy *(Can, US)*; *(= sirop d'érable)* molasses, maple candy ◆ **~ d'érable** maple toffee *ou* taffy *(Can, US)* ◆ **~ sur la neige** taffy-on-the-snow *(Can, US)*

**tiré, e** /tiʀe/ (ptp de **tirer**) ADJ **a** *(= tendu) [traits, visage]* drawn, haggard ◆ **avoir les traits ~s** to look drawn *ou* haggard ◆ **les cheveux ~s en arrière** with one's hair pulled back ◆ **~ à quatre épingles** impeccably *ou* well turned-out, done up *ou* dressed up to the nines * ◆ **c'est ~ par les cheveux** it's far-fetched; → **couteau b** *(Fin)* **la personne ~e** the drawee **c** *(= bas)* **prix ~s** rock-bottom prices NM *(Fin)* drawee; *(Mus)* down-bow NF **tirée** * *(= long trajet)* long haul, long trek ◆ **une ~e de** *(= quantité)* a load * of, heaps * *ou* tons * of COMP ▷ **tiré à part** ADJ, NM off-print

**tire-au-cul** ⁑ /tiʀoky/ NMF INV ⇒ **tire-au-flanc**

**tire-au-flanc** * /tiʀoflɑ̃/ NMF INV skiver * *(Brit)*, layabout, shirker

**tire-bonde** (pl **tire-bondes**) /tiʀbɔ̃d/ NM bung-drawer

**tire-botte** (pl **tire-bottes**) /tiʀbɔt/ NM *(pour se chausser)* boot-hook; *(pour se déchausser)* bootjack

**tire-bouchon, tirebouchon** (pl **tire(-)bouchons**) /tiʀbuʃɔ̃/ NM *(= ustensile)* corkscrew; *(= mèche de cheveux)* corkscrew curl ◆ **en ~** corkscrew *(épith)* ◆ **cochon avec la queue en ~** pig with a corkscrew *ou* curly tail ◆ **avec ses chaussettes en ~** with his socks all crumpled *ou* wrinkled

**tire-bouchonner, tirebouchonner** /tiʀbuʃɔne/ ▸ conjug 1 ◂ VT *[+ mèche]* to twiddle, to twirl VI *[pantalon]* to crumple (up); *[chaussettes]* to become crumpled *ou* wrinkled ◆ **pantalon tire-bouchonné** crumpled trousers VPR **se tire-bouchonner** * *(de rire)* to fall about laughing * *(Brit)*, to be in stitches *

**tire-clou** (pl **tire-clous**) /tiʀklu/ NM nail puller

**tire-d'aile** /tiʀdɛl/ **à tire-d'aile** LOC ADV *[voler]* swiftly ◆ **passer à ~** to pass by in full flight ◆ **s'envoler à ~** to take flight in a flurry of feathers ◆ **le temps s'enfuit à ~** *(littér)* time flies past

**tire-fesses** * /tiʀfɛs/ NM INV *(gén, à perche)* ski tow; *(à archet)* T-bar tow

**tire-fond** (pl **tire-fond(s)**) /tiʀfɔ̃/ NM *(avec anneau) long screw with ring attachment; (Rail)* sleeper *(Brit) ou* tie *(US)* screw

**tire-jus** ⁑ /tiʀʒy/ NM INV nose-wipe *, snot-rag ⁑

**tire-laine** †† /tiʀlɛn/ NM INV footpad *(††)*

**tire-lait** (pl **tire-laits**) /tiʀlɛ/ NM breast-pump

**tire-larigot** * /tiʀlaʀigo/ **à tire-larigot** LOC ADV *[boire, manger]* to one's heart's content, like there's no tomorrow ◆ **il téléphone à ~** he's forever *ou* continually telephoning

**tire-ligne** (pl **tire-lignes**) /tiʀliɲ/ NM drawing pen

**tirelire** /tiʀliʀ/ NF **a** *(= récipient)* moneybox; *(en forme de cochon)* piggy bank ◆ **casser la ~** to break open the piggy bank **b** ⁑ *(= estomac, ventre)* belly *, gut(s) ⁑; *(= tête)* nut *, noddle *, bonce ⁑ *(Brit)*; *(= visage)* face

**tirer** /tiʀe/ GRAMMAIRE ACTIVE 53.4 ▸ conjug 1 ◂

VT **a** *(= amener vers soi) [+ pièce mobile, poignée, corde]* to pull; *[+ manche, robe]* to pull down; *[+ chaussette]* to pull up ◆ **ne tire pas, ça risque de tomber/ça va l'étrangler** don't pull or it'll fall/it'll strangle him ◆ **~ les cheveux à qn** to pull sb's hair ◆ **~ l'aiguille** to ply the needle ◆ **~ qch à soi** *(lit)* to pull sth to(wards) on ◆ **~ un texte/un auteur à soi** to interpret a text/an author to suit one's own ends

**b** *(pour fermer ou ouvrir) [+ rideaux]* to draw; *[+ tiroir]* to pull open; *[+ verrou] (= fermer)* to slide to, to shoot; *(= ouvrir)* to draw ◆ **tire la porte** pull the door to ◆ **as-tu tiré le verrou ?** have you bolted the door?

**c** *[+ personne]* to pull ◆ **~ qn par le bras** to pull sb's arm, to pull sb by the arm ◆ **~ qn par la manche** to tug *ou* pluck sb's sleeve ◆ **~ qn de côté** *ou* **à l'écart** to draw sb aside, to take sb on one side

**d** *(= remorquer) [+ véhicule, charge]* to pull, to draw; *[+ navire, remorque]* to tow; *[+ charrue]* to draw, to pull ◆ **une charrette tirée par un tracteur** a cart drawn *ou* pulled by a tractor, a tractor-drawn cart ◆ **carrosse tiré par huit chevaux** carriage drawn by eight horses; → **jambe, patte[1]**

**e** *(= retirer, extraire) [+ épée, couteau]* to draw, to pull out; *[+ vin, cidre]* to draw; *[+ conclusions, morale, argument, idée, thème]* to draw; *[+ plaisir, satisfaction]* to draw, to derive *(de* from); ◆ **~ une substance d'une matière première** to extract a substance from a raw material ◆ **~ le jus d'un citron** to extract the juice from a lemon, to squeeze the juice from a lemon *ou* out of a lemon ◆ **~ un son d'un instrument** to get a sound out of *ou* draw a sound from an instrument ◆ **~ un objet d'un tiroir/d'un sac** to pull an object out of a drawer/a bag ◆ **~ de l'argent d'une activité/d'une terre** to make money from an activity/a piece of land ◆ **il a tiré 5 000 € de sa vieille voiture** he managed to get €5,000 for his old car ◆ **savoir ~ qch de la vie/d'un moment** (to know how) to get sth out of life/a moment ◆ **~ qch de qn** to obtain sth from sb, to get sth out of sb ◆ **~ de l'argent de qn** to get money out of sb ◆ **on ne peut rien en ~** *(enfant têtu)* you can't do anything with him; *(personne qui refuse de parler)* you can't get anything out of him ◆ **~ qn du sommeil** to arouse sb from sleep ◆ **~ qn du lit** to get *ou* drag sb out of bed ◆ **~ qn de son travail** to take *ou* drag sb away from his work ◆ **ce bruit le tira de sa rêverie** this noise brought him out of *ou* roused him from his daydream ◆ **~ des larmes/gémissements à qn** to draw tears/moans from sb

**f** *(= délivrer)* **~ qn de prison/des décombres/d'une situation dangereuse** to get sb out of prison/the rubble/a dangerous situation ◆ **~ qn du doute** to remove *ou* dispel sb's doubts ◆ **~ qn de l'erreur** to disabuse sb ◆ **~ qn de la misère/de l'obscurité** to rescue sb from poverty/from obscurity ◆ **il faut le ~ de là** we'll have to help him out; → **affaire, embarras**

**g** *(indiquant l'origine)* **~ son origine d'une vieille coutume** to have an old custom as its origin ◆ **mots tirés du latin** words taken *ou* derived from (the) Latin ◆ **~ son nom de** to take one's name from ◆ **pièce tirée d'un roman** play taken from *ou* adapted from *ou* derived from a novel ◆ **on tire de l'huile des olives** oil is extracted from olives ◆ **l'opium est tiré du pavot** opium is obtained from the poppy

**h** *(Jeux) [+ billet, numéro, loterie]* to draw; *[+ carte]* to take, to draw ◆ **~ qch au sort** to draw lots for sth ◆ **qui est-ce qui donne ? on tire ?** whose deal is it? shall we pick a card? ◆ **~ les rois** *(à l'Épiphanie)* to cut the Twelfth Night cake ◆ **~ la fève** to win the charm; → **carte, court[1]**

**i** *(Photo, Typo)* to print ◆ **ce journal est tiré à 100 000 exemplaires** this paper has a circulation of 100,000 ◆ **~ un roman à 8 000 exemplaires** to print 8,000 copies of a novel ◆ **tirons quelques épreuves de ce texte** let's run off *ou* print a few proofs of the text; → **bon[2], portrait**

**j** *(= tracer) [+ ligne, trait]* to draw; *[+ plan]* to draw up; → aussi **plan[1]**

**k** *[+ coup de feu, balle]* to fire; *[+ flèche]* to shoot; *[+ boule]* to throw *(so as to hit another or the jack)*; *[+ feu d'artifice]* to set off; *[+ gibier]* to shoot ◆ **il a tiré plusieurs coups de revolver sur l'agent** he fired several shots at the policeman, he shot *ou* fired at the policeman several times ◆ **~ le canon** to fire the cannon ◆ **la balle a été tirée avec un gros calibre** the bullet was fired from a large-bore gun ◆ **il a tiré un faisan** he shot a pheasant ◆ **~ un coup** *⁑ *(sexuellement)* to have a bang *⁑, to have it off *⁑

**l** *(Ftbl)* to shoot ◆ **~ un corner/un penalty** to take a corner/a penalty

**m** *[+ chèque, lettre de change]* to draw ◆ **~ de l'argent sur son compte** to draw money out of one's account, to withdraw money from one's account ◆ **prête-moi ta carte bleue pour que j'aille ~ de l'argent** lend me your credit card so that I can go and get some money out n (Naut) ~ **6 mètres** to draw 6 metres of water; → **bord, bordée**

o (* = passer) to get through ◆ **encore une heure/un mois à ~** another hour/month to get through ◆ **~ deux ans de prison/de service** to do two years in prison *ou* a two-year stretch*/two years in the army ◆ **voilà une semaine de tirée** that's one week over with

p (‡ = voler) to pinch*, to nick‡ (Brit) ◆ **il s'est fait ~ son blouson** he got his jacket pinched* *ou* nicked‡ (Brit)

q (Tech = étirer) [+ métal] to draw

r (= limiter aussi bas que possible) [+ délais] to get down to an absolute minimum ◆ **~ ses prix** to sell at rock-bottom prices

s (dial = traire) [+ vache] to milk

**VI** a (= faire feu) to fire; (= se servir d'une arme à feu, viser) to shoot ◆ **il leur donna l'ordre de ~** he gave the order for them to fire ◆ **apprendre à ~** to learn to shoot ◆ **~ à l'arbalète/à la carabine** to shoot with a crossbow/a rifle ◆ **savez-vous ~ à l'arc ?** can you use a bow (and arrow)? ◆ **le canon tirait sans arrêt** the cannon fired continuously ◆ **~ en l'air** to fire into the air ◆ **~ à vue** to shoot on sight ◆ **~ à balles (réelles)/à blanc** to fire (real) bullets/blanks ◆ **~ sans sommation** to shoot without warning ◆ **il lui a tiré dans le dos** (lit) he shot him in the back; (fig) he stabbed him in the back ◆ **~ dans les jambes** *ou* **pattes de qn** * (fig) to make life difficult for sb

b (Ftbl etc) to shoot, to take a shot; (Boules) to throw (one boule at another or at the jack) ◆ **~ au but** (gén) to take a shot at goal, to shoot at goal; (pénalité) to take a penalty kick

c (Sports de combat) ◆ **il tire dans la catégorie des moins de 60 kg** he's in the under 60 kg category

d (Presse) ~ **à 10 000 exemplaires** to have a circulation of 10,000

e [cheminée, poêle] to draw ◆ **la cheminée tire bien** the chimney draws well

f [moteur, voiture] to pull ◆ **le moteur tire bien en côte** the engine pulls well on hills

g [points de suture, sparadrap] to pull ◆ **le matin, j'ai la peau qui tire** my skin feels tight in the morning

h (locutions) **la voiture tire à gauche** the car pulls to the left ◆ **~ au flanc** * *ou* **au cul** ‡ to skive* (Brit), to shirk; → **conséquence, ligne**[1]

◆ **tirer à sa fin** [journée] to be drawing to a close; [épreuve] to be nearly over; [provisions] to be nearly finished

**VT INDIR tirer sur** a [+ corde, poignée] to pull at *ou* on, to tug at ◆ **~ sur les rênes** to pull in *ou* on the reins ◆ **~ sur la ficelle** * *ou* **la corde** * (fig) to push one's luck*, to go too far, to overstep the mark

b (= approcher de) [+ couleur] to border on, to verge on ◆ **il tire sur la soixantaine** he's getting on for (Brit) *ou* going on sixty

c (= faire feu sur) to shoot at, to fire (a shot *ou* shots) at; (= critiquer) to criticize ◆ **il m'a tiré dessus** he shot *ou* fired at me ◆ **ils tirent sans cesse sur les médias** they're always criticizing the media ◆ **ne tirez pas sur le pianiste** (fig) he's (*ou* I'm *etc*) doing his (*ou* my *etc*) best ◆ **se ~ dessus** (lit) to shoot *ou* fire at each other; (= se critiquer, se quereller) to shoot each other down; → **boulet**

d (= aspirer) [+ pipe] to pull at, to draw on; [+ cigarette, cigare] to puff at, to draw on, to take a drag at*

e (= prélever) **ils tirent sur leur épargne pour maintenir leur niveau de vie** they're drawing on their savings to maintain their standard of living

**VPR se tirer** a ◆ **se ~ de** (= échapper à) [+ danger, situation] to get (o.s.) out of ◆ **il s'est tiré sans dommage de l'accident** he came out of the accident unharmed ◆ **sa voiture était en mille morceaux mais lui s'en est tiré** * his car was smashed to pieces but he escaped unharmed ◆ **il est très malade mais je crois qu'il va s'en ~** he's very ill but I think he'll pull through ◆ **la première fois il a eu un sursis mais cette fois il ne va pas s'en ~ si facilement** the first time he got a suspended sentence but he won't get off so lightly this time ◆ **il s'en est tiré avec une amende** he got off with a fine ◆ **il s'en est tiré avec une jambe cassée** he got out of it with a broken leg; → **affaire, flûte, patte**[1]

b ◆ **bien/mal se ~ de qch** [+ tâche] to manage *ou* handle sth well/badly, to make a good/bad job of sth ◆ **comment va-t-il se ~ de ce sujet/travail ?** how will he get on with *ou* cope with this subject/job? ◆ **les questions étaient difficiles mais il s'en est bien tiré** the questions were difficult but he managed *ou* handled them well *ou* coped very well with them ◆ **on n'a pas beaucoup d'argent mais on s'en tire** we haven't got a lot of money but we get by *ou* we manage ◆ **on s'en tire tout juste** we just scrape by, we just (about) get by

c (‡ = déguerpir) to push off*, to shove off*, to clear off* ◆ **allez, on se tire** come on, let's be off *ou* push off* *ou* clear off*

d (* = toucher à sa fin) [période, travail] to be nearly over ◆ **ça se tire** the end is in sight

e (= être tendu) [traits, visage] to become drawn

**tiret** /tiʀɛ/ **NM** (= trait) dash; († = trait d'union) hyphen

**tirette** /tiʀɛt/ **NF** a [de bureau, table] (pour écrire) (writing) leaf; (pour ranger des crayons) (pencil) tray; (pour soutenir un abattant) support; [de fermeture à glissière] pull, tab b (Belg = fermeture à glissière) zip (Brit), zipper (US) c [de cheminée] damper d (= cordon) [de sonnette] bell-pull; [de rideaux] (curtain) cord *ou* pull

**tireur, -euse** /tiʀœʀ, øz/ **NM,F** a (avec arme à feu) ~ **embusqué** sniper ◆ ~ **isolé** lone gunman ◆ ~ **d'élite** marksman, sharpshooter ◆ **c'est un bon ~** he's a good shot ◆ **concours ouvert aux ~s débutants et entraînés** shooting competition open to beginners and advanced classes b (Boules) *player who tries to dislodge the opponents' bowls* c (= photographe) printer d (= escrimeur) ~ **(d'épée** *ou* **d'armes)** swordsman, fencer e ◆ **tireuse** *ou* ~ **de cartes** fortune-teller **NM** [de chèque, lettre de change] drawer **NF tireuse** a (Tech) (hand) pump ◆ **bière à la tireuse** draught beer ◆ **vin à la tireuse** wine from the barrel b (Photo) contact printer

**tiroir** /tiʀwaʀ/ **NM** a [de table, commode] drawer ◆ ~ **(à) secret** secret drawer ◆ **roman/pièce à ~s** novel/play made up of episodes, roman/pièce à tiroirs (SPÉC); → **fond, nom** b (Tech) slide valve

**tiroir-caisse** (pl **tiroirs-caisses**) /tiʀwaʀkɛs/ **NM** till, cash register ◆ **pour lui, la seule chose qui compte, c'est le ~** the only thing that matters to him is profit ◆ **notre pays ne sera pas le ~ de la construction européenne** our country is not going to bankroll the construction of Europe

**tisane** /tizan/ **NF** (= boisson) herb(al) tea ◆ ~ **de tilleul/de menthe** lime(-blossom)/mint tea ◆ **c'est de la ~** * (hum) it's really watery

**tisanière** /tizanjɛʀ/ **NF** (= pot) teapot (for making herbal tea); (= tasse) (large) teacup (for herbal tea)

**tison** /tizɔ̃/ **NM** brand; → **allumette, Noël**

**tisonner** /tizɔne/ ► conjug 1 ◄ **VT** to poke

**tisonnier** /tizɔnje/ **NM** poker

**tissage** /tisaʒ/ **NM** weaving ◆ **usine de ~** cloth *ou* weaving mill

**tisser** /tise/ ► conjug 1 ◄ **VT** a [+ étoffe, vêtement] to weave ◆ **l'araignée tisse sa toile** the spider spins its web ◆ **le parti continue de ~ sa toile dans la région** the party continues to spin its web in the area; → **métier** b [+ liens] to forge; [+ réseau de relations] to build up; [+ intrigue] to weave **VPR se tisser** [liens] to be forged; [amitié, complicité] to grow

**tisserand, e** /tisʀɑ̃, ɑd/ **NM,F** weaver

**tisseur, -euse** /tisœʀ, øz/ **NM,F** weaver

**tissu** /tisy/ **NM** a (Tex) fabric, material, cloth ◆ **c'est un ~ très délicat** it's a very delicate fabric *ou* material ◆ **acheter du ~/trois mètres de ~ pour faire une robe** to buy some material *ou* fabric/three metres of material *ou* fabric to make a dress ◆ **choisir un ~ pour faire une robe** to choose material to make a dress, to choose a dress fabric *ou* material ◆ ~ **imprimé/à fleurs** printed/floral-patterned material *ou* fabric ◆ ~ **synthétique** synthetic material *ou* fabric ◆ **~s d'ameublement** soft furnishings ◆ **étoffe à ~ lâche/serré** loosely-/finely-woven material *ou* fabric *ou* cloth

b (péj) **un ~ de mensonges/contradictions** a web *ou* tissue of lies/contradictions ◆ **un ~ d'intrigues** a web of intrigue ◆ **un ~ d'horreurs/d'obscénités/d'inepties** a catalogue of horrors/of obscenities/of blunders

c (Anat, Bot) tissue ◆ ~ **sanguin/osseux/cicatriciel** blood/bone/scar *ou* cicatricial (SPÉC) tissue

d (Sociol) fabric ◆ **le ~ social/industriel/urbain** the social/industrial/urban fabric

**COMP** ▷ **tissu-éponge NM** (pl **tissus-éponge)** (terry) towelling (NonC) (Brit) *ou* toweling (NonC) (US)

**tissulaire** /tisylɛʀ/ **ADJ** (Bio) tissue (épith) ◆ **culture ~** tissue culture

**Titan** /titɑ̃/ **NM** Titan ◆ **les ~s** the Titans ◆ **œuvre/travail de ~** titanic work/task

**titane** /titan/ **NM** titanium

**titanesque** /titanɛsk/, **titanique** /titanik/ **ADJ** titanic

**Tite-Live** /titliv/ **NM** Livy

**titi** /titi/ **NM** ◆ ~ **(parisien)** Parisian street urchin

**Titien** /tisjɛ̃/ **NM** ◆ **le ~** Titian

**titillation** /titijasjɔ̃/ **NF** (littér, hum) titillation

**titiller** /titije/ ► conjug 1 ◄ **VT** (littér, hum) (= exciter) to titillate; (= chatouiller légèrement) to tickle; (= agacer pour provoquer) to tease, to goad ◆ **l'envie le titillait de devenir comédien** he was quite taken with the idea of becoming an actor

**titisme** /titism/ **NM** (Hist) Titoism

**titiste** /titist/ **ADJ, NMF** (Hist) Titoist

**titrage** /titʀaʒ/ **NM** a [d'alliage] assaying; [de solution] titration b (Ciné) titling

**titre** /titʀ(ə)/ **NM** a [d'œuvre] title; [de chapitre] heading, title; (Jur) [de code] title; (= manchette de journal) headline; (= journal) newspaper ◆ **les (gros) ~s** the headlines ◆ ~ **sur cinq colonnes à la une** five-column front page headline ◆ ~ **courant** (Typo) running head ◆ **les principaux ~s de la presse parisienne** the major Parisian newspapers ◆ **(page de) ~** (Typo) title page ◆ ~ **budgétaire** budgetary item

b (honorifique, de fonctions professionnelles) title; (= formule de politesse) form of address; (littér = nom) title, name ◆ ~ **nobiliaire** *ou* **de**

**noblesse** title ◆ **conférer à qn le ~ de maréchal/prince** to confer the title of marshal/prince on sb ◆ **il ne mérite pas le ~ de citoyen** he doesn't deserve to be called a citizen

c *(Sport)* title

d *(= document)* title; *(= certificat)* certificate; *(= reçu)* receipt ◆ **~ de créance** evidence *ou* proof of debt ◆ **~ de pension** pension book ◆ **~ de propriété** title deed ◆ **~ de séjour** residence permit ◆ **~ de transport** ticket ◆ **~ de paiement** order to pay, remittance ◆ **~ universel de paiement** universal payment order ◆ **~ interbancaire de paiement** *payment slip allowing automatic withdrawal from a bank account*

e *(Bourse, Fin)* security ◆ **acheter/vendre des ~s** to buy/sell securities *ou* stock ◆ **~s cotés/non cotés** listed/unlisted securities ◆ **~ de Bourse, ~ boursier** stock-exchange security, stock certificate ◆ **~ d'obligation** debenture (bond) ◆ **~ participatif** non-voting share *(in a public sector enterprise)* ◆ **~ au porteur** bearer bond *ou* share ◆ **~s d'État** government securities ◆ **~s nominatifs** registered securities

f *(= preuve de capacité, diplôme) (gén)* qualification; *(Univ)* degree, qualification ◆ **~s universitaires** academic *ou* university qualifications ◆ **nommer/recruter sur ~s** to appoint/recruit according to qualifications ◆ **il a tous les ~s (nécessaires) pour enseigner** he is fully qualified *ou* he has all the necessary qualifications to teach

g *(littér, gén pl = droit, prétentions)* **avoir des ~s à la reconnaissance de qn** to have a right to sb's gratitude ◆ **ses ~s de gloire** his claims to fame

h *[d'or, argent, monnaie]* fineness; *[de solution]* titre ◆ **or/argent au ~** standard gold/silver ◆ **~ d'alcool** *ou* **alcoolique** alcohol content

i *(loc)* **à ce ~** *(= en cette qualité)* as such; *(= pour cette raison)* on this account, therefore ◆ **à quel ~ ?** on what grounds? ◆ **au même ~** in the same way ◆ **il y a droit au même ~ que les autres** he is entitled to it in the same way as the others ◆ **à aucun ~** on no account ◆ **nous ne voulons de lui à aucun ~** we don't want him on any account ◆ **à des ~s divers, à plusieurs ~s, à plus d'un ~** on several accounts, on more than one account ◆ **à double ~** on two accounts ◆ **à ~ privé/personnel** in a private/personal capacity ◆ **à ~ permanent/provisoire** on a permanent/temporary basis, permanently/provisionally ◆ **à ~ exceptionnel** *ou* **d'exception** *(dans ce cas)* exceptionally, in this exceptional case; *(dans certains cas)* in exceptional cases ◆ **à ~ d'ami/de client fidèle** as a friend/a loyal customer ◆ **à ~ gratuit** freely, free of charge ◆ **à ~ gracieux** free of *ou* without charge ◆ **à ~ lucratif** for payment ◆ **à ~ d'essai** on a trial basis ◆ **à ~ d'exemple** as an example, by way of example ◆ **à ~ onéreux** *(frm)* against payment ◆ **à ~ indicatif** for information only ◆ **il travaille à ~ de secrétaire** he works as a secretary ◆ **à ~ consultatif** *[collaborer]* in an advisory *ou* a consultative capacity ◆ **on vous donne 250 € à ~ d'indemnité** we are giving you €250 by way of indemnity *ou* as an indemnity; → **juste**

◆ **en titre** *(Admin)* titular; *(Jur) [propriétaire]* legal; *(Comm) [fournisseur]* appointed; *(hum) [maîtresse]* official ◆ **le champion du monde en ~** the world title-holder

**titré, e** /titʀe/ (ptp de **titrer**) ADJ a *(= noble) [personne]* titled; *[terres]* carrying a title *(attrib)* ◆ **l'athlète le plus ~ de ces Jeux olympiques** the athlete who has won the most medals in these Olympic Games b *(Tech) [liqueur]* standard

**titrer** /titʀe/ ▸ conjug 1 ◂ VT a *(gén ptp = anoblir)* to confer a title on b *(Chim) [+ alliage]* to assay; *[+ solution]* to titrate c *[+ livre, œuvre d'art]* to title; *(Ciné)* to title d *(Presse)* to run as a headline ◆ **~ sur 2/5 colonnes : "Défaite de la Droite"** to run a 2/5-column headline: "Defeat of the Right" e *[alcool, vin]* **~ 10°/38°** to be 10°/38° proof *(on the Gay Lussac scale)*, ≃ to be 17°/66° proof

**titrisation** /titʀizasjɔ̃/ NF securitization

**titubant, e** /titybɑ̃, ɑ̃t/ ADJ *[personne] (de faiblesse, fatigue)* staggering; *(d'ivresse)* staggering, reeling; *[démarche]* unsteady

**tituber** /titybe/ ▸ conjug 1 ◂ VI *[personne] (de faiblesse, fatigue)* to stagger (along); *(d'ivresse)* to stagger (along), to reel (along) ◆ **il avança vers nous/sortit de la cuisine en titubant** he came staggering *ou* tottering towards us/out of the kitchen, he staggered *ou* tottered towards us/out of the kitchen ◆ **nous titubions de fatigue** we were so tired that we could hardly keep upright, we were so tired we were staggering *ou* stumbling along

**titulaire** /tityləʀ/ ADJ a *(Admin) [professeur]* with tenure ◆ **être ~** to have tenure b ◆ **être ~ de** *(Univ) [+ chaire]* to occupy, to hold; *(Pol) [+ portefeuille]* to hold; *[+ droit]* to be entitled to; *[+ permis, diplôme, carte, compte]* to hold, to have c *(Rel) [évêque]* titular *(épith)* ◆ **saint/patron ~ d'une église** (titular) saint/patron of a church NMF *(Admin) [de poste]* incumbent; *(Jur) [de droit]* person entitled (de to); *[de permis, bail, compte bancaire, carte de crédit]* holder; *[+ passeport]* holder, bearer

**titularisation** /titylaʀizasjɔ̃/ NF *[d'enseignant, fonctionnaire]* appointment to a permanent post; *[de professeur d'université]* granting of tenure; *[de sportif]* signing up as a full team member ◆ **sa ~ a été refusée** his application for a permanent post *ou* for tenure was refused

**titulariser** /titylaʀize/ ▸ conjug 1 ◂ VT *[+ enseignant, fonctionnaire]* to give a permanent appointment to; *[+ professeur d'université]* to give tenure to; *[+ sportif]* to sign up (as a full team member)

**TMS** /teɛmɛs/ NMPL (abrév de **troubles musculo-squelettiques**) RSI

**TNT** /teɛnte/ NM (abrév de **trinitrotoluène**) TNT

**toast** /tost/ NM a *(= pain grillé)* slice *ou* piece of toast ◆ **un ~ beurré** a slice *ou* piece of buttered toast b *(= discours)* toast ◆ **~ de bienvenue** welcoming toast ◆ **porter un ~ en l'honneur de qn** to drink (a toast) to sb, to toast sb

**toasteur** /tostœʀ/ NM toaster

**toboggan** /tɔbɔgɑ̃/ NM a *(= glissière, jeu)* slide; *[de piscine]* waterslide ◆ **faire du ~** *(une fois)* to go on a slide; *(plusieurs fois)* to play on a slide b *(= traîneau)* toboggan ◆ **faire du ~** to go tobogganing ◆ **piste de ~** toboggan run c *(Tech : pour manutention)* chute; *(Aviat)* emergency chute; *(Aut = viaduc)* flyover *(Brit)*, overpass *(US)*

> ⚠ **toboggan** *se traduit par le mot anglais* **toboggan** *uniquement au sens de 'traîneau'.*

**toc¹** /tɔk/ EXCL a *(= bruit)* **~ ~ !** knock knock!, rat-a-tat(-tat)! b *(* = repartie)* **et ~ !** *(en s'adressant à qn)* so there!*; *(en racontant la réaction de qn)* and serves him (*ou* her *etc*) damned *ou* jolly *(Brit)* well right!* ADJ * ◆ **il est ~ ~, celui-là !** *(= fou)* he's cracked* *ou* nuts*!, he's got a screw loose!*

**toc²** /tɔk/ NM ◆ **c'est du ~** *(= imitation, faux)* it's (a) fake; *(= camelote)* it's trash *ou* junk ◆ **en ~** *[bijou]* fake ADJ INV *(= imitation)* fake; *(= camelote)* rubbishy, trashy ◆ **ça fait ~** *(= imité, faux)* it looks fake; *(= camelote)* it looks cheap *ou* rubbishy, it's junk

**TOC** /tɔk/ NM (abrév de **trouble obsessionnel compulsif**) OCD, obsessive compulsive disorder

**tocante*** /tɔkɑ̃t/ NF watch, ticker* *(Brit)*

**tocard, e*** /tɔkaʀ, aʀd/ ADJ *[meubles, décor]* cheap and nasty, trashy* NM *(= personne)* dead loss*, useless twit*, washout*; *(= cheval)* (old) nag *(péj)*

**toccata** /tɔkata/ NF toccata

**tocsin** /tɔksɛ̃/ NM alarm (bell), tocsin *(littér)* ◆ **sonner le ~** to ring the alarm, to sound the tocsin *(littér)*

**toge** /tɔʒ/ NF a *(Hist)* toga ◆ **~ virile/prétexte** toga virilis/praetexta b *(Jur, Scol)* gown

**Togo** /tɔgo/ NM Togo

**togolais, e** /tɔgɔlɛ, ɛz/ ADJ of *ou* from Togo NM,F **Togolais(e)** native of Togo

**tohu-bohu** /tɔybɔy/ NM *(= désordre)* jumble, confusion; *(= agitation)* hustle (and bustle); *(= tumulte)* hubbub, commotion

**toi** /twa/ PRON PERS a *(sujet, objet)* you ◆ **~ et lui, vous êtes tous les deux aussi têtus** you're both as stubborn as one another ◆ **si j'étais ~, j'irais** if I were you *ou* in your shoes I'd go ◆ **il n'obéit qu'à ~** you are the only one he obeys, he obeys only you ◆ **il a accepté, ~ non** *ou* **pas ~** he accepted but you didn't *ou* but not you ◆ **c'est enfin ~ !** here you are at last! ◆ **qui l'a vu ? ~ ?** who saw him? did you? ◆ **~ mentir ? ce n'est pas possible** YOU tell a lie? I can't believe it ◆ **~ qui le connais bien, qu'en penses-tu ?** you know him well, so what do you think? ◆ **va devant, c'est ~ qui connais le chemin** you go first, you know the way *ou* you're the one who knows the way ◆ **~, tu n'as pas à te plaindre** you have no cause to complain ◆ **pourquoi ne le ferais-je pas, tu l'as bien fait, ~ !** why shouldn't I do it? YOU did it, didn't you? ◆ **tu l'as vu, ~ ?** did you see him?, have you seen him? ◆ **t'épouser, ~ ? jamais !** marry you? never! ◆ **~, je te connais** I know you ◆ **aide-moi, ~ !** you there* *ou* hey you*, give me a hand! ◆ **~, tu m'agaces !, tu m'agaces, ~ !** you really get on my nerves! ◆ **~, pauvre innocent, tu n'as rien compris !** you, poor fool, haven't understood a thing!, you poor fool – you haven't understood a thing!

b *(avec vpr : souvent non traduit)* **assieds-~ !** sit down! ◆ **mets-~ là !** stand over there! ◆ **~, tais-~ !** you be quiet! ◆ **montre-~ un peu aimable !** be nice!

c *(avec prép)* you, yourself ◆ **à ~ tout seul, tu ne peux pas le faire** you can't do it on your own *ou* by yourself ◆ **cette maison est-elle à ~ ?** does this house belong to you?, is this house yours? ◆ **tu n'as même pas une chambre à ~ tout seul ?** you don't even have a room of your own? *ou* a room to yourself? ◆ **tu ne penses qu'à ~** you only think of yourself, you think only of yourself ◆ **je compte sur ~** I'm counting on you

d *(dans des comparaisons)* you ◆ **il me connaît mieux que ~** *(qu'il ne te connaît)* he knows me better than (he knows) you; *(que tu ne me connais)* he knows me better than you (do) ◆ **il est plus/moins fort que ~** he is stronger than/not so strong as you ◆ **il a fait comme ~** he did what you did, he did the same as you

**toile** /twal/ NF a *(= tissu) (gén)* cloth *(NonC)*; *(grossière, de chanvre)* canvas *(NonC)*; *(pour pneu)* canvas *(NonC)* ◆ **grosse ~** (rough *ou* coarse) canvas ◆ **~ de lin/de coton** linen/cotton (cloth) ◆ **en ~, de ~** *[draps]* linen; *[pantalon, blazer]* (heavy) cotton; *[sac]* canvas

◆ **en ~ tergal** in Terylene fabric ◆ **~ caoutchoutée/plastifiée** rubberized/plastic-coated cloth ◆ **relié ~** cloth bound ◆ **~ d'amiante/métallique** asbestos/metal cloth ◆ **~ imprimée** printed cotton, cotton print ◆ **reliure ~** cloth binding; → **chanson, village**

**b** *(= morceau)* piece of cloth ◆ **poser qch sur une ~** to put sth on a piece of cloth ◆ **se mettre dans les ~s** * *(= draps)* to hit the hay * *ou* the sack *

**c** *(Art) (= support)* canvas; *(= œuvre)* canvas, painting ◆ **il expose ses ~s chez Legrand** he exhibits his canvasses *ou* paintings at Legrand's ◆ **une ~ de maître** an old master ◆ **gâcher** *ou* **barbouiller de la ~** to daub on canvas

**d** *(Naut = ensemble des voiles)* sails ◆ **faire de la/réduire la ~** to make/take in sail ◆ **navire chargé de ~s** ship under canvas, ship under full sail

**e** *[d'araignée]* web ◆ **la ~ de l'araignée** the spider's web ◆ **une belle ~ d'araignée** a beautiful spider's web ◆ **le grenier est plein de ~s d'araignées** the attic is full of cobwebs

**f** *(Internet)* **la Toile** the Web

**g** *( * = film)* film, movie *(surtout US)* ◆ **se faire une ~** to go and see a film, to go to a movie *(surtout US)*

**COMP** ▷ **toile d'avion** aeroplane cloth *ou* linen ▷ **toile de bâche** tarpaulin ◆ **une parka en ~ de bâche** a heavy canvas parka ▷ **toile cirée** oilcloth ▷ **toile émeri** emery cloth ▷ **toile de fond** *(Théât)* backdrop, backcloth ◆ **un moulin avec un lac en ~ de fond** *(fig)* a windmill with a lake in the background ◆ **une histoire d'amour, avec en ~ de fond la guerre** a love story set against the backdrop of the war ▷ **toile goudronnée** tarpaulin, tarp ▷ **toile de Jouy** ≃ Liberty print ▷ **toile de jute** hessian ▷ **toile à matelas** ticking ▷ **toile à sac** sacking, sackcloth ▷ **toile de tente** *(Camping)* canvas; *(Mil)* tent sheet ▷ **toile à voile** sailcloth

**toilerie** /twalʀi/ **NF** *(= fabrication)* textile manufacture *(of cotton, linen, canvas etc)*; *(= commerce)* textile trade; *(= atelier)* textile mill

**toilettage** /twaletaʒ/ **NM** *[de chien]* grooming; *[de texte de loi]* tidying up ◆ **"toilettage pour chiens"**, **"salon de toilettage"** *(enseigne)* "grooming parlour"

**toilette** /twalɛt/ **NF** **a** *(= ablutions)* **faire sa ~** to have a wash, to get washed ◆ **être à sa ~** *(= habillage)* to be dressing, to be getting ready ◆ **faire une grande ~/une ~ rapide** *ou* **un brin de ~** to have a thorough/quick wash ◆ **faire une ~ de chat** to give o.s. a lick and a promise *ou* a cat-lick *(Brit)* ◆ **~ intime** personal hygiene ◆ **elle passe des heures à sa ~** she spends hours getting ready *ou* washing and dressing *ou* at her toilet *(frm)* ◆ **la ~ des enfants prend toujours du temps** it always takes a long time to get the children washed *ou* ready ◆ **une lotion pour la ~ de bébé** a cleansing lotion for babies ◆ **produits de ~** toiletries ◆ **j'ai oublié mes affaires de ~** I've forgotten my toothbrush and things ◆ **faire la ~ d'un mort** to lay out a corpse ◆ **la ~ d'un condamné à mort** the washing of a prisoner before execution ◆ **(table de) ~** *(pour lavabo)* washstand; *(= coiffeuse)* dressing table; → **cabinet, gant, trousse**

**b** *(= nettoyage) [de voiture]* cleaning; *[de maison, monument]* facelift ◆ **faire la ~ de** *[+ voiture]* to clean; *[+ monument, maison]* to give a facelift to, to tart up * *(Brit) (hum)*; *[+ texte]* to tidy up, to polish up

**c** *[d'animal]* **faire sa ~** to wash itself ◆ **faire la ~ de son chien** to groom one's dog

**d** *(= habillement, parure)* clothes ◆ **en ~ de bal** wearing a ballgown ◆ **~ de mariée** wedding *ou* bridal dress *ou* gown ◆ **être en grande ~** to be (dressed) in all one's finery, to be all dressed up ◆ **aimer la ~** to like clothes ◆ **elle porte bien la ~** she wears her clothes well

**e** *(= costume)* outfit ◆ **elle a changé trois fois de ~ !** she's changed her outfit *ou* clothes three times! ◆ **"nos toilettes d'été"** "summer wear *ou* outfits" ◆ **on voit déjà les ~s d'été** you can already see people in summer outfits *ou* clothes

**f** *(Boucherie)* **~ (de porc)** pig's caul

**g** *(Tech)* reed casing

**NFPL** **toilettes** *(= WC)* toilet, bathroom *(US)*; *(publiques)* public lavatory *ou* conveniences *(Brit)*, restroom *(US)* ◆ **aller aux ~s** to go to the toilet ◆ **où sont les ~s ?** *(dans un lieu public, gén)* where's the toilet? *ou* the restroom? *(US)*; *(pour femmes)* where's the ladies' room? *ou* the ladies? * *(Brit)*; *(pour hommes)* where's the men's room? *ou* the gents? * *(Brit)*

**toiletter** /twalete/ ► conjug 1 ◄ **VT** *[+ chien, chat]* to groom; *[+ texte de loi]* to tidy up, to polish up

**toiletteur, -euse** /twaletœʀ, øz/ **NM,F** groomer ◆ **~ pour chiens** dog groomer

**toi-même** /twamɛm/ **PRON** → **même**

**toise** /twaz/ **NF** **a** *(= instrument)* height gauge ◆ **passer qn à la ~** to measure sb's height ◆ **il est passé à** *ou* **sous la ~** he had his height measured **b** *(Hist = mesure)* toise, ≃ 6 ft

**toiser** /twaze/ ► conjug 1 ◄ **VT** **a** *(= regarder avec dédain)* to look up and down, to eye scornfully ◆ **ils se toisèrent** they looked each other up and down **b** *(†, littér = évaluer)* to estimate

**toison** /twazɔ̃/ **NF** **a** *[de mouton]* fleece ◆ **la Toison d'or** the Golden Fleece **b** *(= chevelure) (épaisse)* mop; *(longue)* mane **c** *(= poils)* abundant growth

**toit** /twa/ **NM** **a** *(gén)* roof ◆ **~ de chaume/de tuiles/d'ardoises** thatched/tiled/slate roof ◆ **~ plat** *ou* **en terrasse/en pente** flat/sloping roof ◆ **habiter sous les ~s** to live in an attic flat *(Brit)* *ou* apartment *(US) (with a sloping ceiling)* ◆ **le ~ du monde** the roof of the world ◆ **voiture à ~ ouvrant** car with a sunroof ◆ **double ~** *[de tente]* fly sheet; → **crier** **b** *(= maison)* **avoir un ~** to have a roof over one's head, to have a home ◆ **chercher un ~** to look for somewhere to live ◆ **être sans ~** to have no roof over one's head, to have nowhere to call home *ou* one's own ◆ **sous le ~ de qn** under sb's roof, in sb's house ◆ **vivre sous le même ~** to live under the same roof ◆ **vivre sous le ~ paternel** to live in the paternal home ◆ **recevoir qn sous son ~** to have sb as a guest in one's house

**toiture** /twatyʀ/ **NF** roof, roofing

**tokai** /tɔkɛ/, **tokaï** /tɔkaj/, **tokay** /tokɛ/ **NM** Tokay

**Tokyo** /tɔkjo/ **N** Tokyo

**tôlard, e** * /tolaʀ, aʀd/ **NM,F** ⇒ **taulard**

**tôle**[1] /tol/ **NF** *(= matériau)* sheet metal *(NonC)*; *(= pièce)* steel (*ou* iron) sheet ◆ **~ d'acier/d'aluminium** sheet steel/aluminium ◆ **~ étamée** tinplate ◆ **~ galvanisée/émaillée** galvanized/enamelled iron ◆ **~ froissée** *(Aut)* dented bodywork ◆ **~ ondulée** *(lit)* corrugated iron; *(= route)* rugged dirt track ◆ **se payer une ~** * *(= échouer)* to fall flat on one's face *(fig)*

**tôle**[2] * /tol/ **NF** ⇒ **taule**

**Tolède** /tɔlɛd/ **N** Toledo

**tôlée** /tole/ **ADJ F** ◆ **neige ~** crusted snow

**tolérable** /tɔleʀabl/ **ADJ** *[comportement, retard]* tolerable; *[douleur, attente]* tolerable, bearable ◆ **cette attitude n'est pas ~** this attitude is intolerable *ou* cannot be tolerated **NM** ◆ **c'est à la limite du ~** it's barely tolerable

**tolérance** /tɔleʀɑ̃s/ **NF** **a** *(= compréhension, largeur d'esprit)* tolerance *(à l'égard de, envers* toward(s)); ◆ **faire preuve de ~** to be tolerant *(à l'égard de, envers* with) **b** *(= liberté limitée)* **c'est une ~, pas un droit** it's tolerated rather than allowed as of right ◆ **il y a une ~ de 2 litres d'alcool/200 cigarettes** *(Comm : produits hors taxe)* there's an allowance of 2 litres of spirits/200 cigarettes ◆ **~ orthographique/grammaticale** permitted departure in spelling/grammar; → **maison** **c** *(Méd, Tech)* tolerance ◆ **~ aux antibiotiques** antibiotic tolerance ◆ **~ immunitaire** immunological tolerance; → **marge** **d** *(Hist, Rel)* toleration

**tolérant, e** /tɔleʀɑ̃, ɑt/ **ADJ** tolerant ◆ **il est trop ~ avec ses élèves** he's too lenient *ou* easy-going with his pupils

**tolérantisme** /tɔleʀɑ̃tism/ **NM** *(Hist Rel)* tolerationism

**tolérer** /tɔleʀe/ ► conjug 6 ◄ **VT** **a** *(= ne pas sévir contre) [+ culte, pratiques, abus, infractions]* to tolerate; *(= autoriser)* to allow ◆ **ils tolèrent un excédent de bagages de 15 kg** they allow 15 kg (of) excess baggage

**b** *(= supporter) [+ comportement, excentricités, personne]* to put up with, to tolerate; *[+ douleur]* to bear, to endure, to stand ◆ **ils ne s'aimaient guère : disons qu'ils se toléraient** they didn't like each other much – you could say that they put up with *ou* tolerated each other ◆ **je ne ~ai pas cette impertinence** I will not stand for *ou* put up with *ou* tolerate this impertinence ◆ **il tolérait qu'on l'appelle par son prénom** he allowed people to call him by his first name ◆ **il ne tolère pas qu'on le contredise** he won't tolerate being contradicted

**c** *(Bio, Méd) [organisme]* to tolerate; *(Tech) [matériau, système]* to tolerate ◆ **il ne tolère pas l'alcool** he can't tolerate *ou* take alcohol, alcohol doesn't agree with him

**tôlerie** /tolʀi/ **NF** **a** *(= fabrication)* sheet metal manufacture; *(= commerce)* sheet metal trade; *(= atelier)* sheet metal workshop **b** *(= tôles) [de voiture]* panels, coachwork *(NonC)*; *[de bateau, chaudière]* plates, steelwork *(NonC)*

**tolet** /tɔlɛ/ **NM** rowlock, thole

**tôlier**[1] /tolje/ **NM** *(= industriel)* sheet iron *ou* steel manufacturer ◆ **(ouvrier-)~** sheet metal worker ◆ **~ en voitures** panel beater

**tôlier**[2]**, -ière** * /tolje, jɛʀ/ **NM,F** ⇒ **taulier**

**tollé** /tɔ(l)le/ **NM** general outcry *ou* protest ◆ **ce fut un ~ (général)** there was a general outcry

**Tolstoï** /tɔlstɔj/ **NM** Tolstoy

**toluène** /tɔlɥɛn/ **NM** toluene

**TOM** /tɔm/ **NM** (abrév de **territoire d'outre-mer**) → **territoire**

**tomahawk** /tɔmaok/ **NM** tomahawk

**tomaison** /tɔmɛzɔ̃/ **NF** volume numbering

**tomate** /tɔmat/ **NF** **a** *(= plante)* tomato (plant); *(= fruit)* tomato ◆ **~s farcies** stuffed tomatoes ◆ **~s en grappes** vine tomatoes ◆ **~s (à la) provençale** tomatoes (à la) Provençale ◆ **~s cerises/vertes** cherry/green tomatoes ◆ **il va recevoir des ~s** *(fig)* he'll get a hostile reception; → **rouge** **b** *(= boisson) pastis with grenadine*

**tombal, e** (mpl **tombals** *ou* **tombaux**) /tɔ̃bal, o/ **ADJ** *[dalle]* funerary; *(littér = funèbre)* tomblike, funereal *(épith)* ◆ **inscription ~e** tombstone inscription; → **pierre**

**tombant, e** /tɔ̃bɑ̃, ɑt/ **ADJ** *[draperies]* hanging *(épith)*; *[épaules]* sloping *(épith)*; *[moustache,* *paupières]* drooping *(épith)*; *[bouche]* downturned, turned down at the corners *(attrib)*; *[oreilles de chien]* floppy; → **nuit**

**tombe** /tɔ̃b/ **NF** **a** *(gén)* grave; *(avec monument)* tomb; *(= pierre)* gravestone, tombstone ◆ **aller sur la ~ de qn** to visit sb's grave ◆ **froid comme la ~** cold as the tomb ◆ **muet** *ou* **silencieux comme la ~** (as) silent as the grave *ou* tomb; → **recueillir, retourner** **b** *(loc)* **suivre qn dans la ~** to follow sb to the grave ◆ **descendre dans la ~** *(littér)* to go to one's grave; → **pied**

**tombeau** (pl **tombeaux**) /tɔ̃bo/ **NM** **a** *(lit)* tomb ◆ **mettre qn au ~** to commit sb to the grave, to entomb sb ◆ **mise au ~** entombment **b** *(fig) (= endroit lugubre ou solitaire)* grave, tomb; *(= ruine) [d'espérances, amour]* death *(NonC)*; *(= lieu du trépas)* grave ◆ **jusqu'au ~** to the grave ◆ **descendre au ~** to go to one's grave ◆ **cette pièce est un ~** this room is like a grave *ou* tomb ◆ **je serai un vrai ~** *(secret)* my lips are sealed, I'll be as silent as the grave **c** ◆ **à ~ ouvert** at breakneck speed

**tombée** /tɔ̃be/ **NF** ◆ **(à) la ~ de la nuit** (at) nightfall ◆ **(à) la ~ du jour** (at) the close of the day

## tomber[1] /tɔ̃be/

► conjug 1 ◄

1 VERBE INTRANSITIF   2 VERBE TRANSITIF

Lorsque **tomber** s'emploie dans des locutions figées telles que **tomber malade/amoureux, tomber d'accord, tomber de sommeil, tomber en désuétude**, etc, cherchez au nom ou à l'adjectif.

### 1 - VERBE INTRANSITIF

avec aux être

**a** de la station debout to fall (over *ou* down) ◆ **il est tombé et s'est cassé la jambe** he fell (over *ou* down) and broke his leg ◆ **le chien l'a fait ~** the dog knocked him over *ou* down ◆ **~ par terre** to fall down, to fall to the ground ◆ **~ de (tout) son haut** to fall *ou* crash *ou* topple to the ground, to fall headlong ◆ **se laisser ~ dans un fauteuil** to drop *ou* fall into an armchair ◆ **le tennis, il est tombé dedans quand il était petit** * *(hum)* he learnt how to play tennis almost as soon as he could walk ◆ **à ~ (par terre)** * amazing, incredible

**b** de la position verticale *[arbre, bouteille, poteau]* to fall (over *ou* down); *[chaise, pile d'objets]* to fall (over); *[échafaudage, mur]* to fall down, to collapse ◆ **faire ~** *(gén)* to knock down; *(en renversant)* to knock over

**c** d'un endroit élevé *[personne, objet]* to fall (down); *[avion]* to fall; *(fig, littér = pécher)* to fall ◆ **attention ! tu vas ~** careful! you'll fall ◆ **~ dans** *ou* **à l'eau** to fall into the water ◆ **~ d'un arbre** to fall from a tree, to fall out of a tree ◆ **~ d'une chaise/d'une échelle** to fall off a chair/off a ladder ◆ **~ de bicyclette/de cheval** to fall off one's bicycle/from *ou* off one's horse ◆ **~ à bas de son cheval** to fall from *ou* off one's horse ◆ **~ du cinquième étage** to fall from the fifth floor ◆ **~ de haut** *(lit)* to fall from a height; *(fig)* to come down with a bump ◆ **il est tombé sur la tête !** * he's got a screw loose *; → **ciel, lune**

**d** = se détacher *[feuilles, fruits]* to fall; *[cheveux]* to fall (out) ◆ **ramasser des fruits tombés** to pick up fruit that has fallen, to pick up windfalls ◆ **le journal tombe (des presses) à 6 heures** the paper comes off the press at 6 o'clock ◆ **la nouvelle vient de ~ à l'instant** the news has just this minute broken ◆ **un télex vient de ~** a telex has just come through ◆ **la plume me tombe des mains** the pen is falling from my hand ◆ **faire ~** *(en lâchant)* to drop ◆ **porte le vase sur la table sans le faire ~** carry the vase to the table without dropping it

**e** = s'abattre, descendre *[eau, lumière]* to fall; *[neige, pluie]* to fall, to come down; *[brouillard]* to come down ◆ **il tombe de la neige** it's snowing ◆ **qu'est-ce qu'il tombe !** * it's coming down in buckets! *, it's tipping it down * *(Brit)* ◆ **l'eau tombait en cascades** the water was cascading down ◆ **il tombe quelques gouttes** it's raining slightly, there are a few drops of rain (falling), it's spitting (with rain) *(Brit)* *ou* sprinkling lightly *(US)* ◆ **la nuit tombe** night is falling, it's getting dark ◆ **la foudre est tombée deux fois/tout près** the lightning has struck twice/nearby

**f** = baisser *[fièvre]* to drop; *[vent]* to drop, to abate, to die down; *[baromètre]* to fall; *[jour]* to draw to a close; *[voix]* to drop, to fall away; *[prix, nombre, température]* to fall, to drop (*à* to; *de* by); *[colère, conversation]* to die down; *[exaltation, assurance, enthousiasme]* to fall away ◆ **le dollar est tombé à 80 cents** the dollar has fallen *ou* dropped to 80 cents ◆ **les prix ne sont jamais tombés aussi bas** prices have reached a new low *ou* an all-time low, prices have never fallen so low ◆ **ils sont tombés bien bas** *(fig)* they've sunk really low ◆ **faire ~** *[+ température, vent, prix]* to bring down

**g** = disparaître *[obstacle, objection]* to disappear; *[poursuites]* to lapse; *[record]* to fall ◆ **l'as et le roi sont tombés** *(Cartes)* the ace and king have gone *ou* have been played ◆ **faire ~ les atouts** to force out the trumps

**h** = pendre, descendre *[draperie, robe, chevelure]* to fall, to hang; *[pantalon]* to hang; *[moustaches]* to droop; *[épaules]* to slope ◆ **ses cheveux lui tombaient sur les épaules** his hair fell to *ou* hung down to his shoulders ◆ **les rideaux tombaient jusqu'au plancher** the curtains hung down to the floor ◆ **sa jupe tombe bien** her skirt hangs nicely *ou* well

**i** = échoir *[date, choix, sort]* to fall; *[verdict, sanction]* to be pronounced ◆ **Pâques tombe tard cette année** Easter falls late this year ◆ **Noël tombe un mardi** Christmas falls on a Tuesday ◆ **les deux concerts tombent le même jour** the two concerts fall on the same day

**j** = arriver, se produire **il est tombé en pleine réunion/scène de ménage** he walked straight into a meeting/a domestic row ◆ **je tombe toujours aux heures de fermeture** I always manage to come at closing time ◆ **bien/mal ~** *(moment)* to come at the right/wrong moment; *(chance)* to be lucky/unlucky ◆ **ça tombe bien** that's fortunate *ou* convenient ◆ **ça tombe à point** *ou* **à pic** * that's perfect timing ◆ **ça ne pouvait pas mieux ~** that couldn't have come at a better time ◆ **il est vraiment bien/mal tombé avec son nouveau patron** he's really lucky/unlucky *ou* he's really in luck/out of luck with his new boss ◆ **si ça tombe, il viendra même pas** * he may not even come; → **juste**

**k** = être tué *[combattant]* to fall

**l** = être vaincu *[ville, régime, garnison]* to fall ◆ **faire ~ le gouvernement** to bring down the government, to bring the government down

**m** * = être arrêté to be *ou* get busted * *ou* nicked * *(Brit)*

**n** locutions

◆ **laisser tomber** *[+ objet que l'on porte]* to drop; *[+ amis, activité]* to drop; *[+ métier]* to drop, to give up, to chuck in *; *[+ fiancé]* to jilt, to throw over *; *[+ vieux parents]* to let down, to leave in the lurch ◆ **il a voulu faire du droit mais il a vite laissé ~** he wanted to do law but he soon gave it up *ou* dropped it ◆ **la famille nous a bien laissé ~** the family really let us down *ou* left us in the lurch ◆ **laisse ~ !** * *(gén)* forget it!; *(nuance d'irritation)* give it a rest! *

◆ **tomber dans** *[+ état]* ◆ **~ dans la misère** to become destitute ◆ **~ dans l'alcool/la drogue** to take to drinking/to drugs ◆ **~ dans le coma** to fall into a coma ◆ **son œuvre est tombée dans l'oubli** his work fell into oblivion ◆ **ce roman tombe dans le mélo/la vulgarité** the novel tends to lapse into melodrama/vulgarity ◆ **~ dans l'excès** to lapse into excess ◆ **~ dans l'excès inverse** to go to the opposite extreme ◆ **~ d'un excès dans un autre** to go from one extreme to another → **domaine, pomme, piège** *etc*

◆ **tomber sur** *[regard]* to fall *ou* light upon; *[conversation]* to come round to
*(= rencontrer par hasard) [+ personne]* to run *ou* bump into; *(= trouver par hasard) [+ objet, piste, détail]* to come across *ou* upon ◆ **j'ai eu la chance de ~ sur un spécialiste** I was lucky enough to come across a specialist ◆ **en prenant cette rue, vous tombez sur le boulevard/la gare** if you go along this street, you'll come out onto the boulevard/you'll find the station ◆ **je suis tombé sur une vieille photo** I came across *ou* upon an old photo; → **bec, os**
*(= échoir à)* ◆ **on a tiré au sort et c'est tombé sur moi** we drew straws and I was the lucky winner *(iro)* ◆ **et il a fallu que ça tombe sur moi !** it (just) had to be me! ◆ **il m'est tombé sur le râble** * *ou* **le paletot** * *ou* **le dos** * he laid into me *, he went for me *

◆ **tomber dessus** * ◆ **il nous est tombé dessus le jour de Noël** he landed on us on Christmas Day * ◆ **une quantité de problèmes leur est tombée dessus** they had a whole series of problems ◆ **la maladie, ça peut vous ~ dessus n'importe quand** you can fall ill any time ◆ **quand la solitude vous tombe dessus ...** when you suddenly find yourself alone ... ◆ **je ne voulais pas d'une nouvelle relation amoureuse, ça m'est tombé dessus** I didn't want to have another love affair, it just happened ◆ **ils nous sont tombés dessus à huit contre trois** eight of them laid into the three of us *

### 2 - VERBE TRANSITIF

avec aux avoir

**a** * **~ qn** *(= vaincre) (Sport)* to throw sb; *(Pol)* to beat sb ◆ **il les tombe toutes** *(= séduire)* he's a real ladykiller

**b** * = enlever **~ la veste** to take off one's jacket ◆ **~ le masque** to drop the mask

**tomber[2]** /tɔ̃be/ **NM** **a** *(littér)* **au ~ du jour** *ou* **de la nuit** at nightfall **b** *[de vêtement, étoffe]* **le ~ de ce tissu/de cette robe** the way the material/the dress hangs

**tombereau** (pl **tombereaux**) /tɔ̃bʀo/ **NM** *(= charrette)* tipcart; *(= contenu)* cartload; *(pour terrassement)* dump truck, dumper-truck ◆ **des ~x de** *(fig)* masses of

**tombeur, -euse** /tɔ̃bœʀ, øz/ **NM,F** *(= adversaire)* ◆ **le ~ du sénateur** the man who defeated the senator ◆ **la tombeuse de la championne du monde** the woman who defeated *ou* toppled the world champion **NM** **a** *(* = don Juan)* ladykiller, Casanova **b** *(= lutteur)* thrower

**tombola** /tɔ̃bɔla/ **NF** tombola, raffle

**Tombouctou** /tɔ̃buktu/ **N** Timbuktoo

**tome** /tɔm/ **NM** *(= division)* part, book; *(= volume)* volume

**tomette** /tɔmɛt/ **NF** ⇒ **tommette**

**tomme** /tɔm/ **NF** tomme (cheese)

**tommette** /tɔmɛt/ **NF** (red, hexagonal) floor-tile

**tomographie** /tɔmɔgʀafi/ **NF** tomography

**tom-pouce** * /tɔmpus/ **NM** *(= nain)* Tom Thumb, dwarf, midget

**ton¹** /tɔ̃/, **ta** /ta/ (pl **tes** /te/) **ADJ POSS** **a** *(possession, relation)* your; *(emphatique)* your own; *( † Rel)* thy ◆ **~ fils et ta fille** your son and (your) daughter ◆ **que ta volonté soit faite** *(Rel)* Thy will be done; *pour autres loc voir* **son¹** **b** *(valeur affective, ironique, intensive)* **tu as de la chance d'avoir ~ samedi !** * you're lucky to have Saturday(s) off! ◆ **~ Paris est devenu très bruyant** your beloved Paris is getting very noisy ◆ **tu vas avoir ta crise de foie si tu manges ça** you'll upset your stomach if you eat that ◆ **ferme donc ta porte !** shut the door behind you!; *pour autres loc voir* **son¹**

**ton²** /tɔ̃/ **NM** **a** *(= hauteur de la voix)* pitch; *(= timbre)* tone; *(= manière de parler)* tone (of voice) ◆ **~ aigu/grave** shrill/low pitch ◆ **~ nasillard** twang ◆ **d'un ~ détaché/brusque/pédant** in a detached/an abrupt/a pedantic tone (of voice) ◆ **d'un ~ sec** curtly ◆ **avec un ~ de supériorité** in a superior tone ◆ **sur le ~ de la conversation/plaisanterie** conversationally/jokingly, in a conversational/joking tone (of voice) ◆ **le ~ est à la conciliation/à la prudence** the prevailing mood is one of conciliation/of caution, conciliation/caution is the order of the day ◆ **hausser le ~** *(lit)* to raise one's voice; *(= se fâcher)* to raise one's voice; *(= durcir sa position)* to take a firmer line ◆ **les syndicats haussent le ~** the unions are taking an aggressive stand ◆ **baisser le ~** *(lit)* to lower one's voice; *(fig)* to soften *ou* moderate one's tone ◆ **baisse un peu le ~ !** pipe down! * ◆ **faire baisser le ~ à qn** *(fig)* to bring sb down a peg (or two) ◆ **les débats ont changé de ~** the tone of the debates has changed ◆ **il devra changer de ~** *(fig)* he'll have to change his tune ◆ **ne me parle pas sur ce ~ !** don't use that tone (of voice) with me!, don't you talk to me like that! ◆ **ne le prenez pas sur ce ~** don't take it like that ◆ **alors là, si vous le prenez sur ce ~** well if that's the way you're going to take it, well if you're going to take it like that ◆ **dire/répéter sur tous les ~s** to say/repeat in every possible way

**b** *(Mus = intervalle)* tone; *[de morceau]* key; *[d'instrument à vent]* crook; *(= hauteur d'un instrument)* pitch ◆ **le ~ de si majeur** the key of B major ◆ **passer d'un ~ à un autre** to change from one key to another ◆ **il y a un ~ majeur entre do et ré** there is a whole *ou* full tone between C and D ◆ **prendre le ~** to tune up *(de* to); ◆ **donner le ~** to give the pitch ◆ **sortir du ~** to go out of tune ◆ **il/ce n'est pas dans le ~** he/it is not in tune ◆ **le ~ est trop haut pour elle** it's set in too high a key for her, it's pitched too high for her

**c** *(Ling, Phon)* tone ◆ **langue à ~s** tone language

**d** *(= style)* tone ◆ **le ~ soutenu de son discours** the elevated tone of his speech ◆ **le bon ~** *(= manière de se comporter)* good manners, good form *(Brit)* ◆ **plaisanteries/remarques de bon ~** jokes/remarks in good taste ◆ **il est de bon ~ de ...** it's considered polite to ..., it is good manners *ou* form *(Brit)* to ... ◆ **plaisanteries de mauvais ~** tasteless jokes ◆ **être dans le ~** to fit in ◆ **il s'est vite mis dans le ~** he soon fitted in ◆ **donner le ~** to set the tone; *(en matière de mode)* to set the fashion

**e** *(= couleur, nuance)* shade, tone ◆ **être dans le ~** to tone in, to match ◆ **la ceinture n'est pas du même ~** *ou* **dans le même ~ que la robe** the belt doesn't match the dress ◆ **~s chauds** warm tones *ou* shades ◆ **~s dégradés** gradual shadings ◆ **~ sur ~** in matching tones

**tonal, e** (mpl **tonals**) /tɔnal/ **ADJ** *(Ling, Mus)* tonal

**tonalité** /tɔnalite/ **NF** **a** *(Mus) (= système)* tonality; *(= ton)* key; *(Phon) [de voyelle]* tone **b** *(= fidélité) [de poste, amplificateur]* tone **c** *(= timbre, qualité) [de voix]* tone; *(fig) [de texte, impression]* tone; *[de couleurs]* tonality **d** *(Téléc)* dialling tone *(Brit)*, dial tone *(US)* ◆ **je n'ai pas la ~** I'm not getting the dialling tone

**tondeur, -euse** /tɔ̃dœʀ, øz/ **NM,F** *(gén)* shearer **NF** **tondeuse** *(à cheveux)* clippers; *(pour les moutons)* shears; *(Tex : pour les draps)* shears ◆ **tondeuse (à gazon)** (lawn)mower ◆ **passer la tondeuse** to mow the lawn ◆ **tondeuse à main/à moteur** hand-/motor-mower ◆ **tondeuse électrique** *(pour le gazon)* electric (lawn)mower; *(pour les cheveux)* electric clippers

**tondre** /tɔ̃dʀ/ ► conjug 41 ◄ **VT** **a** *[+ mouton, toison]* to shear; *[+ gazon]* to mow; *[+ haie]* to clip, to cut; *[+ caniche, poil]* to clip; *[+ cheveux]* to crop; *[+ drap, feutre]* to shear **b** *(* = couper les cheveux à)* **~ qn** to cut sb's hair; *(= escroquer)* to fleece sb; *(au jeu)* to clean sb out ◆ **je vais me faire ~** I'm going to get my hair cut really short; → **laine**

**tondu, e** /tɔ̃dy/ (ptp de **tondre**) **ADJ** *[cheveux, tête]* (closely-)cropped; *[personne]* with closely-cropped hair, close-cropped; *[pelouse, sommet]* closely-cropped; → **pelé**

**Tonga** /tɔ̃ga/ **NM** Tonga ◆ **les îles ~** Tonga

**tongs** /tɔ̃g/ **NFPL** *(= sandales)* flip-flops, thongs *(US)*

**tonicité** /tɔnisite/ **NF** **a** *(Méd) [de tissus]* tone, tonicity *(SPÉC)*, tonus *(SPÉC)* **b** *[d'air, mer]* tonic *ou* bracing effect

**tonifiant, e** /tɔnifjɑ̃, jɑ̃t/ **ADJ** *[air]* bracing, invigorating; *[massage, lotion]* toning *(épith)*, tonic *(épith)*, stimulating; *[lecture, expérience]* stimulating **NM** tonic

**tonifier** /tɔnifje/ ► conjug 7 ◄ **VT** *[+ muscles]* to tone (up); *[+ esprit, personne]* to stimulate; *[+ peau]* to tone; *[+ cheveux]* to put new life into ◆ **cela tonifie l'organisme** it tones up the whole system

**tonique** /tɔnik/ **ADJ** **a** *[médicament, vin, boisson]* tonic *(épith)*, fortifying; *[lotion]* toning *(épith)*, tonic *(épith)* ◆ **c'est quelqu'un de très ~** *(dynamique)* he's very dynamic; *(physiquement)* he's in really good shape **b** *[air, froid]* invigorating, bracing; *[idée, expérience, lecture]* stimulating **c** *(Ling) [syllabe, voyelle]* tonic, accented; → **accent** **NM** *(Méd, fig)* tonic; *(= lotion)* toning lotion ◆ **~ du cœur** heart tonic **NF** *(Mus)* tonic, keynote

**tonitruant, e** /tɔnitʀyɑ̃, ɑ̃t/ **ADJ** *[voix]* thundering *(épith)*, booming *(épith)*

**tonitruer** /tɔnitʀye/ ► conjug 1 ◄ **VI** to thunder

**Tonkin** /tɔ̃kɛ̃/ **NM** Tonkin

**tonkinois, e** /tɔ̃kinwa, waz/ **ADJ** Tonkinese **NM,F** **Tonkinois(e)** Tonkinese

**tonnage** /tɔnaʒ/ **NM** *[de navire]* tonnage, burden; *[de port, pays]* tonnage ◆ **~ brut/net** gross/net tonnage

**tonnant, e** /tɔnɑ̃, ɑ̃t/ **ADJ** *[voix, acclamation]* thunderous, thundering *(épith)*

**tonne** /tɔn/ **NF** **a** *(= unité de poids)* (metric) ton, tonne ◆ **une ~ de bois** a ton *ou* tonne *(Brit)* of wood ◆ **~ américaine** *ou* **courte** short *ou* net ton ◆ **~ anglaise** *ou* **longue** *ou* **forte** long *ou* gross *ou* imperial ton ◆ **~-kilomètre** ton kilometre ◆ **un navire de 10 000 ~s** a 10,000-ton *ou* -tonne *(Brit)* ship, a ship of 10,000 tons *ou* tonnes *(Brit)* ◆ **un (camion de) 5 ~s** a 5-ton truck, a 5-tonner * ◆ **~ équivalent charbon** ton coal equivalent ◆ **~ équivalent pétrole** ton oil equivalent ◆ **ses plaisanteries pèsent des ~s** his jokes are very laboured *ou* heavy-handed

**b** *( * = énorme quantité)* **des ~s de, une ~ de** tons of *, loads of * ◆ **il y en a des ~s** there are tons * *ou* loads * of them ◆ **des gens comme lui, (il n')y en a pas des ~s** you don't come across people like him every day ◆ **en faire des ~s** to overdo it, to go over the top *

**c** *(Tech = récipient)* tun; *(Naut = bouée)* tunbuoy

**tonneau** (pl **tonneaux**) /tɔno/ **NM** **a** *(= récipient)* barrel, cask; *(= contenu)* barrel(ful), cask(ful) ◆ **vin au ~** wine from the barrel *ou* cask ◆ **vieillir en ~** to age in the barrel *ou* cask ◆ **le ~ de Diogène** Diogenes' tub ◆ **le ~ des Danaïdes** *(Myth)* the Danaides' jar ◆ **c'est le ~ des Danaïdes** *(= gouffre financier)* it's a bottomless pit; *(= tâche sans fin)* it is a Sisyphean task ◆ **être du même ~** * *(péj)* to be of the same kind; → **perce** **b** *(Aviat)* hesitation flick roll *(Brit)*, hesitation snap roll *(US)* **c** *(Aut)* somersault ◆ **faire un ~** to roll over, to somersault ◆ **leur voiture a fait trois ~x** their car rolled (over) *ou* somersaulted three times **d** *(Naut)* ton ◆ **~ de jauge brute** gross register ton ◆ **un bateau de 1 500 ~x** a 1,500-ton *ou* -tonne *(Brit)* ship

**tonnelet** /tɔnlɛ/ **NM** keg, (small) cask

**tonnelier** /tɔnəlje/ **NM** cooper

**tonnelle** /tɔnɛl/ **NF** *(= abri)* arbour *(Brit)*, arbor *(US)*, bower; *(Archit)* barrel vault ◆ **il dormait sous la ~** he was sleeping in the arbour

**tonnellerie** /tɔnɛlʀi/ **NF** cooperage

**tonner** /tɔne/ ► conjug 1 ◄ **VI** **a** *[canons, artillerie]* to thunder, to boom, to roar **b** *[personne]* to thunder, to rage, to inveigh *(contre* against) **VB IMPERS** to thunder ◆ **il tonne** it's thundering ◆ **il a tonné vers 2 heures** there was some thunder about 2 o'clock ◆ **il tonnait sans discontinuer** the thunder rumbled continuously

**tonnerre** /tɔnɛʀ/ **NM** **a** *(= détonation)* thunder; *( † = foudre)* thunderbolt ◆ **j'entends le ~ qui gronde** I can hear thunder ◆ **coup de ~** thunderbolt ◆ **comme un coup de ~ dans un ciel serein** *ou* **bleu** *(fig)* like a bolt from the blue ◆ **un bruit/une voix de ~** a noise/a voice like thunder, a thunderous noise/voice ◆ **un ~ d'applaudissements** thunderous applause ◆ **le ~ des canons** the roar *ou* the thundering of the guns

**b** *( * : valeur intensive)* **du ~** terrific *, fantastic * ◆ **ça marchait du ~** it was going great guns * *ou* tremendously well ◆ **un livre du ~ de Dieu** ‡ one *ou* a hell of a book ‡, a fantastic book *

**EXCL** ◆ **~ !** * † ye gods! * † ◆ **mille ~s !** *, **~ de Brest !** * shiver me timbers! * † *(aussi hum)* ◆ **~ de Dieu !** ‡ hell and damnation! ‡, hell's bells! *

**tonsure** /tɔ̃syʀ/ **NF** *(Rel)* tonsure; *( * = calvitie)* bald spot *ou* patch ◆ **porter la ~** to wear the tonsure

**tonsuré, e** /tɔ̃syʀe/ (ptp de **tonsurer**) **ADJ** tonsured **NM** *(péj = moine)* monk

**tonsurer** /tɔ̃syʀe/ ► conjug 1 ◄ **VT** to tonsure

**tonte** /tɔ̃t/ **NF** **a** *(= action) [de moutons]* shearing; *[de haie]* clipping; *[de gazon]* mowing **b** *(= laine)* fleece **c** *(= époque)* shearing-time

**tontine** /tɔ̃tin/ **NF** *(Fin, Jur)* tontine

**tonton** /tɔ̃tɔ̃/ **NM** *(langage enfantin)* uncle

**tonus** /tɔnys/ **NM** a *(Physiol)* tone, tonus *(SPÉC)* ◆ ~ **musculaire** muscle tone, muscular tonus *(SPÉC)* ◆ ~ **nerveux** nerve tone b *(= dynamisme)* energy, dynamism; *(au travail)* drive ◆ **redonner du ~ à l'économie** to give the economy a boost ◆ **ce shampoing donnera du ~ à vos cheveux** this shampoo will put new life into your hair

**toon** * /tun/ **NM** cartoon character

**top** /tɔp/ **NM** a *(= signal électrique)* beep ◆ **au 4e ~ il sera midi** *(Radio)* at the 4th stroke it will be twelve o'clock b *(Courses)* **donner le ~ (de départ)** to give the starting signal ◆ **attention, ~, partez !** *ou* ~ **départ !** on your marks, get set, go! c ◆ ~ **10/30** *etc* top 10 *ou* ten/30 *ou* thirty *etc* ◆ **le ~ 50** *(Mus)* the top 50 (singles), ≃ the singles charts ◆ **numéro un du ~ 50** number one in the charts d *(* = le mieux)* **c'est le (~ du) ~ !** it's the best! ◆ **être au ~** *[athlète, chercheur]* to be the best in one's field ◆ **être au ~ de sa forme** to be in tip-top condition *ou* shape, to be in great shape * ◆ **c'est ~** * *(= c'est super)* it's great! * ◆ **c'est pas ~** * it's nothing special

**ADJ** ◆ ~ **secret** top secret ◆ ~ **modèle** top model; *[athlète, chercheur]* ◆ **être au ~ niveau** to be at the top of one's field

**topaze** /tɔpɑz/ **NF** topaz ◆ ~ **brûlée** burnt topaz **ADJ INV** *(= couleur)* topaz ◆ **liquide** ~ topaz-coloured liquid

**toper** /tɔpe/ ▸ conjug 1 ◂ **VI** ◆ **tope-là!, topez-là!** let's shake on it!, done!, you're on! *, it's a deal! *

**topiaire** /tɔpjɛʀ/ **ADJ, NF** ◆ **(art)** ~ topiary

**topinambour** /tɔpinɑ̃buʀ/ **NM** Jerusalem artichoke

**topique** /tɔpik/ **ADJ** *(frm) [argument, explication]* pertinent; *[citation]* apposite; *[remède, médicament]* topical, local **NM** *(Méd)* topical *ou* local remedy; *(Philos)* topic **NF** *(Philos)* topics

**topless** * /tɔplɛs/ **ADJ** *[bar, serveuse]* topless **NM** ◆ **faire du ~** to go topless

**topo** * /tɔpo/ **NM** *(= exposé, rapport)* rundown *; *(péj = laïus)* spiel * ◆ **faire un ~ sur qch** to give a rundown * on sth ◆ **c'est toujours le même ~** it's always the same old story * ◆ **tu vois un peu le ~ ?** get the picture?

**topographe** /tɔpɔgʀaf/ **NM** topographer

**topographie** /tɔpɔgʀafi/ **NF** *(= technique)* topography; *(= configuration)* layout, topography; † *(= description)* topographical description; *(= croquis)* topographical plan

**topographique** /tɔpɔgʀafik/ **ADJ** topographic(al)

**topographiquement** /tɔpɔgʀafikmɑ̃/ **ADV** topographically

**topoguide** /tɔpɔgid/ **NM** topographical guide

**topologie** /tɔpɔlɔʒi/ **NF** topology

**topologique** /tɔpɔlɔʒik/ **ADJ** topologic(al)

**topométrie** /tɔpɔmetʀi/ **NF** topometry

**toponyme** /tɔpɔnim/ **NM** place name, toponym *(SPÉC)*

**toponymie** /tɔpɔnimi/ **NF** *(= étude)* toponymy *(SPÉC)*, study of place names; *(= noms de lieux)* toponymy *(SPÉC)*, place names

**toponymique** /tɔpɔnimik/ **ADJ** toponymic

**toquade** /tɔkad/ **NF** *(péj) (pour qn)* infatuation, crush *; *(pour qch)* fad, craze ◆ **avoir une ~ pour qn** to have a crush on sb *, to be infatuated with sb

**toquante** * /tɔkɑ̃t/ **NF** ⇒ **tocante**

**toquard, e** ⁑ /tɔkaʀ, aʀd/ **ADJ, NM** ⇒ **tocard, e**

**toque** /tɔk/ **NF** *(en fourrure)* fur hat; *[de juge, jockey]* cap ◆ ~ **de cuisinier** chef's hat ◆ **l'une des ~s les plus renommées** *(= chef cuisinier)* one of the most famous chefs

**toqué, e** * /tɔke/ **ADJ** crazy *, cracked *, nuts * *(attrib)* ◆ **être ~ de qn** to be crazy *ou* mad *ou* nuts about sb * **NM,F** loony ⁑, nutcase *, nutter ⁑ *(Brit)*

**toquer** * /tɔke/ ▸ conjug 1 ◂ **VI** to tap, to rap ◆ ~ **(à la porte)** to tap *ou* rap at the door

**toquer (se)** * /tɔke/ ▸ conjug 1 ◂ **VPR** ◆ **se ~ de qn** to lose one's head over sb, to go crazy over sb * ◆ **se ~ de qch** to go crazy over sth

**Tor** /tɔʀ/ **NM** ⇒ **Thor**

**Torah** /tɔʀa/ **NF** ⇒ **Thora**

**torche** /tɔʀʃ/ **NF** a *(= flambeau)* torch ◆ ~ **électrique** (electric) torch *(Brit)*, flashlight *(US)* ◆ **être transformé en ~ vivante** to be turned into a human torch ◆ **se mettre en ~** *(Parachutisme)* to candle b *(Ind = torchère)* flare

**torcher** /tɔʀʃe/ ▸ conjug 1 ◂ **VT** a * *[+ assiette]* to wipe (clean); *[+ jus]* to mop up b ⁑ *[+ derrière]* to wipe ◆ ~ **un bébé** to wipe a baby's bottom c *(péj) [+ travail, rapport] (= produire)* to toss off; *(= bâcler)* to make a mess of, to botch (up) ◆ **rapport/article bien torché** well-written report/article **VPR se torcher** ⁑ a *(= s'essuyer)* **se ~ (les fesses)** to wipe one's bottom b *(= boire)* **il s'est torché la bouteille de vodka** he polished off * *ou* downed * the bottle of vodka ◆ **il était complètement torché** *(= saoul)* he was completely pissed ⁑ *(Brit) ou* wasted ⁑ *(US)*

**torchère** /tɔʀʃɛʀ/ **NF** a *(Ind)* flare b *(= candélabre)* torchère; *(= chandelier)* candelabrum; *(= vase)* cresset

**torchis** /tɔʀʃi/ **NM** cob *(for walls)*

**torchon** /tɔʀʃɔ̃/ **NM** a *(gén)* cloth; *(pour épousseter)* duster *(Brit)*, dustcloth *(US)*; *(à vaisselle)* tea towel, dish towel ◆ **coup de ~** *(= bagarre)* scrap; *(= épuration)* clear-out ◆ **donner un coup de ~** *(ménage)* to give a room a dust, to flick a duster over a room; *(vaisselle)* to give the dishes a wipe; *(épuration)* to have a clear-out ◆ **le ~ brûle** *(fig)* there's a running battle (going on) (*entre* between) → **mélanger** b *(péj) (= devoir mal présenté)* mess; *(= écrit sans valeur)* drivel *(NonC)*, tripe * *(NonC)*; *(= mauvais journal)* rag ◆ **ce devoir est un ~** this homework is a mess

**torchonner** * /tɔʀʃɔne/ ▸ conjug 1 ◂ **VT** *(péj) [+ travail]* to do a rushed job on ◆ **un devoir torchonné** a slipshod *ou* badly done piece of homework

**tordant, e** * /tɔʀdɑ̃, ɑ̃t/ **ADJ** hilarious ◆ **il est ~** he's a scream *

**tord-boyaux** * † /tɔʀbwajo/ **NM INV** rotgut *, hooch * *(US)*

**tordre** /tɔʀdʀ/ ▸ conjug 41 ◂ **VT** a *(entre ses mains)* to wring; *(pour essorer)* to wring (out); *[+ tresses]* to wind; *(Tex) [+ brins, laine]* to twist; *[+ bras, poignet]* to twist ◆ **"ne pas tordre"** *(sur étiquette)* "do not wring" ◆ **sa robe était à ~** *(très mouillée)* her dress was wringing wet ◆ ~ **le cou à un poulet** to wring a chicken's neck ◆ **je vais lui ~ le cou** * I'll wring his neck (for him) ◆ ~ **le cou à une rumeur** to put an end to *ou* kill a rumour ◆ **cet alcool vous tord les boyaux** * this stuff is real rotgut ⁑ ◆ **la peur lui tordait l'estomac** his stomach was churning with fear

b *(= plier) [+ barre de fer]* to twist; *[+ cuiller, branche de lunette]* to bend

c *(= déformer) [+ traits, visage]* to contort, to twist ◆ **une joie sadique lui tordait la bouche** his mouth was twisted into a sadistic leer ◆ **la colère lui tordait le visage** his face was twisted *ou* contorted with anger ◆ ~ **le nez (devant qch)** * to screw up one's face in disgust (at sth)

**VPR se tordre** a *[personne]* **se ~ de douleur** to be doubled up with pain ◆ **se ~ (de rire)** to be doubled up *ou* creased up *(Brit)* with laughter ◆ **c'est à se ~ (de rire) !** it's hilarious! ◆ **ça les a fait se ~ de rire** it had them in stitches * ◆ **mon estomac se tord** I've got a terrible pain in my stomach

b *[barre, poteau]* to bend; *[roue]* to buckle, to twist; *(littér) [racine, tronc]* to twist round, to writhe *(littér)*

c *(= se faire mal à)* **se ~ le pied/le poignet/la cheville** to twist one's foot/one's wrist/one's ankle ◆ **se ~ les mains (de désespoir)** to wring one's hands (in despair)

**tordu, e** /tɔʀdy/ (ptp de **tordre**) **ADJ** *[nez]* crooked; *[jambes]* bent, crooked; *[tronc]* twisted; *[règle, barre]* bent; *[roue]* bent, buckled, twisted; *[idée]* weird; *[raisonnement]* twisted ◆ **avoir l'esprit ~** to have a warped mind ◆ **être (complètement) ~** ⁑ to be off one's head *, to be round the bend * *(Brit) ou* the twist * *(Brit)* ◆ **il m'a fait un coup ~** he played a dirty trick on me **NM,F** ⁑ *(= fou)* loony *, nutcase *; *(= crétin)* twit *

**tore** /tɔʀ/ **NM** *(Géom)* torus; *(Archit)* torus, tore ◆ ~ **magnétique** magnetic core ◆ ~ **de ferrite** ferrite core

**toréador** /tɔʀeadɔʀ/ **NM** toreador

**toréer** /tɔʀee/ ▸ conjug 1 ◂ **VI** *(ponctuellement)* to fight *ou* work a bull; *(habituellement)* to be a bullfighter

**torero** /tɔʀeʀo/ **NM** bullfighter, torero

**torgnole** * /tɔʀɲɔl/ **NF** clout, wallop * ◆ **flanquer * une ~ à qn** to clout * *ou* wallop * sb

**toril** /tɔʀil/ **NM** bullpen

**tornade** /tɔʀnad/ **NF** tornado ◆ **entrer comme une ~** to come in like a whirlwind

**toron** /tɔʀɔ̃/ **NM** *(= brin)* strand

**torpédo** /tɔʀpedo/ **NF** † open tourer *(Brit)*, open touring car *(US)*

**torpeur** /tɔʀpœʀ/ **NF** torpor ◆ **faire sortir** *ou* **tirer qn de sa ~** to bring sb out of his torpor

**torpide** /tɔʀpid/ **ADJ** *(littér, Méd)* torpid

**torpillage** /tɔʀpijaʒ/ **NM** *(lit, fig)* torpedoing

**torpille** /tɔʀpij/ **NF** a *(Mil) (sous-marine)* torpedo ◆ ~ **(aérienne)** *(= bombe)* (aerial) torpedo b *(= poisson)* torpedo

**torpiller** /tɔʀpije/ ▸ conjug 1 ◂ **VT** *(lit, fig)* to torpedo

**torpilleur** /tɔʀpijœʀ/ **NM** torpedo boat

**torréfacteur** /tɔʀefaktœʀ/ **NM** a *(= appareil) [de café, malt, cacao]* roaster; *[de tabac]* toasting machine b *(= commerçant)* coffee merchant

**torréfaction** /tɔʀefaksjɔ̃/ **NF** *[de café, malt, cacao]* roasting; *[de tabac]* toasting

**torréfier** /tɔʀefje/ ▸ conjug 7 ◂ **VT** *[+ café, malt, cacao]* to roast; *[+ tabac]* to toast ◆ **café torréfié** roast(ed) coffee

**torrent** /tɔʀɑ̃/ **NM** a *(= cours d'eau)* stream; *(tumultueux)* torrent ◆ ~ **de montagne** (fast-flowing) mountain stream, mountain torrent b *(= écoulement rapide)* ~ **de lave** torrent *ou* flood of lava ◆ ~ **de boue** torrent of mud ◆ **des ~s d'eau** *(pluie)* torrential rain; *(inondation)* torrents of water ◆ **il pleut à ~s** it's pouring c *(= grande abondance)* **un ~ de** *[+ injures, paroles]* a torrent *ou* stream *ou* flood of; *[+ musique]* a flood of ◆ **des ~s de** *[+ fumée, lumière, larmes]* streams of

**torrentiel, -elle** /tɔʀɑ̃sjɛl/ **ADJ** *[eaux, régime, pluie]* torrential

**torride** /tɔʀid/ **ADJ** a *(= très chaud) [région, climat]* torrid; *[journée, chaleur]* scorching, torrid b *(= sensuel) [scène d'amour, ambiance]* torrid

**tors, torse**[1] /tɔʀ, tɔʀs/ **ADJ** *[fil]* twisted; *[colonne]* wreathed; *[pied de verre]* twist *(épith)*; *[jambes]* crooked, bent **NM** *(Tech)* twist

**torsade** /tɔʀsad/ **NF** *[de fils]* twist; *(Archit)* cable moulding; *(Tricot)* cable-stitch ◆ ~ **de cheveux** twist *ou* coil of hair ◆ **en** ~ *[embrasse, cheveux]* twisted ◆ **colonne à ~s** cabled column ◆ **pull à ~s** cable(-knit *ou* -stitch) sweater; → **point**[2]

**torsader** /tɔʀsade/ ▸ conjug 1 ◂ **VT** *[+ frange, corde, cheveux]* to twist ◆ **colonne torsadée** cabled column ◆ **pull torsadé** cable(-knit *ou* -stitch) sweater

**torse**[2] /tɔʀs/ **NM** *(gén)* chest; *(Anat, Sculp)* torso ◆ ~ **nu** stripped to the waist, bare-chested ◆ **se mettre** ~ **nu** to strip to the waist; → **bomber**[1]

**torsion** /tɔʀsjɔ̃/ **NF** *(= action)* twisting; *(Phys, Tech)* torsion ◆ **exercer sur qn une** ~ **du bras** to twist sb's arm back ◆ **moment de** ~ torque; → **couple**

**tort** /tɔʀ/ GRAMMAIRE ACTIVE 29.2, 39.1, 41 **NM** **a** *(= action, attitude blâmable)* fault ◆ **il a un** ~**, c'est de trop parler** his one fault is that he talks too much ◆ **il a le** ~ **d'être trop jeune** the only trouble with him is that he's too young ◆ **il a eu le** ~ **d'être impoli avec le patron** he made the mistake of being rude to the boss ◆ **je n'ai eu qu'un seul** ~**, celui de t'écouter** the only mistake I made was to listen to you ◆ **ils ont tous les ~s de leur côté** the fault is entirely on their side, they are completely in the wrong ◆ **les ~s sont du côté du mari/cycliste** *(Jur)* the fault lies with the husband/cyclist, the husband/cyclist is at fault ◆ **avoir des ~s envers qn** to have wronged sb ◆ **il n'a aucun** ~ he's not at fault, he's in no way to blame ◆ **il a reconnu ses ~s** he acknowledged *ou* admitted that he had done something wrong ◆ **vous avez refusé ? c'est un** ~ did you refuse? – you were wrong (to do that) *ou* you shouldn't have (done that) ◆ **tu ne le savais pas ? c'est un** ~ you didn't know? – you should have *ou* that was a mistake *ou* that was unfortunate

**b** *(= dommage, préjudice)* wrong ◆ **redresser un** ~ to right a wrong ◆ **faire** *ou* **causer du** ~ **à qn, faire** *ou* **porter** ~ **à qn** † to harm sb, to do *ou* cause sb harm ◆ **ça ne fait de** ~ **à personne** it doesn't harm *ou* hurt anybody ◆ **il s'est fait du** ~ he has harmed himself, he has done himself no good ◆ **cette mesure va faire du** ~ **aux produits laitiers** this measure will harm *ou* be harmful to *ou* be detrimental to the dairy industry ◆ **il ne me ferait pas** ~ **d'un centime** † he wouldn't do me out of a penny; → **redresseur**

**c** *(loc)*

◆ **avoir + tort** to be wrong ◆ **il a** ~ **de se mettre en colère** he's wrong *ou* it's wrong of him to get angry ◆ **il n'a pas tout à fait** ~ **de dire que ...** he's not altogether *ou* entirely wrong in saying that ... ◆ **elle a grand** *ou* **bien** ~ **de le croire** she's very wrong to believe it ◆ **tu aurais bien** ~ **de ne pas le faire !** you'd be quite wrong not to do it! ◆ **on aurait** ~ **de croire que ...** it would be wrong to think *ou* believe that ...

◆ **donner tort à qn** *(= blâmer)* to lay the blame on sb, to blame sb; *(= ne pas être d'accord avec)* to disagree with sb ◆ **les statistiques donnent** ~ **à son rapport** statistics show *ou* prove his report to be wrong *ou* inaccurate ◆ **les événements lui ont donné** ~ events proved him wrong *ou* showed that he was wrong

◆ **à tort** wrongly ◆ **soupçonner/accuser qn à** ~ to suspect/accuse sb wrongly ◆ **c'est à** ~ **qu'on l'avait dit malade** he was wrongly *ou* mistakenly said to be ill

◆ **à tort ou à raison** rightly or wrongly

◆ **à tort et à travers** ◆ **dépenser à** ~ **et à travers** to spend wildly, to spend money like water ◆ **il parle à** ~ **et à travers** he talks a lot of rubbish *

◆ **dans + tort** ◆ **être/se mettre/se sentir dans son** ~ to be/put o.s./feel o.s. in the wrong ◆ **il venait de ma droite, j'étais dans mon** ~ *(Aut)* he was coming from the right, I was at fault ◆ **mettre qn dans son** ~ to put sb in the wrong

◆ **en tort** ◆ **être en** ~ to be in the wrong *ou* at fault

**torticolis** /tɔʀtikɔli/ **NM** stiff neck, torticollis *(SPÉC)* ◆ **avoir/attraper un** ~ to have/get a stiff neck

**tortillard** /tɔʀtijaʀ/ **NM** *(hum péj = train)* local train

**tortillement** /tɔʀtijmɑ̃/ **NM** *[de serpent]* writhing; *[de ver]* wriggling, squirming; *[de personne] (en dansant, en se débattant etc)* wriggling; *(d'impatience)* fidgeting, wriggling; *(d'embarras, de douleur)* squirming ◆ **elle marchait avec un léger** ~ **des hanches** she wiggled her hips slightly as she walked

**tortiller** /tɔʀtije/ ▸ conjug 1 ◂ **VT** *[+ corde, mouchoir]* to twist; *[+ cheveux, cravate]* to twiddle (with); *[+ moustache]* to twirl; *[+ doigts]* to twiddle ◆ **il tortillait son chapeau entre ses mains** he was fiddling with his hat **VI** **a** *(= remuer)* ~ **des hanches** to wiggle one's hips ◆ ~ **des fesses** *ou* **du derrière** * to wiggle one's bottom **b** *(* = tergiverser)* **il n'y a pas à** ~ there's no wriggling out of it **VPR** **se tortiller** **a** *[serpent]* to writhe; *[ver]* to wriggle, to squirm; *[personne] (en dansant, en se débattant etc)* to wiggle; *(d'impatience)* to fidget, to wriggle; *(d'embarras, de douleur)* to squirm ◆ **se** ~ **comme une anguille** *ou* **un ver** to wriggle like a worm *ou* an eel, to squirm like an eel **b** *[fumée]* to curl upwards; *[racine, tige]* to curl, to writhe

**tortillon** /tɔʀtijɔ̃/ **NM** **a** *(Dessin)* stump, tortillon **b** ◆ ~ **(de papier)** twist (of paper)

**tortionnaire** /tɔʀsjɔnɛʀ/ **NM, ADJ** torturer ◆ **les militaires ~s seront jugés** the army torturers will be taken to court

**tortue** /tɔʀty/ **NF** **a** *(Zool) (terrestre)* tortoise ◆ ~ **d'eau douce** terrapin ◆ ~ **marine** *ou* **de mer** turtle; → **île** **b** *(= personne lente)* slowcoach *(Brit)*, slowpoke *(US)* ◆ **avancer comme une** ~ to crawl along at a snail's pace **c** *(Hist Mil)* testudo, tortoise

**tortueux, -euse** /tɔʀtɥø, øz/ **ADJ** **a** *(= sinueux) [chemin, escalier]* winding, twisting; *[rivière]* winding **b** *(péj) [esprit]* tortuous; *[langage, discours, raisonnement]* tortuous, convoluted; *[manœuvres, conduite]* devious

**torturant, e** /tɔʀtyʀɑ̃, ɑ̃t/ **ADJ** agonizing

**torture** /tɔʀtyʀ/ **NF** *(lit)* torture *(NonC)*; *(fig)* torture *(NonC)*, torment ◆ **c'est une** ~ **atroce** it's an appalling form *ou* kind of torture ◆ **instruments de** ~ instruments of torture ◆ **chambre** *ou* **salle de(s) ~s** torture chamber ◆ **sous la** ~ under torture ◆ **cette attente fut pour elle une véritable** ~ it was real torture for her to wait around like that ◆ **mettre qn à la** ~ *(fig)* to torture sb, to make sb suffer

**torturer** /tɔʀtyʀe/ ▸ conjug 1 ◂ **VT** **a** *(lit) [+ prisonnier, animal]* to torture ◆ **le doute/la crainte/le remords le torturait** he was racked with *ou* by doubt/fear/remorse ◆ **la faim le torturait** hunger was gnawing at his belly ◆ **cette pensée le torturait** he was tormented by the thought **b** *(littér = dénaturer) [+ texte]* to distort, to torture *(littér)* ◆ **son visage était torturé par le chagrin** his face was twisted *ou* racked with grief ◆ **sa poésie torturée, déchirante** his tormented, heart-rending poetry ◆ **c'est quelqu'un d'assez torturé** he's a tormented soul **VPR** **se torturer** *(= se faire du souci)* to fret, to worry o.s. sick *(pour* over) ◆ **se** ~ **le cerveau** *ou* **l'esprit** to rack *ou* cudgel one's brains

**torve** /tɔʀv/ **ADJ** *[regard, œil]* menacing, grim

**tory** (pl **tories** *ou* **torys)** /tɔʀi/ **ADJ, NM** Tory

**toscan, e** /tɔskɑ̃, an/ **ADJ** Tuscan **NM** *(Ling)* Tuscan

**Toscane** /tɔskan/ **NF** Tuscany

**tôt** /to/ **ADV** **a** *(= de bonne heure)* early ◆ **se lever/se coucher (très)** ~ to get up/go to bed (very) early ◆ **il se lève** ~ he's an early riser, he gets up early ◆ **il arrive toujours** ~ **le jeudi** he's always early on Thursdays ◆ **venez** ~ **dans la matinée/soirée** come early (on) in the morning/evening *ou* in the early morning/evening ◆ ~ **dans l'année** early (on) in the year, in the early part of the year ◆ ~ **le matin, il n'est pas très lucide** he's not very clear-headed first thing (in the morning) *ou* early in the morning ◆ **il n'est pas si** ~ **que je croyais** it's not as early as I thought ◆ **Pâques tombe** ~ **cette année** Easter falls early this year; → **avenir**[1]

**b** *(= avant un moment déterminé, habituel ou prévu)* soon, early ◆ **il est un peu (trop)** ~ **pour le juger** it's a little too soon *ou* early to judge him ◆ **si tu étais venu une heure plus** ~**, tu l'aurais rencontré** if you'd come an hour sooner *ou* earlier you would have met him ◆ **elle m'avait téléphoné une semaine plus** ~ she'd called me a week earlier ◆ **ce n'est pas trop** ~ **!** and about time too! *

**c** *(= vite)* soon, early ◆ **si seulement vous me l'aviez dit plus** ~ **!** if only you'd told me sooner! *ou* earlier! ◆ **il n'était pas plus** ~ **parti que la voiture est tombée en panne** no sooner had he set off *ou* he had no sooner set off than the car broke down ◆ **venez le plus** ~ **possible** come as early *ou* as soon as you can ◆ **le plus** ~ **sera le mieux** the sooner the better ◆ **je ne m'attendais pas à le revoir si** ~ I didn't expect to see him (again) so soon ◆ **cette soirée, je ne l'oublierai pas de si** ~ **!** I won't forget that party in a hurry! ◆ **une occasion pareille ne se représentera pas de si** ~ you don't get an opportunity like that every day

**d** *(loc)*

◆ **avoir tôt fait de** + *infinitif* ◆ **il a eu** ~ **fait de s'en apercevoir !** he was quick *ou* it didn't take him long to notice it!, it wasn't long before he noticed it! ◆ **il aura** ~ **fait de s'en apercevoir !** it won't be long before he notices it!, it won't take him long to notice it!

◆ **au plus tôt** ◆ **il peut venir jeudi au plus** ~ Thursday is the earliest *ou* soonest he can come ◆ **c'est au plus** ~ **en mai qu'il prendra la décision** it'll be May at the earliest that he takes *ou* he'll take the decision, he'll decide in May at the earliest ◆ **il faut qu'il vienne au plus** ~ he must come as soon as possible *ou* as soon as he possibly can

◆ **tôt ou tard** sooner or later

**total, e** (mpl **-aux)** /tɔtal, o/ **ADJ** **a** *(= complet) (gén)* total, complete; *[contrôle]* complete; *[ruine, désespoir]* utter *(épith)*, total ◆ **grève ~e** all-out strike ◆ **l'arrêt** ~ **des hostilités** the complete *ou* total cessation of hostilities ◆ **dans la confusion la plus ~e** in utter *ou* total confusion; → **guerre**

**b** *(= global) [hauteur, coût, revenu]* total ◆ **la somme ~e est plus élevée que nous ne pensions** the total (sum *ou* amount) is higher than we thought ◆ **la longueur ~e de la voiture** the overall length of the car

**ADV** ◆ ~**, il a tout perdu** the net result *ou* outcome was that he lost everything

**NM** *(= quantité)* total (number); *(= résultat)* total • **le ~ s'élève à 25 €** the total amounts to €25 • **le ~ de la population** the total (number of the) population • **~ général** *(Fin)* grand total • **faire le ~** to work out the total • **si on fait le ~, ils n'ont pas réalisé grand-chose** *(fig)* if you add it all up *ou* together they didn't achieve very much

♦ **au total** *(dans un compte)* in total; *(= finalement)* all things considered, all in all

**NF totale** * a *(Méd)* (total) hysterectomy • **on lui a fait la ~e** she had her works out *

b • **la ~e** *(= tout ce qu'on peut imaginer)* the works * • **alors là, c'est la ~e !** *(= le comble)* that's the last straw!

**totalement** /tɔtalmɑ̃/ **ADV** totally

**totalisateur, -trice** /tɔtalizatœʀ, tʀis/ **ADJ** *[appareil, machine]* adding *(épith)* **NM** adding machine; *(Ordin)* accumulator • **~ kilométrique** *(Aut)* kilometre counter ≃ mileometer

**totalisation** /tɔtalizasjɔ̃/ **NF** adding up, addition

**totaliser** /tɔtalize/ ► conjug 1 ◄ **VT** a *(= additionner)* to add up, to total, to totalize b *(= avoir au total)* to total, to have a total of • **à eux deux ils totalisent 60 ans de service** between the two of them they have a total of 60 years' service *ou* they total 60 years' service • **le candidat qui totalise le plus grand nombre de points** the candidate with the highest total *ou* who gets the highest number of points

**totalitaire** /tɔtalitɛʀ/ **ADJ** *(Pol) [régime]* totalitarian; *(Philos) [conception]* all-embracing, global

**totalitarisme** /tɔtalitaʀism/ **NM** totalitarianism

**totalité** /tɔtalite/ **NF** a *(gén)* **la ~ de** all of • **la ~ du sable/des livres** all (of) the sand/the books • **la ~ du livre/de la population** all the book/the population, the whole *ou* entire book/population • **la ~ de son salaire** his whole *ou* entire salary, all of his salary • **la ~ de ses biens** all of his possessions • **vendu en ~ aux États-Unis** all sold to the USA • **édité en ~ par Dubosc** published entirely by Dubosc • **pris dans sa ~** taken as a whole *ou* in its entirety • **j'en connais la quasi-~** I know virtually all of them *ou* just about all of them • **la presque ~ de la population** almost the entire population b *(Philos)* totality

**totem** /tɔtɛm/ **NM** *(gén)* totem; *(= poteau)* totem pole

**totémique** /tɔtemik/ **ADJ** totemic

**totémisme** /tɔtemism/ **NM** totemism

**toto** * /toto/ **NM** *(= pou)* louse, cootie * *(US)*

**totoche** * /totɔʃ/ **NF** *(= tétine)* dummy

**toton** /tɔtɔ̃/ **NM** teetotum

**touage** /twaʒ/ **NM** *(Naut)* warping, kedging

**touareg, -ègue** /twaʀɛg/ **ADJ** Tuareg **NM** *(Ling)* Tuareg **NM,F** **Touareg, Touarègue** Tuareg

**toubib** * /tubib/ **NM** doctor • **elle est ~** she's a doctor • **aller chez le ~** to go and see the doctor

**toucan** /tukɑ̃/ **NM** toucan

**touchant**[1] /tuʃɑ̃/ **PRÉP** *(= au sujet de)* concerning, with regard to, about

**touchant**[2], **e** /tuʃɑ̃, ɑ̃t/ **ADJ** *(= émouvant) [histoire, lettre, situation, adieux]* touching, moving; *(= attendrissant) [geste, reconnaissance, enthousiasme]* touching • **~ de naïveté/d'ignorance** touchingly naïve/ignorant

**touche** /tuʃ/ **NF** a *[de piano, ordinateur]* key; *[de téléphone, télécommande, lave-vaisselle]* button; *[d'instrument à corde]* fingerboard; *[de guitare]* fret • **~ de fonction/programmable** *(Ordin)* function/user-defined key • **~ bis** *(Téléc)* redial button

b *(Peinture) (= tache de couleur)* touch, stroke; *(= style) [de peintre, écrivain]* touch • **finesse de ~ d'un peintre/auteur** deftness of touch of a painter/an author • **une ~ exotique** an exotic touch • **une ~ de gaieté** a touch *ou* note of gaiety • **avec une ~ d'humour** with a hint *ou* suggestion *ou* touch of humour • **mettre la dernière ~** *ou* **la ~ finale à qch** to put the finishing touches to sth • **par petites ~** *(= petit à petit)* little by little • **il procède par petites ~s** *[peintre]* he dabs the paint on gradually • **appliquez la crème par petites ~s** dab the cream on

c *(Pêche)* bite • **avoir** *ou* **faire une ~** *(lit)* to get a bite • **faire une ~** * *(= séduire)* to make a hit * • **avoir la ~** *, **avoir fait une ~** * to have made a hit * *(avec* with)

d *(Escrime)* hit, touch

e *(Sport) (= sortie)* touch; *(= ligne)* touchline; *(= remise en jeu) (Ftbl, Hand-ball)* throw-in; *(Rugby)* line-out; *(Basket)* return to play; *(Hockey)* roll-in • **botter en ~** to kick into touch • **envoyer** *ou* **mettre la balle en ~** to kick the ball into touch • **le ballon est sorti en ~** the ball has gone into touch • **coup de pied en ~** kick to touch • **jouer la ~** *(Ftbl)* to play for time *(by putting the ball repeatedly into touch)* • **il a trouvé la ~** *(Rugby)* he found touch • **rester sur la ~** *(lit)* to stay on the bench • **être mis/rester sur la ~** *(fig)* to be put/stay on the sidelines; → **juge**

f *(* = allure)* look, appearance • **quelle drôle de ~ !** what a sight! *, what does he (*ou* she *etc*) look like! * • **il a une de ces ~s !** you should see the way he dresses! • **il a la ~ de quelqu'un qui sort de prison** he looks as though he's just out of prison; → **pierre**

**touche-à-tout** /tuʃatu/ **NMF INV, ADJ INV** • **c'est un ~, il est ~** *(= enfant)* his little fingers are *ou* he's into everything; *(= dilettante)* he dabbles in everything

**touche-pipi** * /tuʃpipi/ **NM INV** • **jouer à ~** *[enfants]* to play doctors and nurses; *[adultes]* to pet *, to make out * *(US)*

**toucher**[1] /tuʃe/ ► conjug 1 ◄ **VT** a *(pour sentir, prendre, gén)* to touch; *(pour palper) [+ fruits, tissu, enflure]* to feel • **il me toucha l'épaule** he touched my shoulder • **"prière de ne pas toucher"** "please do not touch" • **pas touche !** * hands off! * • **il n'a pas touché un verre de vin depuis son accident** he hasn't touched a drop of wine since his accident • **je n'avais pas touché une raquette/touché une carte depuis 6 mois** I hadn't picked up a racket/touched a pack of cards for 6 months • **~ la main à qn** *(fig)* to give sb a quick handshake; → **bois, doigt**

b *(= entrer en contact avec)* to touch • **il ne faut pas que ça touche (le mur/le plafond)** it mustn't touch (the wall/the ceiling) • **il lui fit ~ le sol des épaules** *(Lutte)* he got his shoulders down on the floor • **l'avion toucha le sol** the plane touched down *ou* landed • **au football on ne doit pas ~ le ballon (de la main)** in football you mustn't touch the ball (with your hand) *ou* you mustn't handle the ball; → **fond, terre**

c *(= être physiquement proche de)* to adjoin • **son jardin touche le nôtre** his garden (ad-)joins ours *ou* is adjacent to ours

d *(= atteindre) (lit, fig) [+ adversaire, objectif]* to hit • **il l'a touché au menton/foie** *(Boxe)* he hit him on the chin/in the stomach • **il s'affaissa, touché d'une balle en plein cœur** he slumped to the ground, hit by a bullet in the heart • **deux immeubles ont été touchés par l'explosion** two buildings have been hit *ou* damaged by the explosion • **touché !** *(Escrime)* touché!; *(bataille navale)* hit! • **il n'a pas touché une balle pendant ce match** he didn't hit a single ball throughout the match • **il voudrait ~ un public plus large** *(fig)* he'd like to reach a wider audience

e *(= contacter)* to reach, to get in touch with, to contact • **où peut-on le ~ par téléphone ?** where can he be reached *ou* contacted by phone?, where can one get in touch with him by phone?

f *(= recevoir) [+ prime, allocation, traitement]* to receive, to get; *[+ chèque]* to cash; *(Mil) [+ ration, équipement]* to draw; *(Scol) [+ fournitures]* to receive, to get • **~ le tiercé/le gros lot** to win the tiercé/the jackpot • **~ le chômage** * to be on the dole * • **il touche une petite retraite** he gets a small pension • **il touche sa pension le 10 du mois** he draws *ou* gets his pension on the 10th of the month • **il est allé à la poste ~ sa pension** he went to draw (out) *ou* collect his pension at the post office • **à partir du mois prochain, ils toucheront 150 € par mois** as from next month they'll get *ou* they'll be paid €150 a month • **il a fini le travail mais n'a encore rien touché** he's finished the work but he hasn't been paid yet

g *(= émouvoir) [drame, deuil]* to affect, to shake; *[scène attendrissante]* to touch, to move; *[critique, reproche]* to have an effect on • **cette tragédie les a beaucoup touchés** this tragedy affected them greatly *ou* has shaken them very badly • **rien ne le touche** there is nothing that can move him • **votre cadeau/geste nous a vivement touchés** we were deeply touched by your gift/gesture; → **corde, vif**

h *(= concerner)* to affect; *[affaire]* to concern • **ce problème ne nous touche pas** this problem doesn't affect *ou* concern us • **le chômage touche surtout les jeunes** unemployment affects the young especially • **ils n'ont pas été touchés par la dévaluation** they haven't been affected *ou* hit by devaluation • **une personne qui vous touche de près** someone close to you

i *(= faire escale à) [+ port]* to put in at, to call at, to touch

**VT INDIR** **toucher à** a *[+ objet dangereux, drogue]* to touch; *[+ capital, économies]* to break into, to touch • **n'y touche pas !** don't touch! • **"prière de ne pas toucher aux objets exposés"** "please do not touch the exhibits", "kindly refrain from handling the exhibits" • **~ à tout** *[enfant]* to touch everything, to fiddle with everything; *(fig) [amateur curieux]* to try one's hand at everything • **elle n'a pas touché à son déjeuner/au fromage** she didn't touch her lunch/the cheese • **on n'a pas touché au fromage** we haven't touched the cheese, the cheese hasn't been touched • **il n'a jamais touché à un fusil** he's never handled a gun

b *(= malmener) [+ personne]* to touch, to lay a finger on; *(= porter atteinte à) [+ réputation, légende]* to question • **s'il touche à cet enfant/à ma sœur, gare à lui !** if he lays a finger on *ou* touches that child/my sister, he'd better watch out! • **touche pas à ma bagnole !** * hands off my car! • **~ aux intérêts d'un pays** *(Pol)* to interfere with a country's interests • **la réforme touche au statut des salariés/au principe du droit d'asile** the reform affects the status of employees/the right of asylum

c *(= modifier) [+ règlement, loi, tradition]* to meddle with; *[+ mécanisme]* to tamper with; *[+ monument, site classé]* to touch • **quelqu'un a touché au moteur** someone has tampered with the engine • **on peut rénover sans ~ à la façade** it's possible to renovate without touching the façade *ou* interfering with the façade • **c'est parfait, n'y touche pas** it's perfect, don't change a thing d (= *concerner)* *[+ intérêts]* to affect; *[+ problème, domaine]* to touch, to have to do with ◆ **tout ce qui touche à l'enseignement** everything connected with *ou* to do with teaching

e (= *aborder)* *[+ période, but]* to near, to approach; *[+ sujet, question]* to broach, to come onto ◆ **je touche ici à un problème d'ordre très général** here I am coming onto *ou* broaching a problem of a very general nature ◆ **vous touchez là à une question délicate** that is a very delicate matter you have raised *ou* broached ◆ **nous touchons au but** we're nearing our goal, our goal is in sight ◆ **l'hiver/la guerre touche à sa fin** *ou* **son terme** winter/the war is nearing its end *ou* is drawing to a close ◆ ~ **au port** *(fig, littér)* to be within sight of home; → **air[2]**

f (= *être en contact avec)* to touch; (= *être contigu à)* to border on, to adjoin; (= *confiner à)* to verge on, to border on ◆ **le jardin touche à la forêt** the garden adjoins the forest *ou* borders on the forest ◆ **cela touche à la folie/pornographie** that verges *ou* borders on madness/pornography

VPR **se toucher** a *(mutuellement)* to touch ◆ **leurs mains se touchèrent** their hands touched ◆ **les deux lignes se touchent** the two lines touch ◆ **nos deux jardins se touchent** our two gardens are adjacent (to each other) ◆ **les deux villes se sont tellement développées qu'elles se touchent presque** the two towns have been developed to such an extent that they almost meet ◆ **ils ont passé une nuit ensemble sans se** ~ they spent the night together without touching each other

b ◆ **il se toucha le front** *(lit)* he touched his forehead; *(pour indiquer que qn est fou)* he screwed a finger against his temple

c (*, *euph* = *se masturber)* to play with * *ou* touch o.s.

**toucher[2]** /tuʃe/ NM a (= *sens)* (sense of) touch b (= *action, manière de toucher)* touch; (= *impression produite)* feel ◆ **doux au** ~ soft to the touch ◆ **cela a le** ~ **de la soie** it feels like silk, it has the feel of silk ◆ **s'habituer à reconnaître les objets au** ~ to become used to recognizing objects by touch *ou* feel(ing) ◆ **on reconnaît la soie au** ~ you can tell silk by the feel of it c *(Mus)* touch d *(Méd)* (internal) examination ◆ ~ **rectal/vaginal** rectal/vaginal examination e *(Sport)* **avoir un bon** ~ **de balle** to have a nice touch

**touche-touche** * /tuʃtuʃ/ ADV *[trains, voitures]* ◆ **être à** ~ to be nose to tail

**toucouleur** /tukulœʀ/ ADJ Toucouleur, Tukulor NMF **Toucouleur** member of the Toucouleur *ou* Tukulor people

**touée** /twe/ NF *(Naut)* (= *câble)* warp, cable; (= *longueur de chaîne)* scope

**touer** /twe/ ▸ conjug 1 ◂ VT *(Naut)* to warp, to kedge

**toueur** /twœʀ/ NM warping tug

**touffe** /tuf/ NF *[d'herbe]* tuft, clump; *[d'arbres, buissons]* clump; *[de cheveux, poils]* tuft; *[de fleurs]* cluster, clump (de of); ◆ ~ **de lavande** lavender bush, clump of lavender

**touffeur** † /tufœʀ/ NF *(littér)* suffocating *ou* sweltering heat *(NonC)*

**touffu, e** /tufy/ ADJ a (= *épais) [barbe, sourcils]* bushy; *[arbres]* with thick *ou* dense foliage; *[haie]* thick, bushy; *[bois, maquis, végétation]* dense, thick b *[roman, style]* dense

**touillage** * /tujaʒ/ NM stirring

**touiller** * /tuje/ ▸ conjug 1 ◂ VT *[+ sauce, café]* to stir; *[+ salade]* to toss

**touillette** * /tujɛt/ NF stirrer

**toujours** /tuʒuʀ/ ADV a (= *tout le temps)* always; *(péj* = *sempiternellement)* forever, always, all the time ◆ **je l'avais** ~ **cru célibataire** I (had) always thought he was a bachelor ◆ **je t'aimerai** ~ I'll always love you, I'll love you forever ◆ **je déteste et détesterai** ~ **l'avion** I hate flying and always will ◆ **la vie se déroule** ~ **pareille** life goes on the same as ever ◆ **il est** ~ **à** * *ou* **en train de critiquer** he's always *ou* forever criticizing ◆ **cette rue est** ~ **encombrée** this street is always *ou* constantly jammed with traffic ◆ **les saisons** ~ **pareilles** the never-changing seasons ◆ **il n'est pas** ~ **très ponctuel** he's not always very punctual ◆ **il est** ~ **à l'heure** he's always *ou* invariably on time ◆ **il fut** ~ **modeste** he was always *ou* ever *(littér)* modest ◆ **les journaux sont** ~ **plus pessimistes** the newspapers are more and more pessimistic ◆ **les jeunes veulent** ~ **plus d'indépendance** young people want more and more *ou* still more independence ◆ **comme** ~ as ever, as always ◆ **ce sont des amis de** ~ they are lifelong friends ◆ **il est parti pour** ~ he's gone forever *ou* for good ◆ **presque** ~ almost always; → **depuis**

b (= *encore)* still ◆ **bien qu'à la retraite il travaillait** ~ although he had retired he was still working *ou* he had kept on working ◆ **j'espère** ~ **qu'elle viendra** I keep hoping *ou* I'm still hoping she'll come ◆ **ils n'ont** ~ **pas répondu** they still haven't replied ◆ **est-ce que Paul est rentré ? – non il est** ~ **à Paris/non** ~ **pas** is Paul back? – no, he's still in Paris/no not yet *ou* no he's still not back ◆ **il est** ~ **le même/**~ **aussi désagréable** he's (still) the same as ever/(still) as unpleasant as ever

c *(intensif)* anyway, anyhow ◆ **écrivez** ~**, il vous répondra peut-être** write anyway *ou* anyhow *ou* you may as well write – he (just) might answer you ◆ **il vient** ~ **un moment où ...** there must *ou* will come a time when ... ◆ **buvez** ~ **un verre avant de partir** at least have a drink before you go ◆ **c'est** ~ **pas toi qui l'auras** * at any rate it won't be you that gets it * ◆ **où est-elle ? – pas chez moi** ~ **!** where is she? – not at my place anyway! *ou* at any rate! ◆ **je trouverai** ~ **(bien) une excuse** I can always think up an excuse ◆ **passez à la gare, vous aurez** ~ **bien un train** go (along) to the station – you're sure *ou* bound to get a train *ou* there's bound to be a train ◆ **tu peux** ~ **courir !** * *ou* **te fouiller !** ‡ you haven't got a chance! *ou* a hope! *(Brit)* ◆ **il aime donner des conseils, mais** ~ **avec tact** he likes to give advice but he always does it tactfully ◆ **vous pouvez** ~ **crier, il n'y a personne** shout as much as you like *ou* shout by all means – there's no one about ◆ **il était peut-être là,** ~ **est-il que je ne l'ai pas vu** he may well have around, but the fact remains *ou* that doesn't alter the fact that I didn't see him ◆ **cette politique semblait raisonnable,** ~ **est-il qu'elle a échoué** the policy seemed reasonable but the fact remains it was a failure *ou* but it still failed ◆ **c'est** ~ **ça de pris** * that's something anyway, (well) at least that's something ◆ **ça peut** ~ **servir** it might come in handy some day; → **causer[2]**

**toundra** /tundʀa/ NF tundra

**toupet** /tupɛ/ NM a *[de cheveux]* tuft (of hair), quiff *(Brit)*; *(postiche)* toupee b (* = *culot)* nerve *, cheek * *(Brit)* ◆ **avoir du** ~ to have a nerve * *ou* a cheek * *(Brit)* ◆ **il avait le** ~ **de prétendre que ...** he had the nerve * *ou* cheek * *(Brit)* to make out that ... ◆ **il ne manque pas de** ~ **!** he's got a nerve! * *ou* cheek! * *(Brit)*

**toupie** /tupi/ NF a (= *jouet)* (spinning) top ◆ ~ **à musique** humming-top; → **tourner** b *(péj* = *femme désagréable)* **vieille** ~ ‡ silly old trout ‡ c *(Tech) [de menuisier]* spindle moulding-machine; *[de plombier]* turn-pin; (= *bétonnière)* cement mixer

**tour[1]** /tuʀ/ NF a (= *édifice)* tower; *(Hist* = *machine de guerre)* siege tower; (= *immeuble très haut)* tower block, high-rise building; *(Ordin)* tower b *(Échecs)* castle, rook COMP ▷ **la tour de Babel** the Tower of Babel ◆ **c'est une** ~ **de Babel** *(fig)* it's a real Tower of Babel ▷ **tour de contrôle** *(Aviat)* control tower ▷ **la tour Eiffel** the Eiffel Tower ▷ **tour de forage** drilling rig, derrick ▷ **tour de guet** watchtower, look-out tower ▷ **tour hertzienne** radio mast ▷ **tour d'ivoire** *(fig)* ivory tower ◆ **enfermé dans sa** *ou* **une** ~ **d'ivoire** shut away in an ivory tower ▷ **la tour de Londres** the Tower of London ▷ **la tour de Pise** the Leaning Tower of Pisa

## tour[2] /tuʀ/

1 NOM MASCULIN | 2 COMPOSÉS

### 1 - NOM MASCULIN

a [= parcours, exploration] ~ **de ville** *(pour touristes)* city tour ◆ **le** ~ **du parc prend bien une heure** it takes a good hour to walk around the park ◆ **si on faisait le** ~ **?** shall we go round (it)? *ou* walk round (it)? ◆ **faire un** ~ **d'Europe** to go on a European tour, to tour Europe ◆ **faire un** ~ **d'Europe en auto-stop** to hitch-hike around Europe ◆ **ils ont fait un** ~ **du monde en bateau** they sailed round the world ◆ **on en a vite fait le** ~ *[de lieu]* there's not much to see; *[de livre, théorie]* there isn't much to it; *[de personne]* there isn't much to him (or her *etc*)

◆ **faire le tour de** *[+ parc, pays, circuit, montagne]* to go round; *[+ magasins]* to go round, to look round; *[+ possibilités]* to explore; *[+ problème]* to consider from all angles ◆ **la route fait (tout) le** ~ **de leur propriété** the road goes (right) round their estate ◆ **faire le** ~ **du propriétaire** to look round *ou* go round *ou* over one's property ◆ **je vais te faire faire le** ~ **du propriétaire** I'll show you over *ou* round the place ◆ **faire le** ~ **du cadran** *[aiguille]* to go round the clock; *[dormeur]* to sleep (right) round the clock ◆ **faire le** ~ **du monde** to go round the world ◆ **faire le** ~ **des invités** to do the rounds of the guests ◆ **la bouteille/plaisanterie a fait le** ~ **de la table** the bottle/joke went round the table; → **repartir[2]**

b [= excursion] trip, outing; (= *promenade) (à pied)* walk, stroll; *(en voiture)* run, drive, ride, spin *; *(en vélo)* ride; *(en bateau)* trip ◆ **allons faire un (petit)** ~ **à pied** let's go for a (short) walk *ou* stroll ◆ **faire un** ~ **de manège** *ou* **de chevaux de bois** to have a ride on a merry-go-round ◆ **faire un** ~ **en ville/sur le marché** to go for a walk round town/round the market ◆ **faire un** ~ **en Italie** to go for a trip round Italy ◆ **un** ~ **de jardin/en voiture vous fera du bien** a walk *ou* stroll round the garden/a run *ou* drive (in the car) will do you good

c [= parcours sinueux] **la rivière fait des** ~**s et des dé**~**s** *(littér)* the river meanders along *ou* winds its way in and out, the river twists and turns (along its way)

d [dans un ordre, une succession] turn, go ◆ **c'est votre** ~ it's your turn ◆ **à ton** ~ **(de jouer)** *(gén)* (it's) your turn *ou* go; *(Échecs, Dames)* (it's) your move ◆ **attendre/perdre son** ~ to wait/miss one's turn ◆ **prendre/passer son** ~ to take/miss one's turn *ou* go ◆ **parler à son** ~ to speak in turn ◆ **ils parleront chacun à**

**leur** ~ they will each speak in turn ♦ **attends, tu parleras à ton** ~ wait – you'll have your turn to speak ♦ **chacun son** ~ **!** wait your turn! ♦ **nous le faisons chacun à notre** ~ *(deux personnes)* we do it in turn, we take turns at it; *(plusieurs personnes)* we take turns at it, we do it by turns ♦ **c'est au** ~ **de Marc de parler** it's Marc's turn to speak ♦ **à qui le** ~ **?** whose turn *ou* go is it?, who is next? ♦ **votre** ~ **viendra** *(lit, fig)* your turn will come; → **souvent**

♦ **à tour de rôle** alternately, in turn ♦ **ils vinrent à** ~ **de rôle nous vanter leurs mérites** they each came in turn to sing their own praises ♦ **ils sont de garde à** ~ **de rôle** they take turns being on duty

♦ **tour à tour** alternately, in turn ♦ **le temps était** ~ **à** ~ **pluvieux et ensoleillé** the weather was alternately wet and sunny ♦ **elle se sentait** ~ **à** ~ **optimiste et désespérée** she felt optimistic and despairing by turns

**e** Pol ~ **(de scrutin)** ballot ♦ **élu au premier/second** ~ elected in the first/second round ♦ **un troisième** ~ **social** a post-election backlash (of social unrest) ♦ **ils ont été éliminés au premier** ~ **de la Coupe d'Europe** *(Sport)* they were eliminated in the first round of the European Cup

**f** = circonférence *[de partie du corps]* measurement; *[de tronc, colonne]* girth; *[de visage]* contour, outline; *[de surface]* circumference; *[de bouche]* outline ♦ **le** ~ **des yeux** *(= périphérie)* the area around the eyes ♦ ~ **de tête** *(= mensuration)* head measurement; *(pour chapeau)* hat size ♦ **quel est son** ~ **de taille ?** what's his waist measurement?, what size waist is he? ♦ ~ **de poitrine** *[d'homme]* chest measurement; *[de femme]* bust measurement ♦ ~ **de hanches** hip measurement ♦ **mesurer le** ~ **d'une table** to measure round a table, to measure the circumference of a table ♦ **la table fait 3 mètres de** ~ the table measures 3 metres round (the edge) ♦ **le tronc a 3 mètres de** ~ the trunk measures 3 metres round *ou* has a girth of 3 metres

**g** = rotation *[de roue, hélice]* turn, revolution; *[d'écrou, clé]* turn; *[d'axe, arbre]* revolution ♦ **l'hélice a fait deux** ~**s** the propeller turned *ou* revolved twice ♦ **régime de 2 000** ~**s (minute)** *(Aut)* speed of 2,000 revs *ou* revolutions per minute ♦ **donner un** ~ **de clé** to turn the key, to give the key a turn ♦ **battre un concurrent d'un** ~ **de roue** *(Cyclisme)* to beat a competitor by a wheel's turn ♦ **faire un** ~**/plusieurs** ~**s sur soi-même** to spin round once/several times (on oneself) ♦ **faire un** ~ **de valse** to waltz round the floor ♦ **après quelques** ~**s de valse** after waltzing round the floor a few times ♦ **donnez 4** ~**s à la pâte** *(Culin)* roll and fold the dough 4 times, turning it as you go; → **double, quart**

♦ **à tour de bras** *[frapper, taper]* with all one's strength *ou* might; *[composer, produire]* prolifically; *[critiquer]* with a vengeance ♦ **il écrit des chansons à** ~ **de bras** he writes songs by the dozen, he runs off *ou* churns out songs one after the other ♦ **il prescrit des antibiotiques à** ~ **de bras** he hands out antibiotics like candy ♦ **l'industrie textile licenciait à** ~ **de bras** the textile industry was laying people off left, right and centre

**h** = disque **un 33** ~**s** an LP ♦ **un 45** ~**s** a single ♦ **un 78** ~**s** a 78

**i** = tournure *[de situation, conversation]* turn, twist ♦ ~ **(de phrase)** *(= expression)* turn of phrase ♦ **la situation prend un** ~ **dramatique/désagréable** the situation is taking a dramatic/an unpleasant turn *ou* twist ♦ **un certain** ~ **d'esprit** a certain turn *ou* cast of mind

**j** = exercice *[d'acrobate]* feat, stunt; *[de jongleur, prestidigitateur]* trick ♦ ~ **d'adresse** feat of skill, skilful trick ♦ ~**s d'agilité** acrobatics ♦ ~ **de cartes** card trick ♦ **et le** ~ **est joué !** and there you have it!, and Bob's your uncle! * *(Brit)* ♦ **c'est un** ~ **à prendre !** it's just a knack one picks up! ♦ **avoir plus d'un** ~ **dans son sac** to have more than one trick up one's sleeve

**k** = duperie trick ♦ **faire** *ou* **jouer un** ~ **à qn** to play a trick on sb ♦ **un** ~ **pendable** a rotten trick ♦ **un sale** ~, **un** ~ **de cochon** * *ou* **de salaud** ‡ a dirty *ou* lousy trick *, a mean trick ♦ **je lui réserve un** ~ **à ma façon !** I'll pay him back in my own way!; → **jouer**

2 - COMPOSÉS

▷ **tour de chant** song recital ▷ **tour de cou** *(= ruban)* choker; *(= fourrure)* fur collar; *(= mensuration)* collar measurement ♦ **faire du 39 de** ~ **de cou** to take a size 39 collar ▷ **tour de force** *(lit)* feat of strength, tour de force *(fig)*, amazing feat ▷ **le Tour de France** *(= course cycliste)* the Tour de France ♦ **le** ~ **de France d'un compagnon** *(Hist)* a journeyman's tour of France ▷ **tour de garde** spell *ou* turn of duty ♦ **mon prochain** ~ **de garde est à 8 heures** my next spell *ou* turn of duty is at 8 o'clock ▷ **tour d'honneur** *(Sport)* lap of honour ▷ **tour d'horizon** *(fig)* (general) survey ♦ **nous avons fait un** ~ **d'horizon de la situation économique** we have reviewed the economic situation ▷ **tour de lit** (bed) valance ▷ **tour de main** *(= adresse)* dexterity ♦ **avoir/acquérir un** ~ **de main** to have/pick up a knack ♦ **en un** ~ **de main** in no time at all ▷ **tour de manivelle** *(lit)* turn of the handle ♦ **le premier** ~ **de manivelle est prévu pour octobre** *(Ciné)* the cameras should begin rolling in October ▷ **tour de piste** *(Sport)* lap; *(dans un cirque)* circuit (of the ring) ▷ **tour de reins** ♦ **souffrir d'un** ~ **de reins** to suffer from a strained *ou* sprained back ♦ **attraper un** ~ **de reins** to strain one's back ▷ **tour de table** *(Fin)* capital structure ♦ **procéder à un** ~ **de table** *(dans une réunion)* to seek the views of all those present ♦ **la société immobilière a bouclé son** ~ **de table** the property company has finalized its capital structure ▷ **tour de vis** (turn of a) screw ♦ **il faudra donner un** ~ **de vis** you'll have to give the screw a turn *ou* tighten the screw a bit ♦ **donner un** ~ **de vis monétaire** to tighten the monetary screw ♦ **donner un** ~ **de vis aux libertés** to clamp down on civil rights ♦ ~ **de vis fiscal** tax squeeze ♦ ~ **de vis militaire/politique** military/political crackdown *ou* clampdown *(à l'encontre de* on) → **chauffe, passe-passe**

> **Le Tour de France**
>
> The famous annual cycle race takes about three weeks to complete in daily stages (« étapes ») of approximately 110 miles. The leading cyclist wears a yellow jersey, the « maillot jaune ». There are a number of time trials. The route varies and is not usually confined only to France, but the race always ends on the Champs-Élysées in Paris.

**tour**[3] /tuʀ/ **NM** **a** *(Tech)* lathe ♦ ~ **de potier** potter's wheel ♦ **objet fait au** ~ object turned on the lathe ♦ **travail au** ~ lathe-work **b** *(= passe-plat)* hatch

**tourbe**[1] /tuʀb/ **NF** *(Agr)* peat ♦ ~ **limoneuse** alluvial peat

**tourbeux, -euse** /tuʀbø, øz/ **ADJ** **a** *[terrain]* *(= qui contient de la tourbe)* peat *(épith)*, peaty; *(= de la nature de la tourbe)* peaty **b** *[plante]* found in peat

**tourbière** /tuʀbjɛʀ/ **NF** peat bog

**tourbillon** /tuʀbijɔ̃/ **NM** **a** *(atmosphérique)* ~ **(de vent)** whirlwind ♦ ~ **de fumée/sable/neige/poussière** swirl *ou* eddy of smoke/sand/snow/dust ♦ **le sable s'élevait en** ~**s** the sand was swirling up **b** *(dans l'eau)* eddy; *(plus important)* whirlpool ♦ **l'eau faisait des** ~**s** the water was making eddies **c** *(Phys)* vortex **d** *(fig)* whirl ♦ ~ **de plaisirs** whirl of pleasure, giddy round of pleasure(s) ♦ **le** ~ **de la vie/des affaires** the hurly-burly *ou* hustle and bustle of life/of business ♦ **il regardait le** ~ **des danseurs** he was looking at the whirling *ou* swirling group of dancers ♦ **le pays plongea dans un** ~ **de violence** the country was plunged into a maelstrom of violence

**tourbillonnant, e** /tuʀbijɔnɑ̃, ɑ̃t/ **ADJ** *[feuilles]* swirling, eddying; *[vie]* whirlwind *(épith)*; *[jupes]* swirling

**tourbillonnement** /tuʀbijɔnmɑ̃/ **NM** *[de poussière, sable, feuilles mortes, flocons de neige]* whirling, swirling, eddying; *[de danseurs]* whirling, swirling, twirling; *[d'idées]* swirling, whirling

**tourbillonner** /tuʀbijɔne/ ▸ conjug 1 ◂ **VI** *[poussière, sable, feuilles mortes, flocons de neige]* to whirl, to swirl, to eddy; *[danseurs]* to whirl (round), to swirl (round), to twirl (round); *[idées]* to swirl (round), to whirl (round)

**tourelle** /tuʀɛl/ **NF** **a** *(= petite tour)* turret **b** *(Mil, Naut)* (gun) turret; *[de caméra]* lens turret; *[de sous-marin]* conning tower

**tourière** /tuʀjɛʀ/ **ADJ F, NF** ♦ **(sœur)** ~ sister at the convent gate, extern sister

**tourillon** /tuʀijɔ̃/ **NM** *[de mécanisme]* bearing, journal; *[de canon]* trunnion; *[meuble]* dowel

**tourisme** /tuʀism/ **NM** **a** *(= action de voyager)* **faire du** ~ **en Irlande** to go touring round Ireland ♦ **faire du** ~ **dans Paris** *(= action de visiter)* to go sightseeing in Paris **b** *(= industrie)* **le** ~ tourism, the tourist industry *ou* trade ♦ **le** ~ **d'hiver/d'été** winter/summer tourism, the winter/summer tourist trade ♦ **le** ~ **français se porte bien** the French tourist industry *ou* trade is in good shape ♦ ~ **industriel** industrial tourism ♦ ~ **de masse/d'affaires** mass/business tourism ♦ ~ **rural** *ou* **vert** green tourism, ecotourism ♦ ~ **culturel/sexuel** cultural/sex tourism ♦ **promouvoir le** ~ **rural** to promote tourism in rural areas ♦ **avion/voiture de** ~ private plane/car ♦ **voiture (de) grand** ~ GT saloon car *(Brit)*, 4-door sedan *(US)*; → **agence, office**

**touriste** /tuʀist/ **NMF** tourist ♦ **faire qch en** ~ *(fig)* to do sth half-heartedly ♦ **il s'est présenté à l'examen en** ~ he was very casual about the exam; → **classe**

**touristique** /tuʀistik/ **ADJ** *[itinéraire, billet, activités, saison, guide]* tourist *(épith)*; *[région, ville]* with great tourist attractions, popular with (the) tourists *(attrib)* ♦ **trop** ~ touristy * ♦ **route** ~ scenic route; → **menu**[1]

**tourment** /tuʀmɑ̃/ **NM** *(littér)* *(physique)* agony; *(moral)* torment, torture *(NonC)* ♦ **les** ~**s de la jalousie** the torments of jealousy

**tourmente** /tuʀmɑ̃t/ **NF** **a** *(= tempête)* storm, gale, tempest *(littér)* **b** *(sociale, politique)* upheaval, turmoil ♦ ~ **monétaire** upheaval *ou* turmoil in the currency markets ♦ **les économies européennes ont été prises dans la** ~ **financière asiatique** the European economies were affected by Asia's financial turmoil ♦ **sa famille a disparu dans la** ~ **de la**

**guerre** her family disappeared in the upheaval caused by the war

**tourmenté, e** /tuʀmɑ̃te/ (ptp de **tourmenter**) ADJ a *[personne, expression, visage, esprit]* tormented, tortured b *[relief]* rugged; *[paysage, formes]* tortured; *[style, art]* tortured, anguished c *[ciel, mer]* stormy; *[vie]* stormy, turbulent ◆ **l'histoire ~e de ce pays** this country's turbulent history ◆ **nous vivons une époque ~e** we're living in troubled *ou* turbulent times

**tourmenter** /tuʀmɑ̃te/ ▸ conjug 1 ◂ VT a *[personne]* to torment ◆ **ses créanciers continuaient à le ~** his creditors continued to harass *ou* hound him ◆ **~ qn de questions** to plague *ou* harass sb with questions b *[douleur, rhumatismes, faim]* to rack, to torment; *[remords, doute]* to rack, to torment, to plague; *[ambition, envie, jalousie]* to torment ◆ **ce qui me tourmente dans cette affaire** what worries *ou* bothers *ou* bugs * me in this business VPR **se tourmenter** to fret, to worry (o.s.) ◆ **ne vous tourmentez pas, ce n'était pas de votre faute** don't distress *ou* worry yourself — it wasn't your fault ◆ **il se tourmente à cause de son fils** he's fretting *ou* worrying about his son

**tourmenteur, -euse** /tuʀmɑ̃tœʀ, øz/ NM,F *(littér = persécuteur)* tormentor

**tourmentin** /tuʀmɑ̃tɛ̃/ NM a *(Naut = foc)* storm jib b *(= oiseau)* stormy petrel

**tournage** /tuʀnaʒ/ NM a *(Ciné)* shooting ◆ **être en ~ en Italie** to be filming in Italy, to be on a shoot in Italy ◆ **c'est arrivé pendant le ~** it happened during shooting *ou* the shoot ◆ **l'équipe de ~** the film *ou* camera crew ◆ **il l'emmène sur tous ses ~s** he takes her with him on all the shoots b *(Menuiserie)* turning ◆ **le ~ sur bois/métal** wood-/metal-turning c *(Naut)* belaying cleat

**tournailler** * /tuʀnɑje/ ▸ conjug 1 ◂ VI *(péj)* to wander aimlessly ◆ **~ autour de** to hang round

**tournant, e** /tuʀnɑ̃, ɑ̃t/ ADJ a *[fauteuil, dispositif]* swivel *(épith)*; *[feu, scène]* revolving *(épith)*; → **grève, plaque, pont, table**

b *[mouvement, manœuvre]* encircling *(épith)*

c *[escalier]* spiral *(épith)*; *(littér) [ruelle, couloir]* winding, twisting

NM a *(= virage)* bend ◆ **prendre bien/mal son ~** to take a bend well/badly, to corner well/badly ◆ **cette entreprise a bien su prendre le ~** this company has managed the change *ou* switch well, this company has adapted well to the new circumstances ◆ **attendre qn au ~** * to wait for the chance to trip sb up *ou* catch sb out *(Brit)* ◆ **avoir** *ou* **rattraper qn au ~** * to get even with sb, to get one's own back on sb *(Brit)*

b *(= changement)* turning point ◆ **~ décisif** watershed ◆ **les ~s de l'histoire/de sa vie** the turning points in history/in his life ◆ **c'est à la 50e minute qu'a eu lieu le ~ du match** the decisive *ou* turning point of the match came in the 50th minute ◆ **il arrive à un ~ de sa carrière** he's coming to a turning point in his career ◆ **au ~ du siècle** at the turn of the century ◆ **un ~ de la politique française** a watershed in French politics ◆ **marquer un ~** to be a turning point

NF **tournante** * *(= viol collectif)* gang-bang *

**tourné, e**[1] /tuʀne/ (ptp de **tourner**) ADJ a ◆ **bien ~** *[personne]* shapely, with a good figure; *[jambes]* shapely; *[taille]* neat, trim; *[compliment, poème, expression]* well-turned; *[article, lettre]* well-worded, well-phrased b ◆ **mal ~** *[article, lettre]* badly expressed *ou* phrased *ou* worded; *[expression]* unfortunate ◆ **avoir l'esprit mal ~** to have a dirty mind c *[lait, vin]* sour; *[poisson, viande]* off *(attrib)*, high *(attrib)*; *[fruits]* rotten, bad d *(Menuiserie) [pied, objet]* turned

**tournebouler** * /tuʀnəbule/ ▸ conjug 1 ◂ VT *[+ personne]* to put in a whirl ◆ **~ la cervelle à qn** to turn sb's head *ou* brain, to put sb's head in a whirl ◆ **il en était tourneboulé** *(mauvaise nouvelle)* he was very upset by it; *(heureuse surprise)* his head was in a whirl over it

**tournebroche** /tuʀnəbʀɔʃ/ NM roasting spit, rotisserie ◆ **poulet au ~** spit-roasted chicken

**tourne-disque** (pl **tourne-disques**) /tuʀnədisk/ NM record player

**tournedos** /tuʀnədo/ NM tournedos

**tournée**[2] /tuʀne/ NF a *(= tour) [de conférencier, artiste]* tour; *[d'inspecteur, livreur, représentant]* round ◆ **~ de conférences/théâtrale** lecture/theatre tour ◆ **~ d'inspection** round *ou* tour of inspection ◆ **partir/être en ~** *[artiste, troupe de théâtre]* to set off on/be on tour; *[livreur, représentant]* to set off on/be on one's rounds ◆ **faire une ~ électorale** to go on a campaign tour *ou* the campaign trail ◆ **faire la ~ de** *[+ magasins, musées, cafés]* to do the rounds of, to go round ◆ **faire la ~ des grands ducs** * to go out on the town *ou* on a spree ◆ **faire la ~ des popotes** * to go on a tour of inspection

b *(= consommations)* round (of drinks) ◆ **payer une/sa ~** to buy *ou* stand a/one's round (of drinks) ◆ **c'est ma ~** it's my round ◆ **il a payé une ~ générale** he paid for drinks all round ◆ **c'est la ~ du patron** the drinks are on the house

c *(* = raclée)* hiding, thrashing

**tournemain** /tuʀnəmɛ̃/ **en un tournemain** LOC ADV in no time at all, in the twinkling of an eye, (as) quick as a flash

**tourner** /tuʀne/ ▸ conjug 1 ◂ VT a *[+ manivelle, clé, poignée]* to turn; *[+ sauce]* to stir; *[+ salade]* to toss; *[+ page]* to turn (over) ◆ **tournez s.v.p** please turn over, PTO ◆ **~ et retourner** *[+ chose]* to turn over and over; *[+ pensée, problème]* to turn over and over (in one's mind), to mull over; → **dos, page**[1], **talon**

b *(= diriger, orienter) [+ appareil, tête, yeux]* to turn ◆ **elle tourna son regard** *ou* **les yeux vers la fenêtre** she turned her eyes towards the window ◆ **~ la tête à droite/à gauche** to turn one's head to the right/to the left ◆ **quand il m'a vu, il a tourné la tête** when he saw me he looked away *ou* he turned his head away ◆ **~ les pieds en dedans/en dehors** to turn one's toes *ou* feet in/out ◆ **tourne le tableau de l'autre côté/contre le mur** turn the picture the other way round/round to face the wall ◆ **~ ses pas vers** *(littér)* to wend one's way towards *(littér)* ◆ **~ ses pensées/efforts vers** to turn *ou* bend one's thoughts/efforts towards *ou* to; → **bride, casaque**

c *(= contourner) (Naut) [+ cap]* to round; *[+ armée]* to turn, to outflank; *[+ obstacle]* to round

d *(= éluder) [+ difficulté, règlement]* to get round *ou* past ◆ **~ la loi** to get round the law, to find a loophole in the law ◆ **il vient de ~ le coin de la rue** he has just turned the corner ◆ **~ la mêlée** *(Rugby)* to turn the scrum, to wheel the scrum round

e *(frm = exprimer) [+ phrase, compliment]* to turn; *[+ demande, lettre]* to phrase, to express

f *(= transformer)* **il a tourné l'incident en plaisanterie** he made light of the incident, he made a joke out of the incident ◆ **~ qn/qch en ridicule** to make sb/sth a laughing stock, to ridicule sb/sth, to hold sb/sth up to ridicule ◆ **il tourne tout à son avantage** he turns everything to his (own) advantage; → **dérision**

g *(Ciné)* **~ une scène** *[cinéaste]* to shoot *ou* film a scene; *[acteur]* to act in *ou* do a scene ◆ **~ un film** *(= faire les prises de vues)* to shoot a film; *(= produire)* to make a film; *(= jouer)* to make *ou* do a film ◆ **ils ont dû ~ en studio** they had to do the filming in the studio; → **extérieur, silence**

h *(Tech) [+ bois, ivoire]* to turn; *[+ pot]* to throw

i *(loc)* **~ le cœur** *ou* **l'estomac à qn** † to turn sb's stomach, to make sb heave ◆ **~ la tête à qn** *[vin]* to go to sb's head; *[succès]* to go to *ou* turn sb's head; *[personne]* to turn sb's head

VI a *[manège, compteur, aiguille d'horloge]* to turn, to go round; *[disque, cylindre, roue]* to turn, to revolve; *[pièce sur un axe, clé, danseur]* to turn; *[toupie]* to spin; *[taximètre]* to tick away; *[usine, moteur]* to run ◆ **~ sur soi-même** to turn round on o.s.; *(très vite)* to spin round and round ◆ **~ comme un lion en cage** to pace angrily up and down ◆ **la grande aiguille tourne plus vite que la petite** the big hand goes round faster than the small one ◆ **l'heure tourne** time's getting on ◆ **les éléphants tournent sur la piste** the elephants move round the ring ◆ **~ comme une toupie** to spin like a top ◆ **tout d'un coup, j'ai vu tout ~** all of a sudden my head began to spin *ou* swim ◆ **usine qui tourne à plein (régime)** factory working at full capacity *ou* flat out * ◆ **la machine à laver tourne surtout la nuit** the washing machine runs mostly at night ◆ **ce représentant tourne sur Lyon** *(Comm)* this sales representative covers Lyons ◆ **son spectacle va ~ dans le Midi cet été** his show is on tour in the South of France this summer ◆ **faire ~ le moteur** to run the engine ◆ **faire ~ les tables** *(Spiritisme)* to hold seances, to do table-turning ◆ **c'est elle qui fait ~ l'affaire** she's the one who runs the business ◆ **faire ~ la tête à qn** *[compliments, succès]* to go to sb's head ◆ **ça me fait ~ la tête** *[vin]* it goes to my head; *[bruit, altitude]* it makes my head spin, it makes me dizzy *ou* giddy; → **ours, ralenti, rond, vide** *etc*

b *(Ordin) [programme]* to work ◆ **arriver à faire ~ un programme** to get a program working *ou* to work ◆ **ça tourne sur quelles machines ?** which machines does it work on?, which machines is it compatible with?

c *(= changer de direction) [vent, opinion]* to turn, to shift, to veer (round); *[chemin, promeneur]* to turn ◆ **la chance a tourné** his (*ou* her *etc*) luck has turned ◆ **la voiture a tourné à gauche** the car turned left *ou* turned off to the left ◆ **tournez à droite au prochain feu rouge** turn right *ou* take a right at the next traffic lights

d *(= évoluer)* **bien ~** to turn out well ◆ **mal ~** *[farce, entreprise]* to go wrong, to turn out badly; *[personne]* to go to the dogs *, to turn out badly ◆ **ça va mal ~** no good will come of it, it'll end in trouble ◆ **si les choses avaient tourné autrement** if things had turned out *ou* gone differently ◆ **~ à l'avantage de qn** to turn to sb's advantage ◆ **le débat tournait à la polémique** the debate was becoming increasingly heated ◆ **le temps a tourné au froid/à la pluie** the weather has turned cold/rainy *ou* wet ◆ **le ciel tournait au violet** the sky was turning purple ◆ **~ au drame/au tragique** to take a dramatic/tragic turn ◆ **la discussion a tourné en** *ou* **à la bagarre** the argument turned *ou* degenerated into a fight ◆ **sa bronchite a tourné en pneumonie** his bronchitis has turned *ou* developed into pneumonia; → **bourrique**

e *[lait]* to turn (sour); *[poisson, viande]* to go off, to go bad; *[fruits]* to go rotten *ou* bad ◆ **~ (au vinaigre)** *[vin]* to turn (vinegary) ◆ **la**

**chaleur a fait ~ le lait** the milk's gone sour in the heat

**f** *(= se relayer) [personnes]* to take turns

**g** *(loc)* **j'ai la tête qui tourne, la tête me tourne** my head's spinning ◆ **~ de l'œil** * to pass out, to faint; → **court¹**, **rond** *etc*

◆ **tourner autour de** to turn *ou* go round; *[terre, roue]* to revolve *ou* go round; *[chemin]* to wind *ou* go round; *[oiseau]* to wheel *ou* circle *ou* fly round; *[mouches]* to buzz *ou* fly round; *[discussion, sujet]* to centre *ou* focus on; *(= être approximativement) [prix]* to be around *ou* about *(Brit)* ◆ **~ autour de la piste** to go round the track ◆ **~ autour de qn** *(péj) (= importuner)* to hang round sb; *(pour courtiser)* to hang round sb; *(par curiosité)* to hover round sb ◆ **un individu tourne autour de la maison depuis une heure** somebody has been hanging round outside the house for an hour ◆ **l'enquête tourne autour de ces trois suspects/de cet indice capital** the inquiry centres on *ou* around these three suspects/this vital clue ◆ **ses émissions tournent toujours autour du même sujet** his programmes are always about the same subject ◆ **le prix doit ~ autour de 10 000 €** the price must be around €10,000 *ou* the €10,000 mark *ou* in the region of €10,000 ◆ **la production tourne autour de 200 voitures par jour** production runs at around 200 cars a day; → **pot**

**VPR** **se tourner** ◆ **se ~ du côté de** *ou* **vers qn/qch** to turn towards sb/sth ◆ **se ~ vers qn pour lui demander de l'aide** to turn to sb for help ◆ **se ~ vers une profession/la politique/une question** to turn to a profession/to politics/to a question ◆ **une société tournée vers l'avenir** a forward-looking company ◆ **se ~ contre qn** to turn against sb ◆ **se ~ et se retourner dans son lit** to toss and turn in bed ◆ **de quelque côté que l'on se tourne** whichever way one turns ◆ **tourne-toi (de l'autre côté)** turn round *ou* the other way; → **pouce**

**tournesol** /tuʀnəsɔl/ **NM** **a** *(Bot)* sunflower; → **huile** **b** *(Chim)* litmus

**tourneur, -euse** /tuʀnœʀ, øz/ **NM,F** *(Tech)* turner ◆ **~ sur bois/métaux** wood/metal turner **ADJ** → **derviche**

**tournevis** /tuʀnəvis/ **NM** screwdriver ◆ **usine ~** screwdriver plant; → **cruciforme**

**tournicoter** * /tuʀnikɔte/, **tourniquer** /tuʀnike/ ▸ conjug 1 ◂ **VI** *(péj)* to wander aimlessly ◆ **~ autour de qn** *(= importuner, courtiser)* to hang round sb; *(par curiosité)* to hover round sb

**tourniquet** /tuʀnikɛ/ **NM** **a** *(= barrière)* turnstile; *(= porte)* revolving door **b** *(Tech)* **~ (hydraulique)** reaction turbine; *(d'arrosage)* (lawn-)sprinkler **c** *(= présentoir)* revolving stand **d** *(Méd)* tourniquet **e** *(arg Mil)* court-martial ◆ **passer au ~** to come up before a court-martial

**tournis** /tuʀni/ **NM** **a** *(Vét)* sturdy **b** * **avoir le ~** to feel dizzy *ou* giddy ◆ **ça/il me donne le ~** it/he makes my head spin, it/he makes me (feel) dizzy *ou* giddy

**tournoi** /tuʀnwa/ **NM** **a** *(Hist)* tournament, tourney **b** *(Sport)* tournament ◆ **~ d'échecs/de tennis** chess/tennis tournament ◆ **~ d'éloquence/d'adresse** *(littér)* contest of eloquence/of skill ◆ **le Tournoi des six nations** *(Rugby)* the Six Nations Championship ◆ **disputer** *ou* **faire un ~** to play in *ou* enter a tournament

**tournoiement** /tuʀnwamɑ̃/ **NM** **a** *[de danseurs]* whirling, twirling; *[d'eau, fumée]* swirling, eddying, whirling; *[de feuilles mortes]* swirling, eddying ◆ **les ~s des danseurs** the whirling (of the) dancers ◆ **des ~s de feuilles** swirling *ou* eddying leaves **b** *[d'oiseaux]* wheeling

**tournoyer** /tuʀnwaje/ ▸ conjug 8 ◂ **VI** *[danseurs]* to whirl (round), to twirl (round); *[eau, fumée]* to swirl, to eddy; *[boomerang]* to spin; *[papiers]* to flutter around; *[oiseaux]* to wheel, to circle; *[feuilles mortes]* to swirl *ou* eddy around; *[abeille, moustique]* to fly around (in circles) ◆ **faire ~** *[danseur, canne]* to twirl; *[robe]* to swirl ◆ **les feuilles tombaient en tournoyant** the leaves were twirling *ou* whirling down ◆ **la fumée s'élevait en tournoyant** the smoke spiralled up ◆ **tout s'est mis à ~ et je me suis évanoui** everything started to spin and I fainted

**tournure** /tuʀnyʀ/ **NF** **a** *(= tour de phrase)* turn of phrase; *(= forme)* form ◆ **~ négative/impersonnelle** negative/impersonal form ◆ **la ~ précieuse de ses phrases** the affected way (in which) he phrases his sentences **b** *(= apparence)* **la ~ des événements** the turn of events ◆ **la ~ que prenaient les événements** the way the situation was developing, the turn events were taking ◆ **la situation a pris une mauvaise/meilleure ~** the situation took a turn for the worse/for the better ◆ **donner une autre ~ à une affaire** to put a matter in a different light, to put a new face on a matter ◆ **prendre ~** to take shape **c** ◆ **~ d'esprit** turn *ou* cast of mind **d** *(† = allure)* bearing ◆ **il a belle ~** he carries himself well, he has a very upright bearing

**tournus** /tuʀnys/ **NM** *(Helv = alternance)* rota

**touron** /tuʀɔ̃/ **NM** *kind of nougat*

**tour-opérateur** (pl **tour-opérateurs**) /tuʀɔpeʀatœʀ/ **NM** tour operator

**tourte** /tuʀt/ **NF** *(Culin)* pie ◆ **~ à la viande/au poisson** meat/fish pie

**tourteau¹** (pl **tourteaux**) /tuʀto/ **NM** **a** *(Culin)* **~ (fromagé)** *round spongecake made with fromage frais* **b** *(Agr)* oilcake, cattle-cake

**tourteau²** (pl **tourteaux**) /tuʀto/ **NM** *(= crabe)* crab

**tourtereau** (pl **tourtereaux**) /tuʀtəʀo/ **NM** *(= oiseau)* young turtledove ◆ **~x** *(= amoureux)* lovebirds

**tourterelle** /tuʀtəʀɛl/ **NF** turtledove ◆ **gris ~** dove *ou* soft grey

**tourtière** /tuʀtjɛʀ/ **NF** *(à tourtes)* pie tin; *(à tartes)* pie dish *ou* plate

**tous** → **tout**

**toussailler** /tusɑje/ ▸ conjug 1 ◂ **VI** to have a bit of a cough ◆ **arrête de ~ !** stop coughing and spluttering like that!

**Toussaint** /tusɛ̃/ **NF** ◆ **la ~** All Saints' Day ◆ **nous partirons en vacances à la ~** we're going on holiday at the beginning of November ◆ **il fait un temps de ~** it's real November weather, it's grim cold weather

**Toussaint**

All Saints' Day (November 1) is a public holiday in France. It is the day when people traditionally visit cemeteries to lay heather and chrysanthemums on the graves of relatives and friends.

**tousser** /tuse/ ▸ conjug 1 ◂ **VI** **a** *[personne]* to cough ◆ **ne sors pas, tu tousses encore un peu** don't go out – you've still got a bit of a cough **b** *[moteur]* to splutter, to cough

**toussotement** /tusɔtmɑ̃/ **NM** (slight) coughing *(NonC)*

**toussoter** /tusɔte/ ▸ conjug 1 ◂ **VI** *(Méd)* to have a bit of a *ou* a slight cough; *(pour avertir, signaler)* to cough softly, to give a little cough ◆ **je l'entendais ~ dans la pièce à côté** I could hear him coughing in the next room ◆ **il toussote, je vais lui faire prendre du sirop** he's got a bit of a *ou* a slight cough – I'm going to give him some cough mixture

## tout, toute /tu, tut/

(mpl **tous**, fpl **toutes**)

1 ADJECTIF QUALIFICATIF
2 ADJECTIF INDÉFINI
3 PRONOM INDÉFINI
4 ADVERBE
5 NOM MASCULIN

Lorsque **tout** fait partie d'une expression figée telle que **à tout bout de champ, de tout repos, en tout cas, tout le temps** etc, cherchez au premier nom.

### 1 - ADJECTIF QUALIFICATIF

**a** = complet, entier, total

◆ **tout, toute** *+ article ou possessif ou démonstratif* ◆ **~ le, ~e la** all (the), the whole (of the) ◆ **~ le reste** (all) the rest ◆ **il a ~ le temps/l'argent qu'il lui faut** he has all the time/the money he needs ◆ **~e la France regardait le match** the whole of *ou* all France was watching the match ◆ **pendant ~ le voyage** during the whole (of the) trip, throughout the trip ◆ **il a plu ~e la nuit/~e une nuit** it rained all night (long) *ou* throughout the night/for a whole night ◆ **il a plu ~e cette nuit** it rained all (of) *ou* throughout last night ◆ **il a dépensé ~ son argent** he has spent all (of) his money ◆ **mange ~e ta viande** eat up your meat, eat all (of) your meat ◆ **il a passé ~es ses vacances à lire** he spent the whole of *ou* all (of) his holidays reading ◆ **il courait de ~e la vitesse de ses petites jambes** he was running as fast as his little legs would carry him

◆ **tout le monde** everybody, everyone ◆ **~ le monde le dit/le sait** everybody says so/knows ◆ **la nature appartient à ~ le monde** the countryside belongs to everybody ◆ **ils veulent vivre/être comme ~ le monde** they want to live/be like everybody else ◆ **il ne fait jamais comme ~ le monde** he always has to be different

◆ **tout, toute** *+ nom* ◆ **il a lu ~ Balzac** he has read the whole of *ou* all of Balzac ◆ **elle a visité ~ Londres** she has been round the whole of London ◆ **le ~-Londres/-Rome** the London/Rome smart set, everybody who is anybody in London/Rome ◆ **en ~e illégalité** quite illegally ◆ **donner ~e satisfaction** to give complete satisfaction, to be entirely *ou* completely satisfactory

**b** = seul, unique only ◆ **c'est ~ l'effet que ça lui fait** that's all the effect *ou* the only effect it has on him ◆ **cet enfant est ~e ma joie** this child is my only *ou* sole joy, all my joy in life lies with this child ◆ **c'est là ~ le problème** that's the whole problem, that's just where the problem lies ◆ **~ le secret est dans la rapidité** the whole secret lies in speed ◆ **pour ~ mobilier, il avait un lit et une table** all he had in the way of furniture *ou* the only furniture he had was a bed and a table

### 2 - ADJECTIF INDÉFINI

◆ **tout, toute** *+ nom singulier (= n'importe quel)* any, all ◆ **~e personne susceptible de nous aider** any person *ou* anyone able to help us ◆ **une empreinte digitale, un cheveu, ~ indice qui pourrait être utile** a fingerprint, a hair, any clue that might be useful ◆ **~e trace d'agitation a disparu** all *ou* any trace of agitation has gone ◆ **~ autre (que lui) aurait deviné** anybody *ou* anyone (but him) would have guessed ◆ **à ~ âge** at any age, at all ages ◆ **pour ~ renseignement, téléphoner ...** for all information, ring ...

♦ **tout un chacun** everybody, everyone ◆ **comme ~ un chacun, il a le droit de ...** like everybody else, he has a right to ... ◆ **le fait que ~ un chacun puisse librement donner son avis** the fact that anybody can freely express their opinion

♦ **tous, toutes (les)** *+ nom pluriel (= chaque)* every ◆ **tous les jours/ans/mois** every day/year/month ◆ **tous les deux jours/mois** every other *ou* second day/month, every two days/months ◆ **tous les 10 mètres** every 10 metres ◆ **~es les trois heures** every three hours, at three-hourly intervals
*(= l'ensemble, la totalité des)* all, every ◆ **~es les personnes que nous connaissons** all the people *ou* everyone *ou* everybody (that) we know ◆ **~es les fois que je le vois** every time I see him ◆ **il avait ~es les raisons d'être mécontent** he had every reason to be *ou* for being displeased ◆ **tous les hommes sont mortels** all men are mortal ◆ **courir dans tous les sens** to run all over the place ◆ **film (pour) tous publics** film suitable for all audiences ◆ **des individus de ~es tendances/tous bords** people of all tendencies/shades of opinion ◆ **le saut en hauteur, la course, le lancer du javelot, ~es disciplines qui exigent ...** *(frm : servant à récapituler)* the high jump, running, throwing the javelin, all (of them) disciplines requiring ...

♦ **tous, toutes (les)** *+ numéral (= ensemble)* ◆ **tous (les) deux** both (of them), the two of them, each (of them) ◆ **tous (les) trois/quatre** all three/four (of them) ◆ **ils sont arrivés tous les six hier soir** all six of them arrived last night

3 - PRONOM INDÉFINI

**a** [= l'ensemble des choses] everything, all; *(sans discrimination)* anything ◆ **il a ~ organisé** he organized everything, he organized it all ◆ **on ne peut pas ~ faire** you can't do everything ◆ **~ va bien** all's (going) well, everything's fine ◆ **son travail, ses enfants, ~ l'exaspère** his work, the children, everything annoys him ◆ **~ lui est bon** everything is grist to his mill (*pour* to); ◆ **ses enfants mangent de ~** her children will eat anything ◆ **il vend de ~** he sells anything and everything ◆ **il est capable de ~** he's capable of anything ◆ **il a ~ pour réussir** he's got everything going for him ◆ **il a ~ pour plaire** * *(iro)* he's got nothing going for him ◆ **il est capable d'improviser un discours sur ~ et n'importe quoi** he can improvise a speech on just about anything ◆ **il promet ~ et son contraire** he makes the wildest promises ◆ **au cours du débat, on a entendu ~ et son contraire** the discussion was a real ragbag of ideas

♦ **avoir tout de** *+ nom* ◆ **elle a ~ d'une star** she's every inch a star ◆ **avec ce chapeau, elle a ~ d'une sorcière** she looks just like a witch in that hat ◆ **ça a ~ d'un canular** it's obviously a practical joke ◆ **l'organisation a ~ d'une secte** the organization is nothing less than a sect

♦ **à tout va** * *[licencier, investir, recruter]* like mad; *[libéralisme, communication, consommation]* unbridled ◆ **à l'époque, on construisait à ~ va** at that time there were buildings going up everywhere ◆ **il répète à ~ va ce que tu lui as raconté** he's going round telling everyone what you told him

♦ **ce n'est pas tout de** *+ infinitif (= ça ne suffit pas)* ◆ **ce n'est pas ~ d'en parler** there's more to it than just talking about it ◆ **ce n'est pas ~ de faire son métier, il faut le faire bien** it's not enough just to do your job, you have to do it well

♦ **en tout** *(= au total)* in all ◆ **nous étions 16 (personnes) en ~** there were 16 of us in all ◆ **ça coûte 150 € en ~** it costs €150 in all *ou* in total ◆ **cette pratique est en ~ contraire aux droits de l'homme** *(= en tous points)* this practice is a violation of human rights in every respect ◆ **leurs programmes politiques s'opposent en ~** their political programmes clash in every way

♦ **en tout et pour tout** all in all ◆ **il lui reste trois jours/25 € en ~ et pour ~** he only has a total of three days/€25 left ◆ **j'avais une valise en ~ et pour ~** all I had was a suitcase

♦ **... et tout (et tout)** * ... and everything ◆ **j'avais préparé le dîner, fait le ménage et ~** I'd made the dinner, done the housework and everything ◆ **je lui avais expliqué et ~, mais il n'a pas compris** I'd explained and everything, but he didn't understand ◆ **avec les vacances et ~, je n'ai pas eu le temps** what with the holidays and all *, I didn't have time

♦ **être + tout** ◆ **c'est ~** that's all ◆ **ce sera ~ ?** will that be all?, (will there be) anything else? ◆ **et ce n'est pas ~ !** and that's not all!, and there's more to come! ◆ **c'est pas ~ ça *, mais il est tard** all this is very nice, but it's getting late ◆ **être ~ pour qn** to be everything to sb

♦ **pour tout dire** ◆ **cette idée audacieuse avait surpris et pour ~ dire n'avait pas convaincu** this daring idea surprised everybody and, to be honest, wasn't convincing ◆ **il est vaniteux, égoïste, pour ~ dire c'est un sale type** he's vain, he's selfish, in a word he's a swine

♦ **tout ce qui, tout ce que** ◆ **~ ce que je sais, c'est qu'il est parti** all I know is that he's gone ◆ **c'est ~ ce qu'il m'a dit/laissé** that's all he told me/left me ◆ **~ ce que le pays compte de sportifs/savants** all the country has in the way of sportsmen/scientists, the country's entire stock of sportsmen/scientists ◆ **est-ce que vous avez ~ ce dont vous avez besoin ?** *ou* **ce qu'il vous faut ?** have you everything *ou* all (that) you need? ◆ **ne croyez pas ~ ce qu'il raconte** don't believe everything he tells you ◆ **~ ce qui lui appartient** everything *ou* all that belongs to him ◆ **~ ce qui brille n'est pas or** *(Prov)* all that glitters is not gold *(Prov)*

♦ **tout ce qu'il y a de** *+ adjectif (= extrêmement)* most ◆ **il a été ~ ce qu'il y a de gentil/serviable** he was most kind/obliging, he couldn't have been kinder/more obliging ◆ **des gens ~ ce qu'il y a de plus distingué(s)** most distinguished people ◆ **c'était ~ ce qu'il y a de chic** it was the last word in chic *ou* the ultimate in chic

♦ **tout est là** ◆ **la persévérance, ~ est là** all that counts is perseverance, perseverance is all that matters

♦ **tous, toutes** *(= l'ensemble des personnes)* all ◆ **tous** *ou* **~es tant qu'ils** *ou* **elles sont** all of them, every single one of them ◆ **tous sont arrivés** they have all arrived ◆ **il les déteste tous** *ou* **~es** he hates them all *ou* all of them ◆ **écoutez bien tous !** listen, all of you! ◆ **tous ensemble** all together ◆ **il parle en leur nom à tous** he's speaking for them all *ou* for all of them ◆ **film pour tous** film suitable for all audiences

♦ *pronom personnel +* **tous** *ou* **toutes** ◆ **nous avons tous nos défauts** we all *ou* all of us have our faults ◆ **nous mourrons tous** we shall all die ◆ **vous ~es qui m'écoutez** all of you who are listening to me ◆ **il s'attaque à nous tous** he's attacking us all *ou* all of us

**b** [locutions] **~ a une fin** there is an end to everything, everything comes to an end ◆ **~ est bien qui finit bien** all's well that ends well ◆ **~ finit par des chansons** everything ends with a song ◆ **~ de bon !** *(Helv)* all the best! ◆ **~ passe, ~ casse** nothing lasts for ever ◆ **~ vient à point à qui sait attendre** *(Prov)* everything comes to he who waits *(Prov)*

4 - ADVERBE

S'accorde en genre et en nombre devant un adjectif féminin qui commence par une consonne ou un **h** aspiré.

**a** [constructions]

♦ **tout** *+ adjectif (= très)* very; *(= entièrement)* quite ◆ **il est ~ étonné** he's very *ou* most surprised ◆ **c'est une ~e jeune femme** she's a very young woman ◆ **elles étaient ~ heureuses/~es contentes** they were very *ou* extremely happy/pleased ◆ **les ~es premières années** the very first *ou* early years ◆ **c'est ~ autre chose** that's quite another matter ◆ **c'est une ~ autre histoire** that's quite another story ◆ **il a mangé sa viande ~e crue** he ate his meat quite *ou* completely raw ◆ **c'est ~ naturel** it's perfectly *ou* quite natural ◆ **~e petite, elle aimait la campagne** as a (very) small child she liked the country

♦ **tout** *+ article + nom* ◆ **c'est ~ le contraire** it's quite the opposite *ou* the very opposite ◆ **avec toi c'est ~ l'un ou ~ l'autre** there's no in between with you, you see everything in black and white

♦ **tout** *+ préposition + nom* ◆ **être ~ yeux/oreilles** to be all eyes/ears ◆ **je suis ~ ouïe !** *(hum)* I'm all ears! ◆ **~ (en) laine/coton** all wool/cotton ◆ **il était ~ à son travail** he was entirely taken up by *ou* absorbed in his work ◆ **habillé ~ en noir** dressed all in black, dressed entirely in black ◆ **un style ~ en nuances** a very subtle style, a style full of nuances ◆ **un jeu ~ en douceur** a very delicate style of play ◆ **il était ~ en sueur** he was dripping with sweat ◆ **elle était ~ en larmes** she was in floods of tears ◆ **le jardin est ~ en fleurs** the garden is a mass of flowers

♦ **tout** *+ adverbe* ◆ **~ près** *ou* **à côté** very near *ou* close ◆ **~ là-bas** right over there ◆ **~ en bas de la colline** right at the bottom of the hill ◆ **~ au fond** right at the bottom, at the very bottom ◆ **~ simplement** *ou* **bonnement** quite simply ◆ **je vois cela ~ autrement** I see it quite differently ◆ **je le sais ~ autant que toi** I know it as well as you do, I'm as aware of it as you are ◆ **j'aime ça ~ aussi peu que lui** I like that as little as he does ◆ **~ plein * de cartes postales** loads * of postcards ◆ **il est gentil/mignon ~ plein *** he's really very *ou* really awfully * nice/sweet

♦ **tout** *+ verbe* ◆ **tu t'es ~ sali** you've got yourself all dirty ◆ **tu as ~ sali tes habits** you've got your clothes all dirty

**b** [= déjà] **~ prêt, ~ préparé** ready-made ◆ **phrases ~es faites** ready-made *ou* set *ou* standard phrases ◆ **idées ~es faites** preconceived ideas, unquestioning ideas

**c** [autres locutions]

♦ **tout en** *+ participe présent (simultanéité)* ◆ **~ en marchant/travaillant** as *ou* while you walk/work, while walking/working ◆ **elle tricotait ~ en regardant la télévision** she was knitting while watching television ◆ **je suis incapable de travailler ~ en écoutant de la**

**musique** I can't work and listen to music at the same time *(opposition)* ◆ ~ **en prétendant le contraire il voulait être élu** (al)though he pretended otherwise he wanted to be elected ◆ ~ **en reconnaissant ses mérites je ne suis pas d'accord avec lui** (al)though *ou* even though I recognize his strengths I don't agree with him

♦ **tout** + *nom ou adjectif* + **que** *(concession)* ◆ ~ **médecin qu'il soit** even though *ou* although he's a doctor, I don't care if he's a doctor ◆ ~**e malade qu'elle se prétende** however ill *ou* no matter how ill she says she is ◆ **leur appartement,** ~ **grand qu'il est, ne suffira pas** however large *ou* no matter how large their flat is, it won't be enough

♦ **tout à fait** quite, entirely, altogether ◆ **ce n'est pas** ~ **à fait la même chose** it's not quite the same thing ◆ **c'est** ~ **à fait faux/exact** it's quite *ou* entirely wrong/right ◆ **il est** ~ **à fait charmant** he's absolutely *ou* quite charming ◆ **je suis** ~ **à fait d'accord avec vous** I'm in complete agreement with you, I agree completely *ou* entirely with you ◆ **vous êtes d'accord ? –** ~ **à fait !** do you agree? – absolutely!

♦ **tout à l'heure** *(= plus tard)* later, in a short *ou* little while; *(= peu avant)* just now, a short while ago, a moment ago ◆ **je repasserai** ~ **à l'heure** I'll come back later ◆ ~ **à l'heure tu as dit que ...** *(à l'instant)* you said just now that ...; *(il y a plus longtemps)* you said earlier that ... ◆ **à** ~ **à l'heure !** see you later!

♦ **tout de suite** straightaway, at once, immediately ◆ **j'ai** ~ **de suite compris que ...** I understood straightaway that ... ◆ **alors, tu es prêt ? –** ~ **de suite !** are you ready then? – just a second! ◆ **vous le voulez pour quand ? – pas** ~ **de suite** when do you want it for? – there's no rush ◆ **ce n'est pas pour** ~ **de suite** *(= ce n'est pas près d'arriver)* it won't happen overnight; *(= c'est assez improbable)* it's hardly likely to happen

5 - NOM MASCULIN

**a** [= ensemble] whole ◆ **ces éléments forment un** ~ these elements make up a whole ◆ **acheter/vendre/prendre le** ~ to buy/sell/take the (whole) lot *ou* all of it (*ou* them) ◆ **le grand Tout** *(Rel)* the Great Whole ◆ **jouer** *ou* **tenter** *ou* **risquer le** ~ **pour le** ~ to stake one's all

♦ **le tout + être** *(= l'essentiel)* ◆ **le** ~ **est qu'il parte à temps** the main *ou* most important thing is that he leaves in time ◆ **le** ~ **c'est de faire vite** the main thing is to be quick about it ◆ **c'est pas le** ~ * **mais j'ai du travail** this is all very well but I've got work to do ◆ **ce n'est pas le** ~ **de s'amuser, il faut travailler** we can't just enjoy ourselves, we must get down to work

**b** [dans une charade] **mon** ~ **est un roi de France** my whole *ou* all is a king of France

**c** [locutions]

♦ **du tout** *(en réponse)* ◆ **(pas) du** ~ **!** not at all! ◆ **il n'y a pas de pain du** ~ there's no bread at all ◆ **il n'y a plus du** ~ **de pain** there's no bread left at all ◆ **je n'entends/ne vois rien du** ~ I can't hear/see a thing, I can't hear/see anything at all ◆ **sans s'inquiéter du** ~ without worrying at all

♦ **du tout au tout** *(= complètement)* completely ◆ **il avait changé du** ~ **au** ~ he had changed completely ◆ **la situation s'est modifiée du** ~ **au** ~ the situation has completely changed

**tout-à-l'égout** /tutalegu/ **NM INV** *(= système)* mains drainage *(NonC)*; *(= tuyau)* main sewer

**Toutankhamon** /tutɑ̃kamɔ̃/ **NM** Tutankhamen, Tutankhamun

**toutefois** /tutfwa/ **ADV** however ◆ **sans** ~ **que cela les retarde** without that delaying them, however ◆ **si** ~ **il est d'accord** if he agrees, that is

**tout-en-un** /tutɑ̃nœ̃/ **ADJ INV** all-in-one

**toute-puissance** (pl **toutes-puissances**) /tutpɥisɑ̃s/ **NF** omnipotence *(NonC)*

**tout-fou** * (pl **tout-fous**) /tufu/ **ADJ M** over-excited **NM** ◆ **il fait son** ~ he's a bit over-excited

**toutim** * /tutim/ **NM** ◆ **et (tout) le** ~ the whole caboodle * *(Brit)*, the whole kit and caboodle * *(US)*

**toutou** /tutu/ **NM** *(langage enfantin)* doggie, bow-wow *(langage enfantin)* ◆ **suivre qn/obéir à qn comme un** ~ to follow sb about/obey sb as meekly as a lamb

**Tout-Paris** /tupaʀi/ **NM** ◆ **le** ~ the Paris smart set, the tout-Paris ◆ **le** ~ **artistique assistait au vernissage** the artistic elite of Paris attended the preview of the exhibition

**tout-petit** (pl **tout-petits**) /tup(ə)ti/ **NM** toddler, tiny tot ◆ **jeu pour les** ~**s** game for the very young *ou* for toddlers *ou* tiny tots

**tout-puissant, toute-puissante** (mpl **tout-puissants**) /tupɥisɑ̃, tutpɥisɑ̃t/ **ADJ** almighty, omnipotent, all-powerful **NM** ◆ **le Tout-Puissant** the Almighty

**tout-terrain** (pl **tout-terrains**) /tuteʀɛ̃/ **ADJ** *[véhicule]* four-wheel drive *(épith)*, cross-country *(épith)* ◆ **vélo** ~ mountain bike ◆ **moto** ~ trail bike **NM** ◆ **le** ~ *(Sport) (en voiture)* cross-country racing; *(en vélo)* mountain biking; *(en moto)* trail-biking ◆ **faire du** ~ *(en voiture)* to go cross-country racing; *(en vélo)* to go mountain-biking; *(en moto)* to go trail-biking

**tout(-)va** /tuva/ **à tout(-)va LOC ADV** left, right and centre

**tout-venant** /tuv(ə)nɑ̃/ **NM INV** *(= charbon)* raw coal ◆ **le** ~ *(= articles, marchandises)* the run-of-the-mill *ou* ordinary stuff

**toux** /tu/ **NF** cough ◆ ~ **grasse/sèche/nerveuse** loose/dry/nervous cough; → **quinte**

**toxémie** /tɔksemi/ **NF** blood poisoning, toxaemia *(Brit)*, toxemia *(US)*

**toxicité** /tɔksisite/ **NF** toxicity

**toxico** * /tɔksiko/ **NMF** (abrév de **toxicomane**) junkie *

**toxicodépendance** /tɔksikodepɑ̃dɑ̃s/ **NF** drug-dependency

**toxicodépendant, e** /tɔksikodepɑ̃dɑ̃, ɑ̃t/ **NM,F** drug-dependent

**toxicologie** /tɔksikɔlɔʒi/ **NF** toxicology

**toxicologique** /tɔksikɔlɔʒik/ **ADJ** toxicological

**toxicologue** /tɔksikɔlɔg/ **NMF** toxicologist

**toxicomane** /tɔksikɔman/ **ADJ** drug-addicted, addicted to drugs **NMF** drug addict

**toxicomaniaque** /tɔksikɔmanjak/ **ADJ** *[habitude, pratique]* (drug) addiction-related

**toxicomanie** /tɔksikɔmani/ **NF** drug addiction

**toxicose** /tɔksikoz/ **NF** toxicosis

**toxine** /tɔksin/ **NF** toxin

**toxique** /tɔksik/ **ADJ** toxic ◆ **substance** ~ **pour l'organisme** substance that is toxic *ou* poisonous to the system **NM** toxin, poison

**toxoplasme** /tɔksoplasm/ **NM** toxoplasma

**toxoplasmose** /tɔksoplasmoz/ **NF** toxoplasmosis

**TP** /tepe/ **NM** **a** (abrév de **Trésor public**) → **trésor** **b** (abrév de **travaux pratiques**) *(Univ)* practical **NF** (abrév de **trésorerie principale**) → **trésorerie** **NMPL** (abrév de **travaux publics**) → **travail**[1]

**TPE** /tepeə/ **NM** (abrév de **terminal de paiement électronique**) EFTPOS

**TPG** /tepeʒe/ **NM** (abrév de **trésorier-payeur général**) → **trésorier**

**TPV** /tepeve/ **NM** (abrév de **terminal point de vente**) POST

**trac**[1] /tʀak/ **NM** *(Théât, en public)* stage fright; *(aux examens)* (exam) nerves ◆ **avoir le** ~ *(Théât, en public, sur le moment)* to have stage fright; *(à chaque fois)* to get stage fright; *(aux examens, sur le moment)* to be nervous; *(à chaque fois)* to get nervous, to get (an attack *ou* fit of) nerves ◆ **ficher le** ~ **à qn** * to give sb a fright, to put the wind up sb * *(Brit)*

**trac**[2] /tʀak/ **tout à trac LOC ADV** *[dire, demander]* right out of the blue

**traçabilité** /tʀasabilite/ **NF** traceability

**traçage** /tʀasaʒ/ **NM** **a** *[de ligne, triangle, plan, chiffre, mot]* drawing; *[de courbe de graphique]* plotting **b** *[de route, piste] (= déblaiement)* opening up; *(= balisage)* marking out **c** *(Min)* heading **d** *(Tech)* tracing

**traçant, e** /tʀasɑ̃, ɑ̃t/ **ADJ** **a** *[racine]* running, creeping **b** *[obus, balle]* tracer *(épith)*; → **table**

**tracas** /tʀaka/ **NM** *(littér † = embarras)* bother, upset ◆ **se donner bien du** ~ to give o.s. a great deal of trouble **NMPL** *(= soucis, ennuis)* worries

**tracasser** /tʀakase/ ▸ conjug 1 ◂ **VT** *(gén)* to worry, to bother; *[administration]* to harass, to bother ◆ **qu'est-ce qui te tracasse ?** what's bothering *ou* worrying *ou* bugging * you? **VPR** **se tracasser** *(= se faire du souci)* to worry, to fret ◆ **ne te tracasse pas pour si peu !** don't worry *ou* fret over a little thing like that!

**tracasserie** /tʀakasʀi/ **NF** *(gén pl)* harassment ◆ **les** ~**s policières dont j'ai été victime** the police harassment of which I was a victim ◆ **j'en ai assez de toutes ces** ~**s administratives !** I'm fed up with all this irritating red tape! ◆ **à la suite de cette loi, beaucoup d'étrangers ont subi des** ~**s administratives** as a result of this law many foreigners have had a lot of hassle * with bureaucracy

**tracassier, -ière** /tʀakasje, jɛʀ/ **ADJ** *[fonctionnaire, bureaucratie]* pettifogging

**trace** /tʀas/ **NF** **a** *(= empreinte) [d'animal, fugitif, pneu]* tracks ◆ **la** ~ **du renard diffère de celle de la belette** the fox's tracks differ from those of the weasel ◆ **suivre une** ~ **de blaireau** to follow some badger tracks ◆ ~**s de doigt** *(sur disque, meuble)* finger marks ◆ ~**s de pas** footprints ◆ ~**s de pneus** tyre tracks

**b** *(= chemin frayé)* track, path; *(Ski)* track ◆ **s'ouvrir une** ~ **dans les broussailles** to open up a track *ou* path through the undergrowth ◆ **faire la** ~ *(Alpinisme, Ski)* to be the first to ski (*ou* walk *etc*) on new snow ◆ **on voyait leur** ~ **dans la face nord** we could see their tracks on the north face ◆ ~ **directe** *(Ski)* direct descent

**c** *(= marque) [de sang]* trace; *[de brûlure, encre]* mark; *[d'outil]* mark; *[de blessure, maladie]* mark ◆ ~**s de freinage** brake marks ◆ ~**s d'effraction** signs of a break-in ◆ **il n'y avait pas de** ~ **écrite** nothing had been put down in writing ◆ **la victime portait des** ~**s de coups au visage** there were bruises on the victim's face ◆ **le corps ne présentait aucune**

~ **de violence** there were no signs of violence on the body ◆ **les ~s de la souffrance** *(littér)* the marks of suffering ◆ **des ~s de fatigue se lisaient sur son visage** his face showed signs of tiredness *ou* bore the marks of tiredness ◆ **cet incident avait laissé une ~ durable/profonde dans son esprit** the incident had left an indelible/a definite mark on his mind

**d** *(= indice)* trace ◆ **il n'y avait pas ~ des documents volés/du fugitif dans l'appartement** there was no trace of the stolen documents/of the fugitive in the flat ◆ **on ne trouve pas ~ de cet événement dans les journaux** there's no trace of this event to be found in the papers

**e** *(= vestige : gén pl) [de bataille, civilisation]* trace; *(= indice) [de bagarre]* sign ◆ **on voyait encore les ~s de son passage** there was still evidence that he had recently passed by ◆ **retrouver les ~s d'une civilisation disparue** to discover the traces *ou* signs of a lost civilisation

**f** *(= quantité minime) [de poison, substance]* trace ◆ **on y a trouvé de l'albumine à l'état de ~** traces of albumen have been found ◆ **il ne montrait nulle ~ de repentir/de chagrin** he showed no trace of regret/of sorrow *ou* no sign(s) of being sorry/of sorrow ◆ **sans une ~ d'accent étranger** without a *ou* any trace of a foreign accent ◆ **il parlait sans la moindre ~ d'émotion dans la voix** he spoke without the slightest trace *ou* hint of emotion in his voice

**g** *(loc)* **disparaître sans laisser de ~s** *[personne]* to disappear without trace; *[tache]* to disappear completely without leaving a mark ◆ **être sur les ~s** *ou* **la ~ de** *[+ fugitif]* to be on the trail of; *[+ complot, document]* to be on the track of ◆ **perdre la ~ d'un fugitif** to lose track of *ou* lose the trail of a fugitive ◆ **retrouver la ~ d'un fugitif** to pick up the trail of a fugitive again ◆ **marcher sur** *ou* **suivre les ~s de qn** *(fig)* to follow in sb's footsteps ◆ **suivre à la ~** *[+ gibier, fugitif]* to track ◆ **les journalistes la suivaient à la ~** reporters followed her wherever she went ◆ **on peut le suivre à la ~ !** *(iro)* you can always tell when he has been here!

**tracé** /tʀase/ **NM** **a** *(= plan) [de réseau routier ou ferroviaire, installations]* layout, plan; *[de frontière]* line ◆ **corriger le ~ de la frontière entre deux pays** to redraw the border between two countries **b** *(= parcours) [de ligne de chemin de fer, autoroute]* route; *[de rivière]* line, course; *[d'itinéraire]* course; *(= contour) [de côte, crête]* line **c** *(= graphisme) [de dessin, écriture]* line

**tracer** /tʀase/ ▸ conjug 3 ◂ **VT** **a** *(= dessiner) [+ ligne, triangle, plan, trait]* to draw; *[+ courbe de graphique]* to plot; *(= écrire) [+ chiffre, mot]* to write

**b** *[+ frontière]* to mark out; *[+ route, piste] (= frayer)* to open up; *(= baliser)* to mark out ◆ **~ le chemin** *ou* **la voie à qn** *(fig)* to show sb the way ◆ **son avenir est tout tracé** his future is all mapped out ◆ **~ une frontière entre ce qui est possible et ce qui est souhaitable** to mark a boundary between what is possible and what is desirable ◆ **~ le parcours d'une autoroute** to mark out the path of a motorway

**c** *(= définir) [+ programme d'action]* to outline ◆ **~ les grandes lignes d'un projet** to give a broad outline of a project

**d** *(= retrouver l'origine de) [+ produit]* to trace the origin of

**VI** **a** *(‡ = aller vite)* to belt along*, to shift* *(Brit)* ◆ **il trace sur ses rollers/sa moto !** he really belts along* on those roller skates/on that motorbike! ◆ **allez, trace !** *ou* **que ça trace !** get a move on! *

**b** *(Bot)* to creep (horizontally)

**traceur, -euse** /tʀasœʀ, øz/ **ADJ** *(Sci) [substance]* tracer *(épith)* **NM** *(= appareil enregistreur)* pen; *(Sci)* tracer ◆ **~ radioactif** radioactive tracer ◆ **~ (de courbes)** *(Ordin)* (graph) plotter ◆ **~ de cartes** chart plotter

**trachéal, e** (mpl **-aux**) /tʀakeal, o/ **ADJ** tracheal

**trachée** /tʀaʃe/ **NF** **a** *(Anat)* **~(-artère)** windpipe, trachea *(SPÉC)* **b** *(Zool)* trachea

**trachéen, -enne** /tʀakeɛ̃, ɛn/ **ADJ** *(Zool)* tracheal

**trachéite** /tʀakeit/ **NF** tracheitis *(NonC)* ◆ **avoir une ~, faire de la ~** to have tracheitis

**trachéotomie** /tʀakeɔtɔmi/ **NF** tracheotomy

**trachome** /tʀakom/ **NM** trachoma

**traçoir** /tʀaswaʀ/ **NM** *[de dessinateur, graveur]* scriber; *[de jardinier]* drill marker

**tract** /tʀakt/ **NM** leaflet, handout

**tractable** /tʀaktabl/ **ADJ** *[caravane]* towable

**tractation** /tʀaktasjɔ̃/ **NF** *(souvent péj)* negotiation, dealings, bargaining *(NonC)* ◆ **après de longues ~s entre les deux partis** after long negotiations between the two parties

**tracté, e** /tʀakte/ **ADJ** tractor-drawn

**tracter** /tʀakte/ ▸ conjug 1 ◂ **VT** to tow

**tracteur, -trice** /tʀaktœʀ, tʀis/ **NM** tractor **ADJ** *[véhicule]* towing ◆ **force tractrice** *[de cours d'eau]* tractive force

**traction** /tʀaksjɔ̃/ **NF** **a** *(Sci, gén = action, mouvement)* traction ◆ **être en ~** to be in traction ◆ **résistance à la ~** *(Sci)* tensile strength ◆ **effort de ~** tensile stress ◆ **faire des ~s** *(Sport) (en se suspendant)* to do pull-ups; *(au sol)* to do push-ups *ou* press-ups *(Brit)*

**b** *(= mode d'entraînement d'un véhicule)* traction, haulage; *(Rail)* traction ◆ **~ animale/mécanique** animal/mechanical traction *ou* haulage ◆ **à ~ animale** drawn *ou* hauled by animals ◆ **à ~ mécanique** mechanically drawn ◆ **à vapeur/électrique** steam/electric traction ◆ **~ arrière** *(Aut)* rear-wheel drive ◆ **~ avant** *(Aut) (= dispositif)* front-wheel drive; *(= voiture)* car with front-wheel drive

**c** *(Rail = service)* **la ~** the engine and driver section ◆ **service du matériel et de la ~** mechanical and electrical engineer's department

**tractopelle** /tʀaktɔpɛl/ **NM** backhoe

**tractus** /tʀaktys/ **NM** *(Anat)* tract ◆ **~ digestif** digestive tract

**tradition** /tʀadisjɔ̃/ **NF** **a** *(gén)* tradition ◆ **la Tradition** *(Rel)* Tradition ◆ **la ~ orale** the oral tradition ◆ **pays de ~ catholique/musulmane** Catholic/Muslim country ◆ **il est de ~ de faire/que** *(+ subj)* it is a tradition *ou* traditional to do/that ◆ **fidèle à la ~** true to tradition ◆ **c'était bien dans la ~ française** it was very much in the French tradition ◆ **par ~** traditionally ◆ **ce pays a une longue ~ artistique/de violence** this country has a long artistic tradition/a long history of violence **b** *(Jur = livraison)* tradition, transfer

**traditionalisme** /tʀadisjɔnalism/ **NM** traditionalism

**traditionaliste** /tʀadisjɔnalist/ **ADJ** traditionalist(ic) **NM,F** traditionalist

**traditionnel, -elle** /tʀadisjɔnɛl/ **ADJ** *[pratique, interprétation, opinion]* traditional; *(* = habituel)* usual ◆ **sa traditionnelle robe noire** * her usual black dress

**traditionnellement** /tʀadisjɔnɛlmɑ̃/ **ADV** traditionally; *(= habituellement)* as always, as usual ◆ **~ vêtue de noir** dressed in black as always *ou* as is (*ou* was) her wont *(hum)* ◆ **un électorat ~ favorable à la droite** an electorate who have traditionally voted for the Right

**traducteur, -trice** /tʀadyktœʀ, tʀis/ **NM,F** translator ◆ **~-interprète** translator-interpreter **NM** *(Ordin)* translator

**traduction** /tʀadyksjɔ̃/ **NF** **a** *(= action, opération, technique)* translation, translating (*de* from; *dans, en* into); *(Scol = exercice)* translation ◆ **la ~ de ce texte a pris trois semaines** it took three weeks to translate the text ◆ **école d'interprétariat et de ~** institute of translation and interpreting ◆ **c'est une ~ assez libre** it's a fairly free translation *ou* rendering ◆ **une excellente ~ de Proust** an excellent translation of Proust ◆ **~ fidèle/littérale** faithful *ou* accurate/literal translation ◆ **~ automatique** machine *ou* automatic translation ◆ **~ assistée par ordinateur** machine-aided translation ◆ **~ simultanée** simultaneous translation ◆ **ce mot a plusieurs ~s différentes en anglais** this word can be translated in several different ways in English ◆ **il publie son troisième roman en ~ française** his third novel is being published in a French translation ◆ **son œuvre est disponible en ~** his work is available in translation ◆ **ce poème perd beaucoup à la ~** this poem loses a lot in translation

**b** *(= interprétation) [de sentiments]* expression ◆ **la ~ concrète de ses promesses électorales se fait attendre** it's taking a long time for his election promises to be translated into concrete action

**traduire** /tʀadɥiʀ/ ▸ conjug 38 ◂ **VT** **a** *[+ mot, texte, auteur]* to translate (*en, dans* into); ◆ **traduit de l'allemand** translated from (the) German ◆ **comment se traduit ce mot en anglais ?** how does this word translate into English?

**b** *(= exprimer)* to convey, to render, to express; *(= rendre manifeste)* to be the expression of ◆ **les mots traduisent la pensée** words convey *ou* render *ou* express thought ◆ **ce tableau traduit un sentiment de désespoir** this picture conveys *ou* expresses a feeling of despair ◆ **sa peur se traduisait par une grande volubilité** his fear found expression in great volubility ◆ **cela s'est traduit par une baisse du pouvoir d'achat** the effect of this was a drop in buying power, it was translated into a drop in buying power

**c** *(Jur)* **~ qn en justice/en correctionnelle** to bring sb before the courts/before the criminal court

**traduisible** /tʀadɥizibl/ **ADJ** translatable ◆ **ce titre est difficilement ~** this title is difficult to translate, this title does not translate easily

**Trafalgar** /tʀafalgaʀ/ **NM** Trafalgar ◆ **coup de ~** underhand trick

**trafic** /tʀafik/ **NM** **a** *(péj) (= commerce clandestin)* traffic; *(= activité)* trafficking; *(† = commerce)* trade (*de* in); ◆ **~ d'armes** arms dealing, gunrunning ◆ **faire le** *ou* **du ~ d'armes** to be engaged in arms dealing *ou* gunrunning ◆ **~ de stupéfiants** *ou* **de drogue** drug trafficking ◆ **faire du ~ de stupéfiants** *ou* **de drogue** *[gros trafiquant]* to traffic in drugs; *[revendeur]* to deal in drugs ◆ **~ d'enfants/de voitures volées** trafficking *ou* trade in children/in stolen cars

**b** *(= activités suspectes)* dealings; *(* = manigances)* funny business*, goings-on* ◆ **~ d'influence** *(Jur)* influence peddling ◆ **il se fait ici un drôle de ~** * there's some funny business going on here*, there are some strange goings-on here*

**c** *(Aut, Aviat, Rail)* traffic ◆ **~ maritime/routier/aérien/ferroviaire** sea/road/air/rail traffic ◆ **ligne à fort ~** line carrying dense ou heavy traffic ◆ ~ **(de) marchandises/(de) voyageurs** goods/passenger traffic ◆ ~ **fluide/dense sur le périphérique** light/heavy traffic on the ring road ◆ **le ~ est perturbé sur la ligne 6 du métro parisien** there are delays *ou* problems on line 6 of the Paris metro ◆ ~ **téléphonique** telephone traffic

**traficoter** * /tʀafikɔte/ ► conjug 1 ◄ VT a *(= altérer) [+ vin]* to doctor *; *[+ moteur]* to tamper *ou* fiddle with ◆ ~ **les comptes** to fiddle *ou* cook * *(Brit)* the books b *(= réparer) [+ serrure, transistor, robinet]* to mend, to fix c *(= faire)* **qu'est-ce qu'il traficote dans la cuisine ?** what's he up to *ou* doing in the kitchen? VI *(péj)* to traffic

**trafiquant, e** /tʀafikɑ̃, ɑ̃t/ NM,F *(péj)* trafficker ◆ ~ **de drogue** drug trafficker ◆ ~ **d'armes** arms dealer, gunrunner ◆ **c'est un ~ de voitures volées** he deals in stolen cars

**trafiquer** /tʀafike/ ► conjug 1 ◄ VI *(péj)* to traffic, to trade (illicitly) ◆ ~ **de son influence** to use one's influence to corrupt ends ◆ ~ **de ses charmes** † *(hum)* to offer one's charms for sale VT * a *(= altérer) [+ vin]* to doctor *; *[+ moteur]* to tamper *ou* fiddle with; *[+ document]* to tamper with; *[+ chiffres]* to fiddle, to doctor ◆ **compteur trafiqué** meter that has been tampered with b *(= réparer) [+ serrure, appareil]* to mend, to fix c *(= gonfler) [+ moteur]* to soup up * d *(= manigancer)* **mais qu'est-ce que tu trafiques ?** what are you up to?

**tragédie** /tʀaʒedi/ NF *(gén, Théât)* tragedy ◆ ~ **humaine/familiale** *(fig)* human/family tragedy ◆ **la manifestation a tourné à la ~** the demonstration ended in tragedy ◆ **ce n'est pas une ~ !** * it's not the end of the world!

**tragédien** /tʀaʒedjɛ̃/ NM tragedian, tragic actor

**tragédienne** /tʀaʒedjɛn/ NF tragedienne, tragic actress

**tragicomédie** /tʀaʒikɔmedi/ NF *(Théât, fig)* tragi-comedy

**tragicomique** /tʀaʒikɔmik/ ADJ *(Théât, fig)* tragi-comic

**tragique** /tʀaʒik/ ADJ *(lit, fig)* tragic ◆ **ce n'est pas ~ !** * it's not the end of the world! NM a *(= auteur)* tragedian, tragic author b *(= genre)* **le ~** tragedy c *(= caractère dramatique) [de situation]* tragedy ◆ **le ~ de la condition humaine** the tragedy of the human condition ◆ **la situation tourne au ~** the situation is taking a tragic turn ◆ **prendre qch au ~** to act as if sth were a tragedy, to make a tragedy out of sth

**tragiquement** /tʀaʒikmɑ̃/ ADV tragically

**trahir** /tʀaiʀ/ ► conjug 2 ◄ VT a *[+ ami, patrie, cause, idéal]* to betray; *[+ promesse, engagement]* to break ◆ ~ **la confiance/les intérêts de qn** to betray sb's confidence/interests ◆ **sa rougeur l'a trahie** her blushes gave her away *ou* betrayed her

b *(= révéler, manifester) [+ secret, émotion]* to betray, to give away ◆ ~ **sa pensée** to betray *ou* reveal one's thoughts ◆ **son intonation trahissait sa colère** his intonation betrayed his anger

c *(= lâcher) [forces, santé]* to fail ◆ **ses forces l'ont trahi** his strength failed him ◆ **ses nerfs l'ont trahi** his nerves let him down *ou* failed him

d *(= mal exprimer) (gén)* to misrepresent; *[+ vérité]* to distort ◆ **ces mots ont trahi ma pensée** those words misrepresented what I had in mind ◆ **ce traducteur/cet interprète a trahi ma pièce** this translator/this performer has given a totally false rendering of my play

VPR **se trahir** to betray o.s., to give o.s. away ◆ **il s'est trahi par cette question** his question gave him away, by asking this question he gave himself away ◆ **sa peur se trahissait par un flot de paroles** his fear betrayed itself in a great flow of words

**trahison** /tʀaizɔ̃/ NF *(gén)* betrayal, treachery *(NonC)*; *(Jur, Mil = crime)* treason ◆ **il est capable des pires ~s** he is capable of the worst treachery; → **haut**

**train** /tʀɛ̃/ NM a *(Rail)* train ◆ ~ **omnibus/express/rapide** slow *ou* stopping/fast/express train ◆ ~ **express régional** local train ◆ ~ **direct** fast *ou* non-stop train ◆ ~ **à vapeur/électrique** steam/electric train ◆ ~ **de marchandises/voyageurs** goods/passenger train ◆ ~ **auto-couchettes** car-sleeper train, ≃ Motorail *(Brit)* ◆ ~**s supplémentaires** extra trains ◆ ~ **à supplément** fast train *(on which one has to pay a supplement)* ◆ **c'est un ~ à supplément** you have to pay a supplement on this train ◆ **le ~ de Paris/Lyon** the Paris/Lyons train ◆ ~ **à grande vitesse** high-speed train ◆ **les ~s de neige** the winter-sports trains ◆ **il est dans ce ~** he's on *ou* aboard this train ◆ **mettre qn dans le ~** *ou* **au ~** * to see sb to the train, to see sb off on the train *ou* at the station ◆ **voyager par le ~, prendre le ~** to travel by rail *ou* train, to take the train ◆ **attraper/rater le ~ de 10h50** to catch/miss the 10.50 train ◆ **monter dans** *ou* **prendre le ~ en marche** *(lit)* to get on the moving train; *(fig)* to jump on *ou* climb onto the bandwagon

b *(= allure)* pace ◆ **ralentir/accélérer le ~** to slow down/speed up, to slow/quicken the pace ◆ **aller son ~** to carry along ◆ **aller son petit ~** to go along at one's own pace ◆ **l'affaire va son petit ~** things are chugging *ou* jogging along (nicely) ◆ **aller bon ~** *[affaire, travaux]* to make good progress; *[voiture]* to go at a good pace, to make good progress ◆ **aller grand ~** to make brisk progress, to move along briskly ◆ **les langues des commères allaient bon ~** the old wives' tongues were wagging away *ou* were going nineteen to the dozen *(Brit)* ◆ **mener/suivre le ~** to set/follow the pace ◆ **mener grand ~** *(= dépenser beaucoup)* to live in grand style, to spend money like water ◆ **il allait à un ~ d'enfer** he was going flat out *, he was tearing along * ◆ **à un ~ de sénateur** ponderously ◆ **au ~ où il travaille** (at) the rate he's working ◆ **au** *ou* **du ~ où vont les choses, à ce ~-là** the rate things are going, at this rate; → **fond**

c *(loc)*

◆ **en train** ◆ **être en ~** *(= en action)* to be under way; *(= de bonne humeur)* to be in good spirits ◆ **mettre qn en ~** *(= l'égayer)* to put sb in good spirits ◆ **mettre un travail en ~** *(= le commencer)* to get a job under way *ou* started ◆ **je suis long à me mettre en ~ le matin** it takes me a long time to get going * in the morning ◆ **mise en ~** *[de travail]* starting (up), start; *(Typo)* make-ready; *(= exercices de gym)* warm-up ◆ **être/se sentir en ~** *(= en bonne santé)* to be/feel in good form *ou* shape ◆ **elle ne se sent pas très en ~** she doesn't feel too good *ou* too bright *

◆ **être en train de faire qch** to be doing sth ◆ **être en ~ de manger/regarder la télévision** to be eating/watching television ◆ **j'étais juste en ~ de manger** I was (right) in the middle of eating, I was just eating ◆ **on l'a pris en ~ de voler** he was caught stealing

d *(= file) [de bateaux, mulets]* train, line ◆ **le ~ (des équipages)** *(Mil)* ≃ the (Army) Service Corps ◆ ~ **de bois (de flottage)** timber raft ◆ ~ **spatial** *(Espace)* space train

e *(Tech = jeu)* ~ **d'engrenages** train of gears ◆ ~ **de pneus** set of (four) tyres

f *(Admin = série)* batch ◆ ~ **d'arrêtés/de mesures** batch of decrees/of measures ◆ **un premier ~ de réformes** a first batch *ou* set of reforms

g *(= partie)* ~ **avant/arrière** *(Aut)* front/rear wheel-axle unit ◆ ~ **de devant** *[d'animal]* forequarters ◆ ~ **de derrière** hindquarters

h (* *= derrière*) backside *, rear (end) * ◆ **recevoir un coup de pied dans le ~** to get a kick in the pants * *ou* up the backside ‡; → **filer, se magner**

COMP ▷ **train d'atterrissage** undercarriage, landing gear ▷ **train fantôme** ghost train ▷ **train de maison** † *(= domestiques)* household, retainers †; *(= dépenses, installation)* (household) establishment ▷ **train mixte** goods and passenger train ▷ **train d'ondes** wave train ▷ **train postal** mail train ▷ **train sanitaire** hospital train ▷ **train de sonde** drilling bit and pipe ▷ **train de vie** lifestyle, style of living ◆ **le ~ de vie de l'État** the government's rate of expenditure

**traînailler** /tʀɛnɑje/ ► conjug 1 ◄ VI a *(= être lent)* to dawdle, to dillydally b *(= vagabonder)* to loaf *ou* hang about

**traînant, e** /tʀɛnɑ̃, ɑ̃t/ ADJ *[voix, accent]* drawling *(épith)*; *[robe, aile]* trailing *(épith)*; *[démarche]* shuffling *(épith)*

**traînard, e** /tʀɛnaʀ, aʀd/ NM,F *(péj) (gén)* slowcoach * *(Brit)*, slowpoke * *(US)*; *(toujours en queue d'un groupe)* straggler

**traînasser** /tʀɛnase/ ► conjug 1 ◄ VI ⇒ **traînailler**

**traîne** /tʀɛn/ NF a *[de robe]* train b *(Pêche)* dragnet ◆ **pêche à la ~** dragnet fishing

◆ **être à la traîne** *(en remorque)* to be on tow; (* *: en retard, en arrière*) to lag behind ◆ **notre pays est à la ~ en matière de télécommunications** our country is lagging behind in telecommunications ◆ **nous sommes à la ~ par rapport aux États-Unis dans ce domaine** we are lagging behind the United States in this field

**traîneau** (pl **traîneaux**) /tʀɛno/ NM a *(= véhicule)* sleigh, sledge *(Brit)*, sled *(US)* ◆ **promenade en ~** sleigh ride b *(Pêche)* dragnet

**traînée** /tʀene/ NF a *(= laissée par un véhicule, un animal)* trail, tracks; *[d'humidité, sang] (sur un mur)* streak, smear; *(= bande, raie : dans le ciel, sur un tableau)* streak ◆ ~**s de brouillard** wisps of fog ◆ ~ **de poudre** powder trail ◆ **la nouvelle s'est répandue** *ou* **propagée comme une ~ de poudre** the news spread like wildfire b (‡ *péj = femme de mauvaise vie*) slut, hussy † c *(Tech = force)* drag

**traînement** /tʀɛnmɑ̃/ NM *[de jambes, pieds]* trailing, dragging; *[de voix]* drawl

**traîne-misère** /tʀɛnmizɛʀ/ NM INV wretch

**traîne-patins** * /tʀɛnpatɛ̃/ NM INV ⇒ **traîne-savates**

**traîner** /tʀene/ ► conjug 1 ◄ VT a *(= tirer) [+ sac, objet lourd, personne]* to pull, to drag ◆ ~ **un meuble à travers une pièce** to pull *ou* drag a piece of furniture across a room ◆ ~ **qn par les pieds** to drag sb along by the feet ◆ ~ **les pieds** *(lit)* to drag one's feet, to shuffle along; *(= hésiter)* to drag one's feet ◆ ~ **la jambe** *ou* **la patte** * to limp, to hobble ◆ **elle traînait sa poupée dans la poussière** she was trailing *ou* dragging her doll through the dust ◆ ~ **ses guêtres** † * to knock around * ◆ **il a traîné ses guêtres en Afrique** † * he knocked around Africa * ◆ ~ **la savate** † * to bum around ‡ ◆ ~ **qn dans la boue** *ou* **fange** *(fig)* to drag sb *ou* sb's name through the mud ◆ ~ **un boulet** *(fig)* to have a millstone round one's neck

b *(= emmener : péj)* to drag ◆ **elle est obligée de ~ ses enfants partout** she has to trail *ou* drag her children along (with her) everywhere ◆ **il traîne toujours une vieille valise avec lui** he's always dragging *ou* lugging* an old suitcase around with him ◆ ~ **de vieilles idées/des conceptions surannées** to cling to old ideas/to outdated conceptions

**c** *(= subir)* **elle traîne cette bronchite depuis janvier** this bronchitis has been with her *ou* plaguing her since January ◆ **elle traîne un mauvais rhume** she's got a bad cold she can't get rid of *ou* shake off ◆ ~ **une existence misérable** to drag out a wretched existence

**d** *(= faire durer)* to drag out, to draw out ◆ ~ **les choses en longueur** to drag things out

**e** ◆ **(faire)** ~ *[+ mots]* to drawl; *[+ fin de phrase]* to drag out, to drawl ◆ **(faire)** ~ **sa voix** to drawl

**VI** **a** *[personne] (= rester en arrière)* to lag *ou* trail behind; *(= aller lentement)* to dawdle; *(péj = errer)* to hang about ◆ ~ **en chemin** to dawdle on the way ◆ ~ **dans les rues** to roam the streets, to hang about the streets ◆ **elle laisse ses enfants** ~ **dans la rue** she lets her children hang about the street(s) ◆ **il traîne pour se préparer** he dawdles when he gets dressed, he takes ages to get dressed ◆ ~ **en peignoir dans la maison** to trail round *ou* hang about in one's dressing-gown in the house ◆ ~ **au lit** to lounge in bed ◆ **on est en retard, il ne s'agit plus de** ~ we're late – we must stop hanging around *ou* dawdling ◆ ~ **dans les cafés** to hang around the cafés ◆ **après sa maladie, il a encore traîné 2 ans** after his illness he lingered on for 2 years

**b** *[chose] (= être éparpillé)* to lie about *ou* around ◆ **ses livres traînent sur toutes les chaises** his books are lying about on all the chairs ◆ **ne laisse pas** ~ **ton argent/tes affaires** don't leave your money/your things lying about *ou* around ◆ **des histoires/idées qui traînent partout** stories/ideas that float around everywhere ◆ **elle attrape tous les microbes qui traînent** *ou* **tout ce qui traîne** she catches anything that's going

**c** *(= durer trop longtemps)* to drag on ◆ **un procès qui traîne** a case which is dragging on ◆ **une maladie qui traîne** a lingering illness, an illness which drags on ◆ **la discussion a traîné en longueur** the discussion dragged on for ages *ou* dragged on and on ◆ **ça n'a pas traîné !*** that wasn't long coming! ◆ **il n'a pas traîné (à répondre)*** he was quick (with his answer), his answer wasn't long in coming, he replied immediately ◆ **ça ne ~a pas, il vous mettra tous à la porte*** he'll throw you all out before you know what's happening *ou* where you are ◆ **faire** ~ **qch en longueur** to drag sth out

**d** *[robe, manteau]* to trail ◆ **ta ceinture/ton lacet traîne par terre** your belt/your shoelace is trailing *ou* dragging on the ground

**VPR** **se traîner** **a** *[personne fatiguée]* to drag o.s.; *[train, voiture]* to crawl along ◆ **on se traînait à 20 à l'heure** we were crawling along at 20 ◆ **se** ~ **par terre** to crawl on the ground ◆ **avec cette chaleur, on se traîne** it's all you can do to drag yourself around in this heat ◆ **elle a pu se** ~ **jusqu'à son fauteuil** she managed to drag *ou* haul herself (over) to her chair ◆ **je ne peux même plus me** ~ I can't even drag myself about any more ◆ **se** ~ **aux pieds de qn** *(fig)* to grovel at sb's feet

**b** *[conversation, journée, hiver]* to drag on

**traîne-savates*** /tʀɛnsavat/ **NM** **INV** *(= vagabond)* tramp, bum*; *(= traînard)* slowcoach *(Brit)*, slowpoke *(US)*

**training** /tʀeniŋ/ **NM** **a** *(= entraînement)* training **b** *(= chaussure)* trainer; *(= survêtement)* tracksuit top

**train-train, traintrain** /tʀɛ̃tʀɛ̃/ **NM** **INV** humdrum routine ◆ **le** ~ **de la vie quotidienne** the humdrum routine of everyday life, the daily round

**traire** /tʀɛʀ/ ► conjug 50 ◄ **VT** *[+ vache]* to milk; *[+ lait]* to draw ◆ **machine à** ~ milking machine

**trait** /tʀɛ/ GRAMMAIRE ACTIVE 53.1

**NM** **a** *(= ligne) (en dessinant)* stroke; *(en soulignant, dans un graphique)* line ◆ **faire** *ou* **tirer** *ou* **tracer un** ~ to draw a line ◆ **tirer un** ~ **sur son passé** to make a complete break with one's past, to sever all connections with one's past ◆ **tirons un** ~ **sur cette affaire** let's put this business behind us ◆ **ta promotion ? tu peux tirer un** ~ **dessus !** your promotion? you can forget about it! *ou* kiss it goodbye!* ◆ **dessin au** ~ *(Art)* line drawing ◆ **le** ~ **est ferme** *(Art)* the line is firm ◆ **d'un** ~ **de plume** *(lit, fig)* with one stroke of the pen ◆ ~ **de repère** reference mark ◆ **biffer qch d'un** ~ to score *ou* cross sth out, to put a line through sth ◆ **les ~s d'un dessin/portrait** the lines of a drawing/portrait ◆ **dessiner qch à grands ~s** to sketch sth roughly, to make a rough sketch of sth ◆ **décrire qch à grands ~s** to describe sth in broad outline ◆ **il l'a décrit en ~s vifs et émouvants** he drew a vivid and moving picture of it

◆ **trait pour trait** ◆ **copier** *ou* **reproduire qch** ~ **pour** ~ to copy sth line by line, to make a line for line copy of sth ◆ **ça lui ressemble** ~ **pour** ~ *(fig)* that's just *ou* exactly like him, that's him all over

**b** *(= élément caractéristique)* feature, trait ◆ **c'est un** ~ **de cet auteur** this is a (characteristic) trait *ou* feature of this author ◆ **les ~s dominants d'une époque/œuvre** the dominant features of an age/a work ◆ **avoir des ~s de ressemblance avec** to have certain features in common with ◆ **il tient ce** ~ **de caractère de son père** this trait comes to him from his father, he gets that from his father

**c** *(= acte révélateur)* ~ **de générosité/courage/perfidie** act of generosity/courage/wickedness

**d** *(† = projectile)* arrow, dart; *(littér = attaque malveillante)* taunt, gibe ◆ **filer** *ou* **partir comme un** ~ to be off like a shot ◆ ~ **mordant** biting taunt ◆ **un** ~ **satirique/d'ironie** a shaft of satire/of irony *(littér)* ◆ **les ~s de la calomnie** the darts of slander *(littér)*

**e** *(= courroie)* trace

**f** *(= traction)* **animal** *ou* **bête/cheval de** ~ draught *(Brit)* *ou* draft *(US)* animal/horse

**g** *(Mus)* virtuosic passage

**h** *(Rel)* tract

**i** *(= gorgée)* gulp, draught *(Brit)*, draft *(US)* ◆ **boire qch à longs** *ou* **grands ~s** to take big *ou* large gulps of sth

◆ **d'un trait** *[dire]* in one breath; *[boire]* in one gulp, at one go; *[dormir]* uninterruptedly, without waking

**j** *(Ling)* ~ **distinctif** distinctive feature

**k** *(Échecs)* **avoir le** ~ to have the move ◆ **en début de partie les blancs ont toujours le** ~ at the start of the game white always has first move ◆ **il avait le** ~ it was his move, it was his turn to move

**l** *(loc)*

◆ **avoir trait à** to relate to, to be connected with, to have to do with, to concern ◆ **tout ce qui a** ~ **à cette affaire** everything relating to *ou* connected with *ou* (having) to do with *ou* concerning this matter

**NMPL** **traits** *(= physionomie)* features ◆ **avoir des ~s fins/réguliers** to have delicate/regular features ◆ **avoir les ~s tirés/creusés** to have drawn/sunken features

**COMP** ▷ **trait (d'esprit)** flash *ou* shaft of wit, witticism ▷ **trait de génie** brainwave, flash of inspiration *ou* genius ▷ **trait de lumière** *(lit)* shaft *ou* ray of light; *(fig)* flash of inspiration, sudden revelation *(NonC)* ▷ **trait de scie** cutting-line ▷ **trait d'union** *(Typo)* hyphen; *(fig)* link

**traitable** /tʀɛtabl/ **ADJ** **a** *(littér) [personne]* accommodating, tractable *(frm)* **b** *[sujet, matière]* manageable

**traitant, e** /tʀɛtɑ̃, ɑ̃t/ **ADJ** **a** *[shampoing]* medicated; → **médecin** **b** *(Espionnage)* **(officier)** ~ contact

**traite** /tʀɛt/ **NF** **a** *(= trafic)* ~ **des Noirs** slave trade ◆ ~ **des Blanches** white slave trade **b** *(Comm = billet)* draft, bill ◆ **tirer/escompter une** ~ to draw/discount a draft ◆ **j'ai encore des ~s pour la voiture** I've still got payments to make on the car ◆ **j'ai encore des ~s pour la maison** I've still got mortgage payments

**c** *(loc)*

◆ **d'une (seule) traite** *[parcourir]* in one go, without stopping on the way; *[dire]* in one breath; *[boire]* in one gulp, at one go; *[dormir]* uninterruptedly, without waking

**d** *[de vache]* milking ◆ ~ **mécanique** machine milking ◆ **l'heure de la** ~ milking time

**traité** /tʀete/ **NM** **a** *(= livre)* treatise; *(Rel = brochure)* tract **b** *(= convention)* treaty ◆ ~ **de paix** peace treaty ◆ **le** ~ **de Versailles/Paris** the Treaty of Versailles/Paris ◆ **conclure/ratifier un** ~ to conclude/ratify a treaty

**traitement** /tʀɛtmɑ̃/ **NM** **a** *(= manière d'agir)* treatment ◆ ~ **de faveur** special *ou* preferential treatment ◆ **le** ~ **social du chômage** social measures for fighting unemployment

**b** *(Méd)* treatment ◆ **suivre/prescrire un** ~ **douloureux** to undergo/prescribe painful treatment *ou* a painful course of treatment ◆ ~ **hormonal** *(gén)* hormone therapy; *(après la ménopause)* hormone replacement therapy ◆ ~ **chirurgical** surgery ◆ ~ **de fond** *(lit)* long term (course of) treatment ◆ **le problème du chômage nécessite un** ~ **de fond** what is required is a sustained approach to tackling unemployment ◆ ~ **de choc** *(lit)* intensive (course of) treatment; *(fig)* shock treatment ◆ **être en** ~ **(à l'hôpital)** to be having treatment (in hospital) ◆ **être sous** ~ to be undergoing treatment ◆ **les nouveaux ~s de** *ou* **contre la stérilité** new ways of treating sterility ◆ **les médicaments utilisés dans le** ~ **du cancer** cancer drugs, drugs used in the treatment of cancer

**c** *(= rémunération)* salary, wage; *(Rel)* stipend ◆ **toucher un bon** ~ to get a good wage *ou* salary

**d** *(Tech) [de matières premières, déchets]* processing, treating

**e** *(Ordin)* processing ◆ **le** ~ **(automatique) de l'information** *ou* **des données** (automatic) data processing ◆ ~ **de texte** *(= technique)* word-processing; *(= logiciel)* word-processing package ◆ **machine** *ou* **système de** ~ **de texte** word processor ◆ ~ **par lots** batch processing ◆ ~ **d'images/du signal** image/(digital) signal processing

**traiter** /tʀete/ GRAMMAIRE ACTIVE 53.2 ► conjug 1 ◄

**VT** **a** *[+ personne, animal]* to treat; *(= soigner) [+ malade, maladie]* to treat ◆ ~ **qn bien/mal/comme un chien** to treat sb well/badly/like a dog ◆ ~ **qn d'égal à égal** to treat sb as an equal ◆ ~ **qn en enfant/malade** to treat sb as *ou* like a child/an invalid ◆ ~ **durement qn** to be hard on sb, to give sb a hard time

◆ **les congressistes ont été magnifiquement traités** the conference members were entertained magnificently *ou* treated royally ◆ **se faire ~ pour une affection pulmonaire** to undergo treatment for *ou* be treated for lung trouble ◆ **cette infection se traite facilement** this infection is easily treated

b *(= qualifier)* ~ **qn de fou/menteur** to call sb a fool/a liar ◆ ~ **qn de tous les noms** to call sb all the names imaginable *ou* all the names under the sun ◆ **ils se sont traités de voleur(s)** they called each other thieves ◆ **je me suis fait ~ d'imbécile** they called me a fool

c *(= examiner, s'occuper de) [+ question]* to treat, to deal with; *(Art) [+ thème, sujet]* to treat; *(Comm) [+ affaire]* to handle, to deal with; *(Jur) [+ dossier, plainte]* to deal with; *(Mil) [+ objectif]* to handle ◆ **il n'a pas traité le sujet** he hasn't dealt with the subject ◆ **le volume des affaires traitées a augmenté** *(Bourse)* the volume of trading has increased ◆ **le dollar se traitait à 1 € en fin de séance** the dollar was trading at €1 at the close ◆ **les valeurs qui se traitent à Paris** shares that are traded on the Paris stock exchange

d *(Tech) [+ cuir, minerai, pétrole]* to treat, to process; *[+ déchets]* to process; *(Ordin) [+ données]* to process ◆ **non traité** untreated

e *(Agr) [+ cultures]* to treat, to spray; *[+ aliments]* to treat ◆ **fruits non traités** unsprayed fruit

VT INDIR **traiter de** to deal with, to treat of *(frm)* ◆ **le livre/romancier traite des problèmes de la drogue** the book/novelist deals with *ou* treats of *(frm)* the problems of drugs

VI *(= négocier, parlementer)* to negotiate, to make *ou* do* a deal ◆ ~ **avec qn** to negotiate *ou* deal with sb, to have dealings with sb ◆ **les pays doivent ~ entre eux** countries must deal *ou* have dealings with each other

**traiteur** /tʀɛtœʀ/ NM caterer; *(= épicerie)* delicatessen

**traître, traîtresse** /tʀɛtʀ, tʀɛtʀɛs/ ADJ a *[personne]* treacherous, traitorous; *[allure]* treacherous; *[douceur, paroles]* perfidious, treacherous ◆ **être ~ à une cause/à sa patrie** to be a traitor to a cause/to one's country, to betray a cause/one's country

b *(= dangereux) [animal]* vicious; *[vin]* deceptive; *[escalier, virage]* treacherous ◆ **le soleil est ~ aujourd'hui** the sun is hotter than it looks today

c *(loc)* **il n'a pas dit un ~ mot** he didn't breathe a word

NM a *(gén)* traitor; *(Théât)* villain ◆ **le ~, il complotait pour m'offrir cette robe !** *(hum)* he's a sly one, he was planning to buy me this dress all along!

b *(† = perfide)* scoundrel †

c ◆ **prendre/attaquer qn en ~** to take/attack sb off-guard, to play an underhand trick/make an insidious attack on sb ◆ **je ne veux pas vous prendre en ~** I want to be up front with you ◆ **un coup en ~** a stab in the back

NF **traîtresse** traitress

**traîtreusement** /tʀɛtʀøzmɑ̃/ ADV treacherously

**traîtrise** /tʀɛtʀiz/ NF a *(= caractère)* treachery, treacherousness b *(= acte)* piece *ou* act of treachery; *(= danger)* treacherousness *(NonC)*, peril

**trajectoire** /tʀaʒɛktwaʀ/ NF *(gén)* trajectory; *[de projectile]* path ◆ **la ~ de la balle passa très près du cœur** the bullet passed very close to the heart ◆ **~ de vol** flight path ◆ **les deux hommes n'ont pas du tout la même ~ politique** the two men have followed very different paths in politics *ou* have pursued very different political careers

**trajet** /tʀaʒɛ/ NM a *(= distance à parcourir)* distance; *(= itinéraire)* route; *(= parcours, voyage)* trip, journey *(Brit)*; *(= par mer)* voyage ◆ **un ~ de 8 km** a distance of 8 km ◆ **le ~ aller/retour** the outward/return trip *ou* journey *(Brit)* ◆ **choisir le ~ le plus long** to choose the longest route *ou* way ◆ **elle fait à pied le court ~ de son bureau à la gare** she walks the short distance from her office to the station ◆ **il a une heure de ~ pour se rendre à son travail** it takes him an hour to get to work ◆ **elle a dû refaire le ~ en sens inverse** she had to walk (*ou* drive *etc*) back ◆ **faire le ~ de Paris à Lyon en voiture/train** to do the trip *ou* the journey *(Brit)* from Paris to Lyon by car/train ◆ **le ~ par mer est plus intéressant** the sea voyage *ou* crossing is more interesting ◆ **il prend l'autobus puis termine son ~ en métro** he takes the bus and goes the rest of the way on the metro ◆ **quel ~ il a parcouru depuis son dernier roman !** what a distance *ou* a long way he has come since his last novel!

b *(Anat) [de nerf, artère]* course; *[de projectile]* path

**tralala*** /tʀalala/ NM *(= luxe, apprêts)* fuss *(NonC)*, frills; *(= accessoires)* fripperies ◆ **faire du ~** to make a lot of fuss ◆ **en grand ~** with all the works*, with a great deal of fuss ◆ **avec tout le ~** with all the frills *ou* trimmings ◆ **et tout le ~** and the whole kit and caboodle*, and the whole shebang* *(US)*

EXCL ha ha! ◆ **~ ! j'ai gagné !** ha ha! I've won!

**tram** /tʀam/ NM ⇒ **tramway**

**tramail** (pl **tramails**) /tʀamaj/ NM trammel (net)

**trame** /tʀam/ NF a *[de tissu]* weft, woof ◆ **usé jusqu'à la ~** threadbare b *[de roman]* framework; *[de vie]* web c *(Typo = quadrillage)* screen; *(TV = lignes)* frame d *(Géog)* network, system ◆ **la ~ urbaine** the urban network *ou* system

**tramer** /tʀame/ ▸ conjug 1 ◂ VT a *[+ évasion, coup d'État]* to plot; *[+ complot]* to hatch, to weave ◆ **il se trame quelque chose** there's something brewing b *(Tex)* to weave c *(Typo, Photo)* to screen ◆ **cliché tramé** halftone

**traminot** /tʀamino/ NM tram(way) *(Brit) ou* streetcar *(US)* worker

**tramontane** /tʀamɔ̃tan/ NF tramontana

**tramp** /tʀɑ̃p/ NM *(Naut)* tramp

**trampoline** /tʀɑ̃pɔlin/ NM trampoline ◆ **faire du ~** to go *ou* do trampolining

**tramway** /tʀamwɛ/ NM *(= moyen de transport)* tram(way); *(= voiture)* tram(car) *(Brit)*, streetcar *(US)*

**tranchant, e** /tʀɑ̃ʃɑ̃, ɑ̃t/ ADJ a *[couteau, arête]* sharp ◆ **du côté ~/non ~** with the sharp *ou* cutting/blunt edge b *[personne, ton]* peremptory, curt NM a *[de couteau]* sharp *ou* cutting edge ◆ **avec le ~ de la main** with the edge of one's hand; → **double** b *(= instrument) [d'apiculteur]* scraper; *[de tanneur]* fleshing knife

**tranche** /tʀɑ̃ʃ/ NF a *(= portion) [de pain, jambon]* slice; *[de bacon]* rasher ◆ **~ de bœuf** beefsteak ◆ **~ de saumon** salmon steak ◆ **~ napolitaine** Neapolitan slice ◆ **en ~s** sliced, in slices ◆ **couper en ~s** to slice, to cut into slices ◆ **~ de silicium** *(Ordin)* silicon wafer ◆ **ils s'en sont payé une ~*** they had a great time* *ou* a whale of a time*, they had great fun *ou* a lot of fun

b *(= bord) [de livre, pièce de monnaie, planche]* edge; → **doré**

c *(= section) (gén)* section; *(Fin) [d'actions, bons]* block, tranche; *[de crédit, prêt]* instalment; *(Admin) [de revenus]* bracket; *[d'imposition]* band, bracket ◆ **~ (d'émission)** *(Loterie)* issue ◆ **~ d'âge/de salaires** *(Admin)* age/wage bracket ◆ **~ horaire** *(TV, Radio)* (time) slot ◆ **~ de temps** period of time ◆ **~ de vie** slice of life ◆ **la première ~ des travaux** the first phase of the work

d *(Boucherie = morceau)* **~ grasse** silverside ◆ **bifteck dans la ~** ≃ piece of silverside steak

**tranché, e**[1] /tʀɑ̃ʃe/ (ptp de **trancher**) ADJ a *(= coupé) [pain, saumon]* sliced b *(= distinct) [couleurs]* clear, distinct; *[limite]* clear-cut, definite; *[opinion]* clear-cut, cut-and-dried

**tranchée**[2] /tʀɑ̃ʃe/ NF a *(gén, Mil = fossé)* trench; → **guerre** b *(Sylviculture)* cutting

**tranchées** /tʀɑ̃ʃe/ NFPL *(Méd)* colic, gripes, tormina *(pl) (SPÉC)* ◆ **~ utérines** after-pains

**tranchefile** /tʀɑ̃ʃfil/ NF *[de reliure]* headband

**trancher** /tʀɑ̃ʃe/ ▸ conjug 1 ◂ VT a *(= couper) [+ corde, nœud, lien]* to cut, to sever ◆ **~ le cou** *ou* **la tête à qn** to cut off *ou* sever sb's head ◆ **~ la gorge à qn** to cut *ou* slit sb's throat ◆ **le prisonnier s'est tranché la gorge** the prisoner slit *ou* cut his throat ◆ **la mort** *ou* **la Parque tranche le fil des jours** *(littér)* death severs *ou* the Fates sever the thread of our days; → **nœud, vif**

b *(†, frm = mettre fin à) [+ discussion]* to conclude, to bring to a close ◆ **~ court** *ou* **net** to bring things to an abrupt conclusion ◆ **tranchons là** let's close the matter there

c *(= résoudre) [+ question, difficulté]* to settle, to decide, to resolve; *(sans complément = décider)* to take a decision ◆ **~ un différend** to settle a disagreement ◆ **le juge a dû ~/a tranché que …** the judge had to make a ruling/ruled that … ◆ **il ne faut pas avoir peur de ~** you mustn't be afraid of taking decisions ◆ **le gouvernement a tranché en faveur de ce projet** the government has decided *ou* has come out in favour of this plan

VI *(= faire contraste) [couleur]* to stand out clearly (*sur, avec* against); *[trait, qualité]* to contrast strongly *ou* sharply (*sur, avec* with); ◆ **cette vallée sombre tranche sur le paysage environnant** this dark valley stands out against the surrounding countryside ◆ **la journée du dimanche a tranché sur une semaine très agitée** Sunday formed a sharp contrast to a very busy week ◆ **son silence tranchait avec** *ou* **sur l'hystérie générale** his silence was in stark contrast to the general mood of hysteria

**tranchet** /tʀɑ̃ʃɛ/ NM *[de bourrelier, sellier]* leather knife; *[de plombier]* hacking knife

**trancheuse** /tʀɑ̃ʃøz/ NF *(à bois)* cutter; *(de terrassement)* trencher; *(à pain, à jambon)* slicer

**tranchoir** /tʀɑ̃ʃwaʀ/ NM *(= plateau)* trencher †, platter; *(= couteau)* chopper

**tranquille** /tʀɑ̃kil/ ADJ a *(= calme) [eau, mer, air]* quiet, tranquil *(littér)*; *[sommeil]* gentle, peaceful, tranquil *(littér)*; *[vie, journée, vacances, endroit, quartier]* quiet, peaceful, tranquil *(littér)* ◆ **un coin ~** a quiet corner ◆ **un bien-être l'envahissait** a feeling of quiet *ou* calm well-being crept over him ◆ **c'est l'heure la plus ~ de la journée** it's the quietest *ou* most peaceful time of day ◆ **aller/entrer d'un pas ~** to walk/go in calmly ◆ **ils mènent une petite vie bien ~** they have a nice quiet life

b *(= serein) [courage, conviction]* quiet, calm ◆ **avec une ~ assurance** with quiet *ou* calm assurance

**c** *(= paisible) [tempérament, personne]* quiet, placid; *[voisins, enfants, élèves]* quiet ◆ **il veut être ~** he wants to have some peace (and quiet) ◆ **rester/se tenir ~** to keep *ou* stay/be quiet ◆ **nous étions bien ~s et il a fallu qu'il nous dérange** we were having a nice quiet *ou* peaceful time and he had to come and disturb us ◆ **j'aime être ~ après le repas** I like (to have) some peace (and quiet) after my meal ◆ **ferme la porte, tu seras plus ~ pour travailler** close the door, it'll be quieter for you to work ◆ **laisser qn ~** to leave sb in peace, to give sb a bit of peace ◆ **laisser qch ~** to leave sth alone *ou* in peace ◆ **laisse-le donc ~, tu vois bien qu'il travaille/qu'il est moins fort que toi** leave him in peace *ou* let him be – you can see he's working/he's not as strong as you are ◆ **laissez-moi ~ avec vos questions** stop bothering me with your questions ◆ **il est ~ comme Baptiste** he's got nothing to worry about; → **père**

**d** *(= sans souci)* **être ~** to feel *ou* be easy in one's mind ◆ **tu peux être ~** you needn't worry, you can set your mind at rest ◆ **soyez ~, tout ira bien** don't worry – everything will be all right ◆ **je ne suis pas ~ lorsqu'il est sur la route** I worry when he's out on the road ◆ **je serais plus ~ si j'avais un poste stable** I'd feel easier in my mind if I had a steady job ◆ **pouvoir dormir ~** *(lit)* to be able to sleep easy (in one's bed) ◆ **tu peux dormir ~** *(= être rassuré)* you can rest easy, you needn't worry ◆ **comme ça, nous serons ~s** that way our minds will be at rest ◆ **maintenant je peux mourir ~** now I can die in peace ◆ **il a l'esprit ~** his mind is at rest *ou* at ease ◆ **pour avoir l'esprit ~** to set one's mind at rest, to feel easy in one's mind ◆ **avoir la conscience ~** to be at peace with one's conscience, to have a clear conscience

**e** *(* = certain)* **être ~ (que ...)** to be sure (that ...) ◆ **il n'ira pas, je suis ~** he won't go, I'm sure of it ◆ **tu peux être ~ que ...** you may be sure that ..., rest assured that ... ◆ **soyez ~, je me vengerai** don't (you) worry *ou* rest assured – I shall have my revenge

**f** *(Pharm)* **baume ~** soothing balm ◆ **vin ~** still wine

**g** *(* = facilement)* easily ◆ **il l'a fait en trois heures ~** he did it in three hours easily *ou* no trouble* ◆ **il a gagné en trois sets, ~** he won easily in three sets ◆ **tu peux y aller ~** *(= sans risque)* you can go there quite safely

> ⚠ *Attention à ne pas traduire automatiquement* **tranquille** *par* **tranquil**, *qui est d'un registre plus soutenu.*

**tranquillement** /tʀɑ̃kilmɑ̃/ ADV **a** *(= paisiblement) [dormir, vivre]* peacefully; *[jouer]* quietly; *(= sereinement) [affirmer, annoncer]* calmly ◆ **~ installé dans un fauteuil** sitting quietly in an armchair ◆ **il attendait ~ son tour** he calmly *ou* quietly waited his turn ◆ **on peut y aller ~, ça ne risque plus rien*** we can go ahead safely - there's no risk now **b** *(= sans se presser)* **vous pouvez y aller ~ en deux heures** you can get there easily *ou* without hurrying in two hours **c** *(= sans être dérangé) [travailler]* in peace, quietly ◆ **j'aimerais pouvoir lire ~** I'd like to have a quiet read, I'd like to read in peace *ou* quietly

**tranquillisant, e** /tʀɑ̃kilizɑ̃, ɑ̃t/ ADJ *[nouvelle]* reassuring; *[effet, produit]* soothing, tranquillizing NM *(Méd)* tranquillizer

**tranquilliser** /tʀɑ̃kilize/ ▸ conjug 1 ◂ VT ◆ **~ qn** to reassure sb, to set sb's mind at rest ◆ **je suis tranquillisé** I'm reassured *ou* relieved VPR **se tranquilliser** to set one's mind at rest ◆ **tranquillise-toi, il ne lui arrivera rien** calm down *ou* take it easy, nothing will happen to him

**tranquillité** /tʀɑ̃kilite/ NF **a** *[d'eau, mer]* quietness, tranquillity *(littér)*; *[de sommeil]* gentleness, peacefulness, tranquillity *(littér)*; *[de vie, journée, vacances, endroit]* quietness, peacefulness, tranquillity *(littér)* **b** *[de courage, conviction, assurance]* quietness; *[de personne]* quietness, peacefulness **c** *(= paix)* peace, tranquillity *(littér)* ◆ **en toute ~** without being bothered *ou* disturbed ◆ **ils ont cambriolé la villa en toute ~** they burgled the house without being disturbed (at all) *ou* without any disturbance ◆ **troubler la ~ publique** to disturb the peace ◆ **travailler dans la ~** to work in peace ◆ **il tient beaucoup à sa ~** all he wants is to be left in peace ◆ **je n'ai pas eu un seul moment de ~** I haven't had a moment's peace **d** *(= absence d'inquiétude)* **~ (d'esprit)** peace of mind ◆ **~ matérielle** material security ◆ **en toute ~** with complete peace of mind, free from all anxiety ◆ **vous pouvez le lui confier en toute ~** you can entrust it to him with absolute confidence

**trans...** /tʀɑ̃z/ PRÉF trans... ◆ **ligne trans(-)Pacifique** trans-Pacific route ◆ **réseau de communication transeuropéen** trans-European communications network ◆ **une éducation transculturelle** a cross-cultural education

**transaction** /tʀɑ̃zaksjɔ̃/ NF **a** *(Comm)* transaction ◆ **~s commerciales/financières/boursières** commercial/financial/stock exchange transactions *ou* dealings **b** *(Jur = compromis)* settlement, compromise **c** *(Ordin)* transaction

**transactionnel, -elle** /tʀɑ̃zaksjɔnɛl/ ADJ *(Ordin)* transactional; *(Jur)* compromise *(épith)*, settlement *(épith)* ◆ **formule transactionnelle** compromise formula ◆ **règlement ~** compromise settlement ◆ **analyse ~le** *(Psych)* transactional analysis

**transafricain, e** /tʀɑ̃zafʀikɛ̃, ɛn/ ADJ transafrican

**transalpin, e** /tʀɑ̃zalpɛ̃, in/ ADJ transalpine

**transamazonien, -ienne** /tʀɑ̃zamazɔnjɛ̃, jɛn/ ADJ trans-Amazonian ◆ **(autoroute) transamazonienne** trans-Amazonian highway

**transaméricain, e** /tʀɑ̃zameʀikɛ̃, ɛn/ ADJ transamerican

**transaminase** /tʀɑ̃zaminaz/ NF transaminase

**transat** /tʀɑ̃zat/ NM (abrév de **transatlantique**) *(= chaise longue)* deckchair; *(pour bébé)* bouncer chair, bouncing cradle NF (abrév de **course transatlantique**) ◆ **~ en solitaire** single-handed transatlantic race ◆ **~ en double** two-man (*ou* two-woman) transatlantic race

**transatlantique** /tʀɑ̃zatlɑ̃tik/ ADJ transatlantic ◆ **course ~** transatlantic race NM *(= paquebot)* transatlantic liner; *(= fauteuil)* deckchair

**transbahuter*** /tʀɑ̃sbayte/ ▸ conjug 1 ◂ VT to shift, to lug along*, to hump along* *(Brit)* VPR **se transbahuter** to traipse along*

**transbordement** /tʀɑ̃sbɔʀdəmɑ̃/ NM *(Naut, Rail) [de marchandises]* tran(s)shipment, transfer; *[de passagers]* transfer ◆ **quai de ~** transfer dock

**transborder** /tʀɑ̃sbɔʀde/ ▸ conjug 1 ◂ VT *(Naut, Rail) [+ marchandises]* to tran(s)ship, to transfer; *[+ passagers]* to transfer

**transbordeur** /tʀɑ̃sbɔʀdœʀ/ NM ◆ **(pont) ~** transporter bridge

**transcanadien, -ienne** /tʀɑ̃skanadjɛ̃, jɛn/ ADJ trans-Canada *(épith)* NF **Transcanadienne** ◆ **la Transcanadienne** the Trans-Canada highway

**Transcaucasie** /tʀɑ̃skokazi/ NF Transcaucasia

**transcendance** /tʀɑ̃sɑ̃dɑ̃s/ NF *(Philos)* transcendence, transcendency; *(littér,* † *) (= excellence)* transcendence *(littér)*; *(= fait de se surpasser)* self-transcendence *(littér)*

**transcendant, e** /tʀɑ̃sɑ̃dɑ̃, ɑ̃t/ ADJ **a** *(littér = sublime) [génie, mérite]* transcendent *(littér)* ◆ **ce n'est pas ~*** *[film, livre]* it's nothing special*, it's nothing to write home about* **b** *(Philos)* transcendent(al) ◆ **être ~ à** to transcend **c** *(Math)* transcendental

**transcendantal, e** (mpl **-aux**) /tʀɑ̃sɑ̃dɑ̃tal, o/ ADJ transcendental

**transcendantalisme** /tʀɑ̃sɑ̃dɑ̃talism/ NM transcendentalism

**transcender** /tʀɑ̃sɑ̃de/ ▸ conjug 1 ◂ VT to transcend VPR **se transcender** to transcend o.s.

**transcodage** /tʀɑ̃skɔdaʒ/ NM *(Ordin)* compiling; *(TV)* transcoding

**transcoder** /tʀɑ̃skɔde/ ▸ conjug 1 ◂ VT *(Ordin) [+ programme]* to compile; *(TV)* to transcode

**transcodeur** /tʀɑ̃skɔdœʀ/ NM *(Ordin)* compiler; *(TV)* transcoder

**transcontinental, e** (mpl **-aux**) /tʀɑ̃skɔ̃tinɑ̃tal, o/ ADJ transcontinental

**transcriptase** /tʀɑ̃skʀiptaz/ NF ◆ **~ inverse** reverse transcriptase

**transcripteur** /tʀɑ̃skʀiptœʀ/ NM transcriber

**transcription** /tʀɑ̃skʀipsjɔ̃/ NF **a** *(= fait de copier)* copying out, transcribing, transcription **b** *(= copie)* transcript **c** *(= translittération)* transcription, transliteration ◆ **~ en braille** braille transcription **d** *(Mus, Ling, Bio)* transcription ◆ **~ phonétique** phonetic transcription ◆ **~ génétique** genetic transcription

**transcrire** /tʀɑ̃skʀiʀ/ ▸ conjug 39 ◂ VT **a** *(= copier)* to copy out, to transcribe **b** *(= translittérer)* to transcribe, to transliterate **c** *(Mus, Ling, Bio)* to transcribe **d** *(= restituer) [+ ambiance, réalité]* to translate

**transdermique** /tʀɑ̃sdɛʀmik/ ADJ *[substance]* transdermal ◆ **timbre autocollant ~** skin *ou* transdermal *(SPÉC)* patch

**transdisciplinaire** /tʀɑ̃sdisiplinɛʀ/ ADJ interdisciplinary

**transducteur** /tʀɑ̃sdyktœʀ/ NM transducer

**transduction** /tʀɑ̃sdyksjɔ̃/ NF *(Bio)* transduction

**transe** /tʀɑ̃s/ NF *(= état second)* trance ◆ **être en ~** to be in a trance ◆ **entrer en ~** *(lit)* to go into a trance; *(= s'énerver)* to go into a rage, to see red* NFPL **transes** *(= affres)* agony ◆ **être dans les ~s** to be in *ou* suffer agony, to go through agony ◆ **être dans les ~s de l'attente/des examens** to be in agonies of anticipation/over the exams

**transept** /tʀɑ̃sɛpt/ NM transept

**transférabilité** /tʀɑ̃sfeʀabilite/ NF transferability

**transférable** /tʀɑ̃sfeʀabl/ ADJ transferable

**transfèrement** /tʀɑ̃sfɛʀmɑ̃/ NM *[de prisonnier]* transfer ◆ **~ cellulaire** transfer by prison van

**transférer** /tʀɑ̃sfeʀe/ ▸ conjug 6 ◂ VT **a** *[+ fonctionnaire, assemblée, bureaux]* to transfer, to move; *[+ joueur, prisonnier]* to transfer ◆ **~ la production dans une autre usine** to transfer *ou* switch production to another factory ◆ **nos bureaux sont transférés au 5 rue de Lyon** our offices have transferred *ou* moved to 5 rue de Lyon **b** *(Ordin, Téléc)* to transfer ◆ **faire ~ ses appels à un autre numéro** to have one's calls transferred to another number **c** *[+ dépouille mortelle, reliques]* to transfer, to translate *(littér)* **d** *(Fin) [+ capitaux]* to transfer, to move; *(Comptab : par virement)* to transfer **e** *(Jur) [+ propriété, droit]* to transfer, to convey *(SPÉC)* **f** *(Psych)* to transfer (*sur* onto)

**transfert** /tʀɑ̃sfɛʀ/ **NM** **a** *[de fonctionnaire, assemblée, bureau, prisonnier, joueur]* transfer ◆ **demander son ~ dans une filiale** to ask to be transferred to *ou* for a transfer to a subsidiary company ◆ **il est décédé pendant son ~ à l'hôpital** he died while he was being taken to hospital ◆ **~ de technologie** *(Écon)* transfer of technology, technology transfer ◆ **~ d'embryon** *(Méd)* embryo transfer
**b** *(Ordin, Téléc)* transfer ◆ **~ (électronique) de données** (electronic) data transfer ◆ **~ d'appel** call forwarding
**c** *[de dépouille mortelle, reliques]* transfer, translation *(littér)*
**d** *(Fin, Comptab)* transfer ◆ **~ de fonds** transfer of funds ◆ **~s sociaux** welfare transfers
**e** *(Jur) [de propriété, droit]* transfer, conveyance
**f** *(= décalcomanie)* transfer *(Brit)*, decal *(US)*
**g** *(Psych)* transference ◆ **faire un ~ sur qn** to transfer onto sb

**transfiguration** /tʀɑ̃sfigyʀasjɔ̃/ **NF** transfiguration ◆ **la Transfiguration** *(Rel)* the Transfiguration

**transfigurer** /tʀɑ̃sfigyʀe/ ► conjug 1 ◄ **VT** *(= transformer)* to transform, to transfigure *(frm)*; *(Rel)* to transfigure

**transfo** * /tʀɑ̃sfo/ **NM** abrév de **transformateur**

**transformable** /tʀɑ̃sfɔʀmabl/ **ADJ** *[structure]* convertible; *[aspect]* transformable; *(Rugby) [essai]* convertible

**transformateur, -trice** /tʀɑ̃sfɔʀmatœʀ, tʀis/ **ADJ** *[processus]* transformation *(épith)*; *[action]* transforming *(épith)* ◆ **pouvoir ~** power to transform **NM** transformer

**transformation** /tʀɑ̃sfɔʀmasjɔ̃/ **NF** **a** *(= modification) [de personne, caractère, pays]* change, alteration; *(radicale)* transformation; *[de vêtement]* alteration; *(Bot, Zool) [de larve, embryon]* transformation; *(Chim, Phys) [d'énergie, matière]* conversion ◆ **travaux de ~, ~s** alterations ◆ **subir des ~s** *(gén)* to be changed, to undergo changes; *(plus radical)* to be transformed; *(Chim, Phys)* to be converted ◆ **opérer des ~s sur qch** to change sth; *(plus radical)* to transform sth ◆ **depuis son mariage, nous assistons chez lui à une véritable ~** since he married we've seen a real transformation in him *ou* a complete change come over him; → **industrie** **b** *(Rugby)* conversion ◆ **il a réussi la ~** he converted the try **c** *(Géom, Math, Ling)* transformation

**transformationnel, -elle** /tʀɑ̃sfɔʀmasjɔnɛl/ **ADJ** transformational

**transformer** /tʀɑ̃sfɔʀme/ ► conjug 1 ◄ **VT** **a** *(= modifier) [+ personne, caractère, pays]* to change, to alter; *(= changer radicalement, améliorer)* to transform; *[+ matière première]* to convert; *[+ vêtement]* to alter, to remake ◆ **on a transformé toute la maison** we've made massive alterations to the house, we've transformed the house ◆ **on a mis du papier peint et la pièce en a été transformée** we put up wallpaper and it has completely altered the look of the room *ou* it has transformed the room ◆ **le bonheur/son mariage l'a transformé** happiness/being married has transformed him *ou* made a new man of him ◆ **rêver de ~ la société/les hommes** to dream of transforming society/mankind ◆ **depuis qu'il va à l'école, il est transformé** he's been a different child since he started school
**b** *(= convertir)* **~ qn/qch en** to turn sb/sth into ◆ **~ la houille en énergie** to convert coal into energy ◆ **~ du plomb en or** to turn *ou* change *ou* transmute lead into gold ◆ **on a transformé la grange en atelier** the barn has been converted *ou* turned *ou* made into a studio ◆ **elle a transformé leur maison en palais** she has transformed their house into a palace
**c** *(Rugby) [+ essai]* to convert ◆ **maintenant il faut ~ l'essai** *(fig)* now they (*ou* we *etc*) must consolidate their (*ou* our *etc*) gains *ou* ram their (*ou* our *etc*) advantage home
**d** *(Géom, Math, Ling)* to transform
**VPR** **se transformer** **a** *(= changer, évoluer) [personne, pays]* to change, to alter ◆ **la manifestation risque de se ~ en émeute** the demonstration could well turn into a riot
**b** *(= se métamorphoser) (gén)* to be transformed (*en* into); *[énergie, matière]* to be converted (*en* into); ◆ **la chenille se transforme en papillon** the caterpillar turns into a butterfly ◆ **la ville s'est étonnamment transformée en deux ans** the town has been transformed over the last two years *ou* has undergone amazing changes in two years ◆ **il s'est transformé depuis qu'il a ce poste** there's been a real transformation *ou* change in him *ou* a real change has come over him since he has had this job

**transformisme** /tʀɑ̃sfɔʀmism/ **NM** transformism

**transformiste** /tʀɑ̃sfɔʀmist/ **ADJ, NMF** *(= évolutionniste)* transformist **NM** *(= artiste qui se change très rapidement)* quick-change artist; *(= travesti)* drag artist

**transfrontalier, -ière** /tʀɑ̃sfʀɔ̃talje, jɛʀ/ **ADJ** cross-border

**transfuge** /tʀɑ̃sfyʒ/ **NMF** *(Mil, Pol)* renegade

**transfusé, e** /tʀɑ̃sfyze/ (ptp de **transfuser**) **ADJ** *[produit]* transfused ◆ **personne ~e** person who has had a blood transfusion

**transfuser** /tʀɑ̃sfyze/ ► conjug 1 ◄ **VT** *[+ sang, liquide]* to transfuse; *[+ malade]* to give a blood transfusion to; *(fig, littér)* to transfuse *(littér)* (*à* into) to instil (*à* into) to impart (*à* to)

**transfuseur** /tʀɑ̃sfyzœʀ/ **NM** transfuser

**transfusion** /tʀɑ̃sfyzjɔ̃/ **NF** ◆ **~ (sanguine)** (blood) transfusion ◆ **faire une ~ à qn** to give sb a blood transfusion ◆ **centre de ~ sanguine** blood transfusion centre

**transfusionnel, -elle** /tʀɑ̃sfyzjɔnɛl/ **ADJ** *[système]* blood transfusion *(épith)* ◆ **il a été contaminé par voie transfusionnelle** he contracted the disease through a contaminated blood transfusion

**transgenèse** /tʀɑ̃sʒənɛz/ **NF** transgenesis

**transgénique** /tʀɑ̃sʒenik/ **ADJ** transgenic

**transgresser** /tʀɑ̃sgʀese/ ► conjug 1 ◄ **VT** *[+ règle, code]* to infringe, to contravene; *[+ interdit]* to defy; *[+ tabou]* to break; *[+ ordre]* to disobey, to go against, to contravene ◆ **~ la loi** to break the law

**transgresseur** /tʀɑ̃sgʀesœʀ/ **NM** *(littér)* transgressor *(littér)*

**transgression** /tʀɑ̃sgʀesjɔ̃/ **NF** *[de règle, code]* infringement, contravention; *[d'interdit]* defiance; *[d'ordre]* disobedience, contravention; *[de tabou, loi]* breaking ◆ **~ marine** encroachment of the sea

**transhumance** /tʀɑ̃zymɑ̃s/ **NF** transhumance

**transhumant, e** /tʀɑ̃zymɑ̃, ɑ̃t/ **ADJ** transhumant

**transhumer** /tʀɑ̃zyme/ ► conjug 1 ◄ **VTI** to move to summer pastures

**transi, e** /tʀɑ̃zi/ (ptp de **transir**) **ADJ** ◆ **être ~ (de froid)** to be numb with cold *ou* chilled to the bone *ou* frozen to the marrow ◆ **être ~ de peur** to be paralyzed by fear, to be transfixed *ou* numb with fear; → **amoureux**

**transiger** /tʀɑ̃ziʒe/ ► conjug 3 ◄ **VI** **a** *(dans un différend)* to compromise, to come to terms *ou* an agreement **b** *(fig)* **~ avec sa conscience** to come to terms *ou* to a compromise with one's conscience, to make a deal with one's conscience ◆ **~ avec le devoir** to come to a compromise with duty ◆ **ne pas ~ sur l'honneur/le devoir** to make no compromise in matters of honour/of duty ◆ **je me refuse à ~ sur ce point** I refuse to compromise on this point, I am adamant on this point

**transir** /tʀɑ̃ziʀ/ ► conjug 2 ◄ **VT** *(littér) [froid]* to chill to the bone, to freeze to the marrow; *[peur]* to paralyze, to transfix

**transistor** /tʀɑ̃zistɔʀ/ **NM** *(= élément, poste de radio)* transistor ◆ **~ à effet de champ** field-effect transistor, FET

**transistorisation** /tʀɑ̃zistɔʀizasjɔ̃/ **NF** transistorization

**transistoriser** /tʀɑ̃zistɔʀize/ ► conjug 1 ◄ **VT** to transistorize ◆ **transistorisé** transistorized

**transit** /tʀɑ̃zit/ **NM** transit ◆ **en ~** *[marchandises, voyageurs]* in transit ◆ **de ~** *[document, port, zone]* transit *(épith)* ◆ **le ~ intestinal** digestion, intestinal transit *(SPÉC)* ◆ **les fibres alimentaires favorisent le ~ intestinal** high-fibre foods relieve constipation *ou* facilitate regular bowel movements

**transitaire** /tʀɑ̃zitɛʀ/ **ADJ** *[pays]* of transit; *[commerce]* which is done in transit **NMF** forwarding *ou* freight agent ◆ **~s en douane** customs clearance agents

**transiter** /tʀɑ̃zite/ ► conjug 1 ◄ **VT** *[+ marchandises]* to pass *ou* convey in transit **VI** to pass in transit (*par* through)

**transitif, -ive** /tʀɑ̃zitif, iv/ **ADJ** *(Ling, Math, Philos)* transitive

**transition** /tʀɑ̃zisjɔ̃/ **NF** *(gén, Art, Ciné, Mus, Sci)* transition (*vers* to, towards; *entre* between); ◆ **période/gouvernement de ~** transitional *ou* transition period/government ◆ **mesure de ~** transitional measure *ou* step ◆ **sans ~, il enchaîna avec la météo** he moved straight onto the weather forecast ◆ **une tribu passée sans ~ de l'âge de fer au vingtième siècle** a tribe who've gone straight from the Iron Age into the twentieth century ◆ **l'auteur passait sans ~ du tragique au comique** the writer switched abruptly from tragedy to comedy

**transitionnel, -elle** /tʀɑ̃zisjɔnɛl/ **ADJ** transitional

**transitivement** /tʀɑ̃zitivmɑ̃/ **ADV** transitively

**transitivité** /tʀɑ̃zitivite/ **NF** *(Ling, Philos)* transitivity

**transitoire** /tʀɑ̃zitwaʀ/ **ADJ** **a** *(= fugitif)* transitory, transient **b** *(= provisoire) [régime, mesures]* transitional, provisional; *[fonction]* interim *(épith)*, provisional ◆ **à titre ~** provisionally

**transitoirement** /tʀɑ̃zitwaʀmɑ̃/ **ADV** **a** *(= de manière fugitive)* transitorily, transiently **b** *(= provisoirement)* provisionally

**Transjordanie** /tʀɑ̃sjɔʀdani/ **NF** *(Hist)* Transjordan

**translation** /tʀɑ̃slasjɔ̃/ **NF** **a** *(Admin) [de tribunal, évêque]* translation *(frm)*, transfer; *(Jur) [de droit, propriété]* transfer, conveyance; *(littér) [de dépouille, cendres]* translation *(littér)*; *(Rel) [de fête]* transfer, translation *(frm)* **b** *(Géom, Sci)* translation ◆ **mouvement**

**de ~** translatory movement ◆ **la ~ de la Terre autour du soleil** the rotation *ou* the orbit of the Earth around the Sun

**translit(t)ération** /tʀɑ̃sliteʀasjɔ̃/ **NF** transliteration

**translit(t)érer** /tʀɑ̃sliteʀe/ ▸ conjug 6 ◂ **VT** to transliterate

**translocation** /tʀɑ̃slɔkasjɔ̃/ **NF** *(Bio)* translocation

**translucide** /tʀɑ̃slysid/ **ADJ** translucent

**translucidité** /tʀɑ̃slysidite/ **NF** translucence, translucency

**transmanche** /tʀɑ̃smɑ̃ʃ/ **ADJ INV** *[liaison, trafic]* cross-Channel *(épith)*

**transmetteur** /tʀɑ̃smetœʀ/ **NM** *(Téléc, Bio)* transmitter ◆ **~ d'ordres** *(Naut)* speaking tube

**transmettre** /tʀɑ̃smɛtʀ/ GRAMMAIRE ACTIVE 48.2, 49, 50.1 ▸ conjug 56 ◂ **VT** **a** *(= léguer) [+ biens, secret, autorité]* to hand down, to pass on; *[+ qualité, recette]* to pass on ◆ **sa mère lui avait transmis le goût de la nature** his mother had passed her love of nature on to him ◆ **c'est une recette qui se transmet de mère en fille** it's a recipe that's passed down from mother to daughter ◆ **un savoir-faire que l'on se transmet de génération en génération** knowledge that is passed down from generation to generation
**b** *(= transférer) [+ autorité, pouvoir]* to pass on, to hand over, to transmit *(frm)*
**c** *(= communiquer) [+ message, ordre, renseignement]* to pass on; *(= faire parvenir) [+ lettre, colis]* to send on, to forward ◆ **ils se sont transmis tous les renseignements nécessaires** they exchanged all the necessary information ◆ **veuillez ~ mes amitiés à Paul** kindly give *ou* convey my best wishes to Paul ◆ **veuillez ~ mon meilleur souvenir à Paul** kindly give my regards to *ou* remember me to Paul ◆ **d'accord, je transmettrai** * OK, I'll pass on the message
**d** *(Téléc) [+ signal]* to transmit, to send; *(Radio, TV) [+ émission, discours]* to broadcast ◆ **~ sur ondes courtes** *(Téléc)* to transmit on short wave; *(Radio, TV)* to broadcast on short wave
**e** *(Sport) [+ ballon]* to pass; *[+ flambeau]* to hand over, to pass on
**f** *(Sci) [+ énergie, impulsion]* to transmit
**g** *(Méd) [+ maladie]* to pass on, to transmit (*à* to); *[+ microbe]* to transmit (*à* to); ◆ **cette maladie se transmet par contact** the disease is passed on *ou* transmitted by contact ◆ **une maladie qui se transmet sexuellement** a sexually transmitted disease, a disease transmitted by sexual contact ◆ **il risque de ~ son rhume aux autres** he may pass on his cold to the others

**transmigration** /tʀɑ̃smigʀasjɔ̃/ **NF** transmigration

**transmigrer** /tʀɑ̃smigʀe/ ▸ conjug 1 ◂ **VI** to transmigrate

**transmissibilité** /tʀɑ̃smisibilite/ **NF** transmissibility

**transmissible** /tʀɑ̃smisibl/ **ADJ** **a** *(Jur) [patrimoine, droit, caractère]* transmissible, transmittable ◆ **ce document est ~ par fax** this document can be sent by fax **b** *(Méd) [maladie]* transmittable ◆ **virus ~ par voie sanguine** virus that can be transmitted by the blood; → **maladie**

**transmission** /tʀɑ̃smisjɔ̃/ **NF** **a** *(= legs) [de biens, secret, tradition]* handing down, passing on; *[de qualité, recette]* passing on ◆ **grâce à la ~ de ce savoir de génération en génération** because this knowledge has been passed down from generation to generation
**b** *(= transfert) [d'autorité, pouvoir]* passing on, handing over, transmission ◆ **~ des pouvoirs** *(Pol)* handing over *ou* transfer of power
**c** *(= communication) [de message, ordre, renseignement]* passing on; *(= remise) [de lettre, colis]* sending on, forwarding ◆ **la ~ du savoir** transmission of knowledge ◆ **~ des données** *(Ordin)* data transmission ◆ **~ de pensées** thought transmission, telepathy ◆ **c'est de la ~ de pensée !** *(hum)* you (*ou* he etc) must be telepathic!
**d** *(Téléc) [de signal]* transmission; *(Radio, TV) [d'émission, discours]* broadcasting ◆ **les ~s** *(Mil = service)* ≃ the Signals (corps)
**e** *(Sport) [de ballon]* passing
**f** *(Sci) [d'énergie, impulsion]* transmission ◆ **les organes de ~, la ~** *(Aut, Tech)* the parts of the transmission system, the transmission ◆ **~ automatique** *(Aut)* automatic transmission; → **arbre, courroie**
**g** *(Méd) [de maladie]* passing on, transmission; *[de microbe]* passing on ◆ **le mode de ~ du virus** the mode of transmission of the virus

**transmuer** /tʀɑ̃smɥe/ ▸ conjug 1 ◂ **VT** *(Chim, littér)* to transmute

**transmutabilité** /tʀɑ̃smytabilite/ **NF** transmutability

**transmutation** /tʀɑ̃smytasjɔ̃/ **NF** *(Chim, Phys, littér)* transmutation

**transmuter** /tʀɑ̃smyte/ ▸ conjug 1 ◂ **VT** ⇒ **transmuer**

**transnational, e** (mpl **-aux**) /tʀɑ̃snasjɔnal, o/ **ADJ** transnational

**transocéanique** /tʀɑ̃zɔseanik/ **ADJ** transoceanic

**Transpac** ® /tʀɑ̃spak/ **NM** Transpac ®

**transparaître** /tʀɑ̃spaʀɛtʀ/ ▸ conjug 57 ◂ **VI** to show (through) ◆ **laisser ~ un sentiment** to let an emotion show (through), to betray an emotion ◆ **il n'a rien laissé ~ de ses intentions** he gave no sign of what his intentions were

**transparence** /tʀɑ̃spaʀɑ̃s/ **NF** **a** *[de verre, porcelaine, papier, tissu]* transparency; *[d'eau, ciel]* transparency, limpidity; *[de regard, yeux]* limpidity, clearness; *[de teint, peau]* transparency, translucency ◆ **regarder qch par ~** to look at sth against the light ◆ **voir qch par ~** to see sth showing through ◆ **éclairé par ~** with the light shining through **b** *[d'allusion, sentiment, intentions, texte, âme, personne]* transparency; *[de négociations, comptes]* openness ◆ **réclamer la ~ du financement des partis politiques** to call for openness in the financing of political parties ◆ **société dotée de la ~ fiscale** ≃ partnership ◆ **adopter une politique de ~** to adopt a policy of openness ◆ **~ financière** financial accountability **c** *(Ciné)* back projection

**transparent, e** /tʀɑ̃spaʀɑ̃, ɑ̃t/ **ADJ** **a** *(= translucide) [verre, porcelaine]* transparent; *[papier, tissu]* transparent, see-through; *[teint, peau]* transparent, translucent **b** *(= limpide) [eau, ciel]* transparent, limpid; *[regard, yeux]* limpid, clear **c** *(= clair, sans secret) [allusion, sentiment, intentions]* transparent, evident; *[négociations, comptes]* open; *[âme, personne]* transparent ◆ **nous sommes pour une gestion ~e** we favour complete openness where management is concerned ◆ **société ~e** *(Écon)* ≃ partnership **NM** **a** *(= écran)* transparent screen; *(pour rétroprojecteur)* transparency **b** *(Archit)* openwork motif **c** *(= feuille réglée)* ruled sheet *(placed under writing paper)*

**transpercer** /tʀɑ̃spɛʀse/ ▸ conjug 3 ◂ **VT** **a** *(gén)* to pierce; *(d'un coup d'épée)* to run through, to transfix; *(d'un coup de couteau)* to stab; *[épée, lame]* to pierce; *[balle]* to go through ◆ **transpercé de douleur** *(fig)* pierced by sorrow ◆ **~ qn du regard** to give sb a piercing look **b** *[froid, pluie]* to go through, to pierce ◆ **malgré nos chandails, le froid nous transperçait** despite our sweaters, the cold was going *ou* cutting straight through us ◆ **la pluie avait finalement transpercé la toile de tente** the rain had finally come through *ou* penetrated the tent canvas

**transpiration** /tʀɑ̃spiʀasjɔ̃/ **NF** *(= processus)* perspiration, perspiring; *(Bot)* transpiration; *(= sueur)* perspiration, sweat ◆ **être en ~** to be perspiring *ou* sweating *ou* in a sweat

**transpirer** /tʀɑ̃spiʀe/ ▸ conjug 1 ◂ **VI** **a** *(= suer) [personne]* to perspire, to sweat ◆ **il transpire des mains/pieds** * his hands/feet perspire *ou* sweat, he has sweaty hands/feet ◆ **~ à grosses gouttes** to be running *ou* streaming with sweat ◆ **~ sur un devoir** * to sweat over an exercise * **b** *[secret, projet, détails]* to come to light, to transpire ◆ **rien n'a transpiré** nothing transpired (*de* from) **c** *(Bot)* to transpire

> ⚠ *Au sens de 'suer',* **transpirer** *ne se traduit pas par* **to transpire**.

**transplant** /tʀɑ̃splɑ̃/ **NM** *(Bio)* transplant

**transplantable** /tʀɑ̃splɑ̃tabl/ **ADJ** transplantable

**transplantation** /tʀɑ̃splɑ̃tasjɔ̃/ **NF** *[d'arbre, peuple, traditions]* transplantation, transplanting; *(Méd) (= technique)* transplantation; *(= intervention)* transplant ◆ **~ cardiaque/du rein** heart/kidney transplant

**transplanté, e** /tʀɑ̃splɑ̃te/ (ptp de **transplanter**) **NM,F** *(Méd) (gén)* receiver of a transplant; *(= patient à l'hôpital)* transplant patient ◆ **les ~s du cœur** people who have received heart transplants

**transplanter** /tʀɑ̃splɑ̃te/ ▸ conjug 1 ◂ **VT** *(Bot, Méd, fig)* to transplant ◆ **se ~ dans un pays lointain** to uproot o.s. and move to a distant country, to resettle in a distant country

**transpolaire** /tʀɑ̃spɔlɛʀ/ **ADJ** transpolar

**transport** /tʀɑ̃spɔʀ/ **NM** **a** *(à la main, à dos)* carrying; *(avec un véhicule) [de marchandises, passagers]* transport, transportation *(surtout US)* ◆ **~ de voyageurs** transport of passengers ◆ **un car se chargera du ~ des bagages** the luggage will be taken *ou* transported by coach ◆ **pour faciliter le ~ des blessés** to facilitate the transport of the injured, to enable the injured to be moved more easily ◆ **~ de troupes** *(Mil) (= action)* troop transportation; *(= navire, train)* troop transport ◆ **~ de fonds** transfer of funds ◆ **endommagé pendant le ~** damaged in transit ◆ **mode de ~** means *ou* mode of transport ◆ **matériel/frais de ~** transportation *ou* transport equipment/costs ◆ **~ maritime** *ou* **par mer** shipping, sea transport ◆ **~ maritime à la demande** tramping ◆ **~ en ambulance** ambulance transport ◆ **~ ferroviaire** rail transport, transport by rail ◆ **~ aérien** *ou* **par air** *ou* **par avion** air transport ◆ **~(s) maritime(s)** sea transport ◆ **~(s) routier(s)** road haulage *ou* transport ◆ **~ par hélicoptère** helicopter transport ◆ **entreprise de ~(s)** haulage company, trucking company *(US)*; → **avion, moyen²**
**b** *(Tech) [d'énergie, son]* carrying
**c** *(= transfert) [de traditions, conflit]* carrying, bringing; *[de thème, idée]* carrying over, transposition
**d** *(littér = élan)* transport ◆ **(avec) des ~s de joie/d'enthousiasme** (with) transports of

delight/of enthusiasm ◆ ~ **de colère** fit of rage *ou* anger ◆ **embrasser qn avec** ~ to embrace sb enthusiastically ◆ **~s amoureux** amorous transports

**NMPL** **transports** transport, transportation *(surtout US)* ◆ **les ~s publics** *ou* **en commun** public transport *ou* transportation *(US)* ◆ **prendre les ~s en commun** to use public transport ◆ **elle passe trois heures par jour dans les ~s en commun pour aller travailler** she spends three hours a day commuting to work ◆ **~s urbains** city *ou* urban transport ◆ **~s fluviaux** transport by inland waterway ◆ **mal des ~s** travel-sickness *(Brit)*, motion sickness *(US)* ◆ **médicament contre le mal des ~s** travel sickness drug *(Brit)*, anti-motion-sickness drug *(US)*

**COMP** ▷ **transport au cerveau** † seizure, stroke ▷ **transport de justice**, **transport sur les lieux** *(Jur) visit by public prosecutor's office to the scene of a crime*

**transportable** /tʀɑ̃spɔʀtabl/ **ADJ** *[marchandise]* transportable; *[blessé, malade]* fit to be moved *(attrib)*

**transportation** /tʀɑ̃spɔʀtasjɔ̃/ **NF** *[de condamnés]* transportation

**transporter** /tʀɑ̃spɔʀte/ ▸ conjug 1 ◂ **VT** **a** *(à la main, à dos)* to carry; *(avec un véhicule) [+ marchandises, voyageurs]* to transport, to carry; *(Tech) [+ énergie, son]* to carry ◆ **le train transportait les écoliers/touristes** the train was carrying schoolchildren/tourists, the train had schoolchildren/tourists on board ◆ **le train a transporté les soldats/le matériel au camp de base** the train took *ou* transported the soldiers/the equipment to base camp ◆ **on a transporté le blessé à l'hôpital** the injured man was taken to hospital ◆ **on l'a transporté d'urgence à l'hôpital** he was rushed to hospital ◆ ~ **qch par mer** to ship sth, to transport sth by sea ◆ ~ **des marchandises par terre/train/avion** to transport goods by land/train/plane ◆ **ils ont dû** ~ **tout le matériel à bras** they had to move all the equipment by hand, they had to carry all the equipment ◆ **le sable/vin est transporté par péniche** the sand/wine is transported by barge ◆ **elle transportait une forte somme d'argent** she was carrying a large sum of money (on her) ◆ **ce roman nous transporte dans un autre monde/siècle** this novel transports us into another world/century ◆ **on se retrouve transporté au seizième siècle** we find ourselves transported back to the sixteenth century

**b** *(= transférer) [+ traditions, conflit]* to carry, to bring; *[+ thème, idée]* to carry over, to transpose ◆ ~ **la guerre/la maladie dans un autre pays** to carry *ou* spread war/disease into another country ◆ ~ **un fait divers à l'écran** to bring a news item to the screen ◆ **dans sa traduction, il transporte la scène à Moscou** in his translation, he shifts the scene to Moscow

**c** *(littér = exalter)* to carry away, to send into raptures ◆ ~ **qn de joie** to send sb into transports of delight *ou* into raptures ◆ **être** *ou* **se sentir transporté de joie/d'admiration** to be beside o.s. with joy/with admiration ◆ **transporté de fureur** beside o.s. with fury ◆ **cette musique m'a transporté** the music carried me away ◆ **se laisser ~ par la musique** to let o.s. be carried away by the music

**VPR** **se transporter** *(= se déplacer)* to go, to betake o.s. *(frm)*, to repair *(frm)* ◆ **le parquet s'est transporté sur les lieux** *(Jur)* the public prosecutor's office visited the scene of the crime ◆ **se ~ quelque part par la pensée** to let one's imagination carry one away somewhere

**transporteur, -euse** /tʀɑ̃spɔʀtœʀ, øz/ **ADJ** ◆ **navire ~ de marchandises en vrac** bulk carrier ◆ **(navires) ~s de pétrole/gaz/produits chimiques** oil/gas/chemical tankers ◆ **bande transporteuse** conveyor belt **NM** **a** *(= entrepreneur, entreprise)* carrier, haulage contractor, haulier *(Brit)*; *(Jur)* carrier ◆ ~ **aérien** airline company ◆ ~ **routier** road haulage contractor, road haulier *(Brit)* ◆ ~ **maritime** shipping agent *ou* company ◆ ~ **de fonds** security company *(transporting money)*, ≃ Securicor ® **b** *(Tech = appareil)* conveyor **c** *(Chim, Bio)* carrier

**transposable** /tʀɑ̃spozabl/ **ADJ** ◆ **roman facilement ~ à l'écran** novel that can easily be adapted for the screen *ou* that lends itself to screen adaptation ◆ **ces résultats/idées sont ~s dans d'autres domaines** these results/ideas can be applied to other areas

**transposée** /tʀɑ̃spoze/ **ADJ F, NF** *(Math)* ◆ **(matrice)** ~ transpose

**transposer** /tʀɑ̃spoze/ ▸ conjug 1 ◂ **VTI** to transpose ◆ ~ **un roman à l'écran** to adapt a novel for the screen ◆ **ils ont transposé l'action dans les années 30** they have transposed the action to the 1930s

**transposition** /tʀɑ̃spozisjɔ̃/ **NF** transposition ◆ **la ~ en droit français d'une directive européenne** the adaptation of a European directive to French law ◆ **la ~ d'un roman à l'écran** the adaptation of a novel for the screen

**transpyrénéen, -enne** /tʀɑ̃spiʀeneɛ̃, ɛn/ **ADJ** trans-Pyrenean

**transrhénan, e** /tʀɑ̃sʀenɑ̃, an/ **ADJ** transrhenane

**transsaharien, -ienne** /tʀɑ̃(s)saaʀjɛ̃, jɛn/ **ADJ** trans-Saharan

**transsexualisme** /tʀɑ̃(s)sɛksɥalism/ **NM** transsexualism

**transsexualité** /tʀɑ̃(s)sɛksɥalite/ **NF** transsexuality

**transsexuel, -elle** /tʀɑ̃(s)sɛksɥɛl/ **ADJ, NM,F** transsexual

**transsibérien, -ienne** /tʀɑ̃(s)sibeʀjɛ̃, jɛn/ **ADJ** trans-Siberian **NM** ◆ **le** ~ the Trans-Siberian Railway

**transsubstantiation** /tʀɑ̃(s)sypstɑ̃sjasjɔ̃/ **NF** transubstantiation

**transsudation** /tʀɑ̃(s)sydasjɔ̃/ **NF** transudation

**transsuder** /tʀɑ̃(s)syde/ ▸ conjug 1 ◂ **VI** to transude

**Transvaal** /tʀɑ̃sval/ **NM** ◆ **le** ~ the Transvaal

**transvasement** /tʀɑ̃svɑzmɑ̃/ **NM** decanting

**transvaser** /tʀɑ̃svɑze/ ▸ conjug 1 ◂ **VT** to decant

**transversal, e** (mpl **-aux**) /tʀɑ̃svɛʀsal, o/ **ADJ** *[coupe, fibre, pièce]* cross *(épith)*, transverse *(SPÉC)*; *[chemin]* which runs across *ou* at right angles; *[vallée]* transverse; *(Naut) [cloison]* horizontal ◆ **rue ~e** side street ◆ **axe ~, (route) ~e** cross-country link, cross-country trunk road *(Brit) ou* highway *(US)* ◆ **(ligne) ~e** *(Rail) (entre deux régions)* cross-country line; *(entre deux villes)* Intercity line ◆ **moteur** ~ transverse engine ◆ **thème** ~ cross-disciplinary theme ◆ **relations ~es** lateral relations ◆ **l'organisation ~e des entreprises** horizontal management structure in companies; → **barre**

**transversalement** /tʀɑ̃svɛʀsalmɑ̃/ **ADV** across, crosswise, transversely *(SPÉC)*

**transverse** /tʀɑ̃svɛʀs/ **ADJ** *(Anat)* transverse

**transvestisme** /tʀɑ̃svɛstism/ **NM** ⇒ **travestisme**

**transvider** /tʀɑ̃svide/ ▸ conjug 1 ◂ **VT** to transfer to another container

**Transylvanie** /tʀɑ̃silvani/ **NF** Transylvania

**trapèze** /tʀapɛz/ **NM** **a** *(Géom)* trapezium *(Brit)*, trapezoid *(US)* **b** *(Sport)* trapeze ◆ ~ **volant** flying trapeze ◆ **faire du** ~ to perform on the trapeze **c** *(Anat)* **(muscle)** ~ trapezius (muscle)

**trapéziste** /tʀapezist/ **NMF** trapeze artist

**trapézoèdre** /tʀapezɔɛdʀ/ **NM** *(Minér)* trapezohedron

**trapézoïdal, e** (mpl **-aux**) /tʀapezɔidal, o/ **ADJ** trapezoid *(épith)*

**trapézoïde** /tʀapezɔid/ **ADJ, NM** ◆ **(os)** ~ trapezoid

**Trappe** /tʀap/ **NF** *(= monastère)* Trappist monastery; *(= ordre)* Trappist order

**trappe** /tʀap/ **NF** **a** *(dans le plancher)* trap door; *(Tech : d'accès, d'évacuation)* hatch; *(Théât)* trap door; *(Aviat : pour parachutistes)* exit door ◆ **mettre qn à la** ~ *(fig)* to give sb the push * ◆ **passer à la** ~ *[projet]* to be written off *; *[personne]* to be given the push *, to be shown the door **b** *(= piège)* trap

**trappeur** /tʀapœʀ/ **NM** trapper, fur trader

**trappiste** /tʀapist/ **NM** Trappist (monk)

**trapu, e** /tʀapy/ **ADJ** **a** *[personne]* squat, stocky, thickset; *[maison]* squat **b** *(arg Scol = calé) [élève]* brainy *; *[question, problème]* tough, hard, stiff ◆ **une question ~e** a stinker * of a question, a really tough question, a poser ◆ **il est ~ en latin** he's terrific * at Latin

**traque** /tʀak/ **NF** *[de gibier]* tracking; *[de personne]* manhunt

**traquenard** /tʀaknaʀ/ **NM** *(= piège)* trap; *(fig) [de grammaire, loi]* pitfall, trap ◆ **tomber dans un** ~ to fall into a trap

**traquer** /tʀake/ ▸ conjug 1 ◂ **VT** *[+ gibier]* to track (down); *[+ fugitif]* to track down, to run to earth, to hunt down; *(fig, littér) [+ abus, injustice]* to hunt down; *(= harceler) [journalistes, percepteur]* to hound, to pursue ◆ **air/regard de bête traquée** look/gaze of a hunted animal ◆ **c'était maintenant un homme traqué** he was now a hunted man

**traquet** /tʀakɛ/ **NM** *(= oiseau)* ◆ ~ **(pâtre)** stonechat ◆ ~ **(motteux)** wheatear

**traqueur, -euse** /tʀakœʀ, øz/ **NM,F** *(Chasse)* tracker

**trauma** /tʀoma/ **NM** *(Méd, Psych)* trauma

**traumatique** /tʀomatik/ **ADJ** traumatic

**traumatisant, e** /tʀomatizɑ̃, ɑ̃t/ **ADJ** traumatic

**traumatiser** /tʀomatize/ ▸ conjug 1 ◂ **VT** to traumatize

**traumatisme** /tʀomatism/ **NM** trauma ◆ ~ **crânien** cranial trauma *(SPÉC)*, head injury ◆ ~ **psychologique** (psychological) trauma ◆ **subir un** ~ to undergo *ou* suffer a traumatic experience ◆ **provoquer un ~ chez qn** to traumatize sb

**traumatologie** /tʀomatɔlɔʒi/ **NF** traumatology ◆ **service de** ~ trauma unit

**traumatologique** /tʀomatɔlɔʒik/ **ADJ** traumatological

**traumatologiste** /tʀomatɔlɔʒist(ə)/, **traumatologue** /tʀomatɔlɔg/ **NMF** trauma specialist, accident and emergency specialist

**travail**[1] (pl **-aux**) /tʀavaj, o/ **NM** **a** *(= labeur)* **le** ~ work ◆ ~ **intellectuel** brainwork, intellectual *ou* mental work ◆ ~ **manuel** manual work *ou* labour *(NonC)* ◆ **ce mouvement demande des semaines de** ~ it takes weeks of work to perfect this movement ◆ **il est en plein** ~ he's right in the middle of something ◆ **son ardeur au** ~ his enthusiasm for work ◆ **se mettre au** ~ to get down to work ♦ **allez, au ~ !** (it's) time to get down to work! ♦ **observer qn au ~** to watch sb at work, to watch sb working ♦ **avoir du ~/beaucoup de ~** to have (some) work/a lot of work to do ♦ **j'ai un ~ fou en ce moment** I'm up to my eyes in work at the moment *, I'm snowed under with work at the moment * ♦ **horaire/vêtements de ~** work schedule/clothes ♦ **conditions/méthodes/groupe/déjeuner de ~** working conditions/methods/group/lunch ♦ **le ~ c'est la santé** * work is good for you ♦ **à ~ égal, salaire égal** equal pay for equal work ♦ **améliorer la communication, c'est tout un ~ !** improving communications is quite a task!

**b** *(= tâche)* work *(NonC)*, job; *(= ouvrage)* work *(NonC)* ♦ **c'est un ~ de spécialiste** *(difficile à faire)* it's a job for a specialist; *(bien fait)* it's the work of a specialist ♦ **je n'y touche pas : c'est le ~ de l'électricien** I'm not touching it – that's the electrician's job ♦ **fais-le tout seul, c'est ton ~** do it yourself, it's your job ♦ **commencer/achever/interrompre un ~** to start/complete/interrupt a piece of work *ou* a job ♦ **ce n'est pas du ~ !** *(= c'est mal fait)* that's shoddy work!; *(= ce n'est pas fatigant)* (do you) call that work! ♦ **et voilà le ~ !** * not bad, eh? ♦ **les travaux de la commission seront publiés** the committee's work *ou* deliberations *ou* findings will be published ♦ **il est l'auteur d'un gros ~ sur le romantisme** he has written a major work on romanticism ♦ **travaux scientifiques/de recherche** scientific/research work ♦ **travaux sur bois** woodwork ♦ **travaux sur métal** metalwork ♦ **les travaux de la ferme** farm work ♦ **les gros travaux, les travaux de force** the heavy work ♦ **travaux de réfection/de réparation/de construction** renovation/repair/building work ♦ **travaux de plomberie** plumbing work ♦ **travaux d'aménagement** alterations, alteration work ♦ **faire faire des travaux dans la maison** to have some work done in the house ♦ **entreprendre de grands travaux d'assainissement/d'irrigation** to undertake large-scale sanitation/irrigation work ♦ **les grands travaux présidentiels/européens** the major projects undertaken by the president/by the European Union ♦ **"pendant les travaux, le magasin restera ouvert"** "business as usual during alterations", "the shop will remain open (as usual) during alterations" ♦ **il y a des travaux (sur la chaussée)** the road is up, there are roadworks in progress ♦ **"attention ! travaux !"** "caution! work in progress!"; *(sur la route)* "roadworks *(Brit)* *ou* roadwork *(US)* ahead!"; → **inspecteur**

**c** *(= métier, profession)* job, occupation; *(= situation)* work *(NonC)*, job, situation ♦ **le ~** *(= activité rétribuée)* work *(NonC)* ♦ **avoir un ~ intéressant/lucratif** to have an interesting/a highly paid job ♦ **apprendre un ~** to learn a job ♦ **être sans ~, ne pas avoir de ~** to be out of work *ou* without a job *ou* unemployed ♦ **chercher/trouver du ~** to look for/find work *ou* a job ♦ **~ à mi-temps/à plein temps** part-time/full-time work ♦ **~ temporaire** temporary job *ou* work *(NonC)* ♦ **~ de bureau** office work ♦ **~ d'équipe** *ou* **en équipe** team work ♦ **~ en équipes** shift work ♦ **~ précaire** casual labour ♦ **~ en usine** factory work ♦ **cesser le ~** *(Ind)* to stop work, down tools ♦ **reprendre le ~** to go back to work

**d** *(Écon : opposé au capital)* labour *(Brit)*, labor *(US)* ♦ **l'exploitation du ~** the exploitation of labour ♦ **association capital-~** cooperation between workers and management *ou* workers and the bosses * ♦ **les revenus du ~** earned income ♦ **le monde du ~** the world of work

**e** *(= facture)* work *(NonC)* ♦ **dentelle d'un ~ très fin** finely-worked lace ♦ **sculpture d'un ~ délicat** finely-wrought sculpture ♦ **c'est un très joli ~** it's a very nice piece of handiwork *ou* craftsmanship *ou* work ♦ **~ soigné** *ou* **d'artiste/d'amateur** quality/amateurish workmanship *(NonC)* ♦ **c'est du beau** *ou* **joli ~ !** *(iro)* nice work! * *(iro)*, well done! * *(iro)*

**f** *(= façonnage) [de bois, cuir, fer]* working ♦ **le ~ de la pâte** *(Peinture)* working the paste ♦ **le ~ du marbre requiert une grande habileté** working with marble requires great skill

**g** *[de machine, organe]* work ♦ **~ musculaire** muscular effort, work of the muscles

**h** *(= effet) [de gel, érosion, eaux]* work; *(= évolution) [de bois]* warp, warping; *[de vin, cidre]* working ♦ **le ~ de l'imagination/l'inconscient** the workings of the imagination/the unconscious ♦ **le ~ du temps** the work of time

**i** *(Phys)* work ♦ **unité de ~** unit of work

**j** *(Méd = accouchement)* labour *(Brit)*, labor *(US)* ♦ **femme en ~** woman in labour ♦ **le ~ n'a pas encore commencé** she hasn't gone into labour yet, labour hasn't started yet; → **salle**

**COMP** ▷ **travaux agricoles** agricultural *ou* farm work ▷ **travaux d'aiguille** needlework ▷ **travaux d'approche** *(Mil)* sapping *ou* approach works; *(fig)* initial overtures *(auprès de* to); ♦ **tu as fait des travaux d'approche auprès du patron pour ton augmentation ?** have you broached the subject of a rise with the boss? ▷ **un travail de bénédictin** *(fig)* a painstaking task ▷ **travail à la chaîne** assembly-line work ▷ **travaux des champs** ⇒ **travaux agricoles** ▷ **travaux dirigés** *(Univ)* tutorial (class) *(Brit)*, section (of a course) *(US)* ▷ **travail de forçat** *(fig)* hard labour *(fig)* ♦ **c'est un ~ de forçat** it's hard labour ▷ **travaux forcés** *(Jur)* hard labour ♦ **être condamné aux travaux forcés** *(lit)* to be sentenced to hard labour ♦ **dans cette entreprise c'est vraiment les travaux forcés** *(fig)* it's real slave labour in this company ▷ **un travail de fourmi** *(fig)* a long, painstaking job ▷ **les travaux d'Hercule** the labours of Hercules ▷ **travaux d'intérêt général** *community work carried out by young people*, ≃ community service *(Brit)* ▷ **travaux manuels** *(Scol)* handicrafts ▷ **travaux ménagers** housework ▷ **travail au noir** *(gén)* undeclared work; *(en plus d'un autre)* moonlighting ▷ **travaux pratiques** *(Scol, Univ) (gén)* practical work; *(en laboratoire)* lab work *(Brit)*, lab *(US)* ▷ **travaux préparatoires** *[de projet de loi]* preliminary documents ▷ **travaux publics** civil engineering ♦ **ingénieur des travaux publics** civil engineer; → **entreprise** ▷ **un travail de Romain** a Herculean task ▷ **travaux d'utilité collective** (paid) community work *(done by the unemployed)*

**travail²** (pl **travails**) /tʀavaj/ **NM** *(= appareil)* trave

**travaillé, e** /tʀavaje/ (ptp de **travailler**) **ADJ** **a** *(= façonné) [bois, cuivre]* worked, wrought **b** *(= fignolé) [style, phrases]* polished, studied; *[meuble, ornement]* intricate, finely-worked ♦ **une balle très ~e** *(Tennis)* a ball with a lot of spin **c** *(= tourmenté)* **~ par le remords/la peur/la jalousie** tormented by remorse/fear/jealousy **d** *(= ouvré)* **heures ~es** hours worked ♦ **le nombre de journées non ~es** the number of days not worked

**travailler** /tʀavaje/ GRAMMAIRE ACTIVE 46.2 ▸ conjug 1 ◂

**VI** **a** *(= faire sa besogne)* to work ♦ **~ dur** to work hard ♦ **~ comme un forçat/une bête de somme** to work like a galley slave/a horse *ou* a Trojan ♦ **il aime ~ au jardin** he likes working in the garden ♦ **je vais ~ un peu à la bibliothèque** I'm going to do some work in the library ♦ **faire ~ sa tête** *ou* **sa matière grise** to set one's mind *ou* the grey matter to work ♦ **va ~** (go and) do some work ♦ **fais ~ ta tête !** get your brain working!, use your head! ♦ **faire ~ ses bras** to exercise one's arms ♦ **~ du chapeau** * to be a bit cracked * *ou* nuts * *ou* touched * *(Brit)* ♦ **~ pour le roi de Prusse** to receive no reward for one's pains

**b** *(= exercer un métier)* to work ♦ **~ en usine/à domicile** to work in a factory/at *ou* from home ♦ **~ 35 heures par semaine** to work *ou* do a 35-hour week ♦ **~ dans les assurances/l'enseignement** to work in insurance/education ♦ **~ aux pièces** to do piecework ♦ **tu pourras te l'offrir quand tu travailleras** you'll be able to buy *ou* afford it once you start work ♦ **dans ce pays on fait ~ les enfants à huit ans** in this country they put children to work at the age of eight *ou* they make children work from the age of eight ♦ **il a commencé à ~ chez Legrand hier** he started work *ou* he went to work at Legrand's yesterday ♦ **sa femme travaille** his wife goes out to work, his wife works ♦ **on finit de ~ à 17 heures** we finish *ou* stop work at 5 o'clock; → **temps¹**

**c** *(= s'exercer) [artiste, acrobate]* to practise, to train; *[boxeur]* to have a workout, to train; *[musicien]* to practise ♦ **son père le fait ~ tous les soirs** *[+ enfant]* his father makes him work every evening; → **filet**

**d** *(= agir, fonctionner) [firme, argent]* to work ♦ **l'industrie travaille pour le pays** industry works for the country ♦ **~ à perte** to work *ou* be working at a loss ♦ **faites ~ votre argent** make your money work for you ♦ **le temps travaille pour/contre eux** time is on their side/against them

**e** *[métal, bois]* to warp; *[vin, cidre]* to work, to ferment; *[pâte]* to work, to rise; *(fig) [imagination]* to work

**VT** **a** *(= façonner) [+ matière, verre, fer]* to work, to shape ♦ **~ la terre** to work *ou* cultivate the land ♦ **~ la pâte** *(Culin)* to knead *ou* work the dough; *(Peinture)* to work the paste

**b** *(= potasser) [+ branche, discipline]* to work at *ou* on; *[+ morceau de musique]* to work on, to practise; *[+ rôle, scène]* to work on; *(= fignoler) [+ style, phrase]* to polish up, to work on; *(Sport) [+ mouvement, coup]* to work on ♦ **~ son anglais** to work on one's English ♦ **~ le chant/piano** to practise singing/the piano ♦ **~ son piano/violon** to do one's piano/violin practice ♦ **~ une balle** *(Tennis)* to put some spin on a ball

**c** *(= agir sur) [+ personne]* to work on ♦ **~ l'opinion/les esprits** to work on public opinion/people's minds ♦ **~ qn au corps** *(Boxe)* to punch *ou* pummel sb around the body; *(fig)* to put pressure on sb, to pressurize sb

**d** *(= faire s'exercer) [+ taureau, cheval]* to work

**e** *(= préoccuper) [doutes, faits]* to worry; *(= tourmenter) [douleur, fièvre]* to torment ♦ **cette idée/ce projet le travaille** this idea/this plan is very much on his mind ♦ **je lui ai menti et ça me travaille** I lied to her and it's really bothering me

**VT INDIR** **travailler à** *[+ livre, projet]* to work on; *[+ cause, but]* to work for; *(= s'efforcer d'obtenir)* to work towards ♦ **~ à la perte de qn** to work towards sb's downfall, to endeavour to bring about sb's downfall

**travailleur, -euse** /tʀavajœʀ, øz/ **ADJ** *(= consciencieux)* hard-working, painstaking, diligent *(frm)*

NM,F a (gén) worker ♦ **un bon/mauvais ~, une bonne/mauvaise travailleuse** a good/bad worker

b (= personne consciencieuse) (hard) worker

NM (= personne exerçant un métier) worker ♦ **les ~s** the workers, working people ♦ **les revendications des ~s** the claims made by the workers ♦ **le problème des ~s étrangers** the problem of immigrant labour *ou* workers ♦ **~ en situation irrégulière** illegal worker

NF **travailleuse** (= meuble) worktable

COMP ▷ **travailleur agricole** agricultural *ou* farm worker ▷ **travailleur clandestin** illegal *ou* clandestine worker ▷ **travailleur à domicile** homeworker ▷ **travailleuse familiale** home help ▷ **travailleur de force** labourer ▷ **travailleur frontalier** cross-border worker ▷ **travailleur indépendant** self-employed person, freelance worker ▷ **travailleur intellectuel** non-manual *ou* intellectual worker ▷ **travailleur manuel** manual worker ▷ **travailleur au noir** moonlighter ▷ **travailleur précaire** casual worker, worker on a casual contract ▷ **travailleur saisonnier** seasonal worker *ou* labourer ▷ **travailleur salarié** salaried employee, employee on a permanent contract ▷ **travailleur social** social worker ▷ **travailleur temporaire** temporary worker

**travaillisme** /travajism/ NM Labour philosophy, Labour brand of socialism

**travailliste** /travajist/ ADJ Labour NMF Labour Party member ♦ **il est ~** he is Labour, he supports Labour ♦ **les ~s** Labour, the Labour Party

**travailloter** /travajɔte/ ▸ conjug 1 ◂ VI (péj) to work a little

**travée** /trave/ NF a (= section) [de mur, voûte, rayon, nef] bay; [de pont] span b (Tech = portée) span c (= rangée) [d'église, amphithéâtre] row (of benches); [de théâtre] row (of seats) ♦ **les ~s du fond manifestèrent leur mécontentement** the back rows showed their displeasure

**traveller** /travlœr/ NM abrév de **traveller's chèque** *ou* **check**

**traveller's chèque, traveller's check** /travlœr(s)ʃɛk/ NM traveller's cheque (Brit), traveler's check (US)

**travelling** /travliŋ/ NM (Ciné) (= dispositif) dolly, travelling platform; (= mouvement) tracking ♦ **~ avant/arrière/latéral** tracking in/out/sideways ♦ **~ optique** zoom shots ♦ **faire un ~** to track, to dolly

**travelo** ‡ /travlo/ NM (= travesti) drag queen ‡

**travers¹** /travɛr/ NM (= défaut) failing, fault ♦ **chacun a ses petits ~** everyone has his little failings *ou* faults ♦ **tomber dans le ~ qui consiste à faire ...** to make the mistake of doing ...

**travers²** /travɛr/ NM a (Boucherie) **~ (de porc)** sparerib of pork

b (loc)

♦ **à travers** [+ vitre, maille, trou, foule] through; [+ campagne, bois] across, through ♦ **voir qn à ~ la vitre** to see sb through the window ♦ **ce n'est pas opaque, on voit à ~** it's not opaque – you can see through it ♦ **le renard est passé à ~ le grillage** the fox went through the fence ♦ **sentir le froid à ~ un manteau** to feel the cold through a coat ♦ **passer à ~ champs/bois** to go through *ou* across fields *ou* across country/through woods ♦ **la couche de glace est mince, tu risques de passer à ~** the ice is thin – you could fall through ♦ **juger qn à ~ son œuvre** to judge sb through his work ♦ **à ~ les siècles** through *ou* across the centuries ♦ **à ~ les divers rapports, on entrevoit la vérité** through the various reports we can get some idea of the truth ♦ **passer à ~ les mailles du filet** (lit, fig) to slip through the net

♦ **au travers** through ♦ **au ~ de** through ♦ **la palissade est délabrée : on voit au ~/le vent passe au ~** the fence is falling down and you can see (right) through/the wind comes (right) through ♦ **au ~ de ses mensonges, on devine sa peur** through his lies you can tell he's frightened ♦ **passer au ~** (fig) to escape ♦ **le truand est passé au ~** the criminal slipped through the net *ou* escaped ♦ **passer au ~ d'une corvée** to get out of doing a chore ♦ **tout le monde a eu la grippe mais je suis passé au ~** everyone had flu but I managed to avoid *ou* escape it

♦ **de travers**

(= pas droit) crooked, askew ♦ **vent de ~** (Naut) wind on the beam ♦ **avoir la bouche/le nez de ~** to have a crooked mouth/nose ♦ **marcher de ~** [ivrogne] to stagger *ou* totter along ♦ **planter un clou de ~** to hammer a nail in crooked ♦ **se mettre de ~** [véhicule] to stop sideways on ♦ **elle a mis son chapeau de ~** she has put her hat on crooked, her hat is not on straight ♦ **il lui a jeté un regard** *ou* **il l'a regardé de ~** he looked askance at him, he gave him a funny look ♦ **il a avalé sa soupe de ~, sa soupe est passée de ~** his soup has gone down the wrong way

(= mal) ♦ **répondre de ~** to give a silly answer ♦ **comprendre de ~** to misunderstand ♦ **aller** *ou* **marcher de ~** to be going wrong ♦ **tout va de ~ chez eux en ce moment** everything is going wrong *ou* nothing is going right for them at the moment ♦ **il prend tout de ~** he takes everything the wrong way *ou* amiss

♦ **en travers** across, crosswise; [navire] abeam, on the beam ♦ **couper/scier en ~** to cut/saw across ♦ **se mettre en ~** [navire] to heave to

♦ **en travers de** across ♦ **un arbre était en ~ de la route** there was a tree lying across the road ♦ **le véhicule dérapa et se mit en ~ de la route** the vehicle skidded and stopped sideways on *ou* stopped across the road ♦ **se mettre en ~ des projets de qn** to stand in the way of sb's plans

♦ **par le travers** [navire] abeam, on the beam

**traversable** /traversabl/ ADJ which can be crossed, traversable (frm) ♦ **rivière ~ à gué** fordable river

**traverse** /travers/ NF a (Rail) sleeper (Brit), tie (US) b (= pièce, barre transversale) strut, crosspiece c (= raccourci) **chemin de ~, ~ †** road which cuts across, shortcut

**traversée** /traverse/ NF a [de rue, mer, pont] crossing; [de ville, forêt, tunnel] going through ♦ **la ~ des Alpes/de l'Atlantique en avion** the crossing of the Alps/of the Atlantic by plane ♦ **la ~ de la ville en voiture peut prendre deux heures** driving through the town can take two hours, it can take two hours to cross the town by car ♦ **faire la ~ d'un fleuve à la nage** to swim across a river ♦ **faire la ~ de Dieppe à Newhaven** to cross from Dieppe to Newhaven

b (Naut = trajet) crossing

c (Alpinisme) (= course) through-route; (= passage) traverse ♦ **descendre en ~** (Ski) to traverse

COMP ▷ **traversée du désert** [de politicien, parti, artiste] time (spent) in the wilderness ♦ **après une ~ du désert de cinq ans, il est revenu au pouvoir** after spending five years in the political wilderness, he returned to power ♦ **et tes amours ? – c'est un peu la ~ du désert en ce moment** how's your love life? – it's non-existent at the moment

**traverser** /traverse/ ▸ conjug 1 ◂ VT a [personne, véhicule] [+ rue, pont, chaîne de montagnes, mer] to cross; [+ ville, forêt, tunnel] to go through ♦ **~ une rivière à la nage** to swim across a river ♦ **~ une rivière en bac** to take a ferry across a river, to cross a river by ferry ♦ **~ (une rivière) à gué** to ford a river, to wade across a river ♦ **il traversa le salon à grands pas** he strode across the living room ♦ **avant de ~, assurez-vous que la chaussée est libre** before crossing, make sure that the road is clear

b [pont, route] to cross, to run across; [tunnel] to cross under; [barre, trait] to run across ♦ **le fleuve/cette route traverse tout le pays** the river/this road runs *ou* cuts right across the country ♦ **ce tunnel traverse les Alpes** this tunnel crosses under the Alps ♦ **un pont traverse le Rhône en amont de Valence** a bridge crosses *ou* there is a bridge across the Rhone upstream from Valence ♦ **une cicatrice lui traversait le front** he had a scar (right) across his forehead, a scar ran right across his forehead

c (= percer) [projectile, infiltration] to go *ou* come through ♦ **~ qch de part en part** to go right through sth ♦ **les clous ont traversé la semelle** the nails have come through the sole ♦ **la pluie a traversé la tente** the rain has come through the tent ♦ **une balle lui traversa la tête** a bullet went through his head ♦ **il s'effondra, la cuisse traversée d'une balle** he collapsed, shot through the thigh ♦ **une douleur lui traversa le poignet** a pain shot through his wrist ♦ **ça ne m'a jamais traversé l'esprit** it never occurred to me *ou* crossed my mind

d (= passer à travers) **~ la foule** to make one's way through the crowd

e (dans le temps) [+ période] to go *ou* live through; [+ crise] to pass *ou* go through, to undergo ♦ **sa gloire a traversé les siècles** his glory travelled down the ages ♦ **il a traversé une période très difficile avant de réussir** he went through a very difficult period before he succeeded

**traversier, -ière** /traversje, jɛr/ ADJ a [rue] which runs across b (Naut) [navire] cutting across the bows c (Mus) → **flûte** NM (Can) ferryboat

**traversin** /traversɛ̃/ NM [de lit] bolster

**travertin** /travertɛ̃/ NM travertin(e)

**travesti, e** /travesti/ (ptp de **travestir**) ADJ (= déguisé) (gén) disguised; [acteur] playing a female role; [rôle] female (played by man); → **bal** NM a (= acteur) actor playing a female role; (= artiste de cabaret) female impersonator, drag artist; (= homosexuel) transvestite ♦ **numéro de ~** drag act b (= déguisement) fancy dress ♦ **en ~** in fancy dress

**travestir** /travestir/ ▸ conjug 2 ◂ VT a (= déguiser) [+ personne] to dress up; [+ acteur] to cast in a female role ♦ **~ un homme en femme** to dress a man up as a woman b [+ vérité, paroles] to misrepresent VPR **se travestir** (pour un bal) to put on fancy dress; (Théât) to put on a woman's costume; (pour un numéro de cabaret) to put on drag; (Psych) to dress as a woman, to cross-dress ♦ **se ~ en Arlequin** to dress up as Harlequin

**travestisme** /travestism/ NM (Psych) transvestism

**travestissement** /travestismɑ̃/ NM a (= action) [de personne] (gén) dressing-up; (Psych) cross-dressing; [de vérité, paroles] travesty, misrepresentation b (= habit) fancy dress (NonC)

**traviole** /tʀavjɔl/ **de traviole** * LOC ADJ, LOC ADV skew-whiff *, crooked ◆ **être/mettre de** ~ to be/put skew-whiff * *ou* crooked ◆ **il m'a regardé de** ~ he gave me a funny look ◆ **il comprend tout de** ~ he gets hold of the wrong end of the stick every time *, he gets in a muddle about everything ◆ **elle fait tout de** ~ she does everything wrong ◆ **tout va de** ~ **en ce moment/dans ce service** everything's going wrong these days/in this department

**trayeur, -euse** /tʀɛjœʀ, øz/ NM,F milker NF **trayeuse** *(= machine)* milking machine

**trébuchant, e** /tʀebyʃɑ̃, ɑ̃t/ ADJ *(= chancelant)* *[démarche, ivrogne]* tottering *(épith)*, staggering *(épith)*; *[diction, voix]* halting *(épith)*; → **espèce**

**trébucher** /tʀebyʃe/ ▸ conjug 1 ◂ VI *(lit, fig)* to stumble ◆ **faire** ~ **qn** to trip sb up ◆ ~ **sur** *ou* **contre** *[+ racine, pierre]* to stumble over, to trip against; *[+ mot, morceau difficile]* to stumble over

**trébuchet** /tʀebyʃɛ/ NM a *(= piège)* bird-trap b *(= balance)* assay balance

**tréfilage** /tʀefilaʒ/ NM wiredrawing

**tréfiler** /tʀefile/ ▸ conjug 1 ◂ VT to wiredraw

**tréfilerie** /tʀefilʀi/ NF wireworks

**tréfileur** /tʀefilœʀ/ NM *(= ouvrier)* wireworker, wiredrawer

**tréfileuse** /tʀefiløz/ NF *(= machine)* wire-drawing machine

**trèfle** /tʀɛfl/ NM a *(Bot)* clover ◆ ~ **à quatre feuilles** four-leaf clover ◆ ~ **blanc/rouge** white/red clover ◆ ~ **cornu** trefoil ◆ ~ **d'eau** bogbean b *(Cartes)* clubs ◆ **jouer** ~ to play a club *ou* clubs ◆ **le 8 de** ~ the 8 of clubs c *(Aut)* **(carrefour en)** ~ cloverleaf (junction *ou* intersection) d *(Archit)* trefoil e *(= emblème de l'Irlande)* **le** ~ the shamrock ◆ **le Trèfle (irlandais)** *(Rugby)* the Irish team

**tréflière** /tʀeflijɛʀ/ NF field of clover

**tréfonds** /tʀefɔ̃/ NM *(littér)* ◆ **le** ~ **de** the inmost depths of ◆ **ébranlé jusqu'au** ~ deeply *ou* profoundly shaken, shaken to the core ◆ **dans le** *ou* **au** ~ **de mon cœur** deep down in my heart ◆ **dans le** *ou* **au** ~ **de son âme** in the depths of his soul

**treillage** /tʀɛjaʒ/ NM *(sur un mur)* lattice work, trellis(work); *(= clôture)* trellis fence ◆ ~ **en voûte** trellis archway

**treillager** /tʀɛjaʒe/ ▸ conjug 3 ◂ VT *[+ mur]* to trellis, to lattice; *[+ fenêtre]* to lattice ◆ **treillagé de rubans** criss-crossed with tape

**treille** /tʀɛj/ NF *(= tonnelle)* vine arbour *(Brit)* *ou* arbor *(US)*; *(= vigne)* climbing vine; → **jus**

**treillis¹** /tʀeji/ NM *(en bois)* trellis; *(en métal)* wire-mesh; *(Constr)* lattice work

**treillis²** /tʀeji/ NM *(Tex)* canvas; *(Mil)* *(= tenue de combat)* battledress, combat uniform; *(= tenue d'exercice)* fatigues

**treize** /tʀɛz/ ADJ INV, NM INV thirteen ◆ **il m'en a donné** ~ **à la douzaine** he gave me a baker's dozen ◆ **vendre des huîtres** ~ **à la douzaine** to sell oysters at thirteen for the price of twelve ◆ **le (nombre)** ~ **porte malheur** thirteen is unlucky; *pour autres loc voir* **six**

**treizième** /tʀɛzjɛm/ ADJ, NMF thirteenth ◆ ~ **mois** *(de salaire)* (bonus) thirteenth month's salary; *pour autres loc voir* **sixième**

**treizièmement** /tʀɛzjɛmmɑ̃/ ADV in the thirteenth place

**trekking** /tʀekiŋ/ NM *(= activité)* trekking *(NonC)*; *(= randonnée)* trek ◆ **faire un** ~ to go on a trek ◆ **faire du** ~ to go trekking

**tréma** /tʀema/ NM dieresis ◆ **i** ~ i dieresis

**trémail** (pl **trémails**) /tʀemaj/ NM ⇒ **tramail**

**tremblant, e** /tʀɑ̃blɑ̃, ɑ̃t/ ADJ *[personne, membre, main]* trembling, shaking; *[voix]* trembling, shaky, quavering, tremulous; *[lèvres]* trembling; *[lumière]* trembling, flickering, quivering ◆ **il vint me trouver,** ~ he came looking for me in fear and trembling ◆ **il se présenta** ~ **devant son chef** he appeared trembling *ou* shaking before his boss ◆ ~ **de froid** shivering *ou* trembling with cold ◆ ~ **de peur** trembling *ou* shaking *ou* shivering with fear ◆ ~ **de colère** quivering with rage NF **tremblante** *(Vét)* **la ~e (du mouton)** scrapie

**tremble** /tʀɑ̃bl/ NM aspen

**tremblé, e** /tʀɑ̃ble/ (ptp de **trembler**) ADJ a *[écriture, dessin]* shaky; *[voix]* trembling, shaky, tremulous, quavering *(épith)*; *[note]* quavering *(épith)* b *(Typo)* **(filet)** ~ wavy *ou* waved rule

**tremblement** /tʀɑ̃bləmɑ̃/ NM a *[de personne]* *(de froid, de fièvre)* shiver, trembling *(NonC)*, shaking *(NonC)*; *(de peur, d'indignation, de colère)* trembling *(NonC)*, shaking *(NonC)*; *(de fatigue)* trembling *(NonC)* ◆ **un** ~ **le parcourut** a shiver ran through him ◆ **il fut saisi d'un** ~ **convulsif** he suddenly started shivering *ou* trembling violently ◆ **j'ai été prise de ~s incontrôlables** I was shaking *ou* trembling uncontrollably

b *[de feuille]* trembling *(NonC)*, fluttering *(NonC)*; *[de main]* trembling *(NonC)*, shaking *(NonC)*; *[de menton]* quivering *(NonC)*; *[de paupières]* fluttering *(NonC)*; *[de lèvres]* trembling *(NonC)*

c *[de lumière, lueur]* trembling *(NonC)*, flickering *(NonC)*, quivering *(NonC)*; *[de flamme]* trembling *(NonC)*, flickering *(NonC)*, wavering *(NonC)*; *[de reflet]* shimmering *(NonC)*

d *[de voix]* trembling *(NonC)*, shaking *(NonC)*, quavering *(NonC)*; *[de son]* trembling *(NonC)*, quavering *(NonC)* ◆ **avec des ~s dans la voix** in a trembling *ou* quavering *ou* shaky voice

e *[de bâtiment, vitres, plancher, terre]* shaking *(NonC)*, trembling *(NonC)*

f *(loc)* **et tout le** ~ * the whole (kit and) caboodle *

COMP ▷ **tremblement de terre** earthquake ◆ **léger** ~ **de terre** earth tremor

**trembler** /tʀɑ̃ble/ ▸ conjug 1 ◂ VI a *[personne]* *(de froid, de fièvre)* to shiver, to tremble, to shake (*de* with); *(de peur, d'indignation, de colère)* to tremble, to shake (*de* with); *(de fatigue)* to tremble (*de* with); ◆ **il tremblait de tout son corps** *ou* **de tous ses membres** he was shaking *ou* trembling all over ◆ ~ **comme une feuille** to shake *ou* tremble like a leaf

b *[feuille]* to tremble, to flutter; *[main]* to tremble, to shake; *[menton]* to quiver; *[paupières]* to flutter; *[lèvres]* to tremble

c *[lumière, lueur]* to tremble, to flicker, to quiver; *[flamme]* to tremble, to flicker, to waver; *[reflet]* to shimmer

d *[voix]* to tremble, to shake, to quaver; *[son]* to quaver

e *[bâtiment, vitres, plancher]* to shake, to tremble ◆ **faire** ~ **le sol** to make the ground tremble, to shake the ground ◆ **la terre a tremblé** the ground shook ◆ **la terre a encore tremblé en Arménie** there has been another earthquake in Armenia

f *(= avoir peur)* to tremble ◆ ~ **pour qn/qch** to fear for sb/sth ◆ ~ **à la pensée** *ou* **à l'idée de qch** to tremble at the (very) thought of sth ◆ **il fait** ~ **ses subordonnés** he strikes fear (and trembling) into his subordinates, his subordinates live in dread of him ◆ **il tremble devant son patron** he lives in fear (and trembling) of his boss ◆ **il tremble de l'avoir perdu** he's terrified that he might have lost it ◆ **je tremble qu'elle ne s'en remette pas** I'm terrified she might not recover

**tremblotant, e** /tʀɑ̃blɔtɑ̃, ɑ̃t/ ADJ *[personne, main]* trembling, shaking; *[voix]* quavering *(épith)*, tremulous; *[flamme]* trembling *(épith)*, flickering *(épith)*, wavering *(épith)*; *[lumière]* trembling *(épith)*, quivering *(épith)*, flickering *(épith)*

**tremblote** * /tʀɑ̃blɔt/ NF ◆ **avoir la** ~ *(de froid)* to have the shivers *; *(de peur)* to have the jitters *; *[vieillard]* to have the shakes *

**tremblotement** /tʀɑ̃blɔtmɑ̃/ NM a *[de personne, main]* trembling *(NonC)*, shaking *(NonC)* b *[de voix]* quavering *(NonC)*, trembling *(NonC)* ◆ **avec un** ~ **dans sa voix** with a tremble in his voice c *[de lumière, lueur, flamme]* flickering *(NonC)*

**trembloter** /tʀɑ̃blɔte/ ▸ conjug 1 ◂ VI a *[personne, mains]* to tremble *ou* shake (slightly) b *[voix]* to quaver, to tremble c *[lumière, lueur, flamme]* to flicker, to waver

**trémie** /tʀemi/ NF a *(Tech = entonnoir)* *[de concasseur, broyeur, trieuse]* hopper b *(= mangeoire)* feedbox c *(Constr)* *[de cheminée]* hearth cavity *ou* space; *[d'escalier]* stair cavity

**trémière** /tʀemjɛʀ/ ADJ F → **rose**

**trémolo** /tʀemɔlo/ NM *[d'instrument]* tremolo; *[de voix]* quaver, tremor ◆ **avec des ~s dans la voix** with a quaver *ou* tremor in one's voice

**trémoussement** /tʀemusmɑ̃/ NM wriggling *(NonC)*, jigging about *(Brit)* *(NonC)*

**trémousser (se)** /tʀemuse/ ▸ conjug 1 ◂ VPR *(= s'agiter)* to wriggle, to jig about *(Brit)*; *(= se déhancher)* to wiggle one's hips ◆ **se** ~ **sur sa chaise** to wriggle *ou* jig about *(Brit)* on one's chair ◆ **marcher en se trémoussant** to walk with a wiggle, to wiggle as one walks ◆ **dès qu'elle voit un homme elle se trémousse devant lui** as soon as she sees a man she's all over him

**trempage** /tʀɑ̃paʒ/ NM *[de linge, graines, semences]* soaking; *[de papier]* damping, wetting

**trempe** /tʀɑ̃p/ NF a *(Tech)* *[d'acier]* *(= processus)* quenching; *(= qualité)* temper ◆ **de bonne** ~ well-tempered b *(fig)* *[de personne, âme]* calibre *(Brit)*, caliber *(US)* ◆ **un homme de sa** ~ a man of his calibre *ou* of his moral fibre c *(Tech = trempage)* *[de papier]* damping, wetting; *[de peaux]* soaking d * *(= correction)* hiding * ◆ **flanquer une** ~ **à qn** to give sb a good hiding * ◆ **je lui ai filé une** ~ **au tennis** I thrashed * him at tennis

**trempé, e** /tʀɑ̃pe/ (ptp de **tremper**) ADJ a *(= mouillé)* *[vêtement, personne]* soaked, drenched ◆ ~ **de sueur** bathed *ou* soaked in *ou* streaming with sweat ◆ ~ **jusqu'aux os** *ou* **comme une soupe** * wet through, soaked to the skin ◆ **visage** ~ **de pleurs** face bathed in tears b *(Tech)* *[acier, verre]* tempered ◆ **caractère bien** ~ *(fig)* sturdy character

**tremper** /tʀɑ̃pe/ ▸ conjug 1 ◂ VT a *(= mouiller)* to soak, to drench ◆ **la pluie a trempé sa veste/le tapis** the rain has soaked *ou* drenched his jacket/the carpet ◆ **je me suis fait** ~ I got soaked *ou* drenched

b *(= plonger)* *[+ mouchoir, plume]* to dip (*dans* into, in); *[+ pain, biscuit]* to dip, to dunk (*dans* in); ◆ ~ **sa main dans l'eau** to dip one's hand in the water ◆ **il a trempé ses lèvres** he just took a sip ◆ **il n'aime pas qu'on lui trempe la tête dans l'eau** he doesn't like having his head ducked in the water

c *(Tech)* *[+ métal, lame]* to quench; → **acier**

d *(littér = aguerrir, fortifier)* *[+ personne, caractère, âme]* to steel, to strengthen

**VI** **a** *[tige de fleur]* to stand in water; *[linge, graines, semences]* to soak ◆ **tes manches trempent dans ton assiette !** your sleeves are trailing in your plate!

**b** ◆ **(faire)** ~ *[+ linge, graines]* to soak; *[+ aliments]* to soak, to steep; *[+ papier]* to damp, to wet; *[+ tige de fleur]* to stand in water ◆ **mettre le linge à** ~ to soak the washing, to put the washing to soak ◆ **faire** ~ **des légumes secs** to soak pulses

**c** *(fig péj = participer)* ~ **dans** *[+ crime, affaire, complot]* to have a hand in, to be involved in

**VPR** **se tremper** *(= prendre un bain rapide)* to have a quick dip; *(= se mouiller)* to get (o.s.) soaked *ou* soaking wet, to get drenched ◆ **je ne fais que me** ~ I'm just going for a quick dip

**trempette** /tʀɑ̃pɛt/ **NF** **a** *( * = baignade)* **faire** ~ to have a (quick) dip **b** *(Can : Culin)* dips

**tremplin** /tʀɑ̃plɛ̃/ **NM** **a** *[de piscine]* diving-board, springboard; *[de gymnase]* springboard; *(Ski)* ski-jump **b** *(fig)* springboard ◆ **servir de** ~ **à qn** to be a springboard for sb ◆ **le festival est un bon** ~ **pour les jeunes cinéastes** the festival is a good springboard for young film-makers

**trémulation** /tʀemylasjɔ̃/ **NF** *(Méd)* tremor

**trench-coat** (pl **trench-coats**) /tʀɛnʃkot/ **NM** trench coat

**trentaine** /tʀɑ̃tɛn/ **NF** *(= âge, nombre)* about thirty, thirty or so ◆ **il a la** ~ he's about thirty, he's thirty-ish ◆ **il approche de la** ~ he's coming up to *ou* he's nearly thirty

**trente** /tʀɑ̃t/ **ADJ INV, NM INV** thirty ◆ **les années** ~ the (nineteen) thirties; → **concile, glorieux, guerre, tour²**; *pour loc voir* **six** **COMP** ▷ **trente et un** *(lit, Cartes)* thirty-one ◆ **être/se mettre sur son** ~ **et un** * to be wearing/put on one's Sunday best *ou* one's glad rags *, to be/get all dressed up to the nines *, to be/get dressed to kill *

**trente-et-quarante** /tʀɑ̃tekaʀɑ̃t/ **NM INV** *(Jeux)* trente et quarante

**trentenaire** /tʀɑ̃t(ə)nɛʀ/ **ADJ** thirty-year ◆ **(concession)** ~ thirty-year lease ◆ **(personne)** ~ thirty-year-old (person)

**trente-six** /tʀɑ̃tsis/ **ADJ INV** *(lit)* thirty-six; *( * = beaucoup)* umpteen * ◆ **il y en a** ~ **modèles** there are umpteen * models ◆ **il n'y a pas** ~ **possibilités** there aren't all that many choices ◆ **faire** ~ **choses en même temps** *ou* **à la fois** to (try to) do too many things at once, to (try to) do a hundred things at once ◆ **j'ai** ~ **mille choses à faire** I've a thousand and one things to do ◆ **voir** ~ **chandelles** * to see stars **NM INV** thirty-six ◆ **tous les** ~ **du mois** * once in a blue moon

**trente-sixième** /tʀɑ̃tsizjɛm/ **ADJ** thirty-sixth ◆ **être dans le** *ou* **au** ~ **dessous** to be in the depths of depression

**trentième** /tʀɑ̃tjɛm/ **ADJ, NMF** thirtieth; *pour loc voir* **sixième**

**trépan** /tʀepɑ̃/ **NM** *(Méd)* trephine, trepan; *(Tech)* trepan

**trépanation** /tʀepanasjɔ̃/ **NF** *(Méd)* trephination, trepanation

**trépané, e** /tʀepane/ (ptp de **trépaner**) **NM,F** *(Méd)* patient who has undergone trephination *ou* trepanation **ADJ** ◆ **être** ~ to have undergone trephination *ou* trepanation

**trépaner** /tʀepane/ ▸ conjug 1 ◂ **VT** *(Méd)* to trephine, to trepan

**trépas** /tʀepɑ/ **NM** *(littér)* demise, death; → **vie**

**trépassé, e** /tʀepɑse/ (ptp de **trépasser**) **ADJ** *(littér)* deceased, dead ◆ **les ~s** the departed ◆ **le jour** *ou* **la fête des Trépassés** *(Rel)* All Souls' (Day)

**trépasser** /tʀepɑse/ ▸ conjug 1 ◂ **VI** *(littér)* to pass away, to depart this life

**trépidant, e** /tʀepidɑ̃, ɑ̃t/ **ADJ** *[plancher]* vibrating, quivering; *[machine]* vibrating, throbbing; *[rythme]* pulsating *(épith)*, thrilling *(épith)*; *[vie]* hectic, busy

**trépidation** /tʀepidasjɔ̃/ **NF** *[de moteur, navire, train]* vibration; *(Méd)* trembling; *(fig) [de ville]* hustle and bustle

**trépider** /tʀepide/ ▸ conjug 1 ◂ **VI** *[plancher]* to vibrate, to reverberate; *[machine]* to vibrate, to throb

**trépied** /tʀepje/ **NM** *(gén)* tripod; *(dans l'âtre)* trivet

**trépignement** /tʀepiɲmɑ̃/ **NM** stamping (of feet) *(NonC)*

**trépigner** /tʀepiɲe/ ▸ conjug 1 ◂ **VI** to stamp one's feet ◆ ~ **d'impatience/d'enthousiasme** to stamp (one's feet) with impatience/with enthusiasm ◆ ~ **de colère** to stamp one's feet with rage, to be hopping mad *

**trépointe** /tʀepwɛ̃t/ **NF** welt

**tréponème** /tʀepɔnɛm/ **NM** treponema

**très** /tʀɛ/ **ADV** **a** *(avec adj)* very, most; *(devant certains ptp etc)* (very) much, greatly, highly ◆ ~ **intelligent/difficile** very *ou* most intelligent/difficult ◆ **il est** ~ **conscient de ...** he is very much aware of ... *ou* very conscious of ... ◆ ~ **admiré** greatly *ou* highly *ou* (very) much admired ◆ ~ **industrialisé/automatisé** highly industrialized/automatized ◆ **c'est un garçon** ~ **travailleur** he's a very hard-working lad, he's a very hard worker ◆ **elle est** ~ **grande dame** she is very much the great lady *ou* every bit a great lady ◆ **avoir** ~ **peur/faim** to be very frightened/hungry ◆ **elle a été vraiment** ~ **aimable** she was really most *ou* very kind ◆ **c'est** ~ **nécessaire** it's most *ou* absolutely essential ◆ **ils sont** ~ **amis/**~ **liés** they are great friends/very close (friends) ◆ **je suis** ~, ~ **content** I'm very, very *ou* terribly, terribly * pleased ◆ **j'ai** ~ **envie de le rencontrer** I would very much like to meet him, I'm very *ou* most anxious to meet him ◆ **un jeune homme** ~ **comme il faut** a well brought-up young man, a very respectable young man ◆ **un hebdomadaire** ~ **lu dans les milieux économiques** a magazine that's widely read *ou* that's read a lot in economic circles ◆ **être** ~ **à la page** * *ou* **dans le vent** * to be very *ou* terribly with-it * ◆ **je ne suis jamais** ~ **à mon aise avec lui** I never feel very *ou* particularly *ou* terribly * comfortable with him ◆ **êtes-vous fatigué ?** – **~/pas** ~ are you tired? – very *ou* terribly */not very *ou* not terribly *

**b** *(avec adv)* very ◆ ~ **peu de gens** very few people ◆ **c'est** ~ **bien écrit/fait** it's very well written/done ◆ **il est** ~ **en avant/arrière** *(sur le chemin)* he is well *ou* a long way ahead/behind; *(dans une salle)* he is well forward *ou* a long way to the front/well back *ou* a long way back ◆ ~ **bien, si vous insistez** all right *ou* very well, if you insist ◆ ~ **bien, je vais le lui expliquer** all right *ou* fine * *ou* very good *ou* OK *, I'll explain to him ◆ **travailler le samedi ?** ~ **peu pour moi !** work on Saturday? not likely! * *ou* not me!; → **peu**

**trésor** /tʀezɔʀ/ **NM** **a** *(= richesses enfouies)* treasure *(NonC)*; *(Jur : trouvé)* treasure-trove; *(fig = chose, personne, vertu précieuse)* treasure ◆ **découvrir un** ~ to find some treasure *ou* a treasure-trove ◆ **course** *ou* **chasse au/chercheur de** ~ treasure hunt/hunter

**b** *(= petit musée)* treasure-house, treasury ◆ **le** ~ **de Notre-Dame** the treasure-house of Notre-Dame

**c** *(gén pl = richesses)* treasure ◆ **les ~s du Louvre/de l'océan** the treasures *ou* riches of the Louvre/of the ocean ◆ **je vais chercher dans mes ~s** *(hum)* I'll look through my treasures *ou* precious possessions

**d** *(= abondance)* **des ~s de dévouement/de patience** a wealth of devotion/of patience, boundless devotion/patience ◆ **dépenser des ~s d'ingéniosité** to exercise considerable *ou* great ingenuity

**e** *(= ouvrage)* treasury

**f** *(Admin, Fin = ressources) [de roi, État]* exchequer, finances; *[d'organisation secrète]* finances, funds ◆ **le Trésor (public)** *(= service)* the public revenue department, ≃ the Treasury *(Brit)*, the Treasury Department *(US)*; → **bon²**

**g** *(affectif)* **mon (petit)** ~ my (little) treasure, my precious ◆ **tu es un** ~ **de m'avoir acheté ce livre** you're a (real) treasure for buying me this book

**h** *(Fin)* ~ **de guerre** war chest

**trésorerie** /tʀezɔʀʀi/ **NF** **a** *(= bureaux) [d'association]* accounts department ◆ **Trésorerie (générale** *ou* **principale)** *[de Trésor public]* ≃ public revenue office **b** *(= gestion)* accounts ◆ **leur** ~ **est bien/mal tenue** their accounts are well/badly kept **c** *(= argent disponible)* finances, funds ◆ **difficultés** *ou* **problèmes de** ~ cash shortage, cash (flow) problems, shortage of funds ◆ ~ **nette** net liquid assets **d** *(= fonction de trésorier)* treasurership

**trésorier, -ière** /tʀezɔʀje, jɛʀ/ **NM,F** *(gén) [de club, association]* treasurer ◆ **~-payeur général** *(Admin)* paymaster *(for a département)* ◆ ~ **d'entreprise** *(Fin)* company treasurer

**tressage** /tʀesaʒ/ **NM** **a** *[de cheveux, rubans]* plaiting, braiding *(US)*; *[de paille, fil]* plaiting; *[de câble, corde, cordon]* twisting **b** *[de panier, guirlande]* weaving

**tressaillement** /tʀesajmɑ̃/ **NM** **a** *(= frémissement) (de plaisir)* thrill, quiver; *(de peur)* shudder; *(de douleur)* wince ◆ **des ~s parcoururent l'animal** the animal twitched **b** *(= sursaut)* start **c** *[de plancher, véhicule]* shaking *(NonC)*, vibration

**tressaillir** /tʀesajiʀ/ ▸ conjug 13 ◂ **VI** **a** *(= frémir) (de plaisir)* to thrill, to quiver; *(de peur)* to shudder, to shiver; *(de douleur)* to wince; *[muscle, personne ou animal à l'agonie]* to twitch ◆ **son cœur tressaillait** his heart was fluttering **b** *(= sursauter)* to start, to give a start ◆ **faire** ~ **qn** to startle sb, to make sb jump **c** *[plancher, véhicule]* to shake, to vibrate

**tressautement** /tʀesotmɑ̃/ **NM** *(= sursaut)* start, jump; *(= secousses) [de voyageurs]* jolting *(NonC)*, tossing *(NonC)*; *[d'objets]* shaking *(NonC)*

**tressauter** /tʀesote/ ▸ conjug 1 ◂ **VI** **a** *(= sursauter)* to start, to jump ◆ **faire** ~ **qn** to startle sb, to make sb jump **b** *(= être secoué) [voyageurs]* to be jolted, to be tossed about; *[objets]* to be shaken about, to jump about ◆ **faire** ~ **les voyageurs** to toss the passengers about ◆ **les tasses tressautent sur le plateau** the cups are shaking *ou* jumping about on the tray

**tresse** /tʀɛs/ **NF** **a** *(= cheveux)* plait, braid *(US)* ◆ **se faire des ~s** to plait *(Brit) ou* braid *(US)* one's hair ◆ **~s africaines** dreadlocks **b** *(= cordon)* braid *(NonC)* **c** *(Archit = motif)* strapwork

**tresser** /tʀese/ ▸ conjug 1 ◂ **VT** **a** *[+ cheveux, rubans]* to plait, to braid *(US)*; *[+ paille, fil]* to plait; *[+ câble, corde, cordon]* to twist ◆ **chaussures en cuir tressé** lattice-work leather shoes **b** *[+ panier, guirlande]* to weave ◆ ~ **des**

**couronnes** *ou* **des lauriers à qn** *(fig)* to praise *ou* laud sb to the skies, to sing sb's praises

**tréteau** (pl **tréteaux**) /tʀeto/ NM **a** *(= support)* trestle ◆ **table à ~x** trestle table **b** *(Théât)* **les ~x** the boards, the stage ◆ **monter sur les ~x** to go on the stage

**treuil** /tʀœj/ NM winch, windlass

**treuiller** /tʀœje/ ▸ conjug 1 ◂ VT to winch up

**trêve** /tʀɛv/ NF **a** *(Mil, Pol)* truce; *(Sport)* midwinter break ◆ **~ de Dieu** *(Hist)* truce of God ◆ **~ des confiseurs** *(hum)* Christmas *ou* New Year (political) truce **b** *(= répit)* respite, rest ◆ **s'accorder une ~** to allow o.s. a (moment's) respite *ou* a rest ◆ **faire ~ à** *(littér)* [+ disputes, travaux] to rest from **c** ◆ **~ de** *(= assez de)* **~ de plaisanteries/polémique** enough of this joking/arguing ◆ **~ de plaisanteries, tu veux vraiment te marier avec lui ?** joking apart, do you really want to marry him? **d** ◆ **sans ~** *(= sans cesse)* unremittingly, unceasingly, relentlessly

**trévise** /tʀeviz/ NF radicchio lettuce

**tri** /tʀi/ NM **a** *(gén)* sorting out; *[de fiches, lettres, dossiers, linge]* sorting; *[de personnes]* selection; *[de patients à l'hôpital]* triage; *[de wagons]* shunting, marshalling; *(= calibrage)* grading; *(= tamisage)* sifting ◆ **le ~ sélectif des ordures ménagères** the selective sorting of household waste ◆ **faire le ~ de** *(gén)* to sort out; *[+ lettres, fiches, dossiers, linge]* to sort; *[+ personnes]* to select; *[+ wagons]* to marshal; *[+ déchets]* to sort through; *(en calibrant)* to grade; *(en tamisant)* to sift ◆ **faire le ~ entre les rumeurs et les faits** to sift *ou* separate fact from rumour ◆ **quand il dit quelque chose il faut toujours faire le ~** you shouldn't believe everything he says ◆ **le chômage m'a permis de faire le ~ entre mes vrais et mes faux amis** when I became unemployed I found out who my real friends were ◆ **on a procédé à des ~s successifs pour sélectionner les meilleurs candidats** they used a series of selection procedures to sift out the best candidates

**b** *(Poste)* sorting; *(Ordin)* sort, sorting ◆ **~ postal** sorting of mail ◆ **le (bureau de) ~** the sorting office

**tri...** /tʀi/ PRÉF tri... ◆ **triacétate** triacetate

**triacide** /tʀiasid/ NM triacid

**triade** /tʀijad/ NF triad

**triage** /tʀijaʒ/ NM ⇒ **tri**; → **gare**[1]

**trial** /tʀijal/ NM motocross, scrambling *(Brit)* ◆ **faire du ~** to do motocross, to go scrambling *(Brit)*; → **moto**

**triangle** /tʀijɑ̃gl/ NM *(Géom, Mus)* triangle ◆ **en ~** in a triangle ◆ **~ isocèle/équilatéral/rectangle/scalène** isosceles/equilateral/right-angled/scalene triangle ◆ **~s semblables/égaux** similar/equal triangles ◆ **~ quelconque** ordinary triangle ◆ **soit un ~ quelconque ABC** let ABC be any triangle ◆ **~ de signalisation** *(Aut)* warning triangle ◆ **le ~ des Bermudes** the Bermuda Triangle ◆ **le Triangle d'or** the Golden Triangle ◆ **un ~ amoureux** a love triangle

**triangulaire** /tʀijɑ̃gylɛʀ/ ADJ *[section, voile, prisme]* triangular; *[débat, tournoi]* three-cornered ◆ **commerce** *ou* **trafic ~** *(Hist)* triangular slave trade ◆ **relation ~** triangular *ou* three-way relationship NF *(= élection)* three-cornered (election) contest *ou* fight

**triangulation** /tʀijɑ̃gylasjɔ̃/ NF triangulation

**trianguler** /tʀijɑ̃gyle/ ▸ conjug 1 ◂ VT to triangulate

**trias** /tʀijɑs/ NM *(= terrain)* trias ◆ **le ~** *(= période)* the Triassic, the Trias

**triasique** /tʀijɑzik/ ADJ Triassic

**triathlète** /tʀi(j)atlɛt/ NMF triathlete

**triathlon** /tʀi(j)atlɔ̃/ NM triathlon

**triatomique** /tʀiatɔmik/ ADJ triatomic

**tribal, e** (mpl **-aux**) /tʀibal, o/ ADJ tribal

**tribalisme** /tʀibalism/ NM *(littér)* tribalism

**tribasique** /tʀibɑzik/ ADJ tribasic

**tribo-électricité** /tʀiboelɛktʀisite/ NF tribo-electricity

**tribo-électrique** /tʀiboelɛktʀik/ ADJ triboelectric

**triboluminescence** /tʀibolyminesɑ̃s/ NF triboluminescence

**tribord** /tʀibɔʀ/ NM starboard ◆ **à ~** to starboard, on the starboard side ◆ **hauban ~ arrière** aft starboard shroud

**tribu** /tʀiby/ NF *(gén)* tribe; *(fig)* clan ◆ **chef de ~** tribal chief ◆ **comment va la petite ~ ?*** how's the family?

**tribulations** /tʀibylasjɔ̃/ NFPL *(littér = mésaventures)* tribulations, trials, troubles

**tribun** /tʀibœ̃/ NM *(Hist romaine)* tribune; *(= orateur)* powerful orator; *(littér = défenseur)* tribune *(littér)*

**tribunal** (pl **-aux**) /tʀibynal, o/ NM **a** *(lit)* court ◆ **~ judiciaire/d'exception** judicial/special court ◆ **~ révolutionnaire/militaire** revolutionary/military tribunal ◆ **~ constitutionnel/international** constitutional/international court ◆ **~ fédéral** federal court ◆ **porter une affaire devant les tribunaux** to bring a case before the courts ◆ **déposer une plainte auprès des tribunaux** to instigate legal proceedings ◆ **comparaître devant un ~** to appear before a court ◆ **traduire qn devant un ~** to bring sb to court *ou* justice ◆ **traduire qn devant un ~ militaire** to court-martial sb ◆ **affaire renvoyée d'un ~ à l'autre** case referred from one court to another

**b** *(fig)* **le ~ des hommes** the justice of men ◆ **être jugé par le ~ suprême** *ou* **de Dieu** to appear before the judgment seat of God ◆ **être condamné par le ~ de l'histoire** to be condemned by the judgment of history, to be judged and condemned by history ◆ **s'ériger en ~ du goût/des mœurs** to set o.s. up as an arbiter of (good) taste/of morals

COMP ▷ **tribunal administratif** *tribunal dealing with internal disputes in the French civil service* ▷ **tribunal arbitral** arbitration court, court of arbitration ▷ **tribunal de commerce** commercial court ▷ **tribunal des conflits** jurisdictional court ▷ **tribunal correctionnel** ≃ magistrates' court *(dealing with criminal matters)* ▷ **tribunal pour enfants** juvenile court ▷ **tribunal de grande instance** ≃ county court ▷ **le Tribunal de l'Inquisition** the Tribunal of the Inquisition ▷ **tribunal d'instance** ≃ magistrates' court *(dealing with civil matters)* ▷ **tribunal pénal international** international criminal court ▷ **tribunal de police** police court ▷ **tribunal de première instance** † ⇒ **tribunal de grande instance**

**tribune** /tʀibyn/ NF **a** *(pour le public) [d'église, assemblée, tribunal]* gallery; *[de stade, champ de courses]* stand; *(couverte)* grandstand ◆ **~ d'honneur, ~ officielle** VIP stand ◆ **les ~s du public/de la presse** the public/press gallery ◆ **les applaudissements des ~s** applause from the stands ◆ **il avait une ~** he had a seat in the stand ◆ **~ du public** *(Parl)* visitors' gallery

**b** *(pour un orateur)* platform, rostrum ◆ **monter à la ~** to mount the platform *ou* rostrum, to stand up to speak; *(Parl = parler)* to address the House, to take the floor

**c** *(fig = débat)* forum ◆ **~ radiophonique** radio forum ◆ **offrir une ~ à la contestation** to offer a forum *ou* platform for protest ◆ **~ libre d'un journal** opinion column in *ou* of a newspaper ◆ **organiser une ~ sur un sujet d'actualité** to organize an open forum *ou* a free discussion on a topical issue ◆ **se présenter à l'élection pour avoir une ~ afin de faire connaître ses vues** to stand for election to give o.s. a platform from which to publicize one's views

COMP ▷ **tribune d'orgue** organ loft

> ⚠ **tribune** *ne se traduit pas par le mot anglais* **tribune**, *qui a le sens de 'tribun'.*

**tribut** /tʀiby/ NM *(lit, fig)* tribute ◆ **payer ~ au vainqueur** *(= argent)* to pay tribute to the conqueror ◆ **ils ont payé un lourd ~ à la maladie/guerre** disease/war has cost them dear, disease/war has taken a heavy toll (among them) ◆ **payer ~ à la nature** *(littér)* to go the way of all flesh, to pay the debt of nature

**tributaire** /tʀibytɛʀ/ ADJ **a** *(= dépendant)* **être ~ de** to be dependent *ou* reliant on **b** *(Géog)* **être ~ de** to be a tributary of, to flow into ◆ **rivière ~** tributary **c** *(Hist = qui paie tribut)* tributary ◆ **être ~ de qn** to be a tributary of sb, to pay tribute to sb

**tric** /tʀik/ NM ⇒ **trick**

**tricard** /tʀikaʀ/ NM *(arg Crime) ex-convict prohibited from entering certain French cities* ◆ **il est ~ dans le milieu du cyclisme** *(fig)* he's an outcast in the cycling world

**tricentenaire** /tʀisɑ̃t(ə)nɛʀ/ ADJ three-hundred-year-old *(épith)* NM tercentenary, tricentennial

**tricéphale** /tʀisefal/ ADJ *(littér)* three-headed

**triceps** /tʀisɛps/ ADJ, NM ◆ **(muscle) ~** triceps (muscle) ◆ **~ brachial/crural** brachial/crural triceps

**triche*** /tʀiʃ/ NF cheating ◆ **c'est de la ~** it's cheating *ou* a cheat

**tricher** /tʀiʃe/ ▸ conjug 1 ◂ VI *(gén)* to cheat ◆ **~ au jeu** to cheat at gambling ◆ **~ sur son âge** to lie about *ou* cheat over one's age ◆ **~ sur le poids/la longueur** to cheat over *ou* on the weight/the length, to give short weight/short measure ◆ **~ sur les prix** to cheat over the price, to overcharge ◆ **~ en affaires/en amour** to cheat in business/in love ◆ **on a dû ~ un peu : un des murs est en contre-plaqué** we had to cheat a bit – one of the walls is plywood

**tricherie** /tʀiʃʀi/ NF *(= tromperie)* cheating *(NonC)* ◆ **gagner par ~** to win by cheating ◆ **c'est une ~** *ou* **de la ~** it's cheating *ou* a cheat ◆ **on s'en tire avec une petite ~** *(= astuce)* we get round the problem by cheating a bit

**tricheur, -euse** /tʀiʃœʀ, øz/ NM,F *(gén)* cheat; *(en affaires)* swindler, trickster, cheat

**trichloréthylène** /tʀiklɔʀetilɛn/ NM trichlorethylene, trichloroethylene

**trichomonas** /tʀikɔmɔnɑs/ NM trichomonad

**trichrome** /tʀikʀom/ ADJ *(Tech)* three-colour *(épith)* *(Brit)*, three-color *(épith)* *(US)*, trichromatic

**trichromie** /tʀikʀɔmi/ NF *(Tech)* three-colour *(Brit)* *ou* three-color *(US)* process

**trick** /tʀik/ NM *(Bridge)* seventh trick

**tricolore** /tʀikɔlɔʀ/ ADJ *(gén)* three-coloured *(Brit)*, three-colored *(US)*, tricolour(ed) *(frm)* *(Brit)*, tricolor(ed) *(frm)* *(US)*; *(= aux couleurs françaises)* red, white and blue ◆ **le drapeau ~** the (French) tricolour ◆ **le chauvinisme ~** *(fig)* French *ou* Gallic chauvinism ◆ **l'équipe ~*, les ~s*** *(Sport)* the French team

**tricorne** /tʀikɔʀn/ **NM** three-cornered hat, tricorn(e)

**tricot** /tʀiko/ **NM** **a** *(= vêtement)* sweater, jersey, jumper *(Brit)* ◆ ~ **de corps** vest *(Brit)*, undershirt *(US)* ◆ **emporte des ~s** take some woollens *ou* woollies* *(Brit)* with you **b** *(= technique)* knitting *(NonC)*; *(= ouvrage) (gén)* knitting *(NonC)*; *(Comm)* knitwear *(NonC)* ◆ **faire du** ~ to knit, to do some knitting ◆ ~ **jacquard** Jacquard knitwear ◆ ~ **plat** ordinary knitting, knitting on 2 needles ◆ ~ **rond** knitting on 4 needles; → **point²** **c** *(= tissu)* knitted fabric ◆ **en** ~ knitted ◆ **vêtements de** ~ knitwear

**tricotage** /tʀikɔtaʒ/ **NM** knitting

**tricoter** /tʀikɔte/ ▸ conjug 1 ◂ **VT** *[+ vêtement, maille]* to knit ◆ **écharpe tricotée (à la) main** hand-knit(ted) scarf **VI** **a** *(lit)* to knit ◆ ~ **serré/lâche** to be a tight/loose knitter ◆ ~ **à la main** to knit by hand ◆ ~ **à la machine** to machine-knit; → **aiguille, laine, machine** **b** *(*fig) [cycliste]* to pedal fast, to twiddle* *(Brit)*; *[danseur]* to prance about *ou* jig about like crazy *ou* like a mad thing* *(Brit)* ◆ ~ **des jambes** *[fugitif]* to run like mad*; *[danseur]* to prance about *ou* jig about madly*; *[bébé]* to kick its legs

**tricoteur, -euse** /tʀikɔtœʀ, øz/ **NM,F** knitter ◆ ~ **de filets** netmaker **NF** **tricoteuse** *(= machine)* knitting machine; *(= meuble)* tricoteuse

**trictrac** /tʀiktʀak/ **NM** *(Hist) (= jeu)* backgammon; *(= partie)* game of backgammon; *(= plateau)* backgammon board

**tricycle** /tʀisikl/ **NM** *[d'enfant]* tricycle ◆ **faire du** ~ to ride a tricycle ◆ ~ **à moteur** motorized tricycle

**tridactyle** /tʀidaktil/ **ADJ** tridactyl, tridactylous

**trident** /tʀidɑ̃/ **NM** *(Myth)* trident; *(Pêche)* trident, fish-spear; *(Agr)* three-pronged fork

**tridimensionnel, -elle** /tʀidimɑ̃sjɔnɛl/ **ADJ** three-dimensional

**trièdre** /tʀi(j)ɛdʀ/ **ADJ** trihedral **NM** trihedron

**triennal, e** (mpl **-aux**) /tʀijenal, o/ **ADJ** *[prix, foire, élection]* triennial, three-yearly; *[charge, mandat, plan]* three-year *(épith)*; *[magistrat, président]* elected *ou* appointed for three years ◆ **assolement** ~ *(Agr)* three-year rotation of crops

**trier** /tʀije/ ▸ conjug 7 ◂ **VT** **a** *(= classer) (gén)* to sort out; *[+ lettres, fiches]* to sort; *[+ wagons]* to marshal; *[+ fruits]* to sort; *(en calibrant)* to grade **b** *(= sélectionner) [+ grains, visiteurs]* to sort out; *[+ candidats]* to select, to pick; *[+ lentilles]* to pick over; *(en tamisant)* to sift ◆ **triés sur le volet** *(fig)* hand-picked ◆ **il raconte un peu n'importe quoi, il faut** ~ he talks a lot of nonsense sometimes, you have to decide what to listen to ◆ **mets ça sur la table, on va** ~ *(hum)* say what you want to say and we'll decide

**trieur, trieuse** /tʀijœʀ, tʀijøz/ **NM,F** *(= personne)* sorter; *(en calibrant)* grader ◆ ~ **de minerai/de légumes** ore/vegetable grader **NM** *(= machine)* sorter ◆ ~ **de grains** grain sorter ◆ **~-calibreur** *[de fruits]* sorter; *[d'œufs]* grader, grading machine **NF** **trieuse** *(= machine)* sorter; *[d'ordinateur, photocopieur]* sorting machine

**trifolié, e** /tʀifɔlje/ **ADJ** trifoliate, trifoliated

**trifouiller*** /tʀifuje/ ▸ conjug 1 ◂ **VT** to rummage about in, to root about in **VI** to rummage about, to root about ◆ **il trifouillait dans le moteur** he was poking about* in the engine

**triglycéride** /tʀigliseʀid/ **NM** triglyceride

**triglyphe** /tʀiglif/ **NM** triglyph

**trigo*** /tʀigo/ **NF** (abrév de **trigonométrie**) trig*

**trigonométrie** /tʀigɔnɔmetʀi/ **NF** trigonometry

**trigonométrique** /tʀigɔnɔmetʀik/ **ADJ** trigonometric(al)

**trijumeau** (pl **trijumeaux**) /tʀiʒymo/ **ADJ M, NM** ◆ **(nerf)** ~ trigeminal *ou* trifacial nerve

**trilatéral, e** (mpl **-aux**) /tʀilateʀal, o/ **ADJ** **a** *(Géom)* trilateral, three-sided **b** *(Écon) [accords]* tripartite ◆ **la (commission)** ~**e** the Trilateral Commission

**trilingue** /tʀilɛ̃g/ **ADJ** *[dictionnaire, secrétaire]* trilingual ◆ **il est** ~ he's trilingual, he speaks three languages

**trille** /tʀij/ **NM** *[d'oiseau, flûte]* trill ◆ **faire des ~s** to trill

**trillion** /tʀiljɔ̃/ **NM** trillion

**trilobé, e** /tʀilɔbe/ **ADJ** *[feuille]* trilobate; *[ogive]* trefoil *(épith)*

**trilogie** /tʀilɔʒi/ **NF** trilogy

**trimaran** /tʀimaʀɑ̃/ **NM** trimaran

**trimard** † * /tʀimaʀ/ **NM** road ◆ **prendre le** ~ to take to *ou* set out on the road

**trimarder** † * /tʀimaʀde/ ▸ conjug 1 ◂ **VI** *(= vagabonder)* to walk the roads, to be on the road **VT** *(= transporter)* to lug* *ou* cart* along

**trimardeur, -euse** † * /tʀimaʀdœʀ, øz/ **NM,F** *(= vagabond)* tramp, hobo *(US)*

**trimbal(l)age** * /tʀɛ̃balaʒ/, **trimbal(l)ement** * /tʀɛ̃balmɑ̃/ **NM** *[de bagages, marchandises]* carting *ou* lugging around*

**trimbal(l)er** /tʀɛ̃bale/ ▸ conjug 1 ◂ **VT** * *[+ bagages, marchandises]* to lug* *ou* cart* around; *(péj) [+ personne]* to trail along; *[+ rhume]* to carry around ◆ **ces enfants sont sans cesse trimballés du domicile de la mère à celui du père** these children are forever being dragged back and forth between their mother's home and their father's home ◆ **qu'est-ce qu'il trimballe !** ‡ *(idiot)* he's as dumb *ou* thick *(Brit)* as they come ‡ ◆ **qu'est-ce que je trimballe !** ‡ *(rhume)* I've got a bloody awful cold ‡ *(Brit)* **VPR** **se trimbal(l)er** ‡ to trail along ◆ **on a dû se trimbal(l)er en voiture jusque chez eux** we had to trail over to their place in the car ◆ **il a fallu que je me trimballe jusqu'à la gare avec mes valises** I had to trail all the way to the station with my suitcases

**trimer** * /tʀime/ ▸ conjug 1 ◂ **VI** to slave away ◆ **faire ~ qn** to keep sb's nose to the grindstone, to drive sb hard, to keep sb hard at it*

**trimestre** /tʀimɛstʀ/ **NM** **a** *(= période) (gén, Comm)* quarter; *(Scol)* term ◆ **premier/second/troisième** ~ *(Scol)* autumn/winter/summer term ◆ **payer par** ~ to pay quarterly **b** *(= loyer)* quarter, quarter's rent; *(= frais de scolarité)* term's fees; *(= salaire)* quarter's income

**trimestriel, -elle** /tʀimɛstʀijɛl/ **ADJ** *[publication]* quarterly; *[paiement]* three-monthly, quarterly; *[fonction, charge]* three-month *(épith)*, for three months *(attrib)*; *(Scol) [bulletin, examen]* end-of-term *(épith)*, termly *(épith)*

**trimestriellement** /tʀimɛstʀijɛlmɑ̃/ **ADV** *[payer]* on a quarterly *ou* three-monthly basis, every quarter, every three months; *[publier]* quarterly; *(Scol)* once a term

**trimètre** /tʀimɛtʀ/ **NM** trimeter

**trimoteur** /tʀimɔtœʀ/ **NM** three-engined aircraft

**tringle** /tʀɛ̃gl/ **NF** **a** *(Tech)* rod ◆ ~ **à rideaux** curtain rod *ou* rail **b** *(Archit = moulure)* tenia

**tringler** /tʀɛ̃gle/ ▸ conjug 1 ◂ **VT** **a** *(Tech)* to mark with a line **b** *(*‡: sexuellement)* to lay‡, to screw*‡, to fuck*‡ ◆ **se faire** ~ to get laid‡

**trinidadien, -ienne** /tʀinidjɛ̃, jɛn/ **ADJ** Trinidadian **NM,F** **Trinidadien(ne)** Trinidadian

**trinitaire** /tʀinitɛʀ/ **ADJ, NMF** *(Rel)* Trinitarian

**trinité** /tʀinite/ **NF** **a** *(= triade)* trinity ◆ **la Trinité** *(= dogme)* the Trinity; *(= fête)* Trinity Sunday ◆ **à la Trinité** on Trinity Sunday ◆ **la sainte Trinité** the Holy Trinity; → **Pâques** **b** *(Géog)* **Trinité-et-Tobago** Trinidad and Tobago ◆ **(l'île de) la Trinité** Trinidad

**trinitrobenzène** /tʀinitʀobɛ̃zɛn/ **NM** trinitrobenzene

**trinitrotoluène** /tʀinitʀotɔlɥɛn/ **NM** trinitrotoluene, trinitrotoluol

**trinôme** /tʀinom/ **NM** *(Math)* trinomial

**trinquer** /tʀɛ̃ke/ ▸ conjug 1 ◂ **VI** **a** *(= porter un toast)* to clink glasses; *(= boire)* to drink ◆ ~ **à qch** to drink to sth ◆ ~ **à la santé de qn** to drink sb's health **b** *( * = être puni)* to take the rap* ◆ **il a trinqué pour les autres** he took the rap for the others* **c** *(= être endommagé)* to be damaged ◆ **c'est l'aile qui a trinqué** the wing got the worst of the damage **d** *( † * = trop boire)* to booze* **e** *( † = se heurter)* to knock *ou* bump into one another

**trinquet** /tʀɛ̃kɛ/ **NM** *(Naut)* foremast

**trinquette** /tʀɛ̃kɛt/ **NF** *(Naut)* fore(-topmast) staysail

**trio** /tʀijo/ **NM** *(Mus)* trio; *(= groupe)* threesome, trio ◆ ~ **urbain** *(Courses) system of betting on three horses in any order*

**triode** /tʀijɔd/ **NF** triode

**triolet** /tʀijɔlɛ/ **NM** *(Mus)* triplet; *(Hist Littérat)* triolet

**triomphal, e** (mpl **-aux**) /tʀijɔ̃fal, o/ **ADJ** *[marche]* triumphal; *[succès]* triumphant, resounding; *[entrée, accueil, geste, air, élection]* triumphant; *(Hist romaine)* triumphal ◆ **ce chanteur a fait un retour** ~ **en France** this singer has made a triumphant comeback in France

**triomphalement** /tʀijɔ̃falmɑ̃/ **ADV** *[accueillir, saluer]* in triumph; *[annoncer]* triumphantly ◆ **le président a été réélu** ~ the president was triumphantly re-elected

**triomphalisme** /tʀijɔ̃falism/ **NM** triumphalism ◆ **ne faisons pas de** ~ let's not gloat

**triomphaliste** /tʀijɔ̃falist/ **ADJ** *[discours, slogan]* triumphalist ◆ **sur un ton** ~ gloatingly, exultantly

**triomphant, e** /tʀijɔ̃fɑ̃, ɑ̃t/ **ADJ** triumphant ◆ **l'Église ~e** the Church triumphant

**triomphateur, -trice** /tʀijɔ̃fatœʀ, tʀis/ **ADJ** *[parti, nation]* triumphant **NM,F** *(= vainqueur)* triumphant victor **NM** *(Hist romaine)* triumphant general

**triomphe** /tʀijɔ̃f/ **NM** **a** *(Mil, Pol, Sport, gén)* triumph ◆ **cet acquittement représente le** ~ **de la justice/du bon sens** this acquittal represents the triumph of *ou* is a triumph for justice/common sense **b** *(Hist romaine, gén = honneurs)* triumph ◆ **en** ~ in triumph ◆ **porter qn en** ~ to bear *ou* carry sb in triumph, to carry sb shoulder-high (in triumph); → **arc** **c** *(= exultation)* triumph ◆ **air/cri de** ~ air/cry of triumph, triumphant air/cry **d** *(= succès)* triumph ◆ **cette pièce/cet artiste a remporté** *ou* **fait un** ~ this play/this artist has been *ou* had a triumphant success ◆ **ce film/livre est un vrai** ~ this film/book is a triumphant success ◆ **j'ai le** ~ **modeste** I'm not one to boast ◆ **le public lui a fait un** ~ the audience gave him an ovation

**triompher** /tʀijɔ̃fe/ ► conjug 1 ◄ VI a *(militairement)* to triumph; *(aux élections, en sport, gén)* to triumph, to win; *[cause, raison]* to prevail, to be triumphant ◆ **faire ~ une cause** to bring *ou* give victory to a cause ◆ **ses idées ont fini par ~** his ideas eventually prevailed *ou* won the day; → **vaincre** b *(= crier victoire)* to exult, to rejoice c *(= exceller)* to triumph, to excel ◆ **~ dans un rôle** *[acteur]* to give a triumphant performance in a role VT INDIR **triompher de** *[+ ennemi]* to triumph over, to vanquish; *[+ concurrent, rival]* to triumph over, to overcome; *[+ obstacle, difficulté]* to triumph over, to surmount, to overcome; *[+ peur, timidité]* to conquer, to overcome

**trip** * /tʀip/ NM *(arg Drogue)* trip *(arg)* ◆ **il est en plein ~, il fait un ~** he's tripping ◆ **c'est pas mon ~** *(fig)* it's not my thing * *ou* my scene * ◆ **elle est dans son ~ végétarien** she's going through a vegetarian phase at the moment

**tripaille** ‡ /tʀipɑj/ NF *(péj)* guts *, innards

**triparti, e** /tʀipaʀti/ ADJ *(Bot, Pol = à trois éléments)* tripartite; *(Pol = à trois partis)* three-party *(épith)*

**tripartisme** /tʀipaʀtism/ NM three-party government

**tripartite** /tʀipaʀtit/ ADJ ⇒ **triparti**

**tripatouillage** * /tʀipatujaʒ/ NM *(péj)* a *(= remaniement) [de texte]* fiddling about * (*de* with); *[de comptes, résultats électoraux]* fiddling * (*de* with); *[statistiques]* fiddling, juggling (*de* with) b *(= opération malhonnête)* fiddle * ◆ **~ électoral** election rigging

**tripatouiller** * /tʀipatuje/ ► conjug 1 ◄ VT *(péj)* a *(= remanier) [+ texte]* to fiddle about with *; *[+ comptes, résultats électoraux]* to fiddle *, to tamper with; *[+ statistiques]* to fiddle with, to massage * b *(= tripoter) [+ objet]* to fiddle *ou* mess about with *, to toy with; *[+ moteur, moto, machine]* to tinker with *; *[+ personne]* to paw *

**tripatouilleur, -euse** * /tʀipatujœʀ, øz/ NM,F *(péj) (= touche-à-tout)* fiddler *; *(= affairiste)* grafter * *(péj)*

**tripe** /tʀip/ NFPL **tripes** a *(Culin)* tripe ◆ **~s à la mode de Caen/à la lyonnaise** tripe à la mode de Caen/à la Lyonnaise b *(* = intestins)* guts * ◆ **rendre ~s et boyaux** to be as sick as a dog * ◆ **il joue avec ses ~s** *[comédien]* he puts his heart and soul into it ◆ **ça vous prend aux ~s** it gets you right there * ◆ **c'est un spectacle qui vous remue les ~s** it's a gut-wrenching performance ◆ **il n'a vraiment pas de ~s** *(= courage)* he's got no guts * NF *(* = fibre)* ◆ **avoir la ~ républicaine/royaliste** to be a republican/a royalist through and through *ou* to the core

**triper** ‡ /tʀipe/ ► conjug 1 ◄ VI *(Drogue)* to trip ◆ **ça/elle me fait ~** it/she blows my mind *

**triperie** /tʀipʀi/ NF *(= boutique)* tripe shop; *(= commerce)* tripe trade

**tripette** * /tʀipɛt/ NF → **valoir**

**triphasé, e** /tʀifɑze/ ADJ three-phase NM three-phase current

**triphtongue** /tʀiftɔ̃g/ NF triphthong

**tripier, -ière** /tʀipje, jɛʀ/ NM,F tripe butcher

**triplace** /tʀiplas/ ADJ, NM three-seater

**triplan** /tʀiplɑ̃/ NM triplane

**triple** /tʀipl/ ADJ a *(= à trois éléments ou aspects)* triple; *(= trois fois plus grand)* treble, triple ◆ **le prix est ~ de ce qu'il était** the price is three times *ou* treble what it was, the price has trebled ◆ **faire qch en ~ exemplaire** to make three copies of sth, to do sth in triplicate ◆ **ce livre, je l'ai en ~** I've got three copies of this book ◆ **il faut que l'épaisseur soit ~** three thicknesses are needed, a treble thickness is needed ◆ **avec ~ couture** triple stitched ◆ **avec ~ semelle** with a three-layer sole ◆ **l'inconvénient est ~, il y a un ~ inconvénient** there are three disadvantages, the disadvantages are threefold ◆ **naissance ~** birth of triplets ◆ **prendre une ~ dose** to take three times the dose, to take a triple dose (*de* of)

b *(intensif)* **c'est un ~ idiot** he's a prize idiot ◆ **~ idiot !** you stupid idiot! *ou* fool!

NM ◆ **9 est le ~ de 3** 9 is three times 3 ◆ **manger/gagner le ~ (de qn)** to eat/earn three times as much (as sb *ou* as sb does) ◆ **celui-ci pèse le ~ de l'autre** this one weighs three times as much as the other *ou* is three times *ou* treble the weight of the other ◆ **c'est le ~ du prix normal/de la distance Paris-Londres** it's three times *ou* treble the normal price/the distance between Paris and London ◆ **on a mis le ~ de temps à le faire** it took three times as long *ou* treble the time to do it

COMP ▷ **la Triple Alliance** the Triple Alliance ▷ **triple saut** triple jump ▷ **triple saut périlleux** triple somersault; → **croche, entente, galop, menton**

**triplé, e** /tʀiple/ (ptp de **tripler**) NM a *(Courses) [de chevaux]* treble *(betting on three different horses in three different races)* b *(Sport) [d'athlète]* triple success; *(Ftbl)* hat trick ◆ **il a réussi un beau ~** *[athlète]* he came first in three events; *[footballeur]* he scored a hat trick ◆ **réussir le ~ dans le 4 000 mètres** *[équipe]* to win the first three places *ou* come 1st, 2nd and 3rd in the 4,000 metres NMPL **triplés** *(= bébés)* triplets; *(= garçons)* boy triplets NFPL **triplées** *(= bébés)* girl triplets

**triplement** /tʀipləmɑ̃/ ADV a *(= pour trois raisons)* in three ways b *(= à un degré triple)* trebly, three times over NM *[de prix, bénéfices, nombre]* trebling, tripling, threefold increase (*de* in); ◆ **cette politique s'est traduite par un ~ de l'endettement public** this policy has caused national debt to treble *ou* triple, this policy has brought about a threefold increase in the national debt

**tripler** /tʀiple/ ► conjug 1 ◄ VT *(gén)* to treble, to triple; *(Scol, Univ) [+ classe]* to do for the third time ◆ **il tripla la dose** he made the dose three times as big, he tripled *ou* trebled the dose ◆ **~ la longueur/l'épaisseur de qch** to treble *ou* triple the length/the thickness of sth, to make sth three times as long/thick ◆ **~ sa mise** to treble one's stake VI to triple, to treble, to increase threefold ◆ **~ de valeur/de poids/de volume** to treble in value/in weight/in volume ◆ **le chiffre d'affaires a triplé en un an** turnover has tripled *ou* trebled in a year ◆ **la population de la ville a triplé depuis la guerre** the town's population has tripled *ou* trebled since the war, there has been a threefold increase in the town's population since the war

**triplette** /tʀiplɛt/ NF *(Boules)* threesome

**Triplex** ® /tʀiplɛks/ NM *(= verre)* laminated safety glass, Triplex ® *(Brit)*

**triplex** /tʀiplɛks/ NM *(= appartement)* three-storey apartment *ou* flat *(Brit)*, triplex *(US)*

**triploïde** /tʀiplɔid/ ADJ triploid

**tripode** /tʀipɔd/ ADJ tripodal ◆ **mât ~** tripod (mast) NM tripod

**Tripoli** /tʀipɔli/ N Tripoli

**triporteur** /tʀipɔʀtœʀ/ NM delivery tricycle

**tripot** /tʀipo/ NM *(péj)* dive *, joint *

**tripotage** * /tʀipɔtaʒ/ NM *(péj)* a *(= attouchements) [de personne, partie du corps]* groping *, feeling up * b *(= manigances)* jiggery-pokery * *(NonC)* ◆ **~s électoraux** election rigging

**tripotée** ‡ /tʀipɔte/ NF a *(= correction)* belting ‡, hiding *, thrashing b *(= grand nombre)* **une ~ de ...** loads * of ..., lots of ... ◆ **avoir toute une ~ d'enfants** to have a whole string of children *

**tripoter** * /tʀipɔte/ ► conjug 1 ◄ *(péj)* VT a *[+ objet, fruit]* to fiddle with, to finger; *(machinalement) [+ montre, stylo, bouton]* to fiddle with, to play with, to toy with ◆ **se ~ le nez/la barbe** to fiddle with one's nose/one's beard ◆ **elle tripotait nerveusement ses bagues** she was playing with *ou* fiddling with her rings nervously b *[+ personne, partie du corps]* to grope *, to feel up * ◆ **se faire ~** to be groped *, to be felt up * ◆ **se ~** to play with o.s. VI a *(= fouiller)* to root about, to rummage about ◆ **~ dans les affaires de qn/dans un tiroir** to root about *ou* rummage about in sb's things/in a drawer b *(= trafiquer)* to be involved in some shady business

**tripoteur, -euse** * /tʀipɔtœʀ, øz/ NM,F *(péj) (= affairiste)* shark *, shady dealer *; *(‡ = peloteur)* groper *

**tripous, tripoux** /tʀipu/ NMPL *dish (from Auvergne) of sheep's offal and sheep's feet*

**triptyque** /tʀiptik/ NM a *(Art, Littérat)* triptych b *(Admin = classement)* triptyque

**triquard** /tʀikaʀ/ NM → **tricard**

**trique** /tʀik/ NF cudgel ◆ **il les mène à la ~** *(fig)* he's a real slave driver ◆ **donner des coups de ~ à** to cudgel, to thrash ◆ **maigre** *ou* **sec comme un coup de ~** as skinny as a rake ◆ **avoir la ~** *‡* to have a hard-on *‡*

**trirectangle** /tʀiʀɛktɑ̃gl/ ADJ trirectangular

**trirème** /tʀiʀɛm/ NF trireme

**trisaïeul** (pl **trisaïeuls**) /tʀizajœl, ø/ NM great-great-grandfather

**trisaïeule** /tʀizajœl/ NF great-great-grandmother

**trisannuel, -elle** /tʀizanɥɛl/ ADJ *[fête, plante]* triennial

**trisection** /tʀisɛksjɔ̃/ NF *(Géom)* trisection

**trisomie** /tʀizɔmi/ NF trisomy ◆ **~ 21** Down's syndrome, trisomy 21

**trisomique** /tʀizɔmik/ ADJ trisomic NMF trisome ◆ **~ 21** person with Down's syndrome

**trisser (se)** ‡ /tʀise/ ► conjug 1 ◄ VPR *(= partir)* to clear off *, to skedaddle *

**trissyllabe** /tʀisi(l)lab/ ADJ, NM ⇒ **trisyllabe**

**trissyllabique** /tʀisi(l)labik/ ADJ ⇒ **trisyllabique**

**Tristan** /tʀistɑ̃/ NM Tristan, Tristram ◆ **~ et Iseu(l)t** Tristan and Isolde

**triste** /tʀist/ ADJ a *(= malheureux, affligé) [personne]* sad, unhappy; *[regard, sourire]* sad, sorrowful ◆ **d'un air ~** sadly, with a sad look ◆ **d'une voix ~** sadly, in a sad *ou* sorrowful voice ◆ **un enfant à l'air ~** a sad-looking *ou* an unhappy-looking child ◆ **les animaux en cage ont l'air ~** caged animals look sad *ou* miserable ◆ **être ~ à l'idée** *ou* **à la pensée de partir** to be sad at the idea *ou* thought of leaving ◆ **elle était ~ de voir partir ses enfants** she was sad to see her children go

b *(= sombre, maussade) [personne]* sad, gloomy; *[pensée]* sad, depressing; *[couleur, temps, journée]* dreary, depressing, dismal; *[paysage]* bleak, dreary ◆ **il aime les chansons ~s** he likes sad *ou* melancholy songs ◆ **~ à pleurer** terribly sad ◆ **~ à mourir** *[personne, ambiance, musique]* utterly depressing ◆ **il est ~ comme un bonnet de nuit** he's as miserable as sin ◆ **son père est un homme ~** his father is a rather joyless man ◆ **avoir** *ou*

**faire ~ mine** *ou* **figure** to cut a sorry figure, to look a sorry sight ◆ **faire ~ mine** *ou* **figure à qn** to give sb a cool reception, to greet sb unenthusiastically; → **vin**

c *(= attristant, pénible) [nouvelle, épreuve, destin]* sad ◆ **depuis ces ~s événements** since these sad events took place ◆ **c'est une ~ nécessité** it's a painful necessity, it's sadly necessary ◆ **c'est la ~ réalité** that's the grim *ou* sad reality ◆ **il se lamente toujours sur son ~ sort** he's always bewailing his unhappy *ou* sad fate ◆ **ce furent des mois bien ~s** these were very sad *ou* unhappy months ◆ **ce pays détient le ~ record de l'alcoolisme** this country holds the unenviable record for having the highest rate of alcoholism ◆ **il aura le ~ privilège d'annoncer ...** he'll have the dubious privilege of announcing ... ◆ **c'est ~ à dire mais ...** it's sad to say but ... ◆ **~ chose que ...** it is sad that ... ◆ **depuis son accident, il est dans un ~ état** (ever) since his accident he has been in a sad *ou* sorry state ◆ **c'est pas ~ !** * *(= c'est amusant)* it's a laugh a minute! *; *(= c'est difficile)* it's really tough! *, it's no joke! *; *(= c'est la pagaille)* it's a real mess!; → **abandonner**

d *(avant n : péj = lamentable)* **quelle ~ époque !** what sad times we live in! ◆ **une ~ réputation/affaire** a sorry reputation/business ◆ **un ~ sire** *ou* **personnage** an unsavoury *ou* dreadful individual ◆ **ses ~s résultats à l'examen** his wretched *ou* deplorable exam results

**tristement** /tʀistəmɑ̃/ ADV a *(= d'un air triste)* sadly, sorrowfully b *(= de façon lugubre)* sadly, gloomily, glumly c *(valeur intensive, péjorative)* sadly, regrettably ◆ **~ célèbre** notorious (*pour* for); ◆ **c'est ~ vrai** it's sad but true

**tristesse** /tʀistɛs/ GRAMMAIRE ACTIVE 51.4 NF a *(= caractère, état) [de personne, pensée]* sadness, gloominess; *[de couleur, temps, journée]* dreariness; *[de paysage]* sadness, bleakness, dreariness ◆ **il sourit toujours avec une certaine ~** there is always a certain sadness in his smile ◆ **enclin à la ~** given to melancholy, inclined to be gloomy *ou* sad b *(= chagrin)* sadness *(NonC)*, sorrow ◆ **avoir un accès de ~** to be overcome by sadness ◆ **les ~s de la vie** life's sorrows, the sorrows of life ◆ **c'est avec une grande ~ que nous apprenons son décès** it is with deep sadness *ou* sorrow that we have learned of his death

**tristounet, -ette** * /tʀistunɛ, ɛt/ ADJ *[temps, nouvelles]* gloomy, depressing ◆ **il avait l'air ~** he looked a bit down in the mouth * *ou* down in the dumps *

**trisyllabe** /tʀisi(l)lab/ ADJ trisyllabic NM trisyllable

**trisyllabique** /tʀisi(l)labik/ ADJ trisyllabic

**trithérapie** /tʀiteʀapi/ NF triple *or* combination therapy

**tritium** /tʀitjɔm/ NM tritium

**Triton** /tʀitɔ̃/ NM *(Myth)* Triton

**triton**[1] /tʀitɔ̃/ NM *(= mollusque)* triton; *(= amphibien)* newt

**triton**[2] /tʀitɔ̃/ NM *(Mus)* tritone, augmented fourth

**trituration** /tʀityʀasjɔ̃/ NF a *(= broyage)* grinding up, trituration *(SPÉC)* ◆ **bois de ~** wood pulp b *[de pâte]* pummelling, kneading c *(= manipulation)* manipulation

**triturer** /tʀityʀe/ ▸ conjug 1 ◂ VT a *(= broyer) [+ sel, médicament, fibres]* to grind up, to triturate *(SPÉC)* b *(= malaxer) [+ pâte]* to pummel, to knead ◆ **ce masseur vous triture les chairs** this masseur really pummels you c *(= manipuler) [+ objet]* to fiddle with ◆ **elle triturait nerveusement son mouchoir** she was twisting her handkerchief nervously ◆ **se ~ la cervelle** * *ou* **les méninges** * to rack *ou* cudgel one's brains *

**triumvir** /tʀijɔmviʀ/ NM triumvir

**triumviral, e** (mpl **-aux**) /tʀijɔmviʀal, o/ ADJ triumviral

**triumvirat** /tʀijɔmviʀa/ NM triumvirate

**trivalence** /tʀivalɑ̃s/ NF trivalence, trivalency

**trivalent, e** /tʀivalɑ̃, ɑ̃t/ ADJ trivalent

**trivalve** /tʀivalv/ ADJ trivalve

**trivial, e** (mpl **-iaux**) /tʀivjal, jo/ ADJ a *(= commun) [objet, acte, détail, matière]* ordinary ◆ **la réalité ~e** the mundane reality ◆ **la communication ~e** everyday communication ◆ **s'il faut entrer dans des considérations ~es** if we want to get down to the nitty gritty *, if we want to get down to brass tacks b *(frm) (= vulgaire) [expression]* colloquial ◆ **selon une expression ~e** to use a colloquial expression ◆ **l'image est odieusement ~e** the image is terribly undignified c *(Math)* trivial NM ◆ **le ~** the ordinary; *(plus péjoratif)* the mundane

> ⚠ **trivial** *se traduit rarement par le mot anglais* **trivial**, *qui a le sens de 'insignifiant'.*

**trivialement** /tʀivjalmɑ̃/ ADV a *(= banalement)* **la matière sous sa forme la plus ~ physiologique** matter at the most basically physiological level ◆ **il pense que se préoccuper ~ des maux de la société française n'est pas de son niveau** he thinks the banal task of concerning himself with the ills of French society is beneath him b *(= vulgairement) [appeler, dire]* colloquially ◆ **..., comme on l'appelle ~** ..., as it is called colloquially

**trivialité** /tʀivjalite/ NF a *(= banalité) [d'objet, acte, détail, quotidien]* ordinariness b *(= vulgarité)* coarseness, crudeness c *(= remarque vulgaire)* coarse *ou* crude remark; *(= remarque banale)* commonplace *ou* trite remark

**troc** /tʀɔk/ NM *(= échange)* exchange; *(= système)* barter ◆ **l'économie de ~** the barter economy ◆ **faire du ~** to barter ◆ **on a fait un ~** we did a swap ◆ **le ~ de qch contre qch d'autre** bartering *ou* exchanging *ou* swapping sth for sth else

**trochaïque** /tʀɔkaik/ ADJ trochaic

**trochée** /tʀɔʃe/ NM trochee

**trochlée** /tʀɔkle/ NF trochlea

**troène** /tʀɔɛn/ NM privet

**troglodyte** /tʀɔglɔdit/ NM *(Ethnol)* cave dweller; *(fig)* troglodyte; *(Orn)* wren

**troglodytique** /tʀɔglɔditik/ ADJ *(Ethnol)* troglodytic *(SPÉC)*, cave-dwelling *(épith)* ◆ **habitation ~** cave dwelling, cave-dweller's settlement

**trogne** ‡ /tʀɔɲ/ NF *(= visage)* mug ‡, face

**trognon** /tʀɔɲɔ̃/ NM *[de fruit]* core; *[de chou]* stalk ◆ **~ de pomme** apple core ◆ **se faire avoir jusqu'au ~** ‡ to be well and truly had ‡ ◆ **mon petit ~** * sweetie pie * ADJ INV *(* = mignon) [enfant, objet, vêtement]* cute *, lovely

**Troie** /tʀwa/ N Troy ◆ **la guerre/le cheval de ~** the Trojan War/Horse

**troïka** /tʀɔika/ NF *(gén, Pol)* troika

**trois** /tʀwa/ ADJ INV a *(= nombre)* three; *(= troisième)* third ◆ **volume/acte ~** volume/act three ◆ **le ~ (janvier)** the third (of January) ◆ **Henri III** Henry the Third; *pour autres loc voir* **six** *et* **fois**

b *(= quelques)* **je pars dans ~ minutes** I'm off in a couple of *ou* a few minutes ◆ **il n'a pas dit ~ mots** he hardly opened his mouth *ou* said a word; → **cuiller, deux**

NM INV three; *(= troisième)* third; *(Cartes, Dés)* three ◆ **c'est ~ fois rien** *[égratignure, cadeau]* it's nothing at all, it's hardly anything ◆ **ça coûte ~ fois rien** it costs next to nothing ◆ **et de ~ !** that makes three!; *pour autres loc voir* **six**

COMP ▷ **les trois coups** *(Théât)* the three knocks *(announcing beginning of play)* ▷ **les trois ordres** *(Hist)* the three estates ▷ **trois quarts** three-quarters ◆ **portrait de ~ quarts** three-quarter(s) portrait ◆ **j'ai fait les ~ quarts du travail** I've done three-quarters of the work ◆ **les ~ quarts des gens l'ignorent** the great majority of people *ou* most people don't know this ◆ **aux ~ quarts détruit** almost totally destroyed; → **trois-quarts, dimension, étoile, glorieux, grâce, temps**[1]

**trois-deux** /tʀwadø/ NM INV *(Mus)* three-two time

**trois-huit** /tʀwaɥit/ NM INV a *(Mus)* three-eight (time) b *(Ind)* **faire les ~** to operate three eight-hour shifts, to operate round the clock in eight-hour shifts

**troisième** /tʀwazjɛm/ ADJ, NMF third ◆ **le ~ sexe** the third sex ◆ **le ~ âge** *(= période)* retirement (years); *(= groupe social)* senior citizens ◆ **personne du ~ âge** senior citizen ◆ **~ cycle d'université** graduate school ◆ **étudiant de ~ cycle** graduate *ou* post-graduate *(Brit)* student ◆ **être** *ou* **faire le ~ larron dans une affaire** to take advantage of the other two quarrelling over something; *pour autres loc voir* **sixième** NF a *(Scol)* **(classe de) ~** fourth form *ou* year *(Brit)*, 8th grade *(US)* b *(Aut)* third (gear) ◆ **en ~** in third (gear)

**troisièmement** /tʀwazjɛmmɑ̃/ GRAMMAIRE ACTIVE 53.5 ADV third(ly), in the third place

**trois-mâts** /tʀwamɑ/ NM INV *(Naut)* three-master

**trois-pièces** /tʀwapjɛs/ NM INV *(= complet)* three-piece suit; *(= appartement)* three-room flat *(Brit) ou* apartment *(surtout US)*

**trois-portes** /tʀwapɔʀt/ NF INV *(Aut)* two-door hatchback

**trois-quarts** /tʀwakaʀ/ NM INV a *(= manteau)* three-quarter (length) coat b *(Rugby)* three-quarter ◆ **il joue ~ aile** he plays wing three-quarter ◆ **~ centre** centre three-quarter ◆ **la ligne des ~** the three-quarter line c *(= violon)* three-quarter violin

**trois-quatre** /tʀwakatʀ/ NM INV *(Mus)* three-four time

**troll** /tʀɔl/ NM troll

**trolley** /tʀɔlɛ/ NM *(= dispositif)* trolley(-wheel); *(* = bus)* trolley bus

**trolleybus** /tʀɔlɛbys/ NM trolley bus

**trombe** /tʀɔ̃b/ NF a *(Mét)* waterspout ◆ **une ~ d'eau, des ~s d'eau** *(= pluie)* a cloudburst, a downpour ◆ **des ~s de lave/débris** streams *ou* torrents of lava/debris b ◆ **entrer/sortir/passer en ~** to sweep in/out/by like a whirlwind ◆ **démarrer en ~** *[voiture]* to take off at top speed, to roar off; *(fig)* to get off to a flying start

**trombine** ‡ /tʀɔ̃bin/ NF *(= visage)* face, mug ‡ *(péj)*; *(= tête)* nut *

**trombinoscope** * /tʀɔ̃binɔskɔp/ NM a *(= photographie collective)* group photo b *(= annuaire de l'Assemblée nationale) register, with photographs, of French deputies*, ≃ rogues' gallery * of MPs *(Brit) ou* representatives *(US)*

**tromblon** /tʀɔ̃blɔ̃/ NM a *(Mil Hist)* blunderbuss; *[de fusil lance-roquettes]* grenade launcher b *(‡ = chapeau)* hat

**trombone** /tʀɔ̃bɔn/ **NM** a *(Mus) (= instrument)* trombone; *(= tromboniste)* trombonist, trombone (player) ◆ **~ à coulisse/à pistons** slide/valve trombone ◆ **~ basse** bass trombone b *(= agrafe)* paper clip

**tromboniste** /tʀɔ̃bɔnist/ **NMF** trombonist, trombone (player)

**trompe** /tʀɔ̃p/ **NF** a *(Mus)* trumpet, horn; *(† = avertisseur, sirène)* horn ◆ **~ de chasse** hunting horn ◆ **~ de brume** fog horn; → **son²** b *[d'éléphant]* trunk; *[d'insecte]* proboscis; *[de tapir]* snout, proboscis *(SPÉC)*; *(* = nez)* proboscis *(hum)*, snout * c *(Tech)* **~ à eau/mercure** water/mercury pump d *(Archit)* squinch **COMP** ▷ **trompe d'Eustache** Eustachian tube ▷ **trompe de Fallope** *ou* **utérine** Fallopian tube

**trompe-la-mort** /tʀɔ̃plamɔʀ/ **NMF INV** death-dodger

**trompe-l'œil** /tʀɔ̃plœj/ **NM INV** a *(Art)* trompe-l'œil ◆ **peinture en ~** trompe-l'œil painting ◆ **décor en ~** decor done in trompe-l'œil ◆ **peint en ~ sur un mur** painted in trompe-l'œil on a wall b *(= esbroufe)* eyewash *(Brit)* *, hogwash *(US)* ◆ **c'est du ~** it's all eyewash *(Brit)* * *ou* hogwash *(US)*

**tromper** /tʀɔ̃pe/ GRAMMAIRE ACTIVE 39.1, 45.2 ▸ conjug 1 ◂

**VT** a *(= duper)* to deceive, to trick, to fool; *(= être infidèle à) [+ époux]* to be unfaithful to, to deceive, to cheat on * ◆ **~ qn sur qch** to deceive *ou* mislead sb about *ou* over sth ◆ **on m'a trompé sur la marchandise** I was misled ◆ **~ sa femme** to cheat on * one's wife, to be unfaithful ◆ **elle trompait son mari avec le patron** she was having an affair with her boss behind her husband's back ◆ **une femme trompée** a woman who has been deceived ◆ **cela ne trompe personne** that doesn't fool anybody ◆ **il trompe son monde** he's fooling everybody around him

b *(= induire en erreur par accident) [personne]* to mislead; *[symptômes]* to deceive, to mislead ◆ **les apparences trompent** appearances are deceptive *ou* misleading ◆ **c'est ce qui vous trompe** that's where you're mistaken *ou* wrong ◆ **c'est un signe qui ne trompe pas** it's a clear *ou* an unmistakable sign

c *(= déjouer) [+ poursuivants] [personne]* to elude, to escape from, to outwit; *[manœuvre]* to fool, to trick ◆ **~ la vigilance** *ou* **surveillance de qn** *(pour entrer ou sortir)* to slip past sb's guard ◆ **il a trompé le gardien de but** *ou* **la vigilance du gardien de but** he managed to slip the ball past the goalkeeper

d *(= décevoir)* **~ l'attente/l'espoir de qn** to fall short of *ou* fail to come up to sb's expectations/one's hopes ◆ **être trompé dans son attente/ses espoirs** to be disappointed in one's expectations/one's hopes ◆ **~ la faim/la soif** to stave off one's hunger/thirst ◆ **pour ~ le temps** to kill time, to pass the time ◆ **pour ~ l'ennui** *ou* **son ennui** to keep boredom at bay ◆ **pour ~ leur longue attente** to while away their long wait

**VPR se tromper** *(= faire erreur)* to make a mistake, to be mistaken ◆ **se ~ de 5 € dans un calcul** to be €5 out *(Brit) ou* off *(US)* in one's calculations ◆ **tout le monde peut se ~** anybody can make a mistake ◆ **se ~ sur les intentions de qn** to be mistaken about sb's intentions, to misjudge *ou* mistake sb's intentions ◆ **on pourrait s'y ~, c'est à s'y ~** you'd hardly know the difference ◆ **ne vous y trompez pas, il arrivera à ses fins** make no mistake, he'll get what he wants ◆ **si je ne me trompe** if I'm not mistaken, unless I'm very much mistaken

◆ **se tromper de** *(= confondre)* ◆ **se ~ de route/chapeau** to take the wrong road/hat ◆ **se ~ d'adresse** *(lit)* to get the wrong address ◆ **tu te trompes d'adresse** *ou* **de porte** *(fig)* you've come to the wrong place, you've got the wrong person ◆ **se ~ de jour/date** to get the day/date wrong ◆ **vous devez vous ~ de personne, je ne m'appelle pas Jean** you've got the wrong person *ou* you must be mistaken, I'm not called Jean

**tromperie** /tʀɔ̃pʀi/ **NF** a *(= duperie)* deception, deceit, trickery *(NonC)* ◆ **il y a eu ~ sur la marchandise** the goods are not what they were described to be b *(littér = illusion)* illusion

**trompeter** /tʀɔ̃pete/ ▸ conjug 4 ◂ **VT** *(péj) [+ nouvelle]* to trumpet abroad, to shout from the housetops

**trompette** /tʀɔ̃pɛt/ **NF** a *(Mus)* trumpet ◆ **~ de cavalerie** bugle ◆ **~ d'harmonie/à pistons/chromatique/naturelle** orchestral/valve/chromatic/natural trumpet ◆ **~ basse/bouchée** bass/muted trumpet ◆ **la ~ du Jugement (dernier)** *(Bible)* the last Trump ◆ **la ~ de la Renommée** *(littér)* the Trumpet of Fame ◆ **avoir la queue en ~** to have a turned-up tail; → **nez, tambour** b *(= coquillage)* trumpet shell **NM** *(= trompettiste)* trumpeter, trumpet (player); *(Mil)* bugler

**trompette-de-la-mort** (pl **trompettes-de-la-mort**) /tʀɔ̃pɛtdəlamɔʀ/ **NF** *(= champignon)* horn of plenty

**trompettiste** /tʀɔ̃petist/ **NMF** trumpet player, trumpeter

**trompeur, -euse** /tʀɔ̃pœʀ, øz/ **ADJ** a *(= hypocrite) [personne, paroles, discours]* deceitful b *(= fallacieux) [distance, profondeur, virage]* deceptive ◆ **les apparences sont trompeuses** appearances are deceptive *ou* misleading **NM,F** deceiver ◆ **à ~, ~ et demi** *(Prov)* every rogue has his match

**trompeusement** /tʀɔ̃pøzmɑ̃/ **ADV** *(= hypocritement)* deceitfully; *(= faussement)* deceptively

**tronc** /tʀɔ̃/ **NM** a *[d'arbre]* trunk; *[de colonne]* shaft, trunk; *(Géom) [de cône, pyramide]* frustum; *(Anat) [de nerf, vaisseau]* trunk, mainstem ◆ **~ d'arbre** tree trunk ◆ **~ de cône/pyramide** truncated cone/pyramid b *(Anat = thorax et abdomen)* trunk; *[de cadavre mutilé]* torso c *(= boîte)* (collection) box ◆ **le ~ des pauvres** the poor box **COMP** ▷ **tronc commun** *(Scol)* common-core syllabus

**troncation** /tʀɔ̃kasjɔ̃/ **NF** *(Ling)* truncating; *(Ordin)* truncation ◆ **recherche par ~ à droite/gauche** search by truncating a word on the right/left

**troncature** /tʀɔ̃katyʀ/ **NF** *(Minér)* truncation

**tronche** ‡ /tʀɔ̃ʃ/ **NF** *(= visage)* mug ‡; *(= tête)* nut *, noggin ‡ *(US)* ◆ **faire** *ou* **tirer la ~** *(ponctuellement)* to make a face; *(durablement)* to sulk ◆ **il a une sale ~** he's got a nasty face, he's a nasty-looking customer * ◆ **elle a une ~ de cake** ‡ she's got an ugly mug * ◆ **il lui a envoyé un coup de poing dans la ~** he punched him in the face *ou* the kisser ‡ ◆ **il a fait une drôle de ~ quand je lui ai dit ça** you should have seen the look on his face when I told him that

**tronçon** /tʀɔ̃sɔ̃/ **NM** a *[de tube, colonne, serpent]* section b *[de route, voie]* section, stretch; *[de convoi, colonne]* section; *[de phrase, texte]* part

**tronconique** /tʀɔ̃kɔnik/ **ADJ** like a flattened cone *ou* a sawn-off cone

**tronçonnage** /tʀɔ̃sɔnaʒ/, **tronçonnement** /tʀɔ̃sɔnmɑ̃/ **NM** *[de tronc]* sawing *ou* cutting up; *[de tube, barre]* cutting into sections

**tronçonner** /tʀɔ̃sɔne/ ▸ conjug 1 ◂ **VT** *[+ tronc]* to saw *ou* cut up; *[+ tube, barre]* to cut into sections; *(Culin)* to cut into small pieces ◆ **le film a été tronçonné en épisodes** the film was divided up into episodes

**tronçonneuse** /tʀɔ̃sɔnøz/ **NF** chain saw

**trône** /tʀon/ **NM** a *(= siège, fonction)* throne ◆ **~ pontifical** papal throne ◆ **placer qn/monter sur le ~** to put sb on/come to *ou* ascend the throne ◆ **chasser du ~** to dethrone, to remove from the throne ◆ **le ~ et l'autel** King and Church b *(‡ hum = WC)* throne * *(hum)* ◆ **être sur le ~** to be on the throne *

**trôner** /tʀone/ ▸ conjug 1 ◂ **VI** a *[roi, divinité]* to sit enthroned, to sit on the throne b *(= avoir la place d'honneur) [personne]* to sit enthroned; *[chose]* to sit imposingly; *(péj = faire l'important)* to lord it ◆ **la photo dédicacée de son joueur préféré trônait sur son bureau** the signed photograph of his favourite player had pride of place on his desk

**tronquer** /tʀɔ̃ke/ ▸ conjug 1 ◂ **VT** a *(= couper) [+ colonne, statue]* to truncate b *(= retrancher) [+ citation, texte]* to truncate, to shorten; *[+ détails, faits]* to abbreviate, to cut out ◆ **version tronquée** shortened *ou* truncated version

**trop** /tʀo/ **ADV** a *(avec vb = à l'excès)* too much; *(devant adv, adj)* too ◆ **beaucoup** *ou* **bien ~** *[manger, fumer, parler]* far *ou* much too much ◆ **beaucoup** *ou* **bien** *ou* **par** *(littér)* **~** *(avec adj)* far too, much too, excessively ◆ **il a ~ mangé/bu** he has had too much to eat/drink, he has eaten/drunk too much ◆ **elle en a déjà bien ~ dit** she has said far *ou* much too much already ◆ **je suis exténué d'avoir ~ marché** I'm exhausted from having walked too far *ou* too much ◆ **il a ~ travaillé** he has worked too hard, he has done too much work ◆ **vous en demandez ~** you're asking for too much ◆ **elle a ~ peu dormi** she hasn't had enough sleep, she's had too little sleep ◆ **il faut régler le problème sans ~ attendre** *ou* **tarder** we must solve the problem quickly *ou* without too much delay ◆ **tu as ~ conduit** you've been driving (for) too long ◆ **il ne faut pas ~ aller le voir** we mustn't go to visit him too often, we mustn't overdo the visits ◆ **en faire ~** *(= exagérer)* to go a bit far ◆ **elle en fait toujours ~** she always goes too far *ou* over the top ◆ **aller beaucoup ~ loin** to go overboard *, to go too far, to overdo it ◆ **elle en fait ~ pour qu'on la croie vraiment malade** she makes so much fuss it's difficult to believe she's really ill ◆ **un ~ grand effort l'épuiserait** too great an effort would exhaust him ◆ **des restrictions ~ sévères aggraveraient la situation économique** excessively severe restrictions would aggravate the economic situation ◆ **la maison est ~ grande pour eux** the house is too large for them ◆ **la pièce est ~ chauffée** the room is overheated ◆ **une ~ forte dose** an overdose ◆ **tu conduis bien ~ vite/lentement** you drive far too fast/slowly ◆ **vous êtes ~ (nombreux)/~ peu (nombreux)** there are too many/too few of you

◆ **trop de** *(quantité)* too much; *(nombre)* too many ◆ **j'ai acheté ~ de pain/d'oranges** I've bought too much bread/too many oranges ◆ **n'apportez pas de pain, il y en a déjà ~** don't bring any bread – there's too much already ◆ **n'apportez pas de verres, il y en a déjà ~** don't bring any glasses – there are too many already ◆ **s'il te reste ~ de dollars, vends-les moi** if you have dollars left over *ou* to spare, sell them to me ◆ **nous avons ~**

**de personnel** we are overstaffed ◆ **il y a ~ de monde dans la salle** the hall is overcrowded *ou* overfull, there are too many people in the hall ◆ **j'ai ~ de travail** I'm overworked, I've got too much work (to do) ◆ **~ de bonté/d'égoïsme** excessive kindness/selfishness ◆ **nous n'avons pas ~ de place chez nous** we haven't got very much room *ou* (all) that much* room at our place ◆ **on peut le faire sans ~ de risques/de mal** it can be done without too much risk/difficulty ◆ **ils ne seront pas ~ de deux pour faire ça** it'll take at least the two of them to do it

◆ **trop ... pour** *(introduisant une conséquence, avec verbe)* too much ... to; *(devant adj, adv)* too ... to ◆ **elle a ~ de travail pour partir en week-end** she has too much work to go away for the weekend ◆ **il n'aura pas ~ de problèmes pour rentrer à Paris** he won't have too much difficulty getting back to Paris ◆ **il se donne ~ peu de mal pour trouver du travail** he's not making enough effort to find work ◆ **le village est ~ loin pour qu'il puisse y aller à pied** the village is too far for him to walk there ◆ **il est bien ~ idiot pour comprendre** he's far too stupid *ou* too much of an idiot to understand ◆ **c'est ~ beau pour être vrai !** it's too good to be true! ◆ **les voyages à l'étranger sont ~ rares pour ne pas en profiter** trips abroad are too rare to be missed

**b** *(intensif)* too ◆ **j'ai oublié mes papiers, c'est vraiment ~ bête** how stupid (of me) *ou* it's too stupid for words — I've forgotten my papers ◆ **c'est ~ drôle !** it's too funny for words!, it's hilarious!, how funny! ◆ **c'est par ~ injuste** *(littér)* it's too unfair for words ◆ **il y a vraiment par ~ de gens égoïstes** there are far too many selfish people about ◆ **il n'est pas ~ satisfait/mécontent du résultat** he's not over-pleased *ou* too satisfied *ou* too pleased/not too unhappy *ou* dissatisfied with the result ◆ **vous êtes ~ aimable** you are too *ou* most kind ◆ **cela n'a que ~ duré** it's gone on (far) too long already ◆ **je ne le sais que ~** I know only too well, I'm only too well aware of that ◆ **je ne sais ~ que faire** I am not too *ou* quite sure what to do *ou* what I should do, I don't really know what to do ◆ **cela ne va pas ~ bien** things are not going so *ou* terribly well ◆ **je n'ai pas ~ confiance en lui** I haven't much *ou* all that much* confidence in him ◆ **je n'en sais ~ rien** I don't really know ◆ **il n'aime pas ~ ça*** he doesn't like it overmuch *ou* (all) that much*, he isn't too keen *(Brit)* *ou* overkeen *(Brit)* (on it) ◆ **c'est ~ !, c'en est ~ !, ~ c'est ~ !** that's going too far!, enough is enough! ◆ **elle est ~, ta copine !*** your girlfriend's too much!* ◆ **c'est ~ génial !*** it's fantastic!; → **tôt**

◆ **de trop, en trop** ◆ **il y a une personne/deux personnes de ~** *ou* **en ~ dans l'ascenseur** there's one person/there are two people too many in the lift ◆ **s'il y a du pain en ~, j'en emporterai** if there's any bread (left) over *ou* any bread extra *ou* any surplus bread I'll take some away ◆ **il m'a rendu 2 € de ~** *ou* **en ~** he gave me back €2 too much ◆ **ces 3 € sont de ~** that's 3 euros too much ◆ **l'argent versé en ~** the excess payment ◆ **il pèse 3 kg de ~** he's 3 kg overweight ◆ **ce régime vous fait perdre les kilos en ~** this diet will help you lose those extra pounds ◆ **si je suis de ~, je peux m'en aller !** if I'm in the way *ou* not welcome I can always leave! ◆ **cette remarque est de ~** that remark is uncalled-for ◆ **un petit café ne serait pas de ~** a cup of coffee wouldn't go amiss ◆ **il a bu un verre** *ou* **un coup* de ~** he's had a drink *ou* one* too many ◆ **tu manges/bois de ~*** you eat/drink too much

**NM** excess, surplus ◆ **le ~ d'importance accordé à ...** the excessive importance attributed to ...

**trope** /tʀɔp/ **NM** *(Littérat)* trope

**trophée** /tʀɔfe/ **NM** trophy ◆ **~ de chasse** hunting trophy

**tropical, e** (mpl **-aux**) /tʀɔpikal, o/ **ADJ** tropical

**tropicaliser** /tʀɔpikalize/ ▸ conjug 1 ◂ **VT** *[+ matériel]* to tropicalize

**tropique** /tʀɔpik/ **ADJ** *[année]* tropical **NM** *(Géog = ligne)* tropic ◆ **~ du Cancer/Capricorne** tropic of Cancer/Capricorn **NMPL** **tropiques** *(= zone)* tropics ◆ **le soleil des ~s** the tropical sun ◆ **vivre sous les ~s** to live in the tropics

**tropisme** /tʀɔpism/ **NM** *(Bio)* tropism

**troposphère** /tʀɔpɔsfɛʀ/ **NF** troposphere

**trop-perçu** (pl **trop-perçus**) /tʀopɛʀsy/ **NM** *(Admin, Comm)* excess (tax) payment, overpayment (of tax)

**trop-plein** (pl **trop-pleins**) /tʀoplɛ̃/ **NM** **a** *(= excès d'eau) [de réservoir, barrage]* overflow; *[de vase]* excess water; *(= tuyau d'évacuation)* overflow (pipe); *(= déversoir)* overflow outlet **b** *(= excès de contenu) [de grains, terre, informations]* excess, surplus ◆ **le ~ de terre** the excess earth **c** *(fig)* **~ d'amour/d'amitié** overflowing love/friendship ◆ **~ de vie** *ou* **d'énergie** surplus *ou* boundless energy ◆ **déverser le ~ de son cœur/âme** to pour out one's heart/soul

**troquer** /tʀɔke/ ▸ conjug 1 ◂ **VT** *(= échanger)* to swap, to exchange; *(Comm)* to trade, to barter (*contre, pour* for); ◆ **elle a troqué son sari pour un jean** she swapped her sari for a pair of jeans

**troquet*** /tʀɔkɛ/ **NM** (small) café

**trot** /tʀo/ **NM** *[de cheval]* trot ◆ **petit/grand ~** jog/full trot ◆ **~ de manège** dressage trot ◆ **~ assis/enlevé** close/rising trot ◆ **course de ~ attelé** trotting race ◆ **course de ~ monté** *trotting race under saddle* ◆ **aller au ~** *(lit)* to trot along ◆ **vas-y, et au ~ !*** off you go, at the double *ou* and be quick about it! ◆ **partir au ~** *(lit, * : fig)* to set off at a trot ◆ **prendre le ~** to break into a trot

**trotskisme, trotskysme** /tʀɔtskism/ **NM** Trotskyism

**trotskiste, trotskyste** /tʀɔtskist/ **ADJ, NMF** Trotskyist, Trotskyite *(péj)*

**trotte*** /tʀɔt/ **NF** ◆ **il y a** *ou* **ça fait une ~ (d'ici au village)** it's a fair distance (from here to the village) ◆ **on a fait une (jolie) ~** we've come a good way, we covered a good distance

**trotter** /tʀɔte/ ▸ conjug 1 ◂ **VI** **a** *[cheval, cavalier]* to trot **b** *(fig) [personne] (= marcher à petits pas)* to trot about (*ou* along); *(= marcher beaucoup)* to run around, to run hither and thither; *[souris, enfants]* to scurry (about), to scamper (about); *[bébé]* to toddle along ◆ **un air/une idée qui vous trotte dans** *ou* **par la tête** *ou* **la cervelle** a tune/an idea which keeps running through your head **VPR** **se trotter*** *(= se sauver)* to dash (off)

**trotteur, -euse** /tʀɔtœʀ, øz/ **NM,F** *(= cheval)* trotter, trotting horse **NM** **a** *(= chaussure)* flat shoe **b** *(pour apprendre à marcher)* babywalker **NF** **trotteuse** *(= aiguille)* sweep *ou* second hand

**trottin** †† /tʀɔtɛ̃/ **NM** (dressmaker's) errand girl

**trottinement** /tʀɔtinmɑ̃/ **NM** *[de cheval]* jogging; *[de souris]* scurrying, scampering; *[de personne]* trotting; *[de bébé]* toddling

**trottiner** /tʀɔtine/ ▸ conjug 1 ◂ **VI** *[cheval]* to jog along; *[souris]* to scurry *ou* scamper about *ou* along; *[personne]* to trot along; *[bébé]* to toddle along

**trottinette** /tʀɔtinɛt/ **NF** *(= jouet)* (child's) scooter; *( * = voiture)* mini (car) ◆ **faire de la ~** to ride a scooter

**trottoir** /tʀɔtwaʀ/ **NM** **a** *(= accotement)* pavement *(Brit)*, sidewalk *(US)* ◆ **~ roulant** moving walkway, travelator *(Brit)* ◆ **se garer le long du ~** to park alongside the kerb ◆ **changer de ~** *(pour éviter qn)* to cross the street **b** *(péj)* **faire le ~*** to be a streetwalker *ou* a hooker*, to be on the game** *(Brit)* ◆ **elle s'est retrouvée sur le ~** she ended up as a prostitute *ou* on the streets

**trou** /tʀu/ **NM** **a** *(gén, Golf)* hole; *(= terrier)* hole, burrow; *[de flûte]* (finger-)hole; *[d'aiguille]* eye ◆ **par le ~ de la serrure** through the keyhole ◆ **le ~ du souffleur** *(Théât)* the prompt box ◆ **faire un ~** *(dans le sol)* to dig *ou* make a hole; *(dans une haie)* to make a hole *ou* a gap; *(dans un mur avec une vrille)* to bore *ou* make a hole; *(en perforant : dans le cuir, papier)* to punch *ou* make a hole; *(avec des ciseaux, un couteau)* to cut a hole; *(en usant, frottant)* to wear a hole (*dans* in); ◆ **faire un ~ en un** *(Golf)* to get a hole in one ◆ **un 9/18 ~s** *(Golf)* a 9-hole/an 18-hole course ◆ **il a fait un ~ à son pantalon** *(usure)* he has (worn) a hole in his trousers; *(brûlure, acide)* he has burnt a hole in his trousers; *(déchirure)* he has torn a hole in his trousers ◆ **ses chaussettes sont pleines de ~s** *ou* **ont des ~s partout** his socks are in holes *ou* are full of holes ◆ **sol/rocher creusé de ~s** ground/rock pitted with holes ◆ **le ~ dans la couche d'ozone** the hole in the ozone layer

**b** *(= moment de libre)* gap; *(= déficit)* deficit; *(Sport = trouée)* gap, space ◆ **un ~ (de 10 millions) dans la comptabilité** a deficit (of 10 million) in the accounts ◆ **faire le ~** *(Sport)* to break *ou* burst through ◆ **il y a des ~s dans ma collection** there are some gaps in my collection ◆ **il y a des ~s dans son témoignage** there are gaps in *ou* things missing from his account of what happened ◆ **il a des ~s en physique** there are gaps in his knowledge of physics ◆ **cela a fait un gros ~ dans ses économies** it made quite a hole in his savings ◆ **le ~ de la Sécurité sociale** the deficit in the Social Security budget ◆ **j'ai un ~ demain dans la matinée, venez me voir** I have a gap in my schedule tomorrow morning so come and see me ◆ **j'ai un ~ d'une heure** I have an hour free ◆ **j'ai eu un ~ (de mémoire)** my mind went blank ◆ **texte à ~s** *(Scol)* cloze test

**c** *(Anat)* foramen ◆ **~ optique** optic foramen ◆ **~s intervertébraux** intervertebral foramina ◆ **~ vertébral** vertebral canal *ou* foramen; → **œil**

**d** *(péj = localité)* place, hole* *(péj)* ◆ **ce village est un ~** this village is a real hole* *ou* dump* ◆ **il n'est jamais sorti de son ~** he has never been out of his own backyard ◆ **chercher un petit ~ pas cher** to look for a little place that's not too expensive ◆ **un ~ perdu** *ou* **paumé*** a dead-and-alive hole*, a god forsaken hole* *ou* dump*

**e** *(loc)* **(se) faire son ~*** to make a niche for o.s. ◆ **vivre tranquille dans son ~** to live quietly in one's little hideaway *ou* hideyhole* *(Brit)* ◆ **mettre/être au ~*** *(= prison)* to put/be in clink** *ou* in the nick *(Brit)*** ◆ **quand on sera dans le ~*** when we're dead and buried *ou* dead and gone, when we're six feet under*; → **boire**

**COMP** ▷ **trou d'aération** airhole, (air) vent ▷ **trou d'air** *(Aviat)* air pocket ▷ **trou de balle**** *(lit, fig)* arse-hole** *(Brit)*, asshole** *(US)* ▷ **trou du chat** *(Naut)* lubber's hole

▷ **trou de cigarette** cigarette burn ▷ **trou du cul**‡ ⇒ **trou de balle** ▷ **trou d'homme** manhole ▷ **trou de nez** * nostril ▷ **trou noir** *(Astron)* black hole ◆ **c'était le ~ noir** *(fig) (= désespoir)* I (*ou* he *etc*) was in the depths of despair ▷ **trou normand** *glass of spirits, often Calvados, drunk between courses of a meal* ▷ **trou d'obus** shell-hole, shell-crater ▷ **trou de souris** mousehole ◆ **elle était si gênée qu'elle serait rentrée dans un ~ de souris** she was so embarrassed that she wished the ground would swallow her up ▷ **trou de ver** wormhole

**troubadour** /tʀubaduʀ/ NM troubadour

**troublant, e** /tʀublɑ̃, ɑ̃t/ ADJ *(= déconcertant)* disturbing, disquieting, unsettling; *(= sexuellement provocant)* disturbing, arousing

**trouble[1]** /tʀubl/ ADJ a *[eau, vin]* unclear, cloudy, turbid *(littér)*; *[regard]* misty, dull; *[image]* blurred, misty, indistinct; *[photo]* blurred, out of focus ◆ **avoir la vue ~** to have blurred vision; → **pêcher**[1] b *(= équivoque) [personnage, rôle]* shady, suspicious, dubious; *[atmosphère, passé]* shady; *[affaire]* shady, murky, fishy; *[désir]* dark *(épith)*; *(= vague, pas franc) [regard]* shifty, uneasy ◆ **une période ~ de l'histoire** a murky chapter *ou* period in history ADV ◆ **voir ~** to have blurred vision, to see things dimly *ou* as if through a mist

**trouble[2]** /tʀubl/ NM a *(= agitation, remue-ménage)* tumult, turmoil; *(= zizanie, désunion)* discord, trouble

b *(= émeute)* **~s** unrest *(NonC)*, disturbances, troubles ◆ **~s politiques/sociaux** political/social unrest *(NonC)* *ou* disturbances *ou* upheavals ◆ **des ~s ont éclaté dans le sud du pays** rioting has broken out *ou* disturbances have broken out in the south of the country ◆ **~s à l'ordre public** disturbance *ou* breach of the peace; → **fauteur**

c *(= émoi affectif ou sensuel)* (inner) turmoil, agitation; *(= inquiétude, désarroi)* distress; *(= gêne, perplexité)* confusion, embarrassment ◆ **le ~ étrange qui s'empara d'elle** the strange feeling of turmoil *ou* agitation which overcame her ◆ **le ~ profond causé par ces événements traumatisants** the profound distress caused by these traumatic events ◆ **le ~ de son âme/cœur** *(littér)* the tumult *ou* turmoil in his soul/heart ◆ **le ~ de son esprit** the agitation in his mind, the turmoil his mind was in ◆ **dominer/se laisser trahir par son ~** to overcome/give o.s. away by one's confusion *ou* embarrassment ◆ **semer le ~ dans l'esprit des gens** to sow confusion in peoples' minds

d *(gén pl : Méd)* trouble *(NonC)*, disorder ◆ **~s physiologiques/psychiques** physiological/psychological trouble *ou* disorders ◆ **~s mentaux** mental disorders ◆ **~s respiratoires/cardiaques** respiratory/heart ailments *ou* disorders ◆ **~s du sommeil** sleeping disorders ◆ **il a des ~s de la vision** he has trouble with his (eye)sight *ou* vision ◆ **elle souffre de ~s de la mémoire** she has memory problems ◆ **~s de la personnalité *ou* du caractère** personality problems *ou* disorders ◆ **~s du comportement** behavioural problems ◆ **~s du langage** speech difficulties ◆ **~s musculo-squelettiques** repetitive strain injury, RSI ◆ **~ obsessionnel compulsif** *(Psych)* obsessive-compulsive disorder ◆ **ce n'est qu'un ~ passager** it's only a passing disorder

**trouble-fête** /tʀubləfɛt/ NMF INV spoilsport, killjoy * ◆ **jouer les ~** to be a spoilsport *ou* killjoy *

**troubler** /tʀuble/ ▸ conjug 1 ◂ VT a *(= perturber) [+ ordre]* to disturb, to disrupt; *[+ sommeil, tranquillité, silence]* to disturb; *[+ représentation, réunion]* to disrupt; *[+ jugement, raison, esprit]* to cloud; *[+ digestion]* to upset ◆ **~ l'ordre public** to disturb public order, to cause a breach of public order, to disturb the peace ◆ **en ces temps troublés** in these troubled times

b *[+ personne] (= démonter, impressionner)* to disturb, to disconcert; *(= inquiéter)* to trouble, to perturb; *(= gêner, embrouiller)* to bother, to confuse; *(= émouvoir)* to disturb, to unsettle; *(= exciter sexuellement)* to arouse ◆ **elle le regarda, toute troublée** she looked at him, all of a tremble *ou* all in a fluster ◆ **ce film/cet événement l'a profondément troublé** this film/this event has disturbed him deeply ◆ **la perspective d'un échec ne le trouble pas du tout** the prospect of failure doesn't perturb *ou* trouble him in the slightest ◆ **il y a quand même un détail qui me trouble** there's still a detail which is bothering *ou* confusing me ◆ **cesse de parler, tu me troubles (dans mes calculs)** stop talking – you're disturbing me *ou* putting me off (in my calculations) ◆ **~ un candidat** to disconcert a candidate, to put a candidate off ◆ **~ (les sens de) qn** to disturb *ou* agitate sb

c *(= brouiller) [+ eau]* to make cloudy *ou* muddy *ou* turbid *(littér)*; *[+ vin]* to cloud, to make cloudy; *[+ atmosphère]* to cloud; *[+ ciel]* to darken, to cloud; *(TV) [+ image]* to blur ◆ **les larmes lui troublaient la vue** tears clouded *ou* blurred her vision

VPR **se troubler** a *(= devenir trouble) [eau]* to cloud, to become cloudy *ou* muddy *ou* turbid *(littér)*; *[temps]* to become cloudy *ou* overcast; *[ciel]* to become cloudy *ou* overcast, to darken; *[lignes, images, vue]* to become blurred

b *(= perdre contenance)* to become flustered ◆ **il se trouble facilement lorsqu'il doit parler en public** he's easily flustered when he has to speak in public ◆ **il répondit sans se ~** he replied calmly

**troué, e[1]** /tʀue/ (ptp de **trouer**) ADJ ◆ **bas/sac ~** stocking/bag with a hole *ou* with holes in it ◆ **avoir une chaussette ~e** to have a hole in one's sock ◆ **ce sac est ~** this bag has a hole *ou* holes (in it) ◆ **ses chaussettes sont toutes ~es *ou* ~es de partout** his socks are full of holes ◆ **ce seau est ~ de partout *ou* comme une passoire *ou* comme une écumoire** this bucket's like a sieve ◆ **corps ~ comme une passoire *ou* écumoire** body riddled with bullets ◆ **son gant ~ laissait passer son pouce** his thumb stuck *ou* poked out through a hole in his glove

**trouée[2]** /tʀue/ NF a *[de haie, forêt, nuages]* gap, break *(de* in); ◆ **~ de lumière** shaft of light b *(Mil)* breach ◆ **faire une ~** to make a breach, to break through c *(Géog = défilé)* gap ◆ **la ~ de Belfort** the Belfort Gap

**trouer** /tʀue/ ▸ conjug 1 ◂ VT a *[+ vêtement]* to make *ou* wear a hole in; *[+ ticket]* to punch (a hole in); *(= transpercer)* to pierce ◆ **il a troué son pantalon** *(avec une cigarette)* he's burnt a hole in his trousers; *(dans les ronces)* he's torn *ou* ripped a hole in his trousers; *(par usure)* he's worn a hole in his trousers ◆ **ces chaussettes se sont trouées très vite** these socks soon got holes in them ◆ **~ qch de part en part** to pierce sth through, to pierce a hole right through sth ◆ **après le bombardement, les rues étaient trouées de cratères** after the bombing, the streets were pockmarked with craters ◆ **des immeubles troués par les obus** buildings full of gaping shellholes ◆ **~ la peau à qn**‡ to put a bullet in sb ◆ **se faire ~ la peau**‡ to get a bullet in one's hide *

b *(fig = traverser) [+ silence, nuit]* to pierce ◆ **une fusée troua l'obscurité** a rocket pierced the darkness ◆ **le soleil troue les nuages** the sun's breaking through the clouds

c *(= parsemer : gén ptp)* to dot ◆ **la plaine trouée d'ombres** the plain dotted with shadows

**troufignon** †‡ /tʀufiɲɔ̃/ NM *(= derrière)* backside *, arse‡ *(Brit)*, ass‡ *(US)*; *(= anus)* arsehole‡ *(Brit)*, asshole‡ *(US)*

**troufion** * /tʀufjɔ̃/ NM soldier, squaddie * ◆ **quand j'étais ~** when I was in the army *ou* was a soldier

**trouillard, e**‡ /tʀujaʀ, aʀd/ *(péj)* ADJ yellow *, chicken * *(attrib)*, yellow-bellied‡ NM,F yellowbelly‡

**trouille**‡ /tʀuj/ NF ◆ **avoir la ~** to be scared stiff * *ou* to death ◆ **j'ai eu la ~ de ma vie** I got the fright of my life *ou* a hell of a fright * ◆ **flanquer *ou* ficher la ~ à qn** to scare the pants off sb *, to put the wind up sb * *(Brit)*

**trouillomètre**‡ /tʀujɔmɛtʀ/ NM ◆ **avoir le ~ à zéro** to be scared witless *

**troupe** /tʀup/ NF a *(Mil, Scoutisme)* troop ◆ **la ~** *(= l'armée)* the army; *(= les simples soldats)* the troops, the rank and file ◆ **les ~s** the troops ◆ **~s de choc/de débarquement** shock/landing troops ◆ **lever des ~s** to raise troops ◆ **faire intervenir la ~** to call *ou* bring in the army ◆ **réservé à la ~** reserved for the troops; → **enfant, homme** b *[de chanteurs, danseurs]* troupe ◆ **~ (de théâtre)** (theatre *ou* drama) company c *[de gens, animaux]* band, group, troop ◆ **se déplacer en ~** to go about in a band *ou* group *ou* troop

**troupeau** (pl **troupeaux**) /tʀupo/ NM *[de bœufs, chevaux] (dans un pré)* herd; *(transhumant)* drove; *[de moutons, chèvres]* flock; *[d'éléphants, buffles, girafes]* herd; *[d'oies]* gaggle; *(péj) [de touristes, prisonniers]* herd *(péj)* ◆ **le ~ du Seigneur** *(Rel)* the Lord's flock

**troupier** /tʀupje/ NM *(† = soldat)* private ADJ → **comique**

**trousse** /tʀus/ NF *(= étui) (gén)* case, kit; *[de médecin, chirurgien]* instrument case; *[d'écolier]* pencil case *ou* wallet ◆ **~ à aiguilles** needle case ◆ **~ à couture** sewing case *ou* kit ◆ **~ de *ou* à maquillage** *(= mallette)* vanity case; *(= sac)* make-up bag ◆ **~ à outils** toolkit ◆ **~ à ongles** nail kit, manicure set ◆ **~ à pharmacie *ou* de secours** first-aid kit ◆ **~ de toilette *ou* de voyage** *(= sac)* toilet bag, sponge bag; *(= mallette)* travelling case, grip LOC PRÉP **aux trousses de** hot on the heels of, on the tail of ◆ **les créanciers/policiers étaient à ses ~s** the creditors/policemen were on his tail *ou* hot on his heels ◆ **avoir la police aux ~s** to have the police on one's tail *ou* hot on one's heels

**trousseau** (pl **trousseaux**) /tʀuso/ NM a ◆ **~ de clés** bunch of keys b *(= vêtements, linge) [de mariée]* trousseau; *[d'écolier]* outfit

**troussequin** /tʀuskɛ̃/ NM a *(Équitation)* cantle b *(= outil)* ⇒ **trusquin**

**trousser** /tʀuse/ ▸ conjug 1 ◂ VT a *(Culin) [+ volaille]* to truss b *(† = retrousser) [+ robe, jupes]* to pick *ou* tuck up ◆ **se ~** to pick *ou* tuck up one's skirts c *(†, hum) [+ femme]* to tumble † d *(† = expédier) [+ poème, article, discours]* to dash off, to throw together ◆ **compliment bien troussé** well-phrased compliment

**trousseur** † /tʀusœʀ/ NM *(hum)* ◆ **~ de jupons** womanizer, ladykiller

**trou-trou** (pl **trou(s)-trou(s)**) /tʀutʀu/ NM *(Tricot) row of holes through which ribbon is passed; (Couture) lace trimming through which ribbon is passed* ◆ **chemisier à trous-trous** openwork blouse

**trouvaille** /tʀuvɑj/ **NF** *(= objet)* find; *(= idée, métaphore, procédé)* stroke of inspiration, brainwave *(Brit)*; *(= mot)* coinage ◆ **quelle est sa dernière ~ ?** *(iro)* what's his latest brainwave?

**trouver** /tʀuve/ GRAMMAIRE ACTIVE 33.2, 53.5 ▸ conjug 1 ◂

**VT** **a** *(en cherchant) [+ objet, emploi, main-d'œuvre, renseignement]* to find ◆ **je ne le trouve pas** I can't find it ◆ **où peut-on le ~ ?** where can he be found?, where is he to be found? ◆ **on lui a trouvé une place dans un lycée** he was found a place in a lycée, they found him a place *ou* a place for him in a lycée ◆ **est-ce qu'ils trouveront le chemin ?** will they find the way? *ou* their way? ◆ **~ le temps/l'énergie/le courage de faire qch** to find (the) time/the energy/the courage to do sth ◆ **comment avez-vous trouvé un secrétaire si compétent ?** how did you come by *ou* find such a competent secretary? ◆ **elle a trouvé en lui un ami sûr/un associé compétent** she has found in him a faithful friend/a competent partner ◆ **~ son maître** to find one's master

**b** *(= rencontrer par hasard) [+ document, information, personne]* to find, to come across; *[+ difficultés]* to meet with, to come across, to come up against; *[+ idée, plan]* to hit on ◆ **on trouve cette plante sous tous les climats humides** this plant is found *ou* is to be found in all damp climates ◆ **~ la mort (dans un accident)** to meet one's death (in an accident)

**c** *(= découvrir)* to find ◆ **~ qch cassé/vide** *(avec attribut du complément)* to find sth broken/empty ◆ **je l'ai trouvé en train de pleurer** I found him crying ◆ **je ne lui trouve aucun défaut** I can find no fault with him ◆ **mais qu'est-ce qu'elle lui trouve ?** what on earth does she see in him?

**d** ◆ **~ à** *(+ infin)* **~ à manger/boire** to find something to eat/drink ◆ **~ à se distraire/à s'occuper** to find a way to amuse/occupy o.s., to find something to amuse/occupy o.s. with ◆ **il trouve toujours à faire dans la maison** he can always find something to do in the house ◆ **si tu trouves à te garer dans ma rue ...** if you manage to find a parking space in my street ... ◆ **elle trouvera bien à les loger quelque part** she's bound to find somewhere to put them up ◆ **il n'a rien trouvé à répondre** he couldn't think of anything to say in reply; → **redire**

**e** *(= penser, juger)* to think, to find ◆ **~ que** to find *ou* think that ◆ **elle trouve qu'il fait trop chaud ici** she finds it too hot (in) here ◆ **~ qch à son goût/trop cher** to find sth to one's liking/too expensive ◆ **je trouve cela trop sucré/lourd** I find it too sweet/heavy, it's too sweet/heavy for me ◆ **il a trouvé bon de nous écrire** he saw fit to write to us ◆ **~ le temps long** to find that time passes slowly *ou* hangs heavy on one's hands ◆ **je le trouve fatigué** I think he looks tired ◆ **tu lui trouves bonne mine ?** do you think he's looking well? ◆ **comment l'as-tu trouvé ?** what did you think of him?, how did you find him? ◆ **vous la trouvez sympathique ?** do you like her?, do you think she's nice? ◆ **trouvez-vous ça normal ?** do you think that's right? ◆ **tu trouves ça drôle !, tu trouves que c'est drôle !** so you think that's funny!, so you find that funny! ◆ **vous trouvez ?** (do) you think so?

**f** *(= imaginer, inventer) [+ solution, prétexte, moyen]* to find, to come up with ◆ **comment as-tu fait pour ~ ?** *(énigme)* how did you work it out? ◆ **j'ai trouvé !** I've got it! * ◆ **solution/explication/excuse toute trouvée** ready-made solution/explanation/excuse ◆ **c'est un sujet tout trouvé pour ta rédaction** it's an obvious topic for your essay ◆ **formule bien trouvée** clever *ou* happy phrase ◆ **tu as trouvé ça tout seul ?** *(iro)* did you work it out all by yourself? *(iro)* ◆ **où est-il allé ~ ça ?** where (on earth) did he get that idea from?, whatever gave him that idea?; → **moyen², remède** *etc*

**g** *(= rendre visite à)* **aller/venir ~ qn** to go/come and see sb ◆ **quand il a des ennuis, c'est moi qu'il vient ~** when he has problems, it's me he comes to

**h** *(= éprouver)* **~ (du) plaisir à qch/à faire qch** to take pleasure in sth/in doing sth, to enjoy sth/doing sth ◆ **~ une consolation dans le travail** to find consolation in work *ou* in working

**i** *(loc)* **ne pas ~ ses mots** to be at a loss for words ◆ **~ le sommeil** to get to sleep, to fall asleep ◆ **il a trouvé à qui parler** he met his match ◆ **il va ~ à qui parler** he'll get more than he bargained for ◆ **cet objet n'avait pas trouvé d'amateur** no one had expressed *ou* shown any interest in the object ◆ **tu as trouvé ton bonheur dans ce bric-à-brac ?** can you find what you're after *ou* what you're looking for in this jumble? ◆ **je la trouve mauvaise !** * *ou* **saumâtre !** * I don't like it at all, I think it's a bit off * *(Brit)*; → **compte, grâce, preneur** *etc*

**VPR se trouver** **a** *(= être dans une situation) [personne]* to find o.s.; *[chose]* to be ◆ **il s'est trouvé nez à nez avec Paul** he found himself face to face with Paul ◆ **la question s'est trouvée reléguée au second plan** the question went on the back burner ◆ **la voiture s'est trouvée coincée entre ...** the car was jammed between ... ◆ **nous nous trouvons dans une situation délicate** we are in a delicate situation ◆ **je me suis trouvé dans l'impossibilité de répondre** I found myself unable to reply ◆ **il se trouve dans l'impossibilité de venir** he's unable to come, he's not in a position to come ◆ **il se trouve dans l'obligation de partir** he has to *ou* is compelled to leave

**b** *(= être situé) [personne]* to be; *[chose]* to be, to be situated ◆ **son nom ne se trouve pas sur la liste** his name isn't on *ou* doesn't appear on the list ◆ **je me trouvais près de l'entrée** I was (standing *ou* sitting *etc*) near the entrance ◆ **il ne fait pas bon se ~ dehors par ce froid** it's not pleasant to be out in this cold ◆ **la maison se trouve au coin de la rue** the house is (situated) *ou* stands on the corner of the street ◆ **où se trouve la poste ?** where is the post office? ◆ **les toilettes se trouvent près de l'entrée** the toilets are (situated) near the entrance

**c** *(= pouvoir être trouvé)* **un crayon, ça se trouve facilement** you can find a pencil anywhere ◆ **ça ne se trouve pas sous le pas** *ou* **le sabot d'un cheval** it's not easy to find *ou* to come by

**d** *(= se sentir)* to feel ◆ **se ~ bien** *(dans un fauteuil etc)* to be *ou* feel comfortable; *(santé)* to feel well ◆ **il se trouve mieux en montagne** he feels better in the mountains ◆ **elle se trouvait bien dans ce pays** she was happy in this country ◆ **se ~ mal** *(= s'évanouir)* to faint, to pass out ◆ **elle s'est trouvée mal à cause de la chaleur/en entendant la nouvelle** she fainted *ou* passed out in the heat/on hearing the news ◆ **se ~ bien/mal d'avoir fait qch** to be glad/to regret having done sth ◆ **il s'en est bien trouvé** he benefited from it ◆ **il s'en est mal trouvé** he lived to regret it ◆ **je me suis trouvé fin !** *(iro)* a fine *ou* right * fool I looked!

**e** *(= se juger)* **il se trouve beau dans son nouveau costume** he thinks he looks good in his new suit ◆ **tu te trouves malin** *ou* **intelligent/spirituel ?** I suppose you think that's clever/funny!

**f** *(exprimant la coïncidence : souvent avec infin)* **se ~ être/avoir ...** to happen to be/have ... ◆ **elles se trouvaient avoir la même robe** it turned out that they had *ou* they happened to have the same dress ◆ **pour une fois, ils se trouvaient d'accord** for once they happened to agree

**g** *(= découvrir sa personnalité, son style)* **à cette époque, l'artiste ne s'était pas encore trouvé** at this time, the artist hadn't yet developed his own distinctive style

**VPR IMPERS se trouver**

◆ **il se trouve (*ou* se trouvera *etc*)** + *nom (= il y a)* ◆ **il se trouve toujours des gens qui disent ...** *ou* **pour dire ...** there are always people *ou* you'll always find people who will say ... ◆ **il se trouvera peut-être des journalistes pour l'approuver** there'll probably be *ou* there may (well) be some journalists who approve

◆ **il se trouve (*ou* se trouvait *etc*) que** ◆ **il se trouve que c'est moi** it happens to be me, it's me as it happens ◆ **il s'est trouvé que j'étais là quand ...** I happened *ou* chanced to be there when ..., it so happened that I was there when ... ◆ **il se trouvait qu'elle avait menti** it turned out that she had been lying

◆ **si ça se trouve** * ◆ **ils sont sortis, si ça se trouve** they may well be out, they're probably out ◆ **si ça se trouve, il ne viendra pas** maybe he won't come

**trouvère** /tʀuvɛʀ/ **NM** trouvère

**troyen, -enne** /tʀwajɛ̃, ɛn/ **ADJ** *(Antiq)* Trojan ◆ **(virus) ~** *(Ordin)* Trojan Horse **NM,F** **Troyen(ne)** *(Antiq)* Trojan

**truand, e** /tʀyɑ̃, ɑd/ **NM** *(= gangster)* gangster, mobster *(US)*; *(= escroc)* crook **NM,F** *(† = mendiant)* beggar

> ⚠ **truand** *ne se traduit pas par le mot anglais* **truant**, *qui désigne un élève faisant l'école buissonnière.*

**truander** * /tʀyɑ̃de/ ▸ conjug 1 ◂ **VT** to swindle, to do * ◆ **se faire ~** to be swindled *ou* done * **VI** to cheat

**trublion** /tʀyblijɔ̃/ **NM** troublemaker, agitator

**truc¹** /tʀyk/ GRAMMAIRE ACTIVE 34.3 **NM** **a** *(* = moyen, combine)* way, trick ◆ **il a trouvé le ~ (pour le faire)** he's got the hang * of it ◆ **il n'a pas encore compris le ~** he hasn't got the hang * of it yet ◆ **avoir le ~** to have the knack ◆ **cherche un ~ pour venir me voir** try to find some way of coming to see me ◆ **on le connaît, leur ~** we know what they're up to * *ou* playing at *, we're onto their little game * ◆ **les ~s du métier** the tricks of the trade ◆ **j'ai un ~ infaillible contre les taches** I've got just the thing for getting rid of stains, I know a great way of getting rid of stains

**b** *(= tour) [de prestidigitateur]* trick; *(= trucage : Ciné, Théât)* trick, effect ◆ **c'est impressionnant mais ce n'est qu'un ~** it's impressive but it's only a trick *ou* an effect ◆ **il y a un ~ !** there's a trick in it!

**c** *( * = chose, idée)* thing ◆ **on m'a raconté un ~ extraordinaire** I've been told an extraordinary thing ◆ **j'ai pensé (à) un ~** I've thought of something, I've had a thought ◆ **il y a un tas de ~s à faire** there's a heap of things to do * ◆ **je lui ai offert un petit ~ pour son anniversaire** I gave him a little something for his birthday ◆ **il a dit un ~ dans ce style** he said something along those lines *ou* something of the sort ◆ **le ski, c'est pas mon ~** skiing isn't my thing * ◆ **la médecine/l'équitation, c'est son ~** he's really into * medicine/horseriding ◆ **chacun son ~** each to his own

**d** *(* = machin) (dont le nom échappe)* thingumajig *, thingummy *, whatsit *; *(inconnu, jamais vu)* contraption, thing, thingumajig *; *(= chose bizarre)* thing ◆ **c'est quoi, ce ~-là ?** what's that thing? *ou* thingumajig? * ◆ **méfie-toi de ces ~s-là** be careful of *ou* beware of those things

**e** *(* = personne)* **Truc (Chouette), Machin Truc** what's-his-(*ou* her-) name *, what-d'you-call-him (*ou* -her) *

**truc²** /tʀyk/ NM *(Rail)* truck, waggon

**trucage** /tʀykaʒ/ NM ⇒ **truquage**

**truchement** /tʀyʃmɑ̃/ NM ◆ **par le ~ de qn** through (the intervention *ou* agency of) sb ◆ **par le ~ de qch** with the aid of sth

**trucider** * /tʀyside/ ▸ conjug 1 ◂ VT *(hum)* to knock off *, to bump off * ◆ **je vais me faire ~ si jamais j'arrive en retard !** I'll get killed * *ou* I'll get my head bitten off * if I arrive late!

**trucmuche** * /tʀykmyʃ/ NM **a** *(= chose)* thingumajig *, thingummy *, whatsit * **b** *(= personne)* **Trucmuche** what's-his-(*ou* her-) name *, what-d'you-call-him (*ou* -her) *

**truculence** /tʀykylɑ̃s/ NF *[de langage]* vividness, colourfulness *(Brit)*, colorfulness *(US)*; *[de style]* colourfulness *(Brit)*, colorfulness *(US)* ◆ **la ~ de ce personnage** the liveliness *ou* verve of this character

**truculent, e** /tʀykylɑ̃, ɑ̃t/ ADJ *[langage]* vivid, colourful *(Brit)*, colorful *(US)*; *[style]* colourful *(Brit)*, colorful *(US)*; *[personnage]* colourful *(Brit)*, colorful *(US)*, larger-than-life *(épith)*, larger than life *(attrib)*

> ⚠ **truculent** *ne se traduit pas par le mot anglais* **truculent**, *qui a le sens de 'agressif'.*

**truelle** /tʀyɛl/ NF *[de maçon]* trowel ◆ **~ à poisson** *(Culin)* fish slice

**truffe** /tʀyf/ NF **a** *(Bot)* truffle ◆ **~ noire/blanche** black/white truffle **b** *(Culin)* **~s (au chocolat)** (chocolate) truffles **c** *(= nez) [de chien]* nose

**truffer** /tʀyfe/ ▸ conjug 1 ◂ VT **a** *(Culin)* to garnish with truffles **b** *(= remplir)* **~ qch de** to pepper sth with ◆ **truffé de citations** peppered *ou* larded with quotations ◆ **truffé de fautes** *ou* **d'erreurs** riddled with mistakes ◆ **région truffée de mines** area littered with mines ◆ **truffé de pièges** bristling with traps ◆ **pièce truffée de micros** room bristling with hidden bugging devices ◆ **film truffé d'effets spéciaux** film laden with special effects

**truffier, -ière** /tʀyfje, jɛʀ/ ADJ *[région]* truffle *(épith)*; *[chêne]* truffle-producing ◆ **chien ~** truffle hound NF **truffière** truffle field

**truie** /tʀɥi/ NF *(Zool)* sow

**truisme** /tʀyism/ NM *(littér)* truism

**truite** /tʀɥit/ NF trout *(inv)* ◆ **~ saumonée** salmon trout ◆ **~ de mer** sea trout ◆ **~ arc-en-ciel** rainbow trout ◆ **~ meunière** *(Culin)* truite *ou* trout meunière; → **bleu**

**truité, e** /tʀɥite/ ADJ **a** *(= tacheté) [cheval]* mottled, speckled; *[chien]* spotted, speckled **b** *(= craquelé) [porcelaine]* crackled

**trumeau** (pl **trumeaux**) /tʀymo/ NM **a** *(= pilier)* pier; *(entre portes, fenêtres)* pier; *(panneau ou glace)* pier glass; *[de cheminée]* overmantel **b** *(Culin)* shin of beef

**truquage** /tʀykaʒ/ NM **a** *[de serrure, verrou]* adapting, fixing *; *[de cartes, dés]* fixing *; *[d'élections]* rigging, fixing *; *[de combat]* fixing * **b** *(† = falsification) [de dossier]* doctoring *; *[de comptes]* fiddling *; *[d'œuvre d'art, meuble]* faking ◆ **le ~ d'une scène** *(Ciné)* using special effects in a scene **c** *(Ciné)* **un ~ très réussi** a very successful effect ◆ **~s optiques** optical effects *ou* illusions ◆ **~s de laboratoire** lab effects

**truqué, e** /tʀyke/ (ptp de **truquer**) ADJ *[élections]* rigged; *[combat]* fixed *; *[cartes, dés]* fixed * ◆ **une scène ~e** *(Ciné)* a scene involving special effects

**truquer** /tʀyke/ ▸ conjug 1 ◂ VT **a** *[+ serrure, verrou, cartes]* to fix *; *[+ dés]* to load; *[+ combat, élections]* to rig, to fix * ◆ **~ une scène** *(Ciné)* to use special effects in a scene **b** *(† = falsifier) [+ dossier]* to doctor *; *[+ comptes]* to fiddle *; *[+ œuvre d'art, meuble]* to fake

**truqueur, -euse** /tʀykœʀ, øz/ NM,F **a** *(= fraudeur)* cheat **b** *(Ciné)* special effects man (*ou* woman)

**truquiste** /tʀykist(ə)/ NM ⇒ **truqueur b**

**trusquin** /tʀyskɛ̃/ NM marking gauge

**trust** /tʀœst/ NM *(= cartel)* trust; *(= grande entreprise)* corporation; → **antitrust**

**truster** /tʀœste/ ▸ conjug 1 ◂ VT *[+ secteur du marché]* to monopolize, to corner; *[+ produit]* to have the monopoly of, to monopolize; *(* = accaparer)* to monopolize ◆ **ils ont trusté les médailles aux derniers Jeux olympiques** they carried off all the medals *ou* they made a clean sweep of the medals at the last Olympic Games

**trypanosome** /tʀipanozom/ NM trypanosome

**trypanosomiase** /tʀipanozomjɑz/ NF trypanosomiasis

**TSA** /teesa/ NF (abrév de **technologie des systèmes automatisés**) → **technologie**

**tsar** /dzaʀ/ NM tsar, czar, tzar

**tsarévitch** /dzaʀevitʃ/ NM tsarevich, czarevich, tzarevich

**tsarine** /dzaʀin/ NF tsarina, czarina, tzarina

**tsarisme** /dzaʀism/ NM tsarism, czarism, tzarism

**tsariste** /dzaʀist/ ADJ tsarist, czarist, tzarist

**tsé-tsé** /tsetse/ NF ◆ **(mouche) ~** tsetse fly

**TSF** † /teɛsɛf/ NF (abrév de **télégraphie sans fil**) *(= procédé)* wireless telegraphy; *(= radio)* wireless, radio; *(= poste)* wireless ◆ **à la ~** on the radio *ou* wireless

**T(-)shirt** /tiʃœʀt/ NM ⇒ **tee(-)shirt**

**tsigane** /tsigan/ ADJ (Hungarian) gypsy *ou* gipsy, tzigane ◆ **violoniste/musique ~** (Hungarian) gypsy violinist/music NM *(Ling)* Romany NMF **Tsigane** (Hungarian) Gypsy *ou* Gipsy, Tzigane

**tsoin-tsoin** *, **tsouin-tsouin** * /tswɛ̃tswɛ̃/ EXCL boom-boom!

**tss-tss** /tsts/ EXCL tut-tut!

**TSVP** (abrév de **tournez s'il vous plaît**) PTO

**TTC** /tetese/ (abrév de **toutes taxes comprises**) inclusive of (all) tax

**TU** /tey/ NM (abrév de **temps universel**) UT; → **temps¹**

**tu, t'** * /ty, t/ PRON PERS you *(as opposed to vous: familiar form of address)*; *(Rel)* thou ◆ **t'as * de la chance** you're lucky NM ◆ **employer le ~** to use the "tu" form ◆ **dire ~ à qn** to address sb as "tu" ◆ **être à ~ et à toi avec qn** * to be on first-name terms with sb, to be a great pal of sb *

**tuant, tuante** * /tɥɑ̃, tɥɑ̃t/ ADJ *(= fatigant)* killing, exhausting; *(= énervant)* exasperating, tiresome

**tub** † /tœb/ NM *(= bassin)* (bath)tub; *(= bain)* bath

**tuba** /tyba/ NM *(Mus)* tuba; *(Sport)* snorkel, breathing tube ◆ **~ d'orchestre** bass tuba

**tubage** /tybaʒ/ NM *(Méd)* intubation, cannulation

**tubaire** /tybɛʀ/ ADJ *(Méd)* tubal

**tubard, e** * /tybaʀ, aʀd/ (abrév de **tuberculeux**) *(péj)* ADJ suffering from TB NM,F TB case

**tube** /tyb/ NM **a** *(= tuyau) (gén, de mesure, en verre)* tube; *(de canalisation, tubulure, métallique)* pipe; *[de canon]* barrel ◆ **~ capillaire** capillary tube ◆ **~ à essai** test tube ◆ **~ lance-torpilles** torpedo tube ◆ **~ au néon** neon tube ◆ **~ redresseur** *(Élec)* vacuum diode ◆ **~ régulateur de potentiel** triode ◆ **~ cathodique** *(Élec, TV, Ordin)* cathode ray tube ◆ **~ à vide** vacuum valve *ou* tube ◆ **~ électronique** electronic valve *ou* tube

◆ **à pleins tubes** ◆ **marcher à pleins ~s** *[moteur]* to be running full throttle *ou* at maximum revs ◆ **il a mis sa chaîne hi-fi à pleins ~s** he turned his stereo on full blast * ◆ **délirer** * *ou* **déconner** * **à pleins ~s** to be raving mad *, to be off one's head * *ou* rocker *

**b** *(= emballage) [d'aspirine, dentifrice, peinture]* tube ◆ **~ de rouge (à lèvres)** lipstick ◆ **en ~** in a tube

**c** *(Anat, Bot = conduit)* **~ digestif** digestive tract, alimentary canal ◆ **~s urinifères/séminaux** urinary/seminiferous tubules ◆ **~ pollinique** pollen tube

**d** *(* = chanson à succès)* hit ◆ **le ~ de l'été** the summer hit, the hit-song of the summer

**e** *(= vêtement)* **jupe ~** pull tube, skinny-rib (sweater *ou* jumper)

**tubercule** /tybɛʀkyl/ NM *(Anat, Méd)* tubercle; *(Bot)* tuber ◆ **~s quadrijumeaux** corpora quadrigemina, quadrigeminal *ou* quadrigeminate bodies

**tuberculeux, -euse** /tybɛʀkylø, øz/ ADJ **a** *(Méd)* tuberculous, tubercular ◆ **être ~** to suffer from tuberculosis *ou* TB, to have tuberculosis *ou* TB **b** *(Bot)* tuberous, tuberose NM,F tuberculosis *ou* tubercular *ou* TB patient

**tuberculine** /tybɛʀkylin/ NF tuberculin

**tuberculinique** /tybɛʀkylinik/ ADJ *[test]* tuberculinic, tuberculin

**tuberculose** /tybɛʀkyloz/ NF tuberculosis, TB ◆ **~ pulmonaire** pulmonary tuberculosis ◆ **~ osseuse** tuberculosis of the bones

**tubéreux, -euse** /tybeʀø, øz/ ADJ tuberous NF **tubéreuse** *(Bot)* tuberose

**tubérosité** /tybeʀozite/ NF *(Anat)* tuberosity

**tubulaire** /tybylɛʀ/ ADJ tubular

**tubulé, e** /tybyle/ ADJ *[plante]* tubulate; *[flacon]* tubulated

**tubuleux, -euse** /tybylø, øz/ ADJ tubulous, tubulate

**tubulure** /tybylyʀ/ NF **a** *(= tube)* pipe **b** *(Tech) (= ouverture)* tubulure ◆ **~s** *(= tubes)* piping ◆ **~ d'échappement/d'admission** *(Aut)* exhaust/inlet manifold ◆ **~ d'alimentation** feed *ou* supply pipe

**TUC** /tyk/ NMPL (abrév de **travaux d'utilité collective**) → **travail¹** NMF ⇒ **tucard, e**

**tucard, e** /tykaʀ, aʀd/ NM,F, **tuciste** /tysist/ NMF (paid) community worker *(otherwise unemployed)*

**tué, e** /tɥe/ (ptp de **tuer**) NM,F *(dans un accident, au combat)* person killed ◆ **les ~s** the dead, those killed ◆ **le nombre des ~s sur la route ne cesse d'augmenter** the number of deaths on the road is increasing all the time ◆ **il y a eu cinq ~s** there were five (people) killed *ou* five dead

**tue-mouche** /tymuʃ/ NM INV *(Bot)* ◆ **(amanite) ~** fly agaric ADJ ◆ **papier** *ou* **ruban ~(s)** flypaper

**tuer** /tɥe/ ▸ conjug 1 ◂ VT a *[+ personne, animal]* to kill; *(à la chasse)* to shoot ◆ **tu ne tueras point** *(Bible)* thou shalt not kill ◆ ~ **qn à coups de pierre/de couteau** to stone/stab *ou* knife sb to death ◆ ~ **qn d'une balle** to shoot sb dead ◆ **l'alcool tue** alcohol can kill *ou* is a killer ◆ **la route tue des milliers de gens chaque année** thousands of people are killed on the roads every year ◆ **se faire** ~ to get killed ◆ **il était prêt à se faire** ~ **pour son pays** he was prepared to die for his country ◆ ~ **le père** *(Psych)* to kill the father ◆ **cet enfant me tuera** this child will be the death of me ◆ **il est à** ~ **!** *(fig)* you (*ou* I) could kill him! ◆ **il n'a jamais tué personne !** he wouldn't hurt a fly, he's quite harmless ◆ **ça n'a jamais tué personne, ça ne va pas te** ~ it won't kill you ◆ **ça tue !** * *(= c'est génial)* it's great! ◆ **quelle odeur ! ça tue les mouches à quinze pas !** * what a stink! * it's enough to kill a man at twenty paces! ◆ **un culot pareil, ça me tue !** * he's (*ou* she's *etc*) got a nerve! ◆ **ça m'a tué d'apprendre qu'ils divorçaient** * I was flabbergasted * *ou* staggered when I heard that they were getting divorced; → **poule**[1], **veau**

b *(= ruiner)* to kill; *(= exténuer)* to exhaust, to wear out ◆ **la bureaucratie tue toute initiative** bureaucracy kills (off) all initiative ◆ **les supermarchés n'ont pas tué le petit commerce** supermarkets have not killed off small traders ◆ **ce rouge tue tout leur décor** this red kills (the effect of) their whole decor ◆ **ces escaliers/querelles me tuent** these stairs/quarrels will be the death of me ◆ ~ **qch dans l'œuf** to nip sth in the bud ◆ ~ **le temps** to kill time

VPR **se tuer** a *(l'un l'autre)* to kill each other ◆ **séparez-les, ils vont se** ~ **!** pull them apart, they're going to kill each other!

b *(soi-même, par accident)* to be killed ◆ **il s'est tué en montagne/en voiture** he was killed in a mountaineering/car accident

c *(= se suicider)* to kill o.s. ◆ **il s'est tué d'une balle dans la tête** he put a bullet through his head, he shot himself in the head

d *(= s'épuiser)* **se** ~ **au travail, se** ~ **à la tâche** to work o.s. to death, to kill o.s. with work ◆ **se** ~ **à répéter/expliquer qch à qn** to repeat/explain sth to sb until one is blue in the face, to wear o.s. out repeating/explaining sth to sb ◆ **je me tue à te le dire !** I've told you again and again!

**tuerie** /tyʀi/ NF *(= carnage)* slaughter, carnage

**tue-tête** /tytɛt/ **à tue-tête** LOC ADV ◆ **crier/chanter à** ~ to shout/sing at the top of one's voice, to shout/sing one's head off *

**tueur, tueuse** /tɥœʀ, tɥøz/ NM,F a *(= assassin)* killer; *(fig = personne impitoyable)* shark ◆ ~ **(à gages)** hired *ou* professional killer, contract killer, hitman * ◆ ~ **en série** serial killer b *(= chasseur)* ~ **de lions/d'éléphants** lion-/elephant-killer NM *(d'abattoir)* slaughterman, slaughterer

**tuf** /tyf/ NM *(Géol) (volcanique)* tuff; *(calcaire)* tufa

**tuf(f)eau** /tyfo/ NM tufa

**tuilage** /tɥilaʒ/ NM *[d'opérations]* overlapping

**tuile** /tɥil/ NF a *(lit)* tile ◆ ~ **creuse** *ou* **romaine** *ou* **ronde** curved tile ◆ ~ **faîtière** ridge tile ◆ ~**s mécaniques** industrial *ou* interlocking tiles ◆ **couvrir un toit de** ~**s** to tile a roof ◆ **toit de** ~**s** tiled roof ◆ ~**s de pierre/d'ardoise** stone/slate tiles ◆ **nous préférons la** ~ **à l'ardoise** we prefer tiles to slate b (* *= coup de malchance)* stroke *ou* piece of bad luck ◆ **quelle** ~ **!** what rotten luck!, what a pain! * ◆ **il vient de m'arriver une** ~ I've just had a piece of bad luck c *(Culin)* (thin sweet) biscuit *(Brit)* *ou* cookie *(US)*

**tuiler** /tɥile/ ▸ conjug 1 ◂ VT *[+ opérations]* to overlap

**tuilerie** /tɥilʀi/ NF *(= fabrique)* tilery; *(= four)* tilery, tile kiln

**tuilier, -ière** /tɥilje, jɛʀ/ ADJ tile *(épith)* NM,F tile maker *ou* manufacturer

**tulipe** /tylip/ NF *(= fleur)* tulip; *(= lampe)* tulip-shaped lamp ◆ **verre** ~ tulip glass

**tulipier** /tylipje/ NM tulip tree

**tulle** /tyl/ NM tulle ◆ **robe de** ~ tulle dress ◆ ~ **gras** *(Méd)* sofra-tulle

**tuméfaction** /tymefaksjɔ̃/ NF *(= effet)* swelling *ou* puffing up, tumefaction *(SPÉC)*; *(= partie tuméfiée)* swelling

**tuméfier** /tymefje/ ▸ conjug 7 ◂ VT to cause to swell, to tumefy *(SPÉC)* ◆ **visage/œil tuméfié** puffed-up *ou* swollen face/eye VPR **se tuméfier** to swell up, to puff up, to tumefy *(SPÉC)*

**tumescence** /tymesɑ̃s/ NF tumescence

**tumescent, e** /tymesɑ̃, ɑ̃t/ ADJ tumescent

**tumeur** /tymœʀ/ NF tumour *(Brit)*, tumor *(US)* (*de* of) growth (*de* in); ◆ ~ **bénigne/maligne** benign/malignant tumour ◆ ~ **au cerveau** brain tumour

**tumoral, e** (mpl **-aux**) /tymɔʀal, o/ ADJ tumorous, tumoral

**tumorectomie** /tymɔʀɛktɔmi/ NF lumpectomy

**tumulte** /tymylt/ NM a *(= bruit) [de foule]* commotion; *[de voix]* hubbub; *[d'acclamations]* thunder, tumult ◆ **un** ~ **d'applaudissements** thunderous applause, a thunder of applause ◆ **le** ~ **des flots/de l'orage** *(littér)* the tumult of the waves/of the storm ◆ **la réunion s'est achevée dans un** ~ **général** the meeting ended in uproar *ou* in pandemonium b *(= agitation) [d'affaires]* hurly-burly; *[de passions]* turmoil, tumult; *[de rue, ville]* hustle and bustle (*de* in, of) commotion (*de* in)

**tumultueux, -euse** /tymyltɥø, øz/ ADJ *[séance]* stormy, turbulent, tumultuous; *[foule]* turbulent, agitated; *(littér) [flots, bouillonnement]* turbulent; *[vie, période, jeunesse]* stormy, turbulent; *[passion]* tumultuous, turbulent

**tumulus** /tymylys/ NM burial mound, tumulus *(SPÉC)*, barrow *(SPÉC)*

**tune** /tyn/ NF ⇒ **thune**

**tuner** /tynɛʀ/ NM *(= amplificateur)* tuner

**tungstène** /tœ̃kstɛn/ NM tungsten, wolfram

**tunique** /tynik/ NF a *[de prêtre]* tunicle, tunic; *[de femme] (droite)* tunic; *(à forme ample)* smock; *(longue)* gown b *(Anat)* tunic, tunica; *(Bot)* tunic ◆ ~ **de l'œil** tunica albuginea of the eye

**Tunis** /tynis/ N Tunis

**Tunisie** /tynizi/ NF Tunisia

**tunisien, -ienne** /tynizjɛ̃, jɛn/ ADJ a *(de Tunisie)* Tunisian b ◆ **(T-shirt)** ~ *Grandad-style T-shirt* NM,F **Tunisien(ne)** Tunisian

**tunnel** /tynɛl/ NM a *(lit) (gén)* tunnel; *(Hort)* tunnel ◆ ~ **ferroviaire/routier** railway/road tunnel ◆ ~ **aérodynamique** wind tunnel ◆ **le** ~ **sous la Manche** the Channel Tunnel, the Chunnel *; → **effet** b *(fig)* tunnel ◆ **voir le bout du** ~ to see (the) light at the end of the tunnel

**tunnelier** /tynəlje/ NM *(= ouvrier)* tunneller; *(= machine)* mole

**TUP** /typ/ NM (abrév de **titre universel de paiement**) → aussi **titre**

**tuque** /tyk/ NF *(Can)* woollen cap, tuque *(Can)*

**turban** /tyʀbɑ̃/ NM turban

**turbin** * /tyʀbɛ̃/ NM *(= emploi)* work ◆ **aller au** ~ to go off to work ◆ **se remettre au** ~ to get back to work ◆ **après le** ~ after work

**turbine** /tyʀbin/ NF turbine ◆ ~ **hydraulique** water *ou* hydraulic turbine ◆ ~ **à réaction/à impulsion** reaction/impulse turbine ◆ ~ **à vapeur/à gaz** steam/gas turbine

**turbiner** * /tyʀbine/ ▸ conjug 1 ◂ VI to graft (away) *, to slog away *, to slave away ◆ **faire** ~ **qn** to make sb work, to keep sb at it * *ou* with his nose to the grindstone *

**turbo** /tyʀbo/ ADJ INV a *(Aut)* turbo b *(Ordin)* ~ **pascal/C** turbo pascal/C NM *(= moteur)* turbo ◆ **mettre le** ~ * to get a move on *, to step on it * NF *(= voiture)* turbo, turbocar

**turbocompresseur** /tyʀbokɔ̃pʀesœʀ/ NM turbocharger ◆ ~ **de suralimentation** turbosupercharger

**turbodiesel** /tyʀbodjezɛl/ ADJ, NM turbodiesel

**turbomoteur** /tyʀbomɔtœʀ/ NM turbine engine

**turbopompe** /tyʀbopɔ̃p/ NF turbopump, turbine-pump

**turbo-prof** * (pl **turbo-profs**) /tyʀbopʀɔf/ NMF *teacher commuting long distances*

**turbopropulseur** /tyʀbopʀɔpylsœʀ/ NM turboprop

**turboréacteur** /tyʀboʀeaktœʀ/ NM turbojet (engine) ◆ ~ **à double flux** bypass turbojet *ou* engine

**turbot** /tyʀbo/ NM turbot

**turbotrain** /tyʀbotʀɛ̃/ NM turbotrain

**turbulence** /tyʀbylɑ̃s/ NF a *(= dissipation)* boisterousness, unruliness b *(= agitation) (gén Sci)* turbulence *(NonC)* ◆ **entrer dans une zone de** ~**s** *(Aviat)* to go into an area of turbulence ◆ **le franc traverse une nouvelle zone de** ~**s** *(fig)* the franc is going through a new period of turbulence ◆ ~**s politiques/sociales** political/social unrest

**turbulent, e** /tyʀbylɑ̃, ɑ̃t/ ADJ a *(= agité) [enfant, élève]* unruly, boisterous, obstreperous; *[jeunesse, foule]* unruly; *[époque]* turbulent b *(littér = tumultueux) [passion]* turbulent, stormy c *(Sci)* turbulent

**turc, turque** /tyʀk/ ADJ Turkish ◆ **à la turque** *(= accroupi, assis)* cross-legged; *[cabinets]* seatless; *(Mus)* alla turca NM a *(= personne)* **Turc** Turk ◆ **le Grand Turc** *(Hist)* the Sultan ◆ **les Jeunes Turcs** *(Hist, fig)* the Young Turks b *(Ling)* Turkish NF **Turque** Turkish woman

**turcophone** /tyʀkɔfɔn/ ADJ Turkish-speaking NMF Turkish speaker

**turf** /tyʀf/ NM a *(Sport) (= terrain)* racecourse ◆ **le** ~ *(= activité)* racing, the turf b *(arg Crime = prostitution)* **le** ~ streetwalking ◆ **aller au** ~ to go and walk the streets c (* *= travail)* **aller au** ~ to go off to work

**turfiste** /tyʀfist/ NMF racegoer

**turgescence** /tyʀʒesɑ̃s/ NF turgescence

**turgescent, e** /tyʀʒesɑ̃, ɑ̃t/ ADJ turgescent

**turgide** /tyʀʒid/ ADJ *(littér)* swollen

**turista** * /tuʀista/ NF Delhi belly * *(Brit)*, Montezuma's revenge * ◆ **avoir/attraper la** ~ to have/get Delhi belly * *(Brit)* *ou* Montezuma's revenge *

**turkmène** /tyʀkmɛn/ ADJ Turkoman, Turkman NM *(Ling)* Turkmen, Turk(o)man NMF **Turkmène** Turkoman, Turkman

**Turkménistan** /tyʀkmenistɑ̃/ NM Turkmenistan

**turlupiner** * /tyʀlypine/ ▸ conjug 1 ◂ VT to bother, to worry ◆ **ce qui me turlupine** what bugs me * *ou* worries me

**turlute** /tyʀlyt/ NF a *(Can)* hummed tune b *** blow-job *** ◆ **faire une ~ à qn** to give sb a blow-job ***

**turluter** /tyʀlyte/ ▸ conjug 1 ◂ *(Can)* VT *[+ chanson]* to hum VI to hum a tune

**turne** * /tyʀn/ NF a *(† péj = logement)* digs * b *(Scol = chambre)* room

**turpitude** /tyʀpityd/ NF a *(caractère)* turpitude b *(gén pl = acte)* base act

**Turquie** /tyʀki/ NF Turkey

**turquoise** /tyʀkwaz/ NF, ADJ INV turquoise

**tutélaire** /tyteləʀ/ ADJ *(littér = protecteur)* tutelary, protecting *(épith)*; *(Jur = de la tutelle)* tutelary

**tutelle** /tytɛl/ NF a *(Jur) [de mineur]* guardianship, wardship; *[d'aliéné]* guardianship ◆ **avoir la ~ de qn** to be sb's guardian ◆ **mettre qn en ~** to put sb in the care of a guardian ◆ **enfant en ~** child under guardianship ◆ **être placé sous ~ judiciaire** to be made a ward of court
b *(= contrôle financier, administratif, politique)* supervision; *(= protection)* tutelage, protection ◆ **~ administrative/de l'État** administrative/state supervision ◆ **organisme de ~** regulator, regulating body ◆ **autorité de ~** regulatory authority ◆ **ministère de ~** *(Admin) ministry in charge* ◆ **régime de ~** *(Pol)* trusteeship ◆ **territoires sous ~** *(Pol)* trust territories ◆ **pays sous la ~ de l'ONU** country under UN trusteeship ◆ **mettre sous ~** to put under supervision ◆ **la banque a été mise sous ~** control of the bank has been put in the hands of trustees ◆ **être sous la ~ de qn** *(dépendant)* to be under sb's supervision; *(protégé)* to be in sb's tutelage ◆ **tenir ou garder en ~** *[+ pays]* to hold sway over; *[+ personne]* to keep a tight rein on ◆ **exercer sa ~ sur** to control

**tuteur, -trice** /tytœʀ, tʀis/ NM,F *(Jur, fig littér = protecteur)* guardian; *(Univ)* tutor ◆ **~ légal/testamentaire** legal/testamentary guardian ◆ **~ ad hoc** *specially appointed guardian*
NM *(Agr)* stake, support

**tuteurage** /tytœʀaʒ/ NM *(Agr)* staking

**tuteurer** /tytœʀe/ ▸ conjug 1 ◂ VT *(Agr)* to stake (up)

**tutoiement** /tytwamɑ̃/ NM use of (the familiar) tu *(instead of vous)*

> **Tutoiement/Vouvoiement**
>
> There are no hard-and-fast rules about when to use « tu » or « vous » to address people. Small children can be addressed as « tu », and will often reply using the « tu » form as well. In informal contexts among young people of the same age, « tu » is often used even at first meeting. Among the older generation, « vous » is standard until people know each other well; some older married couples even use the « vous » form to address their spouse. As a general rule for non-native speakers, « vous » should always be used to address adults until the other person uses « tu », or asks permission to do so.

**tutorat** /tytɔʀa/ NM *(Scol)* guidance; *(Univ)* tutorial system

**tutoriel** /tytɔʀjɛl/ NM tutorial

**tutoyer** /tytwaje/ ▸ conjug 8 ◂ VT a *(= dire tu à)* ◆ **~ qn** to use (the familiar) "tu" when speaking to sb, to address sb as "tu" *(instead of "vous")* b *(littér = fréquenter)* to be on familiar ou intimate terms with c *(= frôler)* **le cheval a tutoyé l'obstacle** the horse brushed the fence ◆ **le nombre des chômeurs tutoie la barre des trois millions** unemployment is nearing the three million mark

**tutsi, e** /tutsi/ ADJ Tutsi NM,F **Tutsi,e** Tutsi

**tutti frutti** /tutifʀuti/ LOC ADJ INV *[glace]* tutti-frutti

**tutti quanti** /tutikwɑ̃ti/ **et tutti quanti** LOC ADV and all the rest (of them), and all that lot * ou crowd *

**tutu** /tyty/ NM tutu, ballet skirt

**Tuvalu** /tuvalu/ N Tuvalu

**tuyau** (pl **tuyaux**) /tɥijo/ NM a *(gén, rigide)* pipe, length of piping; *(flexible, en caoutchouc, vendu au mètre)* length of rubber tubing, rubber tubing *(NonC)*; *[de pipe]* stem ◆ **il me l'a dit dans le ~ de l'oreille** * he whispered it to me
b *(Habillement = pli)* flute
c * *(= conseil)* tip; *(= renseignement)* gen * *(NonC)* ◆ **quelques ~x pour le bricoleur** a few tips for the do-it-yourself enthusiast ◆ **il nous a donné des ~x sur leurs activités/projets** he gave us some gen * on their activities/plans ◆ **~ crevé** useless tip
COMP ▷ **tuyau d'alimentation** feeder pipe ▷ **tuyau d'arrosage** hosepipe, garden hose ▷ **tuyau de cheminée** chimney pipe ou flue ▷ **tuyau de descente** *(pluvial)* downpipe, fall pipe; *[de lavabo, W-C]* waste-pipe ▷ **tuyau d'échappement** exhaust (pipe), tailpipe ▷ **tuyau de gaz** gas pipe ▷ **tuyau d'orgue** *(Géol, Mus)* organ pipe ▷ **tuyau de pipe** stem of a pipe ◆ **avoir les artères en ~ de pipe** to have hardened arteries ▷ **tuyau de poêle** stovepipe ◆ **(chapeau en) ~ de poêle** * † stovepipe hat ◆ **quelle famille ~ de poêle !** *** *(à problèmes)* what a mixed-up family! *; *(incestueuse)* everybody sleeps with everybody in that family! ▷ **tuyau de pompe** pump pipe

**tuyautage** /tɥijɔtaʒ/ NM a *[de linge]* fluting, goffering b *(* = renseignement)* tipping off

**tuyauter** /tɥijɔte/ ▸ conjug 1 ◂ VT a *[+ linge]* to flute, to goffer ◆ **un tuyauté** a fluted frill b *(* = conseiller)* ◆ **~ qn** to give sb a tip; *(= mettre au courant)* to put sb in the know *, to give sb the tip-off *

**tuyauterie** /tɥijɔtʀi/ NF *[de machines, canalisations]* piping *(NonC)*; *[d'orgue]* pipes

**tuyère** /tyjɛʀ/ NF *[de turbine]* nozzle; *[de four, haut fourneau]* tuyère, twyer ◆ **~ d'éjection** exhaust ou propulsion nozzle

**TV** /teve/ NF (abrév de **télévision**) TV

**TVA** /tevea/ NF (abrév de **taxe sur la valeur ajoutée**) VAT

**TVHD** /teve'aʃde/ NF (abrév de **télévision haute définition**) HDTV

**tweed** /twid/ NM tweed

**twin-set** (pl **twin-sets**) /twinsɛt/ NM twinset

**twist** /twist/ NM *(= danse)* twist

**twister** /twiste/ ▸ conjug 1 ◂ VI *(Danse)* to twist

**tympan** /tɛ̃pɑ̃/ NM a *(Anat)* eardrum, tympanum *(SPÉC)* ◆ **bruit à vous déchirer ou crever les ~s** earsplitting noise; → **caisse** b *(Archit)* tympan(um) c *(Tech = pignon)* pinion

**tympanique** /tɛ̃panik/ ADJ *(Anat)* tympanic

**tympanon** /tɛ̃panɔ̃/ NM *(Mus)* dulcimer

**type** /tip/ NM a *(= modèle)* type ◆ **il y a plusieurs ~s de bicyclettes** there are several types of bicycle ◆ **une pompe du ~ B5** a pump of type B5, a type B5 pump ◆ **une pompe du ~ réglementaire** a regulation-type pump ◆ **une voiture (de) ~ break** an estate-type *(Brit)* ou station-wagon-type *(US)* car ◆ **"convient à tous les types de peau"** "suitable for all skin types" ◆ **certains ~s humains** certain human types ◆ **avoir le ~ oriental/nordique** to be Oriental-/Nordic-looking, to have Oriental/Nordic looks ◆ **un beau ~ de femme/d'homme** a fine specimen of womanhood/of manhood ◆ **c'est le ~ d'homme à faire cela** he's the type ou sort of man who would do that ◆ **plusieurs opérations de ce ~ ont déjà eu lieu** several operations of that nature ou kind ou type have already taken place ◆ **des contrats d'un ~ nouveau** new types of contract ◆ **rien ne peut justifier ce ~ de comportement** nothing can justify that kind ou type of behaviour ◆ **pour étudier certains ~s de comportements** to study certain behaviour patterns ◆ **ce ou il/elle n'est pas mon ~** * he/she is not my type ou sort
b *(= exemple)* classic example ◆ **c'est le ~ (parfait ou même) de l'intellectuel/du vieux garçon** he's the typical intellectual/bachelor, he's a perfect ou classic example of the intellectual/ of the bachelor ◆ **c'est le ~ même de la machination politique** it's a classic example of political intrigue
c *(* = individu)* guy *, chap * *(Brit)*, bloke * *(Brit)*; *(† = individu remarquable)* character; *(= amant)* boyfriend ◆ **un sale ~** a nasty character, a nasty piece of work * ◆ **quel sale ~ !** he's such a swine *** ou bastard **!; → **chic**
d *(Typo)* typeface; *(Numismatique)* type
ADJ INV typical, classic; *(Stat)* standard ◆ **l'erreur/le politicien ~** the typical ou classic mistake/politician ◆ **l'exemple/la situation ~** the typical ou classic example/situation ◆ **lettre/contrat ~** standard letter/contract; → **écart**

**typé, e** /tipe/ (ptp de **typer**) ADJ a *(physiquement)* **une femme brune et très ~e** a dark-haired woman with the characteristic features of her race ◆ **elle est allemande mais pas très ~e** she's German but she doesn't look typically German ou doesn't have typical German looks b *[attitudes, goûts]* typical, characteristic ◆ **les personnages fortement ~s de la commedia dell'arte** the stock characters of the commedia dell'arte

**typer** /tipe/ ▸ conjug 1 ◂ VT a *(= caractériser)* **auteur/acteur qui type son personnage** author/actor who brings out the features of the character well ◆ **un personnage bien typé** a character well rendered as a type b *(Tech)* to stamp, to mark

**typesse** † *** /tipɛs/ NF *(péj)* female * *(péj)*

**typhique** /tifik/ ADJ *(= du typhus)* typhous; *(= de la typhoïde)* typhic ◆ **bacille ~** typhoid bacillus NMF typhoid sufferer

**typhoïde** /tifɔid/ ADJ, NF ◆ **(fièvre) ~** typhoid (fever)

**typhoïdique** /tifɔidik/ ADJ typhic

**typhon** /tifɔ̃/ NM typhoon

**typhus** /tifys/ NM typhus (fever)

**typique** /tipik/ ADJ a *(gén, Bio)* typical (*de* of); ◆ **sa réaction est ~** his reaction is typical (of him) ou true to form ou type ◆ **un cas ~ de ...** a typical case of ... ◆ **il a encore oublié, c'est ~ !** he's forgotten again – typical! b *† [musique, orchestre]* Latin American

**typiquement** /tipikmɑ̃/ ADV typically

**typo** * /tipo/ NF abrév de **typographie** NM abrév de **typographe**

**typographe** /tipɔgʀaf/ NMF *(gén)* typographer; *(= compositeur à la main)* hand compositor

**typographie** /tipɔgʀafi/ NF a *(= procédé d'impression)* letterpress (printing); *(= opérations de composition, art)* typography b *(= aspect)* typography

**typographique** /tipɔgʀafik/ ADJ *[procédé, impression]* letterpress *(épith)*; *[opérations, art]* typographic(al) ◆ **erreur** *ou* **faute** ~ typographic(al) *ou* printer's error, misprint, typo * ◆ **argot** ~ typographers' jargon ◆ **cet ouvrage est une réussite** ~ this work is a success typographically *ou* as regards typography

**typographiquement** /tipɔgʀafikmɑ̃/ ADV *[imprimer]* by letter-press ◆ **livre** ~ **réussi** book that is a success typographically *ou* successful as regards typography

**typolithographie** /tipolitɔgʀafi/ NF typolithography

**typologie** /tipɔlɔʒi/ NF typology

**typologique** /tipɔlɔʒik/ ADJ typological

**Tyr** /tiʀ/ N Tyre

**tyran** /tiʀɑ̃/ NM *(lit, fig)* tyrant ◆ **c'est un** ~ **domestique** he's a tyrant at home

**tyranneau** (pl **tyranneaux**) /tiʀano/ NM *(hum, péj)* petty tyrant

**tyrannie** /tiʀani/ NF *(lit, fig)* tyranny ◆ **la** ~ **de la mode/d'un mari** the tyranny of fashion/of a husband ◆ **exercer sa** ~ **sur qn** to tyrannize sb, to wield one's tyrannical powers over sb

**tyrannique** /tiʀanik/ ADJ *[personne, régime, pouvoir]* tyrannical ◆ **il est** ~ **envers** *ou* **avec ses étudiants** he bullies his students

**tyranniquement** /tiʀanikmɑ̃/ ADV tyrannically

**tyranniser** /tiʀanize/ ► conjug 1 ◄ VT to bully, to tyrannize ◆ **un élève tyrannisé par ses camarades d'école** a pupil bullied by his classmates

**tyrannosaure** /tiʀanɔzɔʀ/ NM tyrannosaur, tyrannosaurus

**tyrien** /tiʀjɛ̃/ ADJ M ◆ **rose** ~ Tyrian purple

**Tyrol** /tiʀɔl/ NM ◆ **le** ~ the Tyrol

**tyrolien, -ienne** /tiʀɔljɛ̃, jɛn/ ADJ Tyrolean; → **chapeau** NM,F **Tyrolien(ne)** Tyrolean NF **tyrolienne** **a** *(= chant)* yodel, Tyrolienne ◆ **chanter des ~nes** to yodel **b** *(Alpinisme) (= technique)* Tyrolean traverse; *(= pont)* rope bridge

**Tyrrhénienne** /tiʀenjɛn/ NF → **mer**

**tzar** /dzaʀ/, **tzarévitch** /dzaʀevitʃ/ NM, **tzarine** /dzaʀin/ NF ⇒ **tsar, tsarévitch, tsarine**

**tzigane** /dzigan/ ADJ, NMF ⇒ **tsigane**

# U

**U, u** /y/ NM *(= lettre)* U, u ◆ **poutre en U** U(-shaped) beam ◆ **vallée en U** U-shaped valley ◆ **disposer des tables en U** to arrange tables in a U-shape

**ubac** /ybak/ NM *(Géog)* north(-facing) side, ubac *(SPÉC)*

**ubiquité** /ybikɥite/ NF ubiquity ◆ **avoir le don d'~** to be ubiquitous, to be everywhere at once *(hum)*

**ubuesque** /ybyɛsk/ ADJ *(= grotesque)* grotesque; *(Littérat)* Ubuesque

**UDF** /ydeɛf/ NF (abrév de **Union pour la démocratie française**) *French political party*

**UE** /yə/ NF **a** (abrév de **Union européenne**) EU **b** (abrév de **unité d'enseignement**) → **unité**

**UEFA** /yefa/ NF (abrév de **Union of European Football Associations**) UEFA ◆ **la Coupe de l'~** the UEFA Cup

**UEM** /yəɛm/ NF (abrév de **Union économique et monétaire**) EMU

**UEO** /yəo/ NF (abrév de **Union de l'Europe occidentale**) WEU

**UER** † /yəɛʀ/ NF (abrév de **Unité d'enseignement et de recherche**) → **unité**

**UFR** /yɛfɛʀ/ NF (abrév de **Unité de formation et de recherche**) → **unité**

**UHF** /yaʃɛf/ NF (abrév de **ultra-high frequency**) UHF

**uhlan** /ylɑ̃/ NM uhlan

**UHT** /yaʃte/ NF (abrév de **ultra-haute température**) UHT

**ukase** /ukaz/ NM ⇒ **oukase**

**Ukraine** /ykʀɛn/ NF ◆ **l'~** the Ukraine

**ukrainien, -ienne** /ykʀɛnjɛ̃, jɛn/ ADJ Ukrainian NM *(Ling)* Ukrainian NM,F **Ukrainien(ne)** Ukrainian

**ukulélé** /jukulele/ NM ukulele

**ulcération** /ylseʀasjɔ̃/ NF ulceration

**ulcère** /ylsɛʀ/ NM ulcer ◆ **~ à l'estomac** stomach ulcer ◆ **~ variqueux** varicose ulcer

**ulcérer** /ylseʀe/ ▸ conjug 6 ◂ VT **a** *(= révolter)* to sicken, to appal ◆ **le verdict/cette accusation l'a ulcéré** he was outraged by *ou* appalled at the verdict/the accusation ◆ **être ulcéré (par l'attitude de qn)** to be sickened *ou* appalled (by sb's attitude) **b** *(Méd)* to ulcerate ◆ **plaie ulcérée** festering *ou* ulcerated wound

**ulcéreux, -euse** /ylseʀø, øz/ ADJ ulcerated, ulcerous

**uléma** /ylema/ NM ulema

**ULM** /yɛlɛm/ NM (abrév de **ultra-léger motorisé**) microlight, microlite ◆ **faire de l'~** to go microlighting

**ulmaire** /ylmɛʀ/ NF *(= plante)* meadowsweet

**Ulster** /ylstɛʀ/ NM Ulster

**ultérieur, e** /ylteʀjœʀ/ ADJ later, subsequent ◆ **à une date ~e** at a later date ◆ **cela devrait faire l'objet de discussions ~es** this should be the subject of later *ou* future discussions ◆ **la question sera abordée dans une phase ~e (des négociations)** the question will be discussed at a later stage (of the negotiations)

**ultérieurement** /ylteʀjœʀmɑ̃/ ADV later, subsequently

**ultimatum** /yltimatɔm/ NM ultimatum ◆ **envoyer** *ou* **adresser un ~ à qn** to present sb with an ultimatum

**ultime** /yltim/ ADJ *[étape, avertissement, réunion, hommage]* last, final; *[recours, chance]* last; *[objectif, responsabilité]* ultimate; *[tentative]* last(-ditch), final

**ultra** /yltʀa/ NM *(= réactionnaire)* extreme reactionary; *(= extrémiste)* extremist ◆ **Ultra (-royaliste)** *(Hist)* ultra(-royalist) PRÉF *(dans les mots composés à trait d'union, le préfixe reste invariable)* ◆ **~-chic/-long** ultra-chic/-long ◆ **~-conservateur / -nationaliste / -orthodoxe** ultra-conservative/ -nationalist/-orthodox ◆ **~-court** *(gén)* ultra-short ◆ **ondes ~-courtes** *(Radio)* ultra-high frequency ◆ **~-plat** *[boîtier, montre]* slimline ◆ **~-fin** *[tranche]* wafer-thin; *[poudre, texture]* ultra-fine; *[collant, tissu]* sheer

**ultra-confidentiel, -ielle** /yltʀakɔ̃fidɑ̃sjɛl/ ADJ *(gén, sur un dossier)* top secret

**ultra-léger, ultraléger, -ère** /yltʀaleʒe, ɛʀ/ ADJ *[équipement]* ultra-light; *[cigarette]* ultra-mild; *[tissu, vêtement]* very light; → **ULM**

**ultra-libéral, ultralibéral, e** (mpl **-aux**) /yltʀalibeʀal, o/ ADJ *[idéologie, politique]* ultra-free market *(épith)*; *[personne]* who advocates an ultra-free market NM,F ultra-free marketeer

**ultra-libéralisme, ultralibéralisme** /yltʀalibeʀalism/ NM doctrine of the ultra-free market

**ultramicroscope** /yltʀamikʀɔskɔp/ NM ultramicroscope

**ultramicroscopique** /yltʀamikʀɔskɔpik/ ADJ ultramicroscopic

**ultramoderne** /yltʀamɔdɛʀn/ ADJ *(gén)* ultra-modern; *[équipement]* high-tech, hi-tech, state-of-the-art *(épith)*

**ultramontain, e** /yltʀamɔ̃tɛ̃, ɛn/ *(Rel)* ADJ ultramontane NMPL ◆ **les ~s** ultramontanists, ultramontanes

**ultra-rapide, ultrarapide** /yltʀaʀapid/ ADJ *[bateau, ordinateur]* high-speed *(épith)* ◆ **formule ~** *(dans un restaurant)* express menu

**ultrasecret, -ète** /yltʀasəkʀɛ, ɛt/ ADJ top secret

**ultra-sensible, ultrasensible** /yltʀasɑ̃sibl/ ADJ *[appareil, balance, dossier, problème]* ultra-sensitive; *[personne, peau]* hypersensitive ◆ **film** *ou* **pellicule ~** high-speed film

**ultrason** /yltʀasɔ̃/ NM ultrasonic sound ◆ **les ~s** ultrasound *(NonC)*

**ultrasonique** /yltʀasɔnik/, **ultrasonore** /yltʀasɔnɔʀ/ ADJ ultrasonic

**ultraviolet, -ette** /yltʀavjɔlɛ, ɛt/ ADJ ultraviolet NM ultraviolet ray ◆ **faire des séances d'~s** to have sunbed sessions

**ululation** /ylylasjɔ̃/ NF, **ululement** /ylylmɑ̃/ NM ⇒ **hululement**

**ululer** /ylyle/ ▸ conjug 1 ◂ VI ⇒ **hululer**

**Ulysse** /ylis/ NM Ulysses

**UMTS** /yɛmteɛs/ NM (abrév de **Universal Mobile Telecommunication System**) UMTS

## un, une /œ̃, yn/

| | |
|---|---|
| 1 ARTICLE INDÉFINI | 3 ADJECTIF |
| 2 PRONOM | 4 NOM MASCULIN INV |
| 5 NOM FÉMININ | |

Lorsque **un, une** s'emploient dans des locutions figées telles que **pour un rien, un de ces jours, il n'en rate pas une** etc, cherchez au nom ou au verbe.

1 - ARTICLE INDÉFINI

**a** gén a, an *(devant voyelle)*; *(= un, une quelconque)* some ◆ **ne venez pas ~ dimanche** don't come on a Sunday ◆ **le témoignage d'~ enfant n'est pas valable** a child's evidence *ou* the evidence of a child is not valid ◆ **~ chien sent tout de suite si quelqu'un a peur de lui** dogs know straight away when you're afraid of them ◆ **c'est l'œuvre d'~ poète** it's the work of a poet ◆ **retrouvons-nous dans ~ café** let's meet in a café

♦ ~ **jour/soir il partit** one day/evening he went away ♦ ~ **jour, tu comprendras** one day *ou* some day you'll understand ♦ **passez** ~ **soir** drop in one *ou* some evening ♦ **~e fois, il est venu avec** ~ **ami et ...** once he came with a friend and ...

**b** avec nom abstrait **avec ~e grande sagesse/violence** with great wisdom/violence, very wisely/violently ♦ **des hommes d'~ courage sans égal** men of unparalleled courage ♦ ~ **amour qui frôlait la passion** a love which bordered on passion

**c** avec nom propre a, an ♦ **ce n'est pas ~ Picasso** *(hum) [personne]* he's no Picasso, he's not exactly (a) Picasso; *[tableau]* it's not a Picasso ♦ ~ **certain M. Legrand** a (certain) Mr Legrand, one Mr Legrand ♦ **on a élu ~ (nommé** *ou* **certain) Dupont** they've appointed a man called Dupont ♦ **c'est encore ~ Kennedy qui fait parler de lui** that's yet another Kennedy in the news ♦ **il a le talent d'~ Hugo** he has the talent of a Hugo ♦ **cet enfant sera ~ Paganini** this child will be another Paganini

**d** intensif **elle a fait ~e scène !** *ou* **~e de ces scènes !** she made a dreadful scene! *ou* such a scene! ♦ **j'ai ~e faim/~e soif !** *ou* **~e de ces faims/~e de ces soifs !** I'm so hungry/thirsty!, I'm starving/parched! ♦ **il est d'~ sale !** *ou* **d'~e saleté !** he's so dirty!, he's filthy!

2 - PRONOM

**a** gén one ♦ ~ **seul** (just) one ♦ **pas ~ (seul)** not one; *(emphatique)* not a single one ♦ **six contre ~** six against one ♦ **prêtez-moi ~ de vos livres** lend me one of your books ♦ **~e des trois a dû mentir** one of the three must have been lying ♦ **il est ~ des rares qui m'ont écrit** he's one of the few (people) who wrote to me ♦ **c'est ~ de ces enfants qui s'ennuient partout** he's the kind of child *ou* one of those children who gets bored wherever he goes ♦ ~ **à qui je voudrais parler, c'est Jean** there's one person I'd like to speak to and that's John, one person I'd like to speak to is John ♦ **~(e) de perdu(e), dix de retrouvé(e)s** *(Prov)* there are plenty more fish in the sea

♦ **comme pas un** * ♦ **il est arrogant/bête comme pas ~** he's as arrogant/stupid as they come ♦ **elle chante/danse comme pas ~e** she's a great * singer/dancer

♦ **et d'un** * *(= voilà une chose faite, terminée)* that's one done *ou* finished *ou* out of the way

♦ **et d'une!** * *(= d'abord)* for a start! ♦ **personne ne t'a forcé de venir, et d'~e !** no one forced you to come for one thing!, for a start no one forced you to come!

♦ **un(e) à un(e), un(e) par un(e)** one by one ♦ **ajouter les œufs ~ par ~** add the eggs one by one *ou* one at a time ♦ **pris ~ par ~, ces indices ne font pas une preuve** taken individually, these clues do not constitute proof

♦ **en + un**
*(= personne)* ♦ **en voilà ~ qui ne se gêne pas !** well, he's got a nerve! ♦ **j'en connais ~ qui sera content !** I know someone *ou* somebody *ou* one person who'll be pleased! ♦ **il n'y en a pas eu ~ pour m'aider** nobody lifted a finger to help me
*(= chose)* ♦ **prête-m'en ~** lend me one (of them) ♦ **il n'en reste qu'~e** there's only one left ♦ **j'en ai vu ~ très joli, de chapeau** * I've seen a very nice hat ♦ **il m'en a raconté ~e drôle sur le directeur** *(= histoire)* he told me a really funny story about the manager; → **bon**[1]

**b** avec article défini **l'~ d'eux, l'~ d'entre eux** one of them ♦ **l'~e des meilleures chanteuses** one of the best singers ♦ **les ~s disent ..., les autres répondent ...** some say ..., others reply ... ♦ **l'~ après l'autre** one after the other ♦ **serrés l'~ contre l'autre** huddled together ♦ **elles étaient assises en face l'~e de l'autre** they were sitting opposite one another *ou* each other ♦ **ils sont belges l'~ et l'autre** *ou* **l'~ comme l'autre** they're both Belgian, both of them are Belgian ♦ **l'~e et l'autre solution sont acceptables** either solution is acceptable, both solutions are acceptable ♦ **malgré ce que peuvent dire les ~s et les autres** despite what some *ou* other people may say ♦ **prenez l'~ ou l'autre** take either one, take one or the other; → **ni**

♦ **l'un dans l'autre** *(= tout bien considéré)* all in all ♦ **l'~ dans l'autre il s'y retrouve** all in all he manages to break even ♦ **l'~ dans l'autre, cela fera dans les 300 €** it'll come to around €300 in all

♦ **l'un l'autre, les uns les autres** one another, each other ♦ **ils se regardaient l'~ l'autre** they looked at one another *ou* at each other ♦ **ils s'invitent régulièrement les ~s les autres** they have each other round regularly ♦ **aimez-vous les ~s les autres** *(Bible)* love one another

3 - ADJECTIF

**a** numéral cardinal one ♦ **vingt/trente et ~ ans** twenty-/thirty-one years ♦ **il reviendra dans ~ an ou deux** he'll come back in a year or two ♦ **il n'y a pas ~e seule voiture dans les rues** there's not a single car in the streets ♦ **dix heures ~e (minute)** one minute past ten ♦ **sans ~ (sou)** * penniless, broke * ♦ **ils ont gagné deux à ~** *(Sport)* they won two-one ♦ ~ **partout, (la) balle au centre !** * we're even!; → **fois, moins**

**b** numéral ordinal **page/chapitre ~** page/chapter one ♦ **en deux mille ~** in two thousand and one

**c** = formant un tout **le Dieu ~ et indivisible** the one and indivisible God

♦ **c'est tout un** it's all one, it's one and the same thing ♦ **pour moi c'est tout ~** as far as I'm concerned it amounts to the same thing

4 - NOM MASCULIN INV

= chiffre one ♦ ~ **et ~ font deux** one and one are two ♦ **compter de ~ à cent** to count from one to a hundred ♦ **tu écris mal tes ~** you don't write your ones very clearly ♦ **j'ai fait deux ~** *(aux dés)* I've got two ones ♦ **il habite au 1, rue Léger** he lives at number 1, rue Léger ♦ **le cavalier ne faisait qu'~ avec son cheval** horse and rider were as one ♦ **les deux frères ne font qu'~** the two brothers are like one person

5 - NOM FÉMININ

**une** *(Presse)* **la ~e** the front page ♦ **cet accident fait la ~e des journaux** the accident made the front pages *ou* the headlines ♦ **la Une** *(TV)* channel one ♦ **l'addition de la ~e !** *(au restaurant)* bill for table number one please! ♦ **~e, deux ! ~e, deux !** *(Mil)* left, right! left, right! ♦ **à la ~e, à la deux, à la trois !** with a one and a two and a three! ♦ **il n'a fait ni ~e ni deux, il a accepté** he accepted without a second's hesitation *ou* like a shot ♦ **il n'a fait ni ~e ni deux et il est parti** he left there and then *ou* without further ado; → **colonne**

**unanime** /ynanim/ ADJ *[témoins, sentiment, vote]* unanimous ♦ **de l'avis ~ des observateurs** in the unanimous view of the observers ♦ **~s pour** *ou* **à penser que** unanimous in thinking that ♦ **la presse et les politiques sont ~s à condamner ce meurtre** the press and politicians are unanimous in condemning this murder ♦ **de manière ~** unanimously

**unanimement** /ynanimmɑ̃/ ADV unanimously, with one accord

**unanimisme** /ynanimism/ NM **a** *(= accord)* universal consensus ♦ **il dénonçait l'~ de la presse** he condemned the way in which the papers were all taking the same line **b** *(Littérat)* unanimism, unanism

**unanimiste** /ynanimist/ ADJ *[discours]* that reflects generally held beliefs ♦ **une idéologie ~** an ideology to which the majority of people subscribe NMF *(Littérat)* unanimist

**unanimité** /ynanimite/ NF unanimity ♦ **vote acquis à l'~** unanimous vote ♦ **ils ont voté à l'~ pour** they voted unanimously for ♦ **élu/voté à l'~** elected/voted unanimously ♦ **élu à l'~ moins une voix** elected with only one vote against *ou* with only one dissenting vote ♦ **il y a ~ pour dire que ...** the unanimous opinion is that ..., everyone agrees that ... ♦ **cette décision a fait l'~** the decision was approved unanimously ♦ **il fait l'~** there is general agreement about him ♦ **il fait l'~ contre lui** everybody disapproves of him

**unau** /yno/ NM unau, two-toed sloth

**UNEDIC** /ynedik/ NF (abrév de **Union nationale pour l'emploi dans l'industrie et le commerce**) *French national organization managing unemployment benefit schemes*

**UNEF** /ynɛf/ NF (abrév de **Union nationale des étudiants de France**) *French national students' union*

**une-pièce** /ynpjɛs/ NM ♦ **(maillot de bain) ~** one-piece swimsuit

**UNESCO** /ynɛsko/ NF (abrév de **United Nations Educational, Scientific and Cultural Organization**) UNESCO

**Unetelle** /yntɛl/ NF → **Untel**

**uni**[1]**, e** /yni/ (ptp de **unir**) ADJ **a** *(= sans ornements) [tissu, jupe]* plain, self-coloured *(Brit)*; *[couleur]* plain, solid *(US)* ♦ **tissu de couleur ~e** plain *ou* self-coloured *(Brit)* fabric ♦ **l'imprimé et l'~** printed and plain *ou* self-coloured *(Brit)* fabrics *ou* material, prints and solids *(US)* **b** *(= soudé) [couple, amis]* close; *[famille]* close(-knit) ♦ **ils sont ~s comme les deux doigts de la main, ils sont très ~s** they're very close ♦ **ils forment un couple très ~** they're a very close couple ♦ **~s par les liens du mariage** *(frm)* joined in marriage, married ♦ **présenter un front ~ contre l'adversaire** to present a united front to the enemy ♦ **nous devons rester ~s** we must stay *ou* stand united **c** *(= uniforme, lisse) [surface]* smooth, even; *[mer]* calm, unruffled ♦ **une vie ~e et sans nuages** *(littér)* a serene, untroubled life

**uni**[2] /yni/ NF *(Helv)* abrév de **université**

**UNICEF** /ynisɛf/ NF *ou rare* nm (abrév de **United Nations Children's Fund**) *(anciennt)* (abrév de **United Nations International Children's Emergency Fund**) UNICEF

**unicellulaire** /yniselylɛʀ/ ADJ unicellular

**unicité** /ynisite/ NF uniqueness, unicity *(SPÉC)*

**unicolore** /ynikolɔʀ/ ADJ plain, self-coloured *(Brit)*

**unidimensionnel, -elle** /ynidimɑ̃sjɔnɛl/ ADJ one-dimensional, unidimensional

**unidirectionnel, -elle** /ynidiʀɛksjɔnɛl/ ADJ unidirectional

**unidose** /ynidoz/ ADJ single-dose *(épith)* NF single dose

**unième** /ynjɛm/ ADJ ♦ **vingt/trente et ~** twenty-/thirty-first

**unièmement** /ynjɛmmɑ̃/ ADV ◆ **vingt/trente et** ~ in the twenty-/thirty-first place

**unificateur, -trice** /ynifikatœʀ, tʀis/ ADJ unifying

**unification** /ynifikasjɔ̃/ NF *[de pays, système, parti]* unification ◆ ~ **européenne** European unification ◆ **l'**~ **allemande** *ou* **de l'Allemagne** the unification of Germany ◆ **l'**~ **monétaire** monetary union

**unifier** /ynifje/ ▸ conjug 7 ◂ VT a *[+ pays, systèmes]* to unify; *[+ parti]* to unify, to unite ◆ **l'Allemagne unifiée** united *ou* unified Germany ◆ **des pays qui s'unifient lentement** countries that are slowly becoming unified b *[+ procédures, tarifs]* to standardize

**uniforme** /ynifɔʀm/ ADJ *[vitesse, mouvement]* regular, uniform; *[terrain, surface]* even; *[style, couleur, ciel, paysage]* uniform; *[vie, conduite]* unchanging, uniform NM uniform ◆ **être en** ~ to be in uniform; *[étudiant]* to be wearing one's uniform ◆ **policier en** ~ uniformed police officer ◆ **en grand** ~ in dress uniform, in full regalia ◆ **endosser/quitter l'**~ to join/leave the forces ◆ **servir sous l'**~ to be in the army ◆ **il y avait beaucoup d'**~**s à ce dîner** there were a great many officers at the dinner ◆ ~ **scolaire** school uniform

**uniformément** /ynifɔʀmemɑ̃/ ADV uniformly, regularly ◆ **le temps s'écoule** ~ time goes steadily by ◆ **répartissez le caramel** ~ **dans le moule** spread the caramel evenly around the mould ◆ **appliquer** ~ **la crème** apply the cream evenly ◆ **un ciel** ~ **bleu/gris** a uniformly blue/grey sky ◆ **vitesse** ~ **accélérée** *(Phys)* uniform change of speed

**uniformisation** /ynifɔʀmizasjɔ̃/ NF standardization

**uniformiser** /ynifɔʀmize/ ▸ conjug 1 ◂ VT *[+ mœurs, tarifs]* to standardize; *[+ teinte]* to make uniform

**uniformité** /ynifɔʀmite/ NF *[de vitesse, mouvement]* regularity, uniformity, steadiness; *[de terrain, surface]* evenness; *[de style, vie, conduite, ciel, paysage]* uniformity

**unijambiste** /yniʒɑ̃bist/ ADJ one-legged NMF one-legged man (*ou* woman)

**unilatéral, e** (mpl **-aux**) /ynilateʀal, o/ ADJ *(gén, Bot, Jur)* unilateral; → **stationnement**

**unilatéralement** /ynilateʀalmɑ̃/ ADV unilaterally

**unilatéralisme** /ynilateʀalism/ NM unilateralism

**unilingue** /ynilɛ̃g/ ADJ unilingual

**uniment** /ynimɑ̃/ ADV *(littér = uniformément)* smoothly ◆ **(tout)** ~ † *(= simplement)* (quite) plainly

**uninominal, e** (mpl **-aux**) /yninɔminal, o/ ADJ ◆ **scrutin** ~ voting for a single member *(attrib)*

**union** /ynjɔ̃/ NF a *(= alliance) [d'États, partis, fortunes]* union ◆ **en** ~ **avec** in union with ◆ **l'**~ **fait la force** *(Prov)* united we stand, divided we fall, strength through unity

b *(= mariage)* union ◆ **deux enfants sont nés de cette** ~ two children were born of this union

c *(= juxtaposition) [d'éléments, couleurs]* combination, blending; → **trait**

d *(= groupe)* association, union ◆ **l'Union sportive de Strasbourg** the Strasbourg sports club

COMP ▷ **union charnelle** union of the flesh ▷ **union conjugale** marital union ▷ **union de consommateurs** consumers' association ▷ **union douanière** customs union ▷ **Union économique et monétaire** Economic and Monetary Union ▷ **Union européenne** European Union ▷ **Union de l'Europe occidentale** Western European Union ▷ **l'union libre** cohabitation ▷ **union monogame** *(Zool)* pair-bonding ▷ **union mystique** *(Rel)* mystic union ▷ **Union des républiques socialistes soviétiques** Union of Soviet Socialist Republics ▷ **union sacrée** *(Hist)* union sacrée *(united front presented by the French against the enemy in 1914)* ◆ **l'**~ **sacrée des syndicats contre la nouvelle loi** the trade unions' united front against the new law ▷ **l'Union soviétique** the Soviet Union ▷ **Union sportive** sports club *ou* association

**unionisme** /ynjɔnism/ NM *(gén)* unionism; *(Hist)* Unionism

**unioniste** /ynjɔnist/ ADJ, NMF *(gén)* unionist; *(Hist)* Unionist

**unipare** /ynipaʀ/ ADJ uniparous

**unipersonnel, -elle** /ynipɛʀsɔnɛl/ ADJ *(Ling)* impersonal NM *(= verbe)* impersonal verb

**unipolaire** /ynipɔlɛʀ/ ADJ unipolar

**unique** /ynik/ GRAMMAIRE ACTIVE 32.2 ADJ a *(= seul)* only ◆ **mon** ~ **souci/espoir** my only *ou* sole *(frm) ou* one concern/hope ◆ **fils/fille** ~ only son/daughter ◆ **c'est un fils/une fille** ~ he's/she's an only child ◆ **système à parti** ~ *(Pol)* one-party system ◆ **le candidat** ~ **du parti** the party's sole candidate ◆ **ce n'est pas un cas** ~ this is not an isolated case ◆ **croire en un Dieu** ~ to believe in one God ◆ **l'argent est son** ~ **sujet de préoccupation** money is the only thing he cares about ◆ **deux aspects d'un même et** ~ **problème** two aspects of one and the same problem ◆ **nous proposons des vols vers Strasbourg, Marseille, Lyon et Toulouse à prix** ~ we offer flights to Strasbourg, Marseille, Lyon and Toulouse at a single price ◆ **"places : prix unique 10 €"** *(dans un cinéma)* "all seats €10"; → **monnaie, salaire, sens, seul**

b *(après nom = exceptionnel) [livre, talent]* unique ◆ **il est/c'est** ~ **en son genre** he's/it's one of a kind ◆ **c'est un livre/une expérience** ~ **en son genre** it's a truly *ou* an absolutely unique book/experience ◆ **il se croit** ~ he thinks he's unique ◆ ~ **en France/en Europe** unique *ou* the only one of its kind in France/in Europe ◆ ~ **au monde** quite unique ◆ **un paysage** ~ **au monde** a landscape that is quite unique ◆ **c'est une pièce** ~ *(Art)* it's unique

c *(* = impayable)* priceless * ◆ **il est** ~ **ce gars-là !** that guy's priceless! *

**uniquement** /ynikmɑ̃/ ADV a *(= exclusivement)* only, solely, exclusively ◆ **tu ne fais que du secrétariat ? – pas** ~ do you only have secretarial duties? – no, that's not all I do ◆ **il était venu** ~ **pour me voir** he had come just to see me, he had come for the sole purpose of seeing me ◆ **il pense** ~ **à l'argent** he only ever thinks of money, he thinks only of money, money is all he ever thinks about b *(= simplement)* only, merely, just ◆ **c'était** ~ **par curiosité** it was only *ou* just *ou* merely out of curiosity

**unir** /yniʀ/ ▸ conjug 2 ◂ VT a *(= associer) [+ États, partis, fortunes]* to unite *(à* with); ◆ ~ **ses forces** to join forces ◆ **le sentiment commun qui les unit** the shared feeling which unites them

b *(= marier)* ~ **(en mariage)** to marry ◆ **le prêtre qui les a unis** the priest who married them ◆ **ce que Dieu a uni** *(Rel)* whom God has joined together ◆ **ils ont voulu** ~ **leurs destinées** they wanted to get married

c *(= juxtaposer, combiner) [+ couleurs, qualités]* to combine *(à* with); ◆ **il unit l'intelligence au courage** he combines intelligence with courage

d *(= relier) [+ continents, villes]* to link, to join up

VPR **s'unir** a *(= s'associer) [pays, partis, fortunes]* to unite *(à, avec* with); ◆ **s'**~ **contre un ennemi commun** to unite against a common enemy

b *(= se marier)* to get married ◆ **des jeunes gens qui vont s'**~ a young couple who are going to be married

c *(= s'accoupler)* **s'**~ **dans une étreinte fougueuse** to come together in a passionate embrace

d *(= se combiner) [mots, formes, couleurs, qualités]* to combine *(à, avec* with)

**unisexe** /ynisɛks/ ADJ INV unisex

**unisexué, e** /ynisɛksɥe/ ADJ *(Bio, Bot)* unisexual

**unisson** /ynisɔ̃/ NM *(Mus)* unison ◆ **à l'**~ *[chanter]* in unison ◆ **répondre à l'**~ to answer as one ◆ **ils ont dit à l'**~ **que ...** they all said that ... ◆ **les deux présidents sont à l'**~ **sur ce problème** the two presidents are of one mind about this problem ◆ **l'Espagne s'est mise à l'**~ **de ses partenaires européens** Spain has come into line with its European partners

**unitaire** /ynitɛʀ/ ADJ *(Comm, Math, Phys)* unitary, unit *(épith)*; *(Pol)* unitarian; *(Rel)* Unitarian ◆ **prix** ~ unit price NMF *(Rel)* Unitarian

**unitarien, -ienne** /ynitaʀjɛ̃, jɛn/ ADJ, NM,F *(Pol)* unitarian; *(Rel)* Unitarian

**unitarisme** /ynitaʀism/ NM *(Pol)* unitarianism; *(Rel)* Unitarianism

**unité** /ynite/ NF a *(= cohésion)* unity ◆ **l'**~ **nationale** national unity ◆ ~ **de vues** unity *ou* unanimity of views ◆ **l'**~ **d'action des syndicats** the united action of the unions ◆ **réaliser l'**~ **européenne** to build a united Europe ◆ **les trois** ~**s** *(Littérat)* the three unities ◆ ~ **de lieu/de temps/d'action** unity of place/of time/of action ◆ **roman qui manque d'**~ novel lacking in unity *ou* cohesion

b *(gén, Comm, Math = élément)* unit ◆ ~ **de mesure/de poids** unit of measurement/of weight ◆ ~ **administrative** administrative unit ◆ ~ **monétaire** monetary unit ◆ ~ **monétaire européenne** European monetary *ou* currency unit ◆ ~ **de compte** unit of account ◆ ~ **de compte européenne** European Unit of Account ◆ ~ **lexicale** lexical item ◆ **la colonne des** ~**s** the units column ◆ **antibiotique à 100 000** ~**s** antibiotic with 100,000 units ◆ **prix de vente à l'**~ unit selling price, selling price per item ◆ **nous ne les vendons pas à l'**~ we don't sell them singly *ou* individually

c *(= troupe)* unit; *(= bateau)* ship ◆ **rejoindre son** ~ *(Mil)* to go back to *ou* rejoin one's unit ◆ ~ **mobile de police** mobile police unit ◆ ~ **de combat** combat *ou* fighting unit ◆ ~ **d'élite** crack unit

d *(= établissement, service)* unit ◆ ~ **de production/fabrication** production/manufacturing unit ◆ ~ **de soins palliatifs** *(Méd)* care unit for the terminally ill

e *(Univ)* ~ **de formation et de recherche**, ~ **d'enseignement et de recherche** † university department ◆ ~ **d'enseignement**, ~ **de valeur** † ≃ credit, course

f *(Ordin)* ~ **arithmétique et logique** arithmetic logic unit ◆ ~ **centrale** mainframe, central processing unit ◆ ~ **de commande** control unit ◆ ~ **de (lecteur de) disquettes** disk drive unit ◆ ~ **périphérique de sortie** output device

g *(* = dix mille francs)* ten thousand francs ◆ **32** ~**s** 320,000 francs

> ⚠ **unité** *se traduit par* **unity** *uniquement au sens de 'cohésion'.*

**univalve** /ynivalv/ ADJ univalve *(épith)*

**univers** /yniver/ NM (gén) universe; *(= milieu, domaine)* world ◆ **dans tout l'~** throughout the world ◆ **son ~ se borne à son travail** his work is his whole world ◆ **l'~ du discours** *(Ling)* the universe of discourse ◆ **l'~ mathématique** the world of mathematics ◆ **~ virtuel** virtual world, world of virtual reality ◆ **l'~ impitoyable de la mode** the cutthroat world of fashion; → **face**

**universalisation** /yniversalizasjɔ̃/ NF universalization

**universaliser** /yniversalize/ ▸ conjug 1 ◂ VT to universalize

**universalisme** /yniversalism/ NM *(Rel)* Universalism; *(Philos)* universalism

**universaliste** /yniversalist/ ADJ, NMF *(Rel)* Universalist; *(Philos)* universalist

**universalité** /yniversalite/ NF universality

**universaux** /yniverso/ NMPL ◆ **les ~ (du langage)** (language) universals ◆ **les ~** *(Philos)* the universals

**universel, -elle** /yniversel/ ADJ **a** *(gén)* universal ◆ **esprit ~** polymath ◆ **c'est un homme ~** he's a polymath, he's a man of vast knowledge ◆ **produit de réputation universelle** world-famous product, product which is universally renowned ◆ **il a une réputation universelle d'honnêteté** he is well-known for his honesty, his honesty is universally recognized; → **exposition, légataire, suffrage** **b** *(= aux applications multiples) [outil, appareil]* universal, all-purpose *(épith)*; → **pince, remède**

**universellement** /yniverselmɑ̃/ ADV universally ◆ **des valeurs ~ partagées** universally shared values ◆ **un auteur ~ connu** an author known throughout the world ◆ **il est ~ reconnu comme le plus grand paysagiste français** he is universally recognized as the greatest French landscape artist

**universitaire** /yniversiter/ ADJ *[vie étudiante, restaurant]* university *(épith)*; *[études, milieux, carrière, diplôme]* university *(épith)*, academic; → **année, centre, cité** NMF academic

**université** /yniversite/ NF university ◆ **entrer à l'~** to start university ◆ **entrée à l'~** university entrance ◆ **depuis son entrée à l'~** since he started university ◆ **~ du troisième âge** university of the third age, u3a, post-retirement *ou* senior citizens' university ◆ **~ d'été** *(Univ)* summer school; *(Pol = rencontre)* party conference; *(= session de formation) summer school organized by a political party for young or potential members*

**univitellin, e** /ynivitelɛ̃, in/ ADJ ◆ **jumeaux ~s** identical *ou* monozygotic *(SPÉC)* twins

**univocité** /ynivɔsite/ NF *(Math, Philos)* univocity

**univoque** /ynivɔk/ ADJ *[mot]* univocal; *[relation]* one-to-one

**Untel, Unetelle** /œ̃tel, yntel/ NM so-and-so ◆ **Monsieur ~** Mr so-and-so

**upérisation** /yperizasjɔ̃/ NF ultra heat treatment

**upériser** /yperize/ ▸ conjug 1 ◂ VT to sterilize at ultrahigh temperature ◆ **upérisé** ultra heat treated ◆ **lait upérisé** UHT milk

**UPF** /ypeef/ NF (abrév de **Union pour la France**) *French political party*

**uppercut** /yperkyt/ NM uppercut

**upsilon** /ypsilɔn/ NM upsilon

**uranifère** /yranifer/ ADJ uranium-bearing

**uranium** /yranjɔm/ NM uranium ◆ **~ appauvri/enrichi** depleted/enriched uranium

**uranoscope** /yranɔskɔp/ NM *(Zool)* stargazer

**Uranus** /yranys/ NM *(Myth)* Uranus NF *(Astron)* Uranus

**urbain, e** /yrbɛ̃, en/ ADJ **a** *(= de la ville) (gén)* urban; *[transports]* city *(épith)*, urban **b** *(littér = poli)* urbane

**urbanisation** /yrbanizasjɔ̃/ NF urbanization

**urbaniser** /yrbanize/ ▸ conjug 1 ◂ VT to urbanize ◆ **région fortement urbanisée** heavily built-up *ou* highly urbanized area ◆ **la campagne environnante s'urbanise rapidement** the surrounding countryside is quickly becoming urbanized *ou* is becoming rapidly built up; → **zone**

**urbanisme** /yrbanism/ NM town planning

**urbaniste** /yrbanist/ NMF town planner ADJ ⇒ **urbanistique**

**urbanistique** /yrbanistik/ ADJ *[réglementation, impératifs]* town-planning *(épith)*, urbanistic ◆ **nouvelles conceptions ~s** new concepts in town planning

**urbanité** /yrbanite/ NF *(= politesse)* urbanity

**urbi et orbi** /yrbietɔrbi/ LOC ADV *(Rel)* urbi et orbi ◆ **proclamer qch ~** *(fig)* to proclaim sth from the rooftops

**urée** /yre/ NF urea

**urémie** /yremi/ NF uraemia *(Brit)*, uremia *(US)* ◆ **faire de l'~** to get uraemia *(Brit) ou* uremia *(US)*

**urémique** /yremik/ ADJ uraemic *(Brit)*, uremic *(US)*

**uretère** /yr(ə)ter/ NM ureter

**urétral, e** (mpl **-aux**) /yretral, o/ ADJ urethral

**urètre** /yretr/ NM urethra

**urgence** /yrʒɑ̃s/ NF **a** *[de décision, départ, situation]* urgency ◆ **il y a ~** it's urgent, it's a matter of (great) urgency ◆ **y a-t-il ~ à ce que nous fassions ... ?** is it urgent for us to do ...? ◆ **il n'y a pas (d')~** there's no rush, it's not urgent ◆ **c'est une ~ absolue** it's a matter of the utmost urgency ◆ **il faut le faire de toute ~** it's very *ou* extremely urgent ◆ **faire qch dans l'~** *(= très vite)* to do sth in a rush; *(= dans un état d'urgente nécessité)* to do sth urgently *ou* as a matter of urgency ◆ **affaire à traiter en première ~** question to be dealt with as a matter of the utmost urgency *ou* as (a) top priority

◆ **d'urgence** *[mesures, situation, aide]* emergency *(épith)* ◆ **procédure d'~** emergency procedure ◆ **déclencher la procédure d'extrême ~** *(Pol)* to invoke emergency powers ◆ **cela n'a aucun caractère d'~** it's not urgent ◆ **transporté d'~ à l'hôpital** rushed to hospital *(Brit)*, rushed to the hospital *(US)* ◆ **être opéré d'~** to have an emergency operation ◆ **on l'a appelé d'~** he was asked to come immediately ◆ **à envoyer d'~** to be sent immediately, for immediate dispatch ◆ **convoquer d'~ les actionnaires** to call an emergency meeting of the shareholders ◆ **faire qch d'~** to do sth urgently

**b** *(= cas urgent)* emergency ◆ **service/salle des ~s** emergency department/ward, casualty department/ward *(Brit)*

**urgent, e** /yrʒɑ̃, ɑ̃t/ ADJ *[besoin, problème]* urgent, pressing; *[mesure, réunion]* emergency *(épith)*; *[appel, réforme]* urgent ◆ **c'est ~** it's urgent ◆ **rien d'~** nothing urgent ◆ **l'~ est de ...** the most urgent thing is to ... ◆ **il est ~ de réparer le toit** the roof is in urgent need of repair *ou* needs repairing urgently ◆ **il est ~ qu'une décision soit prise** a decision must be taken urgently *ou* as a matter of urgency ◆ **on a décidé qu'il était ~ d'attendre** *(hum)* they decided it was better to wait, they decided to hasten slowly ◆ **avoir un besoin ~ de capitaux** to need capital urgently, to be in urgent need of capital ◆ **de façon ~e** urgently

**urgentissime** /yrʒɑ̃tisim/ ADJ very urgent ◆ **ce n'est pas ~** it's not desperately urgent

**urgentiste** /yrʒɑ̃tist/ NMF (accident and) emergency physician

**urger** * /yrʒe/ ▸ conjug 3 ◂ VI ◆ **ça urge!** it's urgent! ◆ **je dois lui téléphoner mais ça urge pas** *ou* **il n'y a rien qui urge** I've got to phone him but there's no rush *ou* it's not urgent

**urinaire** /yriner/ ADJ urinary

**urinal** (pl **-aux**) /yrinal, o/ NM (bed) urinal

**urine** /yrin/ NF urine *(NonC)* ◆ **sucre dans les ~s** sugar in the urine

**uriner** /yrine/ ▸ conjug 1 ◂ VI to urinate, to pass *ou* make water *(SPÉC)*

**urinifère** /yrinifer/ ADJ uriniferous

**urinoir** /yrinwar/ NM (public) urinal

**urique** /yrik/ ADJ uric

**URL** /yerel/ NF (abrév de **Universal Resource Locator**) URL

**urne** /yrn/ NF **a** *(Pol)* **~ (électorale)** ballot box ◆ **aller** *ou* **se rendre aux ~s** to vote, to go to the polls ◆ **le verdict des ~s** the result of the polls **b** *(= vase)* urn ◆ **~ funéraire** funeral urn

**urogénital, e** (mpl **-aux**) /yroʒenital, o/ ADJ urogenital

**urographie** /yrɔgrafi/ NF intravenous pyelogram

**urologie** /yrɔlɔʒi/ NF urology

**urologue** /yrɔlɔg/ NMF urologist

**ursidés** /yrside/ NMPL ursids

**URSS** /yrs/ NF *(Hist)* (abrév de **Union des républiques socialistes soviétiques**) USSR

**URSSAF** /yrsaf/ NF (abrév de **Union pour le recouvrement des cotisations de la Sécurité sociale et des allocations familiales**) *social security contribution collection agency*

**ursuline** /yrsylin/ NF Ursuline

**urticaire** /yrtiker/ NF nettle rash, hives, urticaria *(SPÉC)* ◆ **faire** *ou* **avoir des crises d'~** to suffer from nettle rash ◆ **donner de l'~ à qn** *(lit)* to bring sb out in a rash; *(* = insupporter)* to make sb's skin crawl

**urticant, e** /yrtikɑ̃, ɑ̃t/ ADJ urticant

**urubu** /yryby/ NM buzzard

**Uruguay** /yrygwe/ NM *(= pays)* Uruguay; *(= fleuve)* Uruguay river

**uruguayen, -enne** /yrygwajɛ̃, en/ ADJ Uruguayan NM,F **Uruguayen(ne)** Uruguayan

**us** /ys/ NMPL ◆ **~ (et coutumes)** customs

**US** /yes/ NF (abrév de **Union sportive**) → **union**

**US(A)** /yes(a)/ NMPL (abrév de **United States (of America)**) US(A)

**usage** /yzaʒ/ NM **a** *(= utilisation)* use ◆ **apprendre l'~ de la boussole** to learn how to use a compass ◆ **elle fait un ~ immodéré de parfum** she uses (far) too much *ou* an excessive amount of perfume ◆ **abîmé par l'~** damaged through constant use *ou* by heavy usage ◆ **elle nous laisse l'~ de son jardin** she lets us use her garden, she gives us *ou* allows us the use of her garden ◆ **l'~ de stupéfiants** drug use *ou* abuse ◆ **dépénaliser l'~ des drogues douces** to decriminalize (the use of) soft drugs; → **faux²**

**b** *(= exercice, pratique) [de membre, langue]* use; *[de faculté]* use, power ◆ **perdre l'~ de ses yeux/membres** to lose the use of one's eyes/limbs ◆ **perdre l'~ de la parole** to lose the power of speech

**c** *(= fonction, application) [d'instrument]* use ◆ **outil à ~s multiples** multi-purpose tool ◆ **document à ~ interne** document for internal use only ◆ **à ~ externe** *(Méd)* for external use (only) ◆ **à ~ unique** *[matériel stérile, seringues]* single-use ◆ **servir à divers ~s** to have several uses, to serve several purposes ◆ **moquette/pile à ~ intensif** heavy-duty carpeting/battery; → **valeur**

**d** *(= coutume, habitude)* custom ◆ **un ~ qui se perd** a vanishing custom, a custom which is dying out ◆ **c'est l'~** it's the done thing, it's the custom ◆ **ce n'est pas l'~ (de)** it's not done (to), it's not the custom (to) ◆ **entrer dans l'~ (courant)** *[objet, mot]* to come into common *ou* current use; *[mœurs]* to become common practice ◆ **contraire aux ~s** contrary to common practice *ou* to custom ◆ **il n'est pas dans les ~s de la compagnie de faire cela** the company is not in the habit of doing that, it is not the usual policy of the company to do that, it is not customary for the company to do that ◆ **il était d'~** *ou* **c'était un ~ de** it was customary *ou* a custom *ou* usual to ◆ **formule d'~** set formula ◆ **après les compliments/recommandations d'~** after the usual *ou* customary compliments/recommendations

**e** *(Ling)* **l'~** usage ◆ **expression consacrée par l'~** expression fixed by usage ◆ **l'~ écrit/oral** written/spoken usage ◆ **l'~ décide** (common) usage decides; → **bon**[1]

**f** *(littér = politesse)* **avoir de l'~** to have breeding ◆ **manquer d'~** to lack breeding, to be lacking in the social graces ◆ **il n'a pas l'~ du monde** he lacks savoir-faire *ou* the social graces

**g** *(loc)* **à son ~ personnel, pour son propre ~** for his personal use

◆ **avoir l'usage de qch** *(= droit d'utiliser)* to have the use of sth ◆ **en aurez-vous l'~ ?** *(= occasion d'utiliser)* will you have any use for it?

◆ **faire + usage de** *[+ pouvoir, droit]* to exercise; *[+ permission, avantage, objet, thème]* to make use of; *[+ violence, force, procédé]* to use, to employ; *[+ expression]* to use ◆ **faire ~ de son arme** to use one's gun ◆ **faire (un) bon/mauvais ~ de qch** to put sth to good/bad use, to make good/bad use of sth

◆ **faire de l'usage** ◆ **ces souliers ont fait de l'~** these shoes have lasted a long time, I've (*ou* we've *etc*) had good use out of these shoes

◆ **à l'usage** ◆ **vous verrez à l'~ comme c'est utile** you'll see when you use it how useful it is ◆ **ça s'assouplira à l'~** it will soften with use ◆ **son français s'améliorera à l'~** his French will improve with practice

◆ **à l'usage de** for use of, for ◆ **notice à l'~ de** notice for (the attention of) ◆ **à l'~ des écoles** *[émission]* for schools; *[manuel]* for use in schools

◆ **en usage** *[dispositif, mot]* in use

◆ **hors d'usage** *[éclairage, installation]* out of service; *[véhicule, machine à laver]* broken down ◆ **mettre hors d'~** to put out of action

> ⚠ **usage** *se traduit rarement par le mot anglais* **usage**, *sauf en linguistique.*

**usagé, e** /yzaʒe/ **ADJ** *(= qui a beaucoup servi) [pneu, habits]* worn, old; *(= d'occasion)* used, secondhand; *(qui ne peut plus être utilisé) [seringue, préservatif, ticket, pile]* used ◆ **quelques ustensiles ~s** some old utensils ◆ **huiles ~es** waste oil

**usager, -ère** /yzaʒe, ɛʀ/ **NM,F** user ◆ **~ des transports en commun/du téléphone** public transport/telephone user ◆ **~ de la route** road user ◆ **~ de drogue** drug user ◆ **les ~s de la langue française** French (language) speakers

**usant, e** * /yzɑ̃, ɑ̃t/ **ADJ** *(= fatigant) [travail]* exhausting, wearing; *[personne]* tiresome, wearing ◆ **il est ~ avec ses discours** he wears *ou* tires you out with his talking

**USB** /yɛsbe/ **NM** (abrév de **Universal Serial Bus**) *(Ordin)* (système) USB ◆ **port/connexion ~** USB port/connection

**usé, e** /yze/ (ptp de **user**) **ADJ** **a** *(= détérioré) [objet]* worn; *[vêtement, tapis]* worn, worn-out; *(Nucl Phys) [combustibles]* spent; *[personne] (= épuisé)* worn-out; *(par le stress)* burnt-out ◆ **un parti/homme politique ~ par le pouvoir** a party/politician jaded by too many years in power ◆ **~ jusqu'à la corde** threadbare; → **eau** **b** *(= banal) [thème, expression]* hackneyed, well-worn; *[plaisanterie]* well-worn

**Usenet** /juznɛt/ **NM** *(Ordin)* Usenet

**user** /yze/ ▸ conjug 1 ◂ **VT** **a** *(= détériorer) [+ outil, roches]* to wear away; *[+ vêtements]* to wear out ◆ **~ un manteau jusqu'à la corde** to wear out a coat ◆ **il use deux paires de chaussures par mois** he gets through two pairs of shoes (in) a month ◆ **ils ont usé leurs fonds de culottes sur les mêmes bancs** *(hum)* they were at school together

**b** *(= épuiser) [+ personne, forces]* to wear out; *[+ nerfs]* to wear down; *[+ influence]* to weaken ◆ **la maladie l'avait usé** illness had worn him out

**c** *(= consommer) [+ essence, charbon]* to use, to burn; *[+ papier, huile, eau]* to use

**VI** *(littér)* ◆ **en ~ mal/bien avec** *ou* **à l'égard de qn** *(= se comporter)* to treat *ou* use *(littér)* sb badly/well

**VT INDIR** **user de** *(= utiliser) [+ pouvoir, patience, droit]* to exercise; *[+ charme, influence, liberté]* to use; *[+ autorité]* to use, to exercise; *[+ permission, avantage]* to make use of; *[+ violence, force, procédé]* to use, to employ; *[+ expression, mot]* to use; *(littér) [+ objet, thème]* to make use of ◆ **ce journaliste a usé de moyens déloyaux pour obtenir cette information** this journalist used underhand means to get this information ◆ **usant de douceur** using gentle means ◆ **il en a usé et abusé** he has used and abused it ◆ **il faut en ~ avec parcimonie** it should be used sparingly

**VPR** **s'user** *[tissu, vêtement, semelle]* to wear out; *[sentiments, passion]* to wear off ◆ **mon manteau s'use** my coat's showing signs of wear ◆ **elle s'use les yeux à trop lire** she's straining her eyes by reading too much ◆ **elle s'est usée au travail** she wore herself out with work ◆ **c'est ce que tout le monde s'use à lui dire** it's what everyone's been telling him all this time *ou* over and over again

> ⚠ *Au sens de 'détériorer' ou 'épuiser',* **user** *ne se traduit pas par* **to use.**

**usinage** /yzinaʒ/ **NM** *(= façonnage)* machining; *(= fabrication)* manufacturing

**usine** /yzin/ **NF** factory ◆ **un copain de l'~** *ou* **d'~** a friend from the works *ou* factory ◆ **travail en ~** factory work ◆ **ce bureau est une vraie ~ !** * this office is a hive of activity! ◆ **l'~ à rêves hollywoodienne** the Hollywood dream factory ◆ **ce pays est une véritable ~ à champions** * this country churns out one champion after the other; → **cheminée, travailler**

**COMP** ▷ **usine d'armement** arms *ou* armaments factory ▷ **usine d'assemblage** assembly plant ▷ **usine atomique** atomic energy *ou* power station, atomic plant ▷ **usine automatisée** automated factory ▷ **usine d'automobiles** car factory *ou* plant ▷ **usine de fabrication** manufacturing plant ▷ **usine à gaz** *(lit)* gasworks; *(fig)* huge labyrinthine system ▷ **usine d'incinération (d'ordures ménagères)** (household waste) incineration plant ▷ **usine métallurgique** ironworks ▷ **usine de montage** assembly plant ▷ **usine de pâte à papier** paper mill ▷ **usine de production** production plant ▷ **usine de raffinage** refinery ▷ **usine de retraitement (des déchets nucléaires)** (nuclear waste) reprocessing plant ▷ **usine sidérurgique** steelworks, steel mill ▷ **usine textile** textile plant *ou* factory, mill ▷ **usine de traitement des ordures** sewage works *ou* farm *ou* plant

**usiner** /yzine/ ▸ conjug 1 ◂ **VT** *(= façonner)* to machine; *(= fabriquer)* to manufacture **VI** * ◆ **ça usine dans le coin !** *(= travailler dur)* they're hard at it round here! *

**usinier, -ière** † /yzinje, jɛʀ/ **ADJ** *[vie, monde]* factory *(épith)*; *[faubourg]* industrial ◆ **bâtiments ~s** factories

**usité, e** /yzite/ **ADJ** in common use, common ◆ **un temps très/peu ~** a very commonly-used/a rarely-used tense ◆ **le moins ~** the least (commonly) used ◆ **ce mot n'est plus ~** this word is no longer used *ou* in use

**ustensile** /ystɑ̃sil/ **NM** *(gén = outil, instrument)* implement ◆ **~s** * *(= attirail)* implements, tackle *(NonC)*, gear *(NonC)* ◆ **~ (de cuisine)** (kitchen) utensil ◆ **~s de ménage** household cleaning stuff *ou* things ◆ **~s de jardinage** gardening tools *ou* implements ◆ **qu'est-ce que c'est que cet ~ ?** * what's that gadget? *ou* contraption?

**usuel, -elle** /yzɥɛl/ **ADJ** *[objet]* everyday *(épith)*, ordinary; *[mot, expression, vocabulaire]* everyday *(épith)* ◆ **dénomination ~le d'une plante** common name for *ou* of a plant ◆ **il est ~ de faire** it is usual to do, it is common practice to do **NM** *(= livre)* book on the open shelf ◆ **c'est un ~** it's on the open shelves

**usuellement** /yzɥɛlmɑ̃/ **ADV** ordinarily, commonly

**usufruit** /yzyfʀɥi/ **NM** usufruct ◆ **avoir l'~ de qch** to hold sth in usufruct

**usufruitier, -ière** /yzyfʀɥitje, jɛʀ/ **ADJ, NM,F** usufructuary

**usuraire** /yzyʀɛʀ/ **ADJ** *[taux, prêt]* usurious

**usure**[1] /yzyʀ/ **NF** *[de vêtement]* wear (and tear); *[d'objet]* wear; *[de terrain, roche]* wearing away; *[de forces, énergie]* wearing out; *(Ling) [de mot]* weakening ◆ **~ normale** fair wear and tear ◆ **résiste à l'~** wears well, hard-wearing ◆ **le tissu est devenu très brillant, c'est l'~** the material has gone all shiny because of wear ◆ **on voyait à travers le tissu à cause de l'~** the material was worn through ◆ **subir l'~ du temps** to be worn away by time ◆ **résister à l'~ du temps** to stand the test of time ◆ **c'est l'~ du pouvoir** *(Pol)* it's the wearing effect of being in power ◆ **~ de la monnaie** debasement of the currency ◆ **on l'aura à l'~** * we'll wear him down in the end; → **guerre**

**usure**[2] /yzyʀ/ **NF** *(= intérêt)* usury ◆ **prêter à ~** to lend at usurious rates of interest ◆ **je te le rendrai avec ~** *(littér)* I will pay you back (with interest)

**usurier, -ière** /yzyʀje, jɛʀ/ **NM,F** usurer

**usurpateur, -trice** /yzyʀpatœʀ, tʀis/ **ADJ** *[tendance, pouvoir]* usurping *(épith)* **NM,F** usurper

**usurpation** /yzyʀpasjɔ̃/ **NF** *[de pouvoir, honneur, titre, nom]* usurpation; *(littér = empiètement)* encroachment

**usurpatoire** /yzyʀpatwaʀ/ **ADJ** usurpatory

**usurper** /yzyʀpe/ ▸ conjug 1 ◂ **VT** *[+ pouvoir, honneur, titre, nom, réputation]* to usurp ◆ **il a usurpé le titre de docteur en médecine** he wrongfully took *ou* assumed the title of Doctor of Medicine ◆ **sa réputation n'est**

**pas usurpée** he well deserves his reputation **VI** *(littér)* ◆ ~ **sur** *(= empiéter)* to encroach (up)on

**ut** /yt/ **NM** *(Mus)* C; → **clé**

**Utah** /yta/ **NM** Utah

**utérin, e** /yterɛ̃, in/ **ADJ** *(Anat, Jur)* uterine

**utérus** /yteʀys/ **NM** womb, uterus ◆ **location** *ou* **prêt d'**~ womb-leasing; → **col**

**utile** /ytil/ **ADJ** **a** *[objet, appareil, action]* useful; *[aide, conseil]* useful, helpful (*à qn* to *ou* for sb); ◆ **livre** ~ **à lire** useful book to read ◆ **"adresses utiles"** "useful addresses" ◆ **cela vous sera certainement** ~ that'll certainly be of use to you ◆ **veux-tu que je lui en parle ? – ce ne sera pas** ~ do you want me to speak to him about it? – that won't be necessary ◆ **ça peut toujours être** ~ it could always come in handy ◆ **ton parapluie m'a été bien** ~ **ce matin** your umbrella came in very handy (for me) this morning ◆ **j'irai – est-ce bien** ~ **?** I'll go – is it really worth it *ou* is there any point? ◆ **est-il vraiment** ~ **d'y aller** *ou* **que j'y aille ?** do I really need to go?, is there really ant point in (my) going? ◆ **il est** ~ **de rappeler que ...** it's worth remembering that ... ◆ **il n'a pas jugé** ~ **de prévenir la police** he didn't think it was *ou* he didn't deem it necessary to tell the police, he didn't think it was worth telling the police ◆ **la vie** ~ **d'un bien** *(Écon)* the productive life of an asset; → **charge, temps**[1]**, voter**

**b** *[collaborateur, relation]* useful ◆ **il adore se rendre** ~ he loves to make himself useful ◆ **puis-je vous être** ~ **?** can I be of help?, can I do anything for you?

**NM** ◆ **l'**~ what is useful; → **joindre**

**utilement** /ytilmɑ̃/ **ADV** *(= avec profit)* profitably, usefully ◆ **conseiller** ~ **qn** to give sb useful advice ◆ **une bibliographie vient très** ~ **compléter l'article** there is a very helpful bibliography at the end of the article, the article is accompanied by a very useful bibliography ◆ **ces mesures ont** ~ **contribué au redressement du pays** these measures were effective in putting *ou* helped put the country back on its feet

**utilisable** /ytilizabl/ **ADJ** usable ◆ **est-ce encore** ~ **?** *[cahier, vêtement]* can it still be used?, is it still usable?; *[appareil]* is it still usable? *ou* working? ◆ **facilement** ~ easy to use ◆ **ces listes incomplètes sont difficilement** ~**s** it's hard to use these incomplete lists ◆ **une carte de crédit** ~ **dans le monde entier** a credit card that can be used throughout the world

**utilisateur, -trice** /ytilizatœʀ, tʀis/ **NM,F** *[d'appareil]* user ◆ ~ **final** *(Comm, Ordin)* end user

**utilisation** /ytilizasjɔ̃/ **NF** *(gén)* use; *(Culin) [de restes]* using (up) ◆ **notice d'**~ instructions for use

**utiliser** /ytilize/ ▸ **conjug 1** ◂ **VT** **a** *(= employer)* to use ◆ **produit facile à** ~ user-friendly product, product that is easy to use ◆ **"à utiliser avant le ..."** *(sur un emballage)* "use by ..." **b** *(= tirer parti de) [+ personne]* to use; *[+ incident]* to use, to make use of; *(Culin) [+ restes]* to use (up) ◆ **savoir** ~ **les compétences** to know how to make the most of *ou* make use of people's abilities ◆ ~ **qch au mieux** to make the most of sth, to use sth to its best advantage

> ⚠ **utiliser** *se traduit rarement par* **to utilize**, *qui est d'un registre plus soutenu.*

**utilitaire** /ytilitɛʀ/ **ADJ** utilitarian; → **véhicule** **NM** *(Ordin)* utility

**utilitarisme** /ytilitaʀism/ **NM** utilitarianism

**utilitariste** /ytilitaʀist/ **ADJ, NMF** *(Philos)* utilitarian

**utilité** /ytilite/ **NF** **a** *(= caractère utile)* usefulness; *(= utilisation possible)* use ◆ **je ne conteste pas l'**~ **de cet appareil** I don't deny the usefulness of this apparatus ◆ **cet outil a son** ~ this tool has its uses ◆ **cet outil peut avoir son** ~ this tool might come in handy *ou* useful ◆ **d'une grande** ~ very useful, of great use *ou* usefulness *ou* help ◆ **ce livre ne m'est pas d'une grande** ~ this book isn't much use *ou* help ◆ **de peu d'**~ of little use *ou* help ◆ **d'aucune** ~ (of) no use *ou* help ◆ **sans** ~ useless ◆ **auras-tu l'**~ **de cet objet ?** can you make use of this object?, will you have any use for this object? ◆ **de quelle** ~ **est-ce que cela peut (bien) vous être ?** what earthly use is it to you?, what on earth can you use it for?

**b** *(= intérêt)* **reconnu** *ou* **déclaré d'**~ **publique** *(Jur)* state-approved

**c** *(Théât) (= rôle)* **jouer les** ~**s** to play small *ou* bit parts; *(fig)* to play second fiddle

**utopie** /ytɔpi/ **NF** **a** *(= genre, ouvrage, idéal politique)* utopia, Utopia **b** *(= idée, plan chimérique)* utopian view (*ou* idea *etc*) ◆ ~**s** utopianism, utopian views *ou* ideas ◆ **ceci est une véritable** ~ that's sheer utopianism ◆ **c'est de l'**~ **!** *(= irraisonnable)* it's just a pipe-dream!, it's all pie in the sky!

**utopique** /ytɔpik/ **ADJ** utopian, Utopian; → **socialisme**

**utopisme** /ytɔpism/ **NM** Utopianism

**utopiste** /ytɔpist/ **NMF** utopian, Utopian

**UV** /yve/ **NF** (abrév de **unité de valeur**) *(† Univ)* → **unité** **NM** (abrév de **ultraviolet**) ultraviolet ray ◆ **filtre** ~**A/**~**B** UVA/UVB filter

**uvulaire** /yvylɛʀ/ **ADJ** uvular

**uvule** /yvyl/ **NF** *(= luette)* uvula

# V

**V¹, v¹** /ve/ **NM** *(= lettre)* V, v ◆ **en V** V-shaped ◆ **moteur en V** V-engine ◆ **encolure en V** V-neck ◆ **décolleté en V** V-neckline ◆ **le V de la victoire** the victory sign, the V for victory; → **vitesse**

**V², v²** (abrév de **voir, voyez**) V

**V³** (abrév de **volt**) V

**va** /va/ → **aller**

**vacance** /vakɑ̃s/ **NF** **a** *(Admin) [de poste]* vacancy

**b** *(Jur)* ~ **de succession** abeyance of succession ◆ ~ **du pouvoir** power vacuum

**NFPL vacances** **a** *(gén)* holiday(s) *(Brit)*, vacation *(US)*; *(Univ)* vacation ◆ **les grandes ~s, les ~s d'été** the summer holiday(s) *(Brit) ou* vacation *(US)*; *(Univ)* the long vacation ◆ **les ~s scolaires/de Noël/d'hiver** the school/ Christmas/winter holiday(s) *(Brit) ou* vacation *(US)* ◆ **~s de** *ou* **à la neige** winter sports holiday(s) *(Brit) ou* vacation *(US)* ◆ **~s actives** activity holiday(s) *(Brit) ou* vacation *(US)* ◆ **maison/lieu de ~s** holiday *(Brit) ou (US)* vacation home/spot ◆ **au moment de partir en ~s, nous ...** just as we were about to set off on (our) holiday *(Brit) ou* vacation *(US)*, we ... ◆ **aller en ~s en Angleterre** to go on holiday *(Brit) ou* vacation *(US)* to England ◆ **il n'a jamais pris de ~s** he has never taken a holiday *(Brit) ou* vacation *(US)* ◆ **prendre ses ~s en une fois** to take all one's holiday *(Brit) ou* vacation *(US)* at once ◆ **avoir droit à 5 semaines de ~s** to be entitled to 5 weeks' holiday *(Brit) ou* vacation *(US)* ◆ **j'ai besoin de ~s/de quelques jours de ~s** I need a holiday *(Brit) ou* vacation *(US)*/a few days' holiday *(Brit) ou* vacation *(US)* ◆ **il est parti ? ça va nous faire des ~s !** *(hum)* has he gone? that'll give us a break!; → **colonie, devoir**

**b** *(Jur)* **~s judiciaires** recess, vacation ◆ **~s parlementaires** parliamentary recess

**vacancier, -ière** /vakɑ̃sje, jɛʀ/ **NM,F** holidaymaker *(Brit)*, vacationer *(US)*

**vacant, e** /vakɑ̃, ɑ̃t/ **ADJ** **a** *[poste, siège]* vacant; *[appartement]* unoccupied, vacant ◆ **le siège laissé ~ par sa disparition/son départ** the seat left vacant by his death/his departure **b** *(Jur) [biens, succession]* in abeyance *(attrib)*

**vacarme** /vakaʀm/ **NM** racket, row, din ◆ **faire du ~** to make a racket *ou* row *ou* din ◆ **il y avait un ~ de klaxons** horns were blaring ◆ **il y avait un ~ continuel de camions** trucks roared past constantly ◆ **il démarra dans un ~ assourdissant** he set off with a deafening roar

**vacataire** /vakatɛʀ/ **NMF** temporary replacement, stand-in; *(Univ)* part-time lecturer (on contract) ◆ **il est ~** he's on a temporary contract

**vacation** /vakasjɔ̃/ **NF** **a** *(= temps de travail) [d'expert, notaire, commissaire de police]* session; *[de médecin]* shift; *[d'enseignant] (= travail)* supply work; *(= honoraires)* fee; *(= vente aux enchères)* auction ◆ **faire des ~s** to work on a short-term basis ◆ **être payé à la ~** to be paid on a sessional basis **b** ◆ **~ (radio)** radio contact time **NFPL vacations** *(= vacances judiciaires)* recess, vacation

**vaccin** /vaksɛ̃/ **NM** *(= substance)* vaccine; *(= vaccination)* vaccination, inoculation ◆ **faire un ~ à qn** to give sb a vaccination *ou* an inoculation ◆ **~ contre la grippe** flu vaccine

**vaccinal, e** (mpl **-aux**) /vaksinal, o/ **ADJ** *[essai, efficacité]* vaccine *(épith)* ◆ **complication ~e** complication arising from a vaccination ◆ **taux de couverture ~e** vaccination rate ◆ **campagne ~e** vaccination campaign

**vaccinateur, -trice** /vaksinatœʀ, tʀis/ **ADJ** vaccinating *(épith)*, inoculating *(épith)* ◆ **médecin ~** doctor specialising in vaccinations **NM,F** vaccinator, inoculator

**vaccination** /vaksinasjɔ̃/ **NF** vaccination, inoculation ◆ **~ contre la rage** *ou* **antirabique/ contre l'hépatite B** rabies/hepatitis B vaccination

**vaccine** /vaksin/ **NF** *(= maladie)* cowpox, vaccinia *(SPÉC)*; *(† = inoculation)* inoculation of cowpox ◆ **fausse ~** false vaccinia

**vacciner** /vaksine/ ► conjug 1 ◄ **VT** *(Méd)* to vaccinate, to inoculate (*contre* against); ◆ **se faire ~** to have a vaccination *ou* an inoculation, to get vaccinated *ou* inoculated ◆ **les personnes vaccinées** the people who have been vaccinated ◆ **être vacciné contre qch** * *[+ amour, tentation, illusion]* to be cured of sth; *[+ critiques]* to be immune to sth ◆ **merci, maintenant je suis vacciné !** * thanks, I've learnt my lesson! *ou* I'm cured of that!; → **majeur**

**vaccinostyle** /vaksinɔstil/ **NM** scarificator

**vachard, e** ** /vaʃaʀ, aʀd/ **ADJ** *(= méchant)* nasty, rotten *, mean

**vache** /vaʃ/ **NF** **a** *(Zool)* cow; *(= cuir)* cowhide ◆ **~ laitière** dairy cow ◆ **~ marine** sea cow ◆ **maladie de la ~ folle** mad cow disease; → **plancher¹**

**b** *(** péj = police)* **les ~s** the pigs **, the filth **; → **mort¹**

**c** *(** = personne méchante) (femme)* bitch ***, cow **; *(homme)* swine **, sod ** ◆ **ah les ~s !** the bastards! ***; → **peau**

**d** *(** : intensif)* **une ~ de surprise/bagnole** a *ou* one hell of a surprise/car **

**e** *(loc)* **comme une ~ qui regarde passer les trains** vacantly ◆ **il parle français comme une ~ espagnole** * he absolutely murders the French language ◆ **manger de la ~ enragée** to go through hard *ou* lean times, to have a very hard *ou* lean time of it ◆ **période de ~s grasses/maigres pour l'économie française** good *ou* prosperous/lean *ou* hard times for the French economy ◆ **donner des coups de pied en ~ à qn** to kick sb slyly ◆ **faire un coup en ~ à qn** to play a dirty trick on sb, to do the dirty on sb ** ◆ **ah la ~ !** ** *(surprise, admiration)* wow! *, blimey! ** *(Brit)*; *(douleur, indignation)* hell! **, damn (me)! **

**ADJ** *(* = méchant, sévère)* rotten *, mean ◆ **il est ~** he's really rotten * *ou* mean, he's a (rotten) swine ** *ou* sod ** *(Brit)* ◆ **elle est ~** she's really rotten * *ou* mean, she's a (mean *ou* rotten) cow ** *(Brit)* ◆ **il n'a pas été ~ avec toi** he was quite kind *ou* good to you ◆ **c'est ~ pour eux** it's really rotten for them *

**COMP** ▷ **vache à eau** (canvas) water bag ▷ **vache à lait** *(*, péj)* cash cow, milch cow *(péj)* ▷ **vache sacrée** *(lit, fig)* sacred cow

**vachement** * /vaʃmɑ̃/ **ADV** *(= très)* really ◆ **~ bon/difficile** really *ou* damned ** *ou* bloody ** *(Brit)* good/hard ◆ **on s'est ~ dépêchés** we rushed like mad * *ou* hell ** ◆ **ça m'a ~ aidé** it helped me no end *, it was a big help ◆ **c'est ~ important pour moi** it's really important to me ◆ **il était ~ bien, ce film !** it was a brilliant film! ◆ **il est ~ plus grand qu'elle** he's a hell of a lot bigger than she is ** ◆ **il pleut ~** it's pouring (down), it's tipping it down * *(Brit)*

**vacher** /vaʃe/ **NM** cowherd

**vachère** /vaʃɛʀ/ **NF** cowgirl

**vacherie** /vaʃʀi/ **NF** **a** * *(= action)* dirty trick *; *(= remarque)* nasty *ou* bitchy ** remark; *(= caractère méchant) [de personne, remarque]* meanness ◆ **faire une ~ à qn** to play a dirty * *ou* mean trick on sb ◆ **dire des ~s** to make nasty remarks **b** *(** : intensif)* **c'est une sacrée ~, cette maladie** it's a hell of a nasty illness * ◆ **cette ~ d'appareil ne veut pas marcher** this damned ** *ou* blasted * *ou* bloody ** *(Brit)* machine won't work ◆ **quelle ~ de temps !** what damned ** *ou* bloody ** *(Brit)* awful weather! **c** *(† = étable)* cowshed, byre

**vacherin** /vaʃʀɛ̃/ NM *(= glace)* vacherin; *(= fromage)* vacherin cheese

**vachette** /vaʃɛt/ NF a *(= jeune vache)* young cow b *(= cuir)* calfskin

**vacillant, e** /vasijɑ̃, ɑ̃t/ ADJ a *[jambes, démarche]* unsteady, shaky, wobbly; *[lueur, flamme]* flickering *(épith)* b *[santé, mémoire]* shaky, failing; *[raison]* failing; *[courage]* wavering, faltering; *[caractère]* indecisive, wavering *(épith)*

**vacillation** /vasijasjɔ̃/ NF ⇒ **vacillement**

**vacillement** /vasijmɑ̃/ NM a *[de personne, blessé, ivrogne]* swaying; *[de bébé, meuble]* wobbling; *[de poteau]* swaying; *[de flamme, lumière]* flickering b *[de résolution, courage]* faltering, wavering; *[de raison]* failure; *[de santé, mémoire]* shakiness

**vaciller** /vasije/ ▸ conjug 1 ◂ VI a *(= chanceler) [personne]* to sway (to and fro); *[blessé, ivrogne]* to sway, to reel; *[bébé]* to wobble ◆ **~ sur ses jambes** to be unsteady on one's legs, to sway (to and fro) ◆ **il s'avança en vacillant vers la porte** he reeled *ou* staggered towards the door b *[poteau]* to sway (to and fro); *[meuble]* to wobble ◆ **il lui semblait que les murs vacillaient autour d'elle** she felt as if the room was spinning around her c *[flamme, lumière]* to flicker d *[résolution, courage]* to falter, to waver; *[raison, intelligence]* to fail; *[santé, mémoire]* to be shaky, to be failing ◆ **il vacillait dans ses résolutions** he wavered in his resolve

**va-comme-je-te-pousse** /vakɔmʒtəpus/ **à la va-comme-je-te-pousse** * LOC ADV in a slapdash manner, any old how *

**vacuité** /vakɥite/ NF *(littér = vide)* vacuity *(littér)*, emptiness; *(intellectuelle, spirituelle)* vacuity, vacuousness

**vacuole** /vakɥɔl/ NF *(Bio)* vacuole

**vade-mecum** /vademekɔm/ NM INV *(littér)* handbook, vade mecum

**vadrouille** /vadʀuj/ NF a *( * = balade)* ramble, jaunt ◆ **partir en ~** to go on a ramble *ou* jaunt ◆ **être en ~** to be out on a ramble ◆ **elle est toujours en ~ à l'étranger** she's always off gallivanting abroad *ou* around the world b *(Can = balai)* mop

**vadrouiller** * /vadʀuje/ ▸ conjug 1 ◂ VI to rove around *ou* about ◆ **~ dans les rues de Paris** to knock * *ou* rove about the streets of Paris

**Vaduz** /vadyz/ N Vaduz

**va-et-vient** /vaevjɛ̃/ NM INV a *[de personnes, véhicules]* comings and goings ◆ **il y a beaucoup de ~ dans ce café** it's a very busy café, there are a lot of comings and goings in this café ◆ **j'en ai assez de ce ~ incessant dans mon bureau** I'm sick of this constant stream of people coming in and out of my office ◆ **faire le ~ entre** *[personne, train, bus] (lit)* to go to and fro *ou* backwards and forwards between; *[bateau]* to ply between ◆ **le dossier a fait le ~ d'un bureau à l'autre** the file has been passed backwards and forwards from one office to the other ◆ **l'interprète faisait le ~ entre les deux langues** the interpreter was switching back and forth between the two languages

b *[de piston, pièce]* **(mouvement de) ~** *(gén)* to and fro (motion), backwards and forwards motion; *(verticalement)* up-and-down movement

c *(Élec) (= circuit)* two-way wiring *(NonC) ou* wiring system; *(= interrupteur)* two-way switch

d *(= gond)* helical hinge ◆ **porte à ~** swing door

e *(= bac)* (small) ferryboat

**vagabond, e** /vagabɔ̃, ɔ̃d/ ADJ *[peuple, vie]* wandering *(épith)*; *[imagination]* roaming *(épith)*, roving *(épith)*, restless ◆ **son humeur ~e** his restless mood NM,F *(péj = rôdeur)* tramp, vagrant; *(littér = personne qui voyage beaucoup)* wanderer, vagabond

**vagabondage** /vagabɔ̃daʒ/ NM a *(= errance)* wandering, roaming ◆ **leurs ~s à travers l'Europe** their wanderings across Europe ◆ **le ~ de son imagination** *(littér)* the meanderings of his imagination b *(Jur, péj = vie sans domicile fixe)* vagrancy

**vagabonder** /vagabɔ̃de/ ▸ conjug 1 ◂ VI *[personne]* to roam, to wander; *[imagination, esprit]* to wander, to roam ◆ **~ à travers l'Europe** to roam the length and breadth of Europe, to wander across Europe

**vagin** /vaʒɛ̃/ NM vagina

**vaginal, e** (mpl **-aux**) /vaʒinal, o/ ADJ vaginal; → **frottis**

**vaginisme** /vaʒinism/ NM vaginismus

**vaginite** /vaʒinit/ NF vaginitis *(NonC)*

**vagir** /vaʒiʀ/ ▸ conjug 2 ◂ VI *[bébé]* to wail, to cry

**vagissant, e** /vaʒisɑ̃, ɑ̃t/ ADJ wailing, crying

**vagissement** /vaʒismɑ̃/ NM wail, cry

**vague**[1] /vag/ ADJ a *(= imprécis) [renseignement, geste]* vague; *[notion, idée]* vague, hazy; *[sentiment, forme]* vague, indistinct; *(= distrait) [air, regard]* faraway *(épith)*, vague ◆ **j'ai le ~ sentiment que ...** I have a vague feeling that ... ◆ **un ~ cousin** some distant cousin ◆ **il avait un ~ diplôme** he had a diploma of sorts *ou* some kind of (a) diploma; → **nerf, terrain**

b *(= ample) [robe, manteau]* loose(-fitting)

NM a *(littér) [de forme]* vagueness, indistinctness; *[de passions, sentiments]* vagueness

b ◆ **le ~** vagueness ◆ **nous sommes dans le ~** things are rather unclear to us ◆ **il est resté dans le ~** he kept it all *ou* he remained rather vague ◆ **la police a préféré rester dans le ~ quant aux causes de cet incident** the police preferred not to give any details about the causes of the incident ◆ **laisser qn dans le ~** to keep sb guessing, to keep sb in the dark ◆ **laisser qch dans le ~** to leave sth up in the air ◆ **regarder dans le ~** to stare into space ◆ **les yeux perdus dans le ~** with a faraway look in his eyes ◆ **~ à l'âme** melancholy ◆ **avoir du ~ à l'âme** to feel melancholic

**vague**[2] /vag/ NF a *(lit)* wave ◆ **~ de fond** *(lit)* groundswell; *(fig)* groundswell of opinion ◆ **le multimédia est une ~ de fond qui déferle sur le monde** multimedia is a tidal wave sweeping over the world ◆ **faire des ~s** *(lit, fig)* to make waves ◆ **surtout, pas de ~s !** whatever you do, don't rock the boat!; → **déferlante**

b *(= déferlement)* wave ◆ **~ d'enthousiasme/de tendresse** wave *ou* surge of enthusiasm/of tenderness ◆ **la première ~ d'immigrants/de départs en vacances** the first wave of immigrants/of holiday departures ◆ **~ d'attentats/d'arrestations** wave of bombings/of arrests ◆ **~ de criminalité** crime wave ◆ **~ d'assaut** *(Mil)* wave of assault ◆ **~ de chaleur** heatwave ◆ **~ de froid** cold spell *ou* snap; → **nouveau**

c *(= émanations)* wave ◆ **une ~ de gaz se propagea jusqu'à nous** a smell of gas drifted *ou* wafted up to us

d *(= ondulation) (Archit)* waved motif; *[de chevelure]* wave; *(littér) [de blés, fougères]* wave, undulation *(littér)* ◆ **effet de ~** ripple effect

**vaguelette** /vaglɛt/ NF wavelet, ripple

**vaguement** /vagmɑ̃/ ADV vaguely ◆ **ils sont ~ parents** they're vaguely related ◆ **sourire ~ ironique** vaguely *ou* faintly ironic smile ◆ **il était ~ inquiet** he was slightly *ou* vaguely worried ◆ **à 18 ans, elle pensait ~ devenir professeur** when she was 18, she toyed with the idea of becoming a teacher ◆ **il était ~ question d'organiser une réunion** there was vague talk of planning a meeting ◆ **on entendait ~ parler dans le couloir** muffled voices could be heard in the corridor

**vaguemestre** /vagmɛstʀ/ NM *(Mil, Naut)* officer responsible for the delivery of mail

**vaguer** /vage/ ▸ conjug 1 ◂ VI *(littér = errer) [personne]* to wander, to roam ◆ **laisser ~ son imagination/son regard** to let one's imagination/one's eyes wander

**vahiné** /vaine/ NF Tahitian woman, wahine

**vaillamment** /vajamɑ̃/ ADV bravely, courageously, valiantly

**vaillance** /vajɑ̃s/ NF *(= courage)* courage, bravery; *(au combat)* gallantry, valour *(Brit)*, valor *(US)* ◆ **avec ~** courageously, valiantly

**vaillant, e** /vajɑ̃, ɑ̃t/ ADJ a *(littér = courageux)* brave, courageous; *(au combat)* valiant, gallant ◆ **à cœur ~ rien d'impossible** *(Prov)* nothing is impossible to a willing heart *(Prov)* → **sou** b *(= vigoureux) [personne]* vigorous, hale and hearty, robust; *[monnaie, économie]* healthy ◆ **je ne me sens pas très ~** I'm feeling a bit under the weather *, I don't feel too good

**vaille que vaille** /vajkəvaj/ LOC ADV → **valoir**

**vain, e** /vɛ̃, vɛn/ ADJ a *(= sans fondement) [paroles, promesse]* empty, hollow, vain *(épith)*; *[craintes, espoir, plaisirs]* vain *(épith)*, empty ◆ **pour lui la loyauté n'est pas un ~ mot** loyalty is not an empty word for him, the word loyalty really means something to him

b *(= frivole) [personne]* shallow, superficial

c *(= infructueux) [effort, tentative, attente]* vain *(épith)*, in vain *(attrib)*, futile, fruitless; *[regrets, discussion]* vain *(épith)*, idle *(épith)* ◆ **son sacrifice n'aura pas été ~** his sacrifice will not have been in vain ◆ **il est ~ d'essayer de ...** it is futile to try to ...

d *(littér = vaniteux) [personne]* vain

LOC ADV **en vain** in vain ◆ **elle essaya en ~ de s'en souvenir** she tried vainly *ou* in vain to remember ◆ **ce ne fut pas en ~ que ...** it was not in vain that ... ◆ **je réessayai, mais en ~** I tried again, but in vain *ou* but to no avail ◆ **invoquer le nom de Dieu en ~** *(frm)* to take the Lord's name in vain

COMP ▷ **vaine pâture** *(Jur)* common grazing land

**vaincre** /vɛ̃kʀ/ ▸ conjug 42 ◂ VT a *[+ rival, concurrent]* to defeat, to beat; *[+ armée, ennemi]* to defeat, to vanquish *(littér)*, to conquer ◆ **les meilleurs ont fini par ~** the best men finally won ◆ **à ~ sans péril, on triomphe sans gloire** triumph without peril brings no glory ◆ **nous vaincrons** we shall overcome b *[+ obstacle, préjugé, maladie, sentiment]* to overcome; *[+ chômage]* to conquer ◆ **vaincu par le sommeil** overcome by sleep

**vaincu, e** /vɛ̃ky/ (ptp de **vaincre**) ADJ beaten, defeated, vanquished *(littér)* ◆ **s'avouer ~** to admit defeat, to confess o.s. beaten ◆ **il part ~ d'avance** he feels he's beaten *ou* defeated before he begins NM,F defeated man (*ou* woman) ◆ **les ~s** the vanquished *(littér)*, the defeated ◆ **malheur aux ~s !** woe to the vanquished! *(littér)* ◆ **mentalité/attitude de ~** defeatist mentality/attitude

**vainement** /vɛnmɑ̃/ ADV vainly, in vain ◆ **j'ai ~ essayé de lui expliquer** I tried in vain to explain to him, I tried to explain to him (but) to no avail

**vainqueur** /vɛ̃kœʀ/ NM *(à la guerre)* victor, conqueror; *(en sport)* winner; *[de concours, élection]* winner ◆ **le ~ de l'Everest** the conqueror of Everest ◆ **les ~s de cette équipe** the conquerors of this team ◆ **les ~s de cette compétition** the winners in *ou* of this competition ◆ **accueillir qn en ~** to welcome sb as a conquering hero ◆ **il est sorti ~ des élections** he emerged victorious from the election, he emerged as the winner of the election ◆ **ce film est le grand ~ du festival** this film scooped all the awards at the festival ADJ M victorious, triumphant

**vair** /vɛʀ/ NM vair ◆ **la pantoufle de ~** the glass slipper

**vairon[1]** /vɛʀɔ̃/ NM *(= poisson)* minnow

**vairon[2]** /vɛʀɔ̃/ ADJ M ◆ **yeux ~s** *(cerclés de blanc)* wall eyes; *(de couleur différente)* eyes of different colours *(Brit)* *ou* colors *(US)*, wall eyes

**vaisseau** (pl **vaisseaux**) /vɛso/ NM a *(Naut)* vessel *(frm)*, ship ◆ **~ amiral** flagship ◆ **~ de guerre** warship ◆ **~ fantôme** ghost ship ◆ **~ spatial** spaceship; → **brûler, capitaine, enseigne, lieutenant** b *(Anat)* vessel ◆ **~ sanguin/lymphatique/capillaire** blood/lymphatic/capillary vessel c *(Bot)* vessel ◆ **plante à ~x** vascular plant d *(Archit)* nave

**vaisselier** /vɛsəlje/ NM *(= meuble)* dresser

**vaisselle** /vɛsɛl/ NF *(= plats)* crockery; *(= plats à laver)* dishes; *(= lavage)* dishes, washing-up *(Brit)* ◆ **~ de porcelaine** china ◆ **~ de faïence** earthenware ◆ **~ plate** (gold *ou* silver) plate ◆ **faire la ~** to do the dishes *ou* the washing-up *(Brit)*, to wash up *(Brit)* ◆ **la ~ était faite en deux minutes** the dishes were done *ou* the washing-up *(Brit)* was done in two minutes; → **eau**

**VAL** /val/ NM (abrév de **véhicule automatique léger**) automated (driverless) train

**val** (pl **vals** *ou* **vaux**) /val, vo/ NM *(gén dans noms de lieux)* valley ◆ **le Val de Loire** the Val de Loire, the Loire Valley ◆ **le Val d'Aoste** Valle d'Aosta; → **mont**

**valable** /valabl/ ADJ a *(= valide) [contrat, passeport]* valid ◆ **billet ~ un an** ticket valid for one year ◆ **"offre valable jusqu'au 31 mai"** "offer valid until 31 May" b *(= acceptable, recevable) [excuse, raison]* valid, legitimate; *[loi, critère, théorie, motif]* valid ◆ **elle n'a aucune raison ~ de le faire** she has no good *ou* valid reason for doing it ◆ **ce n'est ~ que dans certains cas** it is only valid *ou* it only holds *ou* applies in certain cases ◆ **ce que j'ai dit reste ~ dans ce cas aussi** what I said is valid *ou* applies in this case as well c *(= de qualité) [œuvre, solution, commentaire]* worthwhile; *[auteur, équipements]* decent; *[concurrent]* worthy; → **interlocuteur** d *(= rentable)* worthwhile ◆ **financièrement, ce n'est pas ~** it's not financially viable, it's not worthwhile financially

**valablement** /valabləmɑ̃/ ADV a *(= légitimement)* validly, legitimately ◆ **ce billet ne peut pas être ~ utilisé** this ticket isn't valid ◆ **ne pouvant ~ soutenir que ...** not being able to uphold legitimately *ou* justifiably that ... b *(= de façon satisfaisante)* **pour en parler ~, il faut être spécialiste** you need to be a specialist to be able to make valid comments *ou* to have anything worth saying about it

**Valais** /valɛ/ NM ◆ **le ~** Valais

**valaisan, -anne** /valɛzɑ̃, an/ ADJ of *ou* from Valais NM,F **Valaisan(ne)** inhabitant *ou* native of Valais

**valdinguer*** /valdɛ̃ge/ ▸ conjug 1 ◂ VI *(= tomber)* ◆ **aller ~** *[personne]* to fall flat on one's face*, to go sprawling ◆ **les boîtes ont failli ~ (par terre)** the boxes nearly came crashing down *ou* nearly went flying* ◆ **envoyer ~ qn** *(lit)* to send sb flying; *(fig)* to tell sb to clear off* *ou* buzz off*, to send sb off with a flea in his ear* *(Brit)* ◆ **envoyer ~ qch** to send sth flying* ◆ **j'ai bien envie de tout envoyer ~ !** I'd like to jack it all in! *

**valence** /valɑ̃s/ NF *(Ling, Phys)* valency *(Brit)*, valence *(US)* ◆ **~-gramme** gramme-equivalent

**valériane** /valeʀjan/ NF valerian

**valet** /valɛ/ NM a *(= domestique)* (man) servant; *(Hist) [de seigneur]* valet; *(péj Pol)* lackey *(péj)* ◆ **premier ~ de chambre du roi** king's first valet ◆ **~ de comédie** *(Théât)* manservant (part *ou* role) ◆ **jouer les ~s** *(Théât)* to play servant parts *ou* roles b *(Cartes)* jack, knave ◆ **~ de cœur** jack *ou* knave of hearts c *(= cintre)* **~ (de nuit)** valet d *(Tech)* **~ (de menuisier)** (woodworker's) clamp COMP ▹ **valet d'âtre** companion set ▹ **valet de chambre** manservant, valet ▹ **valet de chiens** (hunt) kennel attendant ▹ **valet d'écurie** groom, stableboy, stable lad *(Brit)* ▹ **valet de ferme** farmhand ▹ **valet de pied** footman

**valetaille** /valtɑj/ NF *(† ou péj)* menials, flunkeys †

**valétudinaire** /valetydinɛʀ/ ADJ, NMF *(littér)* valetudinarian

**valeur** /valœʀ/ NF a *(= prix)* value, worth; *(Fin) [de devise, action]* value, price ◆ **~ marchande** *(Comm)* market value ◆ **en ~ déclarée** *(Poste)* value declared ◆ **~ ajoutée** *(Écon) (fig)* added value ◆ **produits à forte ~ ajoutée** high added-value products ◆ **des activités à forte** *ou* **haute/faible ~ ajoutée** activities with high/low added value ◆ **~ d'usage/d'échange** use/exchange value, value in use/in exchange ◆ **~ nominale** *ou* **faciale** face *ou* nominal value, face amount *(US)* ◆ **~ vénale** monetary value ◆ **quelle est la ~ de cet objet/de l'euro ?** what is this object/the euro worth?, what is the value of this object/the euro? ◆ **prendre/perdre de la ~** to go up/down in value, to gain/lose in value ◆ **la ~ intrinsèque de qch** the intrinsic value *ou* worth of sth ◆ **cette monnaie/cette pièce n'a plus de ~** this currency/this coin is worthless ◆ **estimer la ~ d'un terrain/d'un tableau à 100 000 €** to value a piece of land/a picture at €100,000, to put the value *ou* estimate the value of a piece of land/of a picture at €100,000 ◆ **ces tableaux sont de même ~** *ou* **ont la même ~** these pictures are of equal value *ou* have the same value *ou* are worth the same amount ◆ **manuscrit d'une ~ inestimable** priceless manuscript; → **taxe**

b *(Bourse : gén pl = titre)* security ◆ **~s mobilières** securities, stocks and shares ◆ **~s disponibles** liquid assets ◆ **~s de premier ordre** *ou* **de tout repos** *ou* **de père de famille** gilt-edged *ou* blue-chip securities, gilts ◆ **~s de haute technologie** technology stocks; *(Internet)* Internet stocks; → **bourse, refuge, vedette**

c *(= qualité) [de personne, auteur]* worth, merit; *[de roman, tableau]* value, merit; *[de science, théorie]* value; *(littér = courage)* valour *(Brit)*, valor *(US)* ◆ **la ~ de cette méthode/découverte reste à prouver** the value of this method/discovery is still to be proved ◆ **estimer** *ou* **juger qn/qch à sa (juste) ~** to estimate *ou* judge sb/sth at his/its true value *ou* worth ◆ **son œuvre n'est pas sans ~** his work is not without value *ou* merit ◆ **ce meuble n'a qu'une ~ sentimentale** this piece of furniture has sentimental value only ◆ **accorder** *ou* **attacher de la ~ à qch** to value sth, to place value on sth; → **jugement**

d *(Jeux, Math, Mus)* value ◆ **la ~ affective/poétique/symbolique** the emotive/poetic/symbolic value ◆ **~ absolue** *(Math)* absolute value ◆ **donnez-lui la ~ d'un verre à liqueur/d'une cuiller à café** give him the equivalent of a liqueur glass/a teaspoonful ◆ **en ~ absolue/relative, le prix des voitures a diminué** in absolute/relative terms the price of cars has gone down

e *(loc)*

◆ **en valeur** ◆ **mettre en ~** *[+ bien, patrimoine, terrain]* to develop, to exploit; *[+ détail, caractéristique]* to bring out, to highlight, to emphasize; *[+ yeux, jambes]* to set off, to enhance; *[+ taille]* to emphasize; *[+ objet décoratif]* to set off, to show (off) to advantage; *[+ personne]* to show to advantage *ou* in a flattering light ◆ **se mettre en ~** to show o.s. off to advantage ◆ **ce chapeau te met en ~** that hat (of yours) is very flattering *ou* becoming, that hat really suits you ◆ **son discours a mis en ~ l'importance de la culture/le rôle des syndicats** in his speech he emphasized the importance of culture/the role of the unions ◆ **mise en ~** *[de terrain, ressources naturelles, patrimoine]* development; *[de forêt]* exploitation; *[de meuble, tableau]* setting-off; *[de détail, caractéristique, mot]* emphasizing, highlighting

◆ **de valeur** *[bijou, meuble]* valuable, of value ◆ **objets de ~** valuables, articles of value ◆ **professeur/acteur de ~** teacher/actor of considerable merit

◆ **sans valeur** *[objet, témoignage]* worthless, valueless

NFPL **valeurs** *(morales, intellectuelles)* values ◆ **échelle** *ou* **hiérarchie des ~s** scale of values ◆ **système de ~s** value system ◆ **nous n'avons pas les mêmes ~s** we don't have *ou* share the same values

**valeureusement** /valœʀøzmɑ̃/ ADV *(littér)* valiantly, valorously *(littér)*

**valeureux, -euse** /valœʀø, øz/ ADJ *(littér)* valiant, valorous *(littér)*

**validation** /validasjɔ̃/ NF *[de passeport, billet]* validation; *[de document]* authentication; *[de décision]* ratification; *[de bulletin]* validation, stamping

**valide** /valid/ ADJ a *[personne] (= non blessé ou handicapé)* able, able-bodied; *(= en bonne santé)* fit, well *(attrib)*; *[membre]* good *(épith)* ◆ **la population ~** the able-bodied population ◆ **se sentir assez ~ pour faire** to feel fit *ou* well enough to do, to feel up to doing b *[billet, carte d'identité]* valid

**valider** /valide/ ▸ conjug 1 ◂ VT *[+ passeport, billet]* to validate; *[+ document]* to authenticate; *[+ décision]* to ratify ◆ **faire ~ un bulletin** *(Jeux)* to get a coupon validated *ou* stamped ◆ **l'élection ne sera validée que si le taux de participation est suffisant** the election will only be valid if the turnout is high enough

**validité** /validite/ NF *[de billet, élection, argument, accord]* validity ◆ **quelle est la durée de ~ de votre passeport ?** how long is your passport valid for?

**valise** /valiz/ NF (suit)case, bag ◆ **faire sa ~** *ou* **ses ~s** *(lit)* to pack; *(= partir)* to pack one's bags, to pack up and leave ◆ **la ~ (diplomatique)** the diplomatic bag *ou* pouch *(US)* ◆ **avoir des ~s sous les yeux*** to have bags under one's eyes; → **boucler**

**Valkyrie** /valkiʀi/ NF Valkyrie, Walkyrie

**vallée** /vale/ NF *(Géog)* valley ◆ **~ suspendue/en U/glaciaire** hanging/U-shaped/glaciated valley ◆ **~ sèche** *ou* **morte** dry valley ◆ **la ~ de la Loire/du Nil** the Loire/Nile valley ◆ **la Vallée des Rois/Reines** the Valley of the Kings/Queens ◆ **la vie est une ~ de larmes** *(littér)* life is a vale of tears *(littér)* ◆ **la ~ de la mort** *(Bible)* the valley of the shadow of death; *(Géog)* Death Valley

**vallon** /valɔ̃/ NM small valley

**vallonné, e** /valɔne/ ADJ undulating, hilly

**vallonnement** /valɔnmɑ̃/ **NM** undulation

**valoche** * /valɔʃ/ **NF** case, bag

## valoir /valwaʀ/

▸ conjug 29 ◂

GRAMMAIRE ACTIVE 28.1, 29.2

1 VERBE INTRANSITIF 2 VERBE TRANSITIF 3 VERBE PRONOMINAL

### 1 - VERBE INTRANSITIF

**a** [valeur marchande] *[propriété, bijou]* to be worth ◆ **~ 150 €** to be worth €150 ◆ **ça vaut combien ?** *(gén)* how much is it worth?; *(à un commerçant)* how much is it? ◆ **~ de l'argent** to be worth a lot of money ◆ **ça vaut bien 400 €** *(estimation)* it must easily be worth €400; *(jugement)* it's well worth €400 ◆ **~ cher/encore plus cher** to be worth a lot/still more; → **pesant**

◆ **à valoir** *(Comm)* to be deducted, on account ◆ **paiement/acompte à ~ sur ...** payment/deposit to be deducted from ... ◆ **100 € à ~ sur votre prochaine facture** €100 credit against your next bill; → **à-valoir**

◆ **faire valoir** *(= exploiter) [+ domaine]* to farm; *[+ titres, capitaux]* to invest profitably

**b** [qualités] **que vaut cet auteur/cette émission/le nouveau maire ?** is this author/this programme/the new mayor any good? ◆ **que valent ses promesses ?** what are his promises worth? ◆ **cette pièce vaut surtout par son originalité** the chief *ou* principal merit of this play is its originality ◆ **prendre une chose pour ce qu'elle vaut** to take a thing for what it's worth ◆ **ça vaut ce que ça vaut *, mais j'ai entendu dire que ...** take this for what it's worth, but I've heard that ... ◆ **il a conscience de ce qu'il vaut** he's aware of his worth, he knows his (own) worth ◆ **leur fils ne vaut pas cher !** their son's no good! ◆ **il ne vaut pas la corde pour le pendre** he's not worth bothering with ◆ **sa dernière pièce ne valait pas grand-chose** his last play wasn't particularly good, his last play wasn't up to much * *(Brit)* ◆ **ce tissu/cette marchandise ne vaut rien** this material/this article is no good ◆ **votre argument ne vaut rien** your argument is worthless ◆ **cet outil ne vaut rien** this tool is useless *ou* no good *ou* no use ◆ **ce climat ne vaut rien pour les rhumatismes** this climate is no good for rheumatism ◆ **ça/il ne vaut pas tripette** * *ou* **un clou** * *ou* **un pet de lapin** * it's/he's a dead loss *; → aussi **rien**

◆ **faire valoir** *(= mettre en avant) [+ droit]* to assert; *[+ fait]* to emphasize; *[+ argument]* to put forward; *[+ caractéristique]* to highlight, to bring out ◆ **je lui fis ~ que ...** I impressed upon him that ..., I pointed out to him that ... ◆ **il peut faire ~ ses droits à la retraite** he is eligible for retirement ◆ **il s'entoure de gens faibles/ignorants parce que ça le fait ~** he surrounds himself with weak/ignorant people because it makes him appear stronger/more intelligent ◆ **se faire ~** to sell o.s. ◆ **il ne sait pas se faire ~** he doesn't know how to sell himself; → aussi **faire-valoir**

◆ **valoir mieux** *(= avoir plus de qualités, être meilleur)* ◆ **tu vaux mieux que lui** you're better than he is *ou* than him ◆ **c'est un travail sans intérêt, tu vaux mieux que ça !** it's not a very good job, you're cut out *ou* made for better things! ◆ **cet endroit vaut mieux que sa réputation** this place is better than its reputation allows ◆ **ils ne valent pas mieux l'un que l'autre** they're both as bad as each other

*(= être préférable)* ◆ **dans ce cas, il vaut mieux refuser** *ou* **mieux vaut refuser** in that case, it's better to refuse ◆ **il vaudrait mieux que vous refusiez** you had *ou* you'd better refuse, you would *ou* you'd do better to refuse ◆ **ça vaut mieux comme ça** it's better that way ◆ **avertis-le, ça vaut mieux** I'd tell him if I were you, it would be better if you told him ◆ **il vaut mieux le prévenir** we'd (*ou* you'd *etc*) better tell him ◆ **j'aurais dû lui téléphoner – oui, il aurait mieux valu** I should have phoned him — yes, you should (have) *ou* yes, that would have been the best thing to do ◆ **je le fais tout de suite – il vaudrait mieux (pour toi) !** I'll do it straight away — you'd better! ◆ **il vaut mieux entendre ça que d'être sourd !** * what a stupid thing to say!; → aussi **mieux**

◆ **vaille que vaille** somehow ◆ **la police assurait vaille que vaille un semblant d'ordre** the police somehow managed to maintain order ◆ **pendant la révolution, les gens ont continué à vivre vaille que vaille** during the revolution people somehow managed to go on living their lives

**c** [= être valable] to hold, to apply, to be valid ◆ **ceci ne vaut que dans certains cas** this only holds *ou* applies *ou* is only valid in certain cases ◆ **la décision vaut pour tout le monde** the decision applies to everyone

**d** [= équivaloir à] **la campagne vaut bien la mer** the countryside is just as good *ou* is every bit as good as the seaside ◆ **une blanche vaut deux noires** *(Mus)* one minim *(Brit) ou* half note *(US)* is equivalent to two crochets *(Brit) ou* quarter notes *(US)* ◆ **un as vaut quatre points** *(Bridge)* an ace is worth four points ◆ **il vaut largement son frère** he is every bit as good as his brother ◆ **ce nouveau médicament/traitement ne vaut pas le précédent** this new medicine/treatment is not as good as *ou* isn't a patch on * *(Brit)* the previous one ◆ **cette méthode en vaut une autre** it's as good a method as any ◆ **tout ça ne vaut pas la mer/la liberté** this is all very well but it's not like the seaside/having one's freedom ◆ **rien ne vaut un bon bain chaud** there's nothing like a nice warm bath, there's nothing to beat a nice warm bath ◆ **ça ne vaut pas la réflexion qu'il m'a faite hier** you should have heard what he said to me yesterday ◆ **ça vaut pas René *, tu sais ce qu'il m'a fait ?** that's nothing on René * — do you know what he did to me?

**e** [= justifier] to be worth; *(= mériter)* to deserve ◆ **Lyon vaut (bien) une visite/le déplacement** *ou* **voyage** Lyons is (well) worth a visit/the journey ◆ **une soirée pareille, ça valait le voyage** * *(hum)* it was well worth going to a party like that ◆ **ça valait bien un merci** he (*ou* they *etc*) could have said thank you ◆ **un service en vaut un autre** one good turn deserves another; → **coup, détour, peine**

### 2 - VERBE TRANSITIF

◆ **valoir qch à qn** *(= rapporter, procurer)* to earn sb sth ◆ **ceci lui a valu des louanges/des reproches** this earned *ou* brought him praise/criticism ◆ **les soucis/ennuis que nous a valus cette affaire !** the worry/trouble that this business has caused us! ◆ **qu'est-ce qui nous vaut l'honneur de cette visite ?** to what do we owe the honour of this visit? ◆ **l'incident lui a valu d'être accusé d'imprudence** the incident meant he was accused of carelessness ◆ **un bon rhume, c'est tout ce que ça lui a valu de sortir sous la pluie** all he got for going out in the rain was a bad cold ◆ **l'inaction ne lui vaut rien** it isn't good for him to remain inactive ◆ **ça ne lui a rien valu** it didn't do him any good

### 3 - VERBE PRONOMINAL

**se valoir** *(= être équivalents)* **ces deux candidats/méthodes se valent** there's not much to choose between the two applicants/methods, the two applicants/methods are of equal merit ◆ **aux échecs, nous nous valons** *(en bien)* we're just as good as each other at chess, we're equally good at chess; *(en mal)* we're both as bad as each other at chess ◆ **ça se vaut** * it's all the same ◆ **et pour le prix ? – ça se vaut** and pricewise? — there's hardly any difference

---

**valorisable** /valɔʀizabl/ **ADJ** *[matières, matériaux]* recyclable

**valorisant, e** /valɔʀizɑ̃, ɑt/ **ADJ** *[travail]* fulfilling ◆ **être ~ pour qn** to increase sb's self-esteem ◆ **tâches peu ~es** menial tasks ◆ **il est très attentionné avec moi, c'est très ~** he's very considerate, it makes me feel very worthwhile ◆ **c'est ~ pour des jeunes de se voir confier de telles responsabilités** being given responsibilities like these increases young people's self-respect *ou* is good for young people's self-esteem ◆ **il essaie de montrer une image ~e de sa ville** he is trying to show a positive image of his town

**valorisation** /valɔʀizasjɔ̃/ **NF** **a** *(Écon, Fin) (= mise en valeur) [de région, terrain, patrimoine]* development; *(= augmentation de la valeur) [de produit, monnaie, titres]* increase in value **b** *(= augmentation du mérite, du prestige) [de diplôme, compétences]* increased prestige; *[de profession, activité]* improved status; *[de personne]* improved self-esteem; *(Psych)* self-actualization *(SPÉC)* **c** *(Écol) [de déchets]* recovering

**valoriser** /valɔʀize/ ▸ conjug 1 ◂ **VT** **a** *(Écon, Fin) [+ région, patrimoine, capital]* to develop; *[+ produit, titre]* to increase the value of ◆ **ces aménagements vont ~ la maison** these improvements will increase the value of the house ◆ **le yen est fortement valorisé sur le marché des changes** the yen has risen sharply on the foreign exchange market **b** *(= donner plus de prestige à) [+ diplôme]* to increase the prestige of; *[+ personne]* to increase the standing of; *[+ profession]* to enhance the status of ◆ **pour ~ l'image de l'entreprise** to enhance the image of the company **c** *(Écol) [+ déchets]* to recover **d** *(= évaluer la valeur de) [+ entreprise]* to value
**VPR** **se valoriser** *[immeuble, monnaie, titres]* to increase in value; *[personne]* to increase one's standing

**valse** /vals/ **NF** **a** *(= danse, air)* waltz ◆ **~ lente/viennoise** slow/Viennese waltz ◆ **~ musette** waltz *(to accordion accompaniment)* **b** *(= remplacement fréquent)* **la ~ des étiquettes** *ou* **des prix** constant price rises ◆ **la ~ des ministres** *ou* **des portefeuilles** the ministerial musical chairs ◆ **~-hésitation** shilly-shallying *(NonC)*, pussyfooting * *(NonC)* ◆ **la ~ des responsables a nui à l'entreprise** the high turnover in managers has harmed the company

**valser** /valse/ ▸ conjug 1 ◂ **VI** **a** *(= danser)* to waltz **b** *(*: loc)* **envoyer ~ qch/qn** to send sth/sb flying ◆ **il est allé ~ contre le mur** he went flying against the wall ◆ **faire ~ l'argent** to spend money like water, to throw money around ◆ **faire ~ les étiquettes** *ou* **les prix** to jack up * the prices ◆ **faire ~ les ministres/les employés** to play musical chairs with ministerial/staff posts

**valseur, -euse** /valsœʀ, øz/ **NM,F** *(Danse)* waltzer **NFPL** **valseuses** ** *(= testicules)* balls **

**valve** /valv/ **NF** *(Bot, Élec, Tech, Zool)* valve ◆ **~ cardiaque** heart valve

**valvulaire** /valvylɛʀ/ **ADJ** *(Anat, Méd)* valvular

**valvule** /valvyl/ NF *(Anat, Tech)* valve; *(Bot)* valvule ◆ ~ **mitrale** mitral valve

**vamp** /vɑ̃p/ NF vamp

**vamper** * /vɑ̃pe/ ► conjug 1 ◄ VT to vamp

**vampire** /vɑ̃piʀ/ NM a *(= fantôme)* vampire b *(† = escroc)* vampire, bloodsucker c *(Zool)* vampire bat

**vampirique** /vɑ̃piʀik/ ADJ vampiric

**vampiriser** /vɑ̃piʀize/ ► conjug 1 ◄ VT *(lit)* to suck the blood of; *(fig)* to suck the life-blood out of

**vampirisme** /vɑ̃piʀism/ NM vampirism

**van**[1] /vɑ̃/ NM *(= panier)* winnowing basket

**van**[2] /van/ NM *(= véhicule)* horse-box *(Brit)*, horse trailer *(US)*

**vanadium** /vanadjɔm/ NM vanadium

**Vancouver** /vɑ̃kuvɛʀ/ N Vancouver ◆ **l'île de** ~ Vancouver Island

**vandale** /vɑ̃dal/ NMF vandal; *(Hist)* Vandal ADJ vandal *(épith)*; *(Hist)* Vandalic

**vandaliser** /vɑ̃dalize/ ► conjug 1 ◄ VT to vandalize

**vandalisme** /vɑ̃dalism/ NM vandalism ◆ **acte de** ~ act of vandalism ◆ **c'est du** ~ **!** it's vandalism!

**vandoise** /vɑ̃dwaz/ NF dace, chub

**vanesse** /vanɛs/ NF vanessa

**vanille** /vanij/ NF *(Bot, Culin)* vanilla ◆ **crème/glace à la** ~ vanilla cream/ice cream

**vanillé, e** /vanije/ ADJ *[sucre, thé]* vanilla *(épith)*; *[parfum]* vanilla-scented

**vanillier** /vanije/ NM vanilla plant

**vanilline** /vanilin/ NF vanillin

**vanilliné, e** /vaniline/ ADJ *[sucre]* flavoured with vanillin

**vanité** /vanite/ NF a *(= fatuité)* vanity, conceit ◆ **avoir la** ~ **de croire que ...** to be conceited enough to think that ... ◆ **il avait des petites** ~**s d'artiste** he had the little conceits of an artist ◆ **je le dis sans** ~ I say it with all due modesty *ou* without wishing to boast ◆ **tirer** ~ **de** to pride o.s. on ◆ **elle n'a jamais tiré** ~ **de sa beauté** she has never been conceited about her beauty ◆ **blesser qn dans sa** ~ to wound sb's pride ◆ **flatter la** ~ **de qn** to flatter sb's ego

b *(littér) [de paroles, promesse]* emptiness, hollowness, vanity; *[de craintes, espoir, plaisirs]* vanity, emptiness; *[de personne]* shallowness, superficiality; *[d'effort, tentative, attente]* vanity, futility, fruitlessness; *[de regrets, discussion]* vanity, uselessness ◆ ~, ~, **tout n'est que** ~ *(Bible)* vanity of vanities, all is vanity

c *(Art)* vanitas

**vaniteusement** /vanitøzmɑ̃/ ADV vainly, conceitedly

**vaniteux, -euse** /vanitø, øz/ ADJ vain, conceited NM,F vain *ou* conceited person

**vanity-case** (pl **vanity-cases**) /vanitikɛz/ NM vanity case

**vannage** /vanaʒ/ NM *(Agr)* winnowing

**vanne** /van/ NF a *[d'écluse]* (lock) gate, sluice (gate); *[de barrage, digue]* floodgate, (sluice) gate; *[de moulin]* (weir) hatch; *[de canalisation]* gate ◆ ~ **thermostatique** *(Aut)* thermostat ◆ **ouvrir les** ~**s** *(fig) (= laisser passer ou s'exprimer librement)* to open the floodgates; *(* = pleurer)* to turn on the waterworks * b *(* = remarque)* dig *, jibe ◆ **envoyer une** ~ **à qn** to have a dig at sb *, to jibe at sb

**vanneau** (pl **vanneaux**) /vano/ NM peewit, lapwing ◆ ~ **huppé** Northern lapwing

**vanner** /vane/ ► conjug 1 ◄ VT a *(Agr)* to winnow b *(* = fatiguer)* to do in *, to knacker (out) * *(Brit)* ◆ **je suis vanné** I'm dead-beat * *ou* knackered * *(Brit)*

**vannerie** /vanʀi/ NF *(= métier)* basketry, basketwork; *(= objets)* wickerwork, basketwork

**vanneur, -euse** /vanœʀ, øz/ NM,F winnower

**vannier** /vanje/ NM basket maker, basket worker

**vantail** (pl **-aux**) /vɑ̃taj, o/ NM *[de porte]* leaf; *[d'armoire]* door ◆ **porte à double** ~ *ou* **à (deux) vantaux** stable door *(Brit)*, Dutch door *(US)*

**vantard, e** /vɑ̃taʀ, aʀd/ ADJ boastful NM,F boaster, braggart

**vantardise** /vɑ̃taʀdiz/ NF *(= caractère)* boastfulness; *(= action)* boasting *(NonC)*, bragging *(NonC)*; *(= propos)* boast

**vanter** /vɑ̃te/ ► conjug 1 ◄ VT *[+ personne]* to praise, to sing the praises of; *[+ qualité, méthode, avantage]* to speak highly of, to praise, to vaunt *(frm)* ◆ ~ **la marchandise** to peddle one's wares ◆ **film dont on vante les mérites** much-praised film VPR **se vanter** a *(= fanfaronner)* to boast, to brag ◆ **sans (vouloir) me** ~ without wishing to blow my own trumpet, without wishing to boast *ou* brag, I don't want to boast b *(= se targuer)* **se** ~ **de** to pride o.s. on ◆ **se** ~ **d'avoir fait qch** to pride o.s. on having done sth ◆ **il se vante de (pouvoir) faire ...** he boasts he can *ou* will do ... ◆ **il ne s'en est pas vanté** *(iro)* he kept quiet about it ◆ **il n'y a pas de quoi se** ~ there's nothing to be proud of *ou* to boast about ◆ **et il s'en vante !** and he's proud of it!

**Vanuatu** /vanwatu/ N Vanuatu

**va-nu-pieds** /vanypje/ NMF INV *(péj)* tramp, beggar

**vapes** * /vap/ NFPL ◆ **tomber dans les** ~ to fall into a dead faint, to pass out ◆ **être dans les** ~ *(= évanoui)* to be out for the count * *ou* out cold *; *(= étourdi par un choc)* to be woozy * *ou* in a daze; *(= abruti par le travail)* to be punch-drunk *ou* in a daze; *(= distrait)* to have one's head in the clouds

**vapeur** /vapœʀ/ NF a *(littér = brouillard)* haze *(NonC)*, vapour *(Brit) (NonC)*, vapor *(US) (NonC)*

b ◆ ~ **(d'eau)** steam, (water) vapour *(Brit) ou* vapor *(US)* ◆ ~ **atmosphérique** atmospheric vapour ◆ **à** ~ *(Tech)* steam *(épith)* ◆ **repassage à la** ~ steam-ironing ◆ **(cuit à la)** ~ *(Culin)* steamed

c *(Chim, Phys = émanation)* vapour *(Brit) (NonC)*, vapor *(US) (NonC)* ◆ ~**s (nocives)** fumes ◆ ~**s d'essence** petrol *(Brit) ou* gasoline *(US)* fumes ◆ ~ **saturante** saturated vapour ◆ ~ **sèche** dry steam

d *(† : gén pl)* ~**s** *(= malaises)* vapours † ◆ **avoir ses** ~**s** *(bouffées de chaleur)* to have hot flushes *(Brit) ou* flashes *(US)*; *(malaise)* to have the vapours †

e *(gén pl)* **les** ~**s de l'ivresse/de la gloire** *(= griserie)* the heady fumes of intoxication/of glory

f *(loc)* **aller à toute** ~ *[navire]* to sail full steam ahead; *(* fig)* to go at full speed, to go full steam ahead *(fig)* → **renverser**

NM *(= bateau)* steamship, steamer

**vapo** * /vapo/ NM abrév de **vaporisateur**

**vaporeusement** /vapɔʀøzmɑ̃/ ADV vaporously

**vaporeux, -euse** /vapɔʀø, øz/ ADJ *[tissu, robe]* diaphanous, gossamer *(épith) (littér)*; *(littér) [lumière, atmosphère]* hazy, misty, vaporous; *[nuage, cheveux]* gossamer *(épith) (littér)* ◆ **lointain** ~ *(Art)* sfumato background

**vaporisateur** /vapɔʀizatœʀ/ NM *(à parfum)* spray, atomizer; *(Agr)* spray; *(Tech)* vaporizer ◆ **parfum en** ~ perfume in a spray bottle *ou* in an atomizer

**vaporisation** /vapɔʀizasjɔ̃/ NF a *[de parfum, insecticide, surface]* spraying ◆ **une** ~ **suffit** one spray is enough b *(Phys)* vaporization

**vaporiser** /vapɔʀize/ ► conjug 1 ◄ VT a *[+ parfum, insecticide, surface]* to spray ◆ **vaporisez le produit sur la plaie** spray the product onto the wound b *(Phys)* to vaporize VPR **se vaporiser** *(Phys)* to vaporize

**vaquer** /vake/ ► conjug 1 ◄ VT INDIR **vaquer à** *(= s'occuper de)* to attend to, to see to ◆ ~ **à ses occupations** to attend to one's affairs, to go about one's business VI a *(† = être vacant)* to stand *ou* be vacant b *(Admin = être en vacances)* to be on vacation

**varan** /vaʀɑ̃/ NM varanus

**varappe** /vaʀap/ NF *(= sport)* rock-climbing; *(= ascension)* (rock) climb ◆ **faire de la** ~ to go rock-climbing

**varapper** /vaʀape/ ► conjug 1 ◄ VI to rock-climb

**varappeur, -euse** /vaʀapœʀ, øz/ NM,F (rock-)climber

**varech** /vaʀɛk/ NM kelp, wrack

**vareuse** /vaʀøz/ NF *[de pêcheur, marin]* pea jacket; *(d'uniforme)* tunic; *(de ville)* jacket

**variabilité** /vaʀjabilite/ NF a *[de temps, humeur]* changeableness, variableness b *(Math, Sci)* variability

**variable** /vaʀjabl/ ADJ a *(= incertain) [temps]* variable, changeable, unsettled; *[humeur]* changeable, variable; *[vent]* variable ◆ **le baromètre est au** ~ the barometer is at *ou* reads "change"

b *(= susceptible de changements) [montant, allocation, part]* variable; *[dimensions, modalités, formes]* adaptable, variable; *(Math, Sci) [grandeur, quantité, facteur]* variable; *(Ling) [forme, mot]* inflectional, inflected *(épith)* ◆ **à revenu** ~ *(Fin)* variable yield *(épith)* ◆ **l'effet est (très)** ~ **selon les individus** the effect varies (greatly) from person to person *ou* according to the individual ◆ **mot** ~ **en genre** word that is inflected *ou* marked for gender; → **foyer, géométrie**

c *(au pl = varié) [résultats, réactions]* varied, varying *(épith)*

NF *(Chim, Ling, Math, Phys, Stat)* variable ◆ ~ **aléatoire/continue/discrète** random/continuous/discrete variable ◆ ~ **entière/numérique** *(Ordin)* integer/numeric variable

**variance** /vaʀjɑ̃s/ NF *(Sci)* variance

**variante** /vaʀjɑ̃t/ NF *(gén)* variant (de of) variation (de on); *(Ling, Littérat)* variant (de of)

**variateur** /vaʀjatœʀ/ NM ◆ ~ **de vitesse** speed variator ◆ ~ **(de lumière)** dimmer

**variation** /vaʀjasjɔ̃/ NF a *(= écart, changement)* variation (de in); ◆ **les** ~**s de (la) température** variations in (the) temperature, temperature variations ◆ ~**s climatiques** climatic *ou* climate variations ◆ **les** ~**s orthographiques/phonétiques au cours des siècles/selon les régions** spelling/phonetic variations *ou* variants throughout the centuries/from region to region ◆ **les** ~**s du mode de vie au cours des siècles** the changes in life-style through the centuries ◆ **corrigé des** ~**s saisonnières** *(Écon)* seasonally adjusted, adjusted for seasonal variations ◆ ~**s monétaires** currency fluctuations ◆ ~**s hormonales** hormonal fluctuations ◆ ~**s d'humeur** mood swings ◆ **les** ~**s de l'opinion** swings *ou* changes in public opinion ◆ **subir** *ou* **connaître de fortes** ~**s** to vary *ou* fluctuate considerably b *(Mus)* variation ◆ **~s pour piano** variations for piano ◆ **~s sur un thème connu** *(hum)* variations on the same old theme *ou* on a well-worn theme

**varice** /vaʀis/ NF *(Méd)* varicose vein, varix *(SPÉC)*; → **bas²**

**varicelle** /vaʀisɛl/ NF chickenpox, varicella *(SPÉC)*

**varicosité** /vaʀikozite/ NF varicosity

**varié, e** /vaʀje/ (ptp de **varier**) ADJ a *(= non monotone) [style, existence, paysage]* varied, varying *(épith)*; *[programme, menu] (= qu'on change souvent)* varying *(épith)*; *(= diversifié)* varied ◆ **un travail très ~** a very varied job ◆ **en terrain ~** *(Mil)* on irregular terrain ◆ **air ~** *(Mus)* theme with *ou* and variations b *(littér = non uni) [tissu, couleur]* variegated c *(= divers) [résultats]* various, varying *(épith)*, varied; *[produits, sujets, objets]* various ◆ **hors-d'œuvre ~s** selection of hors d'œuvres, hors d'œuvres variés ◆ **avoir recours à des arguments ~s** to use various arguments ◆ **on rencontre les opinions les plus ~es** you come across the most varied *ou* diverse opinions on the subject

**varier** /vaʀje/ ► conjug 7 ◄ VI a *(= changer)* to vary, to change ◆ **faire ~ une fonction** *(Math)* to vary a function ◆ **pour ~ un peu** for a bit of a change, for a bit of variety

b *(= différer)* to vary ◆ **son témoignage n'a pas varié** he stuck to his story ◆ **ma réponse ne variera pas** I will not change my reply ◆ **les prix varient de 15 à 25 €/entre 15 et 25 €** prices vary from €15 to €25/between €15 and €25 ◆ **le taux peut ~ du simple au double** rates can vary by as much as 100% ◆ **les tarifs varient selon les pays** prices vary from country to country ◆ **le dosage varie en fonction de l'âge et du poids** the dose varies according to age and weight

c *(Ling) [mot, forme]* to be inflected ◆ **ce mot varie en genre et en nombre** this word inflects in gender and number

d *(= changer d'opinion)* **ils varient souvent dans leurs opinions sur ...** their opinions often vary on the subject of... ◆ **elle n'a jamais varié sur ce point** she has never changed her opinion on that

VT a *[+ style, vie] (= changer)* to vary; *(= rendre moins monotone)* to vary, to lend *ou* give variety to ◆ **pour ~ les plaisirs** *(iro)* just for a pleasant change *(iro)* ◆ **elle variait souvent sa coiffure/le menu** she often changed her hair style/the menu

b *(= diversifier) [+ thèmes, produits]* to vary, to diversify

**variété** /vaʀjete/ NF a *(= diversité)* variety ◆ **étonné par la grande ~ des produits/opinions** surprised at the great variety *ou* the wide range of products/opinions ◆ **aimer la ~** to like variety ◆ **~ des langues** language variety b *(Bot, Zool)* variety; *(= aspect, forme)* variety, type ◆ **il cultive exclusivement cette ~ de rose** he only grows this variety of rose ◆ **on y rencontrait toutes les ~s de criminels/de costumes** there you could find every possible variety *ou* type of criminal/of costume NFPL **variétés** *(Littérat)* miscellanies; *(Music-Hall)* variety show; *(Radio, TV = musique)* light music *(NonC)* ◆ **émission/spectacle/théâtre de ~s** variety programme/show/hall

**variole** /vaʀjɔl/ NF smallpox, variola *(SPÉC)*

**variolé, e** /vaʀjɔle/ ADJ pockmarked

**varioleux, -euse** /vaʀjɔlø, øz/ ADJ suffering from smallpox, variolous *(SPÉC)* NM,F smallpox case, patient suffering from smallpox

**variolique** /vaʀjɔlik/ ADJ smallpox *(épith)*, variolous *(SPÉC)*

**variomètre** /vaʀjɔmɛtʀ/ NM variometer

**variqueux, -euse** /vaʀikø, øz/ ADJ *[ulcère]* varicose

**varlope** /vaʀlɔp/ NF trying-plane

**varloper** /vaʀlɔpe/ ► conjug 1 ◄ VT to plane (down)

**Varsovie** /vaʀsɔvi/ N Warsaw

**vasculaire** /vaskylɛʀ/ ADJ *(Anat, Bot)* vascular ◆ **système ~ sanguin** blood-vascular system

**vascularisation** /vaskylaʀizasjɔ̃/ NF *(= processus)* vascularization; *(= réseau)* vascularity

**vascularisé, e** /vaskylaʀize/ ADJ vascular

**vase¹** /vɑz/ NM *(à fleurs, décoratif)* vase, bowl ◆ **en ~ clos** *[vivre, croître]* in isolation, cut off from the world, in seclusion; *[étudier, discuter]* behind closed doors ◆ **taillé en ~** *(Hort)* cut in the shape of a vase, vase-shaped; → **goutte** COMP ▷ **vases communicants** communicating vessels ▷ **vase d'expansion** *(Aut)* expansion bottle *ou* tank ▷ **vase de nuit** chamber pot ▷ **vases sacrés** *(Rel)* sacred vessels

**vase²** /vɑz/ NF *(= boue)* silt, mud, sludge *(on riverbed)*

**vasectomie** /vazɛktɔmi/ NF vasectomy

**vaseline** /vaz(ə)lin/ NF Vaseline ®, petroleum jelly

**vaseux, -euse** /vazø, øz/ ADJ a *(= boueux)* muddy, silty, sludgy b *(* = fatigué)* in a daze ◆ **je me sens un peu ~** I'm in a bit of a daze, I feel a bit out of it * c * *(= confus) [raisonnement]* woolly, muddled; *[explication]* muddled; *(= médiocre) [astuce, plaisanterie]* pathetic *, lousy *

**vasière** /vɑzjɛʀ/ NF *[de marais salant]* tidal reservoir; *(= fonds vaseux)* (tidal) mud flats; *(= parc à moules)* mussel bed

**vasistas** /vazistas/ NM *[de porte]* (opening) window, fanlight; *[de fenêtre]* fanlight

**vasoconstricteur** /vazokɔ̃stʀiktœʀ/ ADJ M vasoconstrictor *(épith)* NM vasoconstrictor

**vasoconstriction** /vazokɔ̃stʀiksjɔ̃/ NF vasoconstriction

**vasodilatateur** /vazodilatatœʀ/ ADJ M vasodilator *(épith)* NM vasodilator

**vasodilatation** /vazodilatasjɔ̃/ NF vasodil(at)ation

**vasomoteur, -trice** /vazomɔtœʀ, tʀis/ ADJ vasomotor *(épith)*

**vasouillard, e** * /vazujaʀ, aʀd/ ADJ *[personne]* in a daze; *[raisonnement]* woolly, muddled; *[explication]* muddled

**vasouiller** * /vazuje/ ► conjug 1 ◄ VI *[personne]* to flounder; *[opération, affaire]* to struggle along, to limp along

**vasque** /vask/ NF *(= bassin, lavabo)* basin; *(= coupe)* bowl

**vassal, e** (mpl **-aux**) /vasal, o/ NM,F *(Hist, fig)* vassal

**vassaliser** /vasalize/ ► conjug 1 ◄ VT *[+ pays]* to reduce to the status of a vassal state

**vassalité** /vasalite/ NF, **vasselage** /vaslaʒ/ NM *(Hist, fig)* vassalage

**vaste** /vast/ ADJ a *(= grand) [surface, bâtiment, salle]* large; *[robe, veste]* loose-fitting; *[poche]* huge; *[pantalon]* baggy ◆ **très ~** *[bâtiment, salle]* vast, huge ◆ **de par le ~ monde** throughout the whole wide world ◆ **il faudrait une salle plus ~ pour accueillir les invités** we need a much larger room to accommodate the guests

b *(= important) [organisation, réseau, mouvement, majorité]* vast, huge; *[projet, domaine, problème]* huge; *[sujet, connaissances, érudition]* vast; *[réforme]* far-reaching, sweeping; *[débat]* wide-ranging; *[campagne d'information]* massive, extensive; *[public]* very wide ◆ **à la tête d'un ~ empire industriel** at the head of a vast *ou* huge industrial empire ◆ **ils ont entamé un ~ programme de réformes** they have started a vast *ou* sweeping programme of reforms ◆ **un homme d'une ~ culture** an extremely cultured man, a man of immense learning ◆ **ce sujet est trop ~** this subject is far too wide *ou* is too vast ◆ **il a de ~s ambitions** he's extremely ambitious ◆ **pourquoi l'ont-ils fait ? – ~ question !** why did they do it? – there's no simple answer to that! ◆ **c'est une ~ rigolade** *ou* **plaisanterie** *ou* **fumisterie !** it's a huge *ou* an enormous joke!

> ⚠ **vaste** *ne se traduit par le mot anglais* **vast** *que dans certains contextes.*

**va-t-en-guerre** /vatɑ̃gɛʀ/ NM INV warmonger

**Vatican** /vatikɑ̃/ NM ◆ **le ~** the Vatican

**vaticane** /vatikan/ ADJ F *[politique, bibliothèque, grottes]* Vatican

**vaticinateur, -trice** /vatisinatœʀ, tʀis/ NM,F *(littér)* vaticinator *(frm, littér)*

**vaticination** /vatisinasjɔ̃/ NF *(littér)* vaticination *(frm, littér)* ◆ **~s** *(péj)* pompous predictions *ou* prophecies

**vaticiner** /vatisine/ ► conjug 1 ◄ VI *(littér = prophétiser)* to vaticinate *(frm) (littér)*; *(péj)* to make pompous predictions *ou* prophecies

**va-tout** /vatu/ NM INV ◆ **jouer son ~** to stake *ou* risk one's all

**Vaud** /vo/ NM ◆ **le canton de ~** the canton of Vaud

**vaudeville** /vod(ə)vil/ NM vaudeville, light comedy ◆ **ça tourne au ~** it's turning into a farce

**vaudevillesque** /vod(ə)vilɛsk/ ADJ vaudeville *(épith)*; *(fig)* farcical

**vaudevilliste** /vod(ə)vilist/ NM writer of vaudeville

**vaudois, e** /vodwa, waz/ ADJ *(Hist)* Waldensian; *(Géog)* Vaudois, of *ou* from the canton of Vaud NM,F *(Hist)* Waldensian ◆ **Vaudois(e)** *(Géog)* Vaudois

**vaudou** /vodu/ NM ◆ **le (culte du) ~** voodoo ADJ INV voodoo *(épith)*

**vau-l'eau** /volo/ **à vau-l'eau** LOC ADV *(lit)* with the stream *ou* current ◆ **aller** *ou* **s'en aller à ~** *(fig)* to be on the road to ruin, to go to the dogs * ◆ **voilà tous mes projets à ~ !** there are all my plans in ruins! *ou* down the drain! *

**vaurien, -ienne** /voʀjɛ̃, jɛn/ NM,F *(= voyou)* good-for-nothing; *(= garnement)* little devil * ◆ **petit ~ !** little devil! * NM *(Naut)* small yacht *ou* sailing boat

**vautour** /votuʀ/ NM *(Zool, fig)* vulture

**vautrer (se)** /votʀe/ ► conjug 1 ◄ VPR a *(= se rouler)* to wallow ◆ **se ~ dans** *[+ boue, vice, obscénité, oisiveté]* to wallow in ◆ **se ~ dans la fange** *(littér)* to wallow in the mire b *(= s'avachir)* **se ~ dans un fauteuil** to loll *ou* slouch in an armchair ◆ **se ~ sur** *[+ tapis, canapé]* to sprawl on ◆ **vautré à plat ventre** *ou* **par terre** sprawling *ou* sprawled (flat) on the ground ◆ **vautré dans l'herbe/sur le tapis** sprawling *ou* sprawled in the grass/on the carpet ◆ **il passe ses journées vautré dans le canapé** he spends his days lounging on the sofa c *(* = échouer)* **se ~ à un examen** to fall flat on one's face in an exam ◆ **ils se sont vautrés aux élections** they came to grief in the elections

**vauvert** /vovɛʀ/ → **diable**

**vaux** /vo/ NMPL → **val**

**va-vite** /vavit/ **à la va-vite** * LOC ADV in a rush *ou* hurry ◆ **faire qch à la** ~ to rush sth, to do sth in a rush *ou* hurry

**VDQS** (abrév de **vin délimité de qualité supérieure**) VDQS *(label guaranteeing quality and origin of wine)*

> **VDQS**
>
> **VDQS**, on a bottle of French wine, indicates that it contains wine from an approved regional vineyard. It is the second highest French wine classification after « AOC », and is followed by « vin de pays ». Unlike the previous categories, « vin de table » or « vin ordinaire » is table wine of unspecified origin, and is often blended. → AOC

**veau** (pl **veaux**) /vo/ NM a *(Zool)* calf ◆ ~ **marin** seal ◆ **le Veau d'or** *(Bible)* the golden calf ◆ **adorer le Veau d'or** to worship Mammon ◆ **tuer le** ~ **gras** to kill the fatted calf ◆ ~ **de lait** *ou* **(élevé) sous la mère** suckling calf; → **pleurer** b *(Culin)* veal ◆ **escalope/côte de** ~ veal escalope/chop ◆ **foie/pied/tête de** ~ calf's liver/foot/head ◆ **rôti de** ~ roast veal; → **marengo** c *(= cuir)* calfskin; → **velours** d *(* : péj) (= personne)* sheep; *(= cheval)* nag *(péj)*; *(= automobile)* tank * *(péj)*

**vécés** * /vese/ NMPL ◆ **les** ~ the toilet

**vecteur** /vɛktœʀ/ ADJ M *(Astron, Géom)* ◆ **rayon** ~ radius vector NM *(Math)* vector; *(Mil = véhicule)* carrier; *(Bio) [de virus]* carrier, vector *(SPÉC)*; *(fig)* vehicle, medium ◆ ~ **glissant** *(Math)* sliding vector ◆ **les médias, ~s de l'information** the media, conveyor *ou* carrier of information

**vectoriel, -elle** /vɛktɔʀjɛl/ ADJ *[espace, produit, fonction, image, ordinateur]* vector *(épith)* ◆ **calcul** ~ vector analysis

**vectoriser** /vɛktɔʀize/ ▸ conjug 1 ◂ VT *(Ordin)* to vectorize

**vécu, e** /veky/ (ptp de **vivre**) ADJ *[histoire, aventure]* real(-life) *(épith)*, true(-life) *(épith)*; *[roman]* real-life *(épith)*, based on fact *(attrib)*; *(Philos) [temps, durée]* lived ◆ **échec mal** ~ failure that is hard to come to terms with ◆ **un licenciement mal** ~ **peut mener à une dépression** redundancy can lead to depression if the person cannot come to terms with it NM ◆ **le** ~ (real-life) experience ◆ **ce que le lecteur veut, c'est du** ~ what the reader wants is real-life experience ◆ **c'est une argumentation basée sur le** ~ it's an argument based on actual experience ◆ **il essaie de capturer le** ~ **de ces SDF** he tries to capture the day-to-day life of these homeless people

**vedettariat** /vədetaʀja/ NM *(= état)* stardom; *(= vedettes)* stars

**vedette** /vədɛt/ NF a *(= artiste, personnage en vue)* star ◆ **les ~s de l'écran/du cinéma** screen/film stars ◆ **une** ~ **de la politique** a leading figure *ou* a big name in politics ◆ **joueur** ~ star *ou* top player ◆ **mannequin** ~ top model ◆ **présentateur** ~ star presenter ◆ **produit-**~ *(fig)* leading product, flagship product ◆ **l'émission** ~ **d'une chaîne** the flagship (programme) of a channel ◆ **valeurs** *ou* **titres ~s** *(Bourse)* leaders

b *(Ciné, Théât = première place)* **avoir la** ~ to top the bill, to have star billing ◆ **avoir** *ou* **tenir la** ~ **(de l'actualité)** *(fig)* to be in the spotlight, to make the headlines ◆ **pendant toute la soirée, il a eu la** ~ *(fig)* he was in the limelight *ou* was the centre of attraction all evening ◆ **avec, en ~, Lulu** *[film, pièce]* starring Lulu; *[concert, gala]* with Lulu as top of the bill ◆ **mettre qn en** ~ *(Ciné, Théât)* to give sb star billing; *(fig)* to push sb into the limelight, to put the spotlight on sb ◆ **partager la** ~ **avec qn** *(Ciné, Théât)* to share star billing with sb, to top the bill alongside sb; *(fig)* to share the limelight *ou* spotlight with sb ◆ **il passe en** ~ **américaine** he's the support (act) ◆ **ravir la** ~ **à qn** *(fig)* to steal the show from sb ◆ **jouer les ~s** * to act like a star

c *(= embarcation)* launch; *(Mil)* patrol boat; *(= munie de canons)* gun boat ◆ ~ **lance-torpilles** motor torpedo boat ◆ ~ **lance-missiles** missile-carrying launch

d *(†† Mil = guetteur)* sentinel

**vedettisation** /vədɛtizasjɔ̃/ NF ◆ **la** ~ **de qn** pushing sb into the limelight, putting the spotlight on sb

**védique** /vedik/ ADJ, NM Vedic

**védisme** /vedism/ NM Vedaism

**végétal, e** (mpl **-aux**) /veʒetal, o/ ADJ *[graisses, teintures, huiles]* vegetable *(épith)*; *[biologie, histologie, fibres, cellules]* plant *(épith)*; *[sol]* rich in humus; *[ornementation]* plant-like; → **règne** NM vegetable, plant

**végétalien, -ienne** /veʒetaljɛ̃, jɛn/ ADJ, NM,F vegan

**végétalisme** /veʒetalism/ NM veganism

**végétarien, -ienne** /veʒetaʀjɛ̃, jɛn/ ADJ, NM,F vegetarian

**végétarisme** /veʒetaʀism/ NM vegetarianism

**végétatif, -ive** /veʒetatif, iv/ ADJ *(Bot, Physiol)* vegetative ◆ **vie végétative** *(Méd)* vegetative state; *(péj)* vegetable-like existence

**végétation** /veʒetasjɔ̃/ NF a *(Bot)* vegetation b *(Méd)* **~s (adénoïdes)** adenoids ◆ **se faire opérer des ~s** to have one's adenoids removed *ou* out *

**végéter** /veʒete/ ▸ conjug 6 ◂ VI a *(péj) [personne]* to vegetate; *[affaire]* to stagnate b *(Agr) (= être chétif)* to grow poorly, to be stunted; *(† = pousser)* to grow, to vegetate

**véhémence** /veemɑ̃s/ NF *(littér)* vehemence ◆ **la** ~ **de ses propos** the vehemence of his words ◆ **avec** ~ *[protester, refuser, dénoncer]* vehemently ◆ **plaider avec** ~ **en faveur de** *ou* **pour qch** to make a passionate plea for sth

**véhément, e** /veemɑ̃, ɑ̃t/ ADJ *(littér)* vehement ◆ **d'un ton** ~ vehemently

**véhémentement** /veemɑ̃tmɑ̃/ ADV *(littér)* vehemently

**véhiculaire** /veikylɛʀ/ ADJ *(Ling)* ◆ **langue** ~ lingua franca, common language

**véhicule** /veikyl/ NM a *(= moyen de transport, agent de transmission)* vehicle ◆ ~ **automobile/utilitaire/industriel** motor/commercial/industrial vehicle ◆ ~ **léger** light vehicle ◆ ~ **spatial** spacecraft b *(fig)* vehicle, medium ◆ **le langage est le** ~ **de la pensée** language is the vehicle *ou* medium of thought c *(Rel)* **petit/grand** ~ Hinayana/Mahayana Buddhism d *(Pharm)* vehicle

**véhiculer** /veikyle/ ▸ conjug 1 ◂ VT *[+ marchandises, troupes]* to convey, to transport; *[+ substance, idées]* to convey, to serve as a vehicle for; *[+ information, images]* to convey; *[+ virus]* to carry

**veille** /vɛj/ NF a *(= état)* wakefulness; *(= période)* period of wakefulness ◆ **en état de** ~ in a waking state, awake ◆ **entre la** ~ **et le sommeil** between waking and sleeping ◆ **nuit de** ~ *(sans dormir)* sleepless night

◆ **en veille** *[machine, ordinateur]* in sleep mode; *[téléphone portable]* in standby mode

b *(= garde)* (night) watch ◆ **homme de** ~ (night) watch ◆ **prendre la** ~ to take one's turn on watch ◆ **nuit de** ~ *(en montant la garde)* night on watch; *(auprès d'un malade)* all-night vigil ◆ **faire de la** ~ **technologique** to monitor technological development

c *(= jour précédent)* **la** ~ the day before ◆ **la** ~ **au soir** the previous evening, the night *ou* evening before ◆ **la** ~ **de Pâques/de l'examen** the day before Easter/the exam ◆ **la** ~ **de Noël/du jour de l'an** Christmas/New Year's Eve ◆ **la** ~ **de sa mort** on the eve of his death, on the day before his death; → **demain**

◆ **à la veille de** on the eve of ◆ **tu es à la** ~ **de commettre une grave injustice/une grosse erreur** you are on the brink *ou* verge of committing a grave injustice/of making a big mistake ◆ **ils étaient à la** ~ **d'être renvoyés/de manquer de vivres** they were on the point of being dismissed/of running out of supplies

**veillée** /veje/ NF a *(= période)* evening *(spent in company)*; *(= réunion)* evening gathering *ou* meeting ◆ **faire une** ~ **autour d'un feu de camp** to spend the evening around a campfire ◆ **il se souvient de ces ~s d'hiver** he remembers those winter evening gatherings ◆ ~ **d'armes** *(Hist)* knightly vigil ◆ **il régnait une ambiance de** ~ **d'armes** it felt like the night before a battle b *[de malade]* vigil ◆ ~ **funèbre** wake, funeral vigil ◆ ~ **pascale** Easter vigil ◆ ~ **de prières** prayer vigil

**veiller** /veje/ ▸ conjug 1 ◂ VI a *(= ne pas se coucher)* to stay up, to sit up ◆ ~ **tard** to stay *ou* sit up late ◆ ~ **au chevet d'un malade** to sit up *ou* keep a vigil at the bedside of a sick person ◆ ~ **auprès du mort** to keep watch *ou* vigil over the body

b *(= être de garde)* to be on watch; *(= rester vigilant)* to be watchful, to be vigilant

c *(= être en état de veille)* to be awake

d *(= faire la veillée)* to spend the evening in company

VT *[+ mort, malade]* to watch over, to sit up with

VT INDIR a ◆ ~ **à** *[+ intérêts, approvisionnement]* to attend to, to see to, to look after ◆ ~ **au bon fonctionnement d'une machine** to make sure a machine is working properly ◆ ~ **à ce que ...** to see to it that ..., to make sure that ... ◆ **veillez à ce que tout soit prêt** make sure that *ou* ensure that everything is ready ◆ ~ **au grain** *(fig)* to keep an eye open for trouble *ou* problems, to look out for squalls *(fig)*

b ◆ ~ **sur** *[+ personne, santé, bonheur de qn]* to watch over, to keep a watchful eye on; *[+ trésor, lieu]* to watch over, to guard

VPR **se veiller** *(Helv)* to be careful

**veilleur** /vɛjœʀ/ NM a ◆ ~ **(de nuit)** (night) watchman b *(Mil)* look-out

**veilleuse** /vɛjøz/ NF a *(= lampe)* night light; *(Aut)* sidelight ◆ **mettre en** ~ *[+ lampe]* to dim; *[+ projet]* to put on the back burner ◆ **mettre ses phares** *ou* **se mettre en ~s** *(Aut) (= allumer)* to put one's sidelights on; *(= baisser)* to switch to sidelights ◆ **mets-la en** ~ ! ⁑ *(= tais-toi !)* shut your face! ⁑, put a sock in it! * *(Brit)*; *(= du calme !)* cool it! ⁑ b *(= flamme)* pilot light

**veinard, e** * /vɛnaʀ, aʀd/ ADJ lucky, jammy ⁑ *(Brit)* NM,F lucky devil * *ou* dog *, jammy so-and-so ⁑ *(Brit)*

**veine** /vɛn/ NF a *(Anat)* vein ◆ ~ **coronaire/pulmonaire** coronary/pulmonary vein ◆ ~ **cave** vena cava ◆ ~ **porte** portal vein; → **ouvrir, saigner, sang**

b *(= nervure)* vein; *(= filon) [de houille]* seam, vein; *[de minerai non ferreux]* vein; *[de minerai de fer]* lode, vein

c *(= inspiration)* inspiration ◆ ~ **poétique/dramatique** poetic/dramatic inspiration ◆ **sa** ~ **est tarie** his inspiration has dried up

◆ **de la même** ~ in the same vein ◆ **être en** ~ to be inspired ◆ **être en** ~ **de patience/bonté/confidences** to be in a patient/benevolent/confiding mood *ou* frame of mind

d *(* = chance)* luck ◆ **c'est une** ~ that's a bit of luck, what a bit of luck ◆ **c'est une** ~ **que ...** it's lucky that ... ◆ **un coup de** ~ a stroke of luck ◆ **pas de** ~ **!** hard *ou* bad *ou* rotten * luck! ◆ **avoir de la** ~ to be lucky ◆ **il n'a pas de** ~ *(dans la vie)* he has no luck; *(aujourd'hui)* he's out of luck ◆ **ce type a de la** ~ that fellow's a lucky devil * *ou* dog * ◆ **avoir une** ~ **de cocu** * *ou* **pendu** * to have the luck of the devil * ◆ **il a eu de la** ~ **aux examens** he was lucky *ou* in luck at the exams, his luck was in at the exams ◆ **il n'a pas eu de** ~ **aux examens** he was unlucky in the exams, his luck was out at the exams ◆ **c'est bien ma** ~ **!** *(iro)* that's just my luck!

**veiné, e** /vene/ (ptp de **veiner**) ADJ a *[bras, peau]* veined, veiny ◆ **bras à la peau ~e** arm with the veins apparent on the skin b *[bois]* grained; *[marbre]* veined ◆ **marbre** ~ **de vert** marble with green veins, green-veined marble

**veiner** /vene/ ▸ conjug 1 ◂ VT *(aspect du bois)* to grain; *(aspect du marbre)* to vein ◆ **les stries qui veinent le marbre** the veins that can be seen in marble ◆ **les nervures qui veinent une feuille** the pattern of veins on a leaf

**veineux, -euse** /venø, øz/ ADJ a *[système, sang]* venous b *[bois]* grainy; *[marbre]* veined

**veinotonique** /venɔtɔnik/ ADJ ◆ **traitement** ~ treatment using a vein tonic NM vein tonic

**veinule** /venyl/ NF *(Anat)* veinlet, venule *(SPÉC)*; *(Bot)* venule

**veinure** /venyʀ/ NF *[de bois]* graining; *[de pierre]* veining ◆ **la** ~ **du marbre** the veins *ou* veining of the marble

**vêlage** /vɛlaʒ/ NM *(Géog, Zool)* calving

**vélaire** /velɛʀ/ ADJ, NF ◆ **(consonne/voyelle)** ~ velar (consonant/vowel)

**vélarisation** /velaʀizasjɔ̃/ NF velarization

**vélariser** /velaʀize/ ▸ conjug 1 ◂ VT to velarize

**Velcro ®** /vɛlkʀo/ NM Velcro ® ◆ **bande/fermeture** ~ Velcro strip/fastening

**veld(t)** /vɛlt/ NM veld(t)

**vêlement** /vɛlmɑ̃/ NM ⇒ **vêlage**

**vêler** /vele/ ▸ conjug 1 ◂ VI to calve

**vélin** /velɛ̃/ NM *(= peau)* vellum ◆ **(papier)** ~ vellum (paper)

**véliplanchiste** /veliplɑ̃ʃist/ NMF windsurfer

**vélite** /velit/ NM *(Hist)* velite

**velléitaire** /veleitɛʀ/ ADJ irresolute, indecisive, wavering *(épith)* NMF waverer

**velléité** /veleite/ NF vague desire, vague impulse ◆ **ces mesures ont découragé toute** ~ **de changement** these measures have discouraged any thought of change ◆ **il a des ~s de carrière littéraire** he has a vague desire to take up a literary career

**vélo** /velo/ NM bike, cycle ◆ ~ **de course** racing bike *ou* cycle, racer ◆ ~ **d'appartement** exercise bike ◆ ~ **tout-chemin** hybrid bike ◆ ~ **tout-terrain** mountain bike ◆ **faire du** ~ **tout-terrain** to go mountain-biking ◆ ~**-cross** *(= sport)* stunt-riding; *(= vélo)* stunt bike ◆ **faire du ~-cross** to go stunt-riding ◆ **être à** *ou* **en** ~ to be on a bike ◆ **venir à** *ou* **en** ~ to come by bike *ou* on a bike ◆ **il sait faire du** ~ he can ride a bike ◆ **je fais beaucoup de** ~ I cycle a lot, I do a lot of cycling ◆ **on va faire un peu de** ~ we're going out (for a ride) on our bikes ◆ **à cinq ans, il allait déjà à** ~ he could already ride a bike at five ◆ **on y va à** *ou* **en** ~ **?** shall we go by bike? *ou* on our bikes?, shall we cycle there? ◆ **il a un (petit)** ~ **dans la tête** * he's got a screw loose *, he isn't all there *

**véloce** /velɔs/ ADJ *(littér)* swift, fleet *(littér)*

**vélocipède** †† /velɔsipɛd/ NM velocipede

**vélociraptor** /velɔsiʀaptɔʀ/ NM velociraptor

**vélocité** /velɔsite/ NF a *(Mus)* nimbleness, swiftness ◆ **exercices de** ~ five-finger exercises b *(Tech)* velocity; *(littér = vitesse)* swiftness, fleetness *(littér)*

**vélodrome** /velodʀom/ NM velodrome

**vélomoteur** /velɔmɔtœʀ/ NM moped

**vélomotoriste** /velɔmɔtɔʀist/ NMF moped rider

**véloski** /veloski/ NM skibob

**velours** /v(ə)luʀ/ NM a *(= tissu)* velvet ◆ ~ **de coton/de laine** cotton/wool velvet ◆ ~ **côtelé** *ou* **à côtes** corduroy, cord ◆ ~ **frappé** crushed velvet ◆ **il joue sur du** ~ *(fig)* he's sitting pretty *; → **main** b *(= velouté)* velvet ◆ **le** ~ **de la pêche** the bloom of the peach ◆ **le** ~ **de sa joue** the velvety texture of her cheek, her velvet(y) cheek ◆ **voix/yeux/peau de** ~ velvet(y) voice/eyes/skin ◆ **ce potage/cette crème est un vrai** ~ this soup/this cream dessert is velvety-smooth ◆ **agneau/veau** ~ (lambskin)/(calfskin) suede; → **œil, patte**[1]

**velouté, e** /vəlute/ (ptp de **velouter**) ADJ a *(Tex)* brushed; *(à motifs)* with a raised velvet pattern b *(= doux) [joues]* velvet *(épith)*, velvety, velvet-smooth; *[pêche]* velvety, downy; *[crème, potage, vin]* smooth, velvety; *[lumière, regard]* soft, mellow; *[voix]* velvet-smooth, mellow NM a *(= douceur) [de joues]* smoothness; *[de pêche]* smoothness, downiness; *[de lumière, regard]* softness; *[de voix]* mellowness b *(Culin) (= sauce)* velouté sauce; *(= potage)* velouté ◆ ~ **de tomates/d'asperges** cream of tomato/asparagus soup

**velouter** /vəlute/ ▸ conjug 1 ◂ VT a *[+ papier]* to put a velvety finish on b *[+ joues, pêche]* to give a velvet(y) texture to; *[+ vin, crème, potage]* to make smooth; *[+ lumière, regard]* to soften, to mellow; *[+ voix]* to mellow ◆ **le duvet qui veloutait ses joues** the down that gave a velvet softness to her cheeks VPR **se velouter** *[joues, pêche]* to take on a velvety texture; *[regard]* to soften; *[voix]* to mellow

**velouteux, -euse** /vəlutø, øz/ ADJ velvet-like, velvety

**Velpeau ®** /vɛlpo/ NM → **bande**[1]

**velu, e** /vəly/ ADJ *[main, poitrine, homme]* hairy; *[plante]* hairy, villous *(SPÉC)*

**velum, vélum** /velɔm/ NM canopy

**Vélux ®** /velyks/ NM skylight, Velux window ®

**venaison** /vənɛzɔ̃/ NF venison

**vénal, e** (mpl **-aux**) /venal, o/ ADJ a *[personne]* venal, mercenary; *[activité, amour]* venal b *(Hist) [office]* venal; → **valeur**

**vénalité** /venalite/ NF venality

**vendable** /vɑ̃dabl/ ADJ saleable, marketable ◆ **ces produits seront difficilement ~s** these products will be difficult to sell

**vendange** /vɑ̃dɑ̃ʒ/ NF *(parfois pl = récolte)* wine harvest, grape harvest *ou* picking; *(= raisins récoltés)* grapes (harvested), grape crop; *(gén pl = période)* grape harvest *ou* picking (time) ◆ **pendant les ~s** during the grape harvest *ou* picking (time) ◆ **faire la** ~ *ou* **les ~s** to harvest *ou* pick the grapes ◆ ~ **tardive** late harvest

**vendangeoir** /vɑ̃dɑ̃ʒwaʀ/ NM grape-picker's basket

**vendanger** /vɑ̃dɑ̃ʒe/ ▸ conjug 3 ◂ VT *[+ vigne]* to gather *ou* pick *ou* harvest grapes from; *[+ raisins]* to pick, to harvest VI *(= faire la vendange)* to pick *ou* harvest the grapes; *(= presser le raisin)* to press the grapes

**vendangeur, -euse** /vɑ̃dɑ̃ʒœʀ, øz/ NM,F grape-picker NF **vendangeuse** *(= machine)* grape harvester; *(Bot)* aster

**Vendée** /vɑ̃de/ NF ◆ **la** ~ the Vendée ◆ **les guerres de** ~ *pro-royalist uprising in the Vendée during the French revolution*

**vendéen, -enne** /vɑ̃deɛ̃, ɛn/ ADJ of *ou* from the Vendée NM,F **Vendéen(ne)** inhabitant *ou* native of the Vendée

**vendémiaire** /vɑ̃demjɛʀ/ NM Vendémiaire *(1st month of French Republican calendar)*

**venderesse** /vɑ̃dʀɛs/ NF *(Jur)* vendor

**vendetta** /vɑ̃deta/ NF vendetta

**vendeur, -euse** /vɑ̃dœʀ, øz/ NM a *(dans un magasin)* shop assistant *(Brit)*, salesclerk *(US)*; *(dans un grand magasin)* sales assistant, salesman, shop assistant *(Brit)* ◆ **"cherchons 2 vendeurs, rayon librairie"** "2 sales assistants required for our book department"

b *(= marchand)* seller, salesman ◆ ~ **ambulant** street peddler ◆ ~ **de journaux** newsvendor, newspaper seller ◆ ~ **à domicile** door-to-door salesman; → **sauvette**

c *(Comm = chargé des ventes)* salesman ◆ **c'est un excellent** ~ he's an excellent salesman, he has a flair for selling

d *(Jur)* vendor, seller; *(Écon)* seller ◆ **je ne suis pas** ~ I'm not selling ◆ **il serait** ~ he'd be ready *ou* willing to sell ◆ **les pays ~s de cacao** the cocoa-selling countries

NF **vendeuse** a *(dans un magasin)* shop assistant *(Brit)*, salesclerk *(US)*; *(dans un grand magasin)* sales assistant, saleswoman, shop assistant *(Brit)*; *(jeune)* salesgirl

b *(= marchande)* seller, saleswoman ◆ **vendeuse de glaces** ice-cream seller

ADJ *[slogan]* effective

**vendre** /vɑ̃dʀ/ ▸ conjug 41 ◂ VT a *[+ marchandise, valeurs]* to sell *(à* to*)*; ◆ ~ **qch à qn** to sell sb sth, to sell sth to sb ◆ ~ **au détail/au poids/au mètre/au kilo** to sell retail/by weight/by the metre/by the kilo ◆ **elle vend des foulards à 75 €** she sells scarves for *ou* at €75 ◆ **il m'a vendu un tableau 500 €** he sold me a picture for €500 ◆ **l'art de** ~ salesmanship, the art of selling ◆ **elle vend cher** her prices are high, she's expensive ◆ **ces affiches publicitaires font** ~ *(Comm)* these advertising posters get things sold *ou* are boosting sales ◆ ~ **qch aux enchères** to sell sth by auction ◆ ~ **sa part d'une affaire** to sell (out) one's share of a business ◆ **"(maison/terrain) à vendre"** "(house/land) for sale" ◆ ~ **son droit d'aînesse pour un plat de lentilles** *(Bible)* to sell one's birthright for a mess of potage; → **perte, prix** *etc*

b *(péj) [+ droit, charge]* to sell ◆ ~ **son âme/honneur** to sell one's soul/honour ◆ ~ **son silence** to be paid for one's silence ◆ **il vendrait père et mère pour réussir/pour ce tableau** he would sell his grandmother to succeed/for this picture

c *(= faire payer)* **ils nous ont vendu très cher ce droit/cet avantage** they made us pay dear *ou* dearly for this right/this advantage ◆ ~ **chèrement sa vie** *ou* **sa peau** * to sell one's life *ou* one's skin dearly

d *(* = trahir) [+ personne, complice]* to sell

e *(loc)* ~ **la peau de l'ours (avant de l'avoir tué)** to count one's chickens (before they are hatched); → **mèche**

VPR **se vendre** a *[marchandise]* to sell, to be sold ◆ **se** ~ **à la pièce/douzaine** to be sold singly/by the dozen ◆ **ça se vend bien** it sells well ◆ **ses romans se vendent comme**

**des petits pains** his novels are selling like hot cakes ◆ **ouvrage/auteur qui se vend bien** work/author that sells well

b *[personne] (aussi péj)* to sell o.s. ◆ **se ~ à un parti/l'ennemi** to sell o.s. to a party/the enemy

**vendredi** /vɑ̃dʀədi/ NM Friday ◆ **Vendredi** *(= personnage de Robinson Crusoé)* Man Friday ◆ **c'était un ~ treize** it was Friday the thirteenth; *pour autres loc voir* **samedi**

**vendu, e** /vɑ̃dy/ (ptp de **vendre**) ADJ *[fonctionnaire, juge]* corrupt; → **adjuger** NM *(péj)* Judas, mercenary traitor

**venelle** /vənɛl/ NF alley

**vénéneux, -euse** /venenø, øz/ ADJ *[plante, champignon, fleur]* poisonous; *(littér) [charme, beauté]* deadly; *[idée, plaisir]* pernicious, harmful

**vénérable** /veneʀabl/ ADJ *(littér, hum = respectable)* venerable ◆ **(d'un âge) ~** *(hum = très vieux) [personne, chose]* venerable, ancient NM *(Rel)* Venerable; *(Franc-Maçonnerie)* Worshipful Master

**vénération** /veneʀasjɔ̃/ NF *(Rel)* veneration; *(gén = grande estime)* veneration, reverence ◆ **avoir de la ~ pour qn** to venerate *ou* revere sb

**vénérer** /veneʀe/ ▸ conjug 6 ◂ VT *(Rel)* to venerate; *(gén)* to venerate, to revere

**vénerie** /vɛnʀi/ NF a *(= art)* venery *(SPÉC)*, hunting b *(= administration)* **la ~** the Hunt

**vénérien, -ienne** /veneʀjɛ̃, jɛn/ ADJ a *(Méd)* venereal; → **maladie** b *(†† = sexuel)* venereal †, sexual NM *(= malade)* VD patient, person with VD *ou* venereal disease

**vénérologie** /veneʀɔlɔʒi/ NF venereology

**vénérologue** /veneʀɔlɔg/ NMF venereologist

**Vénétie** /venesi/ NF Venetia

**veneur** /vənœʀ/ NM *(Hist)* huntsman, venerer † ◆ **grand ~** master of the royal hounds ◆ **sauce grand ~** grand veneur sauce *(made with redcurrant jelly and wine)*

**Venezuela** /venezɥela/ NM Venezuela

**vénézuélien, -ienne** /venezɥeljɛ̃, jɛn/ ADJ Venezuelan NM,F **Vénézuélien(ne)** Venezuelan

**vengeance** /vɑ̃ʒɑ̃s/ NF revenge, vengeance ◆ **soif/désir de ~** thirst/desire for revenge *ou* vengeance ◆ **tirer ~ de qch** to get revenge for sth ◆ **exercer sa ~ sur** to take (one's) revenge on ◆ **préparer sa ~ contre qn** to plan (one's) revenge on sb ◆ **crier ~** to cry out for revenge *ou* vengeance ◆ **agir par ~** to act out of revenge ◆ **assouvir une ~ personnelle** to satisfy a desire for personal revenge ◆ **de petites ~s** petty acts of revenge *ou* vengeance ◆ **la ~ divine** divine retribution *ou* vengeance ◆ **ma ~ sera terrible !** *(hum)* my revenge will be terrible! ◆ **la ~ est un plat qui se mange froid** *(Prov)* revenge is a dish best eaten cold *(Prov)*

**venger** /vɑ̃ʒe/ ▸ conjug 3 ◂ VT a *[+ personne, honneur, mémoire]* to avenge *(de* for) b *[+ injustice, affront]* to avenge ◆ **rien ne vengera cette injustice** nothing will avenge this injustice, there is no revenge for this injustice VPR **se venger** to avenge o.s., to take (one's) revenge *ou* vengeance ◆ **se ~ de qn** to take revenge *ou* vengeance on sb, to get one's own back on sb ◆ **se ~ de qch** to avenge o.s. for sth, to take one's revenge for sth ◆ **il l'a fait pour se ~** he did it out of revenge ◆ **je me vengerai** I shall get *ou* have *ou* take my revenge, I shall be avenged ◆ **je n'ai pas pris de fromage mais je me vengerai sur les fruits** I haven't had any cheese but I'll make up for it with the fruit

**vengeur, -geresse** /vɑ̃ʒœʀ, ʒ(ə)ʀɛs/ ADJ *[personne, geste, lettre]* vengeful NM,F avenger

**véniel, -elle** /venjɛl/ ADJ *[faute, oubli]* venial *(littér)*, pardonable, excusable; → **péché**

**venimeux, -euse** /vənimø, øz/ ADJ a *(lit) [serpent, piqûre]* venomous, poisonous b *[personne, voix]* venomous, vicious; *[remarque, haine]* venomous, vicious ◆ **une langue venimeuse** a poisonous *ou* venomous *ou* vicious tongue

**venin** /vənɛ̃/ NM a *[d'animal]* venom, poison ◆ **~ de serpent** snake venom ◆ **crochets à ~** poison fangs b *(fig)* venom, viciousness ◆ **jeter** *ou* **cracher son ~** to spit out one's venom ◆ **répandre son ~ contre qn** to pour out one's venom against sb ◆ **paroles pleines de ~** venomous words, words full of venom *ou* viciousness

## venir /v(ə)niʀ/

▸ conjug 22 ◂

| | |
|---|---|
| 1 VERBE INTRANSITIF | 3 VERBE IMPERSONNEL |
| 2 VERBE AUXILIAIRE | 4 VERBE PRONOMINAL |

### 1 - VERBE INTRANSITIF

a [dans l'espace] to come ◆ **je viens !** I'm coming! ◆ **venez ! venez !** come on! come on! ◆ **viens voir !** come and see! ◆ **je viens dans un instant** I'll be there in a moment ◆ **quand doit-il ~ ?** when is he coming? ◆ **comment est-il venu ? – en avion/en voiture** how did he get here? – by plane/by car ◆ **le voisin est venu** the man from next door came round *ou* called ◆ **il est venu à moi pour me demander si ...** he came to ask me if ... ◆ **il ne vient jamais aux réunions** he never comes to meetings ◆ **il vient chez nous tous les jeudis** he comes (round) to our house every Thursday ◆ **il venait sur nous l'air furieux** he bore down on us looking furious ◆ **le camion venait droit sur nous** the lorry was coming straight at us *ou* heading straight for us *ou* was bearing down on us ◆ **il vint vers moi** he came up to *ou* towards me; → **monde**

◆ **faire venir** *[+ médecin, plombier]* to send for, to call ◆ **le patron l'a fait ~ dans son bureau** the boss called him into his office ◆ **tu nous as fait ~ pour rien** you got us to come *ou* you made us come for nothing ◆ **il fait ~ son vin de Provence** he has *ou* gets his wine sent from Provence ◆ **on va prendre l'apéritif, ça les fera peut-être ~** *(hum)* let's have a drink, then they'll turn up ◆ **ferme la fenêtre, tu vas faire ~ les moustiques** shut the window or you'll attract the mosquitoes *ou* bring in the mosquitoes

◆ **venir à** *ou* **jusqu'à** + nom *(= atteindre) (vers le haut)* to come up to, to reach (up to); *(vers le bas)* to come down to, to reach (down to); *(en longueur, en superficie)* to come to, to reach ◆ **l'eau nous venait aux genoux** the water came up to our knees, we were knee-deep in water ◆ **il me vient à l'épaule** he comes up to my shoulder ◆ **la forêt vient jusqu'à la route** the forest comes right up to the road

◆ **venir de** *(provenance, cause)* to come from; *(Ling)* to derive from ◆ **ils viennent de Paris** *(en voyage)* they're coming from Paris; *(origine)* they come *ou* are from Paris ◆ **ce produit vient du Maroc** this product comes from Morocco ◆ **l'épée lui vient de son oncle** *(il l'a reçue en cadeau)* he got the sword from his uncle; *(il en a hérité)* the sword was passed down to him by his uncle ◆ **ces troubles viennent du foie** this trouble comes *ou* stems from the liver ◆ **cette substance vient d'un coquillage** this substance comes from shellfish ◆ **ceci vient de son imprudence** this is the result of his carelessness, this comes from his being careless ◆ **d'où vient que ... ?** how is it that ...?, what is the reason that ...? ◆ **de là vient que ...** the result of this is that ... ◆ **d'où vient cette hâte soudaine ?** why the hurry all of a sudden? ◆ **ça vient de ce que ...** it comes *ou* results *ou* stems from the fact that ...

b [= se débloquer, se détacher] **j'ai tiré et la poignée est venue toute seule** I pulled the handle and it just came off in my hands ◆ **une fois que tu as mouillé le papier peint, ça vient tout seul** once you've dampened the wallpaper, it comes off all by itself

c [= arriver, survenir] to come ◆ **quand l'aube vint** when dawn came ◆ **la nuit vient vite** night is coming (on) fast ◆ **ceci vient à point/mal à propos** this has come (along) just at the right/wrong moment ◆ **les idées ne viennent pas** I'm short of ideas ◆ **une idée m'est venue (à l'esprit)** I had an idea, something occurred to me ◆ **l'idée lui est venue de ...** it occurred to him to ... ◆ **ça ne me serait pas venu à l'idée** *ou* **à l'esprit** that would never have occurred to me *ou* entered my head, I would never have thought of that ◆ **dis le premier mot qui te vient à l'esprit** say the first word that comes into your head ◆ **le bruit est venu jusqu'à nous que ...** word has reached us *ou* come to us that ... ◆ **comment est-il venu au sport/à la religion ?** *[personne]* how did he (first) come to sport/religion? ◆ **il ne sait pas encore nager, mais ça va ~** he can't swim yet, but it'll come ◆ **ça vient ?** *(impatience)* come on! ◆ **alors ce dossier, ça vient ?** so when's that file going to be ready?, how much longer have I got to wait for that file? ◆ **et ma bière ? – ça vient !** where's my beer? – it's coming!; → **tout, voir**

d [dans le temps, dans une série] to come ◆ **ça vient avant/après** it comes before/after ◆ **le moment viendra où ...** the time will come when ... ◆ **l'heure est venue** *ou* **le moment est venu d'agir/de changer** the time has come to act *ou* for action/to change *ou* for change ◆ **la semaine/l'année qui vient** the coming week/year ◆ **samedi qui vient** this Saturday, next Saturday; → aussi **venu**

◆ **à venir** ◆ **les années/générations à ~** the years/generations to come, future years/generations ◆ **nous le saurons dans les jours/les mois à ~** we'll know in the next few days/months

e [= pousser] **cette plante vient bien dans un sol argileux** this plant does well in a clayey soil

f [locutions]

◆ **en venir à** ◆ **j'en viens maintenant à votre question/à cet aspect du problème** I shall now come *ou* turn to your question/to that aspect of the problem ◆ **venons-en au fait** let's get to the point ◆ **j'en viens à la conclusion que ...** I have come to *ou* reached the conclusion that ..., I'm coming to the conclusion that ... ◆ **en ~ aux mains** *ou* **aux coups** to come to blows ◆ **où voulez-vous en ~ ?** what are you getting *ou* driving at? ◆ **j'en viens à me demander si ...** I'm beginning to wonder if ... ◆ **il en est venu à mendier** he was reduced to begging, he had to resort to begging ◆ **il en est venu à haïr ses parents** he has come to hate his parents, he has got to the stage where he hates his parents ◆ **comment les choses en sont-elles venues là ?** how did things come to this? *ou* get into this state? ◆ **il faudra bien en ~ là** that's what it'll come to in the end

♦ **y venir** ♦ **il y viendra, mais ne le brusquez pas** he'll come round to it *ou* to the idea, but don't rush him ♦ **il faudra bien qu'il y vienne** he'll just have to get used to it ♦ **et le budget ? – j'y viens** and the budget? – I'm coming *ou* getting to that ♦ **viens-y !** *(menace)* just (you) come here! ♦ **qu'il y vienne !** *(menace)* just let him come!

2 - VERBE AUXILIAIRE

♦ **venir** + *infinitif (= se déplacer pour)* ♦ **je suis venu travailler** I have come to work ♦ **il va ~ la voir** he's going to come to *ou* and see her ♦ **viens m'aider** come and help me ♦ **elle doit ~ passer une semaine chez nous** she's coming to spend a week with us ♦ **après cela ne viens pas te plaindre !** and don't (you) come and complain *ou* come complaining afterwards!

♦ **venir de** + *infinitif (passé récent)* ♦ **il vient d'arriver** he has just arrived ♦ **elle venait de se lever** she had just got up

♦ **venir à** + *infinitif* ♦ **s'il venait à mourir** if he were to die, if he should die ♦ **s'il venait à passer par là** if he should (happen *ou* chance to) go that way ♦ **quand l'eau vint à manquer** when the water started running out ♦ **vint à passer un officier** an officer happened to pass by

3 - VERBE IMPERSONNEL

a [= arriver, survenir] **il vient beaucoup d'enfants** a lot of children are coming, there are a lot of children coming ♦ **il lui est venu des boutons** * he came out in spots ♦ **il ne lui viendrait pas à l'idée** *ou* **à l'esprit que j'ai besoin d'aide** it wouldn't occur to him *ou* enter his head *ou* cross his mind that I might need help ♦ **il m'est venu un doute** I had a doubt

b [temps] **il vient un moment/une heure où ...** the time/the hour comes when ...

c [éventualité] **s'il vient à pleuvoir/neiger** if it should (happen to) rain/snow

4 - VERBE PRONOMINAL

**s'en venir** († *ou littér* = *venir*) to come, to approach ♦ **il s'en venait tranquillement** he was approaching unhurriedly ♦ **il s'en vint nous voir** he came to see us

**Venise** /vəniz/ **N** Venice

**vénitien, -ienne** /venisjɛ̃, jɛn/ **ADJ** Venetian; → **lanterne, store** **NM,F** **Vénitien(ne)** Venetian

**vent** /vɑ̃/ **NM** a *(gén)* wind ♦ **~ du nord/d'ouest** North/West wind ♦ **le ~ du large** the sea breeze ♦ **il y a** *ou* **il fait du ~** it's windy, there's a wind blowing ♦ **le ~ tourne** *(lit, fig)* the wind is turning ♦ **un ~ d'orage** a stormy wind ♦ **un ~ à décorner les bœufs** a fierce gale, a howling wind ♦ **coup de ~** *(Naut)* gale ♦ **un coup** *ou* **une rafale de ~ a emporté son chapeau** a gust of wind blew his hat off ♦ **entrer en coup de ~** to burst in, to come bursting in ♦ **flotter/claquer au ~** to flutter/flap in the wind ♦ **elle courait cheveux au ~** she was running along with her hair streaming in the wind ♦ **observer d'où vient le ~** *(lit)* to see which way the wind blows; *(fig)* to see which way the wind blows *ou* how the land lies ♦ **j'ai senti le ~ venir** I sensed what was coming ♦ **il a senti le ~ du boulet** *(fig)* he had a narrow escape ♦ **être en plein ~** to be exposed to the wind ♦ **marché/atelier en plein ~** outdoor market/workshop ♦ **rapide comme le ~** swift as the wind, like the wind; → **moulin**

b *(= tendance)* **le ~ est à l'optimisme** there's a (general) mood of optimism, there's optimism in the air ♦ **un ~ de révolte/contestation** a wind of revolt/protest ♦ **un ~ de panique soufflait sur les marchés financiers** a wave of panic swept the financial markets ♦ **aller dans le sens du ~** to follow the crowd

c *(euph,* † *= gaz intestinal)* wind *(NonC)* ♦ **il a des ~s** he has wind ♦ **lâcher un ~** to break wind

d *(Naut, Chasse)* **au ~ (de)** to windward (of) ♦ **sous le ~ (de)** to leeward (of) ♦ **venir au ~** *(Naut)* to turn into the wind ♦ **chasser au ~** *ou* **dans le ~** to hunt upwind ♦ **~ arrière/debout** *ou* **contraire** rear/head wind ♦ **avoir le ~ debout** to head into the wind ♦ **aller contre le ~** to go into the wind ♦ **avoir le ~ arrière** *ou* **en poupe** to have the wind astern, to sail *ou* run before the wind ♦ **il a le ~ en poupe** *(fig)* he has the wind in his sails, he's on a roll * ♦ **l'entreprise a le ~ en poupe** the company is on a roll * ♦ **prendre le ~** *(lit)* to test the wind; *(fig)* to test the waters ♦ **avoir bon ~** to have a fair wind ♦ **bon ~ !** *(Naut)* fair journey!; (* *= fichez le camp)* good riddance!

e *(loc)* **les quatre ~s** the four winds ♦ **aux quatre ~s, à tous les ~s** to the four winds, to all (four) points of the compass ♦ **c'est du ~** * it's just hot air * ♦ **du ~ !** * *(= allez-vous-en)* off with you! ♦ **avoir ~ de** to get wind of ♦ **quel bon ~ vous amène ?** *(aussi hum)* what brings you here? ♦ **elle l'a fait contre ~s et marées** she did it against all the odds *ou* despite all the obstacles ♦ **je le ferai contre ~s et marées** I'll do it come hell or high water ♦ **faire du ~** *[éventail]* to create a breeze; *(sur le feu)* to fan the flame, to blow up the fire ♦ **il fait beaucoup de ~ mais c'est tout** *(péj = être inefficace)* he's always busying about but he doesn't do anything ♦ **avoir du ~ dans les voiles** * *(= être ivre)* to be three sheets to the wind *, to be half-seas over * *(Brit)*

♦ **dans le vent** ♦ **être dans le ~** * to be trendy, to be with it * ♦ **il a mis tous ses concurrents dans le ~** *(= les a distancés)* he left all the other competitors standing

**COMP** ▷ **vent coulis** draught *(Brit)*, draft *(US)* ▷ **vent solaire** *(Astron)* solar wind

**ventail** (pl **-aux**) /vɑ̃taj, o/ **NM** *(= visière)* ventail

**vente** /vɑ̃t/ **NF** a *(= action)* sale ♦ **la ~ de cet article est interdite** the sale of this article is forbidden ♦ **bureau de ~** sales office ♦ **nous n'en avons pas la ~** we have no demand for that, we can't sell that

♦ **en vente** on sale ♦ **être en ~ libre** to be freely on sale ♦ **médicament en ~ libre** over-the-counter medicine ♦ **en ~ dès demain** available *ou* on sale (as) from tomorrow ♦ **en ~ dans toutes les pharmacies/chez votre libraire** available *ou* on sale at all chemists/at your local bookshop ♦ **tous les articles exposés sont en ~** all (the) goods on show are for sale ♦ **mettre en ~** *[+ produit]* to put on sale; *[+ maison, objet personnel]* to put up for sale ♦ **mise en ~** *[de maison]* putting up for sale; *[de produit]* putting on sale ♦ **les articles en ~ dans ce magasin** the goods on sale in this store

b *(Comm) (= transaction)* sale; *(= technique)* selling ♦ **avoir l'expérience de la ~** to have sales experience, to have experience in selling ♦ **s'occuper de la ~** *(dans une affaire)* to deal with the sales ♦ **il a un pourcentage sur les ~s** he gets a percentage on sales ♦ **directeur/direction/service des ~s** sales director/management/department

c ♦ **~ (aux enchères)** (auction) sale, auction ♦ **courir les ~s** to do the rounds of the sales *ou* auctions; → **hôtel, salle**

d *(Bourse)* selling ♦ **la livre vaut 1,5 € à la ~** the selling rate for (the pound) sterling is €1.5; → **terme**

**COMP** ▷ **vente par adjudication** sale by auction ▷ **vente ambulante** *(dans les rues)* street vending *ou* peddling; *(dans un train)* trolley service ▷ **vente de charité** charity sale *ou* bazaar, jumble sale ▷ **vente par correspondance** mail-order selling ▷ **vente par courtage** direct selling ▷ **vente directe** direct selling *ou* sales ▷ **vente à distance** distance selling ▷ **vente à domicile** door-to-door *ou* house-to-house selling ▷ **vente judiciaire** auction by order of the court ▷ **vente paroissiale** church sale *ou* bazaar ▷ **vente publique** public sale ▷ **vente par téléphone** telephone sales, telesales, telemarketing; → **tempérament**

**venté, e** /vɑ̃te/ (ptp de **venter**) **ADJ** windswept, windy

**venter** /vɑ̃te/ ▸ conjug 1 ◂ **VB IMPERS** *(littér)* ♦ **il vente** the wind is blowing, it is windy; → **pleuvoir**

**venteux, -euse** /vɑ̃tø, øz/ **ADJ** *[lieu]* windswept, windy; *[temps]* windy

**ventilateur** /vɑ̃tilatœʀ/ **NM** *(gén)* fan; *(dans un mur, une fenêtre)* ventilator, fan; *(Ciné)* wind machine ♦ **~ électrique** electric fan ♦ **~ à hélice/à turbine** blade/turbine ventilator ♦ **~ de plafond** ceiling fan; → **courroie**

**ventilation** /vɑ̃tilasjɔ̃/ **NF** a *(= aération)* ventilation ♦ **il y a une bonne ~ dans cette pièce** this room is well ventilated, this room has good ventilation b *(Méd)* **~ respiratoire** respiratory ventilation ♦ **~ artificielle/assistée** artificial/assisted ventilation c *(Jur = évaluation)* separate valuation; *(Comptab) [de sommes]* breaking down; *(= répartition) [de subventions, aides]* allocation, distribution ♦ **voici la ~ des ventes pour cette année-là** here is the breakdown of sales for that year

**ventiler** /vɑ̃tile/ ▸ conjug 1 ◂ **VT** a *(= aérer) [+ pièce, tunnel]* to ventilate ♦ **pièce bien/mal ventilée** well/poorly ventilated room b *(Méd)* to ventilate c *(= décomposer) [+ total, chiffre, somme]* to break down; *(Jur) [+ produit d'une vente]* to value separately; *(= répartir) [+ touristes, élèves]* to divide up (into groups) ♦ **~ les dépenses entre différents comptes** to spread the expenses over different accounts

**ventôse** /vɑ̃toz/ **NM** Ventôse *(6th month of French Republican calendar)*

**ventouse** /vɑ̃tuz/ **NF** a *(= dispositif adhésif)* suction disc, suction pad; *(pour déboucher)* plunger ♦ **faire ~** to cling, to adhere ♦ **porte-savon à ~** suction-grip soap holder, self-adhering soap holder; → **voiture** b *(Méd)* cupping glass ♦ **poser des ~s à qn** to place cupping glasses on sb, to cup sb c *(Zool)* sucker d *(Tech = ouverture)* airhole, air-vent

**ventral, e** (mpl **-aux**) /vɑ̃tʀal, o/ **ADJ** ventral; → **parachute, rouleau**

**ventre** /vɑ̃tʀ/ **NM** a *(= abdomen)* stomach, belly ♦ **dormir/être étendu sur le ~** to sleep/be lying on one's stomach *ou* front ♦ **avoir/prendre du ~** to have/be getting rather a paunch, to have/be getting a bit of a tummy * ♦ **rentrer le ~** to hold *ou* pull in one's stomach ♦ **passer sur le ~ de qn** *(fig)* to ride roughshod over sb, to walk over sb ♦ **il faudra me passer sur le ~ !** over my dead body!; → **danse, plat[1]**

b *(= estomac)* stomach ♦ **se coucher le ~ vide** *ou* **creux** to go to bed hungry *ou* on an empty stomach ♦ **ne partez pas le ~ vide !** *ou* **creux !** don't leave on an empty stomach! ♦ **avoir le ~ plein** * to be full ♦ **avoir mal au ~, avoir des maux de ~** to have stomach ache *ou* (a) tummy ache * ♦ **ça me ferait mal au ~ !** * *(= m'embêterait)* it would sicken me!, it would make me sick! ♦ **~ affamé n'a point**

**d'oreilles** *(Prov)* words are wasted on a starving man ◆ **le ~ de la terre** the bowels of the earth; → **œil, reconnaissance, taper**

**c** *(= utérus)* womb ◆ **quand tu étais dans le ~ de ta mère** when you were in mummy's tummy *

**d** *[d'animal]* (under)belly

**e** *[de cruche, vase]* bulb, bulbous part; *[de bateau]* belly, bilge; *[d'avion]* belly; → **atterrissage**

**f** *(Tech)* **faire ~** *[de mur]* to bulge; *[de plafond]* to sag, to bulge

**g** *(Phys) [d'onde]* antinode

**h** *(loc)* **courir** *ou* **aller ~ à terre** to go flat out * *ou* at top speed ◆ **galoper ~ à terre** to gallop flat out *, to go at full gallop ◆ **nous allons voir s'il a quelque chose dans le ~** we'll see what he's made of, we'll see if he's got guts * ◆ **il n'a rien dans le ~** he has no guts *, he's spineless ◆ **j'aimerais bien savoir ce qu'il a dans le ~** *(ce qu'il pense)* I'd like to know what's going on in his mind; *(quelles sont ses qualités)* I'd like to see what he's made of ◆ **ouvrir sa montre pour voir ce qu'elle a dans le ~** * to open (up) one's watch to see what it has got inside *ou* what's inside it ◆ **le ~ mou de l'Europe** the soft underbelly of Europe; → **cœur**

**ventrée** * † /vɑ̃tʀe/ **NF** ◆ **une ~ de pâtes** a good bellyful * of pasta ◆ **on s'en est mis une bonne ~** we pigged ‡ *ou* stuffed * ourselves on it

**ventre-saint-gris** †† /vɑ̃tʀəsɛ̃gʀi/ **EXCL** gadzooks! †, zounds! †

**ventriculaire** /vɑ̃tʀikylɛʀ/ **ADJ** ventricular

**ventricule** /vɑ̃tʀikyl/ **NM** ventricle

**ventrière** /vɑ̃tʀijɛʀ/ **NF** **a** *(= sangle)* girth; *(= toile de transport)* sling **b** *(Constr)* purlin; *(Naut)* bilge block

**ventriloque** /vɑ̃tʀilɔk/ **NMF** ventriloquist ◆ **il est ~** he can throw his voice; *(de profession)* he's a ventriloquist

**ventriloquie** /vɑ̃tʀilɔki/ **NF** ventriloquy, ventriloquism

**ventripotent, e** /vɑ̃tʀipɔtɑ̃, ɑ̃t/ **ADJ** potbellied

**ventru, e** /vɑ̃tʀy/ **ADJ** *[personne]* potbellied; *[pot, commode]* bulbous

**venu, e**[1] /v(ə)ny/ (ptp de **venir**) **ADJ** **a** *(= fondé, placé) [personne]* **être mal ~ de faire** to be in no position to do ◆ **elle serait mal ~e de se plaindre/refuser** she is in no position to complain/refuse, she should be the last to complain/refuse

**b** ◆ **bien ~** *(= à propos) [événement, question, remarque]* timely, apposite, opportune ◆ **mal ~** *(= inopportun) [événement, question]* untimely, inapposite, inopportune ◆ **sa remarque était plutôt mal ~e** his remark was rather out of place *ou* uncalled-for, his remark was a bit off * ◆ **un empressement mal ~** unseemly *ou* unfitting haste ◆ **il serait mal ~ de lui poser cette question** *(impers)* it would not be fitting *ou* it would be a bit out of place to ask him (that)

**c** *(= développé)* **bien ~** *[enfant]* sturdy, sturdily built; *[plante, arbre]* well-developed, fine; *[pièce, œuvre]* well-written ◆ **mal ~** *[enfant, arbre] (= chétif)* stunted; *(= mal conformé)* malformed

**d** *(= arrivé)* **tard ~** late ◆ **tôt ~** early ◆ **le premier/dernier ~** the first/last to come ◆ **il n'est pas le premier ~** *(fig)* he isn't just anybody ◆ **elle n'épousera pas le premier ~** she won't marry the first man that comes along; → **nouveau**

**venue**[2] /v(ə)ny/ **NF** **a** *[de personne]* arrival, coming ◆ **à l'occasion de la ~ de la reine** *(dans le passé)* when the queen visited; *(dans le futur)* when the queen visits ◆ **il a annoncé sa ~** he announced that he was coming; → **allée** **b** *(littér = avènement)* coming ◆ **la ~ du printemps/du Christ** the coming of spring/of Christ ◆ **lors de ma ~ au monde** when I came into the world **c** *(loc : littér)* **d'une seule ~, tout d'une ~** *[arbre]* straight-growing *(épith)* ◆ **d'une belle ~** finely *ou* beautifully developed

**Vénus** /venys/ **NF** *(Astron, Myth)* Venus ◆ **une ~** *(= femme)* a venus, a great beauty; → **mont**

**vénus** /venys/ **NF** *(= mollusque) type of clam*

**vépéciste** /vepesist/ **NM** *(= entreprise)* mail-order firm

**vêpres** /vɛpʀ/ **NFPL** vespers ◆ **sonner les ~** to ring the vespers bell

**ver** /vɛʀ/ **NM** *(gén)* worm; *(= larve)* grub; *[de viande, fruits, fromage]* maggot; *[de bois]* woodworm *(NonC)* ◆ **mangé** *ou* **rongé aux ~s** worm-eaten ◆ **avoir des ~s** *(Méd)* to have worms ◆ **mes poireaux ont le ~** *(Agr)* my leeks have been eaten *ou* attacked by grubs ◆ **le ~ est dans le fruit** *(fig)* the rot has already set in ◆ **tirer les ~s du nez à qn** * to worm information out of sb ◆ **se tordre** *ou* **se tortiller comme un ~** to wriggle like an eel; → **nu**[1], **piqué** **COMP** ▷ **ver blanc** May beetle grub ▷ **ver d'eau** caddis worm ▷ **ver luisant** glow-worm ▷ **ver de sable** sea slug ▷ **ver à soie** silkworm ▷ **ver solitaire** tapeworm ◆ **avoir/attraper le ~ solitaire** to have/get tapeworm ▷ **ver de terre** *(lit)* earthworm; *(péj)* worm ▷ **ver de vase** bloodworm

**véracité** /veʀasite/ **NF** *[de rapport, récit, témoin]* veracity *(frm)*, truthfulness; *[de déclaration, fait]* truth, veracity *(frm)*

**véranda** /veʀɑ̃da/ **NF** veranda(h)

**verbal, e** (mpl **-aux**) /vɛʀbal, o/ **ADJ** **a** *(= oral)* verbal **b** *(Ling) [adjectif, locution]* verbal; *[système, forme, terminaison]* verb *(épith)*, verbal; → **groupe**

**verbalement** /vɛʀbalmɑ̃/ **ADV** *[dire, faire savoir]* verbally, by word of mouth; *[approuver, donner son accord]* verbally

**verbalisateur** /vɛʀbalizatœʀ/ **ADJ M** ◆ **l'agent ~ doit toujours ...** an officer reporting an offence must always ... ◆ **l'agent ~ a oublié de ...** the officer who reported *ou* booked * *(Brit)* me (*ou* him *etc*) forgot to ...

**verbalisation** /vɛʀbalizasjɔ̃/ **NF** **a** *(Police) reporting (by an officer) of an offence* **b** *(Psych)* verbalization

**verbaliser** /vɛʀbalize/ ▸ conjug 1 ◂ **VI** **a** *(Police)* **l'agent a dû ~** the officer had to report *ou* book * *(Brit)* him (*ou* me *etc*) **b** *(Psych)* to verbalize **VT** *(Psych)* to verbalize

**verbalisme** /vɛʀbalism/ **NM** verbalism

**verbe** /vɛʀb/ **NM** **a** *(Gram)* verb ◆ **~ défectif/impersonnel** defective/impersonal verb ◆ **~ transitif/intransitif** transitive/intransitive verb ◆ **~ pronominal** reflexive verb ◆ **~ actif/passif** active/passive verb, verb in the active/passive (voice) ◆ **~ d'action/d'état** action/stative verb ◆ **~ fort** strong verb ◆ **~ à particule** phrasal verb **b** *(Rel)* **le Verbe** the Word ◆ **le Verbe s'est fait chair** the Word was made flesh ◆ **le Verbe incarné** the Word incarnate **c** *(littér = mots, langage)* language, word ◆ **la magie du ~** the magic of language *ou* the word **d** *(littér = ton de voix)* tone (of voice) ◆ **avoir le ~ haut** to speak in a high and mighty tone, to sound high and mighty

**verbeusement** /vɛʀbøzmɑ̃/ **ADV** verbosely

**verbeux, -euse** /vɛʀbø, øz/ **ADJ** verbose, wordy, prolix

**verbiage** /vɛʀbjaʒ/ **NM** verbiage

**verbicruciste** /vɛʀbikʀysist/ **NMF** crossword compiler, compiler of crossword puzzles

**verbosité** /vɛʀbozite/ **NF** verbosity, wordiness, prolixity

**verdâtre** /vɛʀdɑtʀ/ **ADJ** greenish

**verdeur** /vɛʀdœʀ/ **NF** **a** *(= jeunesse)* vigour *(Brit)*, vigor *(US)*, vitality **b** *[de fruit]* tartness, sharpness; *[de vin]* acidity **c** *[de langage]* forthrightness

**verdict** /vɛʀdik(t)/ **NM** *(Jur, gén)* verdict ◆ **~ de culpabilité/d'acquittement** *(Jur)* verdict of guilty/of not guilty ◆ **rendre son ~** *[tribunal]* to return its verdict ◆ **la commission a rendu son ~** the commission has returned its verdict *ou* made its decision ◆ **le ~ est tombé** *ou* **a été prononcé** the verdict was announced ◆ **il attend le ~ des critiques** he's waiting for the critics' verdict

**verdier** /vɛʀdje/ **NM** greenfinch

**verdir** /vɛʀdiʀ/ ▸ conjug 2 ◂ **VI** *[feuilles, arbres]* to turn *ou* go green; *[personne]* to turn pale, to blanch ◆ **~ de peur** to turn white with fear **VT** to turn green

**verdissant, e** /vɛʀdisɑ̃, ɑ̃t/ **ADJ** *(littér) [arbre, champ]* greening *(épith) (littér)*

**verdoiement** /vɛʀdwamɑ̃/ **NM** *(= état)* verdancy *(littér)*, greenness ◆ **le ~ des prés au printemps** *(= action)* the greening of the meadows *ou* the verdant hue taken on by the meadows in spring *(littér)*

**verdoyant, e** /vɛʀdwajɑ̃, ɑ̃t/ **ADJ** verdant *(littér)*, green

**verdoyer** /vɛʀdwaje/ ▸ conjug 8 ◂ **VI** *(= être vert)* to be verdant *(littér)* *ou* green; *(= devenir vert)* to become verdant *(littér)* *ou* green

**verdure** /vɛʀdyʀ/ **NF** **a** *(= végétation)* greenery *(NonC)*, verdure *(NonC) (littér)* ◆ **tapis de ~** greensward *(littér)* ◆ **rideau de ~** curtain of greenery *ou* verdure *(littér)* ◆ **tapisserie de ~** *ou* **à ~s** verdure *(tapestry)* ◆ **je vous mets un peu de ~ ?** *(pour un bouquet)* shall I put some greenery in for you?; → **théâtre** **b** *(littér = couleur)* verdure *(littér)*, greenness **c** *(= salade)* lettuce

**véreux, -euse** /veʀø, øz/ **ADJ** **a** *[aliment]* maggoty, worm-eaten **b** *[policier, financier]* corrupt; *[affaire]* dubious, fishy *, shady *

**verge** /vɛʀʒ/ **NF** **a** († *= baguette)* stick, cane ◆ **les ~s** *(pour fouetter)* the birch ◆ **ce serait lui donner des ~s pour nous faire battre** that would be giving him a stick to beat us with ◆ **~ d'or** *(Bot)* goldenrod **b** *(Hist = insigne d'autorité) [d'huissier]* wand; *[de bedeau]* rod **c** *(Anat)* penis **d** *(Tech = tringle)* shank **e** *(Can)* yard *(0,914 m)*

**vergé, e** /vɛʀʒe/ **ADJ, NM** ◆ **(papier) ~** laid paper

**vergeoise** /vɛʀʒwaz/ **NF** brown sugar *(made from waste refining products)*

**verger** /vɛʀʒe/ **NM** orchard

**vergeté, e** /vɛʀʒəte/ **ADJ** *[peau]* stretch marked

**vergeture** /vɛʀʒətyʀ/ **NF** stretch mark

**verglaçant, e** /vɛʀglasɑ̃, ɑ̃t/ **AD**[illegible] freezing rain

**verglacé, e** /vɛʀglase/ **ADJ** icy ◆ **les routes sont ~es** there's (black) ice on the roads, the roads are icy

**verglas** /vɛʀglɑ/ **NM** (black) ice *(on road etc)* ◆ **plaque de ~** icy patch, patch of black ice

**vergogne** /vɛʀgɔɲ/ **sans vergogne LOC ADJ, LOC ADV** *[personne, concurrence]* shameless; *[parler, agir]* shamelessly

**vergue** /vɛʀg/ **NF** *(Naut)* yard ◆ **grand-~** main yard ◆ **~ de misaine** foreyard ◆ **~ de hune** topsail yard

**véridique** /veʀidik/ **ADJ** *[récit, témoignage]* truthful, true, veracious *(frm)*; *[témoin]* truthful, veracious *(frm)*; *[repentir, douleur]* genuine, authentic

**véridiquement** /veʀidikmɑ̃/ **ADV** truthfully, veraciously *(frm)*

**vérifiable** /veʀifjabl/ **ADJ** verifiable ◆ **c'est aisément ~** it can easily be checked

**vérificateur, -trice** /veʀifikatœʀ, tʀis/ **ADJ** *[appareil, système]* checking *(épith)*, verifying *(épith)* **NM,F** controller, checker ◆ **~ des douanes** Customs inspector ◆ **~ des comptes** *(Fin)* auditor ◆ **~ général** *(Can)* Auditor General ◆ **~ orthographique** *ou* **d'orthographe** *(Ordin)* spellchecker, spelling checker **NF vérificatrice** *(Tech)* verifier

**vérification** /veʀifikasjɔ̃/ **NF** **a** *(= contrôle)* *[d'affirmation, fait, récit, alibi]* checking, verification; *[d'adresse, renseignement, rumeur]* checking; *[de véracité, authenticité, exactitude]* ascertaining, checking; *(Fin)* *[de comptes]* auditing; *[de poids, mesure, classement]* check, checking ◆ **procéder à** *ou* **effectuer plusieurs ~s** to carry out several checks ◆ **~ faite** *ou* **après ~, il se trouve que ...** on checking, we find that ... ◆ **~ d'identité** *(Police)* identity check ◆ **~ des pouvoirs** *(lors d'une assemblée générale)* check on proxies given to shareholders ◆ **~ du scrutin** *ou* **des votes** *(Pol)* scrutiny of votes ◆ **~ comptable** auditing, audit ◆ **~ fiscale** tax investigation ◆ **mission de ~** investigative mission

**b** *(= confirmation)* confirmation; *[d'affirmation, fait]* establishing, confirming, proving (to be true); *[d'axiome, témoignage]* establishing, confirming; *[de soupçons, conjecture]* confirming; *[d'hypothèse, théorie]* confirming, proving (to be true)

**vérifier** /veʀifje/ ▸ conjug 7 ◂ **VT** **a** *(= contrôler)* *[+ affirmation, fait, récit, alibi]* to check, to verify; *[+ adresse, renseignement, rumeur, identité]* to check; *[+ véracité, authenticité, exactitude]* to ascertain, to check; *(Fin)* *[+ comptes]* to audit; *[+ poids, mesure, classement]* to check ◆ **ne vous faites pas de souci, cela a été vérifié et revérifié** don't worry – it has been checked and double-checked *ou* cross-checked ◆ **vérifie que/si la porte est bien fermée** check that/if the door's properly closed ◆ **~ ses freins/le niveau d'huile** to check one's brakes/the oil (level)

**b** *(= confirmer, prouver)* *[+ affirmation, fait]* to establish the truth of, to confirm (the truth of), to prove to be true; *[+ axiome]* to establish *ou* confirm the truth of; *[+ témoignage]* to establish the truth *ou* veracity *(frm)* of, to confirm; *[+ soupçons, conjecture]* to bear out, to confirm; *[+ hypothèse, théorie]* to bear out, to confirm, to prove ◆ **cet accident a vérifié mes craintes** this accident has borne out *ou* confirmed my fears

**VPR se vérifier** *[craintes]* to be borne out, to be confirmed; *[théorie]* to be borne out, to be proved ◆ **l'adage s'est encore vérifié** the old saying has once again proved true ◆ **cette tendance se vérifie dans tous les secteurs** the tendency is clearly visible in all sectors

**vérin** /veʀɛ̃/ **NM** jack ◆ **~ hydraulique/pneumatique** hydraulic/pneumatic jack ◆ **monté sur ~** raised on a jack

**vérisme** /veʀism/ **NM** verism

**vériste** /veʀist/ **ADJ, NMF** verist

**véritable** /veʀitabl/ **ADJ** **a** *(= authentique)* *[argent, or, cuir, perles, larmes, colère]* real, genuine; *[ami, artiste, vocation]* real, genuine, true ◆ **l'art/l'amour ~ se reconnaît d'emblée** true art/love is immediately recognizable **b** *(= vrai, réel)* *[identité, raisons]* true, real; *[nom]* real ◆ **la ~ religion/joie** true religion/joy ◆ **sous son jour ~** in his true light ◆ **ça n'a pas de ~ fondement** it has no real foundation **c** *(intensif = qui mérite bien son nom)* real ◆ **un ~ coquin** an absolute *ou* a real *ou* a downright rogue ◆ **~ provocation** real *ou* downright *ou* sheer provocation ◆ **c'est une ~ folie** it's absolute *ou* sheer madness ◆ **c'est une ~ expédition/révolution** it's a real *ou* veritable *(frm)* expedition/revolution

**véritablement** /veʀitabləmɑ̃/ **ADV** really ◆ **est-il ~ fatigué/diplômé ?** is he really *ou* truly tired/qualified? ◆ **il l'a ~ fait/rencontré** he actually *ou* really did it/met him ◆ **ce n'est pas truqué : ils traversent ~ les flammes** it isn't fixed – they really *ou* genuinely do go through the flames ◆ **ce n'est pas ~ un roman/dictionnaire** it's not really *ou* exactly a novel/dictionary, it's not a real *ou* proper novel/dictionary ◆ **c'est ~ délicieux** *(intensif)* it's absolutely *ou* positively *ou* really delicious

**vérité** /veʀite/ GRAMMAIRE ACTIVE 53.4 **NF** **a** ◆ **la ~** *(= connaissance du vrai)* truth; *(= conformité aux faits)* the truth ◆ **nul n'est dépositaire de la ~** no one has a monopoly on (the) truth ◆ **la ~ d'un fait/principe** the truth of a fact/principle ◆ **c'est l'entière ~** it's the whole truth ◆ **c'est la ~ vraie** * it's the honest truth * ◆ **la ~ toute nue** the naked *ou* unadorned truth ◆ **son souci de (la) ~** his desire *ou* concern for (the) truth ◆ **dire la ~** to tell *ou* speak the truth ◆ **jurez de dire la ~, toute la ~, rien que la ~** *(Jur, hum)* do you swear to tell the truth, the whole truth and nothing but the truth? ◆ **la ~ dépasse souvent la fiction** truth is often stranger than fiction ◆ **la ~ sort de la bouche des enfants** *(Prov)* out of the mouths of babes and sucklings (comes forth truth) *(Prov)* ◆ **toute ~ n'est pas bonne à dire** *(Prov)* some things are better left unsaid

**b** *(= sincérité, authenticité)* truthfulness, sincerity ◆ **un air/un accent de ~** an air/a note of sincerity *ou* truthfulness

**c** *(= fait vrai, évidence)* truth ◆ **une ~ bien sentie** a heartfelt truth ◆ **~s éternelles/premières** eternal/first truths *ou* verities *(frm)*; → **La Palice, quatre**

**d** *(= vraisemblance)* **plein de ~** *[de tableau, personnage]* very true to life

**e** *(loc)* **la ~, c'est que je n'en sais rien** the truth (of the matter) is that *ou* to tell (you) the truth I know nothing about it ◆ **l'heure** *ou* **la minute de ~** the moment of truth

◆ **en vérité** *(= en fait)* in fact, actually; *(= à dire vrai)* to tell the truth, to be honest ◆ **c'est (bien) peu de chose, en ~** it's really *ou* actually nothing very much ◆ **en ~ je vous le dis** *(Bible)* verily I say unto you

◆ **à la vérité** *(frm)* ◆ **à la ~ il préfère s'amuser que de travailler** to tell the truth *ou* to be honest he'd rather have fun than work ◆ **j'étais à la ~ loin de m'en douter** to tell the truth *ou* truth to tell I was far from suspecting it

**verjus** /vɛʀʒy/ **NM** verjuice

**verlan** /vɛʀlɑ̃/ **NM** (back) slang

> **Verlan**
>
> **Verlan** is a particular kind of backslang that has become extremely popular among young people in France. It consists of inverting the syllables of words, and often then truncating the result to make a new word. The slang words « meuf », « keuf », « keum » and « beur » are **verlan** renderings of the words « femme », « flic », « mec » and « Arabe ». The expression « laisse béton » (« forget it ») is **verlan** for « laisse tomber », and the word **verlan** itself comes from the expression « à l'envers » (« back to front »).

**vermeil, -eille** /vɛʀmɛj/ **ADJ** *[tissu, objet]* vermilion, bright red; *[bouche]* ruby *(épith)*, cherry *(épith)*, ruby- *ou* cherry-red; *[teint]* rosy; → **carte** **NM** *(= métal)* vermeil ◆ **cuiller/médaille de ~** silver-gilt spoon/medal

**vermicelle** /vɛʀmisɛl/ **NM** *(= pâtes)* ◆ **~(s)** vermicelli, angel hair pasta *(US)* ◆ **potage au ~** vermicelli soup ◆ **~ chinois** fine rice noodles

**vermiculaire** /vɛʀmikylɛʀ/ **ADJ** *(Anat)* vermicular, vermiform ◆ **appendice ~** vermiform appendix ◆ **éminence ~** vermis ◆ **contraction ~** peristalsis *(NonC)*

**vermiculé, e** /vɛʀmikyle/ **ADJ** vermiculated

**vermiculure** /vɛʀmikylyʀ/ **NF** *(gén pl)* vermiculation *(NonC)*

**vermiforme** /vɛʀmifɔʀm/ **ADJ** vermiform

**vermifuge** /vɛʀmifyʒ/ **ADJ, NM** vermifuge *(SPÉC)* ◆ **poudre ~** worm powder

**vermillon** /vɛʀmijɔ̃/ **NM** *(= poudre)* vermilion, cinnabar ◆ **(rouge) ~** *(= couleur)* vermilion, scarlet **ADJ INV** vermilion, scarlet

**vermine** /vɛʀmin/ **NF** **a** *(= parasites)* vermin *(NonC)* ◆ **couvert de ~** crawling with vermin, lice-ridden **b** *(littér, péj = racaille)* vermin; *(†, péj = vaurien)* knave †, cur †

**vermisseau** (pl **vermisseaux**) /vɛʀmiso/ **NM** *(= ver)* small worm, vermicule *(SPÉC)*

**Vermont** /vɛʀmɔ̃/ **NM** Vermont

**vermoulu, e** /vɛʀmuly/ **ADJ** *[bois]* full of woodworm, worm-eaten; *[régime politique, institutions]* moth-eaten ◆ **cette commode est ~e** there is woodworm in this chest, this chest is full of woodworm *ou* is worm-eaten

**vermoulure** /vɛʀmulyʀ/ **NF** *(= traces)* woodworm *(NonC)*, worm holes

**vermout(h)** /vɛʀmut/ **NM** vermouth

**vernaculaire** /vɛʀnakylɛʀ/ **ADJ** vernacular ◆ **langue ~** vernacular

**vernal, e** (mpl **-aux**) /vɛʀnal, o/ **ADJ** *(Astron, Bot)* vernal

**verni, e** /vɛʀni/ (ptp de **vernir**) **ADJ** **a** *[bois]* varnished; *(= luisant)* *[feuilles]* shiny, glossy ◆ **cuir ~** patent leather ◆ **souliers ~s** patent (leather) shoes ◆ **poterie ~e** glazed earthenware **b** (* = chanceux) lucky, jammy ‡ *(Brit)* ◆ **il est ~, c'est un ~** he's lucky *ou* jammy ‡ *(Brit)*, he's a lucky devil * *ou* dog *

**vernier** /vɛʀnje/ **NM** vernier (scale)

**vernir** /vɛʀniʀ/ ▸ conjug 2 ◂ **VT** *[+ bois, tableau, cuir]* to varnish; *[+ poterie]* to glaze; *[+ ongles]* to put nail varnish on, to varnish ◆ **~ au tampon** *(Ébénisterie)* to French polish

**vernis** /vɛʀni/ **NM** **a** *[de bois, tableau, mur]* varnish; *[de poterie]* glaze ◆ **~ (à ongles)** nail varnish *ou* polish ◆ **se mettre du ~ (à ongles)** to varnish *ou* paint one's nails **b** *(= éclat)* shine, gloss **c** *(fig)* veneer *(fig)* ◆ **un ~ de culture** a veneer of culture

**vernissage** /vɛʀnisaʒ/ **NM** **a** *[de bois, tableau, ongles, cuir]* varnishing; *[de poterie]* glazing **b** *(= exposition)* private viewing, preview *(at an art gallery)*

**vernissé, e** /vɛʀnise/ (ptp de **vernisser**) **ADJ** *[poterie, tuile]* glazed; *(= luisant) [feuillage]* shiny, glossy

**vernisser** /vɛʀnise/ ► conjug 1 ◄ **VT** to glaze

**vernisseur, -euse** /vɛʀnisœʀ, øz/ **NM,F** *[de bois]* varnisher; *[de poterie]* glazer

**vérole** /veʀɔl/ **NF** **a** *(= variole)* → **petit** **b** (* = *syphilis)* pox* ◆ **il a/il a attrapé la ~** he's got/he has caught the pox*

**vérolé, e*** /veʀɔle/ **ADJ** **a** *(= atteint de syphilis)* pox-ridden **b** *(= mauvais) [contrat]* poxy*, lousy*; *(= abîmé par un virus) [fichier, disquette]* infected by a virus

**véronal** /veʀɔnal/ **NM** *(Pharm)* veronal

**Vérone** /veʀɔn/ **N** Verona

**véronique** /veʀɔnik/ **NF** *(Bot)* speedwell, veronica; *(Tauromachie)* veronica

**verrat** /veʀa/ **NM** boar

**verre** /vɛʀ/ **NM** **a** *(= substance)* glass ◆ **~ moulé/étiré/coulé** pressed/cast/drawn glass ◆ **cela se casse** *ou* **se brise comme du ~** it's as brittle as glass; → **laine, papier, pâte**

**b** *(= objet) [de vitre, cadre]* glass; *[de lunettes]* lens ◆ **mettre qch sous ~** to put sth under glass ◆ **~ grossissant/déformant** magnifying/distorting glass ◆ **porter des ~s** to wear glasses

**c** *(= récipient)* glass; *(= contenu)* glass, glassful ◆ **ajouter un ~ de lait** *(Culin)* ≈ add one cup of milk ◆ **un ~ d'eau/de bière** a glass of water/of beer ◆ **~ à bière** beer glass; → **casser, noyer², tempête**

**d** *(= boisson)* drink ◆ **boire** *ou* **prendre un ~** to have a drink ◆ **payer un ~ à qn** to buy sb a drink ◆ **lever son ~** to raise one's glass ◆ **boire le ~ de l'amitié** to drink a toast to friendship ◆ **videz vos ~s !** drink up! ◆ **un petit ~** * a quick one *, a quickie * ◆ **il a bu un ~ de trop** *, **il a un ~ dans le nez** * he's had one too many * *ou* a drop too much *, he's had one over the eight * *(Brit)*

**COMP** ▷ **verre armé** wired glass ▷ **verre ballon** balloon glass, brandy glass ▷ **verre blanc** plain glass ▷ **verre cathédrale** cathedral glass ▷ **verres de contact (souples/durs)** (soft/hard) contact lenses ▷ **verres correcteurs** corrective lenses ▷ **verre à dégustation** wine-tasting glass ▷ **verre à dents** tooth mug *ou* glass ▷ **verre dépoli** frosted glass ▷ **verre feuilleté** laminated glass ▷ **verre fumé** smoked glass ▷ **verres fumés** *[de lunettes]* tinted lenses ▷ **verre incassable** unbreakable glass ▷ **verre de lampe** lamp glass, (lamp) chimney ▷ **verre à liqueur** liqueur glass ◆ **verser la valeur d'un ~ à liqueur de ...** ≈ add two tablespoons of ... ▷ **verre mesureur** measuring glass ▷ **verre de montre** watch glass ▷ **verre à moutarde** (glass) mustard jar ▷ **verre à pied** stemmed glass ▷ **verres progressifs** multifocal lenses, multifocals ▷ **verre de sécurité** safety glass ▷ **verre trempé** toughened glass ▷ **verre à vin** wineglass ▷ **verre à vitre** window glass ▷ **verre à whisky** whisky glass *ou* tumbler

**verrerie** /vɛʀʀi/ **NF** *(= usine)* glassworks *(pl inv)*, glass factory; *(= fabrication du verre)* glass-making; *(= manufacture d'objets)* glass-working; *(= objets)* glassware; *(= commerce)* glass trade *ou* industry

**verrier** /vɛʀje/ **NM** **a** *(= ouvrier)* glassworker; *(= souffleur de verre)* glassblower; *(= artiste)* artist in glass ◆ **maître ~** master glazier ◆ **peintre ~** stained-glass artist **ADJ M** *(Ind) [groupe, établissement]* glass-making

**verrière** /vɛʀjɛʀ/ **NF** **a** *(= fenêtre) [d'église, édifice]* window **b** *(= toit vitré)* glass roof **c** *(= paroi vitrée)* glass wall **d** *(Aviat)* canopy

**verroterie** /vɛʀɔtʀi/ **NF** ◆ **(bijoux en) ~** glass jewellery *(Brit)* *ou* jewelry *(US)* ◆ **un collier de ~** a necklace of glass beads

**verrou** /veʀu/ **NM** **a** *[de porte]* bolt ◆ **tire/pousse le ~** unbolt/bolt the door ◆ **as-tu mis le ~ ?** have you bolted the door? ◆ **~ de sécurité** *(lit)* safety *ou* security lock; *(fig)* safety net ◆ **mettre qn sous les ~s** to put sb under lock and key ◆ **être sous les ~s** to be behind bars; → **sauter** **b** *(Tech) [d'aiguillage]* facing point lock; *[de culasse]* bolt **c** *(Géol)* constriction **d** *(Mil)* stopper *(in breach)* **e** *(Ordin)* lock

**verrouillage** /veʀujaʒ/ **NM** **a** *(= fermeture) [de porte, fenêtre]* bolting, locking; *[de culasse]* locking ◆ **~ automatique des portes, ~ centralisé** *(Aut)* central locking **b** *(= fait de rendre inaccessible) (Mil) [de brèche]* closing; *[de frontière]* sealing; *(Ordin)* locking ◆ **le ~ parental est recommandé pour certaines émissions/certains sites** parental locking *ou* a parental lock is recommended for certain programmes/certain sites **c** *(= muselage)* **le ~ des médias** the muzzling of the media **d** *(= dispositif)* locking mechanism

**verrouiller** /veʀuje/ ► conjug 1 ◄ **VT** **a** *(= fermer) [+ porte, fenêtre]* to bolt; *(à clé)* to lock; *[+ culasse]* to lock **b** *(= rendre inaccessible) (Mil) [+ brèche]* to close; *[+ frontière]* to seal; *(Ordin, TV)* to lock, to block ◆ **la police a verrouillé le quartier** the police cordoned off *ou* sealed (off) the area **c** *(= enfermer)* **ses parents le verrouillent** *(lit, fig)* his parents keep him locked in ◆ **se ~ chez soi** *(fig)* to shut o.s. away at home **d** *(= bloquer) [+ capital, marché, processus]* to block **e** *(= contrôler)* **j'ai tout verrouillé** I've got everything under control

**verrouilleur** /veʀujœʀ/ **NM** *(Rugby)* last man in the line-out

**verrue** /veʀy/ **NF** *(lit)* wart; *(fig)* eyesore ◆ **~ plantaire** verruca ◆ **cette usine est une ~ au milieu du paysage** this factory is a blot on the landscape *ou* an eyesore in the middle of the countryside

**verruqueux, -euse** /veʀykø, øz/ **ADJ** warty, verrucose *(SPÉC)*

**vers¹** /vɛʀ/ **PRÉP** **a** *(direction)* toward(s), to ◆ **en allant ~ Aix/la gare** going to *ou* toward(s) Aix/the station ◆ **le lieu ~ lequel il nous menait** the place he was leading us to *ou* to which he was leading us ◆ **~ la droite, la brume se levait** to *ou* toward(s) the right the mist was rising ◆ **la foule se dirigeait ~ la plage** the crowd was making for *ou* heading towards the beach ◆ **"vers la plage"** "to the beach" ◆ **elle fit un pas ~ la fenêtre** she took a step toward(s) the window ◆ **notre chambre regarde ~ le sud/la colline** our bedroom faces *ou* looks south/faces the hills *ou* looks toward(s) the hills ◆ **il tendit la main ~ la bouteille** he reached out for the bottle, he stretched out his hand toward(s) the bottle ◆ **le pays se dirige droit ~ l'abîme** the country is heading straight for disaster ◆ **c'est un pas ~ la paix/la vérité** it's a step toward(s) (establishing) peace/(finding out) the truth ◆ **"Vers une sémantique de l'anglais"** *(titre)* "Towards a Semantics of English" ◆ **traduire ~ le français/l'espagnol** to translate into French/Spanish

**b** *(= aux environs de)* around ◆ **c'est ~ Aix que nous avons eu une panne** it was (somewhere) near Aix *ou* round about Aix that we broke down ◆ **~ 2 000 mètres l'air est frais** at around the 2,000 metres mark *ou* at about 2,000 metres the air is cool

**c** *(temps : approximation)* about, around ◆ **~ quelle heure doit-il venir ?** around *ou* about what time is he due? ◆ **il est arrivé ~ 6 heures** he arrived (at) about *ou* around 6 o'clock ◆ **elle a commencé à lire ~ 6 ans** she started reading at about 6 *ou* around 6 ◆ **il était ~ (les) 3 heures quand je suis rentré** it was about *ou* around 3 when I came home ◆ **~ la fin de la soirée/de l'année** toward(s) the end of the evening/the year ◆ **~ 1900/le début du siècle** toward(s) *ou* about 1900/the turn of the century

**vers²** /vɛʀ/ **NM** **a** *(sg = ligne)* line ◆ **au 3ᵉ ~** in line 3, in the 3rd line ◆ **~ de dix syllabes, ~ décasyllabe** line of ten syllables, decasyllabic line ◆ **un ~ boiteux** a short line, a hypometric line *(SPÉC)* ◆ **je me souviens d'un ~ de Virgile** I recall a line by Virgil ◆ **réciter quelques ~** to recite a few lines of poetry **b** *(pl = poésie)* verse *(NonC)* ◆ **~ blancs/libres** blank/free verse ◆ **~ de circonstance** occasional verse ◆ **traduction en ~** verse translation ◆ **faire** *ou* **écrire des ~** to write verse, to versify *(péj)* ◆ **mettre en ~** to put into verse ◆ **il fait des ~ de temps en temps** he writes a little verse from time to time ◆ **écrire des ~ de mirliton** to write a bit of doggerel

**versaillais, e** /vɛʀsajɛ, ɛz/ **ADJ** from *ou* of Versailles ◆ **l'armée ~e** *(Hist) army which suppressed the Commune of 1871* **NM,F** **Versaillais(e)** inhabitant *ou* native of Versailles ◆ **les Versaillais** *(Hist) the government troops who suppressed the Commune of 1871*

**Versailles** /vɛʀsaj/ **N** Versailles ◆ **le château de ~** the palace of Versailles ◆ **c'est ~ !** *[appartement]* it's like a palace!, it's palatial!; *[événement, réception]* it's really spectacular!

**versant** /vɛʀsɑ̃/ **NM** **a** *[de vallée, toit]* side; *[de massif]* slopes ◆ **les Pyrénées ont un ~ français et un ~ espagnol** the Pyrenees have a French side and a Spanish side ◆ **le ~ nord/français de ce massif** the northern/French slopes of this range **b** *[de dossier, problème]* side, aspect

**versatile** /vɛʀsatil/ **ADJ** fickle, changeable, capricious

**versatilité** /vɛʀsatilite/ **NF** fickleness, changeability, capriciousness

**verse** /vɛʀs/ **à verse** **LOC ADV** in torrents ◆ **il pleut à ~** it's pouring down, it's coming down in torrents *ou* in buckets *

**versé, e** /vɛʀse/ (ptp de **verser**) **ADJ** *(= savant, expérimenté)* ◆ **~/peu ~ dans l'histoire ancienne** (well-)versed/ill-versed in ancient history ◆ **~/peu ~ dans l'art de l'escrime** (highly) skilled *ou* accomplished/unaccomplished in the art of fencing

**Verseau** /vɛʀso/ **NM** *(Astron)* ◆ **le ~** Aquarius, the Water-carrier ◆ **il est ~, il est (du signe) du ~** he's (an) Aquarius

**versement** /vɛʀsəmɑ̃/ **NM** payment; *(échelonné)* instalment, installment *(US)* ◆ **le ~ d'une somme sur un compte** the payment of a sum into an account ◆ **~ par chèque/virement** payment by cheque/credit transfer ◆ **par ~s échelonnés** in *ou* by instalments ◆ **je veux faire un ~ sur mon compte** I want to put some money into my account, I want to make a deposit into my account ◆ **le ~ de ces sommes se fera le mois prochain** these sums will be paid next month ◆ **~ en espèces** cash deposit ◆ **~ à une œuvre** donation to a charity ◆ **bulletin** *ou* **bordereau de ~** paying-in *(Brit)* *ou* deposit *(US)* slip ◆ **un premier ~** *ou* **un ~ initial de 150 €** a first *ou* an initial payment of €150

**verser** /vɛʀse/ ► conjug 1 ◄ VT a [+ liquide, grains] to pour, to tip (*dans* into; *sur* onto); (= servir) [+ thé, café, vin] to pour (out) (*dans* into); ◆ ~ **le café dans les tasses** to pour the coffee into the cups ◆ ~ **des haricots (d'un sac) dans un bocal** to pour *ou* tip beans (from a bag) into a jar ◆ ~ **du vin/un verre de vin à qn** to pour sb some wine/a glass of wine ◆ **verse-lui/-toi à boire** pour him/yourself a drink ◆ **veux-tu ~ à boire/le vin s'il te plaît ?** will you pour (out) *ou* serve the drinks/the wine please?; → **huile**

b (= répandre) [+ larmes, sang] to shed; (= déverser) to pour out, to scatter (*sur* onto); ◆ ~ **le sang** (= tuer) to shed *ou* spill blood ◆ **sans ~ une goutte de sang** without shedding *ou* spilling a drop of blood ◆ ~ **un pleur/quelques pleurs** (littér, hum) to shed a tear/a few tears

c (= classer) ~ **une pièce à un dossier** to add an item to a file

d (gén, Fin = payer) to pay ◆ ~ **une somme à un compte** to pay a sum of money into an account, to deposit a sum of money in an account ◆ ~ **des intérêts à qn** to pay sb interest ◆ ~ **des arrhes** to put down *ou* pay a deposit ◆ ~ **une rente à qn** to pay sb a pension

e (= affecter, incorporer) ~ **qn dans** to assign *ou* attach sb to ◆ **se faire ~ dans l'infanterie** to get o.s. assigned *ou* attached to the infantry

VI a (= basculer) [véhicule] to overturn ◆ **il va nous faire ~ dans le fossé** he'll tip us into the ditch, we'll end up in the ditch because of him ◆ **il a déjà versé deux fois** he has already overturned twice

b (= tomber dans) ~ **dans** [+ sentimentalité, démagogie] to lapse into

**verset** /vɛʀsɛ/ NM (Rel) [de Bible, Coran] verse; (= prière) versicle; (Littérat) verse

**verseur, -euse** /vɛʀsœʀ, øz/ ADJ ◆ **bouchon ~** pour-through stopper ◆ **sucrier ~** sugar dispenser; → **bec** NM (= dispositif) pourer NF **verseuse** (= cafetière) coffeepot

**versicolore** /vɛʀsikɔlɔʀ/ ADJ versicolour (Brit), versicolor (US)

**versificateur** /vɛʀsifikatœʀ/ NM writer of verse, versifier (péj), rhymester (péj)

**versification** /vɛʀsifikasjɔ̃/ NF versification

**versifier** /vɛʀsifje/ ► conjug 7 ◄ VT to put into verse ◆ **une œuvre versifiée** a work put into verse VI to write verse, to versify (péj)

**version** /vɛʀsjɔ̃/ NF a (Scol = traduction) translation (into the mother tongue), unseen (translation) ◆ ~ **grecque/anglaise** Greek/English unseen (translation), translation from Greek/English b (= variante) [d'œuvre, texte] version ◆ **film en ~ originale** film in the original language *ou* version ◆ **"Casablanca" en ~ originale (sous-titrée)** "Casablanca" in English (with French subtitles) ◆ **la ~ française du film** the French version of the film ◆ **film italien en ~ française** Italian film dubbed into French ◆ ~ **4 portes** (Aut) 4-door model c (= modèle) model d (= interprétation) [d'incident, faits] version ◆ **donner sa ~ des faits** to give one's (own) version of the facts e (Ordin) version ◆ ~ **bêta** beta version

**verso** /vɛʀso/ NM back ◆ **au ~** on the back (of the page) ◆ **"voir au verso"** "see over(leaf)"

**verste** /vɛʀst/ NF verst

**versus** /vɛʀsys/ PRÉP versus

**vert, verte** /vɛʀ, vɛʀt/ ADJ a (= couleur) green ◆ ~ **de jalousie** green with envy ◆ ~ **de rage** purple with rage ◆ ~ **de peur** white with fear ◆ **les petits hommes ~s** (hum) the little green men (hum); → **feu**[1], **haricot, numéro, tapis** *etc*

b (= pas mûr) [céréale, fruit] unripe, green; [vin] young; (= frais, non séché) [foin, bois] green ◆ **être au régime ~** to be on a green-vegetable diet *ou* a diet of green vegetables; → **cuir**

c (= alerte) [vieillard] vigorous, sprightly, spry ◆ **au temps de sa ~e jeunesse** in the first bloom of his youth

d († = sévère) [réprimande] sharp, stiff

e [propos, histoire] spicy, saucy ◆ **elle en a vu des ~es et des pas mûres** * she has been through it, she has had a hard *ou* rough time (of it) ◆ **il en a dit des ~es (et des pas mûres)** * he came out with some pretty risqué stuff * ◆ **j'en ai entendu des ~es et des pas mûres sur son compte !** * you wouldn't believe the things I've heard about him!; → **langue**

f (Agr) **tourisme ~** country holidays ◆ **classe ~e** school camp ◆ **avoir les pouces ~s** *ou* **la main ~e** to have green fingers (Brit), to have a green thumb (US)

g (= écologique) green (épith) ◆ **le parti ~** (Pol) the Green Party ◆ **les produits ~s** green products

NM a (= couleur) green; (Golf) green ◆ ~ **olive/pistache/émeraude** olive/pistachio/emerald(-green) ◆ ~ **pomme/d'eau/bouteille** apple-/sea-/bottle-green ◆ ~ **amande/mousse** almond/moss green ◆ ~ **menthe** mint green ◆ ~ **sapin** forest green ◆ **tu as du ~ sur ta jupe** you've got a green stain on your skirt ◆ **mettre un cheval au ~** to put a horse out to grass *ou* to pasture ◆ **se mettre au ~** (= prendre du repos) to take a rest *ou* a refreshing break in the country; [gangster] to lie low *ou* hole up for a while in the country ◆ **passer au ~** [voiture] to go when the lights are on green ◆ **le feu est passé au ~** the lights turned green; → **tendre**[2]

b (Pol = écologistes) **les Verts** the Greens

NF **verte** († * = absinthe) absinth(e)

**vert-de-gris** /vɛʀdəgʀi/ NM INV verdigris ◆ **les ~** (péj) (= soldats allemands) German soldiers (during the Second World War) ADJ INV grey(ish)-green

**vert-de-grisé, e** (mpl **vert-de-grisés**) /vɛʀdəgʀize/ ADJ coated with verdigris; (fig) grey(ish)-green

**vertébral, e** (mpl **-aux**) /vɛʀtebʀal, o/ ADJ vertebral; → **colonne**

**vertébré, e** /vɛʀtebʀe/ ADJ, NM vertebrate

**vertèbre** /vɛʀtɛbʀ/ NF vertebra ◆ **se déplacer une ~** to slip a disc, to dislocate a vertebra (SPÉC) ◆ **~s cervicales/lombaires** cervical/lumbar vertebrae

**vertement** /vɛʀtəmɑ̃/ ADV [rappeler à l'ordre, répliquer] sharply, in no uncertain terms; [critiquer, réagir] strongly ◆ **se faire ~ réprimander** to get a severe dressing-down, to be hauled over the coals

**vertex** /vɛʀtɛks/ NM (Anat) vertex

**vertical, e** (mpl **-aux**) /vɛʀtikal, o/ ADJ (gén, Écon) [ligne, plan, éclairage] vertical; [position du corps, station] vertical, upright; → **avion, concentration** NF **verticale** a ◆ **la ~e** the vertical ◆ **à la ~e** [s'élever, tomber] vertically ◆ **falaise à la ~e** vertical *ou* sheer cliff ◆ **écarté de la ~e** off the vertical b (= ligne, Archit) vertical line NM (Astron) vertical circle

**verticalement** /vɛʀtikalmɑ̃/ ADV [monter] vertically, straight up; [descendre] vertically, straight down

**verticalité** /vɛʀtikalite/ NF verticalness, verticality

**vertige** /vɛʀtiʒ/ NM a (= peur du vide) **le ~** vertigo ◆ **avoir le ~** to suffer from vertigo, to get dizzy *ou* giddy ◆ **il eut soudain le ~** *ou* **fut soudain pris de ~** he suddenly felt dizzy *ou* giddy, he was suddenly overcome by vertigo ◆ **un précipice à donner le ~** a precipice that would make you (feel) dizzy *ou* giddy ◆ **cela me donne le ~** it makes me feel dizzy *ou* giddy, it gives me vertigo ◆ **ces chiffres donnent le ~** these figures make your head swim *ou* spin

b (= étourdissement) dizzy *ou* giddy spell, dizziness (NonC), giddiness (NonC) ◆ **avoir un ~** to have a dizzy *ou* giddy spell *ou* turn ◆ **être pris de ~s** to get dizzy *ou* giddy turns *ou* spells

c (= exaltation) fever ◆ **les spéculateurs étaient gagnés par ce ~** the speculators had caught this fever ◆ **d'autres, gagnés eux aussi par le ~ de l'expansion ...** others, who had also been bitten by the expansion bug ... *ou* who had also caught the expansion fever ...

**vertigineusement** /vɛʀtiʒinøzmɑ̃/ ADV [monter, chuter] at a dizzying rate ◆ **les prix augmentent ~** prices are rising at a dizzying rate, prices are rocketing *ou* are going sky-high *

**vertigineux, -euse** /vɛʀtiʒinø, øz/ ADJ a [plongée, descente] vertiginous, breathtaking; [précipice] breathtakingly high; [vitesse, hauteur] breathtaking, dizzy (épith), giddy (épith) b (= très rapide) breathtaking ◆ **une hausse/baisse vertigineuse** a spectacular *ou* dramatic rise/fall c (Méd) vertiginous

**vertigo** /vɛʀtigo/ NM (Vét) (blind) staggers

**vertu** /vɛʀty/ NF a (= morale) virtue ◆ **les ~s bourgeoises** the bourgeois virtues ◆ **les (quatre) ~s cardinales** the (four) cardinal virtues ◆ **~s théologales** theological virtues ◆ **Vertus** (= anges) Virtues ◆ **femme** *ou* **dame** (hum) **de petite ~** † woman of easy virtue; → **nécessité, parer**[1]**, prix**

b (littér) (= pouvoir) power; (= propriété) property; (= courage) courage, bravery ◆ ~ **curative/magique** healing/magic power ◆ **les ~s thérapeutiques du chocolat** the healing properties of chocolate ◆ **les ~s pédagogiques d'un débat** the educational qualities of a debate

c (loc)

◆ **en vertu de** in accordance with ◆ **en ~ des pouvoirs qui me sont conférés** in accordance with *ou* by virtue of the powers conferred upon me ◆ **en ~ de l'article 4 de la loi** in accordance *ou* compliance with article 4 of the law ◆ **en ~ de quoi pouvez-vous exiger ... ?** by what right can you demand ...? ◆ **en ~ de quoi je déclare ...** in accordance with which I declare ..., by virtue of which I declare ...

**vertueusement** /vɛʀtɥøzmɑ̃/ ADV virtuously

**vertueux, -euse** /vɛʀtɥø, øz/ ADJ virtuous

**vertugadin** /vɛʀtygadɛ̃/ NM (Hist = vêtement) farthingale

**verve** /vɛʀv/ NF a (= esprit, éloquence) witty eloquence ◆ **être en ~** to be in brilliant form ◆ **il nous a raconté l'entrevue avec ~** he gave us a spirited account of the interview b (littér = fougue, entrain) verve, vigour (Brit), vigor (US), zest ◆ **la ~ de son style** the vigour of his style

**verveine** /vɛʀvɛn/ NF (= plante) vervain, verbena; (= tisane) verbena tea; (= liqueur) vervain liqueur

**vésical, e** (mpl **-aux**) /vezikal, o/ ADJ vesical

**vésicant, e** /vezikɑ̃, ɑ̃t/ ADJ vesicant, vesicatory

**vésicatoire** /vezikatwaʀ/ ADJ, NM vesicatory

**vésiculaire** /vezikylɛʀ/ ADJ vesicular

**vésicule** /vezikyl/ NF *(Méd) (= organe)* vesicle; *(= ampoule)* blister; *(Bot)* vesicle ◆ **la ~ (biliaire)** the gall-bladder ◆ **~s séminales** seminal vesicles

**vésiculeux, -euse** /vezikylø, øz/ ADJ ⇒ **vésiculaire**

**Vespa** ® /vɛspa/ NF Vespa ®

**vespasienne** /vɛspazjɛn/ NF urinal *(in the street)*

**vespéral, e** (mpl **-aux**) /vɛspeʀal, o/ ADJ *(littér)* evening *(épith)* NM *(Rel)* vesperal

**vesse-de-loup** (pl **vesses-de-loup**) /vɛsdəlu/ NF *(Bot)* puffball

**vessie** /vesi/ NF *(Anat)* bladder, vesica *(SPÉC)*; *(animale : utilisée comme sac)* bladder ◆ **~ natatoire** swim bladder ◆ **elle veut nous faire prendre des ~s pour des lanternes** * she would have us believe that the moon is made of green cheese, she's trying to pull the wool over our eyes

**Vesta** /vɛsta/ NF Vesta

**vestale** /vɛstal/ NF *(Hist)* vestal; *(littér)* vestal, vestal virgin

**veste** /vɛst/ NF a *(= habit)* jacket ◆ **~ droite/croisée** single-/double-breasted jacket ◆ **~ de pyjama** pyjama jacket *ou* top ◆ **~ d'intérieur** smoking jacket b *(* loc)* **ramasser** *ou* **(se) prendre une ~** *(dans une élection)* to be beaten hollow ◆ **retourner sa ~** to change sides

**vestiaire** /vɛstjɛʀ/ NM a *[de théâtre, restaurant]* cloakroom; *[de stade, piscine]* changing-room ◆ **la dame du ~** the cloakroom attendant *ou* lady ◆ **réclamer son ~** to collect one's things from the cloakroom ◆ **au ~ ! au ~ !** * get off! ◆ **le joueur a été renvoyé au ~** *(= expulsé)* the player was sent for an early bath ◆ **il a dû laisser sa fierté/ses convictions au ~** he had to forget his pride/his convictions b *(= meuble)* **(armoire-)~** locker

**vestibulaire** /vɛstibylɛʀ/ ADJ vestibular

**vestibule** /vɛstibyl/ NM a *[de maison]* hall; *[d'hôtel]* lobby; *[d'église]* vestibule b *(Anat)* vestibule

**vestige** /vɛstiʒ/ NM *(= objet)* relic; *(= fragment)* trace; *[de coutume, splendeur, gloire]* vestige, remnant ◆ **~s** *[de ville]* remains, vestiges; *[de civilisation, passé]* vestiges, remnants ◆ **~s archéologiques/antiques** arch(a)eological/classical remains ◆ **les ~s de leur armée décimée** the remnants of their decimated army ◆ **les ~s de la guerre** the vestiges of war

**vestimentaire** /vɛstimɑ̃tɛʀ/ ADJ ◆ **modes/styles ~s** fashions/styles in clothing *ou* clothes ◆ **dépenses ~s** clothing expenditure, expenditure on clothing ◆ **élégance ~** sartorial elegance ◆ **ses goûts ~s** his taste in clothes ◆ **code ~** dress code ◆ **ces fantaisies ~s n'étaient pas de son goût** these eccentricities of dress were not to his taste ◆ **il se préoccupait beaucoup de détails ~s** he was very preoccupied with the details of his dress ◆ **sa fonction exigeait une tenue ~ adéquate** his position required that he dress appropriately

**veston** /vɛstɔ̃/ NM jacket; → **complet**

**Vésuve** /vezyv/ NM Vesuvius

**vêtement** /vɛtmɑ̃/ NM a *(= article d'habillement)* garment, item *ou* article of clothing; *(= ensemble de vêtements, costume)* clothes, clothing *(NonC)*; *(frm = manteau, veste)* coat ◆ **le ~** *(Comm = industrie)* the clothing industry, the rag trade *, the garment industry *(US)* ◆ **le ~ masculin évolue** men's clothes are changing ◆ **c'est un ~ très pratique** it's a very practical garment *ou* item of clothing *ou* article of clothing

b ◆ **~s** clothes ◆ **où ai-je mis mes ~s ?** where did I put my clothes? *ou* things? * ◆ **emporte des ~s chauds** take (some) warm clothes *ou* clothing ◆ **porter des ~s de sport/de ville** to wear sports/town clothes *ou* gear * ◆ **acheter des ~s de bébé** to buy baby garments *ou* clothes ◆ **il portait des ~s de tous les jours** he was wearing ordinary *ou* everyday clothes ◆ **~s sacerdotaux** vestments ◆ **~s de travail/de deuil** working/mourning clothes ◆ **~s du dimanche** Sunday clothes, Sunday best *(parfois hum)*

c *(= rayon de magasin)* **(rayon) ~s** clothing department ◆ **~s pour dames** ladies' wear *(NonC)* ◆ **~s pour hommes** menswear *(NonC)* ◆ **~s de sport** sportswear *(NonC)* ◆ **~s de ski** skiwear *(NonC)* ◆ **~s de bébé** babywear *(NonC)*

d *(= parure)* garment *(fig)* ◆ **le langage est le ~ de la pensée** language clothes thought

**vétéran** /veteʀɑ̃/ NM *(Mil)* veteran, old campaigner; *(fig)* veteran, old hand *; *(Sport)* veteran ◆ **un ~ de l'enseignement primaire** *(= personne expérimentée)* an old hand * at primary teaching

**vétérinaire** /veteʀinɛʀ/ NMF vet, veterinary surgeon *(Brit)*, veterinarian *(US)* ADJ veterinary ◆ **école ~** veterinary college *ou* school

**vététiste** /vetetist/ NMF mountain biker

**vétille** /vetij/ NF trifle, triviality ◆ **ergoter sur des ~s** to quibble over trifles *ou* trivia *ou* trivialities

**vétilleux, -euse** /vetijø, øz/ ADJ *(littér)* quibbling, punctilious

**vêtir** /vetiʀ/ ▸ conjug 20 ◂ VT a *(= habiller) [+ enfant, miséreux]* to clothe, to dress (*de* in) b *(= revêtir) [+ uniforme]* to don, to put on VPR **se vêtir** to dress (o.s.) ◆ **aider qn à se ~** to help sb (to) get dressed ◆ **les monts se vêtaient de neige** *(littér)* the mountains were clad in snow

**vétiver** /vetivɛʀ/ NM vetiver

**veto** /veto/ NM *(Pol, gén)* veto ◆ **opposer son ~ à qch** to veto sth ◆ **droit de ~** right of veto ◆ **je mets mon ~** I veto that

**véto** * /veto/ NMF (abrév de **vétérinaire**) vet

**vêtu, e** /vety/ (ptp de **vêtir**) ADJ dressed ◆ **bien/mal ~** well-/badly-dressed ◆ **court ~e** short-skirted ◆ **à demi-~** half-dressed ◆ **chaudement ~** warmly dressed ◆ **~ de** dressed in, wearing ◆ **~e d'une jupe** wearing a skirt, dressed in a skirt, with a skirt on ◆ **~ de bleu** dressed in *ou* wearing blue ◆ **toute de blanc ~e** dressed all in white ◆ **colline ~e des ors de l'automne** *(littér)* hill clad in the golden hues of autumn *(littér)*

**vétuste** /vetyst/ ADJ *[locaux, immeuble]* rundown, dilapidated ◆ **devenir ~** to fall into disrepair

**vétusté** /vetyste/ NF *[de maison]* dilapidation ◆ **étant donné la ~ des installations** because the facilities are in such a bad state of repair ◆ **clause de ~** obsolescence clause

**veuf, veuve** /vœf, vœv/ ADJ widowed ◆ **il est deux fois ~** he has been twice widowed, he is a widower twice over ◆ **rester ~/veuve de qn** to be left sb's widower/widow NM widower NF **veuve** a *(gén)* widow ◆ **Madame veuve Durand** *(Jur ou vieilli)* the widow Durand ◆ **veuve de guerre** war widow b *(= oiseau)* whydah (bird), widow bird

**veule** /vøl/ ADJ *[personne, air]* spineless

**veulerie** /vølʀi/ NF spinelessness

**veuvage** /vœvaʒ/ NM *[de femme]* widowhood; *[d'homme]* widowerhood

**vexant, e** /vɛksɑ̃, ɑ̃t/ ADJ a *(= contrariant)* annoying ◆ **c'est ~ de ne pas pouvoir profiter de l'occasion** it's annoying *ou* a nuisance not to be able to take advantage of the opportunity b *(= blessant) [paroles]* hurtful (*pour* to); ◆ **il s'est montré très ~** he said some very hurtful things

**vexation** /vɛksasjɔ̃/ NF *(= humiliation)* humiliation ◆ **être en butte à de multiples ~s** to be a victim of harassment

**vexatoire** /vɛksatwaʀ/ ADJ *[procédés, attitude]* persecutory, hurtful ◆ **mesures ~s** harassment

**vexer** /vɛkse/ ▸ conjug 1 ◂ VT *(= offenser)* to hurt, to offend ◆ **être vexé par qch** to be hurt by sth, to be offended at sth ◆ **elle était vexée de n'avoir pas été informée** she was hurt *ou* offended that she hadn't been told ◆ **vexé comme un pou** * livid *, hopping mad * VPR **se vexer** to be hurt (*de* by) to be *ou* get offended (*de* at); ◆ **se ~ facilement** *ou* **pour un rien** to be easily hurt *ou* offended

**VF** /veɛf/ NF (abrév de **version française**) → **version**

**VHF** /veaʃɛf/ (abrév de **very high frequency**) VHF

**VHS** /veaʃɛs/ NM (abrév de **Video Home System**) VHS ◆ **filmer en ~** to film in VHS

**via** /vja/ PRÉP via

**viabilisé, e** /vjabilize/ ADJ *[terrain]* with services (laid on), serviced ◆ **entièrement ~** fully serviced

**viabiliser** /vjabilize/ ▸ conjug 1 ◂ VT *[+ terrain]* to service

**viabilité** /vjabilite/ NF a *[de chemin]* practicability ◆ **avec/sans ~** *[terrain]* with/without services (laid on), serviced/unserviced b *[d'organisme, entreprise]* viability

**viable** /vjabl/ ADJ *[situation, enfant, compromis]* viable

**viaduc** /vjadyk/ NM viaduct

**viager, -ère** /vjaʒe, ɛʀ/ ADJ *(Jur) [rente, revenus]* life *(épith)*, for life *(attrib)* ◆ **à titre ~** for as long as one lives, for the duration of one's life NM *(= rente)* life annuity; *(= bien) property mortgaged for a life annuity* ◆ **mettre/acheter une maison en ~** to sell/buy a house in return for a life annuity ◆ **placer son argent en ~** to buy an annuity

**Viagra** ® /vjagʀa/ NM Viagra ®

**viande** /vjɑ̃d/ NF a *(gén)* meat ◆ **~ rouge/blanche** red/white meat ◆ **~ de boucherie** fresh meat, (butcher's) meat ◆ **~ froide** *(lit)* cold meat(s); *(* = cadavre)* dead meat * ◆ **~ hachée** minced meat *(Brit)*, mince *(Brit)*, ground meat *(US)*, hamburger *(US)* ◆ **~ fraîche/séchée** fresh/dried meat ◆ **~ de bœuf** beef ◆ **~ de cheval** horse meat ◆ **~ de mouton** mutton ◆ **~ de porc** pork ◆ **~ de veau** veal ◆ **évitez les ~s grasses** avoid fatty meats; → **plat²** b * **montrer sa ~** to bare one's flesh ◆ **amène ta ~ !** shift your carcass *ou* butt *(US)* over here! *; → **sac¹**

**viander (se)** * /vjɑ̃de/ ▸ conjug 1 ◂ VPR to smash o.s. up * *ou* get smashed up * in an accident

**viatique** /vjatik/ NM *(= argent)* money (for the journey); *(= provisions)* provisions (for the journey); *(Rel = communion)* viaticum ◆ **il avait pour seul ~ ses principes** *(littér = soutien)* the only thing he had to sustain him in life was his principles ◆ **la culture est un ~** culture is a precious asset

**vibrant, e** /vibʀɑ̃, ɑ̃t/ ADJ a *(lit) [corde, membrane]* vibrating b *[son, voix]* vibrant, resonant; *(Phon) [consonne]* lateral, vibrant ◆ **voix ~e d'émotion** voice vibrant *ou* resonant with emotion c *[discours]* (powerfully) emotive; *[nature]* emotive ◆ **~ d'émotion contenue** vibrant with suppressed emotion NF **vibrante** *(= consonne)* vibrant

**vibraphone** /vibʀafɔn/ NM vibraphone, vibes

**vibraphoniste** /vibʀafɔnist/ NMF vibraphone player, vibes player

**vibrateur** /vibʀatœʀ/ NM vibrator

**vibratile** /vibʀatil/ ADJ vibratile; → **cil**

**vibration** /vibʀasjɔ̃/ NF *(gén, Phys)* vibration ◆ **la ~ de sa voix** the vibration *ou* resonance of his voice ◆ **la ~ de l'air (due à la chaleur)** the heat haze

**vibrato** /vibʀato/ NM vibrato ◆ **jouer qch avec ~** to play sth (with) vibrato

**vibratoire** /vibʀatwaʀ/ ADJ vibratory

**vibrer** /vibʀe/ ▸ conjug 1 ◂ VI a *(gén, Phys)* to vibrate; *[+ air chaud]* to shimmer ◆ **faire ~ qch** to cause sth to vibrate, to vibrate sth b *(d'émotion) [voix]* to quiver ◆ **~ en entendant qch** to thrill to the sound of sth ◆ **~ en écoutant Beethoven** to be stirred when listening to Beethoven ◆ **faire ~ qn/un auditoire** to stir *ou* thrill sb/an audience, to send a thrill through sb/an audience ◆ **~ d'enthousiasme** to be bubbling with enthusiasm ◆ **~ de colère** to quiver with rage; → **fibre** VT *(Tech) [+ béton]* to vibrate

**vibreur** /vibʀœʀ/ NM vibrator

**vibrion** /vibʀijɔ̃/ NM a *(= bacille)* vibrio ◆ **le ~ du choléra** vibrio cholerae b *(* = enfant)* fidget *

**vibrionnant, e** * /vibʀijɔnɑ̃, ɑ̃t/ ADJ *(hum) [personne]* buzzing with energy; *[atmosphère]* effervescent ◆ **il régnait dans la salle de rédaction une agitation ~e** the newsroom was buzzing with activity

**vibromasseur** /vibʀomasœʀ/ NM vibrator

**vicaire** /vikɛʀ/ NM *[de paroisse]* curate ◆ **grand ~, ~ général** *[d'évêque]* vicar-general ◆ **~ apostolique** *[de pape]* vicar apostolic ◆ **le ~ de Jésus-Christ** the vicar of Christ

**vicariat** /vikaʀja/ NM curacy

**vice** /vis/ NM a *(= défaut moral, mauvais penchant)* vice ◆ **le ~** *(= mal, débauche)* vice ◆ **le tabac est mon ~** *(hum)* tobacco is my vice ◆ **elle travaille quinze heures par jour : c'est du ~ !** * it's perverted *ou* it's sheer perversion the way she works 15 hours a day like that! ◆ **vivre dans le ~** to live a life of vice; → **oisiveté, pauvreté** b *(= défectuosité)* fault, defect; *(Jur)* defect ◆ **~ de prononciation** slight speech defect ◆ **~ de conformation** congenital malformation ◆ **~ de construction** building fault ◆ **~ de fabrication** manufacturing fault ◆ **~ rédhibitoire** *(Jur)* redhibitory defect ◆ **~ de forme** *(Jur)* technicality ◆ **cassé pour ~ de forme** thrown out on a technicality ◆ **~ de procédure** procedural error ◆ **~ caché** latent defect

**vice-** /vis/ *(dans les composés à trait d'union, le préfixe reste invariable)* PRÉF vice- ◆ **~Premier ministre** deputy Prime Minister ◆ **le ~champion du monde de judo** the world's number two in judo

**vice-amiral** (pl **-aux**) /visamiʀal, o/ NM vice-admiral, rear admiral ◆ **~ d'escadre** vice-admiral

**vice-chancelier** /visʃɑ̃səlje/ NM vice-chancellor

**vice-consul** /viskɔ̃syl/ NM vice-consul

**vice-consulat** /viskɔ̃syla/ NM vice-consulate

**vicelard, e** * /vis(ə)laʀ, aʀd/ ADJ *(= pervers) [air, regard, personne]* depraved; *(= rusé) [question]* trick *(épith)*; *[plan]* cunning NM,F *(= pervers)* pervert ◆ **vieux ~** dirty old man, old lecher

**vice-légat** /vislega/ NM vice-legate

**vice-légation** /vislegasjɔ̃/ NF vice-legateship

**vicennal, e** (mpl **-aux**) /visenal, o/ ADJ vicennial

**vice-présidence** /vispʀezidɑ̃s/ NF *[de pays]* vice-presidency; *[de comité]* vice-chairmanship; *[de congrès, conseil d'administration]* vice-presidency, vice-chairmanship

**vice-président** /vispʀezidɑ̃/ NM,F *[de pays]* vice-president; *[de comité]* vice-chairman; *[de congrès, conseil d'administration]* vice-president, vice-chairman

**vice-présidente** /vispʀezidɑ̃t/ NF *[de pays]* vice-president; *[de comité]* vice-chairwoman; *[de congrès, conseil d'administration]* vice-president, vice-chairwoman

**vice-reine** /visʀɛn/ NF lady viceroy, vicereine

**vice-roi** (pl **vice-rois**) /visʀwa/ NM viceroy

**vice-royauté** /visʀwajote/ NF viceroyalty

**vicésimal, e** (mpl **-aux**) /visezimal, o/ ADJ vigesimal, vicenary

**vice versa** /viseveʀsa/ ADV vice versa

**vichy** /viʃi/ NM a *(Tex)* gingham b ◆ **(eau de) Vichy** vichy *ou* Vichy water ◆ **~ fraise** strawberry syrup with vichy water ◆ **carottes ~** boiled carrots, carrots vichy ◆ **le gouvernement de Vichy** *(Hist)* the Vichy government

**vichyssois, e** /viʃiswa, waz/ ADJ *[gouvernement]* Vichy *(épith)*; *[population]* of Vichy

**vichyste** /viʃist/ ADJ *[idéologie, régime]* of the Vichy government NMF supporter of the Vichy government

**vicié, e** /visje/ (ptp de **vicier**) ADJ a *[atmosphère]* polluted, tainted; *[sang]* contaminated, tainted b *[rapports]* tainted; *[esprit, ambiance]* tainted, polluted c *(Jur) [acte juridique]* vitiated

**vicier** /visje/ ▸ conjug 7 ◂ VT a *[+ atmosphère]* to pollute, to taint; *[+ sang]* to contaminate, to taint b *[+ rapports]* to taint; *[+ esprit, ambiance]* to taint, to pollute c *(Jur) [+ élection]* to invalidate; *[+ acte juridique]* to vitiate, to invalidate

**vicieusement** /visjøzmɑ̃/ ADV a *(= sournoisement)* cunningly, slyly b *(= lubriquement) [regarder]* lecherously, lustfully

**vicieux, -ieuse** /visjø, jøz/ ADJ a *(= pervers) [personne, penchant]* lecherous, perverted; *[air, regard, geste]* depraved, licentious b *(littér = dépravé)* depraved, vicious *(littér)* c *(= rétif) [cheval]* restive, unruly d *(= sournois) [attaque, balle, coup, question]* nasty; → **cercle** e *(= fautif) [prononciation, expression]* incorrect, wrong NM,F pervert ◆ **c'est un petit ~** he's a little lecher ◆ **un vieux ~** a dirty old man, an old lecher

> ⚠ *Sauf dans l'expression 'cercle vicieux',* **vicieux** *ne se traduit pas par le mot anglais* **vicious**, *qui a le sens de 'méchant'.*

**vicinal, e** (mpl **-aux**) /visinal, o/ ADJ ◆ **chemin ~** by-road, byway

**vicissitudes** /visisityd/ NFPL *(= infortunes)* vicissitudes; *(littér = variations, événements)* vicissitudes, vagaries ◆ **les ~ de la vie** the vicissitudes *ou* the trials and tribulations of life ◆ **il a connu bien des ~** he has had his ups and downs

**vicomte** /vikɔ̃t/ NM viscount

**vicomté** /vikɔ̃te/ NF viscountcy, viscounty

**vicomtesse** /vikɔ̃tɛs/ NF viscountess

**victime** /viktim/ NF *(gén)* victim; *[d'accident, catastrophe]* casualty, victim; *(Jur)* aggrieved party, victim ◆ **être ~ de** *[+ escroc, accident, calomnie]* to be the victim of ◆ **il a été ~ de son imprudence/imprévoyance** he was the victim of his own imprudence/lack of foresight ◆ **il est mort, ~ d'une crise cardiaque** he died of a heart attack ◆ **l'incendie a fait de nombreuses ~s** the fire claimed many casualties *ou* victims ◆ **l'attentat n'a pas fait de ~s** there were no casualties *ou* no one was hurt in the bomb attack ◆ **l'entreprise est ~ de la concurrence/de son succès** the company is a victim of the competition/the victim of its own success ◆ **~s de guerre** war victims ◆ **les ~s de la route** *(gén)* road casualties; *(= morts)* road deaths *ou* fatalities

**victimisation** /viktimizasjɔ̃/ NF victimization

**victimiser** /viktimize/ ▸ conjug 1 ◂ VT *[+ personne]* to victimize

**victimisme** /viktimism/ NM victimism

**victoire** /viktwaʀ/ NF *(gén)* victory; *(Sport)* win, victory ◆ **~ aux points** *(Boxe)* win on points ◆ **~ à la Pyrrhus** Pyrrhic victory ◆ **crier** *ou* **chanter ~** to crow (over one's victory) ◆ **ne criez pas ~ trop tôt** don't count your chickens before they're hatched

**Victoria** /viktɔʀja/ NF Victoria ◆ **le lac ~** Lake Victoria NM *(Géog)* Victoria

**victoria** /viktɔʀja/ NF *(Hist = voiture, Bot)* victoria

**victorien, -ienne** /viktɔʀjɛ̃, jɛn/ ADJ, NM,F Victorian

**victorieusement** /viktɔʀjøzmɑ̃/ ADV *(gén)* victoriously; *[combattre, résister, défendre]* successfully

**victorieux, -ieuse** /viktɔʀjø, jøz/ ADJ *[général, campagne, armée, parti]* victorious; *[équipe]* winning *(épith)*, victorious; *[air, sourire]* triumphant ◆ **son parti est sorti ~ des élections** his party emerged victorious from the elections

**victuailles** /viktɥaj/ NFPL food, victuals *(littér)*

**vidage** /vidaʒ/ NM a *[de récipient]* emptying b *(* = expulsion)* kicking out *, chucking out * c *(Ordin)* dump ◆ **~ de mémoire** memory *ou* storage dump

**vidame** /vidam/ NM *(Hist)* vidame

**vidange** /vidɑ̃ʒ/ NF a *[de fosse, tonneau, réservoir]* emptying; *(Aut)* oil change ◆ **entreprise de ~** sewage disposal business ◆ **faire la ~** *(Aut)* to change the oil, to do an *ou* the oil change; → **bouchon, huile** b *(= matières)* **~s** sewage c *(= dispositif) [de lavabo]* waste outlet

**vidanger** /vidɑ̃ʒe/ ▸ conjug 3 ◂ VT a *[+ réservoir, fosse d'aisance]* to empty b *[+ huile, eau]* to drain (off), to empty out

**vidangeur** /vidɑ̃ʒœʀ/ NM cesspool emptier

**vide** /vid/ ADJ a *(lit) (gén)* empty; *(= disponible) [appartement, siège]* empty, vacant; *(Ling) [élément]* empty ◆ **bouteilles ~s** *(Comm)* empty bottles, empties *; → **case, ensemble**², **estomac, main**

b *(= sans intérêt, creux) [journée, heures]* empty; *(= stérile) [discussion, paroles, style]* empty, vacuous ◆ **sa vie était ~** his life was empty *ou* a void ◆ **passer une journée ~** to spend a day with nothing to do, to spend an empty day; → **tête**

c ◆ **~ de** empty *ou* (de)void of ◆ **~ de sens** *[mot, expression]* meaningless, empty *ou* (de)void of (all) meaning; *[paroles]* meaningless, empty ◆ **les rues ~s de voitures** the streets empty of cars ◆ **elle se sentait ~ de tout sentiment** she felt (de)void *ou* empty of all feeling

NM a *(= absence d'air)* vacuum ◆ **le ~ absolu** an absolute vacuum ◆ **pompe à ~** vacuum pump ◆ **faire le ~ dans un récipient** to create a vacuum in a container ◆ **sous ~** under vacuum ◆ **emballé sous** ~ vacuum-packed ◆ **emballage sous** ~ vacuum packing; → **nature, tube**

**b** *(= trou) (entre objets)* gap, empty space; *(Archit)* void ◆ ~ **sanitaire** *(Constr)* underfloor space

**c** *(= abîme)* drop ◆ **le** ~ *(= l'espace)* the void ◆ **être au-dessus du** ~ to be over *ou* above a drop ◆ **tomber dans le** ~ to fall into empty space *ou* into the void ◆ **j'ai peur/je n'ai pas peur du** ~ I am/I am not afraid of heights, I have no head/I have a good head for heights

**d** *(= néant)* emptiness ◆ **le** ~ **de l'existence** the emptiness of life ◆ **regarder dans le** ~ to gaze *ou* stare into space *ou* emptiness

**e** *(= manque)* **un** ~ **douloureux dans son cœur** an aching void in one's heart ◆ **son départ/sa mort laisse un grand** ~ his departure/his death leaves a great void *ou* vacuum ◆ ~ **juridique** gap in the law

**f** *(loc)* **faire le** ~ **autour de soi** to isolate o.s., to drive everyone away ◆ **faire le** ~ **autour de qn** to isolate sb completely, to leave sb on his own ◆ **faire le** ~ **dans son esprit** to empty one's mind ◆ **parler dans le** ~ *(sans objet)* to talk vacuously; *(personne n'écoute)* to talk to a brick wall, to waste one's breath ◆ **repartir à** ~ *[camion]* to go off again empty ◆ **tourner à** ~ *[moteur]* to run in neutral; *[engrenage, mécanisme]* to turn without gripping; *[personne]* to be unable to think straight ◆ **la politique sociale actuelle tourne à** ~ the current social policy is not producing results; → **nettoyage, passage**

**vidé, e** * /vide/ (ptp de **vider**) **ADJ** *(= fatigué) [personne]* worn out, dead beat *, all in *

**vidéaste** /videast/ **NMF** video director ◆ ~ **amateur** amateur video-maker

**vide-grenier** (pl **vide-greniers**) /vidgʀɑnje/ **NM** garage sale *sing*

**vidéo** /video/ **ADJ INV** video ◆ **caméra/jeu/signal** ~ video camera/game/signal ◆ **images/film/bande/cassette** ~ video images/film/tape/cassette ◆ **système de surveillance** ~ video surveillance system **NF** video ◆ **faire de la** ~ to make videos ◆ **film disponible en** ~ film available *ou* out on video ◆ **service de** ~ **à la demande** video on demand service

**vidéocassette** /videokasɛt/ **NF** video cassette

**vidéoclip** /videoklip/ **NM** *(= chanson)* video

**vidéoclub** /videoklœb/ **NM** videoclub

**vidéocommunication** /videokɔmynikasjɔ̃/ **NF** video communication

**vidéoconférence** /videokɔ̃feʀɑ̃s/ **NF** videoconference, teleconference

**vidéodisque** /videodisk/ **NM** videodisk

**vidéofréquence** /videofʀekɑ̃s/ **NF** video frequency

**vidéogramme** /videɔgʀam/ **NM** video recording

**vidéographie** /videɔgʀafi/ **NF** videotext ◆ ~ **interactive** Videotex ®

**vidéolecteur** /videɔlɛktœʀ/ **NM** videodisk player

**vidéoprojecteur** /videopʀɔʒɛktœʀ/ **NM** video projector

**vide-ordures** /vidɔʀdyʀ/ **NM INV** rubbish chute *(Brit)*, garbage chute *(US)*

**vidéosurveillance** /videosyʀvɛjɑ̃s/ **NF** video surveillance ◆ **caméra/système de** ~ video surveillance camera/system

**vidéotex** ® /videɔtɛks/ **ADJ INV, NM INV** videotex ®

**vidéothèque** /videɔtɛk/ **NF** video library

**vidéotransmission** /videotʀɑ̃smisjɔ̃/ **NF** video transmission

**vide-poche** (pl **vide-poches**) /vidpɔʃ/ **NM** *(= récipient)* tidy; *(Aut)* side pocket

**vide-pomme** (pl **vide-pommes**) /vidpɔm/ **NM** apple-corer

**vider** /vide/ ► conjug 1 ◄ **VT** **a** *[+ récipient, réservoir, meuble, pièce]* to empty; *[+ étang, citerne]* to empty, to drain ◆ ~ **un appartement de ses meubles** to empty *ou* clear a flat of its furniture ◆ ~ **un étang de ses poissons** to empty *ou* clear a pond of fish ◆ ~ **un tiroir sur la table/dans une corbeille** to empty a drawer (out) onto the table/into a wastebasket ◆ ~ **la corbeille** *(Ordin)* to empty the waste ◆ **ils ont vidé 3 bouteilles** *(en consommant)* they emptied *ou* drained 3 bottles ◆ **il vida son verre et partit** he emptied *ou* drained his glass and left ◆ **ils ont vidé tous les tiroirs** *(en emportant)* they cleaned out *ou* emptied all the drawers

**b** *[+ contenu]* to empty (out) ◆ ~ **l'eau d'un bassin** to empty the water out of a basin ◆ **va** ~ **les ordures** go and empty (out) the rubbish ◆ ~ **des déchets dans une poubelle** to empty waste into a dustbin

**c** *(= faire évacuer) [+ lieu]* to empty, to clear ◆ **la pluie a vidé les rues** the rain emptied *ou* cleared the streets

**d** *(= quitter)* ~ **les lieux** to quit *ou* vacate the premises

**e** *(= évider) [+ poisson, poulet]* to gut, to clean out; *[+ pomme]* to core

**f** *( † = régler) [+ querelle, affaire]* to settle

**g** *(Équitation) [+ cavalier]* to throw ◆ ~ **les arçons/les étriers** to leave the saddle/the stirrups

**h** *( * = expulser) [+ trouble-fête, indésirable]* to throw out, to chuck out * ◆ ~ **qn d'une réunion/d'un bistro** to throw *ou* chuck * sb out of a meeting/of a café

**i** *(= épuiser)* to wear out ◆ **ce travail m'a vidé** * this work has worn me out ◆ **travail qui vous vide l'esprit** occupation that leaves you mentally drained *ou* exhausted

**j** *(loc)* ~ **son sac** * to come out with it * ◆ ~ **l'abcès** to root out the evil ◆ ~ **son cœur** to pour out one's heart

**VPR** **se vider** *[récipient, réservoir, bassin, salle]* to empty ◆ **les eaux sales se vident dans l'égout** the dirty water empties *ou* drains into the sewer ◆ **ce réservoir se vide dans un canal** this reservoir empties into a canal ◆ **en août, la ville se vide (de ses habitants)** in August, the town empties (of its inhabitants) ◆ **se** ~ **de son sang** to bleed to death ◆ **nos campagnes se vident** our rural areas are becoming empty of people *ou* deserted

**videur** /vidœʀ/ **NM** *[de boîte de nuit]* bouncer *

**viduité** /vidɥite/ **NF** *(Jur) [de femme]* widowhood, viduity *(SPÉC)*; *[d'homme]* widowerhood, viduity *(SPÉC)* ◆ **délai de** ~ minimum legal period of widowhood (*ou* widowerhood)

## vie /vi/

1 NOM FÉMININ 2 COMPOSÉS

### 1 - NOM FÉMININ

**a** Bio life ◆ **la Vie** *(Rel)* the Life ◆ **le respect de la** ~ respect for life ◆ **la** ~ **animale/végétale** animal/plant life ◆ **donner la** ~ to give birth *(à* to); ◆ **donner/risquer sa** ~ **pour** to give/risk one's life for ◆ **avoir la** ~ **dure** *[personne, animal]* to have nine lives; *[préjugé, superstition]* to die hard ◆ **être entre la** ~ **et la mort** to be at death's door ◆ **avoir droit de** ~ **et de mort sur qn** to have the power of life and death over sb ◆ **passer de** ~ **à trépas** to pass on ◆ **faire passer qn de** ~ **à trépas** to dispatch sb into the next world ◆ **sans** ~ *[personne, corps] (= mort)* lifeless; *(= évanoui)* insensible ◆ **rappeler qn à/revenir à la** ~ to bring sb back to/come back to life ◆ **tôt/tard dans la** ~ early/late in life ◆ **attends de connaître la** ~ **pour juger** wait until you know (something) about life before you pass judgment; → **fleuve, question**

◆ **en vie** alive ◆ **être en** ~ to be alive ◆ **être bien en** ~ to be well and truly alive, to be alive and kicking * ◆ **rester en** ~ to stay *ou* remain alive ◆ **maintenir qn en** ~ to keep sb alive ◆ **ce journal, ils sont fiers de l'avoir maintenu en** ~ they're proud of having kept this newspaper going *ou* afloat

**b** = animation life ◆ **être plein de** ~ to be full of life ◆ **un film/portrait plein de** ~ a lively film/portrait ◆ **donner de la** ~ **à qch, mettre de la** ~ **dans qch** to liven sth up ◆ **sa présence met de la** ~ **dans la maison** he brings some life *ou* a bit of life into the house, he livens the house up ◆ **sans** ~ *[regard]* lifeless, listless; *[rue, quartier]* dead *(attrib)*

**c** = existence life ◆ ~ **sentimentale/conjugale/professionnelle** love/married/professional life ◆ **la** ~ **militaire** life in the services ◆ **la** ~ **de famille/d'étudiant** family/student life ◆ **la** ~ **de pêcheur** the life of a fisherman ◆ **la** ~ **intellectuelle à Paris** intellectual life in Paris, the intellectual life of Paris ◆ **(mode de)** ~ way of life, lifestyle ◆ **dans la** ~ **courante** in everyday life ◆ **avoir la** ~ **facile** to have an easy life ◆ **une** ~ **difficile** *ou* **dure** a hard life ◆ **mener la** ~ **dure à qn** to give sb a hard time (of it), to make life hard for sb ◆ **il a** *ou* **mène une** ~ **sédentaire** he has a sedentary lifestyle, he leads a sedentary life ◆ **faire la** ~ * † *(= se débaucher)* to live it up, to lead a life of pleasure; *(= faire une scène)* to make a scene ◆ **chaque fois, elle me fait la** ~ * she goes on (and on) at me every time ◆ **il en a fait une** ~ **quand ...** he kicked up a real fuss * when ..., he made a real scene when ... ◆ **faire une** ~ **impossible à qn** to make sb's life intolerable *ou* impossible (for them) ◆ **mener joyeuse** ~ to have a happy life ◆ **il poursuivit sa petite** ~ he carried on with his day-to-day existence *ou* his daily affairs ◆ **elle a refait sa** ~ **avec lui** she made a new life with him ◆ **depuis, il a refait sa** ~ since then he's started a new life ◆ **sa femme l'a quitté et il n'a jamais refait sa** ~ his wife left him and he never met anyone else ◆ **il a la bonne** *ou* **belle** ~ he's got it easy, he has an easy *ou* a cushy * life ◆ **c'est la belle** ~ **!** this is the life! ◆ **c'était la belle** ~ **!** those were the days! ◆ **ce n'est pas une** ~ **!** it's a rotten * *ou* hard life! ◆ **c'est la** ~ **!** that's life! ◆ **quelle** ~ **!** what a life! ◆ **la** ~ **est ainsi faite !** such is life!, that's life! ◆ **la** ~ **continue** life goes on; → **actif, rose, vivre**[1]

**d** Écon **(le coût de) la** ~ the cost of living ◆ **la** ~ **augmente** the cost of living is rising *ou* going up ◆ **ils manifestent contre la** ~ **chère** they are demonstrating against the high cost of living; → **gagner, niveau**

**e** = durée life(time) ◆ **il a habité ici toute sa** ~ he lived here all his life ◆ **des habits qui durent une** ~ clothes that last a lifetime ◆ **faire qch une fois dans sa** ~ to do sth once in one's life(time) ◆ **une occasion pareille n'arrive qu'une fois dans la** ~ such an opportunity happens only once in a lifetime ◆ **de ma** ~ *(frm)* **je n'ai vu un homme aussi grand** never (in my life) have I seen such a tall man, I have never (in my life) seen such a tall man ◆ **tu as la** ~ **devant toi** you've got your whole life ahead of you; → **jamais**

◆ **à vie** for life ◆ **condamné à la prison à** ~ sentenced to life imprisonment ◆ **cet accident l'a marqué à** ~ this accident marked him for life ◆ **il est nommé à** ~ he has a life appointment ♦ **directeur/président (nommé) à ~** life director/president, director/president for life ♦ **un emploi à ~, ça n'existe plus** there's no such thing as a job for life any more

♦ **à la vie (et) à la mort** *[amitié, fidélité]* undying *(épith)* ♦ **amis à la ~ à la mort** friends for life ♦ **entre nous, c'est à la ~ et à la mort** we have sworn eternal friendship, we are friends for life ♦ **rester fidèle à qn à la ~ à la mort** to remain faithful to sb to one's dying day

♦ **pour la vie** for life ♦ **il est infirme pour la ~** he'll be an invalid for the rest of his life ♦ **amis pour la ~** friends for life, lifelong friends ♦ **quand on est marié, c'est pour la ~** marriage is for life ♦ **quand on est bête, c'est pour la ~** once an idiot, always an idiot ♦ **à Lulu pour la ~** *(tatouage)* Lulu forever

**f** [= biographie] life (story) ♦ **écrire/lire une ~ de qn** to write/read sb's life story ♦ **j'ai lu la ~ de Bach** I read Bach's life story *ou* the story of Bach's life ♦ **elle m'a raconté toute sa ~** she told me her whole life story, she told me the story of her life

2 - COMPOSÉS

▷ **vie de bâton de chaise** riotous *ou* wild existence ▷ **vie de bohème** Bohemian life *ou* lifestyle ▷ **vie de château** ♦ **mener la ~ de château** to live a life of luxury ▷ **vie de garçon** bachelor's life *ou* existence ▷ **vie de patachon** * disorderly way of life *ou* lifestyle ▷ **vie privée** private life; → **enterrer**

**vieil** /vjɛj/ **ADJ M** → **vieux**

**vieillard** /vjɛjaʀ/ **NM** old man ♦ **les ~s** the elderly, old people; → **asile, hospice**

**vieille**[1] /vjɛj/ **ADJ F, NF** → **vieux**

**vieille**[2] /vjɛj/ **NF** *(= poisson)* wrasse

**vieillerie** /vjɛjʀi/ **NF** *(= objet)* old-fashioned thing; *(= idée)* old *ou* stale idea ♦ **aimer les ~s** to like old *ou* old-fashioned things *ou* stuff ♦ **j'ai mal au dos – c'est la ~** * *(hum)* I've got backache — it's old age

**vieillesse** /vjɛjɛs/ **NF** **a** *(= période)* old age; *(= fait d'être vieux)* (old) age ♦ **mourir de ~** to die of old age ♦ **dans sa ~** in his old age; → **assurance, bâton** **b** *(= vieillards)* **la ~** the old, the elderly, the aged; → **jeunesse** **c** *[de choses]* age, oldness

**vieilli, e** /vjeji/ (ptp de **vieillir**) **ADJ** *(= marqué par l'âge)* aged, grown old *(attrib)*; *(= suranné)* *[mot, expression]* dated, old-fashioned; *(Mode)* *[cuir]* distressed *(épith)* ♦ **je l'ai trouvé ~** I thought he'd aged ♦ **visage prématurément ~** face that has prematurely aged

**vieillir** /vjejiʀ/ ► conjug 2 ◄ **VI** **a** *(= prendre de l'âge)* *[personne, maison, organe]* to grow *ou* get old; *[population]* to age ♦ **il a bien/mal vieilli** *[personne]* he has/has not aged well; *[film]* it has/has not stood the test of time, it has not/has become dated ♦ **il a vieilli dans le métier** he grew old in the job

**b** *(= paraître plus vieux)* to age ♦ **il a vieilli de 10 ans en quelques jours** he aged (by) 10 years in a few days ♦ **je la trouve très vieillie** I find she has aged a lot ♦ **il ne vieillit pas** he doesn't get any older ♦ **la mort de sa femme l'a fait ~ de 20 ans** he aged 20 years when his wife died

**c** *(= passer de mode)* to become (out)dated, to date ♦ **son roman a un peu/beaucoup vieilli** his novel has dated a bit/has really dated

**d** *(Culin)* *[vin, fromage]* to age ♦ **vin vieilli en cave** wine aged in the cellar ♦ **vieilli en fûts de chêne** oak-aged ♦ **j'ai fait** *ou* **laissé ~ quelques bonnes bouteilles dans ma cave** I've got some good bottles of wine maturing in the cellar

**VT** **a** ♦ **~ qn** *[maladie]* to put years on sb; *[coiffure, vêtement]* to make sb look older

**b** *(par fausse estimation)* **~ qn** to make sb older than he (really) is ♦ **vous me vieillissez de 5 ans** you're making me out to be 5 years older than I (really) am

**VPR** **se vieillir** to make o.s. look older

**vieillissant, e** /vjejisɑ̃, ɑ̃t/ **ADJ** *[personne, population, société, équipement]* ageing; *[œuvre]* which is getting dated

**vieillissement** /vjejismɑ̃/ **NM** **a** *[de personne, population, maison, institution, équipement, matériel]* ageing ♦ **le ~ cutané** skin ageing ♦ **malgré le ~ démographique, le pays ...** despite having an ageing population, the country ... **b** *[de mot, œuvre]* fall from fashion; *[de doctrine]* decline **c** *[de vin, fromage]* ageing ♦ **~ forcé** artificial ageing

**vieillot, -otte** /vjɛjo, ɔt/ **ADJ** **a** *(= démodé)* antiquated, quaint **b** *(= vieux)* old-looking

**vielle** /vjɛl/ **NF** hurdy-gurdy

**Vienne** /vjɛn/ **N** *(en Autriche)* Vienna; *(en France)* Vienne

**viennois, e** /vjenwa, waz/ **ADJ** *(d'Autriche)* Viennese; *(de France)* of *ou* from Vienne ♦ **café/chocolat ~** coffee/hot chocolate with whipped cream; → **pain** **NM,F** **Viennois(e)** *(d'Autriche)* Viennese; *(de France)* native *ou* inhabitant of Vienne

**viennoiserie** /vjenwazʀi/ **NF** *sweet breads and buns such as brioches, croissants and pains au chocolat*

**Vientiane** /vjɛntjan/ **N** Vientiane

**vierge** /vjɛʀʒ/ **NF** **a** *(= pucelle)* virgin **b** *(Rel)* **la (Sainte) Vierge** the (Blessed) Virgin ♦ **la Vierge (Marie)** the Virgin (Mary) ♦ **la Vierge immaculée** the Immaculate Virgin, Immaculate Mary ♦ **une Vierge romane/gothique** *(= statue)* a Romanesque/Gothic (statue of the) Virgin; → **fil** **c** *(Astron)* **la Vierge** Virgo ♦ **il est Vierge, il est (du signe) de la Vierge** he's (a) Virgo **ADJ** **a** *[personne]* virgin *(épith)* ♦ **rester/être ~** to remain/be a virgin **b** *[ovule]* unfertilized **c** *[feuille de papier]* blank, virgin *(épith)*; *[film]* unexposed; *[bande magnétique, disquette]* blank; *[casier judiciaire]* clean; *[terre, neige]* virgin *(épith)*; *(Sport)* *[sommet]* unclimbed; → **huile, laine, vigne** *etc* **d** *(littér = exempt)* **~ de** free from, unsullied by ♦ **~ de tout reproche** free from (all) reproach ♦ **~ de connaissances/d'expérience** with absolutely no knowledge/experience

**Vierges** /vjɛʀʒ/ **NFPL** ♦ **les îles ~** the Virgin Islands

**Viêtnam, Viêt Nam** /vjɛtnam/ **NM** Vietnam ♦ **~ du Nord/du Sud** *(Hist)* North/South Vietnam

**vietnamien, -ienne** /vjɛtnamjɛ̃, jɛn/ **ADJ** Vietnamese **NM** *(Ling)* Vietnamese **NM,F** **Vietnamien(ne)** Vietnamese ♦ **Vietnamien(ne) du Nord/Sud** *(Hist)* North/South Vietnamese

**vieux** /vjø/, **vieille** /vjɛj/ (devant nm commençant par une voyelle ou un h muet : **vieil** /vjɛj/) (mpl **vieux** /vjø/) **ADJ** **a** *(= âgé)* old ♦ **très ~** ancient, very old ♦ **un vieil homme** an old man ♦ **une vieille femme** an old woman ♦ **c'est un homme déjà ~** he's already an old man ♦ **les vieilles gens** old people, the aged *ou* elderly ♦ **un ~ retraité** an old-age pensioner ♦ **il est plus ~ que moi** he's older than I am ♦ **~ comme le monde** *ou* **Hérode** *ou* **mes robes** * *(hum)* *ou* **les chemins** as old as the hills ♦ **histoire vieille de vingt ans** story which goes back twenty years ♦ **il se fait ~** he's getting old, he's getting on (in years); → **jour, os**

**b** *(= ancien)* *[demeure, bijoux, meuble]* old ♦ **une belle vieille demeure** a fine old house ♦ **un vin ~** an old wine ♦ **un pays de vieille civilisation** a country with an age-old civilization ♦ **~ français** Old French ♦ **vieil anglais** Old English ♦ **c'est déjà ~ tout ça !** that's all old hat! *

**c** *(= expérimenté)* *[marin, soldat, guide]* old, seasoned ♦ **un ~ loup de mer** an old sea dog; → **briscard, renard, routier**

**d** *(= usé)* *[objet, maison, vêtement]* old ♦ **ce pull est très ~** this sweater is ancient *ou* very old ♦ **~ papiers** waste paper ♦ **~ journaux** old (news)papers

**e** *(avant le n)* *(= de longue date)* *[ami, habitude]* old; *[amitié]* long-standing; *(= passé)* *[coutumes]* old, ancient ♦ **un vieil ami** an old friend, a friend of long standing ♦ **vieille famille** old *ou* ancient family ♦ **c'est une vieille histoire** it's ancient history *ou* an old story ♦ **nous avons beaucoup de ~ souvenirs en commun** we share a lot of old memories ♦ **c'est la vieille question/le ~ problème** it's the same old question/problem ♦ **traîner un ~ rhume** to have a cold that is dragging on; → **date**

**f** *(avant le n)* *(= de naguère)* old; *(= précédent)* old, former, previous ♦ **la vieille génération** the older generation ♦ **mon vieil enthousiasme** my old *ou* former *ou* previous enthusiasm ♦ **ma vieille voiture était plus confortable que la nouvelle** my old *ou* previous car was more comfortable than the one I've got now ♦ **le ~ Paris/Lyon** old Paris/Lyons ♦ **la vieille France/Angleterre** France/England of bygone days *ou* of yesteryear ♦ **ses vieilles craintes se réveillaient** his old fears were aroused once more; → **école, temps**[1]

**g** *(péj : intensif)* **vieille peau** ‡ old bag ‡ ♦ **~ jeton** * old misery * ♦ **espèce de ~ satyre !** * you dirty old man! * ♦ **n'importe quel ~ bout de papier fera l'affaire** any old bit of paper will do; → **bique, chameau, chnoque** *etc*

**NM** **a** *(= personne)* old man ♦ **les ~** the old *ou* aged *ou* elderly, old people ♦ **tu fais partie des ~ maintenant** you're one of the old folks * now ♦ **il a des manies/idées de ~** he acts/thinks like an old man ♦ **c'est de la musique de ~** that's music for old people ♦ **un ~ de la vieille** * one of the old brigade ♦ **mon** *ou* **le ~** ‡ *(= père)* my *ou* the old man ‡ ♦ **ses ~** ‡ *(= parents)* his folks * ♦ **comment ça va, mon ~ ?** * how are you, old boy? * *(Brit)* *ou* mate * *(Brit)* *ou* old buddy? * *(US)* ♦ **mon (petit) ~ *, tu vas m'expliquer ça** listen you, you're going to give me an explanation ♦ **ça, mon ~, c'est ton problème !** * that's your problem mate * *(Brit)* *ou* man * *(US)* ♦ **ils m'ont augmenté de 100 € – ben mon ~ !** *(exprimant la surprise)* they've given me a 100 euro rise — well I never!; → **petit**

**b** ♦ **préférer le ~ au neuf** to prefer old things to new

♦ **coup de vieux** * ♦ **sa mère a pris un bon** *ou* **sacré coup de ~** her mother has really aged ♦ **ça lui a donné un coup de ~** *(à une personne)* it put years on him ♦ **cette nouvelle technique donne un terrible coup de ~ à la précédente** this new technique means the old one is now totally out of date

**NF** **vieille** old woman ♦ **ma** *ou* **la vieille** ‡ *(= mère)* my *ou* the old woman ‡ *ou* lady ‡ ♦ **alors, ma vieille, tu viens ?** * are you coming then, old girl? *; *(hum : à un homme)* are you coming then, old man? * *ou* old chap? * *(Brit)* *ou* old boy? * *(Brit)* ♦ **comment ça va, ma vieille ?** * how are you, old girl? *; → **petit**

**ADV** *[vivre]* to an old age, to a ripe old age; *[s'habiller]* old ◆ **elle s'habille trop** ~ she dresses too old ◆ **ce manteau fait** ~ this coat makes you look old

**COMP** ▷ **vieux beau** *(péj)* ageing beau ▷ **vieille branche** *(fig, archaïque ou hum)* old fruit* *(Brit) ou* bean* *(hum)* ▷ **le Vieux Continent** the Old World ▷ **vieille fille** † spinster, old maid ◆ **elle est très vieille fille** she's very old-maidish ▷ **vieille France** ADJ INV *[personne]* with old-world values ▷ **vieux garçon** † bachelor ◆ **des habitudes de** ~ **garçon** bachelor ways ▷ **la vieille garde** the old guard ◆ **la vieille garde conservatrice du parti** *(fig)* the conservative old guard in the party ▷ **vieux jeu** ADJ INV *[idées]* old hat *(attrib)*, outmoded; *[personne]* behind the times *(attrib)*, old-fashioned; *[vêtement]* old-fashioned, out-of-date *(épith)*, out of date *(attrib)* ▷ **vieilles lunes** *(= temps passé)* olden days; *(= idées dépassées)* old-fashioned ideas ▷ **le Vieux Monde** the Old World ▷ **vieil or** ADJ INV, NM old gold ▷ **vieux rose** ADJ INV, NM old rose

**vif, vive**[1] /vif, viv/ **ADJ** **a** *(= plein de vie) [enfant, personne]* lively, vivacious; *[mouvement, rythme, style]* lively, animated, brisk; *(= alerte)* sharp, quick *(attrib)*; *[imagination]* lively, keen; *[intelligence]* keen, quick ◆ **il a l'œil** *ou* **le regard** ~ he has a sharp *ou* keen eye ◆ **à l'esprit** ~ quick-witted ◆ **eau vive** (fresh) running water, flowing water; → **haie, mémoire**[1]

**b** *(= brusque, emporté) [personne]* sharp, brusque, quick-tempered; *[ton, propos, attitude]* sharp, brusque, curt ◆ **il s'est montré un peu** ~ **avec elle** he was rather sharp *ou* brusque *ou* curt with her ◆ **le débat prit un tour assez** ~ the discussion took on a rather acrimonious tone

**c** *(= profond) [émotion]* keen *(épith)*, intense, strong; *[souvenirs]* vivid; *[impression]* vivid, intense; *[plaisirs, désir]* intense, keen *(épith)*; *[déception]* acute, keen *(épith)*, intense ◆ **j'ai le sentiment très** ~ **de l'avoir vexé** I have the distinct feeling that I've offended him

**d** *(= fort, grand) [goût]* strong, distinct; *[chagrin, regret]* deep, great; *[critiques, réprobation]* strong, severe ◆ **une vive satisfaction** a great *ou* deep feeling of satisfaction, deep *ou* great satisfaction ◆ **une vive impatience** great impatience ◆ **il lui fit de ~s reproches** he severely reprimanded him ◆ **un** ~ **penchant pour ...** a strong liking *ou* inclination for ... ◆ **à vive allure** at a brisk pace ◆ **avec mes plus ~s remerciements** *(formules de politesse)* with my most profound thanks ◆ **c'est avec un** ~ **plaisir que ...** it is with very great pleasure that ...

**e** *(= cru, aigu) [lumière, éclat]* bright, brilliant; *[couleur]* bright, vivid, brilliant; *[froid]* biting, bitter; *[douleur]* sharp; *[vent]* keen, biting, bitter; *[ongles, arête]* sharp ◆ **l'air** ~ **les revigorait** the bracing air revived them ◆ **rouge** ~ bright red, vivid *ou* brilliant red ◆ **il faisait un froid très** ~ it was bitterly cold

**f** *(= à nu) [pierre]* bare; *[joints]* dry

**g** *(† = vivant)* alive ◆ **être brûlé/enterré** ~ to be burnt/buried alive

◆ **de vive voix** *[renseigner, communiquer, remercier]* personally, in person ◆ **il vous le dira de vive voix** he'll tell you himself *ou* in person

**NM** **a** *(loc)*

◆ **à vif** *[chair]* bared; *[plaie]* open ◆ **avoir les nerfs à** ~ to have frayed nerves, to be on edge

◆ **au vif** ◆ **être touché** *ou* **piqué au** ~ to be cut to the quick

◆ **dans le vif** ◆ **tailler** *ou* **couper** *ou* **trancher dans le** ~ *(lit)* to cut into the flesh; *(fig = prendre une décision)* to take drastic action ◆ **entrer dans le** ~ **du sujet** to get to the heart of the matter

◆ **sur le vif** *[peindre, décrire]* from life ◆ **scènes/photos prises sur le** ~ scenes shot/photos taken from real life ◆ **faire un reportage sur le** ~ to do a live *ou* an on-the-spot broadcast ◆ **voici quelques réactions prises sur le** ~ now for a few on-the-spot reactions

**b** *(Pêche)* live bait *(NonC)* ◆ **pêcher au** ~ to fish with live bait

**c** *(Jur = personne vivante)* living person ◆ **donation entre** ~**s** donation inter vivos; → **mort**[2]

**vif-argent** /vifaʀʒɑ̃/ **NM INV** *(Chim)* quicksilver ◆ **il a du** ~ **dans les veines** †, **c'est du** ~ † he is a real live wire*

**vigie** /viʒi/ **NF** **a** *(Naut) (= matelot)* look-out, watch; *(= poste) [de mât]* look-out post, crow's-nest; *[de proue]* look-out post ◆ **être en** ~ to be on watch **b** *(Rail)* ~ **de frein** brake cabin

**vigilance** /viʒilɑ̃s/ **NF** *[de personne, attention, soins]* vigilance ◆ **surveiller qn avec** ~ to keep a very close watch on sb ◆ **tromper la** ~ **de qn** to give sb the slip ◆ **rien d'important n'a échappé à leur** ~ nothing of importance escaped their notice *ou* attention ◆ **une extrême** ~ **s'impose** we (*ou* they *etc*) must be extremely vigilant ◆ **l'absorption d'alcool entraîne une baisse de la** ~ drinking alcohol affects your concentration

**vigilant, e** /viʒilɑ̃, ɑ̃t/ **ADJ** *[personne]* vigilant, watchful; *[attention, soins]* vigilant ◆ **essaie d'être plus** ~ **quand tu conduis** try and drive more carefully

**vigile**[1] /viʒil/ **NF** *(Rel)* vigil

**vigile**[2] /viʒil/ **NM** *(Hist)* watch; *(= veilleur de nuit)* (night) watchman; *[de police privée]* vigilante

**Vigipirate** /viʒipiʀat/ **NM** ◆ **plan** ~ *series of measures to protect the public against possible terrorist strikes*

**vigne** /viɲ/ **NF** **a** *(= plante)* vine ◆ **être dans les** ~**s du Seigneur** † to be in one's cups; → **cep, feuille, pied** **b** *(= vignoble)* vineyard ◆ **des champs de** ~ vineyards ◆ **la** ~ **rapporte peu** *(= activité)* wine-growing isn't very profitable ◆ **les produits de la** ~ the produce of the vineyards; → **pêche**[1] **COMP** ▷ **vigne vierge** Virginia creeper

**vigneau** (pl **vigneaux**) /viɲo/ **NM** winkle

**vigneron, -onne** /viɲ(ə)ʀɔ̃, ɔn/ **NM,F** wine grower

**vignette** /viɲɛt/ **NF** **a** *(Art = motif)* vignette **b** *(† = illustration)* illustration **c** *(Comm = timbre)* (manufacturer's) label *ou* seal; *(sur un médicament) price label on medicines for reimbursement by Social Security* ◆ ~ **(automobile)** ≃ (road) tax disc *(Brit)*, (annual) license tag *(US)*

**vignoble** /viɲɔbl/ **NM** vineyard ◆ **le** ~ **français/bordelais** *(= ensemble de vignobles)* the vineyards of France/Bordeaux

**vignot** /viɲo/ **NM** ⇒ **vigneau**

**vigogne** /vigɔɲ/ **NF** *(Zool)* vicuna; *(Tex)* vicuna (wool)

**vigoureusement** /viguʀøzmɑ̃/ **ADV** *[taper, frotter]* vigorously, energetically; *[protester, résister]* vigorously; *[peindre, écrire]* vigorously, with vigour

**vigoureux, -euse** /viguʀø, øz/ **ADJ** **a** *(= robuste) [personne]* vigorous, sturdy; *[cheval]* sturdy; *[corps]* robust, vigorous; *[bras, mains]* strong, powerful; *[poignée de main]* vigorous; *[santé]* robust; *[plante]* sturdy, robust ◆ **manier la hache d'un bras** ~ to wield the axe vigorously *ou* with vigour ◆ **il est encore** ~ **pour son âge** he's still hale and hearty *ou* still vigorous for his age **b** *(= énergique) [esprit, style, dessin]* vigorous; *[sentiment, passion]* strong; *[résistance, protestations]* vigorous, strenuous ◆ **donner de** ~ **coups de poing à qch** to deal sth sturdy *ou* strong *ou* energetic blows

**vigueur** /vigœʀ/ **NF** **a** *[de personne]* sturdiness, vigour *(Brit)*, vigor *(US)*; *[de corps]* robustness, vigour *(Brit)*, vigor *(US)*; *[de bras, mains]* strength; *[de santé]* robustness; *[de plante]* sturdiness, robustness ◆ **dans toute la** ~ **de la jeunesse** in the full vigour of youth

**b** *[de sentiment, passion]* strength; *[d'esprit, résistance, protestations]* vigour *(Brit)*, vigor *(US)* ◆ **sans** ~ without vigour ◆ **se débattre avec** ~ to defend o.s. vigorously *ou* with vigour ◆ **donner de la** ~ **à** to invigorate ◆ ~ **intellectuelle** intellectual vigour ◆ **s'exprimer/protester avec** ~ to express o.s./protest vigorously

**c** *[de coloris, style, dessin]* vigour *(Brit)*, vigor *(US)*, energy

**d** *(loc)*

◆ **en vigueur** *[loi, dispositions]* in force; *[terminologie, formule]* current, in use ◆ **entrer en** ~ to come into force *ou* effect ◆ **en** ~ **depuis hier** in force as of *ou* from yesterday ◆ **faire entrer en** ~ to bring into force *ou* effect, to implement ◆ **cesser d'être en** ~ to cease to apply

**VIH** /veiaʃ/ **NM** (abrév de **virus de l'immunodéficience humaine**) HIV

**Viking** /vikiŋ/ **NM** Viking

**vil, e** /vil/ **ADJ** **a** *(littér = méprisable)* vile, base **b** *(† = non noble)* low(ly) **c** *(† = sans valeur) [marchandises]* worthless, cheap ◆ **métaux ~s** base metals **d** ◆ **à** ~ **prix** *[acheter, vendre]* at a very low price, for next to nothing

**vilain, e** /vilɛ̃, ɛn/ **ADJ** **a** *(= laid) [personne, visage]* ugly(-looking); *[vêtement]* ugly, unattractive; *[couleur]* nasty ◆ **elle n'est pas ~e** she's not bad-looking, she's not unattractive ◆ **le** ~ **petit canard** *(Littérat, fig)* the ugly duckling ◆ **150 € d'augmentation, ce n'est pas** ~ a €150 pay rise – that's not bad

**b** *(= mauvais) [temps]* bad, lousy*; *[odeur]* nasty, bad ◆ **il a fait** ~ **toute la semaine*** we've had bad *ou* lousy* weather all week

**c** *(= grave, dangereux) [blessure, affaire]* nasty, bad ◆ **une ~e plaie** a nasty wound

**d** *(= méchant) [action, pensée]* wicked; *[enfant, conduite]* naughty, bad ◆ **~s mots** naughty *ou* wicked words ◆ **c'est un** ~ **monsieur** *ou* **coco*** he's a nasty customer *ou* piece of work* ◆ **il a été** ~ he was a naughty *ou* bad boy ◆ **il a été** ~ **au cinéma/avec sa grand-mère** he was naughty at the cinema/with his grandmother, he played up at the cinema/played his grandmother up ◆ **jouer un** ~ **tour à qn** to play a nasty *ou* naughty trick on sb

**NM** **a** *(Hist)* villein, villain

**b** *(garçon = méchant)* naughty *ou* bad boy ◆ **oh le (gros)** ~ **!** what a naughty boy (you are)!

**c** *(* : loc)* **il va y avoir du ~, ça va tourner au ~, ça va faire du** ~ things are going to get nasty, it's going to turn nasty

**NF** **vilaine** *(= méchante)* naughty *ou* bad girl ◆ **oh la (grosse) ~e !** what a naughty girl (you are)!

**vilainement** /vilɛnmɑ̃/ **ADV** wickedly

**vilebrequin** /vilbʀəkɛ̃/ **NM** *(= outil)* (bit-)brace; *(Aut)* crankshaft

**vilement** /vilmɑ̃/ **ADV** *(littér)* vilely, basely

**vilenie** /vil(ə)ni/, **vilénie** /vileni/ **NF** *(littér)* *(= caractère)* vileness, baseness; *(= acte)* villainy, vile *ou* base deed

**vilipender** /vilipɑ̃de/ ▸ conjug 1 ◂ VT *(littér)* to revile, to vilify, to inveigh against

**villa** /villa/ NF **a** *(= maison, maison de plaisance)* villa; *(= pavillon)* (detached) house ◆ **les ~s romaines** *(Antiq)* Roman villas **b** *(= impasse privée)* ≈ mews

**village** /vilaʒ/ NM *(= bourg, habitants)* village ◆ **~ de toile** tent village ◆ **~ de vacances, ~ club** holiday *(Brit)* ou vacation *(US)* village ◆ **~ olympique** Olympic village ◆ **le ~ global** ou **planétaire** the global village; → **idiot**

**villageois, e** /vilaʒwa, waz/ ADJ *[atmosphère, coutumes]* village *(épith)*, rustic *(épith)* ◆ **un air ~** a rustic air NM *(= résident)* villager, village resident NF **villageoise** *(= résidente)* villager, village resident

**ville** /vil/ NF **a** *(= cité, habitants)* town; *(plus importante)* city ◆ **la ~ de Paris** the city of Paris ◆ **la ~ d'Albi** the town of Albi ◆ **le plus grand cinéma de la ~** the biggest cinema in town ◆ **en ~, à la ~** in town, in the city ◆ **à la ~ comme à la scène** *(comédien)* on stage and off; *(acteur de cinéma)* on screen and off ◆ **à la ~, c'est quelqu'un de charmant** in real life he's perfectly charming ◆ **aller en ~** to go into town ◆ **habiter la ~** to live in a (ou the) town ou city ◆ **une ~ de province** a provincial town ◆ **sa ~ d'attache était Genève** Geneva was his home-base

**b** *(= quartier)* **~ basse/haute** lower/upper (part of the) town ◆ **vieille ~** old (part of) town

**c** *(= municipalité)* ≈ local authority, town ou city council ◆ **dépenses assumées par la ~** local authority spending ou expenditure ◆ **l'eau de la ~** tap water

**d** *(= vie urbaine)* **la ~** town ou city life, the town ou city ◆ **aimer la ~** to like town ou city life ou the town ou city ◆ **les gens de la ~** townspeople, townsfolk, city folk ◆ **vêtements de ~** town wear ou clothes

COMP ▷ **ville champignon** mushroom town ▷ **ville d'eaux** spa (town) ▷ **la Ville éternelle** the Eternal City ▷ **ville forte** fortified town ▷ **ville industrielle** industrial town ou city ▷ **la Ville lumière** the City of Light, Paris ▷ **ville nouvelle** new town ▷ **ville ouverte** open city ▷ **la Ville rose** Toulouse ▷ **Ville sainte** Holy City ▷ **ville satellite** satellite town ▷ **ville universitaire** university town ou city

**ville-dortoir** (pl **villes-dortoirs**) /vildɔʀtwaʀ/ NF dormitory *(Brit)* ou bedroom *(US)* town

**villégiature** /vi(l)leʒjatyʀ/ NF **a** *(= séjour)* holiday *(Brit)*, vacation *(US)* ◆ **être en ~ quelque part** to be on holiday *(Brit)* ou vacation *(US)* ou to be holidaying *(Brit)* ou vacationing *(US)* somewhere ◆ **aller en ~ dans sa maison de campagne** to go for a holiday *(Brit)* ou vacation *(US)* ou to holiday *(Brit)* ou vacation *(US)* in one's country home **b** ◆ **(lieu de) ~** (holiday *(Brit)* ou vacation *(US)*) resort

**villeux, -euse** /vilø, øz/ ADJ villous

**villosité** /vilozite/ NF villus ◆ **~s** villi

**Vilnius** /vilnjys/ N Vilnius

**vin** /vɛ̃/ NM **a** *(= boisson)* wine ◆ **~ blanc/rouge/rosé** white/red/rosé wine ◆ **~ gris** pale rosé wine ◆ **~ jaune** *wine produced in the Jura region of France, similar to a light Spanish sherry* ◆ **~ mousseux/de coupage** sparkling/blended wine ◆ **~ ordinaire** ou **de table/de messe** ordinary ou table/altar ou communion wine ◆ **~ nouveau** new wine ◆ **grand ~, ~ fin** vintage wine ◆ **un petit ~ blanc** a nice little white wine ◆ **~ chaud** mulled wine ◆ **~ cuit** fortified wine ◆ **~ doux** sweet wine ◆ **~ délimité de qualité supérieure** *label guaranteeing quality and origin of a wine* ◆ **~ ouvert** *(Helv = en pichet)* house wine ◆ **quand le ~ est tiré, il faut le boire** *(Prov)* once the first step is taken there's no going back; → **lie, pays¹, table**

**b** *(= réunion)* **~ d'honneur** reception *(where wine is served)*

**c** *(= liqueur)* **~ de palme/de canne** palm/cane wine

**d** *(loc)* **être entre deux ~s** to be tipsy ◆ **avoir le ~ gai/triste** to get merry/maudlin when one drinks

**vinaigre** /vinɛgʀ/ NM **a** *(= condiment)* vinegar ◆ **~ de vin/d'alcool/de cidre/de Xérès** wine/spirit/cider/sherry vinegar; → **mère, mouche** **b** *(loc)* **tourner au ~** to turn sour ◆ **faire ~*** to hurry up, to get a move on

**vinaigrer** /vinegʀe/ ▸ conjug 1 ◂ VT to season with vinegar ◆ **la salade/sauce est trop vinaigrée** there's too much vinegar on the salad/in the sauce

**vinaigrerie** /vinɛgʀəʀi/ NF *(= fabrication)* vinegar-making; *(= usine)* vinegar factory

**vinaigrette** /vinɛgʀɛt/ NF French dressing, vinaigrette, oil and vinegar dressing ◆ **tomates (en** ou **à la) ~** tomatoes in French dressing ou in oil and vinegar dressing, tomatoes (in) vinaigrette

**vinaigrier** /vinɛgʀije/ NM **a** *(= fabricant)* vinegar-maker; *(= commerçant)* vinegar dealer **b** *(= flacon)* vinegar cruet ou bottle

**vinasse** /vinas/ NF *(*, péj)* plonk* *(Brit) (péj)*, cheap wine; *(Tech)* vinasse

**vindicatif, -ive** /vɛ̃dikatif, iv/ ADJ vindictive

**vindicte** /vɛ̃dikt/ NF ◆ **~ publique** *(gén)* public condemnation; *(Jur)* prosecution and conviction ◆ **désigner qn à la ~ publique** ou **populaire** to expose sb to public condemnation

**vineux, -euse** /vinø, øz/ ADJ **a** *[couleur, odeur, goût]* of wine, winey; *[pêche]* wine-flavoured, that tastes win(e)y; *[haleine]* wine-laden *(épith)*, that smells of wine; *[teint]* purplish, red ◆ **d'une couleur vineuse** wine-coloured, the colour of wine ◆ **rouge ~** wine-red **b** *(= riche en alcool)* with a high alcohol content ◆ **région vineuse** rich wine-growing area

**vingt** /vɛ̃, vɛ̃t en liaison et dans les nombres de 22 à 29/ ADJ INV, NM INV twenty ◆ **je te l'ai dit ~ fois** I've told you a hundred times ◆ **il n'avait plus son cœur/ses jambes de ~ ans** he no longer had the heart/the legs of a young man ou of a twenty-year-old ◆ **~ dieux !** †* ye gods! † ◆ **il mérite ~ sur ~** he deserves full marks; *pour autres loc voir* **six, soixante**

COMP ▷ **vingt-quatre heures** twenty-four hours ◆ **~-quatre heures sur ~-quatre** round the clock, twenty-four hours a day ▷ **vingt et un** *(= nombre)* twenty-one ◆ **le ~-et-un** *(= jeu)* pontoon, vingt-et-un, twenty-one *(US)*

**vingtaine** /vɛ̃tɛn/ NF ◆ **une ~** about twenty, twenty or so, (about) a score ◆ **une ~ de personnes** about twenty people, twenty people or so ◆ **un jeune homme d'une ~ d'années** a young man of around ou about twenty ou of twenty or so

**vingt-deux** /vɛ̃tdø/ ADJ INV, NM INV twenty-two ◆ **~ !** * watch out! ◆ **~ (voilà) les flics !** ⁑ watch out! it's the fuzz! ⁑ ◆ **22 Long Rifle** *(= carabine)* .22 rifle, point two two rifle ◆ **la ligne des ~, les ~** *(Rugby)* the 22-metre line; → **renvoi, renvoyer**

**vingtième** /vɛ̃tjɛm/ ADJ twentieth ◆ **la ~ partie** the twentieth part ◆ **au ~ siècle** in the twentieth century NM twentieth, twentieth part

**vinicole** /vinikɔl/ ADJ *[industrie]* wine *(épith)*; *[région]* wine-growing *(épith)*, wine-producing *(épith)*; *[établissement]* wine-making *(épith)*

**vinifère** /vinifɛʀ/ ADJ viniferous

**vinification** /vinifikasjɔ̃/ NF *[de raisin]* wine-making (process); *[de sucres]* vinification ◆ **méthode de ~** vinification method

**vinifier** /vinifje/ ▸ conjug 7 ◂ VT *[+ moût]* to convert into wine

**vinyle** /vinil/ NM vinyl ◆ **il collectionne les vieux ~s** he collects old (vinyl) records ◆ **son album est sorti en ~ en 1959** his album came out on vinyl in 1959

**vinylique** /vinilik/ ADJ *[peinture]* vinyl *(épith)*

**vioc** ⁑ /vjɔk/ NMF ⇒ **vioque**

**viol** /vjɔl/ NM *[de personne]* rape; *[de temple]* violation, desecration ◆ **au ~ !** rape! ◆ **~ collectif** gang rape

**violacé, e** /vjɔlase/ (ptp de **violacer**) ADJ purplish, mauvish ◆ **rouge/rose ~** purplish red/pink NF **violacée** *(Bot)* **les ~es** the violaceae

**violacer** /vjɔlase/ ▸ conjug 3 ◂ VT to make ou turn purple ou mauve VPR **se violacer** to turn ou become purple ou mauve, to take on a purple hue *(littér)*

**violateur, -trice** /vjɔlatœʀ, tʀis/ NM,F *(= profanateur) [de tombeau]* violator, desecrator; *[de lois]* transgressor

**violation** /vjɔlasjɔ̃/ NF **a** *[de traité, loi]* violation, breaking; *[de constitution]* violation; *[de droit]* violation, infringement; *[de promesse]* breaking ◆ **~ du secret professionnel** *(Jur)* breach ou violation of professional secrecy ◆ **de nombreuses ~s de cessez-le-feu** numerous violations of the ceasefire **b** *[de temple]* violation, desecration; *[de frontières, territoire]* violation; *(littér) [de consciences]* violation ◆ **~ de domicile** *(Jur)* forcible entry *(into a person's home)* ◆ **~ de sépulture** *(Jur)* violation ou desecration of graves

**violâtre** /vjɔlatʀ/ ADJ purplish, mauvish

**viole** /vjɔl/ NF viol ◆ **~ d'amour** viola d'amore ◆ **~ de gambe** viola da gamba, bass viol

**violemment** /vjɔlamɑ̃/ ADV *[réagir, frapper, agresser]* violently ◆ **ces mesures ont été ~ critiquées** these measures have been severely ou strongly criticized ◆ **ils ont protesté ~ contre cette interdiction** they have protested vigorously ou strongly against this ban

**violence** /vjɔlɑ̃s/ NF **a** *[de personne, colère, coup, choc]* violence ◆ **~ verbale** verbal abuse ◆ **mouvement de ~** violent impulse ◆ **répondre à la ~ par la ~** to meet violence with violence

**b** *[d'odeur, parfum]* pungency; *[d'orage, vent, tempête]* violence, fierceness; *[de pluie]* violence; *[de douleur]* intensity; *[de poison]* virulence; *[d'exercice, effort]* violence, strenuousness; *[de remède]* drastic nature

**c** *(= acte)* act of violence ◆ **commettre des ~s contre qn** to commit acts of violence against sb ◆ **l'enfant a subi des ~s** the child has suffered physical abuse ◆ **faire subir des ~s sexuelles à qn** to abuse sb sexually ◆ **inculpé de ~(s) à agent** found guilty of assaulting a police officer ou of assault on a police officer

**d** *(= contrainte)* **faire ~ à qn** to do violence to sb ◆ **faire ~ à une femme** † to use a woman violently † ◆ **se faire ~** to force o.s. ◆ **faire ~ à** *[+ sentiments]* to offend, to savage, to desecrate ◆ **obtenir qch par la ~** to get sth by force; → **doux**

**violent, e** /vjɔlɑ̃, ɑ̃t/ ADJ **a** *(= brutal) [personne, colère, coup, choc, sport]* violent ◆ **il s'est montré ~ avec elle** he was violent with her ◆ **c'est un ~** he's a violent man; → **non, mort¹, révolution** **b** *(= intense) [odeur, parfum]* pungent, strong; *[couleur]* harsh; *[orage, vent,* *tempête]* violent, fierce; *[pluie]* violent; *[sentiment, passion, désir, dégoût]* violent, intense; *[douleur]* intense; *[poison]* virulent; *[exercice, effort]* violent, strenuous; *[remède]* drastic ◆ **~ besoin de s'affirmer** intense *ou* urgent need to assert o.s. ◆ **saisi d'une peur ~e** seized by a violent *ou* rabid fear ◆ **une ~e migraine** a severe migraine c *(* = excessif)* **c'est un peu ~ !** it's a bit much! *, that's going a bit far! *

**violenter** /vjɔlɑ̃te/ ▸ conjug 1 ◂ VT a *[+ femme]* to assault (sexually) ◆ **elle a été violentée** she has been sexually assaulted b *(littér)* *[+ texte, désir]* to do violence to, to desecrate

**violer** /vjɔle/ ▸ conjug 1 ◂ VT a *[+ traité, loi]* to violate, to break; *[+ constitution, cessez-le-feu]* to violate; *[+ droit]* to violate, to infringe; *[+ promesse, serment]* to break b *[+ sépulture, temple]* to violate, to desecrate; *[+ frontières, territoire]* to violate ◆ **~ le domicile de qn** to force an entry into sb's home c *(= abuser de) [+ personne]* to rape, to ravish † *(littér)*, to violate *(littér)* ◆ **se faire ~** to be raped d *(littér) [+ consciences]* to violate

**violet, -ette** /vjɔlɛ, ɛt/ ADJ purple, violet NM *(= couleur)* purple, violet ◆ **le ~ lui va bien** purple suits him ◆ **porter du ~** to wear purple ◆ **peindre qch en ~** to paint sth purple ◆ **un tube de ~** *(Peinture)* a tube of purple ◆ **robe d'un ~ assez pâle** pale purple dress NF **violette** *(Bot)* violet ◆ **violette odorante** sweet violet ◆ **violette de Parme** Parma violet

**violeur, -euse** /vjɔlœʀ, øz/ NM,F rapist

**violine** /vjɔlin/ ADJ dark purple, deep purple

**violon** /vjɔlɔ̃/ NM a *(= instrument d'orchestre)* violin, fiddle *; *(de violoneux)* fiddle; → **accorder, pisser** b *(= musicien d'orchestre)* violin, fiddle * ◆ **le premier ~** *[d'orchestre]* the leader, the first violin; *[de quatuor]* the first violin *ou* fiddle * ◆ **les premiers/seconds ~s** *(= groupe)* the first/second violins ◆ **payer les ~s (du bal)** † *(fig)* to pick up the bill *ou* tab *; → **vite** c *(* = prison)* cells, slammer ‡, nick ‡ *(Brit)* ◆ **conduire qn au ~** to take sb to the cells ◆ **passer la nuit au ~** to spend the night in the cells *ou* the slammer ‡ *ou* the nick ‡ *(Brit)* d ◆ **~ d'Ingres** (artistic) hobby

**violoncelle** /vjɔlɔ̃sɛl/ NM cello, violoncello *(SPÉC)*

**violoncelliste** /vjɔlɔ̃selist/ NMF cellist, cello player, violoncellist *(SPÉC)*

**violoneux** /vjɔlɔnø/ NM *(de village, péj)* fiddler *

**violoniste** /vjɔlɔnist/ NMF violinist, violin player

**vioque** ‡ /vjɔk/ NMF *(= vieillard)* old person, old timer * ◆ **le ~** *(= père)* my *ou* the old man ‡ ◆ **la ~** *(= mère)* my *ou* the old woman ‡ *ou* lady ‡ ◆ **mes ~s** my folks *

**viorne** /vjɔʀn/ NF *(Bot)* viburnum

**VIP** /veipe/ NMF (abrév de **Very Important Person**) VIP

**vipère** /vipɛʀ/ NF adder, viper ◆ **~ aspic** asp ◆ **cette femme est une ~** that woman's a (real) viper; → **langue, nœud**

**vipereau** (pl **vipereaux**) /vip(ə)ʀo/ NM young viper

**vipérin, e** /vipeʀɛ̃, in/ ADJ *(Zool)* viperine; *(fig) [propos]* vicious, poisonous NF **vipérine** a *(Bot)* viper's bugloss b *(Zool)* **(couleuvre) ~e** viperine snake *(SPÉC)*, grass snake

**virage** /viʀaʒ/ NM a *(Aut = tournant)* bend ◆ **~ en épingle à cheveux** hairpin bend ◆ **~ en S** S-bend, S-curve *(US)* ◆ **"virages sur 3 km"** "bends for 3 km" ◆ **~ relevé** banked corner ◆ **accélérer dans les ~s** to accelerate round the bends *ou* curves *(US)* ◆ **cette voiture prend bien les ~s** this car corners well ◆ **il a pris son ~ trop vite** he went into *ou* took the bend *ou* curve *(US)* too fast ◆ **prendre un ~ sur les chapeaux de roues** *(Aut)* to take a bend *ou* curve *(US)* on two wheels *ou* on one's hub caps ◆ **prendre un ~ à la corde** to hug the bend *ou* curve *(US)*

b *(= action) [d'avion, véhicule, coureur, skieur]* turn ◆ **faire un ~ sur l'aile** *(Aviat)* to bank ◆ **~ parallèle** *(Ski)* parallel turn

c *(= changement)* change in policy *ou* of direction ◆ **le ~ européen du gouvernement britannique** the British government's change of policy *ou* direction over Europe, the change in the British government's European policy ◆ **amorcer un ~ à droite** to take a turn to the right ◆ **un ~ à 180 degrés de la politique française** a U-turn in French policy ◆ **savoir prendre le ~** to adapt to meet new circumstances ◆ **l'entreprise vient de prendre un ~ stratégique** the company has just adopted a completely new strategy ◆ **le groupe a opéré un ~ vers les biotechnologies** the group has turned towards biotechnologies

d *(= transformation) (Chim) [de papier de tournesol]* change in colour ◆ **~ à l'or/au cuivre** *(Photo)* gold/copper toning ◆ **~ d'une cuti-réaction** *(Méd)* positive reaction of a skin test

**virago** /viʀago/ NF virago

**viral, e** (mpl **-aux**) /viʀal, o/ ADJ viral

**vire** /viʀ/ NF *[de paroi rocheuse]* ledge

**virée** * /viʀe/ NF *(en voiture)* drive, ride, spin *; *(de plusieurs jours)* trip, tour; *(à pied)* walk; *(de plusieurs jours)* walking *ou* hiking tour; *(à vélo, moto)* ride; *(de plusieurs jours)* trip ◆ **faire une ~** to go for a ride (*ou* walk, drive *etc*) ◆ **faire une ~ en voiture** to go for a drive, to go for a ride *ou* spin * in the car ◆ **on a fait une ~ en Espagne** we went on a trip *ou* tour round Spain ◆ **faire une ~ dans les bars/boîtes de nuit** to go round *ou* do * the bars/nightclubs ◆ **leur ~ dans les pubs s'est mal terminée** their pub-crawl * ended badly

**virelai** /viʀlɛ/ NM *(Littérat)* virelay

**virement** /viʀmɑ̃/ NM a *(Fin)* **~ (bancaire)** (bank *ou* giro *(Brit)*) transfer ◆ **~ postal** postal *ou* giro *(Brit)* transfer ◆ **faire un ~ (d'un compte sur un autre)** to make a (credit) transfer (from one account to another) ◆ **j'ai fait un ~ de 1 000 € sur son compte** I transferred €1,000 to his account ◆ **~ automatique** automatic transfer ◆ **~ permanent** standing order b *(Naut)* **~ de bord** tacking

**virer** /viʀe/ ▸ conjug 1 ◂ VI a *(= changer de direction) [véhicule, avion, bateau]* to turn ◆ **~ sur l'aile** *(Aviat)* to bank ◆ **~ à tout vent** † *(littér)* to be as changeable as a weathercock

b *(Naut)* **~ de bord** to tack ◆ **~ vent devant** to go about ◆ **~ vent arrière** to wear ◆ **~ sur ses amarres** to turn at anchor ◆ **~ au cabestan** to heave at the capstan

c *(= tourner sur soi-même)* to turn (around)

d *(= changer de couleur, d'aspect) [couleur]* to turn, to change; *(Photo) [épreuves]* to tone; *(Méd) [cuti-réaction]* to come up positive

e *(= changer d'avis)* to take a new line ◆ **il a viré socialiste** * he's become a socialist

VT INDIR **virer à** *(= devenir)* **le bleu vire au violet** the blue is turning purple *ou* is changing to purple ◆ **~ au froid/à la pluie/au beau** *[temps]* to turn cold/rainy/fine *ou* fair ◆ **~ à l'aigre** to turn sour ◆ **l'ambiance vire au drame** things are taking a dramatic turn ◆ **le film vire à la farce** the film lapses into farce, the film turns into a farce *ou* becomes farcical ◆ **cette région a viré à droite** *(Pol)* this region has swung to the right ◆ **~ au rouge** *(Fin) [comptes, résultats]* to go *ou* slip into the red ◆ **les indicateurs (financiers) virent au rouge** indicators have dropped sharply ◆ **il a viré à l'intello** * he's become a bit of an intellectual

VT a *(Fin)* to transfer ◆ **~ 200 € sur** *ou* **à un compte** to transfer €200 into an account

b * *(= expulser)* to kick out *, to chuck out *; *(= renvoyer)* to fire *, to sack * *(Brit)* ◆ **~ qn d'une réunion** to kick *ou* chuck sb out of a meeting * ◆ **se faire ~** *(= se faire expulser)* to get o.s. kicked *ou* thrown out (*de* of); *(= se faire renvoyer)* to be fired *, to get the sack * *(Brit)*

c *(* = jeter)* to chuck out *, to throw out, to get rid of ◆ **il a viré les vieux fauteuils au grenier** he's chucked * *ou* thrown the old chairs in the loft

d *(Photo) [+ épreuve]* to tone ◆ **il a viré sa cuti(-réaction)** * *(Méd)* he gave a positive skin test, his skin test came up positive ◆ **il a viré sa cuti** * *(fig)* he changed totally

**vireux, -euse** /viʀø, øz/ ADJ *(littér)* noxious ◆ **amanite vireuse** amanita virosa

**virevoltant, e** /viʀvɔltɑ̃, ɑt/ ADJ *[danseuse]* twirling, pirouetting; *[cheval]* pirouetting; *[jupons]* twirling

**virevolte** /viʀvɔlt/ NF *[de danseuse]* twirl, pirouette; *[de cheval]* demivolt, pirouette; *(fig = volte-face)* about-turn, volte-face ◆ **les ~s élégantes de la danseuse** the elegant twirling of the dancer

**virevolter** /viʀvɔlte/ ▸ conjug 1 ◂ VI *[danseuse]* to twirl around, to pirouette; *[cheval]* to do a demivolt, to pirouette

**Virgile** /viʀʒil/ NM Virgil

**virginal, e** (mpl **-aux**) /viʀʒinal, o/ ADJ *(littér)* virginal, maidenly *(littér)* ◆ **d'une blancheur ~e** virgin white NM *(Mus)* virginal, virginals

**Virginie** /viʀʒini/ NF *(Géog)* Virginia ◆ **~-Occidentale** West Virginia

**virginité** /viʀʒinite/ NF a *(lit)* virginity, maidenhood *(littér)* ◆ **garder/perdre sa ~** to keep/lose one's virginity b *(fig littér) [de neige, aube, âme]* purity ◆ **il voulait rendre à ce lieu sa ~** he wished to restore this place to its untouched *ou* virgin quality ◆ **se refaire une ~** *(hum)* to restore one's image

**virgule** /viʀgyl/ NF a *(= ponctuation)* comma ◆ **mettre une ~** to put a comma in ◆ **sans y changer une ~** *(fig)* without changing a (single) thing, without touching a single comma ◆ **c'est exactement ce qu'il m'a dit, à la ~ près** that's exactly what he said to me, word for word ◆ **à quelques ~s près, le texte n'a pas été modifié** apart from the odd comma, the text hasn't been changed at all ◆ **moustaches en ~** curled moustache b *(Math)* (decimal) point ◆ **(arrondi à) 3 chiffres après la ~** (correct to) 3 decimal places ◆ **5 ~ 2** 5 point 2 ◆ **~ fixe/flottante** fixed/floating decimal (point)

**viril, e** /viʀil/ ADJ *[attributs, apparence]* male, masculine; *[attitude, courage, langage, traits]* manly, virile; *[prouesses, amant]* virile ◆ **force ~e** virile *ou* manly strength ◆ **amitiés ~es** male friendships ◆ **elle fait un peu ~** she's a bit mannish ◆ **jeu ~** *(Sport)* aggressive style; → **âge, membre, toge**

**virilement** /viʀilmɑ̃/ ADV in a manly *ou* virile way

**virilisant, e** /viʀilizɑ̃, ɑt/ ADJ *[médicament]* that provokes male characteristics, virilizing

**virilisation** /viʀilizasjɔ̃/ NF *(Méd)* virilism

**viriliser** /viʀilize/ ▸ conjug 1 ◂ VT *(Bio)* to give male characteristics to; *(en apparence) [+ femme]* to make appear mannish *ou* masculine; *[+ homme]* to make (appear) more manly *ou* masculine

**virilisme** /viʀilism/ NM virility; *(Méd)* virilism

**virilité** /viʀilite/ NF *[d'attributs, apparence, formes]* masculinity; *[d'attitude, courage, langage, traits]* manliness, virility; *[de prouesses, amant]* virility ♦ **il se sent menacé dans sa ~** his masculinity feels threatened ♦ **manquer de ~** to be unmanly

**virole** /viʀɔl/ NF **a** *(= bague)* ferrule ♦ **couteau à ~ tournante** pocket knife with a safety catch **b** *(Tech = moule)* collar

**viroler** /viʀɔle/ ▸ conjug 1 ◂ VT **a** *[+ couteau, parapluie]* to ferrule, to fit with a ferrule **b** *(Tech)* to place in a collar

**virologie** /viʀɔlɔʒi/ NF virology

**virologique** /viʀɔlɔʒik/ ADJ virological

**virologiste** /viʀɔlɔʒist/, **virologue** /viʀɔlɔg/ NMF virologist

**virose** /viʀoz/ NF viral infection

**virtualisation** /viʀtɥalizasjɔ̃/ NF virtualization

**virtualité** /viʀtɥalite/ NF **a** *[de marché, sens, revenu]* potentiality **b** *(Philos, Phys, Ordin)* virtuality

**virtuel, -elle** /viʀtɥɛl/ ADJ **a** *(= potentiel) [candidat, marché, sens, revenu]* potential ♦ **tout cela est très ~** all that is purely theoretical **b** *(Philos, Phys, Ordin)* virtual ♦ **mémoire/réalité virtuelle** virtual memory/reality; → **image** NM *(Ordin)* ♦ **le ~** virtual reality

> ⚠ *Au sens de 'potentiel',* **virtuel** *ne se traduit pas par* **virtual**.

**virtuellement** /viʀtɥɛlmɑ̃/ ADV **a** *(littér = en puissance)* potentially **b** *(= pratiquement)* virtually ♦ **c'était ~ fini** it was virtually finished, it was as good as finished **c** *(Ordin)* **visiter ~ le Louvre** to make a virtual reality tour of the Louvre

**virtuose** /viʀtɥoz/ NMF *(Mus)* virtuoso; *(= personne douée)* master, virtuoso ♦ **~ du violon** violin virtuoso ♦ **~ de la plume/du pinceau** master of the pen/of the brush, brilliant writer/painter ADJ virtuoso

**virtuosité** /viʀtɥozite/ NF virtuosity ♦ **exercices de ~** *(Mus)* exercises in virtuosity ♦ **avec ~** masterfully ♦ **il a interprété ce morceau avec ~** he gave a virtuoso performance (of this piece), he played this piece brilliantly

**virulence** /viʀylɑ̃s/ NF **a** *(Méd)* virulence **b** *(fig) [de critique, opposition, campagne de presse]* virulence, viciousness ♦ **avec ~** virulently

**virulent, e** /viʀylɑ̃, ɑ̃t/ ADJ **a** *(Méd)* virulent **b** *(fig) [critique, opposition, déclaration, personne]* virulent, vicious

**virus** /viʀys/ NM *(Méd, Ordin)* virus ♦ **~ de la rage/du sida** rabies/AIDS virus ♦ **~ de l'immunodéficience humaine** human immunodeficiency virus ♦ **le ~ de la danse/du jeu** *(fig)* the dancing/gambling bug* ♦ **attraper le ~ du jeu** to be *ou* get bitten by the gambling bug*

**vis** /vis/ NF **a** *(gén)* screw ♦ **~ à bois** wood screw ♦ **~ à métaux** metal screw ♦ **~ à tête plate/à tête ronde** flat-headed/round-headed screw ♦ **~ à ailettes** wing nut; → **cruciforme, pas¹, serrer, tour²** **b** † **(escalier à) ~** spiral staircase COMP ▷ **vis d'Archimède** Archimedes' screw, endless screw ▷ **vis micrométrique** micrometer screw ▷ **vis platinées** *(Aut)* (contact) points ▷ **vis de pressoir** press screw ▷ **vis sans fin** worm screw ▷ **vis de serrage** binding *ou* clamping screw

**visa** /viza/ NM *(= formule, sceau)* stamp; *(sur un passeport)* visa ♦ **~ d'entrée/de sortie/de transit** entry/exit/transit visa ♦ **~ touristique** *ou* **de tourisme** tourist visa ♦ **~ de censure** *(Ciné)* (censor's) certificate ♦ **~ d'exploitation** *(Ciné)* distribution number ♦ **~ pour ...** *(fig)* passport to ... ♦ **carte Visa** ® *(Fin)* Visa ® card

**visage** /vizaʒ/ NM **a** *(lit = figure, fig = expression, personne, aspect)* face ♦ **au ~ pâle/joufflu** pale-/chubby-faced ♦ **un ~ connu/ami** a known/friendly face ♦ **je lui trouve bon ~** he looks well (to me) ♦ **sans ~** faceless ♦ **le vrai ~ de ...** the true face of ... ♦ **un homme à deux ~s** a two-faced man ♦ **un problème aux multiples ~s** a multifaceted problem ♦ **à ~ humain** *[capitalisme, entreprise]* with a human face ♦ **le nouveau ~ du parti/pays** the new face of the party/country ♦ **donner un nouveau ~ à** *[+ ville]* to give a new look to; *[+ entreprise, parti]* to change the face of ♦ **elle changea de ~** her face *ou* expression changed ♦ **l'Europe a changé de ~** the face of Europe has changed; → **soin**

**b** *(loc)* **agir/parler à ~ découvert** to act/speak openly ♦ **faire bon ~** to put a good face on it ♦ **faire bon ~ à qn** *(littér) (= l'accueillir chaleureusement)* to give sb a warm welcome; *(avec hypocrisie)* to put on a show of friendliness for sb ♦ **montrer son vrai ~** to show one's true colours *(Brit) ou* colors *(US)*

COMP ▷ **Visage pâle** paleface

**visagiste** ® /vizaʒist/ NMF ♦ **(coiffeur) ~** (hair) stylist ♦ **(esthéticienne) ~** beautician

**vis-à-vis** /vizavi/ PRÉP **a** *(= en face de)* **~ de** opposite ♦ **~ de la gare** opposite the station

**b** *(= comparé à)* **~ de** beside, next to, against ♦ **mes ennuis ne sont pas graves ~ des siens** my problems aren't serious beside *ou* next to his

**c** ♦ **~ de** *(= envers)* towards, vis-à-vis; *(= à l'égard de)* as regards, with regard to, vis-à-vis ♦ **être sincère ~ de soi-même** to be frank with oneself ♦ **être méfiant ~ de ce genre d'évolution** to be wary of such developments ♦ **~ de cette proposition** with regard to this proposal ♦ **j'en ai honte ~ de lui** I'm ashamed of it in front of *ou* before him

ADV *(= face à face)* face to face ♦ **leurs maisons se font ~** their houses face *ou* are opposite each other

NM INV **a** *(= position)* **en ~** facing *ou* opposite each other ♦ **des immeubles en ~** buildings facing *ou* opposite each other ♦ **ils étaient assis en ~** they were sitting opposite each other, they were sitting face to face

**b** *(= tête-à-tête)* encounter, meeting ♦ **un ~ ennuyeux** a tiresome encounter *ou* meeting

**c** *(= personne faisant face)* person opposite; *(aux cartes) (= partenaire)* partner; *(= homologue)* opposite number, counterpart

**d** *(= bâtiment)* **immeuble sans ~** building with an open outlook ♦ **avoir une école pour ~** to have a school opposite, to look out over a school

**e** *(= canapé)* tête-à-tête

**viscéral, e** (mpl **-aux**) /viseʀal, o/ ADJ **a** *(Anat)* visceral **b** *(fig) [haine, peur, besoin]* deep-rooted, visceral *(frm)*; *[rejet]* instinctive; *[attachement]* passionate ♦ **réaction ~e** gut reaction

**viscéralement** /viseʀalmɑ̃/ ADV *[attaché]* passionately; *[hostile]* instinctively ♦ **détester ~ qch** to have a deep *ou* visceral *(frm)* loathing of sth ♦ **réagir ~ à qch** to have a gut reaction to sth ♦ **~ jaloux** pathologically jealous

**viscère** /visɛʀ/ NM (internal) organ ♦ **~s** intestines, entrails, viscera *(SPÉC)*

**viscose** /viskoz/ NF viscose

**viscosité** /viskozite/ NF *[de liquide]* viscosity; *[de surface gluante]* stickiness, viscosity

**visée** /vize/ NF **a** *(avec une arme)* taking aim *(NonC)*, aiming *(NonC)*; *(Arpentage)* sighting ♦ **pour faciliter la ~, ce fusil comporte un dispositif spécial** to help you to (take) aim *ou* to help your aim, this rifle comes equipped with a special device; → **ligne¹** **b** *(gén pl = dessein)* aim, design ♦ **avoir des ~s sur qn/qch** to have designs on sb/sth ♦ **les ~s expansionnistes d'un pays** the expansionist aims *ou* ambitions of a country ♦ **~s coupables** wicked designs

♦ **à visée** ♦ **il est contre le clonage à ~ thérapeutique** he is against therapeutic cloning *ou* cloning for therapeutic purposes ♦ **une opération à ~ médiatique** a media stunt

**viser¹** /vize/ ▸ conjug 1 ◂ VT **a** *[+ objectif]* to aim at *ou* for; *[+ cible]* to aim at

**b** *(= ambitionner) [+ effet]* to aim at; *[+ carrière]* to aim at, to set one's sights on

**c** *(= concerner) [mesure]* to be aimed at, to be directed at; *[remarque]* to be aimed *ou* directed at, to be meant *ou* intended for ♦ **cette mesure vise tout le monde** this measure applies to everyone, everyone is affected by this measure ♦ **il se sent visé** he feels he's being got at*

**d** *(‡ = regarder)* to take a look at, to have a dekko‡ *(Brit)* at ♦ **vise un peu ça !** just take a look *ou* have a dekko‡ *(Brit)* at that!

VI **a** *[tireur]* to aim, to take aim ♦ **~ juste** *(lit)* to aim accurately; *(fig)* not to miss the mark ♦ **~ trop haut/trop bas** to aim (too) high/(too) low ♦ **~ à la tête/au cœur** to aim for the head/the heart

**b** *(= ambitionner)* **~ haut/plus haut** to set one's sights high/higher, to aim high/higher

VT INDIR **viser à** *(= avoir pour but de)* **~ à qch/à faire** to aim at sth/to do ♦ **scène qui vise à provoquer le rire** scene which sets out to raise a laugh *ou* to make people laugh ♦ **mesures qui visent à la réunification de la majorité** measures which are aimed at reuniting *ou* which aim *ou* are intended to reunite the majority

**viser²** /vize/ ▸ conjug 1 ◂ VT *(Admin) [+ passeport]* to visa; *[+ document]* to stamp ♦ **faire ~ un passeport** to have a passport visaed

**viseur** /vizœʀ/ NM **a** *[d'arme]* sights; *[de caméra, appareil photo]* viewfinder ♦ **~ à cadre lumineux** *(Photo)* collimator viewfinder **b** *(Astron = lunette)* telescopic sight

**Vishnou, Vishnu** /viʃnu/ NM Vishnu

**visibilité** /vizibilite/ NF **a** *(gén, Sci)* visibility ♦ **bonne/mauvaise ~** good/poor *ou* bad visibility ♦ **~ nulle** nil *ou* zero visibility ♦ **ce pare-brise permet une très bonne ~** this windscreen gives excellent visibility ♦ **manque de ~** *(lit)* lack of visibility; *(fig)* lack of foresight ♦ **sans ~** *[pilotage, virage, atterrissage]* blind *(épith)* ♦ **piloter sans ~** to fly blind **b** *(= mise en évidence) [de produit, société]* visibility ♦ **une association à grande ~ médiatique** an organization with a high media profile

**visible** /vizibl/ ADJ **a** *(= qui peut être vu)* visible ♦ **~ à l'œil nu/au microscope** visible to the naked eye/under a microscope; → **iceberg**

**b** *(= évident, net) [embarras, surprise]* obvious, visible; *[amélioration, progrès]* clear, visible; *[réparation, reprise]* obvious ♦ **sa déception était ~** his disappointment was obvious *ou* visible, you could see his disappointment *ou* that he was disappointed ♦ **il ne veut pas le faire, c'est ~** he obviously doesn't want to, he doesn't want to, that's obvious *ou* apparent *ou* clear ♦ **il est ~ que ...** it is obvious *ou* clear that ... ♦ **nos produits ne sont pas assez ~s sur ce marché** our products aren't visible enough on the market c (= en état de recevoir) **Monsieur est-il ~ ?** is Mr X (ou Lord X etc) able to receive visitors?, is Mr X (ou Lord X etc) receiving visitors? ◆ **elle n'est pas ~ le matin** she's not at home to visitors ou not in to visitors in the morning

NM ◆ **le ~** what is visible, the visible

**visiblement** /viziblәmɑ̃/ ADV a (= manifestement) visibly, obviously ◆ **il était ~ inquiet** he was visibly ou obviously worried ◆ **~, c'est une erreur** obviously ou clearly it's a mistake b (= de façon perceptible à l'œil) visibly, perceptibly

**visière** /vizjɛʀ/ NF [de casquette, képi] peak; [de casque] visor; (pour le soleil) eyeshade ◆ **mettre sa main en ~** to shade one's eyes with one's hand; → **rompre**

**visioconférence** /vizjokɔ̃feʀɑ̃s/ NF videoconference, teleconference

**vision** /vizjɔ̃/ NF a (= faculté) (eye)sight, vision; (= perception) vision, sight ◆ **une ~ défectueuse** defective (eye)sight ou vision ◆ **le mécanisme de la ~** the mechanism of vision ou sight ◆ **pour faciliter la ~** to aid (eye)sight ou vision ◆ **~ nette/floue** clear/hazy vision ◆ **porter des lunettes pour la ~ de loin** to wear glasses for distance vision; → **champ¹**

b (= conception) view ◆ **c'est une ~ idyllique des choses** it's an idyllic view of things ◆ **avoir une ~ globale ou d'ensemble d'un problème** to have a global view of a problem ◆ **nous partageons la même ~ des choses** we see things (in) the same way

c (= image, apparition, mirage) vision ◆ **tu as des ~s** * you're seeing things

d (= spectacle) sight ◆ **~ d'horreur** horrific sight ou scene ◆ **après l'attentat, l'aéroport offrait une ~ d'apocalypse** after the bomb attack the airport was a scene of apocalyptic horror ou was like a scene from the apocalypse

**visionnage** /vizjɔnaʒ/ NM viewing

**visionnaire** /vizjɔnɛʀ/ ADJ, NMF visionary

**visionner** /vizjɔne/ ▸ conjug 1 ◂ VT to view

**visionneuse** /vizjɔnøz/ NF viewer (for transparencies or film)

**visiophone** /vizjɔfɔn/ NM videophone, viewphone

**visiophonie** /vizjɔfɔni/ NF video teleconferencing

**Visitation** /vizitasjɔ̃/ NF (Rel) ◆ **la ~** the Visitation

**visite** /vizit/ NF a (= fait de visiter) visiting, going round ◆ **heures/jour de ~ ou des ~s** (à la prison, l'hôpital) visiting hours/day ◆ **la ~ du château a duré deux heures** it took two hours to visit ou go round (Brit) ou go through (US) the château; → **droit³**

b (= tournée, inspection) visit ◆ **au programme il y a des ~s de musée** there are museum visits on the programme ◆ **~ accompagnée ou guidée** guided tour ◆ **ces ~s nocturnes au garde-manger** (hum) these nocturnal visits ou trips to the pantry

c (chez une connaissance) visit ◆ **une courte ~** a short visit, a call ◆ **une ~ de politesse** a courtesy call ou visit ◆ **une ~ de remerciements** a thank-you visit ◆ **être en ~ chez qn** to be paying sb a visit, to be on a visit to sb ◆ **rendre ~ à qn** to pay sb a visit, to call on sb, to visit sb ◆ **je vais lui faire une petite ~** I'm going to pay him a (little) visit, I'm going to call on him ◆ **rendre à qn sa ~** to return sb's visit, to pay sb a return visit ◆ **avoir ou recevoir la ~ de qn** to have a visit from sb ◆ **vos ~s se font de plus en plus rares** you should come and visit more often ◆ **ses ~s étaient rares** he rarely visited; → **carte**

d (= visiteur) visitor ◆ **nous avons des ~s** we've got visitors ou company ou guests ◆ **j'ai une ~ dans le salon** I have a visitor ou I have company in the lounge ◆ **nous attendons de la ~ ou des ~s** we're expecting visitors ou company ou guests ◆ **tiens, nous avons de la ~** (hum) hey, we've got company ou guests

e [de chef d'État] visit ◆ **en ~ officielle au Japon** on an official visit to Japan

f [de médecin hospitalier avec étudiants] ward round ◆ **~ (à domicile)** [de médecin de ville] (house)call, visit ◆ **il ne fait pas de ~s à domicile** he doesn't make housecalls ◆ **~ de contrôle** follow-up visit ◆ **la ~** (chez le médecin) (medical) consultation; (Mil) (quotidienne) sick parade; (d'entrée) medical (examination) (Brit), physical examination (US) ◆ **aller à la ~** to go to the surgery (for a consultation) ◆ **passer à la ~ (médicale)** [recrue] to have a medical (Brit) ou physical (US) examination ◆ **l'heure de la ~ dans le service** the time when the doctor does his ward round(s)

g (Comm) visit, call; (d'expert) inspection ◆ **j'ai reçu la ~ d'un représentant** I had a visit ou call from a representative, a representative called (on me)

COMP ▷ **visite du diocèse** ⇒ **visite épiscopale** ▷ **visite domiciliaire** (Jur) house search ▷ **visite de douane** customs inspection ou examination ▷ **visite épiscopale** (Rel) pastoral visitation

**visiter** /vizite/ ▸ conjug 1 ◂ VT a [+ pays, ville, site Internet] to visit; [+ château, musée] to visit, to go round (Brit) ou through (US) ◆ **~ une maison** (à vendre) to look over a house, to view a house ◆ **il me fit ~ sa maison/son laboratoire** he showed me round (Brit) ou through (US) his house/his laboratory ◆ **il nous a fait ~ la maison que nous envisagions d'acheter** he showed us round (Brit) ou through (US) ou over (Brit) the house we were thinking of buying ◆ **le monument le plus visité de Paris** the most visited site in Paris ◆ **c'est le site Internet le plus visité** it is the most frequently visited website, it is the website with the most hits

b (en cherchant qch) [+ bagages] to examine, to inspect; [+ boutiques] to go round; [+ recoins] to search (in); [+ armoire] to go through, to search (in); (Admin) [+ navire] to inspect; (hum) [+ coffre-fort] to visit (hum), to pay a visit to (hum) ◆ **leur maison a été visitée plusieurs fois** (hum) they've been burgled ou they've had burglars several times

c (par charité) [+ malades, prisonniers] to visit

d [médecin, représentant, inspecteur] to visit, to call on

e (Rel) to visit

f († = fréquenter) [+ voisins, connaissances] to visit, to call on

**visiteur, -euse** /vizitœʀ, øz/ NM,F (gén) visitor ◆ **les ~s** (Sport) the visiting ou away team; → **infirmier, médical** COMP ▷ **visiteur des douanes** customs inspector ▷ **visiteur de prison** prison visitor

**vison** /vizɔ̃/ NM (= animal, fourrure) mink; (= manteau) mink (coat)

**visonnière** /vizɔnjɛʀ/ NF (Can) mink farm, minkery (Can)

**visqueux, -euse** /viskø, øz/ ADJ a [liquide] viscous, thick; [pâte] sticky, viscous; (péj) [surface, objet] sticky, goo(e)y *, viscous b (fig péj) [personne, manière] slimy, smarmy (Brit)

**vissage** /visaʒ/ NM screwing (on ou down)

**visser** /vise/ ▸ conjug 1 ◂ VT a (au moyen de vis) [+ plaque, serrure] to screw on; [+ couvercle] to screw down ou on ◆ **ce n'est pas bien vissé** it's not screwed down properly ◆ **~ un objet sur qch** to screw an object on to sth ◆ **vissé devant la télé** * glued * to the television ◆ **il est resté vissé sur sa chaise** * he never got out of his chair ◆ **le chapeau vissé sur la tête** with his hat jammed hard ou tight on his head b (en tournant) [+ couvercle, bouchon, écrou] to screw on ◆ **ce couvercle se visse** this is a screw-on lid, this lid screws on ◆ **ce n'est pas bien vissé** [bouchon] it's not screwed on ou down properly; [écrou] it's not screwed down properly c (* = être strict avec) [+ élève, subordonné] to keep a tight rein on, to crack down on * ◆ **toi, je vais te ~ !** things are going to get tough for you around here!

**visseuse** /visøz/ NF screwing machine

**vista** /vista/ NF (surtout Sport) clairvoyance

**Vistule** /vistyl/ NF ◆ **la ~** the Vistula

**visu** /vizy/ **de visu** LOC ADV with one's own eyes ◆ **s'assurer de qch de ~** to check sth with one's own eyes ou for oneself

**visualisation** /vizɥalizasjɔ̃/ NF (gén) visualization; (Ordin) display; → **console, écran**

**visualiser** /vizɥalize/ ▸ conjug 1 ◂ VT a (Tech) to visualize; (Ordin) to display b (= voir, se représenter) to visualize ◆ **j'ai du mal à ~ la scène** it's hard for me to visualize what happened

**visualiseur** /vizyalizœʀ/ (Ordin) visualizer

**visuel, -elle** /vizɥɛl/ ADJ (gén) visual ◆ **troubles ~s** eye trouble (NonC); → **champ¹, mémoire¹**

NM,F ◆ **cet écrivain est un ~** visual images predominate in the writings of this author NM (Ordin) visual display unit, VDU; (Publicité) visual ◆ **~ graphique** graphical display unit

**visuellement** /vizɥɛlmɑ̃/ ADV visually

**vit** † /vi/ NM (littér) penis

**vital, e** (mpl **-aux**) /vital, o/ ADJ (Bio, gén) vital; → **centre, espace¹, minimum**

**vitalisme** /vitalism/ NM (Philos) vitalism

**vitalité** /vitalite/ NF [de personne] energy, vitality; [d'institution, terme] vitality ◆ **il est plein de ~** he's full of energy ou go ou vitality ◆ **la ~ de ces enfants est incroyable** it's incredible how much energy these children have

**vitamine** /vitamin/ NF vitamin ◆ **~ A/C** vitamin A/C ◆ **alimentation riche/pauvre en ~s** food that is rich ou high/low in vitamins ◆ **lait enrichi en ~s** vitamin-enriched milk, milk with added vitamins ou enriched with vitamins; → **carence**

**vitaminé, e** /vitamine/ ADJ with added vitamins

**vitaminique** /vitaminik/ ADJ vitamin (épith)

**vite** /vit/ ADV a (= à vive allure) [rouler, marcher] fast, quickly; [progresser, avancer] quickly, rapidly, swiftly

b (= rapidement) [travailler, se dérouler, se passer] quickly, fast; (= en hâte) [faire un travail] quickly, in a rush ou hurry ◆ **ça s'est passé si ~, je n'ai rien vu** it happened so quickly ou fast I didn't see a thing ◆ **il travaille ~ et bien** he works quickly ou fast and well ◆ **vous avez fait ~ pour venir** it didn't take you long to come, you were quick getting here ◆ **ça ne va pas ~** it's slow work ◆ **fais ~ !** be quick about it!, look sharp! * ◆ **eh, pas si ~ !** hey, not so fast!, hey, hold on (a minute)! ◆ **et plus ~ que ça !** and get a move on! *, and be quick about it! ◆ **là il (y) va un peu ~** he's being a bit hasty ◆ **le temps passe ~** time flies ◆ **la police est allée ~ en besogne** * the police were quick off the mark ou worked fast ou didn't waste any time ◆ **vous allez un peu ~ en besogne** * you're going too fast, you're a bit too quick off the mark ◆ **aller plus ~ que les violons** *ou* **la musique** to jump the gun ◆ **c'est ~ dit** * (it's) easier said than done ◆ **j'aurais plus ~ fait de l'écrire moi-même** it would have been quicker if I'd written it myself

♦ **vite fait** ◆ **ça, c'est du ~ fait !** that's a rushed job!, that's been done too quickly! ◆ **elle s'est tirée ~ fait** * she was off like a shot *, she took off as quick as a flash * ◆ **il faut que tu termines ça, ~ fait (sur le gaz)** * you have to finish that, pronto * ◆ **on prend une bière, mais ~ fait (sur le gaz)** * we'll have a beer, but just a quick one * *ou* a quickie * ◆ **il l'a terminé ~ fait, bien fait** he finished it nice and quickly * ◆ **il l'a peint ~ fait, bien fait** he gave it a quick coat of paint ◆ **c'est du ~ fait, bien fait** it's a nice quick job

c *(= bientôt)* soon, in no time ◆ **elle sera ~ arrivée/guérie** she'll soon be here/better, she'll be here/better in no time ◆ **il eut ~ fait de découvrir que ...** he soon *ou* quickly discovered that ..., in no time he discovered that ... ◆ **ce sera ~ fait** it won't take long, it won't take a moment *ou* a second ◆ **on a ~ fait de dire que ...** it's easy to say that ...

d *(= immédiatement)* quick ◆ **lève-toi ~ !** get up quick! ◆ **va ~ voir !** go and see quick! ◆ **au plus ~** as quickly as possible ◆ **il faut le prévenir au plus ~** he must be warned as quickly *ou* as soon as possible ◆ **faites-moi ça, et ~ !** do this for me and be quick about it! ◆ **~ ! un médecin** quick! a doctor

ADJ *(style journalistique : Sport)* fast

**vitellus** /vitelys/ NM *(Bio)* vitellin

**vitesse** /vitɛs/ NF a *(= promptitude, hâte)* speed, quickness, rapidity

♦ **en vitesse** *(= rapidement)* quickly; *(= en hâte)* in a hurry *ou* rush ◆ **faites-moi ça en ~** do this for me quickly ◆ **faites-moi ça, et en ~ !** do this for me and be quick about it! ◆ **on va prendre un verre en ~** we'll go for a quick drink ◆ **écrire un petit mot en ~** to scribble a hasty note ◆ **j'ai préparé le déjeuner/cette conférence un peu en ~** I prepared lunch/this lecture in a bit of a hurry *ou* rush

♦ **à toute vitesse, en quatrième vitesse** at full *ou* top speed ◆ **il faut toujours tout faire en quatrième ~** everything always has to be done at top speed *ou* in a great rush ◆ **(à la nouvelle) il est arrivé en quatrième ~** *ou* **à toute ~** (on hearing the news) he came like a shot *ou* at the double

b *[de courant, processus]* speed; *[de véhicule, projectile]* speed, velocity ◆ **aimer la ~** to love speed ◆ **à la ~ de 60 km/h** at (a speed of) 60 km/h ◆ **à quelle ~ allait-il ?, quelle ~ faisait-il ?** what speed was he going at? *ou* doing?, how fast was he going? ◆ **faire de la ~** to go *ou* drive fast ◆ **faire une ~ (moyenne) de 60** to do an average (speed) of 60 ◆ **prendre de la ~** to gather *ou* increase speed, to pick up speed ◆ **gagner** *ou* **prendre qn de ~** *(lit)* to beat sb, to outstrip sb; *(fig)* to beat sb to it, to pip sb at the post * *(Brit)*, to beat sb by a nose *(US)* ◆ **entraîné par sa propre ~** carried along by his own momentum ◆ **~ de propagation/réaction/rotation** speed of propagation/reaction/rotation ◆ **à grande ~** at great speed ◆ **passer une vidéo en ~ accélérée** to fast-forward a video ◆ **faire qch à la ~ de l'éclair** to do sth with lightning speed *ou* as quick as a flash ◆ **à une ~ vertigineuse** *[conduire, avancer]* at a dizzying speed; *[augmenter, se multiplier]* at a dizzying rate ◆ **circuler à ~ réduite** to drive at reduced speed; → **course, excès, perte**

c *(Rail)* **grande/petite ~** fast/slow goods service ◆ **expédier un colis en petite ~** to send a parcel by slow goods service ◆ **expédier un colis en grande ~** to send a parcel express

d *(Aut)* gear ◆ **changer de ~** to change *ou* shift *(US)* gear ◆ **2e/4e ~** 2nd/4th gear ◆ **passer les ~s** to go *ou* run through the gears ◆ **passer la ~ supérieure** *(fig)* to quicken the pace, to shift into high gear *(US)* ◆ **une Europe à deux ~s** *(fig)* a two-speed Europe ◆ **société/justice à deux ~s** two-tier society/justice system; → **boîte**

e *(loc)* **à (la) ~ grand V** * at top speed, real fast * *(US)* ◆ **il est parti à la ~ grand V** * he shot off *, he went tearing off *, he left like a bullet from a gun

COMP ▷ **vitesse acquise** momentum ▷ **vitesse d'affichage** *(Ordin)* display speed ▷ **vitesse de croisière** *(lit, fig)* cruising speed ▷ **vitesse de frappe** typing speed ▷ **vitesse d'impression** *(Ordin)* print speed ▷ **vitesse initiale** muzzle velocity ▷ **vitesse de lecture** *(Ordin)* reading rate ▷ **vitesse de libération** escape velocity *ou* speed ▷ **vitesse de la lumière** speed of light ▷ **vitesse de pointe** maximum *ou* top speed ▷ **vitesse de sédimentation** sedimentation speed ▷ **vitesse du son** *(lit, fig)* speed of sound ▷ **vitesse de sustentation** minimum flying speed ▷ **vitesse de traitement** *(Ordin)* processing speed

**viticole** /vitikɔl/ ADJ *[industrie]* wine *(épith)*; *[région]* wine-growing *(épith)*, wine-producing *(épith)*; *[établissement]* wine-producing *(épith)*, wine-making *(épith)* ◆ **culture ~** wine growing, viticulture *(SPÉC)*

**viticulteur, -trice** /vitikyltœʀ, tʀis/ NM,F wine grower, viticulturist *(SPÉC)*

**viticulture** /vitikyltyʀ/ NF wine growing, viticulture *(SPÉC)*

**vitrage** /vitʀaʒ/ NM a *(= action)* glazing b *(= vitres)* windows; *(= cloison)* glass partition; *(= toit)* glass roof ◆ **double ~** double glazing ◆ **fenêtre à double ~** double-glazed window c *(= rideau)* net curtain; *(= tissu)* net curtaining

**vitrail** (pl **-aux**) /vitʀaj, o/ NM stained-glass window, church window ◆ **l'art du ~, le ~** the art of stained-glass window making

**vitre** /vitʀ/ NF a *[de fenêtre, vitrine]* (window) pane, pane (of glass); *[de voiture]* window ◆ **poser/mastiquer une ~** to put in/putty a window pane *ou* a pane of glass ◆ **verre à ~** window glass ◆ **laver/faire les ~s** to wash/do *ou* clean the windows ◆ **appuyer son front à la ~** to press one's forehead against the window (pane) ◆ **les camions font trembler les ~s** the lorries make the window panes *ou* the windows rattle ◆ **casser une ~** to break a window (pane) ◆ **~ blindée** bullet-proof window ◆ **la ~ arrière** *(Aut)* the rear window *ou* windscreen *(Brit)* *ou* windshield *(US)* ◆ **~s électriques** *(Aut)* electric windows b *(= fenêtre)* **~s** windows ◆ **fermer les ~s** to close the windows

**vitré, e** /vitʀe/ (ptp de **vitrer**) ADJ a *[porte, cloison]* glass *(épith)*; → **baie²** b *(Anat)* **corps ~** vitreous body ◆ **humeur ~e** vitreous humour NM *(Anat)* vitreous body

**vitrer** /vitʀe/ ▸ conjug 1 ◂ VT *[+ fenêtre]* to glaze, to put glass in; *[+ véranda, porte]* to put windows in, to put glass in

**vitrerie** /vitʀəʀi/ NF *(= activité)* glaziery, glazing; *(= marchandise)* glass

**vitreux, -euse** /vitʀø, øz/ ADJ a *(Anat)* *[humeur]* vitreous b *(Géol)* vitreous; → **porcelaine** c *(péj = terne, glauque)* *[yeux]* glassy, dull; *[regard]* glassy, glazed, lacklustre *(Brit)* *ou* lackluster *(US)* *(épith)*; *[surface, eau]* dull

**vitrier** /vitʀije/ NM glazier ◆ **ton père n'est pas ~ !** * I can't see through you!

**vitrification** /vitʀifikasjɔ̃/ NF a *(Tech) (par fusion)* vitrification; *(par enduit)* glazing ◆ **la ~ des déchets radioactifs** vitrification of nuclear waste b *[de parquet]* sealing, varnishing

**vitrifier** /vitʀifje/ ▸ conjug 7 ◂ VT a *(Tech) (par fusion)* to vitrify; *(par enduit)* to glaze, to put a glaze on ◆ **déchets vitrifiés** vitrified waste b *(= vernir)* *[+ parquet]* to seal, to varnish VPR **se vitrifier** to vitrify

**vitrine** /vitʀin/ NF a *(= devanture)* (shop) window ◆ **en ~** in the window ◆ **la ~ du boucher/de la pâtisserie** the butcher's/pastry *ou* cake *(Brit)* shop window ◆ **faire les ~s** to dress the windows ◆ **~ publicitaire** display case, showcase ◆ **cette exposition est la ~ de l'Europe** *(fig)* this exhibition is Europe's showcase ◆ **la ~ légale d'une organisation terroriste** the legal front for a terrorist organization; → **lécher** b *(= meuble) (chez soi)* display cabinet; *(au musée)* showcase, display cabinet

**vitriol** /vitʀijɔl/ NM *(Hist, Chim)* vitriol ◆ **une critique/un style au ~** *(fig)* a vitriolic review/style ◆ **du ~** *(péj = mauvais alcool)* firewater

**vitriolage** /vitʀijɔlaʒ/ NM *(Tech)* vitriolization

**vitrioler** /vitʀijɔle/ ▸ conjug 1 ◂ VT a *(Tech)* to vitriolize, to treat with vitriol *ou* (concentrated) sulphuric acid b *[+ victime d'agression]* to throw acid *ou* vitriol at

**vitrocéramique** /vitʀoseʀamik/ NF vitreous ceramic ◆ **table de cuisson en ~** ceramic hob

**vitupération** /vitypeʀasjɔ̃/ NF *(= propos)* ◆ **~s** rantings and ravings, vituperations *(frm)*

**vitupérer** /vitypeʀe/ ▸ conjug 6 ◂ VI to rant and rave ◆ **~ contre qn/qch** to rail against sb/sth, to rant and rave about sb/sth VT *(littér)* to inveigh against

**vivable** /vivabl/ ADJ a * *[personne]* bearable ◆ **il n'est pas ~** he's impossible to live with ◆ **ce n'est pas ~ !** it's intolerable! b *[milieu, monde]* fit to live in ◆ **cette maison n'est pas ~** this house isn't fit to live in

**vivace¹** /vivas/ ADJ a *(Bot)* hardy ◆ **plante ~** (hardy) perennial b *[préjugé]* inveterate, indestructible; *[haine]* undying, inveterate; *[souvenir]* vivid; *[foi]* steadfast, undying; *[tradition]* enduring NF *(= plante)* perennial

**vivace²** /vivatʃe/ ADV, ADJ *(Mus)* vivace

**vivacité** /vivasite/ NF a *(= rapidité, vie) [de personne]* liveliness, vivacity; *[de mouvement]* liveliness, briskness; *[d'intelligence]* keenness; *[de langue, dialogues, débat]* liveliness ◆ **~ d'esprit** quick-wittedness ◆ **avoir de la ~** to be lively *ou* vivacious ◆ **avec ~** *[réagir, se déplacer]* swiftly b *(= brusquerie)* sharpness, brusqueness ◆ **avec ~** *[critiquer, répliquer]* sharply, brusquely c *(= caractère vif) [de lumière, éclat]* brightness, brilliance; *[de couleur]* vividness; *[de froid]* bitterness; *[de douleur]* sharpness; *[de vent]* keenness d *(= intensité) [d'émotion, plaisir]* keenness, intensity; *[d'impression]* vividness

**vivandière** /vivɑ̃djɛʀ/ NF *(Hist)* vivandière

**vivant, e** /vivɑ̃, ɑ̃t/ ADJ a *(= en vie)* living, alive *(attrib)*, live *(épith)* ◆ **né ~** born alive ◆ **il est encore ~** he's still alive *ou* living ◆ **il n'en sortira pas ~** he won't come out of it alive ◆ **expériences sur des animaux ~s** experiments on live *ou* living animals, live animal experiments ◆ **c'est un cadavre/squelette ~** he's a living corpse/skeleton

b *(= plein de vie) [regard, visage, enfant]* lively; *[ville, quartier, rue]* lively, full of life *(attrib)*; *[portrait]* lifelike, true to life *(attrib)*; *[dialogue, récit, film]* lively; *(fig) [personnage]* lifelike c (= doué de vie) [matière, organisme] living; → **être**

d (= constitué par des êtres vivants) [machine, témoignage, preuve] living ◆ **c'est le portrait ~ de sa mère** he's the (living) image of his mother; → **tableau**

e (= en usage) [expression, croyance, influence] living ◆ **une expression encore très ~e** a phrase which is still very much alive; → **langue**

f (Rel) **le pain ~** the bread of life ◆ **le Dieu ~** the living God

NM a (= personne, Rel) **les ~s** the living ◆ **les ~s et les morts** (gén) the living and the dead; (Bible) the quick and the dead; → **bon**[1]

b (= vie) **de son ~** in his (ou her) lifetime, while he (ou she) was alive

**vivarium** /vivaʀjɔm/ NM vivarium

**vivats** /viva/ NM PL cheers ◆ **il quitta la scène sous les ~** he left the stage to the cheers of the crowd

**vive**[2] /viv/ EXCL ◆ **~ le roi/la France/l'amour!** long live the king/France/love! ◆ **~ les vacances !** three cheers for ou hurrah for the holidays!

**vive**[3] /viv/ NF (= poisson) weever

**vive-eau** (pl **vives-eaux**) /vivo, vivzo/ NF ◆ **(marée de) ~** spring tide ◆ **les vives-eaux** the spring tides

**vivement** /vivmɑ̃/ ADV a (= avec brusquerie) sharply, brusquely b (= beaucoup) [regretter] deeply, greatly; [désirer] keenly, greatly; [affecter, ressentir, intéresser] deeply, keenly ◆ **s'intéresser ~ à** to take a keen ou deep interest in, to be keenly ou deeply interested in c (= avec éclat) [colorer] brilliantly, vividly; [briller] brightly, brilliantly d (littér = rapidement) [agir, se mouvoir] in a lively manner e (marque un souhait) **~ les vacances !** I can't wait for the holidays! (Brit) ou for vacation! (US), roll on the holidays!* (Brit) ◆ **~ que ce soit fini !** I'll be glad when it's all over! ◆ **~ ce soir qu'on se couche !*** I can't wait until bedtime!, roll on bedtime!* (Brit)

**viveur** † /vivœʀ/ NM pleasure seeker

**vivier** /vivje/ NM (= étang) fishpond; (= réservoir) fish-tank; (fig) breeding ground

**vivifiant, e** /vivifjɑ̃, jɑ̃t/ ADJ [air, brise, promenade] invigorating, bracing; [ambiance, climat] invigorating; → **grâce**

**vivifier** /vivifje/ ▸ conjug 7 ◂ VT a [+ personne] to invigorate, to enliven; [+ sang, plante] to invigorate; (fig littér) [+ âme] to vitalize, to quicken (littér); [+ race] to vitalize, to give life to b (emploi absolu) **l'esprit vivifie** (Rel, littér) the spirit gives life

**vivipare** /vivipaʀ/ ADJ viviparous NM viviparous animal ◆ **~s** vivipara

**viviparité** /viviparite/ NF viviparity

**vivisection** /viviseksjɔ̃/ NF vivisection

**vivoir** /vivwaʀ/ NM (Can) living room

**vivoter** /vivɔte/ ▸ conjug 1 ◂ VI [personne] to get by (somehow), to live from hand to mouth; [entreprise] to struggle along

**vivre**[1] /vivʀ/ ▸ conjug 46 ◂ VI a (= être vivant) to live, to be alive ◆ **il n'a vécu que quelques jours** he only lived a few days ◆ **je ne savais pas qu'il vivait encore** I didn't know he was still alive ou living ◆ **quand l'ambulance est arrivée, il vivait encore** he was still alive when the ambulance arrived ◆ **quand elle arriva, il avait cessé de ~** he was dead when she arrived ◆ **~ vieux** to live to a ripe old age, to live to a great age ◆ **il vivra centenaire** he'll live to be a hundred ◆ **les gens vivent de plus en plus vieux** people are living longer and longer ◆ **le peu de temps qu'il lui reste à ~** the little time he has left (to live) ◆ **le colonialisme a vécu** colonialism is a thing of the past, colonialism has had its day ◆ **ce manteau a vécu*** this coat is finished ou has had its day ◆ **il fait bon ~** it's good to be alive, it's a good life ◆ **qui vive ?** (Mil) who goes there? ◆ **qui vivra verra** (Prov) what will be will be (Prov) → **âme, qui-vive**

b (= habiter) to live ◆ **~ à Londres/en France** to live in London/in France ◆ **~ avec qn** to live with sb ◆ **ils vivent ensemble/comme mari et femme** they live together/as husband and wife ◆ **~ dans le passé/dans ses livres/dans la crainte** to live in the past/in one's books/in fear

c (= se comporter) to live ◆ **~ en paix (avec soi-même)** to be at peace (with oneself) ◆ **~ dangereusement** to live dangerously ◆ **se laisser ~** to live for the day, to take life ou each day as it comes ◆ **laissez-les ~ !** (= ne les tracassez pas) let them be!; (slogan anti-avortement) let them live! ◆ **être facile/difficile à ~** to be easy/difficult to live with ou to get on with ◆ **ces gens-là savent ~** [épicuriens] those people (really) know how to live; [personnes bien élevées] those people know how to behave ◆ **il faut ~ avec son temps ou époque** you've got to move with the times; → **apprendre**

d (= exister) to live ◆ **on vit bien en France** life is good in France ◆ **c'est un homme qui a beaucoup vécu** he's a man who has seen a lot of life ◆ **elle ne vit plus depuis que son fils est pilote** (fig) she's been living on her nerves since her son became a pilot ◆ **il ne vit que pour sa famille** he lives only for his family; → **art, joie**

e (= subsister) to live (de on); ◆ **~ de laitages/de son salaire/de rentes** to live on dairy produce/on one's salary/on a private income ◆ **~ au jour le jour** to live from day to day ou from hand to mouth ◆ **~ largement ou bien** to live well ◆ **avoir (juste) de quoi ~** to have (just) enough to live on ◆ **ils vivent très bien avec son salaire** they live very comfortably ou get along very well on his salary ◆ **il vit de sa peinture/musique** he earns his living by painting/with his music ◆ **travailler/écrire pour ~** to work/write for a living ◆ **il faut bien ~ !** a person has to live!, you have to live! ◆ **faire ~ qn** [personne] to keep sb, to support sb ◆ **je n'aime pas ce métier mais il me fait ~** I don't like this job but it pays the bills* ou it's a living ◆ **seul son amour pour ses enfants le fait ~** only his love for his children keeps him going ◆ **~ de l'air du temps** to live on air ◆ **~ d'amour et d'eau fraîche** to live on love alone ◆ **~ sur sa réputation** to get by on the strength of one's reputation ◆ **l'homme ne vit pas seulement de pain** (Bible) man shall not live by bread alone; → **crochet**

f [idée, rue, paysage] to be alive ◆ **un portrait qui vit** a lively ou lifelike portrait, a portrait which seems alive ◆ **sa gloire vivra longtemps** his glory will live on ou will endure ◆ **cette idée/idéologie a vécu** this idea/ideology has had its day

VT a (= passer) to live, to spend ◆ **~ des jours heureux/des heures joyeuses** to live through ou spend happy days/hours ◆ **il vivait un beau roman d'amour** his life was a love story come true ◆ **la vie ne vaut pas la peine d'être vécue** life isn't worth living

b (= être mêlé à) [+ événement, guerre] to live through ◆ **nous vivons des temps troublés** we are living in ou through troubled times ◆ **le pays vit une période de crise** the country is going through a period of crisis

c (= éprouver intensément) **~ sa vie** to live one's own life, to live (one's life) as one pleases ou sees fit ◆ **~ sa foi/son art** to live out one's faith/one's art ◆ **~ l'instant/le présent** to live for the moment/the present ◆ **~ son époque intensément** to be intensely involved in the period one lives in ◆ **il a mal vécu son divorce/son adolescence/la mort de sa mère** he had a hard time of it when he got divorced/as an adolescent/when his mother died

**vivre**[2] /vivʀ/ NM (littér) ◆ **le ~ et le couvert** bed and board ◆ **le ~ et le logement** board and lodging, room and board NMPL **vivres** supplies, provisions; → **couper**

**vivrier, -ière** /vivʀije, ijɛʀ/ ADJ food-producing (épith)

**vizir** /viziʀ/ NM vizier ◆ **le grand ~** the Grand Vizier ◆ **il veut être ~ à la place du ~** (hum) he wants to be top dog*

**v'là** * /vla/ PRÉP ⇒ **voilà**

**vlan, v'lan** /vlɑ̃/ EXCL wham!, bang! ◆ **et ~ ! dans la figure** smack ou slap-bang in the face ◆ **et ~ ! il est parti en claquant la porte** wham! ou bang! he slammed the door and left

**VO** /veo/ NF (abrév de **version originale**) ◆ **film en ~** film in the original version ou language ◆ **en ~ sous-titrée** in the original version with subtitles

**vocable** /vɔkabl/ NM a (= mot) term b (Rel) **église sous le ~ de saint Pierre** church dedicated to St Peter

**vocabulaire** /vɔkabylɛʀ/ NM a [de dictionnaire] vocabulary, word list ◆ **~ français-anglais** French-English vocabulary ◆ **~ de la photographie** dictionary ou lexicon of photographic terms b [d'individu, groupe] (= terminologie) vocabulary ◆ **~ technique/médical** technical/medical vocabulary ◆ **~ actif/passif** active/passive vocabulary ◆ **enrichir son ~** to enrich one's vocabulary ◆ **j'ai rayé ce mot de mon ~** that word is no longer part of my vocabulary ◆ **quel ~ !** what language! ◆ **surveille ton ~ !** watch ou mind your language!

**vocal, e** (mpl **-aux**) /vɔkal, o/ ADJ [organe, musique] vocal ◆ **synthèse ~e** voice ou speech synthesis; → **corde, serveur**

**vocalement** /vɔkalmɑ̃/ ADV vocally

**vocalique** /vɔkalik/ ADJ vowel (épith), vocalic ◆ **système ~** vowel system

**vocalisation** /vɔkalizasjɔ̃/ NF (Ling) vocalization; (Mus) singing exercise

**vocalise** /vɔkaliz/ NF singing exercise ◆ **faire des ~s** to practise (one's) singing exercises

**vocaliser** /vɔkalize/ ▸ conjug 1 ◂ VT (Ling) to vocalize VI (Mus) to practise (one's) singing exercises VPR **se vocaliser** (Ling) to become vocalized

**vocalisme** /vɔkalism/ NM (Ling) (= théorie) vocalism; (= système vocalique) vowel system; [de mot] vowel pattern

**vocatif** /vɔkatif/ NM vocative (case)

**vocation** /vɔkasjɔ̃/ NF a (pour un métier une activité, Rel) vocation, calling ◆ **avoir/ne pas avoir la ~** to have/lack a vocation ◆ **avoir la ~ de l'enseignement/du théâtre** to be cut out to be a teacher ou for teaching/for acting ou the theatre ◆ **~ artistique** artistic calling ◆ **~ contrariée** frustrated vocation ◆ **rater sa ~** to miss one's vocation ◆ **il a la ~** (hum) it's a real vocation for him b (= destin) vocation, calling ◆ **la ~ maternelle de la femme** woman's maternal vocation ou calling ◆ **la ~ industrielle du Japon** the industrial calling of Japan c (Admin) **avoir ~ à ou pour** to have authority to

**vociférateur, -trice** /vɔsifeʀatœʀ, tʀis/ ADJ vociferous NM,F vociferator

**vocifération** /vɔsifeʀasjɔ̃/ **NF** cry of rage, vociferation *(frm)* ◆ **pousser des ~s** to utter cries of rage

**vociférer** /vɔsifeʀe/ ▸ conjug 6 ◂ **VI** to utter cries of rage, to vociferate ◆ **~ contre qn** to shout angrily at sb, to scream at sb **VT** *[+ insulte, ordre]* to shout (out), to scream ◆ **~ des injures** to hurl abuse, to shout (out) *ou* scream insults

**vocodeur** /vɔkɔdœʀ/ **NM** vocoder

**vodka** /vɔdka/ **NF** vodka

**vœu** (pl **vœux**) /vø/ GRAMMAIRE ACTIVE 50 **NM** **a** *(= promesse)* vow ◆ **faire (le) ~ de faire qch** to vow to do sth, to make a vow to do sth ◆ **~x de religion** religious vows ◆ **~x de célibat** vows of celibacy ◆ **prononcer ses ~x** *(Rel)* to take one's vows ◆ **~ de chasteté** vow of chastity ◆ **faire ~ de pauvreté** to take a vow of poverty

**b** *(= souhait)* wish ◆ **faire un ~** to make a wish ◆ **nous formons des ~x pour votre santé** we send our good wishes for your recovery *ou* health ◆ **tous nos ~x de prompt rétablissement** our best wishes for a speedy recovery ◆ **l'assemblée a émis le ~ que ...** the assembly expressed the wish *ou* its desire that ... ◆ **appeler qch de ses ~x** to hope and pray for sth ◆ **je fais le ~ qu'il me pardonne** I pray (that) he may forgive me ◆ **tous nos ~x (de bonheur)** all good wishes *ou* every good wish for your happiness ◆ **tous nos ~x vous accompagnent** our very best wishes go with you ◆ **~ pieux** pious hope

**c** *(au jour de l'an)* **les ~x télévisés du président de la République** the President of the Republic's televised New Year speech *ou* address ◆ **il a reçu les ~x du corps diplomatique** he received New Year's greetings from the diplomatic corps ◆ **tous nos (meilleurs** *ou* **bons) ~x de bonne et heureuse année, meilleurs ~x** best wishes for the New Year, Happy New Year; *(sur une carte)* "Season's Greetings"

**vogue** /vɔg/ **NF** **a** *(= popularité)* fashion, vogue ◆ **la ~ de l'informatique** the vogue for computers ◆ **connaître une ~ extraordinaire** to be extremely fashionable *ou* popular ◆ **être en ~** to be in fashion *ou* vogue, to be fashionable ◆ **c'est la grande ~ maintenant** it's all the rage now ◆ **ce n'est plus en ~** it's no longer fashionable, it's on the way out **b** *(dial = foire)* fair

**voguer** /vɔge/ ▸ conjug 1 ◂ **VI** *(littér) [embarcation, vaisseau spatial]* to sail; *(fig) [pensées]* to drift, to wander ◆ **nous voguions vers l'Amérique** we were sailing towards America ◆ **l'embarcation voguait au fil de l'eau** the boat was drifting *ou* floating along on *ou* with the current ◆ **vogue la galère !** *(hum)* come what may!

**voici** /vwasi/ **PRÉP** **a** *(pour désigner : opposé à voilà)* here is, here are, this is, these are ◆ **~ mon bureau et voilà le vôtre** here's *ou* this is my office and there's *ou* that's yours ◆ **~ mon frère et voilà sa femme** this is *ou* here is my brother and there's *ou* that's his wife ◆ **~ mes parents** here are *ou* these are my parents

**b** *(pour désigner : même valeur que voilà)* here is, here are, this is, these are ◆ **~ mon frère** this is my brother ◆ **~ le livre que vous cherchiez** here's the book you were looking for ◆ **l'homme/la maison que ~** this (particular) man/house ◆ **M. Dupont, que ~** Mr Dupont here ◆ **il m'a raconté l'histoire que ~** he told me the following story

**c** *(pour annoncer, introduire)* here is, here are, this is, these are ◆ **~ le printemps/la pluie** here comes spring/the rain ◆ **~ la fin de l'hiver** the end of winter is here ◆ **me/nous/le** *etc* **~** here I am/we are/he is *etc* ◆ **les ~ prêts à partir** they're ready to leave, that's them ready to leave* ◆ **nous ~ arrivés** here we are, we've arrived ◆ **le ~ qui se plaint encore** there he goes, complaining again, that's him complaining again* ◆ **me ~ à me ronger les sangs pendant que lui ...** *(au présent)* here am I *ou* here's me* in a terrible state while he ...; *(au passé)* there was I *ou* there was me* in a terrible state while he ... ◆ **vous voulez des preuves, en ~** you want proof, well here you are then ◆ **nous y ~** *(lieu)* here we are; *(question délicate)* now we're getting there ◆ **~ qui va vous surprendre** here's something that'll surprise you ◆ **~ qu'il se met à pleuvoir maintenant** and now it's starting to rain ◆ **~ ce que je compte faire** this is what I'm hoping to do ◆ **~ ce qu'il m'a dit/ce dont il s'agit** this is what he told me/what it's all about ◆ **~ comment il faut faire** this is the way to do it, this is how it's done ◆ **~ pourquoi je l'ai fait** this *ou* that was why I did it ◆ **~ pourquoi je l'avais supprimé** that was why I'd eliminated it ◆ **~ que tombe la nuit** night is falling, it's getting dark

**d** *(il y a)* **~ 5 ans que je ne l'ai pas vu** it's 5 years (now) since I last saw him, I haven't seen him for the past 5 years ◆ **il est parti ~ une heure** he left an hour ago, it's an hour since he left ◆ **~ bientôt 20 ans que nous sommes mariés** it'll soon be 20 years since we got married, we'll have been married 20 years soon

**voie** /vwa/ **NF** **a** *(= chemin)* way; *(Admin = route, rue)* road; *(= itinéraire)* route ◆ **~ romaine/sacrée** *(Hist)* Roman/sacred way ◆ **par la ~ des airs** *ou* **aérienne** by air ◆ **emprunter la ~ maritime** to go by sea ◆ **expédier qch par ~ de mer** *ou* **maritime** to send sth by sea *ou* by ship, to ship sth ◆ **voyager par ~ de terre** *ou* **terrestre** to travel overland ◆ **~s de communication** communication routes ◆ **~ sans issue** no through road, cul-de-sac ◆ **~ privée** private road ◆ **~ à double sens/à sens unique** two-way/one-way road

**b** *(= partie d'une route)* lane ◆ **"travaux – passage à voie unique"** "roadworks — single-lane traffic" ◆ **route à ~ unique** single-lane *ou* single-track road ◆ **route à 3/4 ~s** 3-/4-lane road ◆ **~ réservée aux autobus/aux cyclistes** bus/cycle lane ◆ **~ à contresens** contraflow lane ◆ **une ~ de circulation a été mise en sens inverse sur ...** there is a contraflow system in operation on ...

**c** *(Rail)* track, (railway) line ◆ **ligne à ~ unique/à 2 ~s** single-/double-track line ◆ **ligne à ~ étroite** narrow-gauge line ◆ **on répare les ~s** the line *ou* track is under repair ◆ **~ montante/descendante** up/down line ◆ **le train est annoncé sur la ~ 2** the train will arrive at platform 2

**d** *(Anat)* **~s digestives/respiratoires/urinaires** digestive/respiratory/urinary tract ◆ **par ~ buccale** *ou* **orale** orally ◆ **administrer qch par ~ nasale/rectale** to administer sth through the nose/the rectum ◆ **évacuer qch par les ~s naturelles** to get rid of sth by the natural routes *ou* naturally ◆ **les usagers de drogues par ~ intraveineuse** intravenous drug users ◆ **être contaminé par ~ sexuelle** to be infected through sexual intercourse

**e** *(fig)* way ◆ **la ~ du bien/mal** the path of good/evil ◆ **la ~ de l'honneur** the honourable course ◆ **rester dans la ~ du devoir** to keep to the line *ou* path of duty ◆ **entrer dans la ~ des aveux** to make a confession ◆ **ouvrir/tracer/montrer la ~** to open up/mark out/show the way ◆ **préparer la ~ à qn/qch** to prepare *ou* pave the way for sb/sth ◆ **continuez sur cette ~** continue in this way ◆ **il est sur la bonne ~** he's on the right track ◆ **l'affaire est en bonne ~** things are going well ◆ **mettre qn sur la ~** to put sb on the right track ◆ **trouver sa ~** to find one's way (in life) ◆ **la ~ est toute tracée** *(pour une personne)* his career is mapped out (for him); *(pour un projet)* the way ahead is clear ◆ **la ~ est libre** the way is clear *ou* open

**f** *(= filière, moyen, option)* **par des ~s détournées** by devious *ou* roundabout means ◆ **par la ~ hiérarchique/diplomatique** through official/diplomatic channels ◆ **faire qch par (la) ~ légale** *ou* **par les ~s légales** to follow the proper procedures for doing sth ◆ **par ~ de conséquence** in consequence, as a result ◆ **annoncer qch par ~ de presse** to announce sth in the press ◆ **publicité par ~ d'affiche** poster advertising ◆ **consulter le peuple par ~ de référendum** to consult the people in a *ou* by referendum ◆ **recruter des cadres par ~ de concours/d'annonces** to recruit executives in open competition/through advertisements ◆ **proposer une troisième ~** to suggest a third option

◆ **en voie de** ◆ **en ~ de réorganisation** in the process of reorganization, undergoing reorganization ◆ **en ~ d'exécution** in (the) process of being carried out, being carried out ◆ **en ~ de guérison** getting better, regaining one's health, on the road to recovery ◆ **en ~ de cicatrisation** (well) on the way to healing over ◆ **en ~ d'achèvement** (well) on the way to completion, nearing completion ◆ **elle est en ~ de réussir** she's on the way *ou* road to success ◆ **il est en ~ de perdre sa situation** he's on the way to losing his job, he's heading for dismissal

**COMP** ▷ **voie d'accès** access road ▷ **voie Appienne** Appian Way ▷ **voie de dégagement urbain** urban relief road ▷ **les voies de Dieu, les voies divines** the ways of God *ou* Providence ◆ **les ~s de Dieu sont impénétrables** *ou* **insondables** God moves in mysterious ways ▷ **voie d'eau** leak ▷ **voie express** express way, motorway *(Brit)*, freeway *(US)* ▷ **voie de fait** *(Jur)* assault (and battery) *(NonC)* ◆ **~ de fait simple** common assault ◆ **se livrer à des ~s de fait sur qn** to assault sb, to commit an assault on sb ▷ **voie ferrée** *(Rail)* railway *(Brit)* *ou* railroad *(US)* line ▷ **voie de garage** *(Rail)* siding ◆ **mettre sur une ~ de garage** *(fig) [+ affaire]* to shelve; *[+ personne]* to shunt to one side ◆ **on m'a mis sur une ~ de garage** *(Téléc)* they put me on hold ▷ **la voie lactée** the Milky Way ▷ **voies navigables** waterways ▷ **voie de passage** major route ▷ **les voies de la Providence** ⇒ **les voies de Dieu** ▷ **la voie publique** *(Admin)* the public highway ▷ **voie de raccordement** slip road ▷ **voie rapide** ⇒ **voie express** ▷ **voie royale** *(fig)* **c'est la ~ royale vers** *ou* **pour** *(gén)* it's the pathway to; *[+ carrière, pouvoir]* it's the fast track to ▷ **les voies du Seigneur** ⇒ **les voies de Dieu**

**voilà** /vwala/ **PRÉP** **a** *(pour désigner : opposé à voici)* there is, there are, that is, those are; *(même sens que voici)* here is, here are, this is, these are ◆ **voici mon bureau et ~ le vôtre** here's *ou* this is my office and there's *ou* and that's yours ◆ **voici mon frère et ~ sa femme** this is *ou* here's my brother and that's *ou* there's his wife ◆ **~ mon frère** this is *ou* here is my brother ◆ **~ le livre que vous cherchiez** *(je le tiens)* here's the book you were looking for; *(il est là-bas)* there's the book you were looking for ◆ **l'homme/la maison que ~** that man/house (there) ◆ **M. Dupont que ~** Mr Dupont there ◆ **il m'a raconté l'histoire que ~** he told me the following story

**b** *(pour annoncer, introduire)* there is, there are, that is, those are ◆ ~ **le printemps/la pluie** here comes spring/the rain ◆ ~ **la fin de l'hiver** the end of winter is here ◆ **le ~, c'est lui** there he is, that's him ◆ **le ~ prêt à partir** he's ready to leave, that's him ready to leave* ◆ **le ~ qui se plaint encore** there he goes, complaining again, that's him complaining again* ◆ **me ~ à me ronger les sangs pendant que lui ...** *(au présent)* there am I *ou* there's me* in a terrible state while he ...; *(au passé)* there was I *ou* there was me* in a terrible state while he ... ◆ ~ **ce que je compte faire** this is what I'm hoping to do ◆ ~ **ce qu'il m'a dit/ce dont il s'agit** *(je viens de le dire)* that's what he told me/what it's all about; *(je vais le dire)* this is what he told me/what it's all about ◆ ~ **comment il faut faire** that's how it's done ◆ ~ **pourquoi je l'ai fait** that's why I did it ◆ ~ **que tombe la nuit** night is falling, it's getting dark ◆ ~ **qu'il se met à pleuvoir maintenant** now it's starting to rain, here comes the rain now ◆ ~ **où je veux en venir** that's what I'm getting at, that's my point ◆ **nous y ~** *(lieu)* here we are; *(question délicate)* now we're getting there

**c** *(pour résumer)* **... et ~ pourquoi je n'ai pas pu le faire** ... and that's why *ou* that's the reason I couldn't do it ◆ ~ **ce qui fait que c'est impossible** that's what makes it impossible ◆ ~ **qui est louche** that's a bit odd *ou* suspicious ◆ ~ **qui s'appelle parler** that's what I call talking ◆ ~ **ce que c'est (que) de ne pas obéir** that's what comes of not doing as you're told, that's what happens when you don't do as you're told

**d** *(il y a)* ~ **une heure que je l'attends** I've been waiting for him for an hour now, that's a whole hour I've been waiting for him now ◆ ~ **5 ans que je ne l'ai pas vu** it's 5 years since I last saw him, I haven't seen him for the past 5 years ◆ **il est parti ~ une heure** he left an hour ago, it's an hour since he left ◆ ~ **bientôt 20 ans que nous sommes mariés** it'll soon be 20 years since we got married, we'll have been married 20 years soon

**e** *(loc)* ~ **le hic*** that's the snag *ou* catch, there's *ou* that's the hitch ◆ ~ **tout** that's all ◆ **et ~ tout** and that's all there is to it *ou* all there is to say, and that's the top and bottom of it* *(Brit)* ◆ ~ **bien les Français !** how like the French!, isn't that just like the French!, that's the French all over!* ◆ **(et) ne ~-t-il pas qu'il s'avise de se déshabiller** lo and behold, he suddenly decides to get undressed!, I'm blest if he doesn't suddenly decide to get undressed! ◆ **nous ~ frais !** now we're in a mess! *ou* a nice pickle!*, that's a fine mess *ou* pickle we're in!*

◆ **en voilà** ◆ **en ~ une histoire/blague !** what a story/joke!, that's some story/joke! ◆ **en ~ un imbécile !** there's an idiot for you!, what a fool! ◆ **en ~ assez !** that's enough!, that'll do! ◆ **veux-tu de l'argent ? – en ~** do you want some money? — here's some *ou* here you are ◆ **vous voulez des preuves, en ~** you want proof, well here you are then

EXCL ◆ **~ ! j'arrive !** here I come!, there — I'm coming! ◆ **ah ! ~ ! je comprends !** oh, (so) that's it, I understand!, oh, I see! ◆ ~ **autre chose !** *(incident)* that's all I need(ed)!; *(impertinence)* what a cheek!, the cheek of it! ◆ **je n'ai pas pu le faire, et ~ !** I couldn't do it and that's all there is to it! *ou* so there!* ◆ **~, je m'appelle M. Dupont et je suis votre nouvel instituteur** right (then), my name is Mr Dupont and I'm your new teacher ◆ **~, tu l'as cassé !** there (you are), you've broken it!

**voilage** /vwalaʒ/ NM (= *rideau*) net curtain; (= *tissu*) net *(NonC)*, netting *(NonC)*, veiling *(NonC)*; *[de chapeau, vêtement]* gauze *(NonC)*, veiling *(NonC)*

**voile[1]** /vwal/ NF **a** *[de bateau]* sail ◆ ~ **carrée/latine** square/lateen sail ◆ **les hautes ~s** the light *ou* upper sails, the (flying) kites ◆ **les basses ~s** the lower sails ◆ **navire sous ~s** ship under sail ◆ **faire ~ vers** to sail towards ◆ **mettre à la ~** to set sail, to make way under sail ◆ **mettre toutes ~s dehors** to raise *ou* set full sail ◆ **arriver toutes ~s dehors** *(lit)* to draw near under *ou* in full sail; *(fig)* to make a grand entrance ◆ **mettre les ~s*** *(fig)* to clear off‡, to scram‡ ◆ **marcher à ~ et à vapeur‡** *[bisexuel]* to be AC/DC* *ou* bi*, to swing both ways*; → **planche, vent, vol[1]**

**b** *(littér = embarcation)* sail *(inv) (littér)*, vessel

**c** (= *navigation, sport*) sailing, yachting ◆ **faire de la ~** to sail, to go sailing *ou* yachting ◆ **demain on va faire de la ~** we're going sailing *ou* yachting tomorrow ◆ **faire le tour du monde à la ~** to sail round the world

**voile[2]** /vwal/ NM **a** (= *coiffure, vêtement*) veil ◆ ~ **de deuil** (mourning) veil ◆ ~ **islamique** Islamic veil ◆ ~ **de mariée** bridal veil ◆ **porter le ~** to wear the veil ◆ **prendre le ~** *(Rel)* to take the veil ◆ **sa prise de ~ a eu lieu hier** she took the veil yesterday

**b** *[de statue, plaque commémorative]* veil

**c** (= *tissu*) net *(NonC)*, netting *(NonC)* ◆ ~ **de coton/de tergal ®** cotton/Terylene ® net *ou* netting

**d** *(fig = qui cache)* veil ◆ **le ~ de l'oubli** the veil of oblivion ◆ **sous le ~ de la franchise** under the veil *ou* a pretence of candour ◆ **le ~ de mystère qui entoure cet assassinat** the veil of mystery that surrounds this murder ◆ **jeter/tirer un ~ sur qch** to cast/draw a veil over sth ◆ **lever le ~ sur** to unveil, to lift the veil from ◆ **soulever un coin du ~** to lift a corner of the veil

**e** *(fig = qui rend flou) (gén)* veil; *(sur un liquide)* cloud ◆ ~ **de brume** veil of mist, veiling mist ◆ **avoir un ~ devant les yeux** to have a film before one's eyes

**f** *(Photo)* fog *(NonC)* ◆ **un ~ sur la photo** a shadow on the photo

**g** *(Méd)* ~ **au poumon** shadow on the lung ◆ **le ~ noir/gris/rouge des aviateurs** blackout/greyout/redout

**h** *(Anat)* ~ **du palais** soft palate, velum

**i** *(Bot) [de champignon]* veil

**j** (= *enregistrement du son*) warp

**voilé[1], e[1]** /vwale/ (ptp de **voiler[1]**) ADJ **a** *[femme, statue]* veiled **b** *[termes, allusion, sens]* veiled ◆ **accusation à peine ~e** thinly disguised accusation ◆ **il fit une allusion peu ~e à ...** he made a thinly veiled reference to ... **c** (= *flou*) *[lumière, ciel, soleil]* hazy; *[éclat]* dimmed; *[regard]* misty; *[contour]* hazy, misty; *[photo]* fogged ◆ **les yeux ~s de larmes** his eyes misty *ou* misted (over) *ou* blurred with tears ◆ **sa voix était un peu ~e** his voice was slightly husky

**voilé[2], e[2]** /vwale/ (ptp de **voiler[2]**) ADJ (= *tordu*) *[roue]* buckled; *[planche]* warped

**voilement** /vwalmɑ̃/ NM *(Tech) [de roue]* buckle; *[de planche]* warp

**voiler[1]** /vwale/ ► conjug 1 ◄ VT *(lit, fig, littér = cacher)* to veil ◆ **les larmes voilaient ses yeux** tears dimmed his eyes, his eyes were misty with tears ◆ **un brouillard voilait les sommets** the peaks were shrouded in fog ◆ **la plaine était voilée de brume** the plain was shrouded *ou* veiled in mist ◆ **je préfère lui ~ la vérité** I prefer to shield him from the truth *ou* to conceal the truth from him

VPR **se voiler** **a** (= *porter un voile*) **se ~ le visage** *[personne]* to wear a veil; *[musulmane]* to wear the veil ◆ **se ~ la face** *(fig)* to close one's eyes (*devant* to) **b** (= *devenir flou*) *[horizon, soleil]* to mist over; *[ciel]* to grow hazy *ou* misty; *[regard, yeux]* to mist over, to become glazed; *[voix]* to become husky

**voiler[2]** /vwale/ ► conjug 1 ◄ VPR **se voiler** *[roue]* to buckle; *[planche]* to warp VT *[+ roue]* to buckle; *[+ planche]* to warp

**voilerie** /vwalʀi/ NF sail-loft

**voilette** /vwalɛt/ NF (hat) veil

**voilier** /vwalje/ NM **a** (= *navire à voiles*) sailing ship; *(de plaisance)* sailing boat, sailboat *(US)*, yacht ◆ **grand ~** tall ship **b** (= *fabricant de voiles*) sailmaker ◆ **maître(-)~** master sailmaker **c** (= *oiseau*) long-flight bird

**voilure[1]** /vwalyʀ/ NF **a** *[de bateau]* sails ◆ **une ~ de 1 000 $m^2$** 1,000 $m^2$ of sail ◆ **réduire la ~** to shorten sail ◆ **réduire sa ~** *[entreprise]* to reduce its area of activity; → **surface** **b** *[de planeur]* aerofoils ◆ ~ **tournante** rotary wing **c** *[de parachute]* canopy

**voilure[2]** /vwalyʀ/ NF ⇒ **voilement**

## voir /vwaʀ/

► conjug 30 ◄

GRAMMAIRE ACTIVE 53.2

| | |
|---|---|
| 1 VERBE TRANSITIF | 3 LOCUTION EXCLAMATIVE |
| 2 VERBE INTRANSITIF | 4 VERBE TRANSITIF IND |
| 5 VERBE PRONOMINAL | |

1 - VERBE TRANSITIF

**a** = percevoir par la vue to see ◆ **je vois deux arbres** I (can) see two trees ◆ **est-ce que tu le vois ?** can you see it? ◆ **je l'ai vu de mes (propres) yeux, je l'ai vu, de mes yeux vu** I saw it with my own eyes ◆ **je l'ai vu comme je vous vois** I saw him as plainly as I see you now ◆ **aller ~ un film/une exposition** to go to (see) a film/an exhibition ◆ **c'est un film à ~** it's a film worth seeing ◆ **à le ~ si joyeux/triste** seeing him look so happy/sad ◆ **à le ~, on ne lui donnerait pas 90 ans** to look at him, you wouldn't think he was 90 ◆ **vous m'en voyez ravi/navré** I'm delighted/terribly sorry about that ◆ **tu vois ce que je vois ?** do you see what I see? ◆ ~ **Naples et mourir** see Naples and die ◆ **j'ai vu la mort de près** I've looked *ou* stared death in the face; → **chandelle, falloir, jour, pays[1]**

◆ **voir** + *infinitif* ◆ **nous les avons vus sauter** we saw them jump ◆ **on a vu le voleur entrer** the thief was seen going in ◆ **j'ai vu bâtir ces maisons** I saw these houses being built ◆ **je voudrais la ~ travailler plus** I'd like to see her work more

**b** = être témoin de **as-tu jamais vu pareille impolitesse ?** have you ever seen *ou* did you ever see such rudeness? ◆ **il a vu deux guerres** he has lived through *ou* seen two wars ◆ **cette maison a vu bien des drames** this house has known *ou* seen many a drama ◆ **à ~ son train de vie, elle doit être très riche** if her lifestyle is anything to go by, she must be very rich, looking *ou* to look at her lifestyle, you'd think she was very rich ◆ **je voudrais t'y ~ ~ !** I'd like to see you try! ◆ **tu aurais dû refuser ! – j'aurais voulu t'y ~ !** you should have said no! — I'd like to see what you'd have done!; → **naître**

◆ **voir** + *infinitif* to see ◆ **ce journal a vu son tirage augmenter** this newspaper has seen an increase in its circulation ◆ **un pays qui voit renaître le fascisme** a country which is witnessing *ou* seeing the rebirth of fascism

**c** [= découvrir, constater] to see ◆ **va ~ s'il y a quelqu'un** go and see if there's anybody there ◆ **des meubles comme on en voit partout** ordinary furniture ◆ **vous verrez que ce n'est pas leur faute** you'll see that they're not to blame ◆ **il ne fera plus cette erreur – c'est à ~** he won't make the same mistake again — that remains to be seen *ou* — we'll see ◆ **nous allons bien ~ !** we'll soon find out! ◆ **(attendons,) on verra bien** we'll see, let's wait and see ◆ **voyez si elle accepte** see if she'll agree ◆ **voyez comme les prix ont augmenté** see how prices have risen ◆ **c'est ce que nous verrons !** we'll see about that! ◆ **histoire de ~, pour ~** just to see ◆ **essaie un peu, pour ~ !** *(menace)* just you try! ◆ **il n'a pas de goût, il n'y a qu'à ~ comment il s'habille** he's got no taste, just look at the way he dresses ◆ **c'est tout vu !** * that's for sure!, it's a dead cert! * ◆ **si tu me trompes, moi je vais ~ ailleurs** * *(euph)* if you're ever unfaithful to me, I'll go and find somebody else ◆ **va ~ ailleurs si j'y suis !** * get lost! ‡; → **falloir**

**d** [= imaginer, se représenter] to see, to imagine ◆ **tu me vois aller lui dire ça/rester sans travailler ?** can you see *ou* imagine me telling him that?/not working? ◆ **je ne le vois pas** *ou* **je le vois mal habiter la banlieue** I (somehow) can't see *ou* imagine him living in the suburbs ◆ **je le verrais bien dans ce rôle** I could just see him in this role ◆ **nous ne voyons pas qu'il ait de quoi s'inquiéter** we can't see that he has any reason for worrying ◆ **voyez-vous une solution ?** can you see a solution? ◆ **je ne vois pas le problème** I don't see what the problem is ◆ **comment voyez-vous l'avenir ?** how do you see *ou* envisage the future? ◆ **je ne vois pas comment ils auraient pu gagner** I can't *ou* don't see how they could have won ◆ **tu vois, vois-tu, voyez-vous** you see ◆ **tu vois ça d'ici** you can just imagine it ◆ **il va encore protester, je vois ça d'ici** he's going to start protesting again, I can see it coming ◆ **je vois** * **ma sœur, elle a trois enfants et ...** take my sister, she has three children and ...; → **inconvénient, noir, rose**

**e** [= examiner, étudier] *[+ problème, dossier]* to look at; *[+ leçon]* to look *ou* go over; *[+ circulaire]* to see, to read ◆ **il a encore trois malades à ~** he still has three patients to see ◆ **il faudra ~ la question de plus près** we'll have to look at *ou* into the question more closely, the question requires closer examination ◆ **il faut** *ou* **il faudra ~** we'll have to see ◆ **je verrai (ce que je dois faire)** I'll have to see, I'll think about it ◆ **voyons un peu comment tu fais** let's see how you do it

**f** [= juger, concevoir] to see ◆ **c'est à vous de ~ s'il est compétent** it's up to you to see *ou* to decide whether he is competent ◆ **si elle ne revient pas travailler lundi, elle va se faire mal ~** if she doesn't come back to work on Monday, it won't look too good ◆ **il a fait ça pour se faire bien ~ de ses collègues/des autorités** he did that to impress his colleagues/to make himself popular with the authorities ◆ **façon** *ou* **manière de ~** view of things, outlook ◆ **nous n'avons pas la même façon de ~ les choses** we see things differently ◆ **voici comment on peut ~ les choses** you can look at things this way ◆ **nous ne voyons pas le problème de la même façon** we don't see *ou* view the problem in the same way, we don't take the same view of the problem ◆ **ne ~ aucun mal à ...** to see no harm in ... ◆ **~ qn comme un ami** to look upon *ou* regard sb as a friend, to consider sb a friend ◆ **il ne voit que son intérêt** he only considers his own interest; → **œil**

**g** [= rencontrer] *[+ médecin, avocat]* to see ◆ **il voit le directeur ce soir** he's seeing the manager tonight ◆ **le ministre doit ~ les délégués** the minister is to see *ou* meet the delegates ◆ **on ne vous voit plus** we never see you these days, you've become quite a stranger ◆ **il la voit beaucoup** he sees a lot of her ◆ **je l'ai assez vu** * I've had (quite) enough of him * ◆ **aller ~** *[+ médecin, avocat]* to go and see; *[+ ami]* to go and see, to call on, to visit ◆ **aller ~ qn à l'hôpital** to visit sb *ou* go and see sb in hospital ◆ **passez me ~ quand vous serez à Paris** look me up *ou* call in and see me *(Brit)* when you're in Paris ◆ **je suis passé le ~** I went to see him ◆ **il vient nous ~ demain** he's coming to see us tomorrow

**h** [= faire l'expérience de] **j'en ai vu d'autres !** I've seen worse! ◆ **il en a vu de dures** *ou* **de toutes les couleurs** *ou* **des vertes et des pas mûres** * he has been through the mill *ou* through some hard times, he has taken some hard knocks ◆ **en faire ~ (de dures** *ou* **de toutes les couleurs) à qn** to give sb a hard time ◆ **a-t-on jamais vu ça ?, on n'a jamais vu ça !** have you ever seen *ou* heard anything like it? ◆ **on aura tout vu !** we've seen everything now!, that beats everything! ◆ **vous n'avez encore rien vu !** you haven't seen anything yet!, you ain't seen nothing yet! *; → **autre**

**i** [= comprendre] to see ◆ **je ne vois pas ce que vous voulez dire** I don't see *ou* get *ou* understand what you mean, I don't understand your meaning ◆ **elle ne voyait pas le côté drôle de l'aventure** she couldn't see *ou* appreciate the funny side of what had happened ◆ **vous aurez du mal à lui faire ~ que ...** you'll find it difficult to make him see *ou* realize that ... ◆ **je ne vois pas comment il a pu oublier** I don't see how he could forget ◆ **tu vas le faire tout de suite, vu ?** * you're going to do it straightaway, understood?

**j** [* = supporter] **elle ne peut pas le ~ (en peinture)** she can't stand (the sight of) him

**k** [locutions]

◆ **faire voir** *(= montrer)* to show ◆ **fais ~ !** show me!, let me have a look! ◆ **faites-moi ~ ce dessin** show me *ou* let me see the picture ◆ **va te faire ~ (ailleurs) !** ‡ get lost! ‡ ◆ **qu'il aille se faire ~ (chez les Grecs) !** ‡ he can go to hell! ‡

◆ **voir venir** *(= attendre les événements)* to wait and see ◆ **j'ai quelques économies, ça me permettra de ~ venir** * I've got some money put by, it should be enough to see me through * ◆ **on va perdre, ça je le vois venir (gros comme une maison** *) *(= prévoir)* we're going to lose, I can see it coming (a mile off *) ◆ **je te vois venir** * **(avec tes gros sabots)** I can see what you're leading up to ◆ **150 € pour ce vase ? on t'a vu venir !** * *(iro)* €150 for that vase? they saw you coming! *

◆ **rien/quelque chose/pas grand-chose à voir avec** *ou* **dans** ◆ **je n'ai rien à ~ dans cette affaire** this has nothing to do with me, none of this has anything to do with me ◆ **cela n'a rien/a quelque chose à ~ avec ...** this has got nothing/something to do with ... ◆ **son nouveau film ? rien à ~ avec les précédents** his new film? it's nothing like his previous work ◆ **le résultat n'a plus grand-chose à ~ avec le projet initial** the result bears scarcely any resemblance *ou* very little relation to the initial project

2 - VERBE INTRANSITIF

**a** [avec les yeux] to see ◆ **~ mal** to have trouble seeing ◆ **on voit mal ici** it's difficult to see in here ◆ **on n'y voit plus** you can't see a thing ◆ **~ trouble** to have blurred vision ◆ **il a vu grand** he planned things on a grand *ou* big scale, he thought big; → **clair, loin, rouge**

**b** [*: intensif] **dites ~, vous connaissez la nouvelle ?** tell me, have you heard the news? ◆ **dis-moi ~ ...** tell me ... ◆ **essaie ~ !** just try it and see!, just you try it! ◆ **regarde ~ ce qu'il a fait !** just look what he's done!

3 - LOCUTION EXCLAMATIVE

**voyons** *(rappel à l'ordre)* **un peu de charité, voyons !** come (on) now, let's be charitable! ◆ **mais voyons, il n'a jamais dit ça !** oh come on, he never said that! ◆ **voyons ~ !** let's see now!

4 - VERBE TRANSITIF INDIRECT

**voir à** *(littér = veiller à)* to make sure that, to see (to it) that ◆ **nous verrons à vous contenter** we shall do our best *ou* our utmost to please you ◆ **il faudra ~ à ce qu'il obéisse** we must see *ou* make sure that he obeys

5 - VERBE PRONOMINAL

**se voir**

**a** [soi-même] **se ~ dans une glace** to see oneself in a mirror ◆ **il ne s'est pas vu mourir** death caught him unawares ◆ **elle se voyait déjà célèbre** she pictured herself famous already ◆ **je me vois mal habiter** *ou* **habitant là** I can't see myself living there somehow ◆ **tu te vois faire trois heures de trajet par jour ?** can you see yourself commuting three hours every day? ◆ **il la trouve moche – il ne s'est pas vu !** he thinks she's ugly — has he looked in the mirror lately?

**b** [mutuellement] to see each other ◆ **ils se voient beaucoup** they see a lot of each other ◆ **nous essaierons de nous ~ à Londres** we shall try to see each other *ou* to meet (up) in London ◆ **ils ne peuvent pas se ~** * they can't stand the sight of each other *

**c** [= se trouver] **se ~ contraint de** to find o.s. forced to ◆ **je me vois dans la triste obligation de ...** sadly, I find myself obliged to ...

**d** [= être visible, évident] *[tache, couleur, sentiments]* to show ◆ **la tache ne se voit pas** the stain doesn't show ◆ **il est très intelligent – ça se voit !** he's very clever — that's obvious!; → **nez**

**e** [= se produire] **cela se voit tous les jours** it happens every day, it's an everyday occurrence ◆ **ça ne se voit pas tous les jours** it's not something you see every day, it's quite a rare occurrence ◆ **cela ne s'est jamais vu !** it's unheard of! ◆ **une attitude qui ne se voit que trop fréquemment** an all-too-common attitude ◆ **des attitudes/préjugés qui se voient encore chez ...** attitudes/prejudices which are still commonplace *ou* encountered in ...

**f** [fonction passive] **ils se sont vu interdire l'accès du musée** they were refused admission to the museum ◆ **ces outils se sont vus relégués au grenier** these tools have been put away in the attic ◆ **je me suis vu répondre que c'était trop tard** I was told that it was too late

---

**voire** /vwaʀ/ **ADV** **a** *(frm = et même)* indeed, nay † *(littér)* ◆ **c'est révoltant, ~ même criminel** it's disgusting, indeed criminal ◆ **il faudrait attendre une semaine, ~ un mois** you would have to wait a week or even a month ◆ **ce sera difficile, ~ impossible** it'll be difficult, if not impossible **b** *(= j'en doute)* indeed? ◆ **ce n'est pas une manœuvre politique ? – ~ !** it isn't a political manoeuvre? — we shall see!

**voirie** /vwaʀi/ **NF** **a** *(= enlèvement des ordures)* refuse *(Brit) ou* garbage *(US)* collection; *(= dépotoir)* refuse *(Brit) ou* garbage *(US)* dump **b** *(= entretien des routes)* road *ou* highway maintenance; *(= service administratif)* roads *ou* highways department; *(= voie publique)* (public) highways ◆ **travaux de ~** road works ◆ **les ingénieurs de la ~** highway *ou* road engineers

**voisé, e** /vwaze/ ADJ *(Phon)* voiced

**voisement** /vwazmɑ̃/ NM *(Phon)* voicing

**voisin, e** /vwazɛ̃, in/ ADJ **a** *(= proche)* neighbouring *(Brit)*, neighboring *(US)*; *(= adjacent)* next ◆ **les maisons/rues ~es** the neighbouring houses/streets ◆ **il habite la maison ~e/la rue ~e** he lives in the house next door/in the next street ◆ **deux maisons ~es (l'une de l'autre)** two adjoining houses, two houses next to each other ◆ **une maison ~e de l'église** a house next to *ou* adjoining the church ◆ **ils se sont réfugiés dans des villages ~s** they took refuge in neighbouring villages ◆ **les pays ~s de la Suisse** the countries bordering on *ou* adjoining Switzerland ◆ **les années ~es de 1870** the years around 1870 ◆ **un chiffre d'affaires ~ de 2 milliards d'euros** a turnover in the region of 2 billion euros

**b** *(= semblable) [idées, espèces, cas]* connected ◆ **~ de** akin to, related to ◆ **un animal ~ du chat** an animal akin to *ou* related to the cat ◆ **dans un état ~ de la folie** in a state bordering on *ou* akin to madness

NM,F **a** *(gén)* neighbour *(Brit)*, neighbor *(US)* ◆ **nous sommes ~s** we're neighbours ◆ **nos ~s d'à côté** our next-door neighbours, the people next door ◆ **les ~s du dessus/dessous** the people (who live) above/below ◆ **nos ~s de palier** our neighbours *ou* the people who live across the landing ◆ **un de mes ~s de table** one of the people next to me at table, one of my neighbours at table ◆ **je demandai à mon ~ de me passer le sel** I asked the person (sitting) next to me *ou* my neighbour to pass me the salt ◆ **qui est ta ~e cette année ?** *(en classe)* who is sitting next to you this year? ◆ **mon ~ de dortoir/de salle** the person in the bed next to mine (in the dormitory/ward) ◆ **j'étais venu en ~** I had dropped in as I lived nearby ◆ **nos ~s européens** our European neighbours

**b** *(fig littér = prochain)* neighbour *(Brit)*, neighbor *(US)* ◆ **envier son ~** to envy one's neighbour

**voisinage** /vwazinaʒ/ NM **a** *(= voisins)* neighbourhood *(Brit)*, neighborhood *(US)* ◆ **ameuter tout le ~** to rouse the whole neighbourhood ◆ **être connu de tout le ~** to be known throughout the neighbourhood ◆ **faire une enquête de ~** to make inquiries in the neighbourhood ◆ **querelle/conflit de ~** quarrel/dispute between neighbours

**b** *(= relations)* **être en bon ~ avec qn, entretenir des relations de bon ~ avec qn** to be on neighbourly terms with sb

**c** *(= environs)* vicinity ◆ **les villages du ~** the villages in the vicinity, the villages round about ◆ **se trouver dans le ~** to be in the vicinity ◆ **dans le ~ immédiat du musée** in the immediate vicinity of the museum ◆ **nous ne connaissons personne dans le ~** we don't know anyone in the neighbourhood *ou* around here

**d** *(= proximité)* proximity, closeness ◆ **le ~ de la montagne** the proximity *ou* closeness of the mountains ◆ **il n'était pas enchanté du ~ de cette usine** he wasn't very happy at having the factory so close *ou* on his doorstep

**e** *(Math) [de point]* neighbourhood *(Brit)*, neighborhood *(US)*

**voisiner** /vwazine/ ▸ conjug 1 ◂ VI *(= être près de)* ◆ **~ avec qch** to be (placed) side by side with sth

**voiture** /vwatyʀ/ NF **a** *(= automobile)* car, automobile *(US)* ◆ **ils sont venus en ~** they came by car, they drove (here) ◆ **~(-)balai** *(Tour de France)* broom wagon; *(Métro)* last train ◆ **vol à la ~(-)bélier** ram-raiding ◆ **~ cellulaire** prison *ou* police van *(Brit)*, patrol *ou* police wagon *(US)* ◆ **~ de compétition** competition car ◆ **~ de course** racing car ◆ **~ décapotable** convertible ◆ **~-école** driving-school car ◆ **~ de formule un** Formula-One car ◆ **~ de grande remise** *(Admin)* hired limousine (with chauffeur) ◆ **~ de location** rental car, rented *ou* hired *(Brit)* car, hire car *(Brit)* ◆ **~ de maître** chauffeur-driven car ◆ **~ particulière** private car ◆ **~ pie** † ≈ (police) patrol car, panda car *(Brit)* ◆ **~ de place** *(Admin)* taxi cab, hackney carriage *(Brit)* ◆ **~ de police** police car ◆ **~ de pompiers** fire engine ◆ **~ publicitaire** *(Tour de France)* promoter's *ou* sponsor's back-up vehicle ◆ **~-radio** radio car ◆ **~ sans chauffeur** self-drive hire car ◆ **~ sans permis** *small car for which no driving licence is required* ◆ **~ de série** production car ◆ **~ de fonction, ~ de service, ~ de société** company car ◆ **~ de sport** sportscar ◆ **~ de tourisme** saloon *(Brit)*, sedan *(US)* ◆ **~ ventouse** illegally parked car *(exceeding the time limit for parking)*

**b** *(= wagon)* carriage *(Brit)*, coach *(Brit)*, car *(US)* ◆ **~ de tête/queue** front/back carriage *(Brit) ou* coach *(Brit) ou* car *(US)* ◆ **~-bar** buffet car ◆ **~-couchette** couchette ◆ **~-lit** sleeper *(Brit)*, Pullman *(US)*, sleeping car *(US)* ◆ **~-restaurant** dining car ◆ **en ~ !** all aboard!

**c** *(= véhicule attelé, poussé) (pour marchandises)* cart; *(pour voyageurs)* carriage, coach; *(pour handicapé)* wheelchair, invalid carriage *(Brit)* ◆ **~ à bras** handcart ◆ **~ à cheval** horse-drawn carriage ◆ **~ d'enfant** pram *(Brit)*, baby carriage *(US)*, perambulator *(Brit) (frm)* ◆ **~ de poste** mailcoach, stagecoach ◆ **~ des quatre saisons** costermonger's *(Brit) ou* greengrocer's *(Brit)* barrow, sidewalk vegetable barrow *(US)*; → **petit**

**voiturer** /vwatyʀe/ ▸ conjug 1 ◂ VT *(†† ou hum) (sur un chariot)* to wheel in; *(* : en voiture)* to take in the car

**voiturette** /vwatyʀɛt/ NF *(d'infirme)* carriage; *(= petite auto)* little *ou* small car

**voiturier** /vwatyʀje/ NM *(†, Jur)* carrier, carter; *[d'hôtel, casino]* doorman *(responsible for parking clients' cars)* ◆ **"voiturier"** *(écriteau)* "valet parking"

**voix** /vwa/ NF **a** *(= sons)* voice ◆ **à ~ basse** in a low *ou* hushed voice ◆ **ils parlaient à ~ basse** they were talking in hushed *ou* low voices *ou* in undertones ◆ **à ~ haute, à haute ~** aloud, out loud ◆ **~ de crécelle/de fausset/de gorge** shrill/falsetto/throaty voice ◆ **d'une ~ blanche** in a toneless *ou* flat voice ◆ **d'une ~ forte** in a loud voice ◆ **à haute et intelligible ~** loud and clear ◆ **avoir de la ~** to have a good (singing) voice ◆ **être *ou* rester sans ~** to be speechless *(devant* before, at); ◆ **de la ~ et du geste** by word and gesture, with words and gestures ◆ **une ~ lui cria de monter** a voice shouted to him to come up ◆ **donner de la ~** *(= aboyer)* to bay, to give tongue; *(* = crier)* to bawl ◆ **~ dans le champ *ou* in** *(Ciné, TV)* voice-in ◆ **~ hors champs *ou* off** *(Théât)* voice-off; *(= commentaire)* voice-over ◆ **elle commente les images en ~ off** she provides the voice-over for the pictures ◆ **la ~ des violons** the voice of the violins; → **élever, gros, portée²**

**b** *(= conseil, avertissement)* **~ de la conscience/raison** voice of conscience/reason ◆ **une petite ~ m'a dit ...** something inside me said ... ◆ **se fier à la ~ d'un ami** to rely on *ou* trust to a friend's advice ◆ **la ~ du sang** the ties of blood, the call of the blood ◆ **c'est la ~ du sang qui parle** he must heed the call of his blood

**c** *(= opinion)* voice; *(Pol = suffrage)* vote ◆ **la ~ du peuple** the voice of the people, vox populi ◆ **mettre qch aux ~** to put sth to the vote ◆ **la proposition a recueilli 30 ~** the proposal received *ou* got 30 votes ◆ **demander la mise aux ~ d'une proposition** to ask for a vote on a proposal, to ask for a proposal to be put to the vote ◆ **avoir ~ consultative** to have consultative powers *ou* a consultative voice ◆ **avoir ~ prépondérante** to have a casting vote ◆ **gagner des ~** to win votes ◆ **donner sa ~ à un candidat** to give a candidate one's vote, to vote for a candidate ◆ **le parti obtiendra peu de/beaucoup de ~** the party will poll badly/heavily ◆ **avoir ~ au chapitre** to have a say in the matter

**d** *(Mus)* voice ◆ **chanter à 2/3 ~** to sing in 2/3 parts ◆ **fugue à 3 ~** fugue in 3 voices ◆ **~ de basse/de ténor** bass/tenor (voice) ◆ **chanter d'une ~ fausse/juste** to sing out of tune/in tune ◆ **~ de tête/de poitrine** head/chest voice ◆ **être/ne pas être en ~** to be/not to be in good voice ◆ **la ~ humaine/céleste de l'orgue** the vox humana/voix céleste on the organ

**e** *(Ling)* voice ◆ **à la ~ active/passive** in the active/passive voice

**vol¹** /vɔl/ NM **a** *[d'oiseau, avion] (gén)* flight ◆ **~ ramé/plané** *(Zool)* flapping/gliding flight ◆ **faire un ~ plané** *[oiseau]* to glide through the air; *(fig = tomber)* to fall flat on one's face ◆ **~ d'essai/de nuit** *(Aviat)* trial/night flight ◆ **~ régulier/charter** scheduled/charter flight ◆ **il y a 8 heures de ~ entre ...** it's an 8-hour flight between ... ◆ **le ~ Paris-Londres** the Paris-London flight ◆ **heures/conditions de ~** flying hours/conditions ◆ **~ habité** manned flight ◆ **~ sec** flight only ◆ **pilote qui a plusieurs centaines d'heures de ~** pilot with several hundred hours flying time; → **haut, ravitaillement**

**b** *(Zool = formation)* flock, flight ◆ **un ~ de perdrix** a covey *ou* flock of partridges ◆ **un ~ de canards sauvages** a flight of wild ducks ◆ **un ~ de moucherons** a cloud of gnats

**c** *(loc)* **prendre son ~** *[oiseau]* to take wing, to fly off *ou* away; *(fig)* to take off

◆ **à vol d'oiseau** as the crow flies

◆ **au vol** ◆ **attraper qch au ~** *[+ ballon, objet lancé]* to catch sth as it flies past, to catch sth in midair; *[+ autobus, train]* to leap onto sth as it moves off ◆ **elle a rattrapé son chapeau au ~** she caught her hat as it went flying through the air ◆ **saisir une occasion au ~** to leap at *ou* seize an opportunity ◆ **saisir *ou* cueillir une remarque/une impression au ~** to catch a chance *ou* passing remark/impression ◆ **tirer un oiseau au ~** to shoot (at) a bird on the wing

◆ **en (plein) vol** in (full) flight

COMP ▷ **vol libre** hang-gliding ◆ **pratiquer le ~ libre** to hang-glide, to go hang-gliding ▷ **vol relatif** *(Sport)* relative work, RW *(style of free fall parachuting)* ▷ **vol à voile** gliding ◆ **faire du ~ à voile** to go gliding

**vol²** /vɔl/ NM *(= délit)* theft ◆ **~ simple** *(Jur)* theft ◆ **~ qualifié *ou* aggravé** aggravated theft ◆ **~ avec violence** robbery with violence ◆ **~s de voiture** car thefts ◆ **c'est du ~ !** *(fig)* it's daylight robbery!, it's a rip-off!* ◆ **c'est du ~ organisé** *(fig)* it's a racket COMP ▷ **vol à l'arraché** bag-snatching ▷ **vol domestique** *theft committed by an employee* ▷ **vol avec effraction** burglary, breaking and entering ▷ **vol à l'étalage** shoplifting *(NonC)* ▷ **vol à main armée** armed robbery ▷ **vol à la roulotte** theft from a vehicle ▷ **vol à la tire** pickpocketing *(NonC)*

**volage** /vɔlaʒ/ **ADJ** *[époux, cœur]* flighty, fickle, inconstant

**volaille** /vɔlɑj/ **NF** *(Culin, Zool)* ◆ **une ~** a bird, a fowl ◆ **la ~** poultry ◆ **les ~s de la basse-cour** farmyard poultry ◆ **~ rôtie** roast fowl ◆ **farcir la ~ de marrons** stuff the bird with chestnuts ◆ **c'est de la ~** *(= du poulet)* it's chicken

**volailler, -ère** /vɔlaje, ɛʀ/ **NM,F** poulterer

**volant¹** /vɔlɑ̃/ **NM** a *(Aut)* steering wheel ◆ **être au ~** to be at *ou* behind the wheel ◆ **la femme au ~** women drivers ◆ **prendre le ~, se mettre au ~** to take the wheel ◆ **c'est lui qui tenait le ~** he was at *ou* behind the wheel ◆ **un brusque coup de ~** a sharp turn of the wheel ◆ **as du ~** crack *ou* ace driver b *(Tech = roue, régulateur)* flywheel; *(de commande)* (hand)wheel c *[de rideau, robe]* flounce ◆ **jupe à ~s** flounced skirt, skirt with flounces d *(= balle de badminton)* shuttlecock; *(= jeu)* badminton, battledore and shuttlecock † e *[de carnet à souches]* tear-off portion f *(= réserve, marge)* reserve **COMP** ▷ **volant inclinable** tilt steering wheel ▷ **volant magnétique** magneto ▷ **volant réglable** adjustable steering wheel ▷ **volant de sécurité** reserve, safeguard ▷ **volant de trésorerie** cash reserve

**volant², e** /vɔlɑ̃, ɑ̃t/ **ADJ** a *(gén, Aviat) (= qui vole)* flying ◆ **le personnel ~, les ~s** *(Aviat)* the flight *ou* flying staff; → **poisson, soucoupe, tapis** *etc* b *(littér = fugace) [ombre, forme]* fleeting c *(= mobile, transportable) [pont, camp, personnel]* flying ◆ **(brigade) ~e** *(Police)* flying squad; → **feuille**

**volanté, e** /vɔlɑ̃te/ **ADJ** *[jupe]* flounced

**volapük** /vɔlapyk/ **NM** Volapuk

**volatil, e¹** /vɔlatil/ **ADJ** *(Bourse, Chim)* volatile; *(littér = éphémère)* evanescent, ephemeral; → **alcali**

**volatile²** /vɔlatil/ **NM** *(gén hum) (= volaille)* fowl; *(= tout oiseau)* winged *ou* feathered creature

**volatilisable** /vɔlatilizabl/ **ADJ** volatilizable

**volatilisation** /vɔlatilizasjɔ̃/ **NF** a *(Chim)* volatilization b *(= disparition)* extinguishing, obliteration

**volatiliser** /vɔlatilize/ ▸ conjug 1 ◂ **VT** *(Chim)* to volatilize **VPR** **se volatiliser** a *(Chim)* to volatilize b *(= disparaître)* to vanish (into thin air)

**volatilité** /vɔlatilite/ **NF** volatility

**vol-au-vent** /vɔlovɑ̃/ **NM INV** vol-au-vent

**volcan** /vɔlkɑ̃/ **NM** a *(Géog)* volcano ◆ **~ en activité/éteint** active/extinct volcano b *(fig) (= personne)* spitfire; *(= situation)* powder keg, volcano ◆ **nous sommes assis sur un ~** we are sitting on a powder keg *ou* a volcano

**volcanique** /vɔlkanik/ **ADJ** *(lit)* volcanic; *(fig) [tempérament]* explosive, fiery

**volcanisme** /vɔlkanism/ **NM** volcanism

**volcanologie** /vɔlkanɔlɔʒi/ **NF** vulcanology

**volcanologue** /vɔlkanɔlɔg/ **NMF** vulcanologist

**volée** /vɔle/ **NF** a *[d'oiseaux] (= envol, distance)* flight; *(= groupe)* flock, flight ◆ **une ~ de moineaux/corbeaux** a flock *ou* flight of sparrows/crows ◆ **s'enfuir comme une ~ de moineaux** to scatter in all directions ◆ **une ~ d'enfants** a swarm of children ◆ **prendre sa ~** *(lit)* to take wing, to fly off *ou* away; *(fig = s'affranchir)* to spread one's wings; → **haut** b *(en Suisse = groupe d'élèves)* (pupils in the same) year c *(= décharge, tir)* volley ◆ **~ de flèches** flight *ou* volley of arrows ◆ **~ d'obus** volley of shells d *(= suite de coups)* volley ◆ **une ~ de coups** a volley of blows ◆ **une ~ de bois vert** † *(= coups)* a volley *ou* flurry of blows; *(= réprimande)* a volley of reproaches ◆ **administrer/recevoir une bonne ~** to give/get a sound thrashing *ou* beating e *(Ftbl, Tennis)* volley ◆ **faire une reprise de ~** to strike the ball on the volley ◆ **~ croisée/de face/de revers** *(Tennis)* cross-court/forehand/backhand volley f *(Archit)* **~ de marches** flight of stairs g *(loc)*

◆ **à la volée** ◆ **jeter qch à la ~** to fling sth about ◆ **semer à la ~** to sow broadcast, to broadcast ◆ **attraper la balle à la ~** to catch the ball in midair ◆ **saisir une allusion à la ~** to pick up a passing allusion

◆ **à toute volée** *[gifler, lancer]* vigorously, with full force ◆ **les cloches sonnaient à toute ~** the bells were pealing out ◆ **il referma la porte/fenêtre à toute ~** he slammed the door/window shut

**voler¹** /vɔle/ ▸ conjug 1 ◂ **VI** a *[oiseau, avion, pilote]* to fly ◆ **vouloir ~ avant d'avoir des ailes** to want to run before one can walk ◆ **~ de ses propres ailes** to stand on one's own two feet, to fend for o.s. ◆ **on entendrait ~ une mouche** you could hear a pin drop b *[flèche, pierres, insultes]* to fly ◆ **~ en éclats** *[fenêtre]* to shatter; *[bâtiment]* to explode; *[mythe]* to be exploded ◆ **faire ~ en éclats** *[+ bâtiment, fenêtre]* to shatter; *[+ mythe]* to explode ◆ **~ au vent** *[neige, voile, feuille]* to fly in the wind, to float on the wind ◆ **plaisanterie qui vole bas** feeble joke ◆ **ça ne vole pas haut !** * it's pretty low-level! c *(= s'élancer)* **~ vers qn/dans les bras de qn** to fly to sb/into sb's arms ◆ **~ au secours de qn** to fly to sb's assistance ◆ **il lui a volé dans les plumes** * *(physiquement)* he flew at him, he laid into him*, he went for him; *(verbalement)* he went for him ◆ **se ~ dans les plumes** * to go for each other, to fly at each other d *(littér = passer, aller très vite) [temps]* to fly; *[embarcation, véhicule]* to fly (along) ◆ **son cheval volait/semblait ~** his horse flew (along)/seemed to fly (along)

**voler²** /vɔle/ ▸ conjug 1 ◂ **VT** a *[+ objet] (= dérober)* to steal ◆ **~ de l'argent/une idée/un baiser à qn** to steal money/an idea/a kiss from sb ◆ **on m'a volé mon stylo** somebody stole my pen, my pen has been stolen ◆ **se faire ~ ses bagages** to have one's luggage stolen ◆ **il ne l'a pas volé !** *(fig)* he asked for it!, it serves him right! ◆ **il ne l'a pas volée, cette médaille !** *(fig)* he worked hard for that medal! ◆ **qui vole un œuf vole un bœuf** *(Prov)* once a thief, always a thief *(Prov)* b *[+ personne] (= dépouiller)* to rob; *(= léser)* to cheat ◆ **~ les clients** to rob *ou* cheat customers ◆ **~ les clients sur le poids** to cheat customers over (the) weight, to give customers short measure ◆ **le boucher ne t'a pas volé sur le poids** the butcher gave you good weight ◆ **~ qn lors d'un partage** to cheat sb when sharing out ◆ **se sentir volé** *(lors d'un spectacle interrompu)* to feel cheated *ou* robbed ◆ **on n'est pas volé** * you get your money's worth all right*, it's good value for money

**volet** /vɔlɛ/ **NM** a *[de fenêtre, hublot]* shutter ◆ **~ roulant** roller shutter b *(Aviat)* flap ◆ **~ d'intrados/de freinage** split/brake flap ◆ **~ de courbure** *[de parachute]* flap c *(Aut = panneau articulé)* bonnet flap; *(Tech) [de roue à aube]* paddle ◆ **~ de carburateur** throttle valve, butterfly valve d *[de triptyque]* volet, wing; *[de feuillet, carte]* section; → **trier** e *[de trilogie, émission, plan d'action, enquête]* part ◆ **un plan de paix en trois ~s** a three-point peace plan ◆ **le ~ social du traité** the social chapter of the treaty ◆ **le ~ agricole de l'accord** the section on agriculture in the agreement

**voleter** /vɔl(ə)te/ ▸ conjug 4 ◂ **VI** *[oiseau]* to flutter about, to flit about; *[rubans, flocons]* to flutter

**voleur, -euse** /vɔlœʀ, øz/ **ADJ** ◆ **être ~** *(gén)* to be light-fingered, to be a (bit of a) thief; *(commerçant)* to be a cheat *ou* swindler, to be dishonest; *[d'animal]* to be a thief ◆ **~ comme une pie** thievish as a magpie **NM,F** *(= malfaiteur)* thief; *(= escroc, commerçant)* swindler ◆ **~ de grand chemin** highwayman ◆ **~ à l'étalage** shoplifter ◆ **~ d'enfants** † kidnapper ◆ **au ~ !** stop thief! ◆ **~ de voitures** car thief ◆ **se sauver comme un ~** to run off like a thief (in the night); → **tire²**

**Volga** /vɔlga/ **NF** Volga

**volière** /vɔljɛʀ/ **NF** *(= cage)* aviary ◆ **ce bureau est une ~** *(fig)* this office is a proper henhouse * *(hum)*

**volige** /vɔliʒ/ **NF** *(= toit)* lath

**volitif, -ive** /vɔlitif, iv/ **ADJ** volitional, volitive

**volition** /vɔlisjɔ̃/ **NF** volition

**volley** /vɔlɛ/, **volley-ball** /vɔlɛbol/ **NM** volleyball ◆ **~(-ball) de plage** beach volley

**volleyer** /vɔleje/ ▸ conjug 1 ◂ **VI** *(Tennis)* to volley

**volleyeur, -euse** /vɔlɛjœʀ, øz/ **NM,F** *(Volley)* volleyball player; *(Tennis)* volleyer

**volontaire** /vɔlɔ̃tɛʀ/ **ADJ** a *(= voulu) [acte, enrôlement, prisonnier]* voluntary; *[oubli]* intentional; → **engagé** b *(= décidé) [personne]* wilful, headstrong; *[expression, menton]* determined **NMF** *(Mil, gén)* volunteer ◆ **se porter ~ pour qch** to volunteer for sth ◆ **je suis ~** I volunteer ◆ **~ du service national à l'étranger** *person doing his military service as a civilian working abroad*

**volontairement** /vɔlɔ̃tɛʀmɑ̃/ **ADV** a *(= de son plein gré)* voluntarily, of one's own free will; *(Jur = facultativement)* voluntarily b *(= exprès)* intentionally, deliberately ◆ **il a dit ça ~** he said it on purpose *ou* deliberately c *(= d'une manière décidée)* determinedly

**volontariat** /vɔlɔ̃tarja/ **NM** *(gén)* voluntary participation; *(Mil)* voluntary service ◆ **faire du ~** to do voluntary work ◆ **sur la base du ~** on a voluntary basis ◆ **nous faisons appel au ~ pour ce travail** we use voluntary workers *ou* volunteers for this work

**volontarisme** /vɔlɔ̃taʀism/ **NM** voluntarism

**volontariste** /vɔlɔ̃taʀist/ **ADJ, NMF** voluntarist

**volonté** /vɔlɔ̃te/ **NF** a *(= faculté)* will; *(= souhait, intention)* wish, will *(frm)* ◆ **manifester sa ~ de faire qch** to show one's intention of doing sth ◆ **accomplir/respecter la ~ de qn** to carry out/respect sb's wishes ◆ **la ~ générale** the general will ◆ **la ~ nationale** the will of the nation ◆ **les dernières ~s de qn** the last wishes of sb ◆ **~ de puissance** thirst for power ◆ **~ de guérir/réussir** will to recover/succeed ◆ **que ta *ou* votre ~ soit faite** *(Rel)* Thy will be done; → **indépendant, quatre** b *(= disposition)* **bonne ~** goodwill, willingness ◆ **mauvaise ~** lack of goodwill, unwillingness ◆ **il a beaucoup de bonne ~ mais peu d'aptitude** he shows great willingness but not much aptitude ◆ **il met de la bonne/mauvaise ~ à faire son travail** he goes about his work with goodwill/grudgingly, he does his work willingly/unwillingly *ou* with a good/bad grace ◆ **il fait preuve de bonne/mauvaise ~** he has a positive/negative attitude ◆ **paix sur la terre, aux hommes de bonne ~** peace on earth (and) goodwill to all men ◆ **faire appel aux bonnes ~s pour construire qch** to appeal to volunteers to construct sth ◆ **toutes les bonnes ~s sont les bienvenues** all offers of help are welcome ◆ **avec la meilleure ~ du monde** with the best will in the world

c *(= caractère, énergie)* willpower, will ◆ **faire un effort de ~** to make an effort of will(power) ◆ **avoir de la ~** to have willpower ◆ **cette femme a une ~ de fer** this woman has an iron will *ou* a will of iron ◆ **réussir à force de ~** to succeed through sheer will(power) *ou* determination ◆ **échouer par manque de ~** to fail through lack of will(power) *ou* determination ◆ **faire preuve de ~** to display willpower

d *(loc)*

♦ **à volonté** ◆ **pain/café à volonté** "as much bread/coffee as you like *ou* want" ◆ **"sucrer à volonté"** "sweeten to taste" ◆ **vous pouvez le prendre ou le laisser à ~** you can take it or leave it as you wish *ou* just as you like ◆ **nous avons de l'eau à ~** we have as much water as we want, we have plenty of water ◆ **vin à ~ pendant le repas** as much wine as one wants *ou* unlimited wine with the meal ◆ **billet payable à ~** *(Comm)* promissory note payable on demand ◆ **il en fait toujours à sa ~** he always does things his own way, he always does as he pleases *ou* likes, he always suits himself

**volontiers** /vɔlɔ̃tje/ GRAMMAIRE ACTIVE 36.2 ADV a *(= avec plaisir)* gladly ◆ **je l'aiderais ~** I would gladly *ou* willingly help him ◆ **voulez-vous dîner chez nous ? – ~ !** would you like to eat with us? – I'd love to *ou* with pleasure! ◆ **un autre whisky ? – très *ou* bien ~** another whisky? – I'd love one *ou* yes please ◆ **je me serais ~ passé de cette corvée** I could quite happily have done without that chore ◆ **je reconnais ~ m'être trompé** I readily *ou* freely admit I was wrong

b *(= habituellement)* **on croit ~ que ...** people often believe that ..., people are apt *ou* quite ready to believe that ... ◆ **il est ~ critique sur le travail des autres** he's always ready to criticize other people's work ◆ **ses œuvres sont ~ provocatrices** his works tend to be provocative ◆ **il lit ~ pendant des heures** he'll read for hours on end

**volt** /vɔlt/ NM volt

**voltage** /vɔltaʒ/ NM voltage

**voltaïque** /vɔltaik/ ADJ voltaic, galvanic

**voltaire** /vɔltɛʀ/ NM ◆ **(fauteuil) ~** Voltaire chair

**volte** /vɔlt/ NF *(Équitation)* volte

**volte-face** /vɔltəfas/ NF INV a *(lit)* **faire ~** *(= se retourner)* to turn round b *(= changement d'opinion)* about-turn, U-turn, volte-face *(frm)* ◆ **faire une ~** to do an about-turn *ou* a U-turn

**volter** /vɔlte/ ▸ conjug 1 ◂ VI *(Équitation)* ◆ **faire ~ un cheval** to make a horse circle

**voltige** /vɔltiʒ/ NF *(Équitation)* trick riding ◆ **~ (aérienne)** *(Aviat)* aerobatics, stunt flying ◆ **faire de la ~** *(Gym)* to do acrobatics ◆ **(haute) ~** *(Gym)* acrobatics ◆ **c'est de la (haute) ~ intellectuelle** *(fig)* it's mental gymnastics ◆ **c'était un exercice de haute ~ monétaire** it was an example of financial wizardry

**voltiger** /vɔltiʒe/ ▸ conjug 3 ◂ VI *[oiseaux]* to flit about, to flutter about; *[objet léger]* to flutter about

**voltigeur** /vɔltiʒœʀ/ NM a *(= acrobate)* acrobat; *(= pilote)* stunt pilot *ou* flier b *(Hist, Mil)* light infantryman

**voltmètre** /vɔltmɛtʀ/ NM voltmeter

**volubile** /vɔlybil/ ADJ a *[personne, éloquence]* voluble b *(Bot)* voluble

**volubilis** /vɔlybilis/ NM convolvulus, morning glory

**volubilité** /vɔlybilite/ NF volubility ◆ **parler avec ~** to talk volubly

**volucompteur** ® /vɔlykɔ̃tœʀ/ NM (volume) indicator

**volumateur, -trice** /vɔlymatœʀ, tʀis/ ADJ *[shampoing, mousse]* that gives body to the hair

**volume** /vɔlym/ NM a *(= livre, tome)* volume b *(gén, Art, Géom, Sci = espace, quantité)* volume ◆ **~ moléculaire/atomique** molecular/atomic volume ◆ **~ d'eau d'un fleuve** volume of water in a river ◆ **eau oxygénée à 20 ~s** 20-volume hydrogen peroxide ◆ **le ~ des exportations/transactions** the volume of exports/trade ◆ **le marché est en baisse de 7% en ~** the volume of the market has fallen 7% ◆ **faire du ~** *[gros objets]* to be bulky, to take up space c *(= intensité) [de son]* volume ◆ **~ de la voix/radio** volume of the voice/radio ◆ **~ sonore** *(pour enregistrement)* sound level; *(mesure de pollution)* noise level

**volumétrique** /vɔlymetʀik/ ADJ volumetric

**volumineux, -euse** /vɔlyminø, øz/ ADJ *[catalogue, dictionnaire, dossier]* bulky, voluminous; *[courrier]* voluminous; *[paquet]* bulky

**volumique** /vɔlymik/ ADJ *(Phys)* ◆ **masse ~** density ◆ **poids ~** specific weight, weight per unit volume

**volupté** /vɔlypte/ NF *(sensuelle)* sensual delight, sensual *ou* voluptuous pleasure; *(morale, intellectuelle)* exquisite delight *ou* pleasure ◆ **elle s'est plongée dans son bain avec ~** she sank luxuriously into her bath

**voluptueusement** /vɔlyptɥøzmɑ̃/ ADV voluptuously

**voluptueux, -euse** /vɔlyptɥø, øz/ ADJ voluptuous

**volute** /vɔlyt/ NF a *[de colonne, grille, escalier]* volute, scroll; *[de fumée]* curl, wreath; *[de vague]* curl ◆ **en ~** voluted, scrolled b *(= mollusque)* volute

**volve** /vɔlv/ NF volva

**vomi** /vɔmi/ NM vomit

**vomique** /vɔmik/ ADJ F → **noix**

**vomiquier** /vɔmikje/ NM nux vomica *(tree)*

**vomir** /vɔmiʀ/ ▸ conjug 2 ◂ VT a *[+ aliments]* to vomit, to bring up; *[+ sang]* to spit, to bring up b *(sans compl)* to be sick, to vomit, to throw up ◆ **il a vomi partout** he was sick everywhere ◆ **ça te fera ~** it'll make you vomit *ou* be sick ◆ **avoir envie de ~** to feel sick ◆ **ça donne envie de ~, c'est à ~** *(fig)* it makes you *ou* it's enough to make you sick, it's nauseating c *(fig) [+ lave, flammes]* to belch forth, to spew forth; *[+ injures, haine]* to spew out d *(fig = détester)* to loathe, to abhor ◆ **il vomit les intellectuels** he has a loathing for *ou* loathes intellectuals

**vomissement** /vɔmismɑ̃/ NM a *(= action)* vomiting *(NonC)* ◆ **il fut pris de ~s** he (suddenly) started vomiting b *(= matières)* vomit *(NonC)*

**vomissure** /vɔmisyʀ/ NF vomit *(NonC)*

**vomitif, -ive** /vɔmitif, iv/ ADJ, NM *(Pharm)* emetic, vomitory

**vorace** /vɔʀas/ ADJ *[animal, personne, curiosité]* voracious ◆ **appétit ~** voracious *ou* ravenous appetite ◆ **plantes ~s** plants which deplete the soil

**voracement** /vɔʀasmɑ̃/ ADV voraciously

**voracité** /vɔʀasite/ NF voracity, voraciousness

**vortex** /vɔʀtɛks/ NM *(littér)* vortex

**vos** /vo/ ADJ POSS → **votre**

**Vosges** /voʒ/ NFPL ◆ **les ~** the Vosges

**vosgien, -ienne** /voʒjɛ̃, jɛn/ ADJ Vosges *(épith)*, of *ou* from the Vosges NM,F **Vosgien(ne)** inhabitant *ou* native of the Vosges

**VOST** (abrév de **version originale sous-titrée**) → **version**

**votant, e** /vɔtɑ̃, ɑt/ NM,F voter

**votation** /vɔtasjɔ̃/ NF *(Helv)* voting

**vote** /vɔt/ NM a *(= approbation) [de projet de loi]* vote (*de* for); *[de loi, réforme]* passing; *[de crédits]* voting ◆ **après le ~ du budget** after the budget was voted b *(= suffrage, acte, opération)* vote; *(= ensemble des votants)* voters ◆ **le ~ socialiste** Socialist voters, the Socialist vote ◆ **~ de confiance** vote of confidence ◆ **~ à main levée** vote by a show of hands ◆ **~ à bulletin secret/par correspondance** secret/postal vote *ou* ballot ◆ **~ par procuration** proxy vote ◆ **~ direct/indirect** direct/indirect vote ◆ **~ blanc/nul** blank/spoilt ballot paper ◆ **~ utile** tactical vote ◆ **~ bloqué** *single vote on a bill containing several government amendments* ◆ **~ de confiance** vote of confidence ◆ **procéder *ou* passer au ~** to proceed to a vote, to take a vote; → **bulletin, bureau, droit**[3]

**voter** /vɔte/ ▸ conjug 1 ◂ VI to vote ◆ **~ à main levée** to vote by a show of hands ◆ **~ à droite/pour X** to vote for the right/for X ◆ **~ libéral/à gauche** to vote Liberal/for the left ◆ **~ utile** to vote tactically ◆ **~ pour/contre qch** to vote for/against sth ◆ **j'ai voté contre** I voted against it ◆ **~ sur une motion** to vote on a motion ◆ **j'ai voté blanc** I cast a blank vote VT *(= adopter) [+ projet de loi]* to vote for; *[+ loi, réforme]* to pass; *[+ crédits]* to vote ◆ **~ la censure** to pass a vote of censure ◆ **~ la reconduction d'une grève** to vote to continue a strike ◆ **ne pas ~** *[+ amendement]* to vote out ◆ **~ la mort du roi** to vote to execute the king, to vote for the king's death

**votif, -ive** /vɔtif, iv/ ADJ votive

**votre** (pl **vos**) /vɔtʀ, vo/ ADJ POSS your; *(emphatique)* your own; *(†, Rel)* thy ◆ **laissez ~ manteau et vos gants au vestiaire** *(à une personne)* leave your coat and gloves in the cloakroom; *(à plusieurs personnes)* leave your coats and gloves in the cloakroom ◆ **un de vos livres** one of your books, a book of yours ◆ **je vous accorde ~ lundi** you may have Monday off ◆ **Votre Excellence/Majesté** Your Excellency/Majesty; *pour autres loc voir* **son**[1], **ton**[1]

**vôtre** /votʀ/ PRON POSS ◆ **le ~, la ~, les ~s** yours ◆ **ce sac n'est pas le ~** this bag isn't yours, this isn't your bag ◆ **nos enfants sont sortis avec les ~s** our children are out with yours

♦ **à la (bonne) vôtre!** your (good) health!, cheers! ◆ **vous voulez y aller quand même – à la (bonne) ~ !** * you still want to go? – rather you than me!; *pour autres loc voir* **sien**

NMF a ◆ **j'espère que vous y mettrez du ~** I hope you'll pull your weight *ou* do your bit *; → aussi **sien**

b ◆ **les ~s** your family, your folks * ◆ **vous et tous les ~s** you and all those like you, you and your kind *(péj)* ◆ **bonne année à vous et à tous les ~s** Happy New Year to you and yours ◆ **nous pourrons être des ~s ce soir** we shall be able to join your party *ou* join you tonight; → **sien**

ADJ POSS *(littér)* yours ◆ **son cœur est ~ depuis toujours** his (*ou* her) heart has always been yours ◆ **amicalement ~** best wishes; → **sien**

**vouer** /vwe/ ► conjug 1 ◄ VT a (Rel) ~ **qn à Dieu/à la Vierge** to dedicate sb to God/to the Virgin Mary; → **savoir** b (= promettre) to vow ♦ **il lui a voué un amour éternel** he vowed his undying love to her c (= consacrer) to devote ♦ ~ **son temps à ses études** to devote one's time to one's studies ♦ **se ~ à une cause** to dedicate o.s. *ou* devote o.s. to a cause d (gén ptp = condamner) to doom ♦ **projet voué à l'échec** project doomed to *ou* destined for failure ♦ **famille vouée à la misère** family doomed to poverty

## vouloir[1] /vulwaʀ/

► conjug 31 ◄

GRAMMAIRE ACTIVE 28.1, 30, 31, 35, 36.3

1 VERBE TRANSITIF 2 VERBE TRANSITIF INDIRECT
3 VERBE PRONOMINAL

### 1 - VERBE TRANSITIF

a [= exiger, être décidé à obtenir] *[+ objet, augmentation, changement]* to want ♦ ~ **faire qch** to want to do sth ♦ ~ **que qn fasse qch/que qch se fasse** to want sb to do sth/sth to be done ♦ **je veux que tu viennes tout de suite** I want you to come at once ♦ **il veut absolument venir/qu'elle parte/ce jouet** he is set on coming/on her leaving/on having that toy, he is determined to come/(that) she should leave/to have that toy ♦ **il ne veut pas y aller/qu'elle y aille** he doesn't want to go/her to go ♦ ~, **c'est pouvoir** *(Prov)* ♦ **quand on veut, on peut** *(Prov)* where there's a will there's a way *(Prov)* ♦ **qu'est-ce qu'ils veulent maintenant ?** what do they want now? ♦ **il sait ce qu'il veut** he knows what he wants ♦ **il veut sans** ~ he only half wants to ♦ **tu l'as voulu** you asked for it ♦ **tu l'auras voulu** it'll have been your own fault, you'll have brought it on yourself ♦ **elle fait de lui ce qu'elle veut** she does what she likes with him, she twists him round her little finger

♦ **en vouloir** * *(= vouloir gagner, réussir)* ♦ **il en veut** he wants to win ♦ **l'équipe de France en veut ce soir** the French team is raring to go * *ou* is out to win tonight

b [= désirer, souhaiter] **voulez-vous à boire/manger ?** would you like something to drink/eat? ♦ **tu veux quelque chose à boire ?** would you like *ou* do you want something to drink? ♦ **comment voulez-vous votre poisson, frit ou poché ?** how would you like your fish – fried or poached? ♦ **je ne veux pas qu'il se croie obligé de ...** I wouldn't like *ou* I don't want him to feel obliged to ... ♦ **je voulais vous dire ...** I meant to tell you ... ♦ **il voulait partir hier mais ...** he wanted *ou* meant *ou* intended to leave yesterday but ... ♦ **il ne voulait pas vous blesser** he didn't want *ou* mean to hurt you ♦ **sans ~ vous vexer** no offence (meant) ♦ **qu'il le veuille ou non** whether he likes it or not ♦ **ça va comme tu veux ?** * is everything all right *ou* OK? * ♦ **veux-tu que je te dise** *ou* **raconte pourquoi ... ?** shall I tell you why ...? ♦ **que lui voulez-vous ?** what do you want with him? ♦ **qu'est-ce qu'il me veut, celui-là ?** * what does he want (from me)?

♦ **comme + vouloir** ♦ **comme tu veux** (*ou* **vous voulez**) as you like *ou* wish *ou* please ♦ **bon, comme tu voudras** all right, have it your own way *ou* suit yourself ♦ **comme vous voulez, moi ça m'est égal** just as you like *ou* please *ou* wish, it makes no difference to me

♦ **si + vouloir** ♦ **si tu veux, si vous voulez** if you like, if you want (to) ♦ **oui, si on veut** *(= dans un sens, d'un côté)* yes, if you like ♦ **s'il voulait, il pourrait être ministre** if he wanted (to), he could be a minister if he so desired ♦ **s'il voulait (bien) nous aider, cela gagnerait du temps** it would save time if he'd help us ♦ **s'ils veulent garder leur avance, ils ne peuvent se permettre de relâcher leur effort** if they want to keep their lead they can't afford to reduce their efforts

♦ **en veux-tu en voilà** * ♦ **il y a eu des discours en veux-tu en voilà** there were speeches galore ♦ **elle a des dettes en veux-tu en voilà** she's up to her ears *ou* eyes in debt * ♦ **on lui a proposé des stages en veux-tu en voilà** they've offered him one course after another

♦ **sans le vouloir** unintentionally, inadvertently ♦ **si je t'ai vexé, c'était sans le** ~ if I offended you it was unintentional *ou* I didn't mean to

♦ **vouloir de qch** *(avec de partitif = désirer)* ♦ **je n'en veux plus** *[+ nourriture]* I don't want any more ♦ **est-ce que tu en veux ?** *[+ gâteau]* do you want some?, would you like some?; → **verbe transitif indir** → **bien, mal²**

c [au conditionnel] **je voudrais un stylo/écrire/qu'il m'écrive** I would like a pen/to write/him to write to me ♦ **il aurait voulu être médecin mais ...** he would have liked to be a doctor *ou* he would like to have been a doctor but ... ♦ **je ne voudrais pas abuser** I don't want to impose ♦ **je voudrais/j'aurais voulu que vous voyiez sa tête !** I wish you could see/could have seen his face! ♦ **je voudrais qu'il soit plus énergique, je lui voudrais plus d'énergie** *(frm)* I wish he was a bit more energetic ♦ **je voudrais bien voir ça !** I'd like to see that!; → **voir verbe transitif b**

d [exprimant l'impuissance] **que voulez-vous, veux-tu, qu'est-ce que vous voulez, qu'est-ce que tu veux** what can you do?, what do you expect? ♦ **que veux-tu, c'est comme ça, on n'y peut rien** what can you do? *ou* what do you expect? that's the way it is and there's nothing we can do about it ♦ **qu'est-ce que tu veux que je te dise ? j'ai perdu** what can I say? *ou* what do you want me to say? I lost

e [= consentir à] **ils ne voulurent pas nous recevoir** they wouldn't see us, they weren't willing to see us ♦ **le moteur ne veut pas partir** the engine won't start ♦ **le feu n'a pas voulu prendre** the fire wouldn't light *ou* catch ♦ **il joue bien quand il veut** he plays well when he wants to *ou* has a mind to *ou* when he puts his mind to it

♦ **vouloir bien** ♦ **je veux bien le faire/qu'il vienne** *(s'il le faut vraiment)* I don't mind doing it/if he comes; *(il n'y a pas d'inconvénient)* I'm quite happy to do it/for him to come; *(enthousiaste)* I'm happy *ou* I'll be happy to do it/for him to come ♦ **je voudrais bien y aller** I'd really like *ou* I'd love to go ♦ **si tu voulais bien le faire, ça nous rendrait service** if you'd be kind enough to do it, you'd be doing us a favour ♦ **tu veux bien leur dire que ...** would you please tell them that ... ♦ **je veux bien encore un peu de café** I'd like some more coffee ♦ **encore un peu de thé ? – je veux bien** more tea? – yes, please ♦ **nous en parlerons plus tard, si vous le voulez bien** we'll talk about it later, if you don't mind ♦ **je veux bien le croire mais ...** I'd like to take his word for it but ..., I'm quite prepared to believe him but ... ♦ **moi je veux bien, mais ...** fair enough *, but ...

f [formules de politesse] **voudriez-vous avoir l'obligeance** *ou* **l'amabilité de ...** would you be so kind as to ... ♦ **veuillez croire à toute ma sympathie** please accept my deepest sympathy ♦ **voulez-vous me prêter ce livre ?** will you lend me this book? ♦ **voudriez-vous fermer la fenêtre ?** would you mind closing the window? ♦ **si vous voulez bien me suivre** (come) this way, please; → **agréer**

g [à l'impératif : ordre] **veux-tu (bien) te taire !** will you (please) be quiet! ♦ **veuillez quitter la pièce immédiatement** please leave the room at once ♦ **veux-tu bien arrêter !** will you please stop it!, stop it will you *ou* please!

h [= chercher à, essayer de] to try ♦ **elle voulut se lever mais elle retomba** she tried to get up but she fell back ♦ **en voulant m'aider, il a fait échouer mon projet** by trying to help he ruined my plan ♦ **il veut se faire remarquer** he wants to be noticed, he's out to be noticed

i [= escompter, demander] ~ **qch de qn** to want sth from sb ♦ **que voulez-vous de moi ?** what do you want from me? ♦ ~ **un certain prix de qch** to want a certain price for sth ♦ **j'en veux 150 €** I want €150 for it

j [= s'attendre à] to expect ♦ **comment voulez-vous que je sache ?** how should I know?, how do you expect me to know? ♦ **avec 500 € par mois, comment veux-tu qu'elle s'en sorte ?** how do you expect her to manage on €500 a month? ♦ **il a tout, pourquoi voudriez-vous qu'il réclame ?** he's got everything so why should he complain? ♦ **que voulez-vous qu'on y fasse ?** what do you expect us (*ou* them *etc*) to do about it?

k [locutions]

♦ **en vouloir à qn** to have something against sb, to have a grudge against sb ♦ **les deux frères s'en veulent à mort** the two brothers absolutely hate each other *ou* are at daggers drawn ♦ **en ~ à qn de qch** to hold sth against sb ♦ **il m'en veut beaucoup d'avoir fait cela** he holds a tremendous grudge against me for having done that ♦ **il m'en veut d'avoir fait rater ce projet** he holds it against me that I made the plan fail ♦ **il m'en veut de mon incompréhension** he holds the fact that I don't understand against me, he resents the fact that I don't understand ♦ **je m'en veux d'avoir accepté** I could kick myself * *ou* I'm so annoyed with myself for accepting ♦ **accepter cela ? je m'en voudrais !** accept that? not on your life! ♦ **ne m'en veuillez pas, ne m'en voulez pas** * don't hold it against me ♦ **tu ne m'en veux pas ?** no hard feelings? ♦ **je ne t'en veux pas** I'm not angry with you

♦ **en vouloir à qch** to be after sth ♦ **il en veut à son argent** he's after her money ♦ **ils en voulaient à sa vie** they wanted him dead ♦ **ils en voulaient à sa réputation** they wanted to ruin his reputation

l [= affirmer] to claim ♦ **une philosophie qui veut que l'homme soit ...** a philosophy which claims that man is ... ♦ **la légende veut qu'il soit né ici** according to legend he was born here

♦ **je veux !** ‡ ♦ **ça te dirait d'aller à la mer ? – je veux !** would you like to go to the seaside? – that would be great! * *ou* you bet! * ♦ **tu vas lui demander ? – je veux !** are you going to ask him? – you bet (I am)!

m [sujet chose = requérir] to need, to require ♦ **cette plante veut un sol riche** this plant needs *ou* requires a rich soil ♦ **l'usage veut que ...** custom requires that ... ♦ **comme le veut la loi** according to the law, as the law requires ♦ **comme le veut la tradition** according to tradition

n [= faire] *[destin, sort]* **le hasard voulut que ...** as luck would have it ... ♦ **le malheur a voulu qu'il prenne cette route** he had the misfortune to take this road

2 - VERBE TRANSITIF INDIRECT

**vouloir de** *(gén nég, interrog = accepter)* ~ **de qn/qch** to want sb/sth ◆ **on ne veut plus de lui** *ou* **on n'en veut plus au bureau** they don't want him *ou* won't have him in the office any more ◆ **je ne veux pas de lui comme chauffeur** I don't want him *ou* won't have him as a driver ◆ **voudront-ils de moi dans leur nouvelle maison ?** will they want me in their new house? ◆ **je l'accompagnerai si elle veut de moi** I'll go with her if she'll have me ◆ **elle ne veut plus de ce chapeau** she doesn't want this hat any more

3 - VERBE PRONOMINAL

**se vouloir** *(= vouloir être, prétendre être)* **ce journal se veut objectif** this newspaper likes to think it's *ou* is meant to be objective ◆ **son discours se veut rassurant** what he says is meant to be reassuring ◆ **cette peinture se veut réaliste** this painting is supposed to be realistic

**vouloir**[2] /vulwaʀ/ NM a *(littér = volonté)* will b ◆ **bon** ~ goodwill ◆ **mauvais** ~ reluctance ◆ **avec un mauvais** ~ **évident** with obvious reluctance ◆ **attendre le bon** ~ **de qn** to wait on sb's pleasure ◆ **cette décision dépend du bon** ~ **du ministre** this decision depends on the minister's goodwill

**voulu, e** /vuly/ (ptp de **vouloir**) ADJ a *(= requis)* required, requisite ◆ **il n'avait pas l'argent** ~ he didn't have the required *ou* requisite money *ou* the money required ◆ **au moment** ~ at the required moment ◆ **en temps** ~ in due time *ou* course ◆ **produire l'effet** ~ to produce the desired effect ◆ **le temps** ~ the time required b *(= volontaire)* deliberate, intentional ◆ **c'est** ~ * it's done on purpose, it's intentional *ou* deliberate

**vous** /vu/ PRON PERS a *(sujet, objet)* you; *(pl de tu, toi)* you ◆ **les gens qui viennent** ~ **poser des questions** *(valeur indéfinie)* people who come asking questions *ou* who come and ask you questions ◆ ~ **avez bien répondu tous les deux** you both answered well, the two of you answered well ◆ ~ **et lui,** ~ **êtes aussi têtus l'un que l'autre** you are both as stubborn as each other ◆ **si j'étais** ~**, j'accepterais** if I were you *ou* in your shoes I'd accept ◆ **eux ont accepté,** ~ **pas** *ou* **pas** ~ they accepted but you didn't, they accepted but not you ◆ ~ **parti(s), je pourrai travailler** once you've gone *ou* with you out of the way, I'll be able to work ◆ **c'est enfin** ~**,** ~ **voilà enfin** here you are at last ◆ **qui l'a vu ?** ~ **?** who saw him? (did) you? ◆ **je** ~ **ai demandé de m'aider** I asked you to help me ◆ **elle n'obéit qu'à** ~ you're the only one *ou* ones she obeys

b *(emphatique : insistance, apostrophe, sujet)* you, you yourself *(sg)*, you yourselves *(pl)*; *(objet)* you ◆ ~ **tous écoutez-moi** listen to me all of you *ou* the lot of you * ◆ ~**,** ~ **n'avez pas à** ~ **plaindre** you have no cause to complain ◆ **pourquoi ne le ferais-je pas :** ~ **l'avez bien fait,** ~ **!** why shouldn't I do it – you did (it)! *ou* you yourself *ou* you yourselves did it! ◆ ~**, mentir ?, ce n'est pas possible** you, tell a lie? I can't believe it ◆ **alors** ~**,** ~ **ne partez pas ?** so what about you – aren't you going? ◆ ~**, aidez-moi !** you (there) *ou* hey you, give me a hand! ◆ **je** ~ **demande à** ~ **parce que je** ~ **connais** I'm asking you because I know you ◆ **je** ~ **connais,** ~ **!** I know you! ◆ ~**,** ~ **m'agacez !,** ~ **m'agacez,** ~ **!** you're getting on my nerves! ◆ ~**, je vois que** ~ **n'êtes pas bien** it's obvious to me that you're not well

c *(emphatique avec qui, que)* **c'est** ~ **qui avez raison** it's you who is (*ou* are) right ◆ ~ **tous qui m'écoutez** all of you listening to me ◆ **et** ~ **qui détestiez le cinéma,** ~ **avez bien changé** and (to think) you were the one who hated the cinema *ou* you used to say you hated the cinema – well you've certainly changed!

d *(avec prép)* you ◆ **à** ~ **quatre** ~ **pourrez le porter** with four of you *ou* between (the) four of you you'll be able to carry it ◆ **cette maison est-elle à** ~ **?** does this house belong to you?, is this house yours? ◆ ~ **n'avez même pas une chambre à** ~ **tout seul/tout seuls ?** you don't even have a room to yourself *ou* of your own/to yourselves *ou* of your own? ◆ **c'est à** ~ **de décider** it's up to you to decide ◆ **l'un de** ~ *ou* **d'entre** ~ **doit le savoir** one of you must know ◆ **de** ~ **à moi** between you and me ◆ ~ **ne pensez qu'à** ~ you think only of yourself (*ou* yourselves)

e *(dans comparaisons)* you ◆ **il me connaît mieux que** ~ *(mieux qu'il ne vous connaît)* he knows me better than (he knows) you; *(mieux que vous ne me connaissez)* he knows me better than you do ◆ **il est plus/moins fort que** ~ he's stronger than you/not as strong as you (are) ◆ **il a fait comme** ~ he did as *ou* what you did, he did the same as you

f *(avec vpr : souvent non traduit)* ~ **êtes-**~ **bien amusé(s) ?** did you have a good time? ◆ **je crois que** ~ ~ **connaissez** I believe you know each other ◆ **servez-**~ **donc** do help yourself (*ou* yourselves) ◆ **ne** ~ **disputez pas** don't fight ◆ **asseyez-**~ **donc** do sit down

NM ◆ **dire** ~ **à qn** to call sb "vous" ◆ **le** ~ **est de moins en moins employé** (the form of address) "vous" *ou* the "vous" form is used less and less frequently

**vous-même** (pl **vous-mêmes**) /vumɛm/ PRON → **même**

**vousseau** /vuso/, **voussoir** /vuswaʀ/ NM voussoir

**voussure** /vusyʀ/ NF *(= courbure)* arching; *(= partie cintrée)* arch; *(Archit = archivolte)* archivolt

**voûte** /vut/ NF *(Archit)* vault; *(= porche)* archway ◆ ~ **en plein cintre/d'arête** semicircular/groined vault ◆ ~ **en ogive/en berceau** rib/barrel vault ◆ ~ **en éventail** fan-vaulting *(NonC)* ◆ **en** ~ vaulted ◆ **la** ~ **d'une caverne** the vault of a cave ◆ **une** ~ **d'arbres** *(fig)* an archway of trees; → **clé**

COMP ▷ **la voûte céleste** the vault *ou* canopy of heaven ▷ **voûte crânienne** dome of the skull, vault of the cranium *(SPÉC)* ▷ **la voûte étoilée** the starry vault *ou* dome ▷ **voûte du palais** *ou* **palatine** roof of the mouth, hard palate ▷ **voûte plantaire** arch (of the foot)

**voûté, e** /vute/ (ptp de **voûter**) ADJ a *[cave, plafond]* vaulted, arched b *[dos]* bent; *[personne]* stooped ◆ **être** ~**, avoir le dos** ~ to be stooped, to have a stoop

**voûter** /vute/ ▸ conjug 1 ◂ VT a *(Archit)* to arch, to vault b *[+ personne, dos]* to make stooped ◆ **la vieillesse l'a voûté** age has given him a stoop VPR **se voûter il s'est voûté avec l'âge** he has become stooped with age

**vouvoiement** /vuvwamɑ̃/ NM addressing sb as vous, using the vous form ◆ **entre eux, le** ~ **reste de rigueur** they still address each other as "vous"; → TUTOIEMENT

**vouvoyer** /vuvwaje/ ▸ conjug 8 ◂ VT ◆ ~ **qn** to address sb as "vous", to use the "vous" form with sb; → TUTOIEMENT

**vox populi** /vɔkspɔpyli/ NF vox populi, voice of the people

**voyage** /vwajaʒ/ NM a *(gén)* journey, trip; *(par mer)* voyage ◆ **le** ~**, les** ~**s** travelling *(Brit)*, traveling *(US)* ◆ **il aime les** ~**s** he likes travel *ou* travelling ◆ **les** ~**s le fatiguent** travelling tires him ◆ **le** ~ **l'a fatigué** the journey tired him ◆ **j'ai fait un beau** ~ I had a very nice trip ◆ **les** ~**s de Christophe Colomb** the voyages *ou* journeys of Christopher Columbus ◆ **les fatigues du** ~ the strain of the journey ◆ **il reste 3 jours de** ~ there are still 3 days' travelling left, the journey will take another 3 days (to do) ◆ **lors de notre** ~ **en Espagne** on our trip to Spain, during *ou* on our travels in Spain ◆ **frais/souvenirs de** ~ travel expenses/souvenirs ◆ ~ **aller/retour** outward/return journey ◆ ~ **d'affaires/d'agrément/d'études** business/pleasure/study *ou* field trip ◆ ~ **d'information** fact-finding trip ◆ ~ **autour du monde** round-the-world trip ◆ **faire un** ~ **autour du monde** to go round the world ◆ ~ **de noces** honeymoon ◆ ~ **organisé** *ou* **à forfait** package tour *ou* holiday *(Brit)* ◆ **le grand** ~ *(littér, euph)* the last great journey *(littér)* ◆ **faire le grand** ~ *(euph)* to pass away ◆ **les** ~**s forment la jeunesse** *(Prov)* travel broadens the mind; → **agence, bon**[1]**, sac**[1]

◆ **en voyage** ◆ **il est en** ~ he's away ◆ **il est absent, il est parti en** ~ he's away - he's gone (off) on a trip ◆ **au moment de partir en** ~ just as he (*ou* I *etc*) was setting off on his (*ou* my *etc*) journey *ou* travels

b *(= course)* trip, journey ◆ **faire deux** ~**s pour transporter qch** to make two trips to transport sth ◆ **j'ai dû faire le** ~ **de Grenoble une seconde fois** I had to make the trip *ou* journey from Grenoble a second time

c *(† Drogue)* trip

**voyager** /vwajaʒe/ ▸ conjug 3 ◂ VI to travel ◆ **j'ai voyagé en avion/par mer/en 1e classe** I travelled by air/by sea/1st class ◆ **aimer** ~ to like travelling ◆ **il a beaucoup voyagé** he has travelled widely *ou* a great deal, he has done a lot of travelling ◆ **qui veut** ~ **loin ménage sa monture** *(Prov)* he who takes it slow and steady goes a long way ◆ **cette malle a beaucoup voyagé** this trunk has travelled a great deal *ou* has done a lot of travelling ◆ **ces vins/denrées voyagent mal/bien** these wines/goods travel badly/well

**voyageur, -euse** /vwajaʒœʀ, øz/ NM,F *(= explorateur, Comm)* traveller *(Brit)*, traveler *(US)*; *(= passager)* traveller *(Brit)*, traveler *(US)*, passenger ◆ **c'est un grand** ~ he travels a lot ◆ ~ **de commerce** *(Admin = voyageur, représentant, placier)* commercial traveller, sales representative ADJ *(littér) [humeur, tempérament]* wayfaring *(littér)*; → **commis, pigeon**

**voyagiste** /vwajaʒist/ NM tour operator

**voyance** /vwajɑ̃s/ NF clairvoyance

**voyant, e** /vwajɑ̃, ɑ̃t/ ADJ *[couleurs]* loud NM,F *(= illuminé)* visionary, seer; *(= personne qui voit)* sighted person ◆ **les** ~**s** the sighted NF **voyante** ◆ ~**e (extralucide)** clairvoyant NM *(= signal)* ◆ ~ **(lumineux)** *(gén)* indicator light; *(d'alerte)* (warning) light ◆ ~ **d'essence/d'huile** petrol/oil warning light

**voyelle** /vwajɛl/ NF vowel

**voyeur, -euse** /vwajœʀ, øz/ NM,F voyeur; *(qui se cache)* Peeping Tom

**voyeurisme** /vwajœʀism/ NM voyeurism

**voyou** /vwaju/ NM a *(= délinquant)* lout, hoodlum, hooligan, yobbo ‡ *(Brit)* b *(= garnement, enfant)* rascal, brat * ◆ **espèce de petit** ~ **!** you little rascal! ADJ loutish ◆ **un air** ~ a loutish manner ◆ **il avait l'air un peu** ~ he looked like a bit of a lout

**voyoucratie** /vwajukʀasi/ NF thuggery ◆ **ces méthodes relèvent de la** ~ these methods are little more than thuggery

**VPC** /vepese/ NF (abrév de **vente par correspondance**) → **vente**

**vrac** /vʀak/

♦ **en vrac** LOC ADV *(= au poids, sans emballage, au détail)* loose; *(= en gros)* in bulk *ou* quantity; *(= en désordre)* in a jumble, higgledy-piggledy ◆ **acheter du vin en ~** to buy wine in bulk ◆ **il a tout mis en ~ dans la valise** he jumbled everything into the case, he filled the case any old how ◆ **il a cité en ~ Hugo, Balzac et Baudelaire** he quoted Hugo, Balzac and Baudelaire at random ◆ **il a jeté en ~ quelques idées sur le papier** he jotted some ideas down on paper

**vrai, vraie** /vʀɛ/ GRAMMAIRE ACTIVE 53.1, 53.3

ADJ a *(après n = exact) [récit, fait]* true; *(Art, Littérat) [couleurs, personnage]* true ◆ **ce que tu dis est ~** what you say is true *ou* right ◆ **c'est dangereux, c'est** *ou (frm)* **il est ~, mais ...** it's dangerous, it's true *ou* certainly, but ... ◆ **le tableau, tristement ~, que cet auteur peint de notre société** the picture, sadly only too true (to life), which this author paints of our society ◆ **tu as fini, pas ~ ?** * you've finished, right? * *ou* haven't you? ◆ **tu veux venir aussi, pas ~ ?** * you want to come too, right? * *ou* don't you? ◆ **c'est beau, pas ~ ?** * it's lovely, isn't it? ◆ **c'est pas ~ !** * *(dénégation)* it just isn't true!; *(surprise)* I don't believe it! ◆ **c'est pas ~ ! j'ai encore oublié mes clés !** * *(consternation)* oh no, I don't believe it! I've forgotten my keys again! ◆ **il est pas ~, ce type !** * that guy's unbelievable! ◆ **il n'en est pas moins ~ que ...** it's nonetheless *ou* nevertheless true that ... ◆ **ce n'est que trop ~** it's only too true ◆ **et cela est si ~ qu'une rencontre est prévue pour demain** and to prove it a meeting has been planned for tomorrow; → **trop, vérité**

b *(gén avant nom = réel, authentique)* real ◆ **ce sont ses ~s cheveux** that's his own hair ◆ **une ~e blonde** a real *ou* genuine blonde ◆ **un ~ Picasso** a real *ou* genuine Picasso ◆ **son ~ nom c'est Charles** his real name is Charles ◆ **des bijoux en or ~** real gold jewellery ◆ **lui c'est un cheik, un ~ de ~** * he's a sheik – the real thing *ou* the genuine article ◆ **un ~ socialiste** a true socialist; → aussi **vrai-faux**

c *(avant nom : intensif)* real ◆ **c'est un ~ fou !** he's really *ou* completely mad! ◆ **c'est une ~e mère pour moi** she's a real mother to me ◆ **un ~ chef-d'œuvre/héros** a real masterpiece/hero

d *(avant nom = bon)* real ◆ **c'est le ~ moyen de le faire** that's the real way to do it

e *(Sci)* **le temps solaire ~** true solar time ◆ **le jour ~** true time

NM a *(= la vérité)* **le ~** the truth ◆ **il y a du ~ dans ce qu'il dit** there's some truth *ou* there's an element of truth in what he says ◆ **distinguer le ~ du faux** to distinguish truth from falsehood *ou* the true from the false ◆ **être dans le ~** to be right; → **plaider**

b *(loc)* **il dit ~** he's right (in what he says), it's true what he says ◆ **à ~ dire, à dire (le) ~** to tell (you) the truth, in (actual) fact, actually

♦ **en vrai** * in real life ◆ **je les ai vus en ~** I saw them in real life ◆ **comment ça se passe, en ~ ?** what actually happens?

♦ **pour de vrai** * for real *, really, seriously ◆ **c'est pour de ~ ?** * is it for real? *, do you (*ou* they *etc*) really mean it?

ADV ◆ **faire ~** *[décor, perruque]* to look real *ou* like the real thing; *[peintre, artiste]* to strive for realism, to paint (*ou* draw *etc*) realistically ◆ **~ †, quelle honte !** oh really, how shameful!

**vrai-faux, vraie-fausse** (mpl **vrais-faux**) /vʀɛfo, vʀɛfos/ ADJ a *(délivré par une autorité)* **~ passeport/visa** false passport/visa *(issued by the state authorities to government agents etc)* b *(= truqué) [entretien]* faked; *[journal télévisé]* mock *(épith)*; *(= usurpateur) [chirurgien, savant]* bogus *(épith)*, phoney * *(épith)*

**vraiment** /vʀɛmɑ̃/ ADV a *(= véritablement)* really ◆ **nous voulons ~ la paix** we really do want peace ◆ **s'aiment-ils ~ ?** do they really (and truly) love each other? b *(intensif)* really ◆ **il est ~ idiot** he's a real idiot, he's really stupid ◆ **~, il exagère !** really, he's going too far! ◆ **je ne sais ~ pas quoi faire** I really *ou* honestly don't know what to do ◆ **oui ~, c'est dommage** yes, it's a real shame ◆ **vous trouvez ? – ah oui, ~ !** do you think so? – oh yes, definitely! c *(de doute)* **~ ?** really?, is that so? ◆ **il est parti – ~ ?** he has gone – (has he) really?

**vraisemblable** /vʀɛsɑ̃blabl/ ADJ *[hypothèse, interprétation]* likely; *[situation, intrigue]* plausible, convincing ◆ **peu ~** *[excuse, histoire]* improbable, unlikely ◆ **il est (très) ~ que ...** it's (highly *ou* most) likely *ou* probable that ...

**vraisemblablement** /vʀɛsɑ̃blabləmɑ̃/ ADV probably, in all likelihood *ou* probability, very likely ◆ **viendra-t-il ? – ~/~ pas** will he come? – probably/probably not ◆ **la fin, ~ proche, des hostilités** the end of hostilities, which looks imminent *ou* is likely to come very soon

**vraisemblance** /vʀɛsɑ̃blɑ̃s/ NF *[d'hypothèse, interprétation]* likelihood; *[de situation romanesque]* plausibility, verisimilitude ◆ **selon toute ~** in all likelihood, in all probability

**vraquier** /vʀakje/ NM bulk carrier

**V/Réf** (abrév de **votre référence**) your ref

**vrille** /vʀij/ NF a *(Bot)* tendril b *(Tech)* gimlet c *(= spirale)* spiral; *(Aviat)* spin, tailspin ◆ **escalier en ~** spiral staircase ◆ **descente en ~** *(Aviat)* spiral dive ◆ **descendre en ~** *(Aviat)* to spiral downwards, to come down in a spin ◆ **se mettre en ~** *(Aviat)* to go into a tailspin ◆ **partir en ~** * *[personne]* to go crazy *; *[situation, plan]* to go pear-shaped *

**vrillé, e** /vʀije/ (ptp de **vriller**) ADJ *[tige]* tendrilled; *[fil]* twisted

**vriller** /vʀije/ ► conjug 1 ◄ VT to bore into, to pierce VI *(Aviat)* to spiral, to spin; *[fil]* to become twisted

**vrombir** /vʀɔ̃biʀ/ ► conjug 2 ◄ VI *[moteur] (régulièrement)* to throb; *(après une accélération)* to roar; *[insecte]* to buzz, to hum ◆ **faire ~ son moteur** to rev one's engine

**vrombissement** /vʀɔ̃bismɑ̃/ NM *[de moteur] (régulier)* humming *(NonC)*; *(après accélération)* roar; *[d'insecte]* buzzing *(NonC)*, humming *(NonC)*

**vroum** /vʀum/ EXCL brum! brum!

**VRP** /veɛʀpe/ NM (abrév de **voyageur, représentant, placier**) sales rep *; → aussi **voyageur**

**VS** (abrév de **versus**) vs, v

**VSNE** /veɛsɛnə/ NM (abrév de **volontaire du service national à l'étranger**) → **volontaire**

**VSOP** /veɛsɔpe/ ADJ (abrév de **very superior old pale**) VSOP

**VTC** /vetese/ NM (abrév de **vélo tout-chemin**) → **vélo**

**VTT** /vetete/ NM (abrév de **vélo tout-terrain**) → **vélo**

**vu¹, vue¹** /vy/ (ptp de **voir**) ADJ a (* = *compris*) **c'est ~ ?** all right?, got it? *, understood? ◆ **c'est bien ~ ?** all clear? *, is that quite clear? ◆ **~ ?** OK? *, right? * ◆ **c'est tout ~** it's a foregone conclusion; → **ni**

b *(= jugé)* **balle/passe bien ~e** well-judged ball/pass ◆ **remarque bien ~e** judicious remark ◆ **c'était bien ~ de sa part** what he said was spot-on *

c *(= considéré)* **bien ~** *[personne]* well thought of, highly regarded ◆ **mal ~** *[personne]* poorly thought of ◆ **il est mal ~ du patron** the boss thinks poorly of him *ou* has a poor opinion of him ◆ **ici c'est bien/mal ~ de porter une cravate** it's the done thing here *ou* it's good form *(Brit)*/it's not the done thing *ou* it's bad form *(Brit)* to wear a tie here; → **déjà**

NM

♦ **au vu de** *(= étant donné, d'après) [+ sondages, résultats, rapport]* in the light of

♦ **au vu et au su de** with the full knowledge of ◆ **au ~ et au su de tous** *ou* **de tout le monde** openly and publicly

**vu²** /vy/ GRAMMAIRE ACTIVE 44.1 PRÉP *(gén, Jur)* in view of ◆ **~ la situation, cela valait mieux** in view of *ou* considering the situation, it was better that way ◆ **~ son humeur, il vaut mieux de rien dire** considering *ou* given his mood, it's best not to say anything

CONJ

♦ **vu que** * in view of the fact that, seeing *ou* considering that ◆ **~ qu'il était tard, nous avons abandonné la partie** seeing *ou* considering how late it was, we abandoned the game

**vue²** /vy/ NF a *(= sens)* sight, eyesight ◆ **perdre la ~** to lose one's (eye)sight ◆ **troubles de la ~** sight trouble ◆ **il a une bonne ~** he has good eyesight, his eyesight is good ◆ **il a la ~ basse** *ou* **courte** he's short-sighted *ou* near-sighted *(US)* ◆ **une politique à courte ~** a short-sighted policy ◆ **don de seconde** *ou* **double ~** gift of second sight

b *(= regard)* **détourner la ~** to look away, to avert one's gaze ◆ **porter la ~ sur qn/qch** *(littér)* to cast one's eyes over sb/sth, to look in sb's direction/in the direction of sth ◆ **s'offrir à la ~ de tous** to present o.s. for all to see ◆ **il l'a fait à la ~ de tous** he did it in full view of everybody

c *(= panorama)* view ◆ **de cette colline, on a une très belle ~ de la ville** there's a very good view *ou* you get a very good view of the town from this hill ◆ **avec ~ imprenable** with an open *ou* unobstructed view *ou* outlook ◆ **ces immeubles nous bouchent la ~** those buildings block our view ◆ **cette pièce a ~ sur la mer** this room looks out onto the sea ◆ **chambre avec ~ sur la montagne** room with a view of the mountains ◆ **de là, on avait une ~ de profil de la cathédrale** from there you had a side view of the cathedral ◆ **~ cavalière** *(lit)* bird's eye view; *(fig)* overview ◆ **avoir une ~ cavalière d'une situation/période** to have an overview of a situation/period; → **perte, point¹**

d *(= spectacle)* sight ◆ **la ~ du sang l'a fait s'évanouir** the sight of the blood made him faint ◆ **à la ~ de** at the sight of ◆ **à sa ~ elle s'est mise à rougir** when she saw him she began to blush

e *(= image)* view ◆ **des ~s de Paris** views of Paris ◆ **un film de 36 ~s** a 36-exposure film ◆ **ils nous ont montré des ~s prises pendant leurs vacances** they showed us some photos they'd taken on their holidays ◆ **~ de la ville sous la neige** view of the town in the snow; → **prise²**

f *(= opinion)* **~s** views ◆ **exprimer ses ~s sur un sujet** to air one's views on a subject ◆ **de courtes ~s** short-sighted views; → **échange**

g *(= conception)* view ◆ **il a une ~ pessimiste de la situation** he has a pessimistic view of the situation ◆ **donner une ~ d'ensemble** to give an overall view *ou* an overview ◆ **c'est une ~ de l'esprit** that's a purely theoretical view; → **point¹**

h *(= projet)* **~s** plans; *(sur qn ou ses biens)* designs ◆ **la société a des ~s sur cet immeuble** the company has its eye on that building

◆ **elle a des ~s sur lui** *(pour un projet)* she has her eye on him; *(= elle veut l'épouser)* she has designs on him, she has her eye on him

**i** *(Jur = fenêtre)* window

**j** *(loc)*

♦ **à vue** *(Aviat) [piloter, atterrir]* visually; *[atterrissage, navigation]* visual; *[payable]* at sight *ou* on demand ◆ **dépôt à ~** demand *ou* sight deposit ◆ **tirer à ~** to shoot on sight ◆ **naviguer à ~** *(lit)* to navigate visually; *(fig)* to play it by ear

♦ **à première vue** at first sight

♦ **à vue de nez** * roughly *, at a rough guess

♦ **à vue d'œil** *(= rapidement)* before one's very eyes; *(= par une estimation rapide)* at a quick glance ◆ **il maigrit à ~ d'œil** he seems to be getting thinner before our very eyes *ou* by the minute *

♦ **de vue** by sight ◆ **je le connais de ~** I know him by sight ◆ **perdre qn de ~** *(lit)* to lose sight of sb ◆ **perdre qch de ~** *(lit, fig)* to lose sight of sth ◆ **il ne faut pas perdre de ~ que ...** we mustn't lose sight of the fact that ... ◆ **perdre/ne pas perdre un ami de ~** to lose touch/keep in touch with a friend

♦ **en vue** *(lit, fig) (= proche)* in sight ◆ **(bien) en ~** *(= en évidence)* conspicuous ◆ **très/assez en ~** *(= célèbre)* very much/much in the public eye ◆ **il a mis sa pancarte bien en ~** he put his placard in a prominent *ou* a conspicuous position *ou* where everyone could see it ◆ **c'est un des hommes politiques les plus en ~** he's one of the most prominent *ou* best-known men in politics ◆ **avoir un poste en ~** to have one's sights on a job ◆ **avoir un collaborateur en ~** to have an associate in mind

♦ **en vue de** ◆ **avoir en ~ de faire** to have it in mind to do, to plan to do ◆ **il a acheté une maison en ~ de son mariage** he has bought a house with his marriage in mind ◆ **il s'entraîne en ~ de la course de dimanche/de devenir champion du monde** he's training with a view to the race on Sunday/becoming world champion ◆ **il a dit cela en ~ de le décourager** he said that with the idea of *ou* with a view to discouraging him

♦ **plein la vue** * ◆ **il lui en a mis plein la ~** * he really impressed her ◆ **il a essayé de m'en mettre plein la ~** * he really tried to impress me; → **changement, garder, tirer**

**Vulcain** /vylkɛ̃/ **NM** Vulcan

**vulcain** /vylkɛ̃/ **NM** *(= papillon)* red admiral

**vulcanisation** /vylkanizasjɔ̃/ **NF** vulcanization

**vulcaniser** /vylkanize/ ▸ conjug 1 ◂ **VT** to vulcanize

**vulcanologie** /vylkanɔlɔʒi/ **NF** vulcanology

**vulcanologue** /vylkanɔlɔg/ **NMF** vulcanologist

**vulgaire** /vylgɛʀ/ **ADJ** **a** *(= grossier) [langage, personne]* vulgar, coarse; *[genre, décor]* vulgar, crude ◆ **il est d'un ~ !** he's so common *ou* vulgar! **b** *(= prosaïque) [réalités, problèmes]* commonplace, everyday, mundane **c** *(= usuel, banal)* common, popular ◆ **nom ~** common *ou* popular name ◆ **langues ~s** common languages; → **latin** **d** *(littér, † = du peuple)* common ◆ **esprit ~** common mind ◆ **l'opinion ~** the common opinion **e** *(avant n = quelconque)* ordinary ◆ **~ escroc** common swindler ◆ **un ~ bout de bois** an ordinary piece of wood ◆ **de la ~ matière plastique** ordinary plastic, common or garden plastic *(Brit)*, garden-variety plastic *(US)* **NM** ◆ **le ~** **a** *(† ou hum = peuple)* the common herd **b** *(= vulgarité)* **tomber dans le ~** to lapse into vulgarity

**vulgairement** /vylgɛʀmɑ̃/ **ADV** **a** *(= grossièrement)* vulgarly, coarsely ◆ **j'en ai ras la casquette** *, **comme on dit ~** I'm fed up to the back teeth *, if you'll forgive the expression **b** *(= couramment) [dénommer]* popularly, commonly ◆ **le fruit de l'églantier, ~ appelé** *ou* **que l'on appelle ~ gratte-cul** the fruit of the wild rose, commonly known as *ou* called haws

**vulgarisateur, -trice** /vylgaʀizatœʀ, tʀis/ **NM,F** popularizer

**vulgarisation** /vylgaʀizasjɔ̃/ **NF** popularization ◆ **~ scientifique** scientific popularization ◆ **c'est un ouvrage de ~ scientifique** it's a book that makes science accessible to the layman *ou* the general public ◆ **ouvrage de ~ scientifique** popular scientific work

**vulgariser** /vylgaʀize/ ▸ conjug 1 ◂ **VT** **a** *[+ ouvrage]* to popularize **b** *(littér = rendre vulgaire)* to coarsen ◆ **cet accent la vulgarise** this accent makes her sound coarse

**vulgarisme** /vylgaʀism/ **NM** vulgarism

**vulgarité** /vylgaʀite/ **NF** **a** *(= grossièreté)* vulgarity, coarseness *(NonC)* ◆ **des ~s** vulgarities **b** *(littér = terre à terre)* commonplaceness, ordinariness

**vulgate** /vylgat/ **NF** vulgate

**vulgum pecus** * /vylgɔmpekys/ **NM** *(hum)* ◆ **le ~** the hoi polloi, the common herd

**vulnérabilité** /vylneʀabilite/ **NF** vulnerability

**vulnérable** /vylneʀabl/ **ADJ** *(gén, Cartes)* vulnerable

**vulnéraire** /vylneʀɛʀ/ **NF** *(Bot)* kidney vetch, ladies' fingers

**vulvaire** /vylvɛʀ/ **ADJ** *(Anat)* vulvar **NF** *(Bot)* stinking goosefoot

**vulve** /vylv/ **NF** vulva

**vulvite** /vylvit/ **NF** vulvitis

**vumètre** /vymɛtʀ/ **NM** recording level gauge

**Vve** abrév de **veuve**

# W

**W¹, w** /dublǝve/ **NM** *(= lettre)* W, w
**W²** (abrév de **Watt**) W
**wagnérien, -ienne** /vagneʀjɛ̃, jɛn/ **ADJ** Wagnerian **NM,F** Wagnerian
**wagon** /vagɔ̃/ **NM** **a** *(Rail = véhicule) (de marchandises)* truck, wagon *(Brit)*, freight car *(US)*; *(de voyageurs)* carriage *(Brit)*, car *(US)* **b** *(= contenu)* truckload, wagonload ◆ **un plein ~ de marchandises** a truckful *ou* truckload of goods ◆ **il y en a tout un ~** * *(= plein)* there are stacks of them *, there's a whole pile of them * **COMP** ▷ **wagon à bestiaux** cattle truck *ou* wagon ▷ **wagon frigorifique** refrigerated van ▷ **wagon de marchandises** goods truck, freight car *(US)* ▷ **wagon de voyageurs** passenger carriage *(Brit) ou* car *(US)*
**wagon-citerne** (pl **wagons-citernes**) /vagɔ̃sitɛʀn/ **NM** tanker, tank wagon
**wagon-couchettes** (pl **wagons-couchettes**) /vagɔ̃kuʃɛt/ **NM** couchette car *ou* carriage, ≃ sleeping car
**wagon-foudre** (pl **wagons-foudres**) /vagɔ̃fudʀ/ **NM** (wine) tanker *ou* tank wagon
**wagon-lit** (pl **wagons-lits**) /vagɔ̃li/ **NM** sleeper *(Brit)*, Pullman *(US)*
**wagonnet** /vagɔnɛ/ **NM** small truck
**wagon-poste** (pl **wagons-postes**) /vagɔ̃pɔst/ **NM** mail van
**wagon-réservoir** (pl **wagons-réservoirs**) /vagɔ̃ʀezɛʀvwaʀ/ **NM** ⇒ **wagon-citerne**
**wagon-restaurant** (pl **wagons-restaurants**) /vagɔ̃ʀɛstɔʀɑ̃/ **NM** restaurant *ou* dining car
**wahhabisme** /waabism/ **NM** Wa(h)habism
**wahhabite** /waabit/ **ADJ, NMF** Wa(h)habi
**Walhalla** /valala/ **NM** Valhalla
**Walkman ®** /wɔkman/ **NM** Walkman ®, personal stereo
**walkyrie** /valkiʀi/ **NF** *(Myth)* Valkyrie; *(fig hum)* amazon
**wallaby** (pl **wallabies**) /walabi/ **NM** wallaby
**wallingant, e** /walɛ̃gɑ̃, ɑ̃t/ **NM,F** *(Belg péj)* Walloon separatist
**Wallis-et-Futuna** /walisefutuna/ **N** Wallis and Futuna Islands
**wallon, -onne** /walɔ̃, ɔn/ **ADJ** Walloon **NM** *(Ling)* Walloon **NM,F** **Wallon(ne)** Walloon
**Wallonie** /walɔni/ **NF** Wallonia
**wapiti** /wapiti/ **NM** wapiti
**warrant** /vaʀɑ̃/ **NM** **a** *[de magasins généraux]* warrant, warehouse warrant *ou* receipt, bond warrant; *[de port]* dock *ou* deposit warrant **b** *(Bourse)* warrant
**Washington** /waʃiŋtɔn/ **N** *(= ville)* Washington DC **NM** *(= État)* Washington (State)
**wassingue** /vasɛ̃g/ **NF** floorcloth
**water-closet(s)** † /watɛʀklozɛt/ **NM(PL)** ⇒ **waters**
**Waterloo** /watɛʀlo/ **N** Waterloo ◆ **la bataille de ~** the Battle of Waterloo ◆ **il a connu son ~ quand ...** he met his Waterloo when ...
**water-polo** /watɛʀpɔlo/ **NM** water polo
**waterproof** /watɛʀpʀuf/ **ADJ INV** *[montre, mascara]* waterproof
**waters** † /watɛʀ/ **NMPL** toilet, loo * *(Brit)*, lavatory ◆ **où sont les ~ ?** where's the toilet?
**waterzoï** /watɛʀzɔj/ **NM** *(Belg = plat)* waterzooi *(chicken stew)*
**watt** /wat/ **NM** watt
**wattheure** /watœʀ/ **NM** watt hour
**wattman** † /watman/ **NM** tram driver
**W-C, WC** /vese/ **NMPL** (abrév de **water-closet(s)**) ⇒ **waters**
**Web** /wɛb/ **NM INV** ◆ **le ~** the (World Wide) Web
**webcam** /wɛbkam/ **NF** webcam
**weber** /vebɛʀ/ **NM** weber
**webmaster** /wɛbmastœʀ/, **webmestre** /wɛbmɛstʀ/ **NM** webmaster
**webzine** /wɛbzin/ **NM** webzine
**week-end** (pl **week-ends**) /wikɛnd/ **NM** weekend ◆ **partir en ~** to go away for the weekend ◆ **partir en ~ prolongé** to go away on *ou* for a long weekend
**Weimar** /vajmaʀ/ **N** Weimar ◆ **la république de ~** the Weimar Republic
**Wellington** /wɛliŋtɔn/ **N** Wellington
**welter** /wɛltɛʀ/ **NM** → **poids**
**western** /wɛstɛʀn/ **NM** western ◆ **~-spaghetti, ~ italien** spaghetti western
**Westphalie** /vɛsfali/ **NF** Westphalia
**whisky** (pl **whiskies**) /wiski/ **NM** *(écossais)* whisky; *(américain, irlandais)* whiskey ◆ **~ soda** whisky and soda
**whist** /wist/ **NM** whist
**white-spirit** /wajtspiʀit/ **NM** white-spirit
**wifi, wi-fi** /wifi/ **NM INV** (abrév de **wireless fidelity**) Wi-Fi
**Wight** /wait/ **N** ◆ **l'île de ~** the Isle of Wight
**wigwam** /wigwam/ **NM** wigwam
**williams** /wiljams/ **NF** ◆ **(poire) ~** Williams pear
**winch** /win(t)ʃ/ **NM** *(Naut)* winch
**Winchester** /winʃɛstɛʀ/ **NF** ◆ **(carabine) ~** Winchester (rifle)
**Windhoek** /windøk/ **N** Windhoek
**Wisconsin** /viskɔnsin/ **NM** Wisconsin
**wishbone** /wiʃbon/ **NM** *(Naut)* wishbone
**wisigoth, e** /vizigo, ɔt/ **ADJ** Visigothic **NM,F** **Wisigoth(e)** Visigoth
**wisigothique** /vizigɔtik/ **ADJ** Visigothic
**witz** * /vits/ **NM** *(Helv = plaisanterie)* joke
**wolfram** /vɔlfʀam/ **NM** wolfram
**wolof** /wɔlɔf/ **ADJ** Wolof **NM** *(Ling)* Wolof **NMF** **Wolof** Wolof
**woofer** /wufœʀ/ **NM** woofer
**www** /dublǝvedublǝvedublǝve/ (abrév de **World Wide Web**) www
**Wyoming** /wajɔmiŋ/ **NM** Wyoming
**wysiwyg** /wiziwig/ **ADJ** (abrév de **what you see is what you get**) *(Ordin)* WYSIWYG

# X

**X, x** /iks/ **NM** a *(= lettre)* X, x; *(Math)* x ◆ **chromosome X** *(Bio)* X-chromosome ◆ **l'axe des x** *(Math)* the x axis ◆ **croisés en X** forming an x ◆ **ça fait x temps que je ne l'ai pas vu** * I haven't seen him for ages ◆ **je te l'ai dit x fois** I've told you umpteen * times ◆ **plainte contre X** *(Jur)* action against person or persons unknown ◆ **Monsieur X** Mr X ◆ **elle a accouché sous X** she gave her baby up as soon as it was born ◆ **les enfants nés sous X** children whose mothers gave them up at birth ◆ **film (classé) X** X(-rated) film, 18 film; → **rayon** b *(arg Univ)* **l'X** the École polytechnique ◆ **un X** a student of the École polytechnique; → POLYTECHNIQUE

**Xavier** /gzavje/ **NM** Xavier

**xénogreffe** /gzenogʀɛf/ **NF** xenograft, xenogeneic tissue graft

**xénon** /gzenɔ̃/ **NM** xenon

**xénophobe** /gzenɔfɔb/ **ADJ** xenophobic **NMF** xenophobe

**xénophobie** /gzenɔfɔbi/ **NF** xenophobia

**Xénophon** /gzenɔfɔ̃/ **NM** Xenophon

**xérès** /gzeʀɛs/ **NM** *(= vin)* sherry **N** **Xérès** *(= ville)* Jerez

**Xerxès** /gzɛʀsɛs/ **NM** Xerxes

**xi** /ksi/ **NM** xi

**XML** /iksɛmɛl/ (abrév de **Extensible Markup Language**) **NM** XML

**xylographe** /gzilɔgʀaf/ **NM** xylographer

**xylographie** /gzilɔgʀafi/ **NF** *(= technique)* xylography; *(= gravure)* xylograph

**xylographique** /gzilɔgʀafik/ **ADJ** xylographic

**xylophage** /gzilɔfaʒ/ **ADJ** *[insecte]* wood-boring *(épith)*, xylophagous *(SPÉC)* **NM** wood-borer, xylophage *(SPÉC)*

**xylophène** ® /gzilɔfɛn/ **NM** wood preservative

**xylophone** /gzilɔfɔn/ **NM** xylophone

# Y

**Y[1], y[1]** /igʀɛk/ NM *(= lettre)* Y, y ◆ **chromosome Y** *(Bio)* Y-chromosome ◆ **l'axe des y** *(Math)* the y axis

**Y[2]** (abrév de **yen**) Y

**y[2]** /i/ ADV *(indiquant le lieu)* there ◆ **restez-y** stay there ◆ **nous y avons passé 2 jours** we spent 2 days there ◆ **il avait une feuille de papier et il y dessinait un bateau** he had a sheet of paper and he was drawing a ship on it ◆ **avez-vous vu le film ? – j'y vais demain** have you seen the film? – I'm going (to see it) tomorrow ◆ **les maisons étaient neuves, personne n'y avait habité** the houses were new and nobody had lived in them ◆ **la pièce est sombre, quand on y entre, on n'y voit rien** the room is dark and when you go in you can't see a thing ◆ **j'y suis, j'y reste** here I am and here I stay ◆ **ah ! j'y suis !** *(fig) (comprendre)* oh, I understand!; *(se rappeler)* oh, I remember! ◆ **vous y allez, à ce dîner ?** * are you going to that dinner then? ◆ **je suis passé le voir mais il n'y était pas** I stopped by to see him but he wasn't there; → **aller, avoir**

PRON PERS **a** *(gén se rapportant à des choses)* it ◆ **vous serez là ? – n'y comptez pas** you'll be there? – it's highly unlikely *ou* I doubt it ◆ **n'y pensez plus** forget (about) it ◆ **à votre place, je ne m'y fierais pas** if I were you I wouldn't trust it ◆ **il a plu alors que personne ne s'y attendait** it rained when no one was expecting it to ◆ **il y trouve du plaisir** he enjoys it

**b** *(loc)* **elle s'y connaît** she knows all about it, she's an expert ◆ **il faudra vous y faire** you'll just have to get used to it ◆ **je n'y suis pour rien** it's nothing to do with me, I had no part in it ◆ **je n'y suis pour personne** I'm not in to anyone; → **avoir, comprendre, voir** *etc*

◆ **ça y est** ◆ **ça y est ! c'est fait !** that's it, it's done! ◆ **ça y est, il a cassé le verre** there you are, he's broken the glass ◆ **ça y est, il a signé le contrat** that's it, he's signed the contract ◆ **ça y est oui !, je peux parler ?** is that it then? *ou* have you finished then? can I talk now? ◆ **ça y est, tu es prêt ? – non ça n'y est pas** is that it then, are you ready? – no I'm not ◆ **ça y est pour quelque chose** it has something to do with it

**c** *( * = il)* **c'est-y pas gentil ?** *(aussi iro)* isn't it nice? ◆ **y en a qui exagèrent** some people *ou* folk go too far ◆ **du pain ? y en a pas** bread? there's none *ou* there isn't any

**yacht** /ˈjɔt/ NM yacht ◆ **~ de course/croisière** racing/cruising yacht

**yacht-club** (pl **yacht-clubs**) /ˈjɔtklœb/ NM yacht club

**yachting** † /ˈjɔtiŋ/ NM yachting ◆ **faire du ~** to go out on one's yacht, to go yachting

**yacht(s)man** † /ˈjɔtman/ (pl **yacht(s)men** /ˈjɔtmɛn/) NM yacht owner, yachtsman

**yack** /ˈjak/ NM ⇒ **yak**

**Yahvé** /ˈjave/ NM Yahveh

**yak** /ˈjak/ NM yak

**yakusa** /ˈjakuza/ NM yakuza

**Yalta** /ˈjalta/ N Yalta ◆ **la conférence/les accords de ~** the Yalta conference/agreement

**Yamoussoukro** /ˈjamusukʀo/ N Yamoussoukro

**yang** /ˈjɑ̃g/ NM yang

**Yang-Tsê Kiang** /ˈjɑ̃gtsekjɑ̃g/ NM Yangtze (Kiang)

**yankee** /ˈjɑ̃ki/ ADJ, NMF Yankee

**Yaoundé** /ˈjaunde/ N Yaoundé

**yaourt** /ˈjauʀt/ NM yog(h)urt ◆ **~ nature/maigre** natural/low-fat yog(h)urt ◆ **~ aux fruits/à la grecque** fruit/Greek yog(h)urt ◆ **~ à boire** yog(h)urt drink ◆ **~ brassé** *thick creamy yog(h)urt* ◆ **t'as du ~ dans la tête !** * you're completely daft *

**yaourtière** /ˈjauʀtjɛʀ/ NF yoghurt-maker

**yard** /ˈjaʀd/ NM yard

**yatagan** /ˈjatagɑ̃/ NM yataghan

**yearling** /ˈjœʀliŋ/ NM *(= cheval)* yearling

**Yémen** /ˈjemɛn/ NM ◆ **le ~** the Yemen ◆ **Nord-/Sud-~** North/South Yemen ◆ **au ~** in Yemen

**yéménite** /ˈjemenit/ ADJ Yemeni NMF **Yéménite** Yemeni

**yen** /ˈjɛn/ NM *(Fin)* yen

**yéti** /ˈjeti/ NM yeti

**yeuse** /ˈjøz/ NF holm oak, ilex

**yeux** /ˈjø/ pl de **œil**

**yéyé, yé-yé** * † /ˈjeje/ ADJ INV ◆ **musique ~** *French pop music of the 1960s* ◆ **les années ~** the sixties ◆ **la mode ~** the sixties' look NM ◆ **le ~** *French pop music of the 1960s* NMF INV *(= chanteur) French pop singer of the 1960s*; *(= jeune)* teenage pop fan of the 1960s

**yiddish** /ˈjidiʃ/ ADJ, NM Yiddish

**Yi king** /ˈjikiŋ/ NM I Ching

**yin** /ˈjin/ NM yin

**ylang-ylang** /ilɑ̃ilɑ̃/ NM ylang-ylang, ilang-ilang

**yod** /ˈjɔd/ NM yod

**yoga** /ˈjɔga/ NM yoga ◆ **faire du ~** to do yoga

**yogi** /ˈjɔgi/ NM yogi

**yogourt, yoghourt** /ˈjɔguʀt/ NM ⇒ **yaourt**

**yole** /ˈjɔl/ NF skiff

**Yom Kippour** /ˈjɔmkipuʀ/ NM Yom Kippur

**yorkshire, yorkshire-terrier** (pl **yorkshire-terriers**) /ˈjɔʀkʃœʀtɛʀje/ NM Yorkshire terrier, yorkie *

**yougoslave** /ˈjugɔslav/ ADJ Yugoslav, Yugoslavian NMF **Yougoslave** Yugoslav, Yugoslavian

**Yougoslavie** /ˈjugɔslavi/ NF Yugoslavia ◆ **la république fédérale de ~** the Federal Republic of Yugoslavia

**youp** /ˈjup/ EXCL hup! ◆ **allez ~, dégagez !** come on, get a move on!

**youpala** /ˈjupala/ NM baby bouncer

**youpi** /ˈjupi/ EXCL yippee

**youpin, e** ** /ˈjupɛ̃, in/ NM,F *(injurieux)* Yid ** *(injurieux)*

**yourte** /ˈjuʀt/ NF yurt

**youyou** /ˈjuju/ NM *(Naut)* dinghy

**yo-yo, yoyo** ® /ˈjojo/ NM INV *(= jouet)* yo-yo ◆ **les mouvements de yoyo du dollar** *(Fin)* the wild fluctuations of the dollar ◆ **jouer au ~, faire le yoyo** *(fig)* to yo-yo

**ypérite** /ipeʀit/ NF mustard gas, yperite *(SPÉC)*

**ytterbium** /itɛʀbjɔm/ NM ytterbium

**yttrium** /itʀijɔm/ NM yttrium

**yuan** /ˈjyan/ NM yuan

**yucca** /ˈjuka/ NM yucca

**Yukon** /ˈjykɔ̃/ NM ◆ **le ~** *(= fleuve)* the Yukon (River) ◆ **le (territoire du) ~** the Yukon (Territory)

**yuppie** (pl **yuppies**) /ˈjupi/ NM yuppie, yuppy

# Z

**Z, z** /zɛd/ NM *(lettre)* Z, z; → **A**[1]

**ZAC** /zak/ NF (abrév de **zone d'aménagement concerté**) → **zone**

**Zacharie** /zakaʀi/ NM *(= prophète)* Zechariah; *(= père de Jean-Baptiste)* Zachariah

**ZAD** /zad/ NF (abrév de **zone d'aménagement différé**) → **zone**

**Zagreb** /ʒagʀɛb/ N Zagreb

**Zaïre** /zaiʀ/ NM ◆ **le** ~ *(† = pays)* Zaire; *(= fleuve)* the Zaire (River)

**zaïre** /zaiʀ/ NM *(= monnaie)* zaire

**zaïrois, -oise** /zaiʀwa, waz/ ADJ Zairean, Zairian NM,F **Zaïrois(e)** Zairean, Zairian

**zakouski** /zakuski/ NMPL zakuski, zakouski

**Zambèze** /zɑ̃bɛz/ NM ◆ **le** ~ the Zambezi (River)

**Zambie** /zɑ̃bi/ NF Zambia

**zambien, -ienne** /zɑ̃bjɛ̃, jɛn/ ADJ Zambian NM,F **Zambien(ne)** Zambian

**zanzi** /zɑ̃zi/ NM dice game

**Zanzibar** /zɑ̃zibaʀ/ N Zanzibar

**zapatiste** /zapatist/ ADJ ◆ **l'armée** ~ the Zapatistas

**zapper** /zape/ ▸ conjug 1 ◂ VI *(à la télévision)* to channel-hop, to zap; *(à la radio)* to flick from one channel to the next

**zappeur, -euse** /zapœʀ, øz/ NM,F *(TV)* zapper, channel-hopper

**zapping** /zapiŋ/ NM *(TV)* zapping, channel-hopping

**Zarathoustra** /zaʀatustʀa/ NM Zarathustra

**zarbi**‡ /zaʀbi/ ADJ *(= bizarre)* bizarre

**zazou, e** /zazu/ ADJ ◆ **la jeunesse** ~**(e)** *young jazz-swingers of the 1940s* ◆ **tenue** ~**e** zoot suit NM, F *(parfois péj)* ≈ hepcat *

**zébi** /zebi/ NM → **peau**

**zèbre** /zɛbʀ/ NM *(= animal)* zebra; *(* = individu)* guy *, bloke * *(Brit)* ◆ **un drôle de** ~ an oddball *, an odd bod * *(Brit)* ◆ **filer** *ou* **courir comme un** ~ to run like the wind

**zébrer** /zebʀe/ ▸ conjug 6 ◂ VT *(lignes régulières)* to stripe; *(lignes irrégulières)* to streak (*de* with); ◆ **ciel zébré d'éclairs** sky streaked with lightning ◆ **allée zébrée d'ombre et de lumière** lane dappled with light and shade

**zébrure** /zebʀyʀ/ NF *[d'animal]* stripe, streak; *[de coup de fouet]* weal, welt; *(= éclair)* streak

**zébu** /zeby/ NM zebu

**Zélande** /zelɑ̃d/ NF Zealand

**zélateur, -trice** /zelatœʀ, tʀis/ NM,F *(gén)* champion, partisan *(péj)*, zealot *(péj)*; *(Rel)* Zealot

**zèle** /zɛl/ NM zeal ◆ **avec** ~ zealously, with zeal ◆ **faire du** ~ *(péj)* to be over-zealous ◆ **faire preuve de/manquer de** ~ to show/lack enthusiasm ◆ **pas de** ~ ! don't overdo it! ◆ **pousser le** ~ **jusqu'à faire qch** to go to the extreme of doing sth, to go so far as to do sth; → **excès, grève**

**zélé, e** /zele/ ADJ zealous

**zélote** /zelɔt/ NM *(Hist)* Zealot

**zen** /zɛn/ ADJ INV *(lit)* Zen ◆ **jardin** ~ Zen garden ◆ **rester** ~ * *(fig = serein)* to remain unfazed * ◆ **c'est** ~, **chez lui/cette pièce !** * *(fig = dépouillé)* his place/this room is very minimalist! NM Zen

**zénana** /zenana/ NM → **peau**

**zénith** /zenit/ NM *(lit, fig)* zenith ◆ **le soleil est au** ~ *ou* **à son** ~ the sun is at its zenith *ou* height ◆ **au** ~ **de la gloire** at the zenith *ou* peak of glory

**zénithal, e** (mpl **-aux**) /zenital, o/ ADJ zenithal ◆ **éclairage** ~ overhead natural lighting

**Zénon** /zenɔ̃/ NM Zeno

**ZEP** /zɛp/ NF **a** (abrév de **zone d'éducation prioritaire**) → **zone** **b** (abrév de **zone d'environnement protégé**) → **zone**

**zéphyr** /zefiʀ/ NM *(vent)* zephyr ◆ **Zéphyr** *(Myth)* Zephyr(us)

**zéphyrien, -ienne** /zefiʀjɛ̃, jɛn/ ADJ *(littér)* zephyr-like *(littér)*

**zeppelin** /zɛplɛ̃/ NM zeppelin

**zéro** /zeʀo/ NM **a** *(gén, Math)* zero, nought *(Brit)*; *(compte à rebours)* zero; *(dans un numéro de téléphone)* 0, zero *(US)* ◆ **les enfants de** ~ **à cinq ans** children up to the age of five ◆ **sur une échelle de** ~ **à dix** on a scale of zero *ou* nought *(Brit)* to ten ◆ **recommencer à** ~, **repartir de** *ou* **à** ~ to start from scratch again, to go back to square one ◆ **remettre à** ~ *[+ compteur, chronomètre]* to reset ◆ **il n'avait rien compris, j'ai dû tout reprendre à** ~ he hadn't understood a thing, I had to start all over again from scratch ◆ **tout ça, pour moi, c'est** ~, **je veux des preuves** * as far as I'm concerned that's worthless *ou* a waste of time – I want some proof ◆ **les avoir à** ~ ‡ to be scared out of one's wits *, to be scared stiff *; → **compteur, moral, partir**[1]**, réduire**

**b** *(température)* freezing (point), zero *(centigrade)* ◆ **3 degrés au-dessus de** ~ 3 degrees above freezing (point) *ou* above zero ◆ **3 degrés au-dessous de** ~ 3 degrees below freezing (point) *ou* below zero, 3 degrees below *, minus 3 (degrees centigrade) ◆ ~ **absolu** absolute zero

**c** *(Rugby, Ftbl)* zero, nil *(Brit)*, nothing *(US)*; *(Tennis)* love ◆ **mener par 2 jeux/sets à** ~ *(Tennis)* to lead (by) 2 games/sets to love ◆ ~ **à** ~ *ou* ~ **partout à la mi-temps** no score at half time ◆ **gagner par 2 (buts) à** ~ to win 2 nil *(Brit) ou* 2 nothing *(US)*, to win by 2 goals to zero *ou* nil *(Brit) ou* nothing *(US)* ◆ **la France avait** ~ **à la mi-temps** France hadn't scored *ou* had no score by half time

**d** *(Scol)* zero, nought *(Brit)* ◆ ~ **de conduite** bad mark *(Brit) ou* grade *(US)* for behaviour *ou* conduct ◆ ~ **pointé** *(Scol)* nothing, nought *(Brit) (counted in the final average mark)* ◆ **le gouvernement mérite un** ~ **pointé** *(fig)* the government deserves nothing out of 20 ◆ **mais en cuisine,** ~ **(pour la question)** * *(fig)* but as far as cooking goes he's (*ou* she's) useless *ou* a dead loss *

**e** *(* = personne)* dead loss *, washout *

ADJ ◆ ~ **heure** *(gén)* midnight; *(heure GMT)* zero hour ◆ ~ **heure trente** *(gén)* half past midnight; *(heure GMT)* zero thirty hours ◆ **il a fait** ~ **faute** he didn't make any mistakes, he didn't make a single mistake ◆ ~ **défaut/stock** *(Ind)* zero defect/stock ◆ **j'ai eu** ~ **point** I got no marks *(Brit) ou* points *(US)* (at all), I got zero ◆ **ça m'a coûté** ~ **franc** ~ **centime** * I got it for nothing ◆ **en ski, le risque** ~ **n'existe pas** in skiing there's no such thing as zero risk ◆ **taux de croissance** ~ zero growth ◆ **le point** ~ *(Nucl)* ground zero ◆ **l'option** ~ *(Mil)* the zero option

**zeste** /zɛst/ NM **a** *[de citron, orange]* peel *(NonC)*; *(en cuisine)* zest *(NonC)*, peel *(NonC)* ◆ **avec un** ~ **de citron** with a piece of lemon peel **b** *(fig = pointe) [d'ironie]* touch, hint ◆ **un** ~ **de folie/d'humour** a touch of madness/humour

**zesteur** /zɛstœʀ/ NM zester

**zêta** /(d)zɛta/ NM zeta

**zeugma** /zøgma/, **zeugme** /zøgm/ NM zeugma

**Zeus** /zøs/ NM Zeus

**zézaiement** /zezɛmɑ̃/ NM lisp

**zézayer** /zezeje/ ▸ conjug 8 ◂ VI to lisp

**ZI** /ʒɛdi/ NF (abrév de **zone industrielle**) → **zone**

**zibeline** /ziblin/ NF sable

**zidovudine** /zidɔvydin/ NF zidovudine

**zieuter** * /zjøte/ ▸ conjug 1 ◂ VT *(longuement)* to eye; *(rapidement)* to have a squint at *, to have a dekko at * *(Brit)*

**zig** * † /zig/ NM ⇒ **zigoto**

**ziggourat** /ziguʀat/ NF ziggurat, zik(k)urat

**zigoto** * † /zigɔto/, **zigomar** * † /zigɔmaʀ/ NM guy *, bloke * *(Brit)*, chap * *(Brit)*, geezer * † ◆ **c'est un drôle de** ~ he's a bit of an oddball * ◆ **faire le** ~ to mess *ou* muck *(Brit)* around

**zigouiller** * /ziguje/ ▸ conjug 1 ◂ VT to do in * ◆ **se faire** ~ to get bumped off *

**zigounette** * /zigunɛt/ NF *(hum ou langage enfantin)* willy * *(Brit)*, peter * *(US)*

**zigue** * † /zig/ NM ⇒ **zig**

**zigzag** /zigzag/ NM zigzag ◆ **route en** ~ windy *ou* winding *ou* zigzagging road ◆ **faire des ~s** *[route]* to zigzag; *[personne]* to zigzag along ◆ **avoir fait** *ou* **eu une carrière en** ~ to have had a chequered career

**zigzaguer** /zigzage/ ▸ conjug 1 ◂ VI to zigzag (along)

**Zimbabwe** /zimbabwe/ NM Zimbabwe

**zimbabwéen, -enne** /zimbabweɛ̃, ɛn/ ADJ Zimbabwean NM,F **Zimbabwéen(ne)** Zimbabwean

**zinc** /zɛ̃g/ NM a *(= métal)* zinc b *(* = avion)* plane c *(* = comptoir)* bar, counter ◆ **boire un coup sur le** ~ to have a drink at the bar

**zinguer** /zɛ̃ge/ ▸ conjug 1 ◂ VT *[+ toiture, acier]* to coat with zinc

**zingueur** /zɛ̃gœʀ/ NM zinc worker ◆ **plombier-~** plumber and zinc worker

**zinnia** /zinja/ NM zinnia

**zinzin** * /zɛ̃zɛ̃/ ADJ cracked *, nuts *, barmy * *(Brit)* NM a *(= fou)* nutcase *, loony * b *(= machin)* thingummy(jig) * *(Brit)*, thingamajig *(US)*, what's-it * *(Brit)* NMPL **zinzins** *(*, arg Bourse)* institutional investors

**zip** ® /zip/ NM zip ◆ **poche fermée par un** ~ zip(ped) pocket

**zippé, e** /zipe/ (ptp de **zipper**) ADJ zip-up *(épith)*, with a zip

**zipper** /zipe/ ▸ conjug 1 ◂ VT to zip up

**zircon** /ziʀkɔ̃/ NM zircon

**zirconium** /ziʀkɔnjɔm/ NM zirconium

**zizanie** /zizani/ NF ill-feeling ◆ **mettre** *ou* **semer la** ~ **dans une famille** to set a family at loggerheads, to stir up ill-feeling in a family

**zizi[1]** * /zizi/ NM *(hum, langage enfantin = pénis)* willy * *(Brit) (hum)*, peter * *(US) (hum)*

**zloty** /zlɔti/ NM zloty

**zob** ** /zɔb/ NM *(= pénis)* dick **, prick **, cock **

**Zodiac** ® /zɔdjak/ NM rubber *ou* inflatable dinghy

**zodiacal, e** (mpl **-aux**) /zɔdjakal, o/ ADJ *[constellation, signe]* of the zodiac; *[lumière]* zodiacal

**zodiaque** /zɔdjak/ NM zodiac; → **signe**

**zombi(e)** /zɔ̃bi/ NM zombie

**zona** /zona/ NM shingles *(sg)*, herpes zoster *(SPÉC)* ◆ **avoir un** ~ to have shingles

**zonage** /zonaʒ/ NM *(Urbanisme, Ordin)* zoning

**zonard, e** * /zonaʀ, aʀd/ NM,F *(= marginal)* dropout *

**zone** /zon/ NF a *(gén, Sci)* zone, area; *(Transport)* travel zone ◆ ~ **d'élevage** *(Agr)* cattle-breeding area ◆ ~ **de pêche** fishing zone ◆ ~ **d'influence (d'un pays)** sphere *ou* zone of influence (of a country) ◆ **la** ~ **des combats** the combat zone ◆ ~ **de haute/basse pression** *(Mét)* area of high/low pressure ◆ ~ **franc/sterling** franc/sterling area ◆ **hors** ~ **franc** *[pays]* that does not belong to the franc area ◆ **~s A, B et C** *(Scol) three zones in France where schools take mid-term breaks and Easter holidays at different times to avoid overcrowding in the transport system and at holiday resorts* ◆ **dans cette affaire, des ~s d'ombre subsistent encore** some aspects of this business remain very unclear ◆ **de deuxième/troisième** ~ *(fig)* second-/third-rate ◆ **arriver sur** ~ *(Mil)* to arrive at the scene of the action

b *(* = quartiers pauvres)* **la** ~ the slum belt; *(= marginalité)* the dropout lifestyle ◆ **c'est la ~ !** it's the pits! * ◆ **enlève ce bric-à-brac de ton jardin, ça fait** ~ * get rid of that junk in your garden, it looks like a tip *

COMP ▷ **zone d'activités** business park, enterprise zone ▷ **zone d'aménagement concerté** urban development zone ▷ **zone d'aménagement différé** future development zone ▷ **la zone des armées** the war zone ▷ **zone artisanale** industrial estate *(Brit) ou* park *(US)* for small businesses ▷ **zone bleue** ≃ restricted parking zone *ou* area ▷ **zone dangereuse** danger zone ▷ **zone démilitarisée** demilitarized zone ▷ **zone de dépression** *ou* **dépressionnaire** *(Mét)* trough of low pressure ▷ **zone de dialogue** *(Ordin)* dialogue box ▷ **zone d'éducation prioritaire** *area targeted for special help in education* ▷ **zone d'environnement protégé** environmentally protected zone, ≃ SSSI *(Brit)* ▷ **zone érogène** erogenous zone ▷ **zone euro** Euroland ▷ **zone d'exclusion** *(Mil)* exclusion zone ◆ ~ **d'exclusion aérienne** no-fly zone ▷ **zone franche** free zone ▷ **zone frontalière** border area *ou* zone ▷ **zone industrielle** industrial estate *(Brit) ou* park *(US)* ▷ **zone inondable** flood-risk area ▷ **zone interdite** off-limits area, no-go area ◆ ~ **interdite à la navigation** area which is closed to shipping ▷ **zone libre** *(Hist France)* unoccupied France ◆ **passer/se réfugier en** ~ **libre** to enter/take refuge in the unoccupied zone ▷ **zone de libre-échange** free trade zone *ou* area ▷ **zone monétaire** monetary zone ▷ **zone occupée** *(Hist France)* occupied zone ▷ **zone piétonne** *ou* **piétonnière** pedestrian precinct ▷ **zone à risque** *(catastrophes naturelles)* disaster-prone area; *(criminalité)* high-risk area ▷ **zone rouge** red zone ▷ **zone tampon** *(Mil)* buffer zone; *(Ordin)* buffer ▷ **zone de turbulences** *(Aviat)* area of turbulence; *(fig)* trouble spot ▷ **zone urbaine** urban area ▷ **zone à urbaniser en priorité** † *(Admin)* urban development zone

**zoner** /zone/ ▸ conjug 1 ◂ VT to zone VI * *[marginal]* to bum around *

**zoo** /zo(o)/ NM zoo

**zoologie** /zɔɔlɔʒi/ NF zoology

**zoologique** /zɔɔlɔʒik/ ADJ zoological

**zoologiste** /zɔɔlɔʒist/, **zoologue** /zɔɔlɔg/ NMF zoologist

**zoom** /zum/ NM *(= objectif)* zoom lens; *(= effet)* zoom ◆ **faire un** ~ **sur** to zoom in on ◆ ~ **avant/arrière** zoom in/out ◆ **faire un** ~ **avant/arrière** to zoom in/out

**zoomer** /zume/ ▸ conjug 1 ◂ VI to zoom in (*sur* on)

**zoomorphe** /zɔɔmɔʀf/ ADJ zoomorphic

**zoophile** /zɔɔfil/ ADJ zoophilic NMF zoophilist

**zoophilie** /zɔɔfili/ NF *(= perversion)* zoophilia

**zootechnicien, -ienne** /zɔɔtɛknisjɛ̃, jɛn/ NM, F zootechnician

**zootechnique** /zɔɔtɛknik/ ADJ zootechnic

**zoreille** * /zɔʀɛj/ NMF *person from metropolitan France living in the overseas territories*

**Zoroastre** /zɔʀɔastʀ/ NM Zoroaster, Zarathustra

**zoroastrisme** /zɔʀɔastʀism/ NM Zoroastrianism, Zoroastrism

**Zorro** /zɔʀo/ NM Zorro ◆ **jouer les** ~ * to play the hero

**zou** * /zu/ EXCL ◆ **(allez)** ~ **!** *(= partez)* off with you!, shoo! *; *(= dépêchez-vous)* get a move on! * ◆ **et ~, les voilà partis !** zoom, off they go! *

**zouave** /zwav/ NM Zouave, zouave ◆ **faire le** ~ * to play the fool, to fool around

**zouk** /zuk/ NM zouk

**zoulou, e** /zulu/ ADJ Zulu NM *(Ling)* Zulu NM,F **Zoulou(e)** Zulu

**Zoulouland** /zululɑ̃d/ NM Zululand

**zozo** * /zozo/ NM *(= naïf)* nit(wit) *, ninny *; *(= individu)* guy, bloke *(Brit)*

**zozoter** * /zozɔte/ ▸ conjug 1 ◂ VI to lisp

**ZUP** † /zyp/ NF (abrév de **zone à urbaniser en priorité**) → **zone**

**zut** * /zyt/ EXCL *(= c'est embêtant)* damn! *, darn (it)! *; *(= ça suffit !)* (do) shut up! * ◆ **je te dis ~ !** get lost! * ◆ **je fais ce que je veux, ~ alors !** I'll do what I want, for goodness' sake! ◆ **et puis ~ à la fin ! j'abandonne !** what the heck *, I give up! ◆ **avoir un œil qui dit ~ à l'autre** to be cross-eyed

**zwanze** /zwɑ̃z/ NF *(Belg)* joke

**zwanzer** /zwɑ̃ze/ ▸ conjug 1 ◂ VI *(Belg)* to joke

**zygomatique** /zigɔmatik/ ADJ zygomatic ◆ **os/arcade** ~ zygomatic bone/arch NM zygomatic major (muscle) *(SPÉC)* ◆ **se dérouiller les ~s** * *(hum)* to have a good laugh

**zygote** /zigɔt/ NM zygote

**zyklon** /ziklɔ̃/ NM ◆ **(gaz)** ~, ~ **B** Zyklon B

**zymase** /zimɑz/ NF zymase

# GRAMMAIRE ACTIVE
# LANGUAGE IN USE

Sommaire / Contents

## LA GRAMMAIRE ACTIVE ROBERT & COLLINS

est divisée en 27 chapitres qui présentent plusieurs milliers de structures syntaxiques couvrant l'essentiel des besoins de communication entre francophones et anglophones.

Elle permet de s'exprimer directement dans la langue étrangère au lieu de procéder à la traduction à partir du mot ou de la locution, tels qu'ils figurent dans la partie dictionnaire. L'usager part ici d'un thème de réflexion ou du message qu'il cherche à communiquer et trouve dans le chapitre concerné un vaste éventail de possibilités d'expression dans la langue étrangère. De brèves indications dans sa langue maternelle, dont la fonction n'est pas de traduire mais de servir de points de repère, l'informeront sur le registre (familier ou soutenu) ou la nature (hésitante ou assurée, directe ou indirecte) du message.

Les exemples de la **Grammaire active** ont été tirés d'une très vaste base de données informatisée en langue française et en langue anglaise. Ces exemples ont été sélectionnés dans un grand nombre de sources différentes, allant de la littérature à la correspondance personnelle, en passant par les magazines, les journaux, ainsi que la langue parlée telle qu'on l'entend à la télévision et à la radio. Ils garantissent ainsi l'authenticité absolue des structures grammaticales et des expressions idiomatiques qui sont proposées.

Plusieurs centaines de mots-clés du dictionnaire sont suivis d'un renvoi vers la **Grammaire active.** Ces renvois mentionnent les numéros de chapitres concernés et avertissent l'usager qu'il trouvera dans le recueil d'expressions grammaticales des possibilités d'expression supplémentaires qui complètent l'information contenue dans les articles bilingues.

## THIS "LANGUAGE IN USE" supplement

is divided into 27 topics, providing thousands of structures to facilitate self-expression and communication in French.

Using a key word in the message you wish to convey as a starting point, **Language in Use** shows you other possible ways of expressing the same message and provides you with a repertoire from which to choose the most appropriate formulation for the situation you are dealing with. The core translation which follows each phrase acts as a point of reference rather than as a direct equivalent and we have also provided guidance as to whether a phrase should be used in a familiar or formal context, whether it expresses the message directly or indirectly, or in a tentative or assertive manner.

**Language in Use** has been compiled using our vast linguistic databases of contemporary French and English. The examples have been selected from a wide variety of different sources: fiction and non-fiction, magazines and newspapers, business and personal correspondence, and spoken material gathered from real-life conversations and radio and television programmes. This means you can always be sure that the phrases and grammatical structures you choose are idiomatic and up-to-date.

Several hundred dictionary entries are linked to **Language in Use** by means of cross-references which show the topic number and section in **Language in Use** where that dictionary entry occurs. This linking of the main text with **Language in Use** allows you to navigate directly from a single-concept word in the dictionary to further, more diverse means of expression in context.

# 1 SUGGESTIONS

## 1.1 Making suggestions

Tentatively

- **Si je peux me permettre une suggestion** je crois qu'il faudrait ...
  = if I may make a **suggestion**
- **À votre place**, je me renseignerais
  = if I were you
- **Si j'étais vous**, je resterais
  = if I were you
- **À mon avis,** il faudrait les inviter
  = in my **opinion**
- **Personnellement**, j'en parlerais à ses parents
  = **personally** (speaking)

More assertively

- **Vous pourriez** remettre cela à plus tard
  = you **could**
- **Rien ne vous empêche de** profiter des soldes
  = there's nothing to stop you
- **Essayez quand même de** lui en parler
  = still, try to
- **Vous feriez mieux de** prendre vos vacances en septembre
  = you'd do **better** to
- **Vous auriez intérêt à** prendre l'avion à Genève
  = you'd be **well-advised** to
- **Vous feriez bien d'**aller voir sur place
  = you'd do **well** to
- **N'oubliez pas de** répondre à sa lettre
  = don't **forget** to
- **Vous devriez** appeler un médecin
  = you **ought** to
- **Je propose que** nous nous mett**ions** *(subj)* au travail tout de suite
  = I **suggest** that
- **Voici mes suggestions :** présenter le projet au Conseil, ...
  = my **suggestions** are (as follows):
- **Je suggère que vous** commenc**iez** *(subj)* immédiatement *(formal)*
  = I **suggest** that you

Using direct questions

- **Est-ce que vous avez songé à** faire appel à un entraîneur ?
  = have you **thought** of
- **Avez-vous pensé à** reprendre vos études ?
  = have you **thought** of
- **Que diriez-vous d'**un bon repas ?
  = what would you **say** to
- **Est-ce que cela ne vous tente pas de** partir en Italie ?
  = doesn't the **idea** of ... tempt you?
- **Puis-je faire une suggestion ?** Il me semble que ... *(formal)*
  = can I make a **suggestion**?

In an impersonal way

Tentatively

- **Et si** on se passait un film ? *(spoken)*
  = how about
- **Peut-être faudrait-il** discuter de ce problème
  = **perhaps** we **should**
- **Il vaudrait peut-être mieux** en rester là
  = **perhaps** it would be **better** to
- **Pourquoi ne pas** lui téléphoner ?
  = why not
- **Ce ne serait pas une mauvaise idée de** revendre la maison
  = it wouldn't be a bad **idea** to
- **On pourrait** adopter une autre méthode
  = we **could**

More assertively

- **Il serait souhaitable de** conserver cette procédure de vote
  = it would be **desirable** to
- **Il serait préférable de ne pas** trop attendre
  = it would be **preferable** not to
- **Il serait bon de** réunir le Conseil
  = it would be a good **idea** to
- **Ce serait une excellente idée de** rediffuser ce document
  = it would be an excellent **idea** to
- **Il n'y a qu'à** lui demander son avis
  = all you have to do is
- **Il conviendrait de** contacter l'entreprise dès maintenant *(formal)*
  = it would be **advisable** to

## 1.2 Asking for suggestions

- **Qu'est-ce que tu ferais à ma place ?**
  = what would you do if you were me?
- **Comment procéderais-tu** *or* **t'y prendrais-tu ?**
  = how would you proceed?
- **Qu'est-ce que vous proposez** pour résoudre ce problème ?
  = what do you **suggest**
- **Avez-vous une idée de** ce que l'on pourrait faire ?
  = have you any **ideas** about
- **Que fait-on dans ces cas-là ?**
  = what does one do in such cases?
- **Peut-être avez-vous une meilleure solution ?**
  = **perhaps** you have a **better solution**?

# 2 ADVICE

## 2.1 Asking for advice

- **À ma place que feriez-vous ?**
  = if you were me, what would you do?
- **Que fait-on dans ces cas-là ?**
  = what does one do in such cases?
- **Que me conseillez-vous de faire ?**
  = what do you **advise** me to do?
- **Que dois-je faire** dans l'immédiat ?
  = what do I have to do
- **J'aimerais avoir votre opinion sur** ce dossier
  = I'd like your **opinion** on
- **Quel est votre avis sur** le droit d'ingérence humanitaire ?
  = what is your **opinion** on

- **Je voudrais vous demander conseil : pensez-vous que je devrais** offrir des fleurs à notre hôtesse ?
  = I'd like your **advice**: do you think I **should**
- **Je vous serais très reconnaissant de bien vouloir me conseiller sur** la marche à suivre *(formal, written style)*
  = I **should** be most **grateful** for your **advice** on

## 2.2 Giving advice

- Fais comme si de rien n'était, **c'est ce que tu as de mieux à faire** *(spoken)*
  = it's the **best** thing you can do
- **Moi, je trouve que tu devrais** carrément déménager *(spoken)*
  = I **think** you **should**
- **Un conseil :** il faut découvrir cet endroit le matin quand la ville s'éveille
  = a word of **advice**:
- **Tu as (tout) intérêt à** t'y prendre aussitôt que possible
  = you'd be **well-advised** to
- Si vous vivez une passion, au moins taisez-la. **Surtout ne** la dévoilez **pas**
  = whatever you do, don't
- **Si j'ai un conseil à vous donner, c'est de** ne pas trop tarder à renvoyer ces papiers
  = if I could give you one piece of **advice**, it would be to
- **Vous auriez tort de ne pas** en profiter
  = you'd be quite **wrong** not to
- **Je trouve que tu devrais** essayer de passer ton permis de conduire
  = I **think** you **should**
- **À mon avis tu devrais** te montrer plus enthousiaste
  = in my **opinion**, you **should**
- **À votre place, je** me renseigner**ais** auprès de l'association des parents d'élèves
  = if I were you, I'd
- **Si j'étais vous, je** téléphoner**ais** sans plus tarder
  = if I were you, I'd
- **Je ne saurais trop vous recommander d'**être discret à ce sujet
  = I cannot **advise** you strongly enough to

### More tentatively

- **Pourquoi ne pas** téléphoner à Martine ? Ça lui ferait plaisir
  = why not
- **Est-ce que tu as pensé à** un cours de recyclage ?
  = have you **thought** of
- **Ce ne serait pas une mauvaise idée de** partir avant l'heure de pointe
  = it wouldn't be a bad **idea** to
- **Vous feriez mieux de** vous adresser à un autre musée
  = you'd do **better** to
- Nous n'avons plus de 45 mais **vous pourriez peut-être** essayer du 44
  = **perhaps** you **could**
- **Je me demande si vous ne devriez pas** attendre quelques jours
  = I **wonder** if you **should perhaps**
- **Il est déconseillé de** se promener du côté du port après la tombée de la nuit
  = it is **inadvisable** to
- **Il serait peut-être bon de** changer de ton à défaut de changer de politique
  = **perhaps** it would be a good **idea** to
- **Il nous semble peu prudent d'**engager des fonds aussi importants dans cette affaire
  = it doesn't seem very **wise** to us
- **Il serait judicieux de** publier ce document avant la fin de l'année
  = it would be **wise** to
- **Puis-je me permettre de suggérer que** vous chang**iez** *(subj)* d'itinéraire au retour ?
  = may I **suggest** that you

## 2.3 Giving warnings

- **Méfiez-vous de** ces faux amis
  = **beware** of
- **Si vous ne** réservez **pas** maintenant, **vous courez le risque de** ne pas avoir de billet
  = if you don't ... you run the **risk** of
- **Tu vas avoir des ennuis** de santé **si** tu continues à fumer autant
  = you're going to have problems if
- **Je vous préviens :** interdiction de stationner entre 13 et 16 heures, sinon gare au PV
  = I am **warning** you:
- **Je vous préviens que** je ne vous accorderai pas un jour de délai
  = I **warn** you that
- **Je vous avertis que** je commence à en avoir assez de vos absences répétées
  = I **warn** you that
- **Ce serait de la folie de** s'engager dans cette direction
  = it would be **madness** to
- **Si vous** ne voulez pas le faire, **très bien, mais** ne venez pas vous plaindre de ce qui vous arrivera
  = if you ... (that's) fine, but

# 3 OFFERS

## 3.1 Direct offers

- **Je ferais volontiers** ce voyage avec toi
  = I'd **gladly**
- **Je suis prêt à** poursuivre le travail commencé avec lui
  = I'm **prepared** to
- **Je peux** passer vous prendre chez vous, **si vous voulez**
  = I can ... if you want
- **Je pourrais** venir étudier la question sur place
  = I could
- **N'hésitez pas à** nous poser des questions
  = don't **hesitate** to
- **Laissez-moi au moins** payer les fleurs !
  = at **least** let me

### 3.2 Indirect offers

- **Je serais (très) heureux de** vous rendre ce service
  = I'd be very **happy** to
- **Cela me ferait très plaisir de** vous emmener
  = it would be a **pleasure** to
- **Je ne demande pas mieux que de** participer à ce projet
  = I'd be only too **happy** to
- **Nous pourrions peut-être** déjeuner ensemble
  = **perhaps we could**

### 3.3 Using direct questions

- **Cela te dirait de** visiter la Maison Blanche ?
  = how would you **like** to
- **Et si je** pass**ais** l'aspirateur ?
  = what if I
- **Est-ce que je peux** vous renseigner ?
  = can I
- **Est-ce que vous voulez que j'aille** *(subj)* vous chercher un journal ?
  = do you **want** me to go
- **Voudriez-vous que** nous avanc**ions** *(subj)* la réunion ?
  = would you **like** us to
- **Puis-je** vous être utile ?
  = can I
- **Souhaitez-vous que nous** poursuiv**ions** *(subj)* les expériences en cours ?
  = do you **want** us to
- **Aimeriez-vous que je** m'en charge *(subj)* pour vous ?
  = would you **like** me to

## 4 REQUESTS

Tentatively

- **Est-ce que cela vous dérangerait beaucoup de** me céder votre place ?
  = would you **mind** awfully
- **Est-ce que cela vous ennuierait beaucoup de** me déposer chez moi ?
  = would you **mind** terribly
- **Cela me rendrait service si vous pouviez** me le prêter
  = it would be of **help** (to me) if you could
- **Cela m'arrangerait si vous pouviez** payer tout de suite
  = it would **suit** me (nicely) if you could
- **Nous aimerions** connaître vos heures d'ouverture
  = we would **like** to
- **Nous souhaiterions** clarifier quelques détails *(formal)*
  = we **wish** to
- **Puis-je vous demander de (bien vouloir)** me fournir quelques renseignements ? *(formal)*
  = can I **ask** you, please, to
- **Je voudrais** connaître les horaires des trains suivants
  = I'd **like** to

More assertively

- **Est-ce que vous pourriez** nous donner un mode d'emploi ?
  = could you
- **Est-ce que vous pouvez** nous donner un exemple de prix ?
  = can you
- **Je dois vous demander de** procéder à une enquête
  = I must **ask** you to
- **Nous comptons sur vous pour** terminer ce travail rapidement
  = we are **counting** on you to
- **J'insiste pour que** le rapport **soit** *(subj)* substantiel et motivé
  = I **insist** on ... being

In writing

- **Vous serait-il possible de** me dire où il faut s'adresser ?
  = could you **possibly**
- **Auriez-vous l'amabilité de** nous transmettre le texte ?
  = would you be so **kind** as to
- **Seriez-vous assez aimable pour** m'indiquer la marche à suivre ?
  = would you be so **kind** as to
- **Je vous remercie de bien vouloir** me faire parvenir ces renseignements
  = I would **appreciate** it if you would
- **Je vous prie de bien vouloir** attendre avant de remettre votre rapport
  = **please**
- **Je vous serais reconnaissant de bien vouloir** leur envoyer ce document
  = I would be **grateful** if you would
- **Je vous saurais gré de bien vouloir** rectifier cette erreur
  = I should be **grateful** if you would
- **Nous vous serions obligés de bien vouloir** nous faire part de vos décisions
  = we should be **obliged** if you would
- **Veuillez avoir l'obligeance de** remplir ces formulaires
  = please be so **kind** as to
- **Vous êtes prié de bien vouloir** régulariser votre situation
  = we **request** that you

## 5 COMPARISONS

### 5.1 Objective comparisons

- Cette nouvelle structure offrirait, **par comparaison avec** l'ancienne, souplesse et personnalisation de la gestion
  = by **comparison** with
- Quant au poisson, il offre, **en comparaison de** la viande, l'intérêt d'être peu gras
  = by **comparison** with
- ... un chiffre non négligeable, **comparé à** l'investissement initial
  = **compared** with
- C'est tout de même un pays riche **si on le compare à** l'ensemble du monde
  = if one **compares** it with
- Il y a des événements **bien plus** tragiques **que de** perdre une finale de Coupe d'Europe
  = **much more** ... than

- La progression, **par rapport à** l'année précédente, est importante
  = compared to
- Sa nouvelle maison **ressemble à** l'ancienne mais en moins grand
  = resembles
- **Cela fait penser à** du marbre mais en plus brillant
  = it reminds one of
- C'est un jardin qui peut, **par constraste avec** l'agitation environnante, évoquer ceux de Kyoto
  = when contrasted with
- Cet appartement donne sur un joli jardin **tandis que** *or* **alors que** l'autre donne sur une cour
  = whereas

### 5.2 Making favourable/unfavourable comparisons

- Ce vin **est de très loin supérieur à** l'autre
  = is by far superior to
- Ce fromage **est bien supérieur à** celui que vous venez de goûter
  = is far superior to
- **Je préfère** le Sud de la France **à** la Bretagne pour ce qui est du climat
  = I prefer ... to
- L'élève **dépasse** le maître
  = surpasses
- Le film **est loin d'être aussi** intéressant **que** le roman dont on l'a tiré
  = is far from being as ... as
- Cette nouvelle adaptation du roman **est loin de valoir** la version en noir et blanc réalisée en 1939
  = is a long way from equalling
- Les danseurs d'aujourd'hui **n'arrivent pas à la cheville de** ceux des années 30
  = can't hold a candle to

### 5.3 Comparing similar things

- **On a souvent comparé** Victor Hugo **à** Eugène Delacroix
  = ... has often been compared to ...
- La presse locale n'a pas hésité à **faire un rapprochement entre** le limogeage du ministre de la justice **et** cet assassinat
  = make the connection between ... and
- Le camp militaire qui se trouve à l'entrée de la ville est **comparativement** peu peuplé
  = comparatively
- La composition des images **rappelle** très souvent les tableaux des peintres préraphaélites anglais
  = recalls
- Tous les deux se sont retrouvés sur un banc d'assises, **mais la ressemblance s'arrête là**
  = but that's where the similarity ends
- Leurs taux de scolarisation **sont comparables à** ceux des pays développés
  = are comparable with
- Nous avons trouvé un fromage **qui est l'équivalent** grec **de** la mozzarella
  = which is the equivalent of
- Cette somme **correspond à** six mois de salaire
  = corresponds to
- Ces deux articles **valent pratiquement le même prix**
  = cost practically the same
- Un peuple qui n'a pas de mémoire n'a pas d'avenir. **Il en est de même des** formations politiques
  = the same is true of
- **C'est plus ou moins la même chose**
  = it's more or less the same thing
- **Cela revient au même**
  = it amounts to the same thing

### 5.4 Comparing dissimilar things

- **Ce qui distingue** notre langue **des** langues anciennes et modernes, **c'est** l'ordre et la construction de la phrase
  = what distinguishes ... from ... is
- **Ce qui différencie** les cafés arabica **des** robusta, **c'est** leur teneur en caféine
  = what distinguishes ... from ... is
- **Il n'y a aucune comparaison possible entre** l'équipement des deux armées
  = there is no possible comparison to be drawn between
- **On ne peut pas comparer** la situation de quelqu'un qui vit à la campagne **à** celle d'un banlieusard
  = you can't compare ... with
- Ces vignerons vivent de productions à faible rendement **qui n'ont rien de comparable avec** celles des Charentes
  = which are in no way comparable to
- Leur motivation, leur travail **ne se ressemblent vraiment en rien** mais ils ont en commun le fait d'être anglais
  = have really nothing in common

## 6 OPINION

### 6.1 Asking for opinions

Tentatively

- **J'aimerais connaître votre avis** *or* **votre opinion sur** ce problème
  = I'd like (to know) your opinion on
- **Je voudrais savoir ce que vous pensez de** son travail
  = I'd like to know what you think of
- **J'aimerais connaître votre réaction face à** ce brusque changement
  = I'd like (to know) your reaction to
- **Est-ce que vous pourriez me donner votre avis** *or* **votre opinion sur** cette émission ?
  = could you give me your opinion on
- **Pourriez-vous me dire ce que vous pensez de** leur politique ?
  = could you tell me what you think of

More directly

- **À votre avis** *or* **Selon vous**, faut-il donner plus de liberté aux jeunes ?
  = in your opinion
- **Est-ce que vous avez une opinion sur** la publicité ?
  = do you have any opinion on

- **Quelle est votre opinion sur** la situation internationale ?
  = what's your **opinion** on
- **Que pensez-vous de** sa façon d'agir ?
  = what do you **think** of

### 6.2 Expressing opinions

- **Il me semble que** vous vous trompez
  = I **think**
- **J'ai l'impression que** ses parents ne la comprennent pas
  = I have a **feeling**
- **Je suppose que** vous n'avez pas besoin de mes conseils
  = I **suppose**
- **J'imagine que** ce n'est pas très facile
  = I **imagine**
- **Si vous voulez mon opinion**, cette décision n'est pas raisonnable
  = if you want my **opinion**
- **Je ne peux pas m'empêcher de penser que** c'est délibéré
  = I can't help **thinking**
- **Sans vouloir vous contredire, il me semble que** nous nous rapprochons d'une solution
  = without wishing to contradict you, it **seems** to me that
- **Je dois dire que** je ne suis pas satisfait
  = I must **say** that

More directly

- **Je crains qu'il ne soit** *(subj)* trop tard maintenant
  = I **fear** that it is
- **À mon avis** il n'a pas changé
  = in my **opinion**
- **Selon moi** *or* **D'après moi** *or* **Pour moi,** il a fait une erreur
  = in my **view**
- **Personnellement**, je ne le soutiendrai pas
  = **personally**
- **En ce qui me concerne** *or* **Pour ma part** *or* **Quant à moi**, je suis content de son travail
  = as far as I am **concerned** or for my part
- **Je pense** *or* **Je crois que** ce sera possible
  = I **think** or **believe**
- **J'estime qu'**il faut reprendre cette discussion
  = I **think**
- **Je trouve que** le racisme est criminel
  = I **think**
- **Je considère que** cette réforme est une amélioration
  = I **feel**
- Il faut changer radicalement le système. **C'est du moins mon opinion**
  = at least that is my **opinion**

With more conviction

- **Je suis sûr que** nous pouvons trouver une solution
  = I am **sure**
- **Je suis certain qu'**il est tout à fait sincère
  = I am **certain**
- **Je suis persuadé qu'**il y a d'autres solutions
  = I am **convinced**
- **Je suis convaincu que** nous pouvons réussir
  = I am **convinced**

### 6.3 Avoiding expressing one's opinion

- **Il est difficile de** débattre de ces questions
  = it is **difficult** to
- **Je préférerais ne pas avoir à me prononcer** là-dessus
  = I'd rather not **comment**
- **Il m'est difficile de donner un avis (définitif) sur** ce point
  = I find it **difficult** to express a (definite) **opinion** on
- **Je n'ai pas d'opinion bien précise à** ce sujet
  = I have no definite **opinion** on
- **Je n'ai jamais vraiment réfléchi à** ce problème
  = I have never really **thought** about
- **Je ne me suis jamais vraiment posé la question**
  = I have never really asked myself that **question**
- **Je ne me le suis jamais demandé**
  = I have never **thought** about it
- **Je ne suis pas à même de dire s'**il a eu raison
  = I am not in a **position** to say whether
- **Tout dépend de** ce que vous entendez par là
  = it all **depends** on

## 7 LIKES, DISLIKES AND PREFERENCES

### 7.1 Asking what someone likes

- **Qu'est-ce que vous aimez le plus** *or* **préférez** : la mer ou la montagne ?
  = which do you **like** better or **prefer**
- **Est-ce que vous aimeriez** faire une partie de tennis cet après-midi ?
  = would you **like** to
- **Est-ce que cela vous plaît de** vivre en ville ?
  = do you **like**
- **Est-ce que cela vous plairait** *or* **ferait plaisir d'**aller à cette exposition ?
  = would you **like** to

### 7.2 Saying what you like

- **Cela ne me déplaît pas d'**être seule, je ne m'ennuie jamais
  = I don't **dislike**
- **J'aime que** les choses **soient** *(subj)* à leur place
  = I **like** ... to be
- **J'éprouve du plaisir à** marcher dans les vagues
  = I take **pleasure** in
- La visite de la cathédrale **m'a beaucoup plu**
  = I **liked** ... very much
- **Ce que j'aime par-dessus tout, c'est** une soirée entre amis
  = what I **like most of all** is
- **Pour moi, rien ne vaut** un grand verre d'eau fraîche pour se désaltérer
  = as far as I'm concerned, there's nothing **like**

- **Rien de tel qu'**une bonne soirée au théâtre !
  = there's nothing **like**

### 7.3 Saying what you dislike

- **Je n'ai aucun plaisir à** travailler dans de telles conditions
  = I don't find it at all **pleasant** to
- Sa façon d'agir **ne me plaît pas du tout**
  = I don't **like** ... at all
- **Il m'est pénible de** me trouver à côté de cet homme qui a fait tant de mal à ma famille
  = I find it **hard** to
- Sa façon de parler **me déplaît au plus haut point**
  = I **dislike** ... intensely
- **J'ai horreur de** la médiocrité
  = I **loathe**
- **Je ne peux pas supporter qu'**on me mente *(subj)*
  = I can't **stand**
- **Ce que je déteste le plus, c'est d'**attendre le bus sous la pluie
  = what I **hate** most is

### 7.4 Saying what you prefer

- **J'aime autant que** nous y all**ions** *(subj)* ensemble
  = I'd **rather**
- Les critiques ne m'émeuvent pas mais **je préférerais** les recevoir directement plutôt que de façon anonyme
  = I'd **prefer** to
- Vendredi **me conviendrait mieux** *(formal)*
  = would **suit** me **better**
- **Cela m'arrangerait que** vous ven**iez** *(subj)* plutôt vendredi
  = it would **suit** me **better** if
- **Je préfère** créer du nouveau **plutôt que de** modifier de l'ancien
  = I **prefer** to ... than to
- **Ce que je préfère chez** Matisse, **ce sont** ses dessins, les encres, les fusains
  = what I **like best** about ... are
- La lecture est **une de mes** activités **favorites** *or* **préférées**
  = one of my **favourite**

### 7.5 Expressing indifference

- Cette idée **ne m'emballe pas**
  = I'm not **thrilled** by
- **Ça m'est égal**
  = it's all the **same** to me
- **C'est comme vous voudrez**
  = as you **wish**
- Une beauté classique **me laisse froid**
  = **leaves me cold**
- **Cela n'a pas la moindre importance**
  = it doesn't **matter** in the **least**
- **Je n'ai pas de préférence**
  = I have no **preference** either way
- **Peu importe**
  = I don't **mind**

## 8 INTENTIONS AND DESIRES

### 8.1 Asking what someone intends to do

- **Qu'est-ce que vous comptez faire** pour mettre un terme à leurs difficultés ?
  = what are you **planning** to do
- **Qu'est-ce que vous envisagez de faire** pour les aider ?
  = what are you **thinking** of doing
- **Qu'allez-vous faire** dans les prochains mois ?
  = what are you **going** to do
- **Quelles sont vos intentions** à son égard ?
  = what do you **intend** to do
- **Avez-vous l'intention de** faire de nouvelles propositions ?
  = do you **intend** to
- **Est-ce que vous pensez** retravailler ensemble ?
  = are you **thinking** of
- **Comptez-vous** faire un reportage ?
  = are you **planning** to
- **J'aimerais savoir ce que vous comptez** obtenir
  = I would **like** to know what you **intend** to

### 8.2 Saying what someone intends or wants to do

**Tentatively**

- **Il songe à** poursuivre ses études
  = he is **thinking** of
- **J'envisage de** simplifier les procédures
  = I am **thinking** of
- **Il projette de** restaurer un vieux château
  = he is **planning** to
- **Nous nous proposons de** publier des textes intégraux de romans étrangers
  = we **intend** to
- **Nous prévoyons de** partir en voyage le mois prochain
  = we are **planning** to
- **Je voudrais** m'entretenir avec lui le plus rapidement possible
  = I would **like** to
- **J'ai l'intention de** porter plainte
  = I **intend** to

**More assertively**

- **Je désire** faire connaître mes opinions
  = I **wish** to
- **Je veux** monter mon propre cabinet
  = I **want** to
- **J'ai décidé de** faire appel de ce jugement
  = I have **decided** to
- **Nous sommes (bien) décidés à** prendre des décisions radicales
  = we have (definitely) made up our **minds** to
- **Il est résolu à** apporter son soutien financier
  = he is **determined** to
- **Elle a pris la résolution de** coopérer davantage
  = she has made up her **mind** to
- **Nous voulons à tout prix** trouver du travail
  = we **want** to ... at all **costs**

- **Je vais** passer quelques semaines en Albanie
  = I am **going** to

## 8.3 Saying what someone does not intend or want to do

- **Elle n'envisage pas de** s'arrêter là
  = she is not **thinking** of
- **Nous ne comptons pas** rester ici longtemps
  = we don't **intend** to
- **Il n'est pas dans mes intentions de** démissionner
  = it is not my **intention** to
- **Je n'ai pas l'intention** *or* **la moindre intention de** faire un effort financier
  = I have no or not the slightest **intention** of
- **Nous ne voulons pas** dormir ici
  = we do not **want** to
- **Je suis (bien) décidé à ne pas** me laisser faire
  = I firmly **intend** not to
- **Je refuse de** mettre le nez dehors par ce froid
  = I **refuse** to
- **Il n'est pas question que** je vende *(subj)* la voiture
  = there is no **question** of
- **Je m'oppose formellement à ce que nous** y all**ions** *(subj)*
  = I am totally **opposed** to our

## 8.4 Saying what someone would like to do

- **J'ai envie d'**aller au cinéma ce soir
  = I **feel like**
- **Nous aurions aimé** pouvoir le féliciter nous-mêmes
  = we would have **liked** to
- **J'aimerais** écrire un livre
  = I would **like** to
- **Je voudrais** réaliser un second film
  = I would **like** to
- **Je voudrais que** l'entrée **soit** *(subj)* repeinte avant Noël
  = I would **like** ... to be
- **Il souhaiterait** développer les contrats avec les entreprises
  = he would **like** to
- **Il est à souhaiter qu'il** dispose *(subj)* de moyens suffisants
  = it is to be **hoped** that he
- **Je forme le souhait que** les liens entre nos deux associations se développent *(subj) (formal)*
  = it is my **desire** that
- **Il faut espérer que** tout se déroulera comme prévu
  = it is to be **hoped** that
- **Elle rêve de** faire du cinéma
  = she **dreams** of

# 9 PERMISSION

## 9.1 Asking for permission

- **Est-ce qu'on peut** *or* **peut-on fumer** dans ce bureau ?
  = is smoking **allowed**?
- **Est-ce que vous accepteriez que** je vous raccompagne *(subj)* ?
  = would you **allow** me to
- **Est-ce que je pourrais** me faire photographier avec vous ?
  = **could** I
- **Je voulais vous demander si je pourrais** arriver un peu plus tard demain matin
  = I wanted to **ask** you if I could
- **J'espère que cela ne vous ennuiera pas si** je change quelques détails dans ce compte rendu
  = I hope you won't **mind** if I
- **J'aimerais bien** participer au stage, **si cela ne vous dérange pas**
  = I'd like to ... if you don't **mind**
- À ce sujet, **puis-je vous demander de** m'accorder une petite entrevue ?
  = **may** I **ask** you to
- **Voyez-vous un inconvénient à ce que** ces productions **soient** *(subj)* subventionnées sur fonds publics ?
  = do you have any **objection** to ... being
- **Nous serait-il possible de** vous inviter à ce festival en novembre ?
  = **may** we

## 9.2 Giving permission

- **Vous pouvez** utiliser la photocopieuse, **si vous voulez**
  = you **can** ... if you want
- **Je n'y vois pas d'inconvénient**
  = I have nothing **against** it
- **Je vous permets de** partir une heure plus tôt
  = I'll **allow** you to
- **Je vous autorise à** partir plus tôt
  = you have my **permission** to
- **Je vous en prie, faites comme vous jugez nécessaire**
  = please do what you feel you need to
- **Je consens à ce que** vous lui en parl**iez** *(subj)* directement
  = I give you my **permission** to

## 9.3 Refusing permission

- **Il n'en est pas question**
  = there is no **question** of it
- **Vous ne pouvez pas** voir le directeur sans rendez-vous
  = you **can't**
- **Je ne vous permets pas de** *or* **ne vous autorise pas à** photographier l'usine
  = I cannot **allow** you to or give you permission to
- **Je préférerais que vous ne** lui en parl**iez** *(subj)* **pas**
  = I'd **prefer** you not to
- **Je refuse catégoriquement de vous laisser** partir
  = I absolutely **refuse** to let you

- **Je vous interdis formellement de** communiquer avec nos concurrents
  = I positively **forbid** you to
- **Je regrette de ne pouvoir consentir à** ce projet
  = I regret that I cannot **consent** to
- **Je m'oppose absolument à ce que nous** leur expédi**ions** *(subj)* cette commande sans garantie
  = I am totally **opposed** to our
- **Je crains d'être dans l'obligation de vous décevoir** *(formal)*
  = I am afraid I must disappoint you

### 9.4 Saying that permission has been granted

- **Ils le laissent** boire du café bien qu'il n'ait *(subj)* que trois ans
  = they **let** him
- **On m'a permis de** régler la machine à laver en plusieurs versements
  = they've **allowed** me to
- **Il m'a dit que je pouvais** prendre sa voiture
  = he said I **could**
- **On permet** *or* **autorise** une marge d'erreur
  = ... is **permissible**

### 9.5 Saying that permission has been refused

- **Défense d'entrer** *or* **Entrée interdite**
  = **no** entry
- **Il m'est interdit** *or* **défendu de** boire de l'alcool
  = I have been **forbidden** to
- L'alcool **m'est interdit**
  = I am **forbidden** ...
- ... le dimanche, jour où **il est défendu de** trop travailler
  = it is **forbidden** to
- Mon médecin **m'interdit de** fumer
  = **forbids** me to
- **Il est formellement interdit de** parler au conducteur
  = ... is strictly **forbidden**
- **Vous ne devez en aucun cas** ouvrir la porte
  = on no account **must** you

## 10 OBLIGATION

### 10.1 Saying what someone must do

- **On demande que** les patients **soient** *(subj)* à l'heure
  = ... are **requested** to be
- **Il faut que** le travail **soit** *(subj)* terminé vendredi
  = ... **must** be
- Le financement **doit être** assuré par d'autres ressources
  = ... **must** be
- **Il faut (absolument)** faire quelque chose
  = you (really) **must**
- **Il est obligatoire de** réserver pour prendre le TGV
  = ... is **obligatory**
- **Il est indispensable de** trouver d'urgence une solution
  = it is **essential** to
- **On exige que** les candidats **aient** *(subj)* de solides connaissances en algèbre
  = ... are **required** to have
- **Cela m'oblige à** *or* **me force à** venir tous les jours
  = I **have** to ... because of that
- **Vous êtes obligé de** venir
  = you **have** to
- **Je suis forcé de** partir pour Londres
  = I am **forced** to
- **Vous prendrez** deux de ces comprimés chaque matin
  = (you **must**) take
- **Vous devez (impérativement)** payer vos impôts pour le quinze
  = you (really) **must**
- **Il est indispensable que** vos lecteurs en **soient** *(subj)* informés
  = it is **essential** that ... are
- **Je ne peux faire autrement que d'**accepter
  = I have no **choice** but to
- **Je n'ai pas le choix**
  = I have no **choice**

More formally

- **Elle s'est trouvée obligée de** rester deux heures de plus
  = she was **obliged** to
- **Il s'est vu contraint de** suivre un traitement médical intensif
  = he was **compelled** to
- **Il me faut** leur donner les mesures de l'appartement
  = I **have** to
- **Je me vois dans l'obligation de** solliciter un nouveau prêt *(written)*
  = I am **obliged** to
- **J'ai le devoir de** *or* **Il est de mon devoir de** vous informer que votre demande a été rejetée *(written)*
  = it is my **duty** to

### 10.2 Enquiring if one is obliged to do something

- **Est-ce qu'on doit** consulter un spécialiste avant de suivre un régime ?
  = **must** one
- **Est-ce qu'il faut** s'en tenir à ce document ?
  = does one **have** to
- **Est-ce que j'ai vraiment besoin de** prendre un parapluie ?
  = do I really **need** to
- **Est-ce que je suis obligé** *or* **forcé de** venir avec vous ?
  = do I **have** to
- **Faut-il vraiment que je** chois**isse** *(subj)* un nouveau nom ?
  = do I really **have** to
- **Est-il nécessaire de** faire autant de bruit pour si peu ?
  = does one **have** to
- **Est-il obligatoire de** présenter sa carte d'identité ?
  = does one **have** to

### 10.3 Saying what someone is not obliged to do

- **On n'a pas besoin de** crier pour se faire entendre
  = one doesn't **have** to
- **Il n'est pas obligatoire d'**avoir ses papiers d'identité sur soi
  = it is not **compulsory** to

- **Il n'est pas nécessaire de** téléphoner pour confirmer
  = it is not **necessary** to
- **Il n'est pas indispensable de** suivre la recette traditionnelle
  = it is not **essential** to
- **Ce n'est pas la peine de** traduire tout le premier chapitre
  = it is not **worth**
- **Vous n'êtes pas obligé** *or* **forcé d'**aller voir un médecin
  = you don't **have** to
- **Je ne vous oblige pas à** y aller
  = I am not **forcing** you to
- **Ne vous sentez pas obligé de** venir la voir
  = do not feel **obliged** to
- **Je ne vous demande pas de** faire des photocopies toute la journée
  = I am not **asking** you to

## 10.4 Saying what someone must not do

- **On n'a pas le droit de** fumer dans les lieux publics
  = ... is not **allowed**
- **Il est interdit** *or* **défendu de** conduire sans permis
  = ... is **forbidden**
- **Il ne faut pas** être agressif
  = you **mustn't**
- **Nous ne tolérerons** aucun retard
  = we will not **tolerate**
- **Vous ne pouvez pas** vous absenter plus de trois jours par mois
  = you **cannot**
- **Je ne vous permets pas de** me parler sur ce ton
  = I will not **allow** you to
- **Je t'interdis** *or* **Je te défends d'**y aller seul
  = I **forbid** you to
- **Surtout ne** lui en parlez **pas**
  = **whatever you do, do not**

# 11 AGREEMENT

## 11.1 Agreeing with a statement

- **Vous avez bien** *or* **entièrement raison**
  = you are quite or absolutely **right**
- **Je suis entièrement de votre avis**
  = I **agree with you entirely**
- **Je suis entièrement d'accord** (avec vous)
  = I entirely **agree**
- Dans l'ensemble, **nous sommes d'accord avec** l'orientation du projet
  = we **agree with**
- **Nous sommes du même avis que vous sur** ce point
  = we **feel the same as you on**
- **Je partage votre inquiétude sur** les risques d'une guerre commerciale
  = I **share your concern over**
- **Je partage votre enthousiasme pour** les possibilités offertes par les nouvelles technologies de communication
  = I **share your enthusiasm for**
- **Je conviens que** c'est là un discours difficile
  = I **admit that**
- **Je comprends très bien que** tu **aies** *(subj)* pitié de Laura
  = I fully **understand** that
- **Je vous accorde que** les hommes politiques valent beaucoup mieux que leur image électorale
  = I **concede** that
- **Comme vous l'avez fait remarquer, il est vrai** *or* **exact que** nous n'avons pas toutes les données nécessaires
  = as you **pointed** out, it is **true** that
- **Je ne puis que vous donner raison**
  = I cannot but **agree** with you

## 11.2 Agreeing to a proposal

- **C'est une bonne idée**
  = it's a good **idea**
- **Je trouve que tu as raison de** prendre tes congés maintenant
  = I think you're **right** to
- **Je suis d'accord pour que vous** y all**iez** *(subj)* à pied
  = I **agree** that you should
- **J'accepte** la proposition du commissaire
  = I **accept**
- **J'accepte de** consulter un expert, comme vous l'avez suggéré
  = I **agree** to
- Votre proposition **nous plaît beaucoup**
  = we **like** ... very much
- La coopération des deux entreprises, **c'est exactement ce dont nous avons besoin**
  = is **exactly** what we need
- **Nous donnons notre accord à** la réfection des locaux
  = we **agree** to
- **Il est entendu que** la nouvelle taxe sera appliquée de façon dégressive
  = it is **agreed** that
- **Je ne manquerai pas d'**appuyer votre demande
  = I shall not **fail** to
- **Je suis heureux d'apporter mon soutien à** cette proposition
  = I am **happy** to **support**
- **Je souscris à** beaucoup de ces analyses et propositions
  = I **subscribe** to

## 11.3 Agreeing to a request

- **Je serai enchanté** *or* **ravi d'**aller chercher votre tante à la gare
  = I shall be **delighted** to
- La date retenue **me convient parfaitement**
  = **suits** me perfectly
- **Je suis prêt à** aller déjeuner en sa compagnie à sa sortie de prison
  = I am **prepared** to
- **Je** quitter**ai donc** l'appartement le 22, **comme vous me l'avez demandé**
  = I shall ..., then, ... as you **requested**
- **Il est entendu que** les négociations couvriront les questions en suspens
  = it is **agreed** that

In writing

- **J'accepte avec grand plaisir** votre aimable invitation
  = I have great pleasure in accepting
- **C'est avec grand plaisir que j'accepte** votre aimable invitation
  = it is with great pleasure that I accept
- Nous prenons bonne note de votre commande, **que nous honorerons dans les plus brefs délais**
  = which we will process as quickly as possible
- **Je tiens à vous assurer que je suivrai vos instructions à la lettre**
  = be assured that I will follow your instructions to the letter
- **Nous essayerons de nous conformer à vos désirs**
  = we shall endeavour to meet your requirements

## 12 DISAGREEMENT

### 12.1 Disagreeing with a statement

- **Je suis désolé** *or* **Je suis navré de** devoir vous contredire
  = I am sorry to
- **Je ne partage pas votre point de vue** là-dessus
  = I do not share your point of view
- **Je ne suis pas d'accord avec** cette manière de voir
  = I do not agree with
- **Je vois les choses (tout à fait) différemment**
  = I see things (quite) differently

More assertively

- **C'est faux**
  = it's wrong
- **Vous vous trompez**
  = you are mistaken
- **Vous faites erreur**
  = you are mistaken
- **Vous avez tort de** refuser
  = you are wrong to
- **Je rejette (totalement)** cette idée
  = I (totally) reject
- **Je suis contre** la violence sous toutes ses formes
  = I'm against
- **Je suis (catégoriquement) opposé à** une idée négative de l'Europe
  = I am (categorically) opposed to
- **Je ne peux pas accepter** cette condamnation globale
  = I cannot accept
- **Je n'admets pas que** l'on me **dise** *(subj)* pour qui je dois voter
  = I will not allow ... to tell
- **Je nie (catégoriquement)** l'avoir jamais rencontré
  = I (categorically) deny

### 12.2 Disagreeing with a proposal

- **Il n'est plus possible de** travailler comme avant
  = it is no longer possible to
- **Il est impossible de** fixer un calendrier précis
  = it is impossible to
- **Je ne suis pas d'accord avec** ces changements
  = I do not agree with
- **Je ne suis pas d'accord pour que** le problème **soit** *(subj)* posé en ces termes
  = I do not agree that ... should be
- **Je crains fort de ne pouvoir approuver** cette décision *(written)*
  = I am afraid I cannot approve

More assertively

- **Je ne peux pas accepter** des injures
  = I cannot accept
- **Je suis contre** le protectionnisme
  = I am against
- **Je suis opposé à** toute censure
  = I am opposed to
- **Je refuse** son licenciement
  = I refuse to allow
- **Je refuse qu'**on diffuse *(subj)* cette séquence
  = I refuse to allow
- **Il est hors de question que** je le leur **dise** *(subj)*
  = it is out of the question that ... should tell
- **Je mettrai mon veto à** ce projet
  = I shall veto

### 12.3 Refusing a request

Tentatively

- **Je ne pourrai malheureusement pas** jouer ce soir
  = unfortunately, I won't be able to
- **Il m'est difficile de** procéder à une estimation
  = I find it difficult to
- **Je ne suis pas en mesure de** prendre de nouveaux engagements
  = I'm not in a position to

More assertively

- **Il est hors de question que nous** accept**ions** *(subj)*
  = it is out of the question that we should
- **Je refuse de** les faire travailler pour rien
  = I refuse to
- **Je n'accepterai pas d'**assumer cette responsabilité
  = I will not agree to

In writing

- **Il m'est (vraiment) impossible de** répondre à votre demande
  = it is (really) impossible for me to
- **Je dois malheureusement décliner** votre invitation
  = unfortunately, I must decline
- **Nous avons le regret de vous informer que vous ne pourrez** assister au procès
  = we regret to inform you that you will be unable to
- **Nous regrettons de ne pouvoir** donner suite à votre requête
  = we regret that we are unable to

- **Je regrette sincèrement de ne pas être en mesure d'**apporter les garanties réclamées
  = I sincerely **regret** that I am not in a **position** to
- **Je suis au regret de ne pouvoir** appuyer votre demande
  = I **regret** that I am **unable** to

## 13 APPROVAL

- **Quelle excellente idée !**
  = what an **excellent** idea!
- **Vous avez bien fait de** laisser vos bagages à la consigne de la gare
  = you were **right** to
- **J'ai bien aimé** la mise en scène de la pièce
  = I **liked**
- La mise en scène de la pièce **m'a beaucoup plu**
  = I **liked** ... very much
- **J'ai beaucoup apprécié** la gentillesse avec laquelle il a proposé de nous aider
  = I greatly **appreciated**
- Je pense que cette initiative de l'administration **est une très bonne chose**
  = is a very good thing
- **Je trouve que vous avez raison de** souligner cette différence
  = I think you are **right** to
- **Je trouve que vous n'avez pas tort de** chercher à étendre la gamme de vos produits
  = I think you are not wrong in
- **Nous sommes favorables à** la création d'emplois et au développement de l'activité portuaire
  = we are **favourable** to
- **Nous sommes en faveur d'**une solution négociée
  = we are in **favour** of
- **Le plus grand mérite de** ce petit livre pratique **est de** donner pour chaque cas des adresses utiles
  = the greatest **merit** of ... is to

More formally

- Tout renfort **est le bienvenu**
  = is **welcome**
- De nombreuses voix se sont, **à juste titre**, élevées pour protester contre cette scandaleuse manipulation
  = **rightly**
- Mon voisin de table reproche **avec raison** aux meilleures maisons de servir du thé en sachet
  = **rightly**
- **On ne peut qu'admirer** l'art avec lequel Oscar Wilde a mis en scène son destin
  = one cannot but **admire**
- **J'approuve sans réserve** les mesures prises par le ministre de l'Économie
  = I **approve** unreservedly
- **Nous apportons notre soutien aux** mesures prises par le secrétaire général des Nations unies
  = we give our **support** to

## 14 DISAPPROVAL

- **Tu n'aurais pas dû** lui parler sur ce ton
  = you shouldn't have
- **Vous auriez mieux fait de** partir sans rien dire
  = you would have done better to
- **Je désapprouve** toute discrimination, qu'elle frappe les femmes ou les minorités
  = I **disapprove** of
- **Je trouve qu'il a eu tort d'**emprunter tant d'argent
  = I feel he was **wrong** to
- **Je condamne** quiconque s'y oppose
  = I **condemn**
- **Je ne supporte pas** une telle arrogance
  = I **can't stand**
- **Je ne comprends pas comment on peut** fermer les yeux sur ce problème
  = I don't understand how people can
- **Je déplore** son manque de sérieux
  = I **deplore**
- **Je suis profondément déçu par** son attitude désinvolte
  = I am deeply **disappointed** by
- **Je proteste contre** la façon dont nous avons été traités
  = I **protest** against
- **Je suis farouchement opposé à** ce projet
  = I am fiercely **opposed** to
- **Je suis consterné d'apprendre que** personne n'est allé vous chercher à l'aéroport
  = I am **dismayed** to hear that
- Cette idée **me déplaît profondément**
  = I **dislike** ... intensely
- **On ne peut que regretter** une telle légèreté
  = ... is only to be **regretted**
- **Il est dommage que** nul ne se **soit** *(subj)* demandé si cet organisme ne pouvait pas continuer à travailler en province
  = it is a **pity** that
- **Il est regrettable que** cet aspect essentiel de la recherche **soit** *(subj)* à ce point délaissé par l'industrie pharmaceutique
  = it is **regrettable** that
- **De quel droit** la presse s'érige-t-elle en censeur ?
  = what gives ... the right to
- La qualité de ce produit **laisse à désirer**
  = leaves a lot to be desired

## 15 CERTAINTY, PROBABILITY, POSSIBILITY AND CAPABILITY

### 15.1 Expressing certainty

In an impersonal way

- **Il est certain que** les discusssions ont été longues et parfois délicates
  = it is **certain** that
- **Il est évident que** la situation est loin d'être simple
  = **evidently**

- **Il ne fait aucun doute que** les gâteaux allégés vont connaître un réel succès
  = there is no **doubt** that
- **Il est indéniable que** nous vivons une période de moindre croissance
  = it is **undeniably** true that
- **Il est incontestable que** le président **a**, en la matière, un rôle important à jouer
  = ... **unquestionably** has
- **Il faut bien reconnaître que** nous utilisons souvent les locutions sans en connaître l'histoire ou le sens exact
  = one must **recognize** that
- **Il faut bien admettre que** le texte, là encore, n'est pas très clair
  = it has to be **admitted** that
- **De toute évidence**, on pourrait dépenser moins pour soigner aussi bien
  = quite **obviously**
- **Le doute n'est plus permis :** la reprise ne se manifestera pas à temps
  = there is no longer any **doubt**:
- **Il n'y a aucun doute** : il a réussi à avoir ce qu'il voulait, mais à quel prix ...
  = there is no **doubt** about it
- **Il va sans dire que** nous vous livrerons dès que possible
  = it **goes without saying** that

More directly

- **Je suis sûr** *or* **certain que** le facteur est déjà passé
  = I am **sure** or **certain** that
- Je suis **sûr** *or* **certain d'**avoir rangé cette facture dans ce tiroir
  = I am **sure** or **certain** that
- **J'ai la certitude qu'**il nous a menti
  = I am **certain** that
- **Je suis persuadé qu'**un changement d'air lui ferait le plus grand bien
  = I am **convinced** that

## 15.2 Expressing probability

- **Il est probable que** les résultats ne seront pas affichés avant demain matin
  = **probably**
- Les résultats ne seront **probablement** pas affichés avant demain matin
  = **probably**
- **Il a dû** tomber en panne *or* Il est **sans doute** tombé en panne
  = he **must** have
- **Vous devriez** recevoir ce chèque sous peu
  = you **should**
- Ce chèque **devrait** vous parvenir sous peu
  = **should**
- **On dirait que** le temps va changer
  = it **looks as though**
- **Je pense** prendre quelques jours de congé la semaine prochaine
  = I am **thinking of**
- **Il est bien possible qu'**il n'**ait** *(subj)* jamais reçu cette lettre
  = it is quite **possible** that
- **Il se pourrait bien qu'**il y **ait** *(subj)* des retards à cause de la grève
  = it is quite **possible** that
- **Il me semble que** l'on voit moins de boucheries chevalines à Paris
  = it **strikes me** that
- Il a changé de voiture, **paraît-il** *or* **à ce qu'il paraît**
  = it **seems**
- **Tout semble indiquer qu'**il s'agit des salariés qui manifestaient hier
  = everything **seems** to indicate that

## 15.3 Expressing possibility

- Il s'agit **peut-être** d'une erreur
  = **perhaps**
- **Il est peut-être** déjà trop tard pour téléphoner
  = **perhaps** it's
- **Peut-être qu'il est** déjà trop tard pour téléphoner
  = **maybe** it's
- La situation **peut** changer du jour au lendemain
  = **can**
- **Est-il possible qu'**il **ait** *(subj)* été arrêté sans que personne n'en ait rien su ?
  = is it **possible** that
- **Il n'est pas impossible qu'**il **ait** *(subj)* changé d'avis
  = it is not **impossible** that
- **Il se peut que nous** pass**ions** *(subj)* par Paris au retour
  = we **might**
- **Il se pourrait très bien qu'il** décide *(subj)* un jour de tout quitter
  = he **may well**

## 15.4 Expressing capability

- **Savez-vous** vous servir de la nouvelle machine ?
  = do you **know how to**
- **Il sait** nager
  = he **can**
- **Je comprends** le français
  = I **understand**
- **Je vois** un grand mur blanc
  = I **can see**
- **Je peux** investir jusqu'à mille francs
  = I **can**
- **J'arrive à** aller la voir deux ou trois fois par semaine
  = I **manage to**
- **Je peux tout juste** le comprendre
  = I **can just**
- Les candidats doivent **être capables de** traduire des textes scientifiques
  = **be capable of**
- **Il m'est possible de** me libérer pour 17 heures
  = I **could**
- **Nous sommes à même de** proposer des prix très bas
  = we are in a **position to**

# 16 DOUBT, IMPROBABILITY, IMPOSSIBILITY AND INCAPABILITY

## 16.1 Expressing doubt

In an impersonal way

- **On ne sait pas exactement** ce qui se passe durant ce processus
  = we don't **know exactly**
- Les traductions récentes **ne sont pas forcément** les meilleures
  = are not **necessarily**
- **Il n'est pas sûr qu'**elle *or* **Il n'est pas certain qu'**elle **soit** *(subj)* malade
  = we don't **know** for **sure** that
- **On ne sait pas au juste** qui a inventé cette façon de s'habiller
  = we don't **know exactly**
- **Le doute subsiste quant au** nombre exact des victimes
  = some **doubt** remains as to
- **Rien ne permet de penser qu'**il **soit** *(subj)* un mafieux
  = one has no **cause** to think that ... is

More directly

- **Je ne suis pas sûr** *or* **Je ne suis pas certain qu'**il y **ait** *(subj)* du monde ce soir
  = I am not **sure** or **certain** whether
- **Je ne suis pas sûr d'**avoir *or* **Je ne suis pas certain d'**avoir raison
  = I am not **sure** or **certain** if
- **Nous nous demandons si** nous devons accepter leurs propositions
  = we **wonder** if
- **Je doute fort qu'**ils t'**aient** *(subj)* cru
  = I very much **doubt** whether
- **Je doute de** sa sincérité
  = I **question**
- **Je doute de** l'avoir jamais vu
  = I **doubt** if
- **Nous sommes encore dans l'incertitude quant à** l'application de cet accord
  = we are still **uncertain** as to

## 16.2 Expressing improbability

- **Cela m'étonnerait que** l'on vous répond**e** *(subj)*
  = it would **surprise** me if
- **Elles ne risquent pas d'**avoir le prix Nobel d'économie
  = they are not **likely** to
- Il ne changera **probablement pas** d'avis
  = **probably** not
- **Il y a peu de chances que** ce programme **soit** *(subj)* réalisé
  = there is not much **chance** of
- **Il est peu probable qu'**il **ait** *(subj)* changé d'avis
  = it is **unlikely** that
- **Il serait étonnant que** ces déclarations **soient** *(subj)* entendues
  = it would be **surprising** if
- **Il ne semble pas que** les médecins lui **aient** *(subj)* administré des calmants
  = it does not **look** as if
- **Il n'est guère probable que** les négociations about**issent** *(subj)*
  = it is hardly **likely** that
- **Il est douteux que** ma proposition **soit** *(subj)* retenue
  = it is **doubtful** whether
- **Je crains fort que** nous n'arriv**ions** *(subj)* pas à nous entendre
  = I very much **fear** that

## 16.3 Expressing impossibility

- **Il n'est pas possible que** *or* **Il est impossible que** les renseignements **soient** *(subj)* faux
  = it is not **possible** that or it is **impossible** that
- **Il n'y a aucune chance que** nous termin**ions** *(subj)* cette traduction à temps
  = there is no **chance** of
- **Nous n'avons aucune chance de** trouver un emploi
  = we have no **chance** of
- Le trajet **n'est pas faisable** en voiture
  = **cannot** be done
- **Il ne peut s'agir de** la même personne
  = it **cannot** be
- **Il m'est impossible de** m'absenter la semaine prochaine
  = it is **impossible** for me to
- **Il est absolument exclu que** nous équilibr**ions** *(subj)* nos comptes
  = it is absolutely out of the **question** that
- **Je suis malheureusement dans l'impossibilité de** tenir mes engagements
  = unfortunately, I am **unable** to

## 16.4 Expressing incapability

- **Je ne peux pas** tout contrôler
  = I **cannot**
- **Il ne sait pas** présenter les plats
  = he does not **know** how to
- **Je ne sais pas comment** la décrire
  = I do not **know** how to
- **Je n'arrive pas à** *or* **Je ne parviens pas à** trouver une explication
  = I **cannot (manage to)**
- **Il est incapable de** prendre une décision
  = he is **incapable** of
- **Il n'a pas les aptitudes requises pour** ce travail
  = he does not have the necessary **aptitude** for
- **Il m'est impossible de** jouer ce rôle
  = it is **impossible** for me to
- **Je suis dans l'impossibilité de** répondre
  = I am **unable** to

# 17 EXPLANATIONS

## 17.1 Emphasizing the reason for something

- C'est un endroit à la mode **à cause du** marché aux puces qui s'y est installé
  = because of
- Ils ont réussi à s'en sortir **grâce à** leur dynamisme
  = thanks to
- Je n'en ai pas parlé **parce que** le temps me manque
  = because
- Je suis très inquiet **car** nous n'avons pas commencé à discuter des solutions
  = as
- **Comme** il se faisait tard, elle a pris un taxi
  = as
- Le marché des changes est délocalisé, **puisque** les échanges se font par terminaux informatiques
  = since
- **Étant donné qu'**il *or* **Puisqu'**il n'est pas là, je dois faire son travail à sa place
  = given that or since
- **Vu** *or* **Étant donné** la situation actuelle, on ne peut pas espérer d'amélioration prochaine
  = given
- J'ai commencé à jouer du rock à seize ans. **Voilà pourquoi** je m'implique dans ce que je joue
  = that's why
- **La raison de son refus** *or* **La raison pour laquelle il a refusé, c'est qu'**il doit partir ce soir
  = the reason for his refusal or that he refused is that
- **C'est pour cette raison que** j'ai accepté d'y aller
  = it is for this reason that
- C'est la hausse du dollar qui **a provoqué** cette crise
  = has brought about

More formally

- Il était absent **pour raisons de** santé
  = for ... reasons
- Le vol AF232 a été retardé **en raison des** conditions météorologiques
  = owing to
- Les importations ont progressé **par suite de** l'ouverture des frontières
  = as a result of
- **C'est grâce à** l'émission **qu'**il a pu être identifié
  = it was thanks to ... that
- La bataille risque de s'arrêter **faute de** munitions
  = for lack of
- Le drame **vient de ce qu'**elle s'est habituée à vivre au-dessus de ses moyens
  = is the result of
- La violence **provient de** cette mise en scène brutale
  = comes from
- Son engagement politique **tient à** une philosophie
  = stems from
- L'affaire **remonte à** la plainte d'un automobiliste
  = goes back to
- Le retard **est lié à** des problèmes techniques
  = is linked to
- **Il attribue** ce résultat **à** la flexibilité du marché du travail
  = he attributes ... to
- **Étant donné que** les chiffres sont approximatifs, on ne peut se fier à ces résultats
  = given that

## 17.2 Emphasizing the result of something

- Je dois partir ce soir ; **je ne pourrai donc pas** venir avec vous samedi
  = so I won't be able to
- Le débat sur ce chapitre n'est pas achevé, **si bien que** les négociations ont de sérieuses chances de se poursuivre
  = so much so that
- Les erreurs de conception se sont accumulées, **de telle sorte que** le projet a pris un sérieux retard
  = so much so that
- Le sol de cette dépression est entièrement argileux, **par conséquent** imperméable
  = consequently
- Cette législation **a eu pour conséquence** d'encourager les mères à rester célibataires
  = has resulted in
- La haine **résulte de** l'incompréhension
  = is the result of
- Les grèves ont été nombreuses ces derniers mois ; **il en résulte que** la production a diminué dans ce secteur
  = as a result

# 18 APOLOGIES

## 18.1 Apologizing for one's actions

- **Excusez-moi d'**arriver en retard
  = sorry I
- **Pardonnez-moi de** dire une autre banalité
  = excuse me for
- **Je suis désolé qu'**on vous **ait** *(subj)* dérangé pour rien
  = I'm sorry
- **Je suis vraiment navré de** ce malentendu
  = I'm really sorry about
- **Je regrette de** vous contredire **mais** ce mot est bien d'origine espagnole
  = I'm sorry to ... but
- **Je reconnais que** ce rapport contient un certain nombre de termes inutilement agressifs
  = I admit that
- **Je vous prie d'excuser** le décousu de cette lettre
  = please excuse
- **Veuillez m'excuser de** vous déranger ainsi
  = please excuse me for
- **Soyez assuré que** cet incident ne se reproduira pas
  = let me assure you that
- **Nous tenons à vous présenter nos excuses pour** les difficultés que vous avez rencontrées
  = we wish to apologize for

### 18.2 Apologizing for being unable to do something

- **Je suis vraiment désolé de ne pas pouvoir** vous fournir immédiatement ces renseignements
  = I'm really **sorry** I can't
- **Il m'est malheureusement impossible d'**arriver avant 8 heures
  = **unfortunately**, it's **impossible** for me to
- **Je regrette infiniment mais** ce document ne peut être consulté que sur place
  = I am terribly **sorry** but
- **Nous regrettons de ne pouvoir** faire suite à votre demande *(written)*
  = we **regret** that we are **unable** to
- **J'ai le regret de ne pouvoir** accepter votre aimable invitation *(written)*
  = I **regret** that I am **unable** to
- **Nous sommes au regret de** vous informer que vous ne serez pas autorisé à assister au procès *(written)*
  = we **regret** to

### 18.3 Admitting responsibility

- Je me rends compte que **je n'aurais jamais dû** laisser la porte ouverte
  = I should never have
- **Je reconnais que j'ai eu tort de** lui communiquer votre adresse
  = I **admit** that I was **wrong** to
- **Si seulement je ne** leur **avais pas** déjà promis que nous passerions nos vacances avec eux !
  = if only I hadn't
- **J'accepte l'entière responsabilité de** cette affaire
  = I **accept** full **responsibility** for

### 18.4 Disclaiming responsibility

- **Je t'assure que je n'ai pas fait exprès de** déchirer la couverture de ce livre
  = I assure you I didn't ... on **purpose**
- **J'avais cru bien faire en** expédiant immédiatement ce chèque
  = I thought I was doing the right thing by
- **J'essayais simplement de** vous éviter des problèmes
  = I was simply trying to
- **Je suis sûr que vous comprendrez les raisons qui nous ont poussés à** augmenter nos tarifs
  = I'm sure you will understand the reasons we had to
- **Je ne voulais pas vous ennuyer** avec tous ces détails
  = I didn't want to trouble you
- **Je vous assure que je ne pouvais pas faire autrement**
  = I (can) assure you I could not do otherwise
- **J'avais pourtant cru comprendre que** je pouvais me garer devant la maison
  = but I thought
- **Vous comprendrez, j'espère, que** nous ne sommes pas responsables de ce retard qui est dû à la grève de la poste
  = I trust you will understand that
- **Permettez-moi au moins de vous expliquer** ...
  = at least allow me to **explain**

## 19 JOB APPLICATIONS

### 19.1 Starting the letter

- **Je me réfère à votre annonce** parue aujourd'hui dans le Quotidien du Midi, et **vous serais reconnaissant de bien vouloir m'envoyer des renseignements plus complets** sur ce poste, ainsi qu'un dossier de candidature
  = with **reference** to your **advertisement** ... I would be **grateful** if you would send me **further information**
- **Votre annonce** parue dans La Gazette Alsacienne **a retenu toute mon attention et je me permets de poser ma candidature pour le poste d'**ingénieur que vous offrez
  = I saw your **advertisement** ... and would like to **apply** for the **post** of
- Je souhaite vivement travailler en France pendant les vacances universitaires et **vous serais très reconnaissant de me faire savoir s'il me serait possible d'obtenir un emploi** dans votre société
  = I would be most **grateful** if you could tell me if there is any **possibility** of **work**

### 19.2 Detailing your experience and giving your reasons for applying

- **J'ai travaillé pendant trois ans comme** secrétaire de direction pour une société parisienne **et je maîtrise** divers traitements de texte et tableurs
  = I **worked** for three years as ... and have a good command of
- **Je travaille depuis cinq ans** dans une société d'import-export de New York, **ce qui m'a permis d'acquérir une connaissance approfondie des** techniques de vente et du marché américain
  = I have been **working** for five years ..., during which time I have acquired in-depth **knowledge** of
- **Je parle couramment anglais, j'ai de bonnes connaissances en allemand et je lis le suédois**
  = I speak fluent English, good German and have a reading **knowledge** of Swedish
- **Mon salaire actuel est de ... par an et j'ai cinq semaines de congés payés**
  = my current **salary** is ... per annum with five weeks' paid leave
- **Je suis désireux de travailler en France afin de perfectionner** mes connaissances en français **et d'acquérir** une certaine expérience de l'hôtellerie
  = I **wish to work** in France in order to perfect ... and to acquire
- **Un intérêt très vif pour** le domaine des télécommunications **m'incite à poser ma candidature pour** ce poste
  = I have a **keen interest** in ..., which is why I **wish** to apply for
- **Ma formation de** comptable **et mon expérience de** la gestion des stocks **m'incitent à penser que je suis à même de vous assurer une collaboration efficace pour ce poste**
  = I believe that my **training** as ... and my **experience** in ... make me particularly **suited** to this **position**

Jane FELDON
179 Curzon Road
London N10 4EA

Service du Personnel
International Bank
18, rue La Boétie
75008 Paris

Paris, le 20 mai 2002

Messieurs[1],

Suite à votre annonce dans *The Guardian* de ce jour, je vous propose ma candidature au poste de cambiste.

Vous verrez dans mon CV ci-joint que je viens d'obtenir mon diplôme de gestion, grâce auquel j'ai pu suivre un stage de six semaines au bureau des changes de la Bradley's Bank à Londres. Je ne doute pas que cette expérience et mon excellente connaissance des langues européennes me donnent précisément le profil requis par le poste à pourvoir au sein de l'International Bank. Par ailleurs, j'envisage très sérieusement de poursuivre ma carrière dans le milieu bancaire, et ce, particulièrement en France où je pourrai mettre à profit ma connaissance du français.

N'hésitez pas à me contacter pour de plus amples renseignements. Je suis à votre disposition pour un entretien dès que vous le souhaiterez.

Je vous prie de croire, Messieurs, à l'assurance de mes salutations distinguées,

Jane Feldon

Jane Feldon

P. J. : CV

[1] *This address is appropriate if you are writing to a company. However, if you are writing to the holder of a particular post, you should write:*

**Monsieur le Directeur**
**des Ressources humaines**
**International Bank**
**18, rue La Boétie**
**75008 Paris**

*In this case, you should begin your letter with:*
**Monsieur le Directeur**
**des Ressources humaines,**
*and repeat this in the closing formula instead of* **Messieurs.**

*If you know the name of the person, you should write:*
**Monsieur Jean-Bertrand Raynaud**
**Directeur des Ressources humaines**
**International Bank** *etc.*

*Your letter should then begin:*
**Monsieur, ...** *or* **Madame, ...**

*See sections* 20 - 21 *for more information on letter writing.*

## 19.3 Closing the letter

- **Je serai disponible à partir de** la fin du mois d'avril
  = I will be available from
- **Je demeure à votre entière disposition pour toute information complémentaire**
  = I would be delighted to supply any further information you may require
- **Je serai heureux de vous rencontrer lors d'un entretien** à la date qui vous conviendra
  = I will be happy to attend an interview
- **Je vous remercie dès à présent de** l'attention que vous voudrez bien porter à ma candidature
  = thank you in advance for
- **Dans l'attente de votre réponse**, je vous prie d'agréer, Monsieur le Directeur, l'expression de mes salutations distinguées
  = I look forward to hearing from you

## 19.4 Asking for and giving references

- Monsieur Jean Legrand sollicite un emploi de réceptionniste dans notre hôtel et a donné votre nom comme référence. **Nous vous serions reconnaissants de bien vouloir nous faire savoir si vous le recommandez pour ce poste**
  = we should be grateful if you could let us know if you would recommend him for this position
- **Votre réponse sera considérée comme strictement confidentielle**
  = your reply will be treated in the strictest confidence
- **C'est avec grand plaisir que je vous recommande** Madame Marion Lebrun pour le poste de responsable du logement
  = I can warmly recommend

## CURRICULUM VITAE

**GASTIN Sylvie**

29, rue La Quintinie
75015 Paris
01 45 33 09 85 (répondeur)
Nationalité française
26 ans, mariée, 1 enfant

**FORMATION**[1]

**1997** : Diplôme de secrétaire bilingue, délivré par l'École de commerce de Poitiers
**1996** : Licence de langues étrangères appliquées (anglais et italien), Université de Poitiers - mention bien
**1992** : Baccalauréat (langues) - mention assez bien

**EXPÉRIENCE PROFESSIONNELLE**

**depuis 10/03/99** : Adjointe au Directeur du service Exportation, Agriventes, La Rochelle
**08/10/97 - 30/01/99** : Secrétaire de direction, France-Exportations, Cognac

**AUTRES RENSEIGNEMENTS**

**Langues étrangères :** anglais (courant), italien (courant), espagnol (notions)
**Stage d'informatique** dans le cadre de la formation continue, 1999
Nombreux voyages aux États-Unis et en Italie
Permis de conduire

1 *People with British or American qualifications applying for jobs in a French-speaking country might use some form of wording such as* **équivalence baccalauréat** *(3 A-levels)*, **équivalence licence de lettres** *(BA Hons) etc.*

### 19.5 Accepting and refusing

- Je vous remercie de votre lettre du 19 mars et **serai très heureux de me rendre à vos bureaux**, avenue Parmentier, **pour un entretien** le 12 mai à 15 heures
  = I will be glad to **attend** for **interview** at your offices
- **J'ai le plaisir de vous confirmer que j'accepte le poste** d'expert-comptable que vous m'offrez
  = I have pleasure in **confirming** my **acceptance** of the **post**
- **Votre offre m'intéresse très vivement mais je souhaiterais renégocier le salaire** que vous proposez avant de donner une réponse définitive
  = I am very interested in your **offer** but I would like to **renegotiate** the salary
- **Après examen très attentif de votre offre, je me vois malheureusement dans l'obligation de la décliner**
  = after giving it very careful **consideration**, I regret that I must **decline** your offer

## 20 COMMERCIAL CORRESPONDENCE

### 20.1 Making an enquiry

- **Nous avons remarqué dans votre annonce parue dans** le numéro de février de "Campagnes de France" **que** vous produisez une gamme d'articles de pêche
  = we note from your **advertisement** in ... that
- **Nous vous serions reconnaissants de** nous adresser *or* faire parvenir une documentation complète sur cette gamme, y

**LA MAISON RUSTIQUE**
FABRICATION DE MOBILIER
ZONE INDUSTRIELLE DE DAMPIERRE
B.P. 531 – 17015 DAMPIERRE CEDEX
TÉL: 05 06 28 42 37

V/Réf. - HL/SA 50746
N/Réf. - MB/AL 16064
Objet : envoi de documentation

Cuisines d'hier et d'aujourd'hui
3, place du Petit-Marché
16042 Nimeuil

Dampierre, le 3 novembre 2000

Messieurs,

Nous vous remercions de votre lettre du 30 octobre, ainsi que de votre demande de renseignements concernant notre gamme de sièges de cuisine.

Nous vous prions de trouver ci-joint une documentation complète, accompagnée de nos tarifs. Toutefois, nous nous permettons d'attirer votre attention sur nos nouveaux modèles « Saintonge », qui semblent convenir particulièrement à vos besoins. Ces modèles sont actuellement offerts à des prix très avantageux.

Nous nous tenons à votre entière disposition pour toute demande de renseignements supplémentaires et vous prions d'agréer, Messieurs, l'assurance de nos sentiments dévoués.

Le Directeur commercial

Jean Leclerc

Jean Leclerc

PJ : 1 documentation complète

compris vos tarifs actuels, les remises consenties et vos délais de livraison

= we should be **grateful** if you would

## 20.2 Replying to an enquiry

- **Suite à votre demande, nous avons le plaisir de** vous adresser notre dernier catalogue
  = **further** to your **request**, we have **pleasure** in
- **En réponse à** votre lettre du 10 juin, **veuillez trouver ci-joint** une documentation sur notre gamme de produits ainsi que notre liste de prix qui sont fermes jusqu'au 31 août
  = in **reply** to ..., please find **enclosed**
- **Si vous désirez** des renseignements plus précis, **n'hésitez pas à nous contacter**
  = if you require ..., please do not hesitate to contact us

## 20.3 Placing an order

- **Je vous remercie de** votre documentation et **vous serais obligé de** m'expédier les articles suivants dans les plus brefs délais
  = **thank** you for ... I should be **grateful** if you would
- **Veuillez trouver ci-joint** un bon de commande pour 500 articles Réf PS788
  = please find **enclosed**
- **Nous espérons que vous voudrez bien** nous consentir la remise de 10 % pour grosses quantités qui figure dans vos tarifs
  = we **trust** you will
- **Cette commande tient compte de** la remise de 10 % que vous consentez sur les commandes en gros
  = this **order** takes into account

**Maison Duquesnois**
Porcelaine et Orfèvrerie
14 rue Montpensier–84000 Poitiers

Madame Marianne Legrand
3, chemin des Princesses
16010 Granbourg

Poitiers, le 27 mai 2001

Madame,

Nous vous remercions de votre lettre du 21 mai, qui a retenu notre meilleure attention.

Malheureusement, nous ne suivons plus le modèle qui vous intéresse, et sommes donc au regret de ne pouvoir vous satisfaire.

Nous vous prions d'agréer, Madame, l'assurance de nos sentiments respectueux.

Le Directeur

Gérard Marquet

Gérard Marquet

## 20.4 Delivery

- **Nous vous remercions de votre commande** en date du 10 mai **que nous exécuterons dans les plus brefs délais**
  = thank you for your order ..., which will be **dispatched** as soon as possible
- **Nous procéderons à l'expédition de votre commande dès que possible**
  = we shall **deliver** your order as soon as possible
- **Nos délais de livraison sont de** cinq semaines à partir de la date de réception de la commande
  = our **delivery** times are
- **En raison d'**une pénurie de matières premières, **nous regrettons de ne pouvoir vous livrer avant** fin avril
  = owing to ... we **regret** that we are unable to **deliver** your order before

## 20.5 Complaining

- **Nous n'avons pas encore reçu livraison de** la commande que nous avons passée le 20 mars dernier (voir bon de commande n° 3496)
  = we have not yet had **delivery** of
- **Nous tenons à vous signaler que** les articles que vous nous avez livrés ne sont pas de la qualité habituelle
  = we wish to draw it to your attention that
- **Malheureusement,** les marchandises ont été endommagées en transit
  = unfortunately
- Les dix articles livrés **correspondent à** la référence LS59 de votre catalogue **et non à** la référence LS58 que nous avons commandée
  = correspond to ... and not to ...

### 20.6 Payment

- **Veuillez trouver ci-joint notre facture** d'un montant de ... relative à cet envoi
  = please find **enclosed** our **invoice**
- **Nous vous serions reconnaissants de nous faire parvenir cette somme dans les meilleurs délais**
  = we should be **grateful** if you would **remit payment** of this **sum** at your earliest convenience
- **Vous trouverez ci-joint un chèque d'un montant de** ... en règlement de votre facture n° HM307
  = please find **enclosed** a cheque for (the **sum** of)
- **Nous vous serions obligés de nous accorder un délai de paiement de 30 jours supplémentaires**
  = we should be **obliged** if you would extend the **payment due** date by 30 days
- **J'ai été très surpris de constater que vous me facturez** chaque article 39 **€ au lieu des** 35 € mentionnés dans votre catalogue
  = I was very surprised to note that you had **invoiced** me ... instead of
- **Nous regrettons de devoir vous signaler une erreur qui s'est glissée dans votre facture**
  = we regret to have to point out that there has been an error in your **invoice**

## 21 GENERAL CORRESPONDENCE

### 21.1 Starting a letter

To a friend or acquaintance

- **Je te remercie de** ta lettre qui est arrivée ce matin
  = **thanks** for
- **J'ai été très contente d'avoir de tes nouvelles**
  = it was lovely to **hear** from you
- **Je suis désolé de ne pas vous avoir répondu plus vite** : je suis actuellement débordé de travail et n'ai que peu de moments de loisirs
  = (I'm) sorry I didn't **reply** earlier
- **Voilà bien longtemps que je ne vous ai pas donné de nouvelles.** C'est pourquoi je vous envoie un petit mot rapide
  = it's been ages since I was last in touch

In formal correspondence

- **Je vous serais reconnaissant de** me faire savoir si vous avez en librairie un roman intitulé ...
  = I would be **grateful** if you would
- **Je vous prie de** m'envoyer quatre exemplaires de votre numéro 310 et je joins à cette lettre un chèque d'un montant de ...
  = **please**
- **Suite à** notre conversation téléphonique de ce matin, **je vous écris pour** vous demander de bien vouloir m'expédier ...
  = **further** to ..., I am **writing** to
- **Ayant appris que** vous organisez des stages de voile, **je vous serais reconnaissant de me faire savoir** s'il vous reste des places pour débutants début juillet
  = I believe that ... and I would be **grateful** if you would let me know

### 21.2 Ending a letter (before the closing formulae)

- **Embrasse** Jérôme et Laure pour moi
  = **love** to
- Paul **vous embrasse** tous les deux
  = sends his **love** to
- **Dis bonjour à** Françoise pour moi
  = say **hello** to
- **Écris-moi** si tu trouves une petite minute
  = **write** to me
- **N'oublie pas de nous donner de tes nouvelles** de temps en temps
  = don't forget to give us your news
- **N'hésitez pas à m'écrire** si je peux vous être utile
  = do not **hesitate** to **write** to me
- **Transmettez**, s'il vous plaît, **mes amitiés à** votre sœur
  = give my **regards** to
- Hélène **me charge de vous transmettre ses amitiés**
  = asked me to give you her **regards**
- **Veuillez transmettre mon meilleur souvenir à** votre mère
  = please give my best **regards** to

### 21.3 Enquiring about and booking accommodation

- **Je vous serais reconnaissant de bien vouloir** m'envoyer les tarifs de vos chambres
  = I would be **grateful** if you would
- **Je désirerais** retenir une chambre avec douche
  = I wish to
- **Je voudrais** retenir une chambre pour deux personnes ainsi qu'une chambre à deux lits pour mes enfants
  = I would like to
- **Veuillez me faire savoir**, par retour du courrier si possible, **si** vous avez une chambre pour une personne en demi-pension pour la semaine du 4 au 11 juillet
  = please let me know ... if
- **Veuillez m'indiquer** le montant des arrhes que je dois verser pour la réservation
  = please **advise**
- **Veuillez confirmer** par télécopie la réservation suivante : une chambre à deux lits ...
  = please **confirm**
- **Il est possible que nous** arriv**ions** *(subj)* à une heure tardive
  = we might
- **Nous devrions normalement** arriver en début de soirée
  = we should

### 21.4 Confirming and cancelling a booking

- **Je vous confirme par ce courrier** ma réservation
  = this is to **confirm**

- Pour des raisons indépendantes de ma volonté, **je me vois contraint d'annuler** la réservation que j'avais faite au nom de ... pour la semaine du 4 au 11 juillet
  = I am obliged to **cancel**
- **Je vous serais reconnaissant de bien vouloir reporter ma réservation du** 3 septembre **au** 7 septembre
  = I would be **grateful** if you would **change** my **booking** from ... to

## 22 THANKS

- **Merci de** m'avoir fait confiance
  = **thank** you for
- **C'est vraiment très gentil de votre part de** nous avoir invités
  = it is really very **kind** of you to
- **Je vous remercie de** m'avoir réservé une place
  = **thank** you for
- **Remercie-le** de ma part **pour** son accueil
  = **thank** him ... for
- **Je ne sais comment vous remercier de** votre aide
  = I don't know how to **thank** you for
- **Je vous écris pour vous remercier de tout cœur d'**avoir pensé à nous
  = I am writing to express my **heartfelt thanks** for
- **Transmettez mes remerciements à** vos collègues
  = please **thank**
- **Nous vous sommes extrêmement reconnaissants d'**être venu
  = we are extremely **grateful** to you for
- **Je vous adresse mes plus vifs remerciements pour ...**
  = my most **sincere thanks** for ...
- **Je tiens à vous exprimer notre gratitude pour** le soutien que vous nous avez apporté
  = I wish to express our **gratitude** for

## 23 BEST WISHES

### 23.1 General expressions (used on special occasions only)

- **Meilleurs vœux** + *such expressions as* "de bonheur", "à l'occasion de votre départ en retraite", "de prompt rétablissement", "de réussite", *etc*
  = **best** wishes
- **Tous mes vœux** + *such expressions as* "de bonheur", "à l'occasion de votre départ en retraite", "de prompt rétablissement", "de réussite", *etc*
  = my **best** wishes
- **Je vous présente mes meilleurs vœux** à l'occasion de
  = I send you my **best** wishes
- **Transmettez-lui tous mes vœux de ...**
  = give him my **best** wishes for ...
- **Je vous souhaite de passer d'excellentes vacances**
  = I **hope** you have an excellent holiday
- **J'espère (de tout cœur) que vous ferez bon voyage**
  = I (really) **hope** you have a good trip

### 23.2 Season's greetings

NB: in France cards are usually sent for New Year rather than Christmas, and may be sent in the first few weeks of January

- **Joyeux Noël et Bonne Année !**
  = **Merry Christmas** and (a) **Happy New Year!**
- **Joyeuses fêtes !**
  = **Season's Greetings!**
- **Bonne et heureuse année !**
  = **Happy New Year!**
- Paul et moi **vous adressons tous nos vœux pour la nouvelle année** *(used at New Year only)*
  = send you our **best wishes** for the **New Year**
- **Je vous présente mes meilleurs vœux pour 2002**
  = I **wish** you all the **best** for 2002

### 23.3 Birthday greetings

- **Bon** *or* **Joyeux anniversaire !**
  = **Happy Birthday!**
- **Je vous souhaite un bon** *or* **un (très) joyeux anniversaire**
  = I **wish** you a (very) **happy birthday**

### 23.4 Get well wishes

- J'ai été désolé d'apprendre que vous êtes souffrant et **vous adresse tous mes vœux de prompt rétablissement**
  = I **wish** you all the **best** for a **speedy recovery**
- **Je vous souhaite** de tout cœur **un prompt rétablissement**
  = I **wish** you a **speedy recovery**
- **J'espère** de tout cœur **que vous serez très bientôt rétabli**
  = I **hope** you will be **better** soon

### 23.5 Wishing someone luck

- **Je vous adresse tous mes vœux de succès** dans votre nouvelle entreprise
  = I **wish** you every **success**
- **Je vous souhaite tout le succès que vous méritez** dans votre nouvelle carrière
  = I **wish** you all the **success** you rightly deserve
- **Je te souhaite bonne chance**, de notre part à tous, pour tes examens
  = I **wish** you good **luck**

### 23.6 Congratulations

- **Toutes mes félicitations pour** ton succès au permis de conduire
  = my **congratulations** on
- **Je vous félicite de tout cœur pour** votre succès
  = warmest **congratulations** on
- **Je vous adresse mes plus sincères félicitations pour** la réussite de votre projet
  = my most **sincere congratulations** on
- **Je tiens à te dire combien je suis heureux que** tu **aies** *(subj)* obtenu ce poste
  = I want you to know how **happy** I am that

*Strasbourg, le 15 mars 2002*

*Chère Laurence,*

*Un grand merci pour le livre sur les poissons d'Europe que tu m'as envoyé. C'est exactement le type d'ouvrage qu'il me fallait : il devrait m'aider énormément dans mes recherches de traductions. Je ferai en sorte de te le rendre lors de mon passage à Angers courant juin, si du moins tu n'en as pas besoin d'ici là.*

*Es-tu toujours d'accord pour louer un bateau cet été ? Je te donnerai bientôt un coup de fil pour en parler.*

*Grosses bises,*

## Standard opening and closing formulae

| OPENING FORMULAE | CLOSING FORMULAE |
|---|---|
| **Used when the person is not personally known to you** | |
| Monsieur,<br>Madame, | Je vous prie de croire, (...) à l'assurance de mes salutations distinguées. |
| Mademoiselle, | ***used by a man only***<br>Veuillez agréer, (...), l'expression de mes sentiments les meilleurs.<br>***man to woman only***<br>Je vous prie d'accepter, (...), l'expression de mes respectueux hommages. |
| **Used when the person is known to you personally** | |
| Cher Monsieur,<br>Chère Madame,<br>Chère Mademoiselle, | Croyez, (...), à l'expression de mes sentiments les meilleurs. |

## To acquaintances and friends

| OPENING FORMULAE | CLOSING FORMULAE |
|---|---|
| **Still fairly formal** | |
| Cher Monsieur,<br>Chère Madame,<br>Chère Mademoiselle, | Recevez, je vous prie, mes meilleures amitiés.<br>Je vous envoie mes bien amicales pensées.<br>Je vous adresse à tous deux mon très amical souvenir. |
| **Fairly informal: "tu" or "vous" forms could be used** | |
| Cher Patrick,<br>Chère Sylvie,<br>Chers Chantal et Jean-Claude, | Bien amicalement<br>Cordialement<br>Amitiés |

Orléans, le 23 février 2001

Chers Sophie et Daniel,

Voilà un bon moment que nous ne nous sommes pas vus : comment allez-vous ?

Je vous écris en fait pour vous demander un renseignement. En effet, nous avons l'intention de passer une semaine dans le Vaucluse en août et je me suis rappelé l'enthousiasme avec lequel vous parliez du gîte que vous aviez loué à Carpentras deux années de suite. Pourriez-vous m'en donner les coordonnées pour que je puisse éventuellement faire une réservation ?

J'espère que tout va bien à Brest et que nous nous reverrons bientôt.

Bien amicalement,

Anne-Laure

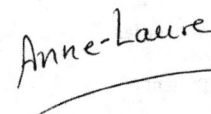

### To close friends and family

| Opening Formulae | Closing Formulae |
|---|---|
| | ***"tu" or "vous" can be used, though "tu" is more likely in all these expressions.*** |
| Cher Franck,<br>Chère tante Jacqueline,<br>Mon cher Jean,<br>Ma très chère Ingrid,<br>Chers grands-parents,<br>Mon cher cousin, | Je t'embrasse bien affectueusement<br>Bien à toi<br>Bien des choses à tous<br>Bons baisers<br>À bientôt<br>Salut ! |

### Writing to a firm or an institution (see also 20)

| Opening Formulae | Closing Formulae |
|---|---|
| Messieurs,<br>*(to a firm)* | Je vous prie d'agréer, (...), l'assurance de mes sentiments distingués. |
| Monsieur,<br>*(to a man)* | Veuillez accepter, (...), l'expression de mes sentiments distingués. |
| Madame,<br>*(to a woman)* | |

### To a person in an important position

| Opening Formulae | Closing Formulae |
|---|---|
| | **Very formal** |
| Monsieur le Directeur<br>(*or* le Maire *etc*)<br>Madame le Professeur<br>(*or* le Consul *etc*) | Je vous prie d'agréer, (...) l'assurance de ma considération distinguée<br>***or, used by a man only :***<br>de mes sentiments respectueux *or* de mes sentiments dévoués. |
| | **Used only if the person is well known to you** |
| Cher Monsieur,<br>Chère Madame, | Veuillez croire, (...), à l'assurance de mes sentiments les meilleurs.<br>Je vous prie d'accepter, (...) l'expression de mes salutations distinguées.<br>***or, used by a man only :***<br>de mes sentiments distingués. |
| Cher collègue,<br>Chère collègue,<br>*(to someone in the same profession)* | ***or, used by a man only :***<br>Croyez, (...), à l'assurance de mes sentiments les meilleurs. |

- Je vous écris pour vous dire que **je me réjouis de votre succès**
  = I am **delighted** about your **success**

## 24 ANNOUNCEMENTS

### 24.1 Announcing a birth

- Claude et Anne-Marie Bernard **ont la joie de vous annoncer la naissance de** Maud, le 21 mars 2001 à Toulon
  = are **happy** to **announce** the **birth** of
- **J'ai le plaisir de t'annoncer que** Marie et Jean-Paul ont eu un petit garçon le 4 avril. Ils l'ont appelé Vincent. Tout s'est bien passé et la famille est ravie
  = I am delighted to tell you that

... and responding

- **Nous vous félicitons de l'heureuse arrivée de** Thérèse et souhaitons au bébé santé et prospérité
  = **congratulations** on the **arrival** of
- David et moi **sommes heureux d'apprendre la naissance de** Vincent et espérons faire bientôt sa connaissance
  = were delighted to learn of the **birth** of

### 24.2 Announcing an engagement

- Monsieur et Madame Simon **sont heureux d'annoncer les fiançailles de** leur fille Élodie avec M. Thomas Corbel
  = are pleased to **announce** the **engagement** of
- Élodie et Thomas **viennent d'annoncer leurs fiançailles.** Ils n'ont pas encore fixé la date du mariage mais nous nous réjouissons tous de leur bonheur
  = have just got **engaged**

... and responding

- **Nous nous réjouissons avec vous des fiançailles d'**Élodie et de Thomas. Transmettez tous nos vœux de bonheur aux jeunes fiancés
  = we are as delighted as you are about the **engagement** of
- **C'est avec beaucoup de joie que j'ai appris vos fiançailles avec** Thomas. Je vous adresse à tous deux mes vœux de bonheur les plus sincères
  = I was very **happy** to learn of your **engagement** to

### 24.3 Announcing a marriage

- Monsieur et Madame André Kervella **ont l'honneur de vous faire part du mariage de** leur fille Isabelle avec M. Christian Minguy
  = are **happy** to **announce** the **marriage** of
- **J'ai la joie de t'annoncer qu'**Isabelle et Christian **se sont mariés** samedi dernier. La cérémonie a eu lieu à l'église de Lanvéoc
  = I am pleased to tell you that ... got **married**

... and responding

- Monsieur et Madame Paul Gestin **félicitent** Monsieur et Madame André Kervella **à l'occasion du prochain mariage de** leur fille Isabelle
  = would like to **congratulate** ... on the **marriage** of ...
- **Nous présentons toutes nos félicitations aux jeunes mariés et leur souhaitons beaucoup de bonheur et de prospérité**
  = our **congratulations** and best **wishes** for happiness and prosperity to the young couple
- J'ai été très heureuse d'apprendre par ta lettre le mariage de Laetitia et de Yann. **Je leur souhaite tout le bonheur possible**
  = I **wish** them every possible **happiness**

### 24.4 Announcing a death

- M. et Mme Pierre Desmas et leurs enfants **ont la douleur de vous faire part du décès de** Mme Joseph Benard née Marie-Anne Chevalier
  = **regret** to **announce** the **death** of
- **Nous avons la grande tristesse de vous faire part du décès de** notre mère, survenu soudainement le 8 septembre. Le service religieux et l'inhumation ont eu lieu dans la plus stricte intimité
  = it is with deep **sorrow** that we **announce** the **death** of
- **C'est avec beaucoup de peine que je t'écris pour t'annoncer que** mon père est décédé la semaine dernière
  = I am very **sad** to have to write and tell you that

... and responding

- **J'ai été bouleversé d'apprendre** la disparition de ta sœur
  = I was terribly **upset** to hear about ...
- **Je tiens à te dire combien je pense à toi en ces moments douloureux**
  = I'd like you to know that I am **thinking** of you at this **sad** time
- Monsieur et Madame Paul Lambert **vous prient d'accepter l'expression de leur plus profonde sympathie et vous adressent leurs plus sincères condoléances à l'occasion du deuil** qui vient de vous frapper *(formal)*
  = send their deepest **sympathy** and offer you their most sincere **condolences** on your **loss**

### 24.5 Announcing a change of address

- **Nous vous prions de bien vouloir noter que notre nouvelle adresse sera,** à partir du 10 décembre 2001 : 10 rue Colbert, 29200 Brest
  = we wish to **inform** you that our new **address** will be

## 25 INVITATIONS

### 25.1 Formal invitations

- Madame Paul Lambert et Madame Michel Potet **recevront après la cérémonie religieuse** au Relais des Glycines, route de Marleroy, Fontanes. RSVP
  = **request** the **pleasure** of your **company** afterwards
- Les éditions Roget **ont le plaisir de vous inviter à** un cocktail à l'occasion de la sortie du premier livre de la collection Espoir, le lundi 9 août à partir de 18 h 30
  = have **pleasure** in **inviting** you to
- Monsieur et Madame André Bureau **prient Madame Labadie de leur faire le plaisir de venir dîner le** mercredi 27 octobre à 20 heures
  = **request** the **pleasure** of the **company** of Mme Labadie at dinner on
- **Pour les 20 ans de sa fille Joséphine, Madame Gérard Lamarche recevra chez elle**, le 24 novembre à partir de 19 h
  = Madame Gérard Lamarche has **pleasure** in **inviting** you to **celebrate** her daughter Josephine's 20th birthday

... and responding

- Monsieur Pierre Quentin **regrette profondément de ne pouvoir assister au** vin d'honneur organisé à l'occasion du mariage de Paul et Nathalie, d'autres obligations ne lui permettant pas de quitter Paris
  = very much **regrets** that he cannot **attend**
- Mademoiselle Charlotte Leblanc **accepte avec grand plaisir de se rendre au** cocktail organisé le 9 août par les éditions Roget
  = has great **pleasure** in **accepting** your **invitation** to
- Madame Jeanne Labadie **remercie** Monsieur et Madame André Bureau **de leur aimable invitation à** dîner **qu'elle accepte avec le plus grand plaisir/qu'elle regrette vivement de ne pouvoir accepter** en raison d'un autre engagement
  = **thanks** ... for their **kind invitation**, which she is **delighted** to **accept**/deeply **regrets** she is **unable to accept**
- Monsieur Jacques Dalbret **assistera avec plaisir à** la réception organisée à l'occasion des 20 ans de Joséphine
  = will be **happy** to **attend**

### 25.2 Less formal invitations

- **Est-ce que cela te dirait d'**aller passer la journée à Nantes ? *(spoken)*
  = would you like to
- Pour fêter les fiançailles de Geneviève et de Xavier, nous organisons une réception à l'Hôtel de France, à Saint-Martin le 2 septembre à 20 heures et **serions très heureux si vous pouviez vous joindre à nous**
  = would be **delighted** if you could **join** us
- Michèle et Philippe doivent venir déjeuner dimanche prochain et **nous espérons que vous pourrez être des nôtres**
  = we hope you can **join** us
- Lorsque vous passerez à Lyon, **vous nous feriez très plaisir si vous pouviez nous consacrer une soirée** pour que nous dînions ensemble
  = we would be **delighted** if you could spend an evening with us
- Nous projetons de passer le mois de juillet à Montpellier et **serions très heureux de vous y accueillir** quelques jours
  = we would be very **happy** to have you

... and responding

Accepting

- **Je vous remercie de** votre aimable invitation **et me fais une joie de venir** à votre réception
  = **thank** you for ... I am looking forward to coming
- **Je viendrai avec plaisir** déjeuner avec vous dimanche prochain
  = I will be **happy** to come
- Nous pensons passer le week-end de la Pentecôte à Lyon et **nous vous téléphonerons pour essayer de vous voir**
  = we will call you to see if we can meet up
- **Votre invitation** à Montpellier **nous a fait très plaisir et nous espérons passer un week-end avec vous** vers le 14 juillet
  = we were **delighted** to receive your **invitation** ... and **hope** to spend a weekend with you

Declining

- **C'est très gentil à vous de m'inviter** à votre soirée de samedi, **mais je me vois malheureusement obligé de refuser**, car j'ai déjà accepté une invitation ce soir-là
  = it was very kind of you to **invite** me ... but I am afraid I have to **decline**
- **J'aimerais beaucoup passer un week-end chez vous, mais malheureusement,** aucune des dates que vous me proposez ne me convient
  = I would love to spend a weekend with you but **unfortunately**
- **Malheureusement, je ne peux pas me libérer** le mois prochain. Peut-être pourrions-nous nous voir en octobre ?
  = **unfortunately**, I can't get away

## 26 ESSAY WRITING

### 26.1 The broad outline of the essay

Introductory remarks

- **Tout le monde s'accorde à penser que** le chômage est un des principaux maux de notre société. **Il convient donc d'examiner** les mesures qui pourraient être prises pour le combattre
  = everyone **agrees** that ... So we should examine
- Peut-on lire l'œuvre d'un philosophe quand on sait qu'il a été nazi ? **Telle est la question soulevée par** l'article de ...
  = such is the **question raised** by

- **Il est bien connu que** la voiture pollue. **La question est de savoir si** nous pourrions un jour nous passer de ce mode de transport
  = it is a well-known **fact** that ... The **question** is whether
- Les adolescents d'aujourd'hui ne lisent pas beaucoup. **Ceci est interprété tantôt comme** une crise passagère, **tantôt comme** un signe du déclin du message imprimé
  = some **interpret** this as ..., others as ...
- **Nous vivons dans un monde où** la paix est constamment menacée
  = we live in a world in which
- **Un problème souvent évoqué** *or* **dont il est souvent question est celui de** la corruption des milieux d'affaires
  = a much-discussed **problem** is that of
- **L'histoire nous fournit de nombreux exemples de** génies incompris à leur époque puis reconnus par la postérité
  = history provides us with countless **examples** of
- **Cette question est depuis longtemps au cœur du** débat sur l'éducation
  = this **question** has long been at the **heart** of

Developing the argument

- **La première constatation qui s'impose, c'est que** le roman va au-delà d'une simple enquête policière
  = the first **point** to note is that
- **Prenons comme point de départ** le rôle que le gouvernement a joué dans l'élaboration de ces programmes
  = **let** us take ... as a **starting point**
- **En premier lieu, examinons** ce qui fait obstacle à la paix
  = **firstly**, **let** us **examine**
- **Il serait utile d'examiner** la façon dont l'auteur a abouti à ces conclusions
  = it would be useful to **examine**
- **Il convient tout d'abord de se pencher sur** les circonstances de la parution de ce livre
  = it is worth first of all turning one's **attention** to
- **Selon l'auteur**, la psychanalyse **ne serait pas** un obstacle à la créativité
  = **according** to the author ... isn't
- **Il est significatif que** ce conflit **soit** *(subj)* le produit d'une politique africaine moderne
  = it is **significant** that ... is
- **Pour illustrer** l'association lucrative des vedettes de sport et des grandes entreprises, **il suffit de prendre un exemple**
  = in order to **illustrate** ... we only need to take an **example**
- Un second exemple **marque l'importance de** ce thème
  = **underlines** the importance of
- Un examen des origines de la laïcité **nous permettra peut-être de mieux comprendre** les bases de ce conflit
  = will perhaps **allow** us better to understand

The other side of the argument

- **Après avoir étudié** la progression de l'action, **considérons maintenant** le style
  = after **studying** ... **let** us now **consider**
- **Il faut maintenant s'interroger sur** la motivation de l'auteur dans le choix du contexte historique
  = one must now **question**
- **Venons-en maintenant à** l'analyse des retombées politiques
  = now **let** us come to
- **Ce qui vaut pour** le héros **s'applique également aux** personnages secondaires
  = what goes for ... **applies equally** to
- **Il convient maintenant d'analyser** les arguments de ceux qui préconisent une législation plus stricte
  = it is worth now **analyzing**
- Le principe de laïcité de l'enseignement est-il compatible avec le port de certains signes religieux ? **C'est ce que nous allons étudier dans la seconde partie de cette analyse**
  = ... is what we are going to study in the second part of this **analysis**
- **Plus encore que** la pollution, **c'est** le bruit qui provoque la colère de nombreux citadins
  = even more than ... it is
- **On pourrait objecter que** l'œuvre littéraire n'est pas séparable de son contexte
  = one could **object** that

The balanced view

- **Au terme de cette analyse, il faut cependant faire remarquer que** le chômage n'est pas le seul facteur en cause. **Il faudrait également examiner** ...
  = at the end of this **analysis**, it is, **however**, necessary to **point** out that ... It is **equally** necessary to **examine**
- **Mais le meilleur moyen de** limiter la pollution, **c'est encore d'**examiner comment on pourrait réduire les transports routiers
  = but the best way of ... is to
- **Enfin, il faut nous poser cette question** : la famine est-elle vraiment une fatalité ?
  = **finally**, we must ask ourselves whether

In conclusion

- **Quelles conclusions tirer de cette analyse ?**
  = what **conclusions** can be drawn from this **analysis**?
- **Le problème se résume donc à ceci :** dans un monde dominé par l'audiovisuel, le théâtre a-t-il encore une chance de survivre ?
  = the **problem**, then, **boils** down to this:
- L'expérience des dix dernières années **prouve** *or* **démontre que** le travail des organisations bénévoles n'est pas vain mais qu'il ne suffit pas
  = **proves** or **demonstrates** that
- **En dernière analyse**, c'est l'identité personnelle dans ce qu'elle a de plus secret qui est menacée
  = in the final **analysis**
- **En somme**, c'est la singularité du style qui constitue l'originalité profonde de l'auteur
  = in short
- **En définitive**, les réformateurs devraient mieux prendre en compte les leçons des expériences passées
  = when all is **said** and done

## 26.2 Constructing a paragraph

### Assessing an idea

- **On peut avancer** plusieurs arguments différents
  = one can **put forward**
- **Plusieurs arguments viennent renforcer** cette idée
  = there are several **arguments** in **support** of
- **Examinons** les origines du problème **ainsi que** certaines des solutions suggérées
  = let us **examine** ... as well as
- **On peut noter** *or* **mentionner en passant que** l'auteur ne fait jamais allusion à ce problème
  = it may be **noted** or **mentioned** in passing that
- **Sans nous appesantir** *or* **nous attarder sur les détails, notons toutefois que** le rôle du Conseil de l'ordre a été déterminant
  = without dwelling on the details, let us **note, however**, that
- **Comme nous le verrons plus en détail par la suite**, ce sont surtout les personnages secondaires qui font progresser l'action
  = as we shall see in more detail later
- **Nous reviendrons plus loin sur cette question, mais signalons déjà** l'absence totale d'émotion dans ce passage
  = we shall come back to this **question** later, but let us **point** out at this stage
- **Avant d'aborder** la question du style, **mentionnons brièvement** le choix des métaphores
  = before **tackling** ... let us **mention** briefly

### Establishing parallels

- **D'une part**, il y a des problèmes financiers et **d'autre part,** il y a des problèmes humains
  = on the one **hand** ... on the other (**hand**)
- Les préjugés anticommunistes **d'un côté**, anticapitalistes **de l'autre** ne sont pas morts
  = on the one **hand** ... on the other (**hand**)
- **Les premiers** disposent du pouvoir. **Les seconds** font la grève
  = the **former** ... the **latter** ...
- L'Éducation nationale fait l'objet de critiques continuelles et **il en va de même pour** la Sécurité sociale
  = the **same** is true of
- **De même que** les étudiants se demandent à quoi leurs études vont leur servir, **de même,** les professeurs s'interrogent sur leur rôle
  = in the same way that ... so, too ...
- **Nous ne pouvons dissocier** ce facteur **de** la décision mentionnée plus haut
  = we cannot **dissociate** ... from
- **Nous reprenons ainsi une idée suggérée antérieurement**
  = thus, we are again taking up an idea suggested earlier

### Adding or detailing

- **De plus**, il s'agit là d'un progrès tout à fait remarquable
  = what is **more**
- **En outre**, il faut noter que les employés sont mal payés
  = **furthermore**
- Il faut **également** dire que le népotisme est parfois encouragé par les entreprises elles-mêmes
  = **equally**
- **Ajoutons à cela** *or* **Il faut ajouter à cela** *or* **À cela s'ajoute** un sens remarquable du détail
  = let us **add** to this or **added** to this
- **À cet égard** *or* **À ce propos**, il faut noter une détérioration dans la qualité de l'enseignement
  = in this respect or in this connection
- **De même**, on pourrait suggérer que le style de l'auteur manque d'originalité
  = by the **same token**
- **D'ailleurs**, la Russie veut croire que sa contribution permettrait de rendre le système plus efficace
  = **moreover**
- **Pour ce qui est des** personnages secondaires, ils sont, eux aussi, remarquablement vivants
  = as for the
- **En ce qui concerne** la pollution chimique, il faut reconnaître qu'elle constitue aussi un grave danger
  = as far as ... is **concerned**
- **Quant aux** émissions sportives, elles suivent toujours le même modèle précis
  = as for the
- Plusieurs catégories professionnelles ont été oubliées, **notamment** *or* **parmi lesquelles** les employés de bureaux et les réceptionnistes
  = **notably** or including
- **Ces enfants** d'origine étrangère **connaissent** parfois **de graves problèmes** de scolarité, **problèmes qui** doivent retenir toute l'attention des enseignants
  = these children ... have serious problems ..., which

### Enumerating

- Différentes formules sont offertes au client : voyage à forfait **ou bien** hébergement chez l'habitant, **ou encore** demi-pension, **ou enfin** camping dans un village de vacances
  = or ... or even ... or **finally**
- Faut-il inclure dans les statistiques les handicapés ? **Ou bien** doit-on exclure les jeunes ? **Ou encore** est-il nécessaire d'analyser le mode de vie en plus des revenus ?
  = or ... or even ...
- **Du** parti communiste **à** l'extrême droite, **tous** sont d'accord pour condamner cet acte de terrorisme
  = from ... to ..., all ...
- **Parmi** ces grands auteurs, on peut citer **(tout) d'abord** Racine, **ensuite** Corneille, **enfin** Molière
  = amongst ... first (of all) ... then ... and **finally**
- **En premier lieu,** il convient d'examiner attentivement chaque offre, **puis** il faut sélectionner les plus intéressantes **et, en dernier lieu,** entrer en contact avec les différents candidats
  = in the first **instance** ... then ... and **finally**
- Ceci est dû essentiellement à trois facteurs : **premièrement**, l'originalité du projet, **deuxièmement**, la rapidité avec laquelle il a été réalisé, **troisièmement**, la faiblesse des coûts
  = **firstly** ... **secondly** ... **thirdly**

Opposing

- Nombreux sont les régimes autoritaires qui ont bénéficié à l'origine du soutien de la majorité de la population. **Néanmoins**, ces régimes ont mal vieilli
  = **nevertheless**
- Ces éléments militent en faveur de l'apparition de plusieurs conventions collectives dans les milieux sportifs. **Cependant**, chacun le pressent : les enjeux ne sont pas que sociaux
  = **however**
- **Malgré** ses airs d'enfant de chœur, cet homme fut un redoutable chef de guerre
  = **despite**
- **Malgré tout**, il est impossible de nier que le système néerlandais est coûteux
  = **despite** everything
- **En dépit de** ces maladresses, le spectacle possède un charme indéniable
  = **despite**

Introducing one's own point of view

- **À mon avis** *or* **Selon moi** *or* **D'après moi**, ce chapitre est le meilleur du livre
  = in my **opinion**
- **En ce qui me concerne** *or* **Pour ma part**, je déplore l'évolution actuelle de la politique sociale
  = as far as I am **concerned**
- **Personnellement**, ce qui me frappe le plus dans cette affaire, c'est que l'origine de ces fonds est encore inexpliquée
  = **personally**
- **Je suis d'avis que** la télévision a un effet néfaste sur l'éducation des enfants
  = I am of the **opinion** that
- **Je soutiens qu'**on n'a jamais répondu clairement aux questions posées
  = I **maintain** that
- **Je pense que** l'auteur fait ici preuve d'ironie
  = I think

Introducing someone else's point of view

- **Selon l'auteur** *or* **D'après l'auteur,** le motif principal du crime est la jalousie
  = **according** to the author
- **Comme le soulignent** les experts, il est nécessaire de réduire les coûts de production de 7 %
  = as ... **stress**
- **Comme le laisse entendre** l'auteur, certains détails n'ont pas été révélés au public
  = as ... gives us to understand
- Le budget du ministère est, **dit-il** *or* **affirme-t-il**, conforme aux prévisions
  = he says or affirms
- **Il dit/pense/croit/affirme/déclare que** ce système présente de nombreux avantages
  = he **says/thinks/believes/maintains/declares** that
- L'auteur **attire notre attention sur** l'ampleur de ce changement
  = draws our **attention** to
- **Il nous rappelle** les bouleversements qui ont suivi ce projet de loi
  = he **reminds** us of
- **Il insiste sur le fait que/souligne que/soutient que** ces rivalités internes sont la principale cause de l'échec du mouvement
  = he insists on the fact that/**stresses** that/ **maintains** that
- **Elle prétend que** ce travail ne nécessite aucune recherche
  = she **claims** that
- **Il voudrait nous faire croire que** cette rébellion n'a eu aucune conséquence grave
  = he would have us **believe** that
- **Selon la version officielle**, l'épidémie est maintenant endiguée
  = **according** to the official version

Introducing an example

- **Prenons le cas de** Louis dans "le Nœud de vipères"
  = (let us) take the **case** of
- **Il suffit de prendre pour exemple** le cinéma muet des années vingt
  = one needs only take as an **example**
- Le cas de l'agroalimentaire **en est un exemple frappant**
  = is a striking **example** of this
- L'augmentation de la délinquance **illustre bien** les conséquences de cette crise chez les jeunes
  = is a good **illustration** of

Introducing a quotation or source

- **Selon** *or* **D'après** les auteurs du rapport, "l'important n'est pas de nourrir l'Afrique mais de la faire reverdir"
  = **according** to
- "La raison du plus fort est toujours la meilleure", **constate/affirme/observe** La Fontaine
  = **notes/asserts/observes**
- **Comme l'a fait remarquer** le président, "la croissance économique dépend du taux d'investissement"
  = **as** ... pointed out
- Chénier **avait écrit :** "l'art ne fait que des vers, le cœur seul est poète" et Musset **reprend la même idée lorsqu'il dit :** "Ah, frappe-toi le cœur, c'est là qu'est le génie"
  = had written: ... echoes the **same** idea when he says:
- **Selon les paroles de** Duhamel, "le romancier est l'historien du présent"
  = in the **words** of
- Dans un article récemment publié dans le journal "Le Temps", **nous trouvons cette remarque de** Gordon Thomas : "..."
  = we find this **remark** by
- Dans son étude sur le folklore vendéen, Jean Dumur **observe** ...
  = **observes**

Concluding

- **De toute façon**, nous sommes au pied du mur
  = in any **case**
- **Bref** *or* **En un mot**, il refuse de se prononcer
  = **basically** or in a **word**

- **En somme**, il faut nuancer cette affirmation
  = in short

- Il convient de signaler, **pour conclure**, l'exceptionnelle qualité des textes retenus
  = in conclusion

- **En définitive**, ce dont le monde a besoin c'est d'un style de vie et de consommation plus sobre
  = when all is said and done

## 26.3 The mechanics of the argument

### Stating facts

- **Il est exact que** les trains arrivent en général à l'heure, sauf quand il gèle
  = it is true that

- **On constate** chez les cadres une forte motivation
  = ... is noticeable

- **On observe** un repli sur les valeurs sûres
  = ... can be observed

- **On peut noter que** l'essentiel des dépenses de santé est financé par des cotisations sociales
  = we can see that

- Ce mode de calcul des rémunérations **fait l'objet de** négociations entre patronat et syndicats
  = is the object of

- **Il s'agit d'**une mesure de défense prise face à une initiative jugée hostile
  = it is a

- **Rappelons les faits**. Victoria l'Américaine débarque à Londres en 1970 et réussit rapidement à s'imposer sur la scène musicale
  = let's recall the facts

- Le New York Times **rapporte que** l'islam est la religion qui connaît aujourd'hui la plus forte croissance aux États-Unis
  = reports that

### Making a supposition

- Si on trouve ces fossiles à l'intérieur des terres, **on peut supposer que** jadis la mer recouvrait cette région
  = one can assume that

- **Il est peu probable que** la diminution de l'ensoleillement dans la région **ait** *(subj)* eu des conséquences sur la croissance des plantes
  = it is unlikely that

- **Il pourrait y avoir** une guerre commerciale si nous n'instaurons pas le libre accès aux marchés
  = there could be

- Dans les milieux diplomatiques, **on évoque la possibilité d'**un durcissement de l'embargo
  = there is mention of the possibility of

- L'ampleur des destructions **permet de penser que** d'énormes quantités d'essence ont pris feu
  = leads us to think that

- Le film **laisse supposer que** tout peut devenir spectacle
  = would have one suppose that

### Expressing a certainty

- **Il est certain que** le chômage contribue à alimenter l'exclusion
  = it is certain that

- **Il est évident que** toutes les régions devront jouer leur rôle sur le plan national
  = it is obvious that

- La partie la plus originale de son livre réside **incontestablement** dans son analyse des arts populaires
  = indisputably

- Il existe **indéniablement** un art de penser, de vivre, qui est commun à toute l'Europe
  = undoubtedly

- **Il est indéniable que** c'est un problème
  = it cannot be denied that

- **Tout le monde s'accorde à penser que** le conflit est loin d'être fini
  = everyone agrees that

- **Il ne fait aucun doute qu'**il a du talent
  = there is no doubt that

- **Il est clair que** cette maison est inhabitée depuis des mois
  = clearly

### Expressing doubt

- **Il semble que** quelqu'un a essayé d'entrer par la fenêtre
  = it seems that

- **Il est possible** *or* **Il se peut que** je me **sois** *(subj)* trompé
  = it is possible that

- **Peut-être** est-ce *or* C'est **peut-être** une meilleure idée
  = perhaps

- L'auteur s'est **sans doute** inspiré de contes orientaux
  = probably

- Les rebelles **se seraient regroupés** près de la ville, **ce qui expliquerait** la psychose de peur qui prévaut encore
  = allegedly regrouped ..., which would explain

- Chaque témoignage **remet en question** ce qui paraissait établi quelques minutes plus tôt
  = calls back into question

### Conceding a point

- Écrire un texte sans la lettre "e" semble une gageure impossible. **C'est pourtant** la règle qu'il s'impose pour tout un roman
  = and yet it is

- Les héritiers ont du mal à se mettre d'accord. Ils sont **toutefois** unanimes sur un point : la propriété restera dans la famille
  = however

- **Bien qu'**étudiés *or* **Quoique** étudiés depuis de nombreuses années, les cyclones tropicaux comportent encore beaucoup d'inconnues
  = though

- **Bien que** quelques blindés **aient** *(subj)* pris position dans la ville, la situation est restée relativement calme
  = although

- On ne sait pas grand-chose de son enfance. **Toujours est-il qu'**il entre en apprentissage alors qu'il n'a pas quinze ans
  = the fact remains that

- **Quel que soit** *(subj)* le style retenu pour la mise en scène, l'atmosphère de la pièce est toujours un peu lugubre
  = whatever

- **On ne peut nier que** l'intrigue **soit** *(subj)* quelque peu compliquée
  = it cannot be **denied** that
- **Le moins que l'on puisse** *(subj)* **dire est qu'**entre les principales organisations professionnelles agricoles, le courant ne passait pas
  = the **least** one can say is that
- Ces faits sont **sans doute** vrais, **mais** restent quand même peu crédibles
  = no **doubt** ... but
- **Certes** un encart publicitaire coûte très cher, **mais** il permet de mieux vendre
  = **certainly** ... but
- **Tout en reconnaissant que** les grands ensembles ont permis de loger des milliers de sans-abri, **il faut néanmoins admettre que** les conditions de vie y sont souvent déplorables
  = while **recognizing** that ... one must, **however, admit** that
- La mort de ce coureur automobile, **pour** tragique **qu'**elle **soit** *(subj)*, donne à réfléchir sur ce qui pousse certains à risquer leur vie
  = ... **though** it may be
- Si on supposait depuis longtemps qu'il y avait eu corruption, **ce n'est que récemment que** les archives ont confirmé ces suppositions
  = it is only recently that

### Emphasizing particular points

- **Il convient de souligner** l'importance de ces recherches
  = it is worth **stressing**
- **Il faut bien préciser que** ce produit est commercialisé depuis des années
  = it is **important** to **point** out that
- **C'est à ce niveau qu'**il faut chercher des solutions
  = it is at this level that
- **C'est une question de** temps et non pas d'argent
  = it is a **question** of
- Ce dossier délicat **met en lumière** les oppositions entre la nécessaire maîtrise des dépenses de santé et la diffusion souhaitable des innovations thérapeutiques
  = **brings to light**
- Peu de gens ont vu cette émission, **d'autant plus qu'**elle est passée tard le soir
  = **especially since**
- Il est important de se faire vacciner contre le tétanos, **à plus forte raison lorsque** l'on manipule régulièrement des objets rouillés
  = and all the **more so when**
- **Bien loin de** renier ses origines, il n'avait jamais rompu ses liens avec sa patrie
  = **far from**
- Quel choc pour les spectateurs ! **Non (pas) que** le film **soit** *(subj)* sanglant, **mais** son crescendo est redoutable
  = not that ... is ... but
- **Non seulement** les objectifs ont été atteints, **mais** ils ont été dépassés
  = not only ... but
- Ce plat délicieux, facile à préparer, économique **qui plus est**, a tout pour nous séduire
  = and **moreover**
- **J'irais même jusqu'à dire que** c'est un chef-d'œuvre
  = I would even go **so far** as to say that
- **N'oublions pas que**, sur Terre, la gravité pilote absolument tous les phénomènes
  = let us not **forget** that
- De l'enthousiasme : **voilà précisément ce qui** leur fait défaut
  = that's **precisely** what

### Moderating a statement

- **Sans vouloir critiquer** cette façon de procéder, **il semble cependant qu'**une autre méthode pourrait avoir de meilleurs résultats
  = I have no wish to **criticize** ... but it **seems** that
- L'auteur a certainement raison **dans l'ensemble, mais certains détails mériteraient d'être revus**
  = ... on the **whole**, but some details require to be reviewed
- **Une mise au point serait souhaitable**
  = some clarification would be desirable
- **Sans attacher trop d'importance à ces détails, il semble pourtant qu'**une révision du texte serait utile
  = without wishing to attach too much **importance** to these details, I do **think** that
- **Il serait injuste de** reprocher à l'auteur son manque d'expérience
  = it would be unfair to
- "La sévérité de la presse est à la mesure de la démocratie." Certains philosophes **nuancent** ces propos en précisant que ...
  = **qualify**
- **Il faut néanmoins nuancer** l'affirmation selon laquelle l'Europe serait exagérément protectionniste
  = one has, **nevertheless**, to **qualify**

### Indicating agreement

- Beaucoup de gens s'inquiètent de l'évolution du chômage, et **effectivement** *or* **en effet,** la situation est préoccupante
  = **indeed**
- **Il faut reconnaître que** les résultats sont décevants
  = one has to **recognize**
- Sa description de l'événement **est exacte en tous points**
  = is **accurate** on all **points**
- L'explication qu'il en donne **est tout à fait convaincante**
  = is totally **convincing**
- **Comme le suggère** l'auteur, il semble indispensable d'améliorer la qualité des formations et des diplômes
  = **as** ... **suggests**
- **Tout semble effectivement indiquer qu'**à trente ans, les surdoués ont été rattrapés par les autres
  = **everything seems to indicate that**
- **Il serait vain de le nier :** nous allons devoir faire face à une concurrence nouvelle
  = it would be pointless to **deny** it
- **Rien n'est plus vrai que** cette description de l'exil
  = there is nothing more accurate than

### Indicating disagreement

#### Tentatively

- Je me sens tenu de **formuler quelques réserves**
  = express some reservations
- **Je formulerais quelques objections**
  = I would express some objections
- Cette affirmation **me semble contestable**
  = seems debatable to me
- **Bien que** son raisonnement **soit** *(subj)* intéressant, **je ne partage pas** le point de vue de l'auteur
  = although ... is ..., I do not share
- **Quand bien même** disposerait-on d'un vaccin efficace, celui-ci ne pourrait, sans grosses difficultés, être administré sur l'ensemble de la planète
  = even if
- À tous ceux qui critiquent la publicité, **on peut répondre** *or* **répliquer que** c'est un nouveau genre artistique
  = one can reply that
- **On voit mal comment** les élèves pourraient bénéficier de cette mesure
  = it is hard to see how

#### More assertively

- Cette explication **ne mérite pas d'être retenue**
  = does not deserve to be accepted
- Ces faits **sont en contradiction avec** la version officielle
  = contradict
- **Elle réfute l'argument selon lequel** la cause principale des défaillances est la fragilité financière des entreprises
  = she refutes the argument that
- L'auteur **commet une grave erreur** en laissant entendre qu'un accord avait été conclu
  = makes a serious mistake
- Quand on dit que la catastrophe a fait 2 000 victimes, **on est très loin de la vérité**
  = one is very far from the truth
- **Je m'inscris en faux** *or* **Je m'élève** *or* **Je m'insurge contre** cette version des faits
  = I protest against
- **Il ne saurait être question de** procéder à de nouvelles élections
  = there can be no question of
- **Il est impossible d'accepter** ce point de vue
  = it is impossible to accept
- **On ne saurait approuver** cette idée qui témoigne d'un manque de réflexion
  = one couldn't approve of

### Indicating approval

- **Heureusement,** l'auteur nous précise plus loin que ce n'est pas le cas
  = fortunately
- **On comprend fort bien que** les jeunes **aient** *(subj)* réagi ainsi
  = it is perfectly understandable that
- **La meilleure solution serait effectivement de** réviser entièrement le projet
  = the best solution would, in fact, be to
- Les responsables de l'enquête **ont raison d'**insister sur ce point
  = are right to
- L'auteur souligne ce détail **à juste titre** *or* **avec raison**
  = rightly
- **Il était grand temps que** ces règles **soient** *(subj)* corrigées
  = it was high time that ... were
- **Enfin** un ouvrage qui traite en profondeur le problème du chômage
  = at last
- Ce livre **est le bienvenu** car il traite d'un sujet jamais abordé jusqu'ici
  = is welcome

### Indicating disapproval

- **Il est regrettable que** l'auteur **ait** *(subj)* négligé cet aspect du problème
  = it is regrettable that
- **Il serait vraiment dommage qu'**une découverte aussi importante ne **soit** *(subj)* pas reconnue à sa juste valeur
  = it would be a great pity if
- **Malheureusement,** cette étude est très inégale
  = unfortunately
- **On peut s'étonner de** la rapidité avec laquelle la réforme a été appliquée
  = one may well be surprised at
- Les habitants **condamnent** *or* **critiquent** ce projet d'autoroute
  = condemn or criticize
- **Ils reprochent aux** autorités *or* **Ils accusent** les autorités de ne pas les avoir consultés
  = they accuse

### Making a correction

- **En réalité** *or* **En fait**, il ne s'agit pas du tout d'une fiction
  = in reality or in actual fact
- **Il ne s'agit pas à proprement parler de** commerce, mais plutôt de troc
  = it is not, strictly speaking, a question of
- **Pour rétablir les faits**, je dirai que ...
  = to re-establish the facts
- Bouderaient-ils leurs pays d'accueil ? **Il semble plutôt qu'**ils les connaissent mal
  = it seems more likely that
- Dira-t-on qu'il est ambitieux ? **Le mot est faible. Aussi le qualifiera-t-on plus justement d'**arriviste
  = that's too weak a word ... so he would more properly be called

### Indicating the reason for something

- Cette situation **résulte d'un malentendu**
  = ... is the result of
- **Plus qu'à** ses idées politiques, sa popularité **tient à** ses dons d'acteur
  = ... is due more to ... than to
- **C'est pour cette raison que** tout retour en arrière est impossible
  = it is for this reason that

- Le vieux château sera réparé : **en effet**, il constitue l'un des meilleurs exemples de l'architecture du XVIIe siècle
  = because

- On ne peut se fier à ces résultats, **étant donné que** *or* **attendu que** les chiffres sont approximatifs
  = seeing that

- **S'il** a accepté, **c'est** certainement **qu'**on a fait pression sur lui
  = if he ..., it is ... because

- **Cela expliquerait** la baisse des ventes en février
  = this would explain

### Indicating the consequences of something

- Cette décision **a eu d'heureuses conséquences/a eu des conséquences néfastes**
  = had positive/disastrous consequences

- Sa nomination **a eu pour conséquence de** créer un mécontentement considérable au sein de l'organisation
  = resulted in

- Il était très mécontent de l'évolution de la politique salariale, **aussi a-t-il** donné sa démission
  = and so he

- La fermeture de l'usine **entraînera** *or* **provoquera** *or* **aura pour résultat** une augmentation du chômage dans la région
  = will bring about or result in

- Les compagnies aériennes ont augmenté leurs tarifs, **d'où** une diminution du nombre des passagers
  = hence

- Le nombre de postes sera réduit à trois, **ce qui implique** *or* **ce qui signifie** le départ de quatre employés
  = which means

- Le héros n'apparaissant pas dans ce chapitre, **il s'ensuit que** les personnages secondaires occupent le premier plan
  = it follows that

- **Ainsi,** la personnalité du héros se révèle beaucoup plus complexe qu'elle ne le semblait au premier abord
  = thus

### Contrasting or comparing

- **Certains** parlent de la faillite de l'école. **À l'inverse, d'autres** proclament les progrès du système éducatif
  = some (people) .... conversely, others ...

- **Les uns** se proclament pour la démocratie, **les autres** vantent les bienfaits d'un régime autoritaire
  = some (people) ..., others ...

- **Il dépasse** de loin tous ses concurrents
  = he outstrips

- Son deuxième roman **est bien inférieur à** son premier
  = is grossly inferior to

- **Il n'arrive pas à la cheville de** son rival
  = ... is head and shoulders above

- **Comparée à** ses concurrents mondiaux de l'ingénierie, l'entreprise affiche désormais l'un des plus jolis bilans de la profession
  = compared to

- **Par rapport à** ses concurrents, cette entreprise est défavorisée
  = compared with

- **Il n'y a pas de comparaison possible entre** ces deux œuvres
  = there is no possible comparison to be drawn between

# 27 TELEPHONE, E-MAIL AND TEXTING

## 27.1 Getting a number

- **Je voudrais le 01 843 46 09 37 12, s'il vous plaît,** *(zéro un huit cent quarante-trois quarante-six zéro-neuf trente-sept douze)*
  = Could you get me 01843 46093712, please? (o-one-eight-four-three four-six-o-nine-three-seven-one-two)

- **Pourriez-vous me passer les renseignements, s'il vous plaît ?**
  = Could you give me directory enquiries (Brit) or directory assistance (US), please?

- **Je voudrais le numéro de la société Europost, 20 rue de la Marelle, à Pierrefitte**
  = Can you give me the number of Europost, 20 rue de la Marelle, Pierrefitte?

- **Quel est l'indicatif pour la Martinique ?**
  = What is the code for Martinique?

- **Comment est-ce que je peux téléphoner à l'extérieur ?**
  = How do I make an outside call or How do I get an outside line?

- **Quel numéro dois-je faire pour l'horloge parlante ?**
  = What do I dial to get the speaking clock?

- **Je n'ai pas trouvé le numéro dans l'annuaire**
  = It's not in the book

- **Si vous téléphonez de France en Angleterre, ne faites pas le zéro**
  = You omit the « 0 » when dialling England from France

## 27.2 When your number answers

- **Pourriez-vous me passer le poste 516, s'il vous plaît ?**
  = Could I have or Can you give me extension 516?

- **Je suis bien chez M. Lambert ?**
  = Is that Mr Lambert's phone?

- **Je voudrais parler à M. Wolff, s'il vous plaît** *or* **Pourrais-je parler à M. Wolff, s'il vous plaît ?**
  = Could I speak to Mr Wolff, please? or I'd like to speak to Mr Wolff, please or Is Mr Wolff there?
- **Pourriez-vous me passer le docteur Henderson, s'il vous plaît ?**
  = Could you put me through to Dr Henderson, please?
- **Qui est à l'appareil ?**
  = Who's speaking?
- **Je rappellerai dans une demi-heure**
  = I'll call back in half an hour
- **Pourrais-je laisser mon numéro pour qu'elle me rappelle ?**
  = Could I leave my number for her to call me back?
- **Je vous appelle d'une cabine téléphonique** *or* **Je téléphone d'une cabine**
  = I'm ringing from a callbox (Brit) or I'm calling from a pay station (US)
- **J'appelle** *or* **Je téléphone d'Angleterre**
  = I'm phoning from England
- **Pourriez-vous lui demander de me rappeler quand il rentrera ?**
  = Would you ask him to ring me when he gets back?

## 27.3 Answering the telephone

- **Allô, c'est Anne à l'appareil**
  = Hello, this is Anne speaking
- *(C'est Anne à l'appareil ?)* **Elle-même**
  = (Is that Anne?) Speaking
- **Voulez-vous laisser un message ?**
  = Would you like to leave a message?
- **Puis-je lui transmettre un message ?**
  = Can I take a message?
- **Ne quittez pas**
  = Hold the line, please
- **Je vous rappelle**
  = I'll call you back
- **Vous êtes en communication avec un répondeur automatique**
  = This is a recorded message
- **Veuillez laisser votre message après le bip sonore**
  = Please speak after the tone or after the beep

## 27.4 The switchboard operator speaks

- **Grand Hôtel, bonjour** *or* **à votre service**
  = Grand Hotel, can I help you?
- **Qui est à l'appareil ?**
  = Who's calling, please?
- **C'est de la part de qui ?**
  = Who shall I say is calling?
- **Est-ce que vous connaissez le numéro du poste ?**
  = Do you know his extension number?
- **Je vous le passe**
  = I am connecting you or putting you through now
- **J'ai quelqu'un en ligne de Tokyo qui demande Mme Thomas**
  = I have a call from Tokyo for Mrs Thomas
- **J'ai Mlle Martin à l'appareil**
  = I've got Miss Martin on the line for you
- **Le docteur Roberts est déjà en ligne**
  = Dr Roberts' line is busy
- **Désolé de vous faire attendre**
  = Sorry to keep you waiting
- **Ça ne répond pas**
  = There's no reply
- **Vous êtes en ligne avec le service des ventes**
  = You're through to our Sales Department

## 27.5 The operator speaks

- **Quel numéro demandez-vous ?**
  = What number do you want or What number are you calling?
- **D'où appelez-vous ?**
  = Where are you calling from?
- **Pourriez-vous répéter le numéro, s'il vous plaît ?**
  = Would you repeat the number, please?
- **Raccrochez et renouvelez votre appel** *or* **Raccrochez et recomposez le numéro**
  = Replace the handset and dial again
- **M. Campbell vous appelle en PCV d'Amsterdam. Est-ce que vous acceptez la communication ?**
  = There's a Mr Campbell calling you from Amsterdam. He wishes you to pay for the call. Will you accept it?
- **Vous êtes en ligne**
  = Go ahead, caller
- (Directory Enquiries) **Il n'y a pas d'abonné à ce nom**
  = (aux Renseignements) There's no listing under that name
- **Désolé, leur numéro est sur la liste rouge**
  = They're ex-directory (Brit) *or* unlisted (US)
- **Le 01 45 77 57 84 ne répond pas**
  = There's no reply from 01 45 77 57 84
- **Ne quittez pas**
  = Hold the line, please
- **Par suite de l'encombrement des lignes, votre appel ne peut aboutir. Veuillez rappeler ultérieurement**
  = All lines to Bristol are engaged - please try later
- **J'essaie d'obtenir votre correspondant**
  = I'm trying it for you now
- **Ça sonne**
  = It's ringing or Ringing for you now
- **La ligne est occupée**
  = The line is engaged (Brit) or busy (US)

- **Il n'y a pas d'abonné au numéro que vous avez demandé** *(recorded message)*
  = The number you have **dialled** has not been recognized (message enregistré)
- **Le numéro de votre correspondant n'est plus attribué. Veuillez consulter l'annuaire ou votre centre de renseignements**
  = The **number** you have **dialled** no longer exists. Please consult the **directory** *(message enregistré)*
- **Le numéro de votre correspondant a changé. Veuillez composer désormais le 02 33 42 21 70** *(recorded message)*
  = The **number** you have **dialled** has been changed. Please **dial** 0233422170 *(message enregistré)*
- **Toutes les lignes de votre correspondant sont occupées. Veuillez rappeler ultérieurement** *(recorded message)*
  = The **number** you are **calling** is **engaged** *(Brit)* *ou* **busy** *(US)*. Please try again later

## 27.6 Different types of call

- **C'est une communication locale**
  = It's a local **call**
- **C'est une communication interurbaine**
  = This is a long-distance **call**
- **Je voudrais appeler l'étranger**
  = I want to make an international call
- **Je voudrais appeler Londres en PCV** (NB : system no longer exists in France)
  = I want to make a **reverse** charge call to a London **number** (Brit) or I want to **call** a London number **collect** (US)
- **Je voudrais être réveillé à 7 h 30 demain matin?**
  = I'd like an alarm **call** for 7.30 tomorrow morning

## 27.7 In case of difficulty

- **Je n'arrive pas à avoir le numéro**
  = I can't get through (at all)
- **Leur téléphone est en dérangement**
  = Their **phone** is out of **order**
- **On nous a coupés** *or* **La communication a été coupée**
  = We were cut off
- **J'ai dû faire un faux numéro**
  = I must have **dialled** the wrong **number**
- **Il y a quelqu'un d'autre sur la ligne**
  = We've got a **crossed** line
- **J'ai appelé plusieurs fois, mais ça ne répond pas**
  = I've **called** them several times with no **reply**
- **Vous m'avez donné un faux numéro**
  = You gave me a wrong **number**
- **On ne m'a pas donné le bon poste** *or* **On s'est trompé de poste**
  = I got the wrong **extension**
- **La ligne est très mauvaise**
  = This is a very bad **line**

**E-mail and Texting,** see p. 37-38

## 27.8 E-mail

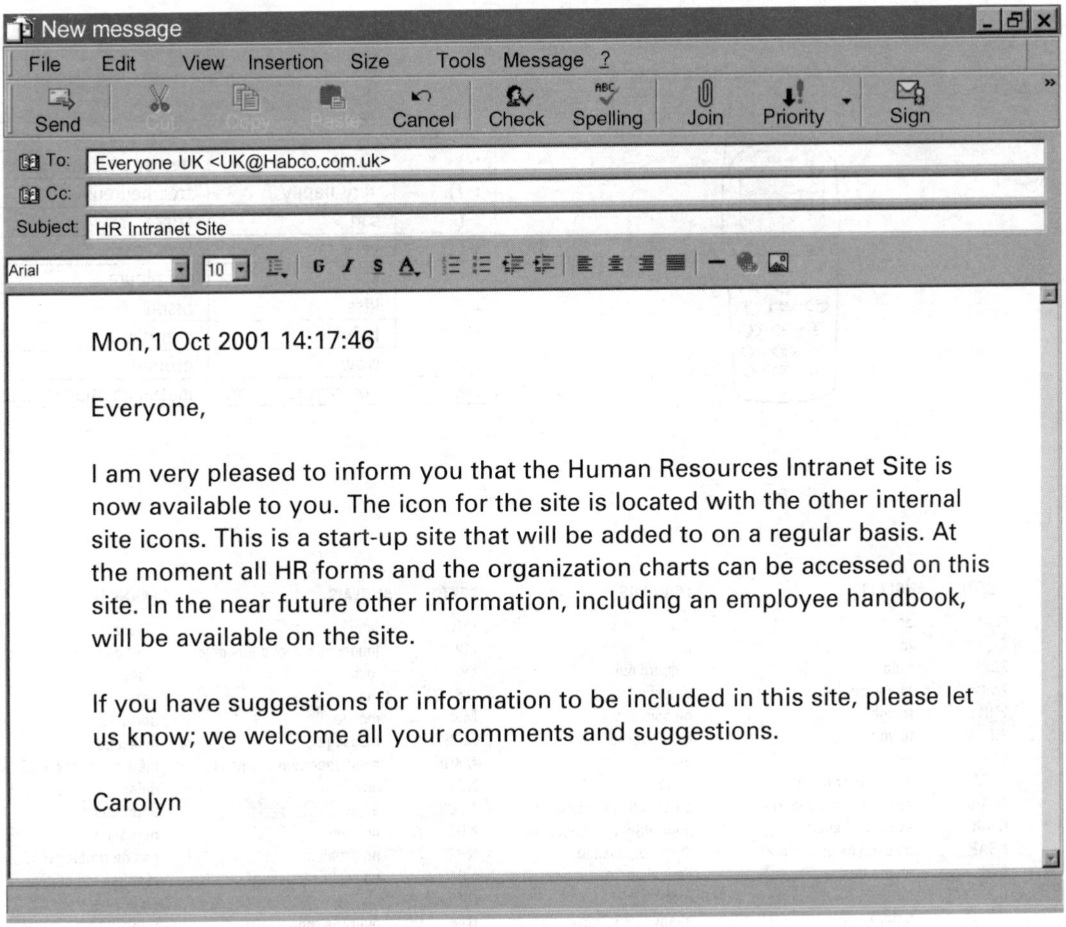


Mon,1 Oct 2001 14:17:46

Everyone,

I am very pleased to inform you that the Human Resources Intranet Site is now available to you. The icon for the site is located with the other internal site icons. This is a start-up site that will be added to on a regular basis. At the moment all HR forms and the organization charts can be accessed on this site. In the near future other information, including an employee handbook, will be available on the site.

If you have suggestions for information to be included in this site, please let us know; we welcome all your comments and suggestions.

Carolyn

| | |
|---|---|
| New Message | Nouveau message |
| File | Fichier |
| Edit | Edition |
| View | Affichage |
| Tools | Outils |
| Compose | Composer |
| Help | Aide |
| Send | Envoyer |
| New | Nouveau message |
| Reply to Sender | Répondre |
| Reply to All | Répondre à tous |
| Forward | Faire suivre |
| Attachment | Fichier joint |
| To | A |
| Cc | Cc |
| Bcc (blind carbon copy) | Copie cachée |
| Subject | Objet |
| From | De |
| Sent | Date |

## 27.9 Texting

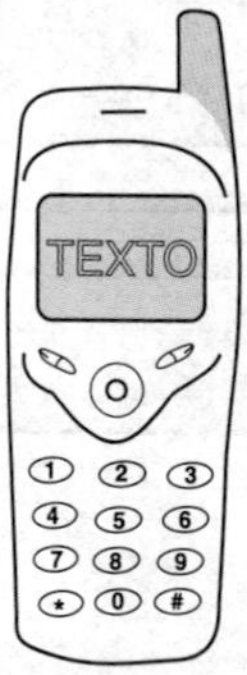


| Smileys | | |
|---|---|---|
| :-) | happy | heureux |
| :-)) | very happy | très heureux |
| :-( | sad | triste |
| :-(( | very sad | très triste |
| :'-( | crying | qui pleure |
| :-* | kiss | bisou |
| ;-) | twinkle | clin d'œil |
| :-0 | wow | étonné |
| :-X | not saying a word | motus et bouche cousue |

| TEXTO | ANGLAIS | FRANÇAIS |
|---|---|---|
| @ | at | "at" |
| 2 | to | à |
| 2DAY | today | aujourd'hui |
| 2MORO | tomorrow | demain |
| 2NITE | tonight | ce soir |
| 2U | to you | à toi/pour toi |
| 4 | for | pour |
| AAM | as a matter of fact | en fait |
| AFAIC | as far as I'm concerned | en ce qui me concerne |
| AFAIK | as far as I know | pour autant que je sache |
| ASAP | as soon as possible | dès que possible |
| ATB | all the best | amicalement |
| B | be | être |
| B4 | before | avant |
| BCNU | be seeing you | à plus |
| BRB | be right back | je reviens tout de suite |
| BTDT | been there done that | j'ai déjà donné |
| BTW | by the way | à propos |
| BYKT | but you knew that | mais tu le savais déjà |
| CID | consider it done | c'est comme si c'était fait |
| COZ | because | parce que |
| CU | see you | salut |
| CUL8R | see you later | à plus tard |
| CW2CU | can't wait to see you | j'ai hâte de te (re)voir |
| EZ | easy | facile |
| FAQ | frequently asked questions | foire aux questions |
| FWIW | for what it's worth | pour ce que ça vaut |
| FYI | for your interest /information | pour ton information |
| GAL | get a life | bouge-toi un peu |
| GBTM | get back to me | réponds-moi |
| GR8 | great | super |
| GTG | got to go | il faut que j'y aille |
| H8 | hate | la haine |
| HTH | hope this helps | j'espère que ça t'est utile |
| IAC | in any case | de toute façon |
| ICCL | I couldn't care less | je m'en fiche pas mal |
| IDK | I don't know | je ne sais pas |
| ILUVU | I love you | je t'aime |
| IMHO | in my humble opinion | à mon humble avis |
| IOU | I owe you | je te dois |
| IYKWIM | if you know what I mean | tu vois ce que je veux dire |
| KIT | keep in touch | donne de tes nouvelles |
| L8 | late | tard |

| TEXTO | ANGLAIS | FRANÇAIS |
|---|---|---|
| L8R | later | plus tard |
| LOL | laughing out loud/lots of love | mort de rire/grosses bises |
| LV | love | bises |
| M8 | mate | pote |
| Mob | mobile | portable |
| MSG | message | message |
| MYOB | mind your own business | mêle-toi de tes affaires |
| NE | any | de(s) |
| NJOY | enjoy | apprécier |
| NO1 | no one | personne |
| NP | no problem | pas de problème |
| NRN | no reply necessary | réponse facultative |
| OIC | oh I see | ah je vois |
| OTT | over the top | trop |
| PCM | please call me | appelle-moi, s'il te plaît |
| PLS | please | s'il te plaît |
| PPL | people | les gens |
| R | are | es/sommes/êtes/sont |
| RN | right now | tout de suite |
| ROF | rolling on the floor | tordu de rire |
| RUOK | are you OK? | ça va ? |
| S/O | someone | quelqu'un |
| S/TH | something | quelque chose |
| SUM1 | someone | quelqu'un |
| THX | thanks | merci |
| Ti2GO | time to go | il faut que j'y aille |
| TMB | text me back | réponds-moi par message |
| TTFN | ta ta for now | au revoir |
| TTYL | talk to you later | à plus tard |
| TXT | text | texte |
| TYVM | thank you very much | merci beaucoup |
| U | you | tu/toi/te/vous |
| V | very | très |
| W/O | without | sans |
| WAN2 | want to | veux/voulons/voulez/veulent |
| WBS | write back soon | écris-moi vite |
| WIV | with | avec |
| WKND | weekend | le week-end |
| WUD | what are you doing? | qu'est-ce que tu fais ? |
| X | kiss | bisou |
| XLNT | excellent | excellent |
| Y | why | pourquoi |
| YR | your | ton/ta/tes/votre/vos |

# 28 LA SUGGESTION

## 28.1 Pour faire des suggestions

- **You might like to** think it over before giving me your decision
  = peut-être souhaitez-vous
- **If you were to** give me the negative, **I could** get copies made
  = si vous ... je pourrais
- **You could** help me clear out my office, **if you don't mind**
  = vous pourriez ... si cela ne vous ennuie pas
- **We could** stop off in Venice for a day or two, **if you like**
  = nous pourrions ... si vous voulez
- I've got an idea — **let's organize** a surprise birthday party for Megan !
  = organisons
- **If you've no objection(s), I'll** ask them round for dinner on Sunday
  = si vous n'avez pas d'objections, je
- **If I were you, I'd** be very careful
  = si j'étais vous, je
- **If you ask me, you'd better** take some extra cash
  = à mon avis, vous feriez bien de
- **If you want my advice, I'd** steer well clear of them
  = à votre place, je
- **I'd be very careful not to** commit myself at this stage
  = je ferais très attention à ne pas
- **I would recommend (that) you** discuss it with him before making a decision
  = je vous recommande de
- **It could be in your interest to** have a word with the owner first
  = il serait peut-être dans votre intérêt de
- **There's a lot to be said for** liv**ing** alone
  = a beaucoup d'avantages

**Directement**

- **I suggest that** *ou* **I'd like to suggest that** you take a long holiday
  = je suggère que
- **We propose that** half the fee be paid in advance, and half on completion
  = nous proposons que
- **It is quite important that** you develop her sense of fun and adventure
  = il est très important que
- I cannot put it too strongly: **you really must** see a doctor
  = il faut absolument que vous

**Moins directement**

- **Say you were to** approach the problem from a different angle
  = et si vous
- In these circumstances, **it might be better to** wait
  = il vaudrait peut-être mieux
- **It might be a good thing** *ou* **a good idea to** warn her about this
  = ce serait peut-être une bonne idée de
- **Perhaps it might be as well to** look now at the issues
  = il serait peut-être bon de
- **Perhaps you should** take up birdwatching
  = vous devriez peut-être
- **If I may make a suggestion**, a longer hemline might suit you better
  = si je peux me permettre une suggestion
- **Might I be allowed to offer a little advice?** — talk it over with a solicitor before you go any further
  = puis-je me permettre de vous donner un conseil ?
- **If I may be permitted to remind you of** one of the golden rules of journalism
  = puis-je me permettre de vous rappeler
- **If I might be permitted to suggest something**, installing bigger windows would make the office much brighter
  = si je puis me permettre une suggestion

**En posant une question**

- **How do you fancy** a holiday in Australia? *(familier)*
  = ça vous tente ...
- I was thinking of inviting her to dinner. **How about it?** *(familier)*
  = qu'est-ce que vous en dites ?
- **What would you say to** a trip up to town next week?
  = que diriez-vous de
- **Would you like to** go away on a second honeymoon?
  = aimeriez-vous
- **What if** you try ignoring her and see if that stops her complaining?
  = et si
- What you need is a change of scene. **Why not** go on a cruise or to a resort?
  = pourquoi ne pas
- **Suppose** *ou* **Supposing** you left the kids with Joe and came out with me?
  = et si
- **What do you think about** tak**ing** calcium supplements?
  = que pensez-vous de
- **Have you ever thought of** start**ing** up a magazine of your own?
  = avez-vous déjà songé à
- **Would you care to** have lunch with me? *(soutenu)*
  = voudriez-vous

## 28.2 Pour demander des idées

- **What would you do if you were me?**
  = que feriez-vous à ma place ?
- **Have you any idea how I should** go about it to get the best results?
  = avez-vous une idée sur la façon dont je devrais
- I've no idea what to call our pet snake: **have you any suggestions?**
  = avez-vous des suggestions ?
- I can only afford to buy one of them: **which do you suggest?**
  = que feriez-vous à ma place ?
- **I wonder if you could suggest** where we might go for a few days?
  = je me demande si vous pourriez me donner une idée :

# 29 LE CONSEIL

## 29.1 Pour demander un conseil

- What would you do **if you were me?**
  = à ma place
- Would a pear tree grow in this situation? If not, **what would you recommend?**
  = que conseilleriez-vous
- **Do you think I ought to** tell the truth if he asks me where I've been?
  = pensez-vous que je devrais
- **What would you advise me to do** in the circumstances?
  = que me conseilleriez-vous de faire
- **Would you advise me to** seek promotion within this firm or apply for another job?
  = à votre avis, dois-je
- I'd like *ou* **I'd appreciate your advice on** personal pensions
  = j'aimerais avoir votre avis sur
- **I'd be grateful if you could advise me on** how to treat this problem
  = je vous serais reconnaissant si vous pouviez me donner votre avis sur

## 29.2 Pour donner un conseil

### De manière impersonnelle

- **It might be wise** *ou* **sensible** *ou* **a good idea to** consult a specialist
  = il serait peut-être prudent de
- **It might be better to** think the whole thing over before making any decisions
  = il vaudrait peut-être mieux
- **You'd be as well to** state your position at the outset, so there is no mistake
  = vous feriez bien de
- **You would be well-advised to** invest in a pair of sunglasses if you're going to Morocco
  = vous feriez bien de
- **You'd be ill-advised to** have any dealings with this firm
  = vous auriez tort de
- **It would certainly be advisable to** book a table
  = il serait prudent de
- **It is in your interest** *ou* **your best interests to** keep your dog under control if you don't want it to be reported
  = il est dans votre intérêt de
- **Do be sure to** read the small print before you sign anything
  = prenez soin de
- **Try to avoid** gett**ing** her back up; she'll only make your life a misery
  = essayez d'éviter de
- **Whatever you do, don't** drink the local schnapps
  = quoi qu'il arrive, ne ... pas

### De manière plus personnelle

- **If you ask me, you'd better** take some extra cash
  = à mon avis, vous feriez mieux de
- **If you want my advice, I'd** steer well clear of them
  = à votre place, je
- **If you want my opinion, I'd** go by air to save time
  = à votre place, je
- **In your shoes** *ou* **If I were you, I'd** be thinking about moving on
  = à votre place, je
- **Take my advice** and don't rush into anything
  = suivez mon conseil
- **I'd be very careful not to** commit myself at this stage
  = je ferais très attention à ne pas
- **I think you ought to** *ou* **should** seek professional advice
  = je crois que vous devriez
- **My advice would be to** have nothing to do with them
  = je vous conseillerais de
- **I would advise you to** pay up promptly before they take you to court
  = je vous conseille de
- **I would advise against** call**ing** in the police unless they threaten you
  = je déconseillerais de
- **I would strongly advise you to** reconsider this decision
  = je vous conseille vivement de
- **I would urge you to** reconsider selling the property
  = je ne saurais trop vous conseiller de
- **Might I offer a little advice?** — talk it over with a solicitor before you go any further *(soutenu)*
  = puis-je me permettre de vous donner un conseil ?

## 29.3 Pour lancer un avertissement

- It's really none of my business but **I don't think you should** get involved
  = je ne crois pas que vous devriez
- **A word of caution:** watch what you say to him if you want it to remain a secret
  = un petit conseil :
- **I should warn you that** he's not an easy customer to deal with
  = je vous préviens que
- **Take care not to** burn your fingers
  = faites attention à ne pas
- **Make sure that** *ou* **Mind that** *ou* **See that you don't** say anything they might find offensive
  = surtout, évitez de
- **I'd think twice about** shar**ing** a flat with the likes of him
  = je réfléchirais à deux fois avant de
- **It would be sheer madness to** attempt to drive without your glasses
  = ce serait de la folie que de
- **You risk** a long delay in Amsterdam **if** you come back by that route
  = vous risquez ... si
- **I am afraid I must refuse**
  = je crains de devoir refuser
- **I cannot possibly comply with** this request
  = je ne peux pas accéder à
- **It is unfortunately impracticable for us** to commit ourselves at this stage
  = il nous est malheureusement impossible de

- In view of the proposed timescale, **I must reluctantly decline to** take part
  = je me vois **malheureusement** obligé de refuser de

## 30 PROPOSITIONS

De façon directe

- **I would be delighted to** help out, **if I may**
  = je serais très **heureux** de ... si vous le souhaitez
- **It would give me great pleasure to** invite your mother to dinner on Saturday
  = cela me ferait très **plaisir** de
- **We would like to offer you** the post of Sales Director
  = nous **voudrions** vous **offrir**
- **I hope you will not be offended if I offer** a contribution towards your expenses
  = j'espère que vous ne m'en **voudrez** pas **si j'offre**
- **Do let me know if I can** help in any way
  = **prévenez**-moi **si**
- **If we can** be of any further assistance, **please do not hesitate to** contact us *(soutenu)*
  = **si** nous **pouvons** ... n'hésitez pas à

En posant une question

- **Say we were to** offer you a 10 % increase plus a company car, **how would that sound?**
  = mettons que ... qu'en **dites**-vous ?
- **What if I were to** call for you in the car?
  = et **si** je
- **Could I** give you a hand with your luggage?
  = est-ce que je **peux**
- **Shall I** pick you up from work on Friday afternoon?
  = **voulez**-vous que je
- **Is there anything I can do to** help you find suitable accommodation?
  = **puis**-je
- **May** *ou* **Can I offer you** a drink?
  = **puis**-je vous **offrir**
- **Would you like me to** find out more about it for you?
  = **voulez**-vous que je
- **Would you allow me to** pay for dinner, at least?
  = me **permettez**-vous de

## 31 DEMANDES

- **Would you please** drop by on your way home and pick up the papers you left here?
  = **pourriez**-vous
- **Could you please** try to keep the noise down while I'm studying?
  = **pourriez**-vous
- **Would you mind** look**ing** after Hannah for a couple of hours tomorrow?
  = cela vous ennuierait-il de
- **Could I ask you to** watch out for anything suspicious in my absence?
  = **puis**-je vous demander de

À l'écrit

- **I should be grateful if you could** confirm whether it would be possible to increase my credit limit to £5000
  = je vous serais **reconnaissant** de bien **vouloir**
- **We should be glad to** receive your reply by return of post
  = nous **souhaiterions**
- **We would ask you not to** use the telephone for long-distance calls
  = nous vous **prions** de ne pas
- **You are requested to** park at the rear of the building
  = vous êtes **prié** de
- **We look forward to** receiv**ing** confirmation of your order within 14 days
  = dans l'attente de
- **Kindly inform us if** you require alternative arrangements to be made
  = **veuillez** nous faire savoir si

De façon plus indirecte

- **I would rather you didn't** breathe a word to anyone about this
  = je **préférerais** que vous ne ... pas
- **I would appreciate it if you could** let me have copies of the best photographs
  = je vous serais **reconnaissant** si vous **pouviez**
- **I was hoping that you might** find time to visit your grandmother
  = j'**espérais** que vous **pourriez**
- **I wonder whether you could** spare a few pounds till I get to the bank?
  = est-ce qu'il vous serait **possible** de
- **I hope you don't mind if I** borrow your exercise bike for half an hour
  = j'espère que cela ne vous ennuie pas que
- **It would be very helpful** *ou* **useful if you could** have everything ready a week in advance
  = cela me etc rendrait service si vous **pouviez**
- **If it's not too much trouble, would you** pop my suit into the dry cleaners on your way past?
  = si cela ne vous dérange pas trop, **pourriez**-vous
- **You won't forget** to lock up before you leave, **will you?**
  = vous n'oublierez pas de

## 32 LA COMPARAISON

### 32.1 Objectivement

- The streets, although wide for a Chinese city, are narrow **compared with** English streets
  = **comparé** à

- The bomb used to blow the car up was small **in** *ou* **by comparison with** those often used nowadays
  = par rapport à
- **In contrast to** the opulence of the Kirov, the Northern Ballet Theatre is a modest company
  = par contraste avec
- The loss of power because of the lower octane rating of paraffin **as opposed to** petrol is about fifteen per cent
  = par opposition à
- **Unlike** other loan repayments, those to the IMF cannot simply be rescheduled
  = à la différence de
- **If we set** the actual cost **against** our estimate, we can see how inaccurate the estimate was
  = si nous comparons ... à
- **Whereas** house thieves often used to make off only with video recorders, they now also tend to empty the fridge
  = alors que
- Property rights are conferred on both tenants and home owners; **the former** are common, **the latter** are private
  = les premiers ..., les seconds ...
- Anglophone Canadians have a distinctive structure to their society, which **differentiates** it **from** other anglophone societies
  = différencie ... de

## 32.2 Comparaisons favorables

- Silverlight was, indeed, **far superior to** him intellectually
  = bien supérieur à
- The Australians are far bigger and stronger than us — **we can't compete with** their robot-like style of play
  = nous ne pouvons pas rivaliser avec
- St Petersburg **has the edge over** Moscow and other central cities in availability of some foods
  = est légèrement supérieur à
- Michaela was astute beyond her years and altogether **in a class of her own**
  = unique en son genre

## 32.3 Comparaisons défavorables

- Joseph's amazing technicolour dreamcoat **is not a patch on** some of the jerseys now being worn by the country's leading goalkeepers
  = n'est rien à côté de
- The chair he sat in **was nowhere near as** comfortable **as** his own
  = était loin d'être aussi ... que
- The parliamentary opposition **is no match for** the government
  = ne peut pas rivaliser avec
- Commercially-made ice-cream **is far inferior to** the home-made variety
  = est très inférieur à
- The sad truth is that, as a poet, **he was never in the same class as** his friend
  = il n'a jamais pu rivaliser avec
- Ella doesn't rate anything that **doesn't measure up to** Shakespeare
  = n'est pas du niveau de
- Her brash charms **don't bear comparison with** Marlene's sultry sex appeal
  = n'est pas comparable à

## 32.4 Pour comparer deux choses semblables

- The new system costs **much the same as** the old one
  = pratiquement la même chose que
- When it comes to quality, **there's not much to choose between** them
  = il n'y a pas grande différence entre
- **There is essentially no difference between them**
  = il n'y a pas de différence fondamentale entre eux
- The impact was **equivalent to** 250 hydrogen bombs exploding
  = équivalent à
- In 1975, Spanish workers had longer hours than most Europeans but now they are **on a par with** the French
  = sur un pied d'égalité avec
- In Kleinian analysis, the psychoanalyst's role **corresponds to** that of mother
  = correspond à
- The immune system **can be likened to** a complicated electronic network
  = peut être comparé à
- **There was a close resemblance between** her **and** her son
  = ... et ... se ressemblaient beaucoup
- **It's swings and roundabouts** — what you win in one round, you lose in another
  = c'est du pareil au même

## 32.5 Pour opposer deux choses non comparables

- **You can't compare** bacteria levels in cooked food **with** those in raw vegetables
  = vous ne pouvez pas comparer ... à
- All the muffins in England **cannot compare with** her scones
  = ne sauraient être comparés à
- **There's no comparison between** Waddle now **and** Waddle three years ago
  = on ne peut comparer ... à
- His book **has little in common with** those approved by the Party
  = n'a pas grand-chose en commun avec
- Here we are, practically twins, except **we have nothing in common**
  = nous n'avons rien en commun
- The modern army **bears little resemblance to** the army of 1940
  = ne ressemble guère à

# 33 L'OPINION

## 33.1 Pour demander l'opinion de quelqu'un

- **What do you think of** the new Managing Director?
  = que pensez-vous de

- **What is your opinion on** women's rights?
  = quelle est votre **opinion** sur
- **What are your thoughts on** the way forward?
  = quel est votre **avis** sur
- **What is your attitude to** people who say there is no such thing as sexual inequality?
  = quelle est votre **attitude** à l'égard de
- **What are your own feelings about** the way the case was handled?
  = quel est votre **sentiment** sur
- **How do you see** the next stage develop**ing**?
  = à votre **avis**, comment
- **How do you view** an event like the Birmingham show in terms of the cultural life of the city?
  = comment **percevez-vous**
- **I would value your opinion on** how best to set this all up
  = je voudrais avoir votre **avis** sur
- **I'd be interested to know what your reaction is to** the latest report on food additives
  = j'aimerais connaître votre **réaction** face à

### 33.2 Pour exprimer son opinion

- **In my opinion**, eight years as President is enough and sometimes too much for any man to serve in that capacity
  = à mon **avis**
- **As I see it**, everything depended on Karlov being permitted to go to Finland
  = **selon** moi
- **I feel that** there is an epidemic of fear about cancer which is not helped by the regular flow of publicity about the large numbers of people who die of it
  = je **trouve** que
- **Personally, I believe** the best way to change a government is through the electoral process
  = **personnellement**, je **crois** que
- **It seems to me that** the successful designer leads the public
  = il me **semble** que
- **I am under the impression that** he is essentially a man of peace
  = j'ai l'**impression** que
- **I have an idea that** you are going to be very successful
  = j'ai **idée** que
- **I am of the opinion that** the rules should be looked at and refined
  = je suis **d'avis** que
- **I'm convinced that** we all need a new vision of the future
  = je suis **convaincu** que
- **I daresay** there are so many names that you get them mixed up once in a while
  = j'**imagine** que
- We're prepared to prosecute the company, which **to my mind** has committed a criminal offence
  = à mon **avis**
- Most parts of the black market activity, **from my point of view**, is not, strictly speaking, illegal
  = **d'après** moi
- **As far as I'm concerned**, Barnes had it coming to him
  = en ce qui me **concerne**
- It's a matter of mutual accommodation, nothing more. **That's my view of the matter**
  = telle est mon **opinion** sur la question
- **It is our belief that** to be proactive is more positive than being reactive
  = nous **croyons** que
- **If you ask me**, there's something odd going on
  = si vous voulez mon **avis**
- **If you want my opinion**, if you don't do it soon, you'll lose the opportunity altogether and you'll be sorry
  = si vous voulez mon **opinion**

### 33.3 Pour répondre sans exprimer d'opinion

- Would I say she had been a help? **It depends what you mean by** help
  = cela dépend de ce que vous entendez par
- It could be seen as a triumph for capitalism but **it depends on your point of view**
  = c'est une question de **point** de vue
- **It's hard** *ou* **difficult to say whether** I identify with the hippy culture or not
  = il est **difficile** de dire si
- **I'm not in a position to comment on whether** the director's accusations are well-founded
  = je ne suis pas à même de dire si
- **I'd prefer not to comment on** operational decisions taken by the service in the past
  = je préférerais ne pas me **prononcer** sur
- **I'd rather not commit myself** at this stage
  = je préférerais ne pas m'**engager**
- **I don't have any strong feelings about which of the two companies** we should use for the job
  = je n'ai pas d'**opinion** bien arrêtée sur le choix de l'entreprise
- **This isn't something I've given much thought to**
  = je n'y ai pas vraiment réfléchi
- **I know nothing about** the workings of the female mind
  = j'**ignore** tout de

## 34 LES GOÛTS ET PRÉFÉRENCES

### 34.1 Pour demander ce que quelqu'un aime

- **Would you like to** visit the castle, while you are here?
  = **aimerais-tu**
- **How would you feel about** ask**ing** Simon to join us?
  = et si on
- **What do you like** do**ing best** when you're on holiday?
  = que **préfères-tu**
- **What's your favourite** film?
  = quel est ton ... **préféré** ?
- **Which of the two** proposed options **do you prefer?**
  = entre les deux ..., lequel **préfères-tu** ?
- We could either go to Rome or stay in Florence — **which would you rather** do?
  = que **préférerais-tu**

### 34.2 Pour dire ce que l'on aime

- **I'm very keen on** gardening
  = j'aime beaucoup le
- **I'm very fond of** white geraniums and blue petunias
  = j'adore
- **I really enjoy** a good game of squash after work
  = j'apprécie vraiment
- **There's nothing I like more than** a quiet night in with a good book
  = rien de tel que
- **I have a weakness for** rich chocolate gateaux
  = j'ai un **faible** pour
- **I have a soft spot for** the rich peaty flavours of Islay malt
  = j'ai un **faible** pour

### 34.3 Pour dire ce que l'on n'aime pas

- Acting **isn't really my thing** — I'm better at singing
  = n'est pas mon **truc**
- Watching football on television **isn't my favourite** pastime
  = n'est pas mon ... **favori**
- Some people might find it funny but **it's not my kind of** humour
  = ce n'est pas mon **genre** de
- I enjoy playing golf but tennis is **not my cup of tea**
  = ce n'est pas ma tasse de thé
- Sitting for hours on motorways **is not my idea of fun**
  = ça ne m'amuse pas de
- The idea of walking home at 11 o'clock at night **doesn't appeal to me**
  = ne me dit rien
- **I've gone off the idea of** cycling round Holland
  = j'ai renoncé à l'idée de
- **I can't stand** *ou* **can't bear** the thought of seeing him
  = je ne **supporte** pas
- **I am not enthusiastic about** growing plants directly in greenhouse soil because of the risk of soil diseases
  = je ne suis guère **enthousiasmé** par l'idée de
- **I'm not keen on** seafood
  = je n'**aime** pas beaucoup
- **I don't like the fact that** he always gets away with not helping out
  = je n'**apprécie** pas trop le fait que
- **What I hate most is** waiting in queues for buses
  = ce que je **déteste** le plus, c'est de
- **I dislike** laziness since I'm such an energetic person myself
  = me **déplait**
- **There's nothing I dislike more than** having to go to work in the dark
  = il n'y a rien qui me **déplaise** plus que de
- **I have a particular aversion to** the religious indoctrination of schoolchildren
  = j'ai une **aversion** particulière pour
- **I find it intolerable that** people like him should have so much power
  = je trouve **intolérable** que

### 34.4 Pour dire ce que l'on préfère

- **I'd prefer to** *ou* **I'd rather** wait until I have enough money to go by air
  = je **préférerais** *ou* j'**aimerais mieux**
- **I'd prefer not to** *ou* **I'd rather not** talk about it just now
  = je **préférerais** ne pas *ou* j'**aimerais mieux** ne pas
- **I'd prefer you to** *ou* **I'd rather you** put your comments in writing
  = je **préférerais** *ou* j'**aimerais mieux** que tu
- **I'd prefer you not to** *ou* **I'd rather you didn't** invite him
  = je **préférerais** *ou* j'**aimerais mieux** que tu ne ... pas
- **I like** the blue curtains **better than** *ou* **I prefer** the blue curtains **to** the red ones
  = j'aime mieux ... que ... *ou* je **préfère** ... à ...

### 34.5 Pour exprimer l'indifférence

- **It makes no odds whether you have** a million pounds or nothing, we won't judge you on your wealth
  = que vous ayez ..., ça n'a aucune importance
- **I really don't care what** you tell her as long as you tell her something
  = ce que ... m'est complètement **égal**
- **It's all the same to me whether** he comes or not
  = peu m'**importe** que
- **I don't mind at all** — let's do whatever is easiest
  = cela m'est complètement **égal**
- **It doesn't matter which** method you choose to use
  = peu **importe** le
- **I don't feel strongly about** the issue of privatization
  = ... m'est **indifférent**
- **I have no particular preference**
  = je n'ai pas de **préférence**

## 35 L'INTENTION ET LA VOLONTÉ

### 35.1 Pour demander ce que quelqu'un compte faire

- **Do you intend to** *ou* **Will you** take the job?
  = as-tu l'**intention** de
- What flight **do you intend to** take?
  = as-tu l'**intention** de
- **Did you mean to** *ou* **intend to** tell him about it, or did it just slip out?
  = avais-tu l'**intention** de
- **What do you intend to do** *ou* **What are your intentions?**
  = qu'as-tu l'**intention** de faire ?
- **What do you propose to do** with the money?
  = qu'est-ce que tu **penses** faire
- **What did you have in mind for** the rest of the programme?
  = qu'est-ce que tu avais prévu pour
- **Have you anyone in mind for** the job?
  = as-tu quelqu'un en **vue** pour

### 35.2 Pour exprimer ses intentions

- **We're toying with the idea of** releas**ing** a compilation album
  = nous songeons à
- **I'm thinking of** retir**ing** next year
  = je pense
- **I'm hoping to** go and see her when I'm in Paris
  = j'espère
- **What I have in mind is to** start a small software business
  = ce que je pense faire c'est de
- I studied history, **with a view to** becom**ing** a politician
  = en vue de
- We bought the land **in order to** farm *ou* **for the purpose of** farm**ing** it
  = afin de
- **We plan to** move *ou* **We are planning on** mov**ing** next year
  = nous projetons de
- **Our aim in** *ou* **Our object in** buy**ing** the company **is to** provide work for the villagers
  = le but que nous nous sommes fixé en ... est de
- **I aim to** reach Africa in three months
  = je compte

Avec plus de conviction

- **I am going to** *ou* **I intend to** sell the car as soon as possible
  = je vais *ou* j'ai l'intention de
- **I have made up my mind to** *ou* **I have decided to** go to Japan
  = j'ai décidé de
- **I intended him to** be a poet but he chose to be an accountant
  = je voulais qu'il
- I went to London, **intending to** visit her *ou* **with the intention of** visit**ing** her, but she was away on business
  = dans l'intention de
- **We have every intention of** winn**ing** a sixth successive championship
  = nous sommes décidés à
- **I have set my sights on** recaptur**ing** the title
  = je suis déterminé à
- **My overriding ambition is to** overthrow the President
  = j'ai pour principale ambition de
- **I resolve to** do everything in my power to bring the affair to an end
  = je suis résolu à

### 35.3 Pour exprimer ce qu'on n'a pas l'intention de faire

- **I don't mean to** offend you, but I think you're wrong
  = je ne veux pas
- **I don't intend to** pay unless he completes the job
  = je n'ai pas l'intention de
- **I have no intention of** accept**ing** the post
  = je n'ai pas du tout l'intention de
- **We are not thinking of** advertis**ing** this post at the moment
  = nous n'envisageons pas de

### 35.4 Pour exprimer ce que l'on désire faire

- **I'd like to** see the Sistine Chapel some day
  = j'aimerais
- **I want to** work abroad when I leave college
  = je veux
- **We want her to** be an architect when she grows up
  = nous voulons qu'elle
- **I'm keen to** see more students take up zoology
  = j'aimerais vraiment

Avec davantage d'enthousiasme

- **I'm dying to** leave and make my fortune in Paris *(familier)*
  = je meurs d'envie de
- **My ambition is to** go straight from being an enfant terrible to a grande dame
  = j'ai pour ambition de
- **I long to** go to Australia but I can't afford it
  = j'ai très envie de
- **I insist on** speak**ing** to the manager
  = j'exige de

### 35.5 Pour exprimer ce que l'on ne veut pas faire

- **I would prefer not to** *ou* **I would rather not** have to speak to her about this
  = j'aimerais mieux ne pas *ou* je préférerais ne pas
- **I wouldn't want to** have to change my plans just because of her
  = je n'aimerais pas
- **I don't want to** *ou* **I have no wish to** *ou* **I have no desire to** take the credit for something I didn't do
  = je ne veux pas *ou* je n'ai pas du tout l'intention de
- **I refuse to** be patronized by the likes of her
  = je refuse de

## 36 LA PERMISSION

### 36.1 Pour demander la permission de faire quelque chose

- **Can I** *ou* **Could I** borrow your car this afternoon?
  = puis-je *ou* pourrais-je
- **Can I have the go-ahead to** order the supplies?
  = est-ce que j'ai le feu vert pour
- **Are we allowed to** say what we're up to or is it top secret at the moment?
  = avons-nous le droit de
- **Would it be all right if** I arrived on Monday instead of Tuesday?
  = est-ce que cela vous dérangerait si
- **Would it be possible for us to** leave the car in your garage for a week?
  = est-ce qu'il nous serait possible de
- We leave tomorrow. **Is that all right by you**?
  = est-ce que cela vous convient ?

- **Do you mind if** I come to the meeting next week?
  = cela ne vous **ennuie** pas que
- **Would it bother you if** I invited him?
  = cela vous **ennuierait**-il si
- **Would you let me** come into partnership with you?
  = me **permettriez**-vous de
- **Would you have any objection to** sail**ing** at once?
  = verriez-vous un **inconvénient** à ce que
- **With your permission, I'd like to** ask some questions
  = si vous le **permettez**, j'aimerais

Avec moins d'assurance

- **Is there any chance of** borrow**ing** your boat while we're at the lake?
  = est-ce qu'il serait **possible** de
- **I wonder if I could possibly** use your telephone?
  = je me demande s'il serait **possible** de
- **Might I be permitted to** suggest the following ideas? *(soutenu)*
  = **puis**-je me **permettre** de
- **May I be allowed to** set the record straight? *(soutenu)*
  = est-ce qu'il m'est **permis** de

### 36.2 Pour donner la permission

- **You can** have anything you want
  = vous **pouvez**
- **You are allowed to** visit the museum, as long as you apply in writing to the Curator first
  = vous avez le **droit** de
- **It's all right by me if** you want to skip the Cathedral visit
  = je n'ai pas d'**objection** à ce que
- **You have my permission to** be absent for that week
  = je vous **autorise** à
- **There's nothing against her** go**ing** there with us
  = rien ne l'**empêche** de
- The Crown **was agreeable to** hav**ing** the case called on March 23
  = **consentit** à ce que
- **I do not mind if** my letter is forwarded to the lady concerned
  = je ne vois pas d'**inconvénient** à ce que
- **You have been authorised to** use force to protect relief supply routes
  = on vous **autorise** à
- **We should be happy to allow you to** inspect the papers here *(soutenu)*
  = nous vous **autorisons volontiers** à

Avec plus d'insistance

- If you need to keep your secret, **of course you must** keep it
  = bien sûr, il faut
- **By all means** charge a reasonable consultation fee
  = n'**hésitez** pas à
- **I have no objection at all to your** quot**ing** me in your article
  = je n'ai pas d'**objection** à ce que vous
- **We would be delighted to** have you
  = c'est avec **plaisir** que nous

### 36.3 Pour refuser la permission

- **You can't** *ou* **you mustn't** go anywhere near the research lab
  = vous ne **devez** pas
- **I don't want you to** see that Milner again
  = je ne **veux** pas que tu
- **I'd rather you didn't** give them my name
  = j'aimerais autant que tu ne ... pas
- **I wouldn't want you to** be asking around about them too much
  = je n'aimerais pas que tu
- **You're not allowed to** leave the ship until relieved
  = vous n'avez pas le **droit** de
- **I've been forbidden to** swim for the moment
  = on m'a **interdit** de
- **I've been forbidden** alcohol **by** my doctor
  = m'a **interdit**
- **I couldn't possibly allow you to** pay for all this
  = je ne **peux** pas vous **laisser**
- **You must not** enter the premises without the owners' authority
  = vous ne **devez** pas
- **We cannot allow** the marriage **to** take place
  = nous ne **pouvons** pas **permettre** que

De façon plus énergique

- **I absolutely forbid you to** take part in any further search
  = je vous **interdis** formellement de
- **You are forbidden to** contact my children
  = je vous **interdis** de
- Smoking **is strictly forbidden** at all times
  = il est strictement **interdit** de
- **It is strictly forbidden to** carry weapons in this country
  = il est strictement **interdit** de
- **We regret that it is not possible for you to** visit the castle at the moment, owing to the building works *(à l'écrit)*
  = nous sommes au **regret** de vous informer que vous ne pouvez pas

## 37 L'OBLIGATION

### 37.1 Pour exprimer ce que l'on est obligé de faire

- Go and see Pompeii — **it's a must!** *(familier)*
  = c'est à ne pas **manquer**
- You need to be very good, **no two ways about it** *(familier)*
  = tu n'as pas le **choix**
- **You've got to** *ou* **You have to** be back before midnight
  = vous **devez**
- **You need to** *ou* **You must** have an address in Prague before you can apply for the job
  = il **faut** que vous
- I have no choice: this is how **I must** live and I cannot do otherwise
  = je **dois**
- **He was forced to** ask his family for a loan
  = il a été **obligé** de
- Jews **are obliged to** accept the divine origin of the Law
  = sont **tenus** de

- A degree **is indispensable** for future entrants to the profession
  = est indispensable
- Party membership **is an essential prerequisite of** a successful career
  = est la condition sine qua non pour
- **It is essential to** know what the career options are before choosing a course of study
  = il est essentiel de
- A dog collar **is a requirement of** law
  = est exigé par
- Wearing the kilt **is compulsory** for all those taking part
  = est obligatoire
- One cannot admit defeat, **one is driven to** keep on trying
  = on est contraint à
- **We have no alternative but to** fight
  = nous n'avons pas le choix, nous devons
- Three passport photos **are required** *(soutenu)*
  = il faut fournir
- Soldiers **must not fail to** take to arms against the enemy *(soutenu)*
  = se doivent de
- **You will** go directly to the headmaster's office and wait for me there *(soutenu)*
  = allez

### 37.2 Pour savoir si l'on est obligé de faire quelque chose

- **Do I have to** *ou* **Have I got to** be home by midnight?
  = est-ce que je dois
- **Does one have** *ou* **need to** book in advance?
  = faut-il
- **Is it necessary to** look at the problem across the continent?
  = est-il nécessaire de
- **Ought I to** tell my colleagues?
  = devrais-je
- **Should I** tell my boyfriend about my fantasy to paint his face and dress him in my petticoat?
  = devrais-je
- **Am I meant to** *ou* **Am I expected to** *ou* **Am I supposed to** fill in this bit of the form?
  = est-ce que je suis censé

### 37.3 Pour exprimer ce que l'on n'est pas obligé de faire

- **I don't have to** *ou* **I haven't got to** be home so early now the nights are lighter
  = je ne suis pas obligé de
- **You don't have to** *ou* **You needn't** go there if you don't want to
  = vous n'êtes pas obligé de
- **You are not obliged to** *ou* **You are under no obligation to** invite him
  = rien ne vous oblige à
- **It is not necessary** *ou* **compulsory** *ou* **obligatory to** have a letter of acceptance but it does help
  = il n'est pas nécessaire de
- The Revenue **does not expect you to** pay the assessed amount
  = n'exige pas que vous

### 37.4 Pour exprimer ce que l'on ne doit pas faire

- **On no account must you** be persuaded to give up the cause
  = vous ne devez en aucun cas
- **You are not allowed to** sit the exam more than three times
  = on n'a pas le droit de
- Smoking **is not allowed** in the dining room
  = il n'est pas permis de
- **You mustn't** show this document to any unauthorised person
  = vous ne devez pas
- These are tasks **you cannot** ignore, delegate or bungle
  = que l'on ne peut pas se permettre de
- **You're not supposed to** *ou* **You're not meant to** use this room unless you are a club member
  = vous n'êtes pas censé

**De façon plus énergique**

- **It is forbidden to** bring cameras into the gallery
  = il est interdit de
- **I forbid you to** return there
  = je vous interdis de
- **You are forbidden to** talk to anyone while the case is being heard
  = il vous est interdit de
- **Smoking is forbidden** *ou* **is prohibited** *ou* **is not permitted** in the dining room
  = il est interdit de

## 38 L'ACCORD

### 38.1 Pour exprimer l'accord avec ce qui est dit

- **I fully agree with you** *ou* **I totally agree with you** on this point
  = je suis entièrement d'accord avec vous
- **We are in complete agreement** on this
  = nous sommes entièrement d'accord
- **I entirely take your point about** the extra vehicles needed
  = je suis entièrement de votre avis à propos de
- **I think we see completely eye to eye** on this issue
  = je pense que nous avons exactement le même point de vue
- **You're quite right in** point**ing** at the distribution system as the main problem
  = vous avez raison de
- **We share your views** on the proposed expansion of the site
  = nous partageons votre point de vue
- **As you have quite rightly pointed out**, we still have a long way to go
  = comme vous l'avez fait remarquer
- **I have to concede that** the results are quite eye-catching
  = je dois reconnaître que

- **I have no objection to this** bei**ng** done
  = je n'ai pas d'**objection** à ce que
- **I agree up to a point**
  = je suis d'**accord** dans une certaine mesure

De façon familière

- Go for a drink instead of working late? **Sounds good to me!**
  = je suis **partant** !
- **That's a lovely thought**
  = comme ça serait bien !
- **I'm all for** encourag**ing** a youth section in video clubs such as ours
  = je suis tout à fait pour
- **I couldn't agree with you more**
  = je suis tout à fait d'**accord** avec vous

De façon plus soutenue

- **I am delighted to wholeheartedly endorse** your campaign
  = je suis **heureux** d'apporter mon **soutien** sans réserve à
- **Our conclusions are entirely consistent with** your findings
  = nos conclusions viennent confirmer
- Independent statistics **corroborate** those of your researcher
  = **corroborent**
- **We applaud** the group's decision to stand firm on this point
  = nous **approuvons**

## 38.2 Pour exprimer l'accord avec ce qui est proposé

- This certainly **seems the right way to go about it**
  = semble être la bonne façon de procéder
- **I will certainly give my backing to** such a scheme
  = je ne manquerai pas d'apporter mon **soutien** à
- **It makes sense to** enlist helping hands for the final stages
  = il semble logique de
- **We certainly welcome** this development in Stirling
  = nous nous **réjouissons** de

De façon plus familière

- **It's a great idea**
  = c'est une idée formidable
- Cruise control? **I like the sound of that**
  = ça me paraît une bonne idée
- **I'll go along with** Ted's proposal that we open the club up to women
  = je suis d'**accord** avec

De façon plus soutenue

- This solution **is most acceptable** to us
  = paraît tout à fait **acceptable**
- The proposed scheme **meets with our approval**
  = nous **approuvons**
- This is a proposal which **deserves our wholehearted support**
  = mérite pleinement notre **soutien**
- **We assent to** *ou* **We give our assent to** your plan to develop the site
  = nous donnons notre **accord** à

## 38.3 Pour exprimer l'accord avec ce qui est demandé

- Of course **I'll be happy to** organise it for you
  = je serai **heureux** de
- **I'll do as you suggest** and send him the documents
  = je suivrai votre **conseil**
- **There's no problem about** getting tickets for him
  = nous n'aurons aucun mal à

De façon plus soutenue

- Reputable builders **will not object to** this reasonable request
  = ne feront pas **objection** à
- **We should be delighted to** cooperate with you in this enterprise
  = nous serions **enchantés** de
- An army statement said it **would comply with** the ceasefire
  = **respecterait**
- **I consent to** the performance of such procedures as are considered necessary
  = je donne mon **assentiment** à

# 39 LE DÉSACCORD

## 39.1 Pour exprimer le désaccord avec ce qui est dit

- I'm afraid **he's quite wrong** if he's told you that vasectomies can't be reversed
  = se **trompe**
- **You're wrong in thinking that** I haven't understood
  = vous avez **tort** de penser que
- **I cannot agree with you** on this point
  = je ne suis pas du tout d'**accord** avec vous
- **We cannot accept the view that** R and D spending or rather the lack of it explains the decline of Britain
  = nous ne pouvons **accepter** l'**opinion** selon laquelle
- To say we should forget about it, no **I cannot go along with that**
  = je ne suis pas du tout d'**accord** là-dessus
- **We must agree to differ on this one**
  = nous devons reconnaître que nos **opinions divergent**
- I think **it might be better if you thought it over again**
  = il vaudrait mieux que vous reconsidériez la question

Avec plus d'insistance

- **This is most emphatically not the case**
  = cela n'est absolument pas le cas
- **I entirely reject** his contentions
  = je **rejette** absolument
- **We explicitly reject** the implication in your letter
  = nous **rejetons** catégoriquement
- **I totally disagree with** the previous two callers
  = je ne suis pas du tout d'**accord** avec

### 39.2 Pour exprimer le désaccord avec ce qui est proposé

Avec force

- **I'm dead against** this idea *(familier)*
  = je suis tout à fait **contre**
- **Right idea, wrong approach** *(familier)*
  = c'était une bonne idée, mais ils *etc* s'y sont mal pris
- **I will not hear of** such a thing
  = je ne veux pas entendre parler de
- **It is not feasible to** change the schedule at this late stage
  = il est **impensable** de
- This **is not a viable alternative**
  = ce n'est pas **faisable**
- Running down the street shouting "Eureka" has emotional appeal but **is the wrong approach**
  = n'est pas la bonne manière de s'y prendre

Avec moins d'insistance

- **I'm not too keen on** this idea
  = ne me **plaît** pas beaucoup
- **I don't think much of** this idea
  = je n'**aime** pas beaucoup
- **This doesn't seem to be the right way of** deal**ing** with the problem
  = cela ne semble pas être la bonne manière de
- While we are grateful for the suggestion, **we are unfortunately unable to** implement this change *(soutenu)*
  = nous ne sommes **malheureusement** pas à même de
- **I regret that I am not in a position to** accept your kind offer *(soutenu)*
  = je suis **désolé** de ne pas être en mesure de

### 39.3 Pour exprimer le désaccord avec ce qui est demandé

- **I wouldn't dream of** do**ing** a thing like that
  = **jamais** je ne
- I'm sorry but **I can't** do it
  = il m'est **impossible** de
- **I cannot in all conscience** leave those kids in that atmosphere
  = je ne peux pas, en conscience

Avec plus de force

- **This is quite out of the question** for the time being
  = cela est hors de **question**
- **I won't agree to** *ou* **I can't agree to** any plan that involves your brother
  = je m'**oppose** à
- **I refuse point blank to** have anything to do with this affair
  = je **refuse** net de

... et de façon plus soutenue

- **I am afraid I must refuse**
  = je crains de devoir **refuser**
- **I cannot possibly comply with** this request
  = je ne peux pas **accéder** à
- **It is impracticable for us to** commit ourselves at this stage
  = il nous est difficile de
- In view of the proposed timescale, **I must reluctantly decline to** take part
  = je me vois malheureusement obligé de **refuser** de

## 40 L'APPROBATION

### 40.1 Pour approuver ce qui a été dit

- **I couldn't agree** (with you) **more**
  = je suis entièrement de votre **avis**
- **I couldn't have put it better myself,** even if I'd tried
  = c'est **exactement** ce que j'aurais dit moi-même
- We must oppose terrorism, whatever its source. — **Hear, hear!**
  = **bravo** !
- **I endorse** his feelings regarding the situation *(soutenu)*
  = je **partage**

### 40.2 Pour approuver une proposition

- **It's just the job!** *(familier)*
  = c'est **exactement** ce qu'il nous faut !
- **This is just the sort of thing I wanted**
  = c'est **exactement** ce que je voulais
- **This is exactly what I had in mind** when I asked for the plan to be drawn up
  = c'est **précisément** ce que j'avais à l'esprit
- Thank you for sending the draft agenda: **I like the look of it very much**
  = il a l'air très bien
- **We are all very enthusiastic about** *ou* **very keen on** his latest set of proposals
  = nous accueillons avec **enthousiasme**
- **I shall certainly give it my backing**
  = je **soutiendrai** certainement cela
- Any game which is as clearly enjoyable as this **meets with my approval**
  = a mon **approbation**
- Skinner's plan **deserves our total support** *ou* **our wholehearted approval**
  = mérite tout notre **soutien**
- **There are considerable advantages in** the alternative method you propose
  = comporte de nombreux avantages
- **We recognize** the merits of this scheme
  = nous **reconnaissons**
- **We view** your proposal to extend the site **favourably**
  = nous voyons d'un œil **favorable**
- This project **is worthy of our attention**
  = mérite notre attention

### 40.3 Pour approuver une idée

- **You're quite right to** wait before making such an important decision
  = vous avez **raison** de

- **I entirely approve of** the idea
  = j'approuve entièrement
- **I'd certainly go along with that!**
  = je suis tout à fait pour !
- **I'm very much in favour of** that sort of thing
  = je suis vraiment pour

### 40.4 Pour approuver une action

- **I applaud** Noble's perceptive analysis of the problems
  = j'approuve
- **I have a very high opinion of** their new teaching methods
  = j'ai une très haute opinion de
- **I have a very high regard for** the work of the Crown Prosecution Service
  = je tiens en haute **estime**
- **I think very highly of** the people who have been leading thus far
  = j'ai une grande **estime** pour
- **I certainly admire** his courage in telling her exactly what he thought of her
  = j'**admire** beaucoup
- **I must congratulate you on** the professional way you handled the situation
  = je dois vous **féliciter** de

## 41 LA DÉSAPPROBATION

- **This doesn't seem to be the right way of** go**ing** about it
  = je ne pense pas que ce soit la bonne façon de
- **I don't think much of** what this government has done so far
  = ne me dit rien qui vaille
- **I can't say I'm pleased about** what has happened
  = je ne peux pas dire que je sois vraiment satisfait de
- As always, Britain **takes a dim view of** sex
  = voit d'un mauvais œil
- **We have a low opinion of** *ou* **poor opinion of** opportunists like him
  = nous n'avons pas une bien haute **opinion** de

Plus directement

- **I'm fed up with** hav**ing** to wait so long for payments to be made
  = j'en ai **assez** de
- **I've had (just) about enough of** this whole supermodel thing
  = j'en ai vraiment **assez** de
- **I can't bear** *ou* **stand** people who smoke in restaurants
  = je ne **supporte** pas
- **He was quite wrong to** repeat what I said about her
  = il a eu **tort** de
- **I cannot approve of** *ou* **support** any sort of testing on live animals
  = je **réprouve**
- **We are opposed to** all forms of professional malpractice
  = nous nous **opposons** à
- **We condemn** any intervention which could damage race relations
  = nous **condamnons**
- **I must object to** the tag "soft porn actress"
  = je **dois protester** contre
- **I'm very unhappy about** your (idea of) going off to Turkey on your own
  = ne me **plaît** pas du tout
- **I strongly disapprove of** such behaviour
  = je **désapprouve** complètement

## 42 LA CERTITUDE, LA PROBABILITÉ, LA POSSIBILITÉ ET LA CAPACITÉ

### 42.1 La certitude

- **She was bound to** discover that you and I had talked
  = il était à prévoir qu'elle allait
- **It is inevitable that they will** get to know of our meeting
  = ils vont **inévitablement**
- **I'm sure** *ou* **certain (that)** he'll keep his word
  = je suis **sûr** que
- **I'm positive** *ou* **convinced (that)** it was your mother I saw
  = je suis **sûr et certain** que
- **We now know for certain** *ou* **for sure that** the exam papers were seen by several students before the day of the exam
  = nous savons maintenant avec **certitude** que
- **I made sure** *ou* **certain that** no one was listening to our conversation
  = je me suis **assuré** que
- From all the evidence **it is clear that** they were planning to take over
  = il est **clair** que
- **It is indisputable that** there are budgerigars in the UK that are harbouring illness
  = il est **incontestable** que
- **It is undeniable that** racial tensions in Britain have been increasing in recent years
  = il est **incontestable** que
- **There is no doubt that** the talks will be a landmark in the new political agenda
  = il ne fait aucun **doute** que
- **There can be no doubt about** the objective of the animal liberationists
  = ne fait aucun **doute**
- This crisis has demonstrated **beyond all (possible) doubt** that effective political control must be in place before the creation of such structures
  = sans le moindre **doute**
- Her pedigree **is beyond dispute** *ou* **question**
  = ne fait aucun **doute**
- **You have my absolute assurance that** this is the case
  = je peux vous **garantir** que
- **I can assure you that** I have had nothing to do with any dishonest trading
  = je peux vous **assurer** que
- **Make no mistake about it** — I will return when I have proof of your involvement
  = soyez **certain** que

### 42.2 La probabilité

- **There is a good** *ou* **strong chance that** they will agree to the deal
  = il y a de fortes **chances** pour que
- **It seems highly likely that** it was Bert who spilled the beans
  = il y a de fortes **chances** pour que
- **The chances** *ou* **the odds are that** he will play safe in the short term
  = il y a fort à parier que
- **The probability is that** your investment will be worth more in two years' time
  = il est fort **probable** que
- If parents tell a child that she is bright, then she will, **in all probability**, see herself as bright and behave as such
  = selon toute **probabilité**
- You will **very probably** be met at the airport by one of our men
  = très **probablement**
- **It is highly probable that** American companies will face retaliation abroad
  = il est très **probable** que
- **It is quite likely that** you will get withdrawal symptoms at first
  = il est **probable** que
- **The likelihood is that** the mood of mistrust and recrimination will intensify
  = il est très **probable** que
- The person indicted is, **in all likelihood**, going to be guilty as charged
  = selon toute **probabilité**
- **There is reason to believe that** the books were stolen from the library
  = il y a **lieu** de croire que
- **He must** know of the paintings' existence
  = il **doit**
- The talks **could very well** spill over into tomorrow
  = **pourraient** très bien
- The cheque **should** reach you by Saturday
  = devrait

### 42.3 La possibilité

- The situation **could** change from day to day
  = **pourrait**
- Britain **could perhaps** play a more positive role in developing policy
  = **pourrait peut-être**
- **I venture to suggest (that)** a lot of it is to do with him
  = je me permets de **suggérer** que
- **It is possible that** a premonition is triggered when a random image happens to coincide with the later event
  = il est **possible** que
- **It is conceivable that** the British economy is already in recession
  = il est **possible** que
- **It is well within the bounds of possibility that** England could be beaten
  = il est très **possible** que
- **It may be that** the whole battle will have to be fought over again
  = il se **peut** que
- **It may be (the case) that** they got your name from the voters' roll
  = il se **peut** que
- **There is an outside chance that** the locomotive may appear in the Gala
  = il existe une très faible **chance** pour que
- **There is a small chance that** your body could reject the implants
  = il y a un **risque** que

### 42.4 Pour exprimer ce que l'on est capable de faire

- Our Design and Print Service **can** supply envelopes and package your existing literature
  = **peut**
- Applicants must **be able to** use a word processor
  = être **capables** de
- When it came to raising the spirits of the sleep-deprived ravers at Glastonbury, Ultramarine **were more than up to the job**
  = ont vraiment été à la **hauteur** de la tâche
- **He is qualified to** teach physics
  = il a les **qualifications** requises pour

## 43 L'INCERTITUDE, L'IMPROBABILITÉ, L'IMPOSSIBILITÉ ET L'INCAPACITÉ

### 43.1 L'incertitude

- **I doubt if** *ou* **It is doubtful whether** he knows where it came from
  = je **doute** que
- **There is still some doubt surrounding** his exact whereabouts
  = le **doute** subsiste quant à
- **I have my doubts about** replac**ing** private donations with taxpayers' cash
  = j'ai des **doutes** quant à
- **It isn't known for sure** *ou* **It isn't certain** where she is
  = on ne **sait** pas exactement
- Sometimes you stay in your room for three, four, five days at a time, **you couldn't say for sure**
  = on ne **sait** pas exactement
- It's all still up in the air — **we won't know for certain** until the end of next week
  = nous serons dans l'**incertitude**
- You're asking why I should do such an extraordinary thing and **I'm not sure** *ou* **certain that** I really know the answer
  = je ne suis pas **sûr** *ou* **certain** que
- **I'm not convinced that** you can teach people to think sideways on problems
  = je ne suis pas **convaincu** que
- **We are still in the dark about** where the letter came from
  = nous **ignorons** toujours
- **It is touch and go whether** base rates have to go up
  = il n'est pas **certain** que

- **I'm wondering if** I should offer to help them out?
  = je me **demande** si

### 43.2 L'improbabilité

- You have **probably not** yet seen the document I am referring to
  = vous n'avez **probablement** pas
- **It is highly improbable that**, in the past 30 years, meteor fireballs have changed the noise they have been making for billennia
  = il est très peu **probable** que
- **It is very doubtful whether** the expedition will reach the summit
  = il est peu **probable** que
- **In the unlikely event that** the room was bugged, the music would scramble their conversation
  = si jamais
- **It was hardly to be expected that** the course of democratization would always run smoothly
  = on ne **pouvait** guère s'attendre à ce que

### 43.3 L'impossibilité

- **There can be no** return to earlier standards
  = il est **impossible** de
- Nowadays Carnival **cannot** happen **without** the police tell**ing** us where to walk and what direction to walk in
  = ne **peut** ... sans que
- This is not to say that academic judgement is sacrosanct: since academic judgement is not uniform, **this cannot be the case**
  = ce n'est pas **possible**
- **I couldn't possibly** invite George and not his wife
  = je ne **pourrais** pas
- **The new law rules out any possibility of** exceptions
  = exclut toute **possibilité** de
- He said **there was no question of** him representing one half of the Arab world against the other
  = il n'était pas **question** que
- A German spokesman said **it was out of the question that** these weapons would be based in Germany
  = il était hors de **question** que
- **There is not (even) the remotest chance that** *ou* **There is absolutely no chance that** he will succeed
  = il n'y a pas la moindre **chance** que
- The idea of trying to govern twelve nations from one centre **is unthinkable**
  = est **inconcevable**
- Since we had over 500 applicants, **it would be quite impossible to** interview them all
  = il serait tout à fait **impossible** de

### 43.4 Pour exprimer ce que l'on est incapable de faire

- **I can't** drive, I'm afraid
  = je ne **sais** pas
- **I don't know how to** use a word processor
  = je ne **sais** pas
- The army **has been unable to** suppress the political violence in the area
  = n'a pas **pu**
- The congress had shown itself **incapable of** real reform
  = **incapable** de
- His fellow-directors **were not up** to runn**ing** the business without him
  = n'étaient pas **capables** de
- He called all the gods to help lift the giant's leg and free Thor, but even together they **were not equal** to the task
  = n'étaient pas à la **hauteur**
- I'm afraid the task proved (to be) **beyond his capabilities** *ou* **abilities**
  = trop **difficile** pour lui
- I would like to leave him but sometimes I feel the effort **is beyond me**
  = est au-dessus de mes **forces**
- **He simply couldn't cope with** the stresses of family life
  = il ne **pouvait** pas faire face à
- Far too many women accept that they're **hopeless at** *ou* **no good at** manag**ing** money
  = totalement **incapables** de
- **I'm not in a position to** say now how much substance there is in the reports
  = je ne suis pas en **mesure** de
- **It is quite impossible for me to** describe the confusion and horror of the scene
  = je suis dans l'**impossibilité** de

## 44 L'EXPLICATION

### 44.1 Donner les raisons de quelque chose

- He was sacked. **For the simple reason that** he just wasn't up to it any more
  = pour la simple **raison** que
- **The reason that** we are still so obsessed by him is simply that he was the one person we had who knew what was what
  = la **raison** pour laquelle
- He said he could not be more specific **for** security **reasons**
  = pour des **raisons** de
- Students have been arrested recently **because of** suspected dissident activities
  = en **raison** de
- Parliament has prevaricated, **largely because of** the unwillingness of the main opposition party to support the changes
  = essentiellement en **raison** de
- Teachers in the eastern part of Germany are assailed by fears of mass unemployment **on account of** their communist past
  = du **fait** de
- Morocco has announced details of the austerity package it is adopting **as a result of** pressure from the International Monetary Fund
  = par **suite** de
- They are facing higher costs **owing to** rising inflation
  = par **suite** de
- The full effects will be delayed **due to** factors beyond our control
  = en **raison** de
- **Thanks to** their generosity, the charity can afford to buy new equipment
  = **grâce** à

- What also had to go was the notion that some people were born superior to others **by virtue of** their skin colour
  = en raison de
- Tax collection was often carried out **by means of** illegal measures
  = au moyen de
- He shot to fame **on the strength of** a letter he had written to the Queen
  = grâce à
- The King and Queen's defence of old-fashioned family values has acquired a poignancy **in view of** their inability to have children
  = vu
- The police have put considerable pressure on the Government to toughen its stance **in the light of** recent events
  = étant donné
- **In the face of** this continued disagreement, the parties have asked for the polling to be postponed
  = face à
- His soldiers had so far been restraining themselves **for fear of** harm**ing** civilians
  = de crainte de
- Babies have died **for want of** *ou* **for lack of** proper medical attention
  = faute de
- I refused her a divorce, **out of** spite I suppose
  = par
- The warder was freed unharmed **in exchange for** the release of a colleague
  = en échange de
- The court had ordered his release, **on the grounds that** he had already been acquitted of most charges against him
  = sous prétexte que
- I am absolutely for civil disobedience **on** moral **grounds**
  = pour des raisons
- It is unclear why they initiated this week's attack, **given that** negotiations were underway
  = étant donné que
- **Seeing that** he had a police escort, the only time he could have switched containers was en route to the airport
  = étant donné que
- **As** these bottles are easy to come by, you can have one for each purpose
  = comme
- International intervention was appropriate **since** tensions had reached the point where there was talk of war
  = puisque
- Yet she was not deaf, **for** she started at the sound of a bell *(littér)*
  = puisque
- I'm naturally disappointed this is not quite enough to win on the first ballot. **So** I confirm it is my intention to let my name go forward to the second ballot
  = donc
- What the Party said was taken to be right, **therefore** anyone who disagreed must be wrong
  = par conséquent
- **Following** last weekend's rioting in central London, Conservatives say some left-wing Labour MPs were partly to blame
  = à la suite de
- **The thing is** that once you've retired there's no going back
  = c'est que

### 44.2 Pour expliquer la cause ou l'origine de quelque chose

- The serious dangers to your health **caused by** *ou* **brought about by** cigarettes are now better understood
  = provoqué par
- When the picture was published recently, **it gave rise to** *ou* **led to** speculation that the three were still alive and being held captive
  = cela a donné lieu à
- The army argues that security concerns **necessitated** the demolitions
  = rendaient ... nécessaires
- This lack of recognition **was at the root of** the dispute which led to their march
  = était à l'origine de
- **I attribute** all this mismanagement **to** the fact that the General Staff in London is practically non-existent
  = j'attribue ... à
- This unrest **dates from** colonial times
  = remonte à
- The custom **goes back to** pre-Christian days
  = remonte à

## 45 L'EXCUSE

### 45.1 Pour s'excuser

- **I'm really sorry**, Steve, **but** we won't be able to come on Saturday
  = je suis vraiment désolé ... mais
- **I'm sorry that** your time has been wasted
  = je suis désolé que
- **I am sorry to have to** say this to you but you're no good
  = je suis désolé de
- **Apologies if** I seemed obsessed with private woes last night
  = toutes mes excuses si
- **I must apologize for** what happened. Quite unforgivable
  = je vous prie de m'excuser pour
- **I owe you an apology**. I didn't think you knew what you were talking about
  = je vous dois des excuses
- The general back-pedalled, saying that **he had had no intention of** offend**ing** the German government
  = il n'avait aucunement l'intention de
- **Please forgive me for** feel**ing** sorry for myself
  = veuillez me pardonner de
- **Please accept our apologies** if this has caused you any inconvenience *(soutenu)*
  = nous vous prions d'accepter nos excuses
- **Do forgive me for** be**ing** a little abrupt *(soutenu)*
  = veuillez m'excuser de

### 45.2 Pour accepter la responsabilité de quelque chose

- **I admit** I submitted the second gun for inspection, in the knowledge that you had used my own for the killing
  = je **reconnais**
- **I have no excuse for** what happened
  = je n'ai aucune **excuse** pour
- **It is my fault that** our marriage is on the rocks
  = c'est ma **faute** si
- The Government **is not entirely to blame but neither is it innocent**
  = tout cela n'est pas entièrement la faute de ... mais il n'est pas non plus **innocent**
- **I should never have** let him rush out of the house in anger
  = je n'aurais jamais dû
- Oh, but **if only I hadn't** made Freddy try to get my bag back!
  = si seulement je n'avais pas
- I hate to admit that the old man was right, but **I made a stupid mistake**
  = je me suis grossièrement **trompé**
- **My mistake was in** fail**ing** to push my concerns and convictions
  = j'ai fait l'**erreur** de
- **My mistake was to** arrive wearing a jacket and polo-neck jumper
  = j'ai fait l'**erreur** de
- In December the markets raced ahead, and I missed out. **That was my mistake**
  = ça a été une **erreur** de ma part

### 45.3 Pour exprimer des regrets

- **I'm very upset about** her decision but when only one partner wants to make an effort you're fighting a losing battle
  = je suis très **contrarié** de
- **It's just a bit of a shame that**, on close inspection, the main vocalists look like Whitney Houston and Lionel Richie
  = c'est bien **dommage** que
- **I feel awful** but I couldn't stand by and watch him make a fool of himself, someone had to tell him to shut up
  = je suis vraiment **désolé**
- **I'm afraid I can't** help you very much
  = j'ai bien peur de ne pouvoir
- **It is a pity that** my profession can make money out of the misfortunes of others
  = il est **dommage** que
- **It is unfortunate that** the matter should have come to a head when the Western allies may be on the brink of military engagement
  = il est **regrettable** que
- **I very much regret that** we have been unable to reach agreement
  = suis **navré** que
- The accused **bitterly regrets** this incident and it won't happen again
  = **regrette** amèrement
- **We regret to inform you that** the post of Editor has now been filled *(style écrit)*
  = nous sommes au **regret** de vous informer que

### 45.4 Pour rejeter toute responsabilité

- **I didn't do it on purpose**, it just happened
  = je ne l'ai pas fait **exprès**
- Sorry, Nanna. **I didn't mean to** upset you
  = je n'avais pas l'**intention** de
- Excuse me, but **I was under the impression that** these books were being written for women
  = j'avais l'**impression** que
- **We are simply trying to** protect the interests of our horses and owners
  = nous essayons tout simplement de
- I know how this hurt you but **I had no choice**. I had to put David's life above all else
  = je n'avais pas le choix
- **We were obliged to** accept their conditions
  = nous avons été **obligés** de
- We are unhappy with 1.5 %, but under the circumstances **we have no alternative but to** accept
  = nous ne pouvons faire autrement que de
- **I had nothing to do with** the placing of any advertisement
  = je n'avais rien à voir avec
- A Charlton spokesman assured Sheffield supporters that **it was a genuine error** and there was no intention to mislead them
  = c'était vraiment une **erreur**

## 46 LES DEMANDES D'EMPLOI

### 46.1 Pour commencer la lettre

- **In reply to your advertisement** for a Trainee Manager in today's Guardian, I would be grateful if you would send me further details of the post
  = me **référant** à votre **annonce**
- **I wish to apply for the post of** bilingual correspondent, as advertised in this week's Euronews
  = je me permets de poser ma **candidature** au **poste** de
- **I am writing to ask if there is any possibility of work in your company**
  = je vous serais **reconnaissant** de me faire savoir s'il me serait possible d'obtenir un emploi dans votre **entreprise**
- **I am writing to enquire about the possibility of joining your company on work placement** for a period of 3 months
  = je vous serais **reconnaissant** de me faire savoir s'il me serait possible d'effectuer un **stage** rémunéré dans votre **entreprise**

### 46.2 Pour parler de son expérience professionnelle et exposer ses motivations

- **I have** three **years' experience of** office work
  = j'ai ... années d'**expérience** en
- **I am familiar with word processors**
  = je connais divers logiciels de traitement de texte
- **As well as speaking fluent** English, **I have a working knowledge of** German **and a reading knowledge of** Swedish
  = je **parle** couramment ..., possède de bonnes **connaissances** en ... et lis le

- **I am currently working in** this field
  = je **travaille** actuellement dans
- **As you will see from my CV,** I have worked in Belgium before
  = comme l'indique mon **CV**
- **Although I have no experience of** this type of work, **I have** had other holiday jobs and can supply references from my employers, if you wish
  = bien que je n'aie pas d'**expérience** dans ... j'ai
- **My current salary is** ... per annum and I have four weeks' paid leave
  = mon **salaire** actuel est de
- **I would like to change jobs** to broaden my experience
  = j'aimerais changer de **situation**
- **I would like to make better use of** my languages
  = j'aimerais **pratiquer** davantage

## 46.3 Pour terminer la lettre

- **I will be available from** the end of April
  = je serai **disponible** à partir de
- **I am available for interview** at any time
  = je me tiens à votre **disposition** pour un **entretien**
- **I would be glad to supply further details**
  = je me tiens à votre **disposition** pour tout complément d'**information**
- **Please do not hesitate to contact me** for further information
  = n'hésitez pas à me contacter
- **Please do not contact my current employer**
  = je vous serais **reconnaissant** de ne pas contacter mon **employeur** actuel
- **I enclose** a stamped addressed envelope for your reply
  = veuillez trouver **ci-joint**

## CURRICULUM VITAE

| | |
|---|---|
| **Name:** | Kate Maxwell |
| **Address:** | 12 Poplar Avenue, Leeds LS12 9DT, England |
| **Telephone:** | 0113 246 6648 |
| **Date of Birth:** | 2.2.73 |
| **Marital Status:** | Single |
| **Nationality:** | British |
| **Qualifications**[1]**:** | Diploma in Business Management, Liverpool College of Business Studies (1997)<br>BA Honours in French with Hispanic Studies (Upper 2nd class), University of York (1996)<br>A-Levels: English (B), French (A), Spanish (A), Geography (C) (1991)<br>O-Levels: in 8 subjects (1989) |
| **Employment History:** | Sales Assistant, Langs Bookshop, York (summer 1997)<br>English Assistant, Lycée Victor Hugo, Nîmes, France (1994-95)<br>Au Pair, Nantes, France (summer 1992)<br>Campsite courier, Peniscola, Spain (summer 1991) |
| **Other Information:** | I enjoy reading, the cinema, skiing and amateur dramatics. I hold a clean driving licence and am a non-smoker. |
| **References:** | Mr John Jeffries<br>General Reference<br>Langs Bookshop<br>York<br>YT5 2PS<br><br>Ms Teresa González<br>Department of Spanish<br>University of York<br>York<br>YT4 3DE |

1 ***Si l'on pose sa candidature à un poste à l'étranger, l'emploi de formules telles que "French equivalent of A-Levels (Baccalauréat Langues)" est conseillé.***

### 46.4 Comment demander et rédiger des références

- In my application for the position of German lecturer, I have been asked to provide the names of two referees and **I wondered whether you would mind if I gave your name** as one of them
  = je vous serais **reconnaissant** de me permettre de donner votre nom
- Ms Lane has applied for the post of Marketing Executive with our company and has given us your name as a reference. **We would be grateful if you would let us know whether you would recommend her for this position**
  = nous vous serions **reconnaissants** de bien vouloir nous dire si vous la **recommandez** pour ce poste
- **Your reply will be treated in the strictest confidence**
  = votre **réponse** sera considérée comme strictement confidentielle
- I have known Mr Chambers for four years in his capacity as Sales Manager and **can warmly recommend him for the position**
  = c'est avec plaisir que je vous le **recommande** pour ce poste

### 46.5 Pour accepter ou refuser une offre d'emploi

- Thank you for your letter of 20 March. **I will be pleased to attend for interview** at your Manchester offices on Thursday 7 April at 10am
  = je serai très heureux de me rendre à l'**entretien**
- **I would like to confirm my acceptance of** the post of Marketing Executive
  = je désire **confirmer** que j'accepte
- **I would be delighted to accept this post. However,** would it be possible to postpone my starting date until 8 May?
  = c'est avec **plaisir** que j'**accepterais** ce poste. Toutefois

Flowers To Go
117 Rollesby Road
Beccles NR6 9DL
☎ 61 654 31 71

Ms Sharon McNeillie
41 Courthill Street
Beccles NR14 8TR

18 January 2000

Dear Ms McNeillie,

***Special Offer! 5% discount on orders received in January!***

Thank you for your recent enquiry. We can deliver fresh flowers anywhere in the country at very reasonable prices. Our bouquets come beautifully wrapped, with satin ribbons, attractive foil backing, a sachet of plant food and, of course, your own personalized message. For that special occasion, we can even deliver arrangements with a musical greeting, the ideal surprise gift for birthdays, weddings or Christmas!

Whatever the occasion, you will find just what you need to make it special in our latest brochure, which I have pleasure in enclosing, along with our current price list. All prices include delivery within the UK.

During the promotion, a discount of 5% will apply on all orders received before the end of January, so hurry!

We look forward to hearing from you.

Yours sincerely,

Daisy Duckworth

Daisy Duckworth
Promotions Assistant

- **I would be glad to accept your offer; however,** the salary stated is somewhat lower than what I had hoped for
  = c'est avec **plaisir** que j'**accepterais** votre offre ; toutefois
- Having given your offer careful thought, **I regret that I am unable to accept**
  = j'ai le **regret** de devoir la **refuser**

## 47 LA CORRESPONDANCE COMMERCIALE

### 47.1 Demandes de renseignements

- **We** see ou note from your advertisement in the latest edition of the Healthy Holiday Guide that you are offering cut-price salmon fishing holidays in Scotland, and **would be grateful if you would send us** full details of prices and dates available between 14 July and 30 August
  = nous vous serions **reconnaissants** de bien vouloir nous **envoyer**
- I read about the Association for Improvements in the Maternity Services in the NCT newsletter and would be very interested to learn more about your activities. **Please send me details of** membership
  = je vous serais **reconnaissant** de bien vouloir m'**envoyer** de plus amples **renseignements** sur
- **In response to your enquiry of** 8 March, **we have pleasure in enclosing** full details on our activity holidays in Cumbria, **together with** our price list
  = **suite** à votre lettre du ..., nous vous prions de trouver **ci-joint** ... ainsi que
- **Thank you for your enquiry about** the Association for the Conservation of Energy. **I have enclosed** a leaflet explaining our background, as well as a list of the issues we regularly campaign on. **Should you wish** to join ACE, a membership application form is also enclosed
  = nous vous **remercions** de votre demande de **renseignements** concernant ... Veuillez trouver ci-joint ... ainsi que ... Si vous désirez

**Carrick Foods Ltd**
*Springwood Industrial estate*
*Alexandra Road*
*Sheffield S11 5GF*

Ms J Chalmers
Department of English
Holyrood High School
Mirlees Road
Sheffield S19 7KL

14 April 2002

Dear Ms Chalmers,

Thank you for your letter of 7 April enquiring if it would be possible to arrange a group visit to our factory. We would of course be delighted to invite you and your pupils to take part in a guided factory tour. You will be able to observe the process from preparation through to canning, labelling and packaging of the final product ready for dispatch. Our factory manager will be available to answer pupils' questions at the end of the tour.

I would be grateful if you could confirm the date of your proposed visit, as well as the number of pupils and teachers in the party, at your earliest convenience.

Thank you once again for your interest in our company. I look forward to meeting you.

Yours sincerely,

George Whyte

George Whyte

## 47.2 Commandes

- **We would like to place an order for** the following items, in the sizes and quantities specified below
  = nous aimerions passer **commande** de
- **Please find enclosed our order no.** 3011 for ...
  = veuillez trouver notre **commande** n°
- **The enclosed order** is based on your current price list, assuming our usual discount of 5 % on bulk orders
  = la **commande** ci-jointe
- **I wish to order** a can of "Buzz off!" wasp repellent, as advertised in the July issue of Gardeners' Monthly **and enclose a cheque for** £2.50
  = je désire **commander** ... et vous envoie un chèque de
- **Thank you for your order of** 16 June, which will be dispatched within 30 days
  = nous vous **remercions** de votre **commande** en date du
- **We acknowledge receipt of your order no.** 3570 and advise that the goods will be dispatched within 7 working days
  = nous **accusons réception** de votre **commande** n°
- **We regret that the goods you ordered are temporarily out of stock**
  = nous **regrettons** de vous dire que les articles que vous avez **commandés** sont temporairement épuisés
- **Please allow 28 days for delivery**
  = veuillez compter un **délai** de 28 jours pour la **livraison**

## 47.3 Livraisons

- **Our delivery time is** 60 days from receipt of order
  = nos **délais de livraison** sont de

- **We await confirmation of your order**
  = nous attendons **confirmation** de votre **commande**
- **We confirm that the goods were dispatched on** 4 September
  = nous **confirmons** que les **marchandises** ont été **expédiées** le
- **We cannot accept responsibility for** goods damaged in transit
  = nous ne pouvons accepter aucune **responsabilité** pour

### 47.4 Pour se plaindre

- **We have not yet received** the items ordered on 22 January (our order no. 2263 refers)
  = nous n'avons pas encore reçu **livraison** de
- **We wish to draw your attention to** an error in the consignment received on 18 November
  = nous désirons vous **signaler**
- **Unfortunately**, the goods were damaged in transit
  = **malheureusement**
- **The goods received differ significantly from the description in your catalogue**
  = les articles livrés ne correspondent pas à la description qui en est donnée dans votre catalogue
- If the goods are not received by 20 October, **we shall have to cancel our order**
  = nous nous verrons contraints d'**annuler** notre **commande**

### 47.5 Règlement

- **The total amount outstanding is ...**
  = la **somme** qui reste à **régler** s'élève à
- **We would be grateful if you would attend to this account immediately**
  = nous vous serions reconnaissants de bien vouloir **régler** cette **somme** dans les plus brefs délais
- **Please remit payment by return**
  = veuillez nous faire parvenir ce **règlement** par retour du courrier
- Full payment **is due within** 14 working days from receipt of goods
  = est **dû** sous
- **We enclose** a cheque for ... **in settlement of your invoice no.** 2003L/58
  = veuillez trouver ci-joint ... en **règlement** de votre **facture** n°
- We must point out an error in your account and **would be grateful if you would adjust your invoice** accordingly
  = nous vous serions reconnaissants de rectifier votre **facture**
- This mistake was due to an accounting error, and **we enclose a credit note for** the sum involved
  = nous vous prions de trouver ci-joint un avoir pour
- **Thank you for your cheque** for ... in settlement of our invoice
  = nous vous remercions de votre chèque
- **We look forward to doing further business with you in the near future**
  = Nous espérons vous compter à nouveau parmi nos clients

## 48 LA CORRESPONDANCE GÉNÉRALE

[voir pages 60-61]
[see pages 60-61]

### 48.1 Pour commencer une lettre

**Pour écrire à quelqu'un que l'on connaît**

- **Thank you** *ou* **Thanks for your letter**, which arrived yesterday
  = **merci** pour votre **lettre**
- **It was good** *ou* **nice** *ou* **lovely to hear from you**
  = cela m'a fait plaisir d'avoir de vos **nouvelles**
- **I felt I must write a few lines** just to say hello
  = je vous **envoie** ce petit **mot**
- **I'm sorry I haven't written for so long**, and hope you'll forgive me; I've had a lot of work recently and ...
  = je suis **désolé** de ne pas vous avoir **écrit** depuis si longtemps
- **This is a difficult letter for me to write**, and I hope you will understand how I feel
  = je ne sais par où commencer cette **lettre**

**Pour écrire à un organisme**

- **I am writing to ask whether** you (have in) stock a book entitled ...
  = je vous **écris** pour demander si
- **Please send me** ... I enclose a cheque for ...
  = je vous prie de **m'envoyer**
- When I left your hotel last week, I think I may have left a beige raincoat in my room. **Would you kindly** let me know whether it has been found
  = je vous serais très **reconnaissant** de bien vouloir
- **I** have seen the details of your summer courses, and **wish to know whether** you still have any vacancies on the Beginners' Swedish course
  = je **désirerais** savoir si

### 48.2 Pour terminer une lettre (avant la formule de politesse)

**À une connaissance**

- **Gerald joins me in sending** very best wishes to you all
  = Gerald se joint à moi pour vous **adresser**
- **Irene sends her kindest regards**
  = Irene me charge de vous **transmettre** ses **amitiés**
- **Please remember me to** your wife — I hope she is well
  = mon meilleur **souvenir** à

226 Wilton Street
Leicester LE8 7SP

20th November 2002

Dear Hannah,

Sorry I haven't been in touch for a while. It's been hectic since we moved house and we're still unpacking! Anyway, it's Leah's first birthday on the 30th and I wondered if you and the kids would like to come to her party that afternoon.

We were planning to start around 4 o'clock and finish around 5.30 or so. I've invited a clown and a children's conjuror, mainly for the entertainment of the older ones. With a bit of luck, you and I might get a chance to catch up on all our news!

Drop me a line or give me a ring if you think you'll be able to make it over on the 30th. It would be lovely if you could all come!

Hoping to hear from you soon. Say hello to Danny, Paul and Jonathan for me.

Love,

Jackie

***Les tableaux ci-dessous présentent quelques exemples-types de formules épistolaires.***

## À quelqu'un que l'on connaît personnellement

| DÉBUT DE LETTRE | FIN DE LETTRE |
|---|---|
| | **Formule habituelle** |
| Dear Mr Brown<br>Dear Mrs Drake<br>Dear Mr & Mrs Charlton<br>Dear Miss Baker<br>Dear Ms Black<br>Dear Dr Armstrong<br>Dear Professor Lyons<br>Dear Sir Gerald<br>Dear Lady Mcleod<br>Dear Andrew<br>Dear Margaret | Yours sincerely<br><br>**Plus amical**<br><br>With all good wishes<br>Yours sincerely<br><br>With kindest regards<br>Yours sincerely |

## À une connaissance, ou à un(e) ami(e)

| DÉBUT DE LETTRE | FIN DE LETTRE |
|---|---|
| | **Formule habituelle** |
| Dear Alison<br>Dear Annie and George<br>Dear Uncle Eric<br>Dear Mrs Newman<br>Dear Mr and Mrs Jones<br>My dear Miss Armitage | Yours sincerely<br><br>**Plus amical**<br><br>With best wishes<br>Yours sincerely<br><br>With kindest regards<br>Yours sincerely<br><br>With all good regards<br>Yours sincerely<br><br>**Plus familier**<br><br>With best wishes<br>Yours ever<br><br>Kindest regards<br><br>With best wishes<br>As always |

14 Apsley Grove
Aberdeen AB4 7LP
Scotland

14th April 2002

Dear Hélène and Michel,

I arrived back in Britain last night, just before midnight. My flight from Paris was delayed by over four hours and I was quite exhausted by the time we finally landed. Still, I have the weekend ahead to recover before going back to work on Monday!

I just wanted to thank you for all your warmth and hospitality, which made my stay with you truly unforgettable. I took hundreds of photographs, as you know, and I plan to get them developed as soon as possible and put the best ones in an album. I'll send you some, too, of course.

Remember that you're more than welcome to come and stay with me here any time. I'd be really glad to have you both and it would give me a chance to repay you for all your kindness.

Keep in touch and take care!

With love from

Sandra

***Les tableaux ci-dessous présentent quelques exemples-types de formules épistolaires.***

## Lettres commerciales

| DÉBUT DE LETTRE | FIN DE LETTRE |
|---|---|
| | **Formule habituelle** |
| *à une entreprise*<br>Dear Sirs | Yours faithfully |
| *à un homme*<br>Dear Sir | |
| *à une femme*<br>Dear Madam | |
| *à une personne que l'on ne connaît pas*<br>Dear Sir or Madam | |

## À un(e) ami(e) proche, à un(e) parent(e)

| DÉBUT DE LETTRE | FIN DE LETTRE |
|---|---|
| Dear Victoria<br>My dear Albert<br>Dear Aunt Eleanor<br>Dear Granny and Grandad<br>Dear Mum and Dad<br>My dear Elizabeth<br>Dearest Norman<br>My dearest Mother<br>My dearest Dorinda<br>My darling Augustus | **Formule habituelle**<br>With love from<br>Love from<br>**Plus familier**<br>Love to all<br>Love from us all<br>Yours<br>All the best<br>**Plus affectueusement**<br>With much love from<br>Lots of love from<br>Much love, as always<br>All my love |

- If there is anything else I can do, **please don't hesitate to get in touch** again
  = n'hésitez pas à me **contacter**
- **I look forward to hearing from you**
  = j'attends votre réponse avec impatience

À un(e) ami(e)

- **Say hello to Martin for me**
  = dis **bonjour** à Martin pour moi
- **Give my warmest regards to Vincent**
  = **transmets** toutes mes **amitiés** à Vincent
- **Doreen asks me to give you her best wishes**
  = Doreen me charge de te **transmettre** ses **amitiés**
- **Do write** when you have a minute
  = **écris-moi**
- **Do let us have your news** from time to time
  = donne-nous de tes **nouvelles**
- **Hoping to hear from you before too long**
  = j'espère avoir bientôt de tes **nouvelles**
- Rhona **sends her love**/Raimond **sends his love**
  = t'**embrasse**
- **Give my love to** Daniel and Leah, and tell them how much I miss them
  = **embrasse** de ma part
- Jodie and Carla **send you a big hug**
  = t'**embrassent** très fort

## 48.3 L'organisation des voyages

- **Please send me details of** your prices
  = veuillez m'**adresser** le détail de
- **Please advise** availability of dates between 1 August and 30 September
  = veuillez me faire savoir
- **Please let me know by return of post if** you have one single room with bath, half board, for the week commencing 3 October
  = veuillez me faire savoir par retour du courrier si
- **I would like to book** bed-and-breakfast accommodation with you
  = je souhaite **réserver**
- **Please consider this a firm booking** and hold the room until I arrive
  = je **confirme** ma réservation
- **Please confirm the following by fax**: one single room with shower for the nights of 20-23 October 2002
  = veuillez **confirmer** par fax la **réservation** suivante:
- **I am afraid I must ask you to alter my booking from** 25 August **to** 3 September. I hope this will not cause too much inconvenience
  = je me vois obligé de vous demander de **reporter** ma **réservation** du ... au
- **I am afraid I must cancel the booking** made with you for 5 September
  = je me vois **contraint** d'**annuler**

# 49 LES REMERCIEMENTS

- **Please accept our sincere thanks for** all your help and support
  = recevez nos plus **sincères remerciements**
- **I am writing to thank you** *ou* **to say thank you for** allow**ing** me to quote your experience in my article on multiple births following fertility treatment
  = je vous écris pour vous **remercier** de
- **We greatly appreciated** your support during our period of captivity
  = nous avons été très **sensibles** à
- Your advice and understanding **were much appreciated**
  = je vous suis très **reconnaissant** de

De façon plus familière

- Just a line to say **thanks for** the lovely book which arrived today
  = **merci** pour
- **It was really nice of you to** remember my birthday
  = c'était très **gentil** de ta part de
- **(Would you) please thank him from me**
  = **remerciez**-le pour moi
- **I can't thank you enough for** find**ing** my watch
  = je ne sais pas comment vous **remercier** d'avoir

De la part d'un groupe

- **Thank you on behalf of** the Wigtown Business Association for ...
  = au nom de ..., **merci** pour
- **We send our heartfelt thanks to** him and Olive and we hope that we shall continue to see them at future meetings of the group
  = nous adressons nos plus vifs **remerciements** à
- **I am instructed by** our committee **to tender our sincere thanks for** your assistance at our recent Valentine Social *(soutenu)*
  = je suis chargé de vous adresser nos plus **sincères remerciements** pour

À l'attention d'un groupe

- **A big thank you to** everyone involved in the show this year *(familier)*
  = un grand **merci** à
- **Please convey to everybody my warmest thanks and deepest appreciation**, and ask them to forgive me for not writing letters to each individual
  = **transmettez** à tous mes **remerciements** les plus vifs et l'expression de ma **reconnaissance**
- **We must express our appreciation to** the University of Durham Research Committee for providing a grant
  = nous sommes extrêmement **reconnaissants** à
- **I should like to extend my grateful thanks to** all the volunteers who helped make it such an enjoyable event
  = je souhaite adresser mes **remerciements** à

## 50 LES VŒUX

- NB : Dans la section suivante, [...] pourrait être "a Merry Christmas and a Happy New Year", "a happy birthday", "a speedy recovery", etc.

### 50.1 Expressions passe-partout

- **I hope you have** a lovely holiday/a safe and pleasant journey/a successful trip
  = je vous **souhaite**
- **With love and best wishes for** [...]
  = meilleurs **vœux** de
- **With all good wishes for** [...], **from** *(+ signature)*
  = (avec) tous mes **vœux** de
- **(Do) give my best wishes to** your mother **for** a happy and healthy retirement
  = **transmettez** mes meilleurs **vœux** de ... à
- Len **joins me in sending you all our very best wishes for** a successful new career
  = ... se joint à moi pour vous adresser nos meilleurs **vœux** de

### 50.2 À l'occasion de Noël et du Nouvel An

- NB : En G.-B. et aux U.S.A. il est traditionnel d'envoyer des cartes de vœux pour Noël et le Nouvel An avant le 25 décembre
- **Merry Christmas and a Happy New Year**
  = **Joyeux Noël et Bonne Année**
- **With season's greetings and very best wishes from** *(+ signature)*
  = **Bonnes fêtes** de fin d'année et meilleurs **vœux**
- **A Merry Christmas to you all, and best wishes for health, happiness and prosperity in the New Year**
  = **Joyeux Noël** à tous et meilleurs **vœux** de santé et de prospérité pour la Nouvelle **Année**
- **May I send you all our very best wishes for 2002**
  = nous vous présentons nos meilleurs **vœux** pour 2002

### 50.3 À l'occasion d'un anniversaire

- **All our love and best wishes on your** 21st **birthday**, from Mum, Dad, Kerry and the cats
  = nous te **souhaitons** un très heureux **anniversaire** avec toute notre affection
- **This is to send you our fondest love and very best wishes on your eighteenth birthday, from** Aunt Alison and Uncle Paul
  = nous t'**adressons** tous nos **vœux** de **bonheur** pour tes 18 ans. Bien affectueusement
- **Wishing you a happy birthday for next Wednesday**. See you at the party, love Hannah
  = je te **souhaite** un très bon **anniversaire** pour mercredi
- I am writing to wish you **many happy returns (of the day)**. Hope your birthday brings you everything you wished for. Love from Grandma and Grandpa
  = un très **joyeux anniversaire**

### 50.4 Pour envoyer des vœux de rétablissement

- Sorry (to hear) you're ill — **get well soon!** *(familier)*
  = j'espère que tu seras bientôt **rétabli**
- I was very sorry to learn that you were ill, and **send you my best wishes for a speedy recovery** *(soutenu)*
  = je vous adresse tous mes **vœux** de prompt **rétablissement**

### 50.5 Pour souhaiter bonne chance à quelqu'un

- NB : Dans la section suivante, [...] pourrait être "interview", "driving test", "exam", etc.
- I thought I'd drop you a line to send you **best wishes for your** [...]
  = bonne **chance** pour ton
- **Good luck for your** [...]. I hope things go well for you on Friday
  = bonne **chance** pour ton
- Sorry to hear you didn't get the job — **better luck next time!**
  = je suis sûr que tu **réussiras** la prochaine fois
- Sorry you're leaving us. **Good luck in** your future career
  = bonne **chance** pour
- We all wish you **the best of luck in** your new job
  = bonne **chance** pour

### 50.6 Pour féliciter quelqu'un

**Oralement**

- You're doing a great job! **Good for you!** Keep it up!
  = **bravo** !
- You're pregnant? **Congratulations!** When's the baby due?
  = **félicitations** !
- You've finished the job already? **Well done!**
  = **bravo** !
- All I can say is **well done for** complain**ing** and **congratulations on** gett**ing** the back-dated money
  = c'est bien d'avoir ... je vous **félicite** d'avoir

**Par écrit**

- **We all send you our love and congratulations on** such an excellent result
  = nous vous adressons toutes nos **félicitations** pour
- This is to send you **our warmest congratulations and best wishes on** [...]
  = toutes nos **félicitations** pour
- **Allow me to offer you my heartiest congratulations on** a well-deserved promotion
  = permettez-moi de vous **féliciter** de tout cœur pour

## 51 LES FAIRE-PART

### 51.1 Comment annoncer une naissance

**De façon familière**

- Julia Archer **gave birth to** a healthy 6lb 5oz baby son, Andrew, last Monday
  = a le **plaisir** de vous **annoncer** la **naissance** de

- Lisa had a baby boy, 7lb 5oz, last Saturday. **Mother and baby are both doing well**
  = La mère et l'enfant se portent bien

Officiellement

- Graham and Susan Anderson (née McDonald) **are delighted to announce the birth of** a daughter, Laura Anne, on 11th October, 2002, at the Royal Maternity Hospital, Glasgow *(dans une lettre ou un journal)*
  = ont la **joie** de vous faire part de la **naissance** de
- At the Southern General Hospital, on 1st December, 2002, **to Paul and Diane Kelly a son, John** *(dans un journal)*
  = Paul et Diane Kelly ont la **joie** d'**annoncer** la naissance de John

... et comment répondre

- **Congratulations (to you both) on the birth of** your son, and best wishes to Alexander for good health and happiness throughout his life
  = toutes nos **félicitations** à l'occasion de la naissance de
- **We were delighted to hear about the birth of** Stephanie, and send our very best wishes to all of you
  = nous avons été très **heureux** d'apprendre la naissance de

## 51.2 Comment annoncer des fiançailles

De façon familière

- **I'm sure you'll be delighted to learn that** Sally and I **got engaged** last Saturday
  = je suis sûr que tu seras **heureux** d'apprendre que ... nous nous sommes **fiancés**
- **I'm happy to be able to tell you that** James and Valerie **have** at last **become engaged**
  = je suis **heureux** de t'apprendre que ... se sont **fiancés**

Officiellement

- **It is with much pleasure that the engagement is announced between** Michael, younger son of Professor and Mrs Perkins, York, **and** Jennifer, only daughter of Dr and Mrs Campbell, Aberdeen *(dans un journal)*
  = nous avons le **plaisir** de vous annoncer les **fiançailles** de ... et de ...
- **Both families are happy to announce the engagement of** Lorna Thompson, eldest daughter of Mark and Elaine Thompson **to** Brian Gordon, only son of James and Mary Gordon *(dans un journal)*
  = les familles ... et ... sont **heureuses** de vous annoncer les **fiançailles** de ... et ...
- Mr and Mrs Levison **have much pleasure in announcing the engagement of** their daughter Marie **to** Mr David Hood, Canada *(dans un journal)*
  = ont le **plaisir** de vous annoncer les **fiançailles** de ... et ...

... et comment répondre

- **Congratulations to you both on your engagement**, and very best wishes for a long and happy life together
  = **félicitations** à tous deux pour vos **fiançailles**
- **I was delighted to hear of your engagement**, and wish you both all the best for your future together
  = j'ai été très **heureux** d'apprendre vos **fiançailles**

## 51.3 Comment annoncer un mariage

De façon familière

- Louise and Peter **have decided to get married** on the 4th June
  = ont décidé de se **marier**
- **I'm getting married** in June, to a wonderful man named Lester Thompson
  = je me **marie**
- **We've finally set the date for** the 19th May, 2002
  = nous avons finalement fixé la date au

Officiellement

- Mr and Mrs William Morris **are delighted to announce the marriage of** their daughter Sarah to Mr Jack Bond, in St. Francis Church, Whitley Bay, on 5th January 2002 *(dans une lettre ou un journal)*
  = sont heureux de vous annoncer le **mariage** de
- **At Netherlee Parish Church, on 1st October, 2002, by Rev. I Doherty, Alison, daughter of Ian and Mary Johnstone, Netherlee, to Derek, son of Ray and Lorraine Gilmore, Bishopbriggs** *(dans un journal)*
  = on nous prie d'annoncer le **mariage** de Mademoiselle Alison Johnstone, fille de Monsieur et Madame Ian Johnstone, avec Monsieur Derek Gilmore, fils de Monsieur et Madame Ray Gilmore, en l'église de Netherlee, le 1^er^ octobre 2002. La cérémonie a été **célébrée** par le Révérend I. Doherty

... et comment répondre

- **Congratulations on your marriage**, and best wishes to you both for your future happiness
  = (toutes mes) **félicitations** à l'occasion de votre **mariage**
- **We were delighted to hear about your daughter's marriage to** Iain, and wish them both all the best for their future life together
  = nous avons été très heureux d'apprendre le **mariage** de votre fille et de ...

## 51.4 Comment annoncer un décès

Dans une lettre personnelle

- My husband **died suddenly** last year
  = ... est **mort** subitement
- **It is with great sadness that I have to tell you that** Joe's father **passed away** three weeks ago
  = c'est avec la plus grande **tristesse** que je dois t'annoncer que ... est **décédé**

Officiellement (dans un journal)

- **Suddenly**, at home, in Newcastle-upon-Tyne, on Saturday 2nd July, 2002, Alan, aged 77 years, **the beloved husband of** Helen and **loving father of** Matthew
  = ... son épouse et ... son fils ont la **douleur** de vous faire part du **décès** brutal
- Mavis Ann, wife of the late Gavin Birch, **passed away peacefully** in the Western Infirmary on 4th October 2002, aged 64 years. **No flowers, please**
  = ... s'est **éteinte** paisiblement ... Ni fleurs ni couronnes
- **It is with deep sadness that** the Fife Club **announces the death of** Mr Tom Levi, who died in hospital on May 19 after a stroke
  = c'est avec la plus profonde **tristesse** que ... vous annonce le **décès** de

... et comment répondre

- I was terribly upset to hear of Jim's death, and am writing to send you **all warmest love and deepest sympathy**
  = toute mon amitié et ma plus profonde **sympathie**
- **Deepest sympathy on the loss of** a good friend to you and all of us
  = toutes mes **condoléances** à l'occasion de la **perte** de
- My husband and I **were greatly saddened to learn of the passing of** Dr Smith, and send you and your family our most sincere condolences
  = c'est avec la plus grande **tristesse** que ... avons appris le **décès** de
- **We wish to extend our deepest sympathy on your sad loss to you and your wife**
  = nous vous adressons à votre épouse et à vous-même nos plus sincères **condoléances**

### 51.5 Pour annoncer un changement d'adresse

- We are moving house next week. **Our new address** as of 4 December 2002 **will be** 41 Acacia Avenue, BN7 2BT Barnton
  = notre nouvelle **adresse** ... sera

## 52 LES INVITATIONS

### 52.1 Les invitations officielles

- Mr and Mrs James Waller **request the pleasure of your company at the marriage of** their daughter Mary Elizabeth to Mr Richard Hanbury at St Mary's Church, Frampton on Saturday, 21st August, 2002 at 2 o'clock and afterwards at Moor House, Frampton
  = ont le plaisir de vous **inviter** à l'occasion du mariage de
- The Warden and Fellows of Hertford College, Oxford **request the pleasure of the company of** Miss Charlotte Young and partner **at a dinner** to mark the anniversary of the founding of the College
  = ont le plaisir de **convier** ... à un dîner
- Margaret and Gary Small **request the pleasure of your company at a reception** (ou **dinner**) to celebrate their Silver Wedding, on Saturday 12th November, 2002, at 8pm at Norton House Hotel, Edinburgh
  = ont le plaisir de vous **inviter** à une **réception** (*ou* un dîner)

... et comment répondre

- **We thank you for your kind invitation to** the marriage of your daughter Annabel on 20th November, **and have much pleasure in accepting**
  = nous vous remercions de votre aimable **invitation** au ... et nous faisons une joie d'**accepter**
- **We regret that we are unable to accept your invitation to** the marriage of your daughter on 6th May
  = nous regrettons de ne pouvoir **accepter** votre **invitation** au

### 52.2 Les invitations plus intimes

- **We are celebrating** Rosemary's engagement to David by holding a dinner dance at the Central Hotel on Friday 11th February, 2002, **and very much hope that you will be able to join us**
  = nous **fêtons** ... et espérons de tout cœur que vous pourrez vous **joindre** à nous
- **We** are giving a dinner party next Saturday, and **would be delighted if you and your wife could come**
  = nous serions heureux si votre femme et vous pouviez être des nôtres
- **I'm planning a** 25th **birthday party** for my nephew — **hope you'll be able to make it**
  = j'**organise** une soirée d'anniversaire ... j'espère que vous pourrez venir
- **I'm having a party** next week for my 18th — **come along, and bring a friend**
  = j'**organise** une **soirée** ... **joins**-toi à nous et amène un de tes amis

### 52.3 Invitations à se joindre à quelqu'un

- **Why don't you come down** for a weekend and let us show you Sussex?
  = pourquoi ne viendriez-vous pas
- **Would you be interested in** com**ing** with us to the theatre next Friday?
  = est-ce que cela vous dirait de
- **Would you and Gordon like to come** to dinner next Saturday?
  = voulez-vous venir ... Gordon et toi ?
- **Would you be free for** lunch next Tuesday?
  = seriez-vous **libre** pour
- **Perhaps we could** meet for coffee some time next week?
  = peut-être pourrions-nous

### 52.4 Pour accepter une invitation

- **I'd love to** meet up with you tomorrow
  = je serais **heureux** de
- **It was good of you to invite me**, I've been longing to do something like this for ages
  = c'était très **gentil** à vous de m'inviter
- **Thank you for your invitation to** dinner — **I look forward to it very much**
  = **merci** pour votre **invitation** ... je me fais une joie de venir

### 52.5 Pour refuser une invitation

- **I'd love to come, but I'm afraid** I'm already going out that night
  = j'aimerais beaucoup venir mais **malheureusement**
- **I'm terribly sorry, but I won't be able to come to** your party
  = je suis **désolé** mais je ne pourrai pas venir à
- **I wish I could come, but unfortunately** I have something else on
  = j'aimerais pouvoir venir, mais **malheureusement**
- **Unfortunately, it's out of the question** for the moment
  = **malheureusement**, c'est impossible
- It was very kind of you to invite me to your dinner party next Saturday. **Unfortunately I will not be able to accept**
  = je ne peux **malheureusement** pas **accepter**
- **Much to our regret, we are unable to accept** *(soutenu)*
  = nous sommes au **regret** de devoir **refuser**

### 52.6 Sans donner de réponse précise

- **I'm not sure** what I'm doing that night, but I'll let you know either way before the end of the week
  = je ne suis pas **sûr**
- **It all depends on whether** I can get a sitter for Rosie at short notice
  = cela **dépend** : oui, si
- **I'm afraid I can't really make any definite plans** until I know when Alex will be able to take her holidays
  = je ne peux **malheureusement** pas m'**engager**
- It looks as if we might be going abroad with Jack's company in August so **I'd rather not commit myself** to a holiday yet
  = je préférerais ne pas m'**engager**

## 53 LA DISSERTATION

### 53.1 Les grandes lignes de l'argument

Pour introduire un sujet

De façon impersonnelle

- **It is often said** *ou* **asserted** *ou* **claimed that** the informing "grass" is named after the song Whispering Grass, but the tag long predates the ditty
  = on **dit** bien souvent que
- **It is a truth universally acknowledged that** the use and abuse of the Queen's English is stirring up a hornet's nest
  = tout le monde s'**accorde à dire** que
- **It is a truism** *ou* **a commonplace (to say) that** American accents are infinitely more glamorous than their British counterparts
  = l'**opinion** selon laquelle ... est un lieu commun
- **It is undeniably true** that Gormley helped to turn his members into far more sophisticated workers
  = il est **indéniable** que
- **It is a well-known fact that** in this age of technology, it is computer screens which are responsible for many illnesses
  = tout le monde **sait** que
- **It is sometimes forgotten that** much Christian doctrine comes from Judaism
  = on **oublie** parfois que
- **It would be naïve to suppose that** in a radically changing world these 50-year-old arrangements can survive
  = il serait **naïf** de croire que
- **It would hardly be an exaggeration to say that** the friendship of both of them with Britten was among the most creative in the composer's life
  = on peut **dire** presque sans **exagérer** que
- **It is hard to open a newspaper nowadays without reading that** TV is going to destroy reading and that electronic technology has made the written word obsolete
  = de nos jours, il est presque **impossible** d'ouvrir un journal sans lire que
- **First of all, it is important to try to understand** some of the systems and processes involved in order to create a healthier body
  = tout d'abord, il est **important** de **comprendre**
- **It is in the nature of** classics in sociological theory **to** make broad generalizations about such things as societal evolution
  = c'est un **trait caractéristique** des ... que de
- **It is often the case that** early interests lead on to a career
  = il est souvent **vrai** que

De façon personnelle

- **By way of introduction, let me** summarize the background to this question
  = en **guise** d'**introduction**, j'aimerais
- **I would like to start with** a very sweeping statement
  = je **commencerai** par
- **Before going into the issue of** criminal law, **I wish first to summarize** how Gewirth derives his principles of morality and justice
  = avant d'**étudier** en détail le **problème** de ... je voudrais **résumer**
- **Let us look at** what self-respect in your job actually means
  = **examinons**
- **We commonly think of** people **as** isolated individuals but, in fact, few of us ever spend more than an hour or two of our waking hours alone
  = nous **considérons généralement** ... en tant que
- **What we are mainly concerned with here is** the conflict between what the hero says and what he actually does
  = ce qui nous **préoccupe** ici, c'est
- **We live in a world in which** the word "equality" is bandied about
  = nous vivons dans un monde où

Pour évoquer des concepts ou des problèmes

- **The concept of** controll**ing** disease-transmitting insects by genetic means isn't new
  = l'idée de
- **The idea of** gett**ing** rich without too much effort has universal appeal
  = l'idée de
- **The question of whether** Hamlet was insane has long occupied critics
  = la **question de savoir** si

- Why they were successful where their predecessors had failed **is a question that has been much debated**
  = est un **problème** souvent débattu
- **One of the most striking features** *ou* **aspects of this issue** *ou* **topic** *ou* **question is** the way (in which) it arouses strong emotions
  = l'un des **aspects** les plus frappants de ce **problème**, c'est
- **There are a number of issues** on which China and Britain openly disagree
  = il existe un certain nombre de **questions**

Pour faire des généralisations

- **People** who work outside the home **tend to believe that** parenting is an easy option
  = les gens ont **tendance** à penser que
- **There**'s always **a tendency for people to** exaggerate your place in the world
  = les gens ont **tendance** à
- Many gardeners **have a tendency to** anthropomorphize plants
  = ont **tendance** à
- Fate **has a propensity to** behave in the same way to people of similar nature
  = a une propension à
- **For the (vast) majority of people**, literature is a subject which is studied at school but which has no relevance to life as they know it
  = pour la **plupart** des gens
- **For most of us**, the thought of the alternative to surviving into extreme old age is worse than surviving
  = pour la **plupart** d'entre nous
- History provides **numerous examples** *ou* **instances of** misguided national heroes who did more harm than good in the long run
  = de nombreux **exemples** de

Pour être plus précis

- The Meters' work with Lee Dorsey **in particular** merits closer inspection
  = en **particulier**
- **One particular issue** raised by Narayan was, suppose Grant at the time of his conviction was old enough to be hanged, what would have happened?
  = un **problème particulier**
- **A more specific point** relates to using the instrument in figure 6.6 as a way of challenging our hidden assumptions about reality
  = un **aspect** plus **spécifique**
- **More specifically**, he accuses Western governments of continuing to supply weapons and training to the rebels
  = plus **précisément**

## 53.2 Pour présenter une thèse

Remarques d'ouverture

- **First of all, let us consider** the advantages of urban life
  = tout d'**abord examinons**
- **Let us begin with an examination of** the social aspects of this question
  = **commençons** par **examiner**
- **The first thing that needs to be said is that** the author is presenting a one-sided view
  = tout d'**abord**, il faut dire que
- **What should be established at the very outset is that** we are dealing with a practical rather than philosophical issue
  = la **première constatation** qui s'impose est que

Pour délimiter le débat

- In the next section, **I will pursue the question of** whether the expansion of the Dutch prison system can be explained by Box's theory
  = je **développerai** le **problème** de
- **I will then deal with the question of** whether or not the requirements for practical discourse are compatible with criminal procedure
  = je **traiterai ensuite** du **problème** de
- We must distinguish between the psychic and the spiritual, and **we shall see how** the subtle level of consciousness is the basis for the spiritual level
  = nous **verrons** comment
- **I will confine myself to** giving an account of certain decisive facts in my militant career with Sartre
  = je me **contenterai** de
- In this chapter, **I shall largely confine myself to** a consideration of those therapeutic methods that use visualization as a part of their procedures
  = j'**étudierai** essentiellement
- **We will not concern ourselves here with** the Christian legend of St James
  = nous ne nous **préoccuperons** pas ici de
- **Let us now consider** to what extent the present municipal tribunals differ from the former popular tribunals in the above-mentioned points
  = **examinons maintenant**
- **Let us now look at** the types of corporatism that theorists developed to clarify the concept
  = **abordons maintenant**

Pour exposer les problèmes

- **The main issue under discussion is** how the party should re-define itself if it is to play any future role in Hungarian politics
  = le **problème principal** est
- **A second, related problem is that** business ethics has mostly concerned itself with grand theorising
  = **problème annexe** :
- **The issue at stake here is** one of misrepresentation or cheating
  = ce dont il s'**agit** ici est
- **An important aspect of** Milton's imagery **is** the play of light and shade
  = un des **aspects** importants de ... est
- **It is worth mentioning here that** when this was first translated, the opening reference to Heidegger was entirely deleted
  = il faut **mentionner** ici que

- **Finally, there is the argument that** castrating a dog will give it a nasty streak
  = **enfin**, on peut dire que

Pour mettre un argument en doute

- In their joint statement, the two presidents use tough language to condemn violence but **is there any real substance in what's been agreed?**
  = leur accord a-t-il un contenu réel?
- This is a question which **merits close(r) examination**
  = **mérite un examen** plus attentif
- The unity of the two separate German states **raised fundamental questions for** Germany's neighbours
  = **soulevait** des **problèmes fondamentaux** pour
- The failure to protect our fellow Europeans **raises fundamental questions on** the role of the armed forces
  = **soulève** des **questions essentielles** quant à
- **This raises once again the question of** whether a government's right to secrecy should override the public's right to know
  = cela **soulève** à nouveau la **question** de savoir
- **This poses the question of** whether it is possible for equity capital to be cheap and portfolio capital to be expensive simultaneously
  = cela pose la **question** de savoir

Pour analyser les problèmes

- **It is interesting to consider why** this scheme has opened so successfully
  = il est intéressant d'**examiner** pourquoi
- **On the question of** whether civil disobedience is likely to help end the war, Chomsky is deliberately diffident
  = sur la **question** de
- **We are often faced with the choice between** our sense of duty **and** our own personal inclinations
  = nous sommes souvent contraints de faire un choix entre ... et
- **When we speak of** realism in music, **we do not at all have in mind** the illustrative bases of music
  = quand nous **parlons** de ..., nous ne **pensons** pas à
- **It is reasonable to assume that** most people living in industrialized societies are to some extent contaminated by environmental poisons
  = on peut raisonnablement **penser** que

Pour étayer un argument

- **An argument in support of** this approach **is that** it produces results
  = le fait que ... est un **argument** en **faveur** de
- **In support of his theory**, Dr Gold notes that most oil contains higher-than-atmospheric concentrations of helium-3
  = pour **appuyer** sa **théorie**
- **This is the most telling argument in favour of** an extension of the right to vote
  = c'est l'**argument** le plus éloquent en **faveur** de
- **The second reason for advocating** this course of action **is that** it benefits the community at large
  = une autre **raison de soutenir** ... est que
- **The third, more fundamental, reason for** look**ing** to the future **is that** we need a successful market
  = la troisième **raison**, plus **essentielle**, de ... est que
- Confidence in capitalism seems to be at a post-war low. **The fundamental reason for** this contradiction seems to me quite simple
  = la **raison** essentielle de

## 53.3 Pour présenter une antithèse

Pour critiquer quelque chose ou pour s'y opposer

- **In actual fact, the idea of** there being a rupture between a so-called old criminology and an emergent new criminology **is somewhat misleading**
  = en **réalité**, l'**idée selon** laquelle ... est quelque peu trompeuse
- In order to argue this, I will show that Wyeth**'s position is untenable**
  = le **point** de vue de ... est **indéfendable**
- **It is claimed, however,** that the strict Leboyer method is not essential for a less traumatic birth experience
  = on **affirme cependant**
- **This need not mean that** we are destined to suffer for ever. **Indeed, the opposite may be true**
  = cela ne veut pas dire que ... il se peut même que le **contraire** soit **vrai**
- Many observers, though, **find it difficult to share his opinion that** it could mean the end of the Tamil Tigers
  = ne partagent guère son **opinion selon** laquelle
- **On the other hand**, there is a competing principle in psychotherapy that should be taken into consideration
  = d'un autre **côté**
- The judgement made **may well be true but** the evidence given to sustain it is unlikely to convince the sceptical
  = est peut-être **juste**, **mais**
- Reform **is all very well, but** it is pointless if the rules are not enforced
  = c'est bien joli, **mais**
- The case against the use of drugs in sport rests primarily on the argument that ... **This argument is weak, for two reasons**
  = cet **argument** manque de solidité, pour deux **raisons**
- According to one theory, the ancestors of vampire bats were fruit-eating bats. But **this idea** *ou* **argument does not hold water**
  = cette **idée** *ou* cet **argument** ne **tient** pas
- The idea **does not stand up to** historical scrutiny
  = ne **résiste** pas à
- **This view does not stand up** if we examine the known facts about John
  = ce **point** de vue ne **tient** pas
- **The trouble with the idea that** social relations are the outcome of past actions **is not that** it is wrong, **but rather that** it is uninformative
  = le **problème** que pose l'**idée selon** laquelle ... n'est pas que ... mais plutôt que

- **The difficulty with this view is that** he bases the principle on a false premise
  = là où son **point** de vue **pèche**, c'est que
- **The snag with** such speculations **is that** too much turns on one man or event
  = l'**inconvénient** que présente ... est que
- Removing healthy ovaries **is entirely unjustified in my opinion**
  = est totalement **injustifié selon** moi

Pour proposer une alternative

- **Another approach may be to** develop substances capable of blocking the effects of the insect's immune system
  = une manière **différente** d'**aborder** le **problème** serait de
- **Another way of looking at that claim is to** note that Olson's explanations require little knowledge of the society in question
  = on peut **envisager** le **problème** sous un autre **angle** en
- **However, the other side of the coin is** the fact that an improved self-image can lead to prosperity
  = cependant, il y a le **revers** de la **médaille**, à savoir que
- **It is more accurate to speak of** new criminologies rather than of a single new criminology
  = il est plus **juste** de parler de
- **Paradoxical though it may seem**, computer models of mind can be positively humanising
  = aussi **paradoxal** que cela puisse paraître

## 53.4 Pour présenter une synthèse

Pour évaluer les arguments exposés

- **How can we reconcile** these two apparently contradictory viewpoints?
  = comment **réconcilier**
- **On balance**, making money honestly is more profitable than making it dishonestly
  = à tout prendre
- Since vitamins are expensive, **one has to weigh up the pros and cons**
  = il faut **peser** le **pour** et le **contre**
- **The benefits of** partnership in a giant trading market will almost certainly **outweigh the disadvantages**
  = les **avantages** de ... l'emportent sur les **inconvénients**
- **The two perspectives are not mutually exclusive**
  = ces deux **points** de vue ne sont pas totalement incompatibles

Pour sélectionner un argument particulier

- Dr Meaden's theory **is the most convincing explanation**
  = est l'**explication** la plus **convaincante**
- **The truth** *ou* **fact of the matter is that** in a free society you can't turn every home into a fortress
  = la **vérité** est que
- But **the truth is that** Father Christmas has a rather mixed origin
  = la **vérité** est que
- This is an exercise that on paper might not seem to be quite in harmony, but **in actual fact** this is not the position
  = en **réalité**
- **When all is said and done, it must be acknowledged that** a purely theoretical approach to social issues is sterile
  = en **fin** de compte, il faut reconnaître que

Pour résumer les arguments

- In this chapter, **I have demonstrated** *ou* **shown that** the Cuban alternative has been undergoing considerable transformations
  = j'ai **montré** que
- **This shows how**, in the final analysis, adhering to a particular theory on crime is at best a matter of reasoned choice
  = cela **démontre** comment
- **The overall picture shows that** prison sentences were relatively frequent
  = cette vue d'ensemble **montre** que
- **To recap** *ou* **To sum up, then, (we may conclude that)** there are in effect two possible solutions to this problem
  = en **résumé**, on peut **conclure** que
- **To sum up this chapter** I will offer two examples
  = **pour résumer** ce chapitre
- **To summarize**, we have seen that the old industries in Britain had been hit after the First World War by a deteriorating international position
  = en **résumé**
- Habermas's argument, **in a nutshell**, is as follows
  = en **bref**
- But **the key to the whole argument is** a single extraordinary paragraph
  = la clé du problème ... se trouve dans
- **To round off this section** on slugs, gardeners may be interested to hear that there are three species of predatory slugs in the British Isles
  = **pour clore** cette section

Pour tirer des conclusions

- **From all this, it follows that** it is impossible to extend those kinds of security measures to all potential targets of terrorism
  = il **découle** de tout cela que
- This, of course, **leads to the logical conclusion that** those who actually produce do have a claim to the results of their efforts
  = nous amène **logiquement à conclure** que
- **There is only one logical conclusion we can reach**, which is that we ask our customers what they think of our marketing programme
  = on ne peut **aboutir** qu'à une seule **conclusion logique**
- **The inescapable conclusion is that** the criminal justice system has a hand in creating the reality we see
  = **la conclusion inéluctable** à laquelle on **aboutit** est que
- **We must conclude that** there is no solution to the problem of defining crime
  = nous devons **conclure** que
- **In conclusion**, the punishment model of deterrence is highly unsatisfactory
  = **pour conclure**

- **The upshot of all this is that** GIFT is more likely to be readily available than IVF
  = le **résultat** de tout cela est que
- **So it would appear that** ESP is not necessarily limited to the right hemisphere of the brain
  = il **semblerait** donc que
- **This only goes to show that** a good man is hard to find, be he black or white
  = cela **prouve** bien que
- **The lesson to be learned is that** the past, especially a past lived in impotence, can be enslaving
  = la leçon que l'on peut en **tirer** est que
- **At the end of the day**, the only way the drug problem will be beaten is when people are encouraged not to take it
  = en **fin** de compte
- **Ultimately, then**, these critics are significant
  = en **définitive**

## 53.5 Pour rédiger un paragraphe

### Pour ajouter quelque chose

- **In addition**, the author does not really empathize with his hero
  = de **plus**
- This award-winning writer, **in addition to being** a critic, biographer and poet, has written 26 crime novels
  = **outre** qu'il est
- But this is only part of the picture. **Added to this** are fears that a major price increase would cause riots
  = **s'ajoute** à cela ...
- **An added** complication **is** that the characters are not aware of their relationship to one another
  = **un autre** ... est
- **Also**, there is the question of language.
  = par **ailleurs**
- **The question also arises as to** how this idea can be put into practice
  = se pose **aussi** la question de savoir
- Politicians, **as well as** academics and educationalists, tend to feel strongly about the way in which history is taught
  = **ainsi** que
- But, **over and above that**, each list contains fictitious names or addresses
  = en **plus de cela**
- **Furthermore**, ozone is, like carbon dioxide, a greenhouse gas
  = en **outre**

### Pour comparer

- **Compared with** the heroine, Alison is an insipid character
  = **comparé** à
- **In comparison with** the Czech Republic, the culture of Bulgaria is less westernized
  = en **comparaison** de
- This is a high percentage for the English Midlands but low **by comparison with** some other parts of Britain
  = par **comparaison avec**
- **On the one hand**, there is no longer a Warsaw Pact threat. **On the other (hand)**, the positive changes could have negative side-effects
  = d'un **côté** ... de l'autre
- **Similarly**, a good historian is not obsessed by dates
  = de **même**
- There can only be one total at the bottom of a column of figures and **likewise** only one solution to any problem
  = **pareillement**
- What others say of us will translate into reality. **Equally**, what we affirm as true of ourselves will likewise come true
  = de **même**
- There will now be a change in the way we are regarded by our partners, and, **by the same token**, the way we regard them
  = du **même coup**
- **There is a fundamental difference between** adequate nutrient intake **and** optimum nutrient intake
  = il existe une **différence** fondamentale entre ... et

### Pour relier deux éléments

- **First of all** *ou* **Firstly**, I would like to outline the benefits of the system
  = **tout d'abord**
- In music we are concerned **first and foremost** with the practical application of controlled sounds relating to the human psyche
  = en tout **premier** lieu
- **In order to understand** the conflict between the two nations, **it is first of all necessary to** know something of the history of the area
  = pour comprendre ... il faut tout **d'abord**
- **Secondly**, it might be simpler to develop chemical or even nuclear warheads for a large shell than for a missile
  = **deuxièmement**
- **In the first/second/third place**, the objectives of privatization were contradictory
  = **premièrement, deuxièmement, troisièmement**
- **Finally,** there is the argument that castrating a dog will give it a nasty streak
  = **enfin**

### Pour exprimer une opinion personnelle

- **In my opinion**, the government is underestimating the scale of the epidemic
  = **à mon avis**
- **My personal opinion is that** the argument lacks depth
  = **personnellement**, je pense que
- This is a popular viewpoint, but **speaking personally**, I cannot understand it
  = **personnellement**
- **Personally**, I think that no one can appreciate ethnicity more than black or African people themselves
  = **personnellement**
- **For my part**, I cannot agree with the leadership on this question
  = **pour ma part**
- **My own view is that** what largely determines the use of non-national workers are economic factors rather than political ones
  = je **trouve** que
- **In my view**, it only perpetuates the very problem that it sets out to address
  = **à mon idée**

- Although the author argues the case for patriotism, **I feel that** he does not do it with any great personal conviction
  = je **crois** que
- **I believe that** people do understand that there can be no quick fix for Britain's economic problems
  = je **crois** que
- **It seems to me that** what we have is a political problem that needs to be solved at a political level
  = il me **semble** que
- **I would maintain that** we have made a significant effort to ensure that the results are made public
  = je **soutiens** que

Pour présenter l'opinion de quelqu'un d'autre

- **He claims** *ou* **maintains that** intelligence is conditioned by upbringing
  = il **soutient** que
- Bukharin **asserts that** all great revolutions are accompanied by destructive internal conflict
  = **affirme** que
- The communique **states that** some form of nuclear deterrent will continue to be needed for the foreseeable future
  = **affirme** que
- **What he is saying is that** the time of the highly structured political party is over
  = il **dit** que
- His admirers **would have us believe that** watching this film is more like attending a church service than having a night at the pictures
  = voudraient nous faire **croire** que
- **According to** the report, poverty creates a climate favourable to violence
  = **selon**

Pour donner un exemple

- **To take another example**: many thousands of people have been condemned to a life of sickness and pain because ...
  = pour prendre un autre **exemple**
- Let us consider, **for example** *ou* **for instance**, the problems faced by immigrants arriving in a strange country
  = par **exemple**
- His meteoric rise **is the most striking example yet of** voters' disillusionment with the record of the previous government
  = est l'**exemple** le plus frappant de
- The case of Henry Howey Robson **serves to illustrate** the courage exhibited by young men in the face of battle
  = **illustre** bien
- Just consider, **by way of illustration**, the difference in amounts accumulated if interest is paid gross, rather than having tax deducted
  = pour **illustrer**
- **A case in point is** the decision to lift the ban on contacts with the republic
  = ... est un bon **exemple**
- **Take the case of** the soldier returning from war
  = prenons le **cas** de
- **As** the Prime Minister **remarked,** the tunnel will greatly benefit us all
  = comme l'a fait **remarquer**

## 53.6 Les mécanismes de la discussion

Pour présenter une supposition

- They telephoned the president to put pressure on him. And **that could be interpreted as** trying to gain an unconstitutional political advantage
  = on pourrait **interpréter** cela comme
- Retail sales in Britain rose sharply last month. This was higher than expected and **could be taken to mean that** inflationary pressures remain strong
  = laisse **supposer** que
- **It might well be prudent to** find some shelter for the night rather than sleep in the van
  = il serait sans **doute** prudent de
- These substances do not remain effective for very long. This is **possibly** because they work against the insects' natural instinct to feed
  = **peut-être**
- She had become a definite security risk and **it is not beyond the bounds of possibility that** murder may have been considered
  = il n'est pas **impossible** que
- I am somewhat reassured by Mr Fraser's assertion, which **leads one to suppose that** on that subject he is in full agreement with Catholic teaching
  = nous amène à **supposer** que
- It is **probably** the case that all long heavy ships are vulnerable
  = **probablement**
- After hearing nothing from the taxman for so long, most people **might reasonably assume that** their tax affairs were in order
  = seraient en droit de **supposer** que
- **One could be forgiven for thinking that** because the substances are chemicals, they'd be easy to study
  = il serait excusable de penser que
- Thus, **I venture to suggest that** very often when visions are mentioned in the literature of occultism, self-created visualizations are meant
  = j'oserais même dire que

Pour exprimer la certitude Voir aussi 15 : La certitude

- **It is clear that** any risk to the human foetus is very low
  = il est **clair** que
- Whatever may be said about individual works, the early poetry as a whole is **indisputably** a poetry of longing
  = **indiscutablement**
- Yet, **undeniably**, this act of making it a comprehensible story does remove it one degree further from reality
  = **indéniablement**
- **There can be no doubt that** the Earth underwent a dramatic cooling which destroyed the environment and life style of these creatures
  = il ne fait aucun **doute** que
- **It is undoubtedly true that** over the years there has been a much greater emphasis on safer sex
  = il est **indéniable** que
- **As we all know**, adultery is far from uncommon
  = comme nous le savons tous

- **One thing is certain**: no one can claim that ESP has never helped make money
  = une chose est sûre
- **It is (quite) certain that** unless peace can be brought to this troubled land, no amount of aid will solve the long-term problems of the people
  = il est certain que

Pour exprimer le doute Voir aussi 16 : L'incertitude

- **It is doubtful whether**, in the present repressive climate, anyone would be brave or foolish enough to demonstrate publicly
  = il n'est pas sûr que
- **It remains to be seen whether** the security forces will try to intervene
  = (il) reste à savoir si
- Once in a while I think about all that textbook Nietzsche and **I wonder whether** anyone ever truly understood a word of it
  = je me demande si
- **I have (a few) reservations about** the book
  = j'émettrais quelques réserves sur
- Since it spans a spectrum of ideologies, **it is by no means certain that** it will stay together
  = il n'est pas du tout certain que
- **It is questionable whether** media coverage of terrorist organizations actually affects terrorism
  = il n'est pas sûr que
- **This raises the whole question of** exactly when men and women should retire
  = cela soulève la question de savoir
- The crisis **sets a question mark against** the Prime Minister's stated commitment to intervention
  = remet en question
- Both these claims are **true up to a point** and they need to be made
  = vrai dans une certaine mesure

Pour marquer l'accord Voir aussi 11 : L'accord

- **I agree wholeheartedly with** the opinion that smacking should be outlawed
  = je suis entièrement d'accord avec
- **One must acknowledge that** China's history will make change more painful
  = il faut reconnaître que
- **It cannot be denied that** there are similarities between these two approaches
  = il est indéniable que
- Courtney - **rightly in my view** - is strongly critical of the snobbery and elitism that is all too evident in these circles
  = à juste titre, selon moi
- Preaching was considered an important activity, **and rightly so** in a country with a high illiteracy rate
  = (et) à juste titre

Pour marquer le désaccord Voir aussi 12 : Le désaccord

- **I must disagree with** Gordon's article on criminality: it is dangerous to suggest that to be a criminal one must look like a criminal
  = je ne suis pas d'accord avec
- He was not a lovable failure but rather a difficult man who succeeded. **It is hard to agree**
  = on peut difficilement être d'accord
- As a former teacher **I find it hard to believe that** there is no link at all between screen violence and violence on the streets
  = il m'est difficile de croire que
- The strength of their feelings **is scarcely credible**
  = est peu crédible
- Her claim to have been the first to discover the phenomenon **defies credibility**
  = n'est pas crédible
- Nevertheless, **I remain unconvinced by** Milton
  = je ne suis toujours pas convaincu par
- Many do not believe that water contains anything remotely dangerous. Sadly, **this is far from the truth**
  = c'est loin d'être vrai
- To say that everyone requires the same amount of a vitamin is as stupid as saying we all have blonde hair and blue eyes. **It simply isn't true**
  = c'est complètement faux
- His remarks were not only highly offensive to black and other ethnic minorities but **totally inaccurate**
  = tout à fait inexactes
- Stomach ulcers are often associated with good living and a fast-moving lifestyle. **(But) in reality** there is no evidence to support this belief
  = (mais) en réalité
- This version of a political economy **does not stand up to close scrutiny**
  = ne tient pas lorsqu'on l'examine attentivement

Pour souligner un argument

- Nowadays, there is **clearly** less stigma attached to unmarried mothers
  = de toute évidence
- Evidence shows that ..., so once again **the facts speak for themselves**
  = les faits parlent d'eux-mêmes
- **Few will argue with the principle that** such a fund should be set up
  = on ne saurait remettre en question l'idée que
- Hyams **supports this claim** by looking at sentences produced by young children learning German
  = appuie cette affirmation
- This issue **underlines** the dangers of continuing to finance science in this way
  = souligne
- **The most important thing is to** reach agreement from all sides
  = le plus important est de
- Perhaps **the most important aspect of** cognition is the ability to manipulate symbols
  = l'aspect le plus important de

Pour mettre un détail en valeur

- **It would be impossible to exaggerate the importance of** these two volumes for anyone with a serious interest in the development of black gospel music
  = on ne saurait exagérer l'importance de

- The symbolic importance of Jerusalem for both Palestinians and Jews is almost **impossible to overemphasize**
  = on ne saurait **sous-estimer**
- **It is important to be clear that** Jesus does not identify himself with Yahweh
  = il faut bien savoir que
- **It is significant that** Mandalay seems to have become the central focus in this debate
  = le fait que ... est **révélateur**
- **It should not be forgotten that** many of those now in exile were close to the centre of power until only one year ago
  = il ne faut pas oublier que
- **It should be stressed that** the only way pet owners could possibly contract such a condition from their pets is by eating them
  = il faut **souligner** que
- **There is a very important point here and that is that** the accused claims that he was with Ms Martins all evening on the night of the crime
  = on trouve ici une remarque très **importante**, à savoir que
- At the beginning of his book Mr Gordon **makes a telling point**
  = fait une remarque **importante**
- Suspicion is **the chief feature of** Britain's attitude to European theatre
  = la **caractéristique** principale de
- **In order to focus attention on** Hobson's distinctive contributions to macroeconomics, these wider issues are neglected here
  = afin d'**attirer** l'attention sur
- These statements **are interesting in that** they illustrate different views
  = sont **intéressants** du fait que

## 54 TÉLÉPHONE, E-MAILS ET TEXTOS

### 54.1 Pour obtenir un numéro

- **Could you get me 01843465786, please?** *(o-one-eight-four-three-four-six-five-seven-eight-six)*
  = Je voudrais le 01 843 46 57 86, s'il vous plaît, (zéro un huit cent quarante-trois quarante-six cinquante-sept quatre-vingt six)
- **Could you give me directory enquiries** *(Brit)* *ou* **directory assistance** *(US)*, **please?**
  = Pourriez-vous me **passer** les **renseignements**, s'il vous plaît ?
- **Can you give me the number of Europost, 20 rue de la Marelle, Pierrefitte?**
  = Je voudrais le **numéro** de la société Europost, 20, rue de la Marelle, à Pierrefitte
- **What is the code for Martinique?**
  = Quel est l'**indicatif** pour la Martinique ?
- **How do I make an outside call** *ou* **How do I get an outside line?**
  = Comment est-ce que je peux **téléphoner** à l'extérieur ?
- **What do I dial to get the speaking clock?**
  = Quel **numéro** dois-je faire pour l'horloge parlante ?
- **It's not in the book**
  = Je n'ai pas trouvé le numéro dans l'**annuaire**
- **You omit the "0" when dialling England from France**
  = Si vous **téléphonez** de France en Angleterre, ne faites pas le zéro

### 54.2 Quand l'abonné répond

- **Could I have** *ou* **Can you give me extension 516?**
  = Pourriez-vous me passer le **poste** 516, s'il vous plaît ?
- **Is that Mr Lambert's phone?**
  = Je suis bien chez M. Lambert ?
- **Could I speak to Mr Wolff, please?** *ou* **I'd like to speak to Mr. Wolff, please**
  = Je voudrais parler à M. Wolff, s'il vous plaît *ou* Pourrais-je parler à M. Wolff, s'il vous plaît ?
- **Could you put me through to Dr Henderson, please?**
  = Pourriez-vous me **passer** le docteur Henderson, s'il vous plaît ?
- **Who's speaking?**
  = Qui est à l'**appareil** ?
- **I'll call back in half an hour**
  = Je **rappellerai** dans une demi-heure
- **Could I leave my number for her to call me back?**
  = Pourrais-je laisser mon **numéro** pour qu'elle me rappelle ?
- **I'm ringing from a callbox** *(Brit)* ou **I'm calling from a paystation** *(US)*
  = Je vous **appelle** d'une **cabine** téléphonique *ou* Je **téléphone** d'une **cabine**
- **I'm phoning from England**
  = J'appelle *ou* Je téléphone d'Angleterre
- **Would you ask him to ring me when he gets back?**
  = Pourriez-vous lui demander de me rappeler quand il rentrera ?

### 54.3 Pour répondre au téléphone

- **Hello, this is Anne speaking**
  = Allô, c'est Anne à l'**appareil**
- (Is that Anne?) **Speaking**
  = (C'est Anne à l'appareil ?) **Elle-même**
- **Would you like to leave a message?**
  = Voulez-vous laisser un **message** ?
- **Can I take a message?**
  = Puis-je lui transmettre un message ?
- **Hold the line please**
  = Ne **quittez** pas *ou* Ne raccrochez pas
- **I'll call you back**
  = Je vous rappelle
- **This is a recorded message**
  = Vous êtes en **communication** avec un répondeur automatique
- **Please speak after the tone** *ou* **after the beep**
  = Veuillez laisser votre **message** après le **bip** sonore

### 54.4 Le standard vous répond

- **Grand Hotel, can I help you?**
  = Grand Hôtel, bonjour *ou* à votre service

- **Who's calling, please?**
  = Qui est à l'appareil ?
- **Who shall I say is calling?**
  = C'est de la part de qui ?
- **Do you know his extension number?**
  = Est-ce que vous connaissez son numéro de poste ?
- **I am connecting you *ou* putting you through now**
  = Je vous le passe
- **I have a call from Tokyo for Mrs Thomas**
  = J'ai quelqu'un en ligne de Tokyo qui demande Mme Thomas
- **I've got Miss Martin on the line for you**
  = J'ai Mlle Martin à l'appareil
- **Dr Robert's line is busy**
  = Le docteur Robert est déjà en ligne
- **Sorry to keep you waiting**
  = Désolé de vous faire attendre
- **There's no reply**
  = Ça ne répond pas
- **You're through to our Sales Department**
  = Vous êtes en ligne avec le service des ventes

## 54.5 L'opérateur vous répond

- **What number do you want *ou* What number are you calling?**
  = Quel numéro demandez-vous ?
- **Where are you calling from?**
  = D'où appelez-vous ?
- **Would you repeat the number, please?**
  = Pourriez-vous répéter le numéro, s'il vous plaît ?
- **Replace the handset and dial again**
  = Raccrochez et renouvelez votre appel *ou* Raccrochez et recomposez le numéro
- **There's a Mr Campbell calling you from Amsterdam who wishes you to pay for the call. Will you accept?**
  = M. Campbell vous appelle en PCV d'Amsterdam. Est-ce que vous acceptez la communication ?
- **Go ahead, caller**
  = Vous êtes en ligne
- *(aux Renseignements)* **There's no listing under that name**
  = (Directory Enquiries) Il n'y a pas d'abonné à ce nom
- **They're ex-directory** *(Brit) ou* **unlisted** *(US)*
  = Désolé, leur numéro est sur la liste rouge
- **There's no reply from 01 45 77 57 84**
  = Le 01 45 77 57 84 ne répond pas
- **Hold the line, please *ou* Please hold**
  = Ne quittez pas
- **All lines to Bristol are engaged - please try later**
  = Par suite de l'encombrement des lignes, votre appel ne peut aboutir. Veuillez rappeler ultérieurement
- **I'm trying it for you now**
  = J'essaie d'obtenir votre correspondant
- **It's ringing for you now**
  = Ça sonne
- **The line is engaged** *(Brit) ou* **busy** *(US)*
  = La ligne est occupée
- **The number you have dialled has not been recognized** *(message enregistré)*
  = Il n'y a pas d'abonné au numéro que vous avez demandé (recorded message)
- **The number you have dialled no longer exists. Please consult the directory** *(message enregistré)*
  = Le numéro de votre correspondant n'est plus attribué. Veuillez consulter l'annuaire ou votre centre de renseignements
- **The number you have dialled has been changed. Please dial 0233 42 21 70** *(message enregistré)*
  = Le numéro de votre correspondant a changé. Veuillez composer désormais le 02 33 42 21 70 *(recorded message)*
- **The number you are calling is engaged** *(Brit) ou* **busy** *(US)*. **Please try again later**
  = Toutes les lignes de votre correspondant sont occupées. Veuillez rappeler ultérieurement *(recorded message)*

## 54.6 Les différents types de communication

- **It's a local call**
  = C'est une communication locale
- **This is a long-distance call**
  = C'est une communication interurbaine
- **I want to make an international call**
  = Je voudrais appeler l'étranger
- **I want to make a reverse charge call to a London number** *(Brit) ou* **I want to call a London number collect** *(US)*
  = Je voudrais appeler Londres en PCV *(NB : system no longer exists in France)*
- **I'd like an alarm call for 7.30 tomorrow morning**
  = Je voudrais être réveillé à 7 h 30 demain

## 54.7 En cas de difficulté

- **I can't get through (at all)**
  = Je n'arrive pas à avoir le numéro
- **Their phone is out of order**
  = Leur téléphone est en dérangement
- **We were cut off**
  = On nous a coupés *ou* La communication a été coupée
- **I must have dialled the wrong number**
  = J'ai dû faire un faux numéro
- **We've got a crossed line**
  = Il y a quelqu'un d'autre sur la ligne
- **I've called them several times with no reply**
  = J'ai **appelé** plusieurs fois, mais ça ne répond pas
- **You gave me a wrong number**
  = Vous m'avez donné un faux numéro
- **I got the wrong extension**
  = On ne m'a pas donné le bon poste *ou* On s'est trompé de poste
- **This is a very bad line**
  = La ligne est très mauvaise

## 54.8 E-mail

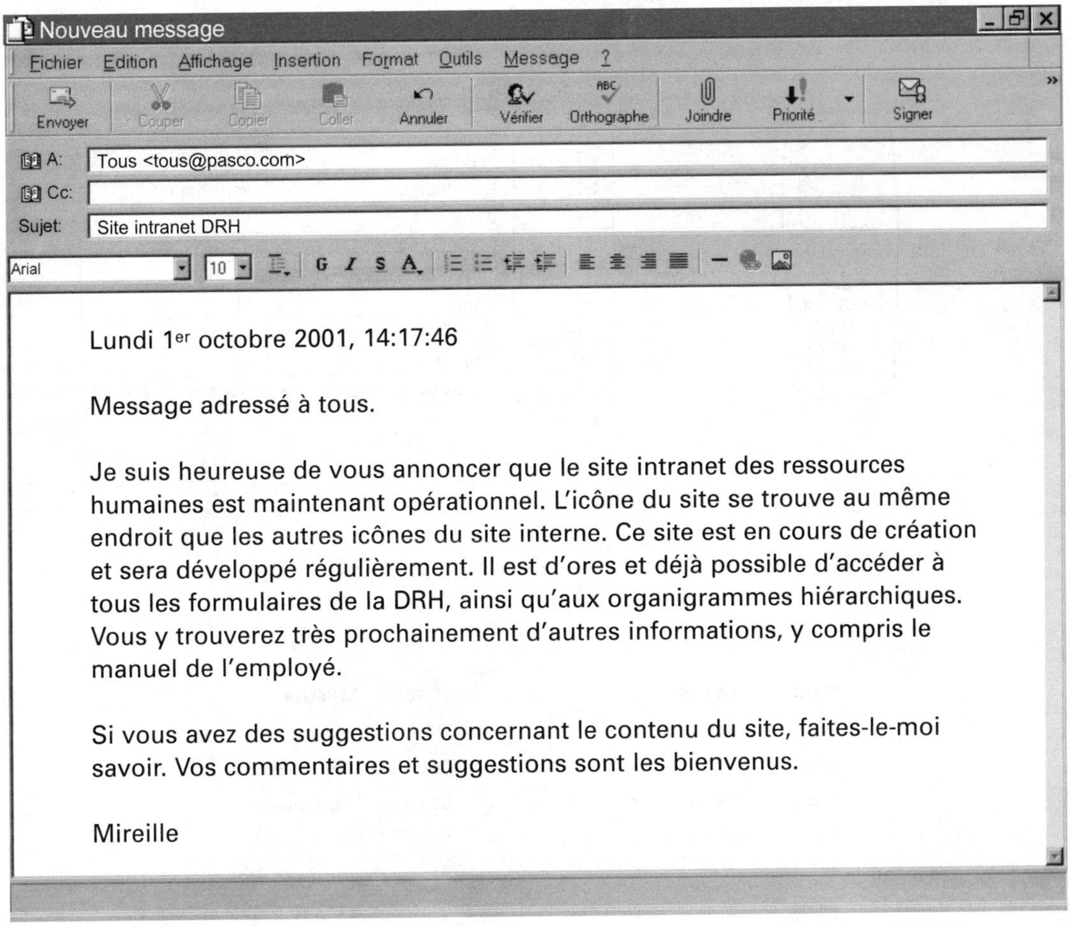


Lundi 1er octobre 2001, 14:17:46

Message adressé à tous.

Je suis heureuse de vous annoncer que le site intranet des ressources humaines est maintenant opérationnel. L'icône du site se trouve au même endroit que les autres icônes du site interne. Ce site est en cours de création et sera développé régulièrement. Il est d'ores et déjà possible d'accéder à tous les formulaires de la DRH, ainsi qu'aux organigrammes hiérarchiques. Vous y trouverez très prochainement d'autres informations, y compris le manuel de l'employé.

Si vous avez des suggestions concernant le contenu du site, faites-le-moi savoir. Vos commentaires et suggestions sont les bienvenus.

Mireille

| | |
|---|---|
| Nouveau message | New Message |
| Fichier | File |
| Edition | Edit |
| Affichage | View |
| Outils | Tools |
| Composer | Compose |
| Aide | Help |
| Envoyer | Send |
| Nouveau message | New |
| Répondre | Reply to Sender |
| Répondre à tous | Reply to All |
| Faire suivre | Forward |
| Fichier joint | Attachment |
| A | To |
| Cc | Cc |
| Copie cachée | Bcc (blind carbon copy) |
| Objet | Subject |
| De | From |
| Date | Sent |

## 54.9 Textos

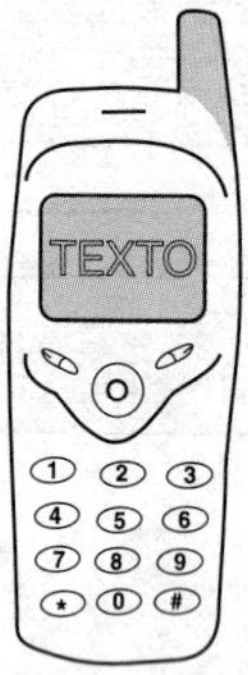


| Smileys | | |
|---|---|---|
| :-) | heureux | happy |
| :-)) | très heureux | very happy |
| :-( | triste | sad |
| :-(( | très triste | very sad |
| :'-( | qui pleure | crying |
| :-* | bisou | kiss |
| ;-) | clin d'œil | twinkle |
| :-O | étonné | wow |
| :-X | motus et bouche cousue | not saying a word |

| TEXTO | FRENCH |
|---|---|
| @+ | à plus tard |
| @2m1 | à demain |
| bi1to | bientôt |
| cpg | c'est pas grave |
| dsl | désolé |
| entouK | en tout cas |
| G la N | j'ai la haine |
| je t'M | je t'aime |
| JMS | jamais |
| MDR | mort de rire |
| mr6 | merci |
| MSG | message |
| now | maintenant |
| p2k | pas de quoi |
| parske | parce que |
| qqn | quelqu'un |
| ri1 | rien |
| svp | s'il vous plaît |
| TOK | t'es OK ? |
| TOQP | t'es occupé ? |
| we | week-end |
| XLnt | excellent |

| TEXTO | ENGLISH |
|---|---|
| CUL8R | see you later |
| CU2moro | see you tomorrow |
| RSN | really soon now |
| INBD | it's no big deal |
| IMS | I'm sorry |
| IAC | in any case |
| H8 | hate |
| NVR | never |
| ILUVU | I love you |
| ROFL | rolling on the floor laughing |
| Thx | thanks |
| Msg | message |
| ATM | at the moment |
| URW | you are welcome |
| COZ | because |
| S/O | someone |
| 0 | nothing |
| PLS | please |
| RUOK | are you ok? |
| RUBZ | are you busy? |
| Wknd | weekend |
| XLNT | excellent |

# DICTIONNAIRE ANGLAIS-FRANÇAIS

# ENGLISH-FRENCH DICTIONARY

# A

**A, a**[1] /eɪ/ **N** **a** *(= letter)* A, a *m* ◆ **A for Able** ≃ A comme André ◆ **to know sth from A to Z** connaître qch de A à Z ◆ **24a** *(in house numbers)* 24 bis ◆ **to get from A to B** aller d'un endroit à un autre ◆ **on the A4** *(Brit Aut)* sur la (route) A4

**b** *(Mus)* la *m* ; → **key**

**c** *(Scol)* excellent *(de 15 à 20 sur 20)*

**d** *(Elec)* (abbrev of **ampere(s)**) A

**COMP** ▷ **A-1** **ADJ** super* ▷ **A3 (paper)** **N** (papier *m*) A3 *m* ▷ **A4 (paper)** **N** (papier *m*) A4 *m* ▷ **A and M college** **N** *(US)* ≃ école *f* supérieure d'agriculture ▷ **A-bomb** **N** bombe *f* A *or* atomique ▷ **A levels** **NPL** *(Brit Scol)* ≃ baccalauréat *m* ◆ **to do an A level in geography** ≃ passer l'épreuve de géographie au baccalauréat ▷ **A-line dress** **N** robe *f* trapèze *inv* ▷ **the A-list** **N** le gratin, le dessus du panier ◆ **to be on the A-list** faire partie du gratin ▷ **A number 1** **ADJ** *(US)* ⇒ **A-1** ▷ **A-OK*** **ADJ** super* ▷ **A-road** **N** *(Brit)* ≃ route *f* nationale ; → ROADS ▷ **A-side** **N** *[of record]* face *f* A ▷ **A-test** **N** essai *m* nucléaire ▷ **A to Z** ® **N** (pl **A to Zs**) plan *m* avec répertoire des rues ◆ **a Glasgow A to Z, an A to Z of Glasgow** un plan de Glasgow avec répertoire des rues

> **A Levels**
>
> Diplôme britannique préparé en deux ans, qui sanctionne la fin des études secondaires et permet l'accès à l'enseignement supérieur. Contrairement au baccalauréat français, dont le résultat est global, les **A levels** sont obtenus séparément dans un nombre limité de matières (trois en moyenne) choisies par le candidat. Le système d'inscription dans l'enseignement supérieur étant sélectif, les élèves cherchent à obtenir les meilleures mentions possibles afin de pouvoir choisir plus facilement leur université.
> En Écosse, l'équivalent des **A levels** est le "Higher", ou "Higher Grade", qui se prépare en un an et porte sur cinq matières au maximum. → GCSE

**a**[2] /eɪ, ə/ **INDEF ART** *(before vowel or mute h: "an")* **a** un, une ◆ **a tree** un arbre ◆ **an apple** une pomme ◆ **such a hat** un tel *or* pareil chapeau ◆ **so large a country** un si grand pays

**b** *(def art in French)* le, la, les ◆ **he smokes a pipe** il fume la pipe ◆ **to set an example** donner l'exemple ◆ **I've read a third of the book** j'ai lu le tiers du livre ◆ **we haven't a penny** nous n'avons pas le sou ◆ **a woman hates violence** les femmes détestent la violence

**c** *(absent in French)* ◆ **she was a doctor** elle était médecin ◆ **as a soldier** en tant que soldat ◆ **my uncle, a sailor, said that ...** mon oncle, un marin *or* qui était marin, disait que ... ◆ **she's a widow** elle est veuve ◆ **what a pleasure!** quel plaisir ! ◆ **what a lovely day!** quelle belle journée ! ◆ **to make a fortune** faire fortune

**d** un(e) certain(e) ◆ **I have heard of a Mr Gordon who ...** j'ai entendu parler d'un certain M. Gordon qui ...

**e** le *or* la même ◆ **they are much of an age** ils sont du même âge ◆ **they are of a size** ils sont de la même grandeur

**f** *(= a single)* un(e) seul(e) ◆ **to empty a glass at a draught** vider un verre d'un trait ◆ **at a blow** d'un seul coup

**g** *(with abstract nouns)* du, de la, des ◆ **to make a noise/a fuss** faire du bruit/des histoires

**h** ◆ **a few survivors** quelques survivants ◆ **a great many flowers** beaucoup de fleurs

**i** *(= per)* ◆ **£4 a person** *or* **head** 4 livres par personne ◆ **€5 a kilo** 5 € le kilo ◆ **twice a month** deux fois par mois ◆ **twice a year** deux fois par an *or* l'an ◆ **80km an hour** 80 kilomètres-heure, 80 kilomètres à l'heure

**AA** /eɪ'eɪ/ **N** **a** *(Brit)* (abbrev of **Automobile Association**) *société de dépannage* **b** (abbrev of **Alcoholics Anonymous**) → **alcoholic** **c** *(US Univ)* (abbrev of **Associate in Arts**) ≃ DEUG *m* de lettres

**AAA** /ˌeɪeɪ'eɪ/ **N** **a** *(Brit)* abbrev of **Amateur Athletics Association** **b** *(US)* /'tripl"eɪ/ (abbrev of **American Automobile Association**) *société de dépannage*

**Aachen** /'ɑːxən/ **N** Aix-la-Chapelle

**A & E** /ˌeɪənd'iː/ **N** (abbrev of **Accident and Emergency**) → **accident**

**aardvark** /'ɑːdvɑːk/ **N** *(Zool)* oryctérope *m*

**Aaron** /'ɛərən/ **N** Aaron *m*

**AAU** /ˌeɪeɪ'juː/ **N** *(US)* (abbrev of **Amateur Athletic Union**) *association d'athlétisme amateur*

**AAUP** /ˌeɪeɪjuː'piː/ **N** abbrev of **American Association of University Professors**

**AB** /eɪ'biː/ **N** **a** (abbrev of **able(-bodied) seaman**) → **able** **b** *(US)* (abbrev of **Bachelor of Arts**) **to have an ~ in French** ≃ avoir une licence de français ; → **bachelor** ; → DEGREE

**ABA** /ˌeɪbiː'eɪ/ **N** abbrev of **Amateur Boxing Association**

**aback** /ə'bæk/ **ADV** ◆ **to be taken ~** être interloqué *or* décontenancé

**abacus** /'æbəkəs/ **N** (pl **abacuses** *or* **abaci** /'æbəsaɪ/) **a** boulier *m*, abaque *m* **b** *(Archit)* abaque *m*

**Abadan** /ˌæbə'dæn/ **N** Abadan

**abaft** /ə'bɑːft/ *(Naut)* **ADV** sur *or* vers l'arrière **PREP** en arrière de, sur l'arrière de

**abalone** /ˌæbə'ləʊnɪ/ **N** ormeau *m*, haliotide *f*

**abandon** /ə'bændən/ **VT** **a** *(= forsake) [+ person, car]* abandonner ◆ **to ~ o.s. to** *[+ despair, pleasure]* s'abandonner à, se laisser aller à ; *[+ sleep]* s'abandonner à ◆ **to ~ o.s. to one's fate** accepter son destin **b** *[+ property, right, project, idea, principles, pretence]* renoncer à ; *[+ course of action]* abandonner, renoncer à ◆ **to ~ the attempt to do sth** renoncer à faire qch ◆ **play was ~ed** *(Ftbl etc)* le match a été interrompu *or* reporté **c** *(Jur) [+ cargo]* faire (acte de) délaissement de ◆ **to ~ ship** *(Naut)* abandonner le navire ◆ **to ~ any claim** *(Jur)* renoncer à toute prétention **N** *(NonC)* abandon *m* ◆ **to dance with ~** danser avec abandon ◆ **with (gay) ~** avec (une belle) désinvolture

**abandoned** /ə'bændənd/ **ADJ** **a** *(= forsaken) [person, place]* abandonné **b** *(= dissolute)* débauché **c** *(= wild) [dancing]* frénétique ; *[emotion]* éperdu

**abandonment** /ə'bændənmənt/ **N** *(lit, fig)* abandon *m* ; *(Jur) [of action]* désistement *m* ; *[of property, right]* cession *f* ; *[of cargo]* délaissement *m*

**abase** /ə'beɪs/ **VT** *(= humiliate) [+ person]* mortifier, humilier ; *(= degrade) [+ person]* abaisser, avilir ; *[+ person's qualities, actions]* rabaisser, ravaler ◆ **to ~ o.s. so far as to do sth** s'abaisser *or* s'humilier jusqu'à faire qch

**abasement** /ə'beɪsmənt/ **N** *(NonC)* *(= moral decay)* dégradation *f*, avilissement *m* ; *(= humiliation)* humiliation *f*, mortification *f*

**abashed** /ə'bæʃt/ **ADJ** confus

**abate** /ə'beɪt/ **VI** *[storm, emotions, pain]* s'apaiser, se calmer ; *[noise, flood]* baisser ; *[violence]* se calmer ; *[fever]* baisser, décroître ; *[wind]* se modérer ; *(Naut)* mollir ◆ **the crime wave shows no sign of abating** on n'enregistre aucune baisse du taux de criminalité **VT** *[+ tax]* baisser ; *(Jur) [+ writ]* annuler ; *[+ sentence]* remettre

**abatement** /əˈbeɪtmənt/ **N** *(NonC, gen)* réduction *f* ◆ **~ of the levy** *(Fin)* abattement *m* sur le prélèvement ; → **noise**

**abattoir** /ˈæbətwɑːʳ/ **N** abattoir *m*

**abbess** /ˈæbɪs/ **N** abbesse *f*

**abbey** /ˈæbɪ/ **N** abbaye *f* ◆ **Westminster Abbey** l'abbaye *f* de Westminster

**abbot** /ˈæbət/ **N** abbé *m*, (Père *m*) supérieur *m*

**abbr., abbrev.** (abbrev of **abbreviation, abbreviated**) abrév.

**abbreviate** /əˈbriːvɪeɪt/ **VT** abréger (*to* en) raccourcir

**abbreviation** /əˌbriːvɪˈeɪʃən/ **N** abréviation *f*

**ABC** /ˌeɪbiːˈsiː/ **N** **a** *(= alphabet)* abc *m*, alphabet *m* ◆ **it's as easy** *or* **simple as ~** * c'est simple comme bonjour **b** abbrev of **Associated British Cinemas** **c** abbrev of **Australian Broadcasting Commission** **d** (abbrev of **American Broadcasting Corporation**) ABC *f* **NPL** **ABCs** ◆ **the ~s of sth** le b.a.-ba de qch

**ABD** /ˌeɪbiːˈdiː/ **N** *(US Univ)* (abbrev of **all but dissertation**) *étudiant(e) n'ayant plus que sa thèse à rédiger pour compléter son doctorat* ◆ **she was still ~ after four years** au bout de quatre ans, elle n'avait toujours pas rédigé sa thèse

**abdicate** /ˈæbdɪkeɪt/ **VT** *[+ right]* renoncer à ; *[+ post, responsibility]* se démettre de ◆ **to ~ the throne** abdiquer **VI** abdiquer

**abdication** /ˌæbdɪˈkeɪʃən/ **N** *[of king]* abdication *f*, renonciation *f* ; *[of mandate etc]* démission *f* (*of* de) ; *[of right]* renonciation *f* (*of* à) désistement *m* (*of* de)

**abdomen** /ˈæbdəmən, æbˈdəʊmen/ **N** *(Med)* abdomen *m*

**abdominal** /æbˈdɒmɪnl/ **ADJ** abdominal **NPL** **abdominals** abdominaux *mpl*

**abduct** /æbˈdʌkt/ **VT** enlever, kidnapper

**abduction** /æbˈdʌkʃən/ **N** enlèvement *m*, rapt *m* ; → **child**

**abductor** /æbˈdʌktəʳ/ **N** **a** *(= kidnapper)* ravisseur *m*, -euse *f* **b** *(Anat)* abducteur *m*

**abed** † /əˈbed/ **ADV** *(liter)* au lit, couché ◆ **to lie ~** rester couché

**Abel** /ˈeɪbl/ **N** Abel *m*

**Aberdonian** /ˌæbəˈdəʊnɪən/ **N** habitant(e) *m(f)* *or* natif *m*, -ive *f* d'Aberdeen **ADJ** d'Aberdeen

**aberrant** /əˈberənt/ **ADJ** *(Bio, fig)* aberrant, anormal

**aberration** /ˌæbəˈreɪʃən/ **N** *(lit, fig)* aberration *f*

**abet** /əˈbet/ **VT** encourager, soutenir ◆ **to ~ sb in a crime** aider qn à commettre un crime ; → **aid**

**abetter, abettor** /əˈbetəʳ/ **N** complice *mf*

**abeyance** /əˈbeɪəns/ **N** *(NonC)* ◆ **to be in ~** *[law, custom]* ne pas être en vigueur ◆ **to fall into ~** tomber en désuétude ◆ **the question is in ~** la question reste en suspens

**abhor** /əbˈhɔːʳ/ **VT** abhorrer ; → **nature**

**abhorrence** /əbˈhɒrəns/ **N** horreur *f* (*of* de) aversion *f* (*of* pour) ; ◆ **to hold in ~, have an ~ of** avoir horreur de, avoir en horreur

**abhorrent** /əbˈhɒrənt/ **ADJ** odieux

**abide** /əˈbaɪd/ (pret, ptp **abided** *or* **abode**) **VT** **a** *(neg only = tolerate)* **I can't ~ her** je ne peux pas la supporter *or* la souffrir ◆ **I can't ~ living here** je ne supporte pas de vivre ici **b** *(liter = await)* attendre **VI** † *(= endure)* durer ; *(= live)* demeurer

► **abide by** **VT FUS** *[+ rule, decision]* respecter ; *[+ consequences]* accepter, supporter ; *[+ promise]* rester *or* demeurer fidèle à ; *[+ resolve]* maintenir, s'en tenir à ◆ **they agreed to ~ by the terms of the contract** ils ont accepté de se conformer aux termes du contrat ◆ **I ~ by what I said** je maintiens ce que j'ai dit

**abiding** /əˈbaɪdɪŋ/ **ADJ** *(liter)* constant, éternel ; → **law**

**Abidjan** /ˌæbɪˈdʒɑːn/ **N** Abidjan

**ability** /əˈbɪlɪtɪ/ **N** **a** *(gen)* aptitude *f* (*to do sth* à faire qch) capacité *f* (*to do sth* pour faire qch) ; ◆ **people have lost confidence in the government's ~ to keep inflation in check** les gens ne croient plus que le gouvernement est capable de maîtriser l'inflation ◆ **the virus's ~ to infect the cells of the human immune system** la capacité du virus à infecter les cellules du système immunitaire humain ◆ **to have faith in sb's/one's ~** *or* **abilities** croire en qn/en soi ◆ **to the best of one's ~** *or* **abilities** de son mieux ◆ **he has the ~ to bring out the best in people** avec lui, les gens donnent le meilleur d'eux-mêmes ◆ **~ to pay** *(Fin, Jur)* solvabilité *f* ◆ **~ to pay tax** *(Fin, Jur)* capacité *f* *or* faculté *f* contributive

**b** *(NonC = aptitude)* talent *m* ◆ **a person of great ~** une personne de grand talent ◆ **he has a certain artistic ~** il a un certain don *or* talent artistique ◆ **her drama teacher spotted her ~** son professeur d'art dramatique a découvert son talent

**c** *(Scol etc = mental powers)* **abilities** compétences *fpl*

**abject** /ˈæbdʒekt/ **ADJ** **a** *(= wretched)* *[misery, poverty]* noir ◆ **the ~ state of sth** l'état lamentable de qch **b** *(= servile)* *[person, obedience, surrender]* servile ◆ **an ~ apology** de plates excuses *fpl* **c** *(= contemptible)* *[person, stupidity]* méprisable ; *[failure]* lamentable

**abjectly** /ˈæbdʒektlɪ/ **ADV** *[apologize]* platement ◆ **he has ~ failed** il a lamentablement échoué ◆ **to be ~ poor** être dans une misère noire ◆ **~ miserable** profondément malheureux

**abjure** /əbˈdʒʊəʳ/ **VT** *[+ one's rights]* renoncer (publiquement *or* par serment) à ◆ **to ~ one's religion** abjurer sa religion, apostasier

**Abkhaz** /æbˈkɑːz/, **Abkhazi** /æbˈkɑːzɪ/ **ADJ** abkhaze **N** (pl **Abkhaz**) **a** *(= person)* Abkhaze *mf* **b** *(Ling)* abkhaze *m*

**Abkhazia** /æbˈkɑːzɪə/ **N** Abkhazie *f*

**Abkhazian** /æbˈkɑːzɪən/ **ADJ, N** ⇒ **Abkhaz**

**ablative** /ˈæblətɪv/ **N** ablatif *m* ◆ **in the ~** à l'ablatif **ADJ** ablatif **COMP** ▷ **ablative absolute** **N** ablatif *m* absolu

**ablaze** /əˈbleɪz/ **ADJ** **a** *(lit)* en feu, en flammes ◆ **to set sth ~** *[person]* mettre le feu à qch ; *[spark, fire]* embraser *(liter)* qch ◆ **to be ~** flamber **b** *(fig)* ◆ **his eyes were ~ with anger** ses yeux lançaient des éclairs ◆ **~ with light** resplendissant de lumière ◆ **the garden is ~ with colour** c'est une débauche de couleurs dans le jardin

**able** /ˈeɪbl/ **ADJ** **a** ◆ **to be ~ to do sth** *(= have means or opportunity to)* pouvoir faire qch ; *(= know how to)* savoir faire qch ; *(= be capable of)* être capable de faire qch ; *(= be in position to)* être en mesure de *or* à même de faire qch ◆ **I wasn't ~ to help him** je n'ai pas pu l'aider ◆ **I ran fast and so was ~ to catch the bus** en courant vite j'ai réussi à attraper l'autobus ◆ **he is ~ to read and write** il sait lire et écrire ◆ **~ to pay** en mesure de payer ◆ **you are better ~ to do it than he is** vous êtes mieux à même de le faire que lui ◆ **she was hardly ~ to see** *(due to darkness, fog etc)* elle arrivait à peine à voir ; *(due to poor eyesight)* elle voyait à peine

**b** *(= clever)* capable, compétent ◆ **an ~ man** un homme très capable *or* très compétent ◆ **she is one of our ablest pupils** c'est une de nos meilleures élèves

**c** *(Med = healthy)* sain

**COMP** ▷ **able-bodied** **ADJ** *(gen = not disabled)* valide ; *(Mil)* *[recruit]* bon pour le service ▷ **able-bodied seaman** **N** ⇒ **able seaman** ▷ **able-minded** **ADJ** *(= not mentally handicapped)* sain d'esprit ; *(= intelligent)* intelligent ▷ **able rating** **N** *(Brit Naut)* matelot *m* breveté ▷ **able seaman** **N** (pl **able seamen**) *(Naut)* matelot *m* breveté *or* de deuxième classe

**ablution** /əˈbluːʃən/ **N** *(Rel)* ablution *f* ◆ **to perform one's ~s** *(hum)* faire ses ablutions

**ably** /ˈeɪblɪ/ **ADV** *(= competently)* de façon très compétente ; *(= skilfully)* habilement ◆ **he was ~ assisted by his brother** son frère l'assistait avec compétence ◆ **he did it perfectly ~** il s'en est tiré d'une manière tout à fait compétente

**ABM** /ˌeɪbiːˈem/ **N** (abbrev of **antiballistic missile**) → **antiballistic**

**abnegate** /ˈæbnɪgeɪt/ **VT** *[+ responsibility]* nier ; *[+ one's rights]* renoncer à ; *[+ one's religion]* abjurer

**abnegation** /ˌæbnɪˈgeɪʃən/ **N** *(= denial)* reniement *m*, désaveu *m* (*of* de) ; *(= renunciation)* renoncement *m* (*of* à) ; (also **self-abnegation**) abnégation *f*

**abnormal** /æbˈnɔːməl/ **ADJ** anormal

**abnormality** /ˌæbnɔːˈmælɪtɪ/ **N** **a** *(gen, Bio, Psych)* anomalie *f* ; *(Med)* difformité *f*, malformation *f* ◆ **genetic abnormalities** anomalies *fpl* génétiques **b** *(NonC)* caractère *m* anormal, anormalité *f*

**abnormally** /æbˈnɔːməlɪ/ **ADV** anormalement ◆ **a city with an ~ high rate of HIV infection** une ville présentant un taux anormalement élevé de séropositivité ◆ **the cells were growing ~** les cellules se développaient de manière anormale

**aboard** /əˈbɔːd/ **ADV** **a** *(Aviat, Naut = on)* à bord ◆ **to go ~** (s')embarquer, monter à bord ◆ **to take ~** embarquer ◆ **all ~!** *(on train, bus, car)* en voiture ! ; *(on ship)* tout le monde à bord ! **b** *(Naut = alongside)* le long du bord ◆ **close ~** bord à bord **PREP** *(Aviat, Naut)* à bord de ◆ **~ the train/bus** dans le train/le bus ◆ **~ ship** à bord

**abode** /əˈbəʊd/ **VB** pret, ptp of **abide** **N** *(frm)* *(= home)* demeure *f* ◆ **place of ~** *(Jur)* domicile *m* ◆ **right of ~** *(Jur)* droit *m* de résidence ◆ **to take up one's ~** élire domicile ◆ **the ~ of the gods** le séjour des dieux ; → **fixed, humble**

**abolish** /əˈbɒlɪʃ/ **VT** *[+ practice, custom, slavery, apartheid, tax]* abolir ; *[+ law]* abroger, abolir

**abolishment** /əˈbɒlɪʃmənt/ **N** ⇒ **abolition**

**abolition** /ˌæbəʊˈlɪʃən/ **N** abolition *f*

**abolitionist** /ˌæbəʊˈlɪʃənɪst/ **N** *(Hist)* abolitionniste *mf*, antiesclavagiste *mf*

**abominable** /əˈbɒmɪnəbl/ **ADJ** abominable **COMP** ▷ **the abominable snowman** **N** l'abominable homme *m* des neiges

**abominably** /əˈbɒmɪnəblɪ/ **ADV** *[treat, behave, suffer]* abominablement, d'une manière abominable ◆ **~ rude/cruel** d'une grossièreté/cruauté abominable ◆ **it's ~ cold** il fait un froid de loup

**abominate** /əˈbɒmɪneɪt/ **VT** abominer, abhorrer

**abomination** /əˌbɒmɪˈneɪʃən/ **N** abomination *f* ◆ **I hold him in ~** *(liter)* je l'ai en abomination, je l'abomine ◆ **this coffee is an ~** * ce café est abominable

**Aboriginal** /ˌæbəˈrɪdʒənl/ *(in Austral)* **ADJ** aborigène (australien) **N** ⇒ **Aborigine**

**aboriginal** /ˌæbəˈrɪdʒənl/ **ADJ** *[person]* autochtone, aborigène ; *[plant, animal]* aborigène **N** *(= person)* autochtone *mf*, aborigène *mf* ; *(= plant)* plante *f* aborigène ; *(= animal)* animal *m* aborigène

**Aborigine** /ˌæbəˈrɪdʒɪnɪ/ **N** *(in Austral)* Aborigène *mf* (australien)

**abort** /əˈbɔːt/ **VI** *(Med, fig)* avorter ; *(Mil, Space)* échouer ; *(Comput)* abandonner **VT** *(Med)* faire avorter ; *(Comput)* abandonner ; *(Space) [+ mission, operation]* abandonner, interrompre ; *(fig) [+ deal, agreement, plan]* faire échouer ◆ **an ~ed coup** une tentative avortée de coup d'État, un coup d'État manqué ◆ **an ~ed attempt** une tentative avortée **N** *(Comput)* abandon *m*

**abortion** /əˈbɔːʃən/ **N** **a** *(Med) (gen)* avortement *m* ; *(= termination)* avortement *m*, interruption *f* volontaire de grossesse ◆ **to have an ~** (se faire) avorter **b** *(fig) [of plans, scheme, mission] (= abandoning)* abandon *m* ; *(= failure)* échec *m* **COMP** ▷ **abortion law reform N** réforme *f* de la loi sur l'avortement ▷ **abortion pill N** *(Med)* pilule *f* abortive

**abortionist** /əˈbɔːʃənɪst/ **N** avorteur *m*, -euse *f* ; → **backstreet**

**abortive** /əˈbɔːtɪv/ **ADJ** **a** *(= unsuccessful) [attempt]* avorté ; *[coup, operation, mission]* avorté, manqué ; *[plan]* qui a échoué **b** *(Med) [method]* abortif, d'avortement

**abortively** /əˈbɔːtɪvlɪ/ **ADV** en vain

**abound** /əˈbaʊnd/ **VI** *[fish, resources etc]* abonder ; *[river, town, area etc]* abonder (*in* en) regorger (*in* de)

**about** /əˈbaʊt/

> When **about** is an element in a phrasal verb, eg **bring about, come about, turn about, wander about**, look up the verb.

**ADV** **a** *(= approximately)* à peu près, environ ◆ **there were ~ 25 and now there are ~ 30** il y en avait environ *or* à peu près 25 et à présent il y en a une trentaine ◆ **it's ~ 11 o'clock** il est environ *or* à peu près 11 heures ◆ **~ 11 o'clock** vers 11 heures ◆ **she's ~ as old as you** elle a à peu près votre âge ◆ **that's ~ right** c'est à peu près ça ◆ **that's ~ it** *or* **all** c'est à peu près tout ◆ **it's ~ time!** * il est grand temps ! ◆ **I've had ~ enough!** * je commence à en avoir assez !

**b** *(= here and there)* ◆ **shoes lying ~** des chaussures qui traînent (çà et là) ◆ **to throw one's arms ~** gesticuler, agiter les bras en tous sens

**c** *(= near, in circulation)* par ici ◆ **he's somewhere ~** il est quelque part par ici, il est dans les parages ◆ **is anyone ~?** il y a quelqu'un ? ◆ **there was nobody ~** il n'y avait personne ◆ **there's a lot of flu ~** il y a beaucoup de cas de grippe en ce moment ◆ **there is a rumour ~ that ...** le bruit court que... ◆ **she's up and ~ again** elle est de nouveau sur pied ◆ **you should be out and ~!** ne restez donc pas enfermé !

**d** *(= all round)* ◆ **all ~** tout autour ◆ **to glance ~** jeter un coup d'œil autour de soi

**e** *(opposite direction)* ◆ **to turn sth (the other way) ~** retourner qch ◆ **it's the other way ~** *(fig)* c'est le contraire ◆ **~ turn!, ~ face!** *(Brit Mil)* demi-tour, marche ! ◆ **to go** *or* **put ~** *(Naut)* virer de bord ; → **ready, right**

**f** *(set structures)*

◆ **to be about to do sth** aller faire qch ◆ **I was ~ to go out when ...** j'allais sortir quand ... ◆ **he was ~ to say no but changed his mind** il allait dire non, mais il a changé d'avis ◆ **I was just ~ to do it** j'étais sur le point de le faire ◆ **the film is just ~ to start** le film va commencer ◆ **I'm not ~ to tell her she's wrong!** * ce n'est pas moi qui lui dirai qu'elle se trompe !

**PREP** **a** *(= concerning)* au sujet de, concernant ◆ **I need to see you ~ this contract** j'ai besoin de vous voir au sujet de ce contrat ◆ **advice ~ contraception** des conseils sur la contraception ◆ **he never complains ~ his job** il ne se plaint jamais de son travail ◆ **she knows a lot ~ cars** elle s'y connaît en voitures ◆ **to tell sb ~ sth** *(= mention it)* dire qch à qn ; *(= discuss it)* dire qch à qn, parler de qch à qn ◆ **if you were gay, would you tell your boss ~ it?** si tu étais homosexuel, tu le dirais à ton patron ? ◆ **is there a problem? would you like to tell me ~ it?** il y a quelque chose qui ne va pas? tu veux m'en parler ? ◆ **to speak ~ sth** parler de qch ◆ **he wants to talk to you – what ~?** il veut te parler – de quoi ? ◆ **I'm sorry ~ that problem with the car** je suis désolé de ces ennuis avec la voiture ◆ **I feel bad ~ having said that** je me sens coupable d'avoir dit cela ◆ **I heard nothing ~ it** je n'en ai pas entendu parler ◆ **a book ~ cats** un livre sur les chats ◆ **what's the film/book ~?** quel est le sujet du film/du livre ? ◆ **what's all this ~?** de quoi s'agit-il ? ◆ **I know what it's all ~** je sais de quoi il retourne ◆ **politics is (all) ~ compromise** la politique est une affaire de compromis ◆ **I don't know what to do ~ the cats when we go on holiday** je ne sais pas quoi faire des chats quand nous partirons en vacances ◆ **you can't let this go on: what are you going to do ~ it?** ça ne peut pas continuer comme ça, qu'est-ce que vous allez faire ? ; → **how, what**

**b** *(= near to)* près de ◆ **I dropped it (somewhere) ~ here** je l'ai laissé tomber par ici ◆ **it happened round ~ last week** ça s'est passé il y a environ une semaine

**c** *(= somewhere in)* quelque part dans ◆ **(somewhere) ~ the house** quelque part dans la maison

**d** *(= surrounding)* autour de ◆ **the countryside (round) ~ Edinburgh** la campagne autour d'Édimbourg ◆ **she had a string of pearls ~ her neck, a string of pearls hung ~ her neck** elle portait un collier de perles (autour du cou)

**e** *(= with, on sb's person)* sur ◆ **I've got it ~ me somewhere** je l'ai sur moi, quelque part ◆ **to have drugs ~ one's person** avoir de la drogue sur soi

**f** *(describing characteristics)* ◆ **there's something sinister ~ him** il a quelque chose de sinistre, il a un côté sinistre ◆ **there's something interesting ~ him** il a un côté intéressant ◆ **there's something charming ~ him** il a un certain charme ◆ **there's something odd ~ all this** il y a quelque chose qui cloche là-dedans

**g** *(= occupied with)* ◆ **what are you ~?** qu'est-ce que vous faites ? ◆ **mind what you're ~!** faites (un peu) attention ! ◆ **while we're ~ it** pendant que nous y sommes

**about-face** /əˈbaʊtˈfeɪs/, **about-turn** /əˈbaʊtˈtɜːn/ **VI** *(Mil)* faire demi-tour ; *(fig)* faire volte-face **N** *(Mil)* demi-tour *m* ; *(fig)* volte-face *f* ◆ **to do an ~** faire demi-tour ; *(fig)* faire volte-face

**above** /əˈbʌv/

> When **above** is an element in a phrasal verb, eg **get above**, look up the verb.

**ADV** **a** *(= overhead, higher up)* au-dessus, en haut ◆ **from ~** d'en haut ◆ **the view from ~** la vue d'en haut ◆ **the flat ~** l'appartement *m* au-dessus *or* du dessus ◆ **the powers ~** *(= of higher rank)* les autorités *fpl* supérieures ; *(= in heaven)* les puissances *fpl* célestes ◆ **orders from ~** des ordres *mpl* venant d'en haut ◆ **a warning from ~** un avertissement (venu) d'en haut

**b** *(= more)* **boys of 16 and ~** les garçons à partir de 16 ans, les garçons de 16 ans et plus ◆ **seats are available at €15 and ~** il y a des places à partir de 15 € ; → **over**

**c** *(= earlier: in book etc)* ci-dessus, plus haut ◆ **as ~** comme ci-dessus, comme plus haut ◆ **the address as ~** l'adresse *m* ci-dessus

**d** *(= upstream)* en amont, plus haut

**PREP** **a** *(= higher than, superior to)* au-dessus de, plus haut que ◆ **~ it** plus haut ◆ **~ the horizon** au-dessus de l'horizon ◆ **~ all (else)** par-dessus tout, surtout ◆ **he put his hands ~ his head** il a levé les mains au-dessus de sa tête ◆ **he values honesty ~ everything else** pour lui, il n'y a rien de plus important que l'honnêteté, il place l'honnêteté au-dessus de tout ; → **average**

**b** *(= more than)* plus de ◆ **children ~ seven years of age** les enfants de plus de sept ans *or* au-dessus de sept ans ◆ **it will cost ~ $10** ça coûtera plus de 10 dollars ◆ **temperatures ~ 40 degrees** des températures supérieures à 40 degrés ◆ **wage rises of 3% ~ inflation** des augmentations de salaire supérieures de 3% à l'inflation ; → **over**

**c** *(= beyond)* au-delà de ◆ **that is quite ~ me** ceci me dépasse ◆ **this book is ~ me** ce livre est trop compliqué pour moi ; → **head**

**d** *(= too proud, honest etc for)* ◆ **he is ~ such behaviour** il est incapable de se conduire ainsi ◆ **he's not ~ stealing/theft** il irait jusqu'à voler/jusqu'au vol ◆ **he's not ~ playing with the children** il ne dédaigne pas de jouer avec les enfants ◆ **they're not ~ changing the rules to suit their own purposes** ils iraient jusqu'à modifier les règles en leur faveur ◆ **he thought he was ~ failure** *(gen)* il croyait être infaillible ; *(in specific situation, task etc)* il pensait qu'il ne pouvait pas échouer ◆ **to get ~ o.s.** avoir des idées de grandeur

**e** *(= over)* ◆ **I couldn't hear what she was saying ~ the barking** les aboiements m'empêchaient d'entendre ce qu'elle disait

**f** *(= upstream from)* en amont de, plus haut que

**g** *(= north of)* au nord de, au-dessus de

**ADJ** mentionné ci-dessus, précité ◆ **the ~ decree** le décret précité

**N** ◆ **the ~ is a photo of ...** ci-dessus nous avons une photo de ... ◆ **please translate the ~** veuillez traduire ce qui se trouve au-dessus

**COMP** ▷ **above board ADJ** *[person, action]* régulier, correct **ADV** cartes sur table ▷ **above ground ADJ** *(lit)* au-dessus du sol, à la surface ; *(Tech)* extérieur(e) *m(f)* ; *(US * fig)* déclaré ▷ **above-mentioned ADJ** susmentionné, précité ▷ **above-named ADJ** susnommé

**abracadabra** /ˌæbrəkəˈdæbrə/ **EXCL** abracadabra !

**abrade** /əˈbreɪd/ **VT** user en frottant *or* par le frottement ; *[+ skin etc]* écorcher, érafler ; *(Geol)* éroder

**Abraham** /ˈeɪbrəhæm/ **N** Abraham *m*

**abrasion** /əˈbreɪʒən/ *(frm)* **N** **a** *(Med) [of skin]* écorchure *f* ; *[of teeth]* abrasion *f* **b** *(NonC = damage)* abrasion *f*

**abrasive** /əˈbreɪsɪv/ **ADJ** **a** *(lit) [substance, surface]* abrasif **b** *(fig) [person, personality, manner, speech]* caustique ; *[voice]* acerbe ; *[wit]* corrosif **N** abrasif *m*

**abrasively** /əˈbreɪsɪvlɪ/ **ADV** *[say, reply]* d'une voix acerbe ◆ **he was ~ aggressive** il a été d'une agressivité caustique

**abreaction** /ˌæbrɪˈækʃən/ **N** abréaction *f*

**abreast** /ə'brest/ ADV a *[horses, vehicles, ships]* de front ; *[people]* de front, côte à côte ◆ **to walk three ~** marcher trois de front ◆ **(in) line ~** *(Naut)* en ligne de front ◆ **~ of sb/sth** *(= in line with)* à la hauteur de qn/qch ◆ **to draw ~ of sb/sth** arriver à la hauteur de qn/qch b *(fig)* ◆ **~ of sth** *(= aware of)* au courant de qch ◆ **to keep ~ of sth** se tenir au courant de qch ◆ **to be ~ of the times** être de son temps, marcher avec son temps

**abridge** /ə'brɪdʒ/ VT *[+ book]* abréger ; *[+ article, speech]* raccourcir, abréger ; *[+ interview]* écourter ; *[+ text]* réduire

**abridgement** /ə'brɪdʒmənt/ N a *(= shortened version)* résumé *m*, abrégé *m* b *(NonC)* diminution *f*, réduction *f*

**abroad** /ə'brɔːd/ ADV a *(= in foreign country)* à l'étranger ◆ **to go/be ~** aller/être à l'étranger ◆ **news from ~** nouvelles *fpl* de l'étranger ; → **home** b *(= far and wide)* au loin ; *(= in all directions)* de tous côtés, dans toutes les directions ◆ **scattered ~** éparpillé de tous côtés *or* aux quatre vents ◆ **there is a rumour ~ that ...** le bruit circule *or* court que ... ; → **noise** c († *= out of doors)* (au) dehors, hors de chez soi

**abrogate** /'æbrəʊgeɪt/ VT *(frm)* abroger, abolir

**abrogation** /ˌæbrəʊ'geɪʃən/ N *(frm)* abrogation *f*

**abrupt** /ə'brʌpt/ ADJ a *(= sudden) [change, rise, fall]* soudain, brusque ; *[resignation, dismissal]* soudain ; *[movement, turn]* brusque ; *[departure]* précipité ◆ **to come to an ~ end** se terminer brusquement ◆ **to bring an ~ end to sth** mettre brusquement fin *or* un terme à qch ◆ **to come to an ~ halt** *or* **stop** *(lit, fig)* s'arrêter brusquement b *(= brusque) [person, manner, comment]* abrupt c *(= steep) [hillside, precipice]* abrupt, raide

**abruptly** /ə'brʌptlɪ/ ADV a *(= suddenly) [stop, move, turn]* brusquement b *(= brusquely) [say, ask]* abruptement c *(= steeply) [rise]* en pente raide

**abruptness** /ə'brʌptnɪs/ N a *(= suddenness)* soudaineté *f* ; *(= haste)* précipitation *f* b *(= brusqueness) [of person, behaviour]* brusquerie *f* c *(= steepness)* ◆ **the ~ of the slope** la pente raide

**ABS** /ˌeɪbiː'es/ N (abbrev of **anti-lock braking system**) ABS *m* COMP ▷ **ABS brakes** NPL freins *mpl* ABS

**abs** /æbz/ * NPL abdos * *mpl*

**abscess** /'æbses/ N abcès *m*

**abscond** /əb'skɒnd/ VI s'enfuir, prendre la fuite (*from* de)

**absconder** /əb'skɒndəʳ/ N fugitif *m*, -ive *f* ; *(from prison)* évadé(e) *m(f)*

**absconding** /əb'skɒndɪŋ/ ADJ en fuite N fuite *f* ; *[of prisoner]* évasion *f*

**abseil** /'æbseɪl/ *(Brit)* VI descendre en rappel ◆ **to ~ down a cliff** descendre une falaise en rappel N (descente *f* en) rappel *m* ◆ **~ device** descendeur *m*

**abseiling** /'æbseɪlɪŋ/ N *(Brit)* (descente *f* en) rappel *m*

**absence** /'æbsəns/ N a *(= being away)* absence *f* ; *(Jur)* non-comparution *f*, défaut *m* ◆ **during/in the ~ of sb** pendant/en l'absence de qn ◆ **sentenced in his ~** *(Jur)* condamné par contumace ◆ **~ makes the heart grow fonder** *(Prov)* l'éloignement renforce les sentiments ◆ **~ without leave** *(Admin)* absence *f* irrégulière ◆ **an ~ of three months** une absence de trois mois ; → **conspicuous, leave, unauthorized** b *(NonC = lack)* manque *m*, défaut *m* ◆ **in the ~ of accurate information** faute de données précises

COMP ▷ **absence of mind** N *(= distraction)* distraction *f* ; *(= forgetfulness)* absence *f*

**absent** /'æbsənt/ ADJ a *(= away)* absent (*from* de) ; ◆ **to be** *or* **go ~ without leave** être absent sans permission ◆ **to ~ friends!** (buvons) à la santé des absents ! b *(= inattentive)* distrait c *(= lacking)* ◆ **her name was ~ from the list** son nom n'était pas sur la liste VT /æb'sent/ ◆ **to ~ o.s.** s'absenter (*from* de) COMP ▷ **absent-minded** ADJ *[person] (gen)* distrait ; *(= forgetful)* absent ; *[air, manner]* absent, distrait ▷ **absent-mindedly** ADV *(= distractedly)* distraitement ; *(= inadvertently)* par inadvertance ▷ **absent-mindedness** N *(= distraction)* distraction *f* ; *(= forgetfulness)* absence *f*

**absentee** /ˌæbsən'tiː/ N absent(e) *m(f)* ; *(habitual)* absentéiste *mf* COMP ▷ **absentee ballot** N *(US Pol)* vote *m* par correspondance ▷ **absentee landlord** N propriétaire *mf* absentéiste ▷ **absentee rate** N *(Ind, Scol)* taux *m* d'absentéisme ▷ **absentee voter** *(US)* N électeur *m*, -trice *f* qui vote par correspondance

**absenteeism** /ˌæbsən'tiːɪzəm/ N absentéisme *m*

**absently** /'æbsəntlɪ/ ADV distraitement

**absinth(e)** /'æbsɪnθ/ N absinthe *f*

**absolute** /'æbsəluːt/ ADJ a *(= complete, unqualified) [refusal, command, majority, silence, poverty]* absolu ; *(Jur) [proof]* irréfutable, formel ◆ **an ~ truth** une vérité absolue ◆ **she has ~ faith** *or* **confidence in him** elle lui fait entièrement confiance ◆ **it's an ~ necessity** c'est indispensable ◆ **it's an ~ fact that ...** c'est un fait indiscutable *or* il est indiscutable que ... ◆ **in ~ terms** dans l'absolu ◆ **the divorce was made ~** *(Jur)* le (jugement de) divorce a été prononcé

b *(used for emphasis)* ◆ **it's an ~ scandal** c'est un véritable scandale, c'est vraiment scandaleux ◆ **that's ~ nonsense** *or* **rubbish** * c'est absurde, c'est une absurdité ◆ **it was an ~ nightmare** * c'était un vrai cauchemar ◆ **an ~ idiot** * un parfait crétin *

c *(= unlimited) [power]* absolu, souverain ; *[monarch]* absolu

d *(Math, Phys) [value]* absolu ; *(Chem) [alcohol]* absolu, anhydre

N absolu *m*

COMP ▷ **absolute liability** N *(Fin, Jur)* responsabilité *f* objective ▷ **absolute pitch** N *(Mus)* oreille *f* absolue ▷ **absolute veto** N *(Pol etc)* veto *m* absolu ▷ **absolute zero** N *(Phys)* zéro *m* absolu

**absolutely** /ˌæbsə'luːtlɪ/ ADV a *(= completely)* absolument ◆ **I ~ agree** je suis absolument *or* tout à fait d'accord ◆ **to be ~ right** avoir entièrement raison ◆ **to lie ~ still** rester parfaitement immobile, faire le mort ◆ **~ everything** absolument tout ◆ **it's ~ scandalous** * c'est un véritable scandale, c'est scandaleux ◆ **~!** *(expressing agreement)* absolument ! ◆ **~ not!** *(expressing disagreement)* jamais de la vie !, sûrement pas ! b /'æbsəluːtlɪ/ *(Gram)* absolument ◆ **verb used ~** verbe dans son emploi absolu

**absolution** /ˌæbsə'luːʃən/ N absolution *f* ◆ **the Absolution** *(in liturgy)* l'absoute *f*

**absolutism** /'æbsəluːtɪzəm/ N *(Pol)* absolutisme *m* ; *(Rel)* prédestination *f*

**absolve** /əb'zɒlv/ VT *(from sin, of crime)* absoudre (*from, of* de) ; *(Jur)* acquitter (*of* de) ; *(from obligation, oath)* décharger, délier (*from* de)

**absorb** /əb'sɔːb/ VT a *(lit, fig)* absorber ; *[+ sound, shock]* amortir ; *[+ atmosphere]* s'imprégner de ; *[+ lesson]* assimiler ◆ **to ~ surplus stocks** absorber les surplus b ◆ **to become ~ed in one's work/in a book** s'absorber dans son travail/dans la lecture d'un livre ◆ **to be ~ed in a book** être plongé dans un livre ◆ **to be completely ~ed in one's work** être tout entier à son travail

**absorbency** /əb'sɔːbənsɪ/ N pouvoir *m* absorbant ; *(Chem, Phys)* absorptivité *f*

**absorbent** /əb'sɔːbənt/ ADJ absorbant N absorbant *m* COMP ▷ **absorbent cotton** N *(US)* coton *m* hydrophile

**absorbing** /əb'sɔːbɪŋ/ ADJ *(lit)* absorbant ; *(fig) [book, film]* passionnant, captivant ; *[work]* absorbant

**absorption** /əb'sɔːpʃən/ N a *(Phys, Physiol)* absorption *f* ; *(Aut) [of shock]* amortissement *m* ; *[of person into group etc]* absorption *f*, intégration *f* b *(fig)* concentration *f* (d'esprit) ◆ **his ~ in his studies prevented him from ...** ses études l'absorbaient à tel point qu'elles l'empêchaient de ...

**absquatulate** * /æb'skwɒtʃʊleɪt/ VI se tirer *, mettre les voiles *

**abstain** /əb'steɪn/ VI *(gen, Rel, Pol)* s'abstenir (*from* de ; *from doing sth* de faire qch) ; *(from alcohol)* s'abstenir complètement (de l'usage) des boissons alcoolisées

**abstainer** /əb'steɪnəʳ/ N a (also **total abstainer**) ◆ **he's an ~** il ne boit jamais d'alcool b *(Pol)* abstentionniste *mf*

**abstemious** /əb'stiːmɪəs/ ADJ *(frm) [person]* sobre, frugal ; *[meal]* frugal

**abstemiousness** /əb'stiːmɪəsnɪs/ N *(NonC) (frm) [of person] (from drinking)* sobriété *f* ; *(from eating)* frugalité *f* ; *[of meal]* frugalité *f*

**abstention** /əb'stenʃən/ N *(from voting)* abstention *f* ; *(from drinking)* abstinence *f* ◆ **400 votes with 3 ~s** *(Parl etc)* 400 voix et 3 abstentions

**abstinence** /'æbstɪnəns/ N *(gen, Rel)* abstinence *f* (*from* de) ; *(from alcohol)* (also **total abstinence**) abstention *f* de toute boisson alcoolisée

**abstinent** /'æbstɪnənt/ ADJ sobre, tempérant ; *(Rel)* abstinent

**abstract** /'æbstrækt/ ADJ *[idea, number, noun, art, artist]* abstrait ◆ **~ expressionism** expressionnisme *m* abstrait N a *(Philos)* abstrait *m* ; *(= idea)* abstraction *f* ◆ **in the ~** dans l'abstrait b *(= summary) (for thesis, conference)* résumé *m*, abrégé *m* ◆ **~ of accounts** *(Fin)* extrait *m* de compte c *(= work of art)* œuvre *f* abstraite VT /æb'strækt/ a *(gen, Chem = remove)* extraire (*from* de) b *(= steal)* soustraire (*sth from sb* qch à qn) dérober c *(= summarize) [+ book]* résumer

**abstracted** /æb'stræktɪd/ ADJ *[person] (= absent-minded)* distrait ; *(= preoccupied)* préoccupé, absorbé

**abstractedly** /æb'stræktɪdlɪ/ ADV distraitement

**abstraction** /æb'strækʃən/ N a *(= absent-mindedness)* distraction *f* ◆ **with an air of ~** d'un air distrait b *(= concept)* idée *f* abstraite, abstraction *f* c *(= act of removing)* extraction *f* ; *(hum = stealing)* appropriation *f*

**abstruse** /æb'struːs/ ADJ abstrus

**abstruseness** /æb'struːsnɪs/ N caractère *m* abstrus

**absurd** /əb'sɜːd/ ADJ absurde ◆ **it's ~!** c'est absurde ! N *(Philos)* absurde *m*

**absurdist** /əb'sɜːdɪst/ ADJ *[writer]* de l'absurde ; *[humour]* absurde ; *[book, play]* fondé sur l'absurde

**absurdity** /əb'sɜːdɪtɪ/ N absurdité *f*

**absurdly** /əbˈsɜːdlɪ/ ADV *[demand, laugh]* de façon ridicule ; *[expensive, young, rich]* ridiculement

**ABTA** /ˈæbtə/ N (abbrev of **Association of British Travel Agents**) ≈ Syndicat *m* national des agences de voyage

**Abu Dhabi** /ˌæbʊˈdɑːbɪ/ N Abou Dhabi

**abundance** /əˈbʌndəns/ N *(= plenty)* abondance *f*, profusion *f* ◆ **in** ~ en abondance ◆ **the sea bed yields up an ~ of food** on trouve de la nourriture en abondance au fond de la mer ◆ **he has an ~ of energy** il a de l'énergie à revendre

**abundant** /əˈbʌndənt/ ADJ abondant ◆ **there is ~ evidence that he is guilty** les preuves de sa culpabilité abondent ◆ **seals are ~ in these waters** ces eaux abondent en phoques

**abundantly** /əˈbʌndəntlɪ/ ADV abondamment, copieusement ◆ **to grow ~** pousser à foison ◆ **it was ~ clear that ...** il était tout à fait clair que ... ◆ **he made it ~ clear to me that ...** il m'a bien fait comprendre *or* m'a bien précisé que ...

**abuse** /əˈbjuːz/ VT a *(= misuse)* *[+ power, privilege]* abuser de b *(verbally)* injurier, insulter c *(physically)* *(= ill-treat)* malmener, maltraiter d *[+ person]* *(sexually)* faire subir des abus sexuels à ◆ *(sexually)* **~d children** les enfants victimes d'abus sexuels N /əˈbjuːs/ a *[of power, authority]* abus *m* ◆ **the system is open to ~** le système présente des risques d'abus b *(= unjust practice)* abus *m* ◆ **to remedy ~s** réprimer les abus c *(NonC = curses, insults)* insultes *fpl*, injures *fpl* ; *(= ill-treatment)* *(gen)* mauvais traitements *mpl* *(of* infligés à) ; *(Sociol, Jur)* *(gen)* maltraitance *f* ; *(sexual)* abus *m* sexuel, sévices *mpl* sexuels

**abuser** /əbˈjuːzəʳ/ N a *(gen)* ◆ **~s of the system** les gens qui exploitent le système b *(Sociol, Jur, gen)* auteur *m* de sévices ; (also **sex abuser**) auteur *m* de sévices sexuels

**Abu Simbel** /ˌæbʊˈsɪmbl/ N Abou Simbel

**abusive** /əbˈjuːsɪv/ ADJ a *(= offensive)* *[speech, words]* injurieux ◆ **to use ~ language to sb** injurier qn ◆ **he was very ~** *(= rude)* il s'est montré très grossier b *(Sociol, Jur)* *[parents]* qui exercent des sévices sur leurs enfants ◆ **children from an ~ home** les enfants maltraités par leurs parents c *(= wrongly used)* abusif, mauvais

**abusively** /əbˈjuːsɪvlɪ/ ADV *[refer to]* injurieusement ◆ **to shout/scream ~ at sb** crier/hurler des insultes à qn

**abut** /əˈbʌt/ VI ◆ **to ~ on** *or* **onto** être contigu (-guë *f*) à VT être contigu (-guë *f*) à

**abutment** /əˈbʌtmənt/ N *(Archit)* contrefort *m*, piédroit *m* ; *(esp on bridge)* butée *f*

**abuzz** /əˈbʌz/ ADJ ◆ **the office was ~ with the news** la nouvelle courait dans tout le bureau

**abysmal** /əˈbɪzməl/ ADJ *[taste, quality]* épouvantable, catastrophique * ; *[failure]* retentissant ◆ **the play was an ~ failure** la pièce a été un échec retentissant ◆ **his work was quite ~** son travail était tout à fait exécrable

**abysmally** /əˈbɪzməlɪ/ ADV *[bad, low, unsuccessful]* atrocement ; *[play]* atrocement mal ◆ **~ ignorant** d'une ignorance crasse ◆ **the government has failed ~** le gouvernement a échoué lamentablement

**abyss** /əˈbɪs/ N *(lit, fig)* abîme *m*, gouffre *m* ; *(in sea)* abysse *m*

**Abyssinia** /ˌæbɪˈsɪnɪə/ N Abyssinie *f*

**Abyssinian** /ˌæbɪˈsɪnɪən/ ADJ abyssinien, abyssin *(rare)* ◆ **the ~ Empire** l'empire *m* d'Éthiopie N a Abyssinien(ne) *m(f)*, Abyssin(e) *m(f)* *(rare)* b (also **Abyssinian cat**) (chat *m*) abyssin *m*

**AC** /eɪˈsiː/ N (abbrev of **alternating current**) → **alternating**

**a/c** N (abbrev of **account**) C, compte *m*

**acacia** /əˈkeɪʃə/ N acacia *m*

**Acad** abbrev of **academy, academic**

**academe** /ˈækədiːm/, **academia** /ˌækəˈdiːmɪə/ N *(NonC)* le monde universitaire

**academic** /ˌækəˈdemɪk/ ADJ a *(= of studying, colleges)* *(Univ)* universitaire ; *(Scol)* scolaire ; *[failure, progress]* scolaire ◆ **~ freedom** liberté *f* de l'enseignement

b *(= theoretical)* théorique, spéculatif ◆ **~ debate** discussion *f* sans portée pratique *or* toute théorique

c *(= scholarly)* *[style, approach]* intellectuel ◆ **a dry ~ approach** une approche aride et scolaire

d *(= of no practical use)* **that's all quite ~, it's an ~ question** c'est (une question) purement théorique ◆ **out of purely ~ interest** par simple curiosité

e *[art, portrait]* académique

f *(= academically able)* doué pour les études ◆ **the less ~ pupils** les élèves moins doués pour les études

N *(= university teacher)* universitaire *mf*

COMP ▷ **academic advisor** N *(US)* directeur *m*, -trice *f* d'études ▷ **academic dean** N *(US)* ≃ président(e) *m(f)* de faculté ▷ **academic dress** N toge *f* et toque *f* de professeur (*or* d'étudiant) ▷ **academic gown** N toge *f* de professeur (*or* d'étudiant) ▷ **academic officers** NPL *(US)* personnel *m* enseignant et cadres *mpl* administratifs ▷ **academic rank** N *(US)* grade *m* ▷ **academic year** N année *f* universitaire

**academically** /ˌækəˈdemɪkəlɪ/ ADV *[competent]* sur le plan scolaire ; *[sound]* intellectuellement ◆ **~ gifted** doué pour les études ◆ **~ qualified** possédant des diplômes

**academicals** /ˌækəˈdemɪkəlz/ NPL toge *f* et toque *f* de professeur (*or* d'étudiant)

**academician** /əˌkædəˈmɪʃən/ N académicien(ne) *m(f)*

**academy** /əˈkædəmɪ/ N a *(= private college)* école *f* privée, collège *m*, pensionnat *m* ◆ **military/naval ~** école *f* militaire/navale ◆ **~ of music** conservatoire *m* ; → **police** b *(= society)* académie *f*, société *f* ◆ **the (Royal) Academy** l'Académie *f* royale britannique des beaux-arts ; → **French** COMP ▷ **Academy Award** N oscar *m*

**acanthus** /əˈkænθəs/ N (pl **acanthuses** *or* **acanthi** /əˈkænθaɪ/) acanthe *f*

**ACAS, Acas** /ˈeɪkæs/ N (abbrev of **Advisory, Conciliation and Arbitration Service**) *organisme d'arbitrage des conflits du travail*

**acc.** *(Banking)* abbrev of **account**

**accede** /ækˈsiːd/ VI a *(= agree)* ◆ **to ~ to** *[+ request]* agréer, donner suite à ; *[+ suggestion]* agréer, accepter b *(= gain position)* entrer en possession ◆ **to ~ to office** entrer en fonction ◆ **to ~ to the throne** monter sur le trône c *(= join)* adhérer, se joindre (*to* à)

**accelerate** /ækˈseləreɪt/ VT *[+ movement, growth]* accélérer ; *[+ work]* activer ; *[+ events]* précipiter, hâter ◆ **to ~ the process of reform/modernization** accélérer le processus de réformes/de modernisation VI *(esp Aut)* accélérer

**accelerated** /ækˈseləreɪtɪd/ ADJ *(Econ)* *[depreciation, increments etc]* accéléré ◆ **~ program** *(US Univ)* cursus *m* intensif

**acceleration** /ækˌseləˈreɪʃən/ N accélération *f* ◆ **repayment by ~** *(Fin)* remboursement *m* par déchéance du terme COMP ▷ **acceleration clause** N *(Fin)* clause *f* d'accélération

**accelerator** /ækˈseləreɪtəʳ/ N *(Aut, Phys, Phot)* accélérateur *m* ◆ **to step on the ~** appuyer sur l'accélérateur *or* le champignon *

**accelerometer** /ækˌseləˈrɒmɪtəʳ/ N accéléromètre *m*

**accent** /ˈæksənt/ N a *(= intonation, pronunciation)* accent *m* ◆ **to speak French without an ~** parler français sans accent ◆ **to have a foreign ~** avoir un accent (étranger) ◆ **she speaks with a Yorkshire ~** elle parle avec l'accent du Yorkshire ◆ **a strong French ~** un fort accent français b *(= stress on part of word)* accent *m* (tonique) c *(= written mark)* accent *m* ; → **acute** d *(liter = way of speaking)* **~s** accents *mpl*, paroles *fpl* ◆ **in ~s of rage** avec des accents de rage (dans la voix) VT /ækˈsent/ a *(= emphasize)* *[+ word]* accentuer, mettre l'accent sur ; *[+ syllable]* accentuer b *(= make prominent)* accentuer, mettre en valeur

**accentuate** /ækˈsentjʊeɪt/ VT *(= emphasize)* *[+ inequality, hostility, tendency]* accentuer ; *[+ physical feature]* faire ressortir ; *(= draw attention to)* attirer l'attention sur

**accentuation** /ækˌsentjʊˈeɪʃən/ N accentuation *f*

**accept** /əkˈsept/ LANGUAGE IN USE 11.2, 11.3, 12.1, 12.2, 18.3, 25 VT a *[+ gift, invitation, apology]* accepter ; *[+ goods]* prendre livraison de ; *[+ excuse, fact, report, findings]* admettre, accepter ; *[+ one's duty]* se soumettre à ; *[+ one's fate]* accepter, se résigner à ; *[+ task]* se charger de, accepter ; *(Comm)* *[+ bill]* accepter ◆ **I ~ that ...** je conviens que ... ◆ **it is generally** *or* **widely ~ed that ...** il est généralement admis que ... b *(= allow)* *[+ action, behaviour]* admettre, accepter c *(Med)* *[+ transplanted organ]* assimiler

**acceptability** /əkˌseptəˈbɪlɪtɪ/ N *(gen, Ling)* acceptabilité *f*

**acceptable** /əkˈseptəbl/ ADJ a *(= reasonable)* *[offer, suggestion]* acceptable *(also Ling)* ; *(morally)* *[behaviour]* admissible ◆ **I hope you will find this ~** j'espère que cela vous conviendra ◆ **if this offer is ~ to you** si la présente offre est à votre convenance b *(= welcome)* bienvenu, opportun ; *[gift]* qui fait plaisir ◆ **the money was most ~** l'argent était vraiment le bienvenu

**acceptably** /əkˈseptəblɪ/ ADV a *(= properly)* *[behave, treat]* de façon acceptable, d'une manière décente ; *(= sufficiently)* ◆ **~ accurate/safe** d'une précision/sécurité satisfaisante ◆ **noise levels were ~ low** les niveaux sonores étaient suffisamment bas pour être tolérables b *(= adequately)* *[play]* à peu près comme il faut, d'une manière convenable

**acceptance** /əkˈseptəns/ LANGUAGE IN USE 19.5 N a *[of invitation, gift]* acceptation *f* ; *[of proposal]* consentement *m* (*of* à) ; *(Comm)* *[of bill]* acceptation *f* ; *(Comm, Jur)* *[of delivered goods]* réception *f* b *(= approval)* réception *f* favorable, approbation *f* ◆ **the idea met with general ~** l'idée a reçu l'approbation générale COMP ▷ **acceptance house** N banque *f* d'acceptation

**acceptation** /ˌæksepˈteɪʃən/ N a *(= meaning)* acception *f*, signification *f* b *(= approval)* approbation *f*

**accepted** /əkˈseptɪd/ ADJ accepté ; *[fact]* reconnu ; *[idea]* répandu ; *[behaviour, pronuncia-*

*tion]* admis ◆ **... in the ~ sense of the word** ... dans le sens usuel *or* courant du mot

**acceptor** /ək'septəʳ/ N *(Comm)* accepteur *m*

**access** /'ækses/ N a *(NonC) (= way of approach)* accès *m*, abord *m* ; *(Jur) (= through lane etc)* droit *m* de passage ; *(into property)* droit *m* d'accès ; *(= permission to see, use)* accès *m* ◆ **easy of ~** d'accès facile, facilement accessible ◆ **~ to the house is via a narrow path** on accède à la maison par un sentier étroit ◆ **to give ~ to ...** donner accès à ... ◆ **to have ~ to sb** avoir accès auprès de qn, avoir ses entrées chez qn ◆ **to have (right of) ~ to papers** avoir accès à des documents ◆ **to have ~ to (an) education** avoir accès *or* droit à l'éducation ◆ **these children now have ~ to (an) education** ces enfants peuvent désormais bénéficier d'une scolarisation ; → **gain**

b *(= way of entry)* **there is another ~ to this room** cette pièce a un autre accès

c *(Jur: in divorce)* droit *m* de visite ◆ **he has (no) ~ to his children** il (n')a (pas) le droit de visite

d *(Comput)* **~ port/time** port *m*/temps *m* d'accès ; → **random**

e *(= sudden outburst) [of anger, remorse, melancholy]* accès *m* ; *[of generosity]* élan *m*

VT *(Comput) [+ file etc]* accéder à

COMP ▷ **access course** N *(Univ) cours intensif permettant aux personnes sans baccalauréat d'accéder aux études supérieures* ▷ **access provider** N fournisseur *m* d'accès ▷ **access road** N route *f* d'accès ; *[of motorway]* bretelle *f* d'accès *or* de raccordement ◆ **there is an ~ road for Melun** *(to motorway)* Melun est raccordé (à l'autoroute)

**accessary** /æk'sesərɪ/ *(Jur)* N complice *mf* ◆ **~ before/after the fact** complice *mf* par instigation/par assistance ADJ complice (*to* de)

**accessibility** /æk,sesɪ'bɪlɪtɪ/ N accessibilité *f*

**accessible** /æk'sesəbl/ ADJ a *[place]* accessible, d'accès facile ; *[knowledge]* à la portée de tous, accessible ; *[person]* accessible, d'un abord facile b *(= able to be influenced)* ouvert, accessible (*to* à)

**accession** /æk'seʃən/ N a *(= gaining of position)* accession *f* (*to* à) ; *(to fortune, property)* accession *f* (*to* à) entrée *f* en possession (*to* de) ; ◆ **~ (to the throne)** avènement *m* b *(= addition, increase)* accroissement *m*, augmentation *f* ◆ **the ~ of new members to the party** l'adhésion *f* de membres nouveaux au parti c *(= consent)* accord *m*, assentiment *m* ; *(Jur, Pol: to a treaty etc)* adhésion *f* d *(in library, museum)* nouvelle acquisition *f* VT *[+ library book etc]* mettre au catalogue

**accessorize** /æk'sesəraɪz/ VT accessoiriser

**accessory** /æk'sesərɪ/ ADJ a *(= additional)* accessoire, auxiliaire b *(Jur)* ⇒ **accessary** N a *(Comm, Tech, Dress, Theat etc)* accessoire *m* ◆ **car accessories** accessoires *mpl* d'automobile ◆ **toilet accessories** objets *mpl* de toilette b *(Jur)* ⇒ **accessary**

**accidence** /'æksɪdəns/ N *(Ling)* morphologie *f* flexionnelle ; *(Philos)* accident *m*

**accident** /'æksɪdənt/ N a *(= mishap, disaster)* accident *m* ◆ **to meet with** *or* **have an ~** avoir un accident ◆ **road ~** accident *m* de la route *or* de la circulation ◆ **~s in the home** accidents *mpl* domestiques ◆ **it's an ~ waiting to happen** *(fig)* c'est une bombe à retardement

b *(= unforeseen event)* événement *m* fortuit, accident *m* ; *(= chance)* hasard *m*, chance *f* ◆ **it's no ~ that ...** ce n'est pas un hasard si ...

◆ **by accident** *[injure, break]* accidentellement ; *[meet, find]* par hasard

c *(Philos)* accident *m*

COMP ▷ **Accident and Emergency Unit** N (service *m* des) urgences *fpl* ▷ **accident figures** NPL statistiques *fpl* concernant les accidents ▷ **accident insurance** N assurance *f* (contre les) accidents ▷ **accident prevention** N *(in home, factory)* prévention *f* des accidents ; *(Aut)* prévention *f* routière ▷ **accident-prone** ADJ ◆ **to be ~-prone** être sujet aux accidents, attirer les accidents ▷ **accident protection** N *(Aut)* prévention *f* routière ▷ **accident statistics** NPL statistiques *fpl* des accidents ▷ **Accident Unit** N ⇒ **Accident and Emergency Unit**

**accidental** /,æksɪ'dentl/ ADJ a *(= happening by chance) [shooting, poisoning, overdose, death]* accidentel ◆ **the ~ discovery of the explosives** la découverte fortuite des explosifs ◆ **the cure was an ~ discovery** le traitement a été découvert par hasard b *(= of secondary importance) [effect, benefit]* secondaire, accessoire c *(Mus, Philos)* accidentel N *(Mus)* accident *m* COMP ▷ **accidental damage** N *(Insurance)* accident(s) *m(pl)* ▷ **accidental injury** N *(Insurance)* accident *m*

**accidentally** /,æksɪ'dentəlɪ/ ADV *[shoot, kill]* accidentellement ◆ **it was discovered quite ~** on l'a découvert par hasard ◆ **~ on purpose** * *(hum)* comme par hasard

**acclaim** /ə'kleɪm/ VT *(= applaud)* acclamer ◆ **to ~ sb king** proclamer qn roi N acclamations *fpl* ◆ **it met with great public/critical ~** cela a été salué unanimement par le public/les critiques

**acclamation** /,æklə'meɪʃən/ N acclamation *f* ◆ **to be elected/nominated by ~** être élu/nommé par acclamation

**acclimate** /ə'klaɪmət/ VTI *(US)* ⇒ **acclimatize**

**acclimatization** /ə,klaɪmətaɪ'zeɪʃən/, **acclimation** *(US)* /"æklaɪ'meɪʃən/ N *(lit)* acclimatation *f* ; *(fig: to new situation etc)* accoutumance *f* (*to* à)

**acclimatize** /ə'klaɪmətaɪz/, **acclimate** *(US)* /ə'klaɪmət/ VT *(lit, fig)* acclimater (*to* à) VI *(to new place, climate)* s'acclimater (*to* à) ; ◆ **to ~ to a new job** s'accoutumer *or* se faire à un nouveau travail

**acclivity** /ə'klɪvɪtɪ/ N montée *f*

**accolade** /'ækəʊleɪd/ N accolade *f* ; *(fig)* marque *f* d'approbation

**accommodate** /ə'kɒmədeɪt/ VT a *(= provide lodging or housing for)* loger ; *(= contain) [car]* contenir ; *[house]* contenir, recevoir ◆ **the hotel/room can ~ 60 people** l'hôtel/la salle peut recevoir *or* accueillir 60 personnes b *(= supply)* équiper (*sb with sth* qn de qch) fournir (*sb with sth* qch à qn) ; *(= satisfy) [+ demand etc]* accéder à ◆ **to ~ sb with a loan** consentir un prêt à qn ◆ **I think we can ~ you** je crois que nous pouvons satisfaire à votre demande c *(= adapt) [+ plans, wishes]* accommoder, adapter (*to* à) ; ◆ **to ~ o.s. to sth** s'adapter à qch, s'accommoder à qch

**accommodating** /ə'kɒmədeɪtɪŋ/ ADJ *(= obliging)* obligeant ; *(= easy to deal with)* accommodant, conciliant

**accommodation** /ə,kɒmə'deɪʃən/ N a *[of person]* logement *m* ◆ **~s** *(US)* logement *m* ◆ **"accommodation (to let)"** "appartements *or* chambres à louer" ◆ **we have no ~ available** nous n'avons pas de chambres ◆ **we have no ~ suitable for children** nous n'avons pas de chambres pour les enfants ◆ **"office accommodation to let"** "bureaux à louer" ; → **seating**

b *(= compromise)* compromis *m* ◆ **to make** *or* **reach (an) ~ with sb** arriver à *or* trouver un compromis avec qn

c *(Anat, Psych)* accommodation *f*

d *(Fin)* prêt *m*, crédit *m* ◆ **to take ~** contracter un emprunt, faire un prêt

COMP ▷ **accommodation address** N adresse *f (utilisée uniquement pour la correspondance)*, boîte *f* à lettres ▷ **accommodation bill** N *(Comm)* billet *m or* effet *m* de complaisance ▷ **accommodation bureau** N agence *f* de logement ▷ **accommodation ladder** N *(Naut)* échelle *f* de coupée ▷ **accommodation officer** N responsable *mf* de l'hébergement ▷ **accommodation road** N route *f* à usage restreint ▷ **accommodation train** N *(US Rail)* (train *m*) omnibus *m*

**accompaniment** /ə'kʌmpənɪmənt/ N accompagnement *m*, complément *m* ; *(Mus)* accompagnement *m* ; *(Culin)* accompagnement *m*, garniture *f* ◆ **they marched to the ~ of a military band** ils ont défilé au son d'une fanfare militaire

**accompanist** /ə'kʌmpənɪst/ N *(Mus)* accompagnateur *m*, -trice *f*

**accompany** /ə'kʌmpənɪ/ VT a *(= escort)* accompagner, suivre ◆ **accompanied by** accompagné de *or* par b *(fig)* accompagner ◆ **cold accompanied by fever** rhume *m* accompagné de fièvre ◆ **~ing letter** lettre *f* d'accompagnement c *(Mus)* accompagner (*on* à)

**accomplice** /ə'kʌmplɪs/ N complice *mf* ◆ **to be an ~ to** *or* **in a crime** tremper dans un crime, être complice d'un crime

**accomplish** /ə'kʌmplɪʃ/ VT accomplir, exécuter ; *[+ task]* accomplir, achever ; *[+ desire]* réaliser ; *[+ journey]* effectuer ◆ **to ~ one's object** arriver à ses fins

**accomplished** /ə'kʌmplɪʃt/ ADJ *[person] (gen)* doué ; *[musician, skater etc]* accompli ; *[performance]* accompli, parfait ◆ **she's very ~** elle est très douée ◆ **an ~ pianist** un pianiste accompli

**accomplishment** /ə'kʌmplɪʃmənt/ N a *(= achievement)* œuvre *f* accomplie, projet *m* réalisé b *(= skill)* talent *m* ◆ **a woman of many ~s** une femme aux multiples talents *or* très talentueuse c *(NonC = completion)* ◆ **on ~ of the project** quand le projet aura été mené à bien

**accord** /ə'kɔːd/ VT *[+ favour, status, right, honour, privilege]* accorder (*to* à) ; *[+ respect]* témoigner ◆ **to ~ priority to** accorder la priorité à ◆ **to ~ great importance to sth** accorder beaucoup d'importance à qch ◆ **she insisted she be ~ed the same treatment as her male colleagues** elle a insisté pour avoir droit au même traitement que ses collègues masculins ◆ **he was ~ed a hero's welcome** il a été accueilli en héros VI s'accorder, concorder (*with* avec) N a *(NonC = agreement)* consentement *m*, accord *m* ◆ **of his own ~** de lui-même ◆ **the problem disappeared of its own ~** le problème s'est résolu tout seul ◆ **with one ~** d'un commun accord ◆ **to be in ~ with** être d'accord avec b *(= treaty)* traité *m*, pacte *m*

**accordance** /ə'kɔːdəns/ N accord *m* (*with* avec) conformité *f* (*with* à) ; ◆ **in ~ with** conformément à, suivant, en accord avec ◆ **to be in ~ with** être conforme à, correspondre à

**according** /ə'kɔːdɪŋ/ LANGUAGE IN USE 26.1, 26.2

ADV a *(gen)* ◆ **~ to** selon ◆ **~ to him they've gone** selon lui *or* d'après lui ils sont partis ◆ **classified ~ to size** classés par ordre de grandeur ◆ **everything went ~ to plan** tout s'est passé comme prévu ◆ **~ to what he says ...** d'après ce qu'il dit ... ◆ **to act ~ to the law** agir conformément à la loi b ◆ **~ as** selon que *+ subj*, suivant que *+ indic*

**accordingly** /əˈkɔːdɪŋlɪ/ ADV **a** *(= appropriately) [act, pay, plan]* en conséquence **b** *(= consequently)* par conséquent

**accordion** /əˈkɔːdɪən/ **N** accordéon *m* **COMP** ▷ **accordion file** N *(US)* dossier *m* à soufflet ▷ **accordion pleat** N pli *m* (en) accordéon

**accordionist** /əˈkɔːdɪənɪst/ N accordéoniste *mf*

**accost** /əˈkɒst/ VT accoster, aborder ; *(Jur)* accoster

**account** /əˈkaʊnt/ **N** **a** *(Comm, Fin)* compte *m* ◆ **to open an ~** ouvrir un compte ◆ **put it on my ~** *(in shop)* vous le mettrez à *or* sur mon compte ; *(in hotel)* vous le mettrez sur mon compte *or* sur ma note ◆ **to pay a sum into one's ~** *(Banking)* verser une somme à son compte ◆ **I have an ~ with them** *(at shop)* ils me font crédit ◆ **in ~ with** en compte avec ◆ **~s payable** comptes *mpl* clients, comptes *mpl* créditeurs ◆ **~s receivable** comptes *mpl* fournisseurs, effets *mpl* à recevoir ◆ **"to account rendered"** "facture non payée" ◆ **on ~** à compte ◆ **payment on ~** acompte *m*, à-valoir *m*, paiement *m* à compte ◆ **to pay £50 on ~** verser un acompte de 50 livres ◆ **cash or ~?** *(in hotel, bar)* vous payez comptant ou je le mets sur votre note ? ; *(in shop)* vous payez comptant ou je le mets sur votre compte ? ◆ **they have the Michelin ~** *(Advertising)* ce sont eux qui font la publicité de Michelin ◆ **to settle** *or* **square ~s with sb** *(fig)* régler son compte à qn ; → **bank[2], current, settle[2]**

**b** ◆ **~s** *(= calculation)* comptabilité *f*, comptes *mpl* ; *(= department)* (service *m*) comptabilité *f* ◆ **to do/keep the ~s** faire/tenir la comptabilité *or* les comptes

**c** *(= report)* compte rendu *m* ◆ **to give an ~ of sth** faire le compte rendu de qch *or* un exposé sur qch ◆ **by her own ~** d'après ce qu'elle dit, d'après ses dires ◆ **by all ~s** d'après l'opinion générale, au dire de tous ◆ **he gave a good ~ of himself** *(= made a good impression)* il s'en est bien tiré, il a fait bonne impression

**d** *(= importance)* ◆ **of little ~** peu important ◆ **of no ~** sans importance ◆ **your statement is of no ~ to them** ils n'attachent aucune importance *or* valeur à votre déclaration

**e** *(set structures)*

♦ **on + account** ◆ **on ~ of** à cause de ◆ **on no ~, not on any ~** en aucun cas, sous aucun prétexte ◆ **on no ~ must you leave** vous ne devez partir sous aucun prétexte ◆ **on this** *or* **that ~** pour cette raison ◆ **on her ~** à cause d'elle ◆ **I was worried on her ~** je m'inquiétais pour elle ◆ **don't leave on my ~** ne partez pas à cause de moi

♦ **to call** *or* **hold sb to account** demander des comptes à qn ◆ **they can't be held to ~ for this** ils ne peuvent pas être tenus responsables de cela

♦ **to leave sth out of account** ne pas tenir compte de qch

♦ **to take + account of sth/sb, to take sth/sb into account** tenir compte de qch/qn ◆ **these facts must be taken into ~** ces faits doivent entrer en ligne de compte ◆ **to take little ~ of sth** faire peu de cas de qch ◆ **to take no ~ of sth** ne pas tenir compte de qch

♦ **to turn** *or* **put sth to good account** mettre qch à profit, tirer parti de qch

**VT** estimer, juger ◆ **to ~ o.s. lucky** s'estimer heureux ◆ **to ~ sb (to be) innocent** considérer qn comme innocent

**COMP** ▷ **account book** N livre *m* de comptes ▷ **account day** N *(St Ex)* terme *m*, jour *m* de liquidation ▷ **account executive** N *(Advertising)* responsable *mf* du budget ▷ **account holder** N *(Banking)* titulaire *mf* d'un compte ▷ **accounts department** N (service *m*) comptabilité *f*

► **account for** VT FUS **a** *(= explain, justify) [+ expenses]* rendre compte de, justifier de ; *[+ one's conduct]* justifier ; *[+ circumstances]* expliquer ◆ **poor sanitation ~s for the recent outbreaks of disease** les mauvaises conditions d'hygiène expliquent les récentes épidémies ◆ **there's no ~ing for tastes** des goûts et des couleurs on ne dispute pas *(Prov)*, chacun son goût *(Prov)* ◆ **everyone is ~ed for** on n'a oublié personne ◆ **three people have not yet been ~ed for** *(after accident etc)* trois personnes n'ont pas encore été retrouvées

**b** *(= represent)* représenter ◆ **this ~s for 10% of the total** ceci représente 10% du chiffre total ◆ **the Greens ~ for 10% of the vote** les Verts totalisent *or* représentent 10% des voix ◆ **this area ~s for most of the country's mineral wealth** cette région produit *or* possède la plus grande partie des ressources minières du pays

**c** *(= kill, destroy: shooting etc)* tuer ; *(Fishing = catch)* attraper ◆ **he ~ed for four enemy planes** il a abattu quatre avions ennemis

**accountability** /əˌkaʊntəˈbɪlɪtɪ/ N responsabilité *f* ; *(financial)* responsabilité *f* financière

**accountable** /əˈkaʊntəbl/ ADJ responsable (*for* de) ; ◆ **to be ~ to sb for sth** être responsable de qch *or* répondre de qch devant qn ◆ **he is not ~ for his actions** *(= need not account for)* il n'a pas à répondre de ses actes ; *(= is not responsible for)* il n'est pas responsable de ses actes

**accountancy** /əˈkaʊntənsɪ/ N *(= subject)* comptabilité *f* ; *(= profession)* profession *f* de comptable ◆ **to study ~** faire des études de comptable *or* de comptabilité

**accountant** /əˈkaʊntənt/ N comptable *mf* ◆ **~'s office** agence *f* comptable

**accounting** /əˈkaʊntɪŋ/ **N** comptabilité *f* **COMP** ▷ **accounting period** N exercice *m* comptable ▷ **accounting policy** N politique *f* comptable ▷ **accounting practices** NPL pratique *f* comptable ▷ **accounting year** N ⇒ **accounting period**

**accouterments** /əˈkuːtərmənts/ NPL *(US)* ⇒ **accoutrements**

**accoutred** /əˈkuːtəd/ ADJ *(esp Mil)* équipé (*with* de)

**accoutrements** /əˈkuːtrəmənts/, **accouterments** *(US)* /əˈkuːtərmənts/ NPL *(Mil)* équipement *m* ; *(gen)* attirail *m*

**accredit** /əˈkredɪt/ VT **a** *(= credit) [+ rumour]* accréditer ◆ **to ~ sth to sb** attribuer qch à qn ◆ **he is ~ed with having discovered the site** on lui attribue la découverte de ce site **b** *[+ representative, ambassador]* accréditer (*to* auprès de) → **accredited**

**accreditation** /əˌkredɪˈteɪʃn/ **N** *(US Scol, Univ)* habilitation *f* **COMP** ▷ **accreditation officer** N *(US Scol)* inspecteur *m* d'académie

**accredited** /əˈkredɪtɪd/ ADJ *[person]* accrédité, autorisé ; *[opinion, belief]* admis, accepté ; *[agent]* accrédité ◆ **~ institution** *(Univ, Scol) établissement scolaire ou universitaire dont les diplômes sont reconnus par l'État* ◆ **~ representative** représentant *m* accrédité (*to* auprès de)

**accretion** /əˈkriːʃən/ N **a** *(= increase, growth)* accroissement *m* (organique) **b** *(= result of growth: Geol etc)* concrétion *f*, addition *f* ; *[of wealth etc]* accroissement *m*, accumulation *f*

**accruals** /əˈkruːəlz/ NPL *(Fin)* compte *m* de régularisation (du passif)

**accrue** /əˈkruː/ **VI** **a** *[money, advantages]* revenir (*to* à) **b** *(Fin) [interest]* courir **COMP** ▷ **accrued alimony** N *(Jur)* pension *f* alimentaire due ▷ **accrued charges** NPL *(Fin)* charges *fpl* à payer ▷ **accrued expenses** NPL *(Fin)* frais *mpl* à payer ▷ **accrued income** N recettes *fpl* échues ▷ **accrued interest** N intérêts *mpl* courus

**accumulate** /əˈkjuːmjʊleɪt/ **VT** accumuler **VI** s'accumuler ◆ **to allow interest to ~** laisser courir les intérêts

**accumulation** /əˌkjuːmjʊˈleɪʃən/ N **a** *(NonC)* accumulation *f* ; *(Fin) [of capital]* accroissement *m* ; *[of interest]* accumulation *f* **b** *(= objects accumulated)* amas *m*, tas *m*

**accumulative** /əˈkjuːmjʊlətɪv/ ADJ qui s'accumule ; *(Fin)* cumulatif

**accumulator** /əˈkjuːmjʊleɪtə[r]/ N **a** *(Elec)* accumulateur *m*, accus * *mpl* **b** *(Brit = bet)* report *m*

**accuracy** /ˈækjʊrəsɪ/ N *[of figures, clock]* exactitude *f* ; *[of aim, shot, story, report]* précision *f* ; *[of translation]* exactitude *f*, fidélité *f* ; *[of judgement, assessment]* justesse *f*

**accurate** /ˈækjʊrɪt/ ADJ *[information, figures, description]* exact ; *[typist]* bon ; *[missile]* précis ; *[measurement, clock, assessment, prediction]* juste ; *[translation, account, memory]* fidèle ; *[spelling]* correct ◆ **his father or, to be ~, his stepfather ...** son père ou, pour être exact, son beau-père ... ◆ **the newspaper is well-known for its ~ reporting** ce journal est réputé pour l'exactitude de ses informations ◆ **the tests are 90% ~** ces tests sont fiables à 90% ◆ **the scales were ~ to half a gram** la balance avait une précision de l'ordre du demi-gramme

**accurately** /ˈækjʊrɪtlɪ/ ADV *[reflect, report, tell]* exactement, avec exactitude ; *[calculate, predict, reproduce]* exactement ; *[describe, measure, draw]* avec précision ; *[type, spell]* correctement ; *[translate]* fidèlement

**accursed** /əˈkɜːst/, **accurst** /əˈkɜːst/ ADJ († *or liter*) maudit

**accusal** /əˈkjuːzl/ N accusation *f*

**accusation** /ˌækjʊˈzeɪʃən/ N accusation *f* ; *(Jur)* accusation *f*, plainte *f* ◆ **to bring an ~ against sb** *(Jur)* porter plainte *or* déposer (une) plainte contre qn

**accusative** /əˈkjuːzətɪv/ **N** accusatif *m* ◆ **in the ~** à l'accusatif **ADJ** accusatif

**accusatory** /əˈkjuːzətərɪ/ ADJ accusateur (-trice *f*)

**accuse** /əˈkjuːz/ VT accuser (*sb of sth* qn de qch) ; ◆ **they ~d him of stealing the car** *or* **of having stolen the car** ils l'ont accusé d'avoir volé la voiture ◆ **they stand ~d of murder** *(Jur)* ils sont accusés de meurtre

**accused** /əˈkjuːzd/ N (pl **accused**) *(Jur)* accusé(e) *m(f)*, inculpé(e) *m(f)*

**accuser** /əˈkjuːzə[r]/ N accusateur *m*, -trice *f*

**accusing** /əˈkjuːzɪŋ/ ADJ accusateur (-trice *f*)

**accusingly** /əˈkjuːzɪŋlɪ/ ADV d'une manière accusatrice

**accustom** /əˈkʌstəm/ VT habituer, accoutumer (*sb to sth* qn à qch ; *sb to doing sth* qn à faire qch) ; ◆ **to ~ o.s. to** s'habituer à, s'accoutumer à

**accustomed** /əˈkʌstəmd/ ADJ **a** *(= used)* habitué, accoutumé (*to* à ; *to do sth, to doing sth* à faire qch) ; ◆ **to become** *or* **get ~ to sth/to doing sth** s'habituer *or* s'accoutumer à qch/à faire qch ◆ **I am not ~ to such treatment** je n'ai pas l'habitude qu'on me traite *subj* de cette façon **b** *(= usual)* habituel, coutumier

**AC/DC** /ˌeɪsiːˈdiːsiː/ N (abbrev of **alternating current/direct current**) → **alternating, direct** ADJ ◆ **he's ~** ‡ il marche à voile et à vapeur ‡

**ace** /eɪs/ N a *(Cards, Dice, Dominoes)* as *m* ; *(Tennis = shot)* ace *m* ◆ **~ of diamonds** as *m* de carreau b *(fig)* **to have** *or* **keep an ~ up one's sleeve** avoir une carte maîtresse *or* un atout en réserve ◆ **to have the ~ in one's hand** *(Brit)* ◆ **to have an ~ in the hole** avoir un atout en réserve ◆ **to play one's ~** jouer sa meilleure carte ◆ **to hold all the ~s** avoir tous les atouts en main ◆ **as black as the ~ of spades** noir comme du charbon ◆ **to come within an ~ of sth** être à deux doigts de qch ; → **clean** c *(= pilot, racing driver etc)* as *m* ◆ **he's ~s** * *(US)* il est super * ADJ super * ◆ **an ~ driver** un as du volant COMP ▷ **Ace Bandage** ® N *(US)* bande *f* Velpeau ®

**acerbic** /əˈsɜːbɪk/ ADJ *[taste]* âpre ; *[wit, humour]* acerbe, caustique

**acerbity** /əˈsɜːbɪtɪ/ N âpreté *f*, aigreur *f*

**acetate** /ˈæsɪteɪt/ N acétate *m*

**acetic** /əˈsiːtɪk/ ADJ acétique ◆ **~ acid** acide *m* acétique

**acetone** /ˈæsɪtəʊn/ N acétone *f*

**acetylene** /əˈsetɪliːn/ N acétylène *m* COMP ▷ **acetylene burner** N chalumeau *m* à acétylène ▷ **acetylene lamp** N lampe *f* à acétylène ▷ **acetylene torch** N ⇒ **acetylene burner** ▷ **acetylene welding** N soudure *f* à l'acétylène

**ache** /eɪk/ VI faire mal, être douloureux ◆ **my head ~s** j'ai mal à la tête ◆ **to be aching all over** *(after exercise)* être courbaturé ; *(from illness)* avoir mal partout ◆ **it makes my heart ~** cela me brise *or* me fend le cœur ◆ **her heart ~d for them** elle souffrait pour eux ◆ **to be aching** *or* **to ~ to do sth** mourir d'envie de faire qch, brûler de faire qch N a *(physical)* douleur *f*, souffrance *f* ◆ **all his ~s and pains** toutes ses douleurs, tous ses maux ◆ **he's always complaining of ~s and pains** il se plaint toujours d'avoir mal partout ; → **toothache** b *(fig)* peine *f* ; → **heartache**

**achieve** /əˈtʃiːv/ VT *(gen)* accomplir, réaliser ; *[+ aim, standard]* atteindre, parvenir à ; *[+ success]* obtenir ; *[+ fame]* parvenir à ; *[+ victory]* remporter ◆ **what they have ~d** ce qu'ils ont accompli *or* réalisé ◆ **how did you ~ that?** comment est-ce que vous avez réussi à faire ça ? ◆ **to ~ something in life** arriver à quelque chose dans la vie ◆ **I feel I've really ~d something today** j'ai l'impression d'avoir fait quelque chose de valable aujourd'hui ; → **underachieve** VI *(= be successful)* réussir

**achievement** /əˈtʃiːvmənt/ N a *(= success, feat)* exploit *m*, réussite *f* b *(Scol)* **the level of ~** le niveau des élèves c *(NonC = completion)* accomplissement *m*, réalisation *f* COMP ▷ **achievement test** N *(Scol)* test *m* de niveau *(dans les écoles primaires)*

**achiever** /əˈtʃiːvəʳ/ N *(= successful person)* gagneur *m*, -euse *f* ◆ **high-/low-~** sujet *m* doué/peu doué

**Achilles** /əˈkɪliːz/ N Achille *m* COMP ▷ **Achilles' heel** N *(fig)* talon *m* d'Achille ▷ **Achilles' tendon** N *(Anat)* tendon *m* d'Achille

**aching** /ˈeɪkɪŋ/ ADJ douloureux, endolori ◆ **to have an ~ heart** avoir le cœur gros

**achingly** /ˈeɪkɪŋlɪ/ ADV *[funny, sad, beautiful]* à pleurer

**achromatic** /ˌeɪkrəʊˈmætɪk/ ADJ achromatique

**achy** * /ˈeɪkɪ/ ADJ *[legs, muscles, joints]* douloureux ◆ **I feel ~ all over** j'ai mal partout

**acid** /ˈæsɪd/ N a acide *m* b *(Drugs *)* acide * *m* ◆ **to drop ~** * prendre de l'acide * c ◆ **Acid** ⇒ **Acid house** ADJ a *(= sour)* acide b *(= sharp) [person]* revêche ; *[voice]* aigre ; *[remark]* mordant, acide COMP ▷ **acid drop** N bonbon *m* acidulé ▷ **acid head** ‡ N *(Drugs)* drogué(e) *m(f)* au LSD ▷ **Acid house** N acid music *f* ▷ **Acid house party** N acid party *f* ▷ **acid jazz** N acid jazz *m* ▷ **acid-proof** ADJ résistant aux acides ▷ **acid rain** N pluies *fpl* acides ▷ **acid rock** N *(Mus)* acid rock *m* ▷ **acid test** N *(fig)* test *m* ◆ **to pass the ~ test** passer le test

**acidic** /əˈsɪdɪk/ ADJ acide

**acidify** /əˈsɪdɪfaɪ/ VT acidifier

**acidity** /əˈsɪdɪtɪ/ N *(Chem, fig)* acidité *f*

**acidly** /ˈæsɪdlɪ/ ADV acidement, d'un ton acide

**acidulous** /əˈsɪdjʊləs/ ADJ acidulé

**ack-ack** /ˈækˈæk/ N défense *f* contre avions, DCA *f* COMP ▷ **ack-ack fire** N tir *m* de DCA ▷ **ack-ack guns** NPL canons *mpl* antiaériens *or* de DCA

**acknowledge** /əkˈnɒlɪdʒ/ VT a *(= admit)* avouer, admettre ; *[+ error]* reconnaître, avouer ◆ **to ~ sb as leader** reconnaître qn pour chef ◆ **to ~ o.s. beaten** s'avouer vaincu *or* battu b (also **acknowledge receipt of**) *[+ letter, parcel]* accuser réception de ◆ **to ~ a gift from sb** remercier qn pour *or* d'un cadeau c *(= express thanks for) [+ person's action, services, help]* manifester sa gratitude pour, se montrer reconnaissant de ; *[+ applause, cheers]* saluer pour répondre à d *(= indicate recognition of) [+ greeting]* répondre à ◆ **I smiled at him but he didn't even ~ me** je lui ai souri mais il a fait comme s'il ne me voyait pas ◆ **he didn't even ~ my presence** il a fait comme si je n'étais pas là ◆ **to ~ a child** *(Jur)* reconnaître un enfant

**acknowledged** /əkˈnɒlɪdʒd/ ADJ *[leader, expert etc]* reconnu (de tous) ; *[child]* reconnu ; *[letter]* dont on a accusé réception

**acknowledgement** /əkˈnɒlɪdʒmənt/ N a *(NonC)* reconnaissance *f* ; *[of one's error etc]* aveu *m* ◆ **in ~ of your help** en reconnaissance *or* en remerciement de votre aide ◆ **to raise one's arm in ~** remercier d'un geste b *[of money]* reçu *m*, récépissé *m*, quittance *f* ; *[of letter]* accusé *m* de réception ◆ **~s** *(in preface etc)* remerciements *mpl* ◆ **to quote without ~** faire une citation sans mentionner la source COMP ▷ **acknowledgement slip** N *(Comm)* accusé *m* de réception

**ACLU** /ˌeɪsiːelˈjuː/ N (abbrev of **American Civil Liberties Union**) Ligue *f* des droits de l'homme

**acme** /ˈækmɪ/ N point *m* culminant

**acne** /ˈæknɪ/ N acné *f*

**acolyte** /ˈækəʊlaɪt/ N acolyte *m*

**aconite** /ˈækənaɪt/ N aconit *m*

**acorn** /ˈeɪkɔːn/ N *(Bot)* gland *m* COMP ▷ **acorn cup** N cupule *f*

**acoustic** /əˈkuːstɪk/ ADJ acoustique ; → **coupler** COMP ▷ **acoustic feature** N *(Phon)* trait *m* distinctif acoustique ▷ **acoustic feedback** N *(Recording)* effet *m* Larsen, réaction *f* acoustique ▷ **acoustic guitar** N guitare *f* acoustique ▷ **acoustic hood** N *(Comput)* capot *m* insonorisant ▷ **acoustic phonetics** N *(NonC: Phon)* phonétique *f* acoustique ▷ **acoustic regeneration** N ⇒ **acoustic feedback** ▷ **acoustic screen** N *(in office)* cloison *f* insonorisante

**acoustically** /əˈkuːstɪkəlɪ/ ADV *[poor, perfect]* du point de vue de l'acoustique ; *[play]* en acoustique

**acoustics** /əˈkuːstɪks/ N a *(Phys: + sg vb)* acoustique *f* b *[of room etc] (+ pl vb)* acoustique *f*

**ACPO** /ˈækpəʊ/ N *(Brit)* (abbrev of **Association of Chief Police Officers**) syndicat *m* des officiers de police

**acquaint** /əˈkweɪnt/ VT a *(= inform)* ◆ **to ~ sb with sth** aviser qn de qch, renseigner qn sur qch ◆ **to ~ sb with the situation** mettre qn au courant *or* au fait de la situation b ◆ **to be ~ed with** *[+ person, subject]* connaître ; *[+ fact]* savoir, être au courant de ◆ **to become** *or* **get ~ed with sb** faire la connaissance de qn ◆ **to become ~ed with the facts** prendre connaissance des faits ◆ **to get ~ed** faire connaissance

**acquaintance** /əˈkweɪntəns/ N a *(NonC)* connaissance *f* ◆ **to make sb's ~** faire la connaissance de qn ◆ **to improve upon ~** gagner à être connu ◆ **to have some ~ with French** avoir une certaine connaissance du français, savoir un peu le français ◆ **a person of my ~** une connaissance ; → **claim** b *(= person)* relation *f*, connaissance *f* ◆ **to have a wide circle of ~s** avoir des relations très étendues ◆ **she's an ~ of mine** je la connais un peu, c'est une de mes relations ◆ **old ~s** de vieilles connaissances *fpl*

**acquaintanceship** /əˈkweɪntənsʃɪp/ N relations *fpl*, cercle *m* de connaissances ◆ **a wide ~** de nombreuses relations *fpl*

**acquiesce** /ˌækwɪˈes/ VI acquiescer, consentir ◆ **to ~ in an opinion** se ranger à une opinion *or* à un avis ◆ **to ~ in a proposal** donner son accord *or* son assentiment à une proposition

**acquiescence** /ˌækwɪˈesns/ N consentement *m*, assentiment *m*

**acquiescent** /ˌækwɪˈesnt/ ADJ consentant

**acquire** /əˈkwaɪəʳ/ VT *[+ house, car, knowledge, money, fame, experience]* acquérir ; *[+ company]* acheter ; *[+ language]* apprendre ; *[+ habit]* prendre, contracter ; *[+ reputation]* se faire ◆ **to ~ a taste for sth** prendre goût à qch ◆ **she has ~d a new husband** *(hum)* elle s'est dotée d'un nouveau mari

**acquired** /əˈkwaɪəd/ ADJ acquis ◆ **~ characteristic** caractère *m* acquis ◆ **it's an ~ taste** on finit par aimer ça, c'est un goût qui s'acquiert COMP ▷ **acquired immune deficiency syndrome** N syndrome *m* immunodéficitaire acquis

**acquirement** /əˈkwaɪəmənt/ N *(NonC)* acquisition *f* (of de)

**acquirer** /əˈkwaɪərəʳ/ N *(Fin)* acquéreur *m*

**acquisition** /ˌækwɪˈzɪʃən/ N *(gen, Ling)* acquisition *f* ; (* *= person)* recrue *f* (to pour) ; ◆ **~ of holdings** *(Fin)* prise *f* de participation

**acquisitive** /əˈkwɪzɪtɪv/ ADJ *(for money)* âpre au gain ; *(= greedy)* avide (of de) ; ◆ **~ instinct** instinct *m* de possession ◆ **to have an ~ nature** avoir l'instinct de possession très développé

**acquisitiveness** /əˈkwɪzɪtɪvnɪs/ N instinct *m* de possession, goût *m* de la propriété

**acquit** /əˈkwɪt/ VT a *(Jur)* acquitter, décharger (of de) b ◆ **to ~ o.s. well in battle** bien se conduire *or* se comporter au combat ◆ **it was a difficult job but he ~ted himself well** c'était une tâche difficile mais il s'en est bien tiré c *[+ debt]* régler, s'acquitter de

**acquittal** /əˈkwɪtl/ N a *(Jur)* acquittement *m* b *[of debt]* acquittement *m*

**acre** /ˈeɪkəʳ/ N ≈ demi-hectare *m*, arpent † *m*, acre *f* ◆ **he owns a few ~s in Sussex** il possède quelques hectares dans le Sussex ◆ **the rolling ~s of the estate** la vaste étendue du domaine ◆ **~s of** * *(fig)* des kilomètres et des kilomètres de ; → **god**

**acreage** /ˈeɪkərɪdʒ/ N aire *f*, superficie *f* ◆ **what ~ have you?** combien avez-vous d'hectares ? ◆ **to farm a large ~** cultiver *or* exploiter de grandes superficies

**acrid** /ˈækrɪd/ ADJ *(lit)* âcre ; *(fig) [remark, style]* acerbe, mordant

**Acrilan** ® /ˈækrɪlæn/ N Acrilan ® *m*

**acrimonious** /ˌækrɪˈməʊnɪəs/ ADJ acrimonieux

**acrimoniously** /ˌækrɪˈməʊnɪəslɪ/ ADV avec acrimonie

**acrimony** /ˈækrɪmənɪ/ N acrimonie *f*

**acrobat** /ˈækrəbæt/ N acrobate *mf*

**acrobatic** /ˌækrəʊˈbætɪk/ ADJ acrobatique

**acrobatics** /ˌækrəʊˈbætɪks/ NPL *(lit)* acrobatie *f* ; *(fig)* acrobaties *fpl* ◆ **to do ~** *(lit)* faire des acrobaties *or* de l'acrobatie ◆ **political/linguistic ~** des acrobaties *fpl* politiques/linguistiques

**acronym** /ˈækrənɪm/ N acronyme *m*

**Acropolis** /əˈkrɒpəlɪs/ N Acropole *f*

**across** /əˈkrɒs/

> When **across** is an element in a phrasal verb, eg **come across, run across, stumble across**, look up the verb.

PREP **a** *(= from one side to other of)* d'un côté à l'autre de ◆ **~ it** d'un côté à l'autre ◆ **a bridge ~ the river** un pont sur le fleuve ◆ **to walk ~ the road** traverser la rue

**b** *(= on other side of)* de l'autre côté de ◆ **~ it** de l'autre côté ◆ **he lives ~ the street (from me/him)** il habite en face (de chez moi/lui) ◆ **the shop ~ the road** le magasin d'en face, le magasin de l'autre côté de la rue ◆ **territories ~ the sea** territoires *mpl* d'outre-mer ◆ **from ~ the Channel** de l'autre côté de la Manche, d'outre-Manche

**c** *(= crosswise over)* en travers de, à travers ◆ **~ it** en travers ◆ **to go ~ the fields** *or* **~ country** aller *or* prendre à travers champs ◆ **a plank ~ a door** une planche en travers d'une porte ◆ **with his arms folded ~ his chest** les bras croisés sur la poitrine

ADV *(= from one side to other)* ◆ **the river is 5km ~** le fleuve a 5 km de large ◆ **the plate is 30cm ~** l'assiette fait 30 cm de diamètre ◆ **to help sb ~** aider qn à traverser ◆ **to get sth ~** *(fig)* faire comprendre qch (*to sb* à qn) ; ◆ **~ from** en face de

**acrostic** /əˈkrɒstɪk/ N acrostiche *m*

**acrylic** /əˈkrɪlɪk/ ADJ, N acrylique *m* ◆ **~ paint** peinture *f* acrylique

**act** /ækt/ N **a** *(= deed)* acte *m* ◆ **in the ~ of doing sth** en train de faire qch ◆ **caught in the ~** pris sur le fait *or* en flagrant délit

**b** *(Jur)* loi *f*

**c** *[of play]* acte *m* ; *(in circus etc)* numéro *m* ◆ **they're a brilliant ~** *(Theat)* ils font un numéro superbe ◆ **he's a class ~** * c'est un crack * *or* un as * ◆ **it was a class ~** * *(= performance etc)* c'était génial * ◆ **she'll be a hard** *or* **tough ~ to follow** il sera difficile de l'égaler ◆ **he's just putting on an ~** il joue la comédie ◆ **it's just an ~** *(fig)* c'est du cinéma ◆ **to get in on the ~** * *(fig)* s'imposer ◆ **to get one's ~ together** * *(fig)* se ressaisir, se reprendre en main

VI **a** *(= do sth)* agir ◆ **the government must ~ now** le gouvernement doit agir immédiatement *or* prendre des mesures immédiates ◆ **you have ~ed very generously** vous avez été très généreux ◆ **to ~ for the best** faire pour le mieux ◆ **to ~ on sb's behalf, to ~ for sb** agir au nom de qn, représenter qn ◆ **the Board, ~ing by a majority** *(Admin)* le conseil statuant à la majorité ◆ **~ing on a proposal from the Commission** *(Admin)* sur proposition de la Commission

**b** *(= behave)* agir, se comporter ◆ **to ~ like a fool** agir *or* se comporter comme un imbécile

**c** *(Theat)* jouer ◆ **have you ever ~ed before?** avez-vous déjà fait du théâtre (*or* du cinéma) ? ◆ **she's not crying, she's only ~ing** elle ne pleure pas, elle fait semblant *or* elle joue la comédie

**d** *(= serve)* servir, faire office (*as* de) ; ◆ **the table ~s as a desk** la table sert de bureau ◆ **she ~s as his assistant** elle lui sert d'assistante

**e** *[medicine, chemical] (= have an effect)* agir (*on* sur)

VT *(Theat) [+ part]* jouer, tenir ◆ **to ~ Hamlet** jouer *or* tenir le rôle d'Hamlet, incarner Hamlet ◆ **to ~ the part of ...** *(Theat, fig)* tenir le rôle de ... ◆ **to ~ the fool** * *or* **~ stupid** * *(fig)* faire l'idiot(e)

COMP ▷ **Acts of the Apostles** NPL *(Rel)* Actes *mpl* des Apôtres ▷ **Act of Congress** N loi *f (adoptée par le Congrès)* ▷ **act of faith** N acte *m* de foi ▷ **act of God** N catastrophe *f* naturelle ▷ **Act of Parliament** N loi *f (adoptée par le Parlement)* ▷ **act of war** N acte *m* de guerre

► **act on** VT FUS ⇒ **act upon**

► **act out** VT SEP *[+ event]* faire un récit mimé de ; *[+ fantasies]* vivre ; *[+ emotions]* exprimer, mimer

► **act up** * VI *[person]* se conduire mal ◆ **the car has started ~ing up** la voiture s'est mise à faire des caprices

► **act upon** VT FUS *[+ advice, suggestion]* suivre, se conformer à ; *[+ order]* exécuter ◆ **I ~ed upon your letter at once** j'ai fait le nécessaire dès que j'ai reçu votre lettre

**acting** /ˈæktɪŋ/ ADJ ◆ **~ headmaster** directeur *m* suppléant ◆ **~ president/head of department/police superintendent** *etc* président *m*/chef *m* de section/commissaire *m etc* par intérim N *(Cine, Theat = performance)* jeu *m*, interprétation *f* ◆ **his ~ is very good** il joue très bien ◆ **I like his ~** j'aime son jeu ◆ **he has done some ~** il a fait du théâtre (*or* du cinéma)

**actinic** /ækˈtɪnɪk/ ADJ actinique

**actinium** /ækˈtɪnɪəm/ N actinium *m*

**action** /ˈækʃən/ N **a** *(NonC) (= activity)* action *f* ◆ **through** *or* **by volcanic ~** sous l'action des volcans ◆ **swift ~ is needed** il faut agir rapidement ◆ **the time has come for ~** il est temps d'agir ◆ **to take ~** agir, prendre des mesures ◆ **to go into ~** entrer en action, passer à l'action ; → **g** ◆ **to put into ~** *[+ plan]* mettre à exécution ; *[+ one's principles, a suggestion]* mettre en action *or* en pratique ; *[+ machine]* mettre en marche ◆ **to go into ~** *[person, team]* entrer en action ; *[plan]* entrer en vigueur ◆ **let's go where the ~ is** * allons là où il se passe quelque chose * ◆ **the Internet is where the ~ is nowadays** Internet, c'est là que ça se passe ◆ **they want a piece** *or* **slice of the ~** * *or* **their share of the ~** ils veulent être dans le coup *

♦ **in action** ◆ **it's interesting to see the rescue teams in ~** il est intéressant de voir les équipes de secours en action ◆ **this is democracy in ~** c'est la démocratie à l'œuvre, c'est une manifestation concrète de la démocratie

♦ **out of action** *(machine)* en panne ; *(person)* hors de combat ◆ **the lift has been out of ~ for a week** l'ascenseur est en panne depuis une semaine ◆ **to put sth out of ~** mettre qch hors d'usage *or* hors service ; *[+ machine]* détraquer ◆ **their aim was to put the enemy's runways out of ~** ils avaient pour objectif de rendre inutilisables les pistes d'atterrissage ennemies ◆ **his illness put him out of ~ for six weeks** sa maladie l'a mis hors de combat *or* hors circuit pendant six semaines

**b** *(= deed)* acte *m*, action *f* ◆ **to judge sb by his ~s** juger qn sur ses actes ◆ **to suit the ~ to the word** joindre le geste à la parole ◆ **~s speak louder than words** *(Prov)* les actes sont plus éloquents que les paroles

**c** *(= effect) [of medicine, chemical]* effet *m* ◆ **the ~ of sunlight on the skin** l'effet du soleil sur la peau

**d** *(= mechanism)* mécanisme *m*, marche *f* ; *[of piano]* action *f*, mécanique *f* ; *[of clock etc]* mécanique *f*

**e** *(Theat) [of play]* intrigue *f*, action *f* ◆ **~!** *(Cine)* action ! ◆ **the ~ (of the play) takes place in Greece** l'action (de la pièce) se passe en Grèce

**f** *(Jur)* procès *m*, action *f* en justice ◆ **~ for damages/libel** procès *m or* action *f* en dommages-intérêts/en diffamation ◆ **to bring an ~ against sb** intenter une action *or* un procès contre qn, poursuivre qn en justice

**g** *(Mil)* combat *m* ◆ **to go into ~** *[unit, person]* aller *or* marcher au combat ; *[army]* engager le combat ◆ **killed in ~** tombé au champ d'honneur *(frm) or* au combat ◆ **to see ~** combattre, voir le feu ; → **enemy**

NPL **actions** *(= gestures accompanying song)* **to do the ~s (to a song)** mimer les paroles (d'une chanson)

VT *(Admin)* exécuter

COMP ▷ **action committee** N comité *m* d'action ▷ **action film** N film *m* d'action ▷ **action group** N groupe *m* d'action ▷ **action man** N (pl **action men**) aventurier *m* ▷ **action movie** N *(esp US)* ⇒ **action film** ▷ **action-packed** ADJ *[film]* plein d'action ; *[weekend]* bien rempli ▷ **action painting** N tachisme *m* ▷ **action replay** N *(Brit TV Sport) répétition immédiate d'une séquence* ; *(= slow-motion)* ralenti *m* ▷ **action point** N décision *f*, action *f* ▷ **action stations** NPL *(Mil)* postes *mpl* de combat ◆ **~ stations!** à vos postes !

**actionable** /ˈækʃnəbl/ ADJ *[claim]* recevable ; *[person]* passible de poursuites

**activate** /ˈæktɪveɪt/ VT *(also Chem, Tech)* activer ; *(Phys)* rendre radioactif COMP ▷ **activated sludge** N boues *fpl* radioactives

**activation** /ˌæktɪˈveɪʃən/ N *(NonC)* activation *f*

**active** /ˈæktɪv/ ADJ **a** *[person, life, population]* actif ; *[mind, imagination]* vif, actif ; *[file, case]* en cours ◆ **~ volcano** volcan *m* en activité ◆ **to take an ~ part in sth** prendre une part active à qch ◆ **to be an ~ member of** *or* **be ~ in an organization** être un membre actif d'une organisation ◆ **to give ~ consideration to sth** soumettre qch à une étude attentive ◆ **we're giving ~ consideration to the idea of doing ...** nous examinons sérieusement la possibilité *or* le projet de faire ... ◆ **in ~ employment** en activité ◆ **~ childbirth** *(Med)* accouchement *m* sauvage *or* accroupi

**b** *(Brit Mil)* ◆ **the ~ list** l'armée *f* active ◆ **to be on the ~ list** être en activité (de service)

**c** *(Gram)* **~ voice** voix *f* active, actif *m* ◆ **in the ~ (voice)** à la voix active

**d** *(Comm)* **~ assets** capital *m* productif ◆ **~ money** monnaie *f or* argent *m* en circulation ◆ **~ partner** partenaire *m* actif ◆ **Germany has an ~ trade balance** l'Allemagne a une balance commerciale excédentaire

COMP ▷ **active duty** N *(esp US Mil)* ⇒ **active service** ▷ **active ingredient** N principe *m* actif ▷ **active service** N *(Brit Mil)* service *m* actif ◆ **on ~ service** en campagne ◆ **he saw ~ service in Italy and Germany** il a servi en Italie et en Allemagne ▷ **active suspension** N *(Aut)* suspension *f* active

**actively** /ˈæktɪvlɪ/ ADV *[campaign, support, promote, involve]* activement ; *[encourage, discourage]* vivement ; *[consider]* sérieusement ◆ **to be ~ seeking employment** rechercher activement un emploi

**activism** /ˈæktɪvɪzəm/ N activisme *m*

**activist** /ˈæktɪvɪst/ N activiste *mf*

**activity** /ækˈtɪvɪtɪ/ N a *(NonC) [of person]* activité *f*; *[of town, port]* mouvement *m* b ◆ **activities** activités *fpl*, occupations *fpl* ◆ **business activities** activités *fpl* professionnelles COMP ▷ **activity holiday** N vacances *fpl* actives, vacances *fpl* à thème ▷ **activity method** N *(Scol)* méthode *f* active

**actor** /ˈæktəʳ/ N acteur *m*, comédien *m* ◆ **to be a good/bad ~** *(lit)* être (un) bon/mauvais acteur ; *(fig)* savoir/ne pas savoir jouer la comédie

**actress** /ˈæktrɪs/ N actrice *f*, comédienne *f*

**actual** /ˈæktjʊəl/ ADJ a (= *real) [number, cost, reason]* réel ; *[figures]* exact ◆ **there is no ~ contract** il n'y a pas vraiment *or* à proprement parler de contrat ◆ **to take an ~ example ...** pour prendre un exemple concret ... ◆ **an ~ fact** un fait réel ◆ **in ~ fact** en fait ◆ **you met an ~ film star?** * vous avez rencontré une vraie star de cinéma ? ◆ **the film used the ~ people involved as actors** pour jouer dans ce film, on a fait appel à des gens qui avaient eux-mêmes vécu les événements ◆ **~ size** grandeur *f* nature ◆ **~ size: 15cm** taille réelle : 15 cm ◆ **his ~ words were ...** les mots exacts qu'il a employés étaient ...

b (= *proper)* ◆ **the ~ film doesn't start till 8.55** le film ne commence qu'à 20 h 55 ◆ **this is the ~ house** *(as opposed to its outbuildings)* voici la maison elle-même ; *(previously mentioned)* voici la maison en question

NPL **actuals** *(Fin)* chiffres *mpl* réels

COMP ▷ **actual bodily harm** N *(Jur)* coups *mpl* et blessures *fpl* ▷ **actual total loss** N *(Insurance)* perte *f* totale absolue

> ⚠ *Be careful not to translate* **actual** *by* **actuel**, *which generally means 'current' or 'topical'.*

**actuality** /ˌæktjʊˈælɪtɪ/ N a *(NonC)* réalité *f* ◆ **in ~** en réalité b ◆ **actualities** réalités *fpl*, conditions *fpl* réelles *or* actuelles

**actualize** /ˈæktjʊəlaɪz/ VT réaliser ; *(Philos)* actualiser

**actually** /ˈæktjʊəlɪ/ ADV a *(gen)* en fait ; (= *truth to tell)* en fait, à vrai dire ◆ **~ I don't know him at all** en fait *or* à vrai dire je ne le connais pas du tout ◆ **his name is Smith, ~** en fait, il s'appelle Smith ◆ **the person ~ in charge is ...** la personne véritablement responsable *or* la personne responsable en fait, c'est ... ◆ **~ you were quite right** en fait *or* au fond vous aviez entièrement raison ◆ **I don't ~ feel like going** au fond je n'ai pas envie d'y aller, je n'ai pas vraiment envie d'y aller ◆ **I'm in the middle of something ~** en fait, je suis en train de faire quelque chose ◆ **~, before I forget, she asked me to give you this** au fait, avant que je n'oublie *subj or* que j'oublie *subj*, elle m'a demandé de te donner ça ◆ **I bet you've never done that! – ~ I have** je parie que tu n'as jamais fait ça ! – en fait, si ◆ **so, you're a doctor? – a surgeon, ~** donc, vous êtes médecin ? – chirurgien, plutôt

b (= *truly, even: often showing surprise)* vraiment ◆ **are you ~ going to buy it?** est-ce que tu vas vraiment l'acheter ? ◆ **if you ~ own a house** si vous êtes vraiment *or* bel et bien propriétaire d'une maison ◆ **what did he ~ say?** qu'est-ce qu'il a dit exactement *or* au juste ? ◆ **did it ~ happen?** est-ce que ça s'est vraiment *or* réellement passé ? ◆ **it's ~ taking place right now** ça se produit en ce moment même

> ⚠ *Be careful not to translate* **actually** *by* **actuellement**, *which generally means 'currently'.*

**actuarial** /ˌæktjʊˈɛərɪəl/ ADJ actuariel ◆ **~ expectation** espérance *f* mathématique ◆ **~ tables** tableaux *mpl* d'espérance de vie

**actuary** /ˈæktjʊərɪ/ N actuaire *mf*

**actuate** /ˈæktjʊeɪt/ VT *[+ device]* mettre en marche

**acuity** /əˈkjuːɪtɪ/ N acuité *f*

**acumen** /ˈækjʊmen/ N flair *m*, perspicacité *f* ◆ **business ~** sens *m* aigu des affaires

**acupressure** /ˈækjʊpreʃəʳ/ N shiatsu *m*

**acupuncture** /ˈækjʊpʌŋktʃəʳ/ N acupuncture *f*, acuponcture *f*

**acupuncturist** /ˌækjʊˈpʌŋktʃərɪst/ N acupuncteur *m*, -trice *f*, acuponcteur *m*, -trice *f*

**acute** /əˈkjuːt/ ADJ a (= *extreme) [situation, problem, shortage]* grave ; *[embarrassment]* profond ; *[anxiety, pain]* vif ◆ **to live in ~ poverty** vivre dans une extrême pauvreté b (= *keen, perceptive) [person]* perspicace ; *[observer, mind]* perspicace, pénétrant ; *[powers of observation]* pénétrant ; *[intelligence]* aigu (-guë *f*) ◆ **to have an ~ awareness of sth** être pleinement conscient de qch ◆ **to have ~ hearing** avoir l'oreille fine ◆ **to have an ~ sense of smell** avoir l'odorat très développé c *(Med) [appendicitis, leukaemia, case]* aigu (-guë *f*) ◆ **~ beds** lits *mpl* réservés aux urgences d *(Ling)* ◆ **e ~** e accent aigu COMP ▷ **acute accent** N *(Ling)* accent *m* aigu ▷ **acute angle** N *(Geom)* angle *m* aigu ▷ **acute-angled** ADJ acutangle

**acutely** /əˈkjuːtlɪ/ ADV a (= *extremely) [embarrassing, unhappy, difficult]* extrêmement ; *[aware, conscious]* pleinement b (= *strongly) [feel, suffer]* intensément c (= *perceptively) [observe]* avec perspicacité

**acuteness** /əˈkjuːtnɪs/ N a *(Med)* violence *f* b *[of person]* perspicacité *f* ; *[of senses]* finesse *f*

**AD** /eɪˈdiː/ N a (abbrev of **Anno Domini**) ap. J-C b *(US Mil)* (abbrev of **active duty**) → **active**

**ad** * /æd/ N (abbrev of **advertisement**) (= *announcement)* annonce *f* ; *(Comm)* pub * *f* ; → **small**

**A/D** /eɪˈdiː/ (abbrev of **analogue-digital**) → **analogue**

**adage** /ˈædɪdʒ/ N adage *m*

**Adam** /ˈædəm/ N Adam *m* ◆ **I don't know him from ~** * je ne le connais ni d'Ève ni d'Adam ◆ **it's as old as ~** c'est vieux comme le monde, ça remonte au déluge COMP ▷ **Adam's apple** N pomme *f* d'Adam

**adamant** /ˈædəmənt/ ADJ inflexible ◆ **to be ~ that ...** maintenir catégoriquement que ...

**adamantly** /ˈædəməntlɪ/ ADV *[say, refuse]* catégoriquement ; *[opposed]* résolument

**adapt** /əˈdæpt/ VT *[+ device, room, plan, idea]* adapter (*sth to sth* qch à qch) ; ◆ **to ~ o.s.** s'adapter, se faire (*to* à) ; ◆ **to ~ a novel for television** adapter un roman pour la télévision VI s'adapter ◆ **he ~s easily** il s'adapte bien *or* à tout ◆ **she's very willing to ~** elle est très accommodante

**adaptability** /əˌdæptəˈbɪlɪtɪ/ N *[of person]* faculté *f* d'adaptation

**adaptable** /əˈdæptəbl/ ADJ adaptable

**adaptation** /ˌædæpˈteɪʃən/ N adaptation *f* (*of* de ; *to* à)

**adapted** /əˈdæptɪd/ ADV adapté (*for, to* à ; *from* de)

**adapter** /əˈdæptəʳ/ N a (= *device)* adaptateur *m* ; *(Brit Elec)* prise *f* multiple b (= *person)* adaptateur *m*, -trice *f* COMP ▷ **adapter ring** N *(Phot)* bague *f* d'adaptation

**adaption** /əˈdæpʃən/ N ⇒ **adaptation**

**adaptive** /əˈdæptɪv/ ADJ *[mechanism, process]* d'adaptation ◆ **the human body is remarkably ~** le corps humain s'adapte remarquablement bien ◆ **to have an ~ approach to business** avoir une grande capacité d'adaptation en affaires

**adaptor** /əˈdæptəʳ/ N ⇒ **adapter**

**ADC** /ˌeɪdɪˈsiː/ N a (abbrev of **aide-de-camp**) → **aide** b (abbrev of **analogue-digital converter**) → **analogue**

**ADD** /ˌeɪdiːˈdiː/ N *(Med)* (abbrev of **attention deficit disorder**) → **attention**

**add** /æd/ LANGUAGE IN USE 26.2 VT a ajouter (*to* à) ; ◆ **~ some more pepper** ajoutez encore *or* rajoutez un peu de poivre ◆ **to ~ insult to injury ...** (et) pour comble ... ◆ **that would be ~ing insult to injury** ce serait vraiment dépasser la mesure *or* aller trop loin ◆ **~ed to which *or* this ...** ajoutez à cela que ... ; see also **added**

b *(Math) [+ figures]* additionner ; *[+ column of figures]* totaliser

c (= *say besides)* ajouter (*that* que) ; ◆ **there is nothing to ~** il n'y a rien à ajouter

► **add in** VT SEP *[+ details]* inclure, ajouter ; *[+ considerations]* faire entrer en ligne de compte

► **add on**

VT SEP rajouter

► **add to** VT FUS *[+ amount, numbers]* augmenter ; *[+ anxiety, danger]* accroître, ajouter à

► **add together** VT SEP *[+ figures]* additionner ; *[+ advantages, drawbacks]* faire la somme de

► **add up**

VI *[figures, results]* se recouper ◆ **these figures don't ~ up (right)** *or* **won't ~ up** *(Math)* ces chiffres ne font pas le compte (exact) ◆ **it all ~s up** * *(fig)* tout concorde, tout s'explique ◆ **it doesn't ~ up** * *(fig)* cela ne rime à rien, il y a quelque chose qui cloche *

VT SEP a *[+ figures]* additionner ◆ **to ~ up a column of figures** totaliser une colonne de chiffres

b *[+ advantages, reasons]* faire la somme de

► **add up to** VT FUS *[figures]* s'élever à, se monter à ; (* = *mean)* signifier, se résumer à

**added** /ˈædɪd/ ADJ *[advantage, benefit]* supplémentaire ◆ **"no added colouring/salt"** *(on packets)* "sans adjonction de colorants/de sel" COMP ▷ **added value** N valeur *f* ajoutée

**addendum** /əˈdendəm/ N (pl **addenda** /əˈdendə/) addendum *m*

**adder** /ˈædəʳ/ N a (= *snake)* vipère *f* b (= *machine)* additionneur *m*

**addict** /ˈædɪkt/ N *(Med)* intoxiqué(e) *m(f)* ; *(Drugs)* toxicomane *mf* ; *(fig)* fanatique *mf* ◆ **he's a TV/chocolate ~** c'est un accro * de la télé/du chocolat ◆ **he's an ~ now** il ne peut plus s'en passer ; → **drug, heroin** VT /əˈdɪkt/ ◆ **to ~ o.s. to** devenir dépendant de

**addicted** /əˈdɪktɪd/ ADJ adonné (*to* à) ; ◆ **to become ~ to ...** s'adonner à ... ◆ **~ to drink/drugs** adonné à la boisson/aux stupéfiants ◆ **he's ~ to drugs** c'est un toxicomane ◆ **he's ~ to cigarettes** c'est un fumeur invétéré ◆ **to be ~ to football** * se passionner pour le football, être un mordu * *or* un fana * de football

**addiction** /ə'dɪkʃən/ N goût *m* (*to* pour) ; *(Med)* dépendance *f*, accoutumance *f* (*to* à) ; ◆ **this drug causes ~** cette drogue crée une dépendance *or* un effet d'accoutumance ; → **drug**

**addictive** /ə'dɪktɪv/ ADJ a *(Med, Psych) [drug]* qui crée une dépendance *or* une accoutumance ◆ **cigarettes are highly ~** les cigarettes créent une forte dépendance ◆ **~ habit** dépendance *f* ◆ **people with ~ personalities** les gens qui deviennent facilement dépendants b *(fig = enjoyable)* ◆ **crosswords/these biscuits are ~** les mots croisés/ces biscuits, c'est comme une drogue

**adding** /'ædɪŋ/ N *(NonC)* ⇒ **addition a** COMP ▷ **adding machine** N machine *f* à calculer

**Addis Ababa** /'ædɪs'æbəbə/ N Addis-Abeba

**addition** /ə'dɪʃən/ N a *(Math etc)* addition *f* b *(to tax, income, profit)* surcroît *m* (*to* de) ; *(= fact of adding)* adjonction *f* ◆ **there's been an ~ to the family** la famille s'est agrandie ◆ **he is a welcome ~ to our team** son arrivée enrichit notre équipe ◆ **this is a welcome ~ to the series/collection** *etc* ceci enrichit la série/la collection *etc*

♦ **in addition** de plus, de surcroît ◆ **in ~ to** en plus de

**additional** /ə'dɪʃənl/ ADJ additionnel ; *(= extra)* supplémentaire, de plus ◆ **~ benefits** *(Fin)* avantages *mpl* supplémentaires ◆ **~ charge** *(Fin)* supplément *m* de prix ◆ **~ agreement** *(Jur)* accord *m* complémentaire

**additionality** /ə,dɪʃə'nælɪtɪ/ N *(in EU)* additionnalité *f*

**additionally** /ə'dɪʃnəlɪ/ ADV a *(= further) [worry, burden]* davantage b *(= moreover)* en outre, de plus

**additive** /'ædɪtɪv/ ADJ, N additif *m* ◆ **~-free** sans additifs

**addle** /'ædl/ VT *(lit)* faire pourrir ; *(fig)* embrouiller COMP ▷ **addle-headed** * ADJ écervelé, brouillon

**addled** /'ædld/ ADJ *[egg]* pourri ; *(fig) [brain]* embrouillé ; *[person]* aux idées confuses

**add-on** /'ædɒn/ N a *(Comput)* accessoire *m* b *(Telec)* conférence *f* à trois ADJ a *(Comput) [component, equipment, memory]* complémentaire b *(Aviat)* **~ fare** tarif *m* complémentaire

**address** /ə'dres/ LANGUAGE IN USE 24.5

N a *[of person] (on letter etc)* adresse *f* ◆ **to change one's ~** changer d'adresse *or* de domicile ◆ **he has left this ~** il n'est plus à cette adresse ; → **name**

b *(Comput, Ling)* adresse *f*

c *(= speech)* discours *m*, allocution *f* ; → **public**

d *(= way of speaking)* conversation *f* ; *(= way of behaving)* abord *m*

e ◆ **form** *or* **manner of ~** titre *m (à employer en s'adressant à qn)*

f *(†, liter)* **~es** cour *f*, galanterie *f* ◆ **to pay one's ~es to a lady** faire la cour à une dame

VT a *(= put address on) [+ envelope, parcel]* mettre *or* écrire l'adresse sur ; *(= direct) [+ speech, writing, complaints]* adresser (*to* à) ; ◆ **this is ~ed to you** *[letter etc]* ceci vous est adressé ; *[words, comments]* ceci s'adresse à vous ◆ **to ~ o.s. to a task** s'atteler à une tâche ◆ **to ~ (o.s. to) an issue** aborder un problème

b *(= speak to)* s'adresser à ; *[+ crowd]* haranguer ; *(= write to)* adresser un écrit à ◆ **he ~ed the meeting** il a pris la parole devant l'assistance ◆ **don't ~ me as "Colonel"** ne m'appelez pas "Colonel" ; → **chair**

COMP ▷ **address book** N carnet *m* d'adresses

**addressee** /,ædre'siː/ N destinataire *mf* ; *(Ling)* allocutaire *mf*

**addresser** /ə'dresə^r/ N expéditeur *m*, -trice *f*

**addressing** /ə'dresɪŋ/ N *(Comput)* adressage *m*

**Addressograph** ® /ə'dresəʊgrɑːf/ N *(US) machine à imprimer des adresses*

**addressor** /ə'dresə^r/ N ⇒ **addresser**

**adduce** /ə'djuːs/ VT *(frm) [+ proof, reason]* apporter, fournir ; *[+ authority]* invoquer, citer

**adductor** /ə'dʌktə^r/ N *(Anat)* adducteur *m*

**Adelaide** /'ædəleɪd/ N Adélaïde

**Aden** /'eɪdn/ N Aden ◆ **the Gulf of ~** le golfe d'Aden

**adenoidal** /'ædɪnɔɪdl/ ADJ adénoïde ◆ **in an ~ voice** en parlant du nez

**adenoids** /'ædɪnɔɪdz/ NPL végétations *fpl* (adénoïdes)

**adept** /'ædept/ N expert *m* (*in, at* en) ADJ /ə'dept/ expert (*in, at* à, en, dans ; *at doing sth* à faire qch) compétent (*in* en) ; ◆ **he's ~ with numbers** il manie bien les chiffres

**adequacy** /'ædɪkwəsɪ/ N *[of reward, punishment, amount]* caractère *m* adéquat ; *[of description]* à-propos *m* ; *[of person]* compétence *f*, capacité *f* ; *(Ling)* adéquation *f*

**adequate** /'ædɪkwɪt/ ADJ a *(gen)* adéquat ; *[amount, supply]* suffisant, adéquat ; *[tool]* adapté (*to sth* à qch) qui convient (*to sth* à qch) ; ◆ **to be ~ for sb's needs** répondre aux besoins de qn ◆ **to be ~ to the task** *[person]* être à la hauteur de la tâche ◆ **to be ~ to do sth** être adéquat pour faire qch ◆ **there are no words ~ to express my gratitude** les mots ne suffisent pas pour exprimer ma gratitude b *(= not outstanding) [performance, essay]* acceptable c *(Ling)* adéquat

**adequately** /'ædɪkwɪtlɪ/ ADV de manière adéquate ◆ **I speak Turkish ~** mes connaissances en turc sont suffisantes

**ADHD** /,eɪdiːeɪtʃ'diː/ N (abbrev of **attention deficit hyperactivity disorder**) ADHD *m*

**adhere** /əd'hɪə^r/ VI a *(= stick)* adhérer, coller (*to* à) b *(= be faithful to)* ◆ **to ~ to** *[+ party]* adhérer à, donner son adhésion à ; *[+ rule]* obéir à ; *[+ resolve]* persister dans, maintenir ◆ **the plan must be ~d to** il faut se conformer au plan

**adherence** /əd'hɪərəns/ N adhésion *f* (*to* à)

**adherent** /əd'hɪərənt/ N *(= sympathizer)* sympathisant(e) *m(f)*, partisan *m* ; *(= member of group)* adhérent(e) *m(f)* ; *[of religion, doctrine]* adepte *mf*

**adhesion** /əd'hiːʒən/ N *(lit, Med, Tech)* adhérence *f* ; *(fig = support)* adhésion *f*

**adhesive** /əd'hiːzɪv/ ADJ *[paper, label, stamp]* adhésif, collant ; *[dressing, plaster, properties]* adhésif ; → **self** N adhésif *m* COMP ▷ **adhesive tape** N *(Med)* sparadrap *m* ; *(Stationery)* ruban *m* adhésif, scotch ® *m*

**ad hoc** /,æd'hɒk/ ADJ *[decision, solution, arrangement, measure, approach, payment]* ad hoc *inv* ◆ **~ committee** comité *m* ad hoc ◆ **on an ~ basis** ponctuellement ADV de manière ad hoc

**adieu** /ə'djuː/ N, EXCL (pl **adieus** *or* **adieux** /ə'djuːz/) adieu *m* ◆ **to bid sb ~** † faire ses adieux à qn

**ad infinitum** /,ædɪnfɪ'naɪtəm/ ADV à l'infini

**ad interim** /'æd'ɪntərɪm/ ADV par intérim ADJ *(Jur) [judgement]* provisoire

**adipose** /'ædɪpəʊs/ ADJ adipeux

**adiposity** /,ædɪ'pɒsɪtɪ/ N adiposité *f*

**adjacent** /ə'dʒeɪsənt/ ADJ *(Math) [angle]* adjacent ; *[street, room, building]* adjacent (*to* à) ; *[territory]* limitrophe

**adjectival** /,ædʒek'taɪvəl/ ADJ adjectif, adjectival

**adjectivally** /,ædʒek'taɪvəlɪ/ ADV *[use]* adjectivement

**adjective** /'ædʒektɪv/ N adjectif *m*

**adjoin** /ə'dʒɔɪn/ VT être contigu(-guë *f*) à VI se toucher, être contigu(-guë *f*)

**adjoining** /ə'dʒɔɪnɪŋ/ ADJ voisin, attenant ◆ **the room ~ the kitchen** la pièce à côté de *or* attenant à la cuisine ◆ **in the ~ room** dans la pièce voisine *or* d'à côté

**adjourn** /ə'dʒɜːn/ VT ajourner, reporter (*to, for, until* à) ; ◆ **to ~ sth until the next day** ajourner *or* remettre *or* reporter qch au lendemain ◆ **to ~ sth for a week** remettre *or* renvoyer qch à huitaine ◆ **to ~ a meeting** *(= break off)* suspendre la séance ; *(= close)* lever la séance VI a *(= break off)* suspendre la séance ; *(= close)* lever la séance ◆ **the meeting ~ed** on a suspendu *or* levé la séance ◆ **Parliament ~ed** *(= concluded debate)* la séance de la Chambre a été levée ; *(= interrupted debate)* la Chambre a suspendu *or* interrompu la séance ; *(= recessed)* les vacances parlementaires ont commencé b *(= move)* se retirer (*to* dans, à) passer (*to* à) ; ◆ **to ~ to the drawing room** passer au salon

**adjournment** /ə'dʒɜːnmənt/ N *[of meeting]* suspension *f*, ajournement *m* ; *(Jur) [of case]* remise *f*, renvoi *m* ◆ **to move the ~** *(Parl)* demander la clôture COMP ▷ **adjournment debate** N *(Parl)* ≈ débat *m* de clôture

**adjudge** /ə'dʒʌdʒ/ VT a *(= pronounce, declare)* déclarer ◆ **he was ~d the winner** il a été déclaré gagnant b *(Jur) (= pronounce)* prononcer, déclarer ; *(= decree)* décider ; *(= award) [+ costs, damages]* adjuger, accorder (*to sb* à qn) ; ◆ **to ~ sb bankrupt** déclarer qn en faillite ◆ **the court ~d that ...** le tribunal a décidé que ... ◆ **the court shall ~ costs** le tribunal statue sur les frais

**adjudicate** /ə'dʒuːdɪkeɪt/ VT *[+ competition]* juger ; *[+ claim]* décider VI *(frm)* se prononcer (*upon* sur)

**adjudication** /ə,dʒuːdɪ'keɪʃən/ N a jugement *m*, décision *f (du juge etc)* b *(Jur)* **~ of bankruptcy** déclaration *f* de faillite

**adjudicator** /ə'dʒuːdɪkeɪtə^r/ N juge *m (d'une compétition etc)*

**adjunct** /'ædʒʌŋkt/ N a *(= thing)* accessoire *m* ; *(= person)* adjoint(e) *m(f)*, auxiliaire *mf* b *(Gram)* adjuvant *m* ADJ a *(= added, connected)* accessoire, complémentaire b *(= subordinate) [person]* subordonné, auxiliaire

**adjure** /ə'dʒʊə^r/ VT adjurer, supplier (*sb to do sth* qn de faire qch)

**adjust** /ə'dʒʌst/ VT a *[+ height, speed, flow, tool]* ajuster, régler ; *[+ knob, lever, length of clothes]* ajuster ; *[+ machine, engine, brakes]* régler, mettre au point ; *[+ formula, plan, production, terms]* ajuster, adapter (*to* à) ; *(Admin) [+ salaries, wages, prices]* réajuster, rajuster ; *(= correct) [+ figures etc]* rectifier ; *[+ differences]* régler ; *[+ hat, tie, clothes]* rajuster ◆ **you can ~ the seat to three different heights** on peut régler *or* ajuster le siège à trois hauteurs différentes ◆ **do not ~ your set** *(TV)* ne changez pas le réglage de votre téléviseur ◆ **to ~ sth to meet requirements** adapter qch aux conditions requises ◆ **the terms have been ~ed in your favour** on a ajusté les conditions en votre faveur ◆ **we have ~ed all salaries upwards/downwards** nous avons réajusté tous les salaires à la hausse/à la baisse ◆ **figures ~ed for seasonal variation(s)** données corrigées des variations saisonnières ◆ **to ~ o.s. to a new situation** s'adapter à une situation nouvelle ◆ **to ~ o.s. to new demands** faire face à de nouvelles exigences

b *(Insurance)* **to ~ a claim** régler une demande d'indemnité

VI *[person]* s'adapter (*to* à) ; *[device, machine]* se régler, s'ajuster ◆ **the seat ~s to various heights** on peut régler *or* ajuster le siège à différentes hauteurs

**adjustability** /ə,dʒʌstə'bɪlɪtɪ/ N *(NonC) [of seat, lamp]* possibilité *f* de réglage

**adjustable** /ə'dʒʌstəbl/ ADJ *(= movable) [strap, chair, height, angle]* réglable ; *[rate]* ajustable ; *[dates, hours]* flexible ◆ **~ timetable** *(Scol, Univ)* horaire *m* aménagé COMP ▷ **adjustable spanner** N *(Brit)* clé *f* universelle

**adjusted** /ə'dʒʌstɪd/ ADJ *(Psych)* ◆ **badly/well/normally ~** mal/bien/normalement adapté

**adjuster** /ə'dʒʌstəʳ/ N expert *m* (en assurances)

**adjustment** /ə'dʒʌstmənt/ N *(to height, speed, knob, lever, machine, engine)* réglage *m* ; *(to clothes)* retouches *fpl* ; *(to plan, terms etc)* ajustement *m* (*to* de) ; *(to wages, prices etc)* réajustement *m*, rajustement *m* (*to* de) ; ◆ **the text needs a lot of ~** ce texte a vraiment besoin d'une mise au point ◆ **to make ~s** *(psychologically, socially)* s'adapter (*to* à) ; ◆ **"exchange flat for house – cash adjustment"** "échangerais appartement contre maison : règlement de la différence au comptant"

**adjustor** /ə'dʒʌstəʳ/ N ⇒ **adjuster**

**adjutant** /'ædʒətənt/ N a *(Mil)* adjudant-major *m* b (also **adjutant bird**) marabout *m*

**Adlerian** /æd'lɪərɪən/ ADJ de Adler

**ad lib** /æd'lɪb/ ADV *[continue]* ad libitum, à volonté ; *(Mus)* ad libitum N ◆ **ad-lib** *(Theat)* improvisation(s) *f(pl)*, paroles *fpl* improvisées ; *(= witticism)* mot *m* d'esprit impromptu ADJ *[speech, performance, comment]* improvisé, impromptu VI *(Theat etc)* improviser VT *(*: gen, also Theat) [+ speech, joke]* improviser

**Adm.** a (abbrev of **Admiral**) Am b abbrev of **Admiralty**

**adman** * /'ædmæn/ N (pl **-men**) publicitaire *mf*

**admass** /'ædmæs/ N masse(s) *f(pl)* COMP *[culture, life]* de masse, de grande consommation

**admin** * /'ædmɪn/ N abbrev of **administration a**

**administer** /əd'mɪnɪstəʳ/ VT a *(= manage) [+ business, company]* gérer, administrer ; *[+ sb's affairs, funds]* gérer ; *[+ property]* régir ; *[+ public affairs, department, country]* administrer b *(= dispense) [+ alms]* distribuer (*to* à) ; *[+ justice]* rendre, dispenser ; *[+ punishment, sacraments, medicine, drug, relief]* administrer (*to* à) ; ◆ **to ~ the law** appliquer la loi ◆ **to ~ an oath to sb** faire prêter serment à qn ◆ **the oath has been ~ed to the witness** le témoin a prêté serment COMP ▷ **administered price** N *(US)* prix *m* imposé (par le fabricant)

**administrate** /əd'mɪnɪ,streɪt/ VT gérer, administrer

**administration** /əd,mɪnɪ'streɪʃən/ N a *(NonC = management) [of business, company, public affairs, department, country]* administration *f* ; *[of funds]* gestion *f* ; *(= paperwork)* administration *f* ; *(Jur) [of estate, inheritance]* curatelle *f* ◆ **his new job involves a lot of ~** son nouveau poste est en grande partie administratif b *(esp US Pol) (= government)* gouvernement *m* ; *(= ministry)* ministère *m* ◆ **under previous ~s** sous les gouvernements précédents ◆ **the Clinton ~** l'administration Clinton c *(NonC) [of justice, remedy, sacrament]* administration *f* ; *[of oath]* prestation *f* COMP ▷ **administration order** N *(Jur)* ordonnance instituant l'administrateur judiciaire d'une succession ab intestat

**administrative** /əd'mɪnɪstrətɪv/ ADJ *[work, post, staff]* administratif ; *[skills]* d'administrateur ; *[costs, expenses]* d'administration ◆ **~ machinery** rouages *mpl* administratifs COMP ▷ **administrative assistant** N assistant(e) *m(f)* chargé(e) des tâches administratives ▷ **administrative court** N *(US Jur)* tribunal *m* administratif ▷ **administrative law** N droit *m* administratif ▷ **administrative officer** N employé(e) *m(f)* chargé(e) des tâches administratives

**administratively** /əd'mɪnɪstrətɪvlɪ/ ADV d'un point de vue administratif

**administrator** /əd'mɪnɪstreɪtəʳ/ N *[of business, public affairs etc]* administrateur *m*, -trice *f* ; *(Jur) [of estate, inheritance]* curateur *m*, -trice *f*

**admirable** /'ædmərəbl/ ADJ admirable

**admirably** /'ædmərəblɪ/ ADV admirablement

**admiral** /'ædmərəl/ N a *(Naut)* amiral *m* (d'escadre) ◆ **Admiral of the Fleet** ≃ Amiral *m* de France b *(= butterfly)* vanesse *f*, paon-de-jour *m* ; → **red**

**admiralty** /'ædmərəltɪ/ N amirauté *f* COMP ▷ **Admiralty Board** N *(Brit)* ≃ ministère *m* de la Marine ▷ **admiralty court** N *(US Jur)* tribunal *m* maritime

**admiration** /,ædmə'reɪʃən/ N admiration *f* (*of, for* pour) ; ◆ **to be the ~ of ...** faire l'admiration de ...

**admire** /əd'maɪəʳ/ LANGUAGE IN USE 13 VT admirer

**admirer** /əd'maɪərəʳ/ N a admirateur *m*, -trice *f* b († *= suitor*) soupirant † *m*

**admiring** /əd'maɪərɪŋ/ ADJ admiratif

**admiringly** /əd'maɪərɪŋlɪ/ ADV avec admiration

**admissibility** /əd,mɪsə'bɪlɪtɪ/ N admissibilité *f* ; *(Jur, Fin)* recevabilité *f*

**admissible** /əd'mɪsəbl/ ADJ a *(Jur) [document, appeal, witness]* recevable ◆ **to rule a piece of evidence ~** déclarer une preuve recevable ◆ **~ as evidence/in court** recevable comme preuve/devant le tribunal b *(= acceptable) [behaviour, subject]* acceptable

**admission** /əd'mɪʃən/ N a *(= entry) (to organization, university, school, hospital)* admission *f* ; *(to museum, zoo, theatre)* entrée *f* ◆ **"admission free"** "entrée gratuite" ◆ **"no admission to minors"** "entrée interdite aux mineurs" ◆ **a visa is necessary for ~ to this country** il faut un visa pour entrer dans ce pays ◆ **~ to a school** admission *f* à une école ◆ **to gain ~ to sb** trouver accès auprès de qn ◆ **to gain ~ to a school/club** être admis dans une école/un club ◆ **to grant sb ~ to a society** admettre qn dans une association

b *(= person admitted)* entrée *f*

c *(Jur) [of evidence etc]* acceptation *f*, admission *f*

d *(= confession)* aveu *m* ◆ **by** *or* **on one's own ~** de son propre aveu ◆ **it's an ~ of guilt** en fait, c'est un aveu

COMP ▷ **admission fee** N droits *mpl* d'admission ▷ **admissions form** N *(US Univ)* dossier *m* d'inscription ▷ **admissions office** N *(US Univ)* service *m* des inscriptions ▷ **admissions officer** N *(Univ)* responsable *mf* du service des inscriptions

**admit** /əd'mɪt/ LANGUAGE IN USE 15.1, 18.1, 18.3, 26.3

VT a *(= let in) [+ person]* laisser entrer, faire entrer ; *[+ light, air]* laisser passer, laisser entrer ◆ **children not ~ted** entrée interdite aux enfants ◆ **this ticket ~s two** ce billet est valable pour deux personnes

b *(= have space for) [halls, harbours etc]* contenir, (pouvoir) recevoir

c *(= acknowledge, recognize)* reconnaître, admettre (*that* que) ; ◆ **to ~ the truth of sth** reconnaître *or* admettre que qch est vrai ◆ **he ~ted that this was the case** il a reconnu *or* admis que tel était le cas ◆ **I must ~ that ...** je dois reconnaître *or* admettre que ... ◆ **I must ~ I was wrong, I was wrong I ~** je reconnais que j'ai eu tort, j'ai eu tort, j'en conviens

d *[criminal, wrongdoer]* avouer (*that* que) ; *[+ crime, murder etc]* reconnaître avoir commis ◆ **he ~ted stealing the books** il a reconnu avoir volé les livres ◆ **you'll never get him to ~ it** vous ne le lui ferez jamais avouer *or* reconnaître ◆ **to ~ one's guilt** reconnaître sa culpabilité, s'avouer coupable

e *[+ claim]* faire droit à ◆ **to ~ sb's evidence** *(Jur)* admettre comme valable le témoignage de qn, prendre en considération les preuves fournies par qn

COMP ▷ **admitting office** N *(US Med)* service *m* des admissions

► **admit of** VT FUS admettre, permettre ◆ **it ~s of no delay** cela n'admet *or* ne peut souffrir aucun retard ; → **excuse**

► **admit to** VT FUS reconnaître ; *[+ crime]* reconnaître avoir commis ◆ **to ~ to a feeling of ...** avouer avoir un sentiment de ...

**admittance** /əd'mɪtəns/ N droit *m* d'entrée, admission *f* (*to sth* à qch) accès *m* (*to sth* à qch ; *to sb* auprès de qn) ; ◆ **I gained ~ to the hall** on m'a laissé entrer dans la salle ◆ **I was denied** *or* **refused ~** on m'a refusé l'entrée ◆ **~: £5** droit d'entrée : 5 livres ◆ **"no admittance"** "accès interdit au public" ◆ **no ~ except on business** accès interdit à toute personne étrangère au service

**admittedly** /əd'mɪtɪdlɪ/ ADV ◆ **~ this is true** il faut reconnaître *or* convenir que c'est vrai ◆ **it's only a theory, ~, but ...** il est vrai que ce n'est qu'une théorie, mais ...

**admixture** /əd'mɪkstʃəʳ/ N mélange *m*, incorporation *f* ◆ **X with an ~ of Y** X additionné de Y

**admonish** /əd'mɒnɪʃ/ VT a *(= reprove)* admonester, réprimander (*for doing sth* pour avoir fait qch ; *about, for* pour, à propos de) b *(= warn)* avertir, prévenir (*against doing sth* de ne pas faire qch) mettre en garde (*against* contre) ; *(Jur)* avertir c *(= exhort)* exhorter, engager (*to do sth* à faire qch) d *(liter = remind)* **to ~ sb of a duty** † rappeler qn à un devoir

**admonishment** /əd'mɒnɪʃmənt/ N *(frm)* a *(= rebuke)* remontrance *f*, réprimande *f* b *(= warning)* avertissement *m*

**admonition** /,ædməʊ'nɪʃən/ N a *(= rebuke)* remontrance *f*, admonestation *f* b *(= warning)* avertissement *m*, admonition *f* ; *(Jur)* avertissement *m*

**ad nauseam** /,æd'nɔːsɪæm/ ADV *[repeat]* ad nauseam, à satiété ; *[do]* jusqu'à saturation, à satiété ◆ **to talk ~ about sth** raconter des histoires à n'en plus finir sur qch

**adnominal** /ˌæd'nɒmɪnl/ **ADJ, N** *(Ling)* adnominal *m*

**ado** /ə'duː/ **N** agitation *f* ◆ **much ~ about nothing** beaucoup de bruit pour rien ◆ **without further** *or* **more ~** sans plus de cérémonie

**adobe** /ə'dəʊbɪ/ **N** pisé *m* **COMP** ▷ **adobe wall N** mur *m* en pisé

**adolescence** /ˌædəʊ'lesns/ **N** adolescence *f*

**adolescent** /ˌædəʊ'lesnt/ **ADJ, N** adolescent(e) *m(f)*

**Adonis** /ə'dəʊnɪs/ **N** *(Myth, fig)* Adonis *m*

**adopt** /ə'dɒpt/ **VT** **a** *[+ child]* adopter **b** *[+ idea, method]* adopter ; *[+ career]* choisir ; *(Pol) [+ motion]* adopter ; *[+ candidate]* choisir ; *(Jur, Admin) [+ wording]* retenir

**adopted** /ə'dɒptɪd/ **ADJ** *[child]* adopté ; *[country]* d'adoption, adoptif ◆ **~ son** fils *m* adoptif ◆ **~ daughter** fille *f* adoptive

**adoption** /ə'dɒpʃən/ **N** *[of child, country, law]* adoption *f* ; *[of career, idea, method]* choix *m* ◆ **a Londoner by ~** un Londonien d'adoption **COMP** ▷ **adoption agency N** *organisme spécialisé dans les adoptions*

**adoptive** /ə'dɒptɪv/ **ADJ** *[parent, child]* adoptif ; *[country]* d'adoption

**adorable** /ə'dɔːrəbl/ **ADJ** adorable

**adorably** /ə'dɔːrəblɪ/ **ADV** ◆ **she is ~ sweet** elle est absolument adorable ◆ **he's ~ innocent** il est d'une naïveté charmante

**adoration** /ˌædə'reɪʃən/ **N** adoration *f*

**adore** /ə'dɔːʳ/ **VT** adorer

**adoring** /ə'dɔːrɪŋ/ **ADJ** *[expression]* d'adoration ; *[eyes]* remplis d'adoration ◆ **his ~ wife** sa femme qui est en adoration devant lui

**adoringly** /ə'dɔːrɪŋlɪ/ **ADV** avec adoration

**adorn** /ə'dɔːn/ **VT** *[+ room]* orner (*with* de) ; *[+ dress]* orner, parer (*with* de) ; ◆ **to ~ o.s.** se parer

**adornment** /ə'dɔːnmənt/ **N** **a** *(in room)* ornement *m* ; *(on dress)* parure *f* **b** *(NonC)* décoration *f*

**ADP** /ˌeɪdiː'piː/ **N** (abbrev of **automatic data processing**) → **automatic**

**adrate** * /'ædreɪt/ **N** tarif *m* publicitaire *or* des annonces

**adrenal** /ə'driːnl/ **ADJ** surrénal **N** (also **adrenal gland**) surrénale *f*

**adrenalin(e)** /ə'drenəlɪn/ **N** adrénaline *f* ◆ **he felt the ~(e) flowing** il a eu une poussée d'adrénaline **COMP** ▷ **adrenaline rush N** poussée *f* d'adrénaline

**Adriatic** /ˌeɪdrɪ'ætɪk/ **ADJ** *[coast]* adriatique **N** ◆ **~ (Sea)** (mer *f*) Adriatique *f*

**adrift** /ə'drɪft/ **ADV, ADJ** *(Naut)* à la dérive ; *(fig)* à l'abandon ◆ **to go ~** *[ship]* aller à la dérive ◆ **to be (all) ~** *(fig)* divaguer ◆ **to turn sb ~** *(fig)* laisser qn se débrouiller tout seul ◆ **to come ~** * *[wire, connection]* se détacher ; *[plans]* tomber à l'eau ◆ **to be five points/seconds ~ of ...** *(Sport)* être cinq points/secondes derrière ...

**adroit** /ə'drɔɪt/ **ADJ** adroit, habile

**adroitly** /ə'drɔɪtlɪ/ **ADV** adroitement, habilement

**adroitness** /ə'drɔɪtnɪs/ **N** adresse *f*, dextérité *f*

**ADSL** /ˌeɪdiːes'el/ **N** (abbrev of **Asynchronous Digital Subscriber Line**) ADSL *m*

**adspeak** * /'ædspiːk/ **N** style *m or* jargon *m* publicitaire

**ADT** /ˌeɪdiː'tiː/ **N** *(US, Can)* abbrev of **Atlantic Daylight Time**

**adulate** /'ædjʊleɪt/ **VT** aduler, flagorner

**adulation** /ˌædjʊ'leɪʃən/ **N** adulation *f*

**adulatory** /ˌædjʊ'leɪtərɪ, (US) 'ædʒələtɔːrɪ/ **ADJ** élogieux

**adult** /'ædʌlt/ **N** adulte *mf* ◆ **~s only** *(Cine etc)* réservé aux adultes, interdit aux moins de 18 ans **ADJ** **a** *[person, animal]* adulte ◆ **we were very ~ about it** nous nous sommes comportés en adultes **b** *[film, book]* pour adultes (seulement) **COMP** ▷ **adult classes NPL** cours *mpl* pour adultes ▷ **adult education, adult learning N** enseignement *m* pour adultes ▷ **adult literacy N** alphabétisation *f* des adultes

**adulterate** /ə'dʌltəreɪt/ **VT** frelater, falsifier ◆ **~d milk** lait *m* falsifié **ADJ** /ə'dʌltərɪt/ *[goods, wine]* falsifié, frelaté

**adulteration** /əˌdʌltə'reɪʃən/ **N** frelatage *m*, falsification *f*

**adulterer** /ə'dʌltərəʳ/ **N** adultère *m*

**adulteress** /ə'dʌltərɪs/ **N** femme *f* adultère

**adulterous** /ə'dʌltərəs/ **ADJ** adultère

**adultery** /ə'dʌltərɪ/ **N** adultère *m*

**adulthood** /'ædʌlthʊd/ **N** âge *m* adulte

**adumbrate** /'ædʌmbreɪt/ **VT** esquisser, ébaucher ; *[+ event]* faire pressentir, préfigurer

**ad val.** /'æd'væl/ **ADJ, ADV** *(Comm)* abbrev of **ad valorem**

**ad valorem** /ædvə'lɔːrəm/ *(Comm)* **ADJ, ADV** ad valorem, sur la valeur

**advance** /əd'vɑːns/ LANGUAGE IN USE 19.3

**N** **a** *(= progress, movement forward)* avance *f*, marche *f* en avant ; *[of science, ideas]* progrès *mpl* ; *(Mil)* avance *f*, progression *f* ◆ **with the ~ of (old) age** avec l'âge ◆ **to make ~s in technology** faire des progrès en technologie

♦ **in advance** *[book, warn, prepare, announce]* à l'avance ; *[thank, pay, decide]* à l'avance, d'avance ◆ **to send sb on in ~** envoyer qn en avant ◆ **$10 in ~** 10 dollars d'avance ◆ **he arrived in ~ of the others** il est arrivé en avance sur les autres ◆ **to be in ~ of one's time** être en avance sur son temps ◆ **a week in ~** une semaine à l'avance ◆ **luggage in ~** *(Rail)* bagages *mpl* enregistrés

**b** *(in prices, wages)* hausse *f*, augmentation *f* (*in* de)

**c** *(= sum of money)* avance *f* (*on* sur) ; ◆ **an ~ against security** une avance sur nantissement

**NPL** **advances** *(= overtures of friendship)* avances *fpl* ◆ **to make ~s to sb** faire des avances à qn ◆ **unwelcome ~s** avances importunes

**VT** **a** *(= move forward) [+ date, time]* avancer ; *(Mil) [+ troops]* avancer ; *[+ work, knowledge, project]* faire progresser *or* avancer ; *[+ interest, growth]* développer ; *[+ cause]* promouvoir ; *(= promote) [+ person]* élever, promouvoir (*to* à)

**b** *(= suggest, propose) [+ reason, explanation]* avancer ; *[+ opinion]* avancer, émettre

**c** *(= pay on account)* avancer, faire une avance de ; *(= lend)* prêter

**d** *(US Pol) [+ campaign]* organiser

**VI** **a** *(= go forward)* avancer, s'avancer (*on, towards* vers) ; *[army]* avancer (*on* sur) ; *(during a battle) [troops]* se porter en avant ◆ **he ~d upon me** il est venu vers *or* a marché sur moi ◆ **the advancing army** l'armée *f* en marche

**b** *(= progress) [work, civilization, mankind]* progresser, faire des progrès ; *[person] (in rank)* recevoir de l'avancement ; *(Mil)* monter en grade

**c** *(= rise) [prices]* monter, augmenter

**COMP** ▷ **advance booking N** ◆ **« advance booking advisable »** "il est conseillé de louer les places à l'avance" ◆ **~ booking (office)** (guichet *m* de) location *f* ▷ **advance copy N** *[of book]* exemplaire *m* de lancement ; *[of speech]* texte *m* distribué à l'avance *(à la presse)* ▷ **advance deposit N** dépôt *m* préalable ▷ **advance factory N** usine-pilote *f* ▷ **advance guard N** *(Mil)* avant-garde *f* ▷ **advance man N** (pl **advance men**) *(US Pol)* organisateur *m (de campagne électorale)* ▷ **advance notice N** préavis *m*, avertissement *m* ▷ **advance party N** *(Mil)* groupe *m* de reconnaissance ; *(fig)* éclaireurs *mpl* ▷ **advance payment N** *(Fin)* paiement *m* anticipé *or* par anticipation ▷ **advance post N** *(Mil)* poste *m* avancé ▷ **advance publicity N** publicité *f* d'amorçage ▷ **advance warning N** ⇒ **advance notice**

**advanced** /əd'vɑːnst/ **ADJ** *[student, society, ideas, stage]* avancé ; *[child]* avancé, en avance ; *[disease]* à un stade avancé ; *[level, studies, class]* supérieur(e) *m(f)* ; *[test, skill]* poussé ; *[design]* sophistiqué ; *[equipment]* de pointe ◆ **~ mathematics/physics** cours *m* supérieur de mathématiques/physique ◆ **he is very ~ for his age** il est très avancé *or* très en avance pour son âge ◆ **at an ~ age** à un âge avancé ◆ **~ in years** d'un âge avancé ◆ **a man of ~ years** un homme d'âge avancé ◆ **the day/season is well ~** la journée/saison est bien avancée

**COMP** ▷ **advanced gas-cooled reactor N** *(Nucl Phys)* réacteur *m* à gaz avancé ▷ **Advanced level N** *(Brit Scol) (frm)* ⇒ **A levels** ; → **A** ▷ **Advanced Photo System N SING** *(Phot)* APS ▷ **advanced skills teacher N** *(Brit Scol) enseignant chevronné recevant un salaire relativement élevé* ▷ **advanced standing N** *(US Univ)* ◆ **to receive ~ standing** ≃ être admis par équivalence

**advancement** /əd'vɑːnsmənt/ **N** **a** *(= improvement)* progrès *m*, avancement *m* **b** *(= promotion)* avancement *m*, promotion *f*

**advantage** /əd'vɑːntɪdʒ/ **N** **a** avantage *m* ◆ **to have an ~ over sb, to have the ~ of sb** avoir un avantage sur qn ◆ **that gives you an ~ over me** cela vous donne un avantage sur moi ◆ **to get the ~ of sb** prendre l'avantage sur qn (*by doing sth* en faisant qch) ; ◆ **to have the ~ of numbers** avoir l'avantage du nombre (*over* sur) ; ◆ **to take ~ of sb** profiter de qn ; *[employer etc]* exploiter qn ; *(sexually)* abuser de qn ◆ **I took ~ of the opportunity** j'ai profité de l'occasion ◆ **to turn sth to (one's) ~** tirer parti de qch, tourner qch à son avantage ◆ **I find it to my ~** j'y trouve mon compte ◆ **it is to his ~ to do it** c'est dans son intérêt de le faire

♦ **to + best advantage** au mieux ◆ **they don't organize their investments to best ~** ils n'investissent pas leur argent au mieux *or* de la manière la plus avantageuse ◆ **a T-shirt in which her body is shown to its best ~** un T-shirt qui met son corps en valeur

**b** *(Tennis)* avantage *m* ◆ **to play the ~ rule** *(Rugby, Ftbl)* laisser la règle de l'avantage

**VT** avantager ◆ **~d** *(= privileged)* privilégié

**advantageous** /ˌædvən'teɪdʒəs/ **ADJ** avantageux (*to* pour)

**advantageously** /ˌædvən'teɪdʒəslɪ/ **ADV** de façon avantageuse

**advent** /'ædvənt/ **N** **a** venue *f*, avènement *m* **b** *(Rel)* **Advent** l'Avent *m* **COMP** ▷ **Advent Calendar N** calendrier *m* de l'Avent ▷ **Advent Sunday N** dimanche *m* de l'Avent

**Adventist** /'ædventɪst/ **N** adventiste *mf*

**adventitious** /ˌædven'tɪʃəs/ **ADJ** fortuit, accidentel ; *(Bot, Med)* adventice

**adventure** /əd'ventʃəʳ/ N aventure *f* ◆ **to have an ~** avoir une aventure VI s'aventurer, se risquer (*on* dans) COMP *[story, film]* d'aventures ▷ **adventure holiday** N *(Brit)* circuit *m* aventure ▷ **adventure playground** N *(Brit)* aire *f* de jeux

**adventurer** /əd'ventʃərəʳ/ N aventurier *m*

**adventuresome** /əd'ventʃəsəm/ ADJ *(US) [person]* aventureux

**adventuress** /əd'ventʃərɪs/ N aventurière *f*

**adventurism** /əd'ventʃərɪzəm/ N aventurisme *m*

**adventurist** /əd'ventʃərɪst/ N *(Pol:* also **political adventurist**) aventuriste *mf*; *(Comm)* aventurier *m*, -ière *f* ADJ *(Pol)* aventuriste ; *(Comm)* sans scrupules

**adventurous** /əd'ventʃərəs/ ADJ *[person, journey]* aventureux ; *[approach, project]* audacieux ◆ **the ~ spirit of the early settlers** l'esprit d'aventure *or* aventureux des premiers pionniers ◆ **to become more ~** devenir plus aventureux, s'enhardir

**adventurously** /əd'ventʃərəslɪ/ ADV aventureusement, audacieusement

**adverb** /'ædvɜːb/ N adverbe *m*

**adverbial** /əd'vɜːbɪəl/ ADJ adverbial

**adverbially** /əd'vɜːbɪəlɪ/ ADV *[use]* adverbialement

**adversarial** /ˌædvə'sɛərɪəl/ ADJ *[politics]* de confrontation ◆ **the ~ system** le système de débat contradictoire

**adversary** /'ædvəsərɪ/ N adversaire *mf*

**adverse** /'ædvɜːs/ ADJ *[effect, reaction, consequences]* négatif ; *[conditions, comment, decision]* défavorable ; *[publicity, weather]* mauvais ; *[wind]* contraire ◆ **~ weather conditions** conditions *fpl* météorologiques défavorables

**adversely** /'ædvɜːslɪ/ ADV défavorablement ◆ **to affect sth ~** avoir un effet défavorable sur qch ◆ **to comment ~ on sth** faire des commentaires défavorables sur qch

**adversity** /əd'vɜːsɪtɪ/ N **a** *(NonC)* adversité *f* ◆ **in ~** dans l'adversité **b** *(= event)* malheur *m*

**advert¹** /əd'vɜːt/ VI *(frm)* ◆ **to ~ to sth** faire référence à qch, se référer à qch

**advert²** * /'ædvɜːt/ N *(Brit)* (abbrev of **advertisement**) *(= announcement)* annonce *f* (publicitaire) ; *(Comm)* publicité *f*, pub * *f*

**advertise** /'ædvətaɪz/ VT **a** *(Comm etc) [+ goods]* faire de la publicité pour ◆ **I've seen that soap ~d on television** j'ai vu une publicité pour ce savon à la télévision

**b** *(in newspaper etc)* **to ~ a flat (for sale)** mettre *or* insérer une annonce pour vendre un appartement ◆ **I saw it ~d in a shop window** j'ai vu une annonce là-dessus dans une vitrine

**c** *(= draw attention to)* afficher ◆ **don't ~ your ignorance!** inutile d'afficher votre ignorance ! ◆ **don't ~ the fact that ...** essaie de ne pas trop laisser voir que ..., ne va pas crier sur les toits que ...

VI **a** *(Comm)* faire de la publicité *or* de la réclame ◆ **it pays to ~** la publicité paie

**b** chercher par voie d'annonce ◆ **to ~ for a secretary** faire paraître une annonce pour trouver une secrétaire

**advertisement** /əd'vɜːtɪsmənt/ LANGUAGE IN USE 19.1, 20.1 N **a** *(Comm)* publicité *f* ◆ **I saw an ~ for that new car on the TV** j'ai vu une publicité pour cette nouvelle voiture à la télévision ◆ **I made tea during the ~s** j'ai fait le thé pendant la publicité ◆ **he's not a good ~** *or* **an ~ for his school** *(esp Brit)* il ne donne pas une bonne image de son école **b** *(private: in newspaper etc)* annonce *f* ◆ **to put an ~ in a paper** *(Brit)* mettre une annonce dans un journal ◆ **I got it through an ~** je l'ai eu par *or* grâce à une annonce ; → **classified, small c** *(NonC)* réclame *f*, publicité *f* ; → **self** COMP ▷ **advertisement column** N petites annonces *fpl* ▷ **advertisement hoarding** N panneau *m* publicitaire

**advertiser** /'ædvətaɪzəʳ/ N annonceur *m*

**advertising** /'ædvətaɪzɪŋ/ N *(= activity)* publicité *f* ; *(= advertisements)* réclames *fpl* ◆ **a career in ~** une carrière dans la publicité COMP *[firm, work]* publicitaire ▷ **advertising agency** N agence *f* de publicité ▷ **advertising campaign** N campagne *f* publicitaire ▷ **advertising manager** N directeur *m*, -trice *f* de la publicité ▷ **advertising medium** N support *m* publicitaire ▷ **advertising rates** NPL tarifs *mpl* publicitaires ▷ **advertising revenues** NPL recettes *fpl* publicitaires ▷ **Advertising Standards Authority** N *(Brit)* ≃ Bureau *m* de vérification de la publicité ; → **jingle**

**advertorial** /ˌædvə'tɔːrɪəl/ N publireportage *m* ADJ de publireportage

**advice** /əd'vaɪs/ LANGUAGE IN USE 2.1, 2.2 N *(NonC)* **a** conseils *mpl*, avis *m* ◆ **a piece of ~** un avis, un conseil ◆ **to seek ~ from sb** demander conseil à qn ◆ **to take medical/legal ~** consulter un médecin/un avocat ◆ **to take** *or* **follow sb's ~** suivre le(s) conseil(s) de qn ◆ **on the ~ of his doctor** sur le conseil de son médecin ◆ **against the ~ of his doctor** contre l'avis de son médecin **b** *(Comm = notification)* avis *m* ◆ **as per ~ of** *or* **from ...** suivant avis de ... ◆ **~ of dispatch** avis *m* d'expédition COMP ▷ **advice column** N *(Press)* courrier *m* du cœur ▷ **advice columnist** N *(US)* rédacteur *m*, -trice *f* de la rubrique du courrier du cœur ▷ **advice line** N service *m* de conseil par téléphone ▷ **advice note** N *(Comm)* avis *m*

**advisability** /ədˌvaɪzə'bɪlɪtɪ/ N opportunité *f* (*of sth* de qch ; *of doing sth* de faire qch)

**advisable** /əd'vaɪzəbl/ LANGUAGE IN USE 1.1 ADJ conseillé, recommandé ◆ **it is ~ to be vaccinated** il est conseillé de se faire vacciner ◆ **I do not think it is ~ for you to come with me** je vous déconseille de m'accompagner

**advise** /əd'vaɪz/ LANGUAGE IN USE 1, 2.1, 2.2, 21.3 VT **a** *(= give advice to)* conseiller, donner des conseils à (*sb on or about sth* qn sur *or* à propos de qch) ; ◆ **to ~ sb to do sth** conseiller à qn de faire qch, recommander à qn de faire qch ◆ **to ~ sb against sth** déconseiller qch à qn ◆ **to ~ sb against doing sth** conseiller à qn de ne pas faire qch **b** *(= recommend) [+ course of action]* recommander ◆ **I shouldn't ~ your going to see him** je ne vous conseillerais *or* recommanderais pas d'aller le voir ◆ **you would be well/ill ~d to wait** vous feriez bien/vous auriez tort d'attendre **c** *(= inform)* **to ~ sb of sth** aviser *or* informer qn de qch, faire part à qn de qch COMP ▷ **advising bank** N *(Fin)* banque *f* notificatrice

**advisedly** /əd'vaɪzɪdlɪ/ ADV en connaissance de cause

**advisement** /əd'vaɪzmənt/ N *(US)* ◆ **to take sth under ~** considérer qch avec soin

**adviser, advisor** /əd'vaɪzəʳ/ N conseiller *m*, -ère *f* ◆ **French/maths ~** *(Scol Admin)* conseiller *m*, -ère *f* pédagogique de français/de maths ; → **educational, legal, spiritual**

**advisory** /əd'vaɪzərɪ/ ADJ *[group, board, role, work]* consultatif ; *[service]* de conseils ◆ **in an ~ capacity** à titre consultatif N *(esp US = announcement)* alerte *f* COMP ▷ **advisory committee** N *(Pol)* comité *m* consultatif ▷ **advisory opinion** N *(Jur)* avis *m* consultatif de la cour

**advocacy** /'ædvəkəsɪ/ N *[of cause etc]* plaidoyer *m* (*of* en faveur de)

**advocate** /'ædvəkɪt/ N **a** *(= upholder) [of cause etc]* défenseur *m*, avocat(e) *m(f)* ◆ **to be an ~ of** être partisan(e) de ◆ **to become the ~ of** se faire le champion (*or* la championne) de ; → **devil b** *(Scot Jur)* avocat *m* (plaidant) ; → **lord** ; → LAWYER VT /'ædvəkeɪt/ recommander, préconiser

**advt** (abbrev of **advertisement**) publicité *f*

**adze, adz** *(US)* /ædz/ N herminette *f*, doloire *f*

**AEA** /ˌeɪiː'eɪ/ N *(Brit)* (abbrev of **Atomic Energy Authority**) ≃ CEA *m*

**AEC** /ˌeɪiː'siː/ N *(US)* (abbrev of **Atomic Energy Commission**) ≃ CEA *m*

**AEEU** /ˌeɪiːiː'juː/ N *(Brit)* (abbrev of **Amalgamated Engineering and Electrical Union**) *syndicat*

**Aegean** /iː'dʒiːən/ ADJ égéen ◆ **~ (Sea)** (mer *f*) Égée *f* ◆ **the ~ Islands** les îles *fpl* de la mer Égée

**Aegeus** /iː'dʒiːəs/ N Égée *m*

**aegis, egis** *(US)* /'iːdʒɪs/ N égide *f* ◆ **under the ~ of ...** sous l'égide de ...

**aegrotat** /'aɪgrəʊˌtæt/ N *(Brit Univ)* équivalence *f* d'obtention d'un examen *(accordée à un bon étudiant malade)*

**Aeneas** /ɪ'niːəs/ N Énée *m*

**Aeneid** /ɪ'niːɪd/ N Énéide *f*

**aeolian** /iː'əʊlɪən/ ADJ éolien COMP ▷ **aeolian harp** N harpe *f* éolienne

**Aeolus** /'iːələs/ N Éole *m*

**aeon** /'iːən/ N temps *m* infini, période *f* incommensurable ◆ **through ~s of time** à travers des éternités

**aerate** /'ɛəreɪt/ VT *[+ liquid]* gazéifier ; *[+ blood]* oxygéner ; *[+ soil]* retourner ◆ **~d water** eau *f* gazeuse

**aerial** /'ɛərɪəl/ ADJ **a** *(= in the air)* aérien **b** *(= immaterial)* irréel, imaginaire N *(esp Brit: Telec etc)* antenne *f* ; → **indoor** COMP ▷ **aerial cableway** N téléphérique *m* ▷ **aerial camera** N appareil *m* photo pour prises de vues aériennes ▷ **aerial input** N puissance *f* reçue par l'antenne ▷ **aerial ladder** N *(US)* échelle *f* pivotante ▷ **aerial mast** N mât *m* d'antenne ▷ **aerial photograph** N photographie *f* aérienne ▷ **aerial railway** N téléphérique *m* ▷ **aerial survey** N levé *m* aérien ▷ **aerial tanker** N ravitailleur *m* en vol

**aerie** /'ɛərɪ/ N *(esp US)* aire *f (d'aigle etc)*

**aero...** /'ɛərəʊ/ PREF aéro...

**aerobatics** /'ɛərəʊ'bætɪks/ NPL acrobatie(s) *f(pl)* aérienne(s)

**aerobic** /ɛə'rəʊbɪk/ ADJ *[exercise, respiration]* aérobie *(SPEC)* ; *[workout]* d'aérobic

**aerobics** /ɛə'rəʊbɪks/ N *(NonC)* aérobic *f* ◆ **to do ~** faire de l'aérobic ◆ **my ~ class** mon cours d'aérobic

**aerodrome** /'ɛərədrəʊm/ N *(Brit)* aérodrome *m*

**aerodynamic** /'ɛərəʊdaɪ'næmɪk/ ADJ aérodynamique

**aerodynamically** /'ɛərəʊdaɪ'næmɪkəlɪ/ ADV *[efficient]* d'un point de vue aérodynamique ; *[designed, built]* de façon aérodynamique

**aerodynamics** /'ɛərəʊdaɪ'næmɪks/ N *(NonC)* aérodynamique *f*

**aero-engine** /'ɛərəʊˌendʒɪn/ N aéromoteur *m*

**aerofoil** /ˈɛərəʊfɔɪl/, **airfoil** /ˈɛəfɔɪl/ *(US)* N *(Aviat)* plan *m* de sustentation

**aerogram** /ˈɛərəʊɡræm/ N a *(= air letter)* aérogramme *m* b *(= radio telegram)* radiotélégramme *m*

**aerograph** /ˈɛərəʊɡræf/ N météorographe *m*

**aerolite** /ˈɛərəlaɪt/ N aérolithe *m*

**aeromodelling** /ˈɛərəʊˈmɒdlɪŋ/ N aéromodélisme *m*

**aeronaut** /ˈɛərənɔːt/ N aéronaute *mf*

**aeronautic(al)** /ˌɛərəˈnɔːtɪk(əl)/ ADJ aéronautique COMP ▷ **aeronautic(al) engineering** N aéronautique *f*

**aeronautics** /ˌɛərəˈnɔːtɪks/ N *(NonC)* aéronautique *f*

**aeroplane** /ˈɛərəpleɪn/ N *(Brit)* avion *m*

**aerosol** /ˈɛərəsɒl/ N a *(= system)* aérosol *m* b *(= container, contents)* bombe *f* COMP *[insecticide, paint]* en aérosol, en bombe ; *[perfume]* en atomiseur

**aerospace** /ˈɛərəʊspeɪs/ ADJ *[industry, project]* aérospatial

**Aeschylus** /ˈiːskələs/ N Eschyle *m*

**Aesculapius** /ˌiːskjʊˈleɪpɪəs/ N Esculape *m*

**Aesop** /ˈiːsɒp/ N Ésope *m* ◆ **~'s Fables** les fables *fpl* d'Ésope

**aesthete, esthete** *(US)* /ˈiːsθiːt/ N esthète *mf*

**aesthetic(al), esthetic(al)** *(US)* /iːsˈθetɪk(əl)/ ADJ esthétique

**aesthetically, esthetically** *(US)* /iːsˈθetɪkəlɪ/ ADV esthétiquement

**aestheticism, estheticism** *(US)* /iːsˈθetɪsɪzəm/ N esthétisme *m*

**aesthetics, esthetics** *(US)* /iːsˈθetɪks/ N *(NonC)* esthétique *f*

**aether** /ˈiːθəʳ/ N ⇒ **ether**

**aetiology** /ˌiːtɪˈɒlədʒɪ/ N étiologie *f*

**AEU** /ˌeɪiːˈjuː/ N *(Brit)* (abbrev of **Amalgamated Engineering Union**) *ancien syndicat*

**a.f.** /eɪˈef/ N (abbrev of **audio frequency**) audiofréquence *f*

**AFA** /ˌeɪefˈeɪ/ N *(Brit)* abbrev of **Amateur Football Association**

**afar** /əˈfɑːʳ/ ADV *(liter)* au loin ◆ **from ~** de loin

**AFB** /ˌeɪefˈbiː/ N *(US Mil)* abbrev of **Air Force Base**

**AFC** /ˌeɪefˈsiː/ N a (abbrev of **Association Football Club**) AFC b abbrev of **automatic frequency control**

**AFDC** /ˌeɪefdiːˈsiː/ N *(US Admin)* abbrev of **Aid to Families with Dependent Children**

**affability** /ˌæfəˈbɪlɪtɪ/ N affabilité *f*, amabilité *f*

**affable** /ˈæfəbl/ ADJ affable

**affably** /ˈæfəblɪ/ ADV avec affabilité, affablement

**affair** /əˈfɛəʳ/ N a *(= event)* affaire *f* ◆ **it was a scandalous ~** ce fut un scandale ◆ **it was an odd ~ altogether** c'était vraiment (une histoire *or* une affaire) bizarre ◆ **~ of honour** affaire *f* d'honneur ◆ **the Suez ~** l'affaire *f* de Suez

b *(esp Brit = concern)* affaire *f* ◆ **this is not her ~** ce n'est pas son affaire, cela ne la regarde pas ◆ **that's my ~** c'est mon affaire, ça ne regarde que moi ◆ **it's not your ~ what I do in the evenings** ce que je fais le soir ne te regarde pas

c *(= business of any kind)* **~s** affaires *fpl* ◆ **in the present state of ~s** les choses étant ce qu'elles sont, étant donné les circonstances actuelles ◆ **it was a dreadful state of ~s** la situation était épouvantable ◆ **~s of state** les affaires *fpl* d'État ◆ **to put one's ~s in order** *(business)* mettre de l'ordre dans ses affaires ; *(belongings)* mettre ses affaires en ordre ◆ **your private ~s don't concern me** votre vie privée ne m'intéresse pas ◆ **she never interferes with his business ~s** elle n'intervient jamais dans ses activités professionnelles *or* dans ses affaires ; → **current, foreign**

d (also **love affair**) liaison *f*, aventure *f* ◆ **to have an ~ with sb** avoir une liaison *or* une aventure avec qn ◆ **they're having an ~** ils sont amants

e *(* = thing)* machin *m* ◆ **that red ~ over there** ce machin rouge, là-bas

**affect** /əˈfekt/ VT a *(= have effect on) [+ result, experiment, numbers]* avoir un effet *or* des conséquences sur, modifier ; *[+ decision, career, the future]* influer sur ; *(Jur)* avoir une incidence sur ; *(= have detrimental effect on) [+ person]* atteindre, toucher ; *[+ conditions, substance, health]* détériorer ◆ **this will certainly ~ the way we approach the problem** cela va certainement influer sur la façon dont nous aborderons le problème ◆ **you mustn't let it ~ you** ne te laisse pas décourager *or* abattre par ça

b *(= concern)* concerner, toucher ◆ **this decision ~s all of us** cette décision nous concerne tous ◆ **it does not ~ me personally** cela ne me touche pas personnellement

c *(emotionally = move)* émouvoir, affecter ; *(= sadden)* affecter, toucher ◆ **she was deeply ~ed by the news** elle a été très affectée *or* touchée par la nouvelle

d *[disease] [+ organ, powers of recuperation]* attaquer, atteindre ; *[drug]* agir sur

e *(= feign) [+ ignorance, surprise]* affecter, feindre

f *(† = have liking for)* affectionner ◆ **she ~s bright colours** elle a une prédilection pour *or* elle affectionne les couleurs vives

N /ˈæfekt/ *(Psych)* affect *m*

**affectation** /ˌæfekˈteɪʃən/ N a *(= pretence)* affectation *f*, simulation *f* ◆ **an ~ of interest/indifference** une affectation d'intérêt/d'indifférence b *(= artificiality)* affectation *f*, manque *m* de naturel ◆ **her ~s annoy me** ses manières affectées *or* ses poses *fpl* m'agacent

**affected** /əˈfektɪd/ ADJ *(= insincere) [person, behaviour]* affecté, maniéré ; *[accent, clothes]* affecté ◆ **to be ~** *[person]* poser

**affectedly** /əˈfektɪdlɪ/ ADV avec affectation, d'une manière affectée

**affecting** /əˈfektɪŋ/ ADJ touchant, émouvant

**affection** /əˈfekʃən/ N a *(= fondness)* affection *f*, tendresse *f* (*for, towards* pour) ; ◆ **to win sb's ~(s)** se faire aimer de qn, gagner l'affection *or* le cœur de qn ◆ **I have a great ~ for her** j'ai beaucoup d'affection pour elle b *(Med)* affection *f*, maladie *f*

**affectionate** /əˈfekʃənɪt/ ADJ *[person, tone]* affectueux, tendre ; *[memories]* tendre ◆ **your ~ daughter** *(letter-ending)* votre fille affectionnée

**affectionately** /əˈfekʃənɪtlɪ/ ADV affectueusement ◆ **yours ~** *(letter-ending)* (bien) affectueusement (à vous)

**affective** /əˈfektɪv/ ADJ affectif *(also Ling)*

**affidavit** /ˌæfɪˈdeɪvɪt/ N *(Jur)* déclaration *f* écrite sous serment ◆ **to swear an ~ (to the effect that)** déclarer par écrit sous serment (que)

**affiliate** /əˈfɪlɪeɪt/ VT affilier (*to, with* à) ; ◆ **to ~ o.s.** s'affilier (*to, with* à) N /əˈfɪlɪət/ membre *m* affilié

**affiliated** /əˈfɪlɪeɪtɪd/ ADJ *[organisation, union, club, society]* affilié ◆ **~ company** *(Comm) (gen)* filiale *f* ; *(on balance sheet)* société *f* liée *or* apparentée

**affiliation** /əˌfɪlɪˈeɪʃən/ N a *(Comm etc)* affiliation *f* b *(Jur)* attribution *f* de paternité c *(= connection)* affiliation *f*, attaches *fpl* COMP ▷ **affiliation order** N jugement *m* en constatation de paternité ▷ **affiliation proceedings** NPL action *f* en recherche de paternité

**affinity** /əˈfɪnɪtɪ/ N a *(gen, Bio, Chem, Ling, Math, Philos)* affinité *f* (*with, to* avec ; *between* entre) ; *(= connection, resemblance)* ressemblance *f*, rapport *m* ◆ **the ~ of one thing to another** la ressemblance d'une chose avec une autre b *(Jur = relationship)* affinité *f* (*to, with* avec) c *(= liking)* attrait *m*, attraction *f* (*with, for* pour) ; ◆ **there is a certain ~ between them** ils ont des affinités COMP ▷ **affinity card** N *(Fin) carte de paiement grâce à laquelle un pourcentage des paiements est versé à une organisation caritative*

**affirm** /əˈfɜːm/ VT affirmer, soutenir (*that* que)

**affirmation** /ˌæfəˈmeɪʃən/ N affirmation *f*, assertion *f*

**affirmative** /əˈfɜːmətɪv/ N *(Ling)* affirmatif *m* ◆ **in the ~** à l'affirmatif ◆ **to answer in the ~** répondre affirmativement *or* par l'affirmative

ADJ affirmatif ◆ **if the answer is ~** si la réponse est affirmative, si la réponse est positive

COMP ▷ **affirmative action** N mesures *fpl* de discrimination positive

### Affirmative Action

Ce terme désigne les mesures de discrimination positive prises aux États-Unis dans les années 1960 en faveur des femmes et des minorités ethniques. À l'instigation de l'administration Kennedy, les catégories sous-représentées ont bénéficié d'un système de quotas en matière d'emploi et pour les inscriptions universitaires. En 1972, la loi sur l'égalité de l'emploi (Equal Employment Opportunities Act) a institué une commission chargée de faire respecter ces mesures. En réaction, certains groupes majoritaires (hommes et Blancs, par exemple), qui s'estimaient lésés par cette discrimination à rebours, se sont mobilisés pour faire assouplir la politique de quotas.

**affirmatively** /əˈfɜːmətɪvlɪ/ ADV affirmativement

**affix** /əˈfɪks/ VT *[+ seal, signature]* apposer, ajouter (*to* à) ; *[+ stamp]* coller (*to* à) N /ˈæfɪks/ *(Gram)* affixe *m*

**afflict** /əˈflɪkt/ VT toucher ◆ **depression ~s people of all ages** la dépression touche des gens de tout âge ◆ **diabetes ~s millions of people worldwide** le diabète touche des millions de personnes dans le monde ◆ **to be ~ed by** *or* **with gout** souffrir de la goutte

**affliction** /əˈflɪkʃən/ N a *(NonC)* affliction *f*, détresse *f* ◆ **people in ~** les gens dans la détresse b ◆ **the ~s of old age** les misères *fpl* de la vieillesse

**affluence** /ˈæflʊəns/ N *(= plenty)* abondance *f* ; *(= wealth)* richesse *f* ◆ **to rise to ~** parvenir à la fortune

**affluent** /ˈæflʊənt/ ADJ *(= plentiful)* abondant ; *(= wealthy)* riche ◆ **to be ~** vivre dans l'aisance ◆ **the ~ society** la société d'abondance N *(Geog)* affluent *m*

**afflux** /ˈæflʌks/ N a *(Med)* afflux *m* b *[of people etc]* affluence *f*, afflux *m*

**afford** /əˈfɔːd/ VT a *(financially)* **to be able to ~ to buy sth** avoir les moyens d'acheter qch ◆ **he can well ~ a new car** il a tout à fait les moyens de s'acheter une nouvelle voiture ◆ **he couldn't ~ the £10 entrance fee** il n'avait pas les moyens *or* ne pouvait pas se payer une entrée à 10 livres ◆ **I can't ~ the prices they charge** leurs prix sont trop élevés pour moi

b *(= allow o.s.)* se permettre ◆ **he can't ~ (to make) a mistake** il ne peut pas se permettre (de faire) une erreur ◆ **we can't ~ to lose any more customers** nous ne pouvons pas nous permettre de perdre d'autres clients ◆ **I can't ~ the time to do it** je n'ai pas le temps de le faire ; → **ill**

c *(frm) (= provide)* fournir, procurer ◆ **to ~ sb great pleasure** procurer un grand plaisir à qn ◆ **this will ~ me an opportunity to say ...** ceci me fournira l'occasion de dire ... ◆ **the helmet ~s little protection in an accident** ce casque ne protège pas beaucoup en cas d'accident

**affordable** /əˈfɔːdəbl/ ADJ abordable ◆ **easily ~** très abordable

**afforest** /æˈfɒrɪst/ VT reboiser

**afforestation** /æˌfɒrɪsˈteɪʃən/ N boisement *m* ◆ **~ policy** politique *f* de boisement

**affranchise** /æˈfræntʃaɪz/ VT affranchir

**affray** /əˈfreɪ/ N échauffourée *f*, rixe *f*

**affricate** /ˈæfrɪˌkɪt/ N *(Phon)* affriquée *f*

**affright** /əˈfraɪt/ *(†, liter)* VT effrayer, terrifier N effroi *m*, épouvante *f*

**affront** /əˈfrʌnt/ VT a *(= insult)* faire un affront à, outrager b *(= face)* affronter, braver N affront *m*, insulte *f*

**Afghan** /ˈæfgæn/ ADJ afghan N a Afghan(e) *m(f)* b *(Ling)* afghan *m* c (also **Afghan hound**) lévrier *m* afghan

**Afghani** /æfˈgænɪ/ ADJ afghan N a *(= person)* Afghan(e) *m(f)* b *(Ling)* afghan *m*

**Afghanistan** /æfˈgænɪstæn/ N Afghanistan *m*

**aficionado** /əˌfɪʃjəˈnɑːdəʊ/ N ◆ **he's an ~ of jazz** *or* **a jazz ~** c'est un fana * *or* un mordu * du jazz

**afield** /əˈfiːld/ ADV ◆ **far ~** *[be]* au loin ; *[go]* loin ◆ **countries further ~** pays *mpl* plus lointains ◆ **very far ~** très loin ◆ **too far ~** trop loin ◆ **to explore farther ~** pousser plus loin l'exploration ◆ **to go farther ~ for help/support** *(fig)* chercher plus loin de l'aide/un soutien

**afire** /əˈfaɪəʳ/ ADJ, ADV *(liter) (lit)* en feu, embrasé *(liter)* ; *(fig)* enflammé (*with* de)

**aflame** /əˈfleɪm/ *(liter)* ADJ a *(= on fire)* en flammes b *(with light, colour)* embrasé *(liter)* ◆ **to be ~ with colour** briller de vives couleurs, flamboyer c *(emotionally) [cheeks]* enflammé ◆ **she was ~ with anger/pride** elle était enflammée de colère/d'orgueil ◆ **his heart was ~ with passion** son cœur était enflammé par la passion ADV *(with light, colour)* ◆ **to set sth ~** embraser qch

**AFL-CIO** /ˌeɪefˈelˈsiːaɪˈəʊ/ N (abbrev of **American Federation of Labor and Congress of Industrial Organizations**) *fédération des syndicats indépendants américains*

**afloat** /əˈfləʊt/ ADV a *(= on water)* ◆ **to stay** *or* **keep ~** *[person]* garder la tête hors de l'eau ; *[object]* surnager ; *[boat]* rester à flot ◆ **to set/keep a boat ~** mettre/maintenir un bateau à flot ◆ **the largest passenger ship ~** le plus grand paquebot en exploitation b *(= on board ship)* sur l'eau, en mer ◆ **service ~** service *m* à bord ◆ **to serve ~** servir en mer c *(= solvent)* ◆ **to stay** *or* **keep ~** *[person, company]* se maintenir à flot ◆ **to set a business/scheme ~** lancer une affaire/un projet d *(= in circulation)* ◆ **to be ~** *[rumour]* circuler, être en circulation e *(Fin)* ◆ **to keep bills ~** faire circuler des effets ADJ *(Comm)* ◆ **~ price** prix *m* à flot *or* à bord

**aflutter** /əˈflʌtəʳ/ ADJ ◆ **to set sb's heart ~** faire battre le cœur de qn

**afocal** /ˈeɪˌfəʊkəl/ ADJ *(Phot)* afocal

**afoot** /əˈfʊt/ ADV a *(= in progress)* **there is something ~** il se prépare quelque chose ◆ **there is a plan ~ to demolish it** on a formé le projet *or* on envisage de le démolir b *(†, liter) [go, come]* à pied ◆ **to be ~** être sur pied

**afore** /əˈfɔːʳ/ CONJ *(†† or dial)* avant que de, avant que ◆ **~ he went** avant que de partir, avant qu'il ne parte

**aforementioned** /əˌfɔːˈmenʃənd/, **aforenamed** /əˈfɔːneɪmd/, **aforesaid** /əˈfɔːsed/ ADJ *(Jur etc)* susdit, susmentionné

**aforethought** /əˈfɔːθɔːt/ ADJ prémédité ; → **malice**

**afoul** /əˈfaʊl/ ADV *(esp US)* ◆ **to run ~ of sb** se mettre qn à dos, s'attirer le mécontentement de qn ◆ **to run ~ of a ship** entrer en collision avec un bateau

**afp** /ˌeɪefˈpiː/ N (abbrev of **alpha-fetoprotein**) AFP *f*

**afraid** /əˈfreɪd/ ADJ a *(= frightened)* **to be ~** avoir peur ◆ **don't be ~!** n'ayez pas peur !, ne craignez rien ! ◆ **to look ~** avoir l'air effrayé ◆ **to be ~ of sb/sth** avoir peur de qn/qch, craindre qn/qch ◆ **you have nothing to be ~ of** vous n'avez aucune raison d'avoir peur ◆ **he is not ~ of hard work** il n'a pas peur de travailler dur ◆ **she's furious – I was ~ of that** elle est furieuse — c'est ce que je craignais ◆ **I am ~ of hurting him** *or* **that I might hurt him** j'ai peur *or* je crains de lui faire mal ◆ **I am ~ he will** *or* **might hurt me** je crains *or* j'ai peur qu'il (ne) me fasse mal ◆ **I am ~ to go** *or* **of going** je n'ose pas y aller, j'ai peur d'y aller ◆ **to be ~ for sb/sth** avoir peur pour qn/qch ◆ **to be ~ for one's life** craindre pour sa vie ; → **shadow**

b *(expressing polite regret)* **I'm ~ I can't do it** je regrette *or* je suis désolé, (mais) je ne pourrai pas le faire ◆ **I am ~ I shall not be able to come** je suis désolé de ne pouvoir venir, je crains de ne pas pouvoir venir ◆ **are you going? – I'm ~ not/I'm ~ so** vous y allez ? — hélas non/hélas oui ◆ **it's a bit stuffy in here, I'm ~** je regrette *or* je suis désolé, mais on étouffe un peu ici

**afresh** /əˈfreʃ/ ADV de nouveau ◆ **to start ~** recommencer

**Africa** /ˈæfrɪkə/ N Afrique *f* ; → **south**

**African** /ˈæfrɪkən/ ADJ africain ; → **south** N Africain(e) *m(f)* COMP ▷ **African-American** ADJ afro-américain N Afro-Américain(e) *m(f)* ▷ **African-Caribbean** ADJ afro-antillais N Afro-Antillais(e) *m(f)* ▷ **African elephant** N éléphant *m* d'Afrique ▷ **African National Congress** N Congrès *m* national africain ▷ **African violet** N saintpaulia *m*

**Afrikaans** /ˌæfrɪˈkɑːns/ N *(Ling)* afrikaans *m* ADJ afrikaans

**Afrikaner** /ˌæfrɪˈkɑːnəʳ/ N Afrikaner *mf* ADJ afrikaner

**afro** /ˈæfrəʊ/ ADJ ◆ **to go ~** ⁑ s'africaniser ◆ **~ hair style** coiffure *f* afro * COMP ▷ **Afro-American** ADJ afro-américain N Afro-Américain(e) *m(f)* ▷ **Afro-Asian** ADJ afro-asiatique ▷ **Afro-Caribbean** ADJ afro-antillais

**aft** /ɑːft/ *(Naut, Aviat)* ADV à *or* vers l'arrière ◆ **wind dead ~** vent *m* en poupe, vent *m* arrière ◆ **"lavatories aft"** "toilettes à l'arrière" ADJ *[cabin, deck, engine]* arrière

**after** /ˈɑːftəʳ/

> When **after** is an element in a phrasal verb, eg **ask after**, **look after**, **take after**, look up the verb.

PREP a *(time)* après ◆ **~ that** après cela, après ça ◆ **~ dinner** après le dîner ; see also **comp** ◆ **~ this date** passé cette date ◆ **~ a week/ten minutes** au bout d'une semaine/de dix minutes ◆ **shortly ~ 10 o'clock** peu après 10 heures ◆ **it was ~ 2 o'clock** il était plus de 2 heures ◆ **it was 20 ~ 3** *(US)* il était 3 heures 20 ◆ **~ seeing her** après l'avoir vue ◆ **~ which he sat down** après quoi il s'est assis ◆ **~ what has happened** après ce qui s'est passé ; → **day, hour**

b *(order)* après ◆ **the noun comes ~ the verb** le substantif vient après le verbe ◆ **~ Germany, America is Britain's second-biggest customer** l'Amérique est le plus gros client de la Grande-Bretagne après l'Allemagne ◆ **~ you, sir** après vous, Monsieur ◆ **~ you with the salt** * passez-moi le sel s'il vous plaît (quand vous aurez fini)

c *(place)* ◆ **come in and shut the door ~ you** entrez et (re)fermez la porte (derrière vous) ◆ **he shut the door ~ her** il a refermé la porte derrière elle

d *(set structures)*

♦ **after all** après tout ◆ **to succeed ~ all** réussir malgré *or* après tout ◆ **~ all, no one made him go** après tout, personne ne l'a obligé à y aller ◆ **~ all, you'd expect her to say that** évidemment, il n'est pas étonnant qu'elle dise ça ◆ **it's only two days, ~ all** après tout *or* au fond, ça fait seulement deux jours

♦ **after all** + *verb* ◆ **~ all I said to him** après tout ce que je lui ai dit ◆ **~ all I've done for you!** après tout ce que j'ai fait pour toi !, quand je pense à tout ce que j'ai fait pour toi ! ◆ **~ all that happened, it's not surprising** avec tout ce qui est arrivé *or* quand on pense à tout ce qui est arrivé ça n'a rien d'étonnant

e *(succession)* ◆ **day ~ day** jour après jour, tous les jours ◆ **(for) kilometre ~ kilometre** sur des kilomètres et des kilomètres ◆ **kilometre ~ kilometre of forest** des kilomètres et des kilomètres de forêt ◆ **you tell me lie ~ lie** tu me racontes mensonge sur mensonge ◆ **she gave one excuse ~ another** elle a avancé une excuse après l'autre ◆ **time ~ time** maintes (et maintes) fois ◆ **she ate three biscuits, one ~ the other** elle a mangé trois biscuits l'un après l'autre *or* d'affilée ◆ **they went out one ~ the other** *(= individually)* ils sont sortis les uns après les autres ; *(= in a line)* ils sont sortis à la file

f *(pursuit, inquiry)* ◆ **to be ~ sb/sth** chercher qn/qch ; *(after loss, disappearance etc)* rechercher qn/qch ◆ **you should go ~ her** tu devrais essayer de la rattraper ◆ **the police are ~ him for this robbery** il est recherché par la police *or* la police est à ses trousses pour ce vol ◆ **she's ~ a green hat** elle cherche *or* voudrait un chapeau vert ◆ **what are you ~?** *(= want)* qu'est-ce que vous voulez *or* désirez ? ; *(= have in mind)* qu'avez-vous en tête ? ◆ **I see what he's ~** je vois où il veut en venir ◆ **she's always ~ her children** * *(= nagging)* elle est toujours après ses enfants *

g *(manner = according to)* ◆ **~ El Greco** d'après le Greco ◆ **~ the old style** à la vieille mode, à l'ancienne ; → **heart, name**

ADV *(place, order, time)* après, ensuite ◆ **for years ~** pendant des années après cela ◆ **soon ~** bientôt après ◆ **the week ~** la semaine d'après, la semaine suivante ◆ **what comes ~?** qu'est-ce qui vient ensuite ?, et ensuite ?

**CONJ** après (que) ◆ ~ **he had closed the door, she spoke** après qu'il eut fermé la porte, elle parla ◆ ~ **he had closed the door, he spoke** après avoir fermé la porte, il a parlé

**ADJ** ◆ **in ~ years** plus tard (dans la vie), par la suite

**NPL** *(Brit = dessert)* ◆ **~s** * le dessert

**COMP** ▷ **after-dinner drink** N digestif *m* ▷ **after-dinner speaker** N orateur *m* (de fin de repas) ◆ **he's a good ~-dinner speaker** il fait de très bonnes allocutions *or* de très bons discours (de fin de repas) ▷ **after-hours drinking** N consommation *f* de boissons après la fermeture des pubs (*or* du pub) ; see also **hour** ▷ **after-image** N image *f* rémanente ▷ **after-lunch** ADJ ◆ **to have an ~-lunch nap** faire la sieste ▷ **after-sales service** N *(Comm)* service *m* après-vente ▷ **after-school** ADJ *[activities etc]* extrascolaire ◆ **~-school club** *(Brit) or* **center** *(US)* garderie *f* ▷ **after-sun** ADJ *[lotion, cream]* après-soleil N *(= lotion)* lotion *f* après-soleil ; *(= cream)* crème *f* après-soleil ▷ **after-tax** ADJ après impôts ▷ **after-treatment** N *(Med)* soins *mpl* ; *(Tex)* apprêt *m*

**afterbirth** /ˈɑːftəbɜːθ/ N *(Med)* placenta *m*

**afterburner** /ˈɑːftəbɜːnəʳ/, **afterburning** /ˈɑːftəbɜːnɪŋ/ N postcombustion *f*

**aftercare** /ˈɑːftəkɛəʳ/ N *[of convalescent]* postcure *f* ; *[of appliance, product]* entretien *m* ◆ **(prisoner) ~** assistance *f* (aux anciens détenus)

**afterdeck** /ˈɑːftədek/ N *(Naut)* arrière-pont *m*, pont *m* arrière

**aftereffects** /ˈɑːftərɪˌfekts/ NPL *[of events etc]* suites *fpl*, répercussions *fpl* ; *[of treatment]* réaction *f* ; *[of illness]* séquelles *fpl* ; *(Psych)* after-effect *m*

**afterglow** /ˈɑːftəgləʊ/ N *[of setting sun]* dernières lueurs *fpl*, derniers reflets *mpl* ; *[of person] (after exercise)* sensation *f* de bien-être

**afterlife** /ˈɑːftəlaɪf/ N vie *f* après la mort

**aftermarket** /ˈɑːftəˌmɑːkɪt/ N *(Aut)* marché *m* de la rechange automobile

**aftermath** /ˈɑːftəmæθ/ N suites *fpl*, conséquences *fpl*, séquelles *fpl* ◆ **the ~ of war** le contrecoup *or* les conséquences de la guerre ◆ **in the ~ of the riots** à la suite des émeutes

**afternoon** /ˈɑːftəˈnuːn/ **N** après-midi *m or f* ◆ **in the ~, ~s** * l'après-midi ◆ **at 3 o'clock in the ~** à 3 heures de l'après-midi ◆ **on Sunday ~(s)** le dimanche après-midi ◆ **every ~** l'après-midi, chaque après-midi ◆ **on the ~ of 2 December** l'après-midi du 2 décembre, le 2 décembre dans l'après-midi ◆ **he will go this ~** il ira cet après-midi ◆ **good ~!** *(on meeting sb)* bonjour ! ; *(on leaving sb)* au revoir ! ◆ **have a nice ~!** bon après-midi ! ◆ **in the early ~** tôt dans l'après-midi ◆ **this ~** cet après-midi ◆ **tomorrow/yesterday ~** demain/hier après-midi ◆ **the next** *or* **following ~** l'après-midi suivant ◆ **the ~ before** l'après-midi précédant ◆ **every Sunday ~** le dimanche après-midi ◆ **one summer ~** (par) un après-midi d'été

**COMP** *[lecture, class, train, meeting etc]* (de) l'après-midi ▷ **afternoon performance** N *(Theat)* matinée *f* ▷ **afternoon tea** N thé *m* (de cinq heures)

**afterpains** /ˈɑːftəpeɪnz/ NPL tranchées *fpl* utérines

**aftershave** /ˈɑːftəʃeɪv/ N (lotion *f*) après-rasage *m inv*

**aftershock** /ˈɑːftəʃɒk/ N *[of earthquake]* réplique *f*

**aftertaste** /ˈɑːftəteɪst/ N *(lit, fig)* arrière-goût *m*

**afterthought** /ˈɑːftəθɔːt/ N pensée *f* après coup ◆ **I had an ~** cela m'est venu après coup ◆ **I had ~s** *or* **an ~ about my decision** j'ai eu après coup des doutes sur ma décision ◆ **the window was added as an ~** la fenêtre a été ajoutée après coup

**afterward(s)** /ˈɑːftəwəd(z)/ ADV après, ensuite, plus tard, par la suite

**afterword** /ˈɑːftəwɜːd/ N postface *f*

**AG** /eɪˈdʒiː/ N **a** abbrev of **Adjutant General** **b** (abbrev of **Attorney General**) → **attorney**

**Aga** ® /ˈɑːgə/ N *(Brit) grand fourneau de cuisine en fonte*

**again** /əˈgen/ ADV **a** *(= once more)* de nouveau ◆ **here we are ~!** nous revoilà !, nous voilà de nouveau ! ◆ **it's him ~!** c'est encore lui ! ◆ **he was soon well ~** il s'est vite remis ◆ **she is home ~** elle est rentrée chez elle, elle est de retour chez elle ◆ **what's his name ~?** comment s'appelle-t-il déjà ? ◆ **to begin ~** recommencer ◆ **to see ~** revoir

♦ **again and again, time and again** à plusieurs reprises, maintes et maintes fois ◆ **I've told you ~ and ~** je te l'ai dit et répété (je ne sais combien de fois)

♦ **(all) over again** ◆ **start all over ~** recommencez au début *or* à partir du début, reprenez au commencement ◆ **he had to count them over ~** il a dû les recompter

♦ **as ... again** ◆ **as much ~** deux fois autant ◆ **he is as old ~ as Christine** il a deux fois l'âge de Christine

**b** *(with neg)* **not ... ~** ne ... plus ◆ **I won't do it ~** je ne le ferai plus ◆ **never ~** jamais plus, plus jamais ◆ **I won't do it ever ~** je ne le ferai plus jamais ◆ **never ~!** c'est bien la dernière fois ! ◆ **not ~!** encore !

**c** *(emphatic = besides, moreover)* là encore, encore une fois ◆ **but there ~** mais là encore ◆ **then ~, and ~** d'autre part, d'un autre côté ◆ **~, it is not certain that ...** et d'ailleurs *or* et encore il n'est pas sûr que ...

**against** /əˈgenst/ LANGUAGE IN USE 9.2, 12.1, 12.2

> When **against** is an element in a phrasal verb, eg **go against**, **run up against**, **take against**, look up the verb.

PREP **a** contre ◆ **an upsurge in racism ~ immigrants** une montée du racisme contre les immigrants ◆ **a demonstration ~ the government's reforms** une manifestation contre les réformes du gouvernement ◆ **he did it ~ my wishes** il l'a fait contre mon gré ◆ **I've got nothing ~ him/it** je n'ai rien contre lui/rien contre (cela) ◆ **the weather is ~ us** la météo ne nous est pas favorable ◆ **to be ~ capital punishment** être contre la peine de mort ◆ **I'm ~ it** je suis contre (cela) ◆ **to be (dead) ~ sth** être (farouchement) opposé à qch ◆ **to hit one's head ~ the mantelpiece** se cogner la tête contre la cheminée ◆ **to lean ~ a wall** s'appuyer contre un mur *or* au mur ◆ **push the chairs right back ~ the wall** repoussez les chaises tout contre le mur ◆ **to work ~ the clock** travailler contre la montre, faire la course contre la montre *(fig)* ◆ **Tyson's fight ~ Bruno** le combat entre Tyson et Bruno, le combat opposant Tyson à Bruno ◆ **~ the law** ADJ contraire à la loi ADV contrairement à la loi ◆ **there's no law ~ it** *(lit)* il n'y a pas de loi qui l'interdise ; *(fig)* ce n'est pas interdit ◆ **I'm ~ helping him at all** je ne suis pas d'avis qu'on l'aide *subj* ◆ **now we're up ~ it!** nous voici au pied du mur ! ◆ **~ my will** *(= despite myself)* malgré moi, à contrecœur ; *(= despite my opposition)* contre ma volonté ; → **grain, odds, vote**

**b** *(= in contrast to)* sur ◆ **~ the light** à contre-jour ◆ **the trees stood out ~ the sunset** les arbres se détachaient sur le (soleil) couchant

**c** *(comparison)* par rapport à ◆ **the strength of the pound ~ the dollar** la fermeté de la livre par rapport au dollar ◆ **the pound is down ~ the euro** la livre a baissé par rapport à l'euro ◆ **~ that, it might be said ...** en revanche *or* par contre on pourrait dire ...

♦ **as against** ◆ **my rights as ~ his** mes droits comparés aux siens ◆ **90% of one-parent families are poor, as ~ 22% with two parents** 90% des familles monoparentales sont pauvres, et seulement 22% des foyers où il y a deux parents ; → **over, word**

**d** *(= in preparation for)* en prévision de ◆ **to have the roof repaired ~ the rainy season** faire réparer le toit en prévision de la saison des pluies

**Agamemnon** /ˌægəˈmemnən/ N Agamemnon *m*

**agape** /əˈgeɪp/ ADJ, ADV bouche bée

**agar(-agar)** /ˌeɪgəˈeɪgəʳ/ N agar-agar *m*, gélose *f*

**agaric** /əˈgærɪk/ N agaric *m*

**agate** /ˈægət/ N agate *f*

**agave** /əˈgeɪvɪ/ N agave *m*

**age** /eɪdʒ/ **N** **a** *(= length of life)* âge *m* ◆ **what's her ~?, what ~ is she?** quel âge a-t-elle ? ◆ **when I was your ~** quand j'avais votre âge ◆ **I have a daughter your ~** *or* **the same ~ as you** j'ai une fille de votre âge ◆ **be** *or* **act your ~!** allons, sois raisonnable ! ◆ **he is ten years of ~** il a dix ans ◆ **you don't look your ~** vous ne faites pas votre âge ◆ **he's twice your ~** il a le double de votre âge ◆ **we are of an ~** nous sommes du même âge ◆ **to be under ~** *(Jur etc)* être mineur ◆ **to be of ~** être majeur ◆ **to come of ~** *(lit)* atteindre sa majorité ; *(fig) [issue, idea]* faire son chemin ◆ **the ~ of reason** l'âge *m* de raison ◆ **~ of consent** *(Jur)* âge *m* de consentement ; → **middle**

**b** *(= latter part of life)* vieillesse *f*, âge *m* ◆ **the infirmities of ~** les infirmités *fpl* de la vieillesse *or* de l'âge ; → **old**

**c** *(Geol etc)* âge *m* ; *(Hist, Literat)* époque *f*, siècle *m* ; → **enlightenment, stone**

**d** *(gen pl)* *( * = long time)* **I haven't seen him for ~s** il y a une éternité que je ne l'ai vu ◆ **she stayed for ~s** *or* **for an ~** elle est restée (là) pendant une éternité *or* un temps fou

**VI** vieillir, prendre de l'âge ◆ **she had ~d beyond her years** elle paraissait *or* faisait maintenant plus que son âge ◆ **to ~ well** *[wine]* s'améliorer en vieillissant ; *[person]* vieillir bien ◆ **he has ~d a lot** il a beaucoup vieilli, il a pris un coup de vieux

**VT** **a** vieillir ◆ **her make-up really ~s her** son maquillage la vieillit beaucoup

**b** *[+ wine etc]* laisser vieillir

**c** *[+ accounts]* classer par antériorité *or* par ancienneté ◆ **to ~ inventories** classer *or* analyser le stock par date d'entrée

**COMP** d'âge ▷ **age allowance** N *(Brit Tax)* abattement *m* vieillesse ▷ **age bracket** N ⇒ **age group** ▷ **age discrimination** N *(US)* discrimination *f* pour raisons d'âge, âgisme *m* ▷ **age group** N tranche *f* d'âge ◆ **the 40-50 ~ group** la tranche d'âge de 40 à 50 ans, les 40 à 50 ans ▷ **age limit** N limite *f* d'âge ▷ **age-old** ADJ séculaire, antique ▷ **age range** N ◆ **children in the ~ range 12-14** les enfants (âgés) de 12 à 14 ans

**aged** /eɪdʒd/ **ADJ** **a** âgé de ◆ **a boy ~ ten** un garçon (âgé) de dix ans **b** /ˈeɪdʒɪd/ *(= old)* âgé, vieux (vieille *f*), vieil *m before vowel* **NPL** **the aged** les personnes *fpl* âgées

◆ **the ~ and infirm** les gens *mpl* âgés et infirmes

**ageing** /ˈeɪdʒɪŋ/ ADJ *[person]* vieillissant, qui se fait vieux (vieille *f*) ; *[hairstyle etc]* qui fait paraître plus vieux (vieille *f*) N vieillissement *m*

**ageism** /ˈeɪdʒɪzəm/ N âgisme *m*

**ageist** /ˈeɪdʒɪst/ ADJ faisant preuve d'âgisme N personne *f* faisant preuve d'âgisme

**ageless** /ˈeɪdʒlɪs/ ADJ *[person]* sans âge ; *[beauty]* toujours jeune

**agency** /ˈeɪdʒənsɪ/ N a *(= body, organization)* agence *f*, bureau *m* ; *(Govt)* organisme *m* ◆ **they hired their nanny through an ~** ils sont passés par une agence pour trouver leur nounou ◆ **to meet sb through an ~** rencontrer qn par l'intermédiaire d'une agence ◆ **press/adoption ~** agence de presse/ d'adoption ◆ **aid ~** organisation *f* humanitaire ◆ **he has the sole ~ for ...** il a l'exclusivité de ... ◆ **this garage has the Citroën ~** ce garage est le concessionnaire Citroën ; → **advertising, news, tourist**

b *(= means)* intermédiaire *m*, entremise *f* ◆ **the matter was discussed through the ~ of a third party** ils en ont discuté par l'intermédiaire d'un tiers ◆ **a settlement was reached through the ~ of the UN** ils sont parvenus à un accord par l'entremise *or* l'intermédiaire de l'ONU ◆ **through the ~ of water** par l'action de l'eau

COMP ▷ **agency agreement** N contrat *m* de représentation ▷ **agency fee** N frais *mpl* d'agence ▷ **agency nurse** N infirmier *m*, -ière *f* intérimaire ▷ **agency spokesperson** N porte-parole *m* de l'agence

**agenda** /əˈdʒendə/ N ordre *m* du jour, programme *m* ◆ **on the ~** à l'ordre du jour ◆ **to set the ~** *(fig)* donner le ton ◆ **to have an ~** *(fig)* avoir une idée en tête ◆ **they denied having a hidden ~** ils ont nié avoir des intentions cachées ◆ **what's on the ~ (for) today?** *(fig)* qu'y a-t-il au programme aujourd'hui ?

> ⚠ *In French,* agenda *means 'diary'.*

**agent** /ˈeɪdʒənt/ N a *(Comm) (= person)* agent *m*, concessionnaire *mf* (*of, for* de) ; *(= firm)* concessionnaire *m* ◆ **~ for Ford cars** concessionnaire *m* Ford ; → **foreign, free, special** b *(= thing, person, also Ling)* agent *m* ; → **chemical, principal** COMP ▷ **agent provocateur** N agent *m* provocateur

**agentive** /ˈeɪdʒəntɪv/ N *(Ling)* agentif *m*

**agglomerate** /əˈglɒməreɪt/ VT agglomérer VI s'agglomérer ADJ aggloméré

**agglomeration** /əˌglɒməˈreɪʃən/ N agglomération *f*

**agglutinate** /əˈgluːtɪneɪt/ VT agglutiner VI s'agglutiner ADJ agglutiné ; *(Ling)* agglutinant COMP ▷ **agglutinating language** N *(Ling)* langue *f* agglutinante

**agglutination** /əˌgluːtɪˈneɪʃən/ N agglutination *f*

**agglutinative** /əˈgluːtɪnətɪv/ ADJ *[substance, language]* agglutinant

**aggrandize** /əˈgrændaɪz/ VT agrandir, grandir

**aggrandizement** /əˈgrændɪzmənt/ N agrandissement *m* ; *[of influence]* accroissement *m*

**aggravate** /ˈægrəveɪt/ VT a *[+ illness]* aggraver, (faire) empirer ; *[+ quarrel, situation]* envenimer ; *[+ pain]* augmenter b *(= annoy)* exaspérer, agacer COMP ▷ **aggravated assault** N *(Jur)* violences *fpl* avec voies de fait ▷ **aggravated burglary** N *(Jur)* cambriolage *m* avec voies de fait

**aggravating** /ˈægrəveɪtɪŋ/ ADJ a *(= worsening) [circumstances]* aggravant b *(= annoying)* exaspérant, agaçant

**aggravation** /ˌægrəˈveɪʃən/ N a *(NonC = exacerbation) [of problem, situation, illness]* aggravation *f* b *(= annoyance)* contrariété *f* ◆ **I don't need all this ~** je pourrais me passer de toutes ces contrariétés ◆ **the ~ of having to do sth** la contrariété d'avoir à faire qch

**aggregate** /ˈægrɪgɪt/ N a ensemble *m*, total *m* ◆ **in the ~** dans l'ensemble, en somme ◆ **on ~** ≃ au total des points *(dans le groupe de sélection)* b *(Constr, Geol)* agrégat *m* ADJ global, total ◆ **~ value** valeur *f* totale *or* globale VT /ˈægrɪgeɪt/ a *(= gather together)* agréger, rassembler b *(= amount to)* s'élever à, former un total de VI s'agréger, s'unir en un tout

**aggression** /əˈgreʃən/ N *(also Psych)* agression *f* ; *(= aggressiveness)* agressivité *f* ; → **non-aggression**

**aggressive** /əˈgresɪv/ ADJ *[person, behaviour, speech]* agressif ; *[salesman, ad etc]* accrocheur ; *(Mil etc) [tactics, action]* offensif ; *(Psych)* agressif

**aggressively** /əˈgresɪvlɪ/ ADV agressivement

**aggressiveness** /əˈgresɪvnɪs/ N agressivité *f*

**aggressor** /əˈgresəʳ/ N agresseur *m*

**aggrieved** /əˈgriːvd/ ADJ *(= angry)* fâché, contrarié ; *(= unhappy)* chagriné, mécontent ; → **party**

**aggro** * /ˈægrəʊ/ N *(Brit)* (abbrev of **aggravation**) *(= emotion)* agressivité *f* ; *(= physical violence)* grabuge * *m* ; *(= hassle)* embêtements *mpl*

**aghast** /əˈgɑːst/ ADJ atterré (*at* de) frappé d'horreur

**agile** /ˈædʒaɪl/ ADJ agile, leste

**agility** /əˈdʒɪlɪtɪ/ N agilité *f*, souplesse *f*

**Agincourt** /ˈædʒɪnˌkɔːt/ N Azincourt

**aging** /ˈeɪdʒɪŋ/ N, ADJ ⇒ **ageing**

**agio** /ˈædʒɪəʊ/ N agio *m*

**agiotage** /ˈædʒətɪdʒ/ N agiotage *m*

**agism** /ˈeɪdʒɪzəm/ N ⇒ **ageism**

**agist** /ˈeɪdʒɪst/ N, ADJ ⇒ **ageist**

**agitate** /ˈædʒɪteɪt/ VT a *[+ liquid]* agiter, remuer b *(= excite, upset)* perturber VI ◆ **to ~ for/against sth** faire campagne *or* mener une campagne en faveur de/contre qch

**agitated** /ˈædʒɪteɪtɪd/ ADJ inquiet (-ète *f*), agité ◆ **to be very ~** être dans tous ses états

**agitatedly** /ˈædʒɪteɪtɪdlɪ/ ADV avec agitation

**agitation** /ˌædʒɪˈteɪʃən/ N a *[of person]* agitation *f* ◆ **in a state of ~** agité b *(= social unrest)* agitation *f*, troubles *mpl* ; *(= deliberate stirring up)* campagne *f* (*for* pour ; *against* contre) c *[of liquid]* agitation *f*, mouvement *m*

**agitator** /ˈædʒɪteɪtəʳ/ N a *(= person)* agitateur *m*, -trice *f*, fauteur *m* (de troubles) b *(= device)* agitateur *m*

**agitprop** /ˈædʒɪtˌprɒp/ N agit-prop *f inv* ADJ agit-prop *inv*

**aglow** /əˈgləʊ/ ADJ *[sky]* embrasé *(liter)* ; *[fire]* rougeoyant, incandescent ◆ **the rising sun sets the landscape ~** le soleil levant embrase le paysage ◆ **~ with health** rayonnant de santé ◆ **she was ~ with pride** elle rayonnait de fierté

**AGM** /ˌeɪdʒiːˈem/ N *(Brit)* (abbrev of **annual general meeting**) AG *f*, assemblée *f* générale

**Agnes** /ˈægnɪs/ N Agnès *f*

**agnostic** /ægˈnɒstɪk/ ADJ, N agnostique *mf*

**agnosticism** /ægˈnɒstɪsɪzəm/ N agnosticisme *m*

**ago** /əˈgəʊ/ ADV ◆ **a week ~** il y a huit jours ◆ **how long ~?** il y a combien de temps (de cela) ? ◆ **a little while ~** il y a peu de temps ◆ **he died long ~** il est mort il y a longtemps, il y a longtemps qu'il est mort ◆ **he left ten minutes ~** il est sorti il y a dix minutes *or* depuis dix minutes ◆ **as long ~ as 1950** déjà en 1950, dès 1950 ◆ **no longer ~ than yesterday** pas plus tard qu'hier ; → **long**[1]

**agog** /əˈgɒg/ ADJ en émoi ◆ **to be ~ (with excitement) about sth** être en émoi à cause de qch ◆ **to set ~** mettre en émoi ◆ **to be ~ to do sth** brûler d'envie *or* être impatient de faire qch ◆ **~ for news** impatient d'avoir des nouvelles

**agonize** /ˈægənaɪz/ VI ◆ **to ~ over** *or* **about sth** se tourmenter à propos de qch ◆ **to ~ over how to do sth** se ronger les sangs pour savoir comment faire qch

> ⚠ *In French,* agoniser *means 'to be dying'.*

**agonized** /ˈægənaɪzd/ ADJ *[look]* angoissé ; *[cry, letter]* déchirant

**agonizing** /ˈægənaɪzɪŋ/ ADJ *[death]* atroce ; *[feeling, decision, choice]* déchirant

**agonizingly** /ˈægənaɪzɪŋlɪ/ ADV atrocement

**agony** /ˈægənɪ/ N *(= mental pain)* angoisse *f* ; *(= physical pain)* douleur *f* atroce ◆ **she remembered the ~ she had felt** elle se souvenait de l'angoisse qu'elle avait ressentie ◆ **it was ~** la douleur était atroce ◆ **death ~** agonie *f* ◆ **to be in ~** souffrir le martyre ◆ **to suffer agonies** souffrir le martyre *or* mille morts ◆ **to suffer agonies of doubt/indecision** être en proie aux affres du doute/de l'indécision ◆ **to be in an ~ of indecision** être tourmenté par l'indécision ◆ **to be in an ~ of impatience** mourir d'impatience ; → **prolong**

COMP ▷ **agony aunt** * N *(Brit Press)* *rédactrice de la rubrique du courrier du cœur* ▷ **agony column** * N *(Brit Press)* courrier *m* du cœur ▷ **agony uncle** * N *(Brit Press)* *rédacteur de la rubrique du courrier du cœur*

> ⚠ **agony** *is only translated* **agonie** *when it means 'death agony'.*

**agoraphobia** /ˌægərəˈfəʊbɪə/ N agoraphobie *f*

**agoraphobic** /ˌægərəˈfəʊbɪk/ ADJ agoraphobe

**AGR** /ˌeɪdʒiːˈɑːʳ/ N (abbrev of **advanced gas-cooled reactor**) → **advanced**

**agrammatical** /ˌeɪgrəˈmætɪkəl/ ADJ agrammatical

**agraphia** /ˌeɪˈgræfɪə/ N agraphie *f*

**agrarian** /əˈgreərɪən/ ADJ *[reform, laws]* agraire ◆ **Agrarian Revolution** réforme(s) *f(pl)* agraire(s) N *(Pol Hist)* agrarien(ne) *m(f)*

**agree** /əˈgriː/ LANGUAGE IN USE 11, 12, 26.1, 26.3

VT a *(= consent)* consentir (*to do sth* à faire qch) accepter (*to do sth* de faire qch) ; *[+ statement, report]* accepter *or* reconnaître la véracité de ◆ **he ~d to do it** il a consenti à *or* accepté de le faire

b *(= admit)* reconnaître, admettre (*that* que) ; ◆ **I ~ (that) I was wrong** je reconnais *or* conviens que je me suis trompé

c *(= come to an agreement)* convenir (*to do sth* de faire qch) se mettre d'accord (*to do sth* pour faire qch) ; *[+ time, price]* se mettre d'accord sur, convenir de ; *(= be of same opinion)* être d'accord (*with* avec ; *that* que) ; ◆ **everyone ~s that we should stay** tout le monde s'accorde à reconnaître que nous devrions rester ◆ **they ~d (amongst themselves) to do it** ils ont convenu de le faire, ils se sont mis d'accord *or* se sont accordés pour le faire ◆ **it was ~d** c'était convenu ◆ **to ~ to disagree** *or* **differ** en rester là, accepter que chacun reste sur ses positions ◆ **I ~ that it's difficult** je suis d'accord que c'est difficile ◆ **the delivery was three days later than ~d** la livraison a été effectuée trois jours après la date convenue ◆ **unless otherwise ~d** *(Jur)* sauf accord contraire, sauf convention contraire

**VI** **a** *(= hold same opinion)* être d'accord (*with* avec) être du même avis (*with* que) ; ◆ **I (quite) ~** je suis (tout à fait) d'accord ◆ **I don't ~ (at all)** je ne suis pas (du tout) d'accord ◆ **I ~ about trying again tomorrow** je suis d'accord avec l'idée de réessayer demain ◆ **they all ~d about how dull the play had been** tous ont été d'accord pour dire que la pièce était très ennuyeuse ◆ **she ~s with me that it is unfair** elle est d'accord avec moi pour dire que *or* elle trouve comme moi que c'est injuste ◆ **he entirely ~s with me** il est tout à fait d'accord *or* en plein accord avec moi ◆ **I can't ~ with you there** je ne suis absolument pas d'accord avec vous sur ce point ◆ **I don't ~ with children smoking** je n'admets pas que les enfants fument *subj*

**b** *(= come to terms)* se mettre d'accord (*with* avec) ; *(= get on well)* s'entendre (bien), s'accorder (bien) ◆ **to ~ about** *or* **on sth** se mettre d'accord sur qch, convenir de qch ◆ **we haven't ~d about the price/about where to go** nous ne nous sommes pas mis d'accord sur le prix/sur l'endroit où aller, nous n'avons pas convenu du prix/de l'endroit où aller ◆ **they ~d as to** *or* **on how to do it/as to what it should cost** ils sont tombés *or* se sont mis d'accord sur la manière de le faire/sur le prix que cela devrait coûter

◆ **to agree to** ◆ **to ~ to a proposal** accepter une proposition, donner son consentement à une proposition ◆ **he won't ~ to that** il ne sera jamais d'accord, il n'acceptera pas ◆ **I ~ to your marriage/your marrying her** je consens à votre mariage/à ce que vous l'épousiez ◆ **he ~d to the project** il a donné son adhésion au projet

**c** *[ideas, stories, assessments]* concorder, coïncider (*with* avec) ; ◆ **his explanation ~s with the facts I already knew** son explication correspond à ce que je savais déjà ◆ **these statements do not ~ with each other** ces affirmations ne concordent pas

**d** *(Gram)* s'accorder (*with* avec ; *in* en)

**e** *(= suit the health of)* **sea air ~s with invalids** l'air marin est bon pour les malades *or* réussit aux malades ◆ **the heat does not ~ with her** la chaleur l'incommode ◆ **onions don't ~ with me** les oignons ne me réussissent pas

**agreeable** /ə'griːəbl/ **ADJ** **a** *(= pleasant, friendly)* agréable ◆ **she was always ~ to them** elle était toujours agréable avec eux **b** *(frm = willing)* ◆ **if you are ~, we can start immediately** si vous le voulez bien *or* si vous y consentez, nous pouvons commencer immédiatement ◆ **to be ~ to (doing) sth** consentir volontiers à (faire) qch ◆ **I am quite ~** volontiers ◆ **I am quite ~ to doing it** je le ferai très volontiers **c** *(frm = acceptable)* ◆ **we can start the work tomorrow, if that's ~** nous pouvons commencer le travail demain si vous n'y voyez pas d'inconvénient ◆ **is that ~ to you?** est-ce que cela vous convient ?, cela vous agrée-t-il ? *(frm)*

**agreeably** /ə'griːəblɪ/ **ADV** *[chat, spend time]* agréablement ; *[say, smile]* aimablement ◆ **~ surprised** agréablement surpris

**agreed** /ə'griːd/ **LANGUAGE IN USE 11** **ADJ** **a** d'accord ◆ **we are ~** nous sommes d'accord (*about* au sujet de, à propos de ; *on* sur) ; ◆ **the ministers were ~** les ministres sont tombés d'accord **b** *[time, place, amount]* convenu ◆ **it's all ~** c'est tout décidé *or* convenu ◆ **as ~** comme convenu ◆ **it's ~ that ...** il est convenu que ... *+ indic* ◆ **(is that) ~?** entendu ?, d'accord ? ◆ **~!** entendu !, d'accord !

**agreement** /ə'griːmənt/ **N** **a** *(= mutual understanding)* accord *m*, harmonie *f* ◆ **to be in ~ on a subject** être d'accord sur un sujet ◆ **by (mutual) ~** *(= both thinking same)* d'un commun accord ; *(without quarrelling)* à l'amiable **b** *(= arrangement, contract)* accord *m* ; *(Pol, frm)* pacte *m* ◆ **to come to an ~** parvenir à une entente, tomber d'accord ◆ **to sign an ~** signer un accord ◆ **the Helsinki ~** les accords *mpl* d'Helsinki ; → **gentleman** **c** *(Gram)* accord *m*

**agribusiness** /'ægrɪˌbɪznɪs/ **N** agro-industries *fpl*

**agricultural** /ˌægrɪ'kʌltʃərəl/ **ADJ** agricole **COMP** ▷ **agricultural college N** école *f* d'agriculture ▷ **agricultural engineer N** ingénieur *m* agronome ▷ **agricultural expert N** expert *m* agronome ▷ **agricultural show N** exposition *f* agricole ▷ **agricultural worker N** travailleur *m* agricole

**agriculture** /'ægrɪkʌltʃə^r/ **N** agriculture *f* ◆ **Minister/Ministry of Agriculture** *(Brit)* ◆ **Secretary/Department of Agriculture** *(US)* ministre *m*/ministère *m* de l'Agriculture

**agricultur(al)ist** /ˌægrɪ'kʌltʃər(əl)ɪst/ **N** agronome *mf* ; *(= farmer)* agriculteur *m*

**agrifoodstuffs** /'ægrɪ'fuːdstʌfs/ **NPL** agro-alimentaire *m*

**agrobiology** /ˌægrəʊbaɪ'ɒlədʒɪ/ **N** agrologie *f*

**agrochemical** /ˌægrəʊ'kemɪkəl/ **ADJ** agrochimique **N** produit *m* chimique à usage agricole ◆ **~s** *[industry]* agrochimie *f*

**agronomist** /ə'grɒnəmɪst/ **N** agronome *mf*

**agronomy** /ə'grɒnəmɪ/ **N** agronomie *f*

**aground** /ə'graʊnd/ **ADV, ADJ** *[ship]* échoué ◆ **to be ~** toucher le fond ◆ **to be fast ~** être bien échoué ◆ **to run ~** s'échouer, se jeter à la côte

**ague** †† /'eɪgjuː/ **N** *(Med)* fièvre *f*

**ah** /ɑː/ **EXCL** ah !

**aha** /ɑː'hɑː/ **EXCL** ah, ah !

**Ahasuerus** /əˌhæzjʊ'ɪərəs/ **N** Assuérus *m*

**ahead** /ə'hed/

> When **ahead** is an element in a phrasal verb, eg **book ahead, draw ahead, fire ahead, go ahead**, look up the verb.

**ADV** **a** *(in space)* en avant, devant ◆ **stay here, I'll go on ~** restez ici, moi je vais en avant *or* devant ◆ **to get ~** *(lit, fig)* prendre de l'avance ◆ **full speed ~!** *(Naut, also fig)* en avant toute !

**b** *(in classification, sport etc)* en tête ◆ **to be five points** *etc* **~** avoir une avance de cinq points *etc* ◆ **the goal put Scotland 2-1 ~** grâce à ce but, l'Écosse menait 2 à 1

**c** *(in time)* *[book]* à l'avance ◆ **~ of time** *[decide, announce]* d'avance ; *[arrive, be ready]* avant l'heure, en avance ◆ **the project's ~ of schedule** le projet est plus avancé que prévu ◆ **the project's two months ~ of schedule** le projet est en avance de deux mois sur le planning *or* sur le programme prévu ◆ **~ of the meeting** avant la réunion ◆ **two hours ~ of the next car** avec deux heures d'avance sur la voiture suivante ◆ **he's two hours ~ of you** il a deux heures d'avance sur vous ◆ **clocks here are two hours ~ of clocks over there** les pendules d'ici ont deux heures d'avance sur celles de là-bas, il y a un décalage horaire de deux heures entre ici et là-bas ◆ **the months ~** les mois à venir ◆ **there are difficult times ~** l'avenir s'annonce difficile ◆ **to think** *or* **plan ~** prévoir (à l'avance) ◆ **looking** *or* **thinking ~ five years, what ...** essayez d'imaginer la situation dans cinq ans : qu'est-ce que ... ◆ **to plan ~** faire des projets ◆ **to be ~ of one's time** être en avance sur son temps ◆ **what is** *or* **lies ~** ce que l'avenir nous réserve ◆ **what is** *or* **lies ~ for him/us** ce que l'avenir lui/nous réserve

**ahem** /ə'hem/ **EXCL** hum !

**ahold** /ə'həʊld/ **N** *(esp US)* ◆ **to get ~ of sb** *(= contact)* contacter qn, joindre qn ; *(= grab)* saisir qn ◆ **to get ~ of sth** *(= obtain)* mettre la main sur qch ; *(= grab)* saisir qch ◆ **to get ~ of o.s.** *(= pull o.s. together)* se ressaisir ; *(= control o.s.)* se maîtriser

**ahoy** /ə'hɔɪ/ **EXCL** *(Naut)* ohé ! ◆ **ship ~!** ohé du navire !

**AI** /eɪ'aɪ/ **N** **a** (abbrev of **artificial intelligence**) IA *f*, intelligence *f* artificielle **b** (abbrev of **artificial insemination**) IA *f*, insémination *f* artificielle **c** abbrev of **Amnesty International**

**AID** /ˌeɪaɪ'diː/ **N** **a** (abbrev of **artificial insemination by donor**) IAD *f* **b** *(US)* abbrev of **Agency for International Development** **c** *(US Admin)* abbrev of **Aid to Families with Dependent Children**

**aid** /eɪd/ **N** **a** *(NonC)* *(= help)* aide *f*, assistance *f* ; *(international)* aide *f* ◆ **by** *or* **with the ~ of sb** avec l'aide de qn ◆ **by** *or* **with the ~ of sth** à l'aide de qch

◆ **in aid of** *(esp Brit)* ◆ **sale in ~ of the blind** vente *f* (de charité) au profit des aveugles ◆ **what is the meeting in ~ of?** * c'est dans quel but *or* en quel honneur *, cette réunion ?

**b** *(= helper)* aide *mf*, assistant(e) *m(f)* ; *(gen pl = equipment, apparatus)* aide *f* ◆ **audio-visual ~s** supports *mpl or* moyens *mpl* audio-visuels ◆ **teaching ~s** outils *mpl or* matériel *m* pédagogique(s) ; → **deaf**

**VT** *[+ person]* aider ; *[+ progress, recovery]* contribuer à ◆ **to ~ one another** s'entraider, s'aider les uns les autres ◆ **to ~ sb to do sth** aider qn à faire qch ◆ **to ~ and abet (sb)** *(Jur)* être complice (de qn)

**COMP** ▷ **aid agency N** organisation *f* humanitaire ▷ **aid climbing N** *(Climbing)* escalade *f* artificielle

**aide** /eɪd/ **N** aide *mf*, assistant(e) *m(f)* ; *(US Pol)* conseiller *m*, -ère *f* **COMP** ▷ **aide-de-camp N** (pl **aides-de-camp**) aide *m* de camp ▷ **aide-mémoire N** (pl **aides-mémoire**) mémorandum *m*

**AIDS, Aids, aids** /eɪdz/ **N** (abbrev of **acquired immune deficiency syndrome**) sida *m* **COMP** ▷ **AIDS patient N** sidéen(ne) *m(f)*, malade *mf* du sida ▷ **AIDS-related ADJ** associé au sida ▷ **AIDS-related complex N** ARC *m* ▷ **AIDS victim N** ⇒ **AIDS patient**

**aigrette** /'eɪgret/ **N** *(Bot, Zool)* aigrette *f*

**AIH** /ˌeɪaɪ'eɪtʃ/ **N** (abbrev of **artificial insemination by husband**) IAC *f*

**aikido** /'aɪkɪdəʊ/ **N** aïkido *m*

**ail** /eɪl/ **VT** affliger ◆ **what ~s you?** † qu'avez-vous ? **VI** être souffrant

**aileron** /'eɪlərɒn/ **N** *(Aviat)* aileron *m*

**ailing** /'eɪlɪŋ/ **ADJ** souffrant ◆ **she is always ~** elle est de santé fragile, elle a une petite santé ◆ **an ~ company** une compagnie qui périclite

**ailment** /'eɪlmənt/ **N** affection *f* ◆ **all his (little) ~s** tous ses maux *mpl*

**AIM** /ˌeɪaɪˈem/ N *(Brit)* (abbrev of **Alternative Investment Market**) AIM *m*, nouveau marché *m (second marché de Londres)*

**aim** /eɪm/ N a ◆ **his ~ is bad** il vise mal ◆ **to take ~ (at sb/sth)** viser (qn/qch) ◆ **to miss one's ~** manquer la cible

b *(= purpose)* but *m* ◆ **with the ~ of doing sth** dans le but de faire qch ◆ **her ~ is to work in London** elle a pour but de travailler à Londres ◆ **the ~ of this policy is to ...** cette politique vise à ... ◆ **the ~ of this government is to ...** le but que s'est fixé le gouvernement est de ... ◆ **his ~s are open to suspicion** ses visées *or* ses ambitions sont suspectes ◆ **political ~s** finalités *fpl or* buts *mpl* politiques

VT a *(= direct) [+ hosepipe, extinguisher]* pointer, diriger ; *[+ gun]* braquer (*at* sur) ; *[+ missile]* pointer (*at* sur) ; *[+ blow]* allonger, décocher (*at* à) ; *[+ remark]* diriger (*at* contre) ; ◆ **to ~ a gun at sb** braquer un revolver sur qn, viser qn avec un revolver ◆ **to ~ a stone at sb** *(= throw)* lancer une pierre sur *or* à qn ◆ **his remarks are ~ed at his father** ses remarques visent son père

b *(= intend)* viser, aspirer (*to do sth, at doing sth* à faire qch)

VI viser ◆ **to ~ at** *(lit)* viser ; *(fig)* viser, aspirer à ; → **high**

**aimless** /ˈeɪmlɪs/ ADJ *[person, way of life]* sans but, désœuvré ; *[activity, pursuit]* qui ne mène à rien, futile

**aimlessly** /ˈeɪmlɪslɪ/ ADV *[wander, drift]* sans but ; *[chat]* à bâtons rompus

**aimlessness** /ˈeɪmlɪsnɪs/ N ◆ **a mood of ~ and despair** une sensation d'errance *(liter)* et de désespoir ◆ **his sense of ~** le sentiment qu'il éprouvait de ne pas avoir de but dans la vie

**ain't** ‡ /eɪnt/ ⇒ **am not, is not, are not, has not, have not ;** → **be, have**

**air** /ɛəʳ/ N a air *m* ◆ **in the open ~** en plein air ◆ **a change of ~** un changement d'air ◆ **I need some ~!** j'ai besoin d'air ! ◆ **to go out for a breath of (fresh) ~** sortir prendre l'air ◆ **to take the ~** † prendre le frais ◆ **to throw sth (up) into the ~** jeter *or* lancer qch en l'air ◆ **the balloon rose up into the ~** le ballon s'est élevé (dans les airs) ◆ **(seen) from the ~** vu d'en haut ◆ **I can't live on ~** je ne peux pas vivre de l'air du temps ◆ **to be walking** *or* **treading on ~** être aux anges, ne pas se sentir de joie ◆ **to pull** *or* **pluck a figure out of the ~** donner un chiffre au hasard ◆ **to give sb the ~** * *(US) [employer]* virer * *or* renvoyer qn ; *[girlfriend etc]* plaquer ‡ qn

◆ **by air** par avion ◆ **to transport sth by ~** transporter qch par avion ◆ **to go by ~** aller en avion, voyager par avion

◆ **in the air** *(fig)* ◆ **there's something in the ~** il se prépare quelque chose, il se trame quelque chose ◆ **there's a rumour in the ~ that ...** le bruit court que ... ◆ **it's still all in the ~** ce ne sont encore que des projets en l'air *or* de vagues projets ◆ **all her plans were up in the ~** *(= vague)* tous ses projets étaient vagues *or* flous ◆ **all her plans have gone up in the ~** *(= destroyed)* tous ses projets sont tombés à l'eau ◆ **he went up in the ~** * **when he heard the news** *(in anger)* il a bondi en apprenant la nouvelle ; *(in excitement)* il a sauté d'enthousiasme en apprenant la nouvelle ◆ **to be up in the ~ about** * ... *(= angry)* être très monté *or* très en colère à l'idée de ... ; *(= excited)* être tout en émoi *or* très excité à l'idée de ...

◆ **off (the) air** ◆ **to go off (the) ~** quitter l'antenne

◆ **on (the) air** *(Rad)* à la radio, sur les ondes, à l'antenne ; *(TV)* à l'antenne ◆ **you're on (the) ~** vous êtes à l'antenne, vous avez l'antenne ◆ **he's on (the) ~ every day** il passe tous les jours à la radio ◆ **the station is on the ~** la station émet ◆ **the programme goes or is on (the) ~ every week** l'émission passe (sur l'antenne) *or* est diffusée toutes les semaines

b *(† = breeze)* brise *f*, léger souffle *m*

c *(= manner)* air *m* ◆ **with an ~ of bewilderment/superiority** d'un air perplexe/supérieur ◆ **with a proud ~** d'un air fier, avec une mine hautaine ◆ **she has an ~ about her** elle a de l'allure, elle a un certain chic ◆ **to put on ~s, to give o.s. ~s** se donner de grands airs ◆ **~s and graces** minauderies *fpl* ◆ **to put on ~s and graces** minauder

d *(Mus)* air *m*

VT a *[+ clothes, room, bed]* aérer

b *[+ anger]* exhaler ; *[+ opinions]* faire connaître ; *[+ idea, proposal]* mettre sur le tapis

c *(esp US * = broadcast)* diffuser

VI *(TV, Rad = be broadcast)* être diffusé

COMP ▷ **air alert** N alerte *f* aérienne ▷ **air ambulance** N *(= plane)* avion *m* sanitaire ; *(= helicopter)* hélicoptère *m* sanitaire ▷ **air base** N base *f* aérienne ▷ **air bed** N *(Brit)* matelas *m* pneumatique ▷ **air brake** N *(on truck)* frein *m* à air comprimé ; *(Aviat)* frein *m* aérodynamique, aérofrein *m* ▷ **air brick** N *(Constr)* brique *f* évidée *or* creuse ▷ **air bridge** N pont *m* aérien ▷ **air-brush** N aérographe *m* VT *(lit)* retoucher à l'aérographe ; *(fig)* embellir ▷ **air bubble** N *(in liquids)* bulle *f* d'air ; *(in glass, metal)* soufflure *f* ▷ **air burst** N explosion *f* aérienne ▷ **air chamber** N *(Aut, Physiol)* chambre *f* à air ▷ **air chief marshal** N *(Brit)* général *m* d'armée aérienne ▷ **air commodore** N *(Brit)* général *m* de brigade aérienne ▷ **air-con** N ⇒ **air conditioning** ▷ **air-conditioned** ADJ climatisé ▷ **air conditioner** N climatiseur *m* ▷ **air conditioning** N climatisation *f*, air *m* conditionné ▷ **air-cooled** ADJ *[+ engine]* à refroidissement par air ; *(US *) [+ room]* climatisé ▷ **air corridor** N couloir *m* aérien ▷ **air cover** N couverture *f* aérienne ▷ **air crash** N accident *m* d'avion ▷ **air current** N courant *m* atmosphérique ▷ **air cushion** N coussin *m* pneumatique ; *(Tech)* matelas *m or* coussin *m* d'air ▷ **air cylinder** N bouteille *f* d'air comprimé ▷ **air disaster** N catastrophe *f* aérienne ▷ **air display** N meeting *m* aérien ▷ **air-dry** VT sécher à l'air ▷ **air duct** N *(Tech)* conduit *m* d'aération ▷ **air express** N *(US)* cargo *m* aérien ▷ **air ferry** N avion *m* transbordeur ▷ **air filter** N filtre *m* à air ▷ **air flow** N courant *m* atmosphérique ; *(in wind tunnel)* écoulement *m* d'air ▷ **air force** N armée *f* de l'air, aviation *f* militaire ▷ **air-force blue** ADJ bleu gris *inv* ▷ **Air Force One** N *(US)* l'avion *m* présidentiel ▷ **air freight** N *(= goods)* fret *m* aérien ; *(= method)* transport *m* aérien ◆ **to send by ~ freight** expédier par voie aérienne *or* par avion ▷ **air freshener** N désodorisant *m* ▷ **air guitar** N *(hum) guitare imaginaire dont on fait semblant de jouer en écoutant de la musique* ▷ **air hole** N trou *m* d'aération ▷ **air hostess** N *(Brit)* hôtesse *f* de l'air ▷ **air intake** N arrivée *f* d'air, prise *f* d'air ▷ **air lane** N couloir *m* aérien *or* de navigation aérienne ▷ **air letter** N aérogramme *m* ▷ **air marshal** N général *m* de corps aérien ▷ **air mass** N *(Met)* masse *f* d'air ▷ **air mattress** N matelas *m* pneumatique ▷ **air miles** NPL miles *mpl* ▷ **air miss** N quasi-collision *f* ▷ **air pistol** N pistolet *m* à air comprimé ▷ **air pocket** N trou *m or* poche *f* d'air ▷ **air power** N puissance *f* aérienne ▷ **air pressure** N pression *f* atmosphérique ▷ **air pump** N compresseur *m*, machine *f* pneumatique ▷ **air purifier** N purificateur *m* d'air ▷ **air rage** N *comportement agressif de passager(s) dans un avion* ▷ **air raid** N attaque *f* aérienne, raid *m* aérien ▷ **air-raid precautions** NPL défense *f* passive ▷ **air-raid shelter** N abri *m* antiaérien ▷ **air-raid warden** N préposé(e) *m(f)* à la défense passive ▷ **air-raid warning** N alerte *f* (aérienne) ▷ **air rifle** N carabine *f* à air comprimé ▷ **air-sea base** N base *f* aéronavale ▷ **air-sea missile** N missile *m* air-mer ▷ **air-sea rescue** N sauvetage *m* en mer *(par hélicoptère etc)* ▷ **air shaft** N *(Min)* puits *m* d'aérage ; *(Naut)* manche *f* à vent ▷ **air show** N *(= trade exhibition)* salon *m* de l'aéronautique ; *(= flying display)* meeting *m* aérien ▷ **air shuttle** N navette *f* aérienne ▷ **air sock** N manche *f* à air ▷ **air space** N espace *m* aérien ◆ **French ~ space** l'espace *m* aérien français ▷ **air stream** N courant *m* atmosphérique ; *(Ling)* colonne *f* d'air ▷ **air superiority** N supériorité *f* aérienne ▷ **air suspension** N *(Aut)* suspension *f* pneumatique ▷ **air terminal** N aérogare *f* ▷ **air ticket** N billet *m* d'avion ▷ **air time** N temps *m* d'antenne ▷ **air-to-air** ADJ *(Mil)* air-air *inv*, avion-avion *inv* ▷ **air-to-ground** ADJ *(Mil)* air-sol *inv* ▷ **air-to-sea** ADJ *(Mil)* air-mer *inv* ▷ **air-to-surface** ADJ ⇒ **air-to-ground** ▷ **air traffic control** N contrôle *m* du trafic aérien ▷ **air traffic controller** N contrôleur *m*, -euse *f* de la navigation aérienne, aiguilleur *m* du ciel ▷ **air valve** N soupape *f* ▷ **air vent** N prise *f* d'air ▷ **air vice marshal** N *(Brit)* général *m* de division aérienne ▷ **air waves** † NPL ondes *fpl* (hertziennes) ◆ **on the ~ waves** *(= on radio)* sur les ondes

**airbag** /ˈɛəbæg/ N *(Aut)* airbag ® *m*

**airborne** /ˈɛəbɔːn/ ADJ *[+ troops]* aéroporté ◆ **the plane was ~** l'avion avait décollé

**Airbus** ® /ˈɛəbʌs/ N Airbus ® *m*

**aircraft** /ˈɛəkrɑːft/ N *(pl inv)* avion *m* COMP ▷ **aircraft carrier** N porte-avions *m inv*

**aircraft(s)man** /ˈɛəkrɑːft(s)mən/ N (pl **-men**) *(Brit)* soldat *m* de deuxième classe (de l'armée de l'air)

**aircrew** /ˈɛəkruː/ N équipage *m*

**airdrome** /ˈɛədrəʊm/ N *(US)* aérodrome *m*

**airdrop** /ˈɛədrɒp/ VT parachuter N parachutage *m*

**Airedale** /ˈɛədeɪl/ N (also **Airedale terrier**) airedale *m*

**airfare** /ˈɛəfɛəʳ/ N prix *m* du billet d'avion ◆ **she paid my ~** elle a payé mon billet d'avion

**airfield** /ˈɛəfiːld/ N terrain *m* d'aviation, (petit) aérodrome *m*

**airfoil** /ˈɛəfɔɪl/ N *(US)* ⇒ **aerofoil**

**airframe** /ˈɛəfreɪm/ N cellule *f* (d'avion)

**airgun** /ˈɛəgʌn/ N fusil *m or* carabine *f* à air comprimé

**airhead** ‡ /ˈɛəhed/ N cruche * *f*

**airily** /ˈɛərɪlɪ/ ADV *[say, dismiss]* avec désinvolture

**airiness** /ˈɛərɪnɪs/ N ◆ **feeling of ~** impression *f* d'espace

**airing** /ˈɛərɪŋ/ N *(fig)* ◆ **to give an idea an ~** mettre une idée sur le tapis COMP ▷ **airing cupboard** N *(Brit)* placard-séchoir *m*

**airless** /ˈɛəlɪs/ ADJ a *[room]* privé d'air ◆ **it is ~ in here** il n'y a pas d'air ici, cela sent le renfermé ici b *[weather]* lourd

**airlift** /ˈɛəlɪft/ N pont *m* aérien VT évacuer par pont aérien

**airline** /ˈɛəlaɪn/ N a (Aviat) compagnie f aérienne b (diver's) voie f d'air

**airliner** /ˈɛəlaɪnəʳ/ N avion m de ligne, (avion m) long-courrier m or moyen-courrier m

**airlock** /ˈɛəlɒk/ N a (in spacecraft, caisson etc) sas m b (in pipe) bulle f d'air

**airmail** /ˈɛəmeɪl/ N poste f aérienne ◆ **by ~** par avion VT [+ letter, parcel] expédier par avion COMP ▷ **airmail edition** N édition f par avion ▷ **airmail letter** N lettre f par avion ▷ **airmail paper** N papier m pelure ▷ **airmail stamp, airmail sticker** N étiquette f "par avion"

**airman** /ˈɛəmən/ N (pl **-men**) aviateur m ; (Brit Aviat) soldat m de l'armée de l'air ; (US Aviat) soldat m de première classe COMP ▷ **airman first class** N (US) caporal m

**airmobile** /ˈɛəməbiːl/ ADJ (US Mil) aéroporté

**airplane** /ˈɛəpleɪn/ N (US) avion m

**airplay** /ˈɛəpleɪ/ N (Rad) temps m de passage à l'antenne ◆ **to get a lot of ~** passer souvent à l'antenne

**airport** /ˈɛəpɔːt/ N aéroport m COMP ▷ **airport bus** N bus m de l'aéroport ▷ **airport lounge** N salon m d'aéroport ▷ **airport tax(es)** N(PL) taxes fpl d'aéroport

**airscrew** /ˈɛəskruː/ N (Brit) hélice f

**airshed** /ˈɛəʃed/ N hangar m (d'aviation)

**airship** /ˈɛəʃɪp/ N dirigeable m

**airsick** /ˈɛəsɪk/ ADJ ◆ **to be ~** avoir le mal de l'air ◆ **I get ~** je souffre du mal de l'air

**airsickness** /ˈɛəsɪknɪs/ N mal m de l'air

**airspeed** /ˈɛəspiːd/ N (Aviat) vitesse f relative COMP ▷ **airspeed indicator** N badin m, anémomètre m

**airstrike** /ˈɛəstraɪk/ N ⇒ **air raid ;** → **air**

**airstrip** /ˈɛəstrɪp/ N piste f (d'atterrissage)

**airtight** /ˈɛətaɪt/ ADJ hermétique

**airway** /ˈɛəweɪ/ N (= route) voie f aérienne ; (= airline company) compagnie f aérienne ; (= ventilator shaft) conduit m d'air NPL **airways** voies fpl respiratoires

**airwoman** /ˈɛəwʊmən/ N (pl **-women**) aviatrice f ; (in air force) auxiliaire f de l'armée de l'air

**airworthiness** /ˈɛəwɜːðɪnɪs/ N navigabilité f ; → **certificate**

**airworthy** /ˈɛəwɜːðɪ/ ADJ en état de navigation

**airy** /ˈɛərɪ/ ADJ a (= spacious) [room, building] clair et spacieux b (= lightweight) [fabric] léger c (= casual) [manner, gesture, wave] désinvolte d (= empty) [promise, idea] en l'air COMP ▷ **airy-fairy** * ADJ (Brit) [idea, person] farfelu

**aisle** /aɪl/ N a [of church] (central) allée f centrale ; (side) bas-côté m ◆ **to take a girl up the ~** † mener une jeune fille à l'autel ◆ **to walk up the ~ with sb** (fig) épouser qn b [of theatre, cinema, supermarket] allée f ; [of plane, train, coach] couloir m ◆ **~ seat** (on plane etc) place f côté couloir

**aitch** /eɪtʃ/ N (= letter) H, h m ◆ **~ bone** (Culin) culotte f (de bœuf) ; → **drop**

**Ajaccio** /əˈʒæsjəʊ/ N Ajaccio

**ajar** /əˈdʒɑːʳ/ ADJ, ADV entrouvert, entrebâillé

**Ajax** /ˈeɪdʒæks/ N Ajax m

**AK** abbrev of **Alaska**

**AKA, aka** /ˌeɪkeɪˈeɪ/ (abbrev of **also known as**) alias

**akimbo** /əˈkɪmbəʊ/ ADJ ◆ **with arms ~** les poings sur les hanches

**akin** /əˈkɪn/ ADJ ◆ **~ to** (= similar) qui tient de, qui ressemble à, analogue à ; (= of same family as) parent de, apparenté à

**AL, Ala.** abbrev of **Alabama**

**Alabama** /ˌæləˈbæmə/ N Alabama m ◆ **in ~** en Alabama

**alabaster** /ˈæləbɑːstəʳ/ N albâtre m ADJ (lit, fig) d'albâtre

**alacrity** /əˈlækrɪtɪ/ N empressement m ◆ **with ~** avec empressement

**Aladdin** /əˈlædɪn/ N Aladin m COMP ▷ **Aladdin's cave** N (fig) caverne f d'Ali Baba

**Alan** /ˈælən/ N Alain m

**alarm** /əˈlɑːm/ N a (= warning) alarme f, alerte f ◆ **to raise the ~** donner l'alarme or l'éveil ◆ **~s and excursions** (Theat) bruits mpl de bataille en coulisse ; (fig) branle-bas m de combat ; → **burglar, false**

b (NonC = fear) inquiétude f, alarme f ◆ **to cause sb ~** mettre qn dans l'inquiétude, alarmer qn

c ⇒ **alarm clock**

VT a (= frighten) [+ person] alarmer, éveiller des craintes chez ; [+ animal, bird] effaroucher, faire peur à ◆ **to become** or **be ~ed** [person] prendre peur, s'alarmer ; [animal] prendre peur, s'effaroucher

b (= warn) alerter, alarmer

COMP ▷ **alarm bell** N sonnerie f d'alarme ◆ **the court's decision has set ~ bells ringing in government** la décision du tribunal a alerté or inquiété le gouvernement ▷ **alarm call** N (Telec) appel m du service réveil ◆ **I'd like an ~ call (for 6 am)** je voudrais être réveillé (à 6 heures) ▷ **alarm clock** N réveil m ▷ **alarm signal** N signal m d'alarme ▷ **alarm system** N système m d'alarme

**alarming** /əˈlɑːmɪŋ/ ADJ alarmant

**alarmingly** /əˈlɑːmɪŋlɪ/ ADV [rise, deteriorate] de façon alarmante ◆ **the deadline is ~ close** la date limite se rapproche de manière inquiétante ◆ **~ quickly** à une vitesse alarmante ◆ **an ~ high divorce rate** un taux de divorce qui atteint des niveaux alarmants ◆ **~, there was a sharp fall in house prices** fait alarmant, il y a eu une forte chute des prix de l'immobilier

**alarmist** /əˈlɑːmɪst/ ADJ, N alarmiste mf

**alas** /əˈlæs/ EXCL hélas !

**Alas.** abbrev of **Alaska**

**Alaska** /əˈlæskə/ N Alaska m ◆ **in ~** en Alaska ◆ **~ Highway** route f de l'Alaska ◆ **~ Range** chaîne f de l'Alaska ; → **bake**

**Alaskan** /əˈlæskən/ ADJ de l'Alaska N habitant(e) m(f) de l'Alaska

**alb** /ælb/ N aube f (d'un prêtre)

**Albania** /ælˈbeɪnɪə/ N Albanie f

**Albanian** /ælˈbeɪnɪən/ ADJ albanais N a (= person) Albanais(e) m(f) b (Ling) albanais m

**albatross** /ˈælbətrɒs/ N (also Golf) albatros m ; (= burden) boulet m ◆ **to be an ~ around sb's neck** être un boulet pour qn

**albeit** /ɔːlˈbiːɪt/ CONJ (frm) bien que + subj

**Alberta** /ælˈbɜːtə/ N (Geog) Alberta m

**Albigensian** /ˌælbɪˈdʒensɪən/ ADJ albigeois ◆ **the ~ Heresy** l'hérésie f cathare N Albigeois(e) m(f)

**albinism** /ˈælbɪnɪzəm/ N albinisme m

**albino** /ælˈbiːnəʊ/ N albinos mf ◆ **~ rabbit** lapin m albinos

**Albion** /ˈælbɪən/ N Albion f

**album** /ˈælbəm/ N (= book, record etc) album m COMP ▷ **album cover** N pochette f (de disque)

**albumen, albumin** /ˈælbjʊmɪn/ N (= egg white) albumen m, blanc m de l'œuf ; (Bot) albumen m ; (Physiol) albumine f

**albuminous** /ælˈbjuːmɪnəs/ ADJ albumineux

**Alcestis** /ælˈsestɪs/ N Alceste f

**alchemical** /ælˈkemɪkəl/ ADJ alchimique

**alchemist** /ˈælkɪmɪst/ N alchimiste m

**alchemy** /ˈælkɪmɪ/ N (lit, fig) alchimie f

**alcohol** /ˈælkəhɒl/ N alcool m COMP ▷ **alcohol abuse** N abus m d'alcool ▷ **alcohol abuser** N alcoolique mf ▷ **alcohol consumption** N consommation f d'alcool ▷ **alcohol content** N [of drink] teneur f en alcool ▷ **alcohol-free** ADJ sans alcool

**alcoholic** /ˌælkəˈhɒlɪk/ ADJ [person] alcoolique ; [drink] alcoolisé N alcoolique mf ◆ **Alcoholics Anonymous** Alcooliques mpl anonymes

**alcoholism** /ˈælkəhɒlɪzəm/ N alcoolisme m

**alcopop** /ˈælkəˌpɒp/ N (Brit) prémix m

**alcove** /ˈælkəʊv/ N (in room) alcôve f ; (in wall) niche f ; (in garden) tonnelle f, berceau m

**aldehyde** /ˈældɪhaɪd/ N aldéhyde m

**alder** /ˈɔːldəʳ/ N aulne or aune m

**alderman** /ˈɔːldəmən/ N (pl **-men**) alderman m, conseiller m, -ère f municipal(e) ; (Hist) échevin m

**ale** /eɪl/ N bière f, ale f ; → **brown, light², pale¹**

**aleatoric** /ˌælɪəˈtɒrɪk/ ADJ (Mus) aléatoire

**alehouse** †† /ˈeɪlˌhaʊs/ N taverne f

**Aleppo** /əˈlepəʊ/ N Alep

**alert** /əˈlɜːt/ N alerte f ◆ **to give the ~** donner l'alerte ◆ **on the ~** (gen) sur le qui-vive ; (Mil) en état d'alerte ADJ a (= watchful) vigilant b (= aware) ◆ **to be ~ to sth** avoir conscience de qch c (= acute) [old person] alerte ; [child] éveillé ◆ **to be mentally ~** avoir l'esprit vif VT alerter ; (fig) éveiller l'attention de (to sur) ; ◆ **we are now ~ed to the dangers** nous sommes maintenant sensibilisés aux dangers

**alertly** /əˈlɜːtlɪ/ ADV [look, watch] d'un œil alerte

**alertness** /əˈlɜːtnɪs/ N (NonC) a (= watchfulness) [of person, animal] vigilance f b (= liveliness) [of person] vivacité f ◆ **mental ~** vivacité f d'esprit

**Aleutian** /əˈluːʃən/ ADJ ◆ **the ~ Islands, the ~s** les îles fpl Aléoutiennes fpl

**alevin** /ˈælɪvɪn/ N alevin m

**alewife** /ˈeɪlwaɪf/ N (pl **-wives**) alose f

**Alexander** /ˌælɪgˈzɑːndəʳ/ N Alexandre m

**Alexandria** /ˌælɪgˈzɑːndrɪə/ N Alexandrie

**alexandrine** /ˌælɪgˈzændraɪn/ ADJ, N alexandrin m

**ALF** /ˌeɪelˈef/ N (Brit) (abbrev of **Animal Liberation Front**) Front britannique de libération des animaux

**alfalfa** /ælˈfælfə/ N luzerne f

**Alfonso** /ælˈfɒnsəʊ/ N Alphonse m

**Alfred** /ˈælfrɪd/ N Alfred m

**alfresco** /ælˈfreskəʊ/ ADJ, ADV en plein air

**alga** /ˈælgə/ N (pl **algae** /ˈældʒiː/) (gen pl) algue(s) f(pl)

**algal** /ˈælgəl/ ADJ algal

**algebra** /ˈældʒɪbrə/ N algèbre f

**algebraic** /ˌældʒɪˈbreɪɪk/ ADJ algébrique

**Algeria** /ælˈdʒɪərɪə/ N Algérie f

**Algerian** /æl'dʒɪərɪən/ ADJ algérien N Algérien(ne) *m(f)*

**Algiers** /æl'dʒɪəz/ N Alger

**Algol** /'ælgɒl/ N *(Comput)* Algol *m*

**Algonquian** /,æl'gɒŋkwɪən/, **Algonquin** /æl'gɒŋkwɪn/ ADJ algonquin, algonkin

**algorithm** /'ælgə,rɪðəm/ N *(Comput, Ling)* algorithme *m*

**algorithmic** /,ælgə'rɪðmɪk/ ADJ algorithmique

**Alhambra** /,æl'hæmbrə/ N Alhambra *m*

**alias** /'eɪlɪəs/ ADV alias N faux nom *m*, nom *m* d'emprunt ; *[of writer]* pseudonyme *m*

**Ali Baba** /'ælɪ'bɑːbə/ N Ali Baba *m*

**alibi** /'ælɪbaɪ/ N *(Police)* alibi *m* ; *(*: gen)* excuse *f*, alibi *m (hum)* VI *(US *)* trouver des excuses *(for sth* pour expliquer qch ; *for doing sth* pour avoir fait qch) VT *(US)* ◆ **to ~ sb** * trouver des excuses à qn

**Alice** /'ælɪs/ N Alice *f* ◆ **~ in Wonderland** Alice au pays des merveilles COMP ▷ **Alice band** N *(Brit)* bandeau *m (pour les cheveux)*

**alien** /'eɪlɪən/ N a *(from abroad)* étranger *m*, -ère *f* ◆ **resident/non-resident ~** étranger *m*, -ère *f* résident(e)/non résident(e) b *(from outer space)* extra-terrestre *mf* ADJ a *(= foreign) [forces, environment, concept]* étranger *(to sb/sth* à qn/qch) b *(= from outer space) [spacecraft, species, civilization]* extraterrestre ◆ **~ being** extraterrestre *mf*

**alienate** /'eɪlɪəneɪt/ VT *(also Jur)* aliéner ◆ **this has ~d all his friends** ceci (lui) a aliéné tous ses amis ◆ **she has ~d all her friends** elle s'est aliéné tous ses amis *(by doing sth* en faisant qch)

**alienated** /'eɪlɪəneɪtɪd/ ADJ *(= estranged)* étranger *(from* à) ; *(Psych)* aliéné ◆ **to become ~ from sb/sth** se détacher de qn/qch

**alienation** /,eɪlɪə'neɪʃən/ N a *(= estrangement)* désaffection *f*, éloignement *m (from* de) b *(Jur, Psych)* aliénation *f*

**alienist** /'eɪlɪənɪst/ N aliéniste *mf*

**alight[1]** /ə'laɪt/ VI *[person]* descendre *(from* de) ; *[bird]* se poser *(on* sur)

► **alight on** VT FUS *[+ fact]* apprendre par hasard ; *[+ idea]* tomber sur

**alight[2]** /ə'laɪt/ ADJ a *(= lit)* ◆ **to be ~** *[candle, fire]* être allumé ; *[building]* être en feu ◆ **try and keep the fire ~** ne laissez pas éteindre le feu ◆ **to set sth ~** mettre le feu à qch ◆ **bushes ~ with fireflies** buissons *mpl* illuminés par des lucioles b *(= radiant)* ◆ **to be ~** *[eyes]* briller, pétiller ; *[face]* rayonner ◆ **his eyes were ~ with laughter** ses yeux pétillaient ◆ **her face was ~ with happiness** son visage rayonnait de bonheur

**align** /ə'laɪn/ VT a aligner, mettre en ligne ; *(Tech)* dégauchir b *(Fin, Pol)* aligner *(on, with* sur) ; ◆ **to ~ o.s. with sb** s'aligner sur qn VI *[persons]* s'aligner *(with* sur) ; *[objects]* être alignés

**alignment** /ə'laɪnmənt/ N *(lit, fig)* alignement *m* ; *(Aut)* parallélisme *m* ; → **non-alignment**

**alike** /ə'laɪk/ ADJ ◆ **to be ~** *[people]* se ressembler, être semblables ◆ **they all look ~ to me** pour moi, ils se ressemblent tous ◆ **no two are exactly ~** il n'y en a pas deux qui soient exactement identiques ◆ **the sisters were remarkably ~ in appearance** la ressemblance physique entre les sœurs était remarquable ADV a *(= in the same way) [treat, speak, think, dress]* de la même façon b *(= equally)* ◆ **winter and summer ~** été comme hiver ◆ **the southern and northern states ~** les États du nord comme ceux du sud ; → **share**

**alimentary** /,ælɪ'mentərɪ/ ADJ alimentaire ◆ **~ canal** tube *m* digestif

**alimony** /'ælɪmənɪ/ N *(Jur)* pension *f* alimentaire

**aliterate** /eɪ'lɪtərət/ N ennemi(e) *m(f)* de la lecture ADJ antilecture

**alive** /ə'laɪv/ ADJ a *(= living)* vivant, en vie ; *(= in existence)* au monde ◆ **to burn ~** brûler vif ◆ **to bury sb ~** enterrer qn vivant ◆ **he must be taken ~** *[prisoner]* il faut le prendre *or* capturer vivant ◆ **while ~, he ...** de son vivant, il ... ◆ **it's good to be ~** il fait bon vivre ◆ **no man ~ could do it** personne au monde ne serait capable de le faire ◆ **to do sth as well as anyone ~** faire qch aussi bien que n'importe qui ◆ **to keep sb ~** *(lit)* maintenir qn en vie ◆ **to stay ~** rester en vie, survivre ◆ **he's going to be eaten ~ by the press** la presse ne va en faire qu'une bouchée ◆ **we were eaten ~ by mosquitoes** nous avons été dévorés par les moustiques

b *(fig = lively)* **to bring ~** *[meeting etc]* animer ; *[past]* faire revivre ◆ **to keep ~** *[tradition]* préserver ; *[memory]* garder ◆ **to come ~** s'animer

c *(frm)* ◆ **~ to** sensible à ◆ **I am very ~ to the honour you do me** je suis très sensible à l'honneur que vous me faites ◆ **to be ~ to one's interests** veiller à ses intérêts ◆ **to be ~ to a danger** être conscient d'un danger

d *(= alert)* alerte, vif ; *(= active)* actif, plein de vie ◆ **to be ~ and kicking** * *(= living)* être bien en vie ; *(= full of energy)* être plein de vie ◆ **look ~!** * allons, remuez-vous ! *

e ◆ **~ with insects/tourists** *etc* grouillant d'insectes/de touristes *etc*

**alkali** /'ælkəlaɪ/ N (pl **alkalis** *or* **alkalies**) alcali *m*

**alkaline** /'ælkəlaɪn/ ADJ alcalin

**alkalinity** /,ælkə'lɪnɪtɪ/ N alcalinité *f*

**alkaloid** /'ælkəlɔɪd/ N alcaloïde *m*

**alkie***, **alky*** /'ælkɪ/ N alcoolo * *mf*, poivrot(e) * *m(f)*

## all /ɔːl/

| | |
|---|---|
| 1 ADJECTIVE | 4 NOUN |
| 2 PRONOUN | 5 SET STRUCTURES |
| 3 ADVERB | 6 COMPOUNDS |

When **all** is part of a set combination, eg **in all seriousness/probability, beyond all doubt, of all people**, look up the noun.

### 1 - ADJECTIVE

tout (le), toute (la), tous (les), toutes (les) ◆ **~ the time** tout le temps ◆ **~ my life** toute ma vie ◆ **~ kinds of** toutes sortes de ◆ **~ the others** tous (toutes) les autres ◆ **~ that** tout cela ◆ **~ that is irrelevant** tout cela n'a aucun rapport ◆ **he went on about loyalty and ~ that** * il parlait de loyauté et tout ça * ◆ **loss of appetite, sleepless nights and ~ that** la perte d'appétit, les nuits blanches, et tout le reste

Articles or pronouns often need to be added in French:

◆ **~ day** toute la journée ◆ **~ three** tous les trois ◆ **~ three said the same** ils ont tous les trois dit la même chose ◆ **~ three accused were found guilty of fraud** les accusés ont tous (les) trois été jugés coupables de fraude ; see also **set structures**

### 2 - PRONOUN

a = everything tout ◆ **~ or nothing** tout ou rien ◆ **~ is well** tout va bien ◆ **that's ~** c'est tout ◆ **you can't see ~ of Paris in a day** on ne peut pas voir tout Paris en une journée ◆ **if that's ~ it is, it's not important** si ce n'est que ça, ce n'est pas bien grave

◆ **it all** tout ◆ **he drank it ~** il a tout bu ◆ **he's seen it ~, done it ~** il a tout vu, tout fait ◆ **it ~ happened so quickly** tout s'est passé si vite

◆ **all that** *(subject of relative clause)* tout ce qui ◆ **that's ~ that matters** c'est tout ce qui importe ◆ **you can have ~ that's left** tu peux prendre tout ce qui reste

◆ **all (that)** *(object of relative clause)* tout ce que ; *(after verb taking "de")* tout ce dont ◆ **~ I want is to sleep** tout ce que je veux, c'est dormir ◆ **that is ~ he said** c'est tout ce qu'il a dit ◆ **we saw ~ there was to see** nous avons vu tout ce qu'il y avait à voir ◆ **~ I remember is ...** tout ce dont je me souviens, c'est ... ◆ **it was ~ I could do not to laugh** j'ai eu toutes les peines du monde à me retenir de rire

◆ **all of the** tout le *m*, toute la *f*, tous les *mpl*, toutes les *fpl* ◆ **~ of the work** tout le travail ◆ **~ of the cooking** toute la cuisine ◆ **~ of the cakes went** tous les gâteaux ont été mangés

◆ **all of it** ◆ **I gave him some soup and he ate ~ of it** je lui ai donné de la soupe et il a tout mangé ◆ **I didn't read ~ of it** je ne l'ai pas lu en entier ◆ **not ~ of it was true** ce n'était pas entièrement vrai

◆ **all of them** tous *mpl*, toutes *fpl* ◆ **~ of them failed** ils ont tous échoué ◆ **I love his short stories, I've read ~ of them** j'aime beaucoup ses nouvelles, je les ai toutes lues

◆ **all of** + *number (= at least)* ◆ **it took him ~ of three hours** ça lui a pris trois bonnes heures ◆ **it weighed ~ of 30 kilos** ça pesait bien 30 kilos ◆ **exploring the village took ~ of ten minutes** *(iro = only)* la visite du village a bien dû prendre dix minutes

b plural tous *mpl*, toutes *fpl* ◆ **we ~ sat down** nous nous sommes tous assis ◆ **they've invited us ~** ils nous ont tous invités ◆ **the girls ~ knew that ...** les filles savaient toutes que ... ◆ **they ~ came with their husbands** elles sont toutes venues avec leurs maris ◆ **they were ~ broken** ils étaient tous cassés ◆ **the peaches? I've eaten them ~!** les pêches ? je les ai toutes mangées ! ◆ **evening, ~!** * *(greeting people)* bonsoir, tout le monde ! ; see also **each, sundry**

◆ **all who** tous ceux qui *mpl*, toutes celles qui *fpl* ◆ **~ who knew him loved him** tous ceux qui le connaissaient l'appréciaient ◆ **education should be open to ~ who want it** l'éducation devrait être accessible à tous ceux qui veulent en bénéficier

◆ **the worst/biggest/most** *etc* **of all** ◆ **this was the worst** *or* **biggest disappointment of ~** ça a été la plus grosse déception ◆ **this result was the most surprising of ~** ce résultat était le plus surprenant ◆ **best of ~, the reforms will cost nothing** et surtout, ces réformes ne coûteront rien

### 3 - ADVERB

a = entirely tout ◆ **she was dressed ~ in white** elle était habillée tout en blanc

When used with a feminine adjective starting with a consonant, **tout** agrees:

◆ **she came in ~ dishevelled** elle est arrivée tout ébouriffée ◆ **she went ~ red** elle est devenue toute rouge

◆ **all by oneself, all alone** tout seul ◆ **he had to do it ~ by himself** il a dû le faire tout seul ◆ **she's ~ alone** elle est toute seule ◆ **she left her daughters ~ alone in the flat** elle a laissé ses filles toutes seules dans l'appartement

**b** in scores ♦ **the score was two ~** *(tennis, squash)* les joueurs étaient à deux jeux (*or* sets) partout ; *(other sports)* le score était de deux à deux ♦ **what's the score? – two ~** quel est le score ? — deux partout *or* deux à deux

4 - NOUN

= utmost ♦ **I decided to give it my ~** j'ai décidé de donner mon maximum ♦ **he puts his ~ into every game** il s'investit complètement dans chaque match

5 - SET STRUCTURES

♦ **all along** *(= from the start)* depuis le début ; *(= the whole length of)* tout le long de ♦ **I feared that ~ along** je l'ai craint depuis le début ♦ **~ along the road** tout le long de la route

♦ **all but** *(= nearly)* presque, pratiquement ; *(= all except)* tous sauf ♦ **he is ~ but forgotten now** il est presque *or* pratiquement tombé dans l'oubli ♦ **the party won ~ but six of the seats** le parti a remporté tous les sièges sauf six ♦ **this would exclude ~ but those able to pay** cela exclurait tout le monde sauf ceux qui peuvent payer ♦ **the plant will stand ~ but the harshest winters** cette plante supportera bien le froid, à moins que l'hiver ne soit des plus rudes

♦ **all for** ♦ **to be ~ for sth** être tout à fait pour qch ♦ **I'm ~ for giving him a chance** je suis tout à fait pour lui donner une chance ♦ **I'm ~ for it** je suis tout à fait pour *

♦ **all in** * *(= exhausted)* lessivé *, crevé * ♦ **after a day's skiing I was ~ in** j'étais lessivé * *or* crevé * au bout d'une journée de ski ♦ **you look ~ in** tu as l'air lessivé * *or* crevé * ; see also **all-in**

♦ **all in all** *(= altogether)* l'un dans l'autre ♦ **we thought, all in all, it wasn't a bad idea** nous avons pensé que, l'un dans l'autre, ce n'était pas une mauvaise idée

♦ **all one** ♦ **it's ~ one** c'est du pareil au même ♦ **it's ~ one to them** c'est du pareil au même pour eux

♦ **all over** *(= everywhere)* partout ♦ **I looked for you ~ over** je vous ai cherché partout ♦ **I'm aching ~ over** j'ai mal partout ♦ **she was ~ over flour** * elle était couverte de farine, elle avait de la farine partout ♦ **~ over France** partout en France ♦ **he was trembling ~ over** il tremblait de tous ses membres ♦ **embroidered ~ over** recouvert de broderies ♦ **~ over the country** dans tout le pays ♦ **~ over the world** à travers le monde, dans le monde entier ♦ **that's him ~ over** * c'est bien lui !, on le reconnaît bien là !

♦ **to be all over** *(= finished)* être fini ♦ **it's ~ over!** c'est fini ! ♦ **it's ~ over between us** tout est fini entre nous ♦ **it'll be ~ over with him** ce sera un homme fini

♦ **to be all over sb** * *(= affectionate with)* ♦ **they were ~ over each other** ils étaient pendus au cou l'un de l'autre ♦ **when they hear about the money, they'll be ~ over you** quand ils sauront que tu as cet argent, ils ne vont plus te lâcher ♦ **Celtic were ~ over Rangers** * *(= dominating)* le Celtic a complètement dominé *or* baladé * les Rangers

♦ **all the more** ♦ **this was ~ the more surprising since ...** c'était d'autant plus surprenant que ... ♦ **~ the more so since ...** d'autant plus que ...

♦ **all the better !** tant mieux !

♦ **all too** ♦ **it was ~ too obvious he didn't mean it** on voyait bien qu'il n'en pensait rien ♦ **the evening passed ~ too quickly** la soirée a passé bien trop rapidement

♦ **all up** ♦ **it is ~ up with him** * il est fichu *

♦ **all very** ♦ **that's ~ very well but ...** c'est bien beau mais ... ♦ **it was ~ very embarrassing** c'était vraiment très gênant

♦ **and all** ♦ **the dog ate the sausage, mustard and ~** le chien a mangé la saucisse, moutarde comprise, le chien a mangé la saucisse avec la moutarde et tout * ♦ **what with the snow and ~, we didn't go** avec la neige et tout le reste, nous n'y sommes pas allés

♦ **as all that** ♦ **it's not as important/urgent as ~ that** ce n'est pas si important/urgent que ça

♦ **for all ...** *(= despite)* malgré ♦ **for ~ its beauty, the city may be losing its individuality** malgré sa beauté, la ville est peut-être en train de perdre son individualité ♦ **for ~ that** malgré tout

♦ **for all I know ...** ♦ **for ~ I know he could be right** il a peut-être raison, je n'en sais rien ♦ **for ~ I know or care, they're still living together** ils vivent peut-être encore ensemble, mais c'est le dernier de mes soucis

♦ **if ... at all** ♦ **they won't attempt it, if they have any sense at ~** ils ne vont pas essayer s'ils ont un peu de bon sens ♦ **the little grammar they learn, if they study grammar at ~** le peu de grammaire qu'ils apprennent, si tant est qu'il étudient la grammaire ♦ **very rarely if at ~** très rarement pour ne pas dire jamais ♦ **if at ~ possible** dans la mesure du possible

♦ **in all** en tout ♦ **5 people in ~ witnessed the accident** 5 personnes en tout ont vu l'accident

♦ **no ... at all** ♦ **it makes no difference at ~** ça ne fait aucune différence ♦ **I have no regrets at ~** je n'ai aucun regret, je ne regrette rien

♦ **none at all** ♦ **have you any comments? – none at ~!** vous avez des commentaires à faire ? — absolument aucun !

♦ **not ... at all** *(= not in the least)* pas ... du tout ♦ **I don't mind at ~** ça ne me gêne pas du tout ♦ **are you disappointed? – not at ~!** vous êtes déçu — pas du tout *or* pas le moins du monde ! ♦ **thank you! – not at ~!** merci ! — de rien *or* je vous en prie !

♦ **not all that** *(= not so)* ♦ **it isn't ~ that far** ce n'est pas si loin que ça

♦ **not all there** ♦ **he's not ~ there** * il lui manque une case *

6 - COMPOUNDS

▷ **all-American** ADJ cent pour cent américain ▷ **all-around** ADJ *(US)* → **all-round** ▷ **all clear** N ♦ **~ clear (signal)** (signal *m* de) fin *f* d'alerte ♦ **~ clear!** *(= you can go through)* la voie est libre ; *(= the alert is over)* l'alerte est passée ; *(Mil)* fin d'alerte ! ♦ **to give sb the ~ clear** *(fig) (gen)* donner le feu vert à qn ; *(doctor to patient)* dire à qn que tout va bien ▷ **all-conquering** ADJ *[hero, team]* qui triomphe de tous ▷ **all-consuming** ADJ *[passion]* dévorant ▷ **all-dancing** * ADJ → **all-singing, all-dancing** ▷ **all-day** ADJ qui dure toute la journée ▷ **all-embracing** ADJ global ▷ **all-fired** * ADV *(US)* ♦ **what's so ~-fired important about it ?** qu'est-ce que ça a de si important ? ▷ **All Fools' Day** N le premier avril ▷ **all found** ADJ logé et nourri ▷ **all fours** NPL ♦ **on ~ fours** à quatre pattes ▷ **all get-out** * N *(US)* ♦ **angry as ~ get-out** vachement * en colère ▷ **All Hallows** N la Toussaint ▷ **all-important** ADJ de la plus haute importance, capital ▷ **all in** ADJ → **set structures** ▷ **all-in** ADJ *(Brit) [price]* net, tout compris *inv* ; *[insurance policy]* tous risques ; *(Comm) [tariff]* tout compris ♦ **the holiday cost £80 ~-in** *(Brit)* les vacances ont coûté 80 livres tout compris ▷ **all-inclusive** ADJ *[price, rate]* tout compris *inv*, net ; *[policy]* tous risques ▷ **all-in-one** N combinaison *f* ADJ ♦ **an ~-in-one outfit** une combinaison ♦ **an ~-in-one sleepsuit** une grenouillère ♦ **~-in-one shampoo and conditioner** shampooing (et baume démêlant) deux en un ♦ **~-in-one detergent and fabric conditioner** lessive *f* avec adoucissant incorporé ▷ **all-in wrestling** N catch *m* ▷ **all-metal body** N *(Aut)* carrosserie *f* toute en tôle ▷ **all-nighter** N *spectacle qui dure toute la nuit* ▷ **all-night pass** N *(Mil)* permission *f* de nuit ▷ **all-night service** N *(Comm etc)* permanence *f or* service *m* de nuit ▷ **all-night showing** N *(Cine) projection ininterrompue pendant toute la nuit* ▷ **all out** ADV ♦ **to go ~ out** *(physically)* y aller à fond ♦ **to go ~ out for growth/monetary union** jeter toutes ses forces dans la bataille pour la croissance/l'union monétaire ▷ **all-out effort** N effort *m* maximum ▷ **all-out strike** N grève *f* totale ▷ **all-out war** N *(Mil, fig)* guerre *f* totale ♦ **an ~-out war on inflation** une guerre totale contre l'inflation ▷ **all-over** ADJ (qui est) sur toute la surface ▷ **all-over pattern** N *dessin or motif qui recouvre toute une surface* ▷ **all-party** ADJ *(Pol)* multipartite, où tous les partis sont représentés ▷ **all-pervading, all-pervasive** ADJ *[influence, presence]* qui se fait sentir partout ▷ **all-points bulletin** N *(US)* message *m* à toutes les patrouilles (*on* à propos de) ▷ **all-powerful** ADJ tout-puissant ▷ **all-purpose** ADJ *[flour, vehicle, cleaner]* tous usages ; *[knife, spanner, glue]* universel ▷ **all-right** * ADJ *(US)* ♦ **an ~-right guy** un type sûr *or* réglo * ▷ **all righty** * EXCL *(US)* OK * ▷ **all-risks insurance** N assurance *f* tous risques ▷ **all-round** ADJ *[sportsman]* complet (-ète *f*) ; *[improvement]* général, sur toute la ligne ▷ **all-rounder** N *(Cricket)* joueur *m* complet ♦ **to be a good ~-rounder** être bon en tout ▷ **All Saints' Day** N (le jour de) la Toussaint ▷ **all-seater** ADJ *(Brit Sport) [stadium, stand]* n'ayant que des places assises ▷ **all-singing, all-dancing** * ADJ *(Brit fig hum)* polyvalent ▷ **All Souls' Day** N le jour *or* la fête des Morts ▷ **all-star** ADJ *(Theat etc)* ♦ **~-star performance, show with an ~-star cast** plateau *m* de vedettes ▷ **all-terrain bike** N vélo *m* tout-terrain, VTT *m* ▷ **all-terrain vehicle** N véhicule *m* tout-terrain ▷ **all-time** ADJ → **all-time** ▷ **all told** ADV en tout ▷ **all-weather** ADJ toute saison ▷ **all-weather court** N *(Tennis)* (court *m* en) quick ® *m* ▷ **all-wheel-drive** N voiture *f* à quatre (*or* six *etc*) roues motrices ▷ **all-year-round** ADJ *[sport]* que l'on pratique toute l'année ; *[resort]* ouvert toute l'année

**All-American**

Titre honorifique décerné aux meilleurs sportifs des universités américaines, qui constituent une sorte d'équipe fictive dans leur discipline respective. Le terme désigne également l'archétype de l'Américain idéal, sain de corps et d'esprit, "bien sous tous rapports".

**Allah** /ˈælə/ N Allah *m*

**allay** /əˈleɪ/ VT *[+ fears]* modérer, apaiser ; *[+ pain, thirst]* soulager, apaiser ♦ **to ~ suspicion** dissiper les soupçons

**allegation** /ˌælɪˈgeɪʃən/ N allégation *f*

**allege** /əˈledʒ/ VT alléguer, prétendre (*that* que) ; ♦ **to ~ illness** prétexter *or* alléguer une maladie ♦ **he is ~d to have said that ...** il aurait dit que ..., on prétend qu'il a dit que ...

**alleged** /ə'ledʒd/ ADJ *(gen)* présumé ; *[reason]* allégué

**allegedly** /ə'ledʒɪdlɪ/ LANGUAGE IN USE 26.3 ADV *(esp Jur)* ◆ **the crime he had ~ committed** le crime qu'il aurait commis ◆ **~ illegal immigrants** les immigrants qui seraient en situation illégale ◆ **he's ill, ~** *(he says)* il est soi-disant malade ; *(someone says)* il est prétendument malade

**allegiance** /ə'li:dʒəns/ N allégeance *f* (*to* à) ; ◆ **the oath of ~** *(Brit)* le serment d'allégeance

**allegoric(al)** /,ælɪ'gɒrɪk(əl)/ ADJ allégorique

**allegorically** /,ælɪ'gɒrɪkəlɪ/ ADV *[interpret]* allégoriquement ; *[speak, write]* de façon allégorique

**allegory** /'ælɪgərɪ/ N allégorie *f*

**alleluia** /,ælɪ'lu:jə/ EXCL alléluia !

**Allen key** /'ælənki:/, **Allen wrench** *(US)* /'ælənrentʃ/ N clé *f* à six pans

**allergen** /'ælədʒen/ N allergène *m*

**allergenic** /'ælə'dʒenɪk/ ADJ allergénique

**allergic** /ə'lɜ:dʒɪk/ ADJ *(Med, * fig)* allergique (*to* à)

**allergist** /'ælədʒɪst/ N allergologue *mf*

**allergy** /'ælədʒɪ/ N allergie *f* (*to* à) ; ◆ **an ~ to dust, a dust ~** une allergie à la poussière

**alleviate** /ə'li:vɪeɪt/ VT *[+ pain]* soulager, calmer ; *[+ sorrow]* adoucir ; *[+ thirst]* apaiser, calmer

**alleviation** /ə,li:vɪ'eɪʃən/ N *(NonC) [of suffering, condition, pain]* soulagement *m* ; *[of poverty]* réduction *f* ; *[of symptoms]* atténuation *f* ; *[of sorrow]* adoucissement *m* ; *[of thirst]* apaisement *m*

**alley** /'ælɪ/ N *(between buildings)* ruelle *f* ; *(in garden)* allée *f* ; *(US: between counters)* passage *m* ◆ **this is right up my ~** * c'est tout à fait mon rayon * ; → **blind, bowling** COMP ▷ **alley cat** N chat *m* de gouttière ◆ **she's got the morals of an ~ cat** * elle couche à droite et à gauche *

**alleyway** /'ælɪweɪ/ N ruelle *f*

**alliance** /ə'laɪəns/ N *[of states, persons]* alliance *f* ◆ **to enter into an ~ with ...** s'allier avec ...

**allied** /'ælaɪd/ ADJ a *(= in league)* allié (*against sb/sth* contre qn/qch ; *to sb/sth* à qn/qch ; *with sb/sth* avec qn/qch) b *(= associated) [industries]* assimilé, apparenté ; *[conditions]* apparenté ; *[subjects]* connexe ◆ **lectures on subjects ~ to health** conférences *fpl* sur des sujets liés à la santé ◆ **~ products** *(Jur)* produits *mpl* assimilés *or* apparentés c *(= coupled)* ◆ **~ to** *or* **with sth** allié à qch ◆ **an interest rate rise ~ with a stock market slump** une augmentation des taux d'intérêts conjuguée à une chute de la Bourse d *(Bio)* de la même famille *or* espèce COMP ▷ **allied health professional** N *(US) médecin ou infirmière dont les prestations sont remboursées par une mutuelle*

**alligator** /'ælɪgeɪtə^r/ N alligator *m*

**alliteration** /ə,lɪtə'reɪʃən/ N allitération *f*

**alliterative** /ə'lɪtərətɪv/ ADJ allitératif

**allocate** /'æləʊkeɪt/ VT a *(= allot) [+ task]* allouer, attribuer (*to sb* à qn) ; *[+ money]* affecter (*to* à) b *(= apportion)* répartir, distribuer (*among* parmi) c *(Jur, Fin)* ventiler

**allocation** /,æləʊ'keɪʃən/ N a *(= allotting)* affectation *f* ; *(to individual)* attribution *f* b *(= apportioning)* répartition *f* c *(= money allocated)* part *f*, allocation *f* d *(Jur, Fin)* ventilation *f* ◆ **~ of overheads** ventilation *f* des frais généraux

**allograph** /'ælə,grɑ:f/ N *(Ling)* allographe *m*

**allomorph** /'ælə,mɔ:f/ N *(Ling)* allomorphe *m*

**allopathic** /,ælə'pæθɪk/ ADJ allopathique

**allopathy** /ə'lɒpəθɪ/ N *(NonC)* allopathie *f*

**allophone** /'ælə,fəʊn/ N *(Ling)* allophone *m*

**allosaurus** /,ælə'sɔ:rəs/ N allosaure *m*

**allot** /ə'lɒt/ VT a *(= allocate)* attribuer, assigner (*sth to sb* qch à qn) ; ◆ **everyone was ~ted a piece of land** chacun a reçu un terrain en lot ◆ **to do sth in the time ~ted (to one)** faire qch dans le temps qui (vous) est imparti *or* assigné ◆ **to ~ sth to a certain use** affecter *or* destiner qch à un certain usage b *(= share among group)* répartir, distribuer

**allotment** /ə'lɒtmənt/ N a *(Brit = ground for cultivation)* jardin *m* ouvrier b *(= division of shares)* partage *m*, lotissement *m* ; *(= distribution of shares)* distribution *f*, part *f*

**allotrope** /'ælə,trəʊp/ N variété *f* allotropique

**allottee** /əlɒ'ti:/ N *(St Ex)* attributaire *mf*

**allow** /ə'laʊ/ LANGUAGE IN USE 9, 10.4, 12 VT a *(= permit)* permettre, autoriser ; *(= tolerate)* tolérer, souffrir ◆ **to ~ sb sth** permettre qch à qn ◆ **to ~ sb to do sth** permettre à qn de faire qch, autoriser qn à faire qch ◆ **to ~ sb in/out/past** *etc* permettre à qn d'entrer/de sortir/de passer *etc* ◆ **to ~ sth to happen** laisser se produire qch ◆ **to ~ o.s. to be persuaded** se laisser persuader ◆ **~ us to help you** permettez que nous vous aidions, permettez-nous de vous aider ◆ **we are not ~ed much freedom** on nous accorde peu de liberté ◆ **smoking is not ~ed** il est interdit *or* défendu de fumer ◆ **no children/dogs ~ed** interdit aux enfants/chiens ◆ **please ~ 28 days for delivery** délai de livraison : 28 jours à réception de la commande ◆ **I will not ~ such behaviour** je ne tolérerai *or* souffrirai pas une telle conduite

b *(= grant) [+ money]* accorder, allouer ◆ **to ~ sb £30 a month** allouer *or* accorder à qn 30 livres par mois ◆ **to ~ sb a thousand pounds damages** *(Jur)* accorder à qn mille livres de dommages et intérêts ◆ **to ~ space for** prévoir *or* ménager de la place pour ◆ **to ~ sb a discount** *(Comm)* faire bénéficier qn d'une remise, consentir une remise à qn ◆ **~ (yourself) an hour to cross the city** comptez une heure pour traverser la ville ◆ **~ 5cm for shrinkage** prévoyez 5 cm (de plus) pour le cas où le tissu rétrécirait

c *(= agree as possible) [+ claim]* admettre

d *(= concede)* admettre (*that* que) ; ◆ **~ing that ...** en admettant que ... + *subj*

► **allow for** VT FUS tenir compte de ; *[+ money spent, funds allocated] (by deduction)* déduire pour ; *(by addition)* ajouter pour ◆ **~ing for the circumstances** compte tenu des circonstances ◆ **after ~ing for his expenses** déduction faite de *or* en tenant compte de ses dépenses ◆ **we must ~ for the cost of the wood** il faut compter (avec) le prix du bois ◆ **~ing for the shrinking of the material** en tenant compte du rétrécissement du tissu *or* du fait que le tissu rétrécit ◆ **to ~ for all possibilities** parer à toute éventualité

► **allow of** VT FUS admettre, souffrir

**allowable** /ə'laʊəbl/ ADJ permis, admissible ; *(Tax)* déductible ◆ **~ against tax** déductible des impôts

**allowance** /ə'laʊəns/ N a *(= money given to sb)* allocation *f* ; *(for lodgings, food etc)* indemnité *f* ; *(from separated husband)* pension *f* alimentaire ; *(= salary)* appointements *mpl* ; *(= food)* ration *f* ; *(esp US = pocket money)* argent *m* de poche ◆ **he makes his mother an ~** il verse une rente *or* une pension à sa mère ◆ **his father gives him an ~ of $800 per month** son père lui verse 800 dollars par mois ◆ **rent ~** allocation *f* de logement ◆ **London ~** prime *f* de vie chère *or* indemnité *f* de résidence pour poste basé à Londres ◆ **~ in kind** prestation *f* en nature ◆ **~ for quarters** *(Mil)* indemnité *f* de logement ; → **car, clothing, family**

b *(Comm, Fin = discount)* réduction *f* ◆ **tax ~s** sommes *fpl* déductibles

c *(= concession)* ◆ **you must learn to make ~s** il faut savoir faire la part des choses ◆ **to make ~(s) for sb** se montrer indulgent envers qn, essayer de comprendre qn ◆ **to make ~(s) for sth** tenir compte de qch, prendre qch en considération

**alloy** /'ælɔɪ/ N alliage *m* VT /ə'lɔɪ/ *(Metal)* allier, faire un alliage de COMP ▷ **alloy steel** N acier *m* allié ▷ **alloy wheels** NPL *(Aut)* roues *fpl* en alliage léger

**all right** /,ɔ:l'raɪt/ ADJ a *(= satisfactory)* bien ◆ **he's ~** il est bien *or* valable * ◆ **do you like the champagne? – it's ~** aimez-vous ce champagne ? – il n'est pas mal ◆ **it's ~** ça va ; *(= don't worry)* ce n'est pas grave ◆ **is it ~ if ...?** ça vous dérange si ... ? ◆ **that's ~, don't worry** ce n'est pas grave ◆ **is everything ~?** tout va bien ? ◆ **it's** *or* **that's ~ by me** d'accord ◆ **see you later, ~?** à tout à l'heure, d'accord ?

b *(= safe, well)* **to be ~** *(= healthy)* aller bien, être en bonne santé ; *(= safe)* être sain et sauf ◆ **someone should see if she's ~** quelqu'un devrait aller voir si elle va bien ◆ **the car will be ~ there overnight** la voiture ne risque rien à passer la nuit là

c *(= well-provided)* **to be ~ for money/paper** *etc* avoir assez d'argent/de papier *etc* ◆ **we're ~ for the rest of our lives** nous sommes tranquilles *or* nous avons tout ce qu'il nous faut pour le restant de nos jours ◆ **I'm ~ Jack** * moi, je suis peinard *

EXCL *(in approval, exasperation)* ça va ! * ; *(in agreement)* d'accord ! ; *(esp US: in triumph)* bravo !

ADV a *(= without difficulty)* sans problème ◆ **he's getting on ~** il se débrouille pas mal ◆ **did you get home ~ last night?** tu es bien rentré chez toi, hier soir ? ◆ **I managed that ~, but I couldn't ...** j'ai réussi à faire ça sans problème, mais je n'ai pas pu ... ◆ **he's doing ~ for himself** il se débrouille bien

b *(= definitely)* ◆ **he's at home ~, but he's not answering the phone** il est chez lui c'est sûr, c'est simplement qu'il ne répond pas au téléphone ◆ **you'll get the money back ~** vous serez remboursé, c'est sûr ◆ **it's warm enough ~!** il fait bien chaud, ça c'est vrai !

c *(expressing agreement)* ◆ **can you help ? – ~, what do you want me to do ?** pouvez-vous m'aider ? – certainement, que puis-je faire pour vous ? ◆ **you say I was wrong; ~ but ...** vous dites que j'avais tort ; d'accord *or* admettons, mais ...

d *(summoning attention)* ◆ **~, let's get started** bon, allons-y ◆ **~, who's in charge here?** bon, qui est responsable ici ?

e *(introducing a challenge, threat)* ◆ **~, what's the joke ?** bon, qu'est-ce qu'il y a de drôle ?

**all-right** * /'ɔ:l'raɪt/ ADJ *(US)* ◆ **an ~ guy** un type sûr *or* réglo *

**allspice** /'ɔ:lspaɪs/ N piment *m* de la Jamaïque

**all-time** /'ɔ:l'taɪm/ ADJ sans précédent, de tous les temps ◆ **he's my ~ favourite** c'est mon préféré ◆ **"Casablanca" is one of the ~ greats** *or* **great films** "Casablanca" est l'un des plus grands films de tous les temps *or* un grand classique du cinéma ◆ **he's one of the ~ greats** il fait partie des plus grands ◆ **~ record** record *m* absolu ◆ **the pound has reached an ~ low** la livre a atteint le niveau le plus bas jamais enregistré ◆ **to**

**be at an ~ low** être au plus bas ADV ◆ **an ~ best performance** un record personnel ◆ **the ~ worst performance of that song** la pire interprétation qu'il y ait jamais eu de cette chanson ◆ **John's ~ favourite artist** l'artiste préféré de John

**allude** /ə'luːd/ VI ◆ **to ~ to** *[person]* faire allusion à ; *[letter etc]* avoir trait à, se rapporter à

**allure** /ə'ljʊəʳ/ VT *(= attract)* attirer ; *(= entice)* séduire N charme *m*, attrait *m*

**alluring** /ə'ljʊərɪŋ/ ADJ séduisant, charmant

**alluringly** /ə'ljʊərɪŋlɪ/ ADV ◆ **to smile ~** avoir un sourire séduisant ◆ **~ mysterious** séduisant par son côté mystérieux

**allusion** /ə'luːʒən/ N allusion *f*

**allusive** /ə'luːsɪv/ ADJ allusif, qui contient une allusion

**allusively** /ə'luːsɪvlɪ/ ADV par allusion

**alluvia** /ə'luːvɪə/ NPL of **alluvium**

**alluvial** /ə'luːvɪəl/ ADJ *[ground]* alluvial ; *[deposit]* alluvionnaire

**alluvium** /ə'luːvɪəm/ N (pl **alluviums** or **alluvia**) alluvion *f*

**ally** /ə'laɪ/ VT allier, unir (*with* avec) ; ◆ **to ~ o.s. with** s'allier avec N /'ælaɪ/ *(gen)* allié(e) *m(f)* ; *(Pol)* allié(e) *m(f)*, coalisé(e) *m(f)* ◆ **the Allies** *(Mil Hist)* les Alliés *mpl*

**alma mater** /,ælmə'mɑːtəʳ/ N alma mater *f inv*

**almanac** /'ɔːlmənæk/ N almanach *m*, annuaire *m* ; → **nautical**

**almighty** /ɔːl'maɪtɪ/ ADJ a tout-puissant, omnipotent ◆ **Almighty God** Dieu Tout-Puissant ◆ **the ~ dollar** le dollar tout-puissant b *(* = tremendous) [row, scandal]* énorme ◆ **an ~ din** un vacarme de tous les diables N ◆ **the Almighty** le Tout-Puissant ADV * extrêmement, énormément

**almond** /'ɑːmənd/ N amande *f* ; (also **almond tree**) amandier *m* ◆ **split ~s** amandes *fpl* effilées ; → **burnt, sugar** COMP *[oil, paste]* d'amande ▷ **almond-eyed** ADJ aux yeux en amande ▷ **almond-shaped** ADJ *[eyes etc]* en amande

**almoner** † /'ɑːmənəʳ/ N *(Brit)* ◆ **(lady) ~** assistante *f* sociale *(attachée à un hôpital)*

**almost** /'ɔːlməʊst/ ADV presque ◆ **I had ~ forgotten about it** j'avais presque oublié ◆ **he ~ fell/died** il a failli tomber/mourir ◆ **you're ~ there** vous y êtes presque ◆ **I can ~ do it** j'arrive presque à le faire, j'y arrive presque ◆ **~ finished/cooked/cold** presque terminé/cuit/froid ◆ **~ always** presque toujours ◆ **he's ~ certainly been murdered** il est pratiquement certain *or* très probable qu'il a été assassiné ◆ **~ a month** presque un mois, près d'un mois

**alms** /ɑːmz/ N aumône *f* ◆ **to give ~** faire l'aumône *or* la charité ◆ **~ box** tronc *m* des pauvres ◆ **~ house** *(Hist)* hospice *m*

**aloe** /'æləʊ/ N aloès *m* ; → **bitter** COMP ▷ **aloe vera** N *(= plant)* aloe vera *f* ; *(= extract)* (extrait *m* d')aloès *m*

**aloft** /ə'lɒft/ ADV (also **up aloft**) en haut, en l'air ; *(Naut)* dans la mâture ; *(hum = in heaven)* au ciel

**Aloha** /ə'ləʊə/ N *(US)* ◆ **the ~ State** Hawaï *m*

**alone** /ə'ləʊn/ ADJ, ADV a *(= by o.s.)* seul ◆ **all ~** tout(e) seul(e) ◆ **quite ~** tout à fait seul(e) ◆ **you can't do it ~** vous ne pouvez pas le faire seul ◆ **she brought up two children ~** elle a élevé deux enfants toute seule ◆ **a gunman acting ~** un bandit armé agissant seul ◆ **to go it ~** * faire cavalier seul ◆ **don't leave them ~ together** ne les laissez pas seuls ensemble ◆ **we'd never spent such a long time ~ together** nous n'avions jamais passé autant de temps seuls ensemble *or* en tête à tête ◆ **I was ~ with her/my thoughts** j'étais seul avec elle/mes pensées ◆ **I need to get her ~** il faut que je lui parle en tête-à-tête *or* entre quat'z'yeux *

◆ **let alone** encore moins ◆ **he can't read, let ~ write** il ne sait pas lire, (et) encore moins écrire ◆ **he can't afford food, let ~ clothes** il n'a pas de quoi s'acheter de la nourriture, sans parler de vêtements *or* encore moins des vêtements

b *(= only)* seul ◆ **he ~ could tell you** lui seul pourrait vous le dire ◆ **you ~ can do it** vous êtes le seul à pouvoir le faire ◆ **we are not ~ in thinking this** nous ne sommes pas les seuls à le penser ◆ **pride ~ prevented her from giving up** seul l'orgueil l'a empêchée d'abandonner ◆ **we must have gained 100 members from this ~** nous devons avoir gagné 100 membres de plus rien qu'avec cela ◆ **man cannot live by bread ~** *(Prov)* l'homme ne vit pas seulement de pain ◆ **that charm which is hers (and hers) ~** ce charme qui lui est propre *or* qui n'appartient qu'à elle

c *(= lonely)* seul ◆ **I feel so ~** je me sens si seul

d *(= in peace)* **to leave** *or* **let sb ~** laisser qn tranquille, laisser qn en paix ◆ **leave** *or* **let me ~!** laisse-moi tranquille !, fiche-moi la paix ! * ◆ **leave** *or* **let him ~ to do it** laisse-le faire tout seul ◆ **leave** *or* **let the book ~!** ne touche pas au livre ! ◆ **I advise you to leave the whole business ~** je vous conseille de ne pas vous en mêler ◆ **leave** *or* **let well ~** le mieux est l'ennemi du bien *(Prov)*

**along** /ə'lɒŋ/

> When **along** is an element in a phrasal verb, eg **go along, play along, string along**, look up the verb.

ADV a **come ~!** allez venez !, venez donc ! ◆ **I'll be ~ in a moment** j'arrive tout de suite ◆ **she'll be ~ tomorrow** elle viendra demain ◆ **how is John getting ~?** et John, ça va bien ?, quelles nouvelles de John ?

b ◆ **come ~ with me** venez avec moi ◆ **he came ~ with six others** il est venu accompagné de six autres ◆ **she escaped from the fire ~ with her baby** elle a échappé à l'incendie et son bébé aussi ◆ **bring your friend ~** amène ton ami ◆ **~ here** par là ◆ **get ~ with you!** * *(= go away)* fiche le camp ! *, décampe ! * ; *(= you can't mean it)* tu plaisantes *or* rigoles * ?

c *(set structures)*

◆ **all along** *(space)* d'un bout à l'autre ; *(time)* depuis le début ◆ **I could see all ~ that he would refuse** je savais depuis le début qu'il allait refuser ◆ **that's what I've been saying all ~** c'est ce que je n'ai pas arrêté de dire

PREP le long de ◆ **to walk ~ the beach** se promener le long de *or* sur la plage ◆ **the railway runs ~ the beach** la ligne de chemin de fer longe la plage ◆ **the trees ~ the road** les arbres au bord de la route *or* qui bordent la route ◆ **they built houses ~ the river** ils ont construit des maisons le long de la rivière ◆ **all ~ the street** tout le long de la rue ◆ **somewhere ~ the way he lost a glove** il a perdu un gant en chemin *or* quelque part ◆ **somewhere ~ the way** *or* **the line** * **someone made a mistake** à un moment donné, quelqu'un a commis une erreur ◆ **to proceed ~ the lines suggested** agir *or* procéder conformément à la ligne d'action proposée

**alongside** /ə'lɒŋ'saɪd/ PREP *(= along: also Naut)* le long de ; *(= beside)* à côté de, près de ◆ **to work ~ sb** travailler aux côtés de qn ◆ **to come ~ the quay** *(Naut)* accoster le quai ◆ **the road runs ~ the beach** la route longe la plage ◆ **to stop ~ the kerb** *[vehicle]* s'arrêter le long du trottoir ◆ **the car drew up ~ me** la voiture s'est arrêtée à côté de moi *or* à ma hauteur ADV a *(Naut) (ships = beside one another)* bord à bord, à couple ◆ **to come ~** accoster ◆ **to make fast ~** *(quayside)* s'amarrer à *or* au quai ; *(another vessel)* s'amarrer bord à bord, s'amarrer à *or* en couple ◆ **to pass ~ of a ship** longer un navire b *(people = side by side)* côte à côte

**aloof** /ə'luːf/ ADJ a *(= standoffish) [person, character]* distant ◆ **he was very ~ with me** il s'est montré très distant à mon égard ◆ **she kept very (much) ~** elle a gardé *or* conservé ses distances b *(= uninvolved)* ◆ **to hold o.s.** *or* **remain ~** se tenir à l'écart (*from sb/sth* de qn/qch)

**aloofness** /ə'luːfnɪs/ N attitude *f* distante, réserve *f*

**alopecia** /,æləʊ'piːʃə/ N alopécie *f*

**aloud** /ə'laʊd/ ADV *[read]* à haute voix, à voix haute ; *[laugh, think, wonder]* tout haut

**alp** /ælp/ N *(= peak)* pic *m* ; *(= mountain)* montagne *f* ; *(= pasture)* alpage *m*, alpe *f* ◆ **the Alps** les Alpes *fpl*

**alpaca** /æl'pækə/ N *(= animal, wool)* alpaga *m*

**alpenhorn** /'ælpən,hɔːn/ N cor *m* des Alpes

**alpenstock** /'ælpənstɒk/ N alpenstock *m*

**alpha** /'ælfə/ N a *(= letter)* alpha *m* ◆ **~ particle** particule *f* alpha b *(Brit Scol, Univ)* ≃ très bien ◆ **~ plus** ≃ excellent COMP ▷ **alpha-fetoprotein** N alpha-fœto-protéine *f* ▷ **alpha rhythm** N rythme *m* alpha ▷ **alpha wave** N onde *f* alpha

**alphabet** /'ælfəbet/ N alphabet *m* ◆ **~ soup** *(Culin)* potage *m* aux pâtes (en forme de lettres) ; *(* fig pej)* salade *f* de sigles

**alphabetic(al)** /,ælfə'betɪk(əl)/ ADJ alphabétique ◆ **to put in ~al order** classer par ordre alphabétique ◆ **to be in ~al order** être dans l'ordre alphabétique

**alphabetically** /,ælfə'betɪkəlɪ/ ADV par ordre alphabétique, alphabétiquement

**alphabetize** /'ælfəbətaɪz/ VT classer par ordre alphabétique

**alphanumeric** /,ælfənjuː'merɪk/ ADJ alphanumérique

**alpine** /'ælpaɪn/ ADJ *[scenery, village]* des Alpes, alpin ; *[mountain, chalet] (= in the Alps)* des Alpes ; *(= alpine-style)* alpin ; *[troops, skiing, skier]* alpin ; *[plant] (on lower slopes)* alpestre ; *(on higher slopes)* alpin ; *[meadow, pasture, climate]* alpestre N *(= plant)* plante *f* alpine COMP ▷ **alpine hut** N refuge *m* de montagne

**alpinist** /'ælpɪnɪst/ N alpiniste *mf*

**Al Qaeda** /ælkaɪ'iːdə/ N Al-Qaida

**already** /ɔːl'redɪ/ ADV déjà ◆ **(that's) enough ~!** * *(esp US: expressing impatience)* maintenant, ça suffit !

**alright** /,ɔːl'raɪt/ ADJ, ADV ⇒ **all right**

**Alsace** /'ælsæs/ N Alsace *f*

**Alsace-Lorraine** /'ælsæslə'reɪn/ N Alsace-Lorraine *f*

**Alsatian** /æl'seɪʃən/ N a *(= person)* Alsacien(ne) *m(f)* b *(Brit:* also **Alsatian dog**) chien *m* loup, berger *m* allemand ADJ alsacien, d'Alsace

**also** /'ɔːlsəʊ/ ADV a *(= too)* aussi, également ◆ **her cousin ~ came** son cousin aussi est venu *or* est venu également b *(= moreover)* de plus, également ◆ **~ I must explain that ...** de plus, je dois vous expliquer que ..., je dois également vous expliquer que ... COMP ▷ **also-ran** N *(Sport)* autre concurrent *m (non classé)* ; *(Racing)* cheval *m* non classé ; *(* = person)* perdant(e) *m(f)*

**Alta** abbrev of **Alberta**

**Altamira** /ˌæltəˈmiːrə/ N ◆ **the ~ caves** les grottes *fpl* d'Altamira

**altar** /ˈɒltəʳ/ N *(Rel)* autel *m* ◆ **high ~** maître-autel *m* ◆ **he was sacrificed on the ~ of productivity** il a été immolé sur l'autel de la productivité COMP ▷ **altar boy** N enfant *m* de chœur ▷ **altar cloth** N nappe *f* d'autel ▷ **altar piece** N retable *m* ▷ **altar rail(s)** N(PL) clôture *f* or balustre *m* (du chœur); *(Rel)* table *f* de communion

**alter** /ˈɒltəʳ/ VT a *(gen)* changer, modifier; *(stronger)* transformer; *(= adapt)* adapter, ajuster; *[+ painting, poem, speech etc]* retoucher; *(stronger)* remanier; *[+ garment]* retoucher; *(stronger)* transformer ◆ **to ~ one's plans** modifier *or* transformer ses projets ◆ **to ~ one's attitude** changer d'attitude (*to* envers); ◆ **that ~s the case** voilà qui est différent *or* qui change tout ◆ **to ~ course** *(Naut)* changer de cap *or* de route ◆ **to ~ sth for the better** changer qch en mieux, améliorer qch ◆ **to ~ sth for the worse** changer qch en mal, altérer qch b *(US = castrate)* châtrer, castrer VI changer ◆ **to ~ for the better** *[circumstances]* s'améliorer; *[person, character]* changer en mieux ◆ **to ~ for the worse** *[circumstances]* empirer, s'aggraver; *[person, character]* changer en mal

**alteration** /ˌɒltəˈreɪʃən/ N a *(= change) (to plan, team, rules etc)* modification *f*, changement *m*; *(to behaviour, diet)* changement *m* ◆ **to make ~s to existing arrangements** apporter des modifications aux dispositions existantes ◆ **an ~ in the rules** une modification des règlements ◆ **to make ~s to a garment/text/painting** retoucher un vêtement/texte/tableau ◆ **textual ~s** retouches *fpl* au texte ◆ **climatic ~s** changements *mpl* climatiques ◆ **to make ~s to a team** modifier une équipe ◆ **the ~s to the house** les transformations *fpl* apportées à la maison ◆ **they're having ~s made to their house** ils font faire des travaux ◆ **"closed for alterations"** *(shop, building)* "fermé pour travaux" ◆ **~ of route** *(Naut) (deliberate)* changement *m* de route; *(involuntary)* déroutement *m*

b *(NonC = altering) [of structure, building]* transformation *f*; *[of climate]* changements *mpl*; *[of garment]* retouches *fpl* ◆ **did you see any ~ in his behaviour?** avez-vous remarqué un changement dans son comportement? ◆ **"times and programmes are subject to alteration"** "les horaires et les programmes peuvent être modifiés"

**altercation** /ˌɒltəˈkeɪʃən/ N *(frm)* altercation *f* ◆ **to have an ~** se disputer, avoir une altercation

**alter ego** /ˈæltərˈiːgəʊ/ N alter ego *m* ◆ **he is my ~** c'est mon alter ego

**alternate** /ɒlˈtɜːnɪt/ ADJ a *(= successive) [actions, periods, colours]* alterné ◆ **cover with ~ slices of tomato and mozzarella** recouvrir en alternant tranches de tomate et de mozzarella ◆ **a week of ~ rain and sunshine** une semaine où la pluie et le beau temps ont alterné

b *(= every second)* ◆ **on ~ days** un jour sur deux ◆ **he works on ~ days** il travaille un jour sur deux ◆ **they work on ~ days** *(taking turns)* ils travaillent un jour sur deux, à tour de rôle ◆ **to take ~ weeks off** être en congé une semaine sur deux ◆ **he lives ~ months in Brussels and London** il habite un mois à Bruxelles, un mois à Londres ◆ **to read ~ lines** lire une ligne sur deux

c *(US)* ⇒ **alternative adj**

d *(Bot, Math)* alterne

e *(Poetry)* ◆ **~ rhymes** rimes *fpl* alternées *or* croisées

N *(US)* remplaçant(e) *m(f)*, suppléant(e) *m(f)*

VT /ˈɒltɜːneɪt/ faire alterner, employer alternativement *or* tour à tour ◆ **to ~ crops** alterner les cultures, pratiquer l'assolement

VI a *(= occur etc in turns)* alterner (*with* avec) se succéder (tour à tour)

b ◆ **to ~ between French and English** passer du français à l'anglais (et vice versa) ◆ **he ~s between aggression and indifference** il passe de l'agressivité à l'indifférence ◆ **in the desert the temperature ~s between boiling and freezing** dans le désert la température est tantôt torride, tantôt glaciale

c *(= interchange regularly)* se relayer, travailler (*or* jouer *etc*) en alternance

d *(Elec)* changer périodiquement de sens

**alternately** /ɒlˈtɜːnɪtlɪ/ ADV tour à tour ◆ **he would ~ bully and charm people** il se montrait tour à tour tyrannique et charmant, il se montrait tantôt tyrannique, tantôt charmant ◆ **she became ~ angry and calm** elle passait de la colère au calme, et du calme à la colère ◆ **I lived ~ with my mother and my grandmother** je vivais tantôt avec ma mère, tantôt avec ma grand-mère

**alternating** /ˈɒltəneɪtɪŋ/ ADJ alternant, en alternance; *[movement]* alternatif ◆ **~ series** *(Math)* série *f* alternée ◆ **~ current** *(Elec)* courant *m* alternatif

**alternation** /ˌɒltəˈneɪʃən/ N alternance *f*; *[of emotions etc]* alternatives *fpl*

**alternative** /ɒlˈtɜːnətɪv/ ADJ a *(gen)* autre; *(Philos) [proposition]* alternatif; *(Mil) [position]* de repli; *(Tech)* de rechange ◆ **people will be offered ~ employment where possible** d'autres emplois seront proposés lorsque cela sera possible ◆ **~ proposal** contre-proposition *f* ◆ **the only ~ method** la seule autre méthode, la seule méthode de rechange ◆ **~ route** *(Aut)* itinéraire *m* de délestage ◆ **Alternative Vote** vote *m* alternatif

b *(= non-traditional)* parallèle, alternatif; *[lifestyle]* alternatif, différent ◆ **~ school** *(US)* *école privée ayant adopté des méthodes nouvelles* ◆ **~ education** *(US)* *enseignement privé basé sur des méthodes nouvelles* ◆ **~ comedian** nouveau comique *m* ◆ **~ comedy** nouvelle comédie *f* ◆ **~ (sources of) energy** (sources *fpl* d')énergie *f* de substitution

N *(= choice) (between two)* alternative *f*, choix *m*; *(among several)* choix *m*; *(= solution) (only one)* alternative *f*, seule autre solution *f*; *(one of several)* autre solution *f*, solution *f* de rechange; *(Philos)* terme *m* d'une alternative *or* d'un dilemme ◆ **she had no ~ but to accept** elle n'avait pas d'autre solution que d'accepter, elle a été obligée d'accepter ◆ **there's no ~** il n'y a pas le choix

COMP ▷ **alternative medicine** N médecine *f* alternative *or* douce ▷ **alternative technology** N les technologies *fpl* douces

**alternatively** /ɒlˈtɜːnətɪvlɪ/ ADV autrement

**alternator** /ˈɒltəneɪtəʳ/ N *(Brit Elec)* alternateur *m*

**although** /ɔːlˈðəʊ/ LANGUAGE IN USE 26.3 CONJ a bien que *+ subj*, quoique *+ subj* ◆ **~ it's raining there are 20 people here already** bien qu'il pleuve *or* malgré la pluie, il y a déjà 20 personnes ◆ **I'll do it, ~ I don't want to** je vais le faire bien que je n'en aie pas envie *or* même si je n'en ai pas envie ◆ **~ poor they were honest** ils étaient pauvres mais honnêtes, bien que pauvres, ils étaient honnêtes ◆ **~ young he knew that ...** bien qu'il fût jeune, il savait que ..., malgré sa jeunesse il savait que ... ◆ **~ he might agree to go** quand bien même il accepterait d'y aller, même s'il accepte d'y aller ◆ **the room, ~ small, was quite comfortable** la pièce était confortable, bien que petite

b *(= but)* mais ◆ **I don't think this is going to work, ~ it's worth a try** je ne pense pas que ça va marcher, mais ça vaut la peine d'essayer

**altimeter** /ˈæltɪmiːtəʳ/ N altimètre *m*

**altitude** /ˈæltɪtjuːd/ N *(= height above sea level)* altitude *f*; *[of building]* hauteur *f* ◆ **~s** *(gen pl = high place)* hauteur(s) *f(pl)*, altitude *f* ◆ **it is difficult to breathe at these ~s** *or* **at this ~** il est difficile de respirer à cette altitude ◆ **~ sickness** mal *m* d'altitude *or* des montagnes

**alto** /ˈæltəʊ/ N a *(female voice)* contralto *m*; *(male voice)* haute-contre *f* b *(= instrument)* alto *m* ADJ *(female)* de contralto; *(male)* de haute-contre; *(instrument)* d'alto ◆ **~ clef** clef *f* d'ut ◆ **~ saxophone/flute** saxophone *m*/flûte *f* alto

**altogether** /ˌɔːltəˈgeðəʳ/ ADV a *(= completely) [stop, disappear]* complètement; *[different]* tout à fait ◆ **that's another matter ~** c'est une tout autre affaire ◆ **it is ~ out of the question** il n'en est absolument pas question ◆ **you don't believe him? – no, not ~** vous ne le croyez pas? — non, pas vraiment ◆ **such methods are not ~ satisfactory** de telles méthodes ne sont pas vraiment satisfaisantes ◆ **I'm not ~ happy about this** je n'en suis pas vraiment satisfait

b *(= in all)* en tout ◆ **what do I owe you ~?** je vous dois combien en tout?, combien vous dois-je au total? ◆ **~, he played in 44 test matches** en tout, il a joué dans 44 matchs internationaux ◆ **taken ~** à tout prendre ◆ **~, it wasn't very pleasant** ce n'était somme toute pas très agréable

N *(hum)* ◆ **in the ~** * tout nu, en costume d'Adam (*or* d'Ève) *

**altoist** /ˈæltəʊɪst/ N *(Mus)* saxophoniste *mf* alto

**altruism** /ˈæltrʊɪzəm/ N altruisme *m*

**altruist** /ˈæltrʊɪst/ N altruiste *mf*

**altruistic** /ˌæltrʊˈɪstɪk/ ADJ altruiste

**ALU** /ˌeɪelˈjuː/ N *(Comput)* (abbrev of **arithmetical logic unit**) UAL *f*

**alum** /ˈæləm/ N alun *m*

**alumina** /əˈluːmɪnə/ N alumine *f*

**aluminium** /ˌæljʊˈmɪnɪəm/, **aluminum** *(US)* /əˈluːmɪnəm/ N aluminium *m* COMP *[pot, pan etc]* en aluminium ▷ **aluminium bronze** N bronze *m* d'aluminium ▷ **aluminium foil** N papier *m* aluminium ▷ **aluminium oxide** N oxyde *m* d'aluminium

**alumna** /əˈlʌmnə/ N (pl **alumnae** /əˈlʌmniː/) *(US) (Scol)* ancienne élève *f*; *(Univ)* ancienne étudiante *f*

**alumnus** /əˈlʌmnəs/ N (pl **alumni** /əˈlʌmnaɪ/) *(US) (Scol)* ancien élève *m*; *(Univ)* ancien étudiant *m*

**alveolar** /ælˈvɪələʳ/ ADJ alvéolaire ◆ **~ ridge** alvéoles *fpl* dentaires

**alveolus** /ælˈvɪələs/ N (pl **alveoli** /ælˈvɪəlaɪ/) alvéole *f*

**always** /ˈɔːlweɪz/ ADV toujours ◆ **he's ~ late** il est toujours en retard ◆ **I'll ~ love you** je t'aimerai toujours ◆ **I can ~ come back later** je peux toujours revenir plus tard ◆ **there's ~ tomorrow** demain, il fera jour ◆ **office ~ open** bureau *m* ouvert en permanence

◆ **as always** comme toujours

**Alzheimer's (disease)** /ˈæltshaɪməz(dɪˌziːz)/ N maladie *f* d'Alzheimer

**AM** /ˌeɪ'em/ a (abbrev of **amplitude modulation**) AM ; → **modulation** b *(Brit Pol)* abbrev of **Assembly Member**

**am**[1] /æm/ → **be**

**am**[2] /ˌeɪ'em/ ADV (abbrev of **ante meridiem**) du matin

**AMA** /ˌeɪem'eɪ/ N abbrev of **American Medical Association**

**amalgam** /ə'mælgəm/ N amalgame *m* (*of* de, entre)

**amalgamate** /ə'mælgəmeɪt/ VT *[+ metals]* amalgamer ; *[+ companies, shares]* (faire) fusionner, unifier VI *[metals]* s'amalgamer ; *[companies]* fusionner, s'unifier ; *[ethnic groups]* se mélanger

**amalgamation** /əˌmælgə'meɪʃən/ N *[of organizations, businesses, schools]* fusion *f* (*into sth* en qch) ; *[of regiments]* amalgame *m* ; *[of legal systems]* unification *f* ; *[of genres, concepts]* mélange *m* ; *[of metals]* amalgamation *f* ◆ **the ~ of our regiment with ...** l'amalgame *or* le regroupement de notre régiment avec ...

**amanuensis** /əˌmænjʊ'ensɪs/ N (pl **amanuenses** /əˌmænjʊ'ensiːz/) *(= secretary, assistant)* secrétaire *mf* ; *(= copyist)* copiste *mf*

**amaryllis** /ˌæmə'rɪlɪs/ N amaryllis *f*

**amass** /ə'mæs/ VT *[+ objects]* amasser, accumuler ; *[+ fortune]* amasser

**amateur** /'æmətəʳ/ N *(also Sport)* amateur *m* COMP *[painter, sports, player]* amateur *inv* ; *[photography etc]* d'amateur ▷ **amateur dramatics** NPL théâtre *m* amateur ▷ **amateur interest** N ◆ **to have an ~ interest in sth** s'intéresser à qch en amateur ▷ **amateur status** N statut *m* d'amateur

**amateurish** /'æmətərɪʃ/ ADJ *(pej)* d'amateur, de dilettante ◆ **the acting was rather ~** le jeu des acteurs n'était pas très professionnel

**amateurishly** /'æmətərɪʃlɪ/ ADV *(pej)* en amateur

**amateurism** /'æmətərɪzəm/ N amateurisme *m (also pej)*, dilettantisme *m*

**amatory** /'æmətərɪ/ ADJ *(frm, liter)* *[feelings]* amoureux ; *[poetry]* galant ; *[letter]* d'amour

**amaze** /ə'meɪz/ VT stupéfier, ébahir ◆ **you ~ me!** *(iro)* pas possible !

**amazed** /ə'meɪzd/ ADJ *[person, glance, expression]* stupéfait, ébahi ◆ **to be ~ at (seeing) sth** être stupéfait de (voir) qch ◆ **I'd be ~** ça m'étonnerait

**amazement** /ə'meɪzmənt/ N stupéfaction *f* ◆ **she listened in ~** elle écoutait, stupéfaite

**amazing** /ə'meɪzɪŋ/ ADJ incroyable, étonnant ◆ **it's ~!** c'est incroyable !, ça alors ! ◆ **"amazing new offer"** *(Comm)* "offre sensationnelle"

**amazingly** /ə'meɪzɪŋlɪ/ ADV étonnamment ◆ **she coped ~ (well)** elle s'en est étonnamment bien tirée ◆ **~ (enough), he got it right first time** chose étonnante, il a réussi du premier coup

**Amazon** /'æməzən/ N a *(= river)* Amazone *f* ◆ **the ~ Basin** le bassin amazonien *or* de l'Amazone ◆ **the ~ jungle/rainforest** la jungle/la forêt amazonienne b *(Myth)* Amazone *f* ; *(pej)* virago *f* grande bonne femme *f*

**Amazonia** /ˌæmə'zəʊnɪə/ N *(Geog)* Amazonie *f*

**Amazonian** /ˌæmə'zəʊnɪən/ ADJ *(Geog)* amazonien

**ambassador** /æm'bæsədəʳ/ N *(lit, fig)* ambassadeur *m* ◆ **the French ~ (to Italy)** l'ambassadeur *m* de France (en Italie) ◆ **~-at-large** ambassadeur *m* extraordinaire ◆ **try to be an ~ for the school** essayez de vous montrer digne de *or* d'être un bon ambassadeur de votre école

**ambassadorial** /æmˌbæsə'dɔːrɪəl/ ADJ d'ambassadeur, de l'ambassadeur

**ambassadorship** /æm'bæsədəʃɪp/ N fonction *f* d'ambassadeur, ambassade *f*

**ambassadress** † /æm'bæsɪdrɪs/ N *(lit, fig)* ambassadrice † *f*

**amber** /'æmbəʳ/ N ambre *m* ADJ *[jewellery]* d'ambre ◆ **~-coloured** ambré ◆ **~ light** *(Brit Aut)* feu *m* orange ◆ **the lights are at ~** les feux sont à l'orange ◆ **the scheme has been given an ~ light** ce projet a reçu un feu vert provisoire

**ambergris** /'æmbəgriːs/ N ambre *m* gris

**ambi...** /'æmbɪ/ PREF ambi...

**ambiance** /'æmbɪəns/ N ⇒ **ambience**

**ambidextrous** /ˌæmbɪ'dekstrəs/ ADJ ambidextre

**ambience** /'æmbɪəns/ N ambiance *f*, atmosphère *f*

**ambient** /'æmbɪənt/ ADJ *[temperature, noise, humidity]* ambiant N *(Phot)* lumière *f* d'ambiance COMP ▷ **ambient music** N musique *f* d'ambiance

**ambiguity** /ˌæmbɪ'gjʊɪtɪ/ N a *(NonC)* *[of word, phrase]* ambiguïté *f (also Ling)*, équivoque *f* ; *(in thought, speech = lack of clarity)* ambiguïté *f*, obscurité *f* b *(= ambiguous phrase etc)* ambiguïté *f*, expression *f* ambiguë

**ambiguous** /æm'bɪgjʊəs/ ADJ *[word, phrase]* ambigu (-guë *f*) *(also Ling)*, équivoque ; *[thought]* obscur ; *[past]* douteux, équivoque

**ambiguously** /æm'bɪgjʊəslɪ/ ADV *[say, describe]* de façon ambiguë ◆ **~ worded** exprimé en termes ambigus

**ambit** /'æmbɪt/ N *[of person]* sphère *f* d'attributions, compétence *f* ; *[of authority etc]* étendue *f*, portée *f*

**ambition** /æm'bɪʃən/ N ambition *f* ◆ **it is my ~ to ...** mon ambition est de ..., j'ai l'ambition de ...

**ambitious** /æm'bɪʃəs/ ADJ ambitieux ◆ **to be ~ to do sth** ambitionner de faire qch ◆ **to be ~ for sb** avoir de l'ambition pour qn ◆ **my father was very ~ for me to set up my own business** mon père avait beaucoup d'ambition pour moi et voulait que je monte ma propre affaire ◆ **to be ~ for** *or* **of** *(frm)* **sth** ambitionner qch

**ambitiously** /æm'bɪʃəslɪ/ ADV ambitieusement

**ambivalence** /æm'bɪvələns/ N ambivalence *f*

**ambivalent** /æm'bɪvələnt/ ADJ ambivalent

**amble** /'æmbl/ VI a *[person]* aller *or* marcher d'un pas tranquille ◆ **to ~ in/out** *etc* entrer/sortir *etc* d'un pas tranquille ◆ **to ~ along** *[person]* aller sans se presser ◆ **he ~d up to me** il s'est avancé vers moi sans se presser b *[horse]* aller l'amble, ambler N a *[of person]* pas *m or* allure *f* tranquille b *[of horse]* amble *m*

**ambrosia** /æm'brəʊzɪə/ N ambroisie *f*

**ambrosial** /æm'brəʊzɪəl/ ADJ (au parfum *or* au goût) d'ambroisie

**ambulance** /'æmbjʊləns/ N ambulance *f* ; → **flying**

COMP ▷ **ambulance chaser** * N *(pej)* *avocat qui encourage les victimes d'accidents à engager des poursuites* ▷ **ambulance driver** N ambulancier *m*, -ière *f* ▷ **ambulance man** N (pl **ambulance men**) *(= driver)* ambulancier *m* ; *(= nurse)* infirmier *m* (d'ambulance) ; *(carrying stretcher)* brancardier *m* ▷ **ambulance nurse** N infirmier *m*, -ière *f* (d'ambulance) ▷ **ambulance train** N train *m* sanitaire ▷ **ambulance workers** NPL ambulanciers *mpl*

> **Ambulance Chaser**
>
> Aux États-Unis, le "chasseur d'ambulances" est un avocat peu scrupuleux qui incite les victimes d'accidents à engager des poursuites afin d'obtenir des dommages et intérêts, sur lesquels il touchera une commission. Par extension, l'expression désigne quiconque cherche à tirer profit du malheur des autres.

**ambulatory** /ˌæmbjʊ'leɪtərɪ/ ADJ *(US Med)* ambulatoire ◆ **~ patient/care** malade *mf*/traitement *m* ambulatoire

**ambush** /'æmbʊʃ/ N embuscade *f*, guet-apens *m* ◆ **troops in ~** troupes *fpl* embusquées ◆ **to be** *or* **lie in ~** se tenir en embuscade ◆ **to be** *or* **lie in ~ for sb** tendre une embuscade à qn ; → **fall** VT *(= wait for)* tendre une embuscade à ; *(= attack)* faire tomber dans une embuscade

**am-dram** /'æmdræm/ N (abbrev of **amateur dramatics**) théâtre *m* amateur

**ameba** /ə'miːbə/ N (pl **amebas, amebæ** /ə'miːbiː/) ⇒ **amoeba**

**ameliorate** /ə'miːlɪəreɪt/ VT améliorer VI s'améliorer

**amelioration** /əˌmiːlɪə'reɪʃən/ N amélioration *f*

**amen** /'ɑː'men/ EXCL *(Rel)* amen, ainsi soit-il ◆ **~ to that!** tout à fait ! N amen *m inv* ◆ **to say ~ to ..., to give one's ~ to ...** *(Rel, fig)* dire amen à ...

**amenable** /ə'miːnəbl/ ADJ a *(= answerable)* *[person]* responsable (*to sb* envers qn ; *for sth* de qch) ; ◆ **~ to the law** responsable devant la loi b *(= tractable, responsive)* *[person]* maniable, souple ◆ **he is ~ to argument** c'est un homme qui est prêt à se laisser convaincre ◆ **~ to discipline** disciplinable ◆ **~ to kindness** sensible à la douceur ◆ **~ to reason** raisonnable, disposé à entendre raison c ◆ **~ to** *(= within the scope of)* qui relève de, du ressort de

**amend** /ə'mend/ VT *[+ rule]* amender, modifier ; *(Parl)* amender ; *[+ wording]* modifier ; *[+ mistake]* rectifier, corriger ; *[+ habits]* réformer VI s'amender

**amendment** /ə'mendmənt/ N a *(to rule, law, constitution)* amendement *m* (*to sth* à qch) ; ◆ **to table an ~** présenter un amendement ; → **first** b *(to contract)* avenant *m* (*to sth* à qch) c *(to letter, script, text)* modification *f* d *(NonC = changing)* *[of rule, law]* révision *f* ; *[of behaviour]* amélioration *f* ; *[of mistake]* rectification *f*

**amends** /ə'mendz/ NPL ◆ **to make ~** *(= apologize)* faire amende honorable ; *(by doing sth)* se racheter ◆ **to make ~ to sb for sth** dédommager qn de qch, faire réparation à qn de qch ◆ **to make ~ for an injury** *(with money)* compenser un dommage ; *(with kindness)* réparer un tort ◆ **I'll try to make ~** j'essaierai de me racheter

**amenity** /ə'miːnɪtɪ/ N a *(gen pl)* **amenities** *(= pleasant features)* agréments *mpl* ; *(= facilities)* aménagements *mpl*, équipements *mpl* (locaux) ◆ **public amenities** *(Jur)* équipements *mpl* collectifs ◆ **houses lacking the most basic amenities** des maisons sans le moindre confort ◆ **hotels with modern amenities** des hôtels avec tout le confort moderne ◆ **social amenities such as a day nursery** des équipements sociaux, tels que les crèches de jour ◆ **local amenities will include shops and offices** les équipements locaux comprendront des magasins et des bureaux

b *(NonC = pleasantness) [of district, climate, situation]* charme *m*, agrément *m*

NPL **amenities** † *(= courtesies)* civilités *fpl*, politesses *fpl*

COMP ▷ **amenity bed** N *(Brit Med) lit d'hôpital réservé aux malades qui paient un supplément* ▷ **amenity society** N *(Brit)* association *f* pour la sauvegarde de l'environnement

**amenorrhoea, amenorrhea** *(US)* /eɪmenəˈrɪə/ N *(Med)* aménorrhée *f*

**Amerasian** /ˌæməˈreɪʒən/ ADJ amérasien N Amérasien(ne) *m(f)*

**America** /əˈmerɪkə/ N Amérique *f* ◆ **the ~s** les Amériques *fpl* ; → **north, united**

**American** /əˈmerɪkən/ ADJ américain ; *[ambassador, embassy]* des États-Unis, américain ◆ **as ~ as apple pie** typiquement américain

N a *(= person)* Américain(e) *m(f)*

b *(Ling * = American English)* américain *m* ◆ **what's that in good** *or* **plain ~?** *(US)* ≃ ça veut dire quoi en bon français ?

COMP ▷ **American cheese** N *(US)* cheddar *m* américain ▷ **the American Civil War** N la guerre de Sécession ▷ **the American Dream** N le rêve américain ▷ **American English** N anglais *m* américain ▷ **American football** N *(Sport)* football *m* américain ▷ **American Indian** N Indien(ne) *m(f)* d'Amérique ADJ des Indiens d'Amérique ▷ **American Legion** N *(US) organisme d'aide aux anciens combattants* ; → LEGION ▷ **American plan** N *(US: in hotels)* (chambre *f* avec) pension *f* complète

> **American Dream**
>
> Pour beaucoup d'Américains, le "rêve américain" désigne un ensemble de valeurs et de principes inscrits dans la déclaration d'Indépendance de 1776 et qui définissent globalement une certaine conception de la vie : individualisme, ardeur au travail, égalité des chances pour tous, justice et liberté universelles. L'expression est parfois utilisée par dérision pour dénoncer le contraste entre ces idéaux et le matérialisme qui caractérise certains aspects de la vie américaine contemporaine.

**Americana** /əˌmerɪˈkɑːnə/ N *(NonC) objets ou documents appartenant à l'héritage culturel américain*

**americanism** /əˈmerɪkənɪzəm/ N américanisme *m*

**Americanization** /əˈmerɪkənaɪˈzeɪʃən/ N américanisation *f*

**americanize** /əˈmerɪkənaɪz/ VT américaniser

**Americanized** /əˈmerɪkənaɪzd/ ADJ américanisé ◆ **to become ~** s'américaniser

**americium** /ˌæməˈrɪsɪəm/ N *(Chem)* américium *m*

**Amerind** /ˈæmərɪnd/ N a Indien(ne) *m(f)* d'Amérique b *(Ling)* langue *f* amérindienne

**Amerindian** /ˌæməˈrɪndɪən/ ADJ amérindien(ne) N Amérindien(ne) *m(f)*

**amethyst** /ˈæmɪθɪst/ N améthyste *f* COMP *[jewellery]* d'améthyste ; *[colour]* violet d'améthyste *inv*

**Amex** /ˈæmeks/ N a ®*(US)* (abbrev of **American Express** ®) American Express ® *f* ◆ **~ card** carte *f* American Express ® b *(US)* (abbrev of **American Stock Exchange**) Amex *f (deuxième bourse américaine)*

**amiability** /ˌeɪmɪəˈbɪlɪtɪ/ N amabilité *f*, gentillesse *f* (*to, towards* envers)

**amiable** /ˈeɪmɪəbl/ ADJ aimable, gentil

**amiably** /ˈeɪmɪəblɪ/ ADV *[chat]* gentiment ; *[say, reply]* aimablement ; *[nod, grin]* avec amabilité

**amicable** /ˈæmɪkəbl/ ADJ *[feeling]* amical ; *[relationship]* amical, d'amitié ◆ **~ settlement** *(Jur)* arrangement *m* à l'amiable

**amicably** /ˈæmɪkəblɪ/ ADV amicalement ; *(Jur)* à l'amiable

**amid(st)** /əˈmɪd(st)/ PREP *[+ shouts, trees]* au milieu de ◆ **he was forced to resign ~ allegations of corruption** il a été forcé de démissionner à la suite d'accusations de corruption ◆ **... ~ reports of fresh rioting** ... tandis que l'on signale de nouvelles émeutes

**amidships** /əˈmɪdʃɪps/ ADV *(Naut)* au milieu *or* par le milieu du navire

**amidst** /əˈmɪdst/ PREP ⇒ **amid**

**amino acid** /əˈmiːnəʊˈæsɪd/ N acide *m* aminé, aminoacide *m*

**Amish** /ˈɑːmɪʃ/ NPL ◆ **the ~** les Amish *mpl* ADJ Amish *inv* ◆ **an ~ man/woman** un/une Amish

**amiss** /əˈmɪs/ ADJ ◆ **there is something ~** il y a quelque chose qui cloche ◆ **have I said/done something ~?** j'ai dit/fait quelque chose qu'il ne fallait pas ? ADV a ◆ **to take sth ~** *(= be offended)* mal prendre qch b * ◆ **a little politeness wouldn't go** *or* **come ~** *(= would be welcome)* un peu de politesse ne ferait pas de mal ◆ **a drink wouldn't go ~** un verre ne serait pas de refus c *(= unfavourably)* ◆ **to speak ~ of sb** dire du mal de qn

**amity** /ˈæmɪtɪ/ N *(frm)* amitié *f*

**Amman** /əˈmɑːn/ N Amman

**ammeter** /ˈæmɪtəʳ/ N ampèremètre *m*

**ammo** * /ˈæməʊ/ N abbrev of **ammunition**

**ammonia** /əˈməʊnɪə/ N (gaz *m*) ammoniac *m* ; *(= liquid)* ammoniaque *f* ; → **household, liquid**

**ammonium** /əˈməʊnɪəm/ N ammonium *m* COMP ▷ **ammonium chloride** N chlorure *m* d'ammonium

**ammunition** /ˌæmjʊˈnɪʃən/ N munitions *fpl* ◆ **round of ~** cartouche *f* ◆ **this has given ~ to their critics** cela a donné des armes à leurs détracteurs COMP ▷ **ammunition belt** N ceinturon *m* ▷ **ammunition dump** N dépôt *m* de munitions ▷ **ammunition pouch** N cartouchière *f*

**amnesia** /æmˈniːzɪə/ N amnésie *f*

**amnesiac** /æmˈniːzɪæk/ ADJ amnésique

**amnesty** /ˈæmnɪstɪ/ N amnistie *f* ◆ **under an ~** en vertu d'une amnistie VT amnistier COMP ▷ **Amnesty International** N Amnesty International

**amnia** /ˈæmnɪə/ NPL of **amnion**

**amniocentesis** /ˌæmnɪəʊsənˈtiːsɪs/ N (pl **amniocenteses** /ˌæmnɪəʊsənˈtiːsiːz/) amniocentèse *f*

**amnion** /ˈæmnɪən/ N (pl **amnions** *or* **amnia**) *(Anat)* amnios *m*

**amniotic** /ˌæmnɪˈɒtɪk/ ADJ *(Anat)* amniotique ◆ **~ fluid/cavity** liquide *m*/cavité *f* amniotique ◆ **~ sac** poche *f* des eaux

**amoeba** /əˈmiːbə/ N (pl **amoebas, amœbæ** /əˈmiːbiː/) amibe *f*

**amoebic** /əˈmiːbɪk/ ADJ amibien ◆ **~ dysentery** dysenterie *f* amibienne

**amok** /əˈmɒk/ ADV ◆ **to run ~** *(= lose self-control) [person]* perdre tout contrôle de soi-même ; *[crowd, imagination, emotions]* se déchaîner ; *(= go on killing spree)* être pris d'un accès de folie meurtrière ◆ **the dog ran ~ in the sheep field** le chien s'est déchaîné dans le pré des moutons ◆ **this is an example of political correctness run ~** c'est un exemple des excès du politiquement correct

**among(st)** /əˈmʌŋ(st)/ PREP parmi, entre ◆ **~(st) the crowd** parmi la foule ◆ **~(st) the various things he gave me, there was ...** parmi les diverses choses qu'il m'a données, il y avait ... ◆ **to count sb ~(st) one's friends** compter qn parmi *or* au nombre de ses amis ◆ **to be sitting ~(st) the audience** être assis au milieu des *or* parmi les spectateurs ◆ **divide the chocolates ~(st) you** partagez-vous les chocolats ◆ **settle it ~(st) yourselves** arrangez cela entre vous ◆ **don't quarrel ~(st) yourselves** ne vous disputez pas, pas de disputes entre vous ◆ **to be ~(st) friends** être entre amis ◆ **~(st) others, ~(st) other things** entre autres (choses) ◆ **this is ~(st) the things we must do** ceci fait partie des choses que nous avons à faire ◆ **he is ~(st) those who know** il est de ces gens qui savent, il fait partie de ceux qui savent ◆ **~(st) the French** chez les Français

**amoral** /eɪˈmɒrəl/ ADJ amoral

**amorality** /eɪmɒˈrælɪtɪ/ N amoralité *f*

**amorous** /ˈæmərəs/ ADJ amoureux ◆ **to make ~ advances to** faire des avances à *(connotations sexuelles)*

**amorously** /ˈæmərəslɪ/ ADV amoureusement

**amorphous** /əˈmɔːfəs/ ADJ *(also Miner)* amorphe ; *(fig) [personality]* amorphe ; *[style, ideas]* informe, sans forme

**amortization** /əˌmɔːtaɪˈzeɪʃən/ N amortissement *m*

**amortize** /əˈmɔːtaɪz/ VT *[+ debt]* amortir COMP ▷ **amortized mortgage loan** N prêt *m* hypothécaire à remboursements périodiques

**amortizement** /əˈmɔːtɪzmənt/ N ⇒ **amortization**

**amount** /əˈmaʊnt/ LANGUAGE IN USE 5.3 N a *(= total)* montant *m*, total *m* ; *(= sum of money)* somme *f* ◆ **the ~ of a bill** le montant d'une facture ◆ **to** *or* **in the ~ of** *(Fin, Comm)* à concurrence de ◆ **debts to the ~ of $200** dettes *fpl* qui se montent à 200 dollars

b *(= quantity)* quantité *f* ◆ **I have an enormous ~ of work** j'ai énormément de travail ◆ **quite an ~ of ...** beaucoup de ... ◆ **any ~ of ...** quantité de ..., énormément de ... ◆ **she's got any ~ of friends** elle a énormément *or* des quantités d'amis ◆ **I've got any ~ of time** j'ai tout le temps qu'il (me) faut, j'ai tout mon temps

c *(NonC = value, importance)* importance *f*, signification *f* ◆ **the information is of little ~** ce renseignement n'a pas grande importance

► **amount to** VT FUS a *(Math etc) [sums, figures, debts]* s'élever à, se monter à

b *(= be equivalent to)* équivaloir à ◆ **it ~s to the same thing** cela revient au même ◆ **it ~s to stealing** cela revient *or* équivaut à du vol ◆ **it ~s to a change in policy** cela représente un changement de politique ◆ **he will never ~ to much** il ne fera jamais grand-chose ◆ **one day he will ~ to something** un jour il sera quelqu'un

**amour** † /əˈmʊəʳ/ N intrigue *f* amoureuse †, liaison *f*

**amour-propre** /ˌæmʊəˈprɒprə/ N amour-propre *m*

**amp** /æmp/ N a *(also* **ampere***)* ampère *m* ◆ **a 13-~ plug** une prise de 13 ampères b (* abbrev of **amplifier**) ampli * *m* c abbrev of **ampoule**

**amperage** /ˈæmpərɪdʒ/ **N** ampérage *m*

**ampere** /ˈæmpɛəʳ/ **N** ampère *m* **COMP** ▷ **ampere-hour N** ampère-heure *m*

**ampersand** /ˈæmpəsænd/ **N** esperluette *f*

**amphetamine** /æmˈfetəmiːn/ **N** amphétamine *f*

**amphibia** /æmˈfɪbɪə/ **NPL** amphibiens *mpl*

**amphibian** /æmˈfɪbɪən/ **ADJ** *[animal, vehicle, tank]* amphibie **N** a *(Zool)* amphibie *m* b *(Mil) (= tank)* char *m* amphibie ; *(= car)* voiture *f* amphibie ; *(= aircraft)* avion *m* amphibie

**amphibious** /æmˈfɪbɪəs/ **ADJ** *(Zool, Mil)* amphibie

**amphitheatre, amphitheater** *(US)* /ˈæmfɪˌθɪətəʳ/ **N** *(Hist, Theat, gen)* amphithéâtre *m* ; *(in mountains)* cirque *m*

**amphora** /ˈæmfərə/ **N** (pl **amphoras** *or* **amphorae** /ˈæmfəˌriː/) amphore *f*

**ample** /ˈæmpl/ **ADJ** a *(= more than adequate) [space, amount, resources]* amplement suffisant (*for sb/sth* pour qn/qch) ; *[parking-space, money]* largement assez de ◆ **to have ~ evidence** *or* **proof that ...** avoir des preuves solides que ... ◆ **there are ~ grounds for believing that ...** on a tout lieu de croire que ... ◆ **there is ~ justification for his behaviour** son comportement est amplement justifié ◆ **to have ~ means** avoir de gros moyens ◆ **there'll be ~ opportunity to discuss it later** on aura largement *or* amplement l'occasion d'en discuter plus tard ◆ **to have ~ opportunities to do sth** avoir plus d'une occasion de faire qch ◆ **to have ~ reason to do sth** avoir de solides raisons de faire qch ◆ **there is ~ room for sb/sth** il y a largement la place pour qn/qch ◆ **there is ~ room for improvement** il y a encore bien du chemin *or* bien des progrès à faire ◆ **to have ~ time (to do sth)** avoir largement *or* amplement le temps (de faire qch) ◆ **to make ~ use of sth** largement utiliser qch ◆ **she was given ~ warning** elle a été suffisamment prévenue

b *(= large) [bosom, breasts]* généreux ; *[stomach]* gros (grosse *f*) ; *[waist]* épais (épaisse *f*) ; *[garment]* ample ◆ **her ~ cleavage** son décolleté plantureux

**amplification** /ˌæmplɪfɪˈkeɪʃən/ **N** amplification *f* ◆ **~ of previous evidence** *(Jur)* amplification *f* des offres de preuve

**amplifier** /ˈæmplɪfaɪəʳ/ **N** amplificateur *m*, ampli * *m*

**amplify** /ˈæmplɪfaɪ/ **VT** *[+ sound, movement, force]* amplifier ; *[+ instrument]* amplifier le son de ; *[+ statement, idea]* développer ; *[+ story]* amplifier

**amplitude** /ˈæmplɪtjuːd/ **N** a *(Astron, Phys)* amplitude *f* ; → **modulation** b *[of style, thought]* ampleur *f*

**amply** /ˈæmplɪ/ **ADV** largement, amplement ◆ **my patience was ~ rewarded** ma patience a été largement *or* amplement récompensée

**ampoule, ampule** *(US)* /ˈæmpuːl/ **N** ampoule *f (pour seringue)*

**ampulla** /æmˈpʊlə/ **N** (pl **ampullae** /æmˈpʊliː/) *(Anat)* ampoule *f*

**amputate** /ˈæmpjʊteɪt/ **VT** amputer ◆ **to ~ sb's arm/leg** amputer qn du bras/de la jambe

**amputation** /ˌæmpjʊˈteɪʃən/ **N** amputation *f* ◆ **to carry out the ~ of a limb** pratiquer l'amputation d'un membre

**amputee** /ˌæmpjʊˈtiː/ **N** amputé(e) *m(f)*

**Amsterdam** /ˈæmstədæm/ **N** Amsterdam

**Amtrak** /ˈæmtræk/ **N** *(in US) société mixte de transports ferroviaires interurbains pour voyageurs*

**amuck** /əˈmʌk/ **ADV** ⇒ **amok**

**amulet** /ˈæmjʊlɪt/ **N** amulette *f*

**amuse** /əˈmjuːz/ **VT** a *(= cause mirth to)* amuser, divertir b *(= entertain, occupy)* distraire, amuser ◆ **to ~ o.s. by doing sth** s'amuser à faire qch ◆ **to ~ o.s. with sth/sb** s'amuser avec qch/aux dépens de qn ◆ **you'll have to ~ yourselves** il va vous falloir trouver de quoi vous distraire *or* de quoi vous occuper

**amused** /əˈmjuːzd/ **ADJ** *[person, look, smile, attitude]* amusé ◆ **she seemed ~ at my suggestion** ma suggestion a semblé l'amuser ◆ **I was ~ to see/hear that ...** ça m'a amusé de voir/d'entendre que ... ◆ **to keep sb ~** distraire qn ◆ **to keep o.s. ~** se distraire, s'occuper ◆ **we are not ~** *(hum)* nous ne trouvons pas cela drôle

**amusedly** /əˈmjuːzɪdlɪ/ **ADV** avec amusement, d'un air amusé

**amusement** /əˈmjuːzmənt/ **N** a *(NonC)* amusement *m*, divertissement *m* ◆ **look of ~** regard *m* amusé ◆ **to hide one's ~** dissimuler son envie de rire ◆ **to do sth for ~** faire qch pour se distraire ◆ **(much) to my ~** à mon grand amusement ◆ **there was general ~ at this** ceci a fait rire tout le monde b *(= diversion, pastime)* distraction *f* ◆ **~s** *(Brit: in arcade)* jeux *mpl* d'arcade ◆ **a town with plenty of ~s** une ville qui offre beaucoup de distractions **COMP** ▷ **amusement arcade N** *(Brit)* galerie *f* de jeux vidéo ▷ **amusement park N** *(esp Brit = fairground)* parc *m* d'attractions

**amusing** /əˈmjuːzɪŋ/ **ADJ** amusant, drôle

**amusingly** /əˈmjuːzɪŋlɪ/ **ADV** *[talk, write]* d'une manière amusante ◆ **the ~ named Susan Swishtail** cette femme au nom amusant de Susan Swishtail

**amyl alcohol** /ˈæmɪlˌælkəhɒl/ **N** alcool *m* amylique

**amylase** /ˈæmɪleɪz/ **N** *(Physiol)* amylase *f*

**amyl nitrite** /ˈæmɪlˌnaɪtraɪt/ **N** nitrite *m* amylique

**an** /æn, ən, n/ **INDEF ART** → **a²**

**Anabaptist** /ˌænəˈbæptɪst/ **N, ADJ** anabaptiste *mf*

**anabolic** /ˌænəˈbɒlɪk/ **ADJ** anabolique ◆ **~ steroid** stéroïde *m* anabolisant

**anachronism** /əˈnækrənɪzəm/ **N** anachronisme *m*

**anachronistic** /əˌnækrəˈnɪstɪk/ **ADJ** anachronique

**anacoluthon** /ˌænəkəˈluːθɒn/ **N** (pl **anacolutha** /ˌænəkəˈluːθə/) anacoluthe *f*

**anaconda** /ˌænəˈkɒndə/ **N** eunecte *m*, anaconda *m*

**Anacreon** /əˈnækrɪɒn/ **N** Anacréon *m*

**anacreontic** /əˌnækrɪˈɒntɪk/ **ADJ** anacréontique **N** poème *m* anacréontique

**anaemia, anemia** *(US)* /əˈniːmɪə/ **N** anémie *f* ; → **pernicious**

**anaemic, anemic** *(US)* /əˈniːmɪk/ **N, ADJ** *(Med, fig)* anémique ◆ **to become ~** s'anémier

**anaerobic** /ˌænɛəˈrəʊbɪk/ **ADJ** anaérobie

**anaesthesia, anesthesia** *(US)* /ˌænɪsˈθiːzɪə/ **N** anesthésie *f*

**anaesthetic, anesthetic** *(US)* /ˌænɪsˈθetɪk/ **N** anesthésique *m* ◆ **under ~** sous anesthésie ◆ **to give sb an ~** anesthésier qn **ADJ** anesthésique

**anaesthetist, anesthetist** *(US)* /æˈniːsθɪtɪst/ **N** (médecin *m*) anesthésiste *mf*

**anaesthetize, anesthetize** *(US)* /æˈniːsθɪtaɪz/ **VT** anesthésier

**anaglyph** /ˈænəglɪf/ **N** *(Art)* anaglyphe *m*

**Anaglypta** ® /ˌænəˈglɪptə/ **N** papier *m* peint gaufré

**anagram** /ˈænəgræm/ **N** anagramme *f*

**anal** /ˈeɪnəl/ **ADJ** anal ◆ **~ sex** sodomie *f* ◆ **~ retentive** *(Psych)* qui fait une fixation au stade anal ◆ **you're so ~!** * ce que tu es maniaque !

**analgesia** /ˌænælˈdʒiːzɪə/ **N** analgésie *f*

**analgesic** /ˌænælˈdʒiːsɪk/ **ADJ, N** analgésique *m*

**anally** /ˈeɪnəlɪ/ **ADV** ◆ **~ retentive** qui fait de la fixation au stade anal

**analog** /ˈænəlɒg/ **N** *(US)* ⇒ **analogue**

**analogic(al)** /ˌænəˈlɒdʒɪk(əl)/ **ADJ** analogique

**analogous** /əˈnæləgəs/ **ADJ** analogue (*to, with* à)

**analogue** /ˈænəlɒg/ **N** analogue *m* **ADJ** analogique **COMP** ▷ **analogue device N** unité *f* analogique ▷ **analogue-digital converter N** convertisseur *m* analogique-numérique ▷ **analogue watch N** montre *f* à lecture analogique

**analogy** /əˈnælədʒɪ/ **N** analogie *f* (*between* entre ; *with* avec) ; ◆ **to argue from ~** raisonner par analogie ◆ **by ~** par analogie (*with* avec)

**analysand** /əˈnælɪˌsænd/ **N** *(Psych)* sujet *m* en analyse

**analyse, analyze** *(US)* /ˈænəlaɪz/ LANGUAGE IN USE 26.1 **VT** a analyser, faire l'analyse de ; *(Gram) [+ sentence]* faire l'analyse logique de b *(Psych)* psychanalyser

**analyser, analyzer** *(US)* /ˈænəlaɪzəʳ/ **N** analyseur *m* ◆ **blood/image ~** analyseur *m* de sang/d'images

**analysis** /əˈnæləsɪs/ LANGUAGE IN USE 26.1 **N** (pl **analyses** /əˈnælɪsiːz/) a analyse *f* ; *(Gram) [of sentence]* analyse *f* logique ◆ **in the ultimate** *or* **last** *or* **final ~** en dernière analyse, finalement b *(Psych)* psychanalyse *f* ◆ **to be in ~** être en analyse

**analyst** /ˈænəlɪst/ **N** a *(Chem etc)* analyste *mf* b *(Psych)* (psych)analyste *mf* ; → **news**

**analytic(al)** /ˌænəˈlɪtɪk(əl)/ **ADJ** analytique ◆ **~(al) mind** esprit *m* analytique ◆ **~(al) psychology** psychologie *f* analytique *or* des profondeurs ◆ **~(al) engine** *(Comput)* machine *f* de Babbage

**analytically** /ˌænəˈlɪtɪkəlɪ/ **ADV** *[think]* d'une manière analytique ◆ **to be ~ intelligent** avoir une intelligence analytique

**analyze** /ˈænəlaɪz/ **VT** *(US)* ⇒ **analyse**

**analyzer** /ˈænəlaɪzəʳ/ **N** *(US)* ⇒ **analyser**

**anamorphosis** /ˌænəˈmɔːfəsɪs/ **N** (pl **anamorphoses** /ˌænəˈmɔːfəˌsiːz/) anamorphose *f*

**anapaest, anapest** *(US)* /ˈænəpiːst/ **N** anapeste *m*

**anaphoric** /ˌænəˈfɒrɪk/ **ADJ** *(Ling)* anaphorique

**anaphylactic shock** /ˌænəfɪˈlæktɪkˈʃɒk/ **N** *(Med)* choc *m* anaphylactique

**anarchic(al)** /æˈnɑːkɪk(əl)/ **ADJ** anarchique

**anarchism** /ˈænəkɪzəm/ **N** anarchisme *m*

**anarchist** /ˈænəkɪst/ **N, ADJ** anarchiste *mf*

**anarchistic** /ˌænəˈkɪstɪk/ **ADJ** anarchique

**anarcho...** /æˈnɑːkəʊ/ **PREF** anarcho... ◆ **anarcho-syndicalism** anarcho-syndicalisme *m*

**anarchy** /ˈænəkɪ/ **N** anarchie *f*

**anastigmatic** /ˌænəstɪgˈmætɪk/ **ADJ** *(Phot)* anastigmate

**anathema** /əˈnæθɪmə/ N *(Rel, fig)* anathème *m* ◆ **the whole idea of exploiting people was ~ to him** il avait en abomination l'idée d'exploiter les gens

**anathematize** /əˈnæθɪmətaɪz/ VT frapper d'anathème

**Anatolia** /ˌænəˈtəʊlɪə/ N Anatolie *f*

**Anatolian** /ˌænəˈtəʊlɪən/ ADJ anatolien N *(= person)* Anatolien(ne) *m(f)*

**anatomical** /ˌænəˈtɒmɪkəl/ ADJ anatomique

**anatomically** /ˌænəˈtɒmɪkəlɪ/ ADV *[correct, different]* d'un point de vue anatomique, anatomiquement

**anatomist** /əˈnætəmɪst/ N anatomiste *mf*

**anatomize** /əˈnætəmaɪz/ VT disséquer

**anatomy** /əˈnætəmɪ/ N *(Med, Sci)* anatomie *f* ; *(fig) [of country etc]* structure *f* ◆ **a delicate part of one's ~** *(hum)* une partie sensible de son anatomie ◆ **he had spots all over his ~** * il avait des boutons partout, il était couvert de boutons

**ANC** /ˌeɪenˈsiː/ N (abbrev of **African National Congress**) ANC *m*

**ancestor** /ˈænsɪstəʳ/ N *(lit)* ancêtre *mf*, aïeul *m* ; *(fig)* ancêtre *mf*

**ancestral** /ænˈsestrəl/ ADJ ancestral ◆ **~ home** demeure *f* ancestrale

**ancestress** † /ˈænsɪstrɪs/ N aïeule *f*

**ancestry** /ˈænsɪstrɪ/ N a *(= lineage)* ascendance *f* b *(NonC = ancestors collectively)* ancêtres *mpl*, aïeux *mpl* ◆ **to trace one's ~** constituer son arbre généalogique

**anchor** /ˈæŋkəʳ/ N ancre *f* ; *(fig)* point *m* d'ancrage ◆ **to be** *or* **ride at ~** être à l'ancre *or* au mouillage ◆ **to come to** *or* **drop ~** mouiller *or* jeter l'ancre ◆ **~s away!** *(Naut)* levez l'ancre ! ; *(fig)* mettons les voiles ! * ; → **cast, ride, up, weigh** VT a *(Naut)* mettre à l'ancre b *(= tie down)* arrimer c *(US) [+ TV show]* présenter VI *(Naut)* mouiller, jeter l'ancre COMP ▷ **anchor ice** N glaces *fpl* de fond

**anchorage** /ˈæŋkərɪdʒ/ N *(Naut)* mouillage *m*, ancrage *m* COMP ▷ **anchorage dues** NPL *(Naut)* droits *mpl* de mouillage *or* d'ancrage ▷ **anchorage point** N *(Aut)* point *m* d'ancrage

**anchorite** /ˈæŋkəraɪt/ N anachorète *m*

**anchorman** /ˈæŋkəmæn/ N (pl **-men**) *(esp US) (Rad, TV)* présentateur *m* ; *(in team, organization)* pilier *m*, pivot *m*

**anchorwoman** /ˈæŋkəwʊmən/ N (pl **-women**) *(esp US) (Rad, TV)* présentatrice *f* ; *(in team, organization)* pilier *m*, pivot *m*

**anchovy** /ˈæntʃəvɪ/ N anchois *m* COMP ▷ **anchovy paste** N beurre *m* d'anchois ▷ **anchovy sauce** N sauce *f* aux anchois, anchoïade *f*

**ancient** /ˈeɪnʃənt/ ADJ a *[painting, document, custom]* ancien ◆ **in ~ days** dans les temps anciens ◆ **~ history** histoire *f* ancienne ◆ **it's ~ history** * c'est de l'histoire ancienne ◆ **(scheduled as an) ~ monument** *(Brit)* (classé) monument *m* historique ◆ **the Ancient World** le monde *m* antique, l'Antiquité *f* ◆ **Ancient Greece** la Grèce ancienne *or* antique ◆ **the Ancient Greeks** les Grecs *mpl* de l'Antiquité ◆ **~ Rome** la Rome antique ◆ **~ rocks** de vieilles roches *fpl* b (*: *gen hum) [person]* très vieux (vieille *f*) ; *[clothes, object, car]* antique, antédiluvien * ◆ **this is positively ~** cela remonte à Mathusalem *or* au déluge ◆ **he's getting pretty ~** il se fait vieux NPL **the ancients** les anciens *mpl*

**anciently** /ˈeɪnʃəntlɪ/ ADV *(frm)* anciennement, autrefois

**ancillary** /ænˈsɪlərɪ/ ADJ *[service, help, forces]* auxiliaire ◆ **~ to** subordonné à ◆ **(hospital) ~ workers** personnel *m* des services auxiliaires (des hôpitaux), agents *mpl* des hôpitaux ◆ **~ staff** *(Brit Scol)* agents *mpl* (d'un établissement scolaire) ◆ **~ costs** *(Fin, Comm)* frais *mpl* accessoires *or* annexes

**and** /ænd, ənd, nd, ən/ CONJ a et ◆ **a man ~ a woman** un homme et une femme ◆ **his table ~ chair** sa table et sa chaise ◆ **~ how!** * et comment ! * ◆ **~?** et alors ? ◆ **on Saturday ~/or Sunday** *(Admin)* samedi et/ou dimanche ; *(gen)* samedi ou dimanche ou les deux ◆ **great artists like Monet ~ Picasso** de grands artistes comme Monet ou Picasso

b *(in numbers)* **three hundred ~ ten** trois cent dix ◆ **two thousand ~ eight** deux mille huit ◆ **two pounds ~ six pence** deux livres (et) six pence ◆ **an hour ~ twenty minutes** une heure vingt (minutes) ◆ **five ~ three quarters** cinq trois quarts

c *(+ infin vb)* **try ~ come** tâchez de venir ◆ **wait ~ see** on verra bien, attendez voir

d *(repetition, continuation)* **better ~ better** de mieux en mieux ◆ **now ~ then** de temps en temps ◆ **for hours ~ hours** pendant des heures et des heures ◆ **I rang ~ rang** j'ai sonné et resonné ◆ **he talked ~ talked/waited ~ waited** il a parlé/attendu pendant des heures ◆ **~ so on ~ so forth** et ainsi de suite ◆ **he goes on ~ on** * quand il commence il n'y a plus moyen de l'arrêter

e *(with compar adj)* **uglier ~ uglier** de plus en plus laid ◆ **more ~ more difficult** de plus en plus difficile

f *(with neg or implied neg)* ni ◆ **to go out without a hat ~ coat** sortir sans chapeau ni manteau ◆ **you can't buy ~ sell here** on ne peut ni acheter ni vendre ici

g *(phrases)* **eggs ~ bacon** œufs *mpl* au bacon ◆ **summer ~ winter (alike)** été comme hiver ◆ **a carriage ~ pair** une voiture à deux chevaux

h *(implying cond)* **flee ~ you are lost** fuyez et vous êtes perdu, si vous fuyez vous êtes perdu

**Andalucia, Andalusia** /ˌændəlʊˈsiːə/ N Andalousie *f*

**Andalucian, Andalusian** /ˌændəlʊˈsiːən/ ADJ andalou (-ouse *f*)

**Andean** /ˈændɪən/ ADJ des Andes, andin

**Andes** /ˈændiːz/ N Andes *fpl*

**andiron** /ˈændaɪən/ N chenet *m*

**Andorra** /ænˈdɔːrə/ N (principauté *f* d')Andorre *f*

**Andorran** /ænˈdɔːrən/ ADJ andorran N Andorran(e) *m(f)*

**Andrew** /ˈændruː/ N André *m*

**androgen** /ˈændrədʒən/ N *(Physiol)* androgène *m*

**androgynous** /ænˈdrɒdʒɪnəs/ ADJ androgyne

**androgyny** /ænˈdrɒdʒɪnɪ/ N androgynie *f*

**android** /ˈændrɔɪd/ ADJ, N androïde *m*

**Andromache** /ænˈdrɒməkɪ/ N Andromaque *f*

**Andromeda** /ænˈdrɒmɪdə/ N Andromède *f*

**androsterone** /ænˈdrɒstəˌrəʊn/ N androstérone *f*

**anecdotal** /ˌænɪkˈdəʊtəl/ ADJ *[book, speech]* plein d'anecdotes ◆ **~ evidence suggests the treatment can be effective** dans des cas isolés, ce traitement s'est révélé efficace ◆ **there have been ~ reports of people being mysteriously healed** il y aurait eu quelques cas de guérisons miraculeuses

**anecdote** /ˈænɪkdəʊt/ N anecdote *f*

**anemia** /əˈniːmɪə/ N *(US)* ⇒ **anaemia**

**anemic** /əˈniːmɪk/ ADJ *(US)* ⇒ **anaemic**

**anemometer** /ˌænɪˈmɒmɪtəʳ/ N anémomètre *m*

**anemone** /əˈnemənɪ/ N anémone *f* ; → **sea**

**anent** /əˈnent/ PREP *(Scot)* concernant, à propos de

**aneroid** /ˈænərɔɪd/ ADJ anéroïde ◆ **~ (barometer)** baromètre *m* anéroïde

**anesthesia** /ˌænɪsˈθiːzɪə/ N *(US)* ⇒ **anaesthesia**

**anesthesiologist** /ˌænɪsθiːzɪˈɒlədʒɪst/ N *(US)* (médecin *m*) anesthésiste *mf*

**anesthetic** /ˌænɪsˈθetɪk/ N, ADJ *(US)* ⇒ **anaesthetic**

**anesthetist** /æˈniːsθɪtɪst/ N *(US)* ⇒ **anaesthetist**

**anesthetize** /æˈniːsθɪtaɪz/ VT *(US)* ⇒ **anaesthetize**

**aneurism, aneurysm** /ˈænjʊrɪzəm/ N anévrisme *m*

**anew** /əˈnjuː/ ADV *(liter)* de nouveau ◆ **to be born ~** renaître ◆ **to start life ~ in a fresh place** recommencer sa vie ailleurs

**angel** /ˈeɪndʒəl/ N ange *m* ; (* *= person)* ange *m*, amour *m* ; *(Theat* *) commanditaire *mf* ◆ **~ of Darkness** ange *m* des Ténèbres ◆ **the Angel of Death** l'Ange *m* de la mort ◆ **be an ~ * and fetch me my gloves** apporte-moi mes gants, tu seras un ange ◆ **speak** *or* **talk of ~s!** * quand on parle du loup (on en voit la queue) ! ◆ **to go where ~s fear to tread** s'aventurer en terrain dangereux ; → **fool**[1], **guardian** COMP ▷ **angel cake** N ≈ gâteau *m* de Savoie ▷ **angel dust** * N *(Drugs)* angel dust *m*, poussière *f* d'ange ▷ **angel food cake** N *(US)* ⇒ **angel cake** ▷ **angel shark** N ange *m* de mer ▷ **angels-on-horseback** NPL *(Brit Culin)* huîtres bridées de lard servies sur toasts

**Angeleno** /ˌændʒəˈliːnəʊ/ N *(US)* habitant(e) *m(f)* de Los Angeles

**angelfish** /ˈeɪndʒəlfɪʃ/ N (pl **angelfish**) scalaire *m* ; *(= shark)* ange *m* de mer

**angelic** /ænˈdʒelɪk/ ADJ angélique

**angelica** /ænˈdʒelɪkə/ N angélique *f*

**angelical** /ænˈdʒelɪkəl/ ADJ angélique

**angelically** /ænˈdʒelɪkəlɪ/ ADV *[behave, sing]* comme un *or* des ange(s) ◆ **she smiled ~** elle a eu un sourire angélique

**Angelino** /ˌændʒəˈliːnəʊ/ N ⇒ **Angeleno**

**angelus** /ˈændʒɪləs/ N *(= prayer, bell)* angélus *m*

**anger** /ˈæŋgəʳ/ N colère *f* ; *(violent)* fureur *f* ◆ **to act in ~** agir sous l'empire *or* sous le coup de la colère, agir avec emportement ◆ **words spoken in ~** mots prononcés sous l'empire *or* sous le coup de la colère ◆ **to move sb to ~** mettre qn en colère ◆ **his ~ knew no bounds** sa colère *or* son emportement ne connut plus de bornes ◆ **in great ~** furieux VT mettre en colère, irriter ; *(greatly)* rendre furieux ◆ **to be easily ~ed** se mettre facilement en colère, s'emporter facilement

**angina** /ænˈdʒaɪnə/ N angine *f* ◆ **~ (pectoris)** angine *f* de poitrine ◆ **to have ~** faire de l'angine de poitrine

**angiogram** /ˈændʒɪəʊgræm/ N *(Med)* angiographie *f*

**angioplasty** /ˈændʒɪəʊˌplæstɪ/ N *(Med)* angioplastie *f*

**angle**[1] /ˈæŋgl/ N a *(also Math)* angle *m* ◆ **at an angle** en biais (*to* par rapport à) ; ◆ **at an ~ of ...** formant un angle de ... ◆ **cut at an ~** *[pipe, edge]* coupé en biseau ◆ **the building stands at an ~ to the street** le bâtiment fait un angle avec la rue

b *(= aspect, point of view)* aspect *m* ◆ **the various ~s of a topic** les divers aspects *mpl* d'un sujet ◆ **to study a topic from every ~** étudier un sujet sous toutes ses faces *or* sous tous les angles ◆ **his article has a new ~ on the question** son article apporte un éclairage nouveau sur la question ◆ **from the parents' ~** du point de vue des parents ◆ **let's have your ~ on it** * donnez-nous votre point de vue là-dessus *or* sur la question

VT a * *[+ information, report]* présenter sous un certain angle ◆ **he ~d his article towards middle-class readers** il a rédigé son article à l'intention des classes moyennes *or* de façon à plaire au lecteur bourgeois

b *(Tennis)* **to ~ a shot** croiser sa balle, jouer la diagonale

c *[+ lamp etc]* régler à l'angle voulu ◆ **she ~d the lamp towards her desk** elle a dirigé la lumière (de la lampe) sur son bureau

COMP ▷ **angle bracket** N chevron *m* ▷ **angle iron** N fer *m*, équerre *f* ▷ **angle of incidence** N angle *m* d'incidence

**angle²** /'æŋgl/ VI a *(lit)* pêcher à la ligne ◆ **to ~ for trout** pêcher la truite b *(= try to get)* **to ~ for sb's attention** chercher à attirer l'attention de qn ◆ **to ~ for compliments** aller à la pêche aux compliments ◆ **to ~ for a rise in salary/for an invitation** chercher à obtenir une augmentation de salaire/à se faire inviter ◆ **she's angling for a husband** elle fait la chasse au mari, elle cherche à se caser

**Anglepoise** ® /'æŋgl,pɔɪz/ N *(Brit:* also **Anglepoise lamp**) lampe *f* d'architecte

**angler** /'æŋglə^r/ N pêcheur *m*, -euse *f* (à la ligne) ◆ **~ (fish)** lotte *f* de mer

**Angles** /'æŋglz/ NPL *(Hist)* Angles *mpl*

**Anglican** /'æŋglɪkən/ ADJ, N anglican(e) *m(f)* ◆ **the ~ Communion** la communion *or* la communauté anglicane

**Anglicanism** /'æŋglɪkənɪzəm/ N anglicanisme *m*

**anglicism** /'æŋglɪsɪzəm/ N anglicisme *m*

**anglicist** /'æŋglɪsɪst/ N angliciste *mf*

**anglicize** /'æŋglɪsaɪz/ VT angliciser

**angling** /'æŋglɪŋ/ N pêche *f* (à la ligne)

**Anglo** * /'æŋgləʊ/ N ⇒ **Anglo-American**

**Anglo-** /'æŋgləʊ/ PREF anglo-

**Anglo-American** /'æŋgləʊə'merɪkən/ ADJ anglo-américain N *(US)* Anglo-Américain(e) *m(f) (Américain d'origine anglo-saxonne)*

**Anglo-Asian** /'æŋgləʊ'eɪʃn/ ADJ *britannique originaire du sous-continent indien* N *Britannique originaire du sous-continent indien*

**Anglo-Catholic** /'æŋgləʊ'kæθəlɪk/ ADJ, N anglo-catholique *mf*

**Anglo-Catholicism** /'æŋgləʊkə'θɒlɪsɪzəm/ N anglo-catholicisme *m*

**Anglo-French** /'æŋgləʊ'frentʃ/ ADJ franco-britannique N *(Ling)* anglo-normand *m*

**Anglo-Indian** /'æŋgləʊ'ɪndɪən/ N *(= British person in India)* Anglais(e) *m(f)* des Indes ; *(= person of British and Indian descent)* métis(se) *m(f)* d'Anglais(e) et d'Indien(ne)

**Anglo-Irish** /'æŋgləʊ'aɪərɪʃ/ NPL **the Anglo-Irish** les Anglo-Irlandais *mpl* ADJ anglo-irlandais

**anglophile** /'æŋgləʊfaɪl/ ADJ, N anglophile *mf*

**anglophobe** /'æŋgləʊfəʊb/ ADJ, N anglophobe *mf*

**Anglo-Saxon** /'æŋgləʊ'sæksən/ ADJ anglo-saxon N a *(= person)* Anglo-Saxon(ne) *m(f)* b *(Ling)* anglo-saxon *m*

> **Anglo-Saxon**
>
> Langue de la famille des langues germaniques, parlée en Grande-Bretagne entre le V^e siècle et la conquête normande (1066), et dont l'anglais actuel est partiellement dérivé. Beaucoup de mots d'usage très courant, par exemple "man", "child", "eat", "love" ou "harvest" sont d'origine **anglo-saxonne.**

**Angola** /æŋ'gəʊlə/ N Angola *m*

**Angolan** /æŋ'gəʊlən/ ADJ angolais N Angolais(e) *m(f)*

**angora** /æŋ'gɔːrə/ N a *(= cat/rabbit)* (chat *m*/lapin *m*) angora *m inv* ; *(= goat)* chèvre *f* angora *inv* b *(= wool)* laine *f* angora *inv*, angora *m inv* ADJ *[cat, rabbit etc]* angora *inv* ; *[sweater]* (en) angora

**angostura** /æŋgə'stjʊərə/ N angustura *f* COMP ▷ **angostura bitters** ® N bitter *m* additionné d'angustura

**angrily** /'æŋgrɪlɪ/ ADV *[say, react]* avec colère ; *[leave]* en colère

**angry** /'æŋgrɪ/ ADJ *[person]* en colère, fâché (*with sb* contre qn ; *at sth* à cause de qch ; *about sth* à propos de qch) ; *[look]* furieux ; *[reply]* plein *or* vibrant de colère ; *(fig) [sea]* mauvais, démonté ◆ **to get ~** se fâcher, se mettre en colère ◆ **to make sb ~** mettre qn en colère ◆ **he was ~ at being dismissed** il était furieux d'avoir été renvoyé *or* qu'on l'ait renvoyé ◆ **in an ~ voice** sur le ton de la colère ◆ **you won't be ~ if I tell you?** tu ne vas pas te fâcher si je te le dis ? ◆ **this sort of thing makes me really ~** ce genre de chose me met hors de moi ◆ **there were ~ scenes when it was announced that ...** la colère de la foule a éclaté quand on a annoncé que ... ◆ **~ young man** *(Literat)* jeune homme *m* en colère ◆ **the blow left an ~ scar on his forehead** le coup lui a laissé une vilaine cicatrice au front

**angst** /æŋst/ N angoisse *f* existentielle

**angstrom** /'æŋstrəm/ N angström *or* angstrœm *m*

**Anguilla** /æŋ'gwɪlə/ N Anguilla *f*

**anguish** /'æŋgwɪʃ/ N *(mental)* angoisse *f*, anxiété *f* ; *(physical)* supplice *m* ◆ **to be in ~** *(mentally)* être dans l'angoisse *or* angoissé ; *(physically)* être au supplice, souffrir le martyre

**anguished** /'æŋgwɪʃt/ ADJ *(mentally)* angoissé ; *(physically)* plein de souffrance

**angular** /'æŋgjʊlə^r/ ADJ anguleux ; *[face]* anguleux, osseux ; *[features]* anguleux ; *[movement]* dégingandé, saccadé

**aniline** /'ænɪliːn/ N aniline *f* COMP ▷ **aniline dyes** NPL colorants *mpl* à base d'aniline

**anima** /'ænɪmə/ N *(Psych)* anima *m*

**animal** /'ænɪməl/ N *(lit)* animal *m* ; *(* pej = person)* brute *f* ◆ **I like ~s** j'aime les animaux *or* les bêtes ◆ **man is a social ~** l'homme est un animal sociable ◆ **the ~ in him** *(pej)* la bête en lui, son côté bestial ◆ **he's nothing but an ~** c'est une brute ◆ **there's no such ~** *(fig)* ça n'existe pas ◆ **they're two different ~s** *(fig)* ce sont deux choses complètement différentes

ADJ *[instinct]* animal ◆ **~ spirits** entrain *m*, vivacité *f* ◆ **full of ~ spirits** plein d'entrain *or* de vie

COMP ▷ **animal cracker** N *(US) cracker en forme d'animal* ▷ **animal experimentation** N *(NonC)* expérimentation *f* animale *or* sur les animaux ▷ **animal fat** N graisse *f* animale ▷ **animal husbandry** N *(NonC)* élevage *m* ▷ **the animal kingdom** N le règne animal ▷ **Animal Liberation Front** N *Front m britannique de libération des animaux* ▷ **animal liberationist** N *militant du mouvement de libération des animaux* ▷ **animal lover** N personne *f* qui aime les animaux ▷ **animal rights** NPL droits *mpl* des animaux ▷ **animal rights campaigner** N défenseur *m* des droits des animaux ▷ **animal sanctuary** N refuge *m* pour animaux ▷ **animal testing** N expérimentation *f* animale

**animate** /'ænɪmɪt/ ADJ *(= living)* vivant, animé ; *(Ling)* animé VT /'ænɪmeɪt/ *(= make lively) [+ discussion]* animer, rendre vivant

**animated** /'ænɪmeɪtɪd/ ADJ a *(= lively)* animé ◆ **to become ~** s'animer ◆ **the talk was growing ~** la conversation s'animait *or* s'échauffait b *(Cine)* animé ◆ **~ film** dessin *m* animé, film *m* d'animation

**animatedly** /'ænɪmeɪtɪdlɪ/ ADV avec animation ◆ **he pointed ~ at the package** tout agité, il désigna le paquet

**animation** /,ænɪ'meɪʃən/ N a *[of person]* vivacité *f*, entrain *m* ; *[of face]* animation *f* ; *[of scene, street etc]* activité *f*, animation *f* b *(Cine)* animation *f* ; → **suspend**

**animator** /'ænɪmeɪtə^r/ N *(Cine)* animateur *m*, -trice *f*

**animatronics** /,ænɪmə'trɒnɪks/ N *(NonC: Cine)* animatronique *f*

**animism** /'ænɪmɪzəm/ N animisme *m*

**animist** /'ænɪmɪst/ ADJ, N animiste *mf*

**animosity** /,ænɪ'mɒsɪtɪ/ N animosité *f* (*against, towards* envers)

**animus** /'ænɪməs/ N a *(NonC)* ⇒ **animosity** b *(Psych)* animus *m*

**anise** /'ænɪs/ N anis *m*

**aniseed** /'ænɪsiːd/ N graine *f* d'anis COMP *[flavoured]* à l'anis

**anisette** /,ænɪ'zet/ N anisette *f*

**Anjou** /ɑ̃'ʒuː/ N Anjou *m*

**Ankara** /'æŋkərə/ N Ankara

**ankle** /'æŋkl/ N cheville *f* COMP ▷ **ankle boot** N bottine *f* ▷ **ankle bracelet** N bracelet *m* de cheville ▷ **ankle-deep** ADJ ◆ **he was ~-deep in water** l'eau lui montait *or* il avait de l'eau jusqu'à la cheville ◆ **the water is ~-deep** l'eau vient (jusqu')à la cheville ▷ **ankle joint** N articulation *f* de la cheville ▷ **ankle sock** N *(Brit)* socquette *f* ▷ **ankle strap** N bride *f*

**anklebone** /'æŋklbəʊn/ N astragale *m*

**anklet** /'æŋklɪt/ N bracelet *m or* anneau *m* de cheville ; *(US)* socquette *f*

**ankylosis** /,æŋkɪ'ləʊsɪs/ N ankylose *f*

**Ann** /æn/ N Anne *f*

**annalist** /'ænəlɪst/ N annaliste *m*

**annals** /'ænəlz/ NPL annales *fpl* ◆ **unique in the ~ of ...** unique dans les annales de ...

**Annam** /æ'næm/ N Annam *m*

**Annapurna** /,ænə'pʊənə/ N Annapurna *m*

**Anne** /æn/ N Anne *f* ; → **queen**

**anneal** /ə'niːl/ VT *[+ glass, metal]* recuire

**annex** /ə'neks/ VT annexer N /'æneks/ *(= building, document)* annexe *f*

**annexation** /,ænek'seɪʃən/ N *(= act)* annexion *f* (*of* de) ; *(= territory)* territoire *m* annexe

**annexe** /'æneks/ N ⇒ **annex** N

**Annie Oakley** ‡ /,ænɪ'əʊklɪ/ N *(US)* billet *m* de faveur

**annihilate** /ə'naɪəleɪt/ VT *[+ army, fleet]* anéantir ; *[+ space, time]* annihiler, supprimer ;

*[+ effect]* annihiler ; *(fig: in game, argument)* écraser

**annihilation** /əˌnaɪəˈleɪʃən/ **N** *(Mil)* anéantissement *m* ; *(fig)* suppression *f*

**anniversary** /ˌænɪˈvɜːsərɪ/ **N** *(= date, event)* anniversaire *m* (*of* de) ; ◆ **it's our ~** c'est l'anniversaire de notre mariage ; → **wedding**
**COMP** ▷ **anniversary dinner N** dîner *m* commémoratif *or* anniversaire

**Anno Domini** /ˈænəʊˈdɒmɪnaɪ/ **ADV** *(frm)* après Jésus-Christ ◆ **~ 1965** 1965 après J.-C.

**annotate** /ˈænəʊteɪt/ **VT** annoter

**annotation** /ˌænəʊˈteɪʃən/ **N** annotation *f*, note *f*

**announce** /əˈnaʊns/ **LANGUAGE IN USE 24 VT** annoncer ◆ **to ~ the birth/death of ...** faire part de la naissance/du décès de ... ◆ **"I won't do it!" he ~d** "je refuse !" annonça-t-il ◆ **it is ~d from London that ...** on apprend de Londres que ...

**announcement** /əˈnaʊnsmənt/ **N** *(gen)* annonce *f* ; *(esp Admin)* avis *m* ; *[of birth, marriage, death]* avis *m* ; *(privately inserted or circulated)* faire-part *m inv*

**announcer** /əˈnaʊnsəʳ/ **N** **a** *(Rad, TV)* présentateur *m*, -trice *f* **b** *(at airport, station)* annonceur *m*, -euse *f*

**annoy** /əˈnɔɪ/ **VT** *(= vex)* ennuyer, agacer ; *(= deliberately irritate) [+ person, animal]* agacer, énerver ; *(= inconvenience)* importuner, ennuyer ◆ **to be/get ~ed with sb** être/se mettre en colère contre qn ◆ **to be ~ed about sth** être contrarié par qch ◆ **to be ~ed about a decision** être mécontent d'une décision ◆ **to be ~ed with sb about sth** être mécontent de qn à propos de qch ◆ **to get ~ed with a machine** se mettre en colère *or* s'énerver contre une machine ◆ **don't get ~ed!** ne vous fâchez *or* énervez pas ! ◆ **I am very ~ed that he hasn't come** je suis très ennuyé *or* contrarié qu'il ne soit pas venu ◆ **I am very ~ed with him for not coming** je suis très mécontent qu'il ne soit pas venu

**annoyance** /əˈnɔɪəns/ **N** **a** *(= displeasure)* contrariété *f*, mécontentement *m* ◆ **with a look of ~** d'un air contrarié *or* mécontent ◆ **he found to his great ~ that ...** il s'est aperçu à son grand mécontentement que ... **b** *(= cause of annoyance)* tracas *m*, ennui *m*

**annoying** /əˈnɔɪɪŋ/ **ADJ** agaçant ; *(= very irritating)* ennuyeux ◆ **the ~ thing about it is that ...** ce qui est agaçant *or* ennuyeux dans cette histoire c'est que ... ◆ **how ~!** que c'est agaçant *or* ennuyeux !

**annoyingly** /əˈnɔɪɪŋlɪ/ **ADV** *[behave]* de façon énervante *or* agaçante ◆ **she was ~ vague/cheerful** elle était si vague/gaie que c'était énervant *or* agaçant ◆ **he was ~ successful** sa réussite avait quelque chose d'énervant *or* d'agaçant

**annual** /ˈænjʊəl/ **ADJ** annuel ◆ **~ general meeting** *(Comm etc)* assemblée *f* générale annuelle **N** **a** *(Bot)* plante *f* annuelle ; → **hardy** **b** *(= book)* publication *f* annuelle ; *(children's)* album *m* **COMP** ▷ **annual ring N** *(Bot)* anneau *m* de croissance, cerne *m*

**annualize** /ˈænjʊəlaɪz/ **VT** annualiser

**annually** /ˈænjʊəlɪ/ **ADV** annuellement, tous les ans ◆ **$5,000 ~** 5 000 dollars par an

**annuity** /əˈnjuːɪtɪ/ **N** *(= regular income)* rente *f* ; *(for life)* rente *f* viagère, viager *m* ; *(= investment)* viager *m* ◆ **to invest money in an ~** placer de l'argent en viager ; → **defer¹, life**
**COMP** ▷ **annuity bond N** titre *m* de rente

**annul** /əˈnʌl/ **VT** *[+ law]* abroger, abolir ; *[+ decision, judgement]* casser, annuler ; *[+ marriage]* annuler

**annulment** /əˈnʌlmənt/ **N** annulation *f*

**Annunciation** /əˌnʌnsɪˈeɪʃən/ **N** Annonciation *f*

**anode** /ˈænəʊd/ **N** anode *f*

**anodize** /ˈænədaɪz/ **VT** anodiser

**anodyne** /ˈænəʊdaɪn/ **N** *(Med)* analgésique *m*, calmant *m* ; *(fig liter)* baume *m* **ADJ** *(Med)* antalgique, analgésique ; *(fig liter)* apaisant

**anoint** /əˈnɔɪnt/ **VT** oindre (*with* de) consacrer *or* bénir par l'onction ◆ **to ~ sb king** sacrer qn roi ◆ **the ~ed King** le roi consacré ◆ **the press have ~ed her queen of detective fiction** la presse l'a sacrée reine du roman policier

**anointing** /əˈnɔɪntɪŋ/ **N** *(Rel)* ◆ **~ of the sick** onction *f* des malades

**anomalous** /əˈnɒmələs/ **ADJ** *(Med)* anormal, irrégulier ; *(Gram)* anomal ; *(fig)* anormal

**anomaly** /əˈnɒməlɪ/ **N** anomalie *f*

**anomie, anomy** /ˈænəʊmɪ/ **N** *(NonC)* anomie *f*

**anon¹** /əˈnɒn/ **ADV** *(archaic or hum = soon)* sous peu ◆ **... of which more ~** ... nous y reviendrons ◆ **see you ~** à tout à l'heure ; → **ever**

**anon²** /əˈnɒn/ **ADJ** (abbrev of **anonymous**) anonyme ◆ **"Anon"** *(at end of text)* "Anonyme"

**anonymity** /ˌænəˈnɪmɪtɪ/ **N** anonymat *m* ◆ **to preserve one's ~** garder l'anonymat

**anonymize** /əˈnɒnɪmaɪz/ **VT** rendre anonyme

**anonymous** /əˈnɒnɪməs/ **ADJ** **a** anonyme ◆ **an ~ caller claiming to represent the group** un coup de téléphone anonyme d'une personne affirmant représenter le groupe ◆ **an ~ woman called to say that ...** une femme qui n'a pas donné son nom a appelé pour dire que ... ◆ **to remain ~** garder l'anonymat **b** impersonnel ◆ **an ~(-looking) hotel** un hôtel impersonnel ◆ **huge ~ apartment blocks** d'énormes immeubles impersonnels **c** ◆ **Overeaters/Narcotics Anonymous** Boulimiques/Toxicomanes *mpl* anonymes ; → **alcoholic, gambler**

**anonymously** /əˈnɒnɪməslɪ/ **ADV** *[send, give, publish]* anonymement ; *[speak, quote, live]* sous couvert de l'anonymat

**anorak** /ˈænəræk/ **N** *(esp Brit)* **a** *(= jacket)* anorak *m* **b** *(* = unstylish person)* ringard(e) * *m(f)*

**anorectic** /ˌænəˈrektɪk/ **ADJ** ⇒ **anorexic**

**anorexia** /ænəˈreksɪə/ **N** anorexie *f* ◆ **~ nervosa** anorexie *f* mentale

**anorexic** /ænəˈreksɪk/ **ADJ, N** anorexique *mf*

**another** /əˈnʌðəʳ/ **ADJ** **a** *(= one more)* un ... de plus, encore un ◆ **take ~ ten** prenez-en encore dix ◆ **to wait ~ hour** attendre une heure de plus *or* encore une heure ◆ **I won't wait ~ minute!** je n'attendrai pas une minute de plus ! ◆ **without ~ word** sans ajouter un mot, sans un mot de plus ◆ **~ beer?** vous reprendrez bien une bière ? ◆ **in ~ 20 years** dans 20 ans ◆ **and ~ thing ...** * *(= what's more)* et autre chose ...
**b** *(= similar)* un autre, un second ◆ **there is not ~ book like it, there is not ~ such book** ce livre est unique en son genre ◆ **he will be ~ Hitler** ce sera un second *or* nouvel Hitler
**c** *(= different)* un autre ◆ **that's quite ~ matter** c'est une tout autre question, c'est tout autre chose ◆ **do it ~ time** vous le ferez plus tard
**PRON** **a** un(e) autre, encore un(e) ◆ **in one form or ~** sous une forme ou une autre ◆ **he was opening bottles one after ~** il ouvrait des bouteilles les unes après les autres ◆ **between or what with one thing and ~ *** en fin de compte ; see also **after, thing**
**b** ◆ **one ~** ⇒ **each other** ; → **each**

**anoxia** /əˈnɒksɪə/ **N** anoxie *f*

**anoxic** /əˈnɒksɪk/ **ADJ** anoxique

**ANSI** /ˌeɪenesˈaɪ/ **N** *(US)* (abbrev of **American National Standards Institute**) ANSI *m*, institut *m* américain de normalisation

**answer** /ˈɑːnsəʳ/ **N** **a** *(= reply)* réponse *f* ◆ **to get or receive an ~** recevoir une réponse ◆ **to write sb an ~** répondre à qn (par écrit) ◆ **his only ~ was to shrug his shoulders** pour toute réponse il a haussé les épaules, il a répondu par un haussement d'épaules ◆ **there's no ~** *(Telec)* ça ne répond pas ◆ **I knocked but there was no ~** j'ai frappé mais il n'y a pas eu de réponse *or* mais on ne m'a pas répondu ◆ **in ~ to your letter** *(Comm)* en réponse à votre lettre ◆ **I could find no ~** je n'ai rien trouvé à répondre ◆ **she's got an ~ to everything, she's always got an ~** elle a réponse à tout ◆ **~ to a charge** *(Jur)* réponse *f* à une accusation ◆ **the ~ to my prayer** *(Rel)* l'exaucement *m* de ma prière ◆ **it's the ~ to a maiden's prayer** * *(hum)* c'est ce dont j'ai toujours rêvé ◆ **for her he was the ~ to a maiden's prayer** * *(hum)* c'était l'homme de ses rêves ◆ **there's no ~ to that!** que voulez-vous répondre à ça ? ◆ **Belgium's ~ to Sylvester Stallone** le Sylvester Stallone belge ◆ **it's the poor man's ~ to caviar** c'est le caviar du pauvre
**b** *(= solution)* solution *f* ◆ **there must be an ~** il doit y avoir une solution ◆ **there is no easy ~** *(fig)* c'est un problème difficile à résoudre, il n'y a pas de réponse toute faite ◆ **he knows all the ~s** il a réponse à tout
**VT** **a** *[+ letter, question]* répondre à ; *[+ criticism]* répondre à ; *(sharply)* répliquer à ◆ **~ me!** répondez-moi ! ◆ **to ~ the bell or door** aller *or* venir ouvrir (la porte), aller voir qui est à la porte *or* qui est là ◆ **to ~ the bell** *[servant summoned]* répondre au coup de sonnette ◆ **to ~ the phone** répondre au téléphone ◆ **I didn't ~ a word** je n'ai rien répondu, je n'ai pas soufflé mot
**b** *(= fulfil, solve) [+ description]* répondre à, correspondre à ; *[+ prayer]* exaucer ; *[+ problem]* résoudre ; *[+ need]* répondre à, satisfaire ◆ **it ~s the purpose** cela fait l'affaire ◆ **this machine ~s several purposes** cet appareil a plusieurs utilisations
**c** *(Jur)* **to ~ a charge (of assault)** répondre d'une accusation (d'agression)
**d** *(Naut)* **to ~ the helm** obéir à la barre
**VI** **a** *(= say, write in reply)* répondre
**b** *(= succeed) [plan etc]* faire l'affaire, réussir
**c** ◆ **he ~s to the name of "Baby Boy"** il répond au nom de "Baby Boy", il s'appelle "Baby Boy" ◆ **he ~s to that description** il répond à cette description
**COMP** ▷ **answer-back (code) N** indicatif *m* ▷ **answering machine N** répondeur *m* (téléphonique) ▷ **answering service N** permanence *f* téléphonique

► **answer back VI, VT SEP** répondre (avec impertinence) (*(to) sb* à qn) ; ◆ **don't ~ back!** ne réponds pas !
**N** ◆ **answer-back** → **answer**

► **answer for VT FUS** *(= be responsible for) [+ sb's safety etc]* répondre de ◆ **to ~ for the truth of sth** répondre de l'exactitude de qch ◆ **he has a lot to ~ for** il a bien des comptes à rendre

**answerable** /ˈɑːnsərəbl/ **ADJ** **a** *(= accountable) [person]* responsable (*to sb* devant qn ; *for sth* de qch) ; ◆ **I am ~ to no one** je n'ai de comptes à rendre à personne **b** *(= having* *an answer) [question]* qui admet une réponse ; *[argument]* réfutable

**answerphone** /ˈɑːnsəfəʊn/ N répondeur *m* (téléphonique)

**ant** /ænt/ N fourmi *f* ◆ **to have ~s in one's pants** * ne pas (pouvoir) tenir en place COMP ▷ **ant-heap**, **ant-hill** N fourmilière *f*

**antacid** /ˈæntˈæsɪd/ ADJ alcalin, antiacide N (médicament *m*) alcalin *m*, antiacide *m*

**antagonism** /ænˈtægənɪzəm/ N antagonisme *m* (*between* entre) opposition *f* (*to* à) ; ◆ **to show ~ to an idea** se montrer hostile à une idée

**antagonist** /ænˈtægənɪst/ N antagoniste *mf*, adversaire *mf*

**antagonistic** /æn,tægəˈnɪstɪk/ ADJ *[force, interest]* antagonique, antagoniste ◆ **to be ~ to sth** être opposé *or* hostile à qch ◆ **to be ~ to sb** être en opposition avec qn ◆ **two ~ ideas/decisions** deux idées/décisions antagoniques *or* antagonistes

**antagonize** /ænˈtægənaɪz/ VT *[+ person]* contrarier, se mettre à dos ◆ **I don't want to ~ him** je ne veux pas le contrarier *or* me le mettre à dos

**Antarctic** /æntˈɑːktɪk/ N Antarctique *m* ADJ a antarctique, austral b ⇒ **Antarctic Ocean** COMP ▷ **Antarctic Circle** N cercle *m* Antarctique ▷ **Antarctic Ocean** N océan *m* Antarctique *or* Austral

**Antarctica** /æntˈɑːktɪkə/ N Antarctique *m*

**ante** /ˈæntɪ/ N *(Cards: in poker)* première mise *f* ◆ **to raise** *or* **up the ~** * *(fig)* placer la barre plus haut VI *(Cards)* faire une première mise ; *(US * = pay)* casquer *

► **ante up** VI *(Cards)* augmenter la mise ; *(US * = pay)* casquer *

**ante...** /ˈæntɪ/ PREF anté..., anti...

**anteater** /ˈæntiːtəʳ/ N fourmilier *m*

**antebellum** /,æntɪˈbeləm/ ADJ *(US Hist)* d'avant la guerre de Sécession

**antecedent** /,æntɪˈsiːdənt/ ADJ antérieur (-eure *f*) (*to* à) N a *(Gram, Math, Philos)* antécédent *m* b ◆ **the ~s of sb** les antécédents de qn

**antechamber** /ˈæntɪ,tʃeɪmbəʳ/ N antichambre *f*

**antedate** /ˈæntɪˈdeɪt/ VT a *(= give earlier date to) [+ document]* antidater b *(= come before) [+ event]* précéder

**antediluvian** /ˈæntɪdɪˈluːvɪən/ ADJ antédiluvien ; *( * hum) [person, hat]* antédiluvien * *(hum)*

**antelope** /ˈæntɪləʊp/ N (pl **antelope** *or* **antelopes**) antilope *f*

**antenatal** /ˈæntɪˈneɪtl/ N *(= examination)* examen *m* prénatal ADJ prénatal ◆ **~ clinic** service *m* de consultation prénatale ◆ **to attend an ~ clinic** aller à la consultation prénatale ◆ **~ ward** salle *f* de surveillance prénatale

**antenna** /ænˈtenə/ N (pl **antennas** *or* **antennae** /ænˈteniː/) *(Rad, Telec, TV, Zool)* antenne *f*

**antepenult** /,æntɪpɪˈnʌlt/ N *(Ling)* antépénultième *f*

**antepenultimate** /ˈæntɪpɪˈnʌltɪmɪt/ ADJ antépénultième

**ante-post** /ˈæntɪˈpəʊst/ *(Brit Gambling)* ADJ *[bet]* engagé avant le jour de la course ◆ **the ~ favourite** le favori d'avant la course ADV ◆ **to bet ~** parier avant le jour de la course

**anterior** /ænˈtɪərɪəʳ/ ADJ antérieur (-eure *f*) (*to* à)

**anteroom** /ˈæntɪrʊm/ N antichambre *f*, vestibule *m*

**anthem** /ˈænθəm/ N hymne *m* ; → **national**

**anther** /ˈænθəʳ/ N anthère *f*

**anthologist** /ænˈθɒlədʒɪst/ N anthologiste *mf*

**anthologize** /ænˈθɒlə,dʒaɪz/ VT faire une anthologie de

**anthology** /ænˈθɒlədʒɪ/ N anthologie *f*

**Anthony** /ˈæntənɪ/ N Antoine *m*

**anthraces** /ˈænθrə,siːz/ NPL of **anthrax**

**anthracite** /ˈænθrəsaɪt/ N anthracite *m* ADJ ◆ **~ (grey)** (gris) anthracite *inv*

**anthrax** /ˈænθræks/ N (pl **anthraces**) *(= disease, boil)* anthrax *m*

**anthropo...** /ˈænθrəʊpɒ/ PREF anthropo...

**anthropoid** /ˈænθrəʊpɔɪd/ ADJ, N anthropoïde *m*

**anthropological** /,ænθrəpəˈlɒdʒɪkəl/ ADJ anthropologique

**anthropologist** /,ænθrəˈpɒlədʒɪst/ N anthropologue *mf*

**anthropology** /,ænθrəˈpɒlədʒɪ/ N anthropologie *f*

**anthropometry** /,ænθrəˈpɒmɪtrɪ/ N anthropométrie *f*

**anthropomorphic** /,ænθrəpəʊˈmɔːfɪk/ ADJ anthropomorphe, anthropomorphique

**anthropomorphism** /,ænθrəʊpəˈmɔːfɪzəm/ N anthropomorphisme *m*

**anthropomorphist** /,ænθrəpəʊˈmɔːfɪst/ ADJ, N anthropomorphiste *mf*

**anthropomorphize** /,ænθrəpəʊˈmɔːfaɪz/ VT anthropomorphiser

**anthropomorphous** /,ænθrəʊpəˈmɔːfəs/ ADJ anthropomorphe

**anthropophagi** /,ænθrəʊˈpɒfəgaɪ/ NPL anthropophages *mpl*

**anthropophagous** /,ænθrəʊˈpɒfəgəs/ ADJ anthropophage

**anthropophagy** /,ænθrəʊˈpɒfədʒɪ/ N anthropophagie *f*

**anthroposophical** /,ænθrəpəʊˈsɒfɪkəl/ ADJ anthroposophique

**anthroposophy** /,ænθrəˈpɒsəfɪ/ N anthroposophie *f*

**anti** * /ˈæntɪ/ ADJ ◆ **he's rather ~** il est plutôt contre N ◆ **the ~s** ceux qui sont contre PREP ◆ **to be ~ sth** être contre qch

**anti...** /ˈæntɪ/ PREF anti..., contre...

**anti-abortion** /ˈæntɪəˈbɔːʃən/ N ◆ **~ campaign** campagne *f* contre l'avortement

**anti-abortionist** /ˈæntɪəˈbɔːʃənɪst/ N adversaire *mf* de l'avortement

**anti-aircraft** /ˈæntɪˈeəkrɑːft/ ADJ *[gun, missile]* antiaérien ◆ **~ defence** défense *f* contre avions, DCA *f*

**anti-apartheid** /ˈæntɪəˈpɑːteɪt, ˈæntɪəˈpɑːtaɪd/ ADJ anti-apartheid

**anti-authority** /ˈæntɪɔːˈθɒrɪtɪ/ ADJ contestataire

**antibacterial** /ˈæntɪbækˈtɪərɪəl/ ADJ antibactérien

**antiballistic** /ˈæntɪbəˈlɪstɪk/ ADJ *[missile]* antibalistique

**antibiotic** /ˈæntɪbaɪˈɒtɪk/ ADJ, N antibiotique *m* ◆ **to be on ~s** être sous antibiotiques

**antibody** /ˈæntɪ,bɒdɪ/ N anticorps *m*

**Antichrist** /ˈæntɪkraɪst/ N Antéchrist *m*

**anti-Christian** /ˈæntɪˈkrɪstɪən/ ADJ antichrétien

**anticipate** /ænˈtɪsɪpeɪt/ VT a *(= expect, foresee)* prévoir, s'attendre à ◆ **we don't ~ any trouble** nous ne prévoyons pas d'ennuis ◆ **I ~ that he will come** je m'attends à ce qu'il vienne ◆ **do you ~ that it will be easy?** pensez-vous que ce sera facile ? ◆ **I ~ seeing him tomorrow** je pense le voir demain ◆ **the attendance is larger than I ~d** je ne m'attendais pas à ce que l'assistance soit aussi nombreuse ◆ **as ~d** comme prévu

b *(= use, deal with or get before due time) [+ pleasure]* savourer à l'avance ; *[+ grief, pain]* souffrir à l'avance ; *[+ success]* escompter ; *[+ wishes, objections, command, needs, request]* aller au devant de, devancer ; *[+ blow, attack, events]* anticiper ◆ **to ~ one's income/profits** anticiper sur son revenu/sur ses bénéfices

c *(= precede)* **to ~ sb's doing sth** faire qch avant qn ◆ **they ~d Columbus' discovery of America, they ~d Columbus in discovering America** ils ont découvert l'Amérique avant Christophe Colomb

VI *(= act too soon)* agir avec précipitation ◆ **don't ~!** pas si vite !

**anticipation** /æn,tɪsɪˈpeɪʃən/ N a *(= expectation, foreseeing)* attente *f* b *(= acting too soon)* précipitation *f* c *(= experiencing etc in advance) [of pleasure]* attente *f* ; *[of grief, pain]* appréhension *f* ; *[of profits, income]* jouissance *f* anticipée ◆ **~ of sb's wishes** *etc* empressement *m* à aller au-devant des désirs *etc* de qn d ◆ **in ~** par anticipation, à l'avance ◆ **thanking you in ~** *(Comm)* en vous remerciant d'avance, avec mes remerciements anticipés ◆ **in ~ of a fine week** en prévision d'une semaine de beau temps ◆ **we wait with growing ~** nous attendons avec une impatience grandissante

**anticipatory** /ænˈtɪsɪpeɪtərɪ/ ADJ *(Phon)* régressif

**anticlerical** /ˈæntɪˈklerɪkl/ ADJ, N anticlérical(e) *m(f)*

**anticlericalism** /ˈæntɪˈklerɪkəlɪzəm/ N anticléricalisme *m*

**anticlimactic** /,æntɪklaɪˈmæktɪk/ ADJ décevant

**anticlimax** /ˈæntɪˈklaɪmæks/ N *[of style, thought]* chute *f* (dans le trivial) ◆ **the ceremony was an ~** la cérémonie n'a pas été à la hauteur de l'attente ◆ **what an ~!** quelle douche froide !

**anticline** /ˈæntɪklaɪn/ N anticlinal *m*

**anticlockwise** /ˈæntɪˈklɒkwaɪz/ ADJ, ADV *(Brit)* dans le sens inverse des aiguilles d'une montre ◆ **in an ~ direction** dans le sens inverse des aiguilles d'une montre

**anticoagulant** /ˈæntɪkəʊˈægjʊlənt/ ADJ, N anticoagulant *m*

**anticonvulsant** /,æntɪkənˈvʌlsənt/ ADJ, N antispasmodique *m*, anticonvulsivant *m*

**anticorrosive** /ˈæntɪkəˈrəʊsɪv/ ADJ anticorrosion *inv* N produit *m* anticorrosion *inv*

**antics** /ˈæntɪks/ NPL *[of child, animal]* cabrioles *fpl*, gambades *fpl* ; *[of clown]* bouffonneries *fpl*, singeries *fpl* ◆ **all his ~** *(pej)* tout le cinéma * qu'il a fait ◆ **he's up to his ~ again** il fait de nouveau des siennes *

**anticyclone** /ˈæntɪˈsaɪkləʊn/ N anticyclone *m*

**antidandruff** /,æntɪˈdændrʌf/ ADJ antipelliculaire

**antidazzle** /ˈæntɪˈdæzl/ ADJ *[glass, coating]* antireflet *f inv* ◆ **~ headlights** phares *mpl* antiéblouissants

**antidepressant** /ˈæntɪdɪˈpresənt/ N antidépresseur *m* ADJ antidépresseur

**antidotal** /ˈæntɪdəʊtəl/ ADJ antivenimeux

**antidote** /ˈæntɪdəʊt/ N *(Med, fig)* antidote *m* (*for, to* à, contre) contrepoison *m* (*for, to* de)

**antidumping** /ˈæntɪˌdʌmpɪŋ/ N antidumping *m* ◆ ~ **agreement** convention *f* antidumping

**anti-establishment** /ˈæntɪɪsˈtæblɪʃmənt/ ADJ contestataire

**antifreeze** /ˈæntɪfriːz/ N antigel *m*

**anti-friction** /ˈæntɪˈfrɪkʃən/ ADJ antifriction *inv*

**antigen** /ˈæntɪdʒən/ N antigène *m*

**antiglare** /ˈæntɪgleəʳ/ ADJ ⇒ **antidazzle**

**anti-globalization** /ˌæntɪgləʊbəlaɪˈzeɪʃən/ N antimondialisation *f* ◆ ~ **protesters** des manifestants antimondialisation

**Antigone** /ænˈtɪgənɪ/ N Antigone *f*

**Antigua** /ænˈtiːgjʊə/ N Antigua ◆ ~ **and Barbuda** Antigua et Barbuda

**antihero** /ˈæntɪˌhɪərəʊ/ N (pl **antiheroes**) antihéros *m*

**antiheroine** /ˈæntɪˈherəʊɪn/ N antihéroïne *f*

**antihistamine** /ˌæntɪˈhɪstəmɪn/ N (produit *m*) antihistaminique *m*

**anti-inflammatory** /ˈæntɪɪnˈflæmət(ə)rɪ/ ADJ *(Med)* anti-inflammatoire

**anti-inflationary** /ˌæntɪɪnˈfleɪʃənərɪ/ ADJ anti-inflationniste

**anti-interference** /ˈæntɪɪntəˈfɪərəns/ ADJ antiparasite

**anti-knock** /ˈæntɪˈnɒk/ N antidétonant *m*

**Antilles** /ænˈtɪliːz/ N ◆ **the** ~ les Antilles *fpl* ◆ **the Greater/the Lesser** ~ les Grandes/Petites Antilles *fpl*

**antilock** /ˈæntɪlɒk/ ADJ *(Aut)* ◆ ~ **braking system** système *m* antiblocage *or* ABS ◆ **anti-lock brakes** freins *mpl* ABS ◆ ~ **device** dispositif *m* antiblocage

**antilogarithm** /ˌæntɪˈlɒgərɪθəm/ N antilogarithme *m*

**antimacassar** /ˈæntɪməˈkæsəʳ/ N têtière *f*, appui-tête *m*

**antimagnetic** /ˈæntɪmægˈnetɪk/ ADJ antimagnétique

**antimarketeer** /ˈæntɪmɑːkəˈtɪəʳ/ N *(Brit Pol)* adversaire *mf* du Marché commun

**antimatter** /ˈæntɪˌmætəʳ/ N antimatière *f*

**antimissile** /ˈæntɪˈmɪsaɪl/ ADJ antimissile

**antimony** /ˈæntɪmənɪ/ N antimoine *m*

**antinuclear** /ˈæntɪˈnjuːklɪəʳ/ ADJ antinucléaire

**antinuke** * /ˌæntɪˈnjuːk/ ADJ antinucléaire

**Antioch** /ˈæntɪɒk/ N Antioche

**antioxidant** /ˈæntɪˈɒːksɪdənt/ N antioxydant *m*

**antipasto** /æntɪˈpæstəʊ/ (pl **antipasti**) N antipasto *m*

**antipathetic** /ˌæntɪpəˈθetɪk/ ADJ antipathique (*to* à)

**antipathy** /ænˈtɪpəθɪ/ N antipathie *f*, aversion *f* (*against, to* pour)

**antipersonnel** /ˈæntɪpɜːsəˈnel/ ADJ *(Mil)* antipersonnel *inv*

**antiperspirant** /ˈæntɪˈpɜːspɪrənt/ N déodorant *m* ADJ anti(-)transpiration

**antiphony** /ænˈtɪfənɪ/ N *(Mus)* antienne *f*

**antipodean** /ænˌtɪpəˈdɪən/ ADJ *d'Australie ou de Nouvelle-Zélande*

**antipodes** /ænˈtɪpədiːz/ NPL *(esp Brit)* antipodes *mpl*

**antiquarian** /ˌæntɪˈkweərɪən/ ADJ d'antiquaire ◆ ~ **bookseller** libraire *mf* spécialisé(e) dans le livre ancien ◆ ~ **collection** collection *f* d'antiquités N a amateur *m* d'antiquités b *(Comm)* antiquaire *mf* ◆ ~**'s shop** magasin *m* d'antiquités

**antiquary** /ˈæntɪkwərɪ/ N *(= collector)* collectionneur *m*, -euse *f* d'antiquités ; *(= student)* archéologue *mf* ; *(Comm)* antiquaire *mf*

**antiquated** /ˈæntɪkweɪtɪd/ ADJ *[factory, prison, industry]* vétuste ; *[machinery, equipment]* vétuste, archaïque ; *[system, practice]* archaïque ; *[idea, belief]* vieillot (-otte *f*) ; *[person]* vieux jeu *inv*

**antique** /ænˈtiːk/ ADJ *(= very old) [furniture etc]* ancien ; († *= ancient) [civilization etc]* antique ; (* *hum)* antédiluvien * N *(= sculpture, ornament etc)* objet *m* d'art (ancien) ; *(= furniture)* meuble *m* ancien ◆ **it's a genuine** ~ c'est un objet (*or* un meuble) d'époque COMP ▷ **antique dealer** N antiquaire *mf* ▷ **antique shop** N magasin *m* d'antiquités

**antiqued** /ænˈtiːkt/ ADJ *[furniture, pine]* verni à l'ancienne ; *[finish]* à l'ancienne ; *[leather]* vieilli, patiné

**antiquity** /ænˈtɪkwɪtɪ/ N a *(NonC = great age)* ancienneté *f* b *(= ancient times)* antiquité *f* ◆ **in** ~ dans l'Antiquité c ◆ **antiquities** *(= buildings)* monuments *mpl* antiques ; *(= works of art)* objets *mpl* d'art antiques, antiquités *fpl*

**anti-racism** /ˈæntɪˈreɪsɪzəm/ N antiracisme *m*

**anti-racist** /ˈæntɪˈreɪsɪst/ ADJ antiraciste, contre le racisme

**anti-religious** /ˈæntɪrɪˈlɪdʒəs/ ADJ antireligieux

**anti-riot** /ˈæntɪˈraɪət/ ADJ antiémeute

**anti-roll bar** /ˈæntɪˈrəʊlbɑːʳ/ N barre *f* antiroulis, stabilisateur *m*

**antirrhinum** /ˌæntɪˈraɪnəm/ N muflier *m*, gueule-de-loup *f*

**anti-rust** /ˈæntɪˈrʌst/ ADJ *[paint, spray etc]* antirouille *inv*

**antisegregationist** /ˈæntɪsegrəˈgeɪʃənɪst/ ADJ, N antiségrégationniste *mf*

**anti-Semite** /ˈæntɪˈsiːmaɪt/ N antisémite *mf*

**anti-Semitic** /ˈæntɪsɪˈmɪtɪk/ ADJ antisémite

**anti-Semitism** /ˈæntɪˈsemɪtɪzəm/ N antisémitisme *m*

**antisepsis** /ˌæntɪˈsepsɪs/ N antisepsie *f*

**antiseptic** /ˌæntɪˈseptɪk/ ADJ, N antiseptique *m*

**anti-skid** /ˈæntɪˈskɪd/ ADJ antidérapant

**anti-slavery** /ˈæntɪˈsleɪvərɪ/ ADJ antiesclavagiste

**anti-smoking** /ˈæntɪˈsməʊkɪŋ/ ADJ antitabac

**antisocial** /ˈæntɪˈsəʊʃəl/ ADJ *[person]* sauvage ; *[behaviour, activity]* antisocial, asocial ; *[habit]* antisocial ◆ **he arrived at an** ~ **hour** il est arrivé à une heure indue ◆ **don't be** ~ *, **come and join us** ne sois pas si sauvage, viens nous rejoindre

**antispasmodic** /ˈæntɪspæzˈmɒdɪk/ ADJ, N antispasmodique *m*

**antistatic** /ˈæntɪˈstætɪk/ ADJ antistatique

**antistrike** /ˈæntɪˈstraɪk/ ADJ antigrève

**antisubmarine** /ˈæntɪˌsʌbməˈriːn/ ADJ antisous-marin

**anti-tank** /ˈæntɪˈtæŋk/ ADJ antichar *f inv* ◆ ~ **mines** mines *fpl* antichars

**anti-terrorist** /ˈæntɪˈterərɪst/ ADJ antiterroriste

**anti-theft** /ˈæntɪˈθeft/ ADJ ◆ ~ **device** *(Aut)* antivol *m* ; *(gen)* dispositif *m* contre le vol, dispositif *m* antivol

**antithesis** /ænˈtɪθɪsɪs/ N (pl **antitheses** /ænˈtɪθɪsiːz/) a *(= direct opposite)* antithèse *f* (*to, of* de) b *(= contrast)* contraste *m* c *(Literat)* antithèse *f*

**antithetic(al)** /ˌæntɪˈθetɪk(əl)/ ADJ antithétique

**antithetically** /ˌæntɪˈθetɪkəlɪ/ ADV par antithèse

**antitoxic** /ˈæntɪˈtɒksɪk/ ADJ antitoxique

**antitoxin** /ˈæntɪˈtɒksɪn/ N antitoxine *f*

**antitrust** /ˈæntɪˈtrʌst/ ADJ *(US)* ◆ ~ **commission** commission *f* antitrust *inv* ◆ ~ **law** *(esp US)* loi *f* antitrust *inv*

**antivirus** /ˌæntɪˈvaɪərəs/ ADJ *[program, software]* antivirus *inv*

**antivivisection** /ˈæntɪˌvɪvɪˈsekʃən/ N antivivisection *f*, antivivisectionnisme *m*

**antivivisectionist** /ˈæntɪˌvɪvɪˈsekʃənɪst/ N adversaire *mf* de la vivisection

**antiwar** /ˌæntɪˈwɑːʳ/ ADJ antiguerre *inv*

**antiwrinkle** /ˈæntɪˈrɪŋkl/ ADJ antirides *inv*

**antler** /ˈæntləʳ/ N bois *m (de cerf)* ◆ **the** ~**s** les bois *mpl*, la ramure ◆ **a fine set of** ~**s** une belle ramure

**Antony** /ˈæntənɪ/ N Antoine *m*

**antonym** /ˈæntənɪm/ N antonyme *m*

**antonymous** /ænˈtɒnɪməs/ ADJ antonymique

**antonymy** /ænˈtɒnɪmɪ/ N antonymie *f*

**antsy** * /ˈæntsɪ/ ADJ *(US)* nerveux, agité

**Antwerp** /ˈæntwɜːp/ N Anvers

**anus** /ˈeɪnəs/ N anus *m*

**anvil** /ˈænvɪl/ N enclume *f* ◆ **forged on the** ~ **of ...** *(fig)* forgé sur l'enclume de ... COMP ▷ **anvil cloud** N cumulonimbus *m*

**anxiety** /æŋˈzaɪətɪ/ N a *(= concern, also Psych)* anxiété *f* ◆ **deep** ~ angoisse *f* ◆ **this is a great (cause of)** ~ **to me** ceci m'inquiète énormément, ceci me donne énormément de soucis ◆ ~ **neurosis** *(Psych)* anxiété *f* névrotique b *(= keen desire)* grand désir *m*, désir *m* ardent ◆ **his** ~ **to do well** son grand désir de réussir ◆ **in his** ~ **to be gone he left his pen behind** il était si pressé de partir qu'il en a oublié son stylo, dans son souci de partir au plus vite il a oublié son stylo

**anxious** /ˈæŋkʃəs/ ADJ a *(= worried) [person, face, look]* anxieux (*about sth* à propos de qch ; *about doing sth* à l'idée de faire qch) ; *[feeling]* d'anxiété ◆ **to keep an** ~ **eye on sb** surveiller qn d'un œil inquiet ◆ **she is** ~ **about my health** mon état de santé l'inquiète beaucoup b *(= worrying) [time, situation, wait]* angoissant c *(= eager)* ◆ **to be** ~ **to do sth** tenir beaucoup à faire qch ◆ **not to be very** ~ **to do sth** n'avoir guère envie de faire qch ◆ **to be** ~ **that ...** tenir beaucoup à ce que ... + *subj* ◆ **to be** ~ **for sth** attendre qch avec impatience ◆ ~ **for praise** avide de louanges ◆ **she was** ~ **for him to leave** elle avait hâte qu'il s'en aille

**anxiously** /ˈæŋkʃəslɪ/ ADV a *(= worriedly) [say, ask]* anxieusement ◆ **to look** ~ **at sb/sth** jeter un regard anxieux à qn/qch b *(= eagerly) [wait for]* impatiemment

**anxiousness** /ˈæŋkʃəsnɪs/ N ⇒ **anxiety**

**any** /ˈenɪ/ ADJ a *(negative contexts = some)* **I haven't got** ~ **money/books** je n'ai pas d'argent/de livres ◆ **you haven't got** ~ **excuse** vous n'avez aucune excuse ◆ **this pan hasn't got** ~ **lid** cette casserole n'a pas de couvercle ◆ **there isn't** ~ **sign of life** il n'y a aucun signe de vie, il n'y a pas le moindre signe de vie ◆ **I don't see** ~ **reason not to allow it** je ne vois pas pourquoi cela serait défendu ◆ **without** ~ **difficulty (at all)** sans (la moindre) difficulté ◆ **the impossibility of**

**giving them ~ advice** l'impossibilité de leur donner le moindre conseil ◆ **I have hardly ~ money left** il ne me reste presque plus d'argent ◆ **"no parking at any time"** "stationnement interdit 24 heures sur 24" ◆ **no animals of ~ sort are allowed** les animaux sont strictement interdits ◆ **I can't see you at ~ other time** je ne suis disponible pour vous voir qu'à ce moment-là

**b** *(questions, hypotheses = some)* **have you got ~ butter?** avez-vous du beurre ? ◆ **did they find ~ survivors?** ont-ils trouvé des survivants ? ◆ **if you see ~ children** si vous voyez des enfants ◆ **are there ~ others?** y en a-t-il d'autres ? ◆ **is it ~ use trying?** est-ce que cela vaut la peine d'essayer ? ◆ **do you have ~ complaints?** avez-vous à vous plaindre de quelque chose ? ◆ **do you want ~ particular brand of whisky?** vous voulez une marque de whisky particulière ? ◆ **if for ~ reason you disagree** si, pour une raison ou une autre, vous n'êtes pas d'accord ◆ **if you should have ~ problems** si vous avez un problème quelconque, si vous avez des problèmes ◆ **if you have ~ money** si vous avez de l'argent ◆ **he can do it if ~ man can** si quelqu'un peut le faire, c'est bien lui ◆ **if it is in ~ way inconvenient to you** *(frm)* si cela vous cause un dérangement quel qu'il soit, si cela vous cause le moindre dérangement

**c** *(= no matter which)* n'importe quel, quelconque ; *(= each and every)* tout ◆ **take ~ two points** prenez deux points quelconques ◆ **take ~ card you like** prenez n'importe quelle carte, prenez la carte que vous voulez ◆ **come at ~ time** venez à n'importe quelle heure ◆ **at ~ hour of the day (or night)** à toute heure du jour (ou de la nuit) ◆ **~ time now** d'un moment à l'autre, très bientôt ◆ **~ pupil who breaks the rules will be punished** tout élève qui enfreindra le règlement sera puni ◆ **~ actor will tell you that performing is not easy** n'importe quel acteur vous dira que ce n'est pas facile de jouer ◆ **~ other judge would have been more lenient** tout autre juge aurait été plus clément ◆ **"valid at any station in Belgium"** "valable dans toutes les gares belges" ◆ **he's not just ~ (old *) footballer** ce n'est pas n'importe quel footballeur ◆ **they're not just ~ old * shoes, they're handmade** ce ne sont pas des chaussures quelconques, elles sont faites main ◆ **they eat ~ old thing *** ils mangent n'importe quoi ; → **day, minute**[1]

**d** *(phrases)* **they have ~ amount of money** ils ont énormément d'argent ◆ **we have ~ amount of time** nous avons tout le *or* notre temps ◆ **there are ~ number of ways to do it** il y a mille façons de le faire ; → **case**[1], **rate**[1], **event**

**PRON** **a** *(negative contexts)* **she has two brothers but I haven't got ~** elle a deux frères mais moi je n'en ai pas ◆ **I don't believe ~ of them has done it** je ne crois pas qu'aucun d'eux l'ait fait ◆ **I have hardly ~ left** il ne m'en reste presque plus

**b** *(questions, hypotheses)* **have you got ~?** en avez-vous ? ◆ **if ~ of you can sing** si l'un d'entre vous *or* si quelqu'un parmi vous sait chanter ◆ **if ~ of them come out** s'il y en a parmi eux qui sortent, si quelques-uns d'entre eux sortent ◆ **if ~ of them comes out** si l'un d'entre eux sort ◆ **few, if ~, will come** il viendra peu de gens, si tant est qu'il en vienne, il ne viendra pas grand-monde, voire personne

**c** *(= no matter which)* **~ of those pens will do** n'importe lequel de ces stylos fera l'affaire

**ADV** **a** *(negative contexts)* ◆ **she is not ~ more intelligent than her sister** elle n'est pas plus intelligente que sa sœur ◆ **we can't go ~ further** nous ne pouvons pas aller plus loin ◆ **I won't wait ~ longer** je n'attendrai pas plus longtemps ◆ **without ~ more discussion they left** ils sont partis sans ajouter un mot ◆ **I can't imagine things getting ~ better for the unemployed** je ne pense pas que la situation puisse s'améliorer pour les chômeurs ◆ **the room didn't look ~ too clean *** la pièce ne faisait vraiment pas propre

♦ **not ... any more** ne ... plus ◆ **I can't hear him ~ more** je ne l'entends plus ◆ **don't do it ~ more!** ne recommence pas ! ◆ **is he rich? – not ~ more** est-ce qu'il est riche ? – plus maintenant ◆ **are you still in touch? – not ~ more** êtes-vous toujours en contact ? – non, plus maintenant

**b** *(questions, hypotheses, comparisons)* un peu ◆ **are you feeling ~ better?** vous sentez-vous un peu mieux ? ◆ **do you want ~ more soup?** voulez-vous encore de la soupe *or* encore un peu de soupe ? ◆ **~ colder and we'd have frozen to death** si la température avait encore baissé, nous serions morts de froid ◆ **if you see ~ more beautiful painting than this** si vous voyez jamais plus belle peinture que celle-ci ◆ **I couldn't do that ~ more than I could fly** je ne serais pas plus capable de faire cela que de voler

**c** * *(= at all)* ◆ **the rope didn't help them ~** la corde ne leur a pas servi à grand-chose *or* ne leur a servi à rien du tout

**anybody** /ˈenɪbɒdɪ/ **PRON** **a** *(negative contexts = somebody)* **I can't see ~** je ne vois personne ◆ **there is hardly ~ there** il n'y a presque personne ◆ **without ~ seeing him** sans que personne (ne) le voie ◆ **it's impossible for ~ to see him today** personne ne peut le voir aujourd'hui

**b** *(questions, hypotheses = somebody)* quelqu'un ◆ **was (there) ~ there?** est-ce qu'il y avait quelqu'un ? ◆ **did ~ see you?** est-ce que quelqu'un t'a vu ?, est-ce qu'on t'a vu ? ◆ **~ want my sandwich?** quelqu'un veut mon sandwich ? ◆ **if ~ can do it, he can** si quelqu'un peut le faire c'est bien lui

**c** *(affirmatives = no matter who)* **~ who wants to do it should say so now** si quelqu'un veut le faire qu'il le dise tout de suite ◆ **~ could tell you** n'importe qui pourrait vous le dire ◆ **~ would have thought he had lost** on aurait pu croire *or* on aurait cru qu'il avait perdu ◆ **bring ~ you like** amenez qui vous voudrez ◆ **~ who had heard him speak would agree** quiconque l'a entendu parler serait d'accord ◆ **~ with any sense would know that!** toute personne sensée sait ça ! ◆ **~ but Robert** n'importe qui d'autre que *or* tout autre que Robert ◆ **bring somebody to help us, ~ will do** amenez quelqu'un pour nous aider, n'importe qui fera l'affaire ◆ **he's not just ~ *, he's the boss** ce n'est pas le premier venu *or* n'importe qui, c'est le patron ; → **else**

**anyhow** /ˈenɪhaʊ/ **ADV** **a** *(= in any case, at all events)* en tout cas, de toute façon ◆ **whatever you say, they'll do it ~** vous pouvez dire ce que vous voulez, ils le feront de toute façon *or* quand même ◆ **you can try ~** vous pouvez toujours essayer

**b** ( * *= carelessly, haphazardly:* also **any old how**) n'importe comment ◆ **he just did it ~** il l'a fait n'importe comment ◆ **the books were all ~ on the floor** les livres étaient tous en désordre par terre

**c** *(= no matter how)* ◆ **do it ~ you like** faites-le comme vous voulez ◆ **the house was locked and I couldn't get in ~** la maison était fermée à clé et je n'avais aucun moyen d'entrer ◆ **~ I do it, it always fails** de quelque façon que je m'y prenne ça ne réussit jamais

**d** ( *: *summing up, changing subject)* bon ◆ **~, it's time I was going** bon, il faut que j'y aille

**anymore** /ˌenɪˈmɔːʳ/ **ADV** ne ... plus ◆ **I couldn't trust him ~** je ne pouvais plus lui faire confiance ; see also **any adv**

**anyone** /ˈenɪwʌn/ **PRON** ⇒ **anybody**

**anyplace** * /ˈenɪpleɪs/ **ADV** *(US)* ⇒ **anywhere**

**anyroad** * /ˈenɪrəʊd/ **ADV** *(Brit)* *(= anyway)* en tout cas ◆ **~, he was in a right lather *** en tout cas, il était vachement en colère *

**anything** /ˈenɪθɪŋ/ **PRON** **a** *(negative contexts = something)* **there isn't ~ to be done** il n'y a rien à faire ◆ **there wasn't ~ in the box** il n'y avait rien dans la boîte ◆ **we haven't seen ~** nous n'avons rien vu ◆ **he won't eat meat or cheese or ~ *** il ne veut manger ni viande ni fromage ni rien * ◆ **hardly ~** presque rien ◆ **without ~ happening** sans qu'il se passe *subj* rien

♦ **anything but** ◆ **this is ~ but pleasant** ceci n'a vraiment rien d'agréable ◆ **~ but!** pas du tout !, bien au contraire !

**b** *(questions, hypotheses = something)* **was there ~ in the box?** est-ce qu'il y avait quelque chose dans la boîte ? ◆ **did you see ~?** avez-vous vu quelque chose ? ◆ **are you doing ~ tonight?** vous faites quelque chose ce soir ?, avez-vous quelque chose de prévu pour ce soir ? ◆ **is there ~ in this idea?** peut-on tirer quoi que ce soit de cette idée ? ◆ **can ~ be done?** y a-t-il quelque chose à faire ?, peut-on faire quelque chose ? ◆ **can't ~ be done?** n'y a-t-il rien à faire ?, ne peut-on faire quelque chose ? ◆ **have you heard ~ of her?** avez-vous de ses nouvelles ? ◆ **if ~ should happen to me** s'il m'arrivait quelque chose *or* quoi que ce soit ◆ **if I see ~ I'll tell you** si je vois quelque chose je te le dirai ◆ **he must have ~ between 15 and 20 apple trees** il doit avoir quelque chose comme 15 ou 20 pommiers; → **else**

♦ **if anything ...** ◆ **if ~ it's an improvement** ce serait plutôt une amélioration ◆ **it is, if ~, even smaller** c'est peut-être encore plus petit

**c** *(with adj)* **I didn't see ~ interesting** je n'ai rien vu d'intéressant ◆ **did you see ~ interesting?** tu as vu quelque chose d'intéressant ? ◆ **is there ~ more tiring/boring than ...?** y a-t-il rien de plus fatigant/ennuyeux que ... ?

**d** *(= no matter what)* **say ~ (at all)** dites n'importe quoi ◆ **take ~ you like** prenez ce que vous voudrez ◆ **~ else would disappoint her** s'il en était autrement elle serait déçue ◆ **~ else is impossible** il n'y a pas d'autre possibilité ◆ **I'll try ~ else** j'essaierai n'importe quoi d'autre ◆ **I'd give ~ to know the secret** je donnerais n'importe quoi pour connaître le secret ◆ **this isn't just ~** ce n'est pas n'importe quoi ◆ **they eat ~** *(= they're not fussy)* ils mangent de tout

♦ **like anything** * ◆ **he ran like ~** il s'est mis à courir comme un dératé * *or* un fou ◆ **she cried like ~** elle a pleuré comme une Madeleine * ◆ **we laughed like ~** on a ri comme des fous, qu'est-ce qu'on a pu rire ! ◆ **they worked like ~** ils ont travaillé d'arrache-pied *or* comme des fous * ◆ **it's raining like ~** il pleut *or* tombe des cordes *

♦ **as ... as anything** * ◆ **it's as big as ~** c'est très très grand ◆ **it was as silly as ~** c'était idiot comme tout *

**anytime** /ˈenɪtaɪm/ **ADV** ⇒ **any time** ; → **any**

**anyway** /ˈenɪweɪ/, **anyways** * *(US)* /ˈenɪweɪz/ **ADV** ⇒ **anyhow**

**anywhere** /ˈenɪwɛəʳ/ ADV a *(affirmatives) (= no matter where)* n'importe où, partout ◆ **I'd live ~ in France** je vivrais n'importe où en France ◆ **the oldest rock paintings ~ in North America** les peintures rupestres les plus anciennes de toute l'Amérique du Nord ◆ **there are more of this species in these waters than ~ in the world** il y a plus de représentants de cette espèce dans ces eaux que partout ailleurs dans le monde ◆ **put it down ~** pose-le n'importe où ◆ **you can find that soap ~** ce savon se trouve partout ◆ **go ~ you like** va où tu veux ◆ **~ you go it's the same (thing)** où qu'on aille c'est la même chose ◆ **~ else** partout ailleurs ◆ **miles from ~** * loin de tout ◆ **there were ~ between 200 and 300 people at the meeting** le nombre de personnes présentes à la réunion pouvait aller de 200 à 300 ◆ **the time of death could have been ~ from two to five days ago** la mort aurait pu survenir entre deux et cinq jours auparavant

b *(negatives)* nulle part ◆ **they didn't go ~** ils ne sont allés nulle part ◆ **we haven't been ~ this summer** nous ne sommes allés nulle part cet été ◆ **this species is not to be found ~ else** cette espèce ne se trouve nulle part ailleurs ◆ **we're not going ~ in particular** nous n'allons nulle part en particulier ◆ **we can't afford to eat ~ expensive** nous ne pouvons pas nous permettre d'aller dans un restaurant cher ◆ **that had not happened ~ in human history** cela ne s'était jamais produit dans l'histoire de l'humanité ◆ **we aren't ~ near * Paris** nous sommes loin de Paris ◆ **the house isn't ~ near * big enough** la maison est loin d'être assez grande ◆ **you aren't ~ near it!** * *(fig: guessing etc)* tu n'y es pas du tout ! ◆ **it won't get you ~** *(fig)* cela ne vous mènera à rien ◆ **we're not getting ~** *(fig)* cela ne nous mène à rien ◆ **I'm not earning any money, so I'm not going ~** *(fig)* je ne gagne pas d'argent, alors je ne vais nulle part ◆ **he came first and the rest didn't come ~** * *(Sport etc)* il est arrivé premier et les autres étaient loin derrière

c *(interrogatives)* quelque part ◆ **have you seen it ~?** l'avez-vous vu quelque part ? → **else**

**Anzac** /ˈænzæk/ N *(= soldier) soldat australien ou néo-zélandais*

**AOB, a.o.b.** /ˌeɪəʊˈbiː/ (abbrev of **any other business**) autres sujets *mpl* à l'ordre du jour

**AOCB** /ˌeɪəʊsiːˈbiː/ N (abbrev of **any other competent business**) ⇒ **AOB**

**AONB** /ˌeɪəʊenˈbiː/ N *(Brit)* (abbrev of **Area of Outstanding Natural Beauty**) → **area**

**aorist** /ˈeərɪst/ N aoriste *m*

**aorta** /eɪˈɔːtə/ N (pl **aortas** *or* **aortae** /eɪˈɔːtiː/) aorte *f*

**aortic** /eɪˈɔːtɪk/ ADJ *(Anat)* aortique

**Aosta** /æˈɒstə/ N Aoste

**AP** /eɪˈpiː/ (abbrev of **Associated Press**) *agence de presse*

**apace** /əˈpeɪs/ ADV *(frm)* rapidement, vite

**Apache** /əˈpætʃɪ/ N *(= person)* Apache *mf*

**apart** /əˈpɑːt/

> When **apart** is an element in a phrasal verb, eg **fall apart**, **keep apart**, **tear apart**, **tell apart**, look up the verb.

ADV a *(= separated)* **houses a long way ~** maisons (fort) éloignées l'une de l'autre *or* à une grande distance l'une de l'autre ◆ **set equally ~** espacés à intervalles réguliers ◆ **their birthdays were two days ~** leurs anniversaires étaient à deux jours d'intervalle ◆ **to stand with one's feet ~** se tenir les jambes écartées ; → **class, world**

b *(= on one side)* à part, à l'écart ◆ **to hold o.s. ~** se tenir à l'écart (*from* de) ; ◆ **joking ~** plaisanterie mise à part, blague à part * ◆ **that ~** à part cela, cela mis à part

♦ **apart from** ◆ **~ from these difficulties** en dehors de *or* à part ces difficultés, ces difficultés mises à part ◆ **~ from the fact that ...** en dehors du fait que ...

c *(= separately, distinctly)* séparément ◆ **they are living ~ now** ils sont séparés maintenant ◆ **he lives ~ from his wife** il est séparé de sa femme, il n'habite plus avec sa femme ◆ **you can't tell the twins ~** on ne peut distinguer les jumeaux l'un de l'autre ◆ **we'll have to keep those boys ~** il va falloir séparer ces garçons

d *(= into pieces)* en pièces, en morceaux ◆ **to take ~** démonter, désassembler ; → **come, fall, tear**[1]

**apartheid** /əˈpɑːteɪt, əˈpɑːtaɪd/ N apartheid *m* ◆ **the ~ laws** la législation permettant l'apartheid

**apartment** /əˈpɑːtmənt/ N a *(esp US = flat)* appartement *m* ◆ **~ building** *or* **house** *(= block)* immeuble *m (de résidence)* ; *(= divided house)* maison *f* (divisée en appartements) b *(Brit) (= room)* pièce *f* ; *(= bedroom)* chambre *f* ◆ **a five-~ house** une maison de cinq pièces ◆ **furnished ~s** meublé *m*

**apathetic** /ˌæpəˈθetɪk/ ADJ apathique

**apathetically** /ˌæpəˈθetɪklɪ/ ADV avec apathie

**apathy** /ˈæpəθɪ/ N apathie *f*

**APB** /ˌeɪpiːˈbiː/ N *(US)* (abbrev of **all-points bulletin**) message *m* à toutes les patrouilles ◆ **to put out an ~** envoyer un message à toutes les patrouilles

**APC** /eɪpiːˈsiː/ N (abbrev of **armoured personnel carrier**) → **armoured**

**ape** /eɪp/ N *(Zool)* (grand) singe *m* ◆ **big ~** * *(pej = person)* grande brute *f* ◆ **to go ~** ‡ *(esp US) (= angry)* se mettre en rogne * ; *(= excited)* s'emballer * (*over* pour) → **apeshit** VT *(pej = imitate)* singer *(pej)*

**APEC** /ˈeɪpek/ N (abbrev of **Asia Pacific Economic Cooperation**) APEC *f*, Coopération *f* économique Asie-Pacifique

**Apennines** /ˈæpənaɪnz/ NPL Apennin *m*

**aperient** /əˈpɪərɪənt/ ADJ, N laxatif *m*

**aperitif** /əˌperɪˈtiːf/ N apéritif *m*

**aperture** /ˈæpətʃjʊəʳ/ N *(= hole)* trou *m*, ouverture *f* ; *(= gap)* brèche *f*, trouée *f* ; *(Phot)* ouverture *f* (du diaphragme)

**apeshit** *‡ /ˈeɪpʃɪt/ ADJ *(esp US)* ◆ **to go ~** *(= angry)* se mettre en rogne * ; *(= excited)* s'emballer ; → **ape**

**APEX** /ˈeɪpeks/ N a (abbrev of **Association of Professional, Executive, Clerical and Computer Staff**) *syndicat* b (also **apex**) (abbrev of **advance purchase excursion**) **~ fare/ticket** prix *m*/billet *m* APEX

**apex** /ˈeɪpeks/ N (pl **apexes** *or* **apices**) *(Geom, Med)* sommet *m* ; *[of tongue]* apex *m*, pointe *f* ; *(fig)* sommet *m*, point *m* culminant

**aphasia** /æˈfeɪzɪə/ N aphasie *f*

**aphasic** /æˈfeɪzɪk/ ADJ aphasique

**aphid** /ˈeɪfɪd/ N puceron *m*

**aphis** /ˈeɪfɪs/ N (pl **aphides** /ˈeɪfɪdiːz/) aphidé *m*

**aphonic** /ˌeɪˈfɒnɪk/ ADJ a *[person]* aphone b *(= silent) [consonant etc]* muet

**aphorism** /ˈæfərɪzəm/ N aphorisme *m*

**aphoristic** /ˌæfəˈrɪstɪk/ ADJ aphoristique

**aphrodisiac** /ˌæfrəʊˈdɪzɪæk/ ADJ, N aphrodisiaque *m*

**Aphrodite** /ˌæfrəˈdaɪtɪ/ N Aphrodite *f*

**apiarist** /ˈeɪpɪərɪst/ N apiculteur *m*, -trice *f*

**apiary** /ˈeɪpɪərɪ/ N rucher *m*

**apices** /ˈeɪpɪsiːz/ NPL of **apex**

**apiece** /əˈpiːs/ ADV *(= for each person)* chacun(e), par personne ; *(= for each thing)* chacun(e), pièce *inv*

**aplenty** /əˈplentɪ/ ADV *(liter)* en abondance

**aplomb** /əˈplɒm/ N *(liter)* sang-froid *m*, assurance *f*

**Apocalypse** /əˈpɒkəlɪps/ N Apocalypse *f (also fig)*

**apocalyptic** /əˌpɒkəˈlɪptɪk/ ADJ apocalyptique

**apocopate** /əˈpɒkəpeɪt/ VT raccourcir par apocope

**apocope** /əˈpɒkəpɪ/ N apocope *f*

**Apocrypha** /əˈpɒkrɪfə/ NPL apocryphes *mpl*

**apocryphal** /əˈpɒkrɪfəl/ ADJ apocryphe

**apogee** /ˈæpəʊdʒiː/ N apogée *m*

**apolitical** /ˌeɪpəˈlɪtɪkəl/ ADJ apolitique

**Apollo** /əˈpɒləʊ/ N *(Myth)* Apollon *m* ; *(Space)* Apollo *m*

**apologetic** /əˌpɒləˈdʒetɪk/ ADJ *[smile, letter]* d'excuse ; *[manner, tone]* contrit ◆ **with an ~ air** d'un air contrit ◆ **to be ~ (about sth)** se montrer très contrit (au sujet de qch) ◆ **to be profusely ~** *[person]* se confondre *or* se répandre en excuses ◆ **he didn't look in the least ~** il n'avait du tout l'air désolé

**apologetically** /əˌpɒləˈdʒetɪkəlɪ/ ADV *[say, smile]* d'un air contrit, pour s'excuser

**apologetics** /əˌpɒləˈdʒetɪks/ N *(NonC)* apologétique *f*

**apologia** /ˌæpəˈləʊdʒɪə/ N apologie *f*

**apologist** /əˈpɒlədʒɪst/ N apologiste *mf* (*for* de)

**apologize** /əˈpɒlədʒaɪz/ LANGUAGE IN USE 18.1 VI s'excuser ◆ **to ~ to sb (for sth)** s'excuser (de qch) auprès de qn, faire *or* présenter des excuses à qn (pour qch) ◆ **she ~d to them for her son** elle leur a demandé d'excuser la conduite de son fils ◆ **to ~ profusely** se confondre *or* se répandre en excuses

**apologue** /ˈæpəlɒg/ N apologue *m*

**apology** /əˈpɒlədʒɪ/ N a *(= expression of regret)* excuses *fpl* ◆ **a letter of ~** une lettre d'excuses ◆ **to make an ~ for sth/for having done sth** s'excuser de qch/d'avoir fait qch, faire *or* présenter ses excuses pour qch/pour avoir fait qch ◆ **there are apologies from Mr Watt** *(for absence at meeting)* M. Watt vous prie d'excuser son absence ◆ **to send one's apologies** envoyer une lettre d'excuse, envoyer un mot d'excuse ◆ **to offer** *or* **make one's apologies** présenter ses excuses ◆ **to make no ~** *or* **apologies for sth** assumer pleinement qch

b *(= defence: for beliefs etc)* apologie *f*

c *(pej)* **it was an ~ for** *or* **a feeble ~ for a speech/bed** en fait de *or* comme discours/lit c'était plutôt minable * ◆ **he gave me an ~ for a smile** il m'a gratifié d'une sorte de grimace qui se voulait être un sourire ◆ **we were given an ~ for a lunch** on nous a servi un soi-disant déjeuner

**apoplectic** /ˌæpəˈplektɪk/ ADJ apoplectique ◆ **~ fit** *(Med, fig)* attaque *f* d'apoplexie N apoplectique *mf*

**apoplexy** /ˈæpəpleksɪ/ N a († = *heart attack)* apoplexie *f* b *(fig = rage)* fureur *f*

**apostasy** /əˈpɒstəsɪ/ N apostasie *f*

**apostate** /əˈpɒstɪt/ ADJ, N apostat(e) *m(f)*

**apostatize** /əˈpɒstətaɪz/ VI apostasier

**a posteriori** /ˈeɪpɒsˌterɪˈɔːraɪ/ ˈeɪpɒsˌterɪˈɔːrɪ/ ADJ, ADV a posteriori ◆ ~ **reasoning** raisonnement *m* a posteriori

**apostle** /əˈpɒsl/ N (*Hist, Rel, fig*) apôtre *m* ◆ **Apostles' Creed** symbole *m* des apôtres, Credo *m* ◆ **to say the Apostles' Creed** dire le Credo COMP ▷ **apostle spoon** N *petite cuiller décorée d'une figure d'apôtre*

**apostolate** /æˈpɒstəleɪt/ N apostolat *m*

**apostolic** /ˌæpəsˈtɒlɪk/ ADJ apostolique

**apostrophe** /əˈpɒstrəfɪ/ N (*Gram, Literat*) apostrophe *f*

**apostrophize** /əˈpɒstrəfaɪz/ VT apostropher

**apothecary** /əˈpɒθɪkərɪ/ N apothicaire *m*

**apotheosis** /əˌpɒθɪˈəʊsɪs/ N (pl **apotheoses** /əˌpɒθɪˈəʊsiːz/) a (*= epitome*) archétype *m* b (*= high point*) apothéose *f*

**appal, appall** (*US*) /əˈpɔːl/ VT consterner ; (*= frighten*) épouvanter ◆ **I am ~led at your behaviour** votre conduite me consterne

**Appalachian** /ˌæpəˈleɪʃən/ ADJ, N ◆ **the ~ Mountains, the ~s** les (monts *mpl*) Appalaches *mpl*

**appall** /əˈpɔːl/ VT (*US*) ⇒ **appal**

**appalling** /əˈpɔːlɪŋ/ ADJ [*sight, behaviour, weather*] épouvantable ; [*suffering, crime, ignorance, poverty*] effroyable, épouvantable

**appallingly** /əˈpɔːlɪŋlɪ/ ADV a (*= badly*) [*behave*] de manière épouvantable b (*= extremely*) [*difficult, busy*] terriblement

**apparatchik** /ˌæpəˈrætʃiːk/ N apparatchik *m*

**apparatus** /ˌæpəˈreɪtəs/ N (pl **apparatus** or **apparatuses**) (*also Anat*) appareil *m* ; (*for filming, camping etc*) équipement *m* ; (*in laboratory etc*) instruments *mpl* ; (*in gym*) agrès *mpl* ◆ **camping ~** équipement *m* de camping ◆ **heating ~** appareil *m* de chauffage ◆ ~ **work** (*in gym*) exercices *mpl* aux agrès ◆ **the ~ of government** l'appareil *m* d'État ◆ **critical ~** (*Literat*) appareil *m* or apparat *m* critique

**apparel** /əˈpærəl/ (*Brit* † *or US*) (*liter*) N (*NonC*) habillement *m* VT vêtir

**apparent** /əˈpærənt/ ADJ a (*= seeming*) [*success, contradiction, interest*] apparent ◆ **the ~ coup attempt** l'apparente tentative de coup d'état b (*= obvious*) évident (*to sb* pour qn) ; ◆ **it is ~ that ...** il est évident que ... ◆ **it is ~ to me that ...** il me semble évident que ... ◆ **for no ~ reason** sans raison apparente ; → **heir**

**apparently** /əˈpærəntlɪ/ ADV apparemment ; (*= according to rumour*) à ce qu'il paraît ◆ **this is ~ the case** il semble que ce soit le cas, c'est le cas apparemment ◆ **~, they're getting a divorce** ils sont en instance de divorce, à ce qu'il paraît ◆ **I thought he was coming – ~ not** je pensais qu'il venait – apparemment non *or* il semble que non ◆ **to be ~ calm** paraître calme ◆ **an ~ harmless question** une question apparemment *or* en apparence anodine ◆ **the murders follow an ~ random pattern** ces meurtres ont apparemment été commis au hasard

**apparition** /ˌæpəˈrɪʃən/ N (*= spirit, appearance*) apparition *f*

**appeal** /əˈpiːl/ VI a (*= request publicly*) lancer un appel (*for sth* pour qch) ; ◆ **to ~ for the blind** lancer un appel au profit des *or* pour les aveugles ◆ **to ~ for calm** lancer un appel au calme ◆ **to ~ for funds** (*Fin*) faire un appel de fonds ◆ **he ~ed for silence** il a demandé le silence ◆ **he ~ed for tolerance** il a appelé à la tolérance ◆ **to ~ to the country** (*Pol*) en appeler au pays

b (*= beg*) faire appel (*to* à) ; ◆ **she ~ed to his generosity** elle a fait appel à sa générosité, elle en a appelé à sa générosité ◆ **to ~ to sb for money/help** demander de l'argent/des secours à qn ◆ **I ~ to you!** je vous le demande instamment !, je vous en supplie ! → **better**[1]

c (*Jur*) interjeter appel, se pourvoir en appel ◆ **to ~ to the supreme court** se pourvoir en cassation ◆ **to ~ against a judgement** (*Brit*) appeler d'un jugement ◆ **to ~ against a decision** (*Brit*) faire appel d'une décision

d (*= attract*) **to ~ to sb** [*object, idea*] plaire à qn ; [*person*] plaire à qn ◆ **it doesn't ~ to me** cela ne m'intéresse pas, cela ne me dit rien * ◆ **the idea ~ed to him** cette idée l'a séduit ◆ **it ~s to the imagination** cela parle à l'imagination ◆ **does that ~?** * ça te dit ? *

VT (*Jur = appeal against*) faire appel de

N a (*= public call*) appel *m* ◆ **~ to arms** appel *m* aux armes ◆ **~ for funds** (*Comm, Fin*) appel *m* de fonds ◆ **he made a public ~ for the blind** il a lancé un appel au profit des aveugles

b (*by individual: for help etc*) appel *m* (*for* à) ; (*for money*) demande *f* (*for* de) ; (*= supplication*) prière *f*, supplication *f* ◆ **with a look of ~** d'un air suppliant *or* implorant ◆ **~ for help** appel *m* au secours

c (*Jur*) appel *m*, pourvoi *m* ◆ **notice of ~** infirmation *f* ◆ **act of ~** acte *m* d'appel ◆ **with no right of ~** sans appel ◆ **acquitted on ~** acquitté en seconde instance ; → **enter, lodge, lord**

d (*= attraction*) [*of person, object*] attrait *m*, charme *m* ; [*of plan, idea*] intérêt *m*

COMP ▷ **Appeal Court** N (*Jur*) cour *f* d'appel ▷ **appeal fund** N fonds *m* d'aide (*constitué à partir de dons publics*) ▷ **appeal(s) tribunal** N (*Jur*) = cour *f* d'appel

**appealing** /əˈpiːlɪŋ/ ADJ (*= moving*) émouvant, attendrissant ; [*look*] pathétique ; (*= begging*) suppliant, implorant ; (*= attractive*) attirant, attachant

**appealingly** /əˈpiːlɪŋlɪ/ ADV a (*= charmingly*) ◆ ~ **naïve/modest** d'une charmante naïveté/modestie b (*= beseechingly*) [*look at*] d'un air implorant ; [*say*] d'un ton implorant

**appear** /əˈpɪə^r/ VI a (*= become visible*) [*person, sun etc*] apparaître, se montrer ; [*ghost, vision*] apparaître, se manifester (*to sb* à qn)

b (*= arrive*) arriver, se présenter ◆ **he ~ed from nowhere** il est apparu comme par miracle *or* comme par un coup de baguette magique ◆ **where did you ~ from?** d'où est-ce que tu sors ?

c (*Jur etc*) comparaître ◆ **to ~ before a court** comparaître devant un tribunal ◆ **to ~ on a charge of ...** être jugé pour ... ◆ **to ~ for sb** plaider pour qn, représenter qn ◆ **to ~ for the defence/for the accused** plaider pour la défense/pour l'accusé ; → **fail, failure**

d (*Theat*) **to ~ in "Hamlet"** jouer dans "Hamlet" ◆ **to ~ as Hamlet** jouer Hamlet ◆ **to ~ on TV** passer à la télévision

e (*= be published*) [*magazine etc*] paraître, sortir, être publié

f (*= seem: physical aspect*) paraître, avoir l'air ◆ **they ~ (to be) ill** ils ont l'air malades

g (*= seem: on evidence*) paraître (*that* que + *indic*) ; ◆ **he came then? – so it ~s** *or* **so it would ~** il est donc venu ? – il semblerait ◆ **it ~s that he did say that** il paraît qu'il a bien dit cela ; see also **h** ◆ **he got the job or so it ~s** *or* **so it would ~** il a eu le poste à ce qu'il paraît, il paraît qu'il a eu le poste ◆ **as will presently ~** comme il va paraître par la suite, comme on le verra bientôt ◆ **it's raining! – (*iro*) so it ~s!** il pleut ! – on dirait ! (*iro*)

h (*= seem: by surmise*) sembler (*that* que *gen* + *subj*) ; ◆ **there ~s to be a mistake** il semble qu'il y ait une erreur ◆ **it ~s he did say that** il semble avoir bien dit cela, il semble bien qu'il a dit cela ◆ **it ~s to me they are mistaken** il me semble qu'ils ont tort ◆ **how does it ~ to you?** qu'en pensez-vous ?

**appearance** /əˈpɪərəns/ N a (*= act*) apparition *f*, arrivée *f* ◆ **to make an ~** faire son apparition, se montrer, se présenter ◆ **to make a personal ~** apparaître en personne ◆ **to put in an ~** faire acte de présence ◆ ~ **money** cachet *m*

b (*Jur*) ~ **before a court** comparution *f* devant un tribunal

c (*Theat*) **since his ~ in "Hamlet"** depuis qu'il a joué dans "Hamlet" ◆ **in order of ~** par ordre d'entrée en scène ◆ **his ~ on TV** son passage à la télévision

d (*= publication*) parution *f*

e (*= look, aspect*) apparence *f*, aspect *m* ◆ **to have a good ~** [*person*] faire bonne figure ◆ **at first ~** au premier abord, à première vue ◆ **the ~ of the houses** l'aspect *m* des maisons ◆ **it had all the ~s of a murder** cela avait tout l'air d'un meurtre, cela ressemblait fort à un meurtre ◆ **his ~ worried us** la mine qu'il avait *or* son apparence nous a inquiétés ◆ **~s are deceptive** il ne faut pas se fier aux apparences, les apparences peuvent être trompeuses ◆ **to judge by ~s** juger sur les *or* d'après les apparences ◆ **you shouldn't judge** *or* **go by ~s** il ne faut pas se fier aux apparences ◆ **for ~s' sake, (in order) to keep up ~s** pour sauver les apparences ◆ **to** *or* **by all ~s** selon toute apparence ◆ **contrary to** *or* **against all ~s** contrairement aux apparences, contre toute apparence

**appease** /əˈpiːz/ VT apaiser, calmer

**appeasement** /əˈpiːzmənt/ N apaisement *m* ; (*Pol*) apaisement, conciliation *f*

**appellant** /əˈpelənt/ N partie *f* appelante, appelant(e) *m(f)* ADJ appelant

**appellate** /əˈpelɪt/ ADJ (*US Jur*) ◆ ~ **court** cour *f* d'appel ◆ ~ **jurisdiction** juridiction *f* d'appel

**appellation** /ˌæpeˈleɪʃən/ N appellation *f*, désignation *f*

**append** /əˈpend/ VT [*+ notes*] joindre, ajouter ; [*+ document*] joindre, annexer ; [*+ signature*] apposer ; (*Comput*) ajouter (*à la fin d'un fichier*)

**appendage** /əˈpendɪdʒ/ N (*frm*) appendice *m*

**appendectomy** /ˌæpenˈdektəmɪ/, **appendicectomy** /ˌæpendɪˈsektəmɪ/ N appendicectomie *f*

**appendices** /əˈpendɪsiːz/ NPL of **appendix**

**appendicitis** /əˌpendɪˈsaɪtɪs/ N appendicite *f* ◆ **to have ~** avoir une crise d'appendicite ◆ **was it ~?** c'était une appendicite ?

**appendix** /əˈpendɪks/ N (pl **appendixes** or **appendices**) a (*Anat*) appendice *m* ◆ **to have one's ~ out** se faire opérer de l'appendicite b [*of book*] appendice *m* ; [*of document*] annexe *f*

**apperception** /ˌæpəˈsepʃən/ N aperception *f*, appréhension *f*

**appertain** /ˌæpəˈteɪn/ VI (*= belong*) appartenir (*to* à) ; (*= form part*) faire partie (*to* de) ; (*= relate*) se rapporter (*to* à) relever (*to* de)

**appetite** /ˈæpɪtaɪt/ N a (*for food*) appétit *m* ◆ **he has no ~** il n'a pas d'appétit ◆ **to have a good ~** avoir bon appétit ◆ **to eat with ~** manger de bon appétit ◆ **skiing gives you an ~** le ski ouvre l'appétit b (*for danger, success*) goût *m* ◆ **his ~ for power** son goût du pouvoir ◆ **I have no ~ for this sort of book**

je n'aime pas beaucoup ce genre de livre, je n'ai pas de goût pour ce genre de livre ♦ **the government has little ~ for tax cuts** le gouvernement n'est pas enclin à réduire les impôts ; → **spoil** COMP ▷ **appetite depressant**, **appetite suppressant** N coupe-faim *m inv*

**appetizer** /'æpɪtaɪzəʳ/ N *(= drink)* apéritif *m* ; *(= food)* amuse-gueule *m inv* ; *(US = starter)* entrée *f*

**appetizing** /'æpɪtaɪzɪŋ/ ADJ *(lit, fig)* appétissant

**appetizingly** /'æpɪtaɪzɪŋlɪ/ ADV de manière appétissante

**Appian** /'æpɪən/ ADJ ♦ **the ~ Way** la voie Appienne

**applaud** /ə'plɔːd/ VT *[+ person, thing]* applaudir ; *(fig) [+ decision, efforts]* applaudir à, approuver

**applause** /ə'plɔːz/ N *(NonC)* applaudissements *mpl*, acclamation *f* ♦ **to win the ~ of ...** être applaudi *or* acclamé par ... ♦ **there was loud ~** les applaudissements ont crépité ♦ **a round of ~** une salve d'applaudissements ♦ **let's have a round of ~ for Lucy!** *(Theat)* applaudissons Lucy !, un ban* pour Lucy !

**apple** /'æpl/ N pomme *f* ; (also **apple tree**) pommier *m* ♦ **he's/it's the ~ of my eye** je tiens à lui/j'y tiens comme à la prunelle de mes yeux ♦ **~ of discord** pomme *f* de discorde ♦ **the (Big) Apple*** *(US)* New York ♦ **one bad** *or* **rotten ~ can spoil the whole barrel** *(Prov)* il suffit d'une brebis galeuse pour contaminer tout le troupeau ♦ **the two things are ~s and oranges** *(esp US)* on ne peut pas comparer deux choses si différentes ; → **Adam, cooking, eating**

COMP ▷ **apple blossom** N fleur *f* de pommier ▷ **apple brandy** N eau-de-vie *f* de pommes ▷ **apple core** N trognon *m* de pomme ▷ **apple fritter** N beignet *m* aux pommes ▷ **apple-green** ADJ vert pomme *inv* ▷ **apple orchard** N champ *m* de pommiers, pommeraie *f* ▷ **apple pie** N tarte *f* aux pommes ▷ **apple-pie bed** N *(Brit)* lit *m* en portefeuille ▷ **apple-pie order** N ♦ **in ~-pie order** parfaitement en ordre ▷ **apple sauce** N *(Culin)* compote *f* de pommes ; *(US * fig)* bobards* *mpl* ▷ **apple tart** N tarte *f* aux pommes ; *(individual)* tartelette *f* aux pommes ▷ **apple turnover** N chausson *m* aux pommes

**applecart** /'æplkɑːt/ N → **upset**

**applejack** /'æpldʒæk/ N *(US)* ⇒ **apple brandy**

**applet** /æplɪt/ N microprogramme *m*

**appliance** /ə'plaɪəns/ N a *(= device)* appareil *m* ♦ **electrical/domestic ~s** appareils *mpl* électriques/ménagers ♦ **household ~** appareil *m* électroménager b *(Brit:* also **fire appliance**) voiture *f* de pompiers c *[of skill, knowledge]* application *f*

**applicability** /,æplɪkə'bɪlɪtɪ/ N applicabilité *f*

**applicable** /ə'plɪkəbl/ ADJ applicable (*to* à)

**applicant** /'æplɪkənt/ N *(for job)* candidat(e) *m(f)*, postulant(e) *m(f)* ; *(Jur)* requérant(e) *m(f)* ; *(Admin: for money, assistance etc)* demandeur *m*, -euse *f*

**application** /,æplɪ'keɪʃən/ N a *(= request)* demande *f* (*for* de) ; ♦ **~ for a job** candidature *f* à un poste ♦ **~ for membership** demande *f* d'adhésion ♦ **on ~** sur demande ♦ **to make ~ to sb for sth** s'adresser à qn pour obtenir qch ♦ **to submit an ~** faire une demande ♦ **details may be had on ~ to ...** s'adresser à ... pour tous renseignements

b *(= act of applying)* application *f* (*of sth to sth* de qch à qch) ; ♦ **for external ~ only** *(Pharm)* réservé à l'usage externe

c *(= diligence)* application *f*, attention *f*

d *(= relevancy)* portée *f*, pertinence *f* ♦ **his arguments have no ~ to the present case** ses arguments ne s'appliquent pas au cas présent

e *(Comput)* application *f* ; see also **comp**

COMP ▷ **application form** N *(gen: for benefits etc)* formulaire *m* de demande ; *(for job)* formulaire *m* de demande d'emploi ; *(for important post)* dossier *m* de candidature ; *(Univ)* dossier *m* d'inscription ▷ **application program** N ⇒ **applications program** ▷ **application software** N logiciel *m* d'application ▷ **applications package** N *(Comput)* progiciel *m* d'application ▷ **applications program** N *(Comput)* (programme *m* d')application *f*

**applicator** /'æplɪkeɪtəʳ/ N applicateur *m*

**applied** /ə'plaɪd/ ADJ appliqué COMP ▷ **applied arts** NPL arts *mpl* appliqués ▷ **applied psychology** N psychologie *f* appliquée ▷ **applied sciences** NPL sciences *fpl* appliquées

**appliqué** /æ'pliːkeɪ/ VT coudre (en application) N *(= ornament)* application *f* ; *(= end product:* also **appliqué work**) travail *m* d'application

**apply** /ə'plaɪ/ LANGUAGE IN USE 19.1, 26.1

VT a *[+ paint, ointment, dressing]* appliquer, mettre (*to* sur) ; ♦ **to ~ heat to sth** *(Tech)* exposer qch à la chaleur ; *(Med)* traiter qch par la thermothérapie ♦ **to ~ a match to sth** mettre le feu à qch avec une allumette, allumer qch avec une allumette

b *[+ theory]* appliquer (*to* à) mettre en pratique *or* en application ; *[+ rule, law]* appliquer (*to* à) ; ♦ **we can't ~ this rule to you** nous ne pouvons pas appliquer cette règle à votre cas

c ♦ **to ~ pressure on sth** exercer une pression sur qch ♦ **to ~ pressure on sb** faire pression sur qn ♦ **to ~ the brakes** *(Aut, Tech)* actionner les freins, freiner

d ♦ **to ~ one's mind** *or* **o.s. to (doing) sth** s'appliquer à (faire) qch ♦ **to ~ one's attention to ...** porter *or* fixer son attention sur ...

VI s'adresser, avoir recours (*to sb for sth* à qn pour obtenir qch) ; ♦ **~ at the office/to the manager** adressez-vous au bureau/au directeur ; *(on notice)* s'adresser au bureau/au directeur ♦ **to ~ to university** faire une demande d'inscription à l'université ♦ **right to ~ to the courts against decisions by ...** *(Jur)* droit *m* de recours contre des décisions de ...

► **apply for** VT FUS *[+ scholarship, grant]* faire une demande de ; *[+ money, assistance]* demander ♦ **to ~ for a job** faire une demande d'emploi (*to sb* auprès de qn) poser sa candidature pour un poste ♦ **to ~ for a divorce** *(Jur)* formuler une demande en divorce ; → **patent**

► **apply to** VT FUS *[gen]* s'appliquer à ; *[remarks]* s'appliquer à, se rapporter à ♦ **this does not ~ to you** ceci ne s'applique pas à vous, ceci ne vous concerne pas ; → **apply vi**

**appoggiatura** /ə,pɒdʒə'tʊərə/ N (pl **appoggiaturas** *or* **appoggiature** /ə"pɒdʒə'tʊəre/) appoggiature *f*

**appoint** /ə'pɔɪnt/ VT a *(= fix, decide) [+ date, place]* fixer b *(= nominate)* ♦ **to ~ sb (to a post)** nommer qn (à un poste) ♦ **to ~ sb manager** nommer qn directeur ♦ **to ~ a new secretary** engager une nouvelle secrétaire c *(† = ordain)* prescrire, ordonner (*that* que + *subj*) décider (*that* que + *indic*)

**appointed** /ə'pɔɪntɪd/ ADJ *[time, hour, place]* convenu ; *[task]* fixé ; *[representative, agent]* attitré ♦ **at the ~ time** à l'heure convenue ; → **well²**

**appointee** /əpɔɪn'tiː/ N candidat(e) *m(f)* retenu(e), titulaire *mf* du poste ; *(esp US)* délégué *m* (*or* ambassadeur *m etc*) nommé pour des raisons politiques

**appointive** /ə'pɔɪntɪv/ ADJ *(US) [position]* pourvu par nomination

**appointment** /ə'pɔɪntmənt/ N a *(= arrangement to meet)* rendez-vous *m* ; *(= meeting)* entrevue *f* ♦ **to make an ~ with sb** donner rendez-vous à qn, prendre rendez-vous avec qn ♦ **to make an ~** *[two people]* se donner rendez-vous ♦ **to keep an ~** aller *or* se rendre à un rendez-vous ♦ **I have an ~ at 10 o'clock** j'ai (un) rendez-vous à 10 heures ♦ **do you have an ~?** *(to caller)* vous avez (pris) rendez-vous ? ♦ **I have an ~ to see Mr Martin** j'ai rendez-vous avec M. Martin ♦ **to see sb by ~** voir qn sur rendez-vous ♦ **"viewing by appointment"** *(in house-buying)* "visite *f* sur rendez-vous" ; → **break**

b *(= selection, nomination)* nomination *f*, désignation *f* (*to a post* à un poste) ; *(= office assigned)* poste *m* ; *(= posting)* affectation *f* ♦ **there are still several ~s to be made** il y a encore plusieurs postes à pourvoir ♦ **"by appointment to Her Majesty the Queen"** *(Comm)* "fournisseur de S.M. la Reine" ♦ **"appointments (vacant)"** *(Press)* "offres d'emploi"

COMP ▷ **appointments bureau**, **appointments office** N agence *f or* bureau *m* de placement

**apportion** /ə'pɔːʃən/ VT *[+ money]* répartir, partager ; *[+ land, property]* lotir ; *[+ blame]* répartir ♦ **to ~ sth to sb** assigner qch à qn

**apportionment** /ə'pɔːʃənmənt/ N *(US Pol)* répartition *f* des sièges (par districts)

**apposite** /'æpəzɪt/ ADJ *(frm)* pertinent, juste

**apposition** /,æpə'zɪʃən/ N apposition *f* ♦ **in ~** en apposition

**appositional** /,æpə'zɪʃənl/ ADJ en apposition

**appraisal** /ə'preɪzəl/ N évaluation *f*

**appraise** /ə'preɪz/ VT *[+ property, jewellery]* évaluer, estimer (la valeur *or* le coût de) ; *[+ importance]* évaluer, apprécier ; *[+ worth]* estimer, apprécier

**appraiser** /ə'preɪzəʳ/ N *(US) [of property, value, asset]* expert *m*

**appreciable** /ə'priːʃəbl/ ADJ appréciable, sensible

**appreciably** /ə'priːʃəblɪ/ ADV sensiblement

**appreciate** /ə'priːʃɪeɪt/ LANGUAGE IN USE 4, 13

VT a *(= assess, be aware of) [+ fact, difficulty, sb's attitude]* se rendre compte de, être conscient de ♦ **to ~ sth at its true value** apprécier qch à sa juste valeur ♦ **yes, I ~ that** oui, je comprends bien *or* je m'en rends bien compte ♦ **I fully ~ the fact that ...** je me rends parfaitement compte du fait que ... ♦ **they did not ~ the danger** ils ne se sont pas rendu compte du danger

b *(= value, esteem, like) [+ help]* apprécier ; *[+ music, painting, books]* apprécier, goûter ; *[+ person]* apprécier (à sa juste valeur), faire (grand) cas de

c *(= be grateful for)* être sensible à, être reconnaissant de ♦ **we do ~ your kindness/your work/what you have done** nous vous sommes très reconnaissants de votre gentillesse/du travail que vous avez fait/de ce que vous avez fait ♦ **we should ~ an early reply, an early reply would be ~d** *(Comm: in letter)* nous vous serions obligés de bien vouloir nous répondre dans les plus brefs délais ♦ **we deeply ~ this honour** nous sommes profondément reconnaissants de l'honneur qui nous est fait ♦ **he**

**felt that nobody ~d him** il avait le sentiment que personne ne l'appréciait
d *(= raise in value)* hausser la valeur de
VI *(Fin etc) [currency]* s'apprécier ; *[object, property]* prendre de la valeur

**appreciation** /əˌpriːʃɪ'eɪʃən/ N a *(= judgement, estimation)* appréciation *f*, évaluation *f* ; *(Art, Literat, Mus)* critique *f* b *(= gratitude)* reconnaissance *f* ◆ **she smiled her ~** elle a remercié d'un sourire ◆ **in ~ of ...** en remerciement de ... c *(Fin)* appréciation *f*

**appreciative** /ə'priːʃɪətɪv/ ADJ a *(= grateful) [person]* reconnaissant (*of sth* de qch) b *(= admiring) [person, murmur, laughter, whistle]* approbateur (-trice *f*) ◆ **to be ~ of sb's cooking** apprécier la cuisine de qn c *(frm = aware)* ◆ **to be ~ of sth** se rendre compte de qch

**appreciatively** /ə'priːʃɪətɪvlɪ/ ADV *(= with pleasure)* avec plaisir ; *(= gratefully)* avec reconnaissance

**apprehend** /ˌæprɪ'hend/ VT a *(= arrest)* appréhender, arrêter b *(= fear)* redouter, appréhender

**apprehension** /ˌæprɪ'henʃən/ N a *(= fear)* appréhension *f*, inquiétude *f* b *(frm = arrest)* arrestation *f*

**apprehensive** /ˌæprɪ'hensɪv/ ADJ inquiet (-ète *f*), plein d'appréhension ◆ **to be ~ for sb** être inquiet pour qn ◆ **to be ~ about the future** avoir peur de l'avenir ◆ **he was ~ about taking the job on** il était inquiet à la perspective d'accepter ce poste ◆ **they were ~ that their request would be turned down** ils craignaient que leur requête ne soit refusée

**apprehensively** /ˌæprɪ'hensɪvlɪ/ ADV avec appréhension

**apprentice** /ə'prentɪs/ N apprenti(e) *m(f)* ; *(Archit, Mus etc)* élève *mf* ◆ **to place sb as an ~ to ...** mettre qn en apprentissage chez ... ◆ **plumber's/joiner's ~** apprenti *m* plombier/menuisier VT mettre *or* placer en apprentissage (*to* chez) placer comme élève (*to* chez) ; ◆ **he is ~d to a joiner/plumber** *etc* il est en apprentissage chez un menuisier/plombier *etc* ◆ **he is ~d to an architect** c'est l'élève d'un architecte COMP ▷ **apprentice electrician** N apprenti *m* électricien ▷ **apprentice plumber** N apprenti *m* plombier

**apprenticeship** /ə'prentɪsʃɪp/ N apprentissage *m*

**apprise** /ə'praɪz/ VT informer (*sb of sth* qn de qch) ; ◆ **to be ~d of sth** être informé de *or* sur qch

**appro** * /'æprəʊ/ N *(Brit Comm)* (abbrev of **approval**) ◆ **on ~** à *or* sous condition, à l'essai

**approach** /ə'prəʊtʃ/ VI *[person, vehicle]* (s')approcher ; *[date, season, death, war]* approcher, être proche
VT a *[+ place, person]* s'approcher de ◆ **I saw him ~ing me** je l'ai vu qui s'approchait de moi
b *(= tackle) [+ problem, subject, task]* aborder ◆ **it all depends on how one ~es it** tout dépend de la façon dont on aborde la question
c *(= speak to)* **to ~ sb about sth** s'adresser à qn à propos de qch, aller voir qn pour qch ◆ **a man ~ed me in the street** un homme m'a abordé dans la rue ◆ **he is easy/difficult to ~** *(fig)* il est d'un abord facile/difficile
d *(= get near to)* approcher de ◆ **we are ~ing the time when ...** le jour approche où ... ◆ **she is ~ing 30** elle approche de la trentaine, elle va sur ses 30 ans ◆ **it was ~ing midnight** il était près de *or* presque minuit ◆ **winds were ~ing hurricane force** le vent approchait force 12 ◆ **she spoke to him with something ~ing sarcasm** elle lui a parlé sur un ton qui frisait le sarcasme
N a *[of person, vehicle]* approche *f*, arrivée *f* ◆ **the cat fled at his ~** le chat s'est enfui à son approche ◆ **we watched his ~** nous l'avons regardé arriver
b *[of date, season, death etc]* approche *f* ◆ **at the ~ of Easter** à l'approche de Pâques
c *(fig)* approche *f*, démarche *f* ◆ **his ~ to the problem** son approche du problème, sa façon d'aborder le problème ◆ **I like his ~ (to it)** j'aime sa façon de s'y prendre ◆ **a new ~ to teaching French** une nouvelle approche de l'enseignement du français ◆ **to make ~es to sb** *(gen)* faire des ouvertures *fpl* à qn, faire des démarches *fpl* auprès de qn ; *(amorous)* faire des avances *fpl* à qn ◆ **to make an ~ to sb** *(Comm, gen)* faire une proposition à qn ◆ **he is easy/not easy of ~** *(frm)* il est d'un abord facile/difficile ; see also **noun d**
d *(= access route: to town)* voie *f* d'accès ; *(Climbing)* marche *f* d'approche ◆ **a town easy/not easy of ~** une ville d'accès facile/difficile ◆ **the ~ to the top of the hill** le chemin qui mène au sommet de la colline ◆ **the station ~** les abords *mpl* de la gare
e *(= approximation)* ressemblance *f* (*to* à) apparence *f* (*to* de) ; ◆ **some ~ to gaiety** une certaine apparence de gaieté ◆ **this is the nearest ~ to an apology we have heard from Mr King** c'est tout ce que M. King a trouvé à dire en guise d'excuse
COMP ▷ **approach light** N *(Aviat)* balise *f* ▷ **approach lights** NPL *(Aviat)* balisage *m*, balises *fpl* ▷ **approach march** N *(Climbing)* marche *f* d'approche ▷ **approach road** N *(gen)* route *f* d'accès ; *(to motorway)* voie *f* de raccordement, bretelle *f* ▷ **approach shot** N *(Golf)* approche *f* ▷ **approach stage** N *(Aviat)* phase *f* d'approche

**approachable** /ə'prəʊtʃəbl/ ADJ *[place, idea, text]* accessible ; *[person]* d'abord facile, approchable, accessible

**approaching** /ə'prəʊtʃɪŋ/ ADJ *[crisis, death, retirement, election]* prochain ; *[storm, winter, date]* qui approche ◆ **the ~ vehicle** le véhicule venant en sens inverse

**approbation** /ˌæprə'beɪʃən/ N approbation *f* ◆ **a nod of ~** un signe de tête approbateur

**appropriate** /ə'prəʊprɪɪt/ ADJ *[time, remark]* opportun ; *[place, response, word, level, name]* approprié ; *[treatment]* adapté ; *[person, authority, department]* compétent ◆ **to take ~ action** prendre des mesures appropriées ◆ **he is the ~ person to ask** c'est à lui qu'il faut le demander ◆ **she's a most ~ choice** c'est la personne idéale ◆ **to be ~ for sb/sth** convenir à qn/qch ◆ **what is it ~ to wear for a dinner party?** quelle est la tenue appropriée pour un dîner ? ◆ **to be ~ to sth** être approprié à qch ◆ **an outfit ~ to the job** une tenue appropriée à l'emploi ◆ **a job ~ to his talents** un emploi à la mesure de ses talents ◆ **it is ~ that ...** il est opportun que ... ◆ **it seemed ~ to end with a joke** il semblait opportun de finir par une plaisanterie ◆ **it would not be ~ for me to comment** ce n'est pas à moi de faire des commentaires
VT /ə'prəʊprɪeɪt/ a *(= take for one's own use)* s'approprier
b *(= set aside for special use) [+ funds]* affecter (*to, for* à)

**appropriately** /ə'prəʊprɪɪtlɪ/ ADV *[act, respond]* comme il faut, de façon appropriée ; *[dress]* de façon appropriée ; *[speak]* avec à-propos, avec pertinence ; *[called, titled]* de façon appropriée ; *[designed]* convenablement ◆ **~ named** bien nommé ◆ **~, the winner is British** comme de juste, le gagnant est britannique

**appropriateness** /ə'prəʊprɪɪtnɪs/ N *[of moment, decision]* opportunité *f* ; *[of remark, word]* justesse *f*

**appropriation** /əˌprəʊprɪ'eɪʃən/ N *(= act: also Jur)* appropriation *f* ; *(= funds assigned)* dotation *f* ; *(US Pol)* crédit *m* budgétaire COMP ▷ **appropriation bill** N *(US Pol)* projet *m* de loi de finances ▷ **Appropriations Committee** N *(US Pol) commission des finances de la Chambre des représentants (examinant les dépenses)*

**approval** /ə'pruːvəl/ N approbation *f*, assentiment *m* ◆ **to give a nod of ~, to nod one's ~** hocher la tête en signe d'approbation ◆ **to meet with sb's ~** avoir l'approbation de qn
♦ **on approval** *(Comm)* à l'essai ◆ **the book will be sent to you on ~** le livre vous sera envoyé en examen gratuit

**approve** /ə'pruːv/ LANGUAGE IN USE 12.2, 13, 26.3 VT *[+ action, publication, medicine, drug]* approuver ; *[+ decision]* ratifier, homologuer ; *[+ request]* agréer ◆ **to be ~d by ...** recueillir *or* avoir l'approbation de ... ◆ **"read and approved"** "lu et approuvé" COMP ▷ **approved school** † N *(Brit)* maison *f* de correction †
► **approve of** VT FUS *[+ behaviour, idea]* approuver ; *[+ person]* avoir bonne opinion de ◆ **I don't ~ of his conduct** je n'approuve pas sa conduite ◆ **I don't ~ of your decision** je n'approuve pas *or* je désapprouve la décision que vous avez prise ◆ **she doesn't ~ of drinking/smoking** elle n'approuve pas qu'on boive/fume *subj* ◆ **he doesn't ~ of me** il n'a pas bonne opinion de moi ◆ **we ~ of our new neighbours** nos nouveaux voisins nous semblent tout à fait bien

**approving** /ə'pruːvɪŋ/ ADJ approbateur (-trice *f*), approbatif

**approvingly** /ə'pruːvɪŋlɪ/ ADV d'un air *or* d'un ton approbateur

**approx** abbrev of **approximately**

**approximate** /ə'prɒksɪmɪt/ ADJ *[time, amount, description]* approximatif ◆ **a sum ~ to what is needed** une somme voisine *or* proche de celle qui est requise ◆ **figures ~ to the nearest euro** chiffres *mpl* arrondis à l'euro près VI /ə'prɒksɪmeɪt/ être proche, se rapprocher (*to* de)

**approximately** /ə'prɒksɪmətlɪ/ ADV a *(= about: with numbers)* approximativement ◆ **we have ~ 40 pupils** nous avons approximativement 40 élèves b *(= roughly) [true]* plus ou moins ◆ **the figures were ~ correct** les chiffres étaient à peu près corrects ◆ **the word means ~ ...** en gros *or* grosso modo, ce mot veut dire ...

**approximation** /əˌprɒksɪ'meɪʃən/ N approximation *f*

**appurtenance** /ə'pɜːtɪnəns/ N *(Jur) (gen pl)* ◆ **~s** installations *fpl*, accessoires *mpl* ◆ **the house and its ~s** *(= outhouses etc)* l'immeuble avec ses dépendances ; *(= rights, privileges etc)* l'immeuble avec ses circonstances et dépendances *or* ses appartenances

**APR** /ˌeɪpiː'ɑːʳ/ N (abbrev of **annual(ized) percentage rate**) taux *m* annuel

**après-ski** /ˌæpreɪ'skiː/ N *(= period)* après-ski *m*

**apricot** /'eɪprɪkɒt/ N abricot *m* ; (also **apricot tree**) abricotier *m* COMP ▷ **apricot jam** N confiture *f* d'abricots ▷ **apricot tart** N tarte *f* aux abricots

**April** /'eɪprəl/ N avril *m* ; *for phrases see* **September** COMP ▷ **April fool** N *(= person)* victime *f* d'un poisson d'avril ; *(= joke)* poisson *m* d'avril ◆ **to make an ~ fool of sb** faire un poisson d'avril à qn ▷ **April**

**Fools' Day** N le premier avril ▷ **April showers** NPL ≈ giboulées *fpl* de mars

**a priori** /ˌeɪpraɪˈɔːraɪ, ɑːprɪˈɔːrɪ/ ADJ, ADV a priori

**apron** /ˈeɪprən/ N **a** *(= garment)* tablier *m* ◆ **tied to his mother's ~ strings** pendu aux jupes de sa mère **b** *(Aviat)* aire *f* de stationnement **c** *(Tech)* tablier *m* **d** (*Theat:* also **apron stage**) avant-scène *f* **e** *(Phot)* bande *f* gaufrée

**apropos** /ˌæprəˈpəʊ/ *(frm)* ADV à propos ◆ **~, I have often wondered what happened to him** à propos, je me suis souvent demandé ce qu'il était devenu PREP ◆ **~ (of) sth** à propos de qch ADJ opportun, pertinent ◆ **it seems ~ to do that** cela semble opportun *or* judicieux de faire cela

**APS** /ˌeɪpiːˈes/ N (abbrev of **Advanced Photo System**) APS *m*

**apse** /æps/ N abside *f*

**APT** /ˌeɪpiːˈtiː/ N *(Brit: formerly)* (abbrev of **Advanced Passenger Train**) ≈ TGV *m*, train *m* à grande vitesse

**apt** /æpt/ ADJ **a** *(= appropriate) [remark, comment, reply]* juste, pertinent **b** *(frm = inclined, tending)* ◆ **to be ~ to do sth** avoir tendance à faire qch ◆ **he is ~ to be late** il a tendance à être en retard ◆ **one is ~ to believe that ...** *(frm)* on croirait volontiers que ..., on pourrait croire que ... ◆ **this is ~ to occur** il faut s'y attendre **c** *(= gifted) [pupil]* doué, intelligent

**apt.** (abbrev of **apartment**) appt

**aptitude** /ˈæptɪtjuːd/ LANGUAGE IN USE 16.4 N aptitude *f* (*for* à) disposition *f* (*for* pour); ◆ **to have an ~ for learning** être fait pour les études ◆ **he has no ~ for languages** il n'est pas doué pour les langues ◆ **she shows great ~** elle est très douée ◆ **he has a real ~ for saying exactly the wrong thing** il a le don de dire ce qu'il ne faut pas COMP ▷ **aptitude test** N test *m* d'aptitude

**aptly** /ˈæptlɪ/ ADV *[describe, remark]* judicieusement, avec à-propos ; *[called, titled]* judicieusement ◆ **~, his place was taken by his wife** comme de juste, sa femme a pris sa place

**aptness** /ˈæptnɪs/ N **a** *(= suitability) [of remark etc]* à-propos *m*, justesse *f* **b** *(= giftedness)* ⇒ **aptitude**

**Apulia** /əˈpjuːljə/ N Pouilles *fpl*

**aquaculture** /ˈækwəˌkʌltʃəʳ/ N ⇒ **aquafarming**

**aquaerobics** /ˈækweɪˈrəʊbɪks/ N *(NonC)* aérobic *f* en piscine

**aquafarming** /ˈækwəfɑːmɪŋ/ N aquaculture *f*

**aqualung** /ˈækwəlʌŋ/ N scaphandre *m* autonome

**aquamarine** /ˌækwəməˈriːn/ N *(= stone)* aigue-marine *f*; *(= colour)* bleu vert *m inv* ADJ bleu-vert *inv*

**aquanaut** /ˈækwənɔːt/ N scaphandrier *m*, plongeur *m*

**aquaplane** /ˈækwəpleɪn/ N aquaplane *m* VI **a** *(Sport)* faire de l'aquaplane **b** *(Brit Aut)* faire de l'aquaplaning *or* de l'aquaplanage

**aquaplaning** /ˈækwəpleɪnɪŋ/ N *(Brit Aut)* aquaplaning *m*, aquaplanage *m*

**aquaria** /əˈkweərɪə/ NPL of **aquarium**

**Aquarian** /əˈkweərɪən/ N (personne née sous le signe du) Verseau *m*

**aquarium** /əˈkweərɪəm/ N (pl **aquariums** *or* **aquaria**) aquarium *m*

**Aquarius** /əˈkweərɪəs/ N *(Astron)* Verseau *m* ◆ **I'm (an) ~** *(Astrol)* je suis (du) Verseau

**aquatic** /əˈkwætɪk/ ADJ *[animal, plant]* aquatique ; *[sport]* nautique

**aquatint** /ˈækwətɪnt/ N aquatinte *f*

**aqueduct** /ˈækwɪdʌkt/ N *(= canal)* aqueduc *m* ; *(= pipe)* canalisation *f* d'amenée d'eau

**aqueous** /ˈeɪkwɪəs/ ADJ aqueux ◆ **~ humour** humeur *f* aqueuse

**aquiculture** /ˈækwɪˌkʌltʃəʳ, ˈeɪkwɪˌkʌltʃəʳ/ N ⇒ **aquafarming**

**aquifer** /ˈækwɪfəʳ/ N *(Geog)* aquifère *m*

**aquiline** /ˈækwɪlaɪn/ ADJ *[nose, profile]* aquilin

**Aquinas** /əˈkwaɪnəs/ N ◆ **(St) Thomas ~** (saint) Thomas d'Aquin

**AR** abbrev of **Arkansas**

**Arab** /ˈærəb/ N **a** *(= person)* Arabe *mf* ; → **street b** *(= horse)* cheval *m* arabe *or* anglo-arabe ADJ arabe ◆ **the ~ States** les États *mpl* arabes ◆ **the United ~ Emirates** les Émirats *mpl* arabes unis ◆ **the ~-Israeli conflict** le conflit israélo-arabe ◆ **the ~ League** la Ligue arabe

**arabesque** /ˌærəˈbesk/ N arabesque *f*

**Arabia** /əˈreɪbɪə/ N Arabie *f*

**Arabian** /əˈreɪbɪən/ ADJ arabe, d'Arabie ◆ **~ Desert** désert *m* d'Arabie ◆ **~ Gulf** golfe *m* Persique ◆ **the ~ Nights** les Mille et Une Nuits *fpl* ◆ **~ Sea** mer *f* d'Arabie

**Arabic** /ˈærəbɪk/ ADJ arabe ; → **gum²** N *(Ling)* arabe *m* ◆ **written ~** l'arabe *m* littéral COMP ▷ **Arabic numeral** N chiffre *m* arabe

**Arabist** /ˈærəbɪst/ N *(= scholar)* arabisant(e) *m(f)* ; *(= politician)* pro-Arabe *mf*

**arabization** /ˌærəbaɪˈzeɪʃən/ N arabisation *f*

**arabize** /ˈærəbaɪz/ VT arabiser

**arable** /ˈærəbl/ ADJ *[land]* arable, cultivable ; *[farm]* agricole COMP ▷ **arable farmer** N cultivateur *m*, -trice *f* ▷ **arable farming** N culture *f*

**arachnid** /əˈræknɪd/ N ◆ **~s** arachnides *mpl*

**Aramaic** /ˌærəˈmeɪɪk/ N araméen *m*

**Aran** /ˈærən/ N ◆ **the ~ Islands** les îles *fpl* d'Aran

**arbiter** /ˈɑːbɪtəʳ/ N *(= judge)* arbitre *m* ; *(= mediator)* médiateur *m*, -trice *f* ◆ **the Supreme Court is the final ~ of any dispute over constitutional rights** la Cour suprême est l'ultime arbitre en cas de litige concernant les droits constitutionnels ◆ **to be an ~ of taste/style** *etc* être une référence en matière de bon goût/de style *etc*

**arbitrage** /ˈɑːbɪtrɪdʒ/ N *(Fin, St Ex)* arbitrage *m*, opération *f* d'arbitrage

**arbitrager, arbitrageur** /ˈɑːbɪtræˈʒɜːʳ/ N arbitragiste *mf*

**arbitrarily** /ˈɑːbɪtrərəlɪ/ ADV arbitrairement

**arbitrary** /ˈɑːbɪtrərɪ/ ADJ arbitraire

**arbitrate** /ˈɑːbɪtreɪt/ VT arbitrer, juger VI arbitrer

**arbitration** /ˌɑːbɪˈtreɪʃən/ N *(also Ind)* arbitrage *m* ◆ **to go to ~** recourir à l'arbitrage ; → **refer** COMP ▷ **arbitration clause** N clause *f* compromissoire ▷ **arbitration tribunal** N tribunal *m* arbitral

**arbitrator** /ˈɑːbɪtreɪtəʳ/ N arbitre *m*, médiateur *m*, -trice *f*

**arbor** /ˈɑːbəʳ/ N *(US)* ⇒ **arbour**

**arboreal** /ɑːˈbɔːrɪəl/ ADJ *[shape]* arborescent ; *[animal, technique]* arboricole

**arboretum** /ˌɑːbəˈriːtəm/ N (pl **arboretums** *or* **arboreta** /ˌɑːbəˈriːtə/) arboretum *m*

**arbour, arbor** *(US)* /ˈɑːbəʳ/ N tonnelle *f*, charmille † *f*

**arbutus** /ɑːˈbjuːtəs/ N arbousier *m*

**ARC** /ˌeɪɑːˈsiː/ N **a** (abbrev of **AIDS-related complex**) ARC *m* **b** (abbrev of **American Red Cross**) Croix-Rouge *f* américaine

**arc** /ɑːk/ N arc *m* VI **a** décrire un arc (de cercle) ◆ **the rocket ~ed down into the sea** la fusée a décrit un arc avant de retomber dans la mer **b** *(Elec)* former un arc (électrique) COMP ▷ **arc lamp, arc light** N lampe *f* à arc ; *(Cine, TV)* sunlight *m* ▷ **arc welding** N soudure *f* à l'arc

**arcade** /ɑːˈkeɪd/ N *(= series of arches)* arcade *f*, galerie *f* ; *(= shopping precinct)* passage *m*, galerie *f* marchande ; (*Brit:* also **amusement arcade**) salle *f* de jeux vidéo COMP ▷ **arcade game** N *(Brit)* jeu *m* vidéo, jeu *m* d'arcade

**Arcadia** /ɑːˈkeɪdɪə/ N Arcadie *f*

**Arcadian** /ɑːˈkeɪdɪən/ ADJ arcadien, d'Arcadie N Arcadien(ne) *m(f)*

**Arcady** /ˈɑːkədɪ/ N *(Poetry, Literat)* Arcadie *f*

**arcane** /ɑːˈkeɪn/ ADJ ésotérique, obscur

**arch¹** /ɑːtʃ/ N **a** *(Archit: in church etc)* arc *m*, voûte *f* ; *[of bridge etc]* arche *f* **b** *[of eyebrow]* arcade *f*; *[of foot]* cambrure *f*, voûte *f* plantaire ; → **fallen** VI (s')arquer VT arquer, cambrer ◆ **the cat ~ed his back** le chat a fait le gros dos

**arch²** /ɑːtʃ/ ADJ **a** *(= cunning) [glance, person]* malicieux **b** *(= superior) [look, remark]* condescendant

**arch³** /ɑːtʃ/ ADJ *(gen)* grand, par excellence ◆ **an ~ traitor** un grand traître, le traître par excellence ◆ **an ~ villain** un parfait scélérat ◆ **the ~ villain** le méchant par excellence ◆ **the Prime Minister's ~-critic** le principal critique du Premier ministre PREF arch(i) COMP ▷ **arch-enemy, arch-foe** N ennemi *m* juré ◆ **the Arch-enemy** *(Rel)* Satan *m*

**archaeological, archeological** /ˌɑːkɪəˈlɒdʒɪkəl/ ADJ archéologique

**archaeologist, archeologist** /ˌɑːkɪˈɒlədʒɪst/ N archéologue *mf*

**archaeology, archeology** /ˌɑːkɪˈɒlədʒɪ/ N archéologie *f*

**archaic** /ɑːˈkeɪɪk/ ADJ archaïque

**archaism** /ˈɑːkeɪɪzəm/ N archaïsme *m*

**archangel** /ˈɑːkˌeɪndʒəl/ N archange *m* ◆ **the Archangel Michael** l'archange *m* Michel, saint Michel archange

**archbishop** /ˈɑːtʃˈbɪʃəp/ N archevêque *m*

**archbishopric** /ˈɑːtʃˈbɪʃəprɪk/ N archevêché *m*

**archdeacon** /ˈɑːtʃˈdiːkən/ N archidiacre *m*

**archdiocese** /ˈɑːtʃˈdaɪəsɪs/ N archidiocèse *m*

**archduchess** /ˈɑːtʃˈdʌtʃɪs/ N archiduchesse *f*

**archduchy** /ˈɑːtʃˈdʌtʃɪ/ N archiduché *m*

**archduke** /ˈɑːtʃˈdjuːk/ N archiduc *m*

**arched** /ɑːtʃt/ ADJ *[window, alcove]* cintré ; *[roof]* cintré, en voûte ; *[ceiling, doorway]* en voûte ; *[bridge]* à arches ; *[eyebrows]* voûté *(liter)* ◆ **with an ~ back** *(convex)* le dos voûté ; *(concave)* la taille cambrée, les reins cambrés

**archeological** /ˌɑːkɪəˈlɒdʒɪkəl/ ADJ *(US)* ⇒ **archaeological**

**archeologist** /ˌɑːkɪˈɒlədʒɪst/ N *(US)* ⇒ **archaeologist**

**archeology** /ˌɑːkɪˈɒlədʒɪ/ N *(US)* ⇒ **archaeology**

**archer** /ˈɑːtʃəʳ/ N archer *m*

**Archers** /ˈɑːtʃəz/ NPL *(Brit)* ◆ **The ~** *feuilleton radiophonique*

**The Archers**

**The Archers** est un feuilleton fleuve diffusé quotidiennement depuis 1951 par la BBC (Radio 4), avec un succès constant auprès des auditeurs de tous âges. Il retrace la vie d'une famille d'un village fictif, Ambridge, et de ses institutions locales, le pub et le club de cricket en particulier. Au fil des années, l'histoire s'est enrichie de thèmes plus contemporains tels que le racisme, la drogue, les familles monoparentales ou l'ordination des femmes.

**archery** /ˈɑːtʃərɪ/ N tir *m* à l'arc

**archetypal** /ˈɑːkɪtaɪpəl/ ADJ archétypal

**archetypally** /ˌɑːkɪˈtaɪpəlɪ/ ADV exemplairement

**archetype** /ˈɑːkɪtaɪp/ N archétype *m*

**archetypical** /ˌɑːkɪˈtɪpɪkəl/ ADJ ⇒ **archetypal**

**Archimedes** /ˌɑːkɪˈmiːdiːz/ N Archimède *m*

**archipelago** /ˌɑːkɪˈpelɪgəʊ/ N (pl **archipelagos** *or* **archipelagoes**) archipel *m*

**archiphoneme** /ˌɑːkɪˈfəʊniːm/ N archiphonème *m*

**architect** /ˈɑːkɪtekt/ N architecte *m* ; *(fig)* architecte *m*, artisan *m* ; → **naval**

**architectonic** /ˌɑːkɪtekˈtɒnɪk/ ADJ *(Art)* architectonique

**architectural** /ˌɑːkɪˈtektʃərəl/ ADJ architectural

**architecturally** /ˌɑːkɪˈtektʃərəlɪ/ ADV *[innovative, interesting]* du point de vue architectural ◆ **~, it represents a significant advance** du point de vue architectural, ça représente un progrès important

**architecture** /ˈɑːkɪtektʃəʳ/ N architecture *f*

**architrave** /ˈɑːkɪtreɪv/ N *(Archit)* architrave *f* ; *[of door, window]* encadrement *m*

**archive** /ˈɑːkaɪv/ N **a** (also **archives**) *(= records)* archives *fpl* ◆ **video/film ~** archives cinématographiques **b** *(Comput)* archive *f* VT archiver ADJ d'archives ◆ **~ material/film** documentation *f*/film *m* d'archives ◆ **~ file** *(Comput)* fichier *m* d'archives

**archivist** /ˈɑːkɪvɪst/ N archiviste *mf*

**archly** /ˈɑːtʃlɪ/ ADV **a** *(= cunningly)* malicieusement **b** *(= in a superior way)* avec condescendance

**archness** /ˈɑːtʃnɪs/ N malice *f*

**archpriest** /ˈɑːtʃˈpriːst/ N archiprêtre *m*

**arch-rival** /ˌɑːtʃˈraɪvəl/ N *(= person, company)* principal rival *m* ◆ **United and Liverpool are arch-rivals** United et Liverpool sont des adversaires acharnés

**archway** /ˈɑːtʃweɪ/ N voûte *f* (d'entrée), porche *m* ; *(longer)* passage *m* voûté

**Arctic** /ˈɑːktɪk/ ADJ *(Geog)* arctique ; *(fig = very cold)* glacial N ◆ **the ~ (regions)** les régions *fpl* arctiques, l'Arctique *m* COMP ▷ **Arctic Circle** N cercle *m* polaire arctique ▷ **arctic fox** N renard *m* polaire ▷ **Arctic Ocean** N océan *m* Arctique ▷ **arctic skua** N *(Orn)* labbe *m* parasite ▷ **arctic tern** N *(Orn)* sterne *f* arctique

**ardent** /ˈɑːdənt/ ADJ **a** *(= enthusiastic) [person, opponent, feminist, desire, belief, appeal]* ardent ; *[admirer, supporter]* fervent **b** *(= passionate) [lover, lovemaking]* passionné

**ardently** /ˈɑːdəntlɪ/ ADV **a** *(= enthusiastically) [oppose, support, defend]* avec ardeur, ardemment ◆ **she's ~ socialist** c'est une fervente socialiste **b** *(= passionately) [kiss, respond]* passionnément

**ardour, ardor** *(US)* /ˈɑːdəʳ/ N ardeur *f*, ferveur *f*

**arduous** /ˈɑːdjʊəs/ ADJ *[work, conditions, journey, task]* ardu, difficile

**arduously** /ˈɑːdjʊəslɪ/ ADV péniblement, laborieusement

**arduousness** /ˈɑːdjʊəsnɪs/ N difficulté *f*

**are** /ɑːʳ, əʳ/ → **be**

**area** /ˈɛərɪə/ N **a** *(= surface measure)* superficie *f* ◆ **this field has an ~ of 2 hectares** ce champ a une superficie de 2 hectares *or* a 2 hectares de superficie

**b** *(= region)* région *f* ; *(Mil, Pol) (large)* territoire *m* ; *(smaller)* secteur *m*, zone *f* ◆ **the London ~** la région londonienne *or* de Londres ◆ **in the whole ~** dans toute la région ; → **sterling**

**c** *(fig) [of knowledge, enquiry]* domaine *m*, champ *m* ◆ **in this ~** dans ce domaine ◆ **the ~s of disagreement** les zones *fpl* de désaccord

**d** *(Brit = courtyard)* courette *f* en contrebas *(sur la rue)*

**e** *(with specified function)* **dining ~** *(= part of room)* coin *m* salle à manger ◆ **sleeping ~** coin *m* chambre ◆ **play/parking ~** *(= part of building, housing estate etc)* aire *f* de jeux/de stationnement

**f** *(Ftbl = penalty area)* surface *f* de réparation

COMP ▷ **area code** N *(Telec)* indicatif *m* de zone ▷ **area manager** N directeur *m* régional ▷ **area office** N agence *f* régionale ▷ **area of outstanding natural beauty** N site *m* naturel exceptionnel

**areaway** /ˈɛərɪəweɪ/ N *(US)* ⇒ **area d**

**arena** /əˈriːnə/ N *(lit, fig)* arène *f* ◆ **the political ~** l'arène *f* politique ◆ **to enter the ~** *(fig)* descendre dans l'arène

**aren't** /ɑːnt/ ⇒ **are not, am not** ; → **be**

**areola** /əˈrɪələ/ N (pl **areolas** *or* **areolae** /əˈrɪəˌliː/) *(Anat)* aréole *f*

**Argentina** /ˌɑːdʒənˈtiːnə/ N Argentine *f*

**Argentine** /ˈɑːdʒəntaɪn/ N **a** *(Geog †)* **the ~** l'Argentine *f* ◆ **in the ~** en Argentine **b** ⇒ **Argentinian** ADJ argentin

**Argentinean** /ˌɑːdʒənˈtɪnɪən/ ADJ *(US)* ⇒ **Argentinian**

**Argentinian** /ˌɑːdʒənˈtɪnɪən/ ADJ argentin N Argentin(e) *m(f)*

**argon** /ˈɑːgɒn/ N argon *m*

**Argonaut** /ˈɑːgənɔːt/ N Argonaute *m*

**Argos** /ˈɑːgɒs/ N Argos

**argosy** /ˈɑːgəsɪ/ N *(liter)* galion *m*

**argot** /ˈɑːgəʊ/ N argot *m*

**arguable** /ˈɑːgjʊəbl/ ADJ discutable, contestable ◆ **it is ~ that ...** on peut soutenir que ...

**arguably** /ˈɑːgjʊəblɪ/ ADV ◆ **he is ~ the greatest footballer of all time** c'est sans doute le plus grand footballeur de tous les temps

**argue** /ˈɑːgjuː/ VI **a** *(= dispute, quarrel)* se disputer (*with sb* avec qn ; *about sth* au sujet *or* à propos de qch) ; ◆ **they are always arguing** ils se disputent tout le temps ◆ **don't ~!** pas de discussion ! ◆ **stop arguing!** *(to others arguing)* arrêtez de vous disputer ! ◆ **no one can ~ with that** personne ne peut contester cela

**b** *(= debate)* argumenter *(frm)* (*against sb* contre qn ; *about sth* sur qch) ; ◆ **he ~d against going** il a donné les raisons qu'il avait de ne pas y aller ◆ **they ~d (about it) for hours** ils ont discuté (à ce sujet) pendant des heures ◆ **to ~ from sth** tirer argument de qch

**c** *(Jur etc) [fact, evidence]* témoigner (*against sth* contre qch ; *for, in favour of sth* en faveur de qch) ; ◆ **they ~d in favour of imposing sanctions** ils ont plaidé en faveur de l'imposition de sanctions ◆ **it ~s well for him** cela parle en sa faveur

VT **a** ◆ **to ~ sb into/out of doing sth** persuader/dissuader qn de faire qch ◆ **to ~ sb into/out of a scheme** persuader/dissuader qn d'adopter un projet

**b** *(= debate) [+ case]* discuter, débattre ◆ **a well-~d case** une argumentation solide ◆ **to ~ one's way out of a situation** se sortir d'une situation à force d'argumentation *or* d'arguments ◆ **to ~ the toss** * *(gen pej)* discuter le coup *

**c** *(= show evidence of)* dénoter, indiquer ◆ **it ~s a certain lack of feeling** cela dénote *or* indique un certain manque de sensibilité

**d** *(= maintain)* soutenir (*that* que) ; ◆ **she ~d that the sale of the property would be illegal** elle soutenait qu'il serait illégal de vendre la propriété ◆ **to ~ one's case** présenter ses arguments ◆ **the company has four days to ~ its case** la société a quatre jours pour présenter ses arguments ◆ **to ~ the case for sth** défendre qch, se prononcer en faveur de qch

► **argue out** VT SEP *[+ problem]* discuter *or* débattre (à fond)

**argument** /ˈɑːgjʊmənt/ LANGUAGE IN USE 26.2 N **a** *(= debate)* discussion *f*, débat *m* ◆ **it is beyond ~** c'est indiscutable ◆ **you've only heard one side of the ~** tu n'as entendu qu'une seule version de l'affaire *or* de l'histoire ◆ **for ~'s sake** à titre d'exemple ◆ **he is open to ~** il est prêt à écouter les arguments ◆ **it is open to ~ that ...** on peut soutenir que ...

**b** *(= dispute)* dispute *f*, discussion *f* ◆ **to have an ~** se disputer (*with sb* avec qn) ; ◆ **he has had an ~ with a tree** *(hum)* il s'est bagarré * avec un arbre *(hum)*

**c** *(= reasons advanced)* argument *m* ◆ **his ~ is that ...** il soutient que ..., son argument est que ... ◆ **there is a strong ~ in favour of *or* for doing sth** il y a de bonnes raisons pour faire qch ◆ **there is a strong ~ in favour of his resignation** il y a de bonnes raisons pour qu'il démissionne *subj* ◆ **the ~ that Europe needs Britain** le raisonnement selon lequel l'Europe a besoin de la Grande-Bretagne ; → **line[1]**

**d** *(= synopsis)* sommaire *m*, argument *m*

⚠ *When* **argument** *means 'discussion' or 'dispute' it is not translated by the French word* **argument**.

**argumentation** /ˌɑːgjʊmənˈteɪʃən/ N argumentation *f*

**argumentative** /ˌɑːgjʊˈmentətɪv/ ADJ ergoteur, raisonneur

**argy-bargy** * /ˈɑːdʒɪˈbɑːdʒɪ/ N (pl **-bargies**) *(Brit)* discutailleries * *fpl* ◆ **to have an ~ (about sth)** avoir une discussion animée (à propos de qch)

**aria** /ˈɑːrɪə/ N aria *f*

**Ariadne** /ˌærɪˈædnɪ/ N Ariane *f*

**Arian** /ˈɛərɪən/ N Arien(ne) *m(f)* ADJ arien

**Arianism** /ˈɛərɪənɪzəm/ N arianisme *m*

**ARIBA** /əˈriːbə/ (abbrev of **Associate of the Royal Institute of British Architects**) *membre de l'institut britannique des architectes*

**arid** /ˈærɪd/ ADJ *(lit, fig)* aride

**aridity** /əˈrɪdɪtɪ/ N *(lit, fig)* aridité *f*

**Aries** /ˈɛəriːz/ N *(Astron)* Bélier *m* ◆ **I'm (an) ~** *(Astrol)* je suis (du) Bélier

**aright** /əˈraɪt/ ADV bien, correctement ◆ **did I hear ~?** ai-je bien entendu ? ◆ **to set things ~** mettre bon ordre à l'affaire

**arise** /əˈraɪz/ (pret **arose**, ptp **arisen**) /əˈrɪzn/ VI a *[difficulty]* survenir, surgir ; *[question]* se présenter, se poser ; *[cry]* s'élever ; *[problem]* se poser ◆ **if the question ~s** le cas échéant ◆ **should the need ~** en cas de besoin, si le besoin s'en fait sentir ◆ **should the occasion ~** si l'occasion se présente ◆ **doubts have ~n about the safety of this procedure** la sécurité de cette procédure a été remise en question b *(= result)* résulter, provenir *(from* de) c *(†, liter) [person]* se lever ; *[sun]* se lever, paraître, poindre *(liter)*

**aristo** * /ˈærɪstəʊ/ N *(Brit)* (abbrev of **aristocrat**) aristo * *mf*

**aristocracy** /ˌærɪsˈtɒkrəsɪ/ N aristocratie *f*

**aristocrat** /ˈærɪstəkræt/ N aristocrate *mf*

**aristocratic** /ˌærɪstəˈkrætɪk/ ADJ aristocratique

**Aristophanes** /ˌærɪsˈtɒfəniːz/ N Aristophane *m*

**Aristotelian** /ˌærɪstəˈtiːlɪən/ ADJ aristotélicien

**Aristotelianism** /ˌærɪstəˈtiːlɪənɪzəm/ N aristotélisme *m*

**Aristotle** /ˈærɪstɒtl/ N Aristote *m*

**arithmetic** /əˈrɪθmətɪk/ N arithmétique *f* ADJ /ˌærɪθˈmetɪk/ arithmétique COMP ▷ **arithmetic logic unit** N *(Comput)* unité *f* arithmétique et logique ▷ **arithmetic mean** N moyenne *f* arithmétique ▷ **arithmetic progression** N progression *f* arithmétique

**arithmetical** /ˌærɪθˈmetɪkəl/ ADJ arithmétique

**arithmetician** /əˌrɪθməˈtɪʃən/ N arithméticien(ne) *m(f)*

**Ariz.** abbrev of **Arizona**

**Arizona** /ˌærɪˈzəʊnə/ N Arizona *m*

**ark** /ɑːk/ N *(Hist)* arche *f* ◆ **Ark of the Covenant** *(Rel)* arche *f* d'alliance ◆ **it's out of the ~** * c'est vieux comme Hérode, c'est antédiluvien ; → **Noah**

**Ark.** abbrev of **Arkansas**

**Arkansas** /ˈɑːkənsɔː/ N Arkansas *m*

**arm**[1] /ɑːm/ N a *(Anat)* bras *m* ◆ **to hold sth/sb in one's ~s** tenir qch/qn dans ses bras ◆ **he had a coat over his ~** il avait un manteau sur le bras ◆ **take my ~** prenez mon bras ◆ **to give one's ~ to sb** donner le bras à qn ◆ **on her husband's ~** au bras de son mari ◆ **~ in ~** bras dessus bras dessous ◆ **to take sb in one's ~s** prendre qn dans ses bras ◆ **to put one's ~ round sb** passer son bras autour des épaules de qn ◆ **to put one's ~ round sb's waist** tenir qn par la taille ◆ **to drop one's ~s, to let one's ~s drop** *or* **fall** baisser les bras ◆ **to spread one's ~s wide (apart)** écarter les bras ◆ **with (one's) ~s outstretched, with outstretched ~s** *(to front)* les bras tendus ; *(to side)* les bras écartés ◆ **with one's ~s wide (outspread)** les bras écartés ◆ **with one's ~s by** *or* **at one's sides** les bras le long du corps ◆ **with folded ~s** les bras croisés ◆ **within ~'s reach** à portée de (la) main

♦ **at arm's length** à bout de bras ◆ **to hold sth at ~'s length** tenir qch à bout de bras ◆ **to keep sb at ~'s length** tenir qn à distance

b *(figurative expressions)* **to welcome sb/sth with open ~s** accueillir qn/qch à bras ouverts ◆ **in the ~s of Morpheus** *(liter)* dans les bras de Morphée ◆ **a list as long as your ~** * une liste longue comme le bras * ◆ **the long ~ of the law** le bras de la justice ◆ **to have a long ~** *(fig)* avoir le bras long ◆ **to put the ~ on sb** * *(US) (gen)* forcer la main à qn *(to do sth* pour qu'il fasse qch) ; *(= make sb pay up)* faire cracher‡ qn ◆ **I'd give my right ~ for that/to do that** * je donnerais n'importe quoi pour ça/pour faire ça ◆ **that must have cost them an ~ and a leg** * ça a dû leur coûter les yeux de la tête *

c *[of garment]* manche *f* ; *[of armchair]* bras *m*, accoudoir *m*

d *[of crane, record-player]* bras *m* ; *[of spectacle frames]* branche *f*

e *[of sea, lake, river]* bras *m* ◆ **an ~ of the sea** un bras de mer

f *[of organization]* branche *f* ; → **fleet**[1]

COMP ▷ **arm's-length agreement** N *(Jur)* contrat *m* conclu dans les conditions normales du commerce ▷ **arm's-length price** N *(Fin)* prix *m* fixé dans les conditions normales de la concurrence ▷ **arm's-length relationship** N relation *f* distante ▷ **arm-twisting** * N pressions *fpl* directes ▷ **arm-wrestle** VI ◆ **to ~-wrestle with sb** faire un bras de fer avec qn ▷ **arm-wrestling** N bras *m* de fer ◆ **an ~-wrestling match** une partie de bras de fer

**arm**[2] /ɑːm/ VT *[+ person, nation]* armer ◆ **to ~ o.s. with patience** s'armer de patience VI (s')armer, prendre les armes *(against* contre)

**Armada** /ɑːˈmɑːdə/ N Armada *f*

**armadillo** /ˌɑːməˈdɪləʊ/ N tatou *m*

**Armageddon** /ˌɑːməˈgedn/ N *(lit, fig)* Armageddon *m*

**Armalite** ® /ˈɑːməlaɪt/ N *fusil automatique rapide et ultraléger*

**armament** /ˈɑːməmənt/ N a *(gen pl = fighting strength)* force *f* de frappe b *(NonC = preparation for war)* armement *m*

**armaments** /ˈɑːməmənts/ NPL armement *m* COMP ▷ **armaments depot** N dépôt *m* d'armes ▷ **armaments factory** N usine *f* d'armement ▷ **armaments industry** N industrie *f* d'armement

**armature** /ˈɑːmətjʊəʳ/ N *(gen, also Elec, Phys)* armature *f* ; *(Zool)* carapace *f*

**armband** /ˈɑːmbænd/ N brassard *m* ; *(for swimming)* brassard *m* gonflable ; *(mourning)* brassard *m* de deuil, crêpe *m*

**armchair** /ˈɑːmtʃɛəʳ/ N fauteuil *m* ◆ **~ general/traveller** stratège *m*/voyageur *m* en chambre COMP ▷ **armchair banking** N services *mpl* (bancaires) télématiques ▷ **armchair shopping** N *(by post, telephone) achats par correspondance ou par téléphone* ; *(by computer, television)* téléachats *mpl*

**armed** /ɑːmd/ ADJ *(lit, fig)* armé *(with* de) ; *[missile]* muni d'une charge explosive ◆ **to go ~** *(lit)* porter une arme ◆ **to go ~ with statistics** *etc* s'armer de statistiques *etc* ◆ **~ to the teeth** armé jusqu'aux dents ◆ **~ conflict/struggle** conflit *m* armé/lutte *f* armée ◆ **the ~ forces** les forces *fpl* armées ◆ **~ neutrality** neutralité *f* armée ◆ **~ robbery** vol *m* *or* attaque *f* à main armée

**-armed** /ɑːmd/ ADJ *(in compounds)* a *(Anat)* ◆ **long-/short-armed** aux bras longs/courts b *(Mil)* ◆ **nuclear-/missile-armed** armé d'engins nucléaires/de missiles

**Armenia** /ɑːˈmiːnɪə/ N Arménie *f*

**Armenian** /ɑːˈmiːnɪən/ ADJ arménien N a *(= person)* Arménien(ne) *m(f)* b *(Ling)* arménien *m*

**armful** /ˈɑːmfʊl/ N brassée *f* ◆ **in ~s** à pleins bras ◆ **he gathered up the clothes in ~s** il a ramassé les vêtements à pleins bras ◆ **he arrived with ~s of presents** il est arrivé avec des cadeaux plein les bras

**armhole** /ˈɑːmhəʊl/ N emmanchure *f*

**armistice** /ˈɑːmɪstɪs/ N armistice *m* COMP ▷ **Armistice Day** N le 11 novembre, l'Armistice *m*

**armlet** /ˈɑːmlɪt/ N *(= armband)* brassard *m* ; *(= bracelet)* bracelet *m*

**armor** /ˈɑːməʳ/ N *(US)* ⇒ **armour**

**armorer** /ˈɑːmərəʳ/ N *(US)* ⇒ **armourer**

**armorial** /ɑːˈmɔːrɪəl/ ADJ armorial ◆ **~ bearings** armoiries *fpl* N armorial *m*

**armory** /ˈɑːmərɪ/ N *(US)* ⇒ **armoury**

**armour, armor** *(US)* /ˈɑːməʳ/ N a *(NonC) [of knight]* armure *f* ◆ **in full ~** armé de pied en cap ; → **suit** b *(Mil) (NonC = armour-plating)* blindage *m* ; *(collectively) (= vehicles)* blindés *mpl* ; *(= forces)* forces *fpl* blindées COMP ▷ **armour-clad** ADJ *(Mil)* blindé ; *(Naut)* cuirassé, blindé ▷ **armour-piercing** ADJ *(Mil) [mine, gun]* antichar ; *[shell, bullet]* perforant ▷ **armour-plate** N *(Mil)* blindage *m* ; *(Naut)* cuirasse *f* ▷ **armour-plated** ADJ ⇒ **armour-clad** ▷ **armour-plating** N ⇒ **armour-plate**

**armoured, armored** *(US)* /ˈɑːməd/ ADJ *[vehicle, division, units]* blindé COMP ▷ **armoured car** N voiture *f* blindée ▷ **armoured personnel carrier** N (véhicule *m*) blindé *m* de transport de troupes

**armourer, armorer** *(US)* /ˈɑːmərəʳ/ N armurier *m*

**armoury, armory** *(US)* /ˈɑːmərɪ/ N a dépôt *m* d'armes, arsenal *m* b *(US = arms factory)* usine *f* d'armement

**armpit** /ˈɑːmpɪt/ N aisselle *f* ◆ **to be up to one's ~s in water** avoir de l'eau jusqu'aux épaules

**armrest** /ˈɑːmrest/ N accoudoir *m*

**arms** /ɑːmz/ NPL a *(= weapons)* armes *fpl* ◆ **under ~** sous les armes ◆ **in ~** en armes ◆ **to ~!** aux armes ! ◆ **to call to ~** *[rebel leader]* appeler aux armes ; *[government]* appeler sous les drapeaux ◆ **to take up ~ against sb/sth** *(lit)* prendre les armes contre qn/qch ; *(fig)* s'insurger contre qn/qch

♦ **up in arms** ◆ **to be up in ~ against sb/the authorities** être en rébellion ouverte contre qn/les autorités ◆ **to be up in ~ against a decision** s'élever contre *or* partir en guerre contre une décision ◆ **they are up in ~ about the price of petrol** ils s'insurgent contre le prix de l'essence ◆ **she was up in ~ about it** ça l'a mise hors d'elle

b *(Her)* armoiries *fpl*, armes *fpl* ; → **coat**

COMP ▷ **arms cache, arms dump** N cache *f* d'armes ▷ **arms control** N contrôle *m* des armements ▷ **arms dealer** N marchand *m* d'armes ▷ **arms dump** ⇒ **arms cache** ▷ **arms embargo** N embargo *m* sur les armes ▷ **arms exports** N exportations *fpl* d'armes ▷ **arms factory** N usine *f* d'armement ▷ **arms limitation** N limitation *f* des armements ▷ **arms manufacturer** N fabricant *m* d'armes ▷ **arms race** N course *f* aux armements ▷ **arms sales** N ventes *fpl* d'armes ▷ **arms trade** N commerce *m* des armes

**army** /ˈɑːmɪ/ N a armée *f* (de terre) ◆ **to be in the ~** être dans l'armée, être militaire ◆ **to join the ~** s'engager (dans l'armée) ◆ **to go into the ~** *[professional]* s'engager dans l'armée ; *[conscript]* partir au service (militaire) ; → **occupation, territorial** b *(fig)* armée *f* COMP *[life, nurse, uniform]* militaire ; *[family]* de militaires ▷ **army corps** N corps *m* d'armée ▷ **army-issue** ADJ *[rifle]* de l'armée ◆ **police say the grenade was ~-issue** la police dit que c'était une grenade de l'armée ▷ **Army List** N annuaire *m* militaire, annuaire *m* des officiers de carrière (de l'armée de terre) ▷ **army officer** N officier *m* (de l'armée de terre) ▷ **army surplus** N *(NonC)* surplus *mpl* de l'armée ▷ **army-surplus** ADJ *[boots, jacket etc]* des surplus de l'armée ; *[store]* de surplus (de l'armée)

**Arno** /ˈɑːnəʊ/ N Arno *m*

**aroma** /əˈrəʊmə/ N arôme *m*

**aromatherapist** /əˌrəʊməˈθerəpɪst/ N aromathérapeute *mf*

**aromatherapy** /əˌrəʊməˈθerəpɪ/ N aromathérapie *f*

**aromatic** /ˌærəʊˈmætɪk/ ADJ aromatique N aromate *m*

**arose** /əˈrəʊz/ VB pt of **arise**

**around** /əˈraʊnd/

> When **around** is an element in a phrasal verb, eg **come around**, **move around**, **potter around**, look up the verb.

ADV a *(= surrounding)* autour ◆ **all ~** tout autour, de tous côtés ◆ **for miles ~** sur *or* dans un rayon de plusieurs kilomètres

b *(= near, in circulation)* dans les parages ◆ **he is somewhere ~** il est dans les parages ◆ **you haven't seen Susan ~, have you?** vous n'auriez pas vu Susan dans les parages, par hasard ? ◆ **she'll be ~ soon** elle sera bientôt là ◆ **is he ~?** * (est-ce qu')il est là ? ◆ **there's a lot of flu ~** il y a beaucoup de cas de grippe en ce moment

♦ **to have been around** * ◆ **he's been ~** * *(travelled)* il a pas mal roulé sa bosse* ; *(experienced)* il n'est pas né d'hier *or* de la dernière pluie ◆ **it's been ~** * **for more than 20 years** ça existe depuis plus de 20 ans

c *(opposite direction)* ◆ **to turn sth (the other way) ~** retourner qch ◆ **it's the other way ~** c'est le contraire

PREP a *(= surrounding)* autour de ◆ **~ the fire** autour du feu ◆ **~ it** autour ◆ **the first building ~ the corner** le premier immeuble au coin de la rue ◆ **it's just ~ the corner** *(lit)* c'est juste au coin ; *(fig = very near)* c'est à deux pas (d'ici) ; *(= very soon)* ce n'est pas loin ; see also **corner**

b *(= somewhere in)* **they are (somewhere) ~ the house** ils sont quelque part dans la maison

c *(= approximately)* environ, à peu près ◆ **~ 2 kilos** environ *or* à peu près 2 kilos, 2 kilos environ ◆ **~ 1800** vers *or* aux alentours de 1800 ◆ **~ 10 o'clock** vers 10 heures

**arousal** /əˈraʊzəl/ N *(sexual)* excitation *f* (sexuelle) ; *(emotional)* éveil *m*

**arouse** /əˈraʊz/ VT a *(= awaken) [+ person]* réveiller, éveiller ◆ **to ~ sb from his sleep** tirer qn du sommeil b *(= cause) [+ suspicion, curiosity etc]* éveiller ; *[+ anger]* exciter, provoquer ; *[+ contempt]* susciter, provoquer c *(= stimulate)* stimuler, réveiller* ; *(= stir to action)* pousser à agir, secouer ◆ **that ~d him to protest** cela l'a poussé à protester

**aroused** /əˈraʊzd/ ADJ *(sexually)* excité

**arpeggio** /ɑːˈpedʒɪəʊ/ N arpège *m*

**arr.** a *(on timetable)* (abbrev of **arrives, arrival**) arr., arrivée b *(Mus)* (abbrev of **arranged**) adaptation de

**arraign** /əˈreɪn/ VT *(Jur)* traduire en justice ; *(fig)* accuser, mettre en cause

**arraignment** /əˈreɪnmənt/ N *(Jur)* ≃ lecture *f* de l'acte d'accusation

**Arran** /ˈærən/ N île *f* d'Arran

**arrange** /əˈreɪndʒ/ VT a *(= put in order) [+ room, clothing]* arranger ; *[+ books, objects]* ranger, mettre en ordre ; *[+ flowers]* arranger, disposer ◆ **to ~ one's hair** arranger sa coiffure ◆ **a room ~d as a play area** une pièce aménagée en espace de jeu

b *(= decide on) [+ meeting]* arranger, organiser ; *[+ date]* fixer ; *[+ plans, programme]* arrêter, convenir de ; *[+ arranged marriage]* arranger ◆ **it was ~d that ...** il a été décidé *or* convenu que ... + *cond* ◆ **I have something ~d for tonight** j'ai quelque chose de prévu pour ce soir

c *(† = settle) [+ dispute]* régler, arranger

d *(Mus)* arranger, adapter ◆ **to ~ sth for violin and piano** faire un arrangement de qch pour violon et piano

VI *(= fix details)* s'arranger, prendre des *or* ses dispositions ◆ **we have ~d for the goods to be dispatched** nous avons fait le nécessaire pour que les marchandises soient expédiées ◆ **to ~ for sb's luggage to be sent up** faire monter les bagages de qn ◆ **to ~ with sb to do sth** décider avec qn de faire qch, s'entendre avec qn pour faire qch

COMP ▷ **arranged marriage** N mariage *m* arrangé

**arrangement** /əˈreɪndʒmənt/ N a *[of room, furniture]* arrangement *m*, agencement *m* ; *[of flowers, hair, clothing]* arrangement *m* ; → **flower**

b *(= agreement)* arrangement *m* ◆ **to do sth by ~ with sb** s'entendre *or* s'arranger avec qn pour faire qch ◆ **larger sizes by ~** tailles *fpl* supérieures sur demande ◆ **price by ~** prix *m* à débattre ◆ **to come to an ~ with sb** parvenir à un arrangement avec qn, s'arranger *or* s'entendre avec qn *(to do sth* pour faire qch) ; ◆ **by ~ with Covent Garden** avec l'autorisation *f* de Covent Garden ; → **exceptional**

c *(= sth decided)* arrangement *m* ◆ **~s** *(= plans, preparations)* dispositions *fpl*, préparatifs *mpl* ◆ **this ~ suited everyone** cet arrangement convenait à tous ◆ **the ~ whereby he should visit her monthly** l'arrangement selon lequel il doit aller la voir une fois par mois ◆ **I write to confirm these ~s** je vous écris pour confirmer ces dispositions ◆ **I want to change the ~s we made** je veux changer les dispositions que nous avons prises ◆ **to make ~s for a holiday** faire des préparatifs pour des vacances, organiser des vacances (à l'avance) ◆ **to make ~s for sth to be done** prendre des dispositions pour faire faire qch ◆ **can you make ~s to come tomorrow?** pouvez-vous vous arranger pour venir demain ?

d *(Mus)* adaptation *f*, arrangement *m*

**arranger** /əˈreɪndʒəʳ/ N a *(Mus)* arrangeur *m*, -euse *f* b *(= organizer)* organisateur *m*, -trice *f*

**arrant** /ˈærənt/ ADJ *(frm) [fool, liar, coward]* fieffé † *before n* ; *[hypocrisy]* consommé, éhonté ◆ **his ~ stupidity** son imbécillité totale ◆ **that's the most ~ nonsense I've ever heard** je n'ai jamais rien entendu de plus absurde

**array** /əˈreɪ/ VT a *(Mil) [+ troops]* déployer, disposer b *(liter = clothe) [+ person]* revêtir *(in* de) N a *(Mil)* rang *m*, ordre *m* ◆ **in battle ~** en ordre de bataille b *[of objects]* étalage *m* ; *[of people]* assemblée *f* ◆ **an ~ of solar panels** une batterie de panneaux solaires c *(Math etc: also Comput)* tableau *m* ◆ **~ of figures** tableau *m* d *(= ceremonial dress)* habit *m* d'apparat ; *(= fine clothes)* atours *mpl (iro)*

**arrears** /əˈrɪəz/ NPL arriéré *m* ◆ **rent in ~** arriéré *m* de loyers ◆ **to get or fall into ~** accumuler des arriérés ◆ **she is three months in ~ with her rent, her rent is three months in ~** elle doit trois mois de loyer, elle a un arriéré de trois mois sur son loyer ◆ **he fell into ~ with his mortgage/his rent** il a pris du retard dans le remboursement de son emprunt logement/dans le paiement de son loyer ◆ **to be/get in ~ with one's correspondence** avoir/prendre du retard dans sa correspondance ◆ **~ of work** travail *m* en retard

**arrest** /əˈrest/ VT a *[police] [+ suspect]* arrêter, appréhender ◆ **he can't get ~ed** * *(fig)* personne ne veut de lui

b *[+ person's attention, interest]* retenir, attirer

c *[+ growth, development, progress] (= stop)* arrêter ; *(= hinder)* entraver ; *(= retard)* retarder ◆ **measures to ~ inflation** des mesures pour arrêter l'inflation ◆ **to ~ (the course of) a disease** *(Med)* enrayer une maladie

N a *[of person]* arrestation *f* ◆ **under ~** en état d'arrestation ; *(Mil)* aux arrêts ◆ **to put sb under ~** arrêter qn ; *(Mil)* mettre qn aux arrêts ◆ **to make an ~** procéder à une arrestation ◆ **open/close ~** *(Mil)* ≃ arrêts *mpl* simples/de rigueur

b *(Jur)* **~ of judgement** suspension *f* d'exécution d'un jugement

COMP ▷ **arrested development** N *(Med)* arrêt *m* de croissance ; *(Psych)* atrophie *f* de la personnalité ▷ **arresting officer** N *(Police) policier ayant procédé à l'arrestation* ▷ **arrest warrant** N mandat *m* d'arrêt

**arresting** /əˈrestɪŋ/ ADJ *(frm = striking)* frappant, saisissant

**arrhythmia** /əˈrɪðmɪə/ N *(NonC)* arythmie *f*

**arrival** /əˈraɪvəl/ LANGUAGE IN USE 24.1 N a *[of person, vehicle, letter, parcel]* arrivée *f* ; *(Comm) [of goods in bulk]* arrivage *m* ◆ **on ~** à l'arrivée ◆ **~s and departures** *(Rail etc)* arrivées *fpl* et départs *mpl* b *(= consignment)* **an ~ of** un arrivage de ◆ **who was the first ~?** *(= person)* qui est arrivé le premier ? ◆ **a new ~** un nouveau venu, une nouvelle venue ; *(hum = baby)* un(e) nouveau-né(e) ◆ **the latest ~** le dernier arrivé

COMP ▷ **arrival board** N *(US)* ⇒ **arrivals board** ▷ **arrival platform** N quai *m* d'arrivée ▷ **arrivals board** N tableau *m* des arrivées ▷ **arrivals lounge** N salon *m* d'arrivée

**arrive** /əˈraɪv/ VI a *[person, vehicle, letter, goods]* arriver ◆ **to ~ at a town** arriver à *or* atteindre une ville ◆ **as soon as he ~s** dès qu'il arrivera, dès son arrivée ◆ **arriving Paris (at) 14.43** *(on timetable etc)* arrivée *f* à Paris (à) 14h43 ◆ **to ~ on the scene** *(lit) (= turn up)* arriver (sur place) ; *(fig) (= become a factor)* faire son apparition ◆ **the moment has ~d when we must go** le moment est venu pour nous de partir

b *(= succeed)* arriver, réussir ◆ **you know you've ~d when people recognise you in the street** on sait qu'on a réussi quand les gens vous reconnaissent dans la rue

► **arrive at** VT FUS *[+ decision, solution]* aboutir à, parvenir à ; *[+ perfection]* atteindre ◆ **to ~ at a price** *[one person]* fixer un prix ; *[two people]* se mettre d'accord sur un prix ◆ **they finally ~d at the idea of selling it** ils en sont finalement venus à l'idée de le vendre

**arrogance** /ˈærəgəns/ N arrogance *f*, morgue *f*

**arrogant** /ˈærəgənt/ ADJ arrogant, plein de morgue

**arrogantly** /ˈærəgəntlɪ/ ADV *[behave, say]* avec arrogance ◆ **~ casual/careless** d'une désinvolture/insouciance arrogante

**arrogate** /ˈærəʊgeɪt/ VT *(frm)* a *(= claim unjustly) [+ authority, right]* revendiquer à tort, s'arroger ; *[+ victory]* s'attribuer b *(= attribute unjustly)* attribuer injustement *(to sb* à qn)

**arrow** /ˈærəʊ/ **N** *(= weapon, directional sign)* flèche *f* ◆ **to shoot** *or* **loose off an ~** décocher une flèche **VT** *[+ item on list etc]* cocher ; *[+ route, direction]* flécher ◆ **to ~ sth in** *(= insert)* indiquer l'emplacement de qch

**arrowhead** /ˈærəʊhed/ **N** *[of arrow]* fer *m or* pointe *f* de flèche

**arrowroot** /ˈærəʊruːt/ **N** *(Culin)* arrow-root *m* ; *(Bot)* maranta *f*

**arse** *‡/ɑːs/ *(esp Brit)* **N** cul *‡ *m* ◆ **shift** *or* **move your ~!** *(= move over)* bouge ton cul ! *‡; *(= hurry up)* magne-toi le cul ! *‡ ◆ **get (up) off your ~** *(= stand up)* lève ton cul de là *‡; *(fig)* bouge-toi le cul *‡ ◆ **he doesn't know his ~ from his elbow** il comprend rien à rien * ; → **ass², pain** **VT** ◆ **I can't be ~d** j'ai la flemme *

► **arse about** *‡, **arse around** *‡ **VI** déconner *‡

**arsehole** *‡ /ˈɑːshəʊl/ **N** *(Brit)* trou *m* du cul *‡ ◆ **you ~!** trou du cul ! *‡

**arsenal** /ˈɑːsɪnl/ **N** arsenal *m*

**arsenic** /ˈɑːsnɪk/ **N** arsenic *m* **COMP** ▷ **arsenic poisoning N** empoisonnement *m* à l'arsenic

**arsenical** /ɑːˈsenɪkəl/ **ADJ** *[substance]* arsenical ◆ **~ poisoning** empoisonnement *m* à l'arsenic

**arson** /ˈɑːsn/ **N** incendie *m* volontaire *or* criminel

**arsonist** /ˈɑːsənɪst/ **N** *(gen)* incendiaire *mf* ; *(= maniac)* pyromane *mf*

**art¹** /ɑːt/ **N** **a** *(NonC)* art *m* ◆ **~ for ~'s sake** l'art pour l'art ◆ **to study ~** *(gen)* faire des études d'art ; *(Univ)* faire les beaux-arts ◆ **the ~s** *(= humanities)* les lettres *fpl* ; *(= plastic arts)* les arts *mpl* ; → **work**

**b** *(= human skill)* art *m*, habileté *f* ◆ **the ~ of embroidering/embroidery** l'art *m* de broder/de la broderie ◆ **to do sth with ~** faire qch avec art *or* habileté ◆ **~s and crafts** artisanat *m* (d'art) ; → **black, fine², state**

**c** *(Univ)* **Arts** lettres *fpl* ◆ **Faculty of Arts** faculté *f* des Lettres (et Sciences humaines) ◆ **he's doing Arts** il fait des (études de) lettres ; → **bachelor, master**

**d** *(= cunning)* artifice *m*, ruse *f* ◆ **to use every ~ in order to do sth** user de tous les artifices pour faire qch

**COMP** ▷ **art collection N** collection *f* d'œuvres d'art ▷ **art collector N** collectionneur *m*, -euse *f* d'art ▷ **art college N** ≈ école *f* des beaux-arts ▷ **art dealer N** marchand *m* de tableaux ▷ **art deco N** art *m* déco **ADJ** art déco *inv* ▷ **art director N** *(Cine)* directeur *m*, -trice *f* artistique ▷ **art exhibition N** exposition *f* (d'œuvres) d'art ▷ **art form N** moyen *m* d'expression artistique ▷ **art gallery N** *(= museum)* musée *m* d'art ; *(= shop)* galerie *f* (de tableaux *or* d'art) ▷ **art-house ADJ** *[film, cinema]* d'art et d'essai ▷ **art nouveau N** art *m* nouveau, modern style *m* ▷ **art paper N** papier *m* couché ▷ **art school N** ≈ école *f* des beaux-arts ▷ **Arts Council N** *organisme gouvernemental britannique responsable du financement des activités culturelles* ▷ **Arts degree N** *(Univ)* ≈ licence *f* ès lettres ▷ **arts student N** étudiant(e) *m(f)* de *or* en lettres ▷ **art student N** étudiant(e) *m(f)* des *or* en beaux-arts

**art²** /ɑːt/ (††, *liter:* also **thou art**) ⇒ **you are** ; → **be**

**artefact** /ˈɑːtɪfækt/ **N** objet *m* (fabriqué), artefact *m*

**Artemis** /ˈɑːtɪmɪs/ **N** Artémis *f*

**arterial** /ɑːˈtɪərɪəl/ **ADJ** **a** *(Anat)* artériel **b** *(Rail)* **~ line** grande ligne *f* ◆ **~ road** *(Aut)* route *f or* voie *f* à grande circulation, (grande) artère *f*

**arteriole** /ɑːˈtɪərɪəʊl/ **N** *(Anat)* artériole *f*

**arteriosclerosis** /ɑːˈtɪərɪəʊsklɪˈrəʊsɪs/ **N** artériosclérose *f*

**artery** /ˈɑːtərɪ/ **N** *(Anat)* artère *f* ; *(fig = road)* artère *f*, route *f or* voie *f* à grande circulation

**artesian well** /ɑːˈtiːzɪənwel/ **N** puits *m* artésien

**artful** /ˈɑːtfʊl/ **ADJ** rusé, malin (-igne *f*) ◆ **he's an ~ one** * c'est un petit malin * ◆ **~ dodger** roublard(e) * *m(f)*

**artfully** /ˈɑːtfəlɪ/ **ADV** **a** *(= skilfully) [arranged, constructed, designed]* ingénieusement **b** *(= cunningly)* avec ruse

**artfulness** /ˈɑːtfʊlnɪs/ **N** *(= cunning)* astuce *f*, ruse *f* ; *(= skill)* adresse *f*, habileté *f*

**arthritic** /ɑːˈθrɪtɪk/ **ADJ, N** arthritique *mf*

**arthritis** /ɑːˈθraɪtɪs/ **N** arthrite *f* ; → **rheumatoid**

**arthropod** /ˈɑːθrəpɒd/ **N** arthropode *m*

**Arthurian** /ɑːˈθjʊərɪən/ **ADJ** du roi Arthur, d'Arthur ◆ **~ legend** *or* **legends** la légende du roi Arthur, le cycle d'Arthur

**artic** * /ɑːˈtɪk/ **N** *(Brit Aut)* (abbrev of **articulated lorry**) → **articulate**

**artichoke** /ˈɑːtɪtʃəʊk/ **N** artichaut *m* ; → **globe, Jerusalem**

**article** /ˈɑːtɪkl/ **N** **a** *(= object)* objet *m* ; *(Comm)* article *m*, marchandise *f* ◆ **~ of clothing** pièce *f* d'habillement ◆ **~s of clothing** vêtements *mpl* ◆ **~ of food** produit *m or* denrée *f* alimentaire ◆ **~s of value** objets *mpl* de valeur **b** *(Press)* article *m* ; → **leading¹** **c** *(Jur etc) [of treaty, document]* article *m* ◆ **~s of apprenticeship** contrat *m* d'apprentissage ◆ **~ of faith** article *m* de foi ◆ **the Thirty-Nine Articles** *(Rel) les trente-neuf articles de foi de l'Église anglicane* ◆ **~s of war** *(US Mil)* code *m* de justice militaire **d** *(Gram)* article *m* ; → **definite, indefinite** **VT** **a** *[+ apprentice] (to trade)* mettre en apprentissage (*to* chez) ; *(to profession)* mettre en stage (*to* chez, auprès de) **b** *(Jur)* stipuler **COMP** ▷ **articled clerk N** *(Brit)* avocat(e) *m(f)* stagiaire ▷ **articles of association NPL** *(Jur)* statuts *mpl*

**articulacy** /ɑːˈtɪkjʊləsɪ/ **N** faculté *f* d'expression

**articulate** /ɑːˈtɪkjʊlɪt/ **ADJ** **a** *[speech]* net, distinct ; *[thought]* clair, net ; *[person]* qui s'exprime bien, qui sait s'exprimer **b** *(Anat, Bot)* articulé **VT** /ɑːˈtɪkjʊleɪt/ **a** *[+ word, sentence]* articuler ; *(fig) [+ plan, goal]* exprimer clairement **b** *(Anat, Bot)* articuler **VI** articuler **COMP** ▷ **articulated lorry N** *(Brit)* semi-remorque *m*

**articulately** /ɑːˈtɪkjʊlɪtlɪ/ **ADV** *(= fluently)* avec aisance ; *(= clearly)* clairement

**articulation** /ɑːˌtɪkjʊˈleɪʃən/ **N** *(also Ling)* articulation *f*

**articulatory phonetics** /ɑːˌtɪkjʊˈleɪtərɪ fəʊˈnetɪks/ **N** *(NonC)* phonétique *f* articulatoire

**artifact** /ˈɑːtɪfækt/ **N** ⇒ **artefact**

**artifice** /ˈɑːtɪfɪs/ **N** **a** *(= stratagem)* artifice *m*, ruse *f* **b** *(NonC = cunning)* adresse *f*, art *m* **c** *(NonC:* † *= artificiality)* stratagème *m*

**artificial** /ˌɑːtɪˈfɪʃəl/ **ADJ** **a** *(= synthetic) [light, flowers]* artificiel ; *[leather, jewel]* synthétique, artificiel ◆ **~ climbing** escalade *f* artificielle ◆ **~ hair** cheveux *mpl* postiches ◆ **~ arm/leg** bras *m*/jambe *f* artificiel(le) ◆ **~ limb** prothèse *f*, membre *m* artificiel ◆ **~ manure** engrais *mpl* chimiques ◆ **~ silk** soie *f* artificielle ◆ **~ teeth** fausses dents *fpl*, prothèse *f* dentaire **b** *(= affected) [manner]* artificiel, affecté ; *[tears]* feint, factice ; *[smile]* forcé ; *[person]* affecté **COMP** ▷ **artificial horizon N** horizon *m* artificiel ▷ **artificial insemination (by donor) N** insémination *f* artificielle (par un donneur) ▷ **artificial intelligence N** intelligence *f* artificielle ▷ **artificial respiration N** respiration *f* artificielle

**artificiality** /ˌɑːtɪfɪʃɪˈælɪtɪ/ **N** manque *m* de naturel

**artificially** /ˌɑːtɪˈfɪʃəlɪ/ **ADV** artificiellement

**artillery** /ɑːˈtɪlərɪ/ **N** artillerie *f*

**artilleryman** /ɑːˈtɪlərɪmən/ **N** (pl **-men**) artilleur *m*

**artisan** /ˈɑːtɪzæn/ **N** artisan *m* ◆ **the ~s** *(collectively)* l'artisanat *m*

**artisanal** /ˈɑːtɪzənəl/ **ADJ** artisanal

**artist** /ˈɑːtɪst/ **N** **a** *(Art etc, also fig)* artiste *mf* ; → **con³, piss, rip-off** **b** ⇒ **artiste**

**artiste** /ɑːˈtiːst/ **N** *(esp Brit Cine, Theat, TV)* artiste *mf* ; → **variety**

**artistic** /ɑːˈtɪstɪk/ **ADJ** *[talent, design, heritage, freedom]* artistique ; *[person]* qui a un sens artistique **COMP** ▷ **artistic director N** *(Theat)* directeur *m*, -trice *f* artistique

**artistically** /ɑːˈtɪstɪkəlɪ/ **ADV** **a** *(Art, Mus, Theat etc) [gifted, successful]* du point de vue artistique **b** *(= attractively) [arranged, presented]* avec art

**artistry** /ˈɑːtɪstrɪ/ **N** *(NonC)* art *m*, talent *m* artistique

**artless** /ˈɑːtlɪs/ **ADJ** **a** *(= straightforward) [person, beauty]* naturel ; *[behaviour, comment, simplicity]* ingénu **b** *(pej = without art, skill) [object]* grossier ; *[translation]* lourd

**artlessly** /ˈɑːtlɪslɪ/ **ADV** ingénument

**artlessness** /ˈɑːtlɪsnɪs/ **N** *(NonC)* **a** *(= straightforwardness) [of person, beauty]* naturel *m* ; *[of behaviour, comment, simplicity]* ingénuité *f* **b** *(pej = lack of art, skill) [object]* grossièreté *f* ; *[translation]* lourdeur *f*

**artsy** * /ˈɑːtsɪ/ **ADJ** *(US)* ⇒ **arty**

**artsy-craftsy** * /ˈɑːtsɪˈkrɑːftsɪ/ **ADJ** *(US)* ⇒ **arty-crafty**

**artsy-fartsy** * /ˈɑːtsɪˈfɑːtsɪ/ **ADJ** *(US)* ⇒ **arty-farty**

**artwork** /ˈɑːtwɜːk/ **N** *(Publishing)* iconographie *f* ; *(= painting, sculpture)* œuvre *f* d'art ; *(US = objects)* objets *mpl* d'art

**arty** * /ˈɑːtɪ/, **artsy** * *(US)* **ADJ** *[person]* qui se donne le genre artiste *or* bohème ; *[clothes]* faussement bohème

**arty-crafty** * /ˈɑːtɪˈkrɑːftɪ/, **artsy-craftsy** * *(US)* **ADJ** *(pej) [object, style]* (exagérément) artisanal ; *[person]* qui affiche un genre artiste *or* bohème

**arty-farty** ‡ /ˈɑːtɪˈfɑːtɪ/, **artsy-fartsy** ‡ *(US)* **ADJ** *(pej) [person]* poseur ; *[book, film]* prétentieux ◆ **an ~ man/woman** un poseur/une poseuse

**ARV** /ˌeɪɑːˈviː/ **N** *(US Bible)* (abbrev of **American Revised Version**) *traduction américaine de la Bible*

**arvee** * /ɑːˈviː/ **N** *(US)* (abbrev of **recreational vehicle**) → **recreational**

**arvo** * /ˈɑːvəʊ/ (pl **arvos**) **N** *(Austral)* après-midi *m or f*

**Aryan** /ˈɛərɪən/ **N** Aryen(ne) *m(f)* **ADJ** aryen

**AS** /eɪˈes/ **a** abbrev of **American Samoa** **b** *(US)* (abbrev of **Associate in Sciences**) ≈ titulaire *mf* d'un DEUG de sciences

# as /æz, əz/

LANGUAGE IN USE 17.1, 26.2

1 CONJUNCTION 2 PREPOSITION 3 ADVERB

For set combinations in which **as** is not the first word, eg **such ... as, the same ... as, dressed/disguised as, acknowledge as**, look up the other word.

## 1 - CONJUNCTION

**a** [= while] alors que ◆ ~ **she was falling asleep she heard a noise** elle entendit un bruit alors qu'elle commençait à s'endormir ◆ **he saw the accident ~ he was going to school** il a vu l'accident en allant à l'école ◆ **another policeman has been killed ~ fighting continued this morning** un autre policier a été tué tandis que *or* alors que les combats continuaient ce matin ◆ **all the jury's eyes were upon him ~ he continued** les jurés ne le quittaient pas des yeux tandis qu'il *or* alors qu'il continuait à parler

**b** [with comparative] ◆ **things will get more difficult ~ the year goes on** ça va devenir de plus en plus difficile au fur et à mesure que la fin de l'année approche ◆ **he grew deafer ~ he got older** il devenait de plus en plus sourd en vieillissant

**c** [= just when] (juste) au moment où, alors que ◆ **he came in ~ I was leaving** il est arrivé (juste) au moment où je partais *or* alors que je partais

**d** [= because] étant donné que, comme ◆ ~ **he hasn't phoned, we don't know where he is** comme il *or* étant donné qu'il n'a pas téléphoné, nous ne savons pas où il est ◆ **patient ~ she is, she'll probably put up with it** patiente comme elle est, elle arrivera probablement à le supporter

> **parce que** or **car** can also be used, but not at the beginning of the sentence.

◆ **this is important ~ it reduces the effectiveness of the drug** c'est important parce que *or* car cela diminue l'efficacité du médicament

**e** [= though] **long ~ it was, I didn't find the journey boring** bien que le trajet ait été long, je ne me suis pas ennuyé ◆ **unlikely/amazing ~ it may seem** aussi improbable/surprenant que cela paraisse ◆ **hard ~ it is to believe, ...** aussi incroyable que cela puisse paraître, ... ◆ **(~) important ~ the president is ...** pour *or* si important que soit le président ...

**f** [indicating manner] comme ◆ **do ~ you like** faites comme vous voulez ◆ **France, ~ you know, is ...** la France, comme vous le savez, est ... ◆ ~ **(is) usual** comme d'habitude, comme à l'ordinaire ◆ ~ **often happens** comme c'est souvent le cas ◆ **she is very gifted, ~ is her brother** elle est très douée, comme son frère ◆ **they are fine ~ they are** ils sont très bien comme ça ◆ **I'm okay ~ I am** je me trouve très bien comme ça ◆ **knowing him ~ I do, I am sure he'll refuse** le connaissant comme je le connais, je suis sûr qu'il refusera ◆ **don't tidy up, leave it ~ it is** ne range rien, laisse ça comme ça [BUT] **A is to B ~ C is to D** ◆ **~ A is to B so C is to D** C est à D ce que A est à B ◆ **the village, situated ~ it is near a motorway, ...** le village, étant situé non loin d'une autoroute, ...

## 2 - PREPOSITION

**a** [= in the capacity of] comme ◆ **he works ~ a waiter** il travaille comme serveur [BUT] **Olivier ~ Hamlet** *(Theat)* Olivier dans le rôle de Hamlet

**b** [= being] en tant que ◆ **Napoleon, ~ a statesman, was ...** Napoléon, en tant qu'homme d'État, était ... ◆ ~ **a mother of five children, she is well aware ...** en tant que mère de cinq enfants, elle sait très bien ...

**c** [= when] ◆ ~ **a child, she was rather shy** (lorsqu'elle *or* quand elle était) enfant, elle était plutôt timide ◆ ~ **a young woman, she was very interested in politics** lorsqu'elle *or* quand elle était jeune, elle s'intéressait beaucoup à la politique

## 3 - ADVERB

**a** [= in the way] comme ◆ **you'll have it by noon ~ agreed** vous l'aurez pour midi comme convenu ◆ **he came ~ agreed** il est venu comme convenu *or* prévu ◆ ~ **in all good detective stories** comme dans tout bon roman policier ◆ **"m" ~ in mother** "m" comme mère

**b** [set structures]

- **as .... as** *(in comparisons of equality)* aussi ... que ◆ **I am ~ tall ~ you** je suis aussi grand que toi ◆ **is it ~ far ~ that?** c'est vraiment aussi loin que ça ?
- **as much as** autant que ◆ **you ate ~ much ~ me** * *or* ~ **I did** tu as mangé autant que moi ◆ **you spend ~ much ~ me** * *or* ~ **I do** tu dépenses autant que moi
- **twice/half** *etc* **as ...** ◆ **she's twice ~ nice ~ her sister** elle est deux fois plus gentille que sa sœur ◆ **it's half ~ expensive** ça coûte deux fois moins cher ◆ **it's twice/three times ~ expensive** ça coûte deux fois/trois fois plus cher
- **not as** *or* **not so ... as** pas aussi ... que ◆ **I am not so** *or* **not ~ ambitious ~ you** je ne suis pas aussi ambitieux que toi ◆ **it's not so** *or* **not ~ bad ~ all that** ce n'est pas si terrible que ça
- **as for** *(when changing subject)* quant à ◆ ~ **for her mother ...** quant à sa mère ... ◆ ~ **for that ...** *(= regarding)* pour ce qui est de ça ..., quant à cela ...
- **as from** *(referring to past)* depuis ; *(referring to present, future)* à partir de ◆ ~ **from last Tuesday** depuis mardi dernier ◆ ~ **from today/next Tuesday** à partir d'aujourd'hui/de mardi prochain
- **as if, as though** comme si ◆ **he was staggering ~ if** *or* ~ **though he'd been drinking** il titubait comme s'il avait bu ◆ **it was ~ if** *or* ~ **though he was still alive** c'était comme s'il était toujours vivant ◆ **it's not ~ if** *or* ~ **though he was nice-looking** ce n'est pas comme s'il était beau garçon ◆ ~ **if!** * tu parles ! *
- **as if to** comme pour ◆ ~ **if to confirm his prediction there was a loud explosion** comme pour confirmer ses prédictions on entendit une forte explosion ◆ **he looked at me ~ if to say ...** il m'a regardé avec l'air de dire ...
- **as it is** *(= in fact)* dans l'état actuel des choses ; *(= already)* comme ça ◆ ~ **it is, it doesn't make much difference** dans l'état actuel des choses, ça ne fait pas grande différence ◆ **I've got quite enough to do ~ it is** j'ai bien assez à faire comme ça
- **as it were** pour ainsi dire, en quelque sorte ◆ **I have become, ~ it were, two people** je suis devenu, pour ainsi dire *or* en quelque sorte, non pas une, mais deux personnes
- **as of** *(from past time)* depuis ; *(from present, future time)* à partir de ; *(= up to)* jusqu'à ◆ ~ **of last Tuesday** depuis mardi dernier ◆ ~ **of today/next Tuesday** à partir d'aujourd'hui/de mardi prochain ◆ ~ **of yesterday, the city has recorded 751 homicides this year** jusqu'à hier, la ville avait enregistré 751 meurtres cette année ◆ **the balance of your account ~ of 16 June** *(= on)* le solde de votre compte au 16 juin
- **as of now** pour l'instant ◆ ~ **of now, I have no definite plans** pour l'instant, je ne sais pas encore ce que je vais faire
- **as regards** → **regard**
- **as such** *(= in itself)* en soi ; *(= in that capacity)* en tant que tel *or* telle, à ce titre ◆ **the work ~ such is boring but the pay is good** le travail en soi est ennuyeux mais le salaire est correct ◆ **they are the best players in the world and, ~ such, are highly paid** ce sont les meilleurs joueurs du monde et, en tant que tels *or* à ce titre, ils touchent un salaire très élevé ◆ **he was still a novice and they treated him ~ such** ce n'était qu'un débutant et ils le traitaient comme tel
- **not/no ... as such** pas à proprement parler, pas vraiment ◆ **I'm not a beginner ~ such** je ne suis pas à proprement parler un débutant, je ne suis pas vraiment débutant ◆ **he had no qualifications ~ such** il n'avait à proprement parler aucune qualification
- **as to** *(when changing subject)* quant à ◆ ~ **to her mother ...** quant à sa mère ... ◆ ~ **to that** *(= regarding that)* pour ce qui est de ça, quant à cela ◆ **to question sb ~ to his intentions** *(= about)* interroger qn sur ses intentions ◆ **they should make decisions ~ to whether students need help** il faudrait qu'ils décident si les étudiants ont besoin d'aide (ou non) ◆ **he inquired ~ to what the problem was** il demanda ce qui n'allait pas
- **as yet** → **yet**
- **as you were** * *(to correct oneself)* non, je me trompe ◆ **it was in 1990 he won the trophy, ~ you were, 1992** c'est en 1990 qu'il a remporté la coupe, non, je me trompe, en 1992 ◆ ~ **you were!** *(Mil)* repos !

---

**ASA** /ˌeɪesˈeɪ/ **a** *(Brit)* (abbrev of **Advertising Standards Authority**) → **advertising** **b** *(Brit)* (abbrev of **Amateur Swimming Association**) *fédération de natation* **c** (abbrev of **American Standards Association**) **100/200 ~** 100/200 ASA

**ASA/BS** /ˌeɪeseɪbiːˈes/ **N** abbrev of **American Standards Association/British Standard**

**asap** * /ˌeɪeseɪˈpiː/ (abbrev of **as soon as possible**) aussitôt que possible

**asbestos** /æzˈbestəs/ **N** amiante *f*, asbeste *m* **COMP** ▷ **asbestos mat N** plaque *f* d'amiante

**asbestosis** /ˌæzbesˈtəʊsɪs/ **N** asbestose *f*

**ascend** /əˈsend/ **VI** monter, s'élever (*to* à, jusqu'à) ; *(in time)* remonter (*to* à) ; ◆ **in ~ing order** en ordre croissant **VT** *[+ ladder]* monter à ; *[+ mountain]* gravir, faire l'ascension de ; *[+ river]* remonter ; *[+ staircase]* monter ◆ **to ~ the throne** monter sur le trône **COMP** ▷ **ascending scale N** *(Mus)* gamme *f* ascendante *or* montante

**ascendancy** /əˈsendənsɪ/ **N** *(= influence)* ascendant *m*, empire *m* (*over* sur) ; *(= rise to power etc)* montée *f*, ascension *f*

**ascendant** /əˈsendənt/ **N** *(Astrol, fig)* ascendant *m* ◆ **to be in the ~** *(Astrol)* être à l'ascendant ◆ **his fortunes are in the ~** tout lui sourit **ADJ** *(gen)* dominant ; *(Astrol)* ascendant

**ascension** /əˈsenʃən/ **N** ascension *f* ◆ **the Ascension** *(Rel)* l'Ascension *f* **COMP** ▷ **Ascension Day N** l'Ascension *f* ▷ **Ascension Island N** l'île *f* de l'Ascension

**ascensionist** /əˈsenʃənɪst/ N ascensionniste *mf*

**ascent** /əˈsent/ N *[of mountain etc]* ascension *f*; *(fig: in time)* retour *m*; *(in rank)* montée *f*, avancement *m*

**ascertain** /ˌæsəˈteɪn/ VT *(gen)* établir; *[+ person's age, name, address etc]* vérifier ◆ **to ~ that sth is true** s'assurer *or* vérifier que qch est vrai

**ascertainable** /ˌæsəˈteɪnəbl/ ADJ vérifiable

**ascertainment** /ˌæsəˈteɪnmənt/ N constatation *f*, vérification *f*

**ascetic** /əˈsetɪk/ ADJ ascétique N ascète *mf*

**asceticism** /əˈsetɪsɪzəm/ N ascétisme *m*

**ASCII** /ˈæskiː/ N (abbrev of **American Standard Code for Information Interchange**) ASCII *m* COMP ▷ **ASCII file** N fichier *m* ASCII

**ascorbic acid** /əˈskɔːbɪkˈæsɪd/ N acide *m* ascorbique

**ascribable** /əˈskraɪbəbl/ ADJ *[virtue, piece of work]* attribuable; *[fault, blame]* imputable (*to* à)

**ascribe** /əˈskraɪb/ VT *[+ virtue, piece of work]* attribuer (*to* à); *[+ fault, blame]* imputer (*to* à)

**ascription** /əˈskrɪpʃən/ N *[of book, painting, characteristic]* attribution *f* (*to sb/sth* à qn/qch); *[of blame]* imputation *f* (*to sb/sth* à qn/qch)

**asdic** /ˈæzdɪk/ N *(Brit Mil)* asdic *m*

**ASEAN** /ˌeɪesiːeɪˈen/ N (abbrev of **Association of South-East Asian Nations**) ASEAN *f*

**asemantic** /eɪsɪˈmæntɪk/ ADJ asémantique

**aseptic** /eɪˈseptɪk/ ADJ aseptique ◆ **~ tank** *(Space)* cuve *f* WC

**asexual** /eɪˈseksjʊəl/ ADJ **a** *(= sexless) [person etc]* asexué **b** *(Zool)* asexué ◆ **~ reproduction** reproduction *f* asexuée

**asexually** /eɪˈseksjʊəlɪ/ ADV *[reproduce]* par multiplication asexuée

**ASH** /æʃ/ N *(Brit)* (abbrev of **Action on Smoking and Health**) *comité contre le tabagisme*

**ash¹** /æʃ/ N *(Bot:* also **ash tree**) frêne *m*; → **mountain**

**ash²** /æʃ/ N *[of fire, coal, cigarette]* cendre *f* ◆ **~es** *(of the dead)* cendres *fpl* ◆ **to reduce sth to ~es** réduire qch en cendres ◆ **~es to ~es, dust to dust** *(Rel)* tu es poussière et tu retourneras en poussière ◆ **the Ashes** *(Cricket) trophée des matchs Australie-Angleterre*; → **sackcloth** COMP ▷ **ash-bin** N *(for ashes)* cendrier *m (de poêle etc)*; *(for rubbish)* poubelle *f*, boîte *f* à ordures ▷ **ash blond(e)** ADJ blond(e) cendré *inv* ▷ **ash-coloured** ADJ gris cendré *inv* ▷ **ash pan** N cendrier *m (de poêle etc)* ▷ **Ash Wednesday** N *(Rel)* mercredi *m* des Cendres

**ashamed** /əˈʃeɪmd/ ADJ honteux ◆ **to be** *or* **feel ~, to be ~ of o.s.** avoir honte ◆ **to be ~ of sb/sth** avoir honte de qn/qch ◆ **it's nothing to be ~ of** il n'y a aucune raison d'en avoir honte ◆ **I am ~ of her** elle me fait honte, j'ai honte d'elle ◆ **you ought to** *or* **should be ~ (of yourself)!** vous devriez avoir honte ! ◆ **to be ~ of o.s. for doing sth** avoir honte d'avoir fait qch ◆ **to be ~ about sth** avoir honte de qch ◆ **to be ~ to do sth** avoir honte de faire qch ◆ **I'm too ~ to tell anyone** j'ai trop honte pour le dire à quiconque ◆ **I've done nothing, I'm ~ to say** à ma honte je dois dire que je n'ai rien fait, c'est honteux à dire, mais je n'ai rien fait ◆ **she was ~ that she had been so nasty** elle avait honte d'avoir été aussi méchante

**ashcan** /ˈæʃkæn/ N *(US)* poubelle *f*

**ashen** /ˈæʃn/ ADJ **a** *(liter) (= pale) [face]* terreux, livide; *(= greyish)* cendré, couleur de cendre **b** *(= of ashwood)* en (bois de) frêne

**Ashkenazi** /ˌæʃkəˈnɑːzɪ/ ADJ ashkénaze N ashkénaze *mf*

**Ashkenazic** /ˌæʃkəˈnɑːzɪk/ ADJ ashkénaze

**ashlar** /ˈæʃləʳ/ N pierre *f* de taille *(équarrie)*

**ashman** /ˈæʃmən/ N (pl **-men**) *(US)* éboueur *m*

**ashore** /əˈʃɔːʳ/ ADV *(= on land)* à terre; *(= to the shore)* vers la rive, vers le rivage ◆ **to go ~** débarquer, descendre à terre ◆ **to set** *or* **put sb ~** débarquer qn ◆ **to run ~** *(Naut)* s'échouer, se jeter à la côte ◆ **to swim ~** rejoindre la rive à la nage

**ashram** /ˈæʃrəm/ N ashram *m*

**ashtray** /ˈæʃtreɪ/ N cendrier *m*

**ashy** /ˈæʃɪ/ ADJ **a** *(= ash-coloured)* cendré, couleur de cendre; *(= pale)* terreux, livide **b** *(= covered with ashes)* couvert de cendres

**Asia** /ˈeɪʃə/ N Asie *f* COMP ▷ **Asia Minor** N Asie *f* Mineure

**Asian** /ˈeɪʃn/ ADJ **a** *(= from Asia)* asiatique ◆ **~ flu** *(Med)* grippe *f* asiatique **b** *(Brit = from Indian subcontinent) originaire du sous-continent indien*, indo-pakistanais N **a** *(= person from Asia)* Asiatique *mf* **b** *(Brit = person from Indian subcontinent) personne originaire du sous-continent indien*, Indo-Pakistanais(e) *m(f)* COMP ▷ **Asian-American** ADJ américain d'origine asiatique N Américain(e) *m(f)* d'origine asiatique

**Asiatic** /ˌeɪsɪˈætɪk/ ADJ ⇒ **Asian** N *(offensive usage)* ⇒ **Asian**

**aside** /əˈsaɪd/

> When **aside** is an element in a phrasal verb, eg **brush aside**, **cast aside**, **put aside**, **stand aside**, look up the verb.

ADV ◆ **joking ~** plaisanterie *or* blague* à part ◆ **~ from** *(esp US)* à part N *(esp Theat)* aparté *m* ◆ **to say sth in an ~** dire qch en aparté

**asinine** /ˈæsɪnaɪn/ ADJ *(frm)* sot, idiot

**ask** /ɑːsk/ LANGUAGE IN USE 4, 9.1, 26.1

VT **a** *(= inquire)* demander ◆ **to ~ sb sth** demander qch à qn ◆ **to ~ sb about sth** interroger qn *or* questionner qn au sujet de qch ◆ **to ~ (sb) a question** poser une question (à qn) ◆ **I don't know, ~ your father** je ne sais pas, demande à ton père ◆ **~ him if he has seen her** demande-lui s'il l'a vue ◆ **~ed whether this was true, he replied ...** quand on lui a demandé si c'était vrai, il a répondu ... ◆ **don't ~ me!*** allez savoir !*, est-ce que je sais (moi) !* ◆ **I ~ you!*** *(in exasperation)* je vous demande un peu !* ◆ **I'm not ~ing you!*** *(= keep quiet)* je ne te demande rien (à toi) !*

**b** *(= request)* demander ◆ **to ~ sb to do sth** demander à qn de faire qch, prier qn de faire qch ◆ **to ~ that sth (should) be done** demander que qch soit fait ◆ **to ~ sb for sth** demander qch à qn ◆ **he ~ed to go on the picnic** il a demandé à se joindre *or* s'il pouvait se joindre au pique-nique ◆ **I don't ~ much from you** je ne t'en demande pas beaucoup ◆ **it's not much to ~!** ce n'est pas trop demander !, ce n'est pas grand-chose ! ◆ **that's ~ing a lot/too much!** c'est beaucoup/trop (en) demander ! ◆ **that's ~ing the impossible** c'est demander l'impossible ◆ **how much are they ~ing for it?** ils en demandent *or* veulent combien ? ◆ **he is ~ing £80,000 for the house** il demande 80 000 livres *or* veut 80 000 livres pour la maison

**c** *(= invite)* inviter ◆ **to ~ sb to (come to) the theatre** inviter qn (à aller) au théâtre ◆ **to ~ sb to lunch** inviter qn à déjeuner ◆ **I was ~ed into the drawing room** on m'a prié d'entrer au salon ◆ **how about ~ing Sabine?** et si on invitait Sabine ?, et si on demandait à Sabine de venir ? ◆ **to ~ sb in/out/up** *etc* demander à qn *or* prier qn d'entrer/de sortir/de monter *etc*

VI demander ◆ **to ~ about sth** s'informer de qch, se renseigner sur qch ◆ **to ~ around** *(= make enquiries)* demander autour de soi ◆ **it's there for the ~ing*** il suffit de le demander (pour l'obtenir), on l'a comme on veut ◆ **now you're ~ing!*** est-ce que je sais (moi) !*

N *(US)* ◆ **that's a big ~*** c'est beaucoup demander

COMP ▷ **asking price** N *(Comm)* prix *m* de départ, prix *m* demandé au départ

► **ask after** VT FUS *[+ person]* demander des nouvelles de ◆ **to ~ after sb's health** s'informer de la santé de qn

► **ask along** VT SEP ◆ **they didn't ask me along** ils ne m'ont pas demandé de les accompagner

► **ask back** VT SEP **a** *(for a second visit)* réinviter **b** *(on a reciprocal visit)* ◆ **to ask sb back** rendre son invitation à qn **c** *(to one's home)* **to ~ sb back for coffee** inviter qn à prendre le café

► **ask for** VT FUS *[+ help, permission, money]* demander; *[+ person]* demander à voir ◆ **he ~ed for his pen back** il a demandé (qu'on lui rende) son stylo ◆ **they are ~ing for trouble*** ils cherchent les ennuis *or* les embêtements* ◆ **she was ~ing for it!*** *(= deserved it)* elle l'a bien cherché !*, elle ne l'a pas volé !*; → **moon**

► **ask in** VT SEP inviter à entrer ◆ **to ~ sb in for a drink** inviter qn à (entrer) prendre un verre

► **ask out** VT SEP inviter à sortir ◆ **he ~ed her out to dinner/to see a film** il l'a invitée (à dîner) au restaurant/au cinéma

► **ask over** VT SEP inviter (à la maison) ◆ **let's ~ Paul over** si on invitait Paul à venir nous voir ?

► **ask round** VT SEP inviter (à la maison)

**askance** /əˈskɑːns/ ADV ◆ **to look ~ at** *(= sideways)* regarder de côté; *(= suspiciously/disapprovingly)* regarder d'un air soupçonneux/d'un œil désapprobateur ◆ **to look ~ at a suggestion** se formaliser d'une suggestion

**askew** /əˈskjuː/ ADJ, ADV de travers, de guingois* ◆ **something is ~** *(US fig)* il y a quelque chose qui ne tourne pas rond*

**aslant** /əˈslɑːnt/ ADV de travers PREP en travers de

**asleep** /əˈsliːp/ ADJ **a** *(= sleeping)* endormi ◆ **to be ~** dormir, être endormi ◆ **to be fast** *or* **sound ~** dormir profondément *or* à poings fermés ◆ **to fall ~** s'endormir **b** *(= numb) [finger etc]* engourdi

**ASLEF, Aslef** /ˈæzlef/ N *(Brit)* (abbrev of **Associated Society of Locomotive Engineers and Firemen**) *syndicat*

**ASM** /ˌeɪesˈem/ N *(Theat)* (abbrev of **assistant stage manager**) régisseur *m* adjoint

**asocial** /eɪˈsəʊʃəl/ ADJ asocial

**asp¹** /æsp/ N *(Zool)* aspic *m*

**asp²** /æsp/ N *(Bot)* ⇒ **aspen**

**asparagus** /əˈspærəgəs/ N *(NonC)* asperges *fpl* COMP ▷ **asparagus fern** N asparagus *m* ▷ **asparagus spears** NPL asperges *fpl* ▷ **asparagus tips** NPL pointes *fpl* d'asperges

**aspartame** /əˈspɑːˌteɪm/ N aspartam(e) *m*

**ASPCA** /ˌeɪespiːsiːˈeɪ/ N (abbrev of **American Society for the Prevention of Cruelty to Animals**) *SPA américaine*

**aspect** /ˈæspekt/ N a *(= facet, element) [of question, subject etc]* aspect *m*, angle *m* ◆ **to study every ~ of a question** étudier une question sous toutes ses faces *or* tous ses aspects ◆ **seen from this ~ ...** vu sous cet angle ... b *(liter = appearance)* air *m*, mine *f* ◆ **of fierce ~** à la mine *or* à l'aspect féroce c *(= face) [of building etc]* exposition *f*, orientation *f* ◆ **the house has a southerly ~** la maison est exposée *or* orientée au midi d *(Gram)* aspect *m*

**aspen** /ˈæspən/ N *(Bot)* tremble *m* ◆ **to shake** *or* **tremble like an ~** trembler comme une feuille

**asperity** /æsˈperɪtɪ/ N a *(NonC) [of manner, style, voice]* aspérité *f* ; *[of person]* rudesse *f* b *(gen pl) [of climate, weather]* rigueur(s) *f(pl)*

**aspersion** /əsˈpɜːʃən/ N *(untruthful)* calomnie *f* ; *(truthful)* médisance *f* ; → **cast**

**asphalt** /ˈæsfælt/ N asphalte *m* VT asphalter COMP *[road]* asphalté ▷ **asphalt jungle** N jungle *f* des rues

**asphyxia** /æsˈfɪksɪə/ N asphyxie *f*

**asphyxiate** /æsˈfɪksɪeɪt/ VT asphyxier VI s'asphyxier

**asphyxiation** /æsˌfɪksɪˈeɪʃən/ N asphyxie *f*

**aspic** /ˈæspɪk/ N *(Culin)* gelée *f (pour hors-d'œuvre)* ◆ **chicken in ~** aspic *m* de volaille

**aspidistra** /ˌæspɪˈdɪstrə/ N aspidistra *m*

**aspirant** /ˈæspɪrənt/ N aspirant(e) *m(f)*, candidat(e) *m(f) (to, after* à*)* ADJ *[artist, poet, writer]* en herbe

**aspirate** /ˈæspərɪt/ N aspirée *f* ADJ aspiré ◆ **~ h** h aspiré VT /ˈæspəreɪt/ aspirer

**aspiration** /ˌæspəˈreɪʃən/ N *(also Ling)* aspiration *f*

**aspirational** /ˌæspəˈreɪʃənl/ ADJ *[person]* ambitieux ; *[product]* qui fait chic

**aspirator** /ˈæspəˌreɪtə^r/ N aspirateur *m*

**aspire** /əsˈpaɪə^r/ VI ◆ **to ~ after** *or* **to sth** aspirer *or* viser à qch ◆ **to ~ to do sth** aspirer à faire qch ◆ **to ~ to fame** briguer la célébrité ◆ **to ~ to a second car** ambitionner de s'acheter une deuxième voiture ◆ **we can't ~ to that** nos prétentions ne vont pas jusque-là

**aspirin** /ˈæsprɪn/ N (pl **aspirin** *or* **aspirins**) *(= substance)* aspirine *f* ; *(= tablet)* (comprimé *m* d')aspirine

**aspiring** /əsˈpaɪərɪŋ/ ADJ *[artist, poet, writer]* en herbe ; *[manager, officer]* potentiel

**ass**[1] /æs/ N a âne *m* ◆ **she-~** ânesse *f* ◆ **~'s foal** ânon *m* b († * *pej*) idiot(e) *m(f)*, imbécile *mf* ◆ **a silly ~** un pauvre imbécile ◆ **he is a perfect ~** il est bête comme ses pieds * ◆ **to make an ~ of o.s.** se rendre ridicule, se conduire comme un idiot *or* imbécile ◆ **don't be an ~!** *(action)* ne fais pas l'imbécile ! ; *(speech)* ne dis pas de sottises !

**ass**[2] ** /æs/ *(US)* N cul ** *m* ◆ **to chew sb's ~** engueuler qn * ◆ **to kiss sb's ~** lécher le cul à qn ** ◆ **kiss my ~!** va te faire foutre ! ** ◆ **to work one's ~ off** bosser comme un dingue *, se casser le cul ** ◆ **my ~!** mon cul ! ** ◆ **stick it** *or* **shove it up your ~!** tu peux te le foutre au cul ! ** ◆ **to have one's ~ in a sling** être dans la merde * ◆ **to get one's ~ in gear** se remuer le cul ** ◆ **a piece of ~** *(= sex)* une baise ** ; *(= girl)* une fille bonne à baiser ** ; → **bust**[2] COMP ▷ **ass-backward** ** ADJ *(= reversed)* cul par-dessus tête * ; *(= confused)* bordélique * ADV *(= in reverse)* cul par-dessus tête * ; *(= in confused manner)* de façon bordélique * ▷ **ass kisser** ** N lèche-cul ** *mf inv* ▷ **ass-wipe** ** N papier *m* cul **

**assail** /əˈseɪl/ VT *(lit)* attaquer, assaillir ; *(fig: with questions, doubts etc)* assaillir *(with* de*)*

**assailant** /əˈseɪlənt/ N agresseur *m*, assaillant(e) *m(f)*

**Assam** /æˈsæm/ N Assam *m*

**assassin** /əˈsæsɪn/ N *(Pol)* assassin *m*

**assassinate** /əˈsæsɪneɪt/ VT *(Pol)* assassiner

**assassination** /əˌsæsɪˈneɪʃən/ N *(Pol)* assassinat *m* ◆ **~ attempt** tentative *f* d'assassinat

**assault** /əˈsɔːlt/ N a *(Mil, Climbing)* assaut *m (on* de*)* ; ◆ **taken by ~** emporté *or* pris d'assaut ◆ **to make an ~ on ...** donner l'assaut à ..., aller *or* monter à l'assaut de ... b *(Jur)* agression *f* ◆ **~ and battery** coups *mpl* et blessures *fpl*, voies *fpl* de fait ◆ **the ~ on the old lady** l'agression dont a été victime la vieille dame ◆ **~ on sb's good name** atteinte *f* à la réputation de qn ; → **aggravate, common, indecent** VT agresser ; *(Jur = attack)* se livrer à des voies de fait sur ; *(= attack sexually)* se livrer à des violences sexuelles sur, violenter ◆ **to ~ sb's sensibilities** blesser la sensibilité de qn COMP ▷ **assault course** N *(Mil)* parcours *m* du combattant ▷ **assault rifle** N fusil *m* d'assaut

**assay** /əˈseɪ/ N essai *m (d'un métal précieux etc)* VT a *[+ mineral, ore]* essayer b († † = *try)* essayer, tenter *(to do sth* de faire qch*)* COMP ▷ **~ office** N *(US)* laboratoire *m* d'essais *(d'un hôtel des monnaies)*

**assemblage** /əˈsemblɪdʒ/ N a *(Tech = putting together)* assemblage *m*, montage *m* b *(= collection) [of things]* collection *f*, ensemble *m* ; *[of people]* assemblée *f*

**assemble** /əˈsembl/ VT *[+ objects, ideas]* assembler ; *[+ people]* rassembler, réunir ; *(Tech) [+ device, machine]* monter, assembler VI se réunir, se rassembler

**assembler** /əˈsemblə^r/ N *(Comput)* assembleur *m*

**assembly** /əˈsemblɪ/ N a *(= meeting)* assemblée *f*, réunion *f* ; *(Scol) réunion de tous les élèves de l'établissement pour la prière, les annonces etc* ◆ **the Welsh Assembly** l'assemblée galloise ◆ **the Northern Ireland ~** le parlement d'Irlande du Nord ◆ **in open ~** en séance publique ; → **unlawful**

b *(Tech = assembling of framework, machine)* assemblage *m*, montage *m* ; *(= whole unit)* assemblage *m* ◆ **the engine ~** le bloc moteur ; → **tail**

c *(Mil = call)* rassemblement *m (sonnerie)*

d *(Pol)* assemblée *f*

e *(Comput)* assemblage *m*

COMP ▷ **assembly hall** N *(for public meetings, stage shows)* salle *f* des fêtes ; *(in school)* salle *f* de réunion ▷ **assembly language** N *(Comput)* langage *m* d'assemblage ▷ **assembly line** N chaîne *f* de montage ▷ **assembly plant** N *(Ind)* usine *f* de montage ▷ **assembly point** N lieu *m or* point *m* de rassemblement ▷ **assembly room(s)** N(PL) salle *f* de réunion ; *[of town hall]* salle *f* des fêtes ▷ **assembly shop** N atelier *m* de montage

**assemblyman** /əˈsemblɪmən/ N (pl **-men**) *(US)* membre *m* d'une assemblée législative

**assemblywoman** /əˈsemblɪwʊmən/ N (pl **-women**) *(US)* membre *m* d'une assemblée législative

**assent** /əˈsent/ N assentiment *m*, consentement *m* ◆ **with one ~** *(two people)* d'un commun accord ; *(more than two people)* à l'unanimité ◆ **to give one's ~ to** donner son assentiment à ; → **nod, royal** VI consentir, donner son assentiment *(to* à*)*

**assert** /əˈsɜːt/ VT a *(= declare)* affirmer, soutenir ; *[+ one's innocence]* protester de b *(= maintain) [+ claim]* défendre ; *[+ one's due]* revendiquer ; *[+ one's authority]* faire respecter ◆ **to ~ o.s.** *or* **one's rights** faire valoir ses droits

**assertion** /əˈsɜːʃən/ N a *(= statement)* affirmation *f*, assertion *f* ; → **self** b *[of one's rights]* revendication *f*

**assertive** /əˈsɜːtɪv/ ADJ *[tone, voice]* assuré ; *[personality]* affirmé ◆ **~ behaviour** *or* **manner** assurance *f* ◆ **to be ~** *[person]* avoir de l'assurance, avoir confiance en soi ◆ **to become more ~** *[person]* prendre de l'assurance, s'affirmer

**assertively** /əˈsɜːtɪvlɪ/ ADV avec assurance

**assertiveness** /əˈsɜːtɪvnɪs/ N assurance *f*, confiance *f* en soi COMP ▷ **assertiveness training** N *(NonC)* stages *mpl* d'affirmation de la personnalité ◆ **~ training course** stage *m* d'affirmation de la personnalité

**assess** /əˈses/ VT a *(= estimate)* estimer, évaluer b *[+ payment]* fixer *or* déterminer le montant de ; *[+ income tax]* établir ; *[+ rateable property]* calculer la valeur imposable de ; *[+ damages]* fixer ; → **basis** c *(fig = evaluate) [+ situation]* évaluer ; *[+ time, amount]* estimer, évaluer ; *[+ candidate]* juger (la valeur de) COMP ▷ **assessed income** N revenu *m* imposable

**assessable** /əˈsesəbl/ ADJ imposable ◆ **~ income** *(or* **profits** *etc) (Fin)* assiette *f* de l'impôt

**assessment** /əˈsesmənt/ N a *(= evaluation) [of situation, effect, risk]* évaluation *f* ; *[of prospects, chances, needs]* estimation *f* ; *[of damage]* évaluation *f*, estimation *f* ◆ **he gave his ~ of the situation** il a dit ce qu'il pensait de la situation, il a donné son analyse de la situation

b *(esp Educ, Ind = appraisal) [of person]* évaluation *f* ; *(on pupil's report)* appréciation *f* des professeurs ◆ **I should be interested to hear your ~ of him** ça m'intéresserait de savoir ce que vous pensez de lui ; → **continuous, self**

c *(Med, Psych, Sociol) [of patient, case]* examen *m* ◆ **neurological ~** diagnostic *m* neurologique

d *(= critique) [of book, film, play]* jugement *m* ; *[of plan, policy, idea]* opinion *f*

e *(Fin, Tax, Jur) [of finances]* estimation *f* ; *[of rateable property]* calcul *m* (de la valeur imposable) ; *[of damages]* fixation *f* ◆ **appeals against ~s made by the taxman** opposition *f* aux estimations du fisc ◆ **income ~** évaluation *f* du revenu ◆ **tax ~** calcul *m* de l'impôt

COMP ▷ **assessment centre** N *(Ind)* centre *m* d'évaluation *(des demandeurs d'emploi)* ▷ **assessment method** N *(gen)* méthode *f* d'évaluation ◆ **the ~ method** *(Educ)* le contrôle des connaissances ; *(Univ)* le contrôle continu ▷ **assessment procedure** N *(Educ, Ind)* procédure *f* d'évaluation ▷ **assessment process** N *(Educ, Ind)* processus *m* d'évaluation

**assessor** /əˈsesə^r/ N a *(Jur)* (juge *m*) assesseur *m* b *[of property]* expert *m* ◆ **~ of taxes** *(US)* contrôleur *m*, -euse *f* des contributions directes c *(in exam)* examinateur *m*, -trice *f*, correcteur *m*, -trice *f* ; *(in sport)* juge *m*

**asset** /ˈæset/ N a bien *m* ◆ **~s** biens *mpl*, avoir *m*, capital *m* ; *(Comm, Fin, Jur)* actif *m* ◆ **~s and liabilities** actif *m* et passif *m* ◆ **their ~s amount to £1m** leur actif est d'un *or* s'élève à un million de livres ; → **liquid** b *(= advan-*

*tage)* avantage *m*, atout *m* ◆ **he is one of our greatest ~s** c'est un de nos meilleurs éléments COMP ▷ **asset management** N *(Fin)* gestion *f* d'actifs ▷ **asset-stripper** N *(Fin)* repreneur *m* d'entreprises (en faillite) ▷ **asset-stripping** N *(Fin)* dépeçage *m* ▷ **asset value** N *(Fin)* valeur *f* des actifs

**asseverate** /əˈsevəreɪt/ VT affirmer solennellement ; *[+ one's innocence, loyalty]* protester de

**asseveration** /əˌsevəˈreɪʃən/ N *(frm)* affirmation *f* solennelle

**asshole**** /ˈæshəʊl/ N *(US lit, also fig = person)* trou *m* du cul**

**assiduity** /ˌæsɪˈdjuːɪtɪ/ N assiduité *f*, zèle *m*

**assiduous** /əˈsɪdjʊəs/ ADJ assidu

**assiduously** /əˈsɪdjʊəslɪ/ ADV *[study, work]* assidûment ◆ **to ~ avoid doing sth** prendre bien soin d'éviter de faire qch

**assign** /əˈsaɪn/ VT **a** *(= allot) [+ office]* assigner ; *[+ seat, room]* attribuer ; *[+ date]* assigner, fixer (*to sb/sth* à qn/qch) ; *[+ meaning]* donner, attribuer (*to* à) ; ◆ **to ~ sb a task** confier une tâche à qn ◆ **they cannot ~ many hours to outside jobs** ils ne peuvent pas consacrer beaucoup d'heures aux missions à l'extérieur ◆ **to ~ blame** chercher des responsables ◆ **to ~ a reason for sth** donner la raison de qch **b** *(= appoint) [+ person]* affecter (*to* à) ; ◆ **to ~ an FBI agent to the case** affecter un agent du FBI à l'affaire **c** *(Jur) [+ property, right]* céder, faire cession de (*to sb* à qn) transférer (*to sb* au nom de qn)

**assignation** /ˌæsɪgˈneɪʃən/ N **a** *(= appointment)* rendez-vous *m (souvent galant)* **b** *(= allocation)* attribution *f* ; *[of money]* allocation *f* ; *[of person, room]* affectation *f* **c** *(Jur)* cession *f*, transfert *m* (de biens)

**assignee** /ˌæsaɪˈniː/ N *(Jur)* cessionnaire *mf*

**assignment** /əˈsaɪnmənt/ N **a** *(= task)* mission *f* ; *(Scol)* devoir *m* ; *(Univ)* devoir *m* ; *(= essay)* dissertation *f* ◆ **to be on (an) ~** être en mission **b** *(NonC = allocation)* attribution *f* ; *[of money]* allocation *f* ; *[of person, room]* affectation *f* **c** *(Jur)* ~ **of contract** cession *f* des droits et obligations découlant d'un *or* du contrat

**assignor** /ˌæsɪˈnɔːʳ/ N *(Jur)* cédant *m*

**assimilate** /əˈsɪmɪleɪt/ VT **a** *(= absorb) [+ food, knowledge]* assimiler **b** *(= compare)* comparer, assimiler (*to* à) rapprocher (*to* de) VI s'assimiler, être assimilé

**assimilation** /əˌsɪmɪˈleɪʃən/ N *(= absorption)* assimilation *f* ; *(= comparison)* assimilation *f* (*to* à) comparaison *f*, rapprochement *m* (*to* avec) ; *(Phon)* assimilation *f*

**Assisi** /əˈsiːzɪ/ N Assise

**assist** /əˈsɪst/ VT aider (*to do sth, in doing sth* à faire qch) ; ◆ **to ~ sb in/out** *etc* aider qn à entrer/sortir *etc* ◆ **to ~ one another** s'entraider ◆ **~ed by** avec le concours de VI *(= help)* aider ◆ **to ~ in (doing) sth** aider à (faire) qch N *(Sport)* action *f* qui aide un coéquipier à marquer un point COMP ▷ **assisted passage** N *(Travel)* billet *m* subventionné ▷ **assisted place** N *(Brit Scol) place réservée dans une école privée à un élève de milieu modeste dont les frais de scolarité sont payés par l'État* ▷ **assisted suicide** N suicide *m* assisté

**assistance** /əˈsɪstəns/ N aide *f*, assistance *f* ◆ **to give ~ to sb** prêter assistance à qn ◆ **to come to sb's ~** venir en aide à qn, porter assistance à qn ◆ **can I be of ~?** puis-je vous aider ?, puis-je vous être utile ?

**assistant** /əˈsɪstənt/ N **a** *(= aid)* assistant(e) *m(f)* ◆ **foreign language ~** *(Scol)* assistant(e) *m(f)* ; *(Univ)* lecteur *m*, -trice *f* **b** *(= deputy)* adjoint(e) *m(f)* **c** *(= sales assistant)* vendeur *m*, -euse *f* ; → **shop**

COMP adjoint, sous- ▷ **assistant editor** N rédacteur *m*, -trice *f* adjoint(e), assistant(e) *m(f)* de rédaction ▷ **assistant judge** N *(US Jur)* juge *m* adjoint ▷ **assistant librarian** N bibliothécaire *mf* adjoint(e) ▷ **assistant manager** N directeur *m*, -trice *f* adjoint(e), sous-directeur *m*, -trice *f* ▷ **assistant master** †, **assistant mistress** † N *(Brit Scol)* professeur *m (qui n'a pas la responsabilité d'une section)* ▷ **assistant priest** N vicaire *m* ▷ **assistant principal** N *(Scol)* directeur *m*, -trice *f* adjoint(e) ; *(in a French lycée)* censeur *m* ▷ **assistant professor** N *(US Univ)* ≃ maître *m* assistant ▷ **assistant referee** N *(Ftbl)* juge *m* de touche ▷ **assistant secretary** N secrétaire *mf* adjoint(e), sous-secrétaire *mf* ▷ **assistant teacher** N *(primary)* instituteur *m*, -trice *f* ; *(secondary)* professeur *m (qui n'a pas la responsabilité d'une section)*

**assistantship** /əˈsɪstəntʃɪp/ N *(US Univ)* poste *m* d'étudiant(e) chargé(e) de travaux dirigés

**assizes** /əˈsaɪzɪz/ NPL *(Jur)* assises *fpl*

**assn.** abbrev of **association**

**assoc.** abbrev of **association** *and* **associated**

**associate** /əˈsəʊʃɪɪt/ ADJ uni, associé ◆ **~ director** directeur *m*, -trice *f* adjoint(e) ◆ **~ judge** *(Jur)* juge *m* assesseur ◆ **Associate Justice** *(US Jur)* juge *m* de la Cour suprême ◆ **~ professor** *(US Univ)* ≃ maître *m* de conférences

N **a** *(= fellow worker)* associé(e) *m(f)*, collègue *mf* ; (*Jur:* also **associate in crime**) complice *mf* ◆ **to be ~s in an undertaking** participer conjointement à une entreprise ; → **business**

**b** *[of a society]* membre *m*, associé(e) *m(f)* ; *[of learned body]* (membre *m*) correspondant *m* ◆ **~'s degree** *(US Univ)* ≃ DEUG *m*

VT /əˈsəʊʃɪeɪt/ **a** *[+ ideas, things]* associer ◆ **to ~ one thing with another** associer une chose à *or* avec une autre

**b** ◆ **to be ~d with sth** être associé à qch ◆ **to ~ o.s.** *or* **be ~d with sb in an undertaking** s'associer à *or* avec qn dans une entreprise ◆ **to be ~d with a plot** tremper dans un complot ◆ **I should like to ~ myself with what has been said** je voudrais me faire l'écho de cette opinion ◆ **I don't wish to be ~d with it** je préfère que mon nom ne soit pas mêlé à ceci

VI /əˈsəʊʃɪeɪt/ ◆ **to ~ with sb** fréquenter qn, être en relations avec qn

**association** /əˌsəʊsɪˈeɪʃən/ N **a** *(NonC = connection)* association *f* (*with* avec) fréquentation *f* (*with* de) ; ◆ **in ~ with** en association avec ◆ **by ~ of ideas** par (une) association d'idées ◆ **to be guilty by ~** être incriminé (à cause de ses relations) **b** *(= organization)* association *f* ◆ **to form an ~** constituer une société ; → **freedom** **c** *(= connotation)* ◆ **full of historic ~s** portant l'empreinte du passé ◆ **this word has nasty ~s** ce mot a des connotations *fpl* désagréables COMP ▷ **association football** N *(Brit)* football *m* (association)

**associative** /əˈsəʊʃɪətɪv/ ADJ *(Math)* associatif ◆ **~ storage** *(Comput)* mémoire *f* associative

**assonance** /ˈæsənəns/ N assonance *f*

**assort** /əˈsɔːt/ VT classer, classifier VI *[colours etc]* s'assortir, aller bien (*with* avec)

**assorted** /əˈsɔːtɪd/ ADJ **a** *(= mixed) [shapes, styles, colours, items]* différent ◆ **in ~ sizes** dans toutes les tailles ◆ **~ wild flowers** des fleurs des champs de différentes sortes **b** *(= matched)* ◆ **an oddly ~ group** un groupe hétérogène ◆ **an strangely ~ pair** un couple qui ne semble pas bien assorti ; → **ill, well²**

**assortment** /əˈsɔːtmənt/ N *[of objects]* collection *f*, assortiment *m* ; *[of people]* mélange *m* ◆ **this shop has a good ~** il y a beaucoup de choix dans ce magasin, ce magasin est bien achalandé ◆ **an ~ of people/guests** des gens/des invités (très) divers

**asst.** abbrev of **assistant**

**assuage** /əˈsweɪdʒ/ VT *(liter) [+ hunger, desire, thirst]* assouvir ; *[+ pain]* soulager, apaiser ; *[+ anger]* apaiser ; *[+ person]* apaiser, calmer

**assume** /əˈsjuːm/ LANGUAGE IN USE 26.3 VT **a** *(= accept, presume, suppose)* supposer, présumer ◆ **assuming** *or* **if we ~ this to be true ...** en supposant que *or* supposons que ceci soit vrai ... ◆ **let us ~ that ...** supposons que ... *+ subj* ◆ **you resigned, I ~?** vous avez démissionné, je suppose *or* présume ? ◆ **you are assuming a lot** vous faites bien des suppositions **b** *(= take on) [+ responsibility, burden]* assumer, endosser ; *[+ power, importance, possession]* prendre ; *[+ title, right, authority]* s'arroger, s'attribuer ; *[+ name]* adopter, prendre ; *[+ attitude]* adopter ; *[+ air]* prendre ◆ **to ~ control of sth** prendre en main la direction de qch ◆ **to ~ the role of arbiter** assumer le rôle d'arbitre ◆ **to ~ a look of innocence** prendre un air innocent ◆ **to go under an ~d name** utiliser un nom d'emprunt *or* un pseudonyme

**assumption** /əˈsʌmpʃən/ N **a** *(= supposition)* supposition *f*, hypothèse *f* ◆ **on the ~ that ...** en supposant que ... *+ subj* ◆ **to go on the ~ that ...** présumer que ... **b** *[of power etc]* appropriation *f* ; *[of indifference]* affectation *f* **c** *(Rel)* **the Assumption** l'Assomption *f* COMP ▷ **Assumption Day** N *(= religious festival)* l'Assomption *f* ; *(= public holiday)* le 15 août

**assurance** /əˈʃʊərəns/ N **a** *(= certainty)* assurance *f*, conviction *f* ◆ **in the ~ that ...** avec la conviction *or* l'assurance que ... **b** *(= self-confidence)* assurance *f* **c** *(= promise)* promesse *f*, assurance *f* ◆ **you have my ~ that ...** je vous promets *or* assure que ... **d** *(Brit = insurance)* assurance *f* ; → **life**

**assure** /əˈʃʊəʳ/ LANGUAGE IN USE 11.3, 18.1 VT **a** *(= tell positively)* assurer ; *(= convince, reassure)* convaincre, assurer (*sb of sth* qn de qch) ; ◆ **it is so, I (can) ~ you** c'est vrai, je vous assure ; → **rest** **b** *(= ensure) [+ happiness, success]* garantir, assurer **c** *(Brit = insure)* assurer

**assured** /əˈʃʊəd/ ADJ, N assuré(e) *m(f)* (*of* de) ; ◆ **will you be ~ of a good salary?** aurez-vous l'assurance d'avoir un bon salaire ?

**assuredly** /əˈʃʊərɪdlɪ/ ADV assurément ◆ **most ~** sans aucun doute

**Assyria** /əˈsɪrɪə/ N Assyrie *f*

**Assyrian** /əˈsɪrɪən/ ADJ assyrien N Assyrien(ne) *m(f)*

**AST** /ˌeɪesˈtiː/ *(US, Can)* (abbrev of **Atlantic Standard Time**) → **Atlantic**

**astatine** /ˈæstətiːn/ N astate *m*

**aster** /ˈæstəʳ/ N aster *m*

**asterisk** /ˈæstərɪsk/ N astérisque *m* VT marquer d'un astérisque

**astern** /əˈstɜːn/ ADV *(Naut)* à l'arrière ◆ **slow ~!** (en) arrière doucement ! ◆ **to go** *or* **come ~** *(using engine)* faire machine arrière ; *(using sail)* culer ◆ **~ of** à l'arrière de

**asteroid** /ˈæstərɔɪd/ N astéroïde *m* COMP ▷ **asteroid belt** N ceinture *f* d'astéroïdes

**asthma** /ˈæsmə/ N asthme *m* ◆ **~ sufferer** asthmatique *mf*

**asthmatic** /æs'mætɪk/ **ADJ, N** asthmatique *mf*

**astigmatic** /,æstɪg'mætɪk/ **ADJ, N** astigmate *mf*

**astigmatism** /æs'tɪgmətɪzəm/ **N** astigmatisme *m*

**astir** /ə'stɜːʳ/ **ADJ, ADV** **a** (= *excited*) agité, en émoi **b** († = *out of bed*) debout *inv*, levé

**ASTMS** /,eɪestiːem'es/ **N** *(Brit)* (abbrev of **Association of Scientific, Technical and Managerial Staffs**) *syndicat*

**astonish** /ə'stɒnɪʃ/ **VT** étonner ; *(stronger)* stupéfier ◆ **you ~ me!** *(also iro)* vous m'étonnez !

**astonished** /ə'stɒnɪʃt/ **ADJ** étonné, stupéfait ◆ **I am ~ that ...** cela m'étonne *or* m'ahurit que ... + *subj*

**astonishing** /ə'stɒnɪʃɪŋ/ **ADJ** étonnant ; *(stronger)* ahurissant, stupéfiant ◆ **that is ~, coming from them** venant d'eux, c'est ahurissant *or* étonnant ◆ **with an ~ lack of discretion** avec un incroyable manque de discrétion

**astonishingly** /ə'stɒnɪʃɪŋlɪ/ **ADV** étonnamment, incroyablement ◆ **~ (enough), he was right** chose étonnante, il avait raison

**astonishment** /ə'stɒnɪʃmənt/ **N** étonnement *m*, surprise *f* ; *(stronger)* ahurissement *m*, stupéfaction *f* ◆ **look of ~** regard *m* stupéfait ◆ **to my ~** à mon grand étonnement, à ma stupéfaction ; → **stare**

**astound** /ə'staʊnd/ **VT** stupéfier, étonner, ébahir

**astounded** /ə'staʊndɪd/ **ADJ** abasourdi, ébahi ◆ **I am ~** j'en reste abasourdi, je n'en crois pas mes yeux *or* mes oreilles

**astounding** /ə'staʊndɪŋ/ **ADJ** stupéfiant, ahurissant

**astoundingly** /ə'staʊndɪŋlɪ/ **ADV** *[good, bad, talented]* incroyablement

**astrakhan** /,æstrə'kæn/ **N** astrakan *m* **COMP** *[coat]* d'astrakan

**astral** /'æstrəl/ **ADJ** astral **COMP** ▷ **astral projection** **N** projection *f* astrale

**astray** /ə'streɪ/ **ADV** *(lit, fig)* ◆ **to go ~** s'égarer ◆ **to lead sb ~** *(fig)* détourner qn du droit chemin, dévoyer qn *(liter)*

**astride** /ə'straɪd/ **ADJ, ADV** à califourchon, à cheval ◆ **to ride ~** monter à califourchon **PREP** à califourchon sur, à cheval sur

**astringent** /əs'trɪndʒənt/ **ADJ** *(Med)* astringent ; *(fig)* dur, sévère ◆ **~ lotion** lotion *f* astringente **N** *(Med)* astringent *m*

**astro...** /'æstrəʊ/ **PREF** astro...

**astrologer** /əs'trɒlədʒəʳ/ **N** astrologue *mf*

**astrological** /,æstrə'lɒdʒɪkəl/ **ADJ** astrologique **COMP** ▷ **astrological chart** **N** thème *m* astral

**astrologically** /,æstrə'lɒdʒɪkəlɪ/ **ADV** d'un point de vue astrologique

**astrologist** /ə'strɒlədʒɪst/ **N** astrologue *mf*

**astrology** /əs'trɒlədʒɪ/ **N** astrologie *f*

**astronaut** /'æstrənɔːt/ **N** astronaute *mf*

**astronautic(al)** /,æstrəʊ'nɔːtɪk(əl)/ **ADJ** astronautique

**astronautics** /,æstrəʊ'nɔːtɪks/ **N** *(NonC)* astronautique *f*

**astronomer** /əs'trɒnəməʳ/ **N** astronome *mf*

**astronomical** /,æstrə'nɒmɪkəl/ **ADJ** **a** (= *enormous) [amount, cost, price]* astronomique ◆ **the odds against another attack were ~** une nouvelle attaque était des plus improbables **b** *(Astron) [observatory, instrument, society]* d'astronomie ; *[telescope, observation]* astronomique **COMP** ▷ **astronomical clock** **N** horloge *f* astronomique ▷ **astronomical unit** **N** unité *f* astronomique

**astronomically** /,æstrə'nɒmɪkəlɪ/ **ADV** **a** (= *enormously) [rise, increase]* dans des proportions astronomiques ; *[high]* effroyablement ◆ **to be ~ expensive** coûter un prix astronomique **b** *(Astron) [interesting, important]* d'un point de vue astronomique

**astronomy** /əs'trɒnəmɪ/ **N** astronomie *f*

**astrophysicist** /,æstrəʊ'fɪzɪsɪst/ **N** astrophysicien(ne) *m(f)*

**astrophysics** /,æstrəʊ'fɪzɪks/ **N** *(NonC)* astrophysique *f*

**Astroturf** ® /'æstrəʊtɜːf/ **N** gazon *m* artificiel

**Asturian** /æ'stʊərɪən/ **ADJ** asturien

**Asturias** /æ'stʊərɪæs/ **N** Asturies *fpl*

**astute** /əs'tjuːt/ **ADJ** fin, astucieux, intelligent

**astutely** /əs'tjuːtlɪ/ **ADV** avec finesse, astucieusement

**astuteness** /əs'tjuːtnɪs/ **N** *(NonC)* finesse *f*, astuce *f*, intelligence *f*

**Asuncion** /æ,sʊntsɪ'ɒn/ **N** Asunción

**asunder** /ə'sʌndəʳ/ **ADV** *(liter)* (= *apart)* écartés, éloignés (l'un de l'autre) ; (= *in pieces)* en morceaux

**Aswan** /æs'wɑːn/ **N** Assouan **COMP** ▷ **the Aswan (High) Dam** **N** le (haut) barrage d'Assouan

**asylum** /ə'saɪləm/ **N** **a** *(NonC)* asile *m*, refuge *m* ◆ **political ~** asile *m* politique **b** † (also **lunatic asylum**) asile *m* (d'aliénés) † **COMP** ▷ **asylum seeker** **N** demandeur *m*, -euse *f* d'asile

**asymmetric(al)** /,eɪsɪ'metrɪk(əl)/ **ADJ** asymétrique **COMP** ▷ **asymmetric(al) bars** **NPL** *(Sport)* barres *fpl* asymétriques

**asymmetry** /æ'sɪmətrɪ/ **N** asymétrie *f*

**asymptomatic** /,eɪsɪmptə'mætɪk/ **ADJ** asymptomatique

**asynchronous** /æ'sɪŋkrənəs/ **ADJ** *(Comput)* asynchrone

**AT** /eɪ'tiː/ (abbrev of **alternative technology**) → **alternative**

**at** /æt/

> When **at** is an element in a phrasal verb, eg **look at**, look up the verb. When it is part of an expression such as **at all**, **at best** or **at first**, look up the other word.

**PREP** **a** *(place, position, time)* à ◆ **~ the table** à la table ◆ **~ my brother's** chez mon frère ◆ **~ home** à la maison, chez soi ◆ **to arrive ~ the house** arriver à la maison ◆ **to dry o.s. ~ the fire** se sécher devant le feu ◆ **to stand ~ the window** se tenir à *or* devant la fenêtre ◆ **~ her heels** sur ses talons ◆ **~ 10 o'clock** à 10 heures ◆ **~ a time like this** à un moment pareil ◆ **~ my time of life** à mon âge ; → **hand, sea**

**b** ◆ **where are we ~ ?** * *(progress)* où en sommes-nous ? ; *(US: position)* où sommes-nous ? ◆ **this is where it's ~** * *(fashion)* c'est là que ça se passe *

**c** *(activity)* **they were ~ their needlework** elles étaient en train de coudre

◆ **at it** * ◆ **while we are ~ it** pendant que nous y sommes *or* qu'on y est * ◆ **they are ~ it again!** les voilà qui recommencent !, voilà qu'ils remettent ça ! * ◆ **they are ~ it all day** ils font ça toute la journée

**d** *(state, condition)* en ◆ **good/bad ~ languages** bon/mauvais en langues ; → **war**

**e** *(manner)* **~ full speed** à toute allure ◆ **~ 80km/h** à 80 km/h ◆ **he was driving ~ 80km/h** il faisait du 80 (à l'heure)

**f** *(cause)* par, de ◆ **to be surprised ~ sth** être étonné de qch ◆ **annoyed ~** contrarié par ◆ **angry ~ sb** en colère contre qn ◆ **angry ~ sth** en colère à cause de qch ◆ **~ the request of ...** à la demande de ...

**g** *(rate, value)* à ◆ **~ a higher rate** à un taux plus élevé ◆ **he sells them ~ 6 euros a kilo** il les vend 6 euros le kilo

**h** (* = *nagging)* **she's been ~ me the whole day** elle m'a harcelé *or* tanné * toute la journée ◆ **she was on ~ her husband to buy a new car** elle harcelait *or* tannait * son mari pour qu'il achète *subj* une nouvelle voiture ◆ **he's always on ~ me** * il est toujours après moi *

**COMP** ▷ **at-home** **N** réception *f (chez soi)* ▷ **at-risk register** **N** *(Social Work) registre des enfants en risque de maltraitance*

**atavism** /'ætəvɪzəm/ **N** atavisme *m*

**atavistic** /,ætə'vɪstɪk/ **ADJ** atavique

**ataxia** /ə'tæksɪə/ **N** ataxie *f*

**ataxic** /ə'tæksɪk/ **ADJ** ataxique

**ATB** /,eɪtiː'biː/ **N** (abbrev of **all-terrain bike**) VTT *m*

**ATC** /,eɪtiː'siː/ **N** *(Brit)* (abbrev of **Air Training Corps**) *préparation à l'école de l'air*

**ate** /et, eɪt/ **VB** pt of **eat**

**Athalia** /ə'θeɪlɪə/ **N** Athalie *f*

**Athanasian** /,æθə'neɪʃən/ **ADJ** ◆ **the ~ Creed** le symbole de saint Athanase

**Athanasius** /,æθə'neɪʃəs/ **N** Athanase *m*

**atheism** /'eɪθɪɪzəm/ **N** athéisme *m*

**atheist** /'eɪθɪɪst/ **N** athée *mf*

**atheistic(al)** /,eɪθɪ'ɪstɪk(əl)/ **ADJ** athée

**Athena** /ə'θiːnə/ **N** Athéna *f*

**athenaeum** /,æθɪ'niːəm/ **N** association *f* littéraire (*or* culturelle)

**Athene** /ə'θiːnɪ/ **N** ⇒ **Athena**

**Athenian** /ə'θiːnɪən/ **N** Athénien(ne) *m(f)* **ADJ** athénien

**Athens** /'æθɪnz/ **N** Athènes

**athirst** /ə'θɜːst/ **ADJ** *(liter: lit, fig)* altéré, assoiffé *(for* de)

**athlete** /'æθliːt/ **N** *(in competitions)* athlète *mf* **COMP** ▷ **athlete's foot** **N** *(Med)* mycose *f* du pied ◆ **to have ~'s foot** avoir une mycose aux pieds

**athletic** /æθ'letɪk/ **ADJ** **a** *(Sport) [club, association, competition]* d'athlétisme ; *[activity, achievement]* athlétique **b** (= *muscular) [person, body, build]* athlétique **COMP** ▷ **athletic coach** **N** *(US Scol, Univ)* entraîneur *m* (sportif) ▷ **athletic sports** **NPL** athlétisme *m* ▷ **athletic support(er)** **N** suspensoir *m*

**athletically** /æθ'letɪkəlɪ/ **ADV** **a** *(Sport) [talented]* d'un point de vue athlétique **b** (= *agilely) [jump]* avec agilité

**athleticism** /æθ'letɪsɪzəm/ **N** constitution *f* athlétique

**athletics** /æθ'letɪks/ **N** *(NonC)* *(Brit)* athlétisme *m* ; *(US)* sport *m*

**Athos** /'æθɒs/ **N** ◆ **(Mount) ~** le mont Athos

**athwart** /ə'θwɔːt/ **ADV** en travers ; *(Naut)* par le travers **PREP** en travers de ; *(Naut)* par le travers de

**atishoo** /ə'tɪʃuː/ **EXCL** atchoum !

**Atlantic** /ət'læntɪk/ **ADJ** *[coast, current]* atlantique ; *[winds, island]* de l'Atlantique **N** ⇒ **Atlantic Ocean** ; → **north** **COMP** ▷ **Atlantic Charter** **N** Pacte *m* atlantique ▷ **Atlantic liner** **N** transatlantique *m* ▷ **the Atlantic Ocean** **N** l'Atlantique *m*, l'océan *m* Atlantique ▷ **the Atlantic Provinces** **NPL** *(Can)* les Provinces *fpl* atlantiques ▷ **Atlantic Standard Time** **N** l'heure *f* normale de l'Atlantique

**Atlanticism** /ətˈlæntɪsɪzəm/ N *(Pol)* atlantisme *m*

**Atlanticist** /ətˈlæntɪsɪst/ ADJ, N *(Pol)* atlantiste *mf*

**Atlantis** /ətˈlæntɪs/ N Atlantide *f*

**atlas** /ˈætləs/ N a *(= book)* atlas *m* b *(Myth)* **Atlas** Atlas *m* COMP ▷ **the Atlas Mountains** NPL (les monts *mpl* de) l'Atlas *m*

**ATM** /ˌeɪtiːˈem/ N *(US)* (abbrev of **Automated Teller Machine**) GAB *m*, DAB *m*

**atmosphere** /ˈætməsfɪəʳ/ N *(lit, Phys)* atmosphère *f*; *(fig)* atmosphère *f*, ambiance *f* ◆ **I can't stand ~s** je ne peux pas supporter une ambiance hostile

**atmospheric** /ˌætməsˈferɪk/ ADJ a *(Met, Phys)* atmosphérique b *(= evocative) [music, film, book]* évocateur (-trice *f*) COMP ▷ **atmospheric pressure** N pression *f* atmosphérique

**atmospherics** /ˌætməsˈferɪks/ N a *(NonC: Rad, Telec = interference)* bruit *m* atmosphérique b *(* = ambience, atmosphere)* ambiance *f*, atmosphère *f*

**atoll** /ˈætɒl/ N atoll *m*

**atom** /ˈætəm/ N atome *m*; *(fig)* grain *m*, parcelle *f* ◆ **smashed to ~s** réduit en miettes ◆ **not an ~ of truth** pas la moindre parcelle de vérité ◆ **if you had an ~ of sense** si tu avais un gramme *or* un atome de bon sens COMP ▷ **atom bomb** N bombe *f* atomique

**atomic** /əˈtɒmɪk/ ADJ atomique

COMP ▷ **atomic age** N ère *f* atomique ▷ **atomic bomb** N bombe *f* atomique ▷ **atomic clock** N horloge *f* atomique ▷ **atomic energy** N énergie *f* atomique *or* nucléaire ▷ **Atomic Energy Authority** *(in Brit)*, **Atomic Energy Commission** *(in US)* N ≈ Commissariat *m* à l'énergie atomique ▷ **atomic number** N nombre *m or* numéro *m* atomique ▷ **atomic physicist** N physicien(ne) *m(f)* nucléaire ▷ **atomic physics** N physique *f* nucléaire ▷ **atomic pile** N pile *f* atomique ▷ **atomic-powered** ADJ (fonctionnant à l'énergie) nucléaire *or* atomique ▷ **atomic power station** N centrale *f* nucléaire *or* atomique ▷ **atomic reactor** N réacteur *m* nucléaire *or* atomique ▷ **atomic structure** N structure *f* atomique ▷ **atomic theory** N théorie *f* atomique ▷ **atomic warfare** N guerre *f* nucléaire *or* atomique ▷ **atomic weapon** N arme *f* atomique *or* nucléaire ▷ **atomic weight** N poids *m or* masse *f* atomique

**atomize** /ˈætəmaɪz/ VT pulvériser, atomiser

**atomizer** /ˈætəmaɪzəʳ/ N atomiseur *m*

**atonal** /æˈtəʊnl/ ADJ atonal

**atonality** /ˌeɪtəʊˈnælɪtɪ/ N atonalité *f*

**atone** /əˈtəʊn/ VI ◆ **to ~ for** *[+ sin]* expier ; *[+ mistake]* racheter, réparer

**atonement** /əˈtəʊnmənt/ N *(NonC, for sin, misdeed)* expiation *f* (*for sth* de qch) ; *(for mistake)* réparation *f* (*for sth* de qch) ; ◆ **in ~ for** *[+ sin, misdeed]* en expiation de ; *[+ mistake]* en réparation de ◆ **to make ~** *(for sin)* faire acte d'expiation ◆ **to make ~ for** *[+ sin, misdeed]* expier ; *[+ mistake]* réparer ◆ **he was ready to make ~ for what he'd done wrong** il était prêt à réparer le mal qu'il avait fait ; → **day**

**atonic** /æˈtɒnɪk/ ADJ *[syllable]* atone ; *[muscle]* atonique

**atop** /əˈtɒp/ ADV en haut, au sommet PREP en haut de, au sommet de

**ATP** /ˌeɪtiːˈpiː/ N (abbrev of **adenosine triphosphate**) ATP *m*

**Atreus** /ˈeɪtrɪəs/ N Atrée *m*

**atria** /ˈeɪtrɪə/ NPL of **atrium**

**Atridae** /ˈætrɪdeɪ/ NPL Atrides *mpl*

**atrium** /ˈeɪtrɪəm/ N (pl **atria**) a *(Anat)* orifice *m* de l'oreillette b *(Archit)* atrium *m (couvert d'une verrière)*

**atrocious** /əˈtrəʊʃəs/ ADJ *[crime]* atroce ; *(* = very bad) [memory, behaviour]* épouvantable ; *[weather]* épouvantable, affreux ; *[food, accent]* épouvantable, atroce

**atrociously** /əˈtrəʊʃəslɪ/ ADV *[behave, sing, play]* de façon épouvantable, atrocement mal ◆ **~ bad** *[film, restaurant]* horriblement mauvais

**atrocity** /əˈtrɒsɪtɪ/ N atrocité *f*

**atrophy** /ˈætrəfɪ/ N atrophie *f* VT atrophier VI s'atrophier

**att.** a *(Comm)* abbrev of **attached** b abbrev of **attorney**

**attaboy** * /ˈætəbɔɪ/ EXCL *(in encouragement)* vas-y ! ; *(in congratulation)* bravo !

**attach** /əˈtætʃ/ VT a *(= join) (gen)* attacher, lier ; *(to letter)* joindre ◆ **document ~ed to a letter** document *m* joint à une lettre ◆ **the ~ed letter** la lettre ci-jointe ◆ **I ~ a report from ...** *(in letter)* je joins à cette lettre un rapport de ... ◆ **to ~ conditions to sth** soumettre qch à des conditions ◆ **to ~ o.s. to a group** se joindre à un groupe, entrer dans un groupe ◆ **to be ~ed to sb/sth** *(= fond of)* être attaché à qn/qch ◆ **he's ~ed** * *(= married etc)* il n'est pas libre

b *(= attribute) [+ value]* attacher, attribuer (*to* à) ; ◆ **to ~ credence to sth** ajouter foi à qch ; → **importance**

c *(Jur) [+ person]* arrêter, appréhender ; *[+ goods, salary]* saisir

d *[+ employee, troops]* affecter (*to* à) ; ◆ **he is ~ed to the Foreign Office** il est attaché au ministère des Affaires étrangères

e *(Phys) [compound, atom]* fixer (*to* à)

VI a *(frm = belong)* être attribué, être imputé (*to* à) ; ◆ **no blame ~es to you** le blâme ne repose nullement sur vous ◆ **salary ~ing to a post** salaire *m* afférent à un emploi *(frm)*

b *(Phys) [compound, atom]* se fixer

**attaché** /əˈtæʃeɪ/ N attaché(e) *m(f)* COMP ▷ **attaché case** N mallette *f*, attaché-case *m*

**attachment** /əˈtætʃmənt/ N a *(NonC)* fixation *f* b *(= accessory: for tool etc)* accessoire *m* c *(fig = affection)* attachement *m* (*to* à) affection *f* (*to* pour) d *(Jur) (on person)* arrestation *f* ; *(on goods, salary)* saisie *f* (*on* de) e *(= period of practical work, temporary transfer)* stage *m* ◆ **to be on ~** faire un stage (*to* à, auprès de, chez) f *(Comput)* fichier *m* joint ◆ **to send sth as an ~** envoyer qch en fichier joint

**attack** /əˈtæk/ N a attaque *f* (*on* contre) ; ◆ **to return to the ~** revenir à la charge ◆ **an ~ on sb's life** un attentat contre qn ; *(Jur)* un attentat à la vie de qn ◆ **to leave o.s. open to ~** *(fig)* prêter le flanc à la critique ◆ **~ is the best form of defence** le meilleur moyen de défense c'est l'attaque ◆ **to be under ~** *(Mil)* être attaqué (*from* par) ; *(fig)* être en butte aux attaques (*from* de) ; ◆ **to feel under ~** *(Psych)* se sentir agressé

b *(Med etc)* crise *f* ◆ **asthma ~** crise *f* d'asthme ◆ **~ of nerves** crise *f* de nerfs ; → **heart**

VT a *[+ person]* attaquer ◆ **this idea ~s the whole structure of society** cette idée menace toute la structure de la société ◆ **to be ~ed by doubts** être assailli par des doutes

b *[+ task, problem]* s'attaquer à ; *[+ poverty etc]* combattre

c *(Chem) [+ metal]* attaquer

VI attaquer

COMP ▷ **attack dog** N chien *m* d'attaque

**attackable** /əˈtækəbl/ ADJ attaquable

**attacker** /əˈtækəʳ/ N *(gen)* agresseur *m* ; *(Mil)* attaquant(e) *m(f)*

**attagirl** * /ˈætəgɜːl/ EXCL *(in encouragement)* vas-y ! ; *(in congratulation)* bravo !

**attain** /əˈteɪn/ VT *[+ aim, rank, age]* atteindre, parvenir à ; *[+ knowledge]* acquérir ; *[+ happiness]* atteindre à ; *[+ one's hopes]* réaliser ◆ **he's well on the way to ~ing his pilot's licence** il est en bonne voie pour obtenir sa licence de pilote VI ◆ **to ~ to** *[+ perfection]* atteindre à, toucher à ; *[+ power, prosperity]* parvenir à

**attainable** /əˈteɪnəbl/ ADJ accessible (*by* à), à la portée (*by* de)

**attainder** /əˈteɪndəʳ/ N *(Jur)* mort *f* civile ; → **bill**[1]

**attainment** /əˈteɪnmənt/ N a *(NonC) [of knowledge]* acquisition *f* ; *[of happiness]* conquête *f* ; *[of hopes]* réalisation *f* b *(gen pl = achievement)* réalisations *fpl*

**attempt** /əˈtempt/ VT essayer, tenter (*to do sth* de faire qch) ; *[+ task]* entreprendre, s'attaquer à ◆ **~ed escape/murder/theft** *etc* tentative *f* d'évasion/de meurtre/de vol *etc* ◆ **to ~ suicide** essayer *or* tenter de se suicider

N a tentative *f* ◆ **an ~ at escape** une tentative d'évasion ◆ **an ~ at humour** une tentative de plaisanterie ◆ **to make one's first ~** faire sa première tentative, essayer pour la première fois ◆ **to make an ~ at doing sth** *or* **to do sth** essayer de faire qch, chercher à faire qch ◆ **to be successful at the first ~** réussir du premier coup ◆ **he failed at the first ~** la première fois, il a échoué ◆ **he had to give up the ~** il lui a fallu (y) renoncer ◆ **he made no ~ to help us** il n'a rien fait pour nous aider, il n'a pas essayé de *or* cherché à nous aider ◆ **to make an ~ on the record** essayer de *or* tenter de battre le record ◆ **he made two ~s at it** il a essayé *or* tenté par deux fois de le faire ◆ **it was a good ~ on his part but ...** il a vraiment essayé mais ... ◆ **rebels were arrested in an ~ to prevent an uprising** on a arrêté des rebelles pour tenter d'empêcher une insurrection

b *(= attack)* attentat *m* ◆ **an ~ on sb's life** un attentat contre qn

**attend** /əˈtend/ LANGUAGE IN USE 19.3, 19.5, 25.1

VT a *[+ meeting, lecture]* assister à, être à ; *[+ classes, course of studies]* suivre ; *[+ church, school]* aller à ◆ **the meeting was well ~ed** il y avait beaucoup de monde à la réunion ; see also **well**[2]

b *(= serve, accompany)* servir, être au service de ◆ **to ~ a patient** *[doctor]* soigner un malade ◆ **~ed by a maid** servi par une *or* accompagné d'une femme de chambre ◆ **a method ~ed by great risks** une méthode qui comporte de grands risques

VI a *(= be present)* être présent *or* là ◆ **will you ~?** est-ce que vous y serez ?

b *(= pay attention)* faire attention (*to* à)

► **attend on** † VT FUS ⇒ **attend upon**

► **attend to** VT FUS *(= pay attention to) [+ lesson, speech]* faire attention à ; *[+ advice]* prêter attention à ; *(= deal with, take care of)* s'occuper de ◆ **to ~ to a customer** s'occuper d'un client, servir un client ◆ **are you being ~ed to?** *(in shop)* est-ce qu'on s'occupe de vous ?

► **attend upon** † VT FUS *[+ person]* être au service de

**attendance** /əˈtendəns/ **N** **a** service *m* ◆ **to be in ~** être de service ◆ **he was in ~ on a patient** *(Med)* visites *fpl* à un malade ; → **dance**

**b** *(= being present)* présence *f* ◆ **regular ~ at** assiduité *f* à ◆ **in ~** présent ◆ **is my ~ necessary?** est-il nécessaire que je sois présent *or* là ?

**c** *(= number of people present)* assistance *f* ◆ **a large ~** une nombreuse assistance ◆ **what was the ~ at the meeting?** combien de gens y avait-il à la réunion ?

**COMP** ▷ **attendance allowance N** *(Brit) (for councillors)* indemnité *f* d'élu ; *(for the handicapped) allocation pour soins constants donnée aux personnes handicapées* ▷ **attendance centre N** *(Brit Jur)* ≈ centre *m* de réinsertion ▷ **attendance officer N** *(Brit Scol) inspecteur chargé de faire respecter l'obligation scolaire* ▷ **attendance order N** *(Brit) injonction exigeant des parents l'assiduité scolaire de leur enfant* ▷ **attendance record N** ◆ **his ~ record is bad** il est souvent absent ▷ **attendance register N** *(= book)* registre *m* de(s) présence(s) ▷ **attendance sheet N** feuille *f* d'appel

**attendant** /əˈtendənt/ **N** **a** *[of museum etc]* gardien(ne) *m(f)* ; *[of petrol station]* pompiste *mf* ; *(= servant)* domestique *mf*, serviteur † *m*

**b** *(US: in hospital)* garçon *m* de salle ; *(† = doctor)* médecin *m* (de famille)

**c** *(= companion, escort)* ◆ **~s** membres *mpl* de la suite (*on* de) ; ◆ **the prince and his ~s** le prince et sa suite

**ADJ** **a** *(= accompanying) [person]* qui accompagne ◆ **to be ~ on** *or* **upon sb** accompagner qn ◆ **the ~ crowd** la foule qui était présente

**b** *(frm = associated)* ◆ **old age and its ~ ills** la vieillesse et les maux qui l'accompagnent ◆ **country life with all its ~ benefits** la vie à la campagne, avec tous les avantages qu'elle présente *or* comporte ◆ **the ~ circumstances** les circonstances *fpl* concomitantes ◆ **the ~ rise in prices** la hausse des prix correspondante ◆ **~ on** *or* **upon sth** *(= linked to)* lié à qch ; *(= due to)* dû (due *f*) à qch

**attendee** /əˌtenˈdiː/ **N** *(esp US)* participant(e) *m(f)* (*at* à)

**attention** /əˈtenʃən/ LANGUAGE IN USE 26.1

**N** **a** *(NonC = consideration, notice, observation)* attention *f* ◆ **may I have your ~?** puis-je avoir votre attention ? ◆ **give me your ~ for a moment** accordez-moi votre attention un instant ◆ **he gave her his full ~** il lui a accordé toute son attention ◆ **to call (sb's) ~ to sth** attirer l'attention (de qn) sur qch ◆ **to pay ~ to ...** faire *or* prêter attention à ... ◆ **to pay little/no ~ to ...** prêter peu d'attention/ne prêter aucune attention à ... ◆ **to pay special ~ to ...** faire tout particulièrement attention à ..., prêter une attention toute particulière à ... ◆ **no ~ has been paid to my advice** on n'a fait aucun cas de *or* tenu aucun compte de mes conseils ◆ **it has come to my ~ that ...** j'ai appris que ... ◆ **for the ~ of Mrs C. Montgomery** à l'attention de Mme C. Montgomery ◆ **it needs daily ~** il faut s'en occuper tous les jours ◆ **it shall have my earliest ~** *(Comm etc)* je m'en occuperai dès que possible ◆ **I was all ~** * j'étais tout oreilles ; → **attract, catch, hold**

**b** *(= kindnesses)* **~s** attentions *fpl*, prévenances *fpl* ◆ **to show ~s to** avoir des égards pour ◆ **to pay one's ~s to a woman** faire la cour à *or* courtiser une femme

**c** *(Mil)* garde-à-vous *m* ◆ **to stand at/come** *or* **stand to ~** être/se mettre au garde-à-vous ◆ **~!** garde-à-vous !

**COMP** ▷ **attention deficit disorder N** troubles *mpl* déficitaires de l'attention ▷ **attention-seeking ADJ** cherchant à attirer l'attention **N** désir *m* d'attirer l'attention ▷ **attention span N** ◆ **his ~ span is limited** il n'arrive pas à se concentrer très longtemps

**attentive** /əˈtentɪv/ **ADJ** **a** prévenant (*to sb* envers qn) empressé (*to sb* auprès de qn) ; ◆ **~ to sb's interests** soucieux des intérêts de qn ◆ **~ to detail** soucieux du détail, méticuleux **b** *[audience, spectator]* attentif (*to* à)

**attentively** /əˈtentɪvlɪ/ **ADV** attentivement, avec attention ◆ **to listen ~** écouter de toutes ses oreilles *or* attentivement

**attentiveness** /əˈtentɪvnɪs/ **N** attention *f*, prévenance *f*

**attenuate** /əˈtenjʊeɪt/ **VT** **a** *[+ statement]* atténuer, modérer **b** *[+ gas]* raréfier **c** *[+ thread, line]* affiner, amincir **VI** s'atténuer, diminuer **ADJ** (also **attenuated**) atténué, diminué ; *(fig = refined)* adouci, émoussé **COMP** ▷ **attenuating circumstances NPL** circonstances *fpl* atténuantes

**attenuation** /əˌtenjʊˈeɪʃən/ **N** atténuation *f*, diminution *f*

**attest** /əˈtest/ **VT** **a** *(= certify)* attester (*that* que) ; *(under oath)* affirmer sous serment (*that* que) ; *(= prove)* attester, témoigner de ; *(Jur) [+ signature]* légaliser **b** *(= put on oath)* faire prêter serment à **VI** prêter serment ◆ **to ~ to sth** attester qch, témoigner de qch **COMP** ▷ **attested form N** *(Ling)* forme *f* attestée ▷ **attested herd N** *(Brit Agr)* cheptel *m* certifié *(comme ayant été tuberculinisé)*

**attestation** /ˌætesˈteɪʃən/ **N** attestation *f* (*that* que) ; *(Jur)* attestation *f*, témoignage *m* ; *(of signature)* légalisation *f* ; *(= taking oath)* assermentation *f*, prestation *f* de serment

**attic** /ˈætɪk/ **N** grenier *m* **COMP** ▷ **attic room N** mansarde *f*

**Attica** /ˈætɪkə/ **N** Attique *f*

**Attila** /əˈtɪlə/ **N** Attila *m*

**attire** /əˈtaɪəʳ/ *(frm)* **VT** vêtir, parer (*in* de) ; ◆ **to ~ o.s. in ...** se parer de ... ◆ **elegantly ~d** vêtu avec élégance **N** *(NonC)* vêtements *mpl*, habits *mpl* ; *(ceremonial)* tenue *f* ; *(hum)* atours *mpl (hum)* ◆ **in formal ~** en tenue de cérémonie

**attitude** /ˈætɪtjuːd/ **N** **a** *(= way of standing)* attitude *f*, position *f* ◆ **to strike an ~** poser, prendre une pose affectée *or* théâtrale **b** *(= way of thinking)* disposition *f*, attitude *f* ◆ **~ of mind** état *m or* disposition *f* d'esprit ◆ **his ~ towards me** son attitude envers moi *or* à mon égard ◆ **I don't like your ~** je n'aime pas l'attitude que vous prenez ◆ **if that's your ~** si c'est ainsi *or* si c'est comme ça * que tu le prends **c** * ◆ **sb with ~** qn de tonique ◆ **women with ~** des battantes

**attitudinal** /ˌætɪˈtjuːdɪnəl/ **ADJ** *[change, difference]* d'attitude

**attitudinize** /ˌætɪˈtjuːdɪnaɪz/ **VI** se donner des airs, adopter des attitudes affectées

**attn** **PREP** (abbrev of **(for the) attention (of)**) à l'attention de

**attorney** /əˈtɜːnɪ/ **N** **a** *(Comm, Jur = representative)* mandataire *mf*, représentant(e) *m(f)* ◆ **power of ~** procuration *f*, pouvoir *m* **b** *(US:* also **attorney-at-law**) avocat(e) *m(f)* ; → **district** ; → LAWYER **COMP** ▷ **Attorney General N** (pl **Attorneys General** *or* **Attorney Generals**) *(Brit)* ≃ Procureur Général ; *(US)* ≃ Garde *m* des Sceaux, ministre *m* de la Justice

**attract** /əˈtrækt/ **VT** **a** *[magnet etc]* attirer ◆ **to ~ sb's attention** *(fig)* attirer l'attention de qn ◆ **to ~ sb's interest** éveiller l'intérêt de qn **b** *(= charm, interest) [person, subject, quality]* attirer, séduire ◆ **what ~ed me to her ...** ce qui m'a attiré *or* séduit chez elle ... ◆ **I am not ~ed to her** elle ne m'attire pas ◆ **opposites ~** les contraires s'attirent

**attraction** /əˈtrækʃən/ **N** **a** *(= attractiveness)* attrait *m* ◆ **the main** *or* **chief ~ of this plan is its simplicity** l'attrait principal de ce projet est sa simplicité ◆ **one of the ~s of family life** un des charmes de la vie de famille ◆ **a charming village, with the added ~ of a beach** un village plein de charme et qui a même une plage ◆ **I don't see the ~ of camping holidays** je ne vois pas ce qu'il y a d'attrayant dans le camping ◆ **politics holds** *or* **has no ~ for me** la politique ne m'attire pas

**b** *(NonC) (= fact of being attracted)* attirance *f* (*to* pour) ; ◆ **Phaedra's ~ for her stepson** l'attirance de Phèdre pour son beau-fils ◆ **sexual ~** attirance physique ◆ **animal ~** désir *m* animal ; → **physical**

**c** *(= source of entertainment)* attraction *f* ◆ **the chief ~ of the party** la grande attraction de la soirée ◆ **local ~s include a museum of modern art** parmi les attractions de la région, il y a un musée d'art moderne ◆ **fairground ~** attraction *f (dans une foire)* ◆ **tourist ~** attraction *f* touristique ◆ **star ~** *(of place)* principale attraction *f* ; *(show, parade)* clou *m* ; *(sports team)* star *f* ◆ **box-office ~** *(= star)* star *f* du box-office

**d** *(NonC: Phys)* attraction *f* ◆ **the ~ of gravity** l'attraction *f* universelle ◆ **the ~ between two masses** l'attraction entre deux corps

**attractive** /əˈtræktɪv/ **ADJ** **a** *(= appealing) [person]* séduisant, attirant ; *[personality, voice, offer]* séduisant ; *[features, object, prospect]* attrayant ; *[sound]* agréable ; *[price, salary]* intéressant, attractif ◆ **he was immensely ~ to women** les femmes le trouvaient extrêmement séduisant ◆ **the idea was ~ to her** elle trouvait cette idée séduisante **b** *(Phys)* attractif

**attractively** /əˈtræktɪvlɪ/ **ADV** *[dressed]* de façon séduisante ; *[illustrated, packaged]* de façon attrayante ; *[furnished]* agréablement ◆ **~ priced, at an ~ low price** à un prix intéressant *or* attractif ◆ **~ simple** d'une simplicité séduisante

**attractiveness** /əˈtræktɪvnəs/ **N** *[of person]* charme *m*, beauté *f* ; *[of voice, place]* charme *m* ; *[of idea, plan]* attrait *m* ◆ **physical ~** attrait *m* physique

**attributable** /əˈtrɪbjʊtəbl/ **ADJ** attribuable, imputable (*to* à)

**attribute** /əˈtrɪbjuːt/ LANGUAGE IN USE 17.1 **VT** attribuer (*sth to sb* qch à qn) ; *[+ feelings, words]* prêter, attribuer (*to sb* à qn) ; *[+ crime, fault]* imputer (*to sb* à qn) ; ◆ **they ~ his failure to his laziness** ils attribuent son échec à sa paresse, ils mettent son échec sur le compte de sa paresse **N** /ˈætrɪbjuːt/ **a** attribut *m* **b** *(Gram)* attribut *m*

**attribution** /ˌætrɪˈbjuːʃən/ **N** *(gen)* attribution *f* ◆ **~ of sth to a purpose** affectation *f* de qch à un but

**attributive** /əˈtrɪbjʊtɪv/ **ADJ** attributif ; *(Gram)* attributif **N** attribut *m* ; *(Gram)* attribut *m*

**attributively** /əˈtrɪbjʊtɪvlɪ/ **ADV** *(Gram)* comme épithète

**attrition** /əˈtrɪʃən/ **N** usure *f (par frottement)* ; → **war** **COMP** ▷ **attrition rate N** *(esp US Comm) [of customers]* pourcentage *m* de clients perdus ; *[of subscribers]* taux *m* de désabonnement

**attune** /əˈtjuːn/ VT *(lit, fig)* ◆ **to become ~d to** *(= used to)* s'habituer à ◆ **tastes ~d to mine** des goûts en accord avec les miens ◆ **to ~ o.s. to (doing) sth** s'habituer à (faire) qch ◆ **to be ~d to sb's needs** *(= listening)* être à l'écoute des besoins de qn

**ATV** /ˌeɪtiːˈviː/ N *(US)* (abbrev of **all-terrain vehicle**) → **all**

**atypical** /ˌeɪˈtɪpɪkəl/ ADJ atypique

**atypically** /ˌeɪˈtɪpɪkəlɪ/ ADV exceptionnellement ◆ **today, ~, he was early** exceptionnellement *or* fait inhabituel, il est arrivé en avance aujourd'hui

**aubergine** /ˈəʊbəʒiːn/ N *(esp Brit)* aubergine *f*

**auburn** /ˈɔːbən/ ADJ auburn *inv*

**auction** /ˈɔːkʃən/ N (vente *f* aux) enchères *fpl*, (vente *f* à la) criée *f* ◆ **to sell by ~** vendre aux enchères *or* à la criée ◆ **to put sth up for ~** mettre qch dans une vente aux enchères ; → **Dutch** VT (also **auction off**) vendre aux enchères *or* à la criée COMP ▷ **auction bridge** N bridge *m* aux enchères ▷ **auction house** N société *f* de vente(s) aux enchères ▷ **auction room** N salle *f* des ventes ▷ **auction sale** N (vente *f* aux) enchères *fpl*, vente *f* à la criée

**auctioneer** /ˌɔːkʃəˈnɪəʳ/ N commissaire-priseur *m*

**audacious** /ɔːˈdeɪʃəs/ ADJ audacieux

**audaciously** /ɔːˈdeɪʃəslɪ/ ADV audacieusement

**audacity** /ɔːˈdæsɪtɪ/ N *(NonC)* audace *f* ◆ **to have the ~ to do sth** avoir l'audace de faire qch

**audibility** /ˌɔːdɪˈbɪlɪtɪ/ N audibilité *f*

**audible** /ˈɔːdɪbl/ ADJ *(gen)* audible, perceptible ; *[words]* intelligible, distinct ◆ **she was hardly ~** on l'entendait à peine ◆ **there was ~ laughter** des rires se firent entendre

**audibly** /ˈɔːdɪblɪ/ ADV distinctement

**audience** /ˈɔːdɪəns/ N a *(NonC)* *(Theat)* spectateurs *mpl*, public *m* ; *(of speaker)* auditoire *m*, assistance *f* ; *(Mus, Rad)* auditeurs *mpl* ; *(TV)* téléspectateurs *mpl* ◆ **the whole ~ applauded** *(Theat)* toute la salle a applaudi ◆ **those in the ~** les gens dans la salle, les membres de l'assistance *or* du public ◆ **there was a big ~** les spectateurs étaient nombreux b *(= meeting)* audience *f* ◆ **to grant an ~ to sb** donner *or* accorder audience à qn COMP ▷ **audience appeal** N ◆ **it's got ~ appeal** cela plaît au public ▷ **audience chamber** N salle *f* d'audience ▷ **audience participation** N participation *f* du public ▷ **audience rating** N *(Rad, TV)* indice *m* d'écoute ▷ **audience research** N *(Rad, TV)* études *fpl* d'opinion

**audio** /ˈɔːdɪəʊ/ ADJ acoustique N * partie *f* son ◆ **the ~'s on the blink** * il n'y a plus de son COMP ▷ **audio book** N livre-cassette *m* ▷ **audio equipment** N équipement *m* acoustique ▷ **audio frequency** N audiofréquence *f* ▷ **audio recording** N enregistrement *m* sonore ▷ **audio system** N système *m* audio

**audio-** /ˈɔːdɪəʊ/ PREF audio- COMP ▷ **audio-cassette** N cassette *f* audio

**audiometer** /ˌɔːdɪˈɒmɪtəʳ/ N audiomètre *m*

**audiotape** /ˈɔːdɪəʊteɪp/ N a *(= tape)* bande *f* magnétique b *(US = cassette)* cassette *f* audio VT *(US = tape)* enregistrer sur cassette audio *or* sur bande magnétique

**audiotronic** /ˌɔːdɪəʊˈtrɒnɪk/ ADJ audio-électronique

**audiotyping** /ˈɔːdɪəʊtaɪpɪŋ/ N audiotypie *f*

**audiotypist** /ˈɔːdɪəʊtaɪpɪst/ N audiotypiste *mf*

**audiovisual** /ˌɔːdɪəʊˈvɪzjʊəl/ ADJ audiovisuel ◆ **~ aids** supports *mpl* or moyens *mpl* audiovisuels ◆ **~ methods** méthodes *fpl* audiovisuelles

**audit** /ˈɔːdɪt/ N audit *m*, vérification *f* des comptes VT a *[+ accounts]* vérifier, apurer ; *[+ company]* auditer ◆ **~ed statement of accounts** état vérifié des comptes b *(US Univ)* **to ~ a lecture course** assister à un cours comme auditeur libre

**auditing** /ˈɔːdɪtɪŋ/ N *(Fin)* ◆ **~ of accounts** audit *m or* vérification *f* des comptes

**audition** /ɔːˈdɪʃən/ N a *(Theat)* audition *f* ; *(Cine, TV)* (séance *f* d')essai *m* ◆ **to give sb an ~** *(Theat)* auditionner qn ; *(Cine)* faire faire un essai à qn b *(NonC: frm = power of hearing)* ouïe *f*, audition *f* VT auditionner ◆ **he was ~ed for the part** *(Theat)* on lui a fait passer une audition *or* on l'a auditionné pour le rôle ; *(Cine)* on lui a fait faire un essai pour le rôle VI *(Theat)* auditionner ◆ **he ~ed for (the part of) Hamlet** *(Theat)* il a auditionné pour le rôle de Hamlet ; *(Cine, TV)* on lui a fait faire un essai pour le rôle de Hamlet

**auditor** /ˈɔːdɪtəʳ/ N a *(= listener)* auditeur *m*, -trice *f* b *(Comm)* auditeur *m*, -trice *f*, vérificateur *m*, -trice *f* (des comptes) ; → **internal** c *(US Univ)* auditeur *m*, -trice *f* libre

**auditorium** /ˌɔːdɪˈtɔːrɪəm/ N (pl **auditoriums** *or* **auditoria** /ˌɔːdɪˈtɔːrɪə/) a auditorium *m*, salle *f* b *(US)* *(for lectures)* salle *f* de conférences ; *(for shows)* salle *f* de spectacle

**auditory** /ˈɔːdɪtərɪ/ ADJ auditif COMP ▷ **auditory phonetics** N *(NonC)* phonétique *f* auditive

**Audubon Society** /ˈɔːdəbɒnsəˈsaɪətɪ/ N *(US)* société *f* de protection de la nature

**au fait** /əʊfeɪ/ ADJ au courant, au fait (*with* de)

**Augean Stables** /ɔːˈdʒiːənˈsteɪblz/ NPL ◆ **the ~** les écuries *fpl* d'Augias

**auger** /ˈɔːgəʳ/ N *(Carpentry)* vrille *f* ; *(Tech)* foreuse *f*

**aught** /ɔːt/ N *(††, liter = anything)* ◆ **for ~ I know** (pour) autant que je sache ◆ **for ~ I care** pour ce que cela me fait

**augment** /ɔːgˈment/ VT augmenter (*with, by* de) accroître ; *(Mus)* augmenter ◆ **~ed sixth/third** *(Mus)* sixte *f*/tierce *f* augmentée VI augmenter, s'accroître

**augmentation** /ˌɔːgmenˈteɪʃən/ N augmentation *f*, accroissement *m*

**augmentative** /ɔːgˈmentətɪv/ ADJ augmentatif

**augur** /ˈɔːgəʳ/ N augure *m* VI ◆ **to ~ well/ill** être de bon/de mauvais augure (*for* pour) VT *(= foretell)* prédire, prévoir ; *(= be an omen of)* présager ◆ **it ~s no good** cela ne présage *or* n'annonce rien de bon

**augury** /ˈɔːgjʊrɪ/ N *(= omen, sign)* augure *m*, présage *m* ; *(= forecast)* prédiction *f* ◆ **to take the auguries** consulter les augures

**August** /ˈɔːgəst/ N août *m* ; *for phrases see* **September**

**august** /ɔːˈgʌst/ ADJ *(frm)* auguste

**Augustan** /ɔːˈgʌstən/ ADJ a d'Auguste ◆ **the ~ Age** *(Latin Literat)* le siècle d'Auguste ; *(English Literat)* l'époque *f* néoclassique b ◆ **~ Confession** Confession *f* d'Augsbourg

**Augustine** /ɔːˈgʌstɪn/ N Augustin *m*

**Augustinian** /ˌɔːgəsˈtɪnɪən/ ADJ augustinien, de (l'ordre de) saint Augustin N augustin(e) *m(f)*

**Augustus** /ɔːˈgʌstəs/ N ◆ **(Caesar) ~** (César) Auguste *m*

**auk** /ɔːk/ N pingouin *m*

**Auld Lang Syne** /ˌɔːldlæŋˈzaɪn/ N le bon vieux temps *(chanson écossaise chantée sur le coup de minuit à la Saint-Sylvestre)*

**aunt** /ɑːnt/ N tante *f* ◆ **yes ~** oui ma tante COMP ▷ **Aunt Sally** N *(Brit)* *(= game)* jeu *m* de massacre ; *(fig = person)* tête *f* de Turc

**auntie** *, **aunty** * /ˈɑːntɪ/ N tantine * *f*, tata * *f* ◆ **~ Mary** tante *f* Marie ◆ **Auntie** *(Brit hum)* la BBC

**au pair** /ˈəʊˈpɛə/ ADJ (also **au pair girl**) jeune fille *f* au pair N (pl **au pairs**) jeune fille *f* au pair VI ◆ **to ~ (for sb)** être au pair (chez qn)

**aura** /ˈɔːrə/ N (pl **auras** *or* **aurae** /ˈɔːriː/) *[of person]* aura *f* ; *[of place]* atmosphère *f*, ambiance *f* ◆ **he had an ~ of serenity about him** il respirait la sérénité ◆ **an ~ of mystery** une aura de mystère

**aural** /ˈɔːrəl/ ADJ a *(Anat)* auriculaire *(des oreilles)* b *(Educ)* **~ comprehension (work)** compréhension *f* (orale) ◆ **~ comprehension (test)** exercice *m* de compréhension (orale) ◆ **~ training** *(Mus)* dictée *f* musicale

**aureole** /ˈɔːrɪəʊl/ N *(Art, Astron)* auréole *f*

**auricle** /ˈɔːrɪkl/ N *(Anat)* *[of ear]* pavillon *m* auriculaire, oreille *f* externe ; *[of heart]* oreillette *f*

**aurochs** /ˈɔːrɒks/ N (pl **aurochs**) aurochs *m*

**aurora** /ɔːˈrɔːrə/ N (pl **auroras** *or* **aurorae** /ɔːˈrɔːriː/) ◆ **~ borealis/australis** aurore *f* boréale/australe

**auscultate** /ˈɔːskəlteɪt/ VT ausculter

**auscultation** /ˌɔːskəlˈteɪʃən/ N auscultation *f*

**auspices** /ˈɔːspɪsɪz/ NPL *(all senses)* auspices *mpl* ◆ **under the ~ of ...** sous les auspices de ...

**auspicious** /ɔːsˈpɪʃəs/ ADJ *[start]* prometteur ; *[occasion, day, time]* propice ; *[sign]* de bon augure

**auspiciously** /ɔːsˈpɪʃəslɪ/ ADV favorablement, sous d'heureux auspices ◆ **to start ~** prendre un départ prometteur

**Aussie** * /ˈɒzɪ/ ADJ, N ⇒ **Australian**

**austere** /ɒsˈtɪəʳ/ ADJ *[person, building, lifestyle, beauty]* austère ; *[times, economic policy]* d'austérité

**austerely** /ɒsˈtɪəlɪ/ ADV avec austérité, austèrement

**austerity** /ɒsˈterɪtɪ/ N austérité *f* ◆ **days** *or* **years of ~** période *f* d'austérité

**Australasia** /ˌɔːstrəˈleɪzɪə/ N Australasie *f*

**Australasian** /ˌɔːstrəˈleɪzɪən/ ADJ d'Australasie N habitant(e) *m(f)* *or* natif *m*, -ive *f* d'Australasie

**Australia** /ɒsˈtreɪlɪə/ N ◆ **(the Commonwealth of) ~** l'Australie *f*

**Australian** /ɒsˈtreɪlɪən/ ADJ *(gen)* australien ; *[ambassador, embassy]* d'Australie N a Australien(ne) *m(f)* b *(Ling)* australien *m* COMP ▷ **Australian Alps** NPL Alpes *fpl* australiennes ▷ **Australian Antarctic Territory** N Antarctique *f* australienne ▷ **Australian Capital Territory** N Territoire *m* fédéral de Canberra

**Austria** /ˈɒstrɪə/ N Autriche *f* ◆ **in ~** en Autriche

**Austrian** /ˈɒstrɪən/ ADJ *(gen)* autrichien ; *[ambassador, embassy]* d'Autriche N Autrichien(ne) *m(f)*

**Austro-** /ˈɒstrəʊ/ PREF austro- ◆ **~Hungarian** austro-hongrois

**AUT** /ˌeɪjuːˈtiː/ N *(Brit)* (abbrev of **Association of University Teachers**) *syndicat*

**autarchy** /ˈɔːtɑːkɪ/ N autocratie *f*

**auteur** /ɔː'tɜːʳ/ N cinéaste-auteur *m*

**authentic** /ɔː'θentɪk/ ADJ authentique ◆ **both texts shall be deemed ~** *(Jur)* les deux textes feront foi

**authentically** /ɔː'θentɪkəlɪ/ ADV a *(= genuinely) [furnished, restored]* authentiquement ◆ **~ Chinese dishes** des plats authentiquement chinois, des plats chinois authentiques ◆ **the brass has an ~ tarnished look** l'aspect terni de ce cuivre a l'air authentique b *(= accurately) [describe, depict]* de façon authentique

**authenticate** /ɔː'θentɪkeɪt/ VT *[+ document]* authentifier ; *[+ report]* établir l'authenticité de ; *[+ signature]* légaliser

**authentication** /ɔːˌθentɪ'keɪʃən/ N *[of document]* authentification *f* ; *[of report]* confirmation *f* (de l'authenticité de)

**authenticity** /ˌɔːθen'tɪsɪtɪ/ N authenticité *f*

**author** /'ɔːθəʳ/ N a *(= writer)* écrivain *m*, auteur *m* ◆ **~'s copy** manuscrit *m* de l'auteur b *[of any work of art]* auteur *m*, créateur *m* ; *[of plan, trouble etc]* auteur *m* VT *(US, † Brit = be author of)* être l'auteur de

**authoress** /'ɔːθərɪs/ N femme *f* écrivain

**authorial** /ɔː'θɔːrɪəl/ ADJ de l'auteur

**authoritarian** /ˌɔːθɒrɪ'teərɪən/ ADJ autoritaire N partisan(e) *m(f)* de l'autorité

**authoritarianism** /ˌɔːθɒrɪ'teərɪənɪzəm/ N autoritarisme *m*

**authoritative** /ɔː'θɒrɪtətɪv/ ADJ a *(= commanding) [person, voice, manner]* autoritaire b *(= reliable) [person, book, guide]* faisant autorité, digne de foi ; *[source]* sûr, autorisé ; *[survey, study, information]* sûr, digne de foi c *(= official) [statement]* officiel

**authoritatively** /ɔː'θɒrɪtətɪvlɪ/ ADV a *(= commandingly) [say, nod, behave]* de façon autoritaire b *(= reliably) [speak, write]* avec autorité

**authority** /ɔː'θɒrɪtɪ/ N a *(= power to give orders)* autorité *f*, pouvoir *m* ◆ **I'm in ~ here** c'est moi qui dirige ici ◆ **to be in ~ over sb** avoir autorité sur qn ◆ **those in ~** les responsables

b *(= permission, right)* autorisation *f* (formelle) ◆ **to give sb ~ to do sth** habiliter qn à faire qch ◆ **to do sth without ~** faire qch sans autorisation ◆ **she had no ~ to do it** elle n'avait pas qualité pour le faire ◆ **on her own ~** de son propre chef, de sa propre autorité ◆ **on whose ~?** avec l'autorisation de qui ? ◆ **to speak with ~** parler avec compétence *or* autorité ◆ **to carry ~** faire autorité ◆ **I have it on good ~ that ...** je tiens de bonne source que ... ◆ **what is your ~?** sur quoi vous appuyez-vous (pour dire cela) ? ◆ **to say sth on the ~ of Plato** dire qch en invoquant l'autorité de Platon

c *(gen pl = person or group)* **authorities** autorités *fpl*, corps *mpl* constitués, administration *f* ◆ **apply to the proper authorities** adressez-vous à qui de droit *or* aux autorités compétentes ◆ **the health authorities** les services *mpl* de la santé publique ◆ **the public/local/district authorities** les autorités *fpl* publiques/locales/régionales

d *(= person with special knowledge)* autorité *f* (*on* en matière de) expert *m* (*on* en) ; *(= book)* autorité *f*, source *f* (autorisée) ◆ **to be an ~** *[person, book]* faire autorité (*on* en matière de) ; ◆ **to consult an ~** consulter un avis autorisé

**authorization** /ˌɔːθəraɪ'zeɪʃən/ N a *(= giving of authority)* autorisation *f* (*of, for* pour ; *to do sth* de faire qch) b *(= legal right)* pouvoir *m* (*to do sth* de faire qch)

**authorize** /'ɔːθəraɪz/ VT autoriser (*sb to do sth* qn à faire qch) ; ◆ **to be ~d to do sth** avoir qualité pour faire qch, être autorisé à faire qch ◆ **~d by custom** sanctionné par l'usage

**authorized** /'ɔːθəraɪzd/ ADJ *[person, signatory, overdraft]* autorisé ; *[dealer, representative, bank]* agréé ; *[signature]* social ; *[biography]* officiel ◆ **"authorized personnel only"** *(on door)* "entrée réservée au personnel" ◆ **duly ~ officer** *(Jur, Fin)* représentant *m* dûment habilité COMP ▷ **authorized bank** N banque *f* agréée ▷ **authorized capital** N *(NonC: Fin)* capital *m* social ▷ **authorized dealer** N *(Comm)* distributeur *m* agréé ▷ **authorized signature** N *(Jur, Fin)* signature *f* sociale ▷ **the Authorized Version** N *(Rel)* la Bible de 1611 *(autorisée par le roi Jacques Ier)*

**authorship** /'ɔːθəʃɪp/ N *[of book, idea etc]* paternité *f* ◆ **to establish the ~ of a book** identifier l'auteur d'un livre, établir la paternité littéraire d'un livre

**autism** /'ɔːtɪzəm/ N autisme *m*

**autistic** /ɔː'tɪstɪk/ ADJ autistique

**auto** /'ɔːtəʊ/ *(US)* N voiture *f*, auto *f* COMP ▷ **Auto show** N Salon *m* de l'auto ▷ **auto worker** N ouvrier *m* de l'industrie automobile

**auto-** /'ɔːtəʊ/ PREF auto-

**autobank** /'ɔːtəʊbæŋk/ N distributeur *m* automatique de billets (de banque)

**autobiographic(al)** /'ɔːtəʊˌbaɪəʊ'græfɪk(əl)/ ADJ autobiographique

**autobiography** /ˌɔːtəʊbaɪ'ɒgrəfɪ/ N autobiographie *f*

**autocade** /'ɔːtəʊkeɪd/ N *(US)* cortège *m* d'automobiles

**autocracy** /ɔː'tɒkrəsɪ/ N autocratie *f*

**autocrat** /'ɔːtəʊkræt/ N autocrate *m*

**autocratic** /ˌɔːtəʊ'krætɪk/ ADJ a *(= dictatorial) [person, style, behaviour, leadership]* autocratique b *(Pol) [leader, ruler]* absolu ; *[government, regime]* autocratique

**autocross** /'ɔːtəʊkrɒs/ N auto-cross *m*

**Autocue** ® /'ɔːtəʊkjuː/ N *(Brit TV)* téléprompteur *m*

**autocycle** /'ɔːtəʊsaɪkl/ N *(small)* cyclomoteur *m* ; *(more powerful)* vélomoteur *m*

**auto-da-fé** /'ɔːtəʊdɑː'feɪ/ N (pl **autos-da-fé** /'ɔːtəʊdɑː'feɪ/) autodafé *m*

**autodidact** /'ɔːtəʊˌdaɪdækt/ N *(frm)* autodidacte *mf*

**autodrome** /'ɔːtəʊdrəʊm/ N autodrome *m*

**autofocus** /'ɔːtəʊfəʊkəs/ N *(Phot)* autofocus *m*

**autogenic** /ˌɔːtəʊ'dʒenɪk/ ADJ ◆ **~ training** training *m* autogène

**autogiro** /'ɔːtəʊ'dʒaɪərəʊ/ N autogire *m*

**autograph** /'ɔːtəgrɑːf/ N autographe *m* VT *[+ book]* dédicacer ; *[+ other object]* signer COMP ▷ **autograph album** N livre *m* or album *m* d'autographes ▷ **autograph hunter** N collectionneur *m*, -euse *f* d'autographes

**autohypnosis** /ˌɔːtəʊhɪp'nəʊsɪs/ N autohypnose *f*

**autoimmune** /ˌɔːtəʊɪ'mjuːn/ ADJ *[reaction, response, disease]* auto-immun

**autoloading** /'ɔːtəʊləʊdɪŋ/ ADJ semi-automatique

**automat** /'ɔːtəmæt/ N distributeur *m* automatique

**automata** /ɔː'tɒmətə/ NPL of **automaton**

**automate** /'ɔːtəmeɪt/ VT automatiser ◆ **~d teller** *(= machine)* distributeur *m* automatique de billets, guichet *m* automatique de banque

**automatic** /ˌɔːtə'mætɪk/ ADJ automatique ; *[gesture]* machinal ◆ **the ~ choice** le choix naturel ◆ **he has no ~ right to ...** il n'a pas automatiquement le droit de ... ◆ **they have ~ right to French citizenship** ils ont automatiquement droit à la citoyenneté française N *(= gun, washing machine)* automatique *m* ; *(= car)* voiture *f* à boîte *or* à transmission automatique ◆ **a Citroën ~** une Citroën à boîte *or* transmission automatique COMP ▷ **automatic data processing** N *(Comput)* traitement *m* automatique de l'information ▷ **automatic exposure** N *(Phot)* exposition *f* automatique ▷ **automatic pilot** N pilote *m* automatique ◆ **on ~ pilot** *(Aviat)* en pilotage *or* sur pilote automatique ◆ **to work/drive on ~ pilot** * *(fig)* travailler/conduire au radar * ▷ **automatic transmission** N *(Aut)* transmission *f* automatique ▷ **automatic vending machine** N distributeur *m* automatique

**automatically** /ˌɔːtə'mætɪkəlɪ/ ADV automatiquement ; *(without thinking)* machinalement ◆ **~ void** *(Jur)* nul de plein droit

**automation** /ˌɔːtə'meɪʃən/ N *(= technique, system, action)* automatisation *f* ; *(= state of being automated)* automation *f* ◆ **industrial ~** productique *f*

**automaton** /ɔː'tɒmətən/ N (pl **automatons** *or* **automata**) automate *m*

**automobile** /'ɔːtəməbiːl/ N *(esp US)* automobile *f*, auto *f*

**automobilia** /ˌɔːtəməʊ'biːlɪə/ NPL accessoires *mpl* auto

**automotive** /ˌɔːtə'məʊtɪv/ ADJ a *(Aut) [industry, design]* (de l')automobile b *(= self-propelled)* automoteur(-trice *f*)

**autonomous** /ɔː'tɒnəməs/ ADJ autonome

**autonomously** /ɔː'tɒnəməslɪ/ ADV de façon autonome

**autonomy** /ɔː'tɒnəmɪ/ N autonomie *f*

**autonymous** /ɔː'tɒnɪməs/ ADJ *(Ling)* autonyme

**autopilot** /'ɔːtəʊpaɪlət/ N pilote *m* automatique ◆ **on ~** *(lit)* sur pilote automatique ◆ **to be on ~** * *(fig)* marcher au radar *

**autopsy** /'ɔːtɒpsɪ/ N autopsie *f*

**autoreverse** /ˌɔːtəʊrɪ'vɜːs/ N *(Elec, Mus)* autoreverse *m*, lecture *f* arrière automatique ◆ **a cassette deck with ~** une platine à cassettes (avec) autoreverse

**autosuggestion** /'ɔːtəʊsə'dʒestʃən/ N autosuggestion *f*

**autoteller** /'ɔːtəʊteləʳ/ N *(Banking)* distributeur *m* automatique de billets

**autotimer** /'ɔːtəʊtaɪməʳ/ N *[of oven]* programmateur *m* (de four)

**autumn** /'ɔːtəm/ N automne *m* ◆ **in ~** en automne ◆ **he's in the ~ of his life** il est à l'automne de sa vie COMP d'automne, automnal *(liter)* ▷ **autumn leaves** NPL *(dead)* feuilles *fpl* mortes ; *(on tree)* feuilles *fpl* d'automne

**autumnal** /ɔː'tʌmnəl/ ADJ d'automne, automnal *(liter)*

**auxiliary** /ɔːg'zɪlɪərɪ/ ADJ subsidiaire (*to* à) auxiliaire N a auxiliaire *mf* ◆ **nursing ~** infirmier *m*, -ière *f* auxiliaire, aide-soignant(e) *m(f)* ◆ **auxiliaries** *(Mil)* auxiliaires *mpl* b *(Gram)* (verbe *m*) auxiliaire *m* COMP ▷ **auxiliary nurse** N aide-soignant(e) *m(f)* ▷ **auxiliary police** N *(US)* corps *m* de policiers auxiliaires volontaires ▷ **auxiliary staff** N *(Brit Scol)* personnel *m* auxiliaire non enseignant ▷ **auxiliary tank** N *(Aviat)* réservoir *m* supplémentaire ▷ **auxiliary verb** N verbe *m* auxiliaire

**AV** /eɪ'viː/ abbrev of **audiovisual**

**Av.** N (abbrev of **Avenue**) av.

**a.v., A/V** abbrev of **ad valorem**

**avail** /əˈveɪl/ VT ◆ **to ~ o.s. of** *[+ opportunity]* saisir, profiter de ; *[+ right]* user de, valoir de ; *[+ service]* utiliser ◆ **to ~ o.s. of the rules of jurisdiction** *(Jur)* invoquer les règles de compétence VI *(† liter)* être efficace, servir ◆ **nought ~ed** rien n'y faisait ◆ **it ~ed him nothing** cela ne lui a servi à rien N ◆ **to no ~** sans résultat, en vain ◆ **your advice was of no ~** vos conseils n'ont eu aucun effet ◆ **it is of no ~ to complain** il ne sert à rien de protester ◆ **to little ~** sans grand effet *or* résultat ◆ **it is of** *or* **to little ~** cela ne sert pas à grand-chose

**availability** /əˌveɪləˈbɪlɪtɪ/ N a *[of material, people]* disponibilité *f* b *(US = validity)* validité *f*

**available** /əˈveɪləbl/ LANGUAGE IN USE 19.3 ADJ a *(= obtainable) [information, product, funding, accommodation]* disponible ◆ **he is not ~ at the moment** il n'est pas disponible pour l'instant ◆ **television isn't yet ~ here** on ne dispose pas encore de la télévision ici ◆ **new treatments are becoming ~** de nouveaux traitements font leur apparition ◆ **to be ~ for sb** être à la disposition de qn ◆ **the MP was not ~ for comment yesterday** *(Press)* hier, le député ne s'est prêté à aucune déclaration ◆ **~ for hire** à louer ◆ **money ~ for spending** argent *m* disponible ◆ **a car park is ~ for the use of customers** un parking est à la disposition des clients ◆ **the guide is ~ from all good bookshops** on peut trouver ce guide dans toutes les bonnes librairies ◆ **this service is ~ in stores everywhere** tous les magasins proposent ce service ◆ **tickets are ~ from the box office** on peut se procurer des billets auprès du bureau de location ◆ **to make sth ~** rendre qch accessible ◆ **to make sth ~ to sb** mettre qch à la disposition de qn ◆ **to make o.s. ~** se rendre disponible ◆ **to use every ~ means to do sth** utiliser tous les moyens disponibles pour faire qch ◆ **the next ~ flight** le prochain vol ◆ **"other sizes/colours available"** *(Comm)* "existe également en d'autres tailles/couleurs" ◆ **in the time ~** dans le temps disponible ◆ **information ~ to patients** les informations *fpl* à la disposition des patients ◆ **benefits ~ to employees** les avantages *mpl* dont peuvent bénéficier les employés

b *(= unattached) (person)* libre ; *(sexually)* disponible *(sexuellement)*

c *(US Pol pej) [candidate]* honnête *before n*

**avalanche** /ˈævəlɑːnʃ/ N *(lit, fig)* avalanche *f* VI tomber en avalanche COMP ▷ **avalanche precautions** NPL mesures *fpl* de sécurité anti-avalanche ▷ **avalanche warning** N alerte *f* aux avalanches ; *(on sign)* "attention (aux) avalanches"

**avalement** /avalˈmɑ̃/ N *(Ski)* avalement *m*

**avant-garde** /ˈævɑ̃ŋgɑːd/ N *(gen, Mil)* avant-garde *f* COMP *[dress, style]* d'avant-garde

**avarice** /ˈævərɪs/ N avarice *f*, cupidité *f*

**avaricious** /ˌævəˈrɪʃəs/ ADJ avare, cupide *(liter)*

**avatar** /ˈævətɑːʳ/ N a *(Rel)* avatar *m* b *(fig = manifestation)* incarnation *f* c *(Comput)* avatar *m*

**avdp** N abbrev of **avoirdupois**

**Ave** N (abbrev of **Avenue**) av.

**Ave Maria** /ˈɑːveɪməˈrɪə/ N Ave Maria *m inv*

**avenge** /əˈvendʒ/ VT *[+ person, thing]* venger ◆ **to ~ o.s.** se venger, prendre sa revanche (*on sb* sur qn)

**avenger** /əˈvendʒəʳ/ N vengeur *m*, -eresse *f*

**avenging** /əˈvendʒɪŋ/ ADJ vengeur (-eresse *f*) *(liter)*

**avenue** /ˈævənjuː/ N *(= private road)* avenue *f* ; *(= wide road in town)* avenue *f*, boulevard *m* ; *(fig)* route *f*

**aver** /əˈvɜːʳ/ VT affirmer, déclarer

**average** /ˈævərɪdʒ/ N a moyenne *f* ◆ **on ~** en moyenne ◆ **a rough ~** une moyenne approximative ◆ **to take an ~ of results** prendre la moyenne des résultats ◆ **above/below ~** au-dessus/en-dessous de la moyenne ◆ **to do an ~ of 70km/h** rouler à *or* faire une moyenne de 70 km/h, faire du 70 de moyenne *

b *(Marine Insurance)* avarie *f* ◆ **to adjust the ~** répartir les avaries

ADJ *[age, wage, price]* moyen ◆ **the ~ American car owner drives 10,000 miles per year** l'automobiliste américain moyen fait 16 000 kilomètres par an ◆ **an ~ thirteen-year-old child could understand it** un enfant *or* n'importe quel enfant de treize ans comprendrait cela ◆ **$2 for a beer is ~** il faut compter en moyenne 2 dollars pour une bière ◆ **it was an ~ piece of work** c'était un travail moyen ◆ **I was only ~ academically** sur le plan des études, je ne dépassais pas la moyenne

VT a *(= find the average of)* établir *or* faire la moyenne de

b *(= reach an average of)* atteindre la moyenne de ◆ **we ~ eight hours' work a day** nous travaillons en moyenne huit heures par jour ◆ **the sales ~ 200 copies a month** la vente moyenne est de 200 exemplaires par mois ◆ **we ~d 50km/h the whole way** nous avons fait 50 km/h de moyenne sur ce trajet

► **average out** VI ◆ **it'll average out in the end** en fin de compte ça va s'égaliser ◆ **our working hours ~ out at eight per day** nous travaillons en moyenne huit heures par jour

VT SEP faire la moyenne de

**averagely** /ˈævərɪdʒlɪ/ ADV moyennement

**averager** /ˈævərɪdʒəʳ/ N *(Marine Insurance)* répartiteur *m* d'avaries, dispatcheur *m*

**averse** /əˈvɜːs/ ADJ ennemi (*to* de) peu disposé (*to* à) ; ◆ **to be ~ to doing sth** répugner à faire qch ◆ **he is ~ to getting up early** il déteste se lever tôt ◆ **I am not ~ to an occasional drink** je n'ai rien contre un petit verre de temps à autre

**aversion** /əˈvɜːʃən/ N a *(NonC = strong dislike)* aversion *f* ◆ **he has an ~ to spiders** il a *or* éprouve de l'aversion pour les araignées ◆ **he has a strong ~ to work** il a horreur de travailler ◆ **I have an ~ to garlic** une chose que je déteste, c'est l'ail ◆ **he has a strong ~ to me** il ne peut pas me souffrir ◆ **I took an ~ to it** je me suis mis à détester cela ◆ **I have an ~ to him** il m'est antipathique b *(= object of aversion)* objet *m* d'aversion ◆ **my greatest ~ is ...** ce que je déteste le plus, c'est ... ; → **pet¹**

**avert** /əˈvɜːt/ VT *[+ danger, accident]* prévenir, éviter ; *[+ blow]* détourner, parer ; *[+ suspicion]* écarter ; *[+ one's eyes, one's thoughts]* détourner (*from* de)

**avian** /ˈeɪvɪən/ ADJ aviaire

**aviary** /ˈeɪvɪərɪ/ N volière *f*

**aviation** /ˌeɪvɪˈeɪʃən/ N aviation *f* COMP ▷ **aviation fuel** N kérosène *m* ▷ **aviation industry** N aéronautique *f*

**aviator** /ˈeɪvɪeɪtəʳ/ N aviateur *m*, -trice *f* COMP ▷ **aviator glasses** NPL lunettes *fpl* sport

**avid** /ˈævɪd/ ADJ a *(= keen) [reader, collector, viewer]* passionné ; *[supporter, fan]* fervent b *(= desirous)* ◆ **~ for sth** avide de qch

**avidity** /əˈvɪdɪtɪ/ N avidité *f* (*for* de)

**avidly** /ˈævɪdlɪ/ ADV avidement, avec avidité

**Avila** /ˈævɪlə/ N Ávila

**avionics** /ˌeɪvɪˈɒnɪks/ N *(NonC) (= science)* avionique *f* ; *(pl = circuitry)* avionique *f*

**avocado** /ˌævəˈkɑːdəʊ/ N *(Brit:* also **avocado pear***)* avocat *m* ; *(= tree)* avocatier *m*

**avocation** /ˌævəʊˈkeɪʃən/ N a *(= employment)* métier *m*, profession *f* b *(= minor occupation)* passe-temps *m inv* favori, violon *m* d'Ingres

**avocet** /ˈævəset/ N avocette *f*

**avoid** /əˈvɔɪd/ VT *[+ person, obstacle]* éviter ; *[+ danger]* échapper à, éviter ◆ **to ~ tax** *(legally)* se soustraire à l'impôt ; *(illegally)* frauder le fisc ◆ **to ~ doing sth** éviter de faire qch ◆ **~ being seen** évitez qu'on ne vous voie ◆ **to ~ sb's eye** fuir le regard de qn ◆ **to ~ notice** échapper aux regards ◆ **I can't ~ going now** je ne peux plus faire autrement que d'y aller, je ne peux plus me dispenser d'y aller ◆ **this way we ~ London** en passant par ici nous évitons Londres ◆ **it is to be ~ed like the plague** il faut fuir cela comme la peste ; → **plague**

**avoidable** /əˈvɔɪdəbl/ ADJ évitable

**avoidance** /əˈvɔɪdəns/ N ◆ **his ~ of me** le soin qu'il met à m'éviter ◆ **his ~ of his duty** ses manquements *mpl* au devoir ◆ **tax ~** évasion *f* fiscale

**avoirdupois** /ˌævədəˈpɔɪz/ N a *(lit)* système *m* des poids commerciaux *(système britannique des poids et mesures)* b *(* = overweight)* embonpoint *m* COMP *conforme aux poids et mesures officiellement établis* ▷ **avoirdupois pound** N livre *f (453,6 grammes)*

**avow** /əˈvaʊ/ VT *(frm = proclaim)* déclarer, affirmer ◆ **to ~ o.s. defeated** s'avouer *or* se déclarer battu

**avowal** /əˈvaʊəl/ N *(frm)* aveu *m*

**avowed** /əˈvaʊd/ ADJ *(frm) [enemy, supporter, atheist]* déclaré ; *[aim, intention, purpose]* avoué

**avowedly** /əˈvaʊɪdlɪ/ ADV *(frm)* de son propre aveu

**avuncular** /əˈvʌŋkjʊləʳ/ ADJ avunculaire

**AWACS** /ˈeɪwæks/ N (abbrev of **Airborne Warning and Control System**) ◆ **~ plane** (avion *m*) AWACS *m*

**await** /əˈweɪt/ VT a *(= wait for) [+ object, event]* attendre, être dans l'attente de ; *[+ person]* attendre ◆ **parcels ~ing delivery** colis *mpl* en souffrance ◆ **long-~ed event** événement *m* longtemps attendu b *(= be in store for)* être réservé à, attendre ◆ **the fate that ~s us** le sort qui nous attend *or* qui nous est réservé

**awake** /əˈweɪk/ (pret **awoke** *or* **awaked**, ptp **awoken** *or* **awaked**) VI s'éveiller, se réveiller ◆ **to ~ from sleep** sortir du sommeil, s'éveiller ◆ **to ~ to one's responsibilities** prendre conscience de ses responsabilités ◆ **to ~ to the fact that ...** s'apercevoir du fait que ... ◆ **to ~ from one's illusions** revenir de ses illusions

VT a *(= wake) [+ person]* éveiller, réveiller

b *(fig = arouse) [+ suspicion]* éveiller ; *[+ hope, curiosity]* éveiller, faire naître ; *[+ memories]* réveiller

ADJ a *(= not asleep) (before sleep)* éveillé ; *(after sleep)* réveillé ◆ **are you ~?** est-ce que tu dors ? ◆ **he was instantly ~** il s'est réveillé immédiatement ◆ **to keep sb ~** empêcher qn de dormir ◆ **to lie ~ all night** ne pas fermer l'œil de la nuit ◆ **she lies ~ at night**

**worrying about it** ça la tracasse tellement qu'elle n'en dort plus ◆ **to shake sb ~** secouer qn pour le réveiller ◆ **to stay** *or* **keep ~** veiller ◆ **I couldn't stay** *or* **keep ~** je n'arrivais pas à rester éveillé ◆ **I don't stay ~ at night worrying about that** cela ne m'inquiète pas au point de m'empêcher de dormir ; → **wide**

b *(= aware)* ◆ **to be ~ to sth** être conscient de qch

**awaked** † /əˈweɪkt/ **VB** pt, ptp of **awake**

**awaken** /əˈweɪkən/ **VTI** ⇒ **awake**

**awakening** /əˈweɪknɪŋ/ N *(lit, fig)* réveil *m* ◆ **a rude ~** un réveil brutal ADJ *[interest, passion]* naissant

**award** /əˈwɔːd/ VT *[+ prize etc]* décerner, attribuer *(to* à) ; *[+ sum of money]* allouer, attribuer *(to* à) ; *[+ dignity, honour]* conférer *(to* à) ; *[+ damages]* accorder *(to* à) N a *(= prize)* prix *m* ; *(for bravery etc)* récompense *f*, décoration *f* ; *(= scholarship)* bourse *f* b *(Jur = judgement)* décision *f*, sentence *f* arbitrale ; *(= sum of money)* montant *m* (*or* dommages-intérêts *mpl*) accordé(s) par le juge

COMP ▷ **award ceremony**, **awards ceremony** N *(Cine, Theat, TV)* cérémonie *f* de remise des prix ▷ **award-winner** N *(= person)* lauréat(e) *m(f)* ; *(= work)* livre *m* (*or* film *m etc*) primé ▷ **award-winning** ADJ *[person, book, film]* primé

**aware** /əˈwɛəʳ/ ADJ a *(= conscious)* conscient *(of* de) ; *(= informed)* au courant, averti *(of* de) ; ◆ **to become ~ of sth/that sth is happening** prendre conscience *or* se rendre compte de qch/que qch se passe ◆ **to be ~ of sth** être conscient de qch, avoir conscience de qch ◆ **to be ~ that something is happening** être conscient *or* avoir conscience que quelque chose se passe ◆ **I am quite ~ of it** je ne l'ignore pas, j'en ai bien conscience ◆ **as far as I am ~** autant que je sache ◆ **not that I am ~ of** pas que je sache ◆ **the management need to be made ~ of the problem** il faut que la direction prenne conscience de ce problème b *(= knowledgeable)* informé, avisé ◆ **politically ~** politisé ◆ **socially ~** au courant des problèmes sociaux

**awareness** /əˈwɛənɪs/ N *(NonC)* conscience *f* *(of* de) COMP ▷ **awareness programme** N programme *m* de sensibilisation

**awash** /əˈwɒʃ/ ADJ *(Naut)* à fleur d'eau, qui affleure ; *(= flooded)* inondé *(with* de)

**away** /əˈweɪ/

> When **away** is an element in a phrasal verb, eg **boil away**, **die away**, **gabble away**, **get away**, look up the verb.

ADV a *(= to or at a distance)* au loin, loin ◆ **far ~** au loin, très loin ◆ **the lake is 3km ~** le lac est à 3 km (de distance) *or* à une distance de 3 km ◆ **~ back in the distance** très loin derrière (dans le lointain) ◆ **~ back in prehistoric times** dans les temps reculés de la préhistoire ◆ **~ back in 1600** il y a bien longtemps en 1600 ◆ **~ back in the 40s** il y a longtemps déjà dans les années 40 ◆ **keep the child ~ from the fire** tenez l'enfant loin *or* éloigné du feu ◆ **~ over there** là-bas au loin *or* dans le lointain, loin là-bas

b *(= absent)* **he's ~ today** *(gen)* il est absent *or* il n'est pas là aujourd'hui ; *[businessman etc]* il est en déplacement aujourd'hui ◆ **he is ~ in London** il est (parti) à Londres ◆ **when I have to be ~** lorsque je dois m'absenter ◆ **she was ~ before I could speak** elle était partie avant que j'aie pu parler ◆ **now she's ~ with the idea that ...** * la voilà partie avec l'idée que ... ◆ **~!** hors d'ici ! ◆ **~ with you!** *(= go away)* allez-vous-en ! ◆ **get ~!** *, **~ with you!** * *(disbelief)* allons ! ne dis pas de bêtises ; → **far, right, brush away, go away**

c *(Sport)* **they're playing ~ this week** ils jouent à l'extérieur cette semaine ◆ **Chelsea are ~ to Everton on Saturday** Chelsea se déplace à Everton samedi

d *(as intensifier)* ◆ **to be working ~** être en train de travailler ◆ **can I ask you something? – ask ~!** je peux te poser une question ? – oui, bien sûr !

COMP ▷ **away-day** N *(Comm, Ind: for training)* journée *f* de formation ▷ **away defeat** N *(Sport)* défaite *f* à l'extérieur ▷ **away game**, **away match** N *(Sport)* match *m* à l'extérieur ▷ **away team** N *(Sport)* (équipe *f* des) visiteurs *mpl*, équipe *f* jouant à l'extérieur ▷ **away win** N *(Sport)* victoire *f* à l'extérieur

**awe** /ɔː/ N *(fearful)* respect *m* mêlé de crainte ; *(admiring)* respect *m* mêlé d'admiration ◆ **to be** *or* **stand in ~ of sb** être intimidé par qn, être rempli du plus grand respect pour qn VT inspirer un respect mêlé de crainte à ◆ **in an ~d voice** d'une voix (à la fois) respectueuse et intimidée COMP ▷ **awe-inspiring** ADJ ⇒ **awesome** ▷ **awe-struck** ADJ *(= frightened)* frappé de terreur ; *(= astounded)* stupéfait

**awesome** /ˈɔːsəm/ ADJ *(= impressive)* impressionnant, imposant ; *(= frightening)* terrifiant ; *(esp US * = excellent)* super *, génial *

**awesomely** /ˈɔːsəmlɪ/ ADV *[talented, complex]* terriblement ◆ **the streets were ~ quiet** il régnait un calme impressionnant dans les rues

**awful** /ˈɔːfəl/ ADJ a affreux, terrible, atroce ◆ **he's an ~ bore** il est assommant * ◆ **what ~ weather!** quel temps affreux ! *or* de chien ! * ◆ **he's got an ~ cheek!** il a un de ces culots ! * *or* un fameux culot ! * ◆ **how ~!** comme c'est affreux !, quelle chose affreuse ! ◆ **it was just ~** c'était vraiment affreux ◆ **his English is ~** son anglais est atroce, il parle anglais comme une vache espagnole ◆ **I feel ~** *(= ill)* je me sens vraiment mal ◆ **an ~ lot of time/money** un temps/un argent fou ◆ **there's an ~ lot of people/cars/cream** *etc* il y a énormément de monde/voitures/crème *etc* ◆ **I have an ~ lot of things to do** j'ai énormément de *or* un tas * de choses à faire ◆ **he drinks an ~ lot** il boit énormément *or* comme un trou *

b *(= dreadful) [news, crime, accident, realization]* épouvantable, terrifiant

**awfully** /ˈɔːflɪ/ ADV *[good, nice, clever]* extrêmement, vraiment ; *[bad, difficult, hot, late]* terriblement ◆ **an ~ big house** une énorme maison ◆ **I'm ~ glad** je suis absolument ravi ◆ **I'm ~ sorry** je suis absolument désolé ◆ **I'm not ~ sure** je n'en suis pas vraiment sûr ◆ **I don't know her ~ well** je ne la connais pas vraiment bien *or* très bien ◆ **thanks ~** † merci infiniment ◆ **would you mind ~ (if ...)?** † est-ce que cela vous ennuierait (si ...) ?

**awfulness** /ˈɔːfʊlnɪs/ N horreur *f* ◆ **the ~ of it** ce qu'il y a d'affreux *or* de terrible dans cette affaire, ce que cette affaire a d'affreux *or* de terrible

**awhile** /əˈwaɪl/ ADV *(US)* un instant, un moment ◆ **wait ~** attendez un peu ◆ **not yet ~** pas de sitôt

**awkward** /ˈɔːkwəd/ ADJ a *(= inconvenient, difficult) [question, job, task]* difficile ; *[problem, situation, stage]* délicat ◆ **he's at an ~ age** il est à l'âge ingrat ◆ **it's ~ for me** cela m'est assez difficile, cela ne m'est pas très facile ◆ **tomorrow's ~ (for me); how about Thursday?** demain n'est pas très commode (pour moi) – que pensez-vous de jeudi ? ◆ **you've come at an ~ moment** vous tombez mal ◆ **to put sb in an ~ position** mettre qn dans une position délicate ◆ **to make things ~ for sb** rendre les choses difficiles pour qn ◆ **at an ~ time for sb** au mauvais moment pour qn ◆ **it would be ~ to postpone my trip again** il me serait difficile de reporter à nouveau mon voyage

b *(= embarrassing) [silence]* gêné ◆ **there was an ~ moment when ...** il y a eu un moment de gêne quand ... ; → **a** ◆ **it's all a bit ~** tout ceci est un peu ennuyeux *or* gênant

c *(= ill at ease)* ◆ **to be** *or* **feel ~ (with sb)** être mal à l'aise (avec qn) ◆ **I felt ~ about his hand on my knee** ça me gênait de sentir sa main sur mon genou ◆ **I felt ~ about touching him** ça me gênait de le toucher

d *(= uncooperative) [person]* difficile, peu commode ◆ **he's being ~ (about it)** il fait des difficultés (à ce sujet) ◆ **to be ~ about doing sth** faire des difficultés pour faire qch ; → **customer**

e *(= cumbersome) [object]* encombrant ; *[shape]* encombrant, malcommode ◆ **~ to carry/use** difficile à porter/utiliser

f *(= clumsy) [person]* gauche, maladroit ; *[movement, gesture, phrase]* maladroit ; *[style]* gauche, emprunté ; *[position]* inconfortable

**awkwardly** /ˈɔːkwədlɪ/ ADV a *(= clumsily) [move, walk, express o.s., translate]* maladroitement, de façon maladroite ; *[fall]* mal ; *[lie]* dans une position inconfortable ; *[hang]* bizarrement ◆ **~ placed** mal placé b *(= embarrassingly)* ◆ **an ~ long silence** un long silence gêné c *(= embarrassedly) [say, behave, shake hands]* d'un air gêné *or* embarrassé

**awkwardness** /ˈɔːkwədnɪs/ N a *(= clumsiness)* gaucherie *f*, maladresse *f* b *[of situation]* côté *m* gênant *or* embarrassant c *(= discomfort)* embarras *m*, gêne *f*

**awl** /ɔːl/ N alêne *f*, poinçon *m*

**awning** /ˈɔːnɪŋ/ N *(Naut)* taud *m or* taude *f*, tente *f* ; *[of shop]* banne *f*, store *m* ; *[of hotel door]* marquise *f* ; *[of tent]* auvent *m* ; *(in garden)* vélum *m*

**awoke** /əˈwəʊk/ VB pt of **awake**

**awoken** /əˈwəʊkən/ VB ptp of **awake**

**AWOL** /ˈeɪwɒl/ *(Mil)* (abbrev of **absent without leave**) ◆ **to go ~** * *(fig)* disparaître de la circulation *

**awry** /əˈraɪ/ ADJ, ADV a *(= askew)* de travers, de guingois * b *(= wrong)* de travers ◆ **to go ~** *[plan]* s'en aller à vau-l'eau ; *[undertaking]* mal tourner

**axe, ax** *(US)* /æks/ N hache *f* ; *(fig: in expenditure etc)* coupe *f* claire *or* sombre ; *(Mus * = guitar)* gratte * *f* ◆ **to have an ~ to grind** prêcher pour son saint *(fig)* ◆ **I've no ~ to grind** ce n'est pas mon intérêt personnel que j'ai en vue, je ne prêche pas pour mon saint ◆ **when the ~ fell** *(fig)* quand le couperet est tombé ◆ **to get** *or* **be given the ~** *[employee]* être mis à la porte ; *[project]* être abandonné VT *(fig) [+ scheme, project]* annuler, abandonner ; *[+ jobs]* supprimer ; *[+ employees]* licencier ◆ **to ~ expenditure** réduire les dépenses, faire *or* opérer des coupes claires dans le budget COMP ▷ **axe-murderer** N assassin *m (qui tue ses victimes à la hache)*

**axeman** * /ˈæksmən/ N (pl **-men**) *(Mus = guitarist)* guitariste *m* ◆ **(mad) ~** tueur *m* fou *(qui se sert d'une hache)*

**axes** /ˈæksiːz/ NPL of **axis**

**axial** /ˈæksɪəl/ ADJ axial

**axiom** /ˈæksɪəm/ N axiome *m*

**axiomatic** /ˌæksɪəʊˈmætɪk/ ADJ axiomatique ; *(= clear)* évident

**axis** /ˈæksɪs/ N (pl **axes**) axe *m* ◆ **the Axis (Powers)** *(Hist)* les puissances *fpl* de l'Axe

**axle** /'æksl/ N [of wheel] axe m ; (Aut: also **axle-tree**) essieu m ◆ **front/rear** ~ essieu m avant/arrière COMP ▷ **axle-box** N (Rail) boîte f d'essieu ▷ **axle cap** N chapeau m de roue or de moyeu ▷ **axle grease** N graisse f à essieux ▷ **axle-pin** N esse f, clavette f d'essieu

**ay** /aɪ/ N, PARTICLE ⇒ **aye**[1]

**ayatollah** /ˌaɪəˈtɒlə/ N ayatollah m

**aye**[1] /aɪ/ PARTICLE (esp Scot, N Engl) oui ◆ ~, ~ **sir!** (Naut) oui, commandant (or capitaine etc) N oui m ◆ **the ~s and noes** (in voting) les voix fpl pour et contre ◆ **90 ~s and 2 noes** 90 pour et 2 contre ◆ **the ~s have it** les oui l'emportent

**aye**[2] † /eɪ/ ADV (Scot) toujours

**AYH** /ˌeɪwaɪˈeɪtʃ/ N (US) abbrev of **American Youth Hostels**

**AZ** abbrev of **Arizona**

**azalea** /əˈzeɪlɪə/ N azalée f

**Azerbaijan** /ˌæzəbaɪˈdʒɑːn/ N Azerbaïdjan m

**Azerbaijani** /ˌæzəbaɪˈdʒɑːnɪ/ ADJ azerbaïdjanais N a Azerbaïdjanais(e) m(f) b (Ling) Azerbaïdjanais m

**Azeri** /əˈzeərɪ/ ADJ azéri N Azéri(e) m(f)

**AZERTY, azerty** /əˈzɜːtɪ/ ADJ ◆ ~ **keyboard** clavier m AZERTY

**azimuth** /ˈæzɪməθ/ N azimut m

**Azores** /əˈzɔːz/ NPL Açores fpl

**AZT** /ˌeɪzedˈtiː/ N (abbrev of **azidothymidine**) AZT f

**Aztec** /ˈæztek/ N Aztèque mf ADJ aztèque

**azure** /ˈeɪʒəʳ/ N azur m ADJ d'azur

# B

**B, b** /biː/ N a (= letter) B, b *m* ◆ **B for Baker** ≃ B comme Berthe ◆ **number 7b** *(in house numbers)* numéro *m* 7 ter b *(Mus)* si *m* ; → **key** c *(Scol)* bien, ≃ 14 sur 20 d *(Cine)* ◆ **B movie** *or* **picture** † *or* **film** film *m* de série B e *[of record]* ◆ **B side** face *f* B COMP ▷ **B-girl** * N *(US)* entraîneuse *f* (de bar) ▷ **B-road** N *(Brit)* route *f* secondaire, route *f* départementale ; → ROADS

**B2B** /ˌbiːtuːˈbiː/ ADJ *(Comm)* (abbrev of **business-to-business**) b2b

**B2C** /ˌbiːtuːˈsiː/ ADJ *(Comm)* (abbrev of **business-to-consumer**) b2c

**BA** /biːˈeɪ/ N *(Univ)* (abbrev of **Bachelor of Arts**) ◆ **to have a ~ in French** avoir une licence de français ; → **bachelor** ; → DEGREE

**BAA** /ˌbiːeɪˈeɪ/ N (abbrev of **British Airports Authority**) → **British**

**baa** /bɑː/ N bêlement *m* ◆ **~!** bé, bê ! VI bêler COMP ▷ **baa-lamb** N *(baby talk)* petit agneau *m*

**babble** /ˈbæbl/ N *[of baby]* babil *m*, babillage *m* ; *[of stream]* gazouillement *m* ◆ **a ~ of voices** un brouhaha de voix VI a *[baby]* gazouiller, babiller ; *[stream]* jaser, gazouiller b (= *gabble:* also **babble away, babble on**) bredouiller, bafouiller * ◆ **he was babbling about his holidays** il nous débitait des histoires à n'en plus finir sur ses vacances ◆ **he was babbling about saving the rainforests** il nous débitait des banalités sur la sauvegarde des forêts tropicales VT (also **babble out**) bredouiller ◆ **"don't hurt me, don't hurt me!" he ~d** "ne me faites pas de mal, ne me faites pas de mal !" bredouilla-t-il ◆ **he was just babbling nonsense** il débitait des inepties

**babbler** /ˈbæbləʳ/ N bavard(e) *m(f)*

**babbling** /ˈbæblɪŋ/ ADJ *[person, baby, stream]* babillard N ⇒ **babble n**

**babe** /beɪb/ N a *(liter)* bébé *m*, enfant *mf* en bas âge ◆ **~ in arms** enfant *mf* au berceau *or* qui vient de naître b *(esp US* * *= attractive woman)* jolie pépée * *f* ◆ **come on ~!** viens ma belle ! c (* *= inexperienced person)* innocent(e) *m(f)* ◆ **~s in the wood(s)** des jeunes gens naïfs perdus dans un monde impitoyable

**babel** /ˈbeɪbəl/ N (= *noise)* brouhaha *m* ; (= *confusion)* tohu-bohu *m* ; → **tower**

**baboon** /bəˈbuːn/ N babouin *m*

**baby** /ˈbeɪbɪ/ N a bébé *m* ◆ **she's just had a ~** elle vient d'avoir un bébé ◆ **the ~ of the family** le petit dernier *or* la petite dernière, le benjamin *or* la benjamine ◆ **I've known him since he was a ~** je l'ai connu tout petit *or* tout bébé ◆ **a new ~** un(e) nouveau-né(e) *m(f)* ◆ **don't be such a ~!** *(pej)* ne fais pas l'enfant ! ◆ **he was left holding the ~** * on lui a refilé le bébé * ◆ **to throw out the ~ with the bathwater** jeter le bébé avec l'eau du bain

b *(US* ‡*)* (= *girlfriend)* copine * *f*, nana ‡ *f* ; (= *man)* mec ‡ *m* ◆ **come on ~!** *(to woman)* viens ma belle ! ; *(to man)* viens mon gars ! *

c (* *= special responsibility)* bébé *m* ◆ **the new system is his ~** le nouveau système est son bébé ◆ **that's not my ~** je n'ai rien à voir là-dedans

d *(esp US* ‡ *= thing)* petite merveille *f*

ADJ ◆ **~ vegetables/carrots/sweetcorn** mini-légumes *mpl*/-carottes *fpl*/-épis *mpl* de maïs

VT * *[+ person]* dorloter, cajoler

COMP *[clothes etc]* de bébé ; *[rabbit etc]* bébé ▷ **baby-batterer** N bourreau *m* d'enfants ▷ **baby-battering** N sévices *mpl* à enfant(s) ▷ **baby-blue** * ADJ *[eyes]* bleu *(plein d'innocence)* ; *[ribbon, car]* bleu clair *inv* ▷ **baby blues** * NPL a (= *depression)* bébé blues * *m* b (= *eyes)* yeux *mpl* bleus *(pleins d'innocence)* ▷ **baby boom** N baby-boom *m* ▷ **baby boomer** N enfant *mf* du baby-boom ▷ **Baby-bouncer** ® N Baby Bouncer ® *m* ▷ **baby boy** N petit garçon *m* ▷ **baby brother** N petit frère *m* ▷ **baby buggy** ® N *(Brit)* poussette *f* ▷ **baby carriage** N *(US)* voiture *f* d'enfant, landau *m* ▷ **baby-doll pyjamas** NPL baby doll *m* ▷ **baby elephant** N éléphanteau *m* ▷ **baby face** N visage *m* poupin ▷ **baby-faced** ADJ au visage poupin ▷ **baby food(s)** N(PL) aliments *mpl* pour bébés ▷ **baby girl** N petite fille *f* ▷ **baby grand** N (also **baby grand piano**) (piano *m*) demi-queue *m* ▷ **Baby-gro** ® N grenouillère *f* ▷ **baby linen** N layette *f* ▷ **baby-minder** N nourrice *f (qui s'occupe des enfants pendant que les parents travaillent)* ▷ **baby-scales** NPL pèse-bébé *m* ▷ **baby seat** N siège *m* pour bébés ▷ **baby sister** N petite sœur *f* ▷ **baby-sit** VI faire du baby-sitting ▷ **baby-sitter** N baby-sitter *mf* ▷ **baby-sitting** N garde *f* d'enfants, baby-sitting *m* ◆ **to go ~-sitting** faire du baby-sitting ▷ **baby snatcher** N ravisseur *m*, -euse *f* d'enfant ◆ **he/she is a ~ snatcher!** * *(fig)* il/elle les prend au berceau ! * ▷ **baby talk** N langage *m* enfantin *or* de bébé ▷ **baby tooth** * N (pl **baby teeth**) dent *f* de lait ▷ **baby-walker** N trotteur *m* ▷ **baby wipe** N lingette *f (pour bébé)*

**babyhood** /ˈbeɪbɪhʊd/ N petite enfance *f*

**babyish** /ˈbeɪbɪɪʃ/ ADJ puéril, enfantin

**Babylon** /ˈbæbɪlən/ N *(Geog, fig)* Babylone

**Babylonian** /ˌbæbɪˈləʊnɪən/ ADJ babylonien N Babylonien(ne) *m(f)*

**baccalaureate** /ˌbækəˈlɔːrɪɪt/ N licence *f*

**baccara(t)** /ˈbækərɑː/ N baccara *m*

**bacchanal** /ˈbækənæl/ ADJ bachique N (= *worshipper)* adorateur *m*, -trice *f* de Bacchus ; (= *reveller)* noceur * *m*, -euse * *f* ; (= *orgy)* orgie *f*

**bacchanalia** /ˌbækəˈneɪlɪə/ N (= *festival)* bacchanales *fpl* ; (= *orgy)* orgie *f*

**bacchanalian** /ˌbækəˈneɪlɪən/, **bacchic** /ˈbækɪk/ ADJ bachique

**Bacchus** /ˈbækəs/ N Bacchus *m*

**baccy** ‡ /ˈbækɪ/ N (abbrev of **tobacco**) tabac *m*

**bachelor** /ˈbætʃələʳ/ N a (= *unmarried man)* célibataire *m* ; → **confirmed** b *(Univ)* **Bachelor of Arts/of Science/of Law** licencié(e) *m(f)* ès lettres/ès sciences/en droit ◆ **Bachelor of Education** licencié(e) *m(f)* en sciences de l'éducation ◆ **~'s degree** ≃ licence *f* ; → DEGREE c *(Hist)* bachelier *m* ADJ *[uncle, brother etc]* célibataire ; *[life, habits]* de célibataire COMP ▷ **bachelor flat** N garçonnière *f*, studio *m* ▷ **bachelor girl** N célibataire *f*

**bachelorhood** /ˈbætʃələhʊd/ N *(gen)* vie *f* de garçon ; (= *celibacy)* célibat *m*

**bacillary** /bəˈsɪlərɪ/ ADJ bacillaire

**bacillus** /bəˈsɪləs/ N (pl **bacilli** /bəˈsɪlaɪ/) bacille *m*

## back /bæk/

| | |
|---|---|
| 1 NOUN | 4 TRANSITIVE VERB |
| 2 ADJECTIVE | 5 INTRANSITIVE VERB |
| 3 ADVERB | 6 COMPOUNDS |
| 7 PHRASAL VERBS | |

### 1 - NOUN

a *of person, animal* dos *m* ◆ **I've got a bad ~** j'ai des problèmes de dos ◆ **to carry sb/sth on one's ~** porter qn/qch sur son dos ◆ **with one's ~ to the light** le dos à la lumière ◆ **to stand** *or* **sit with one's ~ to sb/sth** tourner le dos à qn/qch ◆ **~ to ~** *(lit, fig)* dos à dos ; see also **compounds** ◆ **to be on one's ~** *(lit)* être (étendu) sur le dos ; *(* = be ill)* être alité ◆ **behind sb's ~** *(also fig)* derrière le dos de qn ◆ **he went behind Mr Brown's ~ to the headmaster** il est allé voir le directeur derrière le dos de M. Brown ◆ **as soon as he turns his ~, as soon as his ~ is turned** *(fig)* dès qu'il a le dos tourné ◆ **to fall on one's ~** tomber à la renverse *or* sur le dos ◆ **he stood with his ~ (up) against the wall** il était adossé au mur ◆ **I was glad to see the ~ of him** * j'étais content de le voir partir ◆ **to have one's ~ to the wall** *(lit)* être adossé au mur ; *(fig)* être le dos au mur, être acculé

♦ **to be on sb's back** * être sur le dos de qn ◆ **my boss is always on my ~** mon patron est toujours sur mon dos, j'ai sans arrêt mon patron sur le dos

♦ **to get off sb's back** * laisser qn tranquille, ficher la paix à qn * ◆ **get off my ~, will you?** laisse-moi donc tranquille à la fin !, fiche-moi la paix !

♦ **to get** *or* **put sb's back up** hérisser qn, horripiler qn ◆ **what gets my ~ up is the way he thinks he's always right** ce qui me hérisse *or* m'horripile chez lui, c'est qu'il croit qu'il a toujours raison

♦ **to live off the back of sb** exploiter qn ◆ **the rich have always lived off the ~s of the poor** les riches ont toujours exploité les pauvres

♦ **to put one's back into sth** mettre toute son énergie dans qch ◆ **put your ~ into it !** * allons, un peu de nerf ! *

♦ **to turn one's back on sb/sth** *(lit, fig)* ◆ **he turned his ~ on us** il nous a tourné le dos ◆ **you can't just turn your ~ on your parents** ça ne se fait pas de tourner le dos à ses parents ◆ **he turned his ~ on the past** il a tourné la page

♦ **on the back of** *(= by means of)* en profitant de ◆ **they became immensely rich on the ~ of the property boom** ils ont fait fortune en profitant du boom immobilier

**b** [of object] *[of photo, picture, dress, spoon, book]* dos *m* ; *[of chair]* dossier *m* ; *[of building]* arrière *m* ; *[of fabric]* envers *m*

♦ **at the back** *[of building]* à l'arrière, derrière ; *[of book]* à la fin ; *[of cupboard, hall, stage]* au fond ◆ **at the very ~** tout au fond ◆ **there's a car park at the ~** il y a un parking à l'arrière *or* derrière

♦ **at the back of** *[+ building]* derrière, à l'arrière de ; *[+ book]* à la fin de ; *[+ cupboard, hall, stage]* au fond de ◆ **the flour's at the ~ of the cupboard** la farine est au fond du placard ◆ **he's at the ~ of all this trouble** c'est lui qui est derrière tous ces problèmes ◆ **ambition is at the ~ of this** c'est l'ambition qui est à l'origine de tout cela ; → **beyond, mind**

♦ **in back** *(US) [of building, car]* à l'arrière, derrière ◆ **Chuck was in ~** Chuck était à l'arrière *or* derrière

♦ **in back of** *(US) [+ building, car]* à l'arrière de, derrière ◆ **in ~ of the house** à l'arrière de *or* derrière la maison

♦ **in the back** *[of car]* à l'arrière ◆ **to sit in the ~ of the car** être (assis) à l'arrière

♦ **out** *or* **round the back** * *(Brit)* derrière ◆ **the toilet's out** *or* **round the ~** les toilettes sont derrière

♦ **back to front** à l'envers, devant derrière ◆ **you've got it on ~ to front** tu l'as mis à l'envers *or* devant derrière

**c** [of part of body] *[of head]* derrière *m* ; *[of hand]* dos *m*, revers *m* ◆ **the ~ of one's neck** la nuque ◆ **I know Paris like the ~ of my hand** je connais Paris comme ma poche

**d** [Ftbl, Hockey *etc*] arrière *m* ◆ **right/left ~** arrière *m* droit/gauche

2 - ADJECTIVE

**a** [= not front] *[wheel]* arrière *inv* ◆ **the ~ room** *[of house]* la pièce du fond ; *[of pub, restaurant]* l'arrière-salle *f*, la salle du fond ◆ **~ legs** *[of animal]* pattes *fpl* de derrière ; see also **compounds, backroom**

**b** [= overdue] *[taxes]* arriéré ◆ **to owe ~ rent** devoir un arriéré de loyer

3 - ADVERB

When **back** is an element in a phrasal verb, eg **come back**, **go back**, **put back**, look up the verb.

**a** [in space, time] ◆ **(stand) ~ !** reculez ! ◆ **stay well ~!** n'approchez pas ! ◆ **far ~** loin derrière ◆ **a week ~** * il y a une semaine ◆ **as far ~ as 1800** dès 1800, en 1800 déjà

When followed by a preposition, **back** is often not translated.

◆ **meanwhile, ~ in London ...** pendant ce temps-là, à Londres ... ◆ **it all started ~ in 1980** tout a commencé en 1980 ◆ **I saw her ~ in August** je l'ai vue en août ◆ **he little suspected how worried they were ~ at home** il était loin de se douter que sa famille s'inquiétait autant ◆ **the house stands ~ from the road** la maison est en retrait par rapport à la route

♦ **to go back and forth, to go back and forward** *[person]* faire des allées et venues ; *[phone calls, e-mails, letters]* être échangé

**b** [= returned]

♦ **to be back** *[person]* être rentré ◆ **he's not ~ yet** il n'est pas encore rentré ◆ **I'll be ~ at six** je serai de retour *or* je rentrerai à six heures ◆ **as soon as I'm ~** dès que je serai rentré ◆ **she's now ~ at work** elle a repris le travail ◆ **the electricity is ~** l'électricité est revenue, il y a à nouveau de l'électricité ◆ **the water is ~** il y a à nouveau de l'eau ◆ **everything's ~ to normal** tout est revenu à la normale, tout est rentré dans l'ordre ; *(in fashion)* ◆ **black is ~** le noir est de nouveau à la mode

♦ **... and back** ◆ **he went to Paris and ~** il a fait le voyage de Paris aller et retour ◆ **the journey there and ~** le trajet aller et retour ◆ **you can go there and ~ in a day** tu peux faire l'aller et retour en une journée ◆ **he went to Lyons and then ~ to Paris** il est allé à Lyon, puis est rentré à Paris

**c** [= reimbursed] ◆ **"full satisfaction or your money back"** "satisfait ou remboursé" ◆ **I got/want my money ~** j'ai récupéré/je veux récupérer mon argent, j'ai été/je veux être remboursé

4 - TRANSITIVE VERB

**a** [= support] *[+ person, candidate, plan]* soutenir ; *[+ statement]* confirmer ◆ **they've found a witness to ~ his claim** ils ont trouvé un témoin qui confirme *or* corrobore ce qu'il a dit ; → **hilt**

**b** [= accompany] *[+ singer]* accompagner

**c** [= finance] *[+ person, enterprise]* financer, commanditer ; *[+ loan]* garantir ◆ **to ~ a bill** *(Fin)* endosser *or* avaliser un effet

**d** [= bet on] *[+ horse, team, contestant]* parier sur, miser sur ◆ **I'm ~ing Manchester to win** je parie que Manchester va gagner ◆ **to ~ the wrong horse** *(lit, fig)* miser sur le mauvais cheval ◆ **to ~ a loser** *(lit)* miser sur un perdant ; *(fig)* miser sur le mauvais cheval ◆ **the horse was heavily ~ed** on avait beaucoup parié sur ce cheval ◆ **to ~ a horse each way** jouer un cheval gagnant et placé

**e** [= reverse] *[+ vehicle]* reculer ; *[+ train]* refouler ◆ **to ~ the car in/out** entrer/sortir en marche arrière ◆ **to ~ a car round a corner** prendre un coin de rue en marche arrière ◆ **to ~ water** *or* **the oars** *(Naut)* nager à culer

**f** [= attach backing to] *[+ rug, quilt]* doubler

5 - INTRANSITIVE VERB

**a** [= move backwards] *[person, animal]* reculer ; *[vehicle]* reculer, faire marche arrière ◆ **to ~ in/out** *[vehicle]* entrer/sortir en marche arrière ; *[person]* entrer/sortir à reculons

**b** [= change direction] tourner ◆ **during the night the south wind ~ed as predicted** au cours de la nuit le vent a tourné au nord comme prévu

6 - COMPOUNDS

▷ **back alley** N ruelle *f*, venelle *f* ▷ **back benches** NPL *(Brit Parl)* bancs *mpl* des députés de base ; → **backbencher** ▷ **back boiler** N *(Brit)* (petite) chaudière *f (à l'arrière d'une cheminée)* ▷ **back-breaking** ADJ *[work]* éreintant ▷ **back burner** N ◆ **to put sth on the ~ burner** mettre qch en veilleuse *or* en attente ADJ ◆ **a ~ burner issue** un problème non urgent ▷ **back catalogue** N *(Mus)* anciens enregistrements *mpl* ▷ **back-cloth** N *(Brit Theat)* ⇒ **backdrop** ▷ **back-comb** VT *(Brit) [+ hair]* crêper ▷ **back copy** N *(Press)* ancien *or* vieux numéro *m* ▷ **the back country** N *(US)* la campagne profonde ▷ **back-country** ADJ *(US) [road]* de campagne ; *[expedition]* en campagne profonde ▷ **back cover** N *[of book, magazine]* quatrième *f* de couverture ▷ **back door** N porte *f* de derrière ◆ **to do sth by** *or* **through the ~ door** faire qch par des moyens détournés ◆ **the Government is privatizing health care through the ~ door** le gouvernement est en train de privatiser les services de santé par des moyens détournés ◆ **he got into the company by** *or* **through the ~ door** il est entré dans la société par la petite porte ▷ **back-end** N *[of bus, train]* arrière *m* ◆ **~-end of the year** *(Brit)* arrière-saison *f* ▷ **back-flip** N flip-flap *m* ▷ **back-formation** N *(Ling)* dérivation *f* régressive ▷ **back garden** N *(Brit)* jardin *m* (de derrière) ◆ **she's in the ~ garden cutting the grass** elle est dans le jardin (de derrière) en train de tondre la pelouse ◆ **they were sitting in the ~ garden** ils étaient assis dans le jardin (de derrière) ▷ **back-heel** *(Ftbl)* N talonnade *f* VT ◆ **to ~-heel the ball** faire une talonnade ◆ **he ~-heeled the ball into the net** il a marqué le but d'une talonnade ▷ **back interest** N *(Fin)* arriérés *mpl* d'intérêts ▷ **back issue** N *[of magazine]* vieux *or* ancien numéro *m* ▷ **back-kitchen** N arrière-cuisine *f* ▷ **back-line player** N *(US Sport)* arrière *m* ▷ **back-lit** ADJ *[stage]* éclairé de derrière *or* par l'arrière ; *(Comput) [screen]* rétro-éclairé ▷ **back lot** N *(esp US) [of film studio] grand terrain à l'arrière d'un studio de cinéma* ▷ **back marker** N *(Brit Sport)* dernier *m*, -ière *f* ▷ **back matter** N *[of book]* appendice(s) *m(pl)* ▷ **back number** N *[of newspaper etc]* vieux *or* ancien numéro *m* ◆ **to be a ~ number** *[person]* ne plus être dans le coup * ▷ **back-pack** N *(Space)* appareil *m* dorsal de survie ; *(Sport)* sac *m* à dos ▷ **back-packer** N routard(e) *m(f)* ▷ **back-packing** N ◆ **to go ~-packing** voyager sac au dos ▷ **back pain** N *(Med)* mal *m or* maux *mpl* de dos ▷ **back pass** N *(Ftbl)* passe *f* en retrait ▷ **back passage** N *(Brit Anat)* rectum *m* ▷ **back pay** N *(Ind)* rappel *m* de salaire *or* de traitement ; *(Mil, Naut)* rappel *m or* arriéré *m* de solde ▷ **back-pedal** VI rétropédaler, pédaler en arrière ; *(fig = retreat)* faire marche arrière ▷ **back-pedalling** N *(lit)* rétropédalage *m* ; *(fig)* reculade *f* ▷ **back pocket** N poche *f* arrière ▷ **back projection** N *(Cine)* projection *f* par transparence ▷ **back road** N petite route *f* de campagne ▷ **back-scratching** N *(NonC)* renvoi *m* d'ascenseur ▷ **back seat** N siège *m or* banquette *f* arrière ◆ **in the ~ seat** *(Aut)* sur le siège arrière, sur la banquette arrière ◆ **to take a ~ seat* (to sth)** passer au second plan (par rapport à qch) ▷ **back-seat driver** N ◆ **he's a ~-seat driver** il est toujours à donner des conseils (au conducteur) ▷ **back-shop** N arrière-boutique *f* ▷ **back sight** N *[of rifle]* cran *m* de mire ; *(Surv)* rétrovisée *f* ▷ **back straight** N *(Sport)* ligne *f* droite *(opposée à celle de l'arrivée)* ▷ **back street** N ruelle *f* ; *(pej)* rue *f* des quartiers pauvres ◆ **he grew up in the ~ streets of Leeds** il a grandi dans les quartiers pauvres de Leeds ; see also **backstreet** ▷ **back stretch** N ⇒ **back straight** ▷ **back talk*** N *(NonC: US)* ⇒ **backchat** ▷ **back-to-back** ADJ dos à dos ◆ **a row of ~-to-~ houses** *(Brit)* une rangée de maisons adossées les unes aux autres ADV ◆ **they showed two episodes ~-to-~** ils ont passé deux épisodes de suite ▷ **back tooth** N (pl **back teeth**) molaire *f* ▷ **back-to-the-office report** N compte rendu *m* de mission ▷ **back-up light** N *(US Aut)* feu *m* de recul, feu *m* de marche arrière ▷ **back vowel** N *(Ling)* voyelle *f* postérieure

7 - PHRASAL VERBS

► **back away** VI (se) reculer ◆ **to ~ away from** *[+ problem]* prendre ses distances par rapport à

► **back down** VI revenir sur sa position

► **back off** VI a *(= draw back)* reculer
b *(US *)* ◆ **back off Mom, I can make my own decisions** laisse-moi tranquille, maman, je peux prendre mes propres décisions
VT FUS *(= withdraw)* abandonner ◆ **the union has ~ed off that demand** le syndicat a abandonné cette revendication

► **back on to** VT FUS *[house etc]* ◆ **the house backs on to the golf course** l'arrière de la maison donne sur le terrain de golf

► **back out** VI *(lit) [person]* sortir à reculons ; *[car]* sortir en marche arrière (*of* de) ; *(fig)* revenir sur ses engagements ◆ **at the last minute he ~ed out** à la dernière minute il a fait machine arrière
VT SEP *[+ vehicle]* sortir en marche arrière

► **back out of*** VT FUS *[+ deal, agreement]* revenir sur ; *[+ duty, undertaking]* se soustraire à

► **back up** VI a *(= reverse)* faire marche arrière
b *(= queue)* ◆ **the traffic is backing up for miles behind the accident** l'accident a provoqué des kilomètres de bouchon
c *[water]* refouler
VT SEP a *(= support) [+ theory, claim]* confirmer ; *[+ person]* soutenir ◆ **his colleagues ~ed him up** ses collègues l'ont soutenu ◆ **he said he had never been there and she ~ed him up** il a dit qu'il n'y était jamais allé et elle a confirmé ses dires
b *(= reverse) [+ vehicle]* faire reculer
c *(Comput) [+ file]* sauvegarder

**backache** /ˈbækeɪk/ N mal *m* de dos ◆ **I've got (a) ~** j'ai mal au dos

**backbench** /ˈbækbentʃ/ ADJ *(Brit, Austral Parl)* ◆ **~ MP** député *m* de base

**backbencher** /ˈbæk,bentʃəʳ/ N *(Brit Parl)* député *m* de base

> **Backbencher**
>
> Député de la Chambre des communes qui n'occupe aucune fonction officielle, ni au gouvernement, ni dans le cabinet fantôme. Il siège donc sur les bancs du fond de la Chambre, contrairement aux « frontbenchers », membres du gouvernement ou de l'opposition, qui sont assis aux premiers rangs. Par leur position, les **backbenchers** ne sont pas tenus de suivre aussi rigoureusement les consignes de vote de leur parti. L'expression **back benches** désigne l'ensemble des **backbenchers**, toutes appartenances confondues.

**backbite** /ˈbækbaɪt/ VT médire de, débiner*

**backbiting** /ˈbækbaɪtɪŋ/ N médisance *f*

**backboard** /ˈbækbɔːd/ N *(US Sport)* panneau *m*

**backbone** /ˈbækbəʊn/ N a *[of person, animal]* épine *f* dorsale, colonne *f* vertébrale ; *[of fish]* arête *f* centrale ◆ **English to the ~** anglais jusqu'à la moelle (des os) b *(fig = main part, axis)* base *f*, ossature *f* ◆ **to be the ~ of an organization** être *or* former la base *or* l'ossature d'une organisation ◆ **the economic ~ of the country** la base de l'économie du pays c *(NonC: fig = strength of character) [of person]* courage *m*, cran* *m* ; *[of government, organization]* fermeté *f* ◆ **he's got no ~** il n'a pas de cran*

**backchat*** /ˈbæktʃæt/ N *(NonC)* impertinence *f*

**backdate** /,bækˈdeɪt/ VT *[+ cheque]* antidater ◆ **increase ~d to January** augmentation *f* avec effet rétroactif à compter de janvier

**backdoor** /ˈbækdɔːʳ/ ADJ *[loan, attempt etc]* déguisé ; *[methods]* détourné

**backdrop** /ˈbækdrɒp/ N *(Theat, fig)* toile *f* de fond

**-backed** /bækt/ ADJ *(in compounds)* a *(= with back)* à dossier ◆ **low-backed chair** chaise *f* à dossier bas b *(= with backing)* doublé de ◆ **rubber-backed carpet** tapis *m* doublé de caoutchouc c *(= supported by)* soutenu (by par) ; ◆ **American-backed** soutenu par les américains

**backer** /ˈbækəʳ/ N *(= supporter)* partisan(e) *m(f)* ; *(Betting)* parieur *m*, -euse *f* ; *(Fin) [of bill]* avaliseur *m* ; *[of firm, play, film, business venture]* commanditaire *m*

**backfire** /ˈbækˈfaɪəʳ/ N *(Aut) (= explosion)* raté *m* (d'allumage) ; *(= noise)* pétarade *f* ; *(US: for halting a fire)* contre-feu *m* VI a *(Aut)* pétarader, avoir un raté (d'allumage) ; *(US = halt a fire)* allumer un contre-feu b *(fig = miscarry) [plan]* avoir l'effet inverse que prévu ◆ **to ~ on sb** se retourner contre qn ◆ **his tactics could ~ (on him)** sa tactique pourrait avoir l'effet inverse *or* se retourner contre lui

**backgammon** /ˈbæk,gæmən/ N trictrac *m*, jacquet *m*

**background** /ˈbækgraʊnd/ N a *[of picture, photo]* arrière-plan *m* ; *[of design]* fond *m* ; *[of music, recording]* fond *m* sonore ◆ **on or against a blue ~** sur fond bleu ◆ **against a ~ of drums, maracas and guitars** sur fond de tambours, maracas et guitares ◆ **in the ~** *[of picture, photo, design]* à l'arrière-plan ; *[of music, recording]* en fond sonore ◆ **who's that in the ~?** qui est la personne (qu'on voit) à l'arrière-plan ? ◆ **I could hear voices in the ~** j'entendais des voix en bruit de fond ◆ **to blend or fade or disappear into the ~** se confondre avec l'arrière-plan
b *(= sidelines)* arrière-plan *m*, second plan *m* ◆ **to remain in the ~** rester dans l'ombre ◆ **to keep sb in the ~** tenir qn à l'écart ◆ **their old rivalry was always there in the ~** leur vieille rivalité était toujours là, en filigrane ◆ **to be pushed into the ~** être relégué au second plan ◆ **to fade or blend into the ~** *(= be sidelined) [+ person]* s'effacer, disparaître de l'avant-scène ; *[+ problem]* passer au second plan
c *(= context, circumstances)* contexte *m* ◆ **what is the ~ to these events?** dans quel contexte cela s'est-il passé ? ◆ **his article details the historical ~ to the crisis** son article fait l'historique de la crise ◆ **this decision was taken against a ~ of violence** cette décision a été prise dans un climat de violence ◆ **can you fill me in on the ~ to this person's case?** *(doctor, social worker)* pouvez-vous me rappeler les antécédents *or* me résumer le dossier de cette personne ? ; see also **comp**
d *(= training)* formation *f* ◆ **my ~ is in engineering** j'ai une formation d'ingénieur ◆ **what educational ~ does she have?** qu'est-ce qu'elle a fait comme études ? ◆ **what is his professional ~?** quelle est son expérience professionnelle ?, quel est son parcours professionnel ?
e *(= origins)* origines *fpl*, milieu *m* ◆ **from diverse ~s** venant d'horizons différents ◆ **what's his (family) ~?** quelles sont ses origines ?, de quel milieu est-il ? ◆ **a man from a working class ~** un homme issu d'un milieu ouvrier ◆ **he came from a conventional middle-class family ~** il venait d'une famille bourgeoise traditionnelle
COMP ▷ **background music** N musique *f* de fond ; *(in restaurant, bar etc)* musique *f* d'ambiance ◆ **to play sth as ~ music** passer qch en fond sonore ▷ **background noise** N bruit *m* de fond ▷ **background paper** N document *m* de référence *or* d'information ▷ **background radiation** N *(Phys)* radioactivité *f* naturelle ▷ **background reading** N lectures *fpl* générales (autour du sujet) ▷ **background story** N *(Press)* papier *m* d'ambiance ▷ **background studies** NPL (études *fpl* de) culture *f* générale

**backhand** /ˈbækhænd/ ADJ *[blow]* en revers ; *[writing]* penché à gauche ◆ **~ drive** *(Tennis)* coup *m* droit de dos ◆ **~ volley/shot** coup *m*/volée *f* de revers N *(Tennis)* revers *m*

**backhanded** /,bækˈhændɪd/ ADJ a *[shot, blow]* donné du revers de la main b *[action]* déloyal ; *[compliment]* équivoque

**backhander** /,bækˈhændəʳ/ N *(Brit)* a *(= blow)* revers *m* b *(* = reproof)* réprimande *f*, semonce *f* c *(* = bribe)* pot-de-vin *m*

**backing** /ˈbækɪŋ/ N a *(lit)* renforcement *m* ; *[of book]* endossure *f* ; *[of picture]* entoilage *m* b *(Mus)* accompagnement *m* c *(fig: Fin, Pol)* soutien *m* d *(Betting)* paris *mpl* e *(= movement) [of horse, cart etc]* recul *m* ; *[of boat]* nage *f* à culer ; *[of wind]* changement *m* de direction *(en sens inverse des aiguilles d'une montre)* COMP ▷ **backing group** N *(Mus)* groupe *m (accompagnant un chanteur)* ▷ **backing singer** N *(Mus)* choriste *mf* ▷ **backing store** N *(Comput)* mémoire *f* auxiliaire ▷ **backing vocals** NPL *(Mus)* chœurs *mpl*

**backlash** /ˈbæklæʃ/ N *(Tech)* secousse *f*, saccade *f* ; *[of explosion]* contrecoup *m*, répercussion *f* ; *(Pol, fig)* réaction *f* brutale ◆ **there was a ~ against reforms within the party** il y a eu une réaction brutale contre les réformes au sein du parti

**backless** /ˈbæklɪs/ ADJ *[dress etc]* dos nu *inv*

**backlist** /ˈbæklɪst/ N (liste *f* des) ouvrages *mpl* disponibles *or* en stock

**backlog** /ˈbæklɒg/ N *[of rent]* arriéré *m* (de loyers) ◆ ~ **of work** travail *m* en retard ◆ ~ **of orders** *(Comm)* commandes *fpl* en carnet, commandes *fpl* inexécutées ◆ ~ **of accumulated arrears** *(Fin)* accumulation *f* d'arriérés de paiement

**backrest** /ˈbækrest/ N *[of chair]* dossier *m*

**backroom** /ˈbækrʊm/ N *(fig)* ◆ **the ~ boys** * *(gen)* les travailleurs *mpl* de l'ombre, ceux qui restent dans la coulisse ; *(= experts, scientists)* les chercheurs *mpl* anonymes *or* qui travaillent dans l'ombre

**backshift** /ˈbækʃɪft/ N *(= period)* poste *m* de nuit ; *(= workers)* équipe *f* de nuit ◆ **to be on the** ~ être de l'équipe de nuit

**backside** /ˈbæksaɪd/ N *(= back part)* arrière *m* ; *( * = buttocks)* derrière *m*, postérieur * *m* ◆ **to sit on one's** ~ * *(fig)* rester le derrière sur sa chaise *

**backslapping** * /ˈbæk,slæpɪŋ/ N *(fig)* (grandes) démonstrations *fpl* d'amitié

**backslash** /ˈbækslæʃ/ N *(Typ)* barre *f* oblique inversée

**backslider** /ˈbækslaɪdəʳ/ N récidiviste *mf*

**backsliding** /ˈbækslaɪdɪŋ/ N récidive *f*

**backspace** /ˈbækspeɪs/ VI revenir en arrière
COMP ▷ **backspace key** N ⇒ **backspacer**

**backspacer** /,bækˈspeɪsəʳ/ N touche *f* d'espacement *or* de rappel arrière

**backspin** /ˈbækspɪn/ N *(Tennis, Cricket etc)* coupé *m* ◆ **to give a ball ~, to put ~ on a ball** couper une balle

**backstage** /,bækˈsteɪdʒ/ ADV derrière la scène, dans les coulisses N coulisse(s) *f(pl)* ◆ **to go** ~ aller dans les coulisses

**backstairs** /,bækˈsteəz/ N escalier *m* de service ; *(secret)* escalier *m* dérobé ADJ *(in servants' quarter) [work, activities]* des domestiques ◆ ~ **gossip** *or* **rumours** *(lit)* commérages *mpl* de domestiques ; *(fig)* bruits *mpl* de couloir ◆ ~ **intrigue** manigances *fpl* ◆ **the government did a ~ deal with the opposition** le gouvernement a manigancé quelque chose avec l'opposition

**backstitch** /,bækˈstɪtʃ/ N point *m* arrière VT, VI coudre en point arrière

**backstop** /ˈbækstɒp/ N *(Sport) (= screen, fence)* grillage *m* ; *(US Baseball * = person)* receveur *m*

**backstreet** /ˈbækstriːt/ ADJ *[hotel, shop]* louche
COMP ▷ **backstreet abortion** N avortement *m* clandestin *or* illégal ▷ **backstreet abortionist** N faiseuse *f* d'anges, avorteur *m*, -euse *f (pej)*

**backstroke** /ˈbækstrəʊk/ N *(Swimming)* dos *m* crawlé

**backswing** /ˈbækswɪŋ/ N *(Sport)* swing *m* en arrière

**backtrack** /ˈbæktræk/ VI faire marche arrière *or* machine arrière *(fig)* ◆ **to ~ on a promise** revenir sur une promesse ◆ **to ~ home** * *(US)* retourner chez soi

**backup** /ˈbækʌp/ N *(= support)* appui *m*, soutien *m* (*from sb* de qn) ; *(= reserves)* réserves *fpl* ; *[of personnel, police etc]* renforts *mpl* ADJ **a** *[vehicles, supplies, weapons]* supplémentaire, de réserve ; *[pilot, personnel, policeman]* en renfort **b** *(Comput)* de sauvegarde
COMP ▷ **backup copy** N copie *f* sauvegarde ▷ **backup disk** N disque *m* sauvegarde ▷ **backup file** N sauvegarde *f* ▷ **backup store** N mémoire *f* auxiliaire

**backward** /ˈbækwəd/ ADJ **a** *(= to the rear) [look, step]* en arrière ; *[somersault]* arrière ; *(fig) [step, move]* rétrograde, en arrière ◆ ~ **and forward movement** mouvement *m* de va-et-vient ◆ ~ **flow** contre-courant *m* ◆ **he walked out without a ~ glance** *(lit, fig)* il est parti sans jeter un regard en arrière
**b** *(= retarded) [district, nation, culture]* arriéré, peu avancé ; *[economy]* arriéré ; *[technology, equipment]* peu moderne ; † *[child]* retardé ◆ **to be socially/economically ~** être en retard *or* être arriéré sur le plan social/économique
**c** *(= reluctant)* peu disposé (*in doing sth* à faire qch) ; *(= hesitant)* hésitant ◆ **he wasn't ~ in offering his opinion** il ne s'est pas fait prier pour donner son avis ◆ **he's never been ~ in coming forward** *(hum)* il n'a pas peur de se mettre en avant
ADV ⇒ **backwards**
COMP ▷ **backward-looking** ADJ *[project, attitude]* rétrograde

**backwardation** /ˈbækwə,deɪʃən/ N *(St Ex)* report *m*

**backwardness** /ˈbækwədnɪs/ N **a** *[of child]* retard *m* mental ; *(Econ)* retard *m* ◆ **industrial/intellectual ~** retard *m* industriel/intellectuel **b** *(= reluctance, shyness)* réticence *f*, hésitation *f* (*in doing sth* à faire qch)

**backwards** /ˈbækwədz/ ADV **a** *(= towards the back)* en arrière ◆ **to fall ~** tomber en arrière *or* à la renverse ◆ **to flow ~** aller *or* couler à contre-courant ◆ **to walk ~ and forwards** marcher de long en large, aller et venir ◆ **to go ~ and forwards between two places** aller et venir *or* faire la navette entre deux endroits ; → **lean over**
**b** *(= back foremost)* à rebours ◆ **to go/walk ~** aller/marcher à reculons *or* à rebours ◆ **the car moved ~ a little** la voiture a reculé un peu
**c** *(= in reverse of usual way)* à l'envers, en commençant par la fin ◆ **to count ~ (from ten to one)** compter à rebours (de dix à un) ◆ **I know the poem ~** * je connais le poème sur le bout des doigts ◆ **I know this road ~** * je connais cette route comme ma poche ◆ **he's got it ~** * *(fig = misunderstood)* il a tout compris de travers
**d** *(fig: in time)* en arrière, vers le passé ◆ **to look ~** jeter un regard en arrière, remonter dans le passé
**e** *(= retrogressively)* en rétrogradant

**backwash** /ˈbækwɒʃ/ N *(Naut)* remous *m* ; *(fig)* contre-coup *m* (*from* provoqué par)

**backwater** /ˈbæk,wɔːtəʳ/ N *[of pool]* eau *f* stagnante ; *[of river]* bras *m* mort ; *(fig = backward place)* trou *m* perdu ; *(fig = peaceful spot)* (petit) coin *m* tranquille ◆ **to live in a ~** habiter un petit coin tranquille ; *(pej)* habiter un trou perdu

**backwoods** /ˈbæk,wʊdz/ NPL région *f* (forestière) inexploitée ◆ **to live in the ~** *(fig pej)* vivre dans un trou perdu

**backwoodsman** /ˈbæk,wʊdzmən/ N (pl **-men**) pionnier *m* ; *(fig pej)* rustre *m*

**backyard** /,bækˈjɑːd/ N *(Brit)* arrière-cour *f* ; *(US)* jardin *m* (de derrière) ◆ **in one's own ~** *(fig)* à sa porte

**bacon** /ˈbeɪkən/ N lard *m* *(généralement en tranches)*, bacon *m* ◆ ~ **and eggs** œufs *mpl* au lard *or* au bacon ◆ **to bring home the ~** * *(= be breadwinner)* faire bouillir la marmite * ; *(= achieve goal)* décrocher la timbale * ; → **boil¹, save¹, streaky**
COMP ▷ **bacon fat** N gras *m* de lard ▷ **bacon rasher** N tranche *f* de lard ▷ **bacon rind** N couenne *f* de lard ▷ **bacon-slicer** N coupe-jambon *m inv*

**Baconian** /beɪˈkəʊnɪən/ ADJ baconien

**bacteria** /bækˈtɪərɪə/ NPL of **bacterium**

**bacterial** /bækˈtɪərɪəl/ ADJ bactérien

**bacteriological** /bæk,tɪərɪəˈlɒdʒɪkəl/ ADJ bactériologique

**bacteriologist** /bæk,tɪərɪˈɒlədʒɪst/ N bactériologiste *mf*

**bacteriology** /bæk,tɪərɪˈɒlədʒɪ/ N bactériologie *f*

**bacterium** /bækˈtɪərɪəm/ N (pl **bacteria**) bactérie *f*

**bad** /bæd/ ADJ (compar **worse**, superl **worst**) **a** *(= wicked) [action, habit, behaviour]* mauvais ; *[person]* méchant ◆ **it was a ~ thing to do/to say** ce n'était pas bien de faire cela/de dire cela ◆ **it was very ~ of you to treat her like that** c'était très mal de votre part de la traiter ainsi ◆ **it's too ~ of you** ce n'est vraiment pas bien de votre part ◆ **you ~ boy!** vilain !, méchant ! ◆ ~ **dog!** vilain chien ! ◆ **he's a ~ lot** *or* **sort** *or* **type** * c'est un mauvais sujet ; *(stronger)* c'est un sale type * ; → **blood, breath, language**
**b** *(= inferior, poor quality) [workmanship]* mauvais, de mauvaise qualité ◆ **she speaks very ~ English, her English is very ~** elle parle très mal l'anglais, son anglais est très mauvais ◆ ~ **quality food/material** *etc* aliments *mpl*/tissu *m etc* de mauvaise qualité ◆ ~ **light stopped play** *(Cricket etc)* le match a été interrompu à cause du manque de lumière ; → **penny**
**c** *(= unpleasant) [news, weather, smell]* mauvais ◆ **there's a ~ smell in this room** ça sent mauvais dans cette pièce ◆ **it's a ~ business** c'est une triste affaire ; see also **news**
**d** *(= difficult, going badly)* **business is ~** les affaires vont mal ◆ **I didn't know things were so ~ between them** je ne savais pas que les choses allaient aussi mal entre eux ◆ **it's not so ~** ce n'est pas si mal ◆ **it's not ~ at all** ce n'est pas mal du tout ◆ **(that's) too ~!** *(unsympathetic)* tant pis ! ; *(sympathetic)* quel dommage ! ; *(indignant)* c'est un peu fort ! ◆ **how is he? – (he's) not so ~** comment va-t-il ? – (il ne va) pas trop mal ◆ **she's ill? that's very ~** elle est malade ? c'est vraiment dommage ◆ **I've had a really ~ day** j'ai eu une très mauvaise journée ◆ **I'm having a ~ hair day** * *(hair problems)* je ne sais pas quoi faire de mes cheveux aujourd'hui ; *(nightmare day)* tout va de travers pour moi aujourd'hui, c'est vraiment un jour sans * ◆ **to come to a ~ end** mal finir ◆ **she's been having a really ~ time lately** elle traverse une période très difficile ◆ **things are going from ~ to worse** les choses vont de mal en pis
**e** *(= serious) [mistake, accident, illness]* grave ; *[sprain, wound]* sérieux ◆ **a ~ headache** un sérieux mal de tête ◆ **a ~ cold** un mauvais *or* gros rhume ◆ **a ~ case of chickenpox/flu** une mauvaise varicelle/grippe ◆ **a ~ error of judgement** une grossière erreur de jugement
**f** *(= unwise) [idea, decision, method]* mauvais ◆ **that's not a ~ idea!** ce n'est pas une mauvaise idée ! ◆ **it was a ~ idea to invite him** c'était une mauvaise idée (que) de l'inviter ◆ **it wouldn't be a ~ thing (to do that)** ça ne ferait pas de mal (de faire cela), ce ne serait pas une mauvaise idée (de faire cela)
**g** *(= unfavourable) [report, publicity]* mauvais ; *[opinion]* mauvais, triste ; *[result]* mauvais, malheureux ◆ ~ **publicity** une mauvaise publicité
**h** *(= ill)* **to feel ~** se sentir mal ◆ **to have a ~ back** *(on one occasion)* avoir mal au dos ; *(= have back problems)* avoir des problèmes de dos ◆ **to have a ~ head** * avoir mal à la

tête ◆ **his ~ leg** sa mauvaise jambe, sa jambe malade

**i** *(= guilty, uncomfortable)* **to feel ~ about doing sth** *(= reproach oneself)* s'en vouloir d'avoir fait qch ◆ **I feel ~ about it** je m'en veux (de l'avoir fait) ◆ **she feels very ~ about the way she treated him** elle s'en veut de l'avoir traité ainsi ◆ **I feel ~ about firing him, but there's no alternative** je m'en veux de devoir le licencier, mais je n'ai pas le choix ◆ **just get it over with and don't feel ~ about it** arrête d'hésiter, et ne te fais pas de reproches

**j** *(= spoiled) [food]* mauvais, gâté ; *[tooth]* carié ◆ **to go ~** *[food]* se gâter, pourrir ; *[milk]* tourner ; *[bread]* moisir ; *[teeth]* se carier

**k** *(= false) [coin, money]* faux (fausse *f*)

**l** *(= harmful)* mauvais ◆ **~ for the health/the eyes** mauvais pour la santé/les yeux ◆ **not all forms of sugar are ~ for you** toutes les formes de sucre ne sont pas mauvaises ◆ **this is ~ for you** ce n'est pas bon pour vous ◆ **can exercise be ~ for you?** l'exercice peut-il faire du mal ?, est-ce qu'il peut être mauvais de faire de l'exercice ? ◆ **it's ~ for business** c'est mauvais pour les affaires

**m** *(= not skilled or talented)* ◆ **to be ~ at ...** être mauvais en ... ◆ **~ at English/spelling** mauvais en anglais/en orthographe ◆ **I'm ~ at languages** je ne suis pas doué pour les langues ◆ **he's ~ at remembering birthdays** il n'est pas doué pour se rappeler les anniversaires

**N** *(NonC)* mauvais *m* ◆ **to take the good with the ~** prendre le bon avec le mauvais ◆ **he's gone to the ~** * il a mal tourné ◆ **I am 50p to the ~** * j'en suis de 50 pence * ◆ **I'm in ~** ‡ **with him** *(esp US)* je ne suis pas dans ses petits papiers *, je suis mal vu de lui

**ADV** ◆ **he's got it ~** * *(about hobby etc)* c'est une marotte chez lui ; *(about person)* il l'a dans la peau ‡

**COMP** ▷ **bad apple N** *(fig = person)* brebis *f* galeuse ▷ **bad cheque N** chèque *m* sans provision ▷ **bad claim N** *(Insurance)* réclamation *f* mal fondée ▷ **bad debt N** créance *f* douteuse *or* irrécouvrable ▷ **bad-mannered ADJ** mal élevé ▷ **bad-mouth** * **VT** débiner * ▷ **bad-tempered ADJ** *[person]* qui a mauvais caractère ; *(on one occasion)* de mauvaise humeur ; *[look, answer]* désagréable

**baddie** * /ˈbædɪ/ **N** méchant *m*

**baddish** /ˈbædɪʃ/ **ADJ** pas fameux, pas brillant

**bade** /bæd, beɪd/ **VB** pt of **bid**

**badge** /bædʒ/ **N** *[of team, association]* insigne *m* ; *[of an order, police]* plaque *f* ; *(Mil)* insigne *m* ; *(sew-on, stick-on: for jeans etc)* badge *m* ; *(Scouting)* badge *m* ; *(fig = symbol)* symbole *m*, signe *m* (distinctif) ◆ **his ~ of office** l'insigne *m* de sa fonction

**badger** /ˈbædʒəʳ/ **N** *(= animal, brush)* blaireau *m* ◆ **the Badger State** *(US)* le Wisconsin **VT** harceler, importuner (*with* de) ; ◆ **to ~ sb to do sth** *or* **into doing sth** harceler qn jusqu'à ce qu'il fasse qch, tanner * (la peau à) qn pour qu'il fasse qch ◆ **to ~ sth out of sb** soutirer qch à qn à force de le harceler

**COMP** ▷ **badger baiting N** *combats où l'on force des blaireaux à se battre avec des chiens*

**badinage** /ˈbædɪnɑːʒ/ **N** *(NonC: frm)* badinage *m*

**badlands** /ˈbædlændz/ **NPL** bad-lands *fpl*

**badly** /ˈbædlɪ/ **ADV** (compar **worse**, superl **worst**)

**a** *(= poorly) [behave, function, start, end, sleep, designed, taught, written]* mal ◆ **the project was very ~ managed** le projet a été très mal géré ◆ **~ dressed** mal habillé ◆ **to treat sb ~, to behave ~ towards sb** mal se comporter avec qn ◆ **some people react ~ to this medicine** certaines personnes réagissent mal à ce médicament ◆ **he took it very ~** il a très mal pris la chose ◆ **to go ~** mal se passer ◆ **things aren't going too ~** ça ne se passe pas trop mal, les choses ne vont pas trop mal ◆ **things are going pretty ~ for me at the moment** tout va assez *or* plutôt mal pour moi en ce moment ◆ **to do** *or* **perform ~** *[athlete]* faire une mauvaise performance ; *[pupil, student, company, economy]* avoir de mauvais résultats ; *[political party] (in opinion polls)* ne pas être populaire ; *(in elections)* obtenir de mauvais résultats ◆ **the dollar is doing ~** le dollar n'est pas très fort ◆ **you did ~ out of it, you came off ~** tu n'as pas été gâté ◆ **she didn't come off too ~ in the debate** elle ne s'est pas trop mal débrouillée dans ce débat ◆ **to be ~ off** *(financially)* être dans la gêne ◆ **they're not so ~ off** *(gen)* ils ne s'en tirent pas si mal que ça ◆ **to be ~ off for sth** manquer de qch

**b** *(= unfavourably)* ◆ **to speak ~ of sb** dire du mal de qn ◆ **to think ~ of sb** avoir une mauvaise opinion de qn ◆ **nobody will think ~ of you if ...** personne ne t'en voudra si ... ◆ **to reflect ~ on sb** donner une mauvaise image de qn

**c** *(= seriously) [wound, injure]* grièvement, gravement ; *[affect]* gravement ; *[disrupt]* sérieusement, gravement ◆ **his schoolwork suffered very ~ after his mother died** son travail scolaire s'est beaucoup ressenti de la mort de sa mère ◆ **she was ~ shaken after the accident** elle a été très secouée à la suite de cet accident ◆ **they were ~ defeated** ils ont subi une sévère *or* cuisante défaite, ils ont été sévèrement battus ◆ **he was ~ beaten** *(physically)* il a reçu de très mauvais coups ◆ **to go ~ wrong** très mal tourner ◆ **something is ~ wrong with him** il ne va pas bien du tout ◆ **the ~ disabled** les grands infirmes *mfpl*, les grands invalides *mfpl*

**d** *[want, need]* **to want sth ~** avoir très envie de qch ◆ **I need it ~** j'en ai absolument besoin, il me le faut absolument ◆ **I am ~ in need of advice** j'ai grand besoin de conseils ◆ **I ~ need a haircut** j'ai vraiment besoin de me faire couper les cheveux ◆ **the house ~ needs a coat of paint** la maison a sacrément besoin d'un coup de peinture *or* a besoin d'un bon coup de peinture ◆ **we need the money ~** nous avons vraiment besoin de cet argent ◆ **they will get their ~ needed medical supplies** ils vont recevoir les médicaments qui leur font cruellement défaut

**badman** * /ˈbæd,mæn/ **N** (pl **-men**) *(US)* bandit *m* ; *(in movies)* méchant *m*

**badminton** /ˈbædmɪntən/ **N** badminton *m*

**COMP** ▷ **badminton court N** court *m* de badminton ▷ **badminton racket N** raquette *f* de badminton

**badness** /ˈbædnɪs/ **N** *(NonC)* **a** *(= poor quality)* mauvaise qualité *f*, mauvais état *m* **b** *(= wickedness)* méchanceté *f*

**Baffin** /ˈbæfɪn/ **N** ◆ **~ Bay** mer *f* *or* baie *f* de Baffin ◆ **~ Island** terre *f* de Baffin

**baffle** /ˈbæfl/ **VT** *[+ person]* déconcerter, dérouter ; *[+ pursuers]* semer ; *[+ plot]* déjouer ; *[+ hope, expectation]* décevoir, tromper ; *[+ description, explanation]* échapper à, défier

**N** *(Tech)* déflecteur *m* ; *(Acoustics)* baffle *m*

**COMP** ▷ **baffle-board**, **baffle-plate N** *(Tech)* déflecteur *m* ; *(Acoustics)* baffle *m*

**bafflement** /ˈbæflmənt/ **N** confusion *f*

**baffling** /ˈbæflɪŋ/ **ADJ** déconcertant, déroutant

**BAFTA** /ˈbæftə/ **N** (abbrev of **British Academy of Film and Television Arts**) *Académie britannique chargée de promouvoir le cinéma et la télévision*

**bag** /bæg/ **N** **a** *(gen)* sac *m* ; *(Zool)* sac *m*, poche *f* ◆ **paper ~** sac *m* en papier ◆ **travel/sports/beach ~** sac *m* de voyage/sport/plage ◆ **bin** *(Brit)* or **garbage** *(US)* **~** sac *m* poubelle ◆ **blood ~** pochette *f* de sang ◆ **tea/coffee ~** sachet *m* de thé/café ◆ **a ~ of apples** un sac de pommes ◆ **a ~ of crisps** *(Brit)* un paquet de chips ◆ **a ~ of sweets** *(plastic sachet)* un paquet de bonbons ; *(paper bag)* un sachet de bonbons ◆ **a ~ of chips** *(Brit)* ≈ un cornet de frites ; → **gamebag, moneybag**

**b** *(= sag)* poche *f* ◆ **the net must have a good ~ to it** la poche du filet doit être profonde ◆ **to have ~s under the** *or* **one's eyes** avoir des poches sous les yeux

**c** *(figurative expressions)* **she was just a ~ of bones** * elle n'avait plus que la peau sur les os ◆ **it's in the ~** * c'est dans le sac * *or* dans la poche * ◆ **a mixed ~** un mélange ◆ **to pack one's ~s** *(lit)* faire ses bagages ; *(fig)* plier bagage ◆ **~ and baggage** avec armes et bagages ◆ **the whole ~ of tricks** ‡ tout le bataclan *, tout le fourbi * ◆ **he was left holding the ~** * *(US)* il s'est retrouvé avec tout sur les bras ◆ **it's not my ~** ‡ ce n'est pas mon truc * ; → **cat**

**d** (‡, *pej*) teigne *f* ◆ **she's an old ~** c'est une vieille teigne

**e** *(Hunting) (= amount killed)* tableau *m* de chasse ◆ **to get a good ~** faire bonne chasse, faire un beau tableau

**NPL bags** **a** ‡ *(Brit) (= lots)* des tas *, plein * ◆ **~s of** plein de *, des tas de *

**b** **~s I go first!** ‡ *(Brit)* moi d'abord ! ◆ **~s you speak to her first!** à toi de lui parler d'abord !

**VT** **a** * *(Brit) (= grab)* s'approprier ◆ **Anne has already ~ged that seat** Anne s'est déjà approprié cette place

**b** *(Hunting = kill)* tuer

**c** (also **bag up**) *[+ flour, goods]* mettre en sac, ensacher

**VI** (also **bag out**) *[garment]* pocher

**COMP** ▷ **bag lady** * **N** clocharde *f* ▷ **bag snatcher N** voleur *m*, -euse *f* à l'arraché ▷ **bag-snatching N** vol *m* à l'arraché

**bagatelle** /,bægəˈtel/ **N** **a** *(= trifle)* bagatelle *f* **b** *(Mus)* divertissement *m* **c** *(= board game) sorte de flipper* **d** *(Billiards)* billard *m* anglais, billard *m* à blouses

**bagel** /ˈbeɪgl/ **N** *(Culin)* bagel *m*

**bagful** /ˈbægfʊl/ **N** sac *m* plein, plein sac *m*

**baggage** /ˈbægɪdʒ/ **N** **a** *(NonC = luggage)* bagages *mpl* ; *(Mil)* équipement *m* ; → **bag, emotional** **b** († * = pert girl) coquine † *f*

**COMP** ▷ **baggage allowance N** poids *m* de bagages autorisé ▷ **baggage car N** *(esp US)* fourgon *m* ▷ **baggage check N** *(US = receipt)* bulletin *m* de consigne ; *(= security check)* contrôle *m* des bagages ▷ **baggage checkroom N** *(US)* consigne *f* ▷ **baggage elastic N** pieuvre *f* ▷ **baggage hall N** ⇒ **baggage reclaim (area)** ▷ **baggage handler N** bagagiste *m* ▷ **baggage locker N** (casier *m* de) consigne *f* automatique ▷ **baggage reclaim (area) N** *(in airport)* livraison *f* des bagages ▷ **baggage room N** consigne *f* ▷ **baggage tag N** étiquette *f* à bagages ▷ **baggage train N** *(Mil)* train *m* des équipages ▷ **baggage wagon N** ⇒ **baggage car**

**bagging** /ˈbægɪŋ/ **N** *(Tex)* toile *f* à sac

**baggy** /ˈbægɪ/ **ADJ** **a** *(= puffy)* gonflé, bouffant **b** *[jacket, coat]* trop ample, flottant ; *(fashionably)* ample ◆ **his trousers were ~ at the knees** son pantalon faisait des poches aux genoux

**Baghdad** /bægˈdæd/ **N** Bagdad

**bagpiper** /ˈbægpaɪpəʳ/ **N** joueur *m*, -euse *f* de cornemuse

**bagpipes** /ˈbæɡpaɪps/ NPL cornemuse *f*

**baguette** /bæˈɡet/ N baguette *f*

**bah** /bɑː/ EXCL bah !

**Baha'i** /bəˈhaɪ/ ADJ bahaï N Bahaï(e) *m(f)*

**Bahama** /bəˈhɑːmə/ ADJ, N ◆ **the ~ Islands, the ~s** les Bahamas *fpl*

**Bahamian** /bəˈheɪmɪən/ ADJ bahamien N Bahamien(ne) *m(f)*

**Bahrain** /bɑːˈreɪn/ N Bahreïn

**Bahraini** /bɑːˈreɪnɪ/ ADJ bahreïni N Bahreïni *mf*

**Bahrein** /bɑːˈreɪn/ N Bahreïn

**Baikal** /baɪˈkɑːl/ N ◆ **Lake ~** le lac Baïkal

**bail**[1] /beɪl/ N *(Jur)* mise *f* en liberté sous caution ; *(= sum)* caution *f* ; *(= person)* caution *f*, répondant *m* ◆ **on ~** sous caution ◆ **to free sb on ~** mettre qn en liberté provisoire sous caution ◆ **to go** *or* **stand ~ for sb** se porter *or* se rendre garant de qn ◆ **to find ~ for sb** fournir une caution pour qn *(pour sa mise en liberté provisoire)* ◆ **to ask for/grant/refuse ~** demander/accorder/refuser la mise en liberté sous caution ◆ **to put up ~ for sb** payer la caution de qn ; → **jump, remand**

VT a *(Jur:* also **bail out**) faire mettre en liberté provisoire sous caution

b *[+ goods]* mettre en dépôt

COMP ▷ **bail bandit** * N *(Brit) condamné qui commet une infraction pendant qu'il est en liberté provisoire sous caution* ▷ **bail bond** N *(US Jur) (= document)* cautionnement *m* ; *(= money)* caution *f* ▷ **bail bondsman** N (pl **bail bondsmen**) *(US Jur)* garant *m (d'un condamné en liberté sous caution)*

► **bail out** VT SEP a ⇒ **bail**[1] **vt a**

b *(fig) (gen)* sortir d'affaire ; *(financially)* renflouer ◆ **to ~ o.s. out** s'en sortir

**bail**[2] /beɪl/ N *(Cricket)* ◆ **~s** bâtonnets *mpl (qui couronnent le guichet)*

**bail**[3] /beɪl/ VT *[+ boat]* écoper ; *[+ water]* vider N écope *f*

► **bail out** VI *(Aviat)* sauter (en parachute) VT SEP *[+ boat]* écoper ; *[+ water]* vider

**bailee** /beɪˈliː/ N *(Jur)* dépositaire *m*

**bailey** /ˈbeɪlɪ/ N *(= wall)* mur *m* d'enceinte ; *(= courtyard)* cour *f* intérieure ; → **old** COMP ▷ **Bailey bridge** N pont *m* Bailey

**bailiff** /ˈbeɪlɪf/ N *(Jur)* huissier *m* ; *(Brit) [of estate, lands]* régisseur *m*, intendant *m* ; *(Hist)* bailli *m*, gouverneur *m*

**bailiwick** /ˈbeɪlɪwɪk/ N a *(Jur)* juridiction *f*, circonscription *f* b *(esp US = speciality)* domaine *m*

**bailor** /ˈbeɪləʳ/ N *(Jur)* déposant *m*

**bailout** /ˈbeɪlaʊt/ N *[of company]* sauvetage *m*, renflouement *m*

**bain-marie** /ˌbeɪnməˈriː, bɛ̃mɑri/ N (pl **bains-marie**) bain-marie *m*

**bairn** /bɛən/ N *(Scot, N Engl)* enfant *mf*

**bait** /beɪt/ N *(Fishing, Hunting)* amorce *f*, appât *m* ; *(fig)* appât *m*, leurre *m* ◆ **to rise to** *or* **take** *or* **swallow the ~** *(lit, fig)* mordre à l'hameçon

VT a *[+ hook]* amorcer ; *[+ trap]* appâter, garnir d'un appât b *(= torment)* tourmenter ; → **bear**[2]

**baize** /beɪz/ N *(Snooker)* tapis *m* ◆ **(green) ~ door** *porte recouverte de feutre vert, généralement menant au quartier des domestiques*

**bake** /beɪk/ VT a *[+ food]* faire cuire au four ◆ **she ~s her own bread** elle fait son pain elle-même ◆ **to ~ a cake** faire (cuire) un gâteau ◆ **~d apples** pommes *fpl* au four ; → **half** b *[+ pottery, bricks]* cuire (au four) ◆ **earth ~d by the sun** sol desséché *or* cuit par le soleil VI a *[bread, cakes]* cuire (au four) b ◆ **she ~s every Tuesday** *(bread)* elle fait du pain tous les mardis ; *(cakes)* elle fait de la pâtisserie *or* des gâteaux tous les mardis c *[pottery etc]* cuire ◆ **we are baking in this heat** * on cuit * *or* on grille * par cette chaleur ◆ **it's baking (hot) today!** * il fait une de ces chaleurs aujourd'hui !

COMP ▷ **baked Alaska** N omelette *f* norvégienne ▷ **baked beans** NPL haricots *mpl* blancs à la sauce tomate ▷ **baked potato** N pomme *f* de terre cuite au four

**bakehouse** /ˈbeɪkhaʊs/ N boulangerie *f (lieu de fabrication)*

**Bakelite** ® /ˈbeɪkəlaɪt/ N bakélite ® *f*

**baker** /ˈbeɪkəʳ/ N boulanger *m*, -ère *f* ◆ **~'s (shop)** boulangerie *f* COMP ▷ **a baker's dozen** N treize *m* à la douzaine ▷ **baker's oven** N four *m* à pain

**bakery** /ˈbeɪkərɪ/ N boulangerie(-pâtisserie) *f*

**bakeware** /ˈbeɪkwɛəʳ/ N *(NonC)* plats *mpl* et moules *mpl* à gâteaux

**Bakewell tart** /ˈbeɪkwelˈtɑːt/ N tarte *f* de Bakewell

**baking** /ˈbeɪkɪŋ/ N a *(NonC = process)* cuisson *f* (au four) ◆ **after ~** après la cuisson ◆ **use wholemeal flour in your ~** faites votre pain (*or* vos gâteaux *etc*) à la farine complète ◆ **she's busy doing her ~** elle est en train de faire son pain (*or* des gâteaux *etc*) b *(in bakery = batch of bread)* fournée *f* COMP ▷ **baking dish** N plat *m* allant au four ▷ **baking powder** N levure *f* chimique ▷ **baking sheet** N ⇒ **baking tray** ▷ **baking soda** N bicarbonate *m* de soude ▷ **baking tin** N *(for cakes)* moule *m* (à gâteaux) ; *(for tarts)* moule *m* à tarte, tourtière *f* ▷ **baking tray** N plaque *f* de four

**baksheesh** /ˈbækʃiːʃ/ N bakchich *m*

**Balaclava, Balaklava** /ˌbæləˈklɑːvə/ N *(Geog)* Balaklava ◆ **balaclava (helmet)** *(Brit)* passe-montagne *m*

**balalaika** /ˌbæləˈlaɪkə/ N balalaïka *f*

**balance** /ˈbæləns/ N a *(NonC = equilibrium)* équilibre *m* ◆ **to keep/lose one's ~** *(lit, fig)* garder/perdre son équilibre ◆ **off ~** *(lit, fig)* en équilibre instable ◆ **to throw sb off ~** *(lit)* faire perdre l'équilibre à qn ; *(fig)* déconcerter qn ◆ **the ~ of nature** l'équilibre *m* de la nature ◆ **to strike a ~** trouver le juste milieu ◆ **he has no sense of ~** il n'a aucun sens des proportions *or* de la mesure ◆ **the ~ of his mind was disturbed** il n'avait plus toute sa raison ◆ **a nice ~ of humour and pathos** un délicat dosage d'humour et de pathétique

◆ **on balance** à tout prendre, tout compte fait

b *(= scales)* balance *f* ◆ **to be** *or* **hang in the ~** être en jeu ◆ **his life was hanging in the ~** *(gen)* sa vie était en jeu ; *[sick person]* il était entre la vie et la mort ◆ **to hold the ~** faire pencher la balance ; → **spring**

c *(Comm, Fin)* solde *m* ; (also **bank balance**) solde *m* (d'un compte) ◆ **what's my ~?** *(in bank)* quelle est la position de mon compte ? ◆ **credit/debit ~** solde *m* créditeur/débiteur ◆ **~ in hand** solde *m* créditeur ◆ **~ carried forward** *(gen)* solde *m* à reporter ; *(on balance sheet)* report *m* à nouveau ◆ **~ due** solde *m* débiteur ◆ **to pay off the ~ of an account** solder un compte ◆ **sterling ~s** balances *fpl* sterling

d *(= remainder)* reste *m*

e *[of clock, watch]* régulateur *m*, balancier *m*

VT a *(= maintain equilibrium of)* tenir en équilibre ; *(= place in equilibrium)* mettre *or* poser en équilibre ; *[+ wheels]* équilibrer ; *(fig)* équilibrer, compenser ◆ **I ~d the glass on top of the books** j'ai posé le verre en équilibre sur les livres ◆ **the seal ~d the ball on its nose** le phoque tenait le ballon en équilibre sur son nez ◆ **more and more women are having to ~ the needs of career and family** de plus en plus de femmes doivent jongler entre carrière et famille

b *(= compare etc)* balancer, peser ; *[+ two arguments, two solutions]* comparer ◆ **this must be ~d against that** il faut peser le pour et le contre

c *(= counterbalance) (in weighing, symmetrical display etc)* équilibrer ; *(in value, amount)* compenser, contrebalancer ◆ **they ~ each other** *[two objects] (in weighing)* ils se font contrepoids ; *(in symmetrical display)* ils s'équilibrent

d *(Comm, Fin)* **to ~ an account** arrêter un compte ◆ **to ~ the budget** équilibrer le budget ◆ **to ~ the books** arrêter les comptes, dresser le bilan ◆ **to ~ the cash** faire la caisse

VI a *[two objects]* se faire contrepoids ; *[acrobat etc]* se maintenir en équilibre ; *[scales]* être en équilibre ◆ **to ~ on one foot** se tenir en équilibre sur un (seul) pied

b *(Comm, Fin) [accounts]* s'équilibrer, être en équilibre

COMP ▷ **balance of payments** N balance *f* des paiements ◆ **~ of payments surplus/deficit** excédent *m*/déficit *m* de la balance des paiements ▷ **balance of power** N *(gen)* équilibre *m* des forces ; *(in government)* équilibre *m* des pouvoirs ◆ **the European ~ of power** l'équilibre *m* européen ▷ **balance of terror** N équilibre *m* de la terreur ▷ **balance of trade** N *(Econ)* balance *f* commerciale ▷ **balance sheet** N bilan *m* ▷ **balance weight** N contrepoids *m*

► **balance out** VT SEP *(fig)* contrebalancer, compenser

**balanced** /ˈbælənst/ ADJ *(gen)* équilibré ◆ **~ views** vues *fpl* sensées *or* mesurées

**balancing** /ˈbælənsɪŋ/ N a *(= equilibrium)* mise *f* en équilibre, stabilisation *f* ◆ **to do a ~ act** *(Theat)* faire de l'équilibrisme ; *(fig)* jongler b *(Comm, Fin)* **~ of accounts** règlement *m or* solde *m* des comptes ◆ **~ of the books** balances *fpl* (mensuelles)

**balcony** /ˈbælkənɪ/ N a balcon *m* b *(Theat)* fauteuils *mpl or* stalles *fpl* de deuxième balcon

**bald** /bɔːld/ ADJ a *(gen)* chauve ; *[tyre]* lisse ◆ **as ~ as a coot** * *or* **an egg** * chauve comme une boule de billard * *or* comme un œuf * ◆ **to be going ~** perdre ses cheveux, devenir chauve b *[style]* plat, sec (sèche *f*) ◆ **a ~ statement** une simple exposition de faits ◆ **a ~ lie** un mensonge flagrant *or* non déguisé COMP ▷ **bald eagle** N aigle *m* d'Amérique ▷ **bald-headed** ADJ chauve, à (la) tête chauve ▷ **bald patch** N *[of person]* (petite) tonsure *f* ; *[of animal]* place *f* dépourvue de poils ; *[of carpet etc]* coin *m* dégarni *or* pelé

**baldachin** /ˈbɔːldəkən/, **baldachino** /ˌbældəˈkiːnəʊ/ N baldaquin *m*

**balderdash** /ˈbɔːldədæʃ/ N balivernes *fpl*

**balding** /ˈbɔːldɪŋ/ ADJ qui devient chauve, atteint de calvitie naissante

**baldly** /ˈbɔːldlɪ/ ADV *[say, state]* abruptement

**baldness** /ˈbɔːldnɪs/ N *[of person]* calvitie *f* ; *[of tyre]* état *m* lisse ; *[of mountains etc]* nudité *f* ; *[of style]* platitude *f*, pauvreté *f*

**baldy** * /ˈbɔːldɪ/ ADJ *(= balding)* dégarni ; *(= bald)* chauve N tête *f* d'œuf

**bale¹** /beɪl/ N *[of cotton, hay]* balle *f* VT *(also* **bale up***)* mettre en balles

**bale²** /beɪl/ VT *(Naut)* ⇒ **bail³ vt**

► **bale out** ⇒ **bail out ;** → **bail³**

**Balearic** /ˌbælɪˈærɪk/ ADJ, N **the ~ Islands, the ~s** les (îles *fpl*) Baléares *fpl*

**baleful** /ˈbeɪlfʊl/ ADJ sinistre, menaçant ◆ **to give sb/sth a ~ look** regarder qn/qch d'un œil torve

**balefully** /ˈbeɪlfəlɪ/ ADV *[look]* d'un œil torve ; *[say]* d'un ton sinistre *or* menaçant

**Bali** /ˈbɑːlɪ/ N Bali

**Balinese** /ˌbɑːlɪˈniːz/ ADJ balinais N a *(= person)* Balinais(e) *m(f)* b *(Ling)* balinais *m*

**balk** /bɔːk/ N *(Agr)* terre *f* non labourée ; *(Constr) (on ceiling)* solive *f* ; *(= building timber)* bille *f* VT contrecarrer VI *[horse]* se dérober *(at* devant*)* ; ◆ **to ~ at doing sth** *[person]* regimber pour faire qch

**Balkan** /ˈbɔːlkən/ ADJ, N ◆ **the ~s** les Balkans *mpl* ◆ **the ~ States** les États *mpl* balkaniques ◆ **the ~ Peninsula** la péninsule Balkanique

**balkanization** /ˈbɔːlkənaɪˈzeɪʃən/ N balkanisation *f*

**ball¹** /bɔːl/ N a *(gen, Cricket, Golf, Hockey, Tennis)* balle *f* ; *(inflated: Ftbl etc)* ballon *m* ; *(Billiards)* bille *f*, boule *f* ; *(Croquet)* boule *f* ◆ **as round as a ~** rond comme une boule *or* bille ◆ **behind the eight ~** * *(US fig)* dans le pétrin * ◆ **cat curled up in a ~** chat *m* couché en rond *or* pelotonné (en boule) ◆ **tennis/golf** *etc* **~** balle *f* de tennis/de golf *etc* ◆ **croquet ~** boule *f* de croquet ◆ **~ of fire, ~ lightning** *(Met)* éclair *m* en boule

b *(fig phrases) (US)* ◆ **that's the way the ~ bounces !** * c'est la vie ! ◆ **to keep a lot of ~s in the air** faire plein de choses à la fois ◆ **take the ~ and run with it!** vas-y fonce ! *, saisis ta chance ! ◆ **to keep the ~ rolling** *(= maintain conversation)* alimenter la conversation ; *(= maintain activity)* maintenir le mouvement ; *(= maintain interest)* soutenir l'intérêt ◆ **to start** *or* **set the ~ rolling** * lancer une affaire (*or* la conversation *etc*) ◆ **he's got the ~ at his feet** c'est à lui de saisir cette chance ◆ **the ~ is with you** *or* **in your court** (c'est) à vous de jouer ◆ **to have something on the ~** * *(US)* en avoir là-dedans * *or* dans le ciboulot *‡* ◆ **to be on the ~** * *(= competent)* être à la hauteur (de la situation *or* des circonstances) ; *(= alert)* ouvrir l'œil et le bon * ◆ **he's a real ~ of fire** * il est débordant d'activité ◆ **the whole ~ of wax** *(US)* absolument tout ; → **eyeball, play, tennis**

c *[of rifle etc]* balle *f* ◆ **~ and chain** *(lit, fig)* boulet *m* ; → **cannonball**

d *[of wool, string]* pelote *f*, peloton *m* ◆ **to wind sth up into a ~** mettre qch en pelote

e *(Culin) [of meat, fish]* boulette *f* ; *[of potato]* croquette *f*

f *(Tech)* bille *f* (de roulement)

g *(Anat)* **~ of the foot** (partie *f* antérieure de la) plante *f* du pied ◆ **~ of the thumb** (partie *f* charnue du) pouce *m* ; → **eyeball**

NPL **balls** *‡* a *(= testicles)* couilles *‡ fpl* ◆ **to have sb by the ~s** tenir qn *or* avoir qn à sa merci, tenir qn par les couilles *‡* ◆ **to break sb's ~s** casser les couilles *‡* à qn

b *(Brit = nonsense)* conneries *‡ fpl*, couillonnades *‡ fpl* ◆ **~s!** quelles conneries ! *‡*

c *(Brit = courage)* **to have ~s** avoir des couilles *‡* ◆ **to have the ~s to do sth** avoir le cran de faire qch *

VT a *[+ wool etc]* mettre en pelote, pelotonner

b (*‡ esp US = have sex with)* s'envoyer *‡*

VI a *(= form into ball)* s'agglomérer

b (*‡ esp US = have sex)* s'envoyer en l'air

COMP ▷ **ball-and-socket joint** N (joint *m* à) rotule *f* ▷ **ball bearings** NPL roulement *m* à billes ▷ **ball boy** N *(Tennis)* ramasseur *m* de balles ▷ **ball cartridge** N cartouche *f* à balle ▷ **ball control** N *(NonC: Ftbl, Basketball etc)* contrôle *m* du ballon ▷ **ball game** N *(= sport)* jeu *m* de balle (*or* ballon) ; *(US)* *(= match)* match *m* de base-ball ◆ **it's a whole new ~ game** *, **it's not the same ~ game** * c'est une tout autre histoire ▷ **ball girl** N *(Tennis)* ramasseuse *f* de balles ▷ **ball-point (pen)** N stylo *m* (à) bille, (pointe *f*) Bic® *m* ▷ **ball-shaped** ADJ sphérique ▷ **balls-up** *‡*, **ball-up** *‡ (US)* N bordel *‡ m* ◆ **he made a ~s-up of the job** il a foutu le bordel *‡ or* salopé le boulot *‡* ◆ **the meeting was a ~s-up** *(Brit)* la réunion a été bordélique *‡*

► **balls up** *‡* VT SEP foutre la merde *‡ or* le bordel *‡* dans ◆ **to be/get ballsed up** *‡* être/se retrouver dans la merde jusqu'au cou *‡*

N ◆ **balls-up** *‡* → **ball¹**

► **ball up** VI *(Ski etc)* botter

VT SEP *‡* ⇒ **balls up**

**ball²** /bɔːl/ N *(= dance)* bal *m* ◆ **to give a ~** donner un bal ◆ **to open the ~** *(lit, fig)* ouvrir le bal ◆ **to have a ~** * s'amuser comme des fous, se marrer * COMP ▷ **ball gown** N robe *f* de bal

**ballad** /ˈbæləd/ N *(Mus)* romance *f* ; *(Literat)* ballade *f*

**ballast** /ˈbæləst/ N *(NonC)* a *(Aviat, Naut)* lest *m* ◆ **ship in ~** vaisseau *m* en lest ◆ **to sail in ~** être sur lest b *(= stone, clinker)* pierraille *f* ; *(Rail)* ballast *m* VT a *(Aviat, Naut)* lester b *(Tech)* empierrer, caillouter ; *(Rail)* ballaster

**ballbreaker** *‡* /ˈbɔːlˌbreɪkəʳ/ N chieuse *‡ f*

**ballcock** /ˈbɔːlkɒk/ N robinet *m* à flotteur

**ballerina** /ˌbæləˈriːnə/ N ballerine *f*

**ballet** /ˈbæleɪ/ N a *(= show, work of art)* ballet *m* b *(NonC = type of dance)* danse *f* classique COMP ▷ **ballet dancer** N danseur *m*, -euse *f* classique ▷ **ballet lesson** N cours *m* de danse (classique) ▷ **ballet school** N école *f* de danse (classique) ▷ **ballet shoe** N chausson *m* de danse ▷ **ballet skirt** N jupe *f* de danseuse

**balletic** /ˌbæˈletɪk/ ADJ *[movement, grace, style]* de danseur de ballet

**ballistic** /bəˈlɪstɪk/ ADJ balistique ◆ **to go ~** * piquer une crise * COMP ▷ **ballistic missile** N engin *m* balistique

**ballistics** /bəˈlɪstɪks/ N *(NonC)* balistique *f*

**balloon** /bəˈluːn/ N a *(Aviat)* ballon *m*, aérostat *m* ◆ **navigable/captive ~** ballon *m* dirigeable/captif ◆ **to go up in a ~** monter en ballon ◆ **the ~ went up** * *(fig)* l'affaire a éclaté ◆ **(meteorological** *or* **weather) ~** ballon-sonde *m* ; → **barrage** b *(= toy)* ballon *m* c *(for brandy:* also **balloon glass***)* verre *m* ballon *inv* ; *(Chem:* also **balloon flask***)* ballon *m* d *(in drawings, comic: for speech etc)* bulle *f* VI a ◆ **to go ~ing** faire une (*or* des) ascension(s) en ballon b *(= swell out)* gonfler, être ballonné COMP ▷ **balloon tyre** N pneu *m* ballon

**balloonist** /bəˈluːnɪst/ N aéronaute *mf*

**ballot** /ˈbælət/ N a *(Pol etc) (= paper)* bulletin *m* de vote ; *(= method of voting)* scrutin *m* ; *(= round of voting)* (tour *m* de) scrutin *m* ◆ **to vote by ~** voter par scrutin ◆ **first/second ~** premier/second tour *m* de scrutin ◆ **to take a ~** procéder à un scrutin *or* à un vote

b *(= drawing of lots)* tirage *m* au sort

VI a *(Pol etc)* voter à bulletin secret ◆ **union members are currently ~ing on the offer** les membres du syndicat votent actuellement sur cette proposition (à bulletins secrets)

b *(= draw lots)* tirer au sort ◆ **to ~ for a place on the committee** tirer au sort pour avoir un siège au comité

VT faire voter (à bulletin secret), consulter (au moyen d'un vote à bulletin secret) ◆ **the union is ~ing members on strike action** le syndicat fait voter la base (à bulletin secret) sur la décision de faire grève

COMP ▷ **ballot box** N urne *f* (électorale) ◆ **we accept the verdict of the ~ box** nous acceptons le verdict des urnes ▷ **ballot-box stuffing** N *(US Pol)* bourrage *m* des urnes ▷ **ballot paper** N bulletin *m* de vote ▷ **ballot rigging** N *(Brit)* fraude *f* électorale

**balloting** /ˈbælətɪŋ/ N *(US Pol)* scrutin *m*

**ballpark** /ˈbɔːlpɑːk/ N *(US)* stade *m* de base-ball ◆ **to be in the (right) ~** *(fig) [estimates, figures]* être dans la bonne fourchette ◆ **the figures were in the ~ of our estimates** les chiffres rentraient dans la fourchette de nos premières estimations ◆ **we're in the same ~** *(in estimates, figures)* on arrive à peu près à la même somme ◆ **the two companies are not in the same ~** les deux sociétés ne sont pas comparables ADJ *[figure, estimate]* approximatif

**ballplayer** /ˈbɔːlˌpleɪəʳ/ N *(US)* joueur *m* de base-ball

**ballroom** /ˈbɔːlrʊm/ N *[of hotel]* salle *f* de danse ; *[of mansion]* salle *f* de bal COMP ▷ **ballroom dancing** N *(NonC)* danse *f* de salon

**ballsy** *‡* /ˈbɔːlzɪ/ ADJ *[person, attempt]* gonflé *

**bally** † * /ˈbælɪ/ ADJ *(before n) (Brit)* sacré *, satané

**ballyhoo** * /ˌbælɪˈhuː/ N *(pej) (= publicity)* battage * *m*, bourrage *m* de crâne * ; *(= nonsense)* balivernes *fpl*

**balm** /bɑːm/ N a *(lit, fig)* baume *m* b *(Bot)* mélisse *f* officinale ; *(also* **lemon balm***)* citronnelle *f*

**balmy** /ˈbɑːmɪ/ ADJ a *(liter) (= fragrant)* embaumé, parfumé ; *(= mild)* doux (douce *f*), adoucissant b *(Bot)* balsamique

**baloney** * /bəˈləʊnɪ/ N *(NonC: esp US)* balivernes *fpl*

**balsa** /ˈbɔːlsə/ N *(also* **balsa wood***)* balsa *m*

**balsam** /ˈbɔːlsəm/ N a *(= substance)* baume *m* b *(= plant)* balsamine *f* c *(Chem)* oléorésine *f* COMP ▷ **balsam fir** N sapin *m* baumier

**balsamic** /bɔːlˈsæmɪk/ ADJ *[vinegar]* balsamique

**balti** /ˈbɔːltɪ, ˈbæltɪ/ N *(Culin) plat indien mijoté dans une petite poêle*

**Baltic** /ˈbɔːltɪk/ N ◆ **the ~** *(= sea)* la (mer) Baltique ◆ **the ~s** les pays baltes ADJ *[trade, port]* de la Baltique ◆ **the ~ Sea** la Baltique ◆ **the ~ States** les pays baltes

**baluster** /ˈbæləstəʳ/ N balustre *m* ◆ **~s** rampe *f* d'escalier

**balustrade** /ˌbæləsˈtreɪd/ N balustrade *f*

**bamboo** /bæmˈbuː/ N bambou *m* COMP *[chair, fence]* de *or* en bambou ▷ **Bamboo Curtain** N *(Pol)* rideau *m* de bambou ▷ **bamboo shoots** NPL pousses *fpl* de bambou

**bamboozle** * /bæmˈbuːzl/ VT a *(= deceive)* embobiner * ◆ **I was ~d into believing he was a qualified doctor** on m'a embobiné * en me faisant croire que c'était un médecin qualifié b *(= perplex)* déboussoler * ◆ **she was quite ~d** elle ne savait plus où elle en était, elle était complètement déboussolée *

**ban** /bæn/ N interdit *m* ; *(Comm)* embargo *m* ◆ **to put a ~ on sth/sb's doing sth** interdire qch/à qn de faire qch VT *(gen)* interdire (*sth* qch ; *sb from doing sth* à qn de faire qch) ; *(= exclude)* *[+ person]* exclure (*from* de) ; ◆ **~ned substance** *(Sport)* substance prohibée ◆ **Ban the Bomb Campaign** campagne *f* contre la bombe atomique

**banal** /bəˈnɑːl/ ADJ banal, ordinaire

**banality** /bəˈnælɪtɪ/ N banalité *f*

**banana** /bəˈnɑːnə/ N *(= fruit)* banane *f* ; *(= tree)* bananier *m* ADJ ◆ **to go ~s** * devenir dingue * ; *(= get angry)* piquer une crise * COMP ▷ **banana-boat** N bananier *m (cargo)* ▷ **banana peel** N ⇒ **banana skin** ▷ **banana republic** N *(pej)* république *f* bananière ▷ **banana skin** N peau *f* de banane ◆ **to slip on a ~ skin** glisser sur une peau de banane ▷ **banana split** N *(Culin)* banana split *m inv*

**band**[1] /bænd/ N *(gen, Comm)* bande *f* ; *(narrow)* bandelette *f* ; *[of barrel]* cercle *m* ; *[of metal wheel]* bandage *m* ; *(leather)* lanière *f* ; *[of cigar]* bague *f* ; *[of hat]* ruban *m* ; *(Rad)* bande *f* ; *(= magnetic tape)* bande *f* (magnétique) ; *[of gramophone record]* plage *f* ; *(Tech)* bande *f or* courroie *f* de transmission ; *(Educ)* tranche *f* ◆ **~s of the spectrum** *(Opt)* bandes *fpl* du spectre ◆ **metal ~** bande *f* métallique ◆ **to vary within a narrow ~** *[figures, prices etc]* varier à l'intérieur d'une fourchette étroite ; → **elastic, frequency, rubber**[1]**, waistband, waveband** VT *[+ tax, property]* ◆ **to be ~ed** être réparti par tranches COMP ▷ **bandsaw** N *(Tech)* scie *f* à ruban

► **band together** VI se grouper ; *(= form a gang)* former une bande

**band**[2] /bænd/ N a *(= group)* bande *f*, troupe *f* b *(Mus)* *(gen)* orchestre *m* ; *(brass only)* fanfare *f* ◆ **members of the ~** musiciens *mpl* ; → **brass, one-man**

**bandage** /ˈbændɪdʒ/ N *(for wound)* bande *f* ; *(Med = prepared dressing)* bandage *m*, pansement *m* ; *(blindfolding)* bandeau *m* ◆ **head swathed in ~s** tête *f* enveloppée de pansements *or* de bandages ; → **crêpe** VT *(also* **bandage up***)* *[+ broken limb]* bander ; *[+ wound]* mettre un pansement *or* un bandage sur ; *[+ person]* mettre un pansement *or* un bandage à

**Band-Aid** ® /ˈbændeɪd/ N *(lit)* pansement *m* adhésif COMP *(fig)* *[measures]* de fortune ; *[solution]* bricolé ◆ **a ~ approach** une méthode qui tient du rafistolage

**bandan(n)a** /bænˈdænə/ N foulard *m*

**B & B** /ˌbiːənd'biː/ N (abbrev of **bed and breakfast**) → **bed**

**bandbox** /ˈbændbɒks/ N carton *m* à chapeau(x) ◆ **he looked as if he had just stepped out of a ~** il avait l'air de sortir d'une boîte

**bandeau** /ˈbændəʊ/ N (pl **bandeaux** /ˈbændəʊz/) bandeau *m*

**banderol(e)** /ˈbændərɒl/ N *(Archit, Her, Naut)* banderole *f*

**banding** /ˈbændɪŋ/ N a *(Brit)* *[of school pupils]* répartition *f* en groupes de niveaux *(dans le primaire)* b *[of houses]* répartition *f* par tranches

**bandit** /ˈbændɪt/ N *(lit, fig)* bandit *m* ; → **one**

**banditry** /ˈbændɪtrɪ/ N *(NonC)* banditisme *m*

**bandleader** /ˈbænd,liːdəʳ/, **bandmaster** /ˈbænd"mɑːstəʳ/ N chef *m* d'orchestre ; *(Mil etc)* chef *m* de musique *or* de fanfare

**bandolier** /ˌbændəˈlɪəʳ/ N cartouchière *f*

**bandsman** /ˈbændzmən/ N (pl **-men**) musicien *m* (d'orchestre *or* de fanfare)

**bandstand** /ˈbændstænd/ N kiosque *m* (à musique)

**bandwagon** /ˈbænd,wægən/ N *(fig)* ◆ **to jump** *or* **climb** *or* **leap on the ~** suivre le mouvement, prendre le train en marche * ◆ **all these companies jumping on the Internet ~** toutes ces entreprises ne font que prendre le train du Net en marche

**bandwidth** /ˈbændwɪdθ/ N *(Comput)* largeur *f* de bande

**bandy**[1] /ˈbændɪ/ VT *[+ ball, reproaches]* se renvoyer ; *[+ jokes]* échanger ◆ **to ~ blows (with sb)** échanger des coups (avec qn) ◆ **to ~ words (with sb)** discuter (avec qn)

► **bandy about, bandy around** VT SEP *(pej)* *[+ story, report]* faire circuler ; *[+ figures, sums]* avancer ◆ **to ~ sb's name about** parler de qn ◆ **to have one's name bandied about** faire parler de soi ◆ **his name is being bandied about in all the newspapers** il a son nom dans tous les journaux

**bandy**[2] /ˈbændɪ/ ADJ *[leg]* arqué COMP ▷ **bandy-legged** ADJ *[person]* bancal ; *[horse]* arqué ◆ **to be ~-legged** avoir les jambes arquées

**bane** /beɪn/ N a fléau *m*, peste *f* ◆ **he's/it's the ~ of my life** * il/cela m'empoisonne la vie ◆ **rain is the ~ of holiday-makers** la pluie est le fléau numéro un des vacanciers ◆ **spots can be the ~ of a teenager's life** les boutons peuvent empoisonner la vie d'un adolescent b *(liter)* *(= poison)* poison *m*

**baneful** /ˈbeɪnfʊl/ ADJ *(liter)* funeste, fatal ; *[poison]* mortel

**banefully** /ˈbeɪnfəlɪ/ ADV funestement

**bang** /bæŋ/ N a *(= noise)* *[of gun, explosives]* détonation *f*, boum *m* ; *(Aviat)* bang *m* (supersonique) ; *[of door]* claquement *m* ◆ **the door closed with a ~** la porte a claqué ◆ **to go off with a ~** *[fireworks]* détoner, éclater ◆ **to go with a ~** * être un franc succès ◆ **to get more ~ for the buck** *or* **more ~s for your bucks** * *(esp US)* en avoir pour son argent ◆ **to end** *or* **finish not with a ~ but a whimper** finir en queue de poisson b *(= blow)* coup *m* (violent)

ADV * ◆ **to go ~** éclater ◆ **~ in the middle** au beau milieu, en plein milieu ◆ **~ against the wall** tout contre le mur ◆ **I ran ~ into a traffic jam** je suis tombé en plein dans un embouteillage ◆ **to hit the target ~ on** *(Brit)* frapper en plein dans la cible *or* le mille ◆ **his answer was ~ on** *(Brit)* sa réponse est tombée pile ◆ **she arrived ~ on time** *(Brit)* elle est arrivée à l'heure pile ◆ **the play's ~ up to date** cette pièce est complètement d'actualité ◆ **~ goes my chance of promotion** je peux faire une croix sur mes chances de promotion, je peux dire adieu à mes chances de promotion ◆ **~ goes the fantasy of retiring at 35** * on peut dire adieu au rêve de prendre sa retraite à 35 ans ; → **slap**

EXCL *(firearm)* pan ! ; *(explosion)* boum !

VT a frapper violemment ◆ **to ~ one's fist on the table** taper du poing sur la table, frapper la table du poing ◆ **to ~ one's head against** *or* **on sth** se cogner la tête contre *or* sur qch ◆ **talking to him is like ~ing your head against a brick wall** * autant parler à un mur que d'essayer de discuter avec lui ◆ **to ~ the door** (faire) claquer la porte ◆ **he ~ed the window shut** il a claqué la fenêtre b (*** = have sex with*) baiser ***

VI a *[door]* claquer ; *(repeatedly)* battre ; *[fireworks]* éclater ; *[gun]* détoner b ◆ **to ~ on** *or* **at the door** donner de grands coups dans la porte ◆ **to ~ on the table** taper du poing sur la table, frapper la table du poing

► **bang about** *, **bang around** * VI faire du bruit *or* du potin *

► **bang away** VI *[guns]* tonner ; *[workman etc]* faire du vacarme

► **bang down** VT SEP poser *or* jeter brusquement ◆ **to ~ down the lid** rabattre violemment le couvercle ◆ **to ~ down the receiver** *(on telephone)* raccrocher brutalement

► **bang into** VT FUS *(= collide with)* se cogner contre, heurter ◆ **I ~ed into a table** je me suis cogné contre une table *or* j'ai heurté une table ◆ **the taxi ~ed into another car** le taxi est rentré dans *or* a percuté *or* a heurté une autre voiture

► **bang on** * VI continuer à laïusser * ◆ **to ~ on about sth** laïusser * sur qch

► **bang out** VT SEP *[+ tune]* taper

► **bang to** VI *[door, window]* se fermer en claquant

► **bang together** VT SEP *[+ objects]* cogner l'un(e) contre l'autre ◆ **I could have ~ed their heads together!** * j'en aurais pris un pour taper sur l'autre !

► **bang up** * VT SEP *(Brit)* *[+ prisoner]* boucler *, coffrer *

**banger** /ˈbæŋəʳ/ N *(Brit)* a (* *= sausage*) saucisse *f* ◆ **~s and mash** saucisses *fpl* à la purée b (* *= old car*) (vieux) tacot * *m*, (vieille) guimbarde *f* c *(= firework)* pétard *m*

**Bangkok** /bæŋˈkɒk/ N Bangkok

**Bangladesh** /ˌbæŋgləˈdeʃ/ N Bangladesh *m*

**Bangladeshi** /ˌbæŋgləˈdeʃɪ/ ADJ du Bangladesh N habitant(e) *m(f) or* natif *m*, -ive *f* du Bangladesh

**bangle** /ˈbæŋgl/ N jonc *m*, bracelet *m*

**bangs** /bæŋz/ NPL *(US = fringe)* frange *f* (droite)

**bang-up** * /ˈbæŋʌp/ ADJ *(US)* formidable, impec *

**banish** /ˈbænɪʃ/ VT *[+ person]* exiler (*from* de ; *to* en, à) bannir (*from* de) ; *[+ cares, fear]* bannir, chasser

**banishment** /ˈbænɪʃmənt/ N bannissement *m*, exil *m*

**banister** /ˈbænɪstəʳ/ N ⇒ **bannister**

**banjax** * /ˈbændʒæks/ VT *(US)* assommer

**banjaxed** * /ˈbændʒækst/ ADJ *(US)* nase *

**banjo** /ˈbændʒəʊ/ N (pl **banjos** *or* **banjoes**) banjo *m*

**bank**[1] /bæŋk/ N a *(= mound)* *[of earth, snow, flowers]* talus *m* ; *(Rail = embankment)* remblai *m* ; *[of road, racetrack]* bord *m* relevé ; *(in horse-racing)* banquette *f* irlandaise ; *(Min = coal face)* front *m* de taille ; *(= pithead)* carreau *m* ; *[of sand]* *(in sea, river)* banc *m* ◆ **a ~ of clouds** un amoncellement de nuages b *(= edge)* *[of river, lake]* bord *m*, rive *f* ; *(above water level)* berge *f* ; *[of canal]* bord *m*, berge *f* ◆ **the ~s** *[of river, lake]* le rivage ◆ **the left/right ~** *(in Paris)* la Rive gauche/droite c *(Aviat)* virage *m* incliné *or* sur l'aile VT a *(also* **bank up***)* *[+ road]* relever *(dans un virage)* ; *[+ river]* endiguer ; *[+ earth]* amonceler ◆ **to ~ the fire** couvrir le feu b *(Aviat)* ◆ **to ~ an aircraft** faire faire à un avion un virage sur l'aile VI a *[snow, clouds etc]* s'amonceler b *(Aviat)* *[pilot, aircraft]* virer (sur l'aile)

**bank**[2] /bæŋk/ N a *(= institution)* banque *f* ; *(= office)* agence *f* (bancaire), banque *f* ◆ **~ of issue** banque *f* d'émission ◆ **the Bank of France** la Banque de France ◆ **the Bank of England** la Banque d'Angleterre ◆ **it's as safe as the Bank of England** ça ne court aucun risque, c'est de tout repos ; → **saving**

b (*Betting*) banque *f* ◆ **to break the ~** faire sauter la banque

c (*Med*) banque *f* ; → **blood, eyebank**

VT [*+ money*] mettre *or* déposer à la banque ; (*Med*) [*+ blood*] entreposer, conserver

VI ◆ **to ~ with Lloyds** avoir un compte à la Lloyds ◆ **who do you ~ with?** à quelle banque êtes-vous ?, où avez-vous votre compte bancaire ?

COMP [*cheque, credit, staff*] bancaire ▷ **bank acceptance** N acceptation *f* bancaire ▷ **bank account** N compte *m* bancaire, compte *m* en banque ▷ **bank balance** N solde *m* bancaire ▷ **bank bill** N (*US*) billet *m* de banque ; (*Brit*) effet *m* bancaire ▷ **bankbook** N livret *m* *or* carnet *m* de banque ▷ **bank card** N carte *f* d'identité bancaire ▷ **bank charges** NPL (*Brit*) frais *mpl* bancaires ▷ **bank clerk** N (*Brit*) employé(e) *m(f)* de banque ▷ **bank draft** N traite *f* bancaire ▷ **bank employee** N employé(e) *m(f)* de banque ▷ **Bank Giro, Bank Giro Credit** N (*Brit*) (paiement *m* par) virement *m* bancaire ▷ **bank holiday** N jour *m* férié ▷ **bank loan** N crédit *m* bancaire ▷ **bank manager** N directeur *m* d'agence (bancaire) ◆ **my ~ manager** mon banquier ▷ **bank rate** N taux *m* d'escompte ▷ **bank robber** N braqueur *m*, -euse *f* de banque ▷ **bank robbery** N cambriolage *m* de banque ▷ **bank statement** N relevé *m* de compte ▷ **bank transfer** N ◆ **by ~ transfer** par virement bancaire ; → **job**

► **bank on** VT FUS (= *count on*) compter sur ◆ **I wouldn't ~ on it** il ne faut pas compter dessus

**bank**[3] /bæŋk/ N a (= *row, tier*) [*of organ*] clavier *m* ; [*of typewriter*] rang *m* ; (*Elec*) [*of switches*] rangée *f* ◆ **~ of oars** rangée *f* d'avirons b (= *rowers' bench*) banc *m* (de rameurs) VT (*Sport*) ◆ **double/single ~ed rowing** nage *f* à couple/en pointe

► **bank up** VT SEP a (= *arrange in tiers*) étager, disposer par étages b → **bank**[1] **vt a**

**bankable** /ˈbæŋkəbl/ ADJ (*Comm*) bancable, négociable en banque ◆ **to be ~** [*film star etc*] être une valeur sûre

**banker** /ˈbæŋkəʳ/ N (*Betting, Fin*) banquier *m* COMP ▷ **banker's card** N carte *f* d'identité bancaire ▷ **banker's draft** N traite *f* bancaire ▷ **banker's order** N (*Brit*) prélèvement *m* automatique ▷ **banker's reference** N références *fpl* bancaires

**banking**[1] /ˈbæŋkɪŋ/ N (*Aviat*) virage *m* sur l'aile

**banking**[2] /ˈbæŋkɪŋ/ N (*Fin*) (= *transaction*) opérations *fpl* de banque *or* bancaires ; (= *profession*) profession *f* de banquier, la banque ◆ **to study ~** faire des études bancaires COMP ▷ **banking hours** NPL heures *fpl* d'ouverture des banques ▷ **banking house** N banque *f*, établissement *m* bancaire ◆ **the big ~ houses** les grandes banques *fpl* ▷ **banking industry** N secteur *m* bancaire ▷ **banking product** N produit *m* bancaire ▷ **banking services** NPL services *mpl* bancaires

**banknote** /ˈbæŋknəʊt/ N (*Brit*) billet *m* de banque

**bankroll** * /ˈbæŋkrəʊl/ (*esp US*) N fonds *mpl*, finances *fpl* VT financer

**bankrupt** /ˈbæŋkrʌpt/ N a (*Jur*) failli(e) *m(f)* b (* *fig* = *penniless person*) fauché(e) * *m(f)* ADJ a (*Jur*) failli ◆ **to go ~** [*person, business*] faire faillite ◆ **to be ~** [*person*] être en faillite ◆ **to be declared ~** être déclaré *or* mis en faillite b (* *fig* = *penniless*) fauché * c (= *completely lacking*) ◆ **spiritually/morally** *etc* **~** dépourvu *or* dénué de spiritualité/de moralité *etc* ◆ **~ of ideas** *etc* dépourvu *or* dénué d'idées *etc* VT a (*Jur*) [*+ person*] mettre en faillite b (* *fig*) ruiner COMP ▷ **bankrupt's certificate** N concordat *m* ▷ **bankrupt's estate** N actif *m* de la faillite

**bankruptcy** /ˈbæŋkrəptsɪ/ N a (*Jur*) faillite *f* ◆ **to file for** *or* **declare ~** déposer son bilan, se déclarer en faillite b (* *fig* = *pennilessness*) ruine *f* c (* *fig* = *lack*) ◆ **spiritual/moral** *etc* **~** manque *m* de spiritualité/de moralité *etc* COMP ▷ **Bankruptcy Court** N (*Brit*) ≃ tribunal *m* de commerce ▷ **bankruptcy estate** N masse *f* *or* actif *m* de la faillite ▷ **bankruptcy petition** N assignation *f* des créanciers ▷ **bankruptcy proceedings** NPL procédure *f* de faillite, procédure *f* de règlement judiciaire

**banner** /ˈbænəʳ/ N bannière *f*, étendard *m* ; (*Rel, fig*) bannière *f* COMP ▷ **banner headlines** NPL (*Press*) gros titres *mpl* ◆ **in ~ headlines** en gros titres, sur cinq colonnes à la une

**banning** /ˈbænɪŋ/ N (= *prohibition*) [*of activity, publication, film, organization, substance*] interdiction *f* ◆ **the ~ of right-wing parties** l'interdiction *f* des partis de droite ◆ **the ~ of anti-apartheid leaders** l'interdiction *f* frappant les dirigeants du mouvement anti-apartheid ◆ **the ~ of cars from city centres** l'interdiction *f* de la circulation automobile dans les centre-villes ◆ **the ~ of three athletes from the Olympic Games** l'exclusion *f* de trois athlètes des Jeux olympiques

**bannister** /ˈbænɪstəʳ/ N rampe *f* (d'escalier) ◆ **to slide down the ~(s)** descendre sur la rampe

**banns** /bænz/ NPL bans *mpl* (*de mariage*) ◆ **to call the ~** publier les bans

**banquet** /ˈbæŋkwɪt/ N (= *ceremonial dinner*) banquet *m* ; (= *lavish meal*) festin *m* VI faire un banquet, festoyer COMP ▷ **banqueting hall** N salle *f* de(s) banquet(s)

**banquette** /ˌbæŋˈket/ N banquette *f*

**banshee** /ˈbænˈʃiː/ N fée *f* (*dont les cris présagent la mort*)

**bantam** /ˈbæntəm/ N coq *m* nain, poule *f* naine COMP ▷ **bantam-weight** N (*Boxing*) poids *m* coq

**banter** /ˈbæntəʳ/ N badinage *m*, plaisanteries *fpl* VI badiner, plaisanter

**bantering** /ˈbæntərɪŋ/ ADJ plaisantin, badin

**Bantu** /ˈbæntuː/ ADJ bantou N (pl **Bantu** *or* **Bantus**) a (= *people*) ◆ **~(s)** Bantous *mpl* b (*Ling*) Bantou *m*

**banyan** /ˈbænɪən/ N banian *m*

**bap** /bæp/ N (*Brit Culin*) petit pain *m*

**baptism** /ˈbæptɪzəm/ N baptême *m* ◆ **~ of fire** baptême *m* du feu

**baptismal** /bæpˈtɪzməl/ ADJ de baptême COMP ▷ **baptismal font** N fonts *mpl* baptismaux ▷ **baptismal name** N nom *m* de baptême ▷ **baptismal vows** NPL vœux *mpl* du baptême

**baptist** /ˈbæptɪst/ N a baptiste *m* ◆ **(Saint) John the Baptist** saint Jean-Baptiste b (*Rel*) **Baptist** baptiste *mf* ADJ (*Rel*) ◆ **Baptist** baptiste COMP ▷ **the Baptist Church** N l'Église *f* baptiste

**baptize** /bæpˈtaɪz/ VT (*Rel, fig*) baptiser

**bar**[1] /bɑːʳ/ N a (= *block, slab*) [*of metal*] barre *f* ; [*of wood*] planche *f* ; [*of gold*] lingot *m* ; [*of chocolate*] tablette *f* ◆ **~ of soap** savonnette *f*, pain *m* de savon ◆ **~ of gold** lingot *m* (d'or)

b (= *rod*) [*of window, cage*] barreau *m* ; [*of grate*] barre *f* ; [*of door*] barre *f*, bâcle *f* ; (*Sport*) barre *f* ; (*Ftbl*) (= *crossbar*) barre *f* transversale ; [*of ski-lift*] perche *f* ; [*of electric fire*] résistance *f* ◆ **a two-~ electric fire** un radiateur électrique à deux résistances ◆ **to be/put sb behind (prison) ~s** être/mettre qn derrière les barreaux ; → **anti-roll bar, parallel**

c [*of river, harbour*] barre *f*

d (*fig* = *obstacle*) obstacle *m* ◆ **to be a ~ to progress** empêcher le *or* faire obstacle au progrès ◆ **his criminal record was a ~ to getting a job** son casier judiciaire l'empêchait de trouver du travail ; → **colour**

e [*of light*] raie *f* ; [*of colour*] bande *f*

f (*NonC: Jur*) (= *profession*) barreau *m* ; (*in court*) barre *f* ◆ **to call** (*Brit*) *or* **admit** (*US*) **sb to the ~** inscrire qn au barreau ◆ **to be called** (*Brit*) *or* **admitted** (*US*) **to the ~** s'inscrire au barreau ◆ **to read for the ~** préparer le barreau ◆ **the prisoner at the ~** l'accusé(e) *m(f)*

g (= *public house*) café *m*, bar *m* ; [*of hotel, theatre*] bar *m* ; [*of station*] café *m*, bar *m* ; (*at open-air shows etc*) buvette *f* ; → **coffee, public**

h (= *counter: for drinks*) comptoir *m* ◆ **to have a drink at the ~** prendre un verre au comptoir ◆ **sock/hat ~** (*Comm*) rayon *m* des chaussettes/des chapeaux ◆ **heel ~** talon-minute *m*

i (*Mus*) mesure *f* ; (also **bar line**) barre *f* de mesure ◆ **the opening ~s** les premières mesures *fpl* ; → **double**

j (*Brit Mil*) barrette *f* (*portée sur le ruban d'une médaille*) ; (*US Mil*) galon *m*

k (*Her*) burelle *f*

l (*Met*) bar *m*

VT a (= *obstruct*) [*+ road*] barrer ◆ **to ~ sb's way** *or* **path** barrer le passage à qn, couper la route à qn ◆ **to ~ the way to progress** faire obstacle au progrès

b (= *put bars on*) [*+ window*] munir de barreaux ◆ **to ~ the door** mettre la barre à la porte ◆ **to ~ the door against sb** (*lit, fig*) barrer la porte à qn

c (= *exclude, prohibit*) [*+ person*] exclure (*from* de) ; [*+ action, thing*] défendre ◆ **to ~ sb from doing sth** interdire à qn de faire qch ◆ **many jobs were ~red to them** de nombreux emplois leur étaient interdits ◆ **they're ~red from the country/the pub** il leur est interdit d'entrer dans le pays/le bar ◆ **she ~s smoking in her house** elle défend qu'on fume *subj* chez elle ◆ **to be ~red** (*Jur*) [*contract provisions*] se prescrire ; → **hold**

d (= *stripe*) rayer, barrer

COMP ▷ **bar billiards** N (*NonC: Brit*) billard *m* russe ▷ **bar chart** N ⇒ **bar graph** ▷ **bar code** N (*Comm*) code *m* à barres, code-barre *m* ▷ **bar-coded** ADJ avec code à barres, avec code-barre ▷ **bar-code reader** N lecteur *m* de code à barres *or* de code-barre ▷ **bar girl** * N (*US*) entraîneuse *f* de bar ▷ **bar graph** N graphique *m* en barres *or* en tuyaux d'orgue

**bar**[2] /bɑːʳ/ PREP sauf, à l'exception de ◆ **~ none** sans exception ◆ **~ one** sauf un(e) ; see also **shouting**

**Barabbas** /bəˈræbəs/ N Barabbas *m*

**barb**[1] /bɑːb/ N a [*of fish hook*] barbillon *m* ; [*of arrow*] barbelure *f* ; [*of feather*] barbe *f* b (= *cutting remark*) pique *f* ◆ **the ~s of criticism** les traits *mpl* acérés de la critique c (*Dress*) barbette *f* VT [*+ arrow*] garnir de barbelures, barbeler ; [*+ fish hook*] garnir de barbillons COMP ▷ **barb wire** N fil *m* de fer barbelé

**barb**[2] /bɑːb/ N *(= horse)* (cheval *m*) barbe *m*

**Barbadian** /bɑːˈbeɪdɪən/ ADJ barbadien N Barbadien(ne) *m(f)*

**Barbados** /bɑːˈbeɪdɒs/ N Barbade *f* ◆ **in ~** à la Barbade

**barbarian** /bɑːˈbɛərɪən/ ADJ, N *(Hist, fig)* barbare *mf*

**barbaric** /bɑːˈbærɪk/ ADJ *(Hist, fig)* barbare, de barbare

**barbarism** /ˈbɑːbərɪzəm/ N a *(NonC)* barbarie *f* b *(Ling)* barbarisme *m*

**barbarity** /bɑːˈbærɪtɪ/ N barbarie *f*, cruauté *f* ◆ **the barbarities of modern warfare** la barbarie *or* les atrocités *fpl* de la guerre moderne

**barbarize** /ˈbɑːbəraɪz/ VT a *[+ people]* ramener à l'état barbare b *[+ language]* corrompre

**Barbarossa** /ˌbɑːbəˈrɒsə/ N Barberousse *m*

**barbarous** /ˈbɑːbərəs/ ADJ *(Hist, Ling, fig)* barbare

**barbarously** /ˈbɑːbərəslɪ/ ADV cruellement, inhumainement

**Barbary** /ˈbɑːbərɪ/ N Barbarie *f*, États *mpl* barbaresques COMP ▷ **Barbary ape** N magot *m* ▷ **the Barbary Coast** N les côtes *fpl* de Barbarie ▷ **Barbary duck** N canard *m* de Barbarie ▷ **Barbary horse** N (cheval *m*) barbe *m*

**barbecue** /ˈbɑːbɪkjuː/ (vb : prp **barbecuing**) N barbecue *m* ◆ **to have a ~** faire un barbecue VT faire cuire au barbecue COMP ▷ **barbecue sauce** N sauce *f* barbecue ▷ **barbecue set** N (grill) barbecue *m*

**barbed** /bɑːbd/ ADJ a *[arrow]* barbelé b *(fig) [words, wit]* acéré COMP ▷ **barbed wire** N fil *m* de fer barbelé ▷ **barbed wire entanglements** NPL (réseau *m* de) barbelés *mpl* ▷ **barbed wire fence** N (haie *f* de fils) barbelés *mpl*

**barbel** /ˈbɑːbəl/ N *(= fish)* barbeau *m* ; *(smaller)* barbillon *m* ; *(= filament)* barbillon *m*

**barbell** /ˈbɑːbel/ N *(Sport)* barre *f* d'haltères

**barber** /ˈbɑːbəʳ/ N coiffeur *m* (pour hommes) ◆ **~'s** *(Brit)* salon *m* de coiffure (pour hommes) ◆ **to go to the ~'s** aller chez le coiffeur COMP ▷ **barber's pole** N enseigne *f* de coiffeur

**barbershop** /ˈbɑːbəʃɒp/ N a *(US: = shop)* salon *m* de coiffure (pour hommes) b *(Mus)* mélodies *fpl* sentimentales *(chantées en harmonie étroite)* COMP ▷ **barbershop quartet** N *(Mus) groupe de quatre hommes chantant en harmonie étroite*

**barbican** /ˈbɑːbɪkən/ N barbacane *f*

**Barbie** ® /ˈbɑːbɪ/ N (also **Barbie doll**) poupée *f* Barbie ®

**barbitone** /ˈbɑːbɪtəʊn/ N véronal *m*

**barbiturate** /bɑːˈbɪtjʊrɪt/ N barbiturique *m* COMP ▷ **barbiturate poisoning** N le barbiturisme

**barbituric** /ˌbɑːbɪˈtjʊərɪk/ ADJ barbiturique

**barbs** ⁑ /bɑːbz/ NPL *(US)* barbituriques *mpl*

**Barcalounger** ® /ˈbɑːkəlaʊndʒəʳ/ N *(US)* fauteuil *m* réglable

**barcarol(l)e** /ˌbɑːkəˈrəʊl/ N barcarolle *f*

**Barcelona** /ˌbɑːsɪˈləʊnə/ N Barcelone

**bard**[1] /bɑːd/ N *(= minstrel) (esp Celtic)* barde *m* ; *[of Ancient Greece]* aède *m* ; *(Poetry, also hum = poet)* poète *m* ◆ **the Bard of Avon** le chantre d'Avon *(Shakespeare)*

**bard**[2] /bɑːd/ *(Culin)* N barde *f* (de lard) VT barder

**bardic** /ˈbɑːdɪk/ ADJ *(esp Celtic) [poetry etc]* du barde, des bardes

**bare** /bɛəʳ/ ADJ a *(= naked, uncovered) [person, skin, sword, floor etc]* nu ; *[hill, summit]* pelé ; *[countryside, tree]* dénudé, dépouillé ; *(Elec) [wire]* dénudé, à nu ◆ **~ to the waist** nu jusqu'à la ceinture ◆ **in his ~ skin** * tout nu ◆ **he killed the wolf with his ~ hands** il a tué le loup à mains nues ◆ **to fight with ~ hands** se battre à main nue ◆ **there are ~ patches on the lawn** la pelouse est pelée par endroits ◆ **the dog had a few ~ patches on his back** le chien avait la peau du dos pelée par endroits ◆ **with his head ~** nu-tête *inv* ◆ **to sleep on ~ boards** coucher sur la dure ◆ **the ~ bones** les grandes lignes *fpl*, les lignes *fpl* essentielles ◆ **to strip sth down to the ~ bones** réduire qch à l'essentiel *or* à sa plus simple expression ; see also **comp** ◆ **she told him the ~ bones of the story** elle lui a raconté les grandes lignes *or* les lignes essentielles de l'histoire ◆ **ace/king ~** *(Cards)* as *m*/roi *m* sec ; → **lay**

b *(= empty, unadorned) [garden]* dénudé ; *[wall]* nu ; *[style]* dépouillé ◆ **a room ~ of furniture** une pièce vide ◆ **a ~ cupboard** un placard vide *or* dégarni ◆ **a ~ statement of facts** un simple énoncé des faits ◆ **they only told us the ~ facts** ils ne nous ont raconté que les faits à l'état brut

c *(= absolute)* **the ~ necessities (of life)** le strict nécessaire ◆ **to provide people with the ~ necessities of life** assurer aux gens le minimum vital ◆ **we're happy with the ~ necessities of life** nous nous contentons du strict minimum ◆ **the ~ essentials** le strict nécessaire ◆ **the ~ essentials of furnishing** les meubles *mpl* de base ◆ **a ~ majority** une faible majorité ◆ **the ~ minimum** le plus strict minimum

d *(= mere)* **the match lasted a ~ 18 minutes** le match n'a pas duré plus de 18 minutes ◆ **sales grew at a ~ two percent a year** les ventes n'ont pas augmenté de plus de deux pour cent par an

VT mettre à nu, découvrir ; *[+ sword]* dégainer, tirer du fourreau ; *[+ electrical wire]* dénuder, mettre à nu ◆ **to ~ one's head** se découvrir ◆ **to ~ one's chest/breasts** montrer son torse/sa poitrine ◆ **to ~ one's teeth** *[person, animal]* montrer les dents (*at* à) ; ◆ **he ~d his teeth in a smile** il a grimacé un sourire ◆ **to ~ one's soul (to sb)** mettre son cœur à nu (à qn)

COMP ▷ **bare-bones** ADJ *(esp US)* réduit à l'essentiel *or* à sa plus simple expression ▷ **bare-knuckle** ADJ *[fight]* à mains nues ; *[confrontation]* à couteaux tirés ▷ **bare owner** N nu(e)-propriétaire *m(f)* ▷ **bare ownership**, **bare property** N nue-propriété *f*

**bareback** /ˈbɛəbæk/ ADV à cru ◆ **~ rider** cavalier *m*, -ière *f* qui monte à cru VI (* *= have unprotected sex)* avoir des rapports sexuels non protégés

**barebacking** * /ˈbɛəbækɪŋ/ N *(= unprotected sex)* rapports *mpl* sexuels non protégés

**barefaced** /ˌbɛəˈfeɪst/ ADJ *[lie, liar]* éhonté ◆ **it is ~ robbery** c'est un *or* du vol manifeste

**barefoot(ed)** /ˈbɛəfʊt(ɪd)/ ADV nu-pieds, (les) pieds nus ADJ aux pieds nus

**bareheaded** /ˌbɛəˈhedɪd/ ADV nu-tête *inv*, (la) tête nue ADJ nu-tête *inv* ; *[woman]* en cheveux †

**barelegged** /ˌbɛəˈlegd/ ADV nu-jambes, (les) jambes nues ADJ aux jambes nues

**barely** /ˈbɛəlɪ/ ADV a *(= only just)* à peine, tout juste ◆ **he can ~ read** c'est tout juste *or* à peine s'il sait lire, il sait tout juste *or* à peine lire ◆ **the temperature ~ rose above freezing** la température est à peine montée au-dessus de zéro ◆ **~ visible/perceptible** à peine visible/perceptible ◆ **her voice was ~ audible** sa voix était à peine audible, on entendait à peine sa voix ◆ **he was ~ able to speak** il pouvait à peine parler ◆ **she was ~ conscious** elle était à peine consciente ◆ **~ concealed** *or* **disguised resentment/contempt** une rancœur/un mépris mal dissimulé(e) ◆ **she had ~ begun to speak when ...** elle avait à peine commencé de parler lorsque ... ◆ **the car was ~ a year old** la voiture avait à peine un an ◆ **~ half the graduates had found jobs** à peine la moitié des diplômés avaient trouvé des emplois ◆ **the truce is holding, ~** la trêve est respectée, (mais) tout juste

b ◆ **a ~ furnished room** *(= poorly furnished)* une pièce pauvrement meublée ; *(= scantily furnished)* une pièce très peu meublée

c *(= plainly)* sans ambages ◆ **to state a fact ~** ne pas tourner autour du pot

**bareness** /ˈbɛənɪs/ N *[of person]* nudité *f* ; *[of room]* dénuement *m* ; *[of furniture]* pauvreté *f* ; *[of style] (= poverty)* sécheresse *f*, pauvreté *f* ; *(= simplicity)* dépouillé *m*

**Barents Sea** /ˈbærəntsˈsiː/ N mer *f* de Barents

**barf** ⁑ /bɑːf/ VI *(US)* dégueuler ⁑

**barfly** * /ˈbɑːflaɪ/ N *(US)* pilier *m* de bistro(t)

**bargain** /ˈbɑːgɪn/ N a *(= transaction)* marché *m*, affaire *f* ◆ **to make** *or* **strike** *or* **drive a ~** conclure un marché (*with* avec) ; ◆ **it's a ~!** * *(= agreed)* c'est convenu *or* entendu ! ◆ **a good ~** une bonne affaire ◆ **a ~'s a ~** on ne peut pas revenir sur un marché conclu ◆ **to keep one's side of the ~** *(fig)* tenir ses engagements ; → **best, drive**

◆ **into the bargain** par-dessus le marché, en plus ◆ **... and we get paid into the ~** ... et en plus nous sommes payés

b *(= good buy)* occasion *f* ◆ **it's a (real) ~!** c'est une véritable occasion *or* affaire !

VI a *(= haggle)* **to ~ with sb** marchander avec qn ◆ **to ~ over an article** marchander un article

b *(= negotiate)* négocier (*with* avec) ; ◆ **to ~ with sb for sth** négocier qch avec qn

c *(= count on)* **to ~ for sth** s'attendre à qch ◆ **I didn't ~ for that** je ne m'attendais pas à cela ◆ **I got more than I ~ed for** je ne m'attendais pas à cela ◆ **to ~ on sth** compter sur qch ◆ **to ~ on doing sth** penser faire qch ◆ **to ~ on sb's doing sth** s'attendre à ce que qn fasse qch

COMP ▷ **bargain basement** N coin *m* des (bonnes) affaires ▷ **bargain-hunter** N personne *f* à l'affût des bonnes occasions ▷ **bargain-hunting** N chasse *f* aux (bonnes) occasions ▷ **bargain offer** N *(Comm)* offre *f* exceptionnelle ◆ **this week's ~ offer** la promotion de la semaine ▷ **bargain price** N prix *m* avantageux ▷ **bargain sale** N soldes *fpl*

**bargaining** /ˈbɑːgənɪŋ/ N marchandage *m* ◆ **that gives us more ~ power** cela nous met en position de force pour négocier ; → **collective** COMP ▷ **bargaining chip** N ◆ **to use sth as a ~ chip** se servir de qch comme argument dans une négociation ▷ **bargaining position** N position *f* de négociation ◆ **to be in a weak/strong ~ position** être en mauvaise/bonne position pour négocier ▷ **bargaining table** N table *f* de négociations

**barge** /bɑːdʒ/ N *(on river, canal)* chaland *m* ; *(large)* péniche *f* ; *(with sail)* barge *f* ◆ **the admiral's ~** la vedette de l'amiral ◆ **motor ~** chaland *m* automoteur, péniche *f* automotrice ◆ **state ~** barque *f* de cérémonie

VI ◆ **he ~d through the crowd** il bousculait les gens pour passer

COMP ▷ **barge pole** N gaffe *f* ◆ **I wouldn't touch it with a ~ pole** * *(Brit) (revolting)* je n'y toucherais pas avec des pincettes ; *(risky)* je ne m'y frotterais pas

► **barge about, barge around** VI aller et venir comme un troupeau d'éléphants *

► **barge in** VI *(= enter)* faire irruption ; *(= interrupt)* interrompre la conversation ; *(= interfere)* se mêler de ce qui ne vous regarde pas

► **barge into** VT FUS a *(= knock against) [+ person]* rentrer dans * ; *[+ thing]* donner *or* se cogner contre ◆ **to ~ into a room** faire irruption dans une pièce, entrer sans façons dans une pièce

b *(= interfere in) [+ discussion] (clumsily)* intervenir mal à propos dans ; *(rudely)* intervenir impoliment dans ; *[+ affair]* s'immiscer dans

► **barge through** VI traverser comme un ouragan

**bargee** /bɑːˈdʒiː/ N *(Brit)* batelier *m*, marinier *m*

**bargeman** /ˈbɑːdʒmən/ N (pl **-men**) batelier *m*, marinier *m*

**baritone** /ˈbærɪtəʊn/ N *(= voice, singer, instrument)* baryton *m* COMP *[voice, part]* de baryton

**barium** /ˈbɛərɪəm/ N baryum *m* COMP ▷ **barium enema** N *(Med)* lavement *m* baryté ▷ **barium meal** N *(Med)* (bouillie *f* de) sulfate *m* de baryum

**bark[1]** /bɑːk/ N *[of tree]* écorce *f* ◆ **to strip the ~ off a tree** écorcer un arbre VT *[+ tree]* écorcer ◆ **to ~ one's shins** s'écorcher *or* s'égratigner les jambes

**bark[2]** /bɑːk/ N *[of dog]* aboiement *m* ; *[of fox]* glapissement *m* ; *(* = cough)* toux *f* sèche ◆ **to let out a ~** *(lit)* aboyer ; *(= cough)* tousser ◆ **his ~ is worse than his bite** il fait plus de bruit que de mal, chien qui aboie ne mord pas VI *[dog]* aboyer (*at* après) ; *[fox]* glapir ; *[gun]* aboyer ; *(= speak sharply)* aboyer ; *(= cough)* tousser ◆ **to ~ at sb** aboyer après qn ◆ **to ~ up the wrong tree** faire fausse route VT ◆ **"leave me in peace!" he ~ed** "laisse-moi tranquille !" aboya-t-il

► **bark out** VT SEP *[+ order]* glapir

**bark[3]** /bɑːk/ N *(liter)* barque *f* ; *(Naut)* trois-mâts *m inv or* quatre-mâts *m inv* carré

**barkeeper** /ˈbɑːkiːpəʳ/ N *(US)* barman *m*, barmaid *f*

**barker** /ˈbɑːkəʳ/ N *[of fairground]* bonimenteur *m*, aboyeur † *m*

**barking** /ˈbɑːkɪŋ/ N *[of dog]* aboiement *m* ; *[of fox]* glapissement *m* ADJ *(Brit *: also* **barking mad**) complètement cinglé * *or* frappé *

**barley** /ˈbɑːlɪ/ N orge *f* ◆ **Scotch ~** orge *m* mondé ; → **pearl** EXCL *(N Engl, Scot: in games)* pouce ! COMP ▷ **barley beer** N cervoise *f* ▷ **barley field** N champ *m* d'orge ▷ **barley sugar** N sucre *m* d'orge ▷ **barley water** N *(esp Brit)* ≈ orgeat *m* ▷ **barley wine** N *sorte de bière très forte et sucrée*

**barleycorn** /ˈbɑːlɪkɔːn/ N grain *m* d'orge

**barm** /bɑːm/ N levure *f* (de bière)

**barmaid** /ˈbɑːmeɪd/ N *(esp Brit)* serveuse *f* (de bar)

**barman** /ˈbɑːmən/ N (pl **-men**) barman *m*

**Bar Mitzvah, bar mitzvah** /ˌbɑːˈmɪtsvə/ N bar-mitsva *f*

**barmy** † * /ˈbɑːmɪ/ ADJ *(Brit)* timbré *, maboul *

**barn** /bɑːn/ N a grange *f* ◆ **it's a great ~ of a house** * c'est une énorme bâtisse b *(US) (for horses)* écurie *f* ; *(for cattle)* étable *f* COMP ▷ **barn dance** N *(= dance)* danse *f* campagnarde *or* paysanne ; *(= party)* bal *m* campagnard ▷ **barn dancing** N *(NonC)* danse *f* campagnarde *or* paysanne ▷ **barn door** N ◆ **it's as big as a ~ door** c'est gros comme une maison * ▷ **barn egg** N ≈ œuf *m* de poule élevée en liberté ▷ **barn owl** N chat-huant *m*

**barnacle** /ˈbɑːnəkl/ N a *(= shellfish)* bernache *f*, anatife *m* ; *(pej = person)* crampon * *m* ; *(* = old sailor)* vieux loup de mer * *m* b *(also* **barnacle goose**) bernache (nonnette) *f*, bernacle *f*

**barney** * /ˈbɑːnɪ/ N *(Brit = quarrel)* prise *f* de bec *

**barnstorm** /ˈbɑːnstɔːm/ VI *(Theat)* jouer sur les tréteaux ; *(US Pol)* faire une tournée électorale (dans les circonscriptions rurales)

**barnstormer** /ˈbɑːnstɔːməʳ/ N *(Theat)* acteur *m* ambulant ; *(US Pol)* orateur *m* électoral

**barnstorming** /ˈbɑːnstɔːmɪŋ/ N *(Theat)* ≈ tournée *f* théâtrale ; *(US Pol)* tournée *f or* campagne *f* électorale (dans les circonscriptions rurales) ADJ * *[performance]* emballant

**barnyard** /ˈbɑːnjɑːd/ N basse-cour *f* COMP ▷ **barnyard fowl(s)** N(PL) volaille *f*

**barogram** /ˈbærəʊgræm/ N barogramme *m*

**barograph** /ˈbærəʊgrɑːf/ N barographe *m*

**barometer** /bəˈrɒmɪtəʳ/ N *(lit, fig)* baromètre *m* ◆ **the ~ is set fair** le baromètre est au beau fixe ◆ **a good ~ of public opinion** un bon baromètre de l'opinion publique ; → **aneroid**

**barometric** /ˌbærəʊˈmetrɪk/ ADJ barométrique

**baron** /ˈbærən/ N a *(= nobleman)* baron *m* b *(= magnate)* **cattle ~** magnat *m* du bétail ◆ **press/tobacco/coffee ~** magnat *m* de la presse/du tabac/du café ◆ **industrial ~** magnat *m* de l'industrie, gros industriel *m* ◆ **drug(s) ~** baron *m* de la drogue COMP ▷ **baron of beef** N double aloyau *m* de bœuf

**baroness** /ˈbærənɪs/ N baronne *f*

**baronet** /ˈbærənɪt/ N *(Brit)* baronnet *m*

**baronetcy** /ˈbærənɪtsɪ/ N dignité *f* de baronnet

**baronial** /bəˈrəʊnɪəl/ ADJ *(lit)* de baron ; *(fig)* seigneurial COMP ▷ **baronial hall** N demeure *f* seigneuriale

**barony** /ˈbærənɪ/ N baronnie *f*

**baroque** /bəˈrɒk/ ADJ, N *(Archit, Art, Mus)* baroque *m*

**barque** † /bɑːk/ N ⇒ **bark[3]**

**barrack[1]** /ˈbærək/ N caserne *f*, quartier *m* ; → **barracks** COMP ▷ **barrack life** N vie *f* de caserne ▷ **barrack room** N chambrée *f* ◆ **~-room language** propos *mpl* de caserne *or* de corps de garde ◆ **to be a ~-room lawyer** se promener toujours avec le code sous le bras ▷ **barrack square** N cour *f* (de caserne)

**barrack[2]** /ˈbærək/ VT *(esp Brit)* chahuter, conspuer *(frm)*

**barracks** /ˈbærəks/ N caserne *f*, quartier *m* ◆ **cavalry ~** quartier *m* de cavalerie ◆ **in ~** à la caserne, au quartier ; → **confine, naval** COMP ▷ **barracks bag** N *(US)* sac *m (de soldat)*

**barracuda** /ˌbærəˈkjuːdə/ N (pl **barracuda** *or* **barracudas**) barracuda *m*

**barrage** /ˈbærɑːʒ/ N a *[of river]* barrage *m* b *(Mil)* tir *m* de barrage ; *(fig) [of questions, reproaches]* pluie *f* ; *[of words]* flot *m*, déluge *m* COMP ▷ **barrage balloon** N ballon *m* de barrage

**barratry** /ˈbærətrɪ/ N *(Marine Insurance)* baraterie *f*

**barred** /bɑːd/ ADJ *[window etc]* muni de barreaux

**-barred** /bɑːd/ ADJ *(in compounds)* ◆ **five-barred gate** barrière *f* à cinq barreaux

**barrel** /ˈbærəl/ N a *(= cask) [of wine]* tonneau *m*, fût *m* ; *[of cider]* futaille *f* ; *[of beer]* tonneau *m* ; *[of herring]* caque *f* ; *[of oil]* baril *m* ; *[of tar]* tonne *f* ; *(small)* baril *m* ◆ **to have sb over a ~** * tenir qn à sa merci ◆ **to pay cash on the ~** *(US)* payer rubis sur l'ongle ; → **biscuit, scrape** b *[of firearm]* canon *m* ; *[of fountain pen]* corps *m* ; *[of key]* canon *m* ; *[of lock, clock]* barillet *m* ◆ **to give sb both ~s** * *(fig)* enguirlander qn * VT *[+ wine, cider etc]* mettre en fût (*or* en futaille *etc*) VI *(US *)* foncer *, aller à toute pompe * COMP ▷ **barrel-chested** ADJ au torse puissant ▷ **barrel-house jazz** N *(US)* jazz *m* de bastringue ▷ **barrel organ** N orgue *m* de Barbarie ▷ **barrel-shaped** ADJ en forme de barrique *or* de tonneau ; *[person]* gros (grosse *f*) comme une barrique ▷ **barrel vault** N voûte *f* en berceau

**barrelhead** /ˈbærəlhed/ N *(US)* ◆ **to pay cash on the ~** payer rubis sur l'ongle

**barren** /ˈbærən/ ADJ a *(†† = infertile) [woman, plant, tree]* stérile b *(= dry) [land, landscape]* aride c *(fig) [film, book]* dénué *or* dépourvu d'intérêt ; *[discussion, period of time]* stérile ; *[lifestyle]* vide de sens ; *[surroundings]* monotone ; *[style]* aride, sec (sèche *f*) ◆ **his latest book is ~ of interest** son dernier livre est dénué *or* dépourvu d'intérêt ◆ **a government ~ of new ideas** un gouvernement qui ne sait plus innover N *(esp US)* ◆ **~(s)** *(gen pl)* lande(s) *f(pl)* COMP ▷ **Barren Grounds, Barren Lands** NPL toundra *f* canadienne

**barrenness** /ˈbærənnɪs/ N a *(†† = infertility) [of woman, plant, tree, land]* stérilité *f* b *(= dryness) [of land, landscape]* aridité *f* c *(fig) [of film, book, surroundings]* manque *m* d'intérêt ; *[of lifestyle]* monotonie *f* ; *[of discussion]* stérilité *f* ; *[of style]* aridité *f*, sécheresse *f*

**barrette** /bəˈret/ N *(US)* barrette *f*

**barricade** /ˌbærɪˈkeɪd/ N barricade *f* VT *[+ street]* barricader ◆ **to ~ o.s. (in)** se barricader ◆ **police ~d them in** la police les a empêchés de sortir

**barrier** /ˈbærɪəʳ/ N barrière *f* ; *(Rail: also* **ticket barrier**) portillon *m* (d'accès) ; *(fig)* obstacle *m*, barrière *f* (*to* à) ; ◆ **age is no ~ to success** l'âge n'est pas un obstacle à la réussite ◆ **a trade ~** une barrière douanière ◆ **to put up ~s to sb/sth** dresser *or* élever des obstacles sur le chemin de qn/qch ◆ **to break down ~s** supprimer les barrières ; → **language, sound[1]** COMP ▷ **barrier contraceptive** N contraceptif *m* local ▷ **barrier cream** N crème *f* protectrice ▷ **barrier method** N méthode *f* de contraception locale ▷ **barrier reef** N barrière *f or* récif *m* de corail ◆ **the Great Barrier Reef** la Grande Barrière (de corail *or* d'Australie)

**barring** /ˈbɑːrɪŋ/ PREP excepté, sauf ◆ **~ accidents** sauf accident, à moins d'accident(s) ◆ **~ the unforeseen** sauf imprévu

**barrio** /ˈbærɪəʊ/ N *(US)* quartier *m* latino-américain

**barrister** /ˈbærɪstəʳ/ N *(Brit: also* **barrister-at-law**) avocat *m* ; → LAWYER

**barroom** /ˈbɑːrʊm/ N *(US)* salle *f* de bar

**barrow[1]** /ˈbærəʊ/ N *(also* **wheelbarrow**) brouette *f* ; *(esp Brit: also* **coster's barrow**) voiture *f* des quatre saisons ; *(Rail: also* **luggage barrow**) diable *m* ; *(also* **hand barrow**) charrette *f* à bras ; *(Min)* wagonnet *m* ◆ **to wheel sth in a ~** brouetter qch COMP ▷ **barrow-boy** N marchand *m* des quatre saisons

**barrow[2]** /ˈbærəʊ/ N *(Archeol)* tumulus *m*

**Bart** /bɑːt/ N *(Brit)* abbrev of **baronet**

**bartender** /ˈbɑːˌtendəʳ/ N (US) barman m, barmaid f

**barter** /ˈbɑːtəʳ/ N échange m, troc m VT échanger, troquer (for contre) VI faire un échange or un troc

► **barter away** VT [+ rights, liberty] vendre ; [+ one's honour] faire trafic de

**Bartholomew** /bɑːˈθɒləmjuː/ N Barthélemy m ◆ **the Massacre of St ~** (Hist) (le massacre de) la Saint-Barthélemy

**barytone** /ˈbærɪtəʊn/ N (Mus) baryton m (instrument)

**basal** /ˈbeɪsl/ ADJ (lit, fig) fondamental ; (Physiol) basal

**basalt** /ˈbæsɔːlt/ N basalte m

**bascule** /ˈbæskjuːl/ N bascule f COMP ⊳ **bascule bridge** N pont m à bascule

**base[1]** /beɪs/ N a (= lowest part) base f, partie f inférieure ; [of column, wall, skull, brain] base f, pied m ; [of building] soubassement m ; [of tree, lamp] pied m ; [of statue] socle m ◆ **the ~ of the spine** le coccyx

b (= headquarters, also Mil) base f ; [of company, organization] siège m ◆ **London is my ~** je suis basé à Londres ◆ **the FBI decided to use an old cinema as their ~** le FBI a décidé d'utiliser un ancien cinéma comme base ◆ **political/electoral ~** assise f politique/électorale ◆ **army/air force ~** base militaire/de l'armée de l'air ◆ **to return to ~** rejoindre sa base ; → **air, naval**

c (= basis) point m de départ ◆ **to use** or **take sth as one's ~** prendre qch comme point de départ ◆ **the novel takes real-life events as its ~** ce roman prend des faits réels comme point de départ

d (= main ingredient) base f

e (Chem, Math, Ling) base f ◆ **~ 2/10** etc (Comput) base 2/10 etc

f (Baseball) base f ◆ **he's way off ~** * (US) il déraille * ◆ **to touch ~ with sb** * reprendre contact avec qn ◆ **we'll touch ~ this afternoon** * on se tient au courant or on s'appelle cet après-midi ◆ **I'll touch ~ with you about the schedule** * il faut qu'on parle du programme, toi et moi ◆ **to touch** or **cover all the ~s** (US) penser à tout

VT a (= derive from) baser, fonder (on, around sur) ; ◆ **this conclusion is ~d on an erroneous assumption** cette conclusion est fondée sur des prémisses erronées ◆ **your pension will be ~d on your existing salary** votre retraite sera fonction de votre salaire actuel ◆ **these figures are ~d on past experience of book sales** ces chiffres sont basés sur les ventes de livres enregistrées dans le passé ◆ **the novel is largely ~d on** or **around his experiences as a policeman** le roman se fonde en grande partie sur son expérience d'agent de police

b (= locate base of) [+ person, organization, job] (also Mil) **to ~ sb/sth somewhere** baser qn/qch quelque part ◆ **the post will be ~d in London but will involve considerable travel** le poste sera basé à Londres mais il exigera de nombreux déplacements ◆ **they've decided to ~ their operation in London instead of Glasgow** ils ont choisi Londres plutôt que Glasgow comme base de leurs opérations ◆ **I am ~d in** or **at Glasgow** je suis basé à Glasgow, j'opère à partir de Glasgow ◆ **the company is ~d in Glasgow** l'entreprise a son siège or est basée à Glasgow

COMP ⊳ **base camp** N (Climbing) camp m de base ⊳ **base coat** N [of paint] première couche f ⊳ **base form** N (Ling) forme f de base ⊳ **base jumping** N base-jump m ⊳ **base lending rate** N (Fin) taux m de base bancaire ⊳ **base line** N (Baseball) ligne f des bases ; (Surv) base f ; [of diagram] ligne f zéro ; (Tennis) ligne f de fond ; (Art) ligne f de fuite ⊳ **base period** N (Stat) période f de référence or de base ⊳ **base rate** N (Fin) ⇒ **base lending rate** ⊳ **base year** N (Fin) année f de référence

**base[2]** /beɪs/ ADJ a (= contemptible) [person, behaviour, crime, betrayal, action, motive, thoughts, emotions] vil (vile f), indigne ; [instincts] bas (basse f) ; [task] ingrat b (liter) [birth, descent] bas (basse f) ◆ **of ~ descent** de basse extraction c (= counterfeit) [coin] faux (fausse f) d (US) ⇒ **bass[1] adj** COMP ⊳ **base metal** N métal m vil

**baseball** /ˈbeɪsbɔːl/ N base-ball or baseball m COMP ⊳ **baseball cap** N casquette f de base(-)ball

> **Baseball**
>
> Sport national américain, très répandu aussi au Canada, dont certaines qualités – l'esprit de camaraderie et de compétition, par exemple – ont été popularisées par le cinéma et en viennent à symboliser l'« American way of life ».
>
> En plus de la célèbre casquette, le baseball est à l'origine d'un certain nombre d'expressions courantes telles que « ballpark figure » (chiffre approximatif), a « whole new ball game » (une autre histoire) ou « to get to first base » (franchir le premier obstacle).

**baseboard** /ˈbeɪsbɔːd/ N (US Constr) plinthe f

**-based** /beɪst/ ADJ (in compounds) ◆ **to be London-based** être basé à Londres ◆ **an oil-based economy** une économie basée sur le pétrole ◆ **sea-/land-based missile** missile m marin/terrestre

**Basel** /ˈbɑːzəl/ N Bâle

**baseless** /ˈbeɪslɪs/ ADJ sans fondement

**baseline costs** /ˌbeɪslaɪnˈkɒsts/ NPL (Fin) coûts mpl de base

**basely** /ˈbeɪslɪ/ ADV bassement, vilement

**baseman** /ˈbeɪsmən/ (pl **-men**) N (Baseball) gardien m de base

**basement** /ˈbeɪsmənt/ N sous-sol m ◆ **in the ~** au sous-sol COMP ⊳ **basement flat** N appartement m en sous-sol

**baseness** /ˈbeɪsnɪs/ N a [of person, behaviour, crime, betrayal] ignominie f ; [of action, motive, thoughts, instincts, emotions] bassesse f b (liter) **the ~ of his birth** or **descent** sa basse extraction

**bases[1]** /ˈbeɪsiːz/ NPL of **basis**

**bases[2]** /ˈbeɪsɪz/ NPL of **base[1]**

**bash** * /bæʃ/ N a coup m ; (with fist) coup m de poing ◆ **to give sb a ~ on the nose** donner un coup de poing sur le nez de qn ◆ **the car bumper has had a ~** le pare-chocs est cabossé or bosselé

b **to have a ~ at sth/at doing sth** * s'essayer à qch/à faire qch ◆ **I'll have a ~ (at it)** *, **I'll give it a ~** * je vais tenter le coup ◆ **have a ~!** * vas-y, essaie !

c († = party) surboum † * f

VT frapper, cogner ◆ **to ~ one's head against a wall** se cogner la tête contre un mur ◆ **to ~ sb on the head** assommer qn

► **bash about** *, **bash around** * VT SEP [+ person] (= hit) flanquer * des coups à ; (= ill-treat) [+ person] maltraiter, rudoyer ; [+ object] malmener

► **bash in** * VT SEP [+ door] enfoncer ; [+ hat, car] cabosser, défoncer ; [+ lid, cover] défoncer ◆ **to ~ sb's head in** ‡ défoncer le crâne de qn *

► **bash on** * VI continuer (with sth avec qch)

► **bash up** * VT SEP [+ car] bousiller * ; (Brit) [+ person] tabasser ‡

**basher** * /ˈbæʃəʳ/ N cogneur * m N (in compounds) ◆ **he's a queer-~** ‡ il casse du pédé ‡

**bashful** /ˈbæʃfʊl/ ADJ timide, qui manque d'assurance

**bashfully** /ˈbæʃfəlɪ/ ADV d'un air embarrassé

**bashfulness** /ˈbæʃfʊlnɪs/ N timidité f

**bashing** * /ˈbæʃɪŋ/ N rossée * f, raclée * f ◆ **to take a ~** [team, regiment] prendre une raclée * or une dérouillée ‡ ; [car, carpet etc] en prendre un (vieux or sacré) coup * N (in compounds) ◆ **union-~** dénigrement m systématique des syndicats ; → **Paki, queer**

**BASIC, Basic** /ˈbeɪsɪk/ N (Comput) basic m

**basic** /ˈbeɪsɪk/ ADJ a (= fundamental) [difficulty, principle, problem, essentials] fondamental ; (= elementary) [rule] élémentaire ◆ **the four ~ operations** (Math) les quatre opérations fondamentales ◆ **~ French** le français fondamental or de base ◆ **a ~ knowledge of Russian/electronics** une connaissance de base du russe/de l'électronique ◆ **~ research** recherche f fondamentale ◆ **~ vocabulary** vocabulaire m de base ◆ **~ English** l'anglais m fondamental ◆ **~ needs** besoins mpl essentiels

b (= forming starting point) [salary, working hours] de base ◆ **a ~ suit to which one can add accessories** un petit tailleur neutre auquel on peut ajouter des accessoires ◆ **a ~ black dress** une petite robe noire

c (Chem) basique ◆ **~ salt** sel m basique ◆ **~ slag** scorie f de déphosphoration

NPL **the basics** l'essentiel m ◆ **to get down to the ~s** en venir à l'essentiel ◆ **to get back to ~s** revenir au b.a.-ba ◆ **a new back-to-~s drive** une nouvelle campagne prônant un retour à la simplicité

COMP ⊳ **basic airman** N (pl **basic airmen**) (US) soldat m de deuxième classe (de l'armée de l'air) ⊳ **basic overhead expenditure** N (Fin) frais mpl généraux essentiels ⊳ **basic rate** N (Fin, Comm) taux m de référence ◆ **~ rate of (income) tax** taux m de base de l'impôt sur le revenu ⊳ **basic training** N (Mil) ◆ **to do one's ~ training** faire ses classes ⊳ **basic wage** N salaire m de base

**basically** /ˈbeɪsɪklɪ/ LANGUAGE IN USE 26.2 ADV au fond ◆ **it's ~ simple** au fond, c'est simple ◆ **it's ~ the same** c'est pratiquement la même chose ◆ **he's ~ lazy** au fond, il est paresseux, il est fondamentalement paresseux ◆ **~, it's easy** au fond or en fait, c'est simple ◆ **~ we agree** nous sommes d'accord sur le fond

**basil** /ˈbæzl/ N (Bot) basilic m

**basilica** /bəˈzɪlɪkə/ N basilique f

**basilisk** /ˈbæzɪlɪsk/ N (Myth, Zool) basilic m

**basin** /ˈbeɪsn/ N a (gen) cuvette f, bassine f ; (for food) bol m ; (wide: for cream etc) jatte f ; (also **washbasin, wash-hand basin**) lavabo m ; [of lavatory] cuvette f ; [of fountain] vasque f ; → **sugar** b (Geog) [of river] bassin m ; (= valley) cuvette f ; (= harbour) bassin m ; → **catchment, tidal**

**basinful** /ˈbeɪsnfʊl/ N [of milk] bolée f ; [of water] pleine cuvette f ◆ **I've had a ~** ‡ j'en ai par-dessus la tête * or ras le bol * (of de)

**basis** /ˈbeɪsɪs/ N (pl **bases**) *(lit, fig)* base *f* ◆ **a possible ~ for negotiation** un éventuel point de départ pour des négociations ◆ **on that ~** dans ces conditions ◆ **on the ~ of what you've told me** d'après ce que vous m'avez dit ◆ **~ for assessing VAT** assiette *f* de la TVA
◆ **on a + basis** ◆ **on a temporary ~** temporairement ◆ **on an equal ~** sur un pied d'égalité ◆ **the shops are operated on a voluntary ~** les magasins sont tenus par des bénévoles ◆ **on a mileage ~** en fonction du kilométrage ◆ **open on a 24-hour ~** ouvert 24 heures sur 24 ◆ **paid on a daily/day-to-day/regular ~** payé à la journée/au jour le jour/régulièrement
COMP ▷ **basis point** N *(Fin)* point *m* de base

**bask** /bɑːsk/ VI ◆ **to ~ in the sun** *[person]* se dorer au soleil, se prélasser au soleil ; *[animal]* se prélasser au soleil ◆ **the team were ~ing in the glory of their victory** l'équipe savourait sa victoire ◆ **we can all ~ in reflected glory when our team does well** nous pouvons tous tirer fierté des succès de notre équipe ◆ **to ~ in sb's praise** savourer les éloges de qn ◆ **to ~ in sb's favour** jouir de la faveur de qn COMP ▷ **basking shark** N requin *m* pèlerin

**basket** /ˈbɑːskɪt/ N *(gen)* corbeille *f* ; (also **shopping basket**) *(one-handled)* panier *m* ; *(deeper, two-handled)* cabas *m* ; (also **clothes basket**) corbeille *f* or panier *m* à linge (sale) ; (also **wastepaper basket**) corbeille *f* (à papier) ; *(on person's back)* hotte *f* ; *(on donkey)* panier *m* ; *(for game, fish, oysters)* bourriche *f* ; *(Basketball)* panier *m* ; *(on ski stick)* rondelle *f* (de ski) ◆ **a ~ of currencies/products** *(Econ)* un panier de devises/produits ◆ **a ~(ful) of eggs** un panier d'œufs ◆ **to make a ~** *(Basketball)* marquer un panier ; → **laundry, luncheon, picnic, workbasket**
COMP *[handle etc]* de panier ▷ **basket case** ‡ N *(= country)* cas *m* désespéré ◆ **he's a ~ case** *(= person, crazy)* il est cinglé * ; *(= inadequate)* c'est un paumé * ; *(= nervous)* c'est un paquet de nerfs * ▷ **basket chair** N chaise *f* en osier ▷ **basket maker** N vannier *m*

**basketball** /ˈbɑːskɪtbɔːl/ N basket(-ball) *m*
COMP ▷ **basketball player** N basketteur *m*, -euse *f*

**basketry** /ˈbɑːskɪtrɪ/ N ⇒ **basketwork**

**basketweave** /ˈbɑːskɪtwiːv/ N *(= cloth)* tissage *m* ; *(= cane)* tressage *m*

**basketwork** /ˈbɑːskɪtwɜːk/ N vannerie *f*

**Basle** /bɑːl/ N ⇒ **Basel**

**basmati** /bəzˈmætɪ/ N (also **basmati rice**) (riz *m*) basmati *m*

**Basque** /bæsk/ N **a** *(= person)* Basque *m*, Basque *f* or Basquaise *f* **b** *(Ling)* basque *m*
ADJ basque ◆ **a ~ woman** une Basque or Basquaise ◆ **the ~ Country** le Pays basque ◆ **the ~ Provinces** les provinces *fpl* basques

**basque** /bæsk/ N guêpière *f*

**bas-relief** /ˈbæsrɪˌliːf/ N bas-relief *m*

**bass¹** /beɪs/ *(Mus)* N *(= part, singer, guitar)* basse *f* ; (also **double bass**) contrebasse *f* ; → **double**
ADJ *[voice]* de basse ; *[note]* grave ; *(= low-sounding)* bas (basse *f*), grave
COMP ▷ **bass-baritone** N baryton-basse *m* ▷ **bass clarinet** N clarinette *f* basse ▷ **bass clef** N clef *f* de fa ▷ **bass drum** N grosse caisse *f* ▷ **bass flute** N flûte *f* basse ▷ **bass guitar** N guitare *f* basse ▷ **bass guitarist** N bassiste *mf* ▷ **bass horn** N serpent *m* ▷ **bass-relief** ADJ ⇒ **bas-relief** ▷ **bass strings** NPL basses *fpl* ▷ **bass trombone** N trombone *m* basse ▷ **bass tuba** N tuba *m* d'orchestre ▷ **bass viol** N viole *f* de gambe

**bass²** /bæs/ N *(= fish) (freshwater)* perche *f* ; *(sea)* bar *m*, loup *m*

**basset** /ˈbæsɪt/ N (also **basset hound**) basset *m*
COMP ▷ **basset horn** N *(Mus)* cor *m* de basset

**bassi** /ˈbæsɪ/ NPL of **basso**

**bassist** /ˈbeɪsɪst/ N bassiste *mf*

**bassline** /ˈbeɪslaɪn/ N (ligne *f* de) basse *f*

**basso continuo** /ˌbæsəʊkənˈtɪnjʊəʊ/ N (pl **bassos** or **bassi continuo**) *(Mus)* basse *f* continue

**bassoon** /bəˈsuːn/ N basson *m* ; → **double**

**bassoonist** /bəˈsuːnɪst/ N basson *m*, bassoniste *mf*

**basso profundo** /ˌbæsəʊprəʊˈfʌndəʊ/ N (pl **bassos** or **bassi profundo**) *(Mus)* basse *f* profonde

**Bass Strait** /ˈbæstreɪt/ N ◆ **the ~** le détroit de Bass

**bastard** /ˈbɑːstəd/ N **a** *(lit)* enfant naturel(le) *m(f)*, bâtard(e) *m(f)* **b** (*‡ *pej* = *unpleasant person)* salaud ‡ *m*, salope ‡ *f* **c** *‡ **he's a lucky ~!** c'est un drôle de veinard ! * ◆ **you old ~!** sacré vieux ! * ◆ **poor ~** pauvre type * ◆ **silly ~!** quel corniaud ! *
ADJ *[child]* naturel, bâtard ; *[language, dialect]* corrompu, abâtardi ; *(Typ) [character]* d'un autre œil ◆ **~ title** faux-titre *m*

**bastardized** /ˈbɑːstədaɪzd/ ADJ *[language]* corrompu, abâtardi

**bastardy** /ˈbɑːstədɪ/ N *(Jur)* bâtardise *f*

**baste¹** /beɪst/ VT *(Sewing)* bâtir, faufiler

**baste²** /beɪst/ VT *(Culin)* arroser

**bastion** /ˈbæstɪən/ N bastion *m*

**Basutoland** /bəˈsuːtəʊlænd/ N Bas(o)utoland *m*

**bat¹** /bæt/ N *(Zool)* chauve-souris *f* ◆ **an old ~** * une vieille bique * ◆ **to have ~s in the belfry** * avoir une araignée au plafond * ◆ **he ran like a ~ out of hell** * il a couru comme un dératé ◆ **her new Ferrari goes like a ~ out of hell** * sa nouvelle Ferrari est un vrai bolide * ; → **blind**

**bat²** /bæt/ *(Sport etc)* N **a** *(Baseball, Cricket)* batte *f* ; *(Table Tennis)* raquette *f* ◆ **off one's own ~** de sa propre initiative, de son propre chef ◆ **right off the ~** *(US)* sur-le-champ ◆ **he's a good ~** *(Baseball, Cricket)* il manie bien la batte **b** *(= blow)* coup *m*
VI *(Baseball, Cricket)* ◆ **he ~s well but is a poor bowler** il manie bien la batte, mais n'est pas bon lanceur ◆ **Smith was ~ting** Smith était à la batte ◆ **to go in to ~ (for England)** passer à la batte (pour l'équipe anglaise) ◆ **to go (in) to ~ for sb** * *(= support)* intervenir en faveur de qn
VT **a** *[+ ball]* frapper *(avec une batte, raquette etc)* **b** * *(= hit)* cogner *, flanquer un coup à * ◆ **to ~ sth around** *(US fig) (= discuss)* discuter de qch (à bâtons rompus)

**bat³** /bæt/ VT ◆ **he didn't ~ an eyelid** *(Brit)* or **an eye** *(US)* il n'a pas sourcillé or bronché ◆ **without ~ting an eyelid** *(Brit)* or **an eye** *(US)* sans sourciller or broncher

**batch** /bætʃ/ N *[of loaves]* fournée *f* ; *[of people]* groupe *m* ; *[of prisoners]* convoi *m* ; *[of recruits]* contingent *m*, fournée *f* ; *[of letters]* paquet *m* ; *(Comm) [of goods]* lot *m* ; *[of concrete]* gâchée *f*
COMP ▷ **batch file** N *(Comput)* fichier *m* batch ▷ **batch mode** N *(Comput)* ◆ **in ~ mode** en temps différé ▷ **batch-process** VT *(Comput)* traiter par lots ▷ **batch processing** N *(Comput)* traitement *m* par lots

**bated** /ˈbeɪtɪd/ ADJ ◆ **with ~ breath** en retenant son souffle

**bath** /bɑːθ/ N (pl **baths** /bɑːðz/) **a** bain *m* ; (also **bath tub**) baignoire *f* ◆ **to take** or **have** *(Brit)* **a ~** prendre un bain ◆ **to give sb a ~** baigner qn, donner un bain à qn ◆ **while I was in my** or **the ~** pendant que j'étais dans or que je prenais mon bain ◆ **room with (private) ~** *(in hotel)* chambre *f* avec salle de bains (particulière) ; → **blood, eyebath, Turkish**
**b** *(Chem, Phot, Tech)* bain *m* ; *(Phot = container)* cuvette *f*
NPL **baths** *(for swimming)* piscine *f* ; *(for washing)* (établissement *m* de) bains(-douches) *mpl* ; *(Hist)* thermes *mpl*
VT *(Brit)* baigner, donner un bain à
VI *(Brit)* prendre un bain
COMP ▷ **bath bomb** N sels *mpl* de bain effervescents ▷ **bath cube** N sels *mpl* de bain en cube ▷ **bath oil** N huile *f* pour le bain ▷ **bath pearls** NPL perles *fpl* de bain ▷ **bath salts** NPL sels *mpl* de bain ▷ **bath sheet** N drap *m* de bain ▷ **bath towel** N serviette *f* de bain

**Bath bun** /ˈbɑːθˌbʌn/ N *(Brit)* ≃ pain *m* aux raisins

**bathchair** † /ˈbɑːθtʃɛəʳ/ N fauteuil *m* roulant, voiture *f* d'infirme

**bathe** /beɪð/ VT *(gen, also fig)* baigner ; *[+ wound]* laver ◆ **to ~ one's eyes** se baigner or se bassiner les yeux ◆ **to ~ one's feet** prendre un bain de pieds ◆ **~d in tears** baigné de larmes ◆ **to be ~d in sweat** être en nage ◆ **to ~ the baby** *(US)* baigner l'enfant ◆ **~d in light** baigné or inondé de lumière
VI *(Brit)* se baigner, prendre un bain *(de mer ou de rivière)* ; *(US)* prendre un bain *(dans une baignoire)*
N *(Brit)* bain *m (de mer ou de rivière)* ◆ **an enjoyable ~** une baignade agréable ◆ **to take** or **have a ~** se baigner ◆ **let's go for a ~** allons nous baigner

**bather** /ˈbeɪðəʳ/ N baigneur *m*, -euse *f*

**bathhouse** /ˈbɑːθhaʊs/ N bains *mpl* publics

**bathing** /ˈbeɪðɪŋ/ N bains *mpl*, baignade(s) *f(pl)* ◆ **~ prohibited** défense de se baigner, baignade interdite ◆ **safe ~** baignade *f* sans (aucun) danger ; → **sea**
COMP ▷ **bathing beauty** N naïade *f* ▷ **bathing cap** N bonnet *m* de bain ▷ **bathing costume** N *(Brit)* maillot *m* (de bain) ▷ **bathing hut** N cabine *f* (de bains) ▷ **bathing machine** N cabine *f* de bains roulante ▷ **bathing suit** N *(esp US)* ⇒ **bathing costume** ▷ **bathing trunks** NPL *(Brit)* maillot *m* or slip *m* de bain ▷ **bathing wrap** N peignoir *m* (de bain), sortie *f* de bain

**bathmat** /ˈbɑːθmæt/ N tapis *m* de bain

**bathos** /ˈbeɪθɒs/ N *(Literat)* chute *f* du sublime au ridicule

**bathrobe** /ˈbɑːθrəʊb/ N peignoir *m* (de bain)

**bathroom** /ˈbɑːθrʊm/ N salle *f* de bains ◆ **to go to** or **use the ~** *(esp US)* aller aux toilettes
COMP ▷ **bathroom cabinet** N armoire *f* de toilette ▷ **bathroom fittings** NPL *(= main fixtures)* appareils *mpl* or installations *fpl* sanitaires ; *(= accessories)* accessoires *mpl* de salle de bains ▷ **bathroom scales** NPL balance *f*, pèse-personne *m inv*

**bathtub** /ˈbɑːθtʌb/ N *(esp US)* baignoire *f* ; *(round)* tub *m*

**bathwater** /ˈbɑːθwɔːtəʳ/ N eau *f* du bain

**bathysphere** /ˈbæθɪsfɪəʳ/ N bathysphère *f*

**batik** /bəˈtiːk/ N batik *m*

**batiste** /bæˈtiːst/ N batiste *f*

**batman** /ˈbætmən/ N (pl **-men**) *(Brit Mil)* ordonnance *f*

**baton** /'bætən/ N *(Mil, Mus)* bâton *m*, baguette *f* ; *(Brit) [of policeman]* matraque *f* ; *[of French traffic policeman]* bâton *m* ; *[of relay race]* témoin *m* ◆ **to hand on** *or* **pass the ~ to sb** passer le flambeau à qn COMP ▷ **baton charge** N charge *f (de police etc)* à la matraque ▷ **baton round** N *(Mil)* balle *f* en plastique ▷ **baton twirler** N majorette *f (menant un défilé)*

**bats** ‡ /bæts/ ADJ toqué *, timbré *

**batsman** /'bætsmən/ N (pl **-men**) *(Cricket)* batteur *m*

**battalion** /bə'tælıən/ N *(Mil, fig)* bataillon *m*

**batten¹** /'bætn/ N *(Carpentry)* latte *f* ; *[of roofing]* volige *f* ; *[of flooring]* latte *f*, planche *f* (de parquet) ; *(Naut)* latte *f* (de voile) ; *(Theat)* herse *f* VT latter ; *[+ roof]* voliger ; *[+ floor]* planchéier

► **batten down** VT SEP *(Naut)* ◆ **to batten down the hatches** fermer les écoutilles, condamner les panneaux

**batten²** /'bætn/ VI *(= prosper illegitimately)* s'engraisser (*on sb* aux dépens de qn ; *on sth* de qch) ; *(= feed greedily)* se gorger, se gaver (*on* de)

**batter¹** /'bætəʳ/ N *(Culin) (for frying)* pâte *f* à frire ; *(for pancakes)* pâte *f* à crêpes ◆ **fried fish in ~** poisson *m* frit *(enrobé de pâte à frire)*

**batter²** /'bætəʳ/ VT a *(= strike repeatedly)* battre, frapper ; *[+ baby]* maltraiter, martyriser ◆ **ship ~ed by the waves** navire *m* battu par les vagues ◆ **town ~ed by bombing** ville *f* ravagée *or* éventrée par les bombardements b *(Typ) [+ type]* endommager VI ◆ **to ~ at the door** cogner *or* frapper à la porte à coups redoublés N *(US Sport)* batteur *m*

► **batter about** VT SEP *[+ person]* rouer de coups, rosser

► **batter down** VT SEP *[+ wall]* démolir, abattre ; *(Mil)* battre en brèche

► **batter in** VT SEP *[+ door]* enfoncer, défoncer ; *[+ skull]* défoncer

**battered** /'bætəd/ ADJ a *(= maltreated)* battu ◆ **~ children** enfants *mpl* battus ◆ **~ child syndrome** syndrome *m* de l'enfant battu ◆ **~ wife** femme *f* battue b *(= in poor condition) [hat, pan]* cabossé, bosselé ; *[face] (lit)* meurtri ; *(fig)* buriné ; *[furniture, house]* délabré ◆ **a ~ old car** une vieille bagnole cabossée *

**batterer** /'bætərəʳ/ N *personne qui bat son conjoint ou ses enfants* ; → **wife**

**battering** /'bætərıŋ/ N ◆ **the town took a dreadful ~ during the war** la ville a été terriblement éprouvée pendant la guerre ◆ **he got such a ~** on l'a roué de coups, on l'a rossé ; → **baby** COMP ▷ **battering ram** N *(Mil)* bélier *m*

**battery** /'bætərı/ N a *(= guns)* batterie *f* b *(Elec) [of torch, radio]* pile *f* ; *[of vehicle]* batterie *f* c *(= number of similar objects)* batterie *f* ◆ **to undergo a ~ of tests** subir une batterie de tests ◆ **a ~ of questions** une pluie *or* un feu nourri de questions d *(Agr)* batterie *f* e *(Jur)* voie *f* de fait ; → **assault** COMP ▷ **battery acid** N électrolyte *m* ▷ **battery charger** N *(Elec)* chargeur *m* de batterie ▷ **battery-driven** ADJ à piles ; *[car]* électrique ▷ **battery egg** N œuf *m* produit en batterie ▷ **battery farm** N *(Brit)* élevage *m* en batterie ▷ **battery fire** N *(Mil)* tir *m* par salves ▷ **battery hen** N poulet *m* d'élevage en batterie, poulet *m* de batterie ▷ **battery lead connection** N *(Aut)* cosse *f* de batterie ▷ **battery-operated**, **battery-powered** ADJ à pile(s) ; *[car]* électrique ▷ **battery set** N *(Rad)* poste *m* à piles

**battle** /'bætl/ N a *(Mil)* bataille *f*, combat *m* ◆ **to fight a ~** se battre, lutter (*against* contre) ; ◆ **to lead an army into ~** mener une armée au combat ◆ **the Battle of Britain** la bataille d'Angleterre ◆ **killed in ~** tué au combat

b *(fig)* combat *m*, lutte *f* ◆ **to have a ~ of wits** jouer au plus fin ◆ **~ of wills** (partie *f* de) bras *m* de fer ◆ **life is a continual ~** la vie est un combat perpétuel *or* une lutte perpétuelle ◆ **a political ~** une lutte *or* un combat politique ◆ **to do ~ for/against** lutter pour/contre ◆ **the ~ against crime** la lutte contre le crime ◆ **to fight sb's ~s** se battre à la place de qn ◆ **we are fighting the same ~** nous nous battons pour la même cause ◆ **that's half the ~** * c'est déjà pas mal * ◆ **getting an interview is only half the ~** quand on obtient un entretien la partie n'est pas encore gagnée ◆ **~ for control of sth/to control sth** lutte *f or* combat *m* pour obtenir le contrôle de qch/pour contrôler qch ◆ **to lose/win the ~** perdre/gagner la bataille ◆ **to win the ~ but lose the war** gagner une bataille mais perdre la guerre ; → **cancer, join, losing, Nile**

VI *(lit, fig)* se battre, lutter (*against* contre ; *to do sth* pour faire qch) ; ◆ **sailors constantly battling with the elements** des marins luttant sans cesse contre les éléments

COMP ▷ **battle array** N ◆ **in ~ array** en ordre de bataille ▷ **battle-axe** N *(= weapon)* hache *f* d'armes ; *(* pej = woman)* virago *f* ▷ **battle cruiser** N croiseur *m* cuirassé ▷ **battle cry** N cri *m* de guerre ▷ **battle dress** N *(Mil)* tenue *f* de campagne *or* de combat ▷ **battle fatigue** N psychose *f* traumatique *(du soldat)* ▷ **battle-hardened** ADJ aguerri ▷ **battle lines** NPL lignes *fpl* de combat ◆ **the ~ lines are drawn** chacun a choisi son camp ▷ **battle order** N ⇒ **battle array** ▷ **battle royal** N *(= quarrel)* bataille *f* en règle ▷ **battle-scarred** ADJ *(lit) [troops, country]* marqué par les combats ; *(fig) [person]* marqué par la vie ; *(* hum) [furniture]* endommagé, abîmé ▷ **battle zone** N zone *f* de combat

► **battle out** VT SEP ◆ **Leeds battled it out with Manchester in the final** Leeds s'est mesuré à *or* avec Manchester en finale ◆ **the three political parties ~d it out** les trois partis politiques se sont livré une bataille acharnée

**battledore** /'bætldɔːʳ/ N *(Sport)* raquette *f* ◆ **~ and shuttlecock** (jeu *m* de) volant *m*

**battlefield** /'bætlfiːld/, **battleground** /'bætlgraʊnd/ N *(Mil, fig)* champ *m* de bataille

**battlements** /'bætlmənts/ NPL *(= wall)* remparts *mpl* ; *(= crenellation)* créneaux *mpl*

**battleship** /'bætlʃıp/ N cuirassé *m*

**battleships** /'bætlʃıps/ N *(NonC = game)* bataille *f* navale

**batty** ‡ /'bætı/ ADJ *(esp Brit)* ⇒ **bats**

**bauble** /'bɔːbl/ N babiole *f*, colifichet *m* ; *[of jester]* marotte *f*

**baud** /bɔːd/ *(Comput)* N baud *m* COMP ▷ **baud rate** N vitesse *f* en bauds

**baulk** /bɔːlk/ N, VT, VI ⇒ **balk**

**bauxite** /'bɔːksaıt/ N bauxite *f*

**Bavaria** /bə'vɛərıə/ N Bavière *f*

**Bavarian** /bə'vɛərıən/ ADJ bavarois ◆ **~ Alps** Alpes *fpl* bavaroises N Bavarois(e) *m(f)* COMP ▷ **Bavarian cream** N *(Culin)* bavaroise *f*

**bawd** †† /bɔːd/ N *(= prostitute)* catin † *f*

**bawdiness** /'bɔːdınıs/ N paillardise *f*

**bawdy** /'bɔːdı/ ADJ paillard

**bawdyhouse** †† /'bɔːdıhaʊs/ N maison *f* de tolérance ††

**bawl** /bɔːl/ VI a *(= shout)* brailler, hurler (*at* contre) b *(* = weep)* brailler, beugler * VT brailler, hurler

► **bawl out** VT SEP a ⇒ **bawl vt** b *(‡ = scold)* engueuler ‡

**bay¹** /beı/ N *(Geog)* baie *f* ; *(small)* anse *f* ◆ **the Bay of Biscay** le golfe de Gascogne ◆ **the Bay State** *(US)* le Massachusetts

**bay²** /beı/ N *(Bot:* also **bay tree, sweet bay)** laurier(-sauce) *m* COMP ▷ **bay leaf** N (pl **bay leaves**) feuille *f* de laurier ▷ **bay rum** N *lotion capillaire* ▷ **bay wreath** N couronne *f* de laurier

**bay³** /beı/ N a *(= alcove)* renfoncement *m* ; *[of window]* baie *f* b *(Rail)* voie *f* d'arrêt ; → **bomb, loading, parking, sick** COMP ▷ **bay window** N bow-window *m*, bay-window *f*

**bay⁴** /beı/ N *(Hunting, fig)* ◆ **to be at ~** être aux abois ◆ **to bring to ~** acculer ◆ **to keep** *or* **hold at ~** *(fig)* tenir à distance *or* en échec VI aboyer (*at* à, après) donner de la voix ◆ **to ~ at the moon** aboyer *or* hurler à la lune ◆ **to ~ for blood** *(Brit fig)* crier vengeance ◆ **to ~ for sb's blood** *(Brit)* réclamer la tête de qn *(fig)*

**bay⁵** /beı/ ADJ *[horse]* bai N cheval *m* bai ◆ **red ~** *(= horse)* alezan *m*

**Baykal** /baı'kɑːl/ N ◆ **Lake ~** le lac Baïkal

**bayonet** /'beıənıt/ N baïonnette *f* ; → **fix** VT passer à la baïonnette COMP ▷ **bayonet bulb** N *(Elec)* ampoule *f* à baïonnette ▷ **bayonet charge** N charge *f* à la baïonnette ▷ **bayonet drill** N *(NonC)* ⇒ **bayonet practice** ▷ **bayonet fitting** N *(Elec)* douille *f* à baïonnette ▷ **bayonet-fitting bulb** N ⇒ **bayonet bulb** ▷ **bayonet point** N ◆ **at ~ point** à (la pointe de) la baïonnette ▷ **bayonet practice** N *(NonC)* exercices *mpl* de baïonnette ▷ **bayonet socket** N *(Elec)* douille *f* à baïonnette

**bayou** /'baıjuː/ N *(US)* bayou *m*, marécages *mpl*

**bazaar** /bə'zɑːʳ/ N *(in East)* bazar *m* ; *(= large shop)* bazar *m* ; *(= sale of work)* vente *f* de charité

**bazoo** ‡ /bə'zuː/ N *(US)* gueule ‡ *f*, bouche *f*

**bazooka** /bə'zuːkə/ N bazooka *m*

**BB** /biː'biː/ N (abbrev of **Boys' Brigade**) → **boy** COMP ▷ **BB gun** N *(US)* carabine *f* à air comprimé

**BBC** /,biːbiː'siː/ N (abbrev of **British Broadcasting Corporation**) BBC *f*

**BBQ** /,biːbiː'kjuː/ N abbrev of **barbecue**

**BBS** /,biːbiː'es/ N *(Comput)* (abbrev of **bulletin board system**) BBS *m*, babillard *m*

**BC** /biː'siː/ a (abbrev of **Before Christ**) av. J.-C. b (abbrev of **British Columbia**) → **British**

**BCD** /,biːsiː'diː/ N *(Comput)* (abbrev of **binary-coded decimal**) DCB *f*

**BCG** /,biːsiː'dʒiː/ N (abbrev of **bacille Calmette et Guérin**) BCG *m*

**BD** /biː'diː/ N a (abbrev of **bank draft**) → **bank²** b *(Univ)* (abbrev of **Bachelor of Divinity**) *licence de théologie*

**BDD** /,biːdiː'diː/ N (abbrev of **body dysmorphic disorder**) → **body**

**BDS** /,biːdiː'es/ N *(Univ)* (abbrev of **Bachelor of Dental Surgery**) *diplôme de chirurgie dentaire*

**BE** /biː'iː/ N *(Comm)* (abbrev of **bill of exchange**) → **bill¹**

## be /biː/

pres **am, is, are,** pret **was, were,** ptp **been.**

1 COPULATIVE VERB
2 AUXILIARY VERB
3 MODAL VERB
4 INTRANSITIVE VERB
5 IMPERSONAL VERB
6 COMPOUNDS

### 1 - COPULATIVE VERB

**a** [joining subject and predicate] être ◆ **the sky is blue** le ciel est bleu ◆ **~ good!** sois sage ! ◆ **who is that? – it's me!** qui est-ce ? — c'est moi ! ◆ **she is English** elle est anglaise ◆ **they are friendly** ils sont sympathiques ◆ **if I were you I would refuse** à votre place *or* si j'étais vous, je refuserais ◆ **and even if it were true ...** et même si c'était vrai ...

The following translations use **ce + être** because they contain an article or possessive in French:

◆ **she is an Englishwoman** c'est une Anglaise ◆ **they are friendly people** ce sont des gens sympathiques ◆ **they are my best friends** ce sont mes meilleurs amis ◆ **it's the most expensive** c'est le plus cher

**b** [with occupation] être

No article is used in French, unless the noun is qualified by an adjective.

◆ **he wants to ~ a doctor** il veut être médecin ◆ **she is a lawyer** elle est avocate ◆ **she's a well-known lawyer** c'est une avocate renommée

**c** [referring to health] aller ◆ **how are you?** comment allez-vous ? ◆ **I'm better now** je vais mieux maintenant ◆ **she's none too well** elle ne va pas très bien

**d** [= cost] coûter ◆ **how much is it?** combien ça coûte ? ◆ **the book is €3** le livre coûte 3 €

**e** [Math = equal] faire ◆ **two and two are four** deux et deux font quatre ◆ **three times two is six** trois fois deux font six

**f** [with certain adjectives: translated 'avoir'] ◆ **to ~ cold/hot/hungry/thirsty/ashamed/right/wrong** avoir froid/chaud/faim/soif/honte/raison/tort

Note how French makes the person, not the part of the body, the subject of the sentence in the following:

◆ **my feet are cold** j'ai froid aux pieds ◆ **my hands are frozen** j'ai les mains gelées

**g** [with age] avoir ◆ **how old is he?** quel âge a-t-il ? ◆ **he's 25** il a vingt-cinq ans ◆ **she's about my age** elle a à peu près mon âge ◆ **he will ~ three next week** il aura trois ans la semaine prochaine ◆ **she was 40 on Sunday** elle a eu quarante ans dimanche

### 2 - AUXILIARY VERB

**a** [in continuous tenses]

♦ **to be** + *-ing*

French does not distinguish between simple and continuous actions as much as English does.

◆ **I'm coming !** j'arrive ! ◆ **she's always complaining** elle se plaint constamment, elle est toujours en train de se plaindre ◆ **what have you been doing this week?** qu'est-ce que tu as fait cette semaine ? ◆ **what's been keeping you?** qu'est-ce qui t'a retenu ? ◆ **I have just been packing my case** je viens de faire ma valise ◆ **it's a pity you aren't coming with us – but I am coming!** c'est dommage que tu ne viennes pas avec nous — mais si, je viens ! ◆ **will you ~ seeing her tomorrow?** est-ce que vous allez la voir demain ?

**être en train de + infinitive** emphasizes that one is in the middle of the action:

◆ **I haven't got time, I'm cooking the dinner** je n'ai pas le temps, je suis en train de préparer le repas ◆ **I was just writing to him when he phoned** j'étais en train de lui écrire quand il m'a appelé

The imperfect tense is used for continuous action in the past.

◆ **he was driving too fast** il conduisait trop vite

♦ **have/had been** ... + **for/since**

French uses the present and imperfect where English uses the perfect and past perfect.

◆ **I've been waiting for you for an hour** je t'attends depuis une heure, ça fait une heure que je t'attends ◆ **I've been waiting for you since six o'clock** je t'attends depuis six heures ◆ **I'd been at university for six weeks when my father got ill** j'étais à l'université depuis six semaines quand mon père est tombé malade

**b** [in tag questions : seeking confirmation] n'est-ce pas ? ◆ **he's a friend of yours, isn't he ?** c'est un ami à toi, n'est-ce pas ? ◆ **they were surprised, weren't they?** ils ont été surpris, n'est-ce pas *or* non ? ◆ **she wasn't happy, was she?** elle n'était pas heureuse, n'est-ce pas ? ◆ **so it's all done, is it ?** tout est fait, alors ? ◆ **you are not ill, are you ?** tu n'es pas malade j'espère ?

**c** [in tag responses] ◆ **they're getting married – oh are they ?** ils vont se marier — ah bon *or* ah oui ? ◆ **he's going to complain about you – oh is he?** il va porter plainte contre toi — ah vraiment ? ◆ **she is pretty – no, she isn't** elle est jolie — non, je ne trouve pas

When answering questions, **oui** or **non** may be used alone.

◆ **he's always late, isn't he? – yes, he is** il est toujours en retard, n'est-ce pas ? — oui ◆ **is it what you expected? – no it isn't** est-ce que tu t'attendais à ça ? — non ; → **so, neither, nor**

**d** [in passives] être ◆ **he was killed** il a été tué ◆ **he was struck by a car** il a été renversé par une voiture

The passive is used less in French than in English. It is often expressed by **on** + active verb when there is no obvious agent.

◆ **the door was shut in his face** on lui a fermé la porte au nez ◆ **it is said that ...** on dit que ...

The reflexive can express the established way of doing something.

◆ **peaches are sold by the kilo** les pêches se vendent au kilo ◆ **oysters are usually eaten raw** les huîtres se mangent généralement crues

### 3 - MODAL VERB

**a** [= will] ◆ **the talks are to start tomorrow** les négociations doivent commencer demain ◆ **they are to ~ married in the summer** ils doivent se marier cet été ◆ **now the old lady has died, her house is to ~ sold** maintenant que la vieille dame est décédée, sa maison doit être mise en vente ◆ **you must work harder if you are to succeed** tu dois travailler davantage si tu veux réussir

**b** [= must] ◆ **you are to follow these instructions exactly** tu dois suivre ces instructions scrupuleusement ◆ **you are not to touch that** tu ne dois pas y toucher ◆ **no, YOU are to do it!** non, c'est à toi de le faire ! ◆ **I am not to speak to him** on m'a défendu de lui parler ◆ **this door is not to ~ opened** cette porte ne doit pas être ouverte, il est interdit *or* défendu d'ouvrir cette porte ◆ **I wasn't to tell you his name** je ne devais pas *or* je n'étais pas supposé te dire son nom

**c** [= should] ◆ **he is to ~ pitied** il est à plaindre ◆ **not to ~ confused with ...** à ne pas confondre avec ... ◆ **is it to ~ wondered at if ...?** faut-il s'étonner si ... ?

**d** [= can] ◆ **these birds are to ~ found all over the world** on trouve ces oiseaux dans le monde entier ◆ **little traffic was to ~ seen** il n'y avait pas beaucoup de circulation

**e** [= be destined to] ◆ **this was to have serious repercussions** cela devait avoir de graves répercussions ◆ **they were never to return** ils ne devaient jamais revenir

**f** [in conditional clauses : frm] ◆ **were I to** *or* **if I were to tell him, what could he do ?** à supposer que je le lui dise, que pourrait-il faire ? ◆ **how would he react, were he to find out?** comment réagirait-il s'il venait à tout découvrir ?

♦ **were it not for ...** *(frm)* n'eût été ... ◆ **were it not for my friendship for him ...** n'eût été l'amitié que je lui porte ...

### 4 - INTRANSITIVE VERB

**a** [= exist, occur, remain, be situated] être ; *(= take place)* avoir lieu ◆ **to ~ or not to ~** être ou ne pas être ◆ **he is there at the moment, but he won't ~ there much longer** il est là en ce moment mais il ne va pas rester très longtemps ◆ **there he was, sitting at the table** il était là, assis à la table ◆ **~ that as it may** quoi qu'il en soit ◆ **the match is tomorrow** le match a lieu demain ◆ **Christmas Day is on a Wednesday this year** Noël tombe un mercredi cette année ◆ **leave it as it is** laissez-le tel quel

♦ **there + be** *(= there exist(s))* il y a ◆ **there is a mouse in the room** il y a une souris dans la pièce ◆ **there are pigeons on the roof** il y a des pigeons sur le toit ◆ **there was once a castle here** autrefois, il y avait un château ici ◆ **I thought there would ~ problems** je pensais qu'il y aurait des problèmes ◆ **there must ~ an answer** il doit y avoir une solution ◆ **there being no alternative solution ...** comme il n'y a aucune autre solution ... ◆ **there is nothing more beautiful** il n'y a *or* il n'est *(liter)* rien de plus beau ◆ **there were three of us** nous étions trois ◆ **let there ~ light and there was light** que la lumière soit et la lumière fut

♦ **there's/there are** *(pointing out sth)* voilà ◆ **there's the church** voilà l'église ◆ **there are the others** voilà les autres ◆ **there's democracy for you!** *(iro)* voilà ce qu'on appelle *or* c'est ce qu'on appelle de la démocratie !

♦ **here is/are** voici ◆ **here's your key** voici ta clé ◆ **here are the tickets** voici les billets ◆ **here you are at last!** te voici enfin ! ◆ **here you are !** *(= take this)* tenez *or* tiens !

**b** [to a place]

♦ **to have + been** ◆ **I have already been to Paris** j'ai déjà été *or* je suis déjà allé à Paris ◆ **I have been to see my aunt** je suis allé voir ma tante ◆ **the postman has already been** le facteur est déjà passé ◆ **he has been and gone** il est venu et reparti

### 5 - IMPERSONAL VERB

**a** [weather, temperature] faire ◆ **it's fine/cold/dark** il fait beau/froid/nuit ◆ **it's 20 degrees in the shade** il fait 20 degrés à l'ombre ◆ **it's windy/foggy** il y a du vent/du brouillard b [time] être ◆ **it's morning** c'est le matin ◆ **it's 6 o'clock** il est 6 heures ◆ **tomorrow is Friday** demain c'est vendredi ◆ **it is 14 June today** nous sommes le 14 juin (aujourd'hui), c'est le 14 juin (aujourd'hui)

c [emphatic] ◆ **it's me who does all the work** c'est moi qui fais tout le travail ◆ **it was me who decided to finish the relationship** c'est moi qui ai décidé de rompre ◆ **it was then we realised that ...** c'est alors que nous nous sommes rendu compte que ... ◆ **it was they who suggested that ...** ce sont eux qui ont suggéré que ... ◆ **it was they who had suggested that ...** c'étaient eux qui avaient suggéré que ... ◆ **how is it that you got back so early?** comment se fait-il que tu sois rentré si tôt ? ◆ **why is it that she is so popular?** pourquoi a-t-elle tant de succès ?

6 - COMPOUNDS

▷ **the be-all and end-all** N le but suprême (*of* de) ; ◆ **for women today, marriage is not the be-all and end-all** pour les femmes d'aujourd'hui, le mariage n'est pas le but suprême

---

**beach** /biːtʃ/ N *[of sea]* plage *f* ; *(= shore)* grève *f* ; *[of lake]* rivage *m* ◆ **private/sandy** ~ plage *f* privée/de sable VT *[+ boat]* échouer COMP ▷ **beach ball** N ballon *m* de plage ▷ **beach buggy** N buggy *m* ▷ **beach bum** ⁑ N *jeune qui passe son temps à traîner sur les plages* ▷ **beach house** N maison *f* en bord de plage ▷ **beach hut** N cabine *f* de bain *or* de plage ▷ **beach party** N fête *f* (*or* soirée *f*) sur la plage ▷ **beach towel** N serviette *f* de plage ▷ **beach umbrella** N parasol *m*

**beachcomber** /ˈbiːtʃˌkəʊməʳ/ N *(= person) (lit)* ramasseur *m* d'épaves ; *(fig = idler)* propre *mf* à rien ; *(= wave)* vague *f* déferlante

**beachhead** /ˈbiːtʃhed/ N *(Naut)* tête *f* de pont

**beachwear** /ˈbiːtʃweəʳ/ N tenue(s) *f(pl)* de plage

**beacon** /ˈbiːkən/ N a *(= danger signal)* phare *m*, signal *m* lumineux ; *(= lantern itself)* fanal *m* ; *(Naut)* balise *f* ; *(Aviat)* balise *f*, phare *m* ; *(fig) (= person)* figure *f* phare ◆ **a moral** ~ un guide moral ; → **Belisha beacon, radio** b *(Hist: on hills)* feu *m* (d'alarme) c *(= hill: gen in place-names)* colline *f* COMP ▷ **beacon light** N balise *f* lumineuse ▷ **beacon school** N *(Brit)* école *f* modèle

**bead** /biːd/ N a *[of glass, coral, amber etc]* perle *f* ; *[of rosary]* grain *m* ◆ **(string of)** ~**s** collier *m* ; → **tell** b *(= drop) [of dew]* perle *f* ; *[of sweat]* goutte *f* ; *(= bubble)* bulle *f* ◆ **his forehead was covered in ~s of sweat** la sueur lui perlait au front c *[of gun]* guidon *m* ◆ **to draw a ~ on sb/sth** viser qn/qch

**beaded** /ˈbiːdəd/ ADJ *[fabric, dress]* perlé, orné de perles ◆ **his forehead was ~ with sweat** la sueur perlait à son front

**beading** /ˈbiːdɪŋ/ N *(Carpentry)* baguette *f* ; *(Archit)* chapelet *m* ; *(Dress)* broderie *f* perlée, garniture *f* de perles

**beadle** /ˈbiːdl/ N *(Brit Univ)* appariteur *m*, huissier *m* ; *(Rel)* bedeau *m*

**beady** /ˈbiːdɪ/ ADJ ◆ **to watch sth with ~ eyes** regarder qch avec des yeux de fouine COMP ▷ **beady-eyed** ADJ *(bright-eyed)* aux yeux en boutons de bottines ; *(pej)* aux yeux de fouine

**beagle** /ˈbiːgl/ N beagle *m* VI chasser avec des beagles

**beak** /biːk/ N a *[of bird, turtle etc]* bec *m* ; (⁑ : also **beaked nose**) nez *m* crochu b *(Brit* ⁑ *= judge)* juge *m* ; *(Brit Scol* † * *= headmaster)* protal * *m*

**beaker** /ˈbiːkəʳ/ N gobelet *m* ; *(wide)* coupe *f* ; *(Chem)* vase *m* à bec

**beam** /biːm/ N a *(Archit)* poutre *f* ; *(thick)* madrier *m* ; *(small)* poutrelle *f* ; → **crossbeam**

b *(Sport: in gym)* poutre *f*

c *(Naut) (= transverse member)* barrot *m* ; *(= greatest width)* largeur *f* ◆ **on the** ~ par le travers ◆ **on the port** ~ *(Naut)* à bâbord ◆ **on the starboard** ~ à tribord ; → **broad**

d *(Tech) [of scales]* fléau *m* ; *[of engine]* balancier *m* ; *[of plough]* age *m* ; *[of loom]* rouleau *m*

e *[of light, sunlight]* rayon *m*, trait *m* ; *[of lighthouse, headlight, searchlight]* faisceau *m* (lumineux) ; *(Phys)* faisceau *m* ; *(Aviat, Naut)* chenal *m* de radioguidage ◆ **to be on/be off (the)** ~ être/ne pas être dans le chenal de radioguidage ◆ **to be on (the)** ~ * *(fig)* être sur la bonne voie ◆ **to be off (the)** ~ * *(Brit)*, **to be off the** ~ * *(US) (fig)* dérailler * ◆ **to be way off** ~ * *(Brit fig)* être complètement à côté de la plaque * ; → **electron**

f *(= smile)* sourire *m* épanoui

VI a (also **beam down**) *[sun]* rayonner, darder ses rayons

b *(= smile)* ◆ **she ~ed** son visage s'est épanoui en un large sourire ◆ **at the sight of the money she ~ed at me** elle a levé vers moi un visage épanoui *or* rayonnant en voyant l'argent ◆ **her face was ~ing with joy** son visage rayonnait de joie ◆ **~ing with pride, she showed them her ring** rayonnante de fierté, elle leur a montré sa bague

c *(Rad, Telec)* **soon we will be ~ing into your homes via the Astra satellite** bientôt nos émissions vous parviendront chez vous grâce au satellite Astra

d *(Sci Fi)* ◆ **they ~ed up to their spaceship** ils ont été téléportés dans leur vaisseau spatial

VT a *(Rad, Telec) [+ message]* transmettre par émission dirigée ◆ **to ~ a programme to the Arab-speaking countries** diffuser un programme à l'intention des pays de langue arabe

b **"welcome" she ~ed** "bienvenue" dit-elle d'un air radieux

c *(Sci Fi)* **aliens were ~ed down to earth** des extraterrestres ont été téléportés sur terre ◆ **he was ~ed up into the spacecraft** il a été téléporté dans le vaisseau spatial

COMP *(Naut) [sea, wind]* de travers ▷ **beam balance** N balance *f* à fléau ▷ **beam compass** N compas *m* à verge ▷ **beam-ends** NPL *(Naut)* ◆ **on her ~-ends** couché sur le côté *or* le flanc ◆ **to be on one's ~-ends** * être dans la dèche ⁑ *or* dans la gêne

**beaming** /ˈbiːmɪŋ/ ADJ *[sun]* radieux, resplendissant ; *[smile, face]* rayonnant, radieux, épanoui

**bean** /biːn/ N *(Bot, Culin)* haricot *m* ; (also **green bean**) haricot *m* vert ; (also **broad bean**) fève *f* ; *[of coffee]* grain *m* ; *(US* *) *(= head)* tête *f*, tronche * *f* ; *(= brain)* cervelle *f* ◆ **to be full of ~s** * *(Brit)* être en pleine forme, péter le feu * ◆ **to know how many ~s make five** *(Brit)* avoir du bon sens ◆ **he doesn't know ~s about it** * *(US)* il n'y connaît absolument rien ◆ **it isn't worth a** ~ * ça ne vaut pas un clou * ◆ **it doesn't amount to a hill** *or* **row of ~s** * ça ne vaut pas un clou ◆ **he hasn't a** ~ * *(Brit)* il n'a pas le sou *or* un radis * ◆ **it won't cost you a** ~ * ça ne vous coûtera pas un centime ◆ **hello, old ~!** † * salut mon pote ! * ; → **bake, kidney, spill¹** VT * frapper à la tête COMP ▷ **bean counter** * N *(pej)* petit(e) comptable *mf* ▷ **bean curd** N fromage *m* de soja ▷ **bean sprouts** NPL ⇒ **beanshoots**

**beanbag** /ˈbiːnbæg/ N *(chair)* sacco *m* ; *(for throwing)* balle *f* lestée

**beanery** * /ˈbiːnərɪ/ N *(US)* gargote *f (pej)*

**beanfeast** * /ˈbiːnfiːst/, **beano** † * /ˈbiːnəʊ/ N *(Brit) (= meal)* gueuleton ⁑ *m* ; *(= spree)* bombe * *f*, nouba * *f*

**beanpole** /ˈbiːnpəʊl/ N *(lit)* perche *f* ; (* *fig*) (grande) perche * *f*

**beanshoots** /ˈbiːnʃuːts/ NPL *(Culin)* germes *mpl* de soja

**beanstalk** /ˈbiːnstɔːk/ N tige *f* de haricot

**bear¹** /beəʳ/ (pret **bore**, ptp **borne**) VT a *(= carry) [+ burden, arms, message]* porter ◆ **music borne on the wind** musique *f* portée par le vent ◆ **to ~ away** emporter ◆ **to ~ back** rapporter ◆ **it is a cross he has to** ~ c'est une croix qu'il doit porter ◆ **we each have our cross to** ~ chacun a *or* porte sa croix ◆ **the strong current bore us towards the sea** la force du courant nous a entraînés *or* emportés vers la mer ; → **mind**

b *(= show) [+ inscription, mark, traces, signature]* porter ◆ **to ~ some resemblance to ...** ressembler à ... ◆ **to ~ no relation to ...** être sans rapport avec ..., n'avoir aucun rapport avec ...

c *(= be known by) [+ name]* porter

d ◆ **he bore himself like a soldier** *(= carried himself)* il avait une allure de soldat ; *(= conducted himself)* il se comportait en soldat

e *(= feel)* avoir en soi, porter ◆ **the love/hatred he bore her** l'amour/la haine qu'il lui portait *or* qu'il avait à son égard ◆ **to ~ sb ill will** en avoir contre qn ; → **grudge**

f *(= bring, provide)* apporter, fournir ◆ **to ~ witness to sth** *[thing, result etc]* témoigner de qch ; *[person]* attester qch ◆ **to ~ false witness** porter un faux témoignage ◆ **to ~ sb company** † tenir compagnie à qn

g *(= sustain, support) [+ weight, person]* supporter ◆ **to ~ the weight of ...** supporter le poids de ... ◆ **to ~ comparison with ...** soutenir la comparaison avec ... ◆ **to ~ the expense of sth** prendre les frais de qch à sa charge ◆ **to ~ the responsibility for sth** assumer la responsabilité de qch

h *(= endure) [+ person]* supporter, souffrir ; *[+ event]* supporter ◆ **I cannot ~ (the sight of) that man** je ne peux pas souffrir *or* voir cet homme ◆ **he can't ~ the smell of garlic** il ne supporte pas l'odeur de l'ail ◆ **she cannot ~ being laughed at** elle ne supporte pas qu'on se moque *subj* d'elle ◆ **she can't ~ being** *or* **to be wrong** elle ne supporte pas d'avoir tort *or* de se tromper ◆ **his language will not ~ repeating** ses propos sont trop grossiers pour être rapportés ◆ **it doesn't ~ thinking about!** mieux vaut ne pas y penser ! ; → **brunt, grin**

i *(= produce, yield) [+ interest]* rapporter, produire ◆ **to ~ fruit** *(lit, fig)* produire des fruits ◆ **investment which ~s 5%** *(Fin)* placement *m* qui rapporte 5% ◆ **to ~ interest at 5%** *(Fin)* produire *or* rapporter un intérêt de 5%

j *(= give birth to)* donner naissance à, mettre au monde ◆ **she has borne him three daughters** elle lui a donné trois filles ; → **born**

k *(= push, press)* entraîner, porter ◆ **he was borne along by the crowd** il s'est trouvé entraîné *or* emporté par la foule

VI a *(= move)* se diriger ◆ **to ~ right/left** prendre sur la droite/la gauche *or* à droite/à gauche ◆ ~ **towards the church** allez vers l'église ◆ ~ **north at the windmill** prenez la direction nord au moulin ◆ **to ~ off** *(Naut)* virer (de bord)

b *[fruit, tree etc]* donner, produire

c *(= lean, press)* porter, appuyer (*on* sur) ; ◆ **he bore heavily on his stick** *(liter)* il s'appuyait lourdement sur sa canne ◆ **these taxes ~ most heavily on the poor** ces impôts pèsent plus lourdement sur les pauvres

◆ **to bring ... to bear** ◆ **to bring one's energies to ~ on sth** consacrer *or* mettre toute son énergie à qch ◆ **to bring one's mind to ~ on sth** porter son attention sur qch ◆ **to bring pressure to ~ on sth** exercer une pression sur qch ◆ **to bring pressure to ~ on sb** faire pression sur qn ◆ **to bring a telescope to ~ on sth** braquer une lunette sur qch ◆ **to bring a gun to ~ on a target** pointer un canon sur un objectif

► **bear down** VI a *(= approach)* **to ~ down on** *[ship]* venir sur ; *[person]* foncer sur

b *(= press)* appuyer fermement, peser (*on* sur)

c *[woman in labour]* pousser

► **bear in (up)on** VT FUS *(pass only)* ◆ **it was gradually borne in (up)on me that ...** la conviction s'est faite peu à peu en moi que ..., il est apparu de plus en plus évident à mes yeux que ...

► **bear on** VT FUS ⇒ **bear upon**

► **bear out** VT SEP confirmer, corroborer ◆ **to ~ sb out, to ~ out what sb says** corroborer les dires de qn, corroborer ce que qn dit ◆ **the result ~s out our suspicions** le résultat confirme nos soupçons ◆ **you will ~ me out that ...** vous serez d'accord avec moi (pour dire) que ...

► **bear up** VI ne pas se laisser abattre *or* décourager ◆ **he bore up well after the death of his father** il a supporté courageusement la mort de son père ◆ **~ up!** courage ! ◆ **how are you? – ~ing up!** * comment ça va ? – on fait aller *

► **bear upon** VT FUS *(= be relevant to)* se rapporter à, avoir trait à ; *(= concern)* intéresser, concerner

► **bear with** VT FUS *[+ person, sb's moods etc]* supporter patiemment ◆ **~ with me a little longer** je vous demande encore un peu de patience

**bear²** /bɛə$^{r}$/ N a *(= animal)* ours(e) *m(f)* ◆ **he's like a ~ with a sore head** * il est d'une humeur massacrante *or* de dogue, il n'est pas à prendre avec des pincettes ◆ **the Great/the Little Bear** *(Astron)* la Grande/la Petite Ourse ; → **grizzly, koala, polar** b *(pej = person)* ours *m (pej)* c *(St Ex)* baissier *m* VI *(St Ex)* chercher à faire baisser VI *(St Ex)* jouer à la baisse COMP ▷ **bear-baiting** N combat *m* d'ours et de chiens ▷ **bear cub** N ourson *m* ▷ **bear garden** N *(fig)* pétaudière *f* ▷ **bear hug** N ◆ **he gave me a big ~ hug** il m'a serré très fort dans ses bras ▷ **bear market** N *(St Ex)* marché *m* (orienté) à la baisse, marché *m* baissier ▷ **bear pit** N fosse *f* aux ours ▷ **the Bear State** N *(US)* l'Arkansas *m*

**bearable** /ˈbɛərəbl/ ADJ supportable, tolérable

**beard** /bɪəd/ N a barbe *f* ; *(small, pointed)* barbiche *f*, bouc *m* ◆ **to have** *or* **wear † a ~** porter la barbe ◆ **a man with a ~** un homme barbu *or* à barbe, un barbu b *[of fish, oyster]* branchie *f* ; *[of goat]* barbiche *f* ; *[of grain]* barbe *f*, arête *f* ; *[of hook etc]* barbe *f*, barbelure *f* ; *(Typ)* talus *m* VT *(= face up to)* affronter, braver ◆ **to ~ the lion in his den** aller braver le lion dans sa tanière

**bearded** /ˈbɪədɪd/ ADJ barbu ◆ **a ~ man** un barbu COMP ▷ **the bearded lady** N la femme à barbe

**beardless** /ˈbɪədlɪs/ ADJ imberbe, sans barbe ◆ **~ youth** *(fig)* (petit) jeunet *m*

**bearer** /ˈbɛərə$^{r}$/ N a *[of letter, news, burden]* porteur *m*, -euse *f* ; *[of tradition]* tenant(e) *m(f)* ; *(at funeral)* porteur *m* ; *(= servant)* serviteur *m* b *[of cheque, name, title]* porteur *m* ; *[of passport]* titulaire *mf* c *(Agr, Bot)* **a good ~** un arbre qui donne bien d *(Constr, Tech)* support *m* COMP ▷ **bearer bond** N titre *m* au porteur ▷ **bearer cheque** N chèque *m* au porteur

**bearing** /ˈbɛərɪŋ/ N a *(= relation, aspect)* relation *f*, rapport *m* ◆ **to have a** *or* **some ~ on sth** influer sur qch ◆ **to have no ~ on the subject** n'avoir aucun rapport avec le sujet

b *(Naut = direction)* position *f* ◆ **to take a compass ~** prendre un relèvement au compas ◆ **to take a ship's ~s** faire le point ◆ **to take** *or* **get one's ~s** s'orienter, se repérer ◆ **to lose one's ~s** *(fig)* être désorienté, perdre le nord

c *(= posture, behaviour)* allure *f* ◆ **military ~** allure *f* martiale ◆ **noble ~** allure *f or* maintien *m* noble ◆ **queenly ~** port *m* de reine

d *(frm)* ◆ **it is beyond (all) ~** c'est absolument insupportable

e *(Tech)* palier *m* ; → **ball¹, main**

f *(Her)* → **armorial**

ADJ *(in compounds)* ◆ **carbon-/oxygen-~** *etc* contenant du carbone/de l'oxygène *etc* ◆ **an interest-~ deposit account** un compte de dépôt qui rapporte des intérêts

**bearish** /ˈbɛərɪʃ/ ADJ a *(St Ex) [market]* à la baisse ◆ **to be ~ (on sth)** spéculer à la baisse (sur qch) b *[person]* bourru COMP ▷ **bearish tendency** N tendance *f* à la baisse, tendance *f* baissière

**bearskin** /ˈbɛəskɪn/ N *(Mil Dress)* bonnet *m* à poil COMP ▷ **bearskin rug** N tapis *m* en peau d'ours

**beast** /biːst/ N a bête *f*, animal *m* ◆ **the king of the ~s** le roi des animaux ◆ **~ of burden** bête *f* de somme *or* de charge ◆ **~ of prey** prédateur *m* ◆ **~s** *(Agr)* bétail *m*, bestiaux *mpl* ◆ **the Beast** *(Rel)* l'Antéchrist *m*, la Bête de l'Apocalypse ◆ **the mark of the Beast** la marque de la Bête ◆ **a good thriller is a rare ~ indeed** *(hum)* un bon thriller est vraiment une denrée rare ◆ **this is a very different ~ from ...** ça n'a vraiment rien à voir avec ... ; → **wild** b *(pej = person: cruel)* brute *f* ; *(*: disagreeable)* vache * *f*, chameau * *m* ◆ **a sex ~** * un maniaque sexuel

**beastliness** † /ˈbiːstlɪnɪs/ N *(NonC) (= act, quality)* bestialité *f* ; *[of language]* obscénité *f* ; *(* = unpleasantness)* caractère *m* infect ; *[of person]* méchanceté *f*, rosserie * *f*

**beastly** † /ˈbiːstlɪ/ ADJ *[person, conduct]* bestial, brutal ; *[language]* obscène ; *[food, sight]* dégoûtant, répugnant ; *(*: less strong)* infect *, abominable ; *[child, trick]* sale, vilain *both before n* ◆ **what ~ weather!** * quel temps infect ! *, quel sale temps ! ◆ **it's a ~ business** * c'est une sale affaire ◆ **to be ~ to sb** * être infect * avec qn, se conduire de façon abominable avec qn ADV *(Brit *)* méchamment *, terriblement

**beat** /biːt/ (vb : pret **beat**, ptp **beaten**) N a *[of heart, pulse]* battement *m* ; *[of drums]* battement *m*, roulement *m* ; *(Acoustics)* battement *m* ◆ **to march to the ~ of the drum** marcher au (son du) tambour ◆ **80 ~s a minute** *[of heart]* 80 pulsations *fpl* par minute ; see also **drum**

b *(Mus)* temps *m* ; *[of conductor's baton]* battement *m* (de la mesure) ; *(Jazz)* rythme *m* ◆ **strong/weak ~** *(Mus)* temps *m* fort/faible ◆ **there are three ~s to a bar** c'est une mesure à trois temps ◆ **he answered without missing a ~** il a répondu sans se démonter ◆ **she never misses a ~** *(fig)* elle a toujours une longueur d'avance

c *[of policeman] (= round)* ronde *f* ; *(= area)* secteur *m* ; *[of sentry]* ronde *f* ◆ **the policeman on the ~ noticed it** l'agent l'a remarqué pendant qu'il effectuait sa ronde ◆ **we need to put more officers on the ~** il faut augmenter le nombre des policiers affectés aux rondes ◆ **policeman on the ~** îlotier *m* ◆ **that's off my ~** *(fig)* cela n'est pas de mon domaine *or* de mon rayon * ; → **off-beat**

d *(Hunting)* battue *f*

e ⁑ *(= beatnik)* beatnik *mf*

ADJ a *(* : also **dead-beat**)* claqué *, crevé *

b ⁑ beatnik *inv*

VT a *(= strike) [+ person, animal]* battre, frapper ; *[+ carpet]* battre ; *[+ eggs, cream]* fouetter, battre ; *[+ metal]* battre ◆ **to ~ sth flat** aplatir qch ◆ **to ~ sb with a stick** donner des coups de bâton à qn ◆ **to ~ sb to death** battre qn à mort ◆ **she ~ the flames with her jacket** elle essayait d'étouffer les flammes avec sa veste ◆ **to ~ a drum** battre du tambour ◆ **to ~ a drum for sth** * *(US = publicize)* faire du battage * autour de qch ◆ **to ~ the retreat** *(Mil)* battre la retraite ◆ **to ~ a retreat** *(Mil, fig)* battre en retraite ◆ **~ it!** ⁑ fiche le camp ! *, fous le camp ! ⁑ ◆ **to ~ one's breast** *(liter: lit, fig)* se frapper la poitrine ◆ **to ~ a way through sth** se frayer un passage *or* un chemin à travers qch ◆ **to ~ the forest/the moors** *(Hunting)* battre les bois/les landes ◆ **to ~ the bushes to do sth** *(US)* se donner de la peine pour faire qch ◆ **~ing the air with its wings** battant l'air de ses ailes ◆ **the bird ~s its wings** l'oiseau bat des ailes ◆ **to ~ time** battre la mesure ◆ **to ~ the bounds** *(Brit Hist) marquer les limites d'une paroisse (au cours d'une procession)* ; → **dead, tattoo²**

b *(= defeat)* battre, vaincre ◆ **the army was ~en** l'armée a été battue ◆ **to ~ sb to the top of a hill** arriver au sommet d'une colline avant qn ◆ **to ~ sb at chess** battre qn aux échecs ◆ **to ~ sb into second place** reléguer qn à la seconde place, battre qn et lui prendre la première place ◆ **to ~ sb hollow** *(Brit) or* **hands down** *or* **into a cocked hat** battre qn à plate(s) couture(s) ◆ **to ~ the record** battre le record ◆ **to ~ the system** contourner le système ◆ **to ~ the charge** * *or* **the rap** ⁑ *(US) [accused person]* se tirer d'affaire ◆ **to ~ sb to it** *(fig)* couper l'herbe sous le pied à qn, devancer qn ◆ **coffee ~s tea any day** * le café vaut tout le thé du monde ◆ **the police confess themselves ~en** la police s'avoue vaincue ◆ **this problem has got me ~en** *or* **~** * ce problème me dépasse complètement ◆ **if you can't ~ them, join them** si tu n'es pas sûr de les vaincre, mets-toi de leur côté ◆ **that ~s everything!** * ça, c'est le bouquet ! *, faut le faire ! * ◆ **his behaviour takes some ~ing** * *(fig)* il dépasse les bornes ◆ **that will take some ~ing!** * *(admiring)* pour faire mieux, il faudra se lever de bonne heure ! * ◆ **that ~s me** * *(fig)* cela me dépasse ◆ **it ~s me how you can speak to her** * *(fig)* je ne comprends pas *or* ça me dépasse que tu lui adresses *subj* la parole ◆ **can you ~ that** *or* **it!** * faut le faire ! *

VI a *[rain, wind]* battre ; *[sun]* (also **beat down**) taper *, cogner * ◆ **to ~ at the door** cogner à la porte ◆ **the rain was ~ing against the window** la pluie battait contre la vitre ◆ **the waves ~ against the cliff** les vagues battent la falaise ◆ **he doesn't ~ about the bush** il n'y va pas par quatre chemins, il ne tourne pas autour du pot ◆ **well, not to ~ about the bush, he ...** bref, il ...

b *[heart, pulse, drum]* battre ◆ **her heart was ~ing with joy** son cœur battait *or* palpitait de joie ◆ **with ~ing heart** le cœur battant ◆ **his pulse began to ~ quicker** son pouls s'est mis à battre plus fort ◆ **they heard the drums ~ing** ils entendaient le roulement des tambours

c *(Naut)* **to ~ (to windward)** louvoyer au plus près

COMP ▷ **Beat Generation** N beat generation *f* ▷ **beat-up** * ADJ déglingué *, bousillé *

► **beat back** VT SEP *[+ enemy, flames]* repousser

► **beat down** VI ◆ **the rain was beating down** il pleuvait à verse ◆ **the sun was ~ing down** le soleil tapait * *or* cognait * dur ; see also **beat vi a**

VT SEP a *(= reduce)* *[+ prices]* faire baisser ; *[+ person]* faire baisser ses prix à ◆ **I ~ him down to £8** je l'ai fait descendre à 8 livres

b ◆ **the rain has beaten down the wheat** la pluie a couché les blés

► **beat in** VT SEP *[+ door]* défoncer ◆ **to ~ sb's brains in** * défoncer le crâne à qn

► **beat off** VT SEP *[+ attack, attacker, competition]* repousser

► **beat out** VT SEP a *[+ fire]* étouffer ◆ **he ~ out the flames with a blanket** il a étouffé les flammes avec une couverture

b *[+ metal]* marteler, étaler *or* amincir au marteau ◆ **to ~ one's brains out** * *(US)* se creuser la cervelle

c ◆ **to beat out the rhythm** marquer le rythme, battre la mesure

d *(esp US = beat)* battre

► **beat up** VT SEP *[+ eggs, cream]* fouetter, battre ; * *(fig)* *[+ person]* passer à tabac, tabasser *

VT REFL ◆ **to beat o.s. up** * culpabiliser, s'en vouloir ◆ **don't ~ yourself up about it** ne te culpabilise pas

ADJ ◆ **beat-up** * déglingué *, bousillé *

N ◆ **beating-up** → **beating**

► **beat up on** * VT FUS *(US)* *(= hit)* tabasser * ; *(= bully)* intimider ; *(= criticize)* descendre en flammes *

**beaten** /ˈbiːtn/ VB ptp of **beat** ADJ a *[metal]* battu, martelé ; *[earth, path]* battu ◆ **~ track** chemin *m* or sentier *m* battu ◆ **off the ~ track** *(lit, fig)* hors des sentiers battus b *(= defeated)* battu, vaincu c *(= exhausted)* claqué *, crevé * COMP ▷ **beaten-up** * ADJ déglingué *, bousillé *

**beater** /ˈbiːtəʳ/ N a *(= gadget)* *(for carpet)* tapette *f* ; *(for eggs = whisk)* fouet *m* ; *(rotary)* batteur *m* ; *(Tex)* peigne *m* ; → **wife** b *(Shooting)* rabatteur *m*

**beatific** /ˌbiːəˈtɪfɪk/ ADJ béatifique ◆ **to wear a ~ smile** sourire aux anges, arborer un sourire béat

**beatifically** /ˌbiːəˈtɪfɪkəlɪ/ ADV béatement

**beatification** /biːˌætɪfɪˈkeɪʃən/ N béatification *f*

**beatify** /biːˈætɪfaɪ/ VT béatifier

**beating** /ˈbiːtɪŋ/ N a *(= punishment)* correction *f*, raclée * *f* ; *(= series of blows)* passage *m* à tabac ◆ **to give sb a ~** flanquer une correction *or* une raclée * à qn, passer qn à tabac ◆ **to get a ~** recevoir une correction *or* une raclée *, être passé à tabac b *(NonC)* *[of metal]* batte *f* ; *[of drums]* battement *m*, roulement *m* ; *[of carpet]* battage *m* c *(= defeat)* défaite *f* ◆ **to take a ~** * *(= rough time)* *[person]* en voir de toutes les couleurs *, passer un mauvais quart d'heure * ; *(Sport)* se faire battre à plate(s) couture(s), se faire piler * ◆ **the car takes a ~ on that road** * la voiture en voit de dures sur cette route ; → **beat vt b** d *[of wings, heart etc]* battement *m* e *(Shooting)* battue *f* COMP ▷ **beating-up** * N passage *m* à tabac, raclée * *f*

**beatitude** /biːˈætɪtjuːd/ N béatitude *f* ◆ **the Beatitudes** les béatitudes

**beatnik** /ˈbiːtnɪk/ N, ADJ beatnik *mf*

**beau** /bəʊ/ N (pl **beaus** or **beaux**) *(= dandy)* élégant *m*, dandy *m* ; *(= suitor)* galant *m* ; *(US = boyfriend)* petit ami * *m*

**Beaufort scale** /ˈbəʊfətˌskeɪl/ N échelle *f* de Beaufort

**beaut** * /bjuːt/ N ◆ **what a ~!** quelle merveille ! *

**beauteous** /ˈbjuːtɪəs/ ADJ *(liter)* ⇒ **beautiful adj**

**beautician** /bjuːˈtɪʃən/ N esthéticien(ne) *m(f)*, visagiste *mf*

**beautiful** /ˈbjuːtɪfʊl/ ADJ *[person, music, picture, clothes]* beau (belle *f*), bel *m before vowel* ; *[weather]* superbe, splendide ; *[dinner]* magnifique ◆ **really ~** de toute beauté ◆ **the ~ game** *(Brit)* le football *m* N ◆ **the ~** le beau

**beautifully** /ˈbjuːtɪflɪ/ ADV *[sew, drive etc]* admirablement, à la perfection ; *[quiet, empty]* merveilleusement ◆ **that will do ~** cela convient parfaitement, c'est tout à fait ce qu'il faut

**beautify** /ˈbjuːtɪfaɪ/ VT embellir, orner ◆ **to ~ o.s.** se faire une beauté

**beauty** /ˈbjuːtɪ/ N a *(NonC)* beauté *f* ◆ **to mar or spoil or ruin the ~ of sth** déparer qch ◆ **~ is only skin-deep** *(Prov)* la beauté est quelque chose de superficiel ◆ **~ is in the eye of the beholder** *(Prov)* la beauté est quelque chose de subjectif ◆ **the ~ of it is that * …** *(fig)* le plus beau, c'est que … ◆ **that's the ~ of it** * *(fig)* c'est ça qui est formidable *

b *(= person)* beauté *f* ◆ **she is a ~** elle est d'une grande beauté, c'est une beauté ◆ **she's no ~** * ce n'est pas une beauté ◆ **Beauty and the Beast** la Belle et la Bête

c * ◆ **his goal was a real ~** son but était vraiment superbe ◆ **isn't this car a ~!** elle est pas superbe, cette voiture ?

COMP ▷ **beauty competition, beauty contest** N concours *m* de beauté ▷ **beauty cream** N crème *f* de beauté ▷ **beauty editor** N rédacteur *m*, -trice *f* de la rubrique beauté ▷ **beauty pageant** N *(US)* ⇒ **beauty contest** ▷ **beauty parlour** N institut *m* or salon *m* de beauté ▷ **beauty preparations** NPL produits *mpl* de beauté ▷ **beauty queen** N reine *f* de beauté ▷ **beauty salon** N ⇒ **beauty parlour** ▷ **beauty shop** N *(US)* ⇒ **beauty parlour** ▷ **beauty sleep** N ◆ **off you go to bed now, you need your ~ sleep** va te coucher maintenant pour être frais et dispos demain matin ▷ **beauty specialist** N esthéticien(ne) *m(f)*, visagiste *mf* ▷ **beauty spot** N *(on skin, natural)* grain *m* de beauté ; *(applied)* mouche *f* ; *(in countryside)* site *m* pittoresque ▷ **beauty treatment** N soins *mpl* de beauté

**beaux** /bəʊz/ NPL of **beau**

**beaver** /ˈbiːvəʳ/ N a *(= animal)* castor *m* ; *(= fur)* (fourrure *f* de) castor *m* ; *(= hat)* (chapeau *m* de) castor *m* ◆ **to work like a ~** travailler d'arrache-pied ; → **eager** b ** *(esp US)* foufoune ** *f*, chatte ** *f* VI *(Brit)* ◆ **to ~ away * at sth** travailler d'arrache-pied à qch COMP *[coat, hat]* (en poil) de castor ▷ **the Beaver State** N *(US)* l'Oregon *m*

**Beaverboard** ® /ˈbiːvəbɔːd/ N *(Constr)* (panneau *m* d')aggloméré *m* *(de bois)*

**bebop** /ˈbiːbɒp/ N *(Mus)* be-bop *m*

**becalm** /bɪˈkɑːm/ VT ◆ **to be ~ed** *(Naut)* être encalminé ; *(fig)* *[economy, stock market, talks]* faire du sur-place

**became** /bɪˈkeɪm/ VB pt of **become**

**because** /bɪˈkɒz/ LANGUAGE IN USE 17.1, 26.3 CONJ parce que ◆ **I did it ~ you asked me to** je l'ai fait parce que tu me l'as demandé ◆ **I won't go out ~ it's raining** je ne sortirai pas parce qu'il pleut *or* à cause de la pluie ◆ **it's all the more surprising ~ we were not expecting it** c'est d'autant plus surprenant que nous ne nous y attendions pas ◆ **if I did it, it was ~ it had to be done** je l'ai fait parce qu'il fallait bien le faire ◆ **~ he lied, he was punished** il a été puni pour avoir menti *or* parce qu'il avait menti ◆ **we are annoyed ~ the weather is bad** nous sommes contrariés parce qu'il fait mauvais ◆ **not ~ he was offended but ~ he was angry** non qu'il fût offusqué mais parce qu'il était furieux ◆ **~ he was leaving** à cause de son départ

◆ **because of** à cause de, en raison de ◆ **~ of his age** en raison de son âge, vu son âge

**bechamel** /ˌbeɪʃəˈmel/ N (also **bechamel sauce**) (sauce *f*) béchamel *f*

**beck**[1] /bek/ N ◆ **to be at sb's ~ and call** être à l'entière disposition de qn, être constamment à la disposition de qn ◆ **to have sb at one's ~ and call** faire marcher qn à la baguette *or* au doigt et à l'œil

**beck**[2] /bek/ N *(N Engl)* ruisseau *m*, ru *m*

**beckon** /ˈbekən/ VI a *(= signal)* faire signe (**to** *sb* à qn) ; ◆ **he ~ed to her to follow him** il lui a fait signe de le suivre b *(= be attractive)* *[bright lights, fame]* attirer VT a *(= signal)* faire signe à ◆ **he ~ed me in/back/over** *etc* il m'a fait signe d'entrer/de revenir/d'approcher *etc* b *(= attract)* attirer

**become** /bɪˈkʌm/ (pret **became**, ptp **become**) VI devenir, se faire ◆ **to ~ famous** *etc* devenir célèbre *etc* ◆ **to ~ king** devenir roi ◆ **to ~ a doctor** devenir *or* se faire médecin ◆ **to ~ old** vieillir, se faire vieux ◆ **to ~ thin** maigrir ◆ **to ~ fat** grossir ◆ **to ~ accustomed to …** s'accoutumer à …, s'habituer à … ◆ **to ~ interested in …** commencer à s'intéresser à … ◆ **to ~ known** *[person]* commencer à être connu, se faire connaître ◆ **we are fast becoming a nation of cynics** nous nous transformons rapidement en une nation de cyniques

IMPERS VB ◆ **what has ~ of him?** qu'est-il devenu ? ◆ **I don't know what will ~ of her** je ne sais pas ce qu'elle va devenir

VT *(liter, frm)* a *(= suit)* aller à ◆ **her hat does not ~ her** son chapeau ne lui sied pas *(frm)*

b *(= befit)* convenir à, être digne de ◆ **it does not ~ him to speak thus** il lui sied mal *(frm)* de parler ainsi

**becoming** /bɪˈkʌmɪŋ/ ADJ *[behaviour, speech]* convenable, bienséant ; *[clothes, hair style]* seyant, qui va bien ◆ **her hat is not ~** son chapeau ne lui va pas *or* n'est pas seyant

**becomingly** /bɪˈkʌmɪŋlɪ/ ADV a *(= attractively)* *[smile, blush]* de façon charmante ◆ **she was dressed ~ in black** elle était habillée en noir, ce qui lui allait fort bien b *(= suitably)* convenablement, d'une manière convenable

**becquerel** /ˌbekəˈrel/ N becquerel *m*

**BEd** /biːˈed/ N (abbrev of **Bachelor of Education**) → **bachelor**

**bed** /bed/ N a *(= furniture)* lit *m* ◆ **a room with two ~s** une chambre à deux lits ◆ **to book in (at a hotel) for ~ and breakfast** *(Brit)* réserver une chambre avec le petit déjeuner (à l'hôtel) ◆ **to sleep in separate ~s** faire lit à part ◆ **to make the ~** faire le lit ◆ **to turn down the ~** préparer le lit *(en repliant le haut des draps)* ◆ **to change the ~** changer les draps (du lit) ◆ **to be in ~** être couché ; *(through illness)* être alité, garder le lit ◆ **to get into ~** se coucher, se mettre au lit ◆ **before ~** avant de se coucher ◆ **to get out**

of ~ se lever ◆ **to get out of ~ on the wrong side, to get up (on) the wrong side of the ~** * *(US)* se lever du pied gauche ◆ **to get sb to ~** réussir à coucher qn ◆ **to put sb to ~** coucher qn ◆ **to go to ~** se coucher ◆ **to go to ~ with sb** * *(euph)* coucher avec qn * ◆ **to get into ~ with sb** *(fig)* s'allier à qn ◆ **to go home to ~** rentrer se coucher ◆ **as you make your ~ so you must lie on it** *(Prov)* comme on fait son lit on se couche ; → **campbed, deathbed, feather**

b *(liter)* **she was brought to ~ of a boy** †† elle accoucha d'un garçon

c *(Press)* **to put a paper to ~** * mettre un journal sous presse ◆ **the paper has gone to ~** * le journal est sous presse ◆ **to put sth to ~** *(fig)* mener qch à bien

d *(= layer) (Geol) [of coal]* couche *f*, gisement *m* ; *[of clay]* couche *f*, lit *m* ; *[of coral]* banc *m* ; *[of ore]* gisement *m* ; *(Constr) [of mortar]* bain *m* (de mortier) ; *(Zool) [of oysters]* banc *m*

e *(= base) (Tech) [of engine]* berceau *m* ; *[of lathe]* banc *m* ; *[of machine]* base *f*, bâti *m* ; *[of truck]* plateau *m* ; *(Archit) [of building]* assises *fpl* ◆ **on a ~ of lettuce/rice** *(Culin)* sur un lit de laitue/riz

f *(= bottom) [of sea]* fond *m* ; *[of river]* lit *m*

g *(Hort) [of vegetables]* planche *f* ; *(square)* carré *m* ; *[of flowers]* parterre *m*, massif *m* ; *(strip)* platebande *f* ; *(oval, circular)* corbeille *f* ◆ **life is not a ~ of roses** la vie n'est pas une partie de plaisir ◆ **my job isn't exactly a ~ of roses** * mon travail n'est pas drôle tous les jours

VT a *(Hort)* **to ~ (out) plants** repiquer des plantes

b *(Tech) [+ foundations]* asseoir ◆ **to ~ stones in mortar** cimenter *or* sceller des pierres

c († *) *[+ woman]* coucher avec *

COMP ▷ **bed and board** N le gîte *or* le vivre et le couvert ▷ **bed and breakfast** N *(gen)* chambre *f* et petit déjeuner *m*, chambre *f* d'hôte ◆ **we stayed at ~ and breakfasts** *or* **~-and-breakfast places** nous avons logé dans des chambres d'hôtes ◆ **price for ~ and breakfast** prix *m* pour la chambre et le petit déjeuner ▷ **bed bath** N toilette *f (d'un malade)* ▷ **bed jacket** N liseuse *f* ▷ **bed linen** N *(NonC)* draps *mpl* de lit (et taies *fpl* d'oreillers), literie *f* ▷ **bed of nails** N *(lit)* lit *m* de clous ◆ **it's a ~ of nails** *(Brit fig)* c'est extrêmement pénible ▷ **bed pad** N *(waterproof)* alaise *f* ; *(for extra comfort)* molleton *m* ▷ **bed-settee** N canapé-lit *m* ▷ **bed-sitting room** N *(Brit)* chambre *f* meublée ▷ **bed-wetting** N *(Med)* incontinence *f* nocturne

► **bed down** VI *(= go to bed)* (aller) se coucher ; *(= spend night)* coucher
VT *[+ children etc]* coucher

**bedaub** /bɪˈdɔːb/ VT barbouiller (*with* de)

**bedazzle** /bɪˈdæzəl/ VT éblouir

**bedbug** /ˈbedbʌg/ N punaise *f* des lits

**bedchamber** †† /ˈbedˌtʃeɪmbəʳ/ N chambre *f* à coucher

**bedclothes** /ˈbedkləʊðz/ NPL couvertures *fpl* et draps *mpl* (de lit)

**bedcover** /ˈbedkʌvəʳ/ N couvre-lit *m*, dessus-de-lit *m inv*

**-bedded** /ˈbedɪd/ ADJ *(in compounds)* ◆ **twin-bedded room** chambre *f* à deux lits

**bedding** /ˈbedɪŋ/ N literie *f* ; *(Mil)* matériel *m* de couchage ; *(for animals)* litière *f* COMP ▷ **bedding out** N *(Hort)* repiquage *m* ▷ **bedding(-out) plants** NPL *(Hort)* plantes *fpl* à repiquer

**bedeck** /bɪˈdek/ VT parer, orner (*with* de) ; *(slightly pej)* attifer * (*with* de)

**bedevil** /bɪˈdevl/ VT *(= confuse) [+ issue, person]* embrouiller ; *(= torment) [+ person]* tourmenter, harceler

◆ **bedevilled by** ◆ **the project has been ~led by poor management** le projet a pâti d'une mauvaise gestion ◆ **he was ~led by ill health** il a été miné par des problèmes de santé ◆ **the police, ~led by corruption and low morale** la police, minée par la corruption et le découragement

**bedfellow** /ˈbedˌfeləʊ/ N *(lit)* ◆ **they were ~s for a night** ils ont partagé le même lit une nuit ◆ **they are strange ~s** ils forment une drôle de paire *or* un drôle de couple

**bedhead** /ˈbedhed/ N tête *f* de lit, chevet *m*

**bedlam** /ˈbedləm/ N a *(= uproar)* chahut *m* ◆ **the crowd went absolutely mad – it was ~** la foule est devenue complètement folle – c'était le cirque ◆ **he's causing ~ at the hotel** il fait du chahut dans l'hôtel ◆ **the room was a ~ of banging and shouting** la pièce retentissait de coups et de cris b *(Hist)* maison *f* de fous †

**bedmate** * /ˈbedmeɪt/ N ⇒ **bedfellow**

**Bedouin** /ˈbedʊɪn/ N (pl **Bedouin** or **Bedouins**) Bédouin(e) *m(f)* ADJ bédouin

**bedpan** /ˈbedpæn/ N bassin *m* (hygiénique)

**bedpost** /ˈbedpəʊst/ N colonne *f* de lit

**bedraggled** /bɪˈdrægld/ ADJ *[clothes, person]* débraillé ; *[hair]* embroussaillé ; *(= wet)* trempé

**bedridden** /ˈbedrɪdn/ ADJ alité, cloué au lit ; *(permanently)* grabataire

**bedrock** /ˈbedrɒk/ N *(Geol)* soubassement *m* ; *(fig)* base *f*

**bedroll** /ˈbedrəʊl/ N tapis *m* de couchage

**bedroom** /ˈbedrʊm/ N chambre *f* (à coucher) ; → **spare** COMP ▷ **bedroom farce** N *(Theat)* comédie *f* de boulevard ▷ **bedroom scene** N ≈ scène *f* d'amour ▷ **bedroom slipper** N pantoufle *f* ▷ **bedroom suburb** * N *(US fig)* banlieue-dortoir *f* ▷ **bedroom suite** N chambre *f* à coucher *(mobilier)*

**-bedroomed** /ˈbedrʊmd/ ADJ *(in compounds)* ◆ **a two-/four-bedroomed house** une maison avec deux/quatre chambres ◆ **a one-bedroomed flat** un (appartement) deux-pièces

**Beds** N abbrev of **Bedfordshire**

**bedside** /ˈbedsaɪd/ N chevet *m* ◆ **at his ~** à son chevet COMP *[book, lamp]* de chevet ▷ **bedside manner** N *[of doctor]* comportement *m* envers les malades ◆ **he has a good ~ manner** il sait parler à ses malades ▷ **bedside rug** N descente *f* de lit ▷ **bedside table** N table *f* de chevet *or* de nuit

**bedsit** /ˈbedsɪt/, **bedsitter** /ˈbedsɪtəʳ/ N *(Brit)* chambre *f* meublée

**bedsocks** /ˈbedsɒks/ NPL chaussettes *fpl* (de lit)

**bedsore** /ˈbedsɔːʳ/ N escarre *f*

**bedspread** /ˈbedspred/ N dessus-de-lit *m inv*, couvre-lit *m*

**bedspring** /ˈbedsprɪŋ/ N *(US) (= framework)* sommier *m* à ressorts ; *(= single spring)* ressort *m* de sommier

**bedstead** /ˈbedsted/ N châlit *m*, bois *m* de lit

**bedstraw** /ˈbedstrɔː/ N *(Bot)* gaillet *m*

**bedtime** /ˈbedtaɪm/ N heure *f* du coucher ◆ **it is ~** il est l'heure d'aller se coucher *or* d'aller au lit ◆ **his ~ is 7 o'clock** il se couche à 7 heures ◆ **it's past your ~** tu devrais être déjà couché COMP ▷ **bedtime drink** N boisson *f* chaude *(prise avant d'aller se coucher)* ▷ **bedtime reading** N ◆ **it's my favourite ~ reading** c'est ce que je préfère lire le soir, au lit ▷ **bedtime story** N ◆ **to tell a child a ~ story** raconter une histoire à un enfant avant qu'il s'endorme

**bee** /biː/ N a abeille *f* ◆ **to have a ~ in one's bonnet** * avoir une idée fixe (*about* en ce qui concerne) avoir une marotte ◆ **they crowded round him like ~s round a honeypot** ils se pressaient autour de lui comme des mouches sur un pot de confiture ◆ **it's the ~'s knees** * c'est extra * *or* super * ◆ **he thinks he's the ~'s knees** * il se croit sorti de la cuisse de Jupiter * ; → **bumblebee, busy, queen** b *(esp US = meeting) réunion entre voisins ou voisines pour effectuer des activités en commun* ◆ **they have a sewing ~ on Thursdays** ils se réunissent pour coudre le jeudi ; → **spelling** COMP ▷ **bee eater** N *(Orn)* guêpier *m* ▷ **bee sting** N piqûre *f* d'abeille

**Beeb** * /biːb/ N *(Brit)* ◆ **the ~** la BBC

**beech** /biːtʃ/ N *(also* **beech tree***)* hêtre *m* ; *(= wood)* (bois *m* de) hêtre ; → **copper** COMP *[hedge, chair]* de hêtre ▷ **beech grove** N hêtraie *f*

**beechmast** /ˈbiːtʃmɑːst/ N *(NonC)* faînes *fpl* (tombées)

**beechnut** /ˈbiːtʃnʌt/ N faîne *f*

**beechwood** /ˈbiːtʃwʊd/ N *(= material)* (bois *m* de) hêtre *m* ; *(= group of trees)* bois *m* de hêtres

**beef** /biːf/ N a *(NonC)* bœuf *m* ◆ **roast ~** rôti *m* de bœuf, rosbif *m* ◆ **there's too much ~ on him** * il a trop de viande *, il est trop gros ; → **bully[3], corned beef** b *(esp US)* **what's your ~?** * *(= complaint)* qu'est-ce que tu as à râler ? * VI ( * *= complain)* rouspéter *, râler * (*about* contre) COMP ▷ **beef cattle** N bœufs *mpl* de boucherie ▷ **beef olive** N paupiette *f* de bœuf ▷ **beef sausage** N ≈ saucisse *f* de Strasbourg ▷ **beef tea** N bouillon *m* (de viande)

► **beef up** * VT SEP *[+ speech, essay]* étoffer ; *[+ team]* renforcer

**beefburger** /ˈbiːfˌbɜːgəʳ/ N ≈ hamburger *m*

**beefcake** * /ˈbiːfkeɪk/ N *(hum)* monsieur-muscles * *m*

**beefeater** /ˈbiːfˌiːtəʳ/ N *(Brit)* hallebardier *m (de la Tour de Londres)*

**beefsteak** /ˈbiːfsteɪk/ N bifteck *m*, steak *m* COMP ▷ **beefsteak tomato** N tomate *f* à farcir

**beefy** * /ˈbiːfɪ/ ADJ a *(= strong)* costaud * *f inv* ; *(= fat)* bien en chair b *[flavour]* de bœuf

**beehive** /ˈbiːhaɪv/ N *(gen) (lit, fig)* ruche *f* ; *(= hair style)* choucroute * *f* COMP ▷ **the Beehive State** N *(US)* l'Utah *m*

**beekeeper** /ˈbiːˌkiːpəʳ/ N apiculteur *m*, -trice *f*

**beekeeping** /ˈbiːˌkiːpɪŋ/ N apiculture *f*

**beeline** /ˈbiːlaɪn/ N ◆ **in a ~** à vol d'oiseau, en ligne droite ◆ **to make a ~ for** *(= go straight to)* se diriger tout droit *or* en droite ligne vers ; *(= rush towards)* se ruer sur, filer droit sur

**Beemer** * /ˈbiːməʳ/ N BM * *f (voiture)*

**been** /biːn/ VB ptp of **be**

**beep** /biːp/ N *(esp Brit) [of watch]* bip *m* ; *[of answering machine]* signal *m* sonore, bip *m* (sonore) ◆ **after the ~** après le bip *or* le signal sonore VI faire bip VT ◆ **to ~ the** *or* **one's horn** klaxonner

**beeper** /ˈbiːpəʳ/ N ⇒ **bleeper**

**beer** /bɪəʳ/ N bière *f* ◆ **life's not all ~ and skittles** * *(Brit)* la vie n'est pas une partie de plaisir ; → **ginger** COMP ▷ **beer barrel** N tonneau *m* à *or* de bière ▷ **beer belly** * N bedaine* *f* (de buveur de bière) ▷ **beer bottle** N canette *f* (de bière) ▷ **beer bust**‡ N *(US)* *(= party)* soirée *f* bière *inv*; *(= drinking spree)* soûlerie* *f* à la bière ▷ **beer can** N boîte *f* de bière (vide) ▷ **beer drinker** N buveur *m*, -euse *f* de bière ▷ **beer engine** N pompe *f* à bière ▷ **beer garden** N *(Brit)* jardin *m* attenant à un pub *(où l'on peut amener ses consommations)* ▷ **beer glass** N bock *m* ▷ **beer gut*** N ⇒ **beer belly** ▷ **beer pump** N ⇒ **beer engine** ▷ **beer-swilling*** ADJ *(pej)* qui s'envoie de la bière à tire-larigot*

**beerfest** /ˈbɪəfest/ N *(US)* fête *f* de la bière

**beermat** /ˈbɪəmæt/ N dessous *m* de verre, dessous *m* de bock

**beery** /ˈbɪərɪ/ ADJ *[atmosphere, room, breath]* qui sent la bière; *[party, evening]* où la bière coule à flots; *[person]* un peu éméché*, parti*

**beeswax** /ˈbiːzwæks/ N cire *f* d'abeille VT *[+ floor, furniture]* cirer, encaustiquer

**beet** /biːt/ N betterave *f* ◆ **red ~** *(US)* betterave *f* (potagère); → **sugar** COMP ▷ **beet sugar** N sucre *m* de betterave

**beetle**[1] /ˈbiːtl/ N *(gen)* scarabée *m*; *(Zool)* coléoptère *m*; → **black, Colorado, stag** VI ◆ **to ~ in/through*** *etc* entrer/traverser *etc* en vitesse

► **beetle off*** VI décamper, ficher le camp*

**beetle**[2] /ˈbiːtl/ N *(= mallet)* mailloche *f*; *(heavier)* mouton *m*

**beetling** /ˈbiːtlɪŋ/ ADJ ◆ **~ brow** front *m* proéminent ◆ **~ cliffs** falaises *fpl* surplombantes

**beetroot** /ˈbiːtruːt/ N *(Brit)* betterave *f* (potagère *or* rouge) ◆ **to go ~*** devenir rouge comme une tomate, devenir cramoisi ◆ **~ salad** salade *f* de betterave(s)

**befall** /bɪˈfɔːl/ (pret **befell** /bɪˈfel/, ptp **befallen** /bɪˈfɔːlən/) *(liter: only infin and 3rd pers)* VI arriver ◆ **whatever may ~** quoi qu'il puisse arriver, quoi qu'il advienne VT arriver à, échoir à ◆ **a misfortune befell him** il lui arriva un malheur

**befit** /bɪˈfɪt/ VT *(frm)* convenir à ◆ **the luxurious ambience ~ting such an occasion** le cadre luxueux qui convient à une telle occasion ◆ **they offered him a post ~ting his experience** ils lui ont offert un poste en rapport avec *or* qui correspondait à son expérience ◆ **it ill ~s him to speak thus** il lui sied *(frm)* mal de parler ainsi ◆ **it ill ~s them to complain about this** ils sont mal placés pour s'en plaindre ◆ **he is a cautious man, as ~s a high-ranking politician** il est prudent, comme il sied à un homme politique de haut niveau

**befitting** /bɪˈfɪtɪŋ/ ADJ convenable, seyant ◆ **with ~ humility** avec l'humilité qui convient *or* qui sied *(frm)*

**befog** /bɪˈfɒg/ VT *(= puzzle)* brouiller, embrouiller; *(= obscure)* *[+ origin, meaning]* obscurcir ◆ **she was quite ~ged** † elle était dans le brouillard le plus complet

**before** /bɪˈfɔːʳ/

> When **before** is an element in a phrasal verb, eg **come before**, **go before**, look up the verb.

PREP **a** *(time)* avant ◆ **I got there ~ you** je suis arrivé avant vous, je vous ai devancé ◆ **that was ~ my time** *(= before I was here)* je n'étais pas encore là; *(= before I was born)* je n'étais pas encore né ◆ **she died ~ I was born** je n'étais pas né quand elle est morte, elle est morte avant ma naissance ◆ **~ Christ** avant Jésus-Christ ◆ **the day ~ yesterday** avant-hier *m* ◆ **he came the year ~ last** il est venu il y a deux ans ◆ **the programme ~ last** l'avant-dernier programme *m* ◆ **the day ~ their departure** la veille de leur départ ◆ **two days ~ Christmas** l'avant-veille *f* de Noël ◆ **~ it, ~ now, ~ then** avant (cela *or* ça), auparavant ◆ **you should have done it ~ now** vous devriez l'avoir déjà fait ◆ **~ long** sous peu, d'ici peu ◆ **~ doing sth** avant de faire qch

**b** *(order, rank)* avant ◆ **ladies ~ gentlemen** les dames avant les messieurs ◆ **~ everything** avant tout ◆ **she puts her family ~ her job** pour elle, sa famille passe avant son travail

**c** *(place, position)* devant ◆ **he stood ~ me** il était (là) devant moi ◆ **~ my (very) eyes** sous mes (propres) yeux ◆ **turn left at the junction ~ the roundabout** tournez à gauche au croisement avant le rond-point ◆ **he said it ~ us all** il l'a dit en notre présence *or* devant nous tous ◆ **~ a lawyer** par-devant notaire ◆ **to appear ~ a court/a judge** comparaître devant un tribunal/un juge ◆ **he brought the case ~ the court** il a saisi le tribunal de l'affaire ◆ **the question ~ us** la question qui nous occupe ◆ **the task ~ him** la tâche qu'il a devant lui *or* qui l'attend; → **carry**

**d** *(= rather than)* plutôt que ◆ **he would die ~ betraying his country** il mourrait plutôt que de trahir sa patrie ◆ **to put death ~ dishonour** préférer la mort au déshonneur

ADV **a** *(time)* avant, auparavant ◆ **the day ~** la veille ◆ **the evening ~** la veille au soir ◆ **the week/year ~** la semaine/l'année d'avant *or* précédente ◆ **two days ~** l'avant-veille *f*, deux jours avant *or* auparavant ◆ **I have read that book ~** j'ai déjà lu ce livre ◆ **I had read it ~** je l'avais déjà lu, je l'avais lu auparavant ◆ **I said ~ that ...** j'ai déjà dit que ... ◆ **she has never met him ~** c'est la première fois qu'elle le rencontre, elle ne l'a encore jamais rencontré ◆ **it has never happened ~** c'est la première fois que cela arrive ◆ **long ~** longtemps auparavant ◆ **to continue as ~** faire comme par le passé ◆ **he should have told me ~** il aurait dû me le dire avant *or* plus tôt

**b** *(order)* avant ◆ **that chapter and the one ~** ce chapitre et le précédent *or* et celui d'avant

CONJ **a** *(time)* avant de + *infin*, avant que (+ ne) + *subj* ◆ **I did it ~ going out** je l'ai fait avant de sortir ◆ **go and see him ~ he goes** allez le voir avant son départ *or* avant qu'il (ne) parte ◆ **~ I come/go/return** avant mon arrivée/mon départ/mon retour ◆ **we will need a year ~ it is finished** il nous faudra un an pour l'achever ◆ **it will be a long time ~ he comes again** il ne reviendra pas d'ici longtemps ◆ **it will be six weeks ~ the boat returns** le bateau ne reviendra pas avant six semaines ◆ **~ you could say Jack Robinson** en moins de deux, en moins de temps qu'il n'en faut pour le dire ◆ **get out ~ I call the police!** sors ou j'appelle la police! ◆ **~ I forget, your mother phoned** avant que je n'oublie *subj* or que j'oublie *subj*, votre mère a téléphoné

**b** *(= rather than)* plutôt que de + *infin* ◆ **he will die ~ he surrenders** il mourra plutôt que de se rendre

COMP ▷ **before-and-after test** N test *m* "avant-après" ▷ **before-tax** ADJ *[income]* brut; *[profit]* avant impôts

**beforehand** /bɪˈfɔːhænd/ ADV à l'avance ◆ **you must tell me ~** il faut me le dire à l'avance ◆ **to make preparations well ~** faire des préparatifs bien à l'avance

**befoul** /bɪˈfaʊl/ VT *(liter: lit, fig)* souiller *(liter)*, salir

**befriend** /bɪˈfrend/ VT *(= be friend to)* se lier d'amitié avec; *(= help)* venir en aide à, aider

**befuddle** /bɪˈfʌdl/ VT *(= confuse)* brouiller l'esprit *or* les idées de; *(= make tipsy)* griser, émécher ◆ **~d with drink** éméché*

**beg** /beg/ VT **a** *[+ money, alms, food]* mendier

**b** *[+ favour]* solliciter, quémander ◆ **to ~ sb's pardon** demander pardon à qn ◆ **(I) ~ your pardon** *(apologizing)* je vous demande pardon; *(not having heard)* pardon?, vous disiez? ◆ **to ~ (sb's) forgiveness** demander pardon (à qn) ◆ **I ~ to point out that ...** *(frm)* je me permets de (vous) faire remarquer que ..., qu'il me soit permis de faire remarquer que ... ◆ **I ~ to differ** *(frm)* permettez-moi d'être d'un autre avis, je me permets de ne pas partager cet avis ◆ **I ~ to inform you that ...** *(frm)* je tiens à *or* j'ai l'honneur *(frm)* de vous faire savoir que ... ◆ **to ~ leave to do sth** *(frm)* solliciter l'autorisation de faire qch

**c** *(= entreat)* supplier ◆ **to ~ (of) sb to do sth** supplier qn de faire qch ◆ **I ~ (of) you!** je vous en supplie!, de grâce!

**d** ◆ **to ~ the question** *(= raise the question)* poser *or* soulever la question; *(= evade the issue)* éluder la question; *(= assume sth already proved)* présumer la question résolue

VI **a** mendier, demander la charité ◆ **to ~ for money** mendier ◆ **to ~ for food** mendier de la nourriture ◆ **to sit up and ~** *[dog]* faire le beau ◆ **I'll have that sausage if it's going ~ging*** donne-moi cette saucisse s'il n'y a pas d'amateurs

**b** *(= entreat)* supplier ◆ **to ~ for mercy/help** demander grâce/de l'aide; see also **vt**

► **beg off*** VI se faire excuser (*from* de)

**began** /bɪˈgæn/ VB pt of **begin**

**beget** †† /bɪˈget/ (pret **begot** *or* **begat** /bɪˈgæt/, ptp **begotten**) VT *(lit)* engendrer; *(fig)* engendrer, causer ◆ **the only begotten Son of the Father** le Fils unique engendré par le Père

**begetter** /bɪˈgetəʳ/ N *(frm: fig)* créateur *m*, -trice *f*

**beggar** /ˈbegəʳ/ N **a** mendiant(e) *m(f)*, mendigot(e)* *m(f)*; *(fig = very poor person)* indigent(e) *m(f)*, pauvre *m*, -esse *f* ◆ **~s can't be choosers** *(Prov)* nécessité fait loi *(Prov)* ◆ **~'s opera** opéra *m* de quat' sous **b** *(* = fellow)* **poor ~!** pauvre diable!* ◆ **a lucky ~** un veinard* ◆ **a funny little ~** un drôle de petit bonhomme VT *(lit)* réduire à la mendicité; *(fig = ruin)* mettre sur la paille, ruiner ◆ **to ~ description** défier toute description ◆ **to ~ belief** défier la raison ◆ **the arrogance of the man ~s belief** l'arrogance de cet homme défie la raison COMP ▷ **beggar-my-neighbour** N *(Cards)* bataille *f* ◆ **~-my-neighbour policy** *(Econ)* politique *f* protectionniste

**beggarly** /ˈbegəlɪ/ ADJ *[amount]* piètre, misérable; *[existence]* misérable, sordide; *[meal]* maigre, piètre, pauvre; *[wage]* dérisoire, de famine

**beggary** /ˈbegərɪ/ N mendicité *f*

**begging** /ˈbegɪŋ/ N mendicité *f* ◆ **to live by ~** vivre de charité *or* d'aumône; see also **beg** ADJ ◆ **~ letter** lettre *f* quémandant de l'argent COMP ▷ **begging bowl** N sébile *f* ◆ **to hold out a ~ bowl** *(fig)* tendre la main *(fig)*

**begin** /bɪˈgɪn/ (pret **began**, ptp **begun**) VT **a** *(= start)* *[+ work, book, song, letter]* commencer (*to do sth, doing sth* à faire qch); *[+ task]* entreprendre; *[+ attack]* déclencher ◆ **to ~ a cheque book/a page** commencer un nouveau carnet de chèques/une nouvelle page ◆ **to ~ a journey** partir en voyage ◆ **he**

**began the day with a glass of milk** il a bu un verre de lait pour bien commencer la journée ◆ **to ~ the day right** bien commencer la journée, se lever du pied droit ◆ **to ~ life as ...** débuter dans la vie comme ... ◆ **that doesn't (even) ~ to compare with ...** cela est loin d'être comparable à ..., cela n'a rien de comparable avec ... ◆ **it soon began to rain** il n'a pas tardé à pleuvoir ◆ **I'd begun to think you weren't coming** je commençais à croire que tu ne viendrais pas ◆ **to ~ sth again** recommencer qch (*to do sth* à faire qch) ; ◆ **"listen, darling" he began** "écoute, chérie" commença-t-il

b *(= originate, initiate) [+ discussion]* commencer, ouvrir ; *[+ conversation]* amorcer, engager ; *[+ quarrel, argument, dispute]* faire naître ; *[+ reform, movement, series of events]* déclencher ; *[+ fashion]* lancer ; *[+ custom, policy]* inaugurer ; *[+ war]* causer ; *[+ rumour]* faire naître

**VI** a commencer (*with* par) ; ◆ **let's ~!** commençons !, allons-y ! ◆ **we must ~ at once** il faut commencer *or* nous y mettre immédiatement ◆ **well, to ~ at the beginning ...** bon, commençons par le commencement ... ◆ **it's ~ning rather well/badly** cela commence plutôt bien/mal ◆ **to ~ in business** se lancer dans les affaires ◆ **before October ~s** avant le début octobre *or* le début du mois d'octobre ◆ **to ~ again** recommencer ◆ **he began afresh in a new country** il est reparti à zéro dans un nouveau pays ◆ **school ~s again on Tuesday** les cours reprennent mardi, la rentrée (des classes) est mardi ◆ **the classes ~ again soon** *(after short break)* les cours reprennent bientôt ; *(after summer break)* c'est bientôt la rentrée ◆ **~ning from Monday** à partir de lundi ◆ **he began in the sales department/as a clerk** il a débuté dans le service des ventes/comme employé de bureau ◆ **he began as a Marxist** il a commencé par être marxiste, au début *or* au départ il était marxiste ◆ **he began with the intention of writing a thesis** au début son intention était d'écrire *or* il avait l'intention d'écrire une thèse ◆ **to ~ by doing sth** commencer par faire qch ◆ **~ by putting everything away** commence par tout ranger ◆ **to ~ with sth** commencer *or* débuter par qch ◆ **~ with me!** commencez par moi ! ◆ **we only had €20 to ~ with** nous n'avions que 20 € pour commencer *or* au début ◆ **to ~ with there were only three of them but later ...** (tout) d'abord ils n'étaient que trois, mais plus tard ... ◆ **the spelling is wrong, to ~ with** d'abord, l'orthographe est fausse ◆ **~ on a new page** prenez une nouvelle page ◆ **the fields ~ where the garden ends** au bout du jardin il y a des champs

b *(= make a start)* **to ~ on** *[+ book]* commencer (à écrire *or* à lire) ; *[+ course of study]* commencer, entreprendre ◆ **I began on the job last week** j'ai commencé à travailler *or* j'ai débuté dans ce travail la semaine dernière

c *[shooting, fight, quarrel]* commencer ; *[music, noise, guns]* commencer, retentir ; *[fire]* prendre, se déclarer ; *[river]* prendre sa source ; *[road]* partir (*at* de) ; *[political party, movement, custom]* commencer, naître ◆ **that's when the trouble ~s** c'est alors *or* là que les ennuis commencent ◆ **it all began when he refused to pay** toute cette histoire a commencé *or* tout a commencé quand il a refusé de payer ◆ **since the world began** depuis le commencement du monde, depuis que le monde est monde

**beginner** /bɪˈɡɪnəʳ/ **N** a *(= novice)* débutant(e) *m(f)*, novice *mf* ◆ **it's just ~'s luck** c'est la chance des débutants b *(= originator)* auteur *m*, cause *f*

**beginning** /bɪˈɡɪnɪŋ/ **N** a *[of speech, book, film, career etc]* début *m*, commencement *m* ◆ **from the ~** dès le début, dès le commencement ◆ **from ~ to end** du début à la fin ◆ **to start again at** *or* **from the ~** recommencer depuis le début ◆ **in the ~** *(gen)* au début ; *(Bible)* au commencement ◆ **to make a ~** commencer, débuter ◆ **the ~ of the academic year** la rentrée (universitaire *or* scolaire) ◆ **the ~ of the world** le commencement *or* l'origine *f* du monde ◆ **the ~ of negotiations** l'amorce *f or* l'ouverture *f* des négociations ◆ **it was the ~ of the end for him** ce fut pour lui le commencement de la fin ◆ **since the ~ of time** depuis le commencement du monde, depuis que le monde est monde

b *(= origin)* origine *f*, commencement *m* ◆ **the shooting was the ~ of the rebellion** la fusillade a été à l'origine de la révolte ◆ **fascism had its ~s in Italy** le fascisme prit naissance en Italie ◆ **to come from humble ~s** *[person]* être d'origine modeste *or* d'un milieu humble

**ADJ** ◆ **~ learner** *or* **student** débutant(e) *m(f)*

**begone** †† /bɪˈɡɒn/ **EXCL** *(liter)* partez !, hors d'ici ! *(liter)*

**begonia** /bɪˈɡəʊnɪə/ **N** bégonia *m*

**begot** /bɪˈɡɒt/ **VB** pt of **beget**

**begotten** /bɪˈɡɒtn/ **VB** ptp of **beget**

**begrimed** /bɪˈɡraɪmd/ **ADJ** *(liter)* noirci, sale

**begrudge** /bɪˈɡrʌdʒ/ **VT** ⇒ **grudge vt**

**begrudgingly** /bɪˈɡrʌdʒɪŋlɪ/ **ADV** à contrecœur, de mauvaise grâce

**beguile** /bɪˈɡaɪl/ **VT** a *(= swindle)* abuser, duper ◆ **to ~ sb with promises** bercer qn de promesses, endormir qn avec des promesses ◆ **to ~ sb into doing sth** amener qn par la supercherie à faire qch b *(= charm)* séduire, captiver ; *(= amuse)* distraire c *(liter)* ◆ **to ~ the time (doing sth)** faire passer le temps (en faisant qch)

**beguiling** /bɪˈɡaɪlɪŋ/ **ADJ** *[woman, charm]* captivant, séduisant ; *[ideas, theory]* séduisant ; *[story]* captivant

**begum** /ˈbeɪɡəm/ **N** bégum *f*

**begun** /bɪˈɡʌn/ **VB** ptp of **begin**

**behalf** /bɪˈhɑːf/ **N** ◆ **on ~ of** *(= in the interest of)* en faveur de, pour ; *(= as a representative of)* au nom de ◆ **she made an emotional appeal on her son's ~** elle a lancé un appel chargé d'émotion en faveur de son fils ◆ **he spoke on my ~** *(= to support me)* il m'a soutenu ◆ **to come on sb's ~** venir de la part de qn ◆ **on ~ of all of us, I would like to say how sorry we are** en notre nom à tous, je voudrais vous dire que nous sommes vraiment désolés ◆ **to plead on sb's ~** plaider en faveur de qn ◆ **he was worried on my ~** il s'inquiétait pour moi *or* à mon sujet

◆ **to act on behalf of sb** agir pour qn *or* pour le compte de qn ◆ **the solicitors acting on ~ of the police officers** les avocats qui agissaient pour le compte des officiers de police ◆ **she acts on ~ of clients in buying and selling shares** elle achète et vend des actions pour des clients

**behave** /bɪˈheɪv/ **VI** a *(= conduct o.s.)* se conduire, se comporter ◆ **to ~ (o.s.) well/badly** bien/mal se conduire *or* se comporter ◆ **to ~ well towards sb** bien se comporter à l'égard de *or* envers qn, bien agir envers qn ◆ **to ~ wisely** agir sagement ◆ **to ~ like an honest man** se comporter *or* se conduire en honnête homme ◆ **he was behaving strangely** il avait un comportement bizarre

b *( * = conduct o.s. well)* bien se tenir ; *[child]* être sage ◆ **he knows how to ~ in society** il sait se tenir dans le monde ◆ **~ (yourself)!** *(physical behaviour)* sois sage !, tiens-toi bien ! ; *(sth said)* ne dis pas n'importe quoi !

c *[natural entity, substance]* se comporter ; *[machine]* marcher, fonctionner ◆ **an alloy that ~s like plastic** un alliage qui se comporte comme le plastique ◆ **we are studying how electrons ~ within atoms** nous étudions le comportement des électrons à l'intérieur des atomes

**behaviour, behavior** *(US)* /bɪˈheɪvjəʳ/ **N** a *(= manner, bearing)* conduite *f*, comportement *m* ◆ **to be on one's best ~** * se conduire de son mieux ; *[child]* se montrer d'une sagesse exemplaire b *(= conduct towards others)* conduite *f*, comportement *m* (*to sb, towards sb* envers qn, à l'égard de qn) c *[of machines]* fonctionnement *m* **COMP** ▷ **behaviour modification N** modification *f* du comportement ▷ **behaviour patterns NPL** types *mpl* de comportement ▷ **behaviour therapy N** thérapie *f* comportementale

**behavioural, behavioral** *(US)* /bɪˈheɪvjərəl/ **ADJ** a *[sciences, studies]* behavioriste b *[pattern]* de comportement ◆ **~ problems** troubles *mpl* du comportement

**behaviourism, behaviorism** *(US)* /bɪˈheɪvjərɪzəm/ **N** behaviorisme *m*

**behaviourist, behaviorist** *(US)* /bɪˈheɪvjərɪst/ **ADJ, N** behavioriste *mf*

**behead** /bɪˈhed/ **VT** décapiter

**beheading** /bɪˈhedɪŋ/ **N** décapitation *f*

**beheld** /bɪˈheld/ **VB** pt, ptp of **behold**

**behemoth** /bɪˈhiːmɒθ/ **N** *(= creature)* béhémot(h) *m* ; *(fig)* monstre *m* ingérable

**behest** /bɪˈhest/ **N** *(frm)* commandement *m*, ordre *m* ◆ **at the ~ of ...** sur l'ordre de ...

**behind** /bɪˈhaɪnd/

> When **behind** is an element in a phrasal verb, eg **fall behind**, **lag behind**, **stay behind**, look up the verb.

**ADV** a *(= in or at the rear)* derrière, en arrière ◆ **to follow a long way ~/not far ~** suivre de loin/d'assez près ; → **fall behind**

b *(= late)* en retard ◆ **to be ~ with one's studies/payments** être en retard dans ses études/ses paiements ◆ **to be ~ with one's work** avoir du travail en retard, être en retard dans son travail ◆ **I'm too far ~ to catch up now** j'ai pris trop de retard pour me rattraper maintenant

**PREP** a *(lit, fig = at the back of)* derrière ◆ **~ the table** derrière la table ◆ **come out from ~ the door** sortez de derrière la porte ◆ **walk close ~ me** suivez-moi de près ◆ **she closed the door ~ her** elle a fermé la porte derrière elle ◆ **an employee with seven years' service ~ her** une employée ayant sept ans d'ancienneté ◆ **~ my back** *(lit)* dans mon dos ; *(fig)* derrière mon dos, à mon insu ◆ **to put sth ~ one** *(fig)* oublier qch, refuser de penser à qch ◆ **~ the scenes** *(Theat, fig)* dans les coulisses ◆ **what is ~ this?** *(fig)* qu'y a-t-il là-dessous ? ; → **bar¹, schedule**

b *(support)* ◆ **he has the Communists ~ him** il a les communistes derrière lui ◆ **she's the one ~ this scheme** c'est elle qui est à l'origine de ce projet ◆ **the motives ~ her decision** les motivations *fpl* profondes de sa décision

c *(= responsible for)* **who was ~ the attack?** qui est derrière cet attentat ?, qui est le commanditaire de cet attentat ?

d *(= less advanced than)* en retard sur, en arrière de ◆ **her son is ~ the other pupils** son fils est en retard sur les autres élèves

e *(time)* **~ time** en retard ◆ **to be ~ the times** être en retard sur son temps, ne pas être de son époque ◆ **their youth is far ~ them** leur jeunesse est loin derrière eux

**N** *(* = buttocks)* derrière *m*, postérieur * *m*

**behindhand** /bɪˈhaɪndhænd/ **ADV** en retard (*with* dans)

**behold** /bɪˈhəʊld/ (pret, ptp **beheld**) **VT** *(liter)* voir ◆ **~!** regardez ! ◆ **~ thy servant** voici ton serviteur ◆ **and ~ I am with you** et voici que je suis avec vous ; → **lo**

**beholden** /bɪˈhəʊldən/ **ADJ** *(frm)* ◆ **to be ~** être redevable (*to sb for sth* à qn de qch)

**behove** /bɪˈhəʊv/, **behoove** *(US)* /bɪˈhuːv/ **IMPERS VT** *(frm)* incomber, appartenir (*sb to do sth* à qn de faire qch) être du devoir *or* de l'intérêt (*sb to do sth* de qn de faire qch) ; ◆ **it ill ~s me/him** *etc* **to ...** il me/lui *etc* sied mal de ...

**beige** /beɪʒ/ **ADJ, N** beige *m*

**Beijing** /ˈbeɪˈdʒɪŋ/ **N** Beijing

**being** /ˈbiːɪŋ/ **N** **a** *(NonC = existence)* existence *f* ◆ **to come into ~** prendre naissance ◆ **when the world came into ~** lorsque le monde fut créé, au moment de la naissance du monde ◆ **to bring** *or* **call into ~** faire naître, susciter ◆ **to bring a plan into ~** exécuter *or* réaliser un plan ◆ **then in ~** qui existait alors **b** être *m*, créature *f* ◆ **human ~s** les êtres *mpl* humains ◆ **~s from outer space** des extraterrestres *mpl* ; → **supreme** **c** *(= essential nature)* être *m*, essence *f* ◆ **with all** *or* **every fibre of my ~** de tout mon être ◆ **I wanted to be an actress with every fibre of my ~** je désirais être actrice de tout mon être

**Beirut** /beɪˈruːt/ **N** Beyrouth

**bejewelled, bejeweled** *(US)* /bɪˈdʒuːəld/ **ADJ** *[person]* paré de bijoux ; *[thing]* incrusté de joyaux ; *(fig) [grass]* émaillé (*with* de)

**belabour, belabor** *(US)* /bɪˈleɪbəʳ/ **VT** rouer de coups ; *(fig: with words)* invectiver

**Belarus** /beləˈrʊs/ **N** Bélarus *m*, Biélorussie *f*

**Belarussian** /ˌbeləˈrʌʃən/ **ADJ** bélarusse, biélorusse **N** *(= person)* Bélarusse *mf*, Biélorusse *mf*

**belated** /bɪˈleɪtɪd/ **ADJ** *[apology, greetings, measures]* tardif

**belatedly** /bɪˈleɪtɪdlɪ/ **ADV** tardivement

**belay** /bɪˈleɪ/ **VT** **a** *(Naut)* amarrer **b** *(Climbing)* assurer **VI** *(Climbing)* assurer **N** assurage *m*, assurance *f* **COMP** ◆ **~ing pin N** cabillot *m* (d'amarrage)

**belch** /beltʃ/ **VI** *[person]* avoir un renvoi, éructer **VT** (also **belch forth** *or* **out** *: liter) [volcano, gun] [+ smoke, flames]* vomir, cracher **N** renvoi *m*, éructation *f*

**beleaguered** /bɪˈliːgəd/ **ADJ** **a** *[city]* assiégé, investi ; *[army]* cerné **b** *(fig)* aux abois

**belfry** /ˈbelfrɪ/ **N** beffroi *m* ; *[of church]* clocher *m*, beffroi *m* ; → **bat¹**

**Belgian** /ˈbeldʒən/ **ADJ** *(gen)* belge, de Belgique ; *[ambassador, embassy]* de Belgique ◆ **~ French** le français de Belgique **N** Belge *mf* ◆ **the king of the ~s** le roi des Belges

**belgicism** /ˈbeldʒɪsɪzəm/ **N** belgicisme *m*

**Belgium** /ˈbeldʒəm/ **N** Belgique *f*

**Belgrade** /belˈgreɪd/ **N** Belgrade

**belie** /bɪˈlaɪ/ **VT** *(= fail to justify) [+ hopes]* démentir, tromper ; *(= prove false) [+ words]* donner le démenti à, démentir ; *[+ proverb]* faire mentir ; *(= misrepresent) [+ facts]* donner une fausse impression *or* idée de

**belief** /bɪˈliːf/ **N** **a** *(NonC = acceptance as true)* croyance *f* (*in* en, à) ; ◆ **~ in ghosts** croyance *f* aux revenants ◆ **~ in God** croyance *f* en Dieu ◆ **he has lost his ~ in God** il ne croit plus en Dieu, il a perdu la foi (en Dieu) ◆ **worthy of ~** digne de foi ◆ **it is beyond** *or* **past (all) ~** c'est incroyable, c'est à ne pas (y) croire ◆ **wealthy beyond ~** incroyablement riche

**b** *(Rel) (= faith)* foi *f* ; *(= doctrine)* credo *m*

**c** *(= conviction)* opinion *f*, conviction *f* ◆ **in the ~ that ...** persuadé que ..., convaincu que ... ◆ **it is my ~ that ...** je suis convaincu *or* persuadé que ... ◆ **to the best of my ~** (pour) autant que je sache ; → **strong**

**d** *(NonC = trust)* confiance *f*, foi *f* (*in* en) ; ◆ **he has no ~ in doctors** il n'a aucune confiance dans les médecins ◆ **he has no ~ in the future** il ne croit pas en l'avenir

**COMP** ▷ **belief system N** système *m* de croyances

**believable** /bɪˈliːvəbl/ **ADJ** croyable

**believe** /bɪˈliːv/ LANGUAGE IN USE 6.2, 26.2

**VT** **a** *(= accept truth of) [+ statement, account, evidence, person]* croire ◆ **to ~ what sb says** croire ce que dit qn ◆ **I don't ~ a word of it** je n'en crois rien *or* pas un mot ◆ **I don't ~ it!** *(in exasperation)* ce n'est pas vrai ! ; *(in incredulity, triumph)* ce n'est pas possible *or* vrai ! ◆ **don't you ~ it!** * ne va pas croire ça ! * ◆ **and would you ~ it, he's younger than me!** et figurez-vous qu'il est plus jeune que moi ! ◆ **he could hardly ~ his eyes/ears** il en croyait à peine ses yeux/ses oreilles ◆ **if he is to be ~d** à l'en croire, s'il faut l'en croire ◆ **~ it or not, he ...** c'est incroyable, mais il ... ◆ **~ me** crois-moi, tu peux me croire ◆ **~ you me** * tu peux m'en croire ◆ **I ~ you, thousands wouldn't** * *(hum)* moi, je te crois, mais je dois être le seul !

**b** *(= think)* croire ◆ **I ~ I'm right** je crois avoir raison, je crois que j'ai raison ◆ **I don't ~ he will come** je ne crois pas qu'il viendra *or* qu'il vienne ◆ **he is ~d to be ill** on le croit malade ◆ **he is ~d to have a chance of succeeding** on lui donne des chances de succès ◆ **that is ~d to be true** cela passe pour vrai ◆ **I have every reason to ~ that ...** j'ai tout lieu de croire que ... ◆ **I ~ so** je crois que oui, je le crois ◆ **I ~ not** je crois que non, je ne (le) crois pas ◆ **I don't know what to ~** je ne sais que croire *or* à quoi m'en tenir ; → **make**

**VI** croire ; *(Rel)* croire, avoir la foi ◆ **to ~ in** *[+ God]* croire en ; *[+ ghosts, promises, antibiotics etc]* croire à ◆ **to ~ in sb** croire en qn, avoir confiance en qn ◆ **to ~ in a method** être partisan d'une méthode ◆ **I don't ~ in doctors** je n'ai pas confiance dans les médecins ◆ **I don't ~ in letting children do what they want** je ne suis pas d'avis qu'il faille laisser les enfants faire ce qu'ils veulent

**believer** /bɪˈliːvəʳ/ **N** **a** *(= advocate)* partisan(e) *m(f)* ◆ **a ~ in capital punishment** un partisan de la peine capitale ◆ **I'm a great ~ in giving rewards for achievement** je suis tout à fait partisan de récompenser la réussite ◆ **she's a firm ~ in herbal medicines** elle croit profondément aux vertus de la phytothérapie **b** *(Rel)* croyant(e) *m(f)* ◆ **to be a ~** être croyant, avoir la foi ◆ **to be a ~ in ghosts/in astrology** croire aux fantômes/à l'astrologie

**Belisha beacon** /bɪˈliːʃəˈbiːkən/ **N** lampadaire *m (à globe orange marquant un passage pour piétons)*

**belittle** /bɪˈlɪtl/ **VT** *[+ person, action, object]* déprécier, rabaisser ◆ **to ~ o.s.** se déprécier

**Belize** /beˈliːz/ **N** Belize *m* ◆ **in ~** au Belize

**Belizean** /beˈliːzɪən/ **ADJ** bélizien **N** Bélizien(ne) *m(f)*

**bell¹** /bel/ **N** **a** *[of church, school]* cloche *f* ; (also **handbell**) clochette *f* ; *(on toy, cat's collar, clothes etc)* grelot *m* ; *(on cows)* cloche *f*, clarine *f* ; *(on goats, sheep)* clochette *f* ; *(at door)* sonnette *f* ; *(on cycle, typewriter)* timbre *m* ; *[of telephone]* sonnerie *f* ◆ **great ~** bourdon *m*, grosse cloche *f* ◆ **the first ~ for mass was ringing** le premier coup de la messe sonnait ◆ **to give sb a ~** * *(Brit = phone sb)* passer un coup de fil * à qn ◆ **there's the ~!** *(door)* on sonne !, ça sonne ! * ; *(telephone)* le téléphone (sonne) ! ◆ **~s** *(Naut)* coups *mpl* de cloche ◆ **eight ~s** huit coups *mpl* piqués ◆ **to sound four/six/eight ~s** piquer quatre/six/huit coups ◆ **~s and whistles** * accessoires *mpl* fantaisie ; → **answer, chime, ring²**

**b** *[of flower]* calice *m*, clochette *f* ; *[of trumpet]* pavillon *m*

**VT** mettre une cloche à ◆ **to ~ the cat** *(fig)* attacher le grelot *(fig)*

**COMP** ▷ **bell-bottomed trousers, bell-bottoms NPL** (pantalon *m* à) pattes *fpl* d'éléphant ; *(Naut)* pantalon *m* de marine ▷ **bell buoy N** bouée *f* à cloche ▷ **bell captain N** *(US) chef des grooms dans un hôtel* ▷ **bell glass N** cloche *f* (en verre) ▷ **bell heather N** bruyère *f* cendrée ▷ **bell jar N** cloche *f* (en verre) ▷ **bell pepper N** *(US) (= capsicum)* poivron *m* ▷ **bell pull N** *[of door]* poignée *f* de sonnette ; *[of room]* cordon *m* de sonnette ▷ **bell push N** bouton *m* de sonnette ▷ **bell-ringer N** sonneur *m*, carillonneur *m* ▷ **bell-ringing N** *art du sonneur* ▷ **bell rope N** *(in belfry)* corde *f* de cloche ; *(in room)* cordon *m* de sonnette ▷ **bell-shaped ADJ** en forme de cloche *or* de clochette ▷ **bell tent N** tente *f* conique ▷ **bell tower N** clocher *m*

**bell²** /bel/ **N** *[of stag]* bramement *m* **VI** bramer

**belladonna** /ˌbeləˈdɒnə/ **N** *(Bot, Med)* belladone *f*

**bellboy** /ˈbelbɔɪ/ **N** groom *m*, chasseur *m*

**belle** /bel/ **N** beauté *f*, belle *f* ◆ **the ~ of the ball** la reine du bal

**bellhop** /ˈbelhɒp/ **N** *(US)* ⇒ **bellboy**

**bellicose** /ˈbelɪkəʊs/ **ADJ** *(frm)* belliqueux, guerrier

**bellicosity** /ˌbelɪˈkɒsɪtɪ/ **N** *(frm)* caractère *m* belliqueux

**belligerence** /bɪˈlɪdʒərəns/, **belligerency** /bɪˈlɪdʒərənsɪ/ **N** belligérance *f*

**belligerent** /bɪˈlɪdʒərənt/ **N** belligérant(e) *m(f)* **ADJ** *[person]* belliqueux ; *[voice, remarks, statement, policies, mood]* agressif

**belligerently** /bɪˈlɪdʒərəntlɪ/ **ADV** *[say, ask, demand]* sur un ton agressif ; *[stare, look]* d'un air belliqueux *or* agressif

**bellow** /ˈbeləʊ/ **VI** *[animals]* mugir ; [*esp cow, bull]* beugler, meugler ; *[person]* brailler, beugler * (*with* de) ; *[wind, ocean]* mugir **VT** (also **bellow out**) *[+ song, order]* brailler, hurler ; *[+ blasphemies]* vociférer **N** *[of animal]* mugissement *m* ; *[of esp cow, bull]* beuglement *m*, meuglement *m* ; *[of person]* hurlement *m*, beuglement * *m* ; *[of storm, ocean]* mugissement *m*

**bellows** /ˈbeləʊz/ **NPL** *[of forge, organ]* soufflerie *f* ; *[of fire]* soufflet *m* ◆ **a pair of ~** un soufflet

**Bell's palsy** /ˌbelzˈpɔːlzɪ/ **N** *(Med)* paralysie *f* de Bell

**bellwether** /ˈbelˌweðəʳ/ **N** *(US) (= sheep)* sonnailler *m* ; *(fig)* indicateur *m*

**belly** /ˈbelɪ/ **N** **a** *(= abdomen)* ventre *m* ; *(fat)* panse * *f*, bedaine * *f* ◆ **your eyes are bigger than your ~!** tu as les yeux plus grands que le ventre ! ◆ **to go ~ up** * se casser la figure *

**b** *[of container]* panse *f*, ventre *m* ; *[of violin]* table *f* (d'harmonie) ; *[of guitar]* table *f* (d'harmonie), ventre *m* ; *[of ship]* ventre *m* ; *[of sail]* creux *m* c *(Culin)* ~ **of pork** poitrine *f* de porc

**VT** *[wind]* gonfler, enfler

**VI** *(also* **belly out***)* se gonfler, s'enfler

**COMP** ▷ **belly button** * **N** nombril *m* ▷ **belly dance N** danse *f* du ventre ▷ **belly dancer N** danseuse *f* du ventre ▷ **belly flop N** *(Swimming)* ◆ **to do a ~ flop** faire un plat ▷ **belly-landing N** *(Aviat)* atterrissage *m* sur le ventre ◆ **to make a ~-landing** atterrir *or* se poser sur le ventre ▷ **belly laugh N** gros rire *m* (gras) ▷ **belly tank N** *(Aviat)* réservoir *m* de secours ▷ **belly-up** * **ADV** ◆ **to go ~-up** *(= fail) [company]* se planter *, se ramasser * ; *[scheme]* capoter *

**bellyache** /ˈbelɪeɪk/ **N** mal *m* de *or* au ventre ◆ **to have a ~** avoir mal au ventre **VI** * ronchonner *, bougonner *

**bellyaching** * /ˈbelɪeɪkɪŋ/ **N** ronchonnements * *mpl*, bougonnements * *mpl*

**bellyband** /ˈbelɪbænd/ **N** sous-ventrière *f*

**bellyful** /ˈbelɪfʊl/ **N** *[of food]* ventre *m* plein ◆ **he'd had a ~** ‡ *(fig)* il en avait plein le dos *, il en avait ras le bol *

**belong** /bɪˈlɒŋ/ **VI** a ~ **to** *(= be the property of)* appartenir à ◆ **this book ~s to me** ce livre m'appartient, ce livre est à moi ◆ **lands which ~ to the Crown** des terres *fpl* qui appartiennent à la Couronne ◆ **the lid ~s to this box** le couvercle va avec cette boîte, c'est le couvercle de cette boîte ◆ **the handwriting ~s to a male** c'est une écriture masculine *or* d'homme ◆ **... but the last word ~ed to Roseanne** ... mais c'est Roseanne qui a eu le dernier mot

b *(= be member, inhabitant etc)* **to ~ to a society** faire partie *or* être membre d'une société ◆ **to ~ to a town** *[native]* être originaire *or* natif d'une ville ; *[inhabitant]* habiter une ville

c *(= be in right place)* être à sa place ◆ **to feel that one doesn't ~** se sentir étranger ◆ **you don't ~ here** tu n'es pas à ta place ici ◆ **people need to feel they ~** les gens ont besoin de sentir qu'ils ont leur place dans la société ◆ **to ~ together** aller ensemble ◆ **socks that don't ~ together** des chaussettes dépareillées ◆ **the book ~s on this shelf** le livre va sur ce rayon ◆ **put it back where it ~s** remets-le à sa place ◆ **murder ~s under the heading of capital crimes** le meurtre rentre dans la catégorie des crimes capitaux ◆ **his attitude ~s to a bygone era** c'est une attitude d'un autre âge ◆ **the future ~s to democracy** l'avenir est dans la démocratie

d *(Jur)* ◆ **this case ~ed to the Appeal Court** ce procès ressortissait à la cour d'appel

**belongings** /bɪˈlɒŋɪŋz/ **NPL** affaires *fpl*, possessions *fpl* ◆ **personal ~** objets *mpl or* effets *mpl* personnels

**Belorussia** /ˌbeləʊˈrʌʃə/ **N** ⇒ **Byelorussia**

**Belorussian** /ˌbeləʊˈrʌʃən/ **ADJ, N** ⇒ **Byelorussian**

**beloved** /bɪˈlʌvɪd, bɪˈlʌvd/ **ADJ** bien-aimé, chéri ◆ **~ by all** aimé de tous ◆ **dearly ~ brethren ...** mes bien chers frères ... **N** bien-aimé(e) *m(f)*

**below** /bɪˈləʊ/

> When **below** is an element in a phrasal verb, eg **go below**, look up the verb.

**PREP** a *(= under)* sous ; *(= lower than)* au-dessous de ◆ **~ the bed** sous le lit ◆ **on the bed and ~ it** sur le lit et en dessous ◆ **her skirt is well ~ her knees** sa jupe est bien au-dessous du genou ◆ **~ average/sea level** au-dessous de la moyenne/du niveau de la mer ◆ **~ freezing point** au-dessous de zéro ◆ **~ the horizon** au-dessous de l'horizon ◆ **~ the surface** sous la surface ◆ **to be ~ sb in rank** occuper un rang inférieur à qn, être au-dessous de qn

b *(river)* en aval de ◆ **the Thames ~ Oxford** la Tamise en aval d'Oxford

c *(= unworthy of)* **it would be ~ my dignity to speak to him** je m'abaisserais en lui parlant ◆ **he feels housework is ~ him** pour lui, faire le ménage c'est s'abaisser, il trouve que les tâches ménagères sont indignes de lui

**ADV** a *(= at lower level)* plus bas, en contrebas ; *(= at lowest level)* en bas ; *(= directly underneath)* au-dessous ◆ **you can see the town spread out ~** on voit la ville qui s'étale plus bas *or* en contrebas ◆ **the canopy of trees shades the ground ~** la voûte des arbres fait de l'ombre sur le sol au-dessous ◆ **~, we could see the valley** plus bas *or* en bas, on apercevait la vallée, on apercevait la vallée en contrebas ◆ **the road ~** la route en contrebas ◆ **a window with a view to the street ~** une fenêtre avec vue sur la rue en bas ◆ **lying in our bunks, she above, me ~** couchés dans nos lits superposés, elle en haut, moi en bas ◆ **several thousand feet ~** *(from mountain top)* plusieurs milliers de mètres plus bas ; *(from aeroplane)* plusieurs milliers de mètres au-dessous ◆ **down ~** plus bas, en contrebas ◆ **far ~** beaucoup plus bas, loin en contrebas ◆ **from ~** d'en bas

b *(= downstairs)* en bas ◆ **she heard two men talking ~** elle a entendu deux hommes qui parlaient en bas ◆ **the floor ~** l'étage *m* au-dessous ◆ **they live two floors ~** ils habitent deux étages plus bas *or* au-dessous ◆ **the people (in the flat) ~** les gens *mpl* (de l'appartement) du dessous *or* d'en dessous * ◆ **voices from ~** des voix *fpl* venant d'en bas

c *(later in document) [mentioned, summarized]* plus bas, ci-dessous ◆ **please write to me at the address ~** veuillez m'écrire à l'adresse ci-dessous ◆ **listed ~ are some of the books we have in stock** vous trouverez ci-dessous une liste de certains des livres que nous avons en stock ◆ **see ~** voir ci-dessous *or* plus bas ◆ **see the picture ~** voir l'illustration ci-dessous ◆ **as stated ~** comme indiqué ci-dessous *or* plus bas

d *(in hierarchy)* plus bas, au-dessous

e *(Naut)* en bas ◆ **to go ~** descendre

f *(Met)* au-dessous ◆ **it will be extremely cold, with temperatures at zero or ~** il fera extrêmement froid, avec des températures tombant à zéro ou au-dessous ◆ **it was twenty (degrees) ~** * il faisait moins vingt

g *(liter = on earth)* ◆ **here ~** ici-bas

h *(liter = in hell:* also **down below***)* en enfer

**COMP** ▷ **below stairs ADV** ◆ **life ~ stairs at Buckingham Palace** la vie des domestiques de Buckingham Palace **ADJ** des domestiques ◆ **the ~-stairs world of a 1920s country house** l'univers des domestiques d'une gentilhommière des années 20 ▷ **below-the-line advertising N** publicité *f* hors média

**belt** /belt/ **N** a *(Dress, Judo, fig)* ceinture *f* ; *(Mil etc)* ceinturon *m*, ceinture *f* ; *(= corset)* gaine *f* ◆ **shoulder ~** baudrier *m* ◆ **he has ten years' experience under his ~** * il a dix années d'expérience à son actif ◆ **blow below the ~** *(Boxing, also fig)* coup *m* bas ◆ **to hit below the ~** porter un coup bas ◆ **that was below the ~!** *(fig)* c'était un coup bas *or* un coup en traître ! ◆ **to pull in** *or* **tighten one's ~** *(fig)* se serrer la ceinture ◆ **to be a black ~ (in judo** *etc***)** être ceinture noire (de judo *etc*) ◆ **to give sb the ~** *(= punishment)* punir qn à coups d'étrivière ; → **safety**

b *(= tract of land)* région *f* ◆ **industrial ~** région *f* industrielle ◆ **the cotton ~** la région de culture du coton ; → **green**

c *(Tech)* courroie *f*

d *(US = road)* route *f* de ceinture

e *(= region)* région *f*

**VT** a *(= thrash)* administrer une correction à, donner une raclée * à ; (‡ *= hit)* flanquer *or* coller un gnon ‡ à ◆ **she ~ed him (one) in the eye** ‡ elle lui a flanqué *or* collé un gnon ‡ dans l'œil

b *(US)* ⇒ **belt out**

**VI** *(esp Brit* * *= rush)* ◆ **to ~ in/out/across** *etc* entrer/sortir/traverser *etc* à toutes jambes *or* à toute blinde ‡ ◆ **he ~ed down the street** il a descendu *or* dévalé la rue à fond de train

**COMP** ▷ **belt-and-braces ADJ** *(fig)* ◆ **it was a ~-and-braces job** * on a fait ça pour se donner une marge de sécurité *or* pour être vraiment tranquilles ▷ **belt bag N** banane *f* ▷ **belt pulley N** poulie *f* de courroie ; → **conveyor**

► **belt down** ‡ **VT SEP** *(US) [+ drink]* descendre ‡, se taper ‡

► **belt out** * **VT SEP** ◆ **to belt out a song** chanter une chanson à tue-tête

► **belt up VI** a *(= put on seat belt)* attacher sa ceinture

b *(Brit* ‡ *= be quiet)* la boucler ‡, la fermer ‡ ◆ **~ up!** la ferme ! ‡, boucle-la ! ‡

**belter** * /ˈbeltəʳ/ **N** *(= singer) chanteur ou chanteuse qui chante à pleins poumons* ; *(= song)* beuglante * *f*; *(= shot, kick)* boulet *m* (de canon) ; *(= match, game)* super match * *m* ; *(= party)* super soirée * *f*

**belting** * /ˈbeltɪŋ/ **N** *(= beating)* raclée * *f* ◆ **to give sb a good ~** filer une bonne raclée * à qn

**beltway** /ˈbeltweɪ/ **N** *(US: motorway-type)* périphérique *m*

**belvedere** /ˌbelvɪˈdɪəʳ/ **N** belvédère *m*

**bemoan** /bɪˈməʊn/ **VT** pleurer, déplorer

**bemuse** /bɪˈmjuːz/ **VT** rendre perplexe

**bemused** /bɪˈmjuːzd/ **ADJ** *[person, expression, smile]* perplexe

**bemusedly** /bɪˈmjuːzɪdlɪ/ **ADV** *[stare, gaze]* d'un air perplexe ; *[say]* sur un ton perplexe

**bemusement** /bɪˈmjuːzmənt/ **N** perplexité *f*

**ben** /ben/ *(Scot)* **N** mont *m*, sommet *m* **COMP** ▷ **Ben Nevis N** Ben Nevis *m*

**bench** /bentʃ/ **N** a *(= seat) (Brit Parl)* banc *m* ; *(in tiers)* gradin *m* ; *(padded)* banquette *f* ◆ **on the ~** *(Sport)* sur le banc de touche ; → **back, Opposition**

b *(Jur)* **the Bench** *(= court)* la cour, le tribunal ; *(= judges collectively)* les magistrats *mpl* ◆ **to be raised to the ~** être nommé juge ◆ **to be on the ~** *(permanent office)* être juge (*or* magistrat) ; *(when in court)* siéger au tribunal ◆ **to appear before the ~** comparaître devant le tribunal ◆ **the Bench has ruled that ...** la cour a décrété que ... ; → **king**

c *(also* **workbench***) [of factory, workshop]* établi *m* ; *[of laboratory]* paillasse *f*

**VT** *(US Sport* *) *[+ player]* exclure du jeu *(souvent comme pénalisation)*

**COMP** ▷ **bench lathe N** tour *m* à banc ▷ **bench-press VT** *(Weight Lifting)* soulever ▷ **bench scientist N** expérimentateur *m*, -trice *f* ▷ **bench seat N** banquette *f* ▷ **bench study N** étude-pilote *f* ▷ **bench vice N** étau *m* d'établi

**bencher** /ˈbentʃəʳ/ N (Brit Jur) ≃ membre m de l'ordre des avocats ; → **backbencher**

**benchmark** /ˈbentʃmɑːk/ N (= reference point) point m de référence, repère m ; (Surv) repère m de nivellement ; (Comput) jeu m d'essai ◆ **the 1984 bench mark** (Stat) l'année f de référence 1984 ADJ (= benchmark price) prix m de base or de référence ; ◆ **~ test** (Comput) test m d'évaluation de performance VT (= compare) comparer ◆ **to ~ against** mesurer à l'aune de

**benchmarking** /ˈbentʃmɑːkɪŋ/ N benchmarking m, étalonnage m concurrentiel

**benchwarmer** * /ˈbentʃwɔːməʳ/ N (US Sport) joueur m (médiocre) en réserve

**bend** /bend/ (vb : pret, ptp **bent**) N a [of river] coude m, détour m ; [of tube, pipe] coude m ; [of arm] pli m, saignée f ; [of knee] pli m ; [of road] virage m, coude m ; (Naut = knot) nœud m de jonction ◆ **there is a ~ in the road** la route fait un coude ◆ **~s for 8km** (Aut) virages mpl sur 8 km ◆ **to take a ~** [car] prendre un virage or un tournant ◆ **round the ~** ‡ (Brit) tombé sur la tête *, cinglé * ◆ **to drive sb round the ~** * (Brit) rendre qn chèvre *

b (Med) **the ~s** * la maladie des caissons

VT a [+ back, body] courber ; [+ leg, arm] plier ; [+ knee, leg] fléchir, plier ; [+ head] baisser, pencher ; [+ branch] courber, faire ployer ; [+ light ray] réfracter ; [+ rail, pipe, rod, beam] tordre, courber ; [+ bow] bander ; (Naut) [+ cable] étalinguer ; [+ sail] enverguer ◆ **to ~ the rules** * faire une entorse au règlement ◆ **to ~ at right angles** couder ◆ **to ~ out of shape** fausser, gauchir ◆ **to get bent out of shape** * **(about sth)** (US) s'énerver (à cause de qch) ◆ **to be (all) bent out of shape** * être contrarié ◆ **with her head bent over a book** la tête penchée or courbée sur un livre ◆ **on ~ed knee(s)** à genoux ◆ **to go down on ~ed knee (to** or **before sb)** s'agenouiller or se mettre à genoux (devant qn) ◆ **to ~ the elbow** * (= drink) lever le coude * ◆ **to ~ o.s. to sb's will** (liter) se plier à la volonté de qn ◆ **to ~ sb to one's will** (liter) mettre qn sous son joug ◆ **to ~ sb's ear** (gen) accaparer (l'attention de) qn ; (* pej) casser les pieds à qn * ; see also **bent**[1]

b (= direct) **all eyes were bent on him** tous les regards étaient braqués sur lui ◆ **the Government bent its efforts to lowering unemployment** le gouvernement a concentré ses efforts sur la lutte contre le chômage

VI [person] se courber ; [branch, instrument etc] être courbé, plier ; [river, road] faire un coude, tourner ; (fig = submit) se soumettre, céder (to à) ; ◆ **to ~ backward/forward** se pencher en arrière/en avant

COMP ▷ **bend sinister** N (Her) barre f de bâtardise ; → **double, hairpin**

► **bend back** VI [wire etc] se recourber ; [person] se pencher en arrière

VT SEP replier, recourber

► **bend down** VI [person] se courber, se baisser ; [tree, branch] ployer, plier

VT SEP [+ wire] replier, recourber ; [+ branch] faire ployer

► **bend over** VI [person] se pencher ◆ **to ~ over backwards to help sb** * se mettre en quatre pour aider qn

VT SEP replier

**bender** /ˈbendəʳ/ N a (Tech) cintreuse f b ◆ **to go on a ~** ‡ aller se cuiter * c (= tent) hutte f (improvisée)

**bendy** * /ˈbendɪ/ ADJ [branch] flexible ; [river, road] sinueux

**beneath** /bɪˈniːθ/ PREP a (= under) sous ◆ **~ the table** sous la table ◆ **to labour ~ a burden** (liter) ployer sous un fardeau b (= lower than) au-dessous de, sous ◆ **the town ~ the castle** la ville (située) au-dessous du château c (= unworthy of) indigne de ◆ **it is ~ my notice** cela ne mérite pas mon attention or que je m'y arrête subj ◆ **he regards the critics as ~ his notice** il se considère au-dessus des critiques ◆ **she considered it ~ her to lie** elle pensait que mentir aurait été indigne d'elle ◆ **she married ~ her** elle a fait une mésalliance ◆ **they took jobs that were far ~ them** ils ont accepté des emplois qui étaient vraiment indignes d'eux ADV dessous, au-dessous ◆ **the flat ~** l'appartement m au-dessous or du dessous

**Benedict** /ˈbenɪdɪkt/ N Benoît m

**Benedictine** /ˌbenɪˈdɪktɪn/ N (Rel) bénédictin(e) m(f) ADJ (Rel) bénédictin

**benedictine** /ˌbenɪˈdɪktiːn/ N (= liqueur) Bénédictine f

**benediction** /ˌbenɪˈdɪkʃən/ N (= blessing) bénédiction f ; (at table) bénédicité m ; (Rel = office) salut m

**benefaction** /ˌbenɪˈfækʃən/ N (= good deed) bienfait m ; (= gift) donation f, don m

**benefactor** /ˈbenɪfæktəʳ/ N bienfaiteur m

**benefactress** † /ˈbenɪfæktrɪs/ N bienfaitrice f

**benefice** /ˈbenɪfɪs/ N bénéfice m (Rel)

**beneficence** /bɪˈnefɪsəns/ N a (NonC = generosity) bienfaisance f b (= act) acte m or œuvre f de bienfaisance

**beneficent** /bɪˈnefɪsənt/ ADJ [person] bienfaisant ; [thing] salutaire

**beneficial** /ˌbenɪˈfɪʃəl/ ADJ salutaire, bénéfique (to à) ; ◆ **alcohol in moderation may have a ~ effect on the heart** la consommation modérée d'alcool pourrait avoir un effet salutaire or bénéfique sur le cœur ◆ **exercise is most ~ when ...** l'exercice est surtout salutaire or bénéfique lorsque ... ◆ **~ to health** bon pour la santé ◆ **the change will be ~ to you** le changement vous fera du bien or vous sera salutaire COMP ▷ **beneficial owner** N (Jur) usufruitier m, -ière f

**beneficially** /ˌbenɪˈfɪʃəlɪ/ ADV avantageusement

**beneficiary** /ˌbenɪˈfɪʃərɪ/ N [of will etc] bénéficiaire mf, légataire mf ; [of person] ayant droit m ; [of insurance] bénéficiaire mf ; (Rel) bénéficier m

**benefit** /ˈbenɪfɪt/ N a bienfait m, avantage m ◆ **it's to your ~** c'est dans votre intérêt ◆ **to be of ~ to sb** être utile à qn ◆ **I hope what I have written will be of ~ to someone who may feel the same way** j'espère que ce que j'ai écrit servira à quelqu'un qui partage mon opinion ◆ **did he get much ~ from his holiday?** est-ce que ses vacances lui ont fait du bien ? ◆ **he's beginning to feel the ~ of his stay in the country** il commence à ressentir les bienfaits de son séjour à la campagne ◆ **he had the ~ of the work I had put in** il a profité de mon travail ◆ **without the ~ of** sans l'avantage de ◆ **to give sb the ~ of the doubt** accorder à qn le bénéfice du doute ◆ **the ~s of a good education** les bienfaits d'une bonne éducation

♦ **for + benefit** ◆ **for the ~ of your health** dans l'intérêt de votre santé ◆ **a concert for the ~ of the refugees** un concert au profit des réfugiés ◆ **we're doing all this for his ~** c'est pour lui que nous faisons tout cela ◆ **he's not really hurt, he's just crying for your ~** * il ne s'est pas vraiment fait mal, il pleure juste pour attirer votre attention

b (Admin = money) allocation f, prestation f ◆ **unemployment ~** (formerly) allocation f (de) chômage ◆ **to be on ~(s)** recevoir des allocations ; → **sickness** ; → DSS

c (Comm, Ind = perk) avantage m

d (Mus, Theat = charity performance) représentation f de bienfaisance

VT faire du bien à ; (financially) profiter à

VI [person] se trouver bien (from, by de) ; (financially) gagner (from or by doing sth à faire qch) ; [work, situation] être avantagé (from par) ; ◆ **he will ~ from a holiday** des vacances lui feront du bien

COMP ▷ **benefit association** N (US) ⇒ **benefit society** ▷ **benefit club** N assurance f mutuelle, caisse f de secours mutuel ▷ **benefit match** N (Sport) match m au profit d'un joueur ▷ **benefit of clergy** N (= privileges) privilège m du clergé ; (= rites) rites mpl de l'Église, rites mpl religieux ◆ **marriage without ~ of clergy** mariage non béni par l'Église ▷ **benefit performance** N représentation f de bienfaisance ▷ **benefit society** N (US) société f de prévoyance, (société f) mutuelle f

**Benelux** /ˈbenɪlʌks/ N Benelux m ◆ **the ~ countries** les pays du Benelux

**benevolence** /bɪˈnevələns/ N a (NonC) (= kindness) bienveillance f ; (= generosity) bienfaisance f, générosité f b (= gift, act) bienfait m c (Hist) don m forcé (au souverain)

**benevolent** /bɪˈnevələnt/ ADJ a (= kind) bienveillant (to envers) ; ◆ **a ~ smile** un sourire bienveillant or plein de bonté b (= charitable) [organization, society] de bienfaisance ◆ **~ fund** fonds m de secours

**benevolently** /bɪˈnevələntlɪ/ ADV avec bienveillance or bonté

**BEng** /biːˈendʒ/ N abbrev of **Bachelor of Engineering**

**Bengal** /beŋˈgɔːl/ N Bengale m ◆ **the Bay of ~** le golfe du Bengale COMP ▷ **Bengal light** N feu m de Bengale ▷ **Bengal tiger** N tigre m du Bengale

**Bengali** /beŋˈgɔːlɪ/ ADJ bengali f inv N a (= person) Bengali mf b (Ling) bengali m

**benighted** /bɪˈnaɪtɪd/ ADJ a (fig = uncultured) [person] plongé dans (les ténèbres de) l'ignorance ; [policy etc] à courte vue, aveugle b († lit) surpris par la nuit

**benign** /bɪˈnaɪn/, **benignant** /bɪˈnɪgnənt/ ADJ a (= kindly) bienveillant, affable ; (= beneficial) bienfaisant, salutaire ; [climate] doux (douce f) b (= harmless) [research, substance, process] inoffensif c (Med) [tumour] bénin (-igne f) d ◆ **~ neglect** laisser-faire m ◆ **a policy of ~ neglect of the economy** une politique de laisser-faire en matière économique, une politique économique non-interventionniste ◆ **the best thing for these moors is ~ neglect** la meilleure chose qu'on puisse faire pour cette lande, c'est de la laisser en friche

**benignly** /bɪˈnaɪnlɪ/ ADV avec bienveillance

**Benin** /beˈniːn/ N Bénin m

**Beninese** /ˌbenɪˈniːz/ ADJ béninois N Béninois(e) m(f)

**benison** /ˈbenɪzn/ N bénédiction f

**Benjamin** /ˈbendʒəmɪn/ N Benjamin m

**benny** ‡ /ˈbenɪ/ N (Drugs) (comprimé m de) benzédrine f

**bent**[1] /bent/ VB pt, ptp of **bend** ADJ a [wire, pipe] tordu b (esp Brit ‡ = dishonest) véreux, ripou * ◆ **a ~ copper** un ripou * c (Brit pej

*‡ = homosexual)* homo * **d** **to be ~ on doing sth** être résolu *or* décidé à faire qch, vouloir absolument faire qch ◆ **he is ~ on seeing me** il veut absolument me voir ◆ **he is ~ on pleasure** il ne recherche que son plaisir **N** **a** *(= aptitude)* dispositions *fpl*, aptitudes *fpl* (*for* pour) ; ◆ **to have a ~ for languages** avoir des dispositions pour les langues **b** *(= liking)* penchant *m*, goût *m* ◆ **to have a ~ for** *or* **towards sth** avoir du goût *or* un penchant pour qch ◆ **to follow one's ~** suivre son inclination *f* ◆ **~ of literary** tourné vers les lettres

**bent²** /bent/ **N** (also **bent grass**) agrostide *f*

**bentwood** /ˈbentwʊd/ **ADJ** *[furniture]* en bois courbé

**benumb** /bɪˈnʌm/ **VT** *[+ limb]* engourdir, endormir

**benumbed** /bɪˈnʌmd/ **ADJ** *(= cold)* *[person]* transi (de froid) ; *[fingers]* engourdi par le froid ; *(= frightened)* transi de peur ; *(= shocked)* paralysé

**Benzedrine** ® /ˈbenzɪdriːn/ **N** benzédrine *f*

**benzene** /ˈbenziːn/ **N** benzène *m*

**benzine** /ˈbenziːn/ **N** benzine *f*

**benzoin¹** /ˈbenzəʊɪn/ **N** *(= resin)* benjoin *m* ; *(= shrub)* styrax *m* (benjoin)

**benzoin²** /ˈbenzəʊɪn/ **N** *(Chem)* benzoïne *f*

**bequeath** /bɪˈkwiːð/ **VT** *(in will)* léguer (*to* à) ; *(fig)* *[+ tradition]* transmettre, léguer (*to* à)

**bequest** /bɪˈkwest/ **N** legs *m*

**berate** /bɪˈreɪt/ **VT** admonester *(liter)*, réprimander

**Berber** /ˈbɜːbəʳ/ **ADJ** berbère **N** **a** *(= person)* Berbère *mf* **b** *(Ling)* berbère *m*

**bereave** /bɪˈriːv/ **VT** **a** (pret, ptp **bereft**) *(= deprive)* priver, déposséder (*of* de) see also **bereft** **b** (pret, ptp *gen* **bereaved**) *(by death)* ravir (*sb of sb* qn à qn)

**bereaved** /bɪˈriːvd/ **ADJ** endeuillé, affligé

**bereavement** /bɪˈriːvmənt/ **N** *(= loss)* perte *f* ; *(NonC = state)* deuil *m* ◆ **a sad ~** une perte cruelle ◆ **in his ~** dans son deuil ◆ **owing to a recent ~** en raison d'un deuil récent

**bereft** /bɪˈreft/ **VB** pt, ptp of **bereave** **ADJ** *(liter)* ◆ **~ of** privé *or* démuni de ◆ **~ of hope** désespéré ◆ **he is ~ of reason** il a perdu la raison

**beret** /ˈbereɪ/ **N** béret *m*

**berg** * /bɜːg/ **N** abbrev of **iceberg**

**bergamot** /ˈbɜːgəmɒt/ **N** bergamote *f*

**bergschrund** /ˈberkʃrʊnt/ **N** *(Climbing)* rimaye *f*

**beriberi** /ˈberɪˈberɪ/ **N** béribéri *m*

**Bering** /ˈbeɪrɪŋ/ **ADJ** ◆ **~ Sea/Strait** mer *f*/détroit *m* de Béring

**berk** ‡ /bɜːk/ **N** *(Brit)* connard ‡ *m*, connasse ‡ *f*

**berkelium** /bɜːˈkiːlɪəm/ **N** berkélium *m*

**Berks** **N** abbrev of **Berkshire**

**Berlin** /bɜːˈlɪn/ **N** **a** Berlin ◆ **East/West ~** Berlin Est/Ouest **b** *(= carriage)* **berlin** berline *f* **COMP** ▷ **the Berlin Wall** **N** le mur de Berlin ▷ **Berlin wool** **N** laine *f* à broder

**Berliner** /bɜːˈlɪnəʳ/ **N** Berlinois(e) *m(f)*

**berm** /bɜːm/ **N** *(US Aut)* accotement *m*, bas-côté *m*

**Bermuda** /bɜːˈmjuːdə/ **N** Bermudes *fpl* **COMP** ▷ **Bermuda shorts** **NPL** bermuda *m* ▷ **the Bermuda Triangle** **N** le triangle des Bermudes

**Bern** /bɜːn/ **N** Berne

**Bernard** /ˈbɜːnəd/ **N** Bernard *m*

**Bernese** /ˈbɜːniːz/ **ADJ** bernois ◆ **~ Oberland** Oberland *m* bernois **N** Bernois(e) *m(f)*

**berry** /ˈberɪ/ **N** baie *f* ; → **brown** **VI** ◆ **to go ~ing** aller cueillir des baies

**berserk** /bəˈsɜːk/ **ADJ** fou furieux (folle furieuse *f*) ◆ **to go ~** devenir fou furieux, se déchaîner

**berth** /bɜːθ/ **N** **a** *[of plane, train, ship]* couchette *f* ◆ **to find a soft ~** *(fig)* trouver une bonne planque * **b** *(Naut = place for ship)* mouillage *m*, poste *m* d'amarrage ◆ **to give a wide ~ to a ship** passer au large d'un navire ◆ **to give sb a wide ~** éviter qn, se tenir à une distance respectueuse de qn ◆ **you should give him a wide ~** vous devriez l'éviter à tout prix **VI** *(at anchor)* mouiller ; *(alongside)* venir à quai, accoster **VT** *[+ ship]* *(= assign place)* donner *or* assigner un poste d'amarrage à ; *(perform action)* amarrer, faire accoster

**beryl** /ˈberɪl/ **N** béryl *m*

**beryllium** /beˈrɪljəm/ **N** béryllium *m*

**beseech** /bɪˈsiːtʃ/ (pret, ptp **besought** *or* **beseeched**) **VT** *(liter)* **a** *(= ask for)* *[+ permission]* demander instamment, solliciter ; *[+ pardon]* implorer **b** *(= entreat)* conjurer *(liter)*, supplier (*sb to do sth* qn de faire qch)

**beseeching** /bɪˈsiːtʃɪŋ/ **ADJ** *[voice, look]* suppliant, implorant **N** *(NonC)* supplications *fpl*

**beseechingly** /bɪˈsiːtʃɪŋlɪ/ **ADV** d'un air *or* d'un ton suppliant ◆ **she looked ~ into his eyes** elle le regarda d'un air suppliant ◆ **"how could it happen?" I asked him, ~** "comment est-ce possible ?" lui ai-je demandé d'un ton suppliant

**beset** /bɪˈset/ (pret, ptp **beset**) **VT** *[dangers, fears]* assaillir ; *[temptations]* entourer ◆ **a path ~ with obstacles** un chemin semé d'obstacles ◆ **~ with difficulties** *[enterprise, journey]* semé de difficultés ◆ **he is ~ with difficulties** les difficultés l'assaillent (de toutes parts) ◆ **~ with** *or* **by doubts** assailli par le doute

**besetting** /bɪˈsetɪŋ/ **ADJ** ◆ **his ~ sin** son grand défaut

**beside** /bɪˈsaɪd/ **PREP** **a** *(= at the side of)* à côté de, auprès de ◆ **she sat down ~ him** elle s'est assise à côté *or* auprès de lui ◆ **~ it** à côté **b** *(= compared with)* à côté de **c** *(= except)* ◆ **~ him, no one agreed with me** à part lui, personne n'était d'accord avec moi **d** *(phrases)* **that's ~ the point** cela n'a rien à voir (avec la question) ◆ **it's quite ~ the point to suggest that ...** il est tout à fait inutile de suggérer que ... ◆ **to be ~ o.s. (with anger)** * être hors de soi ◆ **he was quite ~ himself with excitement** * il était dans un grand état d'excitation ◆ **he is ~ himself with joy** * il est transporté de joie, il ne se sent pas de joie

**besides** /bɪˈsaɪdz/ **ADV** **a** *(= in addition)* en plus, en outre *(frm)* ◆ **you'll earn money and gain valuable experience ~** tu gagneras de l'argent et en plus ça te donnera une expérience précieuse ◆ **and many more ~** et bien d'autres encore ◆ **he wrote a novel and several short stories ~** il a écrit un roman et aussi plusieurs nouvelles

**b** *(= moreover)* d'ailleurs, du reste

**PREP** **a** *(= in addition to)* en plus de, en dehors de ◆ **she has other qualities, ~ intelligence and humour** elle a d'autres qualités en plus *or* en dehors de l'intelligence et de l'humour ◆ **she has many good qualities, ~ being beautiful** non seulement elle est belle, mais en plus elle a beaucoup de qualités ◆ **there was only one person ~ him who knew her** à part lui *or* en dehors de lui, il n'y avait qu'une personne qui la connaissait ◆ **others ~ ourselves** d'autres que nous ◆ **there were three of us ~ Jacques** nous étions trois sans compter Jacques ◆ **~ this book I bought some CDs** outre ce livre, j'ai acheté des CD ◆ **~ which he was unwell** sans compter qu'il était souffrant, et en plus il était souffrant

**b** *(= apart from)* sauf, sinon ◆ **no one ~ you** personne sauf vous, personne d'autre que vous ◆ **who ~ them could have done it?** qui aurait pu faire cela, sinon eux ?, qui d'autre qu'eux aurait pu le faire ◆ **who ~ yourself has a key to this room?** qui à part vous a la clé de cette pièce ?, qui d'autre que vous a la clé de cette pièce ?

**besiege** /bɪˈsiːdʒ/ **VT** **a** *[+ town]* assiéger, mettre le siège devant **b** *(fig = surround)* assaillir ◆ **~d by journalists** assailli par des journalistes **c** *(fig = pester)* assaillir, harceler (*with* de) ; ◆ **~d with questions** assailli de questions

**besmear** /bɪˈsmɪəʳ/ **VT** *(lit)* barbouiller (*with* de) ; *(fig)* salir, souiller *(liter)*

**besmirch** /bɪˈsmɜːtʃ/ **VT** ternir, entacher

**besom** /ˈbiːzəm/ **N** balai *m* de bouleau

**besotted** /bɪˈsɒtɪd/ **ADJ** **a** *(= drunk)* abruti, hébété (*with* de) **b** *(= infatuated)* entiché, fou (folle *f*) (*with* de) **c** *(= foolish)* idiot, imbécile

**besought** /bɪˈsɔːt/ **VB** pt, ptp of **beseech**

**bespatter** /bɪˈspætəʳ/ **VT** éclabousser (*with* de)

**bespeak** /bɪˈspiːk/ (pret **bespoke**, ptp **bespoken** *or* **bespoke**) **VT** **a** *(= order)* *[+ goods]* commander ; *[+ room, place]* retenir, réserver **b** *(= indicate)* témoigner de ; *[+ weakness, fault]* accuser

**bespectacled** /bɪˈspektɪkld/ **ADJ** à lunettes

**bespoke** /bɪˈspəʊk/ **VB** pt, ptp of **bespeak** **ADJ** *(Brit)* *[goods]* fait sur commande ; *[garments]* fait sur mesure ; *[tailor etc]* à façon ◆ **~ software** *(Comput)* logiciel *m* sur mesure

**bespoken** /bɪˈspəʊkən/ **VB** ptp of **bespeak**

**besprinkle** /bɪˈsprɪŋkl/ **VT** *(liter)* *(with liquid)* arroser, asperger (*with* de) ; *(with powder)* saupoudrer (*with* de) ; *(= dot with)* parsemer (*with* de)

**Bess** /bes/ **N** (dim of **Elizabeth**) ◆ **Good Queen ~** *(Brit Hist)* la reine Élisabeth (Iʳᵉ)

**Bessarabia** /ˌbesəˈreɪbɪə/ **N** Bessarabie *f*

**best** /best/ LANGUAGE IN USE 2.2, 7.4, 23

**ADJ** (*superl of* **good**) le meilleur, la meilleure ◆ **the ~ novel he's written** le meilleur roman qu'il ait écrit ◆ **the ~ pupil in the class** le meilleur élève de la classe ◆ **Belgian beer is the ~ in the world** la bière belge est la meilleure du monde *or* au monde ◆ **the ~ route to Paris** le meilleur chemin *or* itinéraire pour Paris ◆ **the ~ thing about Spain/living abroad is ...** ce qu'il y a de mieux en Espagne/quand on vit à l'étranger, c'est ... ◆ **the ~ thing about her is ...** sa plus grande qualité, c'est ... ◆ **the ~ thing to do is to wait** le mieux c'est d'attendre ◆ **the ~ years of one's life** les plus belles années de sa vie ◆ **in one's ~ clothes** vêtu de ses plus beaux vêtements ◆ **may the ~ man win!** que le meilleur gagne ! ◆ **to put one's ~ foot forward** *(in walking)* allonger le pas ; *(= do one's best)* faire de son mieux ◆ **she's his ~ girl** † * c'est sa petite amie ◆ **~ before ...** *(Comm: on product)* à consommer de préférence avant ... ◆ **to have the ~ diamond** *(Cards)* être maître à carreau ◆ **best!** *(at end of letter)* amitiés ; see also **comp** ; → **behaviour, second-best, wish**

◆ **the best part of** * *(= most of)* la plus grande partie de ◆ **for the ~ part of an hour/month** pendant près d'une heure/

d'un mois ◆ **it took the ~ part of an hour** ça m'a pris une petite heure

N a ◆ **the ~** le mieux, le meilleur ◆ **she's the ~ in the class at maths/drawing** elle est la meilleure de la classe en maths/en dessin ◆ **to get the ~ out of sb/sth** tirer le maximum de qn/qch ◆ **to get the ~ of the bargain** *or* **of it** l'emporter, avoir le dessus ◆ **to have** *or* **get the ~ of both worlds** gagner sur les deux tableaux ◆ **the ~ there is** ce qu'il y a de mieux ◆ **to save the ~ for last** garder le meilleur pour la fin ◆ **the ~ is yet to come** il y a mieux ◆ **the ~ of it is that ...** le plus beau de l'affaire c'est que ... ◆ **the final is the ~ of three matches** *(Sport)* la finale se dispute au meilleur des trois matchs ◆ **to be the ~ of friends** être les meilleurs amis (du monde) ◆ **even the ~ of us can make mistakes** tout le monde peut se tromper ◆ **the ~ of plans can go astray** les meilleurs projets peuvent échouer ◆ **he can sing with the ~ of them** * il sait chanter comme pas un * ◆ **even at the ~ of times** même dans les circonstances les plus favorables ◆ **he's not very patient (even) at the ~ of times but ...** il n'est jamais particulièrement patient mais ...

◆ **all the best !** * *(= goodbye)* salut ! * ; *(at end of letter)* amicalement, amitiés ◆ **all the ~ to your sister** mes amitiés à ta sœur ◆ **all the ~ for your exam** bonne chance pour ton examen

◆ **at best** au mieux

◆ **do + best** ◆ **to do one's (level) ~ (to come)** faire tout son possible (pour venir) ◆ **do the ~ you can!** faites de votre mieux !, faites pour le mieux ! ◆ **it's the ~ I can do** je ne peux pas faire mieux ◆ **well, I did my ~** eh bien, j'ai fait de mon mieux

◆ **for the best** ◆ **it's (all) for the ~** c'est pour le mieux ◆ **to do sth for the ~** faire qch dans les meilleures intentions

◆ **to be at one's best** *(= on form)* être en pleine forme * *or* en train ◆ **the roses are at their ~ just now** les roses sont de toute beauté en ce moment ◆ **that is Racine at his ~** voilà du meilleur Racine

◆ **to look one's best** être resplendissant ; *[+ woman]* être en beauté ◆ **I always like to look my ~** j'aime bien être à mon avantage ◆ **she looks her ~ in blue** c'est le bleu qui l'avantage le plus

◆ **to make the best of sth** s'accommoder de qch (du mieux que l'on peut) ◆ **to make the ~ of a bad job** faire contre mauvaise fortune bon cœur ◆ **to make the ~ of one's opportunities** profiter au maximum des occasions qui se présentent

◆ **to the best of ...** ◆ **to the ~ of my ability/knowledge/recollection** autant que je puisse/que je sache/que je me souvienne ◆ **to the ~ of my (knowledge and) belief** autant que je sache ◆ **I avoided it to the ~ of my power** je l'ai évité autant que j'ai pu

b *(= clothes)* ◆ **in one's Sunday ~** * endimanché, sur son trente et un ◆ **(to keep sth) for ~** * (garder qch) pour les grandes occasions

ADV *(superl of* **well***)* le mieux, le plus ◆ **the ~ dressed man in Paris** l'homme *m* le mieux habillé de Paris ◆ **the ~ loved actor** l'acteur *m* le plus aimé ◆ **I like apples ~** ce que je préfère, ce sont les pommes ◆ **I like strawberries ~ of all** j'aime les fraises par-dessus tout ◆ **that is the hat which suits her ~** voilà le chapeau qui lui va le mieux ◆ **I helped him as ~ I could** je l'ai aidé de mon mieux *or* du mieux que j'ai pu ◆ **he thought it ~ to accept** il a trouvé *or* jugé préférable d'accepter ◆ **do as you think ~** faites à votre idée, faites pour le mieux ◆ **you know ~** vous savez mieux que personne, c'est vous le mieux placé pour en juger, vous êtes (le) meilleur juge en la matière ◆ **you had ~ go at once** tu ferais mieux de t'en aller tout de suite ◆ **the ~-laid plans of mice and men oft go awry** même les projets les mieux élaborés peuvent échouer

VT *(= defeat, win over)* battre, l'emporter sur

COMP ▷ **best-before date** N *(Comm)* date *f* limite d'utilisation *or* de consommation ▷ **best boy** N *(Cine) assistant du chef électricien ou du technicien* ▷ **best friend** N meilleur(e) ami(e) *m(f)* ◆ **she is her ~ friend** c'est sa meilleure amie ▷ **best man** N (pl **best men**) *(at wedding)* ≈ garçon *m* d'honneur, témoin *m* ▷ **best-selling** ADJ *[+ book, writer]* à succès ; *[+ record]* qui remporte un grand succès

> **Best Man**
>
> Choisi parmi les amis ou les proches parents du marié, le **best man** est à la fois le témoin et le garçon d'honneur. Traditionnellement responsable du bon déroulement de la journée, il doit veiller à ce que le marié soit à l'heure et à ce que les invités soient bien accueillis. Pendant la réception, il lui revient de lire les messages de félicitations, d'annoncer les orateurs, de prononcer le discours humoristique d'usage et de porter un toast aux nouveaux mariés.

**bestial** /ˈbestɪəl/ ADJ *(lit, fig)* bestial

**bestiality** /ˌbestɪˈælɪtɪ/ N bestialité *f*

**bestiary** /ˈbestɪərɪ/ N bestiaire *m (recueil)*

**bestir** /bɪˈstɜːʳ/ VT ◆ **to ~ o.s.** se remuer, se démener, s'activer

**bestow** /bɪˈstəʊ/ VT *(frm)* a *(= grant) [+ favour, sb's hand]* accorder (*on, upon* à) ; *[+ title]* conférer (*on, upon* à) b *(= devote) [+ energy]* consacrer, employer (*upon* à) ; *[+ admiration]* accorder ◆ **to ~ friendship on sb** prendre qn en amitié ◆ **the attention ~ed on this boy** l'attention dont ce garçon est l'objet

**bestowal** /bɪˈstəʊəl/ N *(NonC: frm)* octroi *m*

**bestraddle** /bɪˈstrædl/ VT *[+ horse, bicycle]* enfourcher ; *[+ wall]* chevaucher ; *[+ chair]* se mettre à califourchon sur

**bestrew** /bɪˈstruː/ (pret **bestrewed**, ptp **bestrewed** *or* **bestrewn** /bɪˈstruːn/) VT *(liter)* parsemer, joncher (*with* de)

**bestride** /bɪˈstraɪd/ (pret **bestrode** /bɪˈstrəʊd/, ptp **bestridden** /bɪˈstrɪdn/) VT a *[+ chair]* être à cheval *or* à califourchon sur ; *[+ horse, bicycle]* enfourcher b *[+ brook, ditch]* enjamber

**bestseller** /ˌbestˈseləʳ/ N *(= book)* best-seller *m*, livre *m* à succès, succès *m* de librairie ; *(Comm) (other article)* article *m* très demandé ; *(= author)* auteur *m* à succès

**bet** /bet/ (pret, ptp **bet** *or* **betted**) VI parier (*against* contre ; *on* sur ; *with* avec) ; ◆ **to ~ 10 to 1** parier *or* miser à 10 contre 1 ◆ **to ~ on horses** parier *or* jouer aux courses ◆ **to ~ on a horse** jouer un cheval, miser sur un cheval ◆ **don't ~ on it!, I wouldn't ~ on it!** ne compte pas trop dessus

VT a ◆ **to ~ £10 on a horse** parier *or* miser 10 livres sur un cheval ◆ **she ~ me $10 he would refuse** elle m'a parié 10 dollars qu'il refuserait

b **I ~ he'll come!** je te parie qu'il viendra ! ◆ **I'll ~ you anything (you like)** je te parie tout ce que tu veux ◆ **~ you won't do it** * (je te parie que) t'es pas capable de le faire * ◆ **you ~!** * un peu ! *, tu parles ! * ◆ **~ you can't!** * chiche ! * ◆ **you can ~ your boots** * *or* **your bottom dollar** * *or* **your life** * **that ...** tu peux parier tout ce que tu veux *or* parier ta chemise que ... ◆ **to ~ the ranch** *or* **farm on sb/sth** *(US fig)* tout miser sur qn/qch

N a *(lit)* pari *m* ◆ **to make** *or* **lay a ~ (on sth/sb)** parier (sur qch/qn), faire un pari (sur qch/qn) ◆ **to accept** *or* **take (on) a ~** accepter un pari ◆ **to win a ~** gagner un pari ◆ **place your ~s!** *(in casino)* faites vos jeux ! ◆ **want a ~?** * (qu'est-ce que) tu paries ? *

b **this is your best ~** c'est ce que vous avez de mieux à faire ◆ **it's a good** *or* **safe ~ that she'll turn up** il est à peu près certain qu'elle viendra ◆ **Liverpool look a good** *or* **safe ~ for the championship** Liverpool a toutes les chances de gagner le championnat ◆ **all ~s are off** *(fig)* impossible de dire ce qui va se passer ; → **hedge**

**beta** /ˈbiːtə/ N bêta *m* COMP ▷ **beta blocker** N *(Med, Pharm)* bêta-bloquant *m* ▷ **beta-blocking** ADJ bêta-bloquant ▷ **beta carotene** N bêtacarotène *m*

**betake** /bɪˈteɪk/ (pret **betook**, ptp **betaken**) /bɪˈteɪkən/ VT ◆ **to ~ o.s. to ...** (s'en) aller à ..., se rendre à ...

**betcha** ‡ /ˈbetʃə/ EXCL ◆ **(you) ~ !** un peu ! *, tu parles ! *

**betel** /ˈbiːtəl/ N bétel *m* COMP ▷ **betel nut** N noix *f* de bétel

**Bethany** /ˈbeθənɪ/ N Béthanie

**bethink** † /bɪˈθɪŋk/ (pret, ptp **bethought**) VT ◆ **to ~ o.s.** réfléchir, considérer ◆ **to ~ o.s. of sth/to do/that** s'aviser de qch/de faire/que

**Bethlehem** /ˈbeθlɪhem/ N Bethléem

**bethought** /bɪˈθɔːt/ VB pt, ptp of **bethink**

**betide** /bɪˈtaɪd/ VTI ◆ **whatever (may) ~** quoi qu'il advienne *or* arrive *subj* ; → **woe**

**betimes** † /bɪˈtaɪmz/ ADV *(= early)* de bonne heure, tôt ; *(= quickly)* promptement, vite ; *(= in good time)* à temps, assez tôt

**betoken** /bɪˈtəʊkən/ VT *(frm) (= forecast)* présager, annoncer ; *(= indicate)* dénoter, être signe de

**betook** /bɪˈtʊk/ VB pt of **betake**

**betray** /bɪˈtreɪ/ VT a *(= be disloyal to) [+ one's country]* trahir, être traître à ; *[+ friends]* trahir ; *[+ spouse, partner]* tromper, trahir ; *(fig) [+ hope etc]* trahir, décevoir ; *[+ ideals, principles]* trahir ◆ **he has ~ed our trust** il a trahi notre confiance, il a commis un abus de confiance b *(= give up treacherously) [+ person, secret]* livrer (*to* à) trahir ◆ **to ~ sb into enemy hands** livrer qn à l'ennemi *or* aux mains de l'ennemi c *(= disclose) [+ age, fears, intentions, facts, truth]* trahir, révéler ◆ **to ~ o.s.** se trahir ◆ **his speech ~ed the fact that he had been drinking** on devinait à l'écouter qu'il avait bu

**betrayal** /bɪˈtreɪəl/ N *[of country, ally etc]* trahison *f* ; *[of age, secret, plan]* divulgation *f* ; *[of fears, intentions]* manifestation *f* (involontaire) ; *[of facts, truth]* révélation *f* ◆ **a ~ of trust** un abus de confiance ◆ **to feel a sense of ~** se sentir trahi

**betrayer** /bɪˈtreɪəʳ/ N *[of country]* traître(sse) *m(f)* (*of* à, envers) ; *[of friend]* dénonciateur *m*, -trice *f* (*of* de) ; ◆ **she killed her ~** elle a tué celui qui l'avait trahie

**betroth** /bɪˈtrəʊð/ VT *(††, liter)* fiancer (*to* à, avec) promettre en mariage (*to* à)

**betrothal** /bɪˈtrəʊðəl/ N *(liter)* fiançailles *fpl* (*to* avec)

**betrothed** /bɪˈtrəʊðd/ ADJ, N *(pl inv: liter or hum)* fiancé(e) *m(f)*

**better**[1] /ˈbetəʳ/ LANGUAGE IN USE 1, 2.2, 7.1, 7.4, 23.4

ADJ (*compar of* **good**) meilleur ◆ **that book is ~ than this one** ce livre-là est meilleur que celui-ci ◆ **she is a ~ dancer than her sister, she is ~ at dancing than her sister** elle danse mieux que sa sœur ◆ **she is ~ at dancing than at singing** elle danse mieux qu'elle ne chante ◆ **these products are ~ for the environment** ces produits polluent moins ◆ **he's a ~ man than his brother** il est mieux que son frère ◆ **you're a ~ man than I!** tu es vraiment très fort ! ◆ **he's no ~ than a thief** c'est un voleur ni plus ni moins ◆ **she's no ~ than she should be!** † *(= slightly dishonest)* ce n'est pas l'honnêteté qui l'étouffe ! * ; *(loose morals)* elle n'est pas d'une vertu farouche ! ◆ **he is much ~ now** *(in health)* il va *or* se porte bien mieux maintenant ◆ **how are you? – much ~** comment allez-vous ? – bien mieux ◆ **to grow ~** s'améliorer ◆ **his writing is ~ since he got a new pen** son écriture est meilleure depuis qu'il a un nouveau stylo ◆ **(it's getting) ~ and ~!** (ça va) de mieux en mieux ! ◆ **that's ~!** voilà qui est mieux ! ◆ **it** *or* **things couldn't be ~!** ça ne pourrait pas mieux aller ! ◆ **it would be ~ to stay at home** il vaudrait mieux rester à la maison ◆ **wouldn't it be ~ to refuse?** ne vaudrait-il pas mieux refuser ? ◆ **~ not!** mieux vaut pas ! ◆ **~ not wake him!** mieux vaut ne pas le réveiller ! ◆ **it is ~ not to promise anything than to let him down** il vaut mieux ne rien promettre que de le décevoir ◆ **a ~ class of hotel** un hôtel de catégorie supérieure ◆ **he has seen ~ days** il a connu des jours meilleurs ◆ **this hat has seen ~ days** ce chapeau n'est plus de la première fraîcheur ◆ **his ~ half** * *(hum)* sa moitié * *(hum)* ◆ **his ~ nature stopped him from ...** ses bons sentiments, reprenant le dessus, l'ont empêché de ... ◆ **to appeal to sb's ~ nature** faire appel au bon cœur de qn ◆ **to go one ~ than sb** damer le pion à qn ◆ **the ~ part of a year/of 200km** *etc* près d'un an/de 200 km *etc* ◆ **to hope for ~ things** espérer mieux

◆ **to get better** ◆ **he got ~ very quickly after his illness** il s'est très vite remis de sa maladie ◆ **the weather is getting ~** le temps s'améliore ◆ **this book gets ~ towards the end** ce livre s'améliore vers la fin ◆ **his technique got ~ as he grew older** sa technique s'est affirmée avec l'âge

ADV (*compar of* **well**) mieux ◆ **he sings ~ than you** il chante mieux que toi ◆ **he sings ~ than he dances** il chante mieux qu'il ne danse ◆ **I like it ~ than I used to** je l'aime mieux qu'autrefois *or* que je ne l'aimais autrefois ◆ **~ dressed** mieux habillé ◆ **~ known** plus *or* mieux connu ◆ **~ known as** mieux connu sous le nom de ◆ **~ late than never** *(Prov)* mieux vaut tard que jamais *(Prov)*

◆ **better off** ◆ **they are ~ off than we are** *(= richer)* ils ont plus d'argent que nous ; *(= more fortunate)* ils sont dans une meilleure position que nous ◆ **he is ~ off at his sister's than living alone** il est mieux chez sa sœur que s'il vivait tout seul ◆ **he is ~ off where he is** il est mieux là où il est

◆ **better still** ◆ **write to her, or ~ still go and see her** écris-lui, ou mieux encore va la voir

◆ **had better** ◆ **I had ~ do it** *(= must do it)* il faut que je le fasse ; *(= would be preferable to do it)* il vaut mieux que je le fasse ◆ **hadn't you ~ speak to him?** ne vaudrait-il pas mieux que tu lui parles *subj* ?

◆ **the better (...)** ◆ **the ~ I know him the more I admire him** mieux je le connais plus je l'admire ◆ **the ~ to see/hear** pour mieux voir/entendre ◆ **so much the ~!** tant mieux !

◆ **all the better** ◆ **he was all the ~ for it** il s'en est trouvé mieux ◆ **it would be all the ~ for a lick of paint** un petit coup de peinture ne lui ferait pas de mal ◆ **all the ~!** tant mieux !

N a ◆ **it's a change for the ~** c'est une amélioration ◆ **to get the ~ of sb** triompher de qn ◆ **to get the ~ of sth** venir à bout de qch

◆ **for better or (for) worse** pour le meilleur et pour le pire ◆ **for ~ or for worse, the Net has become a truly international means of communication** qu'on s'en réjouisse ou non, il est un fait que le Net est devenu un moyen de communication vraiment international

b ◆ **one's ~s** ses supérieurs *mpl*

VT *[+ sb's achievements]* dépasser ; *[+ record, score]* améliorer ◆ **to ~ o.s.** améliorer sa condition

**better²** /ˈbetəʳ/ N *(= person betting)* parieur *m*, -euse *f* ; *(at races)* turfiste *mf (qui parie sur les chevaux)*

**betterment** /ˈbetəmənt/ N amélioration *f* ; *(Jur) [of property]* plus-value *f* COMP ▷ **betterment tax** N *(Jur)* impôt *m* sur les plus-values

**betting** /ˈbetɪŋ/ N pari(s) *m(pl)* ◆ **the ~ was brisk** les paris allaient bon train ◆ **what is the ~ on Omar?** quelle cote fait Omar ? ◆ **the ~ was 2 to 1 on Baby Boy** la cote était 2 contre 1 sur Baby Boy, Baby Boy avait une cote de 2 contre 1 ◆ **what's the ~ he'll leave?** combien on parie qu'il partira ? ◆ **the ~ is he won't succeed** il y a peu de chances (pour) qu'il réussisse COMP ▷ **betting man** N (pl **betting men**) ◆ **if I were a ~ man I'd say that ...** si j'avais l'habitude de faire des paris je dirais que ... ▷ **betting news** N résultats *mpl* des courses ▷ **betting shop** N *(Brit)* bureau *m* de paris *(appartenant à un bookmaker)*, ≃ bureau *m* de PMU ▷ **betting slip** N *(Brit)* ≃ ticket *m* de PMU ▷ **betting tax** N impôt *m* sur les paris

**bettor** /ˈbetəʳ/ N ⇒ **better²**

**between** /bɪˈtwiːn/ PREP a entre ◆ **sit ~ those two boys** asseyez-vous entre ces deux garçons ◆ **F comes ~ E and G** F se trouve *or* vient entre E et G ◆ **a captain comes ~ a lieutenant and a major** la grade de capitaine se situe entre celui de lieutenant et celui de commandant ◆ **~ 5 and 6 o'clock** entre 5 et 6 heures ◆ **~ 6 and 7 kilometres/litres** *etc* entre 6 et 7 kilomètres/litres *etc* ◆ **she is ~ 25 and 30** elle a entre 25 et 30 ans ◆ **the ferry goes ~ Dover and Calais** le ferry fait la navette entre Douvres et Calais ◆ **the four boys have five oranges ~ them** les quatre garçons ont cinq oranges en tout *or* à eux tous ◆ **you will have time to rest ~ flights** vous aurez le temps de vous reposer entre les deux vols ◆ **the train does not stop ~ here and London** le train est direct d'ici (à) Londres, le train ne s'arrête pas entre ici et Londres ◆ **~ now and next week we must ...** d'ici la semaine prochaine nous devons ... ◆ **no one can come ~ us** personne ne peut nous séparer ◆ **to choose ~ two cars** choisir entre deux voitures ◆ **the difference ~ them** la différence entre eux ◆ **the match ~ England and Scotland** le match entre l'Angleterre et l'Écosse ◆ **the war ~ the two countries** la guerre entre les deux pays ◆ **the distance ~ them** la distance qui les sépare (l'un de l'autre), la distance entre eux ◆ **a comparison ~ the two books** une comparaison entre les deux livres, une comparaison des deux livres ◆ **divide the sweets ~ the two children** partagez les bonbons entre les deux enfants ◆ **~ you and me, he is not very clever** entre nous, il n'est pas très intelligent ◆ **~ housework and study I have no time for going out** entre le ménage et mes études je n'ai pas le temps de sortir

b *(indicating cooperation)* **the boys managed to lift the box ~ (the two of) them** à eux deux les garçons sont arrivés à soulever la caisse ◆ **we got the letter written ~ us** à nous tous nous avons réussi à écrire la lettre ◆ **you should manage it ~ you** en vous y mettant tous ensemble, vous devriez y arriver

ADV au milieu, dans l'intervalle ◆ **her visits are few and far ~** ses visites sont très espacées *or* très rares

◆ **in between** ◆ **rows of trees with grass in ~** des rangées d'arbres séparées par de l'herbe ◆ **in ~ the two world wars** pendant l'entre-deux-guerres, entre les deux guerres mondiales ◆ **two flights with a four-hour wait in ~** deux vols avec une attente de quatre heures entre les deux

**betweentimes** /bɪˈtwiːn,taɪmz/ ADV dans l'intervalle, entre-temps

**betwixt** /bɪˈtwɪkst/ PREP (††, *liter, dial*) ⇒ **between** ADV ◆ **~ and between** entre les deux, ni l'un ni l'autre

**bevel** /ˈbevəl/ N *(= surface)* surface *f* oblique ; (*also* **bevel edge**) biseau *m* ; *(= tool: also* **bevel square**) fausse équerre *f* VT biseauter, tailler de biais *or* en biseau COMP en biseau ▷ **bevel gear** N engrenage *m* conique ▷ **bevelled edge** N bord *m* biseauté ▷ **bevelled mirror** N glace *f* biseautée ▷ **bevel wheel** N roue *f* dentée conique

**beverage** /ˈbevərɪdʒ/ N boisson *f* ; *(liter, hum)* breuvage *m*

**bevvied** ‡ /ˈbevɪd/ ADJ *(Brit: also* **bevvied up**) soûl ◆ **to get ~** se soûler la gueule ‡, se biturer ‡

**bevvy** ‡ /ˈbevɪ/ *(Brit)* N a *(= a drink)* verre *m*, pot * *m* ; *(= alcohol in general)* boisson *f* ◆ **to go for a ~** aller prendre un verre *or* un pot * ◆ **he fancied a few bevvies** il avait envie d'aller écluser quelques godets * ◆ **he's back on the ~** il s'est remis à picoler * b *(= drinking session)* beuverie *f* ◆ **to go out on the ~** aller picoler *

**bevy** /ˈbevɪ/ N *(gen)* bande *f*, troupe *f* ; *[of girls, beauties]* essaim *m* ; *[of larks, quails]* volée *f* ; *[of roe deer]* harde *f*

**bewail** /bɪˈweɪl/ VT *[+ one's lot]* se lamenter sur, déplorer ; *[+ sb's death]* pleurer

**beware** /bɪˈwɛəʳ/ LANGUAGE IN USE 2.3 VTI ◆ **to ~** prendre garde (*of sb/sth* à qn/qch ; *of doing sth* de faire qch) se méfier (*of sth* de qch) ; ◆ **~ of falling** prenez garde de tomber ◆ **~ of being deceived, ~ lest you are** *or* **lest you be deceived** *(frm)* prenez garde qu'on ne vous trompe *subj* ◆ **~ of listening to him** gardez-vous de l'écouter ◆ **~ (of) how you speak** faites attention à ce que vous dites, surveillez vos paroles ◆ **"beware of the dog"** "(attention,) chien méchant" ◆ **"beware of pickpockets"** "attention aux pickpockets" ◆ **"trespassers beware"** "défense d'entrer" ◆ **"beware of imitations"** *(Comm)* "méfiez-vous des contrefaçons"

**bewhiskered** /bɪˈwɪskəd/ ADJ *(liter)* barbu (*or* moustachu)

**bewilder** /bɪˈwɪldəʳ/ VT dérouter ; *(stronger)* abasourdir

**bewildered** /bɪˈwɪldəd/ ADJ *[person, look]* perplexe

**bewildering** /bɪˈwɪldərɪŋ/ ADJ déroutant, déconcertant ; *(stronger)* ahurissant

**bewilderingly** /bɪˈwɪldərɪŋlɪ/ ADV d'une façon déroutante *or* déconcertante ; *(stronger)* d'une façon ahurissante ◆ **it is ~ complicated** c'est d'un compliqué déconcertant

**bewilderment** /bɪˈwɪldəmənt/ N confusion *f*, perplexité *f* ; *(stronger)* ahurissement *m*

**bewitch** /bɪˈwɪtʃ/ VT ensorceler, enchanter ; *(fig)* charmer, enchanter

**bewitching** /bɪˈwɪtʃɪŋ/ ADJ *[look, smile]* enchanteur (-teresse *f*) ; *[face, person]* séduisant, ravissant

**bewitchingly** /bɪˈwɪtʃɪŋlɪ/ ADV d'une façon séduisante *or* enchanteresse ◆ ~ **beautiful** belle à ravir

**bey** /beɪ/ N bey *m* ◆ **Hassan Bey** Hassan Bey

**beyond** /bɪˈjɒnd/ PREP **a** *(place)* au-delà de, de l'autre côté de ◆ ~ **the Pyrenees** au-delà des Pyrénées ◆ **you can't go** ~ **the barrier** vous ne pouvez pas aller au-delà de la barrière, vous ne pouvez pas dépasser la barrière ◆ ~ **the convent walls** en dehors des *or* par-delà les murs du couvent ◆ **the countries** ~ **the sea** les pays *mpl* au-delà des mers, les pays *mpl* d'outre-mer

**b** *(in time)* plus de ◆ **she won't stay much** ~ **a month** elle ne restera pas beaucoup plus d'un mois ◆ ~ **next week/June** au-delà de *or* après la semaine prochaine/juin ◆ **it was** ~ **the middle of June** on avait dépassé la mi-juin ◆ ~ **bedtime** passé l'heure du coucher

**c** *(= surpassing, exceeding)* au-dessus de ◆ **a task** ~ **her abilities** une tâche au-dessus de ses capacités ◆ **this work is quite** ~ **him** ce travail le dépasse complètement ◆ **it was** ~ **her to pass the exam** réussir à l'examen était au-dessus de ses forces ◆ **maths is quite** ~ **me** les maths, ça me dépasse * ◆ **it's** ~ **me why he hasn't left her** * je ne comprends pas *or* ça me dépasse * qu'il ne l'ait pas quittée ◆ ~ **my reach** hors de ma portée ◆ ~ **doubt** ADJ hors de doute, indubitable ADV à n'en pas douter, indubitablement ◆ **that is** ~ **human understanding** cela dépasse l'entendement humain ◆ **he is** ~ **caring** il ne s'en fait plus du tout ◆ ~ **repair** irréparable ◆ ~ **his means** au-dessus de ses moyens ; → **compare, grave[1], help**

**d** *(with neg or interrog)* sauf, excepté ◆ **he gave her no answer** ~ **a grunt** il ne lui a répondu que par un grognement, pour toute réponse il a émis un grognement

ADV au-delà, plus loin, là-bas ◆ **the year 2000 and** ~ l'an 2000 et au-delà ◆ **the room** ~ la pièce d'après ◆ **the lands** ~ les terres *fpl* lointaines

N au-delà *m* ◆ **in** *or* **at the back of** ~ au diable *, en pleine cambrousse * ◆ **the great Beyond** l'au-delà

**bezant** /ˈbezənt/ N besant *m*

**bezel** /ˈbezl/ N *[of chisel]* biseau *m* ; *[of gem]* facette *f* ; *(holding gem)* chaton *m* ; *(holding watch glass)* portée *f* VT tailler en biseau

**bezique** /bɪˈziːk/ N bésigue *m*

**BFPO** /ˌbiːefpiːˈəʊ/ N *(Brit Mil)* abbrev of **British Forces Post Office**

**bhaji** /ˈbɑːdʒɪ/ N (pl **bhaji**) bhaji *m (beignet indien à base de légumes)*

**bhangra** /ˈbæŋgrə/ N *musique de danse de la communauté indo-pakistanaise du Royaume-Uni, combinant rythmes pop et traditionnels*

**Bhutan** /buːˈtɑːn/ N Bhoutan *m*

**Bhutanese** /ˌbuːtəˈniːz/ ADJ bhoutanais N *(= person)* Bhoutanais(e) *m(f)*

**bi** * /baɪ/ ADJ *(= bisexual)* bi *

**bi...** /baɪ/ PREF bi...

**Biafra** /bɪˈæfrə/ N Biafra *m*

**Biafran** /bɪˈæfrən/ ADJ biafrais N Biafrais(e) *m(f)*

**biannual** /baɪˈænjʊəl/ ADJ semestriel

**bias** /ˈbaɪəs/ N **a** *(= inclination)* tendance *f*, inclination *f* (*towards* à) penchant *m* (*towards* pour) ; *(= prejudice)* préjugé *m*, parti *m* pris (*towards* pour ; *against* contre) prévention *f* (*towards* en faveur de ; *against* contre) ; *(Jur)* distorsion *f* ◆ **a strong** ~ **towards ...** un penchant marqué pour ... ◆ **he is without** ~ il n'a aucun parti pris, il est sans préjugés **b** *(Sewing)* biais *m* ◆ **cut on the** ~ coupé dans le biais **c** *(Sport) [of bowls] (= weight) poids placé à l'intérieur d'une boule* ; *(= swerve)* déviation *f* VT *(= give inclination)* influencer (*towards* en faveur de ; *against* contre) ; *(= prejudice)* prévenir (*towards* en faveur de ; *against* contre) COMP ▷ **bias binding** N biais *m*

**bias(s)ed** /ˈbaɪəst/ ADJ *[person, jury]* qui n'est pas impartial ; *[judgement]* qui n'est pas objectif ; *[report]* déformé, tendancieux

**biathlete** /baɪˈæθliːt/ N biathlète mf

**bib** /bɪb/ N **a** *[of child]* bavoir *m* **b** *[of apron]* bavette *f* ◆ **in her best** ~ **and tucker** * sur son trente et un **c** *(= fish)* tacaud *m*

**Bible** /ˈbaɪbl/ N *(lit)* Bible *f* ; *(fig)* bible *f*, évangile *m* ; → **holy** COMP ▷ **Bible-basher** * N prédicateur *m*, -trice *f* frénétique * ▷ **Bible-bashing** * N ◆ **he really likes ~-bashing** il brandit sa Bible à tout va * ◆ **a ~-bashing preacher** un prêcheur qui brandit sa Bible à tout va * ▷ **the Bible Belt** N *(US) les États du sud des USA, profondément protestants* ▷ **Bible class** N *(Scol)* classe *f* d'instruction religieuse ; *(Rel)* catéchisme *m* ▷ **Bible college** N université *f* de théologie ▷ **Bible oath** N serment *m* (prêté) sur la Bible ▷ **Bible school** N *(US)* cours *m* d'été d'instruction religieuse ▷ **Bible stories** NPL histoires *fpl* tirées de la Bible ▷ **Bible study** N étude *f* de la Bible ; *(in group)* lecture *f* commentée de la Bible ▷ **Bible-thumper** * N *(pej)* ⇒ **Bible-basher** ▷ **Bible-thumping** * N ⇒ **Bible-bashing**

**biblical** /ˈbɪblɪkəl/ ADJ biblique ◆ **to know sb in the** ~ **sense** connaître qn dans le sens biblique du terme

**biblio...** /ˈbɪblɪəʊ/ PREF biblio...

**bibliographer** /ˌbɪblɪˈɒgrəfəʳ/ N bibliographe *mf*

**bibliographic(al)** /ˌbɪblɪəʊˈgræfɪk(əl)/ ADJ bibliographique

**bibliography** /ˌbɪblɪˈɒgrəfɪ/ N bibliographie *f*

**bibliomania** /ˌbɪblɪəʊˈmeɪnɪə/ N bibliomanie *f*

**bibliomaniac** /ˌbɪblɪəʊˈmeɪnɪæk/ N bibliomane *mf*

**bibliophile** /ˈbɪblɪəʊfaɪl/ N bibliophile *mf*

**bibulous** /ˈbɪbjʊləs/ ADJ adonné à la boisson ; *[look]* aviné ; *[evening, party]* bien arrosé

**bicameral** /baɪˈkæmərəl/ ADJ bicaméral ◆ ~ **system** bicamér(al)isme *m*

**bicarb** * /ˈbaɪkɑːb/ N (abbrev of **bicarbonate of soda**) bicarbonate *m* (de soude)

**bicarbonate** /baɪˈkɑːbənɪt/ N bicarbonate *m* COMP ▷ **bicarbonate of soda** N bicarbonate *m* de soude

**bicentenary** /ˌbaɪsenˈtiːnərɪ/ ADJ, N bicentenaire *m*

**bicentennial** /ˌbaɪsenˈtenɪəl/ ADJ, N *(US)* bicentenaire *m*

**bicephalous** /baɪˈsefələs/ ADJ bicéphale

**biceps** /ˈbaɪseps/ N *(pl inv)* biceps *m*

**bichloride** /ˈbaɪˈklɔːraɪd/ N bichlorure *m*

**bichromate** /ˈbaɪˈkrəʊmɪt/ N bichromate *m*

**bicker** /ˈbɪkəʳ/ VI *(= quarrel)* se chamailler (*over, about* à propos de) ; ◆ **they are always ~ing** ils sont toujours à se chamailler *or* toujours en bisbille *

**bickering** /ˈbɪkərɪŋ/ N chamailleries *fpl* ADJ **a** *[person]* querelleur **b** *[stream]* murmurant ; *[flame]* tremblotant, vacillant

**bickie** * /ˈbɪkɪ/ N *(Brit)* petit gâteau *m*, biscuit *m*

**bicuspid** /baɪˈkʌspɪd/ ADJ bicuspide N (dent *f*) prémolaire *f*

**bicycle** /ˈbaɪsɪkl/ N bicyclette *f*, vélo *m* ◆ **to ride a** ~ faire de la bicyclette *or* du vélo ; → **racing** VI † faire de la bicyclette, aller à bicyclette COMP *[lamp, chain, wheel]* de bicyclette, de vélo ▷ **bicycle bell** N sonnette *f* de bicyclette ▷ **bicycle clip** N pince *f* de cycliste ▷ **bicycle kick** N *(Ftbl)* coup *m* de pied retourné ▷ **bicycle pump** N pompe *f* à bicyclette ▷ **bicycle rack** N *(on ground)* râtelier *m* à bicyclettes ; *(on car)* porte-vélos *m inv* ▷ **bicycle rickshaw** N vélo-pousse *m* ▷ **bicycle shed** N abri *m* à bicyclettes ▷ **bicycle shop** N magasin *m* de cycles ▷ **bicycle touring** N *(Sport)* cyclotourisme *m*

**bicyclist** † /ˈbaɪsɪklɪst/ N cycliste *mf*

**bid** /bɪd/ (pret **bade** *or* **bid**, ptp **bidden** *or* **bid**)

VT **a** *(liter = command)* ordonner, enjoindre *(liter) (sb to do sth* à qn de faire qch) ; ◆ **he was ~den to come** on lui a ordonné de venir ◆ **do what I** ~ **you** fais ce que je te dis *or* t'ordonne

**b** *(= say)* dire ◆ **to** ~ **sb good morning** dire bonjour à qn ◆ **to** ~ **sb welcome** souhaiter la bienvenue à qn ; → **farewell**

**c** *(†† = invite)* inviter, convier

**d** *(= offer) [+ amount]* offrir, faire une offre de ; *(at auction)* faire une enchère de ◆ **he is ~ding 500 euros for the painting** il fait une offre *or* une enchère de 500 euros pour ce tableau ◆ **I did not** ~ **(high) enough** je n'ai pas offert assez ◆ **the one that ~s most** le plus offrant

**e** *(Cards)* demander ◆ **he** ~ **three spades** il a demandé trois piques

VI **a** *(= make an offer)* faire une offre, proposer un prix ◆ **to** ~ **for sth** faire une offre pour qch ; *(at auction)* faire une enchère pour qch ◆ **to** ~ **against sb** renchérir sur qn ◆ **to** ~ **on** *(US Comm) [+ contract etc]* soumissionner

**b** *(phrases)* **to** ~ **for power/fame** viser *or* ambitionner le pouvoir/la gloire ◆ **to** ~ **fair to do sth** *(liter)* sembler devoir faire qch, promettre de faire qch ◆ **everything ~s fair to be successful** *(liter)* tout semble annoncer *or* promettre le succès

N **a** *(Comm)* offre *f* ; *(at auction)* enchère *f* ◆ **to make a** ~ **for** faire une offre pour ; *(at auction)* faire une enchère pour ◆ **a high** ~ une forte enchère ◆ **a higher** ~ une surenchère ◆ **to make a higher** ~ surenchérir

**b** *(Cards)* demande *f*, annonce *f* ◆ **to raise the** ~ monter ◆ **to make no** ~ *(Bridge)* passer parole ◆ **"no bid"** "parole", "passe"

**c** *(= attempt)* tentative *f* ◆ **escape/suicide** ~ tentative *f* d'évasion/de suicide ◆ **to make a** ~ **for power** tenter de s'emparer du pouvoir ◆ **to make a** ~ **for freedom** tenter de s'évader ◆ **he scaled the wall in a** ~ **for freedom** il a escaladé le mur pour tenter de s'évader ◆ **in a desperate** ~ **for a better life abroad** tentant désespérément de trouver une vie meilleure à l'étranger ◆ **to make a** ~ **to do sth** tenter de faire qch ◆ **she tried acupuncture in a** ~ **to stop smoking** elle a essayé l'acupuncture pour tenter d'arrêter de fumer

COMP ▷ **bid bond** N caution *f* de soumission ▷ **bid price** N *(St Ex)* cours *m* d'achat

**biddable** /ˈbɪdəbl/ ADJ a *[child]* docile, obéissant b *(Cards)* ~ **suit** couleur *f* demandable

**bidden** /ˈbɪdn/ VB ptp of **bid**

**bidder** /ˈbɪdəʳ/ N *(at sale)* enchérisseur *m*, offrant *m* ; *(for contract)* soumissionnaire *m* ◆ **the highest** ~ le plus offrant ◆ **the lowest** ~ *(for contract)* le soumissionnaire le moins cher ◆ **successful** ~ *(in auction, for contract)* adjudicataire *mf* ◆ **there were no ~s** personne n'a fait d'offre

**bidding** /ˈbɪdɪŋ/ N a *(NonC, at sale)* enchère(s) *f(pl)* ◆ ~ **up** surenchères *fpl* ◆ ~ **was brisk** les enchères étaient vives ◆ **the** ~ **is closed** l'enchère est faite, c'est adjugé ◆ **to raise the** ~ *(at sale)* surenchérir b *(NonC) (Cards)* enchères *fpl* ◆ **to open the** ~ *(Bridge)* ouvrir (les enchères) c *(† = order)* ordre *m*, commandement *m* ◆ **at whose ~?** sur l'ordre de qui ? ◆ **I did his** ~ j'ai fait ce qu'il m'a ordonné *or* demandé ◆ **at sb's** ~ sur l'ordre *or* l'injonction de qn ◆ **he needed no second** ~ il ne se l'est pas fait dire deux fois COMP ▷ **bidding war** N *(Fin)* guerre *f* des enchères

**biddy** /ˈbɪdɪ/ N ◆ **old** ~ vieille bonne femme *f*

**bide** /baɪd/ VI († *or liter or dial*) ⇒ **abide vi** VT a **to** ~ **one's time** se réserver, attendre son heure *or* le bon moment b († *or liter or dial*) ⇒ **abide vt**

**bidet** /ˈbiːdeɪ/ N bidet *m*

**bidirectional** /baɪdɪˈrekʃənl/ ADJ bidirectionnel

**biennial** /baɪˈenɪəl/ ADJ a *(= happening every two years)* biennal, bisannuel b *(= lasting two years)* biennal c *(Bot)* bisannuel N *(Bot)* bisannuel *m*

**bier** /bɪəʳ/ N *(for coffin)* brancards *mpl* (de cercueil) ; *(for corpse)* bière *f*

**biff** †* /bɪf/ N coup *m* de poing, baffe‡ *f* ◆ **~!** *(onomatopoeia)* vlan !, pan ! VT cogner sur, flanquer une baffe à* ◆ **to ~ sb on the nose** flanquer* son poing dans *or* sur la figure de qn

**bifocal** /ˈbaɪˈfəʊkəl/ ADJ bifocal, à double foyer NPL **bifocals** lunettes *fpl* à double foyer

**bifurcate** /ˈbaɪfɜːkeɪt/ VI bifurquer ADJ à deux branches

**bifurcation** /ˌbaɪfɜːˈkeɪʃən/ N bifurcation *f*, embranchement *m*

**big** /bɪg/ ADJ a *(in size) [person, fruit, parcel, book]* gros (grosse *f*) ; *[person, building, tree]* grand ◆ **a** ~ **fellow** un grand gaillard ◆ **a** ~ **man** un homme grand et fort ◆ **a** ~ **drop in share prices** une forte baisse du prix des actions ◆ **to grow** ~ *or* **~ger** grossir ; *(= taller)* grandir ◆ **a** ~ **stick** un gros bâton ; see also **stick** ◆ ~ **with child** grosse, enceinte ; → **drum**

b *(in age)* grand, aîné ◆ **a** ~ **boy/girl** un grand garçon/une grande fille ◆ **my** ~ **brother** mon grand frère, mon frère aîné ◆ **to grow** *or* **get ~ger** grandir ◆ **to be a** ~ **brother to sb** servir de conseiller à qn ; see also **comp** ◆ **you're a** ~ **boy/girl now!** *(lit, fig)* tu es un grand garçon/une grande fille maintenant ! ◆ **I am** ~ **enough to know ...** je suis assez grand pour savoir ...

c *(= important, serious) [problem, difference, mistake]* gros ; *[question, issue]* grand ; *[step]* important ; *[decision]* grand, important ◆ **what's the** ~ **hurry?** * il n'y a pas le feu ! * ◆ **he's a** ~ **fish** * c'est un gros poisson * ◆ **he's a** ~ **fish** *or (US)* **frog in a small pond** c'est une gloire locale ◆ **boots are** ~ **this year** * *(fig = fashionable)* les bottes sont in‡ cette année ◆ **this is my/his** ~ **day** c'est le grand jour (pour moi/lui) ◆ **try and get some rest - we have a** ~ **day ahead of us** essaie de te reposer : nous avons une journée bien remplie devant nous ◆ **a** ~ **event** un événement marquant ◆ **to have** ~ **ideas** voir grand ◆ **but, and it's a** ~ **but ...** mais, car il y a un mais ... ◆ **a** ~ **lie** un gros mensonge ◆ **the ~ger they are, the harder they fall** plus haut ils sont arrivés, plus dure sera la chute ◆ **to do things in a** ~ **way** faire les choses en grand ◆ **a tragedy? that's rather a** ~ **word** une tragédie ? c'est un bien grand mot ; see also **way**

d (* = *grand*) *[words]* ambitieux ◆ ~ **talk** fanfaronnades *fpl*, grands discours *mpl* ◆ **to get/be too** ~ **for one's boots** attraper/avoir la grosse tête * ◆ **he's got a** ~ **head** il est crâneur *, il a la grosse tête * ◆ **he's got a** ~ **mouth** il ne sait pas se taire *or* la boucler ! * ◆ **why can't you keep your** ~ **mouth shut!** pas moyen que tu te taises ! *, tu aurais mieux fait de la boucler ! ‡ ; see also **comp, bigmouth**

e *(= generous)* grand, généreux ◆ **a heart as** ~ **as yours** un cœur aussi grand *or* aussi généreux que le vôtre ◆ **that's** ~ **of you!** * *(iro)* quelle générosité ! *(iro)* ◆ **to be** ~ **on**‡ *[+ person]* adorer, être un fan* de ; *[+ thing]* être grand amateur *or* un fana* de ; see also **hand**

ADV ◆ **to talk** ~ * fanfaronner, se faire mousser * ◆ **to act** ~ * frimer *, faire l'important ◆ **to go over** ~‡ avoir un succès fou *or* monstre * ◆ **to make it** ~ * avoir un succès fou * ◆ **his speech went down** ~ **with his audience**‡ ses auditeurs ont été emballés * par son discours

COMP ▷ **big band** N *(Mus)* big band *m*, grand orchestre *m (des années 40-50)* ▷ **big bang** N *(Phys)* big-bang *or* big bang *m* ◆ **the Big Bang** *(Brit St Ex)* le Big Bang *(informatisation de la Bourse de Londres)* ▷ **Big Ben** N *(Brit)* Big Ben *m* ▷ **big-boned** ADJ bien *or* fortement charpenté ▷ **Big Brother** N *(Pol etc)* Big Brother *m*, l'État *m* omniprésent ◆ **Big Brother is watching you** on vous espionne ▷ **big bug**‡ N grosse légume * *f*, huile * *f* ▷ **big business** N *(NonC)* les grandes entreprises *fpl*, les grandes firmes *fpl* ◆ **the lottery has become** ~ **business** la loterie rapporte beaucoup d'argent *or* rapporte gros ◆ **tourism in Hong Kong is** ~ **business** le tourisme est un secteur florissant à Hong-Kong ▷ **big cat** N fauve *m*, grand félin *m* ▷ **big cheese**‡ N grosse légume * *f*, huile * *f* ▷ **the big city** N la grande ville ▷ **big dipper** N *[of fairground]* montagnes *fpl* russes ◆ **the Big Dipper** *(US Astron)* la Grande Ourse ▷ **the Big Eight** N *(US Univ) les grandes universités du Midwest* ▷ **big end** N *(Aut)* tête *f* de bielle ▷ **the Big Four** N *(Pol)* les Quatre (Grands) ; *(Brit Comm) les quatre grandes banques anglaises* ▷ **big game** N gros gibier *m* ◆ ~ **game hunter** chasseur *m* de gros gibier ◆ ~ **game hunting** chasse *f* au gros (gibier) ▷ **big-hearted** ADJ au grand cœur ◆ **to be ~-hearted** avoir bon cœur, avoir du cœur ◆ **a ~-hearted fellow** un homme de cœur ▷ **big-hitter** N *(Sport)* frappeur *m* -euse *f* ; *(fig = powerful person)* poids *m* lourd ▷ **The Big Issue** N *(Brit) journal des sans-abri* ▷ **big-mouthed** * ADJ fort en gueule * ◆ **to be ~-mouthed** être fort en gueule *, avoir une grande gueule‡ ▷ **big name** * N *(= authority)* grand nom *m* ◆ **he's a** ~ **name in politics** *(person)* c'est un grand nom de la politique ▷ **big noise** * N *(Brit)* grand ponte * *m* ◆ **she's a** ~ **noise in linguistics** c'est un grand ponte * de la linguistique ▷ **big one**‡ N *(US = a thousand dollars)* (billet *m* de) mille dollars *mpl* ▷ **big science** N *la recherche scientifique à gros budget* ▷ **the big screen** N *(Cine)* le grand écran ▷ **big shot** * N grand ponte * *m* ▷ **big-sounding** ADJ *[idea, plan etc]* prétentieux ; *[name]* ronflant, pompeux ▷ **big-style** → **big-time** ▷ **the Big Ten** N → **the Big Eight** ▷ **big-ticket** * ADJ *(US)* ◆ **~-ticket item** *or* **purchase** gros achat *m* ▷ **big time** * N ◆ **to make the** ~ **time** percer ▷ **big-time** * ADJ *[politician, industrialist]* de première catégorie ; *[part, role]* de premier plan ; *[farming]* sur une grande échelle ◆ **~-time gambler** flambeur‡ *m* ADV ◆ **you screwed up ~-time!** * tu as cafouillé quelque chose de bien ! * ▷ **big toe** N gros orteil *m* ▷ **big top** N *(= circus)* cirque *m* ; *(= main tent)* grand chapiteau *m* ▷ **big wheel** N *(in fairground etc)* grande roue *f* ; (* = *important person)* huile * *f* ; → **apple, deal**[1]

**bigamist** /ˈbɪgəmɪst/ N bigame *mf*

**bigamous** /ˈbɪgəməs/ ADJ bigame

**bigamy** /ˈbɪgəmɪ/ N bigamie *f*

**Bigfoot** /ˈbɪgfʊt/ N ⇒ **Sasquatch**

**biggie**‡ /ˈbɪgɪ/ N *(= success) (song, record)* tube * *m* ; *(film)* succès *m* ◆ **now it's the** ~ *(= anything important)* maintenant, on passe aux choses sérieuses

**biggish** * /ˈbɪgɪʃ/ ADJ assez *or* relativement grand

**bighead** * /ˈbɪghed/ N crâneur * *m*, -euse * *f*

**bigheaded** * /ˌbɪgˈhedɪd/ ADJ crâneur *

**bight** /baɪt/ N a *(Geog)* baie *f*, anse *f* ; *(larger)* golfe *m* b *[of rope]* boucle *f*

**bigmouth** * /ˈbɪgmaʊθ/ N grande gueule‡ *f* ◆ **he is just a** ~ il a *or* c'est une grande gueule‡

**bigot** /ˈbɪgət/ N *(Philos, Pol)* fanatique *mf*, sectaire *mf* ; *(Rel)* bigot(e) *m(f)*

**bigoted** /ˈbɪgətɪd/ ADJ *(Rel)* bigot ; *(Pol etc) [person]* fanatique, sectaire ; *[attitude, devotion]* fanatique

**bigotry** /ˈbɪgətrɪ/ N *(NonC) (Rel)* bigoterie *f* ; *(Philos, Pol etc)* fanatisme *m*, sectarisme *m*

**bigwig**‡ /ˈbɪgwɪg/ N grosse légume‡ *f*, huile‡ *f*

**Bihar** /bɪˈhɑːʳ/ N Bihār *m*

**bijou** /ˈbiːʒuː/ ADJ *(Brit)* ◆ **"bijou residence for sale"** "maison à vendre, véritable bijou"

**bike** /baɪk/ N (abbrev of **bicycle**) vélo *m* ; *(= motorbike)* moto *f* ◆ **on your ~!** * *(Brit) (= go away)* dégage ! * ; *(= no way)* tu plaisantes ! * VI * faire du vélo ◆ **to** ~ **to work** aller au travail à vélo ◆ **to** ~ **10km** faire 10 km à vélo COMP ▷ **bike lane** N piste *f* cyclable ▷ **bike rack** N *(on floor)* râtelier *m* à bicyclettes ; *(on car roof)* porte-vélos *m inv* ▷ **bike shed** N abri *m* à bicyclettes ▷ **bike shop** N magasin *m* de cycles

**biker** * /ˈbaɪkəʳ/ N motard(e) *m(f)*

**bikeway** /ˈbaɪkweɪ/ N piste *f* cyclable

**bikini** /bɪˈkiːnɪ/ N bikini ® *m* COMP ▷ **bikini bottom(s)** * N(PL) bas *m* de bikini ® ▷ **bikini briefs**, **bikini pants** NPL mini-slip *m* ▷ **bikini line** N (ligne *f* du) maillot ◆ **to do one's** ~ **line** s'épiler le maillot ▷ **bikini top** N haut *m* de bikini ® ▷ **bikini wax** N épilation *f* (à la cire) du maillot

**bilabial** /baɪˈleɪbjəl/ ADJ bilabial N bilabiale *f*

**bilateral** /baɪˈlætərəl/ ADJ bilatéral

**bilaterally** /baɪˈlætərəlɪ/ ADV bilatéralement

**bilberry** /ˈbɪlbərɪ/ N myrtille *f*

**bile** /baɪl/ N a *(Physiol)* bile *f* b *(fig = anger)* mauvaise humeur *f* c *(Hist = choler)* bile *f* COMP ▷ **bile duct** N canal *m* biliaire ▷ **bile stone** N calcul *m* biliaire

**bilevel** /baɪˈlevl/ ADJ sur *or* à deux niveaux

**bilge** /bɪldʒ/ N a *(Naut) (= rounded part of hull)* bouchain *m*, renflement *m* ; *(= bottom of hold)* fond *m* de cale, sentine *f* b (also

**bilge water**) eau *f* de cale *or* de sentine c (* = *nonsense*) idioties *fpl*, foutaises * *fpl*

**bilharzia** /bɪlˈhɑːzɪə/, **bilharziasis** /ˌbɪlhɑːˈzaɪəsɪs/ N bilharziose *f*

**bilingual** /baɪˈlɪŋɡwəl/ ADJ bilingue

**bilingualism** /baɪˈlɪŋɡwəlɪzəm/ N bilinguisme *m*

**bilious** /ˈbɪlɪəs/ ADJ a (*Med*) bilieux ◆ **~ attack** crise *f* de foie b (*fig*) maussade, irritable

**biliousness** /ˈbɪlɪəsnɪs/ N (*NonC: Med*) affection *f* hépatique

**bilk** /bɪlk/ VT (*esp US*) [*+ creditor*] filouter, blouser * ◆ **to ~ sb's efforts** mettre des bâtons dans les roues à qn

**Bill** /bɪl/ N (dim of **William**) Guillaume *m*

**bill[1]** /bɪl/ N a (*for product, work done*) facture *f* ; (*for gas etc*) note *f* ; [*of restaurant*] addition *f* ; [*of hotel*] note *f* ◆ **have you paid the milk ~?** as-tu payé le lait ? ◆ **a pile of ~s in the post** une pile de factures dans le courrier ◆ **may I have the ~ please** l'addition (*or* la note) s'il vous plaît ◆ **put it on my ~ please** mettez-le sur ma note, s'il vous plaît ◆ **the factory has a high wages ~** l'usine a d'importantes sorties en salaires, le poste salaires est élevé dans l'entreprise ; → **foot, pay, settle[2]**

b (*= written statement*) état *m*, liste *f*

c (*Comm, Fin etc*) effet *m*, traite *f* ◆ **to meet a ~** faire honneur à un effet ◆ **to draw a ~ on ...** tirer une traite sur ... ◆ **~s payable** (*Fin*) effets *mpl* à payer ◆ **~s receivable** (*Fin*) effets *mpl* à recevoir ◆ **exchequer ~** bon *m* du Trésor ; → **endorse**

d (*US = banknote*) billet *m* (de banque) ◆ **5-dollar ~** billet *m* de 5 dollars

e (*Parl*) projet *m* de loi ◆ **to propose/pass/throw out a ~** présenter/voter/rejeter un projet de loi ◆ **the ~ passed the Commons** (*Brit*) le projet de loi a été voté par la Chambre des communes

f (*Jur*) plainte *f*, requête *f*

g (*= poster, advertisement*) (*Theat etc*) affiche *f* ; [*of house for sale*] écriteau *m* ; (*= public notice*) placard *m* ◆ **to head** *or* **top the ~** être en vedette, être en tête d'affiche ◆ **to fit** *or* **fill the ~** (*gen*) faire l'affaire ; (*for job*) avoir le profil ◆ **we need someone with leadership qualities, and she fits the ~ perfectly** il nous faut quelqu'un qui ait des qualités de chef et elle fait tout à fait l'affaire *or* elle a le profil requis ◆ **she fits the ~ as a leader** elle a tout à fait le profil d'un chef ; → **handbill, stick**

VT a [*+ goods*] facturer ◆ **to ~ sb for sth** envoyer la facture de qch à qn

b [*+ play*] mettre à l'affiche, annoncer ◆ **he is ~ed to play Hamlet** il est à l'affiche dans le rôle de Hamlet

COMP ▷ **bill of attainder** N décret *m* de confiscation de biens et de mort civile ▷ **bill of costs** N état *m* de frais ▷ **bill of entry** N (*Customs*) déclaration *f* d'entrée en douane ▷ **bill of exchange** N (*Comm*) lettre *f* de change ◆ **foreign ~ of exchange** traite *f* sur l'étranger ▷ **bill of fare** N menu *m*, carte *f* (du jour) ▷ **bill of goods** N (*US*) ◆ **to sell sb a ~ of goods** * rouler * qn ▷ **bill of health** N (*Naut*) patente *f* (de santé) ; → **clean** ▷ **bill of indictment** N acte *m* d'accusation ▷ **bill of lading** N (*Comm*) connaissement *m* ▷ **bill of quantities** N (*Constr*) métré *m* (*devis*) ▷ **bill of rights** N déclaration *f* des droits ◆ **the Bill of Rights** (*US Hist*) la Déclaration des droits ▷ **bill of sale** N acte *m* *or* contrat *m* de vente

> **Bill of Rights**
>
> Ensemble des dix premiers amendements ajoutés à la Constitution américaine en 1791 et qui définissent les droits individuels des citoyens et les pouvoirs respectifs du gouvernement fédéral et des États. Ainsi le premier amendement garantit la liberté de culte et de réunion et la liberté de la presse, le second le droit au port d'armes, le sixième le droit à un procès équitable. → FIFTH AMENDMENT

**bill[2]** /bɪl/ N a [*of bird*] bec *m* ; → **scissor** b (*Geog*) promontoire *m*, bec *m* ◆ **Portland Bill** la presqu'île de Portland VI [*birds*] se becqueter ◆ **to ~ and coo** (*lit, fig*) roucouler

**bill[3]** /bɪl/ N a (*= tool*) serpe *f* b (*Hist = weapon*) hache *f* d'armes

**billboard** /ˈbɪlbɔːd/ N panneau *m* d'affichage

**billet[1]** /ˈbɪlɪt/ N (*Mil*) (*= document*) billet *m* de logement ; (*= accommodation*) cantonnement *m* (chez l'habitant) ◆ **a cushy ~** * (*fig*) un fromage *, une planque * VT (*Mil*) ◆ **to ~ a soldier (on sb)** loger un soldat (chez qn), cantonner un soldat (chez qn) ◆ **to ~ soldiers on a town** cantonner des soldats dans une ville

**billet[2]** /ˈbɪlɪt/ N [*of wood etc*] billette *f* (*also Archit*)

**billeting** /ˈbɪlɪtɪŋ/ N (*Mil*) cantonnement *m* COMP ▷ **billeting officer** N chef *m* de cantonnement

**billfold** /ˈbɪlfəʊld/ N (*US*) portefeuille *m*

**billhook** /ˈbɪlhʊk/ N serpette *f*

**billiard** /ˈbɪljəd/ N (*NonC*) ◆ **~s** (jeu *m* de) billard *m* ◆ **to have a game of ~s** faire une partie de billard COMP ▷ **billiard ball** N boule *f* de billard ▷ **billiard cue** N queue *f* de billard ▷ **billiard table** N (table *f* de) billard *m*

**billing[1]** /ˈbɪlɪŋ/ N a (*of posters*) affichage *m* b (*Theat*) **to get top** *or* **star/second ~** figurer en tête d'affiche/en deuxième place à l'affiche

**billing[2]** /ˈbɪlɪŋ/ N (*lit, fig*) ◆ **~ and cooing** roucoulements *mpl*

**billing[3]** /ˈbɪlɪŋ/ N (*Comm*) facturation *f*

**Billingsgate** /ˈbɪlɪŋzɡeɪt/ N *ancien marché au poisson du quartier de Billingsgate à Londres*

**billion** /ˈbɪljən/ N (pl **billion** *or* **billions**) (*= thousand million*) milliard *m* ; (*Brit* † *= million million*) billion *m*

**billionaire** /ˌbɪljəˈnɛəʳ/ N milliardaire *mf*

**billow** /ˈbɪləʊ/ N (*liter*) ◆ **the ~s** les flots *mpl* (*liter*) VI [*sail*] se gonfler ; [*cloth*] onduler ; [*smoke*] s'élever en tourbillons *or* en volutes, tournoyer

► **billow out** VI [*sail etc*] se gonfler

**billowy** /ˈbɪləʊɪ/ ADJ [*sea*] houleux, agité ; [*waves*] gros (grosse *f*) ; [*sail*] gonflé (par le vent) ; [*smoke*] en (grosses) volutes

**billposter** /ˈbɪlˌpəʊstəʳ/, **billsticker** /ˈbɪlˌstɪkəʳ/ N colleur *m* d'affiches

**billy[1]** /ˈbɪlɪ/ N (*US = club*) matraque *f*

**billy[2]** /ˈbɪlɪ/ N (also **billy can**) gamelle *f*

**billy goat** /ˈbɪlɪɡəʊt/ N bouc *m* COMP ▷ **billy goat beard** N bouc *m* (*barbe*)

**billy-ho** *, **billy-o(h)** * /ˈbɪlɪəʊ/ N ◆ **like billy-oh** [*laugh, run, work*] comme un fou

**bimbo** * /ˈbɪmbəʊ/ N (pl **bimbos**) (*pej*) ravissante idiote *f*

**bimetallic** /ˌbaɪmɪˈtælɪk/ ADJ bimétallique

**bimetallism** /baɪˈmetəlɪzəm/ N bimétallisme *m*

**bimonthly** /ˈbaɪˈmʌnθlɪ/ ADJ (*= twice a month*) bimensuel ; (*= every two months*) bimestriel ADV deux fois par mois, tous les deux mois

**bin** /bɪn/ N a [*of coal, corn*] coffre *m* ; [*of bread*] boîte *f* ; (*larger*) huche *f* b (*Brit Wine*) casier *m* (à bouteilles) c (*Brit*: also **rubbish bin**) boîte *f* à ordures, poubelle *f* VT (* *= throw away*) mettre *or* jeter à la poubelle COMP ▷ **bin bag** N (grand) sac *m* poubelle ▷ **bin end** N (*Wine*) fin *f* de série ▷ **bin liner** N sac *m* poubelle

**binary** /ˈbaɪnərɪ/ ADJ binaire N (*= the binary system*) système *m* binaire ◆ **in ~** en binaire COMP ▷ **binary code** N (*Comput*) code *m* binaire ▷ **binary form** N (*Mus*) forme *f* binaire ▷ **binary notation** N (*Math*) numération *f* binaire ▷ **binary number** N (*Math*) nombre *m* binaire ▷ **binary star** N (*Astron*) étoile *f* double ▷ **binary system** N (*Math*) système *m* binaire

**bind** /baɪnd/ (pret, ptp **bound**) VT a (*= fasten*) [*+ thing*] attacher ; [*+ two or more things*] attacher, lier ; [*+ person, animal*] lier, attacher (*to* à) ; [*+ prisoner*] ligoter ◆ **he bound the files (together) with string** il a attaché *or* lié (ensemble) les dossiers avec une ficelle ◆ **bound hand and foot** pieds et poings liés ◆ **bound by gratitude to sb** attaché à qn par la reconnaissance ◆ **to be bound together** [*people, ideas*] être liés

b (*= encircle*) entourer (*with* de) ceindre (*liter*) (*with* de) ; (*Med*) [*+ artery*] ligaturer ; [*+ wound*] bander

c [*+ book*] relier ◆ **bound in calf** relié (en) veau

d (*= oblige, pledge*) obliger, contraindre (*sb to do sth* qn à faire qch) ; ◆ **to ~ o.s. to sth/to do sth** s'engager à qch/à faire qch ◆ **to ~ sb to a promise** astreindre qn à tenir une promesse ◆ **to ~ by an oath** lier par (un) serment ◆ **to ~ sb as an apprentice (to)** mettre qn en apprentissage (chez) ; → **bound[3]**

e (*= stick together*) (*also Chem, Phys*) lier ; (*Med*) [*+ bowels*] resserrer ◆ **~ the mixture with an egg** (*Culin*) lier la préparation avec un œuf

VI [*rule*] être obligatoire ; [*agreement*] engager ; [*machinery*] se coincer, se gripper ; [*brakes*] se bloquer

N a (*Mus*) liaison *f*

b (*Brit * = nuisance*) ◆ **what a ~ you've got to go** quelle barbe * que tu doives partir ◆ **this meeting is a terrible ~** cette réunion me casse les pieds * ◆ **to be in a ~** être dans le pétrin *, être coincé

► **bind down** VT SEP (*fig*) obliger, contraindre, astreindre (*sb to do sth* qn à faire qch) ; ◆ **to be bound down (to do sth)** être obligé *or* contraint (de faire qch), être astreint (à faire qch)

► **bind on** VT SEP attacher (*avec une corde etc*) VI * rouspéter *, geindre * (*about* à propos de)

► **bind over** VT SEP (*esp Brit Jur*) mettre en liberté conditionnelle ◆ **to ~ sb over to keep the peace** relaxer qn sous condition qu'il ne trouble *subj* pas l'ordre public ◆ **he was bound over for six months** on l'a relaxé sous peine de comparaître en cas de récidive dans les six mois

► **bind to** VT FUS (*Chem*) se lier à

► **bind together** VT SEP (*lit*) [*+ sticks*] lier ; (*fig*) [*+ people*] unir

► **bind up** VT SEP [*+ wound*] panser, bander ; (*fig*) lier, attacher ◆ **his money is bound up in shares** son argent est immobilisé dans des actions ◆ **your life is bound up in hers** votre existence est étroitement liée à la sienne

◆ **the future of their country is inextricably bound up with Europe** l'avenir de leur pays est inextricablement lié à celui de l'Europe ◆ **to be totally bound up with sb** se dévouer entièrement à qn ◆ **to be totally bound up with one's work** se donner corps et âme à son travail

**binder** /'baɪndəʳ/ N **a** *(Agr) (= machine)* lieuse *f* **b** *(for papers)* classeur *m* ; → **ring¹** **c** *(Constr) (= cement, mortar)* liant *m*, agglomérant *m* **d** *(US = agreement in deal)* engagement *m*, option *f* d'achat

**bindery** /'baɪndərɪ/ N atelier *m* de reliure

**binding** /'baɪndɪŋ/ **N** **a** *[of book]* reliure *f* ; → **cloth, half** **b** *(Tex = tape)* extrafort *m* ; → **bias** **c** *[of skis]* fixation *f* **ADJ** *[rule]* obligatoire ; *[agreement, promise]* qui lie, qui engage ; *[price]* ferme ◆ **to be ~ on sb** lier qn, engager qn ◆ **a promise is ~** on est lié par une promesse ◆ **~ effect** *(Jur: of agreement)* force *f* obligatoire ◆ **measure ~ on each contracting party** *(Jur)* mesure *f* exécutoire pour chaque partie contractante

**bindweed** /'baɪndwiːd/ N liseron *m*

**binge** /bɪndʒ/ **VI** *(gen)* faire des excès ; *(on alcohol)* se soûler, boire avec frénésie ; *(on food)* manger à l'excès ; *(spending)* dépenser comme un fou ◆ **to ~ on chocolate** s'empiffrer* de chocolat ◆ **to ~ on chartreuse** se soûler à la chartreuse **N** ◆ **a drinking ~** une beuverie ◆ **to go on a ~** ⇒ **to binge** **COMP** ▹ **binge drinker** N buveur, -euse *m/f* excessif, -ive ▹ **binge drinking** N *consommation excessive d'alcool dans un laps de temps relativement court*

**bingo** /'bɪŋgəʊ/ **N** bingo *m* **EXCL** ◆ **~!** * eurêka ! *

**binman** /'bɪnmæn/ N (pl **-men**) *(= dustman)* boueux *m*, éboueur *m*

**binnacle** /'bɪnəkl/ N *(Naut)* habitacle *m*

**binocular** /bɪ'nɒkjʊləʳ/ **ADJ** binoculaire **NPL** **binoculars** jumelle(s) *f(pl)*

**binomial** /baɪ'nəʊmɪəl/ ADJ, N *(Math)* binôme *m* ◆ **~ distribution** distribution *f* binomiale ◆ **the ~ theorem** le théorème (de binôme) de Newton

**bint** ‡ /bɪnt/ N *(Brit)* nana ‡ *f*

**binuclear** /baɪ'njuːklɪəʳ/ ADJ binucléaire

**bio...** /'baɪəʊ/ PREF bio...

**biochemical** /'baɪəʊ'kemɪkəl/ ADJ biochimique

**biochemist** /'baɪəʊ'kemɪst/ N biochimiste *mf*

**biochemistry** /'baɪəʊ'kemɪstrɪ/ N biochimie *f*

**biodegradable** /'baɪəʊdɪ'greɪdəbl/ ADJ biodégradable

**biodiesel** /'baɪəʊˌdiːzəl/ N biodiesel *m (gasoil d'origine végétale)*

**biodiversity** /ˌbaɪəʊdaɪ'vɜːsɪtɪ/ N biodiversité *f*

**biodynamic** /ˌbaɪəʊdaɪ'næmɪk/ ADJ biodynamique

**bioengineering** /ˌbaɪəʊˌendʒɪ'nɪərɪŋ/ N bioingénierie *f*

**bioethics** /ˌbaɪəʊ'eθɪks/ N *(NonC)* bioéthique *f*

**biofeedback** /ˌbaɪəʊ'fiːdbæk/ N biofeedback *m*

**biofuel** /'baɪəʊfjʊəl/ N biocarburant *m*

**biogenesis** /'baɪəʊ'dʒenɪsɪs/ N biogenèse *f*

**biographer** /baɪ'ɒgrəfəʳ/ N biographe *mf*

**biographic(al)** /ˌbaɪəʊ'græfɪk(əl)/ ADJ biographique

**biography** /baɪ'ɒgrəfɪ/ N biographie *f*

**biological** /ˌbaɪə'lɒdʒɪkəl/ **ADJ** *(gen)* biologique ; *[detergent, washing powder]* aux enzymes **COMP** ▹ **biological clock** N horloge *f* biologique ▹ **biological diversity** N diversité *f* biologique ▹ **biological father** N père *m* biologique ▹ **biological mother** N mère *f* biologique ▹ **biological parents** NPL parents *mpl* biologiques ▹ **biological warfare** N guerre *f* biologique ▹ **biological weapons** NPL armes *fpl* biologiques

**biologically** /ˌbaɪəʊ'lɒdʒɪkəlɪ/ ADV biologiquement

**biologist** /baɪ'ɒlədʒɪst/ N biologiste *mf*

**biology** /baɪ'ɒlədʒɪ/ N biologie *f*

**biomass** /'baɪəʊmæs/ N biomasse *f*

**biome** /'baɪəʊm/ N biome *m*

**biomechanics** /ˌbaɪəʊmɪ'kænɪks/ N *(NonC)* biomécanique *f*

**biomedical** /ˌbaɪəʊ'medɪkəl/ ADJ biomédical

**biometric** /ˌbaɪə'metrɪk/ ADJ *[data, technology, device]* biométrique

**biometrics** /baɪə'metrɪks/, **biometry** /baɪ'ɒmɪtrɪ/ N *(NonC)* biométrie *f*

**bionic** /baɪ'ɒnɪk/ ADJ bionique

**bionics** /baɪ'ɒnɪks/ N *(NonC)* bionique *f*

**biophysical** /ˌbaɪəʊ'fɪzɪkəl/ ADJ biophysique

**biophysicist** /ˌbaɪəʊ'fɪzɪsɪst/ N biophysicien(ne) *m(f)*

**biophysics** /ˌbaɪəʊ'fɪzɪks/ N *(NonC)* biophysique *f*

**biopic** * /'baɪəʊˌpɪk/ N film *m* biographique

**biopiracy** /ˌbaɪə'paɪərəsɪ/ N biopiraterie *f*

**biopsy** /'baɪɒpsɪ/ N biopsie *f*

**biorhythm** /'baɪəʊrɪðəm/ N biorythme *m*

**biosphere** /'baɪəsfɪəʳ/ N biosphère *f*

**biosynthesis** /ˌbaɪəʊ'sɪnθɪsɪs/ N biosynthèse *f*, anabolisme *m*

**biosynthetic** /ˌbaɪəʊˌsɪn'θetɪk/ ADJ biosynthétique

**biota** /baɪ'əʊtə/ N biote *m*

**biotechnology** /ˌbaɪəʊtek'nɒlədʒɪ/ N biotechnologie *f*

**bioterrorism** /ˌbaɪəʊ'terərɪzm/ N bioterrorisme *m*

**bioterrorist** /ˌbaɪəʊ'terərɪst/ **N** bioterroriste *mf* **ADJ** *[attack, threat]* bioterroriste

**biotic** /baɪ'ɒtɪk/ ADJ biotique

**biowarfare** /'baɪəʊ'wɔːfeəʳ/ N guerre *f* biologique

**bioweapon** /'baɪəʊˌwepən/ N arme *f* biologique

**bipartisan** /ˌbaɪ'pɑːtɪzæn/ ADJ biparti *or* bipartite ◆ **~ politics** politique *f* qui fait l'unanimité

**bipartite** /baɪ'pɑːtaɪt/ ADJ *(Bio, Pol)* biparti *or* bipartite ; *(Jur) [document]* rédigé en double

**biped** /'baɪped/ ADJ, N bipède *m*

**biplane** /'baɪpleɪn/ N (avion *m*) biplan *m*

**bipolar** /baɪ'pəʊləʳ/ ADJ bipolaire ◆ **~ disorder** *or* **illness** *(Psychiat)* cyclothymie *f*

**bipolarization** /baɪˌpəʊləraɪ'zeɪʃən/ N bipolarisation *f*

**bipolarize** /baɪ'pəʊləraɪz/ VT bipolariser

**birch** /bɜːtʃ/ **N** (also **birch tree**) bouleau *m* ; (also **birch wood**) (bois *m* de) bouleau *m* ; *(for whipping)* verge *f*, fouet *m* ◆ **the ~** *(Jur)* la peine du fouet (avec les verges) **VT** fouetter **COMP** de bouleau ▹ **birch plantation** N boulaie *f*, plantation *f* de bouleaux

**birching** /'bɜːtʃɪŋ/ N peine *f* du fouet (avec les verges)

**bird** /bɜːd/ **N** **a** oiseau *m* ; *(Culin)* volaille *f* ◆ **~ of ill omen** *(liter)* oiseau *m* de mauvais augure *or* de malheur ◆ **a ~ in the hand is worth two in the bush** *(Prov)* un tiens vaut mieux que deux tu l'auras *(Prov)* ◆ **~s of a feather flock together** *(Prov)* qui se ressemble s'assemble *(Prov)* ◆ **they're ~s of a feather** *(gen)* ils se ressemblent beaucoup ; *(pej)* ils sont à mettre dans le même sac ◆ **a little ~ told me** * mon petit doigt me l'a dit ◆ **the ~ has flown** *(fig)* l'oiseau s'est envolé ◆ **to give sb the ~** † * *(Theat, Sport)* huer *or* siffler qn ; *(= send sb packing)* envoyer bouler* *or* paître* qn ◆ **to get the ~** † * *(Theat)* se faire siffler *or* huer ◆ **for the ~s** ‡ *(= worthless)* nul* ; *(= silly)* débile* ◆ **he'll have to be told about the ~s and the bees** *(hum)* il va falloir lui expliquer que les bébés ne naissent pas dans les choux ; → **early** **b** *(‡ = fellow)* oiseau* *m (pej)*, type* *m* ◆ **he's a queer ~** c'est un drôle d'oiseau* *or* de numéro* ◆ **he's a cunning old ~** c'est un vieux singe *or* rusé **c** *(Brit ‡ = girl)* nana* *f*, gonzesse ‡ *f* **d** *(‡ = prison)* **five years' ~** cinq ans de taule ‡ ◆ **to do ~** faire de la taule ‡

**COMP** ▹ **bird bath** N vasque *f (pour les oiseaux)* ▹ **bird brain** * N *(pej)* étourneau *m*, tête *f* de linotte ▹ **bird-brained** * ADJ qui a une cervelle d'oiseau, écervelé ▹ **bird call** N cri *m* d'oiseau ▹ **bird dog** N *(US)* chien *m* de chasse *(pour le gibier à plume)* ▹ **bird fancier** N aviculteur *m*, -trice *f* ▹ **bird feeder** N mangeoire *f*, trémie *f* ▹ **bird flu** N grippe *f* aviaire ▹ **bird-like** ADJ *[eyes, features]* d'oiseau ▹ **bird nesting** N ◆ **to go ~ nesting** aller dénicher les oiseaux ▹ **bird of paradise** N oiseau *m* de paradis ▹ **bird of passage** N *(lit, fig)* oiseau *m* de passage ▹ **bird of prey** N oiseau *m* de proie ▹ **bird sanctuary** N réserve *f* ornithologique ▹ **birds' eggs** NPL œufs *mpl* d'oiseaux ▹ **bird's-eye view** N *(fig)* vue *f* d'ensemble, vue *f* générale ◆ **a ~'s-eye view of Paris** *(lit)* Paris vu d'avion ▹ **bird's foot** N (pl **bird's foots**) *(Bot)* pied-d'oiseau *m* ▹ **bird's nest** N nid *m* d'oiseau(x) ▹ **bird's-nest soup** N *(Culin)* soupe *f* aux nids d'hirondelles ▹ **bird table** N *(in garden)* mangeoire *f* ▹ **bird-watcher** N ornithologue *mf* amateur ▹ **bird-watching** N ornithologie *f* (pratiquée en amateur) ◆ **to go ~-watching** aller observer les oiseaux

**birdcage** /'bɜːdkeɪdʒ/ N cage *f* à oiseaux ; *(large)* volière *f*

**birdie** /'bɜːdɪ/ **N** **a** *(baby talk)* (gentil) petit oiseau *m* ◆ **watch the ~!** * *(for photo)* le petit oiseau va sortir ! **b** *(Golf)* birdie *m* **VT** *(Golf)* ◆ **to ~ a hole** faire un birdie

**birdlime** /'bɜːdlaɪm/ N glu *f*

**birdseed** /'bɜːdsiːd/ N *(NonC)* graines *fpl (pour les oiseaux)*

**birdsong** /'bɜːdsɒŋ/ N chant *m* des oiseaux

**biretta** /bɪ'retə/ N barrette *f*

**biriani** /ˌbɪrɪ'ɑːnɪ/ N ⇒ **biryani**

**birling** /'bɜːlɪŋ/ N *(US) sport de bûcheron, consistant à faire tourner avec les pieds, sans tomber, un tronc d'arbre flottant*

**Biro** ® /'baɪərəʊ/ N *(Brit)* stylo *m* (à) bille, Bic ® *m*

**birth** /bɜːθ/ LANGUAGE IN USE 24.1

**N** **a** *(= being born)* naissance *f* ; (also **childbirth**) accouchement *m*, couches *fpl* ; *[of animal]* mise *f* bas ◆ **at ~** à la naissance ◆ **during the ~** pendant l'accouchement ◆ **to give ~ to** *[woman]* donner naissance à ; *[animal]* mettre bas ◆ **blind/deaf from** *or* **since ~** aveugle/sourd de naissance ◆ **the village/country of one's ~** son village/pays natal b (= *parentage*) naissance *f*, extraction *f* ◆ **Scottish by** ~ écossais de naissance ◆ **of good** ~ bien né, de bonne famille ◆ **of humble** ~ de basse extraction

c (*fig*) [*of movement, idea*] naissance *f*, éclosion *f* ; [*of new era*] naissance *f*, commencement *m* ; [*of trend, project*] naissance *f*, lancement *m* ; [*of phenomenon*] apparition *f*

COMP ▷ **birth certificate** N (*original*) acte *m* de naissance ; (*copy*) extrait *m* de naissance ▷ **birth control** N régulation *f or* contrôle *m* des naissances ◆ ~ **control pill** ⇒ **birth pill** ▷ **birth defect** N défaut *m* de naissance ▷ **birth father** N père *m* biologique, géniteur *m* ▷ **birth mother** N mère *f* biologique, génitrice *f* ▷ **birth parents** NPL parents *mpl* biologiques, géniteurs *mpl* ▷ **birth pill** N pilule *f* contraceptive ▷ **birth plan** N projet *m* d'accouchement ▷ **birth rate** N (taux *m* de) natalité *f*

**birthdate** /ˈbɜːθdeɪt/ N date *f* de naissance

**birthday** /ˈbɜːθdeɪ/ LANGUAGE IN USE 23.3 N anniversaire *m* ◆ **what did you get for your ~?** qu'est-ce que tu as eu pour ton anniversaire ? ; → **happy** COMP ▷ **birthday cake** N gâteau *m* d'anniversaire ▷ **birthday card** N carte *f* d'anniversaire ▷ **Birthday Honours** N (*Brit*) ⇒ **Honours List** ; → **honour** ; → HONOURS LIST ▷ **birthday party** N ◆ **she is having a ~ party** elle a organisé une petite fête *or* une soirée pour son anniversaire ▷ **birthday present** N cadeau *m* d'anniversaire ▷ **birthday suit** * N (*hum*) ◆ **in one's ~ suit** en costume d'Adam (*or* d'Ève) *, dans le plus simple appareil (*hum*)

**birthing** /ˈbɜːθɪŋ/ ADJ [*equipment, room*] d'accouchement COMP ▷ **birthing chair** N chaise *f* d'accouchement ▷ **birthing pool** N piscine *f or* bassin *m* d'accouchement ▷ **birthing stool** N tabouret *m* d'accouchement

**birthmark** /ˈbɜːθmɑːk/ N tache *f* de vin

**birthplace** /ˈbɜːθpleɪs/ N (*gen, Admin*) lieu *m* de naissance ; (= *house*) maison *f* natale ◆ **the ~ of civilization** le berceau de la civilisation

**birthright** /ˈbɜːθraɪt/ N (*lit*) [*of firstborn*] droit *m* d'aînesse ◆ **it is the ~ of every Englishman** (*fig*) c'est un droit que chaque Anglais a *or* acquiert à sa naissance

**birthstone** /ˈbɜːθstəʊn/ N pierre *f* porte-bonheur

**biryani** /ˌbɪrɪˈɑːni/ N biriani *m* (*plat indien à base de riz*)

**biscuit** /ˈbɪskɪt/ N a (*Brit*) petit gâteau *m* sec, biscuit *m* ◆ **that takes the ~!** ‡ ça c'est le bouquet ! * ◆ **he takes the ~!** ‡ il décroche le pompon ! * ; → **digestive, ship, water** b (*US*) biscuit *m* sec ADJ (also **biscuit-coloured**) (couleur) biscuit *inv*, beige COMP ▷ **biscuit barrel** N boîte *f* à biscuits ▷ **biscuit-firing** N (*Pottery*) dégourdi *m* ▷ **biscuit ware** N (*Pottery*) biscuit *m*

**bisect** /baɪˈsekt/ VT couper *or* diviser en deux ; (*Math*) couper en deux parties égales VI [*road etc*] bifurquer

**bisection** /baɪˈsekʃən/ N (*Math*) division *f* en deux parties égales ; [*of angle*] bissection *f*

**bisector** /baɪˈsektəʳ/ N (*Math*) bissectrice *f*

**bisexual** /ˈbaɪˈseksjʊəl/ ADJ a [*person*] bisexuel b (*Bio, Zool*) bisexué

**bishop** /ˈbɪʃəp/ N a (*Rel*) évêque *m* ; (*as term of address*) Monseigneur b (*Chess*) fou *m*

**bishopric** /ˈbɪʃəprɪk/ N (= *diocese*) évêché *m* ; (= *function*) épiscopat *m*

**bismuth** /ˈbɪzməθ/ N bismuth *m*

**bison** /ˈbaɪsn/ N (*pl inv*) bison *m*

**bisque** /bɪsk/ N (*Culin, Sport*) bisque *f* ; (*Pottery*) biscuit *m*

**bissextile** /bɪˈsekstaɪl/ N année *f* bissextile ADJ bissextile

**bistable** /baɪˈsteɪbl/ ADJ (*Comput*) bistable

**bistoury** /ˈbɪstʊrɪ/ N bistouri *m*

**bistre** /ˈbɪstəʳ/ ADJ, N bistre *m*

**bistro** /ˈbiːstrəʊ/ N petit restaurant *m* (*style bistrot*)

**bit¹** /bɪt/ N a [*of horse*] mors *m* ◆ **to get** *or* **take the ~ between one's teeth** (*lit, fig*) prendre le mors aux dents ; → **champ¹** b (= *tool*) mèche *f* ; → **brace, centre**

**bit²** /bɪt/ N a (= *piece*) [*of bread*] morceau *m* ; [*of paper, string*] bout *m* ; [*of book, talk etc*] passage *m* ; (= *tiny amount*) peu *m* ◆ **a ~ of garden** un bout de jardin, un tout petit jardin ◆ **a tiny little ~** un tout petit peu ◆ **there's a ~ of the soldier in him** il y a un peu du soldat en lui ◆ **a ~ of advice** un petit conseil ◆ **a ~ of news** une nouvelle ◆ **a ~ of luck** une chance ◆ **what a ~ of luck!** * quelle chance *or* veine ! * ◆ **in ~s and pieces** (= *broken*) en morceaux, en miettes ; (= *dismantled*) en pièces détachées ; (*fig*) (*plan, scheme*) en ruines ◆ **bring all your ~s and pieces** * apporte toutes tes petites affaires ◆ **~s and bobs** * petites affaires *fpl* ◆ **to come to ~s** (= *break*) s'en aller *or* tomber en morceaux ; (= *dismantle*) se démonter ◆ **he went to ~s** * il a craqué * ◆ **~ by ~** (= *gradually*) petit à petit ; (= *piecemeal*) par morceaux ◆ **and a ~ over** et même un peu plus ◆ **to do one's ~** fournir sa part d'effort ◆ **he's got a ~ on the side** ‡ il a une maîtresse ◆ **for him, I was just a ~ on the side** ‡ pour lui, je n'étais qu'une aventure

b (*phrases*) **a ~** un peu ◆ **a ~ of money** un peu d'argent ◆ **it is** *or* **that is a ~ much** (= *expensive*) c'est un peu exagéré ! ; (= *unfair*) c'est un peu fort * ! ◆ **a good ~ of** *or* **quite a ~ of money** pas mal d'argent ◆ **he paid a good ~ for it** ça lui a coûté assez cher (*lit*) ◆ **I'm a ~/a little ~/a good ~ late** je suis un peu/un petit peu/très en retard ◆ **it's a good ~ further than we thought** c'est bien *or* beaucoup plus loin que nous ne pensions ◆ **a good ~ bigger** bien *or* beaucoup plus grand ◆ **every ~ as good as** tout aussi bon que ◆ **every ~ of the wall** le mur tout entier ◆ **he's every ~ a soldier** il est militaire jusqu'à la moelle ◆ **I'm a ~ of a socialist** je suis socialiste sur les bords * ◆ **he seems to be a ~ of an expert** il a l'air de s'y connaître (pas mal) ◆ **she's a ~ of a liar** elle est un brin *or* un tantinet menteuse ◆ **it was a ~ of a shock** ça (nous) a plutôt fait un choc ◆ **that's a ~ of all right** ‡ c'est super * *or* chouette * ◆ **he's/she's a ~ of all right** ‡ (= *attractive*) il/elle est plutôt bien balancé(e) * ◆ **not a ~** pas du tout ◆ **not a ~ of it!** pas du tout !, pas le moins du monde ! ◆ **it's not a ~ of use** cela ne sert strictement *or* absolument à rien ◆ **he wasn't a ~ the wiser** *or* **the better for it** il n'en était pas plus avancé ; → **much**

c (*of time*) **after a ~** après un moment ◆ **a good** *or* **quite a ~** un bon bout de temps * ◆ **wait a ~** attendez un instant *or* un peu

d († = *coin*) pièce *f* ; → **threepenny, two**

e (*Comput*) bit *m*

ADJ (*Theat*) ◆ **~ part** petit rôle *m*, panne * *f* (*Theat*)

COMP ▷ **bit-map** (*Comput*) N a (*NonC* = *mode*) mode point *m* b (also **bit-map(ped) image**) image *f* en mode point ADJ (also **bit-mapped**) [*graphics*] en mode point, par points ◆ **~-map font** police *f* en mode point *or* par points ▷ **bit player** * N (*Theat, Cine, fig*) figurant(e) *m(f)*

**bit³** /bɪt/ VB pt of **bite**

**bitch** /bɪtʃ/ N a (*dog*) chienne *f* ; (*canines generally*) femelle *f* ; (*fox*) renarde *f* ; (*wolf*) louve *f* ◆ **terrier ~** terrier *m* femelle b (*‡ *pej* = *woman*) garce ‡ *f* ◆ **she's a ~** elle est rosse *, c'est une garce ‡ c ‡ ◆ **that ~ of a car** cette putain de bagnole ‡ ◆ **that ~ of a job** cette saloperie de boulot ‡ ◆ **it's a ~** c'est la merde ‡ ◆ **life's a ~ (and then you die)** chienne de vie * d (*esp US*) **what's your ~?** ‡ (= *complaint*) qu'est-ce que tu as à râler ? * VI (* = *complain*) rouspéter *, râler * ◆ **to ~ about sb** dire du mal de qn

**bitching** ‡ /ˈbɪtʃɪŋ/ ADJ (*esp US*) du tonnerre

**bitchy** * /ˈbɪtʃɪ/ ADJ rosse *, vache * ◆ **to be ~ to sb** être vache * avec qn ◆ **he was ~ about it** il a été vache * (à ce sujet) ◆ **that was a ~ thing to do** c'était (un coup) vache *

**bite** /baɪt/ (vb : pret **bit**, ptp **bitten**) N a [*of dog etc*] morsure *f* ; [*of snake, insect*] piqûre *f* ◆ **face covered in (insect) ~s** visage couvert de piqûres d'insectes ; → **bark², fleabite**

b (= *piece bitten off*) bouchée *f* ; (= *something to eat*) morceau *m*, quelque chose (à manger) ◆ **in two ~s** en deux bouchées ◆ **chew each ~ carefully** mâchez bien chaque bouchée ◆ **to take a ~ out of** (*lit*) [+ *apple etc*] manger une bouchée de ; (*esp US fig*) [+ *savings, budget*] faire un trou dans ◆ **to get a second** *or* **another ~ at the cherry, to have two ~s at the cherry** avoir une seconde chance

c * ◆ **a ~ (to eat)** un casse-graine ◆ **I'll get a ~ on the train** je mangerai un morceau dans le train ◆ **come and have a ~** venez manger un morceau

d (*Fishing*) touche *f* ◆ **I haven't had a ~ all day** je n'ai pas eu une seule touche aujourd'hui ◆ **got a ~?** * ça a mordu ?

e [*of sauce etc*] piquant *m* ◆ **there's a ~ in the air** l'air est piquant ◆ **his speech didn't have much ~** son discours manquait de mordant

VT [*person, animal*] mordre ; [*snake, insect*] piquer, mordre ◆ **to ~ one's nails** se ronger les ongles ◆ **to ~ sth in two** couper qch en deux d'un coup de dents ◆ **to ~ one's lips/fingers** se mordre les lèvres/les doigts ◆ **to ~ one's tongue** (*lit, fig*) se mordre la langue ◆ **to ~ one's tongue** *or* **one's lip** (*fig*) tenir sa langue ◆ **it won't ~ (you)!** * (*hum*) ça ne mord pas ! * ◆ **what's biting you?** ‡ qu'est-ce que tu as à râler ? * ◆ **to ~ the bullet** * serrer les dents (*fig*) ◆ **to ~ the dust** (*lit, fig*) mordre la poussière ◆ **to ~ the hand that feeds one** cracher dans la soupe * ◆ **once bitten twice shy** (*Prov*) chat échaudé craint l'eau froide (*Prov*) ◆ **to be bitten with** * **the desire to do sth** mourir d'envie de faire qch ◆ **to get bitten** ‡ (= *be cheated*) se faire avoir *, se faire rouler * ; → **biter**

VI [*dog*] mordre ; [*fish*] mordre (à l'hameçon) ; [*insect*] piquer ; [*cold, frost, wind*] mordre, pincer ; [*cogs*] s'engrener ; [*anchor, screw*] mordre ◆ **to ~ into sth** [*person*] mordre (dans) qch ; [*acid*] mordre sur qch

COMP ▷ **bite-size(d)** * ADJ (*lit*) [*piece of food*] petit ; [*biscuit, chocolate bar*] miniature ◆ **~-size(d) cheeses** mini-fromages *mpl* ◆ **~-size(d) chunks** petits morceaux *mpl* ◆ **cut the food into ~-size(d) chunks** coupez la nourriture en petits morceaux ◆ **~-size(d) chunks of information** informations *fpl* brèves de lecture aisée ◆ **classical music in ~-size(d) chunks** des extraits de musique classique

► **bite back** VI (= *respond*) réagir, rendre la pareille

VT SEP [+ *words, retort*] ravaler

► **bite off** VT SEP arracher d'un coup de dent(s) ◆ **she bit off a piece of apple** elle a mordu dans la pomme ◆ **he has bitten off more than he can chew** il a eu les yeux plus grands que le ventre, il a visé trop haut ◆ **to ~ sb's head off** * rembarrer qn (brutalement)

► **bite on** VT FUS mordre

► **bite through** VT FUS *[+ tongue, lip]* mordre (de part en part) ; *[+ string, thread]* couper *or* casser avec les dents

**biter** /ˈbaɪtəʳ/ N ◆ **the ~ bit** tel est pris qui croyait prendre

**biting** /ˈbaɪtɪŋ/ ADJ *[cold]* âpre, mordant ; *[winter]* dur, rude ; *[wind]* piquant, cinglant ; *(fig) [style, wit, remarks]* mordant, caustique ◆ **~ irony** ironie *f* mordante *or* cinglante ◆ **~ sarcasm** sarcasme *m* acerbe *or* mordant ◆ **~ insects** insectes *mpl* piqueurs *or* voraces

**bitingly** /ˈbaɪtɪŋlɪ/ ADV *[speak]* d'un ton mordant *or* caustique

**bitten** /ˈbɪtn/ VB ptp of **bite**

**bitter** /ˈbɪtəʳ/ ADJ a *[taste]* amer, âpre ◆ **it was a ~ pill (to swallow)** la pilule était dure à avaler

b *[cold, weather]* glacial ; *[wind]* glacial, cinglant ; *[winter]* rude, rigoureux

c *[person]* amer ; *[critic, criticism]* acerbe ; *[disappointment, reproach, tears]* amer ; *[fate, sorrow]* pénible, cruel ; *[hatred]* acharné, profond ; *[opposition, protest]* violent ; *[remorse]* cuisant ; *[sight, look]* amer, plein d'amertume ; *[suffering]* âpre, cruel ; *[tone]* amer ◆ **to the ~ end** jusqu'au bout ◆ **his ~ enemy** son ennemi acharné ◆ **he was always a ~ enemy of corruption** il a toujours été un adversaire acharné de la corruption ◆ **I feel (very) ~ about the whole business** toute cette histoire me remplit d'amertume ◆ **~ and twisted** aigri

N a *(Brit = beer)* sorte de bière brune anglaise

b *(Pharm)* amer *m*

NPL **bitters** *(= drink)* bitter *m*, amer *m* ◆ **gin and ~s** cocktail *m* au gin et au bitter

COMP ▷ **bitter aloes** NPL aloès *m* (médicinal) ▷ **bitter lemon** N Schweppes ® *m* au citron ▷ **bitter orange** N orange *f* amère, bigarade *f*

**bitterly** /ˈbɪtəlɪ/ ADV *[regret, weep]* amèrement ; *[say, think]* avec amertume ; *[criticize, denounce, reproach]* âprement ; *[oppose, contest, fight]* farouchement ; *[ashamed]* profondément ◆ **~ disappointed** amèrement déçu ◆ **~ jealous** atrocement jaloux ◆ **to be ~ resentful of sb's success** en vouloir amèrement à qn de son succès ◆ **opinions are ~ divided** les avis sont profondément partagés ◆ **it's ~ cold** il fait un froid de canard ◆ **on a ~ cold day** par une journée glaciale

**bittern** /ˈbɪtɜːn/ N *(Orn)* butor *m*

**bitterness** /ˈbɪtənɪs/ N *(NonC: gen)* amertume *f* ; *[of opposition etc]* violence *f*

**bittersweet** /ˈbɪtəswiːt/ ADJ *(lit, fig)* aigre-doux (-douce *f*) N *(Bot)* douce-amère *f*; *(fig)* amère douceur *f*

**bitty** * /ˈbɪtɪ/ ADJ *(Brit)* décousu

**bitumen** /ˈbɪtjʊmɪn/ N bitume *m*

**bituminous** /bɪˈtjuːmɪnəs/ ADJ bitumineux

**bivalent** /ˈbaɪˈveɪlənt/ ADJ *(Bio, Chem)* bivalent

**bivalve** /ˈbaɪvælv/ ADJ, N bivalve *m*

**bivouac** /ˈbɪvʊæk/ N bivouac *m* VI bivouaquer

**bi-weekly** /ˈbaɪˈwiːklɪ/ ADJ *(= twice in a week)* bihebdomadaire ; *(US = fortnightly)* bimensuel ADV *(= twice a week)* deux fois par semaine ; *(US = fortnightly)* tous les quinze jours

**biz** ‡ /bɪz/ N (abbrev of **business**) → **show**

**bizarre** /bɪˈzɑːʳ/ ADJ bizarre

**bk** a abbrev of **book** b abbrev of **bank**

**BL** /biːˈel/ a (abbrev of **British Library**) → **British** b (abbrev of **Bachelor of Law**) → **bachelor** c (abbrev of **bill of lading**) → **bill**[1]

**blab** /blæb/ VI a *(= tell secret)* manger le morceau ‡ b *(= chatter)* jaser VT (also **blab out**) *[+ secret]* laisser échapper, aller raconter

**blabber** * /ˈblæbəʳ/ VI (also **blabber on**) ⇒ **blab vi a**

**blabbermouth** * /ˈblæbəˌmaʊθ/ N *(pej)* grande bouche * *f*, grande gueule ‡ *f*

**black** /blæk/ ADJ a *[hair, clouds, smoke etc]* noir ◆ **eyes as ~ as sloes** des yeux noirs comme (du) jais, des yeux de jais ◆ **~ and blue** *(fig)* couvert de bleus ◆ **to beat sb ~ and blue** battre qn comme plâtre, rouer qn de coups ◆ **~ gold** *(= oil)* l'or *m* noir ◆ **"black tie"** *(on invitation)* "tenue de soirée exigée" ◆ **you can scream till you're ~ in the face but ...** tu peux toujours t'égosiller *or* t'époumoner mais ... ; see also **comp, belt, coal, jet**[2]**, pitch**[2]**, pot**[1]

b (also **Black**) *[person, race, skin]* noir ; *[music, culture]* noir, black * ; *[art]* nègre ◆ **you never see a ~ face around here** on ne voit jamais de Noirs par ici ◆ **~ man** Noir *m* ◆ **~ woman** Noire *f* ◆ **~ people** les Noirs *mpl* ◆ **the Black community/population** la communauté/population noire ◆ **Black American** Noir(e) *m(f)* américain(e) ◆ **Black America** l'Amérique *f* noire ◆ **~ college** *(US Univ)* université *f* noire ◆ **~ consciousness** identité *f* noire ◆ **~ consciousness movement** mouvement *m* de revendication de l'identité noire ◆ **Black English** l'anglais *m* des Noirs américains ◆ **Black Nationalism** *(US)* mouvement *m* nationaliste noir ◆ **Black Studies** études *fpl* afro-américaines ◆ **Black Madonna** Madone *f* noire ; see also **comp**

c *(= dark)* noir ◆ **the sky was ~ with birds** le ciel était noir d'oiseaux ; ⇒ **pitch**

d *(= dirty)* noir ◆ **his hands were ~** il avait les mains noires ◆ **he was as ~ as a sweep** il était noir de la tête aux pieds ◆ **their faces were ~ with coal-dust** leurs visages étaient noircis par le charbon

e *(without milk) [coffee]* noir ; *[tea]* nature ◆ **to take** *or* **drink one's coffee/tea ~** boire son café/thé sans lait, ne pas mettre de lait dans son café/thé

f *(liter) (= wicked) [crime, action]* noir ; *[thought]* mauvais ◆ **a ~ deed** un crime, un forfait *(liter)* ◆ **he painted their conduct in the ~est colours** il a présenté leur conduite sous les couleurs les plus noires ◆ **he's not as ~ as he's painted** il n'est pas aussi mauvais qu'on le dit

g *(= gloomy) [thoughts, prospects]* noir ; *[grief]* intense, violent ; *[rage]* noir ; *[despair]* sombre ◆ **things are looking ~** les choses se présentent très mal ◆ **it's a ~ outlook** *or* **things are looking ~ for him** ses affaires se présentent très mal ◆ **a ~ day on the roads** une sombre journée sur les routes ◆ **it's a ~ day for England** c'est un jour (bien) triste pour l'Angleterre ; *(stronger)* c'est un jour de deuil pour l'Angleterre

h *(angry)* ◆ **to give sb a ~ look** lancer un regard noir à qn ◆ **I got some ~ looks from John** j'ai eu des regards noirs de la part de John, John m'a lancé des regards noirs ◆ **his face was as ~ as thunder, he looked as ~ as thunder** il avait l'air furibond

N a *(= colour)* noir *m*, couleur *f* noire ; *(mourning)* noir *m*, deuil *m* ◆ **dressed in ~** habillé de noir ◆ **to wear ~ for sb** porter le deuil de qn ◆ **there it is in ~ and white** c'est écrit noir sur blanc ◆ **~ and white** *(Art)* dessin *m* en noir et blanc ◆ **to swear that ~ is white** *(fig) (obstinate person)* se refuser à l'évidence, nier l'évidence ; *(liar)* mentir effrontément ◆ **to be in the ~** * *(Fin)* être créditeur ◆ **to get (back) into the ~** ne plus être à découvert ; → **lampblack**

b *(Snooker, Billiards)* boule *f* noire

c *(= person)* Noir(e) *m(f)*, Black * *mf*

d *(= darkness)* ténèbres *fpl*, obscurité *f* ; *(outdoors only)* nuit *f* noire

VT a *(= blacken)* noircir ; *[+ shoes]* cirer ◆ **to ~ one's face** se noircir le visage ◆ **to ~ sb's eye (for him)** pocher l'œil à qn

b *(Brit Ind) [+ cargo, firm, goods]* boycotter

COMP ▷ **Black Africa** N Afrique *f* Noire ▷ **black art(s)** N(PL) magie *f* noire, sciences *fpl* occultes ▷ **black-ball** N vote *m* contre VT blackbouler ▷ **black bass** N achigan *m* ▷ **black beetle** N cafard *m*, cancrelat *m* ▷ **black books** NPL ◆ **she was in his ~ books** elle n'était pas dans ses petits papiers *, elle était mal vue (de lui) ▷ **black box (recorder)** N *(Aviat)* boîte *f* noire ; *(= mysterious device)* boîte *f* noire ▷ **black cab** N *(Brit)* taxi *m* anglais ▷ **black cap** N *(Orn)* fauvette *f* à tête noire ; *(Brit Jur Hist)* bonnet *m* noir *(que mettait un juge avant de prononcer la peine de mort)* ▷ **black comedy** N comédie *f* noire ▷ **Black Country** N Pays *m* noir *(région industrielle des Midlands)* ▷ **Black Death** N *(Hist)* peste *f* noire ▷ **black economy** N économie *f* parallèle *or* souterraine ▷ **black eye** N œil *m* poché *or* au beurre noir * ◆ **to give sb a ~ eye** pocher l'œil à qn ▷ **Black Forest** N Forêt-Noire *f* ▷ **Black Forest gateau** N forêt-noire *f* ▷ **Black Friar** N frère *m* prêcheur, dominicain *m* ▷ **black frost** N gel *m* ▷ **black goods** N *(Ind)* marchandises *fpl* boycottées ▷ **black grouse** N tétras-lyre *m*, coq *m* de bruyère ▷ **black-headed gull** N mouette *f* rieuse ▷ **black-hearted** ADJ mauvais, malfaisant ▷ **black hole** N *(Astron, also fig)* trou *m* noir ◆ **the Black Hole of Calcutta** *(Brit Hist)* le cachot de Calcutta ▷ **black humour** N humour *m* noir ▷ **black ice** N verglas *m* ▷ **black knight** N *(Comm)* chevalier *m* noir ▷ **black magic** N magie *f* noire ▷ **Black Maria** * N *(Brit)* panier *m* à salade * ▷ **black mark** N *(fig)* ◆ **that gets a ~ mark** c'est zéro * ◆ **that's a ~ mark for** *or* **against him** c'est un mauvais point pour lui ▷ **black market** N marché *m* noir ◆ **on the ~ market** au marché noir ▷ **black marketeer** N profiteur *m*, -euse *f (vendant au marché noir)* ▷ **black mass** N messe *f* noire ▷ **Black Muslim** N Musulman(e) noir(e) *m(f)*, Black Muslim *mf* ▷ **black nightshade** N *(Bot)* morelle *f* noire ▷ **Black Panthers** NPL *(Hist)* Panthères *fpl* noires ▷ **Black Papers** NPL *(Brit Scol) livres blancs sur le système éducatif* ▷ **black pepper** N poivre *m* noir ▷ **Black Power (movement)** N Black Power *m*, pouvoir *m* noir ▷ **the Black Prince** N *(Brit Hist)* le Prince Noir ▷ **black pudding** N *(Brit)* boudin *m* noir ▷ **Black Rod** N *(Brit Parl) fonctionnaire rattaché à la Chambre des lords, chargé de convoquer les Communes lors de l'ouverture de la session parlementaire* ▷ **the Black Sea** N la mer Noire ▷ **Black September** N *(Pol)* Septembre *m* noir ▷ **black sheep** N ◆ **the ~ sheep of the family** la brebis galeuse (de la famille) ▷ **black spot** N (also **accident black spot** : *Brit)* point *m* noir ▷ **black-tie** ADJ *[dinner, function]* habillé, en smoking ; see also **adj a** ▷ **black velvet** N *cocktail de champagne et de stout* ▷ **Black Watch** N *(Brit Mil)* Black Watch *mpl (régiment écossais)* ▷ **black widow (spider)** N *(Zool)* veuve *f* noire

► **black out** VI *(= faint)* s'évanouir

VT SEP a *(in wartime) [+ town, building]* faire le black-out dans ◆ **a power cut ~ed out the**

**building** *(in peacetime)* une panne d'électricité a plongé l'immeuble dans l'obscurité (totale) ◆ **to ~ out the stage** *(Theat)* faire l'obscurité *or* le noir sur scène

b *(= censor)* censurer

N ◆ **blackout** → **blackout**

**blackamoor** †† /ˈblækəmʊəʳ/ N nègre † *m*

**blackberry** /ˈblækbərɪ/ N mûre *f* ◆ **~ bush** mûrier *m*, ronce *f*

**blackberrying** /ˈblækbərɪɪŋ/ N ◆ **to go ~** aller cueillir des mûres

**blackbird** /ˈblækbɜːd/ N merle *m*

**blackboard** /ˈblækbɔːd/ N tableau *m* (noir) ◆ **~ duster** chiffon *m* ◆ **the ~ jungle** la loi de la jungle (dans les classes) ◆ **~ rubber** frottoir *m*

**blackcock** /ˈblækkɒk/ N *(= male black grouse)* tétras-lyre *m*, coq *m* de bruyère

**blackcurrant** /ˌblækˈkʌrənt/ N *(= fruit, bush)* cassis *m*

**blacken** /ˈblækən/ VT a *(with dirt, soot, dust)* noircir, salir ◆ **his hands were ~ed with filth** il avait les mains noires de crasse b *(with paint, cosmetics etc)* noircir, barbouiller de noir c *(with smoke, by fire)* noircir ◆ **~ed remains** restes *mpl* calcinés d *(fig = discredit)* salir, noircir, ternir VI *[sky]* noircir, s'assombrir ; *[furniture]* noircir, devenir noir

**blackened** /ˈblækənd/ ADJ *(US Culin)* noirci au gril

**blackfly** /ˈblækflaɪ/ N puceron *m* noir

**blackguard** † /ˈblægɑːd/ N canaille *f*, fripouille *f*

**blackguardly** † /ˈblægɑːdlɪ/ ADJ *[deed, person]* infâme, ignoble

**blackhead** /ˈblækhed/ N *(Med)* point *m* noir

**blacking** /ˈblækɪŋ/ N a *[of shoes]* cirage *m* (noir) ; *[of stoves]* pâte *f* à noircir b *[of goods, cargo]* boycottage *m*

**blackish** /ˈblækɪʃ/ ADJ tirant sur le noir, noirâtre *(pej)*

**blackjack** /ˈblækdʒæk/ N *(= flag)* pavillon *m* noir *(des pirates)* ; *(= drinking vessel)* pichet *m* ; *(Min)* blende *f* ; *(US = weapon)* matraque *f* ; *(Cards)* black-jack *m* ≃ vingt-et-un *m* VT *(= beat)* matraquer ; *(= coerce)* contraindre sous la menace *(sb into doing sth* qn à faire qch)

**blacklead** /ˈblækled/ N mine *f* de plomb, graphite *m* VT *[+ stove]* frotter à la mine de plomb

**blackleg** /ˈblækleg/ *(Brit Ind)* N jaune *m*, briseur *m* de grève VI briser la grève

**blacklist** /ˈblæklɪst/ N liste *f* noire VT *[+ person]* mettre sur la liste noire ; *[+ book]* mettre à l'index *(lit, fig)*

**blackmail** /ˈblækmeɪl/ N chantage *m* ◆ **emotional ~** chantage *m* affectif VT faire chanter, faire du chantage auprès de ◆ **to ~ sb into doing sth** forcer qn par le chantage à faire qch

**blackmailer** /ˈblækmeɪləʳ/ N maître-chanteur *m*

**blackness** /ˈblæknɪs/ N *[of colour, substance]* couleur *f or* teinte *f* noire, noir *m* ; *[of night]* obscurité *f*, ténèbres *fpl* ; *[of hands, face]* saleté *f*, crasse *f*

**blackout** /ˈblækaʊt/ N a *(= amnesia)* trou *m* de mémoire ; *(= fainting)* étourdissement *m*, évanouissement *m* ◆ **to have a ~** avoir une absence b *(= power cut)* panne *f* d'électricité c *(Theat)* obscurcissement *m* de la scène ; *(during war)* black-out *m* ; → **news**

**blackshirt** /ˈblækʃɜːt/ N *(Pol)* chemise *f* noire

**blacksmith** /ˈblæksmɪθ/ N *(shoes horses)* maréchal-ferrant *m* ; *(forges iron)* forgeron *m*

**blackthorn** /ˈblækθɔːn/ N *(Bot)* épine *f* noire, prunellier *m*

**blacktop** /ˈblæktɒp/ N *(US)* bitume *m*

**blackwater fever** /ˌblækwɔːtəˈfiːvəʳ/ N fièvre *f* bilieuse hémoglobinurique

**bladder** /ˈblædəʳ/ N *(Anat)* vessie *f* ; *(Bot)* vésicule *f* ; *(Ftbl etc)* vessie *f (de ballon)* ; → **gall**[1] COMP ▷ **bladder kelp**, **bladder wrack** N fucus *m* vésiculeux

**bladderwort** /ˈblædəwɜːt/ N utriculaire *f*

**blade** /bleɪd/ N a *[of knife, tool, weapon, razor]* lame *f* ; *[of chopper, guillotine]* couperet *m* ; *[of tongue]* dos *m* ; *[of oar]* plat *m*, pale *f* ; *[of spade]* fer *m* ; *[of turbine]* aube *f* ; *[of propeller]* pale *f*, aile *f* ; *[of windscreen wiper]* caoutchouc *m*, balai *m* ; *[of grass, mace]* brin *m* ; *[of cereal]* pousse *f* ; *[of leaf]* limbe *m* ◆ **wheat in the ~** blé *m* en herbe ; → **shoulder** b *(liter = sword)* lame *f* c († *= gallant)* gaillard *m* ◆ **a gay ~** un joyeux luron

**-bladed** /ˈbleɪdɪd/ ADJ *(in compounds)* ◆ **two-bladed knife** canif *m* à deux lames

**blaeberry** /ˈbleɪbərɪ/ N *(Brit)* myrtille *f*

**blag** ⁑ /blæg/ VT *(Brit) [+ ticket]* obtenir à esbroufe * *(out of or off sb* de qn) ; ◆ **he ~ged his way into the nightclub** il est entré dans la boîte de nuit à esbroufe *

**blah** * /blɑː/ N boniment *m*, blablabla * *m* ◆ **~, ~, ~** bla, bla, bla * ◆ **the ~s** *(US)* le cafard ⁑ ADJ *(US)* barbant ⁑, peu attrayant

**Blairite** /ˈblɛəraɪt/ N, ADJ *(Brit Pol)* blairiste *mf*

**blamable** /ˈbleɪməbl/ ADJ blâmable

**blame** /bleɪm/ VT a *(= fix responsibility on)* ◆ **to ~ sb for sth, to ~ sth on sb** * rejeter la responsabilité de qch sur qn, mettre qch sur le dos de qn * ◆ **I'm not to ~** ce n'est pas ma faute ◆ **you have only yourself to ~, you have no one but yourself to ~** tu ne peux t'en prendre qu'à toi-même, tu l'auras cherché ◆ **I ~ the parents** à mon avis c'est la faute des parents, je tiens les parents pour responsables ◆ **politicians get ~d** *or* **get the ~ for everything** les hommes politiques sont tenus pour responsables de tout ◆ **she ~s her job for destroying her marriage** elle dit que c'est son travail qui a brisé son mariage ◆ **who/what is to ~** *or* **whom/what are we to ~ for this accident?** à qui/à quoi attribuer cet accident ? ◆ **faulty brakes were to ~** *(= deserve the blame)* cela était dû à un mauvais fonctionnement des freins ◆ **faulty brakes were ~d** *(= received the blame)* on a mis en cause le mauvais fonctionnement des freins ; → **workman**

b *(= censure)* condamner, blâmer ◆ **to ~ sb for doing sth** reprocher à qn de faire qch ◆ **to ~ sb for sth** reprocher qch à qn ◆ **it's no use blaming your subordinates for everything** ça ne sert à rien de tenir ses subordonnés pour responsables de tous les problèmes *or* de tout imputer à ses subordonnés ◆ **to ~ o.s. for sth/for having done sth** se reprocher qch/d'avoir fait qch ◆ **he was greatly to ~ for doing that** il a eu grand tort de faire cela ◆ **don't ~ me if you can't keep up with your workload!** ce n'est pas ma faute si tu ne t'en sors pas avec ton travail ! ◆ **you can't ~ him for wanting to leave** vous ne pouvez lui reprocher de vouloir s'en aller ◆ **he's leaving, and you can't ~ him!** il part, et on ne peut pas lui en vouloir *or* on le comprend ! ◆ **you look angry – can you ~ me?** tu as l'air en colère – ça t'étonne ?

N a *(= responsibility)* faute *f*, responsabilité *f* ◆ **to put** *or* **lay** *or* **place** *or* **throw the ~ for sth on sb** rejeter la responsabilité de qch sur qn ◆ **to bear** *or* **take the ~ (for sth)** supporter la responsabilité (de qch)

b *(= censure)* blâme *m*, reproches *mpl* ◆ **without ~** exempt de blâme, irréprochable

**blameless** /ˈbleɪmlɪs/ ADJ irréprochable

**blamelessly** /ˈbleɪmlɪslɪ/ ADV *[behave, live]* de façon irréprochable

**blameworthy** /ˈbleɪmwɜːðɪ/ ADJ *[action]* répréhensible ; *[person]* blâmable

**blanch** /blɑːntʃ/ VT *(gen, Agr, Culin)* blanchir ◆ **~ed almonds** amandes *fpl* (é)mondées *or* épluchées VI *[person]* blêmir

**blancmange** /bləˈmɒnʒ/ N *(esp Brit)* blanc-manger *m*

**bland** /blænd/ ADJ *[taste, food]* fade ; *[book, film]* fade, terne ; *[person, character]* terne, falot ; *[smile, expression]* terne

**blandish** /ˈblændɪʃ/ VT flatter, cajoler

**blandishment** /ˈblændɪʃmənt/ N *(gen pl)* flatterie(s) *f(pl)*

**blandly** /ˈblændlɪ/ ADV *[say, reply]* platement ; *[smile]* mollement

**blank** /blæŋk/ ADJ a *[paper]* blanc (blanche *f*) ; *[page]* blanc (blanche *f*), vierge ; *[map]* muet ; *[cheque]* en blanc ◆ **to give sb a ~ cheque (to do sth)** *(fig)* donner à qn carte blanche (pour faire qch) ◆ **~ cartridge** cartouche *f* à blanc ◆ **~ space** blanc *m*, (espace *m*) vide *m* ◆ **~ form** formulaire *m*, imprimé *m* (à remplir) ◆ **please leave ~** *(on form)* laisser en blanc s.v.p.

b *(= unrelieved) [wall]* aveugle ; *[silence, darkness]* profond ; *[refusal, denial]* absolu, net ; *(= empty) [life etc]* dépourvu d'intérêt, vide ; *(= expressionless) [face]* sans expression ; *[look]* sans expression, vide ; *(= puzzled)* déconcerté, dérouté ◆ **to look ~** *(= expressionless)* être sans expression ; *(= puzzled)* avoir l'air interdit ◆ **a look of ~ astonishment** un regard ébahi ◆ **his mind went ~** il a eu un blanc

c *(Poetry)* **~ verse** vers *mpl* blancs *or* non rimés

N a *(= void)* blanc *m*, (espace *m*) vide *m* ; *(fig = gap)* lacune *f*, trou *m* ◆ **she left several ~s in her answers** elle a laissé plusieurs de ses réponses en blanc ◆ **your departure has left a ~** votre départ a laissé un vide ◆ **my mind was a ~** j'avais la tête vide, j'ai eu un blanc

b *(= form)* formulaire *m* ◆ **telegraph ~** formule *f* de télégramme

c *[of target]* but *m* ; *(Dominoes)* blanc *m* ; *[of coin, medal, record]* flan *m* ; *[of key]* ébauche *f* ; *(= cartridge)* cartouche *f* à blanc ◆ **to draw a ~** *(fig) (= fail in search etc)* échouer, faire chou blanc ; *(mentally)* avoir un trou ◆ **double ~** *(Dominoes)* double blanc *m*

VT * *[+ person]* snober

► **blank out** VT SEP *[+ feeling, thought]* faire abstraction de

**blanket** /ˈblæŋkɪt/ N couverture *f* ; *[of snow etc]* couche *f* ; *[of fog]* manteau *m*, nappe *f* ; *[of smoke]* nuage *m* ◆ **born on the wrong side of the ~** † illégitime, adultérin † ; → **electric, wet** ADJ *[ban, condemnation]* général ; *[bombing]* intensif ; *[coverage]* complet (-ète *f*) VT a *[snow]* recouvrir ; *[fog, smoke]* recouvrir, envelopper b *[+ sounds]* étouffer, assourdir c *(Naut)* déventer COMP ▷ **blanket bath** N toilette *f (de malade alité)* ◆ **to give sb a ~ bath** faire la toilette de qn dans son lit ▷ **blanket cover** N ◆ **this insurance policy gives ~ cover** cette police d'assurances couvre tous les risques *or* est tous risques ▷ **blanket finish** N arrivée *f* très serrée *or* dans un mouchoir ▹ **blanket stitch** N point *m* de feston ▹ **blanket-stitch** VTI border au point de feston

► **blanket out** VT noyer

**blankety-blank** * /ˈblæŋkɪtɪˈblæŋk/ ADJ *(euph)* ⇒ **blinking adj**

**blankly** /ˈblæŋklɪ/ ADV a *(= expressionlessly)* ◆ **to look** *or* **stare ~ at sb/sth** fixer qn/qch le regard vide *or* d'un air absent b *(= uncomprehendingly) [look at, stare at, say]* d'un air ébahi

**blankness** /ˈblæŋknɪs/ N *(NonC: in eyes, face)* air *m* mort, absence *f* d'expression ; *[of life]* vide *m*

**blare** /blɛəʳ/ N *(gen)* vacarme *m* ; *[of hooter, car horn]* bruit *m* strident ; *[of radio, music]* beuglement *m* ; *[of trumpet]* sonnerie *f* VI *(also* **blare out***) [music, horn etc]* retentir ; *[loud voice]* trompeter, claironner ; *[radio]* beugler VT *(also* **blare out***) [+ music]* faire retentir

**blarney** * /ˈblɑːnɪ/ N boniment * *m*, bobards * *mpl* ◆ **he's kissed the Blarney stone** c'est un beau parleur VT *[+ person]* enjôler, embobeliner * VI manier la flatterie

**blasé** /ˈblɑːzeɪ/ ADJ blasé (*about* de) ; ◆ **he's acting ~** il joue les blasés

**blaspheme** /blæsˈfiːm/ VTI blasphémer (*against* contre)

**blasphemer** /blæsˈfiːməʳ/ N blasphémateur *m*, -trice *f*

**blasphemous** /ˈblæsfɪməs/ ADJ *[person]* blasphémateur (-trice *f*) ; *[words]* blasphématoire

**blasphemously** /ˈblæsfɪməslɪ/ ADV de façon blasphématoire

**blasphemy** /ˈblæsfɪmɪ/ N blasphème *m* ◆ **to utter ~** blasphémer ◆ **it is ~ to say that** c'est blasphémer que de dire cela

**blast** /blɑːst/ N a *(= sound) [of bomb]* explosion *f* ; *[of space rocket]* grondement *m*, rugissement *m* ; *[of trumpets etc]* fanfare *f*, sonnerie *f* ; *[of whistle, car horn]* coup *m* strident ◆ **a ~ on the siren** un coup de sirène ◆ **to blow a ~ on the bugle** donner un coup de clairon ◆ **hearing those old records was a ~ from the past** * entendre ces vieux disques nous ramenait des années en arrière ◆ **a letter from Paul! what a ~ from the past!** * une lettre de Paul ! ça me ramène des années en arrière !

◆ **at full blast** ◆ **a radio on at full ~** * une radio à plein(s) tube(s) * ◆ **the heating was on at full ~** * le chauffage était au maximum

b *(= explosion)* explosion *f* ; *(= shock wave) [of bomb etc]* souffle *m* ; *(= gust) [of furnace]* souffle *m* (d'air chaud) ◆ **~ victims** victimes *fpl* de l'explosion ◆ **~ of air/steam** jet *m* d'air/de vapeur ◆ **~ of wind** coup *m* de vent, rafale *f*

c *(liter = wind)* → **icy**

d *( * = fun)* fête *f*, foire *f* ◆ **to have a ~** faire la foire ◆ **it was a ~** ça a été le pied * ◆ **to get a ~ out of sth** trouver qch marrant *

VT a *[lightning] [+ tree]* foudroyer ; *(with explosive) [+ rocks]* faire sauter ; *(= blight) [+ plant]* détruire ; *(fig) [+ reputation, hopes, future]* anéantir, briser ; *(verbally)* attaquer à boulets rouges *or* violemment

b *(= shoot)* ◆ **he ~ed the policeman with a shotgun** il a tiré sur le policier avec un fusil de chasse

c *( * = criticize)* éreinter ◆ **"it's a disgrace!" he ~ed** "c'est une honte !" fulmina-t-il

d *(= shoot out) [+ air, water]* souffler

EXCL *(Brit *)* la barbe ! * ◆ **~ him!** il est embêtant *or* empoisonnant ! *

COMP ▹ **blast effect** N effet *m* de souffle ▹ **blast furnace** N haut fourneau *m* ▹ **blast-off** N *(Space)* lancement *m*, mise *f* à feu

► **blast away** VI *[music, band]* brailler ; *[gun]* retentir ◆ **to ~ away with a rifle/shotgun** *etc* tirer continuellement avec un fusil/fusil de chasse *etc*

► **blast off** VI *[rocket etc]* être mis à feu ; *(US fig* ⁑*)* partir
N ◆ **blast-off** → **blast**

► **blast out** VI *[music, radio]* brailler
VT SEP *[+ song, tune]* brailler

**blasted** /ˈblɑːstɪd/ ADJ a *[heath]* désolé, desséché ; *[tree]* foudroyé, frappé par la foudre ; *(fig) [hopes]* anéanti b *(⁑ = annoying)* fichu * *before n* ◆ **he's a ~ nuisance** c'est un enquiquineur *, il nous enquiquine *

**blasting** /ˈblɑːstɪŋ/ N *(Tech)* minage *m* ◆ **"blasting in progress"** "attention, tir de mines" ◆ **to give sb a ~ for sth/for having done sth** attaquer violemment qn pour qch/pour avoir fait qch

**blastoderm** /ˈblæstəʊdɜːm/ N blastoderme *m*

**blatancy** /ˈbleɪtənsɪ/ N *(= flagrance)* caractère *m* flagrant, évidence *f* ; *(= showiness)* aspect *m* criard *or* voyant

**blatant** /ˈbleɪtənt/ ADJ *[injustice, lie etc]* criant, flagrant ; *[bully, social climber]* éhonté ; *[coward, thief]* fieffé ◆ **a ~ liar** un menteur éhonté, un fieffé menteur

**blatantly** /ˈbleɪtəntlɪ/ ADV *[false, untrue, unfair]* manifestement ; *[sexist, prejudiced]* ouvertement ; *[disregard, encourage]* de façon éhontée ◆ **it's ~ obvious that ...** il n'est que trop évident que ..., il est manifeste que ...

**blather** * /ˈblæðəʳ/ VI raconter *or* débiter des bêtises, parler à tort et à travers ; *(Scot * = chat)* bavarder N a *(NonC)* bêtises *fpl*, blabla * *m* ; *(Scot * = chat)* causette *f* ◆ **to have a ~** * *(Scot)* bavarder, causer b *(= person)* **she's a ~** * elle dit n'importe quoi, elle dit tout ce qui lui passe par la tête

**blatherskite** ⁑ /ˈblæðəskaɪt/ N *(= chatterbox)* moulin *m* à paroles ; *(NonC US = nonsense)* bêtises *fpl*

**blaze¹** /bleɪz/ N a *(= cheering fire)* (belle) flambée *f* ; *(= conflagration)* incendie *m* ; *(= light from fire)* lueur *f* des flammes *or* du brasier ◆ **forest ~** incendie *m* de forêt ◆ **all in a ~** en flammes

b *(= shine) [of gems, beauty etc]* éclat *m*, splendeur *f* ◆ **~ of day** éclat *m* du jour ◆ **~ of light** torrent *m* de lumière ◆ **~ of colour** flamboiement *m* de couleur(s) ◆ **in a ~ of glory** auréolé de gloire

c *(= outburst) [of rage, passion etc]* explosion *f*, flambée *f* ◆ **in a ~ of anger he killed her** dans le feu de la colère *or* dans une explosion de colère il l'a tuée

NPL **blazes** ⁑ ◆ **go to ~s !** va te faire voir ! * ◆ **what the ~s!** qu'est-ce que ça peut bien fiche ! * ◆ **how the ~s!** comment diable ! ◆ **what the ~s have you done now?** qu'est-ce que tu as encore fichu ? * ◆ **like ~s** comme un fou *or* dingue *, furieusement ◆ **he ran like ~s** il a filé comme un zèbre ◆ **he worked like ~s** il a travaillé comme une brute *or* un dingue *

VI a *[fire]* flamber ; *[sun]* flamboyer, darder ses rayons

b *[colour]* flamboyer ; *[jewel, light]* resplendir, jeter un vif éclat ; *[anger]* éclater ; *(fig)* resplendir (*with* de) ; ◆ **a garden blazing with colour** un jardin resplendissant de couleurs

► **blaze abroad** VT SEP *(liter) [+ news etc]* crier sur tous les toits

► **blaze away** VI *[fire etc]* flamber (toujours) ; *[soldiers, guns]* maintenir un feu nourri (*at* contre)

► **blaze down** VI *[sun]* flamboyer, darder ses rayons

► **blaze forth** VI *(liter) [sun]* apparaître soudain (dans tout son éclat) ; *[anger]* éclater

► **blaze out** VI *[sun]* apparaître soudain ; *[light]* ruisseler ; *[anger, hatred]* éclater

► **blaze up** VI *[fire]* s'enflammer, s'embraser *(liter)* ; *(fig) [person]* éclater, s'emporter ; *[anger]* éclater

**blaze²** /bleɪz/ N *(= mark) [of horse etc]* étoile *f* ; *[of tree]* encoche *f* VT *[+ tree]* faire une encoche à ◆ **to ~ a trail** *(lit)* frayer un *or* le chemin ; *(fig)* montrer la voie, faire un travail de pionnier

**blazer** /ˈbleɪzəʳ/ N blazer *m*

**blazing** /ˈbleɪzɪŋ/ ADJ a *[building etc]* en feu, en flammes ; *[torch]* enflammé ; *[sun]* éclatant, ardent ; *(fig) [eyes]* flamboyant, qui jette des éclairs ; *[jewel]* étincelant ; *[colour]* très vif b * *(= angry)* furibond, furibard *

**blazon** /ˈbleɪzn/ N *(Her)* blason *m* VT *(Her)* blasonner ; *(fig: also* **blazon abroad, blazon forth***) [+ virtues, story]* proclamer, claironner

**bldg** abbrev of **building**

**bleach** /bliːtʃ/ N décolorant *m* ; *(= liquid)* eau *f* oxygénée ◆ **(household) ~** eau *f* de Javel VT a *[sun, bleach etc] [+ linen, bones, etc]* blanchir ◆ **~ing agent** produit *m* à blanchir, décolorant *m* ◆ **~ing powder** (chlorure *m*) décolorant *m* b *[+ hair]* décolorer, oxygéner ; *[+ jeans]* délaver ; *[+ flour]* raffiner ; *[+ paper]* blanchir ◆ **to ~ one's hair** se décolorer *or* s'oxygéner les cheveux ◆ **~ed hair** cheveux *mpl* décolorés *or* oxygénés c *(Phot) [+ image]* blanchir VI blanchir

► **bleach out** VT SEP *[+ colour]* enlever

**bleachers** /ˈbliːtʃəz/ N *(US)* gradins *mpl (de stade en plein soleil)*

**bleak¹** /bliːk/ N *(= fish)* ablette *f*

**bleak²** /bliːk/ ADJ *[country, landscape]* morne, désolé ; *[room]* nu, austère ; *[weather, wind]* froid, glacial ; *(fig) [existence]* sombre, désolé ; *[prospect]* triste, morne ; *[smile]* pâle ; *[voice, tone]* monocorde, morne ◆ **it looks** *or* **things look rather ~ for him** les choses se présentent plutôt mal pour lui

**bleakly** /ˈbliːklɪ/ ADV *[look]* d'un air désolé, sombrement ; *[speak]* d'un ton morne, sombrement

**bleakness** /ˈbliːknɪs/ N *[of landscape]* aspect *m* morne *or* désolé ; *[of room, furnishings]* austérité *f* ; *[of weather]* froid *m*, rigueurs *fpl* ; *[of prospects, future]* aspect *m* sombre *or* décourageant

**blearily** /ˈblɪərɪlɪ/ ADV *[look]* avec un regard trouble

**bleary** /ˈblɪərɪ/ ADJ a *[eyes] (from sleep, fatigue)* trouble, voilé ; *(from illness)* chassieux ; *(from tears, wind etc)* larmoyant ◆ **~-eyed** aux yeux troubles *or* chassieux *or* larmoyants b *[outline]* indécis, vague

**bleat** /bliːt/ VI a *[sheep]* bêler ; *[goat]* bêler, chevroter b *[person, voice]* bêler, chevroter ; *( * = talk nonsense)* débiter des idioties, débloquer ⁑ ; *(⁑ = complain)* se plaindre (*about* de) ; ◆ **what are you ~ing about?** ⁑ qu'est-ce que tu as à te lamenter ? VT *(also* **bleat out***)* dire d'une voix bêlante, chevroter N *[of sheep]* bêlement *m* ; *[of voice, goat]* bêlement *m*, chevrotement *m*

**bleb** /bleb/ N *[of skin]* cloque *f*, ampoule *f* ; *[of glass, water]* bulle *f*

**bled** /bled/ VB pt, ptp of **bleed**

**bleed** /bliːd/ (pret, ptp **bled**) VI a saigner, perdre du sang ◆ **his nose is ~ing** il saigne du nez ◆ **the wound bled profusely** la plaie saignait copieusement ◆ **his heart is ~ing** *(liter)* son cœur saigne ◆ **my heart ~s for you** *(gen iro)* tu me fends le cœur *(iro)*, tu vas me faire pleurer *(iro)* ; → **death** b *[plant]* pleurer, perdre sa sève VT a *(Med) [+ person]* saigner, faire une saignée à ; *[+ brakes, radiator]* purger b (* *fig = get money from*) tirer de l'argent à, faire casquer * ◆ **to ~ sb dry** *or* **white** saigner qn à blanc N saignement *m* ; → **nosebleed**

**bleeder** /ˈbliːdəʳ/ N a *(Med * = haemophiliac)* hémophile *mf* b *(Brit *)* gars * *m* ◆ **poor ~!** le pauvre gars ! * ◆ **lucky ~!** veinard ! *

**bleeding** /ˈbliːdɪŋ/ N a *(= taking blood from)* saignée *f* ; *(= losing blood)* saignement *m* ; *(more serious)* hémorragie *f* ◆ **~ from the nose** saignement *m* de nez ◆ **to stop the ~** arrêter l'hémorragie b *[of plant]* écoulement *m* de sève ADJ a *[wound]* saignant ; *[person]* qui saigne, ensanglanté ◆ **~ heart** *(pej = person)* âme *f* sensible ◆ **~-heart Liberal** *(fig, pej)* libéral(e) *m(f)* trop sentimental(e) b *(Brit * = bloody)* maudit *before n* ◆ **that ~ car** cette maudite voiture ADV *(Brit * = bloody)* vachement *, fichtrement *

**bleep** /bliːp/ N a *(Rad, TV = noise)* top *m* b (* *= pager)* bip *m* VI *[transmitter]* émettre des signaux VT *(using pager)* biper

**bleeper** /ˈbliːpəʳ/ N *(= pager)* bip *m*

**blemish** /ˈblemɪʃ/ N *(= defect)* défaut *m*, imperfection *f* ; *(on fruit)* tache *f* ; *(fig) (moral)* souillure *f (liter)*, tare *f* ; *(inborn)* défaut *m* ◆ **there's a ~ in this cup** cette tasse a un défaut ◆ **to find a ~ in sth** *(fig)* trouver à redire à qch ◆ **a ~ on his reputation** une tache *or* une souillure *(liter)* à sa réputation ◆ **without (a) ~** *(lit)* sans imperfection ; *(fig)* sans tache, sans souillure *(liter)* VT *[+ beauty etc]* gâter ; *[+ reputation, honour]* ternir, flétrir

**blemished** /ˈblemɪʃt/ ADJ *[+ fruit]* talé, meurtri, abîmé ; *[+ skin]* abîmé

**blench** /blentʃ/ VI a *(= flinch)* sursauter ◆ **without ~ing** sans sourciller, sans broncher b *(= turn pale)* pâlir *or* blêmir (de peur)

**blend** /blend/ N *(= mixture) [of tea, whisky, wine etc]* mélange *m* ; *[of colours, styles]* mariage *m* ; *[of cultures]* fusion *f* ; *[of qualities]* ensemble *m* ◆ **an excellent ~ of tea** un excellent mélange de thés, un excellent thé ◆ **Brazilian ~** *(= coffee)* café *m* du Brésil ◆ **"our own blend"** "mélange (spécial de la) maison"

VT (also **blend in**) mélanger, mêler (*with* à, avec) faire un mélange (*sth with sth* de qch avec qch) ; *[+ teas, coffees etc]* mélanger, faire un mélange de ; *[+ wines]* couper, mélanger ; *[+ qualities]* joindre, unir (*with* à) ; *[+ ideas]* fusionner ; *[+ colours, styles]* fondre, mêler

VI (also **blend in, blend together**) se mêler, se mélanger (*with* à, avec) former un mélange (*with* avec) se confondre (*into* en) ; *[voices, perfumes]* se confondre, se mêler ; *[styles]* se marier, s'allier ; *[ideas, political parties, races]* fusionner ; *[colours] (= shade into one another)* se fondre ; *(= go well together)* aller bien ensemble ◆ **the colours ~ (in) well** les couleurs vont bien ensemble

**blended** /ˈblendɪd/ ADJ ◆ **a ~ tea/wine** un mélange de thés/vins ◆ **~ whisky** du whisky blended *or* de mélange

**blender** /ˈblendəʳ/ N *(= machine) (Tech)* malaxeur *m* ; *(Culin)* mixer *m*

**blenny** /ˈblenɪ/ N *(= fish)* blennie *f*

**bless** /bles/ (pret, ptp **blest** *or* **blessed** /blest/) VT *[God, priest, person, fate]* bénir ◆ **God ~ the king!** Dieu bénisse le roi ! ◆ **to be ~ed with** avoir la chance de posséder, être doté de ◆ **God did not ~ them with ...** Dieu ne leur accorda pas le bonheur d'avoir ... ◆ **Nature ~ed him with ...** la Nature l'a doué de ... ◆ **I was never ~ed with children** je n'ai jamais connu le bonheur d'avoir des enfants ◆ **she'll ~ you for this!** *(iro)* elle va te bénir ! * ◆ **~ you!** * mille fois merci !, tu es un ange ! ; *(sneezing)* à vos souhaits ! ◆ **and Paul, ~ him** *or* **~ his heart, had no idea that ...** et ce brave Paul (dans son innocence) ne savait pas que ... ◆ **~ his little heart!** qu'il est mignon ! ◆ **~ my soul!** † * mon Dieu !, Seigneur ! † ◆ **well, I'm ~ed!** * par exemple !, ça alors ! * ◆ **I'm** *or* **I'll be ~ed if I remember!** * c'est bien le diable * si je m'en souviens !

**blessed** /ˈblesɪd/ ADJ a *(Rel) (= holy)* béni, saint ; *(= beatified)* bienheureux ◆ **Blessed Virgin** Sainte Vierge *f* ◆ **Blessed Sacrament** Saint Sacrement *m* ◆ **~ be God!** (que) Dieu soit béni ! ◆ **the Blessed John of ...** le bienheureux Jean de ... ◆ **the Blessed Elizabeth the Good** la bienheureuse Élisabeth la Bonne b *(Rel, liter = happy)* bienheureux, heureux ◆ **~ are the pure in heart** bienheureux *or* heureux ceux qui ont le cœur pur ◆ **of ~ memory** d'heureuse mémoire c *(liter = giving joy) [thing]* béni ; *[person]* cher d *(esp Brit *: for emphasis)* sacré * *before n*, satané *before n* ◆ **that child is a ~ nuisance!** cet enfant, quelle peste *or* quel poison ! * ◆ **the whole ~ day** toute la sainte journée ◆ **every ~ evening** tous les soirs que le bon Dieu fait * NPL **the Blessed** les bienheureux *mpl*

**blessedly** /ˈblesɪdlɪ/ ADV *(liter) [cool, quiet]* merveilleusement ; *[brief]* fort heureusement

**blessedness** /ˈblesɪdnɪs/ N *(Rel)* béatitude *f* ; *(= happiness)* bonheur *m*, félicité *f*

**blessing** /ˈblesɪŋ/ N a *(= divine favour)* grâce *f*, faveur *f* ; *(= prayer)* bénédiction *f* ; *(at meal)* bénédicité *m* ; *(= approval)* bénédiction *f* ◆ **with God's ~ we shall succeed** nous réussirons par la grâce de Dieu ◆ **the priest pronounced the ~** le prêtre a donné la bénédiction ◆ **to ask a** *or* **the ~** *(at meal)* dire le bénédicité ◆ **the plan had his ~** * il avait donné sa bénédiction à ce projet * b *(= benefit)* bien *m*, bienfait *m* ◆ **the ~s of civilization** les bienfaits de la civilisation ◆ **what a ~ that the weather was fine!** quelle chance qu'il ait fait beau !, heureusement qu'il a fait beau ! ◆ **this rain has been a real ~** * cette pluie a été une vraie bénédiction * ◆ **it was a ~ in disguise** à quelque chose malheur est bon *(Prov)* → **count¹**

**blest** /blest/ *(liter)* VB pt, ptp of **bless** ADJ heureux

**blether** /ˈbleðəʳ/ VI, N ⇒ **blather**

**blew** /bluː/ VB pt of **blow¹**

**blight** /blaɪt/ N *[of cereals]* rouille *f*, charbon *m* ; *[of potato]* mildiou *m* ; *[of rose]* rouille *f* ; *[of fruit trees]* cloque *f* ◆ **this marriage was a ~ on his happiness** ce mariage a terni son bonheur ◆ **she's been a ~ on his life** elle a gâché son existence ◆ **what a ~ that woman is!** * cette femme est un vrai fléau *or* une véritable plaie ! * ◆ **urban ~** dégradation *f* urbaine VT *[disease] [+ plants]* rouiller ; *[+ wheat etc]* nieller ; *[wind]* saccager ; *(fig) [+ hopes]* anéantir, détruire ; *[+ career, life]* gâcher, briser ; *[+ future]* gâcher

**blighter** † * /ˈblaɪtəʳ/ N *(Brit)* type * *m*, bonne femme *f* ◆ **a funny ~** un drôle de numéro * ◆ **silly ~** imbécile *mf* ◆ **lucky ~!** quel(le) veinard(e) * ! ◆ **you ~!** espèce de chameau ! *

**Blighty** † * /ˈblaɪtɪ/ N *(Brit Mil)* Angleterre *f*

**blimey** * /ˈblaɪmɪ/ EXCL *(Brit)* mince alors ! *, merde alors ! *

**blimp** /blɪmp/ N a *(Brit)* **a (Colonel) Blimp** * une (vieille) culotte de peau *(pej)* b *(esp US Aviat)* petit dirigeable *m* de reconnaissance

**blind** /blaɪnd/ ADJ a *(= unable to see) [person]* aveugle ◆ **a ~ man** un aveugle ◆ **a ~ boy** un garçon aveugle ◆ **to go ~** perdre la vue, devenir aveugle ◆ **the accident left him ~** cet accident l'a rendu aveugle, il a perdu la vue dans cet accident ◆ **~ in one eye** borgne ◆ **~ in the left eye** aveugle de l'œil gauche ◆ **~ from birth** aveugle de naissance ◆ **(as) ~ as a bat** myope comme une taupe ◆ **to be struck ~** être frappé de cécité ◆ **to be ~ with rage/tears** être aveuglé par la rage/par les larmes ◆ **there's none so ~ as those that won't see** *(Prov)* il n'est pire aveugle que celui qui ne veut pas voir

b *(fig = unwilling to see) [person]* aveugle ◆ **love is ~** l'amour est aveugle ◆ **to be ~ to sb's faults** ne pas voir les défauts de qn ◆ **to be ~ to the consequences of one's actions** ne pas se rendre compte des conséquences de ses actes ◆ **I am not ~ to that consideration** cela ne m'échappe pas ◆ **to turn a ~ eye (to sth)** fermer les yeux (sur qch) ; → **colour**

c *(= unthinking) [panic, obedience]* aveugle ◆ **~ faith (in sth)** foi *f* aveugle (en qch)

d *(Aut, Aviat = without visibility) [flying, landing, corner, turning]* sans visibilité ◆ **on sb's ~ side** hors du champ visuel de qn

e *(= without openings) [building, wall, window]* aveugle

f (*: for emphasis*) ◆ **she never takes a ~ bit of notice (of sb/sth)** elle n'écoute jamais (qn/qch) ◆ **it won't make a ~ bit of difference** ça ne changera strictement rien ◆ **it's not a ~ bit of use** ça ne sert strictement à rien ◆ **nobody can do a ~ thing without her permission** on ne peut strictement rien faire sans sa permission

VT aveugler, rendre aveugle ; *[sun, light]* aveugler, éblouir ; *(fig)* aveugler, empêcher de voir ◆ **the war ~ed** les aveugles *mpl* de guerre ◆ **her love ~ed her to his faults** son amour l'aveuglait au point qu'elle ne voyait pas ses défauts ; → **science**

N a *[of window]* store *m* ◆ **to lower/raise the ~s** baisser/lever les stores ; → **Venetian**

b *(= pretence)* paravent *m* ◆ **this action is only a ~** cette action n'est qu'un paravent

c ◆ **to go on a ~** * (aller) se soûler la gueule *

d *(Hunting)* affût *m*

NPL **the blind** les aveugles *mpl* ◆ **it's the ~ leading the ~** c'est un aveugle qui conduit un aveugle

ADV a *(Aut, Aviat)* ◆ **to drive/fly ~** conduire/voler sans visibilité

b *(Culin)* ◆ **to bake sth ~** cuire qch à blanc

c *(= categorically)* ◆ **to swear ~ that ...** * jurer ses grands dieux que ...

d *(Brit)* ◆ **~ drunk** * complètement bourré *

COMP ▷ **blind alley** N *(lit, fig)* impasse *f* ▷ **blind corner** N virage *m* sans visibilité ▷ **blind date** N *(= meeting)* rendez-vous *m* arrangé *(avec quelqu'un qu'on ne connaît pas)* ; *(= person)* inconnu(e) *m(f)* (avec qui on a rendez-vous) ◆ **on a ~ date** lors d'un rendez-vous arrangé ◆ **to go on a ~ date** sortir avec quelqu'un qu'on ne connaît pas ◆ **to go on a ~ date with sb** aller à un rendez-vous arrangé avec qn ▷ **blind man's buff** N colin-maillard *m* ▷ **blind spot** N *(Anat)* tache *f* aveugle ; *(in road)* section *f* sans visibilité ; *(in car, plane)* angle *m* mort ◆ **to have a ~ spot about sth** ne rien comprendre à qch ◆ **computers are a ~ spot with me** je ne comprends rien aux ordinateurs ◆ **he has a ~ spot where she's concerned** il ne voit pas ses défauts ▷ **blind-stitch** N point *m* perdu VI coudre à points perdus ▷ **blind summit** N *(Aut)* sommet *m* de côte à visibilité réduite ▷ **blind test** N *(Marketing)* test *m* (en) aveugle ▷ **blind trust** N *(Fin)* *fiduciaire qui gère la fortune de quelqu'un sans l'informer de la manière dont elle l'investit*

**blinder** /ˈblaɪndəʳ/ N a *(US)* œillère *f* b *(Brit)* ◆ **to play a ~** * jouer merveilleusement bien

**blindfold** /ˈblaɪndfəʊld/ VT bander les yeux à *or* de N bandeau *m* ADJ (also **blindfolded**) aux yeux bandés ADV (also **blindfolded**) les yeux bandés ◆ **(it's so easy) I could do it ~** (c'est si facile que) je le ferais les yeux bandés

**blinding** /ˈblaɪndɪŋ/ ADJ *[light]* aveuglant ; *[pain]* fulgurant

**blindingly** /ˈblaɪndɪŋlɪ/ ADV ◆ **it is ~ obvious** c'est d'une évidence flagrante, ça saute aux yeux

**blindly** /ˈblaɪndlɪ/ ADV a *(= unseeingly) [grope, stumble, shoot]* à l'aveuglette ◆ **she stared ~ at the wall** elle fixait le mur comme si elle ne le voyait pas b *(= unquestioningly) [follow, accept, obey]* aveuglément ◆ **a ~ obedient follower** un disciple inconditionnel

**blindness** /ˈblaɪndnɪs/ N cécité *f* ; *(fig)* aveuglement *m* (to devant) ; ◆ **~ to the truth** refus *m* de voir la vérité ; → **colour**

**blindworm** /ˈblaɪndwɜːm/ N orvet *m*

**blini(s)** /ˈblɪnɪ(z)/ NPL blinis *mpl*

**blink** /blɪŋk/ N *[of eyes]* clignotement *m* (des yeux), battement *m* des paupières ; *[of sun]* (petit) rayon *m* ; *[of hope]* lueur *f* ; *(= glimpse)* coup *m* d'œil ◆ **in the ~ of an eye** en un clin d'œil ◆ **my telly's on the ~** * ma télé est détraquée VI a cligner des yeux ; *(= half-close eyes)* plisser les yeux b *[light]* vaciller VT ◆ **to ~ one's eyes** cligner des yeux ◆ **to ~ back the tears** refouler les larmes (d'un battement de paupières)

**blinker** /ˈblɪŋkəʳ/ N a *(Brit)* **~s** œillères *fpl* ; *(Aut)* feux *mpl* de détresse, clignotants *mpl* ◆ **to wear ~s** *(fig)* avoir des œillères b (also **blinker light**) (feu *m*) clignotant *m*

**blinkered** /ˈblɪŋkəd/ ADJ *(Brit)* a *(pej = narrow-minded) [person, approach, attitude]* borné ; *[view]* étroit ◆ **to be ~** *[person]* avoir des œillères ◆ **to be ~ to sth, to have a ~ view of sth** *or* **approach to sth** voir qch avec des œillères b *[horse]* qui porte des œillères

**blinking** /ˈblɪŋkɪŋ/ ADJ *(Brit* *)* sacré * *before n* ◆ **~ idiot** espèce *f* d'idiot N *[of eyes]* clignement *m* (d'yeux) ; *[of light]* vacillement *m*

**blintz(e)** /blɪnts/ N *(US Culin)* *sorte de crêpe fourrée*

**blip** /blɪp/ N a *(on radar etc)* spot *m* ; *(= beep)* bip *m* b *(on graph)* petite déviation *f* ; *(fig = aberration)* petite anomalie *f* (passagère)

**bliss** /blɪs/ N a *(Rel)* béatitude *f* ; *(gen)* félicité *f*, bonheur *m* suprême *or* absolu b *(* fig)* ◆ **what ~ to collapse into a chair!** quelle volupté de se laisser tomber dans un fauteuil ! ◆ **the concert was ~** le concert était divin ◆ **it's ~!** c'est merveilleux !, c'est divin !

► **bliss out** ‡ VT SEP *(esp US)* ◆ **to be blissed out** être au septième ciel

**blissful** /ˈblɪsfʊl/ ADJ *(Rel, gen)* bienheureux ; *(* = wonderful)* divin, merveilleux ◆ **to be in ~ ignorance** être dans l'ignorance la plus totale

**blissfully** /ˈblɪsfəlɪ/ ADV *[smile]* d'un air béat ; *[happy, quiet, ignorant, unaware]* parfaitement

**blister** /ˈblɪstəʳ/ N *(on skin)* ampoule *f*, cloque *f* ; *(on paintwork)* cloque *f* ; *(in glass)* bulle *f* VI *[skin]* se couvrir de cloques ; *[paintwork]* cloquer ; *[metal, glass]* former des soufflures VT *[+ paint]* faire cloquer COMP ▷ **blister pack** N *(for pills etc)* plaquette *f* ; *(for pens, plugs etc)* blister *m* ▷ **blister-packed** ADJ *[pills etc]* en plaquette ; *[pens, plugs etc]* sous blister

**blistered** /ˈblɪstəd/ ADJ *[skin, feet, hands]* couvert d'ampoules ; *[paintwork]* cloqué

**blistering** /ˈblɪstərɪŋ/ N *[of skin]* formation *f* d'ampoules ; *[of paint]* boursouflage *m* ADJ a *(= scorching) [heat]* torride ; *[day]* torride, de canicule ; *[sun]* brûlant ◆ **a ~ pace** *or* **speed** une vitesse foudroyante b *(= scathing) [attack, criticism, speech]* cinglant

**blithe** /blaɪð/ ADJ *(liter)* joyeux, allègre

**blithely** /ˈblaɪðlɪ/ ADV allégrement

**blithering** * /ˈblɪðərɪŋ/ ADJ ◆ **~ idiot** crétin fini * ◆ **you ~ idiot!** espèce d'idiot !

**blithesome** /ˈblaɪðsəm/ ADJ ⇒ **blithe**

**BLitt** /biːˈlɪt/ N abbrev of **Bachelor of Literature**

**blitz** /blɪts/ N *(Mil)* attaque *f* éclair *inv* ; *(Aviat)* bombardement *m* (aérien) ◆ **the Blitz** *(Brit Hist)* le Blitz ◆ **to have a ~ on sth** * s'attaquer à qch VT a *(Mil)* bombarder ◆ **~ed houses** maisons *fpl* bombardées ◆ **to ~ sth in a food processor** * passer qch au mixer b *(* fig = go to work on)* s'attaquer à

**blitzed** ‡ /blɪtst/ ADJ *(= drunk)* bourré ‡

**blitzkrieg** /ˈblɪtskriːg/ N a *(Mil Hist)* guerre *f* éclair b *(* fig = attack)* attaque *f* éclair ◆ **an advertising ~** une intense campagne publicitaire

**blizzard** /ˈblɪzəd/ N tempête *f* de neige ; *(in Arctic)* blizzard *m* ; *(fig)* avalanche *f*

**bloated** /ˈbləʊtɪd/ ADJ a *(= swollen) [stomach, body, corpse]* gonflé ; *[face]* bouffi b *(after eating)* ◆ **to feel ~** se sentir ballonné c *(= over-large) [bureaucracy]* hypertrophié ; *[budget, ego]* démesuré d *(= self-important:* also **bloated with pride**) *[person]* gonflé d'orgueil

**bloater** /ˈbləʊtəʳ/ N hareng *m* saur *or* fumé

**blob** /blɒb/ N *(= drop: gen)* (grosse) goutte *f* ; *[of ink]* pâté *m*, tache *f* ; *(= stain)* tache *f*

**bloc** /blɒk/ N a *(Pol)* bloc *m* b ◆ **en ~** en bloc, en gros

**block** /blɒk/ N a *[of stone]* bloc *m* ; *[of wood]* bille *f* ; *[of blacksmith, butcher, executioner]* billot *m* ; *[of chocolate]* tablette *f* ◆ **~s** *(= toy)* cubes *mpl*, jeu *m* de construction ◆ **a ~ of ice cream** un litre (*or* demi-litre *etc*) de glace ◆ **butcher's ~** billot *m* de boucher ◆ **on the ~** *(US) [buy]* aux enchères ; *[pay]* rubis sur l'ongle ◆ **to die on the ~** périr sur le billot *or* l'échafaud ; → **chip**

b *[of buildings]* pâté *m* (de maisons) ◆ **a ~ of flats** *(Brit)* un immeuble ◆ **to take a stroll round the ~** faire le tour du pâté de maisons, faire un tour dans le coin ◆ **she lived three ~s away** *(US)* elle habitait trois rues plus loin

c *(= part of prison, hospital etc)* quartier *m*, pavillon *m* ; *[of factory etc]* bâtiment *m*

d *(= obstruction) [of traffic]* embouteillage *m* ; *[of pipe]* obstruction *f* ; *(Med, Psych)* blocage *m* ◆ **I've got a (mental) ~ about that whole period** j'ai un trou (de mémoire), je n'ai aucun souvenir de cette période ◆ **I couldn't do it – I had a mental ~ about it** *(fig: frightened etc)* je n'ai pas pu le faire, c'est plus fort que moi ◆ **he's/I've got a ~** *[writer]* c'est le vide *or* blocage total ; → **roadblock**

e *[of tickets]* série *f* ; *[of shares]* tranche *f* ; *[of seats]* groupe *m*

f *(Brit Typ)* cliché *m (plaque)*

g (also **block and tackle**) palan *m*, moufles *mpl*

h (‡ = *head)* caboche * *f*, ciboulot ‡ *m* ; → **knock off**

i *(Brit = writing pad)* bloc-notes *m* ; (also **artist's block**) bloc *m* à dessein

j *(Comput)* sélection *f*

k *(Fin) [of shares]* paquet *m* ; *(larger)* bloc *m*

l (also **starting block**) ◆ **to be first/fast off the (starting) ~s** être le premier à/ne pas attendre pour se lancer ◆ **to be quick/slow off** *or* **out of the ~s** *(fig)* être rapide/lent à réagir *or* à la détente *

VT a *[+ pipe etc]* boucher, bloquer ; *[+ road]* bloquer, barrer ; *[+ harbour, wheel]* bloquer ; *[+ progress, traffic]* entraver, gêner ; *(Ftbl) [+ opponent]* gêner ; *[+ transaction, credit, negotiations]* bloquer ; *(Med) [+ pain]* anesthésier, neutraliser ◆ **the leaves ~ed the drain** les feuilles mortes ont bouché *or* bloqué le puisard ◆ **to ~ sb's way** barrer le chemin à qn ◆ **to ~ the ball** *(Ftbl etc)* bloquer (la balle)

b *[+ title, design]* graver au fer

c *(Comput)* sélectionner

VI *[wheel]* (se) bloquer

COMP ▷ **block association** N association *f* de copropriétaires *(d'un immeuble)* ▷ **block booking** N réservation *f* groupée *or* en bloc ▷ **block capitals** NPL ⇒ **block letters** ▷ **block diagram** N *(Comput, Geog)* bloc-diagramme *m* ; *(Elec)* schéma *m* (de principe) ▷ **block grant** N *(Brit Admin)* dotation *f* *or* enveloppe *f* gouvernementale *(accordée aux autorités locales)* ▷ **block letters** NPL majuscules *fpl*, capitales *fpl* ◆ **in ~ letters** en majuscules ▷ **block release** N *(Brit Educ)* *système de stages de formation alternant avec l'activité professionnelle* ▷ **block system** N *(Rail)* bloc-système *m*, bloc *m* automatique à signaux lumineux ▷ **block vote** N *(Pol, Ind)* vote *m* groupé ▷ **block voting** N *(Pol, Ind)* (pratique *f* du) vote *m* groupé

► **block in** VT SEP *(= sketch out)* esquisser

► **block off** VT SEP *[+ part of road etc]* interdire, condamner ; *(accidentally)* obstruer

► **block out** VT SEP a *(= obscure) [+ view]* boucher ; *[+ light]* empêcher de passer

b *(from mind) [+ thoughts, idea]* refouler, repousser

c *(= sketch) [+ scheme, design]* ébaucher

► **block up** VT SEP *[+ gangway]* encombrer ; *[+ pipe etc]* bloquer, boucher ; *[+ window, entrance]* murer, condamner ; *[+ hole]* boucher, bloquer ; *(Comput) [+ text]* sélectionner

**blockade** /blɒˈkeɪd/ N *(Mil)* blocus *m* ; *(fig)* barrage *m* ◆ **under ~** en état de blocus ◆ **to break/raise the ~** forcer/lever le blocus ◆ **to run a ~** forcer un blocus VT a *(Mil) [+ town, port]* bloquer, faire le blocus de ; *(fig)* bloquer, obstruer b *(US) [+ traffic]* bloquer ; *[+ street]* encombrer COMP ▷ **blockade runner** N briseur *m* de blocus

**blockage** /ˈblɒkɪdʒ/ N *(gen)* obstruction *f* ; *(Med)* obstruction *f*, blocage *m* ; *(intestinal)* occlusion *f* ; *(mental)* blocage *m* ; *(fig)* bouchon *m*

**blockbuster** * /ˈblɒkˌbʌstəʳ/ N *(= bomb)* bombe *f* de gros calibre ; *(= film)* film *m* à grand succès ; *(= book)* best-seller *m* ; *(= argument)* argument *m* massue ◆ **he's a real ~** il est d'une efficacité à tout casser *

**blockhead** * /ˈblɒkhed/ N *(pej)* imbécile *mf*, crétin(e) * *m(f)*

**blockhouse** /ˈblɒkhaʊs/ N *(Mil)* casemate *f*, blockhaus *m*

**bloke** * /bləʊk/ N *(Brit)* type * *m*, mec ‡ *m*

**blokey** * /ˈbləʊkɪ/, **blok(e)ish** * /ˈbləʊkɪʃ/ ADJ *(Brit)* *[behaviour, activity]* de mec *; *[man]* macho * ◆ **a ~ sense of humour** un humour typiquement masculin

**blond(e)** /blɒnd/ ADJ blond N blond(e) *m(f)*; → **ash²**, **platinum** COMP ▷ **blonde bombshell** * N blonde *f* explosive

**blood** /blʌd/ N a *(NonC)* sang *m* ◆ **to give** *or* **donate ~** donner son sang ◆ **the ~ rushed to his face** le sang lui est monté au visage ◆ **to beat/whip sb till the ~ comes** battre/fouetter qn jusqu'au sang ◆ **it's like trying to get ~ out of** *or* **from a stone** c'est comme si on parlait à un mur ◆ **his ~ ran cold** son sang s'est figé *or* s'est glacé dans ses veines ◆ **you make my ~ run cold** vous me donnez le frisson ◆ **it makes my ~ boil** cela me fait bouillir ◆ **my ~ was boiling** je bouillais (de rage) ◆ **his ~ is up** il est très monté ◆ **bad ~** animosité *f* ◆ **there is bad ~ between them** le torchon brûle (entre eux) ◆ **this firm needs new** *or* **fresh** *or* **young ~** cette maison a besoin d'un *or* de sang nouveau ◆ **he believes in putting ~, sweat and tears into any job he does** il se donne à fond dans tout ce qu'il fait ◆ **he's out for ~** * il cherche quelqu'un sur qui passer sa colère ◆ **to be out for** *or* **after sb's ~** * vouloir la peau * de qn ◆ **I've already apologized! what do you want, ~?** * je me suis déjà excusé ! qu'est-ce que tu veux, que je me mette à genoux ? ◆ **to have ~ on one's hands** *(fig)* avoir du sang sur les mains ◆ **to spill** *or* **shed ~** *(in conflict, war)* faire couler le sang ◆ **his ~ will be on your head** *(liter)* vous aurez sa mort sur la conscience ; → **cold, flesh, sweat**

b *(= heredity)* sang *m* ◆ **the ties of ~** les liens *mpl* du sang ◆ **~ is thicker than water** *(Prov)* la voix du sang est la plus forte ◆ **it's in his ~** il a cela dans le sang ◆ **of Irish ~** de sang irlandais ; → **blue**

c *(† = dashing young man)* petit-maître † *m*

d *(US ‡ also ~* **brother)** frère *m*

NPL **bloods** *(Med)* ◆ **to take ~s** faire une prise de sang

VT *(Hunting)* *[+ hounds]* acharner, donner le goût du sang à ; *(fig)* *[+ troops]* donner le baptême du feu à

COMP ▷ **blood-and-thunder** ADJ *(Brit)* ◆ **a ~-and-thunder speech** un discours mélodramatique ◆ **~-and-thunder novel** roman *m* à sensation ▷ **blood bank** N *(Med)* banque *f* du sang ▷ **blood bath** N *(fig)* bain *m* de sang, massacre *m* ▷ **blood blister** N pinçon *m* ▷ **blood brother** N frère *m* de sang ▷ **blood-caked** ADJ couvert de sang coagulé ▷ **blood cell** N cellule *f* sanguine ◆ **red/white ~ cell** globule *m* rouge/blanc ▷ **blood cholesterol (level)** N cholestérolémie *f* ▷ **blood clot** N caillot *m* de sang ▷ **blood corpuscle** N globule *m* sanguin ▷ **blood count** N *(Med)* numération *f* globulaire ▷ **blood donor** N donneur *m*, -euse *f* de sang ▷ **blood doping** N dopage *m* par autotransfusion ▷ **blood feud** N vendetta *f* ▷ **blood flow** N circulation *f* sanguine ◆ **~ flow to the brain/stomach** l'afflux *m* de sang au cerveau/à l'estomac ▷ **blood group** N *(Med)* groupe *m* sanguin ▷ **blood grouping** N *(Med)* recherche *f* du groupe sanguin ▷ **blood heat** N température *f* du sang ▷ **blood lust** N soif *f* de sang ▷ **blood money** N prix *m* du sang ▷ **blood orange** N (orange *f*) sanguine *f* ▷ **blood plasma** N plasma *m* sanguin ▷ **blood poisoning** N septicémie *f* ▷ **blood pressure** N tension *f* (artérielle) ◆ **to have high/low ~ pressure** faire de l'hypertension/hypotension ◆ **to take sb's ~ pressure** prendre la tension de qn ◆ **his ~ pressure went up/down** *(Med)* sa tension a monté/a baissé ◆ **his ~ pressure shot up at the news** *(fig)* il a failli avoir une attaque en apprenant la nouvelle ▷ **blood product** N produit *m* sanguin ▷ **blood pudding** N *(US)* boudin *m* noir ▷ **blood-red** N, ADJ rouge *m* sang *inv* ▷ **blood relation** N parent(e) *m(f)* *(par le sang)* ▷ **blood sample** N prélèvement *m* de sang ◆ **to take a ~ sample** faire une prise de sang ▷ **blood sausage** N *(US)* ⇒ **blood pudding** ▷ **blood sports** NPL sports *mpl* sanguinaires ▷ **blood sugar** N sucre *m* dans le sang ◆ **~ sugar level** taux *m* de sucre dans le sang ▷ **blood supply** N *(= blood vessels)* système *m* de circulation sanguine ; *(= flow of blood)* circulation *f* (du sang *or* sanguine) ◆ **skin ulcers are usually caused by poor ~ supply** les ulcères sur la peau sont généralement dus à une mauvaise circulation ◆ **to increase ~ supply to the pelvis** augmenter l'afflux de sang au pelvis ▷ **blood test** N *(Med)* analyse *f* or examen *m* de sang ▷ **blood transfusion** N transfusion *f* sanguine ▷ **blood type** N ⇒ **blood group** ▷ **blood vessel** N vaisseau *m* sanguin ; → **burst**

**bloodcurdling** /ˈblʌdkɜːdlɪŋ/ ADJ à (vous) figer *or* tourner * le sang, qui (vous) fige le sang

**bloodhound** /ˈblʌdhaʊnd/ N *(= dog)* limier *m* ; *(* = detective)* détective *m*, limier *m*

**bloodied** /ˈblʌdɪd/ ADJ sanglant, ensanglanté ◆ **~ but unbowed** vaincu mais sa fierté intacte

**bloodily** /ˈblʌdɪlɪ/ ADV *[kill]* d'une manière sanglante ; *[defeat, repress]* dans le sang

**bloodiness** /ˈblʌdɪnɪs/ N *(lit)* état *m* sanglant

**bloodless** /ˈblʌdlɪs/ ADJ a *(= pallid)* *[face, lips]* blême, exsangue *(liter)* b *(= without bloodshed)* *[coup, revolution, victory]* sans effusion de sang ◆ **the Bloodless Revolution** *(Brit Hist)* *la révolution de 1688-89 en Angleterre*

**bloodlessly** /ˈblʌdlɪslɪ/ ADV sans effusion de sang

**bloodletting** /ˈblʌdˌletɪŋ/ N *(Med)* saignée *f*

**bloodline** /ˈblʌdlaɪn/ N lignée *f*

**bloodmobile** /ˈblʌdməˌbiːl/ N *(US)* centre *m* mobile de collecte du sang

**bloodshed** /ˈblʌdʃed/ N effusion *f* de sang, carnage *m* ◆ **without ~** sans effusion de sang

**bloodshot** /ˈblʌdʃɒt/ ADJ *[eyes]* injecté (de sang) ◆ **to become ~** s'injecter de sang

**bloodstain** /ˈblʌdsteɪn/ N tache *f* de sang

**bloodstained** /ˈblʌdsteɪnd/ ADJ taché de sang, ensanglanté

**bloodstock** /ˈblʌdstɒk/ N *(NonC)* bêtes *fpl* de race (pure) *or* de sang

**bloodstone** /ˈblʌdstəʊn/ N *(Miner)* héliotrope *m*

**bloodstream** /ˈblʌdstriːm/ N système *m* sanguin

**bloodsucker** /ˈblʌdˌsʌkəʳ/ N *(lit, fig)* sangsue *f*

**bloodthirstiness** /ˈblʌdˌθɜːstɪnɪs/ N *[of person, animal]* soif *f* de sang ; *[of book, story]* cruauté *f*, caractère *m* sanguinaire

**bloodthirsty** /ˈblʌdˌθɜːstɪ/ ADJ *[+ person, animal]* assoiffé de sang, sanguinaire ; *[+ disposition, tale]* sanguinaire

**bloody** /ˈblʌdɪ/ ADJ a *(lit)* sanglant, ensanglanté ; *[battle, history]* sanglant ; *(= blood-coloured)* rouge, rouge sang *inv* ◆ **a ~ nose** un nez en sang ◆ **to give sb a ~ nose** *(in contest)* donner *or* infliger un camouflet à qn ; *(in war)* faire subir une défaite à qn ◆ **with ~ hands** les mains couvertes de sang *or* ensanglantées ◆ **a ~ sun** un soleil rouge sang

b *(Brit* *‡)* foutu ‡ *before n*, sacré * *before n* ◆ **this ~ machine won't start!** cette bon Dieu ‡ de machine *or* cette foutue ‡ machine refuse de démarrer ! ◆ **shut the ~ door!** (mais) nom de Dieu *‡ veux-tu fermer la porte ! ◆ **it's a ~ nuisance** ce que c'est emmerdant ‡ ◆ **you ~ fool!** espèce de con ! *‡ ◆ **you've got a ~ cheek** *or* **nerve!** tu charries ! ‡ ◆ **those ~ doctors!** ces bon Dieu ‡ de médecins !, ces foutus ‡ médecins ! ◆ **~ hell!** merde alors ! ‡ ◆ **it's a ~ miracle he wasn't killed!** c'est un sacré * miracle qu'il en ait réchappé !

c *(† * = awful)* affreux, atroce ◆ **we had a perfectly ~ evening with them** ils nous ont fait passer une soirée (drôlement) barbante *

ADV *(Brit* *‡)* vachement ‡ ◆ **not ~ likely!** tu te fous de moi ! ‡, tu te fous de ma gueule ! ‡ ◆ **I've ~ (well) lost it!** je l'ai perdu nom de Dieu ! ‡

VT ensanglanter, souiller de sang *(liter)*

COMP ▷ **Bloody Mary** N *(= cocktail)* bloody mary *m* ▷ **bloody-minded** * ADJ *(Brit)* *[person]* qui fait toujours des difficultés ; *[attitude]* buté ◆ **he's being ~-minded** il le fait pour emmerder le monde ‡ ▷ **bloody-mindedness** * N ◆ **out of sheer ~-mindedness** (rien que) pour emmerder le monde ‡

**bloom** /bluːm/ N a fleur *f* b *(NonC)* *[of flower, plant]* floraison *f* ; *(fig)* épanouissement *m*, floraison *f* ◆ **in ~** *[tree]* en fleurs ; *[flower]* éclos ◆ **in full ~** *[tree]* en pleine floraison ; *[flower]* épanoui ◆ **roses in full ~** roses *fpl* épanouies ◆ **to burst** *or* **come into ~** fleurir, s'épanouir ◆ **in the ~ of her youth** *(fig liter)* dans la fleur de sa jeunesse, en pleine jeunesse c *[of fruit, skin]* velouté *m* ◆ **the ~ had gone from her cheek** ses joues avaient perdu leurs fraîches couleurs VI *[flower]* éclore ; *[tree]* fleurir ; *[person]* être florissant ◆ **~ing with health** resplendissant de santé

**bloomer** /ˈbluːməʳ/ N * bévue *f*, gaffe *f* ◆ **to make a ~** faire une gaffe, mettre les pieds dans le plat NPL **bloomers** *(Dress)* culotte *f* bouffante

**blooming** /ˈbluːmɪŋ/ ADJ *(Brit)* a *[tree]* en fleur, fleuri ; *[looks, health]* florissant b * ⇒ **blinking adj**

**blooper** ‡ /ˈbluːpəʳ/ N *(esp US)* gaffe *f*

**blossom** /ˈblɒsəm/ N a *(NonC)* floraison *f*, fleur(s) *f(pl)* ◆ **a spray of ~** une petite branche fleurie, un rameau en fleur(s) ◆ **tree in ~** arbre *m* en fleur(s) ◆ **pear trees in full ~** poiriers *mpl* en pleine floraison ◆ **to come into ~** fleurir, s'épanouir ◆ **peach ~** fleur *f* de pêcher ; → **orange** b *(= flower)* fleur *f* VI fleurir ; *[person]* s'épanouir ◆ **to ~ (out) into** devenir

**blot** /blɒt/ N *[of ink]* tache *f*, pâté *m* ; *(fig)* tache *f*, souillure *f* *(liter)* ◆ **a ~ on his character** *or* **on his escutcheon** une tache à sa réputation ◆ **to be a ~ on the landscape** déparer le paysage VT a *(= spot with ink)* tacher, faire des pâtés sur ◆ **you've really ~ted your copybook** * *(Brit)* ta réputation en a pris un coup * b *(= dry)* *[+ ink, page]* sécher COMP ▷ **blotting-pad** N (bloc *m*) buvard *m* ▷ **blotting-paper** N (papier *m*) buvard *m*

► **blot out** VT SEP *[+ words]* biffer, rayer ; *[+ memories]* effacer ; *[fog etc]* *[+ view]* voiler, masquer ; *[sound]* étouffer, couvrir

**blotch** /blɒtʃ/ N a (on skin) (= mark) tache f, marbrure f ; (= spot) bouton m b [of ink, colour] tache f VT [+ paper, written work] tacher, barbouiller, faire des taches sur ◆ **~ed with** taché de, couvert de taches de

**blotchy** /ˈblɒtʃɪ/ ADJ [skin, complexion] marbré, couvert de taches or de marbrures ; [drawing, written work] couvert de taches, barbouillé

**blotter** /ˈblɒtəʳ/ N a (= block) (bloc m) buvard m ; (= sheet) buvard m ; (also **hand blotter**) tampon m buvard ; (= desk pad) sous-main m inv b (US = notebook) registre m

**blotto** ⁑ /ˈblɒtəʊ/ ADJ bourré ⁑, bituré ⁑

**blouse** /blaʊz/ N [of woman] corsage m, chemisier m ; [of workman, artist, peasant] blouse f, sarrau m ; (US Mil) vareuse f

**blouson** /ˈbluːzɒn/ N blouson m

**blow**[1] /bləʊ/ (vb : pret **blew**, ptp **blown**) N a ◆ **to give a ~** (through mouth) souffler ; (through nose) se moucher

b (= wind) coup m de vent, bourrasque f

c (Drugs *) (Brit = marijuana) herbe * f ; (US = cocaine) coke * f

VT a [wind] [+ ship] pousser ; [+ leaves] chasser, faire voler ◆ **the wind blew the ship off course** le vent a fait dévier le navire (de sa route) or a dérouté le navire ◆ **a gust of wind blew her hat off** un coup de vent a fait s'envoler son chapeau ◆ **the wind blew the chimney down** le vent a fait tomber or a renversé la cheminée ◆ **the wind blew away the clouds** le vent a chassé or dispersé les nuages ◆ **the wind blew the door open/shut** un coup de vent a ouvert/fermé la porte ◆ **it was ~ing a gale** le vent soufflait en tempête ◆ **it's ~ing great guns** * il fait un vent à décorner les bœufs * ; → **ill**

b (= drive air into) [+ fire] souffler sur ; [+ bellows] faire marcher ◆ **to ~ one's nose** se moucher ◆ **to ~ an egg** vider un œuf (en soufflant dedans) ◆ **to ~ smoke in sb's face** (lit) souffler la fumée à la figure de qn ; (US fig) induire qn en erreur ◆ **to ~ smoke up sb's ass** *⁑ (US) lécher le cul de qn *⁑

c (= make by blowing) [+ bubbles] faire ; [+ glass] souffler ◆ **to ~ a kiss** envoyer un baiser ◆ **to ~ smoke rings** faire des ronds de fumée

d [+ trumpet, horn] jouer de, souffler dans ◆ **the referee blew his whistle** l'arbitre a sifflé ; see also **whistle** ◆ **to ~ one's own trumpet** or (US) **horn** se faire mousser *, chanter ses propres louanges ◆ **he blew the dust off the record** il a enlevé la poussière du disque en soufflant dessus

e (Drugs ⁑) **to ~ grass** fumer de l'herbe

f (= destroy) [+ safe] faire sauter ◆ **to ~ a fuse** (lit) faire sauter un plomb or un fusible ◆ **to ~ a tyre** [driver, vehicle] crever ◆ **the car blew a tyre** la voiture a crevé ◆ **to ~ a gasket** (Aut) griller * or casser un joint de culasse ◆ **to ~ a gasket** * or (US) **one's cork** * or (US) **one's stack** * or **one's top** * or **a fuse** * piquer une crise * ◆ **that blew the lid off the whole business** * c'est cela qui a fait découvrir le pot aux roses ◆ **the whole plan has been ~n sky-high** * tout le projet a volé en éclats ◆ **to ~ sth out of the water** * (fig) réduire qch à néant

g (⁑ = spend extravagantly) [+ wages, money] claquer * ◆ **I blew $60 on a new hat** j'ai claqué * 60 dollars pour un nouveau chapeau

h (* = spoil, fail) rater, gâcher ◆ **he blew it (with her)** il a tout loupé * or raté (avec elle) ◆ **to ~ one's lines** (US) s'emmêler les pinceaux *

i (esp US *⁑ = fellate) tailler une pipe à ⁑

j (phrases) **to ~ sb's mind** ⁑ (= astound) en boucher un coin à qn *, en mettre plein la vue à qn * ◆ **to ~ the gaff** ⁑ (Brit) (= reveal a secret) vendre la mèche ; (= leave) mettre les voiles * ◆ **to ~ the gaff on sb** ⁑ (Brit) dénoncer or vendre qn ◆ **he realized he was ~n** ⁑ il a compris qu'il était grillé * ◆ **~ the expense!** ⁑ tant pis pour la dépense !, au diable la dépense ! * ◆ **well, I'm ~ed!** ⁑ ça alors ! *, par exemple ! ◆ **I'll be ~ed** ⁑ **if I'll do it!** pas question que je le fasse !, je veux être pendu si je le fais ! * ◆ **~ it!** * la barbe ! *, zut ! *

VI a [wind] souffler ◆ **the wind was ~ing hard** le vent soufflait très fort, il faisait grand vent ◆ **the wind was ~ing from the south** le vent soufflait du sud ◆ **to see which way the wind ~s** (fig) regarder or voir de quel côté souffle le vent ◆ **she ~s hot and cold with me** avec moi elle souffle le chaud et le froid ◆ **the government has been ~ing hot and cold on the subject of peace talks** le gouvernement souffle le chaud et le froid en ce qui concerne les pourparlers de paix

b (= move with wind) **the door blew open/shut** un coup de vent a ouvert/a fermé la porte ◆ **his hat blew out of the window** son chapeau s'est envolé par la fenêtre ◆ **the question/agreement is ~ing in the wind** * la question/l'accord est dans l'air

c [whistle] retentir ; [foghorn] mugir ◆ **when the whistle ~s** au coup de sifflet

d (= breathe out hard) souffler ; (= breathe hard) [person] souffler, être à bout de souffle ; [animal] souffler ◆ **to ~ on one's fingers** souffler dans ses doigts ◆ **to ~ on one's soup** souffler sur sa soupe ; → **puff**

e [whale] souffler (par les évents)

f [fuse, light bulb] sauter ; [tyre] éclater

g (⁑ = leave) filer *

EXCL * la barbe ! *, zut ! *

COMP ▷ **blow-dry** N brushing m VT ◆ **to ~-dry sb's hair** faire un brushing à qn ▷ **blow dryer** N sèche-cheveux m inv ▷ **blow job** *⁑ N pipe *⁑ f ◆ **to give sb a ~ job** tailler une pipe à qn *⁑ ▷ **blow-up** N explosion f ; (⁑ = quarrel) engueulade ⁑ f, prise f de bec * ; (Phot *) agrandissement m

► **blow away** ⁑ VT SEP (esp US) a (= kill) descendre *, flinguer ⁑

b (= defeat) écraser, battre à plate(s) couture(s)

c (= surprise) sidérer

► **blow down** VI [tree, fence etc] être abattu par le vent, tomber

VT SEP [wind] faire tomber ; [person] faire tomber (en soufflant)

► **blow in** VI (* = turn up) s'amener *, débarquer * ; (unexpectedly) arriver or débarquer * à l'improviste

VT SEP a [+ door, window] enfoncer

b **look what the wind's ~n in!** * (hum) regardez qui s'amène ! *

► **blow off** VI a [hat] s'envoler

b (Brit ⁑) lâcher un pet, péter

VT SEP a [+ hat] emporter

b [+ air] laisser échapper, lâcher ◆ **to ~ off steam** * (fig) se défouler *

► **blow out** VI [light] s'éteindre ; [tyre] éclater ; [fuse] sauter

VT SEP a [+ light] éteindre ; [+ candle] souffler ◆ **the storm blew itself out** la tempête a fini par s'apaiser

b (= puff out) [+ one's cheeks] gonfler

c ◆ **to blow one's brains out** se faire sauter or se brûler la cervelle ◆ **to ~ sb's brains out** faire sauter la cervelle à qn

d (esp US * = let down, reject) [+ person] envoyer balader *, laisser tomber

N ◆ **blow-out** → **blow-out**

► **blow over** VI [storm, dispute] se calmer

VT SEP [+ tree] renverser, abattre

► **blow up** VI a [bomb] exploser, sauter ◆ **the whole thing has ~n up** (fig) tout a été fichu en l'air * ◆ **his allegations could ~ up in his face** ses allégations pourraient se retourner contre lui

b [wind] se lever ; [storm] se préparer

c (*: with anger, indignation) exploser *, sauter au plafond * ◆ **to ~ up at sb** s'emporter contre qn, se mettre en colère contre qn

d (= start up) [affair, crisis] se déclencher

VT SEP a [+ mine] (faire) exploser, faire sauter ; [+ building, bridge] faire sauter

b [+ tyre] gonfler ◆ **~n up with pride** gonflé or bouffi d'orgueil ◆ **the media blew up the story** les médias ont grossi l'affaire

c * [+ photo] agrandir ; [+ event] exagérer

d (* = reprimand) [+ person] passer un (bon) savon à *

N ◆ **blow-up** → **blow**[1]

**blow**[2] /bləʊ/ N a (lit) (= impact) coup m ; (with fist) coup m de poing ◆ **to come to ~s** en venir aux mains ◆ **at one ~** du premier coup ◆ **to cushion** or **soften the ~** (fig) amortir le choc ; → **strike** b (fig = sudden misfortune) coup m, malheur m ◆ **it was a terrible ~ for them** cela a été un coup terrible pour eux

COMP ▷ **blow-by-blow** ADJ (fig) ◆ **he gave me a ~-by-~ account** il ne m'a fait grâce d'aucun détail

**blow**[3] /bləʊ/ VI (††, liter) [flowers] fleurir, s'épanouir

**blower** /ˈbləʊəʳ/ N a [of grate] tablier m or rideau m de cheminée ; [of ventilation] ventilateur m (soufflant), machine f à vent ; (Min) jet m de grisou b (Brit † ⁑ = telephone) bigophone * m ◆ **to get on the ~ to sb** passer un coup de bigophone ⁑ à qn ; → **glass-blower**

**blowfly** /ˈbləʊflaɪ/ N mouche f à viande

**blowgun** /ˈbləʊɡʌn/ N (US) sarbacane f

**blowhard** * /ˈbləʊhɑːd/ N (US) vantard(e) m(f)

**blowhole** /ˈbləʊhəʊl/ N [of whale] évent m ; (Tech) évent m, bouche f d'aération ◆ **~s** (Metal) soufflures fpl

**blowlamp** /ˈbləʊlæmp/ N (Brit) lampe f à souder, chalumeau m

**-blown** /bləʊn/ ADJ (in compounds) → **fly**[1], **wind-blown**

**blow-out** /ˈbləʊaʊt/ N a [of tyre] éclatement m ◆ **he had a ~** il a eu un pneu qui a éclaté b (Elec) **there's been a ~** les plombs ont sauté c [of gas well, oil well] jaillissement m d (⁑ = meal) gueuleton ⁑ m ◆ **to have a ~** faire un gueuleton ⁑ or une bouffe ⁑

**blowpipe** /ˈbləʊpaɪp/ N (= weapon) sarbacane f ; (Chem, Ind) chalumeau m ; (in glass-making) canne f (de souffleur), fêle f

**blowsy** /ˈblaʊzɪ/ ADJ [woman] débraillé

**blowtorch** /ˈbləʊtɔːtʃ/ N lampe f à souder, chalumeau m

**blowy** * /ˈbləʊɪ/ ADJ venté, venteux

**blowzy** /ˈblaʊzɪ/ ADJ ⇒ **blowsy**

**BLT** /ˌbiːelˈtiː/ N (abbrev of **bacon, lettuce and tomato**) ◆ **a ~ sandwich** un sandwich bacon, laitue, tomate

**blub** /blʌb/ VI (Brit = cry) pleurer comme un veau

**blubber** /ˈblʌbəʳ/ N [of whale] blanc m de baleine VI (⁑ = cry) pleurer comme un veau ◆ **stop ~ing!** arrête de chialer ! ⁑

**blubbery** /ˈblʌbərɪ/ ADJ *(= fat)* plein de graisse

**bludgeon** /ˈblʌdʒən/ N gourdin *m*, matraque *f* VT matraquer, assener un coup de gourdin *or* de matraque à ◆ **he ~ed me into doing it** *(fig)* il m'a forcé la main (pour que je le fasse)

**blue** /bluː/ ADJ a bleu ◆ **to go** *or* **turn ~** devenir bleu ◆ **~ with cold** bleu de froid ◆ **to be ~ in the face** *(lit)* avoir le visage cyanosé ◆ **you can talk till you are ~ in the face** * tu peux toujours parler ◆ **you can shout till you're ~ in the face** *, **nobody will come** tu auras beau crier *or* tu pourras crier tout ce que tu voudras *, personne ne viendra ◆ **I've told you till I'm ~ in the face** * je me tue à te le dire ◆ **once in a ~ moon** tous les trente-six du mois ◆ **the wide** *or* **wild ~ yonder** *(liter)* l'inconnu *m* ◆ **like a ~ streak** * *[run, go]* comme une flèche, au triple galop ◆ **to have a ~ fit** ⁑ piquer une crise * ◆ **to be in a ~ funk** avoir la frousse * *or* la trouille *; see also **comp, black, murder, true**

b *(* = miserable)* cafardeux, triste ◆ **to feel ~** broyer du noir, avoir le cafard

c *(* = obscene) [talk, language]* cochon *, obscène ; *[book, film]* porno * *inv*

N a *(= colour)* bleu *m*, azur *m* ; → **navy, Prussian, sky**

b *(= sky)* azur *m (liter)*, ciel *m* ◆ **to come out of the ~** *(gen)* être complètement inattendu ; *[pleasant thing]* tomber du ciel ◆ **to go off into the ~** *(= into the unknown)* partir à l'aventure ; *(= out of touch)* disparaître de la circulation * ; → **bolt**

c *(liter = sea)* **the ~** la mer, les flots *mpl*

d *(* = depression)* **the ~s** le cafard ◆ **to have the ~s** avoir le cafard, broyer du noir

e *(Mus)* ◆ **the ~s** le blues

f *(Brit Univ)* **the Dark/Light Blues** l'équipe *f* d'Oxford/de Cambridge ◆ **to get one's ~ for rugby** devenir membre de l'équipe de rugby *(surtout de l'université d'Oxford ou de Cambridge)* ◆ **he was a rowing ~ at Oxford** il faisait partie de l'équipe d'aviron de l'université d'Oxford

g *(in washing)* bleu *m*

VT *(Brit ⁑ = squander) [+ inheritance, fortune, money]* croquer *, dilapider ◆ **to ~ money on sth** dilapider de l'argent pour acheter qch

COMP ▷ **blue-arsed fly** *⁑ N *(Brit)* ◆ **to run about** *or* **around like a ~-arsed fly** courir dans tous les sens, ne plus savoir où donner de la tête ▷ **blue asbestos** N amiante *f* bleue ▷ **blue baby** N enfant *m* bleu ▷ **Blue Beret** N béret *m* bleu ▷ **blue-black** ADJ noir bleuté *inv* ▷ **blue blood** N sang *m* bleu *or* noble ▷ **blue-blooded** ADJ de sang noble, aristocratique ▷ **blue book** N *(Brit Parl)* livre *m* bleu, *publication officielle du gouvernement* ; *(US Scol etc)* cahier *m* d'examen ▷ **blue cheese** N (fromage *m*) bleu *m* ▷ **blue chips, blue-chip securities** NPL valeurs *fpl* de premier ordre, placements *mpl* de tout repos *or* de père de famille ▷ **blue collar worker** N col *m* bleu ▷ **blue-eyed** ADJ aux yeux bleus ◆ **the ~-eyed boy** *(fig)* le chouchou *, le chéri ▷ **blue fin tuna, blue fin tunny** N thon *m* rouge ▷ **Blue Flag** N *(on beach)* drapeau *m* bleu ▷ **the Blue Hen State** N *(US)* le Delaware ▷ **blue jeans** NPL blue-jean(s) *m(pl)* ▷ **blue law** * N *(US) loi limitant les activités publiques le dimanche* ▷ **blue-pencil** VT corriger ▷ **Blue Peter** N a *(Naut)* pavillon *m* de partance b *(Brit TV) émission télévisée pour enfants* ▷ **blue riband, blue ribbon** *(US)* N *(Naut)* ◆ **the ~ riband** *or* **ribbon** le ruban bleu ADJ *[event, competition]* de très haut niveau ; *[prize]* prestigieux ; *[committee, panel]* éminent ▷ **blue rinse** N rinçage *m* bleuté ◆ **the ~ rinse brigade** les rombières * *fpl* ▷ **blue-rinsed** ADJ *[+ hair]* aux reflets bleutés ; *[+ woman]* à la chevelure bleutée ▷ **blue shark** N requin *m* bleu ▷ **blue-sky** ADJ *(US) [stock, bond]* douteux ; *[project, research]* sans but pratique ◆ **~-sky laws** *lois protégeant le public contre les titres douteux* ▷ **blue tit** N mésange *f* bleue ▷ **blue whale** N baleine *f* bleue

> **Blue Peter**
>
> Célèbre émission télévisée pour enfants dont les programmes vont du documentaire sur des sujets intéressant les enfants à la recette de cuisine et à la confection d'objets artisanaux. Les badges **Blue Peter** récompensent les spectateurs qui participent aux émissions ou se rendent utiles à la collectivité.

**Bluebeard** /ˈbluːbɪəd/ N Barbe-Bleue *m*

**bluebell** /ˈbluːbel/ N jacinthe *f* des bois ; *(Scot = harebell)* campanule *f*

**blueberry** /ˈbluːbərɪ/ N myrtille *f*

**bluebird** /ˈbluːbɜːd/ N *(Orn)* oiseau *m* bleu

**bluebottle** /ˈbluːbɒtl/ N a mouche *f* bleue *or* à viande b *(Bot)* bleuet *m* c († ⁑ = *policeman)* poulet * *m*, flic * *m*

**bluegrass** /ˈbluːgrɑːs/ N *(US Bot)* pâturin *m* des champs COMP ▷ **bluegrass music** N musique *f* bluegrass ▷ **the Bluegrass State** N le Kentucky

**blueish** /ˈbluːɪʃ/ ADJ ⇒ **bluish**

**blueness** /ˈbluːnɪs/ N bleu *m*

**blueprint** /ˈbluːprɪnt/ N *(print, process)* bleu *m* ; *(US = Ozalid)* ozalid ® *m* ; *(fig)* plan *m*, projet *m* (*for* de)

**bluestocking** † /ˈbluːˌstɒkɪŋ/ N bas-bleu *m*

**bluesy** /ˈbluːzɪ/ ADJ *(Mus)* dans le style du blues

**bluey** * /ˈbluːɪ/ ADJ *(= bluish)* bleuté ◆ **~ green** vert bleuâtre *or* bleuté ◆ **~ grey** gris bleu N *(Austral ⁑ = redhead)* rouquin(e) * *m(f)*

**bluff**[1] /blʌf/ ADJ a *[person]* carré, direct b *[cliff, coast]* à pic, escarpé N *(= headland)* promontoire *m*

**bluff**[2] /blʌf/ VI *(also Cards)* bluffer * VT a *[+ person]* bluffer *, donner le change à ◆ **we ~ed him into believing ...** nous l'avons si bien bluffé * qu'il a cru ... ◆ **he ~ed his way through (it)** il y est allé au culot b *(Cards) [+ opponent]* bluffer * N *(esp Cards)* bluff *m* ◆ **he called my ~** *(fig)* il m'a pris au mot ◆ **let's call his ~** on va le mettre au pied du mur

**bluffer** /ˈblʌfəʳ/ N bluffeur *m*, -euse *f*

**bluish** /ˈbluːɪʃ/ ADJ tirant sur le bleu ; *(pej)* bleuâtre ◆ **~ grey** gris bleuté ◆ **~ white** blanc bleuté *or* aux reflets bleus

**blunder** /ˈblʌndəʳ/ N *(= gaffe)* bévue *f*, gaffe * *f* ; *(= error)* faute *f*, bourde *f* ◆ **to make a ~** faire une bévue *or* une gaffe * ◆ **social ~** impair *m* VI a *(= make mistake)* faire une bourde *or* une faute b *(= move clumsily)* avancer d'un pas maladroit ◆ **to ~ in/out** *etc* entrer/sortir *etc* d'un pas maladroit ◆ **to ~ against** *or* **into sth** buter *or* se cogner contre qch ◆ **he ~ed his way through his speech** il s'est embrouillé dans son discours ◆ **to ~ into sth** *(fig)* s'engager par erreur dans qch VT *[+ affair, business]* gâcher, saboter

**blunderbuss** /ˈblʌndəbʌs/ N tromblon *m*, espingole *f*

**blunderer** /ˈblʌndərəʳ/ N gaffeur *m*, -euse *f*

**blundering** /ˈblʌndərɪŋ/ ADJ *[person]* gaffeur *, maladroit ; *[words, act]* maladroit, malavisé N maladresse *f*

**blunt** /blʌnt/ ADJ a *[blade, knife]* émoussé, peu tranchant ; *[pencil]* mal taillé, épointé ; *[point, needle]* émoussé, épointé ◆ **with a ~ instrument** *(Jur, Police)* avec un instrument contondant b *(fig = outspoken) [person]* brusque ; *[fact]* brutal ◆ **he was very ~** il n'a pas mâché ses mots VT *[+ blade, knife, point, sword]* émousser ; *[+ pencil, needle]* épointer ; *(fig) [+ palate, feelings, appetite]* émousser ; *[+ threat]* désamorcer ; *[+ impact]* atténuer, limiter ; *[+ criticism]* atténuer

**bluntly** /ˈblʌntlɪ/ ADV *[speak]* sans ménagements, sans mettre de gants

**bluntness** /ˈblʌntnɪs/ N a *[of blade, knife]* manque *m* de tranchant ; *[of needle, pencil]* pointe *f* émoussée b *(= frankness)* franc-parler *m* ; *(= brusqueness)* brusquerie *f*

**blur** /blɜːʳ/ N a *(= smear, blot)* tache *f*, bavure *f* b *(= vague form)* masse *f* indistincte ◆ **a ~ of colours and forms** une masse confuse de couleurs et de formes ◆ **a ~ of movement** un mouvement confus ◆ **the evening passed in a ~** la soirée a passé dans une sorte de brouillard c *(= mist: on mirror etc)* buée *f* VT a *[+ shining surface]* embuer, troubler ; *[+ writing, inscription]* estomper, effacer ; *[+ view, outline]* estomper b *[+ sight, judgement]* troubler, brouiller ◆ **eyes ~red with tears** yeux *mpl* voilés de larmes c *(fig) [+ distinction, boundary]* brouiller, rendre flou VI *[vision]* se voiler

**blurb** /blɜːb/ N notice *f* publicitaire ; *[of book]* (texte *m* de) présentation *f*, texte *m* de couverture (*or* au volet de jaquette)

**blurred** /blɜːd/ ADJ *[photo, image, outline, inscription]* flou ; *[eyesight]* troublé ◆ **to become ~** s'estomper ◆ **the issue is threatening to become ~** on risque de perdre de vue le vrai problème ◆ **class distinctions are becoming ~** les distinctions entre les classes s'estompent ◆ **his memory of what happened was rather ~** il avait un souvenir assez flou de ce qui s'était passé COMP ▷ **blurred vision** N vue *f* trouble

**blurry** * /ˈblɜːrɪ/ ADJ *[photo, image, outline, inscription]* flou ; *[eyesight]* troublé

**blurt** /blɜːt/ VT (also **blurt out**) *[+ word]* lâcher, jeter ; *[+ information, secrets]* laisser échapper, lâcher étourdiment *or* à l'étourdie

**blush** /blʌʃ/ VI a rougir, devenir rouge (*with* de) ; ◆ **to ~ deeply** rougir très fort, devenir tout rouge ◆ **to ~ to the roots of one's hair** *or* **up to the ears** rougir jusqu'aux oreilles b *(fig = be ashamed)* rougir, avoir honte ◆ **I ~ for him** j'ai honte pour lui ◆ **I ~ to say so** je rougis de le dire N rougeur *f* ◆ **with a ~** en rougissant ◆ **without a ~** sans rougir ◆ **the first ~ of dawn** *(liter)* les premières rougeurs *fpl* de l'aube ◆ **the ~ of the rose** *(liter)* l'incarnat *m* de la rose *(liter)* ◆ **at the first ~** *(= at first sight)* au premier aspect, de prime abord ; → **spare**

**blusher** /ˈblʌʃəʳ/ N fard *m* à joues

**blushing** /ˈblʌʃɪŋ/ ADJ *(with shame)* le rouge au front ; *(from embarrassment)* le rouge aux joues ◆ **the ~ bride** *(hum)* la mariée rougissante

**bluster** /ˈblʌstəʳ/ VI a *[wind]* faire rage, souffler violemment *or* en rafales ; *[storm]* faire rage, se déchaîner b *(= rage)* tempêter, fulminer (*at sb* contre qn) ; *[boast]* fanfaronner N *(NonC = boasting)* fanfaronnade(s) *f(pl)*

**blusterer** /ˈblʌstərəʳ/ N fanfaron(ne) *m(f)*, bravache *m*

**blustering** /ˈblʌstərɪŋ/ ADJ fanfaron N *(NonC = boasting)* fanfaronnades *fpl*

**blustery** /ˈblʌstərɪ/ ADJ *[wind]* de tempête, qui souffle en rafales ; *[weather, day]* venteux, à bourrasques

**Blu-Tack** ® /ˈbluːtæk/ N pâte *f* adhésive

**Blvd** N (abbrev of **Boulevard**) Bd, Bld

**BM** /biːˈem/ N a (abbrev of **British Museum**) British Museum *m* b (abbrev of **Bachelor of Medicine**) *(= diploma) diplôme de médecine ; (= person) diplômé de médecine*

**BMA** /ˌbiːemˈeɪ/ N (abbrev of **British Medical Association**) ≃ ordre *m* des médecins

**BMI** /ˌbiːemˈaɪ/ N *(Med)* (abbrev of **body mass index**) IMC *m*

**BMus** N (abbrev of **Bachelor of Music**) diplômé(e) *m(f)* des études musicales

**BMX** /ˌbiːemˈeks/ N (abbrev of **bicycle motocross**) a *(= sport)* bicross *m* b (also **BMX bike**) (vélo *m* de) bicross *m*

**BO** * /biːˈəʊ/ a (abbrev of **body odour**) odeur *f* corporelle ◆ **he's got ~** il sent la transpiration b *(US)* abbrev of **box office**

**boa** /ˈbəʊə/ N *(= snake, fur or feather wrap)* boa *m* COMP ▷ **boa constrictor** N (boa *m*) constricteur *m*

**Boadicea** /ˌbəʊædɪˈsiːə/ N Boadicée *f*

**boar** /bɔːʳ/ N *(wild)* sanglier *m* ; *(= male pig)* verrat *m* ◆ **young (wild) ~** marcassin *m* ◆ **~'s head** *(Culin)* hure *f* (de sanglier) COMP ▷ **boar-hunting** N chasse *f* au sanglier

**board** /bɔːd/ N a *(= piece of wood)* planche *f* ; († *or hum = table)* table *f* ◆ **the ~s** *(Theat)* les planches *fpl*, la scène

◆ **above board** ◆ **it is all quite above ~** c'est tout ce qu'il y a de plus régulier, c'est tout à fait dans les règles

◆ **across the board** systématiquement ◆ **they cut salaries across the ~** ils ont réduit les salaires à tous les niveaux ◆ **prices fell across the ~** les prix ont chuté partout

b *(NonC = cardboard)* carton *m NonC* ; *(= piece of board: for games)* tableau *m*

c *(NonC = provision of meals)* pension *f* ◆ **~ and lodging** *(Brit)* (chambre *f* avec) pension *f* ◆ **full ~** *(Brit)* pension *f* complète ; → **bed, half**

d *(= group of officials, council)* conseil *m*, comité *m* ◆ **he is on the ~ (of directors), he has a seat on the ~ (of directors)** *(Fin, Ind)* il siège au conseil d'administration ◆ **medical ~** commission *f* médicale

e *(NonC: Aviat, Naut)* bord *m*

◆ **on board** ◆ **to come (or go) on ~** monter à bord, embarquer ◆ **to take goods on ~** embarquer des marchandises ◆ **on ~ the Queen Elizabeth** à bord du Queen Elizabeth ◆ **on ~ (ship)** à bord ◆ **welcome on ~!** *(fig)* bienvenue (dans notre équipe) ! ◆ **to take sth on ~** * *(= take note of)* prendre note de qch ; *(= accept responsibility for)* prendre qch sur soi ; *(= undertake)* assumer qch

◆ **to go by the board** *[plan, attempt]* échouer ; *[principles, hopes, dreams]* être abandonné ; *[business, firm]* aller à vau-l'eau

VT a *(= go on to) [+ ship, plane]* monter à bord de ; *(Naut) (in attack)* monter à l'abordage de, prendre à l'abordage ; *(for inspection)* arraisonner ; *[+ train, bus]* monter dans

b *(= cover with boards)* couvrir *or* garnir de planches, planchéier

c *(= feed, lodge)* prendre en pension *or* comme pensionnaire

VI a *(= lodge)* **to ~ with sb** être en pension chez qn

b *[passengers]* embarquer ◆ **your flight is now ~ing** l'embarquement a commencé ◆ **"flight A123 is now boarding at gate 3"** "vol A123 : embarquement immédiat porte 3"

COMP *(Ind, Comm) [decision etc]* du conseil d'administration ▷ **board game** N jeu *m* de société *(se jouant sur un tableau)* ▷ **board meeting** N *(Ind, Comm)* réunion *f* du conseil d'administration ▷ **board of directors** N conseil *m* d'administration ▷ **board of education** N *(US Scol)* ≃ conseil *m* d'établissement ▷ **board of examiners** N *(Scol, Univ)* jury *m* d'examen ▷ **board of governors** N *(Brit Scol)* ≃ conseil *m* d'établissement *(d'un lycée ou d'un IUT)* ▷ **board of health** N *(US)* service *m* municipal d'hygiène ; *(Mil)* conseil *m* de révision ▷ **board of inquiry** N commission *f* d'enquête ▷ **board of managers** N *(Brit Scol)* ≃ conseil *m* d'établissement *(d'une école primaire)* ▷ **board of pardons** N *(US Jur)* commission *f* de remises de peine ▷ **board of parole** N *(US Jur)* commission *f* de mise en liberté surveillée ▷ **board of regents** N ⇒ **board of trustees** ▷ **Board of Trade** N *(in Brit)* ≃ ministère *m* du Commerce ▷ **board of trade** N *(US)* chambre *f* de commerce ▷ **board of trustees** N *(US Univ)* ≃ conseil *m* d'université ▷ **board room** N salle *f* de conférence ; *(in large organization)* salle *f* du conseil ▷ **board school** N *(Hist)* école *f* communale

► **board out** VT SEP *[+ person]* mettre en pension (with chez)

► **board up** VT SEP *[+ door, window]* condamner (à l'aide de planches)

**boarded-up** /ˌbɔːdɪdˈʌp/ ADJ ◆ **a ~ window/door** une fenêtre/porte condamnée

**boarder** /ˈbɔːdəʳ/ N a pensionnaire *mf* ◆ **to take in ~s** prendre des pensionnaires b *(Brit Scol)* interne *mf*, pensionnaire *mf* ; → **day**

**boarding** /ˈbɔːdɪŋ/ N a *[of floor]* planchéiage *m* ; *[of fence]* planches *fpl* b *[of ship, plane]* embarquement *m* ; *(Naut) (in attack)* abordage *m* ; *(for inspection)* arraisonnement *m* COMP ▷ **boarding card** N *(Brit Aviat, Naut)* carte *f* d'embarquement ▷ **boarding house** N pension *f* (de famille) ; *(Scol)* internat *m* ◆ **to live at a ~ house** vivre dans une *or* en pension ▷ **boarding kennels** NPL pension *f* pour chiens ▷ **boarding officer** N officier *m* chargé de l'arraisonnement ▷ **boarding party** N *(Naut)* section *f* d'abordage ▷ **boarding pass** N ⇒ **boarding card** ▷ **boarding school** N pension *f*, pensionnat *m* ◆ **to send a child to ~ school** mettre un enfant en pension ◆ **to be at ~ school** être en pension

**boardwalk** /ˈbɔːdwɔːk/ N *(US)* passage *m* en bois, trottoir *m* en planches ; *(on beach)* promenade *f* (en planches)

**boarhound** /ˈbɔːhaʊnd/ N vautre *m* ◆ **pack of ~s** vautrait *m*

**boast** /bəʊst/ N rodomontade *f*, fanfaronnade *f* ◆ **it was her proud ~ that she had twice travelled round the world** elle se vantait *or* s'enorgueillissait d'avoir fait le tour du monde à deux reprises ◆ **it is their ~ that no one went hungry** ils se vantent *or* s'enorgueillissent de ce que personne n'ait eu faim VI se vanter (about, of de) ; ◆ **without ~ing** *or* **without wishing to ~, I may say that ...** sans (vouloir) me vanter, je peux dire que ... ◆ **that's nothing to ~ about** il n'y a pas de quoi se vanter VT être fier de posséder, se glorifier d'avoir ◆ **the church ~s a fine steeple** l'église possède *or* est dotée d'un beau clocher

**boaster** /ˈbəʊstəʳ/ N vantard(e) *m(f)*, fanfaron(ne) *m(f)*

**boastful** /ˈbəʊstfʊl/ ADJ *[person, words]* fanfaron, vantard

**boastfully** /ˈbəʊstfəlɪ/ ADV en se vantant, avec forfanterie

**boasting** /ˈbəʊstɪŋ/ N vantardise *f*, fanfaronnade(s) *f(pl)*

**boat** /bəʊt/ N *(gen)* bateau *m* ; *(= small light boat)* embarcation *f* ; *(= ship)* navire *m*, bâtiment *m* ; *(= vessel)* vaisseau *m* ; *(= liner)* paquebot *m* ; *(= rowing-boat)* barque *f*, canot *m* ; *(= sailing-boat)* voilier *m* ; *(= barge)* chaland *m*, péniche *f* ◆ **to go by ~** prendre le bateau ◆ **to cross the ocean by ~** traverser l'océan en bateau *or* en paquebot ◆ **to take the ~ at Dover** s'embarquer à *or* prendre le bateau à Douvres ◆ **we're all in the same ~** nous sommes tous logés à la même enseigne, nous sommes tous dans la même galère ; → **burn**[1], **lifeboat, miss**[1], **rock**[1]

VI ◆ **to go ~ing** aller faire une partie de canot ◆ **to ~ up/down the river** remonter/descendre la rivière en bateau

COMP ▷ **boat deck** N pont *m* des embarcations ▷ **boat hook** N gaffe *f* ▷ **boat people** NPL boat people *mpl* ▷ **boat race** N course *f* d'aviron, régate(s) *f(pl)* ◆ **the Boat Race** la course d'aviron *(entre les universités d'Oxford et de Cambridge)* ▷ **boat-shaped** ADJ en forme de bateau ▷ **boat train** N train *m* (qui assure la correspondance avec le ferry)

**boatbuilder** /ˈbəʊtˌbɪldəʳ/ N constructeur *m* naval *or* de bateaux

**boatbuilding** /ˈbəʊtˌbɪldɪŋ/ N *(NonC)* construction *f* navale

**boater** /ˈbəʊtəʳ/ N *(= hat)* canotier *m*

**boatful** /ˈbəʊtfʊl/ N *[of goods]* cargaison *f* ; *[of people]* plein bateau *m*, cargaison *f (hum)*

**boathouse** /ˈbəʊthaʊs/ N hangar *m or* abri *m* à bateaux

**boating** /ˈbəʊtɪŋ/ N canotage *m* COMP *[club, accident]* de canotage ▷ **boating holiday** N vacances *fpl* en bateau ▷ **boating trip** N excursion *f* en bateau

**boatload** /ˈbəʊtləʊd/ N *[of goods etc]* cargaison *f* ; *[of people]* plein bateau *m*, cargaison *f (hum)*

**boatman** /ˈbəʊtmən/ N (pl **-men**) *(= boat-hire proprietor)* loueur *m* de canots ; *(actually rowing)* passeur *m*

**boatswain** /ˈbəʊsn/ N maître *m* d'équipage COMP ▷ **boatswain's chair** N sellette *f* ▷ **boatswain's mate** N second maître *m* ▷ **boatswain's pipe** N sifflet *m*

**boatyard** /ˈbəʊtjɑːd/ N chantier *m* naval

**Bob** /bɒb/ N (dim of **Robert**) Bob *m* ◆ **~'s your uncle!** * *(Brit)* le tour est joué !

**bob**[1] /bɒb/ VI a ◆ **to ~ (up and down)** *(in the air)* pendiller ; *(in water)* danser sur l'eau ◆ **to ~ for apples** *jeu consistant à essayer d'attraper avec les dents des pommes flottant sur l'eau* b *(= curtsy)* faire une (petite) révérence N a *(= curtsy)* (petite) révérence *f* ; *(= nod)* (bref) salut *m* de tête ; *(= jerky movement)* petite secousse *f*, petit coup *m* b *(= weight) [of pendulum]* poids *m* ; *[of plumbline]* plomb *m* ; *(= float)* bouchon *m* VI *(Fishing)* pêcher à la ligne flottante

► **bob down** VI *(= duck)* baisser la tête ; *(straight)* se baisser subitement

► **bob up** VI remonter brusquement

**bob**[2] * /bɒb/ N *(pl inv: Brit)* shilling *m* ◆ **five ~** cinq shillings *mpl* ◆ **he's not short of a ~ or two** il n'est pas à court d'argent ◆ **that must be worth a few ~!** ça doit coûter les yeux de la tête ! COMP ▷ **bob-a-job** N *(Brit)* *collecte organisée par les scouts en échange de petits travaux à domicile* ▷ **bob-a-job week**

N *(Brit) semaine de la collecte organisée par les scouts en échange de petits travaux à domicile*

**bob³** /bɒb/ N *(= curl)* boucle *f*; *(gen = short haircut)* coiffure *f* courte ; *(= haircut: chin-length all round)* coupe *f* au carré ; *(= horse's tail)* queue *f* écourtée VT *[+ hair]* couper au carré ; *[+ horse's tail]* écourter

**bob⁴** /bɒb/ N *(= sleigh:* also **bobsled, bobsleigh***)* bobsleigh *m*, bob *m* ; *(= runner)* patin *m*

**bobbin** /ˈbɒbɪn/ N *[of thread, wire]* bobine *f* ; *[of sewing machine]* bobine *f*; *[of lace]* fuseau *m* COMP ▷ **bobbin lace** N dentelle *f* aux fuseaux

**bobble** /ˈbɒbl/ N a *(Brit = pom-pom)* pompon *m* b *(US * = mistake etc)* cafouillage * *m* VT *(US * = handle ineptly)* cafouiller * COMP ▷ **bobble hat** N *(Brit)* bonnet *m* à pompon

**Bobby** /ˈbɒbɪ/ N dim of **Robert**

**bobby** * /ˈbɒbɪ/ N *(= policeman)* flic * *m*

**bobby-dazzler** † * /ˌbɒbɪˈdæzləʳ/ N *(Brit) (= object)* truc *m* sensass † * *inv*; *(= girl)* jolie pépée † * *f*

**bobby pin** /ˈbɒbɪpɪn/ N *(esp US)* pince *f* à cheveux

**bobbysocks, bobbysox** * /ˈbɒbɪsɒks/ NPL *(US)* socquettes *fpl*

**bobbysoxer** * /ˈbɒbɪsɒksəʳ/ N *(US)* minette * *f* (des années 40)

**bobcat** /ˈbɒbkæt/ N *(US)* lynx *m*

**bobtail** /ˈbɒbteɪl/ N *(= tail)* queue *f* écourtée ; *(= horse/dog)* cheval *m*/chien *m* écourté

**bobtailed** /ˈbɒbteɪld/ ADJ écourté

**Boche** ⁑ /bɒʃ/ *(pej)* N Boche * *m (pej)* ADJ boche * *(pej)*

**bock** /bɒk/ N *(US:* also **bock beer***)* a *(NonC)* bière *f* bock b *(= glass of beer)* bock *m*

**bod** ⁑ /bɒd/ N a *(Brit = person)* type * *m* ; → **oddbod** b *(= body)* physique *m*, corps *m*

**bodacious** ⁑ /ˌbəʊˈdeɪʃəs/ ADJ *(US)* fabuleux *

**bode** /bəʊd/ VI ◆ **to ~ well (for)** être de bon augure (pour) ◆ **it ~s ill (for)** cela est de mauvais augure (pour), cela ne présage rien de bon (pour) VT présager, augurer

**bodega** /bəʊˈdiːɡə/ N *(US)* épicerie *f* portoricaine

**bodge** * /bɒdʒ/ *(Brit)* VT bricoler * N *(also* **bodge job***)* bricolage *m* *

**bodice** /ˈbɒdɪs/ N a *[of dress]* corsage *m* ; *[of peasant's dress]* corselet *m* b *(= undergarment)* cache-corset *m* COMP ▷ **bodice ripper** * N roman *m* rose sur fond historique ▷ **bodice-ripping** * ADJ ◆ **~-ripping novel/film** roman *m*/film *m* rose sur fond historique

**-bodied** /ˈbɒdɪd/ ADJ *(in compounds)* → **able, full**

**bodily** /ˈbɒdɪlɪ/ ADV *[lift]* à bras-le-corps ; *[carry]* dans ses *etc* bras ◆ **the explosion flung him ~ to the ground** l'explosion l'a plaqué au sol ADJ *[need, comfort]* matériel ; *[pain]* physique ◆ **~ functions** fonctions *fpl* physiologiques ◆ **~ fluids** fluides *mpl* organiques ◆ **~ illness** troubles *mpl* physiques ◆ **~ injury** blessure *f* corporelle ◆ **~ harm** blessures *fpl* ; → **actual, grievous**

**bodkin** /ˈbɒdkɪn/ N *(= big darning needle)* aiguille *f* à repriser ; *(for threading tape)* passe-lacet *m* ; *(for leather)* alêne *f*; *(†† = hairpin)* épingle *f* à cheveux

**body** /ˈbɒdɪ/ N a *[of man, animal]* corps *m* ◆ **the (human) ~** le corps (humain) ◆ **the female ~** le corps de la femme ◆ **the ~'s natural defences** la défense de l'organisme ◆ **to sell one's ~** vendre son corps ◆ **you only want me for my ~!** il n'y a que mon corps qui t'intéresse ! ◆ **a part of the ~** une partie du corps ◆ **just enough to keep ~ and soul together** juste assez pour subsister ◆ **to belong to sb ~ and soul** appartenir à qn corps et âme ; → **sound²**

b *(= corpse)* cadavre *m*, corps *m*

c *(= organization, entity)* organisme *m*, organe *m* ◆ **official ~** organisme *m* officiel ; → **governing, legislative, regulatory**

d *(= main part) [of structure, of dress]* corsage *m*, corps *m* (de robe) ; *[of car]* carrosserie *f* ; *[of plane]* fuselage *m* ; *[of ship]* coque *f*; *[of church]* nef *f*; *[of camera]* boîtier *m*; *[of speech, document]* fond *m*, corps *m* ◆ **in the ~ of the hall** dans la salle proprement dite

e *(= bulk, majority)* masse *f* ◆ **the great ~ of readers** la masse des lecteurs ◆ **the main ~ of the army** le gros de l'armée

f *(= mass, accumulation)* masse *f* ◆ **a large ~ of people** une masse de gens, une foule nombreuse ◆ **the student ~** les étudiants ◆ **~ of troops** corps *m* de troupes ◆ **a large ~ of water** une grande étendue d'eau ◆ **a strong ~ of evidence** une forte accumulation de preuves ◆ **a strong ~ of opinion was against it** une grande partie de l'opinion était contre ◆ **a large** *or* **substantial** *or* **considerable ~ of information** une importante documentation ◆ **a large ~ of literature on ...** une abondante bibliographie sur ... ◆ **in a ~** en bloc ◆ **taken in a ~** pris ensemble, dans leur ensemble

g * *(= man)* bonhomme * *m* ; *(= woman)* bonne femme * *f* ◆ **an inquisitive old ~** une vieille fouine ◆ **a pleasant little ~** une gentille petite dame

h *(Med, Phys etc = piece of matter)* corps *m* ◆ **heavenly ~** corps *m* céleste ; → **foreign**

i *(NonC) [of wine, paper]* corps *m* ◆ **a white wine with some ~** un vin blanc qui a du corps ◆ **to give one's hair ~** donner du volume à ses cheveux

j *(= garment)* body *m*

COMP ▷ **body armour** N *(NonC)* gilet *m* d'armes ▷ **body bag** N *(esp Mil)* housse *f* mortuaire ▷ **body belt** N ceinture *f* d'haltérophilie *or* de force ▷ **body blow** N *(Boxing)* coup *m* au corps ; *(fig: disappointment)* coup *m* dur ▷ **body building** N culturisme *m* ◆ **~-building exercises** exercices *mpl* de culturisme *or* de musculation ▷ **body-check** *(Sport)* N body-check *m* (on à) VT faire un body-check à ▷ **body clock** N horloge *f* biologique ▷ **body corporate** N *(Jur)* personne *f* morale ▷ **body count** N ◆ **to do a ~ count** *(of those present)* compter les présents ; *(of fatalities)* compter le nombre des morts ▷ **body double** N doublure *f* ▷ **body dysmorphic disorder** N dysmorphophobie *f* ▷ **body fascism** N *discrimination fondée sur l'apparence physique* ▷ **body fluids** NPL fluides *mpl* organiques ▷ **body image** N schéma *m* corporel ▷ **body language** N *(lit)* langage *m* du corps ◆ **the ~ language is good between the two leaders** *(fig)* le courant passe bien entre les deux leaders ▷ **body lotion** N lait *m* corporel *or* pour le corps ▷ **body mass** N masse *f* corporelle ▷ **body mass index** N indice *m* de masse corporelle ▷ **body mike** N *(on clip)* micro *m* cravate *inv* ; *(clandestine)* micro *m* caché ▷ **body odour** N odeur *f* corporelle ▷ **body part** N partie *f* du corps ▷ **body piercing** N piercing *m* ▷ **body politic** N ◆ **the ~ politic** le corps politique ▷ **body popping** N *(NonC)* smurf *m* ▷ **body repairs** NPL *(Aut)* travaux *mpl* de carrosserie ▷ **body repair shop** N *(Aut)* ⇒ **body shop** ▷ **body scanner** N scanner *m*, scanographe *m* ▷ **body search** N fouille *f* corporelle ◆ **to carry out a ~ search on sb** fouiller qn ◆ **to submit to** *or* **undergo a ~ search** se faire fouiller ▷ **body shop** N *(Aut)* atelier *m* de carrosserie ▷ **body snatcher** N *(Hist)* déterreur *m*, -euse *f* de cadavres ▷ **body stocking** N combinaison *f* de danse ▷ **body-surf** VI faire du body(-surf) ▷ **body-surfing** N *(NonC)* body(-surf) *m* ▷ **body swerve** N *(Sport)* écart *m* ◆ **to give sb/sth a ~ swerve** * *(fig)* éviter qn/qch ◆ **thanks, I think I'll give that a ~ swerve** non merci, je préfère éviter ▷ **body warmer** N gilet *m* matelassé

**bodybuilder** /ˈbɒdɪˌbɪldəʳ/ N *(Aut)* carrossier *m* ; *(= food)* aliment *m* énergétique ; *(= person)* culturiste *mf* ; *(= apparatus)* extenseur *m*

**bodyguard** /ˈbɒdɪɡɑːd/ N *(= person)* garde *m* du corps ; *(= group)* gardes *mpl* du corps

**bodyshell** /ˈbɒdɪʃel/ N *(Aut)* carrosserie *f*, caisse *f*

**bodysuit** /ˈbɒdɪsuːt/ N combinaison *f*

**bodywork** /ˈbɒdɪwɜːk/ N *(Aut)* carrosserie *f*

**Boeotia** /bɪˈəʊʃɪə/ N Béotie *f*

**Boeotian** /bɪˈəʊʃɪən/ ADJ béotien

**Boer** /ˈbəʊəʳ/ N Boer *mf* ◆ **the ~ War** la guerre des Boers ADJ boer *f inv*

**boffin** * /ˈbɒfɪn/ N *(Brit)* expert *m*

**boffo** ⁑ /ˈbɒfəʊ/ ADJ *(US)* sensationnel

**bog** /bɒɡ/ N a marais *m*, marécage *m* ; *[of peat]* tourbière *f* b *(Brit* ⁑ *= lavatory)* chiottes ⁑ *fpl* VT *(also* **bog down** *: gen pass) [+ cart etc]* embourber, enliser ◆ **to be** *or* **get ~ged down** *(lit, fig)* s'embourber, s'enliser (in dans) COMP ▷ **bog oak** N chêne *m* des marais ▷ **bog paper** ⁑ N *(Brit)* PQ ⁑ *m* ▷ **bog roll** ⁑ N *(Brit) (= roll)* rouleau *m* de PQ ⁑ ; *(NonC = paper)* PQ ⁑ *m* ◆ **there's no ~ roll** il n'y a pas de PQ ⁑ ▷ **bog-standard** * ADJ *(Brit)* ordinaire

**bogey** /ˈbəʊɡɪ/ N a *(frightening)* démon *m* ; *(= bugbear)* bête *f* noire ◆ **this is a ~ for them** *(fig)* c'est leur bête noire ◆ **age is a real ~ for actresses** vieillir est la terreur des comédiennes b *(Golf)* bogey *or* bogée *m* c *(⁑: in nose)* crotte *f* de nez VT *(Golf)* ◆ **to ~ a hole** faire un bogey

**bogeyman** /ˈbəʊɡɪmæn/ N (pl **-men**) croquemitaine *m*, père *m* fouettard

**boggle** /ˈbɒɡl/ VI a *(= be alarmed, amazed)* être ahuri ◆ **the mind ~s!** on croit rêver ! ◆ **stories that make the mind ~** des histoires à dormir debout b *(= hesitate)* hésiter *(at* à*)* reculer *(at* devant*)* VT *(US)* ◆ **to ~ sb's mind** époustoufler qn

**boggy** /ˈbɒɡɪ/ ADJ *[ground]* marécageux, bourbeux, tourbeux

**bogie** /ˈbəʊɡɪ/ N *(Rail)* bogie *m* ; *(esp Brit = trolley)* diable *m*

**Bogotá** /ˌbɒɡəˈtɑː/ N Bogotá

**bogus** /ˈbəʊɡəs/ ADJ faux (fausse *f*) ◆ **a ~ marriage** un mariage blanc ◆ **measures to deter ~ asylum seekers** des mesures *fpl* visant à décourager les faux demandeurs d'asile

**bogy** /ˈbəʊɡɪ/ N ⇒ **bogey**

**Bohemia** /bəʊˈhiːmɪə/ N Bohême *f*

**Bohemian** /bəʊˈhiːmɪən/ N a *(Geog)* Bohémien(ne) *m(f)* b *(† = gipsy)* bohémien(ne) *m(f)* c *(= artist, writer etc)* bohème *mf* ADJ a *(Geog)* bohémien b *(† = gipsy)* bohémien c *[artist, surroundings]* bohème ◆ **~ life** la (vie de) bohème

**Bohemianism** /bəʊˈhiːmɪənɪzəm/ N (vie *f* de) bohème *f*

**boho** * /ˈbəʊhəʊ/ ADJ, N branché(e) * *m(f)*

**boil¹** /bɔɪl/ LANGUAGE IN USE 26.1

VI a *[water etc]* bouillir ◆ **the kettle is ~ing** l'eau bout (dans la bouilloire) ◆ **to begin to ~** se mettre à bouillir, entrer en ébullition

◆ **to ~ fast/gently** bouillir à gros bouillons/à petits bouillons ◆ **to let the kettle/the vegetables ~ dry** laisser s'évaporer complètement l'eau de la bouilloire/des légumes ◆ **the potatoes were ~ing** *(Culin)* les pommes de terre bouillaient ; → **pot¹**

b *[sea]* bouillonner ; *(fig) [person]* bouillir (*with* de) ; ◆ **he was ~ing with rage** il bouillait (de rage) ; see also **boiling** ; → **blood**

VT a *[+ water]* faire bouillir ; (= *bring to the boil*) amener à ébullition

b *[+ food]* (faire) cuire à l'eau, (faire) bouillir ◆ **~ed bacon** lard *m* bouilli ◆ **~ed beef** bœuf *m* bouilli, pot-au-feu *m* ◆ **~ed egg** œuf *m* à la coque ◆ **~ed ham** jambon *m* cuit ◆ **~ed potatoes** pommes *fpl* à l'anglaise *or* à l'eau ◆ **~ed sweet** *(Brit)* bonbon *m* à sucer, ≃ berlingot *m* ; → **hard, soft**

c *[+ washing]* ◆ **to ~ the whites** faire bouillir le (linge) blanc ◆ **~ed shirt** * chemise *f* empesée

N ◆ **on the ~** *(lit)* bouillant, qui bout ; *(* fig) [situation, project]* en ébullition ◆ **off the ~** *(lit)* qui ne bout plus ; *(* fig) [situation]* en voie d'apaisement ; *[project]* au ralenti ◆ **to bring sth to the** *(Brit)* *or* **a** *(US)* **~** faire bouillir qch ◆ **to come to the** *(Brit)* *or* **a** *(US)* **~** venir à ébullition ◆ **to go off the ~** *(lit)* cesser de bouillir ; *(* fig) [person]* baisser ◆ **the situation has come to the ~** la situation a atteint le *or* son point critique ◆ **the issue has brought tempers to the ~** cette question a échauffé les esprits

COMP ▷ **boil-in-a-bag, boil-in-the-bag** ADJ que l'on cuit dans le sachet

► **boil away** VI a (= *go on boiling*) (continuer de) bouillir

b (= *evaporate completely*) s'évaporer, se réduire (par ébullition)

► **boil down**

VI a *(lit) [jam etc]* se réduire

b *(* fig)* revenir (*to* à) ; ◆ **it all ~s down to the same thing** tout cela revient absolument au même ◆ **all the arguments ~ down to this** tous les arguments se résument à ceci

VT SEP a *(lit) [+ sauce etc]* faire réduire (par ébullition)

b *(* fig) [+ text]* réduire (*to* à) abréger

► **boil over** VI a *[water]* déborder ; *[milk]* se sauver, déborder ◆ **the pot ~ed over** la casserole a débordé

b *(with rage)* bouillir (*with* de) ; ◆ **their anger ~ed over into violence** leur colère a dégénéré en violence

► **boil up** VI *(lit) [milk]* monter ◆ **anger was ~ing up in him** la moutarde lui montait au nez

**boil²** /bɔɪl/ N *(Med)* furoncle *m*, clou *m*

**boiler** /ˈbɔɪləʳ/ N a (*for hot water, steam*) chaudière *f* ; *(Brit: for washing clothes)* lessiveuse *f* ; (= *pan*) casserole *f* ; → **double, potboiler** b (= *fowl*) poule *f* à faire au pot COMP ▷ **boiler house** N bâtiment *m* des chaudières ▷ **boiler room** N *(gen)* salle *f* des chaudières ; *(Naut)* chaufferie *f*, chambre *f* de chauffe ▷ **boiler suit** N *(Brit)* bleu(s) *m(pl)* (de travail *or* de chauffe)

**boilermaker** /ˈbɔɪlə,meɪkəʳ/ N chaudronnier *m*

**boilermaking** /ˈbɔɪlə,meɪkɪŋ/ N grosse chaudronnerie *f*

**boilerman** /ˈbɔɪləmæn/ N (pl **-men**) *(Tech)* chauffeur *m*

**boiling** /ˈbɔɪlɪŋ/ N *[of water etc]* ébullition *f* ADJ a *[water, oil]* bouillant ◆ **the whole ~ lot** ‡ *(Brit)* tout le bataclan *, tout le bazar * ◆ **it's ~ (hot) today** * il fait une chaleur terrible aujourd'hui ◆ **I'm ~ (hot)!** * je meurs de chaleur ! b *(* fig = angry)* bouillant de colère, en rage ◆ **he is ~** il bout de colère c *(Culin)* ◆ **~ beef** bœuf *m* pour pot-au-feu ◆ **~ fowl** poule *f* à faire au pot

ADV ◆ **~ hot** *(lit)* tout bouillant ; *(fig)* → **adj**

COMP ▷ **boiling point** N point *m* d'ébullition ◆ **at ~ point** *(fig)* en ébullition

**boisterous** /ˈbɔɪstərəs/ ADJ *[person, crowd, behaviour]* tapageur, turbulent ; *[game]* tumultueux ; *(fig) [wind]* furieux

**boisterously** /ˈbɔɪstərəslɪ/ ADV tumultueusement

**boisterousness** /ˈbɔɪstərəsnɪs/ N *[of person, crowd, behaviour]* gaieté *f* turbulente ; *[of game]* tumulte *m*

**bold** /bəʊld/ ADJ a (= *brave*) *[person, action]* hardi, intrépide ◆ **to grow ~** s'enhardir ◆ **a ~ step** une démarche osée *or* audacieuse ◆ **a ~ stroke** un coup d'audace ; → **face** b *[person, look]* (= *forward*) hardi, effronté *(pej)* ; (= *not shy*) assuré ◆ **to be** *or* **make so ~ as to do sth** *(frm)* avoir l'audace de faire qch ◆ **to make ~ with sth** *(frm)* prendre la liberté de se servir de qch ◆ **if I may make so ~ ...** *(frm)* si je peux me permettre de faire remarquer ... ◆ **as ~ as brass** d'une impudence peu commune, culotté * c *(Art, Literat = striking)* hardi, vigoureux ◆ **to bring out in ~ relief** faire ressortir vigoureusement ◆ **to paint in ~ strokes** *[artist]* avoir une touche puissante d *(Typ)* en grasse, gras (grasse *f*) N *(NonC: Typ)* caractères *mpl* gras ◆ **in ~** en (caractères) gras

**boldly** /ˈbəʊldlɪ/ ADV a (= *bravely*) hardiment, audacieusement b (= *confidently, not shyly*) *[declare, announce, claim]* avec assurance ; *[gaze]* effrontément ◆ **to smile ~** sourire avec assurance c (= *strikingly*) ◆ **~ patterned/checked** à grands motifs/carreaux ◆ **~ coloured** *(one colour)* de couleur voyante ; *(contrasting colours)* de couleurs voyantes

**boldness** /ˈbəʊldnɪs/ N a (= *braveness, daring*) *[of person, action, plan, idea]* audace *f* ; *[of gaze]* audace *f*, aplomb *m* b *[of colour, design]* vigueur *f*

**bole** /bəʊl/ N fût *m*, tronc *m* (d'arbre)

**bolero** /bəˈlɛərəʊ/ N a (= *music, dance*) boléro *m* b /ˈbɒlərəʊ/ (also **bolero jacket**) boléro *m*

**boletus** /bəʊˈliːtəs/ N (pl **boletuses** *or* **boleti** /bəʊˈliː,taɪ/) bolet *m*

**bolide** /ˈbəʊlaɪd/ N *(Astron)* bolide *m*

**Bolivia** /bəˈlɪvɪə/ N Bolivie *f*

**Bolivian** /bəˈlɪvɪən/ ADJ *(gen)* bolivien ; *[ambassador, embassy]* de Bolivie N Bolivien(ne) *m(f)*

**boll** /bəʊl/ N graine *f (du cotonnier, du lin)* COMP ▷ **boll weevil** N anthonome *m (du cotonnier)*

**bollard** /ˈbɒləd/ N *(on quay)* bitte *f* d'amarrage ; *(Brit) (on road)* borne *f*

**bollix** ‡ /ˈbɒlɪks/ VT *(US:* also **bollix up**) ⇒ **balls up vt sep** ; → **ball¹**

**bollocking** *‡/ˈbɒləkɪŋ/ N engueulade ‡ *f* ◆ **to give sb a ~** engueuler qn ‡ ◆ **I got a real ~ from him** il m'a bien engueulé ‡

**bollocks** *‡/ˈbɒləks/ N *(Brit)* ⇒ **balls** ; → **ball¹**

**Bollywood** * /ˈbɒlɪwʊd/ N Bollywood *m (le Hollywood du cinéma indien, à Bombay)*

**Bologna** /bəˈləʊnjə/ N Bologne

**bolognese** /bɒləˈnjeɪz/ ADJ ◆ **~ sauce** sauce *f* bolognaise

**boloney** ‡ /bəˈləʊnɪ/ N ⇒ **baloney**

**Bolshevik** /ˈbɒlʃəvɪk/ N Bolchevik *mf* ADJ bolchevique

**Bolshevism** /ˈbɒlʃəvɪzəm/ N bolchevisme *m*

**Bolshevist** /ˈbɒlʃəvɪst/ N, ADJ bolcheviste *mf*

**bolshie** *, **bolshy** * /ˈbɒlʃɪ/ *(Brit pej)* N *(Pol)* rouge *mf* ADJ *(Pol)* rouge ◆ **he's rather ~** il ne pense qu'à enquiquiner le monde *, c'est un mauvais coucheur ◆ **he turned ~** il a commencé à râler *

**bolster** /ˈbəʊlstəʳ/ N a *[of bed]* traversin *m* b *(Constr)* racinal *m*, sous-poutre *f* VT (also **bolster up**) *[+ person, morale]* soutenir (*with* par)

**bolt** /bəʊlt/ N a *[of door, window]* verrou *m* ; *[of lock]* pêne *m* ; *(Tech: for nut)* boulon *m* ; *[of crossbow]* carreau *m* ; *[of rifle]* culasse *f* mobile ; *(Climbing:* also **expansion bolt**) piton *m* à expansion ; → **shoot**

b *[of cloth]* rouleau *m*

c (= *lightning*) éclair *m* ◆ **it was a ~ from the blue** c'était totalement inattendu

d *(set phrase)*

◆ **to make a bolt for ...** ◆ **he made a ~ for the door** il a fait un bond *or* a bondi vers la porte ◆ **to make a ~ for it** * filer * *or* se sauver à toutes jambes

ADV ◆ **~ upright** droit comme un piquet *or* comme un i

VI a (= *run away*) *[horse]* s'emballer ; *[person]* filer *, se sauver

b (= *move quickly*) se précipiter, foncer * ◆ **he ~ed along the corridor** il a enfilé le couloir à toutes jambes

c *[plant]* monter

VT a *[+ food]* engouffrer, engloutir

b *[+ door, window]* verrouiller, fermer au verrou ◆ **~ the door!** mettez *or* poussez le(s) verrou(s) !

c *(Tech) [+ beams]* boulonner

d *(US * = stop)* abandonner, laisser tomber

COMP ▷ **bolt cutters** NPL coupe-boulons *m* ▷ **bolt-hole** N *(Brit) [of animal]* terrier *m*, trou *m* ; *[of person]* abri *m*, refuge *m* ▷ **bolt-on** ADJ ◆ **~-on extra** * option *f* ◆ **~-on goodies** gadgets *mpl* (en option) ◆ **~-on acquisitions** *(Comm)* achats *mpl* d'entreprises déjà opérationnelles

► **bolt in** VI (= *rush in*) entrer comme un ouragan

VT SEP (= *lock in*) enfermer au verrou

► **bolt on** VT SEP *(Tech)* boulonner ; → **bolt-on**

► **bolt out** VI (= *rush out*) sortir comme un ouragan

**bolus** /ˈbəʊləs/ N (pl **boluses**) *(Med)* bol *m*

**bomb** /bɒm/ N a (= *explosive device*) bombe *f* ◆ **letter/parcel ~** lettre *f*/paquet *m* piégé(e) ◆ **the Bomb** la bombe atomique ◆ **to put a ~ under sb** * *(fig)* secouer (les puces à) qn * ◆ **his party went like a ~** * *(Brit)* sa réception a été (un succès) du tonnerre * ◆ **this car goes like a ~** ‡ *(Brit)* cette bagnole est un vrai bolide * ◆ **the car cost a ~** ‡ *(Brit)* la bagnole * a coûté les yeux de la tête ◆ **we made a ~** * *(fig, Brit)* on a gagné une fortune *or* un bon paquet * ; → **A, car, H**

b *(US * = flop)* fiasco *m*, bide * *m*

VT *[+ town]* bombarder ; → **dive¹**

VI a *(esp US * = flop)* être un fiasco *or* un bide *

b *(* = go quickly)* **to ~ along** foncer, bomber * ◆ **we ~ed down the road** nous avons foncé le long de la rue ◆ **we ~ed down to London** nous avons bombé * jusqu'à Londres

COMP ▷ **bomb aimer** N *(Aviat = person)* bombardier *m* ▷ **bomb attack** N attentat *m* à la bombe ▷ **bomb bay** N soute *f* à bombes ▷ **bomb crater** N *(Geog)* entonnoir *m* ▷ **bomb disposal** N déminage *m* ◆ **~ disposal expert** démineur *m* ; *(Mil)* artificier *m* ◆ **~ disposal squad** *or* **unit** équipe *f* de déminage ▷ **bomb factory** N fabrique *f* de bombes ▷ **bomb scare** N alerte *f* à la bombe ▷ **bomb shelter** N abri *m* (anti-aérien) ▷ **bomb site** N lieu *m* bombardé

► **bomb out** VI (* = *collapse*) s'effondrer

VT SEP [*+ house*] détruire par un bombardement ◆ **the family was ~ed out** la famille a dû abandonner sa maison bombardée ◆ **~ed out families** familles *fpl* sinistrées *(par un bombardement)*

**bombard** /bɒm'bɑːd/ VT *(Mil, Phys, fig)* bombarder (*with* de)

**bombardier** /ˌbɒmbə'dɪəʳ/ N *(Mil)* caporal *m* d'artillerie ; *(Aviat)* bombardier *m (aviateur)*

**bombardment** /bɒm'bɑːdmənt/ N bombardement *m*

**bombast** /'bɒmbæst/ N grandiloquence *f*, boursouflure *f*

**bombastic** /bɒm'bæstɪk/ ADJ *[style, person]* grandiloquent, pompeux

**bombastically** /bɒm'bæstɪkəlɪ/ ADV *[speak]* avec grandiloquence, avec emphase ; *[write]* dans un style ampoulé

**Bombay** /bɒm'beɪ/ N Bombay COMP ▷ **Bombay duck** N *(Culin)* poisson *m* salé *(indien)*

**bombazine** /'bɒmbəziːn/ N bombasin *m*

**bombed** * /bɒmd/ ADJ *(esp US)* (= *drunk*) bourré * ; (= *on drugs*) défoncé *

**bomber** /'bɒməʳ/ N (= *aircraft*) bombardier *m* ; *(terrorist)* plastiqueur *m* COMP ▷ **bomber command** N commandement *m* tactique aérien ▷ **bomber jacket** N blouson *m* d'aviateur ▷ **bomber pilot** N pilote *m* de bombardier

**bombing** /'bɒmɪŋ/ N *(Aviat)* bombardement *m* ; *(by terrorist)* attentat *m* à la bombe ; → **dive**[1] ADJ *[raid, mission, plane]* de bombardement

**bombproof** /'bɒmpruːf/ ADJ a *(lit) [bunker etc]* à l'épreuve des bombes b (* *fig*) indestructible

**bombshell** /'bɒmʃel/ N a († = *bomb*) obus *m* b (= *shock*) ◆ **to come like a ~** faire l'effet d'une bombe ◆ **the decision was a legal/political ~** cette décision a fait l'effet d'une bombe dans les milieux juridiques/politiques ◆ **this news was a ~** la nouvelle a fait l'effet d'une bombe ◆ **to drop a** *or* **one's ~** lâcher une bombe * *(fig)* ◆ **then came the ~** et puis ça a été le coup de théâtre c * ◆ **she's a real ~** c'est une fille canon ! *

**bombsight** /'bɒmsaɪt/ N viseur *m* de bombardement

**bona fide** /'bəʊnə'faɪdɪ/ ADJ *[member, traveller, student etc]* authentique, vrai ; *[offer]* sérieux

**bona fides** /'bəʊnə'faɪdɪz/ N bonne foi *f*

**bonanza** /bə'nænzə/ N (= *windfall*) aubaine *f* ; (= *boom*) boom *m* ; *(US Min)* riche filon *m* ◆ **a property/sales ~** un boom immobilier/sur les ventes ◆ **the North Sea oil ~** la manne pétrolière de la mer du Nord COMP ▷ **the Bonanza State** N *(US)* le Montana ▷ **bonanza year** N année *f* exceptionnelle

**Bonaparte** /'bəʊnəpɑːt/ N Bonaparte *m*

**bonbon** /'bɒnbɒn/ N bonbon *m*

**bonce** * /bɒns/ N *(Brit = head)* tronche * *f*

**bond** /bɒnd/ N a (= *agreement*) engagement *m*, contrat *m* ◆ **to enter into a ~** s'engager (*to do sth* à faire qch)

b (= *link*) lien(s) *m(pl)*, attachement *m* ◆ **to break a ~ with the past** rompre les liens avec le passé ◆ **~s** (= *chains*) fers *mpl*, chaînes *fpl* ; *(fig = ties)* liens *mpl* ◆ **marriage ~s** liens *mpl* conjugaux ; → **pair**

c *(Comm, Fin)* bon *m*, titre *m*

d *(NonC: Comm = custody of goods)* entreposage *m (en attendant le paiement de la taxe)* ◆ **to put sth into ~** entreposer qch en douane ◆ **to take goods out of ~** dédouaner des marchandises

e (= *adhesion between surfaces*) adhérence *f*

f *(Constr)* appareil *m*

g *(Chem)* liaison *f*

h (also **bond paper**) papier *m* à lettres de luxe

VT a *(Comm) [+ goods]* entreposer

b (= *stick*) coller ; [*+ bricks*] liaisonner

c *(Fin)* lier (par une garantie financière)

d (= *place under bond*) placer sous caution ; (= *put up bond for*) se porter caution pour

VI a (= *stick together*) coller

b *(Psych)* se lier ◆ **to ~ with one's baby** s'attacher à son bébé ◆ **we ~ed immediately** nous nous sommes tout de suite liés d'amitié, nous avons tout de suite sympathisé

COMP ▷ **bonded labour** N *(NonC: Brit)* travail *m* non rémunéré *(pour le compte d'un créancier)* ▷ **bonded warehouse** N entrepôt *m* des douanes ▷ **bond market** N *(Fin)* marché *m* obligataire

**bondage** /'bɒndɪdʒ/ N a *(lit)* esclavage *m*, servage *m* ◆ **to be in ~ to sb** *(Hist)* être le serf de qn b *(fig)* esclavage *m*, asservissement *m* ◆ **the ~ of dieting/heroin addiction** l'esclavage que représentent les régimes/que représente l'héroïnomanie c (= *sexual practice*) bondage *m* COMP *[gear, magazine]* de bondage

**bondholder** /'bɒndˌhəʊldəʳ/ N *(Fin)* porteur *m* d'obligations *or* de bons

**bonding** /'bɒndɪŋ/ N a *(Constr)* liaison *f* ; *[of wood, plastic etc]* collage *m* ; *(Elec)* système *m* *or* circuit *m* régulateur de tension b *(Psych)* formation *f* de liens affectifs ; *(in general parlance)* action *f* de sympathiser

**bondsman** /'bɒndzmən/ N (pl **-men**) *(Hist)* serf *m*, esclave *m* ; *(Jur)* garant *m*, caution *f*

**bone** /bəʊn/ N a os *m* ; *[of fish]* arête *f* ◆ **~s** *[of the dead]* ossements *mpl*, os *mpl* ; (* = *dice*) dés *mpl* (à jouer) ◆ **on the ~** à l'os ; ◆ **to cut costs to the ~** réduire les coûts au strict minimum ◆ **chilled** *or* **frozen to the ~** transi de froid, glacé jusqu'à la moelle (des os) ◆ **my old ~s** *(hum)* mes vieux os, ma vieille carcasse * ◆ **to have a ~ to pick with sb** avoir un compte à régler avec qn ◆ **he made no ~s about saying what he thought** il n'a pas hésité à dire ce qu'il pensait ◆ **he made no ~s about it** * il n'y est pas allé par quatre chemins *or* avec le dos de la cuiller * ◆ **there are no ~s broken** *(lit)* il n'y a rien de cassé ; *(fig)* il y a plus de peur que de mal, il n'y a rien de grave ◆ **he won't make old ~s** il ne fera pas de vieux os ◆ **that was a bit close** *or* **near to the ~** *[remark]* c'était un peu limite ◆ **to work one's fingers to the ~** * s'user au travail, s'épuiser à la tâche → **anklebone, bag, feel, skin**

b *(NonC* = *substance)* os *m* ◆ **a handle (made) of ~** un manche en os

c *[of corset]* baleine *f*

VT *[+ meat, fowl]* désosser ; *[+ fish]* ôter les arêtes de

COMP *[buttons, handle etc]* en os ▷ **bone-chilling** ADJ à vous glacer le sang ▷ **bone china** N porcelaine *f* tendre ▷ **bone-dry** ADJ absolument sec (sèche *f*) ▷ **bone-idle** *, **bone-lazy** * ADJ fainéant, paresseux comme une couleuvre ▷ **bone marrow** N *(Anat)* moelle *f* osseuse ▷ **bone meal** N engrais *m* (de cendres d'os) ▷ **bone of contention** N pomme *f* de discorde ▷ **bone-shaker** * N (= *car*) vieille guimbarde *f*, tacot * *m* ; (= *dilapidated cycle*) vieux clou * *m* ▷ **bone structure** N *(NonC: gen)* ossature *f* ; *[of face]* ossature *f* de la tête

► **bone up** * VT SEP, **bone up on** * VT FUS [*+ subject*] bûcher *, potasser *

**boned** /bəʊnd/ ADJ a *[meat]* désossé ; *[fish]* sans arêtes b *[corset]* baleiné

**bonehead** * /'bəʊnhed/ N crétin(e) * *m(f)*, abruti(e) * *m(f)*

**boneheaded** * /'bəʊnˌhedɪd/ ADJ idiot, abruti *

**boneless** /'bəʊnlɪs/ ADJ *[meat]* désossé, sans os ; *[fish]* sans arêtes

**boner** /'bəʊnəʳ/ N a *(US* * = *blunder)* gaffe * *f*, bourde *f* ◆ **to pull a ~** faire une gaffe *, mettre les pieds dans le plat b (= *erection*) ◆ **to have a ~** ** bander **

**boneyard** * /'bəʊnjɑːd/ N *(US)* cimetière *m*

**bonfire** /'bɒnfaɪəʳ/ N feu *m* (de joie) ; *(for rubbish)* feu *m* (de jardin) COMP ▷ **Bonfire Night** N *(Brit)* le 5 novembre ; → GUY FAWKES NIGHT

**bong** /bɒŋ/ N a (= *sound)* bong *m* b (* = *pipe*) bong *m*

**bongo (drum)** /'bɒŋgəʊ(drʌm)/ N (tambour *m*) bongo *m*

**bonhomie** /'bɒnɒmiː/ N bonhomie *f*

**bonk** /bɒŋk/ N a (* = *hit*) coup *m* ; *(with hand)* beigne * *f*, pain * *m* b *(Brit* * = *sex)* **to have a ~** s'envoyer en l'air * VI *(Brit* * = *have sex)* s'envoyer en l'air * VT a (* = *hit*) frapper, filer un coup à * ; *(with hand also)* filer une beigne * *or* un pain * à b *(Brit* * = *have sex with)* s'envoyer *, sauter * EXCL bang

**bonkers** * /'bɒŋkəz/ ADJ cinglé *, dingue *

**bonking** * /'bɒŋkɪŋ/ N *(NonC: Brit)* partie *f* de jambes en l'air *

**Bonn** /bɒn/ N Bonn

**bonnet** /'bɒnɪt/ N a (= *hat*) *[of woman]* bonnet *m* ; *[of child]* béguin *m*, bonnet *m* ; → **bee, sun** b *(Brit Aut)* capot *m* c *(Archit)* auvent *m* ; *[of chimney]* capuchon *m* d *(Naut)* bonnette *f*

**bonny** /'bɒnɪ/ ADJ *(esp N Engl, Scot)* joli, beau (belle *f*)

**bonsai** /'bɒnsaɪ/ N *(pl inv)* bonsaï *m*

**bonus** /'bəʊnəs/ N prime *f*, bonus *m* ; *(Brit Fin)* dividende *m* exceptionnel ; *(Educ, cycle racing)* bonification *f* ◆ **~ of €150** 500 € de prime ◆ **as a ~** *(fig)* en prime ◆ **an added ~** *(fig)* un avantage supplémentaire ; → **incentive, no** COMP ▷ **bonus issue** N *(Fin)* émission *f* d'actions gratuites ▷ **bonus number** N *(Lottery)* numéro *m* complémentaire ▷ **bonus point** N *(in game, quiz etc)* point *m* (en prime) ▷ **bonus share** N action *f* gratuite

**bony** /'bəʊnɪ/ ADJ a *(Anat) [tissue]* osseux ; *(fig) [knee, person]* anguleux, maigre, décharné b *[fish]* plein d'arêtes ; *[meat]* plein d'os

**boo** /buː/ EXCL hou !, peuh ! ◆ **he wouldn't say ~ to a goose** * il n'ose jamais ouvrir le bec * VT [*+ actor, play*] huer, siffler ◆ **to be ~ed off the stage** sortir de scène sous les huées *or* les sifflets VI huer N huée *f*

**boob** * /buːb/ N a *(Brit* = *mistake)* gaffe *f* ; (= *silly person)* ballot * *m*, nigaud(e) *m(f)* b (= *breast*) sein *m*, nichon * *m* VI *(Brit)* gaffer COMP ▷ **boob job** * N ◆ **to have a ~ job** se faire refaire les seins ▷ **boob tube** * N *(Dress* = *sun top)* bain *m* de soleil ; *(US* = *TV set)* télé *f*

**boo-boo** * /'buːˈbuː/ N boulette * *f*, bourde *f*

**booby** /ˈbuːbɪ/ **N** nigaud(e) *m(f)*, bêta(sse) * *m(f)* **COMP** ▷ **booby hatch N** *(Naut)* écoutillon *m* ; *(US* ‡ *pej = mental hospital)* cabanon ‡ *m*, maison *f* de fous * ▷ **booby prize N** prix *m* de consolation *(décerné au dernier)* ▷ **booby trap N** traquenard *m* ; *(Mil)* objet *m* piégé ▷ **booby-trapped ADJ** *[car, door etc]* piégé

**boodle** † ‡ /ˈbuːdl/ **N** *(= money)* oseille ‡ *f*, pèze ‡ *m* ; *(US = bribe)* pot-de-vin *m* ◆ **the whole** ~ *(US)* le tout, tous les trucs *

**booger** ‡ /ˈbuːgəʳ/ **N** *(US)* crotte *f* de nez

**boogeyman** * /ˈbuːgɪmæn/ **N** *(US)* ⇒ **bogeyman**

**boogie** ‡ /ˈbuːgɪ/ **N** *(= dance)* ◆ **to have a** ~ guincher * ◆ **to go for a** ~ aller guincher * *or* se trémousser * **VI** guincher * **COMP** ▷ **boogie-woogie N** boogie-woogie *m*

**boohoo** * /ˌbuːˈhuː/ **VI** pleurnicher, brailler * **EXCL** ouin ! ouin !

**booing** /ˈbuːɪŋ/ **N** *(NonC)* huées *fpl* ; *(Theat)* sifflets *mpl*

**book** /bʊk/ **N** **a** livre *m*, bouquin * *m* ◆ **the (Good) Book** la Bible ; → **bank²**, **telephone**, **textbook**

**b** *(= chapter) [of Bible etc]* livre *m* ; *[of poem]* chant *m* ◆ **the Book of Job/Kings** *etc (Bible)* le livre de Job/des Rois *etc*

**c** *(also* **exercise book***)* cahier *m* ; → **notebook**

**d** *[of tickets, stamps, cheques etc]* carnet *m* ◆ ~ **of matches** pochette *f* d'allumettes ; → **chequebook**, **passbook**

**e** *(Accounting)*

◆ **the books** les comptes *mpl* ◆ **to keep the ~s of a firm** tenir les comptes d'une entreprise ◆ **to be on the ~s** *[employee]* faire partie du personnel ; *[member]* être inscrit ◆ **already on the ~s** *[regulation]* qui figure déjà dans les textes ; *[member]* déjà inscrit au registre ◆ **to go on the ~s** *[law]* entrer en vigueur

**f** *(Betting)* **to keep a** ~ **on sth** prendre les paris sur qch ◆ **to make a** ~ *(= take bets)* inscrire les paris ; *(= bet)* parier ◆ **to open** *or* **start a** ~ **(on sth)** ouvrir les paris (sur qch)

**g** *(= libretto) [of opera etc]* livret *m*

**h** *(phrases)* **to bring sb to** ~ obliger qn à rendre des comptes ◆ **by the** ~ selon les règles ◆ **to close the** ~ **on sth** considérer qch comme une affaire classée ◆ **to go by the** ~, **to stick to the** ~ appliquer strictement le règlement ◆ **to be in sb's bad ~s** * être mal vu de qn ◆ **I am in his good ~s** * je suis dans ses petits papiers *, il m'a à la bonne ‡ ◆ **in my** ~ * **he's unreliable** à mon avis *or* d'après moi on ne peut pas se fier à lui ◆ **he knew the district like a** ~ il connaissait la région comme sa poche ◆ **that's one for the** ~ *or* **~s!** * c'est à marquer d'une pierre blanche !, il faut faire une croix à la cheminée ! ; → **suit**, **throw**

**VT** **a** *(= reserve)* réserver ; *[+ room, table]* retenir, réserver ◆ **to** ~ **one's seat in advance** réserver sa place à l'avance ◆ **tonight's performance is fully ~ed** *(Theat)* on joue à guichets fermés ce soir ◆ **the hotel is fully ~ed (until September)** l'hôtel est complet (jusqu'en septembre) ◆ **I'm ~ed for tomorrow lunch** je suis pris demain à déjeuner ◆ **to** ~ **sb through to Birmingham** *(Rail)* assurer à qn une réservation jusqu'à Birmingham ◆ **I've ~ed my holiday** j'ai fait les réservations pour mes vacances ; → **solid**

**b** *(Police) [+ driver etc]* dresser un procès-verbal *or* PV * à ; *(Ftbl) [+ player]* montrer un carton jaune à ◆ **to be ~ed for speeding** attraper une contravention pour excès de vitesse ◆ **to be ~ed** *(Ftbl)* recevoir un carton jaune

**c** *(Comm, Fin) [+ order]* inscrire, enregistrer ◆ **to** ~ **goods to sb's account** inscrire des marchandises au compte de qn

**VI** *(at hotel, on arrival)* se présenter à la réception ; *(= reserve in advance)* réserver une chambre

**COMP** ▷ **book club N** cercle *m* de lecture, club *m* du livre ▷ **book ends NPL** serre-livres *m inv* ▷ **book fair N** salon *m* du livre ▷ **book jacket N** jaquette *f* ▷ **book-keeper N** comptable *mf* ▷ **book-keeping N** comptabilité *f* ▷ **book knowledge**, **book learning N** connaissances *fpl* livresques ▷ **book lover N** bibliophile *mf* ▷ **book post N** tarif *m* livres ▷ **book review N** compte rendu *m* de livre ▷ **book token N** *(Brit)* bon-cadeau *m (négociable en librairie)*, chèque-livre *m* ▷ **book value N** *(Fin)* valeur *f* comptable

► **book in** *(Brit)* **VI** *(at hotel etc, on arrival)* se présenter à la réception ; *(= reserve in advance)* réserver une chambre

**VT SEP** *(at reception)* se présenter à la réception ; *(= reserve room for)* réserver une chambre pour

► **book up** *(Brit)* **VI** réserver

**VT SEP** retenir, réserver ◆ **the school ~ed up all the seats on the coach** l'école a réservé toutes les places dans le car ◆ **the tour is ~ed up** on ne prend plus d'inscriptions pour l'excursion ◆ **the hotel is ~ed up until September** l'hôtel est complet jusqu'en septembre ; see also **book vt a**

**bookable** /ˈbʊkəbl/ **ADJ** *(Brit)* **a** *[seat etc]* qu'on peut réserver ◆ **seats are** ~ **in advance** on peut retenir ses places (à l'avance) ◆ **seats** ~ **from 6 June** location (des places) ouverte dès le 6 juin **b** *(Sport) [offence]* passible d'un avertissement

**bookbinder** /ˈbʊkbaɪndəʳ/ **N** relieur *m*, -euse *f*

**bookbinding** /ˈbʊkbaɪndɪŋ/ **N** *(NonC)* reliure *f*

**bookcase** /ˈbʊkkeɪs/ **N** bibliothèque *f (meuble)*

**Booker Prize** /ˈbʊkəˌpraɪz/ **N** *(Brit)* ◆ **the** ~ le Booker Prize

> **Booker Prize**
>
> Prix littéraire britannique créé en 1969 par un industriel (M. Booker) pour récompenser une œuvre de fiction écrite par un romancier originaire du Royaume-Uni, d'Irlande ou du Commonwealth. La cérémonie de remise du prix est diffusée en direct à la télévision, et le choix du jury suscite souvent des controverses.

**bookie** * /ˈbʊkɪ/ **N** book * *m*, bookmaker *m*

**booking** /ˈbʊkɪŋ/ LANGUAGE IN USE 21.4 **N** **a** *(esp Brit)* réservation *f* ◆ **to make a** ~ louer, réserver, faire une réservation **b** *(Ftbl)* **there were three ~s at the game** il y a eu trois cartons jaunes lors de ce match **COMP** ▷ **booking clerk N** *(Brit Rail etc)* préposé(e) *m(f)* aux réservations ▷ **booking fee N** frais *mpl* de location ▷ **booking office N** *(Brit: Rail, Theat)* (bureau *m* de) location *f*

**bookish** /ˈbʊkɪʃ/ **ADJ** *[person]* studieux, scolaire *(pej)* ; *[word, phrase]* livresque

**booklet** /ˈbʊklɪt/ **N** brochure *f*, plaquette *f*

**bookmaker** /ˈbʊkmeɪkəʳ/ **N** bookmaker *m*

**bookmaking** /ˈbʊkmeɪkɪŋ/ **N** *(NonC)* métier *m* de bookmaker **COMP** ▷ **bookmaking firm N** bookmaker *m*

**bookmark** /ˈbʊkmɑːk/ **N** marque-page *m*, signet *m* ; *(Comput)* signet *m* **VT** *(Comput)* mettre un signet à

**bookmobile** /ˈbʊkməˌbiːl/ **N** *(US)* bibliobus *m*

**bookplate** /ˈbʊkpleɪt/ **N** ex-libris *m*

**bookrest** /ˈbʊkrest/ **N** lutrin *m*

**bookseller** /ˈbʊkˌseləʳ/ **N** libraire *mf* ; → **secondhand**

**bookshelf** /ˈbʊkʃelf/ **N** étagère *f* (à livres) ; *(in bookcase)* rayon *m* (de bibliothèque)

**bookshop** /ˈbʊkʃɒp/ **N** *(esp Brit)* librairie *f* ; → **secondhand**

**bookstall** /ˈbʊkstɔːl/ **N** *(Brit: in station, airport)* kiosque *m* à journaux ; *[of secondhand books]* étalage *m* de bouquiniste

**bookstand** /ˈbʊkstænd/ **N** *(US)* **a** *(= bookrest, lectern)* lutrin *m* **b** *(= bookstall: in station, airport)* kiosque *m* à journaux ◆ **to hit the ~s** * *[book]* sortir en librairie

**bookstore** /ˈbʊkstɔːʳ/ **N** *(esp US)* librairie *f*

**bookworm** /ˈbʊkwɜːm/ **N** *(fig)* rat *m* de bibliothèque

**Boolean** /ˈbuːlɪən/ **ADJ** booléen

**boom¹** /buːm/ **N** **a** *(= barrier: across river etc)* barrage *m (de radeaux, de chaînes etc)*, bôme *f* **b** *[of boat]* gui *m* ; *(Tech:* also **derrick boom***)* bras *m* ; *[of crane]* flèche *f* ; *[of microphone, camera]* perche *f*, girafe *f*

**boom²** /buːm/ **N** *(= sound) [of sea, waves]* grondement *m*, mugissement *m* ; *[of wind]* mugissement *m*, hurlements *mpl* ; *[of guns, thunder]* grondement *m* ; *[of storm]* rugissement *m* ; *[of organ]* ronflement *m* ; *[of voices]* rugissement *m*, grondement *m* ◆ **sonic** ~ *(Aviat)* bang *m* supersonique **VI** **a** *[sea]* gronder, mugir ; *[wind]* hurler, mugir (sourdement) ; *[thunder]* gronder, rouler **b** *(also* **boom out***)* *[organ]* ronfler ; *[guns]* tonner, gronder ; *[voice]* retentir ; *[person]* tonner, tonitruer **VT** ◆ **"never!" he ~ed** "jamais !" dit-il d'une voix tonitruante *or* retentissante **COMP** ▷ **boom box** * **N** *(US)* ghetto-blaster *m*

**boom³** /buːm/ **VI** **a** *(Comm) [trade]* être en expansion *or* en plein essor ◆ **business is ~ing** les affaires prospèrent

**b** *(Comm, Fin, St Ex) [prices]* monter en flèche

**VT** *(US* *) [+ market, sales]* développer ; *(= publicize) [+ person, place]* promouvoir

**N** *(Comm) (in business, transactions)* montée *f* en flèche, boom *m* ; *(for firm)* forte progression *f* ; *(for product)* popularité *f*, vogue *f* ; *(Comm, Econ, Fin, St Ex)* boom *m* ◆ **a property** ~ un boom sur l'immobilier ◆ **an export** ~ un boom sur les exportations

**COMP** ▷ **boom and bust ADJ** ⇒ **boom-bust** ▷ **boom baby N** bébé *m* du baby-boom ▷ **boom-bust ADJ** *(Econ) [economy, market]* en dents de scie ◆ **the ~-bust pattern of the economy in recent years** l'évolution *f* en dents de scie de l'économie ces dernières années ◆ **property is a ~-bust business** l'immobilier est un marché en dents de scie, l'immobilier connaît des hauts et des bas ▷ **boom town N** ville *f* en plein développement, ville *f* champignon

**boomerang** /ˈbuːməræŋ/ **N** *(lit, fig)* boomerang *m* **VI** *(fig) [words, actions]* faire boomerang

**booming** /ˈbuːmɪŋ/ **ADJ** *[sound]* retentissant ; *[voice]* tonitruant, retentissant

**boomlet** /ˈbuːmlɪt/ **N** *(Econ)* expansion *f* de faible amplitude

**boon** /buːn/ **N** **a** *(= blessing)* bénédiction * *f*, aubaine *f* ◆ **it would be a** ~ **if he went** quelle aubaine s'il s'en allait ◆ **this new machine is a great** ~ cette nouvelle machine est une bénédiction * ◆ **it is a ~ to me** cela m'est très précieux b *(†† = favour)* faveur *f* COMP ▷ **boon companion** † N joyeux compère *m*, compagnon *m* de virée

**boondocks** * /ˈbuːndɒks/ NPL *(US)* ◆ **the ~** le bled * *(pej)*

**boondoggle** ‡ /ˈbuːndɒgl/ VI *(US)* a *(= work uselessly)* passer son temps à des tâches secondaires b *(esp Pol)* créer des emplois bidon *

**boonies** ‡ /ˈbuːnɪz/ NPL *(US)* ⇒ **boondocks**

**boor** /bʊəʳ/ N *(coarse)* rustre *m* ; *(ill-mannered)* malotru(e) *m(f)*, butor *m*

**boorish** /ˈbʊərɪʃ/ ADJ rustre, grossier

**boorishly** /ˈbʊərɪʃlɪ/ ADV *[behave]* en rustre, avec grossièreté ; *[speak]* sans tact

**boorishness** /ˈbʊərɪʃnɪs/ N manque *m* de savoir-vivre, grossièreté *f*

**boost** /buːst/ VT a *(Comm, Ind etc = increase) [+ price]* hausser, faire monter ; *[+ output, productivity]* accroître, augmenter ; *[+ sales]* stimuler, faire monter en flèche ; *[+ product]* promouvoir ; *[+ confidence etc]* renforcer ◆ **to ~ the economy** stimuler l'économie b *(= do publicity for) [+ person, product]* faire de la réclame *or* du battage * pour c *(Elec)* survolter ; *(Aut) [+ engine]* suralimenter ; *(Space) [+ spacecraft]* propulser N ◆ **to give a ~ to** *[+ economy, sales]* stimuler ; *[+ project]* relancer ◆ **to give a ~ to sb's morale** remonter le moral à qn

**booster** /ˈbuːstəʳ/ N *(Elec) (= device)* survolteur *m* ; *(= charge)* charge *f* d'appoint ; *(Rad)* amplificateur *m* ; *(Rail)* booster *m* ; *(Space:* also **booster rocket***)* fusée *f* de lancement, booster *m* ; *(Med:* also **booster shot, booster dose***)* (piqûre *f* de) rappel *m* ; *(US * = supporter)* supporter *m* actif *or* enthousiaste COMP ▷ **booster cushion** N *(Brit Aut)* rehausseur *m* ▷ **booster seat** N *(Aut)* rehausseur *m*

**boot¹** /buːt/ N a *(gen)* botte *f* ; *(also* **ankle boot***)* bottine *f*, boot *m* ; *[of soldier, workman etc]* (grosse) chaussure *f*, brodequin *m* ◆ **the ~ is on the other foot** *(Brit)* les rôles sont renversés ◆ **to quake** *or* **shake** *or* **tremble** *or* **shiver in one's ~s** trembler comme une feuille ◆ **to fill one's ~s with sth** *(Brit)* se remplir les poches de qch ◆ **his heart was in his ~s** il avait la mort dans l'âme ◆ **to give sb the ~** ‡ flanquer * qn à la porte, sacquer * qn ◆ **to get** *or* **be given the ~** ‡ être flanqué * à la porte, être sacqué * ◆ **to put the ~ in** ‡ *(Brit) (= attack physically)* rentrer dans le chou ‡ des gens ; *(fig)* enfoncer le couteau dans la plaie ◆ **to put the ~ into sb/sth** ‡ *(Brit)* débiner * *or* éreinter qn/qch ◆ **Boots** † *(Brit)* garçon *m* d'hôtel ; → **bet, big, die¹, lick**

b *(Brit) [of car etc]* coffre *m*, malle *f* (arrière)

VT a *(* = kick)* donner *or* flanquer * des coups de pied à ◆ **to ~ sb out** *(lit, fig)* flanquer * qn à la porte

b *(Comput:* also **boot up***)* amorcer

COMP ▷ **boot boy** * N *(Brit)* skinhead *m (qui porte des rangers)* ▷ **boot camp** N *(US Mil)* camp *m* d'entraînement *(pour nouvelles recrues)* ▷ **boot-polish** N cirage *m* ▷ **boot sale** N *(Brit)* brocante *f* , vide-grenier *m* ▷ **bootscraper** N décrottoir *m*

**boot²** /buːt/ N ◆ **to ~** par-dessus le marché, en plus, de plus, par surcroît ◆ **and his insolence to ~** sans parler de son insolence

**bootblack** † /ˈbuːtblæk/ N cireur *m* (de chaussures)

**bootee** /buːˈtiː/ N *[of baby]* petit chausson *m (tricoté)* ; *[of woman]* bottillon *m*

**booth** /buːð/ N *[of fair]* baraque *f* (foraine) ; *[of cinema, language laboratory, telephone etc]* cabine *f* ; *[of restaurant]* box *m* ; *(also* **voting booth***)* isoloir *m*

**bootlace** /ˈbuːtleɪs/ N lacet *m* (de chaussure) ◆ **to pull o.s. up by one's (own) ~s** se faire tout seul, se hisser à la force du poignet

**bootleg** * /ˈbuːtleg/ VI faire de la contrebande d'alcool *or* de boissons alcoolisées VT vendre *or* importer en contrebande, fabriquer illicitement ADJ *[spirits]* de contrebande ; *[software, tape, copy, edition]* pirate N *(= illicit recording)* enregistrement *m* pirate

**bootlegger** ‡ /ˈbuːtlegəʳ/ N bootlegger *m*

**bootless** /ˈbuːtlɪs/ ADJ a *(= without boots)* sans bottes b *(liter = to no avail)* infructueux

**bootlicker** ‡ /ˈbuːtlɪkəʳ/ N lèche-botte * *mf inv*

**bootmaker** /ˈbuːtmeɪkəʳ/ N bottier *m*

**bootstrap** /ˈbuːtstræp/ N a *(lit)* tirant *m* de botte ◆ **to pull o.s. up by one's (own) ~s** se faire tout seul, se hisser à la force du poignet ◆ **he's British/a republican** *etc* **to his ~s** *(Austral)* il est britannique/républicain *etc* jusqu'au bout des ongles b *(Comput)* programme *m* amorce, amorce *f*

**booty** /ˈbuːtɪ/ N butin *m*

**booze** ‡ /buːz/ N *(NonC)* boisson(s) *f(pl)* alcoolisée(s) ◆ **bring the ~** apporte à boire ◆ **I'm going to buy some ~** je vais acheter à boire ◆ **to go on the ~** se mettre à picoler ‡ ◆ **he's on the ~** il picole ‡ ◆ **he's off the ~** il ne boit plus VI picoler ‡ COMP ▷ **booze cruise** N *traversée en ferry pour acheter des boissons alcoolisées bon marché* ▷ **booze-up** ‡ N *(Brit)* beuverie *f*, (partie *f* de) soûlographie * *f*

**boozer** ‡ /ˈbuːzəʳ/ N a *(= drunkard)* soûlard(e) ‡ *m(f)* b *(Brit = pub)* bistro(t) * *m*

**boozy** ‡ /ˈbuːzɪ/ ADJ *[person]* pochard ‡, soûlard ‡ ◆ **a ~ party** une (partie de) soûlographie *

**bop¹** /bɒp/ N a *(Mus)* bop *m* b *(= dance)* **to have a ~** * guincher * VI guincher *

**bop²** ‡ /bɒp/ VT *(= hit)* cogner ‡, taper

► **bop off** VI *(US)* filer

**bo-peep** /bəʊˈpiːp/ N cache-cache *m* ◆ **Little Bo-Peep** la petite bergère *(chanson enfantine)*

**boraces** /ˈbɔːrəˌsiːz/ NPL of **borax**

**boracic** /bəˈræsɪk/ ADJ borique

**borage** /ˈbɒrɪdʒ/ N bourrache *f*

**borax** /ˈbɔːræks/ N (pl **boraxes** *or* **boraces**) borax *m*

**Bordeaux** /bɔːˈdəʊ/ N a *(Geog)* Bordeaux ◆ **native of ~** Bordelais(e) *m(f)* b *(= wine)* bordeaux *m*

**bordello** /bɔːˈdeləʊ/ N maison *f* de tolérance

**border** /ˈbɔːdəʳ/ N a *(= edge, side) [of lake]* bord *m*, rive *f* ; *[of woods, field]* lisière *f*, bordure *f*

b *(Pol, Geog) (= frontier)* frontière *f* ◆ **within the ~s of Serbia** à l'intérieur des frontières de la Serbie ◆ **to escape over the ~** s'enfuir en passant la frontière ◆ **on the ~s of France** aux frontières françaises ; → **Borders**

c *(fig) (= boundary)* frontière *f* ◆ **beyond the borders of their homeland** au-delà des frontières de leur pays

d *(in garden)* bordure *f*, platebande *f* ; → **herbaceous**

e *(= edging) [of carpet, dress]* bord *m* ; *[of picture]* encadrement *m*, cadre *m* ◆ **black ~** *[of notepaper]* liseré *m* noir

VT a *[trees etc] (= line edges of)* border ; *(= surround)* entourer, encadrer

b ◆ **France ~s Germany** la France touche à l'Allemagne, la France et l'Allemagne ont une frontière commune

COMP *[state, post]* frontière *inv* ; *[zone, town]* frontière *inv*, frontalier ; *[search]* à la frontière ▷ **border dispute** N différend *m* sur une question de frontière(s) ▷ **border guard** N garde-frontière *mf* ▷ **border incident** N incident *m* de frontière ▷ **bordering countries** NPL pays *mpl* avoisinants *or* limitrophes ▷ **border patrol** N *(US Police)* patrouille *f* frontalière ▷ **border police** N police *f* de l'air et des frontières ▷ **border raid** N incursion *f* ▷ **border State** N État *m* frontalier ▷ **border taxes** NPL taxes *fpl* douanières

► **border (up)on** VT FUS a *[country etc]* être limitrophe de, avoisiner ◆ **the two countries ~ (up)on one another** les deux pays ont une frontière commune *or* se touchent ◆ **his estate ~s (up)on mine** sa propriété et la mienne se touchent

b *(fig = come near to being)* être voisin *or* proche de, frôler ◆ **to ~ (up)on insanity** être voisin de *or* frôler la folie ◆ **it ~s (up)on fanaticism** cela touche au fanatisme, cela frise le fanatisme ◆ **with a boldness ~ing (up)on insolence** avec une hardiesse qui frise l'insolence

**borderer** /ˈbɔːdərəʳ/ N frontalier *m*, -ière *f*

**borderland** /ˈbɔːdəlænd/ N région *f* limitrophe

**borderline** /ˈbɔːdəlaɪn/ N ligne *f* de démarcation ADJ ◆ **it's ~** c'est un cas limite ◆ **~ case** cas *m* limite

**Borders** /ˈbɔːdəz/ NPL *(Brit Geog)* ◆ **the ~** *la région du sud-est de l'Écosse*

**bore¹** /bɔːʳ/ VT a *[+ hole]* percer ; *[+ well]* forer, creuser ; *[+ tunnel]* creuser, percer b *[+ rock]* forer VI forer, sonder ◆ **to ~ for oil** forer (le sous-sol) pour extraire du pétrole, rechercher du pétrole par sondage *or* forage N a *(also* **borehole***)* trou *m* de sonde b *[of tube, pipe, shot, gun, wind instrument]* calibre *m* ◆ **a 12-~ shotgun, a 12-~** * un fusil de (calibre) 12

**bore²** /bɔːʳ/ VT ennuyer, assommer ◆ **to ~ sb rigid** *or* **stiff** *or* **stupid** *or* **silly** *or* **to death** *or* **to tears** *, **to ~ the pants off sb** ‡ pomper l'air à qn * N a *(= person)* raseur * *m*, -euse *f*, casse-pieds * *mf inv*, importun(e) *m(f)* ◆ **what a ~ he is!** ce qu'il peut être ennuyeux *or* raseur ! * b *(† * = nuisance, annoyance)* corvée *f* ◆ **it's a frightful ~** quelle barbe ! *, quelle corvée ! ◆ **what a ~ this meeting is!** quelle corvée, cette réunion !

**bore³** /bɔːʳ/ VB pt of **bear¹**

**bore⁴** /bɔːʳ/ N *(= tidal wave)* mascaret *m*

**bored** /bɔːd/ ADJ *[person]* qui s'ennuie ; *[look]* de quelqu'un qui s'ennuie ◆ **to be ~ (with doing sth)** s'ennuyer (à faire qch) ◆ **I am ~ with this work/book/film** ce travail/livre/film m'ennuie ◆ **to be ~ rigid** *or* **stiff** *or* **stupid** *or* **silly** *or* **to death** *or* **to tears** * s'ennuyer à mourir, s'emmerder ‡

**boredom** /ˈbɔːdəm/ N ennui *m* ◆ **his ~ with the whole proceedings** l'ennui que lui inspirait toute cette cérémonie

**borehole** /ˈbɔːhəʊl/ N trou *m* de sonde

**borer** /ˈbɔːrəʳ/ N a *(Tech = tool) (for wood)* vrille *f*, foret *m* ; *(for metal cylinders)* alésoir *m* ; *(for a well, mine)* foret *m*, sonde *f* ; *(= person)* foreur *m*, perceur *m* b *(Zool = insect)* insecte *m* térébrant

**boric** /ˈbɔːrɪk/ ADJ borique

**boring¹** /ˈbɔːrɪŋ/ *(Tech)* N *[of tunnel]* percement *m* ; *[of well]* forage *m* ; *[of wood]* perçage *m* ; *[of metal]* perçage *m*, alésage *m (Tech)* COMP ▷ **boring machine** N *(gen)* perforatrice *f* ; *(for metal cylinders)* alésoir *m*

**boring**[2] /ˈbɔːrɪŋ/ ADJ *[person, place, job, life, film, book]* ennuyeux ; *[colour, taste, food]* fade ; *[clothes]* sans originalité

**boringly** /ˈbɔːrɪŋlɪ/ ADV *[speak, write etc]* de façon ennuyeuse ◆ **it was ~ predictable** c'était tout ce qu'il y a de plus prévisible

**born** /bɔːn/ ADJ **a** né ◆ **to be ~** naître ◆ **to be ~ again** renaître ; see also **comp** ◆ **~ in Paris** né à Paris ◆ **the town where he was ~** la ville où il est né, sa ville natale ◆ **Napoleon was ~ in 1769** Napoléon est né *or* naquit en 1769 ◆ **three sons ~ to her** trois fils nés d'elle ◆ **every baby ~ into the world** tout enfant qui vient au monde ◆ **when he was ~** quand il est né ◆ **she was ~ blind/deaf** elle est née aveugle/sourde, elle est aveugle/sourde de naissance ◆ **the baby was ~ dead** l'enfant était mort-né ◆ **he was ~ evil** c'est de la mauvaise graine * ◆ **he was ~ stupid** il a toujours été stupide ◆ **a Parisian ~ and bred** un Parisien de souche ◆ **he wasn't ~ yesterday** * il n'est pas né d'hier *or* de la dernière pluie ◆ **in all my ~ days** * de toute ma vie ◆ **~ of poor parents** né de parents pauvres ◆ **people ~ to riches** ceux qui naissent riches ◆ **poets are ~, not made** on naît poète, on ne le devient pas ◆ **qualities ~ in him** qualités *fpl* innées (en lui) ◆ **misfortunes ~ of war** malheurs *mpl* dus à la guerre ◆ **anger ~ of frustration** colère *f* issue de la frustration ◆ **there's one ~ every minute** * je (*or* il *etc*) tombe toujours dans le panneau * ; → **first, highborn, lowborn, newborn, silver, stillborn**

**b** *(= innate)* **a ~ poet** un poète-né ◆ **a ~ actress** une actrice-née ◆ **~ fool** parfait idiot *m* ; → **loser**

COMP ▷ **born-again** ADJ ◆ **~-again Christian** évangéliste *mf* ◆ **he's a ~-again cyclist/socialist** *etc (fig = convert)* il s'est converti au cyclisme/socialisme *etc*

**-born** /bɔːn/ ADJ *(in compounds)* ◆ **Chicago-born** originaire de Chicago, né à Chicago ◆ **Australian-born** originaire d'Australie, né en Australie

**borne** /bɔːn/ VB ptp of **bear**[1]

**...borne** /bɔːn/ ADJ *(in compounds)* ◆ **airborne, seaborne, waterborne**

**Borneo** /ˈbɔːnɪəʊ/ N Bornéo *f* ◆ **in ~** à Bornéo

**boron** /ˈbɔːrɒn/ N bore *m*

**borough** /ˈbʌrə/ N municipalité *f* ; *(in London)* arrondissement *m* ; *(Brit Parl)* circonscription *f* électorale urbaine

**borrow** /ˈbɒrəʊ/ VT *[+ money, word, book]* emprunter (*from* à) ; *(fig) [+ idea etc]* emprunter (*from* à) adapter (*from* de) ; ◆ **a ~ed word** un mot d'emprunt ◆ **a word ~ed from Greek** un mot emprunté au grec ◆ **to ~ trouble** *(US)* voir toujours tout en noir ◆ **~ 1** *(Math: in subtraction)* je retiens 1

**borrower** /ˈbɒrəʊəʳ/ N emprunteur *m*, -euse *f*

**borrowing** /ˈbɒrəʊɪŋ/ N *(Fin, Ling)* emprunt *m* COMP ▷ **borrowing rate** N *(Econ, Fin)* taux *m* d'intérêt des emprunts

**borsch(t)** /bɔːʃt/ N bortsch *or* bortch *m*

**borstal** † /ˈbɔːstəl/ N *(Brit Jur)* ≃ maison *f* de redressement † COMP ▷ **borstal boy** N jeune délinquant *m*

**borzoi** /ˈbɔːzɔɪ/ N (lévrier *m*) barzoï *m*

**bosh** † * /bɒʃ/ N niaiseries *fpl*

**bosk** /bɒsk/, **bosket** /ˈbɒskɪt/ N *(= plantation)* bosquet *m* ; *(= thicket)* fourré *m*

**bos'n** /ˈbəʊsn/ N ⇒ **boatswain**

**Bosnia** /ˈbɒznɪə/ N Bosnie *f* COMP ▷ **Bosnia-Herzegovina** N Bosnie-Herzégovine *f*

**Bosnian** /ˈbɒznɪən/ ADJ bosniaque N Bosniaque *mf*

**bosom** /ˈbʊzəm/ N *[of person]* poitrine *f*, seins *mpl* ; *[of dress]* corsage *m* ; *(fig)* sein *m*, milieu *m* ◆ **in the ~ of the family** au sein de la famille ◆ **the ~ of the earth** *(liter)* les entrailles *fpl (liter)* de la terre COMP ▷ **bosom friend** N ami(e) *m(f)* intime *or* de cœur

**bosomy** /ˈbʊzəmɪ/ ADJ à la poitrine généreuse

**Bosphorus** /ˈbɒsfərəs/, **Bosporus** /ˈbɒspərəs/ N ◆ **the ~** le Bosphore

**bosquet** /ˈbɒskɪt/ N ⇒ **bosk**

**BOSS** /bɒs/ N *(in South Africa)* abbrev of **Bureau of State Security**

**boss**[1] * /bɒs/ N patron(ne) *m(f)*, chef *m* ; *[of gang etc]* caïd ‡ *m* ; *(US Pol)* chef *m* (du parti) ◆ **to be one's own ~** être son propre patron ◆ **we'll have to show him who's ~** il va falloir lui montrer qui commande ici ◆ **who's the ~ round here?** qui est le chef ici ? ◆ **it's his wife who's the ~** c'est sa femme qui porte la culotte * VT *[+ person]* mener, régenter ; *[+ organization]* diriger, faire marcher ADJ *(US ‡ = terrific)* formidable, terrible *

► **boss about** *, **boss around** * VT SEP *[+ person]* mener à la baguette ◆ **I don't like being ~ed around** je n'aime pas qu'on me donne des ordres

**boss**[2] /bɒs/ N *(= knob) [of shield]* ombon *m* ; *(Archit)* bossage *m* ; *(Tech)* mamelon *m*, bossage *m* ; *[of propeller]* moyeu *m* COMP ▷ **boss-eyed** * ADJ ◆ **to be ~-eyed** loucher

**bossa nova** /ˌbɒsəˈnəʊvə/ N bossa-nova *f*

**bossiness** * /ˈbɒsɪnɪs/ N autoritarisme *m*

**bossy** * /ˈbɒsɪ/ ADJ autoritaire, tyrannique ◆ **she's very ~** elle mène tout le monde à la baguette, c'est un vrai gendarme *

**Boston** /ˈbɒstən/ N Boston COMP ▷ **Boston baked beans** NPL *(US) haricots blancs cuits avec du petit salé et de la mélasse* ▷ **Boston ivy** N *(US)* vigne *f* vierge

**Bostonian** /bɒsˈtəʊnɪən/ N Bostonien(ne) *m(f)*

**bosun** /ˈbəʊsn/ N ⇒ **boatswain**

**botanic(al)** /bəˈtænɪk(əl)/ ADJ botanique ◆ **~(al) garden(s)** jardin *m* botanique

**botanical** /bəˈtænɪkəl/ N *(gen pl: Med)* médicament *m* à base de plantes

**botanist** /ˈbɒtənɪst/ N botaniste *mf*

**botanize** /ˈbɒtənaɪz/ VI herboriser

**botany** /ˈbɒtənɪ/ N *(NonC)* botanique *f* COMP ▷ **botany wool** N laine *f* mérinos

**botch** /bɒtʃ/ VT (also **botch up**) *(= repair crudely)* rafistoler * ; *(= bungle)* bâcler, saboter ◆ **a ~ed job** * un travail bâclé *or* de cochon * N (also **botch-up**) ◆ **to make a ~ of sth** bâcler *or* saboter qch

**both** /bəʊθ/ ADJ les deux, l'un(e) et l'autre ◆ **~ books are his** les deux livres sont à lui, les livres sont à lui tous les deux ◆ **on ~ sides** des deux côtés, de part et d'autre ◆ **to hold sth in ~ hands** tenir qch à *or* des deux mains ◆ **you can't have it ~ ways** * il faut choisir

PRON tous (les) deux *m*, toutes (les) deux *f*, l'un(e) et l'autre *m(f)* ◆ **~ (of them) were there, they were ~ there** ils étaient là tous les deux ◆ **from ~ of us** de nous deux ◆ **~ of us agree** nous sommes d'accord tous les deux ◆ **~ alike** l'un comme l'autre

ADV ◆ **~ this and that** non seulement ceci mais aussi cela, aussi bien ceci que cela ◆ **~ you and I saw him** nous l'avons vu vous et moi, vous et moi (nous) l'avons vu ◆ **~ Paul and I came** Paul et moi sommes venus tous les deux ◆ **she was ~ laughing and crying** elle riait et pleurait à la fois ◆ **he can ~ read and write** il sait et lire et écrire

**bother** /ˈbɒðəʳ/ VT *(= annoy)* ennuyer ; *(= pester)* harceler ; *(= worry)* inquiéter, ennuyer ◆ **don't ~ me!** laisse-moi tranquille !, fiche-moi la paix ! *, ne viens pas m'embêter ! * ◆ **don't ~ him with your problems** ne l'embête pas * *or* ne l'ennuie pas avec tes problèmes ◆ **I'm sorry to ~ you** je m'excuse de vous déranger ◆ **does it ~ you if I smoke?** ça vous dérange si je fume ? ◆ **to ~ o.s. about sth** se tracasser au sujet de qch, se mettre martel en tête au sujet de qch ◆ **to be ~ed about sb/sth** se faire du souci *or* s'inquiéter au sujet de qn/qch ◆ **which do you prefer? – I'm not ~ed** * lequel tu préfères ? – ça m'est égal ◆ **it doesn't ~ me** * ça m'est égal ◆ **to get (all hot and) ~ed** * **(about sth)** se mettre dans tous ses états (à propos de qch) ◆ **I can't be ~ed going out** *or* **to go out** je n'ai pas le courage de sortir ◆ **are you going? – no, I can't be ~ed** tu y vas ? – non, je n'en ai pas envie *or* non, ça me casse les pieds * ◆ **his leg ~s him a lot** sa jambe le fait pas mal souffrir ◆ **~ that child!** quelle barbe ce gosse ! *

VI se donner la peine (*to do sth* de faire qch) ; ◆ **please don't ~ to get up!** ne vous donnez pas la peine de vous lever ! ◆ **you needn't ~ to come** ce n'est pas la peine de venir ◆ **don't ~ about me/about my lunch** ne vous occupez pas de moi/de mon déjeuner, ne vous tracassez pas pour moi/pour mon déjeuner ◆ **I'll do it – please don't ~** je vais le faire – non ce n'est pas la peine *or* ne vous donnez pas cette peine ◆ **why ~?** à quoi bon ?

N * **a** *(= nuisance)* barbe * *f* ◆ **what a ~ it all is!** quelle barbe ! *

**b** *(NonC = problems)* ennui *m*, embêtement * *m* ◆ **she's having** *or* **she's in a spot of ~** elle a des ennuis *or* des embêtements * en ce moment ◆ **we had a spot** *or* **bit of ~ with the car** on a eu un petit embêtement * avec la voiture

**c** *(= effort)* mal *m* ◆ **to go to (all) the ~ of doing sth** se donner beaucoup de mal pour faire qch ◆ **it's not worth (going to) the ~ of ...** ça ne vaut pas la peine de ... ◆ **it is no ~ (at all)** il n'y a pas de problème ◆ **he found it without any ~** il l'a trouvé sans aucune difficulté ◆ **he is no ~ to look after** il est facile à garder ◆ **save yourself a lot of ~ and have it done professionally** épargnez-vous beaucoup de mal et laissez les professionnels s'en occuper

**d** *(Brit * = violence)* bagarre * *f*, baston ‡ *m or f*

EXCL *(esp Brit *)* flûte ! *, la barbe ! *

**botheration** † * /ˌbɒðəˈreɪʃən/ EXCL flûte ! *, la barbe ! *

**bothersome** * /ˈbɒðəsəm/ ADJ ennuyeux, gênant

**Bothnia** /ˈbɒθnɪə/ N ◆ **Gulf of ~** golfe *m* de Botnie

**Botox** ® /ˈbəʊtɒks/ N Botox *m*

**Botswana** /bɒtˈswɑːnə/ N Botswana *m*

**bottle** /ˈbɒtl/ N **a** *(= container, contents)* bouteille *f* ; (also **perfume bottle**) flacon *m* ; (also **medicine bottle**) flacon *m*, fiole *f* ; *(wide-mouthed)* bocal *m* ; *(goatskin)* outre *f* ; *(of stone)* cruche *f*, cruchon *m* ; *(for beer)* canette *f* ; (also **baby's bottle**) biberon *m*

◆ **wine** ~ bouteille *f* à vin ◆ **to drink a ~ of wine** boire une bouteille de vin ◆ **we'll discuss it over a** ~ nous en discuterons en prenant un verre ◆ **he is too fond of the** ~ * il aime trop la bouteille * ◆ **to take to the** ~ * se mettre à boire *or* picoler ‡ ◆ **her husband's on the** ~ * son mari picole * ◆ **child brought up on the** ~ enfant *m* élevé *or* nourri au biberon ; → **hot, ink**

**b** *(Brit *)* **he's got a lot of** ~ il a un drôle de cran * ◆ **to lose one's** ~ perdre courage

**VT** *[+ wine]* mettre en bouteille(s) ; *[+ fruit]* mettre en bocal *or* en conserve ◆ **to ~ it** ‡ se dégonfler *

**COMP** ▷ **bottle bank N** conteneur *m* de collecte du verre usagé ▷ **bottle blonde N** *(pej)* fausse blonde *f* ▷ **bottled beer N** bière *f* en canette ▷ **bottled fruit N** fruits *mpl* en bocal *or* en conserve ▷ **bottled gas N** gaz *m* en bouteille ▷ **bottled wine N** vin *m* en bouteille(s) ▷ **bottle-feed VT** nourrir au biberon ▷ **bottle glass N** verre *m* à bouteilles ▷ **bottle-green N, ADJ** vert *m* bouteille *inv* ▷ **bottle-opener N** décapsuleur *m*, ouvre-bouteille *m* ▷ **bottle party N** soirée *f (où chacun apporte une bouteille)* ▷ **bottle rack N** porte-bouteilles *m inv*, casier *m* à bouteilles ▷ **bottle shop N** *(Austral)* magasin *m* de vins et spiritueux ▷ **bottle-top N** capsule *f* ▷ **bottle-washer N** laveur *m*, -euse *f* de bouteilles, plongeur *m*, -euse *f* ; → **cook**

► **bottle out** ‡ **VI** *(Brit)* se dégonfler *

► **bottle up VT SEP** *(fig) [+ feelings etc]* contenir, refouler

**bottlebrush** /ˈbɒtlbrʌʃ/ **N** rince-bouteille(s) *m inv* **COMP** ▷ **bottlebrush moustache N** moustache *f* en brosse

**bottleneck** /ˈbɒtlnek/ **N** *(lit)* goulot *m* ; *(fig) [road]* rétrécissement *m* de la chaussée ; *[traffic]* embouteillage *m*, bouchon *m* ; *[production etc]* goulet *m* d'étranglement

**bottler** /ˈbɒtləʳ/ **N** *(= company)* société *f* de mise en bouteille *or* d'embouteillage

**bottom** /ˈbɒtəm/ **N** **a** *[of box] (outside)* bas *m* ; *(inside)* fond *m* ; *[of glass, well]* fond *m* ; *[of dress, heap, page]* bas *m* ; *[of tree, hill]* pied *m* ; *[of sea, lake, river]* fond *m* ; *[of garden]* fond *m*, bas *m* ; *[of chair]* siège *m*, fond *m* ; *[of ship]* carène *f* ◆ **"bottom"** *(on label)* "bas" ◆ **at the ~ of page ten** en *or* au bas de la page dix ◆ **at the ~ of the hill** au pied *or* au bas de la colline ◆ **the name at the ~ of the list** le nom en bas de la liste ◆ **he's at the ~ of the list** *(fig)* il est en queue de liste ◆ **to be at the ~ of the heap** *or* **pile** *(fig)* être en bas de l'échelle ◆ **to be (at the) ~ of the class** être le dernier de la classe ◆ **to knock the ~ out of an argument** démolir un argument ◆ **the ~ has fallen out of the market** le marché s'est effondré ◆ **the ~ fell out of his world** * son monde s'est effondré *or* a basculé ◆ **at the ~ of the table** en bout de table, au bout de la table ◆ **the ship went to the** ~ le navire a coulé ◆ **the ship touched the** ~ le navire a touché le fond ◆ **to go ~ up** *(= capsize)* se renverser ◆ **the ship was floating ~ up** le navire flottait la quille en l'air

**b** *(= buttocks)* derrière *m*, postérieur * *m* ◆ **~s up!** ‡ cul sec !

**c** *(fig = origin, foundation)* base *f*, origine *f* ◆ **to be at the ~ of sth** être à l'origine de qch ◆ **to get to the ~ of a mystery** aller jusqu'au fond d'un mystère ◆ **we can't get to the ~ of it** impossible de découvrir le fin fond de cette histoire *or* affaire

◆ **at bottom** au fond

**ADJ** *[shelf]* du bas, inférieur(e) *m(f)* ; *[step, rung etc]* premier ; *[price]* le plus bas ; *[part of garden etc]* du fond ◆ **~ dollar** dernier dollar *m* ; → **bet** ◆ **to put sth away in one's ~ drawer** *(Brit)* mettre qch de côté pour son trousseau ◆ **~ floor** *[of building]* rez-de-chaussée *m* ◆ **~ gear** *(Aut)* première *f* (vitesse) ◆ **~ half** *[of box]* partie *f* inférieure ; *[of class, list]* deuxième moitié *f* ◆ **~ land** *(US)* terre *f* alluviale ◆ **~ lands** *(US)* plaine *f* alluviale ◆ **the ~ line** *(= financial result)* le résultat financier ◆ **the ~ line is that ...** le fond du problème c'est que ... ◆ **she says £95 is her ~ line** elle dit qu'elle ne descendra pas en dessous de 95 livres ◆ **the ~ right-hand corner** le coin en bas à droite ◆ **~ round** *(US Culin)* gîte *m* à la noix ; → **rock²**

**COMP** ▷ **bottom feeder N** *(= fish)* espèce *f* benthique ; *(* pej) (= person)* vautour *m*, charognard *m* ▷ **bottom-up ADJ** ◆ **~-up design/information** conception *f*/information *f* ascendante ◆ **~-up planning** planification *f* de bas en haut *or* de la base au sommet, planification *f* pyramidale

► **bottom out** * **VI** *[figures, sales, graph]* atteindre son niveau plancher ; *[recession]* atteindre son plus bas niveau

**bottomless** /ˈbɒtəmlɪs/ **ADJ** *[pit, well]* sans fond ; *[supply]* inépuisable ◆ **he's a ~ pit** * il a un appétit d'ogre

**bottommost** /ˈbɒtəmməʊst/ **ADJ** le plus bas

**bottomry** /ˈbɒtəmrɪ/ **N** *(Marketing)* hypothèque *f* à la grosse aventure

**botulism** /ˈbɒtjʊlɪzəm/ **N** botulisme *m*

**bouclé** /buːˈkleɪ/ **N** (laine *f or* tissu *m*) bouclette *f* **ADJ** en laine *or* en tissu bouclette

**boudoir** /ˈbuːdwɑːʳ/ **N** boudoir *m*

**bouffant** /ˈbuːfɒŋ/ **N** *(= hairdo)* coiffure *f* bouffante **ADJ** *[hairdo]* bouffant

**bougainvill(a)ea** /ˌbuːɡənˈvɪlɪə/ **N** bougainvillée *f*, bougainvillier *m*

**bough** /baʊ/ **N** *(liter)* rameau *m*, branche *f*

**bought** /bɔːt/ **VB** pt, ptp of **buy**

**bouillon** /ˈbuːjɒn/ **N** bouillon *m*, consommé *m* **COMP** ▷ **bouillon cube N** bouillon cube *m*

**boulder** /ˈbəʊldəʳ/ **N** rocher *m* (rond), grosse pierre *f* ; *(smaller)* (gros) galet *m* **COMP** ▷ **boulder clay N** *(Geol)* dépôt *m* (argileux) erratique

**boulevard** /ˈbuːləvɑːʳ/ **N** boulevard *m*

**bounce** /baʊns/ **VI** **a** *[ball]* rebondir ; *[person]* bondir (*into* dans ; *out of* hors de) ; ◆ **to ~ in/out** *etc [person]* entrer/sortir *etc* d'un bond ◆ **the child ~d up and down on the bed** l'enfant faisait des bonds sur le lit ◆ **the car ~d along the road** la voiture faisait des bonds sur la route ◆ **the ball ~d down the stairs** la balle a rebondi de marche en marche ◆ **to ~ off sth** *[light, sound etc]* se réverbérer sur qch ◆ **the heat/light ~d off the white walls** la chaleur/lumière se réverbérait sur les murs blancs, les murs blancs réverbéraient la chaleur/lumière

**b** * *[cheque]* être sans provision, être refusé pour non-provision

**c** *(= be returned) [e-mail message]* être retourné *or* renvoyé (à l'expéditeur)

**VT** **a** *[+ ball]* faire rebondir ; *[+ light, heat etc]* renvoyer, réverbérer ◆ **use a mirror to ~ light onto the subject's face** servez-vous d'un miroir pour renvoyer *or* réverbérer la lumière sur le visage du sujet ◆ **they ~ radio waves off the moon** ils émettent des ondes radio qui se réverbèrent sur la surface de la lune ◆ **to ~ one's ideas off sb** * soumettre ses idées à qn, tester ses idées sur qn * ◆ **to ~ sb into doing sth** pousser qn à faire qch

**b** *(‡ = eject) [+ person]* vider ‡, flanquer * à la porte (*out of* de)

**c** * *[+ cheque]* refuser

**N** **a** *(= rebound) [of ball]* bond *m*, rebond *m*

**b** *(= springiness)* ◆ **there's not much ~ in this pitch** les balles ne rebondissent pas bien sur ce terrain

**c** *(NonC)* **this ball hasn't much ~ left** cette balle ne rebondit plus beaucoup ◆ **to give your hair ~** pour donner du volume à vos cheveux ◆ **he's got plenty of ~** * il a beaucoup d'allant, il est très dynamique

► **bounce back VI** se remettre très vite

**bouncer** /ˈbaʊnsəʳ/ **N** *(at pub, dance hall etc)* videur *m*

**bouncing** /ˈbaʊnsɪŋ/ **ADJ** ◆ **a beautiful ~ baby** un beau bébé qui respire la santé

**bouncy** /ˈbaʊnsɪ/ **ADJ** *[ball, mattress]* élastique ; *[hair]* vigoureux ; *[person]* dynamique, plein d'allant **COMP** ▷ **bouncy castle N** château *m* gonflable *(servant de trampoline géant pour enfants)*

**bound¹** /baʊnd/ **N** *(lit, fig)* ◆ **~s** limite(s) *f(pl)*, bornes *fpl* ◆ **his ambition knows no ~s** son ambition est sans bornes ◆ **to keep within ~s** *(fig)* rester dans la juste mesure, user de modération ; *(lit)* rester dans les limites ◆ **to break ~s** *(Mil)* violer la consigne ◆ **within the ~s of probability** dans les limites du probable ◆ **within the ~s of possibility** dans la limite du possible ◆ **to go over** *or* **pass over the ~s** dépasser les bornes

◆ **out of bounds** *(place etc)* dont l'accès est interdit ; *(Scol)* interdit aux élèves ; *(Sport)* hors du terrain, sorti ◆ **it's out of ~s to soldiers** c'est interdit *or* consigné aux soldats

**VT** *(gen pass) [+ country]* borner ◆ **~ed by** borné *or* limité par

**bound²** /baʊnd/ **N** bond *m*, saut *m* ◆ **at a ~** d'un saut, d'un bond ; → **leap** **VI** *[person]* bondir, sauter ; *[horse]* bondir, faire un bond *or* des bonds ◆ **to ~ in/away/back** *etc* entrer/partir/revenir *etc* en bondissant *or* d'un bond ◆ **the horse ~ed over the fence** le cheval sauta la barrière (d'un bond)

**bound³** /baʊnd/ **VB** pt, ptp of **bind**

**ADJ** **a** lié, attaché ; *(Ling) [morpheme]* lié ◆ **~ hand and foot** pieds *mpl* et poings *mpl* liés ; → **earthbound, icebound, spellbound**

**b** *[book etc]* relié ◆ **~ in boards** cartonné

**c** *(= obliged)* obligé ◆ **to be ~ by law/an oath** *etc* **to do sth** être tenu par la loi/un serment à faire qch ◆ **you are not ~ to do it** vous n'êtes pas obligé de le faire ◆ **I am ~ to confess** je suis forcé d'avouer ◆ **to feel ~ to do sth** se sentir obligé de faire qch ; → **duty, honour**

**d** *(= certain)*

◆ **to be bound to do sth** ◆ **he's ~ to say no** il dira sûrement non ◆ **it is ~ to rain** il va sûrement pleuvoir, il ne peut pas manquer de pleuvoir ◆ **it was ~ to happen** cela devait arriver, c'était à prévoir

**e** *(= destined)* ◆ **~ for** *[person]* en route pour ; *[parcel]* à destination de ; *[train]* en direction de, à destination de ; *[ship, plane]* à destination de, en route pour ; *(= about to leave)* en partance pour ◆ **ship ~ for Australia** *(before sailing)* navire *m* en partance pour l'Australie ; *(en route)* navire *m* à destination de *or* en route pour l'Australie ◆ **where are you ~ (for)?** où allez-vous ?

**-bound** /baʊnd/ **ADJ** *(in compounds)* ◆ **Australia-bound** à destination de l'Australie ◆ **Paris-bound traffic** la circulation dans le sens province-Paris ; → **northbound, outward**

**boundary** /ˈbaʊndərɪ/ **N** limite *f*, frontière *f* ◆ **to score a ~** *(Cricket)* envoyer une balle jusqu'aux limites du terrain **COMP** ▷ **bounda-**

**ry changes** NPL *(Brit Pol)* ◆ **to make ~ changes** effectuer un redécoupage des circonscriptions, redécouper la carte des circonscriptions ▷ **Boundary Commission** N *(Brit Pol) organisme chargé du redécoupage de circonscriptions* ▷ **boundary line** N ligne *f* frontière *inv or* de démarcation ; *(Sport: gen)* limites *fpl* du terrain ; *(Basketball)* ligne *f* de touche ▷ **boundary-stone** N borne *f*, pierre *f* de bornage *(Jur)*

**bounden duty** /ˈbaʊndənˈdjuːtɪ/ N devoir *m* impérieux

**bounder** † * /ˈbaʊndəʳ/ N *(esp Brit)* butor *m*, goujat *m*

**boundless** /ˈbaʊndlɪs/ ADJ *[space]* infini ; *[trust]* illimité ; *[ambition, devotion]* sans bornes

**bounteous** /ˈbaʊntɪəs/, **bountiful** /ˈbaʊntɪfʊl/ ADJ *[harvest]* abondant ; *[rain]* bienfaisant ; *[person]* généreux

**bounty** /ˈbaʊntɪ/ N a *(NonC = generosity)* générosité *f*, libéralité *f* b *(= gift)* don *m* ; *(= reward)* prime *f* COMP ▷ **bounty-fed farmers** NPL agriculteurs *mpl* qui ne vivent que de subventions ▷ **bounty hunter** N chasseur *m* de primes

**bouquet** /ˈbʊkeɪ/ N a *[of flowers]* bouquet *m* b *[of wine]* bouquet *m* COMP ▷ **bouquet garni** N (pl **bouquets garnis**) *(Culin)* bouquet garni *m*

**Bourbon** /ˈbʊəbən/ N *(Hist)* Bourbon *m*

**bourbon** /ˈbɜːbən/ N *(US)* (whisky) bourbon *m*

**bourgeois** /ˈbʊəʒwɑː/ ADJ bourgeois N *(pl inv)* bourgeois(e) *m(f)*

**bourgeoisie** /ˌbʊəʒwɑːˈziː/ N bourgeoisie *f*

**bourse** /bʊəs/ N *(Econ)* bourse *f*

**bout** /baʊt/ N a *(= period)* période *f* ; *[of malaria etc]* attaque *f*, accès *m* ◆ **~ of rheumatism** crise *f* de rhumatisme ◆ **~ of fever** accès *m* de fièvre ◆ **a ~ of bronchitis** une bronchite ◆ **a ~ of flu** une grippe ◆ **he's had several ~s of illness** il a été malade plusieurs fois ◆ **a ~ of work(ing)** une période de travail intensif ◆ **drinking ~** beuverie *f* b *(Boxing, Wrestling)* combat *m* ; *(Fencing)* assaut *m*

**boutique** /buːˈtiːk/ N *(= shop)* boutique *f (de mode ou d'objets branchés)* ◆ **hat/teenage ~** *(= within a store)* rayon *m* des chapeaux/des jeunes

**bovine** /ˈbəʊvaɪn/ ADJ *(lit, fig)* bovin ◆ **~ spongiform encephalopathy** encéphalopathie *f* spongiforme bovine

**bovver** ⁑ /ˈbɒvə/ N *(Brit)* ◆ **bovver boy** hooligan *m* ◆ **bovver boots** rangers *mpl*

**bow¹** /bəʊ/ N a *(= weapon etc)* arc *m* ◆ **to draw the ~** tirer à l'arc ; → **crossbow, longbow, string** b *(Mus)* archet *m* c *(= curve) [of rainbow etc]* arc *m* ; → **saddlebow** d *(= knot) [of ribbon etc]* nœud *m* VI *(Mus)* manier l'archet COMP ▷ **bow and arrow** N *(= child's game)* arc *m* et flèches, jeu *m* de tir à l'arc ▷ **bow compass** N compas *m* à balustre ▷ **bow-legged** ADJ aux jambes arquées ▷ **bow legs** NPL jambes *fpl* arquées ▷ **bow tie** N nœud *m* papillon ▷ **bow window** N bow-window *m (en arc-de-cercle)*

**bow²** /baʊ/ N *(with head)* salut *m* ; *(with body)* révérence *f* ◆ **to make a (deep) ~** saluer (bas) ◆ **to make a ~ to sb** faire un salut à qn, saluer qn ◆ **to give sb a gracious ~** adresser un gracieux salut à qn ◆ **to make one's ~ (as a pianist** *etc) (fig)* faire ses débuts (de pianiste *etc*) ◆ **to take a ~** saluer

VI a *(in greeting)* saluer, incliner la tête ◆ **to ~ to sb** saluer qn ◆ **to ~ and scrape** faire des courbettes ; see also **bowing²**

b *(= bend) [branch etc] (in wind)* fléchir, se courber ; *(under weight)* ployer ; *[person]* se courber

c *(fig = submit)* s'incliner *(before, to* devant ; *under* sous) se soumettre *(before, to* à ; *under* sous) ; ◆ **to ~ before the storm** laisser passer l'orage ◆ **we must ~ to your greater knowledge** *(iro)* nous devons nous incliner devant votre grand savoir ◆ **to ~ to sb's opinion** se soumettre à l'opinion de qn ◆ **to ~ to the inevitable** s'incliner devant les faits *or* devant l'inévitable ◆ **to ~ to the majority** s'incliner devant la majorité

VT courber ◆ **to ~ one's back** courber le dos ◆ **to ~ one's knee** fléchir le genou ◆ **to ~ one's head** pencher *or* courber la tête ◆ **his head was ~ed in thought** il méditait la tête penchée ◆ **to ~ one's consent** signifier son consentement par une inclination de tête ◆ **to ~ sb in/out** faire entrer/faire sortir qn en saluant ◆ **to ~ o.s. out** saluer pour prendre congé

► **bow down** VI *(lit, fig)* s'incliner *(to sb* devant qn)

VT SEP *(lit)* faire plier, courber ; *(fig)* écraser, briser

► **bow out** VI *(fig)* tirer sa révérence *(fig)* see also **bow²**

**bow³** /baʊ/ N a *(often pl) [of ship]* avant *m*, proue *f* ◆ **in the ~s** à l'avant, en proue ◆ **on the port ~** par bâbord devant ◆ **on the starboard ~** par tribord devant b *(= oarsman)* nageur *m* de l'avant COMP ▷ **bow doors** NPL *(on ferry)* porte(s) *f(pl)* d'étrave ▷ **bow wave** N lame *f or* vague *f* d'étrave

**Bow Bells** /ˈbəʊˈbelz/ NPL *les cloches de l'église de St-Mary-le-Bow à Londres* ◆ **born within the sound of ~** né en plein cœur de Londres ; → COCKNEY

**bowdlerization** /ˌbaʊdləraɪˈzeɪʃən/ N expurgation *f*

**bowdlerize** /ˈbaʊdləraɪz/ VT *[+ book]* expurger

**bowel** /ˈbaʊəl/ N *(gen pl: Anat) [of person]* intestin(s) *m(pl)* ; *[of animal]* boyau(x) *m(pl)*, intestin(s) *m(pl)* ◆ **to empty** *or* **relieve one's ~s** déféquer ◆ **~s** *(fig)* entrailles *fpl* ◆ **~s of the earth** entrailles *fpl* de la terre ; → **move, movement** COMP ▷ **bowel cancer** N cancer *m* des intestins ▷ **bowel complaint** N dérangement *m* intestinal

**bower** /ˈbaʊəʳ/ N *(= arbour)* tonnelle *f* ; *(††, liter = cottage)* chaumière *f* ; *[of lady]* boudoir *m*

**bowing¹** /ˈbəʊɪŋ/ N *(Mus)* technique *f* d'archet ; *(marked on score)* indications *fpl* d'archet ◆ **his ~ was very sensitive** il avait un coup d'archet très délicat ◆ **to mark the ~** indiquer *or* introduire les coups d'archet

**bowing²** /ˈbaʊɪŋ/ N ◆ **~ and scraping** salamalecs *mpl*, courbettes *fpl* ; see also **bow²**

**bowl¹** /bəʊl/ N a *(= container) (gen)* bol *m* ; *(larger)* saladier *m*, jatte *f* ; *(for water)* cuvette *f* ; *(for fruit)* coupe *f* ; *[of beggar]* sébile *f* ; *(US Sport)* championnat *m*, coupe *f* ◆ **a ~ of milk** un bol de lait ◆ **a ~ of water** une cuvette d'eau ◆ **a ~ of punch** un bol de punch ; → **finger, salad, sugar** b *[of wineglass]* coupe *f* ; *[of pipe]* fourneau *m* ; *[of spoon]* creux *m* ; *[of lamp]* globe *m* ; *[of lavatory, sink]* cuvette *f* c *(Geog)* bassin *m*, cuvette *f*

**bowl²** /bəʊl/ N *(Sport)* boule *f* ◆ **(game of) ~s** *(Brit)* (jeu *m* de) boules *fpl* ; *(in Provence)* pétanque *f*, boules *fpl* ; *(US = skittles)* bowling *m*

VI a *(Brit)* jouer aux boules ; *(US)* jouer au bowling ; *(in Provence)* jouer à la pétanque ; *(Cricket)* lancer (la balle) *(to* à)

b **to ~ down the street** *[person, car]* descendre la rue à bonne allure ◆ **to ~ along, to go ~ing along** *[car]* rouler bon train

VT a *(Sport) [+ bowl, hoop]* faire rouler ; *[+ ball]* lancer

b *(Cricket) [+ ball]* servir ; *[+ batsman]* (also **bowl out**) éliminer *(en lançant la balle contre les guichets)*

► **bowl down** * VT SEP renverser

► **bowl out** VT SEP *[+ batsman]* éliminer *(en lançant la balle contre les guichets)*

► **bowl over** VT SEP a *[+ ninepins]* renverser, faire tomber

b *(fig)* stupéfier, sidérer * ◆ **she was ~ed over by him** *(= impressed)* il l'a éblouie ◆ **he was ~ed over to find his wife was expecting twins** quelle émotion d'apprendre que sa femme attendait des jumeaux ◆ **I was ~ed over by the beauty of Cornwall** j'ai été émerveillé par la (beauté de la) Cornouailles ◆ **we've been ~ed over by the offers of help from the public** nous avons été stupéfaits par toutes ces propositions d'aide (émanant) du public ◆ **I was ~ed over with admiration at the way Henry performed** la performance de Henry m'a laissé muet d'admiration

**bowler¹** /ˈbəʊləʳ/ N *(Brit)* joueur *m*, -euse *f* de boules ; *(US)* joueur *m*, -euse *f* de bowling ; *(in Provence)* joueur *m*, -euse *f* de pétanque, bouliste *mf* ; *(Cricket)* lanceur *m*, -euse *f* (de la balle)

**bowler²** /ˈbəʊləʳ/ N *(Brit:* also **bowler hat**) (chapeau *m*) melon *m*

**bowline** /ˈbəʊlɪn/ N *(= knot)* nœud *m* de chaise ; *(= rope)* bouline *f*

**bowling** /ˈbəʊlɪŋ/ N bowling *m* COMP ▷ **bowling alley** N bowling *m* ▷ **bowling green** N terrain *m* de boules *(sur gazon)* ▷ **bowling match** N *(Brit)* concours *m* de boules ; *(US)* concours *m* de bowling ; *(in Provence)* concours *m* de pétanque

**bowman** /ˈbəʊmən/ N (pl **-men**) *(Archery)* archer *m*

**bowsprit** /ˈbəʊsprɪt/ N beaupré *m*

**bowstring** /ˈbəʊstrɪŋ/ N corde *f*

**bow-wow** /ˈbaʊwaʊ/ *(baby talk)* N toutou *m* EXCL /ˈbaʊˈwaʊ/ ouah, ouah !

**box¹** /bɒks/ N a boîte *f* ; *(= crate)* caisse *f* ; (also **cardboard box**) (boîte *f* en) carton *m* ; *(= casket)* coffret *m* ; *(† = trunk)* malle *f* ; *(* = set-top box)* décodeur *m*, set-top box *f* ◆ **a ~ of matches/chocolates** une boîte d'allumettes/de chocolats ◆ **(on) the ~** * *(esp Brit = television)* (à) la télé * ◆ **to be first out of the ~ with sth** *(US)* être le premier à faire qch ◆ **to come out of the ~ with sth** se lancer dans qch ◆ **to be out of one's ~** ⁑ *(Brit) (through drink)* être pété ⁑ ; *(through drugs)* être défoncé ⁑ ; *(= crazy)* être débile * ; → **icebox, letterbox, toolbox**

b *(for money)* caisse *f* ; *(in church)* tronc *m* ; → **strongbox**

c *(Aut, Tech) [of axle, steering]* carter *m* ; → **axle, gearbox**

d *(Theat)* loge *f* ; *[of coachman]* siège *m* (du cocher) ; *(Jur) (for jury, press)* banc *m* ; (also **witness-box**) barre *f* ; *(in stable)* box *m* ; → **horsebox, sentry, signal**

e (also **wine box**) cubitainer ® *m*

f *(Sport = protection)* coquille *f*

g *( * Ftbl = penalty area)* surface *f* de réparation

h *(Brit = road junction)* zone *f* (de carrefour) d'accès réglementé

i *(Printing)* encadré *m*

VT mettre en boîte *or* en caisse *etc*

COMP ▷ **box calf** N box(-calf) *m* ▷ **box camera** N appareil *m* (photographique) *(rudimentaire)* ▷ **boxed set** N coffret *m*

▻ **box file** N boîte *f* à archives ▻ **box girder** N *(Constr)* poutre-caisson *f* ▻ **box junction** N *(Brit)* zone *f* (de carrefour) d'accès réglementé ▻ **box kite** N cerf-volant *m* cellulaire ▻ **box lunch** N panier-repas *m* ▻ **box number** N *(Post: in newspaper)* référence *f* d'annonce ; see also **post office** ▻ **box pleat** N *(Sewing)* pli *m* creux ▻ **box spring** N sommier *m* à ressorts ▻ **box stall** N *(US)* box *m*

► **box in** VT SEP *[+ bath, sink]* encastrer ♦ **to feel ~ed in** se sentir confiné *or* à l'étroit ♦ **house ~ed in by tall buildings** maison *f* coincée entre de grands immeubles

► **box off** VT SEP compartimenter

► **box up** VT SEP mettre en boîte ; *(fig)* enfermer

**box²** /bɒks/ VI *(Sport)* boxer, faire de la boxe ♦ **to ~ clever** *(Brit)* bien manœuvrer VT a *(Sport)* boxer avec, boxer * b ♦ **to ~ sb's ears** chauffer les oreilles à qn, gifler *or* claquer qn, flanquer * une claque *or* une gifle à qn N ♦ **a ~ on the ear** une claque, une gifle

**box³** /bɒks/ N *(Bot)* buis *m* COMP en *or* de buis

**boxboard** /ˈbɒksbɔːd/ N carton *m* d'emballage

**boxcar** /ˈbɒkskɑːʳ/ N *(Rail)* wagon *m* (de marchandises) couvert

**boxer¹** /ˈbɒksəʳ/ N *(Sport)* boxeur *m* NPL **boxers** ⇒ **boxer shorts** COMP ▻ **boxer shorts** NPL boxer-short *m*

**boxer²** /ˈbɒksəʳ/ N (= *dog*) boxer *m*

**boxing** /ˈbɒksɪŋ/ N boxe *f* COMP *[gloves, match]* de boxe ▻ **boxing ring** N ring *m* (de boxe)

**Boxing Day** /ˈbɒksɪŋdeɪ/ N *(Brit)* le lendemain de Noël

> **Boxing Day**
>
> **Boxing Day** est un jour férié en Grande-Bretagne ; il est fixé le 26 décembre, ou le 27 si Noël tombe un samedi. C'était à l'origine le jour où l'on donnait les étrennes (une « boîte de Noël » ou « Christmas box ») au facteur et aux artisans. Aujourd'hui, cette journée est surtout consacrée aux sports, au repos ou à la poursuite des festivités de Noël.

**box office** /ˈbɒksɒfɪs/ *(Theat)* N (= *office*) bureau *m* de location ; (= *window*) guichet *m* (de location) ♦ **this show will be good ~** ce spectacle fera recette COMP ▻ **box-office attraction** N spectacle *m* à (grand) succès ▻ **box-office receipts** NPL recette *f* ▻ **box-office success** N pièce *f etc* qui fait courir les foules *or* qui fait recette ; (= *film*) succès *m* au box-office

**boxroom** /ˈbɒksrʊm/ N *(Brit)* débarras *m*

**boxwood** /ˈbɒkswʊd/ N buis *m*

**boxy** * /ˈbɒksɪ/ ADJ *[building]* en forme de boîte, qui ressemble à une boîte ; *[car]* en forme de caisse à savon

**boy** /bɔɪ/ N a (= *child*) garçon *m*, enfant *m* ; (= *young man*) jeune *m* (homme *m*), garçon *m* ; (= *son*) fils *m*, garçon *m* ; *(Scol)* élève *m*, garçon *m* ♦ **little ~** petit garçon *m*, garçonnet *m* ♦ **beggar ~** petit mendiant *m* ♦ **English ~** petit *or* jeune Anglais *m* ♦ **come here, my ~** viens ici mon petit *or* mon grand ♦ **bad ~!, naughty ~!** vilain ! ♦ **the Jones ~** le petit Jones ♦ **I lived here as a ~** j'habitais ici quand j'étais petit *or* enfant ♦ **he knew me from a ~** il me connaissait depuis mon (*or* son) enfance, il me connaissait depuis tout petit ♦ **~s will be ~s!** les garçons, on ne les changera jamais ! ♦ **he was as much a ~ as ever** il était toujours aussi gamin ♦ **sit down, ~s** *(Scol) (to small boys)* asseyez-vous, mes enfants ; *(to sixth formers etc)* asseyez-vous, messieurs *or* mes amis ; → **choirboy, day, old, page²**

b (* = *fellow*) **my dear ~** mon cher (ami) ♦ **old ~** mon vieux ♦ **the old ~** (= *boss*) le patron ; (= *father*) le paternel * ♦ **a night out with the ~s** une sortie avec les copains ; → **wide**

c (= *native servant*) boy *m*

EXCL * bigre !

COMP ▻ **boy band** N *(Brit Mus)* boys band *m* ▻ **boy-meets-girl story** N *(film, novel etc)* histoire *f* romantique conventionnelle ▻ **boy racer** * N *(Brit)* jeune fou *m* du volant ▻ **Boys' Brigade** N *(Brit) organisation de scoutisme* ▻ **boy scout** † N *(Catholic)* scout *m* ; *(non-Catholic)* éclaireur *m* ▻ **the boys in blue** * NPL *(Brit)* les défenseurs *mpl* de l'ordre ▻ **boy soprano** N soprano *m* ▻ **boy wonder** * N jeune prodige *m*

**boycott** /ˈbɔɪkɒt/ VT *[+ person, product, place]* boycotter N boycottage *m*, boycott *m*

**boyfriend** /ˈbɔɪfrend/ N petit ami *m*

**boyhood** /ˈbɔɪhʊd/ N enfance *f*, adolescence *f*

**boyish** /ˈbɔɪɪʃ/ ADJ *[male's behaviour]* d'enfant, de garçon ; *[smile]* gamin ; *(pej)* enfantin, puéril (puérile *f*) ; (= *tomboyish*) *[girl]* garçonnier ; *[behaviour]* garçonnier, de garçon ♦ **he looks very ~** il fait très jeune ♦ **his ~ good looks** son air de beau garçon

**boyishly** /ˈbɔɪɪʃlɪ/ ADV comme un garçon ♦ **~ cut hair** cheveux *mpl* coupés à la garçonne

**boyo** * /ˈbɔɪəʊ/ N *(Brit dial)* gars * *m* ♦ **listen, ~** écoute, mon gars *

**boysenberry** /ˈbɔɪzənbərɪ/ N boysenberry *f* *(variété de mûre)*

**bozo** * /ˈbəʊzəʊ/ N *(esp US)* bozo * *m*, drôle de type * *m*

**BP** /biːˈpiː/ N abbrev of **blood pressure**

**Bp** abbrev of **Bishop**

**bpi** /ˌbiːpiːˈaɪ/ N *(Comput)* (abbrev of **bits per inch**) bits *mpl* par pouce

**bps** /ˌbiːpiːˈes/ N *(Comput)* (abbrev of **bits per second**) bits *mpl* par seconde

**BR** /biːˈɑːʳ/ N *(formerly)* (abbrev of **British Rail**) → **British** NPL abbrev of **bills receivable**

**bra** /brɑː/ N (abbrev of **brassière**) soutien-gorge *m* ♦ **half-cup ~** balconnet *m* soutien-gorge *m* pigeonnant

**Brabant** /brəˈbænt/ N Brabant *m*

**brace** /breɪs/ N a attache *f*, agrafe *f* ; *(Med)* appareil *m* orthopédique ; *(Constr)* entretoise *f*, étrésillon *m* ; *(US Mil* *) garde-à-vous *m* rigide ♦ **~(s)** *(for teeth)* appareil *m* dentaire *or* orthodontique ♦ **~ (and bit)** *(Tech)* vilebrequin *m (à main)*

b *(pl inv* = *pair)* *[of animals, pistols]* paire *f*

c *(Mus, Typ:* also **brace bracket**) accolade *f*

NPL **braces** *(Brit Dress)* bretelles *fpl*

VT a (= *support, strengthen*) soutenir, consolider ; *[+ structure]* entretoiser, étrésillonner ; *[+ beam]* armer (*with* de) soutenir

b ♦ **to ~ o.s.** *(lit)* s'arc-bouter ; *(fig)* rassembler ses forces (*to do sth* à faire qch) fortifier son âme (*to do sth* pour faire qch) ; ♦ **he ~d his leg against the door** il a bloqué la porte avec sa jambe ♦ **~ yourself for the news!** tenez-vous bien que je vous raconte *subj* la nouvelle ! *or* que je vous en dise une bien bonne ! *

c *[climate etc]* fortifier, tonifier

► **brace up** VT SEP *[+ person]* revigorer, remonter ♦ **to ~ o.s. up** rassembler ses forces (*to do sth* pour faire qch) ; *(by having a drink)* reprendre des forces *(hum)*

EXCL ♦ **brace up !** du courage !

**bracelet** /ˈbreɪslɪt/ N a bracelet *m* b **~s** * (= *handcuffs*) menottes *fpl*, bracelets *mpl* *(hum)*

**bracer** * /ˈbreɪsəʳ/ N (= *drink*) remontant *m*

**bracing** /ˈbreɪsɪŋ/ ADJ *[air, climate]* fortifiant, tonifiant ♦ **a ~ wind** un vent vivifiant

**bracken** /ˈbrækən/ N *(NonC)* fougère *f*

**bracket** /ˈbrækɪt/ N a (= *angled support*) support *m* ; *[of shelf]* tasseau *m*, équerre *f* ; *(Archit)* console *f*, corbeau *m*

b *[of lamp]* fixation *f*

c (= *small shelf*) rayon *m*, étagère *f*

d *(Typ)* (also **round bracket**) parenthèse *f* ; (also **square bracket**) crochet *m* ; *(Mus, Typ:* also **brace bracket, curly bracket**) accolade *f* ♦ **in ~s** entre parenthèses

e *(fig* = *group)* tranche *f* ♦ **the lower/upper income ~** la tranche des petits/des gros revenus ♦ **he's in the £30,000-a-year ~** il est dans la tranche (de revenus) des 30 000 livres par an ♦ **price ~** fourchette *f* de prix ♦ **tax ~** tranche *f* d'imposition ♦ **age ~** classe *f* d'âge

VT a *(Typ) [+ sentence etc]* mettre entre parenthèses *or* entre crochets

b (= *join by brackets*) réunir par une accolade ; *(fig:* also **bracket together**) *[+ names, persons]* mettre dans le même groupe *or* dans la même catégorie ; *[+ candidates etc]* mettre ex æquo, accoler ; *(fig* = *link in one's mind)* mettre dans le même sac ♦ **~ed first** *(Scol, Sport etc)* premiers ex æquo

c *(Mil) [+ target]* encadrer

COMP ▻ **bracket lamp** N applique *f*

**bracketing** /ˈbrækətɪŋ/ N *(Gram)* parenthésage *f*

**brackish** /ˈbrækɪʃ/ ADJ *[water, taste]* saumâtre

**brad** /bræd/ N semence *f*, clou *m* de tapissier COMP ▻ **brad awl** N poinçon *m*

**brae** /breɪ/ N *(Scot)* pente *f*, côte *f*

**brag** /bræg/ VI se vanter (*about, of* de) VT ♦ **to ~ that one has done sth** se vanter d'avoir fait qch N a (= *boast*) vantardise *f*, fanfaronnades *fpl* b ⇒ **braggart** c *(Cards) jeu de cartes semblable au poker*

**braggart** /ˈbrægət/ N vantard(e) *m(f)*, fanfaron(ne) *m(f)*

**bragging** /ˈbrægɪŋ/ N vantardise *f* (*about* à propos de)

**Brahma** /ˈbrɑːmə/ N a (= *god*) Brahmâ *m* b *(US Zool)* zébu *m* américain

**Brahman** /ˈbrɑːmən/ N (pl **Brahmans**) a (= *person*) brahmane *m* b ⇒ **Brahma b**

**Brahmaputra** /ˌbrɑːməˈpuːtrə/ N Brahmâpoutre *m*, Brahmâputra *m*

**Brahmin** /ˈbrɑːmɪn/ N (pl **Brahmin** *or* **Brahmins**) ⇒ **Brahman a**

**braid** /breɪd/ VT a *(esp US)* (= *plait*) tresser, natter ; (= *interweave*) entrelacer (*with* avec) b (= *trim with braid*) *[+ clothing, material]* galonner, soutacher N a *(esp US* = *plait of hair)* tresse *f*, natte *f* b *(NonC* = *trimming)* soutache *f*, ganse *f*, galon *m* ; *(Mil)* galon *m* ♦ **gold ~** galon *m* d'or *or* doré

**braided** /ˈbreɪdɪd/ ADJ galonné

**Braille** /breɪl/ N braille *m* ADJ braille *inv*

**brain** /breɪn/ N a *(Anat)* cerveau *m* ; *(fig)* cerveau *m*, tête *f* ♦ **~s** *(Anat, Culin)* cervelle *f* ♦ **he's got that on the ~!** * il ne pense qu'à ça ! ♦ **he's got politics on the ~** * il n'a que la politique en tête ♦ **his ~ reeled** la tête lui a tourné ♦ **to beat sb's ~s out** * estourbir qn * ♦ **to blow sb's ~s out** * brûler la cervelle à qn ◆ **calves'** ~ *(Culin)* cervelle *f* de veau ; → **pick, rack**[1]

**b** *(gen pl = intelligence)* ~**s** intelligence *f* ◆ **he's got ~s** il est intelligent ◆ **he's the ~s of the family** c'est le cerveau de la famille

**VT** *(* = knock out)* *[+ person]* assommer

**COMP** *(Med)* *[disease]* du cerveau, cérébral ; *[operation]* au cerveau ▷ **brain-box** * **N** tête * *f*, cerveau *m* ▷ **brain-child N** idée *f* personnelle, invention *f* personnelle ◆ **it's his ~-child** c'est lui qui l'a inventé ▷ **brain damage N** lésions *fpl* cérébrales ▷ **brain-damaged ADJ** atteint de lésions cérébrales ◆ **the accident left him severely ~-damaged** l'accident a provoqué (chez lui) des lésions cérébrales ▷ **brain dead ADJ** *(Med)* dans un coma dépassé ; *(* = stupid)* balourd * ▷ **brain death N** *(Med)* mort *f* cérébrale ▷ **brain drain N** exode *m or* fuite *f* des cerveaux ▷ **brain fever N** fièvre *f* cérébrale ▷ **brain pan N** boîte *f* crânienne ▷ **brain scan N** scanographie *f* du cerveau, scanner *m* cérébral ▷ **brain scanner N** scanner *m*, tomodensitomètre *m* ▷ **brains trust N** *(= panel of experts)* groupe *m* d'experts *or* de spécialistes ; *(US = advisory experts:* also **brain trust***)* brain-trust *m* ▷ **brain surgeon N** neurochirurgien(ne) *m(f)* ▷ **brain-teaser N** casse-tête *f* ▷ **brain trust N** *(US)* → **brains trust** ▷ **brain tumour N** tumeur *f* au cerveau ▷ **brain wave N** *(Brit)* idée *f* géniale, inspiration *f* ▷ **brain waves NPL** *(Psych)* ondes *fpl* cérébrales

**brainless** /ˈbreɪnlɪs/ **ADJ** *[person]* sans cervelle, stupide ; *[idea]* stupide ◆ **to be** ~ *[person]* n'avoir rien dans la tête

**brainpower** /ˈbreɪnpaʊəʳ/ **N** intelligence *f*

**brainstorm** /ˈbreɪnstɔːm/ **N** *(Med)* congestion *f* cérébrale ; *(Brit fig = sudden aberration)* moment *m* d'aberration ; *(US = brilliant idea)* idée *f* géniale **VI** faire du remue-méninges, faire du brainstorming **VT** explorer

**brainstorming** /ˈbreɪnstɔːmɪŋ/ **N** remue-méninges *m*, brainstorming *m* **COMP** ▷ **brainstorming session N** (séance *f* de) brainstorming *m*, séance *f* de remue-méninges

**brainwash** /ˈbreɪnwɒʃ/ **VT** faire un lavage de cerveau à ◆ **he was ~ed into believing that ...** on a réussi à lui faire croire *or* à lui mettre dans la tête que ...

**brainwashing** /ˈbreɪnwɒʃɪŋ/ **N** *[of prisoners etc]* lavage *m* de cerveau ; * *[of public etc]* bourrage * *m* de crâne, intox * *f*

**brainwork** /ˈbreɪnwɜːk/ **N** travail *m* intellectuel

**brainy** * /ˈbreɪnɪ/ **ADJ** intelligent, doué

**braise** /breɪz/ **VT** *(Culin)* braiser

**brake**[1] /breɪk/ **N** *(Bot)* *(= bracken)* fougère *f* ; *(= thicket)* fourré *m*

**brake**[2] /breɪk/ **N** *(= vehicle)* break *m*

**brake**[3] /breɪk/ **N** *(Aut etc)* frein *m* ◆ **to put on** *or* **apply the ~s** freiner ◆ **to act as a ~ on sb's activities** mettre un frein aux activités de qn ; → **handbrake, slam on VI** freiner **COMP** ▷ **brake band N** bande *f* de frein ▷ **brake block N** sabot *m or* patin *m* de frein ▷ **brake disc N** disque *m* de frein ▷ **brake drum N** tambour *m* de frein ▷ **brake fluid N** liquide *m* de freins, lockheed ® *m* ▷ **brake horsepower N** puissance *f* au frein *or* effective ▷ **brake lever N** frein *m* à main ▷ **brake light N** (feu *m* de) stop *m* ▷ **brake lining N** garniture *f* de frein ▷ **brake pad N** plaquette *f* de frein ▷ **brake pedal N** pédale *f* de frein ▷ **brake shoe N** mâchoire *f* de frein ▷ **brake-van N** *(Brit Rail)* fourgon *m* à frein

**brakeman** /ˈbreɪkmən/ **N** (pl **-men**) *(US Rail)* chef *m* de train

**braking** /ˈbreɪkɪŋ/ **N** freinage *m* **COMP** ▷ **braking distance N** distance *f* de freinage ▷ **braking power N** puissance *f* de freinage

**bramble** /ˈbræmbl/ **N** **a** *(= thorny shrub)* roncier *m*, roncière *f* **b** *(= blackberry)* *(bush)* ronce *f* des haies, mûrier *m* sauvage ; *(berry)* mûre *f* (sauvage)

**brambling** /ˈbræmblɪŋ/ **N** *(= bird)* pinson *m* du nord

**bran** /bræn/ **N** son *m (de blé)* **COMP** ▷ **bran loaf N** pain *m* au son ▷ **bran mash N** bran *m or* son *m* mouillé ▷ **bran tub N** *(Brit)* pêche *f* miraculeuse *(jeu)*

**branch** /brɑːntʃ/ **N** **a** *[of tree, candelabra]* branche *f* ; *[of river]* bras *m*, branche *f* ; *[of mountain chain]* ramification *f* ; *[of road]* embranchement *m* ; *[of railway]* bifurcation *f*, raccordement *m* ; *[of pipe]* branchement *m* ; *[of family]* rameau *m*, branche *f* ; *(Ling)* rameau *m* ; *[of subject, science etc]* branche *f* ; *(Admin)* division *f*, section *f* ◆ **he did not belong to their ~ of the service** *(Mil)* il n'appartenait pas à leur arme ; → **olive, root**

**b** *(Comm)* *[of store]* succursale *f* ; *[of company]* succursale *f*, filiale *f* ; *[of bank]* agence *f*, succursale *f* ; *[of police force]* antenne *f* ; *[of industry]* branche *f*, secteur *m*

**c** *(Comput)* branchement *m*

**d** *(US = stream)* ruisseau *m*

**VI** **a** *[tree]* se ramifier

**b** *[road]* bifurquer ; *[river]* se diviser ◆ **the road ~es off the main road at ...** la route quitte la grand-route à ...

**COMP** ▷ **branch depot N** *(Comm)* dépôt *m* auxiliaire ▷ **branch line N** *(Rail)* ligne *f* secondaire ▷ **branch manager N** *(gen)* directeur *m* de succursale *etc* ; *[of bank]* directeur *m* d'agence *or* de succursale ▷ **branch office N** succursale *f* ; *[of bank]* agence *f*, succursale *f* ▷ **branch water** * **N** *(US)* eau *f* plate

► **branch off VI** *[road]* bifurquer

► **branch out VI** *[person, company]* étendre ses activités ◆ **the firm is ~ing out into the publishing business** la compagnie étend ses activités à l'édition

**branching** /ˈbrɑːntʃɪŋ/ **N** *(Gram)* branchement *m*, arborescence *f* **COMP** ▷ **branching rules NPL** règle *f* de formation d'arbre

**brand** /brænd/ **N** **a** *(Comm = trademark:* also **brand name***)* marque *f* (de fabrique) ◆ **that rum is an excellent** ~ c'est une excellente marque de rhum ◆ **a ~ of chocolate** une marque de chocolat

**b** *(= mark)* *[of cattle, property]* marque *f* ; *[of prisoner]* flétrissure *f* ; *(fig = stigma)* marque *f*, stigmate *m*

**c** (also **branding-iron***)* fer *m* à marquer

**d** *(= burning wood)* tison *m* ; → **firebrand**

**e** († , *liter = sword)* glaive *m (liter)*, épée *f*

**VT** *[+ cattle, property]* marquer ; *(fig)* *[+ person]* cataloguer (*as* comme) ; ◆ **he was ~ed (as) a traitor** *(fig)* on l'a catalogué comme traître ◆ **to ~ sth on sb's memory** graver qch dans la mémoire de qn

**COMP** ▷ **brand acceptance N** *(Comm)* accueil *m* réservé à une (*or* la) marque ▷ **brand awareness N** *(Comm)* notoriété *f* de (la) marque ▷ **branded goods NPL** *(Comm)* produits *mpl* de marque ▷ **brand image N** *(Comm)* image *f* de marque ▷ **branding-iron N** fer *m* à marquer ▷ **brand loyalty N** *(Comm)* fidélité *f* à la marque ▷ **brand-new ADJ** tout neuf (toute neuve *f*), flambant neuf (neuve *f*)

**brandish** /ˈbrændɪʃ/ **VT** brandir

**brandy** /ˈbrændɪ/ **N** cognac *m* ◆ ~ **and soda** fine *f* à l'eau ◆ **plum** ~ eau-de-vie *f* de prune *or* de quetsche **COMP** ▷ **brandy butter N** *beurre sucré et aromatisé au cognac* ▷ **brandy snap N** *(Culin)* cornet *m* croquant

**brash** /bræʃ/ **ADJ** *(pej)* **a** *(= overconfident)* *[person]* effronté, culotté * ; *[behaviour, style]* impertinent **b** *(= bold)* *[colour]* criard ; *[perfume]* qui cocotte *

**brashly** /ˈbræʃlɪ/ **ADV** *(pej)* *[say, behave]* avec outrecuidance ◆ **to be ~ confident** *or* **assertive** faire preuve d'outrecuidance

**brashness** /ˈbræʃnɪs/ **N** *(NonC)* *(pej)* **a** *(= overconfidence)* *[of person]* outrecuidance *f* **b** *(= boldness)* *[of colour]* aspect *m* criard

**Brasilia** /brəˈzɪljə/ **N** Brasilia

**brass** /brɑːs/ **N** **a** *(NonC)* cuivre *m* (jaune), laiton *m* ; → **bold**

**b** *(= tablet)* plaque *f* mortuaire (en cuivre)

**c** *(= object/ornament of brass)* objet *m*/ornement *m* en cuivre ◆ **to do/clean the ~(es)** faire/astiquer les cuivres ◆ **the** ~ *(Mus)* les cuivres *mpl* ◆ **the (top)** ~ * les huiles * *fpl*

**d** *(NonC:* ‡*)* *(= impudence)* toupet * *m*, culot * *m* ; *(Brit = money)* pognon ‡ *m*

**COMP** *[ornament etc]* en *or* de cuivre ▷ **brass band N** fanfare *f*, orchestre *m* de cuivres ▷ **brassed off** ‡ **ADJ** *(Brit)* ◆ **to be ~ed off with sth** en avoir ras le bol * de qch ▷ **brass farthing** * **N** ◆ **it's not worth a ~ farthing** cela ne vaut pas un clou * *or* un pet de lapin * ; → **care** ▷ **brass foundry N** fonderie *f* de cuivre ▷ **brass hat** * **N** *(Mil)* huile * *f* ▷ **brass knuckles NPL** coup *m* de poing américain ▷ **brass monkey** ‡ **N** *(Brit)* ◆ **it's ~ monkey weather** *or* ~ **monkeys, it's cold enough to freeze the balls off a ~ monkey** on se les gèle ‡, on caille ‡ ▷ **brass neck** ‡ **N** ◆ **he's got a ~ neck** il a du toupet * *or* du culot * ▷ **brass plate N** plaque *f* de cuivre ; *[of church]* plaque *f* mortuaire *or* commémorative ▷ **brass ring N** *(US fig)* ◆ **to go** *or* **reach for the ~ ring** * essayer de décrocher la timbale * ▷ **brass rubbing N** *(= action)* décalquage *m* par frottement ; *(= object)* décalque *m* ▷ **brass tacks** * **NPL** ◆ **to get down to ~ tacks** en venir aux faits *or* aux choses sérieuses

**brasserie** /ˈbrɑːsərɪ/ **N** brasserie *f*

**brassica** /ˈbræsɪkə/ **N** *(Bot)* crucifère *f*, brassicacée *f*

**brassie** /ˈbrɑːsɪ/ **N** *(Golf)* ⇒ **brassy n**

**brassière** † /ˈbræsɪəʳ/ **N** soutien-gorge *m*

**brassware** /ˈbræswɛəʳ/ **N** *(NonC)* chaudronnerie *f* d'art, dinanderie *f*

**brassy** /ˈbrɑːsɪ/ **ADJ** **a** *(= yellow)* *[hair]* d'un blond cuivré artificiel **b** *(= harsh)* *[sound]* métallique ; *[voice]* claironnant ; *[laugh]* éclatant **c** *(pej = flashy)* *[woman]* à l'allure tapageuse **d** *(* pej = impudent)* *[person]* culotté * **N** *(Golf)* brassie *m*

**brat** /bræt/ **N** *(pej)* (sale) môme * *mf*, (sale) gosse * *mf* ◆ **all these ~s** toute cette marmaille * ◆ **one of his ~s** un de ses gosses *

**Bratislava** /ˌbrætɪˈslɑːvə/ **N** Bratislava

**bratpack** /ˈbrætpæk/ **N** jeunes loups *mpl*

**bravado** /brəˈvɑːdəʊ/ **N** (pl **bravados** *or* **bravadoes**) bravade *f*

**brave** /breɪv/ **ADJ** **a** *[person, smile, attempt, action]* courageux ◆ **to be as ~ as a lion** être courageux comme un lion, être intrépide ◆ **be ~!** du courage ! ◆ **be ~ and tell her** prends ton courage à deux mains et va lui dire ; → **face b** *(liter = fine)* beau (belle *f*), élégant ◆ **it's a ~ new world!** *(iro)* on n'arrête pas le progrès ! *(iro)* N a ◆ **the bravest of the ~** des braves parmi les braves b *(= Indian warrior)* guerrier *m* indien, brave *m* VT *[+ danger, person, sb's anger]* braver, affronter

► **brave out** VT SEP ◆ **to brave it out** faire face à la situation

**bravely** /ˈbreɪvlɪ/ ADV *[fight, struggle, try, speak, smile]* bravement ◆ **the flag was flying ~** le drapeau flottait fièrement

**bravery** /ˈbreɪvərɪ/ N *(NonC)* courage *m*, bravoure *f*

**bravo** /ˈbrɑːˈvəʊ/ EXCL, N (pl **bravoes** *or* **bravos**) bravo *m*

**bravura** /brəˈvʊərə/ N *(also Mus)* bravoure *f*

**brawl** /brɔːl/ VI se bagarrer *, se quereller N rixe *f*, bagarre *f* ◆ **drunken ~** querelle *f* d'ivrognes

**brawling** /ˈbrɔːlɪŋ/ ADJ bagarreur *, querelleur N rixe *f*, bagarre *f*

**brawn** /brɔːn/ N a *(Brit Culin)* fromage *m* de tête b *(= muscle)* muscle(s) *m(pl)* ; *(= strength)* muscle *m* ◆ **to have plenty of ~** être bien musclé, avoir du muscle ◆ **he is all ~ and no brain** *(hum)* il est tout en muscles et sans cervelle

**brawny** /ˈbrɔːnɪ/ ADJ *[arms]* musculeux ; *[person]* musclé

**bray** /breɪ/ N *[of ass]* braiment *m* ; *[of trumpet]* sonnerie *f*, son *m* éclatant VI *[ass]* braire ; *[trumpet]* sonner

**braze** /breɪz/ VT souder (au laiton)

**brazen** /ˈbreɪzn/ ADJ a *(pej = shameless) [person, action, attitude, lie]* effronté ◆ **I'm ~ about asking for things** je ne me gêne pas pour demander ◆ **they are ~ about their sales tactics** ils ne font pas mystère de leur stratégie de vente ◆ **a ~ hussy** une dévergondée b *(= made of brass)* en *or* de laiton c *(liter = brass-coloured) [light, sun]* cuivré d *(= harsh) [sound]* métallique VT ◆ **to ~ it out** crâner * COMP ▷ **brazen-faced** ADJ effronté

**brazenly** /ˈbreɪznlɪ/ ADV effrontément

**brazier**[1] /ˈbreɪzɪəʳ/ N *[of fire]* brasero *m*

**brazier**[2] /ˈbreɪzɪəʳ/ N *(= craftsman)* chaudronnier *m*

**Brazil** /brəˈzɪl/ N Brésil *m*

**brazil** /brəˈzɪl/ N (also **brazil nut**) noix *f* du Brésil

**Brazilian** /brəˈzɪlɪən/ ADJ brésilien, du Brésil N Brésilien(ne) *m(f)*

**BRCS** /ˌbiːɑːsiːˈes/ N (abbrev of **British Red Cross Society**) → **British**

**breach** /briːtʃ/ N a *(Jur etc = violation) [of agreement]* non-respect *m* ; *[of rules, order]* infraction *f* ; *[of law]* violation *f* ; *[of friendship, good manners, discipline]* manquement *m* (of à) ; ◆ **~ of contract** rupture *f* de contrat, inexécution *f* de contrat ◆ **a ~ of decorum** un manquement au protocole ◆ **~ of faith** déloyauté *f* ◆ **~ of the peace** atteinte *f* à l'ordre public ◆ **~ of privilege** *(US Pol)* atteinte *f* portée aux prérogatives parlementaires ◆ **~ of promise** rupture *f* de promesse de mariage ◆ **action for ~ of promise** ≈ action *f* en dommages-intérêts *(pour rupture de promesse de mariage)* ◆ **~ of professional secrecy** violation *f* du secret professionnel ◆ **~es in security** des manquements *mpl* aux règles de sécurité ◆ **~ of trust** abus *m* de confiance ◆ **players in ~ of league rules** les joueurs qui contreviennent au règlement de la ligue ◆ **we are advised that we are not in ~ of the law** on nous a fait savoir que nous ne violions pas la loi *or* que nous n'étions pas dans l'illégalité

b *(= estrangement)* brouille *f*, désaccord *m*

c *(= gap: in wall)* brèche *f*, trou *m* ◆ **to make a ~ in the enemy's lines** *(Mil)* percer les lignes ennemies ◆ **to make a ~ in sb's defences** entamer la résistance de qn, faire une brèche dans la défense de qn ◆ **a ~ in relations between the two countries** une rupture des relations entre les deux pays ◆ **to step into the ~** *(fig)* s'engouffrer dans la brèche

VT a *[+ wall]* ouvrir une brèche dans, faire une trouée dans ; *(Mil) [+ enemy lines, defences]* percer

b **to ~ security** ne pas respecter les règles de sécurité

VI *[whale]* sauter hors de l'eau

**bread** /bred/ N a pain *m* ◆ **a loaf of ~** un pain, une miche de pain ◆ **new ~** pain *m* frais ◆ **~ fresh from the oven** du pain sortant du four ◆ **an invalid on a diet of ~ and milk** un invalide qui se nourrit de pain et de lait ◆ **to put sb on (dry) ~ and water** mettre qn au pain (sec) et à l'eau ◆ **the ~ and wine** *(Rel)* les (deux) espèces *fpl* ◆ **to break ~** *(Rel) [congregation]* recevoir la communion ; *[priest]* administrer la communion ◆ **~ and butter** du pain et du beurre ; see also **comp**

b *(fig phrases)* **writing is his ~ and butter** sa plume est son gagne-pain, il vit de sa plume ◆ **to earn one's ~** gagner son pain *or* sa vie ◆ **to take the ~ out of sb's mouth** ôter à qn le pain de la bouche ◆ **he knows which side his ~ is buttered** il sait où est son intérêt ◆ **to throw** *or* **cast one's ~ upon the water(s)** agir de façon désintéressée ◆ **~ and circuses** du pain et des jeux ; → **brown, gingerbread, slice**

c *(‡ = money)* fric‡ *m*, oseille‡ *f*

COMP ▷ **bread-and-butter** ADJ *(fig) [job etc]* alimentaire ; *(= reliable) [player etc]* sur qui l'on peut compter ▷ **bread-and-butter letter** N lettre *f* de château, lettre *f* de remerciements *(pour hospitalité reçue)* ▷ **bread-and-butter pudding** N pudding *m (à base de pain beurré)* ▷ **bread line** N *(US)* file *f* d'attente pour la soupe populaire ◆ **to be on the ~ line** * *(Brit)* vivre en-dessous du seuil de pauvreté ▷ **bread poultice** N cataplasme *m* à la mie de pain ▷ **bread pudding** N pudding *or* pouding *m* ▷ **bread sauce** N sauce *f* à la mie de pain

**breadbasket** /ˈbredˌbɑːskɪt/ N corbeille *f* à pain ; *(fig) (= granary)* grenier *m* ; *(‡ = stomach)* estomac *m* ADJ *(Econ etc)* fondamental

**breadbin** /ˈbredbɪn/ N boîte *f* à pain ; *(larger)* huche *f* à pain

**breadboard** /ˈbredbɔːd/ N planche *f* à pain ; *(Comput, Elec)* montage *m* expérimental

**breadbox** /ˈbredbɒks/ N *(US)* ⇒ **breadbin**

**breadcrumb** /ˈbredkrʌm/ N miette *f* de pain ◆ **~s** *(Culin: as topping)* chapelure *f* ◆ **fried in ~s** pané

**breaded** /ˈbredɪd/ ADJ *[cutlet, fillet]* pané

**breadfruit** /ˈbredfruːt/ N (pl **breadfruit** *or* **breadfruits**) *(= tree)* arbre *m* à pain, artocarpe *m* ; *(= fruit)* fruit *m* de l'arbre à pain

**breadknife** /ˈbrednaɪf/ N (pl **-knives**) couteau *m* à pain

**breadstick** /ˈbredstɪk/ N longuet *m*, gressin *m*

**breadth** /bretθ/ N a *(= width)* largeur *f* ◆ **this field is 100 metres in ~** ce champ a 100 mètres de large ; *see also* **hair's breadth** → **hair** b *(fig) [of mind, thought]* largeur *f* ; *[of style]* ampleur *f* ; *(Art)* largeur *f* d'exécution ; *(Mus)* jeu *m* large ◆ **~ of tone** *(Mus)* ampleur *f* du son

**breadthwise** /ˈbretθwaɪz/ ADV en largeur, dans la largeur

**breadwinner** /ˈbredˌwɪnəʳ/ N soutien *m* de famille

**break** /breɪk/ (vb : pret **broke**, ptp **broken**) N

a *(= interruption) (in conversation)* interruption *f*, pause *f* ; *(in TV programme)* interruption *f* ; *(in journey)* arrêt *m* ; *(Brit Scol)* récréation *f* ◆ **I need a ~** *(= few minutes)* j'ai besoin d'une pause ; *(= holiday)* j'ai besoin de vacances ; *(= change)* j'ai besoin de me changer les idées ◆ **to take a ~** *(= few minutes)* faire une pause ; *(= holiday)* prendre des vacances ; *(= change)* se changer les idées ◆ **cigarette** *or* **smoke ~** pause-cigarette *f* ◆ **six hours without a ~** six heures de suite, six heures d'affilée ◆ **after the ~** *(Rad, TV = advertisements)* après la publicité ◆ **a ~ in transmission** *(Rad)* une interruption (due à un incident technique) ◆ **~ in circuit** *(Elec)* rupture *f* de circuit ◆ **a ~ in the clouds** une éclaircie ◆ **a ~ in the weather** un changement de temps ◆ **with a ~ in her voice** d'une voix entrecoupée

◆ **to make a break** ◆ **to make a ~ for it** prendre la fuite ◆ **he made a ~ for the door** il s'est élancé vers la porte

b *(= fracture)* cassure *f*, rupture *f* ; *[of relationship]* rupture *f*, brouille *f* ◆ **he spoke of the need for a ~ with the past** il a dit qu'il fallait rompre avec le passé

c *(liter)* **at ~ of day** au point du jour, à l'aube

d *( * = luck, opportunity)* chance *f*, veine * *f* ◆ **to have a good/bad ~** avoir une période de veine */de déveine * ◆ **he's had all the ~s** il a eu toutes les veines * ◆ **she got her first big ~ in the Broadway play "Sarafina"** elle a percé dans "Sarafina", une pièce montée à Broadway ◆ **to give sb a ~** donner une chance à qn ◆ **give me a ~!** * *(= leave me alone)* fichez-moi la paix ! *

e *(Sport, Snooker)* série *f* ◆ **to have a ~ of serve** *(Tennis)* prendre le service de son adversaire, faire le break

VT a *(= smash, fracture, tear)* casser ; *[+ skin]* écorcher ◆ **to ~ sth in two** casser qch en deux ◆ **the child has broken all his toys** l'enfant a cassé *or* brisé tous ses jouets ◆ **to ~ one's neck** se rompre *or* se casser le cou ; see also **breakneck** ◆ **I'll ~ his neck if I catch him doing that again** * *(fig)* si je l'y reprends, je lui tords le cou * ◆ **to ~ one's leg** se casser la jambe ◆ **~ a leg!** * *(Theat)* merde ! ‡ ◆ **the bone is not broken** il n'y a pas de fracture ◆ **his skin is not broken** il ne s'est pas écorché ◆ **to ~ open** *[+ door]* enfoncer, forcer ; *[+ packet]* ouvrir ; *[+ lock, safe]* fracturer, forcer ◆ **to ~ ground on a new building** *(US)* commencer la construction d'un nouveau bâtiment, commencer à construire un nouveau bâtiment ◆ **to ~ new** *or* **fresh ground** *(fig)* innover, faire œuvre de pionnier ◆ **to ~ one's back** *(lit)* se casser la colonne vertébrale ◆ **he almost broke his back trying to lift the stone** il s'est donné un tour de reins en essayant de soulever la pierre ◆ **he's ~ing his back to get the job finished in time** il s'échine à finir le travail à temps ◆ **to ~ the back of a task** *(Brit)* faire le plus dur *or* le plus gros d'une tâche ◆ **to ~ sb's heart** briser le cœur de qn ◆ **to ~ one's heart over sth** avoir le cœur brisé par qch ◆ **it ~s my heart to think that ...** cela me brise le cœur de penser que ... ; → **ball**[1], **barrier, bone, bread, code, ice, path**[1], **record, surface, wind**[1]

b *(= fail to observe) [+ promise]* manquer à ; *[+ treaty]* violer ; *[+ commandment]* désobéir à ◆ **to ~ the law** violer la loi ◆ **to ~ a vow** rompre un serment ; → **bound[1], camp[1], cover, faith, jail, parole, rank[1], Sabbath**

c *(= weaken) [+ courage, spirit]* abattre, briser ; *[+ strike]* briser ; *[+ horse]* dresser ; *(Mil) [+ officer]* casser ◆ **to ~ sb** *(morally)* causer la perte de qn ; *(financially)* ruiner qn ◆ **this will make or ~ him** *(financially)* cela fera sa fortune ou sa ruine ; *(morally)* cela sera son salut ou sa perte ◆ **to ~ sb of a habit** faire perdre une habitude à qn ◆ **to ~ a habit** se débarrasser *or* se défaire d'une habitude ◆ **to ~ the bank** *(Betting)* faire sauter la banque ◆ **it won't ~ the bank** * cela ne va pas te (*or* nous *or* les *etc*) ruiner

d *(= interrupt) [+ silence, spell, fast]* rompre ; *[+ current, circuit]* couper ◆ **to ~ sb's serve** *(Tennis)* prendre le service de qn ◆ **to ~ one's journey** faire une étape (*or* des étapes)

e *[+ fall]* amortir, adoucir

f *[+ news]* révéler, annoncer ◆ **try to ~ it to her gently** essayez de le lui annoncer avec ménagement

**VI** a *(= fracture) (gen)* (se) casser, se briser ; *[stick, rope]* se casser, se rompre ; *[bone]* se casser, se fracturer ; *[heart]* se briser ◆ **to ~ in two** se casser en deux

b *[clouds]* se disperser, se dissiper

c *[storm]* éclater, se déchaîner ; *[wave]* déferler ◆ **she tried to reach the house before the storm broke** elle a essayé d'atteindre la maison avant que l'orage éclate ; → **water**

d *[news, story]* éclater, se répandre

e *(= weaken, change) [health]* se détériorer ; *[voice] (boy's)* muer ; *(in emotion)* se briser, s'étrangler (*with* sous le coup de) ; *[weather]* se gâter ◆ **the heat wave was ~ing** la vague de chaleur touchait à sa fin ◆ **he broke under torture** il a craqué sous la torture ◆ **his courage** *or* **spirit broke** son courage l'a abandonné

f *(in relationship, friendship)* ◆ **to ~ with sb** rompre avec qn

g *(Boxing)* se dégager

h *[dawn]* poindre ; *[day]* se lever, poindre

i *(= pause)* **we broke for lunch** nous nous sommes arrêtés *or* nous avons fait une pause pour le déjeuner

j *(set structures)*

◆ **to break even** rentrer dans ses fonds

◆ **to break free** se libérer, se dégager

◆ **to break loose** *[person, animal]* s'échapper (*from* de) ; *[boat]* rompre ses amarres, partir à la dérive

◆ **to break with sb/sth** rompre avec qn/qch ◆ **to ~ with tradition/the past** rompre avec la tradition/avec le passé

**COMP** ▷ **break dancer** N smurfeur *m*, -euse *f* ▷ **break dancing** N smurf *m* ▷ **break-even point** N *(Comm)* seuil *m* de rentabilité ▷ **break-in** N cambriolage *m* ▷ **break point** N *(Tennis)* balle *f* de break ; *(Comput)* point *m* de rupture ▷ **break-up** N *[of ship]* dislocation *f* ; *[of ice]* débâcle *f* ; *[of friendship]* rupture *f* ; *[of empire]* démembrement *m* ; *[of political party]* scission *f*, schisme *m*

► **break away** **VI** a *[piece of cliff, railway coach]* se détacher (*from* de) ; *[boat]* rompre ses amarres, partir à la dérive ◆ **to ~ away from a group** se séparer d'un groupe

b *(Ftbl)* déborder ; *(Racing)* s'échapper, se détacher du peloton

**VT SEP** détacher (*from* de)

► **break down** **VI** a *(= fail, cease to function) [vehicle, machine]* tomber en panne ; *[health]* se détériorer ; *[argument]* s'effondrer ; *[resistance]* céder ; *[negotiations, plan]* échouer ◆ **after negotiations broke down ...** après l'échec *m or* la rupture des négociations ...

b *(= weep)* fondre en larmes, éclater en sanglots

c *(Chem) (= decompose)* se décomposer

**VT SEP** a *(= demolish)* démolir, mettre en morceaux ; *[+ door]* enfoncer ; *[+ opposition]* briser

b *(= analyse) [+ accounts]* analyser, détailler ; *[+ sales figures, costs]* ventiler ; *[+ substance]* décomposer ◆ **he broke down his argument into three points** il a décomposé son raisonnement en trois points

► **break forth** VI *(liter) [light, water]* jaillir ; *[storm]* éclater

► **break in** **VI** a *(= interrupt, intrude)* interrompre ◆ **to ~ in on sb/sth** interrompre qn/qch

b *(= enter illegally)* entrer par effraction

**VT SEP** a *[+ door]* enfoncer ; *[+ cask]* défoncer

b *(= tame, train) [+ horse]* dresser ; *(esp US) [+ engine, car]* roder ◆ **it took a month to ~ in my new running shoes** cela a pris un mois avant que mes nouvelles chaussures de course se fassent ◆ **it will take you six months before you're broken in** * **(to the job)** vous mettrez six mois à vous faire au métier

**N** ◆ **break-in** → **break**

► **break into** VT FUS a *(= enter illegally) [+ house]* entrer par effraction dans ◆ **to ~ into a safe** fracturer *or* forcer un coffre-fort ◆ **to ~ into the cashbox** forcer la caisse

b *(= use part of) [+ savings]* entamer ◆ **to ~ into a new box of sth** entamer une nouvelle boîte de qch

c *(Comm)* **to ~ into a new market** percer sur un nouveau marché ◆ **she finally broke into films after an acclaimed singing career** elle a fini par percer au cinéma après une brillante carrière de chanteuse

d *(= begin suddenly)* ◆ **to break into song** se mettre à chanter ◆ **she broke into a smile** elle s'est mise à sourire ◆ **he broke into a long explanation** il s'est lancé dans une longue explication ◆ **to ~ into a trot** *[horse]* prendre le trot ◆ **to ~ into a run** se mettre à courir

► **break off** **VI** a *[piece, twig]* se détacher net, se casser net

b *(= stop)* s'arrêter (*doing sth* de faire qch) ; ◆ **he broke off in mid-sentence** il s'est arrêté au milieu d'une phrase ◆ **to ~ off from work** faire une pause

c *(= end relationship)* rompre (*with sb* avec qn)

d *(Snooker)* commencer la partie

**VT SEP** a *(gen)* casser, détacher ; *[+ piece of chocolate]* casser

b *(= end, interrupt) [+ engagement, negotiations]* rompre ; *[+ habit]* rompre avec, se défaire de ; *[+ work]* interrompre, cesser

► **break out** **VI** a *[epidemic, fire]* éclater, se déclarer ; *[storm, war, argument]* éclater ◆ **to ~ out in spots** se couvrir de boutons ◆ **to ~ out into a sweat** suer, prendre une suée * ; *(from fear etc)* commencer à avoir des sueurs froides ◆ **he broke out into a stream of insults** il a déversé un chapelet d'injures

b *(= escape)* s'échapper, s'évader (*of* de)

**VT FUS** *[+ champagne etc]* sortir

► **break through** **VI** *(Mil)* faire une percée ; *[sun]* percer les nuages

**VT FUS** *[+ defences, obstacles]* enfoncer, percer ◆ **to ~ through sb's reserve** faire sortir qn de sa réserve ◆ **to ~ through the crowd** se frayer un passage à travers la foule

► **break up** **VI** a *[ice]* craquer, se fêler ; *[road]* être défoncé ; *[ship in storm]* se disloquer ; *[partnership]* cesser, prendre fin ; *[health]* se détériorer ◆ **the weather is ~ing up** le temps se gâte ◆ **their marriage broke up** leur couple s'est brisé ◆ **to ~ up with sb** rompre avec qn

b *(= disperse) [clouds, crowd, meeting]* se disperser ; *[group]* se disperser, se séparer ; *[friends]* se quitter, se séparer ◆ **the schools ~ up tomorrow** *(Brit)* les vacances (scolaires) commencent demain

c *(US* ✻ *= laugh)* se tordre de rire

d *[telephone line]* couper ◆ **you're ~ing up** je ne te capte plus

**VT SEP** a *(lit)* mettre en morceaux, morceler ; *[+ house]* démolir ; *[+ ground]* ameublir ; *[+ road]* défoncer ◆ **to ~ sth up into three pieces** casser qch en trois morceaux

b *(fig) [+ coalition]* briser, rompre ; *[+ empire]* démembrer ◆ **to ~ up a marriage/a home** désunir un couple/les membres d'une famille ◆ **to do sth to ~ up one's day** faire qch pour faire une coupure dans la journée

c *(= disperse) [+ crowd, meeting]* disperser ◆ **~ it up!** séparez-vous ! ; *(said by policeman)* circulez ! ◆ **police used tear gas to ~ up the demonstration** la police a utilisé du gaz lacrymogène pour disperser les manifestants

d *(US* ✻ *= make laugh)* donner le fou rire à

**N** a ◆ **break-up** → **break**

b ◆ **breaking-up** → **breaking**

**breakable** /ˈbreɪkəbl/ **ADJ** cassable, fragile **NPL** **breakables** objets *mpl* fragiles

**breakage** /ˈbreɪkɪdʒ/ N *(in chain)* rupture *f* ; *[of glass, china]* casse *f*, bris *m* ◆ **to pay for ~s** payer la casse

**breakaway** /ˈbreɪkəˌweɪ/ **N** *(separating)* séparation *f* (*from* d'avec) rupture *f* (*from* avec) ; *(Sport)* échappée *f* ; *(Boxing)* dégagement *m* **ADJ** *[group, movement]* séparatiste, dissident ; *(Pol) [state, region]* séparatiste

**breakdown** /ˈbreɪkdaʊn/ **N** a *[of machine, vehicle, electricity supply]* panne *f* b *[of communications etc]* rupture *f* ; *[of railway system etc]* interruption *f* (subite) de service ; *(fig) [of moral values etc]* érosion *f*, dégradation *f* c *(Med) (mental)* dépression *f* nerveuse ; *(physical)* effondrement *m* d *(= analysis)* analyse *f* ; *(into categories)* décomposition *f* (*into* en) ; *[of sales figures, costs etc]* ventilation *f* ◆ **give me a ~ of these results** faites-moi l'analyse de ces résultats e *(Ecol) [of matter]* décomposition *f* **COMP** *[gang, service]* de dépannage ▷ **breakdown truck**, **breakdown van** N *(Brit)* dépanneuse *f*

**breaker** /ˈbreɪkə[r]/ N a *(= wave)* brisant *m* b *[of cars] (= person)* casseur *m* ; *(= business)* casse *f* ◆ **to send to the ~'s** *[+ ship, car]* envoyer à la casse ◆ **~'s yard** casse *f* ; → **housebreaker, lawbreaker** c *(= machine)* concasseur *m*, broyeur *m* ; → **icebreaker** d *(= CB user)* cibiste *mf*

**breakfast** /ˈbrekfəst/ **N** petit déjeuner *m* ◆ **to have ~** déjeuner, prendre le (petit) déjeuner ; → **wedding** **VI** déjeuner (*off, on* de) **COMP** ▷ **breakfast bar** N bar *m* américain *(dans une cuisine américaine)* ▷ **breakfast cereals** NPL céréales *fpl* ▷ **breakfast cloth** N nappe *f* (ordinaire) ▷ **breakfast cup** N déjeuner *m (tasse)* ▷ **breakfast meeting** N *(Comm)* petit déjeuner *m* d'affaires ▷ **breakfast room** N salle *f* à manger *(où l'on prend le petit déjeuner)* ▷ **breakfast set** N service *m* à petit déjeuner ▷ **breakfast table** N ◆ **they were still sitting at the ~ table** ils étaient encore assis à la table du petit déjeuner ▷ **breakfast TV** N la télévision du matin

**breaking** /ˈbreɪkɪŋ/ N *[of cup, chair]* bris *m* ; *[of bone, limb]* fracture *f* ; *(Jur) [of window, seals]* bris *m* ; *[of promise]* manquement *m* (*of* à) ; *[of treaty, law]* violation *f* (*of* de) ; *[of commandment]* désobéissance *f* (*of* à) ; *[of silence, spell]* rupture *f* ; *[of journey]* interruption *f* (*of* de)
ADJ ◆ ~ **news** dernières nouvelles *fpl* COMP ▷ **breaking and entering** N *(Jur)* effraction *f* ▷ **breaking-point** N *(Tech)* point *m* de rupture ◆ **to try sb's patience to ~-point** pousser à bout la patience de qn ◆ **she has reached ~-point** elle est à bout, elle n'en peut plus ◆ **the situation has reached ~-point** *(Pol etc)* la situation a atteint le point de rupture ▷ **breaking strain, breaking stress** N *(Tech)* point *m* de rupture ▷ **breaking-up** N *[of school, college]* début *m* des vacances, fin *f* des cours ; *[of meeting etc]* clôture *f*, levée *f*

**breakneck** /ˈbreɪknek/ ADJ ◆ **at ~ speed** *[run]* à une allure folle, à fond de train ; *[drive]* à une allure folle, à tombeau ouvert

**breakout** /ˈbreɪkaʊt/ N évasion *f*

**breakthrough** /ˈbreɪkθruː/ N *(Mil)* percée *f* ; *(in research etc)* découverte *f* capitale ◆ **a major ~ in medical research** une découverte capitale dans le domaine de la recherche médicale ◆ **this summit could represent a significant ~ in improving relations between the two countries** ce sommet pourrait constituer une étape décisive dans l'amélioration des relations entre les deux pays
◆ **to make a breakthrough** ◆ **the company looks poised to make a significant ~ in China** il est pratiquement certain que cette entreprise va percer sur le marché chinois ◆ **scientists say they have made a ~ in finding the cause of this disease** les chercheurs disent qu'ils ont fait une avancée capitale dans la recherche de la cause de cette maladie

**breakwater** /ˈbreɪkˌwɔːtəʳ/ N brise-lames *m inv*, digue *f*

**bream** /briːm/ N *(pl inv)* brème *f*

**breast** /brest/ N a *(= chest) [of man, woman]* poitrine *f* ; *[of animal]* poitrine *f*, poitrail *m* ; *(Culin) [of chicken]* blanc *m* ; → **beat, clean** b *[of woman]* sein *m*, mamelle † *f (liter)* ; *[of man]* sein *m* ◆ **baby at the ~** enfant *mf* au sein c *(Min)* front *m* de taille ; → **chimney**
VT a *(= face) [+ waves, storm, danger]* affronter b *[+ hill]* atteindre le sommet de ◆ **to ~ the tape** *(Sport)* franchir la ligne d'arrivée (le premier)
COMP ▷ **breast cancer** N cancer *m* du sein ▷ **breast enlargement** N augmentation *f* mammaire ▷ **breast-fed** ADJ nourri au sein ▷ **breast-feed** VT allaiter, donner le sein à VI allaiter ▷ **breast-feeding** N allaitement *m* maternel *or* au sein ▷ **breast milk** N lait *m* maternel ▷ **breast-pocket** N poche *f* de poitrine ▷ **breast pump** N tire-lait *m inv* ▷ **breast-stroke** N brasse *f* ◆ **to swim ~-stroke** nager la brasse

**breastbone** /ˈbrestbəʊn/ N *(Anat)* sternum *m* ; *[of bird]* bréchet *m*

**breastplate** /ˈbrestpleɪt/ N *(= armour)* plastron *m* (de cuirasse) ; *[of priest]* pectoral *m*

**breastwork** /ˈbrestwɜːk/ N *(Mil)* parapet *m* ; *(Naut)* rambarde *f*

**breath** /breθ/ N a haleine *f*, souffle *m*, respiration *f* ◆ **bad ~** mauvaise haleine *f* ◆ **to have bad ~** avoir mauvaise haleine ◆ **to get one's ~ back** *(esp Brit)* reprendre haleine, retrouver son souffle ◆ **to catch one's ~** retenir son souffle ◆ **out of ~** à bout de souffle, essoufflé, hors d'haleine ◆ **to take ~** respirer, reprendre haleine ◆ **to take a deep ~** respirer à fond ◆ **take a deep ~!** *(fig)* accroche-toi bien ! * ◆ **to take sb's ~ away** couper le souffle à qn ◆ **save your ~!** inutile de perdre *or* gaspiller ta salive ! ◆ **to be short of ~** avoir le souffle court ◆ **to gasp for ~** haleter ◆ **to stop for ~** s'arrêter pour reprendre haleine ◆ **below** *or* **beneath** *or* **under one's ~** *[say, talk]* à voix basse, tout bas ◆ **to laugh under one's ~** rire sous cape ◆ **to say sth (all) in one ~** dire qch d'un trait ◆ **it was the ~ of life to him** c'était (toute) sa vie, cela lui était aussi précieux que la vie même ◆ **his last** *or* **dying ~** son dernier soupir ◆ **with one's dying ~** en mourant ◆ **to draw one's last ~** *(liter)* rendre l'âme, rendre le dernier soupir ; → **hold, same, waste**
b *(air in movement)* souffle *m* ◆ **there wasn't a ~ of air** il n'y avait pas un souffle d'air ◆ **to go out for a ~ of (fresh) air** sortir prendre l'air ◆ **a ~ of fresh air** *(fig)* une bouffée d'air frais ◆ **a little ~ of wind** un (léger) souffle d'air ◆ **not a ~ of scandal** pas le moindre soupçon de scandale
COMP ▷ **breath test** N *(Aut)* alcootest ® *m*, éthylotest *m* ▷ **breath-test** VT faire subir l'alcootest ® à

**breathable** /ˈbriːðəbl/ ADJ *[air, atmosphere]* respirable ; *[fabric, garment]* aéré, qui respire

**breathalyse, breathalyze** *(US)* /ˈbreθəlaɪz/ VT *(esp Brit)* faire subir l'alcootest ® à

**Breathalyser ®, Breathalyzer ®** *(US)* /ˈbreθəlaɪzəʳ/ N alcootest ® *m*, éthylomètre *m*

**breathe** /briːð/ VI *[person, fabric, garment]* respirer ◆ **to ~ deeply** *or* **heavily** *(after running etc)* haleter, souffler (fort) ; *(in illness)* respirer péniblement ◆ **to ~ hard** souffler (fort), haleter ◆ **to ~ freely** *or* **again** *or* **more easily** *(fig)* (pouvoir) respirer ◆ **she is still breathing** *(= be alive)* elle respire encore ◆ **red wine should be allowed to ~ before drinking** il faut faire respirer le vin rouge avant de le boire ◆ **to ~ down sb's neck** *(fig)* talonner qn ◆ **Newcastle are breathing down Liverpool's neck at the top of the table** Newcastle talonne Liverpool en haut du classement ◆ **I've got the bank manager breathing down my neck** j'ai le directeur de la banque sur le dos
VT a *[+ air]* respirer ◆ **to ~ one's last (breath)** rendre le dernier soupir ◆ **to ~ air into sth** insuffler de l'air *or* souffler dans qch ◆ **to ~ new life into sb** redonner goût à la vie *or* du courage à qn ◆ **to ~ fire over** *or* **about sth** fulminer contre qch
b *(= utter) [+ sigh]* pousser ; *[+ prayer]* murmurer ◆ **to ~ a sigh of relief** pousser un soupir de soulagement ◆ **don't ~ a word (about it)!** n'en dis rien à personne !, motus (et bouche cousue) !
c *(Ling)* aspirer

► **breathe in** VI, VT SEP aspirer, inspirer

► **breathe out** VI, VT SEP expirer

**breather** * /ˈbriːðəʳ/ N a *(= short rest)* moment *m* de repos *or* répit ◆ **to give sb a ~** laisser souffler qn b *(= fresh air)* **let's go (out) for a ~** sortons prendre l'air

**breathing** /ˈbriːðɪŋ/ N a respiration *f*, souffle *m* ; *[of singer, flautist etc]* respiration *f* ◆ **heavy ~** respiration *f* bruyante b *(Ling)* aspiration *f* ◆ **rough/smooth ~** *(Greek Gram)* esprit *m* rude/doux COMP ▷ **breathing apparatus** N appareil *m* respiratoire ▷ **breathing space** N *(fig)* ◆ **to give sb a ~ space** donner à qn le temps de souffler *or* un moment de répit

**breathless** /ˈbreθlɪs/ ADJ a *(= out of breath) (from exertion)* essoufflé, à bout de souffle, hors d'haleine ; *(from illness)* qui a du mal à respirer ; *[voice]* essoufflé ◆ **to make sb ~** essouffler qn ◆ **~ from doing sth** essoufflé d'avoir fait qch ◆ **at a ~ pace** à une allure folle b *(emotionally) [excitement]* fébrile ◆ **she was ~ with excitement** elle avait le souffle coupé par l'excitation ◆ **he was ~ with anticipation** il retenait son souffle

**breathlessly** /ˈbreθlɪslɪ/ ADV *(lit) [say, ask]* en haletant, à bout de souffle ; *(fig) (= excitedly) [wait, watch]* en retenant son souffle

**breathlessness** /ˈbreθlɪsnɪs/ N difficulté *f* respiratoire

**breathtaking** /ˈbreθteɪkɪŋ/ ADJ époustouflant

**breathtakingly** /ˈbreθteɪkɪŋlɪ/ ADV ◆ **~ beautiful** d'une beauté à vous couper le souffle ◆ **~ simple** d'une simplicité stupéfiante

**breathy** /ˈbreθɪ/ ADJ *[voice]* voilé

**bred** /bred/ VB pt, ptp of **breed** ADJ *(in compounds)* ◆ **well-~** bien élevé ; → **country, ill**

**breech** /briːtʃ/ N a *[of gun]* culasse *f* b *(Med)* ~ **(birth** *or* **delivery)** (accouchement *m* par le) siège *m* ◆ **he was a ~ *** il s'est présenté par le siège VT *[+ gun]* munir d'une culasse

**breechblock** /ˈbriːtʃblɒk/ N bloc *m* de culasse

**breechcloth** /ˈbriːtʃklɒθ/ N *(US)* pagne *m (d'étoffe)*

**breeches** /ˈbrɪtʃɪz/ NPL ◆ **(pair of) ~** *(also* **knee breeches)** haut-de-chausses *m* ; *(also* **riding breeches)** culotte *f* (de cheval) ◆ **his wife wears the ~** c'est sa femme qui porte la culotte COMP /ˈbriːtʃɪz/ ▷ **breeches buoy** N *(Naut)* bouée-culotte *f*

**breechloader** /ˈbriːtʃˌləʊdəʳ/ N *(Mil)* arme *f* qui se charge par la culasse

**breed** /briːd/ (pret, ptp **bred**) VT *[+ animals]* élever, faire l'élevage de ; †† *[+ children]* élever ; *(fig = give rise to) [+ hatred, resentment, violence, confusion, despair]* engendrer ◆ **he ~s horses** il fait l'élevage des chevaux, il élève des chevaux ◆ **to ~ in/out a characteristic** faire acquérir/faire perdre une caractéristique *(par la sélection)* ◆ **to be bred for sth/to do sth** *[animals]* être élevé pour qch/pour faire qch ; *[people]* être conditionné pour qch/pour faire qch ; → **born, cross, familiarity** VI *[animals]* se reproduire, se multiplier ◆ **they ~ like rabbits** ils se multiplient comme des lapins N *(Zool) (= race)* race *f*, espèce *f* ; *(within race)* type *m* ; *(Bot)* espèce *f* ; *(fig)* sorte *f*, espèce *f* ; → **crossbreed, half**

**breeder** /ˈbriːdəʳ/ N a *(Phys: also* **breeder reactor)** sur(ré)générateur *m* b *(Agr etc = person)* éleveur *m*, -euse *f* ; → **cattle, plant, stockbreeder**

**breeding** /ˈbriːdɪŋ/ N a *(= reproduction)* reproduction *f*, procréation *f* b *(Agr = raising)* élevage *m* ; → **cattle** c *(= upbringing)* **(good) ~** (bonne) éducation *f*, bonnes manières *fpl*, savoir-vivre *m* ◆ **to lack ~** manquer de savoir-vivre *or* d'éducation d *(Phys)* surrégénération *f* COMP ▷ **breeding ground** N *(lit)* zone *f* de reproduction ◆ **~ ground for revolution/germs** terrain *m* propice à la révolution/aux microbes ◆ **~ ground for talent/revolutionaries** pépinière *f* de talents/de révolutionnaires ▷ **breeding season** N *[of animals]* saison *f* des amours

**breeks** /briːks/ NPL *(Scot)* pantalon *m*

**breeze**[1] /briːz/ N a *(= wind)* brise *f* ◆ **gentle ~** petite brise *f*, brise *f* légère ◆ **stiff ~** vent *m* frais ◆ **there is quite a ~** cela souffle ; → **sea** b * **it's a ~** c'est facile comme tout, c'est fastoche * ◆ **to do sth in a ~** faire qch les doigts dans le nez * VI ◆ **to ~ in/out** *etc* *(jauntily)* entrer/sortir *etc* d'un air dégagé ; *(briskly)* entrer/sortir *etc* en coup de vent ◆ **to ~ through sth** * faire qch les doigts dans le nez *

**breeze²** /briːz/ N *(= cinders)* cendres *fpl* (de charbon) COMP ▷ **breeze block** N *(Brit)* parpaing *m (de laitier)*

**breezeway** /ˈbriːzweɪ/ N *(US)* *passage couvert reliant deux bâtiments*

**breezily** /ˈbriːzɪlɪ/ ADV jovialement

**breezy** /ˈbriːzɪ/ ADJ a *(= windy)* *[day]* de brise ; *[place]* venteux, éventé ◆ **it's ~ today** il y a du vent aujourd'hui b *(= cheery)* *[person, manner]* pétulant ; *[style]* pétulant, enlevé ; *[melody]* enjoué ; *[clothes]* gai ; → **bright**

**Bren carrier** /ˈbrenˌkærɪəʳ/ N ⇒ **Bren gun carrier**

**Bren gun** /ˈbrengʌn/ N fusil-mitrailleur *m* COMP ▷ **Bren gun carrier** N chenillette *f* (pour fusil mitrailleur)

**brent goose** /ˌbrentˈguːs/ N bernache *f* cravant

**brethren** /ˈbreðrɪn/ NPL a *(††, Rel)* frères *mpl* b *(= fellow members)* *[of trade union etc]* camarades *mpl*

**Breton** /ˈbretən/ ADJ breton N a Breton(ne) *m(f)* b *(Ling)* breton *m*

**breve** /briːv/ N *(Typ)* brève *f* ; *(Mus)* double ronde *f*

**brevet** /ˈbrevɪt/ N *(esp Mil)* brevet *m*

**breviary** /ˈbriːvɪərɪ/ N bréviaire *m*

**brevity** /ˈbrevɪtɪ/ N *(= shortness)* brièveté *f* ; *(= conciseness)* concision *f* ; *(= abruptness)* *[of reply]* laconisme *m* ; *[of manner]* brusquerie *f* ◆ **~ is the soul of wit** *(Prov)* les plaisanteries les plus courtes sont les meilleures

**brew** /bruː/ N a *[of beer]* brassage *m* ; *(= amount brewed)* brassin *m* ; → **home** b *[of tea]* infusion *f* ; *[of herbs]* tisane *f* ◆ **what's this ~ * in the jug?** *(hum)* qu'est-ce que c'est que ce liquide *or* cette mixture dans la cruche ? VT *[+ beer]* brasser ; *[+ tea]* faire infuser, préparer ; *[+ punch]* préparer, mélanger ; *(fig)* *[+ scheme, mischief, plot]* tramer, mijoter * VI a *(= make beer)* brasser, faire de la bière b *[beer]* fermenter ; *[tea]* infuser ; *(fig)* *[storm]* couver, se préparer ; *[plot]* se tramer ◆ **there's trouble ~ing** il y a de l'orage dans l'air, ça va barder * ◆ **something's ~ing** il se trame quelque chose COMP ▷ **brew-up** * N *(Brit)* ◆ **let's have a ~-up** on va se faire du thé

► **brew up** VI a *(Brit * = make tea)* faire du thé b *[storm, dispute]* se préparer, couver N ◆ **brew-up** * → **brew**

**brewer** /ˈbruːəʳ/ N brasseur *m* COMP ▷ **brewer's droop** ‡ N *(NonC: Brit hum)* impuissance *f* (passagère) due à l'alcool ◆ **to get ~'s droop** bander mou ‡

**brewery** /ˈbruːərɪ/ N brasserie *f (fabrique)*

**briar** /ˈbraɪəʳ/ N ⇒ **brier**

**bribe** /braɪb/ N pot-de-vin *m* ◆ **to take a ~** se laisser corrompre *or* acheter, accepter un pot-de-vin ◆ **to offer a ~** faire une tentative de corruption, offrir un pot-de-vin ◆ **I'll give the child a sweet as a ~ to be good** je donnerai un bonbon à l'enfant pour qu'il se tienne tranquille VT acheter, soudoyer ; *[+ witness]* suborner ◆ **to ~ sb into silence** acheter le silence de qn ◆ **to ~ sb to do sth** soudoyer *or* corrompre qn pour qu'il fasse qch ◆ **to let o.s. be ~d** se laisser soudoyer

**bribery** /ˈbraɪbərɪ/ N corruption *f* ; *(Jur)* *[of witness]* subornation *f* ◆ **~ and corruption** *(Jur)* corruption *f* ◆ **open to ~** corruptible

**bric-à-brac** /ˈbrɪkəbræk/ N *(NonC)* bric-à-brac *m* ◆ **~ dealer** brocanteur *m*

**brick** /brɪk/ N a *(Constr)* brique *f* ◆ **made of ~** en brique(s) ◆ **it has not damaged the ~s and mortar** ça n'a pas endommagé les murs ◆ **to put one's money into ~s and mortar** investir dans la pierre *or* l'immobilier ◆ **you can't make ~s without straw** *(Prov)* à l'impossible nul n'est tenu *(Prov)* ◆ **he came down on me like a ton of ~s!** * il m'est tombé sur le râble ! *, il m'a passé un de ces savons ! * ◆ **you might as well talk to a ~ wall** * autant parler à un mur ◆ **to run one's head against** *or* **come up against a ~ wall** se heurter à un mur ◆ **to drop a ~** * *(fig)* faire une gaffe * *or* une bourde * ; → **built, cat**
b *(Brit = toy)* cube *m (de construction)* ◆ **box of ~s** jeu *m or* boîte *f* de construction
c ◆ **a ~ of ice cream** une glace *(empaquetée)*
d *(† * = person)* type *m* sympa *, fille *f* sympa * ◆ **be a ~!** sois sympa * *or* chic !
COMP *[house]* en brique(s) ▷ **brick-built** ADJ en brique(s) ▷ **brick-kiln** N four *m* à briques ▷ **brick red** N, ADJ (rouge *m*) brique *inv*

► **brick in** VT SEP ⇒ **brick up**

► **brick off** VT SEP *[+ area]* (em)murer

► **brick up** VT SEP *[+ door, window]* murer

**brickbat** /ˈbrɪkbæt/ N *(lit)* morceau *m* de brique ; *(* fig)* critique *f*

**brickie** * /ˈbrɪkɪ/ N *(Brit)* abbrev of **bricklayer**

**bricklayer** /ˈbrɪkˌleɪəʳ/ N maçon *m*

**bricklaying** /ˈbrɪkˌleɪɪŋ/ N *(NonC)* maçonnerie *f*

**brickwork** /ˈbrɪkwɜːk/ N briquetage *m*, brique *f*

**brickworks** /ˈbrɪkwɜːks/, **brickyard** /ˈbrɪkjɑːd/ N briqueterie *f*

**bridal** /ˈbraɪdl/ ADJ *[feast]* de noce(s) ; *[bed, chamber, procession]* nuptial ; *[bouquet]* de la mariée COMP ▷ **bridal gown** N robe *f* de mariée ▷ **bridal party** N famille *f* et amis *mpl* de la mariée ▷ **bridal shop** N magasin *m* de robes de mariées ▷ **bridal shower** N *(US)* *fête en l'honneur de la future mariée* ▷ **bridal suite** N suite *f* nuptiale ▷ **bridal veil** N voile *m* de mariée ▷ **bridal wear** N *(NonC)* vêtements *mpl* de mariée

**bride** /braɪd/ N *(about to be married)* (future) mariée *f* ; *(just married)* (jeune) mariée *f* ◆ **the ~ and (bride)groom** les jeunes mariés *mpl* ◆ **the ~ of Christ** *(Rel)* l'épouse *f* du Christ COMP ▷ **bride-to-be** N future mariée *f* ◆ **his ~-to-be** sa future femme, sa promise *(hum)*

**bridegroom** /ˈbraɪdgruːm/ N *(about to be married)* (futur) marié *m* ; *(just married)* (jeune) marié *m*

**bridesmaid** /ˈbraɪdzmeɪd/ N demoiselle *f* d'honneur

**bridge¹** /brɪdʒ/ N a pont *m* ◆ **to build/throw a ~ across a river** construire/jeter un pont sur un fleuve ◆ **to build ~s between two communities/organizations** jeter un pont entre deux communautés/organisations ◆ **don't cross your ~s before you come to them** *(Prov)* chaque chose en son temps *(Prov)* ◆ **let's cross that ~ when we come to it** on s'occupera de ce problème-là en temps et en heure ; → **burn¹, drawbridge, footbridge**
b *(Naut)* passerelle *f* (de commandement)
c *[of nose]* arête *f*, dos *m* ; *[of spectacles]* arcade *f* ; *[of violin]* chevalet *m*
d *(Dentistry)* bridge *m*
VT *[+ river]* construire *or* jeter un pont sur ◆ **to ~ a gap** *(fig)* *(in knowledge, facts)* combler une lacune (*in* dans) ; *(in budget)* combler un trou (*in* dans) ; ◆ **to ~ the gap** *or* **divide** *(between people)* combler le fossé (*between* entre)
COMP ▷ **bridge-builder** N *(fig)* médiateur *m*, -trice *f* ▷ **bridge-building** N *(Mil)* pontage *m* ; *(fig)* efforts *mpl* de rapprochement

**bridge²** /brɪdʒ/ N *(Cards)* bridge *m* ◆ **to play ~** bridger, jouer au bridge ; → **auction, contract** COMP ▷ **bridge party** N soirée *f or* réunion *f* de bridge ▷ **bridge player** N bridgeur *m*, -euse *f* ▷ **bridge roll** N petit pain *m* (brioché)

**bridgehead** /ˈbrɪdʒhed/ N *(Mil)* tête *f* de pont

**bridgework** /ˈbrɪdʒwɜːk/ N *(esp US Dentistry)* bridge *m*

**bridging** /ˈbrɪdʒɪŋ/ N *(Climbing)* opposition *f* COMP ▷ **bridging loan** N *(Brit Fin)* prêt-relais *m*

**bridle** /ˈbraɪdl/ N *[of horse]* bride *f* ; *(fig)* frein *m*, contrainte *f* VT *[+ horse]* brider ; *[+ one's emotions]* refréner, tenir en bride ◆ **to ~ one's tongue** se taire, tenir sa langue VI *(in anger)* regimber, se rebiffer ; *(in scorn)* lever le menton *(en signe de mépris)* COMP ▷ **bridle path** N piste *f* cavalière

**bridleway** /ˈbraɪdlweɪ/ N piste *f* cavalière

**brief** /briːf/ ADJ a *(= short)* *[period, career, visit, glimpse, moment, interval]* bref ◆ **for a ~ moment, I thought she was going to hit him** pour un (bref) instant, j'ai cru qu'elle allait le frapper
b *(= concise)* *[description, statement]* bref ◆ **a ~ note** un mot ◆ **a ~ history** un résumé succinct ◆ **I shall be ~** je serai bref ◆ **to be ~, the same thing happened again** bref *or* en deux mots, il s'est passé la même chose
c *(= skimpy)* *[skirt, shorts]* très court
N a *(= task)* mission *f* ; *(Jur)* dossier *m* ◆ **their ~ is to investigate the cause of the accident** ils ont pour mission d'enquêter sur la cause de l'accident ◆ **she has a ~ to prepare a report for 3 June** elle a été chargée de préparer un rapport pour le 3 juin ◆ **to hold a ~ for sb** *(Jur)* représenter qn en justice ◆ **I hold no ~ for those who ...** *(fig)* je ne me fais pas l'avocat *or* le défenseur de ceux qui ... ◆ **I hold no ~ for him** *(fig)* je ne prends pas sa défense ◆ **to have a watching ~ for ...** veiller aux intérêts de ... ◆ **to take a ~** *(Jur)* accepter de plaider une cause
◆ **in brief** en bref ◆ **in ~ then, do you agree?** en bref, vous êtes d'accord ? ◆ **the news in ~** les actualités en bref
b *(Mil = instructions)* briefing *m* ◆ **his ~ is to ...** la tâche qui lui a été assignée consiste à ...
c *(Brit * = lawyer)* avocat *m*
NPL **briefs** *(= pants)* slip *m*
VT a *(Jur)* *[+ barrister]* confier une cause à
b *(Mil)* *[+ pilots, soldiers]* briefer, donner des instructions à ; *(gen)* *[+ person]* *(= give order to)* briefer, donner des instructions à ; *(= bring up to date)* mettre au courant (*on sth* de qch) ; ◆ **the pilots were ~ed** *(Mil)* les pilotes ont reçu leur briefing *or* bref
c *(Comm)* *[+ salesman]* briefer, donner des instructions à ◆ **we ~ our salesmen once a week** nous faisons un briefing hebdomadaire à l'intention de nos vendeurs

**briefcase** /ˈbriːfkeɪs/ N serviette *f* ; *(handleless)* porte-documents *m inv*

**briefer** /ˈbriːfəʳ/ N *(= spokesperson)* porte-parole *m inv*

**briefing** /ˈbriːfɪŋ/ N *(Aviat, Mil)* briefing *m*, dernières instructions *fpl* ; *(gen)* briefing *m* ; *(= notes)* notes *fpl*

**briefly** /ˈbriːflɪ/ ADV a *(= for short time)* *[smile, glance, pause]* un bref instant ; *[speak, visit]* brièvement b *(= concisely)* *[tell, reply, describe]* en peu de mots ◆ **put ~, his argument was this** en deux mots *or* en bref, voici quel était son argument ◆ **the facts, ~, are these** en deux mots *or* en bref, les faits sont les suivants

**briefness** /ˈbriːfnɪs/ N (NonC) a (= shortness) [of visit, career] brièveté f ; [of interval] courte durée f b (= conciseness) [of description, statement] brièveté f

**brier** /ˈbraɪəʳ/ N a (= wood) (racine f de) bruyère f ; (also **brier pipe**) pipe f de bruyère b (= wild rose) églantier m ; (= thorny bush) ronces fpl ; (= thorn) épine f COMP ▷ **brier rose** N églantine f

**brig** /brɪg/ N (Naut) brick m

**Brig.** (abbrev of **brigadier**) ~ **A. Robert** le général A. Robert

**brigade** /brɪˈgeɪd/ N (Mil, fig) brigade f ◆ **one of the old** ~ (fig) un vétéran, un vieux de la vieille ; → **blue, fire, green**

**brigadier** /ˌbrɪgəˈdɪəʳ/ N (Brit) général m de brigade COMP ▷ **brigadier general** N (pl **brigadier generals**) (US) (Mil) général m de brigade ; (Aviat) général m de brigade aérienne

**brigand** /ˈbrɪgənd/ N brigand m, bandit m

**brigandage** /ˈbrɪgəndɪdʒ/ N brigandage m

**bright** /braɪt/ ADJ a (= vivid, shining) [colour, light] vif ; [room, water] clair ; [clothes, bird, flower] (one colour) d'une couleur vive ; (two or more colours) aux couleurs vives ; [star, eyes] brillant ; [metal] luisant ◆ ~ **red/yellow/blue** rouge/jaune/bleu vif inv ◆ **her eyes** ~ **with excitement, she ...** les yeux brillants d'excitation, elle ...

b [day, weather] radieux ; [sunshine, sun] éclatant ◆ **to become** ~**er** [weather] s'éclaircir ◆ ~ **intervals** or **periods** éclaircies fpl ◆ **the outlook is** ~**er** on prévoit une amélioration (du temps)

c (= clever) [person] intelligent ; [child] éveillé, intelligent ◆ **she's as** ~ **as a button** elle est très vive d'esprit ◆ **full of** ~ **ideas** plein de bonnes idées ◆ **to have the** ~ **idea of doing sth** avoir la bonne idée de faire qch

d (= cheerful) [person, smile, voice] jovial ◆ ~ **and breezy** [person, manner] décontracté et jovial

e (= promising) [future, outlook, prospects, start] brillant ; (= positive) [moment] bon ◆ **the future looks** ~ **(for him)** l'avenir s'annonce bien (pour lui) ◆ **the outlook is** ~**er** les perspectives d'avenir sont plus prometteuses ◆ ~**er days** des jours plus heureux ◆ ~ **spot** lueur f d'espoir ◆ **to look on the** ~ **side** prendre les choses du bon côté ◆ **(looking) on the** ~ **side, ...** si l'on prend les choses du bon côté, ...

f ◆ **to be (up)** ~ **and early** se lever de bon matin ◆ **to arrive** ~ **and early** arriver de bon matin

ADV (liter) ◆ **to shine** ~ briller

COMP ▷ **bright-eyed** ADJ [person] aux yeux brillants ◆ ~**-eyed idealism** idéalisme m fervent ◆ ~**-eyed and bushy-tailed** * en pleine forme ▷ **the bright lights** NPL les lumières fpl de la grande ville ◆ **the** ~ **lights of New York** les lumières fpl de New York ▷ **bright spark** * N petit(e) futé(e) * m(f) ▷ **bright young things** NPL la génération qui monte

**brighten** /ˈbraɪtn/ (also **brighten up**) VT a (= make cheerful) [+ room, spirits, person] égayer ; [+ conversation] égayer, animer ; [+ prospects, situation, future] améliorer b (= make shine) faire briller, rendre (plus) brillant ; [+ metal] faire reluire ; [+ colour] aviver VI a [weather, sky] s'éclaircir, se dégager b [eyes] s'éclairer, s'allumer ; [expression] s'éclairer, s'épanouir ; [person] s'égayer, s'animer ; [prospects, future] s'améliorer, se présenter sous un meilleur jour COMP ▷ **brightening agent** N [of washing powder] agent m blanchissant

**brightly** /ˈbraɪtlɪ/ ADV a (with light) [sparkle] de mille feux ◆ **to burn** ~ [fire, substance] flamber ; [light] étinceler ◆ ~ **lit** bien éclairé b ◆ **the stars were shining** ~ les étoiles brillaient ; (= vividly) ◆ ~ **coloured** (one colour) d'une couleur vive ; (two or more colours) aux couleurs vives ◆ ~ **painted** (one colour) peint d'une couleur vive ; (two or more colours) peint avec des couleurs vives ◆ ~ **patterned** (one colour) avec des motifs d'une couleur vive ; (two or more colours) avec des motifs aux couleurs vives c (= cheerfully) [say, answer, smile] jovialement

**brightness** /ˈbraɪtnɪs/ N (NonC) a (= vividness) [of colour] vivacité f ; [of clothes, fire, sunshine, eyes] éclat m ; [of star, daylight, room] luminosité f ; [of light] intensité f ; [of metal] brillant m ; (TV, Comput) [of screen] luminosité f b (= light) lumière f c (= cheerfulness) [of person, expression, tone] vivacité f, jovialité f ; [of smile] éclat m, jovialité f d (= intelligence) intelligence f e (= promise) [of prospects, future] caractère m prometteur COMP ▷ **brightness control** N réglage m de la luminosité

**Bright's disease** /ˈbraɪtsdɪˌziːz/ N mal m de Bright, néphrite f chronique

**brill**[1] /brɪl/ N (pl **brill** or **brills**) barbue f

**brill**[2] * /brɪl/ ADJ (Brit) (abbrev of **brilliant**) super * inv

**brilliance** /ˈbrɪljəns/, **brilliancy** /ˈbrɪljənsɪ/ N a (= splendour: lit, fig) éclat m, brillant m b (= great intelligence) intelligence f supérieure

**brilliant** /ˈbrɪljənt/ ADJ a (= clever) [person, mind, book, performance] brillant ; [idea] génial b (= successful) [career] brillant ; [future] radieux ; [success] éclatant ; [victory] brillant, éclatant c (= bright) [light, sunshine, colour, smile] éclatant d (Brit * = excellent) génial *, super * inv ◆ **I'll help** – ~**!** je vais aider – super ! * ◆ **she's** ~ **with children** elle est super * avec les enfants ◆ ~ **at sth** super bon * (bonne * f) en qch ◆ **to be** ~ **at doing sth** être drôlement * doué pour faire qch ◆ **yoga is** ~ **for stress reduction** or **for reducing stress** le yoga est génial * or super * pour combattre le stress

**brilliantine** /ˈbrɪljənˌtiːn/ N brillantine f

**brilliantly** /ˈbrɪljəntlɪ/ ADV a (= cleverly) [write, play, perform] brillamment ; [simple, funny] remarquablement b (= superbly) [succeed, work] magnifiquement ◆ **he was** ~ **successful** il a magnifiquement réussi c (= brightly) [lit, illuminated] bien ; [shine] d'un vif éclat ◆ **to smile** ~ sourire de toutes ses dents ◆ ~ **coloured** (one colour) d'une couleur vive ; (two or more colours) aux couleurs vives ◆ **a** ~ **sunny day** une journée radieuse d (Brit * = excellently) ◆ **she played/drove** ~ elle a super bien * joué/conduit

**Brillo** ® /ˈbrɪləʊ/ N (also **Brillo pad**) tampon m Jex ®

**brim** /brɪm/ N [of cup, hat, lake] bord m ◆ **to be full to the** ~ **with sth** (lit) être plein à ras bord de qch ; (fig) déborder de qch VI déborder (with de) ; ◆ ~**ming with** (lit) plein à ras bord de ; (fig) débordant de

► **brim over** VI (lit, fig) déborder (with de)

**brimful** /ˈbrɪmˈfʊl/ ADJ (lit) plein à ras bord ; (fig) débordant (with de)

**brimstone** /ˈbrɪmstəʊn/ N soufre m ; → **fire**

**brindle(d)** /ˈbrɪndl(d)/ ADJ moucheté, tavelé

**brine** /braɪn/ N a (= salt water) eau f salée ; (Culin) saumure f b (liter) (= sea) mer f, océan m ; (= sea water) eau f de mer

**bring** /brɪŋ/ LANGUAGE IN USE 17.1, 26.3 (pret, ptp **brought**)

VT a [+ person, animal, vehicle, peace] amener ; [+ object, news, information] apporter ◆ **to** ~ **sb up/down/across** faire monter/faire descendre/faire traverser qn (avec soi) ◆ **to** ~ **sth up/down** monter/descendre qch ◆ **I brought him up his breakfast** je lui ai monté son petit déjeuner ; → **bacon, bed**

b (= cause) amener ◆ **the hot weather** ~**s storms** le temps chaud provoque or amène des orages ◆ **this song brought her international fame** la chanson lui a assuré une renommée internationale ◆ **his books brought him a good income** ses livres lui rapportaient bien or lui étaient d'un bon rapport ◆ **to** ~ **good/bad luck** porter bonheur/malheur ◆ **to** ~ **a blush to sb's cheeks** faire rougir qn, faire monter le rouge aux joues de qn ◆ **to** ~ **tears to sb's eyes** faire venir les larmes aux yeux de qn ◆ **that brought him to the verge of insanity** cela l'a mené or amené au bord de la folie ◆ **to** ~ **sth (up)on o.s.** s'attirer qch ◆ **to** ~ **sb to book** faire rendre des comptes à qn ◆ **to** ~ **sth to a close** or **an end** mettre fin à qch ◆ **to** ~ **sb to his feet** faire lever qn ◆ **to** ~ **sb to justice** traduire qn en justice ◆ **to** ~ **sb low** abaisser qn ◆ **to** ~ **sth to sb's knowledge** signaler qch à qn, porter qch à la connaissance de qn ◆ **to** ~ **sth to mind** rappeler qch, évoquer qch ◆ **to** ~ **sth into question** (= throw doubt on) remettre qch en question ◆ **to** ~ **sth to pass** (liter) causer qch ◆ **to** ~ **sth to perfection** porter qch à la perfection ◆ **to** ~ **sth into play** or **line** faire jouer qch, faire entrer qch en ligne de compte ◆ **to** ~ **sb to his senses** ramener qn à la raison ◆ **to** ~ **into the world** mettre au monde ; → **bear**[1], **head, light**[1]

c (+ infin = persuade) amener (sb to do sth qn à faire qch) ; ◆ **he brought him to understand that ...** il l'a amené à comprendre que ... ◆ **I cannot** ~ **myself to speak to him** je ne peux me résoudre à lui parler

d (Jur) **to** ~ **an action against sb** intenter un procès à qn ◆ **to** ~ **a charge against sb** inculper qn ◆ **the case was brought before Lord MacLeod** la cause fut entendue par Lord MacLeod ◆ **to** ~ **evidence** fournir des preuves

COMP ▷ **bring-and-buy sale** N (Brit) vente f de charité or de bienfaisance

► **bring about** VT SEP a [+ reforms, review] amener, provoquer ; [+ war] causer, provoquer ; [+ accident] provoquer, occasionner ; [+ sb's ruin] entraîner, amener

b [+ boat] faire virer de bord

► **bring along** VT SEP ◆ **to bring sth along (with one)** apporter qch (avec soi) ◆ **to** ~ **sb along (with one)** amener qn (avec soi) ◆ **may I** ~ **along a friend?** est-ce que je peux amener un ami ?

► **bring back** VT SEP a [+ person] ramener ; [+ object] rapporter ◆ **to** ~ **a spacecraft back to earth** récupérer un vaisseau spatial ◆ **her holiday brought back her health** ses vacances lui ont rendu la santé ◆ **a rest will** ~ **him back to normal** du repos le remettra d'aplomb

b (= call to mind) rappeler (à la mémoire)

► **bring down** VT SEP a (= cause to fall) abattre ; (= cause to land) [+ kite etc] ramener au sol ; [+ plane] faire atterrir ; (= shoot down) [+ animal, bird, plane] abattre

b [+ dictator, government] faire tomber ; [+ temperature, prices, cost of living] faire baisser ; [+ swelling] réduire ; (Math) [+ figure] abaisser ◆ **his action brought down everyone's wrath upon him** son action lui a attiré or lui a valu la colère de tout le monde ; → **house**

► **bring forth** VT SEP *(liter) [+ fruit]* produire ; *[+ child]* mettre au monde ; *[+ animal]* mettre bas ; *(fig) [+ protests, criticism]* attirer

► **bring forward** VT SEP **a** *[+ person]* faire avancer ; *[+ chair etc]* avancer ; *[+ witness]* produire ; *[+ evidence, proof, argument]* avancer

**b** *(= advance time of) [+ meeting]* avancer

**c** *(Accounts) [+ figure, amount]* reporter

► **bring in** VT SEP **a** *[+ person]* faire entrer ; *[+ object]* rentrer

**b** *(= introduce) [+ fashion]* lancer ; *[+ custom, legislation]* introduire ◆ **to ~ in the police/the troops** faire intervenir la police/l'armée ◆ **to ~ in a bill** *(Parl)* présenter *or* déposer un projet de loi

**c** *(Fin) [+ income]* rapporter ◆ **to ~ in interest** rapporter des intérêts

**d** *(Jur)* **to ~ in a verdict** *[jury]* rendre un verdict ◆ **to ~ in a verdict of guilty** déclarer qn coupable

► **bring off** VT SEP **a** *[+ people from wreck]* sauver

**b** *[+ plan, aim, deal]* mener à bien ; *[+ attack, hoax]* réussir ◆ **he didn't manage to ~ it off** il n'a pas réussi son coup

► **bring on** VT SEP **a** *(= cause) [+ illness, quarrel]* provoquer, causer ◆ **to ~ on sb's cold** enrhumer qn

**b** *(Agr etc) [+ crops, flowers]* faire pousser

**c** *(Theat) [+ person]* amener ; *[+ thing]* apporter sur (la) scène

► **bring out** VT SEP **a** *[+ person]* faire sortir ; *[+ object]* sortir ; *[+ meaning]* mettre en évidence ; *[+ colour]* faire ressortir ; *[+ qualities]* faire valoir, mettre en valeur ◆ **it ~s out the best in him** c'est dans des cas comme celui-là qu'il se montre sous son meilleur jour

**b** *[+ book]* publier, faire paraître ; *[+ actress, new product]* lancer

► **bring over** VT SEP **a** *[+ person]* amener ; *[+ object]* apporter

**b** *(= convert) [+ person]* convertir, gagner (*to* à)

► **bring round** VT SEP **a** *(to one's house etc) [+ person]* amener, faire venir ; *[+ object]* apporter ◆ **to ~ the conversation round to football** amener la conversation sur le football

**b** *[+ unconscious person]* ranimer

**c** *(= convert) [+ person]* convertir, gagner (*to* à)

► **bring through** VT SEP *[+ sick person]* sauver

► **bring to** VT SEP **a** *(Naut)* arrêter, mettre en panne

**b** *[+ unconscious person]* ranimer

► **bring together** VT SEP **a** *(= put in touch) [+ people]* mettre en contact, faire se rencontrer

**b** *(= end quarrel between)* réconcilier

**c** *[+ facts etc]* rassembler

► **bring under** VT SEP *(fig)* assujettir, soumettre

► **bring up** VT SEP **a** *[+ person]* faire monter ; *[+ object]* monter

**b** *[+ child, animal]* élever ◆ **well/badly brought-up child** enfant *m* bien/mal élevé

**c** *(= vomit)* vomir, rendre

**d** *(= call attention to) [+ fact, allegation, problem]* mentionner ; *[+ question]* soulever ◆ **we shan't ~ it up again** nous n'en reparlerons plus

**e** *(= stop) [+ person, vehicle]* (faire) arrêter ◆ **the question brought him up short** la question l'a arrêté net

**f** *(Jur)* **to ~ sb up before a court** citer *or* faire comparaître qn devant un tribunal

**g** ◆ **to bring up to date** *[+ accounts, correspondence etc]* mettre à jour ; *[+ method etc]* moderniser ◆ **to ~ sb up to date on sth** mettre qn au courant (des derniers développements) de qch

**brink** /brɪŋk/ N *(lit, fig)* bord *m* ◆ **on the ~ of sth** à deux doigts de qch, au bord de qch ◆ **on the ~ of doing sth** à deux doigts de faire qch, sur le point de faire qch

**brinkmanship** /ˈbrɪŋkmənʃɪp/ N stratégie *f* de la corde raide ◆ **a game of political ~ has begun at Westminster with the careers of some ministers on the line** les politiciens de Westminster ont entamé une partie de poker, où se joue la carrière de plusieurs ministres

**briny** /ˈbraɪnɪ/ ADJ saumâtre, salé ◆ **the ~ deep** *(liter)* la grande bleue N ◆ **the ~** †* la grande bleue

**briquet(te)** /brɪˈket/ N briquette *f*, aggloméré *m*

**brisk** /brɪsk/ ADJ **a** *[person] (= lively)* vif, animé ; *(= abrupt in manner)* brusque **b** *[movement]* vif, rapide ◆ **~ pace** allure *f* (très) vive ◆ **to take a ~ walk** marcher *or* se promener d'un bon pas ◆ **at a ~ trot** au grand trot ; → **start** **c** *[attack]* vigoureux, vivement mené ; *[trade]* actif, florissant ; *[demand]* important ◆ **business is ~** les affaires marchent (bien) ◆ **trading was ~** *(St Ex)* le marché était actif ◆ **the betting was ~** les paris allaient bon train **d** *[beer]* mousseux ; *[champagne, cider]* pétillant **e** *[air, weather, day]* frais (fraîche *f*) et vivifiant

**brisket** /ˈbrɪskɪt/ N poitrine *f* de bœuf

**briskly** /ˈbrɪsklɪ/ ADV *[move]* vivement ; *[walk]* d'un bon pas ; *[speak]* brusquement ; *[act]* sans tarder ◆ **these goods are selling ~** *(Comm etc)* ces articles se vendent (très) bien

**briskness** /ˈbrɪsknɪs/ N **a** *(= liveliness) [of walk, movement]* vivacité *f* ; *[of trade]* dynamisme *m* **b** *(= abruptness)* brusquerie *f*

**brisling** /ˈbrɪzlɪŋ/ N sprat *m*

**bristle** /ˈbrɪsl/ N *[of beard, brush]* poil *m* ; *[of boar]* soie *f* ; *[of plant]* poil *m* ◆ **a brush with nylon ~s** une brosse en nylon ® VI **a** *[animal hair]* se hérisser ◆ **a shirt bristling with pins** une chemise hérissée d'épingles ◆ **bristling with difficulties** hérissé de difficultés ◆ **a town bristling with police** une ville grouillante de policiers **b** *(fig) [person]* s'irriter (*at* de) se hérisser ◆ **he ~d at the suggestion** il s'est hérissé à cette suggestion COMP ▷ **bristle brush** N brosse *f* en soie de sanglier

**bristly** /ˈbrɪslɪ/ ADJ *[animal]* au(x) poil(s) raide(s) *or* dur(s) ; *[moustache, beard]* aux poils raides ; *[hair]* raide ; *[chin, cheek]* mal rasé ◆ **you're very ~ today** * tu piques drôlement aujourd'hui *

**Bristol** /ˈbrɪstəl/ N ◆ **~ Channel** canal *m* de Bristol ◆ **~ board** *(Art, Comm)* bristol *m* ; → **shipshape**

**bristols** ‡ /ˈbrɪstəlz/ NPL roberts ‡ *mpl*

**Brit** * /brɪt/ N Britannique *mf*

**Britain** /ˈbrɪtən/ N (also **Great Britain**) Grande-Bretagne *f* ; → GREAT BRITAIN, UNITED KINGDOM

**Britannia** /brɪˈtænɪə/ N Britannia *f* COMP ▷ **Britannia metal** N métal *m* anglais

**Britannic** /brɪˈtænɪk/ ADJ ◆ **His** *or* **Her ~ Majesty** sa Majesté britannique

**britches** /ˈbrɪtʃəz/ NPL ⇒ **breeches**

**Briticism** /ˈbrɪtɪsɪzəm/ N briticisme *m*

**British** /ˈbrɪtɪʃ/ ADJ britannique ; *(loosely)* anglais ; *[ambassador, embassy]* de Grande-Bretagne ◆ **~ English** l'anglais *m* britannique

NPL **the British** les Britanniques *mpl* ; *(loosely)* les Anglais *mpl*

COMP ▷ **British Airports Authority** N administration *f* des aéroports britanniques ▷ **British Antarctic Territory** N Territoire *m* britannique de l'Antarctique ▷ **British Asian** ADJ *britannique originaire du sous-continent indien* N *Britannique originaire du sous-continent indien* ▷ **the British Broadcasting Corporation** N la BBC ▷ **British Columbia** N Colombie *f* britannique ▷ **British Columbian** ADJ de la Colombie britannique N habitant(e) *m(f)* de la Colombie britannique ▷ **the British Commonwealth** N le Commonwealth ▷ **British Council** N British Council *m (organisme chargé de promouvoir la langue et la culture britanniques dans le monde)* ▷ **British Honduras** N Honduras *m* britannique ▷ **the British Isles** NPL les îles *fpl* Britanniques ; → GREAT BRITAIN, UNITED KINGDOM ▷ **British Legion** N *organisme d'aide aux anciens combattants* ; → LEGION ▷ **the British Library** N *la bibliothèque nationale de Grande-Bretagne* ▷ **British Rail** N *(formerly) chemins de fer britanniques* ▷ **British Red Cross Society** N Croix *f* Rouge britannique ▷ **British Summer Time** N l'heure *f* d'été britannique ▷ **British Telecom** N *société britannique de télécommunications*

**Britisher** * /ˈbrɪtɪʃəʳ/ N *(US)* Britannique *mf* ; *(loosely)* Anglais(e) *m(f)*

**Briton** /ˈbrɪtən/ N **a** Britannique *mf* **b** *(Hist)* Breton(ne) *m(f)* (de Grande-Bretagne)

**Britpop** /ˈbrɪtpɒp/ N *musique pop britannique des années 90*

**Brittany** /ˈbrɪtənɪ/ N Bretagne *f*

**brittle** /ˈbrɪtl/ ADJ **a** *(= breakable) [twig, hair, nails]* cassant **b** *(= fragile) [agreement, peace]* fragile **c** *[person, personality]* sec (sèche *f*) ; *[laugh, voice]* crispé COMP ▷ **brittle-bone disease** N ostéogenèse *f* imparfaite

**Brittonic** /brɪˈtɒnɪk/ ADJ brittonique

**bro** ‡ /brəʊ/ N *(US)* **a** *(= friend)* pote * *m* ◆ **hi, ~!** salut, vieux * *or* mon pote * ! **b** *(= brother)* frangin * *m*

**Bro.** *(Rel)* abbrev of **Brother**

**broach** /brəʊtʃ/ VT *[+ barrel]* mettre en perce ; *[+ box, supplies]* entamer ; *[+ subject, topic]* entamer, aborder N *(Culin)* broche *f* ; *(= tool)* perçoir *m*, foret *m*

**broad** /brɔːd/ ADJ **a** *(= wide) [road, shoulders, smile]* large ◆ **the lake is 200 metres ~** le lac a 200 mètres de large *or* de largeur ◆ **a garden about 6 metres long and 3 metres ~** un jardin d'environ 6 mètres de long et 3 mètres de large ◆ **to grow ~er** s'élargir ◆ **to make ~er** élargir ◆ **~ in the shoulder** *[person]* large d'épaules ; *[garment]* un peu large aux épaules ; see also **comp** ◆ **~ in the beam** *[ship]* ventru ; (*: *pej) [person]* fort de l'arrière-train * ◆ **he's got a ~ back** *(fig)* il a bon dos ◆ **it's as ~ as it's long** * *(fig)* c'est du pareil au même * ◆ **a ~ expanse of lawn** une vaste étendue de pelouse ; → **-gauge**

**b** *(= approximate, general) [aims, objectives, term] général* ; *[phonetic transcription]* large ◆ **the ~ outlines** les grandes lignes *fpl* ◆ **in the ~est sense of the word** au sens (le plus) large du terme ◆ **in ~ terms** grosso modo ◆ **to be in ~ agreement** être d'accord sur l'essentiel ◆ **he distinguished three ~ possibilities** il a distingué trois grandes possibilités ◆ **to paint sth with a ~ brush** *(fig)* décrire qch à grands traits ; see also **comp** ◆ **~ construction** *(US Jur)* interprétation *f* large

**c** *(= wide-ranging) [category, range]* large ; *[coalition]* vaste ; *[education]* diversifié ; *[syllabus]* étendu ◆ **a ~ spectrum of opinion** un large éventail d'opinions ◆ **a film with ~**

appeal un film grand public ◆ **the agreement won ~ support in Congress** cet accord a été largement soutenu par le Congrès ◆ **to have ~ implications** avoir de vastes implications

**d** *(= unsubtle) [hint]* à peine voilé ; *[humour]* grivois ; *[comedy]* grossier ; *[joke]* gras (grasse *f*)

**e** *(Ling) [accent]* prononcé ◆ **to speak ~ Scots** *(accent)* parler avec un fort accent écossais ; *(dialect)* s'exprimer en dialecte écossais ◆ **to say sth in ~ Yorkshire** dire qch en dialecte du Yorkshire

**f** *(= full)* ◆ **in ~ daylight** en plein jour ◆ **it was ~ daylight** il faisait grand jour

**g** *(= liberal) [mind, ideas]* large, libéral

**N** **a** *(= widest part)* **the ~ of the back** le milieu du dos ◆ **the (Norfolk) Broads** *(Geog) les lacs et estuaires du Norfolk*

**b** *(US ‡ pej) (= woman)* nana * *f* ; *(= prostitute)* putain ‡ *f*

**COMP** ▷ **broad-based** ADJ *[support, government]* réunissant des tendances très variées, large ; *[tax]* à assiette large ▷ **broad bean** N *(esp Brit)* fève *f* ▷ **broad-brimmed** ADJ *[hat]* à larges bords ▷ **broad-brush** ADJ *(fig) [analysis, report]* schématique, sommaire ▷ **Broad Church** N *(Rel) groupe libéral au sein de l'Église anglicane* ◆ **the Labour Party is a ~ church** le parti travailliste accueille des courants très divers ▷ **broad jump** N *(US Sport)* saut *m* en longueur ▷ **broad-minded** ADJ ◆ **he is ~-minded** il a les idées larges ▷ **broad-mindedness** N largeur *f* d'esprit ▷ **broad-shouldered** ADJ large d'épaules

**broadband** /ˈbrɔːdbænd/ *(Telec)* **N** transmission *f* à large bande **ADJ** à large bande

**broadcast** /ˈbrɔːdkɑːst/ (pret, ptp **broadcast**) **VT** **a** *[+ news, speech, programme] (Rad)* (radio-)diffuser, émettre ; *(TV)* téléviser, émettre ; *(fig) [+ news, rumour etc]* répandre ◆ **don't ~ it!** * *(fig)* ne va pas le crier sur les toits ! **b** *(Agr) [+ seed]* semer (à la volée) **VI** *(Rad, TV) [station]* émettre ; *[actor, interviewee etc]* participer à une émission ; *[interviewer]* faire une émission **N** *(Rad, TV)* émission *f* ◆ **live/recorded ~** émission *f* en direct/en différé ◆ **repeat ~** reprise *f*, rediffusion *f* **ADJ** *(Rad)* (radio)diffusé ; *(TV)* télévisé ◆ **~ account of a match** *(Rad)* reportage *m* radiodiffusé d'un match ; *(TV)* reportage *m* télévisé d'un match ◆ **~ journalism** *(TV)* journalisme *m* télévisé ; *(Rad)* journalisme *m* radio ◆ **~ satellite** satellite *m* de radiodiffusion **ADV** *[sow]* à la volée

**broadcaster** /ˈbrɔːdkɑːstəʳ/ N *(Rad, TV)* personnalité *f* de la radio *or* de la télévision

**broadcasting** /ˈbrɔːdkɑːstɪŋ/ **N** *(Rad)* radiodiffusion *f* ; *(TV)* télévision *f* ◆ **that is the end of ~ for tonight** ainsi prennent fin nos émissions de la journée ◆ **~ was interrupted** les émissions ont été interrompues ◆ **a career in ~** une carrière à la radio (*or* à la télévision) **COMP** ▷ **Broadcasting House** N *siège de la BBC à Londres* ▷ **Broadcasting Standards Authority** N ≃ Conseil *m* supérieur de l'audiovisuel ▷ **Broadcasting Standards Council** N *(Brit)* ≃ Conseil *m* supérieur de l'audiovisuel ▷ **broadcasting station** N station *f* de radio, poste *m* émetteur ; → **British**

**broadcloth** /ˈbrɔːdklɒθ/ N drap *m* fin *(en grande largeur)*

**broaden** /ˈbrɔːdn/ (also **broaden out** : *lit, fig*) **VT** élargir ◆ **to ~ one's outlook** élargir ses horizons **VI** s'élargir

**broadloom** /ˈbrɔːdluːm/ ADJ *[carpet]* en grande largeur

**broadly** /ˈbrɔːdlɪ/ ADV **a** *(= generally) [agree, accept, define]* dans les grandes lignes, d'une manière générale ; *[welcome]* généralement ; *[support]* largement ◆ **this is ~ true** c'est vrai, grosso modo ◆ **~ similar** à peu près semblable ◆ **~-based** large ◆ **~ speaking** en gros, généralement parlant **b** *[hint]* fortement **c** ◆ **to smile ~** avoir un large sourire

**broadness** /ˈbrɔːdnɪs/ N *[of road]* largeur *f* ; *[of joke, story]* grossièreté *f*, vulgarité *f* ; *[of accent]* caractère *m* prononcé

**broadsheet** /ˈbrɔːdʃiːt/ N *(Hist, Typ)* placard *m* ; *(Press) (= large-format newspaper)* journal *m* grand format ; *(= serious newspaper)* journal *m* de qualité ; → TABLOIDS, BROADSHEETS

**broadside** /ˈbrɔːdsaɪd/ **N** **a** *(Naut = side) [of ship]* flanc *m* **b** *(Naut = discharge of guns)* bordée *f* ◆ **to fire a ~** lâcher une bordée **c** *(= criticism)* attaque *f* cinglante ; *(= insults)* bordée *f* d'injures *or* d'invectives ◆ **he let him have a ~** il l'a incendié *, il l'a descendu en flammes * **ADV** **a** *(Naut)* ◆ **to turn ~ (on)** virer en présentant le flanc ◆ **to hit sth ~ (on)** heurter qch par le travers ◆ **to be moored ~ to sth** être amarré le long de qch **b** *(Aut)* ◆ **he or his car hit me ~ (on)** il m'a heurté de côté

**broadsword** /ˈbrɔːdsɔːd/ N épée *f* à deux tranchants, glaive † *m*

**broadways** /ˈbrɔːdweɪz/, **broadwise** /ˈbrɔːdwaɪz/ ADV en largeur, dans le sens de la largeur

**brocade** /brəʊˈkeɪd/ **N** brocart *m* **COMP** de brocart

**broccoli** /ˈbrɒkəlɪ/ N brocoli *m*

**brochure** /ˈbrəʊʃjʊəʳ/ N *[of college, vacation course]* prospectus *m* ; *[of hotel, travel agent]* brochure *f*, dépliant *m* (touristique)

**brock** /brɒk/ N *(Brit: Zool, rare)* blaireau *m*

**brogue¹** /brəʊg/ N *(= shoe)* chaussure *f* de marche, richelieu *m*

**brogue²** /brəʊg/ N *(= accent) (Irish)* accent *m* irlandais ; *(gen)* accent *m* du terroir

**broil** /brɔɪl/ **VT** *(US Culin)* griller, faire cuire sur le gril ; *(fig)* griller * ◆ **~ing sun** soleil *m* brûlant **VI** *(also fig)* griller

**broiler** /ˈbrɔɪləʳ/ **N** **a** *(= fowl)* poulet *m* (à rôtir) **b** *(US = grill)* rôtisserie *f*, gril *m* **COMP** ▷ **broiler house** N éleveuse *f* ▷ **broiler pan** N *(US)* plateau *m* à grillades *(avec poignée)*

**broiling** /ˈbrɔɪlɪŋ/ ADJ *(esp US) [sun]* brûlant ; *[summer]* torride

**broke** /brəʊk/ **VB** pt of **break** **ADJ** **a** *(= broken)* ◆ **if it ain't ~, don't fix it** * s'il n'y a pas de gros problèmes, il ne faut rien changer **b** *(* = penniless)* à sec *, fauché * ◆ **to be dead** *or* **stony ~** être fauché (comme les blés) *, être (complètement) à sec * ◆ **to go ~** faire faillite ◆ **to go for ~** jouer le tout pour le tout, jouer le grand jeu *or* son va-tout

**broken** /ˈbrəʊkən/ **VB** ptp of **break**

**ADJ** **a** *(= cracked, smashed) [cup, window, branch, biscuits etc]* cassé ; *(= uneven, rugged) [ground]* accidenté ; *[road]* défoncé ; *[surface]* raboteux ; *[coastline]* dentelé ◆ **pieces of ~ glass** des éclats *mpl* de verre ◆ **pieces of ~ crockery** des morceaux *mpl* de vaisselle

**b** *(Med = fractured) [neck, leg, rib, tooth, nail]* cassé ; *[bone, hand, foot]* fracturé ◆ **~ bones** fractures *fpl* ◆ **"do not use on broken skin"** "ne pas utiliser sur plaie ouverte"

**c** *(= not working) [machine, phone]* détraqué ◆ **the coffee machine is ~** la machine à café est détraquée ◆ **he sounds like a ~ record** on dirait un disque rayé

**d** *(fig = ruined) [body, mind]* brisé ; *[health]* délabré ; *[spirit]* abattu ◆ **to be ~ in body and mind** avoir le corps et le cœur brisés ◆ **the scandal left him a ~ man** ce scandale l'a brisé *or* a fait de lui un homme brisé ◆ **to have a ~ heart** avoir le cœur brisé ◆ **she died of a ~ heart** elle est morte de chagrin, elle est morte le cœur brisé ◆ **he is a ~ reed** on ne peut pas compter sur lui

**e** *(= interrupted) [journey]* interrompu ; *[sleep] (= disturbed)* interrompu ; *(= restless)* agité ; *[voice, line]* brisé ◆ **I've had several ~ nights** j'ai eu plusieurs mauvaises nuits ◆ **a spell of ~ weather** un temps variable ◆ **~ cloud** ciel *m* couvert avec des éclaircies ◆ **~ sunshine** soleil *m* intermittent ◆ **(to speak in) ~ English/French** (parler un) mauvais anglais/français

**f** *(= violated) [promise, contract, engagement]* rompu ; *[appointment]* manqué

**g** *(by divorce) [marriage]* brisé ◆ **he comes from a ~ home** il vient d'un foyer désuni

**COMP** ▷ **broken chord** N *(Mus)* arpège *m* ▷ **broken-down** ADJ *(= out of order) [car]* en panne ; *[machine]* détraqué ; *(= dilapidated) [house]* délabré ▷ **broken-hearted** ADJ au cœur brisé ▷ **broken lots** NPL *(Comm)* articles *mpl* dépareillés ▷ **broken numbers** NPL *(Math)* fractions *fpl* ▷ **broken veins** NPL couperose *f* ▷ **broken white line** N ligne *f* blanche discontinue ▷ **broken-winded** ADJ poussif

**brokenly** /ˈbrəʊkənlɪ/ ADV *[say]* d'une voix entrecoupée ; *[sob]* par à-coups

**broker** /ˈbrəʊkəʳ/ **N** **a** *(St Ex)* ≃ courtier *m* (en bourse), agent *m* de change **b** *(Comm)* courtier *m* ; *(Naut)* courtier *m* maritime ◆ **wine ~** courtier *m* en vins **c** *(= secondhand dealer)* brocanteur *m* ; → **pawnbroker** **VT** *[+ deal, agreement]* négocier ◆ **a UN-~ed ceasefire** un cessez-le-feu négocié sous l'égide l'ONU

**brokerage** /ˈbrəʊkərɪdʒ/, **broking** /ˈbrəʊkɪŋ/ N *(= trade, commission)* courtage *m*

**brolly** * /ˈbrɒlɪ/ N *(Brit)* pépin * *m*, parapluie *m*

**bromide** /ˈbrəʊmaɪd/ N **a** *(Chem, Typ)* bromure *m* ; *(Med *)* bromure *m* (de potassium) ◆ **~ paper** papier *m* au (gelatino-)bromure d'argent **b** *(fig)* banalité *f or* platitude *f* euphorisante

**bromine** /ˈbrəʊmiːn/ N brome *m*

**bronchi** /ˈbrɒŋkaɪ/ NPL of **bronchus**

**bronchial** /ˈbrɒŋkɪəl/ ADJ *[infection]* des bronches, bronchique ◆ **~ tubes** bronches *fpl*

**bronchiole** /ˈbrɒŋkɪəʊl/ N bronchiole *f*

**bronchitic** /brɒŋˈkɪtɪk/ ADJ bronchitique

**bronchitis** /brɒŋˈkaɪtɪs/ N *(NonC)* bronchite *f* ◆ **to have ~** avoir *or* faire une bronchite

**bronchopneumonia** /ˌbrɒŋkəʊnjuːˈməʊnɪə/ N *(NonC)* bronchopneumonie *f*

**bronchus** /ˈbrɒŋkəs/ N (pl **bronchi**) bronche *f*

**bronco** /ˈbrɒŋkəʊ/ N cheval *m* semi-sauvage (de l'Ouest américain), bronco *m*

**broncobuster** * /ˈbrɒŋkəʊbʌstəʳ/ N *(US)* cowboy *m (qui dompte les chevaux sauvages)*

**brontosaurus** /ˌbrɒntəˈsɔːrəs/ N (pl **brontosauruses** *or* **brontosauri** /ˌbrɒntəˈsɔːraɪ/) brontosaure *m*

**Bronx** /brɒŋks/ N ◆ **the ~** le Bronx ◆ **~ cheer** *(US)* huées *fpl*

**bronze** /brɒnz/ **N** *(= metal, colour, work of art)* bronze *m* **VI** se bronzer, brunir **VT** *[+ metal]* bronzer ; *[+ skin]* brunir, faire bronzer **COMP** en bronze ; *(= colour)* (couleur *f* de) bronze ▷ **the Bronze Age** N l'âge *m* du bronze ▷ **bronze medal** N médaille *f* de bronze

**bronzed** /brɒnzd/ ADJ *[skin, person]* bronzé

**bronzer** /ˈbrɒnzəʳ/ N autobronzant *m*

**bronzing powder** /ˈbrɒnzɪŋˌpaʊdəʳ/ N poudre *f* de soleil

**brooch** /brəʊtʃ/ N broche *f*

**brood** /bruːd/ N *[of birds]* couvée *f*, nichée *f* ; *[of mice]* nichée *f* ; *[of children]* progéniture *f*, nichée *f (hum)* ; *[of vipers, scoundrels]* engeance *f* ◆ **she has a great ~ of children** elle a une nombreuse progéniture ◆ **I'm going to take my ~ home** * je vais remmener ma progéniture à la maison VI *[bird]* couver ; *[storm, danger]* couver, menacer ; *[person]* broyer du noir, ruminer ◆ **to ~ on** *[person]* *[+ misfortune]* remâcher ; *[+ plan]* ruminer ; *[+ the past]* ressasser ◆ **to ~ over sth** *[night etc]* planer sur qch ; *[storm]* couver sur qch ; *(oppressively)* peser sur qch COMP ▷ **brood hen** N *(Zool)* couveuse *f* ▷ **brood mare** N (jument *f*) poulinière *f*

**brooding** /ˈbruːdɪŋ/ ADJ a *(= disturbing)* troublant b *(= reflective)* rêveur, songeur ; *(= gloomy)* maussade, soucieux N rumination *f*

**broody** /ˈbruːdɪ/ ADJ a *[hen]* *(= ready to lay eggs)* prêt à pondre ; *(= ready to sit on eggs)* prêt à couver b *(* hum)* ◆ **to be feeling ~** *[person]* avoir envie d'avoir un enfant c *(= pensive)* mélancolique

**brook**[1] /brʊk/ N ruisseau *m*

**brook**[2] /brʊk/ VT *(liter)* *[+ contradiction, delay, reply]* souffrir ; *(liter)* admettre

**brooklet** /ˈbrʊklɪt/ N ruisselet *m*, petit ruisseau *m*

**broom** /brʊm/ N a *(Bot)* genêt *m* b *(= brush)* balai *m* ◆ **a new ~ sweeps clean** *(Prov)* tout nouveau, tout beau *(Prov)* ◆ **this firm needs a new ~** cette compagnie a besoin d'un bon coup de balai *or* a besoin de sang neuf COMP ▷ **broom closet** N *(US)* ⇒ **broom cupboard** ▷ **broom cupboard** N *(Brit)* placard *m* à balais

**broomstick** /ˈbrʊmstɪk/ N manche *m* à balai

**Bros.** *(Comm)* (abbrev of **Brothers**) **Martin ~** Martin Frères

**broth** /brɒθ/ N bouillon *m*

**brothel** /ˈbrɒθl/ N maison *f* close *or* de passe COMP ▷ **brothel-creepers** * NPL *(Brit)* *chaussures d'homme en daim à semelles de crêpe*

**brother** /ˈbrʌðəʳ/ N a *(gen, Rel)* frère *m* ◆ **older/younger ~** frère *m* aîné/cadet ◆ **Brother Paul** Frère Paul ; → **lay**[4] b *(in trade unions etc)* camarade *m* ; *(US:* also **soul brother***)* frère *m* (de couleur) ADJ ◆ **his ~ prisoners** *etc* ceux qui sont (*or* étaient) prisonniers *etc* comme lui, les autres prisonniers *mpl etc* ◆ **his ~ officers** ses compagnons *mpl* d'armes COMP ▷ **brother-in-arms** N (pl **brothers-in-arms**) *(liter)* frère *m* d'armes ▷ **brother-in-law** N (pl **brothers-in-law**) beau-frère *m*

**brotherhood** /ˈbrʌðəhʊd/ N a *(NonC)* *(lit)* fraternité *f* ; *(fig)* fraternité *f*, confraternité *f* ◆ **~ of man** fraternité *f* des hommes b *(= association: esp Rel)* confrérie *f* ; *(US)* corporation *f* ◆ **the Brotherhood** *(Freemasonry)* la franc-maçonnerie

**brotherly** /ˈbrʌðəlɪ/ ADJ fraternel ◆ **~ love** l'amour *m* fraternel

**brougham** /ˈbrʊəm/ N coupé *m* de ville

**brought** /brɔːt/ VB pt, ptp of **bring**

**brouhaha** * /ˈbruːhɑːhɑː/ N histoires * *fpl*

**brow** /braʊ/ N a *(= forehead)* front *m* ; *(= arch above eye)* arcade *f* sourcilière ; *(also* **eyebrow***)* sourcil *m* ; → **beetling, highbrow, knit, sweat** b *[of hill]* sommet *m* ; *[of cliff]* bord *m* ; *(Min)* tour *f* d'extraction

**browbeat** /ˈbraʊbiːt/ (pret **browbeat**, ptp **browbeaten**) VT intimider, persécuter ◆ **to ~ sb into doing sth** forcer qn à faire qch

**browbeaten** /ˈbraʊbiːtn/ ADJ intimidé

**brown** /braʊn/ ADJ a brun, marron *inv* ; *[hair]* châtain ; *[boots, shoes, leather]* marron ◆ **light ~ hair** cheveux *mpl* châtain clair *inv* ◆ **light ~ material** étoffe *f* marron clair ◆ **in a ~ study** † plongé dans ses pensées *or* méditations ◆ **to go ~** *[leaves]* roussir ; → **nut**

b *(= tanned)* *[person, skin]* bronzé ◆ **to go ~** bronzer ◆ **as ~ as a berry** tout bronzé

c *(= dusky-skinned)* brun de peau

d *(US)* **to do sth up ~** ⁑ *(fig)* soigner qch dans les moindres détails

N brun *m*, marron *m* ◆ **her hair was a rich, deep ~** ses cheveux étaient d'un beau brun foncé

VT a *[sun]* *[+ skin, person]* bronzer, hâler

b *(Culin)* *[+ meat, fish, potatoes, onions]* faire dorer ; *[+ sauce]* faire roussir

c *(Brit)* **he is ~ed off** † * il en a marre * *or* ras le bol ⁑

VI a *[leaves]* roussir

b *[person, skin]* brunir

c *(Culin)* dorer

COMP ▷ **brown ale** N *sorte de bière brune* ▷ **brown bear** N ours *m* brun ▷ **brown belt** N *(Judo etc)* ceinture *f* marron ▷ **brown bread** N pain *m* bis ▷ **brown coal** N lignite *m* ▷ **brown flour** N farine *f* complète ▷ **brown goods** NPL *(Comm)* produits *mpl* audiovisuels *or* bruns ▷ **brown-nose** ⁑ N lèche-cul ⁑ *m inv*, lèche-bottes * *mf* VT lécher le cul à *or* de ⁑, lécher les bottes de * ▷ **brown owl** N *(Orn)* chat-huant *m* ; *(in Brownie Guides)* cheftaine *f* ▷ **brown paper** N papier *m* d'emballage, papier *m* Kraft ▷ **brown rice** N riz *m* complet ▷ **brown sauce** N *(Brit Culin)* *sauce brune relevée* ▷ **Brown Shirt** N *(Hist)* Chemise *f* brune ▷ **brown sugar** N cassonade *f*, sucre *m* brun

**brownbag** * /ˈbraʊnbæg/ VT *(US)* ◆ **to ~ it, to ~ one's lunch** apporter son repas (dans un sac en papier)

**brownfield** /ˈbraʊnfiːld/ ADJ *(Constr, Ind)* ◆ **~ site** ancien terrain *m* industriel

**brownie** /ˈbraʊnɪ/ N a *(= fairy)* lutin *m*, farfadet *m* b ◆ **Brownie (Guide)** jeannette *f* ◆ **to win** *or* **get** *or* **earn Brownie points** * *(fig hum)* obtenir des bons points c ◆ **Brownie** ® *(= camera)* brownie *m* kodak ® d *(esp US = cake)* brownie *m* *(petit gâteau au chocolat)*

**browning** /ˈbraʊnɪŋ/ N *(Brit Culin)* *produit préparé pour roux brun*

**brownish** /ˈbraʊnɪʃ/ ADJ tirant sur le brun

**brownout** /ˈbraʊnaʊt/ N *(US)* *(Mil)* camouflage *m* partiel des lumières ; *(Elec)* panne *f* partielle

**brownstone** /ˈbraʊnstəʊn/ N *(US)* *(= material)* grès *m* brun ; *(= house)* bâtiment *m* de grès brun

**browse** /braʊz/ VI a *(in bookshop, library)* feuilleter les livres ; *(in other shops)* regarder sans acheter ◆ **to ~ through a book** feuilleter *or* parcourir un livre ◆ **I'm just browsing** *(in shop)* je regarde seulement, merci b *(Comput)* surfer *or* naviguer sur le Net c *[animal]* brouter, paître VT a *[+ animals]* brouter, paître b *(Comput)* **to ~ the Net** surfer *or* naviguer sur le Net N ◆ **to have a ~** ⇒ **to browse vi a**

**browser** /ˈbraʊzəʳ/ N a *(Comput)* navigateur *m* b *(in shop)* **"browsers welcome"** "entrée libre"

**brucellosis** /ˌbruːsəˈləʊsɪs/ N brucellose *f*

**bruise** /bruːz/ VT a *[+ person, part of body]* faire un bleu à, contusionner ; *[+ finger]* faire un pinçon à ; *[+ fruit]* abîmer, taler ; *[+ lettuce]* froisser ◆ **to ~ one's foot** se faire un bleu au pied ◆ **to be ~d all over** avoir le corps *or* être couvert de bleus, être tout contusionné b *(= crush)* *(lit)* écraser, piler ; *(fig)* *[+ ego, feelings, pride]* blesser ◆ **~d heart** *(liter)* cœur *m* meurtri *or* blessé ◆ **~d spirit** *(liter)* esprit *m* meurtri ◆ **to feel ~d** se sentir secoué VI *[fruit]* se taler, s'abîmer ◆ **peaches ~ easily** les pêches se talent facilement ◆ **he ~s easily** il se fait facilement des bleus N *(on person)* bleu *m*, ecchymose *f* ; *(on fruit)* meurtrissure *f*, talure *f* ◆ **body covered with ~s** corps *m* couvert d'ecchymoses *or* de bleus

**bruised** /bruːzd/ ADJ a *[person, body, skin, elbow etc]* contusionné ◆ **~ all over** couvert de bleus, tout contusionné b *[fruit]* meurtri, talé ; *[vegetables]* abîmé, meurtri c *(fig)* *[ego, feelings, pride]* blessé ◆ **to feel ~** *[person]* être blessé

**bruiser** * /ˈbruːzəʳ/ N malabar * *m*, cogneur * *m*

**bruising** /ˈbruːzɪŋ/ N bleus *mpl*, contusions *fpl* ◆ **light** *or* **minor/heavy** *or* **severe ~** contusions *fpl* légères/graves ADJ éprouvant

**Brum** * /brʌm/ N *(Brit)* Birmingham

**brum** * /brʊm/ EXCL *(baby talk)* ◆ **~, ~ !** broum, broum !

**Brummie** * /ˈbrʌmɪ/ N *(Brit)* ◆ **he's a ~** il est de Birmingham

**brunch** /brʌntʃ/ N brunch *m*

**Brunei** /ˈbruːnaɪ/ N Brunei *m*

**brunette** /bruːˈnet/ N (femme *f*) brune *f*, brunette *f* ADJ *[person, skin]* brun ; *[eyes]* marron *inv* ; *[hair]* châtain

**brunt** /brʌnt/ N ◆ **the ~** *[of attack, blow]* le (plus gros du) choc ; *[of argument, displeasure]* le poids ◆ **to bear the ~ of the assault** soutenir *or* essuyer le plus fort de l'attaque ◆ **to bear the ~ of the work** faire le (plus) gros du travail ◆ **to bear the ~ of the expense** payer le (plus) gros des frais ◆ **he bore the ~ of it all** c'est lui qui a porté le poids de l'affaire

**bruschetta** /brʊˈsketə/ N bruschetta *f*

**brush** /brʌʃ/ N a brosse *f* ; (also **paint brush**) pinceau *m*, brosse *f* ; *(= broom)* balai *m* ; *(short-handled = hearth brush etc)* balayette *f* ; (also **scrubbing brush**) brosse *f* (dure) ; (also **bottle brush**) goupillon *m*, rince-bouteilles *m inv* ; (also **shaving brush**) blaireau *m* ◆ **nail/clothes/hat ~** brosse *f* à ongles/à habits/à chapeau ; → **pastry, tar**[1]

b *(= act of brushing)* coup *m* de brosse ◆ **give your coat a ~** donne un coup de brosse à ton manteau ◆ **to give one's hair a ~** donner un coup de brosse à ses cheveux, se brosser les cheveux

c *(= light touch)* effleurement *m*

d *(= tail)* *[of fox]* queue *f*

e *(NonC = undergrowth)* broussailles *fpl*, taillis *m*

f *(= skirmish)* accrochage *m*, escarmouche *f* ◆ **to have a ~ with the law** avoir des démêlés *mpl* avec la justice, avoir maille à partir avec la justice ◆ **to have a ~ with sb** *(= quarrel)* avoir un accrochage *or* une prise de bec * avec qn

g *(Elec)* *[of commutator]* balai *m* ; *[of dynamo]* frottoir *m* ; *(= discharge)* décharge *f*

VT a *[+ carpet]* balayer ; *[+ clothes, hair etc]* brosser, donner un coup de brosse à ◆ **to ~ one's teeth** se brosser *or* se laver les dents ◆ **to ~ one's hair** se brosser les cheveux ◆ **hair ~ed back, ~ed-back hair** cheveux ramenés *or* rejetés en arrière ◆ **he ~ed the chalk off his coat** il a enlevé (à la main *or* à la brosse) les traces de craie qui étaient sur son manteau

b *(= touch lightly)* frôler, effleurer

c *(Tech) [+ wool]* gratter ◆ **~ed cotton** *(Tex)* pilou *m*, finette *f* ◆ **~ed nylon** *(Tex)* nylon ® *m* gratté

VI ◆ **to ~ against sb/sth** effleurer *or* frôler qn/qch ◆ **to ~ past sb/sth** frôler qn/qch en passant

COMP ▷ **brush maker** N *(= manufacturer)* fabricant *m* de brosses ; *(= employee)* brossier *m*, -ière *f* ▷ **brush-off** * N ◆ **to give sb the ~-off** envoyer balader * qn ◆ **to get the ~-off** se faire envoyer sur les roses * ▷ **brush-stroke** N coup *m or* trait *m* de pinceau ▷ **brush-up** N coup *m* de brosse ◆ **to give one's German a ~-up** * rafraîchir ses notions d'allemand ; → **wash**

► **brush aside** VT SEP *[+ argument, objections]* balayer (d'un geste) ; *[+ protester, objector]* repousser

► **brush away** VT SEP *[+ tears]* essuyer ; *[+ mud, dust] (on clothes)* enlever à la brosse *or* à la main ; *(on floor)* balayer ; *[+ insects]* chasser

► **brush down** VT SEP *[+ person, garment]* donner un coup de brosse à ; *[+ horse]* brosser

► **brush off** VI ◆ **the mud brushes off easily** avec un coup de brosse la boue s'enlève facilement

VT SEP a *[+ mud, snow]* enlever (à la brosse *or* à coups de balai) ; *[+ insect]* balayer, écarter d'un geste ; *[+ fluff on coat]* enlever (à la brosse *or* à la main)

b *(= dismiss) [+ offer, challenge, threat etc]* repousser

N ◆ **brush-off** * → **brush**

► **brush up** VT SEP a *[+ crumbs, dirt]* ramasser avec une brosse *or* à la balayette

b *[+ wool]* gratter

c *(* = revise, improve)* rafraîchir (ses notions de) ◆ **to ~ up (on) one's English** rafraîchir son anglais *or* ses notions d'anglais

N ◆ **brush-up** → **brush**

**brushwood** /ˈbrʌʃwʊd/ N *(= undergrowth)* broussailles *fpl*, taillis *m* ; *(= cuttings)* menu bois *m*, brindilles *fpl*

**brushwork** /ˈbrʌʃwɜːk/ N *(Art)* facture *f*

**brusque** /bruːsk/ ADJ brusque

**brusquely** /ˈbruːsklɪ/ ADV *[behave, speak]* avec brusquerie, avec rudesse

**brusqueness** /ˈbruːsknɪs/ N brusquerie *f*, rudesse *f*

**Brussels** /ˈbrʌslz/ N Bruxelles COMP *[lace]* de Bruxelles ▷ **Brussels sprouts** NPL (also **Brussel sprouts**) choux *mpl* de Bruxelles

**brutal** /ˈbruːtl/ ADJ a *(= cruel, violent) [person, treatment, attack, régime]* brutal ; *[film, scene]* violent b *(= unmitigated) [frankness, reality, change, reply]* brutal c *(= harsh) [winter, climate]* rude d *(liter = animal-like) [instincts]* animal

**brutality** /bruːˈtælɪtɪ/ N violence *f*

**brutalize** /ˈbruːtəlaɪz/ VT a *(= ill-treat)* brutaliser b *(= make brutal)* rendre brutal

**brutally** /ˈbruːtəlɪ/ ADV *[suppress, say]* brutalement ; *[murder]* sauvagement ◆ **to put it ~, ...** pour dire les choses de façon brutale, ... ◆ **~ frank** d'une franchise brutale ◆ **in a ~ competitive world** dans un monde livré à une concurrence sans merci

**brute** /bruːt/ N *(= animal)* brute *f*, bête *f* ; *(= person) (cruel)* brute *f*, brutal *m* ; *(coarse)* brute *f* (épaisse) ◆ **this machine is a ~!** * quelle vacherie de machine ! ⁑ ADJ a *(= animal-like)* animal b *[strength, passion]* brutal ◆ **by (sheer) ~ force** par la force

**brutish** /ˈbruːtɪʃ/ ADJ *(= animal-like)* brutal

**BS** /biːˈes/ a (abbrev of **British Standard**) norme *f* britannique b *(US Univ)* (abbrev of **Bachelor of Science**) **to have a ~ in biology** avoir une licence de biologie ; → **bachelor** ; → DEGREE c abbrev of **balance sheet** d (abbrev of **bill of sale**) acte *m* de vente e *(esp US: ⁑)* ⇒ **bullshit**

**BSA** /ˌbiːesˈeɪ/ N a *(US)* (abbrev of **Boy Scouts of America**) *scouts américains* b (abbrev of **Broadcasting Standards Authority**) ≈ CSA *m*

**BSC** /ˌbiːesˈsiː/ N *(Brit)* (abbrev of **Broadcasting Standards Council**) ≈ CSA *m*

**BSc** /ˌbiːesˈsiː/ N *(Univ)* (abbrev of **Bachelor of Science**) ◆ **to have a ~ in biology** avoir une licence de biologie ; → **bachelor** ; → DEGREE

**BSE** /ˌbiːesˈiː/ N (abbrev of **bovine spongiform encephalopathy**) ESB *f*

**BSI** /ˌbiːesˈaɪ/ N *(Brit)* (abbrev of **British Standards Institution**) ≈ AFNOR *f*

**BST** /ˌbiːesˈtiː/ N (abbrev of **British Summer Time**) → **British**

**BT** /biːˈtiː/ N (abbrev of **British Telecom**) → **British**

**Bt** abbrev of **Baronet**

**BTEC** /ˈbiːtek/ N *(Brit)* (abbrev of **Business and Technology Education Council**) a *(= organization)* → **business** b *(= diploma) diplôme en gestion, sciences et techniques etc*

**btu** /ˌbiːtiːˈjuː/ N (abbrev of **British thermal unit**) → **thermal**

**BTW** *, **btw** ( * abbrev of **by the way**) → **by**

**bub** * /bʌb/ N *(US)* mec * *m*

**bubble** /ˈbʌbl/ N a *(gen:* also **air bubble***)* bulle *f* ; *(in glass)* bulle *f*, soufflure *f* ; *(in paint)* boursouflure *f* ; *(in metal)* soufflure *f*, boursouflement *m* ◆ **to blow ~s** faire des bulles ◆ **soap ~** bulle *f* de savon ◆ **the ~ burst** *(fig) (gen)* le rêve s'est envolé ; *(Econ)* la chance a tourné ◆ **to burst sb's ~** faire revenir *or* redescendre qn (brutalement) sur terre

b *(Med = sterile chamber)* bulle *f*

c *(= sound)* glouglou *m*

VI a *[liquid]* bouillonner, dégager des bulles ; *[champagne]* pétiller ; *[gas]* barboter ; *(= gurgle)* faire glouglou, glouglouter ; b *(* = cry)* pleurnicher *

COMP ▷ **bubble and squeak** N *(Brit) purée aux choux et à la viande hachée* ▷ **bubble bath** N bain *m* moussant ▷ **bubble-car** N *(Brit)* petite voiture *f (à toit transparent)* ▷ **bubble company** N *(Comm, Fin)* compagnie *f* véreuse ▷ **bubble-jet printer** N imprimante *f* à bulles d'encre ▷ **bubble memory** N *(Comput)* mémoire *f* à bulles ▷ **bubble pack** N *(for pills etc)* plaquette *f* ; *(in shop: for pens, plugs etc)* blister *m* ▷ **bubble wrap** N emballage *m* à bulles

► **bubble out** VI *[liquid]* sortir à gros bouillons

► **bubble over** VI *(lit, fig)* déborder ◆ **to ~ over with joy** déborder de joie

► **bubble under** * VI *(fig)* être latent, couver

► **bubble up** VI *(lit) [liquid]* monter en bouillonnant ; *(fig) [excitement etc]* monter

**bubble-gum** /ˈbʌblgʌm/ N chewing-gum *m*

**bubblehead** ⁑ /ˈbʌblhed/ N *(esp US: pej)* andouille * *f*, crétin(e) * *m(f)*

**bubbly** /ˈbʌblɪ/ ADJ *(lit, fig)* pétillant N ⁑ *(= champagne)* champagne *m*, champ ⁑ *m* ; *(= sparkling wine)* mousseux *m*

**bubonic** /bjuːˈbɒnɪk/ ADJ bubonique ◆ **~ plague** peste *f* bubonique

**buccal** /ˈbʌkl/ ADJ buccal

**buccaneer** /ˌbʌkəˈnɪəʳ/ N *(Hist)* boucanier *m* ; *(fig)* flibustier *m*, pirate *m*

**buccaneering** /ˌbʌkəˈnɪərɪŋ/ ADJ *(pej, fig)* aventurier, intrigant

**Bucharest** /ˌbuːkəˈrest/ N Bucarest

**buck** /bʌk/ N a *(= male deer, rabbit, hare etc)* mâle *m*

b *(† = dandy)* élégant *m*, dandy *m*

c *(US * = dollar)* dollar *m* ◆ **to be down to one's last ~** être sur la paille ◆ **to make a ~** se faire du fric ⁑ ◆ **to make a few ~s on the side** se faire un peu de pognon ⁑ à côté, se faire un petit à-côté * ; *(at sb's expense)* se sucrer en douce * ◆ **to make a fast** *or* **quick ~** gagner du fric ⁑ facile ◆ **to get more bang for the** *or* **one's ~** tirer le maximum de profit de son argent

d *(* = responsibility)* ◆ **to pass the ~** refiler * la responsabilité aux autres ◆ **the ~ stops here** la responsabilité commence ici

e *(= sawhorse)* chevalet *m*, baudet *m* ; *(Gym)* cheval *m* d'arçons

f ◆ **the horse gave a ~** le cheval a lancé une ruade

VI a *[horse]* lancer *or* décocher une ruade

b *(= object to)* **to ~ at sth** ⁑ regimber devant qch

c *(US)* **to ~ for sth** * rechercher qch

VT ◆ **to ~ the trend/system** se rebiffer contre la tendance/le système

COMP ▷ **buck-naked** * *(esp US)* ADJ à poil *, nu comme un ver ▷ **buck private** N *(US Mil)* deuxième classe *m inv* ▷ **buck rabbit** N lapin *m* mâle ▷ **buck sergeant** N *(US Mil)* simple sergent *m* ▷ **buck's fizz** N *(Culin)* mimosa *m* ▷ **buck teeth** N ◆ **to have ~ teeth** avoir les dents en avant ▷ **buck-toothed** ADJ qui a les dents en avant

► **buck up** * VI a *(= hurry up)* se grouiller *, se magner ⁑ ; *(= exert o.s.)* se remuer *, se magner ⁑ ◆ **~ up!** remue-toi ! *, grouille-toi ! *, active un peu ! *

b *(= cheer up)* se secouer * ◆ **~ up!** courage !

VT SEP a *(= cheer up) [+ person]* remonter le moral de, ravigoter *

b ◆ **you'll have to buck up your ideas** il va falloir que tu te secoues *subj* un peu *

**bucked** ⁑ /bʌkt/ ADJ tout content

**bucket** /ˈbʌkɪt/ N a seau *m* ◆ **~ of water** seau *m* d'eau ◆ **to weep ~s** * pleurer toutes les larmes de son corps ◆ **chain of ~s** chaîne *f* de seaux ◆ **they made a chain of ~s to fight the fire** ils ont fait la chaîne pour combattre l'incendie ; → **kick, rain** b *(Tech) [of dredger, grain elevator]* godet *m* ; *[of pump]* piston *m* ; *[of wheel]* auget *m* VI a *[rain]* ◆ **it's ~ing (down)** * ◆ **the rain is ~ing down** * il pleut à seaux, il tombe des cordes b *(= hurtle)* aller à fond de train COMP ▷ **bucket elevator** N *(Tech)* noria *f*, élévateur *m* à godets ▷ **bucket seat** N (siège-)baquet *m* ▷ **bucket shop** N *(Fin)* bureau *m or* maison *f* de contrepartie, bureau *m* de courtier marron ; *(for air tickets) organisme de vente de billets d'avion à prix réduit*

**bucketful** /ˈbʌkɪtfʊl/ N plein seau *m* ◆ **to produce/get sth by the ~** * produire/obtenir des masses * de qch

**Buckeye State** /ˈbʌkaɪsteɪt/ *(US)* N ◆ **the ~** l'Ohio *m*

**Buck House** * /ˈbʌkˌhaʊs/ N (Brit) ⇒ **Buckingham Palace**

**Buckingham Palace** /ˈbʌkɪŋəmˈpælɪs/ N palais *m* de Buckingham

**buckle** /ˈbʌkl/ **N** **a** *[of shoe, belt]* boucle *f* **b** *(= distortion) [of wheel]* voilure *f* ; *[of metal]* gauchissement *m*, flambage *m* **VT** **a** *[+ belt, shoe etc]* boucler, attacher **b** *[+ wheel]* voiler ; *[+ metal]* gauchir, fausser **VI** **a** *[belt, shoe]* se boucler, s'attacher **b** *[metal]* gauchir, se déformer ; *[wheel]* se voiler

► **buckle down** * VI se coller au boulot * ◆ **to ~ down to a job** s'atteler à un boulot * ◆ **~ down to it!** au boulot ! *

► **buckle in** VT SEP *(into seat)* attacher

► **buckle on** VT SEP *[+ armour]* revêtir, endosser ; *[+ sword]* ceindre

► **buckle to** * VI s'y mettre, s'y coller *

**buckra** ‡ /ˈbʌkrə/ N *(US pej)* Blanc *m*

**buckram** /ˈbʌkrəm/ N bougran *m*

**Bucks** N abbrev of **Buckinghamshire**

**bucksaw** /ˈbʌksɔː/ N scie *f* à refendre

**buckshee** ‡ /bʌkˈʃiː/ ADJ, ADV *(Brit)* gratis *inv*, à l'œil *

**buckshot** /ˈbʌkʃɒt/ N chevrotine(s) *f(pl)*

**buckskin** /ˈbʌkskɪn/ N peau *f* de daim

**buckthorn** /ˈbʌkθɔːn/ N nerprun *m*, bourdaine *f*

**buckwheat** /ˈbʌkwiːt/ N sarrasin *m*, blé *m* noir

**bucolic** /bjuːˈkɒlɪk/ **ADJ** bucolique, pastoral **N** *(Literat)* ◆ **the Bucolics** les Bucoliques *fpl*

**bud**[1] /bʌd/ **N** **a** *[of tree, plant]* bourgeon *m*, œil *m* ; *[of grafting]* écusson *m* ◆ **to be in ~** bourgeonner ◆ **a poet** *etc* **in the ~** un poète *etc* en herbe ; → **nip**[1] **b** *[of flower]* bouton *m* ◆ **in ~** en bouton ; → **rosebud** **c** *(Anat)* papille *f* ; → **taste** **VI** *[tree, plant]* bourgeonner, se couvrir de bourgeons ; *[flower]* former des boutons ; *[horns]* (commencer à) poindre *or* percer ; *[talent etc]* (commencer à) percer **VT** *(Hort) [+ tree]* greffer, écussonner

**bud**[2] * /bʌd/ N *(esp US)* ⇒ **buddy**

**Budapest** /ˌbjuːdəˈpest/ N Budapest

**Buddha** /ˈbʊdə/ N Bouddha *m*

**Buddhism** /ˈbʊdɪzəm/ N bouddhisme *m*

**Buddhist** /ˈbʊdɪst/ **N** bouddhiste *mf* **ADJ** *[monk, nation]* bouddhiste ; *[religion, art, dogma]* bouddhique

**budding** /ˈbʌdɪŋ/ ADJ *[plant]* bourgeonnant ; *[flower]* en bouton ; *(fig) [poet etc]* en herbe ; *[passion]* naissant

**buddleia** /ˈbʌdlɪə/ N buddleia *m*, lilas *m* de Chine

**buddy** * /ˈbʌdɪ/ **N** *(US)* copain *m*, pote ‡ *m* ; *(esp US) (of Aids sufferer)* buddy *mf (bénévole accompagnant une personne atteinte du sida)* ◆ **hi there, ~!** salut, mon pote ! ‡ ◆ **~ movie** *or* **film** *film qui raconte l'histoire de deux amis* **COMP** ▷ **buddy-buddy** * ADJ *(esp US)* ◆ **Paul and Mark are very ~-~, Paul is very ~-~ with Mark** Paul et Mark sont très copains *or* copains comme cochons

**budge** /bʌdʒ/ **VI** *(= move)* bouger ; *(fig)* changer d'avis ◆ **I will not ~ an inch** *(= move from here)* je ne bougerai pas d'ici ; *(= change my mind)* rien ne me fera changer d'avis **VT** faire bouger ◆ **you can't ~ him** *(fig)* il reste inébranlable, vous ne le ferez pas changer d'avis

► **budge over** *, **budge up** * VI se pousser

**budgerigar** /ˈbʌdʒərɪgɑː/ N perruche *f*

**budget** /ˈbʌdʒɪt/ **N** *(gen, Fin)* budget *m* ; *(Parl)* budget *m*, loi *f* de finances ◆ **my ~ won't stretch** *or* **run to steak nowadays** mon budget ne me permet plus d'acheter de bifteck ◆ **to be on a tight ~** disposer d'un budget modeste

**ADJ** **a** *(Econ, Fin) [spending, credit]* budgétaire ◆ **~ cuts** *(Econ)* compressions *fpl* budgétaires

**b** *(= cut-price) [tour, holiday, price]* pour petits budgets, économique

**VI** dresser *or* préparer un budget ◆ **to ~ for sth** *(Econ)* inscrire *or* porter qch au budget, budgéter qch ; *(gen)* inscrire qch à son budget

**VT** budgéter, budgétiser ◆ **to ~ one's time** planifier son temps ◆ **~ed balance sheet** bilan *m* provisionnel ◆ **a ~ed expense** une dépense budgétée

**COMP** ▷ **budget account** N *(Comm)* compte-crédit *m* ▷ **budget day** N *(Parl)* jour *m* de la présentation du budget ▷ **budget deficit** N *(Econ)* découvert *m* budgétaire ▷ **budget heading** N *(Econ, Comm)* poste *m* budgétaire ▷ **budget plan** N *(US Comm)* système *m* de crédit ▷ **budget speech** N *(Parl)* discours *m* de présentation du budget ▷ **budget surplus** N *(Econ)* excédent *m* budgétaire

> **Budget**
>
> Le **budget** de la nation est présenté au Parlement britannique au printemps par le chancelier de l'Échiquier qui rend publiques les prévisions du gouvernement pour l'année à venir et précise en particulier les modifications apportées à la fiscalité et au régime des prestations sociales. L'intervention du ministre est diffusée intégralement à la télévision, et les contribuables peuvent donc prendre connaissance « en direct » des augmentations frappant certains produits, essence, alcool et tabac notamment.

**-budget** /ˈbʌdʒɪt/ ADJ *(in compounds)* ◆ **big-budget** à gros budget ; → **low**[1]

**budgetary** /ˈbʌdʒɪtrɪ/ **ADJ** budgétaire **COMP** ▷ **budgetary control** N contrôle *m* budgétaire ▷ **budgetary deficit** N déficit *m* budgétaire ▷ **budgetary year** N exercice *m* budgétaire

**budgeting** /ˈbʌdʒɪtɪŋ/ N *[of company, institution]* prévisions *fpl* budgétaires ◆ **with careful ~ ...** si l'on équilibre soigneusement le budget ...

**budgie** * /ˈbʌdʒɪ/ N abbrev of **budgerigar**

**Buenos Aires** /ˈbweɪnɒsˈaɪrɪz/ N Buenos Aires

**buff**[1] /bʌf/ **N** **a** *(= leather)* (peau *f* de) buffle *m* ; *(= colour)* (couleur *f*) chamois *m* ◆ **in the ~** ‡ à poil ‡ **b** *(= polishing disc)* polissoir *m* **ADJ** **a** (en peau) de buffle, en buffle **b** (also **buff-coloured**) (couleur) chamois *inv* ◆ **~ envelope** enveloppe *f* (en papier) bulle **VT** *(= polish)* polir

**buff**[2] * /bʌf/ N *(= enthusiast)* mordu(e) * *m(f)* ◆ **a film ~** un(e) mordu(e) * de cinéma

**buffalo** /ˈbʌfələʊ/ N (pl **buffalo** *or* **buffaloes**) *(= wild ox)* buffle *m*, bufflesse *f* ; *(esp in US)* bison *m* ; → **water**

**buffer**[1] /ˈbʌfəʳ/ **N** *(lit, fig)* tampon *m* ; *(Brit Rail) (on train)* tampon *m* ; *(at terminus)* butoir *m* ; *(US Aut)* pare-chocs *m inv* ; *(Comput)* mémoire *f* tampon **VT** *[+ shocks]* amortir ; *(Chem)* tamponner **COMP** ▷ **buffer fund** N *(Fin, Econ)* fonds *m* régulateur ▷ **buffer memory** N *(Comput)* mémoire *f* tampon ▷ **buffer solution** N *(Chem)* solution *f* tampon ▷ **buffer state** N *(Pol)* état *m* tampon ▷ **buffer stock** N *(Comm)* stock *m* de sécurité *or* de régularisation ▷ **buffer zone** N zone *f* tampon

**buffer**[2] /ˈbʌfəʳ/ N *(for polishing)* polissoir *m*

**buffer**[3] ‡ /ˈbʌfəʳ/ N *(Brit)* ◆ **(old) ~** vieux fossile * *m*

**buffet**[1] /ˈbʌfɪt/ **N** *(= blow) (with hand)* gifle *f*, soufflet *m* ; *(with fist)* coup *m* de poing ◆ **the ~s of fate** *(fig)* les coups *mpl* du sort **VT** *(with hand)* frapper, souffleter ; *(with fist)* donner un coup de poing à ◆ **~ed by the waves** battu *or* ballotté par les vagues ◆ **~ed by the wind** secoué par le vent ◆ **~ed by events** *(fig)* secoué par les événements

**buffet**[2] /ˈbʊfeɪ/ **N** *(= refreshment bar, sideboard)* buffet *m* ◆ **cold ~** *(in menu)* viandes *fpl* froides **COMP** ▷ **buffet car** N *(Brit Rail)* voiture-buffet *f*, buffet *m* ▷ **buffet lunch** N lunch *m* ▷ **buffet supper** N buffet *m* dînatoire

**buffeting** /ˈbʌfɪtɪŋ/ **N** *[of person, object]* bourrades *fpl*, coups *mpl* ; *[of wind, rain etc]* assaut *m* ◆ **to get a ~ from the waves** être ballotté (de tous côtés) par les vagues **ADJ** *[wind]* violent

**buffing** /ˈbʌfɪŋ/ N polissage *m*

**buffoon** /bəˈfuːn/ N bouffon *m*, pitre *m*

**buffoonery** /bəˈfuːnərɪ/ N *(NonC)* bouffonnerie(s) *f(pl)*

**bug** /bʌg/ **N** **a** *(= bedbug etc)* punaise *f* ; *(esp US = any insect)* insecte *m*, bestiole * *f* ◆ **big ~** ‡ *(= important person)* grosse légume * *f*, huile * *f* ; → **firebug**

**b** *(* = germ)* microbe *m* ◆ **he picked up a ~ on holiday** il a attrapé un microbe pendant ses vacances ◆ **the flu ~** le virus de la grippe

**c** *(= defect, snag)* défaut *m*, inconvénient *m* ; *(Comput)* bogue *m*

**d** *(* = hidden microphone)* micro *m* (caché)

**e** *(US * = car)* petite voiture *f*, coccinelle * *f*

**f** *(= enthusiasm)* **to be bitten by** *or* **get the jogging ~** * attraper le virus du jogging

**g** *(US)* **a basketball ~** ‡ *(= enthusiast)* un(e) mordu(e) * de basket

**VT** **a** * *[+ phone etc]* brancher sur table d'écoute ; *[+ room etc]* poser *or* installer des micros (cachés) dans

**b** *(* = annoy)* embêter *, casser les pieds à *

**COMP** ▷ **bug-eyed** ADJ aux yeux exorbités ▷ **bug-hunter** * N entomologiste *mf*, chasseur *m* de petites bestioles * ▷ **bug-ridden** ADJ infesté de punaises

► **bug out** ‡ VI *(US)* foutre le camp ‡

**bugaboo** /ˈbʌgəbuː/ N croquemitaine *m*, loup-garou *m*

**bugbear** /ˈbʌgbɛəʳ/ N *(= obsession)* bête *f* noire ; *(= ogre)* croquemitaine *m*, ogre *m*

**bugger** /ˈbʌgəʳ/ **N** **a** *(† or Jur = sodomite)* pédéraste *m*

**b** *(Brit **)* salaud ‡ *m* ◆ **silly ~** pauvre con ‡ *m* ◆ **to play silly ~s** déconner ‡ ◆ **lucky ~** veinard ‡ *m* ◆ **poor little ~** pauvre petit bonhomme * *m*

**c** *(Brit)* **it's a ~** ** *(= difficulty, annoyance)* c'est casse-couilles ** *or* casse-pieds *

**EXCL** ◆ **~ (it** *or* **me) !** ** merde ! ‡

**VT** **a** *(Jur)* sodomiser

**b** *(Brit **)* **well, I'm ~ed!** merde alors ! ‡ ◆ **I'll be** *or* **I'm ~ed if I'm going to do that!** je préfère plutôt crever (que de faire ça) ! ‡ ◆ **~ all** que dalle ‡ ◆ **~ him!** il peut aller se faire foutre ! ** ◆ **~ the consequences!** je me fous des conséquences ! ‡

► **bugger about** **, **bugger around** **

*(Brit)* VI glandouiller‡ ♦ **to ~ around with sth** *(= play around with)* faire le con avec qch**
VT SEP emmerder‡, faire chier**

► **bugger off** ** VI *(Brit)* foutre le camp‡

► **bugger up** ** VT SEP *(Brit)* foutre en l'air‡

**buggered** ** /ˈbʌgəd/ *(Brit)* VB pt, ptp of **bugger**
ADJ *(= ruined) [machine]* foutu‡, nase*; *(= exhausted) [person]* nase*

**buggery** /ˈbʌgərɪ/ N sodomie *f*

**bugging** /ˈbʌgɪŋ/ N utilisation *f* d'appareils d'écoute ♦ **~ device** appareil *m* d'écoute *(clandestine)*

**buggy** /ˈbʌgɪ/ N *(horse-drawn)* boghei *m*; *(also* **beach buggy***)* buggy *m*; *(also* **moon buggy***)* jeep® *f* lunaire; *(US* ‡ *= car)* bagnole* *f*; *(also* **baby buggy***)* *(Brit = pushchair)* poussette (-canne) *f*; *(US = pram)* voiture *f* d'enfant

**bughouse**‡ /ˈbʌghaʊs/ N *(US = asylum)* asile *m*, maison *f* de dingues‡

**bugle** /ˈbjuːgl/ N clairon *m* ♦ **~ call** sonnerie *f* de clairon

**bugler** /ˈbjuːgləʳ/ N (joueur *m* de) clairon *m*

**bugs**‡ /bʌgz/ ADJ *(US)* cinglé*, dingue*

**build** /bɪld/ (vb : pret, ptp **built**) N *(= physique)* carrure *f*, charpente *f* ♦ **man of strong ~** homme *m* solidement bâti *or* charpenté ♦ **of medium ~** de corpulence moyenne ♦ **of slim ~** fluet ♦ **he's got the ~ of a wrestler** il a une carrure de catcheur, il est bâti comme un catcheur ♦ **of the same ~ as ...** de même carrure que ...

VT *[+ house, town]* bâtir, construire; *[+ bridge, ship, machine]* construire; *[+ temple]* bâtir, édifier; *[+ nest]* faire, bâtir; *(fig) [+ theory, plan]* bâtir, construire; *[+ empire, company]* fonder, bâtir; *(in games) [+ words, sequence]* former ♦ **the house is being built** la maison se bâtit ♦ **the architect who built the palace** l'architecte qui a bâti *or* qui a fait bâtir le palais ♦ **this car was not built for speed** cette voiture n'était pas conçue pour la vitesse ♦ **to ~ castles in the air** *or* **in Spain** faire des châteaux en Espagne ♦ **to ~ a mirror into a wall** encastrer un miroir dans un mur ♦ **house built into the hillside** maison *f* bâtie à flanc de colline ♦ **his theory is not built on facts** *(fig)* sa théorie n'est pas basée *or* construite sur des faits

VI bâtir; *[edifice]* se bâtir ♦ **to ~ (up)on a piece of land** bâtir sur un terrain ♦ **to ~ upon sand** *(lit, fig)* bâtir sur le sable ♦ **it's a good start, something to ~ on** *(fig)* c'est une base solide sur laquelle on peut bâtir ♦ **to ~ upon sb/a promise** † *(frm)* faire fond sur qn/une promesse

► **build in** VT SEP *(lit) [+ wardrobe etc]* encastrer (*into* dans); *(fig) [+ safeguards]* intégrer (*into* à) see also **build vt**
ADJ ♦ **built-in** → **built**

► **build on** VT SEP *[+ room, annex]* ajouter (*to* à)

► **build up** VI *[business connection etc]* se développer; *[pressure]* s'accumuler; *[tension, excitement]* monter, augmenter
VT SEP **a** *(= establish) [+ reputation]* édifier, bâtir; *[+ business]* créer, monter; *[+ theory]* échafauder; *(= increase) [+ production, forces]* accroître, augmenter; *[+ pressure]* accumuler; *[+ tension, excitement]* augmenter, faire monter ♦ **to ~ up one's strength** prendre des forces
**b** *(= cover with houses) [+ area, land]* urbaniser
**c** *(fig = publicize) [+ person, reputation]* faire de la publicité pour, faire du battage* autour de
N ♦ **build-up** → **build-up**
ADJ ♦ **built-up** → **built**

**builder** /ˈbɪldəʳ/ N **a** *[of houses etc] (= owner of firm)* entrepreneur *m*; *(= worker)* maçon *m*; *[of ships, machines]* constructeur *m* ♦ **~'s labourer** ouvrier *m* du bâtiment; → **organ** **b** *(fig)* fondateur *m*, -trice *f*, créateur *m*, -trice *f*; → **empire**

**building** /ˈbɪldɪŋ/ N **a** *(= edifice)* bâtiment *m*, construction *f*; *(imposing)* édifice *m*; *(= habitation or offices)* immeuble *m*; *(Jur, Insurance: in contract etc)* immeuble *m*; → **public**
**b** *(NonC)* construction *f* ♦ **the ~ of the church took seven years** il a fallu sept ans pour construire l'église; → **body, empire**
COMP ▷ **building block** N *(= toy)* cube *m*; *(fig)* composante *f* ▷ **building contractor** N entrepreneur *m* (en bâtiment) ▷ **building industry** N (industrie *f* du) bâtiment *m* ▷ **building labourer** N ouvrier *m* du bâtiment ▷ **building land** N terrain *m* à bâtir ▷ **building materials** NPL matériaux *mpl* de construction ▷ **building permit** N permis *m* de construire ▷ **building plot** N (petit) terrain *m* à bâtir ▷ **buildings insurance** N *(NonC)* assurance *f* sur le capital immobilier ▷ **building site** N chantier *m* (de construction) ▷ **building society** N *(Brit)* ≈ société *f* de crédit immobilier ▷ **building trade** N ⇒ **building industry** ▷ **the building trades** NPL les métiers *mpl* du bâtiment ▷ **building workers** NPL ouvriers *mpl* du bâtiment ▷ **building works** NPL travaux *mpl* de construction

**build-up** /ˈbɪldʌp/ N **a** *(= increase) [of pressure]* intensification *f*; *[of gas]* accumulation *f*; *(Mil) [of troops]* rassemblement *m*; *[of production]* accroissement *m*; *(Comm) [of stock etc]* accumulation *f*; *[of tension, excitement]* montée *f* ♦ **arms ~** *(Mil)* accumulation *f* des armements **b** *(fig = presentation)* présentation *f* publicitaire, battage* *m* ♦ **to give sb/sth a good ~** faire une bonne publicité pour qn/qch, faire beaucoup de battage* autour de qn/qch

**built** /bɪlt/ VB pt, ptp of **build**
ADJ **a** *(Constr)* ♦ **~ of brick/stone** (construit) en briques/pierres ♦ **~ to last** fait pour durer ♦ **a car ~ for speed** une voiture conçue pour faire de la vitesse ♦ **Anne isn't exactly ~ for speed*** *(hum)* Anne n'est pas vraiment du genre rapide* *(hum)*
**b** *[person]* ♦ **heavily** *or* **solidly ~** costaud, solidement bâti ♦ **powerfully ~** puissamment charpenté ♦ **slightly ~** fluet ♦ **to be ~ like a tank** *(Brit) [machine etc]* être tout ce qu'il y a de plus solide ♦ **he's ~ like a tank** *or* **like a brick shithouse** ** *(Brit)* c'est une véritable armoire à glace, il est superbaraqué*; → **well²**
COMP ▷ **built-in** ADJ *[oven, wardrobe, mirror, beam]* encastré; *(fig) [desire etc]* inné; see also **obsolescence** ♦ **~-in cupboard** placard *m* (encastré) ▷ **built-up** ADJ *(Dress) [shoulders]* rehaussé; *[shoes]* à semelle compensée ♦ **~-up area** agglomération *f* (urbaine)

**-built** /bɪlt/ ADJ *(in compounds)* ♦ **pine-built house** maison *f* (construite) en bois de pin ♦ **French-built ship** navire *m* de construction française; → **clinker**

**Bukhara** /bʊˈkɑːrə/ N Boukhara

**bulb** /bʌlb/ N **a** *[of plant]* bulbe *m*, oignon *m* ♦ **~ of garlic** tête *f* d'ail ♦ **tulip ~** bulbe *m* *or* oignon *m* de tulipe ♦ **~ fibre** terreau *m* enrichi (pour bulbes) **b** *(Elec)* ampoule *f* **c** *(Chem)* ballon *m*; *[of thermometer]* cuvette *f*

**bulbous** /ˈbʌlbəs/ ADJ *[plant]* bulbeux; *[nose]* gros (grosse *f*), bulbeux

**Bulgar** † /ˈbʌlgəʳ/ N Bulgare *mf*

**Bulgaria** /bʌlˈgɛərɪə/ N Bulgarie *f*

**Bulgarian** /bʌlˈgɛərɪən/ ADJ bulgare N **a** *(= person)* Bulgare *mf* **b** *(Ling)* bulgare *m*

**bulge** /bʌldʒ/ N **a** *(in surface, metal)* bombement *m*; *(in cheek)* gonflement *m*; *(in column)* renflement *m*; *(in jug, bottle)* panse *f*, ventre *m*; *(in plaster)* bosse *f*; *(in tyre)* soufflure *f*, hernie *f*; *(in pocket, jacket)* renflement *m*; *(Brit Mil)* saillant *m* ♦ **the Battle of the Bulge** *(Hist)* la bataille des Ardennes **b** *(= increase) [of numbers]* augmentation *f* temporaire; *[of sales, prices, profits]* hausse *f*, poussée *f*; *[of birth rate]* poussée *f* ♦ **the postwar ~** l'explosion *f* démographique de l'après-guerre VI (also **bulge out**) *(= swell)* se renfler, bomber; *(= stick out)* faire *or* former saillie; *[plaster]* être bosselé; *[pocket, sack, cheek]* être gonflé (*with* de); ♦ **my address book is bulging with new numbers** mon carnet d'adresses est bourré de nouveaux numéros

**bulging** /ˈbʌldʒɪŋ/ ADJ **a** *(= protruding) [eyes]* globuleux; *[muscles]* saillant; *[stomach]* protubérant; *[forehead, wall]* bombé **b** *(= full) [pockets, suitcase]* bourré (*with* de); *[wallet]* bien garni

**bulgur** /ˈbʌlgəʳ/ N (also **bulgur wheat**) boulgour *m*

**bulimia** /bəˈlɪmɪə/ N (also **bulimia nervosa**) boulimie *f*

**bulimic** /bəˈlɪmɪk/ ADJ boulimique

**bulk** /bʌlk/ N **a** *(= great size) [of thing]* grosseur *f*, grandeur *f*; *[of person]* corpulence *f*; *(= large volume)* masse *f*, volume *m*
♦ **in bulk** *(Comm) (= in large quantities)* en gros; *(not prepacked)* en vrac
♦ **the bulk of** *(= most of)* la majeure partie de, la plus grande partie de, le (plus) gros de ♦ **the ~ of the working community** la plus grande partie *or* l'ensemble *m* de la population ouvrière ♦ **the ~ of the work is done** le plus gros du travail est fait
**b** *(in food)* fibre *f* (végétale)
**c** *(Naut)* cargaison *f* (en cale)
ADJ *[order, supplies etc]* en gros ♦ **~ mailing** mailing *m* à grande diffusion ♦ **~ mail** envois *mpl* en nombre
VI ♦ **to ~ large (in sb's life/thoughts)** occuper une place importante (dans la vie/les pensées de qn)
VT *(Customs)* estimer ♦ **to ~ a container** estimer le contenu d'un conteneur
COMP ▷ **bulk-buy** VI *[trader]* acheter en gros; *[individual]* acheter par *or* en grosses quantités ▷ **bulk-buying** N *[of trader]* achat *m* en gros; *[of individual]* achat *m* par *or* en grosses quantités ▷ **bulk carrier** N transporteur *m* de vrac ▷ **bulk transport** N transport *m* en vrac

**bulkhead** /ˈbʌlkhed/ N *(Brit Naut)* cloison *f*

**bulkiness** /ˈbʌlkɪnɪs/ N *[of parcel, luggage]* grosseur *f*, volume *m*; *[of person]* corpulence *f*

**bulky** /ˈbʌlkɪ/ ADJ *[parcel, suitcase]* volumineux, encombrant; *[book]* épais (-aisse *f*); *[person]* gros (grosse *f*), corpulent

**bull¹** /bʊl/ N **a** taureau *m* ♦ **to take** *or* **seize** *or* **grasp the ~ by the horns** prendre *or* saisir le taureau par les cornes ♦ **like a ~ in a china shop** comme un éléphant dans un magasin de porcelaine ♦ **to go at it like a ~ at a gate*** foncer tête baissée ♦ **the Bull** *(Astron)* le Taureau; → **bull's-eye, cock, John, strong**
**b** *(= male of elephant, whale etc)* mâle *m*
**c** *(St Ex)* haussier *m*
**d** *(Mil * = cleaning, polishing)* fourbissage *m*
**e** *(‡ = nonsense)* ⇒ **bullshit n**

VT *(St Ex) [+ stocks, shares]* pousser à la hausse ◆ **to ~ the market** pousser les cours à la hausse
COMP *[elephant, whale etc]* mâle ▷ **bull bars** NPL *(Brit Aut)* barres *fpl* antibuffles ▷ **bull calf** N jeune taureau *m*, taurillon *m* ▷ **bull-dyke**‡ N *(pej)* gouine‡ *f (pej)* aux allures de camionneur ▷ **bull market** N *(St Ex)* marché *m* haussier *or* à la hausse ▷ **bull neck** N cou *m* de taureau ▷ **bull-necked** ADJ au cou de taureau, épais (épaisse *f*) d'encolure ▷ **bull session*** N *(US)* discussion *f* entre hommes ▷ **bull terrier** N bull-terrier *m*

**bull²** /bʊl/ N *(Rel)* bulle *f*

**bulldog** /ˈbʊldɒg/ N bouledogue *m* COMP *[tenacity]* à toute épreuve ▷ **bulldog breed** N *(fig)* ◆ **he is one of the ~ breed** il est d'une ténacité à toute épreuve ▷ **bulldog clip** N *(Brit)* pince *f* à dessin

**bulldoze** /ˈbʊldəʊz/ VT *(lit)* passer au bulldozer ◆ **to ~ sb into doing sth*** forcer qn à faire qch, faire pression sur qn pour qu'il fasse qch ◆ **the government ~d* the bill through parliament** le gouvernement a fait du forcing* pour que le parlement adopte *subj* le projet de loi

**bulldozer** /ˈbʊldəʊzəʳ/ N bulldozer *m*

**bullet** /ˈbʊlɪt/ N balle *f (projectile)* ◆ **to get** *or* **be given the ~*** *(Brit)* se faire virer* COMP ▷ **bullet-headed** ADJ à (la) tête ronde ▷ **bullet hole** N trou *m* de balle ▷ **bullet point** N *(= dot)* point *m* centré ; *(fig)* point *m* important ▷ **bullet train** N train *m* à grande vitesse *(japonais)* ▷ **bullet wound** N blessure *f* par balle

**bulletin** /ˈbʊlɪtɪn/ N bulletin *m*, communiqué *m* ◆ **health ~** bulletin *m* de santé ; → **news** COMP ▷ **bulletin board** N *(gen)* tableau *m* d'affichage ; *(Comput)* panneau *m* d'affichage (électronique)

**bulletproof** /ˈbʊlɪtpruːf/ ADJ *[garment]* pare-balles *inv* ; *[car, glass]* blindé VT blinder

**bullfight** /ˈbʊlfaɪt/ N course *f* de taureaux, corrida *f*

**bullfighter** /ˈbʊlfaɪtə/ N torero *m*

**bullfighting** /ˈbʊlfaɪtɪŋ/ N courses *fpl* de taureaux ; *(= art)* tauromachie *f* ◆ **~ has been banned here** les courses de taureaux sont interdites ici

**bullfinch** /ˈbʊlfɪntʃ/ N bouvreuil *m*

**bullfrog** /ˈbʊlfrɒg/ N grenouille-taureau *f*, ouaouaron *m (Can)*

**bullhorn** /ˈbʊlhɔːn/ N *(US)* porte-voix *m inv*, mégaphone *m*

**bullion¹** /ˈbʊljən/ N *(NonC)* encaisse-or *f* ; (also **gold bullion**) or *m* en barre *or* en lingot(s) ; (also **silver bullion**) argent *m* en lingot(s)

**bullion²** /ˈbʊljən/ N *(= fringe)* frange *f* de cannetille

**bullish** /ˈbʊlɪʃ/ ADJ *(St Ex)* haussier

**bullock** /ˈbʊlək/ N bœuf *m* ; *(young)* bouvillon *m* COMP ▷ **bullock cart** N char *m* à bœufs

**bullpen*** /ˈbʊlpen/ N *(US)* a *(Baseball) (= area)* zone *f* d'entraînement des lanceurs ; *(= players)* lanceurs *mpl* à l'entraînement b *(= office)* bureau *m* paysager c *(= cell)* local *m* de garde à vue

**bullring** /ˈbʊlrɪŋ/ N arène *f (pour courses de taureaux)*

**bull's-eye** /ˈbʊlzaɪ/ N a *[of target]* mille *m*, centre *m* ◆ **to get a ~, to hit the ~** *(lit, fig)* faire mouche, mettre dans le mille b *(= sweet)* gros bonbon *m* à la menthe c *(= window)* œil-de-bœuf *m*, oculus *m* ; *(in glass)* boudine *f*

**bullshit**‡ /ˈbʊlʃɪt/ N connerie(s)‡ *f(pl)*, foutaise(s)‡ *f(pl)* ◆ **(that's) ~!** c'est des conneries *or* de la foutaise !‡ VI déconner‡, dire des conneries‡ VT raconter des conneries à‡

**bullshitter**‡ /ˈbʊlʃɪtəʳ/ N ◆ **to be a ~** raconter des conneries‡

**bullwhip** /ˈbʊlwɪp/ N fouet *m (à longue mèche tressée)* VT fouetter

**bully¹** /ˈbʊlɪ/ N a tyran *m* ; *(esp Scol)* petit(e) dur(e) *m(f)*, (petite) brute *f* b *(Brit Hockey:* also **bully-off***)* engagement *m* (du jeu) VT *(= persecute)* tyranniser, persécuter ; *(= treat cruelly)* malmener, brutaliser ; *(= frighten)* intimider ; *(Scol)* brutaliser, brimer ◆ **to ~ sb into doing sth** contraindre qn par la menace à faire qch VI être une brute COMP ▷ **bully boy*** N dur *m*, brute *f* ▷ **bully-boy** ADJ ◆ **~-boy tactics/politics** manœuvres *fpl*/politique *f* d'intimidation

► **bully off** VI *(Brit)* mettre la balle en jeu, engager (le jeu) N ◆ **bully-off** → **bully¹**

**bully²**‡ /ˈbʊlɪ/ ADJ † épatant † EXCL ◆ **~ for you!** t'es un chef !‡

**bully³*** /ˈbʊlɪ/ N *(Mil:* also **bully beef***)* corned-beef *m*, singe‡ *m*

**bullying** /ˈbʊlɪɪŋ/ ADJ *[person, manner]* tyrannique, brutal N *(psychological)* brimade(s) *f(pl)* ; *(physical)* brutalités *fpl*

**bulrush** /ˈbʊlrʌʃ/ N jonc *m*

**bulwark** /ˈbʊlwək/ N *(= rampart)* rempart *m*, fortification *f* ; *(= breakwater)* brise-lames *m inv* ; *(fig = defence)* rempart *m* ; *(Naut)* bastingage *m*

**bum¹*** /bʌm/ *(esp US)* N *(= vagrant)* clodo* *m*, clochard *m* ; *(= good-for-nothing)* bon à rien *m* ◆ **to get** *or* **be given the ~'s rush**‡ être mis en quarantaine *or* à l'index ◆ **to give sb the ~'s rush**‡ mettre qn en quarantaine *or* à l'index ◆ **to live on the ~** vivre en clochard ADJ *(= bad)* minable*, de camelote* ; *(= false)* faux (fausse *f*) ◆ **a ~ rap**‡ une accusation bidon*, une fausse accusation ◆ **a ~ steer** un mauvais tuyau*, un tuyau crevé* ◆ **to give sb a ~ steer** refiler un mauvais tuyau *or* un tuyau crevé à qn* VI a *(= scrounge)* taper* les autres b *(= loaf:* also **bum about** *or* **around***)* vadrouiller* VT *[+ money, food]* taper* ◆ **to ~ a meal/cigarette off sb** taper* qn d'un repas/d'une cigarette

**bum²**‡ /bʌm/ *(Brit)* N *(= bottom)* derrière *m*, arrière-train* *m* ◆ **to put ~s on seats** remplir les salles COMP ▷ **bum boy**‡ N *(pej)* pédale‡ *f*

**bumbag** /ˈbʌmbæg/ N (sac *m*) banane *f*

**bumbershoot**†* /ˈbʌmbəʃuːt/ N *(US)* pépin* *m*, parapluie *m*

**bumble** /ˈbʌmbl/ VI a *(= walk)* marcher en titubant *or* d'un pas chancelant ◆ **to ~ about** *or* **around (a place)** s'affairer d'une façon désordonnée (dans un endroit) ◆ **we ~d about on the computer** nous tapotions sur l'ordinateur b *(= speak)* bafouiller ◆ **to ~ on about sth** bafouiller *or* rabâcher qch

**bumblebee** /ˈbʌmblbiː/ N bourdon *m*

**bumbling** /ˈbʌmblɪŋ/ ADJ *(= inept)* empoté ; *(= muttering)* rabâcheur

**bumboat** /ˈbʌmbəʊt/ N canot *m* d'approvisionnement

**bumf*** /bʌmf/ N *(Brit) (pej = forms etc)* paperasses *fpl*, paperasserie *f* ; *(= toilet paper)* PQ‡ *m*

**bumfreezer**†* /ˈbʌmfriːzəʳ/ N blouson *m* court

**bummer**‡ /ˈbʌməʳ/ N a *(Drugs)* mauvais trip* *m* b *(annoying)* **you're working on Sunday? what a ~!** tu travailles dimanche ? quelle poisse !* ◆ **I had a ~ of a day** j'ai eu une journée vraiment pourrie*

**bump** /bʌmp/ N a *(= blow)* choc *m*, coup *m* ; *(= jolt)* cahot *m*, secousse *f* ◆ **he sat down with a ~** il s'est assis lourdement ◆ **he came down to earth with a ~*** le retour à la réalité a été brutal pour lui ◆ **the news brought us back to earth with a ~*** la nouvelle nous a brutalement rappelés à la réalité
b *(= lump on head, in road, Ski)* bosse *f*
c *(Aviat = rising air current)* (soudain) courant *m* ascendant
d *(Rowing)* heurt *m*
VT *[car] [+ another car]* heurter, tamponner ; *[+ boat]* heurter ; *(esp US = dislodge)* déloger ◆ **to ~ one's head/knee** se cogner la tête/le genou *(against* contre) ◆ **he was bumped from the flight** il est resté en rade* à cause du surbooking sur son vol
VI ◆ **to ~ along** cahoter, bringuebaler ◆ **to ~ down** *(= sit)* s'asseoir brusquement ◆ **the economy continues to ~ along the bottom** *(Brit)* l'économie est toujours au creux de la vague
EXCL boum !, pan !
COMP ▷ **bump-start** VT *[+ car] (by pushing)* démarrer en poussant ; *(by running down a hill)* démarrer dans une descente N ◆ **to give a car a ~-start** démarrer une voiture en la poussant

► **bump into** VT FUS a *[person]* butter contre, se cogner contre ; *[vehicle]* entrer en collision avec, rentrer dans*
b *(* = meet)* rencontrer par hasard, tomber sur*

► **bump off**‡ VT SEP liquider*, supprimer ; *(with gun)* descendre‡

► **bump up** VI ◆ **the car bumped up onto the pavement** la voiture a grimpé sur le trottoir
VT SEP * a *(= increase sharply) [+ prices, sales, points, profits]* faire grimper
b ◆ **he was bumped up to first class on his flight home** au retour, il a eu droit à un surclassement *or* à une place en première

► **bump up against** VT FUS ⇒ **bump into**

**bumper** /ˈbʌmpəʳ/ N a *[of car]* pare-chocs *m inv* ◆ **to be ~-to-~** être pare-chocs contre pare-chocs, être à touche-touche* b *(= full glass)* rasade *f*, plein verre *m* ADJ *[crop, issue]* exceptionnel, sensationnel COMP ▷ **bumper car** N auto *f* tamponneuse ▷ **bumper sticker, bumper strip** N autocollant *m (pour voiture)*

**bumph*** /bʌmf/ N ⇒ **bumf**

**bumpkin** /ˈbʌmpkɪn/ N *(pej:* also **country bumpkin***)* plouc* *mf*, péquenaud‡ *m*

**bumptious** /ˈbʌmpʃəs/ ADJ suffisant, prétentieux

**bumpy** /ˈbʌmpɪ/ ADJ *[road]* bosselé, cahoteux ; *[forehead]* couvert de bosses ; *[ride]* cahoteux ; *[crossing]* agité ◆ **we had a ~ flight/drive/crossing** nous avons été très secoués *or* chahutés* pendant le vol/sur la route/pendant la traversée

**bun** /bʌn/ N a *(Culin:* also **bread bun***)* petit pain *m* au lait ; *(= cake)* petit gâteau *m* ◆ **to have a ~ in the oven**‡ avoir un polichinelle dans le tiroir‡, être en cloque‡ b *(= hair-style)* chignon *m* ◆ **she had her hair in a ~** elle portait un chignon c *(US* ‡*)* **to get a ~ on** *(= get drunk)* prendre une biture‡ ◆ **he had a ~ on** il tenait une de ces bitures !‡ NPL **buns** ‡ *(esp US = buttocks)* fesses *fpl* COMP ▷ **bun-fight*** N thé *m (servi pour un grand nombre de personnes)*

**bunch** /bʌntʃ/ N a *[of flowers, watercress, herbs]* bouquet *m* ; *[of hair]* touffe *f*, houppe *f* ; *[of bananas]* régime *m* ; *[of radishes, aspara-*

*gus]* botte *f* ; *[of twigs]* poignée *f*, paquet *m* ; *[of keys]* trousseau *m* ; *[of ribbons]* nœud *m*, flot *m* ♦ ~ **of flowers** bouquet *m* (de fleurs) ♦ ~ **of grapes** grappe *f* de raisins ♦ **to wear one's hair in ~es** *(Brit)* porter des couettes ♦ **the pick of the** ~ *(fig)* le dessus du panier ♦ **to give sb a ~ of fives*** envoyer* un coup de poing dans la figure de qn

**b** * *[of people]* groupe *m*, bande *f* ♦ **the best of the** ~ le meilleur de la bande *or* de l'équipe* ♦ **the best of a bad** ~* le *or* les moins médiocre(s) ♦ **what a ~!** quelle équipe !*

**c** *(Sport) [of runners, cyclists]* peloton *m*

**VT** *[+ flowers]* mettre en bouquets ; *[+ vegetables, straw]* botteler, mettre en bottes

► **bunch together** **VI** se serrer, s'agglutiner

**VT SEP** *[+ people, things]* grouper, concentrer

► **bunch up** **VI** ♦ **don't bunch up so much, space out!** ne vous entassez pas les uns sur les autres, écartez-vous !

**VT SEP** **a** *[+ dress, skirt]* retrousser, trousser

**b** ♦ **they sat bunched up on the bench** ils étaient (assis) serrés sur le banc

**bunco*** /ˈbʊŋkəʊ/ *(US)* **N** *(= swindle)* arnaque* *f*, escroquerie *f* **VT** arnaquer*, escroquer **COMP** ▷ **bunco squad** **N** ≈ brigade *f* de répression des fraudes

**buncombe*** /ˈbʌŋkəm/ **N** *(US)* ⇒ **bunkum**

**bundle** /ˈbʌndl/ **N** **a** *[of clothes, goods]* paquet *m*, ballot *m* ; *[of hay]* botte *f* ; *[of letters, papers]* liasse *f* ; *[of linen]* paquet *m* ; *[of firewood]* fagot *m* ; *[of sticks]* faisceau *m*, poignée *f* ♦ **he's a ~ of nerves** c'est un paquet de nerfs ♦ **he's a ~ of laughs*** *(iro)* il n'est vraiment pas marrant* ♦ **to drop one's** ~* *(Austral fig)* baisser les bras ♦ ~ **(of joy)** *(= baby)* (petit) bout *m* de chou* ♦ **she's a ~ of mischief*** elle est très espiègle

**b** (* *= money)* **a** ~ beaucoup de fric* ♦ **to make a** ~ faire son beurre* ♦ **it cost a** ~* ça a coûté bonbon*, ça a coûté beaucoup de fric*

**c** *(= great deal)* beaucoup ♦ **we've learned a ~ of lessons** nous avons beaucoup appris ♦ **I don't go a ~ on it*** ça ne me botte* pas, ça ne m'emballe pas beaucoup ♦ **I don't go a ~ on him*** il ne me branche pas ce type-là*

**d** *(Comput)* lot *m*

**VT** **a** (also **bundle up**) empaqueter, mettre en paquet ; *[+ clothes]* faire un paquet *or* ballot de ; *[+ hay]* botteler ; *[+ papers, banknotes]* mettre en liasse ; *[+ letters]* mettre en paquet ; *[+ sticks]* mettre en faisceau

**b** *(= put hastily)* **to ~ sth into a corner** fourrer* *or* entasser qch dans un coin ♦ **to ~ sb into the house** pousser qn dans la maison sans ménagement ♦ **to ~ sb into a car** pousser qn dans une voiture (sans ménagement) ♦ **he ~d her into her winter coat** il l'a emmitouflée dans son manteau d'hiver

**c** *(Comput) [+ software]* intégrer

**COMP** ▷ **bundled software** **N** *(NonC: Comput)* progiciel *m*

► **bundle off** **VT SEP** *[+ person]* faire sortir (en toute hâte), pousser dehors (sans façons) ♦ **he was ~d off to Australia** on l'a expédié en Australie

► **bundle out** **VT SEP** pousser dehors (sans façons), faire sortir (en toute hâte)

► **bundle up** **VT SEP** **a** ⇒ **bundle vt a**

**b** emmitoufler

**bung** /bʌŋ/ **N** **a** *[of cask]* bondon *m*, bonde *f* **b** (* *= bribe)* dessous-de-table *m* **VT** **a** *(esp Brit:* also **bung up**) *[+ cask]* boucher **b** *(Brit* * *= throw)* balancer*

► **bung in*** **VT SEP** *(= include)* rajouter (par-dessus le marché)

► **bung out*** **VT SEP** flanquer* à la porte ; *[+ rubbish]* jeter

► **bung up** **VT SEP** **a** *(= block up) [+ pipe etc]* boucher, obstruer ♦ **his eyes were/his nose was ~ed up*** il avait les yeux bouffis/le nez bouché *or* pris ♦ **I'm all ~ed up*** j'ai un gros rhume (de cerveau) **b** → **bung vt a**

**bungaloid** /ˈbʌŋgəlɔɪd/ **ADJ** *(pej)* de bungalow, genre *or* style bungalow ♦ ~ **growth** extension *f* pavillonnaire

**bungalow** /ˈbʌŋgələʊ/ **N** (petit) pavillon *m (de plain pied)* ; *(in East)* bungalow *m*

**bungee** /ˈbʌndʒiː/ **N** *(for securing luggage etc)* sandow *m*, tendeur *m* **COMP** ▷ **bungee cord** **N** élastique *m (pour saut à l'élastique)* ▷ **bungee jumping** **N** saut *m* à l'élastique ▷ **bungee rope** **N** ⇒ **bungee cord**

**bunghole** /ˈbʌŋhəʊl/ **N** bonde *f*

**bungle** /ˈbʌŋgl/ **VT** *[+ attempt, robbery]* rater ; *[+ piece of work]* gâcher, bousiller* ♦ **he ~d it** il s'y est mal pris, il a tout bousillé* ♦ **it was a ~d job** c'était fait n'importe comment ♦ **a ~d attempt/burglary** une tentative/un cambriolage qui a mal tourné **VI** s'y prendre mal, faire les choses n'importe comment **N** fiasco *m*, ratage *m*

**bungler** /ˈbʌŋgləʳ/ **N** bousilleur* *m*, -euse* *f* ♦ **he's a** ~ il bousille* tout, il est incompétent

**bungling** /ˈbʌŋglɪŋ/ **ADJ** *[person]* maladroit, incompétent ; *[attempt]* maladroit, gauche **N** *(NonC)* gâchis *m*, bousillage* *m*

**bunion** /ˈbʌnjən/ **N** *(Med)* oignon *m*

**bunk** /bʌŋk/ **N** **a** *(Naut, Rail etc = bed)* couchette *f* **b** *(Brit)* **to do a** ~* mettre les bouts* *or* les voiles* **c** * abbrev of **bunkum** **VI** **a** (* : also **bunk down**) coucher, camper *(dans un lit de fortune)* **b** *(Brit* *: also **bunk off**) mettre les bouts* *or* les voiles* **COMP** ▷ **bunk beds** **NPL** lits *mpl* superposés ▷ **bunk-up*** **N** ♦ **to give sb a ~-up** soulever qn par derrière *or* par en dessous

**bunker** /ˈbʌŋkəʳ/ **N** **a** *(for coal)* coffre *m* ; *(Naut)* soute *f* (à charbon *or* à mazout) **b** *(Golf)* bunker *m* ; *(fig)* obstacle *m* **c** *(Mil)* blockhaus *m*, bunker *m* ♦ **(nuclear)** ~ bunker *m or* abri *m* antinucléaire **VT** **a** *(Naut) [+ coal, oil]* mettre en soute ♦ **to ~ a ship** mettre du charbon *or* du mazout en soute **b** *(Golf)* ♦ **to ~ one's shot** envoyer la balle dans un bunker ♦ **to be ~ed** *(Golf)* se trouver dans un bunker ; (* *fig)* se trouver face à un obstacle, se trouver dans une impasse **VI** *(Naut)* charbonner, mazouter **COMP** ▷ **bunker mentality** **N** ♦ **to have a ~ mentality** être toujours sur la défensive

**bunkhouse** /ˈbʌŋkhaʊs/ **N** *(esp US)* bâtiment-dortoir *m*

**bunkum*** /ˈbʌŋkəm/ **N** foutaise(s)* *f(pl)* ♦ **to talk** ~ dire n'importe quoi, déconner* ♦ **that's all** ~ c'est n'importe quoi, tout ça, c'est des conneries*

**bunny** /ˈbʌnɪ/ **N** **a** (also **bunny rabbit**) lapin *m* **b** *(US* * *= pretty girl)* jolie fille *f or* nana* *f* ; (also **bunny girl**) hôtesse *f (dans un club Playboy)* ; → **ski, snow**

**Bunsen burner** /ˈbʌnsnˈbɜːnəʳ/ **N** bec *m* Bunsen

**bunting**[1] /ˈbʌntɪŋ/ **N** *(= bird)* bruant *m* ; → **reed**

**bunting**[2] /ˈbʌntɪŋ/ **N** *(NonC) (= material)* étamine *f* (à pavillon) ; *(= flags etc)* banderoles *fpl*

**buoy** /bɔɪ/ **N** bouée *f*, balise *f* flottante ♦ **to put down a** ~ mouiller une bouée ; → **lifebuoy, mooring** **VT** *[+ waterway]* baliser ; *[+ net]* liéger **COMP** ▷ **buoy rope** **N** orin *m*

► **buoy up** **VT SEP** *(lit)* maintenir à flot ; *(fig)* soutenir ♦ **they felt ~ed up by their recent successes** leurs récents succès les avaient regonflés*

**buoyancy** /ˈbɔɪənsɪ/ **N** **a** *[of ship, object]* flottabilité *f* ; *[of liquid]* poussée *f* **b** *(= lightheartedness)* gaieté *f*, entrain *m* **c** *(Fin)* ♦ **the ~ of the markets** la fermeté des marchés **COMP** ▷ **buoyancy aid** **N** gilet *m* de sauvetage ▷ **buoyancy chamber, buoyancy tank** **N** *(Naut)* caisson *m* étanche

**buoyant** /ˈbɔɪənt/ **ADJ** **a** *[ship, object]* capable de flotter, flottable ; *[liquid]* dans lequel les objets flottent ♦ **fresh water is not so ~ as salt water** l'eau douce ne porte pas si bien que l'eau salée **b** *(= lighthearted) [person]* enjoué, plein d'entrain *or* d'allant ; *[mood]* gai, optimiste ; *[step]* léger, élastique **c** *(Fin) [market]* soutenu, actif

**buoyantly** /ˈbɔɪəntlɪ/ **ADV** *[walk, float]* légèrement ; *(fig)* avec entrain

**BUPA** /ˈbuːpə/ **N** (abbrev of **British United Provident Association**) *association britannique d'assurance-maladie privée*

**buppie*** /ˈbʌpɪ/ **N** yuppie *mf* noir(e)

**bur**[1] /bɜːʳ/ **N** *(Bot)* bardane *f* ; (* *pej = person)* pot *m* de colle *(pej)* ♦ **chestnut** ~ bogue *f*

**bur**[2] /bɜːʳ/ **N** *(Ling)* grasseyement *m* ♦ **to speak with a** ~ grasseyer **VT** ♦ **to ~ (one's Rs)** prononcer les R grasseyés

**Burberry** ® /ˈbɜːbərɪ/ **N** imperméable *m (de la marque Burberry)*

**burble** /ˈbɜːbl/ **VI** **a** *[stream]* murmurer **b** *(pej) [person]* marmonner ♦ **what's he burbling (on) about?** qu'est-ce qu'il est encore en train de raconter ? ♦ **he ~d on about freedom** il radotait sur le thème de la liberté **VT** marmonner **N** *[of stream]* murmure *m*

**burbling** /ˈbɜːblɪŋ/ **N** *(NonC)* **a** *[of stream]* murmure *m* **b** *[of person]* jacassements *mpl* **ADJ** *[person]* qui n'arrête pas de jacasser

**burbot** /ˈbɜːbət/ **N** (pl **burbot** *or* **burbots**) lotte *f* (de rivière)

**burbs***, **'burbs*** /bɜːbz/ **NPL** *(US)* (abbrev of **suburbs**) ♦ **the** ~ la banlieue

**burden** /ˈbɜːdn/ **N** **a** *(lit)* fardeau *m*, charge *f* ; → **beast**

**b** *(fig)* fardeau *m*, charge *f* ; *[of taxes, years]* poids *m* ; *[of debts]* fardeau *m* ; *(Fin, Jur = debt weighing on company's balance sheet or on an estate)* encombrement *m* ♦ **to be a ~ to...** être un fardeau pour... ♦ **the ~ of the expense** les frais *mpl* à charge ♦ **the ~ of proof** *(Jur)* charge *f* de la preuve ♦ **the ~ of proof lies** *or* **rests with him** la charge de la preuve lui incombe, il lui incombe d'en fournir la preuve ; → **tax**

**c** *(Naut)* jauge *f*, tonnage *m* ♦ **ship of 4,000 tons'** ~ navire *m* qui jauge 4 000 tonneaux

**d** *(= chorus)* refrain *m*

**e** *(= chief theme)* substance *f*, fond *m* ♦ **the ~ of their complaint** leur principal grief *or* sujet de plainte

**VT** *(= oppress)* accabler (*with* de) ; ♦ **to be ~ed with debt** être accablé de dettes ♦ **I don't like to ~ other people with my worries** je n'aime pas infliger (le récit de) mes soucis aux autres ♦ **to be ~ed by guilt** être tenaillé par la culpabilité, être rongé de remords ♦ **to be ~ed by regret** être accablé de regrets

**burdensome** /ˈbɜːdnsəm/ ADJ *[load]* lourd, pesant ; *[task, restriction]* pénible

**burdock** /ˈbɜːdɒk/ N bardane *f*

**bureau** /ˈbjʊərəʊ/ N (pl **bureaus** *or* **bureaux**)
a *(esp Brit = writing desk)* bureau *m*, secrétaire *m*
b *(US = chest of drawers)* commode *f (souvent à miroir)*
c *(= office)* bureau *m* ; → **information, travel**
d *(esp US = government department)* service *m* (gouvernemental) ◆ **federal ~** *(US)* bureau *m* fédéral
COMP ▷ **Bureau of Indian Affairs** N *(US) organisme responsable des affaires amérindiennes* ▷ **Bureau of Prisons** N *(US)* administration *f* pénitentiaire

> **Bureau of Indian Affairs**
>
> Organisme américain responsable des affaires amérindiennes. D'abord rattaché au ministère de la Guerre à sa création en 1824, il était responsable de l'administration des réserves. Aujourd'hui, il relève du ministère de l'Intérieur et a pour mission d'améliorer les conditions de vie des populations autochtones, et en particulier de leur apporter formation et assistance technique pour la gestion de leurs ressources.

**bureaucracy** /bjʊəˈrɒkrəsɪ/ N bureaucratie *f*

**bureaucrat** /ˈbjʊərəʊkræt/ N bureaucrate *mf*

**bureaucratese** * /ˌbjʊərəʊkræˈtiːz/ N jargon *m* administratif

**bureaucratic** /ˌbjʊərəʊˈkrætɪk/ ADJ bureaucratique

**bureaux** /ˈbjʊərəʊz/ NPL of **bureau**

**burette** /bjʊəˈret/ N éprouvette *f* graduée

**burg** * /bɜːg/ N *(US pej = town)* bled * *m*, patelin * *m*

**burgeon** /ˈbɜːdʒən/ VI *(liter) [flower]* (commencer à) éclore ; *[plant]* bourgeonner, se couvrir de bourgeons ; *[talent]* naître ; *[population]* être en pleine croissance ; *[trade, industry]* être en plein essor

**burgeoning** /ˈbɜːdʒənɪŋ/ ADJ *[industry, market, demand, growth, career, popularity]* en plein essor ; *[population]* en pleine croissance ; *[numbers, costs, debt]* croissant ◆ **the ~ pacifist movement** le mouvement pacifiste en plein essor ◆ **a young man with ~ talent** un jeune homme dont le talent grandit de jour en jour

**burger** /ˈbɜːgəʳ/ N hamburger *m* COMP ▷ **burger bar** N fast-food *m (où l'on sert des hamburgers)*

**burgess** /ˈbɜːdʒɪs/ N a *(Brit Hist) (= citizen)* bourgeois *m*, citoyen *m* ; *(Parl)* député *m (représentant au Parlement d'un bourg ou d'une circonscription universitaire)* b *(US Hist)* député *m*

**burgh** /ˈbʌrə/ N *(Scot)* ville *f (possédant une charte)*

**burgher** /ˈbɜːgəʳ/ N *(archaic or liter)* citoyen(ne) *m(f)*

**burglar** /ˈbɜːgləʳ/ N cambrioleur *m*, -euse *f* ; → **cat** COMP ▷ **burglar alarm** N (système *m* d')alarme *f* ▷ **burglar-proof** ADJ *[house]* muni d'un système d'alarme ; *[lock]* incrochetable

**burglarize** /ˈbɜːgləraɪz/ VT *(US)* cambrioler

**burglary** /ˈbɜːglərɪ/ N cambriolage *m*

**burgle** /ˈbɜːgl/ VT cambrioler, dévaliser VI cambrioler

**burgomaster** /ˈbɜːgəˌmɑːstəʳ/ N bourgmestre *m*

**Burgundian** /bɜːˈgʌndɪən/ ADJ bourguignon, de Bourgogne N Bourguignon(ne) *m(f)*

**Burgundy** /ˈbɜːgəndɪ/ N a *(Geog)* Bourgogne *f* b *(= wine)* bourgogne *m* c *(= colour)* **burgundy** bordeaux

**burial** /ˈberɪəl/ N *(= interment)* enterrement *m*, inhumation *f* ; *(religious)* sépulture *f* ; *(= ceremony)* funérailles *fpl*, obsèques *fpl* ; *[of hopes etc]* mort *f*, fin *f* ◆ **Christian ~** sépulture *f* chrétienne ◆ **~ at sea** funérailles *fpl* en mer COMP ▷ **burial ground** N cimetière *m* ▷ **burial mound** N tumulus *m* ▷ **burial place** N lieu *m* de sépulture ▷ **burial service** N office *m* des morts, service *m* funèbre ▷ **burial vault** N tombeau *m*

**burin** /ˈbjʊərɪn/ N burin *m* (à graver)

**burk** ✱ /bɜːk/ N *(Brit)* ⇒ **berk**

**burke** /bɜːk/ VT *(= suppress) [+ scandal]* étouffer ; *(= shelve) [+ question]* escamoter

**Burkina-Faso** /bɜːˈkiːnəˈfæsəʊ/ N Burkina-Faso *m*

**burlap** /ˈbɜːlæp/ N *(esp US)* toile *f* d'emballage, toile *f* à sac

**burlesque** /bɜːˈlesk/ N a *(= parody) [of book, poem etc]* parodie *f* ; *[of society, way of life]* caricature *f* b *(NonC: Literat)* (genre *m*) burlesque *m* c *(US = striptease)* revue *f* déshabillée *(souvent vulgaire)* ADJ *[poem etc]* burlesque ; *[description]* caricatural VT *(= make ridiculous)* tourner en ridicule ; *(= parody) [+ book, author]* parodier

**burly** /ˈbɜːlɪ/ ADJ de forte carrure, solidement charpenté ◆ **a big ~ fellow** * un grand gaillard baraqué * ◆ **a ~ policeman** un grand gaillard d'agent

**Burma** /ˈbɜːmə/ N Birmanie *f*

**Burmese** /bɜːˈmiːz/ ADJ birman, de Birmanie ◆ **the ~ Empire** l'Empire *m* birman N a *(pl inv)* Birman(e) *m(f)* b *(Ling)* birman *m* COMP ▷ **Burmese cat** N (chat *m*) birman *m*

**burn[1]** /bɜːn/ (vb : pret, ptp **burned** *or* (Brit) **burnt**) N a *(Med)* brûlure *f* ◆ **cigarette ~** brûlure *f* de cigarette ; → **degree**
b *(Space) [of rocket]* (durée *f* de) combustion *f*
VT a *(gen)* brûler ; *[+ town, building]* incendier, mettre le feu à ◆ **to ~ to a cinder** *or* **crisp** carboniser, calciner ◆ **to be ~t to death** être brûlé vif, mourir carbonisé ◆ **to be ~t alive** être brûlé vif ◆ **to be ~t at the stake** être brûlé sur le bûcher ◆ **to ~ o.s.** se brûler ◆ **to ~ one's finger** se brûler le doigt ◆ **he ~ed a hole in his coat with a cigarette** il a fait un trou à son manteau avec une cigarette ◆ **you could get your fingers ~t over this** *(fig)* vous risquez de vous brûler les doigts dans cette affaire ◆ **to get ~ed** *(fig)* se brûler les doigts ◆ **money ~s a hole in my pocket** l'argent me fond dans les mains ◆ **to ~ one's boats/one's bridges** brûler ses vaisseaux/les ponts ◆ **to ~ the candle at both ends** brûler la chandelle par les deux bouts ; → **midnight**
b *(Culin) [+ meat, toast, cakes]* laisser brûler ; *[+ sauce, milk]* laisser attacher
c *[acid]* brûler, ronger ; *[sun] [+ person, skin]* brûler ◆ **delicious curries which won't ~ your throat** de délicieux currys qui ne vous emporteront pas la bouche ◆ **the date was ~ed into his memory** la date se grava dans sa mémoire
VI a *[wood, meat, cakes etc]* brûler ; *[milk, sauce]* attacher ◆ **you left all the lights ~ing** vous avez laissé toutes les lumières allumées ◆ **her skin ~s easily** elle a la peau facilement brûlée par le soleil, elle attrape facilement des coups de soleil ◆ **my head is ~ing** j'ai la tête brûlante ◆ **his wound was ~ing** la blessure le cuisait ◆ **his face was ~ing with cold** le froid lui brûlait le visage ◆ **her face was ~ing** *(from heat, embarrassment)* elle était cramoisie
b *[person] (lit)* être brûlé vif ; *(fig)* brûler (*with* de) ; ◆ **he was ~ing to get his revenge** *or* **~ing for revenge** il brûlait (du désir) de se venger ◆ **he was ~ing with ambition** il brûlait d'ambition
c ◆ **acid ~s into metal** l'acide ronge le métal ◆ **his eyes ~ed into mine** *(romantically)* il m'a regardé avec des yeux de braise ; *(threateningly)* son regard était fixé sur moi ◆ **her words ~ed into my brain** ses paroles sont restées gravées dans ma mémoire
d *(Space) [rocket]* brûler
COMP ▷ **burns unit** N *(Med)* service *m* des grands brûlés

► **burn away** VI a *(= go on burning)* **the fire was ~ing away** le feu flambait *or* brûlait bien
b *(= be consumed)* se consumer
VT SEP détruire (par le feu) ; *[+ paint]* brûler (au chalumeau)

► **burn down** VI a *[house etc]* brûler complètement, être réduit en cendres
b *[fire, candle]* baisser
VT SEP *[+ building]* incendier ◆ **the house was ~t down** la maison a été réduite en cendres *or* calcinée

► **burn off** VT SEP *[+ paint etc]* brûler (au chalumeau)

► **burn out** VI *[fire, candle]* s'éteindre ; *[light bulb]* griller, sauter
VT SEP a *[+ candle]* laisser brûler jusqu'au bout ; *[+ lamp]* griller ◆ **the candle ~t itself out** la bougie est morte ◆ **he ~t himself out** il s'est abîmé la santé
b *(= force out by fire) [+ enemy troops etc]* forcer à sortir en mettant le feu ◆ **they were ~t out of house and home** un incendie a détruit leur maison avec tout ce qu'ils possédaient

► **burn up** VI a *[fire etc]* flamber, monter
b *[rocket etc in atmosphere]* se volatiliser, se désintégrer
c **to be ~ing up (with fever)** être brûlant (de fièvre)
VT SEP a *[+ rubbish]* brûler
b ◆ **burned up with jealousy** mort de jalousie
c *(US * = make angry)* foutre en rogne ✱

**burn[2]** /bɜːn/ N *(Scot)* ruisseau *m*

**burner** /ˈbɜːnəʳ/ N *[of gas cooker]* brûleur *m* ; *[of lamp]* bec *m* (de gaz) ; → **back, Bunsen burner, charcoal, front**

**Burnham scale** /ˈbɜːnəmˌskeɪl/ N *(Brit Scol Admin)* grille *f* indiciaire des enseignants

**burning** /ˈbɜːnɪŋ/ ADJ a *(= on fire) [town, forest]* en flammes ; *[fire, candle]* allumé ; *[coals]* ardent ; *[feeling]* cuisant ◆ **the ~ bush** le buisson ardent ◆ **with a ~ face** *(from shame)* le rouge au front ; *(from embarrassment)* le rouge aux joues b *(fig) [thirst, fever]* brûlant ; *[faith]* ardent, intense ; *[indignation]* violent ; *[words]* véhément, passionné ; *[topic]* brûlant, passionnant ◆ **a ~ question** une question brûlante ◆ **it's a ~ * shame that ...** c'est une honte *or* un scandale que ... + *subj* N a ◆ **there is a smell of ~** ça sent le brûlé *or* le roussi ◆ **I could smell ~** je sentais une odeur de brûlé b *(= setting on fire)* incendie *m*, embrasement *m* ◆ **they ordered the ~ of the town** ils ont ordonné l'incendie de la ville, ils ont ordonné qu'on mette le feu à la ville

**burnish** /ˈbɜːnɪʃ/ VT *[+ metal]* brunir, polir ◆ **~ed hair** (beaux) cheveux *mpl* brillants ◆ **~ed skin** (belle) peau *f* dorée ◆ **~ed leaves** feuilles *fpl* aux reflets dorés ◆ **to ~ sb's image** redorer le blason de qn, rehausser l'image de qn

**burnisher** /ˈbɜːnɪʃəʳ/ N *(= person)* brunisseur *m*, -euse *f* ; *(= tool)* brunissoir *m*

**burnous(e), burnoos** *(US)* /bɜːˈnuːs/ N burnous *m*

**burnout** /ˈbɜːnaʊt/ N a *(Elec)* ◆ **there's been a ~** les circuits sont grillés b *(fig)* épuisement *m*

**Burns' Night** /ˈbɜːnz,naɪt/ N *(Brit) fête écossaise à la gloire du poète Robert Burns*

> **Burns' Night**
>
> Fête écossaise, le 25 janvier, commémorant l'anniversaire de la naissance du poète national écossais Robert Burns (1759-1796). À cette occasion, les Écossais se réunissent pour un dîner (Burns' supper) qui comprend traditionnellement du haggis, apporté au son de la cornemuse, qui se mange accompagné d'une purée de rutabagas et de pommes de terre (neeps and tatties). Après les toasts d'usage, l'assistance lit des poèmes et chante des chansons de Burns.

**burnt** /bɜːnt/ VB pt, ptp of **burn**[1] ADJ brûlé, carbonisé ◆ **a ~ child dreads the fire** *(Prov)* chat échaudé craint l'eau froide *(Prov)* ◆ **~ smell/taste** odeur *f*/goût *m* de brûlé COMP ▷ **burnt almond** N amande *f* grillée praline *f* ▷ **burnt lime** N chaux *f* vive ▷ **burnt offering** N holocauste *m* ▷ **burnt orange** ADJ orange foncé *inv* ▷ **burnt sacrifice** N ⇒ **burnt offering** ▷ **burnt sienna** N terre *f* de sienne *or* d'ombre brûlée ▷ **burnt sugar** N caramel *m* ▷ **burnt umber** N ⇒ **burnt sienna**

**burp** * /bɜːp/ VI roter *, avoir un renvoi VT ◆ **to ~ a baby** faire faire son rot * *or* son renvoi à un bébé N rot * *m*, renvoi *m* COMP ▷ **burp gun** ⁑ N *(US) (= pistol)* pistolet *m* automatique ; *(= submachine gun)* sulfateuse * *f (Mil)*, mitraillette *f*

**burqa** /bɜːkə/ N burqa *f or m*

**burr** /bɜːʳ/ N ⇒ **bur**[2]

**burrow** /ˈbʌrəʊ/ N terrier *m* VI *[rabbit]* creuser un terrier ; *[dog]* creuser (la terre) ◆ **to ~ under** *[person] (in earth)* se creuser un chemin sous ; *(under blanket)* se réfugier sous ; *(= feel around in)* fouiller sous ◆ **to ~ into the past** fouiller dans le passé VT creuser ◆ **to ~ one's way underground** (se) creuser (un chemin) sous terre

**bursa** /ˈbɜːsə/ N (pl **bursas** *or* **bursae** /ˈbɜːsiː/) *(Anat)* bourse *f*

**bursar** /ˈbɜːsəʳ/ N a *(= administrator: gen)* intendant(e) *m(f)* ; *(in private school, hospital)* économe *mf* b *(Brit = student)* (élève *mf*) boursier *m*, -ière *f*

**bursary** /ˈbɜːsərɪ/ N *(Brit)* bourse *f* (d'études)

**bursitis** /bɜːˈsaɪtɪs/ N hygroma *m*

**burst** /bɜːst/ (vb : pret, ptp **burst**) N *[of shell, bomb]* explosion *f*, éclatement *m* ; *[of anger, indignation]* explosion *f* ; *[of anger, laughter]* éclat *m* ; *[of affection, eloquence]* élan *m*, transport *m* ; *[of activity]* vague *f* ; *[of enthusiasm]* accès *m*, montée *f* ; *[of thunder]* coup *m* ; *[of applause]* salve *f* ; *[of flames]* jaillissement *m*, jet *m* ◆ **to put on a ~ of speed** faire une pointe de vitesse ◆ **a ~ of gunfire** une rafale (de balles)

ADJ *(Med)* ◆ **~ appendix** crise *f* d'appendicite ◆ **~ ulcer** perforation *f* d'ulcère ◆ **~ eardrum** rupture *f* du tympan ◆ **~ blood vessel** vaisseau *m* éclaté ◆ **~ pipe** *(Plumbing)* tuyau *m* éclaté

VI a *[shell]* éclater, faire explosion ; *[pipe, boiler]* éclater ; *[dam]* se rompre ; *[bubble, balloon, abscess]* crever ; *[tyre] (= blow out)* éclater ; *(= puncture)* crever ; *(Med) [boil, spot]* crever ; *[appendix, ulcer]* se perforer ◆ **to ~ open** *[door]* s'ouvrir violemment ; *[container]* s'éventrer ◆ **my lungs are ~ing** je suis à bout de souffle

b **to be ~ing (at the seams *)** *[bag, room]* être plein à craquer (*with* de) ; ◆ **to fill a sack to ~ing point** remplir un sac à craquer ◆ **to be ~ing with health** déborder de santé ◆ **to be ~ing with impatience** brûler d'impatience ◆ **to be ~ing with pride** éclater d'orgueil ◆ **to be ~ing with joy** déborder de joie ◆ **I was ~ing to tell you** * je mourais d'envie de vous le dire ◆ **to be ~ing** * *[person]* avoir une envie pressante

c *(= move etc suddenly)* se précipiter, se jeter (*into* dans ; *out of* hors de)

d *(= begin etc suddenly)* **the horse ~ into a gallop** le cheval a pris le galop ◆ **he suddenly ~ into speech/song** il s'est mis tout d'un coup à parler/chanter ◆ **the truth ~ (in) upon him** la vérité lui a soudain sauté aux yeux ◆ **the applause ~ upon our ears** les applaudissements ont éclaté à nos oreilles ◆ **to ~ into tears** fondre en larmes ◆ **to ~ into bloom** *[flower]* s'épanouir (soudain) ◆ **to ~ into flames** prendre feu (soudain) ◆ **the sun ~ through the clouds** le soleil a percé les nuages ◆ **the oil ~ from the well** le pétrole a jailli du puits

VT *[+ balloon, bubble]* crever ; *[+ tyre] (= blow out)* faire éclater ; *(= puncture)* crever ; *[+ pipe]* faire sauter ◆ **to ~ open** *[+ door]* ouvrir violemment ; *[+ container]* éventrer ◆ **the river has ~ its banks** le fleuve a rompu ses digues ◆ **to ~ one's sides with laughter** * se tordre de rire ◆ **to ~ a blood vessel** *(Med)* (se) faire éclater une veine, (se) rompre un vaisseau ◆ **he almost ~ a blood vessel** * *(with anger etc)* il a failli prendre un coup de sang * *or* avoir une attaque *

► **burst forth** VI *(liter) [person]* sortir précipitamment ; *[sun]* surgir

► **burst in** VI entrer en trombe *or* en coup de vent, faire irruption ◆ **he ~ in (on us/them** *etc* **)** il a fait irruption (chez nous/eux *etc*) ◆ **to ~ in on a conversation** interrompre brutalement une conversation

VT SEP *[+ door]* enfoncer

► **burst out** VI a ◆ **to burst out of a room** se précipiter hors d'une pièce, sortir d'une pièce en trombe

b ◆ **she's bursting out of that dress** elle éclate de partout *or* elle est très boudinée * dans cette robe

c *(in speech)* s'exclamer, s'écrier ◆ **"that's cruel!" she ~ out** "c'est cruel !" s'exclama-t-elle

d ◆ **to burst out laughing** éclater de rire ◆ **to ~ out crying** fondre en larmes

**bursting** /ˈbɜːstɪŋ/ N *(Comput)* déliassage *m*

**burthen** †† /ˈbɜːðən/ ⇒ **burden**

**burton** /ˈbɜːtn/ N *(Brit)* ◆ **he's gone for a ~** * il est fichu * *or* foutu ⁑ ◆ **it's gone for a ~** * *(= broken)* c'est fichu * *or* foutu ⁑ ; *(= lost)* ça a disparu

**Burundi** /bəˈrʊndɪ/ N Burundi *m*

**Burundian** /bəˈrʊndjən/ ADJ burundais N Burundais(e) *m(f)*

**bury** /ˈberɪ/ VT a *(gen)* enterrer ; *(at funeral)* enterrer, inhumer ◆ **to ~ sb alive** enterrer qn vivant ◆ **he was buried at sea** son corps fut immergé (en haute mer) ◆ **buried by an avalanche** enseveli par une avalanche ◆ **he buried his wife on Friday** il a enterré sa femme vendredi ; → **dead**

b *[+ treasure]* enterrer, enfouir ; *[+ quarrel]* enterrer, oublier ◆ **the dog buried a bone** le chien a enterré un os ◆ **to ~ one's head in the sand** pratiquer la politique de l'autruche ◆ **they agreed to ~ their differences** ils ont décidé d'enterrer la hache de guerre, ils ont décidé d'oublier leurs désaccords ◆ **to ~ the hatchet** *or (US)* **the tomahawk** enterrer la hache de guerre

c *(= conceal)* enfouir, cacher ◆ **to ~ o.s. under the blankets** s'enfouir sous les couvertures ◆ **to ~ one's face in one's hands** se couvrir *or* se cacher la figure de ses mains ◆ **the bullet was buried deep in the woodwork** la balle était fichée profondément dans le bois ◆ **a village buried in the country** un village perdu en pleine campagne ◆ **she buried herself in the country** elle est allée s'enterrer à la campagne ◆ **they buried the story** ils ont enterré cette nouvelle

d *(= engross)* plonger ◆ **to ~ one's head** *or* **o.s. in a book** se plonger dans un livre ◆ **to ~ o.s. in one's studies** se plonger dans ses études ◆ **buried in one's work** plongé *or* absorbé dans son travail ◆ **buried in thought** plongé dans une rêverie *or* dans ses pensées

e *(= plunge) [+ hands, knife]* enfoncer, plonger (*in* dans)

► **bury away** VT SEP ◆ **to be buried away** être enterré *(fig)*

**bus** /bʌs/ N (pl **buses,** (**US**) **buses** *or* **busses**) a bus *m*, autobus *m* ; *(long-distance)* autocar *m*, car *m* ◆ **all ~es stop here** arrêt *m* fixe *or* obligatoire ; → **double, miss**[1]**, trolley**

b ⁑ *(= car)* bagnole * *f* ; *(= plane)* (vieux) coucou * *m*

c *(Comput)* bus *m*

VI a *(* = go by bus)* prendre l'autobus (*or* le car)

b *(US *: in café)* travailler comme aide-serveur, desservir

VT ◆ **to ~ children to school** transporter des enfants à l'école en car ; → **bussing**

COMP ▷ **bus conductor** N receveur *m*, -euse *f* d'autobus *or* de bus ▷ **bus depot** N dépôt *m* d'autobus *or* de bus ▷ **bus driver** N conducteur *m*, -trice *f* d'autobus *or* de bus ▷ **bus lane** N *(Brit)* voie *f* réservée aux autobus ▷ **bus pass** N *(Brit)* carte *f* d'autobus *or* de bus ▷ **bus route** N ◆ **the house is/is not on a ~ route** la maison est/n'est pas sur un trajet d'autobus *or* de bus ▷ **bus service** N réseau *m or* service *m* d'autobus ▷ **bus shelter** N Abribus ® *m* ▷ **bus station** N gare *f* d'autobus ; *(for coaches)* gare *f* routière ▷ **bus stop** N arrêt *m* d'autobus *or* de bus ▷ **bus ticket** N ticket *m* d'autobus *or* de bus

**busbar** /ˈbʌsbɑːʳ/ N *(Comput)* bus *m*

**busboy** /ˈbʌsbɔɪ/ N *(US)* aide-serveur *m*

**busby** /ˈbʌzbɪ/ N *(Brit)* bonnet *m* à poil *(de soldat)*

**bush**[1] /bʊʃ/ N a *(= shrub)* buisson *m* ◆ **he had a great ~ of hair** il avait une épaisse tignasse ; → **beat, burning, rosebush** b *(= thicket)* taillis *m*, fourré *m* ; *(NonC = brushwood)* broussailles *fpl* ◆ **the ~** *(in Africa, Australia)* le bush ◆ **to take to the ~** partir *or* se réfugier dans la brousse COMP ▷ **bush baby** N *(Zool)* galago *m* ▷ **bush jacket** N saharienne *f* ▷ **bush-league** * ADJ *(US Baseball)* de catégorie médiocre ▷ **bush leaguer** * N *(US Baseball)* joueur *m* de catégorie médiocre ; *(fig)* minus *mf* ▷ **bush telegraph** N *(lit)* téléphone *m* de brousse ; *(* fig)* téléphone *m* arabe

**bush²** /bʊʃ/ N *(Tech)* bague *f*

**bushed** /bʊʃt/ ADJ **a** * *(= exhausted)* flapi *, claqué * ; *(= puzzled)* ahuri **b** *(Austral)* perdu en brousse

**bushel** /'bʊʃl/ N *(Brit = measure)* boisseau *m* ; → **hide¹**

**bushfighting** /'bʊʃfaɪtɪŋ/ N guérilla *f*

**bushfire** /'bʊʃfaɪəʳ/ N feu *m* de brousse

**bushing** /'bʊʃɪŋ/ N *(esp US: Tech)* bague *f*

**Bushman** /'bʊʃmən/ N (pl **-men**) *(in South Africa)* Bochiman *m*, Bushman *m*

**bushman** /'bʊʃmən/ N (pl **-men**) *(in Australia)* broussard * *m*

**bushranger** /'bʊʃreɪndʒəʳ/ N *(in Australia)* forçat *m* réfugié dans la brousse, broussard * *m* ; *(in Canada, US)* trappeur *m*

**bushwhack** /'bʊʃwæk/ *(US)* VI se frayer un chemin à travers la brousse VT *(= ambush)* tendre une embuscade à

**bushwhacker** /'bʊʃwækəʳ/ N *(= frontiersman)* colon *m* de la brousse ; *(= guerilla soldier)* guérillero *m* ; *(= bandit)* bandit *m* de la brousse ; *(in Australia = lumberjack)* bûcheron *m*

**bushwhacking** /'bʊʃwækɪŋ/ N *(US)* ⇒ **bushfighting**

**bushy** /'bʊʃɪ/ ADJ *[land, ground]* broussailleux, couvert de buissons ; *[shrub]* épais (épaisse *f*) ; *[tree]* touffu ; *[beard, eyebrows, hair]* touffu, broussailleux

**busily** /'bɪzɪlɪ/ ADV *(= actively, eagerly)* activement ; *(pej = officiously)* avec trop de zèle ◆ **to be ~ engaged in sth/in doing sth** être très occupé *or* activement occupé à qch/à faire qch

**business** /'bɪznɪs/ N **a** *(NonC = commerce)* affaires *fpl* ◆ **it's good for ~** ça fait marcher les affaires ◆ **the ~ section** *(in newspaper)* la rubrique affaires ◆ **to do ~ with sb** faire des affaires avec qn ◆ **~ is ~** les affaires sont les affaires ◆ **his ~ is cattle rearing** il a une affaire d'élevage de bestiaux ◆ **his line of ~** sa partie ◆ **what line of ~ is he in?** * qu'est-ce qu'il fait (dans la vie) ? ◆ **the music ~** le secteur musical ◆ **to know one's ~** connaître son affaire, s'y connaître ◆ **to get down to ~** *(fig)* passer aux choses sérieuses ◆ **he means ~** * il ne plaisante pas ◆ **"business as usual"** *(lit)* "nous restons ouverts pendant les travaux" ◆ **it's ~ as usual, despite the bomb** la vie continue, en dépit de l'attentat ◆ **it's the ~!** * c'est super ! * ◆ **she's the ~!** * elle est vraiment géniale ! *

◆ **in + business** ◆ **to be in ~** être dans les affaires ◆ **to be in the grocery ~** être dans l'alimentation ◆ **to be in ~ for o.s.** travailler pour son propre compte, être à son compte ◆ **to set up in ~ as a butcher** *etc* s'établir (comme) boucher *etc* ◆ **young people seeking a career in ~** les jeunes qui veulent faire carrière dans les affaires ◆ **she's in the publishing ~** elle travaille dans l'édition ◆ **now we're in ~!** * *(fig)* maintenant nous sommes prêts ! ◆ **all we need is a microphone and we're in ~** * tout ce qu'il nous faut c'est un micro et le tour est joué

◆ **out of business** ◆ **to go out of ~** *[businessman]* fermer ; *[company]* cesser ses activités, fermer ◆ **to put out of ~** *[+ company, businessman]* faire fermer ◆ **this will put us out of ~** cela nous obligera à mettre la clé sous la porte

◆ **on business** ◆ **to go to Paris on ~** aller à Paris pour affaires ◆ **to be away on ~** être en déplacement pour affaires ; → **mix, nobody**

**b** *(NonC = volume of trade)* **our ~ has doubled in the last year** notre chiffre d'affaires a doublé par rapport à l'année dernière ◆ **most of the shop's ~ comes from women** la clientèle du magasin est essentiellement féminine ◆ **he gets a lot of ~ from the Americans** il travaille beaucoup avec les Américains ◆ **during the ten days of the fair, ~ was excellent** pendant les dix jours de la foire, les affaires ont très bien marché ◆ **~ is good/booming** les affaires marchent bien/sont prospères ◆ **to lose ~** perdre des clients

**c** *(= commercial enterprise)* commerce *m*, affaire *f* ◆ **he has a little ~ in the country** il tient un petit commerce *or* il a une petite affaire à la campagne ◆ **he owns a grocery ~** il a un commerce d'alimentation ◆ **a small ~** une petite entreprise ◆ **a family ~** une entreprise familiale

**d** *(= task, duty)* affaire *f*, devoir *m* ◆ **the ~ of the day** les affaires courantes ◆ **it's all part of the day's ~** cela fait partie de la routine journalière ◆ **the ~ before the meeting** l'ordre *m* du jour de l'assemblée ◆ **we're not in the ~ of misleading the public** notre propos n'est pas de tromper le public ◆ **it's time the government got on with the ~ of dealing with inflation** il est temps que le gouvernement s'occupe sérieusement du problème de l'inflation ◆ **to make it one's ~ to do sth** se charger de faire qch ◆ **that's none of his ~** cela ne le regarde pas, ce n'est pas ses affaires ◆ **it's your ~ to do it** c'est à vous de le faire ◆ **you've no ~ to do that** ce n'est pas à vous de faire cela ◆ **I really had no ~ being there** je n'avais rien à faire dans cet endroit ◆ **that's my ~!** ça me regarde ! ◆ **my private life is my own ~** ma vie privée ne regarde que moi ◆ **mind your own ~!** * mêlez-vous de vos affaires *or* de ce qui vous regarde ! ◆ **I know my own ~** je ne veux pas me mêler de ce qui ne me regarde pas ◆ **to go about one's ~** s'occuper de ses propres affaires ◆ **to send sb about his ~** envoyer promener * qn

**e** *(= difficult job)* **finding a flat is quite a ~** c'est toute une affaire de trouver un appartement ◆ **moving house is a costly ~** les déménagements sont coûteux, un déménagement entraîne des frais ◆ **parenting can be a stressful ~** cela peut être stressant d'élever des enfants

**f** *(pej)* affaire *f*, histoire *f* ◆ **a wretched ~** une affaire regrettable ◆ **there's some funny ~ going on** il se passe quelque chose de louche *or* de pas catholique * ; → **bad**

**g** **to do its ~** * *[animal]* faire ses besoins

COMP *[lunch, meeting, trip]* d'affaires ▷ **business accounting** N comptabilité *f* d'entreprise ▷ **business activity** N activité *f* industrielle et commerciale ▷ **business address** N *[of individual]* adresse *f* professionnelle ; *[of company]* adresse *f* du siège social ▷ **Business and Technology Education Council** N *(Brit) organisme habilité à conférer des diplômes en gestion, sciences et techniques etc* ▷ **business associate** N associé(e) *m(f)* ◆ **Jones & Co are ~ associates of ours** nous sommes en relations commerciales avec Jones & Cie ▷ **business card** N carte *f* de visite (professionnelle) ▷ **business centre** N centre *m* des affaires ▷ **business class** N classe *f* affaires ▷ **business college** N école *f* de commerce ▷ **business contact** N relation *f* de travail ▷ **business cycle** N cycle *m* économique ▷ **business day** N jour *m* ouvrable ▷ **business deal** N affaire *f* ▷ **business district** N centre *m* d'affaires ▷ **business end** N ◆ **the ~ end of a knife** le côté opérant *or* la partie coupante d'un couteau ▷ **business expenses** NPL frais *mpl* généraux ▷ **business girl** N jeune femme *f* d'affaires ▷ **business hours** NPL *[of shops etc]* heures *fpl* d'ouverture, heures *fpl* d'affaires *(Can)* ; *[of offices]* heures *fpl* de bureau, heures *fpl* d'affaires *(Can)* ▷ **business letter** N lettre *f* commerciale ▷ **business manager** N *(Comm, Ind)* directeur *m*, -trice *f* commercial(e) ; *(Sport)* manager *m* ; *(Theat)* directeur *m*, -trice *f* ▷ **business park** N parc *m* d'activités ▷ **business people** NPL hommes *mpl* et femmes *fpl* d'affaires ▷ **business plan** N *[of company]* plan *m* de développement ▷ **business proposition** N proposition *f* ▷ **business reply service** N *(on envelope)* enveloppe *f* pré-affranchie ▷ **business school** N ⇒ **business college** ▷ **business sense** N ◆ **to have ~ sense** avoir le sens des affaires ▷ **business studies** NPL *(Univ)* études *fpl* commerciales *or* de commerce ▷ **business suit** N complet *m*, complet-veston *m* ▷ **business trip** N voyage *m* d'affaires ◆ **to be on a ~ trip** être en voyage d'affaires

**businesslike** /'bɪznɪslaɪk/ ADJ *[person]* qui agit en professionnel ; *[firm, transaction]* sérieux ; *[manner, method, style]* de professionnel ; *[appearance]* sérieux ◆ **this is a very ~ knife!** * ça c'est un couteau (sérieux) ! *

**businessman** /'bɪznɪsmæn/ N (pl **-men**) homme *m* d'affaires ◆ **big ~** brasseur *m* d'affaires ◆ **he's a good ~** il a le sens des affaires

**businesswoman** /'bɪznɪs,wʊmən/ N (pl **-women**) femme *f* d'affaires ◆ **she's a good ~** elle a le sens des affaires

**busing** /'bʌsɪŋ/ N ⇒ **bussing**

**busk** /bʌsk/ VI *(Brit)* jouer (*or* chanter) dans la rue

**busker** /'bʌskəʳ/ N *(Brit)* musicien(ne) *m(f)* ambulant *or* des rues

**busload** /'bʌsləʊd/ N ◆ **a ~ of children** un autobus *or* un autocar plein d'enfants ◆ **they came by the ~** *or* **in ~s** ils sont venus par cars entiers

**busman** /'bʌsmən/ N (pl **-men**) *(= driver)* conducteur *m* d'autobus ; *(= conductor)* receveur *m* ◆ **to take a ~'s holiday** se servir de ses compétences professionnelles en vacances

**bussing** /'bʌsɪŋ/ N ramassage *m* scolaire *(surtout aux USA comme mesure de déségrégation)*

**bust¹** /bʌst/ N **a** *(Sculp)* buste *m* **b** *(Anat)* buste *m*, poitrine *f* COMP ▷ **bust measurement** N tour *m* de poitrine

**bust²** /bʌst/ ADJ **a** (* = broken) fichu *, foutu ‡

**b** (‡ = bankrupt) **to go ~** faire faillite ◆ **to be ~** être fauché *, être à sec *

N **a** (‡ = spree) bombe * *f*, bringue * *f*

**b** * (also **drugs bust**) *(= police raid)* descente *f* de police (pour saisie de drogue) ◆ **Australia's biggest ever cocaine bust** la plus grosse saisie de cocaïne jamais effectuée en Australie

**c** *(US * = failure)* fiasco *m*

VT **a** ‡ ⇒ **burst vt** ◆ **to ~ a gut** *(lit)* attraper une hernie ; *(fig)* se donner un mal de chien * (*to do sth, doing sth* pour faire qch) ; ◆ **to ~ one's ass** *(US)* s'éreinter *, se crever le cul ‡ (*to do sth* pour faire qch) ; ◆ **I'll ~ your ass for you!** *(US)* je vais te casser la gueule ! ‡

**b** ‡ *[police]* *(= break up)* *[+ crime ring etc]* démanteler ; *(= arrest)* *[+ person]* choper *, arrêter ; *(= raid)* *[+ place]* perquisitionner ; *(esp US)* *(= demote)* *[+ police officer]* rétrograder

**c** *(US *)* *[+ horse]* dresser

VI * ⇒ **burst vi** ◆ **New York or ~!** New York ou rien !

COMP ▷ **bust-up** ‡ N engueulade ‡ *f* ◆ **to have a ~-up with sb** s'engueuler avec qn ‡

► **bust out** * VI *(= escape)* ◆ **he ~ out (of jail)** il s'est fait la malle (de la prison) *

► **bust up** ‡ VI *[friends]* se brouiller, rompre après une engueulade ‡ *(with sb* avec qn)
VT SEP *(fig) [+ marriage, friendship]* flanquer en l'air *
N ◆ **bust-up** ‡ → **bust²**

**bustard** /ˈbʌstəd/ N outarde *f*

**buster** ‡ /ˈbʌstəʳ/ N ◆ **hi, ~!** salut mon pote ! *

**bustier** /buːstɪeɪ/ N bustier *m*

**bustle¹** /ˈbʌsl/ VI s'affairer, s'agiter ◆ **to ~ about** s'affairer ◆ **to ~ in/out** *etc* entrer/sortir *etc* d'un air affairé ◆ **to be bustling with** *(fig) [place, streets etc]* grouiller de ; see also **bustling** N affairement *m*, remue-ménage *m*

**bustle²** /ˈbʌsl/ N *(Dress)* tournure *f*

**bustling** /ˈbʌslɪŋ/ ADJ *[person]* affairé ; *[place]* bruyant, agité ◆ **~ with life** plein de vie, plein d'animation, trépidant N ⇒ **bustle¹** *n*

**busty** * /ˈbʌstɪ/ ADJ *[woman]* forte de poitrine ◆ **she's rather ~** elle a beaucoup de poitrine, il y a du monde au balcon *

**busy** /ˈbɪzɪ/ LANGUAGE IN USE 27.5

ADJ a *[person] (= occupied)* occupé *(doing sth* à faire qch ; *with sth* à qch) ; *(= active)* énergique ◆ **he's ~ cooking** il est en train de faire la cuisine ◆ **he's ~ playing with the children** il est occupé à jouer avec les enfants ◆ **too ~ to do sth** trop occupé pour faire qch ◆ **he was ~ at his work** il était tout entier à *or* absorbé dans son travail ◆ **she's always ~** *(= active)* elle n'arrête pas ; *(= not free)* elle est toujours prise *or* occupée ◆ **as ~ as a bee** très occupé ◆ **she's a real ~ bee** * elle est toujours à s'activer, elle est débordante d'activité ◆ **to keep o.s. ~** trouver à s'occuper ◆ **to get ~** * s'y mettre

b *[day]* chargé ; *[period]* de grande activité ; *[place]* plein de mouvement *or* d'animation ; *[street]* passant, animé ; *[town]* animé, grouillant d'activité ◆ **a ~ time** une période de grande activité ◆ **to keep a factory ~** fournir du travail à une usine ◆ **the shop is at its busiest in summer** c'est en été qu'il y a le plus d'affluence dans le magasin

c *[telephone line, room etc]* occupé

VT ◆ **to ~ o.s.** s'appliquer, s'occuper *(doing sth* à faire qch ; *with sth* à qch)

N *(‡ = detective)* flic * *m*

COMP ▷ **Busy Lizzie** N impatiente *f*, impatiens *f* ▷ **busy signal** N *(US)* tonalité *f* occupé *inv*

**busybody** /ˈbɪzɪˌbɒdɪ/ N fouineur *m*, -euse *f*

**but** /bʌt/ CONJ a *(coordinating)* mais ◆ **I would like to do it ~ I have no money** j'aimerais le faire, mais je n'ai pas d'argent ◆ **she was poor ~ she was honest** elle était pauvre, mais honnête

b *(contradicting)* mais ◆ **he's not English ~ Irish** il n'est pas anglais, mais irlandais ◆ **he wasn't singing, ~ he was shouting** il ne chantait pas, plutôt il criait ◆ **poor, ~ happy** pauvre, mais heureux ◆ **she's like her sister, ~ thinner** elle ressemble à sa sœur, mais en plus mince ◆ **not once, ~ twice** pas une fois mais deux

c *(subordinating)* **I never eat asparagus ~ I remember that evening** je ne mange jamais d'asperges sans me souvenir de cette soirée ◆ **never a day goes by ~ she complains about the weather** il ne se passe pas un jour sans qu'elle se plaigne du temps ◆ **it never rains ~ it pours** un malheur n'arrive jamais seul

d *(set structures)*

♦ **but then** ◆ **Michael is selfish ~ then so was his father** Michael est égoïste, mais il faut dire que son père l'était aussi ◆ **he might score tonight, ~ then again, he's not been on form recently** peut-être qu'il marquera un but ce soir, mais il faut dire qu'il n'a pas la forme ces derniers temps

e *(emphatic)* ◆ **~ that's crazy !** mais c'est insensé !

ADV seulement, ne ... que ◆ **she's ~ a child** *(liter)* ce n'est qu'une enfant ◆ **I cannot help ~ think** je suis bien obligé de penser, je ne peux m'empêcher de penser ◆ **the chocolate was placed where I couldn't help ~ see it** le chocolat était placé à un endroit où il était impossible de ne pas le voir ◆ **you can ~ try** *(to sb trying sth)* vous pouvez toujours essayer ; *(after sth has gone wrong)* ça valait quand même la peine d'essayer ◆ **if I could ~ tell you why** *(liter)* si je pouvais seulement vous dire pourquoi ◆ **she left ~ a few minutes ago** *(liter)* il n'y a que quelques minutes qu'elle est partie ◆ **Napoleon, to name ~ one, stayed here** Napoléon, pour n'en citer qu'un, a séjourné ici

PREP sauf, excepté ◆ **no one ~ me could do it** personne sauf moi ne pourrait le faire, je suis le seul à pouvoir *or* qui puisse le faire ◆ **they've all gone ~ me** ils sont tous partis sauf moi ◆ **who could do it ~ me?** qui pourrait le faire sinon moi ? ◆ **no one ~ him** personne d'autre que lui ◆ **France won all ~ two of its matches** la France a gagné tous ses matchs sauf deux ◆ **anything ~ that** tout mais pas ça ◆ **he didn't speak anything ~ Greek** il ne parlait que le grec ◆ **they gave us nothing ~ bread to eat** ils ne nous ont donné que du pain à manger ◆ **he's nothing ~ a thief** ce n'est qu'un voleur ◆ **there was nothing for it ~ to jump** il n'y avait plus qu'à sauter ◆ **the last house ~ one** l'avant-dernière maison ◆ **the next house ~ one** la deuxième maison (à partir d'ici), pas la maison voisine mais la suivante

♦ **but for** ◆ **~ for you/that I would be dead** sans vous/cela je serais mort ◆ **~ for his illness, we'd have gone on holiday** s'il n'avait pas été malade, nous serions partis en vacances ◆ **I could definitely live in Scotland, ~ for the weather** je pourrais tout à fait vivre en Écosse si le temps n'était pas si mauvais ◆ **the car park was empty ~ for a delivery van** le parking était vide, sauf pour une camionnette de livraison

N ◆ **no ~s about it !** il n'y a pas de mais (qui tienne) ! ; → **if**

**butane** /ˈbjuːteɪn/ N butane *m* ; *(US: for camping)* Butagaz ® *m* COMP ▷ **butane gas** N gaz *m* butane, Butagaz ® *m*

**butch** ‡ /bʊtʃ/ ADJ hommasse N gouine ‡ *f (hommasse)*

**butcher** /ˈbʊtʃəʳ/ N a *(for meat)* boucher *m* ◆ **at the ~'s** chez le boucher ◆ **to have a ~'s (hook)** ‡ *(Brit)* jeter un coup d'œil ; → RHYMING SLANG b *(US = candy etc seller)* vendeur *m* ambulant VT *[+ animal]* tuer, abattre ; *[+ person]* égorger ; *(fig)* massacrer COMP ▷ **butcher meat** N viande *f* de boucherie ▷ **butcher's boy** N garçon *m* boucher, livreur *m (du boucher)* ▷ **butcher's shop** N boucherie *f (magasin)* ▷ **butcher's wife** N (pl **butchers' wives**) bouchère *f*, femme *f* du (*or* de) boucher

**butchery** /ˈbʊtʃərɪ/ N a *(NonC) (lit)* abattage *m* ; *(fig)* boucherie *f*, massacre *m* b *(= slaughterhouse)* abattoir *m*

**butler** /ˈbʌtləʳ/ N maître *m* d'hôtel, majordome *m* COMP ▷ **butler's pantry** N office *m* ▷ **butler's tray** N (petit) plateau *m (de service)*

**Butlins** ® /ˈbʌtlɪnz/ N *(Brit) chaîne de villages de vacances*

> **Butlins**
>
> Chaîne de villages de vacances proposant logement, restauration et activités de loisirs pour tous les âges et toutes les bourses. Les distractions sont organisées par des animateurs vêtus d'un costume rouge et qui, pour cette raison, sont surnommés « redcoats ».

**butt¹** /bʌt/ N *(for wine, rainwater etc)* (gros) tonneau *m*

**butt²** /bʌt/ N *(= end)* (gros) bout *m* ; *[of rifle]* crosse *f* ; *[of cigarette]* mégot *m* ; *(US ‡ = cigarette)* clope * *f* ; *(US ‡ = bottom)* cul ** *m*, arrière-train * *m* COMP ▷ **butt-cheeks** ‡ NPL fesses * *fpl*, cul ** *m* ▷ **butt-naked** ‡ ADJ, ADV *(esp US)* à poil ‡

**butt³** /bʌt/ N *(= target)* cible *f* ; *(= earth mound)* butte *f* (de tir) ◆ **the ~s** le champ de tir, le polygone (de tir) ◆ **to be a ~ for ridicule** être un objet de risée, être en butte au ridicule ◆ **the ~ of a practical joker** la victime d'un farceur

**butt⁴** /bʌt/ N coup *m* de tête ; *[of goat etc]* coup *m* de corne VT a *[goat]* donner un coup de corne à ; *[person]* donner un coup de tête à b *(Tech)* abouter

► **butt in** VI *(= interfere)* s'immiscer dans les affaires des autres, intervenir ; *(= say sth)* dire son mot, mettre son grain de sel * ◆ **I don't want to ~ in** je ne veux pas déranger ◆ **to ~ in on sth** s'immiscer dans qch

► **butt into** VT FUS *[+ meeting, conversation]* intervenir dans, s'immiscer dans

► **butt out** ‡ VI *(US)* ◆ **to ~ out of sth** ne pas se mêler de qch ◆ **~ out!** mêle-toi de ce qui te regarde ! *

**butter** /ˈbʌtəʳ/ N beurre *m* ◆ **he looks as if ~ wouldn't melt in his mouth** on lui donnerait le bon Dieu sans confession ; → **bread, peanut** VT *[+ bread etc]* beurrer ; *[+ vegetables]* mettre du beurre sur COMP ▷ **butter bean** N *(Brit)* (gros) haricot *m* blanc ▷ **butter cloth** N mousseline *f* à beurre, étamine *f* ▷ **butter cooler** N pot *m* à (rafraîchir le) beurre ▷ **butter dish** N beurrier *m* ▷ **butter icing** N glaçage *m* au beurre ▷ **butter knife** N (pl **butter knives**) couteau *m* à beurre ▷ **butter muslin** N mousseline *f* à beurre, étamine *f* ; *(= dress material)* mousseline *f* ▷ **butter paper** N papier *m* à beurre, papier *m* sulfurisé

► **butter up** * VT SEP *(esp Brit fig)* passer de la pommade * à

**butterball** * /ˈbʌtəbɔːl/ N *(US)* patapouf * *m*, rondouillard(e) *m(f)*

**buttercup** /ˈbʌtəkʌp/ N *(Bot)* bouton *m* d'or, renoncule *f* des champs

**buttered** /ˈbʌtəd/ ADJ *[potatoes]* au beurre

**butterfingers** /ˈbʌtəˌfɪŋgəz/ N maladroit(e) *m(f)*, manche * *m* ◆ **~!** quel empoté tu fais !

**butterfly** /ˈbʌtəflaɪ/ N *(Zool, fig)* papillon *m* ◆ **to have butterflies in one's stomach** * avoir le trac * ◆ **to break a ~ on a wheel** *(Brit)* ne pas y aller avec le dos de la cuillère * COMP ▷ **butterfly bush** N buddleia *m* ▷ **butterfly effect** N effet *m* papillon ▷ **butterfly knot** N nœud *m* papillon ▷ **butterfly net** N filet *m* à papillons ▷ **butterfly nut** N papillon *m*, écrou *m* à ailettes ▷ **butterfly stroke** N brasse *f* papillon *inv*

**buttermilk** /ˈbʌtəmɪlk/ N babeurre *m*

**butterscotch** /ˈbʌtəskɒtʃ/ N caramel *m* dur (au beurre)

**buttery** /ˈbʌtərɪ/ ADJ *[taste]* de beurre ; *(= spread with butter) [bread]* beurré ; *[fingers]* couvert de beurre N *[of college, school]* dépense *f*, office *f*

**buttock** /ˈbʌtək/ N fesse *f* ◆ **~s** *[of person]* fesses *fpl* ; *[of animal]* croupe *f*

**button** /ˈbʌtn/ N a *[of garment, door, bell, lamp, fencing foil]* bouton *m* ◆ **chocolate ~s** pastilles *fpl* de chocolat ◆ **Buttons** * *(esp Brit: in hotel)* groom *m*, chasseur *m* ◆ **she knew which ~s to press** * **to get what she wanted** elle savait s'y prendre pour obtenir ce qu'elle voulait ◆ **to be (right) on the ~** * avoir (tout à fait) raison b *(Bot)* bouton *m* c *(US* ‡ *= tip of chin)* pointe *f* de menton VT a *(also* **button up***) [+ garment]* boutonner b ◆ **to ~ one's lip** ‡ la fermer ‡ ◆ **~ your lip!, ~ it!** boucle-la ! ‡, la ferme ! ‡ VI *[garment]* se boutonner COMP ▷ **button-down** ADJ *(lit) [collar]* boutonné ; *(fig = square)* conformiste ▷ **button lift** N *(Ski)* téléski *m* à perche ▷ **button mushroom** N (petit) champignon *m* de couche *or* de Paris ▷ **button-through** ADJ *[skirt]* boutonné tout du long ◆ **~-through dress** robe *f* chemisier

**buttoned-up** * /ˈbʌtndˌʌp/ ADJ *[person]* coincé *

**buttonhole** /ˈbʌtnhəʊl/ N a *[of garment]* boutonnière *f* b *(Brit = flower)* fleur *f (portée à la boutonnière)* ◆ **to wear a ~** avoir *or* porter une fleur à sa boutonnière VT a *(fig) [+ person]* accrocher * b *(Sewing)* faire du point de boutonnière sur COMP ▷ **buttonhole stitch** N *(Sewing)* point *m* de boutonnière

**buttonhook** /ˈbʌtnhʊk/ N tire-bouton *m*

**buttress** /ˈbʌtrɪs/ N *(Archit)* contrefort *m*, éperon *m* ; *(also* **flying buttress***)* arc-boutant *m* ; *(fig) (= defence)* défense *f*, rempart *m (against* contre) ; *(= support)* pilier *m (of* de) VT *(Archit)* étayer ; *(fig) [+ argument]* étayer

**butty** * /ˈbʌtɪ/ N *(Brit dial)* sandwich *m*

**buxom** /ˈbʌksəm/ ADJ bien en chair, aux formes généreuses

**buy** /baɪ/ (pret, ptp **bought**) VT a *(= purchase)* acheter *(sth from sb* qch à qn ; *sth for sb* qch pour *or* à qn) ; ◆ **to ~ o.s. sth** s'acheter qch ◆ **the things that money cannot ~** les choses qui ne s'achètent pas ◆ **to ~ petrol** prendre de l'essence ◆ **to ~ a train ticket** prendre un billet de train ◆ **to ~ a theatre ticket** réserver une place de théâtre ◆ **to ~ and sell goods** acheter et revendre des marchandises ◆ **to ~ a pig in a poke** * acheter chat en poche ◆ **to ~ sth cheap** acheter qch bon marché *or* pour une bouchée de pain ◆ **to ~ (one's way) into a company** *(Comm)* prendre une participation dans une entreprise ◆ **the victory was dearly bought** la victoire fut chèrement payée ◆ **I'd like to ~ you lunch** j'aimerais t'inviter à déjeuner ◆ **to ~ time** gagner du temps ◆ **£100,000 will ~ you a flat in Glasgow** avec 100 000 livres, vous pourrez vous acheter un appartement à Glasgow

b *(= bribe) [+ person]* acheter, corrompre ◆ **to ~ one's way into a business** avoir recours à la corruption pour entrer dans une affaire

c *(* = believe)* croire ◆ **he won't ~ that explanation** il n'est pas question qu'il avale * *subj* cette explication ◆ **they bought the whole story** ils ont avalé * *or* gobé * toute l'histoire ◆ **all right, I'll ~ it** (bon,) d'accord *or* je marche *

d *(= die)* **to ~ it** ‡ *or* **~ the farm** * casser sa pipe *

N affaire *f* ◆ **that house is a good/bad ~** cette maison est une bonne/mauvaise affaire ◆ **tomatoes are a good ~ at the moment** les tomates sont bon marché en ce moment

COMP ▷ **buy-back** ADJ *[price, clause]* de rachat ▷ **buy-back option** N option *f or* possibilité *f* de rachat

► **buy back** VT SEP racheter
ADJ ◆ **buy-back** → **buy**

► **buy in** VT SEP *(Brit) [+ goods]* s'approvisionner en, stocker ; *(St Ex)* acquérir, acheter

► **buy into** VT FUS a *[+ business, organization]* acheter des parts de ; *[+ industry]* investir dans
b *( * = believe) [+ set of beliefs, ideas]* croire

► **buy off** VT SEP *(= bribe) [+ person, group]* acheter (le silence de) ◆ **policies designed to ~ off the working classes** des mesures destinées à s'attirer les votes des travailleurs

► **buy out** VT SEP *[+ business partner]* désintéresser, racheter la part de ◆ **he bought his brother out for $7,000** il a racheté la part de son frère pour 7 000 dollars ◆ **to ~ o.s. out** *(Mil)* se racheter *(d'un engagement dans l'armée)*

► **buy over** VT SEP *(= bribe)* corrompre, acheter

► **buy up** VT SEP acheter tout ce qu'il y a de, rafler *

**buyer** /ˈbaɪəʳ/ N a *(gen)* acheteur *m*, -euse *f*, acquéreur *m* ◆ **house-/car-~s** les gens *mpl* qui achètent un logement/une voiture b *(for business, firm, shop etc)* acheteur *m*, -euse *f* (professionnel(le)) COMP ▷ **buyer's market** N marché *m* acheteur *or* à la hausse

**buying** /ˈbaɪɪŋ/ N achat *m* COMP ▷ **buying group** N centrale *f* d'achat ▷ **buying power** N pouvoir *m* d'achat ▷ **buying spree** N ◆ **to go on a ~ spree** se mettre à dépenser sans compter, faire des folies *or* de folles dépenses

**buyout** /ˈbaɪaʊt/ N rachat *m* (d'entreprise) ◆ **leveraged ~** rachat *m* d'entreprise financé par l'endettement ; see also **management**

**buzz** /bʌz/ N a *[of insect]* bourdonnement *m*, vrombissement *m*

b *[of conversation]* bourdonnement *m*, brouhaha *m* ◆ **a ~ of approval** un murmure d'approbation ◆ **slowly the ~ of conversation resumed** peu à peu le murmure des conversations a repris

c *( * = telephone call)* coup *m* de fil * ◆ **to give sb a ~** donner *or* passer un coup de fil * à qn

d *(Rad, Telec etc = extraneous noise)* friture *f*

e *( * = sensation)* **driving fast gives me a ~, I get a ~ from driving fast** je prends mon pied quand je conduis vite ‡ ◆ **it gives you a ~, you get a ~ from it** *[drug]* tu t'éclates quand tu prends ça ‡

ADJ *(= trendy)* en vogue, dernier cri

VI a *[insect]* bourdonner, vrombir

b *[ears]* tinter, bourdonner ◆ **my head is ~ing** j'ai des bourdonnements (dans la tête) ◆ **my head is ~ing with thoughts** j'ai la tête qui bourdonne d'idées *or* bourdonnante d'idées

c *[hall, town]* être (tout) bourdonnant *(with* de)

VT a *(= call by buzzer) [+ person]* appeler (par interphone) ; *(US * = telephone)* donner *or* passer un coup de fil * à

b *(Aviat) [+ building]* raser ; *[+ plane]* frôler

COMP ▷ **buzz bomb** N V1 *m inv* ▷ **buzz cut** N coupe *f* tondeuse ▷ **buzz saw** N scie *f* mécanique *or* circulaire ▷ **buzz word** * N mot *m* à la mode

► **buzz about** *, **buzz around** * VI s'affairer

► **buzz off** ‡ VI décamper *, foutre le camp ‡

**buzzard** /ˈbʌzəd/ N a *(= falcon)* buse *f* ; *(= vulture)* urubu *m* b *(pej)* ◆ **old ~** *(= man)* vieux schnock * *m* ; *(= woman)* vieille bique ‡ *f*

**buzzer** /ˈbʌzəʳ/ N a *(= intercom)* interphone *m* b *(= factory hooter)* sirène *f*, sifflet *m* c *(electronic: on cooker, timer etc)* sonnerie *f*

**buzzing** /ˈbʌzɪŋ/ N a ⇒ **buzz** b *(in ears)* tintement *m*, bourdonnement *m* ADJ *[insect]* bourdonnant, vrombissant ; *[sound]* confus, sourd

**BVDs** ® /ˌbiːviːˈdiːz/ NPL *(US)* sous-vêtements *mpl* (d'homme)

**b/w** (abbrev of **black and white**) NB

## by /baɪ/

1 PREPOSITION 2 ADVERB 3 COMPOUNDS

When **by** is the second element in a phrasal verb, eg **go by**, **put by**, **stand by**, look up the verb. When it is part of a set combination, eg **by myself**, **by the sea**, **by degrees**, **by night**, **surrounded by**, look up the other word.

### 1 - PREPOSITION

a [= close to] à côté de, près de ◆ **come and sit ~ me** viens t'asseoir à côté de *or* près de moi ◆ **the house ~ the church** la maison à côté de l'église ◆ **her cousins are over there, and she's sitting ~ them** ses cousins sont là-bas et elle est assise à côté (d'eux)
[BUT] **sitting ~ the fire** assis auprès *or* au coin du feu ◆ **I've got it ~ me** je l'ai sous la main

**by it** and **by them**, when **them** refers to things, are translated by **à côté** alone:

◆ **her bag was on the table and her keys right ~ it** son sac était sur la table et ses clés juste à côté

b [= past] à côté de ◆ **he rushed ~ me without seeing me** dans sa précipitation il est passé à côté de moi sans me voir

c [= via] par ◆ **which route did you come ~?** par où êtes-vous passés ? ◆ **I went ~ Dover** je suis passé par Douvres ◆ **~ land and (~) sea** par terre et par mer ◆ **he came in ~ the window** il est entré par la fenêtre

d [= not later than] pour ◆ **I'll be back ~ midnight** je serai de retour pour minuit ◆ **can you do it ~ tomorrow?** pouvez-vous le faire pour demain ? ◆ **applications must be submitted ~ 21 April** les candidatures doivent nous parvenir pour le 21 avril

e [in year, on date, on day] ◆ **~ 1990 the figure had reached ...** en 1990, ce chiffre avait atteint ... ◆ **~ 2010 the figure will have reached ...** en 2010, cette somme aura atteint ... ◆ **~ 30 September we had paid out $500** au 30 septembre nous avions payé 500 dollars ◆ **~ yesterday it was clear that ...** dès hier on savait que ..., il était déjà clair hier que ... ◆ **~ tomorrow/Tuesday, I'll be in France** demain/mardi, je serai en France ; → **now, then, time**

f [= according to] ◆ **~ my calculations** d'après mes calculs ◆ **~ my watch it is 9 o'clock** il est

9 heures à ma montre ◆ ~ **the terms of Article 1** aux termes de l'article 1

g [* = for] ◆ **it's fine** *or* **all right ~ me** je n'ai rien contre * ◆ **if that's okay ~ you** si ça vous va

h [margin of difference] de ◆ **wider ~ a metre** plus large d'un mètre ◆ **the bullet missed me ~ inches** la balle m'a raté de quelques centimètres ; → **far, half**

i [dimensions] ◆ **a room three metres ~ four** une pièce de trois mètres sur quatre

j [points of compass] ◆ **south ~ south-west** sud quart sud-ouest ◆ **south-west ~ south** sud-ouest quart sud

k [in oaths] ◆ **"I swear by Almighty God to ..."** "je jure devant Dieu de ..." ◆ **~ heck** *, **there's money to be made in this business!** fichtre * ! il y a vraiment de l'argent à gagner dans cette affaire !

l [method, means, manner] à ◆ **to do sth ~ hand/~ machine** faire qch à la main/à la machine ◆ **to sell ~ the metre/the kilo** vendre au mètre/au kilo ◆ **to pay ~ the hour** payer à l'heure ◆ **to rent a house ~ the month** louer une maison au mois

◆ **by** + *-ing* en ◆ ~ **leaving early he missed the rush** en partant de bonne heure il a évité la foule ◆ ~ **saving hard he managed to buy a small flat** en économisant beaucoup, il a réussi à s'acheter un petit appartement

m [with means of transport] en ◆ ~ **bus/car/taxi** en bus/voiture/taxi ◆ ~ **plane/train** en avion/train ◆ ~ **bicycle** à bicyclette, à vélo

n [with agent] par ◆ **he was killed ~ lightning** il a été tué par la foudre ◆ **he had been warned ~ his neighbour** il avait été prévenu par son voisin ◆ **I was surprised ~ their reaction** j'ai été surpris par leur réaction ◆ **he had a daughter ~ his first wife** il a eu une fille de sa première femme

> When there is no clear agent, the active is more natural in French:

◆ **he was disappointed ~ it** ça l'a déçu

o [= created, written by] de ◆ **a painting ~ Van Gogh** un tableau de Van Gogh ◆ **who's it ~?** c'est de qui ?

p [set structures]

◆ **by and by** *(= in a minute)* dans un instant ; *(= soon)* bientôt ◆ **I'll be with you ~ and ~** je suis à vous dans un instant ◆ **you'll be sorry ~ and ~** tu vas bientôt le regretter, tu ne seras pas long à le regretter ◆ ~ **and ~ we heard voices** au bout d'un certain temps, nous avons entendu des voix ; see also **compounds**

◆ **by and large** globalement ◆ ~ **and large, I still think this is true** globalement, je crois toujours que c'est vrai

◆ **by the way, by the by** au fait, à propos ◆ ~ **the way, did you know it was Ann's birthday?** au fait *or* à propos, tu savais que c'était l'anniversaire d'Ann ?

2 - ADVERB

[= along, past] ◆ **he'll be ~ any minute** il sera là dans un instant ◆ **a train hurtled ~** un train passa à toute allure

3 - COMPOUNDS

▷ **by-and-by** * N *(hum)* ◆ **in the sweet ~-and-~** un de ces jours ▷ **by-election** N élection *f* (législative) partielle ▷ **by-law** N *(Brit)* arrêté *m* (municipal) ▷ **by-line** N *(Press)* signature *f (en tête d'un article)* ▷ **by-play** N *(Theat)* jeu *m* de scène secondaire ▷ **by-product** N *(Ind etc)* sous-produit *m*, dérivé *m* ; *(fig)* sous-produit *m*, conséquence *f* (indirecte) ▷ **by-road** N chemin *m* détourné, chemin *m* de traverse ▷ **by-your-leave** N ◆ **without so much as a ~-your-leave** sans même demander la permission

---

**bye**[1] /baɪ/ N ◆ **by the ~** à propos, au fait COMP ▷ **bye-election** N ⇒ **by-election** ; → **by** ▷ **bye-law** N ⇒ **by-law** ; → **by**

**bye**[2] * /baɪ/ EXCL (abbrev of **goodbye**) au revoir ! ◆ ~ **for now!** à tout à l'heure !

**bye-bye** * /'baɪ'baɪ/ EXCL au revoir ! N *(baby talk)* ◆ **to go to ~s** aller au dodo *, aller faire dodo *

**Byelorussia** /ˌbjeləʊ'rʌʃə/ N Biélorussie *f*

**Byelorussian** /ˌbjeləʊ'rʌʃən/ ADJ biélorusse N Biélorusse *mf*

**bygone** /'baɪgɒn/ ADJ passé, d'autrefois ◆ **in ~ days** dans l'ancien temps, jadis N ◆ **let ~s be ~s** oublions le passé, passons l'éponge (là-dessus)

**BYO** /ˌbiːwaɪ'əʊ/ N *(Austral)* (abbrev of **bring your own**) *restaurant non autorisé à vendre de l'alcool où l'on peut apporter son propre vin, etc*

**BYOB** /ˌbiːwaɪəʊ'biː/ (abbrev of **bring your own bottle** *or* **beer** *or* **booze**) apportez à boire

**bypass** /'baɪpɑːs/ N a *(= road)* route *f or* bretelle *f* de contournement ◆ **the Carlisle ~** la route qui contourne Carlisle b *(Tech = pipe etc)* conduit *m* de dérivation, by-pass *m inv* c *(Elec)* dérivation *f*, by-pass *m inv* d *(Med)* pontage *m* ◆ **he's had a charisma ~** * il est totalement dépourvu de charme ◆ **he's had a humour ~** * il n'a pas le sens de l'humour VT a *[+ town, village]* contourner, éviter b *[+ source of supply, material]* éviter d'utiliser, se passer de ; *[+ part of programme, method]* omettre ; *[+ regulations]* contourner ◆ **he ~ed his foreman and went straight to see the manager** il est allé trouver le directeur sans passer par le contremaître COMP ▷ **bypass operation** N, **bypass surgery** N *(NonC) (Med)* pontage *m*

**byre** /'baɪəʳ/ N *(dial)* étable *f*

**bystander** /'baɪˌstændəʳ/ N spectateur *m*, -trice *f*

**byte** /baɪt/ N *(Comput)* octet *m*

**byway** /'baɪweɪ/ N chemin *m* (écarté) ; *(fig) [of subject]* élément *m* annexe ; → **highway**

**byword** /'baɪwɜːd/ N *(Brit)* ◆ **he** *or* **his name was a ~ for meanness** son nom était devenu synonyme d'avarice

**Byzantine** /baɪ'zæntaɪn/ ADJ byzantin, de Byzance

**Byzantium** /baɪ'zæntɪəm/ N Byzance

# C

**C, c** /siː/ **N** **a** *(= letter)* C, c *m* ◆ **C for Charlie** ≈ C comme Camille **b** *(Mus)* do *m*, ut *m* ; → **key, middle** **c** *(Comput)* C *m* **d** *(Scol = mark)* assez bien *(12 sur 20)* **ABBR** **a** (abbrev of **Celsius, Centigrade**) C **b** *(US etc)* abbrev of **cent** **c** abbrev of **century** **d** (abbrev of **circa**) vers **e** abbrev of **centime** **f** abbrev of **cubic**

**C4** *(Brit TV)* (abbrev of **Channel 4**) → **channel**

**C5** *(Brit TV)* (abbrev of **Channel 5**) → **channel**

**CA¹** abbrev of **California**

**CA²** /siː'eɪ/ **N** **a** (abbrev of **chartered accountant**) → **charter** **b** (abbrev of **Central America**) → **central**

**C/A** *(Fin)* **a** (abbrev of **capital account**) → **capital** **b** (abbrev of **current account**) → **current** **c** (abbrev of **credit account**) → **credit**

**CAA** /,siːeɪ'eɪ/ **N** **a** *(Brit)* (abbrev of **Civil Aviation Authority**) → **civil** **b** *(US)* abbrev of **Civil Aeronautics Authority**

**CAB** /,siːeɪ'biː/ **N** *(Brit)* (abbrev of **Citizens' Advice Bureau**) → **citizen**

**cab** /kæb/ **N** **a** *(= taxi)* taxi *m* ; *(horse-drawn)* fiacre *m* ◆ **by ~** en taxi, en fiacre **b** *[of lorry, train] (= driver's cab)* cabine *f* **COMP** ▷ **cab rank, cab stand** **N** station *f* de taxis

**cabal** /kə'bæl/ **N** cabale *f*

**cabala** /kə'bɑːlə/ **N** ⇒ **cabbala**

**cabalistic** /,kæbə'lɪstɪk/ **ADJ** ⇒ **cabbalistic**

**cabana** /kə'bɑːnə/ **N** *(US)* cabine *f* (de plage)

**cabaret** /'kæbəreɪ/ **N** cabaret *m* ; *(= floor show)* spectacle *m* (de cabaret)

**cabbage** /'kæbɪdʒ/ **N** chou *m* ◆ **he was little more than a ~**‡ **after the accident** il n'était plus qu'un légume* après l'accident **COMP** ▷ **cabbage lettuce** **N** laitue *f* pommée ▷ **cabbage rose** **N** rose *f* cent-feuilles ▷ **cabbage tree** **N** palmiste *m* ▷ **cabbage white (butterfly)** **N** piéride *f* du chou

**cabbala** /kə'bɑːlə/ **N** cabale *f* *(juive)*

**cabbalistic** /,kæbə'lɪstɪk/ **ADJ** cabalistique

**cabbie*, cabby*** /'kæbɪ/, **cabdriver** /'kæb,draɪvəʳ/ **N** *[of taxi]* chauffeur *m* (de taxi), taxi* *m* ; *[of horse-drawn cab]* cocher *m*

**caber** /'keɪbəʳ/ **N** *(Scot Sport)* tronc *m* ◆ **to toss the ~** lancer le tronc ◆ **tossing the ~** le lancement du tronc

**cabin** /'kæbɪn/ **N** *(= hut)* cabane *f*, hutte *f* ; *[of boat]* cabine *f* ; *(Rail = signal box)* cabine *f* d'aiguillage ; *[of lorry, train] (= driver's cabin)* cabine *f* ; → **log¹** **COMP** ▷ **cabin boy** **N** *(Naut)* mousse *m* ▷ **cabin class** **N** *(Naut)* deuxième classe *f* ▷ **cabin crew** **N** *(Aviat)* équipage *m* ▷ **cabin cruiser** **N** cruiser *m* ▷ **cabin trunk** **N** malle-cabine *f*

**cabinet** /'kæbɪnɪt/ **N** **a** *(= furniture)* meuble *m* (de rangement) ; *(glass-fronted)* vitrine *f* ; *(= filing cabinet)* classeur *m* ; → **medicine**

**b** *(Brit Parl)* cabinet *m*, ≈ Conseil *m* des ministres ◆ **to form a ~** former un gouvernement

**c** *(US Pol) organe qui conseille le Président*

**COMP** *(Parl) [crisis, decision, post]* ministériel ▷ **Cabinet meeting** **N** *(Parl)* réunion *f* du Cabinet *or* du Conseil des ministres ▷ **Cabinet minister** **N** membre *m* du Conseil des ministres ; → **reshuffle**

> **Cabinet**
>
> Au Royaume-Uni, **Cabinet** désigne l'équipe gouvernementale. Composée d'une vingtaine de ministres choisis par le Premier ministre, ce conseil soumet des projets de lois au Parlement et défend la politique gouvernementale.
> Aux États-Unis en revanche, le **Cabinet** est un organe purement consultatif, qui conseille le président. Ses membres n'appartiennent pas nécessairement au monde politique ; ce sont souvent de hauts fonctionnaires choisis pour leurs compétences et dont la nomination est approuvée par le Sénat. Le « kitchen cabinet » est un groupe de conseillers officieux du président.

**cabinetmaker** /'kæbɪnɪt,meɪkəʳ/ **N** ébéniste *m*

**cabinetmaking** /'kæbɪnɪt,meɪkɪŋ/ **N** ébénisterie *f*

**cable** /'keɪbl/ **N** *(Elec, Telec, gen)* câble *m* ; *(Naut = measure)* encablure *f* ◆ **by ~** *(Telec)* par câble ; → **overhead** **VT** *[+ news]* câbler, télégraphier *(sth to sb* qch à qn*)* ; *[+ city, homes]* câbler ◆ **to ~ sb** câbler à qn **COMP** ▷ **cable car** **N** téléphérique *m* ; *(on rail)* funiculaire *m* ▷ **cable-knit** **ADJ** *[sweater]* à torsades ▷ **cable-laying** **N** pose *f* de câbles ◆ **~-laying ship** câblier *m* ▷ **cable railway** **N** funiculaire *m* ▷ **cable release** **N** *(Phot)* déclencheur *m* souple ▷ **cable stitch** **N** *(Knitting)* point *m* de torsade ▷ **cable television** **N** télévision *f* par câble

**cablecast** /'keɪblkɑːst/ *(TV)* **N** émission *f* de télévision par câble **VT** transmettre par câble

**cablegram** † /'keɪblgræm/ **N** câblogramme † *m*

**cablevision** /'keɪbl,vɪʒən/ **N** ⇒ **cable television** ; → **cable**

**cableway** /'keɪblweɪ/ **N** benne *f* suspendue

**cabling** /'keɪblɪŋ/ **N** *(NonC) (= cables)* câbles *mpl* ; *(= process)* câblage *m*

**caboodle**‡ /kə'buːdl/ **N** ◆ **the whole ~** tout le bazar*, tout le tintouin*

**caboose** /kə'buːs/ **N** *(Brit Naut)* coquerie *f* ; *(US Rail)* fourgon *m* de queue

**cabotage** /,kæbə'tɑːʒ/ **N** *fait de réserver le trafic intérieur aux transporteurs d'un pays*

**ca' canny*** /'kɔː'kænɪ/ **EXCL** *(Scot)* doucement !

**cacao** /kə'kɑːəʊ/ **N** *(= bean)* cacao *m* ; *(= tree)* cacaoyer *m*

**cache** /kæʃ/ **N** **a** *(= place)* cachette *f* ◆ **a ~ of weapons** une cache d'armes **b** *(Comput)* mémoire *f* tampon **VT** mettre dans une cachette **COMP** ▷ **cache memory** **N** *(Comput)* mémoire cache

**cachepot** /'kæʃ,pɒt, kæʃ'pəʊ/ **N** cache-pot *m*

**cachet** /'kæʃeɪ/ **N** *(all senses)* cachet *m*

**cack**‡ /kæk/ **N** *(Brit lit, fig)* merde*‡ *f* **COMP** ▷ **cack-handed*** **ADJ** *(Brit)* maladroit

**cackle** /'kækl/ **N** *[of hen]* caquet *m* ; *[of people] (= laugh)* gloussement *m* ; *(= talking)* caquetage *m*, jacasserie *f* **VI** *[hens]* caqueter ; *[people] (= laugh)* glousser ; *(= talk)* caqueter, jacasser

**cacophonous** /kæ'kɒfənəs/ **ADJ** cacophonique, discordant

**cacophony** /kæ'kɒfənɪ/ **N** cacophonie *f*

**cactus** /'kæktəs/ **N** (pl **cactuses** *or* **cacti** /'kæktaɪ/) cactus *m*

**CAD** /kæd/ **N** (abbrev of **computer-aided design**) CAO *f*

**cad** † * /kæd/ **N** goujat *m*, mufle *m*

**cadaver** /kə'deɪvəʳ, kə'dɑːvəʳ/ **N** cadavre *m*

**cadaverous** /kə'dævərəs/ **ADJ** *(lit, fig) [complexion]* cadavéreux ; *[appearance]* cadavérique

**CADCAM** /'kæd,kæm/ **N** (abbrev of **computer-aided design and manufacture**) CFAO *f*

**caddie** /'kædɪ/ *(Golf)* **N** caddie *or* caddy *m* **VI** ◆ **to ~ for sb** être le caddie de qn **COMP** ▷ **caddie car, caddie cart** **N** *(= trolley)* chariot *m* ; *(motorized)* chariot *m* électrique, golfette *f*

**caddish** † * /ˈkædɪʃ/ ADJ *[person]* grossier, mufle ◆ **a ~ thing to do** une muflerie

**caddy¹** /ˈkædɪ/ N a (also **tea caddy**) boîte *f* à thé b *(US = shopping trolley)* chariot *m*, caddie ® *m*

**caddy²** /ˈkædɪ/ N ⇒ **caddie**

**cadence** /ˈkeɪdəns/ N *(= intonation)* modulation *f* (de la voix) ; *(= rhythm)* cadence *f*, rythme *m* ; *(Mus)* cadence *f*

**cadenza** /kəˈdenzə/ N *(Mus)* cadence *f*

**cadet** /kəˈdet/ N a *(Mil etc)* élève *m* officier *(d'une école militaire ou navale)* ; *(Police)* élève *mf* agent de police ; *(Scol)* *collégien qui poursuit une préparation militaire* b *(= younger son)* cadet *m* ADJ cadet COMP ▷ **cadet corps** N *(in school)* peloton *m* de préparation militaire ; *(Police)* corps *m* d'élèves policiers *(de moins de 18 ans)* ▷ **cadet school** N école *f* militaire

**cadge** * /kædʒ/ *(Brit)* VT ◆ **to ~ £10 from** *or* **off sb** taper * qn de 10 livres ◆ **to ~ a meal from** *or* **off sb** se faire payer * un repas par qn ◆ **to ~ a lift from** *or* **off sb** se faire emmener en voiture par qn

**cadger** /ˈkædʒəʳ/ N *(Brit)* parasite *m* ; *[of money]* tapeur * *m*, -euse * *f* ; *[of meals]* pique-assiette *mf inv*

**Cadiz** /kəˈdɪz/ N Cadix

**cadmium** /ˈkædmɪəm/ N cadmium *m*

**cadre** /ˈkædrɪ/ N *(Mil, Pol, fig)* cadre *m*

**CAE** /ˌsiːeɪˈiː/ N (abbrev of **computer-aided engineering**) IAO *f*

**caecum, cecum** *(US)* /ˈsiːkəm/ N (pl **caeca** /ˈsiːkə/) caecum *m*

**Caesar** /ˈsiːzəʳ/ N César *m* ◆ **Julius ~** Jules César *m* ◆ **~ salad** salade *f* César

**Caesarea** /ˌsiːzəˈrɪə/ N Césarée

**Caesarean, Caesarian** /siːˈzeərɪən/ ADJ césarien ◆ **~ (operation** *or* **section)** *(Med)* césarienne *f*

**caesium, cesium** *(US)* /ˈsiːzɪəm/ N cæsium *m*

**caesura** /sɪˈzjʊərə/ N (pl **caesuras** *or* **caesurae** /sɪˈzjʊəriː/) césure *f*

**CAF** /ˌsiːeɪˈef/ (abbrev of **cost and freight**) → **cost**

**café** /ˈkæfeɪ/ N *(Brit)* snack(-bar) *m* COMP ▷ **café bar** N café *m* ▷ **café society** N *(NonC)* beau monde *m*

**cafeteria** /ˌkæfɪˈtɪərɪə/ N *(gen)* cafétéria *f* ; *(US Scol)* cantine *f* ; *(US Univ)* restaurant *m* universitaire

**cafetière** /ˌkæfəˈtjeəʳ/ N cafetière *f* à piston

**caff** ‡ /kæf/ N ⇒ **café**

**caffein(e)** /ˈkæfiːn/ N caféine *f* ◆ **~(e)-free** sans caféine

**caftan** /ˈkæftæn/ N caf(e)tan *m*

**cage** /keɪdʒ/ N cage *f* ; *[of elevator]* cabine *f* ; *(Min)* cage *f* VT a (also **cage up**) mettre en cage, encager b * *(= imprison)* mettre en prison, mettre à l'ombre * COMP ▷ **cage(d) bird** N oiseau *m* en cage *or* captif

**cagey** * /ˈkeɪdʒɪ/ ADJ *[person]* *(= discreet)* cachottier ; *(= suspicious)* méfiant ◆ **she is ~ about her age** elle n'aime pas avouer son âge ◆ **the company was ~ about releasing its results** la compagnie était réticente à divulguer ses résultats

**cagily** * /ˈkeɪdʒəlɪ/ ADV avec méfiance

**cagoule** /kəˈguːl/ N anorak *m*, K-way ® *m*

**cahoots** * /kəˈhuːts/ N ◆ **to be in ~ (with)** être de mèche (avec) *

**CAI** /ˌsiːeɪˈaɪ/ N (abbrev of **computer-aided instruction**) EAO *m*

**caiman** /ˈkeɪmən/ N (pl **-mans**) caïman *m*

**Cain** /keɪn/ N Caïn *m* ◆ **to raise ~** * *(= make a noise)* faire un boucan de tous les diables * ; *(= make a fuss)* faire tout un scandale *(about* à propos de)

**cairn** /keən/ N a *(= pile of stones)* cairn *m* b (also **cairn terrier**) cairn *m*

**cairngorm** /ˈkeəngɔːm/ N a *(= stone)* quartz *m* fumé b ◆ **Cairngorm Mountains, Cairngorms** monts *mpl* Cairngorm

**Cairo** /ˈkaɪərəʊ/ N Le Caire

**caisson** /ˈkeɪsən/ N *(Mil, Naut)* caisson *m*

**cajole** /kəˈdʒəʊl/ VT cajoler ◆ **to ~ sb into doing sth** faire faire qch à qn à force de cajoleries

**cajolery** /kəˈdʒəʊlərɪ/ N cajoleries *fpl*

**Cajun** /ˈkeɪdʒən/ *(US)* ADJ cajun N Cajun *mf*

**cake** /keɪk/ N a gâteau *m* ; *(= fruit cake)* cake *m* ; *(= sponge cake)* génoise *f*, gâteau *m* de Savoie ◆ **~s and ale** *(fig)* plaisirs *mpl* ◆ **it's selling** *or* **going like hot ~s** * cela se vend comme des petits pains ◆ **it's a piece of ~** * c'est du gâteau * ◆ **he takes the ~** * à lui le pompon * ◆ **that takes the ~!** * ça, c'est le bouquet * *or* le comble ! ◆ **they want a slice of the ~, they want a fair share of the ~** ils veulent leur part du gâteau ◆ **you can't have your ~ and eat it** on ne peut pas avoir le beurre et l'argent du beurre ; → **Christmas, fish**

b *[of chocolate]* tablette *f* ; *[of wax, tobacco]* pain *m* ◆ **~ of soap** savonnette *f*, (pain *m* de) savon *m*

VI *[mud]* sécher, former une croûte ; *[blood]* (se) coaguler

VT ◆ **mud ~d his forehead** la boue formait une croûte sur son front ; see also **caked**

COMP ▷ **cake mix** N préparation *f* pour gâteaux ▷ **cake pan** N *(US)* moule *m* à gâteau ▷ **cake shop** N pâtisserie *f* ▷ **cake stand** N assiette *f* montée *or* à pied ; *(tiered)* serviteur *m* ; *(in shop)* présentoir *m* (à gâteaux) ▷ **cake tin** N *(for storing)* boîte *f* à gâteaux ; *(Brit)* *(for baking)* moule *m* à gâteaux

**caked** /keɪkt/ ADJ *[blood]* coagulé ; *[mud]* séché ◆ **his clothes were ~ with** *or* **in blood/mud** ses vêtements étaient maculés de sang séché/crottés

**cakewalk** /ˈkeɪkwɔːk/ N *(Mus)* cake-walk *m*

**CAL** /ˌsiːeɪˈel/ N (abbrev of **computer-aided learning**) EAO *m*

**Cal.** abbrev of **California**

**calabash** /ˈkæləbæʃ/ N *(= fruit)* calebasse *f*, gourde *f* ; *(= tree)* calebassier *m* ; *(Mus)* calebasse *f (utilisée comme bongo ou maraca)*

**calaboose** * /ˈkæləbuːs/ N *(US)* taule ‡ *f*

**calabrese** /ˌkæləˈbreɪzɪ/ N brocoli *m*

**Calabria** /kəˈlæbrɪə/ N Calabre *f*

**Calabrian** /kəˈlæbrɪən/ ADJ calabrais N Calabrais(e) *m(f)*

**calamine** /ˈkæləmaɪn/ N calamine *f* COMP ▷ **calamine lotion** N lotion *f* calmante à la calamine

**calamitous** /kəˈlæmɪtəs/ ADJ *[event, decision]* calamiteux ; *[person]* infortuné

**calamity** /kəˈlæmɪtɪ/ N calamité *f*

**calcareous** /kælˈkeərɪəs/ ADJ calcaire COMP ▷ **calcareous clay** N marne *f*

**calcification** /ˌkælsɪfɪˈkeɪʃən/ N calcification *f*

**calcify** /ˈkælsɪfaɪ/ VT calcifier VI se calcifier

**calcination** /ˌkælsɪˈneɪʃən/ N calcination *f*

**calcine** /ˈkælsaɪn/ VT *(Ind)* calciner VI *(Ind)* se calciner

**calcium** /ˈkælsɪəm/ N calcium *m* COMP ▷ **calcium chloride** N chlorure *m* de calcium ▷ **calcium oxide** N oxyde *m* de calcium

**calculable** /ˈkælkjʊləbl/ ADJ calculable

**calculate** /ˈkælkjʊleɪt/ VT a *[+ speed, weight, distance, numbers]* calculer *(also Math)* ◆ **to ~ the cost of sth** calculer le prix de qch ◆ **he ~d that he would have enough money to do it** il a calculé qu'il aurait assez d'argent pour le faire

b *(= reckon, judge)* *[+ probability, consequence, risk]* évaluer ◆ **to ~ one's chances of escape** évaluer les chances qu'on a de s'évader

c *(US = suppose)* supposer, estimer

d *(fig)* ◆ **it is ~d to do ...** *(= intended)* c'est destiné à faire ... ◆ **their actions were ~d to terrify farmers into abandoning their land** leurs actions étaient destinées à terrifier les fermiers afin qu'ils abandonnent leurs terres ◆ **this was not ~d to reassure me** *(= didn't have the effect of)* cela n'était pas fait pour me rassurer ◆ **their statement was hardly ~d to deter future immigrants** leur déclaration n'était certes pas faite pour dissuader de futurs immigrants

VI *(Math)* calculer, faire des calculs ◆ **to ~ on doing sth** *(fig)* avoir l'intention de faire qch ◆ **he is calculating on delaying the elections until spring** il a l'intention de repousser les élections jusqu'au printemps

► **calculate on** VT FUS *(= reckon on)* compter ◆ **she ~d on spending three days in Glasgow** elle comptait passer trois jours à Glasgow

**calculated** /ˈkælkjʊleɪtɪd/ ADJ *[action, decision, insult]* délibéré ◆ **a ~ gamble** *or* **risk** un risque calculé ; → **calculate**

**calculating** /ˈkælkjʊleɪtɪŋ/ ADJ a *(= scheming, unemotional)* *[person]* calculateur (-trice *f*) ◆ **to give sb a ~ look** regarder qn d'un air calculateur ◆ **his eyes were ~ and calm** son regard était calme et calculateur ◆ **a cold and ~ criminal** un criminel froid et calculateur b *(= cautious)* prudent, prévoyant c ◆ **~ machine** ⇒ **calculator a**

**calculation** /ˌkælkjʊˈleɪʃən/ N a *(Math, fig)* calcul *m* ◆ **to make a ~** faire *or* effectuer un calcul ◆ **by my ~s** d'après mes calculs ◆ **it upset his ~s** cela a déjoué ses calculs b *(NonC = scheming)* attitude *f* calculatrice ◆ **cold, cruel ~** une attitude calculatrice, froide et cruelle

**calculator** /ˈkælkjʊleɪtəʳ/ N a *(= machine)* machine *f* à calculer, calculatrice *f* ; *(pocket)* calculatrice *f* (de poche), calculette *f* b *(= table of figures)* table *f*

**calculus** /ˈkælkjʊləs/ N (pl **calculuses** *or* **calculi** /ˈkælkjʊlaɪ/) *(Math, Med)* calcul *m* ; → **differential, integral**

**Calcutta** /kælˈkʌtə/ N Calcutta

**caldron** /ˈkɔːldrən/ N ⇒ **cauldron**

**Caledonia** /ˌkælɪˈdəʊnɪə/ N Calédonie *f*

**Caledonian** /ˌkælɪˈdəʊnɪən/ ADJ calédonien N *(liter)* Calédonien(ne) *m(f)*

**calendar** /ˈkæləndəʳ/ N a calendrier *m* b *(= directory)* annuaire *m* ◆ **university ~** *(Brit)* ≃ livret *m* de l'étudiant c *(Jur)* rôle *m* VT *(= index)* classer *(par ordre de date)* ; *(= record)* inscrire sur un calendrier COMP ▷ **calendar month** N mois *m* calendaire ▷ **calendar year** N année *f* calendaire

**calends** /ˈkæləndz/ NPL calendes *fpl* ◆ **at the Greek ~** *(fig)* aux calendes grecques

**calf¹** /kɑːf/ N (pl **calves**) a *(= young cow or bull)* veau *m* ◆ **a cow in** *or* **with ~** une vache pleine ; → **fat** **b** (also **calfskin**) (cuir *m* de) veau *m*, vachette *f* ; *(for shoes, bags)* box (-calf) *m* **c** *[of elephant]* éléphanteau *m* ; *[of deer]* faon *m* ; *[of whale]* baleineau *m* ; *[of buffalo]* buffletin *m* **COMP** ▷ **calf love** **N** amour *m* juvénile

**calf²** /kɑːf/ **N** (pl **calves**) *(Anat)* mollet *m*

**caliber** /ˈkælɪbəʳ/ **N** *(US)* ⇒ **calibre**

**calibrate** /ˈkælɪbreɪt/ **VT** *[+ instrument, tool]* étalonner, calibrer ; *[+ level, amount]* calibrer

**calibration** /ˌkælɪˈbreɪʃən/ **N** étalonnage *m*, calibrage *m*

**calibre, caliber** *(US)* /ˈkælɪbəʳ/ **N** *(lit, fig)* calibre *m* ◆ **a man of his ~** un homme de cette envergure *or* de ce calibre

**calico** /ˈkælɪkəʊ/ **N** (pl **calicoes** *or* **calicos**) calicot *m* ; *(US)* indienne *f*

**Calif.** abbrev of **California**

**California** /ˌkælɪˈfɔːnɪə/ **N** Californie *f*

**Californian** /ˌkælɪˈfɔːnɪən/ **ADJ** californien **N** Californien(ne) *m(f)*

**californium** /ˌkælɪˈfɔːnɪəm/ **N** californium *m*

**calipers** /ˈkælɪpəz/ **NPL** *(US)* ⇒ **callipers**

**caliph** /ˈkeɪlɪf/ **N** calife *m*

**calisthenics** /ˌkælɪsˈθenɪks/ **N** *(NonC)* gymnastique *f* suédoise

**calk¹** /kɔːk/ **VT** *[+ shoe, horseshoe]* munir de crampons **N** *[of shoe, horseshoe]* crampon *m*

**calk²** /kɔːk/ **VT** *[+ drawing, design]* décalquer, calquer

**call** /kɔːl/ LANGUAGE IN USE 26.3, 27

**N** **a** *(= shout)* appel *m*, cri *m* ◆ **within ~** à portée de (la) voix ◆ **a ~ for help** un appel au secours ; → **roll**

**b** *[of bird]* cri *m* ; *[of bugle, trumpet]* sonnerie *f* ; *[of drum]* batterie *f*

**c** (also **telephone call**) coup *m* de téléphone, coup *m* de fil* ◆ **to make a ~** téléphoner, passer un coup de téléphone *or* de fil* ◆ **there's a ~ for you** on te demande au téléphone, il y a un appel pour toi ◆ **I have a ~ for you from London** *[operator]* on vous appelle de Londres, j'ai un appel pour vous de Londres ◆ **I'm putting your ~ through** *[operator]* je vous mets en communication ◆ **I want to pay for the three ~s I made** je voudrais régler mes trois communications (téléphoniques) ; → **local, long¹, trunk**

**d** *(= summons, invitation) (also Comput)* appel *m* ; *[of justice]* exigence *f* ; *[of conscience]* voix *f* ; *(Theat) (= actor's reminder)* appel *m* ; (also **curtain call**) rappel *m* ; *(= vocation)* vocation *f* ; *(Rel: in Presbyterian church)* nomination *f* ◆ **to have** *or* **receive a ~ to ...** *(Rel)* être nommé pasteur à ... ◆ **to be on ~** *[doctor etc]* être de garde ◆ **to give sb an early morning ~** réveiller qn de bonne heure ◆ **I'd like a ~ at 7am** j'aimerais qu'on me réveille *subj* à 7 heures ◆ **they put out a ~ for him** *(Telec, Rad etc)* on l'a fait appeler, on a lancé un appel à son intention ◆ **~ for capital** *(Fin)* appel *m* de fonds ◆ **the ~ of the unknown** l'attrait *m* de l'inconnu ◆ **the ~ of the sea** l'appel *m* du large ◆ **the ~ of duty** l'appel *m* du devoir ◆ **a ~ of nature** *(euph)* un besoin naturel

**e** *(= short visit: also Med)* visite *f* ◆ **to make** *or* **pay a ~ on sb** rendre visite à qn, aller voir qn ◆ **I have several ~s to make** *(gen)* j'ai plusieurs choses à faire ; *[doctor]* j'ai plusieurs visites à faire ◆ **place** *or* **port of ~** *(Naut)* (port *m* d')escale *f* ; see also **pay**

**f** *(= demand)* ◆ **there have been ~s for new security measures** on a demandé de nouvelles mesures de sécurité ◆ **there's not much ~ for these articles** ces articles ne sont pas très demandés ◆ **money repayable at** *or* **on ~/at three months'** ~ *(Fin)* argent *m* remboursable sur demande/à trois mois ◆ **I have many ~s on my time** je suis très pris *or* très occupé ◆ **the UN has too many ~s on its resources** on fait trop appel aux ressources de l'ONU ◆ **to have first ~ on sb's time** avoir la priorité dans l'emploi du temps de qn

**g** *(= need)* ◆ **there is no ~ for you to worry** il n'y a pas lieu de vous inquiéter ◆ **there was** *or* **you had no ~ to say that** vous n'aviez aucune raison de dire cela, vous n'aviez pas à dire cela

**h** *(Bridge)* annonce *f* ; *(Cards)* demande *f* ◆ **whose ~ is it?** à qui de parler *or* d'annoncer ? ◆ **it's your/their** *etc* **~** *(fig)* c'est à toi/eux *etc* de décider

**VT** **a** *[+ person]* appeler ; *(from afar)* héler ; *[+ sb's name]* appeler, crier ◆ **to ~ sb in/out/up** *etc* crier à qn d'entrer/de sortir/de monter *etc* ◆ **"hello!" he ~ed** "bonjour !" cria-t-il ◆ **let's ~ it a day!** * ça suffira pour aujourd'hui ! ◆ **we ~ed it a day * at 3 o'clock** à 3 heures, on a décidé d'arrêter ; → **shot, tune**

**b** *(= give name to)* appeler ◆ **to be ~ed** s'appeler ◆ **what are you ~ed?** comment vous appelez-vous ? ◆ **they ~ each other by their surnames** ils s'appellent par leur nom de famille ◆ **to ~ sth by its proper name** désigner qch par son vrai nom ◆ **he is ~ed after his father** on lui a donné *or* il porte le nom de son père ◆ **he ~s himself a colonel** il se prétend colonel ◆ **are you ~ing me a liar?** dites tout de suite que je suis un menteur ◆ **he ~ed her a liar** il l'a traitée de menteuse ◆ **she ~s me lazy and selfish** elle dit que je suis fainéant et égoïste, elle me traite de fainéant et d'égoïste ; → **name, so, spade**

**c** *(= consider)* trouver, considérer ◆ **would you ~ French a difficult language?** diriez-vous que le français est une langue difficile ? ◆ **I ~ that a shame** je trouve que c'est (vraiment) dommage ◆ **that's what I ~ rudeness** c'est ce que j'appelle de la grossièreté ◆ **shall we ~ it $10?** *(agreeing on price)* disons 10 dollars ?

**d** *(= summon)* appeler, convoquer ; *(= waken)* réveiller ◆ **to ~ a doctor** appeler *or* faire venir un médecin ◆ **~ me at eight** réveillez-moi à huit heures ◆ **London ~ing** *(Rad)* ici Londres ◆ **to ~ the police/an ambulance** appeler la police/une ambulance ◆ **the fire brigade was ~ed** on a appelé les pompiers ◆ **~ me a taxi!** appelez-moi un taxi ! ◆ **to ~ a meeting** convoquer une assemblée ◆ **a meeting has been ~ed for Monday** une réunion est prévue lundi ◆ **he felt ~ed to be a teacher** sa vocation était d'enseigner ; → **case¹, duty, evidence, witness**

**e** *(= telephone)* appeler ◆ **don't ~ us, we'll ~ you** ce n'est pas la peine de nous appeler, on vous appellera

**f** *(Bridge)* ◆ **to ~ three spades** annoncer *or* demander trois piques ◆ **to ~ game** demander la sortie

**g** *(US Sport) [+ game]* arrêter, suspendre

**h** *(phrases)* → **account, arms, banns, bar¹, being, bluff², close¹**

**VI** **a** *[person]* appeler, crier ; *[bird]* pousser un cri ◆ **I have been ~ing for five minutes** cela fait cinq minutes que j'appelle ◆ **to ~ (out) to sb** appeler qn ; *(from afar)* héler qn

**b** (= *visit:* also **call in**) passer ◆ **she ~ed (in) to see her mother** elle est passée voir sa mère ◆ **he was out when I ~ed (in)** il n'était pas là quand je suis passé chez lui ◆ **will you ~ (in) at the grocer's?** voulez-vous passer *or* vous arrêter chez l'épicier ? ◆ **to ~ (in) at a port/at Dover** *(Naut)* faire escale dans un port/à Douvres

**c** *(= telephone)* appeler ◆ **who's ~ing?** c'est de la part de qui ? ◆ **to ~ in sick** téléphoner pour dire qu'on est malade

**COMP** ▷ **call centre** **N** *(Telec)* centre *m* d'appels ▷ **call girl** **N** call-girl *f* ▷ **call-in, call-in program** **N** *(US Rad)* émission *f* à lignes ouvertes ▷ **call letters** **NPL** *(US Telec)* indicatif *m* (d'appel) ▷ **call loan** **N** *(Fin)* prêt *m* exigible ▷ **call money** **N** *(NonC: Fin)* taux *m* de l'argent au jour le jour ▷ **call number** **N** *(US) [of library book]* cote *f* ▷ **call option** **N** *(St Ex)* option *f* d'achat ▷ **call-out charge, call-out fee** **N** frais *mpl* de déplacement ▷ **call-over** **N** appel *m* nominal ; *(Mil)* appel *m* ▷ **call screening** **N** *(Telec)* filtrage *m* des appels ▷ **call sign, call signal** **N** *(Telec)* indicatif *m* (d'appel) ▷ **call slip** **N** *(in library)* fiche *f* de prêt ▷ **call-up** **N** *(Mil) (= military service)* appel *m* (sous les drapeaux), convocation *f* ; *[of reservists]* rappel *m* ◆ **general ~-up** *(in wartime)* mobilisation *f* générale, levée *f* en masse ◆ **to get a ~-up into a squad** *(Sport)* être sélectionné pour jouer dans une équipe ▷ **call-up papers** **NPL** papiers *mpl* militaires ▷ **call waiting** **N** *(Telec)* signal *m* d'appel

► **call aside** **VT SEP** *[+ person]* prendre à part

► **call away** **VT SEP** ◆ **to be called away on business** être obligé de s'absenter pour affaires ◆ **to be ~ed away from a meeting** devoir quitter une réunion

► **call back** *(Telec)*

**VI** rappeler

**VT SEP** rappeler

► **call down** **VT SEP** **a** *[+ curses]* appeler (*on sb* sur la tête de qn)

**b** *(US* * *= scold)* enguirlander *, attraper

► **call for** **VT FUS** **a** *(= summon) [+ person]* appeler ; *[+ food, drink]* demander, commander ; *(fig) [+ courage]* exiger, nécessiter ◆ **to ~ for measures against** demander que des mesures soient prises contre ◆ **the situation ~s for a new approach** la situation nécessite *or* exige une nouvelle approche ◆ **this contract ~s for the development of ...** ce contrat prévoit le développement de ... ◆ **strict measures are ~ed for** des mesures strictes sont nécessaires, il est nécessaire de prendre des mesures strictes ◆ **such rudeness was not ~ed for** une telle grossièreté n'était pas justifiée ◆ **to ~ for sb's resignation** réclamer la démission de qn

**b** *(= collect)* ◆ **I'll call for you at 6 o'clock** je passerai vous prendre à 6 heures ◆ **he ~ed for the books** il est passé chercher les livres

► **call forth** **VT SEP** *(liter) [+ protest]* soulever, provoquer ; *[+ remark]* provoquer

► **call in**

**VI** → **call**

**VT SEP** **a** *[+ doctor]* faire venir, appeler ; *[+ police]* appeler ◆ **he was ~ed in to lead the inquiry** on a fait appel à lui pour mener l'enquête

**b** *[+ money, library books]* faire rentrer ; *[+ banknotes]* retirer de la circulation ; *[+ faulty machines etc]* rappeler ◆ **the bank ~ed in his overdraft** la banque l'a obligé à couvrir son découvert *or* à approvisionner son compte ◆ **to ~ in one's chips** * *(esp Brit fig)* utiliser son influence

► **call off**

**VI** se décommander

**VT SEP** **a** *[+ appointment, trip, wedding]* annuler ; *[+ agreement]* rompre, résilier ; *[+ match] (= cancel)* annuler ; *(= cut short)* interrompre ◆ **to ~ off a deal** résilier *or* annuler un marché ◆ **to ~ off a strike** *(before it starts)* annuler une grève ; *(after it starts)* mettre fin à une grève ◆ **they ~ed off their engagement** ils ont rompu leurs fiançailles ◆ **he ~ed off their engagement** il a rompu ses fiançailles

b *[+ dog]* rappeler ◆ **to ~ off the dogs** *(fig)* cesser ses attaques

► **call on** VT FUS a *(= visit person)* rendre visite à, aller *or* passer voir ◆ **our representative will ~ on you** *(Comm)* notre représentant passera vous voir

b (also **call upon**) ◆ **to call on sb to do sth** *(= invite)* prier qn de faire qch ; *(= order)* mettre qn en demeure de faire qch ◆ **I now ~ on Mr Austin to speak** je laisse maintenant la parole à M. Austin ◆ **to ~ on sb for sth** demander *or* réclamer qch à qn ◆ **to ~ on God** invoquer le nom de Dieu

► **call out**

VI pousser un *or* des cri(s) ◆ **to ~ out for sth** demander qch à haute voix ◆ **to ~ out to sb** héler qn

VT SEP a *[+ doctor]* appeler ; *[+ troops, fire brigade, police]* faire appel à ◆ **to ~ workers out (on strike)** lancer un ordre de grève

b *(for duel)* appeler sur le terrain

► **call over**

VT SEP appeler ◆ **he ~ed me over to see the book** il m'a appelé pour que je vienne voir le livre

N ◆ **call-over** → **call**

► **call round** VI ◆ **to call round to see sb** passer voir qn ◆ **I'll ~ round in the morning** je passerai dans la matinée

► **call up**

VT SEP a *(Mil) [+ reinforcements]* appeler ; *[+ troops]* mobiliser ; *[+ reservists]* rappeler

b *(esp US Telec)* appeler (au téléphone), téléphoner à

c *(= recall) [+ memories]* évoquer

d *(Comput)* ◆ **to call up a file** ouvrir un fichier

N ◆ **call-up** → **call**

► **call upon** VT FUS ⇒ **call on b**

**Callanetics** ® /ˌkæləˈnetɪks/ N *(NonC) gymnastique douce caractérisée par la répétition fréquente de légers exercices musculaires*

**callbox** /ˈkɔːlbɒks/ N *(Brit)* cabine *f* (téléphonique) ; *(US)* ≃ dispositif *m or* borne *f* d'urgence

**callboy** /ˈkɔːlbɔɪ/ N *(Theat)* avertisseur *m* ; *[of hotel]* chasseur *m*, groom *m*

**caller** /ˈkɔːləʳ/ LANGUAGE IN USE 27.5 N *(= visitor)* visiteur *m*, -euse *f* ; *(Brit Telec)* demandeur *m*, -euse *f*

**calligramme, calligram** *(US)* /ˈkælɪɡræm/ N calligramme *m*

**calligrapher** /kəˈlɪɡrəfəʳ/ N calligraphe *mf*

**calligraphic** /ˌkælɪˈɡræfɪk/ ADJ calligraphique

**calligraphy** /kəˈlɪɡrəfɪ/ N calligraphie *f*

**calling** /ˈkɔːlɪŋ/ N a *(= occupation)* métier *m*, état † *m* ; *(= vocation)* vocation *f* ◆ **he is a doctor by ~** il est médecin par vocation ◆ **a man dedicated to his ~** un homme qui se consacre entièrement à son métier b *(NonC) [of meeting etc]* convocation *f* COMP ▷ **calling card** N carte *f* de visite

**calliope** /kəˈlaɪəpɪ/ N orgue *m* à vapeur

**callipers** /ˈkælɪpəz/ NPL *(Brit)* a *(Math)* compas *m* b *(Med) (for limb)* gouttière *f* ; *(for foot)* étrier *m* ; *(= leg-irons)* appareil *m* orthopédique

**callisthenics** /ˌkælɪsˈθenɪks/ N *(NonC)* ⇒ **calisthenics**

**callosity** /kæˈlɒsɪtɪ/ N callosité *f*

**callous** /ˈkæləs/ ADJ a *(fig)* dur, sans cœur ◆ **~ to** insensible à b *(Med)* calleux

**calloused** /ˈkæləst/ ADJ calleux

**callously** /ˈkæləslɪ/ ADV *[treat, behave, act, speak]* avec dureté, durement ; *[decide, suggest]* cyniquement

**callousness** /ˈkæləsnɪs/ N *[of person, statement]* dureté *f* ; *[of behaviour]* froideur *f*, insensibilité *f* ; *[of crime]* inhumanité *f*

**callow** /ˈkæləʊ/ ADJ inexpérimenté, novice ◆ **a ~ youth** un blanc-bec *

**callus** /ˈkæləs/ N (pl **calluses**) cal *m*, durillon *m*

**callused** /ˈkæləst/ ADJ ⇒ **calloused**

**calm** /kɑːm/ ADJ calme ◆ **the weather is ~** le temps est calme ◆ **the sea was dead ~** la mer était d'huile ◆ **to grow ~** se calmer ◆ **to keep** *or* **remain ~** garder son calme *or* sang-froid ◆ **keep ~!** du calme ! ◆ **(cool,) ~ and collected** maître (maîtresse *f*) de soi (-même) ◆ **on ~ reflection** après avoir réfléchi calmement ◆ **~(er) waters** *(lit, fig)* eaux *fpl* (plus) calmes N a *(= calm period)* période *f* de calme *or* de tranquillité ; *(after movement, agitation)* accalmie *f* ◆ **a dead ~** *(Naut)* un calme plat ◆ **the ~ before the storm** *(lit, fig)* le calme qui précède la tempête b *(= calmness)* calme *m* ; *(under stress)* calme *m*, sang-froid *m* VT calmer VI *[sea, wind]* calmir *(liter)*, se calmer

► **calm down** VI se calmer, s'apaiser ◆ **~ down!** du calme !, calmez-vous ! VT SEP *[+ person]* calmer, apaiser

**calming** /ˈkɑːmɪŋ/ ADJ calmant, apaisant

**calmly** /ˈkɑːmlɪ/ ADV calmement

**calmness** /ˈkɑːmnɪs/ N *[of person]* calme *m* ; *(under stress)* sang-froid *m* ; *[of sea, elements]* calme

**Calor gas** ® /ˈkæləɡæs/ N *(Brit)* butane *m*, Butagaz ® *m*

**caloric** /ˈkælərɪk/ ADJ thermique N chaleur *f* COMP ▷ **caloric energy** N énergie *f* thermique

**calorie** /ˈkælərɪ/ N calorie *f* COMP ▷ **calorie-conscious** * ADJ ◆ **she's too ~-conscious** elle pense trop aux calories ▷ **calorie-controlled diet** N ◆ **to be on a ~-controlled diet** suivre un régime basses calories ; → **low**[1]

**calorific** /ˌkæləˈrɪfɪk/ ADJ calorifique COMP ▷ **calorific value** N valeur *f* calorifique

**calque** /kælk/ N *(also Ling)* calque *m* (on de)

**calumniate** /kəˈlʌmnɪeɪt/ VT calomnier

**calumny** /ˈkæləmnɪ/ N calomnie *f* ; *(Jur)* diffamation *f*

**calvary** /ˈkælvərɪ/ N *(= monument)* calvaire *m* ◆ **Calvary** le Calvaire

**calve** /kɑːv/ VI vêler, mettre bas

**calves** /kɑːvz/ NPL of **calf**

**Calvinism** /ˈkælvɪnɪzəm/ N calvinisme *m*

**Calvinist** /ˈkælvɪnɪst/ ADJ, N calviniste *mf*

**Calvinistic** /ˌkælvɪˈnɪstɪk/ ADJ calviniste

**calyces** /ˈkeɪlɪsiːz/ NPL of **calyx**

**calypso** /kəˈlɪpsəʊ/ N calypso *m*

**calyx** /ˈkeɪlɪks/ N (pl **calyxes** *or* **calyces**) *(Bot)* calice *m*

**calzone** /kælˈtsəʊnɪ/ N calzone *f*, pizza *f* soufflée

**CAM** /kæm/ N (abbrev of **computer-aided manufacture**) FAO *f*

**cam** /kæm/ N a *(on camshaft)* came *f* b * (also **camshaft**) arbre *m* à cames

**camaraderie** /ˌkæməˈrɑːdərɪ/ N camaraderie *f*

**camber** /ˈkæmbəʳ/ N *[of road]* profil *m*, pente *f* transversale ; *(Archit)* cambrure *f*, courbure *f* ; *(Aviat)* courbure *f* ; *(Naut) [of deck]* tonture *f* VT *[+ road]* bomber ; *[+ beam]* cambrer ; *(Naut) [+ deck]* donner une tonture à VI *[beam]* être cambré ; *[road]* bomber, être bombé

**Cambodia** /kæmˈbəʊdɪə/ N Cambodge *m*

**Cambodian** /kæmˈbəʊdɪən/ ADJ cambodgien N a Cambodgien(ne) *m(f)* b *(Ling)* khmer *m*

**Cambrian** /ˈkæmbrɪən/ ADJ *(Geol) [period]* cambrien COMP ▷ **Cambrian Mountains** NPL monts *mpl* Cambriens

**cambric** /ˈkeɪmbrɪk/ N batiste *f*

**Cambs** abbrev of **Cambridgeshire**

**camcorder** /ˈkæmˌkɔːdəʳ/ N caméscope *m*

**came** /keɪm/ VB pt of **come**

**camel** /ˈkæməl/ N *(gen)* chameau *m* ; (also **she-camel**) chamelle *f* ; *(= dromedary)* dromadaire *m* ; (also **racing camel**) méhari *m* ; → **straw** COMP *(in colour) [coat]* (de couleur) fauve *inv* ▷ **the Camel Corps** N *(Mil)* les méharistes *mpl* ▷ **camel hair, camel's hair** N poil *m* de chameau ADJ *[brush, coat]* en poil de chameau ▷ **camel train** N caravane *f* de chameaux

**camellia** /kəˈmiːlɪə/ N camélia *m*

**cameo** /ˈkæmɪəʊ/ N a camée *m* b *(Cine)* ◆ **~ (part** *or* **appearance)** brève apparition *f (d'une grande vedette)*

**camera** /ˈkæmərə/ N a *(stills)* appareil *m* (photographique), appareil-photo *m* ; *(film, video)* caméra *f* ◆ **on ~** filmé, enregistré ; → **aerial, capture, colour, film** b *(Jur)* ◆ **in ~** à huis clos COMP ▷ **camera crew** N *(Cine, TV)* équipe *f* de prise de vues ▷ **camera obscura** N chambre *f* noire *(appareil)* ▷ **camera operator** N caméraman *m* (caméramans *pl*), cameraman *m* (cameramen *pl*), cadreur *m* ▷ **camera phone** N téléphone *m* avec appareil photo numérique intégré ▷ **camera-ready copy** N *(Typ)* copie *f* prête à la reproduction ▷ **camera-shy** ADJ qui déteste être pris en photo

> ⚠ *In French,* **caméra** *only means a film or video camera.*

**cameraman** /ˈkæmərəmən/ N (pl **-men**) *(Cine, TV)* caméraman *m* (caméramans *pl*), cadreur *m* ; *(on credits)* "prise de vue(s)"

**camerawork** /ˈkæmərəwɜːk/ N *(NonC: Cine)* prise *f* de vue(s)

**Cameroon** /ˌkæməˈruːn/ N Cameroun *m*

**Cameroonian** /ˌkæməˈruːnɪən/ ADJ camerounais N Camerounais(e) *m(f)*

**camiknickers** /ˈkæmɪˌnɪkəz/ NPL chemise-culotte *f* ; *(modern)* teddy *m*

**camisole** /ˈkæmɪsəʊl/ N caraco *m*

**camomile** /ˈkæməʊmaɪl/ N camomille *f* COMP ▷ **camomile shampoo** N shampoing *m* à la camomille ▷ **camomile tea** N (infusion *f* de) camomille *f*

**camouflage** /ˈkæməflɑːʒ/ *(Mil, fig)* N camouflage *m* VT camoufler

**camp**[1] /kæmp/ N a *(lit)* camp *m* ; *(less permanent)* campement *m* ◆ **to be in ~** camper ◆ **to go to ~** partir camper ◆ **to break ~** lever le camp ◆ **to set up ~** installer son camp ; *(fig)* s'installer ; → **concentration, foot, holiday, pitch**[1]

b *(fig)* camp *m*, parti *m* ◆ **in the same ~** dans le même camp, du même bord ◆ **the Blair ~** les partisans de Blair, le camp de Blair

**VI** camper ◆ **to go ~ing** partir camper

**COMP** ▷ **camp chair** N ⇒ **camping chair ;** → **camping** ▷ **camp counsellor** N *(US Scol)* animateur *m*, -trice *f (de camp de vacances)* ▷ **camp follower** N *(fig)* sympathisant(e) *m(f)* ; *(Mil † = prostitute)* prostituée *f*, fille *f* à soldats * ; *(Mil † = civilian worker) civil accompagnant une armée* ▷ **camp ground** N ⇒ **camping ground ;** → **camping** ▷ **camp meeting** N *(US Rel)* rassemblement *m* religieux *(en campement ou sous un chapiteau)* ▷ **camp site** N ⇒ **camping site ;** → **camping** ▷ **camp stool** N ⇒ **camping stool ;** → **camping** ▷ **camp stove** N ⇒ **camping stove ;** → **camping**

► **camp out** VI camper, vivre sous la tente ◆ **we'll have to ~ out in the kitchen** * nous allons devoir camper *or* il va falloir que nous campions *subj* dans la cuisine

**camp²** * /kæmp/ **ADJ** **a** *(= affected) [person, behaviour, talk]* affecté, maniéré ; *(= overdramatic) [person]* cabotin ; *[gestures]* théâtral ; *(= affecting delight in bad taste)* qui aime le kitsch, qui fait parade de mauvais goût ; *(= fashionable because of poor taste)* kitsch *inv* **b** *(= effeminate)* efféminé ; *(= homosexual) [man]* qui fait pédé ‡ *or* tapette ‡ ; *[manners, clothes]* de pédé ‡, de tapette ‡ ◆ **to be as ~ as a row of tents** * être pédé comme un phoque ‡ **N** *(also* **high camp***) (of manners)* affectation *f* ; *(effeminate)* manières *fpl* efféminées **VT** ◆ **to ~ it up** cabotiner

**campaign** /kæmˈpeɪn/ **N** *(Mil, fig)* campagne *f* ◆ **to lead** *or* **conduct** *or* **run a ~ for/against** mener une campagne *or* faire campagne pour/contre ; → **advertising, election, publicity VI** *(Mil)* faire campagne ; *(fig)* mener une *or* faire campagne *(for* pour ; *against* contre)

**COMP** ▷ **campaign worker** N *(Pol)* membre *m* de l'état-major *(d'un candidat)*

**campaigner** /kæmˈpeɪnəʳ/ N *(Mil)* ◆ **old ~** vétéran *m* ◆ **a ~ for/against electoral reform** *(fig)* un(e) militant(e) pour/contre la réforme électorale ◆ **a human rights/peace/environmental ~** un(e) militant(e) des droits de l'homme/de la paix/de la protection de l'environnement ◆ **his qualities as a ~** *(Pol)* ses qualités en tant que candidat en campagne (électorale)

**Campania** /kæmˈpeɪnɪə/ N Campanie *f*

**campanile** /ˌkæmpəˈniːlɪ/ N campanile *m*

**campanology** /ˌkæmpəˈnɒlədʒɪ/ N *(NonC)* art *m* du carillonnement

**campbed** /ˈkæmpˈbed/ N *(Brit)* lit *m* de camp

**camper** /ˈkæmpəʳ/ N **a** *(= person)* campeur *m*, -euse *f* **b** *(also ~* **van***)* camping-car *m*

**campfire** /ˈkæmpfaɪəʳ/ N feu *m* de camp

**camphor** /ˈkæmfəʳ/ N camphre *m*

**camphorated** /ˈkæmfəreɪtɪd/ **ADJ** camphré

**COMP** ▷ **camphorated oil** N huile *f* camphrée

**camping** /ˈkæmpɪŋ/ **N** camping *m (activité)*

**COMP** ▷ **camping chair** N chaise *f* de camping, chaise *f* pliante ▷ **Camping gas** N *(Brit = gas)* butane *m* ; *(US = stove)* camping-gaz ® *m inv* ▷ **camping ground, camping site** N *(commercialized)* (terrain *m* de) camping *m* ; *(clearing etc)* endroit *m* où camper ▷ **camping stool** N pliant *m* ▷ **camping stove** N réchaud *m* de camping, camping-gaz ® *m inv* ▷ **camping van** N camping-car *m*, autocaravane *f* ; → **camp¹**

**campion** /ˈkæmpɪən/ N *(Bot)* lychnis *m*

**campus** /ˈkæmpəs/ **N** (pl **campuses**) *(Univ) (gen)* campus *m* ; *(= building complex)* campus *m*, complexe *m* universitaire ; *(fig)* monde *m* universitaire ; → **off, on**

**COMP** ▷ **campus police** N *(US Univ)* vigiles *mpl*

**campy** ‡ /ˈkæmpɪ/ **ADJ** ⇒ **camp² adj**

**CAMRA** /ˈkæmrə/ N *(Brit)* (abbrev of **Campaign for Real Ale**) *association qui cherche à améliorer la qualité de la bière*

**camshaft** /ˈkæmʃɑːft/ N *(Aut)* arbre *m* à cames

**can¹** /kæn/ LANGUAGE IN USE 3, 4, 9.2, 15.4

**MODAL AUX VB** (neg **cannot**, cond, pret **could**) **a** *(indicating possibility: in neg improbability)* ◆ **the situation ~ change from day to day** la situation peut changer d'un jour à l'autre ◆ **it could be true** cela pourrait être vrai, il se peut que cela soit vrai ◆ **she could still decide to go** elle pourrait encore décider d'y aller ◆ **you could be making a big mistake** tu fais peut-être *or* tu es peut-être en train de faire une grosse erreur ◆ **~ he have done it already?** est-il possible qu'il l'ait déjà fait ? ◆ **could he have done it without being seen?** est-ce qu'il aurait pu le faire *or* lui aurait-il été possible de le faire sans être vu ? ◆ **~** *or* **could you be hiding something from us?** est-il possible *or* se peut-il que vous nous cachiez *subj* quelque chose ? ◆ **he could have changed his mind without telling you** il aurait pu changer d'avis sans vous le dire ◆ **(perhaps) he could have forgotten** il a peut-être oublié ◆ **it could have been you who got hurt** cela aurait aussi bien pu être vous le blessé ◆ **you can't be serious!** (ce n'est pas possible,) vous ne parlez pas sérieusement ! ◆ **that cannot be!** † c'est impossible ! ◆ **as big/pretty** *etc* **as ~** *or* **could be** aussi grand/joli *etc* qu'il est possible de l'être ◆ **as soon as ~** *or* **could be** aussitôt *or* dès que possible, le plus vite possible ◆ **he can't have known about it until you told him** (il est) impossible qu'il l'ait su avant que vous (ne) lui en ayez parlé ◆ **she can't be very clever if she failed this exam** elle ne doit pas être très intelligente pour avoir été recalée à cet examen ◆ **things can't be as bad as you say they are** la situation n'est sûrement pas aussi mauvaise que tu le dis

**b** *(stressed, expressing astonishment)* **he CAN'T be dead!** ce n'est pas possible, il n'est pas mort ! ◆ **how CAN you say that?** comment pouvez-vous *or* osez-vous dire ça ? ◆ **where CAN he be?** où peut-il bien être ? ◆ **what CAN it be?** qu'est-ce que cela peut bien être ? ◆ **what COULD she have done with it?** qu'est-ce qu'elle a bien pu en faire ?

**c** *(= am etc able to)* (je) peux *etc* ◆ **he ~ lift the suitcase if he tries hard** il peut soulever la valise s'il fait l'effort nécessaire ◆ **help me if you ~** aidez-moi si vous (le) pouvez ◆ **more cake? – no, I really couldn't** encore du gâteau ? – non, je n'ai vraiment plus faim ◆ **he will do what he ~** il fera ce qu'il pourra, il fera son possible ◆ **he will help you all he ~** il vous aidera de son mieux ◆ **~ you come tomorrow?** pouvez-vous venir demain ? ◆ **he couldn't speak because he had a bad cold** il ne pouvait pas parler parce qu'il avait un mauvais rhume ◆ **I could have done that 20 years ago but can't now** il y a 20 ans j'aurais pu le faire mais (je ne peux) plus maintenant ◆ **he could have helped us if he'd wanted to** il aurait pu nous aider s'il l'avait voulu ◆ **he could have described it but he refused to do so** il aurait pu *or* su le décrire mais il a refusé (de le faire)

**d** *(= know how to)* (je) sais *etc* ◆ **he ~ read and write** il sait lire et écrire ◆ **he ~ speak Italian** il parle italien, il sait parler (l')italien ◆ **she could not swim** elle ne savait pas nager

**e** *(with verbs of perception)* ◆ **I ~ see you** je vous vois ◆ **they could hear him speak** ils l'entendaient parler ◆ **~ you smell it?** tu le sens ? ◆ **I could see them coming in** je les voyais entrer *or* qui entraient ◆ **he could hear her shouting** il l'entendait crier

**f** *(= have the right to, have permission to)* (je) peux *etc* ◆ **you ~ go** vous pouvez partir ◆ **~ I have some milk? – yes, you ~** puis-je avoir du lait ? – mais oui, bien sûr ◆ **could I have a word with you? – yes, of course you could** est-ce que je pourrais vous parler un instant (s'il vous plaît) ? – oui bien sûr ◆ **I could have left earlier but decided to stay** j'aurais pu partir plus tôt, mais j'ai décidé de rester ◆ **I can't go out** je ne peux pas sortir, je n'ai pas le droit de sortir ◆ **I couldn't leave until the meeting ended** il m'était impossible de partir *or* je ne pouvais pas partir avant la fin de la réunion

**g** *(indicating suggestion)* ◆ **you could try telephoning him** tu pourrais (toujours) lui téléphoner ◆ **you could have been a little more polite** *(indicating reproach)* tu aurais pu être un peu plus poli ◆ **you could have told me before** tu aurais pu me le dire avant *or* plus tôt

**h** *(= be occasionally capable of)* ◆ **she ~ be very unpleasant** elle peut (parfois) être très désagréable ◆ **it ~ be very cold here** il peut faire très froid ici, il arrive qu'il fasse très froid ici

**i** *(*: "could" = want to)* ◆ **I could smack him !** je le giflerais !, je pourrais le gifler ! ◆ **I could have smacked him** je l'aurais giflé ◆ **I could have wept** j'en aurais pleuré

**COMP** ▷ **can-do** * **ADJ** *(US) [person, organization]* dynamique

**can²** /kæn/ **N** **a** *(for milk, oil, water, petrol)* bidon *m* ; *(for garbage)* boîte *f* à ordures, poubelle *f* ◆ **(to be left) to carry the ~** * *(Brit)* payer les pots cassés

**b** *[of preserved food]* boîte *f* (de conserve) ; *[of hair spray, deodorant]* bombe *f*, aérosol *m* ◆ **a ~ of fruit** une boîte de fruits (en conserve) ◆ **a ~ of beer/cola** une canette *or* une boîte de bière/coca ◆ **meat in ~s** de la viande en boîte *or* en conserve ◆ **a ~ of worms** * un sac de nœuds * ◆ **to open a ~ of worms** * ouvrir la boîte de Pandore *(liter)*, déclencher un sac de nœuds *

**c** *(Cine) [of film]* boîte *f* ◆ **it's in the ~** * c'est dans la boîte

**d** *(US ‡) (= lavatory)* waters *mpl*, chiottes ‡ *fpl* ; *(= buttocks)* postérieur * *m*

**e** *(US ‡ = jail)* taule ‡ *f*, prison *f*

**VT** **a** *[+ food]* mettre en boîte(s) *or* en conserve ◆ **~ned fruit/salmon** fruits *mpl*/saumon *m* en boîte *or* en conserve ◆ **~ned food, ~ned goods** conserves *fpl* ◆ **~ned heat** *(US)* méta ® *m* ◆ **~ned music** * musique *f* enregistrée ◆ **~ned laughter** *(Rad, TV)* rires *mpl* en conserve *or* préenregistrés ◆ **to be ~ned** ‡ *(fig = drunk)* être rétamé ‡ *or* rond * ◆ **~ it!** ‡ *(US)* ferme-la ! *, la ferme ! *

**b** *(US * = dismiss from job)* virer *, renvoyer

**COMP** ▷ **can opener** N ouvre-boîtes *m inv*

**Canaan** /ˈkeɪnən/ N terre *f or* pays *m* de C(h)anaan

**Canaanite** /ˈkeɪnənaɪt/ N C(h)ananéen(ne) *m(f)*

**Canada** /ˈkænədə/ N Canada *m*

**Canadian** /kəˈneɪdɪən/ **ADJ** *(gen)* canadien ; *[ambassador, embassy]* du Canada, canadien **N** Canadien(ne) *m(f)* ; → **French**

**COMP** ▷ **Canadian elk** N orignal *m* ▷ **Canadian English** N *(Ling)* anglo-canadien *m*, anglais *m* du Canada ▷ **Canadian French** N *(Ling)* franco-canadien *m*, français *m* du Canada

**canal** /kəˈnæl/ N a canal *m* b *(Anat)* conduit *m*, canal *m* ; → **alimentary** COMP ▷ **canal barge, canal boat** N chaland *m*, péniche *f* ▷ **the Canal Zone** N *(Geog) (Brit: Suez)* la zone du canal de Suez ; *(US: Panama)* la zone du canal de Panama

**canalization** /ˌkænəlaɪˈzeɪʃən/ N canalisation *f*

**canalize** /ˈkænəlaɪz/ VT canaliser

**canapé** /ˈkænəpeɪ/ N *(Culin)* canapé *m*

**canard** /kæˈnɑːd/ N canard* *m*, bobard* *m*

**Canaries** /kəˈnɛərɪz/ NPL ⇒ **Canary Islands** ; → **canary**

**canary** /kəˈnɛərɪ/ N a *(= bird)* canari *m*, serin *m* b *(= wine)* vin *m* des Canaries COMP *(also* **canary yellow***)* (de couleur) jaune serin *inv*, jaune canari *inv* ▷ **canary grass** N *(Bot)* alpiste *m* ▷ **the Canary Islands, the Canary Isles** NPL *(Geog)* les (îles *fpl*) Canaries *fpl* ▷ **canary seed** N *(Bot)* millet *m*

**canasta** /kəˈnæstə/ N canasta *f*

**Canberra** /ˈkænbərə/ N Canberra

**cancan** /ˈkænkæn/ N *(also* **French cancan***)* cancan *m*

**cancel** /ˈkænsəl/ LANGUAGE IN USE 21.4 VT a *[+ reservation, room booked, travel tickets, plans]* annuler ; *(= annul, revoke) [+ agreement, contract]* résilier, annuler ; *[+ order, arrangement, meeting, performance, debt]* annuler ; *[+ cheque]* faire opposition à ; *[+ taxi, coach or car ordered, appointment, party]* décommander, annuler ; *[+ stamp]* oblitérer ; *[+ mortgage]* lever ; *[+ decree, will]* révoquer ; *[+ application]* retirer ; *[+ ticket] (= punch)* poinçonner ; *(= stamp)* oblitérer b *[+ flight, train etc]* annuler ; *(= withdraw permanently)* supprimer c *(Math) [+ figures, amounts]* éliminer d *(= cross out, delete)* barrer, rayer VI *[tourist etc]* se décommander

► **cancel out** VT SEP *(Math) [+ noughts]* barrer ; *[+ amounts]* annuler, éliminer ; *(fig)* neutraliser ◆ **they ~ each other out** *(Math)* ils s'annulent ; *(fig)* ils se neutralisent

**cancellation** /ˌkænsəˈleɪʃən/ N *[of event, order, debt, flight, train, reservation, hotel room]* annulation *f* ; *[of agreement, contract]* annulation *f*, résiliation *f (Jur)* ; *[of mortgage]* levée *f* ; *[of decree, will]* révocation *f* ; *[of stamp]* oblitération *f* ; *[of writing, numbers]* biffage *m* ; *(Math)* élimination *f* ◆ **~ of a cheque** opposition *f* à un chèque ◆ **~ fee** taxe *f* d'annulation ◆ **~s will not be accepted after …** *(for travel, hotel)* les réservations ne peuvent être annulées après … ; *(Theat)* les locations ne peuvent être annulées après …

**cancer** /ˈkænsəʳ/ N a *(Med)* cancer *m* ; *(fig)* fléau *m* ◆ **she has ~** elle a un cancer ◆ **lung/breast ~** cancer *m* du poumon/du sein ◆ **his battle against ~** sa bataille contre le cancer b *(Astron)* ◆ **Cancer** le Cancer ◆ **I'm (a) Cancer** *(Astrol)* je suis (du) Cancer ; → **tropic** COMP ▷ **cancer-causing** ADJ cancérigène ▷ **cancer patient** N cancéreux *m*, -euse *f* ▷ **cancer-producing** ADJ cancérigène ▷ **cancer research** N cancérologie *f* ; *(in appeals, funds, charities)* recherche *f* sur *or* contre le cancer ▷ **cancer specialist** N cancérologue *mf* ▷ **cancer stick**‡ N *(Brit pej)* cigarette *f*, clope* *f*

**Cancerian** /kænˈsɪərɪən/ N ◆ **to be a ~** être (du) Cancer

**cancerous** /ˈkænsərəs/ ADJ cancéreux

**candelabra** /ˌkændɪˈlɑːbrə/ N (pl **candelabra** *or* **candelabras**) candélabre *m*

**candelabrum** /ˌkændɪˈlɑːbrəm/ N (pl **candelabrums** *or* **candelabra**) ⇒ **candelabra**

**candid** /ˈkændɪd/ ADJ *[person, smile, criticism]* franc (franche *f*), sincère ; *[report, biography]* qui ne cache rien ◆ **he gave me his ~ opinion of it** il m'a dit franchement ce qu'il en pensait ◆ **~ shots of his friends** photos prises sur le vif COMP ▷ **Candid Camera** N *(= TV programme)* la Caméra cachée

> ⚠ **candid** *is not translated by the French word* **candide***, which means 'naive'.*

**candida** /ˈkændɪdə/ N *(Med)* candidose *f*

**candidacy** /ˈkændɪdəsɪ/ N *(esp US)* candidature *f*

**candidate** /ˈkændɪdeɪt/ N candidat(e) *m(f)* ◆ **to stand as/be a ~** se porter/être candidat ◆ **a ~ for president** un candidat à la présidence ◆ **they are ~s for relegation** *(Ftbl)* ils risquent la relégation ◆ **the obese are prime ~s for heart disease** les obèses sont particulièrement exposés aux maladies cardiaques ◆ **A-level ~s** ≈ candidats *mpl* au baccalauréat

**candidature** /ˈkændɪdətʃəʳ/ N *(Brit)* candidature *f*

**candidly** /ˈkændɪdlɪ/ ADV *[admit, confess]* avec franchise ; *[say, reply]* avec franchise, franchement

**candidness** /ˈkændɪdnɪs/ N franchise *f*, sincérité *f*

**candied** /ˈkændɪd/ ADJ *(Culin) [whole fruit]* glacé, confit ; *[cherries, angelica etc]* confit COMP ▷ **candied peel** N écorce *f* d'orange (*or* de citron *etc*) confite

**candle** /ˈkændl/ N a *(wax: household, on cakes etc)* bougie *f* ; *(tallow: tall, decorative)* chandelle *f* ; *[of church]* cierge *m* ◆ **the game isn't worth the ~** le jeu n'en vaut pas la chandelle ◆ **he can't hold a ~ to his brother** il n'arrive pas à la cheville de son frère ; → **burn**[1], **Roman** b ⇒ **candle-power** COMP ▷ **candle grease** N *(from household candle)* suif *m* ; *(from others)* cire *f* ▷ **candle pin** N *(US)* quille *f* ▷ **candle-power** N *(Elec)* ◆ **a 20 ~-power lamp** une (lampe de) 20 bougies

**candlelight** /ˈkændllaɪt/ N ◆ **by ~** à la lueur d'une bougie COMP ▷ **candlelight dinner** N dîner *m* aux chandelles

**candlelit** /ˈkændllɪt/ ADJ *[room, restaurant]* éclairé à la bougie *or* aux chandelles COMP ▷ **candlelit dinner** N dîner *m* aux chandelles

**Candlemas** /ˈkændlmæs/ N la Chandeleur

**candlestick** /ˈkændlstɪk/ N *(flat)* bougeoir *m* ; *(tall)* chandelier *m*

**candlewick** /ˈkændlwɪk/ N chenille *f* (de coton) ◆ **a ~ bedspread** un couvre-lit en chenille

**candour, candor** *(US)* /ˈkændəʳ/ N franchise *f*, sincérité *f*

**C & W** /ˌsiːənˈdʌbljuː/ (abbrev of **country-and-western**) → **country**

**candy** /ˈkændɪ/ N sucre *m* candi ; *(US)* bonbon(s) *m(pl)* ◆ **it's like taking ~ from a baby** c'est simple comme bonjour VT *[+ sugar]* faire candir ; *[+ fruit]* glacer, confire VI se candir, se cristalliser COMP ▷ **candy-ass***** N *(US)* couille molle*** *f* ▷ **candy bar** N *(US)* confiserie *f* en barre ▷ **candy-floss** N *(Brit)* barbe *f* à papa ▷ **candy store** N *(US)* confiserie *f (souvent avec papeterie et tabac)* ▷ **candy-striped** ADJ à rayures multicolores ▷ **candy striper** N *(US) jeune fille s'occupant d'œuvres de bienfaisance dans un hôpital*

**cane** /keɪn/ N a *[of bamboo etc]* canne *f* ; *(for plants)* tuteur *m* ; *(in basket- and furniture-making)* rotin *m*, jonc *m* ; → **sugar** b *(= walking stick)* canne *f* ; *[of officer, rider]* badine *f*, jonc *m* ; *(for punishment)* trique *f*, bâton *m* ; *(Scol)* verge *f*, baguette *f* ◆ **the schoolboy got the ~** l'écolier a reçu des coups de baguette VT *(gen)* donner des coups de trique *or* de bâton à ; *(Scol)* donner des coups de baguette à COMP canné ; *[chair, furniture]* en rotin ▷ **cane sugar** N *(NonC)* sucre *m* de canne

**canine** /ˈkænaɪn/ ADJ canin ◆ **~ (tooth)** *(Anat)* canine *f* COMP ▷ **canine corps** N *(US Police)* corps *m* des maîtres-chiens

**caning** /ˈkeɪnɪŋ/ N ◆ **to get a ~** *(lit)* recevoir la trique ; *(Scol)* recevoir des coups de baguette

**canister** /ˈkænɪstəʳ/ N boîte *f* ◆ **a ~ of teargas** une bombe lacrymogène

**canker** /ˈkæŋkəʳ/ N *(Med)* ulcère *m* ; *(gen syphilitic)* chancre *m* ; *(Bot, fig)* chancre *m* VT *(Med)* ronger COMP ▷ **canker-worm** N ver *m*

**cankerous** /ˈkæŋkərəs/ ADJ *[sore]* rongeur ; *[tissue]* chancreux

**cannabis** /ˈkænəbɪs/ N a *(= plant)* chanvre *m* indien b *(= resin)* cannabine *f* c *(= drug)* cannabis *m*

**cannel(l)oni** /ˌkænɪˈləʊnɪ/ N *(NonC)* cannelloni *mpl*

**cannery** /ˈkænərɪ/ N *(US)* fabrique *f* de conserves, conserverie *f*

**cannibal** /ˈkænɪbəl/ ADJ, N cannibale *mf*, anthropophage *mf*

**cannibalism** /ˈkænɪbəlɪzəm/ N cannibalisme *m*, anthropophagie *f*

**cannibalistic** /ˌkænɪbəˈlɪstɪk/ ADJ *[person, tribe]* cannibale ; *[practices]* de cannibale

**cannibalization** /ˌkænɪbəlaɪˈzeɪʃən/ N *[of machine, product]* cannibalisation *f*

**cannibalize** /ˈkænɪbəlaɪz/ VT *(Tech) [+ machine, car]* démonter pour en réutiliser les pièces ◆ **~d parts** pièces *fpl* récupérées

**cannily** /ˈkænɪlɪ/ ADV astucieusement

**canning** /ˈkænɪŋ/ N mise *f* en conserve *or* en boîte COMP ▷ **canning factory** N fabrique *f* de conserves, conserverie *f* ▷ **canning industry** N industrie *f* de la conserve, conserverie *f*

**cannon** /ˈkænən/ N (pl **cannon** *or* **cannons**) a *(Mil)* canon *m* ; → **water** b *(Tech)* canon *m* c *(Brit Billiards)* carambolage *m* VI *(Brit Billiards)* caramboler ◆ **to ~ off the red** caramboler la rouge ◆ **to ~ into** *or* **against sth** percuter qch ◆ **to ~ into** *or* **against sb** se heurter à qn COMP ▷ **cannon fodder** N chair *f* à canon* ▷ **cannon-shot** N ◆ **within ~-shot** à portée de canon

**cannonade** /ˌkænəˈneɪd/ N canonnade *f*

**cannonball** /ˈkænənbɔːl/ N boulet *m* de canon COMP ▷ **cannonball serve** N *(Tennis)* service *m* boulet de canon

**cannot** /ˈkænɒt/ LANGUAGE IN USE 16.3, 16.4 NEG of **can**[1]

**canny** /ˈkænɪ/ ADJ *(= cautious)* prudent, circonspect ; *(= shrewd)* malin (-igne *f*), futé ; *(= careful with money)* regardant* *(pej)*, économe ◆ **~ answer** réponse *f* de Normand ; → **ca' canny**

**canoe** /kəˈnuː/ N *(gen)* canoë *m* ; *(= dug-out)* pirogue *f* ; *(Sport)* kayak *m* ; → **paddle** VI *(Sport)* faire du canoë-kayak ; *(in dug-out)* aller en pirogue

**canoeing** /kəˈnuːɪŋ/ N *(Sport)* canoë-kayak *m*

**canoeist** /kəˈnuːɪst/ N canoéiste *mf*

**canon** /ˈkænən/ N a (*Mus, Rel, Tech*) canon *m* ; (*fig*) canon *m*, critère *m* ◆ ~ **of the mass** (*Rel*) canon *m* de la messe b (*Rel* = *chapter member*) chanoine *m* COMP ▷ **canon law** N (*Rel*) droit *m* canon

**cañon** /ˈkænjən/ N (*US*) ⇒ **canyon**

**canonical** /kəˈnɒnɪkəl/ ADJ (*Rel*) canonique, conforme aux canons de l'église ; (*Mus*) en canon ; (*fig*) autorisé, qui fait autorité ◆ ~ **dress** (*Rel*) vêtements *mpl* sacerdotaux

**canonization** /ˌkænənaɪˈzeɪʃən/ N (*Rel*) canonisation *f*

**canonize** /ˈkænənaɪz/ VT (*Rel, fig*) canoniser

**canoodle** †* /kəˈnuːdl/ VI se faire des mamours *

**canopied** /ˈkænəpɪd/ ADJ [*bed*] à baldaquin

**canopy** /ˈkænəpɪ/ N [*of bed*] baldaquin *m*, ciel *m* de lit ; [*of throne etc*] dais *m* ; [*of tent etc*] marquise *f* ; [*of rain forest*] canopée *f* ; (*Archit*) baldaquin *m* ; (*Aviat*) [*of parachute*] voilure *f* ; [*of cockpit*] verrière *f* ; (*fig*) [*of sky, heavens*] voûte *f*

**cant**[1] /kænt/ N a (= *insincere talk*) paroles *fpl* hypocrites ; (= *stock phrases*) phrases *fpl* toutes faites, clichés *mpl* b (= *jargon*) jargon *m*, argot *m* de métier ◆ **lawyers'** ~ jargon *m* juridique ; → **thief** VI parler avec hypocrisie *or* affectation

**cant**[2] /kænt/ N a (= *slope, steepness*) pente *f*, déclivité *f* ; (= *sloping surface*) plan *m* incliné ◆ **this wall has a definite** ~ ce mur penche très nettement b (= *jolt*) secousse *f*, à-coup *m* VI (= *tilt*) pencher, s'incliner VT (= *tilt*) incliner, pencher ; (= *overturn*) retourner d'un coup sec

**can't** /kɑːnt/ (abbrev of **cannot**) → **can**[1]

**Cantab.** (abbrev of **Cantabrigiensis**) de Cambridge

**Cantabrian** /kænˈteɪbrɪən/ ADJ, N ◆ **the ~s, the ~ Mountains** les (monts *mpl*) Cantabriques *mpl*

**cantaloup(e)** /ˈkæntəluːp/ N cantaloup *m*

**cantankerous** /kænˈtæŋkərəs/ ADJ irascible

**cantata** /kænˈtɑːtə/ N cantate *f*

**canteen** /kænˈtiːn/ N a (= *restaurant*) cantine *f* b (*Mil*) (= *flask*) bidon *m* ; (= *mess tin*) gamelle *f* c ◆ **a ~ of cutlery** une ménagère d ◆ ~ **culture** * (*Brit*) esprit *m* de corps de garde

**canter** /ˈkæntəʳ/ N petit galop *m* ◆ **to go for a ~** aller faire une promenade à cheval (*au petit galop*) ◆ **to win in** *or* **at a** ~ * (*Brit fig*) gagner haut la main, arriver dans un fauteuil * VI aller au petit galop VT mener *or* faire aller au petit galop

**Canterbury** /ˈkæntəbərɪ/ N Cantorbéry COMP ▷ **Canterbury bell** N (*Bot*) campanule *f* ▷ **Canterbury Tales** NPL (*Literat*) Contes *mpl* de Cantorbéry

**canticle** /ˈkæntɪkl/ N cantique *m*, hymne *m* ◆ **the Canticles** le cantique des cantiques

**cantilever** /ˈkæntɪliːvəʳ/ N (*Tech*) cantilever *m* ; (*Archit*) corbeau *m*, console *f* COMP ▷ **cantilever beam** N poutre *f* en console ▷ **cantilever bridge** N pont *m* cantilever *inv*

**canting** /ˈkæntɪŋ/ ADJ (= *hypocritical*) hypocrite, tartufe

**cantle** /ˈkæntl/ N troussequin *m*

**canto** /ˈkæntəʊ/ N chant *m* (*d'un poème*)

**canton** /ˈkæntɒn/ N (*Admin*) canton *m* VT a [+ *land*] diviser en cantons b (*Mil*) [+ *soldiers*] cantonner

**cantonal** /ˈkæntənl/ ADJ cantonal

**Cantonese** /ˌkæntəˈniːz/ ADJ cantonais N a (*pl inv* = *person*) Cantonais(e) *m(f)* b (*Ling*) cantonais *m* NPL **the Cantonese** les Cantonais *mpl*

**cantonment** /kənˈtuːnmənt/ N cantonnement *m*

**cantor** /ˈkæntɔːʳ/ N (*Rel*) chantre *m*

**Cantuar.** (*Brit Rel*) (abbrev of **Cantuariensis**) de Cantorbéry

**Canuck** * /kəˈnʌk/ N (*often pej*) Canadien(ne) *m(f)* français(e)

**Canute** /kəˈnjuːt/ N Canut *m*

**canvas**[1] /kæn/ N a (*Art, Naut, also of tent*) toile *f* ; (*Sewing*) canevas *m* ◆ **under** ~ (= *in a tent*) sous la tente ; (*Naut*) sous voiles b (= *painting*) toile *f*, tableau *m* COMP en *or* de toile ▷ **canvas chair** N chaise *f* pliante (*en toile*) ▷ **canvas shoes** NPL (*gen*) chaussures *fpl* en toile ; (*rope-soled*) espadrilles *fpl*

**canvas**[2] /ˈkænvəs/ ⇒ **canvass**

**canvaser** /ˈkænvəsəʳ/ N (*US*) ⇒ **canvasser**

**canvass** /ˈkænvəs/ VT a (*Pol*) [+ *district*] faire du démarchage électoral dans ; [+ *person*] solliciter la voix *or* le suffrage de ; (*US* = *scrutinize votes*) pointer b (*Comm*) [+ *district, customers*] prospecter c (= *seek support of*) [+ *influential person*] solliciter le soutien de d (= *seek opinion of*) [+ *person*] sonder (*on* à propos de) ; ◆ **to ~ opinions (on sth)** sonder l'opinion *or* faire un sondage d'opinion (sur qch) e (= *discuss*) [+ *matter, question*] débattre, examiner à fond VI a (*Pol*) [*candidate*] faire campagne ◆ **to ~ for sb** (*Pol*) solliciter des voix pour qn ; (*gen*) faire campagne pour qn b (*Comm*) visiter la clientèle ; (*door to door*) faire du démarchage N ⇒ **canvassing**

**canvasser, canvaser** (*US*) /ˈkænvəsəʳ/ N a (*esp Brit Pol: for support*) agent *m* électoral (*qui sollicite les voix des électeurs*) ; (*US: checking votes*) scrutateur *m*, -trice *f* b (*Comm*) placier *m* ; (*door to door*) démarcheur *m* ◆ **"no canvassers"** "accès interdit aux colporteurs"

**canvassing** /ˈkænvəsɪŋ/ N (*Pol*) démarchage *m* électoral ; (*when applying for job, membership etc*) visites *fpl* de candidature ; (*US* = *inspection of votes*) vérification *f* des votes

**canyon** /ˈkænjən/ N canyon *m*, cañon *m*, gorge *f*

**canyoning** /ˈkænjənɪŋ/ N canyoning *m*

**CAP** /ˌsiːeɪˈpiː/ N (*Pol*) (abbrev of **Common Agricultural Policy**) PAC *f*

**cap** /kæp/ N a (= *headgear*) [*of man, woman, boy*] casquette *f* ; [*of jockey, judge*] toque *f* ; [*of soldier*] calot *m* ; [*of sailor*] bonnet *m* ; [*of gendarme*] képi *m* ; (= *skullcap*) calotte *f* ; [*of cardinal*] barrette *f* ◆ ~ **and gown** (*Univ*) costume *m* universitaire ◆ **to go ~ in hand to sb** aller quémander qch (auprès) de qn ◆ **if the ~ fits(, wear it)** il n'y a que la vérité qui blesse, qui se sent morveux (qu'il) se mouche ◆ **to set one's ~ at sb** † [*woman*] jeter son dévolu sur qn ◆ ~ **and bells** marotte *f* (de bouffon) ; → **black, feather, nightcap, thinking**

b (*Brit Sport*) ◆ **he won his first England ~ against France** il a été sélectionné pour la première fois dans l'équipe d'Angleterre à l'occasion de son match contre la France ◆ **Davis has won 50 ~s for Wales** Davis compte 50 sélections dans l'équipe du pays de Galles ◆ **Elwood is the team's only new** ~ Elwood est le seul nouveau joueur sélectionné dans l'équipe

c (= *lid, cover*) [*of pen*] capuchon *m* ; [*of tooth*] couronne *f* ; (*Aut*) [*of radiator, tyre-valve*] bouchon *m* ; (*Archit*) chapiteau *m*, couronnement *m* ; [*of mushroom*] chapeau *m* ; [*of bottle*] (*screw-off*) bouchon *m* ; (*pry-off*) capsule *f* ; → **axle, kneecap, toecap**

d (= *contraceptive*) diaphragme *m*

e (also **percussion cap**) capsule *f* fulminante ; (*for toy gun*) amorce *f*

VT a (= *put cover on*) (*gen*) couvrir d'une capsule, d'un capuchon *etc* ; [+ *bottle etc*] capsuler ; (*Mil*) [+ *shell*] visser la fusée de ; (*Dentistry*) [+ *tooth*] couronner ; → **snow**

b [+ *person*] coiffer ; (*Univ*) conférer un grade universitaire à ◆ **he was ~ped four times for England** (*Brit Sport*) il a joué quatre fois dans l'équipe d'Angleterre

c (= *surpass, improve on*) [+ *sb's words*] renchérir sur ; [+ *achievements*] surpasser ◆ **he ~ped this story/quotation (with another one)** il a trouvé une histoire/une citation encore meilleure que celle-ci ◆ **to ~ it all** pour couronner le tout ◆ **that ~s it all!** * ça, c'est le bouquet * *or* le comble !

d (= *limit*) [+ *spending, taxes*] imposer un plafond à, plafonner ◆ **he has the power to ~ city councils that spend excessively** il a le pouvoir d'imposer des restrictions budgétaires aux conseils municipaux qui dépensent trop ; see also **charge, rate**[1]

**cap.** * /kæp/ N (abbrev of **capital letter**) → **capital**

**capability** /ˌkeɪpəˈbɪlɪtɪ/ N a aptitude *f* (*to do sth, of doing sth* à faire qch) capacité *f* (*to do sth, for doing sth* de *or* à faire qch) ; ◆ **mental** ~ aptitudes *fpl* *or* capacités *fpl* intellectuelles ◆ **within/beyond one's capabilities** dans ses/ au-dessus de ses capacités b [*of machine*] potentiel *m* ; (*Mil* = *range of weapons etc*) capacité *f* ◆ **NATO's nuclear capabilities** le potentiel *or* la capacité nucléaire de l'OTAN ◆ **we have the military ~ to defend the area** nous avons le potentiel *or* la capacité militaire nécessaire pour défendre cette région ◆ **they have the ~ to produce their own nuclear weapons** ils sont en mesure de produire leurs propres armements nucléaires

**capable** /ˈkeɪpəbl/ LANGUAGE IN USE 15.4 ADJ a [*person*] capable (*of* de) ; [*event, situation*] susceptible (*of* de) ; ◆ **he is ~ of great warmth/tenderness** il est capable de (montrer) beaucoup de chaleur/de tendresse ◆ **he was ~ of murder** il était capable de commettre un meurtre ◆ **sports cars ~ of 150 mph** des voitures *fpl* de sport pouvant atteindre les 240 km/h ◆ **a ship ~ of carrying 650 people** un bateau pouvant transporter 650 personnes b (= *competent*) capable

**capably** /ˈkeɪpəblɪ/ ADV avec compétence

**capacious** /kəˈpeɪʃəs/ ADJ [*hall, hotel*] vaste, d'une grande capacité ; [*container*] d'une grande contenance *or* capacité

**capacitance** /kəˈpæsɪtəns/ N (*Elec*) capacitance *f*

**capacitor** /kəˈpæsɪtəʳ/ N (*Elec*) condensateur *m*

**capacity** /kəˈpæsɪtɪ/ N a [*of container*] contenance *f* ; [*of hall, hotel*] capacité *f* ◆ **filled** *or* **full to** ~ [*box, suitcase*] bourré ; [*hall, bus*] comble, bondé ; [*refugee camp, hospital*] saturé ◆ **the hall has a seating ~ of 400** la salle a 400 places assises ◆ **the tank has a ~ of 100 litres** le réservoir a une capacité *or* une contenance de 100 litres ◆ **a 40,000 ~ stadium** un stade pouvant accueillir 40 000 personnes ◆ **lung** ~ capacité *f* pulmonaire

b (= *capability, inclination*) capacité(s) *f(pl)*, aptitude *f* ◆ **his tremendous ~ for hard work** son énorme capacité à travailler dur ◆ ~ **to do** *or* **for doing sth** capacité *f* à faire qch ◆ **mental** ~ capacités *fpl* intellectuelles ◆ **capacities** capacités *fpl*

c (*Ind*) (= *production potential*) capacité *f* de production ; (= *output, production*) rendement *m* ◆ **to work at** *or* **(full)** ~ [*factory*] fonctionner à plein rendement ◆ **I'm not**

**working at (full) ~ today** *(hum)* je ne suis pas très productif aujourd'hui ◆ **we are increasing (our) ~** nous augmentons notre capacité de production ◆ **we haven't yet reached (full) ~** nous n'avons pas encore atteint notre rendement maximum ◆ **spare** *or* **excess ~** surcapacité *f* ◆ **production ~** capacité *f* de production ◆ **productive ~** *(Econ)* capacité *f* de production ◆ **military ~** capacités *fpl* militaires ◆ **earning ~** capacité *f* à gagner de l'argent ◆ **(electricity-)generating ~** capacité *f* de production (d'électricité)

d *(frm = position, status)* qualité *f*, titre *m* ◆ **in my ~ as a doctor** en ma qualité de médecin ◆ **in his official ~** à titre officiel ◆ **in a personal ~** à titre personnel ◆ **in an advisory ~** à titre consultatif ◆ **we must not employ him in any ~ whatsoever** il ne faut pas l'employer à quelque titre que ce soit

e *(= legal power)* capacité *f* juridique (*to do sth* de faire qch) ; ◆ **to have the ~ to do sth** avoir capacité *or* qualité pour faire qch

COMP ▷ **capacity attendance** N ◆ **there was a ~ attendance** c'était plein *or* bondé ▷ **capacity audience** N ◆ **they were hoping for a ~ audience** ils espéraient faire salle comble ◆ **the show attracted** *or* **drew ~ audiences all over Europe** le spectacle a fait salle comble dans toute l'Europe ◆ **her speech was delivered to a ~ audience** elle a prononcé son discours devant une salle comble ▷ **capacity booking** N ◆ **there was ~ booking** toutes les places étaient louées *or* retenues, on jouait à guichets fermés ▷ **capacity crowd** N ◆ **there was a ~ crowd** il n'y avait plus une place (de) libre ; *(Sport)* le stade était comble

**caparison** /kəˈpærɪsn/ *(liter)* N caparaçon *m* VT *[+ horse]* caparaçonner

**cape**[1] /keɪp/ N *(full length)* cape *f* ; *(half length)* pèlerine *f* ; *[of policeman, cyclist]* pèlerine *f*

**cape**[2] /keɪp/ N *(Geog)* cap *m* ; *(= high cape)* promontoire *m* COMP ▷ **Cape Canaveral** N le Cap Canaveral ▷ **Cape Cod** N le cap Cod ▷ **Cape Coloureds** NPL *(in South Africa)* métis *mpl* sud-africains ▷ **Cape Horn** N le cap Horn ▷ **Cape of Good Hope** N le cap de Bonne-Espérance ▷ **Cape Province** N province *f* du Cap ▷ **Cape Town** N Le Cap ▷ **Cape Verde** N Cap-Vert *m* ◆ **the Cape Verde Islands** les îles *fpl* du Cap-Vert

**caped** /keɪpt/ ADJ portant une cape

**caper**[1] /ˈkeɪpəʳ/ VI (also **caper about**) *[child, elf]* gambader (de joie) N a *(= leap, jump)* cabriole *f*, gambade *f* b *(fig = prank)* **~s** farces *fpl* ◆ **that was quite a ~** * ça a été une vraie partie de rigolade * ◆ **what a ~!** * *(= fuss)* quelle histoire ! ◆ **she served six months in prison for the helicopter ~** * elle a fait six mois de prison pour le coup de l'hélicoptère

**caper**[2] /ˈkeɪpəʳ/ N *(Culin)* câpre *f* ; *(= shrub)* câprier *m* COMP ▷ **caper sauce** N sauce *f* aux câpres

**capercaillie, capercailzie** /ˌkæpəˈkeɪlɪ/ N grand tétras *m*, grand coq *m* de bruyère

**Capernaum** /kəˈpɜːnɪəm/ N Capharnaüm

**capeskin** /ˈkeɪpskɪn/ N *(US)* peau *f* souple pour ganterie

**capful** /ˈkæpfʊl/ N *(= measure of liquid)* ◆ **one ~ to four litres of water** un bouchon (plein) pour quatre litres d'eau

**capillary** /kəˈpɪlərɪ/ ADJ, N *(Bio, Bot)* capillaire *m*

**capital** /ˈkæpɪtl/ ADJ a *(= essential, important)* capital ◆ **of ~ importance** d'une importance capitale

b *(= chief, principal)* capital, principal

c ◆ **~ letter** majuscule *f*, capitale *f* ◆ **~ A, B** *etc* A, B *etc* majuscule ◆ **Art/Life with a ~ A/L** l'Art/la Vie avec un grand A/V

d *(Jur)* capital

e († * = *splendid)* épatant *, fameux *

N a (also **capital city**) capitale *f*

b (also **capital letter**) majuscule *f*, capitale *f*

c *(= money and property)* capital *m* (en espèces et en nature) ; *(= money only)* capital *m*, capitaux *mpl* ◆ **~ invested** mise *f* de fonds ◆ **~ and labour** le capital et la main-d'œuvre ◆ **to make ~ out of** *(fig)* tirer parti *or* profit de ; → **working**

d *(Archit)* chapiteau *m*

COMP ▷ **capital account** N *(Fin, Econ)* compte *m* capital ▷ **capital allowances** NPL déductions *fpl* fiscales pour investissements ▷ **capital assets** NPL actif *m* immobilisé ▷ **capital city** N capitale *f* ▷ **capital cost** N coût *m* d'investissement ▷ **capital equipment** N *(NonC)* biens *mpl* d'équipement ▷ **capital expenditure** N dépenses *fpl* d'investissement ▷ **capital gains** NPL augmentation *f* de capital, plus-values *fpl* (en capital) ▷ **capital gains tax** N impôt *m* sur les plus-values (en capital) ▷ **capital goods** NPL biens *mpl* d'équipement ▷ **capital intensive** ADJ *[industry etc]* (à forte intensité) capitalistique ▷ **capital levy** N prélèvement *m or* impôt *m* sur le capital ▷ **capital offence** N crime *m* capital ▷ **capital punishment** N peine *f* capitale, peine *f* de mort ▷ **capital reserves** NPL réserves *fpl* et provisions *fpl* ▷ **capital sentence** N condamnation *f* à mort ▷ **capital ship** N *(Naut)* grosse unité *f* de guerre ▷ **capital stock** N capital *m* social ▷ **capital sum** N capital *m* ▷ **capital transactions** NPL transactions *fpl* en capital ▷ **capital transfer tax** N *(Brit)* impôt *m* sur le transfert des capitaux

**capitalism** /ˈkæpɪtəlɪzəm/ N capitalisme *m*

**capitalist** /ˈkæpɪtəlɪst/ ADJ, N capitaliste *mf*

**capitalistic** /ˌkæpɪtəˈlɪstɪk/ ADJ capitaliste

**capitalization** /kəˌpɪtəlaɪˈzeɪʃən/ N capitalisation *f*

**capitalize** /kəˈpɪtəlaɪz/ VT a *(Fin) [+ property, plant]* capitaliser ; *[+ company]* constituer le capital social de *(par émission d'actions)* ; *(fig)* capitaliser sur, tirer profit *or* parti de ◆ **over-/under-~d** *(Fin)* sur-/sous-capitalisé b *(Typ = put into capitals)* mettre en majuscule(s) VI *(fig)* ◆ **to ~ on** *[+ circumstances, information]* exploiter, tirer profit de ; *[+ public ignorance, sb's naivety]* exploiter ; *[+ talents, one's image]* tirer parti de ; *(financially)* monnayer

**capitation** /ˌkæpɪˈteɪʃən/ N *(Fin:* also **capitation tax**) capitation *f* COMP ▷ **capitation allowance** N *(Brit Scol)* dotation *f* forfaitaire par élève *(accordée à un établissement)*

**Capitol** /ˈkæpɪtl/ N ◆ **the ~** *(US)* le Capitole *(siège du Congrès américain)* ; *(Roman Hist)* le Capitole

**capitulate** /kəˈpɪtjʊleɪt/ VI *(Mil, fig)* capituler

**capitulation** /kəˌpɪtjʊˈleɪʃən/ N a *(Mil, fig)* capitulation *f* b *(= summary)* récapitulation *f*, sommaire *m* c *(Jur)* **~s** capitulation *f*

**capo** /ˈkæpəʊ/ N *(US)* capo *m*

**capon** /ˈkeɪpən/ N chapon *m*

**cappuccino** /ˌkæpʊˈtʃiːnəʊ/ N cappuccino *m*

**Capri** /kəˈpriː/ N Capri *f* ◆ **in ~** à Capri

**caprice** /kəˈpriːs/ N a *(= change of mood)* saute *f* d'humeur ; *(= whim)* caprice *m* b *(Mus)* capriccio *m*

**capricious** /kəˈprɪʃəs/ ADJ capricieux, fantasque

**capriciously** /kəˈprɪʃəslɪ/ ADV capricieusement

**Capricorn** /ˈkæprɪkɔːn/ N *(Astron, Geog)* Capricorne *m* ◆ **I'm (a) ~** *(Astrol)* je suis (du) Capricorne ; → **tropic**

**caps** /kæps/ NPL (abbrev of **capital letters**) → **capital**

**capsicum** /ˈkæpsɪkəm/ N poivron *m*

**capsize** /kæpˈsaɪz/ VI se renverser ; *(Naut)* chavirer VT renverser ; *(Naut)* faire chavirer

**capstan** /ˈkæpstən/ N *(Naut)* cabestan *m* COMP ▷ **capstan lathe** N *(Brit)* tour *m* revolver

**capsule** /ˈkæpsjuːl/ N *(all senses)* capsule *f* ADJ *[description, résumé]* succinct

**Capt.** N *(Mil)* (abbrev of **Captain**) ◆ **~ P. Martin** *(on envelope)* le Capitaine P. Martin

**captain** /ˈkæptɪn/ N *(Army, US Aviat)* capitaine *m* ; *(Navy)* capitaine *m* (de vaisseau) ; *[of Merchant Navy]* capitaine *m* ; *(Sport)* capitaine *m* (d'équipe) ; *(US Police:* also **precinct captain**) ≃ commissaire *m* (de police) de quartier ◆ **school ~** *(Brit) élève (des classes terminales) chargé d'un certain nombre de responsabilités* ◆ **~ of industry** capitaine *m* d'industrie VT *(Sport) [+ team]* être le capitaine de ; *(Mil, Naut)* commander ; *(fig)* diriger

**captaincy** /ˈkæptənsɪ/ N *(Mil)* grade *m* de capitaine ; *(Sport)* capitanat *m* ◆ **to get one's ~** *(Mil)* être promu *or* passer capitaine ◆ **during his ~ (of the team)** *(Sport)* quand il était capitaine (de l'équipe)

**caption** /ˈkæpʃən/ N a *(Press) (= heading)* sous-titre *m* ; *(under illustration)* légende *f* b *(Cine)* sous-titre *m* VT *[+ illustration]* légender, mettre une légende à ; *(Cine)* sous-titrer

**captious** /ˈkæpʃəs/ ADJ *(liter) [person]* chicanier, vétilleux *(liter)* ; *[remark]* critique

**captivate** /ˈkæptɪveɪt/ VT captiver, fasciner

**captivating** /ˈkæptɪveɪtɪŋ/ ADJ captivant

**captive** /ˈkæptɪv/ N captif *m*, -ive *f* ◆ **to take sb ~** faire qn prisonnier ◆ **to hold sb ~** garder qn en captivité ; *(fig)* captiver qn, tenir qn sous le charme ADJ *[person]* prisonnier ; *[animal, bird, balloon, customer]* captif ◆ **a ~ audience** un public captif ◆ **to be ~ to sth** *(fig)* être prisonnier de qch COMP ▷ **captive-bred** ADJ élevé en captivité ▷ **captive breeding** N reproduction *f* en captivité ▷ **captive market** N *(Comm)* marché *m* captif

**captivity** /kæpˈtɪvɪtɪ/ N captivité *f* ◆ **in ~** en captivité

**captor** /ˈkæptəʳ/ N *(unlawful)* ravisseur *m* ; *(lawful)* personne *f* qui capture

**capture** /ˈkæptʃəʳ/ VT *[+ animal, soldier]* capturer ; *[+ escapee]* reprendre ; *[+ city]* prendre, s'emparer de ; *(fig) [+ attention]* capter ; *[+ interest]* gagner ; *(Art)* reproduire, rendre ◆ **they have ~d a large part of that market** ils ont conquis une grande partie de ce marché ◆ **to ~ sth on camera/film** photographier/filmer qch N *[of town, treasure, escapee]* capture *f*

**capuchin** /ˈkæpjʊʃɪn/ N a cape *f (avec capuchon)* b *(Rel)* **Capuchin** capucin(e) *m(f)*

**car** /kɑːʳ/ N a *(Aut)* voiture *f* ; → **racing, saloon, sports**

b *(US Rail)* wagon *m*, voiture *f* ; → **dine, freight**

c (also **tramcar**) (voiture *f* de) tramway *m*, tram *m*

**d** *[of lift, elevator]* cabine *f* (d'ascenseur)
**e** *(Aviat)* nacelle *f (de dirigeable)*
**COMP** *[wheel, door, seat, tyre etc]* de voiture ; *[travel etc]* en voiture ▷ **car alarm N** alarme *f* de voiture, alarme *f* auto ▷ **car allowance N** indemnité *f* de déplacement (en voiture) ▷ **car bomb N** voiture *f* piégée ▷ **car bomber N** auteur *m* d'un attentat à la voiture piégée ▷ **car bombing N** attentat *m* à la voiture piégée ▷ **car boot N** *(Brit)* coffre *m* ▷ **car-boot sale N** *(Brit)* brocante *f*, vide-grenier *m* ▷ **car chase N** course-poursuite *f* (en voiture) ▷ **car coat N** manteau *m* court ▷ **car crime N** *(NonC) (Brit)* délits *mpl* commis sur des véhicules ▷ **car dealer N** concessionnaire *mf* automobile ▷ **car expenses NPL** frais *mpl* de déplacement (en voiture) ▷ **car-fare N** *(US)* prix *m* du trajet (en bus) ▷ **car-ferry N** *[of sea]* ferry(-boat) *m* ; *[of river, small channel]* bac *m* (pour voitures) ▷ **car hire N** location *f* de voitures ◆ **~ hire company** société *f* de location de voitures ▷ **car industry N** industrie *f* automobile ▷ **car insurance N** assurance *f* automobile ▷ **car journey N** voyage *m* en voiture ; *(shorter)* trajet *m* en voiture ▷ **car keys NPL** clés *fpl* de voiture ▷ **car licence N** vignette *f* (auto) ▷ **car maintenance N** mécanique *f* auto ◆ **~ maintenance classes** cours *fpl* de mécanique auto ▷ **car-maker, car manufacturer N** constructeur *m* automobile ▷ **car number N** numéro *m* d'immatriculation ▷ **car park N** *(Brit)* parking *m*, parc *m* de stationnement ▷ **car part N** *(Brit)* pièce *f* détachée (de voiture) ▷ **car phone N** téléphone *m* de voiture ▷ **car-pool N a** *(= people sharing car trips)* groupe *m* de covoiturage **b** *(= cars owned by organisation)* (parc *m* de) voitures *fpl* de service ▷ **car radio N** autoradio *m* ▷ **car rental N** location *f* de voitures ▷ **car rug N** plaid *m* ▷ **car-sharing N** covoiturage *m* ▷ **car sick ADJ** ◆ **to be ~ sick** être malade en voiture, avoir le mal de la route ▷ **car sickness N** mal *m* des transports ▷ **car sleeper N** *(Rail)* train *m* autos-couchettes ▷ **car stereo N** autoradio *m* ▷ **car thief N** *(Brit)* voleur *m* de voitures ▷ **car transporter N** *(Aut)* camion *m* transportant des automobiles ; *(Rail)* wagon *m* transportant des automobiles ▷ **car wash N** *(= action)* lavage *m* de voitures ; *(= place)* portique *m* de lavage automatique ▷ **car-worker N** *(Ind)* ouvrier *m*, -ière *f* de l'industrie automobile

> **Car-Boot Sale, Garage Sale**
>
> Type de brocante très populaire en Grande-Bretagne, où chacun vide sa cave ou son grenier. Les articles sont présentés dans des coffres de voitures et la vente a souvent lieu sur un parking ou dans un champ. Les brocanteurs d'un jour doivent s'acquitter d'une petite contribution pour participer à la vente.
> Aux États-Unis et en Australie, les ventes de ce genre s'appellent **garage sales** ou **yard sales**.

**Caracas** /kəˈrækəs/ **N** Caracas

**carafe** /kəˈræf/ **N** carafe *f* ; *(small)* carafon *m*

**caramel** /ˈkærəməl/ **N** caramel *m* ◆ **~ cream** crème *f* (au) caramel

**caramelize** /ˈkærəməlaɪz/ **VT** caraméliser **VI** se caraméliser

**carapace** /ˈkærəpeɪs/ **N** carapace *f*

**carat** /ˈkærət/ **N** carat *m* ◆ **24 ~ gold** or *m* à 24 carats

**caravan** /ˈkærəvæn/ **N** *(Brit Aut)* caravane *f* ; *[of gipsy]* roulotte *f* ; *(= group: in desert etc)* caravane *f* **VI** ◆ **to go ~ning** faire du caravaning **COMP** ▷ **caravan site N** *[of tourists]* camping *m* pour caravanes ; *[of gipsies]* campement *m*

**caravanette** /ˌkærəvəˈnet/ **N** *(Brit)* auto-camping *f*, voiture-camping *f*

**caravanserai** /ˌkærəˈvænsəraɪ/, **caravansary** /ˈkærəˈvænsərɪ/ **N** caravansérail *m*

**caravel** /kærəˈvel/ **N** *(Naut)* caravelle *f*

**caraway** /ˈkærəweɪ/ **N** graines *fpl* de carvi, cumin *m* des prés **COMP** ▷ **caraway seeds NPL** graines *fpl* de carvi, cumin *m*

**carbide** /ˈkɑːbaɪd/ **N** carbure *m*

**carbine** /ˈkɑːbaɪn/ **N** carabine *f*

**carbohydrate** /ˈkɑːbəʊˈhaɪdreɪt/ **N** hydrate *m* de carbone ◆ **~s** *(in diets etc)* farineux *mpl*, féculents *mpl*

**carbolic** /kɑːˈbɒlɪk/ **ADJ** phéniqué **COMP** ▷ **carbolic acid N** phénol *m* ▷ **carbolic soap N** savon *m* au crésol, crésyl ® *m*

**carbon** /ˈkɑːbən/ **N** *(Chem)* carbone *m* ; *(Art, Elec)* charbon *m* ; *(= paper, copy)* carbone *m* **COMP** ▷ **carbon-14 dating N** ⇒ **carbon dating** ▷ **carbon copy N** *[of typing etc]* carbone *m* ; *(fig)* réplique *f* **ADJ** *(fig)* identique ▷ **carbon credit N** droit *m* d'émission de gaz carbonique ▷ **carbon-date VT** *(Archeol)* dater au carbone 14 ▷ **carbon dating N** datation *f* au carbone 14 ▷ **carbon dioxide N** gaz *m* carbonique ▷ **carbon fibre N** fibre *f* de carbone ▷ **carbon microphone N** microphone *m* à charbon ▷ **carbon monoxide N** oxyde *m* de carbone ▷ **carbon paper N** *(Typ)* (papier *m*) carbone *m* ▷ **carbon ribbon N** *(Typ)* ruban *m* de machine à écrire ▷ **carbon tissue N** *(Phot)* ⇒ **carbon paper**

**carbonaceous** /ˌkɑːbəˈneɪʃəs/ **ADJ** charbonneux ; *(Chem)* carboné

**carbonate** /ˈkɑːbənɪt/ **N** carbonate *m*

**carbonated** /ˈkɑːbəneɪtɪd/ **ADJ** *[water, drink]* gazeux

**carbonic** /kɑːˈbɒnɪk/ **ADJ** carbonique

**carboniferous** /ˌkɑːbəˈnɪfərəs/ **ADJ** carbonifère

**carbonization** /ˌkɑːbənaɪˈzeɪʃən/ **N** carbonisation *f*

**carbonize** /ˈkɑːbənaɪz/ **VT** carboniser

**carbonless paper** /ˌkɑːbənlɪsˈpeɪpəʳ/ **N** papier *m* autocopiant

**carborne** /ˈkɑːbɔːn/ **ADJ** *(US)* transporté en voiture

**Carborundum ®** /ˌkɑːbəˈrʌndəm/ **N** carborundum ® *m*, siliciure *m* de carbone

**carboy** /ˈkɑːbɔɪ/ **N** bonbonne *f*

**carbuncle** /ˈkɑːbʌŋkl/ **N a** *(= jewel)* escarboucle *f* **b** *(Med)* furoncle *m*

**carburation** /ˌkɑːbjʊˈreɪʃən/ **N** carburation *f*

**carburettor, carburetor** *(US)* /ˌkɑːbjʊˈretəʳ/ **N** carburateur *m*

**carcass** /ˈkɑːkəs/ **N a** *[of animal]* carcasse *f*, cadavre *m* ; *(Butchery)* carcasse *f* ; *(= human corpse)* cadavre *m* ; *(hum, iro = body)* carcasse *f* ◆ **chicken ~** os *mpl* de poulet **b** *(Aut, Naut, Tech)* charpente *f*, carcasse *f*

**carcinogen** /kɑːˈsɪnədʒen/ **N** substance *f* cancérigène *or* cancérogène

**carcinogenic** /ˌkɑːsɪnəˈdʒenɪk/ **N** ⇒ **carcinogen** **ADJ** cancérigène *or* cancérogène

**carcinoma** /ˌkɑːsɪˈnəʊmə/ **N** (pl **carcinomas** *or* **carcinomata** /ˈkɑːsɪˈnəʊmətə/) carcinome *m*

**card**[1] /kɑːd/ **N a** *(gen)* carte *f* ; *(also* **playing card***)* carte *f* (à jouer) ; *(also* **postcard***)* carte *f* (postale) ; *(also* **index card***)* fiche *f* ; *(also* **member's card***)* carte *f* de membre *or* d'adhérent ; *(also* **press card***)* carte *f* de presse ; *(also* **visiting card***)* carte *f* (de visite) ; *(also* **invitation card***)* carton *m or* carte *f* d'invitation ; *(at dance, races)* programme *m* ; *(= piece of cardboard)* (morceau *m* de) carton *m* ◆ **identity ~** carte *f* d'identité ◆ **game of ~s** partie *f* de cartes ◆ **to play ~s** jouer aux cartes ◆ **high/low ~** haute/basse carte *f* ; → **court, face, scorecard, trump**[1]

**b** *(fig phrases)* **to hold all the ~s** avoir tous les atouts (dans son jeu *or* en main) ◆ **to put** *or* **lay one's ~s on the table** jouer cartes sur table ◆ **to have a ~ up one's sleeve** avoir un atout dans sa manche ◆ **to play** *or* **keep one's ~s close to one's chest, to play** *or* **keep one's ~s close to the vest** *(US)* cacher son jeu ◆ **to throw in the ~s** abandonner la partie ◆ **it's on the ~s** *or (US)* **in the ~s that ...** * il y a de grandes chances (pour) que ... *+ subj* ◆ **to get one's ~s** † * *(Brit Ind etc)* être mis à la porte, être licencié ◆ **to ask for one's ~s** *(Brit Ind etc)* demander son compte ◆ **he's (quite) a ~!** † * c'est un rigolo ! * ; → **play**

**VT a** *(= put on cards)* ficher, mettre sur fiches

**b** *(US)* **to ~ sb** * *(= check sb's identity)* contrôler l'identité de qn

**COMP** ▷ **card-carrying member N** membre *m*, adhérent(e) *m(f)* ▷ **card catalogue N** catalogue *m*, fichier *m (de bibliothèque etc)* ▷ **card game N** *(= bridge, whist etc)* jeu *m* de cartes ; *(= game of cards)* partie *f* de cartes ▷ **card-holder N** *[of political party, organization etc]* membre *m*, adhérent(e) *m(f)* ; *[of library]* lecteur *m*, -trice *f* ; *[of restaurant etc]* détenteur *m*, -trice *f* de carte de fidélité ; *[of credit cards]* titulaire *mf* d'une carte (*or* de cartes) de crédit ▷ **card hopper N** *(Comput)* magasin *m* d'alimentation ▷ **card index N** fichier *m* ▷ **card-index VT** ficher, mettre sur fiches ▷ **card player N** joueur *m*, -euse *f* de cartes ▷ **card punch N** perforatrice *f* de cartes ▷ **card reader N** *(Comput)* lecteur *m* de cartes perforées ▷ **card stacker N** *(Comput)* case *f* de réception ▷ **card table N** table *f* de jeu *or* à jouer ▷ **card trick N** tour *m* de cartes ▷ **card vote N** *(Ind)* vote *m* sur carte *(même nombre de voix que d'adhérents représentés)*

**card**[2] /kɑːd/ *(Tech)* **N** carde *f* **VT** *[+ wool, cotton]* carder

**cardamom** /ˈkɑːdəməm/ **N** cardamome *f*

**cardboard** /ˈkɑːdbɔːd/ **N** carton *m NonC* **ADJ** *[bookcover]* cartonné ; *[doll]* de *or* en carton ◆ **~ box** (boîte *f* en) carton *m* ◆ **~ cutout** *(lit)* figurine *f* de carton à découper ; *(fig)* homme *m* de paille ◆ **~ city** * *endroit de la ville où dorment les sans-abri* ◆ **he sleeps in ~ city** * il dort sous les ponts, c'est un SDF

**carder** /ˈkɑːdəʳ/ **N** *(Tech)* cardeuse *f*

**cardiac** /ˈkɑːdɪæk/ **ADJ** cardiaque **COMP** ▷ **cardiac arrest N** arrêt *m* du cœur

**cardie** * /ˈkɑːdɪ/ **N** abbrev of **cardigan**

**cardigan** /ˈkɑːdɪgən/ **N** cardigan *m*, gilet *m* (de laine)

**cardinal** /ˈkɑːdɪnl/ **ADJ** *[number, point] (Ling) [vowel]* cardinal ◆ **the four ~ virtues** les quatre vertus *fpl* cardinales ◆ **of ~ importance/significance** d'une importance/portée capitale **N** *(Rel)* cardinal *m* ; → **college**

COMP ▷ **cardinal red** N, ADJ rouge cardinal *inv*, pourpre ▷ **cardinal sin** N *(Rel, fig)* péché *m* capital

**cardio...** /ˈkɑːdɪəʊ/ PREF cardio- ◆ **cardiovascular** cardiovasculaire

**cardiogram** /ˈkɑːdɪəgræm/ N cardiogramme *m*

**cardiograph** /ˈkɑːdɪəgræf/ N cardiographe *m*

**cardiography** /ˌkɑːdɪˈɒgrəfɪ/ N cardiographie *f*

**cardiological** /ˌkɑːdɪəˈlɒdʒɪkəl/ ADJ cardiologique

**cardiologist** /ˌkɑːdɪˈɒlɪdʒɪst/ N cardiologue *mf*

**cardiology** /ˌkɑːdɪˈɒlədʒɪ/ N cardiologie *f*

**cardphone** /ˈkɑːdfəʊn/ N *(Brit Telec)* téléphone *m* à carte

**cardsharp** /ˈkɑːdʃɑːp/, **cardsharper** /ˈkɑːdˌʃɑːpəʳ/ N tricheur *m*, -euse *f (professionnel)*

**cardy** /ˈkɑːdɪ/ N abbrev of **cardigan**

**care** /kɛəʳ/ N a *(= attention, heed)* attention *f*, soin *m* ◆ **with the greatest ~** avec le plus grand soin ◆ **the house has been restored with loving ~** la maison a été restaurée avec un soin tout particulier *or* avec le plus grand soin ◆ **children need tough discipline and loving ~** les enfants ont besoin d'une discipline rigoureuse, de soins et d'affection ◆ **"(handle) with care"** *(on parcels)* "fragile" ◆ **it got broken despite all our ~** ça s'est cassé bien que nous y ayons fait très attention ◆ **have a ~!** † prenez garde ! ◆ **convicted of driving without due ~ and attention** *(Jur)* condamné pour conduite dangereuse

◆ **care of, in care of** *(US) (on letters)* chez, aux bons soins de

◆ **to take + care** faire attention ◆ **take ~ not to catch cold, take ~ that you don't catch cold** faites attention de *or* à ne pas prendre froid ◆ **take ~!** *(as warning)* (fais) attention ! ; *(as good wishes)* fais bien attention (à toi) ! ◆ **you should take more ~ with** *or* **over your work** vous devriez apporter plus d'attention *or* plus de soin à votre travail ◆ **he took ~ to explain why ...** il a pris soin d'expliquer pourquoi ... ; see also **tender³**

b *(= charge, responsibility)* garde *f* ◆ **he was left in his aunt's ~** on l'a laissé à la garde de sa tante ◆ **to be in ~ of sb** *(frm)* être sous la garde *or* la surveillance de qn ◆ **he is in (the) ~ of Dr Harrison** c'est le docteur Harrison qui le soigne ◆ **the four children in her ~** les quatre enfants dont elle a la responsabilité ◆ **I leave** *or* **put it in your ~** je vous le confie

◆ **to take + care of** *[+ book, details, arrangements]* s'occuper de, se charger de ; *[+ valuables]* garder ; *[+ person, animal]* prendre soin de, s'occuper de ◆ **to take good ~ of sb** bien s'occuper de qn ◆ **to take good ~ of sth** prendre grand soin de qch ◆ **you should take more** *or* **better ~ of yourself** tu devrais faire plus attention (à ta santé) ◆ **I'll take ~ of him!** *(threateningly)* je vais m'occuper de lui ! ◆ **I'll take ~ of that** je vais m'en occuper ◆ **he can take ~ of himself** * il peut *or* sait se débrouiller * tout seul ◆ **that can take ~ of itself** * cela s'arrangera tout seul

c *(= anxiety)* souci *m* ◆ **he hasn't a ~ in the world** il n'a pas le moindre souci ◆ **full of ~s, full of ~** † accablé de soucis ◆ **the ~s of State** les responsabilités *fpl* de l'État

d *(Med)* soins *mpl* ◆ **medical** *or* **clinical ~** soins *mpl* médicaux ◆ **nursing ~** soins *mpl* aux malades ◆ **palliative ~** soins *mpl* palliatifs ◆ **primary (health) ~** soins *mpl* médicaux de base *or* élémentaires ◆ **~ in the community** *soins en dehors du milieu hospitalier* ; see also **child, health, intensive**

e *(for vulnerable children)* **to put** *or* **take a child into (council) ~** ≈ mettre un enfant à la DDASS ◆ **to be in ~** ≈ être à la DDASS ◆ **to be/be put in foster ~** être/être placé en famille d'accueil

VI a ◆ **he really ~s** c'est vraiment important pour lui ◆ **I don't ~!, as if I ~d!** * ça m'est égal !, je m'en moque !, je m'en fiche ! * ◆ **what do I ~?** * qu'est-ce que ça peut me faire ? ◆ **for all I ~** * pour ce que cela me fait ◆ **I couldn't ~ less** * **what people say** je me fiche pas mal * de ce que les gens peuvent dire ◆ **he doesn't ~ a damn** ‡ *or* **two hoots** * *or* **a brass farthing** * il s'en fiche * comme de l'an quarante *or* de sa première chemise ◆ **who ~s!** ‡ qu'est-ce que ça peut bien faire ! ; → **naught**

◆ **to care about sb/sth** *(= feel interest, anxiety, sorrow for)* se soucier de qn/qch ; *(= be interested in)* s'intéresser à qn/qch ◆ **money is all he ~s about** il n'y a que l'argent qui l'intéresse *subj* ◆ **to ~ deeply about sth** être profondément concerné par qch ◆ **to ~ deeply about sb** être profondément attaché à qn ◆ **she doesn't ~ about that** elle se soucie peu de cela, elle se moque *or* elle se fiche * de ça

b *(= like)* aimer ◆ **would you ~ to take off your coat?** voulez-vous retirer votre manteau ? ◆ **I shouldn't ~ to meet him** je n'aimerais pas le rencontrer, ça ne me dirait rien de le rencontrer ◆ **I don't much ~ for it** cela ne me dit rien ◆ **I don't ~ for him** il ne me plaît pas tellement *or* beaucoup ◆ **would you ~ for a cup of tea?** voulez-vous (prendre) une tasse de thé ? ◆ **thank you, I don't ~ for tea** merci, je n'aime pas le thé ◆ **would you ~ for a walk?** voulez-vous faire une promenade ?

COMP ▷ **care assistant** N *(Brit)* aide-soignant(e) *m(f)* ▷ **care home** N ≈ foyer *m* de la DDASS ▷ **care label** N *(on garment)* instructions *fpl* de lavage ▷ **care order** N *(Brit Jur, Social Work)* ordre *m* de placement à l'assistance publique ▷ **care plan** N *(Med, Soc Work)* projet *m* de soins ▷ **care-worker** N travailleur *m*, -euse *f* social(e) ; → **child, health**

► **care for** VT FUS *[+ invalid]* soigner ; *[+ child]* s'occuper de ◆ **well-~d for** *[invalid]* qu'on soigne bien ; *[child]* dont on s'occupe bien ; *[hands, hair]* soigné ; *[garden]* bien entretenu ; *[house]* bien tenu

**careen** /kəˈriːn/ VT *(Naut) [+ ship]* caréner, mettre *or* abattre en carène VI *(Naut)* donner de la bande *(de façon dangereuse)*

**career** /kəˈrɪəʳ/ N a *(= profession, occupation)* carrière *f*, profession *f* ◆ **journalism is his ~** il fait carrière dans le journalisme ◆ **he is making a ~ (for himself) in advertising** il est en train de faire carrière dans la publicité

b *(= life, development, progress)* vie *f*, carrière *f* ◆ **he studied the ~s of the great** il a étudié la vie des grands hommes ◆ **his university ~** sa carrière universitaire

c *(= movement)* **in full ~** en pleine course

VI (also **career along**) aller à toute vitesse *or* à toute allure ◆ **to ~ up/down** *etc* monter/descendre *etc* à toute allure

COMP *[soldier, diplomat]* de carrière ▷ **career break** N *(to look after one's children)* congé *m* parental ; *(for further education)* congé *m* de formation ▷ **career girl** N jeune femme *f* ambitieuse ◆ **she's a ~ girl** elle s'intéresse avant tout à sa carrière, elle est très ambitieuse ▷ **career move** N changement *m* d'emploi, étape *f* dans un plan de carrière ◆ **a good/bad ~ move** *(= decision, also hum)* une bonne/mauvaise décision sur le plan professionnel ▷ **career prospects** NPL possibilités *fpl* d'avancement, débouchés *mpl* ▷ **careers advisor, careers counselor** *(US)* N conseiller *m*, -ère *f* d'orientation professionnelle ▷ **careers guidance** N *(Brit)* orientation *f* professionnelle ▷ **careers office** N centre *m* d'orientation professionnelle ▷ **careers officer, careers teacher** N *(Brit Scol)* ⇒ **careers advisor** ▷ **career woman** N femme *f* qui s'intéresse avant tout à sa carrière

**careerism** /kəˈrɪərɪzəm/ N carriérisme *m*

**careerist** /kəˈrɪərɪst/ N *(pej)* carriériste *mf (pej)*

**carefree** /ˈkɛəfriː/ ADJ sans souci, insouciant

**careful** /ˈkɛəfʊl/ ADJ a *(= painstaking) [writer, worker]* consciencieux, soigneux ; *[work]* soigné ; *[planning, study, examination]* minutieux ◆ **managing your workload takes ~ planning** gérer sa charge de travail demande une organisation minutieuse ◆ **we have made a ~ study of the report** nous avons étudié le rapport soigneusement, nous avons procédé à une étude minutieuse du rapport ◆ **after giving this problem ~ thought, I believe ...** après avoir longuement réfléchi à ce problème, je pense que ... ◆ **long hair needs ~ attention** les cheveux longs demandent beaucoup de soin ◆ **after ~ consideration of the facts ...** après avoir soigneusement examiné les faits ..., après un examen minutieux des faits ...

b *(= cautious)* prudent ; *(= acting with care)* soigneux ◆ **(be) ~!** (fais) attention ! ◆ **she's very ~ about what she eats** elle fait très attention à ce qu'elle mange ◆ **be ~ with the glasses** fais attention aux verres ◆ **be ~ of the dog** (faites) attention au chien ◆ **be ~ what you do/say to him** faites attention à ce que vous faites/vous lui dites ◆ **~ on those stairs!** faites attention à ces escaliers ! ◆ **be ~ (that) he doesn't hear you** faites attention à ce qu'il ne vous entende pas ◆ **be ~ to shut the door** n'oubliez pas de fermer la porte ◆ **he was ~ to point out that ...** il a pris soin de faire remarquer que ... ◆ **be ~ not to drop it, be ~ (that) you don't drop it** faites attention à ne pas le laisser tomber ◆ **he was ~ not to offend them** il a pris soin de ne pas les offenser ◆ **we have to be very ~ not to be seen** nous devons faire bien attention de ne pas être vus ◆ **you can't be too ~** *(gen)* on n'est jamais trop prudent ◆ **if we are not ~ we're going to lose this election** si nous ne faisons pas attention, nous allons perdre les élections

c *(= rather miserly)* économe ; *(pej)* regardant ◆ **he is very ~ with (his) money** il est très regardant

**carefully** /ˈkɛəfəlɪ/ ADV a *(= painstakingly) [look at, consider, plan, write, place, explain]* soigneusement, avec soin ; *[listen, read]* attentivement b *(= cautiously) [drive, choose]* prudemment, avec précaution ; *[reply]* avec circonspection ◆ **we must go ~ here** *(fig)* il faut nous montrer prudents

**carefulness** /ˈkɛəfʊlnɪs/ N soin *m*, attention *f*

**caregiver** /ˈkɛəˌgɪvəʳ/ N ⇒ **carer**

**careless** /ˈkɛəlɪs/ ADJ a *(= taking little care)* négligent, insouciant (of de) ; *(= done without care) [action]* inconsidéré, irréfléchi ; *[work]* bâclé ◆ **to be ~ in sth** se montrer négligent dans qch ◆ **it was ~ of her to do that** elle a fait preuve de négligence en faisant cela ◆ **how ~ of me!** comme j'ai été négligent ! ◆ **~ driver** conducteur *m* négligent ◆ **convicted of ~ driving** condamné pour conduite dangereuse ◆ **~ mistake** faute *f* d'inattention ◆ **his spelling is** ~ il ne fait pas attention à son orthographe **b** *(= carefree)* sans souci, insouciant

**carelessly** /ˈkɛəlɪslɪ/ **ADV** **a** *(= inattentively, thoughtlessly) [leave, discard, place, handle, allow]* négligemment **b** *(= casually) [say]* avec insouciance ; *[throw, toss]* négligemment ◆ **a shirt ~ open at the neck** une chemise au col négligemment ouvert

**carelessness** /ˈkɛəlɪsnɪs/ **N** *(NonC)* négligence *f* ◆ **the ~ of his work** le peu de soin qu'il apporte (*or* a apporté) à son travail

**carer** /ˈkɛərəʳ/ **N** *(professional)* travailleur *m* social ; *(Brit) (= relative, friend) personne qui s'occupe d'un proche dépendant*

**caress** /kəˈres/ **N** caresse *f* **VT** caresser

**caret** /ˈkærət/ **N** *(Typ)* lambda *m (signe d'insertion)*

**caretaker** /ˈkɛəˌteɪkəʳ/ **N** *(Brit)* gardien(ne) *m(f)* (d'immeuble), concierge *mf* ◆ **~ government/president** *(Pol)* gouvernement *m*/président(e) *m(f)* intérimaire

**careworn** /ˈkɛəwɔːn/ **ADJ** rongé par les soucis

**cargo** /ˈkɑːgəʊ/ **N** (pl **cargoes** *or* **cargos**) cargaison *f*, chargement *m* **COMP** ▷ **cargo boat** **N** cargo *m* ▷ **cargo plane** **N** avion-cargo *m*

**carhop** /ˈkɑːhɒp/ **N** *(US) (serving food)* serveur *m*, -euse *f (dans un restaurant drive-in)*; *(parking cars)* gardien *m* de parking *(qui gare les voitures)*

**Carib** /ˈkærɪb/ **ADJ** caraïbe **N** Caraïbe *mf*

**Caribbean** /ˌkærɪˈbiːən, *(esp US)* /kəˈrɪbɪən/ **ADJ** caribéen, des Caraïbes ◆ **a ~ island** une île des Caraïbes ◆ **the ~ (Sea)** la mer des Antilles *or* des Caraïbes ◆ **the ~ Islands** les petites Antilles *fpl*

**caribou** /ˈkærɪbuː/ **N** (pl **caribous** *or* **caribou**) caribou *m*

**caricature** /ˈkærɪkətjʊəʳ/ **N** **a** *(Art, fig)* caricature *f* **b** *(NonC)* (art *m* de la) caricature *f* **VT** *(Art, fig)* caricaturer

**caricaturist** /ˌkærɪkəˈtjʊərɪst/ **N** caricaturiste *mf*

**CARICOM** /ˈkærɪˌkɒm/ **N** abbrev of **Caribbean Community and Common Market**

**caries** /ˈkɛəriːz/ **N** *(pl inv)* carie *f*

**carillon** /kəˈrɪljən/ **N** carillon *m*

**caring** /ˈkɛərɪŋ/ **ADJ** *[parent]* aimant ; *[teacher]* bienveillant ◆ **we want a ~ society** nous voulons une société à visage humain ◆ **the ~ professions** les professions *fpl* à vocation sociale ◆ **a child needs a ~ environment** un enfant a besoin d'être entouré d'affection

**carious** /ˈkɛərɪəs/ **ADJ** carié, gâté

**carjacker** /ˈkɑːˌdʒækəʳ/ **N** pirate *m* de la route

**carjacking** /ˈkɑːˌdʒækɪŋ/ **N** piraterie *f* sur la route

**carload** /ˈkɑːləʊd/ **N** *[of books etc]* voiturée *f* ◆ **a ~ of people** une voiture pleine de gens

**Carmelite** /ˈkɑːməlaɪt/ **ADJ, N** carmélite *f*

**carminative** /ˈkɑːmɪnətɪv/ **ADJ** *(Med)* carminatif

**carmine** /ˈkɑːmaɪn/ **ADJ, N** carmin *m*

**carnage** /ˈkɑːnɪdʒ/ **N** carnage *m*

**carnal** /ˈkɑːnl/ **ADJ** *(liter)* charnel † **COMP** ▷ **carnal knowledge** **N** *(Jur)* acte *m or* union *f* charnel(le) ◆ **to have ~ knowledge of sb** connaître qn charnellement

**carnally** /ˈkɑːnlɪ/ **ADV** *[desire]* charnellement

**carnation** /kɑːˈneɪʃən/ **N** *(Bot)* œillet *m* **ADJ** *(= pink)* rose ; *(= red)* incarnat

**carnet** /ˈkɑːneɪ/ **N** *(Jur, Comm)* passavant *m*

**carnival** /ˈkɑːnɪvəl/ **N** carnaval *m* ; *(US = fair)* fête *f* foraine **COMP** *[hat, procession]* de carnaval

**carnivora** /kɑːˈnɪvərə/ **NPL** *(Zool)* carnivores *mpl*

**carnivore** /ˈkɑːnɪvɔːʳ/ **N** **a** carnivore *m* **b** *(*: hum = non-vegetarian)* carnivore *m*, amateur *m* de viande

**carnivorous** /kɑːˈnɪvərəs/ **ADJ** *[animal, plant]* carnivore ◆ **~ guests will enjoy the excellent game** les amateurs de viande ne seront pas déçus par le gibier

**carny** * /ˈkɑːnɪ/ **N** *(US) (= carnival)* foire *f*, fête *f* foraine ; *(= person)* forain *m*

**carob** /ˈkærəb/ **N** ◆ **~ (powder)** (poudre *f* de) caroube *f* **COMP** ▷ **carob tree** **N** caroubier *m*

**carol** /ˈkærəl/ **N** *(= song)* chant *m* joyeux ; (also **Christmas carol**) chant *m* de Noël ◆ **~-singers** *groupe de gens qui chantent des chants de Noël* **VI** *(liter)* chanter joyeusement ; *[birds]* chanter ; *[small birds]* gazouiller

**caroller** /ˈkærələʳ/ **N** chanteur *m*, -euse *f*

**carom** /ˈkærəm/ *(Billiards)* **N** carambolage *m* **VI** caramboler

**carotene** /ˈkærətiːn/ **N** carotène *m*

**carotid** /kəˈrɒtɪd/ **N** carotide *f* **ADJ** carotidien **COMP** ▷ **carotid artery** **N** carotide *f*

**carousal** /kəˈraʊzəl/ **N** beuverie *f*, ribote † *f*

**carouse** /kəˈraʊz/ **VI** faire ribote †

**carousel** /ˌkæruːˈsel/ **N** **a** *(esp US = merry-go-round)* manège *m (de chevaux de bois etc)* **b** *(Phot: for slides)* magasin *m or* panier *m* circulaire (pour diapositives) **c** *(at airport: for luggage)* carrousel *m*, tapis *m* roulant à bagages

**carp¹** /kɑːp/ **N** (pl **carp** *or* **carps**) *(= fish)* carpe *f*

**carp²** /kɑːp/ **VI** critiquer ◆ **to ~ at** *[+ person]* critiquer, blâmer ; *[+ thing, action]* trouver à redire à

**carpal** /ˈkɑːpl/ **ADJ** *(Anat)* carpien **COMP** ▷ **carpal tunnel syndrome** **N** *(Med)* syndrome *m* du canal carpien

**Carpathians** /kɑːˈpeɪθɪənz/ **NPL** ◆ **the ~** les Carpates *fpl*

**carpel** /ˈkɑːpl/ **N** *(Bot)* carpelle *m*

**Carpentaria** /ˌkɑːpənˈtɛərɪə/ **N** ◆ **Gulf of ~** golfe *m* de Carpentarie

**carpenter** /ˈkɑːpɪntəʳ/ **N** charpentier *m* ; *(= joiner)* menuisier *m* **VI** *(in building)* faire de la charpenterie ; *[joiner]* faire de la menuiserie

**carpentry** /ˈkɑːpɪntrɪ/ **N** *(NonC)* charpenterie *f* ; *(= joinery)* menuiserie *f*

**carpet** /ˈkɑːpɪt/ **N** tapis *m* ; *(fitted)* moquette *f* ◆ **to be on the ~** * *(fig) [subject]* être sur le tapis ; *[person scolded]* être sur la sellette ; → **fitted, red, sweep** **VT** **a** *[+ floor]* recouvrir d'un tapis ; *(with fitted carpet)* recouvrir d'une moquette, moquetter ◆ **a garden ~ed with flowers** un jardin tapissé de fleurs **b** († * = *scold) [+ person]* houspiller **COMP** ▷ **carpet bombing** **N** *(Mil)* bombardement *m* intensif ▷ **carpet slippers** **NPL** pantoufles *fpl* ▷ **carpet sweeper** **N** balai *m* mécanique ▷ **carpet tile** **N** dalle *f* de moquette

**carpetbagger** * /ˈkɑːpɪtbægəʳ/ **N** *(US) (Pol)* candidat(e) *m(f)* parachuté(e) ; *(Fin)* opportuniste *mf (qui cherche à profiter financièrement du changement de statut d'une société de crédit immobilier)* ; *(Hist)* carpetbagger *m*

**carpeting** /ˈkɑːpɪtɪŋ/ **N** *(NonC)* moquette *f* ; → **wall**

**carpi** /ˈkɑːpaɪ/ **NPL** of **carpus**

**carping** /ˈkɑːpɪŋ/ **ADJ** *[person]* chicanier, qui trouve à redire à tout ; *[manner]* chicanier ; *[criticism]* mesquin ; *[voice]* malveillant **N** chicanerie *f*, critique *f* (malveillante)

**carport** /ˈkɑːpɔːt/ **N** auvent *m* (pour voiture)

**carpus** /ˈkɑːpəs/ **N** (pl **carpi**) *(Anat)* carpe *m*

**carrel(l)** /ˈkærəl/ **N** box *m (dans une bibliothèque)*

**carriage** /ˈkærɪdʒ/ **N** **a** *(horse-drawn)* voiture *f* (de maître), équipage *m* ◆ **~ and pair/four** voiture *f or* équipage *m* à deux/quatre chevaux **b** *(Brit Rail)* voiture *f*, wagon *m* (de voyageurs) **c** *(NonC: Brit Comm = conveyance of goods)* transport *m*, factage *m* ◆ **~ forward** (en) port dû ◆ **~ free** franco de port ◆ **~ paid** (en) port payé **d** *[of typewriter]* chariot *m* ; *[of printing press]* train *m* ; *(Mil:* also **gun-carriage**) affût *m* **e** *[of person] (= bearing)* maintien *m*, port *m* **COMP** ▷ **carriage clock** **N** pendulette *f* ▷ **carriage drive** **N** allée *f* (pour voitures), grande allée *f* ▷ **carriage return** **N** *(Typ)* retour *m* (du) chariot ▷ **carriage trade** **N** *(Comm)* clientèle *f* riche, grosse clientèle *f*

**carriageway** /ˈkærɪdʒweɪ/ **N** *(Brit)* chaussée *f* ; → **dual**

**carrier** /ˈkærɪəʳ/ **N** **a** *(Comm) (= company)* entreprise *f* de transports ; *(= passenger airline)* compagnie *f* aérienne ; *(= truck owner etc)* entrepreneur *m* de transports, transporteur *m*, camionneur *m* ◆ **by ~** *(Aut)* par la route, par camion ; *(Rail)* par chemin de fer ◆ **express ~** messageries *fpl* **b** *(for luggage: on car, cycle etc)* porte-bagages *m inv* ; *(= bag)* sac *m* (en plastique) **c** *(Med = person)* porteur *m*, -euse *f* **d** (also **aircraft carrier**) porte-avions *m inv* ; (also **troop carrier**) *(= plane)* appareil *m* transporteur (de troupes) ; *(= ship)* transport *m* **COMP** ▷ **carrier bag** **N** *(Brit)* sac *m* (en plastique) ▷ **carrier pigeon** **N** pigeon *m* voyageur

**carrion** /ˈkærɪən/ **N** *(NonC)* charogne *f* **COMP** ▷ **carrion crow** **N** corneille *f* noire ▷ **carrion feeder** **N** charognard *m* ▷ **carrion flesh** **N** charogne *f*

**carrot** /ˈkærət/ **N** *(lit, fig)* carotte *f* ◆ **to dangle a ~ in front of sb, to offer sb a ~** *(fig)* tendre une carotte à qn **COMP** ▷ **carrot and stick** **ADJ** *(fig)* alternant la carotte et le bâton ▷ **carrot cake** **N** gâteau *m* à la carotte ▷ **carrot-top** **N** *(*: hum = redhead)* rouquin(e) * *m(f)* ◆ **~-tops** *(Culin)* fanes *fpl*

**carroty** /ˈkærətɪ/ **ADJ** *[hair]* carotte *inv*, roux (rousse *f*)

**carrousel** /ˌkærəˈsel/ **N** *(US)* ⇒ **carousel**

**carry** /ˈkærɪ/ **VT** **a** *(= bear, transport) [person]* porter ; *[vehicle]* transporter ; *[+ goods, heavy loads]* transporter ; *[+ message, news]* porter ◆ **she was ~ing the child in her arms** elle portait l'enfant dans ses bras ◆ **this ship carries coal/passengers** ce bateau transporte du charbon/des passagers ◆ **this coach carries 30 people** ce car peut transporter 30 personnes ◆ **he carried the plates through to the kitchen** il a emporté les assiettes à la cuisine ◆ **as fast as his legs could ~ him** à toutes jambes ◆ **the sea carried the boat westward** la mer a emporté le bateau vers l'ouest ◆ **to ~ sth in one's head** connaître qch par cœur ◆ **he carried his audience with him** il a enthousiasmé son auditoire, il a emporté la conviction de son auditoire ◆ **enough food to ~ us through the winter** assez de provisions pour nous durer *or* nous faire * tout l'hiver ; → **can², coal, torch**

b *(= have on one's person) [+ identity card, documents]* porter *or* avoir (sur soi) ; *[+ matches, cigarettes, money]* avoir (sur soi) ; *[+ umbrella, gun, sword]* porter

c *(Med) [+ disease]* être porteur de ◆ **people ~ing the AIDS virus** des porteurs *mpl* du virus du sida

d *(= have, be provided with) [+ label, tag]* porter, être muni de ; *[+ warning, notice]* comporter ◆ **it carries a five-year guarantee** *(Comm)* c'est garanti cinq ans

e *(= involve, lead to, entail)* avoir comme conséquence(s), produire ; *[+ consequences]* entraîner ; *[+ risk]* comporter ◆ **this job carries a lot of responsibility** ce travail comporte beaucoup de responsabilités ◆ **it also carries extra pay** cela comporte aussi un supplément de salaire ◆ **this offence carries a penalty of £100** ce délit est passible d'une amende de 100 livres ◆ **a crime which carries the death penalty** un crime passible de la peine de mort ◆ **to ~ a crop** donner *or* produire une récolte ◆ **to ~ authority** faire autorité ; → **conviction, interest, mortgage, weight**

f *(= support) [pillar etc]* supporter, soutenir, porter ◆ **the ship was ~ing too much canvas** *or* **sail** le navire portait trop de toile

g *(Comm) [+ goods, stock]* stocker, vendre ◆ **we don't ~ that article** nous ne faisons pas cet article

h *(Tech) [pipe] [+ water, oil]* amener ; *[wire] [+ sound]* conduire

i *(= extend)* faire passer ◆ **they carried the pipes under the street** ils ont fait passer les tuyaux sous la rue ◆ **to ~ sth too far** *or* **to excess** *(fig)* pousser qch trop loin ◆ **this basic theme is carried through the book** ce thème fondamental se retrouve tout au long du livre

j *(= win)* gagner, remporter ; *[+ enemy's position]* emporter d'assaut ◆ **to ~ the day** *(fig)* gagner (la partie), l'emporter ; *(Mil)* être vainqueur ◆ **to ~ all** *or* **everything before one** marcher en vainqueur, l'emporter sur tous les tableaux ◆ **he carried his point** il a eu gain de cause ◆ **the motion/bill was carried (by 302 votes to 197)** la motion/le projet de loi a été voté(e) (par 302 voix contre 197) ◆ **he will ~ Ohio** *(US Pol) [presidential candidate]* il va l'emporter dans l'Ohio

k ◆ **to ~ o.s.** *(physical)* se tenir ; *(behaviour)* se comporter, se conduire ◆ **she carries herself very well** elle se tient très bien ◆ **he carries himself like a soldier** il a le port d'un militaire ◆ **he carries himself with dignity** il a un maintien fort digne ◆ **he carried his head erect** il tenait la tête bien droite

l *[newspaper etc] [+ story, details]* rapporter ◆ **all the papers carried (the story of) the murder** l'histoire du meurtre était dans tous les journaux, tous les journaux ont parlé du meurtre ◆ **the papers all carried a photograph of the explosion** dans tous les journaux on trouvait une photo de l'explosion

m *(Math)* retenir ◆ **... and ~ three** ... et je retiens trois

n *(Med) [+ child]* attendre ◆ **when she was ~ing her third son** quand elle était enceinte de *or* quand elle attendait son troisième fils

VI *[voice, sound]* porter

COMP ▷ **carry-on** * N *(pej)* histoires * *fpl* ◆ **what a ~-on (about nothing)!** * que d'histoires (pour rien) ! * ▷ **carry-out** ADJ *[meal etc]* à emporter N *(= food)* snack *m* à emporter ; *(= drink)* boisson *f* à emporter

► **carry away** VT SEP a *(lit) [+ sick or injured person] [+ thing]* emporter ; *[+ thing]* emporter, enlever ; *[tide, wind]* emporter

b *(fig)* transporter ◆ **he was carried away by his friend's enthusiasm** il a été transporté par l'enthousiasme de son ami ◆ **to get carried away by sth** * s'emballer * pour qch ◆ **don't get carried away!** * ne t'emballe pas ! *, du calme ! ◆ **I got carried away** * *(with excitement etc)* je me suis laissé emporter (by par) ; *(forgetting time)* je n'ai pas vu passer l'heure

► **carry back** VT SEP *(lit) [+ things]* rapporter ; *(fig)* reporter ; *(Fin)* reporter *(sur comptes antérieurs)* ◆ **the music carried me back to my youth** la musique m'a reporté à l'époque de ma jeunesse

► **carry forward** VT SEP *(Accounts, gen)* reporter *(to* à) ; ◆ **carried forward** à reporter

► **carry off** VT SEP a *(lit) [+ thing]* emporter, enlever ; *(= kidnap)* enlever, ravir

b *(fig) [+ prizes, honours]* remporter ◆ **to ~ it off well** bien s'en tirer ◆ **to ~ it off** * réussir (son coup)

c *(euph)* ◆ **he was carried off by pneumonia** il a été emporté par une pneumonie

► **carry on** VI a *(= continue)* continuer *(doing sth* à *or* de faire qch) ; ◆ **~ on!** continuez ! ◆ **~ on with your work!** continuez votre travail ! ◆ **if you ~ on like that ...** si tu continues comme ça ...

b *( * = make a scene)* faire une scène, faire des histoires ◆ **you do ~ on!** tu en fais des histoires ! ◆ **don't ~ on so!** ne fais (donc) pas tant d'histoires *or* toute une scène ! *

c *(= have an affair)* **to be ~ing on with sb** * avoir une liaison avec qn

VT SEP a *(= conduct) [+ business, trade]* faire marcher, diriger ; *[+ correspondence]* entretenir ; *[+ conversation]* soutenir ; *[+ negotiations]* mener

b *(= continue) [+ business, conversation]* continuer, poursuivre ; *[+ tradition]* entretenir, continuer

VT FUS ◆ **he carried on a passionate affair with Mrs Gilbert** il avait une liaison passionnée avec Mme Gilbert

N ◆ **carry-on** * → **carry**

► **carry out** VT SEP a *(lit) [+ thing, sick or injured person, meal]* emporter ◆ **the current carried him out (to sea)** le courant l'a entraîné vers le large

b *(fig = put into action) [+ plan]* exécuter, mettre en œuvre ; *[+ order]* exécuter ; *[+ idea, threat]* mettre à exécution, donner suite à ; *[+ obligation]* s'acquitter de ; *[+ experiment]* se livrer à, effectuer ; *[+ search, investigation, inquiry]* mener, procéder à, conduire ; *[+ reform]* effectuer, mettre en œuvre ; *[+ the law, regulations]* appliquer ◆ **to ~ out one's duty** faire son devoir ◆ **to ~ out one's duties** s'acquitter de ses fonctions ◆ **to ~ out a promise** respecter *or* tenir une promesse

► **carry over** VT SEP a *(lit)* faire passer du côté opposé, faire traverser

b *(from one page to the other)* reporter ; *(Accounts, St Ex)* reporter ◆ **to ~ over stock from one season to the next** *(Comm)* stocker des marchandises d'une saison à l'autre

► **carry through** VT SEP *[+ plan]* mener à bonne fin, exécuter ; *[+ person]* soutenir dans l'épreuve ◆ **his courage carried him through** son courage lui a permis de surmonter l'épreuve

► **carry up** VT SEP monter

**carryall** /ˈkærɪɔːl/ N *(US)* (sac *m*) fourre-tout *m inv*

**carrycot** /ˈkærɪkɒt/ N *(Brit) (gen)* porte-bébé *m* ; *(wicker)* moïse *m*

**carrying-on** /ˈkærɪɪŋˈɒn/ N a *(NonC) [of work, business etc]* continuation *f* b *(often pl: pej)* **carryings-on** * façons *fpl* de se conduire *or* de faire

**cart** /kɑːt/ N *(horse-drawn)* charrette *f* ; (also **tip-cart**) tombereau *m* ; (also **hand cart**) voiture *f* à bras ; *(US: for luggage, shopping)* chariot *m* ◆ **to put the ~ before the horse** mettre la charrue avant les bœufs VT *[+ goods] (in van, truck)* transporter (par camion), camionner ; *(in cart)* charroyer, charrier ; ( * : also **cart about, cart around**) *[+ shopping, books]* trimballer *, coltiner COMP ▷ **cart horse** N cheval *m* de trait ▷ **cart track** N chemin *m* rural *or* de terre

► **cart away, cart off** VT SEP *[+ goods]* emporter ; *[+ garbage]* ramasser

**cartage** /ˈkɑːtɪdʒ/ N *(in van, truck)* camionnage *m*, transport *m* ; *(in cart)* charroi *m*

**carte blanche** /ˌkɑːtˈblɑːntʃ/ N *(NonC)* carte *f* blanche ◆ **to give sb ~ to do sth** donner carte blanche à qn pour faire qch

**cartel** /kɑːˈtel/ N *(Comm)* cartel *m*

**carter** /ˈkɑːtəʳ/ N charretier *m*

**Cartesian** /kɑːˈtiːzɪən/ ADJ, N cartésien(ne) *m(f)*

**Cartesianism** /kɑːˈtiːzɪənɪzəm/ N cartésianisme *m*

**Carthage** /ˈkɑːθɪdʒ/ N Carthage

**Carthaginian** /ˌkɑːθəˈdʒɪnɪən/ N *(Rel)* Carthaginois *m* ADJ carthaginois

**Carthusian** /kɑːˈθjuːzɪən/ ADJ de(s) chartreux ◆ **a ~ monk** un chartreux N chartreux *m*, -euse *f*

**cartilage** /ˈkɑːtɪlɪdʒ/ N cartilage *m*

**cartload** /ˈkɑːtləʊd/ N charretée *f*

**cartographer** /kɑːˈtɒgrəfəʳ/ N cartographe *mf*

**cartographic(al)** /ˌkɑːtəˈgræfɪk(l)/ ADJ cartographique

**cartography** /kɑːˈtɒgrəfɪ/ N cartographie *f*

**cartomancy** /ˈkɑːtəmænsɪ/ N cartomancie *f*

**carton** /ˈkɑːtən/ N *(for yogurt, cream)* pot *m* (en carton) ; *(for milk, squash)* carton *m*, brick *m* ; *(for ice cream)* boîte *f (en carton)* ; *(for cigarettes)* cartouche *f*

**cartoon** /kɑːˈtuːn/ N *[of newspaper etc]* dessin *m* (humoristique) ; *(Cine, TV)* dessin *m* animé ; *(Art = sketch)* carton *m* ◆ **~ strip** *(esp Brit)* bande *f* dessinée VT caricaturer, ridiculiser *(par un dessin humoristique)*

**cartoonist** /ˌkɑːˈtuːnɪst/ N *[of newspaper etc]* caricaturiste *mf*, dessinateur *m*, -trice *f* humoristique ; *(Cine, TV)* dessinateur *m*, -trice *f* de dessins animés, animateur *m*, -trice *f*

**cartridge** /ˈkɑːtrɪdʒ/ N *[of rifle etc]* cartouche *f* ; *[of cannon]* gargousse *f* ; *[of stylus]* cellule *f* ; *[of recording tape, typewriter or printer ribbon, pen]* cartouche *f* ; *[of camera]* chargeur *m* ; *(Comput)* chargeur *m*, cartouche *f* COMP ▷ **cartridge belt** N *(= belt)* (ceinture-)cartouchière *f* ; *(= strip)* bande *f* (de mitrailleuse) ▷ **cartridge case** N *[of rifle]* douille *f*, étui *m* (de cartouche) ; *[of cannon]* douille *f* ▷ **cartridge clip** N chargeur *m* (d'arme à feu) ▷ **cartridge paper** N papier *m* à cartouche, papier *m* fort ▷ **cartridge player** N lecteur *m* de cartouche

**cartwheel** /ˈkɑːtwiːl/ N *(lit)* roue *f* de charrette ◆ **to do** *or* **turn a ~** faire la roue

**cartwright** /ˈkɑːtraɪt/ N charron *m*

**carve** /kɑːv/ VT tailler ; *(= sculpt)* sculpter ; *(= chisel)* ciseler ; *(Culin)* découper ◆ **~d out of** *or* **in wood/ivory** en bois/ivoire sculpté ◆ **~d**

**in(to) the wood/the stone** sculpté dans le bois/la pierre ◆ **to ~ one's initials on** *or* **in sth** graver ses initiales sur qch ◆ **to ~ one's way through sth** se frayer un chemin à travers qch à coups de hache (*or* d'épée *etc*) ◆ **to ~ a road through the jungle** percer une route à travers la jungle ◆ **to ~ a niche for o.s., to ~ o.s. a niche** se faire une place ◆ **to ~ o.s. a career (as)** faire carrière (comme) ; see also **stone**

COMP ▻ **carve-up** * N *(fig) [of inheritance]* partage *m* ; *[of estate, country]* morcellement *m*

► **carve out** VT SEP *[+ piece of wood]* découper (*from* dans) ; *[+ piece of land]* prendre (*from* à) ; *[+ statue, figure]* sculpter, tailler ; *(fig) [+ reputation, market share, role]* se tailler ◆ **to ~ out a career (for o.s.) (as)** faire carrière (comme)

► **carve up** VT SEP **a** *[+ meat]* découper ; *(fig) [+ country]* morceler

**b** (* *= disfigure) [+ person]* amocher‡ à coups de couteau ; * *[+ sb's face]* taillader, balafrer

**c** (‡ *fig) [+ play, performer]* massacrer*, éreinter ; *[+ candidate, opponent]* tailler en pièces

N ◆ **carve-up** * → **carve**

**carver** /ˈkɑːvəʳ/ N **a** *(Culin = knife)* couteau *m* à découper ◆ **~s** service *m* à découper **b** *(= person)* personne *f* qui découpe **c** *(Brit = chair)* chaise *f* de salle à manger avec accoudoirs

**carvery** /ˈkɑːvərɪ/ N grill *m*

**carving** /ˈkɑːvɪŋ/ N **a** *(Art)* sculpture *f* **b** *(NonC: Culin)* découpage *m* COMP ▻ **carving knife** N (pl **carving knives**) couteau *m* à découper

**caryatid** /ˌkærɪˈætɪd/ N (pl **caryatids** *or* **caryatides** /ˌkærɪˈætɪˌdiːz/) cariatide *f*

**Casablanca** /ˌkæsəˈblæŋkə/ N Casablanca

**Casanova** /ˌkæsəˈnəʊvə/ N *(also fig)* Casanova *m*

**cascade** /kæsˈkeɪd/ N cascade *f* ; *(fig) [of ribbons, silks, lace]* flot *m* ; *[of sparks]* pluie *f* VI tomber en cascade

**cascara** /kæsˈkɑːrə/ N *(Pharm)* cascara sagrada *f*

**case¹** /keɪs/ LANGUAGE IN USE 26.2

N **a** *(= fact, eventuality, example)* cas *m* ◆ **is it the ~ that ...?** est-il vrai que ... ? ◆ **that's not the ~** ce n'est pas le cas ◆ **if that's the ~** en ce cas, dans ce cas-là ◆ **as is the ~ here** comme c'est le cas ici ◆ **that** *or* **such** *(frm)* **being the ~** par conséquent ◆ **in such a ~** en pareil cas ◆ **if such is the ~** *(now)* si tel est le cas ; *(= if it happens)* le cas échéant, en pareil cas ◆ **put the ~ that ...** admettons que ... *+ subj* ◆ **as the ~ may be** selon le cas ◆ **it's a clear ~ of sexual harassment** c'est un cas flagrant de harcèlement sexuel ◆ **in this ~** dans ce cas ◆ **in that ~** dans ce cas-là ◆ **in no ~** en aucun cas ◆ **in the present ~** dans le cas présent ◆ **as in the ~ of ...** comme dans le cas de ... ◆ **in the ~ in point** en l'occurrence ◆ **here is a ~ in point** en voici un bon exemple, en voici un exemple typique ◆ **in your ~** dans votre cas ◆ **in most ~s** dans la plupart des cas ◆ **in nine ~s out of ten** neuf fois sur dix ◆ **a difficult ~** un cas difficile

◆ **in case** ◆ **in ~ he comes** au cas où *or* pour le cas où il viendrait ◆ **I'm supposed to be in charge here, in ~ you've forgotten!** * je suis censé commander ici, au cas où vous l'auriez oublié ! ◆ **she's nervous about something, in ~ you didn't notice** il y a quelque chose qui la rend nerveuse, au cas où vous ne l'auriez pas remarqué ◆ **in ~ of** en cas de ◆ **(just) in ~** à tout hasard, au cas où *

◆ **in any case** en tout cas, de toute façon

**b** *(Med etc)* cas *m* ◆ **six ~s of pneumonia** six cas de pneumonie ◆ **the most serious ~s were sent to hospital** les cas les plus graves *or* les malades les plus atteints ont été envoyés à l'hôpital ◆ **it's a hopeless ~** son cas est désespéré ◆ **he's a hopeless ~** *(fig)* c'est un cas pathologique * ◆ **he's a hard ~** * c'est un dur * ◆ **she's a real ~!** * c'est un cas * *or* un sacré numéro * (celle-là) ! ◆ **to be on sb's ~** ‡ enquiquiner * qn ◆ **to get on sb's ~** ‡ prendre la tête à qn * ◆ **get off my ~!** ‡ lâche-moi les baskets ! ‡, ne me prends pas la tête ! *

**c** *(Jur)* affaire *f*, procès *m* ◆ **he's a suspect in the ~** c'est un suspect dans cette affaire *or* ce procès ◆ **to try a ~** juger une affaire ◆ **to win one's ~** *(Jur)* gagner son procès ; *(fig)* avoir gain de cause ◆ **the ~ for the defendant** *or* **defence** les arguments *mpl* en faveur de l'accusé, les arguments *mpl* de la défense ◆ **the ~ for the prosecution** les arguments *mpl* contre l'accusé, les arguments *mpl* de l'accusation ◆ **there is no ~ against ...** il n'y a pas lieu à poursuites contre ... ◆ **he's working on the Gibson ~** il s'occupe de l'affaire Gibson ◆ **~ before the Court** affaire *f* portée devant le tribunal ◆ **his ~ was called today** *(Jur)* son affaire est venue aujourd'hui devant le tribunal ◆ **to take a ~ to the High Court** saisir le tribunal de grande instance d'une affaire

**d** *(= argument, reasoning)* arguments *mpl* ◆ **to make out one's ~** présenter ses arguments ◆ **to make a ~ for sth** plaider en faveur de qch ◆ **to make (out) a good ~ for sth** réunir *or* présenter de bons arguments en faveur de qch ◆ **to make out a good ~ for doing sth** bien expliquer pourquoi il faudrait faire qch ◆ **there is a strong ~ for/against compulsory vaccination** il y a *or* aurait beaucoup à dire en faveur de la/contre la vaccination obligatoire ◆ **there's a ~ for saying that ...** on peut à raison *or* légitimement dire que ... ◆ **there's a ~ for refusing to sign the contract** il y a des arguments *or* des raisons pour refuser de signer le contrat ◆ **that is my ~** voilà mes arguments ◆ **a ~ of conscience** un cas de conscience ◆ **to have a good/strong ~** avoir de bons/solides arguments

**e** *(Gram)* cas *m* ◆ **the nominative ~** le nominatif ◆ **the accusative ~** l'accusatif *m*

COMP ▻ **case conference** N *(Med, Social Work)* *réunion de spécialistes pour parler d'un patient ou d'un cas social* ▻ **case file** N *(Jur, Med, Social Work)* dossier *m* ▻ **case grammar** N *(Gram)* grammaire *f* des cas ▻ **case history** N *(Social Work)* passé *m* du (*or* d'un) cas social ; *(Med) (= past facts)* antécédents *mpl* médicaux ; *(= past and present development)* évolution *f* de la maladie ▻ **case law** N *(NonC: Jur)* droit *m* jurisprudentiel ▻ **case load** N *(Social Work)* dossiers *mpl* *(confiés à un assistant social)* ◆ **to have a heavy ~ load** avoir beaucoup de dossiers à traiter ▻ **case notes** NPL *(Jur, Med, Social Work)* (notes *fpl* pour l'établissement d'un) dossier *m* ▻ **case papers** NPL *(Jur, Med, Social Work)* pièces *fpl* du dossier ▻ **case study** N étude *f* de cas ◆ **~ study method** *(US Univ)* méthode *f* des cas ▻ **case system** N *(Gram)* système *m* casuel ▻ **case work** N *(Social Work)* travail *m* avec des cas (sociaux) individuels ▻ **case worker** N *(Social Work)* ≈ assistant(e) social(e)

**case²** /keɪs/ N **a** *(Brit = suitcase)* valise *f* ; *(= packing case)* caisse *f* ; *(= crate: for bottles etc)* caisse *f* ; *(for peaches, lettuce, oysters etc)* cageot *m* ; *(= box)* boîte *f* ; *(= chest)* coffre *m* ; *(for goods on display)* vitrine *f* ; *(for jewels)* coffret *m* ; *(for watch, pen, necklace etc)* écrin *m* ; *(for camera, binoculars etc)* étui *m* ; *(= covering)* enveloppe *f* ; *(Bookbinding)* couverture *f* ; *(Tech)* boîte *f* ; *(Aut)* carter *m* ◆ **violin/umbrella** *etc* **~** étui *m* à violon/parapluie *etc* ; → **bookcase, pillowcase**

**b** *(Typ)* casse *f* ; → **lower¹, upper**

VT **a** mettre dans une caisse *or* un cageot *etc*, mettre en boîte

**b** ◆ **to ~ the joint** ‡ *[burglars etc]* surveiller la maison *etc (avant un mauvais coup)*

COMP ▻ **cased edition** N *(of book)* édition *f* sous coffret ▻ **case-harden** VT *(Metal)* cémenter ; *(fig)* endurcir ▻ **case knife** N (pl **case knives**) *(US)* couteau *m* à gaine ▻ **case-sensitive** ADJ *(Comput)* sensible à la casse

**casebook** /ˈkeɪsbʊk/ N *(Social Work)* comptes rendus *mpl* *or* rapports *mpl* de cas sociaux *(réunis dans un registre)*

**casement** /ˈkeɪsmənt/ N *(= window)* fenêtre *f* (à battants), croisée *f* ; *(= frame)* battant *m* de fenêtre ; *(liter)* fenêtre *f*

**cash** /kæʃ/ N *(NonC)* **a** *(= notes and coins)* espèces *fpl*, argent *m* ◆ **how much ~ is there in the till?** combien d'argent y a-t-il dans la caisse ? ◆ **I want to be paid in ~ and not by cheque** je veux être payé en espèces et non par chèque ◆ **to pay in ~** payer en argent comptant *or* en espèces ◆ **~ or charge?** *(esp US: in shop)* vous payez en espèces ou par carte ? ◆ **to take the ~ to the bank** porter l'argent à la banque ◆ **ready ~** (argent *m*) liquide *m* ◆ **how much do you have in (ready) ~?** combien avez-vous en liquide ? ; → **hard, petty, spot**

**b** ◆ **~ down** *(= immediate payment)* argent *m* comptant ◆ **to pay ~ (down)** payer comptant *or* cash * ◆ **discount for ~** escompte *m* *or* remise *f* au comptant ◆ **~ with order** payable à la commande ◆ **~ on delivery** paiement *m* à la livraison, livraison *f* contre espèces *or* contre remboursement ◆ **~ on shipment** comptant *m* à l'expédition

**c** (* *= money in general)* argent *m*, sous * *mpl* ◆ **how much ~ have you got?** combien d'argent as-tu ?, qu'est-ce que tu as comme argent ? ◆ **I have no ~** je n'ai pas un sou *or* un rond * ◆ **to be short of ~** être à court d'argent ◆ **I am out of ~** je suis à sec *, je n'ai plus de sous *

VT *[+ cheque]* encaisser, toucher ◆ **to ~ sb a cheque** donner à qn de l'argent contre un chèque ; *[bank]* payer un chèque à qn ◆ **to ~ a bill** encaisser une facture

COMP *(gen) [problems, calculations etc]* d'argent ▻ **cash account** N compte *m* de caisse ▻ **cash advance** N *(Fin)* crédit *m* de caisse ▻ **cash-and-carry** N libre-service *m* de gros, cash and carry *m inv* ADJ *[goods, business]* de gros, de cash and carry ▻ **cash bar** N bar *m* payant *(à une réception)* ▻ **cash card** N carte *f* bancaire *(permettant le retrait d'argent aux distributeurs de billets)* ▻ **cash cow** * N *(Comm)* mine *f* d'or *(fig)* ▻ **cash crop** N culture *f* de rapport *or* commerciale ▻ **cash dealings** NPL transactions *fpl* immédiates ▻ **cash deficit** N déficit *m* *or* découvert *m* de trésorerie ▻ **cash desk** N *[of shop, restaurant]* caisse *f* ; *[of cinema, theatre]* guichet *m* ▻ **cash discount** N escompte *m* *or* remise *f* au comptant ▻ **cash dispenser** N distributeur *m* (automatique) de billets ▻ **cash economy** N économie *f* monétaire ▻ **cash flow** N marge *f* brute d'autofinancement, cash-flow *m* ◆ **~ flow problems** difficultés *fpl* de trésorerie ▻ **cash holdings** NPL avoirs *mpl* en caisse *or* en numéraire ▻ **cash income** N revenu *m* monétaire ▻ **cash in hand** N espèces *fpl* en caisse, encaisse *f* ADV ◆ **$100, ~ in hand** 100 dollars, de la main à la main ▷ **cash machine** N *(US)* ⇒ **cash dispenser** ▷ **cash offer** N offre *f* d'achat avec paiement comptant ◆ **he made me a ~ offer** il m'a offert de l'argent ▷ **cash payment** N paiement *m* comptant, versement *m* en espèces ▷ **cash point** N *(in shop)* caisse *f*; *(Brit = cash dispenser)* distributeur *m* (automatique) de billets ▷ **cash price** N prix *m* (au) comptant ▷ **cash prize** N prix *m* en espèces ▷ **cash receipts** NPL recettes *fpl* de caisse ▷ **cash reduction** N ⇒ **cash discount** ▷ **cash register** N caisse *f* (enregistreuse) ▷ **cash reserves** NPL liquidités *fpl* ▷ **cash sale** N vente *f* (au) comptant ▷ **cash squeeze** N *(Econ)* restrictions *fpl* de crédit ▷ **cash terms** NPL conditions *fpl* au comptant ▷ **cash transaction** N affaire *f* or opération *f* au comptant

► **cash in** VT SEP *[+ bonds, savings certificates]* réaliser, se faire rembourser

► **cash in on** * VT FUS tirer profit de

► **cash up** VI *(Brit)* faire sa caisse

**cashback** /ˈkæʃbæk/ N **a** *(= discount)* remise *f* **b** *(at supermarket etc) retrait d'espèces à la caisse d'un magasin*

**cashbook** /ˈkæʃbʊk/ N livre *m* de caisse

**cashbox** /ˈkæʃbɒks/ N caisse *f*

**cashew** /kæˈʃuː/ N anacardier *m*; (also **cashew nut**) noix *f* de cajou

**cashier**[1] /kæˈʃɪəʳ/ **N** *(Comm, Banking)* caissier *m*, -ière *f* **COMP** ▷ **cashier's check** N *(US)* chèque *m* de banque ▷ **cashier's desk** N *(US)* caisse *f*

**cashier**[2] /kæˈʃɪəʳ/ VT *(Mil)* casser; *(gen)* renvoyer, congédier

**cashless** /ˈkæʃlɪs/ ADJ ◆ **the ~ society** or **economy** la société sans argent *(où l'on ne paie plus qu'en argent électronique)*

**cashmere** /kæʃˈmɪəʳ/ **N** *(Tex)* cachemire *m* **COMP** de or en cachemire

**casing** /ˈkeɪsɪŋ/ N *(gen)* revêtement *m*, enveloppe *f*; *[of door, window]* chambranle *m*; *[of tyre]* chape *f*; *[of oil well]* cuvelage *m*

**casino** /kəˈsiːnəʊ/ N casino *m*

**cask** /kɑːsk/ N *(gen)* tonneau *m*, fût *m*; *(large)* pièce *f*, barrique *f*; *(small)* baril *m* ◆ **wine in ~** vin *m* en fût

**casket** /ˈkɑːskɪt/ N *[of jewels etc]* coffret *m*, boîte *f*; *(esp US = coffin)* cercueil *m*

**Caspian** /ˈkæspɪən/ ADJ ◆ **the ~ Sea** la mer Caspienne

**Cassandra** /kəˈsændrə/ N *(Myth, fig)* Cassandre *f*

**cassava** /kəˈsɑːvə/ N *(Bot)* manioc *m*; *(Culin)* farine *f* de manioc

**casserole** /ˈkæsərəʊl/ **N** *(Brit Culin = utensil)* cocotte *f*; *(= food)* ragoût *m* **VT** *[+ meat]* (faire) cuire en or à la cocotte **COMP** ▷ **casserole dish** N cocotte *f*

> **casserole** *is not translated by the French word* **casserole**, *which means 'saucepan'.*

**cassette** /kæˈset/ **N** *(Recording)* cassette *f*; *(Phot)* recharge *f* **COMP** ▷ **cassette deck** N platine *f* (à) cassettes ▷ **cassette player** N lecteur *m* de cassettes ▷ **cassette recorder** N magnétophone *m* à cassettes

**cassis** /kæˈsiːs/ N cassis *m*

**cassock** /ˈkæsək/ N soutane *f*

**cassowary** /ˈkæsəwɛərɪ/ N casoar *m*

**cast** /kɑːst/ (vb : pret, ptp **cast**) **N** **a** *(= throw) [of dice, net]* coup *m*; *(Fishing)* lancer *m*

**b** *(Art, Tech = act of casting metal)* coulage *m*, coulée *f*

**c** *(= mould)* moule *m*; *(in plaster, metal etc)* moulage *m*; *[of medallion etc]* empreinte *f* ◆ **to have one's leg in a ~** *(Med)* avoir une jambe dans le plâtre ◆ **~ of features** *(fig)* traits *mpl* (du visage) ◆ **~ of mind** or **thought** mentalité *f*, tournure *f* d'esprit ◆ **a man of quite a different ~** un homme d'une tout autre trempe ; → **plaster**

**d** *(Theat) (= allocation of parts)* distribution *f*; *(= actors collectively)* acteurs *mpl* ◆ **~ (and credits)** *(Cine, TV)* générique *m* ◆ **~ list** *(Theat etc)* distribution *f* ◆ **he was in the ~ of Evita** il a joué dans Evita

**e** *[of snake]* dépouille *f*; *[of worm]* déjections *fpl*

**f** *(Med = squint)* strabisme *m* ◆ **to have a ~ in one eye** avoir un œil qui louche, loucher d'un œil

**VT** **a** *(= throw) [+ dice]* jeter; *[+ net, fishing line, stone]* lancer, jeter ◆ **to ~ anchor** *(Naut)* jeter l'ancre, mouiller (l'ancre) ◆ **to ~ sb into jail** jeter qn en prison ◆ **to ~ sb's horoscope** tirer or dresser l'horoscope de qn ◆ **to ~ o.s. on sb's mercy** *(liter)* s'en remettre à la clémence *(liter)* de qn, remettre son sort entre les mains de qn ◆ **to ~ a vote** voter ◆ **to ~ aspersions on sth/sb** dénigrer qch/qn ◆ **to ~ the blame on sb** rejeter la responsabilité sur qn ◆ **to ~ doubt on sth** jeter un doute sur qch ◆ **to ~ a look at sth** jeter un regard sur qch ◆ **to ~ a shadow on** or **over sb/sth** *(lit)* projeter une ombre sur qn/qch; *(fig)* jeter une ombre sur qn/qch ◆ **to ~ a light on sth** *(lit)* éclairer qch ◆ **to ~ one's eye(s) round a room** promener ses regards sur une pièce, balayer une pièce du regard ◆ **to ~ one's eye(s) in the direction of ...** porter les yeux or son regard du côté de ... ◆ **to ~ a critical eye on sth** considérer qch d'un œil critique ◆ **to ~ a greedy eye** or **greedy eyes on sth** dévorer qch des yeux; → **die**[2], **light**[1], **lot**[2], **spell**[1]

**b** *(= shed)* ◆ **to ~ its skin** *[snake]* muer ◆ **to ~ a shoe** *[horse]* perdre un fer

**c** *(Art, Tech) [+ plaster]* couler; *[+ metal]* couler, fondre; *[+ statue]* mouler; → **mould**[1], **stone**

**d** *(Theat) [+ play, film]* distribuer les rôles de ◆ **he was ~ as Hamlet** or **for the part of Hamlet** on lui a donné le rôle de Hamlet

**e** *(= describe)* étiqueter, cataloguer ◆ **to ~ o.s. as** se présenter comme

**VI** *(Fishing)* lancer sa ligne

**COMP** ▷ **cast-iron** N fonte *f* ADJ de or en fonte; *(fig) [will, constitution]* de fer; *[excuse, alibi]* inattaquable, (en) béton *; *[case]* solide ▷ **cast-off clothes**, **cast-offs** NPL vêtements *mpl* dont on ne veut plus; *(pej)* vieilles nippes * *fpl* or frusques * *fpl* ◆ **the ~-offs from society** les laissés *mpl* pour compte (de la société)

► **cast about**, **cast around** VI ◆ **to cast about for sth** chercher qch ◆ **she has been ~ing around for a good excuse to ...** elle cherche une bonne excuse pour ... ◆ **to ~ about for how to do/how to reply** chercher le moyen de faire/la façon de répondre

► **cast aside** VT SEP rejeter, mettre de côté; *(fig) [+ person]* rejeter, abandonner; *[+ object]* abandonner, se défaire de

► **cast away** VT SEP rejeter; *(fig)* se défaire de ◆ **to be ~ away** *(Naut)* être naufragé

► **cast back** **VI** *(fig, liter)* revenir (*to* à) **VT SEP** ◆ **to cast one's thoughts back** se reporter en arrière

► **cast down** VT SEP *[+ object]* jeter par terre; *[+ eyes]* baisser; *[+ weapons]* déposer, mettre bas ◆ **to be ~ down** *(fig, liter)* être abattu

► **cast in** VI, VT SEP ◆ **to cast in (one's lot) with sb** partager le sort de qn

► **cast off** **VI** *(Naut)* larguer les amarres, appareiller; *(Knitting)* rabattre les mailles **VT SEP** *(Naut)* larguer les amarres de; *(Knitting)* arrêter; *[+ bonds, chains] (lit)* se défaire de, se libérer de; *(fig)* s'affranchir de ◆ **~ off eight stitches at the beginning of the next row** *(Knitting)* rabattez huit mailles au début du prochain rang **N** ◆ **cast-off** **ADJ** → **cast**

► **cast on** *(Knitting)* **VI** monter les mailles **VT SEP** *[+ stitch, sleeve]* monter ◆ **~ on 159 stitches** montez 159 mailles

► **cast out** VT SEP *(liter)* chasser

► **cast up** VT SEP **a** *(lit)* lancer en l'air ◆ **to ~ one's eyes up** lever les yeux au ciel **b** ◆ **the ship was cast up on a beach** le navire s'est échoué sur une plage ◆ **~ up by the sea** rejeté par la mer **c** *(Math)* calculer **d** *(fig = reproach)* **to ~ sth up to** or **at sb** reprocher qch à qn

**castanets** /ˌkæstəˈnets/ NPL castagnettes *fpl*

**castaway** /ˈkɑːstəweɪ/ N naufragé(e) *m(f)*; *(fig: from society etc)* réprouvé(e) *m(f)*, paria *m*

**caste** /kɑːst/ **N** caste *f*, classe *f* sociale ◆ **to lose ~** déroger, déchoir **COMP** ▷ **caste mark** N *(in India)* signe *m* de (la) caste; *(fig)* signe *m* distinctif (d'un groupe) ▷ **caste system** N système *m* des castes

**castellated** /ˈkæstəleɪtɪd/ **ADJ** *(Archit)* crénelé, de style féodal **COMP** ▷ **castellated nut** N *(Tech)* écrou *m* crénelé

**caster** /ˈkɑːstəʳ/ **N** **a** *(= sifter)* saupoudroir *m* **b** *(= wheel)* roulette *f* **COMP** ▷ **caster angle** N *(Aut)* angle *m* de chasse ▷ **caster sugar** N *(Brit)* sucre *m* en poudre

**castigate** /ˈkæstɪgeɪt/ VT *[+ person]* châtier *(liter)*, corriger; *[+ book etc]* éreinter; *[+ theory, vice]* fustiger *(liter)*

**castigation** /ˌkæstɪˈgeɪʃən/ N *[of person]* châtiment *m*, correction *f*; *[of book etc]* éreintement *m*

**Castile** /kæˈstiːl/ N Castille *f*

**Castilian** /kæsˈtɪlɪən/ **ADJ** castillan **N** **a** Castillan(e) *m(f)* **b** *(Ling)* espagnol *m*, castillan *m*

**casting** /ˈkɑːstɪŋ/ **N** *(NonC = act of throwing)* lancer *m*, lancement *m*; *(Tech) (= act)* fonte *f*, coulée *f*; *(= object)* pièce *f* fondue; *(Art)* moulage *m*; *(Theat)* distribution *f*; *(Cine)* casting *m* **COMP** ▷ **casting couch** N ◆ **she got the role on the ~ couch** elle a couché pour avoir ce rôle ▷ **casting director** N *(Theat)* responsable *mf* de la distribution; *(Cine)* directeur *m*, -trice *f* du casting ▷ **casting vote** N voix *f* prépondérante ◆ **to have a** or **the ~ vote** avoir voix prépondérante

**castle** /ˈkɑːsl/ **N** **a** château *m* (fort); → **build** **b** *(Chess)* tour *f* **VI** *(Chess)* roquer

**castling** /ˈkɑːslɪŋ/ N *(Chess)* roque *f*

**castor**[1] /ˈkɑːstəʳ/ N ⇒ **caster**

**castor**[2] /ˈkɑːstəʳ/ **N** **a** *(= beaver)* castor *m* **b** *(Med)* castoréum *m* **COMP** ▷ **castor oil** N huile *f* de ricin ▷ **castor oil plant** N ricin *m*

**castrate** /kæsˈtreɪt/ VT *[+ animal, man]* châtrer, castrer; *(fig) [+ personality]* émasculer; *[+ text, film, book]* expurger

**castration** /kæsˈtreɪʃən/ N castration *f*

**castrato** /kæsˈtrɑːtəʊ/ N (pl **castrato** or **castrati** /kæsˈtrɑːtɪ/) castrat *m*

**Castroism** /ˈkæstrəʊɪzəm/ N *(Pol)* castrisme *m*

**Castroist** /'kæstrəʊɪst/ ADJ, N *(Pol)* castriste *mf*

**casual** /'kæʒjʊl/ ADJ a *(= nonchalant) [person, manner, attitude, tone, glance, wave]* désinvolte ; *[chat, conversation]* informel ◆ **he tried to sound ~** il a essayé de parler avec désinvolture ◆ **to the ~ eye** *or* **observer** pour le simple observateur ◆ **he ran a ~ eye down the page** il a négligemment parcouru la page ◆ **to be ~ about sth** *(pej)* prendre qch à la légère *or* avec désinvolture ◆ **her ~ attitude (to safety/discipline)** la désinvolture dont elle fait preuve (en matière de sécurité/discipline)

b *(= occasional) [drinker, drug use, relationship]* occasionnel ; *[sexual partner]* occasionnel ◆ **a ~ acquaintance** une (simple) connaissance ◆ **a ~ affair** une passade, une aventure ◆ **~ contact** contacts *mpl* ordinaires ◆ **~ drug users** les consommateurs *mpl* (de drogue) occasionnels ◆ **~ sex** rapports *mpl* sexuels occasionnels ◆ **to have ~ sex** faire l'amour au hasard d'une rencontre

c *(= by chance) [remark, comment]* fait en passant ; *[meeting, encounter]* fortuit ; *[spark]* accidentel ; *[visitor, caller]* de passage

d *(= informal) [clothes, shoes]* sport *inv*, décontracté ◆ **~ wear** vêtements *mpl* sport *inv*, tenue *f* décontractée

e *(= temporary) [work, employment, job, labour]* temporaire ; *[farm worker] (daily)* journalier ; *(seasonally)* saisonnier ◆ **~ labourer** *(on building site)* ouvrier *m* sans travail fixe ; *(on farm, daily)* journalier *m*, -ière *f* ; *(seasonally)* saisonnier *m*, -ière *f* ◆ **on a ~ basis** à titre temporaire

N a ◆ **~s** *(= clothes)* vêtements *mpl* sport *inv* ; *(= shoes)* chaussures *fpl* sport *inv*

b *(= worker) (in office)* employé(e) *m(f)* temporaire ; *(in factory)* ouvrier *m*, -ière *f* temporaire

**casualize** /'kæʒjʊlaɪz/ VT précariser

**casually** /'kæʒjʊlɪ/ ADV a *(= nonchalantly) [mention, say, ask, walk, lean]* avec désinvolture b *(= accidentally)* par hasard c *(= informally) [dress]* de façon décontractée, décontracté * *inv*

**casualness** /'kæʒjʊlnɪs/ N *[of speech, manner]* désinvolture *f* ; *[of dress]* style *m* décontracté

**casualty** /'kæʒjʊltɪ/ N a *(Mil) (= dead)* mort(e) *m(f)* ; *(= wounded)* blessé(e) *m(f)* ◆ **casualties** les morts *mpl* et blessés *mpl* ; *(= dead)* les pertes *fpl* b *(= accident victim)* accidenté(e) *m(f)*, victime *f* ; *(= accident)* accident *m*

COMP ▷ **casualty department** N service *m* des urgences ▷ **casualty list** N *(Mil)* état *m* des pertes ; *(Aviat, gen)* liste *f* des victimes ▷ **casualty ward** N salle *f* des urgences

**casuist** /'kæzjʊɪst/ N casuiste *mf*

**casuistry** /'kæzjʊɪstrɪ/ N *(NonC)* casuistique *f* ; *(instance of this)* arguments *mpl* de casuiste

**CAT** N a /ˌsiːeɪ'tiː/ (abbrev of **computer-aided teaching**) EAO *m* b /kæt/ (abbrev of **computerized axial tomography**) scanographie *f*, tomodensitométrie *f*, scanner * *m* COMP ▷ **CAT scan** N scanographie *f*, tomodensitométrie *f*, scanner * *m* ◆ **to have a ~ scan** se faire faire une scanographie *or* un scanner * ▷ **CAT scanner** N tomodensitomètre *m*, scanner * *m*

**cat** /kæt/ N a chat(te) *m(f)* ; *(= species)* félin *m* ; *( * pej = woman)* mégère *f* ◆ **the big ~s** *(Zool)* les fauves *mpl* ; → **tabby, tom**

b ⇒ **cat-o'-nine-tails**

c *(phrases)* **to let the ~ out of the bag** vendre la mèche ◆ **the ~'s out of the bag** ce n'est plus un secret maintenant ◆ **to look like the ~ that got the cream** *(esp Brit) or* **that ate the canary** avoir l'air content de soi ◆ **to wait for the ~ to jump, to wait to see which way the ~ jumps** attendre pour voir d'où vient le vent ◆ **(has the) ~ got your tongue?** * tu as perdu ta langue ? ◆ **to fight** *or* **be at each other like ~ and dog** *(lit)* se battre comme des chiffonniers ; *(fig)* être *or* s'entendre comme chien et chat ◆ **to fight like Kilkenny ~s** († *Brit)* se battre comme des chiffonniers ◆ **he doesn't have a ~ in hell's chance of winning** il n'a pas l'ombre d'une chance de gagner ◆ **a ~ may look at a king** *(Prov)* un chien regarde bien un évêque *(Prov)* ◆ **to be like a ~ on a hot tin roof** *or* **a ~ on hot bricks** être sur des charbons ardents ◆ **when** *or* **while the ~'s away the mice will play** *(Prov)* quand le chat n'est pas là, les souris dansent ◆ **that set the ~ among the pigeons** ça a été le pavé dans la mare ◆ **he thinks he's the ~'s whiskers** *or* **the ~'s miaow** * il se prend pour le nombril du monde * ◆ **to be a bag of ~s** * *(Ir)* être d'une humeur massacrante *or* de chien *(pej)* ◆ **look what the ~ dragged in** *or* **brought in!** * *(pej)* regarde donc un peu qui pointe son nez ! ◆ **you look like something the ~ dragged in** *or* **brought in!** * *(pej)* non mais regarde à quoi tu ressembles ! ; see also **comp** ; → **bell**[1], **grin, rain, room, skin**

d *(US* ⁑*) (= man)* gars * *m*, type * *m* ; *(= woman)* gonzesse ⁑ *f*, nana * *f* ◆ **cool ~** type *m* (*or* nana *f*) cool *

e ◆ **~s and dogs** *(St Ex)* actions *fpl* et obligations *fpl* de valeur douteuse ; *(Comm)* articles *mpl* peu demandés

f *( * = catalytic converter)* pot *m* catalytique

COMP ▷ **cat-and-mouse** N, ADJ *(fig)* ◆ **to play (at) ~-and-mouse with sb, to play a ~-and-mouse game with sb** jouer au chat et à la souris avec qn ▷ **cat-basket** N *(for carrying)* panier *m* pour chat ; *(for sleeping)* corbeille *f* pour chat ▷ **cat burglar** N monte-en-l'air * *m inv* ▷ **cat door** N chatière *f* ▷ **cat fight** * N *(esp US: between women)* crêpage *m* de chignon * ▷ **cat flap** N ⇒ **cat door** ▷ **cat-lick** * N toilette *f* de chat, brin *m* de toilette ◆ **to give o.s. a ~-lick** faire une toilette de chat *or* un brin de toilette ▷ **cat litter** N litière *f* (pour chats) ▷ **cat-o'-nine-tails** N *(pl inv)* martinet *m*, chat-à-neuf-queues *m* ▷ **cat's-cradle** N (jeu *m* des) figures *fpl (que l'on forme entre ses doigts avec de la ficelle)* ▷ **cat's-eye** N *(= gemstone)* œil-de-chat *m* ; *(Brit Aut)* (clou *m* à) catadioptre *m*, cataphote ® *m* ▷ **cat's-paw** N dupe *f (qui tire les marrons du feu)* ▷ **cat's-whisker** N *(Rad)* chercheur *m* (du détecteur à galène)

**cataclysm** /'kætəklɪzəm/ N cataclysme *m*

**cataclysmic** /ˌkætə'klɪzmɪk/ ADJ cataclysmique

**catacombs** /'kætəkuːmz/ NPL catacombes *fpl*

**catafalque** /'kætəfælk/ N catafalque *m*

**Catalan** /'kætəˌlæn/ N Catalan(e) *m(f)* ; *(Ling)* catalan *m* ADJ catalan

**catalepsy** /'kætəlepsɪ/ N catalepsie *f*

**cataleptic** /ˌkætə'leptɪk/ ADJ cataleptique

**catalogue, catalog** *(US)* /'kætəlɒg/ N *(gen)* catalogue *m* ; *(in library)* fichier *m* ; *(US Univ etc = brochure)* brochure *f (d'un établissement d'enseignement supérieur)* VT cataloguer

**Catalonia** /ˌkætə'ləʊnɪə/ N Catalogne *f*

**catalysis** /kə'tæləsɪs/ N (pl **catalyses** /kə'tæləˌsiːz/) catalyse *f*

**catalyst** /'kætəlɪst/ N *(Chem, fig)* catalyseur *m*

**catalytic** /ˌkætə'lɪtɪk/ ADJ *(Tech)* catalytique ; *(fig) [person]* qui agit comme un catalyseur ; *[role]* de catalyseur COMP ▷ **catalytic converter** N *(Aut)* pot *m* catalytique

**catalyze** /'kætəlaɪz/ VT *(US Chem, fig)* catalyser

**catamaran** /ˌkætəmə'ræn/ N catamaran *m*

**cataphoric** /ˌkætə'fɒrɪk/ ADJ *(Ling)* cataphorique

**catapult** /'kætəpʌlt/ N *(Brit = slingshot)* lance-pierre(s) *m inv* ; *(Aviat, Mil)* catapulte *f* VT *(gen, Aviat, fig)* catapulter COMP ▷ **catapult-launched** ADJ *(Aviat)* catapulté ▷ **catapult launching** N *(Aviat)* catapultage *m*

**cataract** /'kætərækt/ N a *(= waterfall)* cataracte *f* b *(Med)* cataracte *f*

**catarrh** /kə'tɑːʳ/ N rhume *m* (chronique), catarrhe *m*

**catarrhal** /kə'tɑːrəl/ ADJ catarrheux

**catastrophe** /kə'tæstrəfɪ/ N catastrophe *f*

**catastrophic** /ˌkætə'strɒfɪk/ ADJ catastrophique

**catastrophically** /ˌkætə'strɒfɪklɪ/ ADV de façon catastrophique ◆ **~ inept** d'une ineptie catastrophique ◆ **to go ~ wrong** tourner à la catastrophe ◆ **supplies were at ~ low levels** les vivres étaient tombés à un niveau catastrophique

**catatonia** /ˌkætə'təʊnɪə/ N *(NonC)* catatonie *f*

**catatonic** /ˌkætə'tɒnɪk/ ADJ catatonique

**catbird** /'kætbɜːd/ N *(US)* ◆ **to be (sitting) in the ~ seat** * être en position de force

**catcall** /'kætkɔːl/ *(Theat)* N sifflet *m* VI siffler

**catch** /kætʃ/ (vb : pret, ptp **caught**) N a *(= act, thing caught)* prise *f*, capture *f* ; *(Fishing) (= several fish)* pêche *f* ; *(= one fish)* prise *f* ◆ **good ~!** *(Sport)* bien rattrapé ! ◆ **the fisherman lost his whole ~** le pêcheur a perdu toute sa pêche ◆ **he's a good ~** * *(as husband)* c'est un beau parti

b *( * = concealed drawback)* attrape *f*, entourloupette * *f* ◆ **there must be a ~ (in it)** il y a anguille sous roche ◆ **where's the ~?** qu'est-ce qui se cache là-dessous ?

c *[of buckle]* ardillon *m* ; *(Brit: on door)* loquet *m* ; *[of latch]* mentonnet *m* ; *[of wheel]* cliquet *m* ; *(Brit: on window)* loqueteau *m*

d *(fig)* ◆ **with a ~ in one's voice** d'une voix entrecoupée

e *(Mus)* canon *m*

f *(= ballgame)* jeu *m* de balle ; *(= tag)* (jeu *m* du) chat *m*

VT a *[+ ball]* attraper ; *[+ object]* attraper, saisir ; *[+ fish, mice, thief]* attraper ◆ **to ~ an animal in a trap** prendre un animal dans un piège *or* au piège ◆ **to ~ sb by the arm, to ~ sb's arm** prendre qn par le bras ◆ **to be caught between two people/alternatives** être pris entre deux personnes/possibilités ◆ **a toaster with a tray to ~ the breadcrumbs** un grille-pain avec un plateau pour ramasser les miettes de pain ◆ **you can usually ~ me (in) around noon** * en général on peut me trouver vers midi ◆ **I dialled her number hoping to ~ her before she went to work** je lui ai téléphoné en espérant l'avoir * *or* la joindre avant qu'elle (ne) parte au travail ◆ **hello Adrienne, glad I caught you** * bonjour Adrienne, je suis content de te trouver *or* que tu sois là ◆ **can I ring you back? you've caught me at a bad time** je peux vous rappeler ? je suis occupé en ce moment ◆ **(I'll) ~ you later!** * à plus ! *, à plus tard ! ; → **crab**[1], **sun**

b *(= take by surprise)* surprendre ◆ **to ~ sb doing sth** surprendre qn à faire qch ◆ **to be caught unprepared** être pris au dépourvu ◆ **to ~ sb by surprise** prendre qn à l'improviste ◆ **to be caught cold** *(esp Brit Sport)* être pris au dépourvu ◆ **she caught herself dreaming of Spain** elle se surprit à rêver de l'Espagne ◆ **I caught myself feeling sorry for them** je me suis surpris à les plaindre ◆ **if I**

~ **them at it!** * si je les y prends ! ◆ **if I ~ you at it again!** * que je t'y reprenne ! ◆ **(you won't) ~ me doing that again!** * (il n'y a) pas de danger que je recommence *subj* !, c'est bien la dernière fois que je le fais ! ◆ **to ~ sb in the act** prendre qn sur le fait *or* en flagrant délit ◆ **we were caught in a storm** nous avons été pris dans *or* surpris par un orage ◆ **to get caught by sb** se faire *or* se laisser attraper par qn

**c** *[+ bus, train etc] (= be in time for)* attraper ; *(= get on board)* prendre ◆ **he didn't ~ his train** il a manqué son train ◆ **to ~ the post** arriver à temps pour la levée ◆ **he caught the ferry to France** *(= go by)* il a pris le ferry pour aller en France ◆ **did you ~ the news/that film last night?** *(TV)* tu as vu *or* pu voir les informations/ce film hier soir ?

**d** *(= trap)* **I caught my skirt on the branch, the branch caught my skirt** ma jupe s'est accrochée à la branche ◆ **I caught my skirt in the door, the door caught my skirt** ma jupe s'est prise dans la porte ◆ **the top of the lorry caught the bridge** le haut du camion a accroché le pont ◆ **she caught him with her elbow** elle lui a donné un coup de coude (sans le faire exprès) ◆ **to ~ one's foot in sth** se prendre le pied dans qch

**e** *(= understand, hear)* saisir, comprendre ◆ **to ~ the meaning of sth** saisir le sens de qch ◆ **I didn't ~ what he said** je n'ai pas saisi ce qu'il a dit

**f** *[+ flavour]* sentir, discerner ◆ **to ~ the sound of sth** percevoir le bruit de qch

**g** *(Med) [+ disease]* attraper ◆ **to ~ a cold** attraper un rhume ◆ **to ~ cold** attraper *or* prendre froid ◆ **to ~ one's death of cold** *, **to ~ one's death** ⁑ attraper la crève ⁑

**h** *(phrases)* **to ~ sb's attention** *or* **eye** attirer l'attention de qn ◆ **to ~ the chairman's eye** obtenir la parole ◆ **to ~ the Speaker's eye** *(Brit Parl)* obtenir la parole *(à la Chambre des communes)* ◆ **to be caught between envy and admiration** osciller entre l'envie et l'admiration ◆ **to ~ sb a blow** donner un coup à qn ◆ **she caught him one** *or* **caught him a blow on the nose** * elle lui a flanqué * un coup sur le nez ◆ **to ~ the light** accrocher la lumière ◆ **his speech caught the mood of the assembly** son discours traduisait *or* reflétait l'humeur de l'assemblée ◆ **to ~ sb with his** (*or* **her** *etc*) **pants** *or* **trousers down** *(fig)* surprendre qn dans une situation embarrassante ◆ **you'll ~ it!** * tu vas écoper ! * ◆ **he caught it all right!** * qu'est-ce qu'il a pris ! * ◆ **to ~ sb on the wrong foot, to ~ sb off balance** *(lit)* prendre qn à contre-pied ; *(fig)* prendre qn au dépourvu ; → **breath, fire, glimpse, likeness, nap¹, sight**

**VI** **a** *[fire, wood, ice]* prendre ; *(Culin)* attacher

**b** *[lock]* fermer

**c** ◆ **her dress caught in the door/on a nail** sa robe s'est prise dans la porte/s'est accrochée à un clou

**COMP** ▷ **catch 22** * **N** ◆ **it's a ~ 22 situation** il n'y a pas moyen de s'en sortir, c'est une situation inextricable ▷ **catch-all N** fourre-tout *m inv (fig)* **ADJ** *[regulation, clause etc]* général, fourre-tout *inv* ◆ **~-all phrase** expression *f* passe-partout *inv* ▷ **catch-as-catch-can N** catch *m* ▷ **catch phrase N** *(constantly repeated)* rengaine *f* ; *(= vivid, striking phrase)* accroche *f*, slogan *m* accrocheur ▷ **catch question N** colle * *f* ▷ **catch-up** * **N** ◆ **to play ~-up** *[losing player, team]* essayer de revenir à la marque ; *(fig)* essayer de rattraper son retard

► **catch at VT FUS** *[+ object]* (essayer d')attraper

► **catch on VI** **a** *(= become popular) [fashion]* se répandre ; *[song]* devenir populaire, marcher

**b** *(= understand)* saisir, comprendre (*to sth* qch)

► **catch out VT SEP** *(esp Brit) (= catch napping)* prendre en défaut ; *(= catch in the act)* prendre sur le fait ◆ **to ~ sb out in a lie** surprendre qn en train de mentir, prendre qn à mentir ◆ **to be caught out (by sth)** être pris par surprise (par qch) ◆ **he'll get caught out some day** un beau jour il se fera prendre

► **catch up VI** **a** se rattraper, combler son retard ; *(with studies)* se rattraper, se remettre au niveau ; *(with news, gossip)* se remettre au courant ◆ **to ~ up on** *or* **with one's work** se (re)mettre à jour dans son travail ◆ **to ~ up on one's sleep** rattraper *or* combler son retard de sommeil ◆ **to ~ up on** *or* **with sb** *(going in the same direction)* rattraper qn, rejoindre qn ; *(in work etc)* rattraper qn ◆ **the police caught up with him in Vienna** la police l'a attrapé à Vienne ◆ **the truth/illness has finally caught up with him** la vérité/la maladie a fini par le rattraper

**b** ◆ **to be** *or* **get caught up in sth** *(in net etc)* être pris dans qch ; *(fig) (in activity, campaign etc)* être pris dans qch ; *(in sb's enthusiasm etc)* être gagné par qch ; *(in sb's ideas etc)* être emballé par qch ; *(in circumstances etc)* être prisonnier de qch ; *(in scandal)* être mêlé à qch

**VT SEP** **a** *[+ person]* rattraper

**b** *(= interrupt) [+ person]* interrompre, couper la parole à

**c** *(= pick up quickly)* ramasser vivement

**d** *[+ hair]* relever ; *[+ curtain]* retenir

**catcher** /ˈkætʃəʳ/ **N** **a** *(Baseball)* attrapeur *m* **b** → **mole¹, rat** **COMP** ▷ **catcher's mitt N** gant *m* de baseball

**catching** * /ˈkætʃɪŋ/ **ADJ** *(Med)* contagieux ; *(fig) [laughter, enthusiasm]* contagieux, communicatif ; *[habit, mannerism]* contagieux

**catchment** /ˈkætʃmənt/ **N** captage *m* **COMP** ▷ **catchment area N** *(Brit Geog:* also **catchment basin**) bassin *m* hydrographique ; *[of hospital]* circonscription *f* hospitalière ; *[of school]* secteur *m* de recrutement scolaire

**catchpenny** /ˈkætʃˌpenɪ/ *(pej)* **ADJ** clinquant, accrocheur

**catchup** /ˈkætʃəp/ **N** *(US)* ⇒ **ketchup**

**catchword** /ˈkætʃwɜːd/ **N** *(= slogan)* slogan *m* ; *(Pol)* mot *m* d'ordre, slogan *m* ; *(Printing) [of foot of page]* réclame *f* ; *[of top of page]* mot-vedette *m* ; *(Theat = cue)* réplique *f*

**catchy** * /ˈkætʃɪ/ **ADJ** *[tune]* entraînant ; *[title, name, slogan]* accrocheur

**catechism** /ˈkætɪkɪzəm/ **N** catéchisme *m*

**catechist** /ˈkætɪkɪst/ **N** catéchiste *mf*

**catechize** /ˈkætɪkaɪz/ **VT** *(Rel)* catéchiser ; *(fig) (= teach)* instruire *(par questions et réponses)* ; *(= examine)* interroger, questionner

**categoric(al)** /ˌkætɪˈgɒrɪk(əl)/ **ADJ** catégorique

**categorically** /ˌkætɪˈgɒrɪkəlɪ/ **ADV** catégoriquement

**categorization** /ˌkætɪgəraɪˈzeɪʃən/ **N** catégorisation *f*

**categorize** /ˈkætɪgəraɪz/ **VT** classer par catégories

**category** /ˈkætɪgərɪ/ **N** catégorie *f* **COMP** ▷ **Category A prisoner N** *(Brit)* détenu *condamné pour meurtre, vol à main armée ou terrorisme*

**cater** /ˈkeɪtəʳ/ **VI** *(= provide food)* s'occuper de la nourriture, préparer un *or* des repas (*for* pour) ; ◆ **to ~ for** *(Brit) or* **to** *(US) (sb's needs)* pourvoir à ; *(sb's tastes)* satisfaire ◆ **this magazine ~s for all ages** ce magazine s'adresse à tous les âges ◆ **the playgroup ~s mainly for 3- and 4-year-olds** cette garderie est destinée essentiellement aux enfants de 3 et 4 ans

**cater-corner(ed)** /ˌkeɪtəˈkɔːnəʳ(d)/ **ADV** *(US)* en diagonale (*from, to* par rapport à)

**caterer** /ˈkeɪtərəʳ/ **N** *(providing meals)* traiteur *m* ; *(providing supplies)* fournisseur *m (en alimentation)*

**catering** /ˈkeɪtərɪŋ/ **N** *(providing meals)* restauration *f* ; *(providing supplies)* approvisionnement *m*, ravitaillement *m* ◆ **the ~ for our reception was done by Smith and Lee** nous avons pris Smith and Lee comme traiteur pour notre réception **COMP** ▷ **catering industry N** industrie *f* de la restauration ▷ **catering manager N** intendant(e) *m(f)* ▷ **catering school N** école *f* hôtelière ▷ **catering trade N** restauration *f*

**caterpillar** /ˈkætəpɪləʳ/ **N** *(Tech, Zool)* chenille *f* **COMP** *[vehicle, wheel]* à chenilles ▷ **Caterpillar track** ® **N** *(Tech)* chenille *f* ▷ **Caterpillar tractor** ® **N** autochenille *f*

**caterwaul** /ˈkætəwɔːl/ **VI** **a** *(lit) [cat]* miauler **b** *(* fig) [person]* brailler, pousser des braillements **N** **a** *(lit) [of cat]* miaulement *m* **b** *(fig) [of person]* braillements *mpl*, hurlements *mpl*

**caterwauling** /ˈkætəwɔːlɪŋ/ **N** *[of cat]* miaulement *m* ; *[of music]* cacophonie *f* ; *[of person]* braillements *mpl*, hurlements *mpl*

**catfight** /ˈkætfaɪt/ **N** crêpage *m* de chignon

**catfish** /ˈkætfɪʃ/ **N** (pl **catfish** *or* **catfishes**) poisson-chat *m*

**catfood** /ˈkætfuːd/ **N** nourriture *f* pour chats

**catgut** /ˈkætgʌt/ **N** *(Mus, Sport)* boyau *m* (de chat) ; *(Med)* catgut *m*

**Cath.** **a** abbrev of **Cathedral** **b** abbrev of **Catholic**

**Cathar** /ˈkæθəʳ/ **N** (pl **Cathars** *or* **Cathari** /ˈkæθərɪ/) Cathare *mf* **ADJ** cathare

**catharsis** /kəˈθɑːsɪs/ **N** (pl **catharses** /kəˈθɑːsɪs/) *(Literat, Psych)* catharsis *f*

**cathartic** /kəˈθɑːtɪk/ **ADJ** *(Literat, Med, Psych)* cathartique **N** *(Med)* purgatif *m*, cathartique *m*

**Cathay** /kæˈθeɪ/ **N** Cathay *m*

**cathedral** /kəˈθiːdrəl/ **N** cathédrale *f* **COMP** ▷ **cathedral church N** cathédrale *f* ▷ **cathedral city N** évêché *m*, ville *f* épiscopale

**Catherine** /ˈkæθərɪn/ **N** Catherine *f* ◆ **~ the Great** *(Hist)* la Grande Catherine, Catherine la Grande **COMP** ▷ **Catherine wheel N** *(= firework)* soleil *m*

**catheter** /ˈkæθɪtəʳ/ **N** cathéter *m*

**catheterize** /ˈkæθɪtəˌraɪz/ **VT** *[+ bladder, person]* sonder

**cathiodermie** /ˌkæθɪəʊˈdɜːmɪ/ **N** ionophorèse *f*

**cathode** /ˈkæθəʊd/ **N** cathode *f* **COMP** *[ray]* cathodique ▷ **cathode ray tube N** tube *m* cathodique

**catholic** /ˈkæθəlɪk/ **ADJ** **a** *(Rel)* ◆ **Catholic** catholique **b** *(= varied, all-embracing) [tastes, person]* éclectique ; *(= universal)* universel ◆ **to be ~ in one's tastes** avoir des goûts éclectiques **N** ◆ **Catholic** catholique *mf* **COMP** ▷ **the Catholic Church N** l'Église *f* catholique ▷ **Catholic school N** école *f* catholique

**Catholicism** /kəˈθɒlɪsɪzəm/ **N** catholicisme *m*

**cathouse** ⁑ /ˈkæthaʊs/ **N** *(US)* bordel ⁑ *m*

**cation** /ˈkætaɪən/ N *(Chem)* cation *m*

**catkin** /ˈkætkɪn/ N *(Bot)* chaton *m*

**catlike** /ˈkætlaɪk/ ADJ félin ADV comme un chat

**catmint** /ˈkætmɪnt/ N herbe *f* aux chats

**catnap** * /ˈkætnæp/ VI sommeiller, faire un (petit) somme N (petit) somme *m* ◆ **to take a ~** sommeiller, faire un (petit) somme

**catnip** /ˈkætnɪp/ N *(US)* ⇒ **catmint**

**Cato** /ˈkeɪtəʊ/ N Caton *m*

**catsuit** /ˈkætsuːt/ N combinaison-pantalon *f*

**catsup** /ˈkætsəp/ N *(US)* ketchup *m*

**cattery** /ˈkætərɪ/ N pension *f* pour chats

**cattiness** * /ˈkætɪnɪs/ N méchanceté *f*, rosserie * *f*

**cattle** /ˈkætl/ N bétail *m* ◆ **the prisoners were treated like ~** les prisonniers étaient traités comme du bétail ◆ **a herd of ~** un troupeau de bovins ◆ **"cattle crossing"** "passage *m* de troupeaux" ; → **head** COMP ▷ **cattle breeder** N éleveur *m* (de bétail) ▷ **cattle breeding** N élevage *m* (de bétail) ▷ **cattle drive** N *(US)* déplacement *m* de bétail ▷ **cattle grid** *(Brit)*, **cattle guard** *(US)* N *grille à même la route permettant aux voitures mais non au bétail de passer* ▷ **cattle market** N foire *f* or marché *m* aux bestiaux ▷ **cattle plague** N peste *f* bovine ▷ **cattle raising** N ⇒ **cattle breeding** ▷ **cattle shed** N étable *f* ▷ **cattle show** N concours *m* agricole ▷ **cattle truck** N *(Aut)* fourgon *m* à bestiaux ; *(Brit Rail)* fourgon *m* or wagon *m* à bestiaux

**cattleman** /ˈkætlmən/ N (pl **-men**) vacher *m*, bouvier *m*

**catty** * /ˈkætɪ/ ADJ *(pej)* *[person, gossip, criticism]* rosse *, vache * ◆ **~ remark** vacherie * *f* ◆ **to be ~ about sb/sth** dire des vacheries * sur qn/qch

**catty-corner(ed)** /ˌkætɪˈkɔːnəʳ(d)/ ADV *(US)* ⇒ **cater-corner(ed)**

**Catullus** /kəˈtʌləs/ N Catulle *m*

**CATV** /ˌsiːeɪtiːˈviː/ N (abbrev of **community antenna television**) → **community**

**catwalk** /ˈkætwɔːk/ N *(Constr, Theat)* passerelle *f* ; *(Fashion)* podium *m* ◆ **the models on the ~** les mannequins *mpl* du défilé

**Caucasia** /kɔːˈkeɪzɪə/ N Caucase *m*

**Caucasian** /kɔːˈkeɪzɪən/ ADJ *(Geog, Ling)* caucasien ; *(Ethnology)* de race blanche or caucasique N *(= person)* *(Geog)* Caucasien(ne) *m(f)* ; *(Ethnology)* Blanc *m*, Blanche *f*

**caucasoid** /ˈkɔːkəsɔɪd/ ADJ de race blanche or caucasique N Blanc *m*, Blanche *f*

**Caucasus** /ˈkɔːkəsəs/ N ◆ **the ~** le Caucase

**caucus** /ˈkɔːkəs/ N (pl **caucuses**) *(US)* *(= committee)* comité *m* électoral ; *(= meeting)* réunion *f* du comité électoral ; *(Brit pej)* coterie *f* politique

**caudal** /ˈkɔːdl/ ADJ caudal

**caught** /kɔːt/ VB pt, ptp of **catch**

**caul** /kɔːl/ N *(Anat)* coiffe *f*

**cauldron** /ˈkɔːldrən/ N chaudron *m* ◆ **a ~ of intrigue/ethnic strife** un foyer d'intrigues/de conflit ethnique

**cauliflower** /ˈkɒlɪflaʊəʳ/ N chou-fleur *m* COMP ▷ **cauliflower cheese** N *(Culin)* chou-fleur *m* au gratin ▷ **cauliflower ear** * N oreille *f* en feuille de chou

**caulk** /kɔːk/ VT *(Naut)* calfater

**causal** /ˈkɔːzəl/ ADJ causal ; *(Gram)* causal, causatif ◆ **~ link** lien *m* causal

**causality** /kɔːˈzælɪtɪ/ N causalité *f*

**causally** /ˈkɔːzəlɪ/ ADV causalement ◆ **to be ~ related** avoir un lien or une relation de cause à effet

**causation** /kɔːˈzeɪʃən/ N **a** *(= causing)* causalité *f* **b** *(= cause-effect relation)* relation *f* de cause à effet

**causative** /ˈkɔːzətɪv/ ADJ causal ; *(Gram)* causal, causatif ◆ **~ of** *(frm)* (qui est) cause de N *(Gram)* mot *m* causal or causatif

**cause** /kɔːz/ LANGUAGE IN USE 16.1

N **a** *(gen, also Philos)* cause *f* ; *(= reason)* cause *f*, raison *f*, motif *m* ◆ **~ and effect** la cause et l'effet *m* ◆ **the relation of ~ and effect** la relation de cause à effet ◆ **the ~ of his failure** la cause de son échec ◆ **to be the ~ of sth** être cause de qch, causer qch ◆ **~ of action** *(Jur)* fondement *m* (d'une action en justice) ◆ **~ of loss** *(Jur)* fait *m* générateur du sinistre ◆ **she has no ~ to be angry** elle n'a aucune raison de se fâcher ◆ **there's no ~ for anxiety** il n'y a pas lieu de s'inquiéter or de raison de s'inquiéter or de quoi s'inquiéter ◆ **with (good) ~** à juste titre ◆ **not without ~** non sans raison ◆ **without ~** sans cause or raison or motif ◆ **without good ~** sans raison or cause or motif valable ◆ **~ for complaint** sujet *m* de plainte

**b** *(= purpose)* cause *f*, parti *m* ◆ **to make common ~ with sb** *(frm)* faire cause commune avec qn ◆ **to work in a good ~** travailler pour la or une bonne cause ◆ **it's all in a good ~** * c'est pour une bonne cause ; → **lost**

**c** *(Jur)* cause *f* ◆ **to plead sb's ~** plaider la cause de qn ◆ **~ list** rôle *m* des audiences

VT causer, occasionner ◆ **to ~ damage/an accident** causer des dégâts/un accident ◆ **to ~ grief to sb** causer du chagrin à qn ◆ **to ~ trouble** causer des ennuis ◆ **to ~ trouble to sb** causer des ennuis à qn ◆ **I don't want to ~ you any trouble** je ne veux pas vous déranger ◆ **to ~ sb to do sth** faire faire qch à qn ◆ **to ~ sth to be done** faire faire qch

**'cause** * /kɒz, kəz/ CONJ ⇒ **because**

**causeway** /ˈkɔːzweɪ/ N chaussée *f*

**caustic** /ˈkɔːstɪk/ ADJ *(Chem, fig)* caustique ◆ **~ remark** remarque *f* caustique N substance *f* caustique, caustique *m* COMP ▷ **caustic soda** N soude *f* caustique

**caustically** /ˈkɔːstɪklɪ/ ADV *[say, describe]* de façon caustique ◆ **to be ~ funny** *[person]* avoir un humour caustique ; *[book]* être d'un humour caustique

**cauterize** /ˈkɔːtəraɪz/ VT cautériser

**cautery** /ˈkɔːtərɪ/ N cautère *m*

**caution** /ˈkɔːʃən/ N **a** *(NonC = circumspection)* prudence *f*, circonspection *f* ◆ **proceed with ~** *(gen)* agissez avec prudence or circonspection ; *(Aut)* avancez lentement

**b** *(= warning)* avertissement *m* *(de la police)* ; *(= rebuke)* réprimande *f* ◆ **"caution"** *(on label)* "attention" ◆ **he got off with a ~** il s'en est tiré avec une réprimande

**c** († * = rascal) numéro * *m*, phénomène * *m*

VT avertir, donner un avertissement à ; *(Brit Police: on charging suspect)* mettre en garde *(un suspect que toute déclaration de sa part peut être retenue contre lui)* ◆ **to ~ sb against sth** mettre qn en garde contre qch ◆ **to ~ sb against doing sth** déconseiller à qn de faire qch

COMP ▷ **caution money** N *(Jur)* cautionnement *m*

> **caution** *is not translated by the French word* **caution**, *whose meanings include 'guarantee', 'deposit' and 'support'.*

**cautionary** /ˈkɔːʃənərɪ/ ADJ (servant) d'avertissement ; *(Jur)* donné en garantie ◆ **a ~ tale** un récit édifiant

**cautious** /ˈkɔːʃəs/ ADJ *[person, welcome, response, optimism]* prudent, circonspect

**cautiously** /ˈkɔːʃəslɪ/ ADV *[move]* avec précaution ; *[say, react]* prudemment, avec prudence ; *[welcome, accept]* avec circonspection ◆ **~ optimistic** d'un optimisme prudent

**cautiousness** /ˈkɔːʃəsnɪs/ N circonspection *f*

**cavalcade** /ˌkævəlˈkeɪd/ N cavalcade *f* VI cavalcader

**cavalier** /ˌkævəˈlɪəʳ/ N *(gen, Mil)* cavalier *m* ; *(Brit Hist)* royaliste *m (partisan de Charles Iᵉʳ et de Charles II)* ADJ **a** *(Brit Hist)* royaliste **b** *[person, behaviour, attitude]* cavalier

**cavalierly** /ˌkævəˈlɪəlɪ/ ADV cavalièrement

**cavalry** /ˈkævəlrɪ/ N cavalerie *f* ; → **household** COMP ▷ **cavalry charge** N charge *f* de cavalerie ▷ **cavalry officer** N officier *m* de cavalerie ▷ **cavalry twill** N *(Tex)* drap *m* sergé pour culotte de cheval, tricotine *f*

**cavalryman** /ˈkævəlrɪmən/ N (pl **-men**) cavalier *m*

**cave**¹ /keɪv/ N caverne *f*, grotte *f* VI ◆ **to go caving** faire de la spéléologie COMP ▷ **cave dweller** N *(Hist: in prehistory)* homme *m* des cavernes ; *[of primitive tribes]* troglodyte *mf* ▷ **cave-in** N *[of floor, building]* effondrement *m*, affaissement *m* ; (* = *defeat, surrender)* effondrement *m* ▷ **cave painting** N peinture *f* rupestre ▷ **caving-in** N ⇒ **cave-in**

► **cave in** VI **a** *[floor, building]* s'effondrer, s'affaisser ; *[wall, beam]* céder **b** (* = *yield)* se dégonfler *, caner * N ◆ **cave-in, caving-in** → **cave**

**cave**² † * /ˈkeɪvɪ/ EXCL *(Brit Scol)* ◆ **~!** pet pet ! *, vingt-deux ! ‡ ◆ **to keep ~** faire le guet

**caveat** /ˈkævɪæt/ N *(gen)* avertissement *m* ; *(Jur)* notification *f* d'opposition ◆ **~ emptor** sans garantie du fournisseur, aux risques de l'acheteur

**caveman** /ˈkeɪvmæn/ N (pl **-men**) homme *m* des cavernes

**caver** /ˈkeɪvəʳ/ N spéléologue *mf*

**cavern** /ˈkævən/ N caverne *f*

**cavernous** /ˈkævənəs/ ADJ *[room, building, space etc]* énorme ; *[eyes]* cave *(liter)*, enfoncé ; *[mouth]* immense ; *[voice, laugh]* caverneux ; *[yawn]* profond

**caviar(e)** /ˈkævɪɑːʳ/ N caviar *m*

**cavil** /ˈkævɪl/ VI ergoter, chicaner (about, at sur)

**caving** /ˈkeɪvɪŋ/ N spéléologie *f*

**cavity** /ˈkævɪtɪ/ N *(gen)* cavité *f* ; *(Med: in rotten tooth)* carie *f* ; *(Phon)* orifice *m* ◆ **to have cavities (in one's teeth)** avoir des caries COMP ▷ **cavity wall** N mur *m* creux ◆ **~ wall insulation** isolation *f* des murs creux

**cavort** * /kəˈvɔːt/ VI *(= jump about)* *[children]* s'ébattre ◆ **while you were ~ing (around) in Paris ...** pendant que tu prenais du bon temps à Paris ... ◆ **they were ~ing (around) in the pool** ils faisaient les fous dans la piscine

**cavortings** /kəˈvɔːtɪŋz/ NPL ébats *mpl*

**cavy** /ˈkeɪvɪ/ N *(Zool)* cobaye *m*, cochon *m* d'Inde

**caw** /kɔː/ VI croasser N croassement *m*

**cawing** /ˈkɔːɪŋ/ N *(NonC)* croassement *m*

**cay** /keɪ/ N *(= sandbank)* banc *m* de sable ; *(= coral reef)* récif *m or* banc *m* de corail

**Cayenne** /ˈkeɪen/ N (also **Cayenne pepper**) (poivre *m* de) Cayenne *m*

**cayman** /ˈkeɪmən/ N (pl **-mans**) a caïman *m* b ◆ **the Cayman Islands** les îles *fpl* Caïmans

**CB** /siːˈbiː/ ABBR a (abbrev of **Citizens' Band Radio**) *(= activity)* CB *f* ; *(= set)* poste *m* de CB b *(Mil)* (abbrev of **confined to barracks**) → **confined** c (abbrev of **Companion (of the Order) of the Bath**) *titre honorifique* COMP ▷ **CB user** N cibiste *mf*

**CBE** /ˌsiːbiːˈiː/ N (abbrev of **Companion (of the Order) of the British Empire**) *titre honorifique*

**CBI** /ˌsiːbiːˈaɪ/ N (abbrev of **Confederation of British Industry**) *conseil du patronat en Grande-Bretagne*

**CBS** /ˌsiːbiːˈes/ N abbrev of **Columbia Broadcasting System**

**CC** /siːˈsiː/ *(in Brit: formerly)* (abbrev of **County Council**) → **county**

**cc** /siːˈsiː/ a (abbrev of **cubic centimetre(s)**) $cm^3$ b (abbrev of **carbon copy, carbon copies**) → **carbon**

**CCTV** /ˌsiːsiːtiːˈviː/ N (abbrev of **closed-circuit television**) → **closed**

**CD** /siːˈdiː/ N a (abbrev of **compact disc**) CD *m* b (abbrev of **Corps Diplomatique**) CD *m* c (abbrev of **Civil Defence**) → **civil** d *(US)* (abbrev of **Congressional District**) → **congressional** COMP ▷ **CD burner** N graveur *m* de CD ▷ **CD player** N platine *f* laser ▷ **CD-writer** N graveur *m* de CD

**CDC** /ˌsiːdiːˈsiː/ N *(US)* (abbrev of **Center for Disease Control and Prevention**) → **centre** ; → CENTERS FOR DISEASE CONTROL

**CD-I** ® /ˌsiːdiːˈaɪ/ N (abbrev of **compact disc interactive**) CD-I *m*, disque *m* compact interactif

**Cdr.** *(Mil)* (abbrev of **Commander**) ~ **J.Thomas** *(on envelope)* le commandant J. Thomas

**CD-ROM** /ˌsiːdiːˈrɒm/ N (abbrev of **compact disc read-only memory**) CD-ROM *m*, cédérom *m* COMP ▷ **CD-ROM drive** N lecteur *m* (de) CD-ROM

**CDT** /ˌsiːdiːˈtiː/ N a *(US)* (abbrev of **Central Daylight Time**) → **central** b *(Brit Scol)* (abbrev of **Craft, Design and Technology**) EMT *f*

**CDTV** /ˌsiːdiːtiːˈviː/ N *(NonC)* (abbrev of **compact disc television**) télévision *f* interactive

**CDV** /ˌsiːdiːˈviː/, **CD-video** /ˈsiːdiːˈvɪdɪəʊ/ N (abbrev of **compact disc video**) CD-V *m*, vidéodisque *m* compact

**CE** /siːˈiː/ N (abbrev of **Church of England**) → **church**

**cease** /siːs/ VI *[activity, noise etc]* cesser, s'arrêter ◆ **to ~ from work** cesser le travail ◆ **to ~ from doing sth, to ~ to do sth** cesser *or* arrêter de faire qch ◆ **I never ~ to be amazed by people's generosity** la générosité des gens ne cesse de m'étonner VT *[+ work, activity]* cesser, arrêter ◆ **to ~ doing sth** cesser *or* arrêter de faire qch ◆ **to ~ fire** *(Mil)* cesser le feu ◆ **to ~ trading** *(Comm)* fermer, cesser ses activités N ◆ **without ~** sans cesse

**ceasefire** /ˈsiːsfaɪəʳ/ N *(Mil)* cessez-le-feu *m inv*

**ceaseless** /ˈsiːslɪs/ ADJ incessant, continuel

**ceaselessly** /ˈsiːslɪslɪ/ ADV sans arrêt, sans cesse

**cecum** /ˈsiːkəm/ N (pl **ceca**) *(US)* ⇒ **caecum**

**cedar** /ˈsiːdəʳ/ N cèdre *m* ◆ ~ **of Lebanon** cèdre *m* du Liban COMP de *or* en cèdre ▷ **cedar wood** N (bois *m* de) cèdre *m*

**cede** /siːd/ VT céder

**cedilla** /sɪˈdɪlə/ N cédille *f* ◆ **"c"** ~ "c" cédille

**Ceefax** ® /ˈsiːfæks/ N télétexte ® *m (de la BBC)*

**ceilidh** /ˈkeɪlɪ/ N bal *m* folklorique écossais *(or* irlandais)

**ceiling** /ˈsiːlɪŋ/ N *(gen, Aviat, fig)* plafond *m* ◆ **to fix a ~ for** *or* **put a ~ on prices/wages** fixer un plafond pour les prix/salaires ◆ **to hit the ~** * *(= get angry)* sortir de ses gonds, piquer une crise * ; *[prices]* crever le plafond ◆ **prices have reached their ~ at 160 pence** les prix plafonnent à 160 pence COMP *[lamp, covering]* de plafond ; *(fig) [rate, charge]* plafond *inv* ▷ **ceiling decoration** N décoration *f* de plafond ▷ **ceiling price** N prix *m* plafond *inv*

**celadon** /ˈseləˌdɒn/ N *(= porcelain)* céladon

**celandine** /ˈseləndaɪn/ N chélidoine *f*

**celeb** * /səˈleb/ N célébrité *f*, vedette *f*

**celebrant** /ˈselɪbrənt/ N célébrant *m*, officiant *m*

**celebrate** /ˈselɪbreɪt/ LANGUAGE IN USE 25.1 VT *[+ person]* célébrer, glorifier ; *[+ event]* célébrer, fêter ◆ **to ~ the anniversary of sth** commémorer qch ◆ **to ~ mass** *(Rel)* célébrer la messe VI a *(Rel)* célébrer (l'office) b faire la fête ◆ **let's ~!** * il faut fêter ça ! ; *(with drink)* il faut arroser ça ! *

**celebrated** /ˈselɪbreɪtɪd/ ADJ *(= famous)* célèbre

**celebration** /ˌselɪˈbreɪʃən/ N a (also **celebrations**) fête(s) *f(pl)* ; *(at Christmas, for family event etc)* fête *f*, festivités *fpl* ; *(public event)* cérémonies *fpl*, fête(s) *f(pl)* ◆ **we must have a ~!** il faut fêter ça ! ◆ **to join in the ~s** participer à la fête *or* aux festivités ◆ **the victory ~s** les cérémonies marquant la victoire b *(NonC = act of celebrating) [of event] (also Rel)* célébration *f* ; *[of past event]* commémoration *f* ; *[of sb's virtues etc]* éloge *m*, louange *f* ◆ **in ~ of** *(victory etc)* pour fêter *or* célébrer ; *(past victory etc)* pour commémorer ; *(sb's achievements)* pour célébrer COMP *[dinner, outing etc]* de fête ; *(for past event)* commémoratif

**celebratory** /ˌselɪˈbreɪtərɪ/ ADJ de célébration ◆ **how about a ~ drink?** et si on prenait un verre pour fêter ça ?

**celebrity** /sɪˈlebrɪtɪ/ N *(= famous person)* célébrité *f*

**celeriac** /səˈlerɪæk/ N céleri(-rave) *m*

**celerity** /sɪˈlerɪtɪ/ N *(liter)* célérité *f*

**celery** /ˈselərɪ/ N céleri *m* (ordinaire *or* à côtes) ◆ **a bunch** *or* **head of ~** un pied de céleri ◆ **a stick of ~** une branche de céleri COMP *[seeds, salt]* de céleri

**celesta** /sɪˈlestə/ N célesta *m*

**celestial** /sɪˈlestɪəl/ ADJ *(lit, fig)* céleste

**celiac** /ˈsiːlɪˌæk/ ADJ *(esp US)* ⇒ **coeliac**

**celibacy** /ˈselɪbəsɪ/ N célibat *m*

**celibate** /ˈselɪbɪt/ ADJ, N *(= unmarried) [priest, nun]* célibataire *mf* ; *(= sexually inactive)* chaste

**cell** /sel/ N a *(gen, Bot, Bot, Phot, Telec)* cellule *f* ; *(Elec)* élément *m (de pile)* ◆ **to form a ~** *(Pol)* créer une cellule b *(Police etc)* cellule *f* ◆ **he spent the night in the ~s** il a passé la nuit au poste *or* en cellule ; → **condemn** COMP ▷ **cell culture** N *(Bio)* culture *f* de cellules ▷ **cell wall** N *(Bio)* paroi *f* cellulaire

**cellar** /ˈseləʳ/ N a *(for wine, coal)* cave *f* ; *(for food etc)* cellier *m* ◆ **in the ~** à la cave b *(= store for wine)* cave *f* (à vins) ◆ **he keeps an excellent ~** il a une excellente cave ; → **coal, saltcellar**

**cellist** /ˈtʃelɪst/ N violoncelliste *mf*

**cellmate** /ˈselmeɪt/ N compagnon *m*, compagne *f* de cellule

**cello** /ˈtʃeləʊ/ N violoncelle *m* COMP de violoncelle

**Cellophane** ® /ˈseləfeɪn/ N cellophane ® *f*

**cellphone** /ˈselfəʊn/ N téléphone *m* cellulaire

**cellular** /ˈseljʊləʳ/ ADJ a *(Anat, Bio etc)* cellulaire b *(Tex) [blanket]* en cellular COMP ▷ **cellular phone** N ⇒ **cellular telephone** ▷ **cellular radio** N *(Rad)* radio *f* cellulaire ▷ **cellular telephone** N téléphone *m* cellulaire

**cellulite** /ˈseljʊˌlaɪt/ N cellulite *f (gonflement)*

**cellulitis** /ˌseljʊˈlaɪtɪs/ N cellulite *f (inflammation)*

**Celluloid** ® /ˈseljʊlɔɪd/ N celluloïd *m* COMP en celluloïd

**cellulose** /ˈseljʊləʊs/ N cellulose *f* COMP cellulosique, en *or* de cellulose ▷ **cellulose acetate** N acétate *m* de cellulose ▷ **cellulose varnish** N vernis *m* cellulosique

**Celsius** /ˈselsɪəs/ ADJ Celsius *inv* ◆ **degrees ~** degrés *mpl* Celsius

**Celt** /kelt, selt/ N Celte *mf*

**Celtic** /ˈkeltɪk, ˈseltɪk/ ADJ celtique, celte N *(Ling)* celtique *m*

**cembalo** /ˈtʃembələʊ/ N (pl **cembalos** *or* **cembali** /ˈtʃembəlɪ/) *(Mus)* clavecin *m*

**cement** /səˈment/ N a *(Constr, fig)* ciment *m* b *(Chem, Dentistry)* amalgame *m* c ⇒ **cementum** VT *(Constr, fig)* cimenter ; *(Chem)* cémenter ; *(Dentistry)* obturer COMP ▷ **cement mixer** N bétonnière *f*, bétonneuse *f*

**cementation** /ˌsiːmenˈteɪʃən/ N *(Constr, fig)* cimentation *f* ; *(Tech)* cémentation *f*

**cementum** /sɪˈmentəm/ N *(Anat)* cément *m*

**cemetery** /ˈsemɪtrɪ/ N cimetière *m*

**cenotaph** /ˈsenətɑːf/ N cénotaphe *m*

**censer** /ˈsensəʳ/ N encensoir *m*

**censor** /ˈsensəʳ/ N censeur *m* VT censurer

**censorious** /senˈsɔːrɪəs/ ADJ *[person, comments]* critique, sévère

**censorship** /ˈsensəʃɪp/ N *(NonC)* *(= censoring)* censure *f* ; *(= function of censor)* censorat *m*

**censurable** /ˈsenʃərəbl/ ADJ blâmable, critiquable

**censure** /ˈsenʃəʳ/ VT *(publicly)* réprimander publiquement ; *(= blame)* critiquer N critique *f*, blâme *m* COMP ▷ **censure motion** N motion *f* de censure ; → **vote**

**census** /ˈsensəs/ N (pl **censuses**) recensement *m* ◆ **to take a ~ of the population** faire le recensement de la population ◆ **the increase between ~es** l'augmentation *f* intercensitaire COMP ▷ **census enumerator, census taker** *(US)* N agent *m* recenseur

**cent** /sent/ N a ◆ **per ~** pour cent b *(= coin)* cent *m* ; *(= unit of euro)* cent *m*, centime *m* d'euro ◆ **I haven't a ~** * je n'ai pas un centime *or* rond *

**cent.** a abbrev of **centigrade** b abbrev of **central** c abbrev of **century**

**centaur** /ˈsentɔːʳ/ N centaure *m*

**centenarian** /ˌsentɪˈneərɪən/ ADJ, N centenaire *mf*

**centenary** /senˈtiːnərɪ/ *(esp Brit)* ADJ centenaire N *(= anniversary)* centenaire *m* ; *(= cen-*

*tury)* siècle *m* ◆ **he has just passed his** ~ il vient de fêter son centième anniversaire *or* son centenaire **COMP** ▷ **centenary celebrations NPL** fêtes *fpl* du centenaire

**centennial** /sen'tenɪəl/ *(esp US)* **ADJ** *(= 100 years old)* centenaire, séculaire ; *(= every 100 years)* séculaire *(frm)* **N** centenaire *m*, centième anniversaire *m* **COMP** ▷ **the Centennial State N** *(US)* Colorado *m*

**center** /'sentəʳ/ **N** *(US)* ⇒ **centre**

**centesimal** /sen'tesɪməl/ **ADJ** centésimal

**centigrade** /'sentɪgreɪd/ **ADJ** *[thermometer, scale]* centigrade ; *[degree]* centigrade, Celsius *inv*

**centigramme, centigram** *(US)* /'sentɪgræm/ **N** centigramme *m*

**centilitre, centiliter** *(US)* /'sentɪˌliːtəʳ/ **N** centilitre *m*

**centimetre, centimeter** *(US)* /'sentɪˌmiːtəʳ/ **N** centimètre *m*

**centipede** /'sentɪpiːd/ **N** mille-pattes *m inv*

**CENTO** /'sentəʊ/ **N** *(Pol)* (abbrev of **Central Treaty Organization**) CENTO *m*

**central** /'sentrəl/ **ADJ** *[courtyard, committee, control, command, idea, character]* central ; *[location]* central, proche du centre ; *[flat, house, office]* proche du centre ; *[planning]* centralisé ; *[aim, fact, role]* essentiel ◆ ~ **London/Poland** le centre de Londres/de la Pologne ◆ **of** ~ **importance** d'une importance capitale ◆ **to be** ~ **to sth** jouer un rôle essentiel dans qch, être au centre de qch

**N** *(US)* central *m* téléphonique

**COMP** ▷ **Central African ADJ** centrafricain ▷ **Central African Republic N** République *f* centrafricaine ▷ **Central America N** Amérique *f* centrale ▷ **Central American ADJ** d'Amérique centrale **N** habitant(e) *m(f)* d'Amérique centrale ▷ **Central Asia N** Asie *f* centrale ▷ **Central Asian ADJ** d'Asie centrale ▷ **central bank N** banque *f* centrale ▷ **central casting N** *(NonC: esp US Cine)* service *m* du casting *(d'un studio de cinéma)* ◆ **straight out of** ~ **casting** *(fig)* caricatural ▷ **Central Committee N** *(Pol)* comité *m* central ▷ **Central Daylight Time N** *(US)* heure *f* d'été du Centre *(des États-Unis)* ▷ **Central Europe N** Europe *f* centrale ▷ **Central European ADJ** d'Europe centrale **N** habitant(e) *m(f)* d'Europe centrale ▷ **Central European Time N** *(Geog)* heure *f* d'Europe centrale ▷ **central government N** pouvoir *m* central ▷ **central heating N** chauffage *m* central ▷ **central locking N** *(Aut)* verrouillage *m* central *or* centralisé ▷ **central locking device N** *(Aut)* condamnation *f* électromagnétique des serrures ▷ **central nervous system N** système *m* nerveux central ▷ **central processing unit N** *(Comput)* unité *f* centrale ▷ **central reservation N** *(Brit) [of road, motorway]* terre-plein *m* central ▷ **Central Standard Time N** *(US)* heure *f* normale du Centre *(des États-Unis)*

**centralism** /'sentrəlɪzəm/ **N** *(Pol)* centralisme *m*

**centralist** /'sentrəlɪst/ **ADJ, N** *(Pol)* centraliste *mf*

**centrality** /sen'trælɪtɪ/ **N** *(= central role)* rôle *m* central ◆ **the** ~ **of rice to their economy** le rôle central du riz dans leur économie ◆ **the** ~ **of the hotel's location is ideal** *(= central location)* ce qui est idéal, c'est que l'hôtel est situé dans le centre-ville

**centralization** /ˌsentrəlaɪ'zeɪʃən/ **N** centralisation *f*

**centralize** /'sentrəlaɪz/ **VT** centraliser **VI** se centraliser, être centralisé

**centrally** /'sentrəlɪ/ **ADV** **a** *(= in middle) [positioned, placed]* au centre **b** *(= near city centre) [located, situated]* dans le centre ◆ **very** ~ **situated** situé tout près du centre ◆ **he lives** ~ il habite dans le centre *or* près du centre **c** *(= primarily)* ◆ **to be** ~ **important** être d'une importance capitale, occuper une place centrale ◆ **the novel is** ~ **concerned with the subject of unhappiness** la tristesse est le motif central de ce roman **d** *(Admin, Pol) [organize]* de façon centralisée ◆ ~ **based** centralisé ◆ ~ **planned economy** économie *f* dirigée *or* centralisée **COMP** ▷ **centrally heated ADJ** équipé du chauffage central ◆ **the house is** ~ **heated** la maison a le chauffage central

**centre, center** *(US)* /'sentəʳ/ **N** **a** *(gen, Comput)* centre *m* ◆ **the** ~ **of the target** le centre de la cible, le mille ◆ **in the** ~ au centre ◆ ~ **of attraction** *(lit)* centre *m* d'attraction ; *(fig)* point *m* de mire ◆ **she was the** ~ **of attention** *or* **interest** elle a été le centre d'attention *or* d'intérêt ◆ **she likes to be the** ~ **of attention** elle aime être le point de mire ◆ **the man at the** ~ **of the controversy** l'homme au cœur de la controverse ◆ **a** ~ **of industry/commerce** un centre industriel/commercial ◆ **a party of the** ~ *(Pol)* un parti du centre ; → **city, nerve, town**

**b** *(= place for specific activity)* centre *m* ◆ **adult education** ~ centre *m* d'enseignement (postscolaire) pour adultes ◆ **law/business consultancy** ~ boutique *f* de droit/de gestion ; → **civic, community, job**

**VT** *(gen, Comput)* centrer ◆ **to** ~ **the ball** *(Ftbl)* centrer ◆ **the fighting has been** ~**d around the capital** les combats se sont concentrés autour de la capitale ◆ **the silk industry was** ~**d in Valencia** l'industrie de la soie était concentrée à Valence ◆ **to be** ~**d** *(mentally)* être équilibré

**VI** **a** *[thoughts, hatred]* se concentrer (*on, in* sur) ; *[problem, discussion]* tourner (*on* autour de)

**b** *(Archery)* frapper au centre

**COMP** *[row etc]* central ▷ **Center for Disease Control and Prevention N** *(US) organisme de santé publique* ▷ **centre armrest N** *(in car, bus, train)* accoudoir *m* central ▷ **centre bit N** *(Tech)* mèche *f*, foret *m*, mèche *f* anglaise ▷ **centre court N** *(Tennis)* court *m* central ▷ **centre-forward N** *(Sport)* avant-centre *m* ▷ **centre-half N** *(Sport)* demi-centre *m* ▷ **centre of gravity N** centre *m* de gravité ▷ **centre parties NPL** *(Pol)* partis *mpl* du centre ▷ **centre spread N** *(Advertising)* pages *fpl* centrales ▷ **centre-stage N** *(lit, fig)* ◆ **to take** ~**-stage** occuper le devant de la scène ▷ **centre three-quarter N** *(Sport)* trois-quarts *m* centre ▷ **centre vowel N** *(Phon)* voyelle *f* centrale

> **Centers for Disease Control**
>
> Les **Centers for Disease Control and Prevention** (ou **CDC**) sont un organisme américain de santé publique dont le siège se trouve à Atlanta, en Géorgie. Son rôle est d'élaborer des règlements sanitaires et des normes de sécurité, de collecter et d'analyser les informations relatives à la santé publique et d'organiser la prévention des maladies transmissibles. Il doit son renom international au rôle de pionnier qu'il a joué dans la détection du virus HIV et dans l'identification de ses modes de transmission.

**centreboard** /'sentəbɔːd/ **N** *(Naut)* dérive *f*

**-centred** /'sentəd/ **ADJ** *(in compounds)* basé sur

**centrefold** /'sentəfəʊld/ **N** *(Press)* double page *f* (détachable) ; *(= pin-up picture)* photo *f* de pin up *(au milieu d'un magazine)*

**centrepiece** /'sentəpiːs/ **N** **a** *(= key feature, event)* **the** ~ **of the town** le joyau de la ville ◆ **the** ~ **of their campaign strategy** le pivot *or* la clé de voûte de leur stratégie électorale ◆ **the** ~ **of the summit will be the signing of a treaty** le moment le plus important du sommet sera la signature du traité **b** *[of table]* milieu *m* de table

**centrifugal** /sentrɪ'fjuːgəl/ **ADJ** centrifuge **COMP** ▷ **centrifugal force N** force *f* centrifuge

**centrifuge** /'sentrɪfjuːʒ/ **N** *(Tech)* centrifugeur *m*, centrifugeuse *f* **VT** centrifuger

**centripetal** /sen'trɪpɪtl/ **ADJ** centripète **COMP** ▷ **centripetal force N** force *f* centripète

**centrism** /'sentrɪzəm/ **N** *(Pol)* centrisme *m*

**centrist** /'sentrɪst/ **ADJ, N** *(Pol)* centriste *mf*

**centurion** /sen'tjʊərɪən/ **N** centurion *m*

**century** /'sentjʊrɪ/ **N** **a** siècle *m* ◆ **several centuries ago** il y a plusieurs siècles ◆ **in the twentieth** ~ au vingtième siècle **b** *(Mil Hist)* centurie *f* **c** *(Cricket)* cent courses *fpl* **COMP** ▷ **centuries-old ADJ** séculaire, vieux (vieille *f*) de plusieurs siècles ▷ **century note** ‡ **N** *(US)* billet *m* de cent dollars

**CEO** /ˌsiːiː'əʊ/ **N** (abbrev of **chief executive officer**) → **chief**

**cephalic** /sɪ'fælɪk/ **ADJ** céphalique

**ceramic** /sɪ'ræmɪk/ **ADJ** *[art]* céramique ; *[cup, vase]* en céramique **N** **a** *(NonC)* céramique *f* **b** (objet *m* en) céramique *f* **COMP** ▷ **ceramic hob N** table *f* de cuisson en vitrocéramique

**Cerberus** /'sɜːbərəs/ **N** Cerbère *m*

**cereal** /'sɪərɪəl/ **N** *(= plant)* céréale *f* ; *(= grain)* grain *m (de céréale)* ◆ **baby** ~ Blédine ® *f* ◆ **breakfast** ~ céréale *f* **ADJ** de céréale(s)

**cerebellum** /ˌserɪ'beləm/ **N** (pl **cerebellums** *or* **cerebella** /ˌserɪ'belə/) cervelet *m*

**cerebra** /'serɪbrə/ **NPL** of **cerebrum**

**cerebral** /'serɪbrəl/ **ADJ** cérébral **COMP** ▷ **cerebral death N** mort *f* cérébrale ▷ **cerebral palsy N** paralysie *f* cérébrale

**cerebration** /ˌserɪ'breɪʃən/ **N** *(frm)* cogitation *f*

**cerebrum** /'serɪbrəm/ **N** (pl **cerebrums** *or* **cerebra**) *(Anat)* cerveau *m*

**ceremonial** /ˌserɪ'məʊnɪəl/ **ADJ** *[rite]* cérémoniel ; *[dress]* de cérémonie ; *(US) [office, post]* honorifique **N** cérémonial *m NonC* ; *(Rel)* cérémonial *m*, rituel *m*

**ceremonially** /ˌserɪ'məʊnɪəlɪ/ **ADV** selon le cérémonial d'usage

**ceremonious** /ˌserɪ'məʊnɪəs/ **ADJ** solennel ; *(slightly pej)* cérémonieux

**ceremoniously** /ˌserɪ'məʊnɪəslɪ/ **ADV** solennellement, avec cérémonie ; *(slightly pej)* cérémonieusement

**ceremony** /'serɪmənɪ/ **N** **a** *(= event)* cérémonie *f* ; → **master** **b** *(NonC)* cérémonies *fpl*, façons *fpl* ◆ **to stand on** ~ faire des cérémonies, faire des manières ◆ **with** ~ cérémonieusement ◆ **without** ~ sans cérémonie(s)

**cerise** /sə'riːz/ **ADJ** (de) couleur cerise, cerise *inv*

**cerium** /'sɪərɪəm/ **N** cérium *m*

**cert** ‡ /sɜːt/ **N** *(Brit)* certitude *f* ◆ **it's a dead** ~ ça ne fait pas un pli*, c'est couru* ◆ **he's a (dead)** ~ **for the job** il est sûr et certain de décrocher le poste*

**cert.** a abbrev of **certificate** b abbrev of **certified**

**certain** /ˈsɜːtən/ LANGUAGE IN USE 6.2, 15.1, 16.1, 26.3

ADJ a *(= sure)* certain ◆ **to be** *or* **feel ~ (about** *or* **of sth)** être certain (de qch) ◆ **are you absolutely ~ (about** *or* **of that)?** en es-tu absolument certain ? ◆ **you don't sound very ~** tu n'en as pas l'air très sûr ◆ **~ of oneself** sûr de soi ◆ **to be ~ that ...** être certain que ... ◆ **be ~ to go!** allez-y sans faute ! ◆ **I am not ~ who/why/when/how ...** je ne sais pas avec certitude qui/pourquoi/quand/comment ... ◆ **we are not ~ what is happening** nous ne sommes pas certains de *or* nous ne savons pas au juste ce qui se passe

♦ **to make certain** ◆ **to make ~ that ...** *(= check, ensure)* s'assurer que ... ◆ **to make ~ of sth** *(= get facts about)* s'assurer de qch ; *(= be sure of getting)* s'assurer qch

♦ **for certain** *(= definitely)* ◆ **he's up to something, that's for ~** il manigance quelque chose, c'est une certitude *or* c'est sûr et certain ◆ **he'll do it for ~** il le fera, c'est certain ◆ **to know sth for ~** savoir qch avec certitude ◆ **to know for ~ that ...** avoir la certitude que ... ◆ **to know for ~ what/where ...** savoir avec certitude ce qui *or* que/où ... ◆ **we know for ~ of ten fatalities** nous savons avec certitude qu'il y a au moins dix victimes ◆ **I don't know for ~, I can't say for ~** je n'en suis pas certain *or* sûr ◆ **I can't say for ~ that ...** je ne peux pas affirmer que ...

b *(= assured, guaranteed) [defeat, success, victory, death]* certain *after n* ◆ **nothing's ~ in this world** il n'y a rien de certain dans ce monde ◆ **one thing is ~ ...** une chose est certaine ... ◆ **he's a ~ winner/loser** il est sûr de gagner/perdre ◆ **there's ~ to be strong opposition to these proposals** ces propositions se heurteront certainement à une forte opposition ◆ **he is ~ to come** il viendra sans aucun doute ◆ **it is ~ that ...** il est certain que ... ◆ **he was 99% ~ of winning** il était à 99% certain de gagner ◆ **to my ~ knowledge, she has never been there** je sais pertinemment qu'elle n'y est jamais allée

c *(= particular) [person, matter, place, manner, type]* certain *before n* ◆ **of a ~ age** d'un certain âge ◆ **in ~ circumstances** dans certaines circonstances ◆ **on a ~ day in spring** un certain jour de printemps ◆ **there is a ~ knack to doing it** il faut un certain coup de main pour le faire ◆ **a ~ Mrs Wendy Smith** une certaine Mme Wendy Smith ◆ **a ~ number of people** un certain nombre de personnes ◆ **at ~ times** à certains moments

d *(= slight) [impatience, bitterness, courage]* certain *before n* ◆ **to a ~ extent** *or* **degree** dans une certaine mesure

PRON certains ◆ **~ of our members have not paid** certains *or* quelques uns de nos membres n'ont pas payé

**certainly** /ˈsɜːtənlɪ/ LANGUAGE IN USE 26.3 ADV a *(= undoubtedly)* certainement, assurément ◆ **it is ~ true that ...** on ne peut pas nier que ... *+ subj or indic* ◆ **your answer is almost ~ right** il est presque certain que votre réponse est juste

b *(= definitely)* ◆ **it ~ impressed me** cela m'a vraiment impressionné ◆ **I shall ~ be there** j'y serai sans faute, je ne manquerai pas d'y être ◆ **such groups most ~ exist** il est absolument certain que de tels groupes existent, de tels groupes existent, c'est une certitude

c *(expressing agreement)* certainement ◆ **wouldn't you agree? – oh, ~** vous ne croyez pas ? — oh si, bien sûr ◆ **had you forgotten? – ~ not** vous aviez oublié ? — certainement pas

d *(expressing willingness)* certainement, bien sûr ◆ **could you help me? – ~** pourriez-vous m'aider ? — certainement *or* bien sûr

e *(= granted)* certes ◆ **~, she has potential, but ...** certes, elle a des capacités mais ...

**certainty** /ˈsɜːtəntɪ/ N a *(= fact, quality)* certitude *f* ◆ **for a ~** à coup sûr, sans aucun doute ◆ **to bet on a ~** parier en étant sûr de gagner ◆ **she is a ~ for the gold medal** elle est pratiquement sûre de gagner la médaille d'or ◆ **his success is a ~** son succès est certain *or* ne fait aucun doute ◆ **that reunification will eventually happen is a ~** il ne fait aucun doute que la réunification finira par se faire ◆ **it is a moral ~** c'est une certitude morale ◆ **faced with the ~ of disaster ...** face à un désastre inévitable ... ◆ **there are no certainties in modern Europe** il n'y a aucune certitude dans l'Europe moderne ◆ **there is too little ~ about the future** l'avenir est trop incertain ◆ **they cannot plan for the future with any degree of ~** il y a trop d'incertitude, ils ne peuvent pas faire de projets d'avenir

b *(NonC = conviction)* certitude *f*, conviction *f*

**certifiable** /ˌsɜːtɪˈfaɪəbl/ ADJ a *[fact, statement]* qu'on peut certifier b *(* = mad)* bon à enfermer

**certificate** /səˈtɪfɪkɪt/ N a *(= legal document)* certificat *m*, acte *m* ◆ **~ of airworthiness, ~ of seaworthiness** certificat *m* de navigabilité ◆ **~ of origin/value** *(Comm)* certificat *m* d'origine/de valeur ◆ **~ of posting** récépissé *m* ◆ **birth ~** acte *m or* extrait *m* de naissance ; → **death, marriage** b *(= academic document)* diplôme *m* ; *(for skilled or semi-skilled work)* qualification *f* professionnelle ◆ **Certificate of Secondary Education** *(Brit Scol: formerly)* ≃ brevet *m* (d'études du premier cycle) *(dans une seule matière)* ; → **teacher**

**certificated** /səˈtɪfɪkeɪtɪd/ ADJ diplômé

**certification** /ˌsɜːtɪfɪˈkeɪʃən/ N a *(NonC)* certification *f*, authentification *f* b *(= document)* certificat *m*

**certify** /ˈsɜːtɪfaɪ/ VT a certifier, attester *(that* que) ; ◆ **certified as a true copy** *(Jur)* certifié conforme ◆ **to ~ sb (insane)** *(Psych)* déclarer qn atteint d'aliénation mentale ◆ **she was certified dead** elle a été déclarée morte ◆ **the painting has been certified (as) genuine** le tableau a été authentifié b *(Fin) [+ cheque]* certifier c *(Comm) [+ goods]* garantir ◆ **to send by certified mail** *(US Post)* ≃ envoyer avec accusé de réception VI ◆ **to ~ to sth** attester qch COMP ▷ **certified milk** N *(US) lait soumis aux contrôles d'hygiène réglementaires* ▷ **certified public accountant** N *(US)* expert-comptable *mf*, comptable *mf* agréé(e) *(Can)* ▷ **certified teacher** N *(US Scol)* professeur *m* diplômé

**certitude** /ˈsɜːtɪtjuːd/ N certitude *f*, conviction *f* absolue

**cerulean** /sɪˈruːlɪən/ ADJ *(liter)* bleu ciel *inv*, azuré

**cerumen** /sɪˈruːmen/ N cérumen *m*

**ceruminous** /səˈruːmɪnəs/ ADJ cérumineux

**cervical** /ˈsɜːvɪkəl/ ADJ cervical COMP ▷ **cervical cancer** N cancer *m* du col de l'utérus ▷ **cervical smear** N frottis *m* vaginal

**cervix** /ˈsɜːvɪks/ N (pl **cervixes** *or* **cervices** /səˈvaɪsiːz/) col *m* de l'utérus

**cesium** /ˈsiːzɪəm/ N *(esp US)* ⇒ **caesium**

**cessation** /seˈseɪʃən/ N cessation *f* ◆ **~ of hostilities** cessation *f* des hostilités

**cession** /ˈseʃən/ N cession *f* ◆ **act of ~** acte *m* de cession

**cesspit** /ˈsespɪt/ N fosse *f* d'aisance ; *(fig)* cloaque *m*

**cesspool** /ˈsespuːl/ N ⇒ **cesspit**

**CET** /ˌsiːiːˈtiː/ (abbrev of **Central European Time**) → **central**

**cetacean** /sɪˈteɪʃɪən/ ADJ, N cétacé *m*

**Ceylon** /sɪˈlɒn/ N *(formerly) (= island)* Ceylan *f* ; *(= state)* Ceylan *m* ◆ **in ~** à Ceylan

**Ceylonese** /sɪlɒˈniːz/ *(formerly)* ADJ ceylanais N Ceylanais(e) *m(f)*

**cf** (abbrev of **confer**) cf

**c/f** *(Fin)* (abbrev of **carried forward**) → **carry forward**

**CFC** /ˌsiːefˈsiː/ N (abbrev of **chlorofluorocarbon**) CFC *m*

**CFE** /ˌsiːefˈiː/ N *(Brit)* (abbrev of **college of further education**) → **college** NPL (abbrev of **Conventional Forces in Europe**) FCE *fpl*

**CFS** /ˌsiːefˈes/ N (abbrev of **chronic fatigue syndrome**) → **chronic**

**CG** /siːˈdʒiː/ abbrev of **coastguard**

**cg** (abbrev of **centigram(me)(s)**) cg

**CGA** /ˌsiːdʒiːˈeɪ/ N (abbrev of **colour graphics adaptor**) → **colour** COMP ▷ **CGA card** N carte *f* graphique CGA ▷ **CGA monitor** N moniteur *m* CGA

**CGI** /ˌsiːdʒiːˈaɪ/ N (abbrev of **computer-generated imagery**) images *fpl* générées par ordinateur

**CGT** /ˌsiːdʒiːˈtiː/ N (abbrev of **capital gains tax**) → **capital**

**CH** (abbrev of **Companion of Honour**) *titre honorifique*

**Ch.** abbrev of **chapter**

**c.h.** (abbrev of **central heating**) → **central**

**cha-cha** /ˈtʃɑːtʃɑː/ N *(Mus)* cha-cha-cha *m*

**Chad** /tʃæd/ N Tchad *m* ◆ **Lake ~** le lac Tchad ADJ tchadien

**chador** /ˈtʃʌdəʳ/ N tchador *m*

**chafe** /tʃeɪf/ VT a *(= rub against)* frotter contre ; *(= irritate)* irriter ◆ **his shirt ~d his neck** sa chemise frottait contre son cou *or* lui irritait le cou ◆ **his neck was ~d** il avait le cou irrité b *(= wear out) [+ collar, cuffs, rope]* user (en frottant) ; *(Naut)* raguer c *(= rub)* frotter, frictionner ◆ **she ~d the child's hands to warm them** elle a frotté *or* frictionné les mains de l'enfant pour les réchauffer VI s'user ; *[rope]* raguer ◆ **his wrists ~d against the ropes binding them** ses poignets frottaient contre les cordes qui les entravaient ◆ **to ~ at sth** *(fig)* s'irriter de qch ◆ **he ~d at having to take orders from her** cela l'irritait de recevoir des ordres d'elle ◆ **to ~ at the bit** ronger son frein ◆ **he ~d against these restrictions** ces restrictions l'irritaient

**chaff**[1] /tʃɑːf/ N *(NonC: Agr) [of grain]* balle *f* ; *(= cut straw)* menue paille *f* ; → **wheat** VT *[+ straw]* hacher

**chaff**[2] /tʃɑːf/ N *(NonC = banter)* taquinerie *f* VT taquiner

**chaffinch** /ˈtʃæfɪntʃ/ N pinson *m*

**chafing dish** /ˈtʃeɪfɪŋdɪʃ/ N poêlon *m* (de table)

**chagrin** /ˈʃægrɪn/ N *(= deception)* déception *f*, dépit *m* ; *(= annoyance)* contrariété *f* ◆ **much to my ~** à ma grande déception VT *(frm) (= deceive)* dépiter, décevoir ; *(= annoy)* contrarier

**chain** /tʃeɪn/ N a *(gen, also ornamental)* chaîne *f* ◆ **~s** *(= fetters)* chaînes *fpl* ◆ **~ of office** *[of mayor]* chaîne *f (insigne de la fonction de maire)* ◆ **to keep a dog on a ~** tenir un chien à l'attache ◆ **in ~s** enchaîné ◆ **(snow) ~s** *(for* *car)* chaînes *fpl* (à neige) ◆ **to pull the ~** *[of lavatory]* tirer la chasse (d'eau) *or* la chaîne ; → **ball¹, bicycle**

**b** *[of mountains, atoms etc]* chaîne *f* ; *(fig) [of ideas]* enchaînement *m* ; *[of events]* série *f*, suite *f* ◆ **~ of shops** *(Comm)* chaîne *f* de magasins ◆ **to make a ~** *[people]* faire la chaîne ; → **bucket**

**c** *(Tech) (for measuring)* chaîne *f* d'arpenteur ; *(= measure)* chaînée *f*

**VT** *(lit, fig)* enchaîner ; *[+ door]* mettre la chaîne à ◆ **he was ~ed to the wall** il était enchaîné au mur

**COMP** ▷ **chain gang N** chaîne *f* de forçats ▷ **chain letter N** lettre *f* faisant partie d'une chaîne ◆ **~ letters** chaîne *f* (de lettres) ▷ **chain lightning N** éclairs *mpl* en zigzag ▷ **chain-link fence N** grillage *m* ▷ **chain mail N** *(NonC)* cotte *f* de mailles ▷ **chain of command N** *(Mil)* voies *fpl* hiérarchiques ▷ **chain reaction N** *(Phys, fig)* réaction *f* en chaîne ▷ **chain saw N** tronçonneuse *f* ▷ **chain-smoke VI** fumer cigarette sur cigarette ▷ **chain smoker N** grand(e) *or* gros(se) fumeur *m*, -euse *f* ▷ **chain stitch N** *(Sewing)* (point *m* de) chaînette *f* ▷ **chain store N** grand magasin *m* à succursales multiples

► **chain down VT SEP** enchaîner

► **chain up VT SEP** *[+ animal]* mettre à l'attache

**chair** /tʃɛəʳ/ **N** **a** chaise *f* ; *(= armchair)* fauteuil *m* ; *(= seat)* siège *m* ; *(Univ)* chaire *f* ; *(= wheelchair)* fauteuil *m* roulant ; *(US = electric chair)* chaise *f* (électrique) ◆ **to take a ~** s'asseoir ◆ **dentist's ~** fauteuil *m* de dentiste ◆ **to hold the ~ of French** *(Univ)* être titulaire de *or* avoir la chaire de français ◆ **to go to the ~** *(US)* passer à la chaise (électrique) ; → **deck, easy, highchair** **b** *(at meeting etc = function)* fauteuil *m* présidentiel, présidence *f* ◆ **to take the ~, to be in the ~** présider ◆ **to address the ~** s'adresser au président ◆ **~! ~!** à l'ordre ! **c** *(Admin)* ⇒ **chairman, chairwoman** **VT** **a** *(Admin) [+ meeting]* présider **b** *[+ hero]* porter en triomphe

**COMP** ▷ **chair back N** dossier *m* (de chaise)

**chairlift** /ˈtʃɛəlɪft/ **N** télésiège *m*

**chairman** /ˈtʃɛəmən/ **N** (pl **-men**) président *m* *(d'un comité etc)* ◆ **Mr Chairman** Monsieur le Président ◆ **Madam Chairman** Madame la Présidente ◆ **~ and chief executive officer** président-directeur *m* général, P.D.G. *m* ◆ **Chairman Mao** le président Mao

**chairmanship** /ˈtʃɛəmənʃɪp/ **N** présidence *f* *(d'un comité etc)* ◆ **under the ~ of ...** sous la présidence de ...

**chairperson** /ˈtʃɛəˌpɜːsn/ **N** président(e) *m(f)*

**chairwarmer** ⁑ /ˈtʃɛəˌwɔːməʳ/ **N** *(US)* rond-de-cuir *m* (paresseux)

**chairwoman** /ˈtʃɛəwʊmən/ **N** (pl **-women**) présidente *f*

**chaise** /ʃeɪz/ **N** cabriolet *m*

**chaise longue** /ˈʃeɪzˈlɒŋ/ **N** (pl **chaise longues**) méridienne *f*

> ⚠ **chaise longue** *in French means 'deckchair'.*

**chakra** /ˈtʃækrə/ **N** *(Rel)* chakra *m*

**chalet** /ˈʃæleɪ/ **N** *(gen)* chalet *m* ; *[of motel]* bungalow *m*

**chalice** /ˈtʃælɪs/ **N** *(Rel)* calice *m* ; *(liter = wine cup)* coupe *f*

**chalk** /tʃɔːk/ **N** *(NonC)* craie *f* ◆ **a piece of ~** une craie, un morceau de craie ◆ **they're as different as ~ and cheese** *(Brit)* c'est le jour et la nuit ◆ **by a long ~** *(Brit)* de loin ◆ **the biggest by a long ~** de loin le plus grand ◆ **did he win? – not by a long ~** est-ce qu'il a gagné ? – non, loin de là *or* loin s'en faut ; → **French**

**VT** *(= write with chalk)* écrire à la craie ; *(= rub with chalk)* frotter de craie ; *[+ billiard cue]* mettre du bleu sur ; *[+ luggage]* marquer à la craie

**COMP** ▷ **chalk board N** *(US)* tableau *m* (noir) ▷ **chalk dust N** poussière *f* de craie ▷ **chalk talk N** *(US)* conférence *f* illustrée au tableau noir

► **chalk out VT SEP** *(lit) [+ pattern]* esquisser, tracer (à la craie) ; *(fig) [+ project]* esquisser ; *[+ plan of action]* tracer

► **chalk up VT SEP** **a** ◆ **chalk it up** mettez-le sur mon ardoise *or* compte ◆ **he ~ed it up to experience** il l'a mis au compte de l'expérience **b** *[+ achievement, victory]* remporter

**chalkface** /ˈtʃɔːkfeɪs/ **N** *(NonC: Brit Scol: hum)* ◆ **at the ~** en classe

**chalkpit** /ˈtʃɔːkpɪt/ **N** carrière *f* de craie

**chalky** /ˈtʃɔːkɪ/ **ADJ** *[soil]* crayeux, calcaire ; *[water]* calcaire ; *[complexion]* crayeux, blafard

**challenge** /ˈtʃælɪndʒ/ **N** **a** *(= difficult task)* défi *m* ◆ **the government's first ~ is to get the economy going** le premier défi qu'aura à relever le gouvernement est la relance économique ◆ **he sees the job as a great ~** il considère ce travail comme un véritable défi ◆ **the ~ of the 21st century** le défi du 21ᵉ siècle ◆ **to issue** *or* **put out a ~** lancer un défi ◆ **to take up the ~** relever le défi ◆ **I need the ~ of new ideas** j'ai besoin de nouvelles idées qui me stimulent

♦ **challenge for sth** *[of competitor, candidate]* ◆ **Hunter's ~ for the party leadership** la tentative de Hunter pour prendre la tête du parti ◆ **how did he finance his ~ for the presidency?** comment a-t-il financé sa candidature à la présidence ?

♦ **to rise to the challenge** se montrer à la hauteur

♦ **to be** *or* **pose a challenge to sb** *or* **sth** ◆ **a general strike is a political ~ to any government** les grèves générales sont un problème politique pour quelque gouvernement que ce soit ◆ **fundamentalists started to pose a serious ~ to the ruling establishment** les fondamentalistes commençaient à poser un sérieux problème à la classe dirigeante ◆ **it was a ~ to his skill** c'était un défi à son savoir-faire ◆ **the situation poses a serious ~ to the country's political system** la situation représente un sérieux défi pour le système politique national ◆ **this action is a ~ to authority** c'est un acte qui défie l'autorité

**b** *(by sentry)* sommation *f*

**c** *(Jur) [of juror, jury]* récusation *f*

**VT** **a** *(= compete against) (Sport)* jouer contre ◆ **she is challenging him in elections called for May 17** elle sera son adversaire aux élections du 17 mai ◆ **in the hope of challenging the company's supremacy** dans l'espoir de disputer à cette entreprise sa position de leader ◆ **to ~ sb to a game** proposer à qn de faire une partie ◆ **to ~ sb to a duel** provoquer qn en duel

♦ **to challenge sb to do sth** mettre qn au défi de faire qch

♦ **to challenge sb for sth** *[+ position]* disputer qch à qn

**b** *(= question)* demander des explications à ◆ **when the editor was ~d, he said ...** lorsqu'on lui a demandé des explications, le rédacteur a dit que ...

♦ **to challenge sb over** *or* **about sth** demander des explications à qn au sujet de qch ◆ **he was ~d over the absence of women on the committee** on lui a demandé des explications sur l'absence de femmes dans le comité

**c** *(= call into question) [+ statement, idea]* contester ◆ **this view is ~d by conservationists** ce point de vue est contesté par les défenseurs de l'environnement ◆ **to ~ sb's authority to do sth** contester à qn le droit de faire qch

**d** *(= question authority of) [+ person]* défier ◆ **she would never dare to ~ him** elle n'oserait jamais le défier

**e** *(= tax)* demander un effort à ◆ **the job didn't ~ me** ce travail ne me demandait aucun effort

**f** *[police]* interpeller ; *[sentry]* faire une sommation à

**g** *(Jur) [+ juror, jury]* récuser

**-challenged** /ˈtʃælɪndʒd/ **ADJ** **a** *(esp US euph)* ◆ **visually-challenged** malvoyant ◆ **physically-challenged** handicapé **b** *(hum)* ◆ **vertically-challenged** de petite taille ◆ **intellectually-challenged** limité intellectuellement

**challenger** /ˈtʃælɪndʒəʳ/ **N** *(Sport, Pol, also fig)* adversaire *mf*, challenger *m* ◆ **she received more votes than her ~** elle a obtenu plus de voix que son adversaire *or* challenger

**challenging** /ˈtʃælɪndʒɪŋ/ **ADJ** *[look, tone]* de défi ; *[remark, speech]* provocateur (-trice *f*) ; *[job, work]* difficile, qui représente un challenge ; *[book]* stimulant ◆ **he found himself in a ~ situation** il s'est trouvé là devant une gageure ◆ **this is a very ~ situation** cette situation est une véritable gageure

**challengingly** /ˈtʃælɪndʒɪŋlɪ/ **ADV** **a** *(= defiantly) [say, announce]* avec un air de défi ◆ **to look ~ at sb** lancer un regard de défi à qn **b** *(= demandingly)* ◆ **~ difficult** difficile mais stimulant

**chamber** /ˈtʃeɪmbəʳ/ **N** **a** *(†, frm = room)* salle *f*, pièce *f* ; (also **bedchamber**) chambre *f*

**b** *(= hall)* chambre *f* ◆ **the Upper/Lower Chamber** *(Parl)* la Chambre haute/basse ; → **audience, second¹**

**c** *[of revolver]* chambre *f* ; *(Anat)* cavité *f* ◆ **the ~s of the eye** les chambres *fpl* de l'œil

**NPL** **chambers** *(Brit)* **a** *(† = lodgings)* logement *m*, appartement *m* ; *[of bachelor]* garçonnière † *f*

**b** *[of barrister, judge, magistrate]* cabinet *m* ; *[of solicitor]* étude *f* ◆ **to hear a case in ~s** *(Jur)* ≃ juger un cas en référé

**COMP** ▷ **chamber concert N** concert *m* de musique de chambre ▷ **chamber music N** musique *f* de chambre ▷ **Chamber of Commerce N** Chambre *f* de commerce ▷ **the Chamber of Deputies N** la Chambre des députés ▷ **Chamber of Horrors N** cabinet *m* des horreurs ▷ **Chamber of Trade N** Chambre *f* des métiers ▷ **chamber orchestra N** orchestre *m* (de musique) de chambre ▷ **chamber pot N** pot *m* de chambre, vase *m* de nuit †

**chamberlain** /ˈtʃeɪmbəlɪn/ **N** chambellan *m* ; → **lord**

**chambermaid** /ˈtʃeɪmbəmeɪd/ **N** femme *f* de chambre

**chambray** /ˈtʃæmbreɪ/ **N** *(US)* batiste *f*

**chameleon** /kəˈmiːlɪən/ **N** *(Zool, fig)* caméléon *m*

**chamfer** /ˈtʃæmfəʳ/ *(Tech)* **N** *(= bevel)* chanfrein *m* ; *(= groove)* cannelure *f* **VT** chanfreiner, canneler

**chammy** * /ˈʃæmɪ/ **N** ⇒ **chamois**

**chamois** /ˈʃæmwɑː/ **N** *(pl inv)* **a** *(Zool)* chamois *m* **b** /ˈʃæmɪ/ (also **chamois cloth**) chamois *m*

**COMP** ▷ **chamois leather N** peau *f* de chamois

**chamomile** /ˈkæməʊmaɪl/ N ⇒ **camomile**

**champ¹** /tʃæmp/ VI mâchonner ♦ **to ~ at the bit** *(lit, fig)* ronger son frein VT mâchonner

**champ²** * /tʃæmp/ N champion(ne) *m(f)*

**champagne** /ʃæmˈpeɪn/ N a *(= wine)* champagne *m* b *(Geog)* ♦ **Champagne** Champagne *f* COMP *(also* **champagne-coloured***)* champagne *inv* ▷ **champagne cup** N cocktail *m* au champagne ▷ **champagne glass** N *(wide)* coupe *f* à champagne ; *(tall and narrow)* flûte *f* à champagne ▷ **champagne lifestyle** N grand train *m* de vie ▷ **champagne socialist** N ♦ **to be a ~ socialist** appartenir à la gauche caviar

**champers** * /ˈʃæmpəz/ N *(NonC)* champ * *m*, champagne *m*

**champion** /ˈtʃæmpjən/ N a champion(ne) *m(f)*, défenseur *m* ♦ **the ~ of free speech** le champion de la liberté d'expression b *(Sport = person, animal)* champion(ne) *m(f)* ♦ **world ~** champion(ne) *m(f)* du monde ♦ **boxing ~** champion *m* de boxe ♦ **skiing ~** champion(ne) *m(f)* de ski ♦ **Champions' League** *(Ftbl)* Ligue des champions ADJ a *[show animal]* champion ♦ **~ swimmer/skier** *etc* champion(ne) *m(f)* de natation/de ski *etc* b *(dial = excellent) [meal, holiday, film]* du tonnerre * ♦ **that's ~!** c'est super ! *, c'est champion ! * VT *[+ person]* prendre fait et cause pour ; *[+ action, cause, sb's decision]* se faire le champion de, défendre

**championship** /ˈtʃæmpjənʃɪp/ N a *(Sport)* championnat *m* ♦ **world ~** championnat *m* du monde ♦ **boxing ~** championnat *m* de boxe ♦ **world boxing ~** championnat *m* du monde de boxe b *(NonC) [of cause etc]* défense *f*

**chance** /tʃɑːns/ LANGUAGE IN USE 16.2, 16.3

N a *(= luck)* hasard *m* ♦ **(totally) by ~, by (sheer) ~** (tout à fait) par hasard, par (pur) hasard ; *(= fortunately)* par chance ♦ **have you a pen on you by (any) ~?** auriez-vous par hasard un stylo sur vous ? ♦ **it was not (by) ~ that he came** ce n'est pas par hasard qu'il est venu, ce n'est pas un hasard s'il est venu ♦ **to trust (o.s.) to ~** s'en remettre au hasard ♦ **a game of ~** un jeu de hasard ♦ **to leave things to ~** laisser faire le hasard ♦ **he left nothing to ~** il n'a rien laissé au hasard

b *(= possibility)* chance(s) *f(pl)*, possibilité *f* ♦ **to stand a ~ (of doing sth)** avoir une bonne chance (de faire qch) ♦ **to stand no ~ (of doing sth)** ne pas avoir la moindre chance (de faire qch) ♦ **he hasn't much ~** *or* **doesn't stand much ~ of winning** il n'a pas beaucoup de chances de gagner ♦ **he's still in with a ~** il a encore une petite chance ♦ **on the ~ that you might return** dans le cas *or* au cas où vous reviendriez ♦ **I went there on the ~ of seeing him** j'y suis allé dans l'espoir de le voir ♦ **the ~s are that...** il y a de grandes chances que... *+ subj*, il est très possible que... *+ subj* ♦ **the ~s are against that happening** il y a peu de chances pour que cela arrive *subj* ♦ **the ~s are against him** il y a peu de chances pour qu'il réussisse ♦ **there is little ~ of his coming** il est peu probable qu'il vienne ♦ **you'll have to take a ~ on his coming** tu verras bien s'il vient ou non ♦ **he's taking no ~s** il ne veut rien laisser au hasard, il ne veut prendre aucun risque ♦ **that's a ~ we'll have to take** c'est un risque que nous allons devoir prendre *or* que nous devons courir ♦ **no ~!** *, **not a ~!** * pas de danger ! *, jamais ! ; → **off**

c *(= opportunity)* occasion *f* ♦ **I had the ~ to go** *or* **of going** j'ai eu l'occasion d'y aller, l'occasion m'a été donnée d'y aller ♦ **if there's a ~ of buying it** s'il y a une possibilité d'achat ♦ **to lose a ~** laisser passer une occasion ♦ **she was waiting for her ~** elle attendait son heure ♦ **she was waiting for her ~ to speak** elle attendait *or* guettait l'occasion de parler ♦ **now's your ~!** *(in conversation, traffic etc)* vas-y ! ; *(in career etc)* saute sur l'occasion !, à toi de jouer ! ♦ **this is his big ~** c'est le grand moment pour lui ♦ **give him another ~** laisse-lui encore une chance ♦ **he has had every ~** il a eu toutes les chances ♦ **he never had a ~ in life** il n'a jamais eu sa chance dans la vie ♦ **give me a ~ to show you what I can do** donnez-moi la possibilité de vous montrer ce que je sais faire ♦ **you'll have your ~** *(= your turn will come)* votre tour viendra

ADJ de hasard, accidentel ♦ **a ~ companion** un compagnon rencontré par hasard ♦ **a ~ discovery** une découverte accidentelle ♦ **a ~ meeting** une rencontre de hasard *or* fortuite

VT a *(= risk) [+ rejection, fine]* risquer, courir le risque de ♦ **to ~ doing sth** se risquer à faire qch, prendre le risque de faire qch ♦ **I'll go round without phoning and ~ finding him there** je vais passer chez lui sans téléphoner en espérant l'y trouver ♦ **I want to see her alone but I'll have to ~ finding her husband there** je voudrais la voir seule, mais il faut que je prenne le risque que son mari soit là ♦ **I'll ~ it!** * je vais risquer le coup ! * ♦ **to ~ one's arm** * risquer le tout (pour le tout) ♦ **to ~ one's luck** tenter *or* courir sa chance

b *(frm = happen)* ♦ **to ~ to do sth** faire qch par hasard ♦ **I ~d to hear his name** j'ai entendu son nom par hasard, il s'est trouvé que j'ai entendu son nom ♦ **it ~d that I was there** il s'est trouvé que j'étais là

► **chance upon** VT FUS *(frm) [+ person]* rencontrer par hasard ; *[+ thing]* trouver par hasard

**chancel** /ˈtʃɑːnsəl/ N chœur *m (d'une église)* COMP ▷ **chancel screen** N clôture *f* du chœur, jubé *m*

**chancellery** /ˈtʃɑːnsələrɪ/ N chancellerie *f*

**chancellor** /ˈtʃɑːnsələʳ/ N *(Hist, Jur, Pol)* chancelier *m* ; *(Brit Univ)* président(e) *m(f)* honoraire ; *(US Univ)* président(e) *m(f)* d'université COMP ▷ **Chancellor of the Exchequer** N *(Brit)* chancelier *m* de l'Échiquier, ≃ ministre *m* des Finances ; → **lord** ; → TREASURY

**chancellorship** /ˈtʃɑːnsələʃɪp/ N fonctions *fpl* de chancelier

**chancer** * /ˈtʃɑːnsəʳ/ N arnaqueur * *m*, -euse * *f* ; *(= child)* loustic * *m*

**chancery** /ˈtʃɑːnsərɪ/ N a *(Brit, Jur)* cour *f* de la chancellerie *(une des cinq divisions de la Haute Cour de justice anglaise)* ♦ **ward in ~** pupille *mf (sous tutelle judiciaire)* b *(US)* ⇒ **chancellery** c *(US: also* **court of chancery***)* ≃ cour *f* d'équité *or* de la chancellerie

**chancre** /ˈʃæŋkəʳ/ N *(Med)* chancre *m*

**chancy** * /ˈtʃɑːnsɪ/ ADJ *(= risky)* risqué, hasardeux ; *(= doubtful)* aléatoire, problématique

**chandelier** /ˌʃændəˈlɪəʳ/ N lustre *m*

**chandler** /ˈtʃɑːndləʳ/ N ♦ **(ship's) ~** shipchandler *m*, marchand *m* de fournitures pour bateaux

**change** /tʃeɪndʒ/ LANGUAGE IN USE 21.4

N a *(= alteration)* changement *m (from, in* de ; *into* en) ; ♦ **a ~ for the better** un changement en mieux, une amélioration ♦ **a ~ for the worse** un changement en mal ♦ **~ in the weather** changement *m* de temps ♦ **~ in public opinion** revirement *m* de l'opinion publique ♦ **~ in attitudes** changement *m* d'attitude, évolution *f* des attitudes ♦ **a ~ in government policy** un changement dans la politique du gouvernement ♦ **(just) for a ~** pour changer un peu ♦ **by way of a ~** histoire de changer * ♦ **to make a ~ in sth** changer qch ♦ **to make a ~ of direction** *(fig)* changer son fusil d'épaule *(fig)* ♦ **to have a ~ of heart** changer d'avis ♦ **it makes a ~** ça change un peu ♦ **it will be a nice ~** cela nous fera un changement, voilà qui nous changera agréablement ! ; *(iro)* ça nous changera ! *(iro)* ♦ **a picnic will be** *or* **make a nice ~ from being stuck indoors** un pique-nique nous changera de rester toujours enfermé à l'intérieur ♦ **the ~ (of life)** le retour d'âge, la ménopause

b *(= substitution)* changement *m* ♦ **~ of address** changement *m* d'adresse ♦ **~ of air** changement *m* d'air ♦ **a ~ of air will do us good** un changement d'air *or* changer d'air nous fera du bien ♦ **he brought a ~ of clothes** il a apporté des vêtements de rechange ♦ **I need a ~ of clothes** il faut que je me change *subj* ♦ **~ of scene** *(Theat, fig)* changement *m* de décor ♦ **~ of horses** relais *m* ♦ **~ of job** changement *m* de travail *or* de poste

c *(NonC)* changement *m*, variété *f* ♦ **she likes ~** elle aime le changement *or* la variété ♦ **political ~** changement *m* politique

d *(NonC = money)* monnaie *f* ♦ **small ~** petite monnaie *f* ♦ **can you give me ~ for this note/of £5?** pouvez-vous me faire la monnaie de ce billet/de 5 livres ? ♦ **keep the ~** gardez la monnaie ♦ **"no change given"** "faites l'appoint" ♦ **you don't get much ~ from a fiver these days** aujourd'hui il ne reste jamais grand-chose d'un billet de cinq livres ♦ **you won't get much ~ out of him** * tu perds ton temps avec lui

e *(St Ex)* ♦ **the Change** la Bourse ♦ **on the Change** en Bourse

VT a *(by substitution)* changer de ♦ **to ~ (one's) clothes** changer de vêtements, se changer ♦ **to ~ one's shirt/skirt** *etc* changer de chemise/jupe *etc* ♦ **to ~ one's address** changer d'adresse ♦ **to ~ the baby/his nappy** changer le bébé/ses couches ♦ **to ~ hands** *(= one's grip)* changer de main ; *[goods, property, money]* changer de mains ♦ **to ~ the scene** *(Theat)* changer le décor ♦ **to ~ trains/stations/buses** changer de train/de gare/d'autobus ♦ **to ~ one's name/seat** changer de nom/place ♦ **to ~ one's opinion** *or* **mind** changer d'avis ♦ **to ~ sb's mind (about sth)** faire changer qn d'avis (à propos de qch) ; → **bed, colour, gear, guard, subject, track, tune, wheel**

b *(= exchange)* échanger *(X for Y* X contre Y) ; ♦ **to ~ places (with sb)** *(lit)* changer de place (avec qn) ♦ **I wouldn't like to ~ places with you** *(fig)* je n'aimerais pas être à votre place ♦ **to ~ sides** *or* **ends** *(Tennis)* changer de côté ; *(Ftbl etc)* changer de camp ♦ **to ~ sides** *(fig: in argument etc)* changer de camp

c *[+ banknote, coin]* faire la monnaie de, changer ; *[+ foreign currency]* changer *(into* en)

d *(= alter, modify, transform)* changer, transformer *(X into Y* X en Y) ; ♦ **the witch ~d him into a cat** la sorcière l'a changé en chat ♦ **drugs ~d him into a person we didn't recognize** les drogues l'ont changé au point qu'on ne le reconnaissait plus ♦ **this has ~d my ideas** cela m'a fait changer d'idée ♦ **success has greatly ~d her** la réussite l'a complètement transformée

VI a *(= become different)* changer, se transformer ♦ **you've ~d a lot!** tu as beaucoup changé ! ♦ **he will never ~** il ne changera jamais, on ne le changera pas ♦ **his mood ~d from resignation to rage** il est passé de la résignation à la fureur ♦ **the prince ~d into**

**a swan** le prince s'est changé en cygne ◆ **the water had ~d to ice** l'eau s'était changée en glace

b *(= change clothes)* se changer ◆ **I must ~ at once** je dois me changer tout de suite, il faut que je me change *subj* tout de suite ◆ **she ~d into an old skirt** elle s'est changée et a mis une vieille jupe

c *(on bus, plane, train journey)* changer ◆ **you must ~ at Edinburgh** vous devez changer à Édimbourg ◆ **all ~!** tout le monde descend !

d *[moon]* entrer dans une nouvelle phase

COMP ▷ **change machine** N distributeur *m* de monnaie ▷ **change purse** N *(US)* porte-monnaie *m inv*

► **change around** VT SEP changer de place

► **change down** VI *(Brit: in car gears)* rétrograder

► **change over**

VI *(gen)* passer (*from* de ; *to* à) ; *[two people]* faire l'échange ; *(Sport = change ends) (Tennis)* changer de côté ; *(Ftbl etc)* changer de camp

N ◆ **changeover** → **changeover**

► **change round** VT SEP ⇒ **change around**

► **change up** VI *(Brit: in car gears)* passer la vitesse supérieure

**changeability** /ˌtʃeɪndʒəˈbɪlɪtɪ/ N *[of circumstances, weather]* variabilité *f*

**changeable** /ˈtʃeɪndʒəbl/ ADJ *[person]* changeant, inconstant ; *[character]* versatile, changeant ; *[colour]* changeant ; *[weather, wind, circumstances]* variable

**changeless** /ˈtʃeɪndʒlɪs/ ADJ *[rite]* immuable, invariable ; *[person]* constant ; *[character]* inaltérable

**changeling** /ˈtʃeɪndʒlɪŋ/ N enfant *mf* changé(e) *(substitué à un enfant volé)*

**changeover** /ˈtʃeɪndʒəʊvəʳ/ N changement *m*, passage *m* ; *(NonC: Mil) [of guard]* relève *f* ◆ **the ~ from dictatorship to democracy** le passage de la dictature à la démocratie

**changing** /ˈtʃeɪndʒɪŋ/ ADJ *[wind, prices, interest rates]* variable, changeant ; *[expression]* mobile ; *[social attitudes, principles]* qui change, qui évolue ◆ **a ~ society** une société en mutation N *(NonC)* acte *m* de (se) changer, changement *m* ◆ **the ~ of the guard** la relève de la garde COMP ▷ **changing-room** N *(Brit Sport)* vestiaire *m*

**channel** /ˈtʃænl/ N a *(= bed of river etc)* lit *m* ; *(= navigable passage)* chenal *m* ; *(between two land masses)* bras *m* de mer ; *(for irrigation, small)* rigole *f* ; *(wider)* canal *m* ; *(in street)* caniveau *m* ; *(= duct)* conduit *m* ◆ **the (English) Channel** *(Geog)* la Manche

b *(= groove in surface)* rainure *f* ; *(Archit)* cannelure *f*

c *(TV)* chaîne *f*

d *(Customs)* ◆ **red/green ~** file *f* marchandises à déclarer/rien à déclarer

e *(fig)* direction *f* ◆ **he directed the conversation into a new ~** il a orienté la conversation dans une nouvelle direction ◆ **~ of communication** voie *f* de communication ◆ **the government used all the diplomatic ~s available** le gouvernement a utilisé toutes les voies diplomatiques possibles ◆ **they applied for asylum through the official ~s** ils ont fait une demande d'asile par voie officielle ◆ **to go through the usual ~s** *(Admin)* suivre la filière (habituelle)

f *(Comput)* canal *m*

VT a *(= make channels in: for irrigation)* creuser des rigoles (*or* des canaux) dans ; *[+ street]* pourvoir d'un *or* de caniveau(x) ◆ **the river ~led its way towards ...** la rivière a creusé son lit vers ...

b *(fig) [+ crowd]* canaliser (*into* vers) ; *[+ energies, efforts, resources]* canaliser, diriger (*towards, into* vers) ; *[+ information]* canaliser (*into, towards* vers) concentrer (*into, towards* dans)

c *(Archit)* canneler

COMP ▷ **Channel ferry** N *(Brit)* ferry *m* transmanche *inv* ▷ **channel-hop** VI *(Brit TV)* zapper * ▷ **channel-hopping** N *(Brit TV)* zapping * *m* ▷ **Channel Islander** N habitant(e) *m(f)* des îles Anglo-Normandes ▷ **the Channel Islands, the Channel Isles** NPL *(Geog)* les îles *fpl* Anglo-Normandes ▷ **channel-surf** VI *(US)* ⇒ **channel-hop** ▷ **channel-surfing** N *(US)* ⇒ **channel-hopping** ▷ **the Channel tunnel** N le tunnel sous la Manche

► **channel off** VT SEP *(lit) [+ water]* capter ; *(fig) [+ energy, resources]* canaliser

**chant** /tʃɑːnt/ N *(Mus)* chant *m* (lent), mélopée *f* ; *(Rel Mus)* psalmodie *f* ; *[of crowd, demonstrators, audience etc]* chant *m* scandé VT *(= sing)* chanter lentement ; *(= recite)* réciter ; *(Rel)* psalmodier ; *[crowd, demonstrators etc]* scander, crier sur l'air des lampions VI chanter ; *(Rel)* psalmodier ; *[crowd, demonstrators etc]* scander des slogans

**chantey** /ˈʃæntɪ/ N *(US)* chanson *f* de marin

**Chanukah** /ˈhɑːnəkə/ N Hanoukka *f*

**chaos** /ˈkeɪɒs/ N *(lit, fig)* chaos *m* COMP ▷ **chaos theory** N théorie *f* du chaos

**chaotic** /keɪˈɒtɪk/ ADJ chaotique

**chaotically** /keɪˈɒtɪklɪ/ ADV de façon chaotique ◆ **he's ~ untidy/disorganized** il est effroyablement désordonné/désorganisé

**chap¹** /tʃæp/ N *(Med)* gerçure *f*, crevasse *f* VI se gercer, se crevasser VT gercer, crevasser COMP ▷ **Chap Stick** ® N pommade *f* rosat *or* pour les lèvres

**chap²** /tʃæp/ N ⇒ **chop²**

**chap³** * /tʃæp/ N *(= man)* gars * *m* ◆ **old ~** *(term of address)* mon vieux * ◆ **he was a young ~** c'était un jeune gars * ◆ **a nice ~** un chic type *, un bon gars * ◆ **the poor old ~** le pauvre vieux * ◆ **poor little ~** pauvre petit *m* ◆ **he's very deaf, poor ~** il est très sourd, le pauvre garçon *or* le pauvre vieux * ◆ **be a good ~ and say nothing** † sois gentil, ne dis rien

**chapat(t)i** /tʃəˈpætɪ, tʃəˈpɑːtɪ/ N (pl **chapat(t)i** *or* **chapat(t)is** *or* **chapat(t)ies**) chapati *m*

**chapel** /ˈtʃæpəl/ N a chapelle *f* ; → **lady** b *(= nonconformist church)* église *f* (non conformiste) ◆ **a ~ family** une famille non conformiste c *(Ind) [of print union]* section *f* syndicale *(dans l'édition)* COMP ▷ **chapel of ease** N (église *f*) succursale *f* ▷ **chapel of rest** N chapelle *f* ardente

**chaperon(e)** /ˈʃæpərəʊn/ N chaperon *m* ◆ **she was the ~(e)** elle faisait office de chaperon VT chaperonner

**chaplain** /ˈtʃæplɪn/ N *(in armed forces, prison, school, hospital)* aumônier *m* ; *(to nobleman)* chapelain *m*

**chaplaincy** /ˈtʃæplənsɪ/ N a *(= building, room)* aumônerie *f* b *(NonC = work) (in armed forces, prison, school, hospital)* aumônerie *f* ; *(for nobleman)* chapellenie *f*

**chaplet** /ˈtʃæplɪt/ N *[of flowers]* guirlande *f*, chapelet *m* ; *(Archit, Rel)* chapelet *m*

**chappy** * /ˈtʃæpɪ/ N ⇒ **chap³**

**chaps** /tʃæps/ NPL *(US)* jambières *fpl* de cuir *(portées par les cow-boys)*

**chapter** /ˈtʃæptəʳ/ N a *[of book]* chapitre *m* ◆ **in ~ four** au chapitre quatre ◆ **to give** *or* **quote ~ and verse** citer ses références *or* ses autorités b *(Rel)* chapitre *m* c *(fig = period)* chapitre *m*, épisode *m* ◆ **a ~ of accidents** une succession de mésaventures, une kyrielle de malheurs ◆ **this ~ is now closed** ce chapitre est maintenant clos d *(= branch of society, club, organization etc)* branche *f*, section *f* COMP ▷ **chapter room** N *(Rel)* salle *f* capitulaire *or* du chapitre

**chapterhouse** /ˈtʃæptəhaʊs/ N *(Rel)* chapitre *m (lieu)*

**char¹** /tʃɑːʳ/ VT *(= burn black)* carboniser VI être carbonisé

**char²** † * /tʃɑːʳ/ *(Brit)* N *(= charwoman)* femme *f* de ménage VI *(also* **go out charring***)* faire des ménages

**char³** † * /tʃɑːʳ/ N *(Brit = tea)* thé *m*

**char⁴** /tʃɑːʳ/ N *(Zool)* omble *m*

**char-à-banc** † /ˈʃærəbæŋ/ N *(Brit)* (auto)car *m (décapotable)*

**character** /ˈkærɪktəʳ/ N a *(= temperament, disposition) [of person]* caractère *m*, tempérament *m* ◆ **he has the same ~ as his brother** il a le même caractère que son frère ◆ **it's very much in ~ (for him)** c'est bien de lui, cela lui ressemble tout à fait ◆ **that was not in ~ (for him)** cela ne lui ressemblait pas, ce n'était pas dans son caractère

b *(= nature) [of country, village]* caractère *m* ; *[of book, film]* caractère *m*, nature *f* ◆ **the state farms were semi-military in ~** les fermes d'État étaient de nature quasi-militaire ◆ **he stressed the global ~ of the modern economy** il a mis l'accent sur le caractère international de l'économie moderne

c *(NonC = strength, energy, determination etc)* caractère *m* ◆ **to have ~** avoir du caractère ◆ **it takes ~ to say such a thing** il faut avoir du caractère pour dire une chose pareille ; see also **strength**

d *(= outstanding individual)* personnage *m* ; *(* = original person)* numéro * *m*, phénomène * *m* ◆ **he's quite a ~!** * c'est un sacré numéro * *or* un phénomène ! * ◆ **he's a queer** *or* **an odd ~** c'est un curieux personnage

e réputation *f* ◆ **of good/bad ~** de bonne/mauvaise réputation, qui a une bonne/qui a mauvaise réputation ◆ **evidence of good ~** *(Jur)* preuve *f* de moralité

f *(= testimonial)* références *fpl*

g *(Literat)* personnage *m* ; *(Theat)* personnage *m*, rôle *m* ◆ **one of Shakespeare's ~s** un des personnages de Shakespeare ◆ **he played the ~ of Hamlet** il a joué (le rôle de) Hamlet

h *(Typ)* caractère *m*, signe *m* ◆ **Gothic ~s** caractères *mpl* gothiques

i *(Comput)* caractère *m* ◆ **~s per inch** caractères *mpl* par pouce ◆ **~s per second** caractères/seconde *mpl*

COMP ▷ **character actor** N acteur *m* de genre ▷ **character actress** N actrice *f* de genre ▷ **character assassination** N diffamation *f* ▷ **character-building** ADJ qui forme le caractère ▷ **character comedy** N comédie *f* de caractère ▷ **character part** N rôle *m* de composition ▷ **character reference** N certificat *m* de (bonne) moralité ▷ **character set** N *(Typ)* chasse *f* (de caractères) ; *(Comput)* jeu *m* de caractères ▷ **character sketch** N portrait *m or* description *f* rapide ▷ **character space** N *(Typ)* espace *m* ▷ **character string** N *(Comput)* chaîne *f* de caractères ▷ **character witness** N *(Jur)* témoin *m* de moralité

**characterful** /ˈkærɪktəfʊl/ ADJ *[place, building]* de caractère, qui a du cachet

**characteristic** /ˌkærɪktəˈrɪstɪk/ ADJ caractéristique ◆ **with (his) ~ enthusiasm** avec l'enthousiasme qui le caractérise **N** *(gen, Math)* caractéristique *f*

**characteristically** /ˌkærɪktəˈrɪstɪkəlɪ/ **ADV** ◆ **he was ~ laconic** comme à son habitude, il a été laconique ◆ **she proposed a ~ brilliant solution** elle a proposé une excellente solution, comme à son habitude ◆ **he replied in ~ robust style** il a répondu dans ce style robuste qui le caractérise ◆ **~, she refused** comme on pouvait s'y attendre, elle a refusé

**characterization** /ˌkærɪktəraɪˈzeɪʃən/ **N** *(gen)* caractérisation *f* ; *(by playwright, novelist etc)* manière *f* de camper les personnages ; *(by actor)* interprétation *f* ◆ **~ in Dickens** la manière dont Dickens campe ses personnages

**characterize** /ˈkærɪktəraɪz/ **VT** **a** *(= be typical of)* caractériser, être caractéristique de ; *(Literat)* camper un (*or* des) personnage(s)

◆ **to be characterized by** se caractériser par ◆ **the election campaign was ~d by violence** la campagne électorale s'est caractérisée par une atmosphère de violence

**b** *(= describe)* qualifier ◆ **both companies have ~d the talks as friendly** les deux entreprises ont qualifié les discussions d'"amicales"

**characterless** /ˈkærɪktəlɪs/ **ADJ** sans caractère, fade

**charade** /ʃəˈrɑːd/ **N** **a** *(fig)* comédie *f* **b** *(= game)* **~s** charades *fpl* en action

**charbroiled** /ˈtʃɑːˌbrɔɪld/ **ADJ** *(US)* ⇒ **chargrilled**

**charcoal** /ˈtʃɑːkəʊl/ **N** charbon *m* de bois **COMP** *[drawing, sketch]* au charbon ; *(= colour:* also **charcoal-grey**) gris foncé *inv*, (gris) anthracite *inv* ▷ **charcoal burner** **N** *(= person)* charbonnier *m* ; *(= stove)* réchaud *m* à charbon de bois

**chard** /tʃɑːd/ **N** (also **Swiss chard**) bettes *fpl*, blettes *fpl*

## charge /tʃɑːdʒ/

| | |
|---|---|
| 1 NOUN | 3 INTRANSITIVE VERB |
| 2 TRANSITIVE VERB | 4 COMPOUNDS |
| 5 PHRASAL VERBS | |

### 1 - NOUN

**a** [Jur] inculpation *f*, chef *m* d'accusation ◆ **what is the ~?** quelle est le chef d'accusation ? ◆ **the ~ was murder** il était (*or* j'étais *etc*) inculpé de meurtre ◆ **the ~ was read** on a lu l'acte *m* d'accusation ◆ **no ~ was brought against him** il n'y a pas eu de poursuites (judiciaires), il n'a pas été poursuivi *or* inculpé ◆ **the ~ was dropped** l'inculpation a été retirée, on a cessé les poursuites ◆ **to press ~s (against sb)** engager des poursuites (contre qn) ◆ **to bring** *or* **lay a ~ against sb** porter plainte *or* déposer une plainte contre qn ◆ **to give sb in ~** remettre qn à la police ◆ **they were convicted on all three ~s** ils ont été reconnus coupables pour les trois chefs d'accusation ◆ **to be on a murder ~** être inculpé de meurtre ◆ **he was arrested on a ~ of murder** il a été arrêté sous l'inculpation de meurtre ◆ **to be on a ~** *[soldier]* être aux arrêts

**b** [= accusation] accusation *f* (*of* de) ; ◆ **he denied** *or* **repudiated these ~s** il a repoussé *or* rejeté ces accusations ◆ **there were many ~s of cruelty** on les (*or* nous *etc*) a fréquemment accusés de cruauté ◆ **the ~s made against him** les accusations *fpl or* les charges *fpl* portées contre lui ◆ **~s that he had betrayed his friends** des accusations selon lesquelles il aurait trahi ses amis

**c** [= attack] *(esp Mil)* charge *f*, attaque *f* ; *[of police, bull]* charge *f* ◆ **the police made three ~s into the crowd** la police a chargé la foule par trois fois ◆ **to sound the ~** *(Mil)* sonner la charge ; → **baton, bayonet**

**d** [= fee] prix *m* ◆ **what's the ~?** ça coûte combien ?, ça revient à combien ? ◆ **is there a ~?** faut-il payer ?, y a-t-il quelque chose à payer ? ◆ **at a ~ of ...** pour ..., moyennant ... ◆ **for a small ~, we can supply ...** pour un prix modique, nous pouvons fournir ... ◆ **there's no ~ for this, no ~ is made for this** c'est gratuit ◆ **there is an extra** *or* **additional ~ for ...** il y a un supplément (à payer) pour ... ◆ **to make a ~ for sth** facturer qch ◆ **he made no ~ for mending it** il n'a pas facturé la réparation, il n'a rien pris pour la réparation ◆ **he made a ~ of £20 for doing it** il a facturé 20 livres pour le faire ◆ **~ for admission** droit *m* d'entrée ◆ **"no charge for admission"** "entrée libre" ◆ **~ for delivery** *(Comm)* frais *mpl* de port ; → **bank², delivery, free, reverse**

**e** [= responsibility] **I've been given ~ of this class** on m'a donné la responsabilité *or* la charge de cette classe ◆ **the patients in** *or* **under her ~** les malades *mpl* dont elle a la charge

◆ **in charge** ◆ **who's in ~ here?** qui est le *or* la responsable ? ◆ **look, I'm in ~ here!** c'est moi qui commande ici ! ◆ **the person in ~** le *or* la responsable ◆ **I left him in ~** je lui ai laissé la charge de tout

◆ **in charge of** ◆ **to be in ~ of** *[+ firm, department]* diriger, être à la tête de ; *[+ ship, plane]* commander ; *[+ operation, project]* diriger, être responsable de ; *[+ children, animals]* s'occuper de, avoir la charge de ◆ **a few months later, he was in ~ of the shop** au bout de quelques mois, il dirigeait le magasin ◆ **he's in ~ of the shop when I'm out** c'est lui qui s'occupe du magasin *or* qui surveille le magasin lorsque je m'absente ◆ **while in ~ of a motor vehicle, he ...** alors qu'il était au volant d'un véhicule, il ... ◆ **to put sb in ~ of** *[+ firm, department, operation, project]* confier à qn la direction de ; *[+ ship, plane]* confier à qn le commandement de ; *[+ children, animals]* confier aux soins *or* à la garde de qn ◆ **to put sb in ~ of doing sth** charger qn de faire qch

◆ **to take charge** *(in firm, project etc)* prendre *or* assurer la direction (*of* de) ; *(in ship, plane)* prendre *or* assurer le commandement (*of* de) ; ◆ **he took ~ of the situation at once** il a immédiatement pris la situation en main ◆ **will you take ~ of the children while I'm away?** est-ce que tu veux bien te charger des enfants pendant mon absence ?

**f** [= person *or* thing cared for] ◆ **she took her ~s for a walk** elle a emmené les personnes dont elle avait la charge en promenade

**g** [Rel] *(= priest's parish)* cure *f* ◆ **the priest's ~s** *(= parishioners)* les ouailles *fpl* du curé

**h** [= financial burden] charge *f*, fardeau *m* (*on* pour) ; ◆ **to be a ~ on ...** constituer une charge *or* un fardeau pour ...

**i** [= instructions: frm] recommandation *f*, instruction *f* ◆ **to have strict ~ to do sth** avoir reçu l'ordre formel de faire qch ◆ **the judge's ~ to the jury** *(Jur)* les recommandations données aux jurés par le juge

**j** [Elec, Phys] charge *f* ◆ **to put a battery on ~** mettre une batterie en charge ◆ **there is no ~ left in the battery** la batterie est déchargée *or* à plat ◆ **an electrical ~** une charge électrique ◆ **it still gives me a ~** * *(fig)* ça me fait toujours de l'effet

**k** [of firearm, rocket] charge *f* ; → **depth**

**l** [Heraldry] meuble *m*

### 2 - TRANSITIVE VERB

**a** [= accuse] *(gen)* accuser ; *(Jur)* inculper ◆ **to find sb guilty/not guilty as ~d** déclarer qn coupable/non coupable ◆ **he ~d that some companies had infringed the regulations** *(US)* il a allégué que certaines compagnies avaient enfreint le règlement

◆ **to charge sb with** *(gen)* accuser qn de ; *(Jur)* inculper qn de ◆ **to ~ sb with doing** *or* **having done sth** accuser qn d'avoir fait qch ◆ **he was ~d with murder/with stealing a car** *(Jur)* il a été inculpé de meurtre/de vol de voiture ; see also **transitive verb f**

**b** [= attack] *[troops]* charger, attaquer ; *[police, bull]* charger

**c** [in payment] *[+ person]* facturer à ; *[+ amount]* facturer (*for* pour) ; ◆ **to ~ a commission** facturer une commission ◆ **to ~ £100 a day** facturer 100 livres par jour ◆ **to ~ a fair price** facturer *or* prendre un prix raisonnable ◆ **to ~ sb a fee of £200** facturer 200 livres à qn

◆ **to charge sb for sth** ◆ **I ~d him £20 for this table** je lui ai facturé 20 livres pour cette table, je lui ai fait payer cette table 20 livres ◆ **how much do you ~ for mending shoes?** combien prenez-vous pour réparer des chaussures ? ◆ **to ~ sb too much for sth** faire payer qch trop cher à qn ◆ **I won't ~ you for that** je ne vous facturerai *or* compterai rien pour cela

**d** [= record as debt: also **charge up**] mettre sur le compte, porter au compte *or* au débit (*to sb* de qn) ; ◆ **to ~ a book** *(US: in library)* inscrire un livre au registre du prêt ; → **cash**

◆ **to charge sth to sb** ◆ **~ all these purchases to my account** mettez tous ces achats sur mon compte ◆ **I can ~ it to the company** je peux le faire payer *or* rembourser par la société

**e** [+ firearm, battery] *(also Phys)* charger

**f** [= command: frm] ◆ **to ~ sb to do sth** ordonner à qn *or* sommer qn de faire qch ◆ **to ~ sb with sth** confier qch à qn

### 3 - INTRANSITIVE VERB

**a** [= rush] se précipiter, foncer ◆ **to ~ in/out** entrer/sortir en coup de vent ◆ **to ~ up/down** grimper/descendre à toute vitesse ◆ **to ~ through** passer en coup de vent ; → **charge off**

**b** [Mil] ◆ **to ~ (down) on the enemy** fondre *or* foncer sur l'ennemi

**c** [battery] se (re)charger, être en charge

### 4 - COMPOUNDS

▷ **charge account** **N** *(Comm)* compte *m* ▷ **charge-cap** **VT** *(Brit)* fixer un plafond aux impôts locaux à ▷ **charge capping** **N** *(Brit)* plafonnement *m* des impôts locaux ▷ **charge card** **N** *(Brit Comm)* carte *f* de paiement ▷ **charge hand** **N** *(Brit)* sous-chef *m* d'équipe ▷ **charge nurse** **N** *(Brit)* infirmier *m*, -ière *f* en chef *(responsable d'une salle ou d'un pavillon)* ▷ **charge sheet** **N** *(Brit Police)* ≃ procès-verbal *m*

### 5 - PHRASAL VERBS

► **charge down** **VT SEP** *(Rugby)* ◆ **to charge a kick down** contrer un coup de pied ; see also **charge intransitive verb**

► **charge off** **1** **VI** partir en courant

**2** **VT SEP** *(Comm) [+ machine]* amortir ◆ **they ~d off drilling costs as business expenses** ils ont imputé les coûts de forage à l'exploitation ◆ **to ~ off an expense** passer une dépense en charge

► **charge up** **1** **VI** *[battery]* se (re)charger, être en charge

**2** **VT SEP** *[+ firearm, battery] (also Phys)* charger

**chargeable** /ˈtʃɑːdʒəbl/ ADJ a *(Jur) [crime, offence]* passible de poursuites ◆ ~ **with sth** *[person]* passible de poursuites pour qch b *(= payable) [fee]* à payer ◆ **a late entry fee of $20 is** ~ il y a un supplément de 20 dollars à payer pour les inscriptions en retard ◆ **fees ~ by the solicitor** honoraires *mpl* qu'il faut payer à l'avocat ◆ **the lowest lending rates ~ by UK banks** les taux les plus bas pratiqués par les banques du Royaume-Uni c *(= assignable) [expenses] (to tax office)* déductible ; *(to employer)* à la charge de l'employeur ◆ ~ **to sb** à facturer à qn, à porter au compte de qn ◆ ~ **to an account** imputable sur un compte d *(= taxable) [asset]* imposable

**charged** /tʃɑːdʒd/ ADJ a *(Elec) [particles]* chargé b *(fig)* ~ **with emotion, emotionally** ~ plein d'émotion ◆ **a highly ~ atmosphere** une atmosphère très tendue

**chargé d'affaires** /ʃɑːʒeɪdæˈfɛəʳ/ N (pl **chargés d'affaires**) chargé *m* d'affaires

**charger** /ˈtʃɑːdʒəʳ/ N a *[of battery, firearm]* chargeur *m* b *(Mil = horse)* cheval *m* (de combat)

**chargrilled** /ˈtʃɑːˌgrɪld/ ADJ *(Brit Culin)* grillé au feu de bois

**charily** /ˈtʃɛərɪlɪ/ ADV prudemment, avec prudence *or* circonspection

**chariot** /ˈtʃærɪət/ N char *m*

**charioteer** /ˌtʃærɪəˈtɪəʳ/ N conducteur *m* de char, aurige *m*

**charisma** /kæˈrɪzmə/ N *(Rel, fig)* charisme *m*

**charismatic** /ˌkærɪzˈmætɪk/ ADJ a *(= fascinating) [person, personality, charm]* charismatique b *(Rel) [church, movement]* charismatique ◆ ~ **Christian** charismatique *mf*

**charitable** /ˈtʃærɪtəbl/ ADJ a *(= helping the needy) [organization, foundation, institution]* caritatif ; *[donation]* à une œuvre d'intérêt public ◆ ~ **work** bonnes œuvres *fpl* ◆ **to have ~ status** avoir le statut d'organisation caritative b *(= kindly) [person, thought, deed, gesture]* charitable (*to sb* envers qn) ; ◆ **to take a ~ view of sth** être indulgent pour qch

**charitably** /ˈtʃærɪtəblɪ/ ADV charitablement

**charity** /ˈtʃærɪtɪ/ N a *(NonC)* charité *f* ◆ **for ~'s sake, out of ~** par (pure) charité ◆ ~ **begins at home** *(Prov)* charité bien ordonnée commence par soi-même *(Prov)* ◆ **sister of Charity** *(Rel)* sœur *f* de charité ; → **cold, faith** b *(= charitable action)* acte *m* de charité, action *f* charitable c *(NonC = alms)* charité *f*, aumône *f* ◆ **to live on** ~ vivre d'aumônes ◆ **to collect for** ~ faire une collecte pour une œuvre (charitable) ◆ **the proceeds go to** ~ les fonds recueillis sont versés à des œuvres d *(= charitable society)* fondation *f or* institution *f* caritative, œuvre *f* de bienfaisance COMP ▷ **charity sale** N vente *f* de charité *or* de bienfaisance ▷ **charity shop** N *boutique vendant des articles d'occasion au profit d'une organisation caritative* ▷ **charity toss** N *(Basketball)* lancer *m* franc

**charlady** /ˈtʃɑːleɪdɪ/ N *(Brit)* femme *f* de ménage

**charlatan** /ˈʃɑːlətən/ N charlatan *m* ADJ charlatanesque

**Charlemagne** /ˈʃɑːləmeɪn/ N Charlemagne *m*

**Charles** /tʃɑːlz/ N Charles *m*

**charleston** /ˈtʃɑːlstən/ N charleston *m*

**charley horse** * /ˈtʃɑːlɪhɔːs/ N *(US)* crampe *f*, spasme *m*

**Charlie** /ˈtʃɑːlɪ/ N Charlot *m* ◆ **he must have looked a proper ~!** ‡ *(Brit)* il a dû avoir l'air fin *or* malin ! * ◆ **I felt a right ~!** ‡ *(Brit)* j'ai vraiment eu l'air idiot !

**charlie** ‡ /ˈtʃɑːlɪ/ N *(Drugs = cocaine)* coke ‡ *f*

**charlotte** /ˈʃɑːlət/ N *(Culin)* charlotte *f* ◆ **apple** ~ charlotte *f* aux pommes

**charm** /tʃɑːm/ N a *(= attractiveness)* charme *m*, attrait *m* ◆ **a lady's ~s** les charmes d'une dame ◆ **to have a lot of** ~ avoir beaucoup de charme ◆ **to fall victim to sb's ~s** succomber aux charmes de qn

b *(= spell)* charme *m*, enchantement *m* ◆ **to hold sb under a** ~ tenir qn sous le charme ◆ **it works like a** ~ * ça marche à merveille ◆ **the plan worked like a** ~ * tout s'est déroulé exactement comme prévu

c *(for bracelet)* breloque *f* ; *(= amulet)* charme *m*, amulette *f*

VT *(= attract, please)* charmer, enchanter ; *(= cast spell on)* enchanter, ensorceler ; *[+ snakes]* charmer ◆ **to have** *or* **lead a ~ed life** être béni des dieux ◆ **to ~ sth out of sb** obtenir qch de qn par le charme *or* en lui faisant du charme ◆ **to ~ one's way somewhere** s'introduire quelque part grâce à son charme ◆ **to ~ one's way out of a situation** se sortir d'une situation grâce à son charme ◆ **he could ~ the birds off** *or* **out of the trees** il sait vraiment y faire

COMP ▷ **charm bracelet** N bracelet *m* à breloques ▷ **charmed circle** N ◆ **they seemed part of a ~ed circle** ils semblaient comme protégés par un enchantement ▷ **charm offensive** N *(hum)* offensive *f* de charme ▷ **charm price** N prix *m* psychologique ▷ **charm school** N cours *m* de maintien

**charmer** /ˈtʃɑːməʳ/ N charmeur *m*, -euse *f* ; → **snake**

**charming** /ˈtʃɑːmɪŋ/ ADJ *(also iro)* charmant

**charmingly** /ˈtʃɑːmɪŋlɪ/ ADV *[behave, smile]* d'une façon charmante ◆ ~ **naive/simple** d'une naïveté/simplicité charmante

**charmless** /ˈtʃɑːmlɪs/ ADJ dénué de charme

**charnel-house** † /ˈtʃɑːnlhaʊs/ N ossuaire *m*, charnier *m*

**charr** /tʃɑːʳ/ N ⇒ **char⁴**

**chart** /tʃɑːt/ N a *(= map)* carte *f* (marine)

b *(= graph)* graphique *m* ; *(= diagram)* diagramme *m* ; *(= table)* tableau *m* ; *(Med)* courbe *f* ◆ **temperature** ~ *(= sheet)* feuille *f* de température ; *(= line)* courbe *f* de température

c *(Mus)* ◆ **the ~s** le Top 50, le hit-parade, le palmarès de la chanson ◆ **in the ~s** au Top 50 *or* au hit-parade ◆ **to reach the ~s** figurer au Top 50 *or* au hit-parade ◆ **to top the ~s** être en tête des meilleures ventes *or* du Top 50 *or* du hit-parade

VT a *(= draw on map) [+ route, journey]* porter sur la carte

b *(on graph) [+ sales, profits, results]* faire le graphique *or* la courbe de ◆ **this graph ~s the progress made last year** ce graphique montre les progrès accomplis l'an dernier

c *(fig = plan)* organiser, planifier

COMP ▷ **chart topper** N *(Mus)* ≈ numéro *m* 1 du Top 50 ▷ **chart-topping** ADJ qui vient en tête des meilleures ventes *or* du Top 50

**charter** /ˈtʃɑːtəʳ/ N a *(= document)* charte *f* ; *[of society, organization]* statuts *mpl*, acte *m* constitutif ◆ **the Charter of the United Nations** la Charte des Nations unies ◆ **it's a muggers'** ~ *(fig)* c'est un encouragement pour les agresseurs ; → **citizen**

b *(NonC) [of boat, plane, coach, train etc]* affrètement *m* ◆ **on** ~ sous contrat d'affrètement

c (also **charter flight**) (vol *m*) charter *m*

VT a accorder une charte à, accorder un privilège (par une charte) à

b *[+ plane etc]* affréter

COMP ▷ **chartered accountant** N *(Brit, Can)* expert-comptable *mf*, comptable *mf* agréé(e) *(Can)* ▷ **chartered company** N société *f* privilégiée ▷ **chartered society** N compagnie *f* à charte ▷ **chartered surveyor** N expert *m* immobilier ▷ **charter flight** N (vol *m*) charter *m* ◆ **to take a ~ flight to Rome** aller à Rome en charter ▷ **charter member** N *(US)* membre *m* fondateur ▷ **charter party** N *(Jur)* charte-partie *f* ▷ **charter plane** N (avion *m*) charter *m* ▷ **charter train** N train *m* charter

**charterer** /ˈtʃɑːtərəʳ/ N affréteur *m*

**Chartist** /ˈtʃɑːtɪst/ N *(Hist)* ◆ **the ~s** les chartistes *mpl*

**charwoman** † /ˈtʃɑːˌwʊmən/ N (pl **-women**) femme *f* de ménage

**chary** /ˈtʃɛərɪ/ ADJ a *(= cautious)* prudent, circonspect ◆ **to be ~ of doing sth** hésiter à faire qch b *(= stingy)* pingre, ladre † *(also liter)* (*of* de) ; ◆ **he is ~ of praise** il est avare de compliments

**chase¹** /tʃeɪs/ N *(= action)* chasse *f*, poursuite *f* ; *(Racing = steeple-chase)* steeple *m* ◆ **a high-speed car** ~ une course-poursuite en voiture ◆ **the ~ for the championship** *(Sport)* la course au titre (de champion) ◆ **to give ~ (to sb)** donner la chasse (à qn), se lancer à la poursuite (de qn) ◆ **US fighters gave ~ to two enemy planes** des chasseurs américains ont donné la chasse à *or* se sont lancés à la poursuite de deux avions ennemis ◆ **they ran out and the police gave** ~ ils sont sortis en courant et la police leur a donné la chasse *or* s'est lancée à leur poursuite ◆ **in ~ of** à la poursuite de ◆ **the** ~ *(Sport)* la chasse (à courre) ; *(= huntsmen)* la chasse, les chasseurs *mpl* ; → **paper, steeple-chase, wild**

VT poursuivre, donner la chasse à ; *[+ success, women, job etc]* courir après ◆ **he ~d him down the hill** il l'a poursuivi jusqu'au bas de la colline ◆ **she ~d the thief for 100 metres** elle a poursuivi le voleur sur 100 mètres ◆ **2,000 unemployed people chasing five jobs** 2 000 chômeurs qui se disputent cinq emplois ◆ **to ~ the dragon** ‡ *(Drugs)* fumer de l'héroïne

VI a *(lit, fig)* ◆ **to ~ after sb** courir après qn

b *(= rush)* ◆ **to ~ up/down/out** *etc* monter/descendre/sortir *etc* au grand galop ◆ **to ~ about, to ~ here and there** *(Brit)* courir à droite et à gauche

► **chase away** VI * filer *, se tirer ‡

VT SEP *[+ person, animal]* chasser, faire partir

► **chase down** VT SEP a *(= track down)* retrouver

b *(US = catch)* rattraper

► **chase off** ⇒ **chase away**

► **chase up** * VT SEP *[+ information]* rechercher ; *[+ sth already asked for]* réclamer ◆ **to ~ sb up for sth** relancer qn pour qch ◆ **I'll ~ it up for you** *(= hurry things along)* je vais essayer d'activer les choses

**chase²** /tʃeɪs/ VT *(Tech) [+ diamond]* sertir, enchâsser (*in* dans) ; *[+ silver]* ciseler ; *[+ metal]* repousser ; *[+ screw]* fileter

**chaser** /ˈtʃeɪsəʳ/ N a *(= pursuer)* poursuivant *m* b *(Tech)* graveur *m* sur métaux ; *[of screw]* peigne *m* (à fileter) c (* *= drink*) *verre pris pour en faire descendre un autre*

**chasm** /ˈkæzəm/ N *(lit, fig)* gouffre *m*, abîme *m*

**chassis** /ˈʃæsɪ/ N (pl **chassis** /ˈʃæsɪz/) *(Aut)* châssis *m* ; *(Aviat)* train *m* d'atterrissage ; *(US* ⁑ *= body)* châssis ⁑ *m*

**chaste** /tʃeɪst/ ADJ *[person]* chaste, pur ; *[style]* sobre

**chastely** /ˈtʃeɪstlɪ/ ADV *[behave]* chastement ; *[dress]* avec sobriété, simplement

**chasten** /ˈtʃeɪsn/ VT *(= punish)* châtier, corriger ; *(= subdue)* assagir, calmer ; *(= rebuke)* réprimander

**chastened** /ˈtʃeɪsnd/ ADJ *[person]* assagi, calmé ; *[style]* châtié

**chasteness** /ˈtʃeɪstnɪs/ N *(NonC)* a *(sexual) [of person, relationship]* chasteté *f* b *(frm = simplicity) [of style]* sobriété *f*

**chastening** /ˈtʃeɪsnɪŋ/ ADJ *[thought]* qui fait réfléchir (à deux fois) ◆ **the accident had a ~ effect on him** l'accident l'a fait réfléchir

**chastise** /tʃæsˈtaɪz/ VT *(= scold)* réprimander ; *(= punish)* punir, châtier ; *(= beat)* battre, corriger

**chastisement** /ˈtʃæstɪzmənt/ N *(NonC)* a *(= criticism)* condamnation *f*, fustigation *f* *(liter)* b *( † = punishment)* châtiment *m*

**chastity** /ˈtʃæstɪtɪ/ N chasteté *f* COMP ▷ **chastity belt** N ceinture *f* de chasteté

**chasuble** /ˈtʃæzjʊbl/ N chasuble *f*

**chat** /tʃæt/ N *(NonC)* bavardage *m* ; *(= casual conversation)* brin *m* de conversation *or* de causette * ; *(Internet)* participation *f* à un forum de discussion ◆ **to have a ~** bavarder un peu, faire un brin de conversation *or* de causette * ◆ **I must have a ~ with him about this** il faut que je lui en parle *or* que je lui en touche un mot VI bavarder, causer *(with, to* avec) ; *(Internet)* chatter COMP ▷ **chat room** N *(on the Web)* forum *m* de discussion ▷ **chat show** N *(Brit TV)* causerie *f* télévisée ▷ **chat-up line** N *(Brit)* ◆ **that's his usual ~-up line** c'est son entrée en matière habituelle pour draguer *

► **chat up** * VT SEP *(Brit)* baratiner *, faire du plat * à

**chatline** /ˈtʃætlaɪn/ N *(for dating)* ≈ téléphone *m* rose

**chattel** /ˈtʃætl/ NPL **chattels** *(gen)* biens *mpl*, possessions *fpl* ; *(Jur)* biens meubles *mpl* ◆ **with all his goods and ~s** avec tout ce qu'il possède (*or* possédait *etc*) COMP ▷ **chattel mortgage** N *(Jur, Fin)* nantissement *m* de biens meubles

**chatter** /ˈtʃætəʳ/ VI bavarder, jacasser *(pej)* ; *[children, monkeys]* jacasser ; *[birds]* jacasser, jaser ◆ **his teeth were ~ing** il claquait des dents N *[of person]* bavardage *m* ; *[of birds, children, monkeys]* jacassement *m* ; *[of teeth]* claquement *m*

**chatterbox** * /ˈtʃætəbɒks/, **chatterer** /ˈtʃætərəʳ/ N moulin *m* à paroles *, bavard(e) *m(f)* ◆ **to be a ~** être bavard comme une pie

**chattering** /ˈtʃætərɪŋ/ N bavardage *m* COMP ▷ **the chattering classes** * NPL *(Brit esp pej)* les intellos * *mpl*

**chatty** * /ˈtʃætɪ/ ADJ *[person]* bavard ; *[style]* familier, qui reste au niveau du bavardage ; *[letter]* plein de bavardages ◆ **she was a regular Chatty Cathy** * *(US)* c'était un vrai moulin à paroles *

**Chaucerian** /tʃɔːˈsɪərɪən/ ADJ de Chaucer, chaucérien

**chauffeur** /ˈʃəʊfəʳ/ N chauffeur *m* (de maître) VT ◆ **to ~ sb around** *or* **about** servir de chauffeur à qn COMP ▷ **chauffeur-driven car** N voiture *f* avec chauffeur

**chauvinism** /ˈʃəʊvɪnɪzəm/ N *(gen)* chauvinisme *m* ; *(= male chauvinism)* machisme *m*, phallocratie *f*

**chauvinist** /ˈʃəʊvɪnɪst/ N *(= male chauvinist)* phallocrate *m*, machiste *m* ; *(= jingoist)* chauvin(e) *m(f)* ADJ *(= male chauvinist)* phallocrate, machiste ; *(= jingoistic)* chauvin ◆ **male ~ pig** phallocrate *m*

**chauvinistic** /ˌʃəʊvɪˈnɪstɪk/ ADJ *(= male chauvinistic)* machiste, phallocrate ; *(= jingoistic)* chauvin

**chaw** /tʃɔː/ *(dial)* ⇒ **chew**

**CHE** /ˌsiːeɪtʃˈiː/ N (abbrev of **Campaign for Homosexual Equality**) campagne *f* pour l'égalité des homosexuels

**cheap** /tʃiːp/ ADJ a *(= inexpensive) [goods, services, housing, café, price, labour]* bon marché *inv* ; *[rate, fare]* réduit ; *[loan, credit]* à faible taux d'intérêt ; *[currency, pound, dollar]* déprécié ◆ **~er** meilleur marché *inv*, moins cher (chère *f*) ◆ **it's 10 pence ~er** ça coûte 10 pence de moins ◆ **a ~ electrician** un électricien pas cher ◆ **the ~est seats are around £15** les places les moins chères sont autour de 15 livres ◆ **calls cost 36p per minute ~ rate** *(Telec)* les appels coûtent 36 pence la minute en tarif réduit ◆ **~ edition** *(Printing)* édition *f* populaire *or* bon marché ◆ **it was going ~** * cela se vendait à bas prix ◆ **it is ~er to buy than to rent** cela revient moins cher d'acheter que de louer ◆ **to be ~ to run** ne pas revenir cher à l'emploi ◆ **these cars are very ~ to produce** la production de ces voitures est très bon marché ◆ **quality doesn't come ~** la qualité se paie ◆ **it's ~ at the price** * *[goods, services]* à ce prix-là, c'est bon marché ; *[freedom]* ce n'est pas cher payé ◆ **~ and cheerful** * pas cher et sans prétentions ◆ **human life is ~ in wartime** la vie humaine ne vaut pas grand-chose en temps de guerre ; → **dirt**

b *(pej = poor-quality) [wine, material, brand, copy, imitation, perfume, seat]* bon marché ; *[cut of meat]* de qualité inférieure ; *[jewellery]* de pacotille ; *[hotel, café]* de second ordre ◆ **~ and nasty** * *[wine, plastic]* minable et bon marché

c *(pej)* ◆ **on the ~** * *[buy, employ]* au rabais ; *[decorate]* à bas prix ◆ **it was a bad idea, done on the ~** c'était une mauvaise idée, réalisée avec de petits moyens

d *(pej = unworthy) [remark, question, opportunism, sensationalism]* de bas étage ; *[joke, jibe, trick, ploy, gimmick, woman]* facile ; *[behaviour, attitude]* minable ◆ **to feel ~** se sentir minable ◆ **to look ~** *[person]* avoir l'air minable ; *[clothes, make-up]* faire bon marché ◆ **to make o.s. ~** s'avilir ◆ **~ thrills** sensations *fpl* fortes

ADV *[buy] (= inexpensively)* bon marché ; *(= cut-price)* au rabais

COMP ▷ **cheap shot** N coup *m* bas

**cheapen** /ˈtʃiːpən/ VT baisser le prix de ; *(fig)* déprécier ◆ **to ~ o.s.** se déprécier, s'abaisser VI baisser, devenir moins cher

**cheapie** ⁑ /ˈtʃiːpɪ/ ADJ pas cher N *(= ticket/meal etc)* billet *m*/repas *m etc* pas cher

**cheapjack** /ˈtʃiːpdʒæk/ ADJ de mauvaise qualité

**cheaply** /ˈtʃiːplɪ/ ADV *[buy, sell]* bon marché ; *[borrow, produce, decorate, furnish, eat]* à bon marché ; *[live]* à peu de frais ; *[available]* à moindre prix ◆ **two can live as ~ as one** *(Prov)* ≈ quand il y en a pour l'un, il y en a pour l'autre

**cheapness** /ˈtʃiːpnɪs/ N *(lit)* bas prix *m*

**cheapo** * /ˈtʃiːpəʊ/ ADJ bon marché

**cheapshot** /ˈtʃiːpʃɒt/ VT *(US)* débiner *, dénigrer

**cheapskate** * /ˈtʃiːpskeɪt/ N radin * *mf*, avare *mf*

**cheat** /tʃiːt/ VT *(= deceive)* tromper, duper ; *(= defraud)* frauder ; *(= swindle)* escroquer ; *(fig) [+ time etc]* tromper ◆ **to ~ sb at cards** tricher aux cartes en jouant avec qn ◆ **to ~ sb out of sth** escroquer qch à qn ◆ **to ~ sb into doing sth** faire faire qch à qn en le trompant ◆ **to feel ~ed** *(= swindled)* se sentir floué ; *(= betrayed)* se sentir trahi VI *(at cards, games)* tricher (*at* à) ; *(= defraud)* frauder ◆ **to ~ on sb** * *(= be unfaithful to)* tromper qn N (also **cheater :** *US*) a *(= person)* tricheur *m*, -euse *f* b *(= deception)* tricherie *f*, triche * *f* ◆ **it's a bit of a ~ to use ready-prepared meals** c'est un peu de la triche d'utiliser des plats cuisinés

**cheater** /ˈtʃiːtəʳ/ N *(US)* ⇒ **cheat**

**cheating** /ˈtʃiːtɪŋ/ N *(NonC, at cards, games)* tricherie *f* ; *(= deceit)* tromperie *f* ; *(= fraud)* fraude *f* ; *(= swindle)* escroquerie *f* ADJ tricheur

**Chechen** /ˈtʃetʃən/ N (pl **Chechen** *or* **Chechens**) *(= person)* Tchétchène *mf* ADJ tchétchène

**Chechenia** /tʃeˈtʃenɪə/, **Chechnya** /ˈtʃetʃnɪə/ N Tchétchénie *f*

**check**[1] /tʃek/ N *(US)* ⇒ **cheque**

**check**[2] /tʃek/ N a *(= setback) [of movement]* arrêt *m* brusque ; *(Mil)* échec *m*, revers *m* ◆ **to hold** *or* **keep in ~** *(gen) [+ emotions etc]* contenir, maîtriser ; *(Mil)* tenir en échec ◆ **to put a ~ on** mettre un frein à ◆ **to act as a ~ upon** constituer un frein à ◆ **~s and balances** *(Pol)* freins *mpl* et contrepoids *mpl*

b *(= examination) [of papers, passport, ticket]* contrôle *m* ; *[of luggage]* vérification *f* ; *(at factory door)* pointage *m* ◆ **to make a ~ on** contrôler ◆ **to keep a ~ on** surveiller ◆ **~!** * *(US = OK)* d'accord !, OK ! *

c *(Chess)* échec *m* ◆ **in ~** en échec ◆ **~!** échec au roi !

d *(US) [of left luggage]* ticket *m* de consigne ; *(Theat)* ticket *m* de vestiaire ; *[of restaurant]* addition *f*

VT a (also **check out**) *(= examine, verify) [+ accounts, figures, statement, quality etc]* vérifier ; *[+ tickets, passports]* contrôler ; *(= mark off)* pointer, faire le pointage de ; *(= tick off)* cocher ◆ **to ~ a copy against the original** comparer une copie à l'original, collationner une copie avec l'original ◆ **I'll have to ~ whether** *or* **if there's an age limit** il faudra que je vérifie s'il y a une limite d'âge

b *[+ baggage to be loaded]* enregistrer

c ( ⁑ : also **check out** *= look at)* mater *, viser * ◆ **~ his shoes!** vise (un peu) *or* mate un peu ses chaussures !

d *(= stop) [+ enemy]* arrêter ; *[+ advance]* enrayer ; *(= restrain) [+ excitement]* refréner, contenir ; *[+ anger]* maîtriser, réprimer ◆ **he was going to protest, but she ~ed him** il allait protester, mais elle l'a retenu ◆ **to ~ o.s.** se contrôler, se retenir ◆ **it is hoped that sex education will help ~ the spread of AIDS** on espère que l'éducation sexuelle aidera à enrayer la progression du sida

e *(= rebuke)* réprimander

f *(Chess)* faire échec à

g *(US) [+ coats] (in cloakroom)* mettre au vestiaire ; *(Rail) [+ luggage] (= register)* faire enregistrer ; *[+ left luggage]* mettre à la consigne

VI a ◆ **is Matthew there ? – hold on, I'll just ~** est-ce que Matthew est là ? – attends, je vais voir

b *(= pause)* s'arrêter *(momentanément)*

c (also **check out** *= confirm each other) [figures, stories]* correspondre, s'accorder

COMP ▷ **check-in** N *(at airport)* enregistrement *m* (des bagages) ◆ **your ~-in time is half-an-hour before departure** présentez-vous à l'enregistrement des bagages une demi-heure avant le départ ▷ **check-out** N *(Comm)* caisse *f (dans un libre-service)* ▷ **check-out time** N *(in hotel)* heure *f* limite d'occupation

► **check in** VI *(in hotel) (= arrive)* arriver ; *(= register)* remplir une fiche (d'hôtel) ; *(at airport)* se présenter à l'enregistrement
VT SEP faire remplir une fiche (d'hôtel) à ; *(at airport)* enregistrer
N ◆ **check-in** → **check²**

► **check off** VT SEP pointer, cocher

► **check on** VT FUS *[+ information, time etc]* vérifier ◆ **to ~ on sb** voir ce que fait qn ◆ **just go and ~ on the baby** va jeter un coup d'œil sur le bébé

► **check out** VI **a** *(from hotel)* régler sa note
**b** → **check² vi c**
**c** *(* euph = die)* passer l'arme à gauche *, mourir
VT SEP **a** → **check² vt a**
**b** *(* = look at)* jeter un œil à *
**c** *[+ luggage]* retirer ; *[+ person]* contrôler la sortie de ; *[+ hotel guest]* faire payer sa note à
N ◆ **check-out** → **check²**

► **check over** VT SEP examiner, vérifier

► **check up** VI se renseigner, vérifier ◆ **to ~ up on sth** vérifier qch ◆ **to ~ up on sb** se renseigner sur qn
N ◆ **checkup** → **checkup**

> **Checks and Balances**
>
> Dans le système politique américain, les « freins et contrepoids » sont des mécanismes qui tendent à garantir l'équilibre des pouvoirs par une stricte séparation entre l'exécutif, le législatif et le judiciaire, et à empêcher la domination d'un de ces pouvoirs sur les autres. Dans l'esprit des auteurs de la Constitution, la liberté est assurée par le fait qu'il est toujours possible de contester les pouvoirs du président, du Congrès, des tribunaux ou de l'administration des États.

**check³** /tʃek/ N *(gen pl)* ◆ **~s** *(= pattern)* carreaux *mpl*, damier *m* ; *(= cloth)* tissu *m* à carreaux ◆ **broken ~** pied-de-poule *m* COMP ⇒ **checked**

**checkbook** /ˈtʃekbʊk/ N *(US)* carnet *m* de chèques, chéquier *m*

**checked** /tʃekt/ ADJ **a** *[tablecloth, suit, pattern]* à carreaux **b** *(Phon) [vowel]* entravé

**checker** /ˈtʃekəʳ/ N **a** *(= examiner)* ◆ **fact ~** vérificateur *m*, -trice *f* ◆ **work ~** contrôleur *m*, -euse *f* du travail ; → **grammar, spell³** **b** *(US) (in supermarket)* caissier *m*, -ière *f* ; *(in cloakroom)* préposé(e) *m(f)* au vestiaire

**checkerboard** /ˈtʃekəbɔːd/ N *(US) (Chess)* échiquier *m* ; *(Checkers)* damier *m* COMP ▷ **checkerboard pattern** N motif *m* à damiers

**Checker cab** ® /ˈtʃekəˌkæb/ N *(US Aut) ancien modèle de taxi américain à damier*

**checkered** /ˈtʃekəd/ ADJ *(US)* ⇒ **chequered**

**checkers** /ˈtʃekəz/ NPL *(US)* jeu *m* de dames

**checking** /ˈtʃekɪŋ/ N *(NonC) [of equipment, system, facts, exam paper, document]* vérification *f* ; *[of ticket, passport]* contrôle *m* ; *(Med)* examen *m* médical ◆ **to do some ~ on sb/sth** effectuer des vérifications sur qn/qch
COMP ▷ **checking account** N *(US Fin)* compte *m* courant ▷ **checking deposit** N dépôt *m* à vue

**checklist** /ˈtʃeklɪst/ N *(gen, Aviat)* check-list *f*, liste *f* de contrôle

**checkmate** /ˈtʃekmeɪt/ N *(Chess)* (échec *m* et) mat *m* ; *(fig)* échec *m* total, fiasco *m* VT *(Chess)* mettre (échec et) mat ; *(fig) [+ person]* coincer *, faire échec à ; *[+ plans etc]* déjouer

**checkpoint** /ˈtʃekpɔɪnt/ N *(Aut, Mil, Sport)* (poste *m* de) contrôle *m* COMP ▷ **Checkpoint Charlie** N *(Mil)* Checkpoint *m* Charlie

**checkroom** /ˈtʃekrʊm/ N *(US = cloakroom)* vestiaire *m*

**checkup** /ˈtʃekʌp/ N *(gen)* contrôle *m*, vérification *f* ; *(Med)* bilan *m* de santé, check-up *m* ◆ **to go for** *or* **have a ~** *(Med)* se faire faire un bilan (de santé)

**cheddar** /ˈtʃedəʳ/ N (fromage *m* de) cheddar *m*

**cheek** /tʃiːk/ N **a** *(Anat)* joue *f* ◆ **~ by jowl** côte à côte ◆ **~ by jowl with** tout près de ◆ **to dance ~ to ~** danser joue contre joue ◆ **to turn the other ~** tendre l'autre joue ; → **tongue** **b** *(= buttock)* fesse *f* **c** *(= impudence)* effronterie *f*, toupet * *m*, culot * *m* ◆ **to have the ~ to do sth** avoir le toupet * *or* le culot * de faire qch ◆ **what (a) ~!** * ◆ **of all the ~!** * quel culot ! *, quel toupet ! * ◆ **the ~ of it!** * ce toupet ! * VT *(Brit *) [+ person]* être insolent avec, narguer

**cheekbone** /ˈtʃiːkbəʊn/ N pommette *f*

**cheekily** /ˈtʃiːkɪlɪ/ ADV *(Brit) [say]* avec insolence ; *[grin]* d'un air effronté

**cheekiness** /ˈtʃiːkɪnɪs/ N effronterie *f*, toupet * *m*, culot * *m*

**cheeky** /ˈtʃiːkɪ/ ADJ *[child]* effronté, insolent ; *[remark]* impertinent ◆ **~ child** petit(e) effronté(e) *m(f)* ◆ **(you) ~ monkey!** * quel toupet ! *

**cheep** /tʃiːp/ N *[of bird]* piaulement *m* ; *[of mouse]* couinement *m* ◆ **cheep, cheep!** cui-cui ! VI *[bird]* piauler ; *[mouse]* couiner

**cheer** /tʃɪəʳ/ N **a** ◆ **~s** acclamations *fpl*, applaudissements *mpl*, hourras *mpl*, bravos *mpl* ◆ **to give three ~s for** acclamer ◆ **three ~s for ...!** un ban pour ... !, hourra pour ... ! ◆ **three ~s!** hourra ! ◆ **the children gave a loud ~** les enfants ont poussé des acclamations ◆ **~s!** * *(esp Brit) (= your health!)* à la vôtre ! * (*or* à la tienne ! *) ; *(= goodbye)* salut !, tchao ! * ; *(= thanks)* merci !
**b** *(† = cheerfulness)* gaieté *f*, joie *f* ◆ **words of ~** paroles *fpl* d'encouragement ◆ **be of good ~!** prenez courage !
**c** *(†† = food etc)* chère † *f* ◆ **good ~** bonne chère
VT **a** *(also* **cheer up***)* *[+ person]* remonter le moral à, réconforter ; *[+ room]* égayer
**b** *(= applaud)* acclamer, applaudir
VI applaudir, pousser des vivats *or* des hourras

► **cheer on** VT SEP *[+ person, team]* encourager

► **cheer up** VI *(= be gladdened)* s'égayer, se dérider ; *(= be comforted)* prendre courage, prendre espoir ◆ **~ up!** courage !
VT SEP ⇒ **cheer vt a**

**cheerful** /ˈtʃɪəfʊl/ ADJ *[person]* joyeux, gai ; *[mood, colour, occasion, place, atmosphere]* gai ; *[smile, expression, voice, conversation]* enjoué ; *[news, prospect, outlook, belief]* réjouissant ◆ **to be ~ about sth** se réjouir de qch ◆ **to sound ~** avoir l'air réjoui ; → **cheap**

**cheerfully** /ˈtʃɪəfəlɪ/ ADV **a** *(= happily) [smile, say, greet]* joyeusement, gaiement **b** *(= enthusiastically) [work]* avec enthousiasme ◆ **she went ~ off to work** elle partit gaiement au travail **c** *(= blithely) [ignore]* allégrement **d** *(= gladly)* ◆ **I could ~ strangle him** * je l'étranglerais avec joie

**cheerfulness** /ˈtʃɪəfʊlnɪs/ N *[of person]* bonne humeur *f*, gaieté *f* ; *[of smile, conversation, place]* gaieté *f*

**cheerily** /ˈtʃɪərɪlɪ/ ADV gaiement, avec entrain

**cheering** /ˈtʃɪərɪŋ/ N *(NonC)* acclamations *fpl*, hourras *mpl* ADJ *[news, sight]* réconfortant, réjouissant

**cheerio** * /ˈtʃɪərɪˈəʊ/ EXCL *(esp Brit)* **a** *(= goodbye)* salut ! *, tchao ! * **b** *(† = your health)* à la vôtre (*or* à la tienne) !

**cheerleader** /ˈtʃɪəliːdəʳ/ N *(Sport)* pom-pom girl *f* ; *(fig)* meneur *m*, -euse *f (qui œuvre pour une cause, une personnalité politique)*

**cheerless** /ˈtʃɪəlɪs/ ADJ *[person, thing]* morne, triste

**cheery** /ˈtʃɪərɪ/ ADJ gai, joyeux

**cheese** /tʃiːz/ N fromage *m* ◆ **Dutch ~** fromage *m* de Hollande ◆ **"say cheese!"** *(for photograph)* "un petit sourire !" ◆ **big ~** * gros bonnet *m* ; → **cottage, cream, lemon** VT **a** *(Brit *)* ◆ **to be ~d (off)** en avoir marre * ◆ **to be ~d off with sth** en avoir marre de qch * **b** *(US)* ◆ **~ it!** * *(= look out)* vingt-deux ! * ; *(= run away)* tire-toi ! *
COMP *[sandwich]* au fromage ▷ **cheese and wine (party)** N ≃ buffet *m* campagnard ▷ **cheese dip** N *sauce au fromage dans laquelle on trempe des légumes etc en bâtonnets* ▷ **cheese dish** N ⇒ **cheeseboard** ▷ **cheese straw** N allumette *f* au fromage ▷ **cheese wire** N fil *m* à couper le beurre

**cheeseboard** /ˈtʃiːzbɔːd/ N *(= dish)* plateau *m* à fromage(s) ; *(with cheeses on it)* plateau *m* de fromages

**cheeseburger** /ˈtʃiːzˌbɜːgəʳ/ N hamburger *m* au fromage, cheeseburger *m*

**cheesecake** /ˈtʃiːzkeɪk/ N *(NonC) (Culin)* cheesecake *m*, ≃ gâteau *m* au fromage blanc ; *(* fig)* photo *f* (de fille) déshabillée

**cheesecloth** /ˈtʃiːzklɒθ/ N *(for cheese)* étamine *f*, mousseline *f* à fromage ; *(for clothes)* toile *f* à beurre

**cheeseparing** /ˈtʃiːzˌpɛərɪŋ/ N économie(s) *f(pl)* de bouts de chandelles ADJ *[person]* pingre, qui fait des économies de bouts de chandelles ; *[attitude, action]* mesquin

**cheesy** /ˈtʃiːzɪ/ ADJ **a** *(lit)* qui a un goût de fromage, qui sent le fromage **b** *(* = naff)* moche *, ringard * **c** * *[grin]* large **d** *(* = banal)* rebattu

**cheetah** /ˈtʃiːtə/ N guépard *m*

**chef** /ʃef/ N chef *m* (de cuisine)

**chef d'œuvre** /ʃeɪˈdɜːvrə/ N (pl **chefs d'œuvre**) chef-d'œuvre *m*

**cheiromancer** /ˈkaɪərəmænsəʳ/ N ⇒ **chiromancer**

**cheiromancy** /ˈkaɪərəmænsɪ/ N ⇒ **chiromancy**

**Chekhov** /ˈtʃekɒf/ N Tchekhov *m*

**Chelsea Pensioner** /ˌtʃelsɪˈpenʃənəʳ/ N *(Brit) ancien combattant résidant au "Chelsea Royal Hospital"*

**chemical** /ˈkemɪkəl/ ADJ chimique N *(gen pl)* produit *m* chimique COMP ▷ **chemical agent** N agent *m* chimique ▷ **chemical castration** N castration *f* chimique ▷ **chemical engineer** N ingénieur *m* en génie chimique ▷ **chemical engineering** N génie *m* chimique ▷ **chemical toilet** N toilettes *fpl* chimiques ▷ **chemical warfare** N guerre *f* chimique ▷ **chemical weapons** NPL armes *fpl* chimiques

**chemically** /ˈkemɪkəlɪ/ ADV chimiquement

**chemise** /ʃəˈmiːz/ N *(= undergarment)* chemise *f (de femme)*; *(= dress)* robe-chemisier *f*

**chemist** /ˈkemɪst/ N a *(= researcher etc)* chimiste *mf* b *(Brit = pharmacist)* pharmacien(ne) *m(f)* ◆ **~'s (shop)** pharmacie *f*

**chemistry** /ˈkemɪstrɪ/ N chimie *f* ◆ **they work so well together because the ~ is right** ils travaillent très bien ensemble parce que le courant passe COMP *[laboratory, lesson, teacher]* de chimie ▷ **chemistry set** N panoplie *f* de chimiste

**chemo*** /ˈkiːməʊ/ N (abbrev of **chemotherapy**) chimio* *f*

**chemotherapy** /ˌkeməʊˈθerəpɪ/ N chimiothérapie *f*

**chenille** /ʃəˈniːl/ N *(Tex)* chenille *f*

**cheque, check** *(US)* /tʃek/ N chèque *m* ◆ **~ for £10** chèque *m* de 10 livres ◆ **~ to** *or* **in the amount of $10** chèque *m* de 10 dollars ◆ **to pay by ~** payer par chèque ◆ **to cross a ~** *(Brit)* barrer un chèque ◆ **bad** *or* **dud*** *or* **rubber* ~** chèque *m* sans provision *or* en bois* COMP ▷ **cheque account** N compte-chèque *m* ▷ **cheque card** N *(Brit)* carte *f* d'identité bancaire; → **traveller**

**chequebook** /ˈtʃekbʊk/ N carnet *m* de chèques, chéquier *m* COMP ▷ **chequebook journalism** N *(pej)* *pratique qui consiste à payer des sommes considérables pour obtenir les confidences exclusives de personnes impliquées dans une affaire*

**chequered, checkered** *(US)* /ˈtʃekəd/ ADJ a *(= varied)* *[history, career, past]* en dents de scie b *(= checked)* *[tablecloth, dress, shirt, pattern]* à carreaux ◆ **~ floor** *or* **tiles** carrelage *m* COMP ▷ **chequered flag** N *(Motor Racing)* drapeau *m* à damier

**chequers** /ˈtʃekəz/ N jeu *m* de dames

**cherish** /ˈtʃerɪʃ/ VT *[+ person]* chérir, aimer; *[+ feelings, opinion]* entretenir; *[+ hope, illusions]* nourrir, caresser; *[+ memory]* chérir

**cherished** /ˈtʃerɪʃt/ ADJ *[dream, belief, ambition, memory]* cher ◆ **a ~ memory of mine** un souvenir qui m'est cher

**Chernobyl** /tʃɜːˈnəʊbl/ N Tchernobyl

**Cherokee** /ˈtʃerəkiː/ N *(= person)* Cherokee *mf*

**cheroot** /ʃəˈruːt/ N petit cigare *m*

**cherry** /ˈtʃerɪ/ N a *(= fruit)* cerise *f*; (also **cherry tree**) cerisier *m* ◆ **wild ~** *(= fruit)* merise *f*; *(= tree)* merisier *m*; → **bite** b *(‡ = virginity)* ◆ **to take sb's ~** dépuceler qn ◆ **to lose one's ~** se faire dépuceler* COMP *(= colour)* (rouge) cerise *inv*; *(liter)* *[lips]* vermeil; *(Culin)* *[pie, tart]* aux cerises ▷ **cherry blossom** N *(NonC)* fleurs *fpl* de cerisier ▷ **cherry bomb** N *(US)* pétard *m (rond et rouge)* ▷ **cherry brandy** N cherry *m*, liqueur *f* de cerise ▷ **cherry orchard** N cerisaie *f* ▷ **cherry-pick** VT trier sur le volet ▷ **cherry picker** N *(= vehicle)* grue *f* à nacelle ▷ **cherry-red** ADJ (rouge) cerise *inv* ▷ **cherry tomato** N tomate *f* cerise

**cherub** /ˈtʃerəb/ N a (pl **cherubs**) chérubin *m*, petit ange *m* b (pl **cherubim** /ˈtʃerəbɪm/) *(Rel)* chérubin *m*

**cherubic** /tʃeˈruːbɪk/ ADJ angélique

**chervil** /ˈtʃɜːvɪl/ N cerfeuil *m*

**Ches.** abbrev of **Cheshire**

**Cheshire cat** /ˌtʃeʃəˈkæt/ N → **grin**

**chess** /tʃes/ N échecs *mpl* COMP ▷ **chess piece** N ⇒ **chessman** ▷ **chess set** N jeu *m* d'échecs

**chessboard** /ˈtʃesbɔːd/ N échiquier *m*

**chessman** /ˈtʃesmæn/ N (pl **-men**) pièce *f* (de jeu d'échecs)

**chessplayer** /ˈtʃesˌpleɪəʳ/ N joueur *m*, -euse *f* d'échecs

**chest¹** /tʃest/ N *(= box)* coffre *m*, caisse *f*; *(= tea chest)* caisse *f*; → **medicine, toolchest** COMP ▷ **chest freezer** N congélateur-bahut *m* ▷ **chest of drawers** N commode *f*

**chest²** /tʃest/ N *(Anat)* poitrine *f*, cage *f* thoracique *(Med frm)* ◆ **to have a weak ~** être faible des bronches ◆ **to get something off one's ~*** dire ce que l'on a sur le cœur COMP ▷ **chest cold** N inflammation *f* des voies respiratoires ▷ **chest expander** N extenseur *m (pour développer les pectoraux)* ▷ **chest infection** N infection *f* des voies respiratoires ▷ **chest pain** N *(NonC)* ⇒ **chest pains** ▷ **chest pains** NPL douleurs *fpl* de poitrine ▷ **chest specialist** N spécialiste *mf* des voies respiratoires

**chesterfield** /ˈtʃestəfiːld/ N canapé *m*, chesterfield *m*

**chestnut** /ˈtʃesnʌt/ N a *(= fruit)* châtaigne *f*; *(Culin)* châtaigne *f*, marron *m* ◆ **to pull sb's ~s out of the fire** tirer les marrons du feu pour qn; → **horse, Spanish, sweet** b (also **chestnut tree**) châtaignier *m*, marronnier *m* c *(= horse)* alezan *m* d *(pej)* ◆ **(old) ~*** *(= story)* vieille histoire *f* rabâchée; *(= joke)* vieille blague* *f* usée ADJ (also **chestnut-brown**) châtain ◆ **~ hair** cheveux *mpl* châtains COMP ▷ **chestnut horse** N (cheval *m*) alezan *m*

**chesty** /ˈtʃestɪ/ ADJ *(Brit)* *[person]* fragile de la poitrine; *[cough]* de poitrine

**Chetnik** /ˈtʃetnɪk/ N *(Pol, Hist)* tchetnik *m*

**cheval glass** /ʃəˈvælglɑːs/ N psyché *f (glace)*

**chevron** /ˈʃevrən/ N chevron *m*

**chew** /tʃuː/ VT *[+ food]* mâcher, mastiquer; *[+ betel, coca etc]* chiquer; *[+ pencil]* mâchonner, mordiller; *[+ lip]* mordiller ◆ **to ~ tobacco** chiquer ◆ **to ~ the cud** *(lit, fig)* ruminer ◆ **to ~ the fat‡** tailler le bout de gras*, tailler une bavette* N a *(= action)* mastication *f* b *(Brit = sweet)* bonbon *m*; *[of tobacco]* chique *f* COMP ▷ **chewing gum** N chewing-gum *m*

► **chew on** VT FUS *(fig)* *[+ facts, problem]* tourner et retourner

► **chew out** VT SEP engueuler

► **chew over** VT SEP *[+ problem etc]* *(= think over)* tourner et retourner; *(= discuss)* discuter de

► **chew up** VT SEP mâchonner, mâchouiller*

**chewy** /ˈtʃuːɪ/ ADJ *(pej)* difficile à mâcher COMP ▷ **chewy toffee** N caramel *m* mou

**Cheyenne** /ʃaɪˈæn/ N *(= person)* Cheyenne *mf*

**chi** /kaɪ/ N *(= letter)* chi *m*

**chiaroscuro** /kɪˌɑːrəsˈkʊərəʊ/ N clair-obscur *m*

**chiasma** /kaɪˈæzmə/ N (pl **chiasmas** *or* **chiasmata** /kaɪˈæzmətə/) *(Anat)* chiasma *m*, chiasme *m*

**chic** /ʃiːk/ ADJ chic *inv*, élégant N chic *m*, élégance *f*

**chicanery** /ʃɪˈkeɪnərɪ/ N *(= legal trickery)* chicane *f*; *(= false argument)* chicane *f*, chicanerie *f*

**Chicano** /tʃɪˈkɑːnəʊ/ N *(US)* Mexicain(e) *m(f)* américain(e), Chicano *mf*

**chichi*** /ˈʃiːʃiː/ ADJ trop recherché

**chick** /tʃɪk/ N a *(= chicken)* poussin *m*; *(= nestling)* oisillon *m*; → **day** b *(‡ = child)* poulet* *m*, coco* *m* ◆ **come here ~!** viens ici mon coco *or* mon petit poulet! c *(‡ = girl)* pépée‡ *f*, poulette‡ *f* COMP ▷ **chick flick*** N *film destiné au public féminin ou particulièrement apprécié par celui-ci* ▷ **chick lit*** N *genre romanesque décrivant des jeunes femmes actives et leur vie sentimentale*

**chickadee** /ˈtʃɪkəˌdiː/ N mésange *f* à tête noire

**chicken** /ˈtʃɪkɪn/ N poulet(te) *m(f)*; *(very young)* poussin *m*; *(Culin)* poulet *m* ◆ **you're a big ~ at times!** *(pej)* quelle poule mouillée tu fais parfois!* ◆ **to run around like a headless ~** *or* **like a ~ with its head cut off** courir dans tous les sens, ne pas savoir où donner de la tête ◆ **which came first, the ~ or the egg?** qui vient en premier, l'œuf ou la poule? ◆ **it's a ~ and egg situation*** c'est la vieille histoire de l'œuf et de la poule ◆ **don't count your ~s (before they're hatched)** il ne faut pas vendre la peau de l'ours (avant de l'avoir tué) → **spring**

ADJ *(* pej = cowardly)* froussard* ◆ **to play ~** jouer au premier qui se dégonfle* ◆ **he's too ~ to try it** il est trop dégonflé* pour essayer

COMP ▷ **chicken farmer** N éleveur *m* de poules *or* de volailles, volailleur *m* ▷ **chicken farming** N élevage *m* avicole *or* de volailles *or* de poules ▷ **chicken-fried steak** N *tranche de poulet pané frit* ▷ **chicken-hearted** ADJ peureux ▷ **chicken liver** N foie(s) *m(pl)* de volaille ▷ **chicken run** N poulailler *m* ▷ **chicken wire** N grillage *m*

► **chicken out‡** VI se dégonfler* ◆ **he ~ed out of his exams** au moment de ses examens, il s'est dégonflé* ◆ **he ~ed out of asking her to dinner** il s'est dégonflé* au moment de l'inviter à dîner

**chickenfeed** /ˈtʃɪkɪnfiːd/ N a *(lit)* nourriture *f* pour volaille b *(esp US * = insignificant sum)* somme *f* dérisoire, bagatelle *f*

**chickenpox** /ˈtʃɪkɪnpɒks/ N varicelle *f*

**chickenshit*‡** /ˈtʃɪkɪnʃɪt/ *(US)* N a *(= coward)* dégonflé(e)‡ *m(f)* b *(NonC = worthless)* ◆ **to be ~** être de la merde*‡ ADJ a *(= cowardly)* dégonflé‡ b *(= worthless)* de merde*‡

**chickpea** /ˈtʃɪkpiː/ N pois *m* chiche

**chickweed** /ˈtʃɪkwiːd/ N mouron *m* blanc *or* des oiseaux

**chicory** /ˈtʃɪkərɪ/ N *(for coffee)* chicorée *f*; *(= endive)* endive *f*; *(= frisée)* chicorée *f* frisée

**chide** /tʃaɪd/ (pret **chided** *or* **chid** /tʃɪd/, ptp **chided** *or* **chidden** /ˈtʃɪdn/) VT gronder, réprimander

**chief** /tʃiːf/ N a *[of organization, tribe]* chef *m* ◆ **too many ~s and not enough Indians*** trop de chefs et pas assez d'exécutants; → **commander, editor, lord**

b *(* = boss)* patron *m* ◆ **yes, ~!** oui, chef *or* patron!

ADJ principal

COMP ▷ **chief assistant** N premier assistant *m* ▷ **chief constable** N *(Brit Police)* ≃ directeur *m* (de police) ▷ **chief education officer** N *(Scol)* ≃ recteur *m* d'académie ▷ **chief engineer** N *(Naut)* ingénieur *m* en chef ▷ **Chief Executive** N *(Brit: in local government)* directeur *m*; *(US Pol)* chef *m* de l'Exécutif, président *m* des États-Unis ▷ **chief executive officer** N *(Ind, Comm)* directeur *m* général ▷ **chief inspector** N *(gen)* inspecteur *m* principal *or* en chef; *(Brit Police)* commandant *m* (des gardiens de la paix) ▷ **chief inspector of schools** N *(Brit Scol)* ≃ inspecteur *m* général ▷ **chief master sergeant** N *(US Aviat)* major *m* ▷ **chief of police** N ≃ préfet *m* de police ▷ **chief of staff** N *(Mil)* chef *m* d'état-major ◆ **(White House) Chief of Staff** *(US)* secrétaire *mf* général (de la Maison-Blanche)

▷ **chief of state** N chef *m* d'État ▷ **chief petty officer** N *(Naut)* ≃ maître *m* ▷ **chief priest** N archiprêtre *m* ▷ **chief rabbi** N grand rabbin *m* ▷ **Chief Secretary (to the Treasury)** N *(Brit Pol)* ≃ ministre *m* délégué au budget ▷ **chief state school officer** N *(US Scol)* ≃ recteur *m* d'académie ▷ **chief superintendent** N *(Brit Police)* ≃ commissaire *m* divisionnaire ▷ **chief technician** N *(gen)* technicien *m* en chef ; *(Mil)* sergent *m* (de l'armée de l'air) ▷ **chief town** N chef-lieu *m* ▷ **chief warrant officer** N *(Mil)* adjudant *m* chef ▷ **chief whip** N *(Brit Parl)* *chef des parlementaires responsable de la discipline de vote* ; → **lord**

> **Chief Whip**
>
> En Grande-Bretagne, le parti gouvernemental et celui de l'opposition ont chacun leur **Chief Whip**, qui est le responsable de la discipline du parti à la Chambre des communes. Il tient les députés informés des activités parlementaires et fait remonter l'opinion des députés jusqu'à la direction du parti. Il veille également à ce que les députés participent aux scrutins importants ; son rôle est donc particulièrement décisif lorsque le gouvernement ne dispose que d'une faible majorité aux Communes.

**chiefly** /'tʃiːflɪ/ ADV principalement, surtout

**chieftain** /'tʃiːftən/ N chef *m (de clan, de tribu)*

**chiffchaff** /'tʃɪf,tʃæf/ N pouillot *m* véloce

**chiffon** /'ʃɪfɒn/ N mousseline *f* de soie ADJ *[dress]* en mousseline (de soie)

**chignon** /'ʃiːnjɔːŋ/ N chignon *m*

**Chihuahua** /tʃɪ'wɑːwɑː/ N chihuahua *m*

**chilblain** /'tʃɪlbleɪn/ N engelure *f*

**child** /tʃaɪld/ (pl **children** /'tʃɪldrən/) N a enfant *mf* ◆ **when still a ~, he ...** tout enfant, il ... ◆ **don't be such a ~** ne fais pas l'enfant ◆ **she has three children** elle a trois enfants ◆ **children's publishing** l'édition *f* jeunesse ◆ **to be with ~** † être enceinte
b *(fig)* produit *m*, fruit *m* ◆ **the ~ of his imagination** le produit *or* le fruit de son imagination ; → **brain**
COMP *[labour]* des enfants ; *[psychology, psychiatry]* de l'enfant, infantile ; *[psychologist, psychiatrist]* pour enfants ▷ **child abduction** N *(Jur)* enlèvement *m* d'enfant ▷ **child abuse** N *(gen)* maltraitance *f* d'enfant(s) ; *(sexual)* abus *m* sexuel sur enfant, sévices *mpl* sexuels infligés à enfant ▷ **child abuser** N *(gen)* auteur *m* de sévices sur enfant(s) ; *(sexual)* auteur *m* de sévices sexuels *or* d'abus sexuels sur enfant(s) ▷ **child battering** N mauvais traitements *mpl* à enfant, maltraitance *f* d'enfant(s) ▷ **child benefit** N *(Brit)* ≃ allocations *fpl* familiales ▷ **child care** N protection *f* infantile *or* de l'enfance, assistance *f* à l'enfance ▷ **child-care center** N *(US)* crèche *f*, garderie *f* ▷ **child-care worker** N travailleur *m*, -euse *f* social(e) *(s'occupant d'enfants)* ▷ **child guidance** N soutien *m* psychopédagogique ◆ **~ guidance centre** *or* **clinic** centre *m* psychopédagogique ▷ **child lock** N *[of door]* (serrure *f* de) sécurité *f* enfants ▷ **child molester** † N auteur *m* de sévices sexuels *or* d'abus sexuels sur enfant(s) ▷ **child prodigy** N enfant *mf* prodige ▷ **Child Protection Register** N *(Brit) registre des enfants en danger selon les services locaux de la protection de l'enfance* ▷ **child sex abuser** N *(gen)* auteur *m* de sévices sexuels *or* abus sexuels sur enfants ▷ **child's play** N *(fig)* ◆ **it's ~'s play** c'est enfantin, c'est un jeu d'enfant (*to sb* pour qn) ▷ **Child Support Agency** N *(Brit) organisme chargé de faire respecter le paiement des pensions alimentaires chez les couples divorcés* ; → DSS ▷ **child welfare** N protection *f* de l'enfance ◆ **Child Welfare Centre** centre *m or* service *m* de protection de l'enfance

**childbearing** /'tʃaɪld,bɛərɪŋ/ N *(NonC)* maternité *f* ◆ **constant ~** grossesses *fpl* répétées ◆ **of ~ age** en âge d'avoir des enfants

**childbed** /'tʃaɪldbed/ N ◆ **in ~** en couches

**childbirth** /'tʃaɪldbɜːθ/ N accouchement *m* ◆ **in ~** en couches

**childhood** /'tʃaɪldhʊd/ N enfance *f* ◆ **in his ~ he ...** tout enfant il ... ; → **second**[1]

**childish** /'tʃaɪldɪʃ/ ADJ a *[behaviour]* puéril (puérile *f*) ◆ **~ reaction** réaction *f* puérile ◆ **don't be so ~** ne fais pas l'enfant ◆ **he was very ~ about it** il s'est montré très puéril à ce sujet b *[ailment, disease]* infantile ◆ **~ games** jeux *mpl* d'enfant

**childishly** /'tʃaɪldɪʃlɪ/ ADV *(pej) [say, behave, act]* puérilement, d'une manière puérile ◆ **~ simple** simple comme bonjour, d'une simplicité enfantine

**childishness** /'tʃaɪldɪʃnɪs/ N *(slightly pej)* puérilité *f*, enfantillage *m*

**childless** /'tʃaɪldlɪs/ ADJ sans enfants

**childlike** /'tʃaɪldlaɪk/ ADJ d'enfant, enfantin

**Childline** ® /'tʃaɪld,laɪn/ N ≃ SOS Enfants en péril *(numéro de téléphone mis à la disposition des enfants maltraités)*

**childminder** /'tʃaɪld,maɪndəʳ/ N *(Brit)* assistante *f* maternelle, nourrice *f*

**childminding** /'tʃaɪld,maɪndɪŋ/ N *(Brit)* garde *f* d'enfants (en bas âge)

**childproof** /'tʃaɪldpruːf/ ADJ *[door etc]* sans danger pour les enfants ◆ **~ (door) lock** (serrure *f* de) sécurité *f* enfants ◆ **the house is ~** * *(= safe)* la maison est sans danger pour les enfants ; *(= cannot be damaged)* les enfants ne peuvent rien abîmer dans la maison

**children** /'tʃɪldrən/ NPL of **child** ; → **home**

**Chile** /'tʃɪlɪ/ N Chili *m*

**Chilean** /'tʃɪlɪən/ ADJ chilien N Chilien(ne) *m(f)*

**chili** /'tʃɪlɪ/ N (pl **chilies**) piment *m* (rouge) COMP ▷ **chili con carne** N chili con carne *m* ▷ **chili powder** N piment *m* (rouge) en poudre, poudre *f* de piment (rouge)

**chill** /tʃɪl/ N a *(lit)* fraîcheur *f*, froid *m* ◆ **there's a ~ in the air** il fait assez frais *or* un peu froid ◆ **to take the ~ off** *[+ wine]* chambrer ; *[+ water, room]* réchauffer un peu
b *(fig)* froid *m*, froideur *f* ◆ **to cast a ~ over** jeter un froid sur ◆ **there was a certain ~ in the way she looked at me** il y avait une certaine froideur dans sa façon de me regarder ◆ **it sent a ~ down my spine** j'en ai eu un frisson dans le dos ◆ **he felt a certain ~ as he remembered ...** il a eu un *or* le frisson en se rappelant ...
c *(Med)* refroidissement *m* ◆ **to catch a ~** prendre froid, attraper un refroidissement
ADJ *(liter)* frais (fraîche *f*), froid ; *(fig)* froid, glacial
VT a *(lit) [+ person]* faire frissonner, donner froid à ; *[+ wine, melon]* (faire) rafraîchir ; *[+ champagne]* frapper ; *[+ meat]* réfrigérer ; *[+ dessert]* mettre au frais ; *[+ plant]* geler ; *(Tech)* tremper en coquille ◆ **to be ~ed to the bone** *or* **marrow** être transi
b *(fig) [+ enthusiasm]* refroidir ◆ **to ~ sb's blood** glacer le sang de qn ; → **spine**
VI a *[wine]* rafraîchir b ⇒ **chill out**
COMP ▷ **chill cabinet** N *(Brit)* vitrine *f* réfrigérante ▷ **chill-out** * ADJ *[music]* relaxant ◆ **~-out room** *(in rave club)* salle *f* de repos *(dans une boîte de nuit)*

► **chill out** * VI se relaxer, décompresser * ◆ **~ out** relax ! *

**chiller** * /'tʃɪləʳ/ N *(= film)* film *m* d'épouvante ; *(= book)* roman *m* d'épouvante COMP ▷ **chiller cabinet** N ⇒ **chill cabinet**

**chilli** /'tʃɪlɪ/ N ⇒ **chili**

**chilliness** /'tʃɪlɪnɪs/ N *(= cold)* froid *m* ; *(= coolness)* fraîcheur *f* ; *(fig)* froideur *f*

**chilling** /'tʃɪlɪŋ/ ADJ a *(= frightening) [effect, reminder, story, sight, prospect, sound, look, thought]* effrayant, qui fait froid dans le dos ; → **bone, spine** b *(= freezing) [wind]* glacial

**chillingly** /'tʃɪlɪŋlɪ/ ADV *[say, describe]* d'une façon qui fait froid dans le dos ◆ **the voice was ~ familiar** la voix était familière et cela faisait froid dans le dos

**chillness** /'tʃɪlnɪs/ N ⇒ **chilliness**

**chilly** /'tʃɪlɪ/ ADJ a * *[weather, wind, air, water, room]* froid ; *[day, afternoon]* frais (fraîche *f*) ◆ **to be** *or* **feel ~** *[person]* avoir froid ◆ **it's ~ today** il fait frais aujourd'hui b *(= unfriendly) [person, manner, look, smile, response, reception]* froid ; *[relationship]* distant

**chime** /tʃaɪm/ N carillon *m* ◆ **to ring the ~s** carillonner ◆ **a ~ of bells** un carillon ◆ **door ~s** carillon *m* de porte VI *[bells, voices]* carillonner ; *[clock]* sonner VT *[+ bells, hours]* sonner

► **chime in** VI *(fig) [person] (in agreement, approval)* suivre le mouvement ◆ **he ~d in with another complaint** il a suivi le mouvement, et il s'est plaint à son tour ◆ **"why?" Bob ~d in** "pourquoi ?" répéta Bob

**chimera** /kaɪ'mɪərə/ N *(liter)* chimère *f*

**chimerical** /kaɪ'merɪkəl/ ADJ chimérique

**chimney** /'tʃɪmnɪ/ N *(Archit, Geog, Naut, Sport)* cheminée *f* ; *[of lamp]* verre *m* COMP ▷ **chimney breast** N *(Brit)* manteau *m* de (la) cheminée ▷ **chimney-climbing** N *(Climbing)* ramonage *m* ▷ **chimney corner** N coin *m* du feu ▷ **chimney pot** N tuyau *m* de cheminée ▷ **chimney-pot hat** * N (chapeau *m*) tuyau *m* de poêle * ▷ **chimney stack** N *(Brit = group of chimneys)* souche *f* de cheminée ; *[of factory]* tuyau *m* de cheminée ▷ **chimney sweep** N ramoneur *m*

**chimneypiece** /'tʃɪmnɪpiːs/ N *(Brit)* (dessus *m or* tablette *f* de) cheminée *f*

**chimp** * /tʃɪmp/ N ⇒ **chimpanzee**

**chimpanzee** /,tʃɪmpæn'ziː/ N chimpanzé *m*

**chin** /tʃɪn/ N menton *m* ◆ **to keep one's ~ up** * tenir bon, tenir le coup * ◆ **(keep your) ~ up!** * courage !, du cran ! * ◆ **to take it on the ~** * encaisser * ; → **double** VI *(US *)* bavarder COMP ▷ **chin-chin !** † * EXCL tchin-tchin ! * ▷ **chin job** * N lifting *m* du menton ◆ **to have a ~ job** se faire rectifier le menton ▷ **chinning bar** N *(Sport)* barre *f* fixe ▷ **chin-up** N *(Sport)* ◆ **to do ~-ups** faire des tractions à la barre fixe

**China** /'tʃaɪnə/ N Chine *f* COMP ▷ **China Sea** N mer *f* de Chine ▷ **China tea** N thé *m* de Chine

**china** /'tʃaɪnə/ N a *(NonC = material, dishes)* porcelaine *f* ◆ **a piece of ~** une porcelaine ; → **bone** b *(‡ = friend)* poteau * *m* COMP *[cup, plate, figure etc]* de *or* en porcelaine ▷ **china cabinet** N dressoir *m* ▷ **china clay** N kaolin *m* ▷ **china industry** N industrie *f* de la porcelaine

**Chinaman** † /ˈtʃaɪnəmən/ N (pl **-men**) Chinois *m*

**Chinatown** /ˈtʃaɪnətaʊn/ N quartier *m* chinois

**chinaware** /ˈtʃaɪnəweəʳ/ N *(NonC)* (objets *mpl* de) porcelaine *f*

**chinchilla** /tʃɪnˈtʃɪlə/ N chinchilla *m* COMP ▷ **chinchilla coat** N manteau *m* de chinchilla

**Chinese** /tʃaɪˈniːz/ ADJ *(gen)* chinois ; *[ambassador, embassy]* de Chine ; *[teacher]* de chinois N a *(pl inv)* Chinois(e) *m(f)* b *(Ling)* chinois *m* c (* : also **Chinese meal**) (repas *m*) chinois *m* ; (* : also **Chinese restaurant**) (restaurant *m*) chinois *m* NPL **the Chinese** les Chinois *mpl* COMP ▷ **Chinese burn** * N torture *f* indienne ▷ **Chinese cabbage** N ⇒ **Chinese leaves** ▷ **Chinese gooseberry** † N kiwi *m* ▷ **Chinese lantern** N lanterne *f* vénitienne ▷ **Chinese leaves** NPL chou *m* chinois ▷ **Chinese puzzle** N casse-tête *m inv* chinois ▷ **Chinese whispers** NPL *(Brit)* *(= game)* jeu *m* du téléphone ; *(fig = garbled messages)* téléphone *m* arabe ▷ **Chinese white** N, ADJ blanc *m* de zinc

**Chink** **/ /tʃɪŋk/ N *(pej)* Chin(e)toque ⁑ *mf (pej)*

**chink¹** /tʃɪŋk/ N *(= slit, hole) [of wall]* fente *f*, fissure *f* ; *[of door]* entrebâillement *m* ◆ **the ~ in the armour** le défaut de la cuirasse

**chink²** /tʃɪŋk/ N *(= sound)* tintement *m (de verres, de pièces de monnaie)* VT faire tinter VI tinter

**chinless** /ˈtʃɪnlɪs/ ADJ *(lit)* qui a le menton fuyant ; *(fig = feeble)* mou (molle *f*) COMP ▷ **chinless wonder** * N *(Brit)* (aristo *m*) chiffe *f* molle *

**chinos** /ˈtʃiːnəʊz/ NPL chinos *mpl*

**chinstrap** /ˈtʃɪnstræp/ N *[of helmet etc]* jugulaire *f*

**chintz** /tʃɪnts/ N *(Tex)* chintz *m* COMP ▷ **chintz curtains** NPL rideaux *mpl* de chintz

**chintzy** /ˈtʃɪntsɪ/ ADJ a *[style]* rustique b *(US ⁑ = mean)* moche *, mesquin

**chinwag** ⁑ /ˈtʃɪnwæg/ N causerie *f* ◆ **to have a ~ (with sb)** tailler une bavette * *or* papoter (avec qn)

**chip** /tʃɪp/ N a *(gen)* fragment *m* ; *[of wood]* copeau *m*, éclat *m* ; *[of glass, stone]* éclat *m* ; *(Elec)* microplaquette *f* ◆ **he's/she's a ~ off the old block** * c'est bien le fils/la fille de son père ◆ **to have a ~ on one's shoulder** être aigri ◆ **to have a ~ on one's shoulder because ...** n'avoir jamais digéré * le fait que ... ; → **polystyrene**

b *(Culin) (Brit)* frite *f* ; *(US)* (also **potato chip**) chips *f* ◆ **would you like some ~s?** *(Brit)* tu veux des frites ? ; *(US)* tu veux des chips ? ◆ **egg and ~s** œuf-frites ◆ **steak and ~s** steak-frites

c *(Comput)* puce *f*, pastille *f*

d *(= break) [of stone, crockery, glass]* ébréchure *f* ; *[of furniture]* écornure *f* ◆ **this cup has a ~** cette tasse est ébréchée

e *(Poker etc)* jeton *m*, fiche *f* ◆ **to cash in one's ~s** * *(fig)* passer l'arme à gauche * ◆ **he's had his ~s** ⁑ il est cuit * *or* fichu * ◆ **when the ~s are down** * dans les moments cruciaux ◆ **in the ~s** ⁑ *(US)* plein aux as ⁑

f *(Golf:* also **chip shot**) coup *m* coché

VT a *(= damage) [+ cup, plate]* ébrécher ; *[+ furniture]* écorner ; *[+ varnish, paint]* écailler ; *[+ stone]* écorner, enlever un éclat de ◆ **to ~ wood** faire des copeaux ◆ **the chicken ~ped the shell open** le poussin a cassé sa coquille

b *(Brit) [+ vegetables]* couper en lamelles

c *(= cut deliberately)* tailler

d *(Golf)* ◆ **to ~ the ball** cocher

VI *[cup, plate]* s'ébrécher ; *[furniture]* s'écorner ; *[varnish, paint]* s'écailler

COMP ▷ **chip and PIN** N système *m* d'identification par carte à puce et code confidentiel ▷ **chip and PIN card** N carte à puce électronique ▷ **chip basket** N *(Brit)* panier *m* à frites ▷ **chip pan** N *(Brit)* friteuse *f* ▷ **chip shop** N *(Brit)* friterie *f*

► **chip at** VT FUS a *[+ rock, wood, ice]* tailler petit à petit

b (* *= make fun of)* se ficher de *

► **chip away** VI *[paint etc]* s'écailler ◆ **to ~ away at** *[+ rock, wood, ice]* tailler petit à petit ; *[+ sb's authority, lands]* grignoter, réduire petit à petit ; *[+ law, decision]* réduire petit à petit la portée de

VT SEP *[+ paint etc]* enlever *or* décaper petit à petit *(au couteau etc)*

► **chip in** VI a *(= interrupt)* dire son mot, mettre son grain de sel *

b (* *= contribute)* contribuer, souscrire *(à une collecte etc)* ◆ **he ~ped in with 2 euros** il y est allé de (ses) 2 euros *

► **chip off** ⇒ **chip away**

**chipboard** /ˈtʃɪpbɔːd/ N *(US)* carton *m* ; *(Brit)* panneau *m* de particules, aggloméré *m*

**chipmunk** /ˈtʃɪpmʌŋk/ N tamia *m*, suisse *m (Can)*

**chipolata** /tʃɪpəˈlɑːtə/ N *(Brit)* chipolata *f*

**chipped** /tʃɪpt/ ADJ *[cup, bone, tooth]* ébréché ; *[enamel, step, windowsill]* abîmé ; *[paint, nail varnish]* écaillé COMP ▷ **chipped potatoes** N (pommes *fpl* de terre) frites *fpl*

**Chippendale** /ˈtʃɪpəndeɪl/ ADJ *[chair]* chippendale *inv*

**chipper** * /ˈtʃɪpəʳ/ ADJ *(= happy)* joyeux, gai ; *(= smart)* chic *inv*

**chippings** /ˈtʃɪpɪŋz/ NPL gravillons *mpl* ◆ **"loose chippings"** "attention gravillons"

**chippy** * /ˈtʃɪpɪ/ N *(Brit)* a friterie *f* b *(Brit = carpenter)* menuisier *m* ADJ aigri

**chiromancer** /ˈkaɪərəmænsəʳ/ N chiromancien(ne) *m(f)*

**chiromancy** /ˈkaɪərəmænsɪ/ N chiromancie *f*

**chiropodist** /kɪˈrɒpədɪst/ N *(Brit)* pédicure *mf*

**chiropody** /kɪˈrɒpədɪ/ N *(Brit) (= science)* podologie *f* ; *(= treatment)* soins *mpl* du pied, traitement *m* des maladies des pieds

**chiropractic** /ˈkaɪərəpræktɪk/ N *(NonC)* chiropraxie *or* chiropractie *f*

**chiropractor** /ˈkaɪərəpræktəʳ/ N chiropracteur *m*

**chirp** /tʃɜːp/ VI *[birds]* pépier, gazouiller ; *[crickets]* chanter, striduler *(liter)* ; (* *fig) [person]* pépier, couiner * *(pej)* N *[of birds]* pépiement *m*, gazouillis *m* ; *[of crickets]* chant *m*, stridulation *f*

**chirpy** * /ˈtʃɜːpɪ/ ADJ *[person]* gai, de bonne humeur ; *[voice, mood]* gai

**chirrup** /ˈtʃɪrəp/ ⇒ **chirp**

**chisel** /ˈtʃɪzl/ N *[of carpenter, sculptor, silversmith]* ciseau *m* ; *[of stonemason]* burin *m* ; *(= blunt chisel)* matoir *m* ; *(= hollow chisel)* gouge *f* ; *(= mortise chisel)* bédane *m* ; *(= roughing-out chisel)* ébauchoir *m* ; → **cold** VT a ciseler ; *(Engraving)* buriner b (⁑ *= swindle) [+ thing]* resquiller ; *[+ person]* rouler *, posséder ⁑

**chiselled** /ˈtʃɪzld/ ADJ *[features]* buriné ◆ **finely ~ features** traits *mpl* finement ciselés

**chiseller** ⁑, **chiseler** ⁑ *(US)* /ˈtʃɪzləʳ/ N *(= crook)* escroc *m*, filou *m* ; *(= scrounger)* resquilleur *m*, -euse *f*

**chit¹** /tʃɪt/ N ◆ **she's a mere ~ of a girl** ce n'est qu'une gosse * *or* une gamine *

**chit²** /tʃɪt/ N *(gen)* bulletin *m* de livraison ; *(= receipt)* reçu *m* ; *(= note)* note *f*

**chitchat** * /ˈtʃɪttʃæt/ N bavardage *m*

**chitterlings** /ˈtʃɪtəlɪŋz/ NPL tripes *fpl* (de porc)

**chitty** /ˈtʃɪtɪ/ N ⇒ **chit²**

**chiv** ⁑ /tʃɪv/ N surin ⁑ *m*, couteau *m*

**chivalresque** /ʃɪvəlˈresk/, **chivalric** /ʃɪˈvælrɪk/ ADJ chevaleresque

**chivalrous** /ˈʃɪvəlrəs/ ADJ *(= courteous)* chevaleresque ; *(= gallant)* galant

**chivalrously** /ˈʃɪvəlrəslɪ/ ADV de façon chevaleresque

**chivalry** /ˈʃɪvəlrɪ/ N a chevalerie *f* ◆ **the rules/the age of ~** les règles *fpl*/l'âge *m* de la chevalerie ◆ **the age of ~ is not dead** *(iro)* on sait encore être galant aujourd'hui b *(= quality)* qualités *fpl* chevaleresques ; *(= gallantry)* galanterie *f* c *(collective: Hist = knights)* chevalerie *f*

**chives** /tʃaɪvz/ NPL ciboulette *f*, civette *f*

**chiv(v)y** * /ˈtʃɪvɪ/ VT *(Brit)* a (also **chiv(v)y along**) *[+ person, animal]* chasser, pourchasser b *(= pester)* ne pas laisser la paix à ◆ **she chiv(v)ied him into writing the letter** elle l'a harcelé jusqu'à ce qu'il écrive la lettre

► **chiv(v)y up** * VT SEP *[+ person]* faire activer

**chlamydia** /kləˈmɪdɪə/ N *(Med)* chlamydia *f*

**chloral** /ˈklɔːrəl/ N chloral *m*

**chlorate** /ˈklɔːreɪt/ N chlorate *m*

**chloric** /ˈklɔːrɪk/ ADJ chlorique COMP ▷ **chloric acid** N acide *m* chlorique

**chloride** /ˈklɔːraɪd/ N chlorure *m* COMP ▷ **chloride of lime** N chlorure *m* de chaux

**chlorinate** /ˈklɒrɪneɪt/ VT *[+ water]* chlorer, javelliser ; *(Chem)* chlorurer

**chlorination** /klɒrɪˈneɪʃən/ N *[of water]* javellisation *f*

**chlorine** /ˈklɔːriːn/ N chlore *m*

**chlorofluorocarbon** /ˌklɔːrəˈflʊərəʊˈkɑːbən/ N *(Chem)* chlorofluorocarbone *m*

**chloroform** /ˈklɒrəfɔːm/ N chloroforme *m* VT chloroformer

**chlorophyll** /ˈklɒrəfɪl/ N chlorophylle *f*

**chloroplast** /ˈklɔːrəʊˌplæst/ N chloroplaste *m*

**choc** * /tʃɒk/ N abbrev of **chocolate** COMP ▷ **choc-ice** N esquimau ® *m*

**chocaholic** * /ˌtʃɒkəˈhɒlɪk/ N accro * *mf* du chocolat

**chock** /tʃɒk/ N *[of wheel]* cale *f* ; *[of barrel]* cale *f*, chantier *m* ; *(Naut)* chantier *m*, cale *f* VT *[+ wheel]* caler ; *(Naut)* mettre sur le chantier *or* sur cales COMP ▷ **chock-a-block** *, **chock-full** * ADJ *[basket, pan, box]* plein à ras bord *(with, of* de) ; *[room]* plein à craquer *(with, of* de), comble ; *[town]* bondé

**chocker** * /ˈtʃɒkəʳ/ ADJ ⇒ **chock-a-block** ; → **chock**

**chocolate** /ˈtʃɒklɪt/ N chocolat *m* ◆ **(drinking) ~** chocolat *m* ◆ **a ~** un chocolat, une crotte de chocolat ; → **dessert, milk, plain** COMP *(= made of chocolate)* en chocolat ; *(= containing, flavoured with chocolate)* (au) chocolat, chocolaté ; *(= colour:* also **chocolate brown**) chocolat *inv* ▷ **chocolate bar** N barre *f* de *or* au chocolat ▷ **chocolate biscuit** N biscuit *m* au chocolat ▷ **chocolate-box**

ADJ trop joli *or* mignon ▷ **chocolate chip cookie** N biscuit *m* aux pépites de chocolat ▷ **chocolate drop** N pastille *f* au chocolat ▷ **chocolate eclair** N éclair *m* au chocolat

**choice** /tʃɔɪs/ LANGUAGE IN USE 10.1

N a *(= act or possibility of choosing)* choix *m* ◆ **to make a ~** faire un choix, choisir ◆ **to make** *or* **take one's ~** faire son choix ◆ **to have no ~** ne pas avoir le choix ◆ **be careful in your ~** faites attention en choisissant ◆ **he didn't have a free ~** il n'a pas été libre de choisir ◆ **to have a very wide ~** avoir l'embarras du choix ◆ **he had no ~ but to obey** il ne pouvait qu'obéir ◆ **from** *or* **for ~** de *or* par préférence ◆ **he did it from ~** il l'a fait de son plein gré, il a choisi de le faire ◆ **the house of your (own) ~** la maison de votre choix ◆ **the drug/weapon of ~** la drogue/l'arme favorite *or* de choix ◆ **it's your ~!** * c'est ton problème ! * ; → **Hobson's choice**

b *(= thing or person chosen)* choix *m* ◆ **this book would be my ~** c'est ce livre que je choisirais

c *(Comm etc = variety to choose from)* choix *m*, variété *f* ◆ **a wide ~ of dresses** un grand choix de robes

ADJ a *(Comm) [goods, fruit]* de choix ◆ **choicest** de premier choix

b *[word, phrase] (= well-chosen)* bien choisi

**choir** /ˈkwaɪəʳ/ N a *(Mus)* chœur *m*, chorale *f* ; *(Rel)* chœur *m*, maîtrise *f* ◆ **to sing in the ~** faire partie du chœur *or* de la chorale, chanter dans la maîtrise b *(Archit, Rel)* chœur *m* VTI chanter en chœur COMP ▷ **choir organ** N petit orgue *m* ; *(= keyboard)* positif *m* ▷ **choir practice** N ◆ **to go to ~ practice** aller à la chorale ▷ **choir school** N maîtrise *f*, manécanterie *f (rattachée à une cathédrale)* ▷ **choir-stall** N stalle *f* (du chœur)

**choirboy** /ˈkwaɪəbɔɪ/ N *(Rel)* enfant *m* de chœur

**choirgirl** /ˈkwaɪəgɜːl/ N *(Rel)* enfant *f* de chœur

**choirmaster** /ˈkwaɪəˌmɑːstəʳ/ N *(Mus)* chef *m* de(s) chœur(s) ; *(Rel)* maître *m* de chapelle

**choke** /tʃəʊk/ VT a *[+ person, voice, breathing]* étrangler ◆ **the fumes ~d her** la fumée l'a fait suffoquer ◆ **to ~ the life out of sb** étrangler qn ◆ **in a voice ~d with sobs** d'une voix étranglée par les sanglots

b *(fig) [+ fire]* étouffer ; *[+ pipe, tube]* boucher, engorger ◆ **flowers ~d by weeds** fleurs *fpl* étouffées par les mauvaises herbes ◆ **street ~d with traffic** rue *f* engorgée *or* embouteillée

VI a étouffer, s'étrangler ◆ **to ~ to death** mourir étouffé ◆ **he ~d on some bread** il s'est étranglé en avalant un morceau de pain de travers ◆ **she ~d on a fish bone** elle s'est étranglée avec une arête ◆ **she was choking with anger** la rage l'étouffait, elle étouffait de rage ◆ **he was choking with laughter** il s'étranglait de rire

b *(*: esp US = crack under pressure)* craquer *

N *(Aut)* starter *m* ; *(Rad)* bobine *f* de réactance, inductance *f* de protection

COMP ▷ **choke chain** N collier *m* étrangleur

► **choke back** VT SEP *[+ feelings]* réprimer, contenir ; *[+ tears]* refouler ; *[+ words]* ravaler

► **choke down** VT SEP *[+ rage]* contenir ; *[+ sobs]* ravaler, étouffer

► **choke off** * VT SEP *(fig) [+ suggestions etc]* étouffer (dans l'œuf) ; *[+ discussion]* empêcher ◆ **raising taxes could ~ off the recovery** une augmentation des impôts pourrait empêcher la reprise

► **choke up** VI s'engorger, se boucher

VT SEP *[+ pipe, drain]* engorger, boucher

**choked** /tʃəʊkt/ ADJ a *(= strangled)* étranglé ◆ **in a ~ voice** d'une voix étranglée ◆ **~ with emotion** d'une voix étranglée par l'émotion b *(Brit *) (= moved)* (très) ému ; *(= angry)* (très) vexé *or* contrarié ◆ **I still feel ~ about him leaving** je n'ai pas encore encaissé * *or* digéré * qu'il soit parti

**choker** /ˈtʃəʊkəʳ/ N a *(= scarf)* foulard *m*, écharpe *f* ; *(= collar)* col *m* droit ; *(= necklace)* collier *m* (de chien) b ‡ ◆ **what a ~!** c'est difficile à encaisser * *or* digérer * ! ◆ **losing at Wembley was a ~!** on n'a pas encaissé * *or* digéré * d'avoir perdu à Wembley !

**choking** /ˈtʃəʊkɪŋ/ N *(Med)* suffocation *f* ADJ *[fumes, dust]* étouffant

**cholera** /ˈkɒlərə/ N choléra *m* COMP *[epidemic]* de choléra ; *[victim, symptoms]* du choléra

**choleric** /ˈkɒlərɪk/ ADJ colérique, coléreux

**cholesterol** /kəˈlestəˌrɒl/ N cholestérol *m*

**chomp** * /tʃɒmp/ VTI mâcher bruyamment ◆ **to ~ (away) on** *or* **at sth** dévorer qch à belles dents

**Chomskyan** /ˈtʃɒmskɪən/ ADJ chomskien, de Chomsky

**choo-choo** /ˈtʃuːtʃuː/ N *(baby talk)* train *m*, tchou-tchou *m (baby talk)*

**choose** /tʃuːz/ (pret **chose**, ptp **chosen**) VT a *(= select)* choisir ; *(= elect)* élire ◆ **which will you ~?** lequel choisirez-vous ? ◆ **they chose a president** ils ont élu un président ◆ **he was chosen (as) leader** ils l'ont pris pour chef ◆ **the Chosen (People)** le peuple élu ◆ **the chosen (few)** les (quelques) élus *mpl* ◆ **there is little** *or* **not much to ~ between them** il n'y a guère de différence entre eux ◆ **there is nothing to ~ between them** ils se valent ; *(pej)* ils ne valent pas mieux l'un que l'autre ◆ **in a few (well-)chosen words** en quelques mots choisis

b *(= opt)* décider, juger bon (*to do sth* de faire qch) vouloir (*to do sth* faire qch) ; ◆ **he chose not to speak** il a jugé bon de se taire, il a préféré se taire ◆ **I didn't ~ to do so** *(= decided not to)* j'ai décidé de ne pas le faire ; *(= did it unwillingly)* je ne l'ai pas fait de mon propre gré

VI choisir ◆ **as you ~** comme vous voulez *or* l'entendez, à votre gré ◆ **if you ~** si cela vous dit ◆ **to ~ between/among** faire un choix entre/parmi ◆ **there's not much to ~ from** il n'y a pas tellement de choix

**choos(e)y** * /ˈtʃuːzɪ/ ADJ *[person]* difficile (à satisfaire) ◆ **I'm not choos(e)y** je ne suis pas difficile ◆ **you can't be choos(e)y in your position** votre situation ne vous permet pas de faire la fine bouche ◆ **I'm choos(e)y about the people I go out with** je ne sors pas avec n'importe qui

**chop**[1] /tʃɒp/ N a *(Culin)* côtelette *f* ◆ **mutton/pork ~** côtelette *f* de mouton/de porc ; → **loin**

b *(= blow)* coup *m* (de hache *etc*) ◆ **you're (the) next for the ~** * *(Brit)* tu es le prochain à y passer * ◆ **to get the ~** * *(Brit) [employee]* se faire sacquer * *or* virer * ; *[project]* être annulé

c *(Tennis)* volée *f* coupée *or* arrêtée

VT a couper ◆ **to ~ wood** couper du bois ◆ **to ~ one's way through sth** se frayer un chemin (à coups de hache) à travers qch ◆ **to ~ a project** * *(fig) (= cancel)* annuler un projet ; *(= reduce costs, bills)* faire des coupes sombres dans, réduire à la portion congrue

b *(Culin) [+ meat, vegetables]* hacher

c *(Sport) [+ ball]* couper

COMP ▷ **chop-chop** ‡ EXCL au trot ! *, et que ça saute ! * ADV fissa ‡ ▷ **chopping block** N billot *m* ▷ **chopping board** N planche *f* à hacher ▷ **chopping knife** N (pl **chopping knives**) hachoir *m (couteau)* ▷ **chop suey** N chop suey *m*

► **chop at** VT FUS *[+ person etc]* essayer de frapper ; *(with axe) [+ wood]* taillader

► **chop down** VT SEP *[+ tree]* abattre

► **chop off** VT SEP trancher, couper ◆ **they ~ped off his head** on lui a tranché la tête

► **chop up** VT SEP hacher, couper en morceaux

**chop**[2] /tʃɒp/ N *(Culin) [of pork]* joue *f* NPL **chops** *(= jaws) [of animal]* mâchoires *fpl* ; *(= cheeks)* joues *fpl* ; *[of animals]* bajoues *fpl* ; *(Tech) [of vice]* mâchoires *fpl* ; → **lick**

**chop**[3] /tʃɒp/ VI a *(Naut) [wind]* varier ; *[waves]* clapoter b *(Brit fig)* **to ~ and change** changer constamment d'avis ◆ **he's always ~ping and changing** c'est une vraie girouette, il ne sait pas ce qu'il veut VT *(pej)* ◆ **to ~ logic** ergoter, discutailler

**chop**[4] ‡ /tʃɒp/ N *(= food)* bouffe ‡ *f*

**chophouse** /ˈtʃɒphaʊs/ N (petit) restaurant *m*, gargote *f (pej)*

**chopper** /ˈtʃɒpəʳ/ N a *(for cutting)* couperet *m*, hachoir *m* ; *(Agr)* coupe-racines *m inv* b *(* = helicopter)* hélico * *m*, hélicoptère *m* ; *(US * = motorcycle)* chopper *m* ; *(Brit = cycle)* vélo *m* à haut guidon VI *(US ‡ = go by helicopter)* se rendre en hélicoptère (*to* à)

**choppers** ‡ /ˈtʃɒpəz/ NPL *(= teeth)* ratiches ‡ *fpl* ; *(= false teeth)* râtelier * *m*

**choppy** /ˈtʃɒpɪ/ ADJ *[lake]* clapoteux ; *[sea]* agité ; *[wind]* variable

**chopsticks** /ˈtʃɒpstɪks/ NPL baguettes *fpl (pour manger)*

**choral** /ˈkɔːrəl/ ADJ choral, chanté en chœur COMP ▷ **choral society** N chorale *f*

**chorale** /kɒˈrɑːl/ N choral *m*

**chord** /kɔːd/ N *(Anat, Geom: also of harp etc)* corde *f* ; *(Mus)* accord *m* ◆ **to strike** *or* **touch a ~, to touch the right ~** *(fig)* toucher la corde sensible ; → **vocal** COMP ▷ **chord change** N changement *m* d'accord ▷ **chord progression** N suite *f* d'accords

**chore** /tʃɔːʳ/ N *(everyday)* travail *m* de routine ; *(unpleasant)* corvée *f* ◆ **the ~s** les tâches *fpl* ménagères ◆ **to do the ~s** faire le ménage

**choreograph** /ˈkɒrɪəˌgrɑːf/ VT a chorégraphier b *(fig = stage)* monter, mettre en scène *(fig)*

**choreographer** /ˌkɒrɪˈɒgrəfəʳ/ N chorégraphe *mf*

**choreographic** /ˌkɒrɪəʊˈgræfɪk/ ADJ chorégraphique

**choreography** /ˌkɒrɪˈɒgrəfɪ/ N chorégraphie *f*

**chorister** /ˈkɒrɪstəʳ/ N *(Rel)* choriste *mf*

**chortle** /ˈtʃɔːtl/ VI glousser ◆ **he was chortling over the newspaper** la lecture du journal le faisait glousser N gloussement *m*

**chorus** /ˈkɔːrəs/ N (pl **choruses**) a *(Mus, Theat = song, singers, speakers)* chœur *m* ◆ **in ~** en chœur ◆ **she's in the ~** *(at concert)* elle chante dans le chœur ; *(Theat)* elle fait partie de la troupe ◆ **a ~ of praise/objections** un concert de louanges/protestations b *(= part of song)* refrain *m* ◆ **to join in the ~** *[one person]* reprendre le refrain ; *[several people]* reprendre le refrain en chœur VT *[+ song]* chanter *or* réciter en chœur ; *[+ verse]* réciter en chœur ◆ **"yes," they ~ed** "oui" répondirent-ils en chœur COMP ▷ **chorus girl** N *(Theat)* girl *f* ▷ **chorus line** N *(Theat: in musical)* chœurs *mpl*

**chose** /tʃəʊz/ VB pt of **choose**

**chosen** /ˈtʃəʊzn/ VB (ptp of **choose**) → **choose vt a**

**chough** /tʃʌf/ N crave *m* à bec rouge

**choux** /ʃuː/ N (*Culin:* also **choux pastry**) pâte *f* à choux

**chow**[1] /tʃaʊ/ N *(= dog)* chow-chow *m*

**chow**[2] ‡ /tʃaʊ/ N *(esp US = food)* bouffe ‡ *f*, boustifaille ‡ *f*

► **chow down** * VI *(esp US)* manger, bouffer * ◆ **to ~ down on sth** bouffer * qch

**chowder** /ˈtʃaʊdəʳ/ N soupe *f* épaisse de palourdes ; → **clam**

**chow mein** /tʃaʊˈmeɪn/ N chow mein *m*, nouilles *fpl* sautées

**Chrimbo** ‡ /ˈkrɪmbəʊ/ N *(Brit)* ⇒ **Christmas**

**Chrissake(s)** ‡ /ˈkraɪseɪk(s)/ N *(esp US)* ◆ **for ~(s)** nom de Dieu ‡

**Christ** /kraɪst/ N le Christ, Jésus-Christ EXCL ◆ **~ !** ‡ nom de Dieu ! ‡, Bon Dieu (de Bon Dieu) ! ‡ ◆ **~ (only) knows!** Dieu seul le sait ! * COMP ▷ **the Christ Child** N l'enfant *m* Jésus

**Christadelphian** /ˌkrɪstəˈdelfɪən/ ADJ, N christadelphe *mf*

**christen** /ˈkrɪsn/ VT *(Rel, also Naut)* baptiser ; *(gen) (= name)* appeler, nommer ; *(= nickname)* surnommer ; *(= use for first time)* étrenner ◆ **to ~ sb after ...** donner à qn le nom de ... ◆ **he was ~ed Robert but everyone calls him Bob** son nom de baptême est Robert mais tout le monde l'appelle Bob

**Christendom** /ˈkrɪsndəm/ N chrétienté *f*

**christening** /ˈkrɪsnɪŋ/ N baptême *m* COMP ▷ **christening robe** N robe *f* de baptême

**Christian** /ˈkrɪstɪən/ ADJ *(lit)* chrétien ; *(fig)* charitable, compatissant ◆ **the ~ era** l'ère *f* chrétienne ◆ **early ~** paléochrétien N chrétien(ne) *m(f)* ◆ **to become a ~** se faire chrétien COMP ▷ **Christian Democrat** N démocrate-chrétienne *m(f)* ▷ **Christian Democratic** ADJ démocrate-chrétien ▷ **Christian name** N prénom *m*, nom *m* de baptême ◆ **my ~ name is Julie** je m'appelle Julie, mon prénom est Julie ▷ **Christian Science** N science *f* chrétienne ▷ **Christian Scientist** N scientiste *mf* chrétien(ne)

**christiania** /ˌkrɪstɪˈɑːnɪə/ N *(Ski)* christiania *m*

**Christianity** /ˌkrɪstɪˈænɪtɪ/ N *(= faith, religion)* christianisme *m* ; *(= character)* caractère *m* or qualité *f* du chrétien ◆ **his ~ did not prevent him from ...** le fait d'être chrétien ne l'a pas empêché de ...

**Christianize** /ˈkrɪstɪənaɪz/ VT christianiser

**christie** /ˈkrɪstɪ/ N *(Ski)* christiania *m*

**Christlike** /ˈkraɪstlaɪk/ ADJ qui ressemble *or* semblable au Christ ◆ **he had a ~ forbearance** il avait une patience d'ange

**Christmas** /ˈkrɪsməs/ LANGUAGE IN USE 23.2

N Noël *m* ◆ **at ~** à Noël ◆ **the week before ~** la semaine précédant Noël ◆ **for ~** pour Noël ◆ **she spent ~ with us** elle a passé (la) Noël chez nous ◆ **it's as if ~ had come early!** *(fig)* c'est comme si c'était Noël ! ◆ **I thought all my ~es had come at once** pour moi c'était Noël avant l'heure !, c'est comme si tous mes vœux étaient exaucés ! ; → **father, happy, merry**

COMP *[visit, gift]* de Noël ▷ **Christmas box** N *(Brit)* étrennes *fpl (offertes à Noël)* ▷ **Christmas cake** N gâteau *m* de Noël *(gros cake décoré au sucre glace)* ▷ **Christmas card** N carte *f* de Noël ▷ **Christmas carol** N chant *m* de Noël, noël *m* ; *(Rel)* cantique *m* de Noël ▷ **Christmas Day** N le jour de Noël ▷ **Christmas Eve** N la veille de Noël ▷ **Christmas Island** N l'île *f* Christmas ▷ **Christmas party** N fête *f* de Noël ▷ **Christmas present** N cadeau *m* de Noël ▷ **Christmas pudding** N *(esp Brit)* (plum-)pudding *m (pudding traditionnel de Noël)* ▷ **Christmas rose** N rose *f* de Noël ▷ **Christmas stocking** N ◆ **I got it in my ~ stocking** ≈ je l'ai trouvé dans mon soulier *or* dans la cheminée *or* sous l'arbre (de Noël) ▷ **Christmas time** N la période de Noël *or* des fêtes ◆ **at ~ time** à Noël ▷ **Christmas tree** N arbre *m* de Noël

**Christmassy** * /ˈkrɪsməsɪ/ ADJ *[atmosphere]* de Noël ◆ **the town is looking very ~** la ville a un air de fête pour Noël

**Christopher** /ˈkrɪstəfəʳ/ N Christophe *m*

**christy** /ˈkrɪstɪ/ N *(Ski)* ⇒ **christie**

**chromatic** /krəˈmætɪk/ ADJ *(Art, Mus)* chromatique COMP ▷ **chromatic printing** N impression *f* polychrome ▷ **chromatic scale** N gamme *f* chromatique

**chromatics** /krəˈmætɪks/ N *(NonC)* science *f* des couleurs

**chromatography** /ˌkrəʊməˈtɒgrəfɪ/ N chromatographie *f*

**chrome** /krəʊm/ N chrome *m* COMP *[fittings etc]* chromé ▷ **chrome dioxide** N dioxyde *m* de chrome ▷ **chrome lacquer** N laque *f or* peinture *f* laquée (à base de chrome) ▷ **chrome steel** N acier *m* chromé ▷ **chrome yellow** N jaune *m* de chrome

**chromium** /ˈkrəʊmɪəm/ N chrome *m* COMP ▷ **chromium-plated** ADJ chromé ▷ **chromium-plating** N chromage *m*

**chromosomal** /ˌkrəʊməˈsəʊml/ ADJ *(Bio)* chromosomique

**chromosome** /ˈkrəʊməsəʊm/ N chromosome *m*

**chronic** /ˈkrɒnɪk/ ADJ **a** *(= lasting, severe) [illness, depression, pain, problem, shortage, unemployment]* chronique **b** *(= inveterate) [smoker, liar, alcoholism, alcoholic]* invétéré, incorrigible ; *[worrier, idealist]* incorrigible **c** *(Brit * = terrible) [film, singing, food]* nul ; *[weather]* dégueulasse *, pourri * COMP ▷ **chronic fatigue syndrome** N syndrome *m* de fatigue chronique

**chronically** /ˈkrɒnɪkəlɪ/ ADV **a** *(Med)* ◆ **to be ~ sick/depressed** souffrir de maladie/dépression chronique ◆ **the ~ ill** *or* **sick** les malades *mpl* chroniques **b** *(= extremely) [tired, overworked, overloaded, underfunded]* terriblement ◆ **~ jealous** en proie à une jalousie chronique ◆ **~ overcrowded** (extrêmement) surpeuplé

**chronicle** /ˈkrɒnɪkl/ N chronique *f* ◆ **(the Book of) Chronicles** *(Bible)* le livre des Chroniques ◆ **a ~ of disasters** une succession de catastrophes VT faire la chronique de, enregistrer au jour le jour

**chronicler** /ˈkrɒnɪkləʳ/ N chroniqueur *m*

**chronological** /ˌkrɒnəˈlɒdʒɪkəl/ ADJ chronologique ◆ **~ age** âge *m* réel ◆ **in ~ order** par ordre chronologique

**chronologically** /ˌkrɒnəˈlɒdʒɪkəlɪ/ ADV chronologiquement

**chronology** /krəˈnɒlədʒɪ/ N chronologie *f*

**chronometer** /krəˈnɒmɪtəʳ/ N chronomètre *m*

**chrysalis** /ˈkrɪsəlɪs/ N (pl **chrysalises** /ˈkrɪsəlɪsɪz/) chrysalide *f*

**chrysanthemum** /krɪˈsænθəməm/, **chrysanth** * /krɪˈsænθ/ N chrysanthème *m*

**chub** /tʃʌb/ N (pl **chub** *or* **chubs**) chevesne *m*, chevaine *m*

**Chubb lock** ® /ˈtʃʌblɒk/ N *(Brit)* serrure *f* incrochetable

**chubby** /ˈtʃʌbɪ/ ADJ *[person, arm]* potelé ◆ **~-cheeked, ~-faced** joufflu

**chuck**[1] /tʃʌk/ VT **a** *(* = throw)* lancer, jeter ; *(in bin)* balancer * **b** *(‡ = give up) [+ job, hobby]* lâcher, laisser tomber * ; *[+ boyfriend, girlfriend]* plaquer ‡, laisser tomber * ◆ **~ it!** assez !, ça va ! *, laisse tomber ! * **c** ◆ **he ~ed her under the chin** il lui a caressé le menton N **a** ◆ **to give sb a ~ under the chin** caresser le menton à qn **b** ◆ **to give sb the ~** ‡ balancer qn * ◆ **he got the ~** ‡ *(from job)* il s'est fait virer * ◆ **she gave him the ~** ‡ *(from relationship)* elle l'a plaqué *

► **chuck away** * VT SEP *(= throw out) [+ old clothes, books]* balancer * ; *(= waste) [+ money]* jeter par les fenêtres ; *[+ opportunity]* laisser passer

► **chuck in** ‡ VT SEP *[+ job, hobby]* lâcher, laisser tomber *

► **chuck out** * VT SEP *[+ useless article, old clothes, books]* balancer * ; *[+ person]* vider *, sortir *

► **chuck up** ‡ VT SEP **a** *[+ job, hobby]* lâcher, laisser tomber * **b** *(= vomit)* dégueuler ‡, vomir

**chuck**[2] /tʃʌk/ N *(Tech)* mandrin *m* VT *(Tech)* fixer sur un mandrin

**chuck**[3] /tʃʌk/ N (also **chuck steak**) morceau *m* dans le paleron

**chucker-out** * /ˌtʃʌkərˈaʊt/ N *(Brit)* videur * *m*

**chuckle** /ˈtʃʌkl/ N gloussement *m*, petit rire *m* ◆ **we had a good ~ over it** ça nous a bien fait rire VI rire (*over, at* de) glousser

**chuffed** ‡ /tʃʌft/ ADJ *(Brit)* vachement ‡ content (*about* de) ; ◆ **he was quite ~ about it** il était vachement ‡ content

**chug** /tʃʌg/ N *[of machine]* souffle *m* ; *[of car, railway engine]* teuf-teuf *m* VI *[machine]* souffler ; *[car]* haleter, faire teuf-teuf

► **chug along** VI *[car, train]* avancer en haletant *or* en faisant teuf-teuf

**chug-a-lug** ‡ /ˈtʃʌgəlʌg/ VT *(US)* boire d'un trait

**chukka, chukker** /ˈtʃʌkəʳ/ N *(Polo)* période *f (de 7,5 minutes)*

**chum** † * /tʃʌm/ N copain * *m*, copine * *f* VI *(= share lodgings)* crécher ensemble ‡

► **chum up** * VI fraterniser (*with* avec)

**chummy** * /ˈtʃʌmɪ/ ADJ sociable, (très) liant ◆ **she is very ~ with him** elle est très copine avec lui *

**chump** /tʃʌmp/ N **a** * *(= fool)* ballot * *m*, crétin(e) * *m(f)* **b** *(‡ = head)* citron * *m*, caboche * *f* ◆ **he's off his ~** il est timbré * *or* toqué *, il a perdu la boule * **c** *(Culin)* ◆ **~ chop** côte *f* de mouton

**chunder** ‡ /ˈtʃʌndəʳ/ VI *(esp Austral)* dégueuler ‡

**chunk** /tʃʌŋk/ N *[of wood, metal, dough]* gros morceau *m* ; *[of bread]* quignon *m*

**chunky** /ˈtʃʌŋkɪ/ ADJ *[person]* trapu ; *[jumper, cardigan, shoes, jewellery]* gros (grosse *f*) ◆ **~ pieces of meat** de gros morceaux de viande

**Chunnel** * /ˈtʃʌnəl/ N (abbrev of **Channel Tunnel**) → **channel**

**chunter** * /ˈtʃʌntəʳ/ VI *(Brit)* (also **chunter on**) bougonner *

**church** /tʃɜːtʃ/ N **a** *(= building)* église *f* ; *[of French Protestants]* église *f*, temple *m* **b** *(NonC)* **to go to ~** *(for service, gen)* aller à l'église *f* ; *[Catholic]* aller à la messe ;

*[Protestant]* aller au temple ◆ **he doesn't go to ~ any more** il ne va plus à l'église ◆ **to be in ~** être à l'église *or* à la messe ◆ **after ~** après l'office ; *(for Catholics)* après la messe

c *(= whole body of Christians)* **the Church** l'Église *f* ◆ **the Church Militant** l'Église *f* militante

d *(= denomination)* **the Church of England** l'Église *f* anglicane ◆ **the Church of Rome** l'Église *f* catholique ◆ **the Church of Scotland/Ireland** l'Église *f* d'Écosse/d'Irlande ; → **high**

e *(= religious orders)* **Church** ordres *mpl* ◆ **he has gone into the Church** il est entré dans les ordres

VT *(Rel)* faire assister à une messe

COMP ▷ **Church Fathers** NPL Pères *mpl* de l'Église ▷ **church hall** N salle *f* paroissiale ▷ **church owl** N chouette *f* des clochers, effraie *f* ▷ **church school** N *(Brit)* école *f* confessionnelle ▷ **church service** N office *m* ▷ **church wedding** N ◆ **they want a ~ wedding** ils veulent se marier à l'église

**churchgoer** /ˈtʃɜːtʃgəʊəʳ/ N pratiquant(e) *m(f)*

**Churchillian** /tʃəˈtʃɪlɪən/ ADJ churchillien

**churching** /ˈtʃɜːtʃɪŋ/ N *(Rel)* ◆ **the ~ of women** la messe de relevailles

**churchman** /ˈtʃɜːtʃmən/ N (pl **-men**) *(= clergy)* ecclésiastique *m* ◆ **he is/is not a good ~** *(= churchgoer)* il est/n'est pas pratiquant

**churchwarden** /ˌtʃɜːtʃˈwɔːdn/ N a *(= person)* bedeau *m*, marguillier *m* b *(= pipe)* longue *pipe en terre*

**churchy** * /ˈtʃɜːtʃɪ/ ADJ *(pej)* *[person]* bigot ◆ **a ~ person** une grenouille de bénitier * *(pej)*

**churchyard** /ˈtʃʌtʃjɑːd/ N cimetière *m* *(autour d'une église)*

**churl** /tʃɜːl/ N a † *(= ill-mannered person)* rustre *m*, malotru *m* ; *(= bad-tempered person)* ronchon *m*, personne *f* revêche b *(Hist)* manant † *m*

**churlish** /ˈtʃɜːlɪʃ/ ADJ *[person, behaviour]* *(= rude)* grossier ; *(= surly)* revêche ◆ **it would be ~ to complain** il serait malvenu de se plaindre

**churlishly** /ˈtʃɜːlɪʃlɪ/ ADV *[say, refuse]* *(= rudely)* grossièrement ; *(= surlily)* d'un ton revêche

**churlishness** /ˈtʃɜːlɪʃnɪs/ N *(= bad manners)* grossièreté *f* ; *(= bad temper)* mauvaise humeur *f*

**churn** /tʃɜːn/ N baratte *f* ; *(Brit = milk can)* bidon *m* VT a *(Culin)* *[+ butter]* baratter b *(also* **churn up***)* *[+ water]* faire bouillonner ◆ **to ~ sb up** * *(fig)* retourner * qn c *(Aut)* *[+ engine]* faire tourner VI *[water, sea]* bouillonner ◆ **his stomach was ~ing** *(feeling sick)* il avait l'estomac barbouillé ; *(from nerves)* son cœur se serra

► **churn out** VT SEP *[+ objects]* débiter ; *[+ essays, letters, books]* produire à la chaîne, pondre en série *

► **churn up** VT SEP ⇒ **churn vt b**

**chute** /ʃuːt/ N a glissière *f* ; → **coal, refuse**[2] b *(in river)* rapide *m* c * ⇒ **parachute** d *(Sport, for toboggans)* piste *f* ; *(Brit = children's slide)* toboggan *m*

**chutney** /ˈtʃʌtnɪ/ N condiment *m* *(à base de fruits)* ◆ **apple/tomato ~** condiment *m* à la pomme/à la tomate

**chutzpa(h)** ‡ /ˈxʊtspə/ N *(US)* culot * *m*

**chyme** /kaɪm/ N chyme *m*

**CI** (abbrev of **Channel Islands**) → **channel**

**CIA** /ˌsiːaɪˈeɪ/ N *(US)* (abbrev of **Central Intelligence Agency**) CIA *f*

**ciao** /tʃaʊ/ INTERJ tchao !, salut ! *

**cicada** /sɪˈkɑːdə/ N (pl **cicadas** *or* **cicadae** /sɪˈkɑːdiː/) cigale *f*

**cicatrix** /ˈsɪkətrɪks/ (pl **cicatrices** /ˌsɪkəˈtraɪsiːz/) N *(Med)* cicatrice *f*

**cicatrize** /ˈsɪkəˌtraɪz/ VI *(Med)* (se) cicatriser

**Cicero** /ˈsɪsərəʊ/ N Cicéron *m*

**cicerone** /ˌtʃɪtʃəˈrəʊnɪ/ N (pl **cicerones** *or* **ciceroni** /ˌtʃɪtʃəˈrəʊnɪ/) cicérone *m*

**Ciceronian** /ˌsɪsəˈrəʊnɪən/ ADJ cicéronien

**CID** /ˌsiːaɪˈdiː/ ABBR *(Brit)* abbrev of **Criminal Investigation Department** ≃ PJ *f*, police *f* judiciaire COMP *[operation, team etc]* de la PJ ▷ **CID man** (pl **CID men**), **CID officer** N ≃ inspecteur *m* de police judiciaire *or* de la PJ

**cider** /ˈsaɪdəʳ/ N cidre *m* COMP ▷ **cider-apple** N pomme *f* à cidre ▷ **cider-press** N pressoir *m* à cidre ▷ **cider vinegar** N vinaigre *m* de cidre

**CIF, c.i.f.** /ˌsiːaɪˈef/ (abbrev of **cost, insurance, freight**) CAF

**cig** * /sɪg/ N *(esp Brit)* ⇒ **ciggie**

**cigar** /sɪˈgɑːʳ/ N a cigare *m* b *(esp US)* ◆ **close but no ~ !** pas mal mais ce n'est pas ça *or* la bonne réponse ! COMP *[box etc]* à cigares ▷ **cigar case** N étui *m* à cigares, porte-cigares *m inv* ▷ **cigar holder** N fume-cigare *m inv* ▷ **cigar lighter** N *(in car)* allume-cigare *m inv* ▷ **cigar-shaped** ADJ en forme de cigare

**cigarette** /ˌsɪgəˈret/ N cigarette *f* COMP *[box etc]* à cigarettes ▷ **cigarette ash** N cendre *f* de cigarette ▷ **cigarette butt** N ⇒ **cigarette end** ▷ **cigarette card** N *carte avec des publicités ou des jeux, dans les paquets de cigarettes* ▷ **cigarette case** N étui *m* à cigarettes, porte-cigarettes *m inv* ▷ **cigarette end** N mégot *m* ▷ **cigarette holder** N fume-cigarette *m inv* ▷ **cigarette lighter** N *(gen)* briquet *m* ; *(in car)* allume-cigare *m inv* ▷ **cigarette machine** N distributeur *m* de paquets de cigarettes ▷ **cigarette paper** N papier *m* à cigarettes

**ciggie** *, **ciggy** * /ˈsɪgɪ/ N *(Brit)* clope * *f*, tige * *f*

**ciliary** /ˈsɪlɪərɪ/ ADJ ciliaire

**CIM** /ˌsiːaɪˈem/ N *(Comput)* (abbrev of **computer-integrated manufacturing**) FIO *f*

**C.-in-C.** (abbrev of **Commander-in-Chief**) → **commander**

**cinch** /sɪntʃ/ N a *(US = saddle girth)* sous-ventrière *f*, sangle *f* (de selle) b ◆ **it's a ~** ‡ *(= certain)* c'est du tout cuit *, c'est du gâteau * ; *(= easy)* c'est l'enfance de l'art VT a *[+ horse]* sangler ; *[+ saddle]* attacher par une sangle (de selle) b *(fig)* *[+ success]* rendre sûr, assurer

**cinder** /ˈsɪndəʳ/ N cendre *f* ◆ **~s** *(= burnt coal)* cendres *fpl* (de charbon) ; *[of furnace, volcano]* scories *fpl* ◆ **to rake out the ~s** racler les cendres (du foyer) ◆ **burnt to a ~** réduit en cendres COMP ▷ **cinder block** N *(US)* parpaing *m* ▷ **cinder track** N (piste *f*) cendrée *f*

**Cinderella** /ˌsɪndəˈrelə/ N Cendrillon *f* ◆ **the ~ of sciences** la Cendrillon des sciences

**Cinders** * /ˈsɪndəz/ N *(= Cinderella)* Cendrillon *f*

**cineaste** /ˈsɪnɪæst/ N cinéphile *mf*

**cine-camera** /ˈsɪnɪˌkæmərə/ N *(Brit)* caméra *f*

**cine-film** /ˈsɪnɪfɪlm/ N *(Brit)* film *m*

**cinema** /ˈsɪnəmə/ *(esp Brit)* N cinéma *m* ◆ **to go to the ~** aller au cinéma COMP ▷ **cinema complex** N complexe *m or* cinéma *m* multisalle(s) ▷ **cinema-going** N fréquentation *f* des cinémas ADJ ◆ **the ~-going public** le public qui fréquente les cinémas

**cinemagoer** /ˈsɪnəməˌgəʊəʳ/ N *(gen)* *personne qui fréquente les cinémas* ; *(= film enthusiast)* cinéphile *mf*

**Cinemascope ®** /ˈsɪnəməskəʊp/ N cinémascope ® *m*

**cinematic** /ˌsɪnɪˈmætɪk/ ADJ filmique

**cinematograph** /ˌsɪnɪˈmætəgrɑːf/ N *(Brit)* cinématographe *m*

**cinematographer** /ˌsɪnɪməˈtɒgrəfəʳ/ N directeur *m* de la photo

**cinematography** /ˌsɪnɪməˈtɒgrəfɪ/ N cinématographie *f*

**cine projector** /ˈsɪnɪprəˌdʒektəʳ/ N *(Brit)* projecteur *m* de cinéma

**Cinerama ®** /ˌsɪnəˈrɑːmə/ N Cinérama ® *m*

**cinerary** /ˈsɪnərərɪ/ ADJ cinéraire

**cinnabar** /ˈsɪnəbɑːʳ/ N cinabre *m*

**cinnamon** /ˈsɪnəmən/ N cannelle *f* COMP *[cake, biscuit]* à la cannelle ; *(in colour)* cannelle *inv*

**Cinque** /sɪŋk/ ADJ *(Brit Hist)* ◆ **the ~ Ports** les Cinq Ports *mpl* *(ancienne confédération des cinq ports du Kent et du Sussex)*

**cipher** /ˈsaɪfəʳ/ N a *(= secret writing)* chiffre *m*, code *m* secret ◆ **in ~** en chiffre, en code b *(= message)* message *m* chiffré *or* codé c *(= Arabic numeral)* chiffre *m* *(arabe)* ; *(= zero)* zéro *m* ◆ **he's a mere ~** ce n'est qu'un chiffre d *(= monogram)* chiffre *m*, monogramme *m* VT *[+ calculations, communications]* chiffrer

**circa** /ˈsɜːkə/ PREP circa, environ

**circadian** /sɜːˈkeɪdɪən/ ADJ circadien

**circle** /ˈsɜːkl/ N a *(= shape)* cercle *m* ; *[of hills, houses, vehicles]* cercle *m* ; *[of mountains]* cirque *m* ; *(Gym)* soleil *m* ; *(Astron = orbit)* orbite *f* ◆ **to stand in a ~** faire (un) cercle, se tenir en cercle ◆ **to draw a ~** tracer un cercle ◆ **to have ~s around** *or* **under one's eyes** avoir des cernes ◆ **to come full ~** revenir à son point de départ ◆ **they were going** *or* **running round in ~s** *(fig)* ils tournaient en rond ; → **wheel**

b *(= group of persons)* cercle *m*, groupe *m* ◆ **a close ~ of friends** un cercle d'amis proches ◆ **an inner ~ of advisers** un groupe de proches conseillers ◆ **in political/financial ~s** dans les milieux *mpl* politiques/financiers ◆ **in some ~s** dans certains milieux

c *(Brit Theat)* balcon *m*

VT a *(= go round outside of sth)* contourner ; *(= keep moving round sth)* tourner autour de ; *(liter = encircle)* entourer, encercler

b *(= draw circle round)* entourer

VI *[birds]* faire *or* décrire des cercles ; *[aircraft]* tourner (en rond) ◆ **the cyclists ~d round him** les cyclistes ont tourné autour de lui

► **circle about**, **circle (a)round** VI faire *or* décrire des cercles, tourner

**circlet** /ˈsɜːklɪt/ N petit cercle *m* ; *[of hair]* bandeau *m* ; *[of arm]* brassard *m* ; *[of finger]* anneau *m*

**circuit** /ˈsɜːkɪt/ N a *(= lap)* tour *m*, circuit *m* ◆ **to make a ~ of a room/a garden** faire le tour d'une pièce/d'un jardin ◆ **I did several ~s of the area to find a parking space** j'ai dû faire le tour du quartier plusieurs fois pour *or* avant de trouver une place où me garer

b *(Cine, Theat: houses visited by same company)* tournée *f* ; *(houses owned by same owner)* groupe *m*

**c** *(Sport = series of races, matches etc)* circuit *m* ◆ **the tennis** ~ le circuit du tennis ◆ **the Scottish cathedrals** ~ *(Tourism)* le circuit des cathédrales d'Écosse

**d** *(Elec)* circuit *m* ; → **closed, short**

**e** *(esp Brit Sport = track)* circuit *m*, parcours *m* ; *(Athletics)* piste *f* ◆ **ten laps of the** ~ *(Racing)* dix tours du circuit ; *(Athletics)* dix tours de la piste

**f** *(Brit Jur) (= journey)* tournée *f (des juges d'assises)* ; *(= district)* circonscription *f* (judiciaire) ◆ **he is on the eastern** ~ il fait la tournée de l'est

COMP ▷ **circuit board** N *(Comput)* circuit *m* imprimé ▷ **circuit breaker** N *(Elec)* disjoncteur *m* ▷ **circuit court** N *(Jur)* tribunal *m* itinérant ▷ **circuit judge** N *(Jur)* juge *m(f)* itinérant(e) ▷ **circuit training** N *(Sport)* entraînement *m (selon un programme préétabli)*

**circuitous** /sɜːˈkjʊɪtəs/ ADJ *[route, road]* tortueux ; *[journey]* plein de détours ; *[means]* détourné ; *[method]* indirect, détourné

**circuitously** /sɜːˈkjʊɪtəslɪ/ ADV *(lit) [approach, reach]* en faisant des détours ; *(fig) [speak]* de façon contournée

**circuitry** /ˈsɜːkɪtrɪ/ N *(Elec)* circuit *m*

**circular** /ˈsɜːkjʊləʳ/ **1** ADJ *[outline, saw, ticket]* circulaire ◆ ~ **tour** voyage *m* circulaire, circuit *m* **2** N *(= printed advertisement etc)* prospectus *m* ; (also **circular letter**) circulaire *f*

**circularity** /ˌsɜːkjʊˈlærɪtɪ/ N circularité *f*

**circularize** /ˈsɜːkjʊləraɪz/ VT *[+ person, firm]* envoyer des circulaires *or* des prospectus à

**circulate** /ˈsɜːkjʊleɪt/ **1** VI *(gen)* circuler ; *(at party etc)* se mêler aux invités *or* à la fête **2** VT *[+ object, bottle]* faire circuler ; *[+ news, rumour]* propager ; *[+ document] (from person to person)* faire circuler ; *(= send out)* diffuser

COMP ▷ **circulating decimal** N *(Math)* fraction *f* périodique ▷ **circulating library** N bibliobus *m* ▷ **circulating medium** N monnaie *f* d'échange

**circulation** /ˌsɜːkjʊˈleɪʃən/ **1** N *(NonC) (Anat, Bot, Fin, Med)* circulation *f* ; *[of news, rumour]* propagation *f* ; *[of newspaper etc]* tirage *m* ◆ **a magazine with a** ~ **of 10,000** un magazine qui tire à 10 000 exemplaires ◆ **he has poor** ~ *(Med)* il a une mauvaise circulation ◆ **in** ~ *(Fin)* en circulation ◆ **to put into** ~ *(Fin)* mettre en circulation ◆ **to take out of** *or* **withdraw from** ~ *(Fin)* retirer de la circulation ◆ **he's now back in** ~* il est à nouveau dans le circuit* ◆ **to be out of** ~* *[person]* avoir disparu de la circulation* ; → **drop out**

COMP ▷ **circulation manager** N *(Press)* directeur *m* du service de la diffusion

**circulatory** /ˌsɜːkjʊˈleɪtərɪ/ ADJ circulatoire

**circum...** /ˈsɜːkəm/ PREF circon...

**circumcise** /ˈsɜːkəmsaɪz/ VT *[+ male]* circoncire ; *[+ female]* exciser

**circumcision** /ˌsɜːkəmˈsɪʒən/ N *[of male]* circoncision *f* ; *[of female]* excision *f* ◆ **the Circumcision** *(Rel)* (la fête de) la Circoncision

**circumference** /səˈkʌmfərəns/ N circonférence *f*

**circumflex** /ˈsɜːkəmfleks/ **1** ADJ circonflexe **2** N accent *m* circonflexe

**circumlocution** /ˌsɜːkəmləˈkjuːʃən/ N circonlocution *f*

**circumlunar** /ˌsɜːkəmˈluːnəʳ/ ADJ autour de la lune ◆ ~ **flight** vol *m* autour de la lune

**circumnavigate** /ˌsɜːkəmˈnævɪgeɪt/ VT *[+ cape]* doubler, contourner ◆ **to** ~ **the globe** faire le tour du monde en bateau

**circumnavigation** /ˈsɜːkəmˌnævɪˈgeɪʃən/ N circumnavigation *f*

**circumscribe** /ˈsɜːkəmskraɪb/ VT *(gen)* circonscrire ; *[+ powers]* limiter

**circumspect** /ˈsɜːkəmspekt/ ADJ circonspect *(about sth* à l'égard de qch *or* sur qch*)* ; ◆ **to be** ~ **in one's behaviour** faire preuve de circonspection ◆ **to be** ~ **in one's language** s'exprimer avec circonspection

**circumspection** /ˌsɜːkəmˈspekʃən/ N circonspection *f*

**circumspectly** /ˈsɜːkəmspektlɪ/ ADV avec circonspection

**circumstance** /ˈsɜːkəmstəns/ N **a** circonstance *f* ; *(= fact, detail)* circonstance *f*, détail *m* ◆ **in** *or* **under the present** ~**s** dans les circonstances actuelles, vu l'état des choses ◆ **in** *or* **under no** ~**s** en aucun cas *or* en aucune circonstance ◆ **under similar** ~**s** en pareil cas, en *or* dans de pareilles circonstances ◆ **to take the** ~**s into account** tenir compte des circonstances ◆ **a victim of** ~ une victime des circonstances ; → **attenuate, extenuate, pomp**

**b** *(= financial condition)* ~**s** situation *f* financière *or* pécuniaire ◆ **in easy** ~**s** dans l'aisance, à l'aise ◆ **in poor** ~**s** gêné, dans la gêne ◆ **what are his** ~**s?** quelle est sa situation financière *or* pécuniaire ? ◆ **if our** ~**s allow it** si nos moyens nous le permettent

**circumstantial** /ˌsɜːkəmˈstænʃəl/ ADJ **a** *(Jur) [case]* fondé sur des présomptions ◆ ~ **evidence** présomptions *fpl*, preuves *fpl* indirectes ◆ **much of the evidence is** ~ il s'agit surtout de présomptions **b** *(= detailed) [account, report, description]* détaillé, circonstancié **c** *(= anecdotal) [reasons, factors, detail]* anecdotique

**circumstantiate** /ˌsɜːkəmˈstænʃɪeɪt/ VT *(frm) [+ evidence]* confirmer en donnant des détails sur ; *[+ event]* donner des détails circonstanciés sur

**circumvent** /ˌsɜːkəmˈvent/ VT *[+ person]* circonvenir ; *[+ law, regulations, rule]* tourner ; *[+ sb's plan, project]* faire échouer

**circumvention** /ˌsɜːkəmˈvenʃən/ N *[of plan, project]* mise *f* en échec ◆ **the** ~ **of the guard/rule proved easy** circonvenir le garde/tourner le règlement s'avéra facile

**circus** /ˈsɜːkəs/ **1** N (pl **circuses**) **a** *(Hist, Theat)* cirque *m* **b** *(in town)* rond-point *m* **2** COMP *[animal, clown]* de cirque

**cirrhosis** /sɪˈrəʊsɪs/ N cirrhose *f*

**cirrus** /ˈsɪrəs/ N (pl **cirri** /ˈsɪraɪ/) **a** *(= cloud)* cirrus *m* **b** *(Bot)* vrille *f*

**CIS** /ˌsiːaɪˈes/ N (abbrev of **Commonwealth of Independent States**) CEI *f*

**cissy** /ˈsɪsɪ/ N ⇒ **sissy**

**Cistercian** /sɪsˈtɜːʃən/ **1** N cistercien(ne) *m(f)* **2** ADJ cistercien ◆ ~ **Order** ordre *m* de Cîteaux ◆ **a** ~ **monk** un cistercien

**cistern** /ˈsɪstən/ N citerne *f* ; *[of lavatory]* réservoir *m* de la chasse d'eau ; *[of barometer]* cuvette *f*

**citadel** /ˈsɪtədl/ N citadelle *f*

**citation** /saɪˈteɪʃən/ N *(gen, US Jur, Mil)* citation *f*

**cite** /saɪt/ VT *(gen, Jur, Mil)* citer ; *(Sport = sanction)* sanctionner ◆ **to** ~ **as an example** citer en exemple ◆ **to** ~ **sb to appear** *(Jur)* citer qn ; → **dispatch**

**citified** /ˈsɪtɪˌfaɪd/ ADJ *(pej)* qui a pris les manières de la ville

**citizen** /ˈsɪtɪzn/ **1** N *[of town]* habitant(e) *m(f)* ; *[of state]* citoyen(ne) *m(f)* ; *(Admin)* ressortissant(e) *m(f)* ; *(Hist)* bourgeois(e) *m(f)* ; *(= townsman)* citadin(e) *m(f)* ◆ **the** ~**s of Paris** les habitants *mpl* de Paris, les Parisiens *mpl* ◆ **French** ~ citoyen(ne) *m(f)* français(e) ; *(when abroad)* ressortissant *m* français ◆ ~ **of the world** citoyen *m* du monde ; → **fellow**

**2** COMP ▷ **Citizens' Advice Bureau** N centre *m* d'information sur les droits des citoyens ▷ **citizen's arrest** N *arrestation effectuée par un simple citoyen conformément au droit coutumier* ◆ **to make a** ~**'s arrest** *effectuer une arrestation, en tant que particulier, conformément au droit coutumier* ▷ **Citizen's Band Radio** N CB *f*, bande *f* de fréquences publique ▷ **Citizen's Charter** N *(Brit) charte mise en place par le gouvernement britannique en 1991 et visant à améliorer la qualité des services publics*

> **Citizens' Advice Bureau**
>
> Les **Citizens' Advice Bureaux** ont été créés en 1939 pour diffuser auprès de la population britannique la réglementation applicable en temps de guerre. Transformés par la suite en organismes d'assistance gratuite, ils dispensent des conseils sur tout problème concernant l'endettement des ménages, le logement, l'assurance maladie, les services sociaux ou les droits du consommateur. Le service, financé par des fonds publics, emploie dans ses nombreuses antennes locales des cadres salariés qui forment et gèrent un volant de personnels bénévoles.

**citizenry** /ˈsɪtɪznrɪ/ N *(esp US)* ◆ **the** ~ l'ensemble *m* des citoyens

**citizenship** /ˈsɪtɪznʃɪp/ N citoyenneté *f* ◆ ~ **papers** *(US)* déclaration *f* de naturalisation

**citrate** /ˈsɪtreɪt/ N citrate *m*

**citric** /ˈsɪtrɪk/ **1** ADJ citrique **2** COMP ▷ **citric acid** N acide *m* citrique

**citron** /ˈsɪtrən/ N *(= fruit)* cédrat *m* ; *(= tree)* cédratier *m*

**citronella** /ˌsɪtrəˈnelə/ N *(= grass)* citronnelle *f* ; *(= oil)* (huile *f* de) citronnelle *f*

**citrus** /ˈsɪtrəs/ N (pl **citruses**) *(= tree)* citrus *m* ; *(= fruit)* agrume *m*

**city** /ˈsɪtɪ/ **1** N **a** *(gen)* (grande) ville *f* ◆ **the** ~ *(= population)* la ville ◆ **large cities like Leeds** les grandes villes comme Leeds ◆ **life in the modern** ~ la vie dans les villes modernes

**b** *(Brit)* **the City** la City *(centre financier à Londres)* ◆ **he's (something) in the City*** il travaille dans la City

**2** COMP *[streets]* de la ville ; *[offices, authorities]* municipal ; *(Brit Press) [editor, page, news]* financier ▷ **City and Guilds (examination)** N *(Brit)* certificat *m* d'aptitude professionnelle ▷ **city centre** N centre *m* de la ville, centre-ville *m* ▷ **city college** N *(US Univ)* université *f (financée par la ville)* ▷ **city councilman** N *(US)* (pl **city councilmen**) conseiller *m* municipal ▷ **city desk** N *(Brit)* antenne *f* financière ; *(US)* antenne *f* locale ▷ **city dweller** N citadin(e) *m(f)* ▷ **city editor** N *(Brit)* responsable *mf* de la rubrique financière *(dans un journal)* ; *(US)* rédacteur *m* en chef (pour les nouvelles locales) ▷ **city fathers** NPL édiles *mpl* ▷ **city hall** N *(lit)* mairie *f* ; *(in large towns)* hôtel *m* de ville ; *(US fig = city authorities)* administration *f* municipale ▷ **city manager** N *(US)* administrateur *m* communal *(payé par une municipalité et faisant fonction de maire)* ▷ **city planner** N *(US)* urbaniste *mf* ▷ **city planning** N *(US)* urbanisme *m* ▷ **city police** N *(US)* police *f* municipale ▷ **city slicker** * **N** citadin(e) *m(f)* sophistiqué(e) ▷ **city-state N** cité *f* ▷ **city technology college N** *(Brit)* établissement *m* d'enseignement technologique

> **City Nicknames**
>
> Si l'on sait que « The Big Apple » désigne la ville de New York (« apple » est en réalité un terme d'argot signifiant « grande ville »), on connaît moins les surnoms donnés aux autres grandes villes américaines. Chicago est surnommée « Windy City » à cause des rafales soufflant du lac Michigan, La Nouvelle-Orléans doit son sobriquet de « Big Easy » à son style de vie décontracté, et l'industrie automobile a donné à Detroit son surnom de « Motown ».
>
> D'autres villes sont familièrement désignées par leurs initiales : « LA » pour Los Angeles, « Big D » pour Dallas, ou par des diminutifs : « Vegas » pour Las Vegas, « Frisco » pour San Francisco, « Philly » pour Philadelphie.

**cityfied** /ˈsɪtɪˌfaɪd/ **ADJ** *(pej)* ⇒ **citified**

**cityscape** /ˈsɪtɪskeɪp/ **N** paysage *m or* panorama *m* urbain

**civet** /ˈsɪvɪt/ **N** *(= cat, substance)* civette *f*

**civic** /ˈsɪvɪk/ **ADJ** *[pride, duty, rights, movement]* civique ; *[authorities, administration, building]* municipal ; *[life]* des citoyens ◆ ~ **event/reception** cérémonie *f*/réception *f* officielle locale ◆ ~ **leader** notable *m* **COMP** ▷ **civic centre N** *(Brit)* centre *m* administratif (municipal) ▷ **civic hall N** salle *f* municipale ▷ **civic society N** *(= local organization)* association *f* culturelle *(organisant des manifestations à caractère régional)* ; *(= civilized values)* valeurs *fpl* civiques

**civics** /ˈsɪvɪks/ **N** instruction *f* civique

**civies** * /ˈsɪvɪz/ **NPL** *(US)* ⇒ **civvies** ; → **civvy**

**civil** /ˈsɪvl/ **ADJ** **a** *(= civic or non-military)* civil ◆ ~ **commotion** émeute *f* ◆ ~ **divorce** *divorce non reconnu par l'église* ◆ ~ **marriage** mariage *m* civil ◆ ~ **wedding** mariage *m* civil ◆ **to have a ~ wedding** se marier civilement

**b** *(= polite)* civil, poli ◆ **that's very ~ of you** vous êtes bien aimable ; → **tongue**

**COMP** ▷ **Civil Aviation Authority N** *(Brit)* ≈ Direction *f* générale de l'aviation civile ▷ **civil defence N** défense *f* passive ▷ **civil disobedience N** désobéissance *f* civile ◆ ~ **disobedience campaign** campagne *f* de désobéissance civile ▷ **civil engineer N** ingénieur *m* civil ▷ **civil engineering N** génie *m* civil ▷ **civil law N** *(= system)* code *m* civil ; *(= study)* droit *m* civil ▷ **civil liberties NPL** libertés *fpl* civiques ▷ **civil list N** *(Brit)* liste *f* civile *(allouée à la famille royale)* ▷ **civil rights NPL** droits *mpl* civils ◆ ~ **rights activist** *or* **campaigner** militant(e) *m(f)* pour les droits civils ◆ ~ **rights group** groupe *m* d'action pour les droits civils ◆ ~ **rights leader** chef *m* de file du mouvement pour les droits civils ◆ ~ **rights movement** mouvement *m* pour les droits civils ▷ **civil servant N** fonctionnaire *mf* ▷ **civil service N** fonction *f* publique administration *f* ◆ ~ **service examination** concours *m* d'entrée dans la fonction publique ◆ ~ **service recruitment** recrutement *m* de(s) fonctionnaires ▷ **Civil Service Commission N** commission *f* de recrutement dans la fonction publique ▷ **civil war N** guerre *f* civile ◆ **the (American) Civil War** la guerre de Sécession ; see also **Spanish**

**civilian** /sɪˈvɪlɪən/ **N** civil(e) *m(f) (opposé à militaire)* **ADJ** civil

**civility** /sɪˈvɪlɪtɪ/ **N** courtoisie *f*, civilité † *f* ◆ **civilities** civilités *fpl*

**civilization** /ˌsɪvɪlaɪˈzeɪʃən/ **N** civilisation *f*

**civilize** /ˈsɪvɪlaɪz/ **VT** civiliser

**civilized** /ˈsɪvɪlaɪzd/ **ADJ** **a** *(= socially advanced) [society, country, world, people]* civilisé ; *[values]* de civilisation ◆ **to become** ~ se civiliser **b** *(= refined) [person, behaviour, conversation, place, meal]* raffiné ; *[time of day]* (tout à fait) convenable ◆ **I know we disagree, but we could at least be ~ about it** je sais que nous ne sommes pas d'accord, mais nous pourrions au moins essayer de rester aimables

**civilizing** /ˈsɪvɪlaɪzɪŋ/ **ADJ** civilisateur (-trice *f*)

**civilly** /ˈsɪvɪlɪ/ **ADV** poliment

**civism** /ˈsɪvɪzəm/ **N** civisme *m*

**civvy** * /ˈsɪvɪ/ (abbrev of **civilian**) **NPL** **civvies** vêtements *mpl* civils ◆ **in civvies** (habillé) en civil *or* en bourgeois * **COMP** ▷ **civvy street N** *(Brit)* vie *f* civile ◆ **to be in ~ street** être civil *or* pékin *

**CJD** /ˌsiːdʒeɪˈdiː/ **N** (abbrev of **Creutzfeldt-Jakob disease**) MCJ *f* ◆ **(new) variant** ~ (nouvelle) variante de MCJ

**cl** (abbrev of **centilitre(s)**) cl

**clack** /klæk/ **N** claquement *m* ; *[of pump etc]* clapet *m* ; *(fig = talk)* jacasserie *f*, caquet *m* **VI** claquer ; *(fig)* jacasser ◆ **this will set tongues ~ing** cela va faire jaser

**clad** /klæd/ **ADJ** habillé, vêtu (*in* de) ; ◆ ~ **with** *(liter = covered with)* revêtu de

**cladding** /ˈklædɪŋ/ **N** *[of building]* habillage *m*, revêtement *m* ; *[of nuclear reactor]* gainage *m* ◆ **timber** *or* **wood(en)** ~ bardage *m*

**claim** /kleɪm/ LANGUAGE IN USE 26.2

**VT** **a** *(= demand)* réclamer (*from sb* à qn) ; *[+ right, privilege]* revendiquer ; *[+ sb's attention]* demander, solliciter ◆ **to ~ diplomatic immunity** invoquer l'immunité diplomatique ◆ **to ~ the right to decide** revendiquer le droit de décider ◆ **the group which ~ed responsibility for the attack** le groupe qui a revendiqué l'attentat ◆ **no one has yet ~ed responsibility for the explosion** l'explosion n'a pas encore été revendiquée ◆ **to ~ damages** réclamer des dommages et intérêts ◆ **an avalanche has ~ed the lives of three skiers** une avalanche a coûté la vie à trois skieurs, trois skieurs ont trouvé la mort dans une avalanche ◆ **heart disease ~s thousands of lives** *or* **victims a year** les maladies cardiovasculaires font des milliers de victimes par an ◆ **to ~ a title** *(Sport)* remporter un titre ; → **credit**

**b** *(= profess)* prétendre, déclarer ◆ **to ~ acquaintance with sb** prétendre connaître qn ◆ **they ~ a 100% success rate** ils déclarent que le taux de réussite est de 100% ◆ **he ~s to have seen you** *or* **(that) he's seen you** il prétend *or* déclare vous avoir vu, il déclare qu'il vous a vu ◆ **both armies ~ed the victory** les deux armées ont revendiqué la victoire

**VI** faire une demande d'indemnité ◆ **to ~ on (the** *or* **one's) insurance** faire jouer son assurance ◆ **to ~ for damages** demander des dommages-intérêts

**N** **a** *(= act of claiming)* revendication *f*, réclamation *f* ◆ **to lay ~ to** prétendre à, avoir des prétentions à ◆ **there are many ~s on my time** je suis très pris ◆ **there are many ~s on my purse** j'ai beaucoup de frais, mes moyens sont fortement mis à contribution ◆ **that's a big ~ to make!** la *or* cette prétention est de taille ! ◆ **his ~ that he acted legally** son affirmation selon laquelle il aurait agi dans les limites de la loi

**b** *(= formal application) (Insurance)* ≈ déclaration *f* de sinistre, demande *f* d'indemnité ; *(Social Security)* demande *f* de prestations sociales ◆ **the ~s were all paid** *(Insurance)* les dommages ont été intégralement payés *or* réglés ◆ **to put in a ~** *(gen)* faire une réclamation ; *(Insurance)* faire une déclaration de sinistre *or* une demande d'indemnité ◆ **they put in a ~ for a 3% pay rise** *(Ind)* ils ont demandé une augmentation de 3% ◆ **a ~ for an extra 3%** *(Ind)* une demande d'augmentation de 3% ◆ **benefit** ~ demande *f* de prestations sociales ; → **outstanding, wage**

**c** *(= right)* droit *m*, titre *m* ◆ ~ **to ownership** titre *m* de propriété ◆ **he renounced his ~ to the throne** il a renoncé à toute prétention à la couronne *or* à faire valoir ses droits à la couronne ◆ **~s to** *or* **on sb's friendship** droits *mpl* à l'amitié de qn ◆ **its only ~ to fame is ...** son seul titre de gloire est ... ◆ **what is his particular ~ to fame?** à quel titre est-il connu ? ◆ **he is a busy man, with many ~s on his time** c'est un homme très occupé, dont l'emploi du temps est très chargé

**d** *(Min etc)* concession *f* ; → **stake**

**COMP** ▷ **claim form N** *(Admin) (for benefit)* (formulaire *m* de) demande *f* ; *(for expenses)* (feuille *f* pour) note *f* de frais ▷ **claims adjuster N** *(Insurance)* agent *m* général d'assurances

**claimant** /ˈkleɪmənt/ **N** *(Brit) [of social benefits]* demandeur *m*, -euse *f* ; *(Jur, Insurance)* requérant(e) *m(f)* ; *[of throne]* prétendant(e) *m(f)* (*to* à) ; ◆ **benefit** ~ demandeur *m* (-euse *f*) de prestations sociales

**clairvoyance** /klɛəˈvɔɪəns/ **N** voyance *f*, (don *m* de) double vue *f*

**clairvoyant(e)** /klɛəˈvɔɪənt/ **N** voyant(e) *m(f)*, extralucide *mf* **ADJ** doué de double vue

**clam** /klæm/ **N** **a** *(Zool)* palourde *f*, clam *m* **b** *(US* ‡*)* dollar *m* **COMP** ▷ **clam chowder N** *(Culin)* bisque *f* de palourdes

► **clam up** * **VI** la boucler ‡, la fermer ‡ ◆ **to ~ up like an oyster** se fermer comme une huître ◆ **he ~med up on me** il l'a bouclée ‡, il ne m'a plus dit un mot là-dessus

**clambake** /ˈklæmbeɪk/ **N** *(US)* **a** *(Culin)* barbecue *m* de fruits de mer **b** *(= party)* réunion *f* à la bonne franquette

**clamber** /ˈklæmbəʳ/ **VI** grimper *(en s'aidant des mains ou en rampant)*, se hisser (avec difficulté) ◆ **to ~ up a hill** gravir péniblement une colline ◆ **to ~ over a wall** escalader un mur **N** escalade *f*

**clammy** /ˈklæmɪ/ **ADJ** *[skin, hands, handshake, clothes, sheets]* moite ; *[weather]* lourd ◆ ~ **with sweat/fear** moite de sueur/peur

**clamor** /ˈklæməʳ/ *(US)* ⇒ **clamour**

**clamorous** /ˈklæmərəs/ **ADJ** **a** *(= noisy) [voice, noise]* tonitruant ; *[crowd]* bruyant ◆ ~ **applause** tonnerre *m* d'applaudissements **b** *(= vehement) [demand, campaign]* véhément

**clamour, clamor** *(US)* /ˈklæməʳ/ **N** *(= shouts)* clameur *f*, cris *mpl* ; *(= angry cries)* vociférations *fpl* ; *(= demands)* revendications *fpl or* réclamations *fpl* bruyantes **VI** pousser des cris ◆ **to ~ against sth/sb** vociférer contre qch/qn ◆ **to ~ for sth/sb** *(= shout)* demander qch/qn à grands cris ; *(= demand)* réclamer qch/qn à cor et à cri

**clamp**[1] /klæmp/ **N** *(gen)* attache *f*, pince *f* ; *(bigger)* crampon *m* ; *(Med)* clamp *m* ; (also **ring clamp**) collier *m* de serrage ; *(Carpentry)* valet *m* (d'établi) ; *(Archit)* agrafe *f* ;

*[of china]* agrafe *f* ; *(Aut)* sabot *m* de Denver ; *(Elec)* serre-fils *m inv* ; *(Naut)* serre-câbles *m inv* **VT** **a** *(= put clamp on)* serrer, attacher ; *[+ stones, china]* agrafer ; *[+ wheel, car]* mettre un sabot à ◆ **to ~ sth to sth** fixer qch à qch **b** ◆ **to ~ shut** *or* **together** *[+ teeth]* serrer **c** * *[+ embargo, curfew]* imposer (*on* sur)

► **clamp down on** * **VT FUS** *[+ person]* prendre des mesures autoritaires contre ; *[+ inflation, expenditure]* mettre un frein à ; *[+ the press, the opposition]* bâillonner **N** ◆ **clamp-down** → **clampdown**

► **clamp together** **VT SEP** serrer ensemble

**clamp²** /klæmp/ **N** *[of bricks]* tas *m*, pile *f* ; *[of potatoes]* silo *m* **VT** entasser

**clampdown** /ˈklæmpdaʊn/ **N** *(gen)* répression *f* (*on sth* de qch ; *on sb* contre qn) ; ◆ **a ~ on terrorists** la répression *or* des mesures répressives contre les terroristes ◆ **a ~ on arms sales** un renforcement des restrictions sur la vente d'armes

**clan** /klæn/ **N** clan *m* (écossais) ; *(fig)* famille *f*

**clandestine** /klænˈdestɪn/ **ADJ** clandestin

**clang** /klæŋ/ **N** bruit *m* *or* son *m* métallique ; *(louder)* fracas *m* métallique **VI** émettre un son métallique ◆ **the gate ~ed shut** la grille s'est refermée bruyamment *or* avec un bruit métallique

**clanger** * /ˈklæŋəʳ/ **N** *(Brit)* gaffe *f* ◆ **to drop a ~** faire une gaffe, gaffer lourdement

**clangor** /ˈklæŋgəʳ/ **N** *(US)* ⇒ **clangour**

**clangorous** /ˈklæŋgərəs/ **ADJ** *[noise]* métallique

**clangour, clangor** *(US)* /ˈklæŋgəʳ/ **N** vacarme *m* ; *(metallic)* son *m* *or* bruit *m* métallique

**clank** /klæŋk/ **N** cliquetis *m*, bruit *m* métallique *(de chaînes etc)* **VI** cliqueter, émettre un son métallique **VT** faire cliqueter

**clannish** /ˈklænɪʃ/ **ADJ** *(slightly pej = exclusive, unwelcoming) [group]* fermé ; *[person]* qui a l'esprit de clan *or* de clique

**clansman** /ˈklænzmən/ (pl **-men**), **clanswoman** /ˈklænzˌwʊmən/ (pl **-women**) **N** *(in Scotland)* membre *m* d'un clan (écossais)

**clap¹** /klæp/ **N** *(= sound)* claquement *m*, bruit *m* sec ; *[of hands]* battement *m* ; *(= action)* tape *f* ; *(= applause)* applaudissements *mpl* ◆ **a ~ on the back** une tape dans le dos ◆ **to give the dog a ~** *(Scot = stroke)* caresser le chien ◆ **a ~ of thunder** un coup de tonnerre ◆ **he got a good ~** il a été très applaudi

**VT** **a** *(= applaud)* applaudir ◆ **to ~ one's hands** battre des mains ◆ **to ~ sb on the back/the shoulder** donner à qn une tape dans le dos/sur l'épaule ◆ **to ~ a dog** *(Scot = stroke)* caresser un chien ◆ **he ~ped his hand over my mouth** il a mis *or* plaqué sa main sur ma bouche

**b** *(= put, set)* ◆ **to ~ sb in irons** jeter qn aux fers ◆ **to ~ sb into prison** jeter qn en prison ◆ **to ~ eyes on** voir ◆ **to ~ hands on sb** prendre qn sur le fait

**VI** taper *or* frapper dans ses mains ; *(= applaud)* applaudir

► **clap on** **VT SEP** ◆ **to clap on one's hat** enfoncer son chapeau sur sa tête ◆ **to ~ on sail** *(Naut)* mettre toutes voiles dehors

► **clap to** **VTI** claquer

**clap²** ** /klæp/ **N** *(= disease)* ◆ **the ~** la chtouille **, la chaude-pisse **

**clapboard** /ˈklæpbɔːd/ **N** bardeau *m*

**clapped-out** ** /ˈklæptaʊt/ **ADJ** *(Brit) [person, horse]* au bout du rouleau * ; *[car, train]* pourri * ; *[TV, washing machine]* fichu *, nase *

**clapper** /ˈklæpəʳ/ **N** *[of bell]* battant *m* ◆ **to go like the ~s** ** *(Brit)* aller à toute blinde **

**clapperboard** /ˈklæpəˌbɔːd/ **N** clap *m*, claquette *f*

**clapping** /ˈklæpɪŋ/ **N** applaudissements *mpl*

**claptrap** * /ˈklæptræp/ **N** boniment * *m*, baratin * *m*

**claque** /klæk/ **N** *(Theat)* claque *f*

**Clare** /klɛəʳ/ **N** Claire *f* ◆ **the Poor ~s** *(Rel)* clarisses *fpl*, Pauvres Dames *fpl*

**claret** /ˈklærət/ **N** (vin *m* de) bordeaux *m* (rouge) **ADJ** (also **claret-coloured**) bordeaux *inv*

**clarification** /ˌklærɪfɪˈkeɪʃən/ **N** *(gen)* clarification *f*, éclaircissement *m* ; *[of wine]* collage *m* ◆ **request for ~** *(Jur)* demande *f* d'éclaircissement

**clarified** /ˈklærɪfaɪd/ **ADJ** *[butter, stock, wine, sugar]* clarifié

**clarify** /ˈklærɪfaɪ/ **VT** *[+ sugar, butter, wine]* clarifier ; *(fig) [+ situation]* éclaircir, clarifier **VI** se clarifier ; *(fig)* s'éclaircir

**clarinet** /ˌklærɪˈnet/ **N** clarinette *f*

**clarinettist** /ˌklærɪˈnetɪst/ **N** clarinettiste *mf*

**clarion** /ˈklærɪən/ *(liter)* **N** clairon *m* **VT** *(frm)* ◆ **to ~ (forth)** claironner **COMP** ▷ **clarion call N** appel *m* de clairon

**clarity** /ˈklærɪtɪ/ **N** clarté *f*, précision *f*

**clash** /klæʃ/ **VI** **a** *(= bang noisily) [swords, metallic objects]* s'entrechoquer ; *[cymbals]* résonner

**b** *(= do battle) [armies, teams]* s'affronter ◆ **to ~ with sb** affronter qn ◆ **rioters ~ed with the police in the main square** les émeutiers ont affronté la police sur la grand-place, il y a eu des affrontements entre les émeutiers et la police sur la grand-place ◆ **the two parties ~ over ...** les deux partis sont en désaccord total à propos de ...

**c** *(= conflict) [interests]* se heurter, être incompatible *or* en contradiction (*with* avec) ; *[personalities]* être incompatible (*with* avec) ; *[colours]* jurer, détonner (*with* avec)

**d** *(= coincide) [two events, invitations etc]* tomber en même temps (*or* le même jour *etc*) ◆ **the dates ~** les deux événements (*or* rencontres *etc*) tombent le même jour

**VT** *[+ metallic objects]* entrechoquer bruyamment ; *[+ cymbals]* faire résonner ◆ **to ~ the gears** *(Aut)* faire grincer les vitesses

**N** **a** *(= sound)* choc *m* *or* fracas *m* métallique ◆ **a ~ of cymbals** un coup de cymbales

**b** *[of armies, weapons]* choc *m*, heurt *m* ; *(between people, parties)* désaccord *m* ; *(with police, troops)* affrontement *m*, échauffourée *f* ◆ **during a ~ with the police** au cours d'un affrontement *or* d'une échauffourée avec la police ◆ **~es between police and demonstrators** des heurts *mpl* entre la police et les manifestants ◆ **I don't want a ~ with him about it** je ne veux pas me disputer avec lui à ce sujet ◆ **to have a (verbal) ~ with sb** avoir un accrochage * avec qn

**c** *[of interests]* conflit *m* ◆ **a ~ of personalities** une incompatibilité de caractères

**d** ◆ **a ~ of colours** des couleurs qui détonnent

**e** *[of dates, events, invitations]* coïncidence *f* fâcheuse

**clasp** /klɑːsp/ **N** **a** *[of brooch, necklace, purse]* fermoir *m* ; *[of belt]* boucle *f* **b** *(NonC: in one's arms, of a hand)* étreinte *f* **VT** étreindre, serrer ◆ **to ~ sb's hand** serrer la main de qn ◆ **to ~ one's hands (together)** joindre les mains ◆ **with ~ed hands** les mains jointes ◆ **to ~ sb in one's arms/to one's heart** serrer qn dans ses bras/sur son cœur **COMP** ▷ **clasp knife N** (pl **clasp knives**) grand couteau *m* pliant

**class** /klɑːs/ **N** **a** *(= group, division)* classe *f*, catégorie *f* ; *(Bot, Ling, Mil, Sociol, Zool etc)* classe *f* ; *(Naut) [of ship]* type *m* ; *(in Lloyd's Register)* cote *f* ◆ **he's not in the same ~ as his brother** *(fig)* il n'arrive pas à la cheville de son frère ◆ **these books are just not in the same ~** il n'y a pas de comparaison (possible) entre ces livres ◆ **in a ~ by itself, in a ~ of its own** hors concours, unique ◆ **they are in a ~ apart** ils sont tout à fait à part ◆ **a good ~ (of) hotel** un très bon hôtel, un hôtel de très bonne classe ◆ **the ruling ~** la classe dirigeante ◆ **what ~ of degree did he get?** *(Brit Univ)* quelle mention a-t-il obtenue (à sa licence) ? ◆ **first ~ honours in history** ≈ licence *f* d'histoire avec mention très bien ; → **middle, working**

**b** *(Scol, Univ, gen) (= lesson)* classe *f*, cours *m* ; *(= students, pupils)* classe *f* ; *(US = year)* promotion *f* scolaire ◆ **to give** *or* **take a ~** faire un cours ◆ **to attend a ~** suivre un cours ◆ **the French ~** la classe *or* le cours de français ◆ **an evening ~** un cours du soir ◆ **the ~ of 1990** *(US)* la promotion *or* la promo * de 1990

**c** *(NonC: *)* classe *f*, distinction *f* ◆ **to have ~** avoir de la classe

**VT** classer, classifier ; *(Naut Insurance)* coter ◆ **he was ~ed with the servants** il était assimilé aux domestiques

**ADJ** *(= classy)* de grande classe

**COMP** ▷ **class action N** *(Jur)* ◆ **~ actions** actions *fpl* de groupe ◆ **~ action suit** recours *m* collectif en justice ▷ **class bias N** *(Sociol)* préjugés *mpl* de classe ▷ **class-conscious ADJ** *[person]* conscient des distinctions sociales ; *(pej = snobbish) [person, attitude]* snob *inv* ▷ **class consciousness N** conscience *f* de classe ▷ **class distinction N** distinction *f* sociale ▷ **class list N** *(Scol)* liste *f* des élèves ▷ **class mark, class number N** *(Brit: in library)* cote *f* ▷ **class president N** *(US)* ≈ chef *m* de classe ▷ **class rank N** *(US Scol, Univ)* numéro *m* de sortie ▷ **class roll N** ⇒ **class list** ▷ **class society N** *(Pol)* société *f* de classes ▷ **class struggle N** lutte *f* des classes ▷ **class system N** système *m* de classes ▷ **class teacher N** *(Brit Scol)* professeur *m* principal ▷ **class war(fare) N** ⇒ **class struggle**

**classic** /ˈklæsɪk/ **ADJ** *(gen)* classique ◆ **it was ~ *** c'était le coup classique * **N** *(= author, work)* classique *m* ; *(Racing)* classique *f* ◆ **it is a ~ of its kind** *(fig)* c'est un classique du genre **COMP** ▷ **classic car N** voiture *f* ancienne

**classical** /ˈklæsɪkəl/ **ADJ** *[pianist, economist, Greece, Latin]* classique ; *[Greek]* de l'époque classique ; *[album, CD]* de musique classique ◆ **~ times** antiquité *f* gréco-latine ◆ **~ scholar** spécialiste *mf* en lettres classiques **COMP** ▷ **classical music N** *(NonC)* musique *f* classique, classique *m*

**classically** /ˈklæsɪkəlɪ/ **ADV** **a** *(Mus, Dancing)* ◆ **to be ~ trained** avoir reçu une formation classique ◆ **a ~ trained pianist/dancer** un pianiste/danseur de formation classique **b** *(Hist, Art)* ◆ **a ~ proportioned building** un bâtiment aux proportions classiques ◆ **a ~ inspired church** une église d'inspiration classique ◆ **a ~ shaped vase** un vase de forme classique *or* aux formes classiques **c** *(= traditionally)* ◆ **~ beautiful/elegant** d'une beauté/élégance classique **d** *(= typically)* typiquement ◆ **~ English** typiquement anglais ◆ **~, overweight people underestimate how much they eat** on constate généralement que les personnes qui ont des kilos en trop sous-estiment la quantité de nourriture qu'elles absorbent

**classicism** /ˈklæsɪsɪzəm/ N classicisme *m*

**classicist** /ˈklæsɪsɪst/ N spécialiste *mf* de lettres classiques ; *(esp Archit)* partisan(e) *m(f)* du classicisme

**classics** /ˈklæsɪks/ N lettres *fpl* classiques ◆ **to study ~** faire des études de lettres classiques

**classifiable** /ˈklæsɪfaɪəbl/ ADJ qu'on peut classifier

**classification** /ˌklæsɪfɪˈkeɪʃən/ N classification *f*

**classified** /ˈklæsɪfaɪd/ ADJ a classifié b *(Admin = secret etc) [document]* classé secret (classée secrète *f*) ◆ **~ information** renseignements *mpl* (classés) secrets ◆ **this is ~ information** ces informations sont (classées) secrètes COMP ▷ **classified ad** *, **classified advertisement** N *(Press)* petite annonce *f* ▷ **classified results** NPL *(Brit Sport)* résultats *mpl* sportifs complets ▷ **classified section** N *(Press)* (rubrique *f* des) petites annonces *fpl*

**classify** /ˈklæsɪfaɪ/ VT a classer, classifier b *(Admin = restrict circulation)* classer secret

**classism** /ˈklɑːsɪzəm/ N *(NonC)* discrimination *f* sociale *or* de classe

**classless** /ˈklɑːslɪs/ ADJ *[society]* sans classes ; *[person]* qui n'appartient à aucune classe ; *[accent]* standard

**classmate** /ˈklɑːsmeɪt/ N *(Brit)* camarade *mf* de classe ; *(US)* camarade *mf* de promotion (*or* de classe)

**classroom** /ˈklɑːsrʊm/ N (salle *f* de) classe *f*

**classy** * /ˈklɑːsɪ/ ADJ *[person]* classe *inv* * ; *[hotel, restaurant]* classe *inv* *, chic *inv* ; *[area, neighbourhood, clothes, car]* chic *inv* ; *[watch, image]* de luxe ; *[performance, album, film]* de grande classe ◆ **her flat looks very ~** son appartement fait très classe * *or* très chic

**clatter** /ˈklætəʳ/ N *(= noise)* cliquetis *m* ; *(louder)* fracas *m* ◆ **the ~ of cutlery** le bruit *or* cliquetis de couverts entrechoqués VI *(= rattle) [heels, keys, typewriter, chains]* cliqueter ; *(= bang) [large falling object, cymbals]* résonner ◆ **to ~ in/out/away** *etc* entrer/sortir/partir *etc* bruyamment VT choquer *or* entrechoquer bruyamment

**clause** /klɔːz/ N a *(Gram)* membre *m* de phrase, proposition *f* ◆ **principal/subordinate ~** proposition *f* principale/subordonnée b *(Jur) [of contract, law, treaty]* clause *f* ; *[of will]* disposition *f* ; → **saving**

**claustrophobia** /ˌklɔːstrəˈfəʊbɪə/ N claustrophobie *f* ; *(fig)* atmosphère *f* oppressante

**claustrophobic** /ˌklɔːstrəˈfəʊbɪk/ ADJ *[person]* claustrophobe ; *[feeling]* de claustrophobie ; *[room]* où l'on se sent claustrophobe ; *[atmosphere]* oppressant ; *[film, thriller]* à l'atmosphère oppressante ◆ **to feel ~** *[person]* avoir une sensation de claustrophobie ◆ **the house felt too ~** on se sentait trop à l'étroit dans la maison N claustrophobe *mf*

**clavichord** /ˈklævɪkɔːd/ N clavicorde *m*

**clavicle** /ˈklævɪkl/ N clavicule *f*

**claw** /klɔː/ N a *[of cat, lion, small bird etc]* griffe *f* ; *[of bird of prey]* serre *f* ; *[of lobster etc]* pince *f* ◆ **to get one's ~s into sb** * tenir qn entre ses griffes ◆ **to get one's ~s on sth** * mettre le grappin sur qch * ◆ **get your ~s off (that)!** ‡ bas les pattes ! * b *(Tech) [of bench]* valet *m* ; *[of hammer]* pied-de-biche *m* VT *(= scratch)* griffer ; *(= rip)* déchirer *or* labourer avec ses griffes ; *[bird of prey]* déchirer *or* labourer avec ses serres ; *(= clutch)* agripper, serrer ◆ **to ~ one's way to the top** se hisser en haut de l'échelle COMP ▷ **claw hammer** N marteau *m* fendu, marteau *m* à pied-de-biche

► **claw at** VT FUS *[+ object]* essayer de s'agripper à ; *[+ person]* essayer de griffer

► **claw back** VT SEP *(Econ)* récupérer

**clawback** /ˈklɔːbæk/ N *(Econ)* récupération *f*

**clay** /kleɪ/ N argile *f*, (terre *f*) glaise *f* ; *(Tennis)* terre *f* battue ◆ **potter's ~** argile *f* (à potier) ◆ **to play on ~** *(Tennis)* jouer sur terre battue ; → **china** COMP ▷ **clay court** N *(Tennis)* court *m* de terre battue ▷ **clay pigeon** N pigeon *m* d'argile *or* de ball-trap ; *(US fig)* victime *f or* cible *f* facile ◆ **~ pigeon shooting** ball-trap *m* ▷ **clay pipe** N pipe *f* en terre ▷ **clay pit** N argilière *f*, glaisière *f* ▷ **clay-with-flints** N *(Geol)* argile *f* à silex

**clayey** /ˈkleɪɪ/ ADJ argileux, glaiseux

**claymore** /ˈkleɪmɔːʳ/ N claymore *f*

**clean** /kliːn/ ADJ a *(= not dirty, having clean habits)* propre ; *(= non-polluting) [fuel, vehicle, power-station, energy]* propre ; *[process]* non polluant ◆ **to keep sth ~** garder qch propre ◆ **to keep o.s. ~** se laver ◆ **he washed the floor ~** il a bien nettoyé *or* lavé le sol ◆ **the rain washed it ~** la pluie l'a entièrement nettoyé ◆ **the rain washed the car ~ of mud** la pluie a fait partir *or* a lavé toute la boue de la voiture ◆ **to wipe sth ~** bien essuyer qch ◆ **to have ~ hands** *(lit, fig)* avoir les mains propres ◆ **to be washed ~ of sin** être lavé de tout péché ◆ **as ~ as a new pin** *or* **as a whistle** propre comme un sou neuf ; see also **pin n**

b *(= blank) [sheet of paper]* vierge ; *(= untarnished) [image, reputation]* sans tache ◆ **the doctor gave him a ~ bill of health** le médecin l'a trouvé en parfait état de santé ◆ **~ bill of lading** *(Comm)* connaissement *m* net *or* sans réserves ◆ **~ record** *(Jur)* casier *m* (judiciaire) vierge ◆ **to have a ~ sheet** *(Ftbl)* n'avoir encaissé aucun but ◆ **let me have a ~ copy of your report** donnez-moi une copie propre de votre rapport ◆ **to have a ~ (driving) licence** ≃ avoir tous ses points sur son permis ◆ **she has had a ~ licence for 25 years** elle n'a commis aucune contravention grave en 25 ans ◆ **to make a ~ breast of it** décharger sa conscience, dire ce qu'on a sur la conscience

c *(= pure, smooth) [smell, taste, profile]* pur ; *[look, sound, edge, stroke, shape]* net ; *[curve]* élégant ◆ **this car has very ~ lines** cette voiture a des lignes très pures ◆ **a ~ cut** une coupure nette *or* franche

d *(= efficient, trouble-free) [operation, job]* sans bavures ◆ **~ getaway** fuite *f* sans encombre

e *(= clear, uninterrupted) [shot]* direct ◆ **~ leap** saut *m* sans toucher (l'obstacle) ◆ **a ~ ace** *(Tennis)* un as ◆ **~ break** *(Med)* fracture *f* simple ; *(fig)* rupture *f* définitive ◆ **to make a ~ break** *(fig)* tourner la page ◆ **to make a ~ break with the past** rompre définitivement avec le passé ◆ **~ break (divorce)** *(Jur) divorce à la suite duquel les époux, grâce à un versement unique, ne se doivent plus rien* ◆ **~ sweep** grand chelem *m (fig)* ◆ **to make a ~ sweep** réussir le grand chelem ◆ **the first club to make a ~ sweep of all three trophies** le premier club à remporter les trois trophées

f *(= ritually pure) [animal]* pur

g *(= not radioactive) [area, person, object]* propre

h ( * *= innocent of wrongdoing)* ◆ **to be ~** *(gen)* n'avoir rien à se reprocher ◆ **he's been ~ for six months** *[criminal]* ça fait six mois qu'il se tient à carreau *

i ( * *= not in possession of drugs, weapon, stolen property)* ◆ **to be ~** n'avoir rien sur soi ◆ **his room was ~** il n'y avait rien dans sa chambre, on n'a rien trouvé dans sa chambre

j * *(= off drugs)* clean *inv* ; *(= off alcohol)* qui ne touche plus à l'alcool

ADV * ◆ **to cut ~ through sth** couper qch de part en part ◆ **the chain saw cut his fingers ~ off** la tronçonneuse lui a coupé les doigts tout net ◆ **it broke off ~, it broke off as ~ as a whistle** ça a cassé net ◆ **the bullet went ~ through his forehead** la balle lui a transpercé le front tout net ◆ **the car went ~ through the hedge** la voiture est carrément passée à travers la haie ◆ **the fish jumped ~ out of the net** le poisson a sauté carrément hors du filet ◆ **he jumped ~ over the fence** il a sauté la barrière sans la toucher ◆ **the thief got ~ away** le voleur s'est enfui sans encombre ◆ **I ~ forgot** j'ai complètement oublié

◆ **to come clean** *(= confess: gen)* tout déballer * ; *[criminal]* se mettre à table * ◆ **to come ~ about sth** tout déballer * sur qch ◆ **he came ~ about it** il a lâché le morceau *, il a tout déballé *

N ◆ **to give sth a good ~(up)** bien nettoyer qch

VT *[+ clothes, room, fish]* nettoyer ; *[+ vegetables]* laver ; *[+ blackboard]* essuyer ◆ **to ~ one's teeth** se laver les dents ◆ **to ~ one's nails** se nettoyer les ongles ◆ **to ~ one's face** se débarbouiller, se laver la figure ◆ **to ~ the windows** faire les vitres ; → **dry**

VI a *(= do housework)* faire le ménage

b *(= be cleaned)* se nettoyer ◆ **that floor ~s easily** ce plancher se nettoie facilement *or* est facile à nettoyer

COMP ▷ **clean-and-jerk** N *(Weightlifting)* épaulé-jeté *m* ▷ **clean-cut** ADJ bien délimité, net, clair ; *[person]* à l'allure soignée ▷ **clean-limbed** ADJ bien proportionné, bien découplé ▷ **clean-living** ADJ décent, honnête ▷ **clean-out** N nettoyage *m* à fond ▷ **clean room** N *(Ind)* salle *f* blanche ▷ **clean-shaven** ADJ sans barbe ni moustache ; *(= close-shaven)* rasé de près

► **clean off** VT SEP *[+ writing] (from blackboard)* essuyer ; *(from wall)* enlever

► **clean out** VT SEP *[+ drawer, box]* nettoyer à fond ; *[+ cupboard, room]* nettoyer *or* faire à fond ; ( * *fig = leave penniless etc) [+ person]* nettoyer * ◆ **the hotel bill ~ed me out** * la note de l'hôtel m'a nettoyé * *or* m'a mis à sec * ◆ **he was ~ed out** * il était fauché *or* à sec * ◆ **the burglars had ~ed out the whole house** * les cambrioleurs avaient complètement vidé la maison

N ◆ **clean-out** → **clean**

► **clean up** VI a tout nettoyer, mettre de l'ordre ◆ **she had to ~ up after the children's visit** elle a dû tout remettre en ordre après la visite des enfants ◆ **to ~ up after sb** nettoyer après qn

b ( * *fig = make profit)* faire son beurre * ◆ **he ~ed up on that sale** * cette vente lui a rapporté gros, il a touché un joli paquet * sur cette vente

VT a *[+ room, mess, person]* nettoyer ◆ **to ~ o.s. up** se laver, se débarbouiller

b *(fig)* remettre de l'ordre dans les affaires de, épurer ◆ **to ~ up one's act** * acheter une conduite *, s'amender ◆ **the new mayor ~ed up the city** le nouveau maire a remis de l'ordre dans la ville ◆ **they are trying to ~ up television** ils essaient d'épurer la télévision

**cleaner** /ˈkliːnəʳ/ N a *(= woman) (in home)* femme *f* de ménage ; *(in office, school)* femme *f* de service ; *(in hospital)* fille *f* de salle ; *(= man)* agent *m* de service, ouvrier *m* nettoyeur **b** *(Comm)* teinturier *m*, -ière *f* ; *(= device)* appareil *m* de nettoyage ; *(= household cleaner)* produit *m* d'entretien ; *(= stain-remover)* détachant *m* ◆ **the ~'s shop** la teinturerie ◆ **he took his coat to the ~'s** il a donné son pardessus à nettoyer *or* au teinturier ◆ **to take sb to the ~'s** * *(fig)* plumer * qn ; → **dry, vacuum**

**cleaning** /'kliːnɪŋ/ **N** nettoyage *m* ; *(= housework)* ménage *m* ; → **spring** COMP ▷ **cleaning fluid** N *(for stains)* détachant *m* (liquide) ▷ **cleaning lady**, **cleaning woman** N femme *f* de ménage

**cleanliness** /'klenlɪnɪs/ **N** propreté *f*, habitude *f* de la propreté ◆ **~ is next to godliness** *(Prov)* la propreté du corps est parente de la propreté de l'âme

**cleanly**[1] /'kliːnlɪ/ **ADV** **a** *(= smoothly) [cut]* de façon bien nette **b** *(= fairly) [play, fight]* dans les règles ; *(fig)* loyalement **c** *(= skilfully) [strike, hit, catch]* avec précision **d** *(= without polluting) [burn]* proprement

**cleanly**[2] /'klenlɪ/ *(liter)* **ADJ** *[person, animal]* propre

**cleanness** /'kliːnnɪs/ **N** propreté *f*

**cleanse** /klenz/ **VT** nettoyer ; *[+ ditch, drain etc]* curer ; *(Bible = cure)* guérir ; *(fig) [+ person]* laver *(of* de) ; *(Rel) [+ soul etc]* purifier ; *(Pol = ethnically cleanse)* nettoyer, procéder à un nettoyage ethnique de ◆ **to ~ the blood** *(Med)* dépurer le sang

**cleanser** /'klenzəʳ/ **N** *(= detergent)* détersif *m*, détergent *m* ; *(for complexion)* démaquillant *m*

**cleansing** /'klenzɪŋ/ **ADJ** *(for complexion)* démaquillant ; *(fig)* purifiant ◆ **~ cream/lotion** crème *f*/lotion *f* démaquillante ◆ **~ milk** lait *m* démaquillant ◆ **~ department** service *m* de voirie **N** nettoyage *m*

**cleanup** /'kliːnʌp/ **N** **a** *[of room]* nettoyage *m* ; *[of person]* débarbouillage *m* ; *(fig)* épuration *f*, assainissement *m* ◆ **to give o.s. a ~** se laver, se débarbouiller ; see also **clean** n **b** (* *fig*) profit *m* ◆ **he made a good ~ from that business** il a fait son beurre dans cette affaire *, cette affaire lui a rapporté gros

## clear /klɪəʳ/

| | |
|---|---|
| 1 ADJECTIVE | 4 TRANSITIVE VERB |
| 2 NOUN | 5 INTRANSITIVE VERB |
| 3 ADVERB | 6 COMPOUNDS |
| 7 PHRASAL VERBS | |

### 1 - ADJECTIVE

**a** [= lucid, definite] *[message, motive, proof, explanation, reasoning, style]* clair ; *[commitment]* évident ; *[mind, thought, thinking]* lucide ◆ **they are faced with ~ alternatives** ils sont confrontés à des possibilités *or* solutions bien distinctes ◆ **a ~ case of homicide** un cas évident d'homicide ◆ **~ indication** signe *m* manifeste *or* certain ◆ **to have a ~ head** avoir les idées claires ◆ **to be a ~ thinker** être un esprit lucide ◆ **you'll do as I say, is that ~?** tu vas faire ce que je te dis, c'est clair ? ◆ **as ~ as day** clair comme le jour *or* comme de l'eau de roche ◆ **as ~ as mud** * *(iro)* clair comme de l'encre ; → **crystal**

◆ **to get sth clear** bien comprendre qch ◆ **I think I've got it pretty ~** ça me paraît tout à fait clair ◆ **now let's get this ~ ...** maintenant, que les choses soient bien claires ...

◆ **to make sth clear** bien faire comprendre qch ◆ **to make it ~ (to sb) that ...** bien faire comprendre (à qn) que ... ◆ **I wish to make it ~ that ...** je tiens à préciser que ...

◆ **to be/seem clear (to sb)** ◆ **it's ~ to me that ...** pour moi, il est clair que ... ◆ **it was ~ that ...** il était clair que ... ◆ **the matter is ~ to me** pour moi, l'affaire est claire ◆ **it's not ~ whether ...** on ne sait pas avec certitude si ... ◆ **it all seems ~ enough to me** tout cela me semble *or* paraît assez clair

◆ **to become clear (to sb)** ◆ **now it becomes ~ to me** maintenant, j'y vois (plus) clair ◆ **the matter became ~ to me** l'affaire m'a semblé *or* m'est apparue plus claire ◆ **it became ~ that ...** il était de plus en plus clair *or* évident que ... ◆ **it becomes ~ to me that ...** il me semble *or* paraît de plus en plus clair que ... ◆ **it became ~ to me that ...** j'ai fini par comprendre que ...

**b** [= understandable] *[person]* clair

◆ **to make o.s. clear** se faire bien comprendre ◆ **do I make myself ~?** me suis-je bien fait comprendre ?

**c** [= sure] *[person]* ◆ **if you are not ~ about anything, ask me** s'il y a quelque chose qui ne vous paraît *or* semble pas clair, dites-le-moi ◆ **it is important to be ~ about what the author is saying here** il est important de bien comprendre ce que l'auteur dit ici ◆ **I want to be quite ~ on this point** je veux que les choses soient bien claires ◆ **I'm not ~ whether you agree or not** je ne suis pas sûr de comprendre si vous êtes d'accord ou pas

**d** [= distinct] *[handwriting, footprint, picture, voice, tone, majority]* net ◆ **as ~ as a bell** *[sound]* parfaitement clair ; *[voice]* limpide

**e** [= transparent] *[plastic, glass, gel]* transparent ; *[honey]* liquide ; *[water, air]* limpide ◆ **a ~ soup** un bouillon

**f** [= pure in sound] *[voice, tone]* clair

**g** [= bright] *[light, colour]* vif ◆ **~ blue eyes** des yeux *mpl* bleus limpides ◆ **her eyes were ~ and steady** ses yeux étaient clairs et ne cillaient pas

**h** [= unobstructed] *[road, runway]* dégagé, libre ; *[area, view]* dégagé ; *[space]* libre ; *[route]* sans obstacles ◆ **all exits must be kept ~** toutes les sorties doivent rester dégagées ◆ **she keeps her desk ~ of clutter** son bureau n'est jamais en désordre ◆ **to get a ~ look at sb/sth** apercevoir qn/qch distinctement ; → **all, coast**

**i** [Met] *[weather]* clair ; *[sky]* dégagé ◆ **on a ~ day** par temps clair ◆ **the days were warm and ~** les journées étaient chaudes et le ciel dégagé

**j** [= unblemished] *[skin]* sans taches, immaculé ; *[complexion]* frais (fraîche *f*)

**k** [= not guilty] *[conscience]* tranquille ◆ **my conscience is ~, I have a ~ conscience** j'ai la conscience tranquille ◆ **he left with a ~ conscience** il est parti la conscience tranquille

**l** [= without commitments] *[afternoon, morning, diary]* libre

**m** [= complete] *[day, week]* plein ◆ **that gives us four ~ days to finish the job** ça nous donne quatre jours pleins pour finir le travail

**n** [= after deductions] net *inv* ◆ **I'll make a ~ hundred from the deal** je tirerai cent livres net de la transaction ◆ **a ~ profit** un bénéfice net

**o** [= away from] ◆ **raise the jack until the wheel is ~ of the ground** actionnez le cric jusqu'à ce que la roue ne touche plus le sol ◆ **as soon as he was ~ of the terminal building ...** dès qu'il fut sorti de l'aérogare ...

**p** [Brit Sport] *(= ahead of)* ◆ **to be 7 metres/seconds/points ~ of sb** avoir 7 mètres/secondes/points d'avance sur qn

**q** [Phon] *[vowel]* clair

### 2 - NOUN

◆ **in clear** en clair ◆ **to send a message in ~** envoyer un message en clair

◆ **to be in the clear** * *(= above suspicion)* être au-dessus de tout soupçon ; *(= no longer suspected)* être blanchi de tout soupçon ; *(= out of debt)* être libre de toutes dettes ; *(= out of danger)* être hors de danger

### 3 - ADVERB

**a** [= distinctly] → **loud**

**b** [= completely] ◆ **the thief got ~ away** le voleur s'est enfui sans encombre

**c** [= away] ◆ **to steer** *or* **keep** *or* **stay ~ of sb/sth** éviter qn/qch ; → **jump, pull, stand, steer**[2]

◆ **to get clear of sth** *(= go away from)* s'éloigner *or* s'écarter de qch ; *(= rid o.s. of)* se débarrasser de qch ◆ **it will be easier once we get ~ of winter** cela sera plus facile une fois l'hiver passé

**d** [= net] ◆ **he'll get £250 ~** il aura 250 livres net

**e** [esp US] ◆ **~ to sth** *(= as far as)* jusqu'à qch ◆ **they went ~ to Mexico** ils sont allés jusqu'au Mexique

### 4 - TRANSITIVE VERB

**a** [= clarify] *[+ liquid]* clarifier ; *[+ wine]* coller, clarifier ; *[+ skin]* purifier ; *[+ complexion]* éclaircir ; *(Med) [+ blood]* dépurer, purifier ; *(fig) [+ situation, account]* éclaircir, clarifier ◆ **to ~ the air** aérer ; *(fig)* détendre l'atmosphère ◆ **to ~ one's head** s'éclaircir les idées

**b** [= remove obstacles etc from] *[+ canal, path, road, railway line]* dégager, déblayer ; *[+ lungs, chest, airway]* dégager ; *[+ pipe]* déboucher ; *[+ land]* défricher ; *[+ computer screen]* effacer ; *(fig) [+ one's conscience]* décharger ; *[+ doubts]* dissiper ◆ **to ~ sth of rubbish** déblayer qch ◆ **to ~ one's throat** s'éclaircir la voix ◆ **to ~ a room** *(of people)* faire évacuer une salle ; *(of things)* débarrasser une salle ◆ **the box is ~ed twice a day** *(Post)* la levée a lieu deux fois par jour ◆ **to ~ a way** *or* **a path through** (se) frayer un passage à travers ◆ **~ the way!** circulez !, dégagez ! * ◆ **to ~ the way for ...** *(lit)* faire place à ..., libérer le passage pour ... ◆ **to ~ the way for further discussions** préparer *or* déblayer le terrain pour des négociations ultérieures ◆ **to ~ the ball** *(Ftbl)* dégager le ballon ; → **court, deck, ground**[1]**, table**

**c** [= find innocent] *[+ person]* innocenter, disculper *(of* de) ; ◆ **he was ~ed of the murder charge** il a été disculpé du meurtre dont on l'accusait ◆ **he will easily ~ himself** il se disculpera facilement, il prouvera facilement son innocence ◆ **to ~ sb of suspicion** laver qn de tout soupçon

**d** [= authorize] ◆ **you will have to be ~ed by our security department** il faudra que nos services de sécurité vous donnent leur feu vert

◆ **to clear sth with sb** ◆ **we've ~ed it with him before beginning** nous avons obtenu son accord avant de commencer ◆ **you must ~ the project with the manager** il faut que le directeur donne *subj* le feu vert à votre projet

**e** [= get past or over] sauter par-dessus, franchir ; *[+ obstacle]* franchir ; *[+ rocks]* éviter ; *[+ harbour]* quitter ◆ **the horse ~ed the gate by 10cm** le cheval a sauté *or* a franchi la barrière avec 10 cm de marge ◆ **the car just ~ed the lamppost** la voiture a évité le réverbère de justesse ◆ **raise the car till the wheel ~s the ground** soulevez la voiture jusqu'à ce que la roue ne touche *subj* plus le sol ◆ **the boat just ~ed the bottom** le bateau a tout juste réussi à passer sans toucher le fond

**f** [Fin, Comm] *[+ cheque]* compenser ; *[+ account]* solder, liquider ; *[+ debt]* s'acquitter de ; *[+ profit]* gagner net ; *(Comm) [+ goods]* liquider ; *(Customs) [+ goods]* dédouaner ; *[+ port dues]* acquitter ; *[+ ship]* expédier ◆ **"half price to clear"** *(Comm)* "soldé à moitié prix pour liquider" ◆ **I've ~ed £100 on this business** cette affaire m'a rapporté 100 livres net *or* tous frais payés

5 - INTRANSITIVE VERB

**a** [= brighten, improve] *[weather]* s'éclaircir ; *[sky]* se dégager ; *[fog]* se dissiper ; *[face, expression]* s'éclairer ; *[complexion]* s'éclaircir ; *[skin]* devenir plus sain ◆ **his brow ~ed** son visage s'est éclairé

**b** [Naut] *[ship]* prendre la mer

6 - COMPOUNDS

▷ **clear-cut** ADJ *[outline, shape]* net, précis, nettement défini ; *[attitude, proposal, situation]* précis, clair ; *[problem, division]* précis ◆ **~-cut features** traits *mpl* nets *or* bien dessinés ▷ **clear-headed** ADJ lucide ▷ **clear-headedness** N lucidité *f* ▷ **clear-out** N rangement *m* complet ▷ **clear round** N *(Horse-riding)* parcours *m* sans faute, sans faute *m inv* ◆ **to do a ~ round** faire un sans-faute ▷ **clear-sighted** ADJ *[person]* clairvoyant, lucide ; *[plan]* lucide ▷ **clear-sightedness** N *[of person]* clairvoyance *f* ; *[of plan]* réalisme *m* ▷ **clear-up rate** N ◆ **the ~-up rate for murders** le taux de meurtres résolus

7 - PHRASAL VERBS

► **clear away** VI **a** *[mist etc]* se dissiper **b** *(= clear the table)* débarrasser, desservir VT SEP enlever, retirer ◆ **to ~ away the dishes** desservir, débarrasser (la table)

► **clear off** VI * filer *, décamper ◆ **~ off!** fichez le camp ! *, filez ! * VT SEP **a** *(= get rid of)* se débarrasser de ; *[+ debts]* s'acquitter de ; *(Comm) [+ stock]* liquider ; *[+ goods]* solder ◆ **to ~ off arrears of work** rattraper le retard dans son travail **b** *(= remove) [+ things on table etc]* enlever

► **clear out** VI * ⇒ **clear off vi** VT SEP *[+ cupboard]* vider ; *[+ room]* nettoyer, débarrasser ; *[+ unwanted objects]* enlever, jeter ◆ **he ~ed everyone out of the room** il a fait évacuer la pièce ◆ **he ~ed everything out of the room** il a débarrassé la pièce

► **clear up** VI **a** *[weather]* s'éclaircir, se lever ◆ **I think it will ~ up** je pense que ça va se lever **b** *[illness, spots]* disparaître ◆ **his skin has ~ed up** sa peau est devenue nette **c** *(= tidy)* ranger, faire des rangements VT SEP **a** *[+ mystery]* éclaircir, résoudre ; *[+ matter, subject]* éclaircir, tirer au clair **b** *(= tidy) [+ room]* ranger, mettre en ordre ; *[+ books, toys]* ranger

**clearance** /ˈklɪərəns/ N **a** *(NonC) [of road, path]* déblaiement *m*, dégagement *m* ; *[of land, bomb site]* déblaiement *m* ; *[of room, court]* évacuation *f* ; *[of litter, objects, rubbish]* enlèvement *m* ; *(Comm)* soldes *mpl*, liquidation *f* (du stock)

**b** *[of boat, car etc]* dégagement *m*, espace *m* libre ◆ **2 metre ~** espace *m* de 2 mètres ◆ **how much ~ is there between my car and yours?** je suis à combien de votre voiture ?

**c** *[of cheque]* compensation *f* ; *(Customs)* dédouanement *m* ; *(= permission etc)* autorisation *f*, permis *m* *(de publier etc)* ◆ **~ outwards/inwards** *(Naut)* permis *m* de sortie/d'entrée ◆ **the dispatch was sent to the Foreign Office for ~** la dépêche a été soumise au ministère des Affaires étrangères pour contrôle ◆ **to give (sb) ~ for takeoff** *(Aviat)* donner (à qn) l'autorisation de décoller

**d** *(Ftbl)* dégagement *m*

COMP ▷ **clearance certificate** N *(Naut)* congé *m* de navigation, lettre *f* de mer ▷ **clearance sale** N *(Comm)* liquidation *f*

**clearing** /ˈklɪərɪŋ/ N **a** *(in forest)* clairière *f* **b** *(NonC) [of liquid]* clarification *f* ; *[of wine]* collage *m* ; *(Med) [of bowels]* purge *f* ; *[of blood]* dépuration *f* **c** *(NonC = tidying, unblocking) [of room, cupboard, passage]* dégagement *m*, désencombrement *m* ; *[of litter, objects, rubbish]* enlèvement *m* ; *[of land]* défrichement *m* ; *[of pipe etc]* débouchage *m* ; *[of road]* dégagement *m*, déblaiement *m* ; *[of room, court]* évacuation *f* **d** *(Jur) [of accused]* disculpation *f* **e** *(Fin) [of cheque]* compensation *f* ; *[of account]* liquidation *f* ; *[of debt]* acquittement *m* COMP ▷ **clearing bank** N *(Brit)* banque *f* (appartenant à une chambre de compensation) ▷ **clearing house** N *(Banking)* chambre *f* de compensation ; *(fig: for documents etc)* bureau *m* central

**clearly** /ˈklɪəlɪ/ LANGUAGE IN USE 26.3 ADV **a** *(= lucidly) [define, explain, express o.s., think, remember, understand]* clairement **b** *(= explicitly) [forbidden]* explicitement **c** *(= distinctly) [see]* clairement, nettement ; *[speak]* distinctement ; *[hear]* distinctement, nettement ; *[label, write]* clairement, lisiblement ; *[visible]* bien, nettement ; *[audible]* nettement **d** *(= obviously) [intelligent, worried, upset, overjoyed]* manifestement ◆ **he ~ believes that ...** il croit manifestement que ... ◆ **he was ~ not expecting us** manifestement, il ne nous attendait pas ◆ **~, we must find a solution quickly** il est évident que nous devons trouver une solution rapidement

**clearness** /ˈklɪənɪs/ N **a** *[of air, liquid]* transparence *f*, limpidité *f* ; *[of glass]* transparence *f* **b** *[of sound, sight, print, thought etc]* clarté *f*, netteté *f*

**clearway** /ˈklɪəweɪ/ N *(Brit)* route *f* à stationnement interdit

**cleat** /kliːt/ N *(Carpentry)* tasseau *m* ; *(Naut)* taquet *m* ; *(on shoe)* clou *m*

**cleavage** /ˈkliːvɪdʒ/ N *(lit) (Chem, Geol)* clivage *m* ; *(Bio) [of cell]* division *f* ; *(between breasts)* décolleté *m* ; *(fig) [of opinion]* division *f*, clivage *m*

**cleave[1]** /kliːv/ (pret **cleft** *or* **clove**, ptp **cleft** *or* **cloven**) VT *(gen liter)* fendre ; *(Chem, Geol)* cliver ; *(Bio, also fig)* diviser VI se fendre ; *(Chem, Geol)* se cliver ; *(Bio)* se diviser ◆ **to ~ through the waves** fendre les vagues

**cleave[2]** /kliːv/ (pret, ptp **cleaved**) VI *(liter) (= stick)* coller, adhérer *(to* à) ; *(fig)* s'attacher, rester attaché *or* fidèle *(to* à)

**cleaver** /ˈkliːvəʳ/ N fendoir *m*, couperet *m*

**clef** /klef/ N *(Mus)* clé *or* clef *f (signe)* ; → **bass[1]**, **treble**

**cleft** /kleft/ VB pt, ptp of **cleave[1]** ADJ fendu ; *[stick]* fourchu ◆ **to be in a ~ stick** se trouver *or* être dans une impasse ◆ **~ palate** *(Anat)* palais *m* fendu ◆ **a ~ chin** un menton creusé d'un sillon vertical ◆ **~ sentence** *(Gram)* phrase *f* clivée N *(in rock)* crevasse *f*, fissure *f* ; *(in chin)* sillon *m*

**cleg** /kleg/ N taon *m*

**clematis** /ˈklemətɪs/ N clématite *f*

**clemency** /ˈklemənsɪ/ N *[of person]* clémence *f* *(towards* envers) ; *[of weather etc]* douceur *f*, clémence *f*

**clement** /ˈklemənt/ ADJ *[person]* clément *(towards* envers) ; *[weather]* doux (douce *f*), clément

**clementine** /ˈkleməntaɪn/ N clémentine *f*

**clench** /klentʃ/ VT **a** ◆ **to ~ sth (in one's hands)** empoigner *or* serrer qch dans ses mains ◆ **to ~ one's fists/teeth** serrer les poings/les dents **b** ⇒ **clinch vt** N ⇒ **clinch n a**

**Cleopatra** /ˌkliːəˈpætrə/ N Cléopâtre *f* COMP ▷ **Cleopatra's needle** N l'obélisque *m* de Cléopâtre

**clerestory** /ˈklɪəstɔːrɪ/ N *(Archit)* claire-voie *f*, clair-étage *m*

**clergy** /ˈklɜːdʒɪ/ N clergé *m*

**clergyman** /ˈklɜːdʒɪmən/ N ecclésiastique *m* ; *(Protestant)* pasteur *m* ; *(Roman Catholic)* prêtre *m*, curé *m*

**clergywoman** /ˈklɜːdʒɪˌwʊmən/ N (pl **-women**) femme *f* pasteur

**cleric** /ˈklerɪk/ N ecclésiastique *m*

**clerical** /ˈklerɪkəl/ ADJ **a** *(Comm, Fin, Jur) [job, work, staff]* de bureau ; *[position, skills]* administratif ◆ **~ error** *(in book-keeping)* erreur *f* d'écriture ; *(in documentation)* erreur *f* administrative ◆ **~ worker** employé(e) *m(f)* de bureau **b** *(Rel) [life, training]* clérical COMP ▷ **clerical collar** N col *m* d'ecclésiastique

**clericalism** /ˈklerɪkəlɪzəm/ N cléricalisme *m*

**clerihew** /ˈklerɪhjuː/ N petit poème *m* humoristique *(pseudo-biographique)*

**clerk** /klɑːk, (US) klɜːrk/ N **a** *(in office)* employé(e) *m(f)* de bureau ; *(Jur)* clerc *m* ◆ **bank ~** employé(e) *m(f)* de banque ◆ **desk ~** *(in hotel)* réceptionniste *mf* ◆ **Clerk of the Court** *(Jur)* greffier *m* (du tribunal) ; → **head, town** **b** †† *(Rel)* ecclésiastique *m* ; *(= scholar)* clerc † *m*, savant *m* **c** *(US = shop assistant)* vendeur *m*, -euse *f* **d** *(Brit Constr)* **~ of works** conducteur *m* de travaux VI **a** *(US Jur)* **to ~ for a judge** être assistant(e) *m(f)* stagiaire d'un juge **b** *(US Comm)* travailler comme vendeur/vendeuse

**clerkship** /ˈklɑːkʃɪp, (US) ˈklɜːrkʃɪp/ N fonctions *fpl* d'employé de bureau ; *(Med)* stage *m*

**clever** /ˈklevəʳ/ ADJ **a** *(= intelligent) [person, face, eyes]* intelligent ◆ **~ girl!** quelle fille intelligente tu fais ! **b** *(= skilful) [craftsman]* habile, adroit ; *[sportsman]* habile ; *[piece of work]* astucieux, ingénieux ; *(Sport) [shot, pass, header]* bien pensé ◆ **~ at doing sth** habile à faire qch, doué pour faire qch ◆ **~ with one's hands** habile *or* adroit de ses mains **c** *(= astute) [plan, trick, idea, accounting, advertising, explanation]* astucieux ; *[technique]* astucieux, ingénieux ; *[invention, gadget, design, approach]* ingénieux ; *[person]* malin (-igne *f*) ; *[book, film]* astucieusement construit ; *[joke]* fin ◆ **~ clogs** *or* **Dick** * *(Brit pej)* petit malin, petite maligne ◆ **don't be** *or* **get ~ with me!** * ne fais pas le malin avec moi ! ; → **half** COMP ▷ **clever-clever** * ADJ *(pej)* un peu trop futé

**cleverly** /ˈklevəlɪ/ ADV *(with vb)* **a** *(= intelligently)* intelligemment **b** *(= skilfully)* ingénieusement ◆ **~ designed** d'une conception ingénieuse **c** *(often pej = astutely) [plan, disguise]* astucieusement ; *[construct]* d'une façon ingénieuse

**cleverness** /ˈklevənɪs/ N *(NonC)* **a** *(= intelligence) [of person, face, eyes]* intelligence *f* **b** *(= skill) [of craftsman]* habileté *f*, adresse *f* *(at sth* à qch) ; *[of sportsman]* habileté *f* ; *[of piece of work]* ingéniosité *f* ; *(Sport) [of shot, pass, header]* intelligence *f* **c** *(= astuteness) [of person, plan, trick, accounting, advertising]* astuce *f* ; *[of technique, idea, invention, design, solution, scheme, script]* ingéniosité *f* ; *[of* *book, film, argument, story]* construction *f* astucieuse ; *[of joke]* finesse *f*

**clew** /kluː/ N *(US)* ⇒ **clue**

**cliché** /ˈkliːʃeɪ/ N cliché *m*, expression *f or* phrase *f* toute faite

**clichéd** /ˈkliːʃeɪd/ ADJ rebattu, galvaudé

**click** /klɪk/ N déclic *m*, petit bruit *m* sec ; *[of tongue]* claquement *m* ; *[of wheel]* cliquet *m* ; *(Phon)* clic *m* VI a faire un bruit sec, cliqueter ◆ **the door ~ed shut** la porte s'est refermée avec un déclic ◆ **the part ~ed into place** la pièce s'est mise en place *or* s'est enclenchée avec un déclic ◆ **suddenly it ~ed** * *(fig)* tout à coup ça a fait tilt * ◆ **to ~ with sb** * *(= hit it off)* se découvrir des atomes crochus * avec qn b *( * = be successful) [product, invention]* bien marcher VT ◆ **to ~ one's heels** claquer des talons ◆ **to ~ one's tongue** faire claquer sa langue ◆ **she ~ed the shelf back into place** elle a remis l'étagère en place avec un déclic

► **click on** VT FUS *(Comput)* cliquer sur

**clickable** /ˈklikəbl/ ADJ *(Comput) [icon, image]* cliquable

**clicking** /ˈklɪkɪŋ/ N cliquetis *m*

**client** /ˈklaɪənt/ N client(e) *m(f)* COMP ▷ **client state** N *(Pol)* pays *m* satellite

**clientele** /ˌkliːɑːnˈtel/ N *(Comm)* clientèle *f* ; *(Theat)* habitués *mpl*

**cliff** /klɪf/ N *[of seashore]* falaise *f* ; *[of mountains]* escarpement *m* ; *(Climbing)* à-pic *m* COMP ▷ **cliff-dweller** N *(lit)* troglodyte *mf* ; *(US)* habitant(e) *m(f)* de gratte-ciel

**cliffhanger** * /ˈklɪfˌhæŋəʳ/ N récit *m* (*or* situation *f etc*) à suspense ; *(= moment of suspense)* moment *m* d'angoisse

**cliffhanging** * /ˈklɪfˌhæŋɪŋ/ ADJ tendu, à suspense ◆ **~ vote** * vote *m* à suspense

**clifftop** /ˈklɪftɒp/ N ◆ **a ~** le sommet d'une falaise ADJ *[walk, setting]* sur le sommet d'une falaise

**climacteric** /klaɪˈmæktərɪk/ N climatère *m* ; *(esp US Med)* ménopause *f* ADJ climatérique ; *(fig)* crucial, dangereux

**climactic** /klaɪˈmæktɪk/ ADJ ◆ **it was a ~ moment** ça a été un moment-clé *or* un moment décisif ◆ **the ~ scene of the film, where Joan is burned at the stake** la scène la plus forte du film, où Jeanne est brûlée sur le bûcher

**climate** /ˈklaɪmɪt/ N *(Met, fig)* climat *m* ◆ **the ~ of opinion** (les courants *mpl* de) l'opinion *f*

**climatic** /klaɪˈmætɪk/ ADJ climatique

**climatologist** /ˌklaɪməˈtɒlədʒɪst/ N climatologue *mf*, climatologiste *mf*

**climatology** /ˌklaɪməˈtɒlədʒɪ/ N climatologie *f*

**climax** /ˈklaɪmæks/ N a *(= high point)* point *m* culminant, apogée *m* ◆ **the ~ of his political career** l'apogée *m* de sa vie politique ◆ **to come to a ~** atteindre son paroxysme ◆ **to build** *or* **work up to a ~** *[events]* atteindre un paroxysme ; *[orator]* parachever son discours ◆ **the tournament is building up to a tremendous ~** le tournoi s'achemine vers une conclusion palpitante ◆ **this brought matters to a ~** cela a porté l'affaire à son paroxysme, cela a porté les événements à leur point culminant ◆ **a firework display brought the festival to a fitting ~** le festival se conclut en beauté sur un feu d'artifice

b *(= orgasm)* orgasme *m* ◆ **to bring sb to ~** faire jouir qn

VT ◆ **this performance ~ed a season of staggering success for Bailey** cette prestation a marqué le point culminant d'une saison extraordinaire pour Bailey ◆ **the reception was ~ed by a brilliant display of fireworks** la réception s'est conclue *or* terminée en beauté sur un magnifique feu d'artifice

VI a *(= reach high point)* ◆ **I felt the novel ~ed a little too quickly** j'ai trouvé que l'on atteignait un peu vite le point culminant du roman ◆ **a busy schedule of matches which ~ed with victory in the Heineken Trophy** une rapide succession de matches qui s'est conclue *or* terminée en beauté avec une victoire dans le Heineken Trophy

b *(= reach orgasm, orgasm)* jouir

**climb** /klaɪm/ VT (also **climb up**) *[+ stairs, steps, slope]* monter, grimper ; *[+ hill]* grimper, escalader ; *[+ tree]* grimper dans *or* sur ; *[+ ladder]* grimper à, monter sur ; *[+ rope]* monter à ; *[+ cliff, wall]* escalader ; *[+ mountain]* gravir, faire l'ascension de ◆ **the record ~ed three places** le disque a gagné trois places (au hit-parade) ◆ **shares ~ed three points** *(St Ex)* les actions ont augmenté de trois points ◆ **to be ~ing the wall** *(fig)* être dingue

VI a *(lit, fig:* also **climb up**) monter, grimper ; *[aircraft, rocket]* monter, prendre de l'altitude ; *[sun]* monter ; *[prices, shares, costs]* augmenter ; *(Sport)* escalader, grimper ; (also **rock-climb**) varapper

b ◆ **to ~ down a tree** descendre d'un arbre ◆ **to ~ down a mountain** descendre d'une montagne, effectuer la descente d'une montagne ◆ **to ~ over a wall/an obstacle** escalader un mur/un obstacle ◆ **to ~ into an aircraft/a boat** monter *or* grimper à bord d'un avion/bateau ◆ **to ~ out of a hole** se hisser hors d'un trou ◆ **to ~ to power** accéder au pouvoir

N *[of hill]* montée *f*, côte *f* ; *(Climbing)* ascension *f* ; *[of aircraft]* montée *f*, ascension *f*

COMP ▷ **climb-down** * N reculade *f*, dérobade *f*

► **climb down** VI a *(lit: from tree, wall)* descendre ; *(Climbing)* descendre, effectuer une descente

b *( * = abandon one's position)* en rabattre

N ◆ **climb-down** * → **climb**

► **climb up** VT, VI → **climb**

**climber** /ˈklaɪməʳ/ N *(= person)* grimpeur *m*, -euse *f* ; *(= mountaineer)* alpiniste *mf*, ascensionniste *mf* ; *(fig pej:* also **social climber**) arriviste *mf (pej)* ; *(= plant)* plante *f* grimpante ; (also **rock-climber**) varappeur *m*, -euse *f*

**climbing** /ˈklaɪmɪŋ/ ADJ *[person, bird]* grimpeur ; *(Bot)* grimpant ; *(Astron, Aviat)* ascendant N montée *f*, escalade *f* ; *(Sport)* alpinisme *m* ; (also **rock-climbing**) varappe *f* ; *(fig pej:* also **social climbing**) arrivisme *m (pej)* ◆ **to go ~** *(= mountaineering)* faire de l'alpinisme ; *(= rock-climbing)* faire de la varappe COMP ▷ **climbing boot** N chaussure *f* de montagne ▷ **climbing frame** N cage *f* à poules ▷ **climbing irons** NPL crampons *mpl* ▷ **climbing speed** N *(Aviat)* vitesse *f* ascensionnelle

**clime** /klaɪm/ N *(liter) (= climate)* climat *m* ; *(= country)* contrée *f* ◆ **in sunnier ~s** sous des cieux plus cléments

**clinch** /klɪntʃ/ VT (also **clench**) *(Tech) [+ nail, rivet]* river ; *(Naut)* étalinguer ; *(fig) [+ argument]* mettre un point final à ; *[+ bargain]* conclure ◆ **to ~ the deal** conclure l'affaire ◆ **to ~ an agreement** sceller un pacte ◆ **that ~es it** comme ça c'est réglé, ça coupe court à tout * VI *(Boxing)* combattre corps à corps N a *(Tech)* rivetage *m* ; *(Naut)* étalingure *f* b *(Boxing)* corps-à-corps *m* ◆ **to get into a ~** s'accrocher * c *( * = embrace)* étreinte *f* ◆ **in a ~** enlacés

**clincher** * /ˈklɪntʃəʳ/ ADJ argument *m* décisif

**clinching** /ˈklɪntʃɪŋ/ ADJ convaincant, concluant

**cline** /klaɪn/ N cline *m*

**cling** /klɪŋ/ (pret, ptp **clung**) VI a *(= hold tight)* se cramponner, s'accrocher (*to* à) ; ◆ **to ~ together, to ~ to one another** se tenir étroitement enlacés, se cramponner l'un à l'autre ◆ **despite the opposition of all he clung to his opinion** il s'est cramponné à *or* a maintenu son opinion envers et contre tous ◆ **to ~ to a belief** se raccrocher à une croyance ◆ **to ~ to the belief that ...** se raccrocher à la notion que ... b *(= stick)* adhérer, (se) coller (*to* à) ; *[clothes]* coller ◆ **to ~ together, to ~ to one another** rester *or* être collés l'un à l'autre

**Clingfilm ®, clingfilm** /ˈklɪŋfɪlm/ N film *m* alimentaire (transparent), Scellofrais ® *m*

**clinging** /ˈklɪŋɪŋ/ ADJ a *(pej = overdependent) [person]* collant, crampon *inv* * b *[material, garment]* collant, moulant c *[smell]* tenace COMP ▷ **clinging vine** * N *(US)* pot *m* de colle *

**clingwrap** /ˈklɪŋræp/ N ⇒ **Clingfilm**

**clingy** * /ˈklɪŋɪ/ ADJ a *(pej = overdependent) [person]* collant, crampon * *inv* b *[material, garment]* collant, moulant

**clinic** /ˈklɪnɪk/ N *(= private nursing home, consultant's teaching session)* clinique *f* ; *(= health centre)* centre *m* médicosocial *or* d'hygiène sociale ; (also **outpatients' clinic**) service *m* de consultation (externe), dispensaire *m* (municipal)

**clinical** /ˈklɪnɪkəl/ ADJ a *(Med) [test, research, practice, medicine]* clinique ; *[waste]* médical b *(fig pej = dispassionate) [person, attitude, tone, term]* froidement objectif ; *[detachment]* froid c *(pej = austere) [room, building, decor, style]* austère, froid ; *[colour]* froid COMP ▷ **clinical depression** N dépression *f* (nerveuse) ▷ **clinical psychologist** N psychologue *mf* clinicien(ne) ▷ **clinical psychology** N psychologie *f* clinique ▷ **clinical thermometer** N thermomètre *m* médical ▷ **clinical trial** N essai *m* clinique

**clinically** /ˈklɪnɪkəlɪ/ ADV a *(Med) [prove]* cliniquement ◆ **~ dead** cliniquement mort ◆ **to be ~ insane** être fou au sens médical du terme, être un malade mental ◆ **to be ~ depressed** souffrir de dépression (nerveuse), faire de la dépression (nerveuse) b *(= dispassionately) [say]* d'un ton froidement objectif, avec une froide objectivité

**clinician** /klɪˈnɪʃən/ N clinicien(ne) *m(f)*

**clink**[1] /klɪŋk/ VT faire tinter ◆ **to ~ glasses with sb** trinquer avec qn VI tinter, résonner N tintement *m (de verres etc)*

**clink**[2] ‡ /klɪŋk/ N taule ‡ *f*, bloc * *m* ◆ **in ~** en taule ‡

**clinker** /ˈklɪŋkəʳ/ N a *(= burnt out coal)* mâchefer *m*, scories *fpl* b *(= paving material)* brique *f* vitrifiée c *(US ‡ = mistake) (Mus)* pavé *m* ; *(gen)* couac *m* ; *(= failed film, play etc)* four * *m*, bide * *m* COMP ▷ **clinker-built** ADJ *(Naut)* (bordé) à clins

**clip**[1] /klɪp/ N *(for papers)* trombone *m* ; *(for tube)* collier *m*, bague *f* ; (also **cartridge clip**) chargeur *m* ; *(= brooch)* clip *m* VT a *[+ papers]* attacher (avec un trombone) ◆ **to ~ a brooch on one's dress** fixer une broche sur sa robe b *(US)* **to ~ * the customers** estamper * les clients COMP ▷ **clip art** N *(NonC: Comput)* images *fpl* numériques insérables ▷ **clip-clop** N ◆ **the ~-clop of hooves** les claquements *mpl* de sabots ▷ **clip frame** N sous-verre *m* ▷ **clip-on** ADJ avec clip ◆ **~-on**

**sunglasses** *lunettes de soleil que l'on fixe sur ses lunettes de vue*

► **clip on** VT SEP *[+ brooch]* fixer ; *[+ document etc]* attacher (avec un trombone) ADJ ◆ **clip-on** → **clip**[1]

► **clip together** VT SEP attacher

**clip**[2] /klɪp/ VT a *(= cut, snip)* couper (avec des ciseaux) ; *[+ hedge]* tailler ; *[+ sheep, dog]* tondre ; *[+ ticket]* poinçonner ; *[+ article from newspaper]* découper ; *[+ hair]* couper ; *[+ wings]* rogner, couper ◆ **to ~ sb's wings** rogner les ailes à qn

b *(* = hit)* donner une baffe à* ; *(= collide with)* accrocher ◆ **I ~ped him on the jaw*** je lui ai envoyé le poing dans la mâchoire* ◆ **to ~ sb's heels** cogner dans les pieds de qn

c *(= reduce time)* **to ~ a few seconds off a record** améliorer un record de quelques secondes

N a ◆ **to give sth a ~** ⇒ **to clip sth** → **vt a**

b *(Cine, Rad)* court extrait *m* ; *(TV)* clip *m*

c *(* = blow)* taloche* *f*, marron‡ *m* ◆ **to give sb a ~ round the ear** filer une claque à qn*

d *(US)* **at a ~** à toute vitesse

COMP ▷ **clip joint**‡ N *(pej)* boîte *f* où l'on se fait tondre *or* fusiller* ◆ **that's a real ~ joint** c'est vraiment le coup de fusil dans cette boîte*

**clipboard** /ˈklɪpbɔːd/ N *(gen)* écritoire *f* à pince ; *(Comput)* bloc-notes *m*, presse-papiers *m inv*

**clipped** /klɪpt/ ADJ *[tone, voice]* sec (sèche *f*) ◆ **he has a ~ way of speaking** il avale ses mots *or* les syllabes (en parlant) ◆ **in a ~ voice** d'un ton sec

**clipper** /ˈklɪpəʳ/ N *(Aviat, Naut)* clipper *m* NPL **clippers** *(= tool)* tondeuse *f* ; → **hair, hedge, nail**

**clippie** †‡ /ˈklɪpɪ/ N *(Brit = conductress)* receveuse *f*

**clipping** /ˈklɪpɪŋ/ N a *[of newspaper etc]* coupure *f* de presse *or* de journal b ◆ **~s** *[of grass, hedge]* chutes *fpl* ; *[of nails]* bouts *mpl* d'ongles (qu'on a coupés)

**clique** /kliːk/ N *(pej)* coterie *f (pej)*, clique* *f*

**cliquey** /ˈkliːkɪ/, **cliquish** /ˈkliːkɪʃ/ ADJ *(pej)* exclusif, qui a l'esprit de clique *or* de chapelle

**cliquishness** /ˈkliːkɪʃnɪs/ N *(pej)* esprit *m* de clique *or* de chapelle

**clit** *‡ /klɪt/ N clitoris *m*

**clitoral** /ˈklɪtərəl/ ADJ clitoridien

**clitoridectomy** /ˌklɪtərɪˈdektəmɪ/ N clitoridectomie *f*

**clitoris** /ˈklɪtərɪs/ N clitoris *m*

**Cllr** *(Brit)* abbrev of **Councillor**

**cloak** /kləʊk/ N grande cape *f* ; *[of shepherd etc]* houppelande *f* ◆ **as a ~ for sth** pour cacher *or* masquer qch ◆ **a ~ of mist** une nappe de brouillard ◆ **under the ~ of darkness** sous le manteau *or* le voile de la nuit VT *(fig)* masquer, cacher ; *(= dress)* revêtir d'un manteau ◆ **~ed with respectability/mystery** empreint de respectabilité/de mystère COMP ▷ **cloak-and-dagger** ADJ clandestin ◆ **the ~-and-dagger boys*** les membres *mpl* du service secret, les barbouzes‡ *fpl* ◆ **a ~-and-dagger story** un roman d'espionnage

**cloakroom** /ˈkləʊkrʊm/ N a *[of coats etc]* vestiaire *m* ; *(Brit = left luggage)* consigne *f* ◆ **to put** *or* **leave in the ~** *[+ clothes]* mettre *or* déposer au vestiaire ; *[+ luggage]* mettre à la consigne b *(Brit = toilet) (public)* toilettes *fpl* ; *(in house)* cabinets *mpl* COMP ▷ **cloakroom attendant** N *(in theatre)* préposé(e) *m(f)* au vestiaire ▷ **cloakroom ticket** N *(for clothes)* numéro *m* de vestiaire ; *(for luggage)* bulletin *m* de consigne

**clobber** * /ˈklɒbəʳ/ N *(NonC: Brit = belongings)* barda* *m* VT *(= hit)* tabasser‡ ; *(fig)* frapper de plein fouet ◆ **to be ~ed by the rise in interest rates** être mis à mal par la hausse des taux d'intérêt

**cloche** /klɒʃ/ N *(Agr, Dress)* cloche *f*

**clock** /klɒk/ N a *(large)* horloge *f* ; *(smaller)* pendule *f* ◆ **it's midday by the church ~** il est midi à l'horloge de *or* au clocher de l'église ◆ **it lasted two hours by the ~** cela a duré deux heures d'horloge ◆ **to keep one's eyes on the ~, to watch the ~** surveiller l'heure ◆ **they're watching the premises round the ~** ils surveillent les locaux vingt-quatre heures sur vingt-quatre ◆ **to work round the ~** travailler vingt-quatre heures d'affilée ; *(fig)* travailler sans relâche ◆ **to work against the ~** travailler contre la montre ◆ **to do sth by the ~** *or* **according to the ~** faire qch en respectant l'horaire ◆ **to put the ~(s) back/forward** retarder/avancer l'horloge ◆ **to put** *or* **turn the ~ back** *(fig)* revenir en arrière ◆ **you can't put the ~ back** ce qui est fait est fait ◆ **this decision will put the ~ back 50 years** cette décision va nous ramener 50 ans en arrière ; → **grandfather, o'clock, sleep**

b * *(= meter) [of taxi]* compteur *m*, taximètre *m* ; *(= milometer)* ≃ compteur *m* (kilométrique) ◆ **there were 50,000 miles on the ~** *(Aut)* la voiture avait 80 000 kilomètres au compteur

c *(Comput)* horloge *f*, base *f* de temps

VT a *(Sport) [+ runner]* chronométrer ◆ **he ~ed four minutes for the 1,500 metres** il a fait le 1 500 mètres en quatre minutes

b *(Brit)* **he ~ed him one**‡ *(= hit)* il lui a collé un pain‡ *or* un marron‡

c *(Brit * = notice)* voir

d *(Aut)* **to ~ a car** * trafiquer* le compteur d'une voiture

COMP ▷ **clock card** N *(Ind)* carte *f* de pointage ▷ **clock-golf** N jeu *m* de l'horloge ▷ **clock-radio** N radio-réveil *m* ▷ **clock repairer** N horloger *m* réparateur ▷ **clock-tower** N clocher *m* ▷ **clock-watcher** N *(pej)* ◆ **he's a terrible ~-watcher** il ne fait que guetter l'heure de sortie, il a les yeux fixés sur la pendule ▷ **clock-watching** N ◆ **to be guilty of ~-watching** passer son temps à surveiller les aiguilles de la pendule

► **clock in** VI *(Ind)* pointer (à l'arrivée) VT SEP ◆ **he clocked in three hours' work** il a fait trois heures de travail

► **clock off** VI *(Ind)* pointer (à la sortie)

► **clock on** VI ⇒ **clock in vi**

► **clock out** VI ⇒ **clock off**

► **clock up** VT SEP a ⇒ **clock in vt sep**

b *(Aut)* **he ~ed up 250 miles** il a fait 250 miles au compteur

**clockface** /ˈklɒkfeɪs/ N cadran *m (d'une horloge)*

**clockmaker** /ˈklɒkˌmeɪkəʳ/ N horloger *m*, -ère *f*

**clockwise** /ˈklɒkwaɪz/ ADV, ADJ dans le sens des aiguilles d'une montre

**clockwork** /ˈklɒkwɜːk/ N *(= mechanism) [of clock]* mouvement *m* (d'horloge) ; *[of toy etc]* mécanisme *m*, rouages *mpl* ◆ **to go** *or* **run like ~** *(fig)* aller comme sur des roulettes ; → **regular** COMP *[toy, train, car]* mécanique ; *(fig)* précis, régulier ▷ **clockwork precision** N ◆ **with ~ precision** avec la précision d'une horloge

**clod** /klɒd/ N a *[of earth etc]* motte *f* (de terre etc) b *(* pej)* balourd(e)* *m(f)*

**clodhopper** * /ˈklɒdˌhɒpəʳ/ N *(pej) (= person)* lourdingue* *m* ; *(= shoe)* godillot* *m*, croquenot* *m*

**clodhopping** * /ˈklɒdˌhɒpɪŋ/ ADJ *[person]* lourdingue* ◆ **~ shoes** *or* **boots** godillots* *mpl*, croquenots* *mpl*

**clog** /klɒg/ N *(= shoe) (wooden)* sabot *m* ; *(with wooden soles)* socque *m*, galoche† *f* VT *(also* **clog up***)* *[+ pores, arteries, lungs]* obstruer ; *[+ pipe]* boucher, encrasser ; *[+ streets, system]* congestionner ◆ **~ged with traffic** congestionné, embouteillé VI *(also* **clog up***)* *[pipe etc]* se boucher, s'encrasser

**cloister** /ˈklɔɪstəʳ/ N *(Archit, Rel)* cloître *m* VT *(Rel)* cloîtrer ◆ **to lead a ~ed life** mener une vie monacale *or* de cloîtré

**clone** /kləʊn/ N *(also Comput)* clone *m* VT cloner

**cloning** /ˈkləʊnɪŋ/ N clonage *m*

**clonk** /klɒnk/ N *(= sound)* bruit *m* sourd VI *(= make sound)* émettre un bruit sourd

**close**[1] /kləʊs/ ADJ a *(= near)* proche ◆ **an agreement seems ~** il semble qu'on s'approche d'un accord ◆ **in ~ proximity to sb/sth** dans le voisinage immédiat de qn/qch ◆ **at ~ quarters** de très près ◆ **to shoot sb at ~ range** tirer sur qn à bout portant ◆ **to have a ~ shave** *(lit)* se (faire) raser de près ◆ **it was a ~ shave*** *or* **thing*** *or* **call*** je l'ai (*or* il l'a *etc*) échappé belle ◆ **the house is ~ to the shops** la maison est près *or* proche des magasins ◆ **his birthday is ~ to mine** son anniversaire est proche du mien ◆ **she was very ~ to her brother** *(in age)* il y avait très peu de différence d'âge entre son frère et elle ; *(in friendship)* elle était très proche de son frère ; see also **c** ◆ **to be ~ to success** être près de réussir ◆ **to be very ~ to success** être à deux doigts de réussir ◆ **to be ~ to starvation** être au bord de la famine ◆ **to be ~ to tears** être au bord des larmes ◆ **to be ~ to doing sth** être à deux doigts de faire qch ◆ **to be too close to call** *[results]* être très serré ; → **bone, comfort, home**

b *(= similar)* **~ to** proche de ◆ **it was something ~ to obsession** cela tenait de l'obsession ◆ **she felt something ~ to loathing for the man** elle éprouvait un sentiment proche de la haine pour cet homme ◆ **she regarded him with something that was ~ to fear** elle le regardait avec une sorte de peur ◆ **her desire was ~r to passion than love** son désir tenait plus de la passion que de l'amour

c *(= intimate) [friend, relative, partner, adviser]* proche ; *[relationship]* profond ; *[cooperation, ties, links, connection]* étroit ; *[friendship]* intime ; *[resemblance]* fort ◆ **she is very ~ to her brother** elle est très proche de son frère ◆ **we are very ~** nous sommes très proches ◆ **a ~ circle of friends** un cercle d'amis proches ◆ **to be in/keep in ~ contact with sb** être/rester en contact étroit avec qn ◆ **to be/feel ~ to sb** être/se sentir proche de qn ◆ **a source ~ to the president** une source proche du président

d *(= careful) [examination, inspection, study]* attentif ; *[questioning, reasoning]* serré ; *[investigation, enquiry, checking]* minutieux ; *[translation]* fidèle ; *[account]* détaillé ; *[argument]* précis ◆ **to pay ~ attention to sth** faire bien attention à qch ◆ **the children were paying ~ attention to the teacher** les enfants écoutaient le professeur avec beaucoup d'attention ◆ **to be (kept) in ~ confinement** être sous bonne garde ◆ **(up)on ~r inspection** *or* **examination** après un examen plus minutieux ◆ **to have a ~r look at sth** regarder qch de plus près ◆ **to keep sb/sth under ~**

**surveillance, to keep a ~ eye** *or* **watch on sb/sth** surveiller qn/qch de près

e *(= dense) [handwriting, ranks]* serré ; *[grain, texture]* fin ◆ **I find it difficult to read such ~ print** j'ai du mal à lire un texte si serré ◆ **in ~ formation** *or* **order** *(esp Aviat, Mil)* en formation serrée

f *(= decided by a small amount) [election, contest, race, finish]* serré

g *(= stuffy) [room]* mal aéré ; *[atmosphere, air]* lourd ◆ **it's very ~ in here** ça manque d'air ici ◆ **it's very ~ today** *(Met)* il fait très lourd aujourd'hui

h *(= secretive)* ◆ **to be ~ (about sth)** *[person]* rester secret (quant à qch)

i *(Ling) [vowel]* fermé

ADV a ◆ **~ to sb/sth** près de qn/qch ◆ **sit ~ up to me** assieds-toi tout près de moi ◆ **~ against the wall** tout contre le mur ◆ **~ behind (sb/sth)** juste derrière (qn/qch) ◆ **he followed ~ behind me** il me suivait de près ◆ **~ by (sb/sth)** tout près (de qn/qch) ◆ **to get ~ (to sb/sth)** s'approcher (de qn/qch) ◆ **to get ~r (to sb/sth)** se rapprocher (de qn/qch) ◆ **to be ~ at hand** *or* **to hand** *[object]* être à portée de main ; *[place]* être à proximité ; *[date, event]* être proche ◆ **to hold sb ~** serrer qn dans ses bras ◆ **shut ~, ~ shut** hermétiquement fermé *or* clos ◆ **their two heads were ~ together** leurs deux têtes étaient tout près l'une de l'autre ◆ **the tables were pushed ~ together** on a rapproché les tables ◆ **to come ~r together** se rapprocher ◆ **to look at sth ~ to** *or* **up** regarder qch de très près

b ◆ **~ to** *or* **on** *(= almost)* près de ◆ **~ to** *or* **on ten thousand pounds** près de dix mille livres ◆ **he is ~ on 60** il a près de 60 ans ◆ **it's ~ on midnight** il est près de minuit

N *(= enclosure)* clos *m* ; *[of cathedral]* enceinte *f* ; *(Scot = alleyway)* passage *m*, couloir *m*

COMP ▷ **close combat** N *(gen)* corps à corps *m*, close-combat *m (SPEC)* ▷ **close company** N *(Brit Fin) société dont le nombre d'actionnaires est limité* ▷ **close-cropped** ADJ *[hair]* (coupé) ras ; *[grass]* ras ▷ **close-fisted** ADJ avare, grippe-sou *inv*, pingre ▷ **close-fitting** ADJ *[clothes]* ajusté, près du corps ▷ **close-grained** ADJ *[wood]* au grain serré ▷ **close-harmony singing** N chant *m* dans une tessiture restreinte *or* rapprochée *or* réduite ▷ **close-knit** ADJ *(fig)* très uni ▷ **close-mouthed** ADJ *(fig)* taciturne, peu bavard ▷ **close-run** ADJ ◆ **~-run race** course *f* très serrée ◆ **it was a ~-run thing** ils sont arrivés dans un mouchoir ▷ **close-set** ADJ *[eyes]* rapprochés ▷ **close-shaven** ADJ *[person, head]* rasé de près ▷ **close-up** N *(Cine, TV = photo, shot)* gros plan *m* ◆ **in ~-up** en gros plan

**close²** /kləʊz/ N *(= end)* fin *f*, conclusion *f* ◆ **to come to a ~** se terminer, prendre fin ◆ **to draw to a ~** tirer à sa fin ◆ **to draw sth** *or* **bring sth to a ~** mettre fin à qch ◆ **the ~ of (the) day** *(liter)* la tombée du jour ◆ **towards the ~ of the century** vers la fin du siècle

VT a *(= shut)* fermer ; *[+ eyes, door, factory, shop]* fermer ; *[+ pipe, tube, opening]* boucher ; *[+ road]* barrer ◆ **road ~d to traffic** route *f* interdite à la circulation ◆ **to ~ one's mind to new ideas** fermer son esprit à toute idée nouvelle ; → **ear¹, eye**

b *(= bring to an end) [+ proceedings, discussion]* mettre fin à, clore ; *(Fin) [+ account]* arrêter, clore ; *[+ bargain]* conclure ◆ **to ~ the meeting** lever la séance

c *(= bring together)* serrer, rapprocher ◆ **to ~ the gap between two objects** réduire l'intervalle entre deux objets ◆ **to ~ the gap between ...** *(fig)* combler le fossé entre ... ◆ **Britain is closing the gap on** *or* **with Japan** la Grande-Bretagne comble son retard sur le Japon ◆ **to ~ ranks** *(Mil, also fig)* serrer les rangs

d *(Elec) [+ circuit]* fermer

VI a *[door, box, lid, drawer]* fermer, se fermer ; *[museum, theatre, shop]* fermer ◆ **the door ~d** la porte s'est fermée ◆ **the door/box ~s badly** la porte/la boîte ferme mal ◆ **the shop ~s at 6 o'clock** le magasin ferme à 18 heures ◆ **the shop ~s on Sundays** le magasin est fermé le dimanche ◆ **his eyes ~d** ses yeux se fermèrent ◆ **his fingers ~d around the pencil** ses doigts se sont refermés sur le crayon

b *(= end) [session]* se terminer, prendre fin ; *[speaker]* terminer, finir ◆ **the meeting ~d abruptly** la séance a pris fin *or* s'est terminée brusquement ◆ **he ~d with an appeal to their generosity** il a terminé par un appel à leur générosité ◆ **shares ~d at 120p** *(St Ex)* les actions étaient cotées à *or* valaient 120 pence en clôture

COMP ▷ **close-down** N *[of shop, business etc]* fermeture *f* (définitive) ; *(Brit Rad, TV)* fin *f* des émissions ▷ **close-out sale** N *(US)* liquidation *f* avant fermeture ▷ **close season** N *(Brit) (Hunting)* période *f* de fermeture de la chasse ; *(Fishing)* période *f* de fermeture de la pêche ; *(Ftbl)* intersaison *f*

► **close down** VI *[business, shop]* fermer (définitivement) ; *(Brit Rad, TV)* terminer les émissions

VT SEP a *[+ shop, business]* fermer (définitivement)

b *(Ftbl) [+ player]* marquer à la culotte

N ◆ **close-down** → **close²**

► **close in** VI *[hunters etc]* se rapprocher, approcher ; *[evening, darkness, night]* tomber ; *[fog]* descendre ◆ **the days are closing in** les jours raccourcissent (de plus en plus) ◆ **to ~ in on sb** *(= approach)* s'approcher *or* se rapprocher de qn ; *(in race, pursuit)* rattraper qn ◆ **the police are closing in on the killer** *(lit) (= approaching)* la police resserre son étau autour du meurtrier ; *(fig) (= nearer to finding)* le filet de la police se resserre autour du meurtrier

VT SEP clôturer, enclore

► **close off** VT SEP *[+ room]* condamner ; *[+ road etc]* barrer

► **close on** VT FUS a *(= get nearer to: in race, achievement etc)* rattraper

b *(US)* ⇒ **close in on** ; → **close in vi**

► **close out** VT SEP *(US Comm) [+ stock]* liquider (avant fermeture)

► **close up** VI *[people in line etc]* se rapprocher, se serrer ; *(Mil)* serrer les rangs ; *[wound]* se refermer

VT SEP *[+ house, shop]* fermer (complètement) ; *[+ pipe, tube, opening]* fermer, obturer, boucher ; *[+ wound]* refermer, recoudre

► **close with** VT FUS a *(= strike bargain with)* conclure un marché avec, tomber d'accord avec

b *(= agree to) [+ offer, conditions]* accepter

**closed** /kləʊzd/ ADJ *[door, eyes]* fermé, clos ; *[road]* barré ; *[pipe, opening etc]* bouché, obturé ; *[class, economy]* fermé ; *(Ling) [syllable]* couvert ◆ **"closed"** *(notice, gen)* "fermé" ; *(Theat)* "relâche" ◆ **the shop is ~ (now)** le magasin est fermé (maintenant) ◆ **the shop is ~ on Sundays** le magasin ferme le dimanche ◆ **to find the door ~** *(lit, fig)* trouver porte close ◆ **to have a ~ mind** avoir l'esprit étroit ◆ **~ session** *(Jur)* huis *m* clos ◆ **maths is a ~ book to me** * je ne comprends rien aux maths ◆ **behind ~ doors** *(fig)* à l'abri des indiscrets ◆ **~ staff hospital** *(US) hôpital où des médecins agréés peuvent traiter leurs propres malades*

COMP ▷ **closed-circuit television** N télévision *f* en circuit fermé ▷ **closed company** N *(Brit Fin) société dont le nombre d'actionnaires est limité* ▷ **closed-door** ADJ *[meeting, session]* à huis clos ▷ **closed primary** N *(US Pol) élection primaire réservée aux membres d'un parti* ▷ **closed season** N *(US) (Hunting)* période *f* de fermeture de la chasse ; *(Fishing)* période *f* de fermeture de la pêche ▷ **closed set** N *(Math)* ensemble *m* fermé ▷ **closed shop** N *atelier or organisation qui n'admet que des travailleurs syndiqués* ◆ **the unions insisted on a ~-shop policy** *(Ind)* les syndicats ont exigé l'exclusion des travailleurs non syndiqués

**closely** /ˈkləʊslɪ/ ADV a *(= strongly) [linked, connected, associated]* étroitement ; *[resemble]* beaucoup ◆ **we are ~ related** nous sommes proches parents ◆ **fruits ~ related to the orange** des fruits *mpl* très proches de l'orange ◆ **~ identified with sth** étroitement associé à qch ◆ **~ involved with a campaign/project** étroitement associé à une campagne/un projet ◆ **to become ~ involved with sb** *(romantically)* se lier intimement à qn ◆ **a ~ knit community** une communauté très unie

b *(= carefully) [look at, study]* de près ; *[listen]* attentivement ◆ **to monitor sth ~** suivre qch de près ◆ **to question sb ~** presser qn de questions ◆ **a ~ guarded secret/prisoner** un secret/prisonnier bien gardé

c *(= tightly)* ◆ **he held her ~ to him** il la serrait *or* la tenait serrée (tout) contre lui ◆ **they crowded more ~ around the television** ils se sont pressés davantage autour de la télévision ◆ **~ followed by sb/sth** suivi de près par qn/qch ◆ **to stick ~ to the subject** rester près du sujet

d *(= densely)* ◆ **~ typed** aux caractères serrés ◆ **~ written** à l'écriture serrée

e *(= intimately)* ◆ **to work ~ with sb** travailler en étroite collaboration avec qn

f *(= keenly) [fought, contested]* âprement

**closeness** /ˈkləʊsnɪs/ N a *[of cloth, weave]* texture *f or* contexture *f* serrée ; *[of friendship]* solidité *f* ; *[of translation, reproduction]* fidélité *f* ; *[of examination, interrogation, study]* minutie *f*, rigueur *f* ; *[of reasoning]* logique *f* ; *[of pursuit]* vigueur *f* ; *[of pursuers]* proximité *f* ◆ **~ of blood relationship** proche degré *m* de parenté ◆ **the ~ of the resemblance** la grande ressemblance b *(= proximity)* proximité *f* c *[of weather, atmosphere]* lourdeur *f* ; *[of room]* manque *m* d'air d *(= stinginess)* avarice *f*

**closet** /ˈklɒzɪt/ N a *(US = cupboard)* armoire *f*, placard *m* ; *(for hanging clothes)* penderie *f* b *(esp US = small room)* cabinet *m* (de travail), (petit) bureau *m* c *(also* **water closet***)* cabinets *mpl*, waters *mpl* d *(fig)* **to come out of the ~** * se montrer au grand jour VT *(gen pass)* enfermer *(dans un cabinet de travail etc)* ◆ **he was ~ed with his father for several hours** son père et lui sont restés enfermés plusieurs heures à discuter ◆ **she ~ed herself (away) in her bedroom** elle s'est cloîtrée dans sa chambre ADJ *(* fig = secret)* honteux, qui n'ose pas s'avouer ◆ **a ~ homosexual** un(e) homosexuel(le) refoulé(e) *or* qui ne s'assume pas ◆ **he's a ~ fascist** c'est un fasciste refoulé *or* un crypto-fasciste

**closing** /ˈkləʊzɪŋ/ N *(NonC) [of factory, house, shop]* fermeture *f* ; *[of meeting]* clôture *f* ; *(Fin)* clôture *f* ADJ a *(= final)* final, dernier ◆ **~ remarks** observations *fpl* finales ◆ **~ speech** discours *m* de clôture ◆ **~ price** *(St Ex)* cours *m* en clôture b *(= concluding) [speech, ceremony]* de clôture ◆ **~ date** *(for applications)* date *f* limite de dépôt ; *(Fin, Jur)* date de réalisation (d'une opération) ◆ ~

**time** *(Brit)* heure *f* de fermeture *(d'un magasin, d'un café etc)* ◆ **when is ~ time?** à quelle heure fermez-vous ? ◆ **"closing time!"** "on ferme !" ; → **early** COMP ▷ **closing-down sale** N *(Brit Comm)* liquidation *f* totale *(avant fermeture définitive)* ▷ **closing-out sale** N *(US)* ⇒ **close-out sale ;** → **close**2

**closure** /'kləʊʒəʳ/ N a *[of factory, business]* fermeture *f* ; → **lane** b *(Parl)* clôture *f* ◆ **to move the ~** *(Parl)* demander la clôture ◆ **~ rule** *(US Pol)* règlement *m* limitant le temps de parole c ◆ **to get** *or* **achieve ~** *(on deal)* conclure ; *(on past)* tourner la page

**clot** /klɒt/ N a *[of blood, milk]* caillot *m* ◆ **a ~ in the lung/on the brain** une embolie pulmonaire/cérébrale ◆ **a ~ in the leg** une thrombose à la jambe b *(Brit* ‡ *pej = person)* ballot * *m*, cruche * *f* VT *[+ blood]* coaguler VI *[blood]* (se) coaguler COMP ▷ **clotted cream** N *(Brit) sorte de crème fraîche épaisse*

**cloth** /klɒθ/ N a *(NonC)* tissu *m*, étoffe *f* ; *[of linen, cotton]* toile *f* ; *[of wool]* drap *m* ; *(Bookbinding)* toile *f* ; *(Naut)* toile *f*, voile *f* ◆ **bound in ~** *[book]* relié (en) toile ◆ **~ of gold** drap *m* d'or ; → **oilcloth** b *(= tablecloth)* nappe *f* ; *(= duster)* chiffon *m*, linge *m* ; → **dishcloth, tea** c *(Rel)* **the ~** *(collective)* le clergé ◆ **out of respect for his ~** par respect pour son sacerdoce COMP *(= made of cloth)* de *or* en tissu, de *or* en étoffe ▷ **cloth-binding** N *[of books]* reliure *f* (en) toile ▷ **cloth-bound** ADJ *[book]* relié (en) toile ▷ **cloth cap** N *(Brit)* casquette *f* (d'ouvrier) ▷ **cloth-eared** ‡ ADJ *(= deaf)* sourdingue ‡, dur de la feuille ‡ ▷ **cloth ears** ‡ N ◆ **wake up ~ ears!** hé ! tu es sourd ou quoi ? *

**clothe** /kləʊð/ VT habiller, vêtir (*in, with* de) ; *(fig)* revêtir, couvrir (*in, with* de)

**clothes** /kləʊðz/ NPL a vêtements *mpl*, habits *mpl* ◆ **with one's ~ on** (tout) habillé ◆ **with one's ~ off** déshabillé ◆ **to put on one's ~** s'habiller ◆ **to take off one's ~** se déshabiller ; → **plain**

b (also **bedclothes**) draps *mpl* et couvertures *fpl*

COMP ▷ **clothes basket** N panier *m* à linge ▷ **clothes brush** N brosse *f* à habits ▷ **clothes drier, clothes dryer** N séchoir *m* (à linge), sèche-linge *m* ▷ **clothes hanger** N cintre *m* ▷ **clothes horse** N séchoir *m* (à linge) ; *(fig)* mannequin *m* ◆ **she's just a ~ horse** * *(US)* à part la mode, rien ne l'intéresse ▷ **clothes line** N corde *f* (à linge) ▷ **clothes moth** N mite *f* ▷ **clothes peg** N *(Brit)* pince *f* à linge ▷ **clothes pole, clothes prop** N perche *f or* support *m* pour corde à linge ▷ **clothes rack** N *(in shop)* portant *m* de vêtements ▷ **clothes rope** N ⇒ **clothes line** ▷ **clothes shop** N magasin *m* de vêtements ▷ **clothes tree** N *(US)* portemanteau *m*

**clothespin** /'kləʊðzpɪn/ N *(US, Scot)* ⇒ **clothes peg ;** → **clothes**

**clothier** /'kləʊðɪəʳ/ N *(= clothes seller)* marchand *m* (de vêtements) de confection ; *(= cloth dealer, maker)* drapier *m*

**clothing** /'kləʊðɪŋ/ N *(NonC)* a *(= clothes)* vêtements *mpl* ◆ **an article of ~** un vêtement, une pièce d'habillement b *(= act of clothing)* habillage *m* ; *[of monks, nuns]* prise *f* d'habit ; *(= providing with clothes)* habillement *m* COMP ▷ **clothing allowance** N indemnité *f* vestimentaire

**cloture** /'kləʊtʃəʳ/ *(US Pol)* N clôture *f* COMP ▷ **cloture rule** N règlement *m* limitant le temps de parole

**cloud** /klaʊd/ N a *(in sky)* nuage *m*, nuée *f (liter)* ; *[of smoke, dust etc]* nuage *m* ; *[of insects, arrows etc]* nuée *f* ; *[of gas]* nappe *f* ◆ **to have one's head in the ~s** être dans les nuages *or* dans la lune ◆ **to be on ~ nine** * être aux anges *or* au septième ciel * ◆ **every ~ has a silver lining** *(Prov)* à quelque chose malheur est bon *(Prov)* ◆ **under a ~** *(fig) (= under suspicion)* en butte aux soupçons ; *(= in disgrace)* en disgrâce

b *(= cloudiness) [of liquid]* nuage *m* ; *[of mirror]* buée *f* ; *[of marble]* tache *f* noire

VT *[+ liquid]* rendre trouble ; *[+ mirror]* embuer ; *[+ prospects, career]* assombrir ; *[+ reputation]* ternir ◆ **a ~ed sky** un ciel couvert *or* nuageux ◆ **a ~ed expression** *or* **face** un air sombre *or* attristé ◆ **a ~ed mind** un esprit obscurci ◆ **to ~ the issue** embrouiller les choses

VI (also **cloud over**) *[sky]* se couvrir (de nuages), s'obscurcir ; *(fig) [face, expression]* s'assombrir, se rembrunir

COMP ▷ **cloud cover** N *(Aviat, Met)* couche *f* de nuages ▷ **cloud-cuckoo-land** N ◆ **she lives in ~-cuckoo-land** elle plane complètement, elle n'a pas les pieds sur terre

**cloudberry** /'klaʊdbərɪ/ N *(= fruit) baie jaune, de la famille de la framboise*

**cloudburst** /'klaʊdbɜːst/ N grosse averse *f*

**cloudiness** /'klaʊdɪnɪs/ N *[of sky]* état *m or* aspect *m* nuageux ; *[of liquid]* aspect *m* trouble ; *[of mirror]* buée *f*

**cloudless** /'klaʊdlɪs/ ADJ *(lit, fig)* sans nuages

**cloudy** /'klaʊdɪ/ ADJ *[sky]* nuageux, couvert ; *[liquid]* trouble ; *[diamond etc]* taché, nuageux ; *[leather]* marbré ; *(fig) [ideas]* nébuleux, embrumé *(fig)* ◆ **it was ~, it was a ~ day** le temps était couvert

**clout** /klaʊt/ N a *(= blow)* coup *m* de poing (*or* de canne *etc*) b *(* fig = influence)* influence *f*, poids *m* ◆ **he's got** *or* **he carries** *or* **he wields a lot of ~** c'est un homme de poids c *(dial) (= cloth)* chiffon *m* ; *(= garment)* vêtement *m* VT *[+ object]* frapper ; *[+ person]* donner un coup de poing (*or* de canne *etc*) à

**clove**1 /kləʊv/ N clou *m* de girofle ◆ **oil of ~s** essence *f* de girofle ◆ **~ of garlic** gousse *f* d'ail

**clove**2 /kləʊv/ VB pt of **cleave**1 COMP ▷ **clove hitch** N *(= knot)* demi-clé *f*

**cloven** /'kləʊvn/ VB ptp of **cleave**1 COMP ▷ **cloven-footed** ADJ *[animal]* aux sabots fendus ; *[devil]* aux pieds fourchus ▷ **cloven hoof** N *[of animal]* sabot *m* fendu ; *[of devil]* pied *m* fourchu

**clover** /'kləʊvəʳ/ N trèfle *m* ◆ **to be in ~** * être *or* vivre comme un coq en pâte ; → **four**

**cloverleaf** /'kləʊvəliːf/ N *(Bot)* feuille *f* de trèfle ; *(= road intersection)* (croisement *m* en) trèfle *m*

**clown** /klaʊn/ N *[of circus etc]* clown *m* ; *(Theat)* bouffon *m* ; *(fig) (= funny person)* clown *m*, pitre *m* ; *(= idiot)* imbécile *m* VI *(fig:* also **clown about, clown around***)* faire le clown *or* le pitre

**clowning** /'klaʊnɪŋ/ N *(NonC)* pitreries *fpl*, singeries *fpl*

**clownish** /'klaʊnɪʃ/ ADJ *[person, behaviour, sense of humour]* clownesque

**cloy** /klɔɪ/ VT écœurer (*with* de) VI perdre son charme

**cloying** /'klɔɪɪŋ/ ADJ *(lit)* écœurant ; *(fig)* sirupeux

**cloyingly** /'klɔɪɪŋlɪ/ ADV ◆ **~ sentimental** d'une sentimentalité écœurante, dégoulinant de sentimentalité

**cloze test** /'kləʊz,test/ N texte *m* à trous *or* blancs

**club** /klʌb/ N a *(social, sports)* club *m* ◆ **tennis ~** club *m* de tennis ◆ **sports/drama ~** club *m* sportif/de théâtre ◆ **yacht ~** yacht-club *m*, club *m* nautique ◆ **literary ~** cercle *m* littéraire ◆ **he is dining at his ~** il dîne à son club *or* à son cercle ◆ **join the ~!** * *(fig)* tu n'es pas le *or* la seul(e) ! ◆ **to be in the ~** ‡ *(Brit = pregnant)* être en cloque ‡ ; → **benefit, youth**

b (also **night club***)* boîte *f* de nuit, boîte * *f* ◆ **the ~ scene** le monde des boîtes de nuit ◆ **London's ~ scene** la nuit londonienne

c *(= weapon) (gen)* massue *f*, gourdin *m* ; *(= truncheon)* matraque *f* ; (also **golf club***)* club *m* ; → **Indian**

d *(Cards)* trèfle *m* ◆ **~s** trèfles *mpl* ◆ **the ace of ~s** l'as *m* de trèfle ◆ **the six of ~s** le six de trèfle ◆ **he played a ~** il a joué (un *or* du) trèfle ◆ **~s are trumps** atout trèfle ◆ **a low/high ~** un petit/gros trèfle ◆ **have you any ~s?** avez-vous du trèfle ? ◆ **I haven't any ~s** je n'ai pas de trèfle ◆ **three tricks in ~s** trois levées à trèfle

VT *[+ person]* frapper avec un gourdin *or* une massue ; *(with truncheon)* matraquer ◆ **to ~ sb with a rifle** frapper qn à coups de crosse ◆ **they ~ the baby seals to death** ils tuent les bébés phoques à coups de massue *or* gourdin

VI ◆ **to go ~bing** sortir en boîte *

COMP *[premises, secretary etc]* du club ▷ **club car** N *(US Rail)* wagon-restaurant *m* ▷ **club chair** N fauteuil *m* club *inv* ▷ **club class** N classe *f* club ▷ **club foot** N (pl **club feet**) pied-bot *m* ▷ **club-footed** ADJ pied bot *inv* ▷ **club member** N membre *m* d'un club ▷ **club sandwich** N club sandwich *m*, ≃ sandwich *m* mixte ▷ **club soda** N *(US)* eau *f* de seltz ▷ **club steak** N *(US)* (bifteck *m* pris dans la) queue *f* de filet ▷ **club subscription** N cotisation *f* (à un club)

► **club together** VI *(esp Brit)* se cotiser ◆ **to ~ together to buy sth** se cotiser pour acheter qch

**clubbable** * /'klʌbəbl/ ADJ sociable

**clubber** * /'klʌbəʳ/ N *(Brit)* noctambule *mf*, habitué(e) *m(f)* des boîtes de nuit

**clubbing** * /'klʌbɪŋ/ N *(Brit)* sorties *fpl* en boîte * ◆ **to go ~** sortir en boîte *

**clubhouse** /'klʌbhaʊs/ N *(Sport)* pavillon *m*, club-house *m*

**clubland** /'klʌblænd/ N *(NonC)* a *(esp Brit: for nightclubs)* le monde des boîtes de nuit b *(Brit: for gentlemen's clubs) quartier des clubs chics à Londres*

**clubman** /'klʌbmən/ N (pl **-men**) membre *m* d'un club ; *(= man about town)* homme *m* du monde, mondain *m* ◆ **he is not a ~** il n'est pas homme à fréquenter les clubs *or* les cercles

**clubroom** /'klʌbrʊm/ N salle *f* de club *or* de réunion

**cluck** /klʌk/ VI *[hens, people]* glousser N gloussement *m*

**clue, clew** *(US)* /kluː/ N *(gen)* indication *f*, indice *m* ; *(in crime)* indice *m* ; *(in crossword)* définition *f* ◆ **the killer left behind few ~s as to his identity** le meurtrier n'a laissé que peu d'indices sur son identité ◆ **he gave few ~s about when he intends to leave** il n'a pas donné beaucoup d'indications sur le moment de son départ ◆ **have the police found any ~s as to who killed him?** la police a-t-elle trouvé des indices quant à l'identité du meurtrier ? ◆ **to find the ~ to sth** découvrir *or* trouver la clé de qch ◆ **they may have found the ~ to the cause of this disease** ils ont peut-être découvert *or* trouvé la cause de cette maladie ◆ **the**

**condition of your cat's fur can be a ~ to his state of health** l'aspect du pelage de votre chat peut être une indication de son état de santé ◆ **a person's record collection is often a big ~ to their character** la collection de disques d'une personne en dit souvent long sur son caractère ◆ **my hesitation gave her the ~ to what I was thinking about** mon hésitation lui a permis de deviner à quoi je pensais ◆ **the outside of the building gives little ~ to what goes on inside** il est difficile de deviner, quand on voit l'extérieur du bâtiment, ce qui s'y passe à l'intérieur ◆ **give me a ~!** mets-moi sur la voie ! ◆ **I'll give you a ~** je vais te mettre sur la voie, je vais te donner un indice ◆ **I haven't a ~!** * *(fig)* je n'en ai pas la moindre idée !, aucune idée ! * ◆ **he hasn't a ~ what he's going to do about it** * il n'a pas la moindre idée de ce qu'il va faire à ce sujet ◆ **you haven't got a ~ what I'm talking about, have you?** * tu n'as pas la moindre idée de ce que je raconte, n'est-ce pas ? ◆ **I haven't got a ~ where she's gone** * je n'ai pas la moindre idée de l'endroit où elle est allée, je ne sais pas du tout où elle est allée

► **clue in** ⁑ VT SEP mettre au courant *or* au parfum * (*on or about sth* à propos de qch)

► **clue up** ⁑ VT SEP mettre au parfum * (*on* de) ; ◆ **to be ~d up** être au parfum * ◆ **to get ~d up about** *or* **on sth** se renseigner sur qch ◆ **he's pretty ~d up on the current political situation** il est assez au courant de la situation politique actuelle

**clueless** * /ˈkluːlɪs/ ADJ ◆ **he's ~** il ne sait rien de rien *

**clump**[1] /klʌmp/ N *[of shrubs]* massif *m* ; *[of trees]* bouquet *m* ; *[of flowers]* touffe *f* ; *(larger)* massif *m* ; *[of grass]* touffe *f* VT ◆ **~ (together)** rassembler

**clump**[2] /klʌmp/ N *(= noise)* bruit *m* de pas lourd(s) *or* pesant(s) VI *(also* **clump about***)* marcher d'un pas lourd *or* pesant

**clumpy** /ˈklʌmpɪ/ ADJ ◆ **~ shoes** godillots * *mpl*, croquenots * *mpl*

**clumsily** /ˈklʌmzɪlɪ/ ADV *(= inelegantly)* gauchement, maladroitement ; *(= tactlessly)* sans tact

**clumsiness** /ˈklʌmzɪnɪs/ N *[of person, action]* gaucherie *f*, maladresse *f* ; *[of tool etc]* incommodité *f*, caractère *m* peu pratique ; *[of shape, form]* lourdeur *f* ; *(fig = tactlessness) [of person, remark]* maladresse *f*, manque *m* de tact *or* de discrétion

**clumsy** /ˈklʌmzɪ/ ADJ *[person, action]* gauche, maladroit ; *[tool etc]* incommode, peu pratique ; *[shape, form]* lourd, disgracieux ; *[painting, forgery]* maladroit ; *(fig = tactless) [person, apology, remark]* maladroit ; *[style]* gauche, lourd

**clung** /klʌŋ/ VB pt, ptp of **cling**

**Cluniac** /ˈkluːnɪæk/ ADJ, N clunisien *m*

**clunk** /klʌŋk/ N **a** *(= sound)* bruit *m* sourd **b** *(US* ⁑ *= stupid person)* pauvre imbécile *mf* VI *(= make sound)* faire un bruit sourd

**clunker** ⁑ /ˈklʌŋkəʳ/ N *(US = old car)* guimbarde * *f*

**clunky** * /ˈklʌŋkɪ/ ADJ *[vehicle]* bringuebalant ◆ **a ~ old car** une vieille guimbarde ◆ **~ shoes** godillots * *mpl*

**cluster** /ˈklʌstəʳ/ N *[of flowers, blossom, fruit]* grappe *f* ; *[of bananas]* régime *m* ; *[of trees]* bouquet *m* ; *[of bees]* essaim *m* ; *[of people]* (petit) groupe *m*, rassemblement *m* ; *[of houses, islands]* groupe *m* ; *[of stars]* amas *m* ; *(Ling)* groupe *m*, agglomérat *m* ◆ **a sapphire set in a ~ of diamonds** un saphir entouré de brillants VI *[people]* se rassembler, se grouper (*around* autour de) ; *[flowers, blossom, fruit]* être rassemblé (en grappe *or* en bouquet) (*around* autour de) COMP ▷ **cluster bomb** N bombe *f* à fragmentation ▷ **cluster pack** N *(Comm)* emballage *m* groupé, pack *m*

**clutch** /klʌtʃ/ N **a** *(= action)* étreinte *f*, prise *f* **b** *(Aut)* embrayage *m* ; *(also* **clutch pedal***)* pédale *f* d'embrayage ◆ **to let in the ~** débrayer ◆ **to let out the ~** embrayer ◆ **~ play** garde *f* d'embrayage **c** *[of chickens, eggs]* couvée *f* ◆ **a ~ of** *(fig) [+ prizes etc]* un lot de ; *[+ people, companies]* une poignée de **d** *(fig)* ◆ **to fall into sb's/sth's ~es** tomber entre les griffes de qn/qch ◆ **to get out of sb's/sth's ~es** se tirer des griffes *or* des pattes de qn/qch **e** *(US* ⁑ *= crisis)* crise *f* VT *(= grasp)* empoigner, saisir ; *(= hold tightly)* serrer fort ; *(= hold on to)* se cramponner à VI **a** *(= cling)* ◆ **to ~ at** *(lit)* se cramponner à, s'agripper à ; *(fig) [+ hope, idea, chance]* se cramponner à, se raccrocher à ◆ **to ~ at a straw** *or* **at straws** se raccrocher à n'importe quoi **b** *(US)* embrayer COMP ▷ **clutch bag** N pochette *f* ▷ **clutch plate** N disque *m* d'embrayage

**clutter** /ˈklʌtəʳ/ N **a** *(NonC = disorder, confusion)* désordre *m*, pagaïe * *f* ◆ **in a ~** en désordre **b** *(= objects lying about)* fouillis *m*, pagaille * *f*, pagaïe * *f* ◆ **the ~ of bottles and crockery in the kitchen** le fouillis de bouteilles et de vaisselle dans la cuisine VT *(also* **clutter up** *: lit, fig)* encombrer (*with* de)

**Clytemnestra** /ˌklaɪtɪmˈnestrə/ N Clytemnestre *f*

**cm** abbrev of **centimetre(s)**

**Cmdr** *(Mil)* abbrev of **Commander**

**CNAA** /ˌsiːeneɪˈeɪ/ N *(Brit Educ)* (abbrev of **Council for National Academic Awards**) *organisme qui valide les diplômes de l'enseignement supérieur décernés en dehors des universités*

**CND** /ˌsiːenˈdiː/ N *(in Brit)* (abbrev of **Campaign for Nuclear Disarmament**) *mouvement pour le désarmement nucléaire*

**CNN** /ˌsiːenˈen/ N (abbrev of **Cable News Network**) CNN *f*

**CO** /siːˈəʊ/ **a** *(Mil)* (abbrev of **Commanding Officer**) → **commanding** **b** *(Brit Admin)* (abbrev of **Commonwealth Office**) ministère *m* des Affaires étrangères et du Commonwealth **c** (abbrev of **conscientious objector**) → **conscientious** **d** abbrev of **Colorado**

**Co.** **a** *(Comm)* (abbrev of **company**) Cie ◆ **Joe and ~ * are coming** Joe et compagnie *or* et sa bande * vont venir **b** abbrev of **County**

**co..., co-** /kəʊ/ PREF co..., co- ◆ **co-organizer** co-organisateur *m* ; see also **co-driver**

**c/o** /ˈkeərəv/ (abbrev of **care of**) chez, aux bons soins de

**coach** /kəʊtʃ/ N **a** *(horse-drawn)* carrosse *m* ; *(= stagecoach)* diligence *f*, coche *m* ; *(Brit = bus)* car *m*, autocar *m* ; *(Brit) [of train]* voiture *f*, wagon *m* ◆ **~ and four** carrosse *m* à quatre chevaux **b** *(= tutor)* répétiteur *m*, -trice *f* ; *(Sport: gen)* entraîneur *m* ; *(Ski)* moniteur *m*, -trice *f* VT donner des cours particuliers à ; *(Sport)* entraîner ◆ **to ~ sb for an exam** préparer qn à un examen ◆ **he had been ~ed in what to say** on lui avait fait répéter ce qu'il aurait à dire COMP ▷ **coach building** N *(Brit)* carrosserie *f (construction)* ▷ **coach driver** N *(Brit)* chauffeur *m*, -euse *f* de car ▷ **coach operator** N *(Brit)* compagnie *f* d'autocars ▷ **coach park** N *(Brit)* parking *m* pour autocars ▷ **coach party** N groupe *m* voyageant en car ▷ **coach station** N *(Brit)* gare *f* routière ▷ **coach trip** N *(Brit)* excursion *f* en car

**coachbuilder** /ˈkəʊtʃˌbɪldəʳ/ N *(Brit Aut)* carrossier *m*

**coaching** /ˈkəʊˌtʃɪŋ/ N *(Sport)* entraînement *m* ; *(Scol)* cours *mpl* particuliers

**coachload** /ˈkəʊtʃləʊd/ N *(Brit)* ◆ **a ~ of tourists** un car plein de touristes

**coachman** /ˈkəʊtʃmən/ N (pl **-men**) cocher *m*

**coachwork** /ˈkəʊtʃwɜːk/ N *(NonC: Brit Aut)* carrosserie *f*

**coadjutant** /kəʊˈædʒʊtənt/ N assistant(e) *m(f)*, aide *mf*

**coagulant** /kəʊˈægjʊlənt/ N coagulant *m*

**coagulate** /kəʊˈægjʊleɪt/ VT coaguler VI se coaguler

**coagulation** /kəʊˌægjʊˈleɪʃən/ N coagulation *f*

**coal** /kəʊl/ N charbon *m* ; *(Ind)* houille *f* ◆ **a piece of ~** un morceau de charbon ◆ **as black as ~** noir comme du charbon ◆ **to be on hot ~s** être sur des charbons ardents ◆ **it's like carrying** *or* **taking ~s to Newcastle** c'est comme porter de l'eau à la rivière † ; → **heap, soft**

VT fournir *or* ravitailler en charbon ◆ **to ~ ship** *(Naut)* charbonner

VI *(Naut)* charbonner

COMP *[fire]* de charbon ; *[box, shed]* à charbon ▷ **coal basin** N bassin *m* houiller ▷ **coal-black** ADJ noir comme du charbon ▷ **Coal Board** N *(Brit: formerly)* ≃ Charbonnages *mpl* ▷ **coal-burning** ADJ à charbon, qui marche au charbon ▷ **coal cellar** N cave *f* à charbon ▷ **coal chute** N goulotte *f* à charbon ▷ **coal cutter** N haveur *m* ▷ **coal depot** N dépôt *m* de charbon ▷ **coal face** N front *m* de taille ▷ **coal fire** N feu *m* de charbon *or* de cheminée ▷ **coal-fired power station** N centrale *f* thermique *or* électrique au charbon ▷ **coal gas** N gaz *m* (de houille) ▷ **coal hod** N seau *m* à charbon ▷ **coal hole** N petite cave *f* à charbon ▷ **coal industry** N industrie *f* houillère *or* charbonnière, charbonnages *mpl* ▷ **coaling station** N dépôt *m* de charbon ▷ **coal measures** NPL *(Geol)* gisements *mpl* houillers ▷ **coal merchant** N charbonnier *m*, marchand *m* de charbon ▷ **coal mine** N houillère *f*, mine *f* de charbon ▷ **coal miner** N mineur *m* ▷ **coal mining** N charbonnage *m* ▷ **coal oil** N *(US)* pétrole *m* lampant, kérosène *m* ▷ **coal pit** N ⇒ **coal mine** ▷ **coal scuttle** N seau *m* à charbon ▷ **coal strike** N *(Ind)* grève *f* des mineurs ▷ **coal tar** N coaltar *m*, goudron *m* de houille ▷ **coal tit** N *(= bird)* mésange *f* noire ▷ **coal yard** N dépôt *m* de charbon

**coaldust** /ˈkəʊldʌst/ N poussier *m*, poussière *f* de charbon

**coalesce** /ˌkəʊəˈles/ VI *(lit, fig)* s'unir, se fondre

**coalescence** /ˌkəʊəˈlesəns/ N *(lit, fig)* fusion *f*, union *f*

**coalfield** /ˈkəʊlfiːld/ N gisement *m* de houille

**coalfish** /ˈkəʊlfɪʃ/ N (pl **coalfish** *or* **coalfishes**) lieu *m* noir, colin *m*

**coalition** /ˌkəʊəˈlɪʃən/ N coalition *f* COMP ▷ **coalition government** N *(Pol)* gouvernement *m* de coalition

**coalman** /ˈkəʊlmən/ N (pl **-men**) **a** *(= merchant)* charbonnier *m*, marchand *m* de charbon **b** *(= delivery man)* charbonnier *m*

**coarse** /kɔːs/ ADJ **a** *(in texture) [fabric, feathers, fur, features, grass, gravel, powder]* grossier ; *[face]* aux traits grossiers ◆ **~ cloth** drap *m* grossier ◆ **~ linen** grosse toile *f* ◆ **~ salt**

gros sel *m* ◆ ~ **sand** sable *m* à gros grains, gros sable *m* ◆ ~ **sandpaper** papier *m* de verre à gros grain ◆ ~ **skin** peau *f* rêche ◆ ~ **weave** texture *f* grossière b *(= common)* ordinaire, grossier ◆ ~ **red wine** gros rouge *m* c *(pej) (= uncouth) [person]* grossier ; *[manners]* grossier, vulgaire ; *(= indecent) [language, joke]* grossier, cru ; *[laugh]* gros (grosse *f*), gras (grasse *f*) ; *[accent]* commun, vulgaire COMP ▷ **coarse fishing** N pêche *f* à la ligne *(pour poissons autres que le saumon et la truite)* ▷ **coarse-grained** ADJ à gros grain ▷ **coarse-grain salt** N gros sel *m*

**coarsely** /ˈkɔːslɪ/ ADV a *(= in large pieces) [chop, grate, grind]* grossièrement ◆ ~ **woven cloth** tissu *m* de texture grossière b *(= uncouthly, vulgarly) [speak]* d'une voix *or* d'un ton vulgaire ; *[laugh]* grassement, vulgairement ; *[say]* grossièrement, vulgairement ; *[behave]* vulgairement

**coarsen** /ˈkɔːsn/ VI *[voice]* s'érailler ; *[features]* s'épaissir ; *[laugh, language]* devenir vulgaire VT *[+ voice]* érailler ; *[+ features]* épaissir

**coarseness** /ˈkɔːsnɪs/ N *(NonC)* a *(in texture) [of grain, sand]* grossièreté *f* ; *[of material]* grossièreté *f*, rudesse *f* ; *[of skin]* rugosité *f* ; *[of grass]* rigidité *f* b *(= vulgarity) [of person, behaviour, language, laugh, accent]* vulgarité *f*

**coast** /kəʊst/ N côte *f* ; *(= coastline)* littoral *m* ◆ **from ~ to ~** *(in US, Britain)* d'est en ouest ◆ **the ~ is clear** la voie *or* le champ est libre VI a ◆ **to ~ along/down** *[motorist, cyclist]* avancer/descendre en roue libre ◆ **to ~ along** *(fig) (= encounter few problems)* avancer (sans problèmes) ; *(= take things easy)* se la couler douce * ◆ **to ~ through** *(fig)* passer sans difficultés b *(Naut)* caboter

**coastal** /ˈkəʊstəl/ ADJ *[defence, state]* côtier ◆ ~ **navigation** navigation *f* côtière ◆ ~ **traffic** navigation *f* côtière, cabotage *m*

**coaster** /ˈkəʊstəʳ/ N a *(Naut)* caboteur *m* b *(= drip mat)* dessous *m* de verre *or* de bouteille ; *(= wine tray)* présentoir *m* à bouteilles ; → **roller** COMP ▷ **coaster brake** N *(US) [of cycle]* frein *m* à rétropédalage

**coastguard** /ˈkəʊstˌɡɑːd/ N a *(= service)* ≈ gendarmerie *f* maritime b *(= person)* membre *m* de la gendarmerie maritime ; *(Hist)* garde-côte *m* COMP ▷ **coastguard station** N (bureau *m* de la) gendarmerie *f* maritime ▷ **coastguard vessel** N (vedette *f*) garde-côte *m*

**coastguard(s)man** /ˈkəʊstˌɡɑːd(z)mən/ N (pl **-men**) *(esp US)* ⇒ **coastguard n b**

**coastline** /ˈkəʊstlaɪn/ N littoral *m*

**coat** /kəʊt/ N a *(gen)* manteau *m* ; (also **overcoat, topcoat**) pardessus *m* ◆ **winter ~** manteau *m* d'hiver *or* pour l'hiver ◆ **to cut one's ~ according to one's cloth** vivre selon ses moyens ; → **housecoat, morning, sport**

b *[of animal]* pelage *m*, livrée *f* ; *[of horse]* robe *f* ◆ **winter ~** pelage *m* d'hiver

c *(= covering) [of paint, tar etc]* couche *f* ; *[of plastic]* enveloppe *f* ; → **base¹, topcoat**

VT *[dust, frost, conditioner, plastic]* (re)couvrir ; *[person] (with glue, paste, ointment)* enduire ; *(with chocolate)* enrober ; *(with breadcrumbs etc)* paner ; *(with egg, batter)* tremper (with dans) ; ◆ **to ~ the wall with paint** passer une couche de peinture sur le mur, enduire le mur de peinture ◆ **his tongue was ~ed** *(Med)* il avait la langue chargée ◆ **~ed lens** *(Phot)* objectif *m* traité

COMP ▷ **coat hanger** N cintre *m* ▷ **coat of arms** N *(Her)* blason *m*, armoiries *fpl*, écu *m* ▷ **coat of mail** N cotte *f* de mailles ▷ **coat rack** N ⇒ **coatstand** ▷ **coat-tails** NPL queue *f* de pie *(habit)* ◆ **to be hanging on sb's ~-tails** être pendu aux basques de qn ◆ **to ride on sb's ~-tails** *(US Pol)* se faire élire dans le sillage de qn

**-coated** /ˈkəʊtɪd/ ADJ *(in compounds)* recouvert de ◆ **chocolate-coated** enrobé de chocolat

**coating** /ˈkəʊtɪŋ/ N *(gen)* couche *f* ; *(on saucepan etc)* revêtement *m*

**coatstand** /ˈkəʊtstænd/ N portemanteau *m*

**co-author** /ˈkəʊˌɔːθəʳ/ N coauteur *m* VT *[+ book, play, report]* cosigner

**coax** /kəʊks/ VT amadouer ◆ **to ~ sb into/out of doing sth** amener qn à faire qch/à ne pas faire qch en l'amadouant ◆ **to ~ sth out of sb** obtenir qch de qn en l'amadouant

**coaxial** /kəʊˈæksɪəl/ ADJ *(gen, Geom, Elec)* coaxial COMP ▷ **coaxial cable** N *(TV)* câble *m* coaxial

**coaxing** /ˈkəʊksɪŋ/ N câlineries *fpl*, cajolerie(s) *f(pl)* ADJ enjôleur, câlin

**coaxingly** /ˈkəʊksɪŋlɪ/ ADV *[speak, ask]* d'une manière câline, d'un ton enjôleur ; *[look]* d'un air câlin *or* enjôleur

**cob** /kɒb/ N *(= swan)* cygne *m* mâle ; *(= horse)* cob *m* ; (also **cob-nut**) grosse noisette *f* ; *(Brit:* also **cob loaf**) miche *f* (de pain) ; *[of maize]* épi *m* (de maïs) ; → **corn¹**

**cobalt** /ˈkəʊbɒlt/ N cobalt *m* ◆ ~ **60** cobalt *m* 60, cobalt *m* radioactif ◆ ~ **blue** bleu *m* de cobalt ◆ ~ **bomb** bombe *f* au cobalt

**cobber** ‡ /ˈkɒbəʳ/ N *(Austral)* pote ‡ *m*

**cobble** /ˈkɒbl/ VT ◆ **to ~ together** *[+ object, figures]* bricoler * ; *[+ solution, agreement]* bricoler *, concocter * N ⇒ **cobblestone**

**cobbled** /ˈkɒbld/ ADJ ◆ ~ **street** rue *f* pavée

**cobbler** /ˈkɒbləʳ/ N a cordonnier *m* ◆ **~'s wax** poix *f* de cordonnier b *(US Culin)* tourte *f* aux fruits c *(US = drink)* (sorte *f* de) punch *m* (glacé) d *(Brit)* **that's a load of ~s!** ‡ *(= nonsense)* c'est de la connerie ! ‡

**cobblestone** /ˈkɒblstəʊn/ N pavé *m* rond

**COBOL, Cobol** /ˈkəʊbɔːl/ N *(Comput)* COBOL *m*

**cobra** /ˈkəʊbrə/ N cobra *m*

**cobweb** /ˈkɒbweb/ N toile *f* d'araignée ◆ **to blow** *or* **clear away the ~s** *(fig)* remettre les idées en place

**cobwebbed** /ˈkɒbwebd/ ADJ couvert de toiles d'araignée

**coca** /ˈkəʊkə/ N a *(= shrub)* coca *m or f* b *(NonC = dried leaves)* coca *f*

**cocaine** /kəˈkeɪn/ N cocaïne *f* ◆ ~ **addict** cocaïnomane *mf* ◆ ~ **addiction** cocaïnomanie *f*

**coccus** /ˈkɒkəs/ N (pl **cocci** /ˈkɒksaɪ/) coccidie *f*

**coccyx** /ˈkɒksɪks/ N (pl **coccyges** /kɒkˈsaɪdʒiːz/) coccyx *m*

**co-chairman** /ˈkəʊˌtʃeəmən/ N (pl **-men**) coprésident(e) *m(f)*

**co-chairmanship** /kəʊˈtʃeəmənʃɪp/ N coprésidence *f*

**Cochin China** /ˌkəʊtʃɪnˈtʃaɪnə/ N Cochinchine *f*

**cochineal** /ˈkɒtʃɪniːl/ N *(= insect)* cochenille *f* ; *(= colouring)* colorant *m* rouge

**cochlea** /ˈkɒklɪə/ N (pl **cochleae** /ˈkɒklɪˌiː/) *(Anat)* limaçon *m*

**cochlear** /ˈkɒklɪəʳ/ ADJ cochléaire

**cock** /kɒk/ N a *(esp Brit = rooster)* coq *m* ; *(= male bird)* (oiseau *m*) mâle *m* ◆ **he thinks he's the ~ of the walk** il est vaniteux comme un paon ; → **fighting, gamecock, weather**

b *(= tap)* robinet *m*

c *[of rifle]* chien *m* ◆ **at full ~** armé ◆ **at half ~** au cran de repos ; see also **half**

d *[of hay]* meulon *m* ; *[of corn, oats]* moyette *f*

e *(**‡ = penis)* bite **‡ *f*

VT a *[+ gun]* armer

b ◆ **to ~ one's ears** *(lit)* dresser les oreilles ; *(fig)* dresser l'oreille ◆ **to ~ one's eye at ...** jeter un regard interrogateur à ... ◆ **to ~ a snook at ...** * *(Brit)* faire la nique à ...

COMP *[bird]* mâle ▷ **cock-a-doodle-doo** EXCL cocorico ! ▷ **cock-a-hoop** ADJ fier comme Artaban ADV d'un air triomphant ▷ **cock-a-leekie soup** N *(Scot)* potage *à la volaille et aux poireaux* ▷ **cock-and-bull story** N *(pej)* histoire *f* à dormir debout ▷ **cock lobster** N homard *m* (mâle) ▷ **cock sparrow** N moineau *m* (mâle) ▷ **cock-teaser** **‡ N allumeuse ‡ *f* ▷ **cock-up** ‡ N *(Brit)* foirade * *f*, couille ‡ *f* ◆ **there's been a ~-up** il y a eu une couille ‡ ◆ **he made a ~-up of the job** il a salopé le boulot ‡ ◆ **the meeting was a ~-up** la réunion a complètement foiré *

► **cock up** ‡ *(Brit)* VT SEP saloper ‡ ; *[+ exam]* foirer ‡

VI merder ‡, foirer ‡

N ◆ **cock-up** → **cock**

**cockade** /kɒˈkeɪd/ N cocarde *f*

**Cockaigne** /kɒˈkeɪn/ N ◆ **(the land of) ~** le pays de Cocagne

**cockamamie** * /ˌkɒkəˈmeɪmɪ/ ADJ *(US)* farfelu

**cockatoo** /ˌkɒkəˈtuː/ N cacatoès *m*

**cockchafer** /ˈkɒkˌtʃeɪfəʳ/ N hanneton *m*

**cockcrow** /ˈkɒkkrəʊ/ N ◆ **at ~** au chant du coq, à l'aube

**cocked** /kɒkt/ ADJ ◆ ~ **hat** chapeau *m* à cornes ; *(two points)* bicorne *m* ; *(three points)* tricorne *m* ◆ **to knock** *or* **beat sb into a ~ hat** * battre qn à plate(s) couture(s)

**cocker** /ˈkɒkəʳ/ N (also **cocker spaniel**) cocker *m*

**cockerel** /ˈkɒkərəl/ N jeune coq *m*

**cockeyed** * /ˌkɒkˈaɪd/ ADJ *(= cross-eyed)* qui louche ; *(= crooked)* de travers, de traviole * ; *(= mad, absurd)* qui ne tient pas debout, dingue * ; *(= drunk)* soûl *, schlass ‡ *inv*

**cockfight** /ˈkɒkfaɪt/ N combat *m* de coqs

**cockfighting** /ˈkɒkˌfaɪtɪŋ/ N combats *mpl* de coqs

**cockieleekie soup** /ˌkɒkɪliːkɪˈsuːp/ N ⇒ **cock-a-leekie soup** ; → **cock**

**cockily** /ˈkɒkɪlɪ/ ADV avec impudence *or* effronterie

**cockiness** /ˈkɒkɪnɪs/ N impudence *f*, effronterie *f*

**cockle** /ˈkɒkl/ N *(= shellfish)* coque *f* ◆ **it warmed the ~s of his heart** († *or hum*) cela lui a réchauffé le cœur

**cockleshell** /ˈkɒklʃel/ N *(Zool)* (coquille *f* de) coque *f* ; *(= boat)* petit canot *m*, coquille *f* de noix

**cockney** /ˈkɒknɪ/ N a *(= person)* cockney *mf* ; → RHYMING SLANG b *(Ling)* cockney *m* ADJ cockney, londonien

> **Cockney**
>
> Les véritables **cockneys** sont les personnes nées à portée du son des Bow Bells, c'est-à-dire des cloches de l'église de Sainte-Mary-le-Bow dans la City, mais on y inclut tous les habitants de l'est londonien. Le mot désigne aussi le parler des habitants de ces quartiers et, par extension, n'importe quel accent, argot ou parler populaire londonien. → RHYMING SLANG

**cockpit** /ˈkɒkpɪt/ N *[of aircraft]* poste *m* de pilotage, cockpit *m* ; *[of yacht, racing car]* cockpit *m* ; *(for cockfighting)* arène *f* ; *(fig)* arènes *fpl* COMP ▷ **cockpit voice recorder** N *(Aviat)* enregistreur *m* de vol

**cockroach** /ˈkɒkrəʊtʃ/ N cafard *m*, blatte *f*

**cockscomb** /ˈkɒkskəʊm/ N a *(Orn)* crête *f (de coq)* b *(Bot)* crête-de-coq *f* c († = *dandy*) fat *m*, poseur *m*, muscadin † *m*

**cocksucker** *** /ˈkɒkˌsʌkəʳ/ N enfoiré *** *m*, enculé *** *m*

**cocksure** /ˈkɒkʃʊəʳ/ ADJ *(pej)* (trop) sûr de soi, outrecuidant

**cocktail** /ˈkɒkteɪl/ N *(lit, fig)* cocktail *m (boisson)* ♦ **fruit ~** salade *f* de fruits ♦ **prawn ~** *(Brit)*, **shrimp ~** *(US)* coupe *f or* cocktail de crevettes ; → **Molotov** COMP ▷ **cocktail bar** N bar *m* américain, cocktail-bar *m* ▷ **cocktail cabinet** N meuble *m* bar ▷ **cocktail dress** N robe *f* de cocktail ▷ **cocktail lounge** N bar *m (de luxe, dans un hôtel)* ▷ **cocktail onion** N petit oignon *m (au vinaigre)* ▷ **cocktail party** N cocktail *m* ▷ **cocktail sausage** N petite saucisse *f (pour l'apéritif)* ▷ **cocktail shaker** N shaker *m* ▷ **cocktail stick** N pique *f* (à apéritif) ▷ **cocktail waitress** N *(US)* serveuse *f (de bar)*

**cocky** * /ˈkɒkɪ/ ADJ *(pej)* effronté, impudent

**cocoa** /ˈkəʊkəʊ/ N (= *drink)* chocolat *m* ; (= *powder)* cacao *m* COMP ▷ **cocoa bean** N fève *f* de cacao ▷ **cocoa butter** N beurre *m* de cacao

**coconut** /ˈkəʊkənʌt/ N noix *f* de coco COMP ▷ **coconut ice** N *(NonC) confiserie à la noix de coco* ▷ **coconut matting** N tapis *m* de fibre de noix de coco ▷ **coconut oil** N huile *f* de (noix de) coco ▷ **coconut palm** N cocotier *m* ▷ **coconut shy** N jeu *m* de massacre ▷ **coconut tree** N cocotier *m*

**cocoon** /kəˈkuːn/ N cocon *m* ♦ **wrapped in a ~ of blankets** emmitouflé dans des couvertures VT *(fig) [+ object]* envelopper avec soin ; *[+ child]* couver ♦ **~ed from** *(fig)* à l'abri de ♦ **~ed in the bosom of one's family** bien à l'abri au sein de sa famille

**COD** /ˌsiːəʊˈdiː/ a *(Brit)* (abbrev of **cash on delivery**) → **cash** b *(US)* (abbrev of **collect on delivery**) → **collect²**

**cod** /kɒd/ N (pl **cod** *or* **cods**) *(Zool)* morue *f* ; *(Culin: fresh)* morue *f* fraîche, cabillaud *m* ♦ **dried ~** merluche *f* ADJ *(Brit *)* (= *not genuine)* faux (fausse *f*), prétendu ; (= *assumed) [accent]* faux (fausse *f*) COMP ▷ **cod-liver oil** N huile *f* de foie de morue ▷ **the Cod War** N *(Brit)* la guerre de la morue

**coda** /ˈkəʊdə/ N épilogue *m* ; *(Mus)* coda *f*

**coddle** /ˈkɒdl/ VT a *[+ child, invalid]* dorloter, choyer b *(Culin) [+ eggs]* cuire à feu doux au bain-marie

**code** /kəʊd/ LANGUAGE IN USE 27.1

N code *m* ♦ **~ of behaviour/of honour** code *m* de conduite/de l'honneur ♦ **in ~** en code ♦ **to dial a ~** *(to access service)* taper un code ; *(area code)* taper un indicatif ♦ **what's the ~ for Germany?** quel est l'indicatif de l'Allemagne ? ♦ **to break a secret ~** déchiffrer *or* décrypter un code secret ; → **highway, Morse, penal, zip**

VT coder

COMP ▷ **code dating** N *(Comm)* inscription *f* de date codée *(sur les denrées périssables)* ▷ **code letter** N lettre *f (employée dans un code)* ▷ **code name** N nom *m* de code ▷ **code-name** VT ♦ **an operation ~-named "Condor"** une opération qui a pour nom de code "Condor" ▷ **code number** N *(gen)* numéro *m* de code ; (= *access code)* code *m* d'accès ; *(Telec* = *dialling code)* indicatif *m* ; *(Tax) code numérique désignant chaque tranche d'imposition* ▷ **code of conduct** N code *m* de conduite ▷ **code of ethics** N *(gen)* code *m* (d')éthique ; *[of profession]* (code *m* de) déontologie *f* ▷ **code of practice** N *(gen)* déontologie *f* ; (= *set of rules)* règlements *mpl* et usages *mpl* ▷ **code word** N *(lit)* mot *m* de passe ; *(fig: Pol)* mot *m* codé

**coded** /ˈkəʊdɪd/ ADJ a (= *in code) [message, instructions]* codé ♦ **in ~ form** codé, sous forme de code ♦ **a ~ telephone warning** un avertissement téléphonique codé b (= *indirect) [criticism, attack, reference]* voilé ♦ **in ~ language** en termes voilés, à mots couverts c *(Telec) [signal]* codé

**codeine** /ˈkəʊdiːn/ N codéine *f*

**co-dependent** /ˌkəʊdɪˈpendənt/ *(esp US Psych)* N codépendant(e) *m(f)* ADJ codépendant

**codex** /ˈkəʊdeks/ N (pl **codices**) manuscrit *m* (ancien)

**codfish** /ˈkɒdfɪʃ/ N (pl **codfish** *or* **codfishes**) morue *f*

**codger** * /ˈkɒdʒəʳ/ N ♦ **old ~** drôle de vieux bonhomme *m*

**codices** /ˈkɒdɪsiːz/ NPL of **codex**

**codicil** /ˈkɒdɪsɪl/ N codicille *m*

**codify** /ˈkəʊdɪfaɪ/ VT codifier

**coding** /ˈkəʊdɪŋ/ N *(NonC) [of telegram, message]* encodage *m* ; *(Comput)* codage *m* ; → **tax** COMP ▷ **coding sheet** N *(Comput)* feuille *f* de programmation

**codpiece** /ˈkɒdˌpiːs/ N braguette *f (portée aux* XV*e et* XVI*e siècles)*

**co-driver** /ˈkəʊdraɪvəʳ/ N *(in race)* copilote *m* ; *[of lorry, bus]* deuxième chauffeur *m*

**codswallop** * /ˈkɒdzwɒləp/ N *(NonC: Brit)* bobards * *mpl*, foutaises * *fpl*

**coed** * /ˈkəʊˈed/ ADJ abbrev of **coeducational** N *(US)* étudiante *f (dans un établissement mixte)*

**co-edit** /ˌkəʊˈedɪt/ VT *[+ book]* coéditer

**co-edition** /ˌkəʊɪˈdɪʃən/ N coédition *f*

**coeducation** /ˈkəʊˌedjʊˈkeɪʃən/ N éducation *f* mixte

**coeducational** /ˈkəʊˌedjʊˈkeɪʃənl/ ADJ *[school, teaching]* mixte

**coefficient** /ˌkəʊɪˈfɪʃənt/ N coefficient *m*

**coeliac** /ˈsiːlɪˌæk/ ADJ cœliaque ♦ **~ disease** cœlialgie *f*

**coequal** /ˌkəʊˈiːkwəl/ ADJ, N égal(e) *m(f)*

**coerce** /kəʊˈɜːs/ VT contraindre ♦ **to ~ sb into doing sth** contraindre qn à faire qch

**coercion** /kəʊˈɜːʃən/ N contrainte *f*, coercition *f*

**coercive** /kəʊˈɜːsɪv/ ADJ coercitif

**coeval** /kəʊˈiːvəl/ ADJ contemporain (*with* de) du même âge (*with* que) N contemporain(e) *m(f)*

**coexist** /ˈkəʊɪgˈzɪst/ VI coexister (*with* avec)

**coexistence** /ˈkəʊɪgˈzɪstəns/ N coexistence *f* ; → **peaceful**

**coexistent** /ˈkəʊɪgˈzɪstənt/ ADJ coexistant (*with* avec)

**coextensive** /ˈkəʊɪkˈstensɪv/ ADV ♦ **~ with** *(in space)* de même étendue que ; *(in time)* de même durée que

**C of C** (abbrev of **Chamber of Commerce**) → **chamber**

**C of E** /ˌsiːəˈviː/ N *(Brit)* (abbrev of **Church of England**) → **church**

**coffee** /ˈkɒfɪ/ N café *m* ♦ **a cup of ~** une tasse de café ♦ **one** *or* **a ~** un café ♦ **black ~** café *m* noir ♦ **white ~** *(Brit)*, **~ with milk** *(US) (gen)* café *m* au lait ♦ **a white ~** *(Brit)*, **a ~ with milk** *(US) (in café: when ordering)* un café-crème

COMP (= *coffee flavoured)* au café ; (= *coffee coloured) (dark)* couleur café *inv* ; *(light)* café au lait *inv* ▷ **coffee bar** N *(Brit)* café *m*, cafétéria *f* ▷ **coffee bean** N grain *m* de café ▷ **coffee break** N pause-café *f* ▷ **coffee cake** N *(Brit: coffee-flavoured)* moka *m (au café)* ; *(US: served with coffee)* gâteau *m (que l'on sert avec le café)* ▷ **coffee-coloured** ADJ *(dark)* couleur café *inv* ; *(light)* couleur café au lait *inv* ▷ **coffee cup** N tasse *f* à café ▷ **coffee filter** N filtre *m* à café ▷ **coffee grounds** NPL marc *m* de café ▷ **coffee house** N *(Hist)* café *m (au 18e siècle)* ▷ **coffee machine** N *(in café etc)* percolateur *m* ; (= *vending machine)* machine *f* à café ▷ **coffee-maker** N *(electric)* cafetière *f* électrique ; *(non-electric)* cafetière *f* ▷ **coffee mill** N moulin *m* à café ▷ **coffee morning** N *(gen) réunion de femmes qui se retrouvent pour bavarder autour d'une tasse de café* ; *(for fund-raising)* vente *f* de charité *(où l'on sert le café)* ▷ **coffee percolator** N ⇒ **coffee-maker** ▷ **coffee service**, **coffee set** N service *m* à café ▷ **coffee shop** N (= *restaurant)* cafétéria *f* ; (= *shop)* brûlerie *f* ▷ **coffee spoon** N cuiller *f* à café ▷ **coffee table** N table *f* basse ▷ **coffee table book** N beau livre *m (grand format)* ▷ **coffee tree** N caféier *m* ▷ **coffee whitener** N succédané *m* de lait

**coffeepot** /ˈkɒfɪpɒt/ N cafetière *f*

**coffer** /ˈkɒfəʳ/ N a coffre *m*, caisse *f* ; *(fig)* ♦ **~s** (= *funds)* coffres *mpl* ♦ **the ~s (of State)** les coffres *mpl* de l'État b *(Hydraulics)* caisson *m* c (also **coffer dam**) batardeau *m*

**coffin** /ˈkɒfɪn/ N cercueil *m*, bière *f* ♦ **~ nail** † (* = *cigarette)* sèche * *f* COMP ▷ **coffin dodger** * N *(hum)* vieux débris *m*

**C of I** /ˌsiːəvˈaɪ/ N *(Brit)* (abbrev of **Church of Ireland**) → **church**

**C of S** /ˌsiːəvˈes/ N a *(Brit)* (abbrev of **Church of Scotland**) → **church** b *(Mil)* (abbrev of **Chief of Staff**) → **chief**

**cog** /kɒg/ N *(Tech)* dent *f (d'engrenage)* ♦ **he's only a ~ in the wheel** *or* **machine** il n'est qu'un rouage (de la machine)

**cogency** /ˈkəʊdʒənsɪ/ N *[of argument etc]* puissance *f*, force *f*

**cogent** /ˈkəʊdʒənt/ ADJ (= *compelling)* irrésistible ; (= *convincing)* puissant, convaincant ; (= *relevant)* pertinent, (fait) à-propos

**cogently** /ˈkəʊdʒəntlɪ/ ADV *(frm) [argue, speak, express]* de façon convaincante

**cogitate** /ˈkɒdʒɪteɪt/ VI méditer, réfléchir ((*up*)*on* sur) ; *(hum)* cogiter ((*up*)*on* sur) VT *[+ scheme]* méditer

**cogitation** /ˌkɒdʒɪˈteɪʃən/ N *(NonC)* réflexion *f* ; *(hum)* cogitations *fpl*

**cognac** /ˈkɒnjæk/ N cognac *m*

**cognate** /ˈkɒgneɪt/ ADJ apparenté, analogue (*with* à) de même origine *or* source (*with* que) ; *(Ling) [word, language]* apparenté ; *(Jur)* parent **N** *(Ling)* mot *m* apparenté ; *(Jur)* cognat *m*, parent *m* proche

**cognition** /kɒɡˈnɪʃən/ **N** *(NonC)* connaissance *f* ; *(Philos)* cognition *f*

**cognitive** /ˈkɒɡnɪtɪv/ **ADJ** cognitif **COMP** ▷ **cognitive meaning N** *(Ling)* sens *m* cognitif ▷ **cognitive psychology N** psychologie *f* cognitive ▷ **cognitive therapy N** thérapie *f* cognitive

**cognizance** /ˈkɒɡnɪzəns/ **N** **a** *(Jur, gen: frm)* connaissance *f* ◆ **to take/have ~ of ...** prendre/avoir connaissance de ... ◆ **this is outside his ~** ceci n'est pas de sa compétence ◆ **this case falls within the ~ of the court** *(Jur)* cette affaire est de la compétence du tribunal **b** *(Her)* emblème *m*

**cognizant** /ˈkɒɡnɪzənt/ **ADJ** *(frm)* instruit, ayant connaissance (*of* de) ; *(Jur)* compétent (*of* pour)

**cognomen** /kɒɡˈnəʊmen/ **N** (pl **cognomens** *or* **cognomina** /kɒɡˈnɒmɪnə/) *(= surname)* nom *m* de famille ; *(= nickname)* surnom *m*

**cognoscenti** /ˌkɒɡnəˈʃentɪ, kɒnjəʊˈʃentɪ/ **NPL** ◆ **the ~** les spécialistes, les connaisseurs

**cogwheel** /ˈkɒɡwiːl/ **N** roue *f* dentée

**cohabit** /kəʊˈhæbɪt/ **VI** cohabiter (*with* avec)

**cohabitant** /kəʊˈhæbɪtənt/ **N** ⇒ **cohabitee**

**cohabitation** /ˌkəʊhæbɪˈteɪʃən/ **N** cohabitation *f*

**cohabitee** /ˌkəʊhæbɪˈtiː/, **cohabiter** /kəʊˈhæbɪtəʳ/ **N** *(Admin)* concubin(e) *m(f)*

**coheir** /ˈkəʊˈɛəʳ/ **N** cohéritier *m*

**coheiress** /ˈkəʊˈɛərɪs/ **N** cohéritière *f*

**cohere** /kəʊˈhɪəʳ/ **VI** **a** *(fig)* être cohérent, se tenir **b** *(lit = stick)* adhérer

**coherence** /kəʊˈhɪərəns/ **N** **a** *(fig)* cohérence *f* **b** *(lit)* adhérence *f*

**coherent** /kəʊˈhɪərənt/ **ADJ** cohérent ◆ **incapable of ~ speech** incapable de s'exprimer de façon cohérente

**coherently** /kəʊˈhɪərəntlɪ/ **ADV** de façon cohérente

**cohesion** /kəʊˈhiːʒən/ **N** cohésion *f*

**cohesive** /kəʊˈhiːsɪv/ **ADJ** cohésif

**cohort** /ˈkəʊhɔːt/ **N** *(gen, Mil)* cohorte *f* ; *(pej = supporter)* acolyte *m*

**COHSE** /ˈkəʊzɪ/ **N** *(Brit: formerly)* (abbrev of **Confederation of Health Service Employees**) *ancien syndicat*

**COI** /ˌsiːəʊˈaɪ/ **N** *(Brit)* (abbrev of **Central Office of Information**) *service d'information gouvernemental*

**coif** /kɔɪf/ **N** *(= headdress)* coiffe *f* ; *(= skullcap)* calotte *f*

**coiffed** /kɔɪfd/ **ADJ** *(frm)* coiffé

**coiffure** /kwɒˈfjʊəʳ/ **N** *(frm)* coiffure *f*

**coiffured** /kwɒˈfjʊəd/ **ADJ** *(frm)* ⇒ **coiffed**

**coil** /kɔɪl/ **VT** *[+ rope]* enrouler ; *[+ hair]* enrouler, torsader ; *(Elec) [+ wire]* embobiner ; *(Naut)* gléner ◆ **the snake ~ed itself (up)** le serpent s'est lové **VI** *[river]* onduler, serpenter ; *[rope]* s'enrouler (*round, about* autour de) ; *[snake]* se lover **N** **a** *(= loops, roll) [of rope, wire]* rouleau *m* ; *(Naut)* glène *f* ; *[of hair]* rouleau *m* ; *(at back of head)* chignon *m* ; *(over ears)* macaron *m* **b** *(one loop)* spire *f* ; *[of cable]* tour *m* ; *[of hair]* boucle *f* ; *[of snake, smoke]* anneau *m* **c** *(Elec)* bobine *f* ; *(one loop)* spire *f* **d** *(Med)* **the ~** * *(= contraceptive)* le stérilet **COMP** ▷ **coil spring N** ressort *m* hélicoïdal

**coin** /kɔɪn/ **N** **a** pièce *f* de monnaie ◆ **a 10p ~** une pièce de 10 pence ; → **toss** **b** *(NonC)* monnaie *f* ◆ **current ~** monnaie *f* courante ◆ **in (the) ~ of the realm** *(frm)* en espèces (sonnantes et trébuchantes) ◆ **to pay sb back in his own ~** *(liter)* rendre à qn la monnaie de sa pièce **VT** **a** *[+ money, medal]* frapper ◆ **he is ~ing money** *or* **it (in)** *(fig)* il fait des affaires en or **b** *(fig) [+ word, phrase]* inventer ◆ **to ~ a phrase ...** *(hum iro)* si je peux m'exprimer ainsi ... **COMP** ▷ **coin box N** *(= phone box)* cabine *f* téléphonique (à pièces) ; *(= part of vending machine)* caisse *f* ▷ **coin-operated ADJ** automatique ◆ **~-operated laundry** *(abbr: coin-op)* laverie *f* automatique

**coinage** /ˈkɔɪnɪdʒ/ **N** *(NonC)* **a** *(= coins)* monnaie *f* ; *(= system)* système *m* monétaire **b** *(= act) [of money]* frappe *f* ; *(fig) [of word etc]* création *f*, invention *f*

**coincide** /ˌkəʊɪnˈsaɪd/ **VI** coïncider (*with* avec)

**coincidence** /kəʊˈɪnsɪdəns/ **N** coïncidence *f*

**coincident** /kəʊˈɪnsɪdənt/ **ADJ** *(frm)* identique (*with* à)

**coincidental** /kəʊˌɪnsɪˈdentl/ **ADJ** fortuit ◆ **it's entirely ~** c'est une pure coïncidence

**coincidentally** /kəʊˌɪnsɪˈdentlɪ/ **ADV** par coïncidence ◆ **quite** *or* **purely ~** par pure coïncidence

**coinsurance** /ˌkəʊɪnˈʃʊərəns/ **N** *(US Med) assurance dont les cotisations sont payées pour moitié par l'entreprise*

**coir** /kɔɪr/ **N** coco *m*, coir *m* **COMP** ▷ **coir matting N** *(NonC)* tapis *m* de coco

**coital** /ˈkɔɪtəl/ **ADJ** coïtal

**coitus** /ˈkɔɪtəs/ **N** coït *m* **COMP** ▷ **coitus interruptus N** coït *m* interrompu ◆ **to practise ~ interruptus** pratiquer le coït interrompu

**Coke** ® /kəʊk/ **N** coca ® *m*

**coke¹** /kəʊk/ **N** coke *m* **COMP** ▷ **coke oven N** four *m* à coke

**coke²** ‡ /kəʊk/ **N** *(= drug)* coco *f*, coke *f*

**Col.** *(Mil)* (abbrev of **Colonel**) ◆ **T. Richard** *(on envelope)* le Colonel T. Richard

**col.** **a** abbrev of **column** **b** abbrev of **colour**

**COLA** /ˈkəʊlə/ **N** *(US Fin)* (abbrev of **cost-of-living adjustment**) → **cost**

**cola¹** /ˈkəʊlə/ **N** cola *or* kola *m* **COMP** ▷ **cola nut N** noix *f* de cola

**cola²** /ˈkəʊlə/ **NPL** of **colon**

**colander** /ˈkʌləndəʳ/ **N** passoire *f*

**cold** /kəʊld/ LANGUAGE IN USE 7.5

**ADJ** **a** *[day, drink, meal, meat, metal, water]* froid ◆ **to be as ~ as ice** *[object]* être froid comme de la glace ; *[room]* être glacial ; *[person]* être glacé jusqu'aux os ◆ **it's a ~ morning/day** il fait froid ce matin/aujourd'hui ◆ **I'm ~** j'ai froid ◆ **I'm freezing ~** je suis gelé ◆ **my feet are ~** j'ai froid aux pieds ◆ **to get ~ feet (about doing sth)** hésiter (à faire qch) ◆ **to get ~** *[weather, room]* se refroidir ; *[food]* refroidir ; *[person]* commencer à avoir froid ◆ **you're getting ~er!** *(in guessing games)* tu refroidis ! ◆ **a ~ colour** une couleur froide ◆ **~ steel** *(= weapon)* arme *f* blanche ◆ **the scent is ~** la piste a disparu *(also fig)* ◆ **that's ~ comfort** ce n'est pas tellement réconfortant *or* rassurant, c'est une maigre consolation ◆ **to be in a ~ sweat (about)** * avoir des sueurs froides (au sujet de) ◆ **that brought him out in a ~ sweat** cela lui a donné des sueurs froides ◆ **to pour** *or* **throw ~ water on** *[+ optimism, hopes]* refroidir ◆ **he poured ~ water on my idea** sa réaction devant mon idée m'a refroidi ◆ **a ~ reception** un accueil froid ◆ **to be ~ to sb** se montrer froid envers qn ◆ **that leaves me ~** * ça ne me fait ni chaud ni froid, cela me laisse froid ◆ **in ~ blood** de sang-froid ◆ **he's a ~ fish!** * qu'est-ce qu'il est froid ! ; see also **comp, blow¹, icy, light**

**b** *(* = unconscious)* ◆ **to be out ~** être dans les pommes * ◆ **it knocked him (out) ~** ça l'a mis KO

**N** **a** *(in temperature)* froid *m* ◆ **don't go out in this ~!** ne sors pas par ce froid ! ◆ **to come in out of** *or* **from the ~** se mettre à l'abri ; *(fig)* rentrer en grâce ◆ **to be left out in the ~** *(fig)* rester en plan * ; → **feel**

**b** *(Med)* rhume *m* ◆ **~ in the head/on the chest** rhume de cerveau/de poitrine ◆ **a heavy** *or* **bad ~** un gros *or* mauvais rhume ◆ **to have a ~** être enrhumé ◆ **to get a ~** s'enrhumer, attraper un rhume ◆ **to take ~** prendre froid

**ADV** *(US *) (= completely)* absolument ; *(= unexpectedly)* de façon totalement inattendue ◆ **to know sth ~** connaître qch à fond *or* sur le bout des doigts

**COMP** ▷ **cold-blooded ADJ** *[animal]* à sang froid ; *(fig) [person]* insensible, sans pitié ; *[murder, attack]* commis de sang-froid ◆ **to be ~-blooded about sth** *(fig)* faire qch sans aucune pitié ▷ **cold-bloodedly ADV** de sang-froid ▷ **cold call N** *(Comm) (on phone)* appel *m* de démarchage ; *(= visit)* démarchage *m* (à domicile) ▷ **cold calling N** *(Comm) (on phone)* démarchage *m* téléphonique ; *(= visit)* démarchage *m* (à domicile) ▷ **cold chisel N** ciseau *m* à froid ▷ **cold cream N** crème *f* de beauté ▷ **cold cuts NPL** *(Culin)* ≈ assiette *f* anglaise ▷ **cold frame N** *(Agr)* châssis *m* de couches ▷ **cold front N** *(Met)* front *m* froid ▷ **cold fusion N** *(Phys)* fusion *f* froide ▷ **cold-hearted ADJ** impitoyable, sans pitié ▷ **cold meat N** charcuterie *f* ▷ **cold-pressed ADJ** pressé à froid ▷ **cold room N** chambre *f* froide *or* frigorifique ▷ **cold shoulder** * **N** *(fig)* ◆ **to give sb the ~ shoulder, to turn a ~ shoulder on** *or* **to sb** *(US)* snober qn, battre froid à qn ▷ **cold-shoulder VT** ◆ **to ~-shoulder sb** ⇒ **to give sb the cold shoulder** ▷ **cold snap N** *(Met)* coup *m* de froid, vague *f* de froid de courte durée ▷ **cold sore N** *(Med)* bouton *m* de fièvre ▷ **cold start, cold starting** *(US)* **N** *(Aut)* démarrage *m* à froid ▷ **cold storage N** conservation *f* par le froid ◆ **to put into ~ storage** *[+ food]* mettre en chambre froide ; *[+ fur coat]* mettre en garde ; *(fig) [+ idea, book, scheme]* mettre de côté *or* en attente ▷ **cold store N** entrepôt *m* frigorifique ▷ **cold turkey** * **N** *(Drugs)* manque *m* **ADJ** ◆ **to go ~ turkey** *(= stop)* arrêter la drogue d'un seul coup ; *(= suffer withdrawal symptoms)* être en manque * ▷ **the cold war N** *(Pol)* la guerre froide ▷ **cold warrior N** *(Pol)* partisan(e) *m(f)* de la guerre froide ▷ **cold wave N** *(Met)* vague *f* de froid ; *(Hairdressing)* minivague *f* ▷ **cold-weather payment N** *(Brit) allocation supplémentaire aux retraités et personnes à faibles revenus en période de grand froid*

**coldly** /ˈkəʊldlɪ/ **ADV** *[look, say]* froidement ; *[behave]* avec froideur

**coldness** /ˈkəʊldnɪs/ **N** *(lit, fig)* froideur *f*

**coleslaw** /ˈkəʊlslɔː/ **N** salade *f* de chou cru

**coley** /ˈkəʊlɪ/ **N** lieu noir *m*, colin *m*

**colic** /ˈkɒlɪk/ **N** coliques *fpl*

**colicky** /ˈkɒlɪkɪ/ **ADJ** *[baby]* qui souffre de coliques ; *[pain]* dû à des coliques ; *(fig) [disposition]* grincheux

**Coliseum** /ˌkɒlɪˈsiːəm/ **N** Colisée *m*

**colitis** /kɒˈlaɪtɪs/ **N** colite *f*

**collaborate** /kəˈlæbəreɪt/ **VI** *(also pej)* collaborer ◆ **to ~ with sb on** *or* **in sth** collaborer avec qn à qch

**collaboration** /kəˌlæbəˈreɪʃən/ N *(also pej)* collaboration *f* *(in* à) ; *(= piece of work)* œuvre *f* produite en commun

**collaborationist** /kəˌlæbəˈreɪʃənɪst/ N collaborationniste *mf*

**collaborative** /kəˈlæbərətɪv/ ADJ fait en collaboration, commun

**collaboratively** /kəˈlæbərətɪvlɪ/ ADV *[work]* en collaboration *(with* avec)

**collaborator** /kəˈlæbəreɪtəʳ/ N *(gen)* collaborateur *m*, -trice *f* ; *(pej: in World War II)* collaborateur *m*, -trice *f*, collabo * *mf*

**collage** /kɒˈlɑːʒ/ N *(Art)* collage *m*

**collagen** /ˈkɒlədʒən/ N *(Bio)* collagène *m*

**collapsar** /kəˈlæpsəʳ/ N *(Astron)* trou *m* noir

**collapse** /kəˈlæps/ VI **a** *[person, building, roof, floor, bridge, scaffolding]* s'écrouler, s'effondrer ; *[balloon]* se dégonfler ; *[beam]* s'affaisser ; *(fig) [one's health]* se délabrer ; *[government]* s'écrouler ; *[coalition]* se disloquer ; *[business, communism, defences, market, prices, system]* s'effondrer ; *[civilization, society, institution]* s'effondrer, s'écrouler ; *[plan, scheme]* s'écrouler, tomber à l'eau ; *[company]* faire faillite ; *[talks, legal case, trial]* échouer ; *[agreement]* tomber à l'eau ; *[marriage]* se solder par un échec ; *(*: with laughter)* être écroulé de rire ◆ **he ~d at work and was taken to hospital** il a eu un grave malaise à son travail et on l'a emmené à l'hôpital ◆ **she ~d onto her bed, exhausted** elle s'est écroulée *or* effondrée sur son lit, épuisée ◆ **his lung ~d** *(Med)* il a fait un collapsus pulmonaire ◆ **~d lung** *(Med)* collapsus *m* pulmonaire

**b** *(lit: fold for storage etc) [table, chairs]* se plier

VT **a** *[+ table, chair]* plier

**b** *(fig) [+ paragraphs, items]* réduire, comprimer

N *[of person, building, roof, bridge, scaffolding]* écroulement *m*, effondrement *m* ; *[of beam]* affaissement *m* ; *[of lung]* collapsus *m* ; *[of health]* délabrement *m* ; *[of government]* chute *f* ; *[of coalition]* dislocation *f* ; *[of company]* faillite *f* ; *[of business, communism, defences, market, prices, system]* effondrement *m* ; *[of talks, agreement, marriage, legal case, trial]* échec *m* ; *[of civilization, empire, plan, scheme]* effondrement *m*, écroulement *m* ◆ **the country faces economic ~** le pays risque l'effondrement de son économie ◆ **a 90% ~ in profits** une chute des profits de 90% ◆ **this led to a ~ in confidence in the economy** cela a eu pour effet de détruire la confiance dans l'économie ◆ **the ~ in demand for cars** l'effondrement de la demande de voitures

**collapsible** /kəˈlæpsəbl/ ADJ *[table, chair, umbrella]* pliant

**collar** /ˈkɒləʳ/ N *(attached: on garment)* col *m* ; *(separate, for men)* faux-col *m* ; *(for women)* col *m*, collerette *f* ; *(for dogs, horses etc)* collier *m* ; *(= part of animal's neck)* collier *m* ; *(Culin) [of beef, mutton etc]* collier *m* ; *(Tech: on pipe etc)* bague *f* ◆ **to get hold of sb by the ~** saisir qn au collet ; → **blue, white** VT **a** * *[+ person] (lit)* mettre la main au collet de ; *[+ book, object]* faire main basse sur ◆ **I managed to ~ her for long enough to talk about ...** j'ai réussi à la coincer * assez longtemps pour pouvoir lui parler de ... **b** *(Tech)* baguer COMP ▷ **collar button** N *(US)* bouton *m* de col

**collarbone** /ˈkɒləbəʊn/ N clavicule *f*

**collarstud** /ˈkɒləstʌd/ N *(Brit)* bouton *m* de col

**collate** /kɒˈleɪt/ VT **a** *(= gather)* réunir, rassembler **b** *(= compare)* collationner *(with* avec) **c** *(Rel)* nommer *(to* à)

**collateral** /kɒˈlætərəl/ ADJ **a** *(= parallel)* parallèle ; *[fact, phenomenon]* concomitant ; *(Jur, Med)* collatéral **b** *(= subordinate)* secondaire, accessoire ; *(Fin)* subsidiaire ◆ **~ security** *(Fin)* nantissement *m* **c** *(Mil)* ◆ **~ damage** dommages *mpl* collatéraux N **a** *(Fin)* nantissement *m* ◆ **securities lodged as ~** titres *mpl* remis en nantissement **b** *(Jur)* collatéral(e) *m(f)*

**collateralize** /kɒˈlætərəlaɪz/ VT garantir par nantissement

**collation** /kəˈleɪʃən/ N **a** *(= gathering)* collecte *f* **b** *(= comparison)* collationnement *m*

**colleague** /ˈkɒliːg/ N collègue *mf*

**collect¹** /ˈkɒlekt/ N *(Rel)* collecte *f (prière)*

**collect²** /kəˈlekt/ LANGUAGE IN USE 27.6

VT **a** *(= gather together, assemble) [+ valuables, wealth]* accumuler, amasser ; *[+ facts, information, documents]* rassembler, recueillir ; *[+ evidence, proof]* rassembler ◆ **the ~ed works of Shakespeare** les œuvres *fpl* complètes de Shakespeare ◆ **she ~ed (together) a group of volunteers** elle a réuni un groupe de volontaires ◆ **the dam ~s the water from the mountains** le barrage retient l'eau des montagnes ◆ **to ~ paper for recycling** mettre le papier de côté pour le recycler ◆ **to ~ one's wits** rassembler ses esprits ◆ **to ~ o.s.** *(= regain control of o.s.)* se reprendre ; *(= reflect quietly)* se recueillir ◆ **to ~ one's thoughts** se recueillir, se concentrer

**b** *(= pick up)* ramasser ◆ **the children ~ed (up) the books for the teacher** les enfants ont ramassé les livres pour le professeur ◆ **these vases ~ the dust** ces vases attirent la poussière

**c** *(= obtain) [+ money, subscriptions, signatures]* recueillir ; *[+ taxes, dues, fines]* percevoir ; *[+ rents]* encaisser, toucher ◆ **~ on delivery** *(US)* paiement *m* à la livraison, livraison *f* contre remboursement ◆ **she ~ed the prize for best writer** elle a reçu le prix du meilleur écrivain

**d** *(= take official possession of) [bus or railway company] [+ luggage etc]* venir chercher (à domicile) ; *[ticket collector] [+ tickets]* ramasser ◆ **to ~ letters** *(Brit Post)* faire la levée du courrier ◆ **the rubbish is ~ed twice a week** les ordures sont ramassées deux fois par semaine ◆ **the firm ~s the empty bottles** la compagnie récupère les bouteilles vides ◆ **to ~ goods/an order** *(Comm)* retirer des marchandises/une commande

**e** *(as hobby) [+ stamps, antiques, coins]* collectionner, faire collection de ◆ **she ~s * poets/lame ducks** *etc (fig)* elle collectionne * les poètes/canards boiteux *etc*

**f** *(= call for) [+ person]* aller chercher, (passer) prendre ◆ **I'll ~ you in the car/at 8 o'clock** j'irai vous chercher *or* je passerai vous prendre en voiture/à 8 heures ◆ **to ~ one's mail/one's keys** *etc* (passer) prendre son courrier/ses clés *etc* ◆ **I'll come and ~ the book this evening** je passerai prendre le livre ce soir ◆ **the bus ~s the children each morning** l'autobus ramasse les enfants tous les matins

VI **a** *[people]* se rassembler, se réunir ; *[things]* s'amasser, s'entasser ; *[dust, water]* s'accumuler ◆ **a crowd had ~ed outside the building** une foule s'était rassemblée devant le bâtiment

**b** *(for charity)* ◆ **to ~ for the injured** faire la quête *or* quêter pour les blessés

**c** *(‡ = make money)* se faire du fric ‡ ◆ **he really ~ed on that deal** il s'est fait un sacré paquet de fric ‡ sur cette affaire

ADV *(US Telec)* ◆ **to call ~** téléphoner en PCV

COMP ▷ **collect call** N *(US Telec)* communication *f* en PCV

**collectable** /kəˈlektəbl/ ADJ ◆ **a ~ antique** *or* **item** une pièce de collection

**collected** /kəˈlektɪd/ ADJ serein

**collection** /kəˈlekʃən/ N **a** *(= group) [of records, coins, stamps, paintings]* collection *f* ◆ **winter/summer ~** *(Fashion)* collection *f* d'hiver/d'été

**b** *(= anthology) [of stories, essays, songs]* recueil *m*

**c** ◆ **a ~ of buildings/people** *(= a number of)* un ensemble de bâtiments/personnes ◆ **there was a ~ of books on the table** il y avait un assortiment de livres sur la table

**d** *(= pick-up) [of goods, refuse]* ramassage *m* ◆ **your curtains are ready for ~** vos rideaux sont prêts, vous pouvez venir les chercher

**e** *(Brit Post) [of mail]* levée *f*

**f** *[of money] (for charity)* collecte *f* ; *(in church)* quête *f* ◆ **to take the ~** faire la quête ◆ **to take a ~ (for sb/sth)** faire une collecte (au profit de qn/qch *or* pour qn/qch)

**g** *(NonC = act of gathering) [of taxes]* perception *f*, collecte *f*, levée *f* ; *[of rents]* encaissement *m* ; *[of information, signatures]* collecte *f*

COMP ▷ **collection box** N *(Rel)* tronc *m* ▷ **collection charges** NPL *(Fin, Comm)* frais *mpl* d'encaissement ▷ **collection plate** N *(Rel)* plateau *m* pour la quête ▷ **collection tin** N ⇒ **collection box**

**collective** /kəˈlektɪv/ ADJ collectif N coopérative *f* COMP ▷ **collective bargaining** N (négociations *fpl* pour une) convention *f* collective de travail ▷ **collective noun** N *(Ling)* collectif *m* ▷ **collective unconscious** N *(Psych)* inconscient *m* collectif

**collectively** /kəˈlektɪvlɪ/ ADV collectivement

**collectivism** /kəˈlektɪvɪzəm/ N collectivisme *m*

**collectivist** /kəˈlektɪvɪst/ ADJ, N collectiviste *mf*

**collectivization** /kəˌlektɪvaɪˈzeɪʃən/ N collectivisation *f*

**collectivize** /kəˈlektɪvaɪz/ VT collectiviser

**collector** /kəˈlektəʳ/ N *[of taxes]* percepteur *m* ; *[of dues]* receveur *m* ; *[of rent, cash]* encaisseur *m* ; *[of stamps, coins etc]* collectionneur *m*, -euse *f* ◆ **ticket ~** contrôleur *m*, -euse *f* COMP ▷ **collector's item** N pièce *f* de collection

**colleen** /ˈkɒliːn/ N jeune Irlandaise *f* ; *(in Ireland)* jeune fille *f*

**college** /ˈkɒlɪdʒ/ N **a** *(= institution for higher education)* établissement *m* d'enseignement supérieur ; *(for professional training)* école *f* professionnelle, collège *m* technique ; *(= university)* université *f* ◆ **College of Advanced Technology** *(Brit)* ≃ IUT *m*, Institut *m* universitaire de technologie ◆ **~ of agriculture** institut *m* agronomique ◆ **~ of art** école *f* des beaux-arts ◆ **~ of domestic science** école *f or* centre *m* d'enseignement ménager ◆ **College of Education** *(Brit)* ≃ IUFM *m*, institut *m* universitaire de formation des maîtres ◆ **College of Further Education** *(Brit)* centre *m* de formation continue ◆ **~ of music** conservatoire *m* de musique ◆ **to go to ~** *(gen)* faire des études supérieures ; *(specifically university)* aller à l'université ◆ **~ catalog(ue)** *(US Univ)* livret *m* de l'étudiant ◆ **~ staff** corps *m* enseignant ; → **naval, teacher**

**b** *(within a university) (Brit)* collège *m* ; *(US)* faculté *f*

**c** *(= club)* société *f* ; *(= learned society)* académie *f* ◆ **College of Physicians/Surgeons** Académie *f* de médecine/de chirurgie ◆ **the College of Cardinals** le Sacré Collège ; → **electoral**

COMP ▷ **college-bound** ADJ *(US Scol)* ◆ **~-bound student** élève *mf* qui se destine aux études universitaires ◆ **~-bound program** programme *m* de préparation aux études universitaires

> **College**
>
> Terme désignant de façon générale un établissement d'enseignement supérieur, le plus souvent une université. En Grande-Bretagne, un **college** peut aussi bien enseigner les arts plastiques ou la musique que préparer des brevets de technicien supérieur en coiffure ou en secrétariat. Certaines universités, dont Oxford et Cambridge, sont organisées en **colleges**, qui sont responsables de l'organisation de l'enseignement ; la délivrance des diplômes reste la prérogative des universités. Aux États-Unis, les universités sont administrativement divisées en **colleges**, qui correspondent à des facultés, par exemple « **College** of Arts and Sciences » et « **College** of Medicine ». Les « junior **colleges** » ou « community **colleges** » sont des établissements de premier cycle universitaire, qui assurent également la formation continue des adultes salariés. Les diplômes de troisième cycle universitaire sont décernés par une « graduate school ».
> → DEGREE, OXBRIDGE

**collegial** /kəˈliːdʒɪəl/ ADJ collégial

**collegiate** /kəˈliːdʒɪɪt/ ADJ *[life]* de collège ; *(Can) [studies]* secondaire COMP ▷ **collegiate church** N collégiale *f*

**collide** /kəˈlaɪd/ VI a *(lit) [vehicles, trains, planes]* entrer en collision, se heurter ; *[people]* se heurter ◆ **to ~ with** *[vehicle, train, plane]* entrer en collision avec, heurter ; *[person]* heurter ; *(Naut)* aborder b *(fig)* se heurter (*with* à) entrer en conflit (*with* avec)

**collie** /ˈkɒlɪ/ N colley *m*

**collier** /ˈkɒlɪəʳ/ N a *(= miner)* mineur *m* b *(= ship)* charbonnier *m*

**colliery** /ˈkɒlɪərɪ/ N *(Brit)* houillère *f*, mine *f* (de charbon)

**collimator** /ˈkɒlɪˌmeɪtəʳ/ N collimateur *m* COMP ▷ **collimator viewfinder** N *(Phot)* viseur *m* à cadre lumineux

**collision** /kəˈlɪʒən/ N a *(lit)* collision *f*, heurt *m* ; *(Rail)* collision *f* ; *(Naut)* abordage *m* ◆ **to come into ~ with** *[+ car, train]* entrer en collision avec, heurter ; *[+ boat]* aborder b *(fig)* conflit *m*, opposition *f* COMP ▷ **collision course** N ◆ **to be on a ~ course** *(Naut etc)* être sur une route de collision ; *(fig)* aller au-devant de l'affrontement (*with* avec) ▷ **collision damage waiver** N *(Insurance)* *clause d'exclusion des dommages dus à une collision, donnant droit à une réduction des frais de contrat*

**collocate** /ˈkɒləkət/ *(Ling)* N cooccurrent *m* VI /ˈkɒləkeɪt/ *[words]* être cooccurrents ◆ **to ~ with ...** être le cooccurrent de ...

**collocation** /ˌkɒləˈkeɪʃən/ N *(Ling)* collocation *f*

**colloquial** /kəˈləʊkwɪəl/ ADJ familier

**colloquialism** /kəˈləʊkwɪəlɪzəm/ N *(Ling)* expression *f* familière

**colloquially** /kəˈləʊkwɪəlɪ/ ADV familièrement, dans le langage parlé

**colloquium** /kəˈləʊkwɪəm/ N (pl **colloquiums** or **colloquia** /kəˈləʊkwɪə/) colloque *m*

**colloquy** /ˈkɒləkwɪ/ N colloque *m*, conversation *f*

**collude** /kəˈluːd/ VI s'associer *(dans une affaire louche)*

**collusion** /kəˈluːʒən/ N collusion *f* ◆ **in ~ with ...** en complicité avec ..., de connivence avec ...

**collusive** /kəˈluːsɪv/ ADJ *(frm pej)* collusoire *(frm)*

**collywobbles** ‡ /ˈkɒlɪˌwɒblz/ NPL ◆ **to have the ~** *(= be scared)* avoir la frousse * or la trouille * ; *(= have stomach trouble)* avoir la chiasse ‡

**Colo.** abbrev of **Colorado**

**Cologne** /kəˈləʊn/ N a Cologne b ◆ **(eau de) ~** eau *f* de Cologne

**Colombia** /kəˈlɒmbɪə/ N Colombie *f*

**Colombian** /kəˈlɒmbɪən/ ADJ colombien N Colombien(ne) *m(f)*

**colon**[1] /ˈkəʊlən/ N (pl **colons** or **cola**) *(Anat)* côlon *m*

**colon**[2] /ˈkəʊlən/ N (pl **colons**) *(Gram)* deux-points *m inv*

**colonel** /ˈkɜːnl/ N colonel *m* ◆ **Colonel Smith** le colonel Smith ; *(on envelope)* le Colonel Smith

**colonial** /kəˈləʊnɪəl/ ADJ a colonial b *[house]* en style du 18$^{e}$ siècle, style 18$^{e}$ ; → HOUSE N colonial(e) *m(f)* COMP ▷ **Colonial Office** N ministère *m* des Colonies

**colonialism** /kəˈləʊnɪəlɪzəm/ N colonialisme *m*

**colonialist** /kəˈləʊnɪəlɪst/ ADJ, N colonialiste *mf*

**colonic** /kəʊˈlɒnɪk/ ADJ du côlon COMP ▷ **colonic irrigation** N lavage *m* de l'intestin

**colonist** /ˈkɒlənɪst/ N colon *m (habitant etc d'une colonie)*

**colonization** /ˌkɒlənaɪˈzeɪʃən/ N colonisation *f*

**colonize** /ˈkɒlənaɪz/ VT coloniser

**colonized** /ˈkɒlənaɪzd/ ADJ colonisé

**colonnade** /ˌkɒləˈneɪd/ N colonnade *f*

**colony** /ˈkɒlənɪ/ N *(all senses)* colonie *f* ; → **leper**

**colophon** /ˈkɒləfən/ N *(= emblem)* logotype *m*, colophon *m* ; *(= end text in book)* achevé *m* d'imprimer ; *(= end text in manuscript)* colophon *m*

**color** *(etc)* /ˈkʌləʳ/ *(US)* ⇒ **colour**

**Colorado** /ˌkɒləˈrɑːdəʊ/ N *(= state)* Colorado *m* ◆ **in ~** dans le Colorado COMP ▷ **Colorado beetle** N doryphore *m*

**colorant** /ˈkʌlərənt/ N *(US)* ⇒ **colourant**

**coloration** /ˌkʌləˈreɪʃən/ N coloration *f*, coloris *m* ; → **protective**

**coloratura** /ˌkɒlərəˈtʊərə/ N colorature *f* ADJ *[voice, part]* de colorature

**colorcast** /ˈkʌləkɑːst/ N émission *f* en couleurs VT retransmettre en couleurs

**colossal** /kəˈlɒsl/ ADJ *(lit, fig)* colossal

**colossally** /kəˈlɒsəlɪ/ ADV *[expensive, destructive]* effroyablement ; *[improve, increase]* de façon phénoménale ◆ **~ powerful** d'une puissance colossale

**colossi** /kəˈlɒsaɪ/ NPL of **colossus**

**Colossians** /kəˈlɒʃənz/ N Colossiens *mpl*

**colossus** /kəˈlɒsəs/ N (pl **colossi** or **colossuses**) colosse *m* ◆ **the Colossus of Rhodes** le Colosse de Rhodes

**colostomy** /kəˈlɒstəmɪ/ N colostomie *f* COMP ▷ **colostomy bag** N poche *f* pour colostomie

**colostrum** /kəˈlɒstrəm/ N colostrum *m*

**colour, color** *(US)* /ˈkʌləʳ/ N a *(= hue)* couleur *f* ◆ **what ~ is it?** de quelle couleur est-ce ? ◆ **there's not enough ~ in it** cela manque de couleur ◆ **to change ~** changer de couleur ◆ **to take the ~ out of sth** décolorer qch ; → **primary**

b *(fig)* **the ~ of a newspaper** la couleur or les opinions *fpl* d'un journal ◆ **let's see the ~ of your money** * fais voir la couleur de ton fric * ◆ **a symphony/a poem full of ~** une symphonie pleine/un poème plein de couleur ◆ **to give or lend ~ to a tale** colorer un récit ◆ **to give a false ~ to sth** présenter qch sous un faux jour, dénaturer qch ◆ **under (the) ~ of ...** sous prétexte or couleur de ...

c *(= complexion)* teint *m*, couleur *f (du visage)* ◆ **to change ~** changer de couleur or de visage ◆ **to lose (one's) ~** pâlir, perdre ses couleurs ◆ **to get one's ~ back** reprendre des couleurs ◆ **he looks an unhealthy ~** il a très mauvaise mine ◆ **he had gone a funny ~** il avait pris une couleur bizarre ◆ **to have a high ~** être rougeaud ; → **off**

d *(Art)* *(= pigment)* matière *f* colorante, couleur *f* ; *(= paint)* peinture *f* ; *(= dye)* teinture *f* ; *(= shades, tones)* coloris *m*, couleur *f* ◆ **to paint sth in bright/dark ~s** *(lit)* peindre qch de couleurs vives/sombres ; *(fig)* peindre qch sous de belles couleurs/sous des couleurs sombres ◆ **to see sth in its true ~s** voir qch sous son vrai jour ; see also **colours npl** ; → **local, watercolour**

e *[of race]* couleur *f* ◆ **his ~ counted against him** sa couleur jouait contre lui ◆ **it is not a question of ~** ce n'est pas une question de race ◆ **people of ~** † gens *mpl* de couleur

NPL **colours** *(= symbol of allegiance)* couleurs *fpl (d'un club, d'un parti etc)*; *(Mil)* couleurs *fpl*, drapeau *m* ; *(Naut)* couleurs *fpl*, pavillon *m* ◆ **to get or win one's ~s** *(Sport)* être sélectionné pour (faire partie de) l'équipe ◆ **to salute the ~s** saluer le drapeau ◆ **to fight with the ~s** combattre sous les drapeaux ◆ **to stick to one's ~s** rester fidèle à ses principes or à ce qu'on a dit ◆ **he showed his true ~s when he said ...** il s'est révélé tel qu'il est vraiment quand il a dit ... ; → **flying, nail, troop**

VT a *(lit)* *(= give colour to)* colorer, donner de la couleur à ; *(with paint)* peindre ; *(with crayons etc)* colorier ; *(= dye)* teindre ; *(= tint)* teinter ◆ **to ~ sth red** colorer (or colorier etc) qch en rouge ◆ **to ~ (in) a picture** colorier une image

b *(fig)* *[+ story, description]* colorer ; *[+ facts]* *(= misrepresent)* fausser ; *(= exaggerate)* exagérer ; see also **coloured adj b**

VI *[thing]* se colorer ; *[person]* rougir

COMP ▷ **color line** N *(US)* ⇒ **colour bar** ▷ **colour bar** N *(Brit)* discrimination *f* raciale ▷ **colour-blind** ADJ daltonien ; *(fig = non-discriminatory)* sans discrimination raciale ▷ **colour blindness** N daltonisme *m*, achromatopsie *f* ▷ **colour camera** N *(TV)* caméra *f* couleur *inv* ▷ **colour code** N code *m* couleurs ▷ **colour-code** VT codifier par couleurs ▷ **colour film** N *(for camera)* pellicule *f* couleur(s) ; *(for movie camera; in cinema)* film *m* en couleur(s) ▷ **colour filter** N *(Phot)* filtre *m* coloré ▷ **colour photograph** N photo *f* en couleur(s) ▷ **colour photography** N photographie *f* en couleur(s) ▷ **colour printer** N imprimante *f* couleur ▷ **colour scheme** N combinaison *f* de(s) couleurs ◆ **to choose a ~ scheme** assortir les couleurs or les tons ▷ **colour sergeant** N *(Brit Mil)* ≈ sergent-chef *m* ▷ **colour slide** N diapositive *f* en couleur(s) ▷ **colour supplement** N *(Brit Press)* supplément *m* illustré ▷ **colour television** N télévision *f* en couleur(s)

**colourant** /ˈkʌlərənt/ N *(Brit)* colorant *m*

**coloured, colored** *(US)* /ˈkʌləd/ ADJ a *(= not black or white) [glass, water]* coloré ; *[chalk, pencil, bead]* de couleur ; *[picture, photo, television]* en couleur(s) ; *[fabric, garment]* de couleur ; *[drawing]* colorié ◆ **to be ~ pink/blue** être coloré en rose/en bleu ◆ **brightly ~** aux couleurs vives ◆ **coffee-~** couleur café *inv* ◆ **gold-~** doré ◆ **mauve-~** (de couleur) mauve ◆ **muddy-~** couleur de boue ◆ **a straw-~ hat** un chapeau couleur paille b *(= exaggerated)* ◆ **a highly ~ tale** un récit enjolivé c † *[person]* de couleur d *(in South Africa) [person]* métis (métisse *f*) NPL **coloureds** † *(US, Brit)* personnes *fpl* de couleur ; *(in South Africa)* métis *mpl* ; → **cape²**

**colourfast, colorfast** *(US)* /ˈkʌlərfɑːst/ ADJ grand teint *inv*

**colourful, colorful** *(US)* /ˈkʌləfʊl/ ADJ a *(= bright) [flowers, clothes, poster, design]* aux couleurs vives b *(= exciting) [story, account, history, character, figure]* pittoresque, haut en couleur c *(euph = immoral) [past, career, background]* mouvementé d *(euph = vulgar) [language]* très libre

**colourfully, colorfully** *(US)* /ˈkʌləfəlɪ/ ADV a *(= brightly) [dressed, painted, decorated]* de couleurs vives b *(= excitingly) [describe]* dans un style pittoresque *or* haut en couleur c *(euph = vulgarly) [swear, call]* d'une manière expressive

**colouring, coloring** *(US)* /ˈkʌlərɪŋ/ N a *(= complexion)* teint *m* ◆ **high ~** teint *m* coloré b *(NonC)* coloration *f* ; *[of drawings etc]* coloriage *m* ; *(fig) [of news, facts etc]* travestissement *m*, dénaturation *f* c *(= hue)* coloris *m*, coloration *f* d *(in food)* colorant *m* (alimentaire) COMP ▷ **colouring book** N album *m* à colorier

**colourist, colorist** *(US)* /ˈkʌlərɪst/ N *(Phot)* chromiste *mf*

**colourization, colorization** *(US)* /ˌkʌləraɪˈzeɪʃən/ N *(Cine)* colorisation *f*

**colourize, colorize** *(US)* /ˈkʌləraɪz/ VT *(Cine)* coloriser

**colourless, colorless** *(US)* /ˈkʌləlɪs/ ADJ *(lit)* sans couleur, incolore ; *(fig)* terne, fade

**colourway** /ˈkʌləweɪ/ N *(Brit)* coloris *m*

**colt** /kəʊlt/ N a *(Zool)* poulain *m* ; *(fig = a youth)* petit jeune *m (pej)*, novice *m* b ◆ **Colt** ® *(= pistol)* colt *m*

**coltish** /ˈkɒltɪʃ/ ADJ *(= frisky)* guilleret, folâtre ; *(= inexperienced)* jeunet, inexpérimenté

**coltsfoot** /ˈkəʊltsfʊt/ N (pl **coltsfoots**) *(Bot)* pas-d'âne *m inv*, tussilage *m*

**Columbia** /kəˈlʌmbɪə/ N *(US)* ◆ **(District of) ~** (le district fédéral de) Columbia ; → **British**

**Columbine** /ˈkɒləmbaɪn/ N *(Theat)* Colombine *f*

**columbine** /ˈkɒləmbaɪn/ N ancolie *f*

**Columbus** /kəˈlʌmbəs/ N ◆ **(Christopher) ~** Christophe Colomb *m* COMP ▷ **Columbus Day** N *(US) jour férié le deuxième lundi d'octobre, commémorant la découverte de l'Amérique par Christophe Colomb*

**column** /ˈkɒləm/ N *(all senses)* colonne *f* ; → **fifth** COMP ▷ **column inch** N *dans un journal, espace de 2,5 centimètres sur la largeur d'une colonne*

**columnist** /ˈkɒləmnɪst/ N *(Press)* chroniqueur *m*, échotier *m*, -ière *f*

**coma** /ˈkəʊmə/ N coma *m* ◆ **in a ~** dans le coma

**comatose** /ˈkəʊmətəʊs/ ADJ comateux

**comb** /kəʊm/ N a peigne *m* ; *(large-toothed)* démêloir *m* ◆ **to run a ~ through one's hair, to give one's hair a ~** se donner un coup de peigne, se peigner b *(for horse)* étrille *f* ; *(Tech: for wool etc)* peigne *m*, carde *f* ; *(Elec)* balai *m* c *[of fowl]* crête *f* ; *[of helmet]* cimier *m* d *(= honeycomb)* rayon *m* de miel VT a peigner ; *(Tech)* peigner, carder ; *[+ horse]* étriller ◆ **to ~ one's hair** se peigner ◆ **to ~ sb's hair** peigner qn b *(fig = search) [+ area, hills, town]* fouiller, ratisser ◆ **he ~ed (through) the papers looking for evidence** il a dépouillé le dossier à la recherche d'une preuve COMP ▷ **comb-over** * N *(pej) mèche rabattue sur un crâne chauve*

► **comb out** VT SEP *[+ hair]* peigner, démêler ◆ **they ~ed out the useless members of the staff** on a passé le personnel au peigne fin et éliminé les incapables

**combat** /ˈkɒmbæt/ N combat *m* ; → **close¹, unarmed** VT combattre, lutter contre COMP ▷ **combat car** N (véhicule *m*) blindé *m* léger de campagne ▷ **combat duty** N ◆ **on ~ duty** en service commandé ▷ **combat fatigue** N psychose *f* traumatique *(du soldat)* ▷ **combat jacket** N veste *f* de treillis ▷ **combat knife** N (pl **combat knives**) poignard *m* ▷ **combat neurosis** N ⇒ **combat fatigue** ▷ **combat-ready** ADJ prêt à combattre *or* au combat ▷ **combat troops** NPL troupes *fpl* de combat ▷ **combat trousers** NPL treillis *m* ▷ **combat zone** N zone *f* de combat

**combatant** /ˈkɒmbətənt/ ADJ, N combattant(e) *m(f)*

**combative** /ˈkɒmbətɪv/ ADJ combatif

**combe** /kuːm/ N ⇒ **coomb**

**combination** /ˌkɒmbɪˈneɪʃən/ N *(gen, Chem, Math: also of lock)* combinaison *f* ; *[of people]* association *f*, coalition *f* ; *[of events]* concours *m* ; *[of interests]* coalition *f* ◆ **(motorcycle) ~** *(Brit Aut)* side-car *m* NPL **combinations** *(= undergarment)* combinaison-culotte *f* (de femme) COMP ▷ **combination lock** N serrure *f* à combinaison ▷ **combination sandwich** N *(US)* gros sandwich *m* mixte ▷ **combination therapy** N thérapie *f* combinée

**combine** /kəmˈbaɪn/ VT combiner (*with* avec) joindre (*with* à) ; *(Chem)* combiner ◆ **he ~d generosity with discretion** il alliait la générosité à la discrétion ◆ **they ~d forces/efforts** ils ont uni *or* joint leurs forces/efforts ◆ **to ~ business with pleasure** mélanger le travail et l'agrément, joindre l'utile à l'agréable VI s'unir, s'associer ; *[parties]* fusionner ; *[workers]* s'associer ; *(Chem)* se combiner ; *(fig)* se liguer *(against* contre) ; *[events]* concourir *(to do sth* à faire qch) N /ˈkɒmbaɪn/ a association *f* ; *(Comm, Fin)* trust *m*, cartel *m* ; *(Jur)* corporation *f* b (also **combine harvester**) moissonneuse-batteuse *f* COMP ▷ **combining form** N *(Ling)* élément *m* de mot

**combined** /kəmˈbaɪnd/ ADJ a *(= mixed)* ◆ **~ with** conjugué à *or* avec b *(= joint) [efforts]* conjugué, combiné c *(= total) [salaries]* joint ◆ **~ assets** capital *m* commun ◆ **their ~ wealth** leurs fortunes réunies d ◆ **~ clock and radio** radio-réveil *m* COMP ▷ **combined forces** NPL *(Mil)* forces *f* alliées ▷ **combined honours** N *(Brit Univ)* ◆ **to do ~ honours** faire un double cursus ▷ **combined operation** N *(Mil)* opération *f* combinée

**combo** * /ˈkɒmbəʊ/ N *(Mus)* petite formation *f* musicale

**combustible** /kəmˈbʌstɪbl/ ADJ *[material]* combustible ; *(fig) [situation, atmosphere]* explosif, critique

**combustion** /kəmˈbʌstʃən/ N combustion *f* ; → **internal, spontaneous** COMP ▷ **combustion chamber** N *(Aut)* chambre *f* d'explosion

## come /kʌm/

vb : pret **came**, ptp **come**

| | |
|---|---|
| 1 INTRANSITIVE VERB | 3 NOUN |
| 2 TRANSITIVE VERB | 4 COMPOUNDS |
| 5 PHRASAL VERBS | |

### 1 - INTRANSITIVE VERB

a venir ; *(= arrive)* venir, arriver ◆ **~ here** venez ici ◆ **no one has ~** personne n'est venu ◆ **~ and see me soon, ~ see me soon** *(US)* venez me voir bientôt ◆ **he has ~ to mend the television** il est venu réparer la télévision ◆ **the time will ~ when ...** un jour viendra où ..., il viendra un temps où ... ◆ **he has ~ a long way** *(lit)* il est venu de loin ; *(fig = made great progress)* il a fait du chemin ◆ **help came in time** les secours sont arrivés à temps ◆ **when did he ~?** quand est-il arrivé ? ◆ **to ~ home** rentrer (chez soi *or* à la maison) ◆ **coming!** j'arrive ! ◆ **~, ~!, ~ now!** allons !, voyons ! ◆ **when your turn ~s** quand ce sera (à) votre tour, quand votre tour viendra ◆ **she is coming * six** elle va sur ses six ans, elle va avoir six ans ◆ **she had it coming to her *** elle l'a *or* l'avait (bien) cherché ◆ **he got what was coming to him** il n'a eu que ce qu'il méritait ◆ **~ again?** * comment ?, pardon ? ◆ **I don't know whether I'm coming or going** je ne sais plus où donner de la tête

◆ **to come** + *preposition* ◆ **you go on, I'll ~ after (you)** allez-y, je vous suis ◆ **the rain came closely after the thunderclap** la pluie a suivi de près le coup de tonnerre ◆ **it came as a shock to him** cela lui a fait un choc ◆ **it came as a surprise to him** cela l'a (beaucoup) surpris ◆ **to ~ before sb/sth** venir avant qn/qch ◆ **to ~ before a judge** *(Jur) [accused]* comparaître devant un juge ; *[case]* être entendu par un juge ◆ **to ~ behind sb/sth** suivre qn/qch ◆ **to ~ between two people** *(fig = cause trouble)* (venir) se mettre entre deux personnes ◆ **to ~ for sb/sth** venir chercher *or* venir prendre qn/qch ◆ **he has ~ from Edinburgh** il est venu d'Édimbourg ◆ **he has just ~ from Edinburgh** il arrive d'Édimbourg ◆ **to ~ from** *(fig = originate from) [person]* venir de, être originaire *or* natif de ; *[object, commodity]* provenir *or* venir de ◆ **he ~s from a very poor family** il vient *or* il est issu d'une famille très pauvre ◆ **I know where you're coming from** * *(fig)* je te comprends ◆ **it came into my head that ...** il m'est venu à l'esprit que ... ◆ **to ~ into sight** apparaître, devenir visible ◆ **they came to a town** ils sont arrivés à une ville, ils ont atteint une ville ◆ **to ~ to a decision** parvenir à *or* prendre une décision ◆ **to ~ to an end** toucher à sa fin ◆ **to ~ to the throne** monter sur le trône ◆ **so it has ~ to this!** nous en sommes donc là ! ◆ **if it ~s to that, you shouldn't have done it either** à ce compte-là *or* à ce moment-là * tu n'aurais pas dû le faire non plus ◆ **if it ~s to that, why did you go?** dans ce cas-là *or* à ce moment-là, pourquoi y es-tu allé ? ◆ **when it ~s to mathematics, no one can beat her** pour ce qui est des mathématiques, elle est imbattable ◆ **~ with me** venez avec moi ; → **agreement, bloom, blossom, blow², effect, grief**

◆ **to come** + *-ing* ◆ **to ~ running/shouting** *etc* arriver en courant/en criant *etc* ◆ **to ~ hurrying** arriver en toute hâte

◆ **to come** + *infinitive (= be finally in a position to)* en venir à, finir par ◆ **I have ~ to believe him** j'en suis venu à le croire ◆ **he came to admit he was wrong** il a fini par reconnaître qu'il avait tort ◆ **now I ~ to think of it** réflexion faite, quand j'y songe ◆ **it came to pass that ...** *(liter)* il advint que ... *(liter)*

♦ **to come** + *adverb/adjective* ♦ **to ~ apart** *(= come off)* se détacher ; *(= come unstuck)* se décoller ; *(= fall to pieces)* tomber en morceaux ♦ **it came apart in my hands** ça s'est cassé tout seul ♦ **all the other candidates came far behind** tous les autres candidats sont arrivés loin derrière ♦ **everything came right in the end** tout s'est arrangé à la fin ♦ **his dreams came true** ses rêves se sont réalisés ♦ **to ~ undone** se défaire, se dénouer ; → **clean, loose, naturally, unstick**

♦ **to come and go** aller et venir ♦ **they were coming and going all day** ils n'ont fait qu'aller et venir toute la journée ♦ **the pain ~s and goes** la douleur est intermittente

♦ **... to come** ♦ **the life to ~** la vie future ♦ **the years to ~** les années *fpl* à venir ♦ **in time to ~** à l'avenir

♦ **come** + *day, month* ♦ **I've known him for three years ~ January** cela fera trois ans en janvier que je le connais ♦ **she will be six ~ August** elle aura six ans au mois d'août *or* en août ♦ **a week ~ Monday** il y aura huit jours lundi

**b** [= have one's place] venir, se trouver, être placé ♦ **May ~s before June** mai vient avant *or* précède juin ♦ **July ~s after June** juillet vient après *or* suit juin ♦ **this passage ~s on page 10** ce passage se trouve à la page 10 ♦ **the adjective must ~ before the noun** l'adjectif doit être placé devant *or* précéder le substantif ♦ **a princess ~s before a duchess** une princesse prend le pas *or* a la préséance sur une duchesse ♦ **to ~ first/second** *(in race)* arriver premier/deuxième ; *(in exam)* être classé premier/deuxième

**c** [= happen] arriver (*to* à) se produire ♦ **no harm will ~ to him** il ne lui arrivera rien de mal ♦ **economic recovery came slowly** la reprise économique a été lente ♦ **how do you ~ to be so late?** comment se fait-il que vous soyez si en retard ? ♦ **~ what may** quoi qu'il arrive *subj*

♦ **to come of sth** ♦ **nothing came of it** il n'en est rien résulté ♦ **that's what ~s of not doing as you're told!** voilà ce que c'est que de désobéir !, voilà ce qui arrive quand on désobéit ! ♦ **no good will ~ of it** ça ne mènera à rien de bon, il n'en sortira rien de bon

♦ **how come ?*** comment ça se fait ?* ♦ **how ~ you can't find it?*** comment se fait-il que tu n'arrives *subj* pas à le trouver ?

**d** [= be available] ♦ **this dress ~s in three sizes** cette robe existe *or* se fait en trois tailles ♦ **she's as clever as they ~*** elle est futée comme pas une* ♦ **how do you like your tea? – as it ~s** comment voulez-vous votre thé ? — peu importe *or* ça m'est égal

**e** [** = reach orgasm] jouir

2 - TRANSITIVE VERB

** ♦ **that's coming it a bit strong!** faut pas pousser !*, ça, c'est un peu fort ! ; → **innocent**

3 - NOUN

[*** = semen] foutre*** *m*

4 - COMPOUNDS

▷ **come-at-able*** ADJ accessible ▷ **come-hither*** ADJ ♦ **she gave him a ~-hither look** elle lui a lancé un regard aguichant ▷ **come-on*** N *(gen = lure)* attrape-nigaud *m*, truc* *m* ♦ **to give sb the ~-on** *(sexual)* provoquer qn, allumer* qn ▷ **come-to-bed eyes*** NPL ♦ **she has ~-to-bed eyes** elle a un regard provocant *or* aguicheur

5 - PHRASAL VERBS

► **come about** VI **a** *(impers = happen)* se faire *impers + que + subj*, arriver, se produire ♦ **how does it ~ about that you are here?** comment se fait-il que vous soyez ici ? ♦ **this is why it came about** voilà pourquoi c'est arrivé *or* cela s'est produit **b** *(Naut) [wind]* tourner, changer de direction

► **come across** VI **a** *(= cross)* traverser **b** ♦ **he comes across as an honest man** il donne l'impression d'être un honnête homme ♦ **his speech came across very well** son discours a fait bonne impression ♦ **his speech came across very badly** son discours n'a pas fait d'effet *or* n'a pas passé la rampe ♦ **despite his attempts to hide them, his true feelings came across quite clearly** malgré ses efforts pour les cacher, ses vrais sentiments se faisaient sentir clairement **c** *(US * = keep promise etc)* s'exécuter, tenir parole
VT FUS *(= find or meet by chance) [+ thing]* trouver par hasard, tomber sur ; *[+ person]* rencontrer par hasard, tomber sur ♦ **if you ~ across my watch ...** si vous tombez sur ma montre ...

► **come across with*** VT FUS *[+ money]* se fendre de*, y aller de ; *[+ information]* donner, vendre ♦ **he came across with £10** il s'est fendu* de 10 livres ♦ **the criminal came across with the names of his accomplices** le criminel a donné* ses complices

► **come along** VI **a** *(imper only)* **~ along!** *(impatiently)* allons *or* voyons, dépêchez-vous ! ; *(in friendly tone)* (allez,) venez ! **b** *(= accompany)* venir, suivre ♦ **could my sister ~ along as well?** est-ce que ma sœur peut venir aussi ? ♦ **why don't you ~ along?** pourquoi ne viendrais-tu pas ? ♦ **~ along with me** venez avec moi, suivez-moi **c** *(= arrive by chance)* ♦ **it was lucky you came along** c'est une chance que vous soyiez venu ♦ **he waited a long time for the perfect job to ~ along** il a attendu longtemps avant que l'emploi idéal ne se présente *subj* **d** *(= progress)* avancer, faire des progrès ; *[plants, children]* pousser ; *[plans]* avancer ♦ **he's coming along in French** il fait des progrès en français ♦ **how is your broken arm? – it's coming along quite well** comment va votre bras cassé ? — il *or* ça se remet bien ♦ **my book isn't coming along at all well** mon livre n'avance pas bien

► **come around** VI ⇒ **come round**

► **come at** VT FUS attaquer ♦ **he came at me with an axe** il s'est jeté sur moi en brandissant une hache

► **come away** VI **a** *(= leave)* partir, s'en aller ♦ **she had to ~ away before the end** elle a dû partir avant la fin ♦ **~ away from there!** sors de là !, écarte-toi de là ! **b** *(= become detached) [button etc]* se détacher, partir ♦ **it came away in my hands** cela m'est resté dans les mains

► **come back** VI *[person]* revenir ; *[fashion]* revenir à la mode ♦ **he came back two hours later** il est revenu deux heures plus tard ♦ **he came back strongly into the game** *(Sport)* il est revenu en force dans le jeu ♦ **to ~ back from injury/defeat** faire son come-back après une blessure/défaite ♦ **I asked her to ~ back with me** je lui ai demandé de me raccompagner ♦ **to ~ back to what I was saying ...** pour en revenir à ce que je disais ... ♦ **I'll ~ back to you on that one*** nous en reparlerons (plus tard) ♦ **his face/name is coming back to me** son visage/son nom me revient (à la mémoire *or* à l'esprit)

► **come back with** VT FUS répondre par ♦ **when accused, he came back with a counter-accusation** quand on l'a accusé, il a répondu par une contre-accusation

► **come by** VI passer (par là) ♦ **he came by yesterday and told us** il est venu *or* passé (par là) hier et nous l'a raconté
VT FUS *(= obtain) [+ object]* obtenir, se procurer ; *[+ idea, opinion]* se faire ♦ **how did you ~ by that book?** comment vous êtes-vous procuré ce livre ?

► **come down** VI **a** *(from ladder, stairs)* descendre (*from* de) ; *(from mountain)* descendre, faire la descente (*from* de) ; *[aircraft]* descendre ♦ **~ down from there at once!** descends de là tout de suite ! ♦ **to ~ down in the world** *(fig)* descendre dans l'échelle sociale, déchoir ♦ **her hair ~s down to her shoulders** ses cheveux lui descendent jusqu'aux épaules *or* lui tombent sur les épaules ♦ **to ~ down (strongly) for** *or* **in favour of** *or* **on the side of sth** *(fig)* prendre (fermement) position en faveur de qch ♦ **he came down on the side of the President** il s'est rangé du côté du président, il a pris parti pour le président **b** ♦ **the problem comes down to money** le problème se résume à *or* se réduit à une question d'argent ♦ **it all ~s down to the fact that people are very dependent on their cars** tout le problème réside dans le fait que les gens ne peuvent pas se passer de leurs voitures ♦ **when it ~s down to it, are we really free to speak our mind?** au fond, sommes-nous vraiment libres de dire ce que nous pensons ? **c** *[buildings etc] (= be demolished)* être démoli, être abattu ; *(= fall down)* s'écrouler **d** *(= drop) [prices]* baisser ♦ **if you buy three, the price ~s down to £2** si vous en achetez trois, le prix est ramené à 2 livres **e** *(= be transmitted) [tradition etc]* être transmis (de père en fils)

► **come down on** VT FUS **a** *(= punish)* punir ; *(= rebuke)* s'en prendre à ♦ **he came down on me like a ton of bricks*** il m'est tombé dessus à bras raccourcis **b** ♦ **they came down on me* for a subscription** ils m'ont mis le grappin dessus* pour que je souscrive

► **come down with** VT FUS **a** *(= become ill from)* attraper ♦ **to ~ down with flu** attraper une grippe **b** *(* = pay out)* allonger**

► **come forward** VI se présenter (*as* comme) ♦ **several witnesses have ~ forward** plusieurs personnes se sont présentées comme témoins ♦ **who will ~ forward as a candidate?** qui va se présenter comme candidat *or* se porter candidat ? ♦ **after the burglary, her neighbours came forward with help/money** après le cambriolage, ses voisins ont offert de l'aider/lui ont offert de l'argent ♦ **to ~ forward with a suggestion** faire une suggestion ♦ **to ~ forward with an answer** suggérer une réponse

► **come in** VI **a** *[person]* entrer ; *[train, plane etc]* arriver ; *[tide]* monter ♦ **reports are now coming in of a terrorist attack** des informations nous parviennent selon lesquelles il y aurait eu un attentat terroriste ♦ **when** *or* **where do I ~ in?** *(fig)* quand est-ce que j'entre en jeu, moi ? ♦ **where does your brother ~ in?** *(fig) (= how is he involved?)* qu'est-ce que ton frère a à voir là-dedans ? ; *(= what's to be done with him?)* qu'est-ce qu'on fait de ton frère là-dedans ?, qu'est-ce que ton frère devient là-dedans ? ♦ **this is where we came in!** *(fig)* nous sommes revenus à la case départ ! **b** *[fashion]* devenir à la mode **c** *(in a race)* arriver ♦ **he came in fourth** il est arrivé quatrième ♦ **he came in first in geography** *(Scol)* il a eu la meilleure note en géographie, il a été premier en géographie **d** *(Pol = be elected to power)* être élu, arriver au pouvoir ♦ **the socialists came in at the last election** les socialistes sont arrivés au pouvoir aux dernières élections e ♦ **he has £20,000 coming in every year** il touche *or* encaisse 20 000 livres chaque année ♦ **if I'm not working my pay won't be coming in** si je ne travaille pas, je ne toucherai pas ma paie ♦ **we have no money coming in at the moment** nous n'avons aucune rentrée d'argent en ce moment f ♦ **to come in handy** *or* **useful** avoir son utilité, venir à propos ♦ **to ~ in handy** *or* **useful for sth** servir à qch, être commode pour qch

► **come in for** VT FUS *(= receive) [+ criticism]* être l'objet de, subir, être en butte à ; *[+ reproach]* subir ; *[+ praise]* recevoir

► **come into** VT FUS a *(= inherit)* hériter de, entrer en possession de ♦ **to ~ into some money** *(gen)* recevoir une somme d'argent ; *(by inheritance)* hériter (d'une somme d'argent) ♦ **to ~ into one's own** *(fig)* se réaliser, trouver sa voie b *(= play a role)* ♦ **logic doesn't really come into it** la logique n'a pas grand-chose à voir là-dedans

► **come near to** VT FUS ♦ **to come near to doing sth** faillir faire qch, être à deux doigts de faire ♦ **I came near to telling her everything** pour un peu je lui aurais tout dit, j'étais à deux doigts de tout lui dire ♦ **he came near to (committing) suicide** il a été à deux doigts de se suicider

► **come off** VI a *[button]* se détacher, se découdre ; *[stains, marks]* s'enlever, partir b *(= take place)* avoir lieu, se produire ♦ **her wedding did not ~ off after all** son mariage n'a finalement pas eu lieu c *(= succeed) [plan]* se réaliser ; *[attempt, experiment]* réussir d *(= acquit o.s.)* s'en tirer, s'en sortir ♦ **he came off well by comparison with his brother** il s'en est très bien tiré en comparaison de son frère ♦ **to ~ off best** gagner e *(Theat) [actor]* sortir de scène ; *[play]* s'arrêter, cesser d'être donné f (*‡ = reach orgasm)* venir‡, jouir VT FUS a ♦ **a button came off his coat** un bouton s'est détaché *or* décousu de son manteau ♦ **he came off his bike** il est tombé de son vélo ♦ **to ~ off the gold standard** *(Fin)* abandonner l'étalon-or b *[+ drugs, medication]* arrêter c ♦ **come off it!** * et puis quoi encore ?, à d'autres !

► **come on** VI a *(= follow)* suivre ; *(= continue to advance)* continuer d'avancer b *(imper only)* **~ on, try again!** allons *or* allez, encore un effort ! c *(= progress, develop)* faire des progrès, avancer ♦ **how are your lettuces/plans coming on?** où en sont vos laitues/vos projets ? ♦ **my lettuces are coming on nicely** mes laitues poussent bien ♦ **my plans are coming on nicely** mes plans avancent ♦ **how are the children? – they are coming on** comment vont les enfants ? – ils poussent bien *or* ça pousse ! * d *(= start) [night]* tomber ; *[illness]* se déclarer ; *[storm]* survenir, éclater ; *[seasons]* arriver ♦ **it came on to rain, the rain came on** il s'est mis à pleuvoir ♦ **I feel a cold coming on** je sens que je m'enrhume e *(= arise for discussion or judgement) [subject]* être soulevé, être mis sur le tapis ; *[question]* être posé ♦ **his case ~s on this afternoon** *(Jur)* son affaire viendra devant le juge cet après-midi f *[actor]* entrer en scène ; *[play]* être joué *or* donné ♦ **"Hamlet" is coming on next week** on donne "Hamlet" la semaine prochaine g *(US fig)* **he came on quite sincere** il a donné l'impression d'être tout à fait sincère ♦ **he came on as a fine man** il a fait l'effet d'être un homme bien VT FUS ⇒ **come upon**

► **come on to** VT FUS a *(= start discussing) [+ question, topic, issue]* aborder ♦ **I'll ~ on to that in a moment** j'aborderai cela dans un moment b *(sexually)* ♦ **to come on to sb** * draguer qn *

► **come out** VI a *(gen)* sortir *(of* de) ; *[sun, stars]* paraître, se montrer ; *[flower]* pousser, sortir ; *[spots, rash]* sortir ; *[secret, news]* être divulgué *or* révélé ; *[truth]* se faire jour ; *[book, magazine]* paraître, sortir, être publié ; *[film]* sortir ; *(Scol etc: in exams)* se classer ; *[qualities]* se manifester, se révéler, se faire remarquer ; *[stain]* s'en aller, partir ; *[dye, colour] (= run)* déteindre ; *(= fade)* passer, se faner ; *(Math) [problem]* se résoudre ; *[division etc]* tomber juste ♦ **he came out third in French** il s'est classé *or* il est troisième en français b ♦ **to come out well** être réussi ♦ **this photo didn't ~ out well** cette photo n'a rien donné *or* n'est pas réussie ♦ **the photo came out well** la photo est réussie *or* est très bonne ♦ **you always ~ out well in photos** tu es toujours très bien sur les photos, tu es très photogénique c *(with preposition)* ♦ **the total comes out at** *or* **to 500** le total s'élève à 500 ♦ **to ~ out in a rash** *(Med)* avoir une éruption ♦ **to ~ out for/against sth** *(fig)* se déclarer ouvertement pour/contre qch, prendre position pour/contre qch ♦ **to ~ out of o.s.** *or* **one's shell** sortir de sa coquille *or* réserve *(fig)* d *(Brit Ind:* also **to come out on strike)** se mettre en grève, faire grève e *(also* **to come out of the closet)** *[homosexual]* se déclarer ouvertement homosexuel ♦ **she came out as a lesbian** elle s'est ouvertement déclarée lesbienne f *(= go into society)* faire ses débuts dans le monde g *(= result from)* **~ out of** être né de

► **come out with** * VT FUS *(= say)* sortir *, dire ♦ **you never know what she's going to ~ out with next** on ne sait jamais ce qu'elle va sortir * *or* dire ♦ **~ out with it!** dis ce que tu as à dire !, accouche ! ‡

► **come over** VI a *(lit)* venir ♦ **he came over to England for a few months** il est venu passer quelques mois en Angleterre ♦ **his family came over with the Normans** sa famille s'est installée ici du temps des Normands ♦ **he came over to our side** *(fig)* il est passé de notre côté ♦ **he came over to our way of thinking** il s'est rangé à notre avis b (* *= feel suddenly)* **to ~ over giddy** *or* **funny** se sentir mal tout d'un coup, se sentir tout chose * ♦ **she came over faint** elle a failli s'évanouir *or* tourner de l'œil * ♦ **she came over all shy** tout à coup la timidité la saisit *or* elle fut prise de timidité c *(= make impression)* **he came over well in his speech** son discours l'a bien mis en valeur ♦ **his speech came over well** son discours a fait bonne impression ♦ **he came over as a fine politician** il a donné l'impression d'être un bon homme politique VT FUS *[influences, feelings] [+ person]* saisir, s'emparer de ♦ **a feeling of shyness came over her** la timidité la saisit, elle fut saisie de timidité ♦ **a sudden change came over him** un changement soudain s'est fait jour en lui ♦ **I don't know what came over her to speak like that!** je ne sais pas ce qui lui a pris de parler comme ça ! ♦ **what's ~ over you?** qu'est-ce qui vous prend ?

► **come round** VI a faire le tour *or* un détour ♦ **the road was blocked and we had to ~ round by the farm** la route était bloquée et nous avons dû faire un détour par la ferme b *(= drop in)* venir, passer ♦ **do ~ round and see me one evening** passez me voir un de ces soirs c *(= recur regularly)* revenir périodiquement ♦ **your birthday will soon ~ round again** ce sera bientôt à nouveau ton anniversaire d *(= change one's mind)* changer d'avis ♦ **perhaps in time she will ~ round** peut-être qu'elle changera d'avis avec le temps ♦ **he came round to our way of thinking in the end** il a fini par se ranger à notre avis e *(= regain consciousness)* revenir à soi, reprendre connaissance ; *(= get better)* se rétablir, se remettre *(after* de) f *(= throw off bad mood etc)* se radoucir, redevenir aimable ♦ **leave her alone, she'll soon ~ round** laissez-la tranquille, elle reviendra bientôt à d'autres sentiments g *[boat]* venir au vent

► **come through** VI a *(= cope)* s'en tirer, s'en sortir b *(= arrive)* ♦ **reports of fighting are coming through** on raconte qu'il y a des combats ♦ **his divorce has ~ through** son divorce a été prononcé ♦ **the call came through** *(Telec)* on a reçu *or* eu la communication c ♦ **what came through most was her enthusiasm for the project** ce qui ressortait surtout *or* ce qui était frappant, c'était son enthousiasme pour le projet d ♦ **she came through for us** elle nous a donné satisfaction ♦ **they came through on their promises** ils ont respecté leurs promesses, ils ont tenu parole VT FUS *(= survive) [+ illness, danger, war]* survivre à

► **come through with** VT FUS *(US)* ⇒ **come up with**

► **come to** VI a *(= regain consciousness)* revenir à soi, reprendre connaissance b *(Naut = stop)* s'arrêter VT FUS *[cost, sum]* revenir à, se monter à ♦ **how much does it ~ to?** cela fait combien ?, cela se monte à combien ? ♦ **it ~s to £20** ça fait 20 livres en tout ♦ **it ~s to much less per metre if you buy a lot** cela revient beaucoup moins cher le mètre si vous en achetez beaucoup ♦ **it ~s to the same thing** *(fig)* ça revient au même *or* à la même chose ♦ **he will never ~ to much** *(fig)* il ne sera *or* fera jamais grand-chose

► **come together** VI *(= assemble)* se rassembler ; *(= meet)* se rencontrer ♦ **to ~ together again** *(fig)* se réconcilier

► **come under** VT FUS a *(= be subjected to) [+ sb's influence, domination]* tomber sous, subir ; *[+ attack, criticism]* être l'objet de, essuyer b *(= be classified under)* être classé sous ♦ **that ~s under "towns"** c'est classé *or* cela se trouve sous la rubrique "villes" ♦ **this ~s under another department** *(Admin, Comm)* c'est du ressort *or* de la compétence d'un autre service

► **come up** VI a monter ♦ **do you ~ up to York often?** est-ce que vous venez *or* montez souvent à York ? ♦ **he came up to me** il s'est approché de moi, il est venu vers moi ♦ **he came up to me with a smile** il m'a abordé en souriant ♦ **he came up to Oxford last year** *(Brit)* il est entré à (l'université d')Oxford l'année dernière ♦ **"coming up!"** *(in restaurant)* "ça marche !" * ♦ **he has ~ up in the world** *(fig)* il a grimpé les échelons b *(Jur) [accused]* comparaître *(before* devant) ; *[case]* être entendu *(before* par) c *[plant]* sortir, pointer ♦ **the tulips haven't ~ up yet** les tulipes ne sont pas encore sorties d *[sun]* se lever e *(= arise) [matter for discussion]* être soulevé, être mis sur le tapis ; *[question]* se poser, être soulevé ♦ **the question of a subsidy came up** la question d'une subvention s'est posée *or* a été soulevée ♦ **I'm afraid something's ~ up** malheureusement j'ai un empêchement f *[job, vacancy]* se présenter

► **come up against** VT FUS se heurter à *or* contre *(fig)* ♦ **he came up against total opposition to his plans** il s'est heurté à une opposition radicale à ses projets ♦ **to ~ up against sb** entrer en conflit avec qn

► **come upon** VT FUS *(= find or meet by chance) [+ object]* trouver par hasard, tomber sur ; *[+ person]* rencontrer par hasard, tomber sur

► **come up to** VT FUS a *(= reach up to)* s'élever jusqu'à, arriver à ♦ **the water came up to his knees** l'eau lui montait *or* arrivait jusqu'aux genoux ◆ **my son ~s up to my shoulder** mon fils m'arrive à l'épaule ◆ **it's just coming up to five minutes to six** il est presque six heures moins cinq **b** *(= equal)* répondre à ◆ **to ~ up to sb's hopes** réaliser les *or* répondre aux espoirs de qn ◆ **his work has not ~ up to our expectations** son travail n'a pas répondu à notre attente

▸ **come up with** VT FUS *[+ object, money, funds]* fournir ; *[+ idea, plan]* proposer, suggérer ◆ **she ~s up with some good ideas** elle propose *or* suggère de bonnes idées

**comeback** /ˈkʌmbæk/ N *(Theat etc)* retour *m* ; *(= response)* réplique *f* ; *(= redress)* recours *m* ◆ **to make** *or* **stage a ~** *[fashion]* revenir ; *[politician]* revenir sur la scène politique ; *[entertainer]* faire un come-back ◆ **to have no ~** n'avoir aucun recours

**Comecon** /ˈkɒmɪˌkɒn/ N *(formerly)* (abbrev of **Council for Mutual Economic Aid**) COMECON *m*

**comedian** /kəˈmiːdiən/ N **a** *(Theat) [of variety]* comique *m* ; *[of plays]* comédien *m* ; *(fig)* comique *m* **b** *(†† = author)* auteur *m* de comédies

**comedic** /kəˈmiːdɪk/ ADJ *(frm) [moment, incident, performer]* de comédie

**comedienne** /kəˌmiːdɪˈen/ N *(Theat) [of variety]* actrice *f* comique ; *[of plays]* comédienne *f*

**comedown** * /ˈkʌmdaʊn/ N dégringolade * *f*, déchéance *f* ◆ **it was rather a ~ for him to have to work for his brother** c'était assez humiliant pour lui de devoir travailler pour son frère

**comedy** /ˈkɒmɪdɪ/ N *(= play: also fig)* comédie *f* ; *(NonC = style of play)* la comédie, le genre comique ◆ **"The Comedy of Errors"** "La Comédie des Méprises" ◆ **~ of manners** comédie *f* de mœurs ◆ **high ~** haute comédie *f* ◆ **low ~** farce *f* ◆ **cut (out) the ~!** * *(fig)* pas de comédie ! ; → **musical**

**comeliness** /ˈkʌmlɪnɪs/ N *(liter)* beauté *f*

**comely** /ˈkʌmlɪ/ ADJ *(liter = beautiful)* beau (belle *f*) ; *(†† = proper)* bienséant

**comer** /ˈkʌməʳ/ N arrivant(e) *m(f)* ◆ **open to all ~s** ouvert à tous ◆ **they decided to give the job to the first ~** ils ont décidé d'offrir le poste au premier candidat qui se présenterait ; → **latecomer, newcomer**

**comestible** † /kəˈmestɪbl/ ADJ comestible N *(gen pl)* ◆ **~s** denrées *fpl* comestibles, comestibles *mpl*

**comet** /ˈkɒmɪt/ N comète *f*

**comeuppance** * /ˌkʌmˈʌpəns/ N ◆ **to get one's ~** avoir ce qu'on mérite ◆ **at last he's got his ~** il a finalement eu ce qu'il méritait ◆ **he got his ~!** il ne l'a pas volé ! *, il l'a bien cherché !

**comfit** /ˈkʌmfɪt/ N dragée *f*

**comfort** /ˈkʌmfət/ N **a** *(= well-being)* confort *m*, bien-être *m* ◆ **he has always been used to ~** il a toujours eu tout le *or* son confort ◆ **to live in ~** vivre dans l'aisance *or* à l'aise ◆ **~s** *(= material goods)* aises *fpl*, commodités *fpl* (de la vie) ◆ **every (modern) ~** tout le confort moderne ◆ **he likes his ~s** il aime ses aises ◆ **he has never lacked ~s** il n'a jamais manqué des choses matérielles

**b** *(= consolation)* consolation *f*, réconfort *m* ◆ **to take ~ from sth** trouver du réconfort *or* une consolation dans qch ◆ **your presence is/you are a great ~ to me** votre présence est/vous êtes pour moi d'un grand réconfort ◆ **if it's any ~ to you** si ça peut te consoler ◆ **it is a ~ to know that ...** c'est un soulagement *or* c'est consolant de savoir que ... ◆ **to take ~ from the fact that/from the knowledge that ...** trouver rassurant le fait que/de savoir que ... ; → **cold**

**c** *(= peace of mind)* **too close for ~** dangereusement près

VT *(= console)* consoler ; *(bring relief to)* soulager ; *(†† = hearten)* réconforter, encourager

COMP ▷ **comfort eating** N suralimentation *f* par compensation ▷ **comfort station** N *(US euph)* toilette(s) *f(pl)* ▷ **comfort zone** N zone *f* de confort

**comfortable** /ˈkʌmfətəbl/ ADJ **a** *[chair, clothes, room, journey, life, position, majority]* confortable ; *[temperature]* agréable ◆ **to be a ~ winner of sth** remporter qch haut la main

**b** *(= physically at ease)* ◆ **are you ~ there ?** vous êtes bien ? ◆ **would you prefer to sit here? – no thanks, I'm quite ~ where I am** préféreriez-vous vous asseoir là ? — non merci, je me trouve très bien ici ◆ **to feel ~** se sentir bien ◆ **you don't look very ~** vous n'avez pas l'air bien installé ◆ **to make o.s. ~** *(in armchair etc)* s'installer confortablement ; *(= make o.s. at home)* se mettre à l'aise ◆ **to be ~** *(Med)* être dans un état satisfaisant

**c** *(= mentally at ease) [person]* à l'aise ◆ **I'm not ~ at formal dinners** je ne suis pas à l'aise dans les dîners protocolaires ◆ **to be** *or* **feel ~ doing sth** être à l'aise pour faire qch ◆ **to feel ~ with sb/sth** être à l'aise avec qn/qch ◆ **I am not very ~ about it** cela me met mal à l'aise

**d** *(financially) [person, family]* aisé ◆ **to have a ~ income** avoir des revenus confortables ◆ **he is in ~ circumstances** il est (financièrement) à l'aise

**e** *(= undemanding) [job]* de tout repos

**f** *(= kindly)* ◆ **she was a ~ grandmotherly woman** c'était une femme avec qui on se sentait à l'aise, comme on peut l'être avec une grand-mère

**g** *(= comforting) [belief]* rassurant

**comfortably** /ˈkʌmfətəblɪ/ ADV **a** *(physically) [sit, settle, sleep]* confortablement ◆ **~ furnished** confortablement meublé **b** *(financially) [live]* à l'aise, confortablement ◆ **to be ~ off** être (financièrement) à l'aise **c** *(= easily) [manage, win, fit, afford]* sans difficulté

**comforter** /ˈkʌmfətəʳ/ N **a** *(= person)* consolateur *m*, -trice *f (liter)* **b** *(= scarf)* cache-nez *m inv* ; *(= dummy-teat)* tétine *f*, sucette *f* **c** *(US = quilt)* édredon *m*

**comforting** /ˈkʌmfətɪŋ/ ADJ *[words, thoughts, feeling]* réconfortant ; *[voice]* apaisant ◆ **it is ~ to think that ...** il est réconfortant de penser que ...

**comfortless** /ˈkʌmfətlɪs/ ADJ *[room]* sans confort ; *[person]* désolé, triste ; *[thought, prospect]* peu réconfortant, triste

**comfrey** /ˈkʌmfrɪ/ N *(Bot)* consoude *f*

**comfy** * /ˈkʌmfɪ/ ADJ *[chair, room etc]* confortable ◆ **are you ~?** êtes-vous bien ?

**comic** /ˈkɒmɪk/ ADJ comique, amusant ; *(Theat)* comique, de la comédie N **a** *(= person)* (acteur *m*) comique *m*, actrice *f* comique **b** *(esp Brit = magazine)* comic *m* ◆ **the ~s** *(within newspaper etc)* les bandes *fpl* dessinées COMP ▷ **comic book** N *(esp US)* magazine *m* de bandes dessinées *or* de BD * ▷ **comic opera** N opéra *m* comique ▷ **comic relief** N *(Theat)* intervalle *m* comique ; *(fig)* moment *m* de détente (comique) ▷ **comic strip** N bande *f* dessinée, BD * *f* ▷ **comic verse** N poésie *f* humoristique

**comical** /ˈkɒmɪkəl/ ADJ cocasse, comique

**comically** /ˈkɒmɪkəlɪ/ ADV *[say, behave]* comiquement, de façon comique ◆ **~ naive** d'une naïveté comique

**coming** /ˈkʌmɪŋ/ N **a** arrivée *f*, venue *f* ◆ **~ and going** va-et-vient *m* ◆ **~s and goings** allées *fpl* et venues *fpl* ◆ **~ away/back/down/in/out** *etc* départ *m*/retour *m*/descente *f*/entrée *f*/sortie *f etc* **b** *(Rel)* avènement *m* ; → **second**[1] ADJ **a** *(= approaching) [weeks, months, years]* à venir, prochain *before n* ; *[election, battle]* prochain *before n*, futur *after n* ; *[revolution]* prochain *before n*, futur *after n*, qui se prépare (*or* préparait) ◆ **the ~ year** l'année *f* à venir, l'année *f* prochaine ◆ **~ generations** les générations *fpl* à venir *or* futures **b** *(= promising)* ◆ **a ~ politician** un homme politique d'avenir ; → **up c** *(= becoming significant)* ◆ **it's the ~ thing** * c'est le truc * qui devient à la mode COMP ▷ **coming of age** N passage *m* à l'âge adulte

**Comintern** /ˈkɒmɪnˌtɜːn/ N Komintern *m*

**comity** /ˈkɒmɪtɪ/ N courtoisie *f* ◆ **~ of nations** *(Jur)* courtoisie *f* internationale

**comm.** **a** abbrev of **commerce** **b** abbrev of **commercial** **c** abbrev of **committee**

**comma** /ˈkɒmə/ N **a** *(Gram)* virgule *f* ; → **invert** **b** *(Mus)* comma *m*

**command** /kəˈmɑːnd/ VT **a** *(= order)* ordonner, donner l'ordre (*sb to do sth* à qn de faire qch) ; ◆ **to ~ that ...** ordonner *or* donner l'ordre que ... *+ subj* ◆ **to ~ sth to be done** donner l'ordre de (faire) faire qch

**b** *(= be in control of) [+ army, ship]* commander ; *[+ passions, instincts]* maîtriser, dominer

**c** *(= be in position to use) [+ money, services, resources]* disposer de, avoir à sa disposition

**d** *(= deserve and get) [+ respect]* commander ; *[+ support]* obtenir, inspirer ◆ **to ~ attention** forcer l'attention ◆ **that ~s a high price** cela se vend très cher

**e** *[place, building] (= overlook)* avoir vue sur, donner sur ; *(= overlook and control)* commander, dominer

VI *(= be in command) (Mil, Naut)* commander, avoir le commandement ; *(gen)* commander ; *(= order)* commander, donner un ordre

N **a** *(= order)* ordre *m* ; *(Mil)* commandement *m* ; *(Comput)* commande *f* ◆ **at** *or* **by the ~ of ...** sur l'ordre de ... ◆ **at the word of ~** au commandement

**b** *(NonC: Mil = power, authority)* commandement *m* ◆ **to be in ~ of ...** être à la tête de ..., avoir sous ses ordres ... ◆ **to have/take ~ of ...** avoir/prendre le commandement de ... ◆ **under the ~ of ...** sous le commandement *or* les ordres de ... ◆ **who's in ~ here?** *(gen)* qui est-ce qui commande ici ? ; → **second**[1]

**c** *(Mil) (= troops)* troupes *fpl* ; *(= district)* région *f* militaire ; *(= military authority)* commandement *m* ; → **high**

**d** *(fig = possession, mastery)* maîtrise *f*, possession *f* ◆ **~ of the seas** maîtrise *f* des mers ◆ **he has a ~ of three foreign languages** il possède trois langues étrangères ◆ **his ~ of English** sa maîtrise de l'anglais ◆ **to have sth at one's ~** avoir qch à sa disposition ◆ **all the money at my ~** tout l'argent à ma disposition *or* dont je peux disposer ◆ **to be at sb's ~** être à la disposition de qn, être prêt à obéir à qn ◆ **to be in full ~ of one's faculties** être en pleine possession de ses moyens

COMP ▷ **command and control** N *(Mil)* commandement *m* ▷ **command economy** N économie *f* planifiée ▷ **command key** N

*(Comput)* touche *f* de commande ▹ **command language** N *(Comput)* ordres *mpl* de gestion ▹ **command line** N *(Comput)* ligne *f* de commande ▹ **command module** N *(Space)* module *m* de commande ▹ **command performance** N *(Theat)* ≈ représentation *f* de gala *(à la requête du souverain)* ▹ **command post** N *(Mil)* poste *m* de commandement

**commandant** /ˈkɒmən,dænt/ N *(Mil)* commandant *m (d'un camp militaire, d'une place forte etc)*

**commandeer** /,kɒmənˈdɪəʳ/ VT réquisitionner

**commander** /kəˈmɑːndəʳ/ N a *(gen)* chef *m* ; *(Mil)* commandant *m* ; *(Naut)* capitaine *m* de frégate ; *(Brit Police)* ≈ commissaire *m* (de police) divisionnaire, divisionnaire *m* ; → **lieutenant, wing** b *[of order of chivalry]* commandeur *m* COMP ▹ **commander in chief** N (pl **commanders in chief**) *(Mil)* commandant *m* en chef, généralissime *m*

**commanding** /kəˈmɑːndɪŋ/ ADJ a *(= powerful)* ◆ **to be in a ~ position** être en position de force ◆ **to have a ~ lead** avoir une avance respectable b *(= authoritative) [person, voice, manner, look, air]* plein d'autorité ; *[tone]* de commandement, plein d'autorité c *(= overlooking)* ◆ **the house offers a ~ view of the capital** depuis la maison, on domine la capitale ◆ **the castle stands in a ~ position overlooking the lake** le château domine le lac COMP ▹ **commanding officer** N *(Mil)* commandant *m*

**commandingly** /kəˈmɑːndɪŋlɪ/ ADV *[behave]* de manière imposante ; *[speak]* d'un ton imposant

**commandment** /kəˈmɑːndmənt/ N commandement *m (de Dieu ou de l'Église)* ◆ **the Ten Commandments** les dix commandements *mpl*, le décalogue *(frm)*

**commando** /kəˈmɑːndəʊ/ N (pl **commandos** or **commandoes**) *(all senses)* commando *m*

**commemorate** /kəˈmeməreɪt/ VT commémorer

**commemoration** /kə,meməˈreɪʃən/ N commémoration *f*

**commemorative** /kəˈmemərətɪv/ ADJ commémoratif

**commence** /kəˈmens/ VTI commencer (*to do sth, doing sth* à faire qch) ; ◆ **to ~ proceedings against ...** *(Jur)* former un recours contre ... *(devant une juridiction)*

**commencement** /kəˈmensmənt/ N a commencement *m*, début *m* ; *[of law]* date *f* d'entrée en vigueur b *(Univ: Cambridge, Dublin, US)* remise *f* des diplômes

**commend** /kəˈmend/ VT *(= praise)* louer, faire l'éloge de ; *(= recommend)* recommander, conseiller ; *(= entrust)* confier (*to* à) remettre (*to* aux soins de) ; ◆ **to ~ o.s. to** *[person]* se recommander à ; *[idea, project]* être du goût de ◆ **his scheme did not ~ itself to the public** son projet n'a pas été du goût du public ◆ **his scheme has little to ~ it** son projet n'a pas grand-chose qui le fasse recommander ◆ **~ me to Mr White** † *(frm)* présentez mes respects à M. White *(frm)*, rappelez-moi au bon souvenir de M. White ◆ **to ~ one's soul to God** recommander son âme à Dieu

**commendable** /kəˈmendəbl/ ADJ louable

**commendably** /kəˈmendəblɪ/ ADV *[behave]* de façon louable ◆ **~ restrained** d'une retenue louable ◆ **his speech was ~ short** son discours avait le mérite d'être bref

**commendation** /,kɒmenˈdeɪʃən/ N a *(= praise)* éloges *mpl* (*for sth* pour qch) b *(= recommendation)* recommandation *f* c *(= award)* récompense *f* (*for sth* pour qch) d *(NonC: † = entrusting)* remise *f* (*to sb* à qn, aux soins de qn)

**commensurable** /kəˈmenʃərəbl/ ADJ commensurable (*with, to* avec)

**commensurate** /kəˈmenʃərɪt/ ADJ *(= of equal extent)* de même mesure (*with* que) ; *(Math)* coétendu (*with* à) de même mesure (*with* que) ; *(= proportionate)* proportionné (*with, to* à)

**comment** /ˈkɒment/ LANGUAGE IN USE 6.3 N *(spoken, written)* commentaire *m*, remarque *f* ; *(written)* annotation *f* ◆ **his action went** *or* **passed without ~** son action n'a donné lieu à aucun commentaire ◆ **he let it pass without ~** il ne l'a pas relevé ◆ **"no comment"** *(Press)* "je n'ai rien à dire" ◆ **he passed a sarcastic ~** il a fait une observation *or* une remarque sarcastique ◆ **put your ~s in the margin** inscrivez vos commentaires dans la marge ◆ **teacher's ~s** *(Scol: on report)* appréciations *fpl* du professeur VT *[+ text]* commenter ◆ **he ~ed that ...** il a remarqué que ..., il a fait la remarque que ... VI faire des commentaires ◆ **to ~ on sth** commenter qch, faire des commentaires sur qch

**commentary** /ˈkɒməntərɪ/ N *(= remarks)* commentaire *m*, observation *f* ; *(Rad, TV: on news, events)* commentaire *m* ; *(Sport)* reportage *m* ; → **running** COMP ▹ **commentary box** N *(Sport)* cabine *f* de reportage

**commentate** /ˈkɒmenteɪt/ VI *(Rad, TV)* faire un reportage (*on* sur) VT *(Rad, TV) [+ match]* commenter

**commentator** /ˈkɒmenteɪtəʳ/ N a *(Rad, TV)* reporter *m* b *(on texts etc)* commentateur *m*, -trice *f*

**commerce** /ˈkɒmɜːs/ N a *(Comm)* commerce *m*, affaires *fpl* ◆ **he is in ~** il est dans le commerce *or* dans les affaires ◆ **Secretary/Department of Commerce** *(US)* ≈ ministre *m*/ministère *m* du Commerce ; → **chamber** b *(fig = intercourse, dealings)* relations *fpl*, rapports *mpl*

**commercial** /kəˈmɜːʃəl/ ADJ *(Admin, Comm, Fin, Jur) [dealings, art, attaché, radio, TV]* commercial ; *[world]* du commerce ; *[value]* marchand, commercial ; *[district]* commerçant ◆ **to produce sth on a ~ scale** fabriquer *or* produire qch à une échelle industrielle ◆ **Christmas has become very ~** les fêtes de Noël sont devenues une affaire commerciale ; → **establishment**

N *(Rad, TV)* publicité *f*, spot *m* publicitaire

COMP ▹ **commercial artist** N dessinateur *m* de publicité créateur *m*, -trice *f* publicitaire ▹ **commercial bank** N banque *f* commerciale *or* de commerce ▹ **commercial break** N *(TV, Rad)* page *f* de publicité ▹ **commercial college** N école *f* de commerce ▹ **commercial law** N droit *m* commercial ▹ **commercial traveller** N voyageur *m or* représentant *m* de commerce, commis-voyageur † *m* ▹ **commercial vehicle** N véhicule *m* utilitaire

**commercialese** /kə,mɜːʃəˈliːz/ N jargon *m* commercial

**commercialism** /kəˈmɜːʃəlɪzəm/ N *(NonC, attitude)* mercantilisme *m (pej)*, esprit *m* commerçant ; *(on large scale)* affairisme *m (pej)* ; *(= business practice)* (pratique *f* du) commerce *m*, (pratique *f* des) affaires *fpl*

**commercialization** /kə,mɜːʃəlaɪˈzeɪʃən/ N commercialisation *f*

**commercialize** /kəˈmɜːʃəlaɪz/ VT commercialiser

**commercialized** /kəˈmɜːʃəlaɪzd/ ADJ *(pej)* commercial

**commercially** /kəˈmɜːʃəlɪ/ ADV a *(= financially) [viable, competitive]* commercialement ◆ **to be ~ minded** avoir le sens des affaires b *(= on a large scale) [produce]* à échelle commerciale c *(= publicly) [available]* dans le commerce

**commie** * /ˈkɒmɪ/ ADJ, N *(pej)* (abbrev of **communist**) coco ‡ *mf (pej)*

**commis chef** /ˈkɒmɪʃef/ N commis *m* de cuisine

**commiserate** /kəˈmɪzəreɪt/ VI *(= show commiseration)* témoigner de la sympathie (*with* à) ; *(= feel commiseration)* éprouver de la commisération (*with* pour) ; ◆ **I do ~ with you** je compatis ◆ **I went to ~ with him on his exam results** je suis allé m'apitoyer avec lui sur ses résultats d'examen

**commiseration** /kə,mɪzəˈreɪʃən/ N commisération *f*

**commissar** † /ˈkɒmɪsɑːʳ/ N commissaire *m* du peuple *(en URSS etc)*

**commissariat** /,kɒmɪˈsɛərɪət/ N *(Mil)* intendance *f* ; *(Admin, Pol)* commissariat *m* ; *(= food supply)* ravitaillement *m*

**commissary** /ˈkɒmɪsərɪ/ N a *(US Mil etc = shop)* intendance *f* b *(US Mil = officer)* intendant *m* c *(US Cine)* restaurant *m* du studio d *(= representative)* représentant *m* ; *(Rel) [of bishop]* délégué *m (d'un évêque)*

**commission** /kəˈmɪʃən/ N a *(gen)* ordres *mpl*, instructions *fpl* ; *(to artist etc)* commande *f* ◆ **he gave the artist a ~** il a passé une commande à l'artiste

b *(Comm)* commission *f*, courtage *m* ◆ **on a ~ basis** à la commission ◆ **he gets 10% ~** il reçoit une commission de 10%

c *(= errand)* commission *f*

d *(NonC) [of crime etc]* perpétration *f (Jur or liter)*

e *(= official warrant)* pouvoir *m*, mandat *m* ; *(Mil)* brevet *m* ◆ **to get one's ~** être nommé officier ◆ **to give up one's ~** démissionner

f *(NonC = delegation of authority etc)* délégation *f* de pouvoir *or* d'autorité, mandat *m*

g *(= body of people)* commission *f*, comité *m* ; → **royal**

h *(NonC: Naut)* armement *m (d'un navire)* ◆ **to put in ~** armer ◆ **to take out of ~** désarmer ◆ **in ~** en armement, en service ◆ **out of ~** *(Naut)* hors de service ; *(Naut = in reserve)* en réserve ; *(gen = not in working order)* hors service

VT a donner pouvoir *or* mission à, déléguer ◆ **he was ~ed to inquire into ...** il a été chargé de faire une enquête sur ...

b *[+ artist]* passer une commande à ; *[+ book, painting, article]* commander, commanditer ◆ **this work was ~ed by the town council** cette œuvre a été commandée *or* commanditée par le conseil municipal

c *(Mil etc) [+ officer]* nommer à un commandement ◆ **he was ~ed in 1990** il a été nommé officier en 1990 ◆ **he was ~ed sub-lieutenant** il a été nommé *or* promu au grade de sous-lieutenant

d *(Naut) [+ ship]* mettre en service, armer

COMP ▹ **commission agent** N *(= bookmaker)* bookmaker *m* ; *(Comm)* courtier *m* ▹ **commissioned officer** N *(Mil etc)* officier *m* ▹ **Commission for Racial Equality** N *(Brit) commission pour l'égalité des races* ; → EOC, EEOC ▹ **commissioning editor** N responsable *mf* de publication ▹ **commission of inquiry** N commission *f* d'enquête

**commissionaire** /kəˌmɪʃəˈnɛəʳ/ N (Brit, Can) commissionnaire *m* (d'un hôtel etc), portier *m*

**commissioner** /kəˈmɪʃənəʳ/ **N** membre *m* d'une commission, commissaire *m* ; (Brit Police) ≃ préfet *m* de police ; (US Police) (commissaire *m*) divisionnaire *m* ; → **high, lord** COMP ▷ **commissioner for oaths** N (Jur) *officier ayant qualité pour recevoir les déclarations sous serment* ▷ **commissioner of education** N (US Scol, Univ) ≃ recteur *m*, doyen *m* ▷ **Commissioner of Official Languages** N (Can) Commissaire *m* aux langues officielles

**commit** /kəˈmɪt/ **VT** a [+ crime, sacrilege] commettre ; [+ mistake] commettre, faire ◆ **to ~ hara-kiri** faire hara-kiri ◆ **to ~ perjury** se parjurer ; (Jur) faire un faux serment ◆ **to ~ suicide** se suicider

b (= consign) [+ letter etc] confier (to à) remettre (to à la garde de, aux soins de) ; [+ person] (gen) confier (to à) ; (for mental health reasons) faire interner ◆ **to ~ sb to sb's care** confier qn à la garde de qn ◆ **to ~ sb (to prison)** (Jur) faire incarcérer qn ◆ **to ~ sb for trial** (Jur) mettre qn en accusation ◆ **to ~ sth to writing** or **to paper** consigner or coucher qch par écrit ◆ **to ~ sth to the flames** (liter) livrer qch aux flammes ◆ **to ~ sth to memory** apprendre qch par cœur

c (Parl) [+ bill] renvoyer à une commission

d ◆ **to ~ o.s.** s'engager (to sth à qch ; to doing sth à faire qch) ; ◆ **to be ~ted to a policy** s'être engagé à poursuivre une politique ◆ **I'm afraid I'm ~ted** je regrette, je me suis déjà engagé

**VI** ◆ **to ~ to sth/sb** s'engager à qch/envers qn

COMP ▷ **committing magistrate** N (US Jur) juge *m* d'instruction

**commitment** /kəˈmɪtmənt/ **N** a (gen) engagement *m* ; (= responsibility, obligation) charges *fpl*, responsabilité(s) *f(pl)* ; (Comm, Fin) engagement *m* financier ◆ **"without commitment"** (Comm) "sans obligation d'achat" ◆ **teaching ~s** (heures *fpl* d')enseignement *m* ◆ **he has heavy teaching ~s** il a un enseignement chargé ◆ **to have a ~ to another firm** (Comm etc) avoir des obligations envers une autre société b (Jur: also **commitment order**) mandat *m* de dépôt c (Parl) [of bill] renvoi *m* à une commission COMP ▷ **commitment fee** N (Fin) commission *f* d'engagement

**committal** /kəˈmɪtl/ **N** a (NonC) remise *f* (to à, aux soins de) ; (to prison) incarcération *f*, emprisonnement *m* ; (for mental health reasons) internement *m* ; (= burial) mise *f* en terre ◆ **~ for trial** mise *f* en accusation b (NonC) [of crime etc] perpétration *f* (Jur, liter) c (Parl) ⇒ **commitment c** COMP ▷ **committal order** N (Jur) mandat *m* de dépôt ▷ **committal proceedings** NPL ≃ mise *f* en accusation

**committed** /kəˈmɪtɪd/ ADJ [writer] engagé ; [Christian etc] convaincu ; [parent] dévoué, attentif ◆ **a ~ supporter** un ardent défenseur, un adepte convaincu

**committee** /kəˈmɪtɪ/ **N** commission *f*, comité *m* ; (Parl) commission *f* ◆ **to be** or **sit on a ~** faire partie d'une commission or d'un comité ; → **management** COMP ▷ **committee meeting** N réunion *f* de commission or de comité ▷ **committee member** N membre *m* d'une commission or d'un comité ▷ **committee of inquiry** N (Parl) commission *f* d'enquête ▷ **Committee of the Whole** N (US Pol) *séance de commission étendue à la chambre entière* ▷ **committee stage** N (Brit Parl) *étape de discussion d'un projet de loi en commission*

**committeeman** /kəˈmɪtɪmæn/ N (pl **-men**) (esp US) a (= member of committee) membre *m* d'un comité b (Pol) *responsable d'un parti pour une circonscription électorale*

**committeewoman** /kəˈmɪtɪwʊmən/ N (pl **-women**) (esp US) a (= member of committee) membre *m* d'un comité b (Pol) *responsable d'un parti pour une circonscription électorale*

**commode** /kəˈməʊd/ N a (= chest of drawers) commode *f* b (also **night-commode**) chaise *f* percée

**commodious** /kəˈməʊdɪəs/ ADJ spacieux, vaste

**commodity** /kəˈmɒdɪtɪ/ **N** produit *m* de base, matière *f* première ; (= consumer goods) produit *m*, article *m* ; (= food) denrée *f* ◆ **staple commodities** produits *mpl* de base ◆ **household commodities** articles *mpl* de ménage ◆ **dollar commodities** matières *fpl* premières négociées en dollars COMP ▷ **commodity exchange** N bourse *f* du commerce or des marchandises ▷ **commodity loan** N financement *m* de marchandises gagées ▷ **commodity markets** NPL bourse *f* de marchandises ▷ **commodity-producing countries** NPL pays *mpl* de production primaire ▷ **commodity trade** N négoce *m* de matières premières

**commodore** /ˈkɒmədɔːʳ/ N (Mil) contre-amiral *m* ; (Naut) commodore *m* ; [of yacht club] président *m* ; [of shipping line] doyen *m* (des capitaines)

**common** /ˈkɒmən/ LANGUAGE IN USE 5.4

ADJ a (= not unusual) courant, fréquent ; [plant] commun ◆ **a ~ name** un nom courant ◆ **this is a ~ problem** c'est un problème qui se pose souvent ◆ **it's quite ~** c'est très courant, ça n'a rien d'extraordinaire ◆ **it's a ~ experience** cela arrive à tout le monde, c'est une chose qui arrive à tout le monde ◆ **a ~ occurrence** une chose fréquente or répandue ◆ **in ~ parlance** dans le langage courant ◆ **is this ~ practice?** cela se fait couramment ? ◆ **this is an increasingly ~ practice** cela se fait de plus en plus ◆ **a ~ sight** un spectacle familier ◆ **~ or garden** (esp Brit) [plant] commun ◆ **he's just a ~ or garden office boy** il n'est qu'un vulgaire or simple garçon de bureau ◆ **the ~ or garden variety** le modèle standard or ordinaire ◆ **the Book of Common Prayer** (Rel) *le livre du rituel anglican*

b (= used by or affecting many) [interest, cause, language] commun ◆ **to make ~ cause with sb** faire cause commune avec qn ◆ **by ~ consent** d'un commun accord ◆ **~ ground** point *m* commun, terrain *m* d'entente ◆ **there is no ~ ground for negotiations** il n'y a aucun terrain d'entente pour (entreprendre) des négociations ◆ **it's ~ knowledge that ...** chacun sait que ..., il est de notoriété publique que ... ◆ **the ~ belief that ...** l'idée largement répandue que ... ◆ **~ ownership** copropriété *f* ◆ **~ prostitute** (Admin, Jur) prostituée *f* ◆ **~ wall** mur *m* mitoyen

◆ **common to** ◆ **it's something ~ to all young children** c'est quelque chose qui se trouve chez tous les jeunes enfants ◆ **a belief ~ to Jews and Christians** une croyance partagée par les juifs et les chrétiens

◆ **in common** en commun ◆ **they have nothing in ~** ils n'ont rien de commun ◆ **in ~ with** en commun avec ◆ **to hold in ~** partager

c (= ordinary) commun, ordinaire ◆ **the ~ man** l'homme *m* du commun or du peuple ◆ **the ~ people** le peuple, les gens *mpl* du commun (pej) ◆ **the ~ herd** (pej) la plèbe, la populace (pej) ◆ **the ~ run of mankind** le commun des hommes or des mortels ◆ **out of the ~ run** hors du commun, exceptionnel

d (= basic) **it is only ~ courtesy to apologise** la politesse la plus élémentaire veut qu'on s'excuse *subj* ◆ **a ~ soldier** un simple soldat

e (= vulgar) [accent, clothes, person] commun, vulgaire ◆ **they're as ~ as muck*** ils sont d'un vulgaire !

f (Math) commun ◆ **~ denominator/factor** dénominateur *m*/facteur *m* commun ◆ **~ multiple** commun multiple *m* ; see also **low**[1]

g (Gram) [gender] non marqué ; [noun] commun

h (Mus) ◆ **~ time** or **measure** (= duple) mesure *f* à deux temps ; (= quadruple) mesure *f* à quatre temps ◆ **~ chord** accord *m* parfait

**N** (land) terrain *m* communal ◆ **right of ~** (Jur) [of land] communauté *f* de jouissance ; [of property] droit *m* de servitude

COMP ▷ **Common Agricultural Policy** N politique *f* agricole commune ▷ **common area charges** NPL (US) charges *fpl* locatives ▷ **common assault** N (Jur) voie *f* de fait simple ▷ **common carrier** N transporteur *m* (public), entreprise *f* de transport public ▷ **the common cold** N le rhume ▷ **common core, common-core syllabus** N (Educ) tronc *m* commun ▷ **common crab** N dormeur *m*, tourteau *m* ▷ **common currency** N (NonC) ◆ **to be ~ currency** [idea, story] être généralement admis ◆ **to become ~ currency** se répandre ▷ **Common Entrance** N (Brit Scol) *examen d'entrée dans l'enseignement privé* ▷ **common gull** N goéland *m* cendré ▷ **common land** N terrain *m* communal ▷ **common law** N le droit coutumier ▷ **common-law** ADJ ◆ **~-law wife** concubine *f* ◆ **~-law marriage** concubinage *m* ▷ **common lodging house** N hospice *m*, asile *m* de nuit ▷ **the Common Market** N le Marché commun ▷ **common market** N (= free trade organization) organisation *f* de libre-échange, marché *m* commun (entre pays quelconques) ▷ **common room** N (Brit) salle *f* commune ; (= staffroom) salle *f* des professeurs ▷ **common salt** N sel *m* (ordinaire) ▷ **common stock** N (US St Ex) actions *fpl* cotées en Bourse

**commonality** /ˌkɒməˈnælɪtɪ/ N (Ind) standardisation *f* ◆ **we are looking for commonalities** nous cherchons à utiliser des composants communs à plusieurs produits

**commoner** /ˈkɒmənəʳ/ N (= not noble) roturier *m*, -ière *f* ; (at Oxford Univ etc) étudiant(e) *m(f)* non boursier (-ière) ; (Brit Jur: with common land rights) personne *f* qui a droit de vaine pâture

**commonly** /ˈkɒmənlɪ/ ADV a (= frequently) [use, occur, prescribe] fréquemment ; [called] couramment ◆ **more ~ known as ...** plus connu sous le nom de ... ◆ **eating disorders are more ~ found among women students** on constate que les troubles alimentaires sont plus fréquents chez les étudiantes ◆ **such a shrub is not ~ found in this country** cet arbuste n'est pas commun dans ce pays ◆ **it is ~ the case that ...** il est fréquent que ... + *subj* b (= generally) [accept, associate, think, believe] généralement ◆ **it is ~ believed that ...** on croit généralement que ... ◆ **the ~ held view** l'opinion *f* généralement répandue c (pej = vulgarly) [behave, speak, dress] vulgairement, d'une façon vulgaire or commune

**commonness** /ˈkɒmənnɪs/ N (NonC) (= frequency) fréquence *f* ; (= ordinariness) caractère *m* commun or ordinaire, banalité *f* (pej) ; (= universality) caractère *m* général or universel ; (= vulgarity) vulgarité *f*

**commonplace** /ˈkɒmənpleɪs/ ADJ banal, commun, ordinaire ◆ **such things are** ~ de telles choses sont courantes *or* sont monnaie courante N lieu *m* commun, banalité *f*

**commons** /ˈkɒmənz/ NPL a ◆ **the** ~ le peuple, le tiers état ◆ **the Commons** *(Parl)* les Communes *fpl* ; → **house** b *(= food)* nourriture *f* *(partagée en commun)* ◆ **to be on short** ~ faire maigre chère, être réduit à la portion congrue

**commonsense** /ˈkɒmənˈsens/ N sens *m* commun, bon sens *m* ADJ *[approach, view, precaution, solution]* plein de bon sens

**commonsensical** /ˌkɒmənˈsensɪkl/ ADJ plein de bon sens

**commonweal** /ˈkɒmənˌwiːl/ N *(= general good)* bien *m* public ; *(= people)* État *m*

**commonwealth** /ˈkɒmənwelθ/ N a ◆ **the (British) Commonwealth (of Nations)** le Commonwealth ◆ **Minister** *or* **Secretary of State for Commonwealth Affairs** *(Brit)* ministre *m* du Commonwealth

b *(Brit Hist)* **the Commonwealth** la république de Cromwell

c †† ⇒ **commonweal**

d ◆ **the Commonwealth of Australia/Puerto Rico** *etc* le Commonwealth d'Australie/de Porto-Rico *etc* ◆ **Commonwealth of Independent States** Communauté *f* des États indépendants

COMP ▷ **Commonwealth Games** NPL Jeux *mpl* du Commonwealth

> **Commonwealth**
>
> Le **Commonwealth**, ou **Commonwealth of Nations**, est une communauté d'États souverains (en général d'anciens territoires britanniques) qui compte une cinquantaine de membres, parmi lesquels le Royaume-Uni, l'Australie, le Canada, l'Inde, la Jamaïque, le Kenya, la Nouvelle-Zélande et la République sud-africaine. Tous ces pays reconnaissent le souverain britannique comme chef du **Commonwealth** et se réunissent lors de conférences annuelles pour débattre de questions d'ordre politique ou économique. Chaque État membre est représenté dans les autres pays du **Commonwealth** par un Haut-Commissariat (High Commission) qui fait fonction d'ambassade.

**commotion** /kəˈməʊʃən/ N a *(= noise)* **to make a** ~ faire du tapage ◆ **what a** ~! quel brouhaha *or* vacarme ! b *(= upheaval)* **to cause a** ~ semer la perturbation ◆ **what a** ~! quel cirque ! ◆ **to be in a state of** ~ *[crowd]* être agité ; *[town]* être en émoi c *(Pol = uprising)* insurrection *f*, troubles *mpl* ; → **civil**

**communal** /ˈkɒmjuːnl/ ADJ *(= of whole community) [profit, good]* communautaire, de la communauté ; *(= shared)* commun ◆ **a** ~ **bathroom** une salle de bains commune ◆ ~ **life** la vie collective

**communally** /ˈkɒmjuːnəlɪ/ ADV en commun ; *[agree, decide]* en commun, collectivement ; *[live]* en communauté

**commune** /kəˈmjuːn/ VI a converser intimement, avoir un entretien à cœur ouvert (*with* avec) ; ◆ **to** ~ **with nature** communier avec la nature b *(US Rel)* communier N /ˈkɒmjuːn/ a *(= group of people living together)* communauté *f* ◆ **to live in a** ~ vivre en communauté b *(= administrative division)* commune *f* c *(French Hist)* **the Commune** la Commune

**communicable** /kəˈmjuːnɪkəbl/ ADJ communicable ; *(Med)* transmissible

**communicant** /kəˈmjuːnɪkənt/ N a *(Rel)* communiant(e) *m(f)* b *(= informant)* informateur *m*, -trice *f* ADJ a qui communique (avec), communicant b *(Rel)* ~ **member** fidèle *mf*, pratiquant(e) *m(f)*

**communicate** /kəˈmjuːnɪkeɪt/ VT a *[+ news etc]* communiquer, transmettre ; *[+ illness]* transmettre (*to* à) ; *[+ feelings, enthusiasm]* communiquer, faire partager b *(Rel)* donner la communion à VI a communiquer (*with* avec) ; ◆ **to** ~ **with sb by letter/by telephone** communiquer avec qn par lettre/par téléphone ◆ **I no longer** ~ **with him** je n'ai plus aucun contact avec lui b *[rooms]* communiquer ◆ **communicating rooms** des pièces *fpl* qui communiquent *or* communicantes c *(Rel)* communier, recevoir la communion

**communication** /kəˌmjuːnɪˈkeɪʃən/ N a *(NonC)* communication *f* ◆ **to be in** ~ **with sb** être en contact *or* relations avec qn ◆ **to be in radio** ~ **with sb** communiquer avec qn par radio ◆ **there is/has been no** ~ **between them** il n'y a/n'y a eu aucun contact entre eux

b *(= message transmitted)* communication *f*

c *(= roads, railways, telegraph lines etc)* ~**s** communications *fpl* ; *(Mil)* liaison *f*, communications *fpl*

COMP ▷ **communication cord** N *(Brit Rail)* sonnette *f* d'alarme ▷ **communication gap** N manque *m* *or* absence *f* de communication ▷ **communication line** N *(Mil etc)* ligne *f* de communication ▷ **communication science** N sciences *fpl* de la communication ▷ **communication skills** NPL techniques *fpl* de communication ▷ **communications satellite** N satellite *m* de communication ▷ **communications zone** N (zone *f* des) arrières *mpl*

**communicative** /kəˈmjuːnɪkətɪv/ ADJ a *(= talkative)* communicatif, expansif b *[difficulties etc]* de communication ◆ ~ **competence** compétence *f* à la communication

**communicator** /kəˈmjuːnɪkeɪtəʳ/ N communicateur *m*, -trice *f*

**communion** /kəˈmjuːnɪən/ N *(gen)* communion *f* ; *(Rel)* *(= religious group)* communion *f* ; *(= denomination)* confession *f* ; (also **Holy Communion**) communion *f* ◆ **a** ~ **of interests** des intérêts *mpl* en commun ◆ **to make one's** ~ communier ◆ **to make one's Easter** ~ faire ses pâques ◆ **to take** ~ recevoir la communion COMP ▷ **communion rail** N *(Rel)* balustre *m* du chœur *(où l'on vient communier)* ▷ **communion service** N office *m* de communion ▷ **communion table** N sainte table *f*

**communiqué** /kəˈmjuːnɪkeɪ/ N communiqué *m*

**communism** /ˈkɒmjʊnɪzəm/ N communisme *m*

**communist** /ˈkɒmjʊnɪst/ ADJ, N communiste *mf* ◆ **the Communist Manifesto** le Manifeste communiste

**communistic** /ˌkɒmjʊˈnɪstɪk/ ADJ communisant

**community** /kəˈmjuːnɪtɪ/ N a *(= group)* communauté *f* ◆ **the black** ~ la communauté noire ◆ **a** ~ **of nuns** une communauté de religieuses ◆ ~ **leaders** les chefs de file de la communauté ◆ **the French** ~ **in Edinburgh** la colonie française d'Édimbourg ◆ **the business** ~ le monde des affaires ◆ **the student** ~ les étudiants *mpl*, le monde étudiant ◆ **for the good of the** ~ pour le bien de la collectivité

b *(= local people)* **leaders in the** ~ les leaders de la population locale ◆ **the Prime Minister wants to involve the** ~ **in decision-making** le Premier ministre veut impliquer la population dans la prise de décision

c *(= area, place)* **councillors discussed the high levels of unemployment in their** ~ les conseillers municipaux ont parlé des taux de chômage élevés dans leurs quartiers ◆ **40 miles from the remote** ~ **where he lives** à 64 kilomètres du village isolé où il habite ◆ **they don't live in the** ~**, so they don't know the people** ils ne vivent pas sur place, alors ils ne connaissent pas les gens ◆ **handicapped people are helped to live in the** ~ on aide les handicapés à vivre de manière indépendante ◆ **we have helped the people in this** ~ nous avons aidé les gens autour de nous

d *(= solidarity)* **a real feeling of** ~ **exists in this building** il existe un vrai sentiment de communauté dans cet immeuble ◆ ~ **of interests** communauté *f* d'intérêts

e *(Pol = EU)* **the Community** la Communauté

COMP ▷ **community antenna distribution** N câblodistribution *f* ▷ **community antenna television** N télévision *f* par câble ▷ **community association** N *(Brit)* association *f* de quartier *(reconnue d'utilité publique)* ▷ **Community bodies** NPL *(Pol)* instances *fpl* communautaires ▷ **Community budget** N *(Pol)* budget *m* communautaire ▷ **community care** N *(NonC: Brit Social Work = home care)* service *m* d'aide à domicile ; (also **community care programme**) *programme visant à déléguer la responsabilité de l'État aux collectivités locales en matière d'aide sociale* ▷ **community centre** N foyer *m* municipal, ≃ MJC *f* ▷ **community charge** N *(Brit Pol: formerly) ancien impôt local, fondé sur le principe de la capitation* ▷ **community chest** N *(US)* fonds *m* commun ▷ **community college** N *(US Univ)* centre *m* universitaire (de premier cycle) ▷ **community correctional center** N *(US)* centre *m* de détention ▷ **community education** N *(Brit)* cours *mpl* organisés par les municipalités ▷ **community health centre** N centre *m* médico-social ▷ **community home** N *(Brit)* a a *(= children's home)* ≃ foyer *m* de la DDASS ◆ **he grew up in a** ~ **home** il a grandi à la DDASS b *(for young offenders)* centre *m* d'éducation surveillée ▷ **community hospital** N *(US Med)* hôpital *m* communal ▷ **community life** N *(Social Work)* vie *f* associative ▷ **community medicine** N médecine *f* générale ▷ **community policeman** N (pl **community policemen**) *(Brit)* ≃ îlotier *m* ▷ **community policing** N ≃ îlotage *m* ▷ **community property** N *(US Jur)* communauté *f* des biens entre époux ▷ **Community regulations** NPL *(Pol)* règlements *mpl* communautaires ▷ **community school** N *(Brit) école servant de maison de la culture* ▷ **community service** N *(Jur)* travaux *mpl* d'intérêt général ▷ **community singing** N chants *mpl* en chœur *(improvisés)* ▷ **community spirit** N sens *m* *or* esprit *m* communautaire ▷ **community worker** N animateur *m*, -trice *f* socioculturel(le)

> ⚠ *Be cautious about translating* **community** *by* **communauté**.

**communize** /ˈkɒmjʊnaɪz/ VT a *(= impose communism on)* imposer le communisme à b *[+ land, factories, peoples]* collectiviser

**commutability** /kəˌmjuːtəˈbɪlɪtɪ/ N interchangeabilité *f*, permutabilité *f* ; *(Jur)* commuabilité *f*

**commutable** /kəˈmjuːtəbl/ ADJ a *(= exchangeable)* interchangeable, permutable b *(Jur)* *[sentence]* commuable (*to* en) **c** ◆ **within ~ distance** à une distance que l'on peut facilement parcourir tous les jours

**commutation** /ˌkɒmjʊˈteɪʃən/ **N** **a** *(= exchange)* échange *m*, substitution *f*; *(Fin)* échange *m*; *(Elec, Jur)* commutation *f* **b** *(Jur)* ~ **of punishment** commutation *f* de peine **c** *(US)* trajet *m* journalier **COMP** ▷ **commutation ticket** **N** carte *f* d'abonnement

**commutative** /kəˈmjuːtətɪv/ **ADJ** *(Math)* ◆ ~ **laws** lois *fpl* commutatives

**commutator** /ˈkɒmjʊˌteɪtə/ **N** commutateur *m*

**commute** /kəˈmjuːt/ **VT** **a** *(= exchange)* substituer (*into* à) échanger (*for, into* pour, contre, avec); *(Elec)* commuer **b** *(Jur)* commuer (*into* en); ◆ ~**d sentence** *(Jur)* sentence *f* commuée **VI** faire un *or* le trajet régulier, faire la navette (*between* entre; *from* de) **N** *(= single journey)* trajet *m* quotidien

**commuter** /kəˈmjuːtəʳ/ **N** banlieusard(e) *m(f) (qui fait un trajet régulier pour se rendre à son travail)*, navetteur *m*, -euse *f* ◆ **I work in London but I'm a ~** je travaille à Londres mais je fais la navette tous les jours **COMP** ▷ **the commuter belt** **N** *(Brit)* la grande banlieue ▷ **commuter train** **N** train *m* de banlieue

**commuting** /kəˈmjuːtɪŋ/ **N** *(NonC)* migrations *fpl* quotidiennes, trajets *mpl* réguliers, migrations *fpl* pendulaires *(SPEC)* ◆ ~ **every day is hell!** faire la navette tous les jours, c'est l'enfer !

**Comoro** /ˈkɒməˌrəʊ/ **N** ◆ **the ~ Islands, the ~s** les Comores *fpl*

**compact** /kəmˈpækt/ **ADJ** *(lit) (in size)* compact; *(fig) (= concise) [style]* concis, condensé ◆ **a ~ mass** une masse compacte ◆ **the house is very ~** la maison n'a pas de place perdue **VT** *(gen pass) (lit)* rendre compact, resserrer; *(fig)* condenser ◆ ~**ed of** †† composé de **N** /ˈkɒmpækt/ **a** *(= agreement)* contrat *m*, convention *f*; *(informal)* entente *f* **b** (also **powder compact**) poudrier *m* **c** (*US:* also **compact car**) (voiture *f*) compacte *f*, voiture *f* de faible encombrement **d** (also **compact camera**) (appareil-photo *m*) compact *m* **COMP** ▷ **compact disc** **N** disque *m* compact ▷ **compact disc player** **N** lecteur *m* de CD, platine *f* laser ▷ **compact video disc** **N** compact-disc *m* vidéo

**compactly** /kəmˈpæktlɪ/ **ADV** *(lit) [store, fold up]* de façon compacte; *(fig) [write]* dans un style concis, d'une manière concise ◆ ~ **built** *[car]* d'une facture compacte, compact; *[person]* trapu

**compactness** /kəmˈpæktnɪs/ **N** *(NonC) (lit: in size) [of room, building, computer, equipment]* compacité *f*; *(fig = conciseness) [of style, writing]* concision *f*

**companion** /kəmˈpænjən/ **N** **a** compagnon *m*, compagne *f*; (also **lady companion**) dame *f* de compagnie; *(in order of knighthood)* compagnon *m* ◆ **travelling ~s** compagnons *mpl* de voyage ◆ **~s in arms/in misfortune** compagnons *mpl* d'armes/d'infortune **b** *(= one of pair of objects)* pendant *m* (*to* à) **c** *(= handbook)* manuel *m* ◆ **a ~ to literature** un manuel de littérature **COMP** ▷ **companion hatch** **N** ⇒ **companionway** ▷ **companion ladder** **N** *(Navy)* échelle *f*; *(Merchant Navy)* escalier *m* ▷ **companion piece** **N** pendant *m* (*to* à) ▷ **companion volume** **N** volume *m* qui va de pair (*to* avec) autre volume *m*

**companionable** /kəmˈpænjənəbl/ **ADJ** *[person]* de compagnie agréable; *[evening, group]* sympathique ◆ **to sit in ~ silence** être assis dans un silence complice

**companionship** /kəmˈpænjənʃɪp/ **N** *(NonC)* **a** *(= friendliness)* **I enjoy the ~ at the club** j'apprécie la camaraderie *or* l'esprit cordial du cercle **b** *(= company)* compagnie *f* ◆ **she keeps a cat for ~** elle a un chat, ça lui fait une compagnie

**companionway** /kəmˈpænjənweɪ/ **N** *(Naut)* escalier *m* menant aux cabines; *[of small vessel]* escalier *m*; *(in yacht)* (also **companion hatch**) capot *m* (d'escalier)

**company** /ˈkʌmpənɪ/ **LANGUAGE IN USE 25.1**

**N** **a** compagnie *f* ◆ **to keep sb ~** tenir compagnie à qn ◆ **to keep ~ with** fréquenter ◆ **to part ~ with** se séparer de ◆ **in ~** en public *or* société ◆ **in ~ with** en compagnie de ◆ **he's good ~** on ne s'ennuie pas avec lui ◆ **he's bad ~** il n'est pas d'une compagnie très agréable ◆ **she keeps a cat, it's ~ for her** elle a un chat, ça lui fait une compagnie; → **two**

**b** *(= guests)* compagnie *f* ◆ **we are expecting ~** nous attendons des visites *or* des invités ◆ **we've got ~** nous avons de la visite * ◆ **to be in good ~** *(lit, fig)* être en bonne compagnie; → **present**

**c** *(= companions)* compagnie *f*, fréquentation *f* ◆ **to keep** *or* **get into good/bad ~** avoir de bonnes/mauvaises fréquentations ◆ **she is no(t) fit ~ for your sister** ce n'est pas une compagnie *or* une fréquentation pour votre sœur ◆ **a man is known by the ~ he keeps** *(Prov)* dis-moi qui tu hantes, je te dirai qui tu es *(Prov)*

**d** *(Comm, Fin)* entreprise *f*, société *f*, compagnie *f* ◆ **Smith & Company** Smith et Compagnie ◆ **shipping ~** compagnie *f* de navigation ◆ **the Company** * *(US = CIA)* la CIA ◆ **... and ~** * *(also pej)* ... et compagnie; → **affiliate, holding**

**e** *(= group)* compagnie *f*; *[of actors]* troupe *f*, compagnie *f* ◆ **National Theatre Company** la troupe du Théâtre National ◆ **ship's ~** *(Naut)* équipage *m*

**f** *(Mil)* compagnie *f*

**COMP** ▷ **Companies Act** **N** *(Jur)* loi *f* sur les sociétés ▷ **company car** **N** voiture *f* de fonction ▷ **company commander** **N** *(Mil)* capitaine *m* (de compagnie) ▷ **company director** **N** directeur *m* général ▷ **company doctor** **N** médecin *m* du travail ▷ **company law** **N** droit *m* des sociétés ▷ **company lawyer** **N** *(Jur)* avocat *m* d'entreprise; *(working within company)* juriste *m* ▷ **company man** **N** (pl **company men**) employé *m* dévoué ◆ **he's a real ~ man** il a vraiment l'esprit maison ▷ **company manners** * **NPL** *(Brit)* belles manières *fpl* ▷ **company policy** **N** politique *f* de l'entreprise ▷ **company secretary** **N** *(Brit Comm)* secrétaire *m* général ▷ **company sergeant-major** **N** *(Mil)* adjudant *m* ▷ **company time** **N** temps *m* de travail ▷ **company union** **N** *(US)* syndicat *m* maison

**comparability** /ˌkɒmpərəˈbɪlətɪ/ **N** comparabilité *f* ◆ **pay ~** alignement *m* des salaires *(sur ceux d'autres secteurs industriels)*

**comparable** /ˈkɒmpərəbl/ **LANGUAGE IN USE 5.3, 5.4** **ADJ** comparable (*with, to* à); ◆ **the two things are not ~** il n'y a pas de comparaison possible entre ces deux choses

**comparably** /ˈkɒmpərəblɪ/ **ADV** ◆ ~ **sized buildings** des bâtiments ayant des dimensions comparables ◆ ~ **qualified students** des étudiants possédant des qualifications comparables

**comparative** /kəmˈpærətɪv/ **ADJ** **a** *(= relative) [ease, safety, peace, silence, freedom, cost]* relatif ◆ **he's a ~ stranger (to me)** je le connais relativement peu ◆ **to be a ~ newcomer/beginner** être relativement nouveau/débutant **b** *(involving comparison) [study, analysis, method]* comparatif; *[literature, religion, linguistics, law, data]* comparé ◆ ~ **form** *(Gram)* comparatif *m* ◆ ~ **mythologist** spécialiste *mf* de mythologie comparée **N** *(Gram)* comparatif *m* ◆ **in the ~** au comparatif

**comparatively** /kəmˈpærətɪvlɪ/ **LANGUAGE IN USE 5.3** **ADV** **a** *(= relatively)* relativement **b** *(involving comparison)* comparativement

**compare** /kəmˈpɛəʳ/ **LANGUAGE IN USE 5.1, 5.3, 5.4, 26.3**

**VT** comparer (*with* à, avec); ◆ ~ **the first letter with the second** comparez la première lettre à *or* avec la seconde ◆ ~**d to** *or* **with ...** comparé à ... ◆ **to ~ notes with sb** *(fig)* échanger ses impressions *or* ses vues avec qn ◆ **the poet ~d her eyes to stars** le poète compara ses yeux à des étoiles ◆ **the book ~s and contrasts the North and South Poles** ce livre compare les pôles Nord et Sud et met en évidence leurs différences

**VI** être comparable (*with* à); ◆ **how do the cars ~ for speed?** quelles sont les vitesses respectives des voitures ? ◆ **how do the prices ~?** est-ce que les prix sont comparables ? ◆ **it doesn't** *or* **can't ~ with the previous one** il n'y a aucune comparaison avec le précédent ◆ **he can't ~ with you** il n'y a pas de comparaison (possible) entre vous et lui ◆ **it ~s very favourably** cela soutient la comparaison

**N** ◆ **beyond** *or* **without** *or* **past ~** **ADV** incomparablement **ADJ** sans comparaison possible

**comparison** /kəmˈpærɪsn/ **LANGUAGE IN USE 5.1, 5.4, 26.3** **N** **a** comparaison *f* (*with* avec; *to* à); ◆ **in ~ with** *or* **to ..., by ~ with ...** par comparaison avec ..., par rapport à ... ◆ **by** *or* **in ~** par comparaison ◆ **for ~** pour comparaison ◆ **to make a ~** faire une comparaison ◆ **to stand** *or* **bear ~ (with)** soutenir la comparaison (avec) ◆ **there's no ~** ça ne se compare pas **b** *(Gram)* comparaison *f* ◆ **degrees of ~** degrés *mpl* de comparaison **COMP** ▷ **comparison test** **N** essai *m* comparatif

**compartment** /kəmˈpɑːtmənt/ **N** compartiment *m*; → **freezer, glove**

**compartmentalize** /ˌkɒmpɑːtˈmentəlaɪz/ **VT** compartimenter

**compass** /ˈkʌmpəs/ **N** **a** boussole *f*; *(Naut)* compas *m*; → **point** **b** *(Math)* ~**es, a pair of ~es** compas *m* **c** *(fig) (= extent)* étendue *f*; *(= reach)* portée *f*; *(= scope)* rayon *m*, champ *m*; *(Mus) [of voice]* étendue *f*, portée *f* ◆ **within the ~ of sth** dans les limites de qch ◆ **within the ~ of sb** dans les possibilités de qn ◆ **to be within the ~ of a committee** relever des compétences d'un comité; → **narrow** **VT** *(= go round)* faire le tour de; *(= surround)* encercler, entourer **COMP** ▷ **compass card** **N** *(Naut)* rose *f* des vents ▷ **compass course** **N** route *f* magnétique ▷ **compass rose** **N** ⇒ **compass card**

**compassion** /kəmˈpæʃən/ **N** compassion *f*

**compassionate** /kəmˈpæʃənət/ **ADJ** compatissant ◆ **on ~ grounds** pour raisons de convenance personnelle *or* de famille **COMP** ▷ **compassionate leave** **N** *(Mil)* permission *f* exceptionnelle *(pour raisons de famille)*

**compassionately** /kəmˈpæʃənətlɪ/ **ADV** *[look, say]* avec compassion; *[release]* par compassion

**compatibility** /kəmˌpætəˈbɪlɪtɪ/ **N** compatibilité *f* (*with* avec)

**compatible** /kəmˈpætɪbl/ **ADJ** **a** *[people]* fait pour s'entendre ◆ **a ~ board of directors** un conseil d'administration sans problèmes de compatibilité d'humeur ◆ **to be ~ with sb**

bien s'entendre avec qn b (= reconcilable) [ideas, aims, interests] (also Comput, Telec) compatible (with sth avec qch) ; ◆ an IBM-~ computer un ordinateur compatible IBM N (Comput) compatible m ◆ an IBM-~ un compatible IBM

**compatibly** /kəm'pætɪblɪ/ ADV de façon compatible

**compatriot** /kəm'pætrɪət/ N compatriote mf

**compel** /kəm'pel/ LANGUAGE IN USE 10.1 VT a [+ person] (physically) contraindre, obliger ; (legally, morally) obliger ; (psychologically) pousser ◆ to be ~led to do sth (physically) être contraint or obligé de faire qch ; (psychologically) se sentir poussé à faire qch, éprouver l'envie profonde or irrésistible de faire qch ◆ to feel morally ~led to do sth se sentir moralement obligé or tenu de faire qch b [+ admiration etc] imposer, forcer ◆ to ~ obedience/respect from sb imposer l'obéissance/le respect à qn

**compelling** /kəm'pelɪŋ/ ADJ a (= convincing) [argument] irréfutable ; [evidence] incontestable ; [reason, need] impérieux ◆ to make a ~ case for sth réunir des arguments irréfutables en faveur de qch ◆ to have a ~ interest in doing sth avoir le plus grand intérêt à faire qch b (= riveting) [story, account, film, book] fascinant ◆ his new novel makes ~ reading son nouveau roman est passionnant

**compellingly** /kəm'pelɪŋlɪ/ ADV [write, tell] d'une manière fascinante ; [persuasive, attractive] irrésistiblement

**compendia** /kəm'pendɪə/ NPL of compendium

**compendious** /kəm'pendɪəs/ ADJ compendieux, concis

**compendium** /kəm'pendɪəm/ N (pl compendiums or compendia) a (= summary) abrégé m, compendium m b (Brit) ~ of games boîte f de jeux

**compensate** /'kɒmpənseɪt/ VI compenser (by en) ; ◆ to ~ for sth compenser qch VT (= indemnify) dédommager, indemniser (for de) ; (= pay) rémunérer (for pour) ; (in weight, strength etc) compenser, contrebalancer ; (Tech) compenser, neutraliser

**compensation** /,kɒmpən'seɪʃən/ N (= indemnity) (gen, Psych) compensation f ; (financial) dédommagement m, indemnisation f ; (= payment) rémunération f ; (in weight, strength etc) contrepoids m ; (Tech) compensation f, neutralisation f ◆ in ~ (financial) en dédommagement COMP ▷ Compensation Fund N (St Ex) caisse f de garantie

**compensatory** /,kɒmpən'seɪtərɪ/ ADJ (gen) compensateur (-trice f) ◆ ~ levy (Econ: of EU) prélèvement m compensatoire

**compère** /'kɒmpɛəʳ/ (Brit Rad, Theat, TV) N animateur m, -trice f, meneur m, -euse f de jeu VT [+ show] animer, présenter

**compete** /kəm'piːt/ VI a (gen) rivaliser ◆ his poetry can't ~ with Eliot's sa poésie ne peut pas rivaliser avec celle d'Eliot ◆ we can't ~ with their financial resources vu leurs ressources financières, il nous est impossible de rivaliser avec eux ◆ to ~ with sb for a prize disputer un prix à qn ◆ they will ~ for the history prize ils se disputeront le prix d'histoire

♦ **to be competing** être en lice ◆ ten students were competing for six places dix candidats étaient en lice pour six places ◆ 2300 candidates are competing for 486 seats il y a 2300 candidats en lice pour 486 sièges ◆ who's competing? qui s'est présenté ? ◆ there were only four people competing il n'y avait que quatre concurrents

b (Comm) être en concurrence ◆ to ~ for a contract être en concurrence pour obtenir un contrat ◆ there are six firms competing for a share in the market six entreprises se font concurrence pour une part du marché ◆ they are forced to ~ with the multinationals ils sont obligés d'entrer en concurrence or en compétition avec les multinationales

c (Sport) concourir (against sb avec qn ; for sth pour (obtenir) qch ; to do sth pour faire qch) ; ◆ to ~ in a race participer à une course ◆ he's competing against world-class athletes il concourt avec or il est en compétition avec des athlètes de réputation mondiale ◆ there were only four teams/runners competing il n'y avait que quatre équipes/coureurs sur les rangs

d [animals, plants] être en concurrence

**competence** /'kɒmpɪtəns/ N a (gen, Ling) compétence f (for pour ; in en) b (Jur) compétence f ◆ within the ~ of the court de la compétence du tribunal

**competency** /'kɒmpɪtənsɪ/ N a ⇒ competence b (= money, means) aisance f, moyens mpl

**competent** /'kɒmpɪtənt/ ADJ a (= proficient) [person] compétent (at sth dans qch ; to do sth pour faire qch) ; ◆ to be ~ at or in maths être compétent en mathématiques ◆ to feel ~ to do sth se sentir compétent pour or capable de faire qch b (= satisfactory) [work, performance] satisfaisant ◆ to do a ~ job faire un travail satisfaisant ◆ a ~ knowledge of the language une connaissance suffisante de la langue c (Jur) [court] compétent ; [evidence] admissible, recevable ; [person] habile ; → court

**competently** /'kɒmpɪtəntlɪ/ ADV [handle, perform, play] (= proficiently) avec compétence, de façon compétente ; (= satisfactorily) suffisamment bien, assez bien

**competing** /kəm'piːtɪŋ/ ADJ contradictoire, en concurrence ◆ ~ interests intérêts mpl contradictoires

**competition** /,kɒmpɪ'tɪʃən/ N a (NonC) compétition f, rivalité f (for pour) ; (Comm) concurrence f ◆ unfair ~ concurrence f or compétition f déloyale ◆ there was keen ~ for it on se l'est âprement disputé, il y a eu beaucoup de concurrence pour l'avoir ◆ in ~ with en concurrence avec

b concours m (for pour) ; (Sport) compétition f ; (Aut) course f ◆ to go in for a ~ se présenter à un concours ◆ beauty/swimming ~ concours m de beauté/de natation ◆ I won it in a newspaper ~ je l'ai gagné en faisant un concours dans le journal ◆ to choose by ~ choisir au concours

c (NonC = competitors) (gen) concurrence f ; (Sport) autres concurrents mpl ◆ he was waiting to see what the ~ would be like il attendait de voir qui lui ferait concurrence or qui seraient ses rivaux

COMP ▷ competition car N voiture f de compétition

**competitive** /kəm'petɪtɪv/ ADJ a (Comm) [society, system] compétitif ; [market, prices, rates] compétitif, concurrentiel ; [product] concurrentiel ◆ to gain a ~ advantage or edge (over sb) obtenir un avantage concurrentiel (sur qn) b (= ambitious) [person] qui a (or avait) l'esprit de compétition ◆ I'm a very ~ person j'ai un esprit de compétition très développé c (Sport) [spirit, tennis, match] de compétition ◆ his ~ ability sa capacité à être compétitif ◆ to gain a ~ advantage or edge (over sb) avoir un avantage dans la compétition (sur qn) d (Educ) [entry, selection] par concours ◆ ~ examination concours m COMP ▷ competitive bidding, competitive tendering N appel m d'offres

**competitively** /kəm'petɪtɪvlɪ/ ADV a (Comm) ◆ both models are ~ priced les deux modèles sont à des prix compétitifs ◆ a very ~ priced car une voiture à prix très compétitif b (in competitions) en compétition, en lice ◆ I stopped playing ~ in 1995 j'ai arrêté la compétition en 1995

**competitiveness** /kəm'petətɪvnɪs/ N compétitivité f

**competitor** /kəm'petɪtəʳ/ N (also Comm) concurrent(e) m(f)

**compilation** /,kɒmpɪ'leɪʃən/ N compilation f

**compile** /kəm'paɪl/ VT (gen, Comput) compiler ; [+ dictionary] élaborer ; [+ list, catalogue, inventory] dresser

**compiler** /kəm'paɪləʳ/ N (gen) compilateur m, -trice f ; [of dictionary] rédacteur m, -trice f ; (Comput) compilateur m

**complacence** /kəm'pleɪsəns/, **complacency** /kəm'pleɪsnsɪ/ N contentement m de soi, suffisance f

**complacent** /kəm'pleɪsənt/ ADJ (= self-satisfied) content de soi, suffisant ◆ he's so ~! il est tellement suffisant ! ◆ we are confident, but not ~ nous sommes confiants, mais nous restons prudents ◆ to be ~ about sth (= unconcerned) sous-estimer qch ◆ we cannot afford to be ~ about the huge task which faces us nous ne pouvons pas nous permettre de sous-estimer l'ampleur de la tâche qui nous attend

**complacently** /kəm'pleɪsəntlɪ/ ADV avec suffisance

**complain** /kəm'pleɪn/ VI a se plaindre (of, about de) ; ◆ to ~ that ... se plaindre que ... + subj or indic or de ce que ... + indic ◆ how are you? – I can't ~ * comment vas-tu ? – je ne peux pas me plaindre b (= make a complaint) formuler une plainte or une réclamation (against contre) se plaindre ◆ you should ~ to the manager vous devriez vous plaindre au directeur ◆ to ~ to the court of justice (Jur) saisir la Cour de justice

**complainant** /kəm'pleɪnənt/ N (Jur) plaignant(e) m(f), demandeur m, -deresse f

**complaint** /kəm'pleɪnt/ N a (= expression of discontent) plainte f ; (= reason for complaint) grief m, sujet m de plainte ; (Jur) plainte f ; (Comm) réclamation f ◆ ~s department (Comm) service m des réclamations ◆ don't listen to his ~s n'écoutez pas ses plaintes or ses récriminations ◆ I have no ~(s), I have no cause for ~ je n'ai aucun sujet or motif de plainte, je n'ai pas lieu de me plaindre ◆ to make a ~ (Comm) se plaindre (about de) faire une réclamation ◆ to lodge or lay a ~ against ... (Jur) porter plainte contre ... ; → police b (Med) maladie f, affection f ◆ what is his ~? de quoi souffre-t-il ?, de quoi se plaint-il ? ◆ a heart ~ une maladie de cœur ◆ bowel ~ affection f intestinale

**complaisance** /kəm'pleɪzəns/ N complaisance f, obligeance f

**complaisant** /kəm'pleɪzənt/ ADJ complaisant, obligeant

**-complected** /kəm'plektɪd/ ADJ (in compounds) (US) ⇒ -complexioned

**complement** /'kɒmplɪmənt/ N (gen, Gram, Math) complément m ; [of staff etc] personnel m, effectif m ◆ with full ~ au grand complet VT /'kɒmplɪment/ compléter, être le complément de

**complementary** /,kɒmplɪ'mentərɪ/ ADJ (gen, Math) complémentaire COMP ▷ comple-

**mentary medicine** N médecine *f* parallèle *or* douce

**complete** /kəm'pliːt/ ADJ a *(= whole) [list, set]* complet (-ète *f*) ◆ **the ~ works of Shakespeare** les œuvres *fpl* complètes de Shakespeare ◆ **no garden is ~ without a bed of roses** sans un parterre de rosiers, un jardin est incomplet

b ◆ **~ with sth** *(= also having)* avec qch ◆ **a large hotel ~ with swimming pool** un grand hôtel avec piscine ◆ **a house ~ with furniture** une maison meublée ◆ **to come ~ with sth** être pourvu de qch

c *(= entire)* tout *inv* entier ◆ **a ~ tenement block was burnt to the ground** un immeuble entier a été démoli par les flammes, un immeuble a été complètement démoli par les flammes

d *(= finished) [work]* achevé ◆ **the task is now ~** la tâche est accomplie

e *(= total, full) [change, surprise, disaster, failure]* complet (-ète *f*) ; *[lack]* total ; *[approval]* entier ; *[idiot, liar]* fini ◆ **in ~ agreement** en parfait accord ◆ **in ~ contrast to sb/sth** à l'opposé de qn/qch, contrairement à qn/qch ◆ **to take ~ control of sth** prendre le contrôle complet de qch ◆ **at last her happiness was ~** enfin son bonheur était complet ◆ **he is the ~ opposite of me** il est tout le contraire de moi ◆ **to my ~ satisfaction** à mon entière satisfaction ◆ **she's a ~ bitch** ‡ c'est une vraie peau de vache ‡

f *(= accomplished)* ◆ **he is the ~ film-maker/footballer** † c'est le parfait cinéaste/footballeur

VT a *(= finish) [+ collection]* compléter ; *[+ piece of work]* achever, terminer ◆ **and to ~ his happiness/misfortune** et pour comble de bonheur/d'infortune ◆ **and just to ~ things** et pour couronner le tout ◆ **to ~ an order** exécuter une commande

b *(= fill in) [+ form, questionnaire]* remplir

**completely** /kəm'pliːtlɪ/ ADV totalement, complètement ◆ **~ and utterly** totalement ◆ **almost ~** presque entièrement

**completeness** /kəm'pliːtnɪs/ N caractère *m* complet ; *[of report, study]* exhaustivité *f* ◆ **at varying stages of ~** à différents stades d'achèvement

**completion** /kəm'pliːʃən/ N *[of work]* achèvement *m* ; *[of happiness, misfortune]* comble *m* ; *(Jur) [of contract, sale]* exécution *f* ◆ **near ~** près d'être achevé ◆ **payment on ~ of contract** paiement *m* à la signature du contrat COMP ▷ **completion date** N *(Jur) (for work)* date *f* d'achèvement (des travaux) ; *(in house-buying)* date *f* d'exécution du contrat

**completist** /kəm'pliːtɪst/ N collectionneur *m*, -euse *f (qui cherche à avoir une collection complète)*

**complex** /'kɒmpleks/ ADJ complexe N a complexe *m* ◆ **industrial/mining ~** complexe *m* industriel/minier ◆ **housing ~** (ensemble *m* de) résidences *fpl* ; *(high rise)* grand ensemble *m* ; → **cinema** b *(Psych)* complexe *m* ◆ **he's got a ~ about it** ça lui a donné un complexe, il en fait (tout) un complexe ; → **guilt, inferiority**

**complexion** /kəm'plekʃən/ N *[of face]* teint *m* ; *(fig)* caractère *m*, aspect *m* ◆ **that puts a new or different ~ on the whole affair** l'affaire se présente maintenant sous un tout autre aspect *or* jour

**-complexioned** /kəm'plekʃənd/ ADJ *(in compounds)* ◆ **dark-complexioned** de *or* au teint mat, mat de teint ◆ **fair-complexioned** de *or* au teint clair, clair de teint

**complexity** /kəm'pleksɪtɪ/ N complexité *f*

**compliance** /kəm'plaɪəns/ N *(NonC)* a *(= acceptance)* acquiescement *m (with* à) ; *(= conformity)* conformité *f (with* avec) ; ◆ **in ~ with ...** conformément à ..., en accord avec ... b *(= submission)* basse complaisance *f*, servilité *f* COMP ▷ **compliance lawyer, compliance officer** N conseiller *m* fiscal

**compliant** /kəm'plaɪənt/ ADJ *[person]* accommodant ; *[child]* docile ◆ **to be ~ with** être conforme à ; *[person]* se conformer à

**complicate** /'kɒmplɪkeɪt/ VT compliquer *(with* de) ; *(= muddle)* embrouiller ◆ **that ~s matters** cela complique les choses ◆ **she always ~s things** elle complique toujours tout, elle se crée des problèmes

**complicated** /'kɒmplɪkeɪtɪd/ ADJ *(= involved)* compliqué, complexe ; *(= muddled)* embrouillé

**complication** /ˌkɒmplɪ'keɪʃən/ N *(gen, Med)* complication *f*

**complicit** /kəm'plɪsɪt/ ADJ a *(= knowing) [look, wink, silence]* complice b *(= involved)* ◆ **~ in sth** complice de qch ◆ **he was ~ in allowing it to happen** il a été complice en laissant la chose se produire

**complicity** /kəm'plɪsɪtɪ/ N complicité *f (in* dans)

**compliment** /'kɒmplɪmənt/ N a compliment *m* ◆ **to pay sb a ~** faire *or* adresser un compliment à qn ◆ **to return the ~** *(fig)* retourner le compliment, renvoyer l'ascenseur b *(frm)* **~s** compliments *mpl*, respects *mpl*, hommages *mpl (frm)* ◆ **give him my ~s** faites-lui mes compliments ◆ **(I wish you) the ~s of the season** (je vous présente) tous mes vœux ◆ **with the ~s of Mr Green** avec les hommages *or* les compliments de M. Green ◆ **"with compliments"** "avec nos compliments" VT /'kɒmplɪment/ complimenter, féliciter (*on* de) faire des compliments à (*on* de, sur) COMP ▷ **compliments slip** N *(Comm)* ≈ papillon *m* (avec les bons compliments de l'expéditeur)

**complimentary** /ˌkɒmplɪ'mentərɪ/ ADJ a *(= flattering) [person]* élogieux ; *[remark]* élogieux, flatteur ◆ **to be ~ about sb/sth** faire des compliments sur qn/qch b *(= free) [ticket, drink]* gratuit ◆ **~ copy** exemplaire *m* offert à titre gracieux

**complin(e)** /'kɒmplɪn/ N *(Rel)* complies *fpl*

**comply** /kəm'plaɪ/ VI a *[person]* obtempérer
◆ **to comply with** ◆ **to ~ with the rules** observer *or* respecter le règlement ◆ **to ~ with sb's wishes** se conformer aux désirs de qn ◆ **to ~ with a request** faire droit à une requête, accéder à une demande ◆ **to ~ with a clause** observer *or* respecter une disposition

b *[equipment, object] (to specifications etc)* être conforme (*with* à)

**component** /kəm'pəʊnənt/ ADJ composant, constituant ◆ **the ~ parts** les parties *fpl* constituantes N *(gen, also Econ)* élément *m* ; *(Chem)* composant *m* ; *(Aut, Tech)* pièce *f* ◆ **~s factory** usine *f* de pièces détachées

**componential** /ˌkɒmpə'nenʃəl/ ADJ componentiel ◆ **~ analysis** *(Ling)* analyse *f* componentielle

**comport** /kəm'pɔːt/ VT ◆ **to ~ o.s.** se comporter, se conduire VI convenir (*with* à) s'accorder (*with* avec)

**comportment** /kəm'pɔːtmənt/ N comportement *m*, conduite *f*

**compose** /kəm'pəʊz/ VT *(Literat, Mus, Typ)* composer ; *(gen, Chem, Tech)* composer, constituer ◆ **to ~ o.s.** se calmer ◆ **to ~ one's features** composer son visage ◆ **to ~ one's thoughts** mettre de l'ordre dans ses pensées

◆ **to be composed of** se composer de ◆ **the force would be ~d of troops from NATO countries** cette force se composerait de troupes des pays de l'OTAN

**composed** /kəm'pəʊzd/ ADJ calme, posé

**composedly** /kəm'pəʊzɪdlɪ/ ADV calmement, posément

**composer** /kəm'pəʊzəʳ/ N *(Mus)* compositeur *m*, -trice *f*

**composite** /'kɒmpəzɪt/ ADJ *(gen, Archit, Phot)* composite ; *(Bot, Math)* composé N *(Archit)* (ordre *m*) composite *m* ; *(Bot)* composée *f*, composacée *f* COMP ▷ **composite school** N *(Can)* école *f* polyvalente ▷ **composite vote** N vote *m* groupé

**composition** /ˌkɒmpə'zɪʃən/ N a *(NonC: gen, Art, Mus, Typ)* composition *f* ◆ **music/verse of her own ~** de la musique/des vers de sa composition

b *(= thing composed)* composition *f*, œuvre *f* ; *(Scol = essay)* rédaction *f* ◆ **one of her most famous ~s** une de ses œuvres les plus célèbres

c *(gen, Chem, Tech = parts composing whole)* composition *f*, constitution *f* ; *(= mixture of substances)* composition *f (of* de) ; *(Archit)* stuc *m* ◆ **to study the ~ of a substance** étudier la constitution d'une substance

d *(Gram) [of sentence]* construction *f* ; *[of word]* composition *f*

e *(= temperament, make-up)* nature *f*, constitution *f* intellectuelle (*or* morale)

f *(Jur)* accommodement *m*, compromis *m*, arrangement *m (avec un créancier)* ◆ **to come to a ~** *(frm)* venir à composition *(frm)*, arriver à une entente *or* un accord

COMP *[substance]* synthétique ▷ **composition rubber** N caoutchouc *m* synthétique

**compositional** /ˌkɒmpə'zɪʃənl/ ADJ *[style]* de composition ; *[skills, tools]* de compositeur

**compositor** /kəm'pɒzɪtəʳ/ N *(Typ)* compositeur *m*, -trice *f*

**compos mentis** /'kɒmpɒs'mentɪs/ ADJ sain d'esprit

**compost** /'kɒmpɒst/ N compost *m* VT composter COMP ▷ **compost heap** N tas *m* de compost

**composure** /kəm'pəʊʒəʳ/ N calme *m*, sang-froid *m* ◆ **to lose (one's) ~** *(gen)* perdre contenance ; *(= get angry)* perdre son sang-froid

**compote** /'kɒmpəʊt/ N compote *f* ; *(US = dish)* compotier *m*

**compound** /'kɒmpaʊnd/ N a *(Chem)* composé *m (of* de) ; *(Gram)* (mot *m*) composé *m* ; *(Tech)* compound *f* b *(= enclosed area)* enclos *m*, enceinte *f* ADJ *(Chem)* composé, combiné ; *(Math) [number, fraction]* complexe ; *(Med) [fracture]* compliqué ; *(Tech) [engine]* compound *inv* ; *(Gram) [tense, word]* composé ; *[sentence]* complexe ◆ **~ time** *(Mus)* la mesure composée VT /kəm'paʊnd/ a *(Chem, Pharm) [+ mixture]* composer *(of* de) ; *[+ ingredients]* combiner, mélanger ; *(fig) [+ problem, difficulties]* aggraver b *(Jur etc) [+ debt, quarrel]* régler à l'amiable, arranger par des concessions mutuelles ◆ **to ~ a felony** composer *or* pactiser (avec un criminel) VI /kəm'paʊnd/ *(Jur etc)* composer, transiger (*with* avec ; *for* au sujet de, pour) s'arranger à l'amiable (*with* avec ; *for* au sujet de) ; ◆ **to ~ with one's creditors** s'arranger à l'amiable *or* composer avec ses créanciers

**compounding** /'kɒmpaʊndɪŋ/ N *(Ling)* composition *f*

**comprehend** /ˌkɒmprɪ'hend/ VT a *(= understand)* comprendre, saisir b *(= include)* comprendre, englober VI comprendre

**comprehending** /ˌkɒmprɪˈhendɪŋ/ ADJ compréhensif

**comprehensibility** /ˌkɒmprɪhensəˈbɪlətɪ/ N intelligibilité *f*

**comprehensible** /ˌkɒmprɪˈhensəbl/ ADJ compréhensible

**comprehensibly** /kɒmprɪˈhensəblɪ/ ADV de façon compréhensible *or* intelligible

**comprehension** /ˌkɒmprɪˈhenʃn/ N a *(= understanding)* compréhension *f*, entendement *m* ◆ **that is beyond my ~** cela dépasse ma compréhension *or* mon entendement b *(Scol)* exercice *m* de compréhension c *(= inclusion)* inclusion *f*

**comprehensive** /ˌkɒmprɪˈhensɪv/ ADJ a *(= broad, inclusive) [description, report, review, survey]* détaillé, complet (-ète *f*) ; *[knowledge]* vaste, étendu ; *[planning]* global ◆ **~ measures** mesures *fpl* d'ensemble ◆ **~ insurance (policy)** *(Insurance)* assurance *f* tous risques

b *(Brit Scol) [education, system]* polyvalent ◆ **~ school** établissement *m* polyvalent d'enseignement secondaire ◆ **to go ~** abandonner les critères sélectifs d'entrée

N ⇒ **comprehensive school**

> **Comprehensive School**
>
> Créées dans les années 60 par le gouvernement travailliste de l'époque, les **comprehensive schools** sont des établissements polyvalents d'enseignement secondaire conçus pour accueillir tous les élèves sans distinction et leur offrir des chances égales, par opposition au système sélectif des « grammar schools ». La majorité des enfants britanniques fréquentent aujourd'hui une **comprehensive school**, mais les « grammar schools » n'ont pas toutes disparu.

**comprehensively** /ˌkɒmprɪˈhensɪvlɪ/ ADV complètement ◆ **we were ~ beaten** nous avons été battus à plate couture ◆ **to be ~ insured** avoir une assurance tous risques

**compress** /kəmˈpres/ VT *[+ substance]* comprimer ; *[+ essay, facts]* condenser, concentrer ; *(Comput) [+ data]* compresser ◆ **~ed air** air *m* comprimé VI *(gen)* se comprimer ; *[gas]* se condenser N /ˈkɒmpres/ compresse *f*

**compression** /kəmˈpreʃən/ N *(gen, Comput)* compression *f* COMP ▷ **compression pistol** N ensemble *m* pistolet compresseur ▷ **compression ratio** N *(Aut)* taux *m* de compression

**compressor** /kəmˈpresəʳ/ N compresseur *m* COMP ▷ **compressor program** N *(Comput)* programme *m* de compression ▷ **compressor unit** N groupe *m* compresseur

**comprise** /kəmˈpraɪz/ VT a *(= include)* comprendre, être composé de ◆ **to be ~d of** se composer de b *(= make up)* constituer ◆ **women ~ 80% of the workforce** les femmes constituent 80% de l'effectif

**compromise** /ˈkɒmprəmaɪz/ N compromis *m* ◆ **to come to** *or* **reach a ~** aboutir à un compromis ◆ **to agree to a ~** accepter un compromis VI transiger (*over* sur) aboutir à *or* accepter un compromis VT *[+ reputation, safety, security, plan]* compromettre ◆ **to ~ o.s.** se compromettre COMP ▷ **compromise decision** N décision *f* de compromis ▷ **compromise solution** N solution *f* de compromis

**compromising** /ˈkɒmprəmaɪzɪŋ/ ADJ compromettant

**Comptometer** ® /kɒmpˈtɒmɪtəʳ/ N machine *f* comptable COMP ▷ **Comptometer operator** N mécanographe *mf*

**comptroller** /kənˈtrəʊləʳ/ N *(Admin, Fin)* contrôleur *m*, -euse *f* (des finances) COMP ▷ **Comptroller General** N *(US Jur, Pol)* ≈ président *m* de la Cour des comptes

**compulsion** /kəmˈpʌlʃən/ N contrainte *f* ◆ **under ~** de force, sous la contrainte ◆ **you are under no ~** vous n'êtes nullement obligé, rien ne vous force

**compulsive** /kəmˈpʌlsɪv/ ADJ a *(= habitual)* ◆ **to be a ~ gambler/liar** être un joueur/menteur invétéré ◆ **to be a ~ eater** ne pas pouvoir s'empêcher de manger, être boulimique b *(Psych) [behaviour, desire, need]* compulsif ; → **obsessive** c *(= irresistible) [reading]* fascinant ◆ **the programme was ~ viewing** l'émission était fascinante

**compulsively** /kəmˈpʌlsɪvlɪ/ ADV a *[lie]* compulsivement ; *[behave, gamble, talk]* d'une façon compulsive ◆ **to eat ~** être boulimique ◆ **she is ~ tidy** elle est tellement ordonnée que cela tourne à l'obsession b *(= irresistibly)* ◆ **~ readable** d'une lecture fascinante ◆ **the series is ~ watchable** ce feuilleton est fascinant, on n'arrive pas à décrocher de ce feuilleton

**compulsorily** /kəmˈpʌlsərɪlɪ/ ADV *[purchased, retired]* d'office

**compulsory** /kəmˈpʌlsərɪ/ LANGUAGE IN USE 10.3 ADJ a *(= obligatory) [education, test, school subject, military service]* obligatoire ; *[retirement]* obligatoire, d'office ; *[redundancies]* d'office b *(= compelling) [powers]* coercitif N **the compulsories** NPL *(Skating)* les figures *fpl* imposées COMP ▷ **compulsory liquidation** N *(Fin)* liquidation *f* forcée ▷ **compulsory purchase (order)** N *(Brit)* (ordre *m* d')expropriation *f (pour cause d'utilité publique)*

**compunction** /kəmˈpʌŋkʃən/ N remords *m*, scrupule *m* ; *(Rel)* componction *f* ◆ **without the slightest** *or* **the least ~** sans le moindre scrupule *or* remords ◆ **he had no ~ about doing it** il n'a eu aucun scrupule à le faire

**computation** /ˌkɒmpjʊˈteɪʃən/ N a *(gen)* calcul *m* b *(NonC)* estimation *f*, évaluation *f* (*of* de)

**computational** /ˌkɒmpjʊˈteɪʃənl/ ADJ statistique, quantitatif COMP ▷ **computational linguistics** N *(NonC)* linguistique *f* computationnelle

**compute** /kəmˈpjuːt/ VT calculer ◆ **to ~ sth at ...** évaluer *or* estimer qch à ...

**computer** /kəmˈpjuːtəʳ/ N a *(electronic)* ordinateur *m* ; *(mechanical)* calculatrice *f* ◆ **he is in ~s** il est dans l'informatique ◆ **on ~** sur ordinateur ◆ **to do sth by ~** faire qch sur ordinateur ; → **digital, personal**

b *(= person)* calculateur *m*, -trice *f*

COMP ▷ **the computer age** N l'ère *f* informatique *or* de l'ordinateur ▷ **computer agency** N bureau *m* d'informatique ▷ **computer-aided** ADJ assisté par ordinateur ▷ **computer-aided design** N conception *f* assistée par ordinateur ▷ **computer-assisted** ADJ ⇒ **computer-aided** ▷ **computer code** N code *m* machine ▷ **computer crime** N *(= illegal activities)* criminalité *f* informatique ; *(= illegal act)* délit *m* informatique ▷ **computer dating service** N club *m* de rencontres sélectionnées par ordinateur ▷ **computer error** N erreur *f* informatique ▷ **computer game** N jeu *m* électronique ▷ **computer-generated** ADJ *[graphics]* généré par ordinateur ; *[image]* de synthèse ▷ **computer graphics** N *(NonC) (= field)* infographie *f* ; *(= pictures)* images *fpl* de synthèse ▷ **computer-integrated manufacturing** N fabrication *f* assistée par ordinateur ▷ **computer language** N langage *m* de programmation, langage *m* machine ▷ **computer literacy** N compétence *f* (en) informatique ▷ **computer-literate** ADJ initié à l'informatique ▷ **computer model** N modèle *m* informatique ▷ **computer nerd*** N *(pej)* cinglé(e)* *m(f)* d'informatique ▷ **computer operator** N opérateur *m*, -trice *f* ▷ **computer peripheral** N périphérique *m* d'ordinateur ▷ **computer printout** N listage *m or* listing *m* d'ordinateur ▷ **computer program** N programme *m* informatique ▷ **computer programmer** N programmeur *m*, -euse *f* ▷ **computer programming** N programmation *f* ▷ **computer science** N informatique *f* ▷ **computer scientist** N informaticien(ne) *m(f)* ▷ **computer studies** NPL l'informatique *f* ▷ **computer system** N système *m* informatique ▷ **computer typesetting** N composition *f* informatique ▷ **computer virus** N virus *m* informatique

**computerese*** /kəmˌpjuːtəˈriːz/ N jargon *m* informatique

**computerist** /kəmˈpjuːtərɪst/ N *(US)* informaticien(ne) *m(f)*

**computerization** /kəmˌpjuːtəraɪˈzeɪʃən/ N informatisation *f*

**computerize** /kəmˈpjuːtəraɪz/ VT informatiser COMP ▷ **computerized axial tomography** N scanographie *f*, tomodensitométrie *f*

**computing** /kəmˈpjuːtɪŋ/ N informatique *f* COMP *[service, facility, problem]* informatique ; *[course, department]* d'informatique

**comrade** /ˈkɒmreɪd/ N camarade *mf* COMP ▷ **comrade-in-arms** N compagnon *m* d'armes

**comradely** /ˈkɒmreɪdlɪ/ ADJ amical

**comradeship** /ˈkɒmreɪdʃɪp/ N camaraderie *f*

**Comsat** ® /ˈkɒmsæt/ N *(US)* abbrev of **Communications Satellite Corporation**

**con**[1] /kɒn/ VT a *(† = study)* apprendre par cœur b *(Naut)* gouverner ; *(US Naut)* piloter

**con**[2] /kɒn/ PREP, N contre *m* ; → **pro**[1]

**con**[3] * /kɒn/ VT arnaquer *, escroquer ◆ **to ~ sb into doing sth** amener qn à faire qch en l'abusant *or* en le dupant ◆ **I've been ~ned!** on m'a eu ! *, je me suis fait avoir ! * ◆ **he ~ned his way into the building** il est entré dans l'immeuble par ruse N a ◆ **it was all a big ~** *(= empty boasting etc)* tout ça c'était de la frime * ; *(= swindle)* c'était une vaste escroquerie *or* arnaque * b (* abbrev of convict) taulard* *m* COMP ▷ **con artist*** N arnaqueur * *m* ▷ **con game*** N ⇒ **con trick** ▷ **con man*** N (pl **con men**) escroc *m* ▷ **con trick*** N escroquerie *f*

**Con.** N *(Brit)* a abbrev of **Conservative** b abbrev of **constable**

**conc.** N (abbrev of **concessions**) ◆ **admission £5 (~ £4)** entrée 5 livres (tarif réduit 4 livres)

**concatenate** /kɒnˈkætɪˌneɪt/ VT enchaîner

**concatenation** /kɒnˌkætɪˈneɪʃən/ N *[of circumstances]* enchaînement *m* ; *(Ling, Comput)* concaténation *f*

**concave** /ˈkɒnˈkeɪv/ ADJ concave

**concavity** /kɒnˈkævɪtɪ/ N concavité *f*

**conceal** /kənˈsiːl/ VT *(= hide) [+ object]* cacher, dissimuler ; *(= keep secret) [+ news, event]* garder *or* tenir secret ; *[+ emotions, thoughts]* dissimuler ◆ **to ~ sth from sb** cacher qch à qn ◆ **to ~ the fact that ...** dissimuler le fait que ... ◆ **~ed lighting** éclairage *m* indirect ◆ **~ed turning** *or* **road** *(Aut)* intersection *f* cachée

**concealment** /kən'siːlmənt/ **N** *(NonC)* dissimulation *f*; *(Jur) [of criminal]* recel *m*; *[of background, knowledge, truth, facts]* occultation *f*; *(= place of concealment)* cachette *f*

**concede** /kən'siːd/ LANGUAGE IN USE 11.1 **VT** *[+ privilege]* concéder, accorder; *[+ point]* concéder; *(Sport) [+ match]* concéder ◆ **to ~ that ...** concéder *or* reconnaître que ... ◆ **to ~ victory** s'avouer vaincu **VI** céder

**conceit** /kən'siːt/ **N** **a** *(NonC = pride)* vanité *f*, suffisance *f* **b** *(= witty expression)* trait *m* d'esprit, expression *f* brillante ◆ **he is wise in his own ~** *(liter)* il se croit très sage ◆ **~s** *(Literat)* concetti *mpl*

**conceited** /kən'siːtɪd/ **ADJ** vaniteux, suffisant

**conceitedly** /kən'siːtɪdlɪ/ **ADV** *[say]* avec suffisance ◆ **I don't mean that ~** je ne dis pas cela par vanité

**conceivable** /kən'siːvəbl/ **ADJ** concevable, imaginable ◆ **it is hardly ~ that ...** il est à peine concevable que ... + *subj*

**conceivably** /kən'siːvəblɪ/ **ADV** de façon concevable, en théorie ◆ **she may ~ be right** il est concevable *or* il se peut bien qu'elle ait raison

**conceive** /kən'siːv/ **VT** *[+ child, idea, plan]* concevoir ◆ **to ~ a hatred/love for sb/sth** concevoir de la haine/de l'amour pour qn/qch ◆ **I cannot ~ why he wants to do it** je ne comprends vraiment pas pourquoi il veut le faire **VI** *[woman]* ◆ **unable to ~** qui ne peut pas avoir d'enfants ◆ **to ~ of** concevoir, avoir le concept de ◆ **I cannot ~ of anything better** je ne conçois rien de mieux ◆ **I cannot ~ of a better way to do it** je ne conçois pas de meilleur moyen de le faire

**concelebrant** /kən'selɪˌbrənt/ **N** *(Rel)* concélébrant *m*

**concentrate** /'kɒnsəntreɪt/ **VT** *[+ attention]* concentrer (*on* sur); *[+ hopes]* reporter (*on* sur); *[+ supplies]* concentrer, rassembler; *(Chem, Mil)* concentrer ◆ **it ~s the mind** cela fait réfléchir

**VI** **a** *(= direct thoughts, efforts etc)* se concentrer, concentrer *or* fixer son attention (*on* sur); ◆ **to ~ on doing sth** s'appliquer à faire qch ◆ **I just can't ~!** je n'arrive pas à me concentrer! ◆ **try to ~ a little more** essaie de te concentrer un peu plus *or* de faire un peu plus attention ◆ **~ on getting yourself a job** essaie avant tout de *or* occupe-toi d'abord de te trouver du travail ◆ **~ on getting well** occupe-toi d'abord de ta santé ◆ **the terrorists ~d on the outlying farms** les terroristes ont concentré leurs attaques sur les fermes isolées ◆ **today I shall ~ on the 16th century** *(giving speech etc)* aujourd'hui je traiterai en particulier le 16^e^ siècle

**b** *(= converge) [troops, people]* se concentrer, converger ◆ **the crowds began to ~ round the palace** la foule a commencé à se concentrer *or* à se rassembler autour du palais

**ADJ, N** *(Chem)* concentré *m*

**concentrated** /'kɒnsəntreɪtɪd/ **ADJ** **a** *[liquid, substance]* concentré ◆ **in a ~ form** sous une forme concentrée **b** *(= focused) [effort]* intense; *[attack]* en règle

**concentration** /ˌkɒnsən'treɪʃən/ **N** concentration *f* **COMP** ▷ **concentration camp** **N** camp *m* de concentration

**concentric** /kən'sentrɪk/ **ADJ** concentrique

**concept** /'kɒnsept/ **N** notion *f*, idée *f*; *(Philos, Marketing etc)* concept *m* **COMP** ▷ **concept album** **N** *(Mus)* album *m* concept

**conception** /kən'sepʃən/ **N** idée *f*, conception *f*; *(Med)* conception *f* ◆ **he has not the slightest ~ of teamwork** il n'a pas la moindre idée de ce qu'est le travail en équipe ◆ **a new ~ of democracy** une nouvelle conception de la démocratie; → **immaculate**

**conceptual** /kən'septjʊəl/ **ADJ** conceptuel **COMP** ▷ **conceptual art** **N** art *m* conceptuel

**conceptualize** /kən'septjʊəˌlaɪz/ **VT** concevoir, conceptualiser

**conceptually** /kən'septjʊəlɪ/ **ADV** du point de vue conceptuel

**concern** /kən'sɜːn/ LANGUAGE IN USE 6.2, 26.2

**VT** **a** *(= trouble, worry)* inquiéter ◆ **to be ~ed by sth** s'inquiéter de qch, être inquiet de qch ◆ **what ~s me is that ...** ce qui me préoccupe, c'est que ...; see also **concerned**

**b** *(= interest)* intéresser, importer à ◆ **all that ~s me is his health** ce qui m'importe, c'est qu'il soit en bonne santé ◆ **these considerations do not ~ us here** ces considérations ne nous intéressent pas ici ◆ **to ~ o.s. in** *or* **with** s'occuper de, s'intéresser à ◆ **we are ~ed only with facts** nous ne nous occupons que des faits

**c** *(= affect)* concerner; *(= be the business of)* regarder, être l'affaire de ◆ **that doesn't ~ you** cela ne vous regarde pas, ce n'est pas votre affaire ◆ **to whom it may ~** *(frm)* à qui de droit ◆ **as ~s ...** en ce qui concerne ... ◆ **where we are ~ed** en ce qui nous concerne

◆ **as far as + concerned** ◆ **as far as I'm ~ed there is blame on both sides** à mon avis, ils ne sont innocents ni l'un ni l'autre ◆ **as far as he is ~ed** en ce qui le concerne, quant à lui ◆ **as far as starting a family is ~ed, the trend is ...** pour ce qui est de faire des enfants, la tendance est ...

◆ **noun/pronoun + concerned** ◆ **the persons ~ed** les intéressés *mpl* ◆ **those most closely ~ed** les personnes les plus touchées ◆ **the department ~ed** *(= in question)* le service en question *or* dont il s'agit; *(= relevant)* le service compétent

**d** *(= be about) [report etc]* se rapporter à

**N** **a** *(= anxiety)* inquiétude *f*; *(stronger)* anxiété *f* ◆ **they have expressed ~ about the situation** ils se sont dits inquiets de la situation ◆ **there is growing public ~ over the situation** les gens sont de plus en plus inquiets de cette situation, devant cette situation, l'inquiétude du public est croissante ◆ **he was filled with ~** il était très soucieux *or* préoccupé ◆ **a look of ~** un regard inquiet ◆ **it is of great ~ to us (that)** c'est un grand souci pour nous (que) ◆ **this is a matter of great ~ to us** c'est une question qui nous préoccupe beaucoup ◆ **there is no cause for ~** il n'y a pas lieu de s'inquiéter ◆ **there is ~ that there would be an increase in drug addiction** on craint qu'il n'y ait une augmentation des cas de toxicomanie

**b** *(= interest)* préoccupation *f* ◆ **the ~s of local people** les préoccupations des gens d'ici ◆ **the electorate's main ~ is with the economy** les électeurs se préoccupent avant tout de l'état de l'économie, les électeurs s'intéressent surtout à l'état de l'économie ◆ **excessive ~ about healthy eating** l'obsession de se nourrir sainement ◆ **it is of no ~ to him** cela n'a aucun intérêt pour lui

**c** *(= solicitude)* sollicitude *f* ◆ **I did it out of ~ for you** je l'ai fait par égard pour toi

**d** *(= business)* affaire *f*; *(= responsibility)* responsabilité *f* ◆ **it's no ~ of his** ce n'est pas son affaire, cela ne le regarde pas ◆ **what ~ is it of yours?** en quoi est-ce que cela vous regarde?

**e** (Comm: also **business concern**) entreprise *f*, affaire *f*; → **going**

> ⚠ *Be cautious about translating* **to concern** *by* **concerner.**

**concerned** /kən'sɜːnd/ **ADJ** **a** *(= worried) [parent, neighbour, look]* préoccupé, inquiet (-ète *f*) (*for sb/sth* pour qn/qch); ◆ **to be ~ about sb** se faire du souci pour qn ◆ **to be ~ about sth** être inquiet de qch ◆ **to be ~ that ...** être inquiet que ... + *subj* ◆ **I am ~ to hear that ...** j'apprends avec inquiétude que ...; see also **concern** **b** *(= keen)* ◆ **to be ~ to do sth** tenir à faire qch ◆ **they are more ~ to save face than to ...** ils se soucient davantage de ne pas perdre la face que de ...

**concerning** /kən'sɜːnɪŋ/ **PREP** concernant, en ce qui concerne

**concert** /'kɒnsət/ **N** **a** *(Mus)* concert *m* ◆ **in ~** en concert **b** *[of voices etc]* unisson *m*, chœur *m* ◆ **in ~** à l'unisson, en chœur **c** *(fig)* ◆ **a ~ of colours** une harmonie de couleurs ◆ **in ~ with** de concert avec **VT** /kən'sɜːt/ concerter, arranger (ensemble) **COMP** *[ticket, date]* de concert ▷ **concert grand** **N** piano *m* de concert ▷ **concert hall** **N** salle *f* de concert ▷ **concert party** **N** *(Mus)* concert *m* populaire *(donné en plein air ou dans une salle des fêtes)* ▷ **concert performer** **N** concertiste *mf* ▷ **concert pianist** **N** pianiste *mf* de concert ▷ **concert pitch** **N** *(Mus)* diapason *m* (de concert) ◆ **at ~ pitch** *(fig = on top form)* au maximum *or* à l'apogée de sa forme ▷ **concert tour** **N** tournée *f* de concerts

**concerted** /kən'sɜːtɪd/ **ADJ** concerté

**concertgoer** /'kɒnsətgəʊə^r^/ **N** amateur *m* de concerts, personne *f* allant régulièrement au concert

**concertina** /ˌkɒnsə'tiːnə/ **N** concertina *m* **VI** ◆ **the vehicles ~ed into each other** les véhicules se sont emboutis *or* télescopés (les uns les autres) **COMP** ▷ **concertina crash** **N** *(Aut)* carambolage *m*

**concertmaster** /'kɒnsət'mɑːstə^r^/ **N** *(US)* premier violon *m*

**concerto** /kən'tʃɛətəʊ/ **N** (pl **concertos** *or* **concerti** /kən'tʃɛətiː/) concerto *m* (*for* pour)

**concession** /kən'seʃən/ **N** *(gen, Jur)* concession *f*; *(Comm)* réduction *f*

**concessionaire** /kənˌseʃə'nɛə^r^/ **N** concessionnaire *mf*

**concessionary** /kən'seʃənərɪ/ **ADJ** *(Fin, Jur etc)* concessionnaire; *(Comm) [ticket, fare]* à prix réduit ◆ **~ aid** aide *f* libérale **N** concessionnaire *mf*

**concessioner** /kən'seʃənə^r^/ **N** *(US)* ⇒ **concessionaire**

**conch** /kɒntʃ/ **N** (pl **conchs** *or* **conches**) *(= shell, Anat)* conque *f*; *(Archit)* voûte *f* semi-circulaire, (voûte *f* d')abside *f*

**concha** /'kɒŋkə/ **N** (pl **conchae** /'kɒŋkiː/) *(Anat)* conque *f*

**conchology** /kɒŋ'kɒlədʒɪ/ **N** conchyliologie *f*

**conciliate** /kən'sɪlɪeɪt/ **VT** **a** *(= appease)* apaiser; *(= win over)* se concilier (l'appui de) **b** *(= reconcile) [+ opposing views or factions, extremes]* concilier

**conciliation** /kənˌsɪlɪ'eɪʃən/ **N** *(NonC)* **a** *(Pol, Ind)* conciliation *f* **b** *(= appeasement) [of person]* apaisement *m* **c** *(= resolution) [of dispute, differences]* règlement *m* **COMP** ▷ **conciliation board** **N** *(Ind)* conseil *m* d'arbitrage ▷ **conciliation service** **N** *(gen)* service *m* de conciliation ; *(Ind)* service *m* de règlement amiable

**conciliator** /kənˈsɪlɪˌeɪtəʳ/ **N** conciliateur *m*, -trice *f* ; *(Ind)* médiateur *m*

**conciliatory** /kənˈsɪlɪətərɪ/ **ADJ** *[person, tone, gesture, mood, statement]* conciliant ; *[spirit]* de conciliation ; *(Pol, Ind) [procedure]* conciliatoire

**concise** /kənˈsaɪs/ **ADJ** *(= short)* concis ; *(= shortened)* abrégé

**concisely** /kənˈsaɪslɪ/ **ADV** de façon concise

**conciseness** /kənˈsaɪsnɪs/, **concision** /kənˈsɪʒən/ **N** concision *f*

**conclave** /ˈkɒnkleɪv/ **N** *(Rel)* conclave *m* ; *(fig)* assemblée *f* (secrète), réunion *f* (privée) ◆ **in ~** *(fig)* en réunion privée

**conclude** /kənˈkluːd/ **VT** **a** *(= end) [+ business, agenda]* conclure, terminer ◆ **"to be concluded"** *(in magazine)* "suite et fin au prochain numéro" ; *(in TV programme)* "suite et fin au prochain épisode" **b** *(= arrange) [+ treaty]* conclure, aboutir à **c** *(= infer)* conclure, déduire (*from* de ; *that* que) **d** *(US = decide)* décider (*to do sth* de faire qch) **VI** *(= end) [things, events]* se terminer, s'achever (*with* par, sur) ; *[person]* conclure ◆ **to ~ I must say ...** pour conclure *or* en conclusion je dois dire ...

**concluding** /kənˈkluːdɪŋ/ **ADJ** final

**conclusion** /kənˈkluːʒən/ **LANGUAGE IN USE 26.1, 26.2** **N** **a** *(= end)* conclusion *f*, fin *f* ◆ **in ~** pour conclure, finalement, en conclusion ◆ **to bring to a ~** mener à sa conclusion *or* à terme **b** *(= settling) [of treaty etc]* conclusion *f* **c** *(= opinion, decision)* conclusion *f*, déduction *f* ◆ **to come to the ~ that ...** conclure que ... ◆ **to draw a ~ from ...** tirer une conclusion de ... ◆ **this leads one to the ~ that ...** ceci amène à conclure que ... ; → **foregone, jump** **d** *(Philos)* conclusion *f* **e** ◆ **to try ~s with sb** se mesurer avec *or* contre qn

**conclusive** /kənˈkluːsɪv/ **ADJ** concluant, probant

**conclusively** /kənˈkluːsɪvlɪ/ **ADV** de façon concluante *or* probante

**concoct** /kənˈkɒkt/ **VT** *(lit, fig)* concocter

**concoction** /kənˈkɒkʃən/ **N** mélange *m*, préparation *f*

**concomitant** /kənˈkɒmɪtənt/ **ADJ** concomitant **N** événement *m* concomitant

**concord** /ˈkɒŋkɔːd/ **N** **a** concorde *f*, harmonie *f* ◆ **in complete ~** en parfaite harmonie **b** *(Gram)* accord *m* ◆ **to be in ~ with ...** s'accorder avec ... **c** *(Mus)* accord *m*

**concordance** /kənˈkɔːdəns/ **N** **a** *(= agreement)* accord *m* **b** *(= index)* index *m* ; *(Bible, Ling)* concordance *f*

**concordant** /kənˈkɔːdənt/ **ADJ** concordant, s'accordant (*with* avec)

**concordat** /kɒnˈkɔːdæt/ **N** concordat *m*

**Concorde** /ˈkɒnkɔːd/ **N** *(Aviat)* Concorde *m* ◆ **in ~** en Concorde

**concourse** /ˈkɒŋkɔːs/ **N** **a** *(in building, station)* hall *m* ; *(in pedestrian precinct)* parvis *m*, piazza *f* ; *(US: in a park)* carrefour *m* ; *(US = street)* cours *m*, boulevard *m* **b** *[of people, vehicles]* affluence *f*

**concrete** /ˈkɒnkriːt/ **ADJ** **a** *[floor, wall, steps]* en béton ; *[block]* de béton **b** *(= definite, not abstract)* concret (-ète *f*) **N** **a** béton *m* ◆ **nothing is yet set *or* embedded in ~** rien n'est encore arrêté *or* décidé ; → **prestressed, reinforce** **b** *(Philos)* **the ~** le concret **VT** bétonner **COMP** ▷ **concrete jungle** **N** jungle *f* de béton ▷ **concrete mixer** **N** bétonneuse *f*

**concretion** /kənˈkriːʃən/ **N** concrétion *f*

**concubine** /ˈkɒŋkjʊbaɪn/ **N** concubine *f*

**concupiscence** /kənˈkjuːpɪsəns/ **N** *(frm)* concupiscence *f*

**concupiscent** /kənˈkjuːpɪsənt/ **ADJ** *(frm)* concupiscent

**concur** /kənˈkɜːʳ/ **VI** **a** *(= agree) [person]* être d'accord, s'entendre (*with sb* avec qn ; *in sth* sur *or* au sujet de qch) ; *[opinions]* converger **b** *(= happen together)* coïncider, arriver en même temps ; *(= contribute)* concourir (*to* à) ; ◆ **everything ~red to bring about this result** tout a concouru à produire ce résultat

**concurrence** /kənˈkʌrəns/ **N** *(frm)* **a** *(= consent)* accord *m* **b** *(= coincidence)* coïncidence *f* ◆ **a ~ of events** une coïncidence, un concours de circonstances **c** *(= consensus)* ◆ **a ~ of opinion** une convergence de vues

**concurrent** /kənˈkʌrənt/ **ADJ** **a** *(= occurring at same time)* concomitant, simultané ◆ **~ with her acting career, she managed to ...** parallèlement à sa carrière d'actrice, elle a réussi à ... ◆ **~ with** en même temps que ◆ **he was given ~ sentences totalling 24 years** il a été condamné à 24 ans de prison par confusion des peines **b** *(frm = acting together)* concerté **c** *(frm = in agreement) [views etc]* concordant **d** *(Math, Tech)* concourant

**concurrently** /kənˈkʌrəntlɪ/ **ADV** simultanément

**concuss** /kənˈkʌs/ **VT** **a** *(Med: gen pass)* commotionner ◆ **to be ~ed** être commotionné **b** *(= shake)* secouer violemment, ébranler

**concussion** /kənˈkʌʃən/ **N** **a** *(Med)* commotion *f* (cérébrale) **b** *(= shaking)* ébranlement *m*, secousse *f*

**condemn** /kənˈdem/ **LANGUAGE IN USE 14, 26.3** **VT** **a** *(gen, Jur, Med, fig)* condamner (*to* à) ; ◆ **to ~ sb to death** *(Jur)* condamner qn à mort ◆ **the ~ed man** le condamné ◆ **the ~ed cell** la cellule des condamnés **b** *(Tech) [+ building]* déclarer inhabitable, condamner ; *(Mil, Tech) [+ materials]* réformer, déclarer inutilisable

**condemnation** /ˌkɒndemˈneɪʃən/ **N** *(gen, Jur, fig)* condamnation *f* ; *(US Jur) [of property]* expropriation *f* pour cause d'utilité publique ◆ **the murder drew unanimous ~ from the press** l'assassinat a été unanimement condamné par la presse

**condemnatory** /kəndemˈneɪtərɪ/ **ADJ** réprobateur (-trice *f*)

**condensation** /ˌkɒndenˈseɪʃən/ **N** condensation *f*

**condense** /kənˈdens/ **VT** condenser, concentrer ; *(Phys) [+ gas]* condenser ; *[+ rays]* concentrer ; *(fig)* condenser, résumer ◆ **~d book** livre *m* condensé **VI** se condenser, se concentrer **COMP** ▷ **condensed milk** **N** lait *m* concentré

**condenser** /kənˈdensəʳ/ **N** *(Elec, Tech)* condensateur *m* ; *(Phys) [of gas]* condenseur *m* ; *[of light]* condensateur *m*

**condescend** /ˌkɒndɪˈsend/ **VI** **a** condescendre (*to do sth* à faire qch) daigner (*to do sth* faire qch) ; ◆ **to ~ to sb** se montrer condescendant envers *or* à l'égard de qn **b** *(= stoop to)* s'abaisser (*to* à) descendre (*to* à, jusqu'à)

**condescending** /ˌkɒndɪˈsendɪŋ/ **ADJ** condescendant (*to or towards sb* avec qn) ; ◆ **in a ~ way** avec condescendance

**condescendingly** /ˌkɒndɪˈsendɪŋlɪ/ **ADV** avec condescendance

**condescension** /ˌkɒndɪˈsenʃən/ **N** condescendance *f*

**condign** /kənˈdaɪn/ **ADJ** *(= fitting)* adéquat, proportionné ; *(= deserved)* mérité

**condiment** /ˈkɒndɪmənt/ **N** condiment *m*

**condition** /kənˈdɪʃən/ **N** **a** *(= determining factor)* condition *f* ◆ **~ of sale** *(Comm)* condition *f* de vente ◆ **~ of a contract** *(Jur)* condition *f* d'un contrat ◆ **he made the ~ that no one should accompany him** il a stipulé que personne ne devait l'accompagner ◆ **on this ~** à cette condition ◆ **I'll lend you my car on ~ that** *or (US)* **on the ~ that you don't damage it** je vous prête ma voiture à condition que vous ne l'abîmiez *subj* pas ◆ **you can go on holiday on ~ that** *or (US)* **on the ~ that you pass your exam** tu partiras en vacances à condition de réussir ton examen ; → **term**

**b** *(= circumstance)* condition *f* ◆ **under *or* in the present ~s** dans les conditions *or* circonstances actuelles ◆ **working/living ~s** conditions *fpl* de travail/de vie ◆ **weather ~s** conditions *fpl* météorologiques ◆ **the human ~** la condition humaine

**c** *(NonC = state, nature)* état *m*, condition *f* ◆ **physical/mental ~** état *m* physique/mental ◆ **in ~** *[thing]* en bon état ; *[person]* en forme, en bonne condition physique ◆ **in good ~** *(Comm etc)* en bon état ◆ **it's out of ~** c'est en mauvais état ◆ **he's out of ~** il n'est pas en forme ◆ **she was in no ~ *or* was not in a ~ *or* not in any ~ to go out** elle n'était pas en état de sortir ◆ **she is in an interesting ~** * *(euph)* elle est dans une position intéressante †

**d** *(NonC: frm = social position)* position *f*, situation *f*

**VT** **a** *(= determine)* déterminer, conditionner ◆ **his standard of living is ~ed by his income** son niveau de vie dépend de ses revenus

**b** *(= bring into good condition) [+ animal]* mettre en forme ; *[+ thing]* remettre en bon état ; *[+ hair, skin]* traiter ; → **air**

**c** *(Psych, fig) [+ person, animal]* provoquer un réflexe conditionné chez, conditionner ; *(by propaganda) [+ person]* conditionner ◆ **he was ~ed into believing that ...** il a été conditionné à croire que ... ◆ **~ed reflex** réflexe *m* conditionné ◆ **~ed response** réaction *f* conditionnée

**conditional** /kənˈdɪʃənl/ **ADJ** **a** *(gen) [offer, acceptance, support, ceasefire]* conditionnel ◆ **to be ~ (up)on sth** dépendre de qch ◆ **his appointment is ~ (up)on his passing his exams** il sera nommé à condition qu'il soit reçu à ses examens **b** *(Gram)* conditionnel **N** *(Gram)* conditionnel *m* ◆ **in the ~** au conditionnel **COMP** ▷ **conditional access** **N** *(TV)* accès *m* limité aux abonnés ▷ **conditional discharge** **N** *(Brit Jur)* condamnation *f* avec sursis ◆ **a one-year ~ discharge** un an de prison avec sursis

**conditionally** /kənˈdɪʃnəlɪ/ **ADV** *[agree]* sous condition, à certaines conditions ◆ **she said yes, ~** elle a dit oui, mais à certaines conditions

**conditioner** /kənˈdɪʃənəʳ/ **N** *(for hair)* après-shampooing *m* ; *(for skin)* crème *f* traitante ; → **fabric**

**conditioning** /kənˈdɪʃənɪŋ/ **N** *(Psych)* conditionnement *m* ; *[of hair]* traitement *m* **ADJ** traitant

**condo** /ˈkɒnˌdəʊ/ **N** *(US)* (abbrev of **condominium unit**) → **condominium**

**condole** /kənˈdəʊl/ **VI** exprimer *or* présenter ses condoléances (*with sb* à qn)

**condolence** /kənˈdəʊləns/ **LANGUAGE IN USE 24.4** **N** ◆ **~s** condoléances *fpl* ◆ **to offer one's ~s to sb** présenter ses condoléances à qn ◆ **message/letter of ~** message *m*/lettre *f* de condoléances ◆ **book of ~(s)** registre *m* de condoléances

**condom** /ˈkɒndəm/ **N** préservatif *m*

**condominium** /ˌkɒndəˈmɪnɪəm/ **N** (pl **condominiums**) **a** condominium *m* **b** *(US)* *(= ownership)* copropriété *f* ; *(= building)* immeuble *m* (en copropriété) ; *(= rooms)* appartement *m* (dans un immeuble en copropriété) **COMP** ▷ **condominium unit N** appartement *m* en copropriété ; → HOUSE

**condonation** /ˌkɒndəʊˈneɪʃən/ **N** *(Fin)* remise *f* d'une dette

**condone** /kənˈdəʊn/ **VT** *(= tolerate)* admettre, laisser faire ; *(= overlook)* fermer les yeux sur ; *(= forgive)* pardonner ◆ **we cannot ~ that kind of behaviour** nous ne pouvons pas admettre ce genre de comportement, nous ne pouvons pas laisser faire cela ◆ **to ~ adultery** *(Jur)* ≃ pardonner un adultère ◆ **to ~ a student** *(Educ)* repêcher un étudiant ◆ **to ~ a student's exam results** remonter les notes d'un étudiant

**condor** /ˈkɒndɔːʳ/ **N** condor *m*

**conduce** /kənˈdjuːs/ **VI** ◆ **to ~ to** conduire à, provoquer

**conducive** /kənˈdjuːsɪv/ **ADJ** ◆ **~ to** propice à *or* favorable à ◆ **to be ~ to** prédisposer à

**conduct** /ˈkɒndʌkt/ **N** **a** *(= behaviour)* conduite *f*, comportement *m* ◆ **good/bad ~** bonne/mauvaise conduite *f* *or* tenue *f* ◆ **his ~ towards me** son attitude avec moi, son comportement envers moi ; → **disorderly**

**b** *(= leading)* conduite *f* ; → **safe**

**VT** /kənˈdʌkt/ **a** *(= lead)* conduire, mener ◆ **he ~ed me round the gardens** il m'a fait faire le tour des jardins ◆ **~ed visit** visite *f* guidée

**b** *(= direct, manage)* diriger ◆ **to ~ one's business** diriger ses affaires ◆ **to ~ an orchestra** diriger un orchestre ◆ **to ~ an inquiry** *(Jur)* conduire *or* mener une enquête ◆ **to ~ sb's case** *(Jur)* assurer la défense de qn

**c** ◆ **to ~ o.s.** se conduire, se comporter

**d** *(Elec, Phys)* *[+ heat etc]* conduire, être conducteur *m*, -trice *f* de

**COMP** ▷ **conducted tour N** *(Brit)* excursion *f* accompagnée, voyage *m* organisé ; *[of building]* visite *f* guidée ▷ **conduct mark N** *(Scol)* avertissement *m* ▷ **conduct report N** *(Scol)* rapport *m* *(sur la conduite d'un élève)* ▷ **conduct sheet N** *(Mil)* feuille *f* *or* certificat *m* de conduite

**conductance** /kənˈdʌktəns/ **N** *(Elec, Phys)* conductance *f*

**conduction** /kənˈdʌkʃən/ **N** *(Elec, Phys)* conduction *f*

**conductive** /kənˈdʌktɪv/ **ADJ** *(Elec, Phys)* conducteur (-trice *f*)

**conductivity** /ˌkɒndʌkˈtɪvɪtɪ/ **N** *(Elec, Phys)* conductivité *f*

**conductor** /kənˈdʌktəʳ/ **N** **a** *(= leader)* conducteur *m*, chef *m* ; *(Mus)* *[of orchestra]* chef *m* d'orchestre ; *[of choir]* chef *m* de chœur **b** *[of bus]* receveur *m* ; *(US Rail)* chef *m* de train **c** *(Phys)* (corps *m*) conducteur *m* ; → **lightning**

**conductress** /kənˈdʌktrɪs/ **N** receveuse *f*

**conduit** /ˈkɒndɪt/ **N** **a** *(Tech)* conduite *f* d'eau, canalisation *f* ; *(Elec)* gaine *f* **b** *(= person)* intermédiaire *mf*

**condyle** /ˈkɒndɪl/ **N** *(Anat)* condyle *m*

**cone** /kəʊn/ **N** *(Astron, Geol, Math, Mil, Naut, Opt, Rad, Tech)* cône *m* ; *(Aut)* cône *m* de signalisation ; *[of tree]* cône *m* ; *[of pine tree]* pomme *f* ; *(Culin)* *[of ice cream]* cornet *m*

► **cone off VT SEP** *[+ road]* placer des cônes de signalisation sur

**coney** /ˈkəʊnɪ/ **N** ⇒ **cony**

**confab** * /ˈkɒnfæb/ **N** (brin *m* de) causette * *f*

**confabulate** /kənˈfæbjʊleɪt/ **VI** s'entretenir, deviser

**confabulation** /kənˌfæbjʊˈleɪʃən/ **N** conciliabule *m*, conversation *f*

**confection** /kənˈfekʃən/ **N** **a** *(Culin)* *(= sweet)* sucrerie *f*, friandise *f* ; *(= cake)* gâteau *m*, pâtisserie *f* ; *(= dessert)* dessert *m* (sucré) ; *(Dress)* vêtement *m* de confection **b** *(= action, process)* confection *f*

**confectioner** /kənˈfekʃənəʳ/ **N** *(= sweet-maker)* confiseur *m*, -euse *f* ; *(= cakemaker)* pâtissier *m*, -ière *f* ◆ **~'s (shop)** confiserie *f* (-pâtisserie *f*) **COMP** ▷ **confectioner's sugar N** *(US)* sucre *m* glace

**confectionery** /kənˈfekʃənərɪ/ **N** *(= sweets)* confiserie *f* ; *(Brit = cakes etc)* pâtisserie *f* **COMP** ▷ **confectionery sugar N** *(US)* sucre *m* glace

**confederacy** /kənˈfedərəsɪ/ **N** **a** *(Pol = group of states)* confédération *f* ◆ **the Confederacy** *(US Hist)* les États *mpl* confédérés **b** *(= conspiracy)* conspiration *f*

**confederate** /kənˈfedərɪt/ **ADJ** **a** confédéré **b** *(US Hist)* **Confederate** confédéré **N** **a** confédéré(e) *m(f)* ; *(in criminal act)* complice *mf* **b** *(US Hist)* **Confederate** Confédéré *m* **VT** /kənˈfedəreɪt/ confédérer **VI** se confédérer

**confederation** /kənˌfedəˈreɪʃən/ **N** confédération *f*

**confer** /kənˈfɜːʳ/ **VT** conférer, accorder (on à) ; ◆ **to ~ a title** conférer un titre ◆ **to ~ a degree (on)** *(at ceremony)* remettre un diplôme (à) **VI** conférer, s'entretenir (*with sb* avec qn ; *on or about sth* de qch)

**conferee** /ˌkɒnfɜːˈriː/ **N** *(at congress)* congressiste *mf*

**conference** /ˈkɒnfərəns/ **N** *(= meeting, Pol)* conférence *f*, congrès *m* ; *(especially academic)* congrès *m*, colloque *m* (on sur) ; *(= discussion)* conférence *f*, consultation *f* ◆ **to be in ~** être en conférence ◆ **(the) ~ decided ...** les participants à la conférence *or* les congressistes ont décidé ... ; → **press**

**COMP** ▷ **conference call N** *(Telec)* audioconférence *f*, téléconférence *f* ▷ **conference centre N** *(= town)* ville *f* de congrès ; *(= building)* palais *m* des congrès ; *(in institution)* centre *m* de conférences ▷ **conference committee N** *(US Pol)* *commission interparlementaire de compromis sur les projets de loi* ▷ **conference member N** congressiste *mf* ▷ **conference room N** salle *f* de conférences ▷ **conference table N** *(lit, fig)* table *f* de conférence

**conferencing** /ˈkɒnfərənsɪŋ/ **N** *(Telec)* ◆ **~ (facility)** possibilité *f* de réunion-téléphone

**conferment** /kənˈfɜːmənt/ **N** *(Univ)* *[of degree]* remise *f* (de diplômes) ; *[of title, favour]* octroi *m*

**confess** /kənˈfes/ **VT** **a** *[+ crime]* avouer, confesser ; *[+ mistake]* reconnaître, avouer ◆ **he ~ed that he had stolen the money** il a avoué qu'il avait volé l'argent ◆ **to ~ (to) a liking for sth** reconnaître qu'on aime qch ◆ **she ~ed herself guilty/ignorant of ...** elle a confessé qu'elle était coupable/ignorante de ... **b** *(Rel)* *[+ faith]* confesser, proclamer ; *[+ sins]* confesser, se confesser de ; *[+ penitent]* confesser **VI** **a** avouer, passer aux aveux ◆ **to ~ to** *[+ crime]* avouer, confesser ; *[+ mistake]* reconnaître, avouer ◆ **to ~ to having done sth** avouer *or* reconnaître avoir fait qch ; see also **vt** **b** *(Rel)* se confesser

**confessedly** /kənˈfesɪdlɪ/ **ADV** *(= generally admitted)* de l'aveu de tous ; *(= on one's own admission)* de son propre aveu ◆ **a ~ terrorist group** un groupe terroriste qui se revendique comme tel

**confession** /kənˈfeʃən/ **N** **a** *(= admission of guilt)* *[of mistake, crime]* aveu *m* ; *(Jur)* aveux *mpl* ◆ **to make a full ~** faire des aveux complets **b** *(Rel)* confession *f* ◆ **to go to ~** aller se confesser ◆ **to hear sb's ~** confesser qn ◆ **to make one's ~** se confesser ◆ **to make a ~ (of faith)** faire une confession (de foi) ◆ **general ~** confession *f* générale ◆ **to be of the Protestant ~** *(= denomination)* être de confession protestante ◆ **"Confessions of a Taxi Driver"** *(as title of book, article etc)* "les Confessions d'un chauffeur de taxi"

**confessional** /kənˈfeʃənl/ *(Rel)* **N** confessionnal *m* ◆ **under the seal of the ~** sous le secret de la confession **ADJ** confessionnel

**confessor** /kənˈfesəʳ/ **N** *(Rel)* confesseur *m* ; *(= confidant)* confident(e) *m(f)*

**confetti** /kənˈfetiː/ **N** *(NonC)* confettis *mpl*

**confidant** /ˌkɒnfɪˈdænt/ **N** confident *m*

**confidante** /ˌkɒnfɪˈdænt/ **N** confidente *f*

**confide** /kənˈfaɪd/ **VT** **a** *[+ object, person, job, secret]* confier (*to sb* à qn) ; ◆ **to ~ sth to sb's care** confier qch à la garde *or* aux soins de qn ◆ **to ~ secrets to sb** confier des secrets à qn **b** avouer en confidence ◆ **she ~d to me that ...** elle m'a avoué en confidence que ..., elle m'a confié que ...

► **confide in VT FUS** **a** *(= tell secrets to)* s'ouvrir à, se confier à ◆ **to ~ in sb about sth** confier qch à qn ◆ **to ~ in sb about what one is going to do** révéler à qn ce qu'on va faire **b** *(= have confidence in)* *[+ sb's ability]* se fier à, avoir confiance en ◆ **you can ~ in me** vous pouvez me faire confiance

**confidence** /ˈkɒnfɪdəns/ LANGUAGE IN USE 19.4

**N** **a** *(= trust, hope)* confiance *f* ◆ **to have ~ in sb/sth** avoir confiance en qn/qch, faire confiance à qn/qch ◆ **to put one's ~ in sb/sth** mettre sa confiance en qn/qch ◆ **to have every ~ in sb/sth** faire totalement confiance à qn/qch, avoir pleine confiance en qn/en *or* dans qch ◆ **to have ~ in the future** faire confiance à l'avenir ◆ **I have every ~ that he will come back** je suis sûr *or* certain qu'il reviendra ◆ **motion of no ~** *(Pol etc)* motion *f* de censure ; → **vote**

**b** *(= self-confidence)* confiance *f* en soi, assurance *f* ◆ **he lacks ~** il manque d'assurance

**c** *(NonC)* confidence *f* ◆ **to take sb into one's ~** faire des confidences à qn, se confier à qn ◆ **he told me that in ~** il me l'a dit en confidence *or* confidentiellement ; → **strict**

**d** *(= private communication)* confidence *f* ◆ **they exchanged ~s** ils ont échangé des confidences

**COMP** ▷ **confidence game N** abus *m* de confiance, escroquerie *f* ▷ **confidence man N** (pl **confidence men**) escroc *m* ▷ **confidence trick N** ⇒ **confidence game** ▷ **confidence trickster N** ⇒ **confidence man**

**confident** /ˈkɒnfɪdənt/ **ADJ** **a** *(= self-assured)* *[person]* sûr de soi, assuré ; *[manner, smile, prediction]* confiant ; *[performance]* plein d'assurance ; *[reply]* assuré ◆ **to be in (a) ~ mood** être confiant **b** *(= sure)* ◆ **to be ~ of sth** *[person]* être sûr de qch ◆ **to be ~ of success** être sûr de réussir ◆ **to be or feel ~ about sth** avoir confiance en qch ◆ **to be ~ that ...** être sûr que ...

**confidential** /ˌkɒnfɪˈdenʃəl/ ADJ a (= secret) *[information, document, advice, discussion, tone]* confidentiel ◆ **he became very ~** il a pris un ton très confidentiel ◆ **to say sth in a ~ whisper** chuchoter qch d'un ton confidentiel ◆ **in a ~ tone** sur le ton de la confidence b *(= trusted) [servant, clerk]* de confiance COMP ▷ **confidential secretary** N secrétaire *mf* particulier (-ière *f*)

**confidentiality** /ˌkɒnfɪˌdenʃɪˈælɪtɪ/ N confidentialité *f*

**confidentially** /ˌkɒnfɪˈdenʃəlɪ/ ADV a *(= privately) [discuss]* confidentiellement ◆ **to write ~ to sb** envoyer une lettre confidentielle à qn ◆ **all information will be treated ~** tous les renseignements resteront confidentiels b *(= confidingly) [speak, whisper]* sur le ton de la confidence ◆ **~, I don't like him at all** *(= between ourselves)* tout à fait entre nous, je ne l'aime pas du tout

**confidently** /ˈkɒnfɪdəntlɪ/ ADV *[predict, assert]* avec beaucoup d'assurance ; *[expect]* en toute confiance ; *[stride, walk]* d'un pas assuré ; *[smile]* d'un air assuré ; *[speak]* avec assurance

**confiding** /kənˈfaɪdɪŋ/ ADJ confiant

**confidingly** /kənˈfaɪdɪŋlɪ/ ADV *[say, speak]* sur un ton de confidence ◆ **he leaned towards her ~** il s'est penché vers elle comme pour lui faire une confidence

**configuration** /kənˌfɪgjʊˈreɪʃən/ N *(gen, Ling, Comput)* configuration *f*

**configure** /kɒnˈfɪgə/ VT *(gen, Comput)* configurer

**confine** /kənˈfaɪn/ VT a *(= imprison)* emprisonner, enfermer ; *(= shut up)* confiner, enfermer (*in* dans) ; ◆ **to ~ a bird in a cage** enfermer un oiseau dans une cage ◆ **to be ~d to the house/to one's room/to bed** être obligé de rester chez soi/de garder la chambre/de garder le lit ◆ **to ~ sb to barracks** *(Mil)* consigner qn b *(= limit) [+ remarks]* limiter ◆ **to ~ o.s. to doing sth** se borner à faire qch ◆ **to ~ o.s. to generalities** s'en tenir à des généralités ◆ **the damage is ~d to the back of the car** seul l'arrière de la voiture est endommagé NPL **confines** /ˈkɒnfaɪnz/ *(lit, fig)* limites *fpl* ◆ **within the ~s of ...** dans les limites de ...

**confined** /kənˈfaɪnd/ ADJ *[atmosphere, air]* confiné ◆ **in a ~ space** dans un espace restreint *or* réduit ◆ **~ to barracks/base** *(Mil)* consigné ◆ **to be ~** † *(in childbirth)* accoucher, être en couches

**confinement** /kənˈfaɪnmənt/ N *(Med †)* couches *fpl* ; *(= imprisonment)* détention *f*, incarcération *f* *(Jur)* ◆ **~ to barracks** *(Mil)* consigne *f* au quartier ◆ **to get ten days' ~ to barracks** *(Mil)* attraper dix jours de consigne ◆ **~ to bed** alitement *m* ◆ **~ to one's room/the house** obligation *f* de garder la chambre/de rester chez soi ; → **close¹**

**confirm** /kənˈfɜːm/ LANGUAGE IN USE 19.5, 21.3, 21.4 VT a *[+ statement, claim, theory, report, news, suspicion]* confirmer, corroborer ; *[+ arrangement, reservation]* confirmer (*with sb* auprès de qn) ; *[+ authority]* (r)affermir, consolider ; *[+ one's resolve]* fortifier, raffermir ; *[+ treaty, appointment]* ratifier ; *(Jur) [+ decision]* entériner, homologuer ; *[+ election]* valider ◆ **to ~ sth to sb** confirmer qch à qn ◆ **to ~ sb in an opinion** confirmer *or* fortifier qn dans une opinion ◆ **to be ~ed in one's opinion** voir son opinion confirmée ◆ **his new play ~s him as a leading playwright** sa nouvelle pièce le confirme dans sa position de grand auteur dramatique ◆ **we ~ receipt of your letter** nous avons bien reçu votre courrier, nous accusons réception de votre courrier b *(Rel)* confirmer

**confirmation** /ˌkɒnfəˈmeɪʃən/ N a *[of statement, claim, theory, suspicion, arrangement, appointment]* confirmation *f* ; *[of treaty]* ratification *f* ; *(Jur)* entérinement *m* ◆ **she looked at me for ~** *(confidently)* elle m'interrogea du regard pour (avoir) confirmation ◆ **the ~ of or for a booking** la confirmation d'une réservation ◆ **"subject to confirmation"** « à confirmer » ◆ **that's subject to ~** cela reste à confirmer ◆ **all timings are subject to ~ when booking** tous les horaires doivent être confirmés lors des réservations b *(Rel)* confirmation *f*

**confirmed** /kənˈfɜːmd/ ADJ a *(= inveterate) [non-smoker, meat-eater, atheist]* convaincu ; *[bachelor]* endurci ◆ **I am a ~ admirer of ...** je suis un fervent admirateur de ... b *(= definite) [booking, reservation]* confirmé COMP ▷ **confirmed credit** N crédit *m* confirmé ▷ **confirmed letter of credit** N lettre *f* de crédit confirmée

**confiscate** /ˈkɒnfɪskeɪt/ VT confisquer (*sth from sb* qch à qn)

**confiscation** /ˌkɒnfɪsˈkeɪʃən/ N confiscation *f*

**confit** /ˈkɒnfiː/ N confit *m* ◆ **~ of duck** confit de canard

**conflagration** /ˌkɒnfləˈgreɪʃən/ N incendie *m*, sinistre *m* ; *(fig)* conflagration *f*

**conflate** /kənˈfleɪt/ VT assembler, réunir

**conflation** /kənˈfleɪʃən/ N assemblage *m*, réunion *f*

**conflict** /ˈkɒnflɪkt/ N conflit *m*, lutte *f* ; *(= quarrel)* dispute *f* ; *(Mil)* conflit *m*, combat *m* ; *(Jur)* conflit *m* ; *(fig) [of interests, ideas, opinions]* conflit *m* ◆ **armed ~** *(Mil)* conflit *m* armé ◆ **to be in ~ (with)** être en conflit (avec) ◆ **to come into ~ with ...** entrer en conflit *or* en lutte avec ... ◆ **a great deal of ~** un conflit considérable

VI /kənˈflɪkt/ a être en conflit (*with* avec) ; ◆ **the interests of pedestrians ~ with those of motorists** les intérêts des piétons sont en conflit avec ceux des automobilistes ◆ **these countries' interests ~** les intérêts de ces deux pays sont contradictoires, il y a conflit d'intérêts entre ces deux pays

b *[opinions, ideas]* s'opposer, se heurter ; *[dates]* coïncider ◆ **that ~s with what he told me** ceci est en contradiction avec *or* contredit ce qu'il m'a raconté

**conflicting** /kənˈflɪktɪŋ/ ADJ *(= incompatible) [views, opinions, demands, evidence]* contradictoire ; *(= divided) [emotions, loyalties]* conflictuel

**confluence** /ˈkɒnflʊəns/ N *[of rivers] (= place)* confluent *m* ; *(= act)* confluence *f* ; *(fig = crowd)* foule *f*, assemblée *f*

**conform** /kənˈfɔːm/ VI a se conformer (*to, with* à) ; *[actions, sayings]* être en conformité (*to* avec) b *(gen, Rel)* être conformiste *mf*

**conformable** /kənˈfɔːməbl/ ADJ a conforme (*to* à) b *(= in agreement with)* en conformité, en accord (*to* avec) c *(= submissive)* docile, accommodant

**conformation** /ˌkɒnfəˈmeɪʃən/ N conformation *f*, structure *f*

**conformism** /kənˈfɔːmɪzəm/ N conformisme *m*

**conformist** /kənˈfɔːmɪst/ ADJ, N *(gen, Rel)* conformiste *mf*

**conformity** /kənˈfɔːmɪtɪ/ N *(= likeness)* conformité *f* ; *(= conformism)* conformisme *m* ; *(Rel)* adhésion *à la religion conformiste* ◆ **in ~ with** conformément à

**confound** /kənˈfaʊnd/ VT *(= perplex)* déconcerter ; *(frm = defeat) [+ enemy, plans]* confondre *(frm)* ; *(= mix up)* confondre (*A with B* A avec B) prendre (*A with B* A pour B) ; ◆ **~ it!** * la barbe ! * ◆ **~ him!** * qu'il aille au diable !, (que) le diable l'emporte ! † ◆ **it's a ~ed nuisance!** * c'est la barbe ! *, quelle barbe ! *

**confront** /kənˈfrʌnt/ VT a *(= bring face to face)* confronter (*with* avec) mettre en présence (*with* de) ; ◆ **the police ~ed the accused with the witnesses** la police a confronté l'accusé avec les témoins ◆ **the police ~ed the accused with the evidence** la police a présenté les preuves à l'accusé ◆ **she decided to ~ him with what she'd learnt** elle a décidé de lui dire ce qu'elle avait appris ◆ **to ~ two witnesses** confronter deux témoins (entre eux)

b *[+ enemy, danger]* affronter, faire face à ; *(= defy)* affronter, défier ◆ **the problems which ~ us** les problèmes auxquels nous sommes confrontés ◆ **to be ~ed with money problems** être confronté à des problèmes d'argent ◆ **they are forced to ~ fundamental moral problems** ils sont forcés de faire face à des problèmes fondamentaux de morale ◆ **the candidates ~ed each other during a televised debate** les candidats se sont affrontés lors d'un débat télévisé

**confrontation** /ˌkɒnfrənˈteɪʃən/ N a *(military)* affrontement *m* ; *(in human relationships)* conflit *m*, affrontement *m* b *(= act of confronting)* confrontation *f* (*of sb with sth* de qn à *or* avec qch)

**confrontational** /ˌkɒnfrənˈteɪʃənəl/ ADJ *(gen)* conflictuel ◆ **to be ~** *[person]* être agressif, rechercher la confrontation

**Confucian** /kənˈfjuːʃən/ ADJ confucéen N confucianiste *mf*

**Confucianism** /kənˈfjuːʃənɪzəm/ N confucianisme *m*

**Confucius** /kənˈfjuːʃəs/ N Confucius *m*

**confuse** /kənˈfjuːz/ VT a *(= throw into disorder) [+ opponent]* confondre ; *[+ plans]* semer le désordre dans, bouleverser ; *(= perplex)* jeter dans la perplexité ; *(= embarrass)* embarrasser ; *(= disconcert)* troubler ; *(= mix up) [+ person]* embrouiller ; *[+ ideas]* embrouiller, brouiller ; *[+ memory]* brouiller ◆ **you're just confusing me** tu ne fais que m'embrouiller (les idées) ◆ **to ~ the issue** compliquer *or* embrouiller les choses b ◆ **to ~ A with B** confondre A avec B, prendre A pour B ◆ **to ~ two problems** confondre deux problèmes

**confused** /kənˈfjuːzd/ ADJ *[person] (= muddled)* désorienté ; *(= perplexed)* déconcerté ; *(= embarrassed)* confus, embarrassé ; *[opponent]* confondu ; *[mind]* embrouillé, confus ; *[sounds, voices]* confus, indistinct ; *[memories]* confus, vague ; *[ideas, situation]* confus, embrouillé ◆ **to have a ~ idea** avoir une vague idée ◆ **to get ~** *(= muddled up)* ne plus savoir où on en est, s'y perdre ; *(= embarrassed)* se troubler

**confusedly** /kənˈfjuːzɪdlɪ/ ADV a *(= in bewilderment) [shake one's head]* avec perplexité b *(= in disorder)* confusément

**confusing** /kənˈfjuːzɪŋ/ ADJ déroutant ◆ **it's all very ~** on ne s'y retrouve plus, on s'y perd

**confusingly** /kənˈfjuːzɪŋlɪ/ ADV *[do, write, say]* d'une manière qui prête à confusion ◆ **the two names are ~ similar** la similitude des deux noms prête à confusion

**confusion** /kənˈfjuːʒən/ N *(= disorder, muddle)* confusion *f*, désordre *m* ; *(= embarrassment)* confusion *f*, trouble *m* ; *(= mixing up)* confusion *f* (*of X with Y* de X avec Y) ; ◆ **he was in a state of ~** la confusion régnait dans son esprit, il avait l'esprit troublé ◆ **the books lay about in ~** les livres étaient en désordre *or* pêle-mêle ; → **throw**

**confute** /kənˈfjuːt/ VT [+ person] démontrer l'erreur de ; [+ notion] réfuter

**conga** /ˈkɒŋgə/ N (= dance) conga f

**congeal** /kənˈdʒiːl/ VI [fat, grease, oil] (se) figer ; [milk] (se) cailler ; [blood] se coaguler ; [paint] sécher VT [+ fat, grease, oil] faire figer ; [+ milk] faire cailler ; [+ blood] coaguler

**congenial** /kənˈdʒiːnɪəl/ ADJ (frm) [atmosphere, environment, work, place] agréable (to sb pour qn) ; [person] sympathique, agréable ◆ **to be in ~ company** être en agréable compagnie ◆ **he found few people ~ to him** il trouvait peu de gens à son goût

**congenital** /kənˈdʒenɪtl/ ADJ [dislike, aversion, mistrust] (also Med) congénital ; [liar] de naissance

**congenitally** /kənˈdʒenɪtəlɪ/ ADV [lazy, suspicious etc] (also Med) de naissance

**conger** /ˈkɒŋgə$^{r}$/ N (also **conger eel**) congre m, anguille f de roche

**congested** /kənˈdʒestɪd/ ADJ a (= busy) [place] congestionné ; [telephone lines] surchargé ◆ **~ traffic** encombrements mpl ◆ **~ with traffic** embouteillé b (Med = blocked) [nose] bouché ; [lungs] congestionné ◆ **I feel very ~** j'ai vraiment les bronches prises

**congestion** /kənˈdʒestʃən/ N [of town, countryside] surpeuplement m ; [of street, traffic] encombrement m, embouteillage m ; (Med) congestion f COMP ▷ **congestion charge** N taxe f embouteillage (système de péage électronique urbain instauré pour réduire la circulation automobile)

**congestive** /kənˈdʒestɪv/ ADJ (Med) congestif

**conglomerate** /kənˈglɒməreɪt/ VT conglomérer (frm), agglomérer VI s'agglomérer ADJ /kənˈglɒmərɪt/ congloméré (also Geol), aggloméré N (gen, Econ, Geol) conglomérat m

**conglomeration** /kənˌglɒməˈreɪʃən/ N (= group) [of objects] assemblage m (hétéroclite) ; [of houses] agglomération f

**Congo** /ˈkɒŋgəʊ/ N (= country, river) Congo m ◆ **the Democratic/People's Republic of the ~** la République démocratique/populaire du Congo ◆ **~-Kinshasa** Congo-Kinshasa m ◆ **~-Brazzaville** Congo-Brazzaville m

**Congolese** /ˌkɒŋgəʊˈliːz/ ADJ congolais N (pl inv) Congolais(e) m(f)

**congrats** * /kənˈgræts/ EXCL bravo !

**congratulate** /kənˈgrætjʊleɪt/ LANGUAGE IN USE 24.3 VT féliciter, complimenter (sb on sth qn de qch ; sb on doing sth qn d'avoir fait qch) ; ◆ **to ~ o.s. on sth/on doing sth** se féliciter de qch/d'avoir fait qch ◆ **we would like to ~ you on your engagement** nous vous présentons toutes nos félicitations à l'occasion de vos fiançailles

**congratulations** /kənˌgrætjʊˈleɪʃənz/ LANGUAGE IN USE 23.6, 24.1, 24.3 NPL félicitations fpl, compliments mpl ◆ **~!** toutes mes félicitations ! ◆ **~ on your success/engagement** (toutes mes) félicitations pour votre succès/à l'occasion de vos fiançailles

**congratulatory** /kənˈgrætjʊlətərɪ/ ADJ [telegram, letter, message, speech] de félicitations ◆ **to give sb a ~ handshake** féliciter qn en lui serrant la main

**congregate** /ˈkɒŋgrɪgeɪt/ VI se rassembler, se réunir (round autour de ; at à) VT rassembler, réunir

**congregation** /ˌkɒŋgrɪˈgeɪʃən/ N rassemblement m, assemblée f ; (Rel) [of worshippers] assemblée f (des fidèles), assistance f ; [of cardinals, monks etc] congrégation f ; (Univ) [of professors] assemblée f générale

**congregational** /ˌkɒŋgrɪˈgeɪʃnl/ ADJ [minister] de l'Église congrégationaliste ; [prayer] prononcé par l'ensemble des fidèles ◆ **the Congregational Church** l'Église f congrégationaliste

**Congregationalist** /ˌkɒŋgrɪˈgeɪʃənəˈlɪst/ ADJ, N congrégationaliste mf

**congress** /ˈkɒŋgres/ N a congrès m ◆ **education ~** congrès m de l'enseignement ; → **trade** b (US Pol) **Congress** Congrès m ; (= session) session f du Congrès COMP ▷ **congress member** N congressiste mf

**congressional** /kɒŋˈgreʃənl/ ADJ a d'un congrès b (Pol) **Congressional** (in US, India) du Congrès ◆ **Congressional Directory** annuaire m du Congrès ◆ **Congressional district** circonscription f d'un Représentant ◆ **Congressional Record** Journal m Officiel du Congrès

**congressman** /ˈkɒŋgresmən/ (US Pol) N (pl **-men**) membre m du Congrès, ≃ député m ◆ **Congressman J. Smith said that ...** le député J. Smith a dit que ... COMP ▷ **congressman-at-large** N représentant non attaché à une circonscription électorale

**congressperson** /ˈkɒŋgresˌpɜːsən/ N (US Pol) membre m du Congrès, ≃ député m

**congresswoman** /ˈkɒŋgresˌwʊmən/ N (pl **-women**) (US Pol) membre m du Congrès, député m

**congruence** /ˈkɒŋgrʊəns/ N (Math) congruence f ; (fig) conformité f

**congruent** /ˈkɒŋgrʊənt/ ADJ en accord or harmonie (with avec) ; (Math) [number] congru (with à) ; [triangle] isométrique

**congruity** /kɒŋˈgruːɪtɪ/ N convenance f

**congruous** /ˈkɒŋgrʊəs/ ADJ qui s'accorde, en harmonie (to, with avec) ; (Rel) congru

**conic(al)** /ˈkɒnɪk(əl)/ ADJ (de forme) conique

**conifer** /ˈkɒnɪfə$^{r}$/ N conifère m

**coniferous** /kəˈnɪfərəs/ ADJ [tree] conifère ; [forest] de conifères

**conjectural** /kənˈdʒektʃərəl/ ADJ conjectural

**conjecture** /kənˈdʒektʃə$^{r}$/ VT conjecturer VI conjecturer, faire des conjectures N conjecture f

**conjoin** /kənˈdʒɔɪn/ (frm) VT lier, unir ◆ **~ed twins** (enfants mpl) siamois mpl VI s'unir

**conjoint** /ˈkɒnˈdʒɔɪnt/ ADJ (frm) [therapy, counselling] de couple

**conjointly** /ˈkɒnˈdʒɔɪntlɪ/ ADV conjointement

**conjugal** /ˈkɒndʒʊgəl/ ADJ [state, rights, happiness] conjugal

**conjugate** /ˈkɒndʒʊgeɪt/ (Bio, Gram) VT conjuguer VI se conjuguer

**conjugation** /ˌkɒndʒʊˈgeɪʃən/ N conjugaison f

**conjunct** /kənˈdʒʌŋkt/ ADJ conjoint

**conjunction** /kənˈdʒʌŋkʃən/ N (Astron, Gram) conjonction f ◆ **in ~ with** conjointement avec

**conjunctiva** /ˌkɒndʒʌŋkˈtaɪvə/ N (pl **conjunctivas** or **conjunctivae** /ˈkɒndʒʌŋkˈtaɪviː/) (Anat) conjonctive f

**conjunctive** /kənˈdʒʌŋktɪv/ ADJ (Anat, Gram) conjonctif

**conjunctivitis** /kənˌdʒʌŋktɪˈvaɪtɪs/ N conjonctivite f ◆ **to have ~** avoir de la conjonctivite

**conjuncture** /kənˈdʒʌŋktʃə$^{r}$/ N conjoncture f

**conjure** /kənˈdʒʊə$^{r}$/ VT a (= appeal to) conjurer (liter) (sb to do sth qn de faire qch) b /ˈkʌndʒə$^{r}$/ faire apparaître (par la prestidigitation) ◆ **he ~d a rabbit from his hat** il a fait sortir un lapin de son chapeau VI /ˈkʌndʒə$^{r}$/ faire des tours de passe-passe ; (= juggle) jongler (with avec) ; (fig) jongler (with avec) ; ◆ **a name to ~ with** un nom prestigieux

► **conjure away** VT SEP faire disparaître (comme par magie)

► **conjure up** VT SEP [+ ghosts, spirits] faire apparaître ; [+ memories] évoquer, rappeler ; [+ meal] préparer à partir de (trois fois) rien ◆ **to ~ up visions of ...** évoquer ...

**conjurer** /ˈkʌndʒərə$^{r}$/ N prestidigitateur m, -trice f

**conjuring** /ˈkʌndʒərɪŋ/ N prestidigitation f COMP ▷ **conjuring trick** N tour m de passe-passe or de prestidigitation

**conjuror** /ˈkʌndʒərə$^{r}$/ N ⇒ **conjurer**

**conk** ‡ /kɒŋk/ N (Brit = nose) pif ‡ m, blair ‡ m ; (US = head) caboche ‡ f VT (US) frapper sur la caboche ‡ COMP ▷ **conk-out** ‡ N (US) panne f mécanique

► **conk out** * VI [person] (= tire) s'écrouler de fatigue ; [engine, machine] tomber en rade

**conker** * /ˈkɒŋkə$^{r}$/ N (Brit) marron m

**Conn.** abbrev of **Connecticut**

**connect** /kəˈnekt/ LANGUAGE IN USE 27.4

VT a (= join: gen) [person] [+ machine] connecter (to à) ; [+ plug] brancher (to sur) ; (Tech) [+ pinions] embrayer ; [+ wheels] engrener ; [+ pipes, drains] raccorder (to à) ; [+ shafts etc] articuler, conjuguer ; (Elec) [+ two objects] raccorder, connecter ◆ **to ~ sth to the mains** (Elec) brancher qch sur le secteur ◆ **to ~ sth to earth** (Elec) mettre qch à la terre or à la masse ◆ **we haven't been ~ed yet** (to water, electricity etc services) nous ne sommes pas encore reliés or branchés, nous n'avons pas encore l'eau (or l'électricité etc)

b (Telec) [+ caller] mettre en communication (with sb avec qn) ; [+ telephone] brancher ◆ **we're trying to ~ you** nous essayons d'obtenir votre communication ◆ **I'm ~ing you now** vous êtes en ligne, vous avez votre communication ◆ **~ed by telephone** [person, place] relié par téléphone (to, with à)

c (= associate) associer (with, to à) ; ◆ **I always ~ Paris with springtime** j'associe toujours Paris au printemps ◆ **I'd never have ~ed them** je n'aurais jamais fait le rapport entre eux ; see also **connected**

d (= form link between) [road, railway] relier (with, to à) ; [rope etc] relier, rattacher (with, to à) ; ◆ **the city is ~ed to the sea by a canal** la ville est reliée à la mer par un canal

VI a (= be joined) [two rooms] être relié, communiquer ; [two parts, wires etc] être connectés or raccordés

b [coach, train, plane] assurer la correspondance (with avec) ; ◆ **this train ~s with the Rome express** ce train assure la correspondance avec l'express de Rome

c (* = hit) **to ~ with the ball** [golf club etc] frapper la balle ◆ **my fist ~ed with his jaw** * je l'ai touché à la mâchoire

d [two people] se comprendre ◆ **to ~ with sb** communiquer avec qn

**connected** /kəˈnektɪd/ ADJ a [languages] affin (frm), connexe ; (Bot, Jur) connexe ; (fig) [argument] logique ; [talk, oration] suivi ◆ **(closely) ~ professions** des professions fpl connexes ◆ **a (properly) ~ sentence** une phrase correctement construite ◆ **~ speech** (Ling) la chaîne parlée

b ◆ **these matters are not ~ at all** ces affaires n'ont aucun lien or rapport entre elles ◆ **these two things are ~ in my mind** les deux sont liés dans mon esprit ◆ **to be ~ with** (= be related to) être allié à, être parent de ;

*(= have dealings with)* être en contact *or* en relation avec ; *(= have a bearing on)* se rattacher à, avoir rapport à ◆ **people ~ with education** ceux qui ont quelque chose à voir avec le monde de l'éducation ◆ **he is ~ with many big firms** il a des contacts avec beaucoup de grandes entreprises, il est en relation avec beaucoup de grandes entreprises ◆ **his departure is not ~ with the murder** son départ n'a aucun rapport *or* n'a rien à voir avec le meurtre ◆ **he's very well ~** *(= of good family)* il est de très bonne famille, il est très bien apparenté ; *(= of influential family)* sa famille a des relations ; see also **connect**

**Connecticut** /kəˈnetɪkət/ N Connecticut *m* ◆ **in ~** dans le Connecticut

**connecting** /kəˈnektɪŋ/ ADJ *[rooms]* communicant ; *[parts, wires]* raccordé, connecté ◆ **bedroom with ~ bathroom** chambre *f* avec salle de bains attenante COMP ▷ **connecting flight** N (vol *m* de) correspondance *f* ▷ **connecting rod** N *(US Aut)* bielle *f*

**connection** /kəˈnekʃən/ LANGUAGE IN USE 5.3

N a *(= association)* rapport *m*, lien *m* (*with or to* avec ; *between* entre) ; *(= relationship)* rapports *mpl*, relations *fpl* (*with or to* avec ; *between* entre) ; ◆ **this has no ~ with what he did** ceci n'a aucun rapport avec ce qu'il a fait ◆ **to form a ~ with sb** établir des relations *or* des rapports avec qn ◆ **to break off a ~ (with sb)** rompre les relations *or* les rapports (avec qn) ◆ **to build up a ~ with a firm** établir des relations d'affaires avec une entreprise ◆ **to have no further ~ with sb/sth** ne plus avoir aucun contact avec qn/qch ◆ **in ~ with sth** à propos de qch ◆ **in this** *or* **that ~** *(frm)* à ce sujet, à ce propos ◆ **in another ~** *(frm)* dans un autre contexte

b *(= associate)* ◆ **a business ~ of mine, one of my business ~s** une de mes relations d'affaires ◆ **to have important ~s** avoir des relations (importantes) ◆ **to have criminal ~s** avoir des relations *or* des contacts dans le milieu

c *(= kinship)* parenté *f* ; *(= relative)* parent(e) *m(f)* ◆ **~s** famille *f* ◆ **there is some family ~ between them** ils ont un lien de parenté ◆ **he is a distant ~** c'est un parent éloigné ◆ **she is a ~ of mine** c'est une de mes parentes

d *(Transport) (= link)* liaison *f* ; *(= train, bus, plane)* correspondance *f* (*with* avec) ; ◆ **to miss one's ~** rater la correspondance

e *(Elec)* raccordement *m*, branchement *m* ; → **loose**

f *(Telec) (= link)* liaison *f* ; *(= act of connecting) (for call)* branchement *m* ; *(= installing)* raccordement *m* ◆ **a telephone/radio/satellite ~** une liaison téléphonique/radio/par satellite ◆ **to break the ~** couper la communication

g *(Tech = joint)* raccord *m*

h *(Drugs *)* filière *f*

COMP ▷ **connection charge, connection fee** N *(Telec)* frais *mpl* de raccordement

**connective** /kəˈnektɪv/ ADJ *(gen, Gram, Anat)* conjonctif N *(Gram, Logic)* conjonction *f* COMP ▷ **connective tissue** N *(Bio)* tissu *m* conjonctif

**connectivity** /ˌkɒnekˈtɪvɪtɪ/ N *(Comput)* connectivité *f*

**connector** /kəˈnektəʳ/ N *(gen)* raccord *m*, connecteur *m* ; *(Elec)* pince *f* de bout, pince *f* de courant

**connexion** /kəˈnekʃən/ N ⇒ **connection**

**conning tower** /ˈkɒnɪŋˌtaʊəʳ/ N *[of submarine]* kiosque *m* ; *[of warship]* centre *m* opérationnel

**conniption** * /kəˈnɪpʃən/ N *(US:* also **conniptions**) accès *m* de colère *or* de rage

**connivance** /kəˈnaɪvəns/ N connivence *f*, accord *m* tacite ◆ **this was done with her ~/in ~ with her** cela s'est fait avec sa connivence *or* son accord tacite/de connivence avec elle

**connive** /kəˈnaɪv/ VI ◆ **to ~ at** *(= pretend not to notice)* fermer les yeux sur ; *(= aid and abet)* être de connivence dans, être complice de ◆ **to ~ (with sb) in sth/in doing sth** être de connivence (avec qn) dans qch/pour faire qch

**conniving** /kəˈnaɪvɪŋ/ *(pej)* ADJ intrigant N *(NonC)* machinations *fpl*, intrigues *fpl*

**connoisseur** /ˌkɒnəˈsɜːʳ/ N connaisseur *m*, -euse *f* (*of* de, en)

**connotation** /ˌkɒnəʊˈteɪʃən/ N *(Ling, Philos)* connotation *f* ; *(Logic)* implication *f*

**connotative** /ˈkɒnəˌteɪtɪv/ ADJ *[meaning]* connotatif

**connote** /kɒˈnəʊt/ VT évoquer, suggérer ; *(Ling, Philos)* connoter

**connubial** /kəˈnjuːbɪəl/ ADJ conjugal

**conquer** /ˈkɒŋkəʳ/ VT *[+ enemy, mountain, illness]* vaincre ; *[+ nation, country]* conquérir ; *[+ fear, obsession]* surmonter, vaincre ; *[+ one's feelings]* dominer ; *[+ one's audience]* subjuguer

**conquering** /ˈkɒŋkərɪŋ/ ADJ victorieux

**conqueror** /ˈkɒŋkərəʳ/ N *(Mil)* conquérant *m* ; *[of mountain etc]* vainqueur *m* ; → **William**

**conquest** /ˈkɒŋkwest/ N conquête *f* ◆ **to make a ~** * faire une conquête ◆ **she's his latest ~** * c'est sa dernière conquête *

**conquistador** /kɒnˈkwɪstədɔːʳ/ N *(Hist)* conquistador *m*

**Cons.** *(Brit)* abbrev of **Conservative**

**consanguinity** /ˌkɒnsæŋˈgwɪnɪtɪ/ N consanguinité *f*

**conscience** /ˈkɒnʃəns/ N conscience *f* ◆ **to have a clear** *or* **an easy ~** avoir bonne conscience, avoir la conscience tranquille ◆ **he left with a clear ~** il est parti la conscience tranquille ◆ **he has a bad** *or* **guilty ~** il a mauvaise conscience, il n'a pas la conscience tranquille ◆ **to have sth on one's ~** avoir qch sur la conscience ◆ **in (all) ~** en conscience ◆ **for ~' sake** par acquit de conscience ◆ **upon my ~, I swear ...** *(frm)* en mon âme et conscience, je jure ... ◆ **to make sth a matter of ~** faire de qch un cas de conscience COMP ▷ **conscience clause** N *(Jur)* clause *f* de conscience ▷ **conscience money** N don *m* d'argent *(pour racheter une faute)* ▷ **conscience-stricken** ADJ pris de remords

**conscientious** /ˌkɒnʃɪˈenʃəs/ ADJ a *[person, worker, piece of work]* consciencieux b *[scruple, objection]* de conscience ◆ **~ objector** objecteur *m* de conscience

**conscientiously** /ˌkɒnʃɪˈenʃəslɪ/ ADV consciencieusement

**conscientiousness** /ˌkɒnʃɪˈenʃəsnɪs/ N conscience *f*

**conscious** /ˈkɒnʃəs/ ADJ a *(Med, Psych, Philos) [person, memory, mind, thought, prejudice]* conscient ◆ **to become ~** *[person]* revenir à soi, reprendre connaissance ◆ **below the level of ~ awareness** au-dessous du seuil de conscience ◆ **on a ~ level** à un niveau conscient

b *(= aware)* ◆ **~ of sth** conscient de qch ◆ **to become ~ of sth** prendre conscience de qch, se rendre compte de qch ◆ **she became ~ of him looking at her** elle prit conscience du fait qu'il la regardait, elle se rendit compte qu'il la regardait ◆ **to be ~ of doing sth** avoir conscience de faire qch ◆ **to be ~ that ...** être conscient du fait que ... ◆ **to become ~ that ...** se rendre compte que ...

c *(after adv)* ◆ **politically ~** politisé ◆ **environmentally ~** sensibilisé aux problèmes de l'environnement ; see also **-conscious**

d *(= deliberate) [effort, choice, insult]* délibéré ◆ **to make a ~ decision to do sth** prendre délibérément la décision de faire qch ◆ **~ humour** humour *m* voulu

e *(= clearly felt)* ◆ **... he said, with ~ guilt/superiority** ... dit-il, conscient de sa culpabilité/supériorité

N *(Psych)* conscient *m*

**-conscious** /ˈkɒnʃəs/ SUF ◆ **to be health-/price-/image-conscious** faire attention à sa santé/au prix des choses/à son image ◆ **to be security-conscious** être sensibilisé aux problèmes de sécurité

**consciously** /ˈkɒnʃəslɪ/ ADV a *(= with full awareness) [remember, think]* consciemment ◆ **to be ~ aware of sth** avoir pleinement conscience de qch b *(= deliberately) [hurt, mislead, deceive]* sciemment

**consciousness** /ˈkɒnʃəsnɪs/ N a *(Med)* connaissance *f* ◆ **to lose ~** perdre connaissance ◆ **to regain ~** revenir à soi, reprendre connaissance b *(Philos)* conscience *f* c *(= awareness)* conscience *f* (*of* de) sentiment *m* (*of* de) ; ◆ **the ~ that he was being watched prevented him from ...** le sentiment qu'on le regardait l'empêchait de ... COMP ▷ **consciousness-raising** N sensibilisation *f* ◆ **~-raising is a priority** il nous faut d'abord faire prendre conscience aux gens

**conscript** /kənˈskrɪpt/ VT *[+ troops]* enrôler, appeler sous les drapeaux ◆ **we were ~ed to help with the dishes** *(fig, hum)* nous avons été embauchés pour aider à faire la vaisselle ; see also **conscripted** N /ˈkɒnskrɪpt/ *(Brit)* conscrit *m*, appelé *m* ADJ *[army]* d'appelés

**conscripted** /kənˈskrɪptɪd/ ADJ *[troops]* enrôlé ; *[workers, labourers]* enrôlé de force

**conscription** /kənˈskrɪpʃən/ N conscription *f*

**consecrate** /ˈkɒnsɪkreɪt/ VT *[+ church, ground]* consacrer ; *[+ bishop]* consacrer, sacrer ; *(fig) [+ custom, one's life]* consacrer (*to* à) ; ◆ **he was ~d bishop** il a été sacré *or* consacré évêque

**consecration** /ˌkɒnsɪˈkreɪʃən/ N *(NonC) [of church, cathedral, one's life]* consécration *f* (*to sth* à qch) ; *[of bishop, pope]* consécration *f*, sacre *m*

**consecutive** /kənˈsekjʊtɪv/ ADJ a consécutif ◆ **on four ~ days** pendant quatre jours consécutifs *or* de suite b *(Gram) [clause]* consécutif

**consecutively** /kənˈsekjʊtɪvlɪ/ ADV consécutivement ◆ **he won two prizes ~** il a gagné consécutivement *or* coup sur coup deux prix ◆ **... the sentences to be served ~** *(Jur)* ... avec cumul de peines

**consensual** /kənˈsensjʊəl/ ADJ *(Jur, Physiol)* consensuel

**consensus** /kənˈsensəs/ N consensus *m*, accord *m* général ◆ **~ of opinion** consensus *m* d'opinion ◆ **what is the ~?** quelle est l'opinion générale ? ADJ *[decision, view]* collectif

**consent** /kənˈsent/ LANGUAGE IN USE 9.3 VI consentir (*to sth* à qch ; *to do sth* à faire qch) ; *(= to request)* accéder (*to sth* à qch) ; ◆ **between ~ing adults** *(Jur)* entre adultes consentants N consentement *m*, assentiment *m* ◆ **to refuse one's ~ to sth** refuser son consentement *or* assentiment à qch ◆ **by common ~** de l'aveu de tous *or* de tout le monde, de l'opinion de tous ◆ **by mutual ~** *(= general agreement)* d'un commun accord ; *(= private arrangement)* de gré à gré, à l'amiable ◆ **divorce by (mutual) ~** divorce *m* par consentement mutuel ◆ **age of ~** *(Jur)* âge *m* légal *(pour avoir des relations sexuelles)* ; → **silence** COMP ▷ **consent form** N *(Med)* autorisation *f* d'opérer

**consentient** /kən'senʃɪənt/ ADJ *(frm)* d'accord, en accord (*with* avec)

**consequence** /'kɒnsɪkwəns/ LANGUAGE IN USE 26.3 N a *(= result, effect)* conséquence *f*, suites *fpl* ◆ **in ~** par conséquent ◆ **in ~ of which** par suite de quoi ◆ **as a ~ of sth** en conséquence de qch ◆ **to take** *or* **face** *or* **suffer the ~s** accepter *or* supporter les conséquences (*of* de) b *(NonC = importance)* importance *f*, conséquence *f* ◆ **it's of no ~** cela ne tire pas à conséquence, cela n'a aucune importance ◆ **a man of no ~** un homme de peu d'importance *or* de peu de poids ◆ **he's of no ~** lui, il ne compte pas

**consequent** /'kɒnsɪkwənt/ ADJ *(= following)* consécutif (*on* à) ; *(= resulting)* résultant (*on* de) ; ◆ **the loss of harvest ~ upon the flooding** la perte de la moisson résultant des *or* causée par les inondations

**consequential** /ˌkɒnsɪ'kwenʃəl/ ADJ a consécutif, conséquent (*to* à) ; ◆ **~ damages** *(Jur)* dommages-intérêts *mpl* indirects b *(pej) [person]* suffisant, arrogant

**consequently** /'kɒnsɪkwəntlɪ/ LANGUAGE IN USE 17.2 ADV ◆ **~, he has been able to ...** c'est pourquoi il a pu ... ◆ **he has ~ been able to ...** il a donc pu ... ◆ **he didn't have enough money: ~, he was unable to ...** il n'avait pas assez d'argent : par conséquent, il n'a pas pu ... ◆ **who, ~, did as little as possible** qui, en conséquence, en a fait le moins possible

**conservancy** /kən'sɜːvənsɪ/ N a *(Brit: commission controlling forests, ports etc)* ≃ Office *m* des eaux et forêts b ⇒ **conservation**

**conservation** /ˌkɒnsə'veɪʃən/ N sauvegarde *f*, protection *f* ; *(Phys)* conservation *f* ◆ **energy ~** économies *fpl* d'énergie COMP ▷ **conservation area** N *(Brit)* secteur *m* sauvegardé

**conservationist** /ˌkɒnsə'veɪʃənɪst/ N défenseur *m* de l'environnement, écologiste *mf*

**conservatism** /kən'sɜːvətɪzəm/ N conservatisme *m*

**conservative** /kən'sɜːvətɪv/ ADJ a conservateur (-trice *f*) ◆ **the Conservative Party** *(Pol)* le parti conservateur ◆ **Conservative and Unionist Party** parti *m* conservateur et unioniste b *(= moderate) [assessment]* modeste ; *(= conventional) [clothes, appearance, style, behaviour]* classique, conventionnel ◆ **at a ~ estimate** au bas mot N *(Pol)* conservateur *m*, -trice *f*

**conservatively** /kən'sɜːvətɪvlɪ/ ADV *[dressed]* classique *inv*, d'une manière conventionnelle ◆ **the cost of the operation is ~ estimated at £500** le coût de l'opération est estimé au bas mot à 500 livres

**conservatoire** /kən'sɜːvətwɑːʳ/ N *(Mus)* conservatoire *m*

**conservator** /'kɒnsəˌveɪtəʳ/ N *(gen)* conservateur *m* ; *(US Jur)* tuteur *m (d'un incapable)*

**conservatorship** /'kɒnsəveɪtəˌʃɪp/ N *(US Jur)* tutelle *f*

**conservatory** /kən'sɜːvətrɪ/ N a *(= greenhouse)* jardin *m* d'hiver *(attenante à une maison)* b *(Art, Mus, Theat)* conservatoire *m*

**conserve** /kən'sɜːv/ VT conserver, préserver ; *[+ one's resources, one's strength]* ménager ; *[+ energy, electricity, supplies]* économiser N *(Culin)* confiture *f*, conserve *f* (de fruits)

**consider** /kən'sɪdəʳ/ LANGUAGE IN USE 26.1 VT a *(= think about) [+ problem, possibility]* considérer, examiner ; *[+ question, matter, subject]* réfléchir à ◆ **I had not ~ed taking it with me** je n'avais pas envisagé de l'emporter ◆ **everything** *or* **all things ~ed** tout bien considéré, tout compte fait ◆ **it is my ~ed opinion that ...** après avoir mûrement réfléchi je pense que ... ◆ **he is being ~ed for the post** on songe à lui pour le poste

b *(= take into account) [+ facts]* prendre en considération ; *[+ person's feelings]* avoir égard à, ménager ; *[+ cost, difficulties, dangers]* tenir compte de, considérer ◆ **when one ~s that ...** quand on considère *or* pense que ...

c *(= be of the opinion)* considérer, tenir ◆ **she ~s him very mean** elle le considère comme très avare ◆ **to ~ sb responsible** tenir qn pour responsable ◆ **to ~ o.s. happy** s'estimer heureux ◆ **~ yourself lucky** * estimez-vous heureux ◆ **~ yourself dismissed** considérez-vous comme renvoyé ◆ **I ~ that we should have done it** je considère que *or* à mon avis nous aurions dû le faire ◆ **~ it (as) done** considérez que c'est chose faite ◆ **I ~ it an honour to help you** je m'estime honoré de (pouvoir) vous aider

**considerable** /kən'sɪdərəbl/ ADJ *[number, size, amount, influence, success, damage]* considérable ◆ **to face ~ difficulties** être confronté à des difficultés considérables *or* à de grosses difficultés ◆ **we had ~ difficulty in finding you** nous avons eu beaucoup de mal à vous trouver ◆ **to a ~ extent** dans une large mesure ◆ **I've been living in England for a ~ time** je vis en Angleterre depuis longtemps

**considerably** /kən'sɪdərəblɪ/ ADV considérablement

**considerate** /kən'sɪdərɪt/ ADJ prévenant (*towards* envers) attentionné

**considerately** /kən'sɪdərɪtlɪ/ ADV *[behave, say]* gentiment

**consideration** /kənˌsɪdə'reɪʃən/ LANGUAGE IN USE 19.5 N a *(NonC = thoughtfulness)* considération *f*, égard *m* ◆ **out of ~ for ...** par égard pour ... ◆ **to show ~ for sb's feelings** ménager les susceptibilités de qn ◆ **show some ~!** aie un peu plus d'égards !

b *(NonC = careful thought)* considération *f* ◆ **under ~** à l'examen, à l'étude ◆ **the matter is under ~** l'affaire est à l'examen *or* à l'étude ◆ **to take sth into ~** prendre qch en considération, tenir compte de qch ◆ **taking everything into ~ ...** tout bien considéré *or* pesé ... ◆ **he left it out of ~** il n'en a pas tenu compte, il n'a pas pris cela en considération ◆ **in ~ of** en considération de, eu égard à ◆ **after due ~** après mûre réflexion ◆ **please give my suggestion your careful ~** je vous prie d'apporter toute votre attention à ma suggestion ◆ **he said there should be careful ~ of the future role of the BBC** il a dit qu'il faudrait réfléchir sérieusement au futur rôle de la BBC

c *(= factor to be taken into account)* préoccupation *f*, considération *f* ; *(= motive)* motif *m* ◆ **money is the first ~** il faut considérer d'abord *or* en premier lieu la question d'argent ◆ **many ~s have made me decide that ...** plusieurs considérations m'ont amené à décider que ... ◆ **it's of no ~** cela n'a aucune importance ◆ **money is no ~** l'argent n'entre pas en ligne de compte ◆ **his age was an important ~** son âge constituait un facteur important

d *(= reward, payment)* rétribution *f*, rémunération *f* ◆ **to do sth for a ~** faire qch moyennant finance *or* contre espèces ◆ **for a good and valuable ~** *(Jur, Fin)* ≃ moyennant contrepartie valable

**considering** /kən'sɪdərɪŋ/ PREP vu, étant donné ◆ **~ the circumstances** vu *or* étant donné les circonstances CONJ vu que, étant donné que ◆ **~ she has no money** vu que *or* étant donné qu'elle n'a pas d'argent ADV tout compte fait, en fin de compte ◆ **he played very well, ~** il a très bien joué, tout compte fait *or* en fin de compte

**consign** /kən'saɪn/ VT a *(= hand over) [+ person, thing]* confier, remettre ◆ **to ~ a child to sb's care** confier un enfant aux soins de qn b *(= send) [+ goods]* expédier (*to sb* à qn, à l'adresse de qn)

**consignee** /ˌkɒnsaɪ'niː/ N consignataire *mf*

**consigner** /kən'saɪnəʳ/ N ⇒ **consignor**

**consignment** /kən'saɪnmənt/ N a *(NonC)* envoi *m*, expédition *f* ◆ **goods for ~ abroad** marchandises *fpl* à destination de l'étranger b *(= quantity of goods) (incoming)* arrivage *m* ; *(outgoing)* envoi *m* COMP ▷ **consignment note** N *(Brit Comm)* bordereau *m* d'expédition

**consignor** /kən'saɪnəʳ/ N expéditeur *m*, -trice *f (de marchandises)*, consignateur *m*, -trice *f*

**consist** /kən'sɪst/ VI a *(= be composed)* se composer (*of* de) consister (*of* en) ; ◆ **what does the house ~ of?** en quoi consiste la maison ?, de quoi la maison est-elle composée ? b *(= have as its essence)* consister (*in doing sth* à faire qch ; *in sth* dans qch) ; ◆ **his happiness ~s in helping others** son bonheur consiste à aider autrui

**consistency** /kən'sɪstənsɪ/ N a *(= texture)* consistance *f* b *(fig) [of actions, argument, behaviour]* cohérence *f*, uniformité *f* ◆ **to lack ~** *(fig)* manquer de logique

**consistent** /kən'sɪstənt/ ADJ *[policy, approach]* cohérent ; *[support, opposition]* constant ◆ **French policy has not been ~ throughout Africa** la politique de la France en Afrique a été peu cohérente ◆ **his ~ support for free trade** son soutien constant en faveur du libre échange ◆ **he's the team's most ~ player** c'est le joueur le plus régulier de l'équipe ◆ **a ~ pattern of response** des réactions homogènes ◆ **to be ~ with** *(= in agreement with)* être compatible *or* en accord avec ; *(= compatible with) [injury etc]* correspondre à

**consistently** /kən'sɪstəntlɪ/ ADV a *(= unfailingly) [good, bad]* invariablement ◆ **to be ~ successful** réussir invariablement ◆ **you have ~ failed to meet the deadlines** vous avez constamment dépassé les délais b *(= logically)* avec logique c *(= in agreement)* conformément (*with sth* à qch)

**consolation** /ˌkɒnsə'leɪʃən/ N consolation *f*, réconfort *m* ◆ **if it's any ~ to you ...** si ça peut te consoler ... COMP ▷ **consolation prize** N prix *m* de consolation

**consolatory** /kən'sɒlətərɪ/ ADJ consolant, réconfortant

**console¹** /kən'səʊl/ VT consoler (*sb for sth* qn de qch)

**console²** /'kɒnsəʊl/ N a *[of organ, language lab]* console *f* ; *(Comput)* console *f*, pupitre *m* ; *[of aircraft]* tableau *m* de bord, commandes *fpl* b *(= radio cabinet)* meuble *m* de hi-fi c *(Archit)* console *f*

**consolidate** /kən'sɒlɪdeɪt/ **VT** a *(= make strong) [+ one's position]* consolider ◆ **the government is trying to ~ voter support ahead of the election** le gouvernement essaie de consolider son électorat avant l'élection b *(Comm, Fin = unite) [+ businesses]* réunir ; *[+ loan, funds, annuities]* consolider **VI** se consolider, s'affermir **COMP** ▷ **consolidated balance sheet N** bilan *m* consolidé ▷ **consolidated deliveries NPL** livraisons *fpl* groupées ▷ **consolidated fund N** ≈ fonds *mpl* consolidés ▷ **consolidated laws NPL** *(Jur)* codification *f* (des lois) ▷ **consolidated school district N** *(US Scol)* secteur *m* scolaire élargi

**consolidation** /kən,sɒlɪ'deɪʃən/ **N** *(NonC)* a *(= strengthening) [of power, democracy, nation, one's position]* consolidation *f* b *(Comm = amalgamation) [of companies, divisions]* fusion *f* c *(Fin) [of balance sheet]* consolidation *f* **COMP** ▷ **Consolidation Act N** *(Jur)* codification *f*

**consoling** /kən'səʊlɪŋ/ **ADJ** consolant

**consols** /'kɒnsɒlz/ **NPL** *(Brit Fin)* consolidés *mpl*

**consonance** /'kɒnsənəns/ **N** *[of sounds]* consonance *f*, accord *m* ; *[of ideas]* accord *m*, communion *f*

**consonant** /'kɒnsənənt/ **N** *(Ling)* consonne *f* **ADJ** *(frm)* en accord (*with* avec) ; ◆ **behaviour ~ with one's beliefs** comportement *m* qui s'accorde avec ses croyances **COMP** *(Ling)* ▷ **consonant cluster N** groupe *m* consonantique ▷ **consonant shift N** mutation *f* consonantique

**consonantal** /,kɒnsə'næntl/ **ADJ** consonantique

**consort** /'kɒnsɔːt/ **N** a *(†† = spouse)* époux *m*, épouse *f* b (also **prince consort**) (prince *m*) consort *m* c *[of musicians, instruments]* ensemble *m* d *(Naut)* conserve *f* ◆ **in ~** de conserve **VI** /kən'sɔːt/ *(frm)* a *(= associate)* **to ~ with sb** fréquenter qn, frayer avec qn b *(= be consistent) [behaviour]* s'accorder (*with* avec)

**consortium** /kən'sɔːtɪəm/ **N** (pl **consortia** /kən'sɔːtɪə/) consortium *m*

**conspectus** /kən'spektəs/ **N** vue *f* générale

**conspicuous** /kən'spɪkjʊəs/ **ADJ** a *(= attracting attention) [person, behaviour, clothes]* peu discret (-ète *f*), que l'on remarque ◆ **to be ~** se remarquer ◆ **to be ~ for sth** se faire remarquer par qch ◆ **to feel ~** sentir que l'on attire les regards ◆ **to look ~, to make o.s. ~** se faire remarquer ◆ **to be ~ by one's absence** briller par son absence b *(= noticeable) [success, failure]* manifeste, flagrant ; *[absence, lack]* manifeste, notable ; *[change]* visible, évident ; *[gallantry, bravery]* remarquable **COMP** ▷ **conspicuous consumption N** *(Sociol)* consommation *f* ostentatoire

**conspicuously** /kən'spɪkjʊəslɪ/ **ADV** a *(= so as to attract attention) [behave]* avec ostentation b *(= noticeably) [silent]* ostensiblement ; *[uneasy]* visiblement, manifestement ◆ **to be ~ successful** réussir visiblement *or* manifestement ◆ **to be ~ lacking in sth** manquer visiblement *or* manifestement de qch ◆ **to be ~ absent** briller par son absence ◆ **the government has ~ failed to intervene** la non-intervention du gouvernement a été remarquée

**conspiracy** /kən'spɪrəsɪ/ **N** a *(= plot)* conspiration *f*, complot *m* ◆ **a ~ of silence** une conspiration du silence b *(NonC: Jur)* **(criminal) ~** ≈ association *f* de malfaiteurs ◆ **~ to defraud** *etc* complot *m* d'escroquerie *etc* **COMP** ▷ **conspiracy theory N** thèse *f* du complot

**conspirator** /kən'spɪrətəʳ/ **N** conspirateur *m*, -trice *f*, conjuré(e) *m(f)*

**conspiratorial** /kən,spɪrə'tɔːrɪəl/ **ADJ** *[whisper, smile, wink, nod, activity]* de conspirateur ; *[group, meeting]* de conspirateurs ◆ **in a ~ manner** *or* **way** avec un air de conspirateur ◆ **to be ~** avoir l'air de conspirer *or* comploter ◆ **they were ~ about getting her birthday present** ils complotaient pour lui faire un cadeau d'anniversaire

**conspiratorially** /kən,spɪrə'tɔːrɪəlɪ/ **ADV** *[behave, smile]* d'un air conspirateur ; *[say, whisper]* sur le ton de la conspiration, avec un air de conspirateur

**conspire** /kən'spaɪəʳ/ **VI** a *[people]* conspirer (*against* contre) ; ◆ **to ~ to do sth** comploter de *or* se mettre d'accord pour faire qch b *[events]* conspirer, concourir (*to do sth* à faire qch) **VT** † comploter, méditer

**constable** /'kʌnstəbl/ **N** (*Brit:* also **police constable**) *(in town)* agent *m* de police, gardien *m* de la paix ; *(in country)* gendarme *m* ◆ **"yes, Constable"** "oui, monsieur l'agent" ; → **chief, special**

**constabulary** /kən'stæbjʊlərɪ/ **COLLECTIVE N** *(Brit)* *(in town)* (la) police en uniforme ; *(in country)* (la) gendarmerie ; → **royal**

**Constance** /'kɒnstəns/ **N** ◆ **Lake ~** le lac de Constance

**constancy** /'kɒnstənsɪ/ **N** *(= firmness)* constance *f*, fermeté *f* ; *[of feelings, love]* constance *f* ; *[of temperature etc]* invariabilité *f*, constance *f*

**constant** /'kɒnstənt/ **ADJ** a *(= occurring often) [quarrels, interruptions]* incessant, continuel, perpétuel b *(= unchanging) [love]* constant ; *[friend]* fidèle, loyal **N** *(Math, Phys)* constante *f*

**Constantine** /'kɒnstən,taɪn/ **N** Constantin *m*

**Constantinople** /,kɒnstæntɪ'nəʊpl/ **N** Constantinople

**constantly** /'kɒnstəntlɪ/ **ADV** constamment, continuellement ◆ **~ evolving** en évolution constante

**constellation** /,kɒnstə'leɪʃən/ **N** constellation *f*

**consternation** /,kɒnstə'neɪʃən/ **N** consternation *f* ◆ **filled with ~** frappé de consternation, consterné ◆ **there was general ~** la consternation était générale

**constipate** /'kɒnstɪpeɪt/ **VT** constiper

**constipated** /'kɒnstɪpeɪtɪd/ **ADJ** *(lit, fig)* constipé

**constipation** /,kɒnstɪ'peɪʃən/ **N** constipation *f*

**constituency** /kən'stɪtjʊənsɪ/ **N** a *(Pol)* *(= place)* circonscription *f* électorale ; *(= people)* électeurs *mpl* (d'une circonscription) b *(= group)* **a powerful political ~** une force politique puissante ◆ **Mr Jackson had a natural ~ among American Blacks** M. Jackson trouvait un appui politique naturel chez les Noirs américains **COMP** ▷ **constituency party N** section *f* locale (du parti)

**constituent** /kən'stɪtjʊənt/ **ADJ** *[part, element]* constituant, constitutif ◆ **~ assembly** *(Pol)* assemblée *f* constituante ◆ **~ power** pouvoir *m* constituant **N** a *(Pol)* électeur *m*, -trice *f* *(de la circonscription d'un député)* ◆ **one of my ~s wrote to me ...** quelqu'un dans ma circonscription m'a écrit ... ◆ **he was talking to one of his ~s** il parlait à un habitant *or* un électeur de sa circonscription b *(= part, element)* élément *m* constitutif ; *(Ling)* constituant *m* ◆ **~ analysis** *(Ling)* analyse *f* en constituants immédiats

**constitute** /'kɒnstɪtjuːt/ **VT** a *(= appoint) [+ government, assembly]* constituer ; *[+ people]* désigner ◆ **to be ~d** être constitué ◆ **to ~ sb leader of the group** désigner qn (comme) chef du groupe b *(= establish) [+ organization]* monter, établir ; *[+ committee]* constituer c *(= amount to, make up)* faire, constituer ◆ **these parts ~ a whole** toutes ces parties font *or* constituent un tout ◆ **that ~s a lie** cela constitue un mensonge ◆ **it ~s a threat to our sales** ceci représente une menace pour nos ventes ◆ **so ~d that ...** fait de telle façon que ..., ainsi fait que ...

**constitution** /,kɒnstɪ'tjuːʃən/ **N** a *(Pol)* constitution *f* ◆ **under the French ~** selon *or* d'après la constitution française ◆ **the Constitution State** le Connecticut b *[of person]* constitution *f* ◆ **to have a strong/weak** *or* **poor ~** avoir une robuste/chétive constitution ◆ **iron ~** santé *f* de fer c *(= structure)* composition *f*, constitution *f* (*of* de)

> **Constitution**
>
> Contrairement à la France ou aux États-Unis, la Grande-Bretagne n'a pas de constitution écrite à proprement parler. Le droit constitutionnel britannique se compose donc d'un ensemble de textes épars qui peut être amendé ou complété par le Parlement.

**constitutional** /,kɒnstɪ'tjuːʃənl/ **ADJ** a *(Pol, Univ) [reform, amendment]* de la constitution ; *[change, crisis, law]* constitutionnel ; *[monarch]* soumis à une constitution ◆ **~ lawyer** spécialiste *mf* du droit constitutionnel ◆ **we have a ~ right to demonstrate** de par la constitution, nous avons le droit de manifester ◆ **the ~ head of state is the Queen** le chef de l'État est, de par la constitution, la reine b *[weakness, tendency]* constitutionnel c *(frm = inherent) [optimism, envy]* inhérent **N** *(hum)* ◆ **to go for a ~** * faire sa petite promenade *or* son petit tour **COMP** ▷ **constitutional monarch N** souverain(e) *m(f)* d'une monarchie constitutionnelle ▷ **constitutional monarchy N** monarchie *f* constitutionnelle

**constitutionality** /,kɒnstɪtjuːʃə'nælɪtɪ/ **N** constitutionnalité *f*

**constitutionally** /,kɒnstɪ'tjuːʃənəlɪ/ **ADV** a *(Pol, Univ = legally) [act]* conformément à la constitution ; *[protected, guaranteed]* par la constitution b *(= physically)* ◆ **~ frail** de faible constitution c *(= inherently) [incapable, reserved]* par nature, de nature

**constitutive** /'kɒnstɪtjuːtɪv/ **ADJ** constitutif

**constrain** /kən'streɪn/ **VT** a *(= compel)* contraindre (*sb to do sth* qn à faire qch) ; ◆ **I find myself ~ed to write to you** je me vois dans la nécessité de vous écrire ◆ **to be/feel ~ed to do sth** être/se sentir contraint *or* obligé de faire qch b *(= limit)* limiter c *(= restrict) [+ liberty, person]* contraindre ◆ **women often feel ~ed by family commitments** les femmes trouvent souvent contraignantes les responsabilités familiales

**constrained** /kən'streɪnd/ **ADJ** a *(= awkward) [smile, expression]* contraint ; *[voice, silence]* gêné ; *[atmosphere]* de gêne b *(= limited) [resources, budget]* limité

**constraint** /kən'streɪnt/ **N** contrainte *f* ◆ **financial ~s** contraintes financières ◆ **lack of water is the main ~ on development** la pénurie d'eau est la principale entrave au développement ◆ **to speak freely and without ~** parler librement et sans contrainte

◆ **the ~s placed upon us** les contraintes auxquelles nous sommes soumis

**constrict** /kən'strɪkt/ VT *(gen)* resserrer ; *(= tighten) [+ muscle etc]* serrer ; *(= hamper) [+ movements]* gêner ; *(fig) [convention etc]* limiter

**constricted** /kən'strɪktɪd/ ADJ a *(= narrow, limited) [artery]* rétréci ; *[throat]* serré ; *[breathing]* gêné ; *[space]* réduit, restreint ; *[freedom]* restreint ; *[movement]* limité ◆ **to feel ~ (by sth)** *(lit)* se sentir à l'étroit (dans qch) ; *(fig) (by convention etc)* se sentir limité (par qch) b *(Phon)* constrictif

**constricting** /kən'strɪktɪŋ/ ADJ *[garment]* gênant, étriqué ; *[ideology]* étroit ; *(fig)* restreignant

**constriction** /kən'strɪkʃən/ N *(esp Med)* constriction *f*, resserrement *m*, étranglement *m*

**constrictive** /kən'strɪktɪv/ ADJ ⇒ **constricting**

**construct** /kən'strʌkt/ VT *[+ building, model]* construire ; *[+ novel, play]* construire, composer ; *[+ theory]* bâtir, élaborer ; *(Ling, Psych)* construire ; *[+ model]* élaborer N /'kɒnstrʌkt/ *(Philos, Psych)* construction *f* mentale ; *(= machine etc)* construction *f*

**construction** /kən'strʌkʃən/ N a *[of roads, buildings]* construction *f*, édification *f* ◆ **in course of ~, under ~** en construction b *(= building, structure)* construction *f*, bâtiment *m* c *(= interpretation)* interprétation *f* ◆ **to put a wrong ~ on sb's words** mal interpréter *or* interpréter à contresens les paroles de qn d *(Gram)* construction *f* COMP ▷ **construction engineer** N ingénieur *m* des travaux publics et des bâtiments ▷ **construction site** N chantier *m* ▷ **construction worker** N ouvrier *m* du bâtiment

**constructional** /kən'strʌkʃənl/ ADJ de construction ◆ **~ engineering** construction *f* mécanique

**constructive** /kən'strʌktɪv/ ADJ constructif COMP ▷ **constructive dismissal** N démission *f* forcée

**constructively** /kən'strʌktɪvlɪ/ ADV d'une manière constructive

**constructivism** /kən'strʌktɪvɪzəm/ N constructivisme *m*

**constructivist** /kən'strʌktɪvɪst/ ADJ constructiviste N constructiviste *mf*

**constructor** /kən'strʌktəʳ/ N constructeur *m*, -trice *f* ; *(Naut)* ingénieur *m* des constructions navales

**construe** /kən'struː/ VT a *(gen = interpret meaning of)* interpréter ◆ **you can ~ that in different ways** vous pouvez interpréter cela de différentes manières ◆ **her silence was ~d as consent** son silence a été interprété comme *or* pris pour un assentiment ◆ **this was ~d as a step forward in the negotiations** cela a été interprété comme un pas en avant dans les négociations ◆ **his words were wrongly ~d** ses paroles ont été mal comprises, on a interprété ses paroles à contresens b *(Gram = parse etc) [+ sentence]* analyser, décomposer ; *[+ Latin etc text]* analyser c *(= explain) [+ poem, passage]* expliquer VI *(Gram)* s'analyser grammaticalement ◆ **the sentence will not ~** la phrase n'a pas de construction

**consul** /'kɒnsəl/ N consul *m* COMP ▷ **consul general** N (pl **consuls general**) consul *m* général

**consular** /'kɒnsjʊləʳ/ ADJ consulaire ◆ **~ section** service *m* consulaire

**consulate** /'kɒnsjʊlɪt/ N consulat *m* COMP ▷ **consulate general** N consulat *m* général

**consulship** /'kɒnsəlʃɪp/ N poste *m or* charge *f* de consul

**consult** /kən'sʌlt/ VT a *[+ book, person, doctor]* consulter (*about* sur, au sujet de) b *(= show consideration for) [+ person's feelings]* avoir égard à, prendre en considération ; *[+ one's own interests]* consulter VI consulter, être en consultation (*with* avec) ; ◆ **to ~ together over sth** se consulter sur *or* au sujet de qch COMP ▷ **consulting engineer** N ingénieur-conseil *m* ▷ **consulting hours** NPL *(Brit Med)* heures *fpl* de consultation ▷ **consulting room** N *(Brit esp Med)* cabinet *m* de consultation

**consultancy** /kən'sʌltənsɪ/ N *(= company, group)* cabinet-conseil *m* ◆ **~ (service)** service *m* d'expertise *or* de consultants

**consultant** /kən'sʌltənt/ N *(gen)* consultant *m*, expert-conseil *m* ; *(Brit Med)* médecin *m* consultant, spécialiste *m* ◆ **he acts as ~ to the firm** il est expert-conseil auprès de la compagnie ; → **management** COMP ▷ **consultant engineer** N ingénieur-conseil *m*, ingénieur *m* consultant ▷ **consultant physician** N médecin-chef *m*, chef *m* de service ▷ **consultant psychiatrist** N (médecin-)chef *m* de service psychiatrique

**consultation** /ˌkɒnsəl'teɪʃən/ N a *(NonC)* consultation *f* ◆ **in ~ with** en consultation avec b *(meeting)* consultation *f* ◆ **to hold a ~** conférer (*about* de) délibérer (*about* sur)

**consultative** /kən'sʌltətɪv/ ADJ consultatif ◆ **in a ~ capacity** dans un rôle consultatif

**consumable** /kən'sjuːməbl/ ADJ *(Econ etc)* de consommation ◆ **~ goods** biens *mpl or* produits *mpl* de consommation

**consumables** /kən'sjuːməblz/ NPL *(Econ etc)* produits *mpl* de consommation ; *(Comput)* consommables *mpl*

**consume** /kən'sjuːm/ VT *[+ food, drink]* consommer ; *[+ supplies, resources]* consommer, dissiper ; *[engine fuel]* brûler, consommer ; *[fire] [+ buildings]* consumer, dévorer ◆ **to be ~d with grief** *(fig)* se consumer de chagrin ◆ **to be ~d with desire** brûler de désir ◆ **to be ~d with jealousy** être rongé par la jalousie

**consumer** /kən'sjuːməʳ/ N *(gen)* consommateur *m*, -trice *f* ; *(= user)* abonné(e) *m(f)* ◆ **gas etc ~** abonné(e) *m(f)* au gaz *etc*

COMP ▷ **consumer behaviour** N comportement *m* du consommateur ▷ **consumer credit** N crédit *m* à la consommation ▷ **consumer demand** N demande *f* de consommation *or* des consommateurs ▷ **consumer durables** NPL biens *mpl* durables ▷ **consumer electronics** N *(NonC)* électronique *f* grand public ▷ **consumer goods** NPL biens *mpl* de consommation ▷ **consumer group** N association *f* de consommateurs ▷ **consumer price index** N *(US)* indice *m* des prix à la consommation, indice *m* des prix de détail ▷ **consumer protection** N défense *f* du consommateur ◆ **Secretary of State for** *or* **Minister of Consumer Protection** *(Brit)* ministre *m* chargé de la Défense des consommateurs, ≃ secrétaire *m* d'État à la Consommation ◆ **Department** *or* **Ministry of Consumer Protection** ministère *m* chargé de la Défense des consommateurs, ≃ secrétariat *m* d'État à la Consommation ▷ **consumer research** N études *fpl* de marchés ▷ **consumer resistance** N résistance *f* du consommateur ▷ **consumer sampling** N enquête *f* auprès des consommateurs ▷ **the Consumers' Association** N *(in Brit) association britannique de défense des consommateurs* ▷ **consumer society** N société *f* de consommation ▷ **consumer spending** N *(NonC)* dépenses *fpl* de consommation ▷ **consumer watchdog** N organisme *m* de protection des consommateurs

**consumerism** /kən'sjuːməˌrɪzəm/ N a *(= consumer protection)* défense *f* du consommateur, consumérisme *m* b *(Econ = policy)* consumérisme *m* ◆ **Western ~** la société de consommation occidentale

**consumerist** /kən'sjuːməˌrɪst/ N consumériste *mf*, défenseur *m* des consommateurs

**consuming** /kən'sjuːmɪŋ/ ADJ *[desire, passion]* dévorant, brûlant

**consummate** /kən'sʌmɪt/ ADJ consommé, achevé VT /'kɒnsʌmeɪt/ consommer

**consummately** /kən'sʌmɪtlɪ/ ADV *[acted, executed]* à la perfection ; *[professional, skilful]* éminemment

**consummation** /ˌkɒnsʌ'meɪʃən/ N *[of union, esp marriage]* consommation *f* ; *[of art form]* perfection *f* ; *[of one's desires, ambitions]* couronnement *m*, apogée *m*

**consumption** /kən'sʌmpʃən/ N *(NonC)* a *[of food, fuel]* consommation *f* ◆ **not fit for human ~** *(lit)* non comestible ; (* *pej*) pas mangeable, immangeable b *(Med † = tuberculosis)* consomption *f* (pulmonaire) †, phtisie † *f*

**consumptive** † /kən'sʌmptɪv/ ADJ, N phtisique † *mf*, tuberculeux *m*, -euse *f*

**cont.** abbrev of **continued**

**contact** /'kɒntækt/ N a *(communicating)* contact *m* ◆ **to be in/come into/get into ~ with sb** être/entrer/se mettre en contact *or* rapport avec qn ◆ **to make ~ (with sb)** prendre contact (avec qn) ◆ **we've lost ~ (with him)** nous avons perdu contact (avec lui) ◆ **we have had no ~ with him for six months** nous sommes sans contact avec lui depuis six mois ◆ **I seem to make no ~ with him** je n'arrive pas à communiquer avec lui ◆ **~ with the net** *(Volleyball)* faute *f* de filet

b *(= touching) (Elec)* contact *m* ◆ **point of ~** point *m* de contact *or* de tangence ◆ **to make/break the ~** établir/couper le contact ◆ **~!** *(Aviat)* contact !

c *(= person in secret service etc)* agent *m* de liaison ; *(= acquaintance)* connaissance *f*, relation *f* ◆ **he has some ~s in Paris** il a des relations à Paris, il connaît des gens *or* il est en relation avec des gens à Paris ◆ **a business ~** une relation de travail

d *(Med)* contaminateur *m* possible, contact *m*

e ⇒ **contact lens**

VT *[+ person]* se mettre en contact *or* en rapport avec, contacter ◆ **we'll ~ you soon** nous nous mettrons en rapport avec vous sous peu

COMP *[adhesive etc]* de contact ▷ **contact breaker** N *(Elec)* interrupteur *m*, rupteur *m* ▷ **contact cement** N ciment *m* de contact ▷ **contact lens** N verre *m* de contact, lentille *f* (cornéenne) ▷ **contact man** N (pl **contact men**) *(Comm)* agent *m* de liaison ▷ **contact print** N *(Phot)* (épreuve *f* par) contact *m* ▷ **contact sport** N sport *m* de contact

**contagion** /kən'teɪdʒən/ N contagion *f*

**contagious** /kən'teɪdʒəs/ ADJ *[disease, person, sense of humour, enthusiasm, laugh]* contagieux

**contain** /kən'teɪn/ VT a *(= hold) [box, bottle, envelope etc]* contenir ; *[book, letter, newspaper]* contenir, renfermer ◆ **sea water ~s a lot of salt** l'eau de mer contient beaucoup de sel *or* a une forte teneur en sel ◆ **the room will ~ 70 people** la salle peut contenir 70 personnes ; → **self** b *(= hold back, control) [+ one's emotions, anger]* contenir, maîtriser

◆ **he couldn't ~ himself for joy** il ne se sentait pas de joie ◆ **to ~ the enemy forces** *(Mil)* contenir les troupes ennemies c *(Math)* être divisible par

**contained** /kən'teɪnd/ ADJ *(emotionally)* réservé

**container** /kən'teɪnəʳ/ N a *(= goods transport)* conteneur *m* b *(= jug, box etc)* récipient *m* ; *(for plants)* godet *m* ; *(for food)* barquette *f* COMP *[of train, ship]* porte-conteneurs *inv* ▷ **container dock** N dock *m* pour la manutention de conteneurs ▷ **container line** N *(Naut)* ligne *f* transconteneurs ▷ **container port** N port *m* à conteneurs ▷ **container terminal** N terminal *m* (à conteneurs) ▷ **container transport** N transport *m* par conteneurs

**containerization** /kən,teɪnəraɪ'zeɪʃən/ N conteneurisation *f*

**containerize** /kən'teɪnəraɪz/ VT mettre en conteneurs, conteneuriser

**containment** /kən'teɪnmənt/ N *(Pol)* endiguement *m*

**contaminant** /kən'tæmɪnənt/ N polluant *m*

**contaminate** /kən'tæmɪneɪt/ VT *(lit, fig)* contaminer, souiller ; *[radioactivity]* contaminer ◆ **~d air** air *m* vicié *or* contaminé

**contamination** /kən,tæmɪ'neɪʃən/ N *(NonC)* contamination *f*

**contango** /kən'tæŋgəʊ/ N *(Brit)* report *m*

**contd.** abbrev of **continued**

**contemplate** /'kɒntempleɪt/ VT a *(= plan, consider) [+ action, purchase]* envisager ◆ **to ~ doing sth** envisager de *or* se proposer de faire qch ◆ **I don't ~ a refusal from him** je ne m'attends pas à *or* je n'envisage pas un refus de sa part b *(= look at)* contempler, considérer avec attention

**contemplation** /,kɒntem'pleɪʃən/ N *(NonC)* a *(= deep thought)* contemplation *f*, méditation *f* ◆ **deep in ~** plongé dans de profondes méditations b *(= act of looking)* contemplation *f* c *(= expectation)* prévision *f* ◆ **in ~ of their arrival** en prévision de leur arrivée

**contemplative** /kən'templətɪv/ ADJ a *(= thoughtful) [person]* songeur, pensif ; *[mood]* contemplatif ; *[walk]* méditatif b *(Rel) [life, order, prayer]* contemplatif N *(Rel)* contemplatif *m*, -ive *f*

**contemplatively** /kən'templətɪvlɪ/ ADV *[look, stare, say]* d'un air pensif

**contemporaneous** /kən,tempə'reɪnɪəs/ ADJ contemporain (*with* de)

**contemporaneously** /kən,tempə'reɪnɪəslɪ/ ADV à la même époque (*with* que)

**contemporary** /kən'tempərərɪ/ ADJ *(= of the same period)* contemporain (*with* de) de la même époque (*with* que) ; *(= modern)* contemporain, moderne ◆ **Dickens and ~ writers** Dickens et les écrivains contemporains *or* de son époque ◆ **he's bought an 18th century house and is looking for ~ furniture** il a acheté une maison du 18ᵉ siècle et il cherche des meubles d'époque ◆ **a ~ narrative** un récit de l'époque ◆ **I like ~ art** j'aime l'art contemporain *or* moderne ◆ **it's all very ~** c'est tout ce qu'il y a de plus moderne N contemporain(e) *m(f)*

**contempt** /kən'tempt/ N mépris *m* ◆ **to hold in ~** mépriser, avoir du mépris pour ◆ **in ~ of danger** au mépris *or* en dépit du danger ◆ **it's beneath ~** c'est tout ce qu'il y a de plus méprisable, c'est au-dessous de tout ◆ **~ of court** *(Jur)* outrage *m* à la Cour

**contemptible** /kən'temptəbl/ ADJ méprisable, indigne

**contemptuous** /kən'temptjʊəs/ ADJ *[person, manner]* dédaigneux, méprisant ; *[dismissal, disregard, look, laugh, remark]* méprisant ; *[gesture]* de mépris ◆ **to be ~ of sb/sth** avoir du mépris pour qn/qch

**contemptuously** /kən'temptjʊəslɪ/ ADV avec mépris, dédaigneusement

**contend** /kən'tend/ VI a *(assert)* prétendre (*that* que) b ◆ **to ~ with** combattre, lutter contre ◆ **to ~ with sb for sth** disputer qch à qn ◆ **to ~ with sb over sth** se disputer *or* se battre avec qn au sujet de qch ◆ **they had to ~ with very bad weather conditions** ils ont dû faire face à des conditions météorologiques déplorables ◆ **we have many problems to ~ with** nous sommes aux prises avec de nombreux problèmes ◆ **he has a lot to ~ with** il a pas mal de problèmes à résoudre ◆ **I should not like to have to ~ with him** je ne voudrais pas avoir affaire à lui ◆ **you'll have me to ~ with** vous aurez affaire à moi c ◆ **to ~ for** *[+ title, medal, prize]* se battre pour ; *[+ support, supremacy]* lutter pour

**contender** /kən'tendəʳ/ N prétendant(e) *m(f)* (*for* à) ; *(in contest, competition, race)* concurrent(e) *m(f)* ; *(in election, for a job)* candidat *m* ◆ **presidential ~** candidat *m* à l'élection présidentielle

**contending** /kən'tendɪŋ/ ADJ opposé, ennemi

**content¹** /kən'tent/ ADJ content, satisfait ◆ **to be ~ with sth** se contenter *or* s'accommoder de qch ◆ **she is quite ~ to stay there** elle ne demande pas mieux que de rester là N contentement *m*, satisfaction *f* ; → **heart** VT *[+ person]* contenter, satisfaire ◆ **to ~ o.s. with doing sth** se contenter de *or* se borner à faire qch

**content²** /'kɒntent/ N a ◆ **~s** *(= thing contained)* contenu *m* ; *(= amount contained)* contenu *m*, contenance *f* ; *[of house etc] (gen)* contenu *m* ; *(Insurance)* biens *mpl* mobiliers ◆ **(table of) ~s** *[of book]* table *f* des matières b *(NonC) [of book, play, film]* contenu *m* *(also Ling)* ; *[of official document]* teneur *f* ; *[of metal]* teneur *f*, titre *m* ◆ **what do you think of the ~ of the article?** que pensez-vous du contenu *or* du fond de l'article ? ◆ **oranges have a high vitamin C ~** les oranges sont riches en vitamine C *or* ont une haute teneur en vitamine C ◆ **gold ~** teneur *f* en or ◆ **the play lacks ~** la pièce est mince *or* manque de profondeur COMP ▷ **content provider** N fournisseur *m* de contenus ▷ **contents insurance** N *(NonC)* assurance *f* sur le contenu de l'habitation

**contented** /kən'tentɪd/ ADJ content, satisfait (*with* de)

**contentedly** /kən'tentɪdlɪ/ ADV avec contentement ◆ **to smile ~** avoir un sourire de contentement

**contentedness** /kən'tentɪdnɪs/ N contentement *m*, satisfaction *f*

**contention** /kən'tenʃən/ N a *(= dispute)* dispute *f* ; → **bone** b *(= argument, point argued)* assertion *f*, affirmation *f* ◆ **it is my ~ that ...** je soutiens que ...

**contentious** /kən'tenʃəs/ ADJ a *(= controversial) [issue, question]* controversé, litigieux ; *[view, proposal]* controversé b *(= argumentative) [person]* querelleur

**contentment** /kən'tentmənt/ N contentement *m*, satisfaction *f*

**conterminous** /,kɒn'tɜːmɪnəs/ ADJ *(frm = contiguous) [county, country]* limitrophe (*with, to* de) ; *[estate, house, garden]* adjacent, attenant (*with, to* à)

**contest** /kən'test/ VT a *(= argue, debate) [+ question, matter, result]* contester, discuter ; *(Jur) [+ judgement]* attaquer ◆ **to ~ sb's right to do sth** contester à qn le droit de faire qch ◆ **to ~ a will** *(Jur)* attaquer *or* contester un testament b *(= compete for)* disputer ◆ **to ~ a seat** *(Parl)* disputer un siège ◆ **to ~ an election** *(Pol)* disputer une élection VI se disputer (*with, against* avec) contester N /'kɒntest/ *(= struggle) (lit, fig)* combat *m*, lutte *f* (*with* avec, contre ; *between* entre) ; *(Sport)* lutte *f* ; *(Boxing, Wrestling)* combat *m*, rencontre *f* ; *(= competition)* concours *m* ◆ **beauty ~** concours *m* de beauté ◆ **~ of wills/personalities** lutte *f* entre des volontés/des personnalités différentes ◆ **the mayoral ~** (la lutte pour) l'élection du maire

**contestant** /kən'testənt/ N a *(for prize, reward)* concurrent(e) *m(f)* b *(in fight)* adversaire *mf*

**contestation** /,kɒntes'teɪʃən/ N contestation *f*

**context** /'kɒntekst/ N contexte *m* ◆ **in/out of ~** dans le/hors contexte ◆ **to put sth in(to) ~** mettre qch en contexte ◆ **to see sth in ~** regarder qch dans son contexte ◆ **~ of situation** *(Ling)* situation *f* de discours COMP ▷ **context-sensitive** ADJ *(Comput)* contextuel

**contextual** /kɒn'tekstjʊəl/ ADJ contextuel, d'après le contexte

**contextualize** /kɒn'tekstjʊəlaɪz/ VT remettre *or* replacer dans son contexte

**contiguity** /,kɒntɪ'gjuːɪtɪ/ N contiguïté *f*

**contiguous** /kən'tɪgjʊəs/ ADJ contigu (-guë *f*) ◆ **~ to** contigu à *or* avec, attenant à ◆ **the two fields are ~** les deux champs se touchent *or* sont contigus

**continence** /'kɒntɪnəns/ N continence *f*

**continent¹** /'kɒntɪnənt/ ADJ *(= chaste)* chaste ; *(= self-controlled)* continent † ; *(Med)* qui n'est pas incontinent

**continent²** /'kɒntɪnənt/ N *(Geog)* continent *m* ◆ **the Continent** *(Brit)* l'Europe *f* continentale ◆ **the Continent of Europe** le continent européen ◆ **on the Continent** *(Brit)* en Europe *(continentale)*

**continental** /,kɒntɪ'nentl/ ADJ continental ◆ **~ climate** climat *m* continental N *(Brit)* Européen(ne) *m(f)* (continental(e)) COMP ▷ **continental breakfast** N petit déjeuner *m* continental ▷ **continental crust** N croûte *f* continentale ▷ **continental drift** N dérive *f* des continents ▷ **continental quilt** N *(Brit)* couette *f* ▷ **continental shelf** N plate-forme *f* continentale, plateau *m* continental ▷ **continental shields** NPL aires *fpl* continentales

**contingency** /kən'tɪndʒənsɪ/ N a éventualité *f*, événement *m* imprévu *or* inattendu ◆ **in a ~, should a ~ arise** en cas d'imprévu ◆ **to provide for all contingencies** parer à toute éventualité b *(Stat)* contingence *f* COMP ▷ **contingency fee** N *(US Jur)* *honoraires versés par un client à son avocat seulement s'il gagne son procès* ▷ **contingency fund** N caisse *f* de prévoyance ▷ **contingency planning** N mise *f* sur pied de plans d'urgence ▷ **contingency plans** NPL plans *mpl* d'urgence ▷ **contingency reserve** N *(Fin)* fonds *mpl* de prévoyance ▷ **contingency sample** N *(Space)* échantillon *m* lunaire *(prélevé dès l'alunissage)*

**contingent** /kən'tɪndʒənt/ ADJ contingent ◆ **to be ~ upon sth** dépendre de qch, être subordonné à qch N *(gen, also Mil)* contingent *m*

**continua** /kən'tɪnjʊə/ NPL of **continuum**

**continual** /kənˈtɪnjʊəl/ ADJ continuel

**continually** /kənˈtɪnjʊəlɪ/ ADV continuellement, sans cesse

**continuance** /kənˈtɪnjʊəns/ N *(= duration)* durée *f* ; *(= continuation)* continuation *f* ; *[of human race etc]* perpétuation *f*, continuité *f*

**continuant** /kənˈtɪnjʊənt/ N *(Phon)* continue *f*

**continuation** /kənˌtɪnjʊˈeɪʃən/ N a *(no interruption)* continuation *f* b *(after interruption)* reprise *f* ◆ **the ~ of work after the holidays** la reprise du travail après les vacances c *[of serial story]* suite *f*

**continue** /kənˈtɪnjuː/ VT continuer *(to do sth or doing sth* à *or* de faire qch) ; *[+ piece of work]* continuer, poursuivre ; *[+ tradition]* perpétuer, maintenir ; *[+ policy]* maintenir ; *(after interruption) [+ conversation, work]* reprendre ◆ **to be ~d** *[serial story etc]* à suivre ◆ **~d on page 10** suite page 10 ◆ **to ~ (on) one's way** continuer *or* poursuivre son chemin ; *(after pause)* se remettre en marche ◆ **"and so", he ~d** "et ainsi", reprit-il *or* poursuivit-il

VI a *(= go on) [road, weather, celebrations]* continuer ; *(after interruption)* reprendre ; *[investigations, efforts, incidents]* se poursuivre ◆ **his speech ~d until 3am** son discours s'est prolongé jusqu'à 3 heures du matin ◆ **sales ~ to be affected by the recession** les ventes continuent d'être affectées par la récession

◆ **to continue with sth** continuer qch ◆ **he ~d with his story/his work/his reading** il a continué son histoire/son travail/sa lecture

b *(= remain)* **to ~ in one's job** continuer à faire le même travail ◆ **she ~d as his secretary** elle est restée sa secrétaire ◆ **this ~s to be one of the main problems** ceci continue d'être *or* demeure un des principaux problèmes

**continued** /kənˈtɪnjuːd/ ADJ *[efforts]* soutenu ; *[presence, growth, success]* constant ◆ **the ~ existence of the system of white minority domination** la permanence du système de suprématie de la minorité blanche ◆ **the government's ~ support for the coalition** le soutien indéfectible du gouvernement à la coalition

**continuing** /kənˈtɪnjʊɪŋ/ ADJ *[argument]* ininterrompu ; *[correspondence]* soutenu ◆ **~ education** formation *f* permanente *or* continue

**continuity** /ˌkɒntɪnˈjuːɪtɪ/ N *(gen, Cine, Rad)* continuité *f* COMP ▷ **continuity announcer** N *(TV, Rad)* speaker(ine) *m(f)* annonçant la suite des émissions ▷ **continuity girl** N *(Cine, TV)* script-girl *f*, script *f*

**continuo** /kənˈtɪnjʊˌəʊ/ N *(Mus)* basse *f* continue

**continuous** /kənˈtɪnjʊəs/ ADJ a continu ◆ **~ assessment** *(Scol, Univ)* contrôle *m* continu des connaissances ◆ **~ performance** *(Cine)* spectacle *m* permanent ◆ **~ paper** *or* **stationery** *(Comput)* papier *m* en continu b *(Gram) [aspect]* imperfectif ; *[tense]* progressif ◆ **in the present/past ~** à la forme progressive du présent/du passé

**continuously** /kənˈtɪnjʊəslɪ/ ADV a *(= uninterruptedly)* sans interruption b *(= repeatedly)* continuellement, sans arrêt

**continuum** /kənˈtɪnjʊəm/ N (pl **continuums** *or* **continua**) continuum *m* ◆ **cost ~** échelle *f or* éventail *m* des coûts ◆ **human development from fertilisation onwards is a ~** le développement humain est une évolution continue qui débute avec la fécondation

**contort** /kənˈtɔːt/ VT a *[+ one's features, limbs]* tordre, contorsionner ◆ **a face ~ed by pain** un visage tordu *or* contorsionné par la douleur b *(fig) [+ sb's words, story]* déformer, fausser

**contortion** /kənˈtɔːʃən/ N *[of esp acrobat]* contorsion *f* ; *[of features]* torsion *f*, crispation *f*

**contortionist** /kənˈtɔːʃənɪst/ N contorsionniste *mf*

**contour** /ˈkɒntʊəʳ/ N contour *m*, profil *m* VT ◆ **to ~ a map** tracer les courbes de niveau sur une carte COMP ▷ **contour flying** N vol *m* à très basse altitude ▷ **contour line** N courbe *f* de niveau ▷ **contour map** N carte *f* avec courbes de niveau

**contoured** /ˈkɒntʊəd/ ADJ *[shape, lines]* sinueux ◆ **a comfortably ~ seat** un siège bien galbé

**contra** /ˈkɒntrə/ N *(Pol)* contra *f*

**contra...** /ˈkɒntrə/ PREF contre-, contra...

**contraband** /ˈkɒntrəbænd/ N contrebande *f* COMP *[goods]* de contrebande

**contrabass** /ˌkɒntrəˈbeɪs/ N contrebasse *f*

**contrabassoon** /ˌkɒntrəbəˈsuːn/ N contrebasson *m*

**contraception** /ˌkɒntrəˈsepʃən/ N contraception *f*

**contraceptive** /ˌkɒntrəˈseptɪv/ N contraceptif *m* ADJ *[device, measures]* contraceptif, anticonceptionnel

**contract** /ˈkɒntrækt/ N a *(= agreement)* contrat *m* ; *(US Comm = tender)* adjudication *f* ◆ **marriage ~** contrat *m* de mariage ◆ **to enter into a ~ with sb for sth** passer un contrat avec qn pour qch ◆ **to put work out to ~** sous-traiter un travail ◆ **by ~** par contrat, contractuellement ◆ **under ~ (to)** sous contrat (avec) ◆ **on ~** *[work]* sur contrat ◆ **to be on ~** avoir un contrat ◆ **~ for services** *(Jur)* contrat *m* de louage d'ouvrage ◆ **there's a ~ out on** *or* **for him** * *(fig: by killer)* on a engagé un tueur pour le descendre * ; → **breach**

b (also **contract bridge**) (bridge *m*) contrat *m*

VT /kənˈtrækt/ a *[+ debts, illness]* contracter ; *[+ habits, vices]* prendre, contracter

b *[+ alliance]* contracter

c *(= commit)* ◆ **to ~ to do sth** s'engager (par contrat) à faire qch ◆ **to ~ with sb to do sth** passer un contrat avec qn pour faire qch

d *[+ metal, muscle etc]* contracter

e *(Ling) [+ word, phrase]* contracter (*to* en) ; ◆ **~ed form** forme *f* contractée

VI /kənˈtrækt/ a *[metal, muscles]* se contracter

b *(Comm)* s'engager (par contrat) ◆ **he has ~ed for the building of the motorway** il a un contrat pour la construction de l'autoroute

COMP ▷ **contract bargaining** N *(Jur)* négociations *fpl* salariales ▷ **contracting parties** NPL contractants *mpl* ▷ **contracting party** N partie *f* contractante ▷ **contract killer** N tueur *m* à gages ▷ **contract killing** N meurtre *m* commis par un tueur à gages ▷ **contract law** N *(NonC)* droit *m* contractuel ▷ **contract price** N prix *m* forfaitaire ▷ **contract work** N travail *m* à forfait

► **contract in** VI s'engager (par contrat)

► **contract out** VI *(Brit)* se dégager (*of* de) se soustraire (*of* à) ; ◆ **to ~ out of a pension scheme** cesser de cotiser à une caisse de retraite

VT SEP *[+ work etc]* sous-traiter (*to sb* à qn)

**contractile** /kənˈtræktaɪl/ ADJ contractile

**contraction** /kənˈtrækʃən/ N a *(NonC) [of metal etc]* contraction *f* b *(Med)* contraction *f* c *(Ling)* forme *f* contractée, contraction *f* ◆ **"can't" is a ~ of "cannot"** "can't" est une forme contractée *or* une contraction de "cannot" d *(= acquiring)* ◆ **~ of debts** endettement *m*

**contractionary** /kənˈtrækʃənərɪ/ ADJ *(Econ)* ◆ **~ pressure** poussée *f* récessionniste ◆ **~ policy** politique *f* d'austérité

**contractor** /kənˈtræktəʳ/ N a *(Comm)* entrepreneur *m* ◆ **army ~** fournisseur *m* de l'armée ; → **building** b *(Jur)* partie *f* contractante

**contractual** /kənˈtræktʃʊəl/ ADJ contractuel

**contractually** /kənˈtræktʃʊəlɪ/ ADV par contrat ◆ **~, we have to ...** d'après le contrat, nous devons ...

**contradict** /ˌkɒntrəˈdɪkt/ LANGUAGE IN USE 26.3 VT a *(= deny truth of) [+ person, statement]* contredire ◆ **don't ~!** ne (me) contredis pas ! b *(= be contrary to) [+ statement, event]* contredire, démentir ◆ **his actions ~ed his words** ses actions démentaient ses paroles

**contradiction** /ˌkɒntrəˈdɪkʃən/ N contradiction *f*, démenti *m* ◆ **to be in ~ with ...** être en contradiction avec ..., donner un démenti à ... ◆ **a ~ in terms** une contradiction dans les termes

**contradictory** /ˌkɒntrəˈdɪktərɪ/ ADJ contradictoire, opposé (*to* à)

**contradistinction** /ˌkɒntrədɪsˈtɪŋkʃən/ N contraste *m*, opposition *f* ◆ **in ~ to ...** en contraste avec ..., par opposition à ...

**contraflow** /ˈkɒntrəˌfləʊ/ ADJ *(Brit Aut)* ◆ **~ lane** voie *f* à contresens ◆ **there is a ~ system in operation on ...** une voie a été mise en sens inverse sur ... ◆ **~ (bus) lane** couloir *m* (d'autobus) à contre-courant

**contraindicated** /ˌkɒntrəˈɪndɪˌkeɪtɪd/ ADJ *(Med)* contre-indiqué

**contraindication** /ˌkɒntrəˌɪndɪˈkeɪʃən/ N *(Med)* contre-indication *f*

**contralto** /kənˈtræltəʊ/ N (pl **contraltos** *or* **contralti** /kənˈtræltɪ/) *(= voice, person)* contralto *m* ADJ *[voice, part]* de contralto ; *[aria]* pour contralto

**contraption** * /kənˈtræpʃən/ N bidule * *m*, truc * *m*

**contrapuntal** /ˌkɒntrəˈpʌntl/ ADJ en contrepoint, contrapuntique

**contrarian** /kənˈtreərɪən/ ADJ, N anticonformiste *mf*

**contrarily** /kənˈtreərɪlɪ/ ADV a *(= from contrariness)* par esprit de contradiction b *(= on the contrary)* au contraire

**contrariness** /kənˈtreərɪnɪs/ N esprit *m* de contradiction, esprit *m* contrariant

**contrariwise** /ˈkɒntrərɪˌwaɪz/ ADV a *(= on the contrary)* au contraire, par contre b *(= in opposite direction)* en sens opposé

**contrary** /ˈkɒntrərɪ/ ADJ a *(= opposing) [idea, opinion, evidence, information, wind]* contraire (*to sth* à qch) ; *[direction]* opposé (*to sth* à qch)

◆ **contrary to** ◆ **it was ~ to public interest** c'était contraire à l'intérêt du public ◆ **~ to nature** contre nature ◆ **to run ~ to sth** aller à l'encontre de qch

b /kənˈtreərɪ/ *(pej = unreasonable) [person, attitude]* contrariant

ADV ◆ **~ to sth** contrairement à qch

N ◆ **the ~** le contraire ◆ **I think the ~ is true** je pense que c'est le contraire ◆ **on the ~** au contraire ◆ **quite the ~!** bien au contraire ! ◆ **come tomorrow unless you hear to the ~** venez demain sauf avis contraire *or* sauf contrordre ◆ **I have nothing to say to the ~** je n'ai rien à redire ◆ **a statement to the ~** une déclaration affirmant le contraire ◆ **there is considerable evidence to the ~** il y a énormément de preuves du contraire

**contrast** /kən'trɑːst/ LANGUAGE IN USE 5.1

**VT** mettre en opposition, opposer ◆ **the film ~s the attitudes of two different social groups** le film oppose *or* met en opposition les attitudes de deux groupes sociaux différents ◆ **he ~ed the present situation with last year's crisis** il a souligné le contraste entre la situation actuelle et la crise de l'année dernière ◆ **the ideas of the management as ~ed with those of employees** les idées de la direction par opposition à celles des employés ◆ **the atmosphere was relaxed, especially when ~ed with the situation a year ago** l'atmosphère était détendue, surtout comparée à ce qu'elle était l'année dernière ; → **compare**

**VI** contraster (*with* avec) ; ◆ **to ~ strongly** *[colour]* contraster fortement (*with* avec) trancher (*with* sur) ; ◆ **his statement ~ed starkly with the Prime Minister's own words** il y avait un contraste évident entre sa déclaration et les paroles du Premier ministre

**N** /'kɒntrɑːst/ contraste *m* (*between* entre) ; ◆ **the weather in Florida was quite a ~ to what we'd been used to** le temps en Floride était très différent de ce qu'on avait l'habitude d'avoir ◆ **the peaceful garden provides a welcome ~ to the busy streets nearby** la tranquillité du jardin contraste agréablement avec l'agitation des rues alentour ◆ **to adjust the ~** *(TV)* régler le contraste ◆ **to stand out in ~** *(in landscapes, photographs)* se détacher (*to* de, sur) ressortir (*to* sur, contre) ; *[colours]* contraster (*to* avec) trancher (*to* sur)

◆ **in** *or* **by contrast, by way of contrast** (*= on the other hand*) en revanche ◆ **in** *or* **by ~, the Times devotes a whole column to the incident** en revanche, le Times consacre une colonne entière à l'incident

◆ **in + contrast to** ◆ **in ~ to Christian theology, ...** à la différence de la théologie chrétienne, ... ◆ **this is** *or* **stands in stark ~ to what he had said previously** ceci se démarque fortement de ce qu'il avait dit précédemment

**COMP** ▷ **contrast medium N** *(Med)* substance *f* de contraste

> ⚠ *When it has an object the verb* **to contrast** *is not translated by* **contraster.**

**contrasting** /kən'trɑːstɪŋ/ **ADJ** très différent, contrasté ◆ **two ~ views** deux points de vue contrastés

**contrastive** /kən'trɑːstɪv/ **ADJ** contrastif

**contravene** /ˌkɒntrə'viːn/ **VT a** *[+ law]* enfreindre, contrevenir à *(frm)* **b** *[+ sb's freedom]* nier, s'opposer à ; *[+ myth]* contredire

**contravention** /ˌkɒntrə'venʃən/ **N** infraction *f* (*of* à) ; ◆ **in ~ of the rules** en violation des règles, en dérogation aux règles

**contretemps** /'kɒntrətɒm/ **N** *(pl inv)* **a** *(= mishap)* contretemps *m* **b** *(= disagreement)* malentendu *m*

**contribute** /kən'trɪbjuːt/ **VT** *[+ money]* contribuer, cotiser ◆ **he has ~d £5** il a offert *or* donné 5 livres ◆ **to ~ an article to a newspaper** écrire un article pour un journal ◆ **his presence didn't ~ much to the success of the evening** sa présence n'a guère contribué au succès de la soirée **VI** ◆ **to ~ to** contribuer à ◆ **he ~d to the success of the venture** il a contribué à assurer le succès de l'affaire ◆ **to ~ to a discussion** prendre part *or* participer à une discussion ◆ **to ~ to a newspaper** collaborer à un journal ◆ **it all ~d to the muddle** tout cela a contribué au désordre

**contribution** /ˌkɒntrɪ'bjuːʃən/ **N** *[of money, goods etc]* contribution *f* ; *(Admin)* cotisation *f* ; *(to publication)* article *m* ; → DSS

**contributor** /kən'trɪbjʊtəʳ/ **N** *(to publication)* collaborateur *m*, -trice *f* ; *[of money, goods]* donateur *m*, -trice *f*

**contributory** /kən'trɪbjʊtərɪ/ **ADJ a** *(= partly responsible) [cause, reason]* accessoire ◆ **a ~ factor in sth** un des facteurs responsables de qch ◆ **to be ~ to sth** contribuer à qch **b** *(Fin) [pension scheme, fund]* contributif **COMP** ▷ **contributory negligence N** *(Jur)* faute *f* de la victime

**contrite** /'kɒntraɪt/ **ADJ** penaud, contrit

**contritely** /kən'traɪtlɪ/ **ADV** d'un air penaud *or* contrit

**contrition** /kən'trɪʃən/ **N** contrition *f*

**contrivance** /kən'traɪvəns/ **N** *(= tool, machine etc)* appareil *m*, machine *f* ; *(= scheme)* invention *f*, combinaison *f* ◆ **it is beyond his ~** il n'en est pas capable

**contrive** /kən'traɪv/ **VT a** *(= invent, design) [+ plan, scheme]* combiner, inventer ◆ **to ~ a means of doing sth** trouver un moyen pour faire qch **b** *(= manage)* ◆ **to ~ to do sth** s'arranger pour faire qch, trouver (le) moyen de faire qch ◆ **can you ~ to be here at 3 o'clock?** est-ce que vous pouvez vous arranger pour être ici à 3 heures ? ◆ **he ~d to make matters worse** il a trouvé moyen d'aggraver les choses

**contrived** /kən'traɪvd/ **ADJ** forcé, qui manque de naturel

**control** /kən'trəʊl/ **N a** *(NonC) (= authority, power to restrain)* autorité *f* ; *(= regulating) [of traffic]* réglementation *f* ; *[of aircraft]* contrôle *m* ; *[of pests]* élimination *f*, suppression *f* ◆ **border ~s** contrôles *mpl* à la frontière ◆ **passport ~** contrôle *m* des passeports ◆ **the ~ of disease/forest fires** la lutte contre la maladie/les incendies de forêt ◆ **~ of the seas** *(Pol)* maîtrise *f* des mers ◆ **he has no ~ over his children** il n'a aucune autorité sur ses enfants ◆ **to keep ~ (of o.s.)** se contrôler ◆ **to lose ~ (of o.s.)** perdre le contrôle de soi ◆ **to lose ~ of a vehicle/situation** perdre le contrôle d'un véhicule/d'une situation, ne plus être maître d'un véhicule/d'une situation ◆ **circumstances beyond our ~** circonstances *fpl* indépendantes de notre volonté ◆ **his ~ of the ball is not very good** *(Sport)* il ne contrôle pas très bien le ballon ; → **birth, self**

◆ **in control** ◆ **to be in ~ of a vehicle/situation** être maître d'un véhicule/d'une situation ◆ **who is in ~ here?** qui *or* quel est le responsable ici ?

◆ **out of control** ◆ **inflation is out of ~** l'inflation est galopante ◆ **the fire burned out of ~** l'incendie n'a pas pu être maîtrisé ◆ **the children are quite out of ~** les enfants sont déchaînés

◆ **under (...) control** ◆ **to have a vehicle/situation under ~** être maître d'un véhicule/d'une situation ◆ **to keep a dog under ~** se faire obéir d'un chien ◆ **to have a horse under ~** (savoir) maîtriser un cheval ◆ **to bring** *or* **get under ~** *[+ fire]* maîtriser ; *[+ situation]* dominer ; *[+ gangsters, terrorists, children, dog]* maîtriser ; *[+ inflation]* maîtriser, juguler ◆ **the situation is under ~** on a *or* on tient la situation bien en main ◆ **everything's under ~** tout est en ordre ◆ **under French ~** sous contrôle français ◆ **under government ~** sous contrôle gouvernemental

**b** ◆ **~s** *[of train, car, ship, aircraft]* commandes *fpl* ; *[of radio, TV]* boutons *mpl* de commande ◆ **to be at the ~s** *(Rail etc)* être aux commandes ◆ **volume/tone ~** *(Rad, TV)* réglage *m* de volume/de sonorité

**c** ◆ **price ~s** le contrôle des prix

**d** *(Phys, Psych etc = standard of comparison)* cas *m* témoin

**e** *(Comput)* ◆ **"control W"** "contrôle W"

**VT** *[+ emotions]* maîtriser, dominer ; *[+ child, animal]* se faire obéir de ; *[+ car]* avoir *or* garder la maîtrise de ; *[+ crowd]* contenir ; *[+ organization, business]* diriger, être à la tête de ; *[+ expenditure]* régler ; *[+ prices, wages]* juguler ; *[+ immigration]* contrôler ; *[+ inflation, unemployment]* maîtriser, juguler ; *[+ a market]* dominer ◆ **to ~ o.s.** se contrôler, se maîtriser, rester maître de soi ◆ **~ yourself!** maîtrisez-vous ! ◆ **she can't ~ the children** elle n'a aucune autorité sur les enfants ◆ **to ~ traffic** régler la circulation ◆ **to ~ a disease** enrayer une maladie ◆ **to ~ the spread of malaria** enrayer la progression du paludisme ◆ **to ~ the ball** *(Sport)* contrôler le ballon ; see also **controlled**

**COMP** ▷ **control case N** *(Med, Psych etc)* cas *m* témoin ▷ **control column N** *(Aviat)* manche *m* à balai ▷ **control experiment N** *(Sci, Med, Psych etc)* expérience *f* de contrôle ▷ **control freak** * **N** *(pej)* personne *f* qui veut tout régenter ▷ **control group N** *(Med, Psych etc)* groupe *m* témoin ▷ **control key N** *(Comput)* touche *f* contrôle ▷ **control knob N** bouton *m* de commande *or* de réglage ▷ **control panel N** *[of aircraft, ship]* tableau *m* de bord ; *[of TV, computer]* pupitre *m* de commande ▷ **control point N** poste *m* de contrôle ▷ **control room N** *(Naut)* poste *m* de commande ; *(Mil)* salle *f* de commande ; *(Rad, TV)* régie *f* ▷ **control tower N** *(Aviat)* tour *f* de contrôle ▷ **control unit N** *(Comput)* unité *f* de commande

**controllable** /kən'trəʊləbl/ **ADJ** *[child, animal]* discipliné ; *[expenditure, inflation, imports, immigration]* maîtrisable ; *[disease]* qui peut être enrayé

**controlled** /kən'trəʊld/ **ADJ** *[emotion]* contenu ◆ **he was very ~** il se dominait très bien ◆ **... he said in a ~ voice** ... dit-il en se contrôlant *or* en se dominant ◆ **~ economy** *(Econ)* économie *f* dirigée *or* planifiée **COMP** ▷ **controlled drug, controlled substance N** substance *f* inscrite au tableau

**-controlled** /kənˌtrəʊld/ **ADJ** *(in compounds)* ◆ **a Labour-controlled council** un conseil municipal à majorité travailliste ◆ **a government-controlled organisation** une organisation sous contrôle gouvernemental ◆ **computer-controlled equipment** outillage *m* commandé par ordinateur ◆ **radio-controlled car** voiture *f* télécommandée

**controller** /kən'trəʊləʳ/ **N a** *[of accounts etc]* contrôleur *m*, -euse *f*, vérificateur *m*, -trice *f* **b** *(Admin, Ind etc = manager)* contrôleur *m*, -euse *f* **c** *(Tech = device)* appareil *m* de contrôle

**controlling** /kən'trəʊlɪŋ/ **ADJ** *[factor]* déterminant ◆ **~ interest** *(Fin)* participation *f* majoritaire

**controversial** /ˌkɒntrə'vɜːʃəl/ **ADJ** *[person, theory, decision, proposal, speech]* controversé ; *[issue]* controversé, sujet à controverse ; *[action]* sujet à controverse

**controversially** /ˌkɒntrə'vɜːʃəlɪ/ **ADV** de façon controversée

**controversy** /kən'trɒvəsɪ/ **N** controverse *f*, polémique *f* ; *(Jur, Fin)* différend *m* ◆ **there was a lot of ~ about it** ça a provoqué *or* soulevé beaucoup de controverses, ça a été très contesté *or* discuté ◆ **to cause ~** provoquer *or* soulever une controverse

◆ **they were having a great** ~ ils étaient au milieu d'une grande polémique

**controvert** /ˈkɒntrəvɜːt/ VT disputer, controverser

**contumacious** /ˌkɒntjʊˈmeɪʃəs/ ADJ rebelle, insoumis, récalcitrant

**contumacy** /ˈkɒntjʊməsɪ/ N *(= resistance)* résistance *f*, opposition *f*; *(= rebelliousness)* désobéissance *f*, insoumission *f*; *(Jur)* contumace *f*

**contumelious** /ˌkɒntjʊˈmiːlɪəs/ ADJ *(liter)* insolent, méprisant

**contumely** /ˈkɒntju(ː)mlɪ/ N *(liter)* mépris *m*

**contusion** /kənˈtjuːʒən/ N contusion *f*

**conundrum** /kəˈnʌndrəm/ N devinette *f*, énigme *f*; *(fig)* énigme *f*

**conurbation** /ˌkɒnɜːˈbeɪʃən/ N *(Brit)* conurbation *f*

**convalesce** /ˌkɒnvəˈles/ VI relever de maladie, se remettre (d'une maladie) ◆ **to be convalescing** être en convalescence

**convalescence** /ˌkɒnvəˈlesəns/ N convalescence *f*

**convalescent** /ˌkɒnvəˈlesənt/ N convalescent(e) *m(f)* ADJ convalescent ◆ ~ **home** maison *f* de convalescence *or* de repos

**convection** /kənˈvekʃən/ N convection *f* COMP *[heating]* à convection

**convector** /kənˈvektəʳ/ N (also **convector heater**) radiateur *m* (à convection)

**convene** /kənˈviːn/ VT convoquer VI se réunir, s'assembler; see also **convening**

**convener** /kənˈviːnəʳ/ N *(Brit Ind) [of union]* responsable *mf* des délégués syndicaux; *[of other committee]* président(e) *m(f)*

**convenience** /kənˈviːnɪəns/ N **a** *(NonC) (= suitability, comfort)* commodité *f* ◆ **the** ~ **of a modern flat** la commodité d'un appartement moderne ◆ **I doubt the** ~ **of an office in the suburbs** je ne suis pas sûr qu'un bureau en banlieue soit pratique ◆ **for** ~**'(s) sake** par souci de commodité ◆ **at your earliest** ~ *(Comm)* dans les meilleurs délais ◆ **to find sth to one's** ~ trouver qch à sa convenance ◆ **do it at your own** ~ faites-le quand cela vous conviendra; → **marriage**

**b** ◆ ~**s** commodités *fpl* ◆ **the house has all modern** ~**s** la maison a tout le confort moderne

**c** *(Brit euph)* toilettes *fpl*, W.-C. *mpl*; → **public**

COMP ▷ **convenience foods** NPL aliments *mpl* tout préparés; *(complete dishes)* plats *mpl* cuisinés ▷ **convenience goods** NPL produits *mpl* de grande consommation *or* de consommation courante ▷ **convenience market**, **convenience store** N *(US)* commerce *m* de proximité, dépanneur *m (Can)*

**convenient** /kənˈviːnɪənt/ ADJ *[tool, place]* commode ◆ **if it is** ~ **(to you)** si vous n'y voyez pas d'inconvénient, si cela ne vous dérange pas ◆ **will it be** ~ **for you to come tomorrow?** est-ce que cela vous arrange *or* vous convient de venir demain? ◆ **what would be a** ~ **time for you?** quelle heure vous conviendrait? ◆ **is it** ~ **to see him now?** est-il possible de le voir tout de suite? ◆ **it is not a very** ~ **time** le moment n'est pas très bien choisi ◆ **we were looking for a** ~ **place to stop** nous cherchions un endroit convenable *or* un bon endroit où nous arrêter ◆ **his cousin's death was very** ~ **for him** la mort de son cousin l'a bien arrangé *or* est tombée au bon moment pour lui ◆ **the house is** ~ **for** *or* **to shops and buses** la maison est bien située, à proximité des magasins et des lignes d'autobus ◆ **he put it down on a** ~ **chair** il l'a posé sur une chaise qui se trouvait (là) à portée

**conveniently** /kənˈviːnɪəntlɪ/ ADV **a** *(= handily) [located, situated]* de façon pratique, de façon commode ◆ ~ **situated for the shops** bien situé pour les magasins ◆ **to be** ~ **close** *or* **near to sth** être commodément situé à proximité de qch **b** *(iro = deliberately) [forget, ignore, overlook]* fort à propos ◆ **he** ~ **forgot to post the letter** comme par hasard, il a oublié de poster la lettre

**convening** /kənˈviːnɪŋ/ ADJ ◆ ~ **authority** autorité *f* habilitée à *or* chargée de convoquer ◆ ~ **country** pays *m* hôte N convocation *f*

**convenor** /kənˈviːnəʳ/ N ⇒ **convener**

**convent** /ˈkɒnvənt/ N couvent *m* ◆ **to go into a** ~ entrer au couvent COMP ▷ **convent school** N couvent *m*

**conventicle** /kənˈventɪkl/ N conventicule *m*

**convention** /kənˈvenʃən/ N *(= meeting, agreement, rule)* convention *f*; *(= accepted behaviour)* usage *m*, convenances *fpl*; *(= conference, fair)* salon *m* ◆ **according to** ~ selon l'usage, selon les convenances ◆ **there is a** ~ **that ladies do not dine here** l'usage veut que les dames ne dînent pas ici ◆ **stamp collectors'** ~ salon *m* de la philatélie COMP ▷ **convention centre** N palais *m* des congrès

**conventional** /kənˈvenʃənl/ ADJ **a** *(= unoriginal) [person, organization, life, clothes]* conformiste; *[behaviour, tastes, opinions, expression]* conventionnel **b** *(= traditional) [method, approach]* conventionnel; *[argument, belief, product, values]* traditionnel, classique ◆ **in the** ~ **sense** au sens classique du terme **c** *(= not nuclear) [war, weapon]* conventionnel

COMP ▷ **Conventional Forces in Europe** NPL Forces *fpl* conventionnelles en Europe ▷ **conventional medicine** N médecine *f* traditionnelle ▷ **conventional wisdom** N sagesse *f* populaire ◆ ~ **wisdom has it that ...** selon la sagesse populaire, ...

**conventionality** /kənˌvenʃəˈnælɪtɪ/ N *[of person, clothes]* conformisme *m*; *[of behaviour, remarks]* banalité *f*

**conventionally** /kənˈvenʃənəlɪ/ ADV *(= according to accepted norms)* d'une manière conventionnelle, conventionnellement; *(= by agreement)* par convention, conventionnellement ◆ ~ **armed** doté d'armes conventionnelles

**conventioneer** /ˌkɒnvenʃəˈnɪəʳ/ N *(esp US Pol)* délégué(e) *m(f)* à la convention d'un parti

**converge** /kənˈvɜːdʒ/ VI converger (*on* sur)

**convergence** /kənˈvɜːdʒəns/ N convergence *f* ◆ ~ **criteria** *(in EU)* critères *mpl* de convergence

**convergent** /kənˈvɜːdʒənt/, **converging** /kənˈvɜːdʒɪŋ/ ADJ convergent ◆ ~ **thinking** raisonnement *m* convergent

**conversant** /kənˈvɜːsənt/ ADJ ◆ **to be** ~ **with** *[+ car, machinery]* s'y connaître en; *[+ language, science, laws, customs]* connaître; *[+ facts]* être au courant de ◆ **I am** ~ **with what he said** je suis au courant de ce qu'il a dit ◆ **I am not** ~ **with nuclear physics** je ne comprends rien à la physique nucléaire ◆ **I am not** ~ **with sports cars** je ne m'y connais pas en voitures de sport

**conversation** /ˌkɒnvəˈseɪʃən/ N conversation *f*, entretien *m* ◆ **to have a** ~ **with sb** avoir une conversation *or* un entretien avec qn, s'entretenir avec qn ◆ **I have had several** ~**s with him** j'ai eu plusieurs entretiens *or* conversations avec lui ◆ **to be in** ~ **with ...** s'entretenir avec ..., être en conversation avec ... ◆ **they were deep in** ~ ils étaient en grande conversation ◆ **what was your** ~ **about?** de quoi parliez-vous? ◆ **she has no** ~ elle n'a aucune conversation ◆ **to make** ~ faire (la) conversation

COMP ▷ **conversation piece** N **a** *(something interesting)* **her hat was a real** ~ **piece** son chapeau a fait beaucoup jaser **b** *(Art)* tableau *m* de genre, scène *f* d'intérieur ▷ **conversation stopper** N ◆ **that was a (real)** ~ **stopper** cela a arrêté net la conversation, cela a jeté un froid

**conversational** /ˌkɒnvəˈseɪʃənl/ ADJ **a** *[style]* de conversation; *[person]* qui a la conversation facile ◆ **his tone was** ~**, he spoke in a** ~ **tone** *or* **voice** il parlait sur le ton de la conversation ◆ **to adopt a** ~ **manner** se mettre à parler sur le ton de la conversation ◆ **a** ~ **gambit** *(starting)* une astuce pour engager la conversation; *(continuing)* une astuce pour alimenter la conversation ◆ **her** ~ **skills are limited to the weather** ses talents en matière de conversation se limitent à parler du temps ◆ **his** ~ **ability** *or* **powers** son don de la conversation ◆ **to learn** ~ **German** apprendre l'allemand de la conversation courante ◆ **classes in** ~ **German** des cours *mpl* de conversation allemande

**b** *(Comput)* conversationnel

**conversationalist** /ˌkɒnvəˈseɪʃnəlɪst/ N causeur *m*, -euse *f* ◆ **she's a great** ~ elle a de la conversation, elle brille dans la conversation

**conversationally** /ˌkɒnvəˈseɪʃnəlɪ/ ADV *[speak, write, describe]* sur le ton de la conversation ◆ **"nice day" she said** ~ "il fait beau" dit-elle en cherchant à engager la conversation

**converse**[1] /kənˈvɜːs/ VI converser ◆ **to** ~ **with sb about sth** s'entretenir avec qn de qch

**converse**[2] /ˈkɒnvɜːs/ ADJ *(= opposite, contrary) [statement]* contraire, inverse; *(Math, Philos)* inverse; *[proposition]* inverse, réciproque N *[of statement]* contraire *m*, inverse *m*; *(Math, Philos)* inverse *m*

**conversely** /kɒnˈvɜːslɪ/ LANGUAGE IN USE 26.3 ADV inversement

**conversion** /kənˈvɜːʃən/ N *(NonC: gen, Fin, Math, Philos, Rel)* conversion *f*; *(Rugby)* transformation *f* ◆ **the** ~ **of salt water into drinking water** la conversion *or* la transformation d'eau salée en eau potable ◆ **the** ~ **of an old house into flats** l'aménagement *m or* l'agencement *m* d'une vieille maison en appartements ◆ **improper** ~ **of funds** détournement *m* de fonds, malversations *fpl* ◆ **his** ~ **to Catholicism** sa conversion au catholicisme COMP ▷ **conversion table** N table *f* de conversion

**convert** /ˈkɒnvɜːt/ N converti(e) *m(f)* ◆ **to become a** ~ **to ...** se convertir à ... VT /kənˈvɜːt/ **a** *(= transform)* transformer (*into* en); *(Rel etc)* convertir (*to* à); ◆ **to** ~ **pounds into euros** convertir des livres en euros ◆ **to** ~ **a try** *(Rugby)* transformer un essai ◆ **he has** ~**ed me to his way of thinking** il m'a converti *or* amené à sa façon de penser **b** *(= make alterations to) [+ house]* aménager, agencer (*into* en); ◆ **they have** ~**ed one of the rooms into a bathroom** ils ont aménagé une des pièces en salle de bains

**converted** /kənˈvɜːtɪd/ ADJ *[barn, chapel, loft]* aménagé; → **preach**

**converter** /kənˈvɜːtəʳ/ N *(Elec, Metal)* convertisseur *m*; *(Rad)* changeur *m* de fréquence

**convertibility** /kənˌvɜːtəˈbɪlɪtɪ/ N convertibilité *f*

**convertible** /kənˈvɜːtəbl/ ADJ *(gen)* convertible (*into* en); ◆ ~ **into ...** *(room, building)* aménageable en ... N *(Aut)* (voiture *f*) décapotable *f*

**convertor** /kənˈvɜːtəʳ/ N ⇒ **converter**

**convex** /ˈkɒnˈveks/ ADJ convexe

**convexity** /kɒnˈveksɪtɪ/ N convexité *f*

**convey** /kənˈveɪ/ VT *[+ goods, passengers]* transporter ; *[pipeline etc]* amener ; *[+ sound]* transmettre ; *(Jur) [+ property]* transférer, transmettre (*to* à) ; *[+ message, opinion, idea]* communiquer (*to* à) ; *[+ order, thanks]* transmettre (*to* à) ; ◆ **to ~ to sb that ...** faire savoir à qn que ... ◆ **I couldn't ~ my meaning to him** je n'ai pas pu lui communiquer ma pensée *or* me faire comprendre de lui ◆ **would you ~ my congratulations to him?** voudriez-vous lui transmettre mes félicitations ? ◆ **words cannot ~ how I feel** les paroles ne peuvent traduire ce que je ressens ◆ **the name ~s nothing to me** le nom ne me dit rien ◆ **what does this music ~ to you?** qu'est-ce que cette musique évoque pour vous ?

**conveyance** /kənˈveɪəns/ N **a** *(NonC)* transport *m* ◆ **~ of goods** transport *m* de marchandises ◆ **means of ~** moyens *mpl* de transport **b** *(= vehicle)* voiture *f*, véhicule *m* **c** *(Jur) [of property]* transmission *f*, transfert *m*, cession *f* ; *(= document)* acte *m* translatif *(de propriété)*, acte *m* de cession

**conveyancer** /kənˈveɪənsəʳ/ N rédacteur *m* d'actes translatifs de propriété

**conveyancing** /kənˈveɪənsɪŋ/ N *(Jur)* *(= procedure)* procédure *f* translative (de propriété) ; *(= operation)* rédaction *f* d'actes translatifs

**conveyor** /kənˈveɪəʳ/ **N** transporteur *m*, convoyeur *m* **COMP** ▷ **conveyor belt** N *(Tech)* convoyeur *m*, tapis *m* roulant

**convict** /ˈkɒnvɪkt/ **N** prisonnier *m*, détenu *m* **VT** /kənˈvɪkt/ *(Jur) [+ person]* déclarer *or* reconnaître coupable ◆ **he was ~ed** il a été déclaré *or* reconnu coupable ◆ **to ~ sb of a crime** reconnaître qn coupable d'un crime ◆ **he is a ~ed criminal/murderer** il a été jugé *or* reconnu *(frm)* coupable de crime/meurtre **VI** /kənˈvɪkt/ *[jury]* rendre un verdict de culpabilité

**conviction** /kənˈvɪkʃən/ N **a** *(Jur)* condamnation *f* ◆ **there were 12 ~s for drunkenness** 12 personnes ont été condamnées pour ivresse ; → **previous, record b** *(NonC = persuasion, belief)* persuasion *f*, conviction *f* ◆ **to be open to ~** être ouvert à la persuasion ◆ **to carry ~** être convaincant ◆ **his explanation lacked ~** son explication manquait de conviction *or* n'était pas très convaincante **c** *(= belief)* conviction *f* ◆ **the ~ that ...** la conviction selon laquelle ... ; → **courage**

**convince** /kənˈvɪns/ LANGUAGE IN USE 6.2, 15.1 VT convaincre, persuader (*sb of sth* qn de qch) ; ◆ **he ~d her that she should leave** il l'a persuadée de partir, il l'a convaincue qu'elle devait partir ◆ **I am ~d he won't do it** je suis persuadé *or* convaincu qu'il ne le fera pas ◆ **a ~d Christian** un chrétien convaincu

**convincing** /kənˈvɪnsɪŋ/ LANGUAGE IN USE 26.3 ADJ **a** *(= persuasive) [argument, evidence, performance, picture]* convaincant ; *[person]* convaincant, persuasif ◆ **he was ~ as Richard III** il était convaincant dans le rôle de Richard III **b** *(= decisive) [win, victory, lead]* net ◆ **to be a ~ winner of a race** gagner une course haut la main

**convincingly** /kənˈvɪnsɪŋlɪ/ ADV **a** *(= persuasively) [speak, argue, demonstrate]* de façon convaincante **b** *(= decisively) [win, beat]* haut la main

**convivial** /kənˈvɪvɪəl/ ADJ *[person]* de bonne compagnie ; *[mood, atmosphere, occasion]* convivial ◆ **in ~ company** en agréable compagnie

**conviviality** /kənˌvɪvɪˈælɪtɪ/ N convivialité *f*

**convocation** /ˌkɒnvəˈkeɪʃən/ N *(= act)* convocation *f* ; *(= assembly)* assemblée *f*, réunion *f* ; *(Rel)* assemblée *f*, synode *m* ; *(US Educ)* cérémonie *f* de remise des diplômes

**convoke** /kənˈvəʊk/ VT convoquer

**convoluted** /ˈkɒnvəluːtɪd/ ADJ **a** *(pej = tortuous) [argument, reasoning, sentence, plot]* alambiqué **b** *(= coiling) [pattern]* en volutes ; *[shape, object]* enroulé

**convolution** /ˌkɒnvəˈluːʃən/ **N** circonvolution *f* **NPL** **convolutions** *[of plot]* méandres *mpl* ◆ **the ~s of this theory** la complexité infinie de cette théorie

**convolvulus** /kənˈvɒlvjʊləs/ N (pl **convolvuluses** *or* **convolvuli** /kənˈvɒlvjʊˌlaɪ/) *(= flower)* volubilis *m* ; *(= weed)* liseron *m*

**convoy** /ˈkɒnvɔɪ/ **N** *[of ships, vehicles]* convoi *m* ◆ **in ~** en convoi **VT** convoyer, escorter (*to* à)

**convulse** /kənˈvʌls/ VT ébranler, bouleverser ◆ **a land ~d by war** un pays bouleversé par la guerre ◆ **a land ~d by earthquakes** un pays ébranlé par des tremblements de terre ◆ **to be ~d (with laughter)** se tordre de rire ◆ **a face ~d with pain** un visage décomposé *or* contracté par la douleur

**convulsion** /kənˈvʌlʃən/ N **a** *(Med)* convulsion *f* ◆ **to have ~s** avoir des convulsions ◆ **to go into ~s of laughter** se tordre de rire **b** *(= violent disturbance) [of land]* bouleversement *m*, convulsion *f* ; *[of sea]* violente agitation *f*

**convulsive** /kənˈvʌlsɪv/ ADJ convulsif

**convulsively** /kənˈvʌlsɪvlɪ/ ADV convulsivement

**cony** /ˈkəʊnɪ/ N *(US)* lapin *m* ; (also **cony skin**) peau *f* de lapin

**coo¹** /kuː/ **VTI** *[doves etc]* roucouler ; *[baby]* gazouiller ; → **bill²** **N** roucoulement *m*, roucoulade *f*

**coo²** * /kuː/ EXCL *(Brit)* ça alors ! *

**co-occur** /ˌkəʊəˈkɜːʳ/ VI figurer simultanément, être cooccurrent(s) (*with* avec)

**co-occurrence** /ˌkəʊəˈkʌrəns/ N cooccurrence *f*

**cooing** /ˈkuːɪŋ/ N *[of doves]* roucoulement *m*, roucoulade *f* ; *[of baby]* gazouillement *m*

**cook** /kʊk/ **N** cuisinier *m*, -ière *f* ◆ **she is a good ~** elle est bonne cuisinière ◆ **to be head** *or* **chief ~ and bottle-washer** * servir de bonne à tout faire, être le factotum **VT** **a** *[+ food]* (faire) cuire ◆ **~ed breakfast** petit déjeuner *m* complet à l'anglaise ◆ **~ed meat** viande *f* froide ◆ **~ed meat(s)** *(Comm)* ≈ charcuterie *f* ◆ **to ~ sb's goose** * mettre qn dans le pétrin * **b** *(Brit * = falsify) [+ accounts]* truquer, maquiller ◆ **to ~ the books** * truquer les comptes **VI** *[food]* cuire ; *[person]* faire la cuisine, cuisiner ◆ **she ~s well** elle fait bien la cuisine, elle cuisine bien ◆ **what's ~ing?** * *(fig)* qu'est-ce qui se passe ? **COMP** ▷ **cook-chill foods** NPL plats *mpl* cuisinés ▷ **cook-off** N *(US)* concours *m* de cuisine

► **cook up** * VT SEP *[+ story, excuse]* inventer, fabriquer

**cookbook** /ˈkʊkbʊk/ N livre *m* de cuisine

**cooker** /ˈkʊkəʳ/ N **a** *(Brit)* cuisinière *f* *(fourneau)* ; → **gas b** *(= apple)* pomme *f* à cuire

**cookery** /ˈkʊkərɪ/ N *(gen, also school etc subject)* cuisine *f* *(activité)* ◆ **~ book** *(Brit)* livre *m* de cuisine ◆ **~ teacher** professeur *m* d'enseignement ménager

**cookhouse** /ˈkʊkhaʊs/ N *(Mil, Naut)* cuisine *f*

**cookie** /ˈkʊkɪ/ **N** **a** *(Culin)* *(US)* petit gâteau *m* (sec) ; *(Brit)* cookie *m* ◆ **that's the way the ~ crumbles!** * c'est la vie ! ◆ **to be caught with one's hand in the ~ jar** *(esp US)* être pris sur le fait **b** *(* = person)* type * *m* ; *(US = girl)* jolie fille *f* ◆ **a smart ~** un petit malin, une petite maligne ◆ **tough ~** dur(e) *m(f)* à cuire **c** *(Comput)* cookie *m* **ADJ** *(* fig)* sans originalité **COMP** ▷ **cookie cutter** N *(US)* forme *f* à biscuits

**cooking** /ˈkʊkɪŋ/ **N** cuisine *f (activité)* ◆ **plain/French ~** cuisine *f* bourgeoise/française **COMP** *[utensils]* de cuisine ; *[apples, chocolate]* à cuire ▷ **cooking film** N film *m* alimentaire ▷ **cooking foil** N papier *m* d'aluminium, papier *m* alu * ▷ **cooking salt** N *(NonC)* gros sel *m*, sel *m* de cuisine ▷ **cooking time** N temps *m* de cuisson

**cookout** /ˈkʊkaʊt/ N *(US)* barbecue *m*

**cooktop** /ˈkʊktɒp/ N *(esp US)* plaque *f* de cuisson

**cookware** /ˈkʊkwɛəʳ/ N batterie *f* de cuisine

**cool** /kuːl/ **ADJ** **a** *(in temperature)* frais (fraîche *f*) ◆ **it is ~** *(Met)* il fait frais ◆ **it's getting** *or* **turning ~(er)** *(Met)* il commence à faire frais, ça se rafraîchit ◆ **to get ~** *[person]* se rafraîchir ◆ **to feel ~** *[person]* ne pas avoir trop chaud ◆ **I feel quite ~ now** j'ai bien moins chaud maintenant ◆ **to keep ~** *[person]* éviter d'avoir chaud ◆ **it helps you (to) keep ~** ça vous empêche d'avoir chaud ◆ **to keep sth ~** tenir qch au frais ◆ **"keep in a cool place"** "tenir au frais", "conserver dans un endroit frais" ◆ **"store in a cool, dark place"** "conserver au frais et à l'abri de la lumière" ◆ **"serve cool, not cold"** "servir frais mais non glacé" ◆ **his forehead is much ~er now** il a le front beaucoup moins chaud maintenant

**b** *(= light) [clothing, shirt, dress]* léger ◆ **to slip into something ~** passer quelque chose de plus léger

**c** *(= pale) [colour, blue, green]* rafraîchissant

**d** *(= calm) [person, manner, composure, action, tone, voice]* calme ◆ **the police's ~ handling of the riots** le calme avec lequel la police a fait face aux émeutes ◆ **to keep a ~ head** garder la tête froide ◆ **to keep** *or* **stay ~** garder son calme ◆ **keep** *or* **stay ~!** du calme !

**e** *(= audacious) [behaviour]* d'une décontraction insolente ◆ **to be a ~ customer** * ne pas avoir froid aux yeux ◆ **as ~ as you please** *[person]* parfaitement décontracté

**f** *(= unfriendly) [person, relations]* froid (*with or towards sb* avec qn) ; ◆ **~ and calculating** froid et calculateur ◆ **to get a ~ welcome/reception** être fraîchement accueilli/reçu ◆ **the idea met with a ~ response** cette idée a été accueillie avec indifférence *or* n'a guère suscité d'enthousiasme

**g** ◆ **to be (as) ~ as a cucumber** *(= calm, audacious)* être d'un calme olympien

**h** *(* = trendy)* cool * *inv* ◆ **computers are ~** les ordinateurs, c'est cool * ◆ **he acts ~, but he's really very insecure** il agit de façon calme et détendue mais en fait il n'est pas du tout sûr de lui ◆ **to look ~** avoir l'air cool *

**i** *(* = excellent)* super * *inv*, génial *

**j** *(* = acceptable)* ◆ **that's ~!** ça c'est cool ! * ◆ **don't worry: it's ~** t'inquiète pas : c'est cool *

**k** *(= not upset)* ◆ **to be ~ (about sth)** * *[person]* rester cool * (à propos de qch)

**l** *(= full)* ◆ **he earns a ~ £40,000 a year** * il se fait * la coquette somme de 40 000 livres par an

**m** *(Mus) [jazz]* cool * *inv*

**ADV** → **play**

**N** **a** fraîcheur *f*, frais *m* ◆ **in the ~ of the evening** dans la fraîcheur du soir ◆ **to keep sth in the ~** tenir qch au frais

**b** ‡ **keep your ~!** t'énerve pas ! * ◆ **he lost his ~** *(= panicked)* il a paniqué * ; *(= got angry)* il s'est fichu en rogne *

**VT** **a** *[+ air]* rafraîchir, refroidir ◆ **to ~ one's heels** faire le pied de grue, poireauter * ◆ **to leave sb to ~ his heels** faire attendre qn, faire poireauter * qn

**b** ◆ **~ it!** ‡ t'énerve pas ! *, panique pas ! *

**VI** *(also* **cool down***) [air, liquid]* (se) rafraîchir, refroidir

**COMP** ▷ **cool bag** **N** sac *m* isotherme ▷ **cool box** **N** glacière *f* ▷ **cool-headed** **ADJ** calme, imperturbable

► **cool down** **VI** *(lit)* refroidir ; *(fig) [anger]* se calmer, s'apaiser ; *[critical situation]* se détendre ; * *[person]* se calmer ◆ **let the situation ~ down!** attendez que la situation se détende *or* que les choses se calment *subj* !

**VT SEP** *(= make colder)* faire refroidir ; *(= make calmer)* calmer

► **cool off** **VI** *(= lose enthusiasm)* perdre son enthousiasme, se calmer ; *(= change one's affections)* se refroidir (*towards sb* à l'égard de qn, envers qn) ; *(= become less angry)* se calmer, s'apaiser

**coolant** /ˈkuːlənt/ **N** liquide *m* de refroidissement

**cooler** /ˈkuːləʳ/ **N** **a** *(for food)* glacière *f* **b** *(Prison *)* taule ‡ *f* ◆ **in the ~** en taule ‡ ◆ **to get put in the ~** se faire mettre au frais * *or* à l'ombre * **c** *(= drink) boisson à base de vin, de jus de fruit et d'eau gazeuse*

**coolie** /ˈkuːlɪ/ **N** coolie *m*

**cooling** /ˈkuːlɪŋ/ **ADJ** *[drink, swim, breeze]* rafraîchissant **N** *(Aut)* refroidissement *m* **COMP** ▷ **cooling fan** **N** *(Aut)* ventilateur *m* ▷ **cooling-off period** **N** *(Comm, Ind)* délai *m* de réflexion ▷ **cooling process** **N** refroidissement *m* ▷ **cooling rack** **N** grille *f* à gâteaux ▷ **cooling system** **N** circuit *m* de refroidissement ▷ **cooling tower** **N** *(Tech)* tour *f* de refroidissement

**coolly** /ˈkuːlɪ/ **ADV** **a** *(= calmly)* calmement **b** *(= in unfriendly way)* froidement **c** *(= unenthusiastically)* froidement, fraîchement **d** *(= audaciously)* avec une décontraction insolente

**coolness** /ˈkuːlnɪs/ **N** *[of water, air, weather]* fraîcheur *f* ; *[of welcome]* froideur *f* ; *(= calmness)* sang-froid *m*, impassibilité *f*, flegme *m* ; *(= impudence)* toupet * *m*, culot * *m*

**coomb** /kuːm/ **N** petite vallée *f*, combe *f*

**coon** /kuːn/ **N** **a** *(Zool)* abbrev of **raccoon** **b** *(*‡* pej = Negro)* nègre *‡ *m*, négresse *‡ *f*

**coop** /kuːp/ **N** *(also* **hen coop***)* poulailler *m*, cage *f* à poules ◆ **to fly the ~** * se défiler * **VT** *[+ hens]* faire rentrer dans le poulailler

► **coop up** **VT SEP** *[+ person]* claquemurer, cloîtrer, enfermer

**co-op** /ˈkəʊˈɒp/ **N** **a** *(= shop)* (abbrev of **cooperative**) coopérative *f*, coop * *f* **b** *(US)* (abbrev of **cooperative apartment**) → **cooperative** **c** *(US Univ)* (abbrev of **cooperative**) coopérative *f* étudiante

**cooper** /ˈkuːpəʳ/ **N** tonnelier *m*

**cooperage** /ˈkuːpərɪdʒ/ **N** tonnellerie *f*

**cooperate** /kəʊˈɒpəreɪt/ **VI** collaborer (*with sb* avec qn ; *in sth* à qch ; *to do sth* pour faire qch) coopérer ◆ **I hope he'll ~** j'espère qu'il va se montrer coopératif *or* qu'il va coopérer

**cooperation** /kəʊˌɒpəˈreɪʃən/ **N** coopération *f* ◆ **in ~ with ..., with the ~ of ...** en coopération avec ..., avec la coopération *or* le concours de ... ◆ **international judicial ~** *(Jur)* entraide *f* judiciaire internationale

**cooperative** /kəʊˈɒpərətɪv/ **ADJ** *[person, firm, attitude]* coopératif ◆ **~ apartment** *(US)* appartement *m* en copropriété ◆ **~ society** *(Brit Comm etc)* coopérative *f*, société *f* coopérative *or* mutuelle ◆ **Cooperative Commonwealth Federation** *(Can Pol)* parti *m* social démocratique *(Can)* **N** coopérative *f*

**cooperatively** /kəʊˈɒpərətɪvlɪ/ **ADV** *(= jointly)* en coopération ; *(= obligingly)* obligeamment

**coopt** /kəʊˈɒpt/ **VT** *[+ person] (= get help of)* s'assurer les services de ; *(= cause to join sth)* coopter (*on to* à) ; *[+ slogan, policy]* récupérer ◆ **~ed member** membre *m* coopté

**cooption** /kəʊˈɒpʃən/ **N** cooptation *f*

**coordinate** /kəʊˈɔːdɪnɪt/ **ADJ** *(gen, Gram, Math)* coordonné ◆ **~ geometry** géométrie *f* analytique **N** *(gen, Math, on map)* coordonnée *f* **NPL** **coordinates** *(Dress)* ensemble *m* (coordonné), coordonnés *mpl* **VT** /kəʊˈɔːdɪneɪt/ coordonner (*X with Y* X à Y) ; ◆ **coordinating committee** comité *m* de coordination ◆ **coordinating conjunction** *(Ling)* conjonction *f* de coordination

**coordinated** /kəʊˈɔːdɪneɪtɪd/ **ADJ** **a** *(= organized) [action, effort, approach, operation]* coordonné, concerté **b** *(physically) [person]* qui a une bonne coordination ; *[hands, limbs]* aux mouvements coordonnés ; *[movements]* coordonné ◆ **to be badly ~** *[person]* avoir une mauvaise coordination **c** *(= matching) [clothes, designs]* coordonné ◆ **colour ~** *[clothes]* aux couleurs assorties

**coordination** /kəʊˌɔːdɪˈneɪʃən/ **N** coordination *f* ◆ **in ~ with ...** en coordination avec ...

**coordinator** /kəʊˈɔːdɪneɪtəʳ/ **N** coordinateur *m*, -trice *f*

**coot** /kuːt/ **N** **a** *(Orn)* foulque *f* ; → **bald** **b** *(= fool)* ◆ **old ~** ‡ vieux chnoque * *m*

**co-owner** /ˈkəʊˈəʊnəʳ/ **N** copropriétaire *mf*

**co-ownership** /ˌkəʊˈəʊnəʃɪp/ **N** copropriété *f*

**cop** * /kɒp/ **N** **a** *(= policeman)* flic ‡ *m*, poulet ‡ *m* ◆ **to play at ~s and robbers** jouer aux gendarmes et aux voleurs **b** *(Brit)* **it's not much ~, it's no great ~** ça ne vaut pas grand-chose *or* tripette **VT** *(Brit = arrest, catch)* pincer *, piquer * ; *(= steal)* piquer *, faucher ; *(= obtain)* obtenir ◆ **to ~ hold of** *(Brit)* prendre ◆ **to ~ it** *(Brit)* écoper *, trinquer ‡ ◆ **to ~ a plea** ‡ *(US)* plaider coupable *(pour une charge mineure, afin d'en éviter une plus grave)* **COMP** ▷ **cop-out** ‡ **N** *(= excuse)* excuse *f* bidon * ; *(= act)* échappatoire *f* ▷ **cop-shop** * **N** *(Brit)* maison *f* Poulaga *, poste *m* (de police)

► **cop off** * **VT FUS** *(Brit)* ◆ **to cop off with sb** * *(= get off with)* emballer * qn

► **cop out** ‡ **VI** se défiler *

**copacetic** * /ˌkəʊpəˈsetɪk/ **ADJ** *(US)* formidable

**copartner** /ˈkəʊˈpɑːtnəʳ/ **N** coassocié(e) *m(f)*, coparticipant(e) *m(f)*

**copartnership** /ˈkəʊˈpɑːtnəʃɪp/ **N** *(Fin)* société *f* en nom collectif ; *(gen)* coassociation *f*, coparticipation *f* ◆ **to go into ~ with ...** entrer en coassociation avec ...

**cope**[1] /kəʊp/ **N** *(Dress Rel)* chape *f*

**cope**[2] /kəʊp/ **VI** se débrouiller, s'en sortir ◆ **can you ~?** vous vous en sortirez ?, vous vous débrouillerez ? ◆ **how are you coping without a secretary?** comment vous débrouillez-vous sans secrétaire ? ◆ **he's coping pretty well** il s'en tire *or* se débrouille pas mal ◆ **I can ~ in Spanish** je me débrouille en espagnol ◆ **she just can't ~ any more** *(= she's overworked etc)* elle ne s'en sort plus ; *(= work is too difficult for her)* elle n'est plus du tout dans la course *, elle est complètement dépassée

► **cope with** **VT FUS** **a** *(= deal with, handle) [+ task, person]* se charger de, s'occuper de ; *[+ situation]* faire face à ; *[+ difficulties, problems] (= tackle)* affronter ; *(= solve)* venir à bout de ◆ **they ~ with 500 applications a day** 500 formulaires leur passent entre les mains chaque jour ◆ **you get the tickets, I'll ~ with the luggage** toi tu vas chercher les billets, moi je m'occupe *or* je me charge des bagages ◆ **I'll ~ with him** je m'occupe *or* je me charge de lui ◆ **he's got a lot to ~ with** *(work)* il a du pain sur la planche ; *(problems)* il a pas mal de problèmes à résoudre

**b** *(= manage) [+ child, work]* s'en sortir avec ◆ **I just can't ~ with my son** je ne sais plus quoi faire avec mon fils, je ne m'en sors plus avec mon fils ◆ **we can't ~ with all this work** avec tout ce travail nous ne pouvons plus en sortir

**Copenhagen** /ˌkəʊpnˈheɪgən/ **N** Copenhague

**Copernican** /kəʊˈpɜːnɪkən/ **ADJ** copernicien

**Copernicus** /kəˈpɜːnɪkəs/ **N** Copernic *m*

**copestone** /ˈkəʊpstəʊn/ **N** *(Archit)* couronnement *m* ; *[of wall]* chaperon *m* ; *(fig) [of career etc]* couronnement *m*, point *m* culminant

**copier** /ˈkɒpɪəʳ/ **N** machine *f* à photocopier

**co-pilot** /ˈkəʊˈpaɪlət/ **N** *(Aviat)* copilote *m*, pilote *m* auxiliaire

**coping** /ˈkəʊpɪŋ/ **N** chaperon *m* **COMP** ▷ **coping stone** **N** ⇒ **copestone**

**copious** /ˈkəʊpɪəs/ **ADJ** *[quantities]* grand ; *[amount]* ample, abondant ; *[notes]* abondant ; *[writer, letter]* prolixe

**copiously** /ˈkəʊpɪəslɪ/ **ADV** *[bleed, sweat]* abondamment ; *[write]* longuement ; *[cry]* à chaudes larmes ◆ **to water a plant ~** arroser une plante copieusement *or* abondamment ◆ **~ illustrated** abondamment illustré

**copper** /ˈkɒpəʳ/ **N** **a** *(NonC)* cuivre *m* **b** *(Brit = money)* **~s** la petite monnaie ◆ **I gave the beggar a ~** j'ai donné une petite pièce au mendiant **c** *(St Ex)* **~s** les cuprifères *mpl* **d** *(= washtub)* lessiveuse *f* **e** *(Brit * = policeman)* flic ‡ *m*, poulet ‡ *m* ◆ **~'s nark** indic * *m*, mouchard *m* **COMP** *[mine]* de cuivre ; *[bracelet]* de *or* en cuivre ▷ **copper beech** **N** hêtre *m* pourpre ▷ **copper-bottomed** **ADJ** *[saucepan]* avec un fond en cuivre ; *[investment]* sûr ▷ **copper-coloured** **ADJ** cuivré ▷ **copper sulphate** **N** sulfate *m* de cuivre ▷ **copper wire** **N** fil *m* de cuivre

**copperhead** /ˈkɒpəhed/ **N** *(US = snake)* vipère *f* cuivrée

**copperplate** /ˈkɒpəpleɪt/ *(in engraving)* **N** planche *f* (de cuivre) gravée **ADJ** sur cuivre, en taille-douce ◆ **~ handwriting** écriture *f* moulée, belle ronde *f*

**coppersmith** /ˈkɒpəsmɪθ/ **N** artisan *m* en chaudronnerie d'art

**coppery** /ˈkɒpərɪ/ **ADJ** cuivré

**coppice** /ˈkɒpɪs/ **N** taillis *m*, boqueteau *m* **VT** *[+ tree]* élaguer, émonder

**copra** /ˈkɒprə/ **N** copra *m*

**co-presidency** /kəʊˈprezɪdənsɪ/ **N** coprésidence *f*

**co-president** /kəʊˈprezɪdənt/ **N** coprésident(e) *m(f)*

**co-processor** /kəʊˈprəʊsesəʳ/ **N** *(Comput)* coprocesseur *m*

**co-produce** /ˌkəʊprəˈdjuːs/ VT [+ film, album] coproduire

**co-production** /ˌkəʊprəˈdʌkʃən/ N coproduction *f*

**copse** /kɒps/ N ⇒ **coppice**

**Copt** /kɒpt/ N Copte *mf*

**'copter** * /ˈkɒptəʳ/ N (abbrev of **helicopter**) hélico * *m*

**coptic** /ˈkɒptɪk/ ADJ copte ◆ **the Coptic Church** l'Église *f* copte

**copula** /ˈkɒpjʊlə/ N (pl **copulas** *or* **copulae** /ˈkɒpjʊˌliː/) *(Gram)* copule *f*

**copulate** /ˈkɒpjʊleɪt/ VI copuler

**copulation** /ˌkɒpjʊˈleɪʃən/ N copulation *f*

**copulative** /ˈkɒpjʊlətɪv/ ADJ *(Gram)* copulatif

**copy** /ˈkɒpɪ/ N a *(= duplicate) [of painting etc]* copie *f*, reproduction *f* ; *[of letter, document, memo]* copie *f*, double *m* ; *(Phot) [of print]* épreuve *f* ◆ **to take** *or* **make a ~ of sth** faire une copie de qch ; → **carbon, fair¹**

b *(= one of series) [of book]* exemplaire *m* ; *[of magazine, newspaper]* exemplaire *m*, numéro *m* ; → **author, presentation**

c *(NonC = text written) (Press)* copie *f* ; *(for advertisement)* message *m*, texte *m* ◆ **it gave him ~ for several articles** cela lui a fourni la matière de *or* un sujet pour plusieurs articles ◆ **that's always good ~** ça fait toujours de la très bonne copie ◆ **the murder will make good ~** le meurtre fera de l'excellente copie ◆ **the journalist handed in his ~** le journaliste a remis son article *or* papier * ◆ **they are short of ~** ils sont en mal de copie *

d *(Comput)* copie *f*

VT a (also **copy down, copy out**) *[+ letter, passage from book]* copier

b *(= imitate) [+ person, gestures]* copier, imiter

c *(Scol etc)* copier ◆ **to ~ sb's work** copier sur qn ◆ **he copied in the exam** il a copié à l'examen

d *(Comput)* copier ◆ **to ~ sth to a disk** copier qch sur une disquette

e *(Rad, Telec *)* copier

f *(= send a copy to)* envoyer une copie à

COMP ▷ **copy and paste** *(Comput)* N copier-coller *m* VT copier-coller ▷ **copy-edit** VT corriger ▷ **copy editor** N *(Press)* secrétaire *mf* de rédaction ; *[of book]* secrétaire *mf* d'édition ▷ **copy machine** N photocopieuse *f* ▷ **copy press** N presse *f* à copier

**copybook** /ˈkɒpɪbʊk/ N cahier *m* ; → **blot** ADJ *(= trite)* banal ; *(= ideal, excellent)* modèle

**copyboy** /ˈkɒpɪbɔɪ/ N *(Press)* grouillot *m* de rédaction

**copycat** * /ˈkɒpɪkæt/ N copieur *m*, -ieuse *f* ADJ *[crime]* inspiré par un autre

**copying** /ˈkɒpɪɪŋ/ N ◆ **he was disqualified from the exam for ~** il a été recalé à l'examen pour avoir copié COMP ▷ **copying ink** N encre *f* à copier

**copyist** /ˈkɒpɪɪst/ N copiste *mf*, scribe *m*

**copyreader** /ˈkɒpɪriːdəʳ/ N correcteur-rédacteur *m*, correctrice-rédactrice *f*

**copyright** /ˈkɒpɪraɪt/ N droit *m* d'auteur, copyright *m* ◆ **~ reserved** tous droits (de reproduction) réservés ◆ **out of ~** dans le domaine public VT *[+ book]* obtenir les droits exclusifs sur *or* le copyright de

**copywriter** /ˈkɒpɪraɪtəʳ/ N rédacteur *m*, -trice *f* publicitaire

**coquetry** /ˈkɒkɪtrɪ/ N coquetterie *f*

**coquette** /kəˈket/ N coquette *f*

**coquettish** /kəˈketɪʃ/ ADJ *[woman]* coquet ; *[look, smile, behaviour]* plein de coquetterie

**coquettishly** /kəˈketɪʃlɪ/ ADV avec coquetterie

**cor** ‡ /kɔːʳ/ EXCL *(Brit:* also **cor blimey**) mince alors ! *

**coracle** /ˈkɒrəkl/ N coracle *m*, canot *m* (d'osier)

**coral** /ˈkɒrəl/ N corail *m* COMP *[necklace]* de corail ; *[island]* corallien ; (also **coral-coloured**) (couleur) corail *inv* ▷ **coral lips** NPL *(liter)* ◆ **her ~ lips** ses lèvres de corail ▷ **coral reef** N récif *m* corallien ▷ **Coral Sea** N mer *f* de Corail

**cor anglais** /ˈkɔːrˈɑːŋgleɪ/ N (pl **cors anglais** /ˈkɔːzˈɑːŋgleɪ/) cor *m* anglais

**corbel** /ˈkɔːbəl/ N corbeau *m*

**cord** /kɔːd/ N a *[of curtains, pyjamas]* cordon *m* ; *[of windows]* corde *f* ; *[of parcel]* ficelle *f* ; (also **umbilical cord**) cordon *m* ombilical ; → **communication, sash², spinal, vocal** b *(NonC: Tex)* ⇒ **corduroy** *(Elec)* cordon *m* NPL **cords** pantalon *m* en velours côtelé VT *(= tie)* corder COMP *[trousers, skirt, jacket]* en velours côtelé ▷ **cord carpet** N tapis *m* de corde

**cordage** /ˈkɔːdɪdʒ/ N *(NonC)* cordages *mpl*

**corded** /ˈkɔːdɪd/ ADJ *[fabric]* côtelé

**cordial** /ˈkɔːdɪəl/ ADJ a *(= friendly) [person, tone, relationship, atmosphere, visit]* cordial b *(= strong)* ◆ **to have a ~ dislike for sb/sth** détester qn/qch cordialement N *(Brit)* cordial *m*

**cordiality** /ˌkɔːdɪˈælɪtɪ/ N cordialité *f*

**cordially** /ˈkɔːdɪəlɪ/ ADV cordialement ◆ **I ~ detest him** je le déteste cordialement

**cordite** /ˈkɔːdaɪt/ N cordite *f*

**cordless** /ˈkɔːdlɪs/ ADJ à piles, fonctionnant sur piles ◆ **~ phone** téléphone *m* sans fil

**cordon** /ˈkɔːdn/ N *(all senses)* cordon *m* VT (also **cordon off**) *[+ crowd]* contenir *(au moyen d'un cordon de sécurité)* ; *[+ area]* mettre en place un cordon de sécurité autour de COMP ▷ **cordon bleu** ADJ cordon bleu ▷ **cordon sanitaire** N *(Med, Pol)* cordon *m* sanitaire

**corduroy** /ˈkɔːdərɔɪ/ N *(Tex)* velours *m* côtelé NPL **corduroys** pantalon *m* en velours côtelé COMP *[trousers, jacket]* en velours côtelé ; *(US) [road]* de rondins

**CORE** /kɔːʳ/ N *(US)* (abbrev of **Congress of Racial Equality**) *défense des droits des Noirs*

**core** /kɔːʳ/ N *[of fruit]* trognon *m* ; *[of magnet, earth]* noyau *m* ; *[of cable]* âme *f*, noyau *m* ; *(Chem) [of atom]* noyau *m* ; *[of nuclear reactor]* cœur *m* ; *(Comput:* also **core memory**) mémoire *f* centrale ; *(fig) [of problem etc]* cœur *m*, essentiel *m* ◆ **apple ~** trognon *m* de pomme ◆ **the earth's ~** le noyau terrestre ◆ **~ sample** *(Geol)* carotte *f* ◆ **he is rotten to the ~** il est pourri jusqu'à la moelle ◆ **English to the ~** anglais jusqu'au bout des ongles ; → **hard** VT *[+ fruit]* enlever le trognon *or* le cœur de COMP *[issue, assumption, subject]* fondamental ▷ **core business** N activité *f* principale ▷ **core curriculum** N *(Scol, Univ)* tronc *m* commun ▷ **core subject** N *(Scol, Univ)* matière *f* principale ▷ **core time** N plage *f* fixe

**co-religionist** /ˈkəʊrɪˈlɪdʒənɪst/ N coreligionnaire *mf*

**corer** /ˈkɔːrəʳ/ N *(Culin)* vide-pomme *m*

**co-respondent** /ˈkəʊrɪsˈpɒndənt/ N *(Jur)* codéfendeur *m*, -deresse *f* *(dans une affaire d'adultère)*

**Corfu** /kɔːˈfuː/ N Corfou *f*

**corgi** /ˈkɔːgɪ/ N corgi *m*

**coriander** /ˌkɒrɪˈændəʳ/ N coriandre *f*

**Corinth** /ˈkɒrɪnθ/ N Corinthe COMP ▷ **Corinth Canal** N le canal de Corinthe

**Corinthian** /kəˈrɪnθɪən/ ADJ corinthien N Corinthien(ne) *m(f)*

**Coriolanus** /ˈkɒrɪəˈleɪnəs/ N Coriolan *m*

**cork** /kɔːk/ N a *(NonC)* liège *m* b *(in bottle etc)* bouchon *m* ◆ **to pull the ~ out of a bottle** déboucher une bouteille c *(Fishing:* also **cork float**) bouchon *m* flotteur VT (also **cork up**) *[+ bottle]* boucher COMP *[mat, tiles, flooring]* de liège ▷ **cork oak** N ⇒ **cork tree** ▷ **cork-tipped** ADJ à bout de liège ▷ **cork tree** N chêne-liège *m*

**corkage** /ˈkɔːkɪdʒ/ N droit *m* de bouchon *(payé par le client qui apporte dans un restaurant une bouteille achetée ailleurs)*

**corked** /kɔːkt/ ADJ *[wine]* qui sent le bouchon

**corker** † * /ˈkɔːkəʳ/ N *(= lie)* mensonge *m* de taille, gros mensonge *m* ; *(= story)* histoire *f* fumante * ; *(Sport) (= shot, stroke)* coup *m* fumant * ; *(= player)* crack * *m* ; *(= girl)* beau brin * *m* (de fille)

**corking** † * /ˈkɔːkɪŋ/ ADJ *(Brit)* épatant † *, fameux *

**corkscrew** /ˈkɔːkskruː/ N tire-bouchon *m* COMP ▷ **corkscrew curls** NPL anglaises *fpl (boucles)*

**corm** /kɔːm/ N bulbe *m (de crocus etc)*

**cormorant** /ˈkɔːmərənt/ N cormoran *m*

**Corn.** *(Brit)* abbrev of **Cornwall**

**corn¹** /kɔːn/ N a *(= seed)* grain *m (de céréale)* b *(Brit)* blé *m* ; *(US)* maïs *m* ◆ **~ on the cob** épis *mpl* de maïs c *(US = whiskey)* bourbon *m* d * *(= sentimentality)* sentimentalité *f* vieillotte *or* bébête ; *(= humour)* humour *m* bébête COMP ▷ **corn bread** N *(US)* pain *m* de maïs ▷ **corn crops** NPL céréales *fpl* ▷ **corn dog** N *(US Culin)* saucisse *f* en beignet ▷ **corn dolly** N *(Brit)* poupée *f* de paille ▷ **corn exchange** N halle *f* au blé ▷ **corn-fed** ADJ *[chicken]* de grain ▷ **corn liquor** N *(US)* eau-de-vie *f* à base de maïs *(de fabrication artisanale)* ▷ **corn meal** N farine *f* de maïs ▷ **corn oil** N huile *f* de maïs ▷ **corn pone** N *(NonC: US)* pain *m* de maïs ▷ **corn poppy** N coquelicot *m* ▷ **corn salad** N doucette *f* ▷ **corn whiskey** N *(US)* whisky *m* de maïs, bourbon *m*

**corn²** /kɔːn/ N *(Med)* cor *m* ◆ **to tread on sb's ~s** *(Brit fig)* toucher qn à l'endroit sensible, blesser qn dans son amour-propre ◆ **~ plaster** *(Med)* pansement *m* pour cor

**cornball** ‡ /ˈkɔːnbɔːl/ *(US)* N ◆ **to be a ~** *[person]* être très fleur bleue ADJ cucul (la praline) *

**corncob** /ˈkɔːnkɒb/ N *(US)* épi *m* de maïs

**Corncracker State** /ˌkɔːnkrækəˈsteɪt/ N ◆ **the ~** le Kentucky

**corncrake** /ˈkɔːnkreɪk/ N *(Orn)* râle *m* des genêts

**corncrib** /ˈkɔːnkrɪb/ N *(US Agr)* séchoir *m* à maïs

**cornea** /ˈkɔːnɪə/ N (pl **corneas** *or* **corneae** /ˈkɔːnɪˌiː/) cornée *f*

**corneal** /ˈkɔːnɪəl/ ADJ cornéen ◆ **~ lenses** lentilles *fpl* cornéennes, verres *mpl* cornéens

**corned beef** /ˈkɔːndˈbiːf/ N corned-beef *m*

**cornelian** /kɔːˈniːlɪən/ N cornaline *f*

**corner** /ˈkɔːnəʳ/ N a *(= angle) [of page, field, eye, mouth, room, boxing ring]* coin *m* ; *[of street, box, table]* coin *m*, angle *m* ; *[of road]* tournant *m*, virage *m* ; *(Climbing)* dièdre *m* ; *(Ftbl)* corner *m*, coup *m* de pied de coin ◆ **to look at sb out of the ~ of one's eye** regarder qn du coin de l'œil ◆ **to put a child in the** ~ mettre un enfant au coin ◆ **to drive** *or* **force sb into a** ~ *(lit)* pousser qn dans un coin ; *(fig)* acculer qn ◆ **to be in a (tight)** ~ *(fig)* être dans le pétrin, être dans une situation difficile ◆ **you'll find the church round the** ~ vous trouverez l'église juste après le coin ◆ **the little shop around the** ~ la petite boutique du coin ◆ **it's just round the** ~ *(= very near)* c'est à deux pas d'ici ◆ **Christmas is just around the** ~ Noël n'est pas loin ◆ **the domestic robot is just around the** ~ le robot domestique, c'est pour demain ◆ **to take a** ~ *(Aut)* prendre un tournant ; *(Ftbl)* faire un corner ◆ **to cut a** ~ *(Aut)* prendre un virage à la corde ◆ **to cut ~s** *(fig)* prendre des raccourcis *(fig)* ◆ **to cut ~s (on sth)** *(financially)* rogner sur les coûts (de qch) ◆ **to turn the** ~ *(lit)* tourner au *or* le coin de la rue ; *(fig)* passer le moment critique ; *[patient]* passer le cap

**b** *(= cranny, place)* ◆ **in every** ~ **of the garden** dans tout le jardin ◆ **treasures hidden in odd ~s** des trésors *mpl* cachés dans des recoins ◆ **in every** ~ **of the house** dans tous les recoins de la maison ◆ **in every** ~ **of Europe** dans toute l'Europe

**c** *(fig = position)* **to fight one's** ~ défendre sa position *or* son point de vue

**d** *(Econ)* **to make a** ~ **in wheat** accaparer le marché du blé

**e** *(Boxing = person)* soigneur *m*

**VT** *[+ hunted animal]* acculer ; *(fig = catch to speak to etc)* coincer * ◆ **she ~ed me in the hall** elle m'a coincé * dans l'entrée ◆ **he's got you ~ed** *(fig)* il t'a coincé *, il t'a mis au pied du mur ◆ **to** ~ **the market** *(Econ)* accaparer le marché

**VI** *(Aut)* prendre un virage

**COMP** ▷ **corner cupboard** **N** placard *m* d'angle ▷ **corner flag** **N** *(Ftbl)* piquet *m* de corner ; *(in roadway)* dalle *f* de coin ▷ **the corner house** **N** la maison du coin, la maison qui fait l'angle (de la rue) ▷ **corner kick** **N** *(Ftbl)* corner *m* ▷ **corner seat** **N** *(Rail)* (place *f* de) coin *m* ▷ **corner shop** **N** *(Brit)* magasin *m or* boutique *f* du coin ▷ **corner store** **N** *(US)* ⇒ **corner shop**

**cornering** /ˈkɔːnərɪŋ/ **N** **a** *(Aut)* amorce *f* du virage **b** *(Econ)* accaparement *m*, monopolisation *f*

**cornerstone** /ˈkɔːnəstəʊn/ **N** *(lit, fig)* pierre *f* angulaire ; *(= foundation stone)* première pierre *f*

**cornerways fold** /ˈkɔːnəweɪzˈfəʊld/ **N** pli *m* en triangle

**cornet** /ˈkɔːnɪt/ **N** **a** *(Mus)* cornet *m* (à pistons) ◆ ~ **player** cornettiste *mf* **b** *(Brit) [of sweets etc]* cornet *m* ; *[of ice cream]* cornet *m* (de glace)

**cornfield** /ˈkɔːnfiːld/ **N** *(Brit)* champ *m* de blé ; *(US)* champ *m* de maïs

**cornflakes** /ˈkɔːnfleɪks/ **NPL** pétales *mpl* de maïs, corn-flakes *mpl*

**cornflour** /ˈkɔːnflaʊəʳ/ **N** *(Brit)* farine *f* de maïs, maïzena ® *f*

**cornflower** /ˈkɔːnflaʊəʳ/ **N** bleuet *m*, barbeau *m* **ADJ** (also **cornflower blue**) bleu vif *inv*, bleu barbeau *inv*

**cornice** /ˈkɔːnɪs/ **N** corniche *f*

**corniche** /ˈkɔːniːʃ, kɔːˈniːʃ/ **N** (also **corniche road**) corniche *f*

**Cornish** /ˈkɔːnɪʃ/ **ADJ** de Cornouailles, cornouaillais **N** *(Ling)* cornique *m* **COMP** ▷ **Cornish pasty** **N** *chausson à la viande avec des pommes de terre et des carottes*

**Cornishman** /ˈkɔːnɪʃmən/ **N** (pl **-men**) natif *m* de Cornouailles

**Cornishwoman** /ˈkɔːnɪʃwʊmən/ **N** (pl **-women**) native *f* de Cornouailles

**cornstarch** /ˈkɔːnstɑːtʃ/ **N** *(US)* farine *f* de maïs, maïzena ® *f*

**cornucopia** /ˌkɔːnjʊˈkəʊpɪə/ **N** corne *f* d'abondance

**Cornwall** /ˈkɔːnwəl/ **N** Cornouailles *f* ◆ **in** ~ en Cornouailles

**corny** * /ˈkɔːnɪ/ **ADJ** *[joke]* rebattu, éculé ; *[film, novel] (sentimental)* à l'eau de rose ; *(obvious)* bateau * *inv* ; *[song]* sentimental ◆ **the** ~ **line "do you come here often?"** la phrase bateau * "vous venez souvent ici ?" ◆ **I know it sounds ~, but ...** je sais que ça a l'air idiot mais ...

**corolla** /kəˈrɒlə/ **N** corolle *f*

**corollary** /kəˈrɒlərɪ/ **N** corollaire *m*

**corona** /kəˈrəʊnə/ **N** (pl **coronas** *or* **coronae** /kəˈrəʊniː/) *(Anat, Astron)* couronne *f* ; *(Elec)* couronne *f* électrique ; *(Archit)* larmier *m*

**coronary** /ˈkɒrənərɪ/ **ADJ** *(Anat)* coronaire ◆ ~ **bypass** pontage *m* coronarien ◆ ~ **care unit** unité *f* de soins coronariens ◆ ~ **heart disease** maladie *f* coronarienne ◆ ~ **thrombosis** infarctus *m* du myocarde, thrombose *f* coronarienne **N** *(Med *)* infarctus *m*

**coronation** /ˌkɒrəˈneɪʃən/ **N** *(= ceremony)* couronnement *m* ; *(= actual crowning)* sacre *m* **COMP** *[ceremony, oath, robe]* du sacre ; *[day]* du couronnement

**coroner** /ˈkɒrənəʳ/ **N** coroner *m (officiel chargé de déterminer les causes d'un décès)* ◆ **~'s inquest** enquête *f* judiciaire *(menée par le coroner)* ◆ **~'s jury** jury *m (siégeant avec le coroner)*

**coronet** /ˈkɒrənɪt/ **N** *[of duke etc]* couronne *f* ; *[of lady]* diadème *m*

**Corp, corp** abbrev of **corporation**

**corpora** /ˈkɔːpərə/ **NPL** of **corpus**

**corporal**[1] /ˈkɔːpərəl/ **N** *[of infantry, RAF]* caporal-chef *m* ; *[of cavalry etc]* brigadier-chef *m* ◆ **Corporal Smith** *(on envelope etc)* le Caporal-Chef Smith

**corporal**[2] /ˈkɔːpərəl/ **ADJ** corporel ◆ ~ **punishment** châtiment *m* corporel

**corporate** /ˈkɔːpərɪt/ **ADJ** **a** *(Comm) (= of a business) [executive, culture, restructuring, sponsorship, planning etc]* d'entreprise ; *[finance, image, identity, logo, jet]* de l'entreprise ; *(= of business in general) [affairs, debt, earnings etc]* des entreprises ◆ ~ **America** l'Amérique *f* des entreprises ◆ ~ **clients** *or* **customers** entreprises *fpl* clientes ◆ **the** ~ **world** le monde de l'entreprise ◆ ~ **crime** la criminalité d'entreprise

**b** *(= joint) [decision, responsibility]* collectif ; *[objective]* commun ; *[action, ownership]* en commun

**COMP** ▷ **corporate body** **N** personne *f* morale ▷ **corporate bond** **N** *(US) (local)* obligation *f* municipale ; *(private)* obligation *f* émise par une société privée ▷ **corporate governance** **N** gouvernance *f or* gouvernement *m* d'entreprise ▷ **corporate headquarters** **NPL** siège *m* social ▷ **corporate hospitality** **N** *soirées, déjeuners, etc aux frais d'une entreprise* ▷ **corporate institution** **N** *institution fonctionnant comme une entreprise* ▷ **corporate killing** **N** *(Jur)* homicide *m* involontaire *(dont est accusé un chef d'entreprise pour décès par négligence d'un de ses employés)* ▷ **corporate ladder** **N** ◆ **to move up the** ~ **ladder** monter dans la hiérarchie d'une entreprise ▷ **corporate law** **N** droit *m* des entreprises ▷ **corporate lawyer** **N** juriste *mf* spécialisé(e) dans le droit des entreprises ; *(working for corporation)* avocat(e) *m(f)* d'entreprise ; *(= specialist in corporate law)* juriste *mf* d'entreprise ▷ **corporate name** **N** raison *f* sociale ▷ **corporate property** **N** biens *mpl* sociaux ▷ **corporate raider** **N** raider *m* ▷ **corporate sponsor** **N** gros sponsor *m* ▷ **corporate stock** **N** actions *fpl* ▷ **corporate takeover** **N** OPA *f* ▷ **corporate tax** **N** impôt *m* sur les sociétés

**corporately** /ˈkɔːpərɪtlɪ/ **ADV** ◆ **to be ~ owned** appartenir à une entreprise (*or* des entreprises)

**corporation** /ˌkɔːpəˈreɪʃən/ **N** **a** *(Brit) [of town]* conseil *m* municipal ◆ **the Mayor and Corporation** le corps municipal, la municipalité **b** *(Comm, Fin)* société *f* commerciale ; *(US)* société *f* à responsabilité limitée, compagnie *f* commerciale **c** *(Brit *)* bedaine * *f*, brioche * *f* ◆ **he's developed quite a** ~ il a pris une sacrée brioche * **COMP** *(Brit) [school, property]* de la ville, municipal ▷ **corporation lawyer** **N** *(working for corporation)* avocat(e) *m(f)* d'entreprise ; *(= specialist in corporation law)* juriste *mf* d'entreprise ▷ **corporation tax** **N** *(Brit)* impôt *m* sur les sociétés

**corporatism** /ˈkɔːpərətɪzəm/ **N** corporatisme *m*

**corporatist** /ˈkɔːpərətɪst/ **ADJ** corporatiste

**corporeal** /kɔːˈpɔːrɪəl/ **ADJ** corporel, physique

**corps** /kɔːʳ/ **N** (pl **corps** /kɔːz/) corps *m* ; → **army, diplomatic** **COMP** ▷ **corps de ballet** **N** corps *m* de ballet

**corpse** /kɔːps/ **N** cadavre *m*, corps *m*

**corpulence** /ˈkɔːpjʊləns/ **N** corpulence *f*, embonpoint *m*

**corpulent** /ˈkɔːpjʊlənt/ **ADJ** corpulent

**corpus** /ˈkɔːpəs/ **N** (pl **corpuses** *or* **corpora** /ˈkɔːpərə/) *(Literat)* corpus *m*, recueil *m* ; *(Ling)* corpus *m* ; *(Fin)* capital *m* ◆ **Corpus Christi** *(Rel)* la Fête-Dieu

**corpuscle** /ˈkɔːpʌsl/ **N** **a** *(Anat, Bio)* corpuscule *m* ◆ **(blood)** ~ globule *m* sanguin ◆ **red/white ~s** globules *mpl* rouges/blancs **b** *(Phys)* électron *m*

**corral** /kəˈrɑːl/ *(US)* **N** corral *m* **VT** *[+ cattle]* enfermer dans un corral ; *(* fig) [+ people, support]* réunir

**correct** /kəˈrekt/ **ADJ** **a** *(= right) [answer, number, term, estimate, information]* correct ; *[suspicions]* bien fondé ◆ **that's ~!** *(confirming guess)* exactement ! ; *(confirming right answer)* c'est juste *or* exact ! ◆ **"correct money** *or* **change only"** *(in buses etc)* "vous êtes prié de faire l'appoint" ◆ **in the** ~ **order** dans le bon ordre ◆ **to prove** ~ s'avérer juste ◆ **have you the** ~ **time?** avez-vous l'heure exacte ? ◆ **at the** ~ **time** au bon moment ◆ **it is** ~ **to say that ...** il est juste de dire que ... ◆ **it is not** ~ **to say that ...** *(rationally)* il est inexact de dire que ... ; *(fair)* il n'est pas juste de dire que ... ; *(morally)* il n'est pas correct de dire que ...

**b** **to be** ~ *[person]* avoir raison ◆ **you are quite** ~ vous avez parfaitement raison ◆ **he was** ~ **in his estimates** ses estimations étaient justes ◆ **he is** ~ **in his assessment of the situation** son évaluation de la situation est juste ◆ **to be** ~ **in doing sth** avoir raison de faire qch ◆ **to be** ~ **to do sth** avoir raison de faire qch ◆ **he was quite** ~ **to do it** il a eu tout à fait raison de le faire

**c** *(= appropriate) [object, method, decision, size, speed, temperature]* bon ◆ **in the** ~ **place** au bon endroit ◆ **the** ~ **use of sth** le bon usage de qch ◆ **the** ~ **weight for your height and build** le bon poids pour votre taille et votre corpulence

**d** *(= proper) [behaviour]* correct ; *[manners]* correct, convenable ; *[etiquette, form of ad-*

*dress]* convenable ; *[person]* comme il faut ◆ **~ dress must be worn** une tenue correcte est exigée ◆ **it's the ~ thing to do** c'est l'usage, c'est ce qui se fait ◆ **socially ~** admis en société

VT a *[+ piece of work, text, error]* corriger ; *(Typ) [+ proofs]* corriger ◆ **to ~ sb's punctuation/spelling** corriger la ponctuation/l'orthographe de qn ◆ **he asked her to ~ his English** il lui a demandé de corriger son anglais

b *[+ person]* reprendre, corriger ◆ **to ~ o.s.** se reprendre, se corriger ◆ **~ me if I'm wrong** reprenez-moi *or* corrigez-moi si je me trompe ◆ **I stand ~ed** je reconnais mon erreur

c *(= rectify) [+ problem]* arranger ; *[+ eyesight]* corriger ; *[+ imbalance]* redresser

d *(†† = punish)* réprimander, reprendre

COMP ▷ **correcting fluid** N liquide *m* correcteur

**correction** /kəˈrekʃən/ N a *(NonC) [of proofs, essay]* correction *f* ; *[of error]* correction *f*, rectification *f* ◆ **I am open to ~, but ...** corrigez-moi si je me trompe, mais ... b *[of school work, proof, text, manuscript]* correction *f* ◆ **a page covered with ~s** une page couverte de corrections c *(†† = punishment)* correction *f*, châtiment *m* ◆ **house of ~** maison *f* de correction † COMP ▷ **correction fluid** N liquide *m* correcteur ▷ **correction tape** N ruban *m* correcteur

**correctional** /kəˈrekʃənəl/ *(US)* ADJ *[system]* pénitentiaire COMP ▷ **correctional facility** N établissement *m* pénitentiaire ▷ **correctional officer** N gardien(ne) *m(f)* de prison

**corrective** /kəˈrektɪv/ ADJ *[action]* rectificatif ; *(Jur, Med) [measures, training]* de rééducation, correctif ◆ **~ surgery** *(Med)* chirurgie *f* réparatrice N correctif *m*

**correctly** /kəˈrektlɪ/ ADV a *(= accurately, in right way) [predict]* avec justesse, correctement ; *[answer, pronounce, cook, perform]* correctement ◆ **if I understand you ~** si je vous ai bien compris ◆ **if I remember ~** si je me souviens bien b *(= respectably, decently) [behave]* correctement, convenablement

**correctness** /kəˈrektnɪs/ N *(NonC)* a *(= rightness, appropriateness) [of decision, action, statement, calculation, spelling]* justesse *f* b *(= propriety) [of person, behaviour, manners, dress]* correction *f* ◆ **to treat sb with polite ~** traiter qn avec une correction polie

**Correggio** /kəˈredʒəʊ/ N le Corrège

**correlate** /ˈkɒrɪleɪt/ VI correspondre (*with* à) être en corrélation (*with* avec) VT mettre en corrélation, corréler (*with* avec)

**correlation** /ˌkɒrɪˈleɪʃən/ N corrélation *f*

**correlative** /kɒˈrelətɪv/ N corrélatif *m* ADJ corrélatif

**correspond** /ˌkɒrɪsˈpɒnd/ LANGUAGE IN USE 5.3 VI a *(= agree)* correspondre (*with* à) s'accorder (*with* avec) ; ◆ **that does not ~ with what he said** cela ne correspond pas à ce qu'il a dit b *(= be similar, equivalent)* correspondre (*to* à) être l'équivalent (*to* de) ; ◆ **this ~s to what she was doing last year** ceci est semblable *or* correspond à ce qu'elle faisait l'année dernière ◆ **his job ~s roughly to mine** son poste équivaut à peu près au mien *or* est à peu près l'équivalent du mien c *(= exchange letters)* correspondre (*with* avec) ; ◆ **they ~** ils s'écrivent, ils correspondent

**correspondence** /ˌkɒrɪsˈpɒndəns/ N a *(= similarity, agreement)* correspondance *f* (*between* entre ; *with* avec) b *(= letter-writing)* correspondance *f* ◆ **to be in ~ with sb** entretenir une *or* être en correspondance avec qn ◆ **to read one's ~** lire son courrier *or* sa correspondance COMP ▷ **correspondence card** N carte-lettre *f* ▷ **correspondence college** N établissement *m* d'enseignement par correspondance ▷ **correspondence column** N *(Press)* courrier *m* des lecteurs ▷ **correspondence course** N cours *m* par correspondance

**correspondent** /ˌkɒrɪsˈpɒndənt/ N *(gen, Comm, Press, Banking)* correspondant(e) *m(f)* ◆ **foreign/sports ~** correspondant étranger/sportif ; → **special**

**corresponding** /ˌkɒrɪsˈpɒndɪŋ/ ADJ correspondant ◆ **~ to ...** conforme à ... ◆ **a ~ period** une période analogue ◆ **the ~ period** la période correspondante

**correspondingly** /ˌkɒrɪsˈpɒndɪŋlɪ/ ADV a *(= proportionately)* proportionnellement b *(= as a result)* en conséquence

**corridor** /ˈkɒrɪdɔːʳ/ N couloir *m*, corridor *m* ◆ **~ train** *(Brit)* train *m* à couloir ◆ **the ~s of power** les allées *fpl* du pouvoir

**corroborate** /kəˈrɒbəreɪt/ VT corroborer, confirmer

**corroboration** /kəˌrɒbəˈreɪʃən/ N confirmation *f*, corroboration *f* ◆ **in ~ of ...** à l'appui de ..., en confirmation de ...

**corroborative** /kəˈrɒbərətɪv/ ADJ qui corrobore (*or* corroborait *etc*)

**corrode** /kəˈrəʊd/ VT *(lit, fig)* corroder, ronger VI *[metals]* se corroder

**corroded** /kəˈrəʊdɪd/ ADJ corrodé

**corrosion** /kəˈrəʊʒən/ N corrosion *f*

**corrosive** /kəˈrəʊzɪv/ ADJ *(Chem)* corrosif ; *(fig) (= harmful) [effect, influence, power, emotion]* destructeur (-trice *f*) N corrosif *m*

**corrugated** /ˈkɒrəgeɪtɪd/ ADJ *[tin, steel, surface]* ondulé ; *[roof]* en tôle ondulée ; *[brow, face]* ridé COMP ▷ **corrugated cardboard** N carton *m* ondulé ▷ **corrugated iron** N tôle *f* ondulée ▷ **corrugated paper** N papier *m* ondulé

**corrupt** /kəˈrʌpt/ ADJ a *(= dishonest)* corrompu ; *(= depraved)* dépravé ; *[practice]* malhonnête ◆ **~ practices** *(= dishonesty)* tractations *fpl* malhonnêtes ; *(= bribery etc)* trafic *m* d'influence, malversations *fpl* b *(Comput, Ling) [data, text]* altéré ; *[language]* corrompu c *(liter = putrid) [flesh, corpse]* putride VT *(dishonesty)* corrompre ; *(immorality)* dépraver ; *(Comput)* altérer VI corrompre

**corruptible** /kəˈrʌptəbəl/ ADJ corruptible

**corruption** /kəˈrʌpʃən/ N a *(NonC: moral) [of person, morals]* corruption *f* ◆ **police ~** corruption *f* de la police b *(Ling)* ◆ **"jean" is a ~ of "Genoa"** "jean" est une déformation de "Gênes" c *(NonC: liter = putrefaction)* décomposition *f*, putréfaction *f* COMP ▷ **the corruption of minors** N *(Jur)* le détournement de mineur(s)

**corsage** /kɔːˈsɑːʒ/ N *(= bodice)* corsage *m* ; *(= flowers)* petit bouquet *m* *(de fleurs porté au corsage)*

**corsair** /ˈkɔːseəʳ/ N *(= ship, pirate)* corsaire *m*, pirate *m*

**cors anglais** /ˈkɔːzˈɑːŋgleɪ/ NPL of **cor anglais**

**corset** /ˈkɔːsɪt/ N *(Dress:* also **corsets***)* corset *m* ; *(lightweight)* gaine *f* ; *(Med)* corset *m*

**corseted** /ˈkɔːsɪtɪd/ ADJ corseté

**Corsica** /ˈkɔːsɪkə/ N Corse *f*

**Corsican** /ˈkɔːsɪkən/ ADJ corse N Corse *mf*

**cortège** /kɔːˈteːʒ/ N cortège *m*

**cortex** /ˈkɔːteks/ N (pl **cortices** /ˈkɔːtɪsiːz/) *(Bot)* cortex *m*, écorce *f* ; *(Anat)* cortex *m*

**corticoids** /ˈkɔːtɪkɔɪdz/, **corticosteroids** /ˌkɔːtɪkəʊˈstɪərɔɪdz/ NPL corticoïdes *mpl*

**cortisone** /ˈkɔːtɪzəʊn/ N cortisone *f*

**corundum** /kəˈrʌndəm/ N corindon *m*

**coruscate** /ˈkɒrəskeɪt/ VI briller, scintiller

**coruscating** /ˈkɒrəskeɪtɪŋ/ ADJ brillant, scintillant

**corvette** /kɔːˈvet/ N *(Naut)* corvette *f*

**COS** /ˌsiːəʊˈes/ (abbrev of **cash on shipment**) → **cash**

**cos**[1] /kɒs/ N *(Brit:* also **cos lettuce***)* (laitue *f*) romaine *f*

**cos**[2] /kɒs/ N abbrev of **cosine**

**cos**[3] * /kɒz/ CONJ parce que

**cosh** /kɒʃ/ *(Brit)* VT * taper sur, cogner * sur N gourdin *m*, matraque *f* ◆ **to be under the ~** * *(Brit)* être en difficulté

**cosignatory** /ˈkəʊˈsɪgnətərɪ/ N cosignataire *mf*

**cosily, cozily** *(US)* /ˈkəʊzɪlɪ/ ADV *[furnished]* confortablement ; *[settled]* douillettement

**cosine** /ˈkəʊsaɪn/ N cosinus *m*

**cosiness, coziness** *(US)* /ˈkəʊzɪnɪs/ N *(NonC)* a *(= warmth) [of room, pub]* atmosphère *f* douillette b *(= intimacy) [of evening, chat, dinner]* intimité *f* ◆ **the ~ of the atmosphere** l'atmosphère *f* douillette c *(pej = convenience) [of relationship]* complicité *f*, connivence *f*

**cosmetic** /kɒzˈmetɪk/ ADJ *[surgery]* plastique, esthétique ; *[preparation]* cosmétique ; *(fig)* superficiel, symbolique N cosmétique *m*, produit *m* de beauté

**cosmetician** /ˌkɒzməˈtɪʃən/ N *(= chemist)* cosmétologue *mf* ; *(= beautician)* esthéticien(ne) *m(f)*

**cosmic** /ˈkɒzmɪk/ ADJ *(lit)* cosmique ; *(fig)* immense, incommensurable ◆ **~ dust/rays** poussière *f*/rayons *mpl* cosmique(s)

**cosmogony** /kɒzˈmɒgənɪ/ N cosmogonie *f*

**cosmographer** /kɒzˈmɒgrəfəʳ/ N cosmographe *mf*

**cosmography** /kɒzˈmɒgrəfɪ/ N cosmographie *f*

**cosmological** /ˌkɒzməʊˈlɒdʒɪkəl/ ADJ cosmologique

**cosmology** /kɒzˈmɒlədʒɪ/ N cosmologie *f*

**cosmonaut** /ˈkɒzmənɔːt/ N cosmonaute *mf*

**cosmopolitan** /ˌkɒzməˈpɒlɪtən/ ADJ, N cosmopolite *mf*

**cosmos** /ˈkɒzmɒs/ N cosmos *m*

**co-sponsor** /ˈkəʊˈspɒnsəʳ/ N *(Advertising)* commanditaire *m* associé

**Cossack** /ˈkɒsæk/ N cosaque *m*

**cosset** /ˈkɒsɪt/ VT dorloter, choyer

**cossie** * /ˈkɒzɪ/ N *(Brit, Austral)* maillot *m* (de bain)

**cost** /kɒst/ LANGUAGE IN USE 8.2

VT (pret, ptp **cost**) a *(lit, fig)* coûter ◆ **how much does the dress ~?** combien coûte la robe ? ◆ **how much** *or* **what will it ~ to have it repaired?** combien est-ce que cela coûtera de le faire réparer ? ◆ **what does it ~ to get in?** quel est le prix d'entrée ? ◆ **it ~ him a lot of money** cela lui a coûté cher ◆ **it ~s him £22 a week** cela lui revient à *or* lui coûte 22 livres par semaine, il en a pour 22 livres par semaine ◆ **it ~s too much** cela coûte trop cher, c'est trop cher ◆ **it ~s the earth** * ça coûte les yeux de la tête ◆ **it ~ him an arm and a leg** * ça lui a coûté les yeux de la tête ◆ **I know what it ~ him to apologize** je sais ce qu'il lui en a coûté de s'excuser ◆ **it ~ her dear** cela lui a coûté cher ◆ **it ~ him his job** cela lui a coûté son emploi ◆ **it ~ him a great effort** cela lui a coûté *or* demandé un gros effort ◆ **it ~ him a lot of trouble** cela lui a causé beaucoup d'ennuis ◆ **it will ~ you your life** il vous en coûtera la vie ◆ **it'll** *or* **that'll ~ you!** * tu vas le sentir passer! ◆ **politeness ~s very little** il ne coûte rien d'être poli ◆ **whatever it ~s** *(fig)* coûte que coûte

**b** (pret, ptp **costed**) *(Comm = set price for) [+ article]* établir le prix de revient de; *[+ piece of work]* évaluer le coût de ◆ **the job was ~ed at £2,000** le devis pour (l'exécution de) ces travaux s'est monté à 2 000 livres

**N** coût *m* ◆ **the ~ of repairs** le coût des réparations ◆ **~, insurance and freight** coût *m* assurance *f* et fret *m* ◆ **to cut the ~ of borrowing** *(Fin)* réduire le loyer de l'argent ◆ **to bear the ~ of ...** *(lit)* faire face aux frais *mpl or* aux dépenses *fpl* de ...; *(fig)* faire les frais de ... ◆ **at great ~** *(lit, fig)* à grands frais ◆ **at little ~** à peu de frais ◆ **at little ~ to himself** *(fig)* sans que cela lui coûte *subj* beaucoup ◆ **at ~ (price)** au prix coûtant ◆ **at the ~ of his life/health** au prix de sa vie/santé ◆ **to my ~** *(fig)* à mes dépens ◆ **at all ~s, at any ~** *(fig)* coûte que coûte, à tout prix; → **count¹**

**NPL costs** *(Jur)* dépens *mpl*, frais *mpl* judiciaires ◆ **to be ordered to pay ~s** *(Jur)* être condamné aux dépens

**COMP** ▷ **cost accountant N** analyste *mf* de coûts ▷ **cost accounting N** *(NonC)* comptabilité *f* analytique *or* d'exploitation ▷ **cost analysis N** analyse *f* des coûts ▷ **cost-benefit analysis N** analyse *f* coûts-bénéfices ▷ **cost centre N** centre *m* de coût(s) ▷ **cost conscious ADJ** qui fait attention à ses dépenses ▷ **cost control N** contrôle *m* des dépenses ▷ **cost-cutting N** compression *f or* réduction *f* des coûts ◆ **~-cutting plan** *etc* plan *m etc* de réduction des coûts ▷ **cost-effective ADJ** rentable, d'un bon rapport coût-performance *or* coût-efficacité ▷ **cost-effectiveness N** rentabilité *f*, rapport *m* coût-performance *or* coût-efficacité ▷ **cost estimate N** devis *m*, estimation *f* des coûts ▷ **cost-in-use N** coûts *mpl* d'utilisation ▷ **cost of living N** coût *m* de la vie ◆ **~-of-living adjustment** augmentation *f* indexée sur le coût de la vie ◆ **~-of-living allowance** indemnité *f* de vie chère ◆ **~-of-living increase** rattrapage *m* pour cherté de la vie ◆ **~-of-living index** index *m* du coût de la vie ▷ **cost-plus N** prix *m* de revient majoré du pourcentage contractuel ◆ **on a ~-plus basis** à des coûts majorés ▷ **cost price N** *(Brit)* prix *m* coûtant *or* de revient

► **cost out VT SEP** *[+ project]* évaluer le coût de

**co-star** /ˈkəʊstɑːʳ/ *(Cine, Theat)* **N** partenaire *mf* **VI** partager l'affiche (*with* avec) ; ◆ **"co-starring X"** "avec X"

**Costa Rica** /ˌkɒstəˈriːkə/ **N** Costa Rica *m*

**Costa Rican** /ˌkɒstəˈriːkən/ **ADJ** costaricain(e), costaricien **N** Costaricain(e) *m(f)*, Costaricien(ne) *m(f)*

**coster** /ˈkɒstəʳ/, **costermonger** /ˈkɒstəˌmʌŋgəʳ/ **N** *(Brit)* marchand(e) *m(f)* des quatre saisons

**costing** /ˈkɒstɪŋ/ **N** estimation *f* du prix de revient

**costive** /ˈkɒstɪv/ **ADJ** constipé

**costliness** /ˈkɒstlɪnɪs/ **N** *(= value)* (grande) valeur *f*; *(= high price)* cherté *f*

**costly** /ˈkɒstlɪ/ **ADJ** *(gen)* coûteux; *[furs, jewels]* de grande valeur, précieux ◆ **a ~ business** une affaire coûteuse

**costume** /ˈkɒstjuːm/ **N** **a** *(gen)* costume *m* ◆ **national ~** costume *m* national ◆ **in ~** *(= fancy dress)* déguisé **b** († *= lady's suit*) tailleur *m* **COMP** ▷ **costume ball N** bal *m* masqué ▷ **costume drama N** *(= film/play etc)* pièce *f*/film *m etc* en costume d'époque; *(genre) (Theat/Cine etc)* théâtre *m*/cinéma *m etc* en costume d'époque ▷ **costume jewellery N** bijoux *mpl* (de) fantaisie ▷ **costume piece N** ⇒ **costume drama** ▷ **costume play N** pièce *f* en costume d'époque

**costumier** /kɒsˈtjuːmɪəʳ/, **costumer** *(esp US)* /kɒsˈtjuːməʳ/ **N** costumier *m*, -ière *f*

**cosy, cozy** *(US)* /ˈkəʊzɪ/ **ADJ** **a** *(= warm) [flat, home, room]* douillet, cosy; *[restaurant]* confortable ◆ **nights in front of a ~ fire** des soirées agréables au coin du feu ◆ **to be ~** *[person]* être bien ◆ **it is ~ in here** on est bien ici **b** *(= friendly) [atmosphere, evening, chat, dinner]* intime **c** *(pej = convenient) [arrangement, deal, relationship]* commode **N** *(= tea cosy)* couvre-théière *m*; *(= egg cosy)* couvre-œuf *m* **VI** ◆ **to ~ up to sb** * caresser qn dans le sens du poil *

**cot** /kɒt/ **N** *(Brit: child's)* lit *m* d'enfant, petit lit *m*; *(US = folding bed)* lit *m* de camp **COMP** ▷ **cot death N** mort *f* subite du nourrisson

**Cote d'Ivoire** /ˌkəʊtdɪˈvwɑːr/ **N** ◆ **(the) ~** la Côte-d'Ivoire

**coterie** /ˈkəʊtərɪ/ **N** coterie *f*, cénacle *m*

**cotillion** /kəˈtɪljən/ **N** cotillon *m*, quadrille *m*

**cottage** /ˈkɒtɪdʒ/ **N** petite maison *f* (à la campagne), cottage *m*; *(thatched)* chaumière *f*; *(holiday home)* villa *f* **COMP** ▷ **cottage cheese N** fromage *m* blanc (égoutté), cottage *m* (cheese) ▷ **cottage flat N** *(Brit) appartement dans une maison en regroupant quatre en copropriété* ▷ **cottage hospital N** *(Brit)* petit hôpital *m* ▷ **cottage industry N** *(working at home)* industrie *f* familiale; *(= informally organized industry)* industrie *f* artisanale ▷ **cottage loaf N** *(Brit)* miche *f* de pain ▷ **cottage pie N** *(Brit)* ≃ hachis *m* Parmentier

**cottager** /ˈkɒtɪdʒəʳ/ **N** *(Brit)* paysan(ne) *m(f)*; *(US)* propriétaire *mf* de maison de vacances

**cottaging** * /ˈkɒtɪdʒɪŋ/ **N** *(Brit) rencontres homosexuelles dans des toilettes publiques*

**cottar, cotter¹** /ˈkɒtəʳ/ **N** *(Scot)* paysan(ne) *m(f)*

**cotton** /ˈkɒtn/ **N** *(NonC) (Bot, Tex)* coton *m*; *(Brit = sewing thread)* fil *m* (de coton); → **absorbent, gin**

**COMP** *[shirt, dress]* de coton ▷ **cotton batting N** *(US)* ouate *f* ▷ **the cotton belt N** le Sud cotonnier *(Alabama, Géorgie, Mississippi)* ▷ **cotton bud N** *(Brit)* coton-tige ® *m* ▷ **cotton cake N** tourteau *m* de coton ▷ **cotton candy N** *(US)* barbe *f* à papa ▷ **cotton goods NPL** cotonnades *fpl* ▷ **cotton grass N** linaigrette *f*, lin *m* des marais ▷ **cotton industry N** industrie *f* cotonnière *or* du coton ▷ **cotton lace N** dentelle *f* de coton ▷ **cotton mill N** filature *f* de coton ▷ **cotton-picking ADJ** *(US pej)* sale * *before n*, sacré *before n* ▷ **the Cotton State N** l'Alabama *m* ▷ **cotton waste N** déchets *mpl* de coton, coton *m* d'essuyage ▷ **cotton wool N** *(Brit)* ouate *f* ◆ **absorbent ~ wool** ouate *f or* coton *m* hydrophile ◆ **to bring up a child in ~ wool** élever un enfant dans du coton ◆ **my legs felt like ~ wool** * j'avais les jambes en coton ▷ **cotton yarn N** fil *m* de coton

► **cotton on** * **VI** *(Brit)* piger * ◆ **to ~ on to sth** piger * qch, saisir qch

► **cotton to** ⁑ **VT FUS** *[+ person]* avoir à la bonne ⁑; *[+ plan, suggestion]* apprécier, approuver ◆ **I don't ~ to it much** je ne suis pas tellement pour *, ça ne me botte pas tellement ⁑

**cottonseed oil** /ˈkɒtnsiːdˈɔɪl/ **N** huile *f* de coton

**cottontail** /ˈkɒtnteɪl/ **N** *(US)* lapin *m*

**cottonwood** /ˈkɒtnwʊd/ **N** *(US)* peuplier *m* de Virginie

**cotyledon** /ˌkɒtɪˈliːdən/ **N** cotylédon *m*

**couch** /kaʊtʃ/ **N** **a** *(= settee)* canapé *m*, divan *m*, sofa *m*; *[of doctor]* lit *m*; *[of psychoanalyst]* divan *m*; *(liter = bed)* couche *f (liter)* ◆ **to be on the ~** * *(US fig)* être en analyse **b** *(Bot)* chiendent *m* **VT** formuler, exprimer ◆ **request ~ed in insolent language** requête *f* formulée *or* exprimée en des termes insolents ◆ **request ~ed in the following terms** demande *f* ainsi rédigée **VI** *[animal] (= lie asleep)* être allongé *or* couché; *(= ready to spring)* s'embusquer **COMP** ▷ **couch grass N** chiendent *m* ▷ **couch potato** * **N** mollasson *m (qui passe son temps devant la télé)*

**couchette** /kuːˈʃet/ **N** *(Rail etc)* couchette *f*

**cougar** /ˈkuːgəʳ/ **N** couguar *m*

**cough** /kɒf/ **N** toux *f* ◆ **he has a bad ~** il a une mauvaise toux, il tousse beaucoup ◆ **he has a bit of a ~** il tousse un peu ◆ **to give a warning ~** tousser en guise d'avertissement **VI** **a** tousser **b** (* *= confess*) parler ◆ **to ~ on** *or* **to sth** avouer qch **COMP** ▷ **cough drop N** pastille *f* pour la toux ▷ **cough mixture N** sirop *m* pour la toux, (sirop *m*) antitussif *m* ▷ **cough sweet N** pastille *f* pour la toux ▷ **cough syrup N** ⇒ **cough mixture**

► **cough up VT SEP** **a** *(lit)* expectorer, cracher en toussant **b** (* *fig) [+ money]* cracher *

**coughing** /ˈkɒfɪŋ/ **N** toux *f* ◆ **to hear ~** entendre tousser ◆ **~ fit** quinte *f* de toux

**could** /kʊd/ LANGUAGE IN USE 1.1, 2.2, 3.1, 4, 9.1, 26.3 **VB** pt, cond of **can¹**

**couldn't** /ˈkʊdnt/ ⇒ **could not**; → **can¹**

**could've** /ˈkʊdəv/ ⇒ **could have**; → **can¹**

**coulee** /ˈkuːleɪ/ **N** *(US)* ravine *f*

**coulis** /ˈkuːliː/ **N** *(Culin)* coulis *m*

**couloir** /ˈkuːlwɑːʳ/ **N** *(Climbing)* couloir *m*

**coulomb** /ˈkuːlɒm/ **N** coulomb *m*

**council** /ˈkaʊnsl/ **N** conseil *m*, assemblée *f* ◆ **~ of war** conseil *m* de guerre ◆ **city** *or* **town ~** conseil *m* municipal ◆ **they decided in ~ that ...** l'assemblée a décidé que ... ◆ **the Security Council of the UN** le conseil de Sécurité des Nations Unies; → **lord, parish, privy**

**COMP** ▷ **council chamber N** *(Brit)* salle *f* du conseil municipal ▷ **council estate N** *(Brit)* cité *f* (de logements sociaux *or* de HLM) ▷ **council flat N** *(Brit)* appartement *m*/maison *f* loué(e) à la municipalité, ≃ HLM *m or f* ▷ **council house N** *(Brit)* maison *f* louée à la municipalité, ≃ HLM *m or f* ▷ **council housing N** *(Brit)* logements *mpl* sociaux ▷ **council housing estate N** ⇒ **council estate** ▷ **the Council of Economic Advisors N** *(US)* les Conseillers *mpl* économiques (du Président) ▷ **Council of Europe N** Conseil *m* de l'Europe ▷ **Council of Ministers N** *(Pol)* Conseil *m* des ministres ▷ **council school N** *(Brit)* école *f* publique ▷ **council tax N** *(Brit)* impôts *mpl* locaux ▷ **council tenant N** *(Brit)* locataire *mf* d'un logement social

**councillor** /ˈkaʊnsɪləʳ/ **N** conseiller *m*, -ère *f*, membre *m* d'un conseil ◆ **Councillor X** *(form of address)* Monsieur le conseiller municipal X, Madame la conseillère municipale X; → **privy, town**

**councilman** /ˈkaʊnsɪlmæn/ **N** (pl **-men**) *(US)* conseiller *m*

**councilwoman** /ˈkaʊnsɪlwʊmən/ N (pl **-women**) (US) conseillère *f*

**counsel** /ˈkaʊnsəl/ **N** **a** (NonC) conseil *m* ◆ **to take ~ with sb** prendre conseil de qn, consulter qn ◆ **to keep one's own ~** garder ses pensées pour soi, ne rien dévoiler de ses pensées **b** (pl inv: Jur) avocat(e) *m(f)* ◆ **~ for the defence** (Brit) (avocat *m* de la) défense *f* ◆ **~ for the prosecution** (Brit) avocat *m* du ministère public ◆ **King's** *or* **Queen's Counsel** avocat *m* de la couronne (*qui peut néanmoins plaider pour des particuliers*); → **defending, prosecuting** **VT** (frm, liter) recommander, conseiller (*sb to do sth* à qn de faire qch); ◆ **to ~ caution** recommander *or* conseiller la prudence

**counselling, counseling** (US) /ˈkaʊnsəlɪŋ/ **N** (gen = advice) conseils *mpl*; (Psych, Social Work) assistance *f* socio-psychologique; (Brit Scol) aide *f* psychopédagogique **COMP** ▷ **counseling service** N (US Univ) service *m* d'orientation et d'assistance universitaire

**counsellor, counselor** (US) /ˈkaʊnsləʳ/ N **a** (gen) conseiller *m*, -ère *f*; (Psych, Social Work) conseiller *m*, -ère *f* socio-psychologique; (US Educ) conseiller *m*, -ère *f* d'orientation **b** (Ir, US: also **counsellor-at-law**) avocat *m*

**count**[1] /kaʊnt/ LANGUAGE IN USE 4

**N** **a** compte *m*; [*of votes at election*] dépouillement *m* ◆ **to make a ~** faire un compte ◆ **at the last ~** (gen) la dernière fois qu'on a compté; (Admin) au dernier recensement ◆ **to be out for the ~, to take the ~** (Boxing) être (mis) knock-out, aller au tapis pour le compte ◆ **to be out for the ~** * (fig) (= unconscious) être KO *, avoir son compte *; (= asleep) avoir son compte * ◆ **I'll come and look for you after a ~ of ten** je compte jusqu'à dix et je viens te chercher ◆ **to keep (a) ~ of ...** tenir le compte de ... ◆ **to take no ~ of ...** (fig) ne pas tenir compte de ...

♦ **to lose count** ◆ **every time you interrupt you make me lose ~** chaque fois que tu m'interromps je perds le fil ◆ **I've lost ~** je ne sais plus où j'en suis ◆ **I've lost ~ of the number of times I've told you** je ne sais plus combien de fois je te l'ai dit ◆ **he lost ~ of the tickets he had sold** il ne savait plus combien de billets il avait vendus

**b** (Jur) chef *m* d'accusation ◆ **guilty on three ~s** reconnu coupable pour trois chefs d'accusation

**c** (= respect, point of view) ◆ **you're wrong on both ~s** tu te trompes doublement ◆ **the movie is unique on several ~s** c'est un film unique à plusieurs égards ◆ **a magnificent book on all ~s** un livre magnifique à tous points de vue

**VT** **a** (= add up) compter ◆ **to ~ the votes** (Admin, Pol) compter les bulletins ◆ **to ~ noses** * (US) compter les présents ◆ **to ~ sheep** compter les moutons ◆ **to ~ the cost** (lit) calculer la dépense; (fig) faire le bilan ◆ **without ~ing the cost** (lit, fig) sans compter ◆ **(you must) ~ your blessings** estimez-vous heureux ◆ **don't ~ your chickens (before they're hatched)** (Prov) il ne faut pas vendre la peau de l'ours (avant de l'avoir tué) (Prov) → **stand**

**b** (= include) compter ◆ **ten people not ~ing the children** dix personnes sans compter les enfants ◆ **three more ~ing Charles** trois de plus, en comptant Charles ◆ **to ~ sb among one's friends** compter qn parmi ses amis

**c** (= consider) tenir, estimer ◆ **to ~ sb as dead** tenir qn pour mort ◆ **we must ~ ourselves fortunate** *or* **lucky (men)** nous devons nous estimer heureux ◆ **I ~ it an honour to (be able to) help you** je m'estime honoré de pouvoir vous aider

**VI** **a** compter ◆ **can he ~?** est-ce qu'il sait compter ? ◆ **~ing from tonight** à compter de ce soir ◆ **~ing from the left** à partir de la gauche

**b** (= be considered) compter ◆ **you ~ among my best friends** vous comptez parmi *or* au nombre de mes meilleurs amis ◆ **two children ~ as one adult** deux enfants comptent pour un adulte ◆ **that doesn't ~** cela ne compte pas

**c** (= have importance) compter ◆ **every minute ~s** chaque minute compte ◆ **that ~s for nothing** cela ne compte pas, cela compte pour du beurre * ◆ **he ~s for a lot in that firm** il joue un rôle important dans cette compagnie ◆ **a university degree ~s for very little nowadays** de nos jours un diplôme universitaire n'a pas beaucoup de valeur *or* ne pèse pas lourd *

**COMP** ▷ **count noun** N nom *m* comptable

► **count against** VT FUS desservir ◆ **his lack of experience ~s against him** son inexpérience le dessert *or* joue contre lui

► **count down**
VI faire le compte à rebours

► **count in** * VT SEP compter ◆ **to ~ sb in on a plan** inclure qn dans un projet ◆ **you can ~ me in!** je suis de la partie !

► **count on** VT FUS ⇒ **count upon**

► **count out** VT SEP **a** (Boxing) **to be ~ed out** être mis knock-out, être envoyé *or* aller au tapis pour le compte

**b** [+ *money*] compter pièce par pièce; [+ *small objects*] compter, dénombrer

**c** (= exclude) ◆ **you can count me out of * this business** ne comptez pas sur moi dans cette affaire

**d** (Parl etc) **to ~ out a meeting** ajourner une séance (*le quorum n'étant pas atteint*) ◆ **to ~ out the House** (Brit) ajourner la séance (*du Parlement*)

► **count towards** VT FUS ◆ **these contributions will count towards your pension** ces cotisations compteront pour *or* seront prises en compte pour votre retraite

► **count up** VT SEP compter

► **count upon** VT FUS compter (sur) ◆ **I'm ~ing upon you** je compte sur vous ◆ **to ~ upon doing sth** compter faire qch

**count**[2] /kaʊnt/ N (= nobleman) comte *m*

**countability** /ˌkaʊntəˈbɪlɪtɪ/ N (Ling = fact of being countable) fait *m* d'être comptable ◆ **the problem of ~** le problème de savoir si un (*or* le *etc*) substantif est comptable ou non

**countable** /ˈkaʊntəbl/ ADJ (Gram) ◆ **~ noun** nom *m* comptable

**countdown** /ˈkaʊntdaʊn/ N compte *m* à rebours

**countenance** /ˈkaʊntɪnəns/ **N** **a** (liter = face) (expression *f* du) visage *m*, figure *f*; (= expression) mine *f*; (= composure) contenance *f* ◆ **out of ~** décontenancé ◆ **to keep one's ~** faire bonne contenance, ne pas se laisser décontenancer **b** (frm = approval) **to give ~ to** [+ *person*] encourager; [+ *plan*] favoriser; [+ *rumour, piece of news*] accréditer **VT** approuver, admettre (*sth* qch; *sb's doing sth* que qn fasse qch)

**counter**[1] /ˈkaʊntəʳ/ **N** **a** (in shop, canteen) comptoir *m*; (= position: in bank, post office etc) guichet *m*; (in pub) comptoir *m*, zinc * *m* ◆ **the girl behind the ~** (in shop) la vendeuse; (in pub) la serveuse ◆ **over the ~** (St Ex) hors cote ◆ **available over the ~** (Pharm) vendu sans ordonnance ◆ **to buy/sell medicines over the ~** acheter/vendre des médicaments sans ordonnance; see also **over-the-counter** ◆ **to buy/sell sth under the ~** acheter/vendre qch sous le manteau; see also **under-the-counter** **b** (= disc) jeton *m* **c** (Tech) compteur *m*; → **Geiger counter** **COMP** ▷ **counter hand** N (in shop) vendeur *m*, -euse *f*; (in snack bar) serveur *m*, -euse *f* ▷ **counter staff** N (NonC, in bank) caissiers *mpl*, -ières *fpl*, guichetiers *mpl*; (in shop) vendeurs *mpl*, -euses *fpl*

**counter**[2] /ˈkaʊntəʳ/ **ADV** ◆ **~ to sb's wishes** à l'encontre des *or* contrairement aux souhaits de qn ◆ **~ to sb's orders** contrairement aux ordres de qn ◆ **to run ~ to sth** aller à l'encontre de qch **ADJ** ◆ **~ to sth** contraire à qch **N** ◆ **to be a ~ to sth** contrebalancer qch **VT** [+ *remark*] répliquer à (*by, with* par); [+ *decision, order*] aller à l'encontre de, s'opposer à; [+ *plan*] contrecarrer, contrarier; [+ *blow*] parer **VI** (fig) riposter, répliquer; (Boxing, Fencing etc) contrer ◆ **he ~ed with a right** il a contré d'une droite

**counter...** /ˈkaʊntəʳ/ PREF contre...

**counteract** /ˌkaʊntərˈækt/ VT neutraliser, contrebalancer

**counter-argument** /ˈkaʊntərˌɑːgjʊmənt/ N contre-argument *m*

**counterattack** /ˈkaʊntərəˌtæk/ (Mil, fig) **N** contre-attaque *f* **VTI** contre-attaquer

**counterattraction** /ˈkaʊntərəˌtrækʃən/ N attraction *f* concurrente, spectacle *m* rival

**counterbalance** /ˈkaʊntəˌbæləns/ **N** contrepoids *m* **VT** contrebalancer, faire contrepoids à

**counterbid** /ˈkaʊntəˌbɪd/ N surenchère *f*, suroffre *f*

**counterblast** /ˈkaʊntəblɑːst/ N réfutation *f* or démenti *m* énergique

**countercharge** /ˈkaʊntətʃɑːdʒ/ N (Jur) contre-accusation *f*

**countercheck** /ˈkaʊntətʃek/ **N** deuxième contrôle *m* or vérification *f* **VT** revérifier

**counterclaim** /ˈkaʊntəkleɪm/ N (Jur) demande *f* reconventionnelle ◆ **to bring a ~** introduire une demande reconventionnelle

**counterclockwise** /ˌkaʊntəˈklɒkˌwaɪz/ ADV, ADJ (US) dans le sens inverse des aiguilles d'une montre

**counterculture** /ˈkaʊntəˌkʌltʃə/ N contre-culture *f*

**counterespionage** /ˌkaʊntərˈespɪəˌnɑːʒ/ N contre-espionnage *m*

**counterexample** /ˈkaʊntərɪgˌzɑːmpəl/ N contre-exemple *m*

**counterfeit** /ˈkaʊntəfiːt/ **ADJ** faux (fausse *f*) ◆ **~ coin/money** fausse pièce *f*/monnaie *f* **N** faux *m*, contrefaçon *f* **VT** [+ *banknote, signature*] contrefaire ◆ **to ~ money** fabriquer de la fausse monnaie

**counterfoil** /ˈkaʊntəfɔɪl/ N (Brit) [*of cheque etc*] talon *m*, souche *f*

**counter-gambit** /ˈkaʊntəgæmbɪt/ N contre-gambit *m*

**counter-inflationary** /ˌkaʊntərɪnˈfleɪʃənrɪ/ ADJ (Brit Econ) anti-inflationniste

**counterinsurgency** /ˌkaʊntərɪnˈsɜːdʒənsɪ/ N contre-insurrection *f*

**counterinsurgent** /ˌkaʊntərɪnˈsɜːdʒənt/ N contre-insurgé(e) *m(f)*

**counterintelligence** /ˌkaʊntərɪnˈtelɪdʒəns/ N contre-espionnage *m*

**counterintuitive** /ˌkaʊntərɪnˈtjuːɪtɪv/ ADJ contraire à l'intuition

**counterirritant** /ˌkaʊntərˈɪrɪtənt/ N *(Med)* révulsif *m*

**counterman** /ˈkaʊntəmæn/ N (pl **-men**) *(US)* serveur *m*

**countermand** /ˈkaʊntəmɑːnd/ VT *[+ order]* annuler ◆ **unless ~ed** sauf contrordre

**countermeasure** /ˈkaʊntəmeʒəʳ/ N contre-mesure *f*

**countermove** /ˈkaʊntəmuːv/ N *(Mil)* contre-attaque *f*, riposte *f*

**counteroffensive** /ˈkaʊntərəfensɪv/ N *(Mil)* contre-offensive *f*

**counteroffer** /ˈkaʊntərˌɒfəʳ/ N contre-offre *f*, contre-proposition *f*

**counter-order** /ˈkaʊntəˌrɔːdəʳ/ N contrordre *m*

**counterpane** /ˈkaʊntəpeɪn/ N dessus-de-lit *m inv*, couvre-lit *m* ; *(quilted)* courtepointe *f*

**counterpart** /ˈkaʊntəpɑːt/ N *[of document etc]* *(= duplicate)* double *m*, contrepartie *f* ; *(= equivalent)* équivalent *m* ; *[of person]* homologue *mf*

**counterplea** /ˈkaʊntəpliː/ N réplique *f*

**counterpoint** /ˈkaʊntəpɔɪnt/ **N** *(Mus)* contrepoint *m* **VT** *(fig)* contraster avec

**counterpoise** /ˈkaʊntəpɔɪz/ **N** *(= weight, force)* contrepoids *m* ; *(= equilibrium)* équilibre *m* ◆ **in ~** en équilibre **VT** contrebalancer, faire contrepoids à

**counterproductive** /ˌkaʊntəprəˈdʌktɪv/ ADJ contre-productif

**counter-proposal** /ˌkaʊntəprəˈpəʊzəl/ N contre-proposition *f*

**Counter-Reformation** /ˌkaʊntəˌrefəˈmeɪʃən/ N *(Hist)* Contre-Réforme *f*

**counter-revolution** /ˌkaʊntəˌrevəˈluːʃən/ N contre-révolution *f*

**counter-revolutionary** /ˌkaʊntəˌrevəˈluːʃənrɪ/ ADJ, N contre-révolutionnaire *mf*

**counter-shot** /ˈkaʊntəʃɒt/ N *(Cine)* contre-champ *m*

**countersign** /ˈkaʊntəsaɪn/ **VT** contresigner **N** mot *m* de passe *or* d'ordre

**countersink** /ˈkaʊntəsɪŋk/ VT *[+ hole]* fraiser ; *[+ screw]* noyer

**counter-stroke** /ˈkaʊntəstrəʊk/ N *(lit, fig)* retour *m* offensif

**countersunk** /ˈkaʊntəsʌŋk/ ADJ fraisé

**countertenor** /ˌkaʊntəˈtenəʳ/ N *(Mus)* *(= singer)* haute-contre *m* ; *(= voice)* haute-contre *f*

**countertop** /ˈkaʊntətɒp/ N *(US)* plan *m* de travail

**counter-turn** /ˈkaʊntətɜːn/ N *(Ski)* contre-virage *m*

**countervailing** /ˈkaʊntəveɪlɪŋ/ ADJ *(Fin)* ◆ **~ duties** droits *mpl* compensatoires

**counterweight** /ˈkaʊntəweɪt/ N contrepoids *m*

**countess** /ˈkaʊntɪs/ N comtesse *f*

**counting** /ˈkaʊntɪŋ/ **N** *(= school subject)* calcul *m* **COMP** ▷ **counting house** † N *(Brit)* salle *f* or immeuble *m* des comptables

**countless** /ˈkaʊntlɪs/ ADJ innombrable, sans nombre ◆ **on ~ occasions** en d'innombrables occasions ◆ **~ millions of ...** des millions et des millions de ...

**countrified** /ˈkʌntrɪfaɪd/ ADJ rustique, campagnard

**country** /ˈkʌntrɪ/ **N** a pays *m* ◆ **the different countries of the world** les divers pays *mpl* du monde ◆ **the ~ wants peace** le pays désire la paix ◆ **to go to the ~** *(Brit Pol)* appeler le pays aux urnes

b *(= native land)* patrie *f*, pays *m* ◆ **to die for one's ~** mourir pour son pays ; → **old**

c *(NonC: as opposed to town)* campagne *f* ◆ **in the ~** à la campagne ◆ **the ~ round the town** les environs *mpl* de la ville ◆ **the surrounding ~** la campagne environnante ◆ **to live off the ~** *(gen)* vivre de la terre ; *(Mil)* vivre sur le pays

d *(NonC = region)* pays *m*, région *f* ◆ **there is some lovely ~ to the north** il y a de beaux paysages *mpl* dans le nord ◆ **mountainous ~** région *f* montagneuse ◆ **this is good fishing ~** c'est une bonne région pour la pêche ◆ **this is unknown ~ to me** *(lit)* je ne connais pas la région ; *(fig)* je suis en terrain inconnu ; → **open**

**COMP** *[lifestyle]* campagnard, de (la) campagne ▷ **country-and-western** N *(Mus)* musique *f* country (and western) ▷ **country-born** ADJ né à la campagne ▷ **country-bred** ADJ élevé à la campagne ▷ **country bumpkin** N *(pej)* péquenaud(e)* *m(f)* *(pej)*, cul-terreux* *m* *(pej)* ▷ **country club** N club *m* de loisirs *(à la campagne)* ▷ **the country code** N *(Brit)* les us *mpl* et coutumes *fpl* de la campagne ▷ **country cottage** N cottage *m*, petite maison *f* (à la campagne) ; *[of weekenders]* maison *f* de campagne ▷ **country cousin** N *(fig)* cousin(e) *m(f)* de province ▷ **country dance** *(NonC)*, **country dancing** N danse *f* folklorique ◆ **to go ~ dancing** danser (des danses folkloriques) ▷ **country dweller** N campagnard(e) *m(f)*, habitant(e) *m(f)* de la campagne ▷ **country folk** NPL gens *mpl* de la campagne, campagnards *mpl* ▷ **country gentleman** N (pl **country gentlemen**) gentilhomme *m* campagnard ▷ **country house** N manoir *m*, (petit) château *m* ▷ **country life** N vie *f* à la campagne, vie *f* campagnarde ▷ **country mile** * N *(US)* ◆ **to miss sth by a ~ mile** manquer qch de beaucoup ▷ **country music** N *(NonC)* (musique *f*) country *m* ▷ **country park** N *(Brit)* parc *m* naturel ▷ **country people** N *(NonC)* campagnards *mpl*, gens *mpl* de la campagne ▷ **country road** N petite route *f* (de campagne) ▷ **country seat** N manoir *m*, gentilhommière *f*

**countryman** /ˈkʌntrɪmæn/ N (pl **-men**) (also **fellow countryman**) compatriote *m*, concitoyen *m* ; *(opposed to town dweller)* habitant *m* de la campagne, campagnard *m*

**countryside** /ˈkʌntrɪsaɪd/ **N** ◆ **the ~** la campagne **COMP** ▷ **the Countryside Commission** N *(Brit) organisme chargé de la protection du milieu rural*

**countrywide** /ˈkʌntrɪwaɪd/ ADJ à l'échelle nationale

**countrywoman** /ˈkʌntrɪwʊmən/ N (pl **-women**) (also **fellow countrywoman**) compatriote *f*, concitoyenne *f* ; *(opposed to town dweller)* habitante *f* de la campagne, campagnarde *f*

**county** /ˈkaʊntɪ/ **N** a comté *m* *(division administrative)*, ≃ département *m* ; → **home** b *(= people)* habitants *mpl* d'un comté ◆ **the ~** *(Brit)* *(= nobility etc)* l'aristocratie *f* terrienne *(du comté)* **ADJ** *(Brit)* *[voice, accent]* aristocratique ◆ **he's very ~** il est *or* fait très aristocratie terrienne **COMP** ▷ **county agent** N *(US)* ingénieur-agronome *m* ▷ **county clerk** N *(US Admin)* ≃ sous-préfet *m* ▷ **county council** N *(in Brit: formerly)* ≃ conseil *m* régional ▷ **county court** N ≃ tribunal *m* de grande instance ▷ **county cricket** N *(Brit) le cricket disputé entre les comtés* ▷ **county family** N *(Brit)* vieille famille *f* ▷ **county jail** N *(US)* → **county prison** ▷ **county police** N *(US)* police *f* régionale, ≃ gendarmerie *f* ▷ **county prison** N centrale *f* ▷ **county seat** N *(US)* ⇒ **county town** ▷ **county town** N chef-lieu *m*

**coup** /kuː/ N (beau) coup *m* *(fig)* *(Pol)* coup *m* d'État

**coupé** /ˈkuːpeɪ/ N *(= car)* coupé *m*

**couple** /ˈkʌpl/ **N** couple *m* ◆ **the young (married) ~** les jeunes mariés, le jeune couple ◆ **a ~ of** deux ◆ **I've seen him a ~ of times** je l'ai vu deux ou trois fois ◆ **I did it in a ~ of hours** je l'ai fait en deux heures environ ◆ **we had a ~ * in the bar** nous avons pris un verre ou deux au bar ◆ **when he's had a ~ * he begins to sing** après un ou deux verres, il se met à chanter ; → **first** **VT** a (also **couple up**) *[+ railway carriages]* atteler, (ac-)coupler ; *[+ ideas, names]* associer b ◆ **~d with** ajouté à ◆ **~d with the fact that ...** venant en plus du fait que ... **VI** *(= mate)* s'accoupler

**coupledom** /ˈkʌpldəm/ N la vie de couple

**coupler** /ˈkʌpləʳ/ N *(Comput)* coupleur *m* ; *(US Rail)* attelage *m* ◆ **acoustic ~** *(Comput)* coupleur *m* acoustique

**couplet** /ˈkʌplɪt/ N distique *m*

**coupling** /ˈkʌplɪŋ/ N a *(NonC)* *(= combination)* association *f* b *(= device)* *(Rail)* attelage *m* ; *(Elec)* couplage *m* c *(= sexual intercourse)* accouplement *m*

**coupon** /ˈkuːpɒn/ N *(= money-off voucher)* bon *m* de réduction ; *(= form in newspaper, magazine)* bulletin-réponse *m* ; *(for rationed product)* ticket *m* or carte *f* de rationnement ; *[of cigarette packets etc]* bon *m*, vignette *f* ; → **international**

**courage** /ˈkʌrɪdʒ/ N courage *m* ◆ **I haven't the ~ to refuse** je n'ai pas le courage de refuser ◆ **to take/lose ~** prendre/perdre courage ◆ **to take ~ from sth** être encouragé par qch ◆ **to have the ~ of one's convictions** avoir le courage de ses opinions ◆ **to take one's ~ in both hands** prendre son courage à deux mains ; → **Dutch, pluck up**

**courageous** /kəˈreɪdʒəs/ ADJ courageux

**courageously** /kəˈreɪdʒəslɪ/ ADV courageusement

**courgette** /kʊəˈʒet/ N *(Brit)* courgette *f*

**courier** /ˈkʊrɪəʳ/ **N** a *(= messenger)* *(gen)* messager *m* ; *(Mil)* courrier *m* ; *[of urgent mail]* coursier *m*, -ière *f* b *(= tourist guide)* guide *m* **VT** *(= send)* envoyer par coursier **COMP** ▷ **courier service** N messagerie *f*

> ⚠ **courier** *is only translated by the French word* **courrier** *in the military sense. The commonest sense of* **courier** *is 'mail'.*

**course** /kɔːs/ **N** a

◆ **of course** bien sûr, bien entendu ◆ **did he do it? – of ~!/of ~ not!** est-ce qu'il l'a fait ? — bien sûr *or* bien entendu !/bien sûr que non ! ◆ **may I take it? – of ~!** est-ce que je peux le prendre ? — bien sûr *or* mais oui ! ◆ **do you mind? – of ~ not!** ça vous dérange ? — bien sûr que non ! ◆ **do you love him? – of ~ I do!/of ~ I don't!** tu l'aimes ? — bien sûr (que je l'aime) !/bien sûr que non ! ◆ **of ~ I won't do it!** je ne vais pas faire ça, bien sûr ! ◆ **he denied it; nobody believed him of ~** il l'a nié ; bien sûr, personne ne l'a cru ◆ **you'll come on Saturday of ~** vous viendrez samedi bien sûr

b *(= duration, process)* *[of life, events, time, disease]* cours *m* ◆ **in the normal/ordinary ~ of**

**things** *or* **events** en temps normal/ordinaire

♦ **in the course of** au cours de ♦ **in the ~ of the conversation** au cours de la conversation ♦ **in the ~ of the next few months** au cours des prochains mois ♦ **in the ~ of time** avec le temps ♦ **in the ~ of the week** dans le courant de la semaine ; → **due, matter**

**c** *(= direction, way, route) [of river, war]* cours *m* ; *[of ship]* route *f* ; *[of planet]* trajectoire *f*, orbite *f* ♦ **to keep** *or* **hold one's ~** poursuivre sa route ♦ **to hold (one's) ~** *(Naut)* garder le cap ♦ **on ~** *[rocket]* sur la bonne trajectoire ♦ **on ~ for** *(lit)* en route pour ♦ **the team is on ~ for a place in the finals** l'équipe est bien partie pour une qualification en finale ♦ **to set ~ for** *(Naut)* mettre le cap sur ♦ **to change ~** *(Naut, fig)* changer de cap ♦ **to change the ~ of history** changer le cours de l'histoire ♦ **to get back on ~** *[ship]* reprendre son cap ♦ **to go off ~** *(Naut, Aviat, Space)* dévier de son cap ; *(fig)* faire fausse route ♦ **to let sth take its ~** laisser qch suivre son cours ♦ **to let events run their ~** laisser les événements suivre leur cours ♦ **the affair/the illness has run its ~** l'affaire/la maladie a suivi son cours ; → **middle**

**d** *(= option)* solution *f* ♦ **we have no other ~ but to ...** nous n'avons pas d'autre solution que de ... ♦ **the best ~ would be to leave at once** la meilleure solution serait de partir immédiatement ♦ **there are several ~s open to us** plusieurs possibilités s'offrent à nous ♦ **what ~ do you suggest?** quel parti (nous) conseillez-vous de prendre ? ♦ **let him take his own ~** laissez-le agir à sa guise *or* comme bon lui semble ♦ **to take a certain ~ of action** adopter une certaine ligne de conduite

**e** *(Scol, Univ)* cours *m* ; *(non-academic)* stage *m* ♦ **he did a three-year computing ~** il a fait trois ans d'études en informatique ♦ **the firm sent me on a two-week computing ~** mon entreprise m'a envoyé en stage d'informatique pendant deux semaines ♦ **a summer English ~** un stage d'anglais d'été ♦ **to do a French ~** suivre des cours de français ♦ **a creative writing ~** un cours (*or* un stage) de création littéraire ♦ **the people on the ~ are really nice** les gens du cours (*or* du stage) sont vraiment sympathiques ♦ **he gave a ~ of lectures on Proust** il a donné une série de conférences sur Proust ♦ **I have bought part two of the German ~** j'ai acheté la deuxième partie de la méthode *or* du cours d'allemand ; → **correspondence, foundation, refresher, sandwich**

**f** *(Sport) (gen)* parcours *m* ; *(Golf etc)* terrain *m* ; → **assault, golf, racecourse, stay**[1]

**g** *[of meal]* plat *m* ♦ **first ~** entrée *f* ♦ **three-/four-~ meal** repas *m* de trois/quatre plats ; → **main**

**h** *(Med) [of injections]* série *f* ♦ **~ of pills** traitement *m* à base de comprimés ♦ **~ of treatment** traitement *m*

**i** *(Constr)* assise *f (de briques etc)* ; → **damp**

**NPL courses** *(Naut)* basses voiles *fpl*

**VI a** *[water]* couler à flots ♦ **tears ~d down her cheeks** les larmes ruisselaient sur ses joues ♦ **it sent the blood coursing through his veins** cela lui fouetta le sang

**b** *(Sport)* chasser (le lièvre)

**VT** *(Sport) [+ hare]* courir, chasser

**COMP** ▷ **course of study** N *(Scol)* programme *m* scolaire ; *(Univ)* cursus *m* universitaire ▷ **course work** N *(NonC: Univ) (= assessment)* contrôle *m* continu ; *(= work)* devoirs *mpl (comptant pour le contrôle continu)*

**coursebook** /'kɔːsbʊk/ N *(Scol)* manuel *m*

**courser** /'kɔːsəʳ/ N *(= person)* chasseur *m (gén de lièvres)* ; *(= dog)* chien *m* courant ; *(liter) (= horse)* coursier *m (liter)*

**coursing** /'kɔːsɪŋ/ N *(Sport)* chasse *f* au lièvre

**court** /kɔːt/ **N a** *(Jur)* cour *f*, tribunal *m* ♦ **tell the ~ what you heard** dites à la cour ce que vous avez entendu ♦ **to settle a case out of ~** arranger une affaire à l'amiable ♦ **to rule sth out of ~** déclarer qch inadmissible ♦ **to take sb to ~ over** *or* **about sth** poursuivre qn en justice pour qch, intenter un procès contre qn pour qch ♦ **he was brought before the ~s several times** il est passé plusieurs fois en jugement ♦ **to clear the ~** *(Jur)* faire évacuer la salle ♦ **to give sb a day in ~** * *(esp US fig)* donner à qn l'occasion de s'expliquer *or* de se faire entendre ; → **high, law**

**b** *[of monarch]* cour *f* (royale) ♦ **the Court of St James** la cour de Saint-James ♦ **to be at ~** *(for short time)* être à la cour ; *(for long time)* faire partie de la cour ♦ **to hold ~** *(fig)* être entouré de sa cour

**c** ♦ **to pay ~ to a woman** † faire sa *or* la cour à une femme

**d** *(Tennis)* court *m* ; *(Basketball)* terrain *m* ♦ **they've been on ~ for two hours** *(Tennis)* cela fait deux heures qu'ils sont sur le court *or* qu'ils jouent

**e** (also **courtyard**) cour *f* ; *(= passage between houses)* ruelle *f*, venelle *f*

**VT** *[+ woman]* faire la *or* sa cour à, courtiser ; *[+ sb's favour]* solliciter, rechercher ; *[+ danger, defeat]* aller au-devant de, s'exposer à

**VI** ♦ **they are ~ing** † ils sortent ensemble ♦ **are you ~ing?** † tu as un petit copain * (*or* une petite amie *) ?

**COMP** ▷ **court card** N *(esp Brit)* figure *f (de jeu de cartes)* ▷ **court case** N procès *m*, affaire *f* ▷ **court circular** N bulletin *m* quotidien de la cour ▷ **court correspondent** N *(Brit Press)* correspondant(e) *m(f)* chargé(e) des affaires royales ▷ **courting couple** † N couple *m* d'amoureux ▷ **court of appeal** *(Brit)*, **court of appeals** *(US)* N cour *f* d'appel ▷ **Court of Claims** N *(US) tribunal fédéral chargé de régler les réclamations contre l'État* ▷ **court of competent jurisdiction** N tribunal *m* compétent ▷ **court of inquiry** N commission *f* d'enquête ▷ **Court of International Trade** N *(US) tribunal de commerce international* ▷ **court of justice** N cour *f* de justice ▷ **court of last resort** N *(US)* tribunal *m* jugeant en dernier ressort ▷ **Court of Session** N *(Scot)* cour *f* de cassation ▷ **court order** N *(Jur)* ordonnance *f* du (*or* d'un) tribunal ▷ **court record** N *(US Jur)* compte rendu *m* d'audience ▷ **court reporter** N *(Jur)* greffier *m*, -ière *f* ; *(Brit Press)* ⇒ **court correspondent** ▷ **court room** N ⇒ **courtroom** ▷ **court shoe** N *(Brit)* escarpin *m*

**Courtelle** ® /kɔː'tel/ N Courtelle ® *m*

**courteous** /'kɜːtɪəs/ ADJ courtois (*towards* envers)

**courteously** /'kɜːtɪəslɪ/ ADV courtoisement

**courtesan** /ˌkɔːtɪ'zæn/ N courtisane *f*

**courtesy** /'kɜːtɪsɪ/ **N** courtoisie *f* ♦ **you might have had the ~ to explain yourself** vous auriez pu avoir la courtoisie de vous expliquer ♦ **will you do me the ~ of reading it?** auriez-vous l'obligeance de le lire ? ♦ **an exchange of courtesies** un échange de politesses

♦ **courtesy of** ♦ **two glasses of champagne, ~ of the restaurant** deux verres de champagne offerts par la direction ♦ **illustrations by ~ of the National Gallery** illustrations reproduites avec l'aimable autorisation de la National Gallery

**COMP** ▷ **courtesy bus** N navette *f* gratuite ▷ **courtesy call** N *(= visit)* visite *f* de politesse ; *(euph = cold call)* démarchage *m* téléphonique ▷ **courtesy car** N *voiture gracieusement mise à la disposition d'un client* ; *(provided by insurance company, garage etc)* véhicule *m* de remplacement ▷ **courtesy card** N *(US)* carte *f* privilège *(utilisable dans les hôtels, banques etc)* ▷ **courtesy coach** N *(Brit)* ⇒ **courtesy bus** ▷ **courtesy light** N *(Aut)* plafonnier *m* ▷ **courtesy title** N titre *m* de courtoisie ▷ **courtesy visit** N ⇒ **courtesy call**

**courthouse** /'kɔːthaʊs/ N palais *m* de justice, tribunal *m*

**courtier** /'kɔːtɪəʳ/ N courtisan *m*, dame *f* de la cour

**courtly** /'kɔːtlɪ/ **ADJ** élégant, raffiné **COMP** ▷ **courtly love** N *(Hist, Literat)* amour *m* courtois

**court martial** /'kɔːt'mɑːʃəl/ **N** (pl **courts martial** *or* **court martials**) *(Mil)* cour *f* martiale ♦ **to be tried by ~** passer en cour *f* martiale

**VT** ♦ **court-martial** traduire *or* faire passer en conseil de guerre

**courtroom** /'kɔːtruːm/ N salle *f* d'audience ♦ **~ drama** *(Cine, TV)* dramatique *f* judiciaire

**courtship** /'kɔːtʃɪp/ **N** ♦ **his ~ of her** la cour qu'il lui fait (*or* faisait *etc*) ♦ **during their ~** au temps où ils sortaient ensemble **COMP** ▷ **courtship display** N *[of birds, animals]* parade *f* nuptiale

**courtyard** /'kɔːtjɑːd/ N cour *f (de maison, de château)*

**couscous** /'kuːskuːs/ N couscous *m*

**cousin** /'kʌzn/ N cousin(e) *m(f)* ; → **country, first**

**couth** * /kuːθ/ **ADJ** raffiné **N** bonnes manières *fpl*

**couture** /kuː'tjʊə/ N *(NonC)* haute couture *f*

**couturier** /kuː'tʊərɪeɪ/ N grand couturier *m*

**cove**[1] /kəʊv/ N *(Geog)* crique *f*, anse *f* ; *(= cavern)* caverne *f* naturelle ; *(US)* vallon *m* encaissé

**cove**[2] ‡ /kəʊv/ N *(Brit = fellow)* mec ‡ *m*

**coven** /'kʌvən/ N assemblée *f* de sorcières

**covenant** /'kʌvɪnənt/ **N** *(gen)* convention *f*, engagement *m* formel ; *(Brit Fin)* engagement *m* contractuel ; *(Jewish Hist)* alliance *f* ♦ **the Covenant** *(Scot Hist)* le Covenant *(de 1638)* ; → **deed** **VT** s'engager (*to do sth* à faire qch) convenir (*to do sth* de faire qch) ; ♦ **to ~ (to pay) £100 per annum to a charity** *(Fin)* s'engager par contrat à verser 100 livres par an à une œuvre **VI** convenir (*with sb for sth* de qch avec qn)

**covenanter** /'kʌvɪnəntəʳ/ N *(Scot Hist)* covenantaire *mf (adhérent au Covenant de 1638)*

**Coventry** /'kɒvəntrɪ/ N Coventry ♦ **to send sb to ~** *(Brit)* mettre qn en quarantaine

## cover /'kʌvəʳ/

| | |
|---|---|
| 1 NOUN | 3 COMPOUNDS |
| 2 TRANSITIVE VERB | 4 PHRASAL VERBS |

1 - NOUN

**a** for protection *[of table]* nappe *f* ; *[of umbrella]* fourreau *m*, étui *m* ; *(over furniture, typewriter)* housse *f* ; *(over merchandise, vehicle etc)* bâche *f* ; *[of lens]* bouchon *m* ; *[of book]* couverture *f* ; *(= lid)* couvercle *m* ; *(= envelope)* enveloppe *f* ♦ **to read a book from ~ to ~** lire un livre de la première à la dernière page ♦ **under separate ~** *(Comm)* sous pli séparé ; → **first, loose, plain**

**b** for bed, bedcover dessus-de-lit *m inv* ♦ **the ~s** *(= bedclothes)* les couvertures *fpl*

**c** [= shelter] abri *m* ; *(Hunting: for game)* fourré *m*, abri *m* ; *(Mil etc = covering fire)* feu *m* de couverture *or* de protection ◆ **there was no ~ for miles around** *(Mil, gen)* il n'y avait aucun abri à des kilomètres à la ronde ◆ **he was looking for some ~** il cherchait un abri

♦ **to break cover** *[animal]* débusquer ; *[hunted person]* sortir à découvert

♦ **to give sb cover** ◆ **the trees gave him ~** *(= hid him)* les arbres le cachaient ; *(= sheltered him)* les arbres l'abritaient ◆ **give me ~!** *(to soldier etc)* couvrez-moi !

♦ **to run for cover** courir se mettre à l'abri ◆ **critics within his own party are already running for ~** c'est déjà le sauve-qui-peut général parmi ses détracteurs à l'intérieur de son propre parti

♦ **to take cover** *(= hide)* se cacher ; *(Mil)* se mettre à couvert ; *(= shelter)* s'abriter, se mettre à l'abri ◆ **to take ~ from the rain/the bombing** se mettre à l'abri *or* s'abriter de la pluie/des bombes ◆ **to take ~ from enemy fire** *(Mil)* se mettre à l'abri du feu ennemi

♦ **under cover** à l'abri, à couvert ◆ **to get under ~** se mettre à l'abri *or* à couvert ◆ **under ~ of darkness** à la faveur de la nuit ◆ **under ~ of diplomacy** sous couvert de diplomatie ; → **undercover**

**d** [Fin] couverture *f*, provision *f* ◆ **to operate without ~** opérer à découvert

**e** [Brit Insurance] couverture *f*, garantie *f* (d'assurances) (*against* contre) ; ◆ **~ for a building against fire** *etc* couverture *f or* garantie *f* d'un immeuble contre l'incendie *etc* ◆ **full ~** garantie *f* totale *or* tous risques ◆ **fire ~** assurance-incendie *f* ◆ **they've got no (insurance) ~ for** *or* **on this** ils ne sont pas assurés pour *or* contre cela ◆ **we must extend our (insurance) ~** nous devons augmenter le montant de notre garantie (d'assurances) ◆ **the (insurance) ~ ends on 5 July** le contrat d'assurances *or* la police d'assurances expire le 5 juillet

**f** [in espionage etc] fausse identité *f*, couverture *f* ◆ **what's your ~?** quelle est votre couverture ? ◆ **to blow sb's ~** démasquer qn ◆ **the conference was merely a ~ for an illegal political gathering** en fait, la conférence servait de couverture à un rassemblement politique illégal

**g** [for meal] couvert *m* ◆ **~s laid for six** une table de six couverts

**h** [= cover version] reprise *f*

2 - TRANSITIVE VERB

**a** [+ objet, person] couvrir (*with* de) ; ◆ **snow ~s the ground** la neige recouvre le sol ◆ **ground ~ed with leaves** sol *m* couvert de feuilles ◆ **he ~ed the paper with scribbles** il a couvert la page de gribouillages ◆ **the car ~ed us in mud** la voiture nous a couverts de boue ◆ **to ~ one's eyes** *(when crying)* se couvrir les yeux ; *(against sun etc)* se protéger les yeux ◆ **to ~ one's face with one's hands** se couvrir le visage des mains ◆ **to be ~ed in** *or* **with snow/dust/chocolate** être couvert de neige/de poussière/de chocolat ◆ **~ed with confusion** confus ◆ **to ~ o.s. with ridicule** se couvrir de ridicule ◆ **to ~ o.s. with glory** se couvrir de gloire

**b** [+ book, chair] recouvrir, couvrir (*with* de)

**c** [= hide] *[+ feelings, facts]* dissimuler, cacher ; *[+ noise]* couvrir ◆ **to ~ (up) one's tracks** *(lit)* effacer ses traces ; *(fig)* brouiller les pistes *or* les cartes

**d** [= protect] *[+ person]* couvrir, protéger ◆ **the soldiers ~ed our retreat** les soldats ont couvert notre retraite ◆ **he only said that to ~ himself** il n'a dit cela que pour se couvrir ◆ **to ~ one's back** *or* **rear** *or* **ass** **se couvrir

**e** [Insurance] couvrir ◆ **the house is ~ed against fire** *etc* l'immeuble est couvert contre l'incendie *etc* ◆ **it doesn't ~ you for** *or* **against flood damage** vous n'êtes pas couvert contre les dégâts des eaux ◆ **it ~s (for) fire only** cela ne couvre que l'incendie ◆ **what does your travel insurance ~ you for?** contre quoi êtes-vous couvert avec votre assurance voyage ?

**f** [= point gun at] *[+ person]* braquer un revolver sur, braquer * ◆ **to keep sb ~ed** tenir qn sous la menace d'un revolver ◆ **I've got you ~ed!** ne bougez pas ou je tire !

**g** [Sport] *[+ opponent]* marquer

**h** [+ distance] parcourir, couvrir ◆ **we ~ed 8km in two hours** nous avons parcouru *or* couvert 8 km en deux heures ◆ **we ~ed 300 miles on just one tank of petrol** nous avons fait 300 miles avec un seul plein d'essence ◆ **to ~ a lot of ground** *(travelling)* faire beaucoup de chemin ; *(= deal with many subjects)* traiter un large éventail de questions ; *(= do large amount of work)* faire du bon travail

**i** [= be sufficient for] couvrir ◆ **£50 will ~ everything** 50 livres suffiront (à couvrir toutes les dépenses) ◆ **in order to ~ the monthly payments** pour faire face aux mensualités ◆ **to ~ one's costs** *or* **expenses** rentrer dans ses frais ◆ **to ~ a deficit/a loss** combler un déficit/une perte

**j** [= take in, include] englober, comprendre ◆ **his work ~s many different fields** son travail englobe de nombreux domaines ◆ **goods ~ed by this invoice** les marchandises faisant l'objet de cette facture ◆ **in order to ~ all possibilities** pour parer à toute éventualité

**k** [= deal with] traiter ◆ **the book ~s the subject thoroughly** le livre traite le sujet à fond ◆ **the article ~s the 18th century** l'article traite tout le 18e siècle ◆ **his speech ~ed most of the points raised** dans son discours il a traité la plupart des points en question ◆ **such factories will not be ~ed by this report** ce rapport ne traitera pas de ces usines ◆ **no law ~s a situation like that** aucune loi ne prévoit une telle situation

**l** [Press etc] *[+ news, story, scandal]* assurer la couverture de ; *[+ lawsuit]* faire le compte rendu de ◆ **he was sent to ~ the riots** on l'a envoyé assurer le reportage des émeutes ◆ **all the newspapers ~ed the story** les journaux ont tous parlé de l'affaire

**m** [Mus] reprendre ◆ **to ~ a song** reprendre une chanson

**n** [= inseminate] *[animal]* couvrir

3 - COMPOUNDS

▷ **cover charge** N *(in restaurant)* couvert *m* ▷ **covered market** N marché *m* couvert ▷ **covered wagon** N chariot *m* couvert *or* bâché ▷ **cover letter** N *(US)* ⇒ **covering letter** ; → **covering** ▷ **cover-mounted** ADJ *[cassette, CD]* donné en prime ; → **covermount** ▷ **cover note** N *(Brit Insurance)* attestation *f* provisoire d'assurance ▷ **cover price** N *[of newspaper, magazine]* prix *m* de vente (au numéro) ; *[of book]* prix *m* conseillé ▷ **cover story** N *(Press)* article *m* principal ; *(in espionage etc)* couverture *f* ◆ **our ~ story this week** en couverture cette semaine ▷ **cover-up** N ◆ **there's been a ~-up** on a tenté d'étouffer l'affaire ▷ **cover version** N *(Mus)* reprise *f*

4 - PHRASAL VERBS

► **cover for** VT FUS **a** *(= protect) [+ person]* couvrir, protéger ; *(Insurance) [+ risk]* couvrir ◆ **why would she ~ for him if he's trying to kill her?** pourquoi voudrait-elle le couvrir *or* le protéger s'il cherche à la tuer ?

**b** *(= stand in for)* remplacer

► **cover in** VT SEP *[+ trench, grave]* remplir

► **cover over** VT SEP recouvrir

► **cover up** 1 VI **a** se couvrir ◆ **it's cold, ~ up warmly** il fait froid, couvre-toi chaudement

**b** ◆ **to cover up for sb** couvrir qn, protéger qn

2 VT SEP **a** *[+ object]* recouvrir, envelopper ; *[+ child]* couvrir

**b** *(= hide) [+ truth, facts]* dissimuler, cacher ; *[+ affair]* étouffer ; → **cover transitive verb c**

**coverage** /ˈkʌvərɪdʒ/ N **a** *(Press, Rad, TV)* reportage *m* ◆ **to give full ~ to an event** assurer la couverture complète d'un événement, traiter à fond un événement ◆ **the match got nationwide ~** le match a été retransmis *or* diffusé dans tout le pays ◆ **it got full-page ~ in the main dailies** *(Press)* les principaux quotidiens y ont consacré une page entière **b** *(Insurance)* couverture *f*

**coveralls** /ˈkʌvərɔːlz/ NPL bleu(s) *m(pl)* de travail, salopette *f*

**covergirl** /ˈkʌvəgɜːl/ N cover-girl *f*

**covering** /ˈkʌvərɪŋ/ N *(= wrapping etc)* couverture *f*, enveloppe *f* ; *(= layer) [of snow, dust etc]* couche *f* COMP ▷ **covering fire** N *(Mil)* feu *m* de protection *or* de couverture ▷ **covering letter** N *(Brit)* lettre *f* explicative

**coverlet** /ˈkʌvəlɪt/ N dessus-de-lit *m inv*, couvre-lit *m* ; *(quilted)* courtepointe *f*

**covermount** /ˈkʌvəmaʊnt/ N *CD, vidéo etc donné avec un magazine*

**covert** /ˈkʌvət/ ADJ *[threat]* voilé, caché ; *[attack]* indirect ; *[glance]* furtif, dérobé ; *[operation, action, surveillance]* clandestin ; *[homosexuality]* refoulé N *(Hunting)* fourré *m*, couvert *m* ; *(= animal's hiding place)* gîte *m*, terrier *m*

**covertly** /ˈkʌvətlɪ/ ADV *(gen)* en secret ; *[watch]* à la dérobée ◆ **to film sb ~** filmer qn à son insu

**covet** /ˈkʌvɪt/ VT *(frm)* convoiter

**covetous** /ˈkʌvɪtəs/ ADJ *(frm) [person, attitude, nature]* avide ; *[look]* de convoitise ◆ **to cast ~ eyes on sth** regarder qch avec convoitise

**covetously** /ˈkʌvɪtəslɪ/ ADV *(frm)* avec convoitise

**covetousness** /ˈkʌvɪtəsnɪs/ N *(frm)* convoitise *f*

**covey** /ˈkʌvɪ/ N compagnie *f (de perdrix)*

**cow¹** /kaʊ/ N **a** vache *f* ; *(= female) [of elephant etc]* femelle *f* ; *(= female buffalo etc)* buffle *m etc* femelle ◆ **till the ~s come home** * jusqu'à la saint-glinglin * *or* jusqu'à perpète * **b** (* *pej* = *woman*) vache * *f*, chameau * *m* ◆ **she's a cheeky ~** elle est sacrément * culottée ◆ **you're a lazy ~!** tu es une sacrée * fainéante ! ◆ **that nosey ~** cette sacrée * fouineuse ◆ **silly** *or* **stupid ~!** pauvre conne ! * COMP ▷ **cow college** * N *(US Scol)* *(= provincial college)* boîte *f* dans un trou perdu * ; *(= agricultural college)* école *f* d'agriculture ▷ **cow parsley** N *(Bot)* cerfeuil *m* sauvage

**cow²** /kaʊ/ VT *[+ person]* effrayer, intimider ◆ **a ~ed look** un air de chien battu

**coward** /ˈkaʊəd/ N lâche *mf*, poltron(ne) *m(f)*

**cowardice** /ˈkaʊədɪs/, **cowardliness** /ˈkaʊədlɪnɪs/ N lâcheté *f*

**cowardly** /ˈkaʊədlɪ/ ADJ *[person]* lâche, poltron ; *[action, words]* lâche

**cowbell** /ˈkaʊbel/ N cloche *f* de *or* à vache

**cowboy** /ˈkaʊbɔɪ/ N cow-boy *m* ; *(Brit * pej)* fumiste *m* ◆ **to play ~s and Indians** jouer aux cow-boys et aux Indiens ADJ *(Brit * pej)* pas sérieux, fumiste COMP ▷ **cowboy boots** NPL santiags * *mpl* ▷ **cowboy hat** N chapeau *m* de cow-boy, feutre *m* à larges bords

**cowcatcher** /ˈkaʊkætʃəʳ/ N *(Rail)* chasse-pierres *m inv*

**cower** /ˈkaʊəʳ/ VI (also **cower down**) se tapir, se recroqueviller ◆ **to ~ before sb** *(fig)* trembler devant qn

**cowgirl** /ˈkaʊgɜːl/ N vachère *f* à cheval

**cowherd** /ˈkaʊhɜːd/ N vacher *m*, -ère *f*, bouvier *m*, -ière *f*

**cowhide** /ˈkaʊhaɪd/ N *(= skin)* peau *f or* cuir *m* de vache ; *(US = whip)* fouet *m* (à lanière de cuir) VT *(US)* fouetter (avec une lanière de cuir)

**cowl** /kaʊl/ N a *(= hood)* capuchon *m* *(de moine)* ◆ ~ **neck(line)** col *m* boule b *[of chimney]* capuchon *m*

**cowlick** /ˈkaʊlɪk/ N épi *m*

**cowling** /ˈkaʊlɪŋ/ N capotage *m*

**cowman** /ˈkaʊmən/ N (pl **-men**) *(Brit)* ⇒ **cowherd**

**co-worker** /ˈkəʊˈwɜːkəʳ/ N collègue *mf*, camarade *mf* (de travail)

**cowpat** /ˈkaʊpæt/ N bouse *f* (de vache)

**cowpea** /ˈkaʊpiː/ N *(US)* dolique *m or* dolic *m*

**cowpoke** /ˈkaʊpəʊk/ N *(US)* cowboy *m*

**cowpox** /ˈkaʊpɒks/ N *(Vet)* vaccine *f*, cow-pox *m* ◆ ~ **vaccine** vaccin *m* antivariolique

**cowpuncher** * /ˈkaʊpʌntʃəʳ/ N *(US)* ⇒ **cowboy**

**cowrie, cowry** /ˈkaʊri/ N cauri *m*

**cowshed** /ˈkaʊʃed/ N étable *f*

**cowslip** /ˈkaʊslɪp/ N *(Bot)* coucou *m*, primevère *f* ; *(US = marsh marigold)* populage *m*

**cowtown** /ˈkaʊtaʊn/ N *(US pej)* bled * *m*, patelin * *m*

**cox** /kɒks/ N *(Rowing)* barreur *m* VT *(Rowing) [+ boat]* barrer, gouverner ◆ **~ed four** quatre *m* barré, quatre *m* avec barreur VI *(Rowing)* barrer

**coxcomb** † /ˈkɒkskəʊm/ N fat † *m*

**coxless** /ˈkɒkslɪs/ ADJ *(Rowing)* ◆ ~ **four** quatre *m* sans barreur

**coxswain** /ˈkɒksn/ N *(Rowing)* barreur *m* ; *(Naut)* patron *m*

**coy** /kɔɪ/ ADJ a *(= demure) [person, look, smile]* faussement timide ◆ **to go (all) ~** * faire la sainte nitouche *(pej)* b *(= evasive) [person]* évasif (*about sth* à propos de qch) ; ◆ **they maintained a ~ refusal to disclose his name** ils ont continué à se montrer évasifs lorsqu'on leur demandait de révéler son nom c *(= twee) [picture, rhyme]* mièvre

**coyly** /ˈkɔɪli/ ADV a *(= demurely) [describe]* par euphémisme ◆ **to look at/smile ~** regarder/sourire avec une fausse timidité, regarder/sourire avec un air de sainte nitouche *(pej)* b *(= evasively) [say, answer, refuse]* évasivement

**coyness** /ˈkɔɪnɪs/ N *(NonC)* a *(= demureness) [of person]* fausse timidité *f* b *(= evasiveness) [of person, film, book]* réserve *f* (*about sth* quant à qch) c *(= tweeness) [of picture, rhyme]* mièvrerie *f*

**coyote** /kɔɪˈəʊti/ N coyote *m* ◆ **the Coyote State** le Dakota du Sud

**coypu** /ˈkɔɪpuː/ N (pl **coypus** *or* **coypu**) *(Zool)* coypou *m*, ragondin *m*

**cozily** /ˈkəʊzɪlɪ/ ADV *(US)* ⇒ **cosily**

**cozy** /ˈkəʊzɪ/ *(US)* ⇒ **cosy**

**cozzie** * /ˈkɒzi/ N *(Brit, Austral)* ⇒ **cossie**

**CP** /siːˈpiː/ N a abbrev of **Cape Province** b abbrev of **Communist Party**

**cp** abbrev of **compare**

**c/p** (abbrev of **carriage paid**) → **carriage**

**CPA** /ˌsiːpiːˈeɪ/ N *(US Fin)* (abbrev of **certified public accountant**) → **certify**

**CPI** /ˌsiːpiːˈaɪ/ N *(US)* (abbrev of **Consumer Price Index**) → **consumer**

**cpi** /ˌsiːpiːˈaɪ/ *(Comput)* (abbrev of **characters per inch**) CCPP *mpl*

**Cpl** *(Mil)* abbrev of **corporal**

**CP/M** /ˌsiːpiːˈem/ (abbrev of **Control Program for Microprocessors**) CP/M *m*

**CPO** /ˌsiːpiːˈəʊ/ N *(Naut)* (abbrev of **chief petty officer**) → **chief**

**CPR** /ˌsiːpiːˈɑːʳ/ N (abbrev of **cardiopulmonary resuscitation**) réanimation *f* cardiopulmonaire, respiration *f* artificielle

**cps** /ˌsiːpiːˈes/ *(Comput)* a (abbrev of **characters per second**) → **character** b (abbrev of **cycles per second**) cycles *mpl* par seconde

**CPU** /ˌsiːpiːˈjuː/ N *(Comput)* (abbrev of **central processing unit**) UC *f*

**CPVE** /ˌsiːpiːviːˈiː/ N *(Brit)* (abbrev of **Certificate of Pre-vocational Education**) *brevet technique*

**cr.** a abbrev of **credit** b abbrev of **creditor**

**crab**[1] /kræb/ N a *(Zool)* crabe *m* ◆ ~ **stick** *(Culin)* surimi ◆ **to catch a ~** *(Rowing)* plonger la rame trop profond b *(Tech) [of crane]* chariot *m* c *(Med:* also **crab louse**) morpion *m* d *(Climbing)* mousqueton *m*

**crab**[2] /kræb/ N (also **crabapple**) pomme *f* sauvage ; (also **crab(apple) tree**) pommier *m* sauvage

**crab**[3] /kræby/ VT *(US ‡ = spoil)* gâcher ◆ **to ~ sb's act** gâcher les effets de qn ◆ **to ~ a deal** faire rater * une affaire VI *(US ‡ = complain)* rouspéter * (*about* à cause de)

**crabbed** /ˈkræbd/ ADJ *[person]* revêche, grincheux ◆ **in a ~ hand, in ~ writing** en pattes de mouche

**crabby** /ˈkræbɪ/ ADJ *[person]* revêche, grincheux

**crabmeat** /ˈkræbmiːt/ N chair *f* de crabe

**crabwise** /ˈkræbˌwaɪz/ ADV en crabe

**crack** /kræk/ N a *(= split, slit)* fente *f*, fissure *f* ; *(in glass, mirror, pottery, bone etc)* fêlure *f* ; *(in wall)* lézarde *f*, crevasse *f* ; *(in ground, skin)* crevasse *f* ; *(Climbing)* fissure *f* ; *(in paint, varnish)* craquelure *f* ◆ **through the ~ in the door** *(= slight opening)* par l'entrebâillement de la porte ◆ **leave the window open a ~** laissez la fenêtre entrouverte ◆ **to paper over the ~s** masquer les problèmes ◆ **at the ~ of dawn** au point du jour, aux aurores *

b *(= noise) [of twigs]* craquement *m* ; *[of whip]* claquement *m* ; *[of rifle]* coup *m* (sec), détonation *f* ◆ **a ~ of thunder** un coup de tonnerre ◆ **the ~ of doom** la trompette du Jugement dernier

c *(= sharp blow)* **to give sb a ~ on the head** assener à qn un grand coup sur la tête

d *(* = joke etc)* plaisanterie *f* ◆ **that was a ~ at your brother** ça, c'était pour votre frère ◆ **that was a nasty** *or* **mean ~ he made** c'est une vacherie ‡ ce qu'il a dit là, c'était vache * *or* rosse * de dire ça

e *(* = try)* **to have a ~ at doing sth** essayer (un coup *) de faire qch ◆ **to have a ~ at sth** se lancer dans qch, tenter le coup * sur qch ◆ **I'll have a ~ at it** je vais essayer (un coup *) ; → **fair**[1]

f *(esp Ir)* ambiance *f* ◆ **tourists come to Ireland for the ~** les touristes viennent en Irlande pour l'ambiance

g *(= drug)* ⇒ **crack cocaine**

VT a *[+ pottery, glass, bone]* fêler ; *[+ wall]* lézarder, crevasser ; *[+ ground]* crevasser ; *[+ nut etc]* casser ◆ **to ~ one's skull** se fendre le crâne ◆ **to ~ sb over the head** assommer qn ◆ **to ~ a safe** * percer un coffre-fort ◆ **to ~ a market** * *(US Comm)* réussir à s'implanter sur un marché ◆ **to ~ (open) a bottle** * ouvrir *or* déboucher une bouteille ◆ **to ~ a book** * *(US)* ouvrir un livre (pour l'étudier)

b *[+ petroleum etc]* craquer, traiter par craquage

c *[+ whip]* faire claquer ◆ **to ~ one's finger joints** faire craquer ses doigts

d * ◆ **to ~ a joke** raconter une blague ◆ **to ~ jokes** blaguer *

e *[+ code etc]* déchiffrer ; *[+ spy network]* démanteler ◆ **to ~ a case** *[detective, police]* résoudre une affaire ◆ **I think I've ~ed it!** je crois que j'ai trouvé !

VI a *[pottery, glass]* se fêler ; *[ground]* se crevasser, se craqueler ; *[wall]* se fendiller, se lézarder ; *[skin]* se crevasser ; *(from cold)* se gercer ; *[ice]* se craqueler

b *[whip]* claquer ; *[dry wood]* craquer ◆ **we heard the pistol ~** nous avons entendu le coup de pistolet

c *[voice]* se casser ; *[boy's voice]* muer

d *(Brit *)* **to get ~ing** s'y mettre, se mettre au boulot * ◆ **let's get ~ing!** allons-y !, au boulot ! * ◆ **get ~ing!** magne-toi ! ‡, grouille-toi ! ‡

e *[person] (from overwork, pressure etc)* craquer *

ADJ *[sportsman, sportswoman]* de première classe, fameux * ◆ **a ~ tennis player/skier** un as *or* un crack du tennis/du ski ◆ **a ~ shot** un bon *or* excellent fusil ; *(Mil, Police etc)* un tireur d'élite

COMP ▷ **crack-brained** ADJ *(pej) [person, plan]* cinglé * ◆ **a ~-brained idea** une idée saugrenue *or* loufoque * ▷ **crack cocaine** N crack *m* ▷ **crack house** N crack-house *f* ▷ **crack-jaw** * ADJ impossible à prononcer, imprononçable ◆ **~-jaw name** nom *m* à coucher dehors * ▷ **crack-up** * N *[of plan, organization]* effondrement *m*, écroulement *m* ; *[of person] (physical)* effondrement *m* ; *(mental)* dépression *f* nerveuse ; *(US) (= accident) [of vehicle]* collision *f*, accident *m* ; *[of plane]* accident *m* (d'avion)

► **crack down on** VT FUS *[+ person]* sévir contre ; *[+ expenditure, sb's actions]* mettre un frein à

N ◆ **crackdown** → **crackdown**

► **crack on** * VI *(Brit)* s'y mettre *

► **crack up** * VI a *(physically)* ne pas tenir le coup ; *(mentally)* craquer * ◆ **I must be ~ing up!** *(hum)* ça ne tourne plus rond chez moi ! *

b *(US) [vehicle]* s'écraser ; *[plane]* s'écraser (au sol)

c *[person] (with laughter)* se tordre de rire, éclater de rire

VT SEP a *(= praise) [+ person, quality, action, thing]* vanter, louer ; *[+ method]* prôner ◆ **he's not all he's ~ed up to be** * il n'est pas aussi sensationnel qu'on le dit *or* prétend

b *(US = crash) [+ vehicle]* emboutir ; *[+ plane]* faire s'écraser

N ◆ **crack-up** → **crack**

**crackdown** /ˈkrækdaʊn/ N ◆ ~ **on** mesures *fpl* énergiques contre, mesures *fpl* de répression contre

**cracked** /krækt/ ADJ a *(= damaged) [cup, window, mirror, tooth, bone, rib]* fêlé ; *[sink, plaster, paintwork, glaze, rubber]* craquelé ; *[wall, ceiling]* lézardé, fissuré ; *[lips, skin]* gercé ; *(stronger)* crevassé b *(= unsteady) [voice]* cassé ◆ ~ **note** *(Mus)* couac *m* c *(* = mad)* *[person]* toqué *, timbré * COMP ▷ **cracked wheat** N blé *m* concassé

**cracker** /ˈkrækəʳ/ N a *(= biscuit)* cracker *m*, biscuit *m* salé b *(= firework)* pétard *m* c *(Brit: at parties etc: also* **Christmas cracker***)* diablotin *m* d *(Brit)* ◆ **to be a ~** * *(= excellent)* être super * ; *(= very funny)* être impayable * e *(US)* pauvre blanc *m* (du Sud) COMP ▷ **cracker-barrel** ADJ *(US)* ≃ du café du commerce ▷ **the Cracker State** N la Géorgie

**crackers**‡ /ˈkrækəz/ ADJ *(Brit)* cinglé *, dingue ‡

**crackhead**‡ /ˈkrækhed/ N accro ‡ *mf* du crack

**cracking** /ˈkrækɪŋ/ N *(NonC)* a *[of petroleum]* craquage *m*, cracking *m* b *(= cracks: in paint, varnish etc)* craquelure *f* ADJ a *(Brit)* ◆ **a ~ speed** *or* **pace** un train d'enfer * b *(Brit* *)* ⇒ **cracking good** ADV *(Brit* *)* ◆ **~ good** vachement * bon ◆ **his book's a ~ good read** son livre est vachement * bon ◆ **he tells a ~ good yarn** il en raconte de vachement * bonnes

**crackle** /ˈkrækl/ VI *[twigs burning]* crépiter ; *[sth frying]* grésiller N a *(= noise) [of wood]* crépitement *m*, craquement *m* ; *[of food]* grésillement *m* ; *(on telephone etc)* crépitement(s) *m(pl)*, friture * *f* b *[of china, porcelain etc]* craquelure *f* COMP ▷ **crackle china** N porcelaine *f* craquelée

**crackling** /ˈkræklɪŋ/ N a *(= sound)* crépitement *m* ; *(Rad)* friture * *f NonC* b *(Culin)* couenne *f* rissolée *(de rôti de porc)*

**crackly** /ˈkræklɪ/ ADJ ◆ **a ~ sound** un crépitement, un grésillement ◆ **the line is ~** il y a de la friture * sur la ligne

**cracknel** /ˈkræknl/ N *(= biscuit)* craquelin *m* ; *(= toffee)* nougatine *f*

**crackpot** * /ˈkrækpɒt/ *(pej)* N *(= person)* tordu(e) * *m(f)*, cinglé(e) * *m(f)* ADJ *[idea]* tordu

**cracksman** * /ˈkræksmən/ N (pl **-men**) *(* = burglar)* cambrioleur *m*, casseur * *m*

**Cracow** /ˈkrækaʊ/ N Cracovie

**cradle** /ˈkreɪdl/ N a *(lit, fig)* berceau *m* ◆ **from the ~ to the grave** du berceau à la tombe ◆ **the ~ of civilization** le berceau de la civilisation ◆ **to rob the ~** * *(fig)* les prendre au berceau * b *(Naut = framework)* ber *m* ; *(Constr)* nacelle *f*, pont *m* volant ; *[of telephone]* support *m* ; *(Med)* arceau *m* VT ◆ **to ~ a child (in one's arms)** bercer un enfant (dans ses bras) ◆ **she ~d the vase in her hands** elle tenait délicatement le vase entre ses mains ◆ **he ~d the telephone under his chin** il maintenait le téléphone sous son menton COMP ▷ **cradle cap** N *(Med)* croûte *f* de lait ▷ **cradle snatcher** * N *(pej)* ◆ **she's a ~ snatcher** elle les prend au berceau *

**cradlesong** /ˈkreɪdlsɒŋ/ N berceuse *f*

**craft** /krɑːft/ N a *(= skill)* art *m*, métier *m* ; *(= job, occupation)* métier *m*, profession *f* *(généralement de type artisanal)* ; *(NonC: Scol = subject)* travaux *mpl* manuels ; → **art¹**, **needlecraft** b *(= tradesmen's guild)* corps *m* de métier, corporation *f* c *(pl inv) (= boat)* embarcation *f*, petit bateau *m* ; *(= plane)* appareil *m* ; → **aircraft, spacecraft** d *(NonC = cunning)* astuce *f*, ruse *f (pej)* ◆ **by ~** par ruse ◆ **his ~ in doing that** l'astuce dont il a fait preuve en le faisant VT ◆ **beautifully ~ed** *[vase, poem]* réalisé avec art COMP ▷ **craft fair** N exposition-vente *f* d'artisanat ▷ **craft union** N fédération *f*

**craftily** /ˈkrɑːftɪlɪ/ ADV avec ruse

**craftiness** /ˈkrɑːftɪnɪs/ N astuce *f*, finesse *f*, ruse *f (pej)*

**craftsman** /ˈkrɑːftsmən/ N (pl **-men**) artisan *m* ; *(fig = musician etc)* artiste *m*

**craftsmanship** /ˈkrɑːftsmənʃɪp/ N *(NonC)* connaissance *f* d'un métier ; *(= artistry)* art *m* ◆ **what ~!** quel travail ! ◆ **a superb piece of ~** un *or* du travail superbe

**craftsperson** /ˈkrɑːftspɜːsən/ N (pl **-people**) artisan(e) *m(f)* ; *(fig = musician etc)* artiste *mf*

**craftswoman** /ˈkrɑːftswʊmən/ N (pl **-women**) artisane *f* ; *(fig = musician etc)* artiste *f*

**crafty** /ˈkrɑːftɪ/ ADJ malin (-igne *f*), rusé *(pej)* ◆ **he's a ~ one** * c'est un malin ◆ **a ~ little gadget** * un petit gadget astucieux ◆ **that was a ~ move** * *or* **a ~ thing to do** c'était un coup très astucieux

**crag** /kræg/ N rocher *m* escarpé *or* à pic ; *(Climbing)* école *f* d'escalade

**craggy** /ˈkrægɪ/ ADJ a *(Geog) [mountain]* escarpé, à pic ; *[cliff, outcrop]* à pic b *(= strong-featured) [face, features]* taillé à la serpe

**craic** /kræk/ N ⇒ **crack**

**cram** /kræm/ VT a *[+ object]* fourrer (*into* dans) ; ◆ **to ~ books into a case** fourrer des livres dans une valise, bourrer une valise de livres ◆ **we can ~ in another book** nous pouvons encore faire de la place pour un autre livre *or* y faire tenir un autre livre ◆ **to ~ food into one's mouth** enfourner * de la nourriture ◆ **we can't ~ any more people into the hall/the bus** on ne peut plus faire entrer personne dans la salle/l'autobus ◆ **we were all ~med into one room** nous étions tous entassés dans une seule pièce ◆ **he ~med his hat (down) over his eyes** il a enfoncé son chapeau sur ses yeux

b *[+ place]* bourrer (*with* de) ; ◆ **a shop ~med with good things** un magasin qui regorge de bonnes choses ◆ **a drawer ~med with letters** un tiroir bourré de lettres ◆ **to ~ sb with food** bourrer *or* gaver qn de nourriture ◆ **to ~ o.s. with food** se bourrer *or* se gaver de nourriture ◆ **he has his head ~med with odd ideas** il a la tête bourrée *or* farcie d'idées bizarres

c *(Scol) [+ pupil]* chauffer *, faire bachoter

VI a *[people]* s'entasser ◆ **they all ~med into the kitchen** tout le monde s'est entassé dans la cuisine

b ◆ **to ~ for an exam** bachoter, préparer un examen

COMP ▷ **cram-full** ADJ *[room, bus]* bondé ; *[case]* bourré (*of* de)

**crammer** /ˈkræməʳ/ N *(slightly pej) (= tutor)* répétiteur *m*, -trice *f (qui fait faire du bachotage)* ; *(= student)* bachoteur *m*, -euse *f* ; *(= book)* précis *m*, aide-mémoire *m inv* ; (also **crammer's** *= school)* boîte *f* à bac *or* à bachot *

**cramp¹** /kræmp/ N *(Med)* crampe *f* ◆ **to have ~ in one's leg** avoir une crampe à la jambe ; → **writer** VT *(= hinder) [+ person]* gêner, entraver ◆ **to ~ sb's progress** gêner *or* entraver les progrès de qn ◆ **to ~ sb's style** * priver qn de ses moyens ◆ **your presence is ~ing my style** * tu me fais perdre mes moyens

**cramp²** /kræmp/ N *(Constr, Tech)* agrafe *f*, crampon *m*, happe *f* VT *[+ stones]* cramponner

**cramped** /kræmpt/ ADJ a *(= not spacious) [flat, room, accommodation]* exigu (-guë *f*) ; *[coach, train, plane]* où l'on est (*or* était) à l'étroit ; *[space]* restreint ◆ **to live in ~ quarters** *or* **conditions** être logé à l'étroit ◆ **it was ~ in the cockpit** on était à l'étroit dans le cockpit ◆ **to be ~ (for space)** *[people]* être à l'étroit ◆ **the museum is ~ for space** le musée manque de place b *(= squashed) [handwriting]* en pattes de mouche c *(= stiff) [muscle, limb]* raide

**crampon** /ˈkræmpən/ N *(Climbing, Constr)* crampon *m* COMP ▷ **crampon technique** N *(Climbing)* cramponnage *m*

**cramponning** /ˈkræmpənɪŋ/ N *(Climbing)* cramponnage *m*

**cranberry** /ˈkrænbərɪ/ N *(Bot)* canneberge *f* COMP ▷ **cranberry sauce** N ◆ **turkey with ~ sauce** dinde *f* aux canneberges

**crane** /kreɪn/ N *(Orn, Tech)* grue *f* VT ◆ **to ~ one's neck** tendre le cou COMP ▷ **crane driver, crane operator** N grutier *m*, -ière *f*

► **crane forward** VI tendre le cou *(pour voir etc)*

**cranefly** /ˈkreɪnflaɪ/ N tipule *f*

**cranesbill** /ˈkreɪnzbɪl/ N *(Bot)* géranium *m*

**crania** /ˈkreɪnɪə/ NPL of **cranium**

**cranial** /ˈkreɪnɪəl/ ADJ crânien

**cranium** /ˈkreɪnɪəm/ N (pl **craniums** *or* **crania**) crâne *m*, boîte *f* crânienne

**crank¹** * /kræŋk/ N *(Brit = person)* excentrique *mf*, loufoque * *mf* ◆ **a religious ~** un fanatique religieux

**crank²** /kræŋk/ N *(Tech)* manivelle *f* VT (also **crank up**) *[+ car]* faire partir à la manivelle ; *[+ cine-camera, gramophone etc]* remonter (à la manivelle) ; *[+ barrel organ]* tourner la manivelle de

► **crank out** VT produire (avec effort)

**crankcase** /ˈkræŋkkeɪs/ N *(Aut)* carter *m*

**crankpin** /ˈkræŋpin/ N *(Aut)* maneton *m*

**crankshaft** /ˈkræŋkʃɑːft/ N *(Aut)* vilebrequin *m*

**cranky** * /ˈkræŋkɪ/ ADJ *(= eccentric)* excentrique, loufoque * ; *(US = bad-tempered)* revêche, grincheux

**cranny** /ˈkrænɪ/ N (petite) faille *f*, fissure *f*, fente *f* ; → **nook**

**crap**‡ /kræp/ N *(= excrement)* merde *‡ *f* ; *(= nonsense)* conneries ‡ *fpl* ; *(= junk)* merde *‡ *f*, saloperie ‡ *f* ◆ **the film was ~** le film était merdique *‡ ADJ ⇒ **crappy** VI chier *‡

► **crap out**‡ VI *(US = chicken out)* se dégonfler *

**crape** /kreɪp/ N a ⇒ **crêpe** b *(for mourning)* crêpe *m (de deuil)* ◆ **~ band** brassard *m* (de deuil)

**crapehanger**‡ /ˈkreɪp,hæŋəʳ/ N *(US)* rabat-joie *m inv*

**crappy**‡ /ˈkræpɪ/ ADJ merdique ‡

**craps** /kræps/ N *(US)* jeu *m* de dés *(sorte de zanzi ou de passe anglaise)* ◆ **to shoot ~** jouer aux dés

**crapshooter** /ˈkræpʃuːtəʳ/ N joueur *m*, -euse *f* de dés

**crapulous** /ˈkræpjʊləs/ ADJ crapuleux

**crash¹** /kræʃ/ N a *(= noise)* fracas *m* ◆ **a ~ of thunder** un coup de tonnerre ◆ **a sudden ~ of dishes** un soudain fracas d'assiettes cassées ◆ **~, bang, wallop!** * badaboum !, patatras !

b *(= accident) [of car]* collision *f*, accident *m* ; *[of aeroplane]* accident *m* (d'avion) ◆ **in a car/plane ~** dans un accident de voiture/d'avion ◆ **we had a ~ on the way here** nous avons eu un accident en venant ici

c *(Fin) [of company, firm]* faillite *f* ; *(St Ex)* krach *m*

ADV ◆ **he went ~ into the tree** il est allé se jeter *or* se fracasser contre l'arbre

VI a *[aeroplane]* s'écraser (au sol) ; *[vehicle]* avoir un accident ; *[two vehicles]* se percuter, entrer en collision ◆ **the cars ~ed at the junction** les voitures se sont percutées *or* sont entrées en collision au croisement ◆ **to ~ into sth** rentrer dans qch *, percuter qch ◆ **the plate ~ed to the ground** l'assiette s'est fracassée par terre ◆ **the car ~ed through the gate** la voiture a enfoncé la barrière

**b** *(Comm, Fin) [bank, firm]* faire faillite ◆ **the stock market ~ed** les cours de la Bourse se sont effondrés

**c** *(⁑ = sleep)* pieuter ⁑, crécher ⁑ ◆ **can I ~ at your place for a few days?** est-ce que je peux pieuter ⁑ chez toi pendant quelques jours ? ◆ **to ~ at sb's place** pieuter ⁑ *or* crécher ⁑ chez qn

**d** *(Comput)* tomber en panne

**VT** **a** *[+ car]* avoir une collision *or* un accident avec ◆ **he ~ed the car through the barrier** il a enfoncé la barrière (avec la voiture) ◆ **he ~ed the car into a tree** il a percuté un arbre (avec la voiture) ◆ **he ~ed the plane** il s'est écrasé (au sol) ◆ **to ~ the gears** faire grincer le changement de vitesse

**b** ⁑ **to ~ a party** s'incruster dans une fête ◆ **to ~ a market** *(US Comm)* pénétrer en force sur un marché

**COMP** ▷ **crash barrier** N *(Brit)* glissière *f* de sécurité ▷ **crash course** N cours *m* intensif ▷ **crash diet** N régime *m* draconien ▷ **crash helmet** N casque *m* de protection ▷ **crash-land** VI faire un atterrissage forcé VT poser en catastrophe ▷ **crash landing** N atterrissage *m* forcé ▷ **crash programme** N programme *m* intensif ▷ **crash test** N *(Aut)* test *m* de résistance aux chocs ▷ **crash test dummy** N *(Aut)* mannequin *m* utilisé dans les tests de résistance aux chocs

► **crash down, crash in** VI *[roof etc]* s'effondrer (avec fracas)

► **crash out** ⁑ **VI** *(= fall asleep etc)* tomber raide

**VT SEP** ◆ **to be crashed out** roupiller *

**crash²** /kræʃ/ N *(Tex)* grosse toile *f*

**crashing** † /ˈkræʃɪŋ/ ADJ ◆ **a ~ bore** un raseur de première *

**crashingly** † /ˈkræʃɪŋlɪ/ ADV *[boring]* terriblement

**crashpad** ⁑ /ˈkræʃpæd/ N piaule ⁑ *f* de dépannage

**crass** /kræs/ ADJ *[comment, behaviour, mistake, film, person]* grossier ; *[joke]* lourd ; *[stupidity, ignorance]* crasse

**crassly** /ˈkræslɪ/ ADV grossièrement

**crassness** /ˈkræsnɪs/ N grossièreté *f*

**crate** /kreɪt/ **N** **a** *[of fruit]* cageot *m* ; *[of bottles]* caisse *f* (à claire-voie) ; *(esp Naut)* caisse *f* **b** *(⁑ = aeroplane)* zinc * *m* ; *(⁑ = car)* bagnole * *f*

**VT** *(also* **crate up***) [+ goods]* mettre en cageot(s) *or* en caisse(s)

**crater** /ˈkreɪtəʳ/ N *[of volcano, moon]* cratère *m* ◆ **bomb ~** entonnoir *m* ◆ **shell ~** trou *m* d'obus, entonnoir

**cravat(e)** /krəˈvæt/ N cravate *f*, foulard *m* *(noué autour du cou)*

**crave** /kreɪv/ **VT** **a** *[+ drink, tobacco etc]* avoir un besoin maladif *or* physiologique de ; *[+ chocolate, sweet things]* être accro * à ; *[+ attention]* solliciter ; *[+ recognition, fame]* avoir soif de ◆ **to ~ publicity** avoir besoin de la reconnaissance publique ◆ **to ~ affection** avoir grand besoin *or* soif d'affection **b** *(frm)* **to ~ permission** solliciter humblement l'autorisation ◆ **he ~d permission to leave** il supplia qu'on lui accorde la permission de partir ◆ **may I ~ leave to ...?** je sollicite humblement l'autorisation de ... ◆ **to ~ sb's pardon** implorer le pardon de qn

**VI** ◆ **~ for** *[+ drink, tobacco etc]* avoir un besoin maladif *or* physiologique de ; *[+ chocolate, sweet things]* être accro * à ; *[+ attention]* solliciter ◆ **to ~ for affection** avoir grand besoin *or* soif d'affection

**craven** /ˈkreɪvən/ ADJ, N *(liter)* lâche *mf*, poltron(ne) *m(f)*

**cravenly** /ˈkreɪvənlɪ/ ADV *(liter)* lâchement

**craving** /ˈkreɪvɪŋ/ N *(for drink, drugs, tobacco)* besoin *m* (maladif *or* physiologique) (*for* de) ; *(for affection)* grand besoin *m*, soif *f* (*for* de) ; *(for freedom)* désir *m* insatiable (*for* de)

**craw** /krɔː/ N *[of bird]* jabot *m* ; *[of animal]* estomac *m* ◆ **it sticks in my ~** cela me reste en travers de la gorge

**crawfish** /ˈkrɔːfɪʃ/ **N** (pl **crawfish** *or* **crawfishes**) *(esp US)* ⇒ **crayfish** **VI** *(US ⁑ fig)* se défiler *, faire marche arrière

**crawl** /krɔːl/ **N** **a** *[of vehicle]* allure *f* très ralentie ◆ **we had to go at a ~ through the main streets** nous avons dû avancer au pas dans les rues principales

**b** *(Swimming)* crawl *m* ◆ **to do the ~** nager le crawl, crawler

**VI** **a** *[animals]* ramper, se glisser ; *[person]* se traîner, ramper ◆ **to ~ in/out** *etc* entrer/sortir *etc* en rampant *or* à quatre pattes ◆ **to ~ on one's hands and knees** aller à quatre pattes ◆ **the child has begun to ~ (around)** l'enfant commence à ramper ◆ **to ~ to sb** *(fig)* s'aplatir devant qn *, lécher les bottes de *or* à qn * ◆ **the fly ~ed up the wall/along the table** la mouche a grimpé le long du mur/a avancé sur la table ◆ **to make sb's skin ~** donner la chair de poule à qn ◆ **to ~ with vermin** grouiller de vermine ◆ **the street is ~ing * with policemen** la rue grouille d'agents de police ; see also **crawling**

**b** *[vehicle]* avancer au pas *or* pare-chocs contre pare-chocs

**COMP** ▷ **crawl space** N *(US) (under ground floor)* vide *m* sanitaire ; *(under roof)* vide *m* de comble

**crawler** /ˈkrɔːləʳ/ **N** **a** *(* = person)* lécheur * *m*, -euse * *f*, lèche-bottes * *mf inv* **b** *(= vehicle)* véhicule *m* lent **COMP** ▷ **crawler lane** N *(Brit Aut)* file *f* *or* voie *f* pour véhicules lents

**crawling** /ˈkrɔːlɪŋ/ ADJ *[insect, movement]* rampant ◆ **a baby at the ~ stage** un bébé qui rampe ; see also **crawl**

**crayfish** /ˈkreɪfɪʃ/ N (pl **crayfish** *or* **crayfishes**) *(freshwater)* écrevisse *f* ; *(saltwater, large)* langouste *f* ; *(small)* langoustine *f*

**crayon** /ˈkreɪən/ **N** *(= coloured pencil)* crayon *m* (de couleur) ; *(Art = pencil, chalk etc)* pastel *m* ; *(Art = drawing)* crayon *m*, pastel *m* **VT** crayonner, dessiner au crayon ; *(Art)* colorier au crayon *or* au pastel

**craze** /kreɪz/ **N** engouement *m* (*for* pour) **VT** **a** *(= make mad)* rendre fou **b** *[+ glaze, pottery]* craqueler ; *[+ windscreen]* étoiler **VI** *[glaze, pottery]* craqueler ; *[windscreen]* s'étoiler

**crazed** /kreɪzd/ ADJ **a** *(= mad)* affolé, rendu fou (folle *f*) (*with* de) **b** *[glaze, pottery]* craquelé ; *[windscreen]* étoilé

**crazily** /ˈkreɪzɪlɪ/ ADV *[shout, gesticulate]* comme un fou ; *[skid, bounce, whirl, tilt]* follement ◆ **~ jealous/extravagant** follement jaloux/extravagant

**craziness** /ˈkreɪzɪnɪs/ N folie *f*

**crazy** /ˈkreɪzɪ/ **ADJ** **a** *(= mad)* fou (folle *f*) ◆ **to go ~** devenir fou ◆ **to be ~ with worry** être fou d'inquiétude ◆ **it's enough to drive you ~** c'est à vous rendre fou *or* dingue ⁑ ◆ **it was a ~ idea** c'était une idée folle ◆ **you were ~ to want to go there** tu étais fou *or* dingue ⁑ de vouloir y aller, c'était de la folie de vouloir y aller

◆ **like crazy** * comme un fou *or* une folle

**b** *(* = enthusiastic)* fou (folle *f*), fana * *f inv* (*about sb/sth* de qn/qch) ; ◆ **I'm not ~ about it** ça ne m'emballe * pas ◆ **he's ~ about her** il est fou d'elle

**c** *(fig) [price, height etc]* incroyable ; *(US = excellent)* terrible *, formidable ◆ **the tower leant at a ~ angle** la tour penchait d'une façon menaçante *or* inquiétante

**COMP** ▷ **crazy bone** N *(US)* petit juif * *m* *(partie du coude)* ▷ **crazy golf** N *(NonC: Brit)* minigolf *m* ▷ **crazy house** ⁑ N *(US)* cabanon * *m*, asile *m* d'aliénés ▷ **crazy paving** N dallage *m* irrégulier *(en pierres plates)* ▷ **crazy quilt** N *(US)* édredon *m* (piqué) en patchwork, courtepointe *f* en patchwork

**CRE** /ˌsiːɑːrˈiː/ N *(Brit)* (abbrev of **Commission for Racial Equality**) → **commission** ; → EOC, EEOC

**creak** /kriːk/ **VI** *[door hinge, floorboard, bed, bedsprings]* grincer ; *[shoes, joints]* craquer **N** *[of floorboard, door, hinge, bedsprings]* grincement *m* ; *[of shoes, leather, wood, bones]* crissement *m* ◆ **the door opened with a ~** la porte s'ouvrit en grinçant

**creaky** /ˈkriːkɪ/ ADJ **a** *(= noisy) [floorboard, stair, door, hinge]* grinçant ; *[shoes]* qui crisse **b** *(= old) [system, film, play, equipment]* vieillot ; *[body, legs]* usé

**cream** /kriːm/ **N** **a** crème *f* ◆ **single/double ~** *(Brit)* crème *f* fraîche liquide/épaisse ◆ **to take the ~ off the milk** écrémer le lait ◆ **the ~ of the crop** *(fig) (= people)* le dessus du panier ; *(= things)* le nec plus ultra ◆ **the ~ of society** la crème *or* la fine fleur de la société ◆ **chocolate ~** chocolat *m* fourré (à la crème) ◆ **vanilla ~** *(= dessert)* crème *f* à la vanille ; *(= biscuit)* biscuit *m* fourré à la vanille ; → **clot**

**b** *(= face cream, shoe cream)* crème *f* ; → **cold, foundation**

**ADJ** *(= cream-coloured)* crème *inv* ; *(= made with cream) [cake]* à la crème

**VT** **a** *[+ milk]* écrémer

**b** *(Culin) [+ butter]* battre ◆ **to ~ (together) sugar and butter** travailler le beurre en crème avec le sucre

**c** *(US ⁑ fig) [+ enemy, opposing team]* rosser *, rétamer ; *[+ car]* bousiller *

**COMP** ▷ **cream cheese** N fromage *m* frais à tartiner ▷ **cream cracker** N *(Brit Culin)* cracker *m* ▷ **creamed potatoes** N purée *f* de pommes de terre ▷ **cream jug** N *(Brit)* pot *m* à crème ▷ **cream of tartar** N crème *f* de tartre ▷ **cream of tomato soup** N crème *f* de tomates ▷ **cream puff** N chou *m* à la crème ▷ **cream soda** N boisson *f* gazeuse à la vanille ▷ **cream tea** N *(Brit) goûter où l'on sert du thé et des scones avec de la crème et de la confiture*

► **cream off** VT SEP *(fig) [+ best talents, part of profits]* prélever, écrémer

**creamer** /ˈkriːməʳ/ **N** **a** *(= to separate cream)* écrémeuse *f* **b** *(= milk substitute)* succédané *m* de lait **c** *(= pitcher)* pot *m* à crème

**creamery** /ˈkriːmərɪ/ **N** **a** *(on farm)* laiterie *f* ; *(= butter factory)* laiterie *f*, coopérative *f* laitière **b** *(= small shop)* crémerie *f*

**creamy** /ˈkriːmɪ/ ADJ crémeux ; *[complexion]* crème *inv*, crémeux ◆ **~ white/yellow** blanc/jaune crème *inv*

**crease** /kriːs/ **N** *(made intentionally, in material, paper)* pli *m*, pliure *f* ; *(in trouser legs, skirt etc)* pli *m* ; *(made accidentally)* faux pli *m*, pli *m* ; *(on face)* ride *f* **VT** *(= crumple) (accidentally)* froisser, chiffonner ; *(intentionally)* plisser **VI** se froisser, se chiffonner ◆ **his face**

~**d with laughter** le rire a plissé son visage **COMP** ▷ **crease-resistant ADJ** infroissable

► **crease up VT SEP** a *(= crumple)* froisser, chiffonner b *(Brit * = amuse)* faire mourir de rire **VI** a *(= crumple)* se froisser, se chiffonner b *(Brit * = laugh)* être plié en quatre

**create** /kriː'eɪt/ **VT** *(gen)* créer ; *[+ new fashion]* lancer, créer ; *[+ work of art, character, role]* créer ; *[+ impression]* produire, faire ; *(Comput) [+ file]* créer ; *[+ problem, difficulty]* créer, susciter ; *[+ noise, din]* faire ◆ **to ~ a sensation** faire sensation ◆ **two posts have been ~d** il y a eu deux créations de poste, deux postes ont été créés ◆ **he was ~d baron** il a été fait baron **VI** *(Brit ‡ = fuss)* faire une scène, faire un foin ‡

**creation** /kriː'eɪʃən/ **N** a *(NonC)* création *f* ◆ **since the ~** *or* **the Creation** depuis la création du monde b *(Art, Dress)* création *f* ◆ **the latest ~s from Paris** les toutes dernières créations de Paris

**creationism** /kriː'eɪʃənɪzəm/ **N** créationnisme *m*

**creationist** /kriː'eɪʃənɪst/ **ADJ, N** créationniste *mf*

**creative** /kriː'eɪtɪv/ **ADJ** a *(= imaginative) [person, talent, skill, activity, atmosphere]* créatif ; *[mind]* créatif, créateur (-trice *f*) ; *[energy, power]* créateur (-trice *f*) ; *[process]* de création ◆ **~ toys** *(Educ)* jouets *mpl* créatifs *or* d'éveil b *(= original) [person]* inventif ; *[solution]* ingénieux ; *[design]* novateur (-trice *f*) ◆ **the ~ use of language** l'utilisation créative du langage ◆ **with a little ~ thinking you can find a solution** avec un peu d'imagination, vous trouverez une solution **COMP** ▷ **creative accounting N** *(pej)* manipulation *f* des chiffres ▷ **creative writing N** création *f* littéraire

**creatively** /kriː'eɪtɪvlɪ/ **ADV** de façon créative

**creativity** /ˌkriːeɪ'tɪvɪtɪ/ **N** créativité *f*

**creator** /kri'eɪtə^r/ **N** créateur *m*, -trice *f*

**creature** /'kriːtʃə^r/ **N** *(gen, also fig)* créature *f* ; *(= animal)* bête *f*, animal *m* ; *(= human)* être *m*, créature *f* ◆ **dumb ~s** les bêtes *fpl* ◆ **the ~s of the deep** les animaux *mpl* marins ◆ **she's a poor/lovely ~** c'est une pauvre/ravissante créature ◆ **to be a ~ of habit** avoir ses (petites) habitudes ◆ **they were all his ~s** *(fig pej)* tous étaient ses créatures ; → **habit COMP** ▷ **creature comforts NPL** confort *m* matériel ◆ **he likes his ~ comforts** il aime son petit confort

**crèche** /kreɪʃ/ **N** *(Brit) (up to 3 years old)* crèche *f* ; *(after 3 years old)* (halte-)garderie *f*

**cred** * /kred/ **N** *(NonC)* crédibilité *f* ; see also **street cred**

**credence** /'kriːdəns/ **N** croyance *f*, foi *f* ◆ **to give** *or* **lend ~ to** ajouter foi à

**credentials** /krɪ'denʃəlz/ **NPL** *(= identifying papers)* pièce *f* d'identité ; *[of diplomat]* lettres *fpl* de créance ; *(= references)* références *fpl* ◆ **to have good ~** avoir de bonnes références

**credibility** /ˌkredə'bɪlɪtɪ/ **N** crédibilité *f* ◆ **to lose ~** perdre sa crédibilité **COMP** ▷ **credibility gap N** manque *m* de crédibilité ▷ **credibility rating N** ◆ **his ~ rating is not very high** sa crédibilité est très entamée

**credible** /'kredɪbl/ **ADJ** crédible ◆ **it is scarcely ~ that ...** on a du mal à croire que ...

**credibly** /'kredɪblɪ/ **ADV** de façon crédible

**credit** /'kredɪt/ **N** a *(Banking, Comm, Fin)* crédit *m* ; *(Accounts)* crédit *m*, avoir *m* ◆ **to give sb ~** faire crédit à qn ◆ **"no credit"** "la maison ne fait pas crédit" ◆ **to buy/sell on ~** acheter/vendre à crédit ◆ **in ~** *(account)* approvisionné ◆ **am I in ~?** est-ce que mon compte est approvisionné ?

b *(= loan)* prêt *m* ◆ **they're prepared to offer extensive ~s** ils sont disposés à fournir des prêts très importants ◆ **Japan provided billions in ~s to Russia** le Japon a prêté des milliards à la Russie ◆ **to get ~** trouver des fonds

c *(morally)* honneur *m* ◆ **to his ~ we must point out that ...** il faut faire remarquer à son honneur *or* à son crédit que ... ◆ **it is to his ~** c'est tout à son honneur ◆ **he is a ~ to his family** il fait honneur à sa famille, il est l'honneur de sa famille ◆ **the only people to emerge with any ~** les seuls à s'en sortir à leur honneur ◆ **to give sb ~ for his generosity** reconnaître la générosité de qn ◆ **to give sb ~ for doing sth** reconnaître que qn a fait qch ◆ **to claim** *or* **take (the) ~ for sth** s'attribuer le mérite de qch ◆ **it does you ~** cela est tout à votre honneur, cela vous fait grand honneur ◆ **~ where ~'s due** il faut rendre à César ce qui appartient à César ◆ **on the ~ side, he's very good to his mother** il faut dire à sa décharge qu'il est très gentil avec sa mère

d *(Scol)* unité *f* d'enseignement *or* de valeur, UV *f*

e *(= belief, acceptance)* **to give ~ to** *[+ person]* ajouter foi à ; *[+ event]* donner foi à, accréditer ◆ **I gave him ~ for more sense** je lui supposais *or* croyais plus de bon sens ◆ **to gain ~ with** s'accréditer auprès de ◆ **his ~ with the electorate** son crédit auprès des électeurs

**NPL credits** *(Cine)* générique *m*

**VT** a *(= believe) [+ rumour, news]* croire ◆ **I could hardly ~ it** je n'arrivais pas à le croire ◆ **you wouldn't ~ it** vous ne le croiriez pas

b *(gen)* ◆ **to ~ sb/sth with certain powers/qualities** reconnaître à qn/qch certains pouvoirs/certaines qualités ◆ **to be ~ed with having done ...** passer pour avoir fait ... ◆ **I ~ed him with more sense** je lui croyais *or* supposais plus de bon sens ◆ **it is ~ed with (having) magical powers** on lui attribue des pouvoirs magiques

c *(Banking)* **to ~ £50 to sb** *or* **to sb's account, to ~ sb** *or* **sb's account with £50** créditer (le compte de) qn de 50 livres, porter 50 livres au crédit de qn

**COMP** ▷ **credit account N** compte *m* créditeur ▷ **credit agency N** établissement *m or* agence *f* de crédit ▷ **credit arrangements NPL** accords *mpl* de crédit ▷ **credit balance N** *(Banking)* solde *m* créditeur ▷ **credit bureau N** *(US)* ⇒ **credit agency** ▷ **credit card N** carte *f* de crédit ▷ **credit charges NPL** coût *m* du crédit ▷ **credit check N** vérification *f* de solvabilité ◆ **to run a ~ check on sb** vérifier la solvabilité de qn ▷ **credit control N** *(= action)* encadrement *m* de crédit ; *(= department)* (service *m* de l')encadrement *m* du crédit ▷ **credit entry N** *(Fin)* inscription *f or* écriture *f* au crédit ▷ **credit facilities NPL** *(Banking)* ligne *f* de crédit ; *(Comm: to buyer)* facilités *fpl* de paiement *or* de crédit ▷ **credit hour N** *(US Scol, Univ)* ≈ unité *f* de valeur ▷ **credit limit N** limite *f or* plafond *m* de crédit ▷ **credit line N** *(Banking)* ligne *f* de crédit ; *(Cine)* mention *f* au générique ; *(in book)* mention *f* de la source ▷ **credit note N** *(Brit)* avoir *m* ▷ **credit rating N** indice *m* de solvabilité ▷ **credit reference agency N** agence *f* de notation financière *or* de rating ▷ **credit risk N** ◆ **to be a good/poor ~ risk** présenter peu de risques de crédit/un certain risque de crédit ▷ **credit sales NPL** ventes *fpl* à crédit ▷ **credit side N** *(Accounts, also fig)* ◆ **on the ~ side** à l'actif ▷ **credit slip N** *(US)* ⇒ **credit note** ▷ **credit squeeze N** *(Econ)* restrictions *fpl* de crédit ▷ **credit terms NPL** conditions *fpl* de crédit ▷ **credit titles NPL** *(Cine)* générique *m* ▷ **credit transfer N** transfert *m*, virement *m* ▷ **credit union N** *(US)* société *f* de crédit mutuel

**creditable** /'kredɪtəbl/ **ADJ** honorable

**creditably** /'kredɪtəblɪ/ **ADV** *[behave, perform, play]* honorablement

**creditor** /'kredɪtə^r/ **N** créancier *m*, -ière *f* **COMP** ▷ **creditor nation N** *(Econ)* pays *m* créditeur

**creditworthiness** /'kredɪtwɜːðɪnɪs/ **N** solvabilité *f*, capacité *f* d'emprunt

**creditworthy** /'kredɪtwɜːðɪ/ **ADJ** solvable

**credo** /'kreɪdəʊ/ **N** credo *m*

**credulity** /krɪ'djuːlɪtɪ/ **N** crédulité *f*

**credulous** /'kredjʊləs/ **ADJ** crédule, naïf (naïve *f*)

**credulously** /'kredjʊləslɪ/ **ADV** avec crédulité, naïvement

**creed** /kriːd/ **N** credo *m* ◆ **the Creed** *(Rel)* le Credo

**creek** /kriːk/ **N** a *(esp Brit = inlet)* crique *f*, anse *f* ◆ **to be up the ~ (without a paddle)** ‡ *(= be wrong)* se fourrer le doigt dans l'œil (jusqu'au coude) * ; *(= be in trouble)* être dans le pétrin b *(US = stream)* ruisseau *m*, petit cours *m* d'eau

**creel** /kriːl/ **N** panier *m* de pêche

**creep** /kriːp/ (pret, ptp **crept**) **VI** *[animal, person, plant]* ramper ; *(= move silently)* se glisser ◆ **to ~ between** se faufiler entre ◆ **to ~ in/out/away** *[person]* entrer/sortir/s'éloigner à pas de loup ; *[animal]* entrer/sortir/s'éloigner sans un bruit ◆ **to ~ about/along on tiptoe** marcher/avancer sur la pointe des pieds ◆ **to ~ up on sb** *[person]* s'approcher de qn à pas de loup ; *[old age etc]* prendre qn par surprise ◆ **old age is ~ing on** on se fait vieux * ◆ **the traffic crept along** les voitures avançaient au pas ◆ **an error crept into it** une erreur s'y est glissée ◆ **a feeling of peace crept over me** un sentiment de paix me gagnait peu à peu *or* commençait à me gagner **N** a ◆ **it gives me the ~s** * cela me donne la chair de poule, cela me fait froid dans le dos b *(pej = person)* sale type * *m*

**creeper** /'kriːpə^r/ **N** a *(Bot)* plante *f* rampante ; → **Virginia** b *(US)* **~s** barboteuse *f* c *(* = person)* lécheur * *m*, -euse * *f*, lèche-bottes * *mf inv*

**creeping** /'kriːpɪŋ/ **ADJ** a *(Bot) [plant]* rampant b *(= gradual) [process, inflation, privatization]* rampant ; *[change]* larvé **COMP** ▷ **creeping paralysis N** *(Med)* paralysie *f* progressive

**creepy** /'kriːpɪ/ **ADJ** *[story, place, feeling]* qui donne la chair de poule **COMP** ▷ **creepy-crawly** * **ADJ** qui donne la chair de poule **N** (pl **creepy-crawlies**) petite bestiole *f*

**cremate** /krɪ'meɪt/ **VT** incinérer

**cremation** /krɪ'meɪʃən/ **N** crémation *f*, incinération *f*

**crematorium** /ˌkremə'tɔːrɪəm/ (pl **crematoriums** *or* **crematoria** /ˌkremə'tɔːrɪə/), **crematory** *(US)* /'kreməˌtɔːrɪ/ **N** *(= place)* crématorium *m*, crématoire *m* ; *(= furnace)* four *m* crématoire

**crème de la crème** /'kremdəlɑː'krem/ **N** ◆ **the ~** le dessus du panier, le gratin *

**crème fraîche** /ˌkrem'freʃ/ **N** crème *f* fraîche

**crenellated** /'krenɪleɪtɪd/ **ADJ** crénelé, à créneaux

**crenellations** /ˌkrenɪˈleɪʃənz/ NPL créneaux *mpl*

**creole** /ˈkriːəʊl/ ADJ créole N ◆ **Creole** Créole *mf* COMP ▷ **the Creole State** N la Louisiane

**creosote** /ˈkrɪəsəʊt/ N créosote *f* VT créosoter

**crêpe** /kreɪp/ N a *(Tex)* crêpe *m* b *(Culin)* crêpe *f* COMP ▷ **crêpe bandage** N bande *f* Velpeau ® ▷ **crêpe paper** N papier *m* crépon ▷ **crêpe shoes**, **crêpe-soled shoes** NPL chaussures *fpl* à semelles de crêpe

**crept** /krept/ VB pt, ptp of **creep**

**crepuscular** /krɪˈpʌskjʊləʳ/ ADJ crépusculaire

**crescendo** /krɪˈʃendəʊ/ N (pl **crescendos** *or* **crescendi** /krɪˈʃendɪ/) *(Mus, fig)* crescendo *m inv* VI *(Mus)* faire un crescendo

**crescent** /ˈkresnt/ N a croissant *m* ◆ **the Crescent** *(Islamic faith etc)* le Croissant b *(= street)* rue *f (en arc de cercle)* COMP ▷ **crescent moon** N croissant *m* de lune ▷ **crescent roll** N *(Culin)* croissant *m* ▷ **crescent-shaped** ADJ en (forme de) croissant

**cress** /kres/ N cresson *m* ; → **mustard, watercress**

**crest** /krest/ N *[of bird, wave, mountain]* crête *f* ; *[of helmet]* cimier *m* ; *(= long ridge)* arête *f* ; *[of road]* haut *m* de côte, sommet *m* de côte ; *(above coat of arms, shield)* timbre *m* ; *(on seal etc)* armoiries *fpl* ◆ **the family** ~ les armoiries *fpl* familiales ◆ **he is on the** ~ **of the wave** *(fig)* tout lui réussit en ce moment VT *[+ wave, hill]* franchir la crête de ◆ **~ed notepaper** papier *m* à lettres armorié ◆ **~ed tit** mésange *f* huppée

**crestfallen** /ˈkrestˌfɔːlən/ ADJ *[person]* déconfit ◆ **to look** ~ avoir l'air penaud

**cretaceous** /krɪˈteɪʃəs/ ADJ crétacé ◆ **the Cretaceous (period)** *(Geol)* le crétacé

**Cretan** /ˈkriːtən/ ADJ crétois N Crétois(e) *m(f)*

**Crete** /kriːt/ N Crète *f* ◆ **in** ~ en Crète

**cretin** /ˈkretɪn/ N crétin(e) *m(f)*

**cretinism** /ˈkretɪnɪzəm/ N *(Med)* crétinisme *m*

**cretinous** * /ˈkretɪnəs/ ADJ *(Med pej)* crétin

**cretonne** /kreˈtɒn/ N cretonne *f*

**Creutzfeldt-Jakob disease** /ˌkrɔɪtsfeltˈjækɒbdɪˌziːz/ N *(NonC)* maladie *f* de Creutzfeldt-Jakob

**crevasse** /krɪˈvæs/ N *(Geol, Climbing)* crevasse *f*

**crevice** /ˈkrevɪs/ N *(in rock)* fissure *f* ; *(in wall)* lézarde *f*

**crew¹** /kruː/ N *(Aviat, Naut)* équipage *m* ; *(Cine, Rowing etc)* équipe *f* ; *(= group, gang)* bande *f*, équipe *f* ◆ **what a** ~! * *(pej)* tu parles d'une équipe ! *, quelle engeance ! VI *(Sailing)* ◆ **to** ~ **for sb** être l'équipier de qn ◆ **would you like me to** ~ **for you?** voulez-vous de moi comme équipier ? VT *[+ yacht]* armer COMP ▷ **crew cut** N ◆ **to have a** ~ **cut** avoir les cheveux en brosse ▷ **crew-neck sweater** N pull *m* ras du cou, ras-du-cou *m inv*

**crew²** /kruː/ VB pt of **crow²**

**crewel** /ˈkruːɪl/ N *(= yarn)* laine *f* à tapisserie ; *(= work)* tapisserie *f* sur canevas

**crewman** /ˈkruːmən/ N (pl **-men**) *(TV etc)* équipier *m*

**crib** /krɪb/ N a *(Brit: for infant)* berceau *m* ; *(US: for toddler)* lit *m* d'enfant ; *(Rel)* crèche *f* b *(= manger)* mangeoire *f*, râtelier *m* c *(= plagiarism)* plagiat *m*, copiage *m* ; *(Scol)* antisèche * *f* VT *(Scol)* copier, pomper * ◆ **to** ~ **sb's work** copier le travail de qn, copier *or* pomper * sur qn VI copier ◆ **to** ~ **from a friend** copier sur un camarade ◆ **he had ~bed from Shakespeare** il avait plagié Shakespeare COMP ▷ **crib death** N *(US)* mort *f* subite du nourrisson

**cribbage** /ˈkrɪbɪdʒ/ N *jeu de cartes*

**crick** /krɪk/ N crampe *f* ◆ ~ **in the neck** torticolis *m* ◆ ~ **in the back** tour *m* de reins VT ◆ **to** ~ **one's neck** attraper un torticolis ◆ **to** ~ **one's back** se faire un tour de reins

**cricket¹** /ˈkrɪkɪt/ N *(= insect)* grillon *m*, cricri * *m inv*

**cricket²** /ˈkrɪkɪt/ N *(Sport)* cricket *m* ◆ **that's not** ~ *(fig)* cela ne se fait pas, ce n'est pas correct

COMP *[ball, bat, match, pitch]* de cricket

> **Cricket**
>
> Le **cricket** est souvent considéré comme un sport typiquement anglais, bien qu'il soit pratiqué dans toute la Grande-Bretagne et dans beaucoup de pays du Commonwealth. C'est surtout un sport d'été, dans lequel deux équipes de onze joueurs s'affrontent selon des règles assez complexes.
> Comme le base-ball aux États-Unis, ce sport a fourni à la langue courante un certain nombre d'expressions imagées, parmi lesquelles « a sticky wicket » (une situation difficile) ; « to knock someone for six » (démolir qn) ; « to be stumped » (sécher) et le fameux « it's not **cricket** » (cela ne se fait pas, ce n'est pas correct).

**cricketer** /ˈkrɪkɪtəʳ/ N joueur *m*, -euse *f* de cricket

**cricketing** /ˈkrɪkɪtɪŋ/ ADJ ◆ **England's** ~ **heroes** les héros du cricket anglais ◆ **his** ~ **career** sa carrière de joueur de cricket

**crier** /ˈkraɪəʳ/ N crieur *m* ; *[of law courts]* huissier *m* ; → **town**

**crikey** * /ˈkraɪkɪ/ EXCL *(Brit)* mince (alors) !

**crime** /kraɪm/ N crime *m* ◆ **minor** ~ délit *m* ◆ **the scene of the** ~ le lieu du crime ◆ **a** ~ **against humanity** un crime contre l'humanité ◆ **perjury is a serious** ~ un faux témoignage est un délit grave ◆ ~ **and punishment** le crime et le châtiment ◆ **a life of** ~ une vie de criminel ◆ ~ **is on the increase/decrease** la criminalité augmente/diminue ◆ ~ **doesn't pay** le crime ne paye pas ◆ **it's a** ~ **to make him do it** * c'est un crime de le forcer à le faire ; → **organized**

COMP ▷ **crime fighting** N *(NonC)* lutte *f* contre la criminalité ▷ **crime-fighting** ADJ *[plan, strategy, group]* de lutte contre la criminalité ▷ **crime of passion** N crime *m* passionnel ▷ **crime prevention** N prévention *f* de la criminalité ▷ **crime prevention officer** N policier *m* chargé de la prévention de la criminalité ▷ **crime spree** N série *f* de délits ◆ **to go on a** ~ **spree** multiplier les délits ▷ **Crime Squad** N brigade *f* criminelle ▷ **crime wave** N vague *f* de criminalité ▷ **crime writer** N auteur *m* de romans policiers

**Crimea** /kraɪˈmɪə/ N ◆ **the** ~ la Crimée

**Crimean** /kraɪˈmɪən/ ADJ, N ◆ **the** ~ **(War)** la guerre de Crimée

**criminal** /ˈkrɪmɪnl/ N criminel *m*, -elle *f*

ADJ *[action, motive, law]* criminel ◆ **a** ~ **waste of resources** un gaspillage criminel (des ressources) ◆ **it's** ~ * **to stay indoors today** c'est un crime de rester enfermé aujourd'hui ; → **conspiracy**

COMP ▷ **criminal assault** N *(Jur)* agression *f* criminelle, voie *f* de fait ▷ **criminal code** N code *m* pénal ▷ **criminal conversation** N *(US Jur)* adultère *m (de la femme)* ▷ **criminal court** N cour *f* d'assises ▷ **criminal damage** N *(NonC: Jur)* dégradations *fpl* volontaires ▷ **criminal investigation** N enquête *f* criminelle ▷ **the Criminal Investigation Department** N *(in Brit)* la police judiciaire, la PJ ▷ **criminal justice system** N *(Jur)* justice *f* pénale ▷ **criminal law** N droit *m* pénal *or* criminel ▷ **criminal lawyer** N pénaliste *m*, avocat *m* au criminel ▷ **criminal negligence** N *(NonC: Jur)* négligence *f* coupable *or* criminelle ▷ **criminal offence** N délit *m* ◆ **it's a** ~ **offence to do that** c'est un crime puni par la loi de faire cela ▷ **criminal proceedings** NPL *(Jur)* ◆ **to take** ~ **proceedings against sb** poursuivre qn au pénal ▷ **criminal record** N casier *m* judiciaire ◆ **he hasn't got a** ~ **record** il a un casier judiciaire vierge ▷ **the Criminal Records Office** N *(in Brit)* l'identité *f* judiciaire

**criminality** /ˌkrɪmɪˈnælɪtɪ/ N criminalité *f*

**criminalization** /ˌkrɪmɪnəlaɪˈzeɪʃən/ N criminalisation *f*

**criminalize** /ˈkrɪmɪnəlaɪz/ VT criminaliser

**criminally** /ˈkrɪmɪnəlɪ/ ADV a *(Jur) [liable, responsible]* pénalement ◆ **to be** ~ **negligent** faire preuve de négligence coupable *or* criminelle ◆ **the** ~ **insane** les psychopathes *mpl* b *(= scandalously) [underpaid]* scandaleusement ◆ ~ **irresponsible** d'une irresponsabilité criminelle ◆ **a** ~ **wasteful use of resources** un gaspillage criminel (des ressources)

**criminologist** /ˌkrɪmɪˈnɒlədʒɪst/ N criminologiste *mf*, criminologue *mf*

**criminology** /ˌkrɪmɪˈnɒlədʒɪ/ N criminologie *f*

**crimp** /krɪmp/ VT a *[+ hair]* crêper, friser ; *[+ pastry]* pincer b *(US = hinder)* gêner, entraver N *(US = person)* raseur *m*, -euse *f* ◆ **to put a** ~ **in ...** mettre obstacle à ..., mettre des bâtons dans les roues de ...

**crimped** /krɪmpt/ ADJ *[fabric etc]* plissé, froncé ; *[hair]* crêpé

**Crimplene** ® /ˈkrɪmpliːn/ N ≈ crêpe *m* polyester

**crimson** /ˈkrɪmzn/ ADJ, N cramoisi *m*

**cringe** /krɪndʒ/ VI *(= shrink back)* avoir un mouvement de recul, reculer *(from* devant) ; *(fig = humble o.s.)* ramper, s'humilier *(before* devant) ; ◆ **the very thought of it makes me** ~ * *(fig)* rien que d'y penser j'ai envie de rentrer sous terre COMP ▷ **cringe-making** * ADJ *(Brit)* qui donne des boutons, qui fait grincer les dents

**cringing** /ˈkrɪndʒɪŋ/ ADJ *[bow, attitude, person]* servile

**crinkle** /ˈkrɪŋkl/ VT *[+ paper]* froisser, chiffonner VI se froisser N fronce *f*, pli *m* COMP ▷ **crinkle-cut** ADJ *(Brit) [chips, crisps]* dentelé

**crinkled** /ˈkrɪŋkld/ ADJ *[leaf, paper, clothes]* froissé ; *[face, head]* plein de rides

**crinkly** /ˈkrɪŋklɪ/ ADJ *[hair]* crépu, crêpelé ; *[skin, face, eyes]* plissé ; *[paper]* gaufré

**crinoline** /ˈkrɪnəlɪn/ N crinoline *f*

**cripple** /ˈkrɪpl/ N *(= lame)* estropié(e) *m(f)*, boiteux *m*, -euse *f* ; *(= disabled)* infirme *mf*, invalide *mf* ; *(from accident, war)* invalide *mf* ; *(= maimed)* mutilé(e) *m(f)* ◆ **he's an emotional** ~ il est complètement bloqué sur le plan affectif VT a estropier b *(fig) [+ ship, plane]* désemparer ; *(Ind) [strikes etc] [+ production, exports etc]* paralyser ; *[+ person]* inhiber, bloquer ◆ **activities ~d by lack of funds** activités paralysées par le manque de fonds

**crippled** /ˈkrɪpld/ ADJ a *(= physically disabled) [person] (gen)* infirme ; *(through mutilation)* estropié ; *[leg, hand]* estropié ◆ **the bomb blast left her ~** l'explosion l'a rendue infirme ◆ **~ for life** handicapé à vie ◆ **~ with arthritis** perclus d'arthrite b *(psychologically)* ◆ **~ with shyness** perclus de timidité ◆ **emotionally ~** bloqué sur le plan affectif c *(= stricken) [aircraft, ship]* désemparé d *(= dysfunctional) [society, economy, organization]* handicapé ◆ **~ with debt** écrasé de dettes NPL **the crippled** les estropiés *mpl*

**crippling** /ˈkrɪplɪŋ/ ADJ a *[disease, illness, injury]* invalidant b *(fig) [pain, inflation, strike, effect]* paralysant ; *[guilt, depression]* qui paralyse ; *[tax, debt, cost]* écrasant ◆ **a ~ blow** un coup dur

**crisis** /ˈkraɪsɪs/ N (pl **crises** /ˈkraɪsiːz/) crise *f* ◆ **to come to a ~, to reach** ~ **point** *or* **a ~** atteindre un point critique ◆ **to solve a ~** dénouer *or* résoudre une crise ◆ **we've got a ~ on our hands** nous avons un problème urgent, nous sommes dans une situation critique ◆ **the first oil ~** le premier choc pétrolier, la première crise du pétrole COMP ▷ **crisis centre** N *(for large-scale disaster)* cellule *f* de crise ; *(for personal help)* centre *m* d'aide ; *(for battered women)* association *f* d'aide d'urgence ▷ **crisis management** N *(NonC)* gestion *f* de crise

**crisp** /krɪsp/ ADJ a *(= crunchy) [apple, salad]* croquant ; *[biscuit, pastry, bacon]* croustillant ; *[snow]* qui crisse ; *[leaves]* craquant b *[shirt, suit, cotton, linen]* tout propre, impeccable c *(= refreshing) [air]* vif, piquant ; *[weather]* tonifiant ; *[day, morning]* frais (fraîche *f*) et piquant(e) ; *[wine, sherry]* gouleyant, coulant d *(= clear) [picture, image]* net et précis ; *[shape]* épuré ; *[voice, sound]* clair ; *[style]* précis e *(= succinct) [writing, style]* épuré ; *[phrase]* vif ; *[statement, speech]* concis f *(= brisk) [tone, voice, comment]* sec (sèche *f*) g *(= tight) [curls]* serré N *(Brit)* ◆ **(potato) ~s** (pommes) chips *fpl* ◆ **packet of ~s** sachet *m or* paquet *m* de chips VT *(Culin:* also **crisp up**) *(with crispy topping)* faire gratiner ; *[+ chicken etc]* faire dorer

**crispbread** /ˈkrɪspbred/ N pain *m* scandinave

**crisper** /ˈkrɪspəʳ/ N *(= salad crisper)* bac *m* à légumes

**Crispin** /ˈkrɪspɪn/ N Crépin *m*

**crisply** /ˈkrɪsplɪ/ ADV a *(Culin)* ◆ **~ fried** *or* **grilled** croustillant b *(= stiffly)* ◆ **~ pressed** *or* **ironed** parfaitement repassé c *(= briskly) [say, reply]* sèchement

**crispness** /ˈkrɪspnɪs/ N a *(= crunchiness) [of biscuit etc]* craquant *m* b *(= freshness) [of air, weather]* fraîcheur *f*, piquant *m* c *(= succinctness) [of style]* précision *f*, tranchant *m*

**crispy** /ˈkrɪspɪ/ ADJ croquant, croustillant ◆ **~ noodles** nouilles *fpl* sautées ◆ **~ pancakes** crêpes *fpl* croustillantes

**criss-cross** /ˈkrɪskrɒs/ ADJ *[lines]* entrecroisés ; *(in muddle)* enchevêtré ◆ **in a ~ pattern** en croisillons N entrecroisement *m*, enchevêtrement *m* VT entrecroiser (by de) VI *[lines]* s'entrecroiser ADV formant (un) réseau

**crit** * /krɪt/ N *[of play, book etc]* papier * *m*, critique *f*

**criterion** /kraɪˈtɪərɪən/ N (pl **criterions** *or* **criteria** /kraɪˈtɪərɪə/) critère *m*

**critic** /ˈkrɪtɪk/ N *[of books, painting, music, films etc]* critique *m* ; *(= faultfinder)* critique *m*, détracteur *m*, -trice *f* ◆ **film ~** *(Press)* critique *m* de cinéma ◆ **he's a strong ~ of the government** il est très critique à l'égard du gouvernement ◆ **he is a constant ~ of the government** il ne cesse de critiquer le gouvernement ◆ **his wife is his most severe ~** sa femme est son plus sévère critique

**critical** /ˈkrɪtɪkəl/ ADJ a *(= important) [factor, element, issue]* crucial (*for or to* pour) ; ◆ **it was ~ for him to gain their support** il était crucial pour lui d'obtenir leur soutien

b *(= decisive) [moment, point, time]* critique, crucial ; *[situation, state]* critique ◆ **at a ~ stage** dans une phase critique ◆ **of ~ importance** d'une importance décisive

c *(Med) [patient]* dans un état critique ◆ **in a ~ condition, on the ~ list** dans un état critique ◆ **to be off the ~ list** être dans un état stable

d *(= censorious) [person, attitude, speech, report]* critique (*of sb/sth* à l'égard de qn/qch) ; ◆ **~ remark** critique *f*

e *(Art, Literat, Mus, Theat) [study, writings, edition]* critique ◆ **to meet with ~ acclaim** *or* **praise** être salué par la critique ◆ **to be a ~ success** connaître un succès critique

f *(Phys)* ◆ **to go ~** atteindre le seuil critique

COMP ▷ **critical angle** N *(Aviat, Opt)* angle *m* critique ▷ **critical mass** N *(Phys)* masse *f* critique ; *(fig)* point *m* critique ◆ **to reach (a) ~ mass** *(Phys)* atteindre une masse critique ; *(fig)* atteindre un point critique ▷ **critical path** N chemin *m* critique ▷ **critical path analysis** N analyse *f* du chemin critique ▷ **critical path method** N méthode *f* du chemin critique ▷ **critical temperature** N *(Phys)* température *f* critique

**critically** /ˈkrɪtɪkəlɪ/ ADV a *(= crucially)* ◆ **to be ~ important** être d'une importance capitale ◆ **a ~ important moment** un moment critique ◆ **the success of the project is ~ dependent on his contribution** sa contribution est d'une importance capitale pour la réussite du projet ◆ **to be (running) ~ low on sth** manquer sérieusement de qch ◆ **books are in ~ short supply** on manque sérieusement de livres b *(Med) [ill, injured]* gravement c *(= censoriously) [speak, say]* sévèrement d *(= analytically) [study, examine, watch]* d'un œil critique e *(Art, Literat, Mus, Theat)* ◆ **~ acclaimed** salué par la critique

**criticism** /ˈkrɪtɪsɪzəm/ N critique *f* ◆ **the decision is open to ~** cette décision prête le flanc à la critique *or* est critiquable

**criticize** /ˈkrɪtɪsaɪz/ LANGUAGE IN USE 26.3 VT a *(= assess) [+ book etc]* critiquer, faire la critique de b *(= find fault with) [+ behaviour, person]* critiquer ◆ **I don't want to ~, but ...** je ne veux pas avoir l'air de critiquer, mais ...

**critique** /krɪˈtiːk/ N critique *f*

**critter** ‡ /ˈkrɪtəʳ/ N *(US)* créature *f* ; *(= animal)* bête *f*, bestiole *f*

**croak** /krəʊk/ VI a *[frog]* coasser ; *[raven]* croasser ; *[person] (gen)* parler d'une voix rauque ; *(due to sore throat)* parler d'une voix enrouée ; *(* = grumble)* maugréer, ronchonner b *(‡ = die)* claquer *, crever * VT *(gen)* dire d'une voix rauque ; *(due to sore throat)* dire d'une voix enrouée ◆ **"help" he ~ed feebly** "au secours" appela-t-il d'une voix rauque N *[of frog]* coassement *m* ; *[of raven]* croassement *m* ◆ **his voice was a mere ~** il ne proférait que des sons rauques

**croaky** /ˈkrəʊkɪ/ ADJ *[voice] (gen)* rauque ; *(due to sore throat)* enroué

**Croat** /ˈkrəʊæt/ N Croate *mf*

**Croatia** /krəʊˈeɪʃɪə/ N Croatie *f*

**Croatian** /krəʊˈeɪʃɪən/ ADJ croate

**crochet** /ˈkrəʊʃeɪ/ N *(NonC:* also **crochet work**) (travail *m* au) crochet *m* VT *[+ garment]* faire au crochet VI faire du crochet COMP ▷ **crochet hook** N crochet *m*

**crock** /krɒk/ N a *(= pot)* cruche *f*, pot *m* de terre ◆ **~s** *(= broken pieces)* débris *mpl* de faïence ◆ **the ~s** * la vaisselle b * *(= horse)* vieille rosse *f*, cheval *m* fourbu ; *(esp Brit = car)* vieille bagnole * *f*, vieux clou * *m* ; *(Sport = injured player)* joueur *m*, -euse *f* amoché(e) * ◆ **he's an old ~** c'est un croulant *

**crocked** ‡ /krɒkt/ ADJ *(US)* bourré *

**crockery** /ˈkrɒkərɪ/ N *(NonC: Brit) (= cups, saucers, plates)* vaisselle *f* ; *(= earthenware)* poterie *f*, faïence *f*

**crocodile** /ˈkrɒkədaɪl/ N a crocodile *m* b *(Brit Scol)* cortège *m* en rangs (par deux) ◆ **to walk in a ~** aller deux par deux COMP *[shoes, handbag]* en crocodile, en croco * ▷ **crocodile clip** N pince *f* crocodile ▷ **crocodile tears** NPL larmes *fpl* de crocodile

**crocus** /ˈkrəʊkəs/ N (pl **crocuses**) crocus *m*

**Croesus** /ˈkriːsəs/ N Crésus *m* ◆ **as rich as ~** riche comme Crésus

**croft** /krɒft/ N petite exploitation *f* agricole

**crofter** /ˈkrɒftəʳ/ N petit exploitant *m* agricole

**crofting** /ˈkrɒftɪŋ/ N *organisation de l'agriculture en petites exploitations*

**croissant** /ˈkwæsɒŋ/ N croissant *m*

**Cromwellian** /krɒmˈwelɪən/ ADJ de Cromwell

**crone** /krəʊn/ N vieille ratatinée * *f*, vieille bique *f*

**crony** * /ˈkrəʊnɪ/ N copain * *m*, copine * *f*

**cronyism** * /ˈkrəʊnɪɪzəm/ N copinage * *m*

**crook** /krʊk/ N a *[of shepherd]* houlette *f* ; *[of bishop]* crosse *f* ; *(Mus) [of brass instrument]* ton *m* de rechange b *[of road]* angle *m* ; *[of river]* coude *m* c *(* = thief)* escroc *m*, filou *m* VT *[+ one's finger]* courber, recourber ; *[+ one's arm]* plier ADJ *(Austral)* a *(= sick)* malade ; *(= injured)* blessé b * *(= crooked)* malhonnête, roublard *

**crooked** /ˈkrʊkɪd/ ADJ a *(= bent, askew) [line, stick, back]* tordu ; *[nose, tooth, picture, tie]* de travers ; *[street]* tortueux ◆ **to give a ~ smile** sourire du coin des lèvres ◆ **a ~ old man** un vieillard tout tordu b *(* = dishonest) [person, business]* véreux ; *[deal, method]* malhonnête ADV * de travers, de traviole *

**crookedly** /ˈkrʊkɪdlɪ/ ADV *[smile, grin]* du coin des lèvres ; *[hang]* de travers

**crookedness** /ˈkrʊkɪdnɪs/ N *(= dishonesty)* malhonnêteté *f* ; *[of features]* manque *m* de symétrie

**croon** /kruːn/ VTI *(= sing softly)* chantonner, fredonner ; *(in show business)* chanter *(en crooner)*

**crooner** /ˈkruːnəʳ/ N chanteur *m*, -euse *f* de charme, crooner *m*

**crooning** /ˈkruːnɪŋ/ N *(NonC)* la chanson de charme

**crop** /krɒp/ N a *(= produce)* produit *m* agricole, culture *f* ; *(= amount produced)* récolte *f* ; *(of fruit etc)* récolte *f*, cueillette *f* ; *(of cereals)* moisson *f* ; *(fig) [of problems, questions]* série *f* ; *(fig) [of people]* fournée *f* ◆ **the ~s** *(at harvest time)* la récolte ◆ **one of the basic ~s** l'une des cultures de base ◆ **we had a good ~ of strawberries** la récolte *or* la cueillette des fraises a été bonne ◆ **to get the ~s in** rentrer les récoltes *or* la moisson

b *[of bird]* jabot *m*

c *[of whip]* manche *m* ; *(also* **riding crop***)* cravache *f*

d *(Hairdressing)* **to give sb a (close) ~** couper ras les cheveux de qn ◆ **Eton ~** cheveux *mpl* à la garçonne

VT a *[animals grass]* brouter, paître

b *[+ tail]* écourter ; *[+ hair]* tondre ◆ **~ped hair** cheveux *mpl* coupés ras

c *(Phot)* recadrer

VI *[land]* donner *or* fournir une récolte

COMP ▷ **crop circle** N cercle *m* dans les blés ▷ **crop dusting** N ⇒ **crop spraying** ▷ **crop rotation** N assolement *m*, rotation *f* des cultures ▷ **crop sprayer** N *(= device)* pulvérisateur *m* ; *(= plane)* avion-pulvérisateur *m* ▷ **crop spraying** N *(NonC)* pulvérisation *f* des cultures ▷ **crop top** N T-shirt (court et ajusté)

► **crop out** VI *(Geol)* affleurer

► **crop up** VI a *[questions, problems]* survenir, se présenter ◆ **the subject ~ped up during the conversation** le sujet a été amené *or* mis sur le tapis au cours de la conversation ◆ **something's ~ped up and I can't come** j'ai un contre-temps, je ne pourrai pas venir ◆ **he was ready for anything that might ~ up** il était prêt à toute éventualité

b *(Geol)* affleurer

**cropper** * /ˈkrɒpəʳ/ N *(lit, fig)* ◆ **to come a ~** *(= fall)* se casser la figure * ; *(= fail in attempt)* se planter * ; *(in exam)* se faire coller * *or* étendre

**cropping** /ˈkrɒpɪŋ/ N *(Phot)* recadrage *m*

**croquet** /ˈkrəʊkeɪ/ N croquet *m* COMP ▷ **croquet hoop** N arceau *m* de croquet ▷ **croquet mallet** N maillet *m* de croquet

**croquette** /krəʊˈket/ N croquette *f* ◆ **potato ~** croquette *f* de pommes de terre

**crosier** /ˈkrəʊʒəʳ/ N *[of bishop]* crosse *f*

**cross** /krɒs/ LANGUAGE IN USE 27.7

N a *(= mark, emblem)* croix *f* ◆ **to mark/sign with a ~** marquer/signer d'une croix ◆ **the iron ~** la croix de fer ◆ **the Cross** *(Rel)* la Croix ; → **bear¹, market, red, sign**

b *(Bio, Zool)* hybride *m* ◆ **~ between two different breeds** mélange *m or* croisement *m* de deux races différentes, hybride *m* ◆ **it's a ~ between a novel and a poem** cela tient du roman et du poème ◆ **a ~ between a laugh and a bark** un bruit qui tient du rire et de l'aboiement

c *(NonC) [of material]* biais *m* ◆ **to cut material on the ~** *(Sewing)* couper du tissu dans le biais ◆ **a skirt cut on the ~** une jupe en biais ◆ **line drawn on the ~** ligne tracée en biais *or* en diagonale

d *(Sport)* centre *m* ◆ **to hit a ~ to sb** centrer sur qn, envoyer un centre sur qn

ADJ a *(= angry) [person]* en colère ◆ **to be ~ with sb** être fâché *or* en colère contre qn ◆ **it makes me ~ when ...** cela me met en colère quand ... ◆ **to get ~ with sb** se mettre en colère *or* se fâcher contre qn ◆ **don't be ~ with me** ne m'en veuillez pas, il ne faut pas m'en vouloir ◆ **they haven't had a ~ word in ten years** ils ne se sont pas disputés une seule fois en dix ans

b *(= traverse, diagonal)* transversal, diagonal

VT a *[+ room, street, sea, continent, river, bridge]* traverser ; *[+ threshold, fence, ditch]* franchir ◆ **the bridge ~es the river here** c'est ici que le pont franchit *or* enjambe la rivière ◆ **it ~ed my mind that ...** il m'est venu à l'esprit que ... ◆ **they have clearly ~ed the boundary into terrorism** ils ont manifestement basculé dans le terrorisme ◆ **a smile ~ed her lips** un sourire se dessina sur ses lèvres ; → **bridge¹, floor, line¹, path¹**

b ◆ **to ~ one's arms/legs** croiser les bras/les jambes ◆ **the lines are ~ed, we've got a ~ed line** *(Brit Telec)* il y a un problème sur la ligne ◆ **they've got their lines ~ed** * *(fig)* il y a un malentendu quelque part ; → **finger, sword**

c *(Rel)* **to ~ o.s.** se signer, faire le signe de la croix ◆ **~ my heart (and hope to die)!** * croix de bois, croix de fer(, si je mens je vais en enfer) ! *

d ◆ **to ~ a "t"** barrer un "t" ; → **cheque, palm¹**

e *[+ person] (= anger)* contrarier ; *(= thwart)* contrecarrer les projets de ; *[+ plans]* contrecarrer ◆ **~ed in love** malheureux en amour

f *[+ animals, plants]* croiser *(with* avec*)* ; ◆ **to ~ two animals/plants** croiser *or* métisser deux animaux/plantes

VI a *(also* **cross over***)* **he ~ed from one side of the room to the other to speak to me** il a traversé la pièce pour venir me parler ◆ **to ~ from one place to another** passer d'un endroit à un autre ◆ **to ~ from Newhaven to Dieppe** faire la traversée de Newhaven à Dieppe

b *[roads, paths]* se croiser, se rencontrer ; *[letters, people]* se croiser

COMP ▷ **cross-border** ADJ transfrontalier ▷ **cross-Channel ferry** N ferry *m* qui traverse la Manche ▷ **cross-check** N contre-épreuve *f*, recoupement *m* VT *[+ facts]* vérifier par recoupement *or* contre-épreuve VI vérifier par recoupement ▷ **cross-compiler** N *(Comput)* compilateur *m* croisé ▷ **cross-country** ADJ à travers champs ◆ **~-country race** *or* **running** cross(-country) *m* ◆ **~-country skier** skieur *m* de fond *or* de randonnée ◆ **~-country skiing** ski *m* de fond *or* de randonnée ▷ **cross-court** ADJ *(Tennis) [drive, shot, forehand]* croisé ▷ **cross-cultural** ADJ interculturel ▷ **cross-current** N contre-courant *m* ▷ **cross-curricular** ADJ *[approach etc]* pluridisciplinaire ▷ **cross-cut chisel** N bédane *m* ▷ **cross-disciplinary** ADJ interdisciplinaire ▷ **cross-dress** VI se travestir ▷ **cross-dresser** N travesti(e) *m(f)* ▷ **cross-dressing** N *(NonC = transvestism)* transvestisme *m*, travestisme *m* ▷ **cross-examination** N *(esp Jur)* contre-interrogatoire *m* ▷ **cross-examine** VT *(Jur)* faire subir un contre-interrogatoire à ; *(gen)* interroger *or* questionner (de façon serrée) ▷ **cross-eyed** ADJ qui louche, bigleux * ◆ **to be ~-eyed** loucher, avoir un œil qui dit zut * *or* merde‡ à l'autre ▷ **cross-fertilize** VT *(Bot)* croiser, faire un croisement de ▷ **cross-grained** ADJ *[wood]* à fibres irrégulières ; *[person]* acariâtre, atrabilaire ▷ **cross hairs** NPL *[of telescope, gun]* réticule *m* ▷ **cross holdings** NPL *(St Ex)* participations *fpl* croisées ▷ **cross-legged** ADV *[sit]* en tailleur ▷ **cross-match** VT *[+ blood]* tester la compatibilité de ▷ **cross-party** ADJ *(Brit Pol) [talks]* entre partis, interpartis ; *[support]* de plusieurs partis ; *[committee]* composé de membres de différents partis ▷ **cross-ply** ADJ *(Aut)* à carcasse diagonale ▷ **cross-pollination** N pollinisation *f* croisée ▷ **cross-posting** N *(Comput)* diffusions *fpl* multiples ◆ **with apologies for ~-posting** veuillez nous excuser pour les diffusions multiples ▷ **cross-purposes** NPL ◆ **to be at ~-purposes with sb** *(= misunderstand)* comprendre qn de travers ; *(= disagree)* être en désaccord avec qn ◆ **I think we are at ~-purposes** je crois qu'il y a malentendu, nous nous sommes mal compris ◆ **we were talking at ~-purposes** notre conversation tournait autour d'un quiproquo ▷ **cross-question** VT faire subir un interrogatoire à ▷ **cross-refer** VT renvoyer *(to* à*)* ▷ **cross-reference** N renvoi *m*, référence *f* *(to* à*)* VT renvoyer ▷ **cross section** N *(Bio etc)* coupe *f* transversale *[population etc]* échantillon *m* ▷ **cross-stitch** N point *m* de croix VT coudre *or* broder au point de croix ▷ **cross swell** N houle *f* traversière ▷ **cross-town** ADJ *(US) [bus]* qui traverse la ville ▷ **cross trainers** NPL *(= shoes)* chaussures *fpl* de cross-training ▷ **cross-training** N *(Sport)* cross-training *m* ▷ **cross volley** N *(Tennis)* volée *f* croisée ▷ **cross-vote** VI *(Pol)* voter contre son parti

► **cross off** VT SEP *[+ item on list]* barrer, rayer ; *[+ person]* radier *(from* de*)* ; ◆ **to ~ sb off a list** radier qn d'une liste

► **cross out** VT SEP *[+ word]* barrer, rayer

► **cross over**

VI traverser ; see also **cross vi a**

**crossbar** /ˈkrɒsbɑːʳ/ N *(Rugby etc)* barre *f* transversale ; *[of bicycle]* barre *f*

**crossbeam** /ˈkrɒsbiːm/ N traverse *f*

**crossbencher** /ˈkrɒs,bentʃəʳ/ N *(Parl)* député *m* non inscrit

**crossbill** /ˈkrɒsbɪl/ N *(Orn)* bec-croisé *m*

**crossbones** /ˈkrɒsbəʊnz/ NPL → **skull**

**crossbow** /ˈkrɒsbəʊ/ N arbalète *f* COMP ▷ **crossbow archery** N tir *m* à l'arbalète

**crossbred** /ˈkrɒsbred/ VB pt, ptp of **crossbreed** ADJ, N métis(se) *m(f)*

**crossbreed** /ˈkrɒsbriːd/ N *(= animal)* hybride *m*, métis(se) *m(f)* ; *( * pej = person)* sang-mêlé *mf inv*, métis(se) *m(f)* VT (pret, ptp **crossbred**) croiser, métisser

**crosse** /krɒs/ N *(in lacrosse)* crosse *f*

**crossfire** /ˈkrɒsfaɪəʳ/ N *(Mil)* feux *mpl* croisés ◆ **exposed to ~** *(Mil)* pris entre deux feux ◆ **caught in a ~ of questions** pris dans un feu roulant de questions

**crosshatch** /ˈkrɒshætʃ/ VT hachurer

**crosshatching** /ˈkrɒs,hætʃɪŋ/ N hachures *fpl*

**crossing** /ˈkrɒsɪŋ/ N a *(esp by sea)* traversée *f* ◆ **the ~ of the line** le passage de l'équateur *or* de la ligne b *(= road junction)* croisement *m*, carrefour *m* ; *(also* **pedestrian crossing***)* passage *m* clouté ; *(Rail:* also **level crossing***)* passage *m* à niveau ◆ **cross at the ~** *(on road)* traversez sur le passage clouté *or* dans les clous * ; → **zebra** COMP ▷ **crossing guard** N *(US)* ⇒ **crossing patrol** ▷ **crossing patrol** N *(Brit:* also **school crossing patrol***)* contractuel(le) *m(f) (chargé(e) de faire traverser la rue aux enfants)* ▷ **crossing point** N point *m* de passage ; *[of river]* gué *m*

**crossly** /ˈkrɒslɪ/ ADV avec (mauvaise) humeur

**crossover** /ˈkrɒsəʊvəʳ/ N *[of roads]* (croisement *m* par) pont *m* routier ; *(Rail)* voie *f* de croisement ; *(Mus, Literat, Art)* mélange *m* de genres ◆ **a jazz-rap ~** un mélange de jazz et de rap COMP ▷ **crossover bodice** N *(Dress)* corsage *m* croisé

**crosspatch** * /ˈkrɒspætʃ/ N grincheux *m*, -euse *f*, grognon(ne) *m(f)*

**crosspiece** /ˈkrɒspiːs/ N traverse *f*

**crossroads** /ˈkrɒsrəʊdz/ NPL *(lit)* croisement *m*, carrefour *m* ; *(fig)* carrefour *m*

**crosstalk** /ˈkrɒstɔːk/ N *(Rad, Telec)* diaphonie *f* ; *(Brit = conversation)* joutes *fpl* oratoires

**crosstie** /ˈkrɒstaɪ/ N *(US)* traverse *f* (de voie ferrée)

**crosswalk** /ˈkrɒswɔːk/ N *(US)* passage *m* clouté

**crossway** /ˈkrɒsweɪ/ N *(US)* croisement *m*

**crosswind** /ˈkrɒswɪnd/ N vent *m* de travers

**crosswise** /ˈkrɒswaɪz/ ADV (= *in shape of cross*) en croix ; (= *across*) en travers ; (= *diagonally*) en diagonale

**crossword** /ˈkrɒswɜːd/ N (also **crossword puzzle**) mots *mpl* croisés

**crotch** /krɒtʃ/ N *[of body, tree]* fourche *f* ; *[of garment]* entrejambes *m inv* ◆ **a kick in the ~** un coup de pied entre les jambes

**crotchet** /ˈkrɒtʃɪt/ N *(Brit Mus)* noire *f*

**crotchety** /ˈkrɒtʃɪtɪ/ ADJ grognon, grincheux

**crouch** /kraʊtʃ/ VI (also **crouch down**) *[person, animal] (gen)* s'accroupir ; (= *snuggle*) se tapir ; *(before springing)* se ramasser N position *f* accroupie

**croup**[1] /kruːp/ N *(Med)* croup *m*

**croup**[2] /kruːp/ N *[of horse]* croupe *f*

**croupier** /ˈkruːpɪeɪ/ N croupier *m*

**crouton** /ˈkruːtɒn/ N croûton *m*

**crow**[1] /krəʊ/ N *(Orn)* corneille *f* ; *(generic term)* corbeau *m* ◆ **as the ~ flies** à vol d'oiseau, en ligne droite ◆ **to make sb eat ~** * *(US)* faire rentrer les paroles dans la gorge à qn ◆ **to eat ~** * *(US)* faire de plates excuses ; → **carrion** COMP ▷ **Crow Jim** ‡ N racisme *m* contre les Blancs, racisme *m* inversé ▷ **crow's feet** NPL pattes *fpl* d'oie *(rides)* ▷ **crow's-nest** N *(Naut)* nid *m* de pie

**crow**[2] /krəʊ/ N *[of cock]* chant *m* (du or d'un coq), cocorico *m* ; *[of baby]* gazouillis *m* ; (= *triumphant cry*) cri *m* de triomphe VI a (pret **crowed** *or* **crew**, ptp **crowed**) *[cock]* chanter b (pret, ptp **crowed**) *[baby]* gazouiller ; *[victor]* chanter victoire ◆ **he ~ed with delight** il poussait des cris de triomphe ◆ **it's nothing to ~ about** il n'y a pas de quoi pavoiser

► **crow over** VT FUS ◆ **to crow over sb** se vanter d'avoir triomphé de qn, chanter sa victoire sur qn

**crowbar** /ˈkrəʊbɑːʳ/ N (pince *f* à) levier *m*

**crowd** /kraʊd/ N a foule *f* ; *(disorderly)* cohue *f* ◆ **in ~s** en foule ◆ **to get lost in the ~** se perdre dans la foule ◆ **a large ~** *or* **large ~s had gathered** une foule immense s'était assemblée ◆ **there was quite a ~** il y avait beaucoup de monde, il y avait foule ◆ **how big was the ~?** est-ce qu'il y avait beaucoup de monde ? ◆ **there was quite a ~ at the concert/at the match** il y avait du monde au concert/au match ◆ **the ~** *(Cine, Theat = actors)* les figurants *mpl* ◆ **that would pass in a ~** * *(fig)* ça peut passer si on n'y regarde pas de trop près, en courant vite on n'y verrait que du feu * ◆ **~s of** *or* **a whole ~ of books/people** des masses * de livres/de gens

b *(NonC = people in general)* **the ~** la foule, la masse du peuple ◆ **to follow** *or* **go with the ~** suivre la foule *or* le mouvement

c ( * = *group, circle*) bande *f*, clique *f* ◆ **I don't like that ~ at all** je n'aime pas du tout cette bande ◆ **he's one of our ~** il fait partie de notre groupe *or* bande ◆ **the usual ~** la bande habituelle

VI ◆ **they ~ed into the small room** ils se sont entassés dans la petite pièce ◆ **don't all ~ together** ne vous serrez donc pas comme ça ◆ **to ~ through the gates** passer en foule par le portail ◆ **they ~ed round to see ...** ils ont fait cercle *or* se sont attroupés pour voir... ◆ **they ~ed round him** ils se pressaient autour de lui ◆ **they ~ed up against him** ils l'ont bousculé ◆ **to ~ down/in/up** *etc* descendre/entrer/monter *etc* en foule

VT (= *push*) *[+ objects]* entasser (*into* dans) ; (= *jostle*) *[+ person]* bousculer ◆ **pedestrians ~ed the streets** les piétons se pressaient dans les rues ◆ **he was ~ed off the pavement** la cohue l'a forcé à descendre du trottoir ◆ **don't ~ me** ne poussez pas, arrêtez de me bousculer ◆ **the houses are ~ed together** les maisons sont les unes sur les autres ◆ **a room ~ed with children** une pièce pleine d'enfants ◆ **house ~ed with furniture** maison *f* encombrée de meubles ◆ **a house ~ed with guests** une maison pleine d'invités ◆ **a week ~ed with incidents** une semaine riche en incidents ◆ **memory ~ed with facts** mémoire *f* bourrée de faits ◆ **to ~ on sail** *(Naut)* mettre toutes voiles dehors ; → **crowded**

COMP ▷ **crowd control** N *(NonC)* ◆ **~ control was becoming difficult** il devenait difficile de contenir *or* contrôler la foule ◆ **expert in ~ control** spécialiste *mf* du service d'ordre ▷ **crowd-pleaser** N ◆ **to be a ~-pleaser** plaire aux foules ▷ **crowd-puller** * N grosse attraction *f* ◆ **to be a real ~-puller** attirer les foules ▷ **crowd scene** N *(Cine, Theat)* scène *f* de foule ▷ **crowd trouble** N *(NonC)* mouvements *mpl* de foule

► **crowd out** VT SEP ◆ **the place was crowded out** l'endroit était bondé ◆ **we shall be ~ed out** la cohue nous empêchera d'entrer ◆ **this article was ~ed out of yesterday's edition** cet article n'a pas pu être inséré dans l'édition d'hier faute de place ◆ **he's really ~ing me out** * il me colle aux fesses ‡

**crowded** /ˈkraʊdɪd/ ADJ a (= *filled with people*) *[room, street, train, beach]* plein de monde, bondé ◆ **the shops are too ~** il y a trop de monde dans les magasins ◆ **it's getting ~ in there, the place is getting ~** il commence à y avoir trop de monde ◆ **the people live ~ together in insanitary conditions** les gens vivent les uns sur les autres dans des conditions insalubres ◆ **~ with people** plein de monde b (= *overpopulated*) *[city, area]* surpeuplé ; *[conditions]* de surpeuplement ◆ **it is a very ~ profession** c'est une filière très encombrée c (= *packed with things*) *[place]* plein à craquer ◆ **a room ~ with furniture** une pièce pleine de meubles d (= *busy*) *[agenda, day]* chargé ; *[life]* bien rempli

**crowfoot** /ˈkrəʊfʊt/ N (pl **crowfoots**) *(Bot)* renoncule *f* ; *(Naut)* araignée *f* ; *(Mil)* chausse-trappe *m*

**crowing** /ˈkrəʊɪŋ/ N *[of cockerel]* chant *m* (du coq), cocorico *m* ; *(fig = boasting)* vantardise *f*

**crown** /kraʊn/ N a *(lit, fig)* couronne *f* ◆ **~ of roses/thorns** couronne *f* de roses/d'épines ◆ **to wear the ~** *(fig)* porter la couronne ◆ **to succeed to the ~** monter sur le trône ◆ **the Crown** *(Jur)* la Couronne, ≃ le ministère public ◆ **the law officers of the Crown** les conseillers *mpl* juridiques de la Couronne

b (= *coin*) couronne *f (ancienne pièce valant cinq shillings)*

c (= *top part*) *[of hill]* sommet *m*, faîte *m* ; *[of tree]* cime *f* ; *[of roof]* faîte *m* ; *[of arch]* clé *f* ; *[of tooth]* couronne *f* ; *[of hat]* fond *m* ; *[of anchor]* diamant *m* ; *(fig = climax, completion)* couronnement *m* ◆ **the ~ (of the head)** le sommet de la tête ◆ **the ~ of the road** le milieu de la route

d (= *size of paper*) couronne *f (format 0,37 sur 0,47 m)*

VT couronner (*with* de) ; *[draughts]* damer ; *[+ tooth]* couronner ; ( * = *hit*) flanquer * un coup sur la tête à ◆ **he was ~ed king** il fut couronné roi ◆ **all the ~ed heads of Europe** toutes les têtes couronnées d'Europe ◆ **work ~ed with success** travail *m* couronné de succès ◆ **the hill is ~ed with trees** la colline est couronnée d'arbres ◆ **to ~ it all** * **it began to snow** pour comble (de malheur) *or* pour couronner le tout il s'est mis à neiger ◆ **that ~s it all!** * il ne manquait plus que ça !

COMP *(Brit Jur) [witness, evidence etc]* à charge ▷ **Crown Agent** N *(Brit Pol)* ≃ délégué(e) *m(f)* du ministère de la Coopération ▷ **crown colony** N *(Brit)* colonie *f* de la couronne ▷ **Crown court** N *(Jur)* Cour *f* d'assises *(en Angleterre et au Pays de Galles)* ▷ **crown estate** N domaine *m* de la couronne ▷ **crown green bowling** N *(NonC: Brit) jeu de boules sur un terrain légèrement surélevé en son milieu* ▷ **crown jewels** NPL joyaux *mpl* de la couronne ; ( ‡ *hum = male genitals)* bijoux *mpl* de famille * *(hum)* ▷ **crown lands** NPL terres *fpl* domaniales ▷ **crown law** N droit *m* pénal ▷ **crown prince** N prince *m* héritier ▷ **crown princess** N princesse *f* héritière ▷ **Crown Prosecution Service** N *(Brit)* ≃ Ministère *m* public *(qui décide si les affaires doivent être portées devant les tribunaux)* ▷ **crown prosecutor** N ≃ procureur *m* de la République ▷ **crown wheel** N *(Brit Aut)* grande couronne *f* ◆ **~ wheel and pinion** couple *m* conique

**crowning** /ˈkraʊnɪŋ/ N (= *ceremony*) couronnement *m* ADJ *[achievement, moment]* suprême ◆ **his ~ glory** son plus grand triomphe ◆ **her hair was her ~ glory** sa chevelure faisait sa fierté

**cruces** /ˈkruːsiːz/ NPL of **crux**

**crucial** /ˈkruːʃəl/ ADJ *[issue, factor, decision, vote, difference]* crucial ; *[moment, stage, time]* crucial, critique ◆ **~ to** *or* **for sb/sth** crucial pour qn/qch ◆ **it is ~ that ...** il est essentiel *or* capital que ... *+ subj* ◆ **to play a ~ role in sth** jouer un rôle capital dans qch

**crucially** /ˈkruːʃəlɪ/ ADV *[influence, affect]* d'une manière décisive ◆ **~ important** d'une importance cruciale ◆ **the success of the project is ~ dependent on** *or* **depends ~ on his contribution** sa contribution est d'une importance capitale pour la réussite du projet

**crucible** /ˈkruːsɪbl/ N a *(lit)* creuset *m* b *(fig)* (= *melting pot*) creuset *m* ; (= *test*) (dure) épreuve *f*

**crucifix** /ˈkruːsɪfɪks/ N crucifix *m* ; *(at roadside)* calvaire *m*

**crucifixion** /ˌkruːsɪˈfɪkʃən/ N crucifiement *m* ◆ **the Crucifixion** *(Rel)* la crucifixion, la mise en croix

**cruciform** /ˈkruːsɪfɔːm/ ADJ cruciforme

**crucify** /ˈkruːsɪfaɪ/ VT *(lit)* crucifier, mettre en croix ; *(fig)* crucifier, mettre au pilori ◆ **to ~ the flesh** *(Rel)* mortifier la chair ◆ **he'll ~ me** * **when he finds out!** il va m'étrangler quand il saura !

**crud** ‡ /krʌd/ N a (= *filth*) saloperies ‡ *fpl*, saletés *fpl* ; (= *person*) salaud ‡ *m*, ordure ‡ *f* ◆ **the ~** (= *illness*) la crève ‡ b (= *residue*) résidu *m*

**cruddy** ‡ /ˈkrʌdɪ/ ADJ dégueulasse ‡

**crude** /kruːd/ ADJ a (= *vulgar*) *[person, behaviour, language, joke, attempt]* grossier b (= *rudimentary*) *[device, weapon, hut]* rudimentaire ; *[furniture, shelter, housing]* rudimentaire, sommaire ; *[drawing]* schématique ◆ **a ~ form** *or* **kind of ...** une forme grossière de ... ◆ **a ~ method of doing sth** un moyen rudimentaire de faire qch c (= *garish*) *[light, colour]* cru d (= *not refined*) *[materials]* brut ; *[sugar]* non raffiné N (also **crude oil**) brut *m* ; → **heavy** COMP ▷ **crude oil** N (pétrole *m*) brut *m* ▷ **crude steel** N acier *m* brut

**crudely** /ˈkruːdlɪ/ ADV a (= *approximately*) *[divide, express, explain]* sommairement b (= *primitively*) *[carved, constructed, drawn]* grossièrement, de façon rudimentaire c

*(= coarsely) [speak, behave]* grossièrement ◆ **to put it ~** pour dire les choses crûment

**crudeness** /ˈkruːdnɪs/ **N** *[of system, method]* caractère *m* rudimentaire ; *(= vulgarity)* vulgarité *f*, grossièreté *f*

**crudités** /ˈkruːdɪteɪz/ **NPL** crudités *fpl*

**crudity** /ˈkruːdɪtɪ/ **N** ⇒ **crudeness**

**cruel** /ˈkrʊəl/ **ADJ** cruel (*to sb* avec qn) ; ◆ **it was a ~ blow to his pride** sa fierté en a pris un coup *, cela a porté un coup sévère à son orgueil ◆ **you have to be ~ to be kind** *(Prov)* qui aime bien châtie bien *(Prov)*

**cruelly** /ˈkrʊəlɪ/ **ADV** cruellement

**cruelty** /ˈkrʊəltɪ/ **N** cruauté *f* (*to* envers) ; *(Jur)* sévices *mpl* ◆ **prosecuted for ~ to his wife** poursuivi pour sévices sur sa femme ◆ **divorce on the grounds of ~** divorce *m* pour sévices ◆ **mental ~** cruauté *f* mentale ; → **prevention** **COMP** ▷ **cruelty-free** **ADJ** non testé sur les animaux

**cruet** /ˈkruːɪt/ **N** **a** *(Brit:* also **cruet set, cruet stand**) service *m* à condiments, garniture *f* de table (pour condiments) **b** *(US = small bottle)* petit flacon *m (pour l'huile ou le vinaigre)* **c** *(Rel)* burette *f*

**cruise** /kruːz/ **VI** **a** *[fleet, ship]* croiser ◆ **they are cruising in the Pacific** *(Naut)* ils croisent dans le Pacifique ; *[tourists]* ils sont en croisière dans le Pacifique

**b** *[cars]* rouler ; *[aircraft]* voler ◆ **the car was cruising (along) at 80km/h** la voiture faisait 80 km/h sans effort ◆ **we were cruising along the road when suddenly ...** nous roulions tranquillement quand tout à coup ... ◆ **to ~ to victory** remporter la victoire haut la main

**c** *[taxi, patrol car]* marauder, faire la maraude ◆ **a cruising taxi** un taxi en maraude

**d** *(* = look for pick-up)* draguer *

**N** **a** *(Naut)* croisière *f* ◆ **to go on a ~** partir en croisière, faire une croisière

**b** (also **cruise missile**) missile *m* de croisière ◆ **a campaign against ~** une campagne contre les missiles de croisière

**COMP** ▷ **cruise control** **N** contrôle *m* (de vitesse) ▷ **cruise missile** **N** missile *m* de croisière ▷ **cruising range** **N** *(Aviat)* autonomie *f* de vol ▷ **cruising speed** **N** vitesse *f or* régime *m* de croisière ▷ **cruising yacht** **N** yacht *m* de croisière

**cruiser** /ˈkruːzəʳ/ **N** *(= warship)* croiseur *m* ; *(= cabin cruiser)* yacht *m* de croisière ; → **battle** **COMP** ▷ **cruiser weight** **N** *(Boxing)* poids *m* mi-lourd

**cruller** /ˈkrʌləʳ/ **N** *(US)* beignet *m*

**crumb** /krʌm/ **N** miette *f* ; *(NonC: inside of loaf)* mie *f* ; *(fig)* miette *f*, brin *m* ; *[of information]* miettes *fpl*, fragments *mpl* ◆ **a ~ of comfort** un brin de réconfort ◆ **~s!** * ça alors !, zut ! *

**crumble** /ˈkrʌmbl/ **VT** *[+ bread]* émietter ; *[+ plaster]* effriter ; *[+ earth, rocks]* (faire s')ébouler **VI** *[buildings etc]* tomber en ruines, se désagréger ; *[plaster]* s'effriter ; *[earth, rocks]* s'ébouler ; *[bread]* s'émietter ; *(fig) [hopes, economy etc]* s'effondrer, s'écrouler ; *(fig) [person]* se laisser abattre ; → **cookie** **N** *(Brit Culin)* crumble *m*

**crumbly** /ˈkrʌmblɪ/ **ADJ** friable **N** *(* = old person)* vieux croulant * *m*

**crummy** *, **crumby** * /ˈkrʌmɪ/ **ADJ** **a** *[hotel, town, job, film]* minable * ◆ **what a ~ thing to do!** c'est un coup minable ! *, c'est vraiment mesquin de faire ça ! **b** *(= ill)* ◆ **to feel ~** ne pas avoir la pêche *, être patraque * **c** *(= guilty)* **to feel ~ about doing sth** se sentir minable * de faire qch

**crump** /krʌmp/ **N** éclatement *m (d'un obus)* ; *(Mil * = shell)* obus *m*

**crumpet** /ˈkrʌmpɪt/ **N** *(esp Brit Culin)* petite crêpe *f* épaisse ◆ **a bit of ~** ‡ *(Brit fig)* une belle nana *

**crumple** /ˈkrʌmpl/ **VT** froisser, friper ; (also **crumple up**) chiffonner ◆ **he ~d the paper (up) into a ball** il a fait une boule de la feuille de papier **VI** se froisser, se chiffonner, se friper ◆ **her features ~d when she heard the bad news** son visage s'est décomposé quand elle a appris la mauvaise nouvelle **COMP** ▷ **crumple zone** **N** *(Aut)* structure *f* déformable

**crunch** /krʌntʃ/ **VT** **a** *(with teeth)* croquer ◆ **to ~ an apple/a biscuit** croquer une pomme/un biscuit **b** *(underfoot)* écraser, faire craquer **c** ◆ **to ~ numbers** *[computer]* traiter des chiffres à grande vitesse ◆ **he doesn't want to spend his life ~ing numbers** il ne veut pas passer le reste de sa vie penché sur des chiffres **VI** ◆ **he ~ed across the gravel** il a traversé en faisant craquer le gravier sous ses pas **N** **a** *(= sound of teeth)* coup *m* de dents ; *[of broken glass, gravel etc]* craquement *m*, crissement *m* **b** *(* fig)* **the ~** *(= moment of reckoning)* l'instant *m* critique ◆ **here's the ~** c'est le moment crucial ◆ **when it comes to the ~ he ...** dans une situation critique *or* au moment crucial, il ...

► **crunch up** **VT SEP** broyer

**crunchy** /ˈkrʌntʃɪ/ **ADJ** *[foods, peanut butter, texture]* croquant ; *[gravel, snow]* qui crisse

**crupper** /ˈkrʌpəʳ/ **N** *[of harness]* croupière *f* ; *(= hindquarters)* croupe *f*

**crusade** /kruːˈseɪd/ **N** *(Hist, also fig)* croisade *f* **VI** *(fig)* partir en croisade (*against* contre ; *for* pour) ; *(Hist)* partir pour la *or* en croisade

**crusader** /kruːˈseɪdəʳ/ **N** *(Hist)* croisé *m* ; *(fig)* champion *m* (*for* de ; *against* en guerre contre) militant(e) *m(f)* (*for* en faveur de ; *against* en guerre contre) ; ◆ **the ~s for peace/against the bomb** ceux qui militent pour la paix/contre la bombe

**crush** /krʌʃ/ **N** **a** *(= crowd)* foule *f*, cohue *f* ◆ **there was a great ~ to get in** c'était la bousculade pour entrer ◆ **there was a terrible ~ at the concert** il y avait une vraie cohue au concert ◆ **he was lost in the ~** il était perdu dans la foule *or* la cohue

**b** ◆ **to have a ~ on sb** * avoir le béguin * pour qn

**c** *(Brit = drink)* jus *m* de fruit ◆ **orange ~** orange *f* pressée

**VT** **a** *(= compress) [+ stones, old cars]* écraser, broyer ; *[+ ice]* piler ; *[+ grapes]* écraser, presser ; *[+ ore]* bocarder ◆ **to ~ to a pulp** réduire en pulpe

**b** *(= crumple) [+ clothes]* froisser ◆ **to ~ clothes into a bag** fourrer *or* bourrer des vêtements dans une valise ◆ **to ~ objects into a suitcase** tasser *or* entasser des objets dans une valise ◆ **we were very ~ed in the car** nous étions très tassés dans la voiture

**c** *(= overwhelm) [+ enemy]* écraser, accabler ; *[+ opponent in argument, country]* écraser ; *[+ revolution]* écraser, réprimer ; *[+ hope]* détruire ; *(= snub)* remettre à sa place, rabrouer

**VI** **a** se presser, se serrer ◆ **they ~ed round him** ils se pressaient autour de lui ◆ **they ~ed into the car** ils se sont entassés *or* tassés dans la voiture ◆ **to ~ (one's way) into/through** *etc* se frayer un chemin dans/à travers *etc*

**b** *[clothes]* se froisser

**COMP** ▷ **crush bar** **N** *[of theatre]* bar *m* du foyer ▷ **crush barrier** **N** *(Brit)* barrière *f* de sécurité ▷ **crushed velvet** **N** panne *f* de velours ▷ **crush-resistant** **ADJ** infroissable

► **crush out** **VT SEP** *[+ juice etc]* presser, exprimer ; *[+ cigarette end]* écraser, éteindre

**crusher** /ˈkrʌʃəʳ/ **N** *(= machine)* broyeur *m*, concasseur *m*

**crushing** /ˈkrʌʃɪŋ/ **ADJ** *[defeat, victory]* écrasant ; *[news]* accablant ; *[blow, disappointment]* terrible ; *[remark, reply]* cinglant ◆ **a ~ burden of debt** des dettes *fpl* écrasantes

**crushingly** /ˈkrʌʃɪŋlɪ/ **ADV** *(= humiliatingly) [say]* d'un ton cinglant ; *(= extremely) [bad, dull, boring]* terriblement

**crust** /krʌst/ **N** *(on bread, pie, snow)* croûte *f* ; *(= piece of crust)* croûton *m*, croûte *f* ; *(Med: on wound, sore)* croûte *f*, escarre *f* ; *[of wine]* dépôt *m (de tanin)* ◆ **there were only a few ~s to eat** pour toute nourriture il n'y avait que quelques croûtes de pain ◆ **a thin ~ of ice** une fine couche de glace ◆ **the earth's ~** *(Geol)* la croûte terrestre ; → **earn, upper** **VT** ◆ **frost ~ing the windscreen** le givre recouvrant le pare-brise ◆ **~ed snow** neige *f* croûtée ◆ **~ed with mud** *etc* couvert d'une croûte de boue *etc*

**crustacean** /krʌsˈteɪʃən/ **ADJ, N** crustacé *m*

**crusty** /ˈkrʌstɪ/ **ADJ** *[loaf, roll]* croustillant ; *(* fig) [old man]* hargneux, bourru **N** *(* = scruffy youth)* jeune *mf* crado *

**crutch** /krʌtʃ/ **N** **a** *(= support)* soutien *m*, support *m* ; *(Med)* béquille *f* ; *(Archit)* étançon *m* ; *(Naut)* support *m* (de gui) ◆ **he gets about on ~es** il marche avec des béquilles ◆ **alcohol is a ~ for him** l'alcool lui sert de soutien **b** *(Anat = crotch)* fourche *f* ; *[of trousers etc]* entre-jambes *m inv*

**crux** /krʌks/ **N** (pl **cruxes** *or* **cruces** /ˈkruːsiːz/) **a** point *m* crucial ; *[of problem]* cœur *m*, centre *m* ◆ **the ~ of the matter** le cœur du sujet, l'essentiel *m* **b** *(Climbing)* passage-clé *m*

**cry** /kraɪ/ **N** **a** *(= loud shout)* cri *m* ; *[of hounds]* aboiements *mpl*, voix *f* ◆ **to give a ~** pousser un cri ◆ **he gave a ~ for help** il a crié *or* appelé au secours ◆ **he heard a ~ for help** il a entendu crier au secours ◆ **the cries of the victims** les cris *mpl* des victimes ◆ **there was a great ~ against the rise in prices** *(fig)* la hausse des prix a déclenché un tollé

◆ **in full cry** ◆ **the pack was in full ~** *(Hunting)* toute la meute donnait de la voix ◆ **the crowd was in full ~ after the thief** la foule poursuivait le voleur en criant à pleine voix ◆ **they are in full ~ against the Prime Minister** ils s'acharnent sur *or* contre le Premier ministre ◆ **the newspapers are in full ~ over the scandal** les journaux font des gorges chaudes de ce scandale

**b** *(= watchword)* slogan *m* ◆ **"votes for women" was their ~** leur slogan *or* leur cri de guerre était "le vote pour les femmes" ; → **battle, war**

**c** *(= weep)* **she had a good ~** * elle a pleuré un bon coup *

**VT** **a** *(= shout out)* crier ◆ **"here I am" he cried** "me voici" s'écria-t-il *or* cria-t-il ◆ **"go away", he cried to me** "allez-vous-en", me cria-t-il ◆ **to ~ mercy** crier grâce ◆ **to ~ shame** crier au scandale ◆ **to ~ shame on sb/sth** crier haro sur qn/qch ◆ **to ~ wolf** crier au loup

**b** ◆ **to ~ o.s. to sleep** s'endormir à force de pleurer ◆ **to ~ one's eyes** *or* **one's heart out** pleurer toutes les larmes de son corps

**VI** **a** *(= weep)* pleurer (*about, for, over* sur) ; ◆ **to ~ with rage** pleurer de rage ◆ **to laugh till one cries** pleurer de rire, rire aux larmes ◆ **to ~ for sth** pleurer pour avoir qch ◆ **I'll give him something to ~ for!** * *(fig)* je vais lui apprendre à pleurnicher ! ◆ **it's no use ~ing over spilt milk** *(Prov)* ce qui est fait est fait ; → **shoulder**

**b** *(= call out) [person, animal, bird]* pousser un cri *or* des cris ◆ **the baby cried at birth** l'enfant a poussé un cri *or* a crié en naissant ◆ **he cried (out) with pain** il a poussé un cri de douleur ◆ **to ~ for help** appeler à l'aide, crier au secours ◆ **to ~ for mercy** demander miséricorde, implorer la pitié ◆ **the starving crowd cried for bread** la foule affamée réclama du pain ◆ **to ~ foul** crier à l'injustice, crier au scandale

**c** *[hunting dogs]* donner de la voix, aboyer

► **cry down** * **VT SEP** *(= decry)* décrier

► **cry off** *(Brit)* **VI** *(from meeting)* se décommander ; *(from promise)* se dédire ◆ **I'm ~ing off!** je ne veux plus rien savoir !

**VT FUS** *(= cancel) [+ arrangement, deal]* annuler ; *(= withdraw from) [+ meeting]* décommander

► **cry out** **VI** *(inadvertently)* pousser un cri ; *(deliberately)* s'écrier ◆ **he cried out with joy** il a poussé un cri de joie ◆ **to ~ out to sb** appeler qn en criant, crier pour appeler qn ◆ **to ~ out for sth** demander *or* réclamer qch à grands cris ◆ **for ~ing out loud!** * pour l'amour de Dieu ! ◆ **that floor is just ~ing out to be washed** * ce plancher a vraiment besoin d'être lavé ◆ **the door is ~ing out for a coat of paint** * la porte a bien besoin d'une couche de peinture

► **cry out against** **VT FUS** protester contre

► **cry up** * **VT SEP** *(= praise)* vanter, exalter ◆ **he's not all he's cried up to be** il n'est pas à la hauteur de sa réputation, il n'est pas aussi formidable * qu'on le dit

**crybaby** /ˈkraɪbeɪbɪ/ **N** *(pej)* pleurnicheur *m*, -euse *f*

**crying** /ˈkraɪɪŋ/ **ADJ** *(lit)* pleurant, qui pleure ; *(fig)* criant, flagrant ◆ **~ injustice** injustice *f* criante *or* flagrante ◆ **~ need for sth** besoin pressant *or* urgent de qch ◆ **it's a ~ shame** c'est une honte, c'est honteux **N** *(= shouts)* cris *mpl* ; *(= weeping)* larmes *fpl*, pleurs *mpl*

**cryobiology** /ˌkraɪəʊbaɪˈɒlədʒɪ/ **N** cryobiologie *f*

**cryogenic** /ˌkraɪəˈdʒenɪk/ **ADJ** cryogénique

**cryogenics** /ˌkraɪəˈdʒenɪks/ **N** *(NonC)* cryogénie *f*

**cryonic** /kraɪˈɒnɪk/ **ADJ** cryonique

**cryonics** /kraɪˈɒnɪks/ **N** *(NonC)* cryonique *f*

**cryosurgery** /ˌkraɪəʊˈsɜːdʒərɪ/ **N** cryochirurgie *f*

**crypt** /krɪpt/ **N** crypte *f*

**cryptic** /ˈkrɪptɪk/ **ADJ** *(= secret)* secret (-ète *f*) ; *(= mysterious)* sibyllin, énigmatique ; *(= terse)* laconique

**cryptically** /ˈkrɪptɪkəlɪ/ **ADV** *(= mysteriously)* énigmatiquement ; *(= tersely)* laconiquement

**crypto-** /ˈkrɪptəʊ/ **PREF** crypto- ◆ **~communist** *etc* cryptocommuniste *etc*

**cryptogram** /ˈkrɪptəʊgræm/ **N** cryptogramme *m*

**cryptographer** /krɪpˈtɒgrəfəʳ/ **N** cryptographe *mf*

**cryptographic(al)** /ˌkrɪptəʊˈgræfɪk(əl)/ **ADJ** cryptographique

**cryptography** /krɪpˈtɒgrəfɪ/ **N** cryptographie *f*

**crystal** /ˈkrɪstl/ **N** **a** *(NonC)* cristal *m* ; → **rock²** **b** *(Chem, Min)* cristal *m* ◆ **salt ~s** cristaux *mpl* de sel **c** *(US = watch glass)* verre *m* de montre **d** *(Rad)* galène *f* **COMP** *(lit) [vase]* de cristal ; *(fig) [waters, lake]* cristallin, de cristal *(fig, liter)* ▷ **crystal ball** **N** boule *f* de cristal ▷ **crystal-clear** **ADJ** clair comme le jour *or* comme de l'eau de roche ▷ **crystal-gazer** **N** voyant(e) *m(f)* *(qui lit dans une boule de cristal)* ▷ **crystal-gazing** **N** (l'art *m* de la) voyance *f* ; *(fig)* prédictions *fpl*, prophéties *fpl* ▷ **crystal set** **N** *(Rad)* poste *m* à galène

**crystalline** /ˈkrɪstəlaɪn/ **ADJ** cristallin, clair *or* pur comme le cristal ◆ **~ lens** *(Opt)* cristallin *m*

**crystallize** /ˈkrɪstəlaɪz/ **VI** *(lit, fig)* se cristalliser **VT** cristalliser ; *[+ sugar]* (faire) cuire au cassé **COMP** ▷ **crystallized fruits** **NPL** fruits *mpl* confits *or* candis

**crystallography** /ˌkrɪstəˈlɒgrəfɪ/ **N** cristallographie *f*

**CSA** /ˌsiːesˈeɪ/ **N** *(Brit)* (abbrev of **Child Support Agency**) → **child**

**CSC** /ˌsiːesˈsiː/ **N** (abbrev of **Civil Service Commission**) → **civil**

**CSE** /ˌsiːesˈiː/ **N** *(Brit)* (abbrev of **Certificate of Secondary Education**) ≈ BEPC *m*

**CSEU** /ˌsiːesiːˈjuː/ **N** *(Brit)* (abbrev of **Confederation of Shipbuilding and Engineering Unions**) *syndicat*

**CS gas** /ˌsiːesˈgæs/ **N** *(Brit)* gaz *m* CS

**CST** /ˌsiːesˈtiː/ **N** *(US)* (abbrev of **Central Standard Time**) → **central**

**CSU** /ˌsiːesˈjuː/ **N** *(Brit)* (abbrev of **Civil Service Union**) *syndicat*

**CT** abbrev of **Connecticut**

**ct** **a** abbrev of **carat** **b** abbrev of **cent**

**CTT** /ˌsiːtiːˈtiː/ **N** *(Brit)* (abbrev of **capital transfer tax**) → **capital**

**cub** /kʌb/ **N** **a** *[of animal]* petit(e) *m(f)* ; (* *= youth*) gosse *m*, petit morveux *m* *(pej)* ; → **bear², fox, wolf** **b** (also **cub scout**) louveteau *m* *(scout)* **COMP** ▷ **cub master** **N** *(Scouting)* chef *m* ▷ **cub mistress** **N** cheftaine *f* ▷ **cub reporter** **N** *(Press)* jeune reporter *m*

**Cuba** /ˈkjuːbə/ **N** Cuba *f or m* ◆ **in ~** à Cuba

**Cuban** /ˈkjuːbən/ **ADJ** cubain **N** Cubain(e) *m(f)*

**cubbyhole** /ˈkʌbɪhəʊl/ **N** *(= cupboard)* débarras *m*, cagibi *m* ; *(= poky room)* cagibi *m*

**cube** /kjuːb/ **N** *(gen, Culin, Math)* cube *m* ; → **soup, stock** **VT** *(Math)* cuber ; *(Culin)* couper en cubes *or* en dés **COMP** ▷ **cube root** **N** *(Math)* racine *f* cubique

**cubic** /ˈkjuːbɪk/ **ADJ** *(of shape, volume)* cubique ; *(of measures)* cube ◆ **~ capacity** volume *m* ◆ **~ centimetre** centimètre *m* cube ◆ **~ content** contenance *f* cubique ◆ **~ measure** mesure *f* de volume ◆ **~ metre** mètre *m* cube ◆ **~ equation** *(Math)* équation *f* du troisième degré

**cubicle** /ˈkjuːbɪkəl/ **N** *[of hospital, dormitory]* box *m*, alcôve *f* ; *[of swimming baths]* cabine *f*

**cubism** /ˈkjuːbɪzəm/ **N** cubisme *m*

**cubist** /ˈkjuːbɪst/ **ADJ, N** cubiste *mf*

**cubit** /ˈkjuːbɪt/ **N** *(Bible)* coudée *f*

**cuckold** † /ˈkʌkəld/ **N** (mari *m*) cocu * *m* **VT** tromper, cocufier *

**cuckoo** /ˈkʊkuː/ **N** *(Orn)* coucou *m* **ADJ** (* *= mad*) piqué *, toqué * ◆ **to go ~** * perdre la boule * **COMP** ▷ **cuckoo clock** **N** coucou *m* *(pendule)* ▷ **cuckoo spit** **N** *(Bot)* crachat *m* de coucou

**cuckoopint** /ˈkʊkuːpaɪnt/ **N** *(Bot)* pied-de-veau *m*

**cucumber** /ˈkjuːkʌmbəʳ/ **N** concombre *m* ; → **cool** **COMP** *[sandwich]* au concombre

**cud** /kʌd/ **N** → **chew vt**

**cuddle** /ˈkʌdl/ **N** câlin *m* ◆ **to have a ~** (se) faire (un) câlin * ◆ **to give sb a ~** faire un câlin * à qn **VT** câliner **VI** s'enlacer

► **cuddle down** **VI** *[child in bed]* se pelotonner ◆ **~ down now!** maintenant allonge-toi (et dors) !

► **cuddle up** **VI** se pelotonner (*to, against* contre)

**cuddly** /ˈkʌdlɪ/ **ADJ** *[child]* caressant, câlin ; *[animal]* qui donne envie de le caresser ; *[teddy bear, doll]* doux (douce *f*), qu'on a envie de câliner ◆ **~ toy** (jouet *m* en) peluche *f*

**cudgel** /ˈkʌdʒəl/ **N** gourdin *m*, trique *f* ◆ **to take up the ~s for** *or* **on behalf of ...** prendre fait et cause pour ... **VT** frapper à coups de trique ◆ **to ~ one's brains** se creuser la cervelle *or* la tête (*for* pour)

**cue** /kjuː/ **N** **a** *(Theat) (verbal)* réplique *f* *(indiquant à un acteur qu'il doit parler)* ; *(action)* signal *m* ; *(Mus)* signal *m* d'entrée ; *(Rad, TV)* signal *m* ◆ **to give sb his ~** *(Theat)* donner la réplique à qn ; *(fig)* faire un signal à qn ◆ **to take one's ~** *(Theat)* entamer sa réplique ◆ **X's exit was the ~ for Y's entrance** *(Theat)* la sortie d'X donnait à Y le signal de son entrée ◆ **to take one's ~ from sb** *(fig)* emboîter le pas à qn *(fig)* ◆ **that was my ~ to ...** *(fig)* c'était mon signal pour ... **b** *(Billiards etc)* queue *f* de billard **VT** *(Cine, Rad, Theat etc)* donner la réplique à **COMP** ▷ **cue ball** **N** *(Billiards etc)* bille *f* du joueur

► **cue in** **VT SEP** *(Rad, TV)* donner le signal à ; *(Theat)* donner la réplique à ◆ **to ~ sb in on sth** *(fig)* mettre qn au courant de qch

**cuesta** /ˈkwestə/ **N** *(Geog, Geol)* cuesta *f*

**cuff** /kʌf/ **N** **a** *(gen)* poignet *m* ; *[of shirt]* manchette *f* ; *[of coat]* parement *m* ; *(US) [of trousers]* revers *m inv*

◆ **off the cuff** à l'improviste, au pied levé ◆ **to speak off the ~** improviser ; see also **off**

◆ **on the cuff** ‡ *(US)* ◆ **to buy on the ~** acheter à crédit

**b** *(= blow)* gifle *f*, calotte * *f*

**NPL** **cuffs** * *(= handcuffs)* menottes *fpl*

**VT** *(= strike)* gifler, calotter *

**cufflink** /ˈkʌflɪŋk/ **N** bouton *m* de manchette

**cu.in.** abbrev of **cubic inch(es)**

**cuisine** /kwɪˈziːn/ **N** cuisine *f* ◆ **French/oriental ~** la cuisine française/orientale

**cul-de-sac** /ˈkʌldəˌsæk/ **N** (pl **culs-de-sac** *or* **cul-de-sacs**) *(esp Brit)* cul-de-sac *m*, impasse *f* ◆ **"cul-de-sac"** *(road sign)* "voie sans issue"

**culinary** /ˈkʌlɪnərɪ/ **ADJ** culinaire

**cull** /kʌl/ **VT** **a** *(= take samples from)* sélectionner **b** *(= remove inferior items, animals etc)* éliminer, supprimer ; *[+ seals, deer etc]* abattre **c** *(= pick) [+ flowers, fruit]* cueillir **N** **a** *(= killing)* abattage *m* ; → **seal¹** **b** *(= animal)* animal *m* à éliminer (dans une portée)

**culling** /ˈkʌlɪŋ/ **N** *(NonC)* ◆ **seal/deer ~** réduction *f* de la population de phoques/cervidés

**culminate** /ˈkʌlmɪneɪt/ **VI** ◆ **to ~ in sth** *(= end in)* finir *or* se terminer par qch ; *(= lead to)* mener à qch ◆ **it ~d in his throwing her out** pour finir, il l'a mise à la porte

**culminating** /ˈkʌlmɪneɪtɪŋ/ **ADJ** culminant ◆ **~ point** point *m* culminant, sommet *m*

**culmination** /ˌkʌlmɪˈneɪʃən/ **N** *(Astron)* culmination *f* ; *(fig) [of success, career]* apogée *m* ; *[of disturbance, quarrel]* point *m* culminant

**culotte(s)** /kjuːˈlɒt(s)/ **N(PL)** jupe-culotte *f*

**culpability** /ˌkʌlpəˈbɪlɪtɪ/ **N** culpabilité *f*

**culpable** /ˈkʌlpəbl/ **ADJ** coupable (*of* de) blâmable ◆ **~ homicide** *(Jur)* homicide *m* volontaire ; *(Scot)* homicide *m* sans préméditation ◆ ~ **negligence** *(Jur)* négligence *f* coupable

**culprit** /ˈkʌlprɪt/ N coupable *mf*

**cult** /kʌlt/ N *(Rel, fig)* culte *m* (*of* de) ; ◆ **he made a ~ of cleanliness** il avait le culte de la propreté COMP ▷ **cult figure** N objet *m* d'un culte, idole *f* ◆ **he has become a ~ figure** *(fig)* il est devenu l'objet d'un véritable culte *or* une véritable idole ▷ **cult film** N film-culte *m* ▷ **cult following** N ◆ **a film/book/group with a ~ following** un film-/livre-/groupe-culte ▷ **cult movie** N ⇒ **cult film**

**cultivable** /ˈkʌltɪvəbl/ ADJ cultivable

**cultivar** /ˈkʌltɪˌvɑːʳ/ N variété *f* cultivée

**cultivate** /ˈkʌltɪveɪt/ VT *(lit, fig)* cultiver ◆ **to ~ the mind** se cultiver (l'esprit)

**cultivated** /ˈkʌltɪveɪtɪd/ ADJ *[land, person]* cultivé ; *[voice]* distingué ◆ ~ **pearls** perles *fpl* de culture

**cultivation** /ˌkʌltɪˈveɪʃən/ N culture *f* ◆ **fields under ~** cultures *fpl* ◆ **out of ~** en friche, inculte

**cultivator** /ˈkʌltɪveɪtəʳ/ N *(= person)* cultivateur *m*, -trice *f* ; *(= machine)* cultivateur *m* ; *(power-driven)* motoculteur *m*

**cultural** /ˈkʌltʃərəl/ ADJ a *[background, activities]* culturel ◆ ~ **attaché** attaché *m* culturel ◆ ~ **environment** environnement *m or* milieu *m* culturel ◆ ~ **integration** acculturation *f* ◆ **the Cultural Revolution** la Révolution Culturelle b *(Agr)* de culture, cultural

**culturally** /ˈkʌltʃərəlɪ/ ADV culturellement

**culture** /ˈkʌltʃəʳ/ N a *(= education, refinement)* culture *f* ◆ **physical ~** † la culture physique ◆ **a woman of no ~** une femme sans aucune culture *or* complètement inculte b *[of country, society, organization]* culture *f* ◆ **French ~** la culture française ◆ **a ~ of dependency, a dependency ~** *(Pol)* une culture fondée sur l'assistanat c *(Agr)* culture *f* ; *[of bees]* apiculture *f* ; *[of fish]* pisciculture *f* ; *[of farm animals]* élevage *m* d *(Bio, Med)* culture *f* VT *(Bio)* cultiver COMP *[tube]* à culture ▷ **culture-fair test** N *examen conçu pour ne pas défavoriser les minorités ethniques* ▷ **culture fluid** N *(Bio)* bouillon *m* de culture ▷ **culture-free test** N ⇒ **culture-fair test** ▷ **culture gap** N fossé *m* culturel ▷ **culture medium** N *(Bio)* milieu *m* de culture ▷ **culture shock** N choc *m* culturel ▷ **culture vulture** * N *(hum)* fana * *mf* de culture

**cultured** /ˈkʌltʃəd/ ADJ cultivé ◆ ~ **pearl** perle *f* de culture

**culvert** /ˈkʌlvət/ N caniveau *m*

**cum** **/kʌm/ N sperme *m*, foutre ** *m*

**-cum-** /kʌm/ PREP ◆ **a carpenter-cum-painter** un charpentier-peintre ◆ **a secretary-cum-chauffeur** une secrétaire qui fait office de chauffeur ◆ **a dining room-cum-living room** une salle à manger-salon

**cumbersome** /ˈkʌmbəsəm/, **cumbrous** /ˈkʌmbrəs/ ADJ *(= bulky)* encombrant, embarrassant ; *(= heavy)* lourd, pesant

**cumin** /ˈkʌmɪn/ N cumin *m*

**cum laude** /kʊm ˈlaʊdeɪ/ ADJ *(Univ)* avec mention *(obtention d'un diplôme, d'un titre)*

**cummerbund** /ˈkʌməbʌnd/ N ceinture *f (de smoking)*

**cumulative** /ˈkjuːmjʊlətɪv/ ADJ cumulatif ◆ ~ **evidence** *(Jur)* preuve *f* par accumulation de témoignages ◆ ~ **interest** *(Fin)* intérêt *m* cumulatif ◆ ~ **voting** vote *m* plural

**cumulatively** /ˈkjuːmjʊlətɪvlɪ/ ADV cumulativement

**cumuli** /ˈkjuːmjəˌlaɪ/ NPL of **cumulus**

**cumulonimbus** /ˌkjuːmjələʊˈnɪmbəs/ N cumulonimbus *m inv*

**cumulus** /ˈkjuːmjələs/ N (pl **cumuli** /ˈkjuːmjəˌlaɪ/) cumulus *m*

**cuneiform** /ˈkjuːnɪfɔːm/ ADJ cunéiforme N écriture *f* cunéiforme

**cunnilingus** /ˌkʌnɪˈlɪŋgəs/ N cunnilingus *m*

**cunning** /ˈkʌnɪŋ/ N finesse *f*, astuce *f* ; *(pej)* ruse *f*, fourberie *f* ; *(†† = skill)* habileté *f*, adresse *f* ADJ astucieux, malin (-igne *f*) ; *(pej)* rusé, fourbe ◆ **a ~ little gadget** * un petit truc astucieux *

**cunningly** /ˈkʌnɪŋlɪ/ ADV a *(= cleverly) [disguised, camouflaged, concealed]* avec astuce, astucieusement ; *[contrived, designed, positioned, placed]* astucieusement b *(pej = deceitfully) [speak]* d'une manière fourbe ; *[say]* avec fourberie ; *[look at]* d'un air fourbe

**cunt** **/kʌnt/ N a *(= genitals)* con ** *m*, chatte ** *f* b *(= person)* salaud ** *m*, salope ** *f*

**cup** /kʌp/ N a tasse *f* ; *(= goblet)* coupe *f* ; *(= cupful)* tasse *f*, coupe *f* ◆ ~ **of tea** tasse *f* de thé ◆ **he drank four ~s** *or* **~fuls** il (en) a bu quatre tasses ◆ **one ~** *or* **~ful of sugar/flour** *etc (Culin)* une tasse de sucre/farine *etc* ◆ **cider/champagne ~** cocktail *m* au cidre/au champagne ◆ **he was in his ~s** † il était dans les vignes du Seigneur, il avait un verre dans le nez * ◆ **that's just his ~ of tea** * c'est son truc * ◆ **that's not my ~ of tea** * ce n'est pas ma tasse de thé * *or* mon truc * ◆ **it isn't everyone's ~ of tea** * ça ne plait pas à tout le monde ◆ **his ~ of happiness was full** *(liter)* il jouissait d'un bonheur sans mélange *or* nuage ◆ **to drain the ~ of sorrow** *(liter)* boire le calice jusqu'à la lie ; → **coffee, slip**

b *(Tech)* godet *m* ; *[of flower]* corolle *f* ; *(Rel:* also **communion cup**) calice *m* ; *(Brit Sport etc = prize competition)* coupe *f* ; *(Geog)* cuvette *f* ; *(Anat) [of bone]* cavité *f* articulaire, glène *f* ; *(Med Hist = cupping glass)* ventouse *f* ; *[of brassière]* bonnet *m (de soutien-gorge)* ; → **world**

VT a ◆ **to ~ one's hands** faire une coupe avec ses deux mains ◆ **to ~ one's hands round sth** mettre ses mains autour de qch ◆ **to ~ one's hands round one's ear/one's mouth** mettre ses mains en cornet/en porte-voix

b *(Med Hist)* appliquer des ventouses sur

c *(Golf)* **to ~ the ball** faire un divot

COMP ▷ **cup bearer** N échanson *m* ▷ **cup final** N *(Brit Ftbl)* finale *f* de la coupe ▷ **cup size** N *[of bra]* profondeur *f* de bonnet ▷ **cup-tie** N *(Brit Ftbl)* match *m* de coupe *or* comptant pour la coupe

**cupboard** /ˈkʌbəd/ N *(esp Brit)* placard *m* ; → **skeleton** COMP ▷ **cupboard love** N *(Brit)* amour *m* intéressé

**cupcake** /ˈkʌpkeɪk/ N *(Culin)* petit gâteau *m*

**cupful** /ˈkʌpfʊl/ N (contenu *m* d'une) tasse *f* ; → **cup**

**Cupid** /ˈkjuːpɪd/ N *(Myth)* Cupidon *m* ; *(Art = cherub)* amour *m* ◆ **~'s darts** les flèches *fpl* de Cupidon

**cupidity** /kjuːˈpɪdɪtɪ/ N *(frm)* cupidité *f*

**cupola** /ˈkjuːpələ/ N a *(Archit) (= dome)* coupole *f*, dôme *m* ; *(US = lantern, belfry)* belvédère *m* b *(Naut)* coupole *f* c *(Metal)* cubilot *m*

**cuppa** * /ˈkʌpə/ N *(Brit)* tasse *f* de thé

**cupric** /ˈkjuːprɪk/ ADJ cuprique ◆ ~ **oxide** oxyde *m* de cuivre

**cur** /kɜːʳ/ N a *(pej = dog)* sale chien *m*, sale cabot * *m* b *(* pej = man)* malotru *m*, mufle * *m*, rustre *m*

**curable** /ˈkjʊərəbl/ ADJ guérissable, curable

**curacy** /ˈkjʊərəsɪ/ N vicariat *m*

**curare** /kjʊəˈrɑːrɪ/ N curare *m*

**curate**[1] /ˈkjʊərɪt/ N vicaire *m* ◆ **it's like the ~'s egg** *(Brit)* il y a du bon et du mauvais

**curate**[2] /kjʊəˈreɪt/ VT *(= organize) [+ exhibition]* organiser

**curative** /ˈkjʊərətɪv/ ADJ curatif

**curator** /kjʊəˈreɪtəʳ/ N a *[of museum etc]* conservateur *m* b *(Scot Jur)* curateur *m (d'un aliéné or d'un mineur)*

**curatorial** /ˌkjʊərəˈtɔːrɪəl/ ADJ *[expertise, career]* de conservateur ; *[policy]* en matière de conservation ◆ **the museum's ~ team** l'équipe qui administre le musée

**curb** /kɜːb/ N a *[of harness]* gourmette *f* ; *(fig)* frein *m* ; *(on trade etc)* restriction *f* ◆ **to put a ~ on sth** *(fig)* mettre un frein à qch b *(US: at roadside)* bord *m* du trottoir VT *(US) [+ horse]* mettre un mors à ; *(fig) [+ impatience, passion]* refréner, contenir ; *[+ expenditure]* réduire, restreindre COMP ▷ **curb bit** N mors *m* ▷ **curb chain** N gourmette *f* ▷ **curb crawler** N *(US)* conducteur *m* qui accoste les femmes sur le trottoir ▷ **curb crawling** N *(US)* drague * *f* en voiture ▷ **curb market** N *(US St Ex)* marché *m* hors-cote ▷ **curb reins** NPL rênes *fpl* de filet ▷ **curb roof** N *(Archit)* comble *m* brisé ▷ **curb service** N *(US)* service *m* au volant (dans un restaurant drive-in) ▷ **curb weight** N *(US Aut)* poids *m* à vide

**curbstone** /ˈkɜːbstəʊn/ N *(US)* pavé *m (pour bordure de trottoir)* COMP ▷ **curbstone market** N *(US St Ex)* marché *m* hors-cote

**curd** /kɜːd/ N *(gen pl)* ◆ **~(s)** lait *m* caillé ; → **lemon** COMP ▷ **curd cheese** N ≈ fromage *m* blanc

**curdle** /ˈkɜːdl/ VT *[+ milk]* cailler ; *[+ mayonnaise]* faire tomber ◆ **it was enough to ~ the blood** c'était à vous glacer le sang VI *[milk]* se cailler ; *[mayonnaise]* tomber ◆ **his blood ~d** son sang s'est figé ◆ **it made my blood ~** cela m'a glacé le sang

**cure** /kjʊəʳ/ VT a *(Med) [+ disease, patient]* guérir (*of* de) ; *(fig) [+ poverty]* éliminer ; *[+ unfairness]* éliminer, remédier à ◆ **to ~ an injustice** réparer une injustice ◆ **to ~ an evil** remédier à un mal ◆ **to be ~d (of sth)** guérir (de qch) ◆ **to ~ a child of a bad habit** faire perdre une mauvaise habitude à un enfant ◆ **to ~ o.s. of smoking** se déshabituer du tabac, se guérir de l'habitude de fumer ◆ **what can't be ~d must be endured** *(Prov)* il faut savoir accepter l'inévitable b *[+ meat, fish] (= salt)* saler ; *(= smoke)* fumer ; *(= dry)* sécher N a *(Med) (= remedy)* remède *m* ; *(= recovery)* guérison *f* ◆ **to take** *or* **follow a ~** faire une cure ◆ **past** *or* **beyond ~** *[person]* inguérissable, incurable ; *[state, injustice, evil]* irrémédiable, irréparable ; → **prevention, rest** b *(Rel)* cure *f* ◆ ~ **of souls** charge *f* d'âmes COMP ▷ **cure-all** N panacée *f*

**cured** /kjʊəd/ ADJ *(Culin) (= salted)* salé ; *(= smoked)* fumé ; *(= dried)* séché

**curfew** /ˈkɜːfjuː/ N couvre-feu *m* ◆ **to impose a/lift the ~** décréter/lever le couvre-feu

**curie** /ˈkjʊərɪ/ N *(Phys)* curie *m*

**curing** /ˈkjʊərɪŋ/ N *(by salting)* salaison *f* ; *(by smoking)* fumaison *f* ; *(by drying)* séchage *m*

**curio** /ˈkjʊərɪəʊ/ N bibelot *m*, curiosité *f*

**curiosity** /ˌkjʊərɪˈɒsɪtɪ/ N a *(NonC = inquisitiveness)* curiosité *f* (*about* de) ; ◆ **out of ~** par curiosité ◆ ~ **killed the cat** *(Prov)* la curiosité est un vilain défaut *(Prov)* b *(= rare thing)* curiosité *f*, rareté *f* COMP ▷ **curiosity shop** N magasin *m* de brocante *or* de curiosités

**curious** /ˈkjʊərɪəs/ **ADJ** **a** *(also pej)* curieux *(also pej)* ◆ **I'm ~ to know what he did** je suis *or* serais curieux de savoir ce qu'il a fait ◆ **I'm ~ about him** il m'intrigue ◆ **why do you ask? – I'm just ~** pourquoi vous me demandez ça ? – par curiosité, c'est tout **b** *(= strange)* curieux ◆ **it is ~ that .../how ...** c'est curieux que ... + *subj*/comme ...

**curiously** /ˈkjʊərɪəslɪ/ **ADV** **a** *(= inquisitively) [ask]* d'un ton inquisiteur **b** *(= oddly) [silent, reticent]* curieusement ◆ **~ shaped** d'une forme curieuse ◆ **~, he didn't object** curieusement, il n'a pas émis d'objection

**curium** /ˈkjʊərɪəm/ **N** curium *m*

**curl** /kɜːl/ **N** **a** *[of hair]* boucle *f* (de cheveux) **b** *(gen)* courbe *f* ; *[of smoke]* spirale *f*, volute *f* ; *[of waves]* ondulation *f* ◆ **with a ~ of the lip** *(fig)* avec une moue méprisante
**VT** *[+ hair] (loosely)* (faire) boucler ; *(tightly)* friser ◆ **she ~s her hair** elle frise *or* boucle ses cheveux ◆ **he ~ed his lip in disdain** il a eu une moue dédaigneuse ◆ **the dog ~ed its lip menacingly** le chien a retroussé ses babines d'un air menaçant
**VI** **a** *[hair] (loosely)* boucler ; *(tightly)* friser ◆ **it's enough to make your hair ~** * *(fig)* c'est à vous faire dresser les cheveux sur la tête ◆ **his lip ~ed disdainfully** il a eu une moue dédaigneuse ◆ **the dog's lip ~ed menacingly** le chien a retroussé ses babines d'un air menaçant
**b** *[person, animal]* ⇒ **curl up**
**COMP** ▷ **curling irons, curling tongs** **NPL** fer *m* à friser ▷ **curl paper** **N** papillote *f*

► **curl up** **VI** s'enrouler ; *[person]* se pelotonner ; *(*: from shame etc)* rentrer sous terre ; *[cat]* se mettre en boule, se pelotonner ; *[dog]* se coucher en rond ; *[leaves]* se recroqueviller ; *[paper]* se recourber, se replier ; *[corners]* se corner ; *[stale bread]* se racornir ◆ **he lay ~ed up on the floor** il était couché en boule par terre ◆ **to ~ up with laughter** se tordre de rire ◆ **the smoke ~ed up** la fumée montait en volutes *or* en spirales
**VT SEP** enrouler ◆ **to ~ o.s. up** *[person]* se pelotonner ; *[cat]* se mettre en boule, se pelotonner ; *[dog]* se coucher en rond

**curler** /ˈkɜːləʳ/ **N** **a** *[of hair]* rouleau *m*, bigoudi *m* **b** *(Sport)* joueur *m*, -euse *f* de curling

**curlew** /ˈkɜːljuː/ **N** courlis *m*

**curlicue** /ˈkɜːlɪkjuː/ **N** *[of handwriting]* fioriture *f* ; *[of skating]* figure *f (de patinage)*

**curling** /ˈkɜːlɪŋ/ **N** *(Sport)* curling *m*

**curly** /ˈkɜːlɪ/ **ADJ** *[hair] (loosely)* bouclé ; *(tightly)* frisé ◆ **~ eyelashes** cils *mpl* recourbés
**COMP** ▷ **curly bracket** **N** accolade *f* ▷ **curly-haired, curly-headed** **ADJ** aux cheveux bouclés *or* frisés ▷ **curly lettuce** **N** laitue *f* frisée

**curmudgeon** /kɜːˈmʌdʒən/ **N** *(= miser)* harpagon *m*, grippe-sou * *m* ; *(= surly person)* grincheux *m*

**curmudgeonly** /kɜːˈmʌdʒənlɪ/ **ADJ** *(= miserly)* grippe-sou ; *(= surly)* grincheux

**currant** /ˈkʌrənt/ **N** **a** *(Bot = fruit)* groseille *f* ; *(also* **currant bush***)* groseillier *m* ; → **blackcurrant, redcurrant** **b** *(= dried fruit)* raisin *m* de Corinthe
**COMP** ▷ **currant bun** **N** petit pain *m* aux raisins ▷ **currant loaf** **N** pain *m* aux raisins

**currency** /ˈkʌrənsɪ/ **N** **a** *(Fin)* monnaie *f*, devise *f* ; *(= money)* argent *m* ◆ **the ~ is threatened** la monnaie est en danger ◆ **this coin is no longer legal ~** cette pièce n'a plus cours (légal) ◆ **foreign ~** devise *f or* monnaie *f* étrangère ◆ **I have no Chinese ~** je n'ai pas d'argent chinois ; → **hard, paper**
**b** *(= acceptance, prevalence)* cours *m*, circulation *f* ◆ **to gain ~** se répandre, s'accréditer ◆ **to give ~ to** accréditer ◆ **such words have short ~** de tels mots n'ont pas cours longtemps ◆ **this coin is no longer in ~** cette pièce n'est plus en circulation
**COMP** ▷ **currency exemptions** **NPL** *(Fin, Jur)* dispenses *fpl* en matière de réglementation des changes ▷ **currency market** **N** *(Fin)* place *f* financière ▷ **currency note** **N** billet *m* de banque ▷ **currency rate** **N** cours *m* des devises ▷ **currency restrictions** **NPL** contrôle *m* des changes ▷ **currency snake** **N** serpent *m* monétaire ▷ **currency trader** **N** cambiste *mf* ▷ **currency trading** **N** opérations *fpl* de change ▷ **currency unit** **N** unité *f* monétaire

**current** /ˈkʌrənt/ **ADJ** **a** *(= present) [situation, fashion, tendency, popularity, job]* actuel ◆ **the system in ~ use** le système utilisé actuellement ◆ **at the ~ rate of exchange** au cours actuel du change ◆ **~ events** événements *mpl* actuels, actualité *f NonC* ◆ **~ issue** *(Press)* dernier numéro *m* ◆ **~ month/year/week** mois *m*/année *f*/semaine *f* en cours ◆ **her ~ boyfriend** son copain * *or* petit ami du moment
**b** *(= widely accepted or used) [opinion]* courant, commun ; *[word, phrase, price]* courant, en cours ◆ **to be ~** *[phrase, expression]* être accepté *or* courant
**N** *[of air, water]* courant *m (also Elec)* ; *(fig) [of events etc]* cours *m*, tendance *f* ; *[of opinions]* tendance *f* ◆ **to go with the ~** *(lit, fig)* suivre le courant ◆ **to drift with the ~** *(lit)* se laisser aller au fil de l'eau ; *(fig)* aller selon le vent ◆ **to go against the ~** *(lit)* remonter le courant ; *(fig)* aller à contre-courant ; → **alternating, direct**
**COMP** ▷ **current account** **N** *(Brit)* compte *m* courant ▷ **current affairs** **NPL** questions *fpl or* problèmes *mpl* d'actualité, actualité *f NonC* ▷ **current assets** **NPL** *(Fin)* actif *m* de roulement ▷ **current cost accounting** **N** *(Fin)* comptabilité *f* en coûts actuels ▷ **current expenditure** **N** dépenses *fpl* courantes ▷ **current liabilities** **NPL** passif *m* exigible *or* dettes *fpl* exigibles à court terme ▷ **current yield** **N** *(St Ex)* taux *m* de rendement courant, taux *m* actuariel

> ⚠ *Be cautious about translating the adjective* **current** *by* **courant**, *which does not mean 'present-day'.*

**currently** /ˈkʌrəntlɪ/ **ADV** actuellement, à présent

**curriculum** /kəˈrɪkjʊləm/ **N** (pl **curriculums** *or* **curricula** /kəˈrɪkjʊlə/) programme *m* scolaire ◆ **the one compulsory foreign language on the ~** la seule langue étrangère obligatoire au programme ◆ **the history ~** le programme d'histoire
**COMP** ▷ **curriculum coordinator** **N** responsable *mf* des programmes scolaires ▷ **curriculum council** **N** *(US Scol)* ≈ service *m* des programmes scolaires ▷ **curriculum vitae** **N** (pl **curricula vitae**) *(Brit)* curriculum vitae *m*, CV *m*

**curried** /ˈkʌrɪd/ **ADJ** au curry

**curry¹** /ˈkʌrɪ/ *(Culin)* **N** curry *or* cari *m* ◆ **beef ~** curry *m* de bœuf **VT** accommoder au curry
**COMP** ▷ **curry powder** **N** (poudre *f* de) curry *m*

**curry²** /ˈkʌrɪ/ **VT** *[+ horse]* étriller ; *[+ leather]* corroyer ◆ **to ~ favour with sb** chercher à gagner la faveur de qn
**COMP** ▷ **curry-comb** **N** étrille *f* **VT** étriller

**curse** /kɜːs/ **N** **a** *(= malediction, spell)* malédiction *f* ◆ **a ~ on him!** † maudit soit-il ! † ◆ **to call down** *or* **put** *or* **lay a ~ on sb** maudire qn **b** *(= swearword)* juron *m*, imprécation *f* ◆ **~s!** * zut ! * **c** *(fig = bane)* fléau *m*, calamité *f* ◆ **the ~ of drunkenness** le fléau de l'ivrognerie ◆ **she has the ~** * *(= menstruation)* elle a ses règles
**VT** maudire ◆ **~ the child!** * maudit enfant ! ◆ **to be ~d with** *(fig)* être affligé de
**VI** *(= swear)* jurer, sacrer

**cursed** * /ˈkɜːsɪd/ **ADJ** sacré *, maudit, satané *all before n*

**cursive** /ˈkɜːsɪv/ **ADJ** cursif **N** (écriture *f*) cursive *f*

**cursor** /ˈkɜːsəʳ/ **N** *(Comput)* curseur *m*

**cursorily** /ˈkɜːsərɪlɪ/ **ADV** en vitesse, à la hâte *(pej)*

**cursory** /ˈkɜːsərɪ/ **ADJ** *(= superficial)* superficiel ; *(= hasty)* hâtif ◆ **to give a ~ glance at** *[+ person, object]* jeter un coup d'œil à ; *[+ book, essay, letter]* lire en diagonale *

**curt** /kɜːt/ **ADJ** *[person, manner]* brusque, sec (sèche *f*), cassant ; *[explanation, question]* brusque, sec (sèche *f*) ◆ **in a ~ voice** d'un ton cassant ◆ **with a ~ nod** avec un bref signe de tête

**curtail** /kɜːˈteɪl/ **VT** *[+ account]* écourter, raccourcir, tronquer ; *[+ proceedings, visit]* écourter ; *[+ period of time]* écourter, raccourcir ; *[+ wages]* rogner, réduire ; *[+ expenses]* restreindre, réduire

**curtailment** /kɜːˈteɪlmənt/ **N** *(NonC) (frm)* **a** *(= reduction) [of money, aid]* réduction *f* **b** *(= restriction) [of sb's power, freedom]* limitation *f* **c** *(= shortening) [of visit]* raccourcissement *m*

**curtain** /ˈkɜːtn/ **N** **a** *(gen)* rideau *m* ; *(fig)* rideau *m*, voile *m* ◆ **to draw** *or* **pull the ~s** tirer les rideaux ◆ **to open/close the ~s** ouvrir/fermer les rideaux ◆ **~ of fire** *(Mil)* rideau *m* de feu ◆ **it was ~s for him** ‡ il était fichu * *or* foutu ‡ ; → **iron, safety**
**b** *(Theat)* rideau *m* ; *(= time when curtain rises or falls)* lever *m or* baisser *m* de rideau ; *(also* **curtain call***)* rappel *m* ◆ **she took three ~s** elle a été rappelée trois fois ◆ **the last** *or* **final ~** le dernier rappel ◆ **to drop the ~** baisser le rideau ◆ **the ~ drops** le rideau tombe
**VT** *[+ window]* garnir de rideaux
**COMP** ▷ **curtain hook** **N** crochet *m* de rideau ▷ **curtain pole** **N** tringle *f* à rideaux ▷ **curtain raiser** **N** *(Theat, also fig)* lever *m* de rideau ▷ **curtain ring** **N** anneau *m* de rideau ▷ **curtain rod** **N** tringle *f* à rideaux ▷ **curtain-up** **N** *(Theat)* lever *m* du rideau ▷ **curtain wall** **N** *(Constr)* mur *m* rideau

► **curtain off** **VT SEP** *[+ room]* diviser par un *or* des rideau(x) ; *[+ bed, kitchen area]* cacher derrière un *or* des rideau(x)

**curtly** /ˈkɜːtlɪ/ **ADV** avec brusquerie, sèchement, d'un ton cassant

**curtness** /ˈkɜːtnɪs/ **N** brusquerie *f*, sécheresse *f*

**curtsey, curtsy** /ˈkɜːtsɪ/ **N** révérence *f* ◆ **to make** *or* **drop a ~** faire une révérence **VI** faire une révérence (*to* à)

**curvaceous** * /kɜːˈveɪʃəs/ **ADJ** *[woman]* bien balancée *, bien roulée *

**curvature** /ˈkɜːvətʃəʳ/ **N** courbure *f* ; *(Med)* déviation *f* ◆ **~ of the spine** déviation *f* de la colonne vertébrale, scoliose *f* ◆ **the ~ of space/the earth** la courbure de l'espace/de la terre

**curve** /kɜːv/ **N** *(gen)* courbe *f* ; *[of arch]* voussure *f* ; *[of beam]* cambrure *f* ; *[of graph]* courbe *f* ◆ **~ in the road** courbe *f*, tournant *m*, virage *m* ◆ **a woman's ~s** * les rondeurs *fpl* d'une femme **VT** courber ; *(Archit) [+ arch, roof]* cintrer **VI** *[line, surface, beam]* se courber, s'infléchir ; *[road etc]* faire une courbe, être en courbe ◆ **the road ~s down into the valley** la route descend en courbe dans la vallée ◆ **the river ~s round the town** la rivière fait un méandre autour de la ville

**curveball** /ˈkɜːvbɔːl/ **N** a *(US Baseball)* balle *f* à effet b *(= tricky problem)* colle * *f*

**curved** /kɜːvd/ **ADJ** *(gen)* courbe ; *[edge of table etc]* arrondi ; *[road]* en courbe ; *(= convex)* convexe

**curvet** /kɜːˈvet/ *(Horse-riding)* **N** courbette *f* **VI** faire une courbette

**curvilinear** /ˌkɜːvɪˈlɪnɪəʳ/ **ADJ** curviligne

**curvy** * /ˈkɜːvɪ/ **ADJ** *[girl, body]* bien roulé * ; *(gen)* courbe

**cushion** /ˈkʊʃən/ **N** a coussin *m* ◆ **on a ~ of air** sur un coussin d'air ; → **pincushion** b *(Billiards)* bande *f* ◆ **a stroke off the ~** un doublé **VT** *[+ sofa]* mettre des coussins à ; *[+ seat]* rembourrer ; *(Tech)* matelasser ; *(fig) [+ shock]* amortir ; *(Fin) [+ losses]* atténuer ◆ **to ~ sb's fall** amortir la chute de qn ◆ **to ~ sb against sth** *(fig)* protéger qn contre qch ◆ **to ~ one's savings against inflation** mettre ses économies à l'abri de l'inflation

**cushy** ‡ /ˈkʊʃɪ/ **ADJ** *(Brit)* pépère ‡, tranquille ◆ **a ~ job** une bonne planque ‡, un boulot pépère ‡ ◆ **to have a ~ time** se la couler douce * ; → **billet**[1]

**cusp** /kʌsp/ **N** *(Bot) [of tooth]* cuspide *f* ; *[of moon]* corne *f*

**cuspidor** /ˈkʌspɪdɔːʳ/ **N** *(US)* crachoir *m*

**cuss** * /kʌs/ *(US)* ⇒ **curse** **N** a *(= oath)* juron *m* ◆ **he's not worth a tinker's ~** il ne vaut pas un pet de lapin * b *(gen pej = person)* type * *m*, bonne femme *f (gen pej)* ◆ **he's a queer ~** c'est un drôle de type * **VI** jurer

**cussed** * /ˈkʌsɪd/ **ADJ** entêté, têtu comme une mule *

**cussedness** * /ˈkʌsɪdnɪs/ **N** esprit *m* contrariant *or* de contradiction ◆ **out of sheer ~** par pur esprit de contradiction

**cussword** * /ˈkʌswɜːd/ **N** *(US)* gros mot *m*

**custard** /ˈkʌstəd/ **N** *(pouring)* crème *f* anglaise ; *(set)* crème *f* renversée **COMP** ▷ **custard apple N** *(Bot)* pomme *f* cannelle, anone *f* ▷ **custard cream, custard cream biscuit N** biscuit *m* fourré ▷ **custard pie N** tarte *f* à la crème ▷ **custard powder N** crème *f* anglaise en poudre ▷ **custard tart N** flan *m*

**custodial** /kʌsˈtəʊdɪəl/ **ADJ** a *(Jur) [parent]* à qui est attribué la garde des enfants ◆ **~ sentence** peine *f* privative de liberté b *[of museum etc]* **~ staff** personnel *m* de surveillance

**custodian** /kʌsˈtəʊdɪən/ **N** *[of building]* concierge *mf*, gardien(ne) *m(f)* ; *[of museum]* conservateur *m*, -trice *f* ; *[of tradition etc]* gardien(ne) *m(f)*, protecteur *m*, -trice *f*

**custody** /ˈkʌstədɪ/ **N** a *(Jur etc)* garde *f* ◆ **in safe ~** sous bonne garde ◆ **the child is in the ~ of his aunt** l'enfant est sous la garde de sa tante ◆ **after the divorce she was given ~ of the children** *(Jur)* après le divorce elle a obtenu la garde des enfants b *(gen)* garde *f* à vue ; *(= imprisonment)* emprisonnement *m*, captivité *f* ; *(also* **police custody***)* *(for short period)* garde *f* à vue ; *(before trial)* détention *f* provisoire ◆ **in ~** en détention provisoire ◆ **to be kept in (police) ~** être mis en garde à vue ◆ **to take sb into ~** mettre qn en état d'arrestation ◆ **to give sb into ~** remettre qn aux mains de la police ; → **protective, remand**

**custom** /ˈkʌstəm/ **N** a *(= tradition, convention)* coutume *f*, usage *m* ; *(= habit)* coutume *f*, habitude *f* ◆ **as ~ has it** selon la coutume, selon les us et coutumes ◆ **it was his ~ to rest each morning** il avait coutume *or* il avait l'habitude de se reposer chaque matin b *(NonC: Brit Comm)* clientèle *f* ◆ **the grocer wanted to get her ~** l'épicier voulait la compter parmi ses clients ◆ **he has lost a lot of ~** il a perdu beaucoup de clients ◆ **he took his ~ elsewhere** il est allé se fournir ailleurs c *(Jur)* coutume *f*, droit *m* coutumier ; → **customs** **ADJ** *(= custom-made)* personnalisé **COMP** ▷ **custom-built ADJ** *(Comm)* fait sur commande ▷ **custom car N** voiture *f* faite sur commande ▷ **custom-made ADJ** *(Comm) [clothes]* (fait) sur mesure ; *(other goods)* fait sur commande

**customarily** /ˈkʌstəmərɪlɪ/ **ADV** habituellement, ordinairement

**customary** /ˈkʌstəmərɪ/ **ADJ** *(gen)* habituel, coutumier ◆ **it is ~ (to do that)** c'est la coutume ◆ **it is ~ to thank the host** la coutume veut que l'on remercie *subj* l'hôte ◆ **it is ~ for the children to be present** la coutume veut que les enfants soient présents **COMP** ▷ **customary tenant N** *(Jur)* tenancier *m* censitaire

**customer** /ˈkʌstəməʳ/ **N** a *(Comm)* client(e) *m(f)* b *(esp Brit* *)* type * *m*, individu *m (pej)* ◆ **he's an awkward ~** il n'est pas commode ◆ **queer ~** drôle de type * *or* d'individu ◆ **ugly ~** sale type * *m or* individu *m* **COMP** ▷ **customer appeal N** facteur *m* de séduction du client ▷ **customer base N** clientèle *f* ▷ **customer profile N** profil *m* du consommateur ▷ **customer services NPL** service *m* clientèle *or* clients

**customize** /ˈkʌstəmaɪz/ **VT** fabriquer (*or* construire *or* arranger *etc*) sur commande

**customized** /ˈkʌstəmaɪzd/ **ADJ** *[software, service]* sur mesure

**customs** /ˈkʌstəmz/ **N** a *(sg or pl = authorities, place)* douane *f* ◆ **to go through (the) ~** passer la douane ◆ **at** *or* **in the ~** à la douane b *(pl = duty payable)* droits *mpl* de douane **COMP** *[regulations, receipt etc]* de la douane ▷ **Customs and Excise N** *(Brit)* douanes *fpl* ▷ **customs border patrol N** brigade *f* volante des services de douane ▷ **customs clearance N** dédouanement *m* ▷ **customs declaration N** déclaration *f* en douane ▷ **customs duty N** droit(s) *m(pl)* de douane ▷ **customs house N** (poste *m or* bureaux *mpl* de) douane *f* ▷ **customs inspection N** visite *f* douanière *or* de douane ▷ **customs officer N** douanier *m*, -ière *f* ▷ **customs post N** ⇒ **customs house** ▷ **customs service N** service *m* des douanes ▷ **customs shed N** poste *m* de douane ▷ **customs union N** union *f* douanière

**cut** /kʌt/ (vb : pret, ptp **cut**) **N** a *(= stroke)* coup *m* ; *(= mark, slit, wound)* coupure *f* ; *(= notch)* entaille *f* ; *(Med)* incision *f* ◆ **saw ~** trait *m* de scie ◆ **a deep ~ in the leg** une profonde entaille à la jambe ◆ **he had a ~ on his chin from shaving** il s'était coupé au menton en se rasant ◆ **he was treated for minor ~s and bruises** on l'a soigné pour des petites coupures et des contusions ◆ **make the ~ a bit lower** coupe un peu en dessous ; → **short**

b *(fig)* **the ~ and thrust of politics** les estocades *fpl* de la politique ◆ **that remark was a ~ at me** cette remarque était une pierre dans mon jardin *or* une pique contre moi ◆ **the unkindest ~ of all** le coup le plus perfide ◆ **he is a ~ above (the others)** * il vaut mieux que les autres, il est supérieur aux autres ◆ **that's a ~ above him** * ça le dépasse

c *[of cards]* coupe *f*

d *(= reduction: gen, esp Econ)* réduction *f*, diminution *f* ◆ **tax ~s** réductions *fpl* d'impôts ◆ **staff ~s** réductions *fpl* des effectifs, compressions *fpl* de personnel ◆ **the ~s** les compressions *fpl* budgétaires ◆ **drastic ~s** *(Econ)* coupes *fpl* claires ◆ **power** *or* **electricity ~** coupure *f* de courant

◆ **a cut in** une réduction *or* diminution de ◆ **a 1% ~ in interest rates** une réduction *or* une diminution de 1% des taux d'intérêt ◆ **to take a ~ in salary** subir une diminution *or* réduction de salaire

◆ **cuts in** ◆ **the ~s in defence** *or* **the defence budget** la réduction du budget de la défense ◆ **to make ~s in a book/play** faire des coupures dans un livre/une pièce

e *[of meat] (= piece)* morceau *m* ◆ **use a cheap ~ such as spare rib chops** utilisez un bas morceau tel que le travers

f *( * = share)* part *f* ◆ **they all want a ~ of the profits** ils veulent tous leur part du gâteau * *(fig)* ◆ **there won't be much left once the lawyers have taken their ~** il ne restera pas grand-chose une fois que les avocats auront pris leur part

g *[of clothes]* coupe *f* ; *[of jewel]* taille *f* ◆ **I like the ~ of this coat** j'aime la coupe de ce manteau ; → **jib**

h *(= haircut)* coupe *f* ◆ **~ and blow-dry** coupe et brushing

i *(Comput)* **~ and paste** couper-coller *m*

j *(US Typ = block)* cliché *m*

k *(Cine, TV) (= edit)* coupure *f* ; *(= transition)* passage *m* (*from* de ; *to* à)

l *(US * : from school etc)* absence *f* injustifiée

**ADJ** *[flowers, grass]* coupé ◆ **he had a ~ finger/hand** il avait une coupure au doigt/à la main, il s'était coupé au doigt/à la main ◆ **a ~ lip** une lèvre coupée ◆ **well-~ coat** manteau *m* bien coupé *or* de bonne coupe

◆ **cut and dried** *(= clear-cut)* simple ; *(= definite)* définitif ◆ **things are not as ~ and dried as some people would like** les choses ne sont pas aussi simples que certains le voudraient ◆ **research findings on this matter are not ~-and-dried** les résultats des recherches sur ce sujet ne sont pas définitifs

**VT** a couper ; *[+ joint of meat, tobacco]* découper ; *(= slice)* découper en tranches ; *(= notch)* encocher ; *(Med) [+ abscess]* inciser ◆ **to ~ in half/in three** *etc* couper en deux/en trois *etc* ◆ **she ~ the cake in six** elle a coupé le gâteau en six ◆ **to ~ in(to) pieces** couper en morceaux ◆ **to ~ to pieces** *[+ army, opponent]* tailler en pièces ◆ **to ~ one's finger** se couper le doigt *or* au doigt ◆ **to ~ o.s. (shaving)** se couper (en se rasant) ◆ **to ~ sb's throat** couper la gorge à qn, égorger qn ◆ **he is ~ting his own throat** *(fig)* il prépare sa propre ruine *(fig)* ; → **corner, dash, dead, figure, fine**[2]**, Gordian, ground**[1]**, ice, loss, mustard, tooth**

◆ **to cut + open** ◆ **to ~ sth open** *(with knife)* ouvrir qch au *or* avec un couteau ; *(with scissors)* ouvrir qch avec des ciseaux ◆ **he ~ his arm open on a nail** il s'est ouvert le bras sur un clou ◆ **he ~ his head open** il s'est ouvert le crâne ◆ **to ~ sb free** *(from bonds)* délivrer qn en coupant ses liens ; *(from wreckage)* dégager qn (d'un véhicule)

◆ **to cut + short** ◆ **to ~ sth short** *(fig)* abréger qch, couper court à qch ◆ **to ~ a visit short** écourter une visite ◆ **to ~ sb short** couper la parole à qn ◆ **to ~ a long story short, he came** bref, il est venu

◆ **to cut and paste** *(Comput)* couper-coller ◆ **~ and paste these lines of text into your file** coupez-collez ces lignes de texte dans votre fichier

**b** *(fig = wound, hurt)* *[+ person]* blesser (profondément), affecter ◆ **the wind ~ his face** le vent lui coupait le visage ; → **heart, quick**

**c** *(= shape)* couper, tailler ; *[+ steps]* tailler ; *[+ channel]* creuser, percer ; *[+ figure, statue]* sculpter (*out of* dans) ; *(= engrave)* graver ; *[+ jewel, key, glass, crystal]* tailler ; *[+ screw]* fileter ; *[+ dress]* couper ◆ **to ~ a hole in sth** faire un trou dans qch ◆ **to ~ one's way through the crowd/forest** se frayer un chemin à travers la foule/les bois ; → **coat, record**

**d** *(= mow, clip, trim)* *[+ hedge, trees]* tailler ; *[+ corn, hay]* faucher ; *[+ lawn]* tondre ◆ **to ~ one's nails/hair** se couper les ongles/les cheveux ◆ **to have** *or* **get one's hair ~** se faire couper les cheveux

**e** *(esp US = not attend)* *[+ class, school etc]* manquer, sécher * ; *[+ appointment]* manquer exprès

**f** *(= cross, intersect)* couper, croiser, traverser ; *(Math)* couper ◆ **the path ~s the road here** le sentier coupe la route à cet endroit

**g** *(= reduce)* *[+ profits, wages]* réduire, diminuer ; *[+ text, book, play]* réduire, faire des coupures dans ◆ **to ~ costs** réduire les coûts ◆ **to ~ prices** réduire les prix, vendre à prix réduit *or* au rabais ◆ **to ~ spending by 35%** réduire *or* diminuer les dépenses de 35% ◆ **we ~ the journey time by half** nous avons réduit de moitié la durée du trajet ◆ **he ~ 30 seconds off the record, he ~ the record by 30 seconds** *(Sport)* il a amélioré le record de 30 secondes

**h** *(= stop)* couper ◆ **to ~ electricity supplies** couper l'électricité ◆ **~ the euphemisms and just tell me what's happened!** * arrête de tourner autour du pot et dis-moi simplement ce qui s'est passé ! ◆ **~ the crap!** ⁑ *(esp US)* arrête tes conneries ! ⁑, assez bavardé comme ça ! *

**i** *[+ cards]* couper

**j** *(Sport)* ◆ **to ~ the ball** couper la balle

**k** *(Cine etc = edit)* *[+ film]* monter

**l** *(= dilute)* *[+ drug]* couper ; *[+ grease, sweetness]* atténuer

**m** *(* = conclude)* ◆ **to ~ a deal** passer un marché

**n** ◆ **to ~ it** * *(= be good enough)* être à la hauteur ◆ **he couldn't ~ it as a singer** comme chanteur il n'était pas à la hauteur

**VI** **a** *[person, knife etc]* couper ◆ **this knife ~s well** ce couteau coupe bien ◆ **he ~ into the cake** il a fait une entaille dans le gâteau, il a entamé le gâteau ◆ **~ along the dotted line** découper suivant le pointillé ◆ **his sword ~ through the air** son épée fendit l'air ◆ **the boat ~ through the waves** le bateau fendait l'eau ◆ **this ~s across all I have learnt** *(fig)* ceci va à l'encontre de tout ce que j'ai appris ◆ **to ~ and run** * mettre les bouts ⁑, filer * ◆ **to ~ to the chase** * en venir à l'essentiel ◆ **~ to the chase!** * abrège ! * ; → **loose**

◆ **to cut both ways** être à double tranchant ◆ **what you say ~s both ways** ce que vous dites est à double tranchant ◆ **that argument ~s both ways** c'est un argument à double tranchant

**b** *[material]* se couper ◆ **paper ~s easily** le papier se coupe facilement ◆ **this piece will ~ into four** ce morceau peut se couper en quatre

**c** *(Math)* se couper ◆ **lines A and B ~ at point C** les lignes A et B se coupent au point C

**d** *(= take short route)* **~ across the fields and you'll soon be there** coupez à travers champs et vous serez bientôt arrivé ◆ **to ~ across country** couper à travers champs ◆ **if you ~ through the lane you'll save time** si vous coupez *or* passez par la ruelle vous gagnerez du temps

**e** *(Cine, TV)* **they ~ from the street to the shop scene** ils passent de la rue à la scène du magasin ◆ **~!** coupez !

**f** *(Cards)* couper ◆ **to ~ for deal** tirer pour la donne

**COMP** ▷ **cut glass N** *(NonC)* cristal *m* taillé **ADJ** de *or* en cristal taillé ▷ **cut-price ADJ** *[goods, ticket]* à prix réduit, au rabais ; *[manufacturer, shopkeeper]* qui vend à prix réduits ◆ **~-price shop** *or* **store** magasin *m* à prix réduits **ADV** *[buy, get]* à prix réduit ▷ **cut prices NPL** prix *mpl* réduits ▷ **cut-rate ADJ** *(Brit)* ⇒ **cut-price** ▷ **cut-throat** † **N** *(= murderer)* assassin *m* **ADJ** ◆ **~-throat competition** concurrence *f* acharnée ◆ **~-throat game** *(Cards)* partie *f* à trois ◆ **~-throat razor** *(Brit)* rasoir *m* à main *or* de coiffeur ▷ **cut tobacco N** tabac *m* découpé ▷ **cut up** * **ADJ** *(Brit = upset)* affligé ; *(US = funny)* rigolo * (-ote * *f*)

► **cut across VT FUS** *[problem, issue]* toucher ◆ **this problem ~s across all ages** ce problème touche toutes les tranches d'âge

► **cut along VI** s'en aller, filer *

► **cut away VT SEP** *[+ branch]* élaguer ; *[+ unwanted part]* enlever (en coupant)

► **cut back VT SEP** *[+ plants, shrubs]* élaguer, tailler ; *(fig : also* **cut back on**) *[+ production, expenditure]* réduire, diminuer

**VI** revenir (sur ses pas) ◆ **he ~ back to the village and gave his pursuers the slip** il est revenu au village par un raccourci et a semé ses poursuivants

► **cut down VT SEP** **a** *[+ tree]* couper, abattre ; *[+ corn]* faucher ; *[+ person]* *(by sword etc)* abattre *(d'un coup d'épée etc)* ; *(fig: through illness etc)* terrasser ◆ **~ down by pneumonia** terrassé par la *or* une pneumonie

**b** *(= reduce)* *[+ expenses, pollution]* réduire ; *[+ article, essay]* couper ; *[+ clothes]* *(gen)* rapetisser, diminuer ◆ **to ~ sb down to size** * *(fig)* remettre qn à sa place

► **cut down on VT FUS** *[+ food]* manger moins de ; *[+ alcohol]* boire moins de ; *[+ cigarettes]* fumer moins de ; *[+ expenditure, costs]* réduire ◆ **you should ~ down on drink** vous devriez boire moins

► **cut in VI** *(into conversation)* se mêler à la conversation ; *(Aut)* se rabattre ◆ **to ~ in on sb** *(Aut)* faire une queue de poisson à qn ; *(= interrupt)* couper la parole à qn ◆ **to ~ in on the market** *(Comm, Fin)* s'infiltrer sur le marché

**VT SEP** ◆ **to cut sb in on** *or* **into a deal** * intéresser qn à une affaire

► **cut off VI** *(† * = leave)* filer *

**VT SEP** **a** *[+ piece of cloth, cheese, meat, bread]* couper *(from* dans) ; *[+ limbs]* amputer, couper ◆ **to ~ off sb's head** trancher la tête de *or* à qn, décapiter qn ◆ **to ~ off one's nose to spite one's face** scier la branche sur laquelle on est assis *(par dépit)*

**b** *(= disconnect)* *[+ telephone caller, telephone, car engine, gas, electricity]* couper ◆ **our water supply has been ~ off** on nous a coupé l'eau ◆ **we were ~ off** *(Telec)* nous avons été coupés ◆ **to ~ sb off in the middle of a sentence** interrompre qn au milieu d'une phrase ◆ **to ~ off sb's supplies** *(of food, money etc)* couper les vivres à qn

**c** *(= isolate)* isoler *(sb from sth* qn de qch) ; ◆ **to ~ o.s. off from** rompre ses liens avec ◆ **he feels very ~ off in the country** il se sent très isolé à la campagne ◆ **town ~ off by floods** ville *f* isolée par des inondations ◆ **to ~ off the enemy's retreat** *(Mil)* couper la retraite à l'ennemi ◆ **to ~ sb off with a shilling** *(fig)* déshériter qn

► **cut out VI** **a** *(Aut, Aviat)* *[engine]* caler

**b** *(⁑ = leave)* filer *, se tailler ⁑

**VT SEP** **a** *[+ picture, article]* découper *(of, from* de) ; *[+ statue, figure]* sculpter, tailler *(of* dans) ; *[+ coat]* couper, tailler *(of, from* dans) ; *(Phot)* détourer ◆ **to ~ out a path through the jungle** se frayer un chemin à travers la jungle ◆ **to be ~ out for sth** *(fig)* avoir des dispositions pour qch ◆ **he's not ~ out for** *or* **to be a doctor** il n'est pas fait pour être médecin, il n'a pas l'étoffe d'un médecin ◆ **he had his work ~ out (for him)** *(= plenty to do)* il avait du pain sur la planche ◆ **you'll have your work ~ out to get there on time** vous n'avez pas de temps à perdre si vous voulez y arriver à l'heure ◆ **you'll have your work ~ out to persuade him to come** vous aurez du mal à le persuader de venir

**b** *(fig)* *[+ rival]* supplanter

**c** *(= remove)* enlever, ôter ; *[+ intermediary, middleman]* supprimer ; *[+ light]* empêcher de passer ; *[+ unnecessary details]* élaguer ◆ **to ~ sb out of one's will** déshériter qn ◆ **~ it out!** * *(fig)* ça suffit ! *, ça va comme ça ! * ◆ **~ out the talking!** *(fig)* assez bavardé !, vous avez fini de bavarder ? ◆ **~ out the noise!** *(fig)* arrêtez ce bruit !, moins de bruit ! ◆ **you can ~ out the tears for a start!** * *(fig)* et pour commencer, arrête de pleurnicher !

**d** *(= give up)* *[+ tobacco]* supprimer ◆ **to ~ out smoking/drinking** arrêter de fumer/boire

► **cut up VI** **a** *(Brit)* **to ~ up rough** * se mettre en rogne * *or* en boule *

**b** *(US = clown around)* faire le pitre

**VT SEP** **a** *[+ wood, food]* couper ; *[+ meat]* *(= carve)* découper ; *(= chop up)* hacher ; *(fig)* *[+ enemy, army]* tailler en pièces, anéantir

**b** *(Aut *)* faire une queue de poisson à ◆ **he was crossing from lane to lane, ~ting everyone up** il passait d'une file à l'autre, faisant des queues de poisson à tout le monde

**c** *(Brit *: pass only)* **to be ~ up about sth** *(= hurt)* être affecté *or* démoralisé par qch ; *(= annoyed)* être très embêté par qch * ◆ **he's very ~ up** il n'a plus le moral * ◆ **he was very ~ up by the death of his son** la mort de son fils l'a beaucoup affecté

**ADJ** ◆ **cut-up** ⁑ → **cut**

**cutaneous** /kjuː'teɪnɪəs/ **ADJ** cutané

**cutaway** /'kʌtəweɪ/ **N** *(also* **cutaway drawing** *or* **sketch**) (dessin *m*) écorché *m*

**cutback** /'kʌtbæk/ **N** *(= reduction)* *[of expenditure, production]* réduction *f*, diminution *f* *(in* de) ; *[of staff]* compressions *fpl* *(in* de) ; *(Cine = flashback)* flash-back *m* *(to* sur) ; ◆ **drastic ~s** *(Econ etc)* coupes *fpl* claires

**cute** * /kjuːt/ **ADJ** **a** *(= attractive)* mignon **b** *(esp US = clever)* malin (-igne *f*), futé ◆ **don't try and be ~ (with me)!** ne fais pas le malin !

**cutely** * /'kjuːtlɪ/ **ADV** **a** *(= attractively)* *[smile, blush, pose]* avec coquetterie **b** *(US = cleverly)* astucieusement

**cutesy** * /'kjuːtsɪ/ **ADJ** *(esp US: pej)* *[person, painting, clothes]* mièvre

**cuticle** /'kjuːtɪkl/ **N** *(= skin)* épiderme *m* ; *[of fingernails]* petites peaux *fpl*, envie *f* ; *(Bot)* cuticule *f* **COMP** ▷ **cuticle remover N** repousse-peaux *m*

**cutie** * /'kjuːtɪ/ **N** *(esp US)* *(= girl)* jolie fille *f* ; *(= boy)* beau mec * *m* ; *(= shrewd person)* malin *m*, -igne *f* ; *(= shrewd action)* beau coup *m* **COMP** ▷ **cutie pie** ⁑ **N** *(esp US)* mignon(ne) *m(f)* ◆ **she's a real ~ pie** elle est vraiment mignonne

**cutlass** /ˈkʌtləs/ N *(Naut)* coutelas *m*, sabre *m* d'abordage

**cutler** /ˈkʌtləʳ/ N coutelier *m*

**cutlery** /ˈkʌtlərɪ/ N a *(Brit = knives, forks, spoons etc)* couverts *mpl* ; → **canteen** b *(= knives, daggers etc: also trade)* coutellerie *f* COMP ▷ **cutlery drawer** N tiroir *m* des couverts

**cutlet** /ˈkʌtlɪt/ N a *(gen)* côtelette *f* ; *[of veal]* escalope *f* b *(US = croquette of meat, chicken etc)* croquette *f*

**cutoff** /ˈkʌtɒf/ N *(= short cut)* raccourci *m* ; *(Tech = stopping)* arrêt *m* NPL **cutoffs** jeans *mpl* coupés COMP ▷ **cutoff date** N date *f* limite ▷ **cutoff device** N (also **automatic cutoff device**) système *m* d'arrêt (automatique) ▷ **cutoff point** N *(in age etc)* limite *f* ; *(in time)* dernier délai *m* ▷ **cutoff switch** N interrupteur *m*

**cutout** /ˈkʌtaʊt/ N a *(Elec)* disjoncteur *m*, coupe-circuit *m inv* ; *(Aut)* échappement *m* libre b *(= figure of wood or paper)* découpage *m* ◆ **his characters are just cardboard ~s** ses personnages manquent d'épaisseur

**cutter** /ˈkʌtəʳ/ N a *(= person) [of clothes]* coupeur *m*, -euse *f* ; *[of stones, jewels]* tailleur *m* ; *[of films]* monteur *m*, -euse *f* b *(= tool)* coupoir *m*, couteau *m* ◆ **(pair of) ~s** *(for metal etc)* pinces *fpl* coupantes ; → **bolt** c *(= sailing boat)* cotre *m*, cutter *m* ; *(= motor boat)* vedette *f* ; *[of coastguards]* garde-côte *m* ; *[of warship]* canot *m* d *(US = sleigh)* traîneau *m*

**cutting** /ˈkʌtɪŋ/ N a *(NonC)* coupe *f* ; *[of diamond]* taille *f* ; *[of film]* montage *m* ; *[of trees]* coupe *f*, abattage *m*

b *(for road, railway)* tranchée *f*

c *(= piece cut off) [of newspaper]* coupure *f* ; *[of cloth]* coupon *m* ; *(Agr)* bouture *f* ; *[of vine]* marcotte *f*

d *(= reduction) [of prices, expenditure]* réduction *f*, diminution *f*

ADJ a *[knife]* coupant, tranchant ◆ **~ pliers** pinces *fpl* coupantes ◆ **the ~ edge** *(lit)* le tranchant ◆ **to be at the ~ edge of scientific research** être à la pointe de la recherche scientifique ◆ **to give sb a ~ edge** *(commercially)* donner à qn un avantage concurrentiel ; see also **comp**

b *(fig) [wind]* glacial, cinglant ; *[rain]* cinglant ; *[cold]* piquant, glacial ; *[words]* blessant, cinglant ; *[remark]* mordant, blessant ◆ **~ tongue** langue *f* acérée

COMP ▷ **cutting board** N planche *f* à découper ▷ **cutting-edge** ADJ *[technology, research, design]* de pointe ▷ **cutting-out scissors** NPL *(Sewing)* ciseaux *mpl* de couturière ▷ **cutting room** N *(Cine)* salle *f* de montage ◆ **to end up on the ~ room floor** *(fig)* finir au panier

**cuttlebone** /ˈkʌtlbəʊn/ N os *m* de seiche

**cuttlefish** /ˈkʌtlfɪʃ/ N (pl **cuttlefish** or **cuttlefishes**) seiche *f*

**CV** /siːˈviː/ N (abbrev of **curriculum vitae**) → **curriculum**

**CWO** /ˌsiːdʌbljuːˈəʊ/ a (abbrev of **cash with order**) → **cash** b *(Mil)* (abbrev of **chief warrant officer**) → **chief**

**CWS** /ˌsiːdʌbljuːˈes/ N (abbrev of **Cooperative Wholesale Society**) *coopérative*

**cwt** abbrev of **hundredweight(s)**

**cyanide** /ˈsaɪənaɪd/ N cyanure *m* ◆ **~ of potassium** cyanure *m* de potassium

**cyanose** /ˈsaɪənəʊz/ N cyanose *f*

**cyanosed** /ˈsaɪənəʊzd/ ADJ *(Med)* cyanosé

**cyber...** /ˈsaɪbə/ PREF cyber...

**cybercafé** /ˈsaɪbəˌkæfeɪ/ N cybercafé *m*

**cybernaut** /ˈsaɪbənɔːt/ N cybernaute *mf*

**cybernetic** /ˌsaɪbəˈnetɪk/ ADJ cybernétique

**cybernetics** /ˌsaɪbəˈnetɪks/ N *(NonC)* cybernétique *f*

**cyberpet** /ˈsaɪbəpet/ N Tamagotchi ® *m*

**cyberpunk** /ˈsaɪbəpʌŋk/ N *(Literat) (= writing)* cyberpunk *m* ; *(= writer)* cyberpunk *mf*

**cybersex** /ˈsaɪbəseks/ N *(NonC)* cybersexe *m*

**cyberspace** /ˈsaɪbəspeɪs/ N cyberespace *m*

**cybersquatter** /ˈsaɪbəskwɒtəʳ/ N cybersquatter *m*

**cybersquatting** /ˈsaɪbəskwɒtɪŋ/ N cybersquatting *m*

**cyberterrorism** /ˈsaɪbəˌterəˌrɪzəm/ N cyberterrorisme *m*

**cyborg** /ˈsaɪbɔːg/ N cyborg *m*

**cyclamate** /ˈsaɪkləˌmeɪt, ˈsɪkləˌmeɪt/ N cyclamate *m*

**cyclamen** /ˈsɪkləmən/ N cyclamen *m*

**cycle** /ˈsaɪkl/ N a vélo *m*, bicyclette *f* b (also **menstrual cycle**) cycle *m* (menstruel) c *[of poems, seasons etc]* cycle *m* VI faire du vélo, faire de la bicyclette ◆ **he ~s to school** il va à l'école à bicyclette *or* à vélo *or* en vélo COMP *[lamp, chain, wheel]* de vélo *or* bicyclette ; *[race]* cycliste ▷ **cycle clip** N pince *f* à vélo ▷ **cycle lane** N *(Brit)* piste *f* cyclable ▷ **cycle path** N piste *f* cyclable ▷ **cycle pump** N pompe *f* à vélo ▷ **cycle rack** N *(on floor)* râtelier *m* à bicyclettes ; *(on car roof)* porte-vélos *m inv* ▷ **cycle shed** N abri *m* à bicyclettes ▷ **cycle shop** N magasin *m* de cycles ▷ **cycle track** N *(= lane)* piste *f* cyclable ; *(Sport)* vélodrome *m*

**cycler** /ˈsaɪkləʳ/ N *(US)* ⇒ **cyclist**

**cycleway** /ˈsaɪklweɪ/ N *(Brit)* piste *f* cyclable

**cyclic(al)** /ˈsaɪklɪk(əl)/ ADJ cyclique

**cycling** /ˈsaɪklɪŋ/ N cyclisme *m* ◆ **to do a lot of ~** *(gen)* faire beaucoup de bicyclette *or* de vélo ; *(Sport)* faire beaucoup de cyclisme COMP de bicyclette ▷ **cycling clothes** NPL tenue *f* de cycliste ▷ **cycling holiday** N ◆ **to go on a ~ holiday** faire du cyclotourisme ▷ **cycling shorts** NPL ◆ **(pair of) ~ shorts** (short *m* de) cycliste *m* ▷ **cycling tour** N circuit *m* à bicyclette ▷ **cycling track** N vélodrome *m*

**cyclist** /ˈsaɪklɪst/ N cycliste *mf* ; → **racing**

**cyclone** /ˈsaɪkləʊn/ N cyclone *m* COMP ▷ **cyclone cellar** N *(US)* abri *m* anticyclone

**Cyclops** /ˈsaɪklɒps/ N (pl **Cyclopses** or **Cyclopes** /saɪˈkləʊpiːz/) cyclope *m*

**cyclorama** /ˌsaɪkləˈrɑːmə/ N *(also Cine)* cyclorama *m*

**cyclostyle** /ˈsaɪkləstaɪl/ N machine *f* à polycopier *(à stencils)* VT polycopier

**cyclothymia** /ˌsaɪkləʊˈθaɪmɪə/ N cyclothymie *f*

**cyclothymic** /ˌsaɪkləʊˈθaɪmɪk/ ADJ, N cyclothymique *mf*

**cyclotron** /ˈsaɪklətrɒn/ N cyclotron *m*

**cygnet** /ˈsɪgnɪt/ N jeune cygne *m*

**cylinder** /ˈsɪlɪndəʳ/ N a *(Aut, Math, Tech)* cylindre *m* ◆ **a six-~ car** une six-cylindres ◆ **to be firing on all four ~s** *(fig)* marcher *or* fonctionner à pleins gaz* *or* tubes* ◆ **he's only firing on two ~s** *(fig)* il débloque* complètement b *[of typewriter]* rouleau *m* ; *[of clock, gun]* barillet *m* COMP ▷ **cylinder block** N *(Aut)* bloc-cylindres *m* ▷ **cylinder capacity** N cylindrée *f* ▷ **cylinder head** N culasse *f* ◆ **to take off the ~ head** déculasser ▷ **cylinder head gasket** N joint *m* de culasse ▷ **cylinder vacuum cleaner** N aspirateur-traîneau *m*

**cylindrical** /sɪˈlɪndrɪkəl/ ADJ cylindrique

**cymbal** /ˈsɪmbəl/ N cymbale *f*

**cynic** /ˈsɪnɪk/ N *(gen, Philos)* cynique *mf* ADJ ⇒ **cynical**

**cynical** /ˈsɪnɪkəl/ ADJ *(gen, Philos)* cynique ◆ **a ~ foul** *(Sport)* de l'antijeu *m* flagrant

**cynically** /ˈsɪnɪklɪ/ ADV cyniquement

**cynicism** /ˈsɪnɪsɪzəm/ N *(gen, Philos)* cynisme *m* ◆ **~s** remarques *fpl* cyniques, sarcasmes *mpl*

**cynosure** /ˈsaɪnəʃʊəʳ/ N (also **cynosure of every eye**) point *m* de mire, centre *m* d'attraction

**CYO** /ˌsiːwaɪˈəʊ/ N *(in US)* (abbrev of **Catholic Youth Organization**) *mouvement catholique*

**cypher** /ˈsaɪfəʳ/ N ⇒ **cipher**

**cypress** /ˈsaɪprɪs/ N cyprès *m*

**Cypriot** /ˈsɪprɪət/ ADJ chypriote *or* cypriote ◆ **Greek/Turkish ~** chypriote grec (grecque *f*)/turc (turque *f*) N Chypriote *or* Cypriote *mf* ◆ **Greek/Turkish ~** Chypriote *mf* grec (grecque)/turc (turque)

**Cyprus** /ˈsaɪprəs/ N Chypre *f* ◆ **in ~** à Chypre

**Cyrillic** /sɪˈrɪlɪk/ ADJ cyrillique

**cyst** /sɪst/ N *(Med)* kyste *m* ; *(Bio)* sac *m* (membraneux)

**cystic fibrosis** /ˈsɪstɪkˌfaɪˈbrəʊsɪs/ N mucoviscidose *f*

**cystitis** /sɪsˈtaɪtɪs/ N cystite *f*

**cytological** /ˌsaɪtəˈlɒdʒɪkəl/ ADJ cytologique

**cytology** /saɪˈtɒlədʒɪ/ N cytologie *f*

**CZ** /siːˈzed/ *(US Geog)* (abbrev of **Canal Zone**) → **canal**

**czar** /zɑːʳ/ N ⇒ **tsar**

**czarevitch** /ˈzɑːrəvɪtʃ/ N ⇒ **tsarevitch**

**czarina** /zɑːˈriːnə/ N ⇒ **tsarina**

**czarism** /ˈzɑːrɪzəm/ N ⇒ **tsarism**

**czarist** /ˈzɑːrɪst/ N, ADJ ⇒ **tsarist**

**Czech** /tʃek/ ADJ *(gen)* tchèque ; *[ambassador, embassy]* de la République tchèque ; *[teacher]* de tchèque N a Tchèque *mf* b *(Ling)* tchèque *m* COMP ▷ **the Czech Republic** N la République tchèque

**Czechoslovak** /ˌtʃekəʊˈsləʊvæk/ ADJ tchécoslovaque N Tchécoslovaque *mf*

**Czechoslovakia** /ˌtʃekəʊsləˈvækɪə/ N Tchécoslovaquie *f*

**Czechoslovakian** /ˌtʃekəʊsləˈvækɪən/ ⇒ **Czechoslovak**

# D

**D, d** /diː/ N a (= letter) D, d *m* ◆ **D for dog, D for David** *(US)* ≃ D comme Denise ◆ **(in) 3D** *(Cine etc)* (en) 3D b *(Mus)* ré *m* ; → **key** c *(Scol = mark)* passable *(10 sur 20)* d *(Brit †)* abbrev of **penny** e abbrev of **died** f *(US)* abbrev of **Democrat(ic)** COMP ▷ **D and C** * N *(Med)* (abbrev of **dilation and curettage**) → **dilation** ▷ **D-day** N *(Mil, fig hum)* le jour J

**DA** /diːˈeɪ/ N a *(US Jur)* (abbrev of **District Attorney**) → **district** b (* abbrev of **duck's arse**) *(= haircut) coupe où les cheveux descendent en pointe sur la nuque*

**dab¹** /dæb/ N a ◆ **a ~ of** un petit peu de ◆ **a ~ of glue** une goutte de colle ◆ **to give sth a ~ of paint** donner un petit coup *or* une petite touche de peinture à qch b *(esp Brit)* *(= fingerprints)* **~s** ⁑ empreintes *fpl* digitales VT tamponner ◆ **to ~ one's eyes** se tamponner les yeux ◆ **to ~ paint on** *or* **onto sth** peindre qch par petites touches ◆ **to ~ iodine on a wound** tamponner une blessure de teinture d'iode

► **dab at** VT FUS ◆ **to dab at a stain** tamponner une tache ◆ **to ~ at one's mouth/eyes** se tamponner la bouche/les yeux

► **dab off** VT SEP enlever (en tamponnant)

► **dab on** VT SEP appliquer *or* mettre par petites touches

**dab²** /dæb/ N (= fish) limande *f*

**dab³** /dæb/ ADJ *(Brit)* ◆ **to be a ~ hand** * **at sth/at doing sth** être doué en qch/pour faire qch

**dabble** /ˈdæbl/ VT ◆ **to ~ one's hands/feet in the water** tremper ses mains/ses pieds dans l'eau VI *(fig)* ◆ **to ~ in** *or* **with** *[+ music, theatre, journalism, drugs, cocaine]* tâter de ◆ **to ~ in stocks and shares** *or* **on the Stock Exchange** boursicoter ◆ **to ~ in politics/acting** tâter de la politique/du théâtre (*or* du cinéma) ◆ **she ~d with the idea of going into acting** elle a pensé un moment devenir actrice

**dabbler** /ˈdæbləʳ/ N *(pej)* amateur *m*

**dabchick** /ˈdæbtʃɪk/ N petit grèbe *m*

**Dacca** /ˈdækə/ N Dacca

**dace** /deɪs/ N (pl **dace** *or* **daces**) vandoise *f*

**dacha** /ˈdætʃə/ N datcha *f*

**dachshund** /ˈdækshʊnd/ N teckel *m*

**Dacron** ® /ˈdækrɒn/ N dacron ® *m*

**dactyl** /ˈdæktɪl/ N dactyle *m*

**dactylic** /dækˈtɪlɪk/ ADJ dactylique

**dad** /dæd/ N * papa *m*, père *m* ◆ **hello ~!** bonjour, papa ! ◆ **he's an electrician and his ~'s a plumber** il est électricien et son père est plombier COMP ▷ **Dad's army** N *(hum)* l'armée *f* de (grand-)papa *(hum)*

**Dada** /ˈdɑːdɑː/ N Dada *m* COMP *[school, movement]* dada *inv*, dadaïste

**Dadaism** /ˈdɑːdɑːɪzəm/ N dadaïsme *m*

**Dadaist** /ˈdɑːdɑːɪst/ ADJ, N dadaïste *mf*

**daddy** /ˈdædɪ/ N * papa *m* COMP ▷ **daddy-longlegs** N *(pl inv)* *(Brit = cranefly)* tipule *f* ; *(US, Can = harvestman)* faucheur *m*, faucheux *m*

**dado** /ˈdeɪdəʊ/ N (pl **dadoes** *or* **dados**) plinthe *f* COMP ▷ **dado rail** N lambris *m* d'appui

**Daedalus** /ˈdiːdələs/ N Dédale *m*

**daemon** /ˈdiːmən/ N démon *m*

**daff** * /dæf/ N *(Brit)* jonquille *f*

**daffodil** /ˈdæfədɪl/ N jonquille *f* COMP ▷ **daffodil yellow** N, ADJ (jaune *m*) jonquille *m inv*

**daffy** ⁑ /ˈdæfɪ/ ADJ loufoque *

**daft** * /dɑːft/ ADJ *(esp Brit)* *[person]* dingue *, cinglé * ; *[idea, behaviour]* loufoque * ◆ **that was a ~ thing to do** c'était pas très malin * ◆ **have you gone ~?** ça va pas la tête ? * ◆ **I'll get the bus – don't be ~, I'll give you a lift!** je vais prendre le bus – ne dis pas de bêtises, je te ramène ! ◆ **to be ~ about sb/sth** * être fou de qn/qch ◆ **he's ~ in the head** ⁑ il est cinglé * ◆ **~ as a brush** * complètement dingue * *or* cinglé *

**dagger** /ˈdægəʳ/ N a poignard *m* ; *(shorter)* dague *f* ◆ **to be at ~s drawn with sb** être à couteaux tirés avec qn ◆ **to look ~s at sb** lancer des regards furieux *or* meurtriers à qn, fusiller *or* foudroyer qn du regard b *(Typ)* croix *f*

**dago** ⁑ /ˈdeɪgəʊ/ N (pl **dagos** *or* **dagoes**) *(pej)* métèque *m* *(pej)*

**daguerreotype** /dəˈgerəʊtaɪp/ N daguerréotype *m*

**dahlia** /ˈdeɪlɪə/ N dahlia *m*

**Dáil Éireann** /dɔɪlˈeərən/ N *Chambre des députés de la république d'Irlande*

**daily** /ˈdeɪlɪ/ ADV quotidiennement, tous les jours ◆ **the office is open ~** le bureau est ouvert tous les jours ◆ **twice ~** deux fois par jour ADJ quotidien ; *[wage, charge]* journalier ◆ **~ consumption** consommation *f* quotidienne ◆ **~ life** la vie de tous les jours ◆ **our ~ bread** *(Rel)* notre pain *m* quotidien ◆ **~ paper** quotidien *m* ; → **recommend** N a *(= newspaper)* quotidien *m* b *(Brit *:* also **daily help, daily woman**) femme *f* de ménage

**daimon** /ˈdaɪmɒn/ N ⇒ **daemon**

**daintily** /ˈdeɪntɪlɪ/ ADV *[eat, hold]* délicatement ; *[walk]* d'un pas gracieux ◆ **~ served** servi avec raffinement

**daintiness** /ˈdeɪntɪnɪs/ N délicatesse *f*

**dainty** /ˈdeɪntɪ/ ADJ a *(= delicate)* *[hands, object, food]* délicat b *(= fussy)* **to be a ~ eater** être difficile sur la nourriture N mets *m* délicat

**daiquiri** /ˈdaɪkərɪ/ N daïquiri *m*

**dairy** /ˈdeərɪ/ N *(on farm)* laiterie *f* ; *(= shop)* crémerie *f* COMP *[cow, farm]* laitier ▷ **dairy butter** N beurre *m* fermier ▷ **dairy farming** N industrie *f* laitière ▷ **dairy herd** N troupeau *m* de vaches laitières ▷ **dairy ice cream** N crème *f* glacée ▷ **dairy produce** N *(NonC)* produits *mpl* laitiers

**dairymaid** /ˈdeərɪmeɪd/ N fille *f* de laiterie

**dairyman** /ˈdeərɪmən/ N (pl **-men**) *(on farm)* employé *m* de laiterie ; *(in shop)* crémier *m*

**dais** /ˈdeɪɪs/ N estrade *f*

**daisy** /ˈdeɪzɪ/ N a *(= flower)* pâquerette *f* ; *(cultivated)* marguerite *f* ; → **fresh, push up** b *(US)* ⇒ **daisy ham** COMP ▷ **daisy chain** N guirlande *f or* collier *m* de pâquerettes ; *(fig)* série *f*, chapelet *m* ▷ **daisy ham** N *(US Culin)* jambon *m* fumé désossé

**daisywheel** /ˈdeɪzɪwiːl/ N *(Comput)* marguerite *f* COMP ▷ **daisywheel printer** N imprimante *f* à marguerite

**Dakar** /ˈdækəʳ/ N Dakar

**Dakota** /dəˈkəʊtə/ N Dakota *m* ◆ **North/South ~** Dakota *m* du Nord/du Sud

**dal, dhal** /dɑːl/ N *(Culin)* dhal *m*

**Dalai Lama** /ˈdælaɪˈlɑːmə/ N dalaï-lama *m*

**dale** /deɪl/ N *(N Engl, also liter)* vallée *f*, vallon *m* ◆ **the (Yorkshire) Dales** *(Brit)* le pays vallonné du Yorkshire

**dalliance** /ˈdælɪəns/ N a *(liter = affair)* badinage *m* (amoureux) b *(= involvement with sth)* flirt *m* ◆ **his brief ~ with politics** son bref flirt avec la politique

**dally** /ˈdælɪ/ VI *(= dawdle)* lambiner *, lanterner (*over sth* dans *or* sur qch) ◆ **to ~ with an idea** caresser une idée ◆ **to ~ with sb** † badiner (amoureusement) avec qn

**Dalmatian** /dælˈmeɪʃən/ N *(Geog)* Dalmate *mf* ; (also **dalmatian**) *(= dog)* dalmatien *m* ADJ dalmate

**dalmatic** /dælˈmætɪk/ N dalmatique *f*

**daltonism** /ˈdɔːltənɪzəm/ N daltonisme *m*

**dam**[1] /dæm/ N a *(= wall) [of river]* barrage *m* (de retenue), digue *f* ; *[of lake]* barrage *m* (de retenue) b *(= water)* réservoir *m*, lac *m* de retenue VT a (also **dam up**) *[+ river]* endiguer ; *[+ lake]* construire un barrage sur ◆ **to ~ the waters of the Nile** faire *or* construire un barrage pour contenir les eaux du Nil b *[+ flow of words, oaths]* endiguer

**dam**[2] /dæm/ N *(= animal)* mère *f*

**dam**[3] ‡ /dæm/ ADJ, ADV a ⇒ **damn adj, adv** b *(US)* ~ **Yankee** sale * Yankee *or* Nordiste

**damage** /ˈdæmɪdʒ/ N a *(NonC: physical)* dégâts *mpl*, dommage(s) *m(pl)* ◆ **environmental ~** dégâts *mpl or* dommages *mpl* causés à l'environnement ◆ **bomb ~** dégâts *mpl or* dommages *mpl* causés par une bombe *or* par un bombardement ◆ **earthquake/fire ~** dégâts *mpl or* dommages *mpl* causés par un tremblement de terre/un incendie ◆ **water ~** dégâts *mpl* des eaux ◆ **~ to property** dégâts *mpl* matériels ◆ **~ to the building** dégâts *mpl or* dommages *mpl* subis par le bâtiment ◆ **~ to the ozone layer** détérioration *f* de la couche d'ozone ◆ **to make good the ~** réparer les dégâts *or* les dommages ◆ **liver/tissue ~** *(Med)* lésions *fpl* au foie/des tissus ◆ **kidney ~** lésions *fpl* rénales ◆ **~ to the heart** lésions *fpl* cardiaques ◆ **~ to your health** effets *mpl* néfastes pour votre santé ◆ **to do** *or* **cause ~** causer *or* provoquer des dégâts *or* dommages ◆ **the storm/vandals caused £50,000 worth of ~** la tempête a provoqué/les vandales ont provoqué des dégâts *or* des dommages s'élevant à 50 000 livres ◆ **the bomb did a lot of ~** la bombe a fait de gros dégâts, la bombe a causé des dommages importants ◆ **not much ~ was done to the car/the house** la voiture/la maison n'a pas subi de gros dégâts *or* dommages ◆ **to cause ~ to sth** ⇒ **to damage sth** ; see also **vt** ; → **brain, structural**

b *(NonC: fig)* préjudice *m* (*to* à) tort *m* (*to* à) ◆ **there was considerable ~ to the local economy** cela a fait énormément de tort à l'économie locale ◆ **have you thought about the possible ~ to your child's education?** avez-vous pensé aux conséquences négatives que cela pourrait avoir pour l'éducation de votre enfant ? ◆ **to do** *or* **cause ~** *[person, gossip, scandal]* faire des dégâts ◆ **to do** *or* **cause ~ to** *[+ person]* faire du tort à ; *[+ reputation, relationship, confidence, country, economy]* nuire à, porter atteinte à ◆ **that has done ~ to our cause** cela a fait du tort *or* porté préjudice à notre cause ◆ **there's no ~ done** il n'y a pas de mal ◆ **the ~ is done (now)** le mal est fait ◆ **what's the ~?** * *(fig) (= how much is it?)* à combien s'élève la douloureuse ? * ; → **storm**

NPL **damages** *(Jur)* dommages *mpl* et intérêts *mpl*, dommages-intérêts *mpl* ◆ **liable for ~s** tenu de verser des dommages et intérêts ◆ **war ~s** dommages *mpl or* indemnités *fpl* de guerre ; → **sue**

VT a *(physically) [+ object, goods, crops, eyesight]* abîmer ; *[+ ozone layer]* endommager ; *[+ environment]* porter atteinte à ◆ **to ~ the liver/ligaments** *etc* abîmer le foie/les ligaments *etc* ◆ **~d goods** marchandises *fpl* endommagées ◆ **to ~ property** causer *or* provoquer des dégâts matériels

b *[+ reputation, relationship, country, economy, confidence, image]* nuire à, porter atteinte à ; *[+ cause, objectives, person]* faire du tort à ◆ **to ~ one's chances** compromettre ses chances ◆ **(emotionally) ~d children** enfants *mpl* traumatisés

COMP ▷ **damage limitation** N *(lit, fig)* ◆ **it's too late for ~ limitation** il est trop tard pour essayer de limiter les dégâts ▷ **damage-limitation exercise** N *(lit, fig)* opération *f* visant à limiter les dégâts ▷ **damage survey** N *(Insurance)* expertise *f* d'avarie

**damageable** /ˈdæmɪdʒəbl/ ADJ dommageable

**damaging** /ˈdæmɪdʒɪŋ/ ADJ préjudiciable (*to* pour) nuisible (*to* à) ; *(Jur)* préjudiciable

**Damascus** /dəˈmɑːskəs/ N Damas ◆ **it proved to be his road to ~** c'est là qu'il a trouvé son chemin de Damas

**damask** /ˈdæməsk/ N a *(= cloth) [of silk]* damas *m*, soie *f* damassée ; *[of linen]* (linge *m*) damassé *m* b ◆ **~ (steel)** (acier *m*) damasquiné *m* ADJ *[cloth]* damassé COMP ▷ **damask rose** N rose *f* de Damas

**dame** /deɪm/ N a *(esp Brit: †, liter or hum)* dame *f* ◆ **the ~** *(Brit Theat)* la vieille dame *(rôle féminin de farce bouffonne joué par un homme)* b *(Brit in titles)* **Dame** *titre porté par une femme décorée d'un ordre de chevalerie* c *(US ‡)* fille *f*, nana ‡ *f* COMP ▷ **Dame Fortune** N *(†, liter)* Dame Fortune *f* ▷ **dame school** N *(Hist)* école *f* enfantine, petit cours *m* privé

**damfool** ‡ /ˈdæmˈfuːl/ ADJ *(Brit)* crétin, fichu * ◆ **that was a ~ thing to do** c'était vraiment une connerie ‡ ◆ **you and your ~ questions!** toi et tes fichues * questions ! ◆ **that ~ waiter** ce crétin de garçon, ce fichu * garçon

**dammit** ‡ /ˈdæmɪt/ EXCL bon sang ! *, merde ! ‡ ◆ **it weighs 2 kilos as near as ~** *(Brit)* ça pèse 2 kilos à un poil * près

**damn** /dæm/ EXCL (‡ : also **damn it!**) bon sang ! *, merde ! ‡

VT a *(Rel)* damner ; *[+ book]* condamner, éreinter ◆ **he has already ~ed himself in her eyes** il s'est déjà discrédité à ses yeux ◆ **to ~ sb/sth with faint praise** se montrer peu élogieux envers qn/qch

b *(= swear at)* pester contre, maudire

c ‡ **~ him!** qu'il aille au diable ! ◆ **~ you!** va te faire voir ! ‡ ◆ **~ it!** merde ! ‡, bordel ! ‡ ◆ **shut up, ~ you** *or* **~ it!** tais-toi, merde *or* bordel ! ‡ ◆ **well I'll be** *or* **I'm ~ed!** ça c'est trop fort ! ◆ **I'll be** *or* **I'm ~ed if ...** je veux bien être pendu si ..., que le diable m'emporte si ... ◆ **~ this machine!** au diable cette machine !, il y en a marre de cette machine ! *

N ‡ ◆ **I don't care** *or* **give a ~** je m'en fous ‡ pas mal ◆ **he just doesn't give a ~ about anything** il se fout ‡ de tout ◆ **he doesn't give a ~ for** *or* **about anyone** il se fout ‡ complètement des autres ; see also **give**

ADJ ‡ sacré * *before n*, fichu * *before n* ◆ **those ~ keys** ces sacrées * clés ◆ **you ~ fool!** espèce de crétin ! * ◆ **it's a ~ nuisance!** c'est vachement * embêtant ! ◆ **it's one ~ thing after another** ça n'arrête pas ! * ◆ **I don't know a ~ thing about it** je n'en sais foutre ‡ rien

ADV ‡ a *(= extremely)* sacrément *, rudement * ◆ **it's a ~ good wine!** il est sacrément * bon, ce vin ! ◆ **~ right!** et comment !

b *(Brit)* sacrément *, rudement * ◆ **you know ~ well** tu sais très bien ◆ **I ~ near died** j'ai failli crever * ◆ **~ all** que dalle ‡ ◆ **can you see anything? – ~ all!** tu vois quelque chose ? – que dalle ! ‡ ◆ **~ well** carrément ◆ **he ~ well insulted me!** il m'a carrément injurié ! ◆ **I should ~ well think so!** j'espère bien !

**damnable** * /ˈdæmnəbl/ ADJ détestable, fichu *

**damnably** † * /ˈdæmnəblɪ/ ADV sacrément *

**damnation** /dæmˈneɪʃən/ N *(Rel)* damnation *f* EXCL ‡ enfer et damnation ! *(hum)*, misère !

**damned** /dæmd/ ADJ a *[soul]* damné, maudit b ‡ → **damn adj** ADV ‡ → **damn adv** NPL **the damned** *(Rel, liter)* les damnés *mpl*

**damnedest** * /ˈdæmdɪst/ N ◆ **to do one's ~ to help** faire son possible pour aider *or* se démener * ADJ ◆ **he's the ~ † eccentric** il est d'une excentricité folle * *or* renversante *

**damnfool** ‡ /ˈdæmˈfuːl/ ADJ ⇒ **damfool**

**damning** /ˈdæmɪŋ/ ADJ *[report, evidence]* accablant ◆ **his speech was a ~ indictment of ...** son discours était un réquisitoire accablant contre ...

**Damocles** /ˈdæməkliːz/ N ◆ **the Sword of ~** l'épée *f* de Damoclès

**damp** /dæmp/ ADJ *[clothes, cloth, place, weather, heat, skin, hair]* humide ; *(with sweat) [skin, palm]* moite ◆ **a ~ patch** une tache d'humidité ◆ **a ~ squib** *(Brit)* un pétard mouillé N a *[of atmosphere, walls]* humidité *f* b *(Min)* (also **choke damp**) mofette *f* ; (also **fire damp**) grisou *m* VT a *[+ a cloth, ironing]* humecter b *[+ sounds]* amortir, étouffer ; *(Mus)* étouffer ; *[+ fire]* couvrir c *[+ enthusiasm, courage, ardour]* refroidir ◆ **to ~ sb's spirits** décourager qn ◆ **to ~ sb's appetite** faire passer l'envie de manger à qn COMP ▷ **damp course** N *(Brit Constr)* couche *f* d'étanchéité ▷ **damp-dry** ADJ prêt à repasser *(encore humide)* ▷ **damp-proof** ADJ imperméabilisé ▷ **damp-proof course** N ⇒ **damp course**

► **damp down** VT SEP *[+ leaves, plant, fabric]* humecter ; *[+ fire]* couvrir ; *(fig) [+ crisis etc]* dédramatiser ; *[+ consumption, demand]* freiner, réduire

**dampen** /ˈdæmpən/ VT ⇒ **damp vt a, c**

**damper** /ˈdæmpəʳ/, **dampener** *(US)* /ˈdæmpənəʳ/ N a *[of chimney]* registre *m* b *(* = depressing event)* douche *f* (froide) ◆ **his presence put a ~ on things** sa présence a fait l'effet d'une douche froide ◆ **the rain had put a ~ on the demonstrations/their picnic** la pluie avait quelque peu découragé les manifestants/gâché leur pique-nique c *(Mus)* étouffoir *m* d *(Aut, Elec, Tech)* amortisseur *m* e *(for stamps, envelopes)* mouilleur *m*

**dampish** /ˈdæmpɪʃ/ ADJ un peu humide

**damply** /ˈdæmplɪ/ ADV a *(= wetly)* **his shirt clung ~ to him** sa chemise mouillée lui collait au corps b *(= unenthusiastically)* sans grand enthousiasme

**dampness** /ˈdæmpnɪs/ N humidité *f* ; *(= sweatiness)* moiteur *f*

**damsel** †† /ˈdæmzəl/ N *(liter, also hum)* damoiselle *f* ◆ **~ in distress** damoiselle *f* en détresse

**damselfly** /ˈdæmzəlflaɪ/ N *(Zool)* demoiselle *f*, libellule *f*

**damson** /ˈdæmzən/ N *(= fruit)* prune *f* de Damas ; *(= tree)* prunier *m* de Damas

**dan** /dæn/ N *(Sport)* dan *m*

**dance** /dɑːns/ N a *(= movement)* danse *f* ◆ **modern** *or* **contemporary ~** danse *f* moderne *or* contemporaine ◆ **to study ~** étudier la danse ◆ **may I have the next ~?** voudriez-vous m'accorder la prochaine danse ? ◆ **to lead sb a (merry) ~** *(Brit)* donner du fil à retordre à qn ◆ **the Dance of Death** la danse macabre ; → **folk, sequence**

b *(= social gathering)* bal *m*, soirée *f* dansante

VT *[+ waltz, tango etc]* danser ◆ **to ~ a step** exécuter un pas de danse ◆ **she ~d (the role of) Coppelia** elle a dansé (le rôle de) Coppélia ◆ **to ~ attendance on sb** être aux petits soins pour qn

**VI** *[person, leaves in wind, boat on waves, eyes]* danser ◆ **to ~ about, to ~ up and down** *(fig)* gambader, sautiller ◆ **the child ~d away** *or* **off** l'enfant s'est éloigné en gambadant *or* en sautillant ◆ **to ~ in/out** *etc* entrer/sortir *etc* joyeusement ◆ **to ~ for** *or* **with joy** sauter de joie ◆ **to ~ with impatience/rage** trépigner d'impatience/de colère ◆ **to ~ to the music** danser sur la musique ◆ **to ~ to sb's tune** *(fig)* faire les quatre volontés de qn

**COMP** *[class, teacher, partner]* de danse ▷ **dance band** N orchestre *m* (de danse) ▷ **dance floor** N piste *f* (de danse) ▷ **dance hall** N dancing *m* ▷ **dance hostess** N entraîneuse *f* ▷ **dance music** N dance music *f* ▷ **dance programme** N carnet *m* de bal ▷ **dance studio** N cours *m* de danse

**dancer** /'dɑːnsəʳ/ N danseur *m*, -euse *f*

**dancing** /'dɑːnsɪŋ/ **N** *(NonC)* danse *f* ◆ **there will be ~** on dansera **COMP** *[teacher, school]* de danse ▷ **dancing girl** N danseuse *f* ▷ **dancing partner** N cavalier *m*, -ière *f*, partenaire *mf* ▷ **dancing shoes** NPL *[of men]* escarpins *mpl* ; *[of women]* souliers *mpl* de bal ; *(for ballet)* chaussons *mpl* de danse

**dandelion** /'dændɪlaɪən/ N pissenlit *m*, dent-de-lion *f*

**dander** † * /'dændəʳ/ N ◆ **to get sb's ~ up** mettre qn en boule * ◆ **to have one's ~ up** être hors de soi *or* en rogne *

**dandified** /'dændɪfaɪd/ ADJ *[arrogance, ways]* de dandy ; *[person]* qui a une allure de dandy

**dandle** /'dændl/ VT *[+ child]* *(on knees)* faire sauter sur ses genoux ; *(in arms)* bercer dans ses bras, câliner

**dandruff** /'dændrəf/ **N** *(NonC)* pellicules *fpl (du cuir chevelu)* **COMP** ▷ **dandruff shampoo** N shampooing *m* antipelliculaire

**dandy** /'dændɪ/ **N** dandy *m* **ADJ** * épatant *

**Dane** /deɪn/ N **a** Danois(e) *m(f)* **b** → **great**

**dang** * /dæŋ/ ADJ, ADV *(euph)* ⇒ **damn**

**danger** /'deɪndʒəʳ/ **N** danger *m* ◆ **the ~s of smoking/drink-driving** les dangers *mpl* du tabac/de la conduite en état d'ivresse ◆ **there is a ~** *or* **some ~ in doing that** il est dangereux de faire cela ◆ **there's no ~ in doing that** il n'est pas dangereux de faire cela ◆ **"danger keep out"** "danger : défense d'entrer" ◆ **there is a ~ of fire** il y a un risque d'incendie ◆ **signal at ~** *(Rail)* signal à l'arrêt ◆ **there was no ~ that she would be recognized** *or* **of her being recognized** elle ne courait aucun risque d'être reconnue ◆ **to be a ~ to sb/sth** être un danger pour qn/qch ◆ **he's a ~ to himself** il risque de se faire du mal ◆ **there's no ~ of that** *(lit)* il n'y a pas le moindre danger *or* risque ; *(iro)* il n'y a pas de danger, aucune chance

◆ **in + danger** ◆ **to be in ~** être en danger ◆ **to put sb/sth in ~** mettre qn/qch en danger ◆ **he was in little ~** il ne courait pas grand risque ◆ **in ~ of invasion/extinction** menacé d'invasion/de disparition ◆ **he was in ~ of losing his job/falling** il risquait de perdre sa place/de tomber ◆ **he's in no ~, he's not in any ~** il ne risque rien ; *(Med)* ses jours ne sont pas en danger

◆ **out of danger** hors de danger

**COMP** ▷ **danger area** N ⇒ **danger zone** ▷ **danger list** N *(Med)* ◆ **to be on the ~ list** être dans un état critique *or* très grave ◆ **to be off the ~ list** être hors de danger ▷ **danger money** N prime *f* de risque ▷ **danger point** N point *m* critique, cote *f* d'alerte ◆ **to reach ~ point** atteindre la cote d'alerte *or* le point critique ▷ **danger signal** N signal *m* d'alarme ▷ **danger zone** N zone *f* dangereuse

**dangerous** /'deɪndʒrəs/ **ADJ** dangereux ; *(Med) [operation]* risqué *(for, to* pour) ◆ **it's ~ to do that** c'est dangereux de faire ça ◆ **the car was ~ to drive** cette voiture était dangereuse à conduire ; → **ground**[1] **COMP** ▷ **dangerous driving** N conduite *f* dangereuse

**dangerously** /'deɪndʒrəslɪ/ ADV dangereusement ◆ **~ close to the fire** dangereusement près du feu ◆ **~ ill** gravement malade ◆ **food supplies were ~ low** les vivres commençaient sérieusement à manquer ◆ **he came ~ close to admitting it** il a été à deux doigts de l'admettre ◆ **the date is getting ~ close** la date fatidique approche ◆ **to live ~** vivre dangereusement

**dangle** /'dæŋgl/ **VT** **a** *[+ object on string]* balancer, suspendre ; *[+ arm, leg]* laisser pendre, balancer **b** *(fig) [+ prospect, offer]* faire miroiter *(before sb* à qn) **VI** *[object on string]* pendre, pendiller ; *[arms, legs]* pendre, (se) balancer ◆ **with arms dangling** les bras ballants ◆ **with legs dangling** les jambes pendantes

**Daniel** /'dænjəl/ N Daniel *m*

**Danish** /'deɪnɪʃ/ **ADJ** *(gen)* danois ; *[ambassador, embassy]* du Danemark ; *[teacher]* de danois **N** **a** *(Ling)* danois *m* **b** ⇒ **Danish pastry** **NPL** **the Danish** les Danois *mpl* **COMP** ▷ **Danish blue (cheese)** N bleu *m* (du Danemark) ▷ **Danish pastry** N feuilleté *m* (fourré aux fruits *etc*) ; *(with raisins)* pain *m* aux raisins

**dank** /dæŋk/ ADJ *[air, weather, dungeon]* froid et humide

**Dante** /'dæntɪ/ N Dante *m*

**Dantean** /'dæntɪən/, **Dantesque** /dæn'tesk/ ADJ dantesque

**Danube** /'dænjuːb/ N Danube *m*

**Danzig** /'dænsɪg/ N Danzig *or* Dantzig

**Daphne** /'dæfnɪ/ N **a** *(= name)* Daphné *f* **b** *(= plant)* **daphne** lauréole *f*, laurier *m* des bois

**daphnia** /'dæfnɪə/ N daphnie *f*

**dapper** /'dæpəʳ/ ADJ fringant, sémillant

**dapple** /'dæpl/ **VT** tacheter **COMP** ▷ **dapple grey** N *(= colour)* gris *m* pommelé ; *(= horse)* cheval *m* pommelé

**dappled** /'dæpld/ ADJ *[surface, horse]* tacheté ; *[sky]* pommelé ; *[shade]* avec des taches de lumière

**DAR** /ˌdiːeɪ'ɑːʳ/ NPL *(US)* (abbrev of **Daughters of the American Revolution**) *club de descendantes des combattants de la Révolution américaine*

**Darby** /'dɑːbɪ/ N ◆ **~ and Joan** ≃ Philémon et Baucis ◆ **~ and Joan club** *(Brit)* cercle *m* pour couples du troisième âge

**Dardanelles** /ˌdɑːdə'nelz/ N ◆ **the ~** les Dardanelles *fpl*

**dare** /dɛəʳ/ (pret **dared** *or* **durst**, ptp **dared**) **VT, MODAL AUX VB** **a** oser *(do sth, to do sth* faire qch) ◆ **he ~ not** *or* **daren't climb that tree** il n'ose pas grimper à cet arbre ◆ **he ~d not do it, he didn't ~ (to) do it** il n'a pas osé le faire ◆ **~ you do it?** oserez-vous le faire ? ◆ **how ~ you say such things?** comment osez-vous dire des choses pareilles ? ◆ **how ~ you!** vous osez !, comment osez-vous ? ◆ **don't ~ say that!** je vous défends de dire cela ! ◆ **don't you ~!** ne t'avise pas de faire ça ! ◆ **I daren't!** je n'ose pas ! ◆ **the show was, ~ I say it, dull** le spectacle était, si je puis me permettre, ennuyeux ◆ **who ~s wins** ≃ qui ne risque rien n'a rien

**b** ◆ **I ~ say he'll come** il viendra sans doute, il est probable qu'il viendra ◆ **I ~ say you're tired after your journey** vous êtes sans doute fatigué *or* j'imagine que vous êtes fatigué après votre voyage ◆ **he is very sorry – I ~ say!** *(iro)* il le regrette beaucoup — encore heureux *or* j'espère bien !

**c** *(= face the risk of) [+ danger, death]* affronter, braver

**d** *(= challenge)* **to ~ sb to do sth** défier qn de faire qch, mettre qn au défi de faire qch ◆ **(I) ~ you!** chiche ! *

**N** défi *m* ◆ **to do sth for a ~** faire qch pour relever un défi

**daredevil** /'dɛədevl/ **N** casse-cou *m inv*, tête *f* brûlée **ADJ** *[behaviour]* de casse-cou ; *[adventure]* fou (folle *f*), audacieux

**daresay** /dɛə'seɪ/ VT *(esp Brit)* ◆ **I ~** ⇒ **I dare say** ; → **dare vt b**

**Dar es Salaam** /ˌdɑːressə'lɑːm/ N Dar es Salaam

**daring** /'dɛərɪŋ/ **ADJ** **a** *(= courageous) [person, attempt]* audacieux **b** *(= risqué) [dress, opinion, novel]* osé **N** audace *f*, hardiesse *f*

**daringly** /'dɛərɪŋlɪ/ ADV *[say, suggest]* avec audace ◆ **~, she remarked that ...** elle a observé avec audace que ... ◆ **a ~ low-cut dress** une robe au décolleté audacieux

**dark** /dɑːk/ **ADJ** **a** *(= lacking light) [place, night]* sombre ; *(= unlit)* dans l'obscurité ◆ **it's ~** il fait nuit *or* noir ◆ **it's getting ~** il commence à faire nuit ◆ **to grow ~(er)** s'assombrir, s'obscurcir ◆ **the ~ side of the moon** la face cachée de la lune ◆ **it's as ~ as pitch** *or* **night** il fait noir comme dans un four ◆ **the whole house was ~** la maison était plongée dans l'obscurité ◆ **to go ~** être plongé dans l'obscurité

**b** *[colour, clothes]* foncé, sombre ◆ **~ blue/green** *etc* bleu/vert *etc* foncé *inv* ◆ **~ brown hair** cheveux *mpl* châtain foncé *inv* ; see also **blue**

**c** *[complexion]* mat ; *[skin]* foncé ; *[hair]* brun ; *[eyes]* sombre ◆ **she's very ~** elle est très brune ◆ **she has a ~ complexion** elle a le teint mat ◆ **she has ~ hair** elle est brune, elle a les cheveux bruns

**d** *(= sinister) [hint]* sinistre ◆ **~ hints were dropped about a possible prosecution** on a fait planer la menace d'éventuelles poursuites judiciaires ◆ **I got some ~ looks from Janet** Janet m'a jeté un regard noir, Janet me regardait d'un œil noir ◆ **a ~ secret** un lourd secret ◆ **~ threats** de sourdes menaces *fpl* ◆ **~ deeds** de mauvaises actions *fpl* ◆ **the ~ side of sth** la face cachée de qch

**e** *(= gloomy, bleak) [thoughts, mood]* sombre, noir ◆ **these are ~ days for the steel industry** c'est une époque sombre pour l'industrie sidérurgique ◆ **to think ~ thoughts** broyer du noir ◆ **to look on the ~ side of things** tout voir en noir

**f** *(= mysterious)* mystérieux ◆ **~est Africa** † le fin fond de l'Afrique ◆ **to keep sth ~** * tenir *or* garder qch secret ◆ **keep it ~!** motus et bouche cousue !

**g** *(Phon)* sombre

**h** *(Theat = closed)* fermé

**N** **a** *(= absence of light)* obscurité *f*, noir *m* ◆ **after ~** la nuit venue, après la tombée de la nuit ◆ **until ~** jusqu'à (la tombée de) la nuit ◆ **to be afraid of the ~** avoir peur du noir ◆ **she was sitting in the ~** elle était assise dans le noir

**b** *(fig)* **I am quite in the ~ about it** je suis tout à fait dans le noir là-dessus, j'ignore tout de cette histoire ◆ **he has kept** *or* **left me in the ~ about what he wants to do** il m'a laissé dans l'ignorance *or* il ne m'a donné aucun renseignement sur ce qu'il veut faire ◆ **to work in the ~** travailler à l'aveuglette ; → **shot**

**COMP** ▷ **dark age** N *(fig)* période *f* sombre ▷ **the Dark Ages** NPL l'âge *m* des ténèbres ▷ **dark chocolate** N chocolat *m* noir *or* à croquer ▷ **dark-complexioned** ADJ brun, basané ▷ **the Dark Continent** N le continent noir ▷ **dark-eyed** ADJ aux yeux noirs ▷ **dark glasses** NPL lunettes *fpl* noires ▷ **dark-haired** ADJ aux cheveux bruns ▷ **dark horse** N *(gen)* quantité *f* inconnue ; *(US Pol)* candidat *m* inattendu ▷ **dark matter** N *(Astron)* matière *f* noire ▷ **dark-skinned** ADJ *[person]* brun (de peau), à peau brune ; *[race]* de couleur

**darken** /'dɑːkən/ VT a *(lit: in brightness, colour)* *[+ room, landscape]* obscurcir, assombrir ; *[+ sky]* assombrir ; *[+ sun]* obscurcir, voiler ; *[+ colour]* foncer ; *[+ complexion]* brunir ◆ **a ~ed house/room/street** une maison/pièce/rue sombre ◆ **to ~ one's hair** se foncer les cheveux ◆ **never ~ my door again!** *(† or hum)* ne remets plus les pieds chez moi ! b *(fig)* *[+ future]* assombrir ; *[+ prospects, atmosphere]* assombrir VI a *[sky]* s'assombrir ; *[room]* s'obscurcir ; *[colours]* foncer b *(fig)* *[atmosphere]* s'assombrir ◆ **his face/features ~ed with annoyance** son visage/sa mine s'est rembruni(e) (sous l'effet de la contrariété) ◆ **his eyes ~ed** son regard s'est assombri ◆ **his mood ~ed** il s'est rembruni

**darkie** ** /'dɑːkɪ/ N *(pej)* moricaud(e) ** *m(f)* *(pej)*, nègre ** *m (pej)*, négresse ** *f (pej)*

**darkish** /'dɑːkɪʃ/ ADJ *[colour]* assez sombre ; *[complexion]* plutôt mat ; *[person]* plutôt brun ◆ **a ~ blue/green** *etc* un bleu/vert *etc* plutôt foncé *inv*

**darkly** /'dɑːklɪ/ ADV sinistrement ◆ **"we'll see", he said ~** "on verra", dit-il d'un ton sinistre ◆ **the newspapers hinted ~ at conspiracies** les journaux ont fait des allusions inquiétantes à des complots ◆ **~ comic** plein d'humour noir ◆ **~ handsome** à la beauté ténébreuse ◆ **a ~ handsome man** un beau brun ténébreux

**darkness** /'dɑːknɪs/ N *(NonC)* a *[of night, room]* *(also fig)* obscurité *f*, ténèbres *fpl* ◆ **in total** *or* **utter ~** dans une obscurité complète *or* totale ◆ **the house was in ~** la maison était plongée dans l'obscurité ◆ **the powers** *or* **forces of ~** les forces *fpl* des ténèbres ; → **prince** b *[of colour]* teinte *f* foncée ; *[of face, skin]* couleur *f* basanée

**darkroom** /'dɑːkrʊm/ N *(Phot)* chambre *f* noire

**darky** ** /'dɑːkɪ/ N *(pej)* ⇒ **darkie**

**darling** /'dɑːlɪŋ/ N bien-aimé(e) † *m(f)*, favori(te) *m(f)* ◆ **the ~ of ...** la coqueluche de ... ◆ **a mother's ~** un(e) chouchou(te) * ◆ **she's a little ~** c'est un amour, elle est adorable ◆ **come here, (my) ~** viens (mon) chéri *or* mon amour ; *(to child)* viens (mon) chéri *or* mon petit chou ◆ **be a ~ * and bring me my glasses** apporte-moi mes lunettes, tu seras un ange ◆ **she was a perfect ~ about it *** elle a été un ange *or* vraiment sympa * ADJ *[child]* chéri, bien-aimé † ; *(liter) [wish]* le plus cher ◆ **a ~ little place *** un petit coin ravissant *or* adorable

**darn¹** /dɑːn/ VT *[+ socks]* repriser ; *[+ clothes etc]* raccommoder N reprise *f*

**darn²** * /dɑːn/, **darned** * /dɑːnd/ *(esp US)* *(euph)* ⇒ **damn, damned**

**darnel** /'dɑːnl/ N ivraie *f*, ray-grass *m*

**darning** /'dɑːnɪŋ/ N a *(NonC)* raccommodage *m*, reprise *f* b *(= things to be darned)* raccommodage *m*, linge *m or* vêtements *mpl* à raccommoder COMP ▷ **darning needle** N aiguille *f* à repriser ▷ **darning stitch** N point *m* de reprise ▷ **darning wool** N laine *f* à repriser

**dart** /dɑːt/ N a *(= movement)* ◆ **to make a sudden ~ at ...** se précipiter sur ... b *(Sport)* fléchette *f* ◆ **a game of ~s** une partie de fléchettes ◆ **I like (playing) ~s** j'aime jouer aux fléchettes c *(= weapon)* flèche *f* d *(fig)* ◆ **... he said with a ~ of spite** ... dit-il avec une pointe de malveillance ◆ **a ~ of pain went through him** il ressentit une vive douleur ; → **Cupid, paper** e *(Sewing)* pince *f*

VI se précipiter, s'élancer *(at* sur) ◆ **to ~ in/out** *etc* entrer/sortir *etc* en coup de vent ◆ **the snake's tongue ~ed out** le serpent dardait sa langue ◆ **her eyes ~ed round the room** elle jetait des regards furtifs autour de la pièce ◆ **his eyes ~ed about nervously** il lançait des regards nerveux autour de lui

VT ◆ **the snake ~ed its tongue out** le serpent dardait sa langue ◆ **she ~ed a glance at him, she ~ed him a glance** elle lui décocha un regard, elle darda *(liter)* un regard sur lui ◆ **she ~ed a glance at her watch** elle jeta un coup d'œil (furtif) à sa montre

**dartboard** /'dɑːtbɔːd/ N cible *f (de jeu de fléchettes)*

**Darwinian** /dɑː'wɪnɪən/ ADJ darwinien

**Darwinism** /'dɑːwɪnɪzəm/ N darwinisme *m*

**dash** /dæʃ/ N a *(= sudden rush)* mouvement *m* brusque *(en avant)*, élan *m* ; *[of crowd]* ruée *f* ◆ **there was a ~ for the door** tout le monde se précipita *or* se rua vers la porte ◆ **there was a mad/last-minute ~ to get the Christmas shopping done** il y a eu une ruée effrénée/de dernière minute dans les magasins pour acheter des cadeaux de Noël ◆ **to make a ~ for/towards ...** se précipiter sur/vers ... ◆ **to make a ~ for freedom** saisir l'occasion de s'enfuir ◆ **he made a ~ for it *** il a pris ses jambes à son cou

b *(= small amount)* *[of wine, oil, milk, water]* goutte *f* ; *[of spirits]* doigt *m*, goutte *f* ; *[of pepper, nutmeg]* pincée *f* ; *[of mustard]* pointe *f* ; *[of vinegar, lemon]* filet *m* ◆ **a ~ of soda** un peu d'eau de Seltz ◆ **cushions can add a ~ of colour to the room** les coussins peuvent apporter une touche de couleur à la pièce ◆ **her character adds a ~ of glamour to the story** son personnage apporte un peu de glamour à l'histoire

c *(= flair, style)* panache *m* ◆ **to cut a ~** faire de l'effet ◆ **people with more ~ than cash** des gens qui ont plus de goût que de sous

d *(= punctuation mark)* tiret *m*

e *(in Morse code)* trait *m*

f *[of car]* → **dashboard**

g *(Sport)* ◆ **the 100 metre ~** † le 100 mètres

VT a *(liter = throw violently)* jeter *or* lancer violemment ◆ **to ~ sth to pieces** casser qch en mille morceaux ◆ **to ~ sth down** *or* **to the ground** jeter qch par terre ◆ **to ~ one's head against sth** se cogner la tête contre qch ◆ **the ship was ~ed against a rock** le navire a été précipité contre un écueil

b *(fig)* *[+ spirits]* abattre ; *[+ person]* démoraliser ◆ **to ~ sb's hopes (to the ground)** anéantir les espoirs de qn

VI a *(= rush)* se précipiter ◆ **to ~ away/back/up** *etc* s'en aller/revenir/monter *etc* à toute allure *or* en coup de vent ◆ **to ~ into a room** se précipiter dans une pièce ◆ **I have to** *or* **must ~ *** il faut que je file * *subj*

b *(= crash)* ◆ **to ~ against sth** *[waves]* se briser contre qch ; *[car, bird, object]* se heurter à qch

EXCL († * *euph*) ⇒ **damn** ◆ **~ (it)!, ~ it all!** zut alors ! *, flûte ! *

▸ **dash off** VI partir précipitamment

VT SEP *[+ letter etc]* faire en vitesse

**dashboard** /'dæʃbɔːd/ N *[of car]* tableau *m* de bord

**dashed** * /dæʃt/ ADJ, ADV *(euph)* ⇒ **damned ;** → **damn adj, adv**

**dashiki** /dɑː'ʃiːkɪ/ N tunique *f* africaine

**dashing** /'dæʃɪŋ/ ADJ fringant ◆ **to cut a ~ figure** avoir fière allure

**dashingly** /'dæʃɪŋlɪ/ ADV *[perform]* avec brio

**dastardly** /'dæstədlɪ/ ADJ († *or liter*) *[person, action]* ignoble

**DAT** /diːeɪ'tiː/ N (abbrev of **digital audio tape**) DAT *m*

**data** /'deɪtə/ NPL of **datum** *(often with sg vb)* données *fpl* VT *(US *)* *[+ person etc]* ficher COMP *(Comput)* *[input, sorting etc]* de(s) données ▷ **data bank** N banque *f* de données ▷ **data capture** N saisie *f* des données ▷ **data carrier** N support *m* d'informations *or* de données ▷ **data collection** N collecte *f* de données ▷ **data dictionary** N dictionnaire *m* de données ▷ **data directory** N répertoire *m* de données ▷ **data file** N fichier *m* informatisé *or* de données ▷ **data link** N liaison *f* de transmission ▷ **data preparation** N préparation *f* des données ▷ **data processing** N traitement *m* des données ▷ **data processor** N *(= machine)* machine *f* de traitement de données ; *(= person)* informaticien(ne) *m(f)* ▷ **data protection act** N ≈ loi *f* informatique et libertés ▷ **data security** N sécurité *f* des informations ▷ **data transmission** N transmission *f* de données

**database** /'deɪtəbeɪs/ N *(Comput)* base *f* de données COMP ▷ **database management** N *(Comput)* gestion *f* de (base de) données ▷ **database management system** N *(Comput)* système *m* de gestion de (base de) données ▷ **database manager** N *(Comput)* *(= software)* logiciel *m* de gestion de base de données ; *(= person)* gestionnaire *mf* de base de données

**Datapost** ® /'deɪtəpəʊst/ N *(Brit Post)* ◆ **by ~** en express, ≈ par Chronopost ®

**datcha** /'dætʃə/ N ⇒ **dacha**

**date¹** /deɪt/ N a *(= time of some event)* date *f* ◆ **what is today's ~?, what is the ~ today?** quelle est la date aujourd'hui ?, nous sommes le combien aujourd'hui ? ◆ **what ~ is he coming (on)?** quel jour arrive-t-il ? ◆ **what ~ is your birthday?** quelle est la date de votre anniversaire ? ◆ **what ~ is Easter this year?** quelle est la date de Pâques cette année ? ◆ **what is the ~ of this letter?** de quand est cette lettre ? ◆ **departure/delivery** *etc* **~** date *f* de départ/de livraison *etc* ◆ **there is speculation about a June election ~** on parle de juin pour les élections ◆ **to fix** *or* **set a ~ (for sth)** fixer une date *or* convenir d'une date (pour qch) ◆ **have they set a ~ yet?** *(for wedding)* ont-ils déjà fixé la date du mariage ?

◆ **out of date** ◆ **to be out of ~** *[document]* ne plus être applicable ; *[person]* ne pas être de son temps *or* à la page ◆ **he's very out of ~** il n'est vraiment pas de son temps *or* à la page ◆ **to be out of ~ in one's ideas** avoir des idées complètement dépassées ; see also **out**

◆ **to date** ◆ **to ~ we have accomplished nothing** à ce jour *or* jusqu'à présent nous n'avons rien accompli ◆ **this is her best novel to ~** c'est le meilleur roman qu'elle ait jamais écrit

◆ **up to date** *[document]* à jour ; *[building]* moderne, au goût du jour ; *[person]* moderne, à la page ◆ **to be up to ~ in one's work** être à jour dans son travail ◆ **to bring up to ~** *[+ accounts, correspondence etc]* mettre à jour ; *[+ method etc]* moderniser ◆ **to bring sb up to ~** mettre qn au courant *(about sth* de qch) see also **up**

**b** *(Jur)* quantième *m* (du mois)
**c** *[of coins, medals etc]* millésime *m*
**d** *(= appointment)* rendez-vous *m* ; *(= person)* petit(e) ami(e) *m(f)* ◆ **to have a ~ with sb** *(with boyfriend, girlfriend)* avoir rendez-vous avec qn ◆ **they made a ~ for 8 o'clock** ils ont fixé un rendez-vous pour 8 heures ◆ **I've got a lunch ~ today** je déjeune avec quelqu'un aujourd'hui ◆ **have you got a ~ for tonight?** *(= appointment)* as-tu (un) rendez-vous ce soir ? ; *(= person)* tu as quelqu'un avec qui sortir ce soir ? ◆ **he's my ~ for this evening** je sors avec lui ce soir ; → **blind**
**e** *(= pop concert)* concert *m* ◆ **they're playing three ~s in Britain** ils donnent trois concerts en Grande-Bretagne ◆ **the band's UK tour ~s** les dates de la tournée du groupe au Royaume-Uni
**VT** **a** *[+ letter]* dater ; *[+ ticket, voucher]* dater ; *(with machine)* composter ◆ **a cheque/letter ~d 7 August** un chèque/une lettre daté(e) du 7 août ◆ **a coin ~d 1390** une pièce datée de 1390
**b** *(= establish date of)* **the manuscript has been ~d at around 3,000 years old/1,000 BC** on estime que le manuscrit a 3 000 ans/ remonte à 1 000 ans avant Jésus-Christ ◆ **his taste in ties certainly ~s him** son goût en matière de cravates trahit son âge ◆ **the hairstyles really ~ this film** les coupes de cheveux démodées montrent que le film ne date pas d'hier ; → **carbon**
**c** *(esp US = go out with)* sortir avec
**VI** **a** ◆ **to ~ from, to ~ back to** dater de, remonter à
**b** *(= become old-fashioned) [clothes, expressions etc]* dater
**c** *(esp US)* **they're dating** *(= go out with sb)* ils sortent ensemble ◆ **she has started dating** elle commence à sortir avec des garçons
**COMP** ▷ **date book N** *(US)* agenda *m* ▷ **date line N** *(Geog)* ligne *f* de changement de date *or* de changement de jour ; *(Press)* date *f* (d'une dépêche) ▷ **date of birth N** date *f* de naissance ▷ **date rape N** *viol commis par une connaissance (lors d'un rendez-vous)* ▷ **date-rape VT** ◆ **she was ~-raped** elle a été violée par une connaissance *(lors d'un rendez-vous)* ▷ **date stamp N** *[of library etc]* tampon *m* (encreur) *(pour dater un livre etc)*, dateur *m* ; *(Post)* tampon *m or* cachet *m* (de la poste) ; *(for cancelling)* oblitérateur *m* ; *(= postmark)* cachet *m* de la poste ▷ **date-stamp VT** *[+ library book]* tamponner ; *[+ letter, document] (gen)* apposer le cachet de la date sur ; *(Post)* apposer le cachet de la poste sur ; *(= cancel) [+ stamp]* oblitérer

**date**[2] /deɪt/ **N** *(= fruit)* datte *f* ; *(= tree:* also **date palm***)* dattier *m*

**dated** /ˈdeɪtɪd/ **ADJ** *[book, film etc]* démodé ; *[word, language, expression]* vieilli ; *[idea, humour]* désuet (-ète *f*)

**dateless** /ˈdeɪtlɪs/ **ADJ** hors du temps

**dating** /ˈdeɪtɪŋ/ **N** *(Archeol)* datation *f* **COMP** ▷ **dating agency N** agence *f* de rencontres

**dative** /ˈdeɪtɪv/ *(Ling)* **N** datif *m* ◆ **in the ~** au datif **ADJ** ◆ **~ case** (cas *m*) datif *m* ◆ **~ ending** flexion *f* du datif

**datum** /ˈdeɪtəm/ **N** (pl **data**) donnée *f* ; → **data**

**DATV** /diːeɪtiːˈviː/ **N** (abbrev of **digitally assisted television**) télévision *f* numérique

**daub** /dɔːb/ **VT** *(pej) (with paint, make-up)* barbouiller (*with* de) ; *(with clay, grease)* enduire, barbouiller (*with* de) **N** **a** *(Constr)* enduit *m* **b** *(pej = bad picture)* croûte* *f*, barbouillage *m*

**daughter** /ˈdɔːtəʳ/ **N** *(lit, fig)* fille *f* **COMP** ▷ **daughter-in-law N** (pl **daughters-in-law**) belle-fille *f*, bru *f*

**daughterboard** /ˈdɔːtəbɔːd/ **N** *(Comput)* carte *f* fille

**daunt** /dɔːnt/ **VT** décourager ◆ **nothing ~ed, he continued** il a continué sans se (laisser) démonter

**daunting** /ˈdɔːntɪŋ/ **ADJ** intimidant ◆ **it's a ~ prospect** c'est décourageant

**dauntless** /ˈdɔːntlɪs/ **ADJ** *[person, courage]* intrépide

**dauntlessly** /ˈdɔːntlɪslɪ/ **ADV** avec intrépidité

**dauphin** /ˈdɔːfɪn/ **N** *(Hist)* Dauphin *m*

**davenport** /ˈdævnpɔːt/ **N** **a** *(esp US = sofa)* canapé *m* **b** *(Brit = desk)* secrétaire *m*

**David** /ˈdeɪvɪd/ **N** David *m*

**davit** /ˈdævɪt/ **N** *(Naut)* bossoir *m*

**Davy Jones' locker** /ˌdeɪvɪdʒəʊnzˈlɒkəʳ/ **N** *(Naut)* ◆ **to go to ~** se noyer

**Davy lamp** /ˈdeɪvɪlæmp/ **N** *(Min)* lampe *f* de sécurité

**dawdle** /ˈdɔːdl/ **VI** (also **dawdle about, dawdle around**) *(= walk slowly, stroll)* flâner ; *(= go too slowly)* traîner, lambiner* ◆ **to ~ on the way** s'amuser en chemin ◆ **to ~ over one's work** traînasser sur son travail

**dawdler** /ˈdɔːdləʳ/ **N** traînard(e) *m(f)*, lambin(e) *m(f)*

**dawdling** /ˈdɔːdlɪŋ/ **ADJ** traînard **N** flânerie *f*

**dawn** /dɔːn/ **N** **a** aube *f*, aurore *f* ◆ **at ~** à l'aube, au point du jour ◆ **from ~ to dusk** de l'aube au crépuscule, du matin au soir ◆ **it was the ~ of another day** c'était l'aube d'un nouveau jour
**b** *(NonC) [of civilization]* aube *f* ; *[of an idea, hope]* naissance *f*
**VI** **a** *[day]* se lever ◆ **the day ~ed bright and clear** l'aube parut, lumineuse et claire ◆ **the day ~ed rainy** le jour s'est levé sous la pluie, il pleuvait au lever du jour ◆ **the day will ~ when ...** un jour viendra où ...
**b** *(fig) [era, new society]* naître, se faire jour ; *[hope]* luire ◆ **an idea ~ed upon him** une idée lui est venue à l'esprit ◆ **the truth ~ed upon her** elle a commencé à entrevoir la vérité ◆ **it suddenly ~ed on him that no one would know** il lui vint tout à coup à l'esprit que personne ne saurait ◆ **suddenly the light ~ed on him** soudain, ça a fait tilt*
**COMP** ▷ **dawn chorus N** *(Brit)* concert *m* (matinal) des oiseaux ▷ **dawn raid N** *(St Ex)* tentative *f* d'OPA surprise, raid *m* ◆ **the police made a ~ raid on his house** la police a fait une descente chez lui à l'aube ▷ **dawn raider N** *(St Ex)* raider *m*

**dawning** /ˈdɔːnɪŋ/ **ADJ** *[day, hope]* naissant, croissant **N** ⇒ **dawn**

**day** /deɪ/ **N** **a** *(= unit of time: 24 hours)* jour *m* ◆ **three ~s ago** il y a trois jours ◆ **to do sth in three ~s** faire qch en trois jours, mettre trois jours à faire qch ◆ **he's coming in three ~s** *or* **three ~s' time** il vient dans trois jours ◆ **twice a ~** deux fois par jour ◆ **this ~ week** *(Brit)* aujourd'hui en huit ◆ **what ~ is it today?** quel jour sommes-nous aujourd'hui ? ◆ **what ~ of the month is it?** le combien sommes-nous ? ◆ **she arrived (on) the ~ they left** elle est arrivée le jour de leur départ ◆ **on that ~** ce jour-là ◆ **on a ~ like this** un jour comme aujourd'hui ◆ **on the following ~** le lendemain ◆ **two years ago to the ~** il y a deux ans jour pour jour *or* exactement ◆ **to this ~** à ce jour, jusqu'à aujourd'hui ◆ **the ~ before yesterday** avant-hier ◆ **the ~ before/two ~s before her birthday** la veille/l'avant-veille de son anniversaire ◆ **the ~ after, the following ~** le lendemain ◆ **two ~s after her birthday** le surlendemain de son anniversaire, deux jours après son anniversaire ◆ **the ~ after tomorrow** après-demain ◆ **from that ~ onwards** *or* **on** dès lors, à partir de ce jour(-là) ◆ **from this ~ forth** *(frm)* désormais, dorénavant ◆ **he will come any ~ now** il va venir d'un jour à l'autre ◆ **every ~** tous les jours ◆ **every other ~** tous les deux jours ◆ **one ~ we saw the king** un (beau) jour, nous avons vu le roi ◆ **one ~ she will come** un jour (ou l'autre) elle viendra ◆ **one of these ~s** un de ces jours ◆ **~ after ~** jour après jour ◆ **for ~s on end** pendant des jours et des jours ◆ **for ~s at a time** pendant des jours entiers ◆ **~ by ~** jour après jour ◆ **~ in ~ out** jour après jour ◆ **the other ~** l'autre jour, il y a quelques jours ◆ **it's been one of those ~s** ça a été une de ces journées où tout va de travers *or* où rien ne va ◆ **this ~ of all ~s** ce jour entre tous ◆ **some ~** un jour, un de ces jours ◆ **I remember it to this (very) ~** je m'en souviens encore aujourd'hui ◆ **he's fifty if he's a ~*** il a cinquante ans bien sonnés* ◆ **as of ~ one*, from ~ one*, on ~ one*** dès le premier jour ◆ **on the ~** *(= in the event)* le moment venu ◆ **that'll be the ~!** j'aimerais voir ça ! ◆ **the ~ he gets married (is the ~) I'll eat my hat!** le jour où il se mariera, les poules auront des dents ! ◆ **let's make a ~ of it and ...** profitons de la journée pour ... ◆ **to live from ~ to ~** vivre au jour le jour ◆ **(it's best to) take it one ~ at a time** à chaque jour suffit sa peine *(Prov)* ◆ **I'm just taking things one ~ at a time** je vis au jour le jour ; → **Christmas, Easter, judg(e)ment, reckoning**

**b** *(= daylight hours)* jour *m*, journée *f* ◆ **during the ~** pendant la journée ◆ **to work all ~** travailler toute la journée ◆ **to travel by ~** voyager de jour ◆ **to work ~ and night** travailler jour et nuit ◆ **the ~ is done** *(liter)* le jour baisse, le jour tire à sa fin ◆ **one summer's ~** un jour d'été ◆ **on a wet ~** par une journée pluvieuse ◆ **to have a ~ out** faire une sortie ◆ **to carry** *or* **win the ~** *(Mil, fig)* remporter la victoire ◆ **to lose the ~** *(Mil, fig)* perdre la bataille ◆ **(as) clear** *or* **plain as ~** clair comme de l'eau de roche ; → **break, court, fine**[2]**, good, late, time**

**c** *(= working hours)* journée *f* ◆ **paid by the ~** payé à la journée ◆ **I've done a full ~'s work** *(lit)* j'ai fait ma journée (de travail) ; *(fig)* j'ai eu une journée bien remplie ◆ **it's all in a ~'s work!** ça fait partie de la routine !, ça n'a rien d'extraordinaire ! ◆ **to work an eight-hour ~** travailler huit heures par jour ◆ **to take/get a ~ off** prendre/avoir un jour de congé ◆ **it's my ~ off** c'est mon jour de congé ; → **call, off, rest, working**

**d** *(period of time: often pl)* époque *f*, temps *m* ◆ **these ~s, at the present ~** à l'heure actuelle, de nos jours ◆ **in this ~ and age** par les temps qui courent ◆ **in ~s to come** à l'avenir ◆ **in his working ~s** au temps *or* à l'époque où il travaillait ◆ **in his younger ~s** quand il était plus jeune ◆ **in the ~s of Queen Victoria, in Queen Victoria's ~** du temps de *or* sous le règne de la reine Victoria ◆ **in Napoleon's ~** à l'époque *or* du temps de Napoléon ◆ **in those ~s** à l'époque ◆ **famous in her ~** célèbre à son époque ◆ **in the good old ~s** au *or* dans le bon vieux temps ◆ **in ~s gone by** autrefois, jadis ◆ **those were the ~s!** c'était le bon vieux temps ! ◆ **those were sad ~s** c'était une époque sombre ◆ **the happiest ~s of my life** les jours les plus heureux *or* la période la plus heureuse de ma vie ◆ **to end one's ~s in misery** finir ses jours dans la misère ◆ **that has had its ~** *(= old-fashioned)* cela est passé de mode ; *(= worn out)* cela a fait son temps ◆ **his ~ will come** son jour viendra ◆ **during the early ~s of the war** au début de la guerre ◆ **it's early ~s (yet)** *(= too early to say)* c'est un peu tôt pour le dire ; *(= there's still* time) on n'en est encore qu'au début ; → dog, olden

COMP ▷ **day bed** N (US) banquette-lit f ▷ **day boarder** N (Brit Scol) demi-pensionnaire mf ▷ **day boy** N (Brit Scol) externe m ▷ **day centre** N (Brit) centre m d'accueil ▷ **day girl** N (Brit Scol) externe f ▷ **Day-Glo** ® ADJ fluorescent ▷ **day job** N travail m principal ◆ don't give up the ~ job (hum) chacun son métier, les vaches seront bien gardées ▷ **day labourer** N journalier m, ouvrier m à la journée ▷ **day letter** N (US) ≈ télégramme-lettre m ▷ **day nurse** N infirmier m, -ière f de jour ▷ **day nursery** N (public) ≈ garderie f, crèche f ; (room in private house) pièce f réservée aux enfants, nursery f ▷ **the Day of Atonement** N (Jewish Rel) le Grand pardon, le jour du Pardon ▷ **the day of judgement** N (Rel) le jour du jugement dernier ▷ **the day of reckoning** N (Rel) le jour du jugement dernier ◆ the ~ of reckoning will come (fig) un jour, il faudra rendre des comptes ▷ **day-old** ADJ [bread] de la veille ; (= yesterday's) d'hier ◆ ~-old chick poussin m d'un jour ▷ **day-pass** N (for library, museum, train etc) carte f d'abonnement valable pour une journée ; (Ski) forfait m d'une journée ▷ **day pupil** N (Brit Scol) externe mf ▷ **day release** N (Brit Comm, Ind) ◆ ~ release course ≈ cours m professionnel à temps partiel ◆ to be on ~ release faire un stage (de formation) à temps partiel ▷ **day return (ticket)** N (Brit Rail) (billet m) aller et retour m (valable pour la journée) ▷ **day room** N (in hospital etc) salle f de séjour commune ▷ **day school** N externat m ◆ to go to ~ school être externe ▷ **day shift** N (= workers) équipe f or poste m de jour ◆ to be on ~ shift, to work ~ shift travailler de jour, être de jour ▷ **day-ticket** N (Ski) ⇒ day-pass ▷ **day-to-day** ADJ [occurrence, routine] quotidien ◆ on a ~-to-~ basis au jour le jour ▷ **day trader** N (St Ex) opérateur m au jour le jour, day trader m ▷ **day trading** N (St Ex) opérations fpl boursières au jour le jour, day trading m ▷ **day trip** N excursion f (d'une journée) ◆ to go on a ~ trip to Calais faire une excursion (d'une journée) à Calais ▷ **day-tripper** N excursionniste mf

**daybook** /ˈdeɪbʊk/ N (Comm) main f courante, brouillard m

**daybreak** /ˈdeɪbreɪk/ N point m du jour, aube f ◆ at ~ au point du jour, à l'aube

**daycare** /ˈdeɪkɛəʳ/ N (for children) garderie f ; (for old or disabled people) soins dans des centres d'accueil de jour COMP ▷ **daycare centre** N (for children) ≈ garderie f ; (for old or disabled people) établissement m de jour, centre m d'accueil de jour ▷ **daycare worker** N (US) animateur m, -trice f

**daydream** /ˈdeɪdriːm/ N rêverie f, rêvasserie f VI rêvasser, rêver (tout éveillé)

**daylight** /ˈdeɪlaɪt/ N a ⇒ daybreak b (lumière f du) jour m ◆ in (the) ~ à la lumière du jour, au grand jour ◆ it's still ~ il fait encore jour ◆ I'm beginning to see ~ * (= understand) je commence à y voir clair ; (= see the end appear) je commence à voir le bout du tunnel ◆ to beat or knock or thrash the (living) ~s out of sb* (= beat up) rosser* qn, tabasser‡ qn ; (= knock out) mettre qn KO ◆ to scare or frighten the (living) ~s out of sb‡ flanquer une peur bleue or la frousse* à qn ; → broad COMP [attack] de jour ▷ **daylight robbery*** N (Brit) ◆ it's ~ robbery c'est de l'arnaque‡ ▷ **daylight-saving time** N (US) heure f d'été

**daylong** /ˈdeɪ,lɒŋ/ ADJ qui dure toute la journée ◆ we had a ~ meeting notre réunion a duré toute la journée

**daytime** /ˈdeɪtaɪm/ N jour m, journée f ◆ in the ~ de jour, pendant la journée ADJ de jour

**daze** /deɪz/ N (after blow) étourdissement m ; (at news) stupéfaction f, ahurissement m ; (from drug) hébétement m ◆ in a ~ (after blow) étourdi ; (at news) stupéfait, médusé ; (from drug) hébété VT [drug] hébéter ; [blow] étourdir ; [news etc] abasourdir, méduser

**dazed** /deɪzd/ ADJ hébété ◆ to feel ~ ⇒ to be in a daze ; → daze

**dazzle** /ˈdæzl/ VT (lit) éblouir, aveugler ; (fig) éblouir ◆ to ~ sb's eyes éblouir qn N lumière f aveuglante, éclat m ◆ blinded by the ~ of the car's headlights ébloui par les phares de la voiture

**dazzling** /ˈdæzlɪŋ/ ADJ (lit, fig) éblouissant ◆ a ~ display of agility une démonstration d'agilité éblouissante

**dazzlingly** /ˈdæzlɪŋlɪ/ ADV [shine] de manière éblouissante ◆ ~ beautiful d'une beauté éblouissante

**dB** (abbrev of decibel) dB

**DBMS** /ˌdiːbiːemˈes/ N (abbrev of database management system) SGBD m

**DBS** /ˌdiːbiːˈes/ N a (abbrev of direct broadcasting by satellite) → direct b (abbrev of direct broadcasting satellite) → direct

**DC** /ˌdiːˈsiː/ a (abbrev of direct current) → direct b (abbrev of District of Columbia) DC ; → DISTRICT OF COLUMBIA

**DCI** /ˌdiːsiːˈaɪ/ N (Brit) (abbrev of Detective Chief Inspector) → detective

**DD** a (Univ) (abbrev of Doctor of Divinity) docteur en théologie b (Comm, Fin) (abbrev of direct debit) → direct c (US Mil) (abbrev of dishonourable discharge) → dishonourable

**dd** (Comm) a (abbrev of delivered) livré b (abbrev of dated) en date du ... c (abbrev of demand draft) → demand

**DDT** /ˌdiːdiːˈtiː/ N (abbrev of dichlorodiphenyltrichloroethane) DDT m

**DE¹** /ˌdiːˈiː/ N (abbrev of Department of Employment) → employment

**DE², De** abbrev of Delaware

**de...** /diː/ PREF dé..., dé..., des..., dés...

**DEA** /ˌdiːiːˈeɪ/ N (US) (abbrev of Drug Enforcement Administration) ≈ Brigade f des stupéfiants

**deacon** /ˈdiːkən/ N diacre m ◆ ~'s bench (US) siège m à deux places (de style colonial)

**deaconess** /ˈdiːkənes/ N diaconesse f

**deactivate** /diːˈæktɪveɪt/ VT désactiver

**dead** /ded/ ADJ a [person, animal, plant] mort ◆ ~ or alive mort ou vif ◆ more ~ than alive plus mort que vif ◆ ~ and buried or gone (lit, fig) mort et enterré ◆ to drop down ~, to fall (stone) ~ tomber (raide) mort ◆ as ~ as a dodo or a doornail or mutton tout ce qu'il y a de plus mort ◆ to wait for a ~ man's shoes * attendre que quelqu'un veuille bien mourir (pour prendre sa place) ◆ will he do it? – over my ~ body! * il le fera ? – il faudra d'abord qu'il me passe subj sur le corps ! ◆ to flog (Brit) or beat (US) a ~ horse s'acharner inutilement, perdre sa peine et son temps ◆ ~ men tell no tales (Prov) les morts ne parlent pas ◆ he's/it's a ~ duck* il/c'est fichu* or foutu‡ ◆ ~ in the water* fichu* ◆ to leave sb for ~ laisser qn pour mort ◆ he was found to be ~ on arrival (at hospital) les médecins n'ont pu que constater le décès ◆ I wouldn't be seen ~ wearing that hat or in that hat! * je ne porterais ce chapeau pour rien au monde ! ◆ I wouldn't be seen ~ with him! * pour rien au monde je ne voudrais être vu avec lui ! ◆ I wouldn't be seen ~ in that pub! * il est hors de question que je mette les pieds* dans ce bar ! ◆ you're ~ meat!‡ (esp US) t'es un homme mort !* (fig) see also comp ; → drop, strike

b [limbs] engourdi ◆ my fingers are ~ j'ai les doigts gourds ◆ he's ~ from the neck up* il n'a rien dans le ciboulot‡ ◆ he was ~ to the world* (= asleep) il dormait comme une souche ; (= drunk) il était ivre mort

c (fig) [custom] tombé en désuétude ; [fire] mort, éteint ; [cigarette] éteint ; [battery] à plat ; [town] mort, triste ; [sound] sourd, feutré ◆ ~ language langue f morte ◆ the line is ~ (Telec) il n'y a pas de tonalité ◆ the line's gone ~ la ligne est coupée ◆ the engine's ~ le moteur est en panne

d (= absolute, exact) ~ calm calme plat ◆ to hit sth (in the) ~ centre frapper qch au beau milieu or en plein milieu ◆ it's a ~ cert‡ that he'll come il viendra à coup sûr, sûr qu'il viendra* ◆ this horse is a ~ cert‡ ce cheval va gagner, c'est sûr ◆ in ~ earnest avec le plus grand sérieux, très sérieusement ◆ he's in ~ earnest il ne plaisante pas ◆ on a ~ level with exactement au même niveau que ◆ a ~ loss (Comm) une perte sèche ; (* = person) un bon à rien ◆ that idea was a ~ loss* cette idée n'a absolument rien donné ◆ this knife is a ~ loss* ce couteau ne vaut rien ◆ I'm a ~ loss at sports* je suis nul en sport ◆ to be a ~ shot être un tireur d'élite ◆ ~ silence silence m de mort ◆ he's the ~ spit of his father* c'est son père tout craché ◆ to come to a ~ stop s'arrêter net or pile

ADV (Brit = exactly, completely) absolument, complètement ◆ ~ ahead tout droit ◆ ~ broke* fauché (comme les blés)* ◆ to be ~ certain* about sth être sûr et certain de qch*, être absolument certain or convaincu de qch ◆ to be ~ against* sth être farouchement opposé à qch ◆ your guess was ~ on* tu as deviné juste ◆ she was or her shot was ~ on target* elle a mis dans le mille ◆ ~ drunk* ivre mort ◆ it's ~ easy or simple* c'est simple comme bonjour*, il n'y a rien de plus facile or simple ◆ to be/arrive ~ on time être/arriver juste à l'heure or à l'heure pile ◆ it was ~ lucky* c'était un coup de pot monstre‡ ◆ she's ~ right* elle a tout à fait raison ◆ ~ slow (as instruction) (Aut) roulez au pas ; (Naut) en avant lentement ◆ to go ~ slow aller aussi lentement que possible ◆ to stop ~ s'arrêter net or pile ◆ to cut sb ~ faire semblant de ne pas voir or reconnaître qn ◆ she cut me ~ elle a fait comme si elle ne me voyait pas ◆ ~ tired éreinté, crevé* ◆ he went ~ white il est devenu pâle comme un mort ; → stop

N ◆ at ~ of night, in the ~ of night au cœur de or au plus profond de la nuit ◆ in the ~ of winter au plus fort de l'hiver, au cœur de l'hiver ◆ to come back or rise from the ~ (fig) refaire surface

NPL the dead les morts mpl ◆ office or service for the ~ (Rel) office m des morts or funèbre

COMP ▷ **dead account** N (Fin) compte m dormant or inactif ▷ **dead-and-alive** ADJ [town] triste, mort ◆ a ~-and-alive little place un trou* perdu ▷ **dead ball** N (Ftbl, Rugby) ballon m mort ▷ **dead-ball line** N (Rugby) ligne f du ballon mort ▷ **dead-beat*** N (= lazy person) chiffe f molle ; (US) parasite m, pique-assiette mf inv ADJ crevé*, claqué* ▷ **dead centre** N (Tech) point m mort ▷ **dead end** N (lit, fig) impasse f ◆ to come to a ~ end (fig) être dans l'impasse ▷ **dead-end** ADJ ◆ a ~-end job un travail sans perspective d'avenir ▷ **dead hand** N ◆ the ~ hand of the state/bureaucracy la mainmise or le carcan de l'État/de la bureaucratie ◆ to shrug off the ~ hand of communism se débarrasser de ce poids mort qu'est le communisme ▷ **dead-head** VT enlever les fleurs fanées de ; see also **deadhead** ▷ **dead heat** N ◆ **the race was a ~ heat** ils sont arrivés ex æquo ; *(Racing)* la course s'est terminée par un dead-heat ▷ **dead leg** * N *(Med, Sport)* jambe *f* insensible *(à la suite d'un traumatisme musculaire)*; *(= person)* poids *m* mort ▷ **dead letter** N *(Post)* lettre *f* tombée au rebut ; * *(= useless thing)* chose *f* du passé ◆ **to become a ~ letter** *[law, agreement]* tomber en désuétude, devenir lettre morte ▷ **dead-letter office** N *(Post)* bureau *m* des rebuts ▷ **dead march** N marche *f* funèbre ▷ **dead matter** N matière *f* inanimée ; *(Typ)* composition *f* à distribuer ▷ **dead men** * NPL *(fig = empty bottles)* bouteilles *fpl* vides, cadavres * *mpl* ▷ **dead-nettle** N ortie *f* blanche ▷ **dead reckoning** N *(Naut)* estime *f* ◆ **by ~ reckoning** à l'estime ▷ **the Dead Sea** N la mer Morte ▷ **the Dead Sea Scrolls** NPL les manuscrits *mpl* de la mer Morte ▷ **dead season** N *(Comm, Press)* morte-saison *f* ▷ **dead set** * N ◆ **to make a ~ set at sth** s'acharner comme un beau diable pour avoir qch ◆ **to make a ~ set at sb** chercher à mettre le grappin sur qn * ADJ ◆ **to be ~ set on doing sth** tenir mordicus à faire qch ◆ **to be ~ set against sth** être farouchement opposé à qch ▷ **dead soldiers** * NPL *(US fig)* bouteilles *fpl* vides, cadavres * *mpl* ▷ **dead stock** N invendu(s) *m(pl)*, rossignols * *mpl* ▷ **dead weight** N poids *m* mort *or* inerte ; *(Naut)* charge *f or* port *m* en lourd ▷ **Dead White European Male** N *(esp US) homme célèbre qui devrait sa réputation à son appartenance au sexe masculin et à la race blanche* ▷ **dead wire** N *(Elec)* fil *m* sans courant

**deaden** /ˈdedn/ VT *[+ shock, blow]* amortir ; *[+ feeling]* émousser ; *[+ sound]* assourdir ; *[+ passions]* étouffer ; *[+ pain]* calmer ; *[+ nerve]* endormir

**deadening** /ˈdednɪŋ/ N *[of emotions, spirit]* engourdissement *m* ADJ abrutissant ◆ **it has a ~ effect on creativity** ça tue la créativité

**deadhead** * /ˈdedhed/ *(US)* N a *(= person using free ticket) (on train)* personne *f* possédant un titre de transport gratuit ; *(at theatre)* personne *f* possédant un billet de faveur b *(= stupid person)* nullité *f* c *(= empty truck/train etc)* camion *m*/train *m etc* roulant à vide ADJ *[truck etc]* roulant à vide

**deadline** /ˈdedlaɪn/ N a *(= time-limit)* date *f* (*or* heure *f*) limite, dernière limite *f* ◆ **to work to a ~** avoir un délai à respecter ◆ **he was working to a 6 o'clock ~** son travail devait être terminé à 6 heures, dernière limite b *(US) (= boundary)* limite *f* (qu'il est interdit de franchir)

**deadliness** /ˈdedlɪnɪs/ N *[of poison]* caractère *m* mortel *or* fatal ; *[of aim]* précision *f* infaillible

**deadlock** /ˈdedlɒk/ N impasse *f* ◆ **to reach (a) ~** aboutir à une impasse ◆ **to be at (a) ~** être dans l'impasse, être au point mort

**deadly** /ˈdedlɪ/ ADJ a *(= lethal) [blow, poison, disease, enemy, combination]* mortel (*to* pour) ; *[weapon, attack]* meurtrier ◆ **to play a ~ game** jouer un jeu dangereux ◆ **the seven ~ sins** les sept péchés capitaux ◆ **the female of the species is deadlier** *or* **more ~ than the male** *(Prov)* la femme est plus dangereuse que l'homme ◆ **assault with a ~ weapon** *(US Jur)* attaque *f* à main armée

b *(= devastating) [accuracy, logic]* implacable ; *[wit]* mordant ◆ **a ~ silence** un silence de mort ◆ **in ~ silence** dans un silence de mort ◆ **to use ~ force (against sb)** *(Police, Mil)* utiliser la force (contre qn) ◆ **the police were authorized to use ~ force against the demonstrators** la police a reçu l'autorisation de tirer sur les manifestants ◆ **I am in ~ earnest** je suis on ne peut plus sérieux ◆ **he spoke in ~ earnest** il était on ne peut plus sérieux, il parlait le plus sérieusement du monde

c *(* = boring)* mortel *

ADV ◆ **~ dull** mortellement ennuyeux ◆ **~ pale** d'une pâleur mortelle, pâle comme la mort ◆ **it's/I'm ~ serious** c'est/je suis on ne peut plus sérieux

COMP ▷ **deadly nightshade** N *(Bot)* belladone *f*

**deadness** /ˈdednɪs/ N *[of limbs]* engourdissement *m* ◆ **the ~ of his eyes** son regard vide

**deadpan** /ˈdedpæn/ ADJ *[face]* de marbre ; *[humour]* pince-sans-rire *inv* ◆ **"good heavens" he said, ~** "mon Dieu" dit-il, pince-sans-rire

**deadwood** /ˈdedwʊd/ N *(lit, fig)* bois *m* mort ◆ **to get rid of the ~** *(fig: in office, company etc)* élaguer, dégraisser

**deaf** /def/ ADJ a *(lit)* sourd ◆ **~ in one ear** sourd d'une oreille ◆ **~ as a (door)post** sourd comme un pot ◆ **there's** *or* **there are none so ~ as those who will not hear** *(Prov)* il n'est pire sourd que celui qui ne veut pas entendre *(Prov)* b *(fig = unwilling to listen)* sourd, insensible (*to* à) ◆ **to be ~ to sth** rester sourd à qch ◆ **to turn a ~ ear to sth** faire la sourde oreille à qch ◆ **her pleas fell on ~ ears** ses appels n'ont pas été entendus

NPL **the deaf** les sourds *mpl* COMP ▷ **deaf aid** N appareil *m* acoustique, audiophone *m*, sonotone ® *m* ▷ **deaf-and-dumb** ADJ sourd-muet ◆ **~-and-dumb alphabet** alphabet *m* des sourds et muets ▷ **deaf-mute** N sourd(e)-muet(te) *m(f)*

**deafen** /ˈdefn/ VT *(lit)* rendre sourd ; *(fig)* assourdir, rendre sourd

**deafening** /ˈdefnɪŋ/ ADJ *(lit, fig)* assourdissant ◆ **a ~ silence** un silence pesant *or* assourdissant

**deafness** /ˈdefnɪs/ N surdité *f*

**deal**[1] /diːl/ (vb : pret, ptp **dealt**) N a *(NonC)* **a good** *or* **great ~ of, a ~ of** † *(n phrase = large amount)* beaucoup de ◆ **to have a great ~ to do** avoir beaucoup à faire, avoir beaucoup de choses à faire ◆ **a good ~ of the work is done** une bonne partie du travail est terminée ◆ **that's saying a good ~** ce n'est pas peu dire ◆ **there's a good ~ of truth in what he says** il y a du vrai dans ce qu'il dit ◆ **to think a great ~ of sb** avoir beaucoup d'estime pour qn ◆ **to mean a great ~ to sb** compter beaucoup pour qn

b *(adv phrases)* ◆ **a good ~** *(= significantly) [easier, further, longer, higher, older, happier, stronger etc]* beaucoup, nettement ◆ **she's a good ~ cleverer than her brother** elle est beaucoup *or* nettement plus intelligente que son frère ◆ **she's a good ~ better today** elle va beaucoup *or* nettement mieux aujourd'hui ◆ **to learn/change/travel a great ~** beaucoup apprendre/changer/voyager ◆ **we have discussed this a great ~** nous en avons beaucoup parlé ◆ **he talks a great ~** il parle beaucoup ◆ **we have already achieved a great ~** nous avons déjà beaucoup accompli ◆ **it says a great ~ for him (that ...)** c'est tout à son honneur (que ...)

c *(= agreement)* marché *m*, affaire *f* ; *(pej)* coup *m* ; *(Comm, Fin:* also **business deal***)* affaire *f*, marché *m* ; *(St Ex)* opération *f*, transaction *f* ◆ **to do a ~ with sb** *(gen)* conclure un marché avec qn ; *(Comm etc)* faire *or* passer un marché avec qn, faire (une) affaire avec qn ◆ **we might do a ~?** on pourrait (peut-être) s'arranger ? ◆ **(it's a) ~!** * d'accord !, marché conclu ! ◆ **no ~!** * rien à faire ! ◆ **a done ~** une affaire réglée ◆ **he got a very bad ~ from them** *(= treatment)* ils ne l'ont pas bien traité ◆ **he got a very bad ~ on that car** *(Comm)* il a fait une très mauvaise affaire en achetant cette voiture ◆ **the agreement is likely to be a bad ~ for consumers** cet accord risque d'être une mauvaise affaire pour les consommateurs ◆ **a new ~** *(Pol etc)* un programme de réformes ; → **fair**[1], **raw**

d *(* iro)* ◆ **big ~!** la belle affaire !, tu parles ! * ◆ **it's no big ~** qu'est-ce que ça peut faire ? ◆ **the delay is no big ~** le retard n'a aucune importance ◆ **don't make such a big ~ out of it!** n'en fais pas toute une histoire *or* tout un plat ! *

e *(Cards)* donne *f*, distribution *f* ◆ **it's your ~** à vous la donne, à vous de distribuer *or* donner

VT a (also **deal out**) *[+ cards]* donner, distribuer

b ◆ **to ~ sb a blow** *(physically)* porter *or* assener un coup à qn ◆ **this dealt a blow to individual freedom** cela a porté un coup aux libertés individuelles

c * *[+ drugs]* revendre, dealer *

VI a *(Comm) [business, firm]* ◆ **this company has been ~ing for 80 years** cette société est en activité depuis 80 ans ◆ **to ~ on the Stock Exchange** faire *or* conclure des opérations de bourse ◆ **to ~ in wood/property** *etc* être dans le commerce du bois/dans l'immobilier *etc*

b *(= traffic: in drugs)* revendre de la drogue, dealer * ◆ **the police suspect him of ~ing (in drugs)** la police le soupçonne de revendre de la drogue *or* de dealer * ◆ **to ~ in stolen property** revendre des objets volés ◆ **to ~ in pornography** faire le commerce de la pornographie

c *(fig)* **they ~ in terror/human misery** leur fonds de commerce, c'est la terreur/la misère humaine ◆ **drug-pushers * who ~ in death** ces dealers * qui sont des marchands de mort ◆ **we ~ in facts, not speculation** nous nous intéressons aux faits, pas aux suppositions

d *(Cards)* donner, distribuer

► **deal out** VT SEP *[+ gifts, money]* distribuer, répartir (*between* entre) ◆ **to ~ out justice** rendre (la) justice ; → **deal**[1] **vt a**

► **deal with** VT FUS a *(= have to do with) [+ person]* avoir affaire à ; *(esp Comm)* traiter avec ◆ **teachers who have to ~ with very young children** les enseignants qui ont affaire à de très jeunes enfants ◆ **employees ~ing with the public** les employés qui sont en contact avec le public *or* qui ont affaire au public ◆ **they refused to ~ with him because of this** ils ont refusé de traiter avec lui *or* d'avoir affaire à lui à cause de cela ◆ **he's not very easy to ~ with** il n'est pas commode

b *(= be responsible for) [+ person]* s'occuper de ; *[+ task, problem]* se charger de, s'occuper de ; *(= take action as regards) [+ person, problem]* s'occuper de, prendre des mesures concernant ◆ **I'll ~ with it/him** je me charge de cela/lui ◆ **I can ~ with that alone** je peux m'en occuper tout seul ◆ **in view of the situation he had to ~ with** vu la situation qu'il avait sur les bras ◆ **he dealt with the problem very well** il a très bien résolu le problème ◆ **you naughty boy, I'll ~ with you later!** vilain garçon, tu vas avoir affaire à moi tout à l'heure ! ◆ **the headmaster dealt with the culprits individually** le directeur s'est occupé des coupables un par un ◆ **the committee ~s with questions such as ...** le comité s'occupe de questions telles que ... ◆ **the police officer ~ing with crime**

**prevention** l'agent chargé de la prévention des crimes ◆ **to know how to ~ with sb** *(= treat)* savoir s'y prendre avec qn ◆ **they dealt with him very fairly** ils ont été très corrects avec lui ◆ **you must ~ with them firmly** il faut vous montrer fermes à leur égard ◆ **the firm ~s with over 1,000 orders every week** l'entreprise traite plus de 1 000 commandes par semaine

c *(= be concerned with, cover) [book, film etc]* traiter de ; *[speaker]* parler de ◆ **the next chapter ~s with ...** le chapitre suivant traite de ... ◆ **I shall now ~ with ...** je vais maintenant vous parler de ...

d *(= cope with)* supporter ◆ **to ~ with stress** combattre le stress ◆ **to ~ with the fear of AIDS** faire face à la peur du sida

e *(= come to terms with)* accepter ◆ **look, just ~ with it!** * il faut que tu te fasses une raison !

f *(= buy from or sell to)* **a list of the suppliers our company ~s with** une liste des fournisseurs de notre société ◆ **I won't ~ with that firm again** je ne m'adresserai plus à cette société ◆ **I always ~ with the same butcher** je me sers *or* me fournis toujours chez le même boucher

**deal²** /diːl/ N bois *m* blanc

**dealer** /ˈdiːləʳ/ N a *(Comm) (gen)* marchand *m* (*in* de) négociant *m* (*in* en) ; *(= wholesaler)* stockiste *m*, fournisseur *m* (en gros) (*in* de) ; *(St Ex)* opérateur *m* ◆ **arms ~** marchand *m* d'armes ◆ **Citroën ~** concessionnaire *mf* Citroën ; → **double, secondhand** b *(Cards)* donneur *m* c *(Drugs)* dealer * *m*

**dealership** /ˈdiːləʃɪp/ N *(Comm)* concession *f* ◆ **~ network** réseau *m* de concessionnaires

**dealing** /ˈdiːlɪŋ/ N a *(NonC)* (also **dealing out**) distribution *f* ; *[of cards]* donne *f* b *(St Ex)* opérations *fpl*, transactions *fpl* ; → **wheel**

COMP ▷ **dealing room** N *(St Ex)* salle *f* des transactions *or* des opérations

**dealings** /ˈdiːlɪŋz/ NPL *(gen)* relations *fpl* (*with sb* avec qn) ; *(Comm, St Ex)* transactions *fpl* (*in sth* en qch) ; *(= trafficking)* trafic *m* (*in sth* de qch)

**dealmaker** /ˈdiːlˌmeɪkəʳ/ N *(St Ex)* opérateur *m*, -trice *f*

**dealt** /delt/ VB pt, ptp of **deal¹**

**dean** /diːn/ N *(Rel, fig)* doyen *m* ; *(Univ)* doyen *m* ◆ **~'s list** *(US Univ)* liste *f* des meilleurs étudiants

**deanery** /ˈdiːnərɪ/ N *(Univ)* résidence *f* du doyen ; *(Rel)* doyenné *m*

**deanship** /ˈdiːnʃɪp/ N décanat *m*

**dear** /dɪəʳ/ ADJ a *(= loved) [person, animal]* cher ; *(= precious) [object]* cher, précieux ; *(= lovable)* adorable ; *[child]* mignon, adorable ◆ **she is very ~ to me** elle m'est très chère ◆ **a ~ friend of mine** un de mes meilleurs amis, un de mes amis les plus chers ◆ **to hold sb/sth ~** chérir qn/qch ◆ **all that he holds ~** tout ce qui lui est cher ◆ **his ~est wish** *(liter)* son plus cher désir, son souhait le plus cher ◆ **what a ~ child!** quel amour d'enfant ! ◆ **what a ~ little dress!** † * quelle ravissante *or* mignonne petite robe ! ; → **departed**

b *(in letter-writing)* cher ◆ **Dear Daddy** Cher Papa ◆ **My ~ Anne** Ma chère Anne ◆ **Dear Alice and Robert** Chère Alice, cher Robert, Chers Alice et Robert ◆ **Dearest Paul** Bien cher Paul ◆ **Dear Mr Smith** Cher Monsieur ◆ **Dear Mr & Mrs Smith** Cher Monsieur, chère Madame ◆ **Dear Sir** Monsieur ◆ **Dear Sirs** Messieurs ◆ **Dear Sir or Madam** Madame, Monsieur ◆ **Dear John letter** * lettre *f* de rupture

c *(= expensive) [prices, goods]* cher, coûteux ; *[price]* élevé ; *[shop]* cher ◆ **to get ~er** *[goods]* augmenter, renchérir ; *[prices]* augmenter

EXCL *(surprise:* also **dear dear!, dear me!***)* mon Dieu !, vraiment ! ; *(regret:* also **oh dear!***)* oh là là !, oh mon Dieu !

N cher *m*, chère *f* ◆ **my ~** mon ami(e), mon cher ami, ma chère amie ; *(to child)* mon petit ◆ **poor ~** *(to child)* pauvre petit, pauvre chou * ; *(to woman)* ma pauvre ◆ **your mother is a ~** * votre mère est un amour ◆ **give it to me, there's a ~!** * sois gentil, donne-le-moi !, donne-le-moi, tu seras (bien) gentil ! ; see also **dearest**

ADV *(lit, fig) [buy, pay, sell]* cher

**dearest** /ˈdɪərɪst/ N *(= darling)* chéri(e) *m(f)*

**dearie** † * /ˈdɪərɪ/ *(esp Brit)* N mon petit chéri, ma petite chérie EXCL ◆ **~ me!** Grand Dieu !, Dieu du ciel !

**dearly** /ˈdɪəlɪ/ ADV a *(= very much) [love]* profondément ◆ **"Dearly beloved ..."** *(Rel)* "Mes bien chers frères ..." ◆ **Joan Smith, ~ beloved wife of Peter** Joan Smith, épouse bien-aimée de Peter ◆ **I would ~ love to marry** j'aimerais tellement me marier ◆ **I ~ hope I will meet him one day** j'espère vivement le rencontrer un jour ; → **departed** b *(fig = at great cost)* **he paid ~ for his success** il l'a payé cher, son succès, son succès lui a coûté cher ◆ **~ bought** chèrement payé

**dearness** /ˈdɪənɪs/ N a *(= expensiveness)* cherté *f* b *(= lovableness)* **your ~ to me** la tendresse que j'ai pour vous

**dearth** /dɜːθ/ N *[of food]* disette *f* ; *[of money, resources, water]* pénurie *f* ; *[of ideas etc]* stérilité *f*, pauvreté *f* ◆ **there is no ~ of young men** les jeunes gens ne manquent pas

**deary** † * /ˈdɪərɪ/ ⇒ **dearie**

**death** /deθ/ LANGUAGE IN USE 24.4

N mort *f*, décès *m (Jur) (frm)* ; *[of plans, hopes]* effondrement *m*, anéantissement *m* ◆ **~ by suffocation/drowning/hanging** *etc* mort *f* par suffocation/noyade/pendaison *etc* ◆ **he jumped/fell to his ~** il a sauté/est tombé et s'est tué ◆ **at the time of his ~** au moment de sa mort ◆ **till ~ do us part** jusqu'à ce que la mort nous sépare ◆ **to be in at the ~** *(fig)* assister au dénouement (d'une affaire) ◆ **to be at ~'s door** être à (l'article de) la mort ◆ **in ~, as in life, he was courageous** devant la mort, comme de son vivant, il s'est montré courageux ◆ **it will be the ~ of him** * *(lit)* il le paiera de sa vie ◆ **smoking will be the ~ of him** * le tabac le tuera ◆ **he'll be the ~ of me!** * *(fig)* il me tuera ! *(fig)* ◆ **to look/feel like ~ warmed up** * *or (US)* **warmed over** * avoir l'air/se sentir complètement nase * ; → **catch, dance**

♦ **to death** ◆ **he was stabbed to ~** il est mort poignardé ◆ **to starve/freeze to ~** mourir de faim/de froid ◆ **to bleed to ~** se vider de son sang ◆ **to be burnt to ~** mourir carbonisé ◆ **he drank himself to ~** c'est la boisson qui l'a tué ◆ **to sentence sb to ~** *(Jur)* condamner qn à mort ◆ **to put sb to ~** *(Jur)* mettre qn à mort, exécuter qn ◆ **I'm starved/frozen to ~** * je suis mort de faim/de froid ◆ **to be bored to ~** * s'ennuyer à mourir ◆ **I'm sick to ~** * *or* **tired to ~** * **of all this** j'en ai ras le bol de * *or* j'en ai marre * de tout ça ◆ **to be scared/worried to ~** être mort de peur/d'inquiétude ; → **do¹**

♦ **to the death** ◆ **to fight to the ~** lutter jusqu'à la mort ◆ **a fight to the ~** une lutte à mort

COMP ▷ **death benefit** N *(Insurance)* capital-décès *m* ▷ **death camp** N camp *m* de la mort ▷ **death cell** N cellule *f* de condamné à mort ▷ **death certificate** N certificat *m or* acte *m* de décès ▷ **death-dealing** ADJ mortel ▷ **death duties** NPL *(Brit)* ⇒ **death duty** ▷ **death duty** N *(Brit: formerly)* droits *mpl* de succession ▷ **death grant** N allocation *f* de décès ▷ **death house** N *(US) (in jail)* ⇒ **death row** ▷ **death knell** N → **knell** ▷ **death march** N marche *f* funèbre ▷ **death mask** N masque *m* mortuaire ▷ **death metal** N *(Mus)* death metal *m* ▷ **death penalty** N *(Jur)* peine *f* de mort ▷ **death rate** N (taux *m* de) mortalité *f* ▷ **death rattle** N râle *m* (d'agonie) ▷ **death ray** N rayon *m* de la mort, rayon *m* qui tue ▷ **death roll** N liste *f* des morts ▷ **death row** N *(US: in jail)* le couloir de la mort ◆ **he's on ~ row** il a été condamné à mort ▷ **death sentence** N *(lit)* condamnation *f* à mort ; *(fig)* arrêt *m* de mort ▷ **death's-head** N tête *f* de mort ▷ **death's-head moth** N (sphinx *m*) tête *f* de mort ▷ **death squad** N escadron *m* de la mort ▷ **death taxes** NPL *(US)* ⇒ **death duty** ▷ **death threat** N menace *f* de mort ▷ **death throes** NPL affres *fpl (liter)* de la mort, agonie *f* ; *(fig)* agonie *f* ◆ **in one's ~ throes** dans les affres *(liter)* de la mort, à l'agonie ▷ **death toll** N nombre *m* des victimes, bilan *m* ▷ **death warrant** N *(Jur)* ordre *m* d'exécution ◆ **to sign the ~ warrant of a project** condamner un projet, signer la condamnation d'un projet ◆ **to sign sb's/one's own ~ warrant** *(fig)* signer l'arrêt de mort de qn/son propre arrêt de mort ▷ **death wish** N *(Psych)* désir *m* de mort ; *(fig)* attitude *f* suicidaire

**deathbed** /ˈdeθbed/ N lit *m* de mort ◆ **to repent on one's ~** se repentir sur son lit de mort

COMP ▷ **deathbed confession** N ◆ **he made a ~ confession** il s'est confessé sur son lit de mort ▷ **deathbed scene** N *(Theat)* ◆ **this is a ~ scene** la scène se passe au chevet du mourant

**deathblow** /ˈdeθbləʊ/ N *(lit, fig)* coup *m* mortel *or* fatal

**deathless** /ˈdeθlɪs/ ADJ immortel, éternel ◆ **~ prose** *(iro, hum)* prose *f* impérissable

**deathlike** /ˈdeθlaɪk/ ADJ semblable à la mort, de mort

**deathly** /ˈdeθlɪ/ ADJ *[pallor]* cadavérique ◆ **a ~ hush** *or* **silence** un silence de mort ADV ◆ **~ pale** pâle comme la mort, d'une pâleur mortelle

**deathtrap** * /ˈdeθtræp/ N *(= vehicle, building etc)* piège *m* à rats *(fig)* ◆ **that corner is a real ~** ce virage est extrêmement dangereux

**deb** * /deb/ N abbrev of **debutante**

**debacle, débâcle** /deɪˈbɑːkl/ N fiasco *m* ; *(Mil)* débâcle *f*

**debag** ‡ /diːˈbæg/ VT *(Brit)* déculotter

**debar** /dɪˈbɑːʳ/ VT *(from club, competition)* exclure (*from* de) ◆ **to ~ sb from doing sth** interdire *or* défendre à qn de faire qch

**debark** /dɪˈbɑːk/ VTI *(US)* débarquer

**debarkation** /ˌdiːbɑːˈkeɪʃən/ N *(US)* débarquement *m*

**debarment** /dɪˈbɑːmənt/ N exclusion *f* (*from* de)

**debase** /dɪˈbeɪs/ VT a *[+ person]* avilir, ravaler ◆ **to ~ o.s.** s'avilir *or* se ravaler (*by doing sth* en faisant qch) b *(= reduce in value or quality) [+ word, object]* dégrader ; *[+ metal]* altérer ; *(Fin) [+ coinage]* déprécier, dévaloriser

**debasement** /dɪˈbeɪsmənt/ N *[of people]* rabaissement *m* ; *[of language, values]* dégradation *f* ; *[of culture]* dévalorisation *f* ; *[of currency]* dévalorisation *f*, dépréciation *f*

**debatable** /dɪˈbeɪtəbl/ LANGUAGE IN USE 26.3 ADJ discutable, contestable ◆ **it's a ~ point** c'est discutable *or* contestable ◆ **it is ~ whether ...** on est en droit de se demander si ...

**debate** /dɪˈbeɪt/ VT *[+ question]* discuter, débattre ◆ **much ~d** *[+ subject, theme etc]* très discuté ◆ **he was debating what to do** il se demandait ce qu'il devait faire VI discuter (*with* avec ; *about* sur) ◆ **he was debating with himself whether to refuse or not** il se demandait s'il refuserait ou non, il s'interrogeait pour savoir s'il refuserait ou non N discussion *f*, débat *m* ; *(Parl)* débat(s) *m(pl)* ; *(esp in debating society)* conférence *f* or débat *m* contradictoire ◆ **to hold long ~s** discuter longuement ◆ **after much ~** après de longues discussions ◆ **the ~ was on** or **about ...** la discussion portait sur ... ◆ **the death penalty was under ~** on délibérait sur la peine de mort ◆ **to be in ~** *[fact, statement]* être controversé

**debater** /dɪˈbeɪtəʳ/ N débatteur *m* ◆ **he is a keen ~** il adore les débats

**debating** /dɪˈbeɪtɪŋ/ N art *m* de la discussion ◆ **~ society** société *f* de conférences *or* débats contradictoires

**debauch** /dɪˈbɔːtʃ/ VT *[+ person]* débaucher, corrompre ; *[+ morals]* corrompre ; *[+ woman]* séduire N débauche *f*

**debauched** /dɪˈbɔːtʃd/ ADJ *[person]* débauché ; *[society]* dépravé ; *[lifestyle]* de débauché

**debauchee** /ˌdebɔːˈtʃiː/ N débauché(e) *m(f)*

**debaucher** /dɪˈbɔːtʃəʳ/ N *[of person, taste, morals]* corrupteur *m*, -trice *f* ; *[of woman]* séducteur *m*

**debauchery** /dɪˈbɔːtʃərɪ/ N *(NonC)* débauche *f*

**debenture** /dɪˈbentʃəʳ/ N *(Customs)* certificat *m* de drawback ; *(Fin)* obligation *f*, bon *m* ◆ **the conversion of ~s into equity** *(Fin)* la conversion d'obligations en actions COMP ▷ **debenture bond** N titre *m* d'obligation ▷ **debenture holder** N obligataire *mf* ▷ **debenture stock** N obligations *fpl* sans garantie

**debilitate** /dɪˈbɪlɪteɪt/ VT débiliter

**debilitated** /dɪˈbɪlɪteɪtɪd/ ADJ *(lit, fig)* affaibli

**debilitating** /dɪˈbɪlɪteɪtɪŋ/ ADJ **a** *(Med) [disease, climate, atmosphere]* débilitant **b** *(fig)* qui mine, qui sape ◆ **the country has suffered years of ~ poverty and war** pendant des années, ce pays a été miné par la pauvreté et la guerre

**debility** /dɪˈbɪlɪtɪ/ N *(Med)* débilité *f*, extrême faiblesse *f*

**debit** /ˈdebɪt/ N *(Comm)* débit *m* VT ◆ **to ~ sb's account with a sum, to ~ a sum against sb's account** débiter le compte de qn d'une somme ◆ **to ~ sb with a sum, to ~ a sum to sb** porter une somme au débit de qn, débiter qn d'une somme COMP ▷ **debit account** N compte *m* débiteur ▷ **debit balance** N solde *m* débiteur ▷ **debit card** N carte *f* de paiement ▷ **debit entry** N inscription *f* or écriture *f* au débit ▷ **debit side** N ◆ **on the ~ side** au débit ◆ **on the ~ side there is the bad weather** parmi les points négatifs, il y a le mauvais temps

**debonair** /ˌdebəˈneəʳ/ ADJ d'une élégance nonchalante

**debone** /diːˈbəʊn/ VT *[+ meat]* désosser ; *[+ fish]* désosser, ôter les arêtes de

**debouch** /dɪˈbaʊtʃ/ *(Geog, Mil)* VI déboucher N débouché *m*

**debrief** /ˌdiːˈbriːf/ VT *(Mil etc) [+ patrol, astronaut, spy] faire faire un compte rendu (de fin de mission) à*, débriefer ; *[+ freed hostages etc]* recueillir le témoignage de ◆ **to be ~ed** *(Mil)* faire un compte rendu oral

**debriefing** /ˌdiːˈbriːfɪŋ/ N *[soldier, diplomat, astronaut]* compte rendu *m* de mission, débriefing *m* ; *[freed hostage]* débriefing *m*

**debris** /ˈdebriː/ N *(gen)* débris *mpl* ; *[of building]* décombres *mpl* ; *(Geol)* roches *fpl* détritiques

**debt** /det/ N **a** *(= payment owed)* dette *f*, créance *f* ◆ **bad ~s** créances *fpl* irrécouvrables ◆ **~ of honour** dette *f* d'honneur ◆ **outstanding ~** créance *f* à recouvrer ◆ **to be in ~** avoir des dettes, être endetté ◆ **to be in ~ to sb** devoir de l'argent à qn ◆ **I am £500 in ~** j'ai 500 livres de dettes ◆ **to be out of sb's ~** être quitte envers qn ◆ **to get** *or* **run into ~** faire des dettes, s'endetter ◆ **to get out of ~** s'acquitter de ses dettes ◆ **to be out of ~** ne plus avoir de dettes

**b** *(= gratitude owed)* ◆ **to be in sb's ~** être redevable à qn ◆ **I am greatly in your ~** je vous suis très redevable ◆ **to repay a ~** acquitter une dette ; → **eye, national**

COMP ▷ **debt burden** N endettement *m* ▷ **debt collection agency** N agence *f* de recouvrement de créances ▷ **debt collector** N agent *m* de recouvrement de créances ▷ **debt consolidation** N consolidation *f* de la dette ▷ **debt crisis** N crise *f* de la dette ▷ **debt forgiveness** N effacement *m* de la dette ▷ **debt relief** N allégement *m* de la dette ▷ **debt rescheduling** N rééchelonnement *m* de la dette ▷ **debt-ridden** ADJ criblé de dettes

**debtor** /ˈdetəʳ/ N débiteur *m*, -trice *f*

**debug** /diːˈbʌg/ VT **a** *(Comput)* déboguer **b** *(= remove microphones from) [+ room etc]* enlever les micros cachés dans

**debugging** /diːˈbʌgɪŋ/ N *(Comput)* suppression *f* des bogues (*of* dans) débogage *m*

**debunk** * /ˌdiːˈbʌŋk/ VT *[+ hero]* déboulonner * ; *[+ myth, concept]* démythifier ; *[+ system, institution]* discréditer

**début** /ˈdeɪbjuː/ N *(Theat)* début *m* ; *(in society)* entrée *f* dans le monde ◆ **he made his ~ as a pianist** il a débuté comme pianiste VI faire ses débuts

**débutante** /ˈdebjuːtɑ̃ːnt/ N débutante *f*

**Dec.** abbrev of **December**

**dec.** abbrev of **deceased**

**decade** /ˈdekeɪd/ N **a** *(= ten years)* décennie *f* ◆ **the 1990s were described as the ~ of democracy** on a qualifié les années 90 de décennie de la démocratie ◆ **almost a ~ ago** il y a presque dix ans ◆ **~s ago** il y a des dizaines d'années ◆ **he lived there for almost three ~s** il y a vécu pendant près de trente ans ◆ **the past four ~s** ces quarante dernières années **b** *[of rosary]* dizaine *f*

> ⚠ *The word* **décade** *is sometimes used in French to mean "ten years", but this is regarded as incorrect.*

**decadence** /ˈdekədəns/ N décadence *f*

**decadent** /ˈdekədənt/ ADJ décadent N *(Literat)* décadent *m*

**decaf(f)** * /ˈdiːkæf/ N déca * *m* ADJ ◆ **~(f) coffee** déca * *m* ◆ **~(f) tea** thé *m* déthéiné

**decaffeinate** /ˌdiːˈkæfɪneɪt/ VT décaféiner

**decaffeinated** /ˌdiːˈkæfɪneɪtɪd/ ADJ *[coffee]* décaféiné ; *[tea]* déthéiné

**decagramme, decagram** *(US)* /ˈdekəgræm/ N décagramme *m*

**decal** /dɪˈkæl/ N *(US)* décalcomanie *f*

**decalcification** /ˈdiːˌkælsɪfɪˈkeɪʃən/ N décalcification *f*

**decalcify** /ˌdiːˈkælsɪfaɪ/ VT décalcifier

**decalitre, decaliter** *(US)* /ˈdekəˌliːtəʳ/ N décalitre *m*

**Decalogue** /ˈdekəlɒg/ N décalogue *m*

**decametre, decameter** *(US)* /ˈdekəˌmiːtəʳ/ N décamètre *m*

**decamp** /dɪˈkæmp/ VI **a** * décamper, ficher le camp * **b** *(Mil)* lever le camp

**decant** /dɪˈkænt/ VT **a** *[+ wine]* décanter ◆ **he ~ed the solution into another container** il a transvasé la solution **b** *(fig = rehouse)* reloger

**decanter** /dɪˈkæntəʳ/ N carafe *f* ; *(small)* carafon *m*

**decapitate** /dɪˈkæpɪteɪt/ VT décapiter

**decapitation** /dɪˌkæpɪˈteɪʃən/ N décapitation *f*

**decapod** /ˈdekəpɒd/ N décapode *m*

**decarbonization** /ˈdiːˌkɑːbənaɪˈzeɪʃən/ N *(Aut)* décalaminage *m* ; *[of steel]* décarburation *f*

**decarbonize** /ˌdiːˈkɑːbənaɪz/ VT *(Aut)* décalaminer ; *[+ steel]* décarburer

**decartelize** /dɪˈkɑːtəlaɪz/ VT décartelliser

**decasualization** /ˌdɪkæʒjʊlaɪˈzeɪʃən/ N *(US) octroi d'un poste fixe au personnel temporaire*

**decasualize** /ˌdɪˈkæʒjʊ"laɪz/ VT *(US)* octroyer un poste fixe à

**decathlete** /dɪˈkæθliːt/ N décathlonien *m*

**decathlon** /dɪˈkæθlən/ N décathlon *m*

**decay** /dɪˈkeɪ/ VI **a** *(= go bad, rot) [food]* pourrir, se gâter ; *[vegetation, wood]* pourrir ; *[corpse, flesh]* se décomposer, pourrir ; *[cloth, fabric]* moisir

**b** *(= disintegrate) [building]* se délabrer, tomber en ruine ; *[stone]* s'effriter

**c** *(Dentistry) [tooth]* se carier

**d** *(Phys) [radioactive particle]* se désintégrer

**e** *(fig) [civilization]* décliner ; *[city, district]* se délabrer ; *[infrastructure, system]* tomber en ruine

VT **a** *[+ food, wood]* faire pourrir

**b** *(Dentistry) [+ tooth]* carier

N **a** *[of food, vegetation, wood]* pourriture *f*

**b** *(Dentistry)* (also **tooth** *or* **dental decay**) carie *f* (dentaire) ◆ **to have** *or* **suffer from tooth ~** avoir des caries

**c** *(Archit) [of building, stone]* délabrement *m* ◆ **to fall into ~** tomber en ruine, se délabrer

**d** *(Phys) [of radioactive particle]* désintégration *f*

**e** *(fig) [of civilization]* décadence *f*, déclin *m* ; *[of infrastructure, system, organization, region, city]* déclin *m* ◆ **social/industrial/economic ~** déclin *m* social/industriel/économique ◆ **moral ~** déchéance *f* morale

**decayed** /dɪˈkeɪd/ ADJ **a** *(= rotten) [wood]* pourri ; *[tooth]* carié ; *[corpse]* décomposé ; *[building]* délabré **b** *(fig) [civilization, nobility]* décadent ; *[health]* chancelant ; *[beauty]* fané **c** *(Phys)* désintégré

**decaying** /dɪˈkeɪɪŋ/ ADJ **a** *[wood, vegetation]* pourrissant ; *[food]* en train de s'avarier ; *[tooth]* qui se carie ; *[corpse, flesh]* en décomposition ; *[building]* en état de délabrement ; *[stone]* qui s'effrite **b** *(fig) [civilization, district]* sur le déclin ; *[infrastructure]* qui se dégrade

**decease** /dɪˈsiːs/ *(Admin, frm)* N décès *m* VI décéder

**deceased** /dɪˈsiːst/ *(Admin, frm)* ADJ décédé, défunt ◆ **John Brown ~** feu John Brown N ◆ **the ~** le défunt, la défunte

**deceit** /dɪˈsiːt/ N **a** escroquerie *f*, tromperie *f* **b** *(NonC)* ⇒ **deceitfulness**

**deceitful** /dɪˈsiːtfʊl/ ADJ *[person, behaviour, manner]* fourbe, déloyal

**deceitfully** /dɪˈsiːtfəlɪ/ ADV trompeusement

**deceitfulness** /dɪˈsiːtfʊlnɪs/ N fausseté *f*, duplicité *f*

**deceive** /dɪˈsiːv/ VT tromper, duper ; *[+ spouse, partner]* tromper ◆ **to ~ sb into doing sth** amener qn à faire qch (en le trompant) ◆ **he ~d me into thinking that he had bought it** il m'a (faussement) fait croire qu'il l'avait acheté ◆ **I thought my eyes were deceiving me** je n'en croyais pas mes yeux ◆ **to be ~d by appearances** être trompé par *or* se tromper sur les apparences ◆ **to ~ o.s. (about sth)** se faire des illusions (à propos de qch) ◆ **don't be ~d!** ne vous y trompez pas !, ne vous méprenez pas ! ◆ **don't be ~d by his air of authority, he knows nothing about it** ne vous méprenez pas sur son air d'autorité, il n'y connaît rien VI tromper, être trompeur ◆ **appearances ~** *(Prov)* les apparences sont trompeuses

> ⚠ *In French* **décevoir** *means 'to disappoint'.*

**deceiver** /dɪˈsiːvəʳ/ N escroc *m*, imposteur *m*

**decelerate** /diːˈseləreɪt/ VI décélérer

**deceleration** /ˈdiːˌseləˈreɪʃən/ N décélération *f*

**December** /dɪˈsembəʳ/ N décembre *m* ; *for phrases see* **September**

**decency** /ˈdiːsənsɪ/ N a *(NonC) [of dress, conversation]* décence *f*, bienséance *f* ; *[of person]* pudeur *f* ◆ **to have a sense of ~** avoir de la pudeur b *(= good manners)* convenances *fpl* ◆ **to observe the decencies** observer *or* respecter les convenances ◆ **common ~** la simple politesse, le simple savoir-vivre ◆ **for the sake of ~** par convenance, pour garder les convenances ◆ **to have the ~ to do sth** avoir la décence de faire qch ◆ **you can't in all ~ do that** tu ne peux pas décemment faire ça ◆ **sheer human ~ requires that ...** le respect de la personne humaine exige que ... c *(* = niceness)* gentillesse *f*

**decent** /ˈdiːsənt/ ADJ a *(= respectable) [person]* convenable, honnête, bien * *inv* ; *[house, shoes]* convenable ; *(= seemly) [language, behaviour, dress]* décent, bienséant ◆ **no ~ person would do it** jamais une personne convenable ne ferait cela, quelqu'un de bien * ne ferait jamais cela ◆ **to do the ~ thing (by sb)** agir comme il se doit (à l'égard de qn) ◆ **are you ~?** * *(= dressed)* es-tu présentable ?

b *(* = kind, pleasant) [person]* bon, brave ◆ **a ~ sort of fellow** un bon *or* brave garçon, un type bien * ◆ **it was ~ of him** c'était chic * de sa part

c *(* = adequate)* correct ◆ **there isn't even a ~ shop in the village** il n'y a même pas un magasin correct dans le village ◆ **I could do with a ~ meal/night's sleep** un bon repas/une bonne nuit de sommeil ne me ferait pas de mal

d *(US * = wonderful)* formidable, terrible *

**decently** /ˈdiːsəntlɪ/ ADV a *(= properly, honourably)* décemment, convenablement ◆ **~ paid/housed** correctement *or* convenablement payé/logé ◆ **you can't ~ ask him that** vous ne pouvez pas décemment lui demander cela b *(= respectably) [dress]* convenablement ; *[live, bury sb]* d'une façon décente ; *[behave]* décemment, avec bienséance ◆ **they married as soon as they ~ could** ils se sont mariés dès que la décence l'a permis c *(* = kindly)* gentiment ◆ **he very ~ lent me some money** il m'a très gentiment prêté de l'argent

**decentralization** /diːˌsentrəlaɪˈzeɪʃən/ N décentralisation *f*

**decentralize** /diːˈsentrəlaɪz/ VT décentraliser

**deception** /dɪˈsepʃən/ N a *(NonC) (= deceitfulness)* tromperie *f*, duperie *f* ; *(= being deceived)* illusion *f*, erreur *f* ◆ **he is incapable of ~** il est incapable de tromper qui que ce soit ◆ **to obtain money by ~** obtenir de l'argent par des moyens frauduleux b *(= deceitful act)* supercherie *f*

> ⚠ *In French,* **déception** *means 'disappointment'.*

**deceptive** /dɪˈseptɪv/ ADJ trompeur ; → **appearance**

**deceptively** /dɪˈseptɪvlɪ/ ADV ◆ **it looks ~ simple** c'est plus compliqué qu'il n'y paraît ◆ **the wine was ~ strong** le vin était plus fort qu'il n'y paraissait ◆ **he has a ~ gentle manner** il semble d'un naturel doux mais il ne faut pas s'y fier

**deceptiveness** /dɪˈseptɪvnɪs/ N caractère *m* trompeur *or* illusoire

**decibel** /ˈdesɪbel/ N décibel *m*

**decide** /dɪˈsaɪd/ LANGUAGE IN USE 8.2

VT a *(= make up one's mind)* se décider (*to do sth* à faire qch) décider (*to do sth* de faire qch) se résoudre (*to do sth* à faire qch) ◆ **I ~d to go** *or* **that I would go** je me suis décidé à y aller, j'ai décidé d'y aller ◆ **I'm trying to ~ whether to go** j'essaie de décider si je dois y aller ◆ **what made you ~ to go?** qu'est-ce qui vous a décidé à y aller ? ◆ **it has been ~d that ...** on a décidé *or* il a été décidé que ... ◆ **she's ~d she hates golf** elle a décidé qu'elle déteste le golf ◆ **she's ~d she'd hate golf** elle a décidé qu'elle détesterait le golf

b *(= settle) [+ question]* décider, trancher ; *[+ quarrel]* décider, arbitrer ; *[+ piece of business]* régler ; *[+ difference of opinion]* juger ; *[+ sb's fate, future]* décider de ◆ **to ~ a case** *(Jur)* statuer sur un cas

c *(= cause to make up one's mind)* décider, déterminer (*sb to do sth* qn à faire qch)

VI se décider ◆ **you must ~** il vous faut prendre une décision, il faut vous décider ◆ **to ~ for sth** se décider pour qch *or* en faveur de qch ◆ **to ~ against sth** se décider contre qch ; *[judge, arbitrator, committee]* ◆ **to ~ for/against sb** donner raison/tort à qn ◆ **to ~ in favour of sb** donner gain de cause à qn

► **decide (up)on** VT FUS *[+ thing, course of action]* se décider pour, choisir (finalement) ◆ **to ~ (up)on doing sth** se décider à faire qch

**decided** /dɪˈsaɪdɪd/ ADJ a *(= distinct) [advantage, improvement]* net ◆ **a ~ lack of ...** un manque flagrant de ... b *(= categorical) [opinions]* arrêté ◆ **he's a man of very ~ opinions** c'est un homme aux opinions très arrêtées, il a des opinions très arrêtées

**decidedly** /dɪˈsaɪdɪdlɪ/ ADV a *(= distinctly)* **~ conservative/French** résolument conservateur/français ◆ **~ odd/unpleasant** franchement bizarre/désagréable ◆ **~ different** vraiment très différent ◆ **~ better/more expensive** nettement mieux/plus cher b *(= resolutely) [say, act]* résolument, fermement

**decider** /dɪˈsaɪdəʳ/ N *(esp Brit) (= goal)* but *m* décisif ; *(= point)* point *m* décisif ; *(= factor)* facteur *m* décisif ◆ **the ~** *(= game)* la belle

**deciding** /dɪˈsaɪdɪŋ/ ADJ *[factor, game, point]* décisif

**deciduous** /dɪˈsɪdjʊəs/ ADJ *[tree]* à feuilles caduques ; *[leaves, antlers]* caduc (-uque *f*)

**decilitre, deciliter** *(US)* /ˈdesɪˌliːtəʳ/ N décilitre *m*

**decimal** /ˈdesɪməl/ ADJ *[number, system, coinage]* décimal ◆ **~ fraction** fraction *f* décimale ◆ **to three ~ places** (jusqu')à la troisième décimale ◆ **~ point** virgule *f* (*de fraction décimale*) ; → **fixed, floating** N décimale *f* ◆ **~s** le calcul décimal, la notation décimale ; → **recurring**

**decimalization** /ˌdesɪməlaɪˈzeɪʃən/ N décimalisation *f*

**decimalize** /ˈdesɪməlaɪz/ VT décimaliser

**decimate** /ˈdesɪmeɪt/ VT *(lit, fig)* décimer

**decimation** /ˌdesɪˈmeɪʃən/ N décimation *f*

**decimetre, decimeter** *(US)* /ˈdesɪˌmiːtəʳ/ N décimètre *m*

**decipher** /dɪˈsaɪfəʳ/ VT *(lit, fig)* déchiffrer

**decipherable** /dɪˈsaɪfərəbl/ ADJ déchiffrable

**decision** /dɪˈsɪʒən/ N a *(= act of deciding)* décision *f* ; *(Jur)* jugement *m*, arrêt *m* ◆ **to come to a ~** arriver à *or* prendre une décision ◆ **his ~ is final** sa décision est irrévocable *or* sans appel ◆ **to give a ~ on a case** *(Jur)* statuer sur un cas b *(NonC)* décision *f* ◆ **with ~** *[act]* d'un air décidé *or* résolu ; *[say]* d'un ton décidé *or* résolu ◆ **a look of ~** un air décidé *or* résolu COMP ▷ **decision-maker** N décideur *m*, -euse *f*, décisionnaire *mf* ▷ **decision-making** N ◆ **he's good at ~-making** il sait prendre des décisions ▷ **decision table** N *(Comput)* table *f* de décision

**decisive** /dɪˈsaɪsɪv/ ADJ a *(= conclusive) [battle, step, moment, role]* décisif ◆ **the ~ factor** le facteur décisif b *(= resolute) [person]* décidé, ferme ; *[manner, attitude]* décidé, résolu ; *[answer]* ferme ◆ **he's very ~** c'est quelqu'un qui sait prendre des décisions

**decisively** /dɪˈsaɪsɪvlɪ/ ADV a *(= conclusively) [defeat, reject, influence]* de manière décisive b *(= resolutely) [speak]* de manière résolue, avec fermeté ; *[act]* avec décision

**decisiveness** /dɪˈsaɪsɪvnɪs/ N *(NonC) (= character)* esprit *m* de décision ; *(= manner)* air *m* décidé

**deck** /dek/ N a *(Naut)* pont *m* ◆ **to go up on ~** monter sur le pont ◆ **below ~s** sous le pont, en bas ◆ **between ~s** dans l'entrepont ◆ **to clear the ~s (for action)** se mettre en branle-bas (de combat) ; *(fig)* tout déblayer ◆ **on ~** *(US fig)* prêt à l'action ◆ **to hit the ~** * se casser la gueule * ; → **afterdeck, flight**[1]**, hand**

b *(US: = verandah)* véranda *f* ; *(covered)* porche *m*

c *[of vehicle]* plateforme *f* ◆ **top ~, upper ~** *[of bus]* impériale *f* ; *[of jumbo jet]* étage *m*

d *(US:* also **deck of cards**) jeu *m* de cartes ◆ **he's not playing with a full ~** *, **he's playing with a loaded** *or* **stacked ~** * *(fig)* il ne joue pas franc jeu *or* cartes sur table ◆ **he's not playing with a full ~** * *(fig = not very bright)* il n'est pas très futé

e (also **mixing deck**) table *f* de mixage ; (also **cassette deck**) platine *f* cassettes ; (also **record deck**) platine *f* disques ; see also **cassette**

VT a (also **deck out**) *[+ person, room etc]* parer (*with* de) ◆ **she was ~ed out in her Sunday best** elle s'était mise sur son trente et un, elle s'était endimanchée

b *(* = knock down)* flanquer * par terre

COMP ▷ **deck cabin** N cabine *f* (de pont) ▷ **deck cargo** N pontée *f* ▷ **deck chair** N chaise *f* longue, transat * *m*, transatlantique *m* ▷ **deck hand** N matelot *m*

**-decker** /ˈdekəʳ/ N *(in compounds)* ◆ **a single-decker** *[bus]* un autobus sans impériale ◆ **a three-decker** *(Naut)* un vaisseau à trois ponts, un trois-ponts ; → **double**

**deckhouse** /ˈdekhaʊs/ N rouf *m*

**decking** /ˈdekɪŋ/ N revêtement *m* de sol d'extérieur en bois

**deckle** /ˈdekl/ N *(also* **deckle edge***)* barbes *fpl* COMP ▷ **deckle-edged** ADJ *[paper]* non ébarbé

**declaim** /dɪˈkleɪm/ VTI *(lit, fig)* déclamer *(against* contre)

**declamation** /ˌdekləˈmeɪʃən/ N déclamation *f*

**declamatory** /dɪˈklæmətərɪ/ ADJ déclamatoire

**declaration** /ˌdekləˈreɪʃən/ N *[of intentions, taxes, goods at Customs]* déclaration *f* ; *(Cards)* annonce *f* COMP ▷ **Declaration of Independence** N *(US Hist)* Déclaration *f* d'indépendance ▷ **declaration of love** N déclaration *f* d'amour ▷ **declaration of war** N déclaration *f* de guerre

**declarative** /dɪˈklærətɪv/ ADJ *(Gram)* déclaratif, assertif

**declaratory** /dɪˈklærətərɪ/ ADJ *(Jur)* ◆ ~ **judgement** jugement *m* déclaratoire

**declare** /dɪˈklɛəʳ/ LANGUAGE IN USE 26.2 VT a *[+ intentions, love, war, hostilities] (also Fin etc) [+ income]* déclarer ; *[+ results]* proclamer ◆ **have you anything to ~?** *(Customs)* avez-vous quelque chose à déclarer ? ◆ **to ~ o.s.** *[suitor]* faire sa déclaration, se déclarer ◆ **to ~ war (on ...)** déclarer la guerre (à ...) ◆ **to ~ a state of emergency** déclarer l'état d'urgence b *(= assert)* déclarer *(that* que) ◆ **to ~ o.s. for** *or* **in favour of/against** se déclarer *or* se prononcer en faveur de/contre ◆ **to ~ sb president/bankrupt** déclarer qn président/en faillite VI a ◆ **well I (do) ~ !** † * (ça) par exemple ! b *(US Pol) [presidential candidate]* annoncer sa candidature

**declared** /dɪˈklɛəd/ ADJ *[intention]* déclaré, avoué ◆ **he's a ~ homosexual** il ne cache pas son homosexualité

**declaredly** /dɪˈklɛərɪdlɪ/ ADV ouvertement

**declarer** /dɪˈklɛərəʳ/ N *(Cards)* déclarant(e) *m(f)*

**declassify** /diːˈklæsɪfaɪ/ VT *[+ information, document]* déclassifier

**declension** /dɪˈklenʃən/ N *(Gram)* déclinaison *f* ◆ **first/second ~** première/deuxième déclinaison *f*

**declinable** /dɪˈklaɪnəbl/ ADJ *(Gram)* déclinable

**declination** /ˌdeklɪˈneɪʃən/ N *(Astron)* déclinaison *f*

**decline** /dɪˈklaɪn/ LANGUAGE IN USE 12.3, 19.5, 25.2

N *[of day, life]* déclin *m* ; *[of empire]* déclin *m*, décadence *f* ◆ **to be in ~** *[nation, economy, industry]* être en déclin ; *[population, number]* être en baisse ◆ **to fall** *or* **go into a ~** dépérir

◆ **decline in** *(numbers, sales, standards)* baisse *f* de ◆ **a rapid ~ in popularity** une rapide baisse de popularité ◆ **a ~ in standards** une baisse de qualité

◆ **to be on the decline** *[prices]* être en baisse, baisser ; *[fame, health]* décliner ◆ **cases of real poverty are on the ~** les cas d'indigence réelle sont de moins en moins fréquents *or* sont en diminution

VT a *(gen)* refuser *(to do sth* de faire qch) ; *[+ invitation, offer, honour]* décliner ; *[+ responsibility]* décliner, rejeter ◆ **he ~d to do it** il a refusé (poliment) de le faire ◆ **he offered me a lift but I ~d** il a proposé de m'emmener mais j'ai refusé ◆ **to ~ a jurisdiction** *(Jur)* se déclarer incompétent

b *(Gram)* décliner

VI a *[health, influence]* décliner ; *[empire]* tomber en décadence ; *[prices]* baisser, être en baisse ; *[business]* péricliter, décliner ◆ **to ~ in importance** perdre de l'importance

b *(= slope)* s'incliner, descendre

c *[sun]* décliner, se coucher ; *[day]* tirer à sa fin, décliner

d *(Gram)* se décliner

**declining** /dɪˈklaɪnɪŋ/ ADJ *[sales, standards, popularity]* en baisse ◆ **he's in ~ health** sa santé décline peu à peu ◆ **a ~ industry** une industrie sur le déclin ◆ **in his ~ years** au déclin de sa vie ◆ **she spent her ~ years in Devon** elle a passé ses dernières années dans le Devon N a *[of invitation]* refus *m* b *[of empire]* décadence *f* c *(Gram)* déclinaison *f*

**declivity** /dɪˈklɪvɪtɪ/ N déclivité *f*, pente *f*

**declutch** /ˈdiːˈklʌtʃ/ VI débrayer ; → **double**

**decoction** /dɪˈkɒkʃən/ N décoction *f*

**decode** /ˈdiːˈkəʊd/ VT a *(Telec, TV)* décoder, traduire (en clair) b *(Comput, Ling)* décoder c *(fig = understand, explain)* décoder

**decoder** /diːˈkəʊdəʳ/ N *(Comput, Telec, TV)* décodeur *m*

**decoding** /diːˈkəʊdɪŋ/ N *(Comput, Telec, TV, Ling)* décodage *m*

**decoke** /diːˈkəʊk/ *(Brit Aut)* VT décalaminer N /ˈdiːkəʊk/ décalaminage *m*

**decollate** /dɪˈkɒleɪt/ VT *(Comput)* déliasser

**décolletage** /deɪˈkɒltɑːʒ/ N décolletage *m*, décolleté *m*

**décolleté** /deɪˈkɒlteɪ/ ADJ décolleté N ⇒ **décolletage**

**decolonization** /diːˌkɒlənaɪˈzeɪʃən/ N décolonisation *f*

**decolonize** /diːˈkɒləˌnaɪz/ VT décoloniser

**decommission** /ˌdiːkəˈmɪʃən/ VT a *[+ nuclear power station]* déclasser b *[+ warship, aircraft]* retirer de la circulation

**decommissioning** /diːkəˈmɪʃənɪŋ/ N *[of arms]* mise *f* hors service; *[of power station]* déclassement *m*

**decompartmentalization** /ˌdiːkɒmpɑːtˌmentəlaɪˈzeɪʃən/ N *(Sociol)* décloisonnement *m*

**decompartmentalize** /ˌdiːkɒmpɑːtˈmentəlaɪz/ VT *(Sociol)* décloisonner

**decompose** /ˌdiːkəmˈpəʊz/ VT décomposer VI se décomposer

**decomposition** /ˌdiːkɒmpəˈzɪʃən/ N décomposition *f*

**decompress** /ˌdiːkəmˈpres/ VT décompresser

**decompression** /ˌdiːkəmˈpreʃən/ N *(Med, Phys, Tech)* décompression *f* COMP ▷ **decompression chamber** N chambre *f* de décompression ▷ **decompression illness, decompression sickness** N maladie *f* des caissons

**decongestant** /ˌdiːkənˈdʒestənt/ ADJ, N décongestif *m*

**deconsecrate** /ˌdiːˈkɒnsɪkreɪt/ VT séculariser

**deconstruct** /ˌdiːkənˈstrʌkt/ VT *(Literat)* déconstruire

**deconstruction** /ˌdiːkənˈstrʌkʃən/ N *(Literat)* déconstruction *f*

**decontaminate** /ˌdiːkənˈtæmɪneɪt/ VT décontaminer

**decontamination** /ˈdiːkənˌtæmɪˈneɪʃən/ N décontamination *f*

**decontextualize** /ˌdiːkənˈtekstjʊəlaɪz/ VT isoler de son contexte

**decontrol** /ˌdiːkənˈtrəʊl/ *(esp US)* VT *(Admin, Comm)* déréglementer ◆ **to ~ (the price of) oil** libérer le prix du pétrole N *[of price]* libération *f*

**décor** /ˈdeɪkɔːʳ/ N décor *m*

**decorate** /ˈdekəreɪt/ VT a *(= prettify)* orner, décorer *(with* de) ; *[+ cake]* décorer ◆ **to ~ with flags** pavoiser b *[+ room, house] (= paint)* peindre ; *(= wallpaper)* tapisser c *(= award medal to)* décorer, médailler ◆ **he was ~d for gallantry** il a été décoré pour sa bravoure VI *(= paint etc)* peindre (et tapisser)

> ⚠ When it means painting and decorating, **to decorate** is not translated by **décorer**.

**decorating** /ˈdekəreɪtɪŋ/ N a *(also* **painting and decorating***)* décoration *f* intérieure ◆ **they are doing some ~** ils sont en train de refaire les peintures b *[of cake etc]* décoration *f*

**decoration** /ˌdekəˈreɪʃən/ N a *(NonC) [of cake]* décoration *f* ; *[of hat]* ornementation *f* ; *[of room] (= act)* décoration *f* (intérieure) ; *(= state)* décoration *f*, décor *m* ; *[of town]* décoration *f* ; *(with flags)* pavoisement *m* b *(= ornament) [of hat]* ornement *m* ; *(in streets)* décoration *f* ◆ **Christmas ~s** décorations *fpl* de Noël c *(Mil)* décoration *f*, médaille *f*

**decorative** /ˈdekərətɪv/ ADJ décoratif COMP ▷ **decorative art** N arts *mpl* décoratifs

**decorator** /ˈdekəreɪtəʳ/ N *(= designer)* décorateur *m*, -trice *f*, ensemblier *m* ; *(esp Brit:* also **painter and decorator***)* peintre *m* décorateur

**decorous** /ˈdekərəs/ ADJ convenable, bienséant ◆ **try to be ~ at all times** essayez toujours de respecter les convenances

**decorously** /ˈdekərəslɪ/ ADV de façon convenable

**decorum** /dɪˈkɔːrəm/ N décorum *m*, bienséance *f* ◆ **with ~** avec bienséance, comme il faut ◆ **a breach of ~** une inconvenance ◆ **to have a sense of ~** avoir le sens des convenances

**decouple** /diːˈkʌpl/ VT découpler

**decoy** /ˈdiːkɔɪ/ N *(= bird) (live)* appeau *m*, chanterelle *f* ; *(artificial)* leurre *m* ; *(= animal)* proie *f* (servant d'appât) ; *(= person)* compère *m* ◆ **police ~** policier *m* en civil *(servant à attirer un criminel dans une souricière)* VT /dɪˈkɔɪ/ *(with live decoy)* attirer avec un appeau *or* une chanterelle ; *(with artificial decoy)* attirer avec un leurre ; → **noun** ; *(also fig)* attirer dans un piège ◆ **to ~ sb into doing sth** faire faire qch à qn en le leurrant COMP ▷ **decoy duck** N *(lit)* appeau *m*, chanterelle *f* ; *(fig)* compère *m*

**decrease** /diːˈkriːs/ VI *[amount, numbers, supplies, birth rate, population]* diminuer, décroître ; *[power]* s'affaiblir ; *[strength, intensity]* s'affaiblir, décroître ; *[price, value]* baisser ; *[enthusiasm]* se calmer, se refroidir ; *(Knitting)* diminuer VT diminuer, réduire N /ˈdiːkriːs/ *[of amount, supplies]* diminution *f*, amoindrissement *m* (in de) ; *[of numbers]* diminution *f*, décroissance *f* (in de) ; *[of birth rate, population]* diminution *f* (in de) ; *[of power]* affaiblissement *m* (in de) ; *[of strength, intensity]* diminution *f*, décroissance *f* (in de) ; *[of price, value]* baisse *f* (in de) ; *[of enthusiasm]* baisse *f*, refroidissement *m* (in de) ◆ ~ **in speed** ralentissement *m* ◆ ~ **in strength** affaiblissement *m*

**decreasing** /diːˈkriːsɪŋ/ ADJ *[amount, quantity, value, sales, numbers, statistic]* en baisse ; *[inten-*

*sity]* décroissant ; *[strength]* déclinant ◆ **a ~ population** une baisse de la démographie, une population en baisse

**decreasingly** /diːˈkriːsɪŋlɪ/ ADV de moins en moins

**decree** /dɪˈkriː/ **N** *(Pol, Rel)* décret *m* ; *[of tribunal]* arrêt *m*, jugement *m* ; *(municipal)* arrêté *m* ◆ **by royal/government ~** par décret du roi/du gouvernement ◆ **~ absolute** *(divorce)* jugement *m* définitif (de divorce) ◆ **~ nisi** jugement *m* provisoire (de divorce)
**VT** *(gen, also Pol, Rel)* décréter (*that* que + *indic*) ; *(Jur)* ordonner (*that* que + *subj*) ; *[mayor, council etc]* arrêter (*that* que + *indic*) ◆ **to ~ an end to ...** *(frm)* décréter la fin de ...

**decrepit** /dɪˈkrepɪt/ ADJ *[object, building]* délabré ; * *[person]* décrépit, décati *

**decrepitude** /dɪˈkrepɪtjuːd/ N **a** *(= dilapidation) [of building, place]* délabrement *m* ; *[of system]* vétusté *f*, décrépitude *f* **b** *(= infirmity)* décrépitude *f*

**decretal** /dɪˈkriːtl/ N décrétale *f*

**decriminalization** /ˌdiːkrɪmɪnəlaɪˈzeɪʃən/ N dépénalisation *f*

**decriminalize** /diːˈkrɪmɪnəlaɪz/ VT dépénaliser

**decry** /dɪˈkraɪ/ VT décrier, dénigrer

**decrypt** /diːˈkrɪpt/ VT *(Comput, Telec)* décrypter, déchiffrer

**decumulation** /ˌdiːkjuːmjʊˈleɪʃən/ N *[of capital]* réduction *f*, diminution *f* ; *[of stocks]* contraction *f*, réduction *f* ◆ **stock ~** déstockage *m*

**dedicate** /ˈdedɪkeɪt/ VT **a** *(= devote) [+ time, one's life]* consacrer (*to sth* à qch ; *to doing sth* à faire qch) ; *[+ resources, money]* allouer (*to sth* à qch ; *to doing sth* pour faire qch) ◆ **to ~ o.s. to sth/to doing sth** se consacrer à qch/à faire qch **b** *(as mark of respect, affection etc) [+ building, memorial, book, film, award]* dédier (*to* à) ◆ **to ~ a song to sb** *[singer]* dédier une chanson à qn ; *[disc jockey]* passer une chanson à la demande de qn ◆ **they ~d the statue to the memory of ...** ils ont dédié cette statue à la mémoire de ... ◆ **"this thesis is dedicated to my parents"** "je dédie cette thèse à mes parents" **c** *(Rel = consecrate) [+ church, shrine]* consacrer

**dedicated** /ˈdedɪkeɪtɪd/ ADJ **a** *(= devoted) [person]* dévoué ; *[work, attitude]* sérieux ◆ **a ~ traveller** un voyageur enthousiaste ◆ **a ~ socialist** un socialiste convaincu ◆ **a ~ follower of fashion** un fervent adepte de la mode ◆ **to be ~ to sth** *[person]* tenir beaucoup à qch ; *[organization]* se consacrer à qch ◆ **as a party we are ~ to social change** notre parti a pour vocation de promouvoir le changement social ◆ **as a party we are ~ to achieving social equality** notre parti œuvre en faveur de l'établissement de l'égalité sociale ◆ **we are ~ to making banking more convenient for our customers** nous faisons tout notre possible pour faciliter les formalités bancaires à nos clients
**b** ◆ **~ to** *(= given over to)* consacré à ◆ **a museum ~ to Napoleon** un musée consacré à Napoléon ◆ **a charity ~ to famine relief** une association caritative ayant pour but de combattre la famine
**c** *(= bearing a dedication) [copy of book etc]* dédicacé
**d** *(= specialized) [word processor]* dédié

**dedicatee** /ˌdedɪkəˈtiː/ N dédicataire *mf*

**dedication** /ˌdedɪˈkeɪʃən/ N **a** *[of church]* dédicace *f*, consécration *f* **b** *(in book, on radio)* dédicace *f* ◆ **to write a ~ in a book** dédicacer un livre ◆ **the ~ reads: "to Emma, with love from Harry"** le livre est dédicacé "à Emma, avec tout mon amour, Harry" ◆ **if you want a ~ just write in** *(Rad)* si vous voulez faire une dédicace, écrivez-nous **c** *(quality = devotion)* dévouement *m*

**deduce** /dɪˈdjuːs/ VT déduire, conclure (*from* de ; *that* que)

**deducible** /dɪˈdjuːsɪbl/ ADJ ◆ **~ from** que l'on peut déduire *or* inférer de

**deduct** /dɪˈdʌkt/ VT *[+ amount]* déduire, retrancher (*from* de) ; *[+ numbers]* retrancher, soustraire (*from* de) ; *[+ tax]* retenir, prélever (*from* sur) ◆ **to ~ something from the price** faire une réduction sur le prix ◆ **to ~ sth for expenses** retenir qch pour les frais ◆ **to ~ 5% from the wages** faire une retenue de *or* prélever 5% sur les salaires ◆ **after ~ing 5%** déduction faite de 5%

**deductible** /dɪˈdʌktəbl/ **ADJ** à déduire (*from* de) ; *(Tax) [expenses]* déductible **N** *(US Insurance)* franchise *f* ◆ **a 50 dollar ~** une franchise de 50 dollars

**deduction** /dɪˈdʌkʃən/ N **a** *(= sth deducted)* déduction *f* (*from* de) ; *(from wage)* retenue *f*, prélèvement *m* (*from* sur) **b** *(= sth deduced)* déduction *f* **c** *(NonC = deductive reasoning)* raisonnement *m* déductif

**deductive** /dɪˈdʌktɪv/ ADJ déductif

**deed** /diːd/ **N** **a** *(= action)* action *f*, acte *m* ◆ **brave ~** haut fait *m*, exploit *m* ◆ **good ~(s)** bonne(s) action(s) *f(pl)* ◆ **to do one's good ~ for the day** *(hum)* faire sa B.A. quotidienne ; → **word** **b** ◆ **in ~** de fait ◆ **master in ~ if not in name** maître de fait sinon de nom **c** *(Jur)* acte *m* notarié, contrat *m* ◆ **~ of covenant** *or* **gift** (acte *m* de) donation *f* ◆ **~ of partnership** contrat *m* de société **VT** *(US Jur)* transférer par acte notarié **COMP** ▷ **deed box N** coffre *m* *or* mallette *f* pour documents (officiels) ▷ **deed poll N** ◆ **to change one's name by ~ poll** ≈ changer de nom officiellement

**deejay** * /ˈdiːˌdʒeɪ/ N disc-jockey *m*, animateur *m*, -trice *f*

**deem** /diːm/ VT ◆ **to ~ it prudent to do sth** juger prudent de faire qch ◆ **to be ~ed worthy of (doing) sth** être jugé digne de (faire) qch ◆ **he was ~ed too ill to leave the hospital** on a décidé qu'il était trop malade pour quitter l'hôpital ◆ **military intervention was not ~ed necessary** on a jugé qu'une intervention militaire n'était pas nécessaire

**deep** /diːp/ **ADJ** **a** *[water, hole, wound, cut, wrinkle]* profond ; *[mud, snow, carpet]* épais (-aisse *f*) ; *[pan, bowl, container]* à hauts bords ◆ **the lake/pond was 4 metres ~** le lac/l'étang avait 4 mètres de profondeur ◆ **the water was 2 metres ~** la profondeur de l'eau était de 2 mètres ◆ **the snow lay ~** il y avait une épaisse couche de neige ◆ **the streets were 2 feet ~ in snow** les rues étaient sous 60 cm *or* étaient recouvertes de 60 cm de neige ◆ **he was ankle-/thigh-~ in water** l'eau lui arrivait aux chevilles/aux cuisses ◆ **to be in ~ water(s)** *(fig)* avoir de gros ennuis, être en mauvaise posture
**b** *[edge, border]* large, haut ; *[shelf, cupboard]* large, profond ◆ **a plot of ground 15 metres ~** un terrain qui s'étend sur 15 mètres ◆ **the spectators stood ten ~** il y avait dix rangées de spectateurs ◆ **a line of policemen three ~** trois rangées de policiers ◆ **a line of cars parked three ~** des voitures garées sur trois rangées
**c** *[sound, voice, tones]* grave ◆ **the animal gave a ~ growl** l'animal a émis un grognement sourd
**d** *[colour]* profond ; *[darkness]* profond, total ◆ **~ blue/green/yellow** bleu/vert/jaune profond *inv*
**e** *[breath, sigh]* profond ◆ **~ breathing** respiration *f* profonde ; *(= exercises)* exercices *mpl* respiratoires ◆ **to take a ~ breath** respirer profondément
**f** *[sorrow, relief]* profond, intense ; *[concern, interest]* vif ; *[admiration, respect, divisions, differences, sleep, relaxation, recession]* profond ; *[mystery]* profond, total ◆ **our ~est feelings** nos sentiments les plus profonds ◆ **to gain a ~er understanding of sth** parvenir à mieux comprendre qch ◆ **to gain a ~er understanding of o.s.** parvenir à mieux se connaître ; → **breath, mourning**
**g** *[writer, thinker, book]* profond ◆ **the film is not intended to be ~ and meaningful** le film ne cherche pas à être profond ◆ **I'm not looking for a ~ and meaningful relationship** je ne recherche pas une relation sérieuse
**h** *(in location)* ~ **in the forest/in enemy territory** au cœur de la forêt/du territoire ennemi
**i** *(= absorbed, implicated)* ◆ **~ in thought/in a book** plongé *or* absorbé dans ses pensées/dans un livre ◆ **she was ~ in conversation (with him)** elle était en pleine conversation (avec lui) ◆ **~ in debt** criblé de dettes ◆ **the country is ~ in recession** le pays est en pleine récession
**j** *(Sport) [shot, volley, pass, cross]* long (longue *f*)
**k** *(Gram)* ~ **structure** structure *f* profonde ◆ **~ grammar** grammaire *f* profonde
**ADV** profondément ◆ **to go ~ into the forest** pénétrer profondément *or* très avant dans la forêt ◆ **to bury sth ~ underground** enfouir qch profondément dans le sol ◆ **it makes its burrow ~ underground** il creuse son terrier très profond ◆ **don't go in too ~ if you can't swim** ne va pas trop loin si tu ne sais pas nager ◆ **to thrust one's hands ~ in one's pockets** enfoncer ses mains dans ses poches ◆ **to talk/read** *etc* **~ into the night** parler/lire *etc* jusque tard dans la nuit ◆ **to drink ~** boire à longs traits ◆ **to breathe ~** respirer profondément ◆ **to gaze ~ into sb's eyes** regarder qn au fond des yeux, plonger son regard dans celui de qn ◆ **to go** *or* **run ~** *[divisions, crisis, tendency]* être profond ; *[problems]* être grave, remonter à loin ; *[passions, feelings]* être exacerbé ; *[racism, prejudice, memories]* être bien enraciné ◆ **the difference between them goes** *or* **runs ~** il y a une profonde différence entre eux ◆ **their family roots run ~** leur famille remonte à loin ◆ **he's in (it) pretty ~** * *(in relationship, plot)* il s'est engagé à fond ; *(in conspiracy, illegal activity)* il est dedans jusqu'au cou ◆ **~ down she still mistrusted him** en son for intérieur, elle se méfiait encore de lui ◆ **she seems abrupt, but ~ down she's kind** sous son air *or* son extérieur brusque, c'est quelqu'un de gentil ; → **dig, knee, skin, still²**
**N** **a** *(liter = sea, ocean)* **the ~** (les grands fonds *mpl* de) l'océan *m*, les grandes profondeurs *fpl*
**b** *(= depths)* **in the ~ of winter** au plus fort *or* au cœur de l'hiver
**COMP** ▷ **deep-chested** ADJ *[person]* large de poitrine ; *[animal]* à large poitrail ▷ **deep-discount bond** N *(Fin)* obligation *f* à forte décote ▷ **deep-dyed** ADJ *(fig)* invétéré ▷ **the deep end** N *[of swimming pool]* le grand bain ◆ **to go off (at) the ~ end** * *(fig: excited, angry)* se mettre dans tous ses états ◆ **to go in** *or* **jump in at the ~ end** *(esp Brit fig)* foncer tête baissée ◆ **to throw sb in at the ~ end** * *(fig)* mettre tout de suite qn dans le bain ▷ **deep-fat fryer** N friteuse *f* ▷ **deep freeze**, **deep freezer** *(US)* N congélateur *m* ◆ **to put sth in the ~ freeze** mettre qch au congélateur ◆ **in ~ freeze** congelé ◆ **to put sth into ~ freeze** congeler qch ▷ **deep-freeze** VT congeler ▷ **deep-freezing** N congélation *f* ; *(in food production)* surgéla-

tion *f* ▷ **deep-frozen foods** NPL aliments *mpl* surgelés ▷ **deep-fry** VT faire frire ▷ **deep fryer** N ⇒ **deep-fat fryer** ▷ **deep kissing** N *(NonC)* baisers *mpl* profonds ▷ **deep-pan pizza** N pizza *f* à pâte épaisse ▷ **deep-rooted** ADJ *[affection, prejudice]* profond, profondément enraciné, vivace; *[habit]* invétéré, ancré; *[tree]* aux racines profondes ▷ **deep-sea** ADJ *[animal, plant]* pélagique, abyssal; *[current]* pélagique ▷ **deep-sea diver** N plongeur *m* sous-marin ▷ **deep-sea diving** N plongée *f* sous-marine ▷ **deep-sea fisherman** N (pl **deep-sea fishermen**) pêcheur *m* hauturier *or* de haute mer ▷ **deep-sea fishing** N pêche *f* hauturière ▷ **deep-seated** ADJ *[prejudice, dislike]* profond, profondément enraciné; *[conviction]* fermement ancré ◆ **~-seated cough** toux *f* bronchique *or* caverneuse ▷ **deep-set** ADJ *[eyes]* très enfoncé, creux, cave; *[window]* profondément encastré ▷ **deep-six** ‡ VT *(US)* *(= throw out)* balancer ‡; *(= kill)* liquider ‡ ▷ **the Deep South** N *(US Geog)* le Sud profond *(des États-Unis)* ▷ **deep space** N espace *m* intersidéral or interstellaire ▷ **deep vein thrombosis** N thrombose *f* veineuse profonde

**deepen** /ˈdiːpən/ VT *[+ relationship, knowledge]* approfondir; *[+ gloom, recession]* aggraver VI *[crisis, recession]* s'aggraver; *[voice]* devenir plus grave; *[water]* devenir plus profond; *[snow]* devenir plus épais; *[relationship]* devenir plus profond; *[knowledge]* s'approfondir; *[darkness]* s'épaissir

**deepening** /ˈdiːpənɪŋ/ ADJ *[crisis, gloom, depression]* qui s'aggrave; *[friendship, understanding]* de plus en plus profond; *[wrinkles]* qui se creuse N intensification *f*

**deepfreeze** /ˈdiːpfriːz/ N ⇒ **deep comp**

**deeply** /ˈdiːplɪ/ ADV a *[cut, sleep, breathe, love, think, regret]* profondément; *[dig]* profond; *[drink]* à grands *or* longs traits ◆ **to blush ~** rougir jusqu'aux oreilles ◆ **~ embedded** profondément incrusté ◆ **to sigh ~** pousser un gros soupir ◆ **to look ~ into sb's eyes** regarder qn au fond des yeux, plonger son regard dans celui de qn b *[shocked, divided, sceptical, religious, unhappy, hurt]* profondément; *[concerned, troubled, unpopular]* extrêmement; *[grateful]* infiniment ◆ **~ tanned** très bronzé ◆ **~ in debt** criblé de dettes

**deer** /dɪəʳ/ N (pl **deer** *or* **deers**) cerf *m*, biche *f*; (also **red deer**) cerf *m*; (also **fallow deer**) daim *m*; (also **roe deer**) chevreuil *m* ◆ **certain types of ~** certains types de cervidés ◆ **look at those ~!** regardez ces cerfs (*or* ces biches)!

**deerhound** /ˈdɪəhaʊnd/ N limier *m*

**deerskin** /ˈdɪəskɪn/ N peau *f* de daim

**deerstalker** /ˈdɪəˌstɔːkəʳ/ N *(= hat)* casquette *f* à la Sherlock Holmes; *(= hunter)* chasseur *m* de cerfs

**deerstalking** /ˈdɪəˌstɔːkɪŋ/ N chasse *f* au cerf *(à pied)*

**de-escalate** /diːˈeskəˌleɪt/ VT *[+ tension]* faire baisser, diminuer; *[+ situation]* détendre, décrisper

**de-escalation** /diːˌeskəˈleɪʃən/ N *(Mil, Pol)* désescalade *f*; *(in industrial relations)* décrispation *f*

**deface** /dɪˈfeɪs/ VT dégrader

**de facto** /deɪˈfæktəʊ/ ADJ, ADV de fait, de facto N *(Austral)* concubin(e) *m(f)*

**defamation** /ˌdefəˈmeɪʃən/ N (also **defamation of character**) diffamation *f*

**defamatory** /dɪˈfæmətərɪ/ ADJ diffamatoire

**defame** /dɪˈfeɪm/ VT diffamer

**default** /dɪˈfɔːlt/ N a *(Jur)* *(= failure to appear)* *(in civil cases)* défaut *m*, non-comparution *f*; *(in criminal cases)* contumace *f*; *(= failure to meet financial obligation)* défaillance *f*, manquement *m* ◆ **judgement by ~** jugement *m* par contumace *or* par défaut ◆ **to be in ~ of payment** *[company]* être en (situation de) cessation de paiement

b ◆ **by ~ we must not let it go by ~** ne laissons pas échapper l'occasion (faute d'avoir agi) ◆ **they won the election by ~** ils ont remporté l'élection en l'absence d'autres candidats sérieux ◆ **he got the job by ~** il a eu le poste en l'absence d'autres candidats (valables) ◆ **match won by ~** *(Sport)* match gagné par forfait

c *(= lack, absence)* manque *m*, carence *f* ◆ **in ~ of** à défaut de, faute de

d *(Fin)* cessation *f* de paiements

e *(Comput)* position *f* par défaut ◆ **~ option/value** option *f*/valeur *f* par défaut

VT *(Jur)* condamner par défaut *or* par contumace, rendre un jugement par défaut contre

VI a *(Jur)* faire défaut, être en état de contumace

b *(gen, Fin)* manquer à ses engagements

c *(Comput)* **to ~ to a value** prendre une valeur par défaut ◆ **it ~s to drive C** ça se positionne par défaut sur le disque C

**defaulter** /dɪˈfɔːltəʳ/ N a *(= offender)* délinquant(e) *m(f)*; *(Mil, Naut)* soldat *m* (*or* marin *m*) en infraction; *(Mil, Naut: undergoing punishment)* consigné *m* b *(Fin, St Ex)* défaillant(e) *m(f)*, débiteur *m*, -trice *f* défaillant(e); *(= defaulting tenant)* locataire *mf* qui ne paie pas son loyer

**defaulting** /dɪˈfɔːltɪŋ/ ADJ a *(St Ex etc)* défaillant, en défaut b *(Jur)* défaillant, qui n'a pas comparu

**defeat** /dɪˈfiːt/ N *(= act, state)* *[of army, team]* défaite *f*; *[of project, ambition]* échec *m*, insuccès *m*; *[of legal case, appeal]* rejet *m* VT *[+ opponent, army]* vaincre, battre; *[+ team]* battre; *[+ hopes]* frustrer, ruiner; *[+ ambitions, plans, efforts, attempts]* faire échouer; *(Parl)* *[+ government, opposition]* mettre en minorité; *[+ bill, amendment]* rejeter ◆ **~ed in his attempts to ...** n'ayant pas réussi à ... ◆ **to ~ one's own ends** *or* **object** aller à l'encontre du but que l'on s'est (*or* s'était *etc*) proposé ◆ **that plan will ~ its own ends** ce plan sera autodestructeur

**defeated** /dɪˈfiːtɪd/ ADJ *[army]* vaincu; *[team, player]* perdant

**defeatism** /dɪˈfiːtɪzəm/ N défaitisme *m*

**defeatist** /dɪˈfiːtɪst/ ADJ, N défaitiste *mf*

**defecate** /ˈdefəkeɪt/ VTI déféquer

**defecation** /ˌdefəˈkeɪʃən/ N défécation *f*

**defect** /ˈdiːfekt/ N *(gen)* défaut *m*; *(in workmanship)* défaut *m*, malfaçon *f* ◆ **physical ~** défaut *m* physique ◆ **hearing/sight ~** défaut *m* de l'ouïe/de la vue ◆ **speech ~** défaut *m* de prononciation ◆ **mental ~** anomalie *f* *or* déficience *f* mentale ◆ **moral ~** défaut *m*; → **latent** VI /dɪˈfekt/ *(Pol)* faire défection ◆ **to ~ from one country to another** s'enfuir d'un pays pour aller dans un autre *(pour raisons politiques)* ◆ **to ~ to the West/to another party/to the enemy** passer à l'Ouest/à un autre parti/à l'ennemi

**defection** /dɪˈfekʃən/ N *(Pol)* défection *f*; *(Rel)* apostasie *f* ◆ **his ~ to the East was in all the papers** quand il est passé à l'Est, tous les journaux en ont parlé ◆ **after his ~ from Russia, he lost contact with his family** quand il s'est enfui de Russie, il a perdu contact avec sa famille

**defective** /dɪˈfektɪv/ ADJ *[goods, machine, work, reasoning, sight, hearing, gene]* défectueux; *[chromosome]* anormal; *(Gram)* *[verb]* défectif ◆ **to be born with a ~ heart** naître avec une malformation cardiaque ◆ **~ workmanship** malfaçons *fpl*; → **mental, mentally** N *(Med)* déficient(e) *m(f)*; *(Gram)* verbe *m* défectif

**defector** /dɪˈfektəʳ/ N *(Pol)* transfuge *mf*; *(Rel)* apostat *m*

**defence, defense** *(US)* /dɪˈfens/ N a *(NonC)* défense *f*; *[of action, belief]* justification *f*; *(Physiol, Psych, Sport)* défense *f* ◆ **to play in ~** *(Sport)* jouer en défense ◆ **in ~ of** à la défense de, pour défendre ◆ **Secretary of State for** *or* **Minister of Defence** *(Brit)*, **Secretary of Defense** *(US)* ministre *m* de la Défense ◆ **Department** *or* **Ministry of Defence** *(Brit)*, **Department of Defense** *(US)* ministère *m* de la Défense; → **civil, self**

b *(= means of defence)* défense *f* ◆ **~s** *(gen, also Mil = weapons etc)* moyens *mpl* de défense; *(Mil = constructions)* ouvrages *mpl* défensifs ◆ **the body's ~s against disease** les défenses *fpl* de l'organisme contre la maladie ◆ **as a ~ against** pour se défendre contre ◆ **she put up** *or* **made a spirited ~ of her government's policies** elle a défendu la politique de son gouvernement avec fougue ◆ **Smith made a successful ~ of her title** *(Sport)* Smith a réussi à conserver son titre ◆ **to come to sb's ~** défendre qn ◆ **his conduct needs no ~** sa conduite n'a pas à être justifiée ◆ **in his ~ I will say that ...** pour sa défense *or* à sa décharge je dirai que ...

c *(Jur)* défense *f* ◆ **in his ~** pour sa défense, à sa décharge ◆ **witness for the ~** témoin *m* à décharge ◆ **the case for the ~** la défense

d *[of argument, decision]* justification *f*; *(Univ)* *[of thesis]* soutenance *f*

COMP *(gen)* de défense; *[industry, manufacturer etc]* travaillant pour la défense nationale; *[product, contract]* destiné à la défense nationale ▷ **defence counsel** N avocat *m* de la défense ▷ **defence expenditure** N dépenses *fpl* militaires ▷ **defence forces** NPL *(Mil)* forces *fpl* défensives, défense *f* ▷ **defence mechanism** N *(Physiol)* système *m* de défense; *(Psych)* défenses *fpl*

**defenceless, defenseless** *(US)* /dɪˈfenslɪs/ ADJ *(lit, fig)* sans défense *(against* contre) ◆ **he is quite ~** il est incapable de se défendre, il est sans défense

**defend** /dɪˈfend/ VT a *(gen, Sport)* défendre ◆ **to ~ o.s.** se défendre ◆ **to ~ one's (own) interests** défendre ses (propres) intérêts b *(= justify)* justifier; *(= attempt to justify)* essayer de justifier ◆ **how can he possibly ~ the way he's behaved towards her?** comment peut-il justifier la manière dont il s'est comporté avec elle? ◆ **they ~ed their actions** ils ont justifié leurs actions, ils se sont justifiés ◆ **Smith successfully ~ed her title** *(Sport)* Smith a réussi à conserver son titre ◆ **to ~ a thesis** *(Univ)* soutenir une thèse VI *(Sport, gen)* défendre; *(= play in defence)* être en défense ◆ **they ~ed very well** ils ont très bien défendu ◆ **to ~ against sb** *[champion]* défendre son titre contre qn, remettre son titre en jeu contre qn; → **defending**

**defendant** /dɪˈfendənt/ N *(Jur)* défendeur *m*, -deresse *f*; *(on appeal)* intimé(e) *m(f)*; *(in criminal case)* prévenu(e) *m(f)*; *(in assizes court)* accusé(e) *m(f)*

**defender** /dɪˈfendəʳ/ N *(lit, fig)* défenseur *m*; *(Sport)* *[of record]* détenteur *m*, -trice *f*; *[of title]* tenant(e) *m(f)* ◆ **~ of the faith** *(Brit Hist)* défenseur *m* de la foi

**defending** /dɪˈfendɪŋ/ ADJ ◆ **the ~ champion** le tenant du titre ◆ **~ counsel** *(Jur)* avocat *m* de la défense

**defense** /dɪˈfens/ N *(US)* ⇒ **defence**

**defensible** /dɪˈfensɪbl/ ADJ *(lit, fig)* défendable

**defensive** /dɪˈfensɪv/ ADJ *(Mil, fig)* défensif ◆ **he's so ~!** il est toujours sur la défensive ! N *(Mil, fig)* défensive *f* ◆ **to be on the ~** *(lit, fig)* être sur la défensive ◆ **to put sb/go on the ~** mettre qn/se mettre sur la défensive

**defensively** /dɪˈfensɪvlɪ/ ADV *[speak]* sur la défensive ; *[play]* défensivement

**defensiveness** /dɪˈfensɪvnɪs/ N ◆ **his ~ (when we talk about ...)** sa façon d'être sur la défensive (chaque fois que nous parlons de ...)

**defer¹** /dɪˈfɜːʳ/ VT a *[+ journey, meeting]* remettre à plus tard, reporter ; *[+ business]* remettre à plus tard ; *[+ payment, decision, judgement]* remettre à plus tard, différer ◆ **our meeting was ~red until 22 May** notre réunion a été reportée au 22 mai ◆ **to ~ making a decision/paying one's taxes** différer une décision/le paiement de ses impôts, remettre une décision/le paiement de ses impôts à plus tard b *(Mil)* **to ~ sb's call-up** accorder un sursis d'appel *or* d'incorporation à qn ◆ **to ~ sb on medical grounds** accorder un sursis d'appel *or* d'incorporation à qn pour raisons médicales COMP ▷ **deferred annuity** N *(Fin)* rente *f* à paiement différé ▷ **deferred liabilities** NPL *(Jur, Fin)* dettes *fpl* à moyen et long terme ▷ **deferred payment** N *(Comm etc)* paiement *m* échelonné

**defer²** /dɪˈfɜːʳ/ VI *(= submit)* ◆ **to ~ to sb** déférer *(frm)* à qn, s'incliner devant qn ◆ **to ~ to sb's knowledge** s'en remettre aux connaissances de qn ◆ **to ~ to California jurisdiction** *(Jur)* accepter la compétence des tribunaux californiens

**deference** /ˈdefərəns/ N déférence *f*, égards *mpl* (to pour) ◆ **in ~ to, out of ~ for** par déférence *or* égards pour ◆ **with all due ~ to you** avec tout le respect que je vous dois, sauf votre respect

**deferential** /ˌdefəˈrenʃəl/ ADJ *[person, attitude]* respectueux, plein de déférence ; *[tone]* de déférence ◆ **to be ~ to sb** se montrer plein de déférence pour *or* envers qn

**deferentially** /ˌdefəˈrenʃəlɪ/ ADV avec déférence

**deferment** /dɪˈfɜːmənt/ N *[of payment, tax]* report *m* ; *(Mil)* sursis *m* d'appel *or* d'incorporation ◆ **he was given ~ from military service** on lui a accordé un sursis d'appel *or* d'incorporation ◆ **draft ~** *(US Mil)* sursis *m* d'appel, sursis *m* d'incorporation

**deferral** /dɪˈferəl/ N ⇒ **deferment**

**defiance** /dɪˈfaɪəns/ N défi *m* ◆ **a gesture/act of ~** un geste/acte de défi ◆ **a ~ of our authority** un défi à notre autorité ◆ **his ~ of my orders caused an accident** en bravant mes ordres *or* en refusant d'obéir à mes ordres, il a causé un accident ◆ **he will have to answer in court for his ~ of the curfew** il devra comparaître en justice pour n'avoir pas respecté le couvre-feu ◆ **in ~ of** *[+ the law, instructions]* au mépris de ; *[+ person]* au mépris des ordres de

**defiant** /dɪˈfaɪənt/ ADJ *[reply, statement]* provocant ; *[attitude, tone, gesture, look]* de défi ; *[person]* rebelle ◆ **the team is in ~ mood** l'équipe est prête à relever le défi ◆ **to be ~ of sth** défier qch

**defiantly** /dɪˈfaɪəntlɪ/ ADV *[speak]* d'un ton de défi ; *[reply, stare]* d'un air de défi ; *[behave]* avec une attitude de défi

**defibrillator** /diːˈfɪbrɪleɪtəʳ/ N *(Med)* défibrillateur *m*

**deficiency** /dɪˈfɪʃənsɪ/ N a *(= lack) [of goods]* manque *m*, insuffisance *f* (of de) ; *(Med) [of iron, calcium, vitamins etc]* carence *f* (of en) ◆ **nutritional** *or* **dietary ~** carence *f* alimentaire *or* nutritionnelle ; → **mental, vitamin** b *(Med = failure to function properly) [of organ, immune system]* insuffisance *f* c *(= flaw) (in character, system)* faille *f*, faiblesse *f* ; *(in construction, machine)* imperfection *f* ; *(in service)* faiblesse *f* ◆ **his deficiencies as an administrator** ses points *mpl* faibles en tant qu'administrateur d *(Fin)* déficit *m* COMP ▷ **deficiency disease** N *(Med)* maladie *f* de carence *or* carentielle ▷ **deficiency payment** N *(Econ)* paiement *m* différentiel

**deficient** /dɪˈfɪʃənt/ ADJ *(= inadequate, defective)* défectueux ; *(= insufficient)* insuffisant ◆ **to be ~ in sth** manquer de qch ◆ **his diet is ~ in fruit and vegetables** il ne mange pas assez de fruits et de légumes

**deficit** /ˈdefɪsɪt/ N *(Fin etc)* déficit *m* ◆ **in ~** en déficit

**defile¹** /ˈdiːfaɪl/ N *(= procession: place)* défilé *m* VI /dɪˈfaɪl/ *(= march in file)* défiler

**defile²** /dɪˈfaɪl/ VT *(lit, fig = pollute)* souiller *(liter)*, salir ; *(= desecrate)* profaner

**defilement** /dɪˈfaɪlmənt/ N *(lit, fig = pollution)* souillure *f (liter)* ; *(= desecration)* profanation *f*

**definable** /dɪˈfaɪnəbl/ ADJ définissable

**define** /dɪˈfaɪn/ VT a *(= describe, characterize) [+ word, feeling, attitude]* définir ; *[+ responsibilities, conditions]* définir, déterminer ; *[+ functions]* définir ; *[+ boundaries, powers, duties]* délimiter, définir ; *[+ problem]* délimiter, cerner ◆ **an agreement that ~s how much they are paid** un accord qui détermine le niveau des salaires ◆ **the legislation does not ~ what exactly is meant by the term "depression"** la loi ne précise pas exactement ce que recouvre le terme "dépression" ◆ **she doesn't ~ herself as a feminist** elle ne se définit pas comme une féministe ◆ **how would you ~ yourself politically?** comment vous définiriez-vous *or* où vous situez-vous d'un point de vue politique ?

b *(= outline)* dessiner *or* dégager (les formes de) ◆ **the tower was clearly ~d against the sky** la tour se détachait nettement sur le ciel

**definite** /ˈdefɪnɪt/ ADJ a *(= fixed, certain) [plan]* précis ; *[intention, order, sale]* ferme ◆ **is that ~?** c'est certain *or* sûr ? ◆ **have you got a ~ date for the wedding?** avez-vous décidé de la date du mariage ? ◆ **12 August is ~ for the trip** le voyage aura lieu le 12 août, c'est sûr ◆ **nothing ~** rien de précis b *(= distinct, appreciable) [impression, feeling, increase]* net ; *[advantage]* certain ◆ **a ~ improvement** une nette amélioration ◆ **it's a ~ possibility** c'est tout à fait possible c *(= positive, emphatic) [person, tone]* catégorique ; *[manner]* ferme ; *[views]* arrêté ◆ **to be ~ about sth** être catégorique à propos de qch d *(Gram)* **past ~ (tense)** prétérit *m* COMP ▷ **definite article** N *(Gram)* article *m* défini ▷ **definite integral** N *(Math)* intégrale *f* définie

**definitely** /ˈdefɪnɪtlɪ/ ADV a *(expressing an intention) [decide, agree, say]* de manière définitive ◆ **is he ~ coming?** est-il sûr *or* certain qu'il va venir ? ◆ **I'm ~ going to get in touch with them** j'ai la ferme intention de les contacter ◆ **probably next week, but not ~** sans doute la semaine prochaine, mais rien n'est encore décidé *or* mais sous toute réserve b *(expressing an opinion)* vraiment ◆ **you ~ need a holiday** tu as vraiment besoin de vacances ◆ **she's ~ more intelligent than her brother** elle est plus intelligente que son frère, c'est sûr, elle est indéniablement plus intelligente que son frère ◆ **~ not** certainement pas ◆ **~!** *(= I agree)* absolument !, tout à fait ! c *(= emphatically) [deny, refuse, say]* catégoriquement

**definition** /ˌdefɪˈnɪʃən/ N a *[of word, concept]* définition *f* ◆ **by ~** par définition b *[of powers, boundaries, duties]* délimitation *f* c *(Phot, TV)* définition *f*

**definitive** /dɪˈfɪnɪtɪv/ ADJ a *(= definite) [answer, refusal etc]* définitif b *(= authoritative) [map, authority etc]* de référence, qui fait autorité

**definitively** /dɪˈfɪnɪtɪvlɪ/ ADV de façon absolue

**deflate** /diːˈfleɪt/ VT a *[+ tyre]* dégonfler ◆ **~d tyre** pneu *m* dégonflé *or* à plat b *(Fin)* **to ~ the currency** provoquer une déflation monétaire c * *[+ person]* démonter, rabattre le caquet à VI se dégonfler

**deflated** /diːˈfleɪtɪd/ ADJ a *(= flat) [tyre]* dégonflé, à plat b *(= downcast)* découragé

**deflation** /diːˈfleɪʃən/ N a *(Econ)* déflation *f* b *[of tyre, ball]* dégonflement *m*

**deflationary** /diːˈfleɪʃənərɪ/ ADJ *[measures, policy]* déflationniste

**deflationist** /diːˈfleɪʃənɪst/ ADJ déflationniste

**deflator** /diːˈfleɪtəʳ/ N déflateur *m*, mesure *f* déflationniste

**deflect** /dɪˈflekt/ VT *[+ ball, projectile]* faire dévier ; *[+ stream]* détourner ; *[+ light]* défléchir, dévier ; *[+ person]* détourner *(from* de) VI dévier ; *[magnetic needle]* décliner

**deflection** /dɪˈflekʃən/ N *[of projectile]* déviation *f* ; *[of light]* déflexion *f*, déviation *f* ; *[of magnetic needle]* déclinaison *f* (magnétique), déviation *f*

**deflector** /dɪˈflektəʳ/ N déflecteur *m*

**defloration** /ˌdiːflɔːˈreɪʃən/ N *(lit, fig)* défloration *f*

**deflower** /diːˈflaʊəʳ/ VT a *(liter) [+ girl]* déflorer b *(Bot)* défleurir

**defoliant** /diːˈfəʊlɪənt/ N défoliant *m*

**defoliate** /diːˈfəʊlɪeɪt/ VT défolier

**defoliation** /ˌdiːfəʊlɪˈeɪʃən/ N défoliation *f*

**deforest** /diːˈfɒrɪst/ VT déboiser

**deforestation** /diːˌfɒrɪsˈteɪʃən/ N déboisement *m*

**deform** /dɪˈfɔːm/ VT déformer ; *(Tech)* fausser

**deformation** /ˌdiːfɔːˈmeɪʃən/ N déformation *f*

**deformed** /dɪˈfɔːmd/ ADJ *[person, limb, bones, body]* difforme ; *[mind, structure]* déformé, tordu

**deformity** /dɪˈfɔːmɪtɪ/ N *[of body]* difformité *f* ; *[of mind]* déformation *f*

**DEFRA** /ˈdefrə/ N *(Brit)* (abbrev of **Department for Environment, Food and Rural Affairs**) ministère *m* de l'Agriculture

**defraud** /dɪˈfrɔːd/ VT *[+ state]* frauder ; *[+ person]* escroquer ◆ **to ~ sb of sth** escroquer qch à qn, frustrer qn de qch *(Jur)* ; → **conspiracy**

**defrauder** /dɪˈfrɔːdəʳ/ N fraudeur *m*, -euse *f*

**defray** /dɪˈfreɪ/ VT *[+ expenses]* payer, rembourser ; *[+ cost]* couvrir ◆ **to ~ sb's expenses** défrayer qn, rembourser ses frais à qn

**defrayal** /dɪˈfreɪəl/, **defrayment** /dɪˈfreɪmənt/ N paiement *m or* remboursement *m* des frais

**defrock** /diːˈfrɒk/ VT défroquer

**defrost** /diːˈfrɒst/ VT *[+ refrigerator, windscreen]* dégivrer ; *[+ meat, vegetables]* décongeler VI *[fridge]* se dégivrer ; *[frozen food]* se décongeler

**defroster** /diːˈfrɒstəʳ/ N *(Aut)* dégivreur *m* ; *(US)* dispositif *m* antibuée

**deft** /deft/ ADJ habile, adroit

**deftly** /ˈdeftlɪ/ ADV adroitement

**deftness** /ˈdeftnɪs/ N adresse *f*, dextérité *f*

**defunct** /dɪˈfʌŋkt/ ADJ *[organization, company, publication]* défunt *before n*, ancien ; *[practice]* révolu ; *[policy, tradition]* dépassé ; *[factory]* désaffecté ◆ **the ~ Soviet Union** l'ex-Union soviétique ◆ **the special relationship between Russia and Cuba is now ~** la relation privilégiée entre la Russie et Cuba n'existe plus *or* est révolue N *(frm)* ◆ **the ~** le défunt, la défunte

**defuse** /diːˈfjuːz/ VT *[+ bomb]* désamorcer ◆ **to ~ the situation** désamorcer la situation

**defy** /dɪˈfaɪ/ VT a *(= disobey) [+ law, authority, convention]* défier ; *[+ person]* désobéir à ; *[+ orders]* désobéir à, braver ; *[+ curfew]* ne pas respecter ; *(= stand up to) [+ person]* défier ◆ **she was bold enough to stand up and ~ him** elle a osé le défier ◆ **she defied him and spoke publicly about her ordeal** elle lui a désobéi en parlant ouvertement de son épreuve ◆ **to ~ death** *(= face without fear)* braver la mort ; *(= narrowly escape)* frôler *or* échapper de justesse à la mort ◆ **the virus has defied all attempts to find a vaccine** jusqu'à maintenant, ce virus a résisté à tous les efforts qu'on a fait pour trouver un vaccin

b *(= contradict, go beyond) [+ logic]* défier ◆ **to ~ gravity** défier les lois de la gravité ◆ **it defies description** cela défie toute description ◆ **that defies belief!** cela dépasse l'entendement !, c'est incroyable !

c *(= challenge)* **to ~ sb to do sth** défier qn de faire qch, mettre qn au défi de faire qch

d *(liter)* **to ~ one's age** *or* **the years** ne pas faire son âge

**degeneracy** /dɪˈdʒenərəsɪ/ N dégénérescence *f*

**degenerate** /dɪˈdʒenəreɪt/ VI *[people]* dégénérer (*into* en) s'abâtardir ; *[situation]* dégénérer ◆ **the situation ~d into civil war/rioting/violence** la situation a dégénéré en guerre civile/en émeutes/dans la violence ◆ **the demonstration ~d into violence** la manifestation a dégénéré (dans la violence) ◆ **the election campaign has ~d into farce** la campagne électorale a tourné à la farce ADJ /dɪˈdʒenərɪt/ dégénéré N /dɪˈdʒenərɪt/ dégénéré(e) *m(f)*

**degeneration** /dɪˌdʒenəˈreɪʃən/ N *[of mind, body, morals, people]* dégénérescence *f*

**degenerative** /dɪˈdʒenərətɪv/ ADJ dégénératif

**degradable** /dɪˈgreɪdəbl/ ADJ dégradable

**degradation** /ˌdegrəˈdeɪʃən/ N a *(= process of worsening: Chem, Geol, Mil, Phys)* dégradation *f* ; *[of person]* déchéance *f* ; *[of character]* avilissement *m* ◆ **environmental ~** dégradation *f* de l'environnement b *(= debasement)* déchéance *f*, avilissement *m* ; *(= humiliation)* humiliation *f* ◆ **the moral ~ of our society** la déchéance morale de notre société ◆ **the ~ of prison life** le caractère dégradant de la vie carcérale ◆ **sexual ~** avilissement *m* sexuel ◆ **the ~ of having to accept charity** l'humiliation d'avoir à accepter la charité ◆ **the ~s she had been forced to suffer** les humiliations qu'elle avait été obligée de subir

**degrade** /dɪˈgreɪd/ VT a *(= debase)* avilir, dégrader *(liter)* ◆ **he felt ~d** il se sentait avili *or* dégradé ◆ **he ~d himself by accepting it** il s'est avili *or* dégradé en l'acceptant ◆ **I wouldn't ~ myself by doing that** je n'irais pas m'avilir *or* m'abaisser à faire cela b *(Chem, Geol, Phys)* dégrader; *[+ environnement]* dégrader c *[+ official]* dégrader ; *(Mil) [+ officer]* dégrader, casser; *[+ military capability]* réduire VI *(= break down)* se dégrader

**degrading** /dɪˈgreɪdɪŋ/ ADJ dégradant (*to* pour)

**degree** /dɪˈgriː/ N a *(Geog, Math)* degré *m* ◆ **angle of 90 ~s** angle *m* de 90 degrés ◆ **40 ~s east of Greenwich** à 40 degrés de longitude est (de Greenwich) ◆ **20 ~s of latitude** 20 degrés de latitude ◆ **a 180-~ turn** *(fig)* un virage à 180 degrés

b *[of temperature]* degré *m* ◆ **it was 35 ~s in the shade** il faisait 35 (degrés) à l'ombre ◆ **he's got a temperature of 39 ~s** il a 39 de fièvre

c *(= amount)* degré *m* ◆ **some ~** *or* **a (certain) ~ of independence/optimism/freedom** un certain degré d'indépendance/d'optimisme/de liberté ◆ **with varying ~s of success** avec plus ou moins de succès ◆ **a fairly high ~ of error** d'assez nombreuses erreurs, un taux d'erreurs assez élevé ◆ **a considerable ~ of doubt** des doutes considérables ◆ **his ~ of commitment was low** il ne se sentait pas vraiment engagé à fond ◆ **I couldn't summon up the least ~ of enthusiasm for his idea** je n'arrivais pas à éprouver le moindre enthousiasme pour son idée ◆ **to do sth by ~s** faire qch petit à petit ◆ **to some ~, to a (certain) ~** dans une certaine mesure ◆ **he possesses to a high ~ the art of putting people at their ease** il possède au plus haut degré l'art de mettre les gens à l'aise ◆ **the departments are independent to a very high ~** les services sont, dans une large mesure, indépendants ◆ **to such a ~ that ...** à (un) tel point que ...

d *(Med)* ◆ **first-/second-/third-~ burns** brûlures *fpl* au premier/deuxième/troisième degré ; see also **third**

e *(US Jur)* ◆ **first-~ murder, murder in the first ~** assassinat *m*, meurtre *m* avec préméditation ◆ **second-~ murder, murder in the second ~** meurtre *m* (sans préméditation)

f *(Univ)* diplôme *m* (universitaire), titre *m* universitaire ◆ **first ~** ≃ licence *f* ◆ **higher ~** *(= master's)* ≃ maîtrise *f* ; *(= doctorate)* ≃ doctorat *m* ◆ **~ in** licence *f* de ◆ **I'm taking a science ~** *or* **a ~ in science** je fais une licence de sciences ◆ **he got his ~** il a eu son diplôme ◆ **he got his ~ in geography** il a eu sa licence de géographie ; → **honorary**

g *(Gram)* degré *m* ◆ **three ~s of comparison** trois degrés de comparaison

h *(liter = position in society)* rang *m* ◆ **of high ~** de haut rang ◆ **of low ~** de rang inférieur

i *(in genealogy)* ◆ **~s of kinship** degrés *mpl* de parenté

COMP ▷ **degree ceremony** N *(Brit Univ)* cérémonie *f* de remise des diplômes ▷ **degree course** N *(Brit Univ)* ◆ **to do a ~ course (in)** faire une licence (de) ◆ **the ~ course consists of ...** le cursus (universitaire) consiste en ... ▷ **degree mill** N *(US pej)* usine *f* à diplômes

> **Degree**
>
> Dans les systèmes universitaires britannique et américain, le premier titre universitaire (obtenu après trois ou quatre années d'études supérieures) est le « bachelor's **degree** », qui permet à l'étudiant en lettres de devenir « Bachelor of Arts » (« BA » en Grande-Bretagne, « AB » aux États-Unis) et à l'étudiant en sciences ou en sciences humaines d'être un « Bachelor of Science » (« BSc » en Grande-Bretagne, « BS » aux États-Unis). L'année suivante débouche sur les diplômes de « Master of Arts » (« MA ») et de « Master of Science » (« MSc » en Grande-Bretagne, « MS » aux États-Unis).

**degressive** /dɪˈgresɪv/ ADJ *[taxation]* dégressif

**dehumanization** /diːˌhjuːmənaɪˈzeɪʃən/ N déshumanisation *f*

**dehumanize** /diːˈhjuːmənaɪz/ VT déshumaniser

**dehumanizing** /diːˈhjuːmənaɪzɪŋ/ ADJ déshumanisant

**dehumidifier** /ˌdiːhjuːˈmɪdɪfaɪəʳ/ N *(= machine)* déshumidificateur *m*

**dehumidify** /ˌdiːhjuːˈmɪdɪfaɪ/ VT déshumidifier

**dehydrate** /ˌdiːhaɪˈdreɪt/ VT déshydrater

**dehydrated** /ˌdiːhaɪˈdreɪtɪd/ ADJ *[person, skin, vegetables]* déshydraté ; *[milk, eggs]* en poudre

**dehydration** /ˌdiːhaɪˈdreɪʃən/ N déshydratation *f*

**de-ice** /ˈdiːˈaɪs/ VT *(Aut, Aviat)* dégivrer

**de-icer** /ˈdiːˈaɪsəʳ/ N *(Aut, Aviat)* dégivreur *m*

**de-icing** /ˈdiːˈaɪsɪŋ/ N *(Aut, Aviat)* dégivrage *m* COMP ▷ **de-icing fluid** N *(Aut)* antigel *m*

**deictic** /ˈdaɪktɪk/ N *(Ling)* déictique *m*

**deification** /ˌdiːɪfɪˈkeɪʃən/ N déification *f*

**deify** /ˈdiːɪfaɪ/ VT déifier, diviniser

**deign** /deɪn/ VT daigner (*to do sth* faire qch) condescendre (*to do sth* à faire qch)

**de-indexation** /ˌdiːɪndekˈseɪʃən/ N désindexation *f*

**deism** /ˈdiːɪzəm/ N déisme *m*

**deist** /ˈdiːɪst/ N déiste *mf*

**deity** /ˈdiːɪtɪ/ N a *(Myth, Rel)* divinité *f*, déité *f* *(liter)* ◆ **the Deity** Dieu *m* b *(NonC)* divinité *f*

**deixis** /ˈdaɪksɪs/ N *(Ling)* deixis *f*

**déjà vu** /ˌdeɪʒɑːˈvuː/ N déjà(-)vu *m* ◆ **I had a feeling** *or* **a sense of ~** j'avais une impression de déjà(-)vu

**dejected** /dɪˈdʒektɪd/ ADJ abattu, découragé ◆ **to become** *or* **get ~** se décourager, se laisser abattre

**dejectedly** /dɪˈdʒektɪdlɪ/ ADV *[say, talk]* d'un ton abattu ; *[look]* d'un air abattu

**dejection** /dɪˈdʒekʃən/ N abattement *m*, découragement *m*

**de jure** /ˌdeɪˈdʒʊərɪ/ ADJ, ADV de jure

**dekko*** /ˈdekəʊ/ N *(Brit)* petit coup *m* d'œil ◆ **let's have a ~** fais voir ça, on va (y) jeter un œil *

**Del.** abbrev of **Delaware**

**Delaware** /ˈdeləˌwɛəʳ/ N Delaware *m* ◆ **in ~** dans le Delaware

**delay** /dɪˈleɪ/ VT a *(= postpone) [+ action, event]* retarder, différer ; *[+ payment]* différer ◆ **~ed effect** effet *m* à retardement ◆ **to ~ doing sth** tarder à faire qch, remettre qch à plus tard

b *(= keep waiting, hold up) [+ person, traffic]* retarder, retenir ; *[+ train, plane]* retarder ◆ **I don't want to ~ you** je ne veux pas vous retenir *or* retarder

VI s'attarder (*in doing sth* en faisant qch) ◆ **don't ~!** dépêchez-vous !

N retard *m* ◆ **after two or three ~s** après deux ou trois arrêts ◆ **there will be ~s to trains on the London-Brighton line** on prévoit des retards sur la ligne Londres-Brighton ◆ **there will be ~s to traffic** il y aura des ralentissements (de la circulation), la circulation sera ralentie ◆ **"delays possible (until Dec 2001)"** *(on road sign)* "ralentissements possibles (jusqu'en décembre 2001)" ◆ **with as little ~ as possible** dans les plus brefs délais ◆ **there's no time for ~** il n'y a pas de temps à perdre ◆ **without ~**

sans délai ◆ **without further** ~ sans plus tarder *or* attendre ◆ **they arrived with an hour's** ~ ils sont arrivés avec une heure de retard

COMP ▷ **delayed-action** ADJ *[bomb, fuse]* à retardement ▷ **delayed-action shutter** N *(Phot)* obturateur *m* à retardement

> ⚠ **delay** *is rarely translated by* **délai**, *which usually means 'time allowed'.*

**delaying** /dɪˈleɪɪŋ/ ADJ *[action]* dilatoire, qui retarde ◆ ~ **tactics** moyens *mpl* dilatoires

**delectable** /dɪˈlektəbl/ ADJ *(liter or hum) [food, drink]* délectable *(liter or hum)* ◆ **the** ~ **Miss Campbell** la délicieuse Mlle Campbell

**delectation** /ˌdiːlekˈteɪʃən/ N délectation *f*

**delegate** /ˈdelɪgeɪt/ VT *[+ authority, power]* déléguer (*to* à) ◆ **to** ~ **responsibility** déléguer les responsabilités ◆ **to** ~ **sb to do sth** déléguer qn pour faire qch VI déléguer ses responsabilités N /ˈdelɪgɪt/ délégué(e) *m(f)* (*to* à) ◆ ~ **to a congress** congressiste *mf*

**delegation** /ˌdelɪˈgeɪʃən/ N a *(NonC) [of power]* délégation *f* ; *[of person]* nomination *f*, désignation *f* (*as* comme) b *(= group of delegates)* délégation *f*

**delete** /dɪˈliːt/ VT *(gen)* effacer (*from* de) ; *(= score out)* barrer, rayer (*from* de) ; *(Gram, Comput)* supprimer, effacer ◆ **"delete where inapplicable"** *(on forms etc)* "rayer les mentions inutiles"

**deleterious** /ˌdelɪˈtɪərɪəs/ ADJ *[effect, influence]* nuisible, délétère (*to* à) ; *[gas]* délétère

**deletion** /dɪˈliːʃən/ N a *(NonC)* effacement *m* b *(= thing deleted)* rature *f*

**delft** /delft/ N faïence *f* de Delft COMP ▷ **Delft blue** N *(= colour)* bleu *m* (de) faïence

**Delhi** /ˈdelɪ/ N Delhi COMP ▷ **Delhi belly** * N turista * *f*, maladie *f* du touriste

**deli** * /ˈdelɪ/ N (abbrev of **delicatessen**) épicerie *f* fine, traiteur *m*

**deliberate** /dɪˈlɪbərɪt/ ADJ a *(= intentional) [action, insult, lie]* délibéré ◆ **it wasn't** ~ ce n'était pas fait exprès b *(= cautious, thoughtful) [action, decision]* bien pesé, mûrement réfléchi ; *[character, judgement]* réfléchi, circonspect ; *(= slow, purposeful) [air, voice]* décidé ; *[manner, walk]* mesuré, posé VI /dɪˈlɪbəreɪt/ a *(= think)* délibérer, réfléchir (*upon* sur) b *(= discuss)* délibérer, tenir conseil ; *[jury]* délibérer ◆ **the jury** ~**d over their verdict** le jury a délibéré VT /dɪˈlɪbəreɪt/ a *(= study)* considérer, examiner b *(= discuss)* délibérer sur, débattre ◆ **The jury will begin deliberating the case today** le jury va commencer ses délibérations *or* à délibérer aujourd'hui ◆ **I was deliberating whether or not to tell her** j'étais en train de me demander si je devais le lui dire

**deliberately** /dɪˈlɪbərɪtlɪ/ ADV a *(= on purpose)* délibérément ◆ **I didn't do it** ~ je ne l'ai pas fait exprès ◆ ~ **vague** délibérément vague b *(= purposefully)* posément

**deliberation** /dɪˌlɪbəˈreɪʃən/ N a *(= consideration)* délibération *f*, réflexion *f* ◆ **after due** *or* **careful** ~ après mûre réflexion b *(= discussion: gen pl)* ~**s** débats *mpl* ; *[of jury]* délibérations *fpl* ◆ **the EC Foreign Ministers'** ~**s** le débat entre les ministres des Affaires étrangères de la Communauté européenne c *(= slowness)* mesure *f* ◆ **with** ~ posément

**deliberative** /dɪˈlɪbərətɪv/ ADJ *[assembly, body]* délibérante

**delicacy** /ˈdelɪkəsɪ/ N a *(NonC)* délicatesse *f* ; *(= fragility)* fragilité *f*, délicatesse *f* ◆ **a matter of some** ~ une affaire assez délicate b *(= special dish)* mets *m* délicat ◆ **a great** ~ un mets très délicat

**delicate** /ˈdelɪkɪt/ ADJ a *(= fine, subtle) [object, movement, colour, flavour, touch]* délicat b *(= easily damaged, not robust) [china, skin, fabric, person, health]* fragile, délicat ◆ **in a** ~ **condition** († *euph*) dans une position intéressante † *(also euph)* c *(= touchy, tricky) [situation, negotiations]* délicat d *(= sensitive) [instrument, sense]* délicat ; *[compass]* sensible

**delicately** /ˈdelɪkɪtlɪ/ ADV a *(= subtly, daintily)* délicatement ◆ ~ **flavoured** délicatement parfumé b *(= tactfully)* avec tact *or* délicatesse ◆ ~ **worded** formulé avec tact *or* délicatesse

**delicatessen** /ˌdelɪkəˈtesn/ N *(= shop)* épicerie *f* fine, traiteur *m*

**delicious** /dɪˈlɪʃəs/ ADJ *(lit, fig)* délicieux

**deliciously** /dɪˈlɪʃəslɪ/ ADV *(lit, fig)* délicieusement ◆ ~ **creamy** délicieusement crémeux ◆ ~ **ironic** d'une ironie délicieuse

**delight** /dɪˈlaɪt/ N a *(= intense pleasure)* grand plaisir *m*, joie *f* ◆ **to my** ~ à *or* pour ma plus grande joie ◆ **to take (a)** ~ **in sth/in doing sth** prendre grand plaisir à qch/à faire qch ◆ **with** ~ *(gen)* avec joie ; *(more sensual) [taste, smell]* avec délices ◆ **to give** ~ charmer

b *(= source of pleasure: often pl)* délice *m*, joie *f* ◆ **she is the** ~ **of her mother** elle fait la joie de sa mère ◆ **this book is an absolute** ~ ce livre est vraiment merveilleux ◆ **a** ~ **to the eyes** un régal *or* un plaisir pour les yeux ◆ **he's a** ~ **to watch** il fait plaisir à voir ◆ **the** ~**s of life in the open air** les charmes *or* les délices *(liter)* de la vie en plein air

VT *[+ person]* enchanter, ravir ; → **delighted**

VI prendre plaisir (*in sth* à qch ; *in doing sth* à faire qch) se délecter (*in sth* de qch ; *in doing sth* à faire qch) ◆ **she** ~**s in him/it** il/cela lui donne beaucoup de joie ◆ **they** ~**ed in the scandal** ils se sont délectés du scandale

**delighted** /dɪˈlaɪtɪd/ LANGUAGE IN USE 11.3, 23.6, 25.1, 25.2 ADJ ravi, enchanté (*with, at, by* de, par ; *to do sth* de faire qch ; *that* que + *subj*) ◆ **absolutely** ~! tout à fait ravi ! ◆ ~ **to meet you!** enchanté (de faire votre connaissance) ! ◆ **will you go? – (I shall be)** ~ voulez-vous y aller ? — avec grand plaisir *or* très volontiers

**delightedly** /dɪˈlaɪtɪdlɪ/ ADV avec ravissement

**delightful** /dɪˈlaɪtfʊl/ ADJ charmant ◆ **it's** ~ **to ...** c'est merveilleux de ...

**delightfully** /dɪˈlaɪtfəlɪ/ ADV *[friendly, vague]* délicieusement ; *[arranged, decorated]* d'une façon ravissante ; *[smile, behave]* de façon charmante

**Delilah** /dɪˈlaɪlə/ N Dalila *f*

**delimit** /diːˈlɪmɪt/ VT délimiter

**delimitation** /ˌdiːlɪmɪˈteɪʃən/ N délimitation *f*

**delineate** /dɪˈlɪnɪeɪt/ VT a *(= describe) [+ character]* représenter, dépeindre ; *[+ plan etc] (= present)* présenter ; *(in more detail)* énoncer en détail ; *(with diagram etc)* représenter graphiquement b *(= define) [+ border, area]* définir ◆ **the frontier between the two nations is still not clearly** ~**d** la frontière entre les deux nations n'est pas encore bien définie ◆ **mountains clearly** ~**d** montagnes *fpl* qui se détachent clairement à l'horizon

**delineation** /dɪˌlɪnɪˈeɪʃən/ N *[of outline]* dessin *m*, tracé *m* ; *[of plan]* présentation *f* (détaillée) ; *[of character]* description *f*, peinture *f*

**delinquency** /dɪˈlɪŋkwənsɪ/ N a *(NonC)* délinquance *f* ; → **juvenile** b *(= act of delinquency)* faute *f*, délit *m* c *(US Fin = failure to pay)* défaillance *f*, défaut *m* de paiement

**delinquent** /dɪˈlɪŋkwənt/ ADJ a délinquant ; → **juvenile** b *(US Fin) [debtor]* défaillant ; *[payment]* arriéré, impayé, échu N a délinquant(e) *m(f)* ; *(fig)* coupable *mf*, fautif *m*, -ive *f* b *(US Fin)* défaillant(e) *m(f)*

**deliquescence** /ˌdelɪˈkwesəns/ N déliquescence *f*

**delirious** /dɪˈlɪrɪəs/ ADJ a *(Med)* délirant ◆ **to be** ~ délirer b *(fig = ecstatic)* ◆ **to be** ~ **(with joy)** délirer de joie, être ivre de joie ; *[crowd]* être en délire

**deliriously** /dɪˈlɪrɪəslɪ/ ADV a *(fig = ecstatically)* avec une joie délirante ◆ ~ **happy** fou de joie b *(Med)* **to rave** ~ **about sth** délirer en parlant de qch

**delirium** /dɪˈlɪrɪəm/ N (pl **delirium** *or* **deliria** /dɪˈlɪrɪə/) *(Med, fig)* délire *m* ◆ **bout of** ~ accès *m* de délire ◆ ~ **tremens** delirium *m* tremens

**delist** /diːˈlɪst/ VT *(St Ex: security)* radier du registre (des valeurs cotées en Bourse)

**deliver** /dɪˈlɪvəʳ/ LANGUAGE IN USE 20.4

VT a *(= take)* remettre (*to* à) ; *[+ letters etc]* distribuer (*à domicile*) ; *[+ goods]* livrer ◆ **to** ~ **a message to sb** remettre un message à qn ◆ **milk is** ~**ed each day** le lait est livré tous les jours ◆ **"we deliver daily"** *(Comm)* "livraisons quotidiennes" ◆ **"delivered free"** "livraison gratuite" ◆ **I will** ~ **the children to school tomorrow** j'emmènerai les enfants à l'école demain ◆ **to** ~ **a child (over) into sb's care** confier un enfant aux soins de qn ◆ **to** ~ **the goods** * *(fig)* être à la hauteur

b *(= rescue)* délivrer, sauver (*sb from sth* qn de qch) ◆ ~ **us from evil** délivrez-nous du mal

c *(= utter) [+ speech, sermon]* prononcer ◆ **to** ~ **an ultimatum** lancer un ultimatum ◆ **to** ~ **o.s. of an opinion** *(frm)* émettre une opinion

d *(Med) [+ baby]* mettre au monde ; *[+ woman]* (faire) accoucher ◆ **to be** ~**ed of a son** *(frm)* accoucher d'un fils

e *(= hand over:* also **deliver over, deliver up***)* remettre, transmettre ◆ **to** ~ **a town (up** *or* **over) into the hands of the enemy** livrer une ville à l'ennemi ; → **stand**

f *[+ blow]* porter, assener

VI (* *= do what is expected) [person, nation, government etc]* être à la hauteur (*on sth* quant à qch) ◆ **the match promised great things but didn't** ~ le match promettait beaucoup mais n'a pas été à la hauteur (de ce qu'on en attendait)

> ⚠ **to deliver** *is rarely translated by the French word* **délivrer**.

**deliverance** /dɪˈlɪvərəns/ N a *(NonC)* délivrance *f*, libération *f* (*from* de) b *(= statement of opinion)* déclaration *f* (formelle) ; *(Jur)* prononcé *m* (du jugement)

**deliverer** /dɪˈlɪvərəʳ/ N a *(= saviour)* sauveur *m*, libérateur *m*, -trice *f* b *(Comm)* livreur *m*

**delivery** /dɪˈlɪvərɪ/ LANGUAGE IN USE 20.4, 20.5

N a *[of goods]* livraison *f* ; *[of parcels]* remise *f*, livraison *f* ; *[of letters]* distribution *f* ◆ **to take** ~ **of** prendre livraison de ◆ **to pay on** ~ payer à la *or* sur livraison ◆ **payable on** ~ payable à la livraison ◆ **price on** ~ *(Comm) (gen)* prix *m* à la livraison ; *(of car)* prix *m* clés en main ; → **charge, free**

b *(Med)* accouchement *m*

c *(NonC) [of speaker]* débit *m*, élocution *f* ; *[of speech]* débit *m* ◆ **his speech was interesting but his** ~ **dreary** son discours était intéressant mais son débit monotone

COMP ▷ **delivery charge** N frais *mpl* de port ▷ **delivery man** N (pl **delivery men**) livreur *m* ▷ **delivery note** N bulletin *m* de livraison ▷ **delivery order** N bon *m* de livraison ▷ **delivery room** N *(Med)* salle *f* d'accouchement ▷ **delivery service** N service *m* de livraison ▷ **delivery time** N délai *m* de livraison ▷ **delivery truck** *(esp US)*, **delivery van** N camionnette *f* de livraison

**dell** /del/ N vallon *m*

**delouse** /ˈdiːˈlaʊs/ VT *[+ person, animal]* épouiller ; *[+ object]* ôter les poux de

**Delphi** /ˈdelfaɪ/ N Delphes

**Delphic** /ˈdelfɪk/ ADJ *[oracle]* de Delphes ; *(fig liter)* obscur

**delphinium** /delˈfɪnɪəm/ N (pl **delphiniums** *or* **delphinia** /delˈfɪnɪə/) pied-d'alouette *m*, delphinium *m*

**delta** /ˈdeltə/ N delta *m* COMP ▷ **delta-winged** ADJ *(Aviat)* à ailes (en) delta

**deltoid** /ˈdeltɔɪd/ ADJ, N deltoïde *m*

**delude** /dɪˈluːd/ VT tromper (*with* par) induire en erreur (*with* par) ◆ **to ~ sb into thinking that ...** amener qn à penser que ..., faire croire à qn que ... ◆ **to ~ o.s.** se faire des illusions, se bercer d'illusions ◆ **to ~ o.s. that ...** s'imaginer que ... ◆ **we mustn't ~ ourselves that ...** il ne faut pas s'imaginer que ...

**deluded** /dɪˈluːdɪd/ ADJ ◆ **to be ~** être victime d'illusions, être bercé d'illusions

**deluding** /dɪˈluːdɪŋ/ ADJ trompeur, illusoire

**deluge** /ˈdeljuːdʒ/ N *(lit)* déluge *m*, inondation *f* ; *(fig)* déluge *m* ◆ **the Deluge** le déluge ◆ **a ~ of rain** une pluie diluvienne ◆ **a ~ of protests** un déluge de protestations ◆ **a ~ of letters** une avalanche de lettres VT *(lit, fig)* inonder, submerger (*with* de)

**delusion** /dɪˈluːʒən/ N *(= false belief)* illusion *f* ; *(Psych)* délire *m* ◆ **to suffer from ~s** se faire des illusions ; *(Psych)* avoir des crises de délire ◆ **to be (labouring) under a ~** être victime d'une illusion, être le jouet d'une illusion ◆ **he seems to be labouring under the ~ that I have already asked him this question** on dirait qu'il croit que je lui ai déjà posé la question ◆ **~s of grandeur** folie *f* des grandeurs

**delusive** /dɪˈluːsɪv/ ADJ trompeur, illusoire

**delusiveness** /dɪˈluːsɪvnɪs/ N caractère *m* trompeur *or* illusoire

**delusory** /dɪˈluːsərɪ/ ADJ trompeur, illusoire

**de luxe** /dɪˈlʌks/ ADJ de luxe ◆ **a ~ flat** un appartement (de) grand standing ◆ **~ model** *(car, machine)* modèle *m* (de) grand luxe, modèle *m* de luxe

**delve** /delv/ VI **a** *(into book, sb's past)* fouiller (*into* dans) ◆ **to ~ into a subject** creuser *or* approfondir un sujet ◆ **to ~ into the past** fouiller dans le passé **b** *(in drawer etc)* fouiller (*into* dans) ◆ **to ~ into one's pockets** *(lit)* fouiller dans ses poches ; *(fig)* mettre la main au portefeuille **c** *(= dig)* creuser (*into* dans) ; *(with spade)* bêcher

**Dem.** *(US Pol)* N abbrev of **Democrat** ADJ abbrev of **Democratic**

**demagnetize** /ˌdiːˈmægnɪtaɪz/ VT démagnétiser

**demagog** /ˈdeməgɒg/ N *(US)* ⇒ **demagogue**

**demagogic** /ˌdeməˈgɒgɪk/ ADJ démagogique

**demagogue, demagog** *(US)* /ˈdeməgɒg/ N démagogue *mf*

**demagoguery** /ˌdeməˈgɒgərɪ/ N démagogie *f*

**demagogy** /ˈdeməgɒgɪ/ N démagogie *f*

**de-man** /ˌdiːˈmæn/ VT **a** *(Brit Ind = reduce manpower)* réduire *or* dégraisser les effectifs de **b** *(= deprive of virility)* déviriliser

**demand** /dɪˈmɑːnd/ VT *[+ money, explanation, help]* exiger, réclamer (*from, of* de) ; *[+ higher pay etc]* revendiquer, réclamer ◆ **to ~ an apology** exiger des excuses ◆ **to ~ to do sth** exiger de faire qch ◆ **he ~s to be obeyed** il exige qu'on lui obéisse ◆ **he ~s that you leave at once** il exige que vous partiez *subj* tout de suite ◆ **a question/situation that ~s our attention** une question/une situation qui réclame *or* demande notre attention ◆ **« what do you expect me to do about it? » she ~ed** « que voulez-vous que j'y fasse ? », demanda-t-elle

N **a** *[of person]* exigence(s) *f(pl)*, demande *f* ; *[of duty, problem, situation]* exigence(s) *fpl* ; *(= claim) (for better pay etc)* revendication *f*, réclamation *f* ; *(for help, money)* demande *f* ◆ **to feed a baby on ~** allaiter un bébé quand il le demande ◆ **payable on ~** payable sur demande *or* sur présentation ◆ **final ~ (for payment)** dernier avertissement *m* (d'avoir à payer) ◆ **to make ~s on sb** exiger beaucoup de qn *or* de la part de qn ◆ **you make too great ~s on my patience** vous abusez de ma patience ◆ **the ~s of the case** les nécessités *fpl* du cas ◆ **I have many ~s on my time** je suis très pris, mon temps est très pris

**b** *(NonC: Comm, Econ)* demande *f* ◆ **~ for this product is growing** ce produit est de plus en plus demandé ◆ **to create a ~ for a product** créer la demande pour un produit ◆ **do you stock suede hats? – no, there's no ~ for them** avez-vous des chapeaux en daim ? – non, il n'y a pas de demande ; → **supply**[1]

**c** ◆ **to be in (great) ~** être très demandé

COMP ▷ **demand bill, demand draft** N *(Fin)* bon *m or* effet *m* à vue ▷ **demand feeding** N allaitement *m* à la demande ▷ **demand liabilities** NPL engagements *mpl* à vue ▷ **demand management** N *(Econ)* contrôle *m* (gouvernemental) de la demande ▷ **demand note** N ⇒ **demand bill**

⚠ **to demand** *is rarely translated by* **demander**, *which simply means 'to ask'.*

**demanding** /dɪˈmɑːndɪŋ/ ADJ **a** *[boss, customer]* exigeant ◆ **new services to meet the needs of ever more ~ customers** de nouveaux services destinés à satisfaire les besoins de clients toujours plus exigeants

**b** *[job, responsibility]* **he can no longer cope with his ~ job** il ne peut plus faire face aux exigences de son travail ◆ **his working life was ~** son travail l'accaparait ◆ **she has two ~ children** elle a deux enfants qui l'accaparent

**c** *(= taxing)* difficile ; *[schedule]* éprouvant ◆ **students doing ~ courses** les étudiants qui font des études difficiles ◆ **a very ~ sport such as squash** un sport très éprouvant tel que le squash ◆ **physically ~** physiquement éprouvant, qui demande beaucoup de résistance physique ◆ **intellectually ~** qui demande un gros effort intellectuel ◆ **Stravinsky is the most intellectually ~ of all composers** Stravinski est le plus difficile d'accès de tous les compositeurs ◆ **working with children can be emotionally ~** travailler avec des enfants peut être très éprouvant sur le plan émotionnel

**de-manning** /ˌdiːˈmænɪŋ/ N *(Brit)* licenciements *mpl*, réduction *f* des effectifs

**demarcate** /ˈdiːmɑːkeɪt/ VT délimiter

**demarcation** /ˌdiːmɑːˈkeɪʃən/ N démarcation *f*, délimitation *f* COMP ▷ **demarcation dispute** N conflit *m* d'attributions ▷ **demarcation line** N ligne *f* de démarcation

**demarche** /ˈdeɪmɑːʃ/ N démarche *f*, mesure *f*

**dematerialize** /ˌdiːməˈtɪərɪəlaɪz/ VI se dématérialiser

**demean** /dɪˈmiːn/ VT *[+ person]* rabaisser, humilier ; *[+ cause]* dévaloriser ; *[+ thing]* rabaisser ◆ **to ~ o.s.** s'abaisser (*by doing sth* à faire qch)

**demeaning** /dɪˈmiːnɪŋ/ ADJ dégradant (*to* pour) humiliant (*to* pour)

**demeanour, demeanor** *(US)* /dɪˈmiːnəʳ/ N *(= behaviour)* comportement *m*, conduite *f* ; *(= bearing)* maintien *m*

**demented** /dɪˈmentɪd/ ADJ **a** *(* = crazy)* fou (folle *f*) **b** *(Med)* dément ◆ **to become ~** sombrer dans la démence

**dementedly** /dɪˈmentɪdlɪ/ ADV comme un fou (*or* une folle)

**dementia** /dɪˈmenʃɪə/ N démence *f* ; → **senile** COMP ▷ **dementia praecox** N démence *f* précoce

**demerara** /ˌdeməˈreərə/ N *(Brit:* also **demerara sugar**) sucre *m* roux (cristallisé), cassonade *f*

**demerge** /ˌdiːˈmɜːdʒ/ VT *(Brit) [+ company]* scinder

**demerger** /ˌdiːˈmɜːdʒəʳ/ N *(Brit)* scission *f*

**demerit** /diːˈmerɪt/ N démérite *m* ◆ **~ (point)** *(US Scol)* avertissement *m*, blâme *m*

**demesne** /dɪˈmeɪn/ N domaine *m*, terre *f* ; *(Jur)* possession *f* ◆ **to hold sth in ~** *(Jur)* posséder qch en toute propriété

**demi...** /ˈdemɪ/ PREF demi- ◆ **demigod** demi-dieu *m*

**demijohn** /ˈdemɪdʒɒn/ N dame-jeanne *f*, bonbonne *f*

**demilitarization** /ˈdiːˌmɪlɪtəraɪˈzeɪʃən/ N démilitarisation *f*

**demilitarize** /diːˈmɪlɪtəraɪz/ VT démilitariser COMP ▷ **demilitarized zone** N zone *f* démilitarisée

**demise** /dɪˈmaɪz/ N **a** *(frm, hum = death)* décès *m*, mort *f* ; *(fig) [of institution, custom etc]* mort *f*, fin *f* **b** *(Jur) (by legacy)* cession *f or* transfert *m* par legs, transfert *m* par testament ; *(by lease)* transfert *m* par bail ◆ **~ of the Crown** transmission *f* de la Couronne *(par décès ou abdication)* VT *(Jur) [+ estate]* léguer ; *[+ the Crown, sovereignty]* transmettre

**demisemiquaver** /ˈdemɪsemɪˌkweɪvəʳ/ N *(Brit)* triple croche *f*

**demist** /diːˈmɪst/ VT désembuer

**demister** /diːˈmɪstəʳ/ N *(Brit Aut)* dispositif *m* antibuée

**demisting** /diːˈmɪstɪŋ/ N désembuage *m*

**demitasse** /ˈdemɪtæs/ N *(US) (= cup)* tasse *f* (à moka) ; *(= drink)* (tasse *f* de) café *m* noir

**demo** * /ˈdeməʊ/ N **a** *(Brit)* (abbrev of **demonstration**) manif * *f* **b** *(US)* ⇒ **demonstration model** ; → **demonstration c** *(US)* ⇒ **demolition worker** ; → **demolition d** ⇒ **demonstration record** ; → **demonstration**

**demob** * /ˈdiːˈmɒb/ VT, N *(Brit)* abbrev of **demobilize, demobilization**

**demobilization** /ˈdiːˌməʊbɪlaɪˈzeɪʃən/ N démobilisation *f*

**demobilize** /diːˈməʊbɪlaɪz/ VT démobiliser

**democracy** /dɪˈmɒkrəsɪ/ N démocratie *f* ◆ **they are working towards ~** ils sont en train de se démocratiser ; → **people**

**Democrat** /ˈdeməkræt/ N **a** *(Brit Pol)* (libéral) démocrate *mf* **b** *(US Pol)* démocrate *mf*

**democrat** /ˈdeməkræt/ N démocrate *mf*

**democratic** /ˌdeməˈkrætɪk/ ADJ a *(Pol) [institution, organization, spirit]* démocratique b *(US Pol)* ◆ **Democratic** démocrate ◆ **the Democratic Party** le parti démocrate ◆ **the Democratic Republic of ...** la République démocratique de ... ; see also **Christian, liberal, social** c *(= egalitarian) [boss, management style, atmosphere]* démocratique, non directif

**democratically** /ˌdeməˈkrætɪkəlɪ/ ADV démocratiquement ◆ ~ **elected** démocratiquement élu ◆ **to be** ~ **minded** être démocratique

**democratization** /dɪˌmɒkrətaɪˈzeɪʃən/ N démocratisation *f*

**democratize** /dɪˈmɒkrətaɪz/ VT démocratiser VI se démocratiser

**demographer** /dɪˈmɒgrəfəʳ/ N démographe *mf*

**demographic** /ˌdeməˈgræfɪk/ ADJ démographique N tranche *f* de population

**demographics** /ˌdeməˈgræfɪks/ NPL données *fpl* démographiques ; *[of market]* profil *m* démographique ◆ **the** ~ **of housing demand** les données démographiques concernant la demande de logement

**demography** /dɪˈmɒgrəfɪ/ N démographie *f*

**demolish** /dɪˈmɒlɪʃ/ VT *[+ building]* démolir, abattre ; *[+ fortifications]* démanteler ; *(fig) [+ theory]* démolir, détruire ; * *[+ cake]* liquider *, dire deux mots à *

**demolisher** /dɪˈmɒlɪʃəʳ/ N *(lit, fig)* démolisseur *m*

**demolition** /ˌdeməˈlɪʃən/ N démolition *f* COMP ▷ **demolition area** N ⇒ **demolition zone** ▷ **demolition squad** N équipe *f* de démolition ▷ **demolition work** N (travail *m* de) démolition *f* ▷ **demolition worker** N démolisseur *m* ▷ **demolition zone** N zone *f* de démolition

**demon** /ˈdiːmən/ N *(all senses)* démon *m* ◆ **the old ~s of hate and prejudice** les vieux démons que sont la haine et les préjugés ◆ **his private ~s** ses démons intérieurs ◆ **the ~ drink** l'alcool *m* ◆ **to be a ~ for work** être un bourreau de travail ◆ **a ~ driver** *(skilful)* un as * du volant ; *(dangerous)* un conducteur pris de folie ◆ **he's a ~ squash player** *etc* il joue au squash *etc* comme un dieu

**demonetization** /diːˌmʌnɪtaɪˈzeɪʃən/ N démonétisation *f*

**demonetize** /diːˈmʌnɪtaɪz/ VT démonétiser

**demoniac** /dɪˈməʊnɪæk/ ADJ, N démoniaque *mf*

**demoniacal** /ˌdiːməʊˈnaɪəkəl/ ADJ démoniaque, diabolique ◆ ~ **possession** possession *f* diabolique

**demonic** /diːˈmɒnɪk, dɪˈmɒnɪk/ ADJ démoniaque, diabolique

**demonize** /ˈdiːmənaɪz/ VT diaboliser

**demonology** /ˌdiːməˈnɒlədʒɪ/ N démonologie *f*

**demonstrable** /ˈdemənstrəbl/ ADJ démontrable

**demonstrably** /ˈdemənstrəblɪ/ ADV manifestement

**demonstrate** /ˈdemənstreɪt/ LANGUAGE IN USE 26.1 VT a *(= show) [+ truth, need]* démontrer, prouver ◆ **to ~ that ...** démontrer *or* prouver que ... b *(= display)* faire la preuve de, prouver ◆ **he was anxious to ~ his commitment to democracy** il voulait faire la preuve de *or* prouver son attachement à la démocratie ◆ **he ~d great skill** il a fait preuve de beaucoup d'adresse c *[+ appliance]* faire une démonstration de ; *[+ system]* expliquer, décrire ◆ **to ~ how sth works** montrer le fonctionnement de qch, faire une démonstration de qch ◆ **to ~ how to do sth** montrer comment faire qch VI *(= protest)* manifester, faire *or* organiser une manifestation (*for* pour ; *in favour of* en faveur de ; *against* contre)

**demonstration** /ˌdemənˈstreɪʃən/ N a *(= protest)* manifestation *f* ◆ **to hold a ~** manifester, faire *or* organiser une manifestation b *(= instructions)* démonstration *f* ◆ **to give a ~ (of)** faire une démonstration (de) c *(= proof)* preuve *f* ◆ **a ~ of their sincerity** une preuve de sincérité de leur part d *[of love, support]* manifestations *fpl* COMP *[car, lecture, tape, diskette]* de démonstration ▷ **demonstration model** N modèle *m* de démonstration

> ⚠ When **demonstration** means 'protest' or 'proof', it is not translated by the French word **démonstration**.

**demonstrative** /dɪˈmɒnstrətɪv/ ADJ *[behaviour, person]* démonstratif, expansif ; *(Gram, Math, Philos)* démonstratif

**demonstrator** /ˈdemənstreɪtəʳ/ N a *(= person) (Comm)* démonstrateur *m*, -trice *f* ; *(Educ)* préparateur *m*, -trice *f* ; *(Pol)* manifestant(e) *m(f)* b *(= appliance)* appareil *m* (*or* article *m*) de démonstration ; *(= car)* voiture *f* de démonstration

**demoralization** /dɪˌmɒrəlaɪˈzeɪʃən/ N démoralisation *f*

**demoralize** /dɪˈmɒrəlaɪz/ VT démoraliser ◆ **to become ~d** perdre courage, être démoralisé

**demoralizing** /dɪˈmɒrəlaɪzɪŋ/ ADJ démoralisant

**demote** /dɪˈməʊt/ VT *(also Mil)* rétrograder

**demotic** /dɪˈmɒtɪk/ ADJ a *(= of the people)* populaire b *(Ling)* démotique N démotique *f*

**demotion** /dɪˈməʊʃən/ N rétrogradation *f*

**demotivate** /ˌdiːˈməʊtɪveɪt/ VT démotiver

**demulcent** /dɪˈmʌlsənt/ ADJ, N *(Med)* émollient *m*, adoucissant *m*

**demur** /dɪˈmɜːʳ/ VI rechigner (*at sth* devant qch ; *at doing sth* à faire qch) ; *(Jur)* opposer une exception N réserve *f*, objection *f* ◆ **without ~** sans hésiter, sans faire de difficultés

**demure** /dɪˈmjʊəʳ/ ADJ *[smile, look, girl]* modeste, sage ; *[child]* très sage ◆ **a ~ hat** un petit chapeau bien sage

**demurely** /dɪˈmjʊəlɪ/ ADV *(= modestly) [smile, move]* d'un air modeste *or* sage ; *[speak]* d'un ton modeste ; *[behave]* sagement, de façon modeste ◆ ~ **dressed (in)** sagement habillé (de)

**demureness** /dɪˈmjʊənɪs/ N *(= modesty) [of person]* air *m* sage ; *[of clothes]* allure *f* sage ; *(pej) (= coyness)* modestie *f* affectée

**demurrage** /dɪˈmʌrɪdʒ/ N *(Jur)* surestarie *f* ◆ **goods in ~** marchandises *fpl* en souffrance (sur le quai)

**demurrer** /dɪˈmʌrəʳ/ N *(Jur)* ≈ exception *f* péremptoire

**demutualize** /diːˈmjuːtjuːəlaɪz/ VI se démutualiser

**demystification** /diːˌmɪstɪfɪˈkeɪʃən/ N démystification *f*

**demystify** /diːˈmɪstɪˌfaɪ/ VT démystifier

**demythification** /diːˌmɪθɪfɪˈkeɪʃən/ N démythification *f*

**demythify** /diːˈmɪθɪˌfaɪ/ VT démythifier

**den** /den/ N a *[of lion, tiger]* tanière *f*, antre *m* ; *[of thieves]* repaire *m*, antre *m* ◆ **the lion's ~** *(lit, fig)* l'antre *m* du lion ◆ ~ **of iniquity** *or* **vice** lieu *m* de perdition *or* de débauche ; → **gambling, opium** b *(= room, study)* antre *m*

► **den up** * VI *(US)* se retirer dans sa piaule *

**denationalization** /ˈdiːˌnæʃnəlaɪˈzeɪʃən/ N dénationalisation *f*

**denationalize** /diːˈnæʃnəlaɪz/ VT dénationaliser

**denature** /ˌdiːˈneɪtʃəʳ/ VT dénaturer

**dengue** /ˈdeŋgɪ/ N dengue *f*

**deniability** /dɪˌnaɪəˈbɪlɪtɪ/ N *(NonC)* possibilité *f* de démenti

**deniable** /dɪˈnaɪəbl/ ADJ *(Pol)* ◆ ~ **operation** *opération confidentielle dont les commanditaires déclineront toute responsabilité*

**denial** /dɪˈnaɪəl/ N a *[of rights, truth]* dénégation *f* ; *[of report, accusation]* démenti *m* ; *[of guilt]* dénégation *f* ; *[of authority]* rejet *m* ◆ ~ **of justice** déni *m* (de justice) ◆ ~ **of self** abnégation *f* ◆ **he met the accusation with a flat ~** il a nié catégoriquement l'accusation ◆ **to issue a ~** publier un démenti b *(= refusal)* ◆ **the ~ of visas to aid workers** le refus d'accorder un visa aux membres d'organisations humanitaires c *(Psych)* dénégation *f*, déni *m* ◆ **AIDS will not be stopped by inertia and ~** on n'arrêtera pas le sida par l'immobilisme et le déni ◆ **to be in ~** être dans le déni ◆ **to be in ~ about sth** refuser d'admettre qch d ◆ **Peter's ~ of Christ** le reniement du Christ par Pierre

**denier** /ˈdenɪəʳ/ N a *(= weight)* denier *m* ◆ **25 ~ stockings** bas *mpl* 25 deniers b *(= coin)* denier *m*

**denigrate** /ˈdenɪgreɪt/ VT dénigrer, discréditer

**denigration** /ˌdenɪˈgreɪʃən/ N dénigrement *m*

**denim** /ˈdenɪm/ N *(for jeans, skirts etc)* (toile *f* de) jean *m* ; *(heavier: for uniforms, overalls etc)* treillis *m* NPL **denims** *(= jeans)* blue-jean *m*, jean *m* ; *(= workman's overalls)* bleus *mpl* de travail

**denizen** /ˈdenɪzn/ N a *(= inhabitant)* habitant(e) *m(f)* ◆ **~s of the forest** habitants *mpl* *or* hôtes *mpl (liter)* des forêts b *(Brit Jur)* étranger *m*, -ère *f* (ayant droit de cité) c *(= naturalized plant/animal)* plante *f*/animal *m* acclimaté(e)

**Denmark** /ˈdenmɑːk/ N Danemark *m*

**denominate** /dɪˈnɒmɪneɪt/ VT dénommer

**denomination** /dɪˌnɒmɪˈneɪʃən/ N a *(= group)* groupe *m*, catégorie *f* ; *(Rel)* confession *f* ; *[of money]* valeur *f* ; *[of weight, measure]* unité *f* b *(NonC)* dénomination *f*, appellation *f*

**denominational** /dɪˌnɒmɪˈneɪʃənl/ ADJ *(Rel)* confessionnel COMP ▷ **denominational college** N *(US)* université *f* confessionnelle ▷ **denominational school** N *(US)* école *f* libre *or* confessionnelle

**denominative** /dɪˈnɒmɪnətɪv/ ADJ, N dénominatif *m*

**denominator** /dɪˈnɒmɪneɪtəʳ/ N dénominateur *m* ; → **common**

**denotation** /ˌdiːnəʊˈteɪʃən/ N a *(NonC, gen, also Ling, Philos)* dénotation *f* ; *(= meaning)* signification *f* b *(= symbol)* indices *mpl*, signes *mpl*

**denotative** /dɪˈnəʊtətɪv/ ADJ *(Ling)* dénotatif

**denote** /dɪˈnəʊt/ VT a *(= indicate)* indiquer ; *(Philos, Ling)* dénoter ◆ **red hair was thought to ~ a fiery temperament** on pensait que les cheveux roux indiquaient un tempérament fougueux ◆ **the agreement seems to ~ a virtual surrender** l'accord semble signifier une quasi capitulation b *(= mean)* signifier ; *(= refer to)* désigner ; *(= represent)* représenter ◆ **in this diagram, "np" ~s net profit** dans ce diagramme, "np" signifie le bénéfice net ◆ **in medieval England, the word "drab" ~d a type of woollen cloth** au Moyen-Âge en Angleterre, le mot "drab" désignait une sorte de drap de laine

**denouement, dénouement** /deɪ'nu:mɑ̃/ N dénouement *m*

**denounce** /dɪ'naʊns/ VT *[+ person, treaty, act]* dénoncer (*to* à) ◆ **to ~ sb as an impostor** accuser publiquement qn d'imposture

**denouncement** /dɪ'naʊnsmənt/ N ⇒ **denunciation**

**denouncer** /dɪ'naʊnsə^r/ N dénonciateur *m*, -trice *f*

**dense** /dens/ ADJ a *(lit, fig: also Phys) [fog, crowd, vegetation, prose etc]* dense b (* *= stupid*) bouché *

**densely** /'denslɪ/ ADV ◆ **~ populated** densément peuplé, à forte densité démographique ◆ **~ packed** plein à craquer ◆ **~ wooded** très boisé

**denseness** /'densnɪs/ N a *(gen)* densité *f* b *( * = stupidity)* stupidité *f*

**densitometer** /ˌdensɪ'tɒmɪtə^r/ N densimètre *m*

**density** /'densɪtɪ/ N densité *f* ◆ **double/high/single ~ diskette** disquette *f* double/haute/simple densité

**dent** /dent/ N *(in wood)* entaille *f* ; *(in metal)* bosse *f*, bosselure *f* ◆ **to have a ~ in the bumper** *(Aut)* avoir le pare-chocs bosselé *or* cabossé ◆ **to make a ~ in** *(fig) [+ savings, budget]* faire un trou dans ; *[+ sb's enthusiasm, confidence]* ébranler VT *[+ hat]* cabosser ; *[+ car]* bosseler, cabosser ; *[+ wood]* entailler

**dental** /'dentl/ ADJ a *[treatment, school]* dentaire b *(Ling)* dental N *(Ling)* dentale *f*
COMP ▷ **dental floss** N fil *m* dentaire ▷ **dental hygiene** N hygiène *f* dentaire ▷ **dental hygienist** N hygiéniste *mf* dentaire ▷ **dental nurse** N assistant(e) *m(f)* de dentiste ▷ **dental plaque** N plaque *f* dentaire ▷ **dental receptionist** N réceptionniste *mf* dans un cabinet dentaire ▷ **dental surgeon** N chirurgien *m* dentiste ▷ **dental surgery** N cabinet *m* dentaire *or* de dentiste ▷ **dental technician** N mécanicien(ne) *m(f)* dentiste

**dentifrice** /'dentɪfrɪs/ N dentifrice *m*

**dentine** /'denti:n/ N dentine *f*

**dentist** /'dentɪst/ N dentiste *mf* ◆ **~'s chair** fauteuil *m* de dentiste ◆ **~'s surgery** cabinet *m* dentaire *or* de dentiste ◆ **to go to the ~('s)** aller chez le dentiste

**dentistry** /'dentɪstrɪ/ N dentisterie *f* ◆ **to study ~** faire des études dentaires, faire l'école dentaire

**dentition** /den'tɪʃən/ N dentition *f*

**denture(s)** /'dentʃə^r(ʃəz)/ N(PL) dentier *m*

**denude** /dɪ'nju:d/ VT *(lit, fig)* dénuder, dépouiller ◆ **~d landscape** paysage *m* nu *or* dépouillé ◆ **area ~d of trees** région *f* dépouillée d'arbres

**denunciation** /dɪˌnʌnsɪ'eɪʃən/ N *[of person]* dénonciation *f* ; *(in public)* accusation *f* publique, condamnation *f* ; *[of action]* dénonciation *f* ; *[of treaty]* dénonciation *f*

**denunciator** /dɪ'nʌnsɪeɪtə^r/ N dénonciateur *m*, -trice *f*

**Denver boot** /ˌdenvə'bu:t/ N sabot *m* (de Denver)

**deny** /dɪ'naɪ/ LANGUAGE IN USE 12.1, 26.3 VT a *(= repudiate)* nier (*doing sth* avoir fait qch ; *that* que + *indic or subj*) ; *[+ fact, accusation]* nier, refuser d'admettre ; *[+ sb's authority]* rejeter ◆ **he denies murder** il nie avoir commis un meurtre ◆ **she denies any involvement in the kidnapping** elle nie toute participation à l'enlèvement ◆ **to ~ all responsibility for sth** nier toute responsabilité dans qch ◆ **she denies any knowledge of ...** elle affirme ne rien savoir de ... ◆ **there is no ~ing it** c'est indéniable ◆ **I'm not ~ing the truth of it** je ne nie pas que ce soit vrai
b *(= refuse to give)* **to ~ sb sth** refuser qch à qn, priver qn de qch ◆ **he was denied admittance** on lui a refusé l'entrée ◆ **they were denied victory in the 89th minute** ils ont été privés de la victoire à la 89^e minute ◆ **to ~ sb access to sth** refuser à qn l'accès à qch ◆ **to ~ o.s. cigarettes** se priver de cigarettes ◆ **to ~ sb the right to do sth** refuser *or* dénier à qn le droit de faire qch
c *(= disown) [+ leader, religion]* renier

**deodorant** /di:'əʊdərənt/ ADJ, N *(gen)* déodorant *m* ; *(= air-freshener)* désodorisant *m*

**deodorize** /di:'əʊdəraɪz/ VT désodoriser

**deontologist** /ˌdi:ɒn'tɒlədʒɪst/ N déontologue *mf*

**deontology** /ˌdi:ɒn'tɒlədʒɪ/ N déontologie *f*

**deoxidize** /di:'ɒksɪdaɪz/ VT désoxyder

**deoxygenate** /ˌdi:'ɒksɪdʒəneɪt/ VT désoxygéner

**deoxyribonucleic acid** /di:ˌɒksɪˌraɪbəʊnju:'kleɪɪk ˌæsɪd/ N acide *m* désoxyribonucléique

**dep.** (abbrev of **departs, departure**) *(on timetable)* dép., départ

**depart** /dɪ'pɑ:t/ VI a *(= go away) [person]* partir, s'en aller ; *[bus, plane, train etc]* partir ◆ **to ~ from a city** quitter une ville ◆ **to be about to ~** être sur le *or* son départ b *(fig)* **to ~ from** *(gen)* s'écarter de ; *[+ a principle, the truth]* faire une entorse à VT *(esp Rail, Aviat etc)* partir de, quitter ◆ **"departing London at 12.40"** *(on timetable etc)* "départ de Londres (à) 12.40" ◆ **a week in Majorca, ~ing Gatwick May 7** une semaine à Majorque, départ de Gatwick le 7 mai ◆ **to ~ this world** *or* **this life** *(liter)* quitter ce monde, trépasser *(liter)*

**departed** /dɪ'pɑ:tɪd/ ADJ a *(liter = dead)* défunt ◆ **the ~ leader** le chef défunt, le défunt chef b *(= bygone) [glory, happiness]* passé ; *[friends]* disparu N *(liter)* ◆ **the ~** le défunt, la défunte, les défunts *mpl* ◆ **the dear(ly) ~** le cher disparu, la chère disparue, les chers disparus *mpl*

**department** /dɪ'pɑ:tmənt/ N *(in office, firm)* service *m* ; *[of shop, store]* rayon *m* ; *(Scol)* section *f* ; *(Univ)* ≃ UFR *f (unité de formation et de recherche)*, département *m* ; (also **government department**) ministère *m*, département *m* ; *(French Admin, Geog)* département *m* ; *(fig = field of activity)* domaine *m*, rayon *m* ◆ **he works in the sales ~** il travaille au service des ventes ◆ **in all the ~s of public service** dans tous les services publics ◆ **the shoe ~** *(in shop)* le rayon des chaussures ◆ **the French Department** *(Scol)* la section de français ; *(Univ)* l'UFR *f or* le département de français ◆ **gardening is my wife's ~** * le jardinage, c'est le rayon de ma femme ; → **head, state**
COMP ▷ **department chairman** N (pl **department chairmen**) *(Univ)* ≃ directeur *m*, -trice *f* d'UFR ▷ **Department for Education and Employment** N *(Brit)* ministère *m* de l'Éducation et du Travail ▷ **department head** N ⇒ **department chairman** ▷ **Department of Health** N *(Brit)* ministère *m* de la Santé ▷ **Department of Social Security** N *(Brit)* ≃ Sécurité *f* sociale ; → DSS ▷ **department store** N grand magasin *m* ; → **trade**

**departmental** /ˌdi:pɑ:t'mentl/ ADJ a *(gen)* du département ; *(in office, firm)* du service ◆ **a ~ meeting** une réunion du département (*or* du service) ◆ **the ~ budget** le budget du département (*or* du service) ◆ **~ manager** *or* **head** chef *m* de service b *(= of a French area)* départemental

**departmentalization** /ˌdi:pɑ:tˌmentəlaɪ'zeɪʃən/ N organisation *f* en départements

**departmentalize** /ˌdi:pɑ:t'mentəˌlaɪz/ VT organiser en départements

**departure** /dɪ'pɑ:tʃə^r/ N a *(from place) [of person, vehicle]* départ *m* ; *(from job)* départ *m*, démission *f* ◆ **on the point of ~** sur le point de partir, sur le départ ; → **arrival**
b *(from custom, principle)* dérogation *f*, entorse *f* (*from* à) ; *(from law)* manquement *m* (*from* à) ◆ **a ~ from the norm** une exception ◆ **a ~ from the truth** une entorse à la vérité
c *(= change of course, action)* changement *m* de direction, virage *m* ; *(Comm = new type of goods)* nouveauté *f*, innovation *f* ◆ **it's a new ~ in biochemistry** c'est une nouvelle voie qui s'ouvre en *or* pour la biochimie
d *(liter = death)* trépas *m (liter)*
COMP *[preparations etc]* de départ ▷ **departure board** N *(Aviat, Rail)* tableau *m* des départs ▷ **departure gate** N *(Aviat)* porte *f* d'embarquement ▷ **departure lounge** N *(Aviat)* salle *f* d'embarquement ▷ **departure platform** N *(Rail)* quai *m* (de départ) ▷ **departure signal** N *(Rail)* signal *m* de départ ▷ **departure tax** N taxe *f* d'aéroport ▷ **departure time** N heure *f* de départ

**depend** /dɪ'pend/ LANGUAGE IN USE 6.3 IMPERS VI dépendre (*on sb/sth* de qn/qch) ◆ **it all ~s, that ~s** cela dépend, c'est selon * ◆ **it ~s on you whether he comes or not** cela dépend de vous *or* il ne tient qu'à vous qu'il vienne ou non ◆ **it ~s (on) whether he will do it or not** cela dépend s'il veut le faire ou non ◆ **it ~s (on) what you mean** cela dépend de ce que vous voulez dire

◆ **depending on** ◆ **~ing on the weather** selon le temps ◆ **~ing on where you live** selon l'endroit où vous habitez ◆ **~ing on what happens tomorrow ...** selon ce qui se passera demain ...

► **depend (up)on** VT FUS a *(= count on)* compter sur ; *(= be completely reliant on)* se reposer sur ◆ **you can always ~ (up)on him** on peut toujours compter sur lui ◆ **he ~s (up)on her for everything** il se repose sur elle pour tout ◆ **you may ~ (up)on his coming** vous pouvez compter qu'il viendra *or* compter sur sa venue ◆ **I'm ~ing (up)on you to tell me what he wants** je compte sur vous pour savoir ce qu'il veut ◆ **you can ~ (up)on it** soyez-en sûr, je vous le promets *or* garantis ◆ **you can ~ (up)on it that he'll forget again** tu peux être sûr (et certain) qu'il va encore oublier
b *(= need support or help from)* dépendre de ◆ **he ~s (up)on his father for pocket money** il dépend de son père pour son argent de poche ◆ **I'm ~ing (up)on you for moral support** votre appui moral m'est indispensable ◆ **your success ~s (up)on your efforts** votre succès dépendra de vos efforts

**dependability** /dɪˌpendə'bɪlɪtɪ/ N *[of machine, person]* fiabilité *f* ◆ **he is well-known for his ~** tout le monde sait qu'il est très fiable

**dependable** /dɪ'pendəbl/ ADJ fiable ◆ **he is not ~** il n'est pas fiable, on ne peut pas compter sur lui

**dependably** /dɪ'pendəblɪ/ ADV de façon fiable

**dependance** /dɪ'pendəns/ N ⇒ **dependence**

**dependant** /dɪ'pendənt/ N personne *f* à charge ◆ **he had many ~s** il avait de nombreuses personnes à (sa) charge

**dependence** /dɪ'pendəns/ N a (= *state of depending:* also **dependency**) dépendance *f* (*on* à, à l'égard de, envers) sujétion *f* (*on* à) ◆ **~ on one's parents** dépendance *f* à l'égard de *or* envers ses parents ◆ **~ on drugs** (état *m* de) dépendance *f* à l'égard de la drogue b ◆ **the ~ of success upon effort** le rapport entre le succès et l'effort fourni

**dependency** /dɪ'pendənsɪ/ N a ⇒ **dependence** b *(Ling)* dépendance *f* c (= *country)* dépendance *f*, colonie *f* COMP ▷ **dependency allowance** N *(Jur)* indemnité *f* pour charges de famille ▷ **dependency grammar** N *(Ling)* grammaire *f* dépendancielle

**dependent** /dɪ'pendənt/ ADJ a (= *reliant) [person]* dépendant (*on* de) ◆ **to be (heavily) ~ on sth** dépendre (beaucoup *or* fortement) de qch ◆ **to be ~ on sb to do sth** dépendre de qn pour faire qch ◆ **drug-~, chemically ~** *(on illegal drugs)* toxicomane ; *(on medical drugs)* en état de dépendance aux médicaments ◆ **insulin-~** insulinodépendant

b *(financially) [child, relative]* à charge ◆ **families with ~ children** les familles ayant des enfants à charge ◆ **to be financially ~ on sb** dépendre financièrement de qn

c (= *contingent)* **to be ~ on** *or* **upon sth** dépendre de qch ◆ **the results are ~ upon which programme you follow** les résultats dépendent du programme que vous suivez

d *(Gram) [clause]* subordonné

e *(Math)* dépendant ◆ **~ variable** variable *f* dépendante

N ⇒ **dependant**

**depersonalize** /diː'pɜːsənəlaɪz/ VT dépersonnaliser

**depict** /dɪ'pɪkt/ VT *(in words)* dépeindre, décrire ; *(in picture)* représenter ◆ **surprise was ~ed on his face** la surprise se lisait sur son visage, son visage exprimait la surprise

**depiction** /dɪ'pɪkʃən/ N *(pictorial)* représentation *f* ; *(written)* description *f* ◆ **the artist's ~ of war as a roaring lion** la représentation de la guerre par l'artiste sous la forme d'un lion rugissant ◆ **the ~ of socialists as Utopian dreamers** l'image de rêveurs utopistes que l'on donne des socialistes

**depilate** /'depɪleɪt/ VT épiler

**depilatory** /dɪ'pɪlətərɪ/ ADJ, N dépilatoire *m*

**deplane** /ˌdiː'pleɪn/ VI descendre d'avion

**deplenish** /dɪ'plenɪʃ/ VT (= *reduce)* dégarnir ; (= *empty)* vider

**deplete** /dɪ'pliːt/ VT a (= *reduce) [+ supplies, funds]* réduire ; *[+ strength]* diminuer, réduire ; (= *exhaust) [+ supplies, strength]* épuiser ◆ **our stock is very ~d** *(Comm)* nos stocks sont très bas ◆ **the regiment was greatly ~d** *(Mil) (by cuts etc)* l'effectif du régiment était très réduit ; *(by war, sickness)* le régiment a été décimé ◆ **numbers were greatly ~d** les effectifs étaient très réduits b *(Med)* décongestionner COMP ▷ **depleted uranium** N uranium *m* appauvri

**depletion** /dɪ'pliːʃən/ N *[of resources, nutrients]* diminution *f* ; *(Med)* déplétion *f* ; *[of funds]* réduction *f* ; → **ozone**

**deplorable** /dɪ'plɔːrəbl/ ADJ déplorable, lamentable

**deplorably** /dɪ'plɔːrəblɪ/ ADV *(with vb) [behave]* de façon déplorable ; *(with adj)* déplorablement ◆ **ours is a ~ materialistic society** notre société est d'un matérialisme déplorable ◆ **~, he refused to take action** il a refusé d'agir, ce qui est déplorable

**deplore** /dɪ'plɔːʳ/ LANGUAGE IN USE 14 VT déplorer, regretter vivement ◆ **to ~ the fact that ...** déplorer le fait que ... *+ indic,* regretter vivement que ... *+ subj*

**deploy** /dɪ'plɔɪ/ VT *(Mil) [+ missiles, ships, tanks, troops etc]* déployer ; *(gen) [+ resources, equipment]* faire usage de, utiliser ; *[+ staff]* utiliser (les services de) ; *[+ skills, talents]* déployer, faire preuve de VI *(Mil)* être déployé

**deployment** /dɪ'plɔɪmənt/ N *(Mil)* déploiement *m* ; *(fig)* usage *m*, utilisation *f* ; → **rapid**

**depolarization** /'diːˌpəʊləraɪ'zeɪʃən/ N dépolarisation *f*

**depolarize** /diː'pəʊləraɪz/ VT dépolariser

**depoliticize** /ˌdiːpə'lɪtɪsaɪz/ VT dépolitiser

**depopulate** /ˌdiː'pɒpjʊleɪt/ VT dépeupler ◆ **to become ~d** se dépeupler

**depopulation** /'diːˌpɒpjʊ'leɪʃən/ N dépopulation *f*, dépeuplement *m* ◆ **rural ~** dépeuplement *m* des campagnes

**deport** /dɪ'pɔːt/ VT a (= *expel)* expulser (*from* de) ; (= *transport)* déporter (*from* de ; *to* à) ; *(Hist) [+ prisoner]* déporter b (= *behave)* **to ~ o.s.** † se comporter, se conduire

**deportation** /ˌdiːpɔː'teɪʃən/ N expulsion *f* ; *(Hist)* déportation *f* ; *(Jur)* COMP ▷ **deportation order** N arrêt *m* d'expulsion

**deportee** /ˌdiːpɔː'tiː/ N déporté(e) *m(f)*

**deportment** /dɪ'pɔːtmənt/ N maintien *m*, tenue *f* ◆ **~ lessons** leçons *fpl* de maintien

**depose** /dɪ'pəʊz/ VT *[+ king]* déposer, détrôner ; *[+ official]* destituer VTI *(Jur)* déposer, attester par déposition

**deposit** /dɪ'pɒzɪt/ VT a (= *put down) [+ parcel etc]* déposer, poser

b *(in bank account) [+ money]* verser, déposer ; *[+ cheque]* déposer ; *(for safekeeping) [+ money, valuables]* déposer, laisser *or* mettre en dépôt (*with sb* chez qn) ◆ **I ~ed £200 in my account** j'ai versé 200 livres à *or* sur mon compte, j'ai déposé 200 livres sur mon compte ◆ **I ~ed a cheque in my account** j'ai déposé un chèque sur mon compte ◆ **to ~ valuables in** *or* **with the bank** déposer des objets de valeur à la banque, laisser des objets de valeur en dépôt à la banque

c *(Geol)* déposer, former un dépôt de

N a *(in bank)* dépôt *m* ◆ **to make a ~ of £50** déposer *or* verser 50 livres

b (= *part payment) (on goods, holiday)* arrhes *fpl*, acompte *m* ; *(on house purchase)* acompte *m* ; *(in hire purchase = down payment)* premier versement *m* ; *(in hiring goods, renting accommodation: against damage etc)* caution *f* ; *(on bottle, container)* consigne *f* ; *(Brit Pol)* cautionnement *m* électoral ◆ **to leave a ~ of £40** *or* **a £40 ~ on a washing machine** verser 40 livres d'arrhes *or* d'acompte sur un lave-linge ◆ **to pay a 5% ~** *or* **a ~ of 5% on a property** verser 5% d'acompte sur une propriété ◆ **a small ~ will secure any goods** *(Comm)* on peut faire mettre tout article de côté moyennant (le versement d')un petit acompte ◆ **to lose one's ~** *(Brit Pol)* perdre son cautionnement *(en obtenant un très faible score)*

c *(in wine, Chem, Geol)* dépôt *m* ; *[of mineral, oil]* gisement *m* ◆ **fat/cholesterol ~s** *(Anat)* dépôt *m* graisseux/de cholestérol ◆ **calcium ~s** calcifications *fpl* ◆ **to form a ~** se déposer

COMP ▷ **deposit account** N *(Brit)* compte *m* sur livret ▷ **deposit bank** N banque *f* de dépôt ▷ **deposit loan** N prêt *m* en nantissement ▷ **deposit slip** N bulletin *m* de versement

**depositary** /dɪ'pɒzɪtərɪ/ N a (= *person)* dépositaire *mf* b ⇒ **depository**

**deposition** /ˌdiːpə'zɪʃən/ N a *(NonC) [of king, official]* déposition *f* b *(Jur)* déposition *f* sous serment, témoignage *m*

**depositor** /dɪ'pɒzɪtəʳ/ N déposant(e) *m(f)*

**depository** /dɪ'pɒzɪtərɪ/ N dépôt *m*, entrepôt *m*

**depot** /'depəʊ/ N a *(Mil)* dépôt *m* b (= *warehouse)* dépôt *m*, entrepôt *m* ◆ **coal ~** dépôt *m or* entrepôt *m* de charbon c (= *railway station)* gare *f* ; (= *bus station)* dépôt *m* COMP ▷ **depot ship** N (navire *m*) ravitailleur *m*

**depravation** /ˌdeprə'veɪʃən/ N dépravation *f*, corruption *f*

**deprave** /dɪ'preɪv/ VT dépraver, corrompre

**depraved** /dɪ'preɪvd/ ADJ dépravé, perverti ◆ **to become ~** se dépraver

**depravity** /dɪ'prævɪtɪ/ N dépravation *f*, perversion *f*

**deprecate** /'deprɪkeɪt/ VT *[+ action, behaviour]* désapprouver, s'élever contre

**deprecating** /'deprɪkeɪtɪŋ/ ADJ (= *disapproving)* désapprobateur (-trice *f*) ; (= *condescending)* condescendant ; (= *modest)* modeste

**deprecatingly** /'deprɪkeɪtɪŋlɪ/ ADV (= *disparagingly)* avec désapprobation ; (= *condescendingly)* avec condescendance ; (= *modestly)* avec modestie

**deprecatory** /'deprɪkətərɪ/ ADJ ⇒ **deprecating**

**depreciate** /dɪ'priːʃɪeɪt/ VT *(Fin) [+ property, currency]* déprécier, dévaloriser ; (= *write off asset investment)* amortir ◆ **to ~ sth by 25% a year** amortir qch de 25% *or* à un rythme de 25% par an VI *(Fin, fig)* se déprécier, se dévaloriser ◆ **most cars ~ heavily in the first year** la plupart des voitures se déprécient beaucoup *or* perdent beaucoup de leur valeur la première année

**depreciation** /dɪˌpriːʃɪ'eɪʃən/ N *[of property, car]* dépréciation *f*, perte *f* de valeur ; *[of currency]* dépréciation *f*, dévalorisation *f* ; *(Comm, Econ) [of goods]* moins-value *f* ; (= *writing off) [of asset, investment]* amortissement *m* ; *(fig) [of talent etc]* dépréciation *f*, dénigrement *m*

**depredation** /ˌdeprɪ'deɪʃən/ N *(gen pl)* déprédation(s) *f(pl)*, ravage(s) *m(pl)*

**depress** /dɪ'pres/ VT a *[+ person]* déprimer b *[+ lever]* abaisser c *[+ status]* réduire ; *[+ trade]* réduire, (faire) diminuer ; *[+ the market, prices]* faire baisser

**depressant** /dɪ'presnt/ ADJ, N *(Med)* dépresseur *m*

**depressed** /dɪ'prest/ ADJ a *[person]* déprimé (*about* à cause de) ◆ **to feel ~** être *or* se sentir déprimé ◆ **to get ~** se laisser abattre ◆ **to become ~** faire une dépression ◆ **clinically ~** qui souffre de dépression b *[region, market, economy]* déprimé ; *[industry]* en déclin ; *[share price]* bas (basse *f*) c (= *sunken)* déprimé

**depressing** /dɪ'presɪŋ/ ADJ déprimant, décourageant ◆ **I find it very ~** je trouve cela très déprimant *or* décourageant

**depressingly** /dɪ'presɪŋlɪ/ ADV ◆ **~ obvious** d'une évidence déprimante ◆ **~ familiar/predictable** tellement familier/prévisible que c'en est déprimant ◆ **~, the new drug is no more effective than the previous one** malheureusement, ce nouveau médicament n'est pas plus efficace que le précédent

**depression** /dɪ'preʃən/ N a *(NonC) (Med)* dépression *f* (nerveuse), état *m* dépressif ◆ **to suffer from ~** *(Med)* souffrir de dépression, faire de la dépression ◆ **to be in a bit of a ~** *(gen)* être déprimé ◆ **her ~ at this news**

son découragement en apprenant la nouvelle b *(Econ)* dépression *f* ◆ **the Depression** *(Hist)* la Grande dépression ◆ **the country's economy was in a state of ~** l'économie du pays était en pleine dépression c *(Geog)* dépression *f*; *(Met)* dépression *f* (atmosphérique) ◆ **a deep/shallow** *or* **weak ~** *(Met)* une forte/faible dépression d *(= hollow: in ground)* creux *m*

**depressive** /dɪˈpresɪv/ ADJ, N *(Med)* dépressif *m*, -ive *f*

**depressurization** /dɪˌpreʃəraɪˈzeɪʃən/ N dépressurisation *f*

**depressurize** /dɪˈpreʃəˌraɪz/ VT *(Phys etc)* dépressuriser; *(fig) (= take strain off) [+ person]* faciliter la vie à

**deprivation** /ˌdeprɪˈveɪʃən/ N *(= act, state)* privation *f*; *(= loss)* perte *f*; *(Psych)* carence *f* affective ◆ **~ of office** *(Jur)* destitution *f* de fonction; → **maternal**

**deprive** /dɪˈpraɪv/ VT *(of sleep, food, company)* priver (of de); *(of right)* priver, déposséder (of de); *(of asset)* ôter (of à) enlever (of à) ◆ **to be ~d of sth/sb** être privé de qch/qn ◆ **to ~ o.s. of ...** se priver de ...

**deprived** /dɪˈpraɪvd/ ADJ *[area, background, child]* défavorisé

**deprogramme, deprogram** *(US)* /diːˈprəʊgræm/ VT *[+ person]* déconditionner

**dept** abbrev of **department**

**depth** /depθ/ N a *(= deepness) [of water, hole, shelf, cupboard]* profondeur *f*; *[of snow]* épaisseur *f*; *[of edge, border]* largeur *f* ◆ **at a ~ of 3 metres** à 3 mètres de profondeur, par 3 mètres de fond ◆ **the water is 3 metres in ~** l'eau a 3 mètres de profondeur, il y a 3 mètres de fond ◆ **to get out of one's ~** *(lit, fig)* perdre pied ◆ **don't go out of your ~** *(in swimming pool etc)* ne va pas là où tu n'as pas pied ◆ **I'm completely out of my ~** *(fig)* je nage complètement*, je suis complètement dépassé*

b *(= lowness) [of voice, tone]* registre *m* grave

c *(= intensity) [of colour]* intensité *f* ◆ **in the ~ of winter** au plus fort *or* au cœur de l'hiver ◆ **wine with an excellent ~ of flavour** vin *m* qui a une belle complexité ◆ **cheese with an excellent ~ of flavour** fromage *m* bien affiné

d *(= strength, profundity) [of knowledge, feeling, sorrow, relief]* profondeur *f* ◆ **a great ~ of feeling** une grande profondeur de sentiment ◆ **he had no idea of the ~ of feeling against him** il ne se rendait pas compte du ressentiment qu'il suscitait ◆ **she has a tremendous breadth and ~ of knowledge** ses connaissances sont extrêmement étendues et approfondies ◆ **this illustrated the ~ of concern among young people for the elderly** cela a montré à quel point les jeunes gens se souciaient des personnes âgées ◆ **politicians acknowledge the ~ of public interest in the environment** les hommes politiques se rendent compte à quel point le public s'intéresse à l'environnement ◆ **there was little emotional ~ to their relationship** leurs sentiments l'un pour l'autre n'étaient pas très profonds ◆ **to have intellectual ~** *[book, film]* être profond; *[person]* être (un esprit) profond ◆ **to lack intellectual ~** manquer de profondeur ◆ **he has no ~ of character** il manque de caractère ◆ **in ~** en profondeur ◆ **to interview sb in ~** faire une interview en profondeur de qn; see also **in**

e *(Phot)* ◆ **~ of field** profondeur *f* de champ ◆ **~ of focus** distance *f* focale

NPL **depths** a *(= deep place)* ◆ **the ~s of the ocean** les profondeurs *fpl* océaniques ◆ **from the ~s of the earth** des profondeurs *fpl or* des entrailles *fpl* de la terre ◆ **in the ~s of the forest** au plus profond *or* au cœur de la forêt

b *(fig)* fond *m* ◆ **to be in the ~s of despair** toucher le fond du désespoir ◆ **the country is in the ~s of recession** le pays est plongé dans une profonde récession ◆ **to sink to new ~s of depravity** tomber encore plus bas dans la perversité ◆ **in the ~s of winter** au plus fort *or* au cœur de l'hiver ◆ **in the ~s of night** au milieu *or* au plus profond de la nuit ◆ **I would never sink to such ~s as to do that** je ne tomberais jamais assez bas pour faire cela

COMP ▷ **depth charge** N grenade *f* sous-marine ▷ **depth psychology** N psychologie *f* des profondeurs

**deputation** /ˌdepjʊˈteɪʃən/ N délégation *f*, députation *f*

**depute** /dɪˈpjuːt/ VT *[+ power, authority]* déléguer; *[+ person]* députer, déléguer (*sb to do sth* qn pour faire qch)

**deputize** /ˈdepjʊtaɪz/ VI assurer l'intérim ◆ **to ~ for sb** *(on particular occasion)* remplacer qn VT députer (*sb to do sth* qn pour faire qch)

**deputy** /ˈdepjʊtɪ/ N a *(= second in command)* adjoint(e) *m(f)*; *(= replacement)* remplaçant(e) *m(f)*, suppléant(e) *m(f)*; *(in business)* fondé *m* de pouvoir b *(= member of deputation)* délégué(e) *m(f)* c *(French Pol)* député *m* d *(US)* shérif *m* adjoint ADJ adjoint COMP ▷ **deputy chairman** N (pl **deputy chairmen**) vice-président *m* ▷ **deputy director** N sous-directeur *m*, -trice *f* ▷ **deputy head** N *(Scol) (gen)* directeur *m*, -trice *f* adjoint(e); *(of lycée)* censeur *m* ▷ **deputy headmaster, deputy headmistress** N *(Scol)* ⇒ **deputy head** ▷ **deputy judge** N juge *m* suppléant ▷ **deputy mayor** N maire *m* adjoint ▷ **Deputy Secretary** N *(US)* ministre *m* adjoint ▷ **deputy sheriff** N *(US)* ⇒ **deputy noun d**

**derail** /dɪˈreɪl/ VT *[+ train]* faire dérailler; *[+ plan, negotiations]* faire avorter VI dérailler

**derailleur** /dəˈreɪljəʳ/ N dérailleur *m* ◆ **to have ~ gears** être muni d'un dérailleur

**derailment** /dɪˈreɪlmənt/ N déraillement *m*

**derange** /dɪˈreɪndʒ/ VT a *[+ plan]* déranger, troubler; *[+ machine]* dérégler b *(Med)* déranger (le cerveau de), aliéner

**deranged** /dɪˈreɪndʒd/ ADJ dérangé ◆ **to be (mentally) ~** avoir le cerveau dérangé

**derangement** /dɪˈreɪndʒmənt/ N a *(Med)* aliénation *f* mentale b *[of machine]* dérèglement *m*

**derate** /diːˈreɪt/ VT *(Tax) [+ land, property]* dégrever

**derby** /ˈdɑːbɪ, (US) ˈdɜːbɪ/ N a *(Sport)* **local ~** match *m* entre équipes voisines ◆ **the Derby** *(Brit Racing)* le Derby (d'Epsom) b *(US)* **~ (hat)** (chapeau *m*) melon *m*

**Derbys.** abbrev of **Derbyshire**

**deregulate** /dɪˈregjʊˌleɪt/ VT *[+ prices]* libérer; *[+ transport system]* déréglementer

**deregulation** /dɪˌregjʊˈleɪʃən/ N *[of prices]* libération *f*; *[of transport system]* déréglementation *f*

**derelict** /ˈderɪlɪkt/ ADJ a *(= abandoned)* abandonné; *(= ruined)* (tombé) en ruines b *(frm = neglectful of duty)* négligent N a *(Naut)* navire *m* abandonné *(en mer)* b *[person]* épave *f* (humaine)

**dereliction** /ˌderɪˈlɪkʃən/ N *[of property]* état *m* d'abandon; *[of person]* délaissement *m* COMP ▷ **dereliction of duty** N négligence *f* (dans le service), manquement *m* au devoir

**derestricted** /ˌdiːrɪˈstrɪktɪd/ ADJ *(Brit) [road, area]* sans limitation de vitesse

**deride** /dɪˈraɪd/ VT rire de, tourner en ridicule

**derision** /dɪˈrɪʒən/ N dérision *f* ◆ **object of ~** objet *m* de dérision *or* de risée

**derisive** /dɪˈraɪsɪv/ ADJ a *[smile, person]* moqueur, railleur b *[amount, offer]* dérisoire

**derisively** /dɪˈraɪsɪvlɪ/ ADV *[speak]* d'un ton moqueur ◆ **he laughed ~** il eut un petit rire moqueur ◆ **known ~ as "Dumbo"** connu sous le sobriquet de "Dumbo"

**derisory** /dɪˈraɪsərɪ/ ADJ a *[amount, offer]* dérisoire b *[smile, person]* moqueur, railleur

**derivation** /ˌderɪˈveɪʃən/ N dérivation *f*

**derivative** /dɪˈrɪvətɪv/ ADJ *(Chem, Ling, Math)* dérivé; *(fig) [literary work etc]* peu original N *(Chem, Ling)* dérivé *m*; *(Math)* dérivée *f*; *(Fin)* produit *m* dérivé NPL **derivatives** *(Fin)* produits *mpl* dérivés COMP ▷ **derivatives market** N marché *m* des produits dérivés ▷ **derivatives trading** N transactions *fpl* sur produits dérivés

**derive** /dɪˈraɪv/ VT *[+ profit, satisfaction]* tirer (*from* de) trouver (*from* dans); *[+ comfort, ideas]* puiser (*from* dans); *[+ name, origins]* tenir (*from* de); *[+ word]* (faire) dériver (*from* de) ◆ **to ~ one's happiness from ...** devoir son bonheur à ..., trouver son bonheur dans ... ◆ **to be ~d from** → vi VI ◆ **to ~ from** (also **be derived from**) dériver de, provenir de, venir de; *[power, fortune]* provenir de; *[idea]* avoir sa source *or* ses origines dans; *[word]* dériver de ◆ **it all ~s from the fact that ...** tout cela tient au fait que *or* provient du fait que ...

**dermatitis** /ˌdɜːməˈtaɪtɪs/ N dermatite *f*, dermite *f*

**dermatologist** /ˌdɜːməˈtɒlədʒɪst/ N dermatologue *mf*, dermatologiste *mf*

**dermatology** /ˌdɜːməˈtɒlədʒɪ/ N dermatologie *f*

**dermis** /ˈdɜːmɪs/ N derme *m*

**derogate** /ˈderəgeɪt/ VI ◆ **to ~ from** porter atteinte à ◆ **without derogating from his authority/his merits** sans rien enlever à *or* sans vouloir diminuer son autorité/ses mérites ◆ **to ~ from one's position** *(liter)* déroger (à son rang) *(liter)*

**derogation** /ˌderəˈgeɪʃən/ N a *(= reduction)* atteinte *f* (*from, of* à) ◆ **a ~ of sovereignty** une atteinte à la souveraineté b *(Pol = temporary exception from law)* report *m* d'application (*from* de)

**derogatory** /dɪˈrɒgətərɪ/ ADJ *[remark]* désobligeant (*of, to* à) dénigrant

**derrick** /ˈderɪk/ N *(= lifting device, crane)* mât *m* de charge; *(above oil well)* derrick *m*

**derring-do** †† /ˈderɪŋˈduː/ N bravoure *f* ◆ **deeds of ~** hauts faits *mpl*, prouesses *fpl*

**derringer** /ˈderɪndʒəʳ/ N *(US)* pistolet *m* (court et à gros calibre), Derringer *m*

**derv** /dɜːv/ N *(Brit Aut)* gasoil *m*

**dervish** /ˈdɜːvɪʃ/ N derviche *m*

**DES** /ˌdiːiːˈes/ N *(Brit: formerly)* (abbrev of **Department of Education and Science**) ≈ ministère *m* de l'Éducation

**desalinate** /diːˈsælɪneɪt/ VT dessaler

**desalination** /diːˌsælɪˈneɪʃən/ N dessalement *m* COMP ▷ **desalination plant** N usine *f* de dessalement

**descale** /diːˈskeɪl/ VT détartrer COMP ▷ **descaling agent, descaling product** N (produit *m*) détartrant *m*

**descant** /ˈdeskænt/ N déchant *m* ♦ **to sing ~** chanter une partie du déchant

**descend** /dɪˈsend/ VI a *(= go down, come down) [person, vehicle, road, hill etc]* descendre (*from* de) ; *[rain, snow]* tomber ♦ **in ~ing order of importance** par ordre d'importance décroissante ♦ **to ~ into** *[+ alcoholism, madness, chaos, anarchy]* sombrer dans ♦ **gloom ~ed (up)on him** il s'est assombri ♦ **silence ~ed (up)on us** le silence se fit

b *(by ancestry)* descendre, être issu (*from* de) ; *[plan, event etc]* tirer son origine (*from* de) ♦ **his family ~s from William the Conqueror** sa famille descend de Guillaume le Conquérant

c *(= pass by inheritance) [property, customs, rights]* passer (par héritage) (*from* de ; *to* à)

d *(= attack or arrive suddenly: Mil, fig)* faire une descente (*on* sur) ♦ **the moment the news was out, reporters ~ed** dès que la nouvelle a été connue, les reporters ont afflué (sur les lieux) ♦ **to ~ (up)on sb** tomber sur qn ♦ **to ~ (up)on a town** *[reporters, journalists, tourists, army]* envahir une ville ♦ **to ~ (up)on a building** *[reporters, journalists, tourists]* se précipiter *or* affluer vers un bâtiment ; *[army, police]* faire une descente dans un bâtiment ♦ **visitors ~ed upon us** des gens sont arrivés (chez nous) sans crier gare

e *(= lower o.s. to)* ♦ **to ~ to lies** *or* **to lying** s'abaisser à mentir ♦ **I'd never ~ to that level** je ne m'abaisserais pas ainsi

VT a *[+ stairs]* descendre

b ♦ **to be ~ed from** *[+ species]* descendre de ; *[+ person]* descendre de, être issu de

**descendant** /dɪˈsendənt/ N descendant(e) *m(f)*

**descendeur** /desɑːnˈdɜːʳ/ N *(Climbing)* descendeur *m*

**descendible** /dɪˈsendəbl/ ADJ *(Jur)* transmissible

**descent** /dɪˈsent/ N a *(= going down) [of person]* descente *f* (*into* dans) ; *(fig: into crime etc)* chute *f* ; *(Aviat, Sport)* descente *f* ; *[of hill]* descente *f*, pente *f* ♦ **the street made a sharp ~** la rue était très en pente *or* descendait en pente très raide ♦ **we began the steep ~ into the valley** nous avons entamé la descente en pente raide vers la vallée ♦ **~ by parachute** descente *f* en parachute ♦ **to prevent the country's ~ into civil war** pour empêcher le pays de sombrer dans la guerre civile

b *(= ancestry)* origine *f*, famille *f* ♦ **of African ~** d'origine africaine ♦ **of noble ~** de noble extraction ♦ **to trace one's ~ back to ...** faire remonter sa famille à ...

c *[of property, customs etc]* transmission *f* (par héritage) (*to* à)

d *(Mil etc = attack)* descente *f*, irruption *f* ♦ **to make a ~ on the enemy camp** faire une descente sur *or* faire irruption dans le camp ennemi ♦ **to make a ~ on the enemy** faire une descente sur l'ennemi

**descramble** /diːˈskræmbl/ VT *(Telec)* désembrouiller ; *(TV)* décoder, décrypter ♦ **~d programme** émission *f* en clair

**descrambler** /diːˈskræmbləʳ/ N *(TV)* décodeur *m*

**describe** /dɪsˈkraɪb/ VT a *[+ scene, person]* décrire ♦ **~ what it is like** racontez *or* dites comment c'est ♦ **~ him for us** décrivez-le-nous ♦ **which cannot be ~d** indescriptible, qu'on ne saurait décrire ♦ **~ how you made it** décrivez comment vous l'avez fait b *(= represent)* décrire, représenter (*as* comme) ♦ **the article ~s him as an eccentric** l'article le décrit *or* le représente comme un personnage excentrique ♦ **he ~s himself as a doctor** il se présente comme médecin ♦ **she ~s herself as ordinary** elle se présente *or* se décrit comme quelqu'un d'ordinaire c *(Math)* décrire

**description** /dɪsˈkrɪpʃən/ N a *[of person, scene, object, event, situation]* description *f* ; *(Police)* signalement *m* ♦ **to give an accurate/lively ~** faire *or* donner une description exacte/vivante ♦ **he gave a ~ of what happened/how he had escaped** il a décrit ce qui s'était passé/la façon dont il s'était évadé ♦ **police have issued a ~ of the man they are looking for** la police a diffusé le signalement de l'homme qu'elle recherche ♦ **do you know anyone of this ~?** *(gen)* connaissez-vous quelqu'un qui ressemble à cette description ? ; *(Police)* connaissez-vous quelqu'un qui réponde à ce signalement ? ♦ **beyond** *or* **past ~** indescriptible, qu'on ne saurait décrire ; → **answer, beggar, defy, fit[1], job**

b *(= sort)* sorte *f* ♦ **people/vehicles of every ~** *or* **of all ~s** des gens/des véhicules de toutes sortes ♦ **food of every ~** *or* **of all ~s** toutes sortes d'aliments ♦ **he's a poet of some ~** c'est une sorte de poète ♦ **I need a bag of some ~** il me faut un sac, n'importe lequel

**descriptive** /dɪsˈkrɪptɪv/ ADJ descriptif ♦ **~ geometry/linguistics** géométrie *f*/linguistique *f* descriptive ♦ **her ~ powers are so great that ...** elle possède un tel art de la description que ...

**descriptively** /dɪsˈkrɪptɪvlɪ/ ADV ♦ **the nickname "abominable snowman" is not so much ~ accurate as evocative** "l'abominable homme des neiges" n'est pas tant une description fidèle qu'un surnom évocateur ♦ **linguists try to study language ~, not prescriptively** les linguistes essaient d'étudier le langage d'un point de vue descriptif et non pas normatif ♦ **a cliff known ~ as "the Black Ladders"** une falaise connue sous le nom pittoresque de "Échelles noires"

**descry** /dɪsˈkraɪ/ VT discerner, distinguer

**desecrate** /ˈdesɪkreɪt/ VT *[+ shrine, memory]* profaner, souiller *(liter)*

**desecration** /ˌdesɪˈkreɪʃən/ N profanation *f*

**deseed** /diːˈsiːd/ VT *[+ fruit]* épépiner

**desegregate** /ˌdiːˈsegrɪgeɪt/ VT abolir *or* supprimer la ségrégation raciale dans ♦ **~d schools** écoles *fpl* où la ségrégation raciale n'est plus pratiquée

**desegregation** /ˈdiːˌsegrɪˈgeɪʃən/ N déségrégation *f*

**deselect** /ˌdiːsɪˈlekt/ VT *(Brit Pol) [+ candidate]* ne pas resélectionner

**desensitize** /ˌdiːˈsensɪtaɪz/ VT désensibiliser

**desert[1]** /ˈdezət/ N *(lit, fig)* désert *m* COMP *[region, climate, animal, plant]* désertique ▷ **desert boot** N chaussure *f* montante *(en daim et à lacets)* ▷ **desert island** N île *f* déserte ▷ **desert rat** N *(Zool)* gerboise *f* ▷ **the Desert Rats** * NPL les Rats *mpl* du désert *(forces britanniques en Libye pendant la Seconde Guerre mondiale, ou au Koweït pendant la guerre du Golfe)*

**desert[2]** /dɪˈzɜːt/ VT *[+ post, people, land]* déserter, abandonner ; *[+ cause, party]* déserter ; *[+ spouse, family]* abandonner ; *[+ friend]* délaisser ♦ **his courage ~ed him** son courage l'a abandonné VI *(Mil)* déserter ; *(from one's party)* faire défection ♦ **to ~ to the enemy** passer à l'ennemi

**deserted** /dɪˈzɜːtɪd/ ADJ *[road, place]* désert ; *[wife etc]* abandonné

**deserter** /dɪˈzɜːtəʳ/ N *(Mil)* déserteur *m* ; *(to the enemy)* transfuge *m*

**desertification** /dɪˌzɜːtɪfɪˈkeɪʃən/ N désertification *f*

**desertion** /dɪˈzɜːʃən/ N a *(Mil)* désertion *f* b *(by supporters, friends)* désertion *f* (*by* de) c *(by husband, mother etc)* abandon *m* du domicile

**deserts** /dɪˈzɜːts/ NPL dû *m*, ce que l'on mérite ; *(= reward)* récompense *f* méritée ; *(= punishment)* châtiment *m* mérité ♦ **according to his ~** selon ses mérites ♦ **to get one's (just) ~** avoir *or* recevoir ce que l'on mérite

**deserve** /dɪˈzɜːv/ VT *[person]* mériter, être digne de ; *[object, suggestion]* mériter ♦ **he ~s to win** il mérite de gagner ♦ **he ~s to be pitied** il mérite qu'on le plaigne, il est digne de pitié ♦ **he ~s more money** il mérite plus d'argent ♦ **he got what he ~d** il n'a eu que ce qu'il méritait ♦ **the idea ~s consideration** l'idée mérite réflexion ♦ **a ~d holiday** des vacances bien méritées ; → **well[2]** VI a ♦ **deserving of** → **deserving** b *(frm)* **to ~ well of one's country** bien mériter de la patrie *(liter)*

**deservedly** /dɪˈzɜːvɪdlɪ/ ADV ♦ **the film was a flop, and ~ so** ce film a fait un flop * mérité ♦ **~, she was awarded an Oscar** elle a reçu un Oscar bien mérité ♦ **she told him off, and ~ so** elle l'a grondé, à juste titre

**deserving** /dɪˈzɜːvɪŋ/ ADJ *[person]* méritant ; *[action, cause]* méritoire, louable ♦ **she's a ~ case** c'est une personne méritante ♦ **the ~ poor** les pauvres *mpl* méritants ♦ **to be ~ of respect** être digne de respect ♦ **to be ~ of support/help/recognition** mériter d'être soutenu/aidé/reconnu ♦ **a matter ~ of our careful attention** une affaire qui mérite toute notre attention ♦ **he has committed crimes ~ of punishment** il a commis des crimes pour lesquels il mérite d'être puni

**deshabille** /ˌdezəˈbiːl/ N ⇒ **dishabille**

**desiccant** /ˈdesɪkənt/ N siccatif *m*

**desiccate** /ˈdesɪkeɪt/ VT dessécher, sécher COMP ▷ **desiccated coconut** N noix *f* de coco séchée

**desiccation** /ˌdesɪˈkeɪʃən/ N dessiccation *f*

**desiderata** /dɪˌzɪdəˈrɑːtə/ NPL desiderata *mpl*

**design** /dɪˈzaɪn/ N a *(= process, art) (for furniture, housing)* design *m* ; *(for clothing)* stylisme *m* ♦ **industrial ~** l'esthétique *f or* la création industrielle ♦ **he has a flair for ~** il est doué pour le design

b *(= way in which sth is planned and made) [of building, book]* plan *m*, conception *f* (*of* de) ; *[of clothes]* style *m*, ligne *f* (*of* de) ; *[of car, machine etc]* conception *f* ; *(= look)* esthétique *f*, design *m* ♦ **the ~ was faulty** la conception était défectueuse, c'était mal conçu ♦ **the ~ of the apartment facilitates ...** le plan de l'appartement facilite ... ♦ **the general ~ of "Paradise Lost"** le plan général *or* l'architecture *f* du "Paradis perdu" ♦ **a dress in this summer's latest ~** une robe dans le style de cet été ♦ **the ~ of the car allows ...** la conception de la voiture *or* la façon dont la voiture est conçue permet ... ♦ **the grand** *or* **overall ~** le plan d'ensemble ♦ **this is a very practical ~** c'est conçu de façon très pratique ♦ **these shoes are not of (a) very practical ~** ces chaussures ne sont pas très pratiques

c *(= plan drawn in detail) [of building, machine, car etc]* plan *m*, dessin *m* (*of, for* de) ; *[of dress, hat]* croquis *m*, dessin *m* (*of, for* de) ; *(= preliminary sketch)* ébauche *f*, étude *f* (*for* de) ◆ **have you seen the ~s for the new theatre?** avez-vous vu les plans du nouveau théâtre ?

d (*= ornamental pattern*) motif *m*, dessin *m* (*on* sur) ◆ **the ~ on the material/the cups** le dessin *or* le motif du tissu/des tasses ◆ **a leaf ~** un motif de feuille(s)

e (*= completed model*) modèle *m* ◆ **a new ~ of car** un nouveau modèle de voiture ◆ **the dress is an exclusive ~ by ...** cette robe est un modèle exclusif de ...

f (*= intention*) intention *f*, dessein *m* ◆ **his ~s became obvious when ...** ses intentions *or* ses desseins sont devenu(e)s manifestes quand ... ◆ **to conceive a ~ to do sth** former le projet *or* le dessein de faire qch ◆ **imperialist ~s against their country** les visées impérialistes sur leur pays

◆ **by design** (*= deliberately*) délibérément, à dessein ◆ **whether by ~ or accident he arrived just at the right moment** que ce soit à dessein *or* délibérément ou par hasard, il est arrivé juste au bon moment ◆ **truly important events often occur not by ~ but by accident** les événements vraiment importants sont souvent le fruit du hasard plutôt que d'une volonté précise

◆ **to have + designs** ◆ **to have ~s on sb/sth** avoir des visées sur qn/qch ◆ **to have evil ~s on sb/sth** nourrir de noirs desseins à l'encontre de qn/qch ◆ **we believe they have aggressive ~s on our country** nous pensons qu'ils ont l'intention d'attaquer notre pays

VT a (*= think out*) *[+ object, car, model, building]* concevoir ; *[+ scheme]* élaborer ◆ **well-~ed** bien conçu

◆ **designed as** ◆ **room ~ed as a study** pièce conçue comme cabinet de travail ◆ **the legislation is ~ed as a consumer protection measure** cette loi vise à protéger les consommateurs

◆ **designed for** ◆ **car seats ~ed for maximum safety** des sièges *mpl* de voiture conçus pour une sécurité maximale ◆ **software ~ed for use with a PC** un logiciel conçu pour être utilisé sur un PC ◆ **to be ~ed for sb** (*= aimed at particular person*) s'adresser à qn ◆ **a course ~ed for foreign students** un cours s'adressant aux étudiants étrangers

◆ **designed to** ◆ **to be ~ed to do sth** (*= be made for purpose*) être fait *or* conçu pour faire qch ; (*= be aimed at sth*) être destiné à faire qch, viser à faire qch ◆ **~ed to hold wine** fait *or* conçu pour contenir du vin ◆ **clothes that are ~ed to appeal to young people** des vêtements qui sont conçus pour plaire aux jeunes ◆ **a peace plan ~ed to end the civil war** un plan de paix visant *or* destiné à mettre fin à la guerre civile

b (*= draw on paper*) *[+ object, building]* concevoir, dessiner ; *[+ dress, hat]* créer, dessiner

COMP ▷ **design award** N prix *m* de la meilleure conception *or* du meilleur dessin ▷ **design engineer** N ingénieur *m* concepteur ▷ **design fault** N défaut *m* de conception ▷ **design office** N (*Ind*) bureau *m* d'études

**designate** /ˈdezɪɡneɪt/ VT a (*= indicate, appoint*) *[+ person, thing]* désigner (*as* comme ; *to sth* à qch ; *to do sth* pour faire qch) ◆ **he was ~d to take charge of the operations** on l'a désigné comme responsable des opérations ◆ **these posts ~ the boundary between ...** ces poteaux montrent la frontière entre ... b (*= entitle*) *[+ person, thing]* désigner ◆ **this area was ~d a priority development region** cette région a été classée zone de développement prioritaire ADJ /ˈdezɪɡnɪt/ désigné ◆ **the chairman ~** le président désigné COMP ▷ **designated driver** N (*for insurance*) conducteur *m* attitré ◆ **you either take a cab or you use a ~d driver** soit on prend un taxi, soit on désigne un conducteur qui ne boira pas

**designation** /ˌdezɪɡˈneɪʃən/ N (*gen*) désignation *f* ◆ **~ of origin** (*Jur, Comm*) appellation *f* d'origine

**designedly** /dɪˈzaɪnɪdlɪ/ ADV à dessein, exprès

**designer** /dɪˈzaɪnəʳ/ N (*Archit, Art*) dessinateur *m*, -trice *f*, créateur *m*, -trice *f* ; (*Comm, Ind*) concepteur-projeteur *m* ; (*esp Advertising*) créatif *m* ; (*for furniture etc*) designer *m* ; (*for clothes*) styliste *mf*, modéliste *mf* ; (*very famous*) grand couturier *m* ; (*Cine, Theat*) décorateur *m*, -trice *f* ; → **industrial** COMP *[jeans, gloves, scarves etc]* haute couture ; (*= fashionable*) *[lager, mineral water]* branché* ▷ **designer baby** N bébé *m* sur mesure ▷ **designer drug** N (*= synthetic narcotic*) drogue *f* de synthèse ▷ **designer stubble** N barbe *f* de trois jours (*d'un négligé savamment entretenu*)

**designing** /dɪˈzaɪnɪŋ/ ADJ (*= scheming*) intrigant ; (*= crafty*) rusé

**desirability** /dɪˌzaɪərəˈbɪlɪtɪ/ N *[of action, measures]* charme *m*, attrait *m* ; *[of person]* charmes *mpl*, sex-appeal *m* ◆ **the ~ of doing sth** l'opportunité de faire qch

**desirable** /dɪˈzaɪərəbl/ LANGUAGE IN USE 1.1, 8.4 ADJ *[position]* enviable ; *[offer]* tentant, séduisant ; *[person]* désirable, séduisant ; *[action, progress]* désirable, souhaitable ◆ **it is ~ that ...** il est désirable *or* souhaitable que ... + *subj* ◆ **~ residence for sale** belle propriété à vendre

**desirably** /dɪˈzaɪərəblɪ/ ADV ◆ **this property is ~ located** cette propriété est située dans un lieu très prisé *or* coté ◆ **rugby was thought of as ~ aggressive** on considérait que le rugby faisait appel à une agressivité salutaire

**desire** /dɪˈzaɪəʳ/ LANGUAGE IN USE 8.4 N désir *m* (*for* de ; *to do sth* de faire qch) ; (*sexual*) désir *m* ◆ **a ~ for peace** un désir (ardent) de paix ◆ **it is my ~ that ...** c'est mon désir que ... + *subj* ◆ **I have no ~** *or* **I haven't the least ~ to do it** je n'ai nullement envie de le faire VT a (*= want*) désirer (*to do sth* faire qch ; *that* que + *subj*) ◆ **if ~d** (*in instructions, recipes etc*) si vous le désirez ◆ **his work leaves much** *or* **a lot/something to be ~d** son travail laisse beaucoup à désirer/laisse à désirer ◆ **cut the fabric to the ~d length** coupez la longueur voulue de tissu ◆ **the ~d effect/outcome** *or* **result** l'effet *m*/le résultat voulu b (*frm = request*) prier (*sb to do sth* qn de faire qch)

**desirous** /dɪˈzaɪərəs/ ADJ désireux (*of* de) ◆ **to be ~ of sth/of doing sth** désirer qch/faire qch

**desist** /dɪˈzɪst/ VI cesser, s'arrêter (*from doing sth* de faire qch) ◆ **to ~ from sth** cesser qch ; (*Jur*) se désister de qch ◆ **to ~ from criticism** renoncer à *or* cesser de critiquer ◆ **to ~ from one's efforts** abandonner ses efforts

**desk** /desk/ N a (*for pupil*) pupitre *m* ; (*for teacher*) bureau *m*, chaire *f* ; (*in office, home*) bureau *m* ; (*bureau-type*) secrétaire *m* ; (*Mus*) pupitre *m* ; → **roll**

b (*Brit: in shop, restaurant*) caisse *f* ; (*in hotel, at airport*) réception *f* ◆ **ask at the ~** demandez à la caisse (*or* à la réception) ◆ **the ~** (*Press*) le secrétariat de rédaction ◆ **the news/city ~** (*Press*) le service des informations/financier ◆ **he's on the West African ~** (*Foreign Office, State Department*) il est à la direction des affaires ouest-africaines ; → **cash desk**

COMP ▷ **desk blotter** N sous-main *m inv* ▷ **desk-bound** ADJ sédentaire ▷ **desk clerk** N (*US*) réceptionniste *mf* ▷ **desk diary** N agenda *m* de bureau ▷ **desk job** N travail *m* de bureau ◆ **he's got a ~ job** il a un travail de bureau ▷ **desk lamp** N lampe *f* de bureau ▷ **desk pad** N bloc *m* de bureau, bloc-notes *m* ▷ **desk study** N (*Brit fig: Econ etc*) étude *f* sur documents

**deskill** /dɪˈskɪl/ VT déqualifier

**deskilling** /dɪˈskɪlɪŋ/ N déqualification *f*

**deskside computer** /ˈdesksaɪdkəmˈpjuːtəʳ/ N ordinateur *m* tour

**desktop** /ˈdesktɒp/ ADJ *[model, computer]* de table, de bureau N (*Comput*) bureau *m* COMP ▷ **desktop publishing** N publication *f* assistée par ordinateur, microédition *f*

**desolate** /ˈdesəlɪt/ ADJ a (*= deserted*) *[place]* désolé ; *[landscape]* désert ; *[beauty]* sauvage b *[person]* (*= grief-stricken*) désespéré ; (*= lost*) perdu ◆ **he was ~ without her** il était perdu sans elle ◆ **to feel ~** se sentir perdu VT /ˈdesəleɪt/ *[+ country]* désoler, ravager ; *[+ person]* désoler, affliger

**desolately** /ˈdesəlɪtlɪ/ ADV *[say etc]* d'un air désespéré

**desolation** /ˌdesəˈleɪʃən/ N a (*= grief*) abattement *m*, affliction *f* ; (*= friendlessness*) solitude *f* ; *[of landscape]* aspect *m* désert, solitude *f* b *[of country]* (*by war*) désolation *f* (*liter*), dévastation *f*

**despair** /dɪsˈpɛəʳ/ N a (*NonC*) désespoir *m* (*about, at, over* au sujet de ; *at having done* d'avoir fait) ◆ **to be in ~** être au désespoir, être désespéré ◆ **in ~, he tried to kill himself** de désespoir il a tenté de se suicider ◆ **to drive sb to ~** réduire qn au désespoir, désespérer qn b (*= cause of despair*) désespoir *m* ◆ **this child is the ~ of his parents** cet enfant fait *or* est le désespoir de ses parents VI (se) désespérer, perdre l'espoir ◆ **don't ~!** ne te désespère pas ! ◆ **to ~ of (doing) sth** désespérer de (faire) qch ◆ **I ~ for the future of our planet** je suis pessimiste quant à l'avenir de la planète ◆ **they ~ed of** *or* **for his life** (*liter*) on désespérait de le sauver

**despairing** /dɪsˈpɛərɪŋ/ ADJ *[person]* désespéré ; *[look, gesture]* de désespoir, désespéré

**despairingly** /dɪsˈpɛərɪŋlɪ/ ADV *[say, agree, answer]* d'un ton désespéré ; *[think]* avec désespoir ; *[shake one's head]* de façon désespérée ◆ **to sigh ~** pousser un soupir de désespoir ◆ **Emma looked ~ at Vanessa** Emma jeta à Vanessa un regard désespéré ◆ **~, she waited for him to phone** elle attendait désespérément qu'il téléphone

**despatch** /dɪsˈpætʃ/ N ⇒ **dispatch**

**desperado** /ˌdespəˈrɑːdəʊ/ N (pl **desperado(e)s**) desperado *m*

**desperate** /ˈdespərɪt/ ADJ a *[situation, attempt, act, struggle]* désespéré ; *[criminal]* prêt à tout, capable de tout ◆ **he's a ~ man** il est prêt à tout *or* capable de tout ◆ **there was no sign of my taxi and I was getting ~** mon taxi n'arrivait pas et je devenais fou ◆ **to resort to ~ measures** recourir à des mesures désespérées ◆ **to do something ~** commettre un acte désespéré ◆ **I was ~ to see my children again** je voulais à tout prix revoir mes enfants ◆ **both countries are ~ to avoid war** les deux pays veulent à tout prix éviter la guerre ◆ **to be ~ for sb to do sth** vouloir à tout prix que qn fasse qch ◆ **I'm ~*** (*for the lavatory*) j'ai une envie pressante* b (* *= very bad*) épouvantable

**desperately** /ˈdespərɪtlɪ/ ADV a *[struggle, regret]* désespérément ; *[say, look]* avec désespoir b (*= appallingly*) *[hard, poor]* extrêmement ; *[unhappy, worried, cold]* terriblement ◆ **~ shy** d'une timidité maladive ◆ **it's ~ hard**

**work** c'est un travail extrêmement pénible ◆ **to be ~ ill** être très gravement malade ◆ **to be ~ short of sth** manquer cruellement de qch c (* = *very*) ◆ **I'm not ~ happy about it** ça ne me plait pas trop ◆ **I'm not ~ keen** ça ne me dit pas grand-chose ◆ **are you hungry? – not ~** as-tu faim ? – pas trop

**desperation** /ˌdespəˈreɪʃən/ N (*NonC*) a (= *state*) désespoir *m* ◆ **to be in ~** être au désespoir ◆ **to drive sb to ~** pousser qn à bout ◆ **in ~ she kicked the door** ne sachant plus quoi faire, elle a donné un coup de pied dans la porte ◆ **in sheer ~** en désespoir de cause b (= *recklessness*) désespoir *m*, rage *f* du désespoir ◆ **to fight with ~** combattre avec la rage du désespoir

**despicable** /dɪsˈpɪkəbl/ ADJ [*action, person*] ignoble, abject, méprisable

**despicably** /dɪsˈpɪkəblɪ/ ADV [*behave*] ignoblement, d'une façon ignoble ◆ **that was a ~ cruel thing to say** c'était ignoble et cruel de dire une chose pareille ◆ **that is ~ underhand behaviour!** ce comportement sournois est ignoble !

**despise** /dɪsˈpaɪz/ VT [+ *danger, person*] mépriser ◆ **to ~ sb for sth/for having done sth** mépriser qn pour qch/pour avoir fait qch ◆ **to ~ o.s. for sth/for doing sth** avoir honte de qch/d'avoir fait qch

**despisingly** /dɪsˈpaɪzɪŋlɪ/ ADV avec mépris, dédaigneusement

**despite** /dɪsˈpaɪt/ LANGUAGE IN USE 26.2 PREP malgré, en dépit de ◆ **~ our objecting to this, they decided ...** bien que nous ayons fait des objections *or* malgré nos objections, ils ont décidé ... ◆ **Stephen, ~ himself, had to admit that ...** Stephen dut admettre, bien malgré lui, que ... N (*liter*) dépit *m*

**despoil** /dɪsˈpɔɪl/ VT (*liter*) [+ *person*] dépouiller, spolier (*of* de) ; [+ *country*] piller

**despoiler** /dɪsˈpɔɪləʳ/ N (*liter*) spoliateur *m*, -trice *f*

**despoiling** /dɪsˈpɔɪlɪŋ/ N spoliation *f*

**despondence** /dɪsˈpɒndəns/, **despondency** /dɪsˈpɒndənsɪ/ N découragement *m*, abattement *m*

**despondent** /dɪsˈpɒndənt/ ADJ découragé, déprimé (*about* par)

**despondently** /dɪsˈpɒndəntlɪ/ ADV (*with vb*) [*speak*] d'un ton découragé ◆ **out-of-work actors trudging ~ from one audition to the next** des acteurs au chômage qui se traînent, complètement découragés, d'une audition à l'autre

**despot** /ˈdespɒt/ N (*lit, fig*) despote *m*

**despotic** /desˈpɒtɪk/ ADJ (*lit, fig*) despotique

**despotically** /desˈpɒtɪkəlɪ/ ADV [*behave*] d'une manière despotique, despotiquement ; [*govern*] despotiquement, en despote

**despotism** /ˈdespətɪzəm/ N despotisme *m*

**des res** /dez rez/ N (abbrev of **desirable residence**) → **desirable**

**dessert** /dɪˈzɜːt/ N dessert *m* COMP ▷ **dessert apple** N pomme *f* à couteau ▷ **dessert chocolate** N chocolat *m* à croquer ▷ **dessert plate** N assiette *f* à dessert ▷ **dessert wine** N vin *m* de dessert

**dessertspoon** /dɪˈzɜːtspuːn/ N (*Brit*) cuiller *f* à dessert

**destabilization** /diːˌsteɪbɪlaɪˈzeɪʃən/ N déstabilisation *f*

**destabilize** /diːˈsteɪbɪˌlaɪz/ VT (*Pol*) [+ *regime etc*] déstabiliser

**de-Stalinization** /diːˌstɑːlɪnaɪˈzeɪʃən/ N déstalinisation *f*

**de-Stalinize** /diːˈstɑːlɪˌnaɪz/ VT déstaliniser

**destination** /ˌdestɪˈneɪʃən/ N destination *f*

**destine** /ˈdestɪn/ VT [+ *person, object*] destiner (*for* à)

**destined** /ˈdestɪnd/ ADJ a (*by fate*) destiné (*to* à) ◆ **they were ~ to meet again later** ils étaient destinés à se rencontrer plus tard ◆ **I was ~ never to see them again** je devais ne plus jamais les revoir ◆ **~ for greatness** promis à un grand avenir ◆ **at the ~ hour** (*liter*) à l'heure fixée par le destin b (= *heading for*) **~ for London** à destination de Londres ◆ **a letter ~ for her** une lettre qui lui est (*or* était *etc*) destinée

**destiny** /ˈdestɪnɪ/ N destin *m*, destinée *f* ◆ **Destiny** le destin ◆ **the destinies of France during this period** le destin de la France pendant cette période ◆ **it was his ~ to die in battle** il était écrit qu'il devait mourir au combat ◆ **a man of ~** un homme promis à une grande destinée

**destitute** /ˈdestɪtjuːt/ ADJ a (= *poverty-stricken*) indigent, sans ressources ◆ **to be utterly ~** être dans le dénuement le plus complet b (= *lacking*) dépourvu, dénué (*of* de) NPL **the destitute** les indigents *mpl*

**destitution** /ˌdestɪˈtjuːʃən/ N dénuement *m*, indigence *f*, misère *f* noire

**destroy** /dɪsˈtrɔɪ/ VT a (= *spoil completely*) [+ *building, town, forest, document*] détruire ◆ **~ed by bombing** détruit par bombardement ◆ **the village was ~ed by fire** le village a été détruit par le feu b (= *kill*) [+ *enemy*] détruire, anéantir ; [+ *population*] détruire, exterminer ; [+ *dangerous animal, injured horse*] abattre ; [+ *cat, dog*] supprimer, faire piquer ◆ **to ~ o.s.** se suicider, se tuer c (= *put an end to*) [+ *reputation, mood, beauty, influence, faith*] détruire ; [+ *hope, love*] anéantir, détruire ; (= *spoil*) gâcher

**destroyer** /dɪsˈtrɔɪəʳ/ N a (*Naut*) contre-torpilleur *m*, destroyer *m* b (= *person*) destructeur *m*, -trice *f* ; (= *murderer*) meurtrier *m*, -ière *f* COMP ▷ **destroyer escort** N escorteur *m*

**destruct** /dɪsˈtrʌkt/ VT [+ *missile*] détruire volontairement VI être détruit volontairement N destruction *f* volontaire COMP ▷ **destruct button** N télécommande *f* de destruction ▷ **destruct mechanism** N mécanisme *m* de destruction

**destructible** /dɪsˈtrʌktəbl/ ADJ destructible

**destruction** /dɪsˈtrʌkʃən/ N a (*NonC* = *act*) [*of town, building*] destruction *f* ; [*of enemy*] destruction *f*, anéantissement *m* ; [*of people, insects*] destruction *f*, extermination *f* ; [*of documents*] destruction *f* ; [*of reputation, hope*] destruction *f*, ruine *f* ; [*of character, soul*] ruine *f*, perte *f* ◆ **~ by fire** destruction *f* par un incendie *or* par le feu b (*NonC* = *damage*) (*from fire*) dégâts *mpl* ; (*from war*) ravages *mpl* ◆ **a scene of utter ~ met our eyes** nous avions devant les yeux un spectacle de dévastation totale

**destructive** /dɪsˈtrʌktɪv/ ADJ (= *damaging*) [*person, behaviour, effect, emotion, comment*] destructeur (-trice *f*) ; [*power, force*] destructeur (-trice *f*), destructif ◆ **he's very ~** [*child*] il casse tout ◆ **environmentally ~ projects** des projets *mpl* destructeurs pour l'environnement ◆ **to be ~ of the environment** détruire l'environnement

**destructively** /dɪsˈtrʌktɪvlɪ/ ADV de façon destructrice ◆ **any power can be used creatively or ~** tout pouvoir peut être utilisé de façon créative ou destructrice

**destructiveness** /dɪsˈtrʌktɪvnɪs/ N [*of fire, war, criticism etc*] caractère *m or* effet *m* destructeur ; [*of child etc*] penchant *m* destructeur

**destructor** /dɪsˈtrʌktəʳ/ N (*Brit*: also **refuse destructor**) incinérateur *m* (à ordures)

**desuetude** /dɪˈsjʊɪtjuːd/ N (*liter*) désuétude *f*

**desultorily** /ˈdesəltərɪlɪ/ ADV [*say, look for*] sans conviction ; [*wander around*] sans but précis ◆ **to talk** *or* **chat ~** échanger des propos décousus

**desultory** /ˈdesəltərɪ/ ADJ [*reading*] décousu, sans suite ; [*performance*] décousu ; [*attempt*] peu suivi, peu soutenu ; [*firing, contact, applause*] irrégulier ◆ **to have a ~ conversation** échanger des propos décousus

**det.** abbrev of **detective**

**detach** /dɪˈtætʃ/ VT [+ *hook, rope, cart*] détacher, séparer (*from* de) ◆ **to ~ o.s. from a group** se détacher d'un groupe ◆ **a section became ~ed from ...** une section s'est détachée de ... ◆ **troops were ~ed to protect the town** on a envoyé un détachement de troupes pour protéger la ville ; see also **detached**

**detachable** /dɪˈtætʃəbl/ ADJ [*part of machine, section of document*] détachable (*from* de) ; [*collar, lining*] amovible COMP ▷ **detachable lens** N (*Phot*) objectif *m* mobile

**detached** /dɪˈtætʃt/ ADJ a (= *separate*) [*part, section*] détaché, séparé ◆ **~ from the world of racing** coupé du monde des courses ◆ **~ from reality** coupé de la réalité b (= *unbiased*) [*opinion*] neutre, objectif ; (= *unemotional*) [*manner*] détaché, indifférent ◆ **he seemed very ~ about it** il semblait ne pas du tout se sentir concerné COMP ▷ **detached house** N (*Brit*) maison *f* individuelle (entourée d'un jardin), pavillon *m* ▷ **detached retina** N décollement *m* de la rétine

**detachment** /dɪˈtætʃmənt/ N a (*NonC*) [*of part, section etc*] séparation *f* (*from* de) ◆ **~ of the retina** (*Med*) décollement *m* de la rétine b (*NonC*: *fig*) (*in manner*) détachement *m*, indifférence *f* ; (*towards pleasure, friends*) indifférence *f* (*towards* à, à l'égard de) c (*Mil*) détachement *m*

**detail** /ˈdiːteɪl/ N a (*also Archit, Art*) détail *m* ; (= *information on sth wanted*) renseignement *m* ◆ **in ~** en détail ◆ **in great ~** dans les moindres détails ◆ **his attention to ~** l'attention qu'il porte aux détails ◆ **to go into ~(s)** entrer dans les détails ◆ **in every ~ it resembles ...** ça ressemble dans le moindre détail à ... ◆ **the model is perfect in every ~** la maquette est parfaite dans les moindres détails ◆ **but that's a minor ~!** ce n'est qu'un (petit) détail !

b (*Mil*) détachement *m*

NPL **details** (*gen*) renseignements *mpl* ; (= *personal facts*) coordonnées *fpl* ◆ **let me take down the ~s** je vais noter les renseignements nécessaires ◆ **please send me ~s of ...** (*Comm etc*) veuillez m'envoyer des renseignements sur *or* concernant ... ◆ **she took down my ~s** elle a noté mes coordonnées

VT a [+ *reason, fact, plan, progress*] exposer en détail ; [+ *story, event*] raconter en détail ; [+ *items, objects*] énumérer, détailler ◆ **a letter ~ing the reasons for his resignation** une lettre énumérant les raisons de sa démission ◆ **a report ~ing the events leading up to the riots** un rapport où sont détaillés les événements qui ont conduit aux émeutes

b (*Mil*) [+ *troops*] affecter (*for* à ; *to do sth* à *or* pour faire qch) détacher, désigner (*for* pour ; *to do sth* pour faire qch)

COMP ▷ **detail drawing** N (*Archit, Tech*) épure *f*

**detailed** /ˈdiːteɪld/ ADJ détaillé ; [*investigation, examination*] minutieux ◆ **the police made a ~ search of the scene of the crime** la police a minutieusement fouillé le lieu du crime *or* a passé le lieu du crime au peigne fin

**detain** /dɪˈteɪn/ VT a *(= keep back)* retenir ◆ **he has been ~ed at the office** il a été retenu au bureau ◆ **I don't want to ~ you any longer** je ne veux pas vous retarder *or* retenir plus longtemps b *(in captivity)* détenir ; *(Scol)* mettre en retenue, consigner

**detainee** /ˌdiːteɪˈniː/ N détenu(e) *m(f)* ; *(political)* prisonnier *m* politique

**detect** /dɪˈtekt/ VT *(= perceive presence of) [+ substance, gas]* détecter, découvrir ; *[+ explosive]* découvrir ; *[+ disease]* dépister ; *[+ sadness]* déceler ; *(= see or hear)* distinguer, discerner ◆ **they ~ed traces of poison in the body** on a découvert des traces de poison dans le cadavre ◆ **I thought I could ~ a note of sarcasm in his voice** j'avais cru déceler une note sarcastique dans sa voix ◆ **I could just ~ his pulse** je sentais tout juste son pouls

**detectable** /dɪˈtektəbl/ ADJ détectable, décelable ; → **detect**

**detection** /dɪˈtekʃən/ N *[of criminal, secret]* découverte *f* ; *[of gas, mines]* détection *f* ; *(Med)* dépistage *m* ◆ **the ~ of crime** la chasse aux criminels ◆ **the bloodstains led to the ~ of the criminal** les taches de sang ont mené à la découverte du criminel ◆ **to escape ~** *[criminal]* échapper aux recherches ; *[mistake]* passer inaperçu

**detective** /dɪˈtektɪv/ N policier *m* (en civil) ; *(also* **private detective***)* détective *m* (privé) COMP ▷ **detective chief inspector** N *(Brit)* ≃ inspecteur *m* divisionnaire (de police) ▷ **detective chief superintendent** N *(Brit)* ≃ commissaire *m* divisionnaire (de police) ▷ **detective constable** N *(Brit)* ≃ inspecteur *m* de police ▷ **detective device** N dispositif *m* de détection *or* de dépistage ▷ **detective inspector** N *(Brit)* ≃ inspecteur *m* principal (de police) ▷ **detective sergeant** N *(Brit)* ≃ inspecteur(-chef) *m* (de police) ▷ **detective story** N roman *m* policier, polar * *m* ▷ **detective superintendent** N *(Brit)* ≃ commissaire *m* (de police) ▷ **detective work** N *(lit, fig)* investigations *fpl* ◆ **a bit of ~ work** quelques investigations

**detector** /dɪˈtektəʳ/ N *(= device, person)* détecteur *m* ; → **lie**[2], **mine**[2] COMP ▷ **detector van** N *(Brit TV)* camion *m* de détection radiogoniométrique

**detente** /deɪˈtɑːnt/ N détente *f (Pol)*

**detention** /dɪˈtenʃən/ N *(= captivity) [of criminal, spy]* détention *f* ; *(Mil)* arrêts *mpl* ; *(Scol)* retenue *f*, consigne *f* ◆ **to give a pupil two hours' ~** donner à un élève deux heures de retenue *or* de consigne ; → **preventive** COMP ▷ **detention centre** N *(Jur) (for immigrants)* centre *m* de rétention ▷ **detention home** N *(US)* ⇒ **detention centre**

**deter** /dɪˈtɜːʳ/ VT *(= prevent)* empêcher *(from doing sth* de faire qch) ; *(= discourage)* décourager *(from doing sth* de faire qch) dissuader *(from doing sth* de faire qch) ; *(Mil) [+ attack]* prévenir ; *[+ enemy]* dissuader ◆ **...to ~ convicted hooligans from travelling abroad** ...pour empêcher les hooligans déjà condamnés d'aller à l'étranger ◆ **this could ~ investors** cela pourrait décourager les investisseurs potentiels ◆ **the facts showed that criminals were not ~red by the experience of imprisonment** l'expérience de la prison n'avait pas d'effet dissuasif sur les délinquants ◆ **I was ~red by the cost** le coût m'a fait reculer ◆ **don't let the weather ~ you** *(= prevent)* ne vous laissez pas arrêter par le temps

**detergent** /dɪˈtɜːdʒənt/ ADJ, N détersif *m*, détergent *m*

**deteriorate** /dɪˈtɪərɪəreɪt/ VI *[material]* se détériorer, s'abîmer ; *[situation]* se dégrader ; *[species, morals]* dégénérer ; *[one's health, relationships, weather]* se détériorer ◆ **his schoolwork is deteriorating** il y a un fléchissement dans son travail scolaire VT *[+ material, machine]* détériorer, abîmer

**deterioration** /dɪˌtɪərɪəˈreɪʃən/ N *[of goods, weather, friendship]* détérioration *f* ; *[of situation, relations]* dégradation *f* ; *[of species]* dégénération *f* ; *(in morality)* dégénérescence *f* ; *(in taste, art)* déchéance *f*, décadence *f*

**determinable** /dɪˈtɜːmɪnəbl/ ADJ a *[quantity]* déterminable b *(Jur)* résoluble

**determinant** /dɪˈtɜːmɪnənt/ ADJ, N déterminant *m*

**determinate** /dɪˈtɜːmɪnɪt/ ADJ *(= fixed)* déterminé

**determination** /dɪˌtɜːmɪˈneɪʃən/ N *(NonC)* a *(= firmness of purpose)* détermination *f*, résolution *f (to do sth* de faire qch) ◆ **an air of ~** un air résolu b *(gen, Math etc)* détermination *f* ; *[of frontiers]* délimitation *f*

**determinative** /dɪˈtɜːmɪnətɪv/ ADJ déterminant ; *(Gram)* déterminatif N facteur *m* déterminant ; *(Gram)* déterminant *m*

**determine** /dɪˈtɜːmɪn/ VT a *(= settle, fix) [+ conditions, policy, date]* fixer, déterminer ; *[+ price]* fixer, régler ; *[+ frontier]* délimiter ; *[+ cause, nature, meaning]* déterminer, établir ; *[+ sb's character, future]* décider de, déterminer ; *(Jur) [+ contract]* résoudre b *(= resolve)* décider *(to do sth* de faire qch) se déterminer, se résoudre *(to do sth* à faire qch) ; *(= cause to decide) [+ person]* décider, amener *(to do sth* à faire qch)

► **determine (up)on** VT FUS décider de, résoudre de *(doing sth* faire qch) ; *[+ course of action]* se résoudre à ; *[+ alternative]* choisir

**determined** /dɪˈtɜːmɪnd/ LANGUAGE IN USE 8.2 ADJ a *[person, appearance]* résolu, déterminé ◆ **to make ~ efforts** *or* **a ~ attempt to do sth** faire un gros effort pour faire qch ◆ **to be ~ to do sth** être bien décidé à faire qch ◆ **to be ~ that...** être bien décidé à ce que... + *subj* b *[quantity]* déterminé, établi

**determinedly** /dɪˈtɜːmɪndlɪ/ ADV *[say]* d'un ton déterminé *or* résolu ; *[try]* résolument ; *[walk, stride]* d'un pas (ferme et) résolu ◆ **~ optimistic** résolument optimiste ◆ **~ cheerful** d'une gaieté inébranlable

**determiner** /dɪˈtɜːmɪnəʳ/ N *(Gram)* déterminant *m*

**determining** /dɪˈtɜːmɪnɪŋ/ ADJ déterminant

**determinism** /dɪˈtɜːmɪnɪzəm/ N déterminisme *m*

**determinist** /dɪˈtɜːmɪnɪst/ ADJ, N déterministe *mf*

**deterministic** /dɪˌtɜːmɪˈnɪstɪk/ ADJ déterministe

**deterrence** /dɪˈterəns/ N *(Mil)* force *f* de dissuasion

**deterrent** /dɪˈterənt/ N ◆ **they believe capital punishment is a ~** ils pensent que la peine capitale est dissuasive ◆ **alarms are supposed to be a ~, but people don't use them** les alarmes sont censées avoir un effet dissuasif, mais les gens ne les utilisent pas ◆ **to act as a ~** *[penalty]* avoir un effet dissuasif ; → **nuclear, ultimate** ADJ dissuasif

**detest** /dɪˈtest/ VT détester ◆ **to ~ doing sth** détester faire qch, avoir horreur de faire qch ◆ **I ~ that sort of thing!** j'ai horreur de ce genre de chose !

**detestable** /dɪˈtestəbl/ ADJ détestable, odieux

**detestably** /dɪˈtestəblɪ/ ADV *[rude]* odieusement, horriblement ; *[ugly]* horriblement

**detestation** /ˌdiːtesˈteɪʃən/ N a *(NonC)* haine *f* b *(= object of hatred)* abomination *f*, chose *f* détestable

**dethrone** /diːˈθrəʊn/ VT détrôner

**dethronement** /diːˈθrəʊnmənt/ N déposition *f (d'un souverain)*

**detonate** /ˈdetəneɪt/ VI détoner VT faire détoner *or* exploser

**detonation** /ˌdetəˈneɪʃən/ N détonation *f*, explosion *f*

**detonator** /ˈdetəneɪtəʳ/ N détonateur *m*, amorce *f*, capsule *f* fulminante ; *(Rail)* pétard *m*

**detour** /ˈdiːˌtʊəʳ/ N *(lit, fig)* détour *m* ; *(for traffic)* déviation *f* VI faire un détour VT *(US) [+ traffic]* dévier

**detox** * /diːˈtɒks/ abbrev of **detoxicate, detoxication, detoxification, detoxify**

**detoxicate** /diːˈtɒksɪkeɪt/ VT désintoxiquer

**detoxi(fi)cation** /diːˌtɒksɪ(fɪ)ˈkeɪʃən/ N désintoxication *f* COMP ▷ **detoxi(fi)cation centre** N centre *m* de désintoxication ▷ **detoxi(fi)cation programme** N cure *f* de désintoxication

**detoxify** /diːˈtɒksɪfaɪ/ VT ⇒ **detoxicate**

**detract** /dɪˈtrækt/ VI ◆ **to ~ from** *[+ quality, merit]* diminuer ◆ **these criticisms do not ~ from the overall value of the text** ces critiques ne diminuent pas *or* n'enlèvent rien à la qualité globale du texte ◆ **they feared the revelations would ~ from their election campaign** ils craignaient que ces révélations ne nuisent à leur campagne électorale ◆ **it ~s from the pleasure of walking** cela diminue le plaisir de se promener

**detraction** /dɪˈtrækʃən/ N détraction *f*

**detractor** /dɪˈtræktəʳ/ N détracteur *m*, -trice *f*, critique *m*

**detrain** /diːˈtreɪn/ VT débarquer *(d'un train)* VI *[troops]* débarquer *(d'un train)* ; *[passengers]* descendre *(d'un train)*

**detriment** /ˈdetrɪmənt/ N *(= handicap)* handicap *m* ◆ **my qualifications proved to be a ~ rather than an asset** mes diplômes se sont avérés être un handicap plutôt qu'un atout ◆ **to the ~ of** au détriment de, au préjudice de ◆ **this policy ultimately worked to his own ~** cette politique a fini par lui porter préjudice ◆ **without ~ to** sans porter préjudice à ◆ **that is no ~ to ...** cela ne nuit en rien à ...

**detrimental** /ˌdetrɪˈmentl/ ADJ nuisible ◆ **to be ~ for sb/sth, to have a ~ effect on sb/sth** être nuisible *or* préjudiciable à qn/qch, nuire à qn/qch ◆ **to be ~ to sth** nuire à qch ◆ **this could be ~ in its effect, this could have a ~ effect** cela pourrait avoir un effet néfaste

**detritus** /dɪˈtraɪtəs/ N *(Geol)* roches *fpl* détritiques, pierraille *f* ; *(fig)* détritus *m*

**detumescent** /ˌdiːtjuˈmesnt/ ADJ *(frm)* détumescent

**deuce**[1] /djuːs/ N a *(Cards, Dice etc)* deux *m* b *(Tennis)* égalité *f* ◆ **to be at ~** être à égalité

**deuce**[2] † * /djuːs/ N *(euph)* ⇒ **devil noun c**

**deuced** † * /ˈdjuːsɪd/ ADJ satané *before n*, sacré * *before n* ADV diablement † ◆ **what ~ bad weather!** quel sale temps !

**deuterium** /djuːˈtɪərɪəm/ N deutérium *m* COMP ▷ **deuterium oxide** N eau *f* lourde

**Deuteronomy** /ˌdjuːtəˈrɒnəmɪ/ N le Deutéronome

**Deutschmark** /ˈdɔɪtʃmɑːk/, **Deutsche Mark** /ˌdɔɪtʃəˈmɑːk/ N mark *m*

**devaluate** /diːˈvæljʊeɪt/ VT ⇒ **devalue**

**devaluation** /ˌdɪvæljʊˈeɪʃən/ N dévaluation *f*

**devalue** /ˈdiːˈvæljuː/ VT *(Fin, fig)* dévaluer

**devastate** /ˈdevəsteɪt/ VT *[+ town, land]* dévaster, ravager ; *[+ opponent, opposition]* anéantir ; *(fig) [+ person]* terrasser, foudroyer ◆ **he was absolutely ~d when he heard the news** cette nouvelle lui a porté un coup terrible

**devastating** /ˈdevəsteɪtɪŋ/ ADJ *[war, attack, wind, storm, effect]* dévastateur (-trice *f*) ; *[consequence, result, loss]* désastreux (*to, for* pour) ; *[grief]* profond ; *[news, reply]* accablant ; *[logic]* implacable ; *[wit, charm]* irrésistible ◆ **to have a ~ effect (on sb/sth)** avoir un effet dévastateur (sur qn/qch) ◆ **with** *or* **to ~ effect** avec un effet dévastateur ◆ **(to deal) a ~ blow (to sth)** (porter) un coup fatal (à qch)

**devastatingly** /ˈdevəsteɪtɪŋlɪ/ ADV ◆ **~ funny** irrésistiblement drôle ◆ **a ~ attractive woman** une femme au charme ravageur ◆ **~ effective** d'une efficacité foudroyante ◆ **to be ~ successful** avoir un succès foudroyant ◆ **the German guns were ~ accurate** les canons allemands étaient terriblement précis ◆ **a ~ frank appraisal** une évaluation d'une franchise implacable

**devastation** /ˌdevəˈsteɪʃən/ N dévastation *f*

**develop** /dɪˈveləp/ VT a *[+ mind, body]* développer, former ; *[+ argument, thesis, business, market]* développer ; *(Math, Phot)* développer ; see also **developed**

b *[+ region]* exploiter, mettre en valeur ; *(= change and improve)* aménager (*as* en) ◆ **this land is to be ~ed** *(= built on)* on va construire *or* bâtir sur ce terrain ; see also **developed**

c *(= acquire, get) [+ tic, boil, cold]* attraper ; *[+ symptoms, signs]* présenter ; *[+ bad back]* commencer à souffrir de ; *[+ habit, disease]* contracter ◆ **to ~ a taste for sth** prendre goût à qch ◆ **to ~ a talent for sth** faire preuve de talent pour qch ◆ **to ~ a tendency to** manifester une tendance à

VI *[person, embryo, tendency, town, region]* se développer ; *[disease]* se déclarer ; *[talent]* s'épanouir ; *[friendship]* s'établir ; *[jealousy]* s'installer ; *(Phot) [negative, print, image]* se développer ; *[story, plotline]* se développer ; *[event, situation]* se produire ◆ **a crack was ~ing in the wall** le mur se lézardait ◆ **to ~ into** devenir

**developed** /dɪˈveləpt/ ADJ a *[economy, country]* développé ◆ **highly ~** *[ideas, theories]* mûrement pensé ; *[sense of humour, sense of the absurd]* très développé b *[breasts]* développé ; *[girl]* formé

**developer** /dɪˈveləpəʳ/ N a (also **property developer**) promoteur *m* (de construction) b *(Phot)* révélateur *m*

**developing** /dɪˈveləpɪŋ/ ADJ *[crisis, storm]* qui se prépare ; *[country]* en voie de développement ; *[industry]* en expansion N a ⇒ **development noun a** b *(Phot)* développement *m* ◆ **"developing and printing"** "développement et tirage", "travaux photographiques" COMP ▷ **developing bath** N *(Phot)* (bain *m*) révélateur *m* ▷ **developing tank** N *(Phot)* cuve *f* à développement

**development** /dɪˈveləpmənt/ N a *(NonC = growth, progress) [of person, body]* développement *m* ; *[of mind]* développement *m*, formation *f* ; *[of idea]* évolution *f* ; *[of region]* exploitation *f*, mise *f* en valeur ; *[of site]* mise *f* en exploitation ; *[of technique, technology]* mise *f* au point ; *[of industry]* développement *m*, expansion *f* ◆ **at every stage in his ~** à chaque stade de son développement ◆ **economic ~** développement *m* économique ◆ **product ~** développement *m* de produits ◆ **business ~** *(= creation of new businesses)* création *f* d'entreprise(s) ◆ **to promote business ~** promouvoir la création d'entreprise(s) ◆ **business ~ advice** *(= building of existing business)* aide *f* au développement de l'entreprise ◆ **career ~** évolution *f* professionnelle

b *(NonC = unfolding, exposition) [of subject, theme]* développement *m*, exposé *m* ; *[of idea]* développement *m* ; *[of plot, story]* déroulement *m*, développement *m*

c *(NonC: Math, Mus, Phot)* développement *m*

d *(NonC: Med) [of disease] (= onset)* développement *m*, apparition *f* ; *(= progression)* développement *m* ◆ **this has been linked with the ~ of breast cancer** cela a été associé au développement *or* à l'apparition du cancer du sein

e *(esp Press = event)* fait *m* nouveau ◆ **a new ~** des développements *mpl* ◆ **there have been no (new) ~s** il n'y a pas de changements *or* nouveaux développements ◆ **the latest ~** les derniers développements ◆ **to await ~s** attendre la suite des événements ◆ **an unexpected** *or* **a surprise ~** un rebondissement

f *(= advance)* progrès *m* ◆ **recent ~s in the treatment of skin cancer** les progrès récents *or* les récents développements en matière de traitement du cancer de la peau

g *(Constr = building complex)* zone *f* aménagée ◆ **an industrial ~** une zone industrielle ◆ **housing** *or* **residential ~** *[of houses]* lotissement *m* ; *[of blocks of flats]* cité *f* ◆ **shopping ~** centre *m* commercial ◆ **office ~** immeuble(s) *m(pl)* de bureaux

COMP ▷ **development area** N *(Brit)* zone *f* à urbaniser en priorité, ZUP *f* ▷ **development bank** N banque *f* de développement ▷ **development company** N société *f* d'exploitation ▷ **development grant** N aide *f* au développement ▷ **development period** N *[of project, company]* phase *f* de démarrage ▷ **development planning** N planification *f* du développement

**developmental** /dɪˌveləpˈmentl/ ADJ de croissance

**deviance** /ˈdiːvɪəns/, **deviancy** /ˈdiːvɪənsɪ/ N *(gen, also Psych)* déviance *f* (*from* de)

**deviant** /ˈdiːvɪənt/ ADJ *[behaviour]* déviant ; *[development]* anormal ; *(sexually)* perverti ; *(Ling) [sentence, form]* déviant N déviant(e) *m(f)*

**deviate** /ˈdiːvɪeɪt/ VI a *(from truth, former statement etc)* dévier, s'écarter (*from* de) ◆ **to ~ from the norm** s'écarter de la norme b *[ship, plane, projectile]* dévier

**deviation** /ˌdiːvɪˈeɪʃən/ N a *(= straying) (from principle, disciple, custom)* manquement *m* (*from* à) ; *(from course, trajectory: also Pol)* déviation *f* (*from* de) ; *(from law, instructions)* dérogation *f* (*from* à) ; *(from social norm)* déviance *f* (*from* de) ◆ **there have been many ~s from the general rule** on s'est fréquemment écarté de la règle générale ◆ **~ from the norm** écart *m* par rapport à la norme b *(sexual)* déviation *f* c *(Math)* déviation *f* ◆ **standard ~** écart type *m*

**deviationism** /ˌdiːvɪˈeɪʃənɪzəm/ N déviationnisme *m*

**deviationist** /ˌdiːvɪˈeɪʃənɪst/ ADJ, N déviationniste *mf*

**device** /dɪˈvaɪs/ N a *(= gadget)* appareil *m* ; *(= mechanism)* mécanisme *m* (*for* pour) ; *(Comput)* dispositif *m* ; → **safety** b *(= scheme, plan)* moyen *m* (*to do sth* de faire qch) ◆ **to leave sb to his own ~s** laisser qn se débrouiller ◆ **left to his own ~s, he'd never have finished** tout seul *or* livré à lui-même, il n'aurait jamais fini c *(Literat)* procédé *m* ◆ **plot** *or* **narrative ~** procédé *m* narratif d *(Her = emblem)* devise *f*, emblème *m* e (also **explosive device**) engin *m* (explosif) ◆ **nuclear ~** engin *m* nucléaire

**devil** /ˈdevl/ N a *(= evil spirit)* diable *m*, démon *m* ◆ **the Devil** le Diable, Satan *m*

b * **poor ~!** pauvre diable ! ◆ **he's a little ~!** c'est un petit démon ! ◆ **he's a nice little ~** c'est un bon petit diable ◆ **he's a stubborn/handsome** *etc* **~** il est sacrément* entêté/beau *etc* ◆ **you little ~!** petit monstre, va ! ◆ **go on, be a ~!** * *(hum)* vas-y, vis dangereusement !

c († *‡: as intensifier)* **he had the ~ of a job to find it** il a eu toutes les peines du monde *or* un mal fou à le trouver ◆ **the ~ of a wind** un vent du diable *or* de tous les diables ◆ **it's a ~ of a job to get him to understand** c'est toute une affaire pour le faire comprendre ◆ **why the ~ didn't you say so?** pourquoi diable ne l'as-tu pas dit ? ◆ **how the ~ would I know?** comment voulez-vous que je (le) sache ? ◆ **where the ~ is he?** où diable peut-il bien être ? ◆ **what the ~ are you doing?** mais enfin qu'est-ce que tu fabriques ? * ◆ **who the ~ are you?** qui diable êtes-vous ? ◆ **the ~ take it!** au diable ! ◆ **to work/run/shout** *etc* **like the ~** travailler/courir/crier *etc* comme un fou ◆ **there will be the ~ to pay (if/when ...)** *(fig)* cela va faire du grabuge* (si/quand ...), ça va barder* (si/quand ...)

d *(phrases)* **to be between the ~ and the deep blue sea** avoir le choix entre la peste et le choléra ◆ **the ~ finds work for idle hands (to do)** *(Prov)* l'oisiveté est la mère de tous les vices *(Prov)* ◆ **(every man for himself and) the ~ take the hindmost** *(Prov)* sauve qui peut ◆ **go to the ~!**‡ va te faire voir !*, va te faire cuire un œuf ! * ◆ **speak** *or* **talk of the ~ (and he appears)!** *(hum)* quand on parle du loup (on en voit la queue) ! ◆ **to play** *or* **be the ~'s advocate** se faire l'avocat du diable ◆ **(to) give the ~ his due ...** pour être honnête, il faut reconnaître que ... ◆ **he has the luck of the ~** * *or* **the ~'s own luck** * il a une veine insolente *or* une veine de cocu‡ ◆ **better the ~ you know (than the ~ you don't)** *(Prov)* mieux vaut un danger que l'on connaît qu'un danger que l'on ne connaît pas

e (also **printer's devil**) apprenti *m* imprimeur ; *(= hack writer)* nègre* *m (d'un écrivain etc)* ; *(Jur)* ≃ avocat *m* stagiaire

VI ◆ **to ~ for sb** *(Literat etc)* servir de nègre* à qn ; *(Jur)* ≃ faire office d'avocat stagiaire auprès de qn

VT a *(Culin) [+ kidneys]* (faire) griller au poivre et à la moutarde ◆ **~led** *(Brit) or* **~ed** *(US)* **egg** œuf *m* à la diable

b *(US * = nag)* harceler *(verbalement)*

COMP ▷ **devil-may-care** ADJ insouciant, je-m'en-foutiste* ▷ **devil's food cake** N *(US) gâteau au chocolat* ▷ **Devil's Island** N l'île *f* du Diable ▷ **devils-on-horseback** NPL *(Culin) pruneaux entourés de lard servis sur toast*

**devilfish** /ˈdevlfɪʃ/ N (pl **devilfish** *or* **devilfishes**) *(= manta)* mante *f*

**devilish** /ˈdevlɪʃ/ ADJ *[idea, act, invention, cunning]* diabolique ADV († * *= very)* diablement*, rudement* ◆ **it's ~ cold** il fait un froid du diable *or* de canard*

**devilishly** /ˈdevlɪʃlɪ/ ADV a *(= wickedly)* **she grinned/laughed ~** elle eut un sourire/un rire diabolique ◆ **~ cunning/handsome/clever** d'une astuce/beauté/intelligence diabolique b *(* = extremely)* ⇒ **devilish adv**

**devilishness** /ˈdevlɪʃnɪs/ N *[of invention]* caractère *m* diabolique ; *[of behaviour]* méchanceté *f* diabolique

**devilment** /ˈdevlmənt/ N *(NonC) (= mischief)* diablerie *f*, espièglerie *f* ; *(= spite)* méchancetė *f*, malice *f* ◆ **a piece of** ~ une espièglerie ◆ **for** ~ par pure malice *or* méchanceté

**devilry** /ˈdevlrɪ/, **deviltry** *(US)* /ˈdevltrɪ/ **N** a *(= daring)* (folle) témérité *f* ; *(= mischief)* diablerie *f*, espièglerie *f* ; *(= wickedness)* méchanceté *f* (diabolique) b *(= black magic)* magie *f* noire, maléfices *mpl*

**devious** /ˈdiːvɪəs/ **ADJ** a *(= sly) [means]* détourné ; *[person, behaviour]* retors, sournois ; *[mind]* retors, tortueux b *(= tortuous) [route]* détourné

**deviously** /ˈdiːvɪəslɪ/ **ADV** *[act, behave]* de manière sournoise, sournoisement

**deviousness** /ˈdiːvɪəsnɪs/ **N** *[of person]* fourberie *f*, sournoiserie *f* ; *[of scheme, method]* complexité(s) *f(pl)*

**devise** /dɪˈvaɪz/ **VT** *[+ scheme, style]* imaginer, concevoir ; *[+ plotline]* imaginer ; *(Jur)* léguer ◆ **of his own devising** de son invention **N** *(Jur)* legs *m* (de biens immobiliers)

**devisee** /dɪvaɪˈziː/ **N** *(Jur)* légataire *mf (qui reçoit des biens immobiliers)*

**deviser** /dɪˈvaɪzəʳ/ **N** *[of scheme, plan]* inventeur *m*, -trice *f*, auteur *m*

**devisor** /dɪˈvaɪzəʳ/ **N** *(Jur)* testateur *m*, -trice *f (qui lègue des biens immobiliers)*

**devitalization** /diːˌvaɪtəlaɪˈzeɪʃən/ **N** *(gen)* affaiblissement *m* ; *[tooth]* dévitalisation *f*

**devitalize** /diːˈvaɪtəlaɪz/ **VT** affaiblir ; *[+ tooth]* dévitaliser

**devoice** /diːˈvɔɪs/ **VT** *(Phon)* assourdir

**devoiced** /diːˈvɔɪst/ **ADJ** *(Phon) [consonant]* dévoisé

**devoicing** /diːˈvɔɪsɪŋ/ **N** *(Phon)* dévoisement *m*

**devoid** /dɪˈvɔɪd/ **ADJ** *(frm)* ◆ ~ **of** *[ornament, charm, talent, qualities, imagination]* dépourvu de ; *[scruples, compassion, good sense, humour, interest, meaning]* dénué de

**devolution** /ˌdiːvəˈluːʃən/ **N** *[of power, authority]* délégation *f* ; *(Jur) [of property]* transmission *f*, dévolution *f* ; *(Pol etc)* décentralisation *f* ; *(Bio)* dégénérescence *f*

**devolve** /dɪˈvɒlv/ **VI** a *(frm) [duty, responsibility]* incomber *(on, upon* à) ; *(by chance)* échoir *(on, upon* à) ◆ **it ~d on** *or* **upon me to take the final decision** c'est à moi qu'il incombait de prendre la décision définitive ◆ **the cost of the operation ~s upon the patient** le coût de l'opération est à la charge du patient b *(Jur) [property]* passer *(on, upon* à) être transmis *(on, upon* à) c *(= secede)* devenir autonome, faire sécession d *(= dissolve)* ◆ **the union ~d into a looser confederation of states** l'union s'est scindée *or* s'est fractionnée en une confédération d'États plus indépendants **VT** *[+ power, responsibility, authority]* déléguer *(on, upon* à) ◆ **to ~ power away from central government** déléguer le pouvoir du gouvernement central ◆ **a ~d government** un gouvernement décentralisé

**Devonian** /dəˈvəʊnɪən/ **ADJ** *(Geol) [period]* dévonien

**devote** /dɪˈvəʊt/ **VT** *[+ time, life, book, magazine]* consacrer *(to* à) ; *[+ resources]* affecter *(to* à) consacrer *(to* à) ◆ **to ~ o.s. to** *[+ a cause]* se vouer à, se consacrer à ; *[+ pleasure]* se livrer à ; *[+ study, hobby]* s'adonner à, se consacrer à, se livrer à ◆ **the money ~d to education** l'argent consacré à l'éducation ◆ **two chapters ~d to his childhood** deux chapitres consacrés à son enfance

**devoted** /dɪˈvəʊtɪd/ **ADJ** a *(= loyal) [husband, mother, friend]* dévoué ; *[friendship]* solide, profond ; *[follower]* fidèle ◆ ~ **care** dévouement *m* ◆ **to be a ~ admirer of sb/sth** être un fervent admirateur de qn/qch ◆ **Joyce is a ~ Star Trek fan** Joyce est une inconditionnelle de Star Trek ◆ **to be ~ to sb** être dévoué à qn ◆ **to be ~ to sth** être fidèle à qch ◆ **they are ~ to one another** ils sont très attachés l'un à l'autre b ◆ ~ **to** *(= concerned with)* consacré à ◆ **a museum ~ to ecology** un musée consacré à l'écologie

**devotedly** /dɪˈvəʊtɪdlɪ/ **ADV** avec dévouement

**devotee** /ˌdevəʊˈtiː/ **N** *[of doctrine, theory]* partisan(e) *m(f)* ; *[of religion]* adepte *mf* ; *[of sport, music, poetry]* passionné(e) *m(f)*

**devotion** /dɪˈvəʊʃən/ **N** *(NonC, to duty)* dévouement *m (to* à) ; *(to friend)* dévouement *m (to* à, envers) (profond) attachement *m (to* pour) ; *(to work)* dévouement *m (to* à) ardeur *f (to* pour, à) ; *(Rel)* dévotion *f*, piété *f* ◆ **with great** ~ avec un grand dévouement **NPL devotions** *(Rel)* dévotions *fpl*, prières *fpl*

**devotional** /dɪˈvəʊʃənl/ **ADJ** *[book]* de dévotion, de piété ; *[attitude]* de prière, pieux

**devour** /dɪˈvaʊəʳ/ **VT** a *[+ food]* dévorer, engloutir ; *(fig) [+ book]* dévorer ; *[+ money]* engloutir, dévorer ◆ **to ~ sb/sth with one's eyes** dévorer qn/qch des yeux b *[fire]* dévorer, consumer ◆ **~ed by jealousy** dévoré de jalousie

**devouring** /dɪˈvaʊərɪŋ/ **ADJ** *[hunger, passion]* dévorant ; *[zeal]* ardent ; *[enthusiasm]* débordant

**devout** /dɪˈvaʊt/ **ADJ** a *(= pious) [person]* pieux, dévot ; *[faith, Christianity, Catholicism etc]* dévot ; *[prayer, attention, hope]* fervent b *(fig = committed) [supporter, opponent]* fervent

**devoutly** /dɪˈvaʊtlɪ/ **ADV** a *(= fervently) [hope, believe, wish]* sincèrement b *(= piously)* avec dévotion ◆ **the islanders are ~ religious** les habitants de l'île sont profondément religieux ◆ **he was a ~ Christian prince** c'était un prince chrétien très pieux

**DEW, dew**[1] /djuː/ **ABBR** *(US)* abbrev of **distant early warning** **COMP** ▻ **DEW line** **N** DEW *f (système de radars)*

**dew**[2] /djuː/ **N** rosée *f* ; → **mountain**

**dewclaw** /ˈdjuːklɔː/ **N** ergot *m*

**dewdrop** /ˈdjuːdrɒp/ **N** goutte *f* de rosée

**dewlap** /ˈdjuːlæp/ **N** *[of cow, person]* fanon *m*

**dewpoint** /ˈdjuːpɔɪnt/ **N** point *m* de rosée *or* de condensation

**dewpond** /ˈdjuːpɒnd/ **N** mare *f (alimentée par la condensation)*

**dewy** /ˈdjuːɪ/ **ADJ** *[grass]* couvert de *or* humide de rosée ◆ ~ **lips** *(liter)* lèvres *fpl* fraîches **COMP** ▻ **dewy-eyed** **ADJ** *(= innocent)* aux grands yeux ingénus ; *(= credulous)* trop naïf (naïve *f*)

**dex** * /deks/ **N** *(Drugs)* Dexédrine ® *f*

**Dexedrine** ® /deksɪˈdriːn/ **N** Dexédrine ® *f*

**dexie** * /ˈdeksɪ/ **N** *(Drugs)* comprimé *m* de Dexédrine ®

**dexterity** /deksˈterɪtɪ/ **N** *(intellectual)* habileté *f* ; *(manual, physical)* dextérité *f*, adresse *f* ◆ ~ **in doing sth** habileté *or* dextérité à faire qch, adresse avec laquelle on fait qch ◆ **a feat of** ~ un tour d'adresse ◆ **verbal** ~ éloquence *f*

**dexterous** /ˈdekstrəs/ **ADJ** *[person]* adroit, habile ; *[movement]* adroit, agile ◆ **by the ~ use of** par l'habile emploi de

**dexterously** /ˈdekstrəslɪ/ **ADV** adroitement, habilement

**dextrin** /ˈdekstrɪn/ **N** dextrine *f*

**dextrose** /ˈdekstrəʊs/ **N** dextrose *m*

**dextrous(ly)** /ˈdekstrəs(lɪ)/ ⇒ **dexterous(ly)**

**DF** (abbrev of **direction finder**) → **direction**

**DFC** /ˌdiːefˈsiː/ **N** (abbrev of **Distinguished Flying Cross**) *médaille décernée aux aviateurs militaires*

**DfEE** /ˌdiːefiːˈiː/ **N** *(Brit)* (abbrev of **Department for Education and Employment**) → **department**

**DG** a (abbrev of **director general**) → **director** b (abbrev of **Deo gratias**) par la grâce de Dieu

**dg** (abbrev of **decigram(s)**) dg *m*

**DH** /diːˈeɪtʃ/ **N** *(Brit)* (abbrev of **Department of Health**) → **department**

**dhal** /dɑːl/ **N** → **dal**

**dhoti** /ˈdəʊtɪ/ **N** dhoti *m*

**dhow** /daʊ/ **N** boutre *m (voilier arabe)*

**DHSS** /ˌdiːeɪtʃesˈes/ **N** *(Brit) (formerly)* (abbrev of **Department of Health and Social Security**) → **health**

**DI** /diːˈaɪ/ **N** a (abbrev of **Donor Insemination**) → **donor** b *(Brit Police)* (abbrev of **Detective Inspector**) → **detective**

**di...** /daɪ/ **PREF** di...

**diabetes** /ˌdaɪəˈbiːtiːz/ **N** diabète *m* ◆ **to have** ~ être diabétique, avoir du diabète

**diabetic** /ˌdaɪəˈbetɪk/ **N** diabétique *mf* **ADJ** a *(= person)* diabétique b *(= for diabetics) [chocolate, dessert, jam etc]* pour diabétiques

**diabolic** /ˌdaɪəˈbɒlɪk/ **ADJ** ⇒ **diabolical a**

**diabolical** /ˌdaɪəˈbɒlɪkəl/ **ADJ** a *[act, invention, plan, power]* diabolique, infernal, satanique ; *[laugh, smile]* satanique, diabolique b *(* = dreadful) [child]* infernal *; *[weather]* atroce *, épouvantable

**diabolically** /ˌdaɪəˈbɒlɪkəlɪ/ **ADV** a *(* = horribly) [hot, difficult]* horriblement b *(= wickedly)* diaboliquement ◆ ~ **clever** d'une astuce diabolique ◆ **she grinned/laughed** ~ elle eut un sourire/rire diabolique c *(* = very badly) [drive, sing, cook etc]* horriblement mal

**diachronic** /ˌdaɪəˈkrɒnɪk/ **ADJ** diachronique

**diacid** /daɪˈæsɪd/ **N** biacide *m*, diacide *m*

**diacritic** /ˌdaɪəˈkrɪtɪk/ **ADJ** diacritique **N** signe *m* diacritique

**diacritical** /ˌdaɪəˈkrɪtɪkəl/ **ADJ** diacritique

**diadem** /ˈdaɪədem/ **N** *(lit, fig)* diadème *m*

**diaeresis, dieresis** *(US)* /daɪˈerɪsɪs/ **N** (pl **diaereses, diereses** *(US)* /daɪˈerɪˌsiːz/) *(Ling)* diérèse *f* ; *(Typ) (= symbol)* tréma *m*

**diagnose** /ˈdaɪəgnəʊz/ **VT** *(Med, fig)* diagnostiquer ◆ **his illness was ~d as bronchitis** on a diagnostiqué une bronchite

**diagnosis** /ˌdaɪəgˈnəʊsɪs/ **N** (pl **diagnoses** /ˌdaɪəgˈnəʊsiːz/) *(Med, fig)* diagnostic *m* ; *(Bio, Bot)* diagnose *f*

**diagnostic** /ˌdaɪəgˈnɒstɪk/ **ADJ** diagnostique ◆ ~ **program** *(Comput)* programme *m* de diagnostic

**diagnostician** /ˌdaɪəgnɒsˈtɪʃən/ **N** diagnostiqueur *m*

**diagnostics** /ˌdaɪəgˈnɒstɪks/ **N** *(NonC: Comput etc)* diagnostic *m*

**diagonal** /daɪˈægənl/ **ADJ** diagonal **N** diagonale *f*

**diagonally** /daɪˈægənəlɪ/ **ADV** *(with vb) [write, cross, cut, fold]* en diagonale ; *[park]* en épi ◆ **the car was struck ~ by a lorry** la voiture a été prise en écharpe par un camion ◆ **a sash worn ~ across the chest** une grande écharpe portée en travers de la poitrine ◆ **the bank is ~ opposite the church, on the right/left** par rapport à l'église, la banque est de l'autre côté de la rue, sur la droite/gauche

**diagram** /ˈdaɪəgræm/ **N** *(gen)* diagramme *m*, schéma *m* ; *(Math)* diagramme *m*, figure f ♦ **as shown in the ~** comme le montre le diagramme *or* le schéma

**diagrammatic** /ˌdaɪəgrəˈmætɪk/ ADJ schématique

**dial** /ˈdaɪəl/ LANGUAGE IN USE 27 N cadran *m* ; → **sundial** VT *(Telec) [+ number]* faire, composer ♦ **you must ~ 336 12 95** il faut faire *or* composer le 336 12 95 ♦ **to ~ 999** *(Brit)* ≃ appeler police-secours ♦ **to ~ a wrong number** faire un faux *or* mauvais numéro ♦ **to ~ direct** appeler par l'automatique ♦ **can I ~ London from here?** est-ce que d'ici je peux avoir Londres par l'automatique ? ♦ **Dial-a-pizza** *service de livraison de pizzas à domicile* COMP ▷ **dial code** N *(US Telec)* indicatif *m* ▷ **dial tone** N *(US Telec)* tonalité *f* ▷ **dial-up service** N *(Comput)* service *m* de télétraitement

**dial.** abbrev of **dialect**

**dialect** /ˈdaɪəlekt/ N *(regional)* dialecte *m*, parler *m* ; *(local, rural)* patois *m* ♦ **the Norman ~** le dialecte normand, les parlers *mpl* normands ♦ **in ~** en dialecte, en patois ♦ **social-class ~** sociolecte *m* COMP *[word]* dialectal ▷ **dialect atlas** N atlas *m* linguistique ▷ **dialect survey** N étude *f* de dialectologie

**dialectal** /ˌdaɪəˈlektl/ ADJ dialectal

**dialectical** /ˌdaɪəˈlektɪkəl/ ADJ dialectique COMP ▷ **dialectical materialism** N matérialisme *m* dialectique

**dialectician** /ˌdaɪəlekˈtɪʃən/ N dialecticien(ne) *m(f)*

**dialectics** /ˌdaɪəˈlektɪks/ N *(NonC)* dialectique *f*

**dialectology** /ˌdaɪəlekˈtɒlədʒɪ/ N *(NonC)* dialectologie *f*

**dialling, dialing** *(US)* /ˈdaɪəlɪŋ/ N *(Telec)* composition *f* d'un numéro (de téléphone) COMP ▷ **dialling code** N *(Brit)* indicatif *m* ▷ **dialling tone** N *(Brit)* tonalité *f*

**dialogue, dialog** *(US)* /ˈdaɪəlɒg/ N *(lit, fig)* dialogue *m* COMP ▷ **dialogue box, dialog box** *(US)* N *(Comput)* boîte *f* de dialogue

**dialysis** /daɪˈæləsɪs/ N (pl **dialyses** /daɪˈælɪˌsiːz/) dialyse *f* COMP ▷ **dialysis machine** N rein *m* artificiel

**diamanté** /ˌdaɪəˈmæntɪ/ N strass *m* ADJ *[brooch etc]* en strass

**diameter** /daɪˈæmɪtəʳ/ N diamètre *m* ♦ **the circle is one metre in ~** le cercle a un mètre de diamètre

**diametrical** /ˌdaɪəˈmetrɪkəl/ ADJ *(Math, fig)* diamétral

**diametrically** /ˌdaɪəˈmetrɪkəlɪ/ ADV **a** ~ **opposed** *or* **opposite** diamétralement opposé *(to* à) **b** *(Math)* diamétralement

**diamond** /ˈdaɪəmənd/ N **a** *(= stone)* diamant *m* ; → **rough b** *(= shape, figure)* losange *m* **c** *(Cards)* carreau *m* ♦ **the ace/six of ~s** l'as/le six de carreau ; → **club d** *(Baseball)* diamant *m*, terrain *m* (de base-ball) COMP *[clip, ring]* de diamant(s) ▷ **diamond-cutting** N taille *f* du diamant ▷ **diamond district** N ♦ **the ~ district of New York/Amsterdam** le quartier des diamantaires à New York/ Amsterdam ▷ **diamond drill** N foreuse *f* à pointe de diamant ▷ **diamond jubilee** N (célébration *f* du) soixantième anniversaire *m (d'un événement)* ▷ **diamond merchant** N diamantaire *m* ▷ **diamond necklace** N rivière *f* de diamants ▷ **diamond-shaped** ADJ en losange ▷ **diamond wedding** N noces *fpl* de diamant

**diamorphine** /ˌdaɪəˈmɔːfiːn/ N diamorphine *f*

**Diana** /daɪˈænə/ N Diane *f*

**diapason** /ˌdaɪəˈpeɪzən/ N diapason *m* ♦ **open/ stopped ~** *(of organ)* diapason *m* large/étroit

**diaper** /ˈdaɪəpəʳ/ N *(US)* couche *f (de bébé)* COMP ▷ **diaper service** N service *m* de couches à domicile

**diaphanous** /daɪˈæfənəs/ ADJ *(liter)* diaphane

**diaphoretic** /ˌdaɪəfəˈretɪk/ ADJ, N *(Med)* diaphorétique *m*

**diaphragm** /ˈdaɪəfræm/ N *(all senses)* diaphragme *m*

**diarist** /ˈdaɪərɪst/ N *[of personal events]* auteur *m* d'un journal intime ; *[of contemporary events]* mémorialiste *mf*, chroniqueur *m*

**diarrhoea, diarrhea** *(US)* /ˌdaɪəˈriːə/ N diarrhée *f* ♦ **to have ~** avoir la diarrhée *or* la colique

**diarrhoeal, diarrheal** *(US)* /ˌdaɪəˈrɪəl/ ADJ diarrhéique

**diary** /ˈdaɪərɪ/ N *(= record of events)* journal *m* (intime) ; *(for engagements)* agenda *m* ♦ **to keep a ~** tenir un journal ♦ **I've got it in my ~** je l'ai noté sur mon agenda

**diaspora** /daɪˈæspərə/ N diaspora *f*

**diastole** /daɪˈæstəlɪ/ N diastole *f*

**diatonic** /ˌdaɪəˈtɒnɪk/ ADJ diatonique

**diatribe** /ˈdaɪətraɪb/ N diatribe *f (against* contre)

**dibasic** /daɪˈbeɪsɪk/ ADJ bibasique, dibasique

**dibber** /ˈdɪbəʳ/ N *(esp Brit)* ⇒ **dibble**

**dibble** /ˈdɪbl/ N plantoir *m* VT repiquer

**dibs** /dɪbz/ NPL **a** *(= game)* osselets *mpl* ; *(Cards) (= counters)* jetons *mpl* **b** *(Brit* † ⁑ *= money)* fric ⁑ *m* **c** *(US:* ⁑) **to have ~ on sth** avoir des droits sur qch ♦ **~ on the cookies!** prems' ⁑ pour les petits gâteaux !

**dice** /daɪs/ N *(pl inv)* dé *m* ♦ **to play ~** jouer aux dés ♦ **no ~!** ⁑ *(esp US) (fig)* pas question ! ; → **load** VI jouer aux dés ♦ **he was dicing with death** il jouait avec la mort VT *[+ vegetables]* couper en dés *or* en cubes

**dicey** * /ˈdaɪsɪ/ ADJ *(Brit)* risqué ♦ **it's ~, it's a ~ business** c'est bien risqué

**dichotomy** /dɪˈkɒtəmɪ/ N dichotomie *f*

**Dick** /dɪk/ N (dim of **Richard**) Richard *m*

**dick** /dɪk/ N **a** (⁑ *= detective)* détective *m* ; → **clever, private b** (*⁑ *= penis)* bite *⁑ *f*

**dickens** † ⁑ /ˈdɪkɪnz/ N *(euph)* ⇒ **devil**

**Dickensian** /dɪˈkenzɪən/ ADJ à la Dickens

**dicker** /ˈdɪkəʳ/ VI *(US)* marchander

**dickey** /ˈdɪkɪ/ N * *[of shirt]* faux plastron *m (de chemise)* COMP ▷ **dickey bird** * N *(baby talk)* petit zoziau *m (baby talk)* ♦ **watch the ~ bird!** *(Phot)* le petit oiseau va sortir ! ♦ **not a ~ bird** * que dalle ⁑ ♦ **I won't say a ~ bird about it** * je n'en piperai pas mot ▷ **dickey-bow** * N *(= bow tie)* nœud *m* pap * ▷ **dickey seat** N *(Brit)* strapontin *m* ; *(Aut)* spider *m*

**dickhead** *⁑ /ˈdɪkhed/ N tête *f* de nœud *⁑

**dicky**[1] /ˈdɪkɪ/ ⇒ **dickey**

**dicky**[2] * /ˈdɪkɪ/ ADJ *(Brit) [person]* patraque *, pas solide * ; *[health, heart]* qui flanche *, pas solide * ; *[situation]* pas sûr *, pas solide *

**dicta** /ˈdɪktə/ NPL of **dictum**

**Dictaphone** ® /ˈdɪktəfəʊn/ N dictaphone ® *m* ♦ **~ typist** dactylo *f* qui travaille au dictaphone ®

**dictate** /dɪkˈteɪt/ VT **a** *[+ letter, passage]* dicter *(to* à) **b** *(= demand, impose) [+ terms, conditions]* dicter, imposer ♦ **his action was ~d by circumstances** il a agi comme le lui dictaient les circonstances ♦ **reason/common sense ~s that ...** la raison/le bon sens veut que ... VI **a** dicter ♦ **she spent the morning dictating to her secretary** elle a passé la matinée à dicter des lettres (*or* des rapports *etc*) à sa secrétaire **b** *(= order about)* ♦ **to ~ to sb** imposer sa volonté à qn, régenter qn ♦ **I won't be ~d to!** je n'ai pas d'ordres à recevoir ! N /ˈdɪkteɪt/ *(gen pl)* ♦ **~s** ordre(s) *m(pl)*, précepte(s) *m(pl) (de la raison etc)* ♦ **the ~s of conscience** la voix de la conscience

**dictation** /dɪkˈteɪʃən/ N *(in school, office etc)* dictée *f* ♦ **to write to sb's ~** écrire sous la dictée de qn

**dictator** /dɪkˈteɪtəʳ/ N *(fig, Pol)* dictateur *m*

**dictatorial** /ˌdɪktəˈtɔːrɪəl/ ADJ *(lit, fig) [person]* tyrannique ; *[régime, powers]* dictatorial

**dictatorially** /ˌdɪktəˈtɔːrɪəlɪ/ ADV *(fig, Pol)* autoritairement, dictatorialement, en dictateur

**dictatorship** /dɪkˈteɪtəʃɪp/ N *(fig, Pol)* dictature *f*

**diction** /ˈdɪkʃən/ N **a** *(Literat = style)* style *m*, langage *m* ♦ **poetic ~** langage *m* poétique **b** *(= pronunciation)* diction *f*, élocution *f* ♦ **his ~ is very good** il a une très bonne diction

**dictionary** /ˈdɪkʃənrɪ/ N dictionnaire *m* ♦ **to look up a word in a ~** chercher un mot dans un dictionnaire ♦ **it's not in the ~** ce n'est pas dans le dictionnaire ♦ **French ~** dictionnaire *m* de français ♦ **English-French ~** dictionnaire *m* anglais-français ♦ **monolingual/bilingual ~** dictionnaire *m* monolingue/bilingue COMP ▷ **dictionary definition** N définition *f* de dictionnaire ♦ **the ~ definition of "art"** le mot "art" tel qu'on le définit dans le dictionnaire ▷ **dictionary-maker** N *(= person)* lexicographe *mf* ▷ **dictionary-making** N lexicographie *f*

**dictum** /ˈdɪktəm/ N (pl **dictums** *or* **dicta**) *(= maxim)* dicton *m*, maxime *f* ; *(= pronouncement)* proposition *f*, affirmation *f* ; *(Jur)* principe *m*

**did** /dɪd/ VB pt of **do**[1]

**didactic** /dɪˈdæktɪk/ ADJ didactique

**didactically** /dɪˈdæktɪkəlɪ/ ADV *[speak]* sur un ton didactique ; *[write]* de façon didactique

**diddle** * /ˈdɪdl/ VT *(Brit = cheat) [+ person]* rouler (dans la farine) *, escroquer ♦ **you've been ~d** tu t'es fait rouler * *or* avoir * ♦ **to ~ sb out of sth, to ~ sth out of sb** carotter * qch à qn

**diddler** ⁑ /ˈdɪdləʳ/ N *(Brit)* carotteur * *m*, -euse * *f*, escroc *m*

**diddly(-squat)** ⁑ /ˈdɪdlɪ(ˈskwɒt)/ N *(US)* ♦ **you don't know ~(-squat) (about that)** t'y connais que dalle ⁑ ♦ **that doesn't mean ~(-squat) (to me)** (pour moi,) c'est du vent tout ça ♦ **their promises mean ~(-squat)** leurs promesses ne sont que du vent

**didgeridoo** /ˌdɪdʒərɪˈduː/ N didgeridoo *m (instrument de musique australien)*

**didn't** /ˈdɪdənt/ ⇒ **did not** ; → **do**[1]

**Dido** /ˈdaɪdəʊ/ N Didon *f*

**die**[1] /daɪ/ VI **a** *[person]* mourir, décéder *(frm)* ; *[animal, plant]* mourir, crever ; *[engine, motor]* caler, s'arrêter ♦ **he ~d in hospital** il est mort *or* décédé à l'hôpital ♦ **to be dying** être en train de mourir ; *(= nearly dead)* être à l'article de la mort ♦ **doctors told him he was dying and had only a year to live** les médecins lui ont dit qu'il était condamné et qu'il n'avait plus qu'un an à vivre ♦ **they were left to ~** on les a laissés mourir ♦ **to ~ for one's country/beliefs** mourir pour son pays/ses idées ♦ **Christ ~d for us/for our sins** le Seigneur est mort pour nous/pour expier nos péchés ♦ **to ~ by one's own hand**

*(frm)* se suicider, mettre fin à ses jours ◆ **to ~ with one's boots on** * mourir debout ◆ **he ~d a hero** il est mort en héros ◆ **he ~d a pauper** il est mort dans la misère ◆ **he ~d happy** *or* **a happy man** *(= died in peace)* il est mort en paix, il est mort heureux ◆ **to ~ like a dog** † mourir comme un chien ◆ **never say ~!** * il ne faut jamais désespérer ! ◆ **you only ~ once** on ne meurt qu'une fois ◆ **I'd rather** *or* **sooner ~!** *(fig)* plutôt mourir ! ◆ **I nearly** *or* **could have ~d!** *(lit)* j'ai failli mourir ! ; (* *fig: of embarrassment)* j'étais mort de honte ! ◆ **I want to ~!** *(lit) (pain, depression etc)* je voudrais mourir *or* être mort ! ; *(embarrassment)* je suis mort de honte ! ◆ **he'd ~ for her** il donnerait sa vie pour elle ◆ **I'd ~ for a body/car** *etc* **like that!** je ferais n'importe quoi pour avoir un corps/une voiture *etc* comme celui-là/celle-là ! ◆ **a body/car** *etc* **to ~ for** * un corps/une voiture de rêve ◆ **it's to ~ for!** ‡ ça me fait craquer ! *

◆ **to die of/from** ◆ **to ~ of** *or* **from cancer/AIDS/malaria** mourir du cancer/du sida/de la malaria ◆ **to ~ of hunger/cold** mourir de faim/froid ◆ **to ~ from one's injuries** mourir des suites de ses blessures ◆ **to ~ of a broken heart** mourir de chagrin *or* de tristesse ◆ **I almost ~d of shame/fright** j'étais mort de honte/peur ◆ **we nearly ~d of boredom** on s'ennuyait à mourir

◆ **to be dying to do sth** * mourir d'envie de faire qch

◆ **to be dying for sth** * avoir une envie folle de qch ◆ **I'm dying for a cigarette/a cup of coffee** j'ai une envie folle de fumer une cigarette/de boire une tasse de café ◆ **I was dying for a pee** * j'avais très envie de faire pipi * ◆ **she was dying for him to kiss her** elle n'attendait qu'une chose : qu'il l'embrasse *subj* ; → **natural**

**b** * *[performer]* faire un bide * *or* un four

**c** *(fig = die out) [fire, love, memory]* s'éteindre, mourir ; *[custom, language]* mourir, disparaître ; *[sound]* s'éteindre ◆ **her smile ~d on her lips** son sourire s'est évanoui *or* a disparu ◆ **her words ~d on her lips** *(liter)* elle est restée bouche bée ◆ **the secret ~d with him** il a emporté le secret dans la tombe ◆ **to ~ hard** *[tradition, attitude, prejudice]* avoir la vie dure ◆ **old habits ~ hard** *(Prov)* les vieilles habitudes ont la vie dure

**VT** ◆ **to ~ a natural/violent death** mourir de mort naturelle/de mort violente ◆ **to ~ a slow** *or* **lingering death** mourir d'une mort lente ◆ **to ~ a painful death** mourir dans la souffrance ◆ **to ~ the death** *[person]* faire un bide * ; *[idea, plan]* tomber à l'eau ◆ **he ~d the death** * *(fig)* il aurait voulu rentrer sous terre ; *(Theat) [performer]* il a fait un bide * *or* un four ◆ **to ~ a thousand deaths** *(liter)* être au supplice, souffrir mille morts

► **die away** VI *[sound, voice, laughter]* s'éteindre ; *[breeze, wind]* tomber ◆ **his footsteps ~d away** le bruit de ses pas s'est éteint

► **die back** VI *[plant]* perdre ses feuilles et sa tige

► **die down** VI *[emotion, protest]* se calmer, s'apaiser ; *[wind]* tomber, se calmer ; *[fire] (in blazing building)* diminuer, s'apaiser ; *(in grate etc)* baisser, tomber ; *[noise]* diminuer ; *[applause]* se taire ; *[violence, conflict]* s'atténuer ◆ **the fuss quickly ~d down** l'agitation est vite retombée

► **die off** VI mourir *or* être emportés les uns après les autres

► **die out** VI *[species, race, family]* disparaître ; *[custom, language, skill, technique]* disparaître, se perdre ◆ **to be dying out** *[species, race, tribe]* être en voie d'extinction ; *[custom, language, skill]* être en train de disparaître *or* de se perdre

**die²** /daɪ/ **N** **a** (pl **dice** /daɪs/) dé *m* ◆ **the ~ is cast** le sort en est jeté, les dés sont jetés ◆ **as straight as a ~** *(Brit) (person)* franc comme l'or ; *(street, tree trunk)* droit comme un i ; → **dice** **b** (pl **dies**) *(in minting)* coin *m* ; *(Tech)* matrice *f* ◆ **stamping ~** étampe *f* **COMP** ▷ **die-cast** ADJ moulé sous pression VT mouler sous pression ▷ **die-casting** N moulage *m or* coulage *m* sous pression ▷ **die-sinker** N graveur *m* de matrices ▷ **die-stamp** VT graver

**dièdre** /dɪ'edəʳ/ N *(Climbing)* dièdre *m*

**diehard** /'daɪhɑːd/ **N** *(= one who resists to the last)* jusqu'au-boutiste *mf* ; *(= opponent of change)* conservateur *m*, -trice *f* (à tout crin) ; *(= obstinate politician etc)* dur(e) *m(f)* à cuire *, réactionnaire *mf* **ADJ** intransigeant, inébranlable ; *(Pol)* réactionnaire

**dielectric** /ˌdaɪə'lektrɪk/ ADJ, N diélectrique *m*

**dieresis** /daɪ'erɪsɪs/ N *(US)* ⇒ **diaeresis**

**diesel** /'diːzəl/ **N** **a** *(= fuel)* gazole *m*, diesel *m* **b** *(= car)* (voiture *f*) diesel *m* **COMP** ▷ **diesel-electric** ADJ diesel-électrique ▷ **diesel engine** N *(Aut)* moteur *m* diesel ; *(Rail)* motrice *f* ▷ **diesel fuel, diesel oil** N gasoil *m*, diesel *m* ▷ **diesel train** N autorail *m*

**diestock** /'daɪstɒk/ N *(= frame)* cage *f* (de filière à peignes) ; *(= tool)* filière *f* à main

**diet¹** /'daɪət/ **N** **a** *(= restricted food)* régime *m* ◆ **to be/go on a ~** être/se mettre au régime ◆ **he's on a special ~** il suit un régime spécial ◆ **a high/low-protein ~** un régime à haute/basse teneur en protéines

**b** *(= customary food)* alimentation *f*, régime *m* alimentaire ◆ **a healthy ~** une alimentation saine ◆ **as soon as I returned to my normal ~** dès que j'ai repris mon régime alimentaire habituel ◆ **to live on a (constant) ~ of** *(lit)* vivre *or* se nourrir de ◆ **she lives on a constant ~ of TV soap operas** *(fig)* elle passe son temps à regarder des feuilletons à la télévision ◆ **for years they have fed us a staple ~ of propaganda** cela fait des années qu'ils nous assènent leur propagande ◆ **children who are fed a relentless ~ of violence on TV** des enfants qui regardent sans arrêt des images violentes à la télévision

**VI** suivre un régime

**VT** mettre au régime

**COMP** ▷ **diet drink** N *(low calorie)* boisson *f* basses calories *or* light *inv* ; *(for special or restricted diet)* boisson *f* diététique ▷ **diet foods** *(low calorie)* N aliments *mpl* basses calories ; *(for special or restricted diet)* aliments *mpl* diététiques

**diet²** /'daɪət/ N *(esp Pol)* diète *f*

**dietary** /'daɪətərɪ/ **ADJ** *[habit, change]* alimentaire ; *[advice]* de diététique **COMP** ▷ **dietary fibre** N cellulose *f* végétale, fibres *fpl* alimentaires

**dieter** /'daɪətəʳ/ N personne *f* qui suit un régime ◆ **she's a keen ~** elle est souvent au régime

**dietetic** /ˌdaɪə'tetɪk/ ADJ diététique

**dietetics** /ˌdaɪə'tetɪks/ N *(NonC)* diététique *f*

**dietician** /ˌdaɪə'tɪʃən/ N diététicien(ne) *m(f)*

**differ** /'dɪfəʳ/ VI **a** *(= be different)* différer, se distinguer (*from* de) ◆ **the herring gull ~s from the common gull in the colour of its legs** le goéland argenté se distingue du goéland cendré par la couleur de ses pattes **b** *(= disagree)* ne pas être d'accord, ne pas s'entendre (*from sb* avec qn ; *on or about sth* sur qch) ◆ **the two points of view do not ~ much** les deux points de vue ne se distinguent guère l'un de l'autre *or* ne sont pas très différents l'un de l'autre ◆ **they ~ in their approach to the problem** ils diffèrent en *or* sur leur manière d'appréhender le problème ◆ **I beg to ~** permettez-moi de ne pas partager cette opinion *or* de ne pas être de votre avis ◆ **the texts ~** les textes ne s'accordent pas ◆ **to ~ from the rules** *(Jur)* déroger aux règles ; → **agree**

**difference** /'dɪfrəns/ N **a** *(= dissimilarity)* différence *f* (*in* de ; *between* entre) ◆ **that makes a big ~ to me** c'est très important pour moi, ça ne m'est pas du tout égal, cela compte beaucoup pour moi ◆ **to make a ~ in sb/sth** changer qn/qch ◆ **that makes all the ~** voilà qui change tout ◆ **what ~ does it make?, what's the ~?** quelle différence (cela fait-il) ? ◆ **what ~ does it make if ...?** qu'est-ce que cela peut faire que ... + *subj* ?, quelle importance cela a-t-il si ... + *indic* ? ◆ **it makes no ~** peu importe, cela ne change rien (à l'affaire) ◆ **it makes no ~ to me** cela m'est égal, ça ne (me) fait rien ◆ **for all the ~ it makes** pour ce que cela change *or* peut changer ◆ **it makes no ~ what colour/how expensive your car is** peu importe la couleur/le prix de votre voiture ◆ **same ~!** * c'est du pareil au même ! *, c'est kif-kif ! * ◆ **with this ~, that ...** à la différence que ..., à ceci près que ... ◆ **a car with a ~** une voiture pas comme les autres * ◆ **test-drive a Jaguar and feel the ~!** essayez une Jaguar et vivez la différence ! ; → **know**

**b** *(= quarrel)* différend *m* ◆ **they are seeking to resolve their ~s** ils tentent de résoudre leurs différends ◆ **~ of opinion** différence *f or* divergence *f* d'opinions

**c** *(Math)* différence *f* (*in* de ; *between* entre) ◆ **to pay the ~** payer la différence ; → **split**

**different** /'dɪfrənt/ **ADJ** **a** *(= not the same)* différent (*from, to, (US) than* de) ; *(= other)* autre ◆ **completely ~** totalement différent, tout autre ◆ **completely ~ from** totalement différent de ◆ **he wore a ~ tie each day** il portait chaque jour une cravate différente ◆ **go and put on a ~ tie** va mettre une autre cravate ◆ **if he'd gone to university things might have been ~** s'il était allé à l'université les choses auraient peut-être été différentes ◆ **I feel a ~ person** je me sens revivre, je me sens tout autre ◆ **let's do something ~** faisons quelque chose de différent ◆ **he wants to be ~** il veut se singulariser ◆ **~ strokes for ~ folks** * *(US)* chacun son truc *

◆ **quite + different** ◆ **quite a ~ way of doing it** une tout autre manière de le faire ◆ **that's quite a ~ matter** ça c'est une autre affaire, c'est tout autre chose ◆ **she's quite ~ from what you think** elle n'est pas du tout ce que vous croyez

**b** *(= various)* différent, divers ; *(= several)* plusieurs ◆ **~ people had noticed this** plusieurs personnes l'avaient remarqué ◆ **in the ~ countries I've visited** dans les différents *or* divers pays que j'ai visités

**c** *(= unusual)* original ◆ **recipes for interesting, ~ dishes** des recettes de plats intéressants et originaux ◆ **what do you think of my shirt? – well, it's ~ ...** que penses-tu de ma chemise ? – eh bien, elle est originale ...

**ADV** (tout) autrement ◆ **if it had happened to them, I'm sure they would think ~** si cela leur était arrivé, je suis sûr qu'ils penseraient tout autrement ◆ **she believes this, but I know ~** c'est ce qu'elle croit mais je sais qu'il n'en est rien *or* qu'il en va tout autrement ◆ **children behave like that because they don't know any ~** * les enfants se comportent ainsi parce qu'ils ignorent que ça ne se fait pas ◆ **to me things seemed normal because I didn't know any ~** * les choses me semblaient normales car je ne savais pas que ça pouvait être différent

**differential** /ˌdɪfəˈrenʃəl/ **ADJ** différentiel **N** *(Math)* différentielle *f* ; *(esp Brit) (in pay)* écart *m* salarial ; *(Aut)* différentiel *m* **COMP** ▷ **differential calculus** **N** *(Math)* calcul *m* différentiel ▷ **differential equation** **N** équation *f* différentielle ▷ **differential gear** **N** (engrenage *m*) différentiel *m* ▷ **differential housing** **N** boîtier *m* de différentiel ▷ **differential operator** **N** opérateur *m* différentiel ▷ **differential pricing** **N** *(Econ)* tarification *f* différentielle

**differentially** /ˌdɪfəˈrenʃəlɪ/ **ADV** *(Tech)* par action différentielle

**differentiate** /ˌdɪfəˈrenʃɪeɪt/ **VI** faire la différence *or* la distinction (*between* entre) ◆ **he cannot ~ between red and green** il ne fait pas la différence entre le rouge et le vert, il ne distingue pas le rouge du vert ◆ **in his article he ~s between ...** dans son article, il fait la distinction entre ... ◆ **we must ~ between the meanings of this term** il nous faut différencier les sens de ce mot **VT** *[+ people, things]* différencier, distinguer (*from* de) ; *(Math)* différentier, calculer la différentielle de ◆ **this is what ~s the two brothers** c'est ce qui différencie les deux frères ◆ **this is what ~s one candidate from another** c'est ce qui distingue *or* différencie les candidats

**differentiation** /ˌdɪfərenʃɪˈeɪʃən/ **N** différenciation *f* ; *(Math)* différentiation *f*

**differently** /ˈdɪfrəntlɪ/ **ADV** a différemment (*from* de) ◆ **she was never treated ~ from the men** on ne l'a jamais traitée différemment des hommes ◆ **he thinks ~ from you** *(= has different mentality)* il ne pense pas comme vous ; *(= disagrees)* il n'est pas de votre avis ◆ **we all react ~ to stress** nous réagissons tous différemment face au stress, nous avons tous des réactions différentes face au stress ◆ **if only things had turned out ~!** si seulement les choses s'étaient passées différemment ! b ◆ **~ coloured/shaped** *(= of various colours/shapes)* de différentes couleurs/formes ; *(= having other colours/shapes)* de couleurs différentes/aux formes différentes c *(in politically correct language)* ◆ **~ abled** *(= physically handicapped)* handicapé

**difficult** /ˈdɪfɪkəlt/ **LANGUAGE IN USE 6.3, 12.3** **ADJ** a *[problem, situation, decision, task, writer]* difficile ◆ **there's nothing ~ about it** ça n'a rien de difficile ◆ **it's ~ being a man today** c'est difficile d'être un homme aujourd'hui ◆ **this work is ~ to do** ce travail est difficile à faire ◆ **it's ~ to do that** c'est difficile de faire ça ◆ **it is ~ to deny that ...** il est difficile de nier que + *indic* ... ◆ **he finds it ~ to apologize** cela lui coûte de s'excuser, il a du mal à s'excuser ◆ **to find it ~ to do sth** avoir du mal à faire qch ◆ **the climate makes it ~ to grow crops** le climat rend les cultures difficiles ◆ **his injury makes it ~ (for him) to get around** il se déplace difficilement à cause de sa blessure ◆ **he's ~ to get on with** il est difficile à vivre ◆ **it is ~ to see what they could have done** on voit mal ce qu'ils auraient pu faire ◆ **the ~ thing is knowing** *or* **to know where to start** le (plus) difficile *or* dur est de savoir par où commencer

b *(= awkward, uncooperative) [person, child]* difficile ◆ **come on now, don't be ~!** allez, ne crée pas de problèmes !

**difficulty** /ˈdɪfɪkəltɪ/ **N** difficulté *f* ◆ **with/without ~** avec/sans difficulté *or* peine ◆ **it's feasible, but with ~** c'est faisable, mais ce sera difficile ◆ **she has ~ (in) walking** elle marche avec difficulté, elle a de la difficulté à marcher ◆ **slight ~ (in) breathing** un peu de gêne dans la respiration ◆ **we had some ~ finding him** on a eu du mal à le trouver ◆ **the ~ is (in) choosing** le difficile *or* la difficulté c'est de choisir ◆ **to make difficulties for sb** créer des difficultés à qn ◆ **without meeting any difficulties** sans rencontrer d'obstacles *or* la moindre difficulté, sans accrocs ◆ **to get into ~** *or* **difficulties** se trouver en difficulté ◆ **to get into all sorts of difficulties** se trouver plongé dans toutes sortes d'ennuis ◆ **to get o.s. into ~** se créer des ennuis ◆ **to get out of a ~** se tirer d'affaire *or* d'embarras ◆ **I am in ~** j'ai des difficultés, j'ai des problèmes ◆ **to be in (financial) difficulties** être dans l'embarras, avoir des ennuis d'argent ◆ **he was in ~** *or* **difficulties over the rent** il était en difficulté pour son loyer ◆ **he was working under great difficulties** il travaillait dans des conditions très difficiles ◆ **I can see no ~ in what you suggest** je ne vois aucun obstacle à ce que vous suggérez ◆ **he's having ~** *or* **difficulties with his wife/his car/his job** il a des ennuis *or* des problèmes avec sa femme/avec sa voiture/dans son travail

**diffidence** /ˈdɪfɪdəns/ **N** manque *m* de confiance en soi, manque *m* d'assurance

**diffident** /ˈdɪfɪdənt/ **ADJ** *[person]* qui manque de confiance *or* d'assurance ; *[smile]* embarrassé ◆ **to be ~ about doing sth** hésiter à faire qch (par modestie *or* timidité)

**diffidently** /ˈdɪfɪdəntlɪ/ **ADV** *[speak, ask]* d'un ton mal assuré ; *[behave]* avec timidité

**diffract** /dɪˈfrækt/ **VT** diffracter

**diffraction** /dɪˈfrækʃən/ **N** diffraction *f* ◆ **~ grating** réseau *m* de diffraction

**diffuse** /dɪˈfjuːz/ **VT** *[+ light, heat, perfume, news]* diffuser, répandre ◆ **~d lighting** éclairage *m* indirect **VI** *[light, heat, perfume, news]* se diffuser, se répandre **ADJ** /dɪˈfjuːs/ *[light, thought]* diffus ; *[style, writer]* prolixe, diffus

**diffuseness** /dɪˈfjuːsnɪs/ **N** a *[of light, thought]* qualité *f* diffuse b *[of style, writer]* prolixité *f*

**diffuser** /dɪˈfjuːzəʳ/ **N** *(for light, hair dryer)* diffuseur *m*

**diffusion** /dɪˈfjuːʒən/ **N** diffusion *f*

**dig** /dɪg/ (vb : pret, ptp **dug**) **N** a *(with hand/elbow)* coup *m* de poing/de coude ◆ **to give sb a ~ in the ribs** donner un coup de coude dans les côtes de qn

b *(= sly comment)* pique *f* ◆ **to have** *or* **take a ~ at sb** envoyer *or* lancer une pique à qn ◆ **was that a ~ at me?** cette pique m'était destinée ?

c *(with spade)* coup *m* de bêche

d *(Archeol)* fouilles *fpl* ◆ **to go on a ~** aller faire des fouilles

**VT** a *[+ ground] (gen)* creuser ; *(with spade)* bêcher ; *[+ grave, trench, hole]* creuser ; *[+ tunnel]* creuser, percer ; *[+ potatoes etc]* arracher ◆ **they dug their way out of prison** ils se sont évadés de prison en creusant un tunnel ◆ **to ~ one's own grave** *(lit, fig)* creuser sa propre tombe

b *(= thrust) [+ fork, pencil etc]* enfoncer (*sth into sth* qch dans qch) ◆ **to ~ sb in the ribs** donner un coup de coude dans les côtes de qn

c *(esp US ✱) (= understand)* piger * ; *(= take notice of)* viser * ◆ **you ~?** tu piges ? * ◆ **~ that guy!** vise un peu ce mec ! * ◆ **I ~ that!** *(= enjoy)* ça me botte ! * ◆ **I don't ~ football** le football ne me dit rien *or* me laisse froid

**VI** a *[dog, pig]* fouiller, fouir ; *[person]* creuser (*into* dans) ; *(Tech)* fouiller ; *(Archeol)* faire des fouilles ◆ **to ~ for minerals** creuser pour extraire du minerai

b *(fig)* ◆ **to ~ in one's pockets for sth** *(searching for sth)* fouiller dans ses poches pour trouver qch ◆ **to ~ into one's pockets** *or* **purse** *(= spend money) (for oneself)* piocher dans ses économies ; *(to help other people)* mettre la main au porte-monnaie ◆ **to ~ deep** *(= search hard)* mener une enquête approfondie ; *(= try hard) [athlete etc]* puiser dans ses réserves ; *(= give generously)* mettre la main au porte-monnaie ◆ **to ~ into the past** fouiller dans le passé

► **dig in** **VI** a *(Mil)* se retrancher ; *(fig)* être fin prêt ◆ **the pickets are ~ging in for a long strike** les piquets de grève se préparent à un conflit prolongé

b (* *= eat)* attaquer * ◆ **~ in!** allez-y, attaquez ! ◆ **let's ~ in!** allez, on attaque !

**VT SEP** a *(into ground) [+ compost, manure]* mélanger à la terre, enterrer

b *(= push, thrust in) [+ blade, knife]* enfoncer ◆ **to ~ one's heels in** *(fig)* se braquer, se buter ◆ **to ~ the knife in** *(fig)* remuer le couteau dans la plaie

► **dig into** **VT FUS** *[+ sb's past]* fouiller dans ; (* *= eat) [+ food]* attaquer *

► **dig out** **VT SEP** *[+ tree, plant]* déterrer ; *[+ animal]* déloger ; *(fig) [+ facts, information]* déterrer, dénicher ◆ **to ~ sb out of the snow/rubble** sortir qn de la neige/des décombres ◆ **where did he ~ out * that old hat?** où a-t-il été pêcher * *or* dénicher ce vieux chapeau ?

► **dig over** **VT SEP** *[+ earth]* retourner ; *[+ garden]* bêcher, retourner

► **dig up** **VT SEP** *[+ weeds, vegetables]* arracher ; *[+ treasure, body]* déterrer ; *[+ earth]* retourner ; *[+ garden]* bêcher, retourner ; *(fig) [+ fact, solution, idea]* déterrer, dénicher

**digest** /daɪˈdʒest/ **VT** *[+ food, idea]* digérer, assimiler ; *[+ insult]* digérer * ◆ **this kind of food is not easy to ~** *or* **easily ~ed** ce genre de nourriture est un peu indigeste **VI** digérer **N** /ˈdaɪdʒest/ *(= summary) [of book, facts]* sommaire *m*, résumé *m* ; *(= magazine)* digest *m* ; *(Jur)* digeste *m* ◆ **in ~ form** en abrégé

**digester** /daɪˈdʒestəʳ/ **N** digesteur *m*

**digestible** /dɪˈdʒestəbl/ **ADJ** *(lit, fig)* facile à digérer, digeste

**digestion** /dɪˈdʒestʃən/ **N** *(Anat, Chem, fig)* digestion *f*

**digestive** /dɪˈdʒestɪv/ **ADJ** digestif **N** *(Brit:* also **digestive biscuit**) ≈ (sorte *f* de) sablé *m* ; → **juice** **COMP** ▷ **digestive system** **N** système *m* digestif ▷ **digestive tract** **N** appareil *m* digestif

**digger** /ˈdɪgəʳ/ **N** a *(= machine)* excavatrice *f*, pelleteuse *f* b *(= miner)* ouvrier mineur *m* ; *(= navvy)* terrassier *m* c (✱ *= Australian)* Australien *m* ; (✱ *= New-Zealander)* Néo-Zélandais *m* d * *(Mil Hist) soldat australien ou néo-zélandais de la première guerre mondiale* ; → **gold**

**digging** /ˈdɪgɪŋ/ **N** *(NonC, with spade)* bêchage *m* ; *[of hole etc]* forage *m* ; *(Min)* creusement *m*, excavation *f* **NPL** **diggings** *(Min)* placer *m* ; *(Archeol)* fouilles *fpl*

**digicam** /ˈdɪdʒɪkæm/ **N** caméra *f* numérique

**digit** /ˈdɪdʒɪt/ **N** a *(Math)* chiffre *m* ◆ **double-/triple-~** à deux/trois chiffres b *(= finger)* doigt *m* ; *(= toe)* orteil *m* c *(Astron)* doigt *m*

**digital** /ˈdɪdʒɪtəl/ **ADJ** a *[radio, readout, recording]* numérique ; *[tape, recorder]* audionumérique ; *[clock, watch]* à affichage numérique b *(Anat)* digital **COMP** ▷ **digital audio tape** **N** bande *f* audionumérique *or* DAT ▷ **digital camera** **N** appareil *m* (photo) numérique ▷ **digital compact cassette** **N** cassette *f* compacte numérique ▷ **digital radio** **N** radio *f* numérique ▷ **digital television** **N** télévision *f* numérique

**digitalin** /ˌdɪdʒɪˈteɪlɪn/ N digitaline *f*

**digitalis** /ˌdɪdʒɪˈteɪlɪs/ N *(Bot)* digitale *f* ; *(Pharm)* digitaline *f*

**digitally** /ˈdɪdʒɪtəlɪ/ ADV *(Audio, Mus) [record, transmit etc]* en numérique ◆ **~ remastered** mixé en numérique ◆ **"digitally remastered (version)"** *(on CD cover)* "remix numérique", "mixage numérique"

**digitize** /ˈdɪdʒɪtaɪz/ VT *(Comput)* digitaliser, numériser

**digitizer** /ˌdɪdʒɪtaɪzəʳ/ N *(Comput)* digitaliseur *m*, convertisseur *m* numérique

**diglossia** /daɪˈglɒsɪə/ N diglossie *f*

**diglossic** /daɪˈglɒsɪk/ ADJ diglossique

**dignified** /ˈdɪgnɪfaɪd/ ADJ *[person, manner]* plein de dignité, digne ; *[silence]* digne ◆ **a ~ old lady** une vieille dame très digne ◆ **he is very ~** il a beaucoup de dignité ◆ **she made a ~ exit** elle est sortie, très digne

**dignify** /ˈdɪgnɪfaɪ/ VT donner de la dignité à ◆ **to ~ sth/sb with the name of ...** gratifier qch/qn du nom de ... ◆ **I refuse to ~ that ridiculous comment with an answer** je ne m'abaisserai pas à répondre à cette remarque ridicule

**dignitary** /ˈdɪgnɪtərɪ/ N dignitaire *m*

**dignity** /ˈdɪgnɪtɪ/ N **a** (NonC) *[of person, occasion, character, manner]* dignité *f* ◆ **he thinks that's beneath his ~** il se croit au-dessus de ça ◆ **it would be beneath his ~ to do such a thing** il s'abaisserait en faisant une chose pareille ◆ **to stand on one's ~** prendre de grands airs ◆ **to (be allowed to) die with ~** (se voir accorder le droit de) mourir dignement *or* dans la dignité **b** *(= high rank)* dignité *f*, haut rang *m* ; *(= title)* titre *m*, dignité *f*

**digress** /daɪˈgres/ VI faire une digression ◆ **to ~ from** s'écarter *or* s'éloigner de ◆ **... but I ~** ... mais je m'écarte du sujet

**digression** /daɪˈgreʃən/ N digression *f* ◆ **this by way of ~** ceci (soit) dit en passant

**digressive** /daɪˈgresɪv/ ADJ digressif

**digs** †* /dɪgz/ NPL *(Brit) (= lodgings)* chambre *f* meublée *(avec ou sans pension)* ◆ **I'm looking for ~** je cherche une chambre meublée à louer ◆ **to be in ~** loger en garni †

**dihedral** /daɪˈhiːdrəl/ ADJ, N dièdre *m*

**dike** /daɪk/ N ⇒ **dyke a**

**diktat** /dɪkˈtɑːt/ N diktat *m*

**dilapidated** /dɪˈlæpɪdeɪtɪd/ ADJ *[building, fence]* délabré ; *[vehicle]* en mauvais état ; *[book]* en mauvais état, abîmé ◆ **in a ~ state** *[building]* très délabré

**dilapidation** /dɪˌlæpɪˈdeɪʃən/ N *[of buildings]* délabrement *m*, dégradation *f* ; *(Jur: gen pl)* détérioration *f (causée par un locataire)* ; *(Geol)* dégradation *f*

**dilate** /daɪˈleɪt/ VT dilater ◆ **to ~ the cervix** dilater le col (de l'utérus) ◆ **to be 3cm ~d** *(in labour)* être dilaté de 3 cm VI **a** se dilater **b** *(= talk at length)* **to ~ (up)on sth** s'étendre sur qch, raconter qch en détail

**dilation** /daɪˈleɪʃən/ N dilatation *f* COMP ▷ **dilation and curettage** N *(Med)* curetage *m*

**dilatoriness** /ˈdɪlətərɪnɪs/ N lenteur *f (in doing sth* à faire qch) caractère *m* dilatoire

**dilatory** /ˈdɪlətərɪ/ ADJ *[person]* traînard, lent ; *[action, policy]* dilatoire ◆ **they were very ~ about it** ils ont fait traîner les choses (en longueur) COMP ▷ **dilatory motion** N *(Pol)* manœuvre *f* dilatoire

**dildo** /ˈdɪldəʊ/ N godemiché *m*

**dilemma** /daɪˈlemə/ N dilemme *m* ◆ **to be in a ~, to be on the horns of a ~** être face à *or* devant un dilemme

**dilettante** /ˌdɪlɪˈtæntɪ/ N (pl **dilettantes** *or* **dilettanti** /ˌdɪlɪˈtæntɪ/) dilettante *mf* COMP de dilettante

**dilettantism** /ˌdɪlɪˈtæntɪzəm/ N dilettantisme *m*

**diligence** /ˈdɪlɪdʒəns/ N zèle *m*, diligence *f (frm)* ◆ **his ~ in his work** le zèle *or* la diligence *(frm)* dont il fait preuve dans son travail ◆ **to work with ~** faire preuve d'assiduité dans son travail

**diligent** /ˈdɪlɪdʒənt/ ADJ *[student, worker, work]* appliqué ; *[search]* minutieux ◆ **to be ~ in doing sth** faire qch avec zèle *or* diligence *(frm)*

**diligently** /ˈdɪlɪdʒəntlɪ/ ADV avec zèle *or* diligence *(frm)*

**dill** /dɪl/ N aneth *m*, fenouil *m* bâtard

**dilly** * /ˈdɪlɪ/ N *(US)* ◆ **it's/he's a ~** c'est/il est sensationnel * *or* vachement * bien ◆ **we had a ~ of a storm** nous avons eu une sacrée * tempête ◆ **it's a ~** *(of problem)* c'est un casse-tête

**dillydally** /ˈdɪlɪdælɪ/ VI *(= dawdle)* lanterner, lambiner * ; *(= fritter time away)* musarder ; *(= vacillate)* tergiverser, atermoyer

**dillydallying** /ˈdɪlɪdælɪɪŋ/ N *(= vacillation)* tergiversation(s) *f(pl)* ◆ **no ~!** *(= dawdling)* ne traînez pas !

**dilute** /daɪˈluːt/ VT *[+ liquid]* diluer ; *[+ wine]* couper ; *[+ sauce]* délayer, allonger ; *(Pharm)* diluer ; *(fig)* diluer, édulcorer ◆ **"dilute to taste"** "à diluer selon votre goût" ADJ *[liquid]* coupé, dilué ; *(fig)* dilué, édulcoré

**diluter** /daɪˈluːtəʳ/ N diluant *m*

**dilution** /daɪˈluːʃən/ N dilution *f* ; *[of wine, milk]* coupage *m*, mouillage *m* ; *(fig)* édulcoration *f*

**dim** /dɪm/ ADJ **a** *(= not bright) [light, lamp]* faible ; *[room, place]* sombre ; *(fig) [prospects, outlook]* sombre

**b** *(= vague) [shape, outline]* vague, imprécis ; *[recollection, memory]* vague ; → **view**

**c** *(liter) [eyes, sight]* faible ◆ **Elijah's eyes were growing ~** la vue d'Élie baissait

**d** *(Brit * = stupid)* bouché *

VT **a** *(= turn down) [+ light]* réduire, baisser ; *[+ lamp]* mettre en veilleuse ; *[+ sb's sight]* brouiller, troubler ◆ **to ~ the lights** *(Theat)* baisser les lumières ◆ **to ~ the headlights** *(US Aut)* se mettre en code(s)

**b** *(= make dull) [+ colours, metals, beauty]* ternir ; *[+ sound]* assourdir ; *[+ memory, outline]* effacer, estomper ; *[+ mind, senses]* affaiblir ; *[+ glory]* ternir

VI (also **grow dim**) **a** *[light]* baisser, décliner ; *[sight]* baisser, se troubler

**b** *[metal, beauty, glory]* se ternir ; *[colours]* devenir terne ; *[outlines, memory]* s'effacer, s'estomper

COMP ▷ **dim-out** N *(US)* black-out *m* partiel ▷ **dim-sighted** ADJ à la vue basse ▷ **dim-witted** * ADJ crétin *, idiot ◆ **a ~-witted * mechanic** un crétin * de mécanicien

► **dim out** *(US)* VT SEP *[+ city]* plonger dans un black-out partiel

N ◆ **dim-out** → **dim**

**dimbo** * /ˈdɪmbəʊ/ N *(Brit) (man)* ballot * *m* ; *(woman)* godiche * *f*

**dime** /daɪm/ N (pièce *f* de) dix cents ◆ **it's not worth a ~** * *(US)* cela ne vaut pas un clou * *or* un radis * ◆ **they're a ~ a dozen** * *(fig)* il y en a *or* on en trouve à la pelle * COMP ▷ **dime novel** N *(US)* roman *m* de gare, roman *m* de quatre sous ▷ **dime store** N *(in US)* ≈ Prisunic ® *m*

**dimension** /daɪˈmenʃən/ N *(= size, extension in space)* dimension *f* ; *(Archit, Geom)* dimension *f*, cote *f* ; *(fig) (= scope, extent) [of problem, epidemic]* étendue *f*

**diminish** /dɪˈmɪnɪʃ/ VT *[+ strength, power]* amoindrir ; *[+ effect]* diminuer, atténuer ; *[+ numbers, cost, speed]* réduire ; *[+ enthusiasm, optimism]* tempérer ; *(Mus)* diminuer VI diminuer ; *[effect]* s'atténuer

**diminished** /dɪˈmɪnɪʃt/ ADJ **a** *[strength, power]* amoindri ; *[value, budget, capacity, cost, numbers, staff, resources, supply]* réduit ; *[enthusiasm, optimism]* tempéré ; *[reputation]* terni ◆ **a ~ staff** un personnel réduit **b** *(Mus) [interval, fifth, seventh]* diminué COMP ▷ **diminished responsibility** N *(Jur)* responsabilité *f* atténuée

**diminishing** /dɪˈmɪnɪʃɪŋ/ ADJ *[amount, importance]* qui diminue, qui va en diminuant ; *[strength, power]* qui s'amoindrit ; *[resources, supply]* qui s'amenuise ; *[numbers, value, cost]* en baisse ; *[effect]* qui s'atténue ◆ **~ scale** *(Art)* échelle *f* fuyante *or* de perspective ◆ **law of ~ returns** *(Econ)* loi *f* des rendements décroissants N diminution *f*

**diminuendo** /dɪˌmɪnjʊˈendəʊ/ N diminuendo *m inv* VI faire un diminuendo

**diminution** /ˌdɪmɪˈnjuːʃən/ N *[of value]* baisse *f*, diminution *f* ; *[of speed]* réduction *f* ; *[of strength, enthusiasm]* diminution *f*, affaiblissement *m (in* de) ; *[of temperature]* baisse *f*, abaissement *m (in* de) ; *[of authority]* baisse *f (in* de) ; *(Mus)* diminution *f*

**diminutive** /dɪˈmɪnjʊtɪv/ ADJ **a** *[person, object]* tout petit, minuscule ; *[house, garden]* tout petit, exigu (-guë *f*), minuscule **b** *(Ling = shortened)* diminutif N *(Ling)* diminutif *m*

**dimity** /ˈdɪmɪtɪ/ N basin *m*

**dimly** /ˈdɪmlɪ/ ADV **a** *(= not brightly) [shine]* faiblement ◆ **~ lit** mal éclairé **b** *(= vaguely) [see, hear, recollect]* vaguement ◆ **the hills were ~ visible through the mist** on apercevait confusément les collines dans la brume ◆ **I was ~ aware that someone was talking to me** j'étais vaguement conscient que quelqu'un me parlait ◆ **she was ~ aware of Gavin's voice** elle entendait vaguement la voix de Gavin COMP ▷ **dimly-remembered** ADJ dont on se souvient mal

**dimmer** /ˈdɪməʳ/ N **a** *(Elec:* also **dimmer switch**) variateur *m* (de lumière) **b** *(US Aut)* ◆ **~s** phares *mpl* code *inv*, codes *mpl* ; *(= parking lights)* feux *mpl* de position

**dimming** /ˈdɪmɪŋ/ N **a** *[of light]* affaiblissement *m*, atténuation *f* ; *[of mirror, reputation]* ternissement *m* **b** *(US Aut) [of headlights]* mise *f* en code(s)

**dimness** /ˈdɪmnɪs/ N **a** *[of light, sight]* faiblesse *f* ; *[of room, forest]* obscurité *f* ; *[of outline, memory]* flou *m* ; *[of colour, metal]* aspect *m* terne ; *[of intelligence]* faiblesse *f* **b** (* *= stupidity)* stupidité *f*

**dimorphism** /ˌdaɪˈmɔːfɪzəm/ N dimorphisme *m*

**dimple** /ˈdɪmpl/ N *(in chin, cheek)* fossette *f (on* sur) ; *(in water)* ride *f* VI *[water]* se rider ◆ **she ~d, her cheeks ~d** ses joues se creusèrent de deux fossettes VT ◆ **the wind ~d the water** le vent ridait la surface de l'eau

**dimpled** /ˈdɪmpld/ ADJ *[cheek, chin]* à fossette

**dim sum, Dim Sum** /dɪmˈsʌm/ N dim sum *m*

**dimwit** ‡ /ˈdɪmwɪt/ N imbécile *mf*, crétin(e) * *m(f)*

**DIN** /dɪn/ N (abbrev of **Deutsche Industrie Normen**) DIN

**din** /dɪn/ N vacarme *m*, chahut *m* ◆ **the ~ of battle** le fracas de la bataille ◆ **to make** *or* **kick up a ~** * faire du boucan * VT ◆ **to ~ sth into sb** rebattre les oreilles à qn de qch ◆ **she ~ned it into the child that he mustn't speak to strangers** elle répétait sans cesse à l'enfant qu'il ne devait pas parler à des inconnus

**dinar** /ˈdiːnɑː/ N dinar *m*

**din-dins** /ˈdɪndɪnz/ N *(Brit: baby talk)* miam-miam *m (baby talk)* ◆ **it's time for ~, your ~ is ready** c'est l'heure de faire miam-miam

**dine** /daɪn/ VI dîner *(off, on* de) ◆ **they ~d off** *or* **on a chicken** ils ont dîné d'un poulet VT inviter à dîner ; → **wine** COMP ▷ **dining car** N *(Brit Rail)* wagon-restaurant *m* ▷ **dining hall** N réfectoire *m*, salle *f* à manger ▷ **dining room** N salle *f* à manger ; *(in hotel)* salle *f* de restaurant ▷ **dining room suite** N salle *f* à manger *(meubles)* ▷ **dining room table, dining table** N table *f* de salle à manger

► **dine in** VI dîner à la maison *or* chez soi

► **dine out** VI dîner en ville *or* au restaurant ◆ **he ~d out on that story for a long time afterwards** il a resservi cette histoire trente-six fois par la suite

**diner** /ˈdaɪnəʳ/ N a *(= person)* dîneur *m*, -euse *f* b *(Rail)* wagon-restaurant *m* c *(US)* petit restaurant *m*

**dinero** ‡ /dɪˈnɛərəʊ/ N *(US)* pognon * *m*, fric * *m*

**dinette** /daɪˈnet/ N coin-repas *m* ; → **kitchen**

**ding-a-ling** /ˈdɪŋəˈlɪŋ/ N a *[of bell, telephone]* dring dring *m* b *(US* ‡ *= fool)* cloche * *f*

**dingbat** ‡ /ˈdɪŋ,bæt/ N *(US)* imbécile *mf*, andouille * *f*

**ding-dong** /ˈdɪŋˈdɒŋ/ N a *(= noise)* ding dong *m* b *( * = quarrel)* prise *f* de bec ADJ * *[fight]* acharné, dans les règles *(fig)* ADV ding dong

**dinghy** /ˈdɪŋgɪ/ N youyou *m*, petit canot *m* ; *(collapsible)* canot *m* pneumatique ; *(*also **sailing dinghy***)* dériveur *m*

**dinginess** /ˈdɪndʒɪnɪs/ N aspect *m* minable * *or* miteux

**dingo** /ˈdɪŋgəʊ/ N (pl **dingoes**) dingo *m*

**dingus** ‡ /ˈdɪŋgəs/ N *(US)* truc * *m*, machin * *m*

**dingy** /ˈdɪndʒɪ/ ADJ miteux

**dink** * /dɪŋk/ N *(US baby talk = penis)* zizi * *m*

**dinkie** * /ˈdɪŋkɪ/ (abbrev of **double income no kids**) N ◆ **~s** jeune(s) couple(s) *m(pl)* salarié(s) sans enfant ≃ couple(s) *m(pl)* yuppie(s) ADJ *[attitude, lifestyle]* ≃ de yuppie

**dinkum** * /ˈdɪŋkəm/ ADJ *(Austral)* ◆ **he's a (fair) ~ Aussie** il est australien jusqu'au bout des ongles ◆ **fair ~!** *(= seriously!)* sans blague ! *

**dinky** * /ˈdɪŋkɪ/ ADJ a *(Brit)* mignon, gentil b *(US pej)* de rien du tout

**dinner** /ˈdɪnəʳ/ N *(= evening meal)* dîner *m* ; *(= lunch)* déjeuner *m* ; *(for dog, cat)* pâtée *f* ◆ **have you given the dog his ~?** tu as donné à manger au chien ? ◆ **he was having his ~** *(in evening)* il était en train de dîner ; *(at lunch)* il était en train de déjeuner ◆ **to be at ~** † être en train de dîner ◆ **we're having people to ~** nous avons du monde à dîner ◆ **~'s ready!** le dîner est prêt !, à table ! ◆ **we had a good ~** nous avons bien dîné *(or* déjeuné*)* ◆ **to go out to ~** dîner au restaurant ; *(at friends)* dîner chez des amis ◆ **a formal ~** un dîner officiel, un grand dîner ◆ **to be done like a ~** * *(Austral: in contest etc)* prendre une déculottée *

COMP ▷ **dinner bell** N ◆ **the ~ bell has gone** on a sonné (pour) le dîner ▷ **dinner-dance** N dîner *m* dansant ▷ **dinner duty** N *(Scol)* service *m* de réfectoire ◆ **to do ~ duty, to be on ~ duty** *(Scol)* être de service *or* de surveillance au réfectoire ▷ **dinner jacket** N *(Brit)* smoking *m* ▷ **dinner knife** N (pl **dinner knives**) grand couteau *m* ▷ **dinner lady** N *(Brit Scol)* femme *f* de service *(à la cantine)* ▷ **dinner money** N *(Brit Scol)* argent *m* pour la cantine ▷ **dinner party** N dîner *m (sur invitation)* ◆ **to give a ~ party** avoir du monde à dîner, donner un dîner ▷ **dinner plate** N (grande) assiette *f* ▷ **dinner roll** N petit pain *m* ▷ **dinner service** N service *m* de table ▷ **dinner table** N ◆ **at the ~ table** pendant le dîner *(or* déjeuner*)*, au dîner *(or* déjeuner*)* ▷ **dinner theater** N *(US)* cabaret *m*, café-théâtre *m* ▷ **dinner time** N ◆ **at ~ time** à l'heure du dîner *(or* déjeuner*)* ◆ **it's ~ time** c'est l'heure du *or* de dîner *(or* déjeuner*)* ▷ **dinner trolley, dinner wagon** N table *f* roulante

**dinnertime** /ˈdɪnətaɪm/ N ⇒ **dinner time** ; → **dinner**

**dinnerware** /ˈdɪnəwɛəʳ/ N *(US)* vaisselle *f* ◆ **~ set** service *m* de table

**dino** * /ˈdaɪnəʊ/ N ⇒ **dinosaur**

**dinosaur** /ˈdaɪnəsɔːʳ/ N dinosaure *m*

**dint** /dɪnt/ N a ⇒ **dent** b ◆ **by ~ of (doing) sth** à force de (faire) qch VT ⇒ **dent**

**diocesan** /daɪˈɒsɪsən/ ADJ diocésain N (évêque *m*) diocésain *m*

**diocese** /ˈdaɪəsɪs/ N diocèse *m*

**diode** /ˈdaɪəʊd/ N diode *f*

**dioptre, diopter** *(US)* /daɪˈɒptəʳ/ N dioptrie *f*

**diorama** /daɪəˈrɑːmə/ N diorama *m*

**dioxide** /daɪˈɒksaɪd/ N bioxyde *m*, dioxyde *m*

**dioxin** /daɪˈɒksɪn/ N dioxine *f*

**DIP** /dɪp/ N *(Comput)* abbrev of **Dual-In-Line Package** COMP ▷ **DIP switch** N commutateur *m* en boîtier DIP

**dip** /dɪp/ VT a *(into liquid) [+ pen, hand, fingers, toes, clothes]* tremper *(into* dans*)* ; *[+ spoon]* plonger *(into* dans*)* ; *(Tech)* tremper, décaper ; *[+ candle]* fabriquer ◆ **to ~ a brush into paint** tremper un pinceau dans de la peinture ◆ **she ~ped her hand into the bag** elle a plongé sa main dans le sac ◆ **walnuts ~ped in chocolate** noix *fpl* enrobées de chocolat ◆ **~ the meat in flour** farinez la viande ◆ **to ~ a** *or* **one's toe in the water** *(fig)* s'aventurer prudemment

b *[+ sheep]* traiter contre les parasites

c *(= bend) [+ one's head]* incliner

d *(Brit Aut)* **to ~ one's headlights** se mettre en code(s) ◆ **to ~ one's flag** *(Naut)* saluer avec le pavillon

VI *[ground]* descendre, s'incliner ; *[road]* descendre ; *[temperature, pointer on scale]* baisser ; *[prices]* fléchir, baisser ; *[boat, raft]* tanguer, piquer du nez * ◆ **the sun ~ped below the horizon** le soleil a disparu à l'horizon ◆ **sales ~ped (by) 6% last month** les ventes ont fléchi *or* baissé de 6% le mois dernier

◆ **to dip into sth** ◆ **she ~ped into her handbag for money** elle a cherché de l'argent dans son sac à main ◆ **to ~ into one's savings** puiser dans ses économies ◆ **to ~ into a book** feuilleter un livre

N a ( *: *in sea etc)* baignade *f*, bain *m (de mer etc)* ◆ **to have a (quick) ~** faire trempette *

b *(Agr: for treating animals)* bain *m* parasiticide

c *(in ground)* déclivité *f* ; *(Geol)* pendage *m* ; *(in prices, figures, unemployment, support, enthusiasm)* fléchissement *m* ; *(in temperature)* baisse *f* ; *(Phys) (*also **angle of dip***)* inclinaison *f* magnétique ◆ **share prices have recovered after a slight ~ yesterday** les cours des actions sont remontés après un léger fléchissement hier ◆ **an after-lunch ~ in concentration** une baisse de concentration après le déjeuner

d *(Culin)* sauce *f* froide *(dans laquelle on trempe des crudités, des chips)* ◆ **avocado ~** purée *f or* mousse *f* d'avocat, guacamole *m* ◆ **hot cheese ~** fondue *f* savoyarde *or* au fromage

e → **lucky**

COMP ▷ **dip needle** N aiguille *f* aimantée (de boussole) ▷ **dipped headlights** NPL codes *mpl*, feux *mpl* de croisement ◆ **to drive on ~ped headlights** rouler en code(s) ▷ **dipping needle** N ⇒ **dip needle** ▷ **dip switch** N *(Aut)* basculeur *m* de phares

**Dip.** abbrev of **diploma**

**Dip Ed** /ˈdɪped/ N *(Brit Univ)* (abbrev of **Diploma in Education**) *diplôme d'enseignement*

**diphtheria** /dɪfˈθɪərɪə/ N diphtérie *f* COMP ▷ **diphtheria vaccine** N vaccin *m* antidiphtérique

**diphthong** /ˈdɪfθɒŋ/ N diphtongue *f*

**diphthongize** /ˈdɪfθɒŋaɪz/ VT diphtonguer VI se diphtonguer

**diplodocus** /dɪˈplɒdəkəs/ N diplodocus *m*

**diploid** /ˈdɪplɔɪd/ ADJ diploïde

**diploma** /dɪˈpləʊmə/ N diplôme *m* ◆ **teacher's/nurse's ~** diplôme *m* d'enseignement/d'infirmière ◆ **to hold** *or* **have a ~ in ...** être diplômé de *or* en ...

**diplomacy** /dɪˈpləʊməsɪ/ N *(Pol, fig)* diplomatie *f* ◆ **to use ~** *(fig)* user de diplomatie

**diplomat** /ˈdɪpləmæt/ N *(Pol)* diplomate *m*, femme *f* diplomate ; *(fig)* diplomate *mf*

**diplomatic** /,dɪpləˈmætɪk/ ADJ a *[mission, relations]* diplomatique b *(fig = tactful) [person]* diplomate ; *[action, behaviour]* diplomatique, plein de tact ; *[answer]* diplomatique, habile ◆ **to be ~ in dealing with sth** s'occuper de qch avec tact *or* en usant de diplomatie COMP ▷ **diplomatic bag** N valise *f* diplomatique ▷ **diplomatic corps** N corps *m* diplomatique ▷ **diplomatic immunity** N immunité *f* diplomatique ▷ **diplomatic pouch** N ⇒ **diplomatic bag** ▷ **diplomatic service** N diplomatie *f*, service *m* diplomatique ▷ **diplomatic shuttle** N navette *f* diplomatique

**diplomatically** /,dɪpləˈmætɪkəlɪ/ ADV a *(= tactfully)* avec diplomatie, diplomatiquement ◆ **~, he refrained from mentioning the divorce** il a fait preuve de diplomatie en s'abstenant de mentionner le divorce b *(Pol = by diplomacy)* diplomatiquement ; *[isolated, active etc]* sur le plan diplomatique ◆ **~, the Franco-German alliance has proved unshakeable** sur le plan diplomatique, l'alliance franco-allemande s'est avérée inébranlable

**diplomatist** /dɪˈpləʊmətɪst/ N ⇒ **diplomat**

**dipole** /ˈdaɪ,pəʊl/ ADJ, N dipôle *m*

**dipper** /ˈdɪpəʳ/ N a *(Orn)* cincle *m* (plongeur) b *(= ladle)* louche *f* c *(Aut: for headlamps)* basculeur *m* (de phares) d *(US Astron)* **the Big** *or* **Great Dipper** la Grande Ourse ◆ **the Little Dipper** la Petite Ourse ; see also **big**

**dippy** ‡ /ˈdɪpɪ/ ADJ toqué *

**dipso**‡ /ˈdɪpsəʊ/ N (abbrev of **dipsomaniac**) soûlard(e)‡ *m(f)*

**dipsomania** /ˌdɪpsəʊˈmeɪnɪə/ N *(Med)* dipsomanie *f*

**dipsomaniac** /ˌdɪpsəʊˈmeɪnɪæk/ N *(Med)* dipsomane *mf*

**dipstick** /ˈdɪpstɪk/ N *(Aut)* jauge *f (de niveau d'huile)*

**diptera** /ˈdɪptərə/ NPL diptères *mpl*

**dipterous** /ˈdɪptərəs/ ADJ diptère

**dir.** abbrev of **director**

**dire** /ˈdaɪəʳ/ ADJ a *(= desperate, appalling) [situation, consequences, effects]* désastreux ; *[warning, prediction, threat]* sinistre ; *[poverty]* extrême ◆ **(in) ~ poverty** (dans) la misère ◆ **to do sth from** *or* **out of ~ necessity** faire qch par nécessité ◆ **to be in ~ need of sth** avoir terriblement besoin de qch ◆ **to be in ~ straits** être dans une situation désastreuse b *(* = awful)* nul *

**direct** /dɪˈrekt/ LANGUAGE IN USE 27

ADJ a *(= without detour) [flight, road, route, train]* direct

♦ **direct hit** *(Sport)* coup *m* (en plein) dans le mille ; *(Mil)* coup *m* au but, tir *m* de plein fouet ◆ **to score** *or* **make a ~ hit** mettre dans le mille ◆ **the building took** *or* **received** *or* **suffered a ~ hit** le bâtiment a été touché de plein fouet

b *(= immediate) [cause, result]* direct, immédiat ; *[contact, control, responsibility, access, talks, negotiations]* direct ; *[danger]* immédiat, imminent ◆ **this has a ~ effect on the environment** cela a un impact direct sur l'environnement ◆ **the army is under his ~ control** l'armée est sous son contrôle direct ◆ **the two companies are in ~ competition (with each other)** ces deux sociétés sont en concurrence directe ◆ **to have ~ access to sth** avoir directement accès à qch ◆ **to come into** *or* **be in ~ contact with ...** être *or* entrer en contact direct avec ... ◆ **he had no ~ involvement in economic policy** il ne s'occupait pas directement de politique économique ◆ **keep away from ~ heat** éviter l'exposition directe à la chaleur ◆ **"keep out of direct sunlight"** "ne pas exposer directement à la lumière du soleil" ◆ **to be a ~ descendant of sb, to be descended in a ~ line from sb** descendre en droite ligne *or* en ligne directe de qn

c *(= straightforward, not evasive) [person, character, answer]* franc (franche *f*), direct ; *[question]* direct ; *(= outright) [refusal]* catégorique, absolu ; *(= explicit) [attack, reference, link]* direct ; *[evidence]* tangible ◆ **there has been no ~ challenge to the chairman** le directeur n'a pas été ouvertement contesté ◆ **this is the most ~ challenge yet to UN authority** jusqu'à maintenant, l'autorité des Nations unies n'avait jamais été aussi directement remise en cause

VT a *(= address, aim) [+ remark, question, abuse, letter]* adresser (*to* à) ; *[+ threat]* proférer (*at* contre) ; *[+ efforts]* orienter (*towards* vers) ◆ **to ~ sb's attention to** attirer l'attention de qn sur ◆ **to ~ one's attention to sth** concentrer *or* reporter son attention sur qch ◆ **the violence was ~ed against the police** les actes de violence étaient dirigés contre la police ◆ **she ~ed an angry glance at him** elle lui a jeté un regard noir ◆ **don't ~ your anger at me** ne vous en prenez pas à moi ◆ **he ~ed his energies to winning the election** il a tout fait pour remporter l'élection ◆ **we need to ~ more money into research** il faut que nous affections davantage d'argent à la recherche ◆ **a policy ~ed towards improving public transport** une politique ayant pour but d'améliorer *or* visant à améliorer les transports publics ◆ **I ~ed the extinguisher at the fire** j'ai pointé *or* dirigé l'extincteur vers le feu

b *(= show the way to)*

♦ **to direct sb** *(to a place)* indiquer le chemin à qn ◆ **he ~ed me to the town hall** il m'a indiqué le chemin de la mairie

c *(= control) [+ sb's work]* diriger ; *[+ business]* diriger, gérer ; *[+ movements]* guider ; *[+ play]* mettre en scène ; *[+ film, programme]* réaliser ; *[+ group of actors]* diriger ◆ **Chris will ~ day-to-day operations** Chris dirigera les opérations courantes

d *(= instruct)* ordonner (*sb to do sth* à qn de faire qch) ; ◆ **the bishop ~ed the faithful to stay at home** l'évêque a ordonné aux fidèles de rester chez eux ◆ **the judge ~ed the jury to find the accused not guilty** le juge imposa au jury un verdict d'acquittement ◆ **~ed verdict** *(US Jur) verdict rendu par le jury sur la recommandation du juge*

♦ **to direct that sth be done** ordonner que qch soit fait ◆ **the judge ~ed that this remark be deleted from the record** le juge a ordonné que cette remarque soit retirée du procès-verbal

♦ **as directed** ◆ **he did it as ~ed** il l'a fait comme on le lui avait dit *or* comme on l'en avait chargé ◆ **"to be taken as directed"** *(on medicines)* "respecter les doses prescrites" ◆ **"to be taken as directed by your doctor"** "se conformer à la prescription du médecin"

VI ◆ **who is ~ing ?** *(Theat)* qui est le metteur en scène ? ; *(Cine, Rad, TV)* qui est le réalisateur ?

ADV *[go, write]* directement ◆ **to fly ~ from Glasgow to Paris** prendre un vol direct de Glasgow à Paris

COMP ▷ **direct access** N *(Comput)* accès *m* direct ▷ **direct action** N *(Ind, Pol)* action *f* directe ▷ **direct addressing** N *(Comput)* adressage *m* direct ▷ **direct broadcasting by satellite** N diffusion *f* en direct par satellite ▷ **direct broadcasting satellite** N satellite *m* de diffusion directe ▷ **direct current** N *(Elec)* courant *m* continu ▷ **direct debit** N *(Comm, Fin)* prélèvement *m* automatique ▷ **direct dialling** N composition *f* directe *(des numéros de téléphone)* ▷ **direct discourse** N *(US)* ⇒ **direct speech** ▷ **direct grant school** N *(Brit: formerly) établissement scolaire sous contrat avec l'État* ▷ **direct mail** N publipostage *m* ▷ **direct marketing** N marketing *m* direct ▷ **the direct method** N *(Educ)* la méthode directe, l'immersion *f* linguistique ▷ **direct motion** N *(Astron)* mouvement *m* direct ▷ **direct object** N *(Gram)* complément *m* d'objet direct ▷ **direct rule** N *(Pol)* administration *f* directe *(par le pouvoir central)* ▷ **direct sales** NPL ⇒ **direct selling** ▷ **direct selling** N vente *f* directe ▷ **direct speech** N *(Gram)* discours *m or* style *m* direct ▷ **direct tax** N impôt *m* direct ▷ **direct taxation** N *(NonC)* imposition *f* directe

**direction** /dɪˈrekʃən/ N a *(= way)* direction *f*, sens *m* ; *(fig)* direction *f*, voie *f* ◆ **in every ~** dans toutes les directions, en tous sens ◆ **in the wrong/right ~** *(lit)* dans le mauvais/bon sens, dans la mauvaise/bonne direction ; *(fig)* sur la mauvaise/bonne voie ◆ **it's a move** *or* **step in the right ~** c'est un pas dans la bonne direction ◆ **in the opposite ~** en sens inverse ◆ **in the ~ of ...** dans la direction de ..., en direction de ... ◆ **what ~ did he go in?** quelle direction a-t-il prise ? ; → **sense**

b *(= management)* direction *f*, administration *f* ◆ **under the ~ of ...** sous la direction de ..., sous la conduite de ...

c *(Theat)* mise *f* en scène ; *(Cine, Rad, TV)* réalisation *f* ◆ **"under the direction of ..."** *(Theat)* "mise en scène de ..." ; *(Cine, Rad, TV)* "réalisation de ..."

d *(= instruction)* instruction *f*, indication *f* ◆ **~s for use** mode *m* d'emploi ; → **stage**

COMP ▷ **direction finder** N radiogoniomètre *m* ▷ **direction finding** N radiogoniométrie *f* ▷ **direction indicator** N *(Aut)* clignotant *m*

**directional** /dɪˈrekʃənl/ ADJ directionnel

**directionless** /dɪˈrekʃənlɪs/ ADJ *[person]* sans but ; *[activity]* qui ne mène nulle part

**directive** /dɪˈrektɪv/ N directive *f*, instruction *f*

**directly** /dɪˈrektlɪ/ ADV a *(= straight) [go, affect, communicate, pay]* directement ◆ **~ involved/responsible** directement impliqué/responsable ◆ **the two murders are not ~ related** ces deux meurtres n'ont pas de rapport direct ◆ **to be ~ descended from sb** descendre en droite ligne *or* en ligne directe de qn ◆ **to come ~ to the point** aller droit au but

b *(= frankly) [speak, ask]* directement

c *(= completely, exactly) [opposed]* diamétralement, directement ◆ **~ contrary to** diamétralement opposé à, exactement contraire à ◆ **~ opposite points of view** des points de vue diamétralement opposés ◆ **the bus stops ~ opposite** le bus s'arrête juste en face ◆ **~ opposite the railway station** juste en face de la gare ◆ **if a planet is at opposition, it is ~ opposite the sun** si une planète est en opposition, elle est directement à l'opposé du soleil

d *(Brit = immediately, very soon)* tout de suite ◆ **~ after supper** tout de suite après le dîner ◆ **she'll be here ~** elle arrive tout de suite

CONJ *(esp Brit)* aussitôt que, dès que ◆ **he'll come ~ he's ready** il viendra dès qu'il sera prêt

**directness** /dɪˈrektnɪs/ N *[of character, reply]* franchise *f* ; *[of person]* franchise *f*, francparler *m* ; *[of attack, question]* caractère *m* direct ◆ **the ~ of his refusal** son refus catégorique ◆ **to speak with great ~** parler en toute franchise

**director** /dɪˈrektəʳ/ N a *(= person) (Brit) [of company]* directeur *m*, -trice *f*, administrateur *m*, -trice *f* ; *[of institution]* directeur *m*, -trice *f* ; *(Theat)* metteur *m* en scène ; *(Cine, Rad, TV)* réalisateur *m*, -trice *f* ; *(Rel)* directeur *m* de conscience ◆ **~ general** directeur *m* général ; → **board, managing, stage** b *(= device)* guide *m* COMP ▷ **director of admissions** N *(US Univ etc)* responsable *mf* du service des inscriptions ▷ **Director of Education** N *(Brit)* ≃ recteur *m* d'académie ▷ **director of music** N *(Mil)* chef *m* de musique ▷ **Director of Public Prosecutions** N *(Brit Jur)* ≃ procureur *m* général ▷ **director of studies** N *(Univ) (for course)* directeur *m*, -trice *f* d'études ; *(for thesis)* directeur *m*, -trice *f* de thèse ▷ **director's chair** N fauteuil *m* de metteur en scène ▷ **director's cut** N *(Cine)* version *f* du réalisateur, version *f* longue

**directorate** /dɪˈrektərɪt/ N *(= board of directors)* conseil *m* d'administration

**directorial** /ˌdɪrekˈtɔːrɪəl/ ADJ directorial, de directeur

**directorship** /dɪˈrektəʃɪp/ N *(= job)* direction *f* ; *(= position)* poste *m* de directeur

**directory** /dɪˈrektərɪ/ LANGUAGE IN USE 27.1 N a *[of addresses]* répertoire *m* (d'adresses) ; *(also* **street directory***)* guide *m* des rues ; *(Telec)* annuaire *m* (des téléphones) ; *(Comm)* annuaire *m* du commerce ; *(Comput)* répertoire *m* (de dossiers) b *(Hist)* **Directory** Directoire *m* COMP ▷ **directory assistance**

N *(US)* ⇒ **directory inquiries** ▷ **directory inquiries** NPL *(Brit Telec)* (service *m* des) renseignements *mpl*

**directrix** /dɪ'rektrɪks/ N *(Math)* (ligne *f*) directrice *f*

**direful** /'daɪəfʊl/ ADJ sinistre, menaçant

**dirge** /dɜːdʒ/ N *(lit)* hymne *m or* chant *m* funèbre ; *(fig)* chant *m* lugubre

**dirigible** /'dɪrɪdʒəbl/ ADJ, N dirigeable *m*

**dirk** /dɜːk/ N *(Scot)* dague *f*, poignard *m*

**dirndl** /'dɜːndəl/ ADJ, N ◆ ~ **(skirt)** large jupe *f* froncée

**dirt** /dɜːt/ N a *(on skin, clothes, objects)* saleté *f*, crasse *f* ; *(= earth)* terre *f* ; *(= mud)* boue *f* ; *(= excrement)* crotte *f* ; *(Ind)* impuretés *fpl*, corps *mpl* étrangers ; *(on machine, in engine)* encrassement *m* ◆ **covered with** ~ *(gen)* très sale, couvert de crasse ; *[clothes, shoes, mudguards]* couvert de boue, tout crotté ◆ **a layer of** ~ une couche de saleté *or* de crasse ◆ **dog** ~ crotte *f* de chien ◆ **to eat** ~ * *(fig)* faire ses excuses les plus plates, ramper ◆ **to treat sb like** ~ * traiter qn comme un chien ◆ **to do the** ~ **on sb** *, **to do sb** ~ * *(US)* faire une vacherie ⁑ à qn
b *(= obscenity)* obscénité *f*
c (* = *scandal)* cancans *mpl*, ragots * *mpl* ◆ **to dig up** ~ **on sb** *, **to dig the** ~ **on sb** * *(Brit)* essayer de salir (la réputation de) qn ◆ **to dish the** ~ * **(on sb)** *(esp Brit)* colporter des ragots * (sur qn) ◆ **what's the** ~ **on ...?** * qu'est-ce qu'on raconte sur ... ?
COMP ▷ **dirt bike** N moto *f* tout-terrain *(de 50 cm³)* ▷ **dirt-cheap** * ADV *[buy]* pour rien, pour une bouchée de pain ADJ très bon marché *inv* ◆ **it was** ~**-cheap** * c'était donné ▷ **dirt farmer** N *(US)* petit fermier *m* ▷ **dirt-poor** * ADJ miséreux ▷ **dirt road** N chemin *m* non macadamisé ▷ **dirt track** N *(gen)* piste *f* ; *(Sport)* cendrée *f* ▷ **dirt track racing** N courses *fpl* motocyclistes *or* de motos sur cendrée

**dirtily** /'dɜːtɪlɪ/ ADV *[eat, live]* salement, malproprement ; *(fig) [act, behave]* bassement ; *[play, fight]* déloyalement

**dirtiness** /'dɜːtɪnɪs/ N saleté *f*

**dirty** /'dɜːtɪ/ ADJ a *(= soiled, unhygienic) [object, place, person, habit]* sale ; *[job, work]* salissant ; *[hypodermic needle]* usagé ; *[plug, contact]* encrassé ◆ **to get** ~ se salir ◆ **to get sth** ~ salir qch ◆ **to get one's hands** ~ *(lit, fig)* se salir les mains ◆ **to do** *or* **wash one's** ~ **linen** *or* **laundry in public, to do one's** ~ **washing in public** laver son linge sale en public ◆ **let's not wash our** ~ **linen** *or* **laundry in public** il vaut mieux laver son linge sale en famille
b *[colour]* **a** ~ **brown/grey** un marron/gris sale ◆ **the morning light was** ~ **grey** la lumière du matin était d'un gris sale
c *(= smutty) [book, film, joke, story, magazine, picture]* cochon * ; *[language]* grossier ◆ **a** ~ **word** *(lit, fig)* un gros mot ◆ **"communist" was a** ~ **word for them** "communiste" était presque une injure pour eux ◆ **he's got a** ~ **mind** il a l'esprit mal tourné
d *(= unpleasant, underhand)* sale *before n* ◆ **politics is a** ~ **business** la politique est un sale métier ◆ **it's a** ~ **job, but someone's got to do it** c'est un sale boulot, mais il faut bien que quelqu'un le fasse ◆ ~ **money** argent *m* sale ◆ **it was a very** ~ **election** les coups bas n'ont pas manqué dans cette élection ◆ **to give sb a** ~ **look** regarder qn de travers ◆ ~ **pool** ⁑ *(US)* tour *m* de cochon * ◆ **you** ~ **rat!** * sale type ! * ◆ **that was a** ~ **trick** c'était un sale tour *or* un tour de cochon * ◆ ~ **weather** sale temps *m* ◆ **to do sb's** ~ **work (for them)** faire le sale boulot * de qn ◆ **there's been some** ~ **work here!** il y a quelque chose de pas catholique * là-dessous ! ; → **hand**
ADV a (* = *unfairly)* ◆ **to play** ~ faire des coups en vache * ◆ **to fight** ~ donner des coups en vache *
b *(= smuttily)* ◆ **to talk** ~ * dire des cochonneries
c *(intensifier)* ◆ **a** ~ **great tractor** ⁑ un vachement gros tracteur *
VT *[+ hands, clothes, reputation]* salir ; *[+ machine]* encrasser ◆ **he's never had to** ~ **his hands to make a living** il n'a jamais eu à retrousser ses manches pour gagner sa vie
N *(Brit)* ◆ **to do the** ~ **on sb** ⁑ faire une vacherie ⁑ à qn, jouer un tour de cochon * à qn
COMP ▷ **dirty bomb** N bombe *f* radiologique ▷ **dirty-faced** ADJ à *or* qui a la figure sale ▷ **dirty-minded** ADJ à *or* qui a l'esprit mal tourné ▷ **dirty old man** * N (pl **dirty old men**) vieux cochon * *m* ▷ **dirty weekend** * N week-end *m* coquin

**disability** /ˌdɪsə'bɪlɪtɪ/ N a *(NonC, physical)* invalidité *f*, incapacité *f* ; *(mental)* incapacité *f* ◆ **complete/partial** ~ incapacité *f* totale/partielle
b *(= infirmity)* infirmité *f* ; *(= handicap)* désavantage *m*, handicap *m* ◆ **his** ~ **made him eligible for a pension** son infirmité lui donnait droit à une pension ◆ **people with disabilities** les personnes handicapées
COMP ▷ **disability living allowance** N allocation *f* d'invalidité ▷ **disability pension** N pension *f* d'invalidité

**disable** /dɪs'eɪbl/ VT *[illness, accident, injury]* rendre infirme ; *(= maim)* estropier, mutiler ; *[+ tank, gun]* mettre hors de combat ; *[+ ship] (gen)* avarier, mettre hors d'état ; *(by enemy action)* mettre hors de combat ; *(Jur) (= make/pronounce incapable)* rendre/prononcer inhabile *(from doing sth* à faire qch)

**disabled** /dɪs'eɪbld/ ADJ a *(permanently)* handicapé ; *(esp Admin = unable to work)* invalide ; *(= paralyzed)* estropié ; *(= maimed)* mutilé ; *(Mil)* mis hors de combat ◆ ~ **ex-servicemen** mutilés *mpl or* invalides *mpl* de guerre ◆ **severely/partially** ~ souffrant d'un handicap sévère/léger
b *(Naut)* ◆ **to be** ~ *[ship]* avoir des avaries, être immobilisé pour cause d'avaries ; *[propeller]* être bloqué
c *(Jur)* incapable *(from* de) inhabile *(from* à)
NPL **the disabled** les handicapés *mpl* ◆ **the severely** ~ les personnes *fpl* souffrant d'un handicap sévère ◆ **the war** ~ les mutilés *mpl or* les invalides *mpl* de guerre

**disablement** /dɪs'eɪblmənt/ N invalidité *f*
COMP ▷ **disablement benefit** N allocation *f* d'invalidité ▷ **disablement insurance** N assurance *f* invalidité ▷ **disablement pension** N pension *f* d'invalidité

**disabuse** /ˌdɪsə'bjuːz/ VT *(frm)* désenchanter ◆ **to** ~ **sb of sth** détromper qn de qch

**disadvantage** /ˌdɪsəd'vɑːntɪdʒ/ N a *(NonC)* désavantage *m*, inconvénient *m* ◆ **to be at a** ~ être défavorisé ◆ **you've got me at a** ~ vous avez l'avantage sur moi ◆ **to catch sb at a** ~ surprendre qn en position de faiblesse ◆ **to put sb at a** ~ désavantager *or* défavoriser qn, mettre qn en position de faiblesse
b *(= prejudice, injury)* préjudice *m*, désavantage *m* ; *(Comm = loss)* perte *f* ◆ **it would be** *or* **work to your** ~ **to be seen with him** cela vous porterait préjudice *or* vous ferait du tort si on vous voyait avec lui
VT désavantager, défavoriser

**disadvantaged** /ˌdɪsəd'vɑːntɪdʒd/ ADJ défavorisé ◆ **educationally/socially/economically** ~ défavorisé sur le plan scolaire/social/économique
NPL **the disadvantaged** les classes *fpl* défavorisées ; *(economically)* les économiquement faibles *mpl*

**disadvantageous** /ˌdɪsædvɑːn'teɪdʒəs/ ADJ désavantageux, défavorable *(to* à)

**disadvantageously** /ˌdɪsædvɑːn'teɪdʒəslɪ/ ADV d'une manière désavantageuse, désavantageusement

**disaffected** /ˌdɪsə'fektɪd/ ADJ *(= discontented)* mécontent, mal disposé

**disaffection** /ˌdɪsə'fekʃən/ N désaffection *f*, mécontentement *m*

**disagree** /ˌdɪsə'griː/ VI a *(= be of different opinion)* ne pas être d'accord *(with* avec ; *on, about* sur) ne pas être du même avis *(with* que ; *on, about* sur) se trouver *or* être en désaccord *(with* avec ; *on, about* sur) ◆ **I** ~ je ne suis pas de cet avis, je ne suis pas d'accord ◆ **I** ~ **completely with you** je ne suis pas du tout d'accord avec vous *or* pas du tout de votre avis ◆ **they always** ~ **(with each other)** ils ne sont jamais du même avis *or* d'accord ; *(always quarrelling)* ils sont incapables de s'entendre ◆ **to** ~ **with the suggestion that ...** être contre la suggestion que ... ◆ **she** ~**s with everything he has done** elle se trouve en désaccord avec tout ce qu'il a fait
b *(= be different) [explanations, reports, sets of figures]* ne pas concorder *(with* avec) ◆ **the witnesses' statements** ~ les déclarations des témoins ne concordent pas
c ◆ **to** ~ **with sb** * *[climate, food]* ne pas convenir *or* réussir à qn ◆ **mutton** ~**s with him** il ne digère pas le mouton, le mouton ne lui réussit pas ◆ **the mutton** ~**d with him** il a mal digéré le mouton, le mouton n'est pas bien passé *

**disagreeable** /ˌdɪsə'grɪəbl/ ADJ désagréable

**disagreeableness** /ˌdɪsə'grɪəblnɪs/ N *[of work, experience]* nature *f* désagréable *or* fâcheuse ; *[of person]* mauvaise humeur *f*, maussaderie *f*, attitude *f or* manière(s) *f(pl)* désagréable(s)

**disagreeably** /ˌdɪsə'grɪəblɪ/ ADV désagréablement ◆ ~ **pungent** d'une âcreté désagréable

**disagreement** /ˌdɪsə'griːmənt/ N a *(of opinion, also between accounts etc)* différence *f*
b *(= quarrel)* désaccord *m*, différend *m* ◆ **to have a** ~ **with sb (about sth)** avoir un différend avec qn (à propos de qch) ◆ **to be in** ~ **(over sth)** *[people]* être en désaccord (sur qch)

**disallow** /ˌdɪsə'laʊ/ VT *(gen)* rejeter ; *(Sport) [+ goal etc]* refuser ; *(Jur)* débouter, rejeter

**disambiguate** /ˌdɪsæm'bɪgjʊˌeɪt/ VT désambiguïser

**disambiguation** /ˌdɪsæmˌbɪgjʊ'eɪʃən/ N désambiguïsation *f*

**disappear** /ˌdɪsə'pɪəʳ/ VI *[person, vehicle, lost object, snow, objection]* disparaître ; *[custom]* disparaître, tomber en désuétude ; *[memory]* disparaître, s'effacer ; *[difficulties]* disparaître, s'aplanir ; *(Ling) [sound]* s'amuïr ◆ **he** ~**ed from view** *or* **sight** on l'a perdu de vue ◆ **the ship** ~**ed over the horizon** le navire a disparu à l'horizon ◆ **to make sth** ~ faire disparaître qch ; *[conjurer]* escamoter qch ◆ **to do a** ~**ing trick** * *(fig)* s'éclipser, s'esquiver
VT *(Pol* *) [+ dissident]* faire disparaître

**disappearance** /ˌdɪsə'pɪərəns/ N disparition *f* ; *(Ling) [of sound]* amuïssement *m*

**disappeared** /ˌdɪsə'pɪəd/ NPL *(Pol)* ◆ **the** ~ les disparus *mpl*

**disappoint** /ˌdɪsə'pɔɪnt/ VT a *(= let down) [+ person]* décevoir ; *(after promising)* manquer à sa parole envers ◆ **he couldn't** ~

**Claire by not going to her party** il ne pouvait pas manquer à sa parole en n'allant pas à la soirée de Claire ◆ **he promised to meet me but ~ed me several times** il m'avait promis de me rencontrer mais il m'a fait faux bond plusieurs fois **b** *(= confound)* *[+ expectations, hope]* décevoir

**disappointed** /ˌdɪsəˈpɔɪntɪd/ LANGUAGE IN USE 14 ADJ *[person, hope, ambition]* déçu ◆ **to be ~ that ...** être déçu que ... + *subj* ◆ **to be ~ to find/learn** *etc* être déçu de trouver/d'apprendre *etc* ◆ **to be ~ by** *or* **with sth** être déçu par qch ◆ **he was ~ with her reply** sa réponse l'a déçu ◆ **to be ~ at having to do sth** être déçu de devoir faire qch ◆ **we were ~ at not seeing her** *or* **not to see her** nous avons été déçus de ne pas la voir ◆ **to be ~ in sb/sth** être déçu par qn/qch ◆ **I'm (very) ~ in you** tu me déçois (beaucoup) ◆ **to be ~ in one's hopes/in love** être déçu dans ses espoirs/en amour

**disappointing** /ˌdɪsəˈpɔɪntɪŋ/ ADJ décevant ◆ **how ~!** quelle déception !, comme c'est décevant !

**disappointingly** /ˌdɪsəˈpɔɪntɪŋlɪ/ ADV ◆ **progress has been ~ slow** les progrès ont été d'une lenteur décevante ◆ **the house was ~ small** la taille de la maison était décevante ◆ **the number of new jobs created was ~ low** le nombre de nouveaux emplois créés était décevant ◆ **the boat performed ~** le bateau s'est comporté de manière décevante ◆ **~, he couldn't come** à notre grande déception *or* à la grande déception de tous, il n'a pas pu venir ◆ **~ for his parents/teachers, he failed all his exams** à la grande déception de ses parents/professeurs, il a échoué à tous ses examens

**disappointment** /ˌdɪsəˈpɔɪntmənt/ N **a** *(NonC)* déception *f* ◆ **to my great ~** à ma grande déception **b** *(= setback, source of disappointment)* déception *f*, déboires *mpl* ◆ **after a series of ~s** après une succession de déboires ◆ **~s in love** déboires *mpl* amoureux ◆ **he/that was a great ~ to me** il/cela a été une grosse déception pour moi, il/cela m'a beaucoup déçu

**disapprobation** *(liter)* /ˌdɪsæprəˈbeɪʃən/, **disapproval** /ˈˌdɪsəˈpruːvəl/ N désapprobation *f* ◆ **murmur** *etc* **of ~** murmure *m etc* désapprobateur *or* de désapprobation ◆ **to show one's ~ of sb/sth** marquer sa désapprobation à l'égard de qn/qch ◆ **the crowd were loud in their ~** la foule désapprouva bruyamment

**disapprove** /ˌdɪsəˈpruːv/ LANGUAGE IN USE 14 VI ◆ **to ~ of sb/sth** désapprouver qn/qch ◆ **to ~ of sb('s) doing sth** désapprouver *or* trouver mauvais que qn fasse qch ◆ **your mother would ~** ta mère n'approuverait pas ◆ **he entirely ~s of drink** il est tout à fait contre la boisson VT *[+ action, event]* désapprouver

**disapproving** /ˌdɪsəˈpruːvɪŋ/ ADJ *[expression, look]* désapprobateur (-trice *f*) ◆ **she seemed ~** elle avait l'air de désapprouver ◆ **Giles announced to his ~ mother that he would be marrying Kay** Giles a annoncé à sa mère, qui était contre, qu'il se mariait avec Kay ◆ **to be ~ of sb/sth** désapprouver qn/qch ◆ **to make ~ noises** *(fig)* manifester sa désapprobation

**disapprovingly** /ˌdɪsəˈpruːvɪŋlɪ/ ADV *[look, behave]* d'un air désapprobateur ; *[speak]* d'un ton désapprobateur

**disarm** /dɪsˈɑːm/ VTI *(also fig)* désarmer

**disarmament** /dɪsˈɑːməmənt/ N désarmement *m* COMP ▷ **disarmament talks** NPL conférence *f* sur le désarmement

**disarmer** /dɪsˈɑːməʳ/ N ◆ **(nuclear) ~** partisan(e) *m(f)* du désarmement nucléaire

**disarming** /dɪsˈɑːmɪŋ/ N *(Mil)* désarmement *m* ADJ *[smile]* désarmant

**disarmingly** /dɪsˈɑːmɪŋlɪ/ ADV *[smile, admit]* de façon désarmante ◆ **~ modest/frank/simple** d'une modestie/franchise/simplicité désarmante

**disarrange** /ˌdɪsəˈreɪndʒ/ VT déranger, mettre en désordre

**disarranged** /ˌdɪsəˈreɪndʒd/ ADJ *[bed]* défait ; *[hair, clothes]* en désordre

**disarray** /ˌdɪsəˈreɪ/ N *(frm)* désordre *m*, confusion *f* ◆ **the troops were in (complete) ~** le désordre *or* la confusion régnait parmi les troupes, les troupes étaient en déroute ◆ **a political party in ~** un parti politique en plein désarroi *or* en proie au désarroi ◆ **she was** *or* **her clothes were in ~** ses vêtements étaient en désordre ◆ **to fall into ~** sombrer dans le chaos

**disassemble** /ˌdɪsəˈsembl/ VT désassembler, démonter

**disassociate** /ˌdɪsəˈsəʊʃɪeɪt/ VT ⇒ **dissociate**

**disassociation** /ˌdɪsəsəʊsɪˈeɪʃən/ N ⇒ **dissociation**

**disaster** /dɪˈzɑːstəʳ/ N *(gen, also fig)* désastre *m*, catastrophe *f* ; *(from natural causes)* catastrophe *f*, sinistre *m* ◆ **air ~** catastrophe *f* aérienne ◆ **the Madrid airport ~** la catastrophe de l'aéroport de Madrid ◆ **an environmental ~** une catastrophe écologique ◆ **a financial/political ~** un désastre financier/politique ◆ **at the scene of the ~** sur les lieux du désastre *or* de la catastrophe ◆ **to be heading** *or* **headed for ~** courir au désastre ◆ **their marriage/her hairstyle was a ~** * leur couple/sa coiffure était une catastrophe * *or* un (vrai) désastre

COMP ▷ **disaster area** N *(lit)* région *f* sinistrée ◆ **a (walking) ~ area** * *(fig)* une catastrophe (ambulante) * ▷ **disaster fund** N collecte *f* au profit des sinistrés ◆ **earthquake ~ fund** collecte *f* au profit des victimes du tremblement de terre ▷ **disaster movie** N film *m* catastrophe ▷ **disaster victim** N sinistré(e) *m(f)*, victime *f* de la catastrophe

**disastrous** /dɪˈzɑːstrəs/ ADJ désastreux (*for* pour) ◆ **with ~ consequences** avec des conséquences désastreuses

**disastrously** /dɪˈzɑːstrəslɪ/ ADV de manière désastreuse ◆ **the match started ~ for the French** le match a commencé de manière désastreuse pour les Français ◆ **the Socialists fared ~ in the elections** les socialistes ont obtenu des résultats désastreux aux élections ◆ **~ low/high prices** des prix dramatiquement bas/élevés ◆ **to go ~ wrong** tourner à la catastrophe ◆ **to get it ~ wrong** faire une erreur monumentale

**disavow** /ˌdɪsəˈvaʊ/ VT *(frm)* *[+ one's words, opinions]* désavouer, renier ; *[+ faith, duties]* renier

**disavowal** /ˌdɪsəˈvaʊəl/ N *(frm)* *[of one's words, opinions]* désaveu *m* ; *[of faith, duties]* reniement *m*

**disband** /dɪsˈbænd/ VT *[+ army, corporation, club]* disperser VI *[army]* se disperser ; *[organization]* se dissoudre

**disbar** /dɪsˈbɑːʳ/ VT *[+ barrister]* radier de l'ordre des avocats ◆ **to be ~red** se faire radier de l'ordre des avocats

**disbarment** /dɪsˈbɑːmənt/ N *(Jur)* radiation *f* de l'ordre des avocats

**disbelief** /ˌdɪsbəˈliːf/ N incrédulité *f* ◆ **in ~** avec incrédulité

**disbelieve** /ˌdɪsbəˈliːv/ VT *[+ person]* ne pas croire ; *[+ news etc]* ne pas croire à VI *(also Rel)* ne pas croire (*in* à)

**disbeliever** /ˌdɪsbəˈliːvəʳ/ N *(also Rel)* incrédule *mf*

**disbelieving** /ˌdɪsbəˈliːvɪŋ/ ADJ incrédule

**disbud** /dɪsˈbʌd/ VT ébourgeonner

**disburden** /dɪsˈbɜːdn/ VT *(lit, fig)* décharger, débarrasser (*of* de) ; *(= relieve)* soulager ◆ **to ~ one's conscience** se décharger la conscience

**disburse** /dɪsˈbɜːs/ VTI *(frm)* débourser, décaisser

**disbursement** /dɪsˈbɜːsmənt/ N *(frm)* *(= paying out)* déboursement *m*, décaissement *m* ; *(= money paid)* débours *mpl*

**disc** /dɪsk/ N **a** *(also of moon etc)* disque *m* **b** *(Anat)* disque *m* (intervertébral) ; → **slip** **c** *(Mil:* also **identity disc**) plaque *f* d'identité **d** *(= gramophone record)* disque *m* COMP ▷ **disc brakes** NPL freins *mpl* à disque ▷ **disc camera** N appareil *m* photo à disque ▷ **disc film** N film *m* disque ▷ **disc harrow** N pulvériseur *m* ▷ **disc jockey** N disc-jockey *m*, animateur *m*, -trice *f* ▷ **disc shutter** N *(Cine)* *[of projector]* obturateur *m* à disque

**discard** /dɪsˈkɑːd/ VT **a** *(= get rid of)* se débarrasser de ; *(= throw out)* jeter ; *[+ jacket etc]* se débarrasser de ; *[+ idea, plan]* renoncer à, abandonner ; *[+ rocket, part of spacecraft]* larguer **b** *(Bridge etc)* se défausser de, défausser ; *(Cribbage)* écarter ◆ **he was ~ing clubs** il se défaussait à trèfle ◆ **he ~ed the three of hearts** il s'est défaussé du trois de cœur VI *(Bridge etc)* se défausser ; *(Cribbage)* écarter N /ˈdɪskɑːd/ **a** *(Bridge)* défausse *f* ; *(Cribbage)* écart *m* **b** *(Comm, Ind)* pièce *f* de rebut, déchet *m*

**discern** /dɪˈsɜːn/ VT *[+ person, object, difference]* discerner, distinguer, percevoir ; *[+ feelings]* discerner

**discernible** /dɪˈsɜːnəbl/ ADJ *[object]* visible ; *[likeness, fault]* perceptible, sensible

**discernibly** /dɪˈsɜːnəblɪ/ ADV sensiblement

**discerning** /dɪˈsɜːnɪŋ/ ADJ *[person]* judicieux, sagace, doué de discernement ; *[taste]* délicat ; *[look]* clairvoyant, perspicace

**discernment** /dɪˈsɜːnmənt/ N *(fig)* discernement *m*, pénétration *f*

**discharge** /dɪsˈtʃɑːdʒ/ VT **a** *[ship]* *[+ cargo]* décharger ; *[ship, bus etc]* *[+ passengers]* débarquer

**b** *[+ liquid]* déverser ; *(Elec)* décharger ; *[factory, chimney, pipe]* *[+ gas]* dégager, émettre ; *[+ liquid, pollutants, sewage]* déverser ◆ **the factory was discharging toxic gas into the atmosphere** l'usine rejetait des gaz toxiques dans l'atmosphère ◆ **the pipe was discharging sewage into the sea** le tuyau déversait les eaux usées dans la mer

**c** *(Med)* *[wound]* *[+ mucus, blood]* laisser écouler ◆ **to ~ pus** suppurer

**d** *(Ind)* *[+ employee]* renvoyer, congédier ; *(Mil)* *[+ soldier]* rendre à la vie civile ; *(for health reasons)* réformer ; *(Jur)* *[+ prisoner]* libérer, élargir *(Jur)* ; *[+ jury]* congédier ; *[+ accused]* relaxer ; *[+ bankrupt]* réhabiliter ; *(Med)* *[+ patient]* *(from hospital)* renvoyer (guéri) de l'hôpital ◆ **to ~ o.s.** *(from hospital)* signer sa décharge

**e** *[+ gun]* décharger, faire partir ; *[+ arrow]* décocher

**f** *(Fin)* *[+ debt, bill]* acquitter, régler

**g** *(frm = fulfil)* *[+ obligation, duty]* remplir, s'acquitter de ; *[+ function]* remplir ; *[+ responsibilities]* exercer

VI *[wound]* suinter

N /ˈdɪstʃɑːdʒ/ **a** *(NonC)* *[of cargo]* déchargement *m* ; *(Elec)* décharge *f* ; *[of weapon]* décharge *f* ; *[of liquid]* écoulement *m*

**b** *(Med) (gen)* suintement *m* ; *(vaginal)* pertes *fpl* (blanches) ; *[of pus]* suppuration *f* ◆ **nipple** ~ écoulement *m* mammaire

**c** *[of employee]* renvoi *m* ; *[of prisoner]* libération *f*, élargissement *m (Jur)* ; *[of patient]* renvoi *m* ◆ **the soldier got his ~ yesterday** le soldat a été libéré hier

**d** *(frm = fulfilment)* **the ~ of one's duty** *(gen)* l'accomplissement *m* de son devoir ◆ **the ~ of one's duties** *(official tasks)* l'exercice *m* de ses fonctions

**e** *[of debt]* acquittement *m*

**disci** /ˈdɪskaɪ/ **NPL** of **discus**

**disciple** /dɪˈsaɪpl/ **N** disciple *m*

**disciplinarian** /ˌdɪsɪplɪˈnɛərɪən/ **N** personne *f* stricte en matière de discipline

**disciplinary** /ˈdɪsɪplɪnərɪ/ **ADJ** *(gen)* disciplinaire ◆ **a ~ offence** une faute passible de mesures disciplinaires ◆ **~ matters/problems** questions *fpl*/problèmes *mpl* de discipline ◆ **to take ~ action** prendre des mesures disciplinaires

**discipline** /ˈdɪsɪplɪn/ **N** **a** *(NonC)* discipline *f* ◆ **to keep ~** maintenir la discipline **b** *(= branch of knowledge)* discipline *f*, matière *f* **VT** *(= control) [+ person]* discipliner ; *[+ mind]* former, discipliner ; *(= punish)* punir ◆ **to ~ o.s. to do sth** s'astreindre à faire qch

**disciplined** /ˈdɪsɪplɪnd/ **ADJ** *[person, group]* discipliné ; *(= methodical)* méthodique

**disclaim** /dɪsˈkleɪm/ **VT** **a** *[+ news, statement]* démentir ; *[+ responsibility]* rejeter, nier ; *[+ authorship]* nier ; *[+ paternity]* désavouer ◆ **to ~ all knowledge of sth** nier toute connaissance de qch **b** *(Jur)* se désister de, renoncer à

**disclaimer** /dɪsˈkleɪməʳ/ **N** **a** *(= denial)* démenti *m* ; *(Jur)* désistement *m* (of de) renonciation *f* (of à) ◆ **to issue a ~** publier un démenti **b** *(= exclusion clause)* décharge *f* (de responsabilité)

**disclose** /dɪsˈkləʊz/ **VT** *[+ secret]* divulguer, dévoiler ; *[+ news]* divulguer ; *[+ intentions]* dévoiler ; *[+ contents of envelope, box etc]* dévoiler, montrer **COMP** ▷ **disclosing agent N** *(Dentistry)* révélateur *m* de plaque dentaire

**disclosure** /dɪsˈkləʊʒəʳ/ **N** **a** *(NonC, by newspaper etc)* divulgation *f*, révélation *f* ; *(by individual to press etc)* communication *f* (de renseignements) (to à) **b** *(= fact etc revealed)* révélation *f*

**disco** * /ˈdɪskəʊ/ **N** (abbrev of **discotheque**) disco *m* **COMP** ▷ **disco dancing N** disco *m*

**discography** /dɪsˈkɒɡrəfɪ/ **N** discographie *f*

**discolour, discolor** *(US)* /dɪsˈkʌləʳ/ **VT** *(= spoil colour of, fade: gen)* décolorer ; *[+ white material, teeth]* jaunir **VI** *(gen)* se décolorer ; *[white material, teeth]* jaunir ; *[mirror]* se ternir

**discolouration, discoloration** *(esp US)* /dɪsˌkʌləˈreɪʃən/ **N** décoloration *f*

**discombobulate** /ˌdɪskəmˈbɒbjʊˌleɪt/ **VT** *(esp US) [+ plans]* chambouler * ; *[+ person]* déconcerter

**discomfit** /dɪsˈkʌmfɪt/ **VT** *(= disappoint)* décevoir, tromper les espoirs de ; *(= confuse)* déconcerter, décontenancer, confondre

**discomfiture** /dɪsˈkʌmfɪtʃəʳ/ **N** *(= disappointment)* déconvenue *f* ; *(= confusion)* embarras *m*, déconfiture * *f*

**discomfort** /dɪsˈkʌmfət/ **N** **a** *(NonC: physical, mental)* gêne *f* ; *(stronger)* malaise *m* ◆ **I feel some ~ from it but not real pain** ça me gêne mais ça ne me fait pas vraiment mal ◆ **much to my ~, he announced he would accompany me** à mon grand embarras, il a annoncé qu'il m'accompagnerait **b** *(= uncomfortable thing)* désagrément *m* ◆ **the ~s of camping in wet weather** les désagréments *mpl* du camping par temps de pluie

**discompose** /ˌdɪskəmˈpəʊʒəʳ/ **N** trouble *m*, confusion *f*

**disconcert** /ˌdɪskənˈsɜːt/ **VT** déconcerter, décontenancer

**disconcerting** /ˌdɪskənˈsɜːtɪŋ/ **ADJ** déconcertant, troublant, déroutant

**disconcertingly** /ˌdɪskənˈsɜːtɪŋlɪ/ **ADV** d'une manière déconcertante ◆ **~, I found I rather liked him** j'ai été surpris de me rendre compte que je l'aimais bien ◆ **the policemen's faces were ~ young** les policiers étaient d'une jeunesse déconcertante

**disconnect** /ˌdɪskəˈnekt/ **VT** *[+ electrical apparatus, pipe]* débrancher ; *[+ railway carriages]* décrocher ; *(= cut off) [+ gas, electricity, water supply, telephone]* couper ◆ **we've been ~ed** *(Telec) (for non-payment etc)* on nous a coupé le téléphone ; *(in mid-conversation)* nous avons été coupés ◆ **to be/feel ~ed from reality** être/se sentir coupé de la réalité ◆ **their proposal is ~ed from scientific reality** leur proposition n'est fondée sur aucune réalité scientifique

**disconnected** /ˌdɪskəˈnektɪd/ **ADJ** *[speech]* décousu ; *[thoughts]* sans suite ; *[facts, events]* sans rapport

**disconnection** /ˌdɪskʌˈnekʃən/ **N** *(Telec)* suspension *f* de ligne ; *[of gas, electricity]* coupure *f*

**disconsolate** /dɪsˈkɒnsəlɪt/ **ADJ** inconsolable

**disconsolately** /dɪsˈkɒnsəlɪtlɪ/ **ADV** **a** *(= dejectedly)* d'un air abattu ◆ **"I'm bored", he said ~** "je m'ennuie" dit-il d'un air abattu **b** *(= inconsolably) [trudge, wander]* l'air inconsolable ◆ **"there's no point going on", she said ~** "ça ne sert à rien de continuer" dit-elle inconsolable ◆ **she wept ~** elle pleurait, inconsolable

**discontent** /ˌdɪskənˈtent/ **N** mécontentement *m* ; *(Pol)* malaise *m* (social) ◆ **cause of ~** grief *m*

**discontented** /ˌdɪskənˈtentɪd/ **ADJ** mécontent (with, about de)

**discontentedly** /ˌdɪskənˈtentɪdlɪ/ **ADV** d'un air mécontent

**discontentment** /ˌdɪskənˈtentmənt/ **N** mécontentement *m*

**discontinuance** /ˌdɪskənˈtɪnjʊəns/, **discontinuation** /ˈdɪskənˌtɪnjʊˈeɪʃən/ **N** *(gen)* interruption *f* ; *[of production etc]* arrêt *m*

**discontinue** /ˌdɪskənˈtɪnjuː/ **VT** *(gen)* cesser ; *[+ product] (= stop manufacture of)* arrêter la production de ; *(= stop sales of)* ne plus vendre ; *[+ service]* supprimer ; *(Jur) [+ case, legal proceedings]* abandonner ; *(Med) [+ treatment]* arrêter ◆ **to ~ one's subscription to a newspaper** résilier son abonnement à un journal ◆ **a ~d line** *(Comm)* une série *or* un article qui ne se fait plus ◆ **"discontinued"** *(on sale article)* "fin de série"

**discontinuity** /ˌdɪskɒntɪˈnjuːɪtɪ/ **N** *(gen, Math)* discontinuité *f* ; *(Geol)* zone *f* de discontinuité

**discontinuous** /ˌdɪskənˈtɪnjʊəs/ **ADJ** discontinu *(also Ling)*

**discord** /ˈdɪskɔːd/ **N** **a** discorde *f*, dissension *f* ◆ **civil ~** dissensions *fpl* civiles **b** *(Mus)* dissonance *f*

**discordant** /dɪsˈkɔːdənt/ **ADJ** **a** *[opinions]* incompatible ; *[sounds, colours]* discordant **b** *(Mus)* dissonant

**discotheque** /ˈdɪskəʊtek/ **N** discothèque *f* *(dancing)*

**discount** /ˈdɪskaʊnt/ **N** escompte *m* ; *(on article)* remise *f*, rabais *m* ; *(rebate on transaction not shown on invoice)* ristourne *f* ; *(St Ex: also* **share discount***)* décote *f* ; *(in forward markets)* déport *m* ◆ **to give a ~** faire une remise (on sur) ◆ **to buy at a ~** acheter au rabais ◆ **~ for cash** escompte *m* au comptant ◆ **at a ~** *(Fin)* en perte, au-dessous du pair ; *(in forward markets)* avec un déport ; *(fig)* mal coté ◆ **a ~ of 25% below the nominal value of the shares** *(St Ex)* une décote de 25% par rapport à la valeur nominale de l'action

**VT** /dɪsˈkaʊnt/ *[+ sum of money]* faire une remise de, escompter ; *[+ bill, note]* prendre à l'escompte, escompter ; *(fig)* ne pas tenir compte de ◆ **I ~ half of what he says** je divise par deux tout ce qu'il dit

**COMP** ▷ **discount house N** magasin *m* de vente au rabais ▷ **discount rate N** taux *m* d'escompte ▷ **discount store N** ⇒ **discount house**

**discounter** /dɪsˈkaʊntəʳ/ **N** *(Fin, Banking)* escompteur *m* ; *(Comm)* magasin *m* discount

**discourage** /dɪsˈkʌrɪdʒ/ **VT** **a** *(= dishearten)* décourager, abattre ◆ **to become ~d** se laisser décourager *or* rebuter, se laisser aller au découragement ◆ **he isn't easily ~d** il ne se décourage pas facilement **b** *(= advise against)* décourager, (essayer de) dissuader *(sb from sth/from doing sth* qn de qch/de faire qch) **c** *[+ suggestion]* déconseiller ; *[+ offer of friendship]* repousser ◆ **she ~d his advances** elle a repoussé *or* découragé ses avances

**discouragement** /dɪsˈkʌrɪdʒmənt/ **N** *(= act)* désapprobation *f* (of de) ; *(= depression)* découragement *m*, abattement *m*

**discouraging** /dɪsˈkʌrɪdʒɪŋ/ **ADJ** décourageant, démoralisant

**discourse** /ˈdɪskɔːs/ **N** **a** discours *m* ; *(written)* dissertation *f*, traité *m* **b** †† conversation *f* **VI** /dɪsˈkɔːs/ *(= hold forth)* discourir (*(up)on* sur) traiter (*(up)on* de) **COMP** ▷ **discourse analysis N** *(Ling)* analyse *f* du discours

**discourteous** /dɪsˈkɜːtɪəs/ **ADJ** impoli, peu courtois, discourtois (*towards* envers, avec)

**discourteously** /dɪsˈkɜːtɪəslɪ/ **ADV** de façon discourtoise

**discourteousness** /dɪsˈkɜːtɪəsnɪs/, **discourtesy** /dɪsˈkɜːtɪsɪ/ **N** incivilité *f*, manque *m* de courtoisie (*towards* envers, avec)

**discover** /dɪsˈkʌvəʳ/ **VT** *[+ country, planet, treasure, reason, cause, secret, person hiding]* découvrir ; *[+ mistake, loss]* s'apercevoir de, se rendre compte de ; *(after search) [+ house, book]* dénicher ◆ **to ~ that...** *(= find out)* apprendre que ... ; *(= notice)* s'apercevoir que ... ; *(= understand)* comprendre que ...

**discoverer** /dɪsˈkʌvərəʳ/ **N** ◆ **the ~ of America/penicillin** celui qui a découvert l'Amérique/la pénicilline, le découvreur de l'Amérique/la pénicilline

**discovery** /dɪsˈkʌvərɪ/ **N** **a** *(NonC) [of fact, place, person]* découverte *f* ◆ **it led to the ~ of penicillin** cela a conduit à la découverte de la pénicilline ; → **voyage** **b** *(= happy find)* trouvaille *f* **c** *(Jur)* ~ **of documents** communication *f* des pièces du dossier avant l'audience **d** *(Scol: subject)* activités *fpl* d'éveil ◆ **to learn through ~** apprendre par des activités d'éveil

**discredit** /dɪsˈkredɪt/ **VT** *(= cast slur on)* discréditer, déconsidérer ; *(= disbelieve)* ne pas croire, mettre en doute **N** discrédit *m*, déconsidération *f* ◆ **to bring ~ upon sb** jeter le discrédit sur qn ◆ **without any ~ to you** sans que cela vous nuise en rien ◆ **to**

**be a ~ to …** être une honte pour …, faire honte à … ◆ **to be to sb's ~** discréditer qn

**discreditable** /dɪsˈkredɪtəbl/ ADJ peu honorable, indigne, déshonorant

**discredited** /dɪsˈkredɪtɪd/ ADJ discrédité

**discreet** /dɪsˈkriːt/ ADJ *[person, action, presence, silence, decor, colour]* discret (-ète *f*) (*about* sur) ◆ **at a ~ distance** à distance respectueuse

**discreetly** /dɪsˈkriːtlɪ/ ADV *[speak, behave]* discrètement ; *[dress]* avec sobriété ◆ **~, she said nothing until her visitor had left** par discrétion, elle n'a rien dit avant le départ de son visiteur

**discrepancy** /dɪsˈkrepənsɪ/ N *(= difference)* différence *f* ; *(between versions, opinions)* divergence *f* ; *(between numbers)* écart *m* ◆ **the ~ between press and radio reports** la différence *or* la divergence entre la version des journaux et celle de la radio ◆ **discrepancies in pay rates** les écarts de salaire

**discrete** /dɪsˈkriːt/ ADJ à part, individuel ; *(Math, Med)* discret (-ète *f*) ◆ **herbal medicine does not treat mind and body as ~ entities** la médecine par les plantes ne traite pas l'esprit et le corps comme des éléments à part *or* individuels

**discretion** /dɪsˈkreʃən/ N a *(= tact)* discrétion *f* ; *(= prudence)* discrétion *f*, sagesse *f* ◆ **~ is the better part of valour** *(Prov)* prudence est mère de sûreté *(Prov)* b *(= freedom of decision)* discrétion *f* ◆ **to leave sth to sb's ~** laisser qch à la discrétion de qn ◆ **use your own ~** faites comme bon vous semblera, c'est à vous de juger ◆ **at the ~ of the judge/the chairman** *etc* **it is possible to …** c'est au juge/au président *etc* de décider s'il est possible de … ◆ **the age of ~** l'âge *m* de raison ◆ **to reach the age of ~** atteindre l'âge de raison

**discretionary** /dɪsˈkreʃənərɪ/ ADJ *[powers]* discrétionnaire ◆ **the new system of ~ pay awards for teachers** le nouveau système de primes accordées aux enseignants à la discrétion des établissements

**discriminant** /dɪsˈkrɪmɪnənt/ N *(Math)* discriminant *m*

**discriminate** /dɪsˈkrɪmɪneɪt/ VI a *(= make unfair distinction)* introduire une discrimination (*against* contre ; *in favour of* en faveur de) ◆ **to be ~d against** être victime d'une discrimination b *(= be discerning)* ◆ **the public should ~** le public ne devrait pas accepter n'importe quoi *or* devrait exercer son sens critique ◆ **he is unable to ~** il est incapable d'exercer son sens critique VT distinguer (*from* de) discriminer *(liter)* (*from* de)

**discriminating** /dɪsˈkrɪmɪneɪtɪŋ/ ADJ a *(= discerning) [person, audience, clientele]* plein de discernement, averti ; *[palate]* exercé ; *[judgement, mind]* perspicace ◆ **he's not very ~** *(about books, TV)* il manque d'esprit critique ; *(about food)* il n'a pas un goût très fin b *[tariff, tax]* différentiel

**discrimination** /dɪsˌkrɪmɪˈneɪʃən/ N a *(= prejudice)* discrimination *f* (*against* contre ; *in favour of* en faveur de) ◆ **religious ~** discrimination *f* religieuse *or* d'ordre religieux ; → **racial, sex** b *(= distinction)* distinction *f* (*between* entre) séparation *f* c *(NonC = judgement)* discernement *m*

**discriminatory** /dɪsˈkrɪmɪnətərɪ/ ADJ discriminatoire

**discursive** /dɪsˈkɜːsɪv/, **discursory** /dɪsˈkɜːsərɪ/ ADJ discursif, décousu *(pej)*

**discus** /ˈdɪskəs/ N (pl **discuses** *or* **disci**) disque *m* COMP ▷ **discus thrower** N lanceur *m* de disque, discobole *m (Hist)*

**discuss** /dɪsˈkʌs/ VT *(= examine in detail)* discuter, examiner ; *(= talk about) [+ problem, project, price]* discuter ; *[+ topic]* discuter de *or* sur, débattre de ◆ **we were ~ing him** nous parlions de lui ◆ **I ~ed it with him** j'en ai discuté avec lui ◆ **I won't ~ it any further** je ne veux plus en parler

**discussant** /dɪsˈkʌsənt/ N *(US)* participant(e) *m(f) (à une discussion etc)*

**discussion** /dɪsˈkʌʃən/ N discussion *f*, débat *m* (*of, about* sur, au sujet de) ◆ **under ~** en discussion ◆ **a subject for ~** un sujet de discussion COMP ▷ **discussion document** N avant-projet *m* ▷ **discussion group** N groupe *m* de discussion ▷ **discussion paper** N ⇒ **discussion document**

**disdain** /dɪsˈdeɪn/ VT dédaigner (*to do sth* de faire qch) N dédain *m*, mépris *m* ◆ **in ~** avec dédain ◆ **to treat sb/sth with ~** traiter qn/qch avec mépris

**disdainful** /dɪsˈdeɪnfʊl/ ADJ *[person]* dédaigneux ; *[tone, look]* dédaigneux, de dédain

**disdainfully** /dɪsˈdeɪnfəlɪ/ ADV avec dédain, dédaigneusement

**disease** /dɪˈziːz/ N *(Med: mental, physical)* maladie *f*, affection *f* ; *(Bot, Vet)* maladie *f* ; *(fig)* maladie *f*, mal *m* ; → **heart, occupational, venereal, virus**

**diseased** /dɪˈziːzd/ ADJ malade

**diseconomy** /ˌdɪsɪˈkɒnəmɪ/ N déséconomie *f*

**disembark** /ˌdɪsɪmˈbɑːk/ VTI débarquer

**disembarkation** /ˌdɪsembɑːˈkeɪʃən/ N débarquement *m*

**disembodied** /ˌdɪsɪmˈbɒdɪd/ ADJ désincarné

**disembowel** /ˌdɪsɪmˈbaʊəl/ VT éventrer, éviscérer, étriper *

**disempower** /ˌdɪsemˈpaʊəʳ/ VT déresponsabiliser

**disenchant** /ˌdɪsɪnˈtʃɑːnt/ VT désabuser, désenchanter, désillusionner

**disenchantment** /ˌdɪsɪnˈtʃɑːntmənt/ N désenchantement *m*, désillusion *f*

**disencumber** /ˌdɪsɪnˈkʌmbəʳ/ VT *[+ mortgage]* payer ; *[+ property]* déshypothéquer

**disenfranchise** /ˌdɪsɪnˈfræntʃaɪz/ VT ⇒ **disfranchise**

**disengage** /ˌdɪsɪnˈgeɪdʒ/ VT *[+ object, hand]* dégager, libérer (*from* de) ; *(Tech) [+ machine]* déclencher, débrayer ◆ **to ~ o.s. from** se dégager de ◆ **to ~ the clutch** *(Aut)* débrayer VI *(Fencing)* dégager (le fer) ; *(Tech)* se déclencher

**disengaged** /ˌdɪsɪnˈgeɪdʒd/ ADJ libre, inoccupé ; *(Tech)* débrayé

**disengagement** /ˌdɪsɪnˈgeɪdʒmənt/ N *(Pol)* désengagement *m*

**disentangle** /ˌdɪsɪnˈtæŋgl/ VT *[+ wool, problem, mystery]* débrouiller, démêler ; *[+ plot]* dénouer ◆ **to ~ o.s. from** *(lit, fig)* se dépêtrer de, se sortir de VI se démêler

**disequilibrium** /ˌdɪsekwɪˈlɪbrɪəm/ N instabilité *f*

**disestablish** /ˌdɪsɪsˈtæblɪʃ/ VT séparer de l'État ◆ **to ~ the Church** séparer l'Église de l'État

**disestablishment** /ˌdɪsɪsˈtæblɪʃmənt/ N séparation *f* (de l'Église et de l'État)

**disfavour, disfavor** *(US)* /dɪsˈfeɪvəʳ/ N désapprobation *f*, défaveur *f* ◆ **to fall into ~** tomber en défaveur ◆ **to fall into ~ with sb** tomber en défaveur auprès de qn ◆ **to be in ~ with sb** être mal vu de qn ◆ **to look with ~ on sth** regarder qch avec désapprobation ◆ **to look with ~ on sb** désapprouver qn VT a *(= dislike)* désapprouver b *(US = disadvantage)* être défavorable à, défavoriser

**disfigure** /dɪsˈfɪgəʳ/ VT *[+ face]* défigurer ; *[+ scenery]* défigurer, déparer

**disfigured** /dɪsˈfɪgəd/ ADJ défiguré (*by* par)

**disfigurement** /dɪsˈfɪgəmənt/ N défigurement *m*, enlaidissement *m*

**disfranchise** /dɪsˈfræntʃaɪz/ VT *[+ person]* priver du droit électoral ; *[+ town]* priver de ses droits de représentation

**disgorge** /dɪsˈgɔːdʒ/ VT *[+ food]* dégorger, rendre ; *[+ contents, passengers]* déverser VI *[river]* se dégorger, se décharger

**disgrace** /dɪsˈgreɪs/ N a *(NonC) (= dishonour)* honte *f*, déshonneur *m* ; *(= disfavour)* disgrâce *f*, défaveur *f* ◆ **there is no ~ in doing that** il n'y a aucune honte à faire cela ◆ **to be in ~** *[public figure, politician]* être en disgrâce ; *[child, dog]* être en pénitence ◆ **to bring ~ on sb** déshonorer qn

b *(= cause of shame)* honte *f* ◆ **it's a ~!** c'est une honte !, c'est honteux ! ◆ **it's a ~ to our country** c'est une honte pour *or* cela déshonore notre pays ◆ **she's a ~ to her family** c'est la honte de sa famille ◆ **you're a ~!** tu devrais avoir honte de toi !

VT *[+ family]* faire honte à ; *[+ name, country]* déshonorer, couvrir de honte *or* d'opprobre *(liter)* ◆ **don't ~ us** ne nous fais pas honte ◆ **to ~ o.s.** se couvrir de honte ◆ **he ~d himself by losing his temper** il s'est couvert de honte en se mettant en colère ◆ **to be ~d** *[officer, politician]* être disgracié

**disgraceful** /dɪsˈgreɪsfʊl/ ADJ scandaleux, honteux

**disgracefully** /dɪsˈgreɪsfəlɪ/ ADV *[behave]* de manière scandaleuse ; *(= bad, badly etc)* scandaleusement ◆ **~ low wages** des salaires *mpl* scandaleusement bas ◆ **~ badly paid** scandaleusement mal payé

**disgruntled** /dɪsˈgrʌntld/ ADJ *[person] (= discontented)* mécontent (*about, with* de) ; *(= in bad temper)* de mauvaise humeur, mécontent (*about, with* à cause de) ; *[expression]* maussade, renfrogné

**disguise** /dɪsˈgaɪz/ VT *[+ person]* déguiser (*as* en) ; *[+ mistake, voice]* déguiser, camoufler ; *[+ facts, feelings]* dissimuler ◆ **to ~ o.s. as a woman** se déguiser en femme ◆ **to be ~d as a woman** être déguisé en femme ◆ **there is no disguising the fact that …** on ne peut pas se dissimuler que …, il faut avouer que … N *(lit)* déguisement *m* ; *(fig)* masque *m* ; *(NonC)* artifice *m* ◆ **a novel about secrecy and ~** un roman sur le secret et l'artifice ◆ **his attitude was just a ~ for his true feelings** son attitude n'était qu'un masque qui cachait ses véritables sentiments ◆ **often bright colour is just a ~ for bad painting** les couleurs vives ne sont souvent qu'un moyen de masquer la mauvaise qualité de l'œuvre ◆ **in ~** *(lit, fig)* déguisé ◆ **in the ~ of …** déguisé en …

**disgust** /dɪsˈgʌst/ N dégoût *m*, répugnance *f* (*for, at* pour) ◆ **he left in ~** *(lit, fig)* il est parti dégoûté *or* écœuré ◆ **to his ~ they left** il était écœuré de les voir partir ◆ **to my ~ he refused to do it** il a refusé et cela m'a dégoûté VT dégoûter, écœurer ; *(= infuriate)* dégoûter, révolter

**disgusted** /dɪsˈgʌstɪd/ ADJ dégoûté, écœuré (*at* de, par)

**disgustedly** /dɪsˈgʌstɪdlɪ/ ADV *[look at]* avec dégoût, d'un air dégoûté ◆ **"you really are pathetic", he said ~** "tu es vraiment minable", dit-il écœuré *or* dégoûté

**disgusting** /dɪsˈgʌstɪŋ/ ADJ a *(= revolting) [food, habit, behaviour, toilet, person]* dégoûtant ; *[taste, smell]* répugnant, infect ◆ **it looks ~** ça a l'air dégoûtant ◆ **it tastes ~** c'est dégoûtant *or* infect ◆ **it smells ~** ça pue b

*(= obscene)* dégoûtant c *(* = disgraceful)* dégoûtant ◆ **~!** c'est dégoûtant ! ◆ **you're ~!** tu es dégoûtant ! ◆ **I think it's ~ that we have to pay** je trouve ça dégoûtant qu'on doive payer ◆ **I think it's ~ how much money they've got** je trouve (que c'est) dégoûtant qu'ils aient tant d'argent

**disgustingly** /dɪsˈɡʌstɪŋlɪ/ ADV d'une manière dégoûtante ◆ **~ dirty** d'une saleté répugnante

**dish** /dɪʃ/ N a *(= serving plate)* plat *m* ; *(= dinner plate)* assiette *f* ; *(in laboratory etc)* récipient *m* ◆ **vegetable ~** plat *m* à légumes, légumier *m* ◆ **the ~es** la vaisselle ◆ **to do the ~es** faire la vaisselle ◆ **to clear away the breakfast ~es** débarrasser la table du petit déjeuner

b *(= food)* plat *m*, mets *m* *(frm)* ◆ **fish/pasta/vegetable ~** plat *m* de poisson/de pâtes/de légumes ◆ **this is not my ~** * *(US fig)* ce n'est pas mon truc *

c (also **dish aerial, dish antenna**) → **comp**

d *(* fig = attractive person) (man)* beau mec * *m* ; *(woman)* belle nana * *f* ◆ **she's quite a ~** c'est vraiment une belle nana *

VT a *[+ food, meal]* mettre dans un plat ◆ **to ~ the dirt (on sb)** * colporter des ragots * (sur qn)

b * *[+ opponent]* enfoncer *, écraser ; *[+ sb's chances, hopes]* flanquer par terre *

COMP ▷ **dish aerial, dish antenna** *(US)* N antenne *f* parabolique, parabole *f*

► **dish out** VT SEP *[+ food]* servir ; * *(fig) [+ money, sweets, books etc]* distribuer ; *[+ punishment]* administrer ◆ **to ~ out a hiding to sb** * flanquer * une correction à qn ◆ **to ~ it out to sb** * *(fig) (= smack etc)* flanquer * une correction à qn ; *(verbally)* passer un savon * à qn

► **dish up** VT SEP a *[+ food, meal]* servir, verser dans un plat ◆ **the meal was ready to ~ up** le repas était prêt à servir

b * *[+ facts, statistics]* resservir

**dishabille** /ˌdɪsəˈbiːl/ N *(frm)* déshabillé *m*, négligé † *m* ◆ **in ~** en déshabillé, en négligé

**disharmony** /dɪsˈhɑːmənɪ/ N désaccord *m*, manque *m* d'harmonie

**dishcloth** /ˈdɪʃklɒθ/ N *(for washing)* lavette *f* ; *(for drying)* torchon *m* (à vaisselle)

**dishearten** /dɪsˈhɑːtn/ VT décourager, abattre, démoraliser ◆ **don't be ~ed** ne vous laissez pas décourager *or* abattre

**disheartening** /dɪsˈhɑːtnɪŋ/ ADJ décourageant, démoralisant

**dishevelled** /dɪˈʃevəld/ ADJ *(= ruffled) [person]* échevelé, ébouriffé ; *[hair]* ébouriffé ; *[clothes]* en désordre ; *(= scruffy) [person]* débraillé

**dishmop** /ˈdɪʃmɒp/ N lavette *f*

**dishoard** /dɪsˈhɔːd/ VT *[+ money]* déthésauriser, remettre en circulation

**dishonest** /dɪsˈɒnɪst/ ADJ *(= unscrupulous)* malhonnête ; *(= insincere)* déloyal, de mauvaise foi ◆ **to be ~ with sb** être de mauvaise foi avec qn, être malhonnête avec qn

**dishonestly** /dɪsˈɒnɪstlɪ/ ADV *[behave]* malhonnêtement ; *[obtain]* par des moyens malhonnêtes

**dishonesty** /dɪsˈɒnɪstɪ/ N *(= unscrupulousness)* malhonnêteté *f* ; *(= insincerity)* mauvaise foi *f*

**dishonour** /dɪsˈɒnəʳ/ N déshonneur *m* VT a *[+ family]* déshonorer, porter atteinte à l'honneur de ; *[+ woman]* déshonorer b *[+ bill, cheque]* refuser d'honorer ◆ **a ~ed cheque** un chèque impayé *or* non honoré

**dishonourable** /dɪsˈɒnərəbl/ ADJ *[person]* sans honneur ; *[act, behaviour]* déshonorant COMP ▷ **dishonourable discharge** N *(Mil)* *exclusion de l'armée pour conduite déshonorante*

**dishonourably** /dɪsˈɒnərəblɪ/ ADV de façon déshonorante ◆ **to be ~ discharged** *(Mil)* *être exclu de l'armée pour conduite déshonorante*

**dishpan** /ˈdɪʃpæn/ N *(US)* bassine *f* (à vaisselle)

**dishrack** /ˈdɪʃræk/ N égouttoir *m* (à vaisselle)

**dishrag** /ˈdɪʃræɡ/ N lavette *f*

**dishtowel** /ˈdɪʃtaʊəl/ N *(US)* torchon *m* (à vaisselle)

**dishwasher** /ˈdɪʃwɒʃəʳ/ N a *(= machine)* lave-vaisselle *m inv* b *(= washer-up)* laveur *m*, -euse *f* de vaisselle ; *(in restaurant)* plongeur *m*, -euse *f* ◆ **to work as a ~** travailler à la plonge

**dishwater** /ˈdɪʃwɔːtəʳ/ N eau *f* de vaisselle ◆ **this coffee's like** *or* **as weak as ~** * c'est du jus de chaussettes * *or* de la lavasse * ce café ; → **dull**

**dishy** * /ˈdɪʃɪ/ ADJ *(Brit) [person]* sexy *, appétissant

**disillusion** /ˌdɪsɪˈluːʒən/ VT désillusionner, désabuser ◆ **to be ~ed** être désabusé *or* désenchanté ◆ **to be ~ed with sth** être déçu par qch ◆ **voters were ~ed with the slow pace of change** les électeurs étaient déçus par la lenteur des changements ◆ **to grow ~ed** perdre ses illusions N désillusion *f*, désenchantement *m*

**disillusionment** /ˌdɪsɪˈluːʒənmənt/ N ⇒ **disillusion noun**

**disincentive** /ˌdɪsɪnˈsentɪv/ N ◆ **it's a real ~** cela a un effet dissuasif *or* de dissuasion ◆ **this is a ~ to work** cela n'incite pas à travailler *or* au travail ADJ dissuasif

**disinclination** /ˌdɪsɪnklɪˈneɪʃən/ N manque *m* d'enthousiasme (*to do sth* à faire qch ; *for sth* pour qch)

**disinclined** /ˌdɪsɪnˈklaɪnd/ ADJ peu disposé, peu porté, peu enclin (*for* à ; *to do sth* à faire qch)

**disinfect** /ˌdɪsɪnˈfekt/ VT désinfecter

**disinfectant** /ˌdɪsɪnˈfektənt/ ADJ, N désinfectant *m*

**disinfection** /ˌdɪsɪnˈfekʃən/ N désinfection *f*

**disinflation** /ˌdɪsɪnˈfleɪʃən/ N déflation *f*

**disinflationary** /ˌdɪsɪnˈfleɪʃənərɪ/ ADJ de déflation, déflationniste

**disinformation** /ˌdɪsɪnfəˈmeɪʃən/ N désinformation *f*

**disingenuous** /ˌdɪsɪnˈdʒenjʊəs/ ADJ fourbe

**disingenuously** /ˌdɪsɪnˈdʒenjʊəslɪ/ ADV *(frm)* avec fourberie

**disingenuousness** /ˌdɪsɪnˈdʒenjʊəsnɪs/ N fourberie *f*

**disinherit** /ˌdɪsɪnˈherɪt/ VT déshériter

**disintegrate** /dɪsˈɪntɪɡreɪt/ VI se désintégrer, se désagréger ; *(Phys)* se désintégrer VT désintégrer, désagréger ; *(Phys)* désintégrer

**disintegration** /dɪsˌɪntɪˈɡreɪʃən/ N désintégration *f*, désagrégation *f* ; *(Phys)* désintégration *f*

**disinter** /ˌdɪsɪnˈtɜːʳ/ VT déterrer, exhumer

**disinterest** /dɪsˈɪntrɪst/ N a *(= impartiality)* désintéressement *m* b *(* = lack of interest)* indifférence *f*

**disinterested** /dɪsˈɪntrɪstɪd/ ADJ a *(= impartial)* désintéressé b *(* = uninterested)* indifférent

**disinterestedly** /dɪsˈɪntrɪstɪdlɪ/ ADV a *(= impartially)* de façon désintéressée b *(* = uninterestedly)* avec indifférence

**disinterestedness** /dɪsˈɪntrɪstɪdnɪs/ N a *(= impartiality)* désintéressement *m* b *(* = lack of interest)* indifférence *f*

**disinterment** /ˌdɪsɪnˈtɜːmənt/ N déterrement *m*, exhumation *f*

**disintoxicate** /ˌdɪsɪnˈtɒksɪkeɪt/ VT désintoxiquer

**disintoxication** /dɪsɪnˌtɒksɪˈkeɪʃən/ N désintoxication *f*

**disinvest** /ˌdɪsɪnˈvest/ VI désinvestir (*from* de)

**disinvestment** /ˌdɪsɪnˈvestmənt/ N désinvestissement *m* (*from* de)

**disjoint** /dɪsˈdʒɔɪnt/ ADJ *(Math)* disjoint

**disjointed** /dɪsˈdʒɔɪntɪd/ ADJ *[film, lecture, style, conversation, sentence, thoughts]* décousu, incohérent

**disjunction** /dɪsˈdʒʌŋkʃən/ N disjonction *f*

**disjunctive** /dɪsˈdʒʌŋktɪv/ ADJ disjonctif COMP ▷ **disjunctive pronoun** N forme *f* disjointe du pronom

**disk** /dɪsk/ N a *(esp US)* ⇒ **disc** b *(Comput)* disque *m* ◆ **on ~** sur disque ; → **double, floppy, hard** COMP ▷ **disk capacity** N *(Comput)* capacité *f* du disque ▷ **disk drive** N lecteur *m* de disques ▷ **disk pack** N unité *f* de disques ▷ **disk space** N *(Comput)* espace *m* disque

**diskette** /dɪsˈket/ N *(Comput)* disquette *f*

**dislike** /dɪsˈlaɪk/ LANGUAGE IN USE 14, 7.2, 7.3 VT *[+ person, thing]* ne pas aimer ◆ **to ~ doing sth** ne pas aimer faire qch ◆ **I don't ~ it** cela ne me déplaît pas ◆ **I ~ her** elle me déplaît ◆ **I ~ this intensely** j'ai cela en horreur N antipathie *f* ◆ **his ~ of sb** l'antipathie qu'il éprouve pour qn ◆ **his ~ of sth** son aversion pour qch ◆ **one's likes and ~s** ce que l'on aime et ce que l'on n'aime pas ◆ **to take a ~ to sb/sth** prendre qn/qch en grippe ◆ **to take an instant ~ to sb/sth** prendre tout de suite qn/qch en grippe

**dislocate** /ˈdɪsləʊkeɪt/ VT a *[+ limb etc] [person]* se disloquer, se démettre, se luxer ; *[fall, accident]* disloquer, démettre, luxer b *(fig) [+ traffic, business]* désorganiser ; *[+ plans, timetable]* bouleverser

**dislocation** /ˌdɪsləʊˈkeɪʃən/ N a *(Med)* dislocation *f*, déboîtement *m*, luxation *f* ◆ **congenital ~** luxation *f* congénitale b *(= disruption: of life, society)* bouleversement *m*

**dislodge** /dɪsˈlɒdʒ/ VT *[+ object]* déplacer ; *[+ enemy]* déloger ; *[+ dictator]* chasser (*from* de)

**disloyal** /dɪsˈlɔɪəl/ ADJ *[person, behaviour]* déloyal (*to* envers)

**disloyalty** /dɪsˈlɔɪəltɪ/ N déloyauté *f*, infidélité *f*

**dismal** /ˈdɪzməl/ ADJ a *(= dreary) [place, building]* lugubre ; *[thought, prospects]* sombre ; *[weather]* maussade ◆ **the ~ science** *(= economics)* la science funeste b *(* = awful)* lamentable ◆ **a ~ failure** un échec lamentable

**dismally** /ˈdɪzməlɪ/ ADV * *[fail, perform]* lamentablement

**dismantle** /dɪsˈmæntl/ VT *[+ machine, furniture]* démonter ; *[+ company, department]* démanteler *(also Mil)*

**dismantling** /dɪsˈmæntəlɪŋ/ N *[of company, department]* démantèlement *m*

**dismast** /dɪsˈmɑːst/ VT démâter

**dismay** /dɪsˈmeɪ/ LANGUAGE IN USE 14 N consternation *f*, désarroi *m* ◆ **to my ~** à ma grande consternation ◆ **in ~** d'un air consterné **VT** consterner

**dismayed** /dɪs'meɪd/ **ADJ** *[person]* consterné (*by* par)

**dismember** /dɪs'membəʳ/ **VT** *(lit, fig)* démembrer

**dismemberment** /dɪs'membəmənt/ **N** démembrement *m*

**dismiss** /dɪs'mɪs/ **VT** **a** *[+ employee]* renvoyer, licencier ; *[+ official, officer]* destituer, casser ; *[+ class, visitors]* laisser partir, congédier ; *[+ assembly]* dissoudre ; *[+ troops]* faire rompre les rangs à ◆ **to be ~ed (from) the service** *(Mil)* être renvoyé de l'armée *or* rayé des cadres ◆ **~!** *(Mil)* rompez (les rangs) ! ◆ **class ~!** *(Scol)* le cours est terminé ! **b** *[+ thought, possibility, suggestion, objection]* écarter ; *[+ request]* rejeter **c** *(gen) [+ sb's appeal, claim]* rejeter ; *(Jur) [+ accused]* relaxer ; *[+ jury]* congédier ◆ **to ~ sb's appeal** *(Jur)* débouter qn de son appel ◆ **to ~ a case** rendre une fin de non-recevoir ◆ **to ~ a charge** rendre un arrêt de *or* une ordonnance de non-lieu

**dismissal** /dɪs'mɪsəl/ **N** **a** *[of employee]* licenciement *m*, renvoi *m* ; *[of civil servant]* destitution *f*, révocation *f* ◆ **unfair** *or* **wrongful ~** licenciement *m* abusif **b** *(= permission to leave)* congé *m* ◆ **he made a gesture of ~** il a fait un geste pour les (*or* nous *etc*) congédier **c** *(= brushing aside)* rebuffade *f* ◆ **I was annoyed by his curt ~ of my objections** cette façon qu'il a eue d'écarter sèchement mes objections m'a agacé **d** *(Jur) [of appeal]* rejet *m* ; *[of jury]* congédiement *m* ◆ **the ~ of the charges against him** le non-lieu dont il a bénéficié

**dismissive** /dɪs'mɪsɪv/ **ADJ** *(= disdainful)* dédaigneux

**dismissively** /dɪs'mɪsɪvlɪ/ **ADV** **a** *(= disdainfully) [speak]* d'un ton dédaigneux, avec dédain ; *[wave, nod, shrug, laugh]* avec dédain ; *[describe, refer to]* dédaigneusement, avec dédain **b** *(sending sb away)* **he nodded ~ at the butler** d'un signe de tête, il congédia le maître d'hôtel ◆ **"thank you sergeant, that will be all", she said ~** "merci, sergent, ce sera tout", dit-elle, et sur ces mots, elle le congédia

**dismount** /dɪs'maʊnt/ **VI** descendre (*from* de) mettre pied à terre **VT** *[+ rider]* démonter, désarçonner ; *[+ troops, gun, machine]* démonter (*from* de)

**Disneyfy** /'dɪznɪfaɪ/ **VT** *(pej)* disneyfier

**disobedience** /ˌdɪsə'biːdɪəns/ **N** *(NonC)* désobéissance *f*, insoumission *f* (*to* à) ◆ **an act of ~** une désobéissance

**disobedient** /ˌdɪsə'biːdɪənt/ **ADJ** *[child]* désobéissant (*to* à) ◆ **he has been ~** il a été désobéissant, il a désobéi

**disobey** /ˌdɪsə'beɪ/ **VT** *[+ parents, officer]* désobéir à, s'opposer à ; *[+ law]* enfreindre, violer

**disobliging** /ˌdɪsə'blaɪdʒɪŋ/ **ADJ** *(frm)* désobligeant

**disorder** /dɪs'ɔːdəʳ/ **N** **a** *(NonC) (= untidiness) [of room, plans etc]* désordre *m* ◆ **to throw sth into ~** semer *or* jeter le désordre dans qch ◆ **in ~** en désordre ◆ **to retreat in ~** *(Mil)* être en déroute **b** *(NonC: Pol etc = unrest)* troubles *mpl* **c** *(Med)* troubles *mpl* ◆ **kidney/stomach/mental ~** troubles *mpl* rénaux/gastriques/psychiques ◆ **speech/sleep/personality ~** troubles *mpl* de l'élocution/du sommeil/de la personnalité ◆ **eating ~** troubles *mpl* du comportement alimentaire ◆ **skin ~** maladie *f* de la peau **VT** *[+ room]* mettre en désordre ; *(Med)* troubler, déranger

**disordered** /dɪs'ɔːdəd/ **ADJ** **a** *(= untidy, disorderly) [room, hair]* en désordre ; *[life]* désordonné **b** *(= deranged) [mind]* dérangé ; *[imagination]* désordonné ◆ **mentally ~** atteint de troubles mentaux

**disorderly** /dɪs'ɔːdəlɪ/ **ADJ** **a** *(= untidy) [room]* en désordre ; *[mind]* confus **b** *(= unruly) [person, crowd, meeting]* agité ; *[behaviour]* désordonné, indiscipliné ; → **drunk** **COMP** ▷ **disorderly conduct** **N** *(Jur)* trouble *m* à l'ordre public ◆ **the marchers were charged with ~ conduct** les manifestants ont été inculpés de trouble à l'ordre public ▷ **disorderly house** **N** *(Jur) (= brothel)* maison *f* close ; *(= gambling den)* maison *f* de jeu, tripot *m*

**disorganization** /dɪsˌɔːgənaɪ'zeɪʃən/ **N** désorganisation *f*

**disorganize** /dɪs'ɔːgənaɪz/ **VT** désorganiser, déranger

**disorganized** /dɪs'ɔːgənaɪzd/ **ADJ** *[person]* désorganisé ; *[room]* mal rangé, en désordre

**disorient** /dɪs'ɔːrɪent/ **VT** désorienter

**disorientate** /dɪs'ɔːrɪənteɪt/ **VT** désorienter

**disorientation** /dɪs'ɔːrɪən'teɪʃən/ **N** désorientation *f*

**disown** /dɪs'əʊn/ **VT** *[+ child, country, opinion, document]* désavouer, renier ; *[+ debt, signature]* nier, renier

**disparage** /dɪs'pærɪdʒ/ **VT** *(frm)* décrier, déprécier

**disparagement** /dɪs'pærɪdʒmənt/ **N** *(frm)* dénigrement *m*, dépréciation *f*

**disparaging** /dɪs'pærɪdʒɪŋ/ **ADJ** *(frm)* désobligeant, (plutôt) méprisant (*to* pour) ◆ **to be ~ about** faire des remarques désobligeantes *or* peu flatteuses sur

**disparagingly** /dɪs'pærɪdʒɪŋlɪ/ **ADV** *(frm)* d'une manière méprisante

**disparate** /'dɪspərɪt/ **ADJ** disparate

**disparity** /dɪs'pærɪtɪ/ **N** disparité *f*, inégalité *f*, écart *m*

**dispassionate** /dɪs'pæʃənɪt/ **ADJ** *(= unemotional)* calme, froid ; *(= unbiased)* impartial, objectif

**dispassionately** /dɪs'pæʃənɪtlɪ/ **ADV** *(= unemotionally)* sans émotion ; *(= unbiasedly)* sans parti pris, impartialement

**dispatch** /dɪs'pætʃ/ LANGUAGE IN USE 20.4 **VT** **a** *(= send) [+ letter, goods]* expédier, envoyer ; *[+ messenger]* dépêcher ; *(Mil) [+ troops]* envoyer, faire partir ; *[+ convoy]* mettre en route ; *(fig) [+ food, drink]* expédier **b** *(= finish off) [+ job]* expédier, en finir avec ; *(= kill) (euph) [+ person, animal]* tuer, abattre **N** **a** *[of letter, messenger, telegram etc]* envoi *m*, expédition *f* ◆ **date of ~** date *f* d'expédition ◆ **office of ~** bureau *m* d'origine **b** *(= official report: also Mil)* dépêche *f* ; *(Press)* dépêche *f* (de presse) ◆ **mentioned** *or* **cited in ~es** *(Mil)* cité à l'ordre du jour **c** *(= promptness)* promptitude *f* **COMP** ▷ **dispatch box** **N** *(Brit Parl)* ≃ tribune *f (d'où parlent les membres du gouvernement)* ; *(= case)* valise *f* officielle *(à documents)* ▷ **dispatch case** **N** serviette *f*, porte-documents *m inv* ▷ **dispatch documents** **NPL** *(Comm)* documents *mpl* d'expédition ▷ **dispatch rider** **N** estafette *f*

**dispatcher** /dɪs'pætʃəʳ/ **N** expéditeur *m*, -trice *f*

**dispel** /dɪs'pel/ **VT** dissiper, chasser

**dispensable** /dɪs'pensəbl/ **ADJ** dont on peut se passer ; *(Rel)* dispensable

**dispensary** /dɪs'pensərɪ/ **N** *(Brit) (in hospital)* pharmacie *f* ; *(in chemist's)* officine *f* ; *(= clinic)* dispensaire *m*

**dispensation** /ˌdɪspen'seɪʃən/ **N** **a** *(= handing out) [of food]* distribution *f* ; *[of justice, charity]* exercice *m*, pratique *f* **b** *(= exemption) (gen, Jur, Rel)* dispense *f* (*from* de) ; *(Univ, Scol: from exam etc)* dispense *f*, dérogation *f*

**dispense** /dɪs'pens/ **VT** **a** *[person] [+ food]* distribuer ; *[+ charity]* pratiquer ; *[+ justice, sacrament]* administrer ; *[+ hospitality]* offrir ; *[machine] [+ product]* distribuer ◆ **to ~ alms** faire l'aumône (*to sb* à qn) **b** *[+ medicine, prescription]* délivrer **c** *(also Rel = exempt)* dispenser (*sb from sth/from doing sth* qn de qch/de faire qch) **COMP** ▷ **dispensing chemist** **N** *(= person)* pharmacien(ne) *m(f)* ; *(= shop)* pharmacie *f*

► **dispense with** **VT FUS** *(= do without)* se passer de ; *(= make unnecessary)* rendre superflu

**dispenser** /dɪs'pensəʳ/ **N** *(Brit) (= person)* pharmacien(ne) *m(f)* ; *(= device)* distributeur *m*

**dispersal** /dɪs'pɜːsəl/ **N** dispersion *f*

**dispersant** /dɪs'pɜːsənt/ **N** *(Chem)* dispersant *m*

**disperse** /dɪs'pɜːs/ **VT** *[+ crowd, mist]* disperser ; *[+ clouds]* dissiper ; *[+ demonstrators, protesters, demonstration]* disperser ; *[+ seeds]* disséminer, disperser ; *[+ heat]* répandre ; *[+ knowledge]* répandre, propager ; *(Chem, Opt)* décomposer **VI** *[crowd, journalists, demonstrators, protesters]* se disperser ; *[fog, cloud, smoke]* se dissiper ; *[chemicals, oil]* se propager ; *[pain, tension]* se dissiper

**dispersion** /dɪs'pɜːʃən/ **N** *(also Phys)* dispersion *f* ◆ **the Dispersion** *(Hist)* la dispersion des Juifs, la diaspora

**dispirit** /dɪs'pɪrɪt/ **VT** décourager, déprimer, abattre

**dispirited** /dɪs'pɪrɪtɪd/ **ADJ** découragé, déprimé, abattu

**dispiritedly** /dɪs'pɪrɪtɪdlɪ/ **ADV** avec découragement, d'un air découragé ◆ **~, they turned round and went home** découragés, ils ont fait demi-tour et sont rentrés chez eux

**dispiriting** /dɪs'pɪrɪtɪŋ/ **ADJ** décourageant, désolant

**displace** /dɪs'pleɪs/ **VT** **a** *(= move out of place) [+ refugees]* déplacer ; *[+ furniture]* déplacer, changer de place **b** *(= deprive of office) [+ officer]* destituer ; *[+ official]* déplacer ; *(= replace)* supplanter, remplacer **c** *(Naut, Phys) [+ water]* déplacer **COMP** ▷ **displaced person** **N** personne *f* déplacée

**displacement** /dɪs'pleɪsmənt/ **N** **a** *(= replacement)* remplacement *m* **b** *[of people, population]* déplacement *m* **c** *(Math, Phys, Naut, Med)* déplacement *m* ; *(Geol)* rejet *m* (horizontal) **COMP** ▷ **displacement activity** **N** *(Zool)* activité *f* de substitution ; *(Psych)* déplacement *m* ▷ **displacement tonnage** **N** *(Naut)* déplacement *m*

**display** /dɪs'pleɪ/ **VT** **a** *(= show) [+ object]* montrer ; *(pej: ostentatiously)* exhiber *(pej)* ◆ **she ~ed the letter she had received from the President** elle a montré *or* brandi la lettre qu'elle avait reçue du président

**b** *(= set out visibly)* exposer ; *[+ goods for sale]* exposer, mettre à l'étalage ; *[+ items in exhibition]* exposer ; *[+ notice, results, poster]* afficher ◆ **she bought a cabinet to ~ her china collection in** elle a acheté une vitrine pour y exposer sa collection de porcelaines

**c** *(= give evidence of) [+ courage, interest, ignorance]* faire preuve de ; *(pej)* faire étalage de, exhiber

**d** *(Comput)* visualiser ; *[electronic device, watch etc]* afficher

VI *(Zool: gen)* parader ; *[peacock]* faire la roue

N a *(pej: ostentatious)* étalage *m* ; *[of goods for sale, items in exhibition]* exposition *f* ; *[of food products, wealth]* étalage *m* ; *[of notices, results, posters]* affichage *m* ; *[of courage, interest, emotion etc]* manifestation *f* ; *[of unity, support]* manifestation *f*, démonstration *f* ; *[of strength, loyalty]* démonstration *f* ◆ **a ~ of force** une démonstration de force ◆ **to make a great ~ of learning** *(pej)* faire étalage de son érudition ◆ **she was not given to public ~s of affection** elle n'avait pas pour habitude de prodiguer son affection en public ◆ **to be embarrassed by public ~s of affection** être gêné par des démonstrations publiques d'affection ◆ **a fine ~ of paintings/china** une belle exposition de tableaux/de porcelaines ◆ **the ~ of fruit** *(in shop window)* l'étalage *m* de fruits, les fruits *mpl* à l'étalage

◆ **on display** exposé ◆ **to put sth on ~** exposer qch ◆ **to go on (public) ~** être exposé

b *(= group, arrangement)* arrangement *m*

c *(= event, ceremony)* **~ of gymnastics/dancing** *etc* spectacle *m* de gymnastique/de danse *etc* ◆ **military ~** parade *f* militaire ◆ **a dazzling ~ of fireworks lit up the sky** d'éblouissants feux d'artifice ont illuminé le ciel ; see also **air, firework**

d *(Comput etc)* affichage *m*

e *(Zool)* parade *f*

COMP *(Comm) [goods]* d'étalage ▷ **display advertising** N *(Press)* placards *mpl* (publicitaires) ▷ **display cabinet**, **display case** N vitrine *f (meuble)* ▷ **display pack** N *(dummy)* emballage *m* de démonstration ; *(attractive)* emballage *m* de luxe ▷ **display panel** N écran *m* d'affichage ▷ **display unit** N *(Comput)* écran *m* de visualisation ▷ **display window** N étalage *m*, vitrine *f (de magasin)*

**displease** /dɪsˈpliːz/ VT mécontenter, contrarier

**displeased** /dɪsˈpliːzd/ ADJ ◆ **~ at** *or* **with** mécontent de

**displeasing** /dɪsˈpliːzɪŋ/ ADJ désagréable (*to* à) déplaisant (*to* pour) ◆ **to be ~ to sb** déplaire à qn

**displeasure** /dɪsˈpleʒəʳ/ N mécontentement *m*, déplaisir *m* ◆ **to incur sb's ~** provoquer le mécontentement de qn ◆ **to my great ~** à mon grand mécontentement *or* déplaisir

**disport** /dɪsˈpɔːt/ VT ◆ **to ~ o.s.** s'amuser, s'ébattre, folâtrer

**disposable** /dɪsˈpəʊzəbl/ ADJ a *[razor, syringe etc]* jetable ◆ **today's ~ society** notre société du tout-jetable b *( * fig = unimportant, ephemeral)* sans importance ◆ **people should not be treated as if they were ~** on ne devrait pas traiter les gens comme s'il étaient des objets facilement remplaçables *or* comme s'ils n'avaient aucune importance c *(= available) [time, money]* disponible NPL **disposables** *(= containers)* emballages *m* perdus *or* à jeter ; *(= bottles)* verre *m* perdu ; *(= nappies)* couches *fpl* à jeter, couches-culottes *fpl* COMP ▷ **disposable income** N revenu(s) *m(pl)* disponible(s)

**disposal** /dɪsˈpəʊzəl/ N a *(NonC) [of rubbish] (= collection)* enlèvement *m* ; *(= destruction)* destruction *f* ; *[of goods for sale]* vente *f* ; *(Jur) [of property]* disposition *f*, cession *f* ; → **bomb, refuse²** b *(= arrangement) [of ornaments, furniture]* disposition *f*, arrangement *m* ; *[of troops]* disposition *f* c *(= control) [of resources, funds, personnel]* disposition *f* ◆ **the means at one's ~** les moyens dont on dispose ◆ **to put o.s./be at sb's ~** se mettre/être à la disposition de qn COMP ▷ **disposal unit** N broyeur *m* d'ordures

**dispose** /dɪsˈpəʊz/ VT a *(= arrange) [+ papers, ornaments]* disposer, arranger ; *[+ troops]* disposer ; *[+ forces]* déployer ◆ **man proposes, God ~s** *(Prov)* l'homme propose, Dieu dispose *(Prov)*

b *(= influence, encourage)* disposer (*sb to do sth* qn à faire qch) ◆ **this does not ~ me to like him** *(frm)* cela ne me rend pas bien disposé à son égard

► **dispose of** VT FUS a *(= get rid of) [+ sth no longer wanted or used]* se débarrasser de, se défaire de ; *(by selling)* vendre ; *[+ workers, staff]* congédier, renvoyer ; *[+ rubbish] [householder etc]* jeter, se débarrasser de ; *(= destroy)* détruire ; *[+ chemical, industrial waste etc]* éliminer ; *[shop] [+ stock]* écouler, vendre ; *[+ body]* se débarrasser de ◆ **how did the murderer ~ of the body?** comment le meurtrier s'est-il débarrassé du corps ?

b *( * fig = kill)* liquider * ; *(Jur) [+ property]* aliéner

c *(= deal with) [+ bomb]* désamorcer ; *[+ question, problem, business]* expédier ; *[+ one's opponent, opposing team]* régler son compte à ; *[+ meal]* liquider *, expédier

d *(= control) [+ time, money]* disposer de ; *(= settle) [+ sb's fate]* décider de

> ⚠ *The commonest sense of* **to dispose of** *is not translated by* **disposer de**, *which means 'to have at one's disposal'.*

**disposed** /dɪsˈpəʊzd/ ADJ a *(frm)* **to be ~ to do sth** être disposé à faire qch b **to be well-~ towards sb/sth** être bien disposé envers qn/qch ◆ **to be favourably** *or* **kindly ~ to(wards) sb/sth** être bien disposé à l'égard de qn/qch ; see also **ill-disposed** c *(frm = arranged, distributed) [objects, people]* disposé

**disposition** /ˌdɪspəˈzɪʃən/ N a *(= temperament)* naturel *m*, caractère *m*, tempérament *m* b *(= readiness)* inclination *f* (*to do sth* à faire qch) c *(= arrangement) [of ornaments etc]* disposition *f*, arrangement *m* ; *[of troops]* disposition *f* d *(Jur) [of money, property]* distribution *f*

**dispossess** /ˌdɪspəˈzes/ VT déposséder, priver (*of* de) ; *(Jur)* exproprier

**dispossession** /ˌdɪspəˈzeʃən/ N dépossession *f* ; *(Jur)* expropriation *f*

**disproportion** /ˌdɪsprəˈpɔːʃən/ N disproportion *f*

**disproportionate** /ˌdɪsprəˈpɔːʃnɪt/ ADJ disproportionné (*to* par rapport à)

**disproportionately** /ˌdɪsprəˈpɔːʃnɪtlɪ/ ADV *[react, suffer]* de manière disproportionnée ◆ **~ small** d'une petitesse disproportionnée ◆ **~ large numbers of blind people are unemployed** un nombre disproportionné d'aveugles sont au chômage

**disprove** /dɪsˈpruːv/ VT établir *or* démontrer la fausseté de, réfuter

**disputable** /dɪsˈpjuːtəbl/ ADJ discutable, contestable

**disputably** /dɪsˈpjuːtəblɪ/ ADV de manière contestable

**disputant** /dɪsˈpjuːtənt/ N *(US Jur)* ◆ **the ~s** les parties *fpl* en litige

**disputation** /ˌdɪspjuːˈteɪʃən/ N a *(= argument)* débat *m*, controverse *f*, discussion *f* b *(†† = formal debate)* dispute † *f*

**disputatious** /ˌdɪspjuːˈteɪʃəs/ ADJ *(frm)* raisonneur *(liter)*

**dispute** /dɪsˈpjuːt/ N a *(NonC) (= controversy)* discussion *f* ◆ **beyond ~** ADJ incontestable ADV incontestablement ◆ **without ~** sans conteste ◆ **there is some ~ about why he did it/what he's earning** on n'est pas d'accord sur ses motifs/le montant de son salaire ◆ **there is some ~ about which horse won** il y a contestation sur le gagnant ◆ **in** *or* **under ~** *[matter]* en discussion ; *[territory, facts, figures]* contesté ; *(Jur)* en litige ◆ **a statement open to ~** une affirmation sujette à caution, une affirmation contestable ◆ **it is open to ~ whether he knew** on peut se demander s'il savait

b *(= quarrel)* dispute *f* ; *(= argument)* discussion *f*, débat *m* ; *(Jur)* litige *m*

c *(Ind, Pol)* conflit *m* ◆ **to have a ~ with sb (about sth)** se disputer avec qn (à propos de qch) ◆ **industrial ~** conflit *m* social ◆ **the miners'/postal workers' ~** le conflit des mineurs/des employés des postes ◆ **the transport/Post Office ~** le conflit dans les transports/dans les services postaux ◆ **the United Shipping Company ~** le conflit chez United Shipping ◆ **wages ~** conflit *m* salarial *or* sur les salaires

VT a *(= cast doubt on) [+ statement, claim]* contester, mettre en doute ; *(Jur) [+ will]* attaquer, contester ◆ **I do not ~ the fact that ...** je ne conteste pas (le fait) que ... *+ subj*

b *(= debate) [+ question, subject]* discuter, débattre

c *(= try to win) [+ victory, possession]* disputer (*with sb* à qn)

**disputed** /dɪsˈpjuːtɪd/ ADJ *[decision]* contesté, en discussion ; *[territory, fact]* contesté ; *(Jur)* en litige

**disqualification** /dɪsˌkwɒlɪfɪˈkeɪʃən/ N a *(gen)* disqualification *f (also Sport)*, exclusion *f* (*from* de) ◆ **his lack of experience is not a ~** son manque d'expérience n'est pas rédhibitoire b *(Jur)* incapacité *f* ◆ **his ~ (from driving)** *(Aut)* le retrait de son permis (de conduire)

**disqualify** /dɪsˈkwɒlɪfaɪ/ VT a *(= debar)* rendre inapte (*from sth* à qch ; *from doing sth* à faire qch) ; *(Jur)* rendre inhabile (*from sth* à qch ; *from doing sth* à faire qch) ; *(Sport)* disqualifier b *(Aut, Jur)* **to ~ sb from driving** retirer à qn son *or* le permis de conduire ◆ **he was disqualified for speeding** on lui a retiré son permis pour excès de vitesse ◆ **he was accused of driving while disqualified** il a été accusé d'avoir conduit alors qu'on lui avait retiré son permis c *(= incapacitate)* rendre incapable, mettre hors d'état (*from doing sth* de faire qch) ◆ **his lack of experience does not ~ him** son manque d'expérience n'est pas rédhibitoire

**disquiet** /dɪsˈkwaɪət/ VT inquiéter, troubler ◆ **to be ~ed about** s'inquiéter de N *(NonC)* inquiétude *f*, trouble *m* ; *(= unrest)* agitation *f*

**disquieting** /dɪsˈkwaɪətɪŋ/ ADJ inquiétant, alarmant, troublant

**disquietude** /dɪsˈkwaɪɪtjuːd/ N *(NonC)* inquiétude *f*, trouble *m*

**disquisition** /ˌdɪskwɪˈzɪʃən/ N *(= treatise)* traité *m*, dissertation *f*, étude *f* (*on* sur) ; *(= discourse)* communication *f* (*on* sur) ; *(= investigation)* étude *f* approfondie (*on* de)

**disregard** /ˌdɪsrɪˈgɑːd/ VT *[+ fact, difficulty, remark]* ne tenir aucun compte de, ne pas s'occuper de ; *[+ danger]* mépriser, ne pas faire attention à ; *[+ feelings]* négliger, faire peu de cas de ; *[+ authority, rules, duty]* méconnaître, passer outre à N *[of difficulty, comments, feelings]* indifférence *f* (*for* à) ; *[of danger]* mépris *m* (*for* de) ; *[of money]* mépris *m*, dédain *m* (*for* de) ; *[of safety]* négligence *f* (*for* en ce qui concerne) ; *[of rule, law]* désobéissance *f* (*for* à) non-observation *f* (*for* de)

**disrepair** /ˌdɪsrɪˈpɛəʳ/ N *(NonC)* mauvais état *m*, délabrement *m* ◆ **in (a state of) ~**

*[building]* délabré ; *[road]* en mauvais état ◆ **to fall into ~** *[building]* tomber en ruines, se délabrer ; *[road]* se dégrader

**disreputable** /dɪsˈrepjʊtəbl/ **ADJ** **a** *(= shady, dishonorable) [establishment, area, person]* peu recommandable, louche * ; *[behaviour]* déshonorant **b** *( * = shabby)* miteux

**disreputably** /dɪsˈrepjʊtəblɪ/ **ADV** *[behave]* d'une manière peu honorable ; *[dress]* minablement *

**disrepute** /ˌdɪsrɪˈpjuːt/ **N** discrédit *m*, déshonneur *m* ◆ **to bring sth into ~** jeter le discrédit sur qch ◆ **to fall into ~** tomber en discrédit

**disrespect** /ˌdɪsrɪsˈpekt/ **N** manque *m* de respect, irrespect *m* ◆ **no ~ (to ...)** avec tout le respect que je dois (à ...) ◆ **to show ~ to sb/sth** manquer de respect envers qn/qch **VT** manquer de respect envers

**disrespectful** /ˌdɪsrɪsˈpektfʊl/ **ADJ** irrespectueux, irrévérencieux (*to* envers) ◆ **to be ~ to sb/sth** manquer de respect envers qn/qch, se montrer irrespectueux envers qn/qch

**disrespectfully** /ˌdɪsrɪsˈpektfəlɪ/ **ADV** de façon irrespectueuse ◆ **to treat sb ~** manquer de respect à qn ◆ **he was treated ~** on lui a manqué de respect

**disrobe** /dɪsˈrəʊb/ **VI** se dévêtir, enlever ses vêtements ; *(= undress)* se déshabiller **VT** enlever les vêtements (de cérémonie) à, dévêtir, déshabiller

**disrupt** /dɪsˈrʌpt/ **VT** *[+ peace, relations, train service]* perturber ; *[+ conversation]* interrompre ; *[+ plans]* déranger ; *(stronger)* mettre *or* semer la confusion dans ; *[+ communications]* couper, interrompre

**disruption** /dɪsˈrʌpʃən/ **N** perturbation *f*

**disruptive** /dɪsˈrʌptɪv/ **ADJ** **a** *[child, behaviour]* perturbateur (-trice *f*) ◆ **to be a ~ influence** avoir une influence perturbatrice ◆ **such a move would be very ~ to the local economy** une telle mesure perturberait beaucoup l'économie régionale ◆ **these changes can be very ~ to a small company** ces changements peuvent avoir des effets très perturbateurs sur une petite entreprise **b** *(Elec)* disruptif **COMP** ▷ **disruptive action N** action *f* perturbatrice

**diss** * /dɪs/ **VT** *(US = treat with contempt)* se payer la tête de *

**dissatisfaction** /ˌdɪssætɪsˈfækʃən/ **N** mécontentement *m*, insatisfaction *f* ◆ **growing/widespread ~** mécontentement *m* croissant/général (*at, with* devant, provoqué par)

**dissatisfied** /ˌdɪsˈsætɪsfaɪd/ **ADJ** mécontent, peu satisfait (*with* de)

**dissect** /dɪˈsekt/ **VT** *[+ animal, plant, truth]* disséquer ; *[+ book, article]* éplucher

**dissected** /dɪˈsektɪd/ **ADJ** *(Bot)* découpé

**dissection** /dɪˈsekʃən/ **N** *(Anat, Bot, fig)* dissection *f*

**dissemble** /dɪˈsembl/ **VT** *(= conceal)* dissimuler ; *(= feign)* feindre, simuler **VI** *(in speech)* dissimuler *or* déguiser sa pensée ; *(in behaviour)* agir avec dissimulation

**disseminate** /dɪˈsemɪneɪt/ **VT** disséminer, semer **COMP** ▷ **disseminated cancer N** *(Med)* cancer *m* généralisé ▷ **disseminated sclerosis N** *(Med)* sclérose *f* en plaques

**dissemination** /dɪˌsemɪˈneɪʃən/ **N** *[of seeds]* dissémination *f* ; *[of ideas]* dissémination *f*, propagation *f*

**dissension** /dɪˈsenʃən/ **N** dissension *f*, discorde *f*

**dissent** /dɪˈsent/ **VI** différer (d'opinion *or* de sentiment) (*from sb* de qn) ; *(Rel)* être en dissidence, être dissident **N** dissentiment *m*, différence *f* d'opinion ; *(Rel)* dissidence *f*

**dissenter** /dɪˈsentəʳ/ **N** *(esp Rel)* dissident(e) *m(f)*

**dissentient** /dɪˈsenʃɪənt/ **ADJ** dissident, opposé **N** dissident(e) *m(f)*, opposant(e) *m(f)*

**dissenting** /dɪˈsentɪŋ/ **ADJ** *[voice]* dissident ◆ **a long ~ tradition** une longue tradition de dissidence ◆ **~ opinion** *(US Jur)* avis *m* minoritaire de l'un des juges *(divergeant sur des questions de fond)*

**dissertation** /ˌdɪsəˈteɪʃən/ **N** **a** *(written)* mémoire *m* (*on* sur) ; *(spoken)* exposé *m* (*on* sur) **b** *(Univ) (Brit)* mémoire *m* ; *(US)* thèse *f* (de doctorat)

**disservice** /dɪsˈsɜːvɪs/ **N** mauvais service *m* ◆ **to do sb/sth a ~** *(= be unhelpful to)* rendre un mauvais service à qn/qch, desservir qn/qch ; *(= be unfair to)* faire du tort à qn/qch

**dissidence** /ˈdɪsɪdəns/ **N** dissidence *f (also Pol)*, désaccord *m*, divergence *f* d'opinion

**dissident** /ˈdɪsɪdənt/ **ADJ, N** dissident(e) *m(f)*

**dissimilar** /dɪˈsɪmɪləʳ/ **ADJ** dissemblable (*to* à) différent (*to* de)

**dissimilarity** /ˌdɪsɪmɪˈlærɪtɪ/ **N** différence *f*, dissemblance *f* (*between* entre)

**dissimulate** /dɪˈsɪmjʊleɪt/ **VTI** dissimuler

**dissimulation** /dɪˌsɪmjʊˈleɪʃən/ **N** dissimulation *f*

**dissipate** /ˈdɪsɪpeɪt/ **VT** *[+ fog, clouds, fears, suspicions]* dissiper ; *[+ hopes]* anéantir ; *[+ energy, efforts]* disperser, gaspiller ; *[+ fortune]* dissiper, dilapider **VI** se dissiper

**dissipated** /ˈdɪsɪpeɪtɪd/ **ADJ** *[person]* débauché, qui mène une vie dissipée ; *[activity]* dépravé ; *[life, behaviour]* dissipé, dissolu ; *[appearance]* de débauché ◆ **to lead a ~ life** mener une vie dissipée *or* dissolue, vivre dans la dissipation *(liter)*

**dissipation** /ˌdɪsɪˈpeɪʃən/ **N** *[of clouds, fears]* dissipation *f* ; *[of energy, efforts]* gaspillage *m* ; *[of fortune]* dilapidation *f* ; *(= debauchery)* dissipation *f*, débauche *f*

**dissociate** /dɪˈsəʊʃɪeɪt/ **LANGUAGE IN USE 26.2** **VT** dissocier, séparer (*from* de) ; *(Chem, Psych)* dissocier ◆ **to ~ o.s. from** se dissocier de, se désolidariser de

**dissociation** /dɪˌsəʊsɪˈeɪʃən/ **N** *(all senses)* dissociation *f*

**dissoluble** /dɪˈsɒljʊbl/ **ADJ** soluble

**dissolute** /ˈdɪsəluːt/ **ADJ** *[person]* débauché, dissolu *(liter)* ; *[way of life]* dissolu, déréglé, de débauche

**dissolution** /ˌdɪsəˈluːʃən/ **N** *(all senses)* dissolution *f*

**dissolvable** /dɪˈzɒlvəbl/ **ADJ** soluble (*in* dans)

**dissolve** /dɪˈzɒlv/ **VT** **a** *[water etc] [+ substance]* dissoudre (*in* dans) ; *[person] [+ chemical etc]* faire dissoudre (*in* dans) ; *(Culin) [+ sugar etc]* faire fondre (*in* dans) **b** *[+ alliance, marriage, assembly]* dissoudre **VI** **a** *(Chem)* se dissoudre ; *(Culin)* fondre **b** *(fig) [hopes, fears]* disparaître, s'évanouir ; *(Jur, Pol)* se dissoudre ◆ **to ~ into thin air** s'en aller *or* partir en fumée ◆ **to ~ into tears** fondre en larmes **c** *(Cine)* se fondre **N** *(Cine, TV)* fondu *m* (enchaîné) ◆ **~ in/out** ouverture *f*/fermeture *f* en fondu

**dissolvent** /dɪˈzɒlvənt/ **ADJ** dissolvant **N** dissolvant *m*, solvant *m*

**dissonance** /ˈdɪsənəns/ **N** dissonance *f*, discordance *f*

**dissonant** /ˈdɪsənənt/ **ADJ** dissonant, discordant

**dissuade** /dɪˈsweɪd/ **VT** dissuader (*sb from doing sth* qn de faire qch) détourner (*sb from sth* qn de qch)

**dissuasion** /dɪˈsweɪʒən/ **N** dissuasion *f*

**dissuasive** /dɪˈsweɪsɪv/ **ADJ** *(gen)* dissuasif ; *[voice, person]* qui cherche à dissuader ; *[powers]* de dissuasion

**distaff** /ˈdɪstɑːf/ **N** quenouille *f* ◆ **on the ~ side** *(fig)* du côté maternel *or* des femmes

**distance** /ˈdɪstəns/ **N** **a** *(in space)* distance *f* (*between* entre) ◆ **what ~ is it from London?** c'est à quelle distance de Londres ? ◆ **what ~ is it from here to London?** nous sommes à combien de kilomètres de Londres ? ◆ **it's a good ~** c'est assez loin ◆ **a short ~ away** à une faible distance ◆ **it's no ~** c'est à deux pas, c'est tout près ◆ **to cover the ~ in two hours** franchir *or* parcourir la distance en deux heures ◆ **at an equal ~ from each other** à égale distance l'un de l'autre ◆ **at a ~** assez loin, à quelque distance ◆ **at a ~ of 2 metres** à une distance de 2 mètres ◆ **the ~ between the boys/the houses/the towns** la distance qui sépare les garçons/les maisons/les villes ◆ **the ~ between the eyes/rails/posts** l'écartement *m* des yeux/des rails/des poteaux ◆ **from a ~** de loin ◆ **seen from a ~** vu de loin ◆ **to go part of the ~ alone** faire une partie du trajet seul ◆ **to go** *or* **last the ~** *(Sport, fig)* tenir la distance ; → **long[1], middle** ◆ **in the ~** au loin, dans le lointain ◆ **it's within walking/cycling ~** on peut y aller à pied/en vélo ; → **spitting**

**b** *(in time)* intervalle *m* ◆ **from a ~ of 40 years, I can look back on it and say ...** 40 ans plus tard *or* 40 ans après, je peux y repenser et dire ...

**c** *(in rank etc)* distance *f* ◆ **to keep sb at a ~** tenir qn à distance ◆ **to keep one's ~ (from sb/sth)** garder ses distances (par rapport à qn/qch)

**VT** *(Sport etc)* distancer ◆ **to ~ o.s. from sth** *(fig)* se distancier de qch

**COMP** ▷ **distance learning N** *(Educ)* téléenseignement *m* ▷ **distance race N** *(Sport)* (also **long-distance race**) épreuve *f* de fond ▷ **distance teaching N** *(Educ)* enseignement *m* à distance, téléenseignement *m*

**distancing** /ˈdɪstənsɪŋ/ **N** distanciation *f*

**distant** /ˈdɪstənt/ **ADJ** **a** *(in space, time)* lointain ◆ **there was a ~ view of the church** on apercevait l'église au loin ◆ **the nearest hospital was 200km ~** l'hôpital le plus proche était à 200 km ◆ **the school is 2km ~ from the church** l'école est à 2 km (de distance) de l'église ◆ **a ~ memory** un lointain souvenir ◆ **in the ~ future/past** dans un avenir/un passé lointain ◆ **in the not too** *or* **very ~ future** dans un avenir assez proche **b** *[connection]* lointain ; *[resemblance]* vague ; *[cousin, relative, relationship]* éloigné **c** *(= distracted) [person, manner]* distrait ◆ **there was a ~ look in her eyes** elle avait un regard distrait **d** *(= cool, reserved) [person, manner]* distant **COMP** ▷ **distant early warning line N** *(US Mil)* ligne *f* DEW *(système de radars)*

**distantly** /ˈdɪstəntlɪ/ **ADV** **a** *(= in the distance) [hear]* dans le lointain, au loin ◆ **~, she heard the front door bell ring** elle entendait au loin qu'on sonnait à la porte d'entrée ◆ **the sound of a flute was ~ audible** on entendait au loin le son d'une flûte ◆ **she was ~ aware of Gavin's voice** elle entendait vaguement la voix de Gavin **b** *[resemble]* vaguement, un peu ◆ **I am ~ related to her** c'est une parente éloignée, nous sommes vaguement apparentés ◆ **the lion and the domestic cat are ~ related** le lion et le chat domestique ont des ancêtres communs **c**

*(= absently) [nod, smile]* d'un air distrait **d** *(= in a reserved way) [speak]* d'un ton distant ◆ **to smile/behave** ~ avoir un sourire distant/une attitude distante

**distaste** /dɪsˈteɪst/ N dégoût *m*, répugnance *f* (*for* pour)

**distasteful** /dɪsˈteɪstfʊl/ ADJ déplaisant, désagréable ◆ **to be ~ to sb** déplaire à qn

**distastefully** /dɪsˈteɪstfəlɪ/ ADV *[look at]* d'un air dégoûté

**distemper¹** /dɪsˈtempəʳ/ N *(= paint)* détrempe *f* VT peindre à la détrempe ◆ **~ed walls** murs *mpl* peints à la détrempe

**distemper²** /dɪsˈtempəʳ/ N *(Vet)* maladie *f* des jeunes chiens *or* de Carré

**distend** /dɪsˈtend/ VT *(gen)* ballonner ; *(with gas)* distendre VI *(gen)* se distendre ; *(with gas)* se ballonner

**distension** /dɪsˈtenʃən/ N distension *f*, dilatation *f*

**distich** /ˈdɪstɪk/ N distique *m*

**distil, distill** *(US)* /dɪsˈtɪl/ VT **a** *[+ alcohol]* distiller ; *[+ essential oil]* extraire **b** *(= derive)* **the new book was ~led from more than 200 conversations** ce nouveau livre est le résultat de plus de 200 conversations ◆ **the ~led wisdom of centuries** le concentré de plusieurs siècles de bon sens ◆ **to ~ into** condenser en, ramener à **c** *(= drip slowly)* laisser couler goutte à goutte VI se distiller, couler goutte à goutte COMP ▷ **distilled water** N *(Aut etc)* eau *f* déminéralisée

**distillate** /ˈdɪstɪlɪt/ N *(Chem, Ind)* distillat *m*

**distillation** /ˌdɪstɪˈleɪʃən/ N *(Chem etc, fig)* distillation *f*

**distiller** /dɪsˈtɪləʳ/ N distillateur *m*

**distillery** /dɪsˈtɪlərɪ/ N distillerie *f*

**distinct** /dɪsˈtɪŋkt/ ADJ **a** *(= definite) [impression, preference, likeness, advantage, disadvantage]* net *before n* ; *[increase, progress]* sensible, net *before n* ; *[possibility]* réel ◆ **there was a ~ lack of enthusiasm for that idea** il y avait un net manque d'enthousiasme pour cette idée **b** *(= different, separate)* distinct (*from* de) ◆ **as distinct from** par opposition à, contrairement à **c** *(= clear) [silhouette, voice, memory]* distinct

**distinction** /dɪsˈtɪŋkʃən/ N **a** *(= difference)* distinction *f*, différence *f* ; *(= act of keeping apart)* distinction *f* (*of … from* de … et de ; *between* entre) ◆ **to draw** *or* **make a ~ between two things** faire la *or* une distinction entre deux choses **b** *(NonC) (= pre-eminence)* distinction *f*, mérite *m* ; *(= refinement)* distinction *f* ◆ **to win ~** se distinguer, acquérir une *or* de la réputation ◆ **a pianist of ~** un pianiste réputé *or* de renom ◆ **she has great ~** elle est d'une grande distinction **c** *(Univ etc)* **he got a ~ in French** il a été reçu en français avec mention très bien

**distinctive** /dɪsˈtɪŋktɪv/ ADJ **a** *(= idiosyncratic)* caractéristique **b** *(= differentiating: also Ling)* distinctif ◆ **to be ~ of** *or* **to sth** caractériser qch

**distinctively** /dɪsˈtɪŋktɪvlɪ/ ADV ◆ **~ English/masculine** *etc* typiquement anglais/masculin *etc* ◆ **~ dressed** habillé de façon originale ◆ **~ patterned** au motif caractéristique ◆ **to be ~ different from sth** se démarquer nettement de qch

**distinctiveness** /dɪsˈtɪŋktɪvnɪs/ N caractère *m* distinctif

**distinctly** /dɪsˈtɪŋktlɪ/ ADV **a** *(with vb = clearly) [speak, hear, see]* distinctement ; *[remember]* clairement **b** *(with adj = decidedly)* particulièrement ◆ **it is ~ possible** c'est très possible, c'est une réelle possibilité ◆ **~ different/better** nettement différent/mieux

**distinguish** /dɪsˈtɪŋgwɪʃ/ LANGUAGE IN USE 5.4 VT **a** *(= discern) [+ landmark]* distinguer, apercevoir ; *[+ change]* discerner, percevoir **b** *[+ object, series, person] (= make different)* distinguer (*from* de) ; *(= characterize)* caractériser ◆ **to ~ o.s.** se distinguer (*as* comme, en tant que) ◆ **you've really ~ed yourself!** *(also iro)* tu t'es vraiment distingué ! *(also iro)* ; see also **distinguished, distinguishing** VI ◆ **to ~ between A and B** distinguer *or* faire la distinction entre A et B, distinguer A de B

**distinguishable** /dɪsˈtɪŋgwɪʃəbl/ ADJ **a** *(= distinct)* ◆ **to be ~ from sth (by sth)** se distinguer de qch (par qch) ◆ **the two political parties are now barely ~ (from each other)** maintenant, les deux partis politiques se distinguent à peine (l'un de l'autre) ◆ **to be ~ by sth** être reconnaissable à qch, se reconnaître à qch ◆ **easily** *or* **readily ~** facile à distinguer **b** *(= discernible) [shape, words, outline]* perceptible

**distinguished** /dɪsˈtɪŋgwɪʃt/ ADJ **a** *(= elegant, sophisticated) [person, appearance]* distingué ◆ **to look ~** avoir l'air distingué **b** *(= eminent) [pianist, scholar]* distingué ; *[career, history]* brillant ◆ **in ~ company** en illustre compagnie ◆ **20 years of ~ service** 20 ans de bons et loyaux services ◆ **~ for his bravery** remarquable par *or* remarqué pour son courage ◆ **~ service professor** *(US Univ)* professeur *m* à titre personnel COMP ▷ **Distinguished Flying Cross** N *médaille décernée aux aviateurs militaires* ▷ **distinguished-looking** ADJ à l'air distingué ▷ **Distinguished Service Cross** N *médaille militaire* ▷ **Distinguished Service Medal** N *médaille militaire* ▷ **Distinguished Service Order** N *(Brit) médaille militaire*

**distinguishing** /dɪsˈtɪŋgwɪʃɪŋ/ ADJ distinctif, caractéristique ◆ **~ mark** caractéristique *f* ; *(on passport)* signe *m* particulier

**distort** /dɪsˈtɔːt/ VT *(physically)* déformer, altérer ; *(fig) [+ truth]* défigurer, déformer ; *[+ text]* déformer ; *[+ judgement]* fausser ; *[+ words, facts]* dénaturer, déformer VI *[face]* se crisper

**distorted** /dɪsˈtɔːtɪd/ ADJ **a** *[object, image, sound]* déformé ◆ **his face was ~ with rage** ses traits étaient déformés par la colère **b** *(= biased) [report, impression]* faux (fausse *f*) ◆ **a ~ version of the events** une version déformée des événements **c** *(= perverted) [morality, sexuality]* dévoyé

**distortion** /dɪsˈtɔːʃən/ N *(gen, Elec, Med, Opt)* distorsion *f* ; *[of tree etc]* déformation *f* ; *[of features]* distorsion *f*, altération *f* ; *[of shape, facts, text]* déformation *f*, altération *f* ◆ **by ~ of the facts** en dénaturant les faits

**distract** /dɪsˈtrækt/ VT *[+ person]* distraire, déconcentrer ; *(= interrupt)* déranger ◆ **the noise ~ed her from working** le bruit la distrayait de son travail ◆ **the noise was ~ing him** le bruit le déconcentrait *or* l'empêchait de se concentrer ◆ **she's busy, you mustn't ~ her** elle est occupée, il ne faut pas la déranger ◆ **to ~ sb's attention** détourner l'attention de qn

**distracted** /dɪsˈtræktɪd/ ADJ **a** *(= worried)* éperdu, égaré ; *(= inattentive)* distrait ; *[look]* égaré, affolé ◆ **she seemed curiously ~** elle semblait étrangement distraite ◆ **~ with worry** *etc* fou d'anxiété *etc* ◆ **she was quite ~** elle était dans tous ses états ◆ **to drive sb ~** rendre qn fou **b** *(† = mad)* fou (folle *f*)

**distractedly** /dɪsˈtræktɪdlɪ/ ADV **a** *(= absently) [speak]* d'un ton distrait, distraitement ; *[behave]* éperdument, distraitement **b** *(liter = wildly) [behave, run]* comme un fou (*or* une folle) ; *[speak]* d'un air affolé ; *[weep]* éperdument ◆ **~, he ran his hands through his hair** il se passa la main dans les cheveux, l'air affolé

**distracting** /dɪsˈtræktɪŋ/ ADJ gênant, qui empêche de se concentrer

**distraction** /dɪsˈtrækʃən/ N **a** *(NonC = lack of attention)* distraction *f*, inattention *f* **b** *(= interruption: to work etc)* interruption *f* **c** *(= entertainment)* divertissement *m*, distraction *f* **d** *(NonC = madness)* affolement *m* ◆ **to love sb to ~** aimer qn à la folie ◆ **to drive sb to ~** rendre qn fou

**distrain** /dɪsˈtreɪn/ VI *(Jur)* ◆ **to ~ upon sb's goods** saisir les biens de qn, opérer la saisie des biens de qn

**distrainee** /ˌdɪstreɪˈniː/ N *(Jur)* saisi *m*

**distrainor** /dɪsˈtreɪnəʳ/ N *(Jur)* saisissant *m*

**distraint** /dɪsˈtreɪnt/ N *(Jur)* saisie *f*, saisie-exécution *f (sur les meubles d'un débiteur)*

**distraught** /dɪsˈtrɔːt/ ADJ éperdu (*with, from* de) égaré, affolé

**distress** /dɪsˈtres/ N **a** *(physical)* douleur *f* ; *(mental)* détresse *f*, affliction *f (liter)* ◆ **to be in great ~** *(physical)* souffrir beaucoup ; *(mental)* être bouleversé, être (plongé) dans l'affliction ◆ **to be in great ~ over sth** être bouleversé *or* profondément affligé de qch ◆ **to cause ~ to** causer une grande peine *or* douleur à **b** *(= poverty)* détresse *f* ◆ **in ~** dans la détresse **c** *(= danger)* péril *m*, détresse *f* ◆ **a ship in ~** un navire en perdition ◆ **a plane in ~** un avion en détresse ◆ **a damsel in ~** une demoiselle en détresse **d** *(Jur)* saisie *f* VT affliger, peiner COMP ▷ **distress rocket** N fusée *f* de détresse ▷ **distress sale** N vente *f* de biens saisis ▷ **distress signal** N signal *m* de détresse

**distressed** /dɪsˈtrest/ ADJ **a** *(= upset)* affligé, peiné (*by* par, de) ◆ **she was very ~** elle était bouleversée **b** *(† = poverty-stricken)* **in ~ circumstances** dans la détresse *or* la misère ◆ **~ gentlewomen** dames *fpl* de bonne famille dans le besoin **c** *[clothing]* (artificiellement) vieilli ; *[furniture]* patiné

**distressful** /dɪsˈtresfʊl/ ADJ ⇒ **distressing**

**distressing** /dɪsˈtresɪŋ/ ADJ *[situation, experience]* pénible ; *[poverty, inadequacy]* lamentable

**distressingly** /dɪsˈtresɪŋlɪ/ ADV ◆ **the trapped animal howled ~** les cris de l'animal pris au piège étaient déchirants ◆ **~, it took him over an hour to die** chose horrible, il a mis plus d'une heure à mourir ◆ **a ~ high/low percentage** un pourcentage tristement élevé/bas ◆ **she looked ~ thin** sa maigreur faisait peine à voir ◆ **the solution is ~ simple/obvious** la solution est d'une simplicité/évidence désespérante

**distributary** /dɪsˈtrɪbjʊtərɪ/ N *(Geog)* défluent *m* ADJ de distribution

**distribute** /dɪsˈtrɪbjuːt/ VT *[+ leaflets, prizes, food]* distribuer ; *[+ dividends, load, weight]* répartir ; *(Comm) [+ goods]* être concessionnaire de ; *[+ films]* être distributeur de ; *[+ information]* fournir ◆ **~ the almonds over the top of the cake** étaler les amandes sur le dessus du gâteau

**distributed** /dɪsˈtrɪbjuːtɪd/ ADJ ◆ **widely ~** *[animal, plant]* très répandu ◆ **unevenly ~** inégalement réparti

**distribution** /ˌdɪstrɪˈbjuːʃən/ N **a** *[of food, supplies, newspaper]* distribution *f (also Comm, Ling, Econ)* **b** *[of resources, wealth, power]* répartition *f* ◆ **weight/heat ~** répartition *f* du poids/de la chaleur ◆ **geographical ~** répartition *f* or distribution *f* géographique ◆ **the ~ of wealth** *(Econ)* la répartition *or* distribution des richesses COMP ▷ **distribution network** N réseau *m* de distribution

**distributional** /ˌdɪstrɪˈbjuːʃənəl/ ADJ *(Comm)* de distribution ; *(Ling)* distributionnel

**distributive** /dɪsˈtrɪbjʊtɪv/ ADJ *(Comm, Gram, Philos etc)* distributif ◆ **the ~ trades** *(Econ)* le secteur de la distribution N *(Gram)* pronom *m or* adjectif *m* distributif

**distributor** /dɪsˈtrɪbjʊtəʳ/ N a *(Comm) [of goods over an area]* concessionnaire *mf* ; *[of films]* distributeur *m* b *(Tech = device)* distributeur *m* ; *(Aut)* delco ® *m* COMP ▷ **distributor cap** N *(Aut)* tête *f* de delco ® ▷ **distributor network** N réseau *m* de distributeurs

**distributorship** /dɪsˈtrɪbjʊtəʃɪp/ N *(Comm)* a *(= company)* distributeur *m* b *(= right to supply)* contrat *m* de distribution

**district** /ˈdɪstrɪkt/ N *(of a country)* région *f* ; *(in town)* quartier *m* ; *(= administrative area)* district *m* ; *(in Paris etc)* arrondissement *m* ; *(US Pol)* circonscription *f* électorale (*or* administrative) ; → **electoral, postal**

COMP ▷ **district attorney** N *(US Jur)* représentant *m* du ministère public; ≃ procureur *m* de la République ▷ **district commissioner** N *(Brit)* commissaire *m* ▷ **district council** N *(Brit: local government)* ≃ conseil *m* général ▷ **district court** N *(US Jur)* cour *f* fédérale (de grande instance) ▷ **district heating** N ≃ chauffage *m* urbain ▷ **district manager** N *(Comm)* directeur *m* régional ▷ **district nurse** N infirmière *f* visiteuse *or* à domicile ▷ **District of Columbia** N *(US)* district *m* (fédéral) de Columbia

**District of Columbia**

Le **District of Columbia** (ou **DC**) est un territoire autonome de 180 km², qui n'a pas le statut d'État mais où s'étend la capitale fédérale, Washington (ou Washington **DC**), et qui contient donc les grandes institutions politiques des États-Unis et, en particulier, la Maison-Blanche et le Capitole.

**distrust** /dɪsˈtrʌst/ VT se méfier de, se défier de N méfiance *f* ◆ **to have an instinctive/profound ~ of sb/sth** éprouver une méfiance instinctive/une profonde méfiance à l'égard de qn/qch

**distrustful** /dɪsˈtrʌstfʊl/ ADJ méfiant, qui se méfie (*of* de)

**disturb** /dɪsˈtɜːb/ VT a *(= inconvenience) [+ person]* déranger ◆ **sorry to ~ you** excusez-moi de vous déranger ◆ **"(please) do not disturb"** "(prière de) ne pas déranger" b *(= trouble) [+ person]* troubler, inquiéter ◆ **the news ~ed him greatly** la nouvelle l'a beaucoup troublé c *(= interrupt) [+ silence, balance]* rompre ; *[+ sleep, rest]* troubler d *(= disarrange) [+ waters, sediment, atmosphere]* troubler ; *[+ papers, evidence]* déranger

**disturbance** /dɪsˈtɜːbəns/ N a *(political, social)* troubles *mpl*, émeute *f* ; *(in house, street)* bruit *m*, tapage *m* ◆ **to cause a ~** faire du bruit *or* du tapage ◆ **~ of the peace** atteinte *f* à l'ordre public b *(NonC) [of routine, papers]* dérangement *m* ; *[of liquid]* agitation *f* ; *[of air, atmosphere]* perturbation *f* c *(NonC = alarm, uneasiness)* trouble *m* (d'esprit), perturbation *f* (de l'esprit)

**disturbed** /dɪsˈtɜːbd/ ADJ a *(Psych)* perturbé ◆ **emotionally/mentally ~** présentant des troubles affectifs/mentaux b *(= concerned)* inquiet (-ète *f*) (*about* au sujet de ; *at, by* par) c *(= unsettled) [childhood, period, night, sleep]* troublé ; *[background]* perturbé

**disturbing** /dɪsˈtɜːbɪŋ/ ADJ *(= alarming)* inquiétant, troublant ; *(= distracting)* gênant, ennuyeux

**disturbingly** /dɪsˈtɜːbɪŋlɪ/ ADV ◆ **a ~ high number/percentage** un nombre/pourcentage inquiétant ◆ **~, the data suggests that ...** chose inquiétante, les données suggèrent que ...

**disunite** /ˌdɪsjuːˈnaɪt/ VT désunir

**disunity** /dɪsˈjuːnɪtɪ/ N désunion *f*

**disuse** /dɪsˈjuːs/ N désuétude *f* ◆ **to fall into ~** tomber en désuétude

**disused** /dɪsˈjuːzd/ ADJ *[building]* désaffecté, abandonné

**disyllabic** /ˌdɪsɪˈlæbɪk/ ADJ dissyllabe, dissyllabique

**ditch** /dɪtʃ/ N a *(by roadside, between fields etc)* fossé *m* ; *(for irrigation)* rigole *f* b *(Aviat)* **the ~** ‡ la baille * ; → **last¹** VT a (* *= get rid of) [+ lover]* plaquer *, laisser tomber * ; *[+ car etc]* abandonner ◆ **to ~ a plane** faire un amerrissage forcé b *(US *) [+ class]* sécher *

**ditcher** /ˈdɪtʃəʳ/ N terrassier *m*

**ditching** /ˈdɪtʃɪŋ/ N a *(= making ditches)* creusement *m* de fossés ◆ **hedging and ~** entretien *m* des haies et fossés b *(Aviat)* amerrissage *m* forcé *(d'un avion)*

**ditchwater** /ˈdɪtʃwɔːtəʳ/ N → **dull**

**dither** * /ˈdɪðəʳ/ *(esp Brit)* N ◆ **to be in a ~, to be all of a ~** être dans tous ses états VI hésiter, se tâter ◆ **to ~ over a decision** se tâter pour prendre une décision ◆ **stop ~ing and get on with it!** arrête de te poser des questions *or* de tergiverser et fais-le !

► **dither about** *, **dither around** * VI tergiverser

**ditherer** * /ˈdɪðərəʳ/ N *(Brit)* indécis(e) *m(f)* ◆ **don't be such a ~!** ne sois pas si indécis !

**dithery** * /ˈdɪðərɪ/ ADJ *(pej)* indécis, qui tourne autour du pot

**ditsy** * /ˈdɪtsɪ/ ADJ *(esp US)* ⇒ **ditzy**

**ditto** /ˈdɪtəʊ/ ADV idem ◆ **restaurants are expensive here, and ~ the cinemas** *or* **the cinemas ~** les restaurants sont chers ici et les cinémas idem * COMP ▷ **ditto mark, ditto sign** N guillemets *mpl* de répétition

**ditty** /ˈdɪtɪ/ N chansonnette *f*

**ditz** * /dɪts/ N *(US, Austral)* écervelé(e) *mf*

**ditzy** * /ˈdɪtsɪ/ ADJ *(esp US)* évaporé

**diuresis** /ˌdaɪjʊˈriːsɪs/ N diurèse *f*

**diuretic** /ˌdaɪjʊəˈretɪk/ ADJ, N diurétique *m*

**diurnal** /daɪˈɜːnl/ ADJ *(Astron, Bot)* diurne N *(Rel)* diurnal *m*

**diva** /ˈdiːvə/ N (pl **divas** *or* **dive**) diva *f*

**divan** /dɪˈvæn/ N divan *m* COMP ▷ **divan bed** N *(Brit)* divan-lit *m*

**dive¹** /daɪv/ N a *[of swimmer, goalkeeper]* plongeon *m* ; *[of submarine, deep-sea diver etc]* plongée *f* ; *[of aircraft]* piqué *m* ◆ **to make a ~** *(fig)* foncer (tête baissée) ◆ **to go into a ~** *[profits, sales etc]* dégringoler, plonger ◆ **to take a ~** * *(Ftbl)* faire du chiqué *

b (‡ *= disreputable club, café etc)* bouge *m*

VI a *[diver etc]* plonger, faire un plongeon ; *[submarine]* plonger ; *[aircraft]* piquer ◆ **he ~d in head first** il a piqué une tête dans l'eau ◆ **to ~ for pearls** pêcher des perles

b *(= plunge)* ◆ **to ~ in/out** *etc* entrer/sortir *etc* tête baissée ◆ **he ~d for the exit** il a foncé (tête baissée) vers la sortie ◆ **he ~d into the crowd** il a plongé dans la foule ◆ **he ~d under the table** il s'est jeté sous la table ◆ **to ~ for cover** se précipiter pour se mettre à l'abri ◆ **the keeper ~d for the ball** *(Ftbl)* le gardien de but a plongé pour bloquer le ballon ◆ **to ~ into one's pocket** *(fig)* plonger la main dans sa poche

COMP ▷ **dive-bomb** VT bombarder en piqué ▷ **dive bomber** N bombardier *m (qui bombarde en piqué)* ▷ **dive bombing** N bombardement *m* en piqué

► **dive in** VI a *[diver]* plonger

b *(= start to eat)* **~ in!** ‡ attaquez ! *

**dive²** /ˈdiːvɪ/ NPL of **diva**

**diver** /ˈdaɪvəʳ/ N a *(= person)* plongeur *m* ; (also **deep-sea diver**) scaphandrier *m* ; → **scuba, skin** b *(Orn)* plongeon *m*, plongeur *m*

**diverge** /daɪˈvɜːdʒ/ VI *[lines, paths, opinions, explanations]* diverger

**divergence** /daɪˈvɜːdʒəns/ N divergence *f*

**divergent** /daɪˈvɜːdʒənt/ ADJ divergent COMP ▷ **divergent thinking** N raisonnement *m* divergent

**divers** /ˈdaɪvɜːz/ ADJ *(liter)* divers, plusieurs

**diverse** /daɪˈvɜːs/ ADJ divers

**diversification** /daɪˌvɜːsɪfɪˈkeɪʃən/ N diversification *f*

**diversify** /daɪˈvɜːsɪfaɪ/ VT diversifier, varier VI *[farmer, businessman]* diversifier ses activités

**diversion** /daɪˈvɜːʃən/ N a *(Brit = redirecting) [of traffic]* déviation *f* ; *[of stream]* dérivation *f*, détournement *m* ; *[of ship] (gen)* déroutement *m* ; *[of profits]* détournement *m* b *(Aut)* déviation *f* c *(= relaxation)* divertissement *m*, distraction *f* ◆ **it's a ~ from work** cela change *or* distrait du travail d *(Mil etc)* diversion *f* ◆ **to create a ~** *(= distract attention)* faire diversion ; *(Mil)* opérer une diversion

**diversionary** /daɪˈvɜːʃnərɪ/ ADJ *(also Mil)* de diversion ◆ **~ tactics** manœuvres *fpl* de diversion

**diversity** /daɪˈvɜːsɪtɪ/ N diversité *f*

**divert** /daɪˈvɜːt/ VT a *(= redirect) [+ stream]* détourner ; *[+ train, plane, ship]* dérouter ; *(Brit) [+ traffic]* dévier ; *[+ attention, eyes]* détourner ; *[+ conversation]* détourner ; *[+ blow]* écarter ; *[+ phone call]* transférer b *(= amuse)* divertir, amuser ◆ **to ~ o.s.** se distraire, se divertir

**diverting** /daɪˈvɜːtɪŋ/ ADJ divertissant, amusant

**divest** /daɪˈvest/ VT *(of clothes, weapons)* dévêtir, dépouiller (*of* de) ; *(of rights, property)* dépouiller, priver (*of* de) ; *[+ room]* dégarnir

**divide** /dɪˈvaɪd/ VT a *(= separate)* séparer (*from* de) ◆ **the Pyrenees ~ France from Spain** les Pyrénées séparent la France de l'Espagne

b *(= split)* (also **divide up**) *(gen)* diviser (*into* en ; *among, between* entre) ; *[+ people]* répartir ; *[+ money, work]* diviser, partager, répartir ; *[+ property, kingdom]* diviser, démembrer, morceler ; *[+ house]* diviser, partager (*into* en) ; *[+ apple, room]* diviser, couper (*into* en) ; *[+ one's time, attention]* partager (*between* entre) ◆ **they ~d it (amongst themselves)** ils se le sont partagé

c *(Math)* diviser ◆ **to ~ 36 by 6, to ~ 6 into 36** diviser 36 par 6

d *(= cause disagreement among) [+ friends, political parties etc]* diviser ◆ **~ and rule** *or* **conquer** *(Brit)* (politique *f* consistant à) diviser pour mieux régner

e *(Brit Parl)* **to ~ the House** faire voter la Chambre

VI a *[river]* se diviser ; *[road]* bifurquer

b (also **divide up**) *[people]* se répartir ; *(Bio) [cells etc]* se diviser

c *(Math)* être divisible (*by* par)

d *(Brit Parl)* **the House ~d** la Chambre a procédé au vote *or* a voté

N a *(= division, bar)* fossé *m* ◆ **to bridge the ~ between ...** combler le fossé entre ... ◆ **the racial/social/cultural ~** le fossé racial/social/culturel ◆ **to cross the great ~** *(= die)* passer de vie à trépas

b *(Geog)* ligne *f* de partage des eaux ◆ **the Great Divide** *(in US)* la ligne de partage des montagnes Rocheuses

► **divide off** VI se séparer (*from* de)
VT SEP séparer (*from* de)

► **divide out** VT SEP répartir, distribuer (*among* entre)

► **divide up** VI ⇒ **divide vi b**
VT SEP ⇒ **divide vt b**

**divided** /dɪˈvaɪdɪd/ ADJ a *(= in two parts)* divisé b *(Bot)* découpé c *(= disunited, in disagreement) [people, country]* divisé (*on, over* sur) ; *[opinion]* partagé (*on, over* sur) ◆ **to have** *or* **suffer from ~ loyalties** être déchiré ◆ **opinion is** *or* **opinions are ~ on** *or* **over that** les avis sont partagés sur ce point ◆ **opinions are ~ on what to do/on how long it will take (to do it)** les avis sont partagés quant à ce qu'il convient de faire/quant au temps que cela prendra ◆ **I feel ~ (in my own mind)** je suis *or* je me sens partagé
COMP ▷ **divided highway** N *(US)* (route *f* à) quatre voies *f inv* ; → ROADS ▷ **divided skirt** N jupe-culotte *f*

**dividend** /ˈdɪvɪdend/ N *(Fin, Math)* dividende *m* ; → **pay**

**divider** /dɪˈvaɪdəʳ/ N a ◆ **~s** compas *m* à pointes sèches b → **room**

**dividing** /dɪˈvaɪdɪŋ/ ADJ *[wall, fence]* mitoyen
COMP ▷ **dividing line** N ligne *f* de démarcation

**divination** /ˌdɪvɪˈneɪʃən/ N *(lit, fig)* divination *f*

**divine**[1] /dɪˈvaɪn/ ADJ *(Rel, fig)* divin ◆ **Divine Providence** la divine Providence ◆ **(the) ~ right of kings** *(Hist)* le droit divin, la monarchie de droit divin ◆ **by ~ right** en vertu de droit divin ◆ **~ service/office** *(Rel)* service *m*/office *m* divin ◆ **darling you look simply ~!** * chérie, tu es absolument divine ! ◆ **the mousse tasted absolutely ~!** * la mousse était absolument divine ! N ecclésiastique *m*, théologien *m*

**divine**[2] /dɪˈvaɪn/ VT a *(= foretell) [+ the future]* présager, prédire b *(= make out) [+ sb's intentions]* deviner, pressentir c *(= search for)* ◆ **to ~ for water** *etc* chercher à découvrir une source *etc* à l'aide de baguettes
COMP ▷ **divining rod** N baguette *f* de sourcier

**divinely** /dɪˈvaɪnlɪ/ ADV a *(Rel)* **~ inspired** divinement inspiré ◆ **~ ordained/sanctioned** décrété/sanctionné par la volonté divine b († = *wonderfully)* divinement ◆ **your friend waltzes ~** votre ami valse divinement ◆ **~ handsome** divinement beau ◆ **~ happy** aux anges

**diviner** /dɪˈvaɪnəʳ/ N *[of future]* devin *m*, devineresse *f* ; *[of water]* radiesthésiste *mf*

**diving** /ˈdaɪvɪŋ/ N a *(underwater)* plongée *f* sous-marine ; *(= skill)* art *m* du plongeur ; *(= trade)* métier *m* de plongeur sous-marin ; → **scuba, skin** b *(from diving board)* plongeon *m* ◆ **platform high ~** *(Sport)* plongeon *m* de haut vol
COMP ▷ **diving bell** N cloche *f* à plongeur ▷ **diving board** N plongeoir *m* ; *(= springboard)* tremplin *m* ▷ **diving suit** N scaphandre *m*

**divining** /dɪˈvaɪnɪŋ/ N divination *f* à l'aide de baguettes (*or* d'un pendule), rhabdomancie *f*

**divinity** /dɪˈvɪnɪtɪ/ N a *(quality = god)* divinité *f* ◆ **the Divinity** la Divinité b *(= theology)* théologie *f*

**divisible** /dɪˈvɪzəbl/ ADJ divisible (*by* par)

**division** /dɪˈvɪʒən/ N a *(= act, state)* division *f*, séparation *f* (*into* en) ; *(= sharing)* partage *m*, répartition *f*, distribution *f* (*between, among* entre) ; *(Bot, Math)* division *f* ◆ **~ of labour** division *f* du travail ◆ **the ~ of Germany into two states in 1949** la division de l'Allemagne en deux États en 1949 ◆ **the ~ of responsibilities between national forces and the UN** la répartition *or* le partage des responsabilités entre les forces nationales et les forces des Nations Unies ◆ **in two votes last year the Unionist ~ of opinion was roughly 50-50** lors de deux élections organisées l'an passé, les unionistes étaient répartis en deux camps plus ou moins égaux ; → **long**[1], **short, simple**

b *(= section: gen, Admin, Comm, Mil, Naut)* division *f* ; *(= category)* classe *f*, catégorie *f*, section *f* ; *(Ftbl etc)* division *f* ; *(in box, case)* division *f*, compartiment *m* ◆ **the bank's European ~** la division européenne de la banque ◆ **the sales ~** le département des ventes ◆ **several armoured** *or* **tank ~s** plusieurs divisions *fpl* blindées

c *(= divider)* séparation *f* ; *(in room)* cloison *f*

d *(fig: between social classes etc)* fossé *m* ◆ **the deep ~s within the socialist movement** les profondes divisions qui règnent au sein du mouvement socialiste

e *(= dividing line: lit, fig)* division *f*

f *(NonC = discord)* division *f*, désaccord *m*

g *(Brit Parl)* **to call a ~** passer au vote ◆ **to call for a ~** demander la mise aux voix ◆ **the ~ took place at midnight** la Chambre a procédé au vote à minuit ◆ **to carry a ~** avoir la majorité des voix

COMP ▷ **division bell** N *(Brit Parl) sonnerie qui annonce la mise aux voix* ▷ **division sign** N *(Math)* signe *m* de division

**divisional** /dɪˈvɪʒənl/ ADJ divisionnaire
COMP ▷ **divisional coin** N monnaie *f* divisionnaire ▷ **Divisional Court** N *(Brit Jur) juridiction supérieure composée d'au moins deux juges statuant en appel*

**divisive** /dɪˈvaɪsɪv/ ADJ ◆ **to be ~** diviser l'opinion ◆ **abortion is a ~ issue** l'avortement est une question qui divise l'opinion ◆ **her enemies saw her policies as ~** ses ennemis considéraient que sa politique était source de discorde

**divisiveness** /dɪˈvaɪsɪvnɪs/ N ◆ **the ~ of this decision** les dissensions causées par cette décision

**divisor** /dɪˈvaɪzəʳ/ N *(Math)* diviseur *m*

**divorce** /dɪˈvɔːs/ N *(Jur, fig)* divorce *m* (*from* d'avec, avec) ◆ **to get a ~ from** obtenir le divorce d'avec
VT *(Jur)* divorcer de *or* d'avec ; *(fig)* séparer (*from* de) ◆ **she ~d her husband** elle a divorcé de *or* d'avec son mari ◆ **one cannot ~ this case from ...** *(fig)* on ne peut pas séparer ce cas de ...
VI divorcer
COMP ▷ **divorce court** N ≃ tribunal *m* de grande instance ▷ **divorce proceedings** NPL procédure *f* de divorce ◆ **to start ~ proceedings** entamer une procédure de divorce, demander le divorce ▷ **divorce settlement** N *(mutually agreed)* règlement *m* de divorce ; *(imposed by court)* jugement *m* de divorce

**divorcé** /dɪˈvɔːseɪ/ N divorcé *m*

**divorced** /dɪˈvɔːst/ ADJ *(Jur)* divorcé (*from* d'avec)

**divorcee** /dɪˌvɔːˈsiː/ N divorcé(e) *m(f)*

**divot** /ˈdɪvɪt/ N *(esp Golf)* motte *f* de gazon

**divulge** /daɪˈvʌldʒ/ VT divulguer, révéler

**divvy**[1] /ˈdɪvɪ/ N *(Brit* *)* abbrev of **dividend**
VT (also **divvy up**) ‡ partager

**divvy**[2] ‡ /ˈdɪvɪ/ N *(Brit)* imbécile *mf*

**Diwali** /dɪˈwɑːlɪ/ N Dipavali *m*

**Dixie** /ˈdɪksɪ/ N *(US)* les États *mpl* du Sud ◆ **the Heart of ~** l'Alabama *m* ◆ **I'm not just whistling ~** * ce ne sont pas des paroles en l'air, je ne plaisante pas
COMP *(US)* du Sud ▷ **Dixie cup** ® N *(US)* gobelet *m* en carton ▷ **Dixie Democrat** N *(US Pol)* démocrate *mf* du Sud

> **Dixie**
>
> Surnom donné aux onze États du sud des États-Unis qui constituaient la Confédération pendant la guerre de Sécession : Alabama, Arkansas, Géorgie, Floride, Louisiane, Mississippi, Caroline du Nord, Caroline du Sud, Tennessee, Texas et Virginie. L'adjectif **Dixie** est employé pour caractériser ces États et leurs habitants : on dira ainsi que Scarlett O'Hara est l'exemple de la féminité **Dixie**.

**dixie** * /ˈdɪksɪ/ N *(Brit Mil:* also **dixie can***)* gamelle *f*

**Dixieland** /ˈdɪksɪlænd/ N ⇒ **Dixie**
COMP ▷ **Dixieland jazz** N le (jazz) Dixieland

**DIY** /diːaɪˈwaɪ/ *(Brit)* (abbrev of **do-it-yourself**) N bricolage *m*
ADJ *[shop]* de bricolage ; *[job]* à faire soi-même ; *[divorce]* dont on s'occupe soi-même ◆ **~ mosaics** mosaïque à faire soi-même

**dizzily** /ˈdɪzɪlɪ/ ADV a *(= giddily) [walk, sway, slump]* en proie au vertige ; *[rise, fall, spin, swirl]* vertigineusement ◆ **her head was spinning ~** la tête lui tournait follement b *(= in a scatterbrained way)* étourdiment ; *(= in a silly way)* bêtement

**dizziness** /ˈdɪzɪnɪs/ N *(= state)* vertige(s) *m(pl)* ◆ **an attack of ~** des vertiges ◆ **to be overcome by ~** être pris de vertiges

**dizzy** /ˈdɪzɪ/ ADJ a *[person] (from illness, hunger etc)* pris de vertiges *or* d'étourdissements ; *(from vertigo)* pris de vertige ◆ **to feel ~** avoir le vertige, avoir la tête qui tourne ◆ **he was so ~ he couldn't move** *(from illness, hunger etc)* il était pris de tels vertiges *or* étourdissements qu'il ne pouvait plus avancer ; *(from vertigo)* il avait tellement le vertige qu'il ne pouvait plus avancer ◆ **it makes me ~** *(lit, fig)* cela me donne le vertige, j'en ai la tête qui tourne ◆ **he was ~ from the exertion** l'effort lui faisait tourner la tête ◆ **he was ~ with success** le succès l'avait grisé ◆ **she was ~ with grief** elle était hébétée de douleur

b *[height, speed, rise in price]* vertigineux

c *[person] (= scatterbrained)* étourdi, écervelé ; *(= silly)* bête ◆ **a ~ blonde** une blonde évaporée

VT *(= disorientate, confuse) [+ person]* étourdir, donner le vertige à ◆ **to be dizzied by success** *(fig)* être grisé par le succès
COMP ▷ **a dizzy spell** N un vertige, un étourdissement

**DJ** /diːˈdʒeɪ/ N (abbrev of **disc jockey**) → **disc**

**Djakarta** /dʒəˈkɑːtə/ N ⇒ **Jakarta**

**Djibouti** /dʒɪˈbuːtɪ/ N Djibouti ◆ **in ~** à Djibouti

**djinn** /dʒɪn/ N djinn *m*

**dl** (abbrev of **decilitre(s)**) dl

**DLit(t)** /diːˈlɪt/ **N** (abbrev of **Doctor of Literature** *and* **Doctor of Letters**) *doctorat ès Lettres*

**DM** **N** (abbrev of **Deutschmark**) DM *m*

**dm** (abbrev of **decimetre(s)**) dm

**D-mark** /diːˈmɑːk/ **N** (abbrev of **Deutschmark**) mark *m*

**DMus** **N** (abbrev of **Doctor of Music**) *doctorat de musique*

**DMZ** **N** (abbrev of **Demilitarized Zone**) → **demilitarize**

**DNA** /ˌdiːenˈeɪ/ **N** *(Med)* (abbrev of **deoxyribonucleic acid**) ADN *m* COMP ▷ **DNA fingerprinting**, **DNA profiling** **N** analyse *f* de l'empreinte génétique ▷ **DNA test** **N** test *m* ADN ▷ **DNA testing** **N** tests *mpl* ADN

**Dnieper** /ˈdniːpəʳ/ **N** Dniepr *m*

**D-notice** /ˈdiːnəʊtɪs/ **N** *(Brit Govt) consigne officielle à la presse de ne pas publier certaines informations relatives à la sécurité nationale*

**DNR** /ˌdiːenˈɑːʳ/ *(Med)* (abbrev of **do not resuscitate**) ne pas ranimer

## do¹ /duː/

vb : 3rd pers sg pres **does**, pret **did**, ptp **done**

| | |
|---|---|
| 1 AUXILIARY VERB | 4 NOUN |
| 2 TRANSITIVE VERB | 5 PLURAL NOUN |
| 3 INTRANSITIVE VERB | 6 PHRASAL VERBS |

### 1 - AUXILIARY VERB

**a**

There is no equivalent in French to the use of **do** in questions, negative statements and negative commands.

◆ **~ you understand?** (est-ce que) vous comprenez ?, comprenez-vous ? ◆ **I do not** *or* **don't understand** je ne comprends pas ◆ **didn't you like it?** tu n'as pas aimé ça ? ◆ **don't worry!** ne t'en fais pas !

**b** [in tag questions : seeking confirmation] n'est-ce pas ◆ **you know him, don't you?** vous le connaissez, n'est-ce pas ? ◆ **you do agree, don't you?** vous êtes d'accord, n'est-ce pas ?, vous êtes bien d'accord ? ◆ **she said that, didn't she?** elle a bien dit ça, n'est-ce pas ?, c'est bien ce qu'elle a dit ?

The tag is sometimes not translated.

◆ **he didn't go, did he?** il n'y est pas allé (, n'est-ce pas) ? ◆ **he didn't agree, did he?** il n'était pas d'accord(, n'est-ce pas) ? ◆ **(so) you know him, ~ you?** *(conveying interest, surprise, indignation etc)* alors comme ça vous le connaissez ? ◆ **she said that, did she?** alors comme ça elle a dit ça ?, ah oui ? elle a dit ça ?

**c** [in tag responses] ◆ **they speak French – oh, ~ they ?** ils parlent français — ah oui *or* ah bon ? ◆ **he wanted £1,000 for it – did he really?** il en demandait 1 000 livres — vraiment *or* non ? ◆ **who broke the mirror? – I did** qui est-ce qui a cassé la glace ? — (c'est) moi ◆ **may I come in? – please ~!** puis-je entrer ? — je t'en prie *or* je vous en prie ! ◆ **shall I ring her again? – no, don't!** est-ce que je la rappelle ? — ah non *or* surtout pas ! ◆ **I'll tell him – don't!** je vais le lui dire — surtout pas !

**oui** or **non** alone are often used to answer questions.

◆ **~ you see them often? – yes, I ~** vous les voyez souvent ? — oui ◆ **did you see him? – no I didn't** est-ce que tu l'as vu ? — non

**d** [substitute for another verb] faire ◆ **he's always saying he'll stop smoking, but he never does** il dit toujours qu'il va s'arrêter de fumer mais il ne le fait pas ◆ **she always says she'll come but she never does** elle dit toujours qu'elle viendra mais elle n'en fait rien *or* mais elle ne vient jamais ◆ **you drive faster than I ~** tu conduis plus vite que moi ◆ **I like this colour, don't you?** j'aime bien cette couleur, pas toi ? ◆ **they said he would object and indeed he did** on a dit qu'il s'y opposerait et c'est bien ce qui s'est passé *or* et c'est bien ce qu'il a fait

**e** [encouraging, inviting] ◆ **DO come!** venez donc ! ◆ **DO tell him that ...** dites-lui bien que ...

**f** [used for emphasis] ◆ **I DO wish I could come with you** je voudrais tant pouvoir vous accompagner ◆ **but I DO like pasta!** mais si j'aime bien les pâtes ! ◆ **I am sure he never said that – he DID say it** je suis sûr qu'il n'a jamais dit ça — je t'assure que si *or* mais si, il l'a dit ! ◆ **so you DO know them!** alors comme ça tu les connais !

### 2 - TRANSITIVE VERB

**a** faire ◆ **what are you doing in the bathroom?** qu'est-ce que tu fais dans la salle de bains ? ◆ **what ~ you ~ (for a living)?** que faites-vous dans la vie ? ◆ **I don't know what to do** je ne sais pas quoi faire ◆ **I don't know how she does it** je ne sais pas comment elle fait ◆ **the work is being done by a local builder** c'est un entrepreneur du coin qui fait les travaux ◆ **I've only done three pages** je n'ai fait que trois pages ◆ **we only ~ one make of gloves** nous ne faisons qu'une marque de gants ◆ **are you doing anything this evening?** vous faites quelque chose ce soir ?, êtes-vous pris ce soir ? ◆ **the car was doing 100mph** la voiture faisait du 160 km/h ◆ **we did London to Edinburgh in eight hours** nous avons fait (le trajet) Londres-Édimbourg en huit heures ◆ **we've done 200km since 2 o'clock** nous avons fait 200 km depuis 2 heures cet après-midi ◆ **to ~ the sights** faire du tourisme ◆ **to ~ six years (in jail)** faire six ans de prison ◆ **to ~ again** refaire ◆ **it's all got to be done again** tout est à refaire *or* à recommencer ◆ **now you've done it !** c'est malin ! ◆ **that's done it !** * *(dismay)* c'est foutu ! ‡ ; *(satisfaction)* (voilà) ça y est !

Some **do + noun** combinations require a more specific French verb.

◆ **to ~ the flowers** arranger les fleurs ◆ **to ~ one's hair** se coiffer ◆ **to ~ a play** *(= put on)* monter une pièce ◆ **to ~ nine subjects** étudier neuf matières ◆ **to ~ one's teeth** se laver *or* se brosser les dents

◆ **to do** + *person (= study)* ◆ **to ~ an author** faire *or* étudier un auteur ◆ **we're doing Orwell this term** on fait *or* étudie Orwell ce trimestre ◆ **the barber said he'd ~ me next** *(= attend to)* le coiffeur a dit qu'il me prendrait après ◆ **I'll ~ you ‡ if I get hold of you!** *(= hurt)* attends un peu que je t'attrape !, tu auras affaire à moi si je t'attrape ! ◆ **she does the worried mother very convincingly** *(= act)* elle est très convaincante quand elle joue les mères inquiètes ◆ **he does his maths teacher to perfection** *(= imitate)* il imite son professeur de maths à la perfection ◆ **they ~ you very well at that restaurant** *(= serve)* on mange rudement* bien dans ce restaurant ◆ **to ~ sb to death** *(= kill)* tuer qn

**b** [= finish] ◆ **to get done with sth** en finir avec qch ◆ **have you done moaning?** * tu as fini de te plaindre ? ◆ **when all's said and done** au bout du compte, en fin de compte

**c** [Culin] *(= cook)* faire ; *(= peel)* éplucher ; *(= prepare)* faire, préparer ◆ **I'll ~ some pasta** je vais faire des pâtes ◆ **how do you like your steak done ?** comment voulez-vous votre bifteck ? ◆ **I like steak well done** j'aime le bifteck bien cuit

**d** [Brit * = cheat] ◆ **he realized they'd done him** il s'aperçut qu'il s'était fait avoir * ◆ **to be done** se faire avoir * ◆ **you've been done!** tu t'es fait avoir ! *, on t'a eu *or* refait ! * ◆ **he was afraid he'd be done** il avait peur de se faire avoir

**e** [= suffice, suit] aller à ◆ **will a kilo ~ you?** un kilo, ça ira ? ◆ **that will ~ me nicely** ça ira très bien

**f** [* = take] *[+ cocaine, heroin]* prendre

**g** [set structures]

◆ **to do** + *preposition* ◆ **there's nothing I can ~ about it** je ne peux rien y faire ◆ **he's been badly done by** on s'est très mal conduit avec lui ◆ **what are we going to ~ for money?** comment allons-nous faire pour trouver de l'argent ? ◆ **what can I ~ for you?** qu'est-ce que je peux faire pour vous ?, en quoi puis-je vous aider ? ◆ **could you ~ something for me?** est-ce que tu peux me rendre un service ? ◆ **I could see what the stress was doing to him** je voyais qu'il était très stressé ◆ **what are you doing to that poor cat?** qu'est-ce que tu es en train de faire à ce pauvre chat ? ◆ **this theme has been done to death** c'est un sujet rebattu ◆ **what have you done with my gloves?** qu'as-tu fait de mes gants ? ◆ **what are you doing with yourself these days?** qu'est-ce que tu deviens ? ◆ **he didn't know what to ~ with himself** il ne savait pas quoi faire de sa peau * ◆ **what am I going to ~ with you?** qu'est-ce que je vais bien pouvoir faire de toi ?

### 3 - INTRANSITIVE VERB

**a** [= act] faire, agir ◆ **~ as your friends ~** faites comme vos amis ◆ **~ as I say** fais ce que je dis ◆ **he did well by his mother** il a bien agi *or* il s'est bien comporté envers sa mère ◆ **he did well to take advice** il a bien fait de prendre conseil ◆ **you would ~ well to rest more** vous feriez bien de vous reposer davantage ◆ **he did right** il a bien fait ◆ **he did right to go** il a bien fait d'y aller BUT **she was up and doing at 6 o'clock** elle était sur pied dès 6 heures du matin ◆ **do as you would be done by** *(Prov)* ne faites pas aux autres ce que vous ne voudriez pas qu'on vous fasse

◆ **nothing doing** * ◆ **there's nothing doing in this town** il ne se passe jamais rien dans cette ville ◆ **nothing doing!** *(refusing)* pas question ! * ; *(reporting lack of success)* pas moyen ! *

◆ **to have + to do with** *(= to be connected with)* ◆ **what has that got to ~ with it ?** et alors, qu'est-ce que ça a à voir ? ◆ **that has nothing to ~ with it!** cela n'a rien à voir !, cela n'a aucun rapport ! ◆ **they say crime has nothing to ~ with unemployment** ils prétendent que la criminalité n'a rien à voir *or* n'a aucun rapport avec le chômage ◆ **this debate has to ~ with the cost of living** ce débat porte sur le coût de la vie ◆ **that's got a lot to ~ with it!** ça y est pour beaucoup ! ◆ **money has a lot to ~ with it** l'argent y est pour beaucoup ◆ **his business activities have nothing to ~ with how much I earn** ses affaires n'ont rien à voir avec ce que je gagne ◆ **that has nothing to ~ with you!** ça ne vous regarde pas ! ◆ **I won't have anything to ~ with it** je ne veux pas m'en mêler ◆ **a doctor has to ~ with all kinds of people** un médecin a affaire à toutes sortes de gens b [= get on] aller, marcher ; *(as regards health)* se porter ◆ **how are you doing?** comment ça va ? ◆ **how's he doing?** comment va-t-il ? ◆ **the patient is doing better now** le malade va *or* se porte mieux ◆ **he's doing well at school** il a de bons résultats à l'école, il marche bien * en classe ◆ **he** *or* **his business is doing well** ses affaires vont *or* marchent bien ◆ **hi, what's doing?** * salut, comment ça va ? ◆ **the patient is doing very well** le malade est en très bonne voie ; *(on being introduced)* ◆ **how ~ you ~ ?** enchanté *or* très heureux (de faire votre connaissance) ◆ **the roses are doing well this year** les roses sont belles cette année

c [= finish] finir, terminer ◆ **have you done?** vous avez terminé ?, ça y est ?

♦ **to have done with** ◆ **I've done with all that nonsense** je ne veux plus entendre parler de ces bêtises ◆ **have you done with that book?** vous n'avez plus besoin de ce livre ?, vous avez fini avec ce livre ?

d [= suit, be convenient] aller, faire l'affaire ◆ **this room will ~** cette chambre fera l'affaire ◆ **that will ~ for the moment** ça ira pour le moment ◆ **that will never ~ !** il n'en est pas question ! ◆ **it doesn't ~ to tell him what you think of him** ce n'est pas une bonne idée de lui dire ce qu'on pense de lui ◆ **this coat will ~ for** *or* **as a blanket** ce manteau peut servir de couverture

e [= be sufficient] suffire ◆ **three bottles of wine should ~** trois bouteilles de vin devraient suffire, trois bouteilles de vin, ça devrait aller ◆ **can you lend me some money? – will £10 ~?** peux-tu me prêter de l'argent ? – dix livres, ça te suffira *or* ça ira ? ◆ **that will ~!** ça suffira !, ça ira !

f [† = do housework] faire le ménage ◆ **the woman who does for me** la personne qui fait mon ménage, ma femme de ménage

4 - NOUN

a [* esp Brit] fête *f* ◆ **they had a big ~ for their twenty-fifth anniversary** ils ont fait une grande fête pour leur vingt-cinquième anniversaire de mariage

b [* Brit = swindle] escroquerie *f* ◆ **the whole business was a real ~ from start to finish** toute l'affaire n'a été qu'une escroquerie du début jusqu'à la fin

c [* = state of affairs] ◆ **it's a poor ~ !** c'est plutôt minable ! *

5 - PLURAL NOUN

**dos**

a ◆ **the dos and don'ts** ce qu'il faut faire ou ne pas faire

b ◆ **fair dos !** * il faut être juste !

6 - PHRASAL VERBS

► **do away with** VT FUS a *(= get rid of) [+ law, controls]* abolir ; *[+ nuclear weapons]* démanteler ; *[+ subsidies]* supprimer ; *[+ building]* démolir ◆ **this will ~ away with the need for a UN presence** cela rendra la présence des Nations unies superflue

b *(* = kill) [+ person]* liquider *, supprimer ◆ **to ~ away with o.s.** se suicider

► **do down** * VT SEP *(Brit) [+ person]* dénigrer ◆ **she's always doing herself down** il faut toujours qu'elle se déprécie *or* se rabaisse

► **do for** * VT FUS *[+ person] (= kill)* liquider *, supprimer ; *(= ruin) [+ hopes, chances, project]* ficher * *or* foutre ‡ en l'air, bousiller * ◆ **he's/it's done for** il est/c'est fichu * *or* foutu ‡ ; see also **do¹**

► **do in** ‡ VT SEP a *(= kill)* buter ‡, liquider *

b ◆ **it does my head in** ça me prend la tête *

c *(gen pass = exhaust)* épuiser ◆ **to be** *or* **feel done in** être claqué * *or* épuisé

► **do out** VT SEP *(Brit) [+ room] (= clean)* nettoyer à fond ; *(= decorate)* refaire

► **do out of** * VT SEP ◆ **to ~ sb out of £100** arnaquer * qn de 100 livres, refaire * qn de 100 livres ◆ **to ~ sb out of a job** piquer son travail à qn

► **do over** VT SEP a *(US * = redo)* refaire

b *(Brit ‡) [+ person] (= beat up)* tabasser *, passer à tabac * ; *[+ room, house] (= ransack)* fouiller de fond en comble, mettre sens dessus dessous ◆ **the door was open: they had done the place over** la porte était ouverte : ils avaient fouillé la maison de fond en comble *or* ils avaient mis la maison sens dessus dessous

c *(= redecorate) [+ house]* refaire

► **do up** VI *[dress, jacket]* se fermer

VT SEP a *(= fasten) [+ buttons]* boutonner ; *[+ zip]* fermer, remonter ; *[+ dress]* fermer ; *[+ shoes]* lacer

b *(= parcel together) [+ goods]* emballer, empaqueter ◆ **to ~ sth up in a parcel** emballer *or* empaqueter qch ◆ **to ~ up a parcel** faire un paquet

c * *(= renovate) [+ house, room]* remettre à neuf, refaire ; *(= dress)* arranger ◆ **she was done up in a bizarre outfit** elle était bizarrement affublée ◆ **to ~ o.s. up** se faire beau (belle *f*)

► **do with** * VT FUS a ◆ **I could ~ with a cup of tea** je prendrais bien une tasse de thé ◆ **the house could ~ with a coat of paint** la maison a besoin d'un bon coup de peinture

b *(= tolerate)* supporter ◆ **I can't ~ with** *or* **be doing with whining children** je ne peux pas supporter les enfants qui pleurnichent

► **do without** VT FUS se passer de ◆ **you'll have to ~ without then!** alors il faudra bien que tu t'en passes *subj* ! ◆ **I can ~ without your advice!** je vous dispense de vos conseils ! ◆ **I could have done without that!** je m'en serais très bien passé !

---

**do²** /dəʊ/ N *(Mus)* do *m*

**do.** (abbrev of **ditto**) id, idem

**DOA** /,diːəʊ'eɪ/ (abbrev of **dead on arrival**) → **dead**

**doable** * /'duːəbl/ ADJ faisable

**DOB** (abbrev of **date of birth**) → **date¹**

**Doberman** /'dəʊbəmən/ N (also **Doberman pinscher**) doberman *m*

**doc** * /dɒk/ N *(US)* (abbrev of **doctor**) docteur *m*, toubib * *m* ◆ **yes ~** oui docteur

**docile** /'dəʊsaɪl/ ADJ docile, maniable

**docilely** /'dəʊsaɪlɪ/ ADV docilement

**docility** /dəʊ'sɪlɪtɪ/ N docilité *f*, soumission *f*

**dock¹** /dɒk/ N *(for berthing)* bassin *m*, dock *m* ; *(for loading, unloading, repair)* dock *m* ◆ **my car is in ~** * *(Brit fig)* ma voiture est en réparation ; → **dry, graving dock** VT *[+ ship]* mettre à quai ; *[+ spacecraft]* amarrer, arrimer VI a *(Naut)* arriver *or* se mettre à quai ◆ **the ship has ~ed** le bateau est à quai b *(Space) [two spacecraft]* s'arrimer (*with* à) ◆ **the shuttle ~ed with the space station** la navette s'est arrimée à la station spatiale COMP ▷ **dock house** N bureaux *mpl* des docks ▷ **dock labourer** N docker *m*, débardeur *m* ▷ **dock strike** N grève *f* des dockers ▷ **dock-worker** N ⇒ **dock labourer**

**dock²** /dɒk/ N *(Brit Jur)* banc *m* des accusés ◆ **"prisoner in the dock"** "accusé" ◆ **in the ~** *(lit)* au banc des accusés ◆ **to be in the ~** *(fig)* être sur la sellette, être au banc des accusés

**dock³** /dɒk/ VT a *[+ dog, horse]* écourter ; *[+ tail]* couper b *(Brit) [+ wages]* faire une retenue sur ◆ **to ~ £25 off sb's wages** retenir 25 livres sur le salaire de qn ◆ **he had his wages ~ed for repeated lateness** on lui a fait une retenue sur son salaire à cause de ses retards répétés ◆ **to ~ a soldier of two days' pay/leave** supprimer deux jours de solde/de permission à un soldat ◆ **the club was ~ed six points for cheating** *(Sport)* on a enlevé six points au club pour avoir triché

**dock⁴** /dɒk/ N *(Bot)* patience *f*

**docker** /'dɒkəʳ/ N *(Brit)* docker *m*, débardeur *m*

**docket** /'dɒkɪt/ N a *(= paper: on document, parcel etc)* étiquette *f*, fiche *f* *(indiquant le contenu d'un paquet etc)* b *(Jur) (= register)* registre *m* des jugements rendus ; *(esp US) (= list of cases)* rôle *m* des causes ; *(= abstract of letters patent)* table *f* des matières, index *m* c *(Brit Customs = certificate)* récépissé *m* de douane, certificat *m* de paiement des droits de douane VT a *[+ contents]* résumer ; *(Jur) [+ judgement]* enregistrer *or* consigner sommairement ; *(fig) [+ information etc]* consigner, prendre note de b *[+ packet, document]* faire une fiche pour, étiqueter

**docking** /'dɒkɪŋ/ N *(Space)* arrimage *m*, amarrage *m*

**dockland** /'dɒklənd/ N *(Brit)* ◆ **the ~** le quartier des docks, les docks *mpl*

**dockside** /'dɒk,saɪd/ N docks *mpl*

**dockwalloper** * /'dɒk,wɒləpəʳ/ N *(US)* ⇒ **dock labourer**

**dockyard** /'dɒkjɑːd/ N chantier *m* naval ; → **naval**

**doctor** /'dɒktəʳ/ N a *(Med)* médecin *m*, docteur *m* ◆ **he/she is a ~** il/elle est médecin *or* docteur ◆ **you should see a ~** tu devrais aller chez le médecin (or) chez le docteur ◆ **a woman ~** une femme médecin ◆ **who is your ~?** qui est votre docteur ?, qui est votre médecin traitant ? ◆ **Doctor Allan** le docteur Allan, Monsieur (*or* Madame) le docteur Allan ◆ **yes ~** oui docteur ◆ **to send for the ~** faire venir le médecin *or* le docteur ◆ **to go to the ~'s** aller chez le docteur ◆ **to be under the ~** * **(for sth)** suivre un traitement (contre qch) ◆ **~'s line** *or* **note** *(Brit)*, **~'s excuse** *(US) (Scol etc)* dispense *f* ◆ **at the ~'s** chez le médecin ◆ **~'s office** *(US)* cabinet *m* médical ◆ **it's just what the ~ ordered** * *(fig hum)* c'est exactement ce qu'il me (*or* te *etc*) fallait ; → **Dr**

b *(Univ etc)* docteur *m* ◆ **~'s degree** doctorat *m* ◆ **Doctor of Law/of Science** *etc* docteur *m* en droit/ès sciences *etc* ◆ **Doctor of Philosophy** ≃ titulaire *m* d'un doctorat d'État ; → **medicine**

VT a *[+ sick person]* soigner

b *(Brit * = castrate) [+ cat etc]* couper, châtrer

c *(* pej = mend)* rafistoler * *(pej)*

d *(= tamper with) [+ wine]* trafiquer *, frelater ; *[+ food]* trafiquer * ; *[+ text, document, figures, accounts]* tripatouiller *

**doctoral** /'dɒktərəl/ ADJ *[student]* de doctorat ◆ **he did his ~ research at Cambridge** il a fait les recherches pour son doctorat à Cambridge COMP ▷ **doctoral dissertation** N *(US)* ⇒ **doctoral thesis** ▷ **doctoral thesis** N *(Univ)* thèse *f* de doctorat

**doctorate** /'dɒktərɪt/ N doctorat *m* ◆ **~ in science/in philosophy** doctorat *m* ès sciences/en philosophie

**doctrinaire** /,dɒktrɪ'nɛəʳ/ ADJ, N doctrinaire *mf*

**doctrinal** /dɒk'traɪnl/ ADJ doctrinal

**doctrine** /'dɒktrɪn/ N doctrine *f*

**docudrama** /ˌdɒkjʊˈdrɑːmə/ N *(TV etc)* docudrame *m*

**document** /ˈdɒkjʊmənt/ N *(gen, also Comput)* document *m* ◆ **the ~s relating to a case** le dossier d'une affaire ◆ **official ~** document *m* officiel ; *(Jur)* acte *m* authentique public ◆ **judicial ~** *(Jur)* acte *m* judiciaire

VT /ˈdɒkjʊment/ a *(= record)* consigner ; *(= describe)* décrire ◆ **each accidental injury is ~ed** chaque blessure accidentelle est consignée ◆ **a bestseller ~ing his achievements** un best-seller qui décrit ses exploits ◆ **there is no ~ed case of someone being infected in this way** il n'existe aucun cas connu d'infection par ce biais ◆ **complaints must be ~ed** *(Jur)* les plaintes doivent être accompagnées de pièces justificatives

◆ **well-documented** *[case, report]* solidement documenté ◆ **there are well ~ed reports of ...** il existe des témoignages solidement documentés selon lesquels ...

◆ **to be well documented** être attesté par de nombreuses sources ◆ **the effects of smoking have been well ~ed** les effets du tabac ont été attestés par de nombreuses sources ◆ **it is well ~ed that olive oil helps reduce cholesterol levels** de nombreuses recherches tendent à prouver que l'huile d'olive contribue à réduire le taux de cholestérol

b *[+ ship]* munir des papiers nécessaires

COMP ▷ **document case** N porte-documents *m inv* ▷ **document imaging** N *reproduction de document sous forme d'image* ▷ **document reader** N *(Comput)* lecteur *m* de documents

> ⚠ **to document** *is not translated by* **documenter**, *except in the case of 'well-documented' (see above).*

**documentary** /ˌdɒkjʊˈmentərɪ/ ADJ documentaire N *(Cine, TV)* (film *m*) documentaire *m*

COMP ▷ **documentary evidence** N *(Jur)* documents *mpl*, preuve *f* documentaire *or* par écrit ▷ **documentary letter of credit** N crédit *m* documentaire

**documentation** /ˌdɒkjʊmenˈteɪʃən/ N documentation *f* ; *(Comm)* documents *mpl* (à fournir *etc* )

**docu-soap** /ˌdɒkjʊˈsəʊp/ N feuilleton-documentaire *m*

**DOD** /ˌdiːəʊˈdiː/ N *(US)* (abbrev of **Department of Defense**) → **defence**

**do-dad** * /ˈduːdæd/ N ⇒ **doodah**

**dodder** /ˈdɒdəʳ/ VI ne pas tenir sur ses jambes ; *(fig)* tergiverser, atermoyer

**dodderer** * /ˈdɒdərəʳ/ N vieux (*or* vieille *f*) gaga *, croulant(e) * *m(f)*, gâteux *m*, -euse *f*

**doddering** /ˈdɒdərɪŋ/, **doddery** /ˈdɒdərɪ/ ADJ *(= trembling)* branlant ; *(= senile)* gâteux

**doddle** * /ˈdɒdəl/ N *(Brit)* ◆ **it's a ~** c'est simple comme bonjour *, c'est du gâteau *

**Dodecanese** /ˌdəʊdɪkəˈniːz/ N Dodécanèse *m*

**dodge** /dɒdʒ/ N a *(= movement)* mouvement *m* de côté ; *(Boxing, Ftbl)* esquive *f*

b *(Brit* *) *(= trick)* tour *m*, truc * *m* ; *(= ingenious scheme)* combine * *f*, truc * *m* ◆ **he's up to all the ~s** il connaît (toutes) les ficelles ◆ **I've got a good ~ for making money** j'ai une bonne combine * pour gagner de l'argent ; → **tax**

VT *[+ blow, ball]* esquiver ; *[+ pursuer]* échapper à ; *(fig = avoid ingeniously) [+ question, difficulty]* esquiver, éluder ; *[+ tax]* éviter de payer ; *(= shirk) [+ work, duty]* esquiver ◆ **he ~d the issue** il a éludé la question ◆ **I managed to ~ him before he saw me** j'ai réussi à m'esquiver avant qu'il ne me voie

VI faire un saut de côté *or* un brusque détour ; *(Boxing, Fencing)* esquiver ; *(Ftbl, Rugby)* faire une feinte de corps, feinter ◆ **to ~ out of sight** *or* **out of the way** s'esquiver ◆ **to ~ behind a tree** disparaître derrière un arbre ◆ **to ~ through the traffic/the trees** se faufiler entre les voitures/les arbres ◆ **he saw the police and ~d round the back (of the house)** il a vu les agents et s'est esquivé (en faisant le tour de la maison) par derrière

► **dodge about** VI aller et venir, remuer

**dodgems** /ˈdɒdʒəmz/ NPL *(Brit)* autos *fpl* tamponneuses

**dodger** /ˈdɒdʒəʳ/ N a (* = trickster) roublard(e) * *m(f)*, finaud(e) *m(f)* ; *(= shirker)* tire-au-flanc *m inv* ; → **artful** b *(Naut)* toile *f* de passerelle de commandement c *(US = handbill)* prospectus *m*

**dodgy** * /ˈdɒdʒɪ/ ADJ a *(Brit = uncertain, tricky) [situation, plan, finances, weather]* douteux ; *[health]* précaire ◆ **he's got a ~ back/heart** *etc* il a des problèmes de dos/de cœur *etc*, son dos/cœur *etc* lui joue des tours ◆ **her health is ~, she's in ~ health** sa santé lui joue des tours, elle n'a pas la santé * b *(= dubious, suspicious) [person, deal, district]* louche *

**dodo** /ˈdəʊdəʊ/ N (pl **dodos** *or* **dodoes**) dronte *m*, dodo *m* ; → **dead**

**DOE** /ˌdiːəʊˈiː/ N a *(Brit)* (abbrev of **Department of the Environment**) → **environment** b *(US)* (abbrev of **Department of Energy**) → **energy**

**doe** /dəʊ/ N (pl **does** *or* **doe**) a *(= deer)* biche *f* b *(= rabbit)* lapine *f* ; *(= hare)* hase *f* ◆ **~-eyed** *[person]* aux yeux de biche ; *[look]* de biche

**doer** /ˈdu(ː)əʳ/ N a *(= author of deed)* auteur *m* de l'action ◆ **~s of good deeds often go unrewarded** ceux qui font le bien ne sont pas souvent récompensés b *(= active person)* personne *f* efficace *or* dynamique ◆ **he's a ~, not a thinker** il préfère l'action à la réflexion

**does** /dʌz/ → **do¹**

**doeskin** /ˈdəʊskɪn/ N peau *f* de daim

**doesn't** /ˈdʌznt/ ⇒ **does not** ; → **do¹**

**doff** /dɒf/ VT († , *hum*) *[+ garment, hat]* ôter, enlever

**dog** /dɒg/ N a *(Zool)* chien(ne) *m(f)* ◆ **it's a real ~'s dinner** * *or* **breakfast** * c'est le bordel ‡ ◆ **he's all done up like a ~'s dinner** * regarde comme il est attifé *, il est attifé * n'importe comment ◆ **to lead a ~'s life** mener une vie de chien ◆ **it's a ~'s life** c'est une vie de chien ◆ **the ~s** * *(Brit Sport)* les courses *fpl* de lévriers ◆ **to go to the ~s** * *(fig) [person]* gâcher sa vie, mal tourner ; *[institution, business]* aller à vau-l'eau, péricliter ◆ **to throw sb to the ~s** *(fig)* abandonner qn à son sort ◆ **every ~ has his day** *(Prov)* à chacun vient sa chance, à chacun son heure de gloire ◆ **he hasn't a ~'s chance** * il n'a pas la moindre chance (de réussir) ◆ **it's (a case of) ~ eat ~** c'est un cas où les loups se mangent entre eux ◆ **give a ~ a bad name (and hang him)** *(Prov)* qui veut noyer son chien l'accuse de la rage *(Prov)* ◆ **to put on the ~** ‡ *(US)* faire de l'épate * ◆ **this is a real ~** * *(= very bad)* c'est nul * ◆ **it's the ~'s bollocks** *‡ *(Brit)* c'est génial * ; → **cat, hair**

b *(= male) [of fox etc]* mâle *m*

c * **lucky ~** veinard(e) * *m(f)* ◆ **dirty ~** sale type * *m* ◆ **sly ~** (petit) malin *m*, (petite) maligne *f*

d *(‡ = unattractive woman)* cageot ‡ *m*, boudin * *m*

e ◆ **the ~ (and bone)** ‡ *(= phone)* téléphone *m*, bigophone * *m* ◆ **to get on the ~** téléphoner

f *(Tech) (= clamp)* crampon *m* ; *(= pawl)* cliquet *m*

VT a *(= follow closely) [+ person]* suivre (de près) ◆ **he ~s my footsteps** il marche sur mes talons, il ne me lâche pas d'une semelle

b *(= harass)* harceler ◆ **~ged by ill fortune** poursuivi par la malchance

COMP ▷ **dog and pony show** N *(US fig) spectacle fait pour impressionner* ▷ **dog basket** N panier *m* pour chien ▷ **dog biscuit** N biscuit *m* pour chien ▷ **dog breeder** N éleveur *m*, -euse *f* de chiens ▷ **dog collar** N *(lit)* collier *m* de chien ; *(hum: clergyman's)* col *m* de pasteur, (faux) col *m* d'ecclésiastique ▷ **dog days** NPL canicule *f* ▷ **dog-eared** ADJ écorné ▷ **dog-end** * N mégot *m* ◆ **they epitomize the ~-end of the British music scene** ils incarnent tout ce qu'il y a de plus médiocre sur la scène musicale britannique ADJ minable * ▷ **dog fancier** N *(= connoisseur)* cynophile *mf* ; *(= breeder)* éleveur *m*, -euse *f* de chiens ▷ **dog fox** N renard *m* (mâle) ▷ **dog guard** N *(Aut)* barrière *f* pour chien *(à l'arrière d'une voiture)* ▷ **dog handler** N *(Police etc)* maître-chien *m* ▷ **dog Latin** * N latin *m* de cuisine ▷ **dog licence** N *redevance payable par les propriétaires de chiens* ▷ **dog paddle** N nage *f* en chien VI nager en chien ▷ **dog rose** N *(= flower)* églantine *f* ; *(= bush)* églantier *m* ▷ **Dog Star** N Sirius *m* ▷ **dog tag** * N *(US Mil)* plaque *f* d'identification *(portée par les militaires)* ▷ **dog-tired** * ADJ claqué *, crevé * ▷ **dog track** N piste *f* (de course de lévriers) ▷ **dog wolf** N loup *m*

**dogcart** /ˈdɒgkɑːt/ N charrette *f* anglaise, dog-cart *m*

**doge** /dəʊdʒ/ N doge *m*

**dogfight** /ˈdɒgfaɪt/ N *(lit)* combat *m* de chiens ; *(Aviat)* combat *m* entre avions de chasse ; *(between people)* bagarre *f*

**dogfish** /ˈdɒgfɪʃ/ N (pl **dogfish** *or* **dogfishes**) chien *m* de mer, roussette *f*

**dogfood** /ˈdɒgfuːd/ N nourriture *f* pour chiens

**dogged** /ˈdɒgɪd/ ADJ *[person, character]* tenace ; *[courage, determination, persistence, refusal]* obstiné ; *[resistance, battle]* acharné

**doggedly** /ˈdɒgɪdlɪ/ ADV *[say, fight]* avec ténacité ; *[refuse]* obstinément ◆ **~ determined** résolu envers et contre tout ◆ **he is ~ loyal** il fait preuve d'une loyauté à toute épreuve ◆ **he was ~ optimistic** il était résolument optimiste

**doggedness** /ˈdɒgɪdnɪs/ N obstination *f*, ténacité *f*

**Dogger Bank** /ˈdɒgəbæŋk/ N Dogger Bank *m*

**doggerel** /ˈdɒgərəl/ N vers *mpl* de mirliton

**doggie** /ˈdɒgɪ/ N ⇒ **doggy n**

**doggo** * /ˈdɒgəʊ/ ADV *(Brit)* ◆ **to lie ~** se tenir coi (coite *f*) ; *[fugitive, criminal]* se terrer

**doggone(d)** * /ˌdɒgˈgɒn(d)/ ADJ *(US euph)* ⇒ **damn, damned**

**doggy** * /ˈdɒgɪ/ N *(baby talk)* toutou * *m (baby talk)* ADJ *[smell]* de chien mouillé ◆ **she is a very ~ woman** elle a la folie des chiens ◆ **I'm not really a ~ person** je n'aime pas trop les chiens COMP ▷ **doggy bag** * N *petit sac pour emporter les restes après un repas au restaurant* ▷ **doggy fashion** * ADV *[have sex]* en levrette ▷ **doggy paddle** * N nage *f* en chien VI nager en chien ▷ **doggy style** * ADV ⇒ **doggy fashion**

**doghouse** /ˈdɒghaʊs/ N (US) chenil *m*, niche *f* à chien ◆ **he is in the ~** * *(fig)* il n'est pas en odeur de sainteté

**dogie** /ˈdəʊgɪ/ N (US) veau *m* sans mère

**dogleg** /ˈdɒgleg/ N *(in road etc)* coude *m*, angle *m* abrupt ADJ *[turn, bend]* en coude, en épingle à cheveux

**doglike** /ˈdɒglaɪk/ ADJ *[appearance]* canin ; *[devotion, fidelity]* inconditionnel

**dogma** /ˈdɒgmə/ N (pl **dogmas** or **dogmata** /ˈdɒgmətə/) dogme *m*

**dogmatic** /dɒgˈmætɪk/ ADJ *(Rel, fig)* dogmatique ◆ **to be very ~ about sth** être très dogmatique sur qch

**dogmatically** /dɒgˈmætɪkəlɪ/ ADV *[speak, write, argue]* sur un ton dogmatique ; *[follow rule, apply principle]* dogmatiquement, d'une manière dogmatique

**dogmatism** /ˈdɒgmətɪzəm/ N *(Philos, Rel, fig)* dogmatisme *m*

**dogmatist** /ˈdɒgmətɪst/ N dogmatique *mf*

**dogmatize** /ˈdɒgmətaɪz/ VI *(Rel, fig)* dogmatiser

**do-gooder** /ˌduːˈgʊdəʳ/ N *(slightly pej)* bonne âme *f (iro)*

**dogsbody** * /ˈdɒgzbɒdɪ/ N *(Brit)* ◆ **she's the general ~** c'est la bonne à tout faire

**dogshow** /ˈdɒgʃəʊ/ N exposition *f* canine

**dogtrot** /ˈdɒgtrɒt/ N petit trot *m* ; *(US = passageway)* passage *m* couvert

**dogwatch** /ˈdɒgwɒtʃ/ N *(Naut)* petit quart *m*, quart *m* de deux heures

**dogwood** /ˈdɒgwʊd/ N cornouiller *m*

**doh** /dəʊ/ N *(Mus)* do *m*

**doily** /ˈdɔɪlɪ/ N *(under plate)* napperon *m* ; *(on plate)* dessus *m* d'assiette

**doing** /ˈduːɪŋ/ N *(NonC)* ◆ **this is your ~** c'est vous qui avez fait cela ◆ **it was none of my ~** je n'y suis pour rien, ce n'est pas moi qui l'ai fait ◆ **that takes some ~** ce n'est pas facile *or* commode, (il) faut le faire ! * NPL **doings** a faits *mpl* et gestes *mpl* b *(Brit* ⁑ *= thingummy)* **~s** machin * *m*, truc * *m* ◆ **that ~s over there** ce machin * là-bas

**do-it-yourself** /ˈduːɪtjəˈself/ N bricolage *m* ADJ a *[shop]* de bricolage ◆ **~ enthusiast** bricoleur *m*, -euse *f* ◆ **~ kit** kit *m* (prêt-à-monter) b *(fig) [divorce, conveyancing, will]* dont on s'occupe soi-même *(sans employer les services d'un professionnel)*

**do-it-yourselfer** * /ˌduːɪtjɔːˈselfəʳ/ N bricoleur *m*, -euse *f*

**dojo** /ˈdəʊdʒəʊ/ N dojo *m*

**Dolby** ® /ˈdɒlbɪ/ N Dolby ® *m*

**doldrums** /ˈdɒldrəmz/ NPL a *(Naut etc) (= area)* zone *f* des calmes équatoriaux ; *(= weather)* calme *m* équatorial b *(fig)* **to be in the ~** *[person]* avoir le cafard *, broyer du noir ; *[business]* être dans le marasme ◆ **to come out of the ~** *[person]* reprendre le dessus ; *[business]* sortir du marasme

**dole** /dəʊl/ N allocation *f* or indemnité *f* de chômage ◆ **to go/be on the ~** *(Brit)* s'inscrire/être au chômage ◆ **how much do you get a week on the ~?** combien touche-t-on d'allocation *or* d'indemnités de chômage par semaine ? COMP ▷ **dole queue** N *(Brit)* ◆ **the ~ queues are lengthening** le nombre de chômeurs augmente

▸ **dole out** VT SEP distribuer *or* accorder au compte-gouttes

**doleful** /ˈdəʊlfʊl/ ADJ *[person, face]* triste ; *[expression, voice]* dolent *(liter)*, plaintif ; *[song]* plaintif ◆ **a ~ prospect** une triste perspective

**dolefully** /ˈdəʊlfəlɪ/ ADV d'un air malheureux

**dolichocephalic** /ˈdɒlɪkəʊseˈfælɪk/ ADJ dolichocéphale

**doll** /dɒl/ N a poupée *f* ◆ **to play with a ~** *or* **~s** jouer à la poupée b *(esp US* ⁑ *= girl)* nana ⁑ *f*, pépée † ⁑ *f* ; *(= pretty girl)* poupée * *f* ◆ **he's/she's a ~** *(= attractive person)* il/elle est chou *, il/elle est adorable ◆ **you're a ~ to help me** * *(US)* tu es un ange de m'aider COMP ▷ **doll buggy**, **doll carriage** N *(US)* landau *m* de poupée ▷ **doll's house** N maison *f* de poupée ▷ **doll's pram** N landau *m* de poupée

▸ **doll up** ⁑ VT SEP *[+ person, thing]* bichonner ◆ **to ~ o.s. up, to get ~ed up** se faire (tout) beau * (*or* (toute) belle *), se bichonner ◆ **all ~ed up** sur son trente et un *(for* pour) ◆ **she was ~ed up for the party** elle s'était mise sur son trente et un pour la soirée

**dollar** /ˈdɒləʳ/ N dollar *m* ◆ **it's ~s to doughnuts that ...** * *(US)* c'est couru d'avance * que ... ; → **half, sixty** COMP ▷ **dollar area** N zone *f* dollar ▷ **dollar bill** N billet *m* d'un dollar ▷ **dollar diplomacy** N *(US Pol)* diplomatie *f* à coups de dollars ▷ **dollar gap** N déficit *m* de la balance dollar ▷ **dollar rate** N *(Fin)* cours *m* du dollar ▷ **dollar sign** N signe *m* du dollar

**dollop** /ˈdɒləp/ N *[of butter, cheese etc]* gros *or* bon morceau *m* ; *[of cream, jam etc]* bonne cuillerée *f*

**dolly** /ˈdɒlɪ/ N a *(*: baby talk = doll)* poupée *f* b *(for washing clothes)* agitateur *m* c *(= wheeled frame)* chariot *m* ; *(Cine, TV)* chariot *m*, travelling *m (dispositif)* ; *(Rail = truck)* plate-forme *f* ADJ *(Sport * = easy)* facile VT *(Cine, TV)* ◆ **to ~ the camera in/out** avancer/reculer la caméra COMP ▷ **dolly bird** ⁑ N *(Brit)* jolie nana ⁑ *f*, poupée * *f* ▷ **dolly tub** N *(for washing)* baquet *m* à lessive ; *(Min)* cuve *f* à rincer

**dolman** /ˈdɒlmən/ N dolman *m* COMP ▷ **dolman sleeve** N (sorte *f* de) manche *f* kimono *inv*

**dolmen** /ˈdɒlmen/ N dolmen *m*

**dolomite** /ˈdɒləmaɪt/ N dolomite *f*, dolomie *f* ◆ **the Dolomites** *(Geog)* les Dolomites *fpl*

**dolphin** /ˈdɒlfɪn/ N *(Zool)* dauphin *m*

**dolphinarium** /ˌdɒlfɪˈnɛərɪəm/ N aquarium *m* pour dauphins savants

**dolt** /dəʊlt/ N balourd(e) *m(f)*

**doltish** /ˈdəʊltɪʃ/ ADJ gourde *, cruche *, balourd

**domain** /dəʊˈmeɪn/ N domaine *m* ◆ **in the ~ of science** dans le domaine des sciences ; → **public** COMP ▷ **domain name** N nom *m* de domaine

**dome** /dəʊm/ N *(Archit: on building)* dôme *m*, coupole *f* ; *(liter = stately building)* édifice *m* ; *[of hill]* sommet *m* arrondi, dôme *m* ; *[of skull]* calotte *f* ; *[of heaven, branches]* dôme *m*

**domed** /dəʊmd/ ADJ *[forehead]* bombé ; *[building]* à dôme, à coupole

**Domesday Book** /ˈduːmzdeɪˌbʊk/ N Domesday Book *m*

**domestic** /dəˈmestɪk/ ADJ a *(= household) (gen)* domestique ; *[fuel]* à usage domestique ; *[quarrel] (within family)* de famille ; *(between married couple)* conjugal ◆ **~ bliss** les joies *fpl* de la vie de famille ◆ **she gets regular ~ help at the weekends** elle a une aide ménagère qui vient tous les week-ends ◆ **the ~ chores** les travaux *mpl* ménagers, les tâches *fpl* ménagères ◆ **~ harmony** l'harmonie *f* du ménage

b *(= home-loving)* **she was never a very ~ sort of person** elle n'a jamais vraiment été une femme d'intérieur

c *(Econ, Pol = internal) [policy, affairs, flight, politics, news, problems, market]* intérieur (-eure *f*) ; *[currency, economy, production]* national ; *[sales]* sur le marché intérieur ◆ **(intended) for ~ consumption** *(lit) [product, commodity]* destiné à la consommation intérieure ; *(fig) [speech, statement]* réservé au public national

d *(= domesticated)* **the ~ cat/rabbit/chicken** *etc* le chat/lapin/poulet *etc* domestique

N a *(= worker)* domestique *mf*

b *(Brit Police * = fight)* querelle *f* domestique

COMP ▷ **domestic appliance** N appareil *m* ménager ▷ **domestic heating oil** N fioul *m* domestique ▷ **domestic rates** NPL *(Brit) anciens impôts locaux* ▷ **domestic science** N arts *mpl* ménagers ▷ **domestic science college** N école *f* d'arts ménagers ▷ **domestic science teaching** N enseignement *m* ménager ▷ **domestic servants** NPL domestiques *mfpl*, employé(e)s *m(f)pl* de maison ▷ **domestic service** N ◆ **she was in ~ service** elle était employée de maison *or* domestique ▷ **domestic spending** N *(NonC)* dépenses *fpl* intérieures ▷ **domestic staff** N *[of hospital, institution]* personnel *m* auxiliaire ; *[of private house]* domestiques *mfpl* ▷ **domestic violence** N violence *f* domestique *or* familiale

**domestically** /dəˈmestɪkəlɪ/ ADV ◆ **only two of the banks are ~ owned** seules deux de ces banques sont détenues par des capitaux nationaux ◆ **~ produced goods** biens *mpl* produits à l'intérieur du pays ◆ **he's not very ~ inclined** ce n'est pas vraiment un homme d'intérieur

**domesticate** /dəˈmestɪkeɪt/ VT a *(lit) [+ animal]* domestiquer b *( * fig, hum) [+ person]* apprivoiser

**domesticated** /dəˈmestɪkeɪtɪd/ ADJ a *[animal]* domestiqué b * *[person]* **she's very ~** c'est une vraie femme d'intérieur ◆ **he's not very ~** ce n'est pas vraiment un homme d'intérieur

**domestication** /dəmestɪˈkeɪʃən/ N *[of animal]* domestication *f*

**domesticity** /ˌdəʊmesˈtɪsɪtɪ/ N a *(= home life)* vie *f* de famille, vie *f* casanière *(slightly pej)* b *(= love of household duties)* goût *m* pour les tâches ménagères

**domicile** /ˈdɒmɪsaɪl/ *(Admin, Fin, Jur)* N domicile *m* VT domicilier ◆ **~d at** *[person]* domicilié à, demeurant à ◆ **he is currently ~d in Berlin** il est actuellement domicilié à Berlin, il demeure actuellement à Berlin ◆ **to ~ a bill with a bank** domicilier un effet à une banque

**domiciliary** /ˌdɒmɪˈsɪlɪərɪ/ ADJ domiciliaire

**domiciliation** /ˌdɒmɪsɪlɪˈeɪʃən/ N *[of bill, cheque]* domiciliation *f*

**dominance** /ˈdɒmɪnəns/ N *(gen: Ecol, Genetics, Psych)* dominance *f (over* sur) ; *[of person, country etc]* prédominance *f*

**dominant** /ˈdɒmɪnənt/ ADJ a *(= predominant, assertive)* dominant ◆ **she is the ~ partner in their marriage** dans leur couple c'est elle qui commande b *(Mus)* de dominante ◆ **~ seventh** septième *f* de dominante c *(Genetics)* dominant d *(Zool) [individual, species]* dominant ◆ **the ~ male of the group** le mâle dominant du groupe N *(Mus)* dominante *f* ; *(Ecol, Genetics)* dominance *f*

**dominate** /ˈdɒmɪneɪt/ VTI dominer

**dominating** /ˈdɒmɪneɪtɪŋ/ ADJ *[character, personality]* dominateur (-trice *f*)

**domination** /ˌdɒmɪˈneɪʃən/ N domination *f*

**dominatrix** /ˌdɒmɪˈneɪtrɪks/ N (pl **dominatrices** /ˌdɒmɪnəˈtraɪsiːz/) *(= sexual partner)* dominatrice *f*; *(= dominant woman)* femme *f* dominatrice, maîtresse femme *f*

**domineer** /ˌdɒmɪˈnɪəʳ/ VI agir en maître, se montrer autoritaire

**domineering** /ˌdɒmɪˈnɪərɪŋ/ ADJ dominateur (-trice *f*), impérieux, autoritaire

**Dominica** /ˌdɒmɪˈniːkə/ N *(Geog)* la Dominique

**Dominican**[1] /dəˈmɪnɪkən/ ADJ *(Geog)* dominicain N Dominicain(e) *m(f)* COMP ▷ **the Dominican Republic** N la République dominicaine

**Dominican**[2] /dəˈmɪnɪkən/ ADJ, N *(Rel)* dominicain(e) *m(f)*

**dominion** /dəˈmɪnɪən/ N a *(NonC)* domination *f*, empire *m* (*over* sur) ◆ **to hold ~ over sb** maintenir qn sous sa domination *or* sous sa dépendance b *(= territory)* territoire *m*, possessions *fpl*; *(Brit Pol)* dominion *m* COMP ▷ **Dominion Day** N *(Can)* fête *f* de la Confédération

**domino** /ˈdɒmɪnəʊ/ N (pl **dominoes**) a domino *m* ◆ **to play ~es** jouer aux dominos ◆ **banks started collapsing like ~es** les banques se sont écroulées les unes après les autres b *(= costume, mask, person)* domino *m* COMP ▷ **domino effect** N effet *m* d'entraînement ▷ **domino theory** N *(Pol)* théorie *f* des dominos, théorie *f* du proche en proche

**Don** /dɒn/ N *(= river)* Don *m*

**don**[1] /dɒn/ N a *(Brit Univ *)* professeur *m* d'université *(surtout à Oxford et à Cambridge)* b *(= Spanish nobleman)* don *m* c *(US)* chef *m* de la Mafia

**don**[2] /dɒn/ VT *[+ garment]* revêtir, mettre

**donate** /dəʊˈneɪt/ VT faire don de, donner ◆ **to ~ blood** donner son sang ◆ **~d by ...** offert par ...

**donation** /dəʊˈneɪʃən/ N a *(NonC = act of giving)* donation *f* b *(= gift)* don *m* ◆ **to make a ~ to a fund** faire un don à une caisse

**done** /dʌn/ VB (ptp of **do**[1]) ◆ **what's ~ cannot be undone** ce qui est fait est fait ◆ **that's just not ~!** cela ne se fait pas ! ◆ **it's as good as ~** c'est comme si c'était fait ◆ **a woman's work is never ~** *(Prov)* une femme n'est jamais au bout de sa tâche ◆ **~!** *(Comm)* marché conclu !, entendu ! ◆ **consider it ~!** c'est comme si c'était fait ! ADJ → **do**[1] a ◆ **is it the ~ thing?** est-ce que cela se fait ? ◆ **it's not the ~ thing** ça ne se fait pas ◆ **it's not yet a ~ deal, since the agreement has to be approved by the owners** ce n'est pas encore chose faite, l'accord doit être approuvé par les propriétaires b (* *= tired out*) claqué *, crevé * ◆ **I'm absolutely ~!** ⁑ je n'en peux plus !, je suis crevé ! * c *(= cooked)* cuit ◆ **is it ~ yet?** est-ce que c'est cuit ? ◆ **well ~** *[steak]* bien cuit

**donee** /ˌdəʊˈniː/ N *(Jur)* donataire *mf*

**doner** /ˈdɒnəʳ/ N (also **doner kebab**) donner kebab *m* ≃ sandwich *m* grec

**dong** /dɒŋ/ N a *(= sound of bell)* dong *m* b *(= unit of currency)* dông *m* c (*** *= penis*) zob *** *m*

**dongle** /ˈdɒŋgl/ N *(Comput)* boîtier *m* de sécurité

**donjon** /ˈdʌndʒən/ N donjon *m*

**donkey** /ˈdɒŋkɪ/ N a âne(sse) *m(f)*, baudet * *m* ◆ **she hasn't been here for ~'s years** * *(Brit)* il y a une éternité *or* ça fait une paye * qu'elle n'est pas venue ici ; → **hind**[2] b (* *= fool*) âne *m*, imbécile *mf* COMP ▷ **donkey derby** N *(Brit)* course *f* à dos d'âne ▷ **donkey engine** N *(Tech)* auxiliaire *m*, petit cheval *m*, cheval *m* alimentaire ▷ **donkey jacket** N *(Brit)* grosse veste *f* ▷ **donkey ride** N promenade *f* à dos d'âne ▷ **donkey-work** N *(Brit)* ◆ **the ~-work** le gros du travail

**donnish** /ˈdɒnɪʃ/ ADJ *[person]* cérébral ; *[humour, manner]* d'intellectuel

**donor** /ˈdəʊnəʳ/ N *(to charity etc)* donateur *m*, -trice *f*; *(Med) [of blood, organ for transplant]* donneur *m*, -euse *f* ◆ **sperm/organ/bone marrow/kidney ~** donneur de sperme/d'organe/de moelle osseuse/de rein COMP ▷ **donor card** N carte *f* de donneur d'organes ▷ **donor country** N pays *m* donateur ▷ **donor insemination** N insémination *f* artificielle ▷ **donor organ** N organe *m* de donneur ▷ **donor sperm** N sperme *m* de donneur

**don't** /dəʊnt/ VB ⇒ **do not**; → **do**[1] N ◆ **~s** choses *fpl* à ne pas faire ; → **do**[1] COMP ▷ **don't knows** * NPL *(gen)* sans opinion *mpl* ; *(= voters)* indécis *mpl* ◆ **there were ten in favour, six against, and five "don't knows"** il y avait dix pour, six contre et cinq "sans opinion"

**donut** /ˈdəʊnʌt/ N *(US)* ⇒ **doughnut**

**doodah** * /ˈduːdɑː/, **doodad** * *(US)* /ˈduːdæd/ N *(= gadget)* petit bidule * *m*

**doodle** /ˈduːdl/ VI griffonner (distraitement) N griffonnage *m*

**doodlebug** * /ˈduːdlbʌg/ N *(Brit)* bombe *f* volante ; *(US)* petit véhicule *m*

**doohickey** * /ˌduːˈhɪkɪ/ N *(US)* machin * *m*, truc * *m*, bidule * *m*

**doolally** ⁑ /duːˈlælɪ/ ADJ dingo ⁑, barjo ⁑

**doom** /duːm/ N *(= ruin)* ruine *f*, perte *f* ; *(= fate)* destin *m*, sort *m* VT condamner (*to* à) destiner (*to* à) ◆ **~ed to failure** voué à l'échec ◆ **the project was ~ed from the start** le projet était voué à l'échec dès le début COMP ▷ **doom-laden** ADJ lugubre, sinistre ▷ **doom-monger** N ⇒ **doomsayer**

**doomsayer** /ˈduːmseɪəʳ/ N prophète *m* de malheur

**doomsday** /ˈduːmzdeɪ/ N jour *m* du Jugement dernier ◆ **till ~** *(fig)* jusqu'à la fin des temps COMP ▷ **doomsday cult** N secte *f* apocalyptique

**doomwatch** /ˈduːmwɒtʃ/ N attitude *f* pessimiste, catastrophisme *m*

**doomwatcher** /ˈduːmwɒtʃəʳ/ N prophète *m* de malheur, oiseau *m* de mauvais augure

**doomy** /ˈduːmɪ/ ADJ lugubre

**door** /dɔːʳ/ N a *[of house, room, cupboard]* porte *f*; *[of train, plane, car]* portière *f* ◆ **he shut** *or* **closed the ~ in my face** il m'a fermé la porte au nez ◆ **he came through** *or* **in the ~** il est passé par la porte ◆ **"pay at the door"** *(Theat etc)* "billets à l'entrée" ◆ **to get tickets on the ~** prendre les billets à l'entrée ◆ **to go from ~ to ~** *(gen)* aller de porte en porte ; *[salesman]* faire du porte à porte ; see also **comp** ◆ **he lives two ~s down** *or* **up the street** il habite deux portes plus loin ◆ **out of ~s** (au-)dehors ; → **answer, front, next door**

b *(phrases)* **to lay sth at sb's ~** imputer qch à qn, charger qn de qch ◆ **to open the ~ to further negotiations** ouvrir la voie à des négociations ultérieures ◆ **to leave** *or* **keep the ~ open for further negotiations** laisser la porte ouverte à des négociations ultérieures ◆ **to close** *or* **shut the ~ on** *or* **to sth** barrer la route à qch, rendre qch irréalisable ◆ **there was resistance to the idea at first but now we're pushing at an open ~** *(Brit)* cette idée a rencontré beaucoup de réticences au départ, mais maintenant tout marche comme sur des roulettes ◆ **as one ~ closes, another one opens** il y aura d'autres occasions ◆ **to be on the ~** *(Theat etc)* être à l'entrée ◆ **to open ~s** *(fig)* ouvrir des portes ◆ **a Harvard degree opens ~s** un diplôme de l'université de Harvard ouvre beaucoup de portes ; → **death, show**

COMP ▷ **door chain** N chaîne *f* de sûreté ▷ **door curtain** N portière *f* *(tenture)* ▷ **door handle** N poignée *f or* bouton *m* de porte ; *(Aut)* poignée *f* de portière ▷ **door-knocker** N marteau *m* (de porte), heurtoir *m* ▷ **door-locking mechanism** N *(Aut, Rail)* dispositif *m* de verrouillage des portières ▷ **door scraper** N grattoir *m* ▷ **door-to-door** ADJ ◆ **~-to-~ delivery** livraison *f* à domicile ◆ **we deliver ~-to-~** nous livrons à domicile ◆ **~-to-~ salesman** ⇒ **doorstep salesman**; → **doorstep** ◆ **~-to-~ selling** *(Brit)* démarchage *m*, vente *f* à domicile, porte-à-porte *m inv*

**doorbell** /ˈdɔːbel/ N sonnette *f* ◆ **he heard the ~ ring** il entendit sonner (à la porte) ◆ **there's the ~!** on sonne (à la porte) !

**doorframe** /ˈdɔːfreɪm/ N chambranle *m*, châssis *m* de porte

**doorjamb** /ˈdɔːdʒæm/ N montant *m* de porte, jambage *m*

**doorkeeper** /ˈdɔːkiːpəʳ/ N ⇒ **doorman**

**doorknob** /ˈdɔːnɒb/ N poignée *f or* bouton *m* de porte

**doorman** /ˈdɔːmən/ N (pl **-men**) *[of hotel]* portier *m* ; *[of block of flats]* concierge *m* ; *[of nightclub etc]* videur *m*

**doormat** /ˈdɔːmæt/ N a *(lit)* paillasson *m* b (* *= downtrodden person*) paillasson *m*, carpette * *f*

**doornail** /ˈdɔːneɪl/ N clou *m* de porte ; → **dead**

**doorpost** /ˈdɔːpəʊst/ N montant *m* de porte, jambage *m* ; → **deaf**

**doorstep** /ˈdɔːstep/ N a *(lit)* pas *m* de porte, seuil *m* ◆ **he left it on my ~** il l'a laissé devant ma porte ◆ **the bus stop is just at my ~** l'arrêt du bus est (juste) devant ma porte ◆ **we don't want trouble/a motorway on our ~** nous ne voulons pas d'embêtements dans notre voisinage/d'autoroute dans notre arrière-cour b (* *hum = hunk of bread, sandwich*) grosse tartine *f* VT *(Brit *)* ◆ **to ~ sb** *(Pol)* faire du démarchage électoral chez qn ; *(Press)* aller chez qn pour l'interviewer *(contre son gré)* COMP ▷ **doorstep salesman** N (pl **doorstep salesmen**) *(Brit)* démarcheur *m*, vendeur *m* à domicile ▷ **doorstep selling** N démarchage *m*

**doorstepping** * /ˈdɔːstepɪŋ/ N a *(Pol)* démarchage *m* électoral b *(Press)* *porte-à-porte pratiqué par certains journalistes*

**doorstop(per)** /ˈdɔːstɒp(əʳ)/ N butoir *m* de porte

**doorway** /ˈdɔːweɪ/ N *(gen)* porte *f* ◆ **in the ~** dans l'embrasure de la porte

**doozy** * /ˈduːzɪ/ N *(US)* ◆ **a ~ of a moustache** une sacrée moustache

**dopamine** /ˈdəʊpəmiːn/ N dopamine *f*

**dope** /dəʊp/ N a (⁑ *= drugs, esp marijuana*) dope * *f*; *(for athlete, horse)* (produit *m*) dopant *m* ; *(US* ⁑ *= drug addict)* drogué(e) *m(f)*, toxico * *mf* ◆ **to take ~** ⁑, **to be on ~** ⁑, **to do ~** ⁑ *(US)* se droguer

b *(NonC:* ⁑ *= information)* tuyaux * *mpl* ◆ **to give sb the ~** tuyauter * *or* affranchir * qn ◆ **what's the ~ on ...?** qu'est-ce qu'on a comme tuyaux * sur ... ?

c *(* = stupid person)* andouille ‡ *f*
d *(= varnish)* enduit *m* ; *(Aut, Chem)* dopant *m*
e *(for explosives)* absorbant *m*
VT *[+ horse, person]* doper ; *[+ food, drink]* mettre une drogue *or* un dopant dans ◆ **he was ~d (up) to the eyeballs** * il était complètement défoncé ‡
COMP ▷ **dope fiend** † * N drogué(e) *m(f)* ▷ **dope peddler** ‡, **dope pusher** ‡ N revendeur *m*, -euse *f* de drogue, dealer * *m* ▷ **dope test** * N test *m* antidopage VT faire subir un test antidopage à
► **dope out** * VT SEP *(US)* deviner, piger *

**dopey** * /ˈdəʊpɪ/ ADJ *(= drugged)* drogué, dopé ; *(= very sleepy)* (à moitié) endormi ; *(= stupid)* abruti *

**doping** /ˈdəʊpɪŋ/ N dopage *m*

**Doppler effect** /ˈdɒplərɪˌfekt/ N effet *m* Doppler *or* Doppler-Fizeau

**dopy** /ˈdəʊpɪ/ ADJ ⇒ **dopey**

**Dordogne** /dɔrˈdɔŋ/ N *(= region, river)* Dordogne *f*

**Doric** /ˈdɒrɪk/ ADJ *(Archit)* dorique

**dork** ‡ /dɔːk/ N abruti(e) * *m(f)*

**dorm** * /dɔːm/ N *(Scol)* ⇒ **dormitory**

**dormancy** /ˈdɔːmənsɪ/ N *[of volcano]* inactivité *f* ; *[of plant]* dormance *f* ; *[of virus]* latence *f*

**dormant** /ˈdɔːmənt/ ADJ a *[animal, plant, passion]* dormant ; *[virus]* latent ; *[volcano]* endormi ; *[law]* inappliqué ; *[title]* tombé en désuétude ; *(Banking) [account]* sans mouvement ◆ **the ~ season** *(Bot)* la saison de dormance ◆ **to lie ~** *[plan, organization]* être en sommeil ; *[disease]* être latent ; *[bacterium, virus]* être à l'état latent b *(Her)* dormant ◆ **a lion ~** un lion dormant

**dormer (window)** /ˈdɔːmə(ˈwɪndəʊ)/ N lucarne *f*

**dormice** /ˈdɔːmaɪs/ NPL of **dormouse**

**dormie** /ˈdɔːmɪ/ ADJ *(Golf)* dormie

**dormitory** /ˈdɔːmɪtrɪ/ N dortoir *m* ; *(US Univ)* résidence *f* universitaire COMP ▷ **dormitory suburb** N *(esp Brit)* banlieue *f* dortoir ▷ **dormitory town** N *(esp Brit)* ville *f* dortoir

**Dormobile** ® /ˈdɔːməbiːl/ N *(Brit)* camping-car *m*, autocaravane *f*

**dormouse** /ˈdɔːmaʊs/ N (pl **dormice**) loir *m*

**Dors** abbrev of **Dorset**

**dorsal** /ˈdɔːsl/ ADJ dorsal

**dory**[1] /ˈdɔːrɪ/ N *(= fish)* dorée *f*, saint-pierre *m inv*

**dory**[2] /ˈdɔːrɪ/ N *(= boat)* doris *m*

**DOS** /dɒs/ N (abbrev of **disk operating system**) DOS *m*

**dosage** /ˈdəʊsɪdʒ/ N *(= dosing)* dosage *m* ; *(= amount)* dose *f* ; *(on medicine bottle)* posologie *f*

**dose** /dəʊs/ N a *(Pharm)* dose *f* ◆ **give him a ~ of medicine** donne-lui son médicament ◆ **in small/large ~s** à faible/haute dose ◆ **it went through her like a ~ of salts** * *(hum)* ça lui a donné la courante ‡ ◆ **she's all right in small ~s** * elle est supportable à petites doses ◆ **to give sb a ~ of his own medicine** rendre à qn la monnaie de sa pièce b *(= bout of illness)* attaque *f* (of de) ◆ **to have a ~ of flu** avoir une bonne grippe * VT *[+ person]* administrer un médicament à ◆ **to ~ o.s. (up) with painkillers** se bourrer de médicaments

**dosh** ‡ /dɒʃ/ N *(Brit = money)* fric ‡ *m*, pognon ‡ *m*

**doss** ‡ /dɒs/ *(Brit)* N a *(= bed)* pieu ‡ *m* ; *(= place)* endroit *m* où pioncer ‡ ; *(= sleep)* roupillon * *m* b *(= easy task)* ◆ **he thought the course would be a ~** il croyait que ce stage serait du gâteau * *or* serait fastoche * VI a *(= sleep)* pioncer ‡ ; *(in dosshouse)* coucher à l'asile (de nuit) b *(= pass time aimlessly:* also **doss around***)* glander ‡
► **doss down** ‡ VI pioncer ‡ (quelque part)

**dosser** ‡ /ˈdɒsəʳ/ N *(Brit = vagrant)* clochard(e) *m(f)*

**dosshouse** ‡ /ˈdɒshaʊs/ N asile *m* (de nuit)

**dossier** /ˈdɒsɪeɪ/ N dossier *m*, documents *mpl*

**Dosto(y)evsky** /ˌdɒstɔɪˈefskɪ/ N Dostoïevski *m*

**DOT** /ˌdiːəʊˈtiː/ N *(US)* (abbrev of **Department of Transportation**) → **transportation**

**dot** /dɒt/ N *(over i, on horizon, Math, Mus)* point *m* ; *(on material)* pois *m* ◆ **~s and dashes** *(in Morse code)* points *mpl* et traits *mpl* ◆ ~, ~, ~ *(in punctuation)* points de suspension ◆ **they arrived on the ~ of 9pm** *or* **at 9pm on the ~** ils sont arrivés à 9 heures pile *or* tapantes ◆ **in the year ~** * *(Brit)* il y a belle lurette * ◆ **he's wanted to be a barrister since the year ~** ça fait belle lurette * qu'il veut devenir avocat ◆ **she's been a socialist since the year ~** * elle est socialiste depuis toujours, c'est une socialiste de la première heure
VT *[+ paper, wall]* pointiller ◆ **to ~ an i** mettre un point sur un i ◆ **to ~ one's i's (and cross one's t's)** *(fig)* mettre les points sur les i ◆ **a field ~ted with flowers** un champ parsemé de fleurs ◆ **hotels ~ted around the island** des hôtels éparpillés dans l'île ◆ **there were paintings ~ted around the room** il y avait des tableaux un peu partout sur les murs de la pièce ; see also **dotted**
COMP ▷ **dot-matrix printer** N *(Comput)* imprimante *f* matricielle

**dotage** /ˈdəʊtɪdʒ/ N a *(= senility)* gâtisme *m* ◆ **to be in one's ~** être gâteux b *(= old age)* vieux jours *mpl* ◆ **he's spending his ~ in southern France** il passe ses vieux jours dans le sud de la France c *(= blind love)* adoration *f* folle (on pour)

**dotcom, dot.com** /dɒtˈkɒm/ N dotcom *f*, point com *f*

**dote** /dəʊt/ VI *(= be senile)* être gâteux, être gaga *
► **dote on** VT FUS *[+ person]* être fou de ; *[+ thing]* raffoler de

**doting** /ˈdəʊtɪŋ/ ADJ a *(= devoted)* ◆ **her ~ father** son père qui l'adore b *(= senile)* gâteux ◆ **a ~ old fool** un vieux gâteux

**dotted** /ˈdɒtɪd/ ADJ a ◆ **~ line** ligne *f* pointillée *or* en pointillé ; *(Aut)* ligne *f* discontinue ◆ **to tear along the ~ line** détacher suivant le pointillé ◆ **to sign on the ~ line** *(lit)* signer sur la ligne pointillée *or* sur les pointillés ; *(fig) (= agree officially)* donner son consentement (en bonne et due forme) ◆ **a ~ bow tie** un nœud papillon à pois b *(Mus)* **~ note/crotchet** note *f*/noire *f* pointée ◆ **~ rhythm** notes *fpl* pointées

**dotterel** /ˈdɒtrəl/ N pluvier *m* (guignard)

**dotty** * /ˈdɒtɪ/ ADJ *(Brit)* toqué *, piqué * ◆ **to be ~ about sb/sth** être toqué * de qn/qch ◆ **to go ~** perdre la boule *

**double** /ˈdʌbl/ ADJ a *(= twice as great)* double *gen before n* ◆ **a ~ helping of ice cream** une double part de glace ◆ **a ~ whisky/brandy** un double whisky/cognac ◆ **three ~ brandies** trois doubles cognacs
b *(= twofold; in pairs)* double *gen before n* ◆ **the ~ six** *(Dice, Dominoes etc)* le double-six ◆ **a box with a ~ bottom** une boîte à double fond ◆ **with a ~ meaning** à double sens ◆ **to serve a ~ purpose** avoir une double fonction
c *(= for two people)* pour deux personnes ◆ **a ~ ticket** un billet pour deux personnes
d *(in numerals, letters)* ◆ **~ oh four** *(= 004)* zéro zéro quatre ◆ **~ three four seven** *(= 3347)* trois mille trois cent quarante-sept ; *(in phone number)* trente-trois quarante-sept ◆ **my name is Bell, B E ~ L** mon nom est Bell, B, E, deux L ◆ **spelt with a ~ "p"** écrit avec deux "p"
e *(= underhand, deceptive)* ◆ **to lead a ~ life** mener une double vie ◆ **to play a ~ game** jouer un double jeu ; see also **comp**
ADV a *(= twice)* deux fois ◆ **to cost/pay ~** coûter/payer le double *or* deux fois plus ◆ **it costs ~ what it did last year** ça coûte deux fois plus que l'année dernière ◆ **she earns ~ what I get** elle gagne deux fois plus que moi, elle gagne le double de ce que je gagne ◆ **he's ~ your age** il est deux fois plus âgé que toi, il a le double de ton âge ◆ **her salary is ~ what it was five years ago** son salaire est le double de ce qu'il était il y a cinq ans
b *(= in two, twofold)* ◆ **to fold sth ~** plier qch en deux ◆ **to bend ~** se plier en deux ◆ **bent ~ with pain** tordu de douleur, plié en deux par la douleur ◆ **to see ~** voir double
N a *(= twice a quantity, number, size etc)* double *m* ◆ **12 is the ~ of 6** 12 est le double de 6 ◆ **~ or quits** quitte ou double ◆ **at** *or* **on the ~** *(fig = quickly)* au pas de course
b *[of whisky etc]* double *m*
c *(= exactly similar thing)* réplique *f* ; *(= exactly similar person)* double *m*, sosie *m* ; *(Cine = stand-in)* doublure *f* ; → **body, stunt**[1] ; *(Theat = actor taking two parts)* acteur *m*, -trice *f* qui tient deux rôles *(dans la même pièce)* ; *(Cards)* contre *m* ; *(other games)* double *m* ; *(Betting)* pari *m* doublé *(sur deux chevaux dans deux courses différentes)*
d (also **double bedroom**) chambre *f* pour deux personnes
NPL **doubles** *(Tennis)* double *m* ◆ **mixed ~s** double *m* mixte ◆ **ladies'/men's ~s** double *m* dames/messieurs ◆ **a ~s player** un joueur *or* une joueuse de double
VT a *(= multiply by two) [+ number, salary, price]* doubler
b *(= fold in two:* also **double over***)* plier en deux, replier, doubler
c *(Theat)* **he ~s the parts of courtier and hangman** il joue les rôles *or* il a le double rôle du courtisan et du bourreau ◆ **he's doubling the hero's part for Tony Brennan** il est la doublure de Tony Brennan dans le rôle du héros
d *(Cards) [+ one's opponent, his call]* contrer ; *[+ one's stake]* doubler ◆ **~!** *(Bridge)* contre !
VI a *[prices, incomes, quantity etc]* doubler
b *(= run)* courir, aller au pas de course
c *(Cine)* **to ~ for sb** doubler qn
d *(Bridge)* contrer
e *(US fig)* **to ~ in brass** ‡ avoir une corde supplémentaire à son arc
COMP ▷ **double act** N duo *m* ▷ **double-acting** ADJ à double effet ▷ **double agent** N agent *m* double ▷ **double album** N *(Mus)* double album *m* ▷ **double bar** N *(Mus)* double barre *f* ▷ **double-barrelled** ADJ *[shotgun]* à deux coups ; *(fig) [plan, question]* à deux volets ; *(Brit) [surname]* à rallonge * ▷ **double bass** N contrebasse *f* ▷ **double bassoon** N contrebasson *m* ▷ **double bed** N grand lit *m*, lit *m* à deux places ▷ **double bedroom** N chambre *f* pour deux personnes ; *(in hotel)* chambre *f* double ▷ **double bend** N *(Brit Aut)* virage *m* en S ▷ **double bill** N *(Cine etc)* double programme *m* ▷ **double bind** * N situation *f* insoluble *or* sans issue, impasse *f* ▷ **double-blind** ADJ *[test, experiment, method]* en double aveugle

▷ **double bluff** N ◆ **it's actually a ~ bluff** il (*or* elle *etc*) dit la vérité en faisant croire que c'est du bluff ▷ **double boiler** N ⇒ **double saucepan** ▷ **double-book** VI *[hotel, airline etc]* faire du surbooking *or* de la surréservation VT *[+ room, seat]* réserver pour deux personnes différentes ▷ **double booking** N surréservation *f*, surbooking *m* ▷ **double bounce** N *(Tennis)* double rebond *m* VI *[ball]* doubler ▷ **double-breasted** ADJ *[jacket]* croisé ▷ **double-check** VTI revérifier N revérification *f* ▷ **double chin** N double menton *m* ▷ **double-chinned** ADJ qui a un double menton ▷ **double-click** VI *(Comput)* cliquer deux fois (*on* sur) double-cliquer (*on* sur) ▷ **double-clutch** VI *(US)* ⇒ **double-declutch** ▷ **double consonant** N consonne *f* redoublée ▷ **double cream** N *(Brit)* crème *f* fraîche épaisse *or* à fouetter ▷ **double-cross*** VT trahir, doubler* N traîtrise *f*, duplicité *f* ▷ **double-date** VI sortir à deux couples ▷ **double-dealer** N fourbe *m* ▷ **double-dealing** N double jeu *m*, duplicité *f* ADJ hypocrite, faux jeton* ▷ **double-decker** N (= *bus*) autobus *m* à impériale ; (= *aircraft*) deux-ponts *m inv* ; (= *sandwich*) sandwich *m* club ▷ **double-declutch** VI *(Aut)* faire un double débrayage ▷ **double density** N → **density** ▷ **double-digit** ADJ *(gen)* à deux chiffres ▷ **double-dipper** N *(US pej)* cumulard(e)* *m(f)* ▷ **double-dipping** N *(US pej)* cumul *m* d'emplois *or* de salaires ▷ **double door** N porte *f* à deux battants ▷ **double Dutch*** N *(Brit)* baragouin* *m*, charabia* *m* ◆ **to talk ~ Dutch** baragouiner ◆ **it was ~ Dutch to me** c'était de l'hébreu pour moi* ▷ **double eagle** N *(Golf)* albatros *m* ▷ **double-edged** ADJ *(lit, fig) [blade, remark, praise, benefit]* à double tranchant ◆ **a ~-edged sword** *(lit, fig)* une arme à double tranchant ▷ **double entendre** N ambiguïté *f*, mot *m* (*or* expression *f*) à double sens ▷ **double-entry book-keeping** N comptabilité *f* en partie double ▷ **double exposure** N *(Phot)* surimpression *f*, double exposition *f* ▷ **double-faced** ADJ *[material]* réversible ; *(pej) [person]* hypocrite ▷ **double fault** N *(Tennis)* double faute *f* VI faire une double faute ▷ **double feature** N *(Cine) programme comportant deux longs métrages* ▷ **double-figure** ADJ ⇒ **double-digit** ▷ **double first** N *(Univ)* mention *f* très bien dans deux disciplines ▷ **double flat** N *(Mus)* double bémol *m* ▷ **double-glaze** VT *(Brit)* ◆ **to ~-glaze a window** poser un double vitrage ▷ **double glazing** N *(Brit: gen)* double vitrage *m* ◆ **to put in ~ glazing** (faire) installer un double vitrage ▷ **double helix** N double hélice *f* ▷ **double indemnity** N *(US Insurance)* indemnité *f* double ▷ **double jeopardy** N *(US Jur) mise en cause de l'autorité de la chose jugée* ▷ **double-jointed** ADJ désarticulé ▷ **double-knit(ting)** N (= *wool*) laine *f* épaisse ADJ en laine épaisse ▷ **double knot** N double nœud *m* ▷ **double lock** N serrure *f* de sécurité ▷ **double-lock** VT fermer à double tour ▷ **double major** N *(US Univ)* double *f* dominante ▷ **double marking** N *(Educ)* double correction *f* ▷ **double negative** N double négation *f* ▷ **double-park** VT *(Aut)* garer en double file VI stationner *or* se garer en double file ▷ **double-parking** N *(Aut)* stationnement *m* en double file ▷ **double pneumonia** N *(Med)* pneumonie *f* double ▷ **double-quick*** ADV en deux temps trois mouvements* ADJ ◆ **in ~-quick time** en deux temps trois mouvements* ▷ **double room** N chambre *f* double *or* pour deux personnes ▷ **double saucepan** N casserole *f* pour bain-marie *or* à double fond ▷ **double sharp** N *(Mus)* double dièse *m* ▷ **double-sided** ADJ *(Comput) [disk]* double face ▷ **double-space** VT *(Typ)* taper avec un double interligne ◆ **~-spaced** à double interligne ▷ **double spacing** N ◆ **in ~ spacing** à double interligne ▷ **double standard** N ◆ **to have ~ standards** faire deux poids, deux mesures ◆ **there's a ~ standard operating here** il y a deux poids, deux mesures ici ◆ **they were accused of (operating) ~ standards** on les a accusés de partialité *or* discrimination ▷ **double star** N étoile *f* double ▷ **double stopping** N *(Mus)* doubles cordes *fpl* ▷ **double take*** N ◆ **to do a ~ take** devoir y regarder à deux fois ▷ **double talk** N (= *gibberish*) charabia *m* ; (= *deceptive talk*) paroles *fpl* ambiguës *or* trompeuses ▷ **double taxation agreement** N *(Fin, Jur)* convention *f* relative aux doubles impositions ▷ **double time** N *(Ind)* ◆ **to earn ~ time** être payé (au tarif) double ◆ **to get/pay ~ time** gagner/payer le double ◆ **in ~ time** *(US Mil)* au pas redoublé ; see also **time** ▷ **double track** N *(Cine)* double bande *f* ; (= *tape*) double piste *f* ▷ **double track line** N *(Rail)* ligne *f* à deux voies ▷ **double vision** N vision *f* double ◆ **to get** *or* **have ~ vision** voir double ▷ **double wedding** N double mariage *m* ▷ **double whammy*** N double coup *m* dur* ▷ **double white lines** NPL lignes *fpl* blanches continues ▷ **double windows** NPL doubles fenêtres *fpl* ▷ **double yellow lines** NPL *(Aut)* double bande *f* jaune *(marquant l'interdiction de stationner)* ▷ **double yolk** N ◆ **egg with a ~ yolk** œuf *m* à deux jaunes

► **double back** VI *[animal, person]* revenir sur ses pas ; *[road]* faire un brusque crochet ◆ **to ~ back on itself** *[line]* former une boucle en épingle à cheveux

VT SEP *[+ blanket]* rabattre, replier ; *[+ page]* replier

► **double over** VI ⇒ **double up a**

VT SEP ⇒ **double vt b**

► **double up** VI **a** (= *bend over sharply*) se plier, se courber ◆ **to ~ up with laughter/pain** être plié en deux *or* se tordre de rire/de douleur

**b** (= *share room*) partager une chambre (*with* avec)

**c** *(Brit Betting)* parier sur deux chevaux

**doublespeak** /ˈdʌblspiːk/ N *(pej)* double langage *m*

**doublet** /ˈdʌblɪt/ N **a** *(Dress)* pourpoint *m*, justaucorps *m* **b** *(Ling)* doublet *m*

**doublethink*** /ˈdʌblθɪŋk/ N ◆ **to do a ~** *tenir un raisonnement ou suivre une démarche où l'on s'accommode de contradictions flagrantes*

**doubleton** /ˈdʌbltən/ N *(Cards)* deux cartes *fpl* d'une (même) couleur, doubleton *m*

**doubling** /ˈdʌblɪŋ/ N *[of number, letter]* redoublement *m*, doublement *m*

**doubloon** /dʌˈbluːn/ N *(Hist)* doublon *m*

**doubly** /ˈdʌblɪ/ ADV doublement ◆ **divorce is always traumatic, and ~ so when there are children** le divorce est toujours traumatisant, et il l'est doublement quand il y a des enfants ◆ **in order to make ~ sure** pour plus de sûreté ◆ **to work ~ hard** travailler deux fois plus dur

**doubt** /daʊt/ LANGUAGE IN USE 15.1, 16.1, 26.3

N doute *m*, incertitude *f* ◆ **there is room for ~** il est permis de douter ◆ **there is some ~ about whether he'll come or not** on ne sait pas très bien s'il viendra ou non ◆ **to have one's ~s about sth** avoir des doutes sur *or* au sujet de qch ◆ **I have my ~s (about) whether he will come** je doute qu'il vienne ◆ **to cast** *or* **throw ~(s) on sth** mettre qch en doute, jeter le doute sur qch ◆ **without (a) ~, without the slightest ~** sans aucun doute, sans le moindre doute ◆ **it is beyond all ~** c'est indéniable *or* incontestable ◆ **beyond ~** ADV indubitablement, à n'en pas douter ADJ indubitable ◆ **he'll come without any ~** il viendra sûrement, il n'y a pas de doute qu'il viendra

◆ **in doubt** ◆ **it is not in ~** *[outcome, result etc]* cela ne fait aucun doute ◆ **I am in (some) ~ about his honesty** j'ai des doutes sur son honnêteté ◆ **the outcome is in ~** l'issue est indécise ◆ **I am in no ~ about** *or* **as to what he means** je n'ai aucun doute sur ce qu'il veut dire ◆ **to be in great ~ about sth** avoir de sérieux doutes au sujet de qch, douter fortement de qch ◆ **his honesty is in ~** *(in this instance)* son honnêteté est en doute ; *(in general)* son honnêteté est sujette à caution ◆ **if** *or* **when in ~** en cas de doute

◆ **no doubt(s)** ◆ **I have no ~(s) about it** je n'en doute pas ◆ **no ~ about it!** cela va sans dire ! ◆ **this leaves no ~ that ...** on ne peut plus douter que ... *+ subj* ◆ **there is no ~ that ...** il n'y a pas de doute que ... *+ indic* ◆ **there's no ~ that he'll come** il viendra sûrement, il n'y a pas de doute qu'il viendra ◆ **no ~ he will come tomorrow** sans doute viendra-t-il demain ◆ **no ~** sans doute ; → **benefit**

VT *[+ person, sb's honesty, truth of statement]* douter de ◆ **I ~ it (very much)** j'en doute (fort) ◆ **I ~ed (the evidence of) my own eyes** je n'en croyais pas mes yeux

◆ **to doubt whether/if/that ...** douter que ... ◆ **I ~ whether he will come** je doute qu'il vienne ◆ **I ~ if that is what she wanted** je doute que ce soit ce qu'elle voulait ◆ **I don't ~ that he will come** je ne doute pas qu'il vienne ◆ **she didn't ~ that he would come** elle ne doutait pas qu'il viendrait

VI douter (*of* de) avoir des doutes (*of* sur) ne pas être sûr (*of* de)

COMP ▷ **doubting Thomas** N sceptique *mf* ◆ **to be a ~ing Thomas** être comme saint Thomas

**doubter** /ˈdaʊtəʳ/ N incrédule *mf*, sceptique *mf*

**doubtful** /ˈdaʊtfʊl/ LANGUAGE IN USE 16.2 ADJ **a** (= *unconvinced*) *[person]* peu convaincu ◆ **to be ~ of sth** douter de qch ◆ **to be ~ about sb/sth** douter de qn/qch, avoir des doutes sur qn/qch ◆ **I'm a bit ~ (about it)** je n'en suis pas si sûr, j'ai quelques doutes (à ce sujet) ◆ **to be ~ about doing sth** hésiter à faire qch ◆ **he was ~ that** *or* **whether ...** il doutait que ... *+ subj* ◆ **he was ~ that** *or* **whether he could ever manage it** il doutait qu'il puisse jamais réussir, il doutait pouvoir jamais réussir

**b** (= *questionable, unlikely*) douteux ◆ **it is ~ that** *or* **whether ...** il est douteux que ... *+ subj* ◆ **of ~ reliability/quality** d'une fiabilité/qualité douteuse ◆ **in ~ taste** d'un goût douteux ◆ **he's ~ (for the match)** *(Sport = unlikely to play)* sa participation (au match) est encore incertaine

**doubtfully** /ˈdaʊtfəlɪ/ ADV *[frown, shake head etc]* d'un air sceptique ; *[speak]* d'un ton sceptique

**doubtfulness** /ˈdaʊtfʊlnɪs/ N incertitude *f*

**doubtless** /ˈdaʊtlɪs/ ADV sans doute, certainement

**douceur** /duːˈsɜːʳ/ N (= *gift, tip etc*) petit cadeau *m*

**douche** /duːʃ/ N **a** (= *shower*) douche *f* ◆ **take a ~!**‡ *(US)* va te faire foutre !‡ **b** *(Med)* *(vaginal)* douche *f* vaginale ◆ **it was (like) a cold ~** *(fig)* cela a fait l'effet d'une douche froide * VT doucher

**dough** /dəʊ/ N a pâte *f* ◆ **bread ~** pâte *f* à pain b (* = *money)* fric* *m*, pognon* *m* COMP ▷ **dough-hook** N crochet *m* de pétrissage

**doughboy** /ˈdəʊbɔɪ/ N a *(Culin)* boulette *f* (de pâte) b *(US Mil* *)* sammy *m (soldat américain de la Première Guerre mondiale)*

**doughnut** /ˈdəʊnʌt/ N beignet *m* ◆ **jam** *(Brit)* or **jelly** *(US)* ~ beignet *m* à la confiture

**doughty** /ˈdaʊtɪ/ ADJ *(liter)* preux *(liter)*, vaillant ◆ ~ **deeds** hauts faits *mpl (liter)*

**doughy** /ˈdəʊɪ/ ADJ *[consistency]* pâteux ; *[complexion]* terreux

**dour** /ˈdʊəʳ/ ADJ (= *austere) [person]* sévère, froid ; *[architecture, building, style]* austère, froid ◆ **a ~ Scot** un Écossais à l'air sévère ◆ **he came across on TV as a bit ~** à l'écran il semblait un peu froid

**dourly** /ˈdʊəlɪ/ ADV *[say]* d'un ton maussade ; *[smile, look at]* d'un air renfrogné ◆ **a ~ conventional man** un homme au conformisme austère

**douse** /daʊs/ VT a (= *drench)* tremper, inonder b (= *extinguish) [+ flames, light]* éteindre

**dove¹** /dʌv/ N colombe *f* ; *(esp US: Pol fig)* colombe *f* ; → **turtledove** COMP ▷ **dove-grey** ADJ gris perle *inv*

**dove²** /dəʊv/ *(US)* ptp of **dive**

**dovecot** /ˈdʌvkɒt/, **dovecote** /ˈdʌvkəʊt/ N colombier *m*, pigeonnier *m*

**Dover** /ˈdəʊvəʳ/ N Douvres ; → **strait** COMP ▷ **Dover sole** N sole *f*

**dovetail** /ˈdʌvteɪl/ N *(Carpentry)* queue *f* d'aronde

VI a (= *harmonize)* se rejoindre, concorder ◆ **there may be a place where their interests ~** il y a un peut-être un point sur lequel leurs intérêts se rejoignent *or* concordent

◆ **to dovetail with** concorder avec ◆ **the changes also ~ with plans to modernize the civil service** ces changements concordent également avec le projet de modernisation de la fonction publique

b *(Carpentry)* se raccorder (*into* à)

VT a *(Carpentry)* assembler à queue d'aronde

b (= *harmonize) [+ plans etc]* faire concorder, raccorder

COMP ▷ **dovetail joint** N *(Carpentry)* assemblage *m* à queue d'aronde

**dovish** * /ˈdʌvɪʃ/ ADJ *(esp US: Pol fig) [person]* partisan(e) *m(f)* de la négociation et du compromis ; *[speech, attitude]* de compromis

**Dow** * /daʊ/ N ◆ **the ~** l'indice *m* Dow Jones

**dowager** /ˈdaʊədʒəʳ/ N douairière *f* COMP ▷ **dowager duchess** N duchesse *f* douairière

**dowdiness** /ˈdaʊdɪnɪs/ N manque *m* de chic

**dowdy** /ˈdaʊdɪ/ ADJ *[person, clothes]* démodé, sans chic

**dowel** /ˈdaʊəl/ N cheville *f* (en bois), goujon *m* VT assembler avec des goujons, goujonner

**dower house** /ˈdaʊəhaʊs/ N *(Brit)* petit manoir *m* (de douairière)

**Dow Jones** /ˌdaʊˈdʒəʊnz/ N ◆ **the ~ average** *or* **index** l'indice *m* Dow Jones, le Dow Jones

**down¹** /daʊn/

> When **down** is an element in a phrasal verb, eg **back down**, **glance down**, **play down**, look up the verb.

ADV a *(indicating movement to lower level)* en bas, vers le bas ; (= *down to the ground)* à terre, par terre ◆ **~!** *(said to a dog)* couché ! ◆ **~ with traitors!** à bas les traîtres !

◆ **down and down** de plus en plus bas ◆ **to go/fall ~ and ~** descendre/tomber de plus en plus bas

b *(indicating position at lower level)* en bas ◆ **~ there** en bas (là-bas) ◆ **I shall stay ~ here** je vais rester ici ◆ **the blinds were ~** les stores étaient baissés ◆ **Douglas isn't ~ yet** Douglas n'est pas encore descendu ◆ **to be ~ for the count** *(Boxing)* être K.-O. ◆ **to kick somebody when they are ~** frapper un homme à terre ◆ **don't hit** *or* **kick a man when he is ~** on ne frappe pas un homme à terre

◆ **to be down with** (= *ill with)* avoir ◆ **she's ~ with flu** elle a la grippe

◆ **down south** dans le sud ◆ **I was brought up ~ south** j'ai grandi dans le sud ◆ **they're moving ~ south** ils vont s'installer dans le sud ; → **face, head**

c *(from larger town, the north, university etc)* **he came ~ from London yesterday** il est arrivé de Londres hier ◆ **we're going ~ to Dover tomorrow** demain nous descendons à Douvres ◆ **he came ~ from Oxford in 1999** *(Univ)* il est sorti d'Oxford en 1999 ◆ **~ East** *(US) du (or au) nord-est de la Nouvelle-Angleterre*

d *(indicating diminution in volume, degree, activity)* **the tyres are ~/right ~** les pneus sont dégonflés/à plat ◆ **the pound is ~ against the dollar** la livre est en baisse par rapport au dollar ◆ **we are ~ to our last £5** il ne nous reste plus que 5 livres

◆ **down on** (= *less than)* ◆ **I'm £20 ~ on what I expected** j'ai 20 livres de moins que je ne pensais ◆ **prices are ~ on last year's** les prix sont en baisse par rapport à (ceux de) l'année dernière

◆ **to be down on one's luck** ne pas avoir de chance, être dans une mauvaise passe ◆ **I am ~ on my luck** je n'ai pas de chance, je suis dans une mauvaise passe ◆ **the times when I was ~ on my luck** les moments où les choses allaient mal

e *(in writing)* **I've got it (noted) ~ in my diary** je l'ai *or* c'est marqué sur mon agenda ◆ **let's get it ~ on paper** mettons-le par écrit ◆ **did you get ~ what he said?** as-tu noté ce qu'il a dit ? ◆ **to be ~ for the next race** être inscrit dans la prochaine course ; → **note**

f *(indicating a series or succession)* **~ to** jusqu'à ◆ **from 1700 ~ to the present** de 1700 à nos jours ◆ **from the biggest ~ to the smallest** du plus grand (jusqu')au plus petit ◆ **from the king ~ to the poorest beggar** depuis le roi jusqu'au plus pauvre des mendiants

g *(set phrases)*

◆ **to be down to** * (= *attributable to)* ◆ **any mistakes are entirely ~ to us** s'il y a des erreurs, nous sommes entièrement responsables ◆ **our success is all ~ to him/hard work** c'est à lui seul/à notre travail acharné que nous devons notre succès ◆ **basically, it is ~ to luck** en fait c'est une question de chance ◆ **it's ~ to him to do it** (= *his duty)* c'est à lui de le faire ◆ **it's ~ to him now** c'est à lui de jouer maintenant

h ◆ **to be ~ on sb** * avoir une dent contre qn, en vouloir à qn

PREP a *(indicating movement to lower level)* du haut en bas de ◆ **he went ~ the hill** *(lit)* il a descendu la colline ; see also **downhill** ◆ **her hair hung ~ her back** ses cheveux lui tombaient dans le dos ◆ **he ran his eye ~ the list** il a parcouru la liste du regard *or* des yeux

b (= *at a lower part of)* **he's ~ the hill** il est au pied *or* en bas de la colline ◆ **she lives ~ the street (from us)** elle habite plus bas *or* plus loin (que nous) dans la rue ◆ **it's just ~ the road** c'est tout près, c'est à deux pas ◆ **~ the ages** *(fig)* au cours des siècles

c (= *along)* le long de ◆ **he was walking ~ the street** il descendait la rue ◆ **he has gone ~ (to) town** il est allé *or* descendu en ville ◆ **let's go ~ the pub** * allons au pub ◆ **looking ~ this street, you can see ...** si vous regardez le long de cette rue, vous verrez ...

N *(Brit)* ◆ **to have a ~ on sb** * avoir une dent contre qn, en vouloir à qn ; → **up**

ADJ a ◆ **to be** *or* **feel ~** avoir le cafard *, être déprimé

b *(Comput)* en panne

c *(Brit* † *) [train]* en provenance de la grande ville ◆ **the ~ line** la ligne de la grande ville

d ◆ **~ and dirty** * *(esp US)* ◆ **to get ~ and dirty** s'y mettre * ◆ **~ and dirty realism** réalisme *m* cru ◆ **~ and dirty rock** rock *m* primaire

VT * ◆ **to ~ an opponent** terrasser un adversaire ◆ **he ~ed three enemy planes** il a descendu * trois avions ennemis ◆ **to ~ tools** *(Brit)* (= *stop work)* cesser le travail ; (= *strike)* se mettre en grève, débrayer ◆ **he ~ed a glass of beer** il a vidé *or* descendu * un verre de bière

COMP ▷ **down-and-out** N SDF *mf* ADJ ◆ **to be ~-and-out** *(Boxing)* aller au tapis pour le compte, être hors de combat ; (= *destitute)* être sur le pavé *or* à la mie ▷ **down-at-heel** ADJ *(US) [person]* miteux ; *[shoe]* éculé ▷ **down-bow** N *(Mus)* tiré *m* ▷ **down-cycle** N *(Econ)* cycle *m* de récession ▷ **down-in-the-mouth** * ADJ abattu, tout triste ◆ **to be ~-in-the-mouth** être abattu *or* tout triste, avoir le moral à zéro * ◆ **to look ~-in-the-mouth** avoir l'air abattu, faire une sale tête ▷ **down-market** ADJ *[goods, car]* bas de gamme *inv* ; *[newspaper]* populaire ◆ **it's rather ~-market** *[programme etc]* c'est plutôt du genre public de masse ADV ◆ **to go** *or* **move ~-market** *[company]* se tourner vers le bas de gamme ; *[house purchaser etc]* acheter quelque chose de moins bien ▷ **down payment** N *(Fin)* acompte *m*, premier versement *m* ◆ **to make a ~ payment of £100** payer un acompte de 100 livres, payer 100 livres d'acompte ▷ **down-river** ADJ, ADV ⇒ **downstream** ▷ **down time** N *(Comput)* → **downtime** ▷ **down-to-earth** ADJ réaliste ◆ **he's a very ~-to-earth person** il a les pieds sur terre ▷ **down under** * ADV *(Brit = in Australia/New Zealand)* en Australie/Nouvelle-Zélande, aux antipodes ◆ **from ~ under** d'Australie/de Nouvelle-Zélande

**down²** /daʊn/ N *[of bird, person, plant]* duvet *m* ; *[of fruit]* peau *f* (veloutée) ; → **eiderdown, thistledown**

**down³** /daʊn/ N a (= *hill)* colline *f* dénudée ◆ **the Downs** *(Brit)* les Downs *fpl (collines herbeuses du sud de l'Angleterre)* b *(Brit)* **the Downs** (= *Straits of Dover)* les Dunes *fpl*

**downbeat** /ˈdaʊn͵biːt/ N *(Mus)* temps *m* frappé ADJ (= *gloomy) [person]* abattu ; *[ending]* pessimiste

**downcast** /ˈdaʊn͵kɑːst/ ADJ a (= *discouraged)* abattu, démoralisé, découragé b (= *looking down) [eyes]* baissé N *(Min)* aérage *m*

**downcry** * /ˈdaʊn͵kraɪ/ VT *(US = denigrate)* décrier, dénigrer

**downdraught, downdraft** *(US)* /ˈdaʊn drɑːft/ N *(Met)* courant *m* descendant

**downer** /ˈdaʊnəʳ/ N a (* = *tranquilliser)* tranquillisant *m*, sédatif *m* b * ◆ **it's a ~** ça fout les boules * ◆ **for divorced people, Christmas can be a ~** Noël peut donner le bourdon * aux divorcés ◆ **to be on a ~** faire de la déprime *

**downfall** /ˈdaʊn͵fɔːl/ N *[of person, empire]* chute *f*, ruine *f*, effondrement *m* ; *[of hopes]* ruine *f* ; *[of rain]* chute *f* de pluie

**downgrade** /ˈdaʊn,greɪd/ VT *[+ employee]* rétrograder (dans la hiérarchie) ; *[+ hotel, stock]* déclasser ; *[+ work, job]* dévaloriser, déclasser ◆ **to ~ the importance of sth** minimiser l'importance de qch ◆ **hurricane Isador has been ~d to a tropical storm** l'ouragan Isador est désormais classé comme typhon ◆ **the boy's condition has been ~d from critical to serious** l'état du jeune garçon n'est plus considéré comme très grave mais comme grave N a *(Rail etc)* rampe *f*, descente *f* b *(St Ex) [of stock, bond]* déclassement *m*

**downhearted** /ˌdaʊnˈhɑːtɪd/ ADJ abattu, découragé ◆ **don't be ~!** ne te laisse pas abattre !

**downhill** /ˈdaʊnˈhɪl/ ADJ a ◆ **during the ~ journey** au cours de la descente ◆ **the course includes a steep ~ slope** le circuit comprend une descente *or* pente abrupte ◆ **it's just a short ~ walk to the station** il n'y a que quelques mètres à descendre pour arriver à la gare, la gare est à deux pas, en bas de la côte ◆ **the accident happened on a ~ stretch of the track** l'accident s'est produit alors que le train descendait une côte

b *(fig)* ◆ **it was ~ all the way after that** *(= got easier)* après cela, tout a été plus facile ; *(= got worse)* après cela, tout est allé en empirant *or* de mal en pis

c *(Ski)* ~ **competition** épreuve *f* de descente ◆ ~ **course** piste *f* de descente ◆ ~ **race** (épreuve *f* de) descente *f* ◆ ~ **racer** descendeur *m*, -euse *f* ◆ ~ **skier** skieur *m*, -euse *f* alpin(e) ◆ ~ **ski(ing)** ski *m* alpin *or* de piste

ADV ◆ **to go ~** *[person, vehicle]* descendre (la *or* une pente) ; *[road]* descendre, aller en descendant ; *(fig = get worse) [person]* être sur une *or* la mauvaise pente ; *[company, business etc]* péricliter ; *[economy]* se dégrader ◆ **things just went ~ from there** par la suite les choses n'ont fait qu'empirer

**downhome** ⁑ /ˌdaʊnˈhəʊm/ ADJ *(US) (from south)* du Sud, sudiste ; *(pej)* péquenaud *

**Downing Street** /ˈdaʊnɪŋ,striːt/ N *(Brit)* Downing Street *(résidence du Premier ministre britannique)*

> **Downing Street**
>
> **Downing Street**, dans le quartier de Westminster, est la rue où résident officiellement le Premier ministre (au n° 10) et le chancelier de l'Échiquier (au n° 11). Les médias utilisent souvent les expressions **Downing Street**, « Number Ten » ou « Ten **Downing Street** », pour désigner le Premier ministre ou le gouvernement, à la façon dont on parlerait de "Matignon" en France.

**downlighter** /ˈdaʊn,laɪtəʳ/ N luminaire *m (éclairant vers le bas)*

**download** /ˈdaʊn,ləʊd/ VT *(Comput)* télécharger

**downloadable** /ˈdaʊn,ləʊdəbl/ ADJ téléchargeable

**downloading** /ˈdaʊn,ləʊdɪŋ/ N *(Comput)* téléchargement *m*

**downpipe** /ˈdaʊn,paɪp/ N *(Brit)* (tuyau *m* de) descente *f*

**downplay** /ˈdaʊn,pleɪ/ VT *(fig)* minimiser (l'importance de)

**downpour** /ˈdaʊn,pɔːʳ/ N pluie *f* torrentielle

**downright** /ˈdaʊnraɪt/ ADJ pur et simple ◆ **a ~ refusal** un refus catégorique ◆ **it's a ~ lie for him to say that ...** il ment carrément *or* effrontément quand il dit que ... ◆ **it's ~ cheek on his part** * il a un sacré culot * *or* toupet * ADV carrément ◆ **it's ~ impossible** c'est carrément impossible, c'est purement et simplement impossible

**downshift** /ˈdaʊn,ʃɪft/ *(US)* VI *(Aut)* rétrograder ; *(at work)* prendre un poste moins bien payé mais moins stressant N rétrogradation *f*

**downside** /ˈdaʊn,saɪd/ N a *(US)* ~ **up** sens dessus dessous b *(= negative aspect)* inconvénient *m*, désavantage *m* ◆ **on the ~** côté inconvénients, pour ce qui est des inconvénients COMP ▷ **downside risk** N *[of investment]* risque *m* de baisse *or* de chute du cours

**downsize** /ˈdaʊnsaɪz/ VT *[+ company]* réduire les effectifs de, dégraisser * ; *(Comput)* réduire la taille *or* l'encombrement de VI *[company]* réduire ses effectifs, dégraisser *

**downsizing** /ˈdaʊnsaɪzɪŋ/ N *[of company]* dégraissage *m* (des effectifs)

**downspout** /ˈdaʊnspaʊt/ N *(US)* ⇒ **downpipe**

**Down's syndrome** /ˈdaʊnz,sɪndrəʊm/ N trisomie *f (Med)*, mongolisme *m* ◆ **a person with ~** un(e) trisomique ◆ **a ~ baby, a baby with ~** un bébé trisomique

**downstage** /ˈdaʊn,steɪdʒ/ ADV *[stand, be]* sur l'avant-scène ; *[move, point]* vers l'avant-scène ◆ **to face ~** faire face au public

**downstairs** /ˈdaʊnˈstɛəz/ ADV *(gen)* en bas ; *(= to or on floor below)* à l'étage en-dessous *or* du dessous ; *(= to or on ground floor)* au rez-de-chaussée ◆ **to go/come ~** descendre (l'escalier) ◆ **to run/crawl** *etc* ~ descendre (l'escalier) en courant/en rampant *etc* ◆ **to rush ~** dévaler l'escalier ◆ **to fall ~** tomber dans les escaliers ◆ **the people ~** *(= below)* les gens *mpl* du dessous ; *(= on ground floor)* les gens *mpl* d'en bas *or* du rez-de-chaussée

ADJ *(= on ground floor)* ◆ **they've got a ~ lavatory** ils ont des toilettes en bas ◆ **the ~ phone** le téléphone d'en bas *or* du rez-de-chaussée ◆ **the ~ rooms** les pièces *fpl* du bas *or* du rez-de-chaussée ◆ **a ~ flat** un appartement au rez-de-chaussée

N ◆ **the ~** * *(= ground floor)* le rez-de-chaussée ; *(= lower floors)* les étages *mpl* inférieurs

**downstate** /ˈdaʊn,steɪt/ *(US)* N campagne *f*, sud *m* de l'État ADJ *(= southern)* du sud de l'État ◆ ~ **New York** le sud de l'État de New York ADV *[be]* dans le sud ; *[go]* vers le sud ◆ **they live ~** ils habitent dans le sud de l'État ◆ **to go ~** aller dans le sud de l'État

**downstream** /ˈdaʊn,striːm/ ADJ, ADV en aval ◆ **to go/move ~** descendre le courant ◆ ~ **industries** *(fig)* industries *fpl* d'aval

**downstroke** /ˈdaʊn,strəʊk/ N a *(in writing)* plein *m* b *[of piston etc]* course *f* descendante, descente *f*

**downswept** /ˈdaʊn,swept/ ADJ *(Aviat) [wings]* surbaissé

**downswing** /ˈdaʊn,swɪŋ/ N *(fig)* baisse *f*, phase *f* descendante

**downtime** /ˈdaʊntaɪm/ N *[of machine]* temps *m or* durée *f* d'immobilisation ; *(Comput)* temps *m* d'arrêt

**downtown** /ˈdaʊnˈtaʊn/ *(US)* ADV dans le centre ◆ **to go ~** descendre *or* aller en ville ADJ ◆ ~ **Chicago** le centre de Chicago

**downtrend** /ˈdaʊntrend/ N tendance *f* à la baisse

**downtrodden** /ˈdaʊn,trɒdən/ ADJ *(fig) [person, nation]* opprimé

**downturn** /ˈdaʊntɜːn/ N ⇒ **downswing**

**downward** /ˈdaʊnwəd/ ADJ *[movement, stroke, pull]* vers le bas ◆ **there was a ~ slope from the house to the road** la maison était en hauteur par rapport à la route ◆ **they were on a fairly steep ~ slope** ils étaient sur une pente assez raide *or* qui descendait assez fort ◆ **the rain made our ~ path extremely treacherous** la pluie rendait notre descente extrêmement dangereuse ◆ **in a ~ direction** vers le bas ◆ **a ~ trend** *(St Ex)* une tendance à la baisse ◆ **I'm convinced the economy's on the ~ slope** je suis convaincu que l'économie est sur une mauvaise pente ◆ **the dollar resumed its ~ path today** *(Fin)* le dollar a recommencé à baisser aujourd'hui ADV ⇒ **downwards**

**downwards** /ˈdaʊnwədz/ ADV *[go]* vers le bas, en bas ◆ **to slope (gently) ~** descendre (en pente douce) ◆ **to look ~** regarder en bas *or* vers le bas ◆ **looking ~** les yeux baissés, la tête baissée ◆ **place the book face ~** posez le livre face en dessous ◆ **from the king ~** *(fig)* depuis le roi (jusqu'au plus humble), du haut en bas de l'échelle sociale

**downwind** /ˈdaʊn,wɪnd/ ADV *[be]* sous le vent *(of, from* par rapport à) ; *[move]* dans la direction du vent ; *[sail]* sous le vent ◆ **the sparks drifted ~** les étincelles étaient emportées par le vent

**downy** /ˈdaʊnɪ/ ADJ a *(= furry) [skin, peach]* duveté ; *[leaf]* duveteux ◆ **covered with fine, ~ hair** couvert de poils fins et soyeux ◆ ~ **softness** douceur *f* soyeuse b *(= feathery) [chick]* couvert de duvet c *(= down-filled)* garnis de duvet

**dowry** /ˈdaʊrɪ/ N dot *f*

**dowse** /daʊz/ VI pratiquer la rhabdomancie VT ⇒ **douse**

**dowser** /ˈdaʊzəʳ/ N rhabdomancien(ne) *m(f)* ; *(for water)* sourcier *m*

**dowsing** /ˈdaʊzɪŋ/ N rhabdomancie *f* COMP ▷ **dowsing rod** N baguette *f* (de sourcier)

**doxology** /dɒkˈsɒlədʒɪ/ N doxologie *f*

**doxy** †† /ˈdɒksɪ/ N catin † *f*

**doyen** /ˈdɔɪən/ N doyen *m* ◆ **the ~ of ...** le doyen des ...

**doyenne** /ˈdɔɪen/ N doyenne *f*

**doz.** /dʌz/ abbrev of **dozen**

**doze** /dəʊz/ N somme *m* ◆ **to have a ~** faire un petit somme VI sommeiller, somnoler

► **doze off** VI s'assoupir, s'endormir

**dozen** /ˈdʌzn/ N douzaine *f* ◆ **three ~** trois douzaines ◆ **a ~ shirts** une douzaine de chemises ◆ **a round ~** une douzaine tout juste ◆ **half a ~, a half-~** une demi-douzaine ◆ **£1 a ~** une livre la douzaine ◆ **~s of times** des dizaines *or* douzaines de fois ◆ **there are ~s like that** des choses (*or* des gens) comme cela, on en trouve à la douzaine ; → **baker, nineteen, six**

**dozy** /ˈdəʊzɪ/ ADJ a *(= sleepy)* à moitié endormi, somnolent b *(Brit * = stupid)* empoté *, pas très dégourdi * ◆ **you ~ prat!** imbécile !, espèce d'empoté !

**DP** /diːˈpiː/ N (abbrev of **data processing**) → **data**

**DPhil** /diːˈfɪl/ N (abbrev of **Doctor of Philosophy**) ≈ doctorat *m (d'État dans une discipline autre que le droit, la médecine ou la théologie)*

**dpi** /ˌdiːpiːˈaɪ/ *(Comput)* (abbrev of **dots per inch**) dpi

**DPM** /ˌdiːpiːˈem/ N (abbrev of **Diploma in Psychiatric Medicine**) *diplôme de psychiatrie*

**DPP** /ˌdiːpiːˈpiː/ N *(Brit Jur)* (abbrev of **Director of Public Prosecutions**) → **director**

**DPT** /ˌdiːpiːˈtiː/ N *(Med)* (abbrev of **diphtheria, pertussis, tetanus**) DT Coq *m*

**Dr** /ˈdɒktəʳ/ (abbrev of **Doctor**) ~ **R. Stephenson** *(on envelope)* Dr R. Stephenson ◆ **Dear ~ Stephenson** *(in letters, man)* Cher Monsieur ; *(woman)* Chère Madame ; *(if known to writer)* Cher Docteur

**dr** *(Comm)* abbrev of **debtor, dram, drachma**

**drab** /dræb/ **ADJ** *[colour]* morne ; *[clothes]* terne ; *[surroundings, existence]* terne, morne **N** *(NonC: Tex)* grosse toile *f* bise

**drabness** /ˈdræbnɪs/ **N** *[of place, surroundings, existence]* aspect *m* morne, grisaille *f* ; *[of clothes]* aspect *m* terne

**drachm** /dræm/ **N** **a** *(Measure, Pharm)* drachme *f* **b** ⇒ **drachma**

**drachma** /ˈdrækmə/ **N** (pl **drachmas** or **drachmae** /ˈdrækmiː/) *(= coin)* drachme *f*

**draconian** /drəˈkəʊnɪən/ **ADJ** draconien

**Dracula** /ˈdrækjʊlə/ **N** Dracula *m*

**draft** /drɑːft/ **N** **a** *(= outline: gen)* avant-projet *m* ; *[of letter]* brouillon *m* ; *[of novel]* premier jet *m*, ébauche *f*

**b** *(Comm, Fin: for money)* traite *f*, effet *m* ◆ **to make a ~ on** tirer sur

**c** *(Mil = group of men)* détachement *m*

**d** *(US Mil = conscript intake)* contingent *m* ◆ **to be ~ age** être en âge de faire son service militaire

**e** *(US)* ⇒ **draught**

**VT** **a** (also **draft out**) *[+ letter]* faire le brouillon de ; *[+ speech] (gen)* écrire, préparer ; *(first draft)* faire le brouillon de ; *(final version)* rédiger ; *(Parl) [+ bill] (Comm, Fin) [+ contract]* rédiger, dresser ; *[+ plan]* esquisser, dresser ; *[+ diagram]* esquisser

**b** *(US Mil) [+ conscript]* appeler (sous les drapeaux), incorporer ◆ **to ~ sb to a post/to do sth** *(esp Mil)* détacher or désigner qn à un poste/pour faire qch

**COMP** ▷ **draft board** **N** *(US Mil)* conseil *m* de révision ▷ **draft card** **N** *(US Mil)* ordre *m* d'incorporation ▷ **draft dodger** **N** *(US Mil)* insoumis *m* ▷ **draft letter** **N** brouillon *m* de lettre ; *(more frm)* projet *m* de lettre ▷ **draft version** **N** version *f* préliminaire

**draftee** /dræfˈtiː/ **N** *(US Mil, fig)* recrue *f*

**draftiness** /ˈdræftɪnɪs/ **N** *(US)* ⇒ **draughtiness**

**draftsman** /ˈdræftsmən/ **N** (pl **-men**) *(US)* ⇒ **draughtsman a**

**draftsmanship** /ˈdræftsmənʃɪp/ **N** *(US)* ⇒ **draughtsmanship**

**draftswoman** /ˈdræftswʊmən/ **N** (pl **-women**) *(US)* ⇒ **draughtswoman**

**drafty** /ˈdræftɪ/ **ADJ** *(US)* ⇒ **draughty**

**drag** /dræg/ **N** **a** *(for dredging etc)* drague *f* ; *(Naut = cluster of hooks)* araignée *f* ; *(= heavy sledge)* traîneau *m* ; *(Agr = harrow)* herse *f*

**b** ⇒ **dragnet**

**c** *(Aviat, Naut etc = resistance)* résistance *f*, traînée *f*

**d** *(Aut, Rail etc = brake)* sabot *m* or patin *m* de frein

**e** *(Hunting)* drag *m*

**f** *(= hindrance)* frein *m* (on à) ◆ **he's an awful ~ on them** ils le traînent comme un boulet

**g** *(* = person)* raseur * *m*, -euse * *f*, casse-pieds * *mf inv* ; *(= tedium)* corvée *f* ◆ **what a ~ to have to go there!** quelle corvée or quelle barbe * d'avoir à y aller ! ◆ **this thing is a ~!** quelle barbe ce truc-là ! *

**h** *(* = pull on cigarette, pipe)* taffe * *f* ◆ **here, have a ~** tiens, tire une taffe *

**i** *(* = women's clothing worn by men)* habits *mpl* de femme ◆ **a man in ~** un homme habillé en femme ; *(= transvestite)* un travesti

**j** *(US ‡ = influence)* piston *m* ◆ **to use one's ~** travailler dans la coulisse, user de son influence

**k** *(US)* **the main ~** la grand-rue

**VI** **a** *(= trail along) [object]* traîner (à terre) ; *[anchor]* chasser

**b** *(= lag behind)* rester en arrière, traîner

**c** *(Aut) [brakes]* frotter, (se) gripper

**d** *(fig) [time, work, an entertainment]* traîner ; *[conversation]* (se) traîner, languir ◆ **the minutes ~ged (past** or **by)** les minutes s'écoulaient avec lenteur

**VT** **a** *[+ person, object]* traîner, tirer ; *[+ person]* entraîner ◆ **he ~ged her out of/into the car** il l'a tirée de la voiture/entraînée dans la voiture ◆ **he could barely ~ his injured leg behind him** il se traînait péniblement avec sa jambe blessée ◆ **to ~ one's feet** *(lit = scuff feet)* traîner les pieds ◆ **to ~ one's feet** or **one's heels** *(fig)* traîner les pieds ◆ **she accused the government of ~ging its feet** or **heels on reforms** elle a accusé le gouvernement de tarder à introduire des réformes ◆ **the government is ~ging its feet** or **heels over introducing new legislation** le gouvernement tarde à mettre en place de nouvelles lois ◆ **to ~ anchor** *(Naut)* chasser sur ses ancres ◆ **to ~ the truth from** or **out of sb** finir par faire avouer la vérité à qn ◆ **to ~ ass** ‡ *(US)* glander ‡, traînasser

**b** *[+ river, lake etc]* draguer (*for* à la recherche de)

**c** *(fig = involve) [+ person]* entraîner ; *[+ issue, question etc]* mêler ◆ **don't ~ me into your affairs!** ne me mêle pas à tes histoires ! ◆ **to ~ politics into sth** mêler la politique à qch

**COMP** ▷ **drag and drop** **N** *(Comput)* glisser-poser *m* ▷ **drag artist** **N** travesti *m* ▷ **drag coefficient**, **drag factor** **N** *(Aut)* coefficient *m* de pénétration dans l'air, CX *m* ▷ **drag lift** **N** *(Ski)* tire-fesses *m inv* ▷ **drag queen** * **N** travelo ‡ *m* ▷ **drag race** **N** *(Aut)* course *f* de dragsters ▷ **drag shoe** **N** *(Aut, Rail etc)* sabot *m* or patin *m* (de frein) ▷ **drag show** * **N** *(Theat)* spectacle *m* de travestis

► **drag about** **VI** traîner
**VT SEP** traîner

► **drag along** **VT SEP** *[+ person]* entraîner (à contrecœur) ; *[+ toy etc]* tirer ◆ **to ~ o.s. along** se traîner, avancer péniblement

► **drag apart** **VT SEP** séparer de force

► **drag away** **VT SEP** arracher (*from* à) emmener de force (*from* de) ◆ **she ~ged him away from the television** * elle l'a arraché de devant * la télévision ◆ **she ~ged him away from his work** * elle l'a arraché à son travail ◆ **if you manage to ~ yourself away from the bar** * si tu arrives à t'arracher du bar *

► **drag down** **VT SEP** entraîner (en bas) ; *(fig)* ◆ **to ~ sb down to one's own level** rabaisser qn à son niveau ◆ **he was ~ged down by the scandal** le scandale l'a discrédité ◆ **his illness is ~ging him down** sa maladie l'affaiblit

► **drag in** **VT SEP** *(fig) [+ subject, remark]* tenir à placer, amener à tout prix

► **drag on** **VI** *[meeting, conversation]* traîner en longueur, s'éterniser ; *[conflict]* s'éterniser

► **drag out** **VI** ⇒ **drag on**
**VT SEP** *[+ discussion]* faire traîner

► **drag up** **VT SEP** **a** *(* pej) [+ child]* élever à la diable ◆ **where were you ~ged up?** d'où tu sors ? *

**b** *[+ scandal, story]* remettre sur le tapis, déterrer ◆ **the letter ~ged up painful memories for Rose** la lettre a fait res(s)urgir des souvenirs douloureux pour Rose

**draggy** * /ˈdrægɪ/ **ADJ** rasoir * *inv*, barbant *

**dragnet** /ˈdrægnet/ **N** **a** *(for fish)* seine *f*, drège *f* ; *(for birds)* tirasse *f* **b** *(fig: by police)* coup *m* de filet

**dragoman** /ˈdrægəʊmən/ **N** (pl **-mans**) drogman *m*

**dragon** /ˈdrægən/ **N** **a** *(Myth, Zool, also fig = fierce person)* dragon *m* **b** *(Mil = armoured tractor)* tracteur *m* blindé

**dragonfly** /ˈdrægənflaɪ/ **N** libellule *f*, demoiselle *f*

**dragoon** /drəˈguːn/ **N** *(Mil)* dragon *m* **VT** ◆ **to ~ sb into doing sth** contraindre or forcer qn à faire qch ◆ **she had been ~ed into the excursion** on l'avait contrainte or forcée à prendre part à l'excursion

**dragster** /ˈdrægstəʳ/ **N** *(Aut)* dragster *m*

**dragstrip** /ˈdrægstrɪp/ **N** *(Aut)* piste *f* de vitesse *(pour dragsters)*

**dragsville** ‡ /ˈdrægzvɪl/ **N** *(US)* ◆ **it's utter ~** c'est chiant ‡

**dragway** /ˈdrægweɪ/ **N** ⇒ **dragstrip**

**drain** /dreɪn/ **N** **a** *(in town)* égout *m* ; *(in house)* canalisation *f* sanitaire, tuyau *m* d'écoulement ; *(on washing machine etc)* tuyau *m* d'écoulement ; *(Agr, Med)* drain *m* ; *(= drain cover) (in street)* bouche *f* d'égout ; *(beside house)* puisard *m* ◆ **~s** *(in town)* égouts *mpl* ; *(in house)* canalisations *fpl* sanitaires ; *(Agr)* drains *mpl* ◆ **open ~** égout *m* à ciel ouvert ◆ **to throw one's money down the ~** *(fig)* jeter son argent par les fenêtres ◆ **to go down the ~** *(fig)* tomber à l'eau * ◆ **all his hopes have gone down the ~** tous ses espoirs ont été anéantis

**b** *(fig) (on resources, manpower)* ponction *f* (on sur, dans) ; *(on strength)* épuisement *m* (on de) → **brain**

**VT** *[+ land, marshes]* drainer, assécher ; *[+ vegetables, dishes]* égoutter ; *[+ mine]* vider, drainer ; *[+ reservoir]* vider ; *[+ boiler]* vidanger ; *(Med) [+ wound]* drainer ◆ **to ~ one's glass** or **drink** vider son verre ◆ **~ed weight** *(Comm)* poids *m* net égoutté ◆ **to ~ sb's energy** épuiser qn ◆ **to ~ a country of resources** ponctionner les ressources d'un pays

**VI** *[liquid]* s'écouler ; *[stream]* s'écouler (*into* dans) ; *[energy]* s'épuiser

**COMP** ▷ **draining board** **N** égouttoir *m*, paillasse *f* ▷ **draining spoon** **N** écumoire *f*

► **drain away, drain off** **VI** *[liquid]* s'écouler ; *[strength]* s'épuiser
**VT SEP** *[+ liquid]* faire couler *(pour vider un récipient)*

**drainage** /ˈdreɪnɪdʒ/ **N** *(= act of draining)* drainage *m*, assèchement *m* ; *(= system of drains) (on land)* système *m* de fossés or de tuyaux de drainage ; *[of town]* système *m* d'égouts ; *[of house]* système *m* d'écoulement des eaux ; *(= sewage)* eaux *fpl* usées ; *(Geol)* système *m* hydrographique fluvial **COMP** ▷ **drainage area**, **drainage basin** **N** *(Geol)* bassin *m* hydrographique ▷ **drainage channel** **N** *(Constr)* barbacane *f* ▷ **drainage tube** **N** *(Med)* drain *m*

**drainboard** /ˈdreɪnbɔːd/ **N** *(US)* ⇒ **draining board** ; → **drain**

**drainer** /ˈdreɪnəʳ/ **N** égouttoir *m*

**drainpipe** /ˈdreɪnpaɪp/ **N** tuyau *m* d'écoulement or de drainage

**drainpipes** /ˈdreɪnpaɪps/, **drainpipe trousers** *(Brit)* **NPL** pantalon-cigarette *m*

**drake** /dreɪk/ **N** canard *m* (mâle) ; → **duck**[1]

**Dralon** ® /ˈdreɪlɒn/ **N** Dralon ® *m*

**DRAM, D-RAM** /ˈdiːræm/ *(Comput)* (abbrev of **dynamic random access memory**) (mémoire *f*) DRAM *f*

**dram** /dræm/ **N** *(Brit)* **a** *(Measure, Pharm)* drachme *f* **b** *(* = small drink)* goutte *f*, petit verre *m*

**drama** /ˈdrɑːmə/ **N** **a** *(NonC: gen)* théâtre *m* ◆ **to study ~** étudier l'art *m* dramatique ◆ **English ~** le théâtre anglais **b** *(= play)* drame *m*, pièce *f* de théâtre ; *(fig)* drame *m* **c** *(NonC = quality of being dramatic)* drame *m* **COMP** ▷ **drama critic N** critique *m* dramatique ▷ **drama-doc** * **N** *(TV)* docudrame *m* ▷ **drama queen** * **N** *(pej)* ◆ **she's such a ~ queen!** quelle comédienne !, elle fait toujours tout un cinéma ◆ **stop being such a ~ queen** arrête ton cinéma * ▷ **drama school N** école *f* d'art dramatique ▷ **drama student N** étudiant(e) *m(f)* en art dramatique

**dramatic** /drəˈmætɪk/ **ADJ** **a** *(= striking) [change, increase, fall]* spectaculaire ◆ **there has been a ~ decline in birth rates** il y a eu une baisse spectaculaire du taux de natalité ◆ **a fifth year of drought will have ~ effects on the economy** une cinquième année de sécheresse aura des conséquences graves sur l'économie

**b** *(= exciting)* **it was a very ~ moment in my life** ç'a été un moment très important de ma vie ◆ **Elizabeth was there during the afternoon's ~ events** Elizabeth a assisté aux événements dramatiques de cette après-midi

**c** *[art, artist, work]* dramatique ◆ **~ irony** ironie *f* dramatique ; → **amateur**

**d** *(= theatrical) [effect, entry, gesture]* théâtral ◆ **to make a ~ exit** faire une sortie théâtrale

> ⚠ *When it means 'striking'* **dramatic** *is not translated by* **dramatique**.

**dramatically** /drəˈmætɪkəlɪ/ **ADV** **a** *(= spectacularly) [change, improve, worsen, increase, affect, alter]* de façon spectaculaire ; *[different, effective, successful]* extraordinairement **b** *(Literat, Theat) [effective, compelling, powerful]* du point de vue théâtral

> ⚠ **dramatiquement** *often means 'tragically'. When used as an intensifier it means 'terribly'.*

**dramatics** /drəˈmætɪks/ **NPL** **a** *(Theat)* art *m* dramatique **b** *(* = fuss)* comédie *f* *(fig)* → **amateur**

**dramatis personae** /ˈdræmətɪspɜːˈsəʊnaɪ/ **NPL** personnages *mpl* *(d'une pièce etc)*

**dramatist** /ˈdræmətɪst/ **N** auteur *m* dramatique, dramaturge *m*

**dramatization** /ˌdræmətaɪˈzeɪʃən/ **N** **a** *(Theat, TV) (for theatre)* adaptation *f* pour la scène ; *(for TV)* adaptation *f* pour la télévision ; *(for cinema)* adaptation *f* cinématographique **b** *(= exaggeration)* dramatisation *f*

**dramatize** /ˈdræmətaɪz/ **VT** **a** *[+ novel] (for stage)* adapter pour la scène ; *(for film)* adapter pour le cinéma ; *(for TV)* adapter pour la télévision ◆ **they ~d his life story** *(on TV)* l'histoire de sa vie a été portée à l'écran **b** *(esp US) (= make vivid) [+ event]* rendre dramatique *or* émouvant ; *(= exaggerate)* dramatiser

**Drambuie** ® /dræmˈbjuːɪ/ **N** Drambuie ® *m*

**drank** /dræŋk/ **VB** pt of **drink**

**drape** /dreɪp/ **VT** *[+ window, statue, person]* draper (*with* de) ; *[+ room, altar]* tendre (*with* de) ; *[+ curtain, length of cloth]* draper ◆ **she ~d herself over the settee** * elle s'est allongée langoureusement sur le canapé **NPL** **drapes** *(Brit = hangings)* tentures *fpl* ; *(US = curtains)* rideaux *mpl*

**draper** /ˈdreɪpəʳ/ **N** *(Brit)* marchand(e) *m(f)* de nouveautés

**drapery** /ˈdreɪpərɪ/ **N** **a** *(= material)* draperie *f*, étoffes *fpl* ; *(= hangings)* tentures *fpl*, draperies *fpl* **b** *(Brit:* also **draper's shop***)* magasin *m* de nouveautés

**drastic** /ˈdræstɪk/ **ADJ** *[reform, measures, reduction]* drastique, draconien ; *[remedy]* drastique ; *[surgery, change, improvement]* radical ; *[consequences, decline]* dramatique ; *[increase]* considérable, fort ◆ **to make ~ cuts in defence spending** faire *or* opérer des coupes claires dans le budget de la défense

**drastically** /ˈdræstɪkəlɪ/ **ADV** *[cut, increase, reduce]* considérablement, drastiquement ; *[change, improve]* radicalement ; *[increase]* considérablement ◆ **defence spending has been ~ cut** on a fait *or* opéré des coupes claires dans le budget de la défense ◆ **~ different** radicalement différent ◆ **it** *or* **things went ~ wrong** les choses ont très mal tourné

**drat** * /dræt/ **EXCL** *(euph = damn)* sapristi ! *, diable ! ◆ **~ the child!** au diable cet enfant !, quelle peste * cet enfant !

**dratted** * /ˈdrætɪd/ **ADJ** sacré * *before n*, maudit *before n*

**draught, draft** *(US)* /drɑːft/ **N** **a** *(= breeze)* courant *m* d'air ; *(for fire)* tirage *m* ◆ **beer on ~** bière *f* à la pression ◆ **to feel the ~** * *(fig: financially)* devoir se serrer la ceinture * ◆ **I felt a ~** * *(esp US: fig = unfriendliness)* j'ai senti un froid *or* qu'il *etc* me traitait avec froideur **b** *(Naut)* tirant *m* d'eau **c** *(= drink)* coup *m* ; *[of medicine]* potion *f*, breuvage *m* ◆ **a ~ of cider** un coup de cidre ◆ **to take a long ~ of sth** avaler une goulée de qch **d** *(Brit)* **(game of) ~s** (jeu *m* de) dames *fpl* **e** *(= rough sketch)* ⇒ **draft noun a** **COMP** *[animal]* de trait ; *[cider, beer]* à la pression ▷ **draught excluder N** bourrelet *m (de porte, de fenêtre)*

**draughtboard** /ˈdrɑːftbɔːd/ **N** *(Brit)* damier *m*

**draughtiness, draftiness** *(US)* /ˈdrɑːftɪnɪs/ **N** *(NonC)* courants *mpl* d'air

**draughtproof** /ˈdrɑːftpruːf/ **ADJ** calfeutré **VT** calfeutrer

**draughtproofing** /ˈdrɑːftpruːfɪŋ/ **N** calfeutrage *m*

**draughtsman** /ˈdrɑːftsmən/ **N** (pl **-men**) **a** *(Art)* dessinateur *m*, -trice *f* ; *(in drawing office)* dessinateur *m*, -trice *f* industriel(le) **b** *(Brit: in game)* pion *m*

**draughtsmanship, draftsmanship** *(US)* /ˈdrɑːftsmənʃɪp/ **N** *[of artist]* talent *m* de dessinateur, coup *m* de crayon ; *(in industry)* art *m* du dessin industriel

**draughtswoman, draftswoman** *(US)* /ˈdræftswʊmən/ **N** (pl **-women**) *(Art)* dessinatrice *f* ; *(in drawing office)* dessinatrice *f* industrielle

**draughty, drafty** *(US)* /ˈdrɑːftɪ/ **ADJ** *[room]* plein de courants d'air ; *[street corner]* exposé à tous les vents *or* aux quatre vents

**draw** /drɔː/ (pret **drew**, ptp **drawn**) **VT** **a** *(= pull: gen) [+ object, cord, string, bolt]* tirer ◆ **to ~ a bow** bander un arc ◆ **to ~ the curtains** *(= open)* tirer *or* ouvrir les rideaux ; *(= shut)* tirer *or* fermer les rideaux ◆ **to ~ one's hand over one's eyes** se passer la main sur les yeux ◆ **I drew her arm through mine** j'ai passé *or* glissé son bras sous le mien ◆ **he drew a hand through his hair** il s'est passé la main dans les cheveux ◆ **he drew his chair nearer the fire** il a rapproché sa chaise du feu ◆ **he drew her close to him** il l'a attirée contre lui ◆ **to ~ one's finger along a surface** passer le doigt sur une surface ◆ **to ~ one's belt tighter** serrer sa ceinture ◆ **to ~ smoke into one's lungs** avaler *or* inhaler la fumée *(d'une cigarette)* ◆ **to ~ an abscess** *(Med)* faire mûrir un abcès ◆ **to ~ a bead on sth** *(= aim)* viser qch

**b** *(= pull behind) [+ coach, cart, train, trailer etc]* tracter

**c** *(= extract, remove) [+ teeth]* extraire, arracher ; *[+ cork]* retirer, enlever ◆ **it was like ~ing teeth** ç'a été la croix et la bannière ◆ **to ~ threads** *(Sewing)* tirer des fils ◆ **to ~ a ticket out of a hat** tirer un billet d'un chapeau ◆ **to ~ one's gun** dégainer son pistolet ◆ **he drew a gun on me** il a sorti un pistolet et l'a braqué sur moi ◆ **to ~ the sword** *(fig)* passer à l'attaque

**d** *(= obtain from source) [+ wine]* tirer (*from* de) ; *[+ water] (from tap, pump)* tirer (*from* de) ; *(from well)* puiser (*from* dans) ◆ **to ~ blood from sb** *(Med)* faire une prise de sang à qn ◆ **the stone hit him and drew blood** la pierre l'a frappé et l'a fait saigner ◆ **that remark drew blood** cette remarque blessante a porté ◆ **to ~ a bath** † faire couler un bain ◆ **to ~ (a) breath** aspirer, respirer ; *(fig)* souffler ◆ **to ~ a card from the pack** tirer une carte du jeu ◆ **to ~ trumps** *(Cards)* choisir l'atout ◆ **to ~ the first prize** gagner *or* décrocher le gros lot ◆ **to ~ inspiration from** tirer son inspiration de, puiser son inspiration dans ◆ **to ~ strength from sth** puiser des forces dans qch ◆ **to ~ comfort from sth** trouver un réconfort dans qch ◆ **to ~ a smile from sb** arracher un sourire à qn ◆ **to ~ a laugh from sb** arriver à faire rire qn ◆ **her performance drew tears from the audience** son interprétation a arraché des larmes au public ◆ **her performance drew applause from the audience** son interprétation a été saluée par les applaudissements du public ◆ **I could ~ no reply from him** je n'ai pu tirer de lui aucune réponse ; → **blank**

**e** *(Fin)* ◆ **to ~ money from the bank** retirer de l'argent à la banque ◆ **to ~ a cheque on one's account** tirer un chèque sur son compte ◆ **to ~ one's salary** *or* **pay** toucher son salaire ◆ **to ~ one's pension** toucher sa pension

**f** *(= attract) [+ attention, customer, crowd]* attirer ◆ **the play has ~n a lot of criticism** la pièce a donné lieu à *or* s'est attiré de nombreuses critiques ◆ **to feel ~n to(wards) sb** se sentir attiré par qn

**g** *(= cause to move, do, speak etc)* **her shouts drew me to the scene** ses cris m'ont attiré sur les lieux ◆ **to ~ sb into a plan** entraîner qn dans un projet ◆ **he refuses to be ~n** *(= will not speak)* il refuse de parler ; *(= will not react)* il refuse de se laisser provoquer *or* de réagir ◆ **he would not be ~n on the matter** il a refusé de parler de cette affaire ◆ **to ~ sth to a close** *or* **an end** mettre fin à qch

**h** *[+ picture]* dessiner ; *[+ plan, line, circle]* tracer ; *(fig) [+ situation]* faire un tableau de ; *[+ character]* peindre, dépeindre ◆ **to ~ sb's portrait** faire le portrait de qn ◆ **to ~ a map** *(Geog)* dresser une carte ; *(Scol)* faire *or* dessiner une carte ◆ **I ~ the line at scrubbing floors** * *(fig)* je n'irai pas jusqu'à *or* je me refuse à frotter les parquets ◆ **I ~ the line at cheating** * *(myself)* je n'irai pas jusqu'à *or* je me refuse à tricher ; *(in others)* je n'admets pas *or* je ne tolère pas que l'on triche ◆ **we must ~ the line somewhere** il faut se fixer une limite, il y a une limite à tout ◆ **it's hard to know where to ~ the line** il est difficile de savoir où s'arrêter

**i** *(= establish, formulate) [+ conclusion]* tirer (*from* de) ; *[+ comparison, parallel, distinction]* établir, faire (*between* entre)

**j** *(Naut)* **the boat ~s 4 metres** le bateau a un tirant d'eau de 4 mètres, le bateau cale 4 mètres ◆ **to ~ water** *(= leak)* prendre l'eau **k** *(Sport)* ◆ **to ~ a match** faire match nul ; *(Chess)* faire partie nulle ◆ **they drew one-one** ils ont fait match nul un à un *or* un partout ◆ **Aston Villa have ~n a Czech team in the UEFA Cup** le tirage au sort de la coupe UEFA a désigné une équipe tchèque pour jouer contre Aston Villa **l** *(= infuse)* *[+ tea]* faire infuser **m** *(Culin)* *[+ fowl]* vider ; → **hang** **n** *(Hunting)* **to ~ a fox** débusquer *or* lancer un renard **o** *[+ metal]* étirer ; *[+ wire]* tréfiler

**VI** **a** *(= move, come)* *[person]* se diriger (*towards* vers) ◆ **to ~ to one side** s'écarter ◆ **to ~ round the table** se rassembler *or* s'assembler autour de la table ◆ **the train drew into the station** le train est entré en gare ◆ **the car drew over towards the centre of the road** la voiture a dévié vers le milieu de la chaussée ◆ **he drew ahead of the other runners** il s'est détaché des autres coureurs ◆ **the two horses drew level** les deux chevaux sont parvenus à la même hauteur ◆ **to ~ near** *[person]* s'approcher (*to* de) ; *[time, event]* approcher ◆ **to ~ nearer (to)** s'approcher un peu plus (de) ◆ **to ~ to an end** *or* **a close** tirer à *or* toucher à sa fin **b** *[chimney, pipe]* tirer ; *[pump, vacuum cleaner]* aspirer **c** *(= be equal)* *[two teams]* faire match nul ; *(in exams, competitions)* être ex æquo *inv* ◆ **the competitors/the teams drew for second place** les concurrents/les équipes sont arrivé(e)s deuxièmes ex æquo *or* ont remporté la deuxième place ex æquo ◆ **Scotland drew with Ireland** l'Écosse a fait match nul contre l'Irlande **d** *(Cards)* **to ~ for partners** tirer pour les partenaires **e** *(Art)* dessiner ◆ **he ~s well** il dessine bien, il sait bien dessiner ◆ **to ~ from life** dessiner d'après nature **f** *[tea]* infuser

**N** **a** *(= lottery)* loterie *f*, tombola *f* ; *(= act of drawing a lottery)* tirage *m* ◆ **the ~ is at three o'clock** le tirage est à trois heures ◆ **the ~ for the quarter-finals will take place this morning** *(Sport)* le tirage au sort pour les quarts de finale aura lieu ce matin ; → **luck** **b** *(Sport)* match *m* nul ◆ **the match ended in a ~** le match s'est terminé par un match nul ◆ **five wins and two ~s** cinq victoires et deux (matchs) nuls ◆ **we can get at least a ~ against Holland** nous pouvons au moins faire match nul contre la Hollande **c** *(= attraction)* attraction *f*, succès *m* ; *(Comm)* réclame *f* ◆ **Mel Gibson was the big ~** Mel Gibson était la grande attraction ◆ **the pay was the big ~ of the job** le salaire était l'élément le plus intéressant dans ce travail **d** ◆ **to beat sb to the ~** *(lit)* dégainer plus vite que qn ; *(fig)* devancer qn ◆ **to be quick on the ~** *(lit)* dégainer vite ; (** fig*) avoir la repartie *or* répartie facile **e** *(Drugs ‡ = hash)* herbe * *f*

**COMP** ▷ **draw poker** **N** *sorte de jeu de poker* ▷ **draw-sheet** **N** alaise *f* ▷ **draw(-top) table** **N** table *f* à rallonge

► **draw along** **VT SEP** *[+ cart]* tirer, traîner ; *(fig)* *[+ person]* entraîner

► **draw apart** **VI** s'éloigner *or* s'écarter l'un de l'autre

► **draw aside** **VI** *[people]* s'écarter

**VT SEP** *[+ person]* prendre à part ; *[+ object]* écarter

► **draw away** **VI** **a** *[person]* s'éloigner, s'écarter (*from* de) ; *[car etc]* démarrer ◆ **to ~ away from the kerb** s'éloigner du trottoir **b** *(= move ahead)* *[runner, racehorse etc]* se détacher (*from* de)

**VT SEP** *[+ person]* éloigner, emmener ; *[+ object]* retirer, ôter

► **draw back** **VI** *(= move backwards)* (se) reculer, s'écarter (*from* de) faire un mouvement en arrière ; *(fig)* se retirer, reculer (*at, before, from* devant)

**VT SEP** *[+ person]* faire reculer ; *[+ object, one's hand]* retirer

► **draw down** **VT SEP** *[+ blind]* baisser ; *(fig)* *[+ blame, ridicule]* attirer (*on* sur)

► **draw in** **VI** **a** *(Aut)* **to ~ in by the kerb** *(= pull over)* se rapprocher du trottoir ; *(= stop)* s'arrêter le long du trottoir **b** *(Brit)* **the days** *or* **nights are ~ing in** *(= get shorter)* les jours raccourcissent

**VT SEP** **a** *[+ air]* aspirer, respirer **b** *(= attract)* *[+ crowds]* attirer ◆ **the play is ~ing in huge returns** la pièce fait des recettes énormes ◆ **to ~ sb in on a project** *(fig)* recruter qn pour un projet **c** *(= pull in)* rentrer ; *[+ reins]* tirer sur ◆ **to ~ in one's claws** *(gen, also fig)* rentrer ses griffes ; *[cat]* faire patte de velours ; → **horn**

► **draw off** **VI** *[army, troops]* se retirer

**VT SEP** **a** *[+ gloves, garment]* retirer, enlever **b** *[+ beer etc]* *(from keg)* tirer ; *(Med)* *[+ blood]* prendre

► **draw on** **VI** *[time]* avancer

**VT SEP** **a** *[+ stockings, gloves, garment]* enfiler ; *[+ shoes]* mettre **b** *(fig = encourage)* *[+ person]* entraîner, encourager

**VT FUS** **a** ⇒ **draw upon** **b** ◆ **he drew on his cigarette** il a tiré sur sa cigarette

► **draw out** **VI** *(= become longer)* ◆ **the days are ~ing out** les jours rallongent

**VT SEP** **a** *(= bring out, remove)* *[+ handkerchief, purse]* sortir, tirer (*from* de) ; *[+ money]* *(from bank etc)* retirer (*from* à, de) ; *[+ secret, plan]* soutirer (*from* à) ; *(fig)* *[+ person]* faire parler ◆ **he's shy, try and ~ him out (of his shell)** il est timide, essayez de le faire sortir de sa coquille **b** *(= stretch, extend)* *[+ wire]* étirer ; *(fig)* *[+ speech, meeting]* prolonger ; *[+ meal]* prolonger

► **draw up** **VI** *(= stop)* *[car etc]* s'arrêter, stopper

**VT SEP** **a** *[+ chair]* approcher ; *[+ troops]* aligner, ranger ; *[+ boat]* tirer à sec ◆ **to ~ o.s. up (to one's full height)** se dresser de toute sa hauteur **b** *(= formulate, set out)* *[+ inventory]* dresser ; *[+ list, contract, agreement]* dresser, rédiger ; *[+ plan, scheme]* formuler, établir ; *(Fin)* *[+ bill]* établir, dresser

► **draw upon** **VT FUS** ◆ **to draw upon one's savings** prendre *or* tirer sur ses économies ◆ **to ~ upon one's imagination** faire appel à son imagination

**drawback** /ˈdrɔːbæk/ **N** **a** *(= disadvantage)* inconvénient *m*, désavantage *m* (*to* à) **b** *(Tax = refund)* drawback *m*

**drawbridge** /ˈdrɔːbrɪdʒ/ **N** pont-levis *m*, pont *m* basculant *or* à bascule

**drawee** /drɔːˈiː/ **N** *(Fin)* tiré *m*

**drawer**[1] /drɔːʳ/ **N** *[of furniture]* tiroir *m* ; → **bottom, chest**[1]

**drawer**[2] /ˈdrɔːəʳ/ **N** **a** *[of cheque etc]* tireur *m* **b** *(Art)* *[of pictures]* dessinateur *m*, -trice *f*

**drawers** † /drɔːz/ **NPL** *[of men]* caleçon *m* ; *[of women]* culotte *f*, pantalon(s) † *m(pl)*

**drawing** /ˈdrɔːɪŋ/ **N** **a** *(Art)* dessin *m* ◆ **a pencil ~** un dessin au crayon ◆ **a chalk ~** un pastel ◆ **rough ~** esquisse *f* **b** *(NonC = extending, tapering)* *[of metals]* étirage *m* **COMP** ▷ **drawing account** **N** *(US)* compte *m* courant ▷ **drawing board** **N** planche *f* à dessin ◆ **the scheme is still on the ~ board** le projet est encore à l'étude ◆ **back to the ~ board!** retour à la case départ ! ▷ **drawing office** **N** *(Brit)* bureau *m* de dessin industriel ▷ **drawing paper** **N** *(Art)* papier *m* à dessin ▷ **drawing pen** **N** *(Art)* tire-ligne *m* ▷ **drawing pin** **N** *(Brit)* punaise *f* ▷ **drawing room** **N** salon *m* ; *(larger)* salle *f* *or* salon *m* de réception

**drawl** /drɔːl/ **VI** parler d'une voix traînante **VT** dire *or* prononcer d'une voix traînante **N** voix *f* traînante ◆ **with a Southern/an aristocratic ~** avec la voix traînante des gens du Sud des États-Unis/des aristocrates ◆ **... he said with a ~** ... dit-il d'une voix traînante

**drawn** /drɔːn/ **VB** ptp of **draw** ; see also **long**[1] **ADJ** **a** *[curtains, blinds]* tiré **b** *(= unsheathed)* *[sword, dagger]* dégainé ◆ **pictures of dragoons charging with ~ sword** des images de dragons chargeant sabre au clair ◆ **the police waited with ~ truncheons** *or* **with truncheons ~** les policiers attendaient, matraque en main ; → **dagger** **c** *(= haggard)* *[features]* tiré ; *[person, face]* aux traits tirés ◆ **to look ~** avoir les traits tirés ◆ **face ~ with pain** visage *m* crispé par la douleur **d** *(Sport = equal)* *[match]* nul **COMP** ▷ **drawn butter** **N** *(Culin)* beurre *m* fondu ▷ **drawn-thread work**, **drawn work** **N** *(Sewing)* ouvrage *m* à fils tirés *or* à jour(s)

**drawstring** /ˈdrɔːstrɪŋ/ **N** cordon *m*

**dray** /dreɪ/ **N** *[of brewer]* haquet *m* ; *[of wood, stones]* fardier *m* ; *[of quarry work]* binard *m*

**dread** /dred/ **VT** redouter, appréhender ◆ **to ~ doing sth** redouter de faire qch ◆ **to ~ that ...** redouter que ... ne + *subj* ◆ **I ~ to think what goes on in schools these days** je n'ose pas imaginer ce qui se passe dans les écoles de nos jours ◆ **the ~ed Mrs Mitch** la redoutable Mme Mitch ◆ **the ~ed exam/medicine** *(hum)* l'examen/le médicament tant redouté *(hum)* **N** terreur *f*, effroi *m* ◆ **in ~ of doing sth** dans la crainte de faire qch ◆ **to be** *or* **stand in ~ of sth** redouter qch, vivre dans la crainte de qch **ADJ** *(liter)* redoutable, terrible

**dreadful** /ˈdredfʊl/ **ADJ** **a** *(= horrible, appalling)* *[crime, sight, suffering]* affreux, atroce ; *[disease]* affreux, horrible ; *[weapon]* redoutable ◆ **a ~ mistake** une erreur terrible ◆ **a ~ waste** un gaspillage épouvantable ◆ **he's a ~ coward!** qu'est-ce qu'il peut être lâche ! ◆ **what a ~ thing to happen!** quelle horreur ! **b** *(= bad)* *[person, place, moment, situation, weather conditions]* affreux ; *[food]* épouvantable ; *[film, book, play etc]* lamentable ; *[child]* insupportable ◆ **you look ~!** *(= ill, tired)* tu n'as pas l'air bien du tout ! ◆ **you look ~ (in that hat/with that haircut)!** *(= unattractive)* tu es vraiment moche (avec ce chapeau/avec cette coupe de cheveux) ! ◆ **I feel ~!** *(= ill)* je ne me sens pas bien du tout ! ◆ **I feel ~ (about it)!** *(= guilty)* je m'en veux ! ◆ **I feel ~ about John/about what has happened** je m'en veux de ce qui est arrivé à John/de ce qui s'est passé ; → **penny**

**dreadfully** /ˈdredfəlɪ/ **ADV** **a** *(= badly)* *[behave, treat sb]* de façon abominable ; *[suffer]* affreusement, atrocement ◆ **I miss him ~** il me manque terriblement ◆ **I had a feeling that something was ~ wrong** j'ai senti que quelque chose de terrible venait de se passer **b** (* = very) [boring, late etc] affreusement ◆ **I'm ~ sorry** je suis terriblement désolé

**dreadlocked** /ˈdredlɒkt/ ADJ portant des dreadlocks

**dreadlocks** /ˈdred,lɒks/ NPL dreadlocks *fpl*

**dreadnought** /ˈdrednɔːt/ N *(Naut)* cuirassé *m* (d'escadre)

**dream** /driːm/ LANGUAGE IN USE 8.4 (vb : pret, ptp **dreamed** *or* **dreamt**)

N **a** rêve *m* ◆ **to have a ~ about sb/sth** rêver de qn/qch ◆ **I've had a bad ~** j'ai fait un mauvais rêve *or* un cauchemar ◆ **the whole business was (like) a bad ~** c'était un vrai cauchemar ◆ **sweet ~s!** fais de beaux rêves ! ◆ **to see sth in a ~** voir qch en rêve ◆ **life is but a ~** la vie n'est qu'un songe

**b** *(when awake)* ◆ **to be in a ~** * *(= not paying attention)* être dans les nuages *or* la lune ; *(= daydreaming)* rêvasser

**c** *(= fantasy)* rêve *m* ◆ **the man/woman/house of my ~s** l'homme/la femme/la maison de mes rêves ◆ **my ~ is to have a house in the country** mon rêve serait d'avoir une maison à la campagne ◆ **his fondest ~ was to see her again** son vœu le plus cher était de la revoir ◆ **to have ~s of doing sth** rêver de faire qch ◆ **it was like a ~ come true** c'était le rêve ◆ **to make a ~ come true for sb** réaliser le rêve de qn ◆ **in your ~s!** * tu peux toujours rêver ! * ◆ **all his ~s came true** tous ses rêves se sont réalisés ◆ **idle ~s** rêvasseries *fpl* ◆ **rich beyond his wildest ~s** plus riche que dans ses rêves les plus fous ◆ **she achieved success beyond her wildest ~s** son succès a dépassé ses espoirs les plus fous ◆ **never in my wildest ~s would I have thought that ...** jamais, même dans mes rêves les plus fous, je n'aurais imaginé que ... ◆ **everything went like a ~** * tout est allé comme sur des roulettes *

**d** * *(= lovely person)* amour * *m* ; *(= lovely thing)* merveille *f* ◆ **isn't he a ~?** n'est-ce pas qu'il est adorable *or* que c'est un amour ? ◆ **a ~ of a dress** une robe de rêve

ADJ ◆ **a ~ house** une maison de rêve ◆ **his ~ house** la maison de ses rêves

VI **a** *(in sleep)* rêver ◆ **to ~ about** *or* **of sb/sth** rêver de qn/qch ◆ **to ~ about** *or* **of doing sth** rêver qu'on a fait qch ◆ **~ on!** * tu peux toujours rêver ! *

**b** *(when awake)* rêvasser, être dans les nuages *or* la lune

**c** *(= imagine, envisage)* songer (*of* à) avoir l'idée (*of* de) ◆ **I would never have dreamt of doing such a thing** je n'aurais jamais songé à *or* eu l'idée de faire une chose pareille ◆ **I wouldn't ~ of telling her!** jamais il ne me viendrait à l'idée de lui dire cela ! ◆ **will you come? – I wouldn't ~ of it!** vous allez venir ? – jamais de la vie *or* pas question ! ◆ **I wouldn't ~ of making fun of you** il ne me viendrait jamais à l'idée de me moquer de vous

VT **a** *(in sleep)* rêver, voir en rêve ◆ **to ~ a dream** faire un rêve ◆ **I dreamt that she came** j'ai rêvé qu'elle venait ◆ **you must have dreamt it!** vous avez dû (le) rêver !

**b** *(= imagine)* imaginer ◆ **if I had dreamt you would do that ...** si j'avais pu imaginer un instant que tu ferais cela ... ◆ **I didn't ~ he would come!** je n'ai jamais songé *or* imaginé un instant qu'il viendrait !

COMP ▷ **dream team** * N équipe *f* de rêve ▷ **dream ticket** * N *(esp Pol)* équipe *f* de rêve ▷ **dream world** N *(ideal)* monde *m* utopique ; *(imagination)* monde *m* imaginaire ◆ **he lives in a ~ world** il est complètement détaché des réalités

► **dream away** VT SEP [+ time] perdre en rêveries ◆ **to ~ one's life away** passer sa vie à rêvasser

► **dream up** * VT SEP [+ idea] imaginer, concevoir ◆ **where did you ~ that up?** où est-ce que vous êtes allé pêcher cela ? *

**dreamboat** * /ˈdriːmbəʊt/ N ◆ **he's a ~** il est beau comme un dieu

**dreamer** /ˈdriːməʳ/ N **a** *(lit)* rêveur *m*, -euse *f* **b** *(fig)* rêveur *m*, -euse *f*, songe-creux *m inv* ; *(politically)* utopiste *mf*

**dreamily** /ˈdriːmɪlɪ/ ADV *[say]* d'un ton rêveur ; *[smile, sigh, look]* d'un air rêveur

**dreamland** /ˈdriːmlænd/ N pays *m* des rêves *or* des songes ; *(= beautiful place)* pays *m* de rêve

**dreamless** /ˈdriːmlɪs/ ADJ sans rêves

**dreamlike** /ˈdriːmlaɪk/ ADJ onirique

**dreamt** /dremt/ VB pt, ptp of **dream**

**dreamtime** /ˈdriːmtaɪm/ N *(Austral)* temps *m* du rêve

**dreamy** /ˈdriːmɪ/ ADJ **a** *(= relaxed, otherworldly) [smile, look, expression]* rêveur ; *[voice, music]* doux (douce *f*), qui fait rêver **b** (* *pej* = *impractical, idealistic*) rêveur, dans la lune *or* les nuages **c** (* = *wonderful*) *[house, car, dress]* de rêve ◆ **he's ~!** il est tellement séduisant !

**drearily** /ˈdrɪərɪlɪ/ ADV *[speak]* d'un ton morne ; *[dress]* de façon terne ◆ **it was a ~ familiar scenario** c'était un scénario trop connu

**dreariness** /ˈdrɪərɪnɪs/ N *[of surroundings, life]* grisaille *f*, monotonie *f* ; *[of weather]* grisaille *f*

**dreary** /ˈdrɪərɪ/ ADJ *[place, landscape]* morne ; *[job, work, life]* monotone ; *[day, person]* ennuyeux ; *[weather]* maussade

**dredge¹** /dredʒ/ N *(= net, vessel)* drague *f* VT *[+ river, mud]* draguer VI draguer

► **dredge up** VT SEP **a** *(lit)* draguer **b** *(fig)* *[+ unpleasant facts]* déterrer, ressortir

**dredge²** /dredʒ/ VT *(Culin)* saupoudrer (*with* de ; *on to, over* sur)

**dredger¹** /ˈdredʒəʳ/ N *(Naut)* *(= ship)* dragueur *m* ; *(= machine)* drague *f*

**dredger²** /ˈdredʒəʳ/ N *(Culin)* saupoudreuse *f*, saupoudroir *m*

**dredging¹** /ˈdredʒɪŋ/ N *(Naut)* dragage *m*

**dredging²** /ˈdredʒɪŋ/ N *(Culin)* saupoudrage *m*

**dregs** /dregz/ NPL *(lit, fig)* lie *f* ◆ **the ~ of society** la lie de la société

**drench** /drentʃ/ VT **a** tremper ◆ **to be ~ed in blood** être baigné de sang ◆ **to be ~ed in sweat** être trempé de sueur, être en nage ◆ **to get ~ed to the skin** se faire tremper jusqu'aux os, se faire saucer * ; → **sun b** *(Vet)* administrer *or* faire avaler un médicament à N *(Vet)* (dose *f* de) médicament *m* *(pour un animal)*

**drenching** /ˈdrentʃɪŋ/ N ◆ **to get a ~** se faire tremper *or* saucer * ADJ ◆ **~ rain** pluie *f* battante *or* diluvienne

**Dresden** /ˈdrezdən/ N **a** *(Geog)* Dresde **b** *(also* **Dresden china***)* porcelaine *f* de Saxe, saxe *m* ◆ **a piece of ~** un saxe

**dress** /dres/ N **a** robe *f* ◆ **a long/silk/summer ~** une robe longue/de soie/d'été ; → **cocktail, wedding**

**b** *(NonC = clothing, way of dressing)* tenue *f* ◆ **articles of ~** vêtements *mpl* ◆ **in eastern/traditional ~** en tenue orientale/traditionnelle ◆ **to be careless in one's ~** avoir une tenue négligée ◆ **he's always very careful in his ~** il s'habille toujours avec beaucoup de recherche, il est toujours élégamment vêtu ; → **evening, full, national**

VT **a** *(= clothe) [+ child, family, recruits, customer]* habiller ◆ **to get ~ed** s'habiller ◆ **he's old enough to ~ himself** *[child]* il est assez grand pour s'habiller tout seul ; see also **dressed**

**b** *(Theat) [+ play]* costumer

**c** *(= arrange, decorate) [+ gown]* parer, orner ; *(Naut) [+ ship]* pavoiser ◆ **to ~ a shop window** faire la vitrine ◆ **to ~ sb's hair** coiffer qn

**d** *(Culin) [+ salad]* assaisonner ; *[+ chicken, crab, game]* préparer

**e** *[+ skins]* préparer, apprêter ; *[+ material]* apprêter ; *[+ leather]* corroyer ; *[+ timber]* dégrossir ; *[+ stone]* tailler, dresser

**f** *(Agr) [+ field]* façonner

**g** *[+ troops]* aligner

**h** *[+ wound]* panser ◆ **to ~ sb's wound** panser la blessure de qn

VI **a** s'habiller ◆ **to ~ in black** s'habiller en noir ◆ **to ~ in jeans** porter des jeans ◆ **to ~ as a man** s'habiller en homme ◆ **she ~es very well** elle s'habille avec goût ◆ **to ~ for dinner** se mettre en tenue de soirée ; see also **dressed**

**b** *[soldiers]* s'aligner ◆ **right ~!** à droite, alignement !

COMP ▷ **dress circle** N *(Theat)* premier balcon *m*, corbeille *f* ▷ **dress coat** N habit *m*, queue-de-pie *f* ▷ **dress code** N code *m* vestimentaire ▷ **dress designer** N couturier *m* ▷ **dress length** N *(of material)* hauteur *f* (de robe) ▷ **dress parade** N *(US Mil)* défilé *m* en grande tenue ▷ **dress rehearsal** N *(Theat)* (répétition *f*) générale *f* ; *(fig)* répétition *f* générale ▷ **dress sense** N ◆ **he has no ~ sense at all** il ne sait absolument pas s'habiller ◆ **her ~ sense is appalling** elle s'habille d'une façon épouvantable ▷ **dress shield** N dessous-de-bras *m* ▷ **dress shirt** N chemise *f* de soirée ▷ **dress suit** N tenue *f* de soirée ▷ **dress uniform** N *(Mil)* tenue *f* de cérémonie ; see also **dressed**

► **dress down** VT SEP **a** (* = *scold*) passer un savon à *

**b** *[+ horse]* panser

VI *(Brit)* s'habiller décontracté

N ◆ **dressing-down** * → **dressing**

COMP ▷ **dress-down day** N *(Comm)* *jour où le personnel peut s'habiller de manière plus décontractée*

► **dress up** VI **a** *(= put on smart clothes)* se mettre sur son trente et un, s'habiller ◆ **there's no need to ~ up** * il n'y a pas besoin de se mettre sur son trente et un ; see also **dressed**

**b** *(= put on fancy dress)* se déguiser ◆ **to ~ up as ...** se déguiser *or* se costumer en ... ◆ **the children love ~ing up** les enfants adorent se déguiser

VT SEP **a** *(= disguise)* déguiser (*as* en)

**b** ◆ **it dresses up the skirt** cela rend la jupe plus habillée

**dressage** /ˈdresɑːʒ/ N dressage *m*

**dressed** /drest/ ADJ habillé ◆ **casually ~** habillé de façon décontractée ◆ **fully ~** entièrement habillé ◆ **smartly ~** vêtu avec élégance, élégamment vêtu ◆ **well-~** bien habillé ◆ **~ in a suit/in white** vêtu d'un costume/de blanc ◆ **to be ~ for the country/for town/for jogging/for gardening** être habillé pour la campagne/pour la ville/pour faire du jogging/pour jardiner ◆ **~ as a man/a cowboy/an astronaut** *etc* habillé en homme/cow-boy/astronaute *etc* ◆ **to be ~ up to the nines** * *(Brit)*, **to be all ~ up** * être sur son trente et un * ◆ **all ~ up and nowhere to go** * *(hum)* fringué(e) * comme un prince (*or* une princesse) et tout ça pour rien ◆ **she was ~ to kill** * elle était superbement habillée, prête à faire des ravages ; see also **dress**

COMP ▷ **dressed crab** N crabe *m* tout préparé

**dresser¹** /ˈdresəʳ/ N **a** *(Theat)* habilleur *m*, -euse *f* ; *(Comm:* also **window dresser**) étalagiste *mf* **b** ◆ **she's a stylish ~** elle s'habille avec chic ; → **hairdresser** **c** *(= tool) (for wood)* raboteuse *f* ; *(for stone)* rabotin *m*

**dresser²** /ˈdresəʳ/ N **a** *(= furniture)* buffet *m*, vaisselier *m* **b** *(US)* ⇒ **dressing table ;** → **dressing**

**dressing** /ˈdresɪŋ/ N **a** *(= providing with clothes)* habillement *m* ◆ **~ always takes me a long time** je mets beaucoup de temps à m'habiller ; → **hairdressing**

**b** *(Med)* pansement *m*

**c** *(Culin) (= presentation)* présentation *f* ; *(= seasoning)* assaisonnement *m*, sauce *f* ; *(= stuffing)* farce *f* ◆ **oil and vinegar ~** vinaigrette *f* ; → **salad**

**d** *(= manure)* engrais *m*, fumages *mpl*

**e** *(for material, leather)* apprêt *m*

**f** *(Constr)* parement *m*

COMP ▷ **dressing case** N nécessaire *m* de toilette, trousse *f* de toilette *or* de voyage ▷ **dressing-down** * N ◆ **to give sb a ~-down** passer un savon à qn * ◆ **to get a ~-down** recevoir *or* se faire passer un savon *, se faire enguirlander * ▷ **dressing gown** N *(Brit)* robe *f* de chambre ; *(made of towelling)* peignoir *m* ; *(= negligée)* déshabillé *m* ▷ **dressing room** N *(in house)* dressing (-room) *m* ; *(Theat)* loge *f* ; *(US: in shop)* cabine *f* d'essayage ▷ **dressing station** N *(Mil)* poste *m* de secours ▷ **dressing table** N coiffeuse *f* ▷ **dressing table set** N accessoires *mpl* pour coiffeuse ▷ **dressing-up** N déguisement *m*

**dressmaker** /ˈdresmeɪkəʳ/ N couturière *f*

**dressmaking** /ˈdresmeɪkɪŋ/ N couture *f*

**dressy** * /ˈdresɪ/ ADJ chic

**drew** /druː/ VB pt of **draw**

**dribble** /ˈdrɪbl/ VI **a** *[liquid]* tomber goutte à goutte, couler lentement ; *[baby]* baver ◆ **to ~ back/in** *etc [people]* revenir/entrer *etc* par petits groupes *or* un par un **b** *(Sport)* dribbler VT **a** *(Sport) [+ ball]* dribbler **b** ◆ **he ~d his milk all down his chin** son lait lui dégoulinait le long du menton N **a** *[of water]* petite goutte *f* **b** *(Sport)* dribble *m*

**dribbler** /ˈdrɪbləʳ/ N *(Sport)* dribbleur *m*

**driblet** /ˈdrɪblɪt/ N *[of liquid]* gouttelette *f* ◆ **in ~s** *(lit)* goutte à goutte ; *(fig)* au compte-gouttes

**dribs and drabs** /ˈdrɪbzənˈdræbz/ NPL petites quantités *fpl* ◆ **in ~** *(gen)* petit à petit, peu à peu ; *[arrive]* en *or* par petits groupes ; *[pay, give]* au compte-gouttes

**dried** /draɪd/ VB pt, ptp of **dry** ADJ *[flowers, mushrooms, onions, tomatoes]* séché ; *[beans]* sec (sèche *f*) ; *[eggs, milk, yeast]* en poudre ◆ **~ fruit** fruits *mpl* secs COMP ▷ **dried out** * ADJ *[alcoholic]* désintoxiqué ▷ **dried-up** ADJ *(= dry) [food]* ratatiné ; *[river-bed, stream, oasis]* desséché ; *[well, spring]* tari ; *(= wizened) [person]* ratatiné ◆ **a little ~-up old man** un petit vieillard ratatiné

**drier** /ˈdraɪəʳ/ N ⇒ **dryer**

**drift** /drɪft/ VI **a** *(on sea, river etc)* aller à la dérive, dériver ; *(in wind/current)* être poussé *or* emporté (par le vent/le courant) ; *(Aviat)* dériver ; *[snow, sand etc]* s'amonceler, s'entasser ; *[sounds]* se faire entendre ◆ **to ~ downstream** descendre la rivière emporté par le courant ◆ **to ~ away/out/back** *etc [person]* partir/sortir/revenir *etc* d'une allure nonchalante ◆ **he was ~ing aimlessly about** il flânait (sans but), il déambulait

**b** *(fig) [person]* se laisser aller, aller à la dérive ; *[events]* tendre *(towards* vers) ◆ **to let things ~** laisser les choses aller à la dérive *or* à vau-l'eau ◆ **he ~ed into marriage** il s'est retrouvé marié ◆ **to ~ into crime** sombrer peu à peu dans la délinquance ◆ **to ~ from job to job** aller d'un travail à un autre ◆ **the nation was ~ing towards a crisis** le pays allait vers la crise

**c** *(Rad)* se décaler

N **a** *(NonC) (= driving movement or force)* mouvement *m*, force *f* ; *[of air, water current]* poussée *f* ◆ **the ~ of the current** *(= speed)* la vitesse du courant ; *(= direction)* le sens *or* la direction du courant ◆ **carried north by the ~ of the current** emporté vers le nord par le courant ◆ **the ~ towards the cities** le mouvement vers les villes ◆ **the ~ of events** le cours *or* la tournure des événements

**b** *(= mass) [of clouds]* traînée *f* ; *[of dust]* nuage *m* ; *[of falling snow]* rafale *f* ; *[of fallen snow]* congère *f*, amoncellement *m* ; *[of sand, leaves]* amoncellement *m* ; *(Geol = deposits)* apports *mpl*

**c** *(NonC) (= act of drifting) [of ships, aircraft]* dérive *f*, dérivation *f* ; *[of projectile]* déviation *f*, dérivation *f* ; *(= deviation from course)* dérive *f* ; *(Ling)* évolution *f* (de la langue) ◆ **continental ~** dérive *f* des continents

**d** *(* = general meaning)* ◆ **to get** *or* **catch** *or* **follow sb's ~** comprendre où qn veut en venir, comprendre le sens général des paroles de qn ◆ **(you) get my ~?** tu as pigé ? *, tu vois ce que je veux dire ?

**e** *(Min)* galerie *f* chassante

COMP ▷ **drift anchor** N ancre *f* flottante ▷ **drift ice**, **drifting ice** N glaces *fpl* flottantes ▷ **drift net** N filet *m* dérivant, traîne *f*

► **drift apart** VI *(fig)* s'éloigner l'un de l'autre

► **drift off** VI *(fig = fall asleep)* se laisser gagner par le sommeil

**drifter** /ˈdrɪftəʳ/ N **a** *(= boat)* chalutier *m*, drifter *m* **b** *(= person)* personne *f* qui se laisse aller *or* qui n'a pas de but dans la vie ◆ **he's a bit of a ~** il manque un peu de stabilité

**driftwood** /ˈdrɪftwʊd/ N bois *m* flotté

**drill¹** /drɪl/ N *(for metal, wood)* foret *m*, mèche *f* ; *(for oil well)* trépan *m* ; *(for DIY)* perceuse *f* ; *(Min)* perforatrice *f*, foreuse *f* ; *(for roads)* marteau-piqueur *m* ; *[of dentist]* roulette *f*, fraise *f* (de dentiste) ◆ **electric (hand) ~** perceuse *f* électrique ; → **pneumatic** VT *[+ wood, metal]* forer, percer ; *[+ tooth]* fraiser ◆ **to ~ an oil well** forer un puits de pétrole VI forer, effectuer des forages *(for* pour trouver)

**drill²** /drɪl/ N *(NonC) (esp Mil = exercises etc)* exercice(s) *m(pl)*, manœuvre(s) *f(pl)* ; *(in grammar etc)* exercices *m* ◆ **what's the ~?** * *(fig)* quelle est la marche à suivre ? ◆ **he doesn't know the ~** * il ne connaît pas la marche à suivre VT *[+ soldiers]* faire faire l'exercice à ◆ **these troops are well-~ed** ces troupes sont bien entraînées ◆ **to ~ pupils in grammar** faire faire des exercices de grammaire à des élèves ◆ **to ~ good manners into a child** inculquer les bonnes manières à un enfant ◆ **I ~ed it into him that he must not ...** je lui ai bien enfoncé dans la tête qu'il ne doit pas ... VI *(Mil)* faire l'exercice, être à l'exercice COMP ▷ **drill sergeant** N *(Mil)* sergent *m* instructeur

**drill³** /drɪl/ *(Agr)* N *(= furrow)* sillon *m* ; *(= machine)* drill *m*, semoir *m* VT *[+ seeds]* semer en sillons ; *[+ field]* tracer des sillons dans

**drill⁴** /drɪl/ N *(Tex)* coutil *m*, treillis *m*

**drilling¹** /ˈdrɪlɪŋ/ N *(NonC) [of metal, wood]* forage *m*, perçage *m* ; *(by dentist)* fraisage *m* ◆ **~ for oil** forage *m* (pétrolier) COMP ▷ **drilling platform** N plateforme *f* de forage ▷ **drilling rig** N derrick *m* ; *(at sea)* plateforme *f* ▷ **drilling ship** N navire *m* de forage

**drilling²** /ˈdrɪlɪŋ/ N *(Mil)* exercices *mpl*, manœuvres *fpl*

**drillion** * /ˈdrɪljən/ N *(US)* ◆ **a ~ dollars** des tonnes de dollars, des milliards et des milliards de dollars

**drily** /ˈdraɪlɪ/ ADV **a** *(= with dry humour) [say, observe]* d'un air *or* ton pince-sans-rire **b** *(= unemotionally)* flegmatiquement

**drink** /drɪŋk/ (vb : pret **drank**, ptp **drunk**) N **a** *(= liquid to drink)* boisson *f* ◆ **have you got ~s for the children?** est-ce que tu as des boissons pour les enfants ? ◆ **there's food and ~ in the kitchen** il y a de quoi boire et manger à la cuisine ◆ **may I have a ~?** est-ce que je pourrais boire quelque chose ? ◆ **to give sb a ~** donner à boire à qn ◆ **he's a big ~ of water** * quelle (grande) asperge ! *

**b** *(= glass of alcoholic drink)* verre *m* ; *(before meal)* apéritif *m* ; *(after meal)* digestif *m* ◆ **have a ~!** tu prendras bien un verre ? ◆ **let's have a ~** allons prendre *or* boire un verre ◆ **let's have a ~ on it** allons boire un verre pour fêter ça ◆ **I need a ~!** j'ai besoin de boire un verre ! ◆ **he likes a ~** il aime bien boire un verre ◆ **to ask friends in for ~s** inviter des amis à venir prendre un verre ◆ **to stand sb a ~** offrir un verre à qn, offrir à boire à qn ◆ **to stand a round of ~s** payer une tournée ◆ **to stand ~s all round** payer une tournée générale ◆ **he had a ~ in him** * il avait un coup dans le nez * ; → **short, soft, strong**

**c** *(NonC = alcoholic liquor)* la boisson, l'alcool *m* ◆ **to be under the influence of ~** être en état d'ébriété ◆ **to be the worse for ~** avoir un coup dans le nez * ◆ **to take to ~** se mettre à boire ◆ **to smell of ~** sentir l'alcool ◆ **his worries drove him to ~** ses soucis l'ont poussé à boire *or* l'ont fait sombrer dans la boisson ◆ **it's enough to drive you to ~!** ça vous donne envie de boire pour oublier ! ; → **demon**

**d** *(* = sea)* baille * *f* ◆ **to be in the ~** être à la baille *

VT *[+ wine, coffee]* boire, prendre ; *[+ soup]* manger ◆ **would you like something to ~?** voulez-vous boire quelque chose ? ◆ **give me something to ~** donnez-moi (quelque chose) à boire ◆ **is the water fit to ~?** est-ce que l'eau est potable ? ◆ **this coffee isn't fit to ~** ce café n'est pas buvable ◆ **to ~ sb's health** boire à la santé de qn ◆ **this wine should be drunk at room temperature** ce vin se boit chambré ◆ **he ~s all his wages** il boit tout ce qu'il gagne ◆ **to ~ sb under the table** faire rouler qn sous la table ◆ **to ~ o.s. senseless** boire jusqu'à ne plus tenir debout ; → **death, toast**

VI boire ◆ **he doesn't ~** il ne boit pas ◆ **his father drank** son père buvait ◆ **to ~ from the bottle** boire à (même) la bouteille ◆ **to ~ out of a glass** boire dans un verre ◆ **"don't drink and drive"** *(on notice)* "boire ou conduire, il faut choisir" ◆ **to ~ like a fish** * boire comme un trou * ◆ **to ~ to sb/to sb's success** boire à *or* porter un toast à qn/au succès de qn

COMP ▷ **drink driver** N *(Brit)* conducteur *m*, -trice *f* en état d'ébriété *or* d'ivresse ▷ **drink-driving** N *(Brit)* conduite *f* en état d'ébriété *or* d'ivresse ▷ **drink-driving campaign** N *(Brit)* campagne *f* contre l'alcool au volant ▷ **drink problem** N ◆ **the ~ problem** le problème de l'alcoolisme ◆ **to have a ~ problem** trop boire

► **drink away** VT SEP *[+ fortune]* boire ; *[+ sorrows]* noyer (dans l'alcool)

► **drink down** VT SEP avaler, boire d'un trait

► **drink in** VT SEP *[plants, soil]* absorber, boire ; *(fig) [+ story]* avaler* ◆ **he drank in the fresh air** il a respiré *or* humé l'air frais ◆ **the children were ~ing it all in** les enfants n'en perdaient pas une miette* *or* une goutte*

► **drink up** VI boire, vider son verre ◆ **~ up!** finis *or* bois ton verre !

VT SEP ◆ **to drink sth up** finir son verre (*or* sa tasse) de qch

**drinkable** /ˈdrɪŋkəbl/ ADJ *(= not poisonous) [water]* potable ; *(= palatable) [wine etc]* buvable

**drinker** /ˈdrɪŋkə^r/ N buveur *m*, -euse *f* ◆ **whisky ~** buveur *m*, -euse *f* de whisky ◆ **he's a hard** *or* **heavy ~** il boit beaucoup, il boit sec

**drinking** /ˈdrɪŋkɪŋ/ N (fait *m* de) boire *m* ; *(= drunkenness)* boisson *f* ◆ **eating and ~** manger et boire ◆ **he wasn't used to ~** il n'avait pas l'habitude de boire ◆ **there was a lot of heavy ~** on a beaucoup bu ◆ **his problem was ~** son problème c'était qu'il buvait ◆ **his ~ caused his relationship to break up** son alcoolisme a détruit son couple ◆ **she left him because of his ~** elle l'a quitté parce qu'il buvait ◆ **I don't object to ~ in moderation** je ne vois pas d'inconvénient à boire *or* à ce que l'on boive avec modération ◆ **~ by the under-18s must be stopped** il faut empêcher les jeunes de moins de 18 ans de boire

COMP ▷ **drinking bout** N beuverie *f* ▷ **drinking chocolate** N chocolat *m* (en poudre) ▷ **drinking companion** N ◆ **one of his ~ companions** un de ses compagnons de beuverie ▷ **drinking fountain** N *(in street)* fontaine *f* publique ; *(in office, toilets etc)* jet *m* d'eau potable ▷ **drinking session** N ⇒ **drinking bout** ▷ **drinking song** N chanson *f* à boire ▷ **drinking spree** N ⇒ **drinking bout** ▷ **drinking straw** N paille *f* ▷ **drinking trough** N abreuvoir *m*, auge *f* ▷ **drinking-up time** N *(Brit) dernières minutes pour finir son verre avant la fermeture d'un pub* ▷ **drinking water** N eau *f* potable

**drip** /drɪp/ VI *[water, sweat, rain]* dégoutter, dégouliner ; *[tap]* couler, goutter ; *[cheese, washing]* s'égoutter ; *[hair, trees etc]* dégoutter, ruisseler (*with* de) ◆ **the rain was ~ping down the wall** la pluie dégouttait *or* dégoulinait le long du mur ◆ **sweat was ~ping from his brow** son front ruisselait de sueur ◆ **to be ~ping with sweat** ruisseler de sueur, être en nage ◆ **his hands were ~ping with blood** ses mains ruisselaient de sang ◆ **the walls were ~ping (with water)** les murs suintaient ◆ **his voice was ~ping with sarcasm** *(liter)* il avait un ton profondément sarcastique ; see also **dripping**

VT *[+ liquid]* faire tomber *or* laisser tomber goutte à goutte ; *[+ washing, cheese]* égoutter ◆ **you're ~ping paint all over the place** tu mets de la peinture partout

N **a** *(= sound) [of water, rain]* bruit *m* de l'eau qui tombe goutte à goutte ; *[of tap]* bruit *m* d'un robinet qui goutte

**b** *(= drop)* goutte *f*

**c** *(* fig = spineless person)* lavette* *f*

**d** *(Med) (= liquid)* perfusion *f* ; *(= device)* goutte-à-goutte *m inv* ◆ **to put up a ~** mettre un goutte-à-goutte ◆ **to be on a ~** être sous perfusion ; → **intravenous**

**e** *(Archit:* also **dripstone**) larmier *m*

COMP ▷ **drip-dry** ADJ *[shirt]* qui ne nécessite aucun repassage VT *(Comm: on label)* "ne pas repasser" ▷ **drip-feed** VT *(Med)* alimenter par perfusion ▷ **drip mat** N dessous-de-verre *m inv* ▷ **drip pan** N *(Culin)* lèchefrite *f*

**dripping** /ˈdrɪpɪŋ/ N **a** *(Culin)* graisse *f* (de rôti) ◆ **bread and ~** tartine *f* à la graisse **b** *(= action) [of water etc]* égouttement *m* ADJ **a** *(= leaking) [tap, gutter]* qui goutte *or* coule **b** *(= soaking) [person, hair, clothes, washing]* trempé ; *[tree]* ruisselant, qui dégoutte ◆ **he's ~ wet*** il est trempé jusqu'aux os ◆ **my coat is ~ wet*** mon manteau est trempé ; see also **drip** COMP ▷ **dripping pan** N *(Culin)* lèchefrite *f*

**drippy*** /ˈdrɪpɪ/ ADJ *[person]* gnangnan* *inv* ; *[music, book]* cucul*

**drivability** /ˌdraɪvəˈbɪlɪtɪ/ N maniabilité *f*, manœuvrabilité *f*

**drive** /draɪv/ (vb : pret **drove**, ptp **driven**) N **a** *(= car journey)* promenade *f or* trajet *m* en voiture ◆ **to go for a ~** faire une promenade en voiture ◆ **it's about one hour's ~ from London** c'est à environ une heure de voiture de Londres

**b** *(= private road: into house, castle)* allée *f*

**c** *(Golf)* drive *m* ; *(Tennis)* coup *m* droit, drive *m*

**d** *(= energy)* dynamisme *m*, énergie *f* ; *(Psych)* besoin *m*, instinct *m* ◆ **the sex ~** les pulsions *fpl* sexuelles ◆ **to have plenty of ~** avoir du dynamisme *or* de l'énergie ◆ **to lack ~** manquer de dynamisme *or* d'énergie

**e** *(Pol, Comm)* campagne *f* ; *(Mil)* poussée *f* ◆ **a ~ to boost sales** une campagne de promotion des ventes ◆ **an output ~** un effort de production ◆ **a recruitment ~** une campagne de recrutement ◆ **the ~ towards democracy** le mouvement en faveur de la démocratie ; → **export, whist**

**f** *(Tech = power transmission)* commande *f*, transmission *f* ; → **front, left², rear¹**

**g** *(Comput) (for disk)* unité *f* de disques ; *(for tape)* dérouleur *m*

VT **a** *[+ cart, car, train]* conduire ; *[+ racing car]* piloter ; *[+ passenger]* conduire, emmener (en voiture) ◆ **he ~s a lorry/taxi** *(for a living)* il est camionneur/chauffeur de taxi ◆ **he ~s a Peugeot** il a une Peugeot ◆ **he ~s racing cars** il est pilote de course ◆ **to ~ sb back/off** *etc (in car)* ramener/emmener *etc* qn en voiture ◆ **I'll ~ you home** je vais vous ramener (en voiture), je vais vous reconduire chez vous ◆ **she drove me down to the coast** elle m'a conduit *or* emmené (en voiture) jusqu'à la côte ◆ **he drove his car straight at me** il s'est dirigé *or* il a dirigé sa voiture droit sur moi ◆ **measures that would ~ a coach and horses through the reforms** *(esp Brit)* des mesures qui sonneraient le glas des réformes

**b** *[+ people, animals]* chasser *or* pousser (devant soi) ; *(Hunting) [+ game]* rabattre ; *[+ clouds]* charrier, chasser ; *[+ leaves]* chasser ◆ **to ~ sb out of the country** chasser qn du pays ◆ **the dog drove the sheep into the farm** le chien a fait rentrer les moutons à la ferme ◆ **the gale drove the ship off course** la tempête a fait dériver le navire ◆ **the wind drove the rain against the windows** le vent rabattait la pluie contre les vitres ; → **corner**

**c** *(= operate) [+ machine] [person]* actionner, commander ; *[steam etc]* faire fonctionner ◆ **machine driven by electricity** machine fonctionnant à l'électricité

**d** *[+ nail]* enfoncer ; *[+ stake]* enfoncer, ficher ; *[+ rivet]* poser ; *(Golf, Tennis)* driver ; *[+ tunnel]* percer, creuser ; *[+ well]* forer, percer ◆ **to ~ a nail home** enfoncer un clou à fond ◆ **to ~ a point home** réussir à faire comprendre un argument ◆ **to ~ sth into sb's head** enfoncer qch dans la tête de qn ◆ **to ~ sth out of sb's head** faire sortir qch de la tête de qn ◆ **to ~ a bargain** conclure un marché ◆ **to ~ a hard bargain with sb** soutirer le maximum à qn ◆ **he ~s a hard bargain** il ne fait pas de cadeau

**e** *(fig)* **to ~ sb hard** surcharger qn de travail, surmener qn ◆ **to ~ sb mad** rendre qn fou ◆ **to ~ sb potty*** rendre qn dingue* ◆ **to ~ sb to despair** réduire qn au désespoir ◆ **to ~ sb to rebellion** pousser *or* inciter qn à la révolte ◆ **to ~ sb to do** *or* **into doing sth** pousser qn à faire qch ◆ **I was driven to it** j'y ai été poussé malgré moi, j'y ai été contraint ; → **distraction**

VI **a** *(= be the driver)* conduire ; *(= go by car)* aller en voiture ◆ **to ~ away/back** *etc* partir/revenir *etc* (en voiture) ◆ **she drove down to the shops** elle est allée faire des courses (en voiture) ◆ **can you ~?, do you ~?** savez-vous conduire ?, vous conduisez ? ◆ **to ~ at 50km/h** rouler à 50 km/h ◆ **to ~ on the right** rouler à droite ◆ **did you come by train? – no, we drove** êtes-vous venus en train ? – non, (nous sommes venus) en voiture ◆ **we have been driving all day** nous avons roulé toute la journée ◆ **she was about to ~ under the bridge** elle s'apprêtait à s'engager sous le pont

**b** ◆ **the rain was driving in our faces** la pluie nous fouettait le visage

COMP ▷ **drive-by shooting** N *coups de feu tirés d'une voiture en marche* ▷ **drive-in** ADJ, N drive-in *m inv* ◆ **~-in cinema** ciné-parc *m*, drive-in *m inv* ▷ **drive-thru, drive-through** *(Brit)* N drive-in *m inv* ADJ *[store, restaurant]* drive-in *inv*, où l'on est servi dans sa voiture ◆ **the ~-thru business** le secteur des drive-in ▷ **drive-time** N *(Rad)* heure *f* de pointe ▷ **drive-up window** N *(US)* guichet *m* pour automobilistes

► **drive along** VI *[vehicle]* rouler, circuler ; *[person]* rouler

VT SEP *[wind, current]* chasser, pousser

► **drive at** VT FUS *(fig = intend, mean)* en venir à, vouloir dire ◆ **what are you driving at?** où voulez-vous en venir ?, que voulez-vous dire ?

► **drive away** VI *[car]* démarrer ; *[person]* s'en aller *or* partir en voiture

VT SEP *(lit, fig) [+ person, suspicions, cares]* chasser

► **drive back** VI *[car]* revenir ; *[person]* rentrer en voiture

VT SEP **a** *(= cause to retreat: Mil etc)* repousser, refouler ◆ **the storm drove him back** la tempête lui a fait rebrousser chemin

**b** *(= convey back)* ramener *or* reconduire (en voiture)

► **drive down** VT SEP *[+ prices, costs]* faire baisser

► **drive in** VI *[car]* entrer ; *[person]* entrer (en voiture)

VT SEP *[+ nail]* enfoncer ; *[+ screw]* visser

► **drive off** VI **a** ⇒ **drive away vi**

**b** *(Golf)* driver

VT SEP ⇒ **drive away vt sep**

**VT FUS** *[+ ferry]* débarquer de

► **drive on** **VI** *[person, car]* poursuivre sa route ; *(after stopping)* reprendre sa route, repartir

**VT SEP** *(= incite, encourage)* pousser (*to* à ; *to do sth, to doing sth* à faire qch)

► **drive on to** **VT FUS** *[+ ferry]* embarquer sur

► **drive out** **VI** *[car]* sortir ; *[person]* sortir (en voiture)

**VT SEP** *[+ person]* faire sortir, chasser ; *[+ thoughts, desires]* chasser

► **drive over** **VI** venir *or* aller en voiture ◆ **we drove over in two hours** nous avons fait le trajet en deux heures

**VT SEP** *(= convey)* conduire en voiture

**VT FUS** *(= crush)* écraser

► **drive up** **VI** *[car]* arriver ; *[person]* arriver (en voiture)

**VT FUS** ◆ **the car drove up the road** la voiture a remonté la rue

**driveability** /ˌdraɪvəˈbɪlɪtɪ/ **N** ⇒ **drivability**

**drivel** * /ˈdrɪvl/ **N** *(NonC)* bêtises *fpl*, imbécillités *fpl* ◆ **what (utter) ~!** quelles bêtises *or* imbécillités ! **VI** radoter ◆ **what's he ~ling (on) about?** qu'est-ce qu'il radote ? *

**driveline** /ˈdraɪvlaɪn/ **N** *(Aut)* transmission *f*

**driven** /ˈdrɪvn/ **VB** ptp of **drive**

**-driven** /ˈdrɪvn/ **ADJ** *(in compounds)* fonctionnant à ◆ **chauffeur-driven** conduit par un chauffeur ◆ **electricity-driven** fonctionnant à l'électricité ◆ **steam-driven** à vapeur

**driver** /ˈdraɪvəʳ/ **N** **a** *[of car]* conducteur *m*, -trice *f* ; *[of taxi, truck, bus]* chauffeur *m*, conducteur *m*, -trice *f* ; *[of racing car]* pilote *m* ; *(Brit) [of train]* mécanicien *m*, conducteur *m*, -trice *f* ; *[of cart]* charretier *m* ; *(Sport: in horse race etc)* driver *m* ◆ **car ~s** les automobilistes *mpl* ◆ **to be a good ~** bien conduire ◆ **he's a very careful ~** il conduit très prudemment ; → **lorry, racing** **b** *[of animals]* conducteur *m*, -trice *f* ; → **slave** **c** *(= golf club)* driver *m* **d** *(Comput)* driver *m*, pilote *m* **e** *(= force)* moteur *m* **COMP** ▷ **driver education** **N** *(US Scol)* cours *mpl* de conduite automobile *(dans les lycées)* ▷ **driver's license** **N** *(US)* ⇒ **driving licence** ▷ **driver's seat** **N** ⇒ **driving seat**

**driveshaft** /ˈdraɪvʃɑːft/ **N** *(Aut etc)* arbre *m* de transmission

**drivetrain** /ˈdraɪvtreɪn/ **N** ⇒ **driveline**

**driveway** /ˈdraɪvweɪ/ **N** ⇒ **drive noun b**

**driving** /ˈdraɪvɪŋ/ **N** conduite *f* ◆ **his ~ is awful** il conduit très mal ◆ **bad ~** conduite *f* imprudente *or* maladroite ◆ **~ is his hobby** conduire est sa distraction favorite

**ADJ** **a** *[necessity]* impérieux, pressant ; *[ambition]* sans bornes, démesurée ◆ **the ~ force behind the reforms** le moteur des réformes

**b** ◆ **~ rain** pluie *f* battante

**COMP** ▷ **driving belt** **N** courroie *f* de transmission ▷ **driving instructor** **N** moniteur *m*, -trice *f* d'auto-école ▷ **driving lesson** **N** leçon *f* de conduite ▷ **driving licence** **N** *(Brit)* permis *m* de conduire ▷ **driving mirror** **N** rétroviseur *m* ▷ **driving range** **N** *(Golf)* practice *m* ▷ **driving school** **N** auto-école *f* ▷ **driving seat** **N** place *f* du conducteur ◆ **to be in the ~ seat** *(lit)* être au volant ; *(fig)* être aux commandes, diriger les opérations ▷ **driving test** **N** examen *m* du permis de conduire ◆ **to pass one's ~ test** avoir son permis (de conduire) ◆ **to fail one's ~ test** rater son permis (de conduire) ▷ **driving wheel** **N** *(Tech)* roue *f* motrice

> **Driving Licence, Driver's License**
>
> En Grande-Bretagne, le permis de conduire (**driving licence**) s'obtient en deux étapes, les apprentis conducteurs n'ayant pendant un certain temps qu'un permis provisoire (« provisional licence »). Il n'est pas obligatoire de l'avoir sur soi mais il faut pouvoir le présenter au commissariat dans les sept jours qui suivent une interpellation.
>
> Aux États-Unis, l'âge d'obtention du permis (**driver's license**) varie suivant les États de quinze à vingt et un ans. Les apprentis conducteurs ou les adolescents peuvent obtenir un permis spécial (« learner's license » ou « junior's license ») qui n'est valable que pour certains trajets précis, celui du lycée par exemple. Le permis de conduire américain sert souvent de carte d'identité et doit être porté par son titulaire. Il doit être renouvelé tous les quatre, cinq ou six ans selon les États.

**drizzle** /ˈdrɪzl/ **N** bruine *f*, crachin *m* **VI** bruiner, pleuviner **VT** *(Culin)* ◆ **~ the salad with oil, ~ some oil over the salad** verser un filet d'huile sur la salade

**drizzly** /ˈdrɪzlɪ/ **ADJ** ◆ **~ rain** bruine *f*, crachin *m*

**droll** /drəʊl/ **ADJ** *(= comic)* drôle

**dromedary** /ˈdrɒmɪdərɪ/ **N** dromadaire *m*

**drone** /drəʊn/ **N** **a** *(= bee)* abeille *f* mâle, faux-bourdon *m* ; *(pej = idler)* fainéant(e) *m(f)* **b** *(= sound) [of bees]* bourdonnement *m* ; *[of engine, aircraft]* ronronnement *m* ; *(louder)* vrombissement *m* ; *(fig = monotonous speech)* débit *m* monotone **c** *(Mus)* bourdon *m* **d** *(= robot plane)* avion *m* téléguidé, drone *m* **VI** *[bee]* bourdonner ; *[engine, aircraft]* ronronner ; *(louder)* vrombir ; *(= speak monotonously:* also **drone away, drone on**) faire de longs discours ◆ **he ~d on about politics** il n'a pas arrêté de parler politique ◆ **he ~d on and on for hours** il a parlé pendant des heures et des heures **VT** ◆ **to ~ a speech** débiter un discours d'un ton monotone

**drongo** /ˈdrɒŋgəʊ/ **N** **a** *(esp Austral * = person)* crétin(e) * *m(f)* **b** *(= bird)* drongo *m*

**drool** /druːl/ **VI** *(lit)* baver ; *(* fig)* radoter ◆ **to ~ over sth * fig)** baver d'admiration *or* s'extasier devant qch

**droop** /druːp/ **VI** *[body]* s'affaisser ; *[shoulders]* tomber ; *[head]* pencher ; *[eyelids]* s'abaisser ; *[flowers]* commencer à se faner ; *[feathers, one's hand]* retomber ◆ **his spirits ~ed** ça l'a déprimé ◆ **he was ~ing in the heat** il était accablé par la chaleur **VT** *[+ head]* baisser **N** *[of body]* affaissement *m* ; *[of eyelids]* abaissement *m*

**droopy** /ˈdruːpɪ/ **ADJ** *[moustache, tail, breasts]* pendant ; *(hum = tired)* mou (molle *f*)

**drop** /drɒp/ **N** **a** *[of liquid]* goutte *f* ◆ **~s** *(Med)* gouttes *fpl* ◆ **~ by ~** goutte à goutte ◆ **there's only a ~ left** il n'en reste qu'une goutte ◆ **to fall in ~s** tomber en gouttes ◆ **we haven't had a ~ of rain** nous n'avons pas eu une goutte de pluie ◆ **would you like a whisky? – just a ~!** un petit whisky ? – (juste) une goutte *or* une larme ! ◆ **he's had a ~ too much** * il a bu un coup de trop * ; → **nose, teardrop**

**b** *(= pendant) [of chandelier]* pendeloque *f* ; *[of earring]* pendant *m*, pendeloque *f* ; *[of necklace]* pendentif *m*

**c** *(= fall) [of temperature]* baisse *f* (in de) ; *[of prices]* baisse *f*, chute *f* (in de) ◆ **a ~ of 3.1 per cent** *(in sales, applications)* une baisse de 3,1 pour cent ◆ **~ in voltage** *(Elec)* chute *f* de tension ; → **hat**

**d** *(= difference in level)* dénivellation *f*, descente *f* brusque ; *(= abyss)* précipice *m* ; *(= fall)* chute *f* ; *(= distance of fall)* hauteur *f* de chute ; *(Climbing)* vide *m* ; *[of gallows]* trappe *f* ; *(= parachute jump)* saut *m* (en parachute) ◆ **there's a ~ of 10 metres between the roof and the ground** il y a (une hauteur de) 10 mètres entre le toit et le sol ◆ **sheer ~** descente *f* à pic ◆ **to have/get the ~ on sb** *(US fig)* avoir/prendre l'avantage sur qn

**e** *(= delivery)* livraison *f* ; *(from plane)* parachutage *m*, droppage *m* ◆ **to make a ~** *[gangster]* faire une livraison

**f** *(= hiding place: for secret letter etc)* cachette *f*

**g** *(Theat:* also **drop curtain**) rideau *m* d'entracte ; → **backdrop**

**h** *(= sweet)* → **acid, chocolate**

**VT** **a** *[+ rope, ball, cup etc] (= let fall)* laisser tomber ; *(= release, let go)* lâcher ; *[+ bomb]* lancer, larguer ; *[+ liquid]* verser goutte à goutte ; *[+ one's trousers etc]* baisser ; *[+ price]* baisser ; *(from car) [+ person, thing]* déposer ; *(from boat) [+ cargo, passengers]* débarquer ◆ **I'll ~ you here** *(from car etc)* je vous dépose *or* laisse ici ◆ **to ~ one's eyes/voice** baisser les yeux/la voix ◆ **to ~ a letter in the postbox** poster une lettre, mettre une lettre à la boîte ◆ **to ~ soldiers/supplies by parachute** parachuter des soldats/du ravitaillement ◆ **to be ~ped** *[parachutist]* sauter ◆ **he ~ped the ball over the net** *(Tennis)* il a fait un amorti derrière le filet ◆ **to ~ a goal** *(Rugby)* marquer un drop ◆ **to ~ the ball** *(US fig)* ne pas être à la hauteur ; → **anchor, brick, curtain, curtsy, stitch**

**b** *(* = kill) [+ bird]* abattre ; *[+ person]* descendre *

**c** *(= utter casually) [+ remark, clue]* laisser échapper ◆ **to ~ a word in sb's ear** glisser un mot à l'oreille de qn ◆ **he let ~ that he had seen her** *(accidentally)* il a laissé échapper qu'il l'avait vue ; *(deliberately)* il a fait comprendre qu'il l'avait vue ; → **hint**

**d** *[+ letter, card]* envoyer, écrire (*to* à) ◆ **to ~ sb a line** écrire un (petit) mot à qn ◆ **~ me a note** écrivez-moi *or* envoyez-moi un petit mot

**e** *(= omit) [+ word, syllable] (spoken)* avaler ; *(written)* omettre ◆ **to ~ one's h's** *or* **aitches** ne pas prononcer les "h"

**f** *(= abandon) [+ habit, idea]* renoncer à ; *[+ work]* abandonner ; *(Scol etc) [+ subject]* abandonner, laisser tomber ; *[+ plan]* renoncer à, ne pas donner suite à ; *[+ discussion, conversation]* abandonner ; *[+ programme, word, scene from play]* supprimer ; *[+ friend, girlfriend, boyfriend]* laisser tomber ◆ **to ~ everything** tout laisser tomber ◆ **to be ~ped from a team** être rayé d'une équipe ◆ **let's ~ the subject** parlons d'autre chose, n'en parlons plus ◆ **~ it!** * laisse tomber ! *

**g** *(= lose) [+ money]* perdre, laisser ; *(Cards, Tennis etc) [+ game]* perdre ◆ **to ~ a set/one's serve** perdre un set/son service

**h** *(= give birth to) [animal]* mettre bas ; *(** hum) [person]* accoucher ◆ **has she ~ped the sprog yet?** ** est-ce qu'elle a déjà eu son gosse ? *

**i** ◆ **to ~ acid** ** prendre du LSD

**VI** **a** *[object]* tomber, retomber ; *[liquids]* tomber goutte à goutte ; *[person]* descendre, se laisser tomber ; *(= sink to ground)* se laisser tomber, tomber ; *(= collapse)* s'effondrer, s'affaisser ◆ **to ~ into sb's arms** tomber dans les bras de qn ◆ **to ~ on one's**

**knees** tomber à genoux ◆ **she ~ped into an armchair** elle s'est effondrée dans un fauteuil ◆ **I'm ready to ~** * je suis claqué * ◆ **~ dead!** ⁑ va te faire voir ! *, va te faire foutre ! ⁑ ◆ **to ~ on sb like a ton of bricks** * secouer les puces à qn * ; → **curtain, fly¹, penny, pin**

**b** *(= decrease) [wind]* se calmer, tomber ; *[temperature, voice]* baisser ; *[price]* baisser, diminuer

**c** *(= end) [conversation, correspondence]* en rester là, cesser ◆ **there the matter ~ped** l'affaire en est restée là ◆ **let it ~!** * laisse tomber ! *

**COMP** ▷ **drop-add** N *(US Univ etc)* remplacement *m* d'un cours par un autre ▷ **drop cloth** N *(US)* bâche *f* de protection ▷ **drop-dead** ⁑ ADV vachement * ◆ **~-dead gorgeous** * *(Brit)* super * beau (belle *f*) ▷ **drop-forge** N marteau-pilon *m* ▷ **drop goal** N *(Rugby)* drop *m* ◆ **to score a ~ goal** passer un drop ▷ **drop hammer** N ⇒ **drop-forge** ▷ **drop handlebars** NPL guidon *m* de course ▷ **drop-in centre** N *(Brit)* centre *m* d'accueil *(où l'on peut se rendre sans prendre rendez-vous)* ▷ **drop kick** N *(Rugby)* coup *m* de pied tombé, drop *m* ▷ **drop-leaf table** N table *f* à abattants ▷ **drop-off** N *(in sales, interest etc)* diminution *f* (in de) ▷ **drop-out** N *(Rugby)* renvoi *m* aux 22 mètres ; see also **dropout** ▷ **dropping out** N *(Univ etc)* abandon *m* ▷ **drop shipment** N *(Comm)* drop shipment *m* ▷ **drop shot** N *(Tennis)* amorti *m* ▷ **drop tag** VT *(US)* démarquer ▷ **drop zone** N *(Aviat)* zone *f* de droppage

► **drop across** * VI ⇒ **drop round**

► **drop away** VI *[numbers, attendance]* diminuer

► **drop back**, **drop behind** VI rester en arrière, se laisser devancer *or* distancer ; *(in work etc)* prendre du retard

► **drop by** VI ◆ **to drop by somewhere/on sb** faire un saut * *or* passer quelque part/chez qn ◆ **we'll ~ by if we're in town** nous passerons si nous sommes en ville

► **drop down** VI tomber

► **drop in** VI ◆ **to drop in on sb** passer voir qn, faire un saut * chez qn ◆ **to ~ in at the grocer's** passer *or* faire un saut chez l'épicier ◆ **do ~ in if you're in town** passez me voir (*or* nous voir) si vous êtes en ville

► **drop off** VI **a** *(= fall asleep)* s'endormir

**b** *[leaves]* tomber ; *[sales, interest]* diminuer

**c** *( * = alight)* descendre

VT SEP *(= set down from car etc) [+ person, parcel]* déposer, laisser

N ◆ **drop-off** → **drop**

► **drop out** VI *[contents etc]* tomber ; *(fig)* se retirer, renoncer ; *(from college etc)* abandonner ses études ◆ **to ~ out of a competition** se retirer d'une compétition, abandonner une compétition ◆ **to ~ out of circulation** *or* **out of sight** disparaître de la circulation ◆ **to ~ out (of society)** vivre en marge de la société, se marginaliser

► **drop round** * VI passer ◆ **to drop round to see sb** passer *or* aller voir qn ◆ **thanks for ~ping round** merci d'être passé

VT SEP déposer chez moi (*or* toi *etc*)

**droplet** /ˈdrɒplɪt/ N gouttelette *f*

**dropout** /ˈdrɒpaʊt/ N *(from society)* marginal(e) *m(f)* ; *(from college etc)* étudiant(e) *m(f)* qui abandonne ses études ADJ ◆ **the ~ rate** le taux d'abandon

**dropper** /ˈdrɒpəʳ/ N *(Pharm)* compte-gouttes *m inv*

**droppings** /ˈdrɒpɪŋz/ NPL *[of bird]* fiente *f* ; *[of animal]* crottes *fpl* ; *[of fly]* chiures *fpl*, crottes *fpl*

**dropsical** /ˈdrɒpsɪkəl/ ADJ hydropique

**dropsy** /ˈdrɒpsɪ/ N hydropisie *f*

**drosophila** /drɒˈsɒfɪlə/ N (pl **drosophilas** *or* **drosophilae** /drɒˈsɒfɪˌliː/) drosophile *f*

**dross** /drɒs/ N *(NonC) (Metal)* scories *fpl*, crasse *f*, laitier *m* ; *(= coal)* menu *m* (de houille *or* de coke), poussier *m* ; *(= refuse)* impuretés *fpl*, déchets *mpl* ◆ **the film was total ~** * *(fig = sth worthless)* ce film était complètement nul

**drought** /draʊt/ N sécheresse *f*

**drove** /drəʊv/ VB pt of **drive** N **a** *[of animals]* troupeau *m* en marche ◆ **~s of people** des foules *fpl* de gens ◆ **they came in ~s** ils arrivèrent en foule **b** *(= channel)* canal *m* *or* rigole *f* d'irrigation

**drover** /ˈdrəʊvəʳ/ N conducteur *m* de bestiaux

**drown** /draʊn/ VI se noyer ◆ **he's ~ing in debt** il est criblé de dettes ◆ **he was ~ing in guilt** il était bourrelé de remords ◆ **we were ~ing in data but starved of information** nous étions submergés de données mais privés d'information ◆ **I feel as though I'm ~ing in paperwork** je suis submergé de paperasses, je nage dans la paperasse

VT **a** *[+ person, animal]* noyer ; *[+ land]* inonder, submerger ◆ **because he couldn't swim he was ~ed** il s'est noyé parce qu'il ne savait pas nager ◆ **he's like** *or* **he looks like a ~ed rat** * il est trempé jusqu'aux os *or* comme une soupe ◆ **to ~ one's sorrows** noyer son chagrin ◆ **don't ~ it!** * *(of whisky etc)* n'y mets pas trop d'eau !, ne le noie pas ! ◆ **they were ~ed with offers of help** * ils ont été inondés *or* submergés d'offres d'assistance

**b** ⇒ **drown out**

► **drown out** VT SEP *[+ voice, sound, words]* couvrir, étouffer

**drowning** /ˈdraʊnɪŋ/ ADJ qui se noie ◆ **a ~ man will clutch at a straw** *(Prov)* un homme qui se noie se raccroche à un fétu de paille N **a** *(= death)* noyade *f* ◆ **there were three ~s here last year** trois personnes se sont noyées ici *or* il y a eu trois noyades ici l'année dernière **b** *[of noise, voice]* étouffement *m*

**drowse** /draʊz/ VI être à moitié endormi *or* assoupi, somnoler ◆ **to ~ off** s'assoupir

**drowsily** /ˈdraʊzɪlɪ/ ADV *[speak]* d'une voix endormie ◆ **~, she set the alarm clock and went to bed** à moitié endormie, elle mit le réveil et alla se coucher

**drowsiness** /ˈdraʊzɪnɪs/ N somnolence *f*, engourdissement *m*

**drowsy** /ˈdraʊzɪ/ ADJ **a** *(= half-asleep) [person, smile, look]* somnolent ; *[voice]* ensommeillé ◆ **he was still very ~** il était encore à moitié endormi ◆ **these tablets will make you ~** ces comprimés vous donneront envie de dormir ◆ **~ with sleep** tout ensommeillé ◆ **to grow ~** s'assoupir ◆ **to feel ~** avoir envie de dormir **b** *(= soporific) [afternoon, atmosphere]* soporifique ; *[countryside, stillness]* assoupi

**drub** * /drʌb/ VT *(= thrash)* rosser *, rouer de coups ; *(= abuse)* injurier, traiter de tous les noms ; *(= defeat)* battre à plate(s) couture(s) ◆ **to ~ an idea into sb** enfoncer une idée dans la tête de qn ◆ **to ~ an idea out of sb** faire sortir une idée de la tête de qn

**drubbing** * /ˈdrʌbɪŋ/ N *(= thrashing, defeat)* raclée * *f* ◆ **they suffered a 5-0 ~** ils ont été battus à plate(s) couture(s) 5 à 0 ◆ **to give sb a ~** *(lit, fig)* donner une belle raclée * à qn ◆ **to take a ~** *(fig)* être battu à plate(s) couture(s)

**drudge** /drʌdʒ/ N bête *f* de somme *(fig)* ◆ **the household ~** la bonne à tout faire VI trimer *, peiner

**drudgery** /ˈdrʌdʒərɪ/ N *(NonC)* corvée *f*, travail *m* pénible et ingrat ◆ **it's sheer ~!** c'est une vraie corvée !

**drug** /drʌg/ N *(= medicine)* médicament *m* ; *(illegal)* drogue *f* ; *(Police, Jur)* stupéfiant *m* ◆ **to prescribe a ~** prescrire un médicament ◆ **he's on ~s, he takes ~s** il se drogue ◆ **to use ~s, to do ~s** * se droguer ◆ **~ use** consommation *f* de stupéfiants ◆ **to deal ~s** revendre de la drogue ◆ **police have seized ~s said to have a street value of ten million pounds** la police a saisi des stupéfiants d'une valeur marchande de dix millions de livres ◆ **a ~ on the market** *(fig)* un article *or* une marchandise invendable ◆ **television is a ~** la télévision est une drogue ◆ **~ of choice** *(for particular group)* drogue *f* de prédilection ; → **hard, soft**

VT *[+ person]* droguer; *[+ food, wine etc]* mettre une drogue dans ◆ **his wine had been ~ged with sleeping tablets** on avait mis des somnifères dans son vin ◆ **to be in a ~ged sleep** dormir sous l'effet d'une drogue ◆ **to be ~ged with sleep/from lack of sleep** être abruti de sommeil/par le manque de sommeil

**COMP** ▷ **drug abuse** N usage *m* de stupéfiants ▷ **drug abuser** N drogué(e) *m(f)* ▷ **drug addict** N drogué(e) *m(f)*, toxicomane *mf* ▷ **drug addiction** N toxicomanie *f* ▷ **drug check** N contrôle *m* antidopage ▷ **drug company** N compagnie *f* pharmaceutique ◆ **the ~ companies** l'industrie *f* pharmaceutique ▷ **drug czar** N responsable *mf* de la lutte contre la drogue, Monsieur anti-drogue ▷ **drug dealer** N revendeur *m*, -euse *f* de drogue ▷ **drug dependency** N pharmacodépendance *f* ▷ **drug habit** N ◆ **to have a ~ habit** se droguer ▷ **drug peddler**, **drug pusher** N revendeur *m*, -euse *f* de drogue, dealer * *m* ▷ **drug raid** N *(US)* ⇒ **drugs raid** ▷ **drug runner** N trafiquant(e) *m(f)* (de drogue) ▷ **drug-running** N ⇒ **drug traffic** ▷ **drugs czar** N ⇒ **drug czar** ▷ **Drug Squad** N *(Police)* brigade *f* des stupéfiants ▷ **drugs raid** N *(Brit)* opération *f* antidrogue ▷ **drugs ring** N réseau *m* de trafiquants de drogue ▷ **Drugs Squad** N ⇒ **Drug Squad** ▷ **drugs test** N contrôle *m* antidopage ▷ **drugs tsar** N ⇒ **drug czar** ▷ **drug-taker** N ⇒ **drug user** ▷ **drug-taking** N usage *m* de drogue(s) *or* de stupéfiants ▷ **drug test** N ⇒ **drugs test** ▷ **drug traffic(king)** N trafic *m* de drogue ▷ **drug tsar** N ⇒ **drug czar** ▷ **drug user** N usager *m* de drogue

> ⚠ *When it means 'medicine'* **drug** *is not normally translated by* **drogue**.

**drugged** /drʌgd/ ADJ *[person, food, drink]* drogué ; *[sleep]* provoqué par une drogue

**druggist** /ˈdrʌgɪst/ N **a** pharmacien(ne) *m(f)* ◆ **~'s** pharmacie *f* **b** *(US)* gérant(e) *m(f)* de drugstore

**druggy** * /ˈdrʌgɪ/ N camé(e) ⁑ *m(f)*, drogué(e) *m(f)* ADJ *[person]* qui se drogue, qui se came ⁑ ; *[music]* de camé ⁑

**drugster** /ˈdrʌgstəʳ/ N ⇒ **druggy n**

**drugstore** /ˈdrʌgstɔːʳ/ N *(US)* drugstore *m*

**COMP** ▷ **drugstore cowboy** * N *(US fig)* glandeur ⁑ *m*, traîne-savates * *m*

**druid** /ˈdruːɪd/ N druide *m*

**druidic** /druːˈɪdɪk/ ADJ druidique

**druidism** /ˈdruːɪdɪzəm/ N druidisme *m*

**drum** /drʌm/ N a *(Mus = instrument, player)* tambour *m* ◆ **the big ~** la grosse caisse ◆ **the ~s** *(Mil Mus, Jazz, Rock)* la batterie ◆ **to beat the ~** battre le *or* du tambour ◆ **to beat** *or* **bang the ~ for sb/sth** *(fig)* prendre fait et cause pour qn/qch ◆ **to march to a different ~** choisir une autre voie ; → **kettledrum, tight**

b *(for oil)* bidon *m* ; *(for tar)* gonne *f* ; *(= cylinder for wire etc)* tambour *m* ; *(= machine part)* tambour *m* ; *(Aut:* also **brake drum***)* tambour *m* (de frein) ; *(Comput)* tambour *m* magnétique ; *(= box: of figs, sweets)* caisse *f*

c *(= sound)* ⇒ **drumming**

d ⇒ **eardrum**

VI *(Mus)* battre le *or* du tambour ; *[person, fingers]* tambouriner, pianoter *(with* de, avec ; *on* sur) ; *[insect etc]* bourdonner ◆ **the noise was ~ming in my ears** le bruit bourdonnait à mes oreilles ◆ **rain ~med on the roof of the car** la pluie tambourinait sur le toit de la voiture

VT *[+ tune]* tambouriner ◆ **to ~ one's fingers on the table** tambouriner *or* pianoter (des doigts) sur la table ◆ **to ~ one's feet on the floor** taper des pieds ◆ **to ~ sth into sb** *(fig)* seriner qch à qn ◆ **I had tidiness ~med into me** on m'a seriné qu'il fallait être ordonné

COMP ▷ **drum and bass** N drum'n'bass *m* ▷ **drum brake** N *(Aut)* frein *m* à tambour ▷ **drum kit** N batterie *f* ▷ **drum machine** N boîte *f* à rythme ▷ **drum major** N *(Brit Mil)* tambour-major *m* ; *(US)* chef *m* des tambours ▷ **drum majorette** N *(US)* majorette *f* ▷ **drum roll** N roulement *m* de tambour ▷ **drum set** N ⇒ **drum kit**

► **drum out** VT SEP *(Mil, fig)* expulser (à grand bruit) *(of* de)

► **drum up** VT SEP *(fig) [+ enthusiasm, support]* susciter ; *[+ supporters]* rassembler, battre le rappel de ; *[+ customers]* racoler, attirer ◆ **to ~ up business** attirer la clientèle

**drumbeat** /ˈdrʌmbiːt/ N battement *m* de tambour

**drumfire** /ˈdrʌmfaɪəʳ/ N *(Mil)* tir *m* de barrage, feu *m* roulant

**drumhead** /ˈdrʌmhed/ N *(Mus)* peau *f* de tambour COMP ▷ **drumhead court-martial** N *(Mil)* conseil *m* de guerre prévôtal ▷ **drumhead service** N *(Mil)* office *m* religieux en plein air

**drumlin** /ˈdrʌmlɪn/ N drumlin *m*

**drummer** /ˈdrʌməʳ/ N a (joueur *m* de) tambour *m* ; *(Jazz, Rock)* batteur *m* ◆ **to march to** *or* **hear a different ~** *(fig)* choisir une autre voie b *(US Comm *)* commis *m* voyageur COMP ▷ **drummer boy** N petit tambour *m*

**drumming** /ˈdrʌmɪŋ/ N *[of drum]* bruit *m* du tambour ; *[of insect]* bourdonnement *m* ; *(in the ears)* bourdonnement *m* ; *[of fingers]* tapotement *m*, tambourinage *m*

**drumstick** /ˈdrʌmstɪk/ N a *(Mus)* baguette *f* de tambour b *[of chicken, turkey]* pilon *m*

**drunk** /drʌŋk/ VB ptp of **drink**

ADJ a *(lit)* ivre, soûl * ◆ **he was ~ on champagne** il s'était soûlé au champagne ◆ **to get ~ (on champagne)** se soûler * (au champagne) ◆ **to get sb ~ (on champagne)** soûler * qn (au champagne) ◆ **as ~ as a lord** * *(Brit)*, **as ~ as a skunk** * *(US)* soûl comme une grive * *or* un Polonais * ◆ **~ and disorderly** *(Jur)* ≃ en état d'ivresse publique ◆ **to be ~ in charge** *(of vehicle)* conduire en état d'ébriété *or* d'ivresse ; *(at work)* être en état d'ébriété dans l'exercice de ses fonctions ; → **blind, dead**

b *(fig, liter)* ◆ **~ with** *or* **on success/power** enivré *or* grisé par le succès/pouvoir

N * ivrogne *mf* ; *(on one occasion)* homme *m* or femme *f* soûl(e) *

COMP ▷ **drunk driver** N conducteur *m*, -trice *f* en état d'ébriété *or* d'ivresse ▷ **drunk driving** N *(esp US)* conduite *f* en état d'ébriété *or* d'ivresse

**drunkard** /ˈdrʌŋkəd/ N ivrogne *mf*

**drunken** /ˈdrʌŋkən/ ADJ a *[person] (= habitually)* ivrogne ; *(= on one occasion)* ivre ◆ **a ~ old man** *(= old drunk)* un vieil ivrogne ◆ **her ~ father** son ivrogne de père b *[party]* très arrosé ; *[quarrel, brawl]* d'ivrogne(s) ; *[night, evening]* d'ivresse ; *[voice]* aviné ; *[state]* d'ivresse, d'ébriété ; *[violence]* dû à l'ivresse ◆ **a ~ orgy** une beuverie ◆ **in a ~ rage** *or* **fury** dans un état de fureur dû à l'alcool ◆ **in a ~ stupor** dans une stupeur éthylique c *(fig = crooked)* ◆ **at a ~ angle** de travers COMP ▷ **drunken driving** N conduite *f* en état d'ébriété *or* d'ivresse

**drunkenly** /ˈdrʌŋkənlɪ/ ADV a *(= while drunk) [speak, say, sing]* d'une voix avinée b *(fig = unsteadily) [stumble, stagger]* comme un ivrogne ; *[walk]* en titubant comme un ivrogne ; *[lean]* de travers ◆ **the boat lurched ~** le bateau tanguait dangereusement

**drunkenness** /ˈdrʌŋkənnɪs/ N *(= state)* ivresse *f*, ébriété *f* ; *(= problem, habit)* ivrognerie *f*

**drunkometer** /drʌŋˈkɒmɪtəʳ/ N *(US)* alcootest ® *m*

**druthers** ‡ /ˈdrʌðəz/ N *(US)* ◆ **if I had my ~** s'il ne tenait qu'à moi

**dry** /draɪ/ ADJ a *[object, clothes, ground, air, wind, heat, burn, cough]* sec (sèche *f*) ◆ **when the paint is ~, apply the next coat** une fois la peinture sèche, appliquez la deuxième couche ◆ **her throat/mouth was ~** elle avait la gorge/la bouche sèche ◆ **his mouth was ~ with fear** la peur lui desséchait la bouche ◆ **to be** *or* **feel ~** * *(= thirsty)* avoir le gosier sec * *or* la bouche sèche ◆ **her eyes were ~** *(lit, fig)* elle avait les yeux secs ◆ **there wasn't a ~ eye in the house** tout le monde a eu les larmes aux yeux ◆ **for ~ skin/hair** pour les peaux sèches/cheveux secs ◆ **on ~ land** sur la terre ferme ◆ **to pat sth ~** sécher qch (en tapotant) ◆ **to keep sth ~** tenir qch au sec ◆ **"keep in a dry place"** *(on label)* "tenir au sec" ◆ **as ~ as a bone** complètement sec ; → **high, powder**

b *(= dried-up) [riverbed, lake, well]* à sec ; *[spring, river, valley]* sec (sèche *f*) ; *[oasis]* tari ; *[cow]* qui ne donne plus de lait ◆ **to run ~** *[river, well]* tarir ; *[oil well]* s'assécher ; *[resources]* s'épuiser ◆ **we are going to drink this town ~ by the time we leave** quand nous aurons fini il n'y aura plus une goutte d'alcool dans cette ville

c *(= not rainy) [climate, weather, country, period]* sec (sèche *f*) ; *[day]* sans pluie ◆ **a ~ spell** une période sèche *or* de sécheresse ◆ **the ~ season** la saison sèche ◆ **it was ~ and warm** le temps était sec et chaud ; see also **noun**

d *(= without butter etc)* ◆ **a piece of ~ toast** une tranche de pain grillé sans beurre

e *[wine, sherry, vermouth, Madeira]* sec (sèche *f*) ; *[champagne, cider]* brut ◆ **a ~ sherry/white wine** un xérès/vin blanc sec

f *(= without alcohol)* où l'alcool est prohibé ◆ **a ~ county** *(in US)* une région où l'alcool est prohibé

g *[humour, wit, person]* pince-sans-rire *inv* ◆ **he has a ~ sense of humour** il est pince-sans-rire, c'est un pince-sans-rire

h *(= not lively) [book, subject, speech, lecture]* aride ◆ **as ~ as dust** ennuyeux comme la pluie

i *(= cold, unemotional) [voice, manner]* froid ◆ **he gave a brief ~ laugh** il rit d'un petit rire sec

j *(Brit Pol: hum)* pur et dur ◆ **a ~ Tory** un ultraconservateur, une ultraconservatrice

N *(esp Brit)* ◆ **at least you're in the warm and the ~** au moins vous êtes au chaud et au sec

VT *[+ food, skin, hair]* sécher ; *(with cloth)* essuyer, sécher ; *[+ clothes]* (faire) sécher ◆ **"dry away from direct heat"** *(on label)* "ne pas sécher près d'une source de chaleur" ◆ **to ~ one's eyes** *or* **one's tears** sécher ses larmes *or* ses pleurs ◆ **to ~ the dishes** essuyer la vaisselle ◆ **to ~ o.s.** s'essuyer, se sécher

VI sécher ; *(esp Brit *) [actor, speaker]* sécher *

COMP ▷ **dry-as-dust** ADJ aride, sec (sèche *f*) ▷ **dry-bulk cargo ship** N vraquier *m* ▷ **dry cell** N *(Elec)* pile *f* sèche ▷ **dry-clean** VT nettoyer à sec ◆ **"dry-clean only"** *(on label)* "nettoyage à sec" ◆ **to have a dress ~-cleaned** donner une robe à nettoyer *or* au pressing ▷ **dry-cleaner** N teinturier *m* ◆ **to take a coat to the ~-cleaner's** porter un manteau à la teinturerie ▷ **dry-cleaning** N nettoyage *m* à sec, pressing *m* ▷ **dry dock** N *(Naut)* cale *f* sèche, bassin *m* or cale *f* de radoub ▷ **dry-eyed** ADJ *(lit, fig)* qui a les yeux secs ▷ **dry farming** N *(Agr)* culture *f* sèche, dry farming *m* ▷ **dry fly** N *(Fishing)* mouche *f* sèche ▷ **dry ginger** N ≃ Canada dry ® *m* ▷ **dry goods** NPL *(Comm)* tissus *mpl* et articles *mpl* de mercerie ▷ **dry goods store** N *(US)* magasin *m* de tissus et d'articles de mercerie ▷ **dry-hump** ‡ VI *faire l'amour sans pénétration* ▷ **dry ice** N neige *f* carbonique ▷ **dry measure** N mesure *f* de capacité pour matières sèches ▷ **dry-roasted** ADJ *[peanuts]* grillé à sec ▷ **dry rot** N pourriture *f* sèche *(du bois)* ▷ **dry run** *(fig)* N *(= trial, test)* galop *m* d'essai ; *(= rehearsal)* répétition *f* ADJ d'essai ▷ **dry shampoo** N shampooing *m* sec ▷ **dry-shod** ADV à pied sec ▷ **dry ski slope** N piste *f* (de ski) artificielle ▷ **dry-stone wall** N mur *m* de pierres sèches

► **dry off** VI, VT SEP sécher

► **dry out** VI a ⇒ **dry off**

b * *[alcoholic]* se faire désintoxiquer, suivre une cure de désintoxication

VT SEP * *[+ alcoholic]* désintoxiquer

► **dry up** VI a *[stream, well]* se dessécher, (se) tarir ; *[moisture]* s'évaporer ; *[clay]* sécher ; *[cow]* ne plus donner de lait ; *[source of supply, inspiration]* se tarir

b *(= dry the dishes)* essuyer la vaisselle

c *(* = fall silent)* se taire ; *[actor, speaker, writer]* sécher * ◆ **~ up!** tais-toi !, boucle-la ! ‡

**dryer** /ˈdraɪəʳ/ N a *(= apparatus) (Tech)* séchoir *m* ; *(for hands)* sèche-mains *m inv* ; *(for clothes)* sèche-linge *m inv* ; *(for hair)* sèche-cheveux *m inv* ; → **spin, tumble** b *(for paint)* siccatif *m*

**drying** /ˈdraɪɪŋ/ N *[of fruit, crop, wood, clothes]* séchage *m* ; *(with a cloth)* essuyage *m* COMP ▷ **drying cupboard**, **drying room** N séchoir *m* ▷ **drying-up** N ◆ **to do the ~-up** essuyer la vaisselle ▷ **drying-up cloth** N torchon *m*

**dryly** /ˈdraɪlɪ/ ADV ⇒ **drily**

**dryness** /ˈdraɪnɪs/ N *[of soil, weather]* sécheresse *f*, aridité *f* ; *[of clothes, skin]* sécheresse *f* ; *[of wit, humour, humorist]* style *m* pince-sans-rire *inv*

**drysalter** /ˈdraɪˈsɔːltəʳ/ N *(Brit)* marchand *m* de couleurs

**drysuit** /ˈdraɪsuːt/ N combinaison *f* de plongée

**DS** /diːˈes/ N *(Brit) (Police)* (abbrev of **Detective Sergeant**) → **detective**

**DSC** /ˌdiːesˈsiː/ N (abbrev of **Distinguished Service Cross**) *médaille militaire*

**DSc** /ˌdiːesˈsiː/ N *(Univ)* (abbrev of **Doctor of Science**) *doctorat ès sciences*

**DSM** /ˌdiːesˈem/ N (abbrev of **Distinguished Service Medal**) *médaille militaire*

**DSO** /ˌdiːesˈəʊ/ N *(Brit)* (abbrev of **Distinguished Service Order**) *médaille militaire*

**DSS** /ˌdiːesˈes/ N *(Brit)* (abbrev of **Department of Social Security**) → **department**

> **DSS**
>
> En Grande-Bretagne, le **DSS** (**Department of Social Security**) est l'administration des affaires sociales. Elle comprend plusieurs services : la « Benefit Agency », qui verse les prestations sociales aux ayants droit, la « Contributions Agency », qui perçoit les cotisations sociales et la « Child Support Agency » qui gère les pensions alimentaires versées par les parents divorcés ou séparés. → NATIONAL INSURANCE

**DST** /ˌdiːesˈtiː/ *(US)* (abbrev of **Daylight Saving Time**) → **daylight**

**DT** *(Comput)* (abbrev of **data transmission**) → **data**

**DTD** /ˌdiːtiːˈdiː/ N (abbrev of **Document Type Definition**) DTD *f*

**DTI** /diːtiːˈaɪ/ N *(Brit Admin)* (abbrev of **Department of Trade and Industry**) → **trade**

**DTP** /ˌdiːtiːˈpiː/ N (abbrev of **desktop publishing**) PAO *f*

**DT's** * /diːˈtiːz/ NPL (abbrev of **delirium tremens**) delirium tremens *m*

**DU** /diːˈjuː/ N (abbrev of **depleted uranium**) UA *m*

**dual** /ˈdjʊəl/ ADJ *[role, function, strategy, income]* double *before n* N *(Gram)* duel *m* COMP ▷ **dual admissions** NPL *(US Univ etc)* double système *m* d'inscriptions *(avec sélection moins stricte pour étudiants défavorisés)* ▷ **dual carriageway** N *(Brit)* (route *f* à) quatre voies *f inv* ; → ROADS ▷ **dual-control** ADJ à double commande ▷ **dual controls** NPL *(Aut, Aviat)* double commande *f* ▷ **dual national** N personne *f* ayant la double nationalité, binational(e) *m(f)* ▷ **dual nationality** N double nationalité *f* ▷ **dual ownership** N copropriété *f* ▷ **dual personality** N dédoublement *m* de la personnalité ▷ **dual-purpose** ADJ à double usage

**dualism** /ˈdjʊəlɪzəm/ N *(Philos, Pol, Rel)* dualisme *m*

**dualist** /ˈdjʊəlɪst/ ADJ, N *(Philos)* dualiste *mf*

**duality** /djʊˈælɪtɪ/ N dualité *f*, dualisme *m*

**dub** /dʌb/ VT a ◆ **to ~ sb a knight** donner l'accolade à qn ; *(Hist)* adouber *or* armer qn chevalier ◆ **to ~ sb "Ginger"** *(= nickname)* surnommer qn "Poil de Carotte" b *(Cine)* doubler, postsynchroniser

**Dubai** /duːˈbaɪ/ N Dubaï *m*

**dubbin** /ˈdʌbɪn/ N dégras *m*, graisse *f* pour les chaussures

**dubbing** /ˈdʌbɪŋ/ N *(Cine)* doublage *m*, postsynchronisation *f*

**dubiety** /djuːˈbaɪətɪ/ N doute *m*, incertitude *f*

**dubious** /ˈdjuːbɪəs/ ADJ a *(= suspect) [deal, claim, reputation, quality, origin, morality]* douteux ; *[privilege, pleasure]* discutable ◆ **these measures are of ~ benefit** les avantages de ces mesures sont discutables b *(= unsure)* ◆ **to be ~ about sth** se montrer dubitatif quant à qch, douter de qch ◆ **I was ~ at first** au début, j'avais des doutes ◆ **I am ~ that** *or* **whether the new law will achieve anything** je doute que cette nouvelle loi serve *subj* à quelque chose ◆ **to look/sound ~** avoir l'air/parler d'un ton dubitatif

**dubiously** /ˈdjuːbɪəslɪ/ ADV *[look at, smile, frown]* d'un air dubitatif ; *[say]* d'un ton dubitatif ◆ **a piece ~ attributed to Albinoni** un morceau attribué sans doute à tort à Albinoni

**Dublin** /ˈdʌblɪn/ N Dublin COMP ▷ **Dublin Bay prawn** N langoustine *f*

**Dubliner** /ˈdʌblɪnəʳ/ N habitant(e) *m(f)* *or* natif *m*, -ive *f* de Dublin

**ducal** /ˈdjuːkəl/ ADJ ducal, de duc

**ducat** /ˈdʌkɪt/ N ducat *m*

**duchess** /ˈdʌtʃɪs/ N duchesse *f*

**duchy** /ˈdʌtʃɪ/ N duché *m*

**duck**[1] /dʌk/ N a canard *m* ; *(female)* cane *f* ◆ **wild ~** canard *m* sauvage ◆ **roast ~** *(Culin)* canard *m* rôti ◆ **to play ~s and drakes** *(Brit)* faire des ricochets (sur l'eau) ◆ **to play ~s and drakes with sb** *(Brit = treat badly)* traiter qn par-dessus la jambe ◆ **to play at ~s and drakes with one's money** *(Brit)* jeter son argent par les fenêtres, gaspiller son argent ◆ **to get one's ~s in a row** * *(US)* maîtriser la situation ◆ **he took to it like a ~ to water** c'était comme s'il avait fait ça toute sa vie ◆ **yes ~s** * *(Brit)* oui mon chou * ◆ **he's a ~** * c'est un chou * *or* un amour ; → **Bombay, dying, lame**

b *(Brit Cricket)* **to make a ~, to be out for a ~** faire un score nul

c *(St Ex)* spéculateur *m*, -trice *f* insolvable

d *(Mil = vehicle)* véhicule *m* amphibie

VI a (also **duck down**) se baisser vivement ; *(in fight etc)* esquiver un coup ◆ **to ~ (down) under the water** disparaître sous l'eau

b ◆ **he ~ed into his office** *(= popped in)* il est passé au bureau ; *(to hide)* il s'est réfugié dans son bureau ◆ **he ~ed out of the rain** il s'est vite mis à l'abri de la pluie

VT a ◆ **to ~ sb** pousser qn sous l'eau

b *[+ one's head]* baisser vivement ; *[+ blow, question etc]* éviter, esquiver ; *[+ responsibility]* se dérober à ; *[+ decision]* esquiver, éluder

COMP ▷ **duck-billed platypus** N ornithorynque *m* ▷ **duck-egg blue** ADJ gris-bleu *inv* ▷ **duck pond** N mare *f* aux canards, canardière *f* ▷ **duck shooting** N chasse *f* au canard ▷ **duck soup** ‡ N *(US fig)* ◆ **that was ~ soup !** c'était du gâteau ! *

► **duck out of** VT FUS esquiver ◆ **she ~ed out of going with them** elle s'est esquivée pour ne pas les accompagner ◆ **he ~ed out of the commitment he'd made** il s'est dérobé à ses engagements

**duck**[2] /dʌk/ N *(Tex)* coutil *m*, toile *f* fine ◆ **~s** *(Brit)* pantalon *m* de coutil

**duckbill** /ˈdʌkbɪl/ N ⇒ **duck-billed platypus** ; → **duck**

**duckboard** /ˈdʌkbɔːd/ N caillebotis *m*

**duckie** * /ˈdʌkɪ/ N *(Brit)* ◆ **yes ~** oui mon chou * ADJ *(US)* ⇒ **ducky**

**ducking** /ˈdʌkɪŋ/ N plongeon *m*, bain *m* forcé ◆ **to give sb a ~** *(= push under water)* pousser qn sous l'eau ; *(= push into water)* pousser qn dans l'eau ◆ **~ and diving** dérobades *fpl*

**duckling** /ˈdʌklɪŋ/ N *(also Culin)* caneton *m* ; *(female)* canette *f* ; *(older)* canardeau *m*

**duckweed** /ˈdʌkwiːd/ N lentille *f* d'eau, lenticule *f*

**ducky** * /ˈdʌkɪ/ ADJ *(US = cute)* mignon tout plein

**duct** /dʌkt/ N *(for liquid, gas, electricity)* conduite *f*, canalisation *f* ; *(Bot)* trachée *f* ; *(Anat)* canal *m*, conduit *m*

**ductile** /ˈdʌktaɪl/ ADJ *[metal]* ductile ; *[person]* docile

**ductless gland** /ˌdʌktlɪsˈglænd/ N glande *f* endocrine

**dud** * /dʌd/ ADJ *(= defective) [shell, bomb, battery, fuse etc]* qui foire * ; *(= worthless) [cheque]* en bois * ; *[loan]* non remboursé ; *[film, teacher, student]* nul (nulle *f*) ; *(= counterfeit) [note, coin]* faux (fausse *f*) N *(= shell)* obus *m* non éclaté ; *(= bomb)* bombe *f* non éclatée ; *(= person)* raté(e) *m(f)* ◆ **this coin is a ~** cette pièce est fausse ◆ **this watch is a ~** c'est de la camelote * cette montre ◆ **Phil was a complete ~ at school** Phil était complètement nul à l'école ◆ **to be a ~ at geography** être nul en géographie ◆ **to be a ~ at tennis** être nul au tennis NPL **duds** † ‡ *(= clothes)* nippes † * *fpl*

**dude** * /d(j)uːd/ *(US)* N a *(= man)* type * *m*, mec ‡ *m* b *(= dandy)* dandy *m* ; *(young)* gommeux * *m* c *(= Easterner)* habitant(e) *m(f)* de la côte Est COMP ▷ **dude ranch** N (hôtel *m*) ranch *m*

> **Dude Ranch**
>
> Sorte de ranch, authentique ou reconstitué, où les touristes peuvent goûter les joies du Far West. Les amateurs viennent y retrouver la vie du cow-boy : monter à cheval, s'occuper du bétail et dîner autour d'un feu de camp. En argot, un **dude** est un citadin, ou un habitant de la côte Est, trop soigné et trop bien habillé.

**dudgeon** † /ˈdʌdʒən/ N ◆ **in (high) ~** offensé dans sa dignité, furieux

**due** /djuː/ LANGUAGE IN USE 20.6, 26.3

ADJ a

◆ **due to** *(= because of)* en raison de ◆ **the match was cancelled ~ to bad weather** le match a été annulé en raison du mauvais temps ◆ **~ to the large number of letters he receives he cannot answer them personally** le nombre de lettres qu'il reçoit étant trop important, il ne peut pas y répondre personnellement ; *(= thanks to)* grâce à ◆ **it was ~ to his efforts that the trip was a success** c'est grâce à ses effort que le voyage a été un succès ◆ **it is largely ~ to them that we are in this strong position** c'est en grande partie grâce à eux que nous sommes en position de force ; *(= caused by)* dû (due *f*) à, attribuable à ◆ **what's it ~ to?** à quoi est-ce dû ? ◆ **accidents ~ to technical failure** les accidents dus à des pannes ◆ **the fall in sales is ~ to high interest rates** la chute des ventes est due au niveau élevé des taux d'intérêt, la chute des ventes s'explique par les taux d'intérêt élevés

◆ **to be due to the fact that ...** *(= because)* être dû au fait que ◆ **this is ~ to the fact that interest rates are lower** cela est dû au fait que les taux d'intérêt sont plus bas

b *(= expected, scheduled)*

> **devoir** is often used to express this meaning.

◆ **he's ~ in Argentina tomorrow** il devrait arriver *or* il est attendu en Argentine demain ◆ **I am ~ there tomorrow** je dois être là-bas demain ◆ **he's ~ back tomorrow** il doit être de retour demain ◆ **the train is ~ (to arrive) at 2.19** le train doit arriver à 14h19 ◆ **just before the plane was ~ to land** juste avant l'heure d'arrivée prévue de l'avion ◆ **to be ~ in** *[train, ferry, plane]* devoir arriver ◆ **to be ~ out** *[report, figures, book]* devoir être publié ◆ **when is the baby ~?** quand doit naître le bébé ? ◆ **the results are ~ next week** les résultats doivent être rendus la semaine prochaine ◆ **there's an election ~ in March** des élections sont prévues en mars ◆ **with parliamentary elections ~ in less than 3 months' time** les élections législatives étant prévues dans moins de trois mois

c *(= proper, suitable)* ◆ **to give** *or* **pay ~ attention to sb** prêter à qn l'attention qu'il mérite ◆ **to receive ~ credit (for sth)** être reconnu comme il se doit (pour qch) ◆ **after ~ consideration** après mûre réflexion ◆ **to have ~ regard for sth** respecter pleinement qch ◆ **with/without ~ regard to** *or* **for sth** en tenant pleinement compte/sans tenir pleinement compte de qch ◆ **with (all) ~ respect** sauf votre respect ◆ **with (all) ~ respect to Mrs Harrison** malgré tout le respect que je dois à Mme Harrison ◆ **driving without ~ care and attention** conduite *f* imprudente

◆ **in due course** *or* **time** *(in the future)* en temps utile *or* voulu ◆ **she'll find out about everything in ~ time** elle saura tout en temps utile *or* voulu ◆ **we shall in ~ course be publishing our results** nous publierons nos résultats en temps utile *or* voulu ◆ **in ~ course, she found out that ...** elle finit par découvrir que ...

d *(= payable) [sum, money]* dû (due *f*) ◆ **I was advised that no further payment was ~** on m'a dit que je ne devais plus rien ◆ **when is the rent ~?** quand faut-il payer le loyer ? ◆ **to fall ~** arriver à échéance ◆ **the sum ~ to me** la somme qui m'est due *or* qui me revient

e *(= owed, expecting)* **our thanks are ~ to Mr Bertillon** nous tenons à remercier M. Bertillon, notre gratitude va à M. Bertillon ◆ **they must be treated with the respect ~ to their rank/age** ils doivent être traités avec le respect dû à leur rang/âge

◆ **to be due for** ◆ **they are ~ for a shock** *(= going to have)* ils vont avoir un choc ◆ **they were ~ for a break, he thought** *(= should have)* ils devraient prendre des vacances, pensa-t-il ◆ **when you're next ~ for a check-up** lorsqu'il sera temps de passer un contrôle ◆ **to be ~ for completion/demolition/release in 2004** *(= scheduled for)* devoir être terminé/démoli/libéré en 2004 ◆ **he was ~ for retirement in twelve months' time** il devait prendre sa retraite dans un an

PREP

◆ **to be due sth** ◆ **I am ~ £300/six days' holiday** on me doit 300 livres/six jours de congé ◆ **I feel I'm about ~ a holiday!** je pense que je mérite bien des vacances ! ◆ **he had not taken a holiday, but accumulated the leave ~ him** au lieu de prendre des vacances il avait accumulé les jours qu'on lui devait

ADV ◆ **~ north/south** *etc* plein nord/sud *etc* (*of* par rapport à) ◆ **to face ~ north** *[building]* être (en) plein nord ; *[person]* faire face au nord

N ◆ **to give sb his ~** être juste envers qn, faire *or* rendre justice à qn ◆ **(to) give him his ~, he did try hard** il faut (être juste et) reconnaître qu'il a quand même fait tout son possible ; → **devil**

NPL **dues** *(= fees) [of club etc]* cotisation *f* ; *[of harbour]* droits *mpl* (de port)

COMP ▷ **due process** N *(Jur:* also **due process of law***) application de la loi selon les procédures prévues*

**duel** /ˈdjʊəl/ N *(lit, fig)* duel *m* ◆ **~ to the death** duel *m* à mort ; → **challenge, fight** VI se battre en duel (*with* contre, avec) COMP ▷ **duelling pistol** N pistolet *m* de duel

**duellist** /ˈdjʊəlɪst/ N duelliste *m*

**duet** /djuːˈet/ N duo *m* ◆ **to sing/play a ~** chanter/jouer en duo ◆ **violin ~** duo *m* de violon ◆ **piano ~** morceau *m* à quatre mains

**duff¹** /dʌf/ N *(Culin)* pudding *m* ◆ **up the ~** ‡ en cloque ‡ ; → **plum**

**duff²** /dʌf/ *(Brit)* ADJ * a *(= non-functional) [machine, watch, gene etc]* détraqué * b *(= useless) [suggestion, idea, film, book, record]* nul (nulle *f*) c *(= failed) [shot etc]* raté, loupé * VT (‡ *= alter, fake) [+ stolen goods]* maquiller, truquer

► **duff up** ‡ VT SEP casser la gueule à ‡

**duff³** ‡ /dʌf/ N *(US = buttocks)* postérieur *m* ◆ **he just sits on his ~ all day** il ne fiche * rien de la journée ◆ **get off your ~!** magne-toi le train ! ‡

**duffel** /ˈdʌfəl/ N *gros tissu de laine* COMP ▷ **duffel bag** N sac *m* de paquetage, sac *m* marin ▷ **duffel coat** N duffel-coat *m*

**duffer** * /ˈdʌfər/ N nullard(e) * *m(f)* ◆ **he is a ~ at French** il est nul en français

**duffle** /ˈdʌfəl/ ADJ ⇒ **duffel**

**dug¹** /dʌg/ N mamelle *f*, tétine *f* ; *[of cow]* pis *m*

**dug²** /dʌg/ VB pt, ptp of **dig**

**dugong** /ˈduːgɒŋ/ N dugong *m*

**dugout** /ˈdʌgaʊt/ N *(Mil = trench)* tranchée-abri *f* ; *(= canoe)* pirogue *f*

**DUI** /ˌdiːjuːˈaɪ/ N *(US)* (abbrev of **driving under (the) influence (of alcohol)**) conduite *f* en état d'ébriété

**duke** /djuːk/ N *(= nobleman)* duc *m* NPL **dukes** ‡ *(esp US = fists)* poings *mpl*

**dukedom** /ˈdjuːkdəm/ N *(= territory)* duché *m* ; *(= title)* titre *m* de duc

**dulcet** /ˈdʌlsɪt/ ADJ *(liter)* suave

**dulcimer** /ˈdʌlsɪmər/ N tympanon *m*

**dull** /dʌl/ ADJ a *(= boring, uneventful) [book, lecture, party, person]* ennuyeux ; *[life, job]* ennuyeux, monotone ; *[place]* morne ; *[food]* quelconque ; *[style]* terne ; *(St Ex) [market]* morose ◆ **there's never a ~ minute** *or* **life is never ~ (with Janet around)** on ne s'ennuie jamais (lorsque Janet est là) ◆ **as ~ as ditchwater** *or* **dishwater** ennuyeux comme la pluie ; → **deadly**

b *(= not bright or shiny) [light, glow]* faible ; *[colour, eyes, hair, skin, metal]* terne ; *[weather, sky, day]* maussade, gris

c *(= vague) [pain, sound, feeling]* sourd ◆ **with a ~ thud** *or* **thump** avec un bruit sourd

d *(= lethargic, withdrawn) [person]* abattu

e *(= slow-witted) [person, mind]* borné ◆ **his senses/faculties are growing ~** ses sens/facultés s'émoussent *or* s'amoindrissent

f *(= blunt) [blade, knife]* émoussé

VT *(= blunt) [+ edge, blade]* émousser ; *[+ senses]* émousser, engourdir ; *[+ mind]* engourdir ; *[+ appetite]* calmer ; *[+ pain, grief, impression]* atténuer ; *[+ memories]* estomper ; *[+ pleasure]* émousser ; *[+ sound]* assourdir, amortir ; *(in colour, brightness) [+ colour, mirror, metal]* ternir

VI *[eyes]* se voiler ; *[appetite]* diminuer ; *[edge, blade]* s'émousser ; *[light]* baisser

COMP ▷ **dull-witted** ADJ dur à la détente *

**dullard** † * /ˈdʌləd/ N nullard(e) * *m(f)*

**dullness** /ˈdʌlnɪs/ N a *(= slow-wittedness)* lourdeur *f* d'esprit ; *[of senses]* affaiblissement *m* ◆ **~ of hearing** dureté *f* d'oreille b *(= tedium, lack of interest) [of book, evening, lecture]* caractère *m* ennuyeux, manque *m* d'intérêt ; *[of person]* personnalité *f* terne ; *[of life]* grisaille *f* ; *[of landscape, room]* tristesse *f* c *[of colour, metal, mirror etc]* manque *m* or peu *m* d'éclat, aspect *m* terne ; *[of sound]* caractère *m* sourd or étouffé ; *[of weather]* grisaille *f*

**dullsville** ‡ /ˈdʌlzvɪl/ N *(US)* ◆ **it's ~ here** on s'emmerde ici ‡, c'est pas la joie ici *

**dully** /ˈdʌllɪ/ ADV a *(= with a muffled sound)* avec un bruit sourd b *(= dimly) [glow, gleam]* faiblement c *(= without enthusiasm) [say, reply]* d'un ton morne ; *[look, nod]* d'un air morne ; *[think]* avec lassitude d *(= boringly) [talk, write]* d'une manière ennuyeuse

**duly** /ˈdjuːlɪ/ ADV a *(= properly) [recorded, completed, authorized, rewarded]* dûment, en bonne et due forme ◆ **~ elected** dûment élu, élu en bonne et due forme b *(= as expected)* comme prévu ◆ **the visitors were ~ impressed** comme prévu, les visiteurs ont été impressionnés ◆ **I asked him for his autograph and he ~ obliged** je lui ai demandé un autographe et il a accepté

**dumb** /dʌm/ ADJ a *(lit)* muet ◆ **~ animals** † les bêtes *fpl* ◆ **our ~ friends** nos amies les bêtes ; → **deaf, strike** b *(fig = silent)* muet (*with, from* de) abasourdi (*with, from* de, par) ◆ **~ insolence** mutisme *m* insolent c *(esp US * = stupid) [person]* bête ; *[action, idea, joke]* stupide ; *[question]* idiot ; *[object, present]* ringard * ◆ **a ~ blonde** une blonde évaporée ◆ **to act ~** faire l'innocent NPL **the dumb** les muets *mpl* COMP ▷ **dumb-ass** ‡ *(US)* N con ‡ *m*, conne ‡ *f* ADJ à la con ‡ ▷ **dumb bomb** N *(Mil)* bombe *f* conventionnelle ▷ **dumb cluck** ‡ N imbécile *mf* ▷ **dumb ox** ‡ N *(US)* ballot * *m*, andouille * *f* ▷ **dumb show** N ◆ **in ~ show** en mimant, par (des) signes ▷ **dumb terminal** N *(Comput)* terminal *m* passif

► **dumb down** VT SEP *[+ programmes, courses, jobs]* niveler par le bas

**dumbbell** /ˈdʌmbel/ N *(Sport)* haltère *m*

**dumbfound** /dʌmˈfaʊnd/ VT abasourdir, ahurir

**dumbfounded** /dʌmˈfaʊndɪd/ ADJ ahuri, sidéré ◆ **I'm ~** je suis sidéré, je n'en reviens pas

**dumbly** /ˈdʌmlɪ/ ADV *[stare, stand, nod] (= silently)* en silence ; *(with surprise)* avec stupeur

**dumbness** /ˈdʌmnɪs/ N mutisme *m* ; (‡ *= stupidity)* bêtise *f*, niaiserie *f*

**dumbo** ‡ /ˈdʌmbəʊ/ N ballot * *m*, andouille * *f*

**dumbstruck** /ˈdʌmstrʌk/ ADJ frappé de stupeur

**dumbwaiter** /ˌdʌmˈweɪtər/ N *(= lift)* monte-plat *m* ; *(Brit) (= trolley)* table *f* roulante ; *(= revolving stand)* plateau *m* tournant

**dum-dum** /ˈdʌmdʌm/ N a *(= bullet)* balle *f* dum-dum *inv* b (‡ *= stupid person)* crétin(e) *m(f)*, andouille * *f*

**dummy** /ˈdʌmɪ/ N a *(Comm = sham object)* objet *m* factice ; *(Comm, Sewing = model)* mannequin *m* ; *[of ventriloquist]* marionnette *f* ; *(Theat)* personnage *m* muet, figurant *m* ; *(Fin etc = person replacing another)* prête-nom *m*, homme *m* de paille ; *[of book]* maquette *f* ; *(Bridge)* mort *m* ; *(Sport)* feinte *f* ◆ **to sell the ~** *(Sport)* feinter, faire une feinte de passe ◆ **to sell sb the ~** feinter qn ◆ **to be ~** *(Bridge)* faire *or* être le mort ◆ **to play from ~** *(Bridge)* jouer du mort

b *(Brit = baby's teat)* sucette *f*, tétine *f*

c (* = *idiot)* andouille* *f*, imbécile *mf* ◆ **"you're a dummy, Mack," she yelled** "Mack, tu es une andouille* *or* un imbécile" hurla-t-elle

**ADJ** faux (fausse *f*), factice

**VI** *(Sport)* feinter, faire une feinte de passe

**COMP** ▷ **dummy bridge N** *(Cards)* bridge *m* à trois ▷ **dummy element N** *(Ling)* postiche *m* ▷ **dummy pass N** *(Sport)* feinte *f* de passe ▷ **dummy run N** *(Brit) (Aviat)* attaque *f or* bombardement *m* simulé(e) ; *(Comm, Ind)* (coup *m* d')essai *m* ▷ **dummy symbol N** ⇒ **dummy element**

**dump** /dʌmp/ **N** a *(= pile of rubbish)* tas *m or* amas *m* d'ordures ; *(= place)* décharge *f*, dépotoir *m* ◆ **to be (down) in the ~s** * avoir le cafard *

b *(Mil)* dépôt *m* ; → **ammunition**

c (* *pej) (= place)* trou *m* perdu * ; *(= house, hotel)* trou *m* à rats *

d *(Comput)* vidage *m*

e ◆ **to have a ~**‡ *(= defecate)* couler un bronze‡, chier*‡

**VT** a *[+ rubbish]* déposer, jeter ; *[+ sand, bricks]* décharger, déverser ; *(Comm) [+ goods]* vendre *or* écouler à bas prix *(sur les marchés extérieurs)*, pratiquer le dumping pour

b (* *= set down) [+ package]* déposer ; *[+ passenger]* poser, larguer * ◆ **~ your bag on the table** fiche * ton sac sur la table

c (* *= get rid of) [+ thing]* bazarder * ; *[+ boyfriend, girlfriend]* larguer *, plaquer *

d *(Comput) [+ data file etc]* vider ◆ **to ~ to the printer** transférer sur l'imprimante

**VI** (‡ *= defecate)* couler un bronze‡, chier*‡

**COMP** ▷ **dump bin, dump display N** *(Comm)* présentoir *m* d'articles en vrac ▷ **dump truck N** ⇒ **dumper**

► **dump on**‡ **VT FUS** *(= mistreat)* traiter comme du poisson pourri * ; *(= offload problems on)* se défouler sur

**dumper** /ˈdʌmpəʳ/ **N** *(Brit)* (also **dumper truck**) tombereau *m*, dumper *m*

**dumping** /ˈdʌmpɪŋ/ **N** *[of load, rubbish]* décharge *f* ; *(Ecol: in sea etc)* déversement *m* (de produits nocifs) ; *(Comm)* dumping *m*

**COMP** ▷ **dumping ground N** *(lit, fig)* dépotoir *m*

**dumpling** /ˈdʌmplɪŋ/ **N** *(Culin: savoury)* boulette *f* (de pâte) ; (* *= person)* boulot *m*, -otte *f*

**Dumpster** ® /ˈdʌmpstəʳ/ **N** *(US)* benne *f* (à ordures)

**dumpy** * /ˈdʌmpɪ/ **ADJ** courtaud, boulot

**dun¹** /dʌn/ **ADJ** *(= colour)* brun foncé *inv*, brun grisâtre *inv* **N** cheval *m* louvet, jument *f* louvette

**dun²** /dʌn/ **N** *(= claim)* demande *f* de remboursement **VT** *[+ debtor]* harceler, relancer ◆ **to ~ sb for money owed** harceler *or* relancer qn pour lui faire payer ses dettes

**dunce** /dʌns/ **N** âne *m*, cancre * *m* ◆ **to be a ~ at maths** être nul en math **COMP** ▷ **dunce's cap N** bonnet *m* d'âne

**dunderhead** /ˈdʌndəhed/ **N** imbécile *mf*

**Dundonian** /dʌnˈdəʊnɪən/ **ADJ** de Dundee **N** habitant(e) *m(f) or* natif *m*, -ive *f* de Dundee

**dune** /djuːn/ **N** dune *f* **COMP** ▷ **dune buggy N** buggy *m*

**dung** /dʌŋ/ **N** *(NonC) (= excrement)* excrément(s) *m(pl)*, crotte *f* ; *[of horse]* crottin *m* ; *[of cattle]* bouse *f* ; *[of wild animal]* fumées *fpl* ; *(= manure)* fumier *m* **COMP** ▷ **dung beetle N** bousier *m*

**dungarees** /ˌdʌŋgəˈriːz/ **NPL** salopette *f*

**dungeon** /ˈdʌndʒən/ **N** *(underground)* cachot *m* (souterrain) ; *(Hist = castle tower)* donjon *m*

**dungheap** /ˈdʌŋhiːp/, **dunghill** /ˈdʌŋhɪl/ **N** tas *m* de fumier

**dunk** /dʌŋk/ **VT** tremper ◆ **to ~ one's bread in one's coffee** tremper son pain dans son café

**Dunkirk** /dʌnˈkɜːk/ **N** Dunkerque

**dunlin** /ˈdʌnlɪn/ **N** bécasseau *m* variable

**dunno**‡ /dəˈnəʊ/ ⇒ **don't know**

**dunnock** /ˈdʌnək/ **N** *(Brit)* accenteur *m* mouchet, fauvette *f* d'hiver *or* des haies

**dunny** * /ˈdʌnɪ/ **N** *(Austral)* chiottes‡ *fpl*, W.-C. * *mpl*

**Duns Scotus** /ˈdʌnzˈskɒtəs/ **N** Duns Scot *m*

**duo** /ˈdjuːəʊ/ **N** (pl **duos** *or* **dui** /ˈdjuːiː/) *(Mus, Theat)* duo *m*

**duodecimal** /ˌdjuːəʊˈdesɪməl/ **ADJ** duodécimal

**duodenal** /ˌdjuːəʊˈdiːnl/ **ADJ** duodénal **COMP** ▷ **duodenal ulcer N** ulcère *m* du duodénum

**duodenum** /ˌdjuːəʊˈdiːnəm/ **N** (pl **duodenums** *or* **duodena** /ˌdjuːəʊˈdiːnə/) duodénum *m*

**duopoly** /djʊˈɒpəlɪ/ **N** duopole *m*

**dupe** /djuːp/ **VT** duper, tromper ◆ **to ~ sb into doing sth** amener qn à faire qch en le dupant **N** dupe *f*

**duple** /ˈdjuːpl/ **ADJ** *(gen)* double ; *(Mus)* binaire **COMP** ▷ **duple time N** *(Mus)* rythme *m or* mesure *f* binaire

**duplex** /ˈdjuːpleks/ **ADJ** duplex *inv* **N** *(US)* (also **duplex house**) maison *f* jumelle ; (also **duplex apartment**) duplex *m* ; → **House COMP** ▷ **duplex paper N** *(Phot)* bande *f* protectrice

**duplicate** /ˈdjuːplɪkeɪt/ **VT** a *(= copy) [+ document, map, key]* faire un double de ; *[+ film]* faire un contretype de ; *(on machine) [+ document]* polycopier ; *[+ action etc]* répéter exactement

b *(= do again)* refaire ; *(= repeat)* reproduire ◆ **that is merely duplicating work already done** cela revient à refaire le travail qu'on a déjà fait ◆ **he will seek to ~ his success overseas at home** il tentera de trouver le même succès dans son pays qu'à l'étranger ◆ **the phenomenon hasn't been ~d elsewhere on anything like the same scale** le phénomène n'a été reproduit nulle part ailleurs dans les mêmes proportions ◆ **to ~ results** obtenir deux fois les mêmes résultats

**N** /ˈdjuːplɪkɪt/ *[of document, map, key, ornament, chair]* double *m* ; *(Jur etc)* duplicata *m inv* ◆ **in ~** en deux exemplaires

**ADJ** /ˈdjuːplɪkɪt/ *[copy]* en double ◆ **a ~ cheque/receipt** un duplicata du chèque/du reçu ◆ **I've got a ~ key** j'ai un double de la clé

**COMP** ▷ **duplicate bridge N** bridge *m* de compétition *or* de tournoi ▷ **duplicating machine N** duplicateur *m*

**duplication** /ˌdjuːplɪˈkeɪʃən/ **N** *(NonC) [of document]* copie *f*, duplication *f* ; *(on machine)* polycopie *f* ; *[of work]* répétition *f* inutile ◆ **there is a great deal of ~ of effort in research** dans la recherche, les mêmes travaux sont souvent répétés inutilement par plusieurs personnes ◆ **there is some ~ between the two departments** il y a un certain chevauchement entre les deux départements

**duplicator** /ˈdjuːplɪkeɪtəʳ/ **N** duplicateur *m*

**duplicitous** /djuːˈplɪsɪtəs/ **ADJ** fourbe

**duplicity** /djuːˈplɪsɪtɪ/ **N** duplicité *f*, fourberie *f*

**Dur.** abbrev of **Durham**

**durability** /ˌdjʊərəˈbɪlɪtɪ/ **N** *[of product, material, institution, friendship, solution]* durabilité *f*, caractère *m* durable

**durable** /ˈdjʊərəbl/ **ADJ** durable ◆ **CDs are more ~ than cassettes** les CD sont plus solides que les cassettes, les CD durent plus longtemps que les cassettes **NPL durables** ⇒ **durable goods COMP** ▷ **durable goods NPL** *(Comm)* biens *mpl* de consommation durables

**Duralumin** ® /djʊəˈræljʊmɪn/ **N** duralumin *m*

**duration** /djʊəˈreɪʃən/ **N** durée *f* ◆ **of long ~** de longue durée ◆ **for the ~ of ...** pendant toute la durée de ... ◆ **he stayed for the ~** * *(= for ages)* il est resté une éternité

**Durban** /ˈdɜːbæn/ **N** Durban

**duress** /djʊəˈres/ **N** contrainte *f*, coercition *f* ◆ **under ~** sous la contrainte, contraint et forcé *(Jur)*

**Durex** ® /ˈdjʊəreks/ **N** *(pl inv)* préservatif *m*

**durian** /ˈdjʊərɪən/ **N** durian *m*

**during** /ˈdjʊərɪŋ/ **PREP** pendant ; *(= in the course of)* au cours de ◆ **~ working hours** pendant les heures de travail ◆ **~ the night** pendant *or* durant la nuit ◆ **plants need to be protected ~ bad weather** il faut protéger les plantes pendant *or* durant les périodes de mauvais temps ◆ **~ the violence yesterday** au cours des violents incidents d'hier ◆ **~ the past few months** au cours des derniers mois

**durst** †† /dɜːst/ **VB** pt of **dare**

**durum** /ˈdjʊərəm/ **N** (also **durum wheat**) blé *m* dur

**dusk** /dʌsk/ **N** *(= twilight)* crépuscule *m* ; *(= gloom)* (semi-)obscurité *f* ◆ **at ~** au crépuscule, à la tombée de la nuit ◆ **shortly after ~** peu de temps après la tombée de la nuit ◆ **in the ~** entre chien et loup

**duskiness** /ˈdʌskɪnɪs/ **N** *[of complexion]* teint *m* mat *or* basané

**dusky** /ˈdʌskɪ/ **ADJ** a *(= dark-skinned) [person]* à la peau basanée, au teint basané ; *[complexion]* basané b *[colour]* mat ◆ **~ pink** vieux rose *inv*, rose cendré *inv* c *(= dim) [room]* sombre

**dust** /dʌst/ **N** *(NonC)* a *(on furniture, ground)* poussière *f* ◆ **there was thick ~, the ~ lay thick** il y avait une épaisse couche de poussière ◆ **I've got a speck of ~ in my eye** j'ai une poussière dans l'œil ◆ **to raise a lot of ~** *(lit)* faire de la poussière ; *(fig)* faire tout un scandale, faire beaucoup de bruit ◆ **to lay the ~** *(lit)* mouiller la poussière ; *(fig)* ramener le calme, dissiper la fumée ◆ **to throw ~ in sb's eyes** *(fig)* jeter de la poudre aux yeux de qn ◆ **to kick up** *or* **raise a ~**‡ faire un *or* du foin * ◆ **you couldn't see him for ~** * *(Brit)* il s'était volatilisé ; → **ash², bite, shake off**

b *[of coal, gold]* poussière *f*, poudre *f*

**VT** a *[+ furniture]* épousseter, essuyer ; *[+ room]* essuyer la poussière dans ◆ **it's done and ~ed** * *(Brit, Austral)* l'affaire est classée

b *(with talc, sugar etc)* saupoudrer (*with* de)

**VI** épousseter

**COMP** ▷ **dust bag N** sac *m* à poussière *(d'aspirateur)* ▷ **dust-bath N** ◆ **to take a ~-bath** *[bird]* s'ébrouer dans la poussière, prendre un bain de poussière ▷ **dust bowl N** *(Geog)* désert *m* de poussière, cratère(s) *m(pl)* de poussière ▷ **dust cloth N** *(US)* chiffon *m* (à poussière) ▷ **dust cloud N** nuage *m* de poussière ▷ **dust cover N** *[of book]* jaquette *f* ; *[of furniture]* housse *f* (de protection) ▷ **dust devil N** tourbillon *m* de poussière ▷ **dust jacket N** jaquette *f* ▷ **dust sheet N** housse *f* (de protection) ▷ **dust storm N** tempête *f* de poussière

▷ **dust-up** * **N** *(Brit)* accrochage * *m*, bagarre * *f* ◆ **to have a ~-up with sb** *(Brit)* avoir un accrochage * *or* se bagarrer * avec qn

► **dust down**, **dust off** **VT SEP** épousseter ◆ **to ~ o.s. down** s'épousseter

► **dust out** **VT SEP** *[+ box, cupboard]* épousseter

**dustbin** /ˈdʌstbɪn/ **N** *(Brit)* poubelle *f*, boîte *f* à ordures **COMP** ▷ **dustbin man** **N** (pl **dustbin men**) *(Brit)* ⇒ **dustman**

**dustcart** /ˈdʌstkɑːt/ **N** *(Brit)* benne *f* à ordures, camion *m* des éboueurs *or* des boueux *

**duster** /ˈdʌstəʳ/ **N** **a** *(Brit)* chiffon *m* (à poussière) ; (also **blackboard duster**) chiffon *m* (pour effacer) ; → **feather** **b** *(US) (= overgarment)* blouse *f* ; *(= housecoat)* robe *f* d'intérieur **c** (= *device:* also **crop duster**) pulvérisateur *m* d'insecticide *(souvent un avion)*

**dustheap** /ˈdʌsthiːp/ **N** *(lit)* tas *m* d'ordures ; *(fig)* poubelle *f*, rebut *m*

**dusting** /ˈdʌstɪŋ/ **N** **a** *[of furniture]* époussetage *m* ◆ **to do the ~** épousseter, essuyer (la poussière) ◆ **to give sth a ~** donner un coup de chiffon à qch **b** *(Culin etc = sprinkling)* saupoudrage *m* **COMP** ▷ **dusting down** **N** ◆ **to give sb a ~ down** passer un savon à qn ◆ **to get a ~ down** recevoir un savon ▷ **dusting-powder** **N** talc *m*

**dustman** /ˈdʌstmən/ **N** (pl **-men**) *(Brit)* éboueur *m*, boueux * *m*

**dustpan** /ˈdʌstpæn/ **N** pelle *f* (à poussière)

**dustproof** /ˈdʌstpruːf/ **ADJ** antipoussière

**dusty** /ˈdʌstɪ/ **ADJ** **a** *(= covered in dust)* poussiéreux ◆ **to get ~** se couvrir de poussière **b** *[colour]* cendré ◆ **~ blue** bleu cendré *inv* ◆ **~ pink** vieux rose *inv*, rose cendré *inv* **c** **to give sb a ~ answer** * envoyer paître qn * ◆ **to get** *or* **receive a ~ answer (from sb)** * se faire envoyer paître (par qn) * ◆ **not so ~, not too ~** * pas mal

**Dutch** /dʌtʃ/ **ADJ** *(gen)* néerlandais, hollandais ; *[ambassador, embassy]* des Pays-Bas ; *[teacher]* de néerlandais ◆ **the ~ School** *(Art)* l'école *f* hollandaise ◆ **~ cheese** fromage *m* de Hollande, hollande *m*

**N** **a** *(Ling)* hollandais *m*, néerlandais *m* ◆ **it's (all) ~ to me** * *(fig)* c'est du chinois *or* de l'hébreu pour moi ; → **double**

**b** *(US fig)* **to be in ~ with sb** ‡ être en disgrâce auprès de qn ◆ **to get one's ~ up** ‡ se mettre en rogne * ◆ **to get into ~** ‡ avoir des ennuis, se mettre dans le pétrin *

**NPL** **the Dutch** *(loosely)* les Hollandais *mpl* ; *(more correctly)* les Néerlandais *mpl*

**ADV** ◆ **to go ~** * *(in restaurant)* payer chacun sa part ; *(in cinema, theatre)* payer chacun sa place

**COMP** ▷ **Dutch auction** **N** *(fig)* enchères *fpl* au rabais ▷ **Dutch barn** **N** hangar *m* à récoltes ▷ **Dutch cap** **N** diaphragme *m* ▷ **Dutch courage** **N** *(fig)* courage *m* puisé dans la bouteille ◆ **the whisky gave him ~ courage** le whisky lui a donné du courage ▷ **Dutch door** **N** *(US)* porte *f* à double vantail, porte *f* d'étable ▷ **the Dutch East Indies** **NPL** les Indes *fpl* néerlandaises ▷ **Dutch elm** **N** orme *m (ulmus hollandica)* ▷ **Dutch elm disease** **N** champignon *m* parasite de l'orme ▷ **Dutch master** **N** maître *m* de l'école hollandaise ▷ **Dutch oven** **N** *(= casserole)* grosse cocotte *f (en métal)* ▷ **Dutch treat** **N** ◆ **to go on a ~ treat** partager les frais ▷ **Dutch uncle** † * **N** ◆ **to talk to sb like a ~ uncle** dire ses quatre vérités à qn

**Dutchman** /ˈdʌtʃmən/ **N** (pl **-men**) Hollandais *m* ◆ **if he's a professional footballer, then I'm a ~** je veux bien être pendu si c'est un footballeur professionnel ; → **flying**

**Dutchwoman** /ˈdʌtʃˌwʊmən/ **N** (pl **-women**) Hollandaise *f*

**dutiable** /ˈdjuːtɪəbl/ **ADJ** taxable ; *(Customs)* soumis à des droits de douane

**dutiful** /ˈdjuːtɪfʊl/ **ADJ** *[child]* obéissant ; *[husband, wife]* dévoué ; *[employee]* consciencieux

**dutifully** /ˈdjuːtɪfəlɪ/ **ADV** consciencieusement ◆ **we laughed/applauded ~** nous avons ri/applaudi consciencieusement

**duty** /ˈdjuːtɪ/ LANGUAGE IN USE 10.1

**N** **a** *(NonC: moral, legal)* devoir *m*, obligation *f* ◆ **to do one's ~** s'acquitter de *or* faire son devoir (*by sb* envers qn) ◆ **it is my ~ to say that ..., I feel ~ bound to say that ...** il est de mon devoir de dire que ... ◆ **~ calls** le devoir m'appelle ◆ **the** *or* **one's ~ to one's parents** le *or* son devoir envers ses parents ◆ **what about your ~ to yourself?** et ton devoir envers toi-même ? ◆ **to make it one's ~ to do sth** se faire un devoir de faire qch

**b** *(gen pl = responsibility)* fonction *f*, responsabilité *f* ◆ **to take up one's duties** entrer en fonction ◆ **to neglect one's duties** négliger ses fonctions ◆ **my duties consist of ...** mes fonctions consistent à ... ◆ **his duties as presidential adviser** ses fonctions de conseiller du président ◆ **his duties have been taken over by his colleague** ses fonctions ont été reprises par son collègue

**c** *(= work)* **in the course of (one's) ~** dans l'exercice de mes (*or* ses *etc*) fonctions ◆ **to do ~ for sb, to do sb's ~** remplacer qn ◆ **the reading room also does ~ as** *or* **for a library** *(fig)* la salle de lecture fait également fonction *or* office de bibliothèque

◆ **on duty** de service ; *(Med)* de garde ◆ **to be on ~** être de service *or* de garde ◆ **to go on ~** prendre son service

◆ **off duty** ◆ **to be off ~** ne pas être de service *or* de garde ; *(Mil)* avoir quartier libre ◆ **to go off ~** quitter son service

**d** *(Fin = tax)* droit *m*, taxe *f* ; *(at Customs)* frais *mpl* de douane ◆ **to pay ~ on sth** payer un droit *or* une taxe sur qch ; → **death, estate**

**COMP** ▷ **duty call** **N** visite *f* de politesse ▷ **duty-free** **ADJ** hors taxes ▷ **duty-free allowance** **N** *quantité autorisée de produits hors taxes (par personne)* ▷ **duty-frees** * **NPL** *(Brit)* marchandises *fpl* hors taxes ▷ **duty-free shop** **N** boutique *f* hors taxes ▷ **duty-free shopping** **N** *(NonC)* achat *m* de marchandises hors taxes ▷ **duty of care** **N** responsabilité *f* morale (*to* envers) ▷ **duty officer** **N** *(Mil)* officier *m* de permanence ; *(Police)* officier *m* de police de service ; *(Admin)* officiel *m or* préposé *m* de service ▷ **duty paid** **ADJ** dédouané ▷ **duty roster**, **duty rota** **N** liste *f* de service ; *(esp Mil)* tableau *m* de service

**duvet** /ˈduːveɪ/ **N** couette *f* **COMP** ▷ **duvet cover** **N** housse *f* de couette

**DV** /diːˈviː/ **ADV** (abbrev of **Deo volente**) Dieu voulant

**DVD** /ˈdiːviːˌdiː/ **N** (abbrev of **digital versatile disc**) DVD *m* ◆ **~ player** lecteur *m* de DVD ◆ **~-Rom** DVD-Rom *m*

**DVLA** /ˌdiːviːelˈeɪ/ **N** *(Brit)* (abbrev of **Driver and Vehicle Licensing Agency**) *service des immatriculations et permis de conduire*

**DVM** /ˌdiːviːˈem/ **N** *(US Univ)* (abbrev of **Doctor of Veterinary Medicine**) *doctorat vétérinaire*

**DVT** /ˌdiːviːˈtiː/ **N** *(Med)* (abbrev of **deep vein thrombosis**) TVP *f*

**dwarf** /dwɔːf/ **N** (pl **dwarfs** *or* **dwarves** /dwɔːvz/) *(= person, animal)* nain(e) *m(f)* ; *(= tree)* arbre *m* nain **ADJ** *[person, tree, star]* nain **VT** **a** *[+ achievement]* éclipser ◆ **the US air travel market ~s that of Britain** en comparaison du marché des voyages américains, celui de la Grande-Bretagne semble minuscule ◆ **his figure was ~ed by the huge sign** il semblait minuscule à côté du logo énorme, il était écrasé par le logo énorme **b** *[+ plant]* empêcher de croître

**dwarfish** /ˈdwɔːfɪʃ/ **ADJ** *(pej)* nabot(-ote *f*)

**dweeb** ‡ /dwiːb/ **N** *(esp US)* pauvre mec * *m*

**dwell** /dwel/ (pret, ptp **dwelt** *or* **dwelled**) **VI** *(liter)* **a** habiter, demeurer ◆ **to ~ in Glasgow/in France** habiter *or* demeurer à Glasgow/en France **b** *(fig) [interest, difficulty]* résider (*in* dans)

► **dwell on** **VT FUS** *(= think about)* ne pouvoir s'empêcher de penser à ; *(= talk at length on)* s'étendre sur ; *(Mus) [+ note]* appuyer sur ◆ **don't ~ on it** n'y pense plus ◆ **to ~ on the past** s'appesantir sur le passé, revenir sans cesse sur le passé ◆ **to ~ on the fact that ...** ressasser le fait que ... ◆ **don't let's ~ on it** passons là-dessus, ne nous attardons pas sur ce sujet

► **dwell upon** **VT FUS** ⇒ **dwell on**

**dweller** /ˈdweləʳ/ **N** habitant(e) *m(f)* ; → **country**

**dwelling** /ˈdwelɪŋ/ **N** *(Admin or liter:* also **dwelling place**) habitation *f*, résidence *f* ◆ **to take up one's ~** s'installer, élire domicile *(Admin)* **COMP** ▷ **dwelling house** **N** maison *f* d'habitation

**dwelt** /dwelt/ **VB** pt, ptp of **dwell**

**DWEM** **N** *(esp US)* (abbrev of **Dead White European Male**) *homme célèbre qui devrait sa réputation à son appartenance au sexe masculin et à la race blanche*

**dwindle** /ˈdwɪndl/ **VI** *[strength]* diminuer, décroître ; *[numbers, resources, supplies, interest]* diminuer

► **dwindle away** **VI** diminuer ; *[person]* dépérir

**dwindling** /ˈdwɪndlɪŋ/ **N** diminution *f* (graduelle) **ADJ** *[number, interest, popularity]* décroissant ; *[resources, supplies, funds]* en baisse ; *[population]* en baisse, décroissant ◆ **~ audiences** un public de moins en moins nombreux

**dye** /daɪ/ **N** *(= substance)* teinture *f*, colorant *m* ; *(= colour)* teinte *f* ◆ **hair ~** teinture *f* pour les cheveux ◆ **fast ~** grand teint *m* ◆ **the ~ will come out in the wash** cela déteindra au lavage ◆ **a villain of the deepest ~** *(fig liter)* une canaille *or* crapule de la pire espèce **VT** teindre ◆ **to ~ sth red** teindre qch en rouge ◆ **to ~ one's hair** se teindre les cheveux ; → **dyed, tie** **VI** *[cloth etc]* prendre la teinture, se teindre **COMP** ▷ **dyed-in-the-wool** **ADJ** *(fig)* bon teint *inv*, invétéré

**dyed** /daɪd/ **ADJ** *[hair, fabric]* teint ◆ **~ blond/blue** teint en blond/bleu

**dyeing** /ˈdaɪɪŋ/ **N** *(NonC)* teinture *f*

**dyer** /ˈdaɪəʳ/ **N** teinturier *m* ◆ **~'s and cleaner's** teinturier *m*

**dyestuffs** /ˈdaɪstʌfs/ **NPL** colorants *mpl*

**dyeworks** /ˈdaɪwɜːks/ **NPL** teinturerie *f*

**dying** /ˈdaɪɪŋ/ **ADJ** **a** *[person, animal, plant, fire]* mourant ◆ **the ~ daylight** les dernières lueurs *fpl* du jour ◆ **the Dying Swan** *(Ballet)* la Mort du Cygne ◆ **the ~ embers** les tisons *mpl* ◆ **to look like a ~ duck (in a thunderstorm)** * *(hum)* avoir l'air pitoyable **b** *(= declining) [custom, industry]* en train de disparaître ◆ **it's a ~ art** c'est un art en voie de disparition ◆ **they are a ~ breed** *(lit, fig)* c'est une espèce en voie de disparition **c** *(= final) [words, wish]* dernier ◆ **with his ~**

**breath** sur son lit de mort ◆ **till** *or* **until** *or* **to my ~ day** jusqu'à mon dernier jour ◆ **in the ~ minutes of the game** pendant les dernières minutes du match **N** *(= death)* mort *f*; *(just before death)* agonie *f* **NPL** **the dying** les mourants *mpl* ◆ **prayer for the ~** prière *f* des agonisants

**dyke** /daɪk/ **N** **a** *(= channel)* fossé *m*; *(= wall, barrier)* digue *f*; *(= causeway)* levée *f*, chaussée *f*; *(Geol)* filon *m* stérile, dyke *m*; *(Scot dial = wall)* mur *m* **b** *(‡ pej = lesbian)* gouine‡ *f* *(pej)*

**dynamic** /daɪ'næmɪk/ **ADJ** *(gen, Phys)* dynamique

**dynamically** /daɪ'næmɪkəlɪ/ **ADV** **a** *[develop]* de façon dynamique; *[work]* avec dynamisme **b** *(Phys)* dynamiquement, du point de vue de la dynamique

**dynamics** /daɪ'næmɪks/ **N** *(NonC)* dynamique *f* *(also Mus)*

**dynamism** /'daɪnəmɪzəm/ **N** dynamisme *m*

**dynamite** /'daɪnəmaɪt/ **N** **a** *(NonC)* dynamite *f*; → **stick** **b** *(* fig = dangerous)* **that business is ~** c'est de la dynamite cette affaire ◆ **it's political ~** du point de vue politique, c'est un sujet explosif *or* une affaire explosive ◆ **the book is ~!** ce livre, c'est de la dynamite ! * ◆ **asking him to give evidence is potential ~** lui demander de témoigner pourrait amener une situation explosive **c** *(fig)* **she's ~** * *(= terrific)* elle est super * ; *(= full of energy)* elle pète le feu * ; *(= sexy)* elle est supersexy * ◆ **there are some ~ songs on this album** * il y a des chansons à tout casser * dans cet album **VT** faire sauter à la dynamite, dynamiter

**dynamo** /'daɪnəməʊ/ **N** *(esp Brit)* dynamo *f* ◆ **he is a human ~** * il déborde d'énergie

**dynastic** /daɪ'næstɪk/ **ADJ** dynastique

**dynasty** /'dɪnəstɪ/ **N** dynastie *f*

**dyne** /daɪn/ **N** dyne *f*

**d'you** /dju:/ (abbrev of **do you**) → **do**[1]

**dysenteric** /ˌdɪsən'terɪk/ **ADJ** dysentérique

**dysentery** /'dɪsɪntrɪ/ **N** dysenterie *f*

**dysfunction** /dɪs'fʌŋkʃən/ **N** dysfonctionnement *m*

**dysfunctional** /dɪs'fʌŋkʃənl/ **ADJ** dysfonctionnel

**dyslexia** /dɪs'leksɪə/ **N** dyslexie *f*

**dyslexic** /dɪs'leksɪk/ **ADJ, N** dyslexique *mf*

**dysmenorrhoea, dysmenorrhea** *(US)* /ˌdɪsmenə'rɪə/ **N** dysménorrhée *f*

**dyspepsia** /dɪs'pepsɪə/ **N** dyspepsie *f*

**dyspeptic** /dɪs'peptɪk/ **ADJ, N** dyspeptique *mf*, dyspepsique *mf*

**dysphasia** /dɪs'feɪzɪə/ **N** dysphasie *f*

**dyspraxia** /dɪsp'ræksɪə/ **N** dyspraxie *f*

**dysprosium** /dɪs'prəʊsɪəm/ **N** dysprosium *m*

**dystopia** /dɪs'təʊpɪə/ **N** contre-utopie *f*

**dystrophy** /'dɪstrəfɪ/ **N** dystrophie *f*; → **muscular**

# E

**E, e** /iː/ N a (= letter) E, e *m* ◆ **E for Easy** ≃ E comme Émile b (*Mus*) mi *m* ; → **key** c (abbrev of **East**) E, est *m* d (*Scol*) ≈ faible e (*Brit*) (abbrev of **elbow**) **to give sb/get the big E** * [*+ lover*] plaquer ‡ *or* laisser tomber qn */se faire plaquer ‡ ; [*+ employee*] virer qn */se faire virer * f (*Drugs = ecstasy*) **E** * ecstasy *m*, ecsta * g (*on food packets*) **E numbers** (*Brit*) ≃ additifs *mpl* (alimentaires) ◆ **E25/132** E25/132

**e-** /iː/ PREF (= *electronic*) e-

**EA** /ˌiːˈeɪ/ N (*US Scol*) (abbrev of **educational age**) → **educational**

**each** /iːtʃ/ ADJ chaque ◆ **~ passport** chaque passeport, tout passeport ◆ **~ day** chaque jour, tous les jours ◆ **~ one of us** chacun(e) de *or* d'entre nous ◆ **~ and every one of us** chacun(e) de nous sans exception

PRON a (= *thing, person, group*) chacun(e) *m(f)* ◆ **~ of the boys** chacun des garçons ◆ **~ of us** chacun(e) *m(f)* de *or* d'entre nous ◆ **~ of them gave their opinion** chacun a donné son avis, ils ont donné chacun leur avis ◆ **we ~ had our own idea about it** nous avions chacun notre idée là-dessus ◆ **~ more beautiful than the next** *or* **the other** tous plus beaux les uns que les autres ◆ **~ of them was given a present** on leur a offert à chacun un cadeau, chacun d'entre eux a reçu un cadeau ◆ **a little of ~ please** un peu de chaque s'il vous plaît

b (= *apiece*) chacun(e) *m(f)* ◆ **we gave them one apple ~** nous leur avons donné une pomme chacun ◆ **two classes of 20 pupils ~** deux classes de 20 élèves (chacune) ◆ **the books are £12 ~** les livres coûtent 12 livres chacun *or* chaque ◆ **roses at one euro ~** des roses à un euro (la) pièce

◆ **each other** l'un(e) l'autre *m(f)*, les uns les autres *mpl*, les unes les autres *fpl* ◆ **they love ~ other** ils s'aiment (l'un l'autre) ◆ **they write to ~ other often** ils s'écrivent souvent ◆ **they were sorry for ~ other** ils avaient pitié l'un de l'autre ◆ **they respected ~ other** ils avaient du respect l'un pour l'autre, ils se respectaient mutuellement ◆ **you must help ~ other** il faut vous entraider ◆ **separated from ~ other** séparés l'un de l'autre ◆ **they used to carry ~ other's books** ils s'aidaient à porter leurs livres

COMP ▷ **each way** (*Brit Racing*) ADJ [*bet*] sur un cheval placé ADV ◆ **to bet on** *or* **back a horse ~ way** jouer un cheval placé

**eager** /ˈiːgəʳ/ ADJ [*person, buyer*] empressé ; [*worker, volunteer*] enthousiaste ; [*lover*] ardent, passionné ; [*search*] avide ; [*pursuit, discussion*] âpre ; [*face*] impatient ◆ **~ anticipation** attente *f* pleine d'impatience ◆ **she is an ~ student of English** elle étudie l'anglais avec enthousiasme *or* ardeur ◆ **~ supporters** (*of cause*) défenseurs *mpl* ardents ; (*Sport*) supporters *mpl* passionnés *or* enthousiastes

◆ **to be eager for** [*+ happiness*] rechercher avidement ; [*+ affection, information*] être avide de ; [*+ vengeance, knowledge*] avoir soif de ; [*+ power, honour*] briguer, convoiter ; [*+ pleasure*] être assoiffé de ; [*+ praise, fame, nomination*] désirer vivement ◆ **to be ~ for change** avoir soif de changement ◆ **to be ~ for sb to do sth** avoir hâte que qn fasse qch ◆ **to be ~ for sth to happen** avoir hâte que qch arrive *subj*

◆ **to be eager to do sth** (= *keen*) désirer vivement faire qch ; (= *impatient*) être impatient *or* avoir hâte de faire qch ◆ **she is ~ to help** elle ne demande qu'à aider ◆ **she is ~ to please** (= *make people happy*) elle ne demande qu'à faire plaisir ; (= *be helpful*) elle ne demande qu'à rendre service

COMP ▷ **eager beaver** * N (*gen*) personne *f* enthousiaste et consciencieuse ◆ **he's an ~ beaver** (*at work*) il en veut *, il se donne du mal pour réussir

**eagerly** /ˈiːgəlɪ/ ADV [*await, anticipate*] avec impatience ; [*accept*] avec enthousiasme ; [*say*] avec empressement

**eagerness** /ˈiːgənɪs/ N (*NonC*) (= *excitement*) excitation *f* ; (= *impatience*) impatience *f* ; (= *impetuousness*) ardeur *f* ◆ **~ for sth** soif *f* de qch ◆ **~ to succeed** vif désir *m* de réussir ◆ **~ to learn** soif *f or* vif désir *m* d'apprendre ◆ **~ to leave/help/please** empressement *m* à partir/aider/faire plaisir

**eagle** /ˈiːgl/ N (*Orn*) aigle *mf gen m* ; (*Rel* = *lectern*) aigle *m* ; (*Her, Hist, Mil*) aigle *f* ; (*Golf*) eagle *m* ; (*US* † = *coin*) *pièce de 10 dollars* ; → **golden** COMP ▷ **eagle eye** N ◆ **to keep an ~ eye on sb/sth** surveiller qn/qch d'un œil attentif ◆ **nothing escapes her ~ eye** rien n'échappe à son œil vigilant ▷ **eagle-eyed** ADJ aux yeux d'aigle *or* de lynx ▷ **eagle owl** N grand-duc *m* ▷ **eagle ray** N aigle *m* de mer ▷ **Eagle Scout** N (*US*) *scout du plus haut grade*

**eaglet** /ˈiːglɪt/ N aiglon(ne) *m(f)*

**E & OE** /ˌiːəndˈəʊiː/ (abbrev of **errors and omissions excepted**) se & o

**ear**[1] /ɪəʳ/ N a (*also fig*) oreille *f* ◆ **I'm all ~s!** * je suis tout oreilles *or* tout ouïe ! ◆ **projectiles buzzed around his ~s** des projectiles lui sifflaient aux oreilles ◆ **it all came crashing down around** *or* **about his ~s** tout s'est effondré autour de lui ◆ **your ~s must have been burning!** * vous avez dû entendre vos oreilles siffler ! ◆ **if that should come to his ~s** si cela venait à ses oreilles ◆ **to close** *or* **shut one's ~s to sth** ne pas vouloir entendre qch ◆ **to close** *or* **shut one's ~s to sb** refuser d'écouter qn ◆ **to have** *or* **keep one's ~ to the ground** se tenir au courant ◆ **to have an ~ for music** avoir l'oreille musicale ◆ **to have a good ~** (*for music*) avoir une bonne oreille ◆ **to have an ~** *or* **a good ~ for languages** avoir de l'oreille *or* une bonne oreille pour les langues ◆ **he has the ~ of the President** il a l'oreille du Président ◆ **it goes in one ~ and out (of) the other** * cela lui (*or* vous *etc*) entre par une oreille et lui (*or* vous *etc*) sort par l'autre ◆ **to keep one's ~s open** ouvrir l'oreille ◆ **you'll be out on your ~** * **if you're not careful** tu vas te faire vider * si tu ne fais pas attention ◆ **to play by ~** (*Mus*) jouer d'oreille ◆ **I'll play it by ~** (*fig*) je déciderai quoi faire *or* j'improviserai le moment venu ◆ **to set** *or* **put sb on his ~** (*US*) (= *irritate*) exaspérer qn ; (= *shock*) atterrer qn ◆ **that set them by the ~s!** ça a semé la zizanie (entre eux) ! ◆ **they practically had steam coming out of their ~s** * (*hum*) ils étaient à cran *or* profondément exaspérés ◆ **to find/lend a sympathetic ~** trouver/prêter une oreille attentive ◆ **his proposal found few sympathetic ~s** sa proposition a rencontré peu d'échos ◆ **to be up to the** *or* **one's ~s in work** * avoir du travail par-dessus la tête ◆ **to be up to the** *or* **one's ~s in debt** être endetté jusqu'au cou ◆ **he's got money/houses** *etc* **coming out of his ~s** * (*hum*) il a de l'argent/des maisons *etc* à ne plus savoir qu'en faire ◆ **he's got nothing between his ~s** * il n'a rien dans la tête (*fig*) → **bend, box**[2]**, clip**[2]**, deaf, half**

b [*of grain, plant*] épi *m*

COMP [*operation*] à l'oreille ▷ **ear, nose and throat department** N (*Med*) service *m* d'oto-rhino-laryngologie ▷ **ear, nose and throat specialist** N oto-rhino-laryngologiste *mf*, oto-rhino * *mf* ▷ **ear piercing** N perçage *m* d'oreilles ▷ **ear-piercing** ADJ ⇒ **ear-splitting** ▷ **ear shell** N (*Zool*) ormeau *m* ▷ **ear-splitting** ADJ [*sound, scream*] strident, perçant ; [*din*] fracassant ▷ **ear stoppers** NPL ⇒ **earplugs** ▷ **ear trumpet** N cornet *m* acoustique

**ear**[2] /ɪəʳ/ N [*of grain, plant*] épi *m*

**earache** /ˈɪəreɪk/ N mal *m* d'oreille(s) ◆ **to have (an) ~** avoir mal à l'oreille *or* aux oreilles

**eardrops** /ˈɪədrɒps/ **NPL** *(Med)* gouttes *fpl* pour les oreilles

**eardrum** /ˈɪədrʌm/ **N** *(Anat)* tympan *m*

**earful** * /ˈɪəfʊl/ **N** ◆ **to give sb an ~** *(= talk a lot)* casser les oreilles * à qn ; *(= scold)* passer un savon * à qn

**earhole** * /ˈɪəhəʊl/ **N** *(Brit)* esgourde * *f* ◆ **to give sb a clip** *or* **clout round the ~** filer une claque à qn *

**earl** /ɜːl/ **N** comte *m* **COMP** ▷ **Earl Grey (tea) N** Earl Grey *m*

**earldom** /ˈɜːldəm/ **N** *(= title)* titre *m* de comte ; *(= land)* comté *m*

**earlier** /ˈɜːlɪəʳ/ (compar of **early**) **ADJ** **a** *(in past)* *[chapter, edition, meeting, efforts, attempts]* précédent ◆ **at an ~ date** *(= formerly)* autrefois, plus tôt ; *(than that specified)* précédemment ◆ **in ~ times** autrefois ◆ **his ~ symphonies** ses premières symphonies *fpl* ◆ **an ~ train** un train plus tôt ◆ **the ~ train** le train précédent

**b** *(in future)* ◆ **at an ~ date** à une date plus rapprochée

**ADV** **a** *(= nearer beginning of day) [get up]* plus tôt

**b** *(= previously) [leave]* auparavant, plus tôt ◆ **she had left ten minutes ~** elle était partie dix minutes auparavant *or* plus tôt ◆ **~ in the evening** plus tôt dans la soirée ◆ **~ on** *(= formerly)* autrefois ; *(before specified moment)* plus tôt, précédemment ◆ **~ today** plus tôt dans la journée ◆ **I said ~ that ...** tout à l'heure j'ai dit que ... ◆ **not** *or* **no ~ than Thursday** pas avant jeudi

**earliest** /ˈɜːlɪɪst/ (superl of **early**) **ADJ** **a** *(= first)* *[novel, film]* tout premier ◆ **the ~ in a series of murders** le premier en date *or* le tout premier d'une série de meurtres

**b** *(= first possible)* ◆ **the ~ date he could do it was 31 July** le plus tôt qu'il pouvait le faire était le 31 juillet ◆ **the ~ possible date for the election** la première date possible pour la tenue des élections ◆ **at the ~ possible moment** le plus tôt possible, au plus tôt ◆ **the ~ time you may leave is 4pm** vous ne pouvez pas partir avant 16 heures (au plus tôt) ◆ **at your ~ convenience** *(Comm)* dans les meilleurs délais ◆ **the ~ delivery time** *(Comm)* le délai de livraison le plus court, le meilleur délai de livraison

**ADV** ◆ **to arrive/get up ~** arriver/se lever le tout premier *or* la toute première, être le tout premier *or* la toute première à arriver/se lever ◆ **to flower ~** être le tout premier *or* la toute première à fleurir

**N** ◆ **at the ~** au plus tôt ◆ **the ~ he can come is Monday** le plus tôt qu'il puisse venir c'est lundi

**earlobe** /ˈɪələʊb/ **N** lobe *m* d'oreille

**early** /ˈɜːlɪ/ **ADJ** **a** *(= near beginning of period)* *[years, months, days, settlers, film, book]* premier ; *[childhood]* petit ◆ **it's too ~ to say** *or* **tell** il est trop tôt pour le dire ◆ **it is too ~ to say** *or* **know what will happen** il est trop tôt pour dire *or* savoir ce qui va se passer ◆ **~ indications look promising** les premiers signes sont encourageants ◆ **~ reports suggest that ...** les premières informations semblent indiquer que ... ◆ **the ~ (19)60s** le début des années soixante ◆ **in the ~ afternoon** en début d'après-midi ◆ **at an ~ age** (très) jeune ◆ **from an ~ age** dès mon (*or* son *or* leur *etc*) plus jeune âge ◆ **in ~ childhood** pendant la petite enfance ◆ **his ~ career** les débuts *mpl* de sa carrière ◆ **nausea in ~ pregnancy** les nausées du début de la grossesse ◆ **in the ~ 18th century** au début du 18ᵉ siècle ◆ **in the ~ days** au début, au commencement (*of* de) ◆ **the ~ days** *or* **stages of the project** les débuts *mpl* du projet ◆ **it's ~ days (yet)** * *(esp Brit)* il est (encore) trop tôt pour en juger ◆ **it was ~ evening when we finished** nous avons fini tôt dans la soirée ◆ **to be an ~ example of sth** être un des premiers exemples de qch ◆ **an ~ form of ...** une forme ancienne de ... ◆ **two ~ goals** deux buts *mpl* en début de match ◆ **~ January** début janvier ◆ **by ~ January** d'ici début janvier ◆ **in the ~ morning** tôt le matin ◆ **an ~-morning drive** une promenade matinale en voiture ◆ **in the ~ part of the century** au début *or* au commencement du siècle ◆ **in its ~ stages** à ses débuts ◆ **this is in a very ~ stage of development** c'en est au tout début ◆ **in ~ summer** au début de l'été ◆ **in his ~ teens** au début de son adolescence, dès treize ou quatorze ans ◆ **to be in one's ~ thirties** avoir un peu plus de trente ans ◆ **the ~ Tudors** les premiers Tudor *mpl* ◆ **the ~ Victorians** les Victoriens *mpl* du début du règne ◆ **an ~ Victorian table** une table du début de l'époque victorienne ◆ **in his ~ youth** dans sa première *or* prime jeunesse ; see also **earlier, earliest, life**

**b** *(in day)* tôt ◆ **don't go, it's still ~** ne t'en va pas, il est encore tôt *or* il n'est pas tard ◆ **at an ~ hour** de bonne heure, très tôt ◆ **at an ~ hour of the morning** à une heure matinale ◆ **(in) the ~ hours (of the morning)** (dans) les premières heures *fpl* (de la matinée) ◆ **we've got an ~ start tomorrow** nous partons tôt *or* de bonne heure demain ◆ **I caught an ~ train** j'ai pris un train tôt le matin ◆ **I caught the ~ train** j'ai pris le premier train (du matin)

**c** *(= before expected time) [departure, death, marriage, menopause]* prématuré ; *[spring, flowers, cabbages, crop]* précoce ◆ **to be ~** *[person] (gen)* être en avance ; *(arriving)* arriver en avance ◆ **I'm ~** *(gen)* je suis en avance ; *(menstrual period)* mes règles ont de l'avance ◆ **I'm a week ~** *(gen)* je suis une semaine en avance, j'ai une semaine d'avance ; *(menstrual period)* mes règles ont une semaine d'avance ◆ **I was two hours ~** j'étais deux heures en avance, j'avais deux heures d'avance ◆ **you're ~ today** vous arrivez de bonne heure *or* tôt aujourd'hui ◆ **too ~** trop tôt, trop en avance ◆ **to be ~ for an appointment** *(gen)* être en avance à un rendez-vous ; *(arriving)* arriver en avance à un rendez-vous ◆ **to be ~ in arriving** arriver avec de l'avance *or* en avance ◆ **to be ~ with sth** avoir de l'avance dans qch ◆ **I was ~ with the rent** j'ai payé mon loyer en avance ◆ **both my babies were ~** mes deux bébés sont arrivés avant terme ◆ **Easter is ~ this year** Pâques est tôt cette année ◆ **spring was ~** le printemps était en avance *or* était précoce ◆ **the train is ~** le train est en avance *or* a de l'avance ◆ **the train is 30 minutes ~** le train est 30 minutes en avance *or* a 30 minutes d'avance ◆ **we're having an ~ holiday this year** nous partons tôt en vacances cette année ◆ **to have an ~ lunch** déjeuner tôt ◆ **to have an ~ night** (aller) se coucher tôt ◆ **to take an ~ bath** * *(Brit fig = withdraw)* prendre une retraite anticipée ◆ **to send sb for an ~ bath** *(Brit Ftbl, Rugby)* mettre qn sur la touche ◆ **~ fruit** *(Comm)* primeurs *mpl* ◆ **~ vegetables** *(Comm)* primeurs *mpl*

**d** *(= occurring in near future)* ◆ **at an ~ date** bientôt, prochainement ◆ **to promise ~ delivery** *(Comm)* promettre une livraison rapide ◆ **"hoping for an early reply"** *(Comm)* "dans l'espoir d'une prompte réponse" ; see also **earlier, earliest**

**ADV** **a** *(= near beginning of period) [start]* tôt ◆ **as ~ as next week** dès la semaine prochaine ◆ **~ next month/year** tôt le mois prochain/l'année prochaine ◆ **~ on (in life)** très tôt ◆ **~ on in his career** au début de sa carrière ◆ **~ this month/year** tôt dans le mois/l'année ◆ **~ today** tôt dans la journée ◆ **~ yesterday** tôt dans la journée d'hier ; see also **earlier**

◆ **early in** ◆ **~ in 1915** au début de 1915 ◆ **~ in the year** au début de l'année ◆ **~ in May** début mai ◆ **~ in life** tôt dans la vie ◆ **~ in his life** dans ses jeunes années ◆ **~ in the book** au début du livre ◆ **~ in the meeting** au début de la réunion ◆ **~ in the morning/day** tôt le matin/dans la journée

**b** *(= near beginning of day) [get up, go to bed, set off]* tôt, de bonne heure ◆ **~ next day** tôt le lendemain ◆ **too ~** trop tôt, de trop bonne heure ◆ **~ to bed, ~ to rise (makes a man healthy, wealthy and wise)** *(Prov)* l'avenir appartient à ceux qui se lèvent tôt *(Prov)* see also **bright, earlier, earliest**

**c** *(= before usual time) [arrive, end]* en avance ; *[flower, harvest]* tôt ◆ **an ~ flowering gladiolus** un glaïeul à floraison précoce ◆ **to arrive ~ for sth** arriver en avance pour qch ◆ **to arrive five minutes ~** arriver cinq minutes en avance *or* avec cinq minutes d'avance ◆ **post ~** expédiez votre courrier à l'avance ◆ **book ~ to avoid disappointment** pour éviter toute déception, réservez rapidement *or* le plus tôt possible ◆ **he took his summer holiday ~ this year** il a pris ses vacances d'été tôt cette année ◆ **the peaches are ripening ~ this year** les pêches seront mûres tôt cette année ◆ **too ~** trop tôt ; see also **earliest**

**d** *(= soon)* ◆ **as ~ as possible** le plus tôt possible, dès que possible

**COMP** ▷ **early admission N** *(US Univ)* inscription *f* anticipée ▷ **early bird** * **N** lève-tôt * *mf inv* ◆ **it's the ~ bird that catches the worm** *(Prov)* l'avenir appartient à ceux qui se lèvent tôt *(Prov)* ▷ **Early Christian ADJ, N** paléochrétien(ne) *m(f)* ◆ **the ~ Christians** les premiers chrétiens *mpl* ▷ **the Early Church N** l'Église *f* primitive ▷ **early closing (day) N** *(Brit) jour de fermeture l'après-midi* ◆ **it's ~ closing (day) today** aujourd'hui les magasins ferment l'après-midi ▷ **Early English N** *(Archit)* premier gothique *m* anglais ▷ **early man N** les premiers hommes *mpl* l'homme *m* primitif ▷ **early music N** la musique ancienne ▷ **early retirement N** *(gen)* retraite *f* anticipée ; *(Admin)* préretraite *f* ◆ **to take ~ retirement** *(gen)* prendre une retraite anticipée ; *(Admin)* partir en préretraite ▷ **early riser N** lève-tôt * *mf inv* ▷ **early warning system N** *(Mil, fig)* système *m* d'alerte précoce

**earmark** /ˈɪəmɑːk/ **N** *(fig)* marque *f*, signe *m* distinctif, caractéristique *f* **VT** *[+ cattle]* marquer ; *(fig) [+ object, seat]* réserver (*for* à) ; *[+ funds, person]* assigner, affecter, destiner (*for* à)

**earmuff** /ˈɪəmʌf/ **N** cache-oreilles *m inv*

**earn** /ɜːn/ **VT** *[+ money]* gagner ; *[+ salary]* toucher ; *(Fin) [+ interest]* rapporter ; *[+ praise, rest]* mériter, gagner ◆ **to ~ one's living (doing sth)** gagner sa vie (en faisant qch) ◆ **she ~s a** *or* **her living as a freelance TV producer** elle gagne sa vie comme réalisatrice indépendante pour la télévision ◆ **to ~ a** *or* **one's crust** *(Brit)* gagner sa croûte * ◆ **to ~ an honest crust** *(Brit)* gagner honnêtement sa vie *or* son pain ◆ **he has already ~ed his corn** *(Brit)* il nous a déjà rapporté plus qu'il ne nous a coûté ◆ **his success ~ed him praise** sa réussite lui a valu des éloges ◆ **his work ~ed him the praise of his manager** son travail lui a valu les éloges de son chef ◆ **she ~ed a reputation for honesty** elle a acquis une réputation d'honnêteté ◆ **he has ~ed his place in history** il a bien mérité de passer à la postérité

**2** VI ◆ **to be ~ing** gagner sa vie

**3** COMP ▷ **earned income** N revenus *mpl* salariaux, traitement(s) *m(pl)*, salaire(s) *m(pl)* ▷ **earning power** N *(Econ)* productivité *f* financière ◆ **his ~ing power** son salaire *etc* potentiel

**earner** /ˈɜːnəʳ/ N ◆ **high/low ~s** gens *mpl* qui gagnent bien leur vie/qui ont des revenus modestes ◆ **it's a nice little ~** * *(Brit)* ça rapporte (bien) ◆ **sugar is Fiji's biggest export ~** le sucre est la plus importante source de revenus à l'exportation des îles Fidji

**earnest** /ˈɜːnɪst/ **1** ADJ *[person, hope, desire, conversation, discussion]* sérieux ; *[prayer]* fervent

◆ **in earnest** *(= with determination)* sérieusement ; *(= without joking)* sans rire ◆ **this time I am in ~** cette fois je ne plaisante pas ◆ **it started snowing in ~** il a commencé à neiger pour de bon

**2** N **a** *(= guarantee)* garantie *f*, gage *m* ◆ **as an ~ of his good intentions** en gage de ses bonnes intentions

**b** *(also* **earnest money***)* arrhes *fpl*

**earnestly** /ˈɜːnɪstlɪ/ ADV *[say, explain, look at]* avec sérieux ; *[talk, discuss, ask]* sérieusement ; *[hope]* sincèrement ; *[beseech]* instamment ; *[pray]* avec ferveur

**earnestness** /ˈɜːnɪstnɪs/ N *[of person, tone]* gravité *f*, sérieux *m* ; *[of effort]* ardeur *f* ; *[of demand]* véhémence *f*

**earnings** /ˈɜːnɪŋz/ **1** NPL *[of person]* salaire *m*, gain(s) *m(pl)* ; *[of business]* profits *mpl*, bénéfices *mpl* **2** COMP ▷ **earnings-related** ADJ *[pension, contributions]* proportionnel au salaire

**earphone** /ˈɪəfəʊn/ N *(Rad, Telec etc)* écouteur *m* ◆ **to listen on ~s** écouter au casque

**earpiece** /ˈɪəpiːs/ N *(Rad, Telec etc)* écouteur *m*

**earplugs** /ˈɪəplʌgz/ NPL *(for sleeping)* boules *fpl* Quiès ® ; *(for underwater)* protège-tympans *mpl*

**earring** /ˈɪərɪŋ/ N boucle *f* d'oreille

**earshot** /ˈɪəʃɒt/ N ◆ **out of ~** hors de portée de voix ◆ **within ~** à portée de voix

**earth** /ɜːθ/ **1** N **a** *(NonC = ground, soil)* terre *f* *(Elec)*, masse *f* ◆ **to fall to ~** s'écraser au sol ◆ **to plough the ~** labourer la terre ◆ **to come down** *or* **be brought down to ~ (with a bump)** *(fig)* revenir *or* redescendre (brutalement) sur terre *(fig)* ◆ **the ~ moved** *(fig hum)* ça a été le grand frisson ; → **down¹**

**b** *(= planet)* ◆ **(the) Earth** la Terre ◆ **on ~** sur terre ◆ **here on ~** ici-bas, en ce bas monde ◆ **it's heaven on ~** c'est le paradis sur terre ◆ **to the ends of the ~** au bout du monde ◆ **where/why/how on ~...?** où/pourquoi/comment diable ... ? ◆ **nowhere on ~ will you find ...** nulle part au monde vous ne trouverez ... ◆ **nothing on ~** rien au monde ◆ **she looks like nothing on ~!** à quoi elle ressemble ! ◆ **it tasted like nothing on ~** ça avait un goût vraiment bizarre ◆ **to promise sb the ~** promettre la lune à qn ◆ **it must have cost the ~!** * ça a dû coûter les yeux de la tête ! *

**c** *[of fox, badger etc]* terrier *m*, tanière *f* ◆ **to run** *or* **go to ~** *[fox, criminal]* se terrer *(fig)* ◆ **to run sb to ~** dépister qn ◆ **she finally ran him to ~ in the pub** *(hum)* elle a fini par le dénicher au pub ◆ **he ran the quotation to ~ in "Hamlet"** *(hum)* il a déniché la citation dans "Hamlet"

**2** VT *(Brit Elec) [+ apparatus]* mettre à la masse *or* à la terre

**3** COMP ▷ **earth closet** N fosse *f* d'aisances ▷ **earth mother** N *(Myth)* déesse *f* de la fertilité ; *(fig)* mère *f* nourricière ▷ **earth-moving equipment** N engins *mpl* de terrassement ▷ **earth sciences** NPL sciences *fpl* de la terre ▷ **earth-shaking** *, **earth-shattering** * ADJ *(fig)* stupéfiant ▷ **earth tremor** N secousse *f* sismique

► **earth up** VT SEP *[+ plant]* butter

**earthborn** /ˈɜːθbɔːn/ ADJ *(liter)* humain

**earthbound** /ˈɜːθbaʊnd/ ADJ *(= moving towards earth)* qui se dirige vers la terre ; *[telescope]* terrestre ; *(= unimaginative)* terre à terre *inv*, terre-à-terre *inv*

**earthed** /ɜːθt/ ADJ *(Brit Elec)* relié à la terre

**earthen** /ˈɜːθən/ ADJ de terre, en terre

**earthenware** /ˈɜːθənwɛəʳ/ **1** N poterie *f*, terre *f* cuite ; *(glazed)* faïence *f* **2** COMP *[jug etc]* en terre cuite (*or* en faïence)

**earthiness** /ˈɜːθɪnɪs/ N *(fig) [of person]* caractère *m* terre à terre *or* terre-à-terre ; *(fig) [of humour]* truculence *f*

**earthling** * /ˈɜːθlɪŋ/ N terrien(ne) *m(f)* *(par opposition à extraterrestre)*

**earthly** /ˈɜːθlɪ/ **1** ADJ **a** *[being, paradise, possessions]* terrestre **b** *(* fig = possible)* **there is no ~ reason to think that ...** il n'y a pas la moindre raison de croire que ... ◆ **for no ~ reason** sans aucune raison ◆ **he doesn't stand** *or* **hasn't an ~ chance of succeeding** il n'a pas la moindre chance de réussir ◆ **of no ~ use** d'aucune utilité, sans aucun intérêt ◆ **it's no ~ use telling him that** ça ne sert absolument à rien de lui dire ça **2** N *(Brit)* ◆ **not an ~** *‡ pas la moindre chance, pas l'ombre d'une chance

**earthman** * /ˈɜːθmæn/ N (pl **-men**) terrien *m* *(par opposition à extraterrestre)*

**earthmover** /ˈɜːθmuːvəʳ/ N bulldozer *m*

**earthquake** /ˈɜːθkweɪk/ N tremblement *m* de terre, séisme *m* ; → **damage**

**earthward(s)** /ˈɜːθwəd(z)/ ADV dans la direction de la terre, vers la terre

**earthwork** /ˈɜːθwɜːk/ N *(Mil, Archeol)* ouvrage *m* de terre ; *(Constr)* terrassement *m*

**earthworm** /ˈɜːθwɜːm/ N ver *m* de terre

**earthy** /ˈɜːθɪ/ ADJ **a** *(= like earth) [colour]* ocré ; *[flavour]* légèrement terreux ; *[smell]* terreux, de terre **b** *(= frank) [humour, language]* truculent

**earwax** /ˈɪəwæks/ N cérumen *m*, cire *f*

**earwig** /ˈɪəwɪg/ **1** N perce-oreille *m* **2** VI * *(= eavesdrop)* écouter aux portes

**ease** /iːz/ **1** N *(NonC)* **a** *(= well-being, relaxation) (mental)* tranquillité *f* ; *(physical)* bien-être *m* ◆ **he lives a life of ~** il a une vie facile ◆ **to take one's ~** prendre ses aises

◆ **at (one's) ease** à l'aise ◆ **she put me at (my) ~** elle m'a mis à l'aise ◆ **not at ~** mal à l'aise ◆ **my mind is at ~ at last** j'ai enfin l'esprit tranquille ◆ **to put** *or* **set sb's mind at ~** tranquilliser qn ◆ **to be at ~ with sb** être à l'aise avec qn ◆ **I like Spain, but I don't feel at ~ with the language** j'aime bien l'Espagne, mais je ne suis pas à l'aise en espagnol ◆ **I'm not really at ~ with the idea of flying** l'idée de prendre l'avion m'angoisse un peu ◆ **to feel ill at ~** se sentir mal à l'aise ◆ **he was ill at ~ with his role as manager** il se sentait mal à l'aise dans son rôle de responsable ◆ **to be** *or* **feel at ~ with oneself** être bien dans sa peau ◆ **(stand) at ~!** *(Mil)* repos !

**b** *(= lack of difficulty)* aisance *f*, facilité *f* ◆ **with ~** aisément, facilement ◆ **with the greatest of ~** avec la plus grande facilité, sans la moindre difficulté

◆ **ease of** ◆ **~ of use/reference/access** facilité *f* d'emploi/de consultation/d'accès ◆ **for ~ of reference/access/storage** pour faciliter la consultation/l'accès/le rangement, pour une consultation/un accès/un rangement facile ◆ **we tested them for ~ of use** nous les avons testés pour voir s'ils étaient faciles à utiliser

**2** VT **a** *(= relieve) [+ pain]* atténuer, soulager ; *[+ mind]* calmer, tranquilliser ; *[+ pressure, tension]* diminuer, réduire ; *[+ sanctions]* assouplir ; *[+ restrictions]* relâcher ; *[+ shortage, overcrowding]* pallier ; *[+ problem]* atténuer ; *[+ suffering, conscience]* soulager ; *[+ situation]* détendre ; *[+ fears]* apaiser ; *[+ anxiety]* calmer ◆ **ways to ~ the food shortage** des moyens de pallier la pénurie alimentaire ◆ **to ~ traffic congestion in Bangkok/on the motorway** décongestionner Bangkok/l'autoroute ◆ **to ~ the overcrowding in the universities** décongestionner les universités ◆ **to ~ sb's burden** soulager qn d'un poids

**b** *(= make easier) [+ transition]* faciliter

**c** *(= move gently)* ◆ **to ~ a key into a lock** introduire doucement *or* délicatement une clé dans une serrure ◆ **to ~ in the clutch** embrayer en douceur ◆ **she ~d the car into gear** elle a passé la première en douceur ◆ **she ~d out the screw** elle a enlevé doucement *or* délicatement la vis ◆ **he ~d himself into the chair** il s'est laissé glisser dans le fauteuil ◆ **he ~d himself through the gap in the fence** il s'est glissé par le trou de la barrière ◆ **he ~d himself into his jacket** il a passé *or* enfilé doucement sa veste

**3** VI *[pressure, tension, fighting]* diminuer ◆ **the situation has ~d** la situation s'est détendue ◆ **prices have ~d** les prix ont baissé, il y a eu une baisse des prix ◆ **the snow has ~d a bit** il ne neige plus aussi fort ◆ **the wind has ~d a bit** le vent s'est un peu calmé

► **ease back** VI *(US)* ◆ **to ease back on sb/sth** se montrer moins strict envers qn/en ce qui concerne qch

► **ease off** **1** VI *[person] (= slow down)* ralentir ; *(= work less hard)* se relâcher ; *(= subside) [rain, wind]* se calmer ; *[pressure]* diminuer ; *[work, business]* devenir plus calme ; *[traffic]* diminuer ; *[pain]* se calmer ; *[demand]* baisser

**2** VT SEP *[+ bandage, stamp etc]* enlever délicatement ; *[+ lid]* enlever doucement ◆ **he ~d his foot off the accelerator** il leva le pied (de l'accélérateur)

► **ease up** VI *[person] (= relax)* se détendre, se reposer ; *(= make less effort)* relâcher ses efforts ; *(= calm down) [situation]* se détendre ◆ **~ up a bit!** vas-y plus doucement ! ◆ **to ~ up on sb/sth** se montrer moins strict envers qn/en ce qui concerne qch

**easel** /ˈiːzl/ N chevalet *m*

**easement** /ˈiːzmənt/ N *(US Jur)* droit *m* de passage

**easily** /ˈiːzɪlɪ/ ADV **a** *(= without difficulty, quickly) [accessible, available, recognizable]* facilement ◆ **to tire/break ~** se fatiguer/se casser facilement ◆ **I can ~ fetch him** je peux facilement aller le chercher ◆ **he makes friends ~** il se fait facilement des amis ◆ **just as ~** aussi bien ◆ **as ~ as (if ...)** aussi facilement que (si ...) ◆ **he is ~ led** il est très influençable

**b** *(= very possibly)* bien ◆ **he may ~ change his mind** il pourrait bien changer d'avis ◆ **he could ~ be right** il pourrait bien avoir raison

**c** *(with superl = unquestionably)* sans aucun doute, de loin ◆ **he was ~ the best candidate** il était de loin le meilleur candidat

**d** *(with amounts, measurements etc)* facilement ◆ **that's ~ 50km** ça fait facilement 50 km ◆ **the room is ~ as big as two tennis courts** la pièce fait facilement le double d'un court de tennis e (= *in relaxed manner) [talk, smile, breathe]* avec décontraction ◆ **"yes", he said ~** "oui", dit-il avec décontraction

**easiness** /ˈiːzɪnɪs/ N facilité *f*

**easing** /ˈiːzɪŋ/ N *[of sanctions, laws, restrictions]* assouplissement *m* ; *[of tensions]* relâchement *m*

**east** /iːst/ N est *m*, orient *m (frm)* ◆ **the East** *(gen)* l'Orient *m* ; *(Pol = Iron Curtain)* les pays *mpl* de l'Est ; *(US Geog)* (les États *mpl* de) l'Est *m* ◆ **the mysterious East** l'Orient *m* mystérieux ◆ **to the ~ of ...** à l'est de ... ◆ **in the ~ of Scotland** dans l'est de l'Écosse ◆ **house facing the ~** maison *f* exposée à l'est ◆ **to veer to the ~, to go into the ~** *[wind]* tourner à l'est ◆ **the wind is in the ~** le vent est à l'est ◆ **the wind is (coming** *or* **blowing) from the ~** le vent vient *or* souffle de l'est ◆ **to live in the ~** habiter dans l'Est ; → **far, middle**

ADJ *[coast, wing]* est *inv* ◆ **~ wind** vent *m* d'est ◆ **on the ~ side** du côté est ◆ **East Asia** Asie *f* de l'Est ◆ **in ~ Devon** dans l'est du Devon ◆ **East London** l'est *m* de Londres ◆ **a room with an ~ aspect** une pièce exposée à l'est ◆ **~ transept/door** *(Archit)* transept *m*/portail *m* est *or* oriental ; see also **comp**

ADV *[go, travel, fly]* vers l'est ◆ **go ~ till you get to Manchester** allez vers l'est jusqu'à Manchester ◆ **we drove ~ for 100km** nous avons roulé vers l'est pendant 100 km ◆ **to be (due) ~ of Paris** être (en plein) à l'est de Paris ◆ **to head due ~** *(gen)* se diriger plein est ; *(Aviat, Naut)* avoir le cap à l'est ◆ **to sail due ~** avoir le cap à l'est ◆ **further ~** plus à l'est ◆ **~ by north/south** est quart nord/sud ◆ **~ by north-~** est quart nord-est

COMP ▷ **East Africa** N Afrique *f* orientale, Est *m* de l'Afrique ▷ **East African** ADJ d'Afrique orientale N Africain(e) *m(f)* de l'Est ▷ **East Berlin** N Berlin-Est ▷ **East Berliner** N habitant(e) *m(f)* de Berlin-Est ▷ **the East End** N (also **the East End of London**) les quartiers *mpl* est de Londres *(quartiers populaires)* ▷ **East Ender** *(Brit)* N habitant(e) *m(f)* de l'East End (de Londres) ▷ **East Europe** N *(esp US)* Europe *f* de l'Est ▷ **East European** ADJ d'Europe de l'Est N Européen(ne) *m(f)* de l'Est ▷ **east-facing** ADJ exposé à l'est ▷ **East German** ADJ est-allemand N Allemand(e) *m(f)* de l'Est ▷ **East Germany** N Allemagne *f* de l'Est ▷ **East Indian** ADJ des Indes orientales ▷ **the East Indies** NPL les Indes *fpl* orientales ▷ **east-north-east** N, ADJ est-nord-est *m* ▷ **(the) East Side** N *[of New York]* les quartiers *mpl* est de New York ▷ **east-south-east** N, ADJ est-sud-est *m* ▷ **East Timor** N Timor *m* oriental ▷ **East Timorese** ADJ (est-)timorais N Timorais(e) *m(f)* (de l'Est) ▷ **East-West relations** NPL *(Hist)* relations *fpl* Est-Ouest

**eastbound** /ˈiːstbaʊnd/ ADJ *[traffic, vehicles]* (se déplaçant) en direction de l'est ; *[carriageway]* est *inv* ◆ **to be ~ on the M8** être sur la M8 en direction de l'est

**Easter** /ˈiːstəʳ/ N a *(Rel)* (also **Easter Day**) Pâques *m* ◆ **~ is celebrated between ...** Pâques est célébré entre ... b Pâques *fpl* ◆ **at ~** à Pâques ◆ **Happy ~!** joyeuses Pâques !

COMP *[holidays]* de Pâques ▷ **Easter bonnet** N chapeau *m* de printemps ▷ **the Easter bunny** N *(US) personnage censé apporter des friandises aux enfants à Pâques* ▷ **Easter communion** N ◆ **to make one's ~ communion** faire ses pâques ▷ **Easter Day** N le jour de Pâques ▷ **Easter egg** N œuf *m* de Pâques ▷ **Easter Island** N île *f* de Pâques ◆ **the ~ Island statues** les statues *fpl* de l'île de Pâques ▷ **Easter Monday** N le lundi de Pâques ▷ **Easter parade** N défilé *m* pascal ▷ **Easter Sunday** N le dimanche de Pâques ▷ **Easter week** N la semaine pascale

**easterly** /ˈiːstəli/ ADJ *[wind]* d'est ; *[situation]* à l'est, à l'orient *(frm)* ◆ **in an ~ direction** en direction de l'est, vers l'est ◆ **~ aspect** exposition *f* à l'est ADV vers l'est

**eastern** /ˈiːstən/ ADJ est *inv*, de l'est ◆ **the ~ coast** la côte est *or* orientale ◆ **a house with an ~ outlook** une maison exposée à l'est ◆ **~ wall** mur *m* exposé à l'est ◆ **~ Africa** l'Afrique *f* orientale ◆ **~ France** la France de l'est, l'Est *m* de la France COMP ▷ **the Eastern bloc** N *(Pol)* le bloc de l'Est ▷ **the Eastern Church** N l'Église *f* d'Orient ▷ **Eastern Daylight Time** N *(US)* heure *f* d'été de l'Est ▷ **Eastern Europe** N Europe *f* de l'Est ◆ **Central and Eastern Europe** Europe *f* centrale et orientale ▷ **Eastern European Time** N heure *f* de l'Europe orientale ▷ **Eastern Standard Time** N *(US)* heure *f* de l'Est

**easterner** /ˈiːstənəʳ/ N *(esp US)* homme *m or* femme *f* de l'Est ◆ **he is an ~** il vient de l'Est ◆ **the ~s** les gens *mpl* de l'Est

**easternmost** /ˈiːstənməʊst/ ADJ le plus à l'est

**Eastertide** /ˈiːstətaɪd/ N le temps pascal, la saison de Pâques

**eastward** /ˈiːstwəd/ ADJ *[route]* en direction de l'est ; *[slope]* exposé à l'est ◆ **in an ~ direction** en direction de l'est, vers l'est ADV (also **eastwards**) vers l'est

**easy** /ˈiːzɪ/ ADJ a (= *not difficult) [work, decision, access, victory, option, target]* facile ; *[solution]* facile, de facilité *(pej)* ◆ **there are no ~ answers** il n'y a pas de réponses faciles ◆ **as ~ as pie** * *or* **ABC** *or* **falling off a log** * facile comme tout, simple comme bonjour ◆ **in ~ circumstances** dans l'aisance ◆ **to be far from ~** *or* **none too ~** *or* **no ~ matter** *or* **no ~ task** être loin d'être facile *or* simple ◆ **he came in an ~ first** il est arrivé bon premier ◆ **~ to get on with** facile à vivre ◆ **the flat is within ~ access of the shops** l'appartement est à proximité des commerces ◆ **reducing inflation is a relatively ~ job** réduire l'inflation est chose relativement facile ◆ **~ living, the ~ life** la vie facile ◆ **she's not had an ~ life** elle n'a pas eu la vie facile ◆ **to be ~ prey** *or* **meat** * **(for sb)** être une cible facile (pour qn) ◆ **it was an ~ mistake to make** c'était une erreur facile à faire ◆ **it's none too ~, it's no ~ task** ce n'est pas simple *or* évident ◆ **~ on the eye** * *(Brit) or* **on the eyes** * *(US) [person]* bien balancé * ; *[thing]* agréable à regarder ◆ **~ on the ear** * agréable à entendre ◆ **to be ~ on the stomach** ne pas être lourd pour l'estomac ◆ **to take the ~ option** *or* **the ~ way out** choisir la solution de facilité ◆ **to take the ~ way out** *(euph = commit suicide)* mettre fin à ses jours ◆ **at an ~ pace** à une allure modérée ◆ **that's the ~ part** c'est ce qu'il y a de plus facile ◆ **burglars hoping for ~ pickings** * cambrioleurs espérant pouvoir faucher * facilement ◆ **there were ~ pickings * to be made in the property market** on pouvait faire de bonnes affaires sur le marché de l'immobilier ◆ **within ~ reach of sth** à distance commode de qch ◆ **to make ~ reading** être facile à lire ◆ **to have an ~ ride** avoir la vie facile ◆ **in** *or* **by ~ stages** par petites étapes ◆ **to be on ~ street** * *(esp US)* se la couler douce * ◆ **to have an ~ time (of it)** avoir la vie belle ◆ **it is ~ for him to do that** il lui est facile de faire cela ◆ **that's ~ for you to say** pour toi, c'est facile à dire ◆ **it is ~ to see that ...** on voit bien que ..., cela se voit que ... ◆ **it's ~ to see why** il est facile de comprendre pourquoi ◆ **it was ~ to get them to be quiet** on a eu vite fait de les faire taire ◆ **he is ~ to work with** il est agréable *or* accommodant dans le travail ; → **mark²**

b (= *relaxed) [temperament, disposition]* placide ; *[conversation]* tranquille ; *[voice, tone]* paisible ; *[laugh, laughter]* décontracté ; *[style]* facile, aisé ; *[relationship]* facile ; *[manners]* aisé ◆ **on ~ terms with sb** en bons termes avec qn ◆ **I'm ~** * ça m'est égal

c (= *happy)* ◆ **I don't feel ~ about it** ça me gêne un peu ◆ **I don't feel ~ about leaving the kids with that woman** ça me gêne un peu de laisser les gosses avec cette femme ◆ **to feel ~ in one's mind (about sth)** être tout à fait tranquille *or* ne pas se faire de souci (à propos de qch)

d *(Comm, Fin, St Ex)* ◆ **on ~ terms** avec facilités de paiement ◆ **~ credit** fonds *mpl* aisément disponibles ◆ **~ market** marché *m* tranquille *or* mou ◆ **prices are ~ today** les prix sont un peu moins hauts aujourd'hui

e (* *pej = promiscuous) [person]* facile *(pej)* ◆ **she had a reputation for being ~** elle avait la réputation d'être (une femme) facile ◆ **to be an ~ lay** *or (US)* **make** être une Marie-couche-toi-là ◆ **a woman of ~ virtue** † *(euph)* une femme de petite vertu †

ADV a (* = *gently)* ◆ **to go ~ on sb/sth** y aller doucement avec qn/qch ◆ **to take it ~, to take things ~** (= *rest)* se la couler douce * ◆ **take it ~!** (= *relax)* t'énerve pas ! * ; *(esp US) (when saying goodbye)* à plus ! * ◆ **~ does it!, ~ there!** doucement !

b (* = *without difficulty)* ◆ **to have it ~** se la couler douce * ◆ **that's easier said than done!** c'est plus facile à dire qu'à faire ! ◆ **just get rid of it – easier said than done!** tu n'as qu'à t'en débarrasser — facile à dire ! ◆ **to breathe ~** *(fig = relax)* souffler ◆ **~ come, ~ go!** * ce n'est que de l'argent ! ; see also **comp**

c *(Mil)* **stand ~!** repos !

COMP ▷ **easy-care** ADJ d'entretien facile ▷ **easy chair** N fauteuil *m* (rembourré) ▷ **easy-going** ADJ accommodant ; *[person]* facile à vivre, qui ne s'en fait pas ; *[attitude]* complaisant ▷ **easy listening** N *(Mus)* musique *f* légère ▷ **easy-listening** ADJ *(Mus) [album, CD]* de musique légère ◆ **~-listening music** musique *f* légère ▷ **easy money** N *(in prospect)* argent *m* facile à gagner ; *(already made)* argent *m* gagné facilement ▷ **easy-peasy** * ADJ *(Brit)* fastoche *

**eat** /iːt/ (pret **ate**, ptp **eaten**) VT a *[+ food]* manger ◆ **to ~ (one's) breakfast** déjeuner, prendre son petit déjeuner ◆ **to ~ (one's) lunch** déjeuner ◆ **to ~ (one's) dinner** dîner ◆ **to ~ a meal** prendre un repas ◆ **to have nothing to ~** n'avoir rien à manger *or* à se mettre sous la dent ◆ **to ~ one's fill** manger à sa faim ◆ **fit to ~** mangeable, bon à manger ◆ **she looks good enough to ~** elle est belle à croquer ◆ **to ~ one's words** se rétracter, ravaler ses paroles ◆ **to make sb ~ his words** faire rentrer ses mots dans la gorge à qn ◆ **I'll ~ my hat if ...** * je veux bien être pendu si ... ◆ **I could ~ a horse** * j'ai une faim de loup * ◆ **he won't ~ you** * il ne va pas te manger ◆ **what's ~ing you?** ‡ qu'est ce qui ne va pas ?, qu'est-ce qui te tracasse ? ◆ **he left the other runners ~ing his dust** ‡ il a laissé les autres coureurs loin derrière lui

b (‡ = *perform oral sex on)* sucer ‡

VI manger ◆ **to ~ healthily/sensibly** manger des choses saines/de façon équilibrée ◆ **we ~ at eight** nous dînons à 20 heures ◆ **to ~ like a horse** manger comme quatre *or* comme un ogre ◆ **to ~ like a bird** picorer ◆ **to ~ like a pig** manger comme un porc ◆ **he's ~ing us out of house and home** * son appétit va nous mettre à la rue ◆ **to ~ out of sb's hand** *(fig)* faire les quatre volontés de qn ◆ **I've got him ~ing out of my hand** il fait tout ce que je lui dis *or* tout ce que je veux

**NPL eats** * *(Brit)* bouffe * *f* ; *(on notice)* snacks *mpl* ◆ **let's get some ~s** mangeons quelque chose *or* un morceau

► **eat away** VT SEP *[sea]* saper, éroder ; *[acid, mice]* ronger

► **eat away at** VT FUS *[waves, sea]* éroder ; *[acid, rust, pest]* ronger ; *[rot, damp]* attaquer ◆ **a cancer ~ing away at society** un cancer qui ronge la société ◆ **jealousy was ~ing away at her** elle était rongée de jalousie ◆ **inflation was ~ing away at their capital** l'inflation rongeait leur capital

► **eat in** VI manger chez soi

VT consommer sur place

► **eat into** VT FUS *[acid, insects]* ronger ; *[moths]* manger ; *[expenditure] [+ savings]* entamer, écorner

► **eat out** VI aller au restaurant, déjeuner *or* dîner en ville

VT SEP ◆ **to ~ one's heart out** *(= pine away)* se ronger d'inquiétude ◆ **I've written a novel: Marcel Proust, ~ your heart out!** * j'ai écrit un roman : Marcel Proust peut aller se rhabiller ! *

► **eat up** VI ◆ **eat up !** mangez !

VT SEP *(= finish off)* finir ◆ **~ up your meat** finis ta viande ◆ **~ up your meal** finis ton repas, finis de manger ◆ **to be ~en up with envy** être dévoré d'envie *or* rongé par l'envie

VT FUS *(fig = consume heavily) [+ fuel]* consommer beaucoup de, être gourmand en * ; *[+ resources, profits]* absorber ; *[+ savings]* engloutir ◆ **this car ~s up the miles** cette voiture dévore la route ◆ **this car ~s up petrol** cette voiture est gourmande * (en essence) *or* consomme beaucoup (d'essence) ◆ **it ~s up the electricity/coal** cela consomme beaucoup d'électricité/de charbon

**eatable** /ˈiːtəbl/ ADJ a *(= not poisonous) [mushroom, berries etc]* comestible, bon à manger b *(= not disgusting) [meal etc]* mangeable

NPL **eatables** * comestibles *mpl*, victuailles *fpl (hum)*

**eaten** /ˈiːtn/ VB ptp of **eat**

**eater** /ˈiːtəʳ/ N a *(= person)* mangeur *m*, -euse *f* ◆ **to be a big ~** être un grand *or* gros mangeur ◆ **to be a big meat ~** être un gros mangeur de viande b *(* = eating apple)* pomme *f* à couteau

**eatery** * /ˈiːtərɪ/ N restaurant *m*

**eating** /ˈiːtɪŋ/ N ◆ **these apples make good ~** ces pommes sont bonnes à manger COMP *[apple]* à couteau, de dessert ▷ **eating chocolate** N chocolat *m* à croquer ▷ **eating disorder** N troubles *mpl* du comportement alimentaire ▷ **eating hall** N *(US)* réfectoire *m* ▷ **eating house** N (café-)restaurant *m*

**eau de Cologne** /ˈəʊdəkəˈləʊn/ N eau *f* de Cologne

**eaves** /ˈiːvz/ NPL avant-toit(s) *m(pl)*

**eavesdrop** /ˈiːvzdrɒp/ VI écouter aux portes ◆ **to ~ on a conversation** écouter une conversation privée

**eavesdropper** /ˈiːvzdrɒpəʳ/ N oreille *f* indiscrète

**ebb** /eb/ N *[of tide]* reflux *m* ; *(Naut)* jusant *m* ◆ **~ and flow** le flux et le reflux ◆ **the tide is on the ~** la marée descend ◆ **to be at a low ~** *(fig) [person]* être bien bas ; *[business]* aller mal ◆ **his spirits were at a low ~** il avait le moral très bas *or* à zéro * ◆ **his funds were at a low ~** ses fonds étaient bien bas *or* bien dégarnis VI a *[tide]* refluer, descendre ◆ **to ~ and flow** monter et baisser b *(fig: also* **ebb away***) [enthusiasm, strength etc]* décliner, baisser ◆ **they watched as her life ~ed away** ils assistaient à ses derniers instants

COMP ▷ **ebb tide** N marée *f* descendante, reflux *m* ; *(Naut)* jusant *m*

**Ebola** /iːˈbəʊlə/ N *(Med)* (also **Ebola virus**) virus *m* Ebola

**ebonics** /eˈbɒnɪks/ N *argot parlé par des Noirs américains des milieux défavorisés*

**ebonite** /ˈebənaɪt/ N ébonite *f*

**ebony** /ˈebənɪ/ N ébène *f* COMP *(= ebony-coloured)* noir d'ébène ; *(= made of ebony)* en ébène, d'ébène

**e-book** /ˈiːbʊk/ N livre *m* électronique

**EBRD** /ˌiːbiːɑːˈdiː/ N (abbrev of **European Bank for Reconstruction and Development**) BERD *f*

**ebullience** /ɪˈbʌlɪəns/ N exubérance *f*

**ebullient** /ɪˈbʌlɪənt/ ADJ *[person]* plein de vie, exubérant ; *[spirits, mood]* exubérant

**e-business** /ˌiːˈbɪznɪs/ N a *(= company)* entreprise *f* électronique b *(= commerce)* commerce *m* électronique, e-commerce *m*

**EC** /ˌiːˈsiː/ N (abbrev of **European Community**) CE *f* COMP *[directive, membership, states etc]* de la CE ▷ **EC-wide** ADJ, ADV à l'échelle de (toute) la CE

**ECB** /ˌiːsiːˈbiː/ N (abbrev of **European Central Bank**) BCE *f*

**eccentric** /ɪkˈsentrɪk/ ADJ *(also Math, Astron)* excentrique N a *(= person)* original(e) *m(f)*, excentrique *mf* b *(Tech)* excentrique *m*

**eccentrically** /ɪkˈsentrɪkəlɪ/ ADV *[behave, dress]* de façon excentrique, excentriquement ; *[decorate]* de façon originale

**eccentricity** /ˌeksənˈtrɪsɪtɪ/ N *(also Math, Astron)* excentricité *f*

**Eccles cake** /ˈekəlzˌkeɪk/ N *pâtisserie fourrée de fruits secs*

**Ecclesiastes** /ɪˌkliːzɪˈæstiːz/ N *(Bible)* ◆ **(the Book of) ~** (le livre de l')Ecclésiaste *m*

**ecclesiastic** /ɪˌkliːzɪˈæstɪk/ ADJ, N ecclésiastique *m*

**ecclesiastical** /ɪˌkliːzɪˈæstɪkəl/ ADJ ecclésiastique

**ecdysis** /ˈekdɪsɪs/ N (pl **ecdyses** /ˈekdɪˌsiːz/) ecdysis *f*

**ECG** /ˌiːsiːˈdʒiː/, **EKG** *(US)* /ˈiːkeɪˈdʒiː/ N (abbrev of **electrocardiogram, electrocardiograph**) ECG *m*

**echelon** /ˈeʃəlɒn/ N échelon *m*

**echinoderm** /ɪˈkiːnədɜːm/ N échinoderme *m*

**echo** /ˈekəʊ/ N (pl **echoes**) écho *m* ; *(fig)* écho *m*, rappel *m* ◆ **to cheer to the ~** applaudir à tout rompre

VT *(lit)* répercuter, renvoyer ◆ **he ~ed my words incredulously** *(fig)* il a répété ce que j'avais dit d'un ton incrédule ◆ **"go home?", he ~ed** "rentrer ?", répéta-t-il ◆ **to ~ sb's ideas/remarks** se faire l'écho de la pensée/des remarques de qn ◆ **pinks were chosen to ~ the colours of the ceiling** on a choisi des tons de rose pour rappeler les couleurs du plafond

VI *[sound] (= resonate)* retentir, résonner ; *(= bounce back)* se répercuter, faire écho ; *[place]* renvoyer l'écho ◆ **to ~ with music** *(liter)* retentir de musique ◆ **the valley ~ed with their laughter** *(liter)* la vallée résonnait *or* retentissait de leurs rires

COMP ▷ **echo chamber** N *(Rad, TV)* chambre *f* sonore ▷ **echo-sounder** N *(Naut)* sondeur *m* (à ultrasons) ▷ **echo-sounding** N sondage *m* par ultrasons

**éclair** /eɪˈklɛəʳ, ɪˈklɛəʳ/ N *(Culin)* éclair *m* (à la crème)

**eclampsia** /ɪˈklæmpsɪə/ N éclampsie *f*

**eclectic** /ɪˈklektɪk/ ADJ, N éclectique *mf*

**eclecticism** /ɪˈklektɪsɪzəm/ N éclectisme *m*

**eclipse** /ɪˈklɪps/ N *(Astron, fig)* éclipse *f* ◆ **to be in ~** être éclipsé ◆ **to fall** *or* **go into ~** être éclipsé ◆ **partial/total ~** éclipse *f* partielle/totale VT *(Astron, fig)* éclipser COMP ▷ **eclipsing binary** N étoile *f* double

**ecliptic** /ɪˈklɪptɪk/ ADJ écliptique

**eclogue** /ˈeklɒg/ N églogue *f*

**eclosion** /ɪˈkləʊʒən/ N éclosion *f*

**eco...** /ˈiːkəʊ/ PREF éco...

**ecocide** /ˈiːkəˌsaɪd/ N écocide *m*

**eco-friendly** /ˈiːkəʊˌfrendlɪ/ ADJ *[detergent, hairspray etc]* respectueux de l'environnement

**E-coli** /iːˈkəʊlaɪ/ N *(Med)* E. coli *m*, bactérie *f* Escherischia coli

**ecological** /ˌiːkəˈlɒdʒɪkəl/ ADJ a *[damage, problem, disaster]* écologique b *(= ecologically sound)* écologique

**ecologically** /ˌiːkəˈlɒdʒɪkəlɪ/ ADV *[unacceptable]* écologiquement, d'un point de vue écologique ◆ **~ aware** sensibilisé aux problèmes écologiques ◆ **~ harmful** qui nuit à l'environnement ◆ **~ minded** soucieux de l'environnement ◆ **~ sound** écologique, respectueux de l'environnement ◆ **~ speaking** d'un point de vue écologique

**ecologist** /ɪˈkɒlədʒɪst/ N écologiste *mf*

**ecology** /ɪˈkɒlədʒɪ/ N écologie *f*

**e-commerce** /ˈiːˌkɒmɜːs/ N commerce *m* électronique, e-commerce *m*

**ecomovement** /ˈiːkəʊˌmuːvmənt/ N *(Pol)* mouvement *m* écologique

**econometer** /ˌɪkəˈnɒmətəʳ/ N *(Aut)* économètre *m*

**econometric** /ɪˌkɒnəˈmetrɪk/ ADJ économétrique

**econometrician** /ɪˌkɒnəməˈtrɪʃən/ N économétricien(ne) *m(f)*

**econometrics** /ɪˌkɒnəˈmetrɪks/ N *(NonC)* économétrie *f*

**econometrist** /ɪˌkɒnəˈmetrɪst/ N ⇒ **econometrician**

**economic** /ˌiːkəˈnɒmɪk/ ADJ a *(Econ) [growth, policy, system, crisis, recovery, sanctions, aid]* économique ◆ **the ~ situation** *or* **outlook** la conjoncture (économique) b *(= viable, cost-effective) [system, factory, mine etc]* rentable (*for sb* pour qn) ◆ **this business is no longer ~** *or* **an ~ proposition** cette affaire n'est plus rentable ◆ **it is not ~ to do that** ce n'est pas rentable de faire cela ◆ **~ rate of return** taux *m* de rentabilité économique c *(= market-driven) [price, rent]* déterminé par le marché COMP ▷ **economic analyst** N spécialiste *mf* de l'analyse économique ▷ **economic indicator** N indicateur *m* économique ▷ **economic management** N gestion *f* de l'économie ▷ **economic migrant**, **economic refugee** N migrant(e) *m(f)* économique

**economical** /ˌiːkəˈnɒmɪkəl/ ADJ *[person]* économe ; *[method, vehicle, machine, speed]* économique ; *(fig) [style, writing]* sobre, concis ◆ **to be ~ with sth** économiser qch, ménager qch ◆ **to be ~ with the truth** *(= not tell whole truth)* ne pas dire toute la vérité ; *(hum) (= lie)* prendre ses aises avec la vérité

**economically** /ˌiːkəˈnɒmɪkəlɪ/ ADV a *(Econ) [viable, depressed]* économiquement ; *[feasible, powerful, important]* d'un point de vue économique ; *[develop, suffer]* économiquement, d'un point de vue économique ◆ **~ speaking** d'un point de vue économique b *(= without waste) [use, operate, live]* de façon économe **c** *(= concisely) [write]* avec sobriété

**economics** /ˌiːkəˈnɒmɪks/ **N** *(NonC) (= science)* économie *f* politique, science *f* économique ; *(= financial aspect)* côté *m* économique ◆ **the ~ of the situation/the project** le côté économique de la situation/du projet ; → **home**

**economist** /ɪˈkɒnəmɪst/ **N** économiste *mf*, spécialiste *mf* d'économie politique

**economize** /ɪˈkɒnəmaɪz/ **VI** économiser (on sur) faire des économies **VT** *[+ time, money]* économiser (sur), épargner ◆ **to ~ 20% on the costs** faire *or* réaliser une économie de 20% sur les coûts

**economy** /ɪˈkɒnəmɪ/ **N** **a** *(= saving: in time, money etc)* économie *f* (in de) ◆ **to make economies in ...** faire des économies de ... ◆ **economies of scale** économies *fpl* d'échelle **b** *(NonC = system)* économie *f*, système *m* économique ◆ **the country's ~ depends on ...** l'économie du pays dépend de ... ; → **black, political** **COMP** ▷ **economy class** **N** *(esp Aviat)* classe *f* touriste ▷ **economy-class syndrome** **N** syndrome *m* de la classe économique ▷ **economy drive** **N** *[of government, firm]* (campagne *f* de) restrictions *fpl* budgétaires ◆ **I'm going on** *or* **having an ~ drive this month** ce mois-ci je m'efforce de faire des économies ▷ **economy pack** **N** *(Comm)* paquet *m* économique ▷ **economy size** **N** *(Comm)* taille *f* économique

**ecosphere** /ˈiːkəʊˌsfɪə/ **N** écosphère *f*

**ecosystem** /ˈiːkəʊˌsɪstəm/ **N** écosystème *m*

**ecoterrorist** /ˈiːkəʊˌterərɪst/ **N** terroriste *mf* écologiste

**ecotone** /ˈiːkəˌtəʊn/ **N** écotone *m*

**eco-tourism** /ˈiːkəʊˌtʊərɪzəm/ **N** écotourisme *m*

**ecotype** /ˈiːkəˌtaɪp/ **N** écotype *m*

**eco-warrior** * /ˈiːkəʊˌwɒrɪə/ **N** militant(e) *m(f)* écologiste

**ecru** /ˈekruː/ **ADJ, N** écru *m*

**ECSC** /ˌiːsiːesˈsiː/ **N** *(formerly)* (abbrev of **European Coal and Steel Community**) CECA *f*

**ecstasy** /ˈekstəsɪ/ **N** **a** *(= joy)* extase *f (also Rel)*, ravissement *m* ◆ **with ~** avec ravissement, avec extase ◆ **to be in ecstasies over** *[+ object]* s'extasier sur ; *[+ person]* être en extase devant **b** *(Drugs)* ecstasy *m*

**ecstatic** /eksˈtætɪk/ **ADJ** *[crowd]* en délire ; *[welcome, reception]* enthousiaste ◆ **to be ~ over** *or* **about sth** être follement heureux de qch

**ecstatically** /eksˈtætɪkəlɪ/ **ADV** *[applaud, react]* avec extase ; *[listen, say]* d'un air extasié ◆ **~ happy** follement heureux

**ECT** /ˌiːsiːˈtiː/ **N** abbrev of **electroconvulsive therapy**

**ectomorph** /ˈektəʊˌmɔːf/ **N** ectomorphe *mf*

**ectopic** /ekˈtɒpɪk/ **ADJ** ◆ **~ pregnancy** grossesse *f* extra-utérine

**ectoplasm** /ˈektəʊplæzəm/ **N** ectoplasme *m*

**ECU** /ˈeɪkjuː, ˌiːsiːˈjuː/ **N** (abbrev of **European Currency Unit**) ECU *m*, écu *m* ◆ **hard ~** écu *m* fort ◆ **weights of currencies in the ~** poids *m* des devises au sein de l'écu

**Ecuador** /ˈekwədɔːʳ/ **N** Équateur *m*

**Ecuador(i)an** /ˌekwəˈdɔːr(ɪ)ən/ **ADJ** équatorien **N** Équatorien(ne) *m(f)*

**ecumenical** /ˌiːkjʊˈmenɪkəl/ **ADJ** œcuménique

**ecumenicism** /ˌiːkjʊˈmenɪsɪzəm/, **ecumenism** /iːˈkjuːmənɪzəm/ **N** œcuménisme *m*

**eczema** /ˈeksɪmə/ **N** eczéma *m* ◆ **~ sufferer** personne *f* sujette à l'eczéma

**ed.** **a** (abbrev of **edition**) éd. ◆ **3rd ~** 3$^{e}$ éd. **b** (abbrev of **editor**) ◆ **"Chèvrefeuille", ~ J. Lefèvre** "Chèvrefeuille", annoté et commenté par J. Lefèvre ◆ **"Essays in Welsh History", eds. Dodd and Jenkins** "Essays in Welsh History", sous la direction de Dodd et Jenkins

**EDC** /ˌiːdiːˈsiː/ **N** (abbrev of **European Defence Community**) CED *f*

**eddy** /ˈedɪ/ **N** *[of water, air]* remous *m*, tourbillon *m* ; *[of snow, dust, smoke]* tourbillon *m* ; *[of leaves]* tournoiement *m*, tourbillon *m* **VI** *[air, smoke, leaves, snow, dust]* tourbillonner ; *[people]* tournoyer ; *[water]* faire des remous *or* des tourbillons

**edelweiss** /ˈeɪdlvaɪs/ **N** edelweiss *m inv*

**edema** /ɪˈdiːmə/ **N** (pl **edemata** /ɪˈdiːmətə/) *(esp US)* œdème *m*

**Eden** /ˈiːdn/ **N** Éden *m*, paradis *m* terrestre ; → **garden**

**edentate** /ɪˈdenteɪt/ **ADJ, N** édenté *m*

**edge** /edʒ/ **N** **a** *[of table, plate, cloth, river, cliff, lake]* bord *m* ; *[of road]* bord *m*, côté *m* ; *[of town]* abords *mpl* ; *[of coin]* tranche *f* ; *[of page]* bord *m* ; *(= margin)* marge *f* ; *[of cube, brick]* arête *f* ; *[of forest]* lisière *f*, orée *f* ◆ **at the water's ~** au bord de l'eau ◆ **to stand sth on its ~** poser qch de chant ◆ **the trees at the ~ of the road** les arbres au bord *or* en bordure de la route ◆ **the film had us on the ~ of our seats** *or (US)* **chairs** le film nous a tenus en haleine

**b** *(= blade) [of knife, razor]* tranchant *m*, fil *m* ◆ **a blade with a sharp ~** une lame bien affilée ◆ **to put an ~ on** *[+ knife, blade]* aiguiser, affiler, affûter

**c** *[of ski]* arête *f* ; *(= metal strip)* carre *f*

**d** *(fig = brink, verge)* **to be on the ~ of disaster** être au bord du désastre, courir au désastre ◆ **to be on the ~ of tears** être au bord des larmes ◆ **to be on the ~ of extinction** être en voie d'extinction ◆ **that pushed him over the ~** ça a été plus qu'il ne pouvait supporter, ça a été le comble ◆ **to live life on the ~** * être *or* marcher sur le fil du rasoir

**e** *(set phrase)*

◆ **on edge** ◆ **he's on ~** il est énervé *or* à cran * ◆ **my nerves are all on ~** j'ai les nerfs en pelote * *or* en boule * ◆ **it sets my teeth on ~** cela me fait grincer les dents

**f** *(fig = advantage)* **to have the ~ on** *or* **over** avoir un (léger) avantage sur, l'emporter de justesse sur ◆ **to give sb the ~ on** *or* **over the competition** donner à qn un avantage sur la concurrence ◆ **the company has lost its competitive ~** la société est devenue moins compétitive ◆ **the party has lost its radical ~** le parti n'est plus aussi radical qu'avant

**g** *(fig = sharpness)* **to take the ~ off** *[+ sensation]* émousser ; *[+ appetite]* calmer, émousser ◆ **there was an ~ to his voice** on sentait à sa voix qu'il était tendu ◆ **panic gave a sharp ~ to his voice** sous l'effet de la panique, sa voix est devenue tendue ◆ **there was a slightly caustic ~ to his voice** il y avait des intonations caustiques dans sa voix ; → **cutting, rough**

**VT** **a** *(= put a border on)* border (with de) ◆ **~d with lace** bordé de dentelle

**b** ◆ **to ~ one's chair nearer the door** rapprocher sa chaise tout doucement de la porte ◆ **to ~ one's way through** *etc* ⇒ **to edge through**

**vi** ◆ **to ~ sb out of his** (*or* **her**) **job** déloger progressivement qn de son poste ◆ **wage rises have ~d up inflation** la hausse des salaires a entraîné une légère augmentation du taux d'inflation

**VI** se glisser, se faufiler ◆ **to ~ through/into** *etc* se glisser *or* se faufiler à travers/dans *etc* ◆ **to ~ forward** avancer petit à petit ◆ **to ~ away** s'éloigner tout doucement *or* furtivement ◆ **to ~ up to sb** *(furtively)* s'approcher tout doucement *or* furtivement de qn ; *(shyly)* s'approcher timidement de qn ◆ **share prices ~d up** il y a eu une tendance à la hausse des valeurs boursières ◆ **to ~ out of a room** se glisser hors d'une pièce, sortir furtivement d'une pièce

**-edged** /edʒd/ **ADJ** *(in compounds)* **a** *[paper, fabric]* bordé de, avec une bordure de **b** *[knife etc]* **blunt-/sharp-edged** émoussé/bien aiguisé

**edgeways** /ˈedʒweɪz/, **edgewise** /ˈedʒwaɪz/ **ADV** de côté ◆ **I couldn't get a word in ~** * je n'ai pas réussi à placer un mot *or* à en placer une *

**edginess** /ˈedʒɪnɪs/ **N** *(NonC)* nervosité *f*, énervement *m*, irritation *f*

**edging** /ˈedʒɪŋ/ **N** **a** *(gen)* bordure *f* ; *[of ribbon, silk]* liseré *or* liséré *m* **b** *(Ski)* prise *f* de carres **COMP** ▷ **edging shears** **NPL** *(Hort)* cisailles *fpl* à gazon

**edgy** /ˈedʒɪ/ **ADJ** *[person, mood]* énervé, à cran *, crispé

**edibility** /ˌedɪˈbɪlɪtɪ/ **N** comestibilité *f*

**edible** /ˈedɪbl/ **ADJ** **a** *(= not poisonous) [mushroom, berries etc]* comestible, bon à manger **b** *(= not disgusting) [meal etc]* mangeable **COMP** ▷ **edible crab** **N** dormeur *m*, tourteau *m* ▷ **edible snail** **N** escargot *m* comestible

**edict** /ˈiːdɪkt/ **N** *(gen, Jur, Pol)* décret *m* ; *(Hist)* édit *m*

**edification** /ˌedɪfɪˈkeɪʃən/ **N** édification *f*, instruction *f*

**edifice** /ˈedɪfɪs/ **N** édifice *m*

**edify** /ˈedɪfaɪ/ **VT** édifier

**edifying** /ˈedɪfaɪɪŋ/ **ADJ** édifiant

**Edinburgh** /ˈedɪnbərə/ **N** Édimbourg **COMP** ▷ **the Edinburgh Festival** **N** le Festival d'Édimbourg

> **Edinburgh Festival**
>
> Le Festival d'Édimbourg, qui se tient chaque année durant trois semaines au mois d'août, est l'un des grands festivals européens. Il est réputé pour son programme officiel mais aussi pour son festival « off » (« the Fringe ») qui propose des spectacles aussi bien traditionnels que résolument d'avant-garde. Pendant la durée du Festival se tient par ailleurs, sur l'esplanade du château, un grand spectacle de musique militaire, le « Military Tattoo ».

**edit** /ˈedɪt/ **VT** **a** *(= manage) [+ newspaper, magazine]* être rédacteur (*or* rédactrice) en chef de ; *[+ series of texts]* diriger la publication de ; *[+ text, author]* éditer, donner une édition de **b** *(= adapt) [+ article]* mettre au point, préparer ; *[+ dictionary, encyclopedia]* assurer la rédaction de **c** *(Rad, TV) [+ programme]* réaliser ; *[+ film]* monter ; *[+ tape]* mettre au point, couper et recoller **d** *(Comput) [+ file]* éditer **N** révision *f*

► **edit out** **VT SEP** supprimer (of de) ; *[+ text, film]* couper (of de)

**editing** /ˈedɪtɪŋ/ **N** *[of magazine]* direction *f* ; *[of newspaper, dictionary]* rédaction *f* ; *[of article, series of texts, tape]* mise *f* au point ; *[of text, author]* édition *f* ; *[of film]* montage *m* ; *(Comput)* édition *f*

**edition** /ɪˈdɪʃən/ N *[of newspaper, book]* édition *f*; *[of print, etching]* tirage *m* ◆ **revised** ~ édition *f* revue et corrigée ◆ **to bring out an ~ of a text** publier *or* faire paraître l'édition d'un texte ; → **first**

**editor** /ˈedɪtəʳ/ N a *(Press) [of newspaper, magazine]* rédacteur *m*, -trice *f* en chef b *(Publishing) [of writer, text, anthology]* éditeur *m*, -trice *f*; *[bf dictionary, encyclopedia]* rédacteur *m*, -trice *f* c *(Rad, TV) [of programme]* réalisateur *m*, -trice *f* d *(Cine)* monteur *m*, -euse *f* ◆ **political** ~ *(Press)* rédacteur *m*, -trice *f* politique ◆ **sports** ~ rédacteur *m* sportif, rédactrice *f* sportive ◆ **"letters to the editor"** "courrier des lecteurs", "lettres à la rédaction" ; → **news** e *(Comput) (= text editor)* éditeur *m* de texte COMP ▷ **editor-in-chief** N rédacteur *m*, -trice *f* en chef

> ⚠ **editor** *is only translated by* **éditeur** *when it means someone who annotates a text, and in the computing sense, (see noun b,e).*

**editorial** /ˌedɪˈtɔːrɪəl/ ADJ *[budget, board, meeting, comment, control, decision]* de la rédaction ; *[office]* de (la) rédaction ; *[page]* de l'éditorial ; *[policy]* éditorial ◆ ~ **assistant** rédacteur *m*, -trice *f* adjoint(e) ◆ ~ **staff** *(as team)* rédaction *f*; *(as individuals)* personnel *m* de la rédaction ◆ **the ~ "we"** le "nous" de modestie *or* d'auteur N *(in newspaper etc)* éditorial *m*, article *m* de tête

**editorialist** /ˌedɪˈtɔːrɪəlɪst/ N *(US)* éditorialiste *mf*

**editorialize** /ˌedɪˈtɔːrɪəlaɪz/ VI exprimer une opinion

**editorially** /ˌedɪˈtɔːrɪəlɪ/ ADV a *(= in approach, content) [independent, selective]* du point de vue éditorial b *(in opinion piece)* ◆ **the Times commented ~ that ...** le Times a affirmé dans un éditorial que ...

**editorship** /ˈedɪtəʃɪp/ N a *(= position of editor) [of newspaper, magazine]* poste *m* de rédacteur en chef ; *(Rad, TV)* poste *m* de réalisateur b *(NonC = act or style of editing) [of newspaper, magazine]* direction *f*; *[of dictionary, encyclopedia]* rédaction *f*; *[of text]* édition *f* ◆ **under sb's ~** *or* **the ~ of sb** sous la direction de qn

**Edmund** /ˈedmənd/ N Edmond *m*

**EDP** /ˌiːdiːˈpiː/ N (abbrev of **Electronic Data Processing**) → **electronic**

**EDT** /ˌiːdiːˈtiː/ N *(US)* (abbrev of **Eastern Daylight Time**) → **eastern**

**educable** /ˈedjʊkəbl/ ADJ éducable

**educate** /ˈedjʊkeɪt/ VT *(= teach) [teacher, school] [+ pupil]* assurer l'instruction de, instruire ; *(= bring up) [+ family, children]* élever, éduquer ; *[+ the mind, one's tastes]* former ◆ **the parents' role in educating their children** le rôle des parents dans l'éducation de leurs enfants ◆ **he is being ~d in Paris/at Cambridge** il fait ses études à Paris/Cambridge ◆ **to ~ the public** éduquer le public ◆ **we need to ~ our children about drugs/the environment** il faut que nous sensibilisions nos enfants au problème de la drogue/aux questions d'écologie ◆ **a campaign to ~ people about the dangers of smoking** une campagne de sensibilisation du public aux dangers du tabac *or* du tabagisme ◆ **to ~ sb to believe that ...** *(fig)* enseigner à qn que ...

**educated** /ˈedjʊkeɪtɪd/ VB ptp of **educate** ADJ *[person] (= cultured)* cultivé ; *(= learned, trained)* instruit ; *[work force]* ayant un bon niveau d'éducation *or* d'instruction ; *[voice]* cultivé ; *[palate, ear]* averti ◆ **he's hardly ~ at all** il n'a guère d'instruction ◆ **an ~ mind** un esprit cultivé ; → **guess, well²**

**education** /ˌedjʊˈkeɪʃən/ N *(gen)* éducation *f*; *(= teaching)* enseignement *m* ; *(= learning)* instruction *f*; *(= studies)* études *fpl* ; *(= training)* formation *f*; *(= knowledge)* culture *f*; *(as subject studied)* pédagogie *f* ◆ **he had a good ~** il a reçu une bonne éducation ◆ **his ~ was neglected** on a négligé son éducation ◆ **physical/political ~** éducation *f* physique/politique ◆ **he has had very little ~** il n'a pas fait beaucoup d'études ◆ **his ~ was interrupted** ses études ont été interrompues ◆ **she has** *or* **has had a university ~** elle est diplômée d'université, elle a fait des études supérieures ◆ **the ~ he received at school** l'instruction qu'il a reçue à l'école (*or* au lycée *etc*) ◆ **literary/professional ~** formation *f* littéraire/professionnelle ◆ **primary/secondary ~** enseignement *m* primaire/secondaire ◆ **~ is free in Britain** l'instruction est gratuite en Grande-Bretagne, l'enseignement est gratuit en Grande-Bretagne ◆ **the crisis in ~, the ~ crisis** la crise de l'enseignement ◆ **the ~ system** *(gen)* le système éducatif *or* d'éducation ◆ **the French ~ system, the ~ system in France** le système éducatif *or* l'enseignement en France ◆ **people working in ~** les personnes qui travaillent dans l'enseignement ◆ **Secretary for Education** *(US)* ministre *m* de l'Éducation ; → **adult, department, further, minister, secretary**

COMP *[theory, method]* d'enseignement, pédagogique ; *[standards]* d'instruction, scolaire ; *[costs]* de l'enseignement ; *(Pol) [budget, minister]* de l'Éducation nationale ▷ **the Education Act** N *(Brit)* la loi sur l'enseignement ▷ **education authority** N *(Brit)* ≃ délégation *f* départementale de l'enseignement ▷ **Education Committee** N *(Brit Scol Admin)* commission *f* du conseil régional chargée des affaires scolaires ▷ **education correspondent** N *(Press)* correspondant(e) *m(f)* chargé(e) des questions de l'enseignement ▷ **education department** N *(Brit: of local authority)* ≃ délégation *f* départementale de l'enseignement ; *(= ministry)* ministère *m* de l'Éducation ▷ **education page** N *(Press)* rubrique *f* de l'enseignement ▷ **Education Welfare Officer** N *(Brit Scol Admin)* assistant(e) *m(f)* social(e) scolaire

**educational** /ˌedjʊˈkeɪʃənl/ ADJ *[system, needs, film, book, toy, game]* éducatif ; *[institution, establishment]* d'enseignement ; *[standards]* de l'enseignement ; *[achievement] (at school)* scolaire ; *(at university)* universitaire ; *[supplies]* scolaire ; *[theory]* de l'éducation ; *[role, function]* éducateur (-trice *f*) ; *[method, methodology, issue, material]* pédagogique ; *[experience]* instructif ; *[visit, day] (for adults)* instructif ; *(for children)* éducatif ◆ **~ opportunities** possibilité *f* de faire des études ◆ **~ qualifications** diplômes *mpl* ◆ **falling ~ standards** la baisse du niveau de l'enseignement

COMP ▷ **educational adviser** N *(Scol Admin)* conseiller *m*, -ère *f* pédagogique ▷ **educational age** N *(US Scol)* niveau *m* scolaire *(d'un élève)* ▷ **educational park** N *(US) complexe scolaire et universitaire* ▷ **educational psychologist** N psychopédagogue *mf* ▷ **educational psychology** N psychopédagogie *f* ▷ **educational television** N *(gen)* télévision *f* éducative ; *(US) chaîne de télévision éducative*

**educationalist** /ˌedjʊˈkeɪʃnəlɪst/ N *(esp Brit)* éducateur *m*, -trice *f*, pédagogue *mf*

**educationally** /ˌedjʊˈkeɪʃnəlɪ/ ADV *[subnormal, deprived etc]* sur le plan éducatif ◆ **~ sound principles** des principes sains du point de vue pédagogique

**educationist** /ˌedjʊˈkeɪʃnɪst/ N ⇒ **educationalist**

**educative** /ˈedjʊkətɪv/ ADJ éducatif, éducateur (-trice *f*)

**educator** /ˈedjʊkeɪtəʳ/ N *(esp US)* éducateur *m*, -trice *f*

**educe** /ɪˈdjuːs/ VT *(frm)* dégager, faire sortir

**edutainment** * /ˌedjʊˈteɪnmənt/ N *(esp US) (= games)* jeux *mpl* éducatifs ; *(= TV etc programmes)* émissions *fpl* éducatives pour enfants

**Edward** /ˈedwəd/ N Édouard *m* ◆ **~ the Confessor** *(Brit Hist)* Édouard le Confesseur

**Edwardian** /edˈwɔːdɪən/ *(Brit)* ADJ *[England, house, furniture, picture, literature]* édouardien, du début du (20ᵉ) siècle ; *[lady, gentleman]* de l'époque d'Édouard VII ◆ **~ clothes** vêtements *mpl* style 1900 ◆ **in ~ days** à l'époque d'Édouard VII, au début du (20ᵉ) siècle ◆ **the ~ era** ≃ la Belle Époque N *personne qui vivait sous le règne d'Édouard VII ou qui a les caractéristiques de cette époque*

**EEC** /ˌiːiːˈsiː/ N (abbrev of **European Economic Community**) CEE *f*

**EEG** /ˌiːiːˈdʒiː/ N (abbrev of **electroencephalogram**) EEG *m*

**eek** * /iːk/ EXCL aah !

**eel** /iːl/ N anguille *f*; → **electric**

**eelworm** /ˈiːlwɜːm/ N anguillule *f*

**e'en** /iːn/ ADV *(liter)* ⇒ **even²**

**EEOC** /ˌiːiːəʊˈsiː/ N *(US)* (abbrev of **Equal Employment Opportunity Commission**) → **equal** ; → EOC, EEOC

**e'er** /ɛəʳ/ ADV *(liter)* ⇒ **ever**

**eerie** /ˈɪərɪ/ ADJ sinistre, qui donne le frisson

**eerily** /ˈɪərɪlɪ/ ADV *[deserted, empty]* sinistrement ; *[similar, familiar]* étrangement ◆ **~ quiet/silent** d'un calme/d'un silence inquiétant ◆ **to echo/gleam ~** résonner/luire sinistrement

**eery** /ˈɪərɪ/ ADJ ⇒ **eerie**

**EET** /ˌiːiːˈtiː/ N (abbrev of **Eastern European Time**) → **eastern**

**eff** ‡ /ef/ VI ◆ **he was ~ing and blinding** il jurait comme un charretier * ; → **effing**

► **eff off** ‡ VI aller se faire voir ‡

**efface** /ɪˈfeɪs/ VT *(lit, fig)* effacer, oblitérer *(liter)*

**effect** /ɪˈfekt/ N a *(= result)* effet *m*, conséquence *f* (on sur) ; *(Phys)* effet *m* ; *[of wind, chemical, drug]* action *f* (on sur) ◆ **this rule will have the ~ of preventing ..., the ~ of this rule will be to prevent ...** cette règle aura pour effet d'empêcher ... ◆ **the ~ of all this is that ...** *(frm)* il résulte de tout ceci que ... ◆ **to feel the ~s of an accident** ressentir les effets d'un accident, se ressentir d'un accident ◆ **the ~s of the new law are already being felt** les effets de la nouvelle loi se font déjà sentir ◆ **to have no ~** ne produire aucun effet ◆ **to be of no ~** *(= have no effect)* être inefficace ; *[law etc]* être inopérant, rester sans effet ◆ **to have an ~ on sth** avoir *or* produire un effet sur qch ◆ **it won't have any ~ on him** ça ne lui fera aucun effet, ça n'aura aucun effet sur lui ◆ **to little ~** sans grand résultat ◆ **to no ~** en vain ◆ **to use to good** *or* **great ~** savoir tirer avantage de ◆ **to such good ~ that ...** si bien que ... ◆ **with ~ from April** *(esp Brit)* à compter du mois d'avril ◆ **with immediate ~** *(frm) (esp Brit)* avec effet immédiat

♦ **in effect** *(= in force)* en vigueur ; *(= in reality)* de fait, en réalité
♦ **to put sth into effect** mettre qch à exécution *or* en application
♦ **to come** *or* **go into effect** *[law]* prendre effet, entrer en vigueur ; *[policy]* être appliqué
♦ **to take effect** *[drug]* agir, produire *or* faire son effet ; *[law]* prendre effet, entrer en vigueur

**b** *(= impression)* effet *m* ◆ **he said it just for** ~ il ne l'a dit que pour faire de l'effet *or* pour impressionner ◆ **to give a good** ~ faire (un) bon effet ◆ **to make an** ~ faire effet *or* de l'effet

**c** *(Cine, Rad, Theat, TV)* (also **sound effect**) effet *m* sonore ; (also **special effect**) effet *m* spécial

**d** *(= meaning)* sens *m* ◆ **we got a letter to the same** ~ nous avons reçu une lettre dans le même sens

♦ **to that effect** ◆ **he used words to that** ~ il s'est exprimé dans ce sens ◆ **... or words to that** ~ ... ou quelque chose d'analogue *or* de ce genre
♦ **to the effect that ...** ◆ **his letter is to the** ~ **that ...** sa lettre nous apprend que ... ◆ **an announcement to the** ~ **that ...** un communiqué annonçant que ... *or* selon lequel ... ◆ **orders to the** ~ **that ...** ordres suivant lesquels ...

**e** *(frm = property)* ◆ **(personal) ~s** effets *mpl* personnels ◆ **"no effects"** *(Banking)* "sans provision" ; → **personal**

**VT** *(gen) [+ reform, reduction, payment]* effectuer ; *[+ cure]* obtenir ; *[+ improvement]* apporter ; *[+ transformation]* opérer, effectuer ; *[+ reconciliation, reunion]* amener ; *[+ sale, purchase]* réaliser, effectuer ◆ **to** ~ **change** procéder à des changements ◆ **to** ~ **a saving** faire une économie ◆ **to** ~ **a settlement** arriver à un accord ◆ **negotiation ~ed the release of the hostages** les négociations ont abouti à *or* ont permis la libération des otages ◆ **to** ~ **an entry** *(frm)* entrer de force

**effective** /ɪˈfektɪv/ **ADJ** **a** *(= successful) [action, method, treatment, policy, deterrent, government, politician]* efficace *(against sth* contre qch ; *in doing sth* pour faire qch) ; *[word, remark, argument]* qui porte, qui a de l'effet ◆ ~ **life** *(Pharm)* durée *f* effective **b** *(= striking) [decoration, pattern, combination]* frappant ◆ **to look** ~ faire de l'effet **c** *(= actual) [control]* effectif ; *[leader]* véritable **d** *(Econ, Fin) [demand, income]* effectif ; *[interest rate]* net, réel **e** *(= operative) [law, ceasefire, insurance cover]* en vigueur *(from* à compter de, à partir de) ◆ **to become** ~ entrer en vigueur ◆ **to be** *or* **become** ~ **immediately** prendre effet immédiatement ◆ ~ **date** date *f* d'entrée en vigueur **f** *(Mil)* ◆ ~ **troops** hommes *mpl* valides **NPL effectives** *(Mil)* effectifs *mpl*

**effectively** /ɪˈfektɪvlɪ/ **ADV** **a** *(= successfully) [treat, teach, work]* efficacement ◆ **to function** ~ bien fonctionner **b** *(= strikingly) [contrast]* de manière frappante **c** *(= in effect) [prevent, stop]* en réalité

**effectiveness** /ɪˈfektɪvnɪs/ **N** *(= efficiency)* efficacité *f* ; *(= striking quality)* effet *m* frappant *or* saisissant

**effector** /ɪˈfektəʳ/ **ADJ** effecteur (-trice *f*) **N** effecteur *m*

**effectual** /ɪˈfektjʊəl/ **ADJ** *(frm) [remedy, punishment]* efficace ; *[document, agreement]* valide

**effectually** /ɪˈfektjʊəlɪ/ **ADV** *(frm)* efficacement

**effectuate** /ɪˈfektjʊeɪt/ **VT** *(frm)* effectuer, opérer, réaliser

**effeminacy** /ɪˈfemɪnəsɪ/ **N** caractère *m* efféminé

**effeminate** /ɪˈfemɪnɪt/ **ADJ** efféminé

**efferent** /ˈefərənt/ **ADJ** efférent

**effervesce** /ˌefəˈves/ **VI** **a** *(= fizz) [liquid]* être *or* entrer en effervescence ; *[drinks]* pétiller, mousser ; *[gas]* se dégager (en effervescence) **b** *(fig) [person]* déborder (*with* de) être tout excité

**effervescence** /ˌefəˈvesns/ **N** **a** *(= fizziness)* effervescence *f*, pétillement *m* **b** *(fig = liveliness)* excitation *f*

**effervescent** /ˌefəˈvesnt/ **ADJ** **a** *(= fizzy) [liquid, tablet]* effervescent ; *[drink]* gazeux **b** *(fig = lively)* plein d'entrain

**effete** /ɪˈfiːt/ **ADJ** *(frm) [person]* mou (molle *f*), veule ; *[empire, civilization]* décadent ; *[government]* affaibli ; *[method]* (devenu) inefficace, stérile

**effeteness** /ɪˈfiːtnɪs/ **N** *(frm) [of person]* mollesse *f*, veulerie *f (liter)* ; *[of group, civilization]* décadence *f*

**efficacious** /ˌefɪˈkeɪʃəs/ **ADJ** *(frm)* efficace *(for sth* pour qch ; *against sth* contre qch)

**efficacy** /ˈefɪkəsɪ/, **efficaciousness** /ˌefɪˈkeɪʃəsnɪs/ **N** efficacité *f*

**efficiency** /ɪˈfɪʃənsɪ/ **N** *[of person]* capacité *f*, compétence *f* ; *[of method]* efficacité *f* ; *[of organization, system]* efficacité *f*, bon fonctionnement *m* ; *[of machine]* bon rendement *m*, bon fonctionnement *m* **COMP** ▷ **efficiency apartment N** *(US)* studio *m*

**efficient** /ɪˈfɪʃənt/ **ADJ** *[person, machine, organization, service, method, use]* efficace ; *[car]* d'un bon rendement ◆ **to be** ~ **in** *or* **at doing sth** faire qch avec efficacité ◆ **to be** ~ **in one's use of sth** utiliser qch avec efficacité

**efficiently** /ɪˈfɪʃəntlɪ/ **ADV** *[use, manage]* efficacement ; *[deal with]* avec efficacité ◆ **to work** ~ *[person]* travailler efficacement ; *[machine]* avoir un bon rendement

**effigy** /ˈefɪdʒɪ/ **N** effigie *f* ◆ **in** ~ en effigie

**effing** ‡ /ˈefɪŋ/ *(Brit euph)* **ADJ** ◆ **this** ~ **phone !** ce fichu * téléphone ! ◆ **what an** ~ **waste of time!** merde ! ‡ quelle perte de temps ! ; → **eff** **N** ◆ ~ **and blinding** grossièretés *fpl*

**effloresce** /ˌefloˈres/ **VI** *(Chem)* effleurir

**efflorescence** /ˌeflɔːˈresns/ **N** *(Chem, Med: also liter)* efflorescence *f* ; *(Bot)* floraison *f*

**efflorescent** /ˌeflɔːˈresnt/ **ADJ** *(Chem)* efflorescent ; *(Bot)* en fleur(s)

**effluence** /ˈefluəns/ **N** émanation *f*, effluence *f (liter)*

**effluent** /ˈefluənt/ **ADJ, N** effluent *m*

**effluvium** /eˈfluːvɪəm/ **N** (pl **effluviums** *or* **effluvia** /eˈfluːvɪə/) effluve(s) *m(pl)*, émanation *f*, exhalaison *f* ; *(pej)* exhalaison *f or* émanation *f* fétide

**efflux** /ˈeflʌks/ **N** ◆ ~ **of capital** fuite *f or* exode *m* de capitaux

**effort** /ˈefət/ **N** effort *m* ◆ **getting up was an** ~ c'était un effort de me (*or* se *etc*) lever ◆ **it's not bad for a first** ~ ça n'est pas (si) mal pour un début ◆ **that's a good** ~ * ça n'est pas mal (réussi) ◆ **in an** ~ **to solve the problem/be polite** *etc* pour essayer de résoudre le problème/d'être poli *etc* ◆ **what do you think of his latest ~?** * qu'est-ce que tu penses de ce qu'il vient de faire ? ◆ **it's a pretty poor** ~ * ça n'est pas une réussite *or* un chef-d'œuvre ◆ **the famine relief** ~ la lutte contre la famine ◆ **the government's** ~ **to avoid ...** les efforts *mpl or* les tentatives *fpl* du gouvernement pour éviter ... ◆ **the war** ~ l'effort *m* de guerre ◆ **to do sth by** ~ **of will** faire qch dans un effort de volonté ◆ **with** ~ avec difficulté, non sans mal ◆ **without** ~ sans peine, sans effort ◆ **it's not worth the** ~ cela n'en vaut pas la peine ◆ **it is well worth the** ~ cela en vaut vraiment la peine

♦ **to make** + **effort** ◆ **to make an** ~ **to do sth** faire un effort pour faire qch, s'efforcer de faire qch ◆ **to make an** ~ **to concentrate/to adapt** faire un effort de concentration/d'adaptation ◆ **to make every** ~ **to do sth** *(= try hard)* faire tous ses efforts *or* (tout) son possible pour faire qch, s'évertuer à faire qch ; *(= take great pains)* se donner beaucoup de mal *or* de peine pour faire qch ◆ **to make little** ~ **to do sth** ne pas faire beaucoup d'effort pour faire qch ◆ **little** ~ **has been made to investigate this case** on ne s'est pas vraiment donné la peine d'enquêter sur cette affaire ◆ **he made no** ~ **to be polite** il ne s'est pas donné la peine d'être poli ◆ **he makes no** ~ *(Scol)* il ne fait aucun effort, il ne s'applique pas ◆ **do make some** ~ **to help!** fais un petit effort pour aider !, essaie d'aider un peu ! ◆ **to make the** ~ **to do sth** faire l'effort de faire qch, se donner le mal de faire qch

**effortless** /ˈefətlɪs/ **ADJ** *[movement, style]* fluide ; *[success, victory]* facile ; *[charm, elegance, skill, superiority]* naturel ◆ **with** ~ **ease** avec une parfaite aisance

**effortlessly** /ˈefətlɪslɪ/ **ADV** *[lift, succeed, beat]* sans effort

**effrontery** /ɪˈfrʌntərɪ/ **N** effronterie *f* ◆ **to have the** ~ **to** avoir l'effronterie de

**effusion** /ɪˈfjuːʒən/ **N** *[of liquid]* écoulement *m* ; *[of blood, gas]* effusion *f* ; *(fig)* effusion *f*, épanchement *m*

**effusive** /ɪˈfjuːsɪv/ **ADJ** *[thanks, greeting, welcome]* chaleureux ; *[praise]* enthousiaste ; *[person]* expansif ◆ **to be** ~ **in one's thanks/apologies** se confondre en remerciements/excuses

**effusively** /ɪˈfjuːsɪvlɪ/ **ADV** *[greet, welcome, praise]* avec effusion ◆ **to thank sb** ~ se confondre en remerciements auprès de qn

**E-fit** /ˈiːfɪt/ **N** portrait-robot *m* électronique

**EFL** /ˌiːefˈel/ **N** (abbrev of **English as a Foreign Language**) → **English** ; → TEFL, TESL, TESOL, ELT

**EFT** /ˌiːefˈtiː/ **N** (abbrev of **electronic funds transfer**) TEF *m*, transfert *m* électronique de fonds

**eft** /eft/ **N** *(Zool)* triton *m* (crête), salamandre *f* d'eau

**EFTA** /ˈeftə/ **N** (abbrev of **European Free Trade Association**) AELE *f*, Association *f* européenne de libre-échange

**EFTPOS** /ˈeftpɒs/ **N** (abbrev of **electronic funds transfer at point of sale**) TEF/TPV *m*

**EFTS** /ˌiːeftiːˈes/ **N** (abbrev of **electronic funds transfer system**) → **electronic**

**eg, e.g.** /ˌiːˈdʒiː/ **ADV** (abbrev of **exempli gratia**) *(= for example)* par ex.

**EGA** /ˌiːdʒiːˈeɪ/ **N** (abbrev of **enhanced graphics adaptor**) → **enhance**

**egad** †† /ɪˈgæd/ **EXCL** Dieu du ciel ! †

**egalitarian** /ɪˌgælɪˈtɛərɪən/ **N** égalitariste *mf* **ADJ** *[person]* égalitariste ; *[society, principle, spirit, relationship, policy]* égalitaire

**egalitarianism** /ɪˌgælɪˈtɛərɪənɪzəm/ **N** égalitarisme *m*

**egest** /ɪˈdʒest/ **VT** évacuer

**egg** /eg/ **N** *(Culin, Zool)* œuf *m* ◆ **in the** ~ dans l'œuf ◆ **~s and bacon** œufs *mpl* au bacon ◆ **a three-minute** ~ un œuf à la coque ◆ **to lay an** ~ *(lit) [bird etc]* pondre (un œuf) ; (‡ fig = fail) faire un fiasco *or* un bide ‡ ◆ **to put all one's ~s in one basket** mettre tous ses œufs dans le même panier ◆ **as sure as ~s is**

~s* c'est sûr et certain* ♦ **to have ~ on one's face** *(fig)* avoir l'air plutôt ridicule ♦ **he's a good/bad ~** † * c'est un brave/sale type* ; → **boil¹, Scotch**

VT * pousser, inciter *(to do sth* à faire qch)

COMP ▷ **egg-and-spoon race** N course *f* (à l'œuf et) à la cuillère ▷ **egg custard** N ≈ crème *f* renversée ▷ **egg flip** N lait *m* de poule ▷ **egg roll** N *(= sandwich)* sandwich *m* à l'œuf ; *(Chinese)* pâté *m* impérial ▷ **egg sandwich** N sandwich *m* à l'œuf ▷ **eggs Benedict** N *(NonC: Culin) œufs pochés sur toast et jambon recouverts de sauce hollandaise* ▷ **egg-shaped** ADJ en forme d'œuf, ovoïde ▷ **egg-timer** N *(sand)* sablier *m* ; *(automatic)* minuteur *m* ▷ **egg whisk** N fouet *m* ▷ **egg white** N blanc *m* d'œuf ▷ **egg yolk** N jaune *m* d'œuf

► **egg on** VT SEP pousser, inciter *(to do sth* à faire qch)

**eggbeater** /'egbiːtəʳ/ N *(rotary)* batteur *m* (à œufs) ; *(whisk)* fouet *m* ; *(US* * *= helicopter)* hélico* *m*, hélicoptère *m*

**eggcup** /'egkʌp/ N coquetier *m*

**egghead** * /'eghed/ N intello* *mf*, intellectuel(le) *m(f)*

**eggnog** /'egnɒg/ N lait *m* de poule

**eggplant** /'egplɑːnt/ N *(esp US)* aubergine *f*

**eggshell** /'egʃel/ N coquille *f* (d'œuf) ♦ **when I'm with him I feel I'm walking on ~s** quand je suis avec lui, je marche sur des œufs *or* j'ai toujours peur de dire un mot de travers COMP ▷ **eggshell china** N coquille *f* d'œuf *(porcelaine)* ▷ **eggshell paint** N peinture *f* coquille d'œuf

**egis** /'iːdʒɪs/ N *(US)* ⇒ **aegis**

**eglantine** /'egləntaɪn/ N *(= flower)* églantine *f* ; *(= bush)* églantier *m*

**EGM** /,iːdʒiː'em/ N (abbrev of **extraordinary general meeting**) AGE *f*

**ego** /'iːgəʊ/ N *(= pride)* amour-propre *m* ♦ **the ~** *(Psych)* l'ego *m*, le moi COMP ▷ **ego-surf** VI *naviguer sur Internet à la recherche de son propre nom ou d'éventuels liens vers sa page personnelle* ▷ **ego trip** * N ♦ **having his name all over the papers is a great ~ trip for him** avoir son nom dans tous les journaux flatte son amour-propre ♦ **this lecture is just an ~ trip for him** cette conférence ne sert qu'à flatter son amour-propre

**egocentric(al)** /,egəʊ'sentrɪk(əl)/ ADJ égocentrique

**egocentricity** /,egəʊsen'trɪsɪtɪ/ N égocentrisme *m*

**egoism** /'egəʊɪzəm/ N égoïsme *m*

**egoist** /'egəʊɪst/ N égoïste *mf*

**egoistic(al)** /,egəʊ'ɪstɪk(əl)/ ADJ égoïste

**egomania** /,egəʊ'meɪnɪə/ N manie *f* égocentrique

**egomaniac** /,egəʊ'meɪnɪæk/ N égotiste *mf*

**egotism** /'egəʊtɪzəm/ N égotisme *m*

**egotist** /'egəʊtɪst/ N égotiste *mf*

**egotistic(al)** /,egəʊ'tɪstɪk(əl)/ ADJ égotiste

**egregious** /ɪ'griːdʒəs/ ADJ *(pej)* énorme *(iro)*, fameux* *before n (iro)* ; *[folly]* extrême ; *[blunder]* monumental

**egress** /'iːgres/ N *(gen: frm)* sortie *f*, issue *f* ; *(Astron)* émersion *f*

**egret** /'iːgrɪt/ N aigrette *f*

**Egypt** /'iːdʒɪpt/ N Égypte *f*

**Egyptian** /ɪ'dʒɪpʃən/ ADJ égyptien, d'Égypte N Égyptien(ne) *m(f)*

**Egyptologist** /,iːdʒɪp'tɒlədʒɪst/ N égyptologue *mf*

**Egyptology** /,iːdʒɪp'tɒlədʒɪ/ N égyptologie *f*

**eh** /eɪ/ EXCL **a** *(= what did you say?)* quoi ?, hein ?* **b** ♦ **it's hot, ~?** il fait chaud, n'est-ce pas *or* hein* ?

**eider** /'aɪdəʳ/ N (also **eider duck**) eider *m*

**eiderdown** /'aɪdədaʊn/ N **a** *(= quilt)* édredon *m* **b** *(NonC: down)* duvet *m* (d'eider)

**eidetic** /aɪ'detɪk/ ADJ eidétique

**Eiffel Tower** /,aɪfəl'taʊəʳ/ N tour *f* Eiffel

**Eiger** /'aɪgəʳ/ N Eiger *m*

**eight** /eɪt/ ADJ huit *inv* ♦ **an ~-hour day** *(Ind etc)* la journée de huit heures ♦ **to do** *or* **work ~-hour shifts** *(Ind etc)* faire des postes *mpl or* des roulements *mpl* de huit heures N huit *m inv (also Rowing)* ♦ **he's had one over the ~** * il a du vent dans les voiles*, il a un coup dans le nez* ; → **figure ;** *for other phrases see* **six** PRON huit ♦ **there are ~** il y en a huit

**eighteen** /'eɪ'tiːn/ ADJ dix-huit *inv* N dix-huit *m inv* ; *for phrases see* **six** PRON dix-huit ♦ **there are ~** il y en a dix-huit

**eighteenth** /'eɪ'tiːnθ/ ADJ dix-huitième N dix-huitième *mf* ; *(= fraction)* dix-huitième *m* ; *for phrases see* **sixth**

**eighth** /eɪtθ/ ADJ huitième ♦ **~ note** *(US Mus)* croche *f* N huitième *mf* ; *(= fraction)* huitième *m* ; *for phrases see* **sixth**

**eightieth** /'eɪtɪɪθ/ ADJ quatre-vingtième N quatre-vingtième *mf* ; *(= fraction)* quatre-vingtième *m* ; *for phrases see* **sixth**

**eighty** /'eɪtɪ/ ADJ quatre-vingts *inv* ♦ **about ~ books** environ *or* à peu près quatre-vingts livres N quatre-vingts *m* ♦ **about ~** environ *or* à peu près quatre-vingts ♦ **~-one** quatre-vingt-un ♦ **~-two** quatre-vingt-deux ♦ **~-first** quatre-vingt-unième ♦ **page ~** la page quatre-vingt ; *for other phrases see* **sixty** PRON quatre-vingts ♦ **there are ~** il y en a quatre-vingts COMP ▷ **eighty-six** * VT *(US) (= refuse to serve)* refuser de servir ; *(= eject)* vider*

**Einsteinian** /aɪn'staɪnɪən/ ADJ einsteinien

**einsteinium** /aɪn'staɪnɪəm/ N einsteinium *m*

**Eire** /'eərə/ N République *f* d'Irlande, Eire *f*

**eisteddfod** /aɪ'stedfəd/ N *concours de musique et de poésie en gallois*

**either** /'aɪðəʳ, 'iːðəʳ/ ADJ **a** *(= one or other)* l'un(e) ou l'autre, n'importe lequel (laquelle *f*) (des deux) ♦ **~ day would suit me** l'un ou l'autre jour me conviendrait, l'un de ces deux jours me conviendrait ♦ **I don't like ~ book** je n'aime ni l'un ni l'autre de ces livres ♦ **do it ~ way** faites-le de l'une ou l'autre façon ♦ **~ way *, I can't do anything about it** de toute façon *or* quoi qu'il arrive, je n'y peux rien

**b** *(= each)* chaque ♦ **in ~ hand** dans chaque main ♦ **on ~ side of the street** des deux côtés *or* de chaque côté de la rue ♦ **on ~ side lay fields** de part et d'autre s'étendaient des champs

PRON l'un(e) *m(f)* ou l'autre, n'importe lequel (laquelle *f*) (des deux) ♦ **which bus will you take? – ~** quel bus prendrez-vous ? – n'importe lequel ♦ **there are two boxes on the table, take ~** il y a deux boîtes sur la table, prenez celle que vous voulez *or* n'importe laquelle ♦ **I don't believe ~ of them** je ne les crois ni l'un ni l'autre ♦ **give it to ~ of them** donnez-le soit à l'un soit à l'autre ♦ **if ~ is attacked the other helps him** si l'un des deux est attaqué l'autre l'aide

ADV *(after neg statement)* non plus ♦ **he sings badly and he can't act ~** il chante mal et il ne sait pas jouer non plus *or* et il ne joue pas mieux ♦ **I have never heard of him – no, I haven't ~** je n'ai jamais entendu parler de lui – moi non plus

CONJ **a** ♦ **~ ... or** ou (bien) ... ou (bien), soit ... soit ; *(after neg)* ni ... ni ♦ **he must be ~ lazy or stupid** il doit être ou paresseux ou stupide ♦ **he must ~ change his policy or resign** il faut soit qu'il change *subj* de politique soit qu'il démissionne *subj* ♦ **~ be quiet or go out!** tais-toi ou sors d'ici !, ou (bien) tu te tais ou (bien) tu sors d'ici ! ♦ **I have never been ~ to Paris or to Rome** je ne suis jamais allé ni à Paris ni à Rome ♦ **it was ~ him or his sister** c'était soit lui soit sa sœur, c'était ou (bien) lui ou (bien) sa sœur

**b** *(= moreover)* **she got a sum of money, and not such a small one ~** elle a reçu une somme d'argent, plutôt rondelette d'ailleurs

**ejaculate** /ɪ'dʒækjʊleɪt/ VTI **a** *(= cry out)* s'exclamer, s'écrier **b** *(Physiol)* éjaculer

**ejaculation** /ɪ,dʒækjʊ'leɪʃən/ N **a** *(= cry)* exclamation *f*, cri *m* **b** *(Physiol)* éjaculation *f*

**ejaculatory** /ɪ'dʒækjʊlətərɪ/ ADJ *(Physiol)* éjaculatoire

**eject** /ɪ'dʒekt/ VT *(Aviat, Tech etc)* éjecter ; *[+ tenant, troublemaker]* expulser ; *[+ trespasser]* chasser, éconduire ; *[+ customer]* expulser, vider* VI *[pilot]* s'éjecter

**ejection** /ɪ'dʒekʃən/ N *(NonC) [of person]* expulsion *f* ; *(Aviat, Tech)* éjection *f* COMP ▷ **ejection seat** *(US)* N ⇒ **ejector seat**

**ejector** /ɪ'dʒektəʳ/ N *(Tech)* éjecteur *m* COMP ▷ **ejector seat** N *(Aviat)* siège *m* éjectable

**eke** /iːk/ VT ♦ **to ~ out** *(by adding)* accroître, augmenter ; *(by saving)* économiser, faire durer ♦ **he ~s out his pension by doing odd jobs** il fait des petits travaux pour arrondir sa pension *or* ses fins de mois ♦ **to ~ out a living** *or* **an existence** vivoter

**EKG** /,iːkeɪ'dʒiː/ N *(US)* ⇒ **ECG**

**el** /el/ N *(US)* (abbrev of **elevated railroad**) → **elevated**

**elaborate** /ɪ'læbərɪt/ ADJ *[system, ritual, preparations, drawing, meal, hoax, joke]* élaboré ; *[costume, clothes, style]* recherché ; *[excuse, plan]* compliqué ; *[precautions]* minutieux ♦ **with ~ care** avec un soin minutieux VT /ɪ'læbəreɪt/ élaborer VI /ɪ'læbəreɪt/ donner des détails *(on* sur) entrer dans *or* expliquer les détails *(on* de) COMP ▷ **elaborated code** N *(Ling)* code *m* élaboré

**elaborately** /ɪ'læbərɪtlɪ/ ADV *[decorated, dressed]* avec recherche ; *[carved, planned]* avec minutie

**elaboration** /ɪ,læbə'reɪʃən/ N élaboration *f*

**élan** /eɪ'lɑːn, eɪ'læn/ N allant *m*

**elapse** /ɪ'læps/ VI s'écouler, (se) passer

**elastic** /ɪ'læstɪk/ ADJ élastique *(also fig)* N **a** *(NonC)* élastique *m* **b** (also **baggage** *or* **luggage elastic**) tendeur *m*, sandow ® *m* COMP ▷ **elastic band** N *(esp Brit)* élastique *m* caoutchouc *m* ▷ **elastic stockings** NPL bas *mpl* à varices

**elasticated** /ɪ'læstɪkeɪtɪd/ ADJ *(Brit)* élastiqué, à élastique

**elasticity** /,iːlæs'tɪsɪtɪ/ N *(also Econ)* élasticité *f*

**Elastoplast** ® /ɪ'læstə,plɑːst/ N *(Brit)* sparadrap *m*

**elate** /ɪ'leɪt/ VT transporter, ravir, enthousiasmer

**elated** /ɪ'leɪtɪd/ ADJ transporté *or* rempli de joie ♦ **to be ~** exulter

**elation** /ɪ'leɪʃən/ N allégresse *f*, exultation *f*

**Elba** /ˈelbə/ N (also **the Island of Elba**) (l'île *f* d')Elbe *f*

**Elbe** /elb/ N (also **the River Elbe**) l'Elbe *f*

**elbow** /ˈelbəʊ/ N [*of person, road, river, pipe, garment*] coude *m* ◆ **to lean one's ~s on** s'accouder à *or* sur, être accoudé à ◆ **to lean on one's ~** s'appuyer sur le coude ◆ **at his ~** à ses côtés ◆ **worn at the ~s** usé aux coudes ◆ **to give sb/get the ~** * (*Brit*) [*lover*] plaquer *or* laisser tomber qn*/se faire plaquer‡ ; [*employee*] virer qn*/se faire virer * ◆ **he lifts his ~ a bit** * (*euph hum*) il lève le coude *, il picole‡

VI ◆ **to ~ through** jouer des coudes

VT ◆ **to ~ sb (in the face)** donner à qn un coup de coude (au visage) ◆ **to ~ sb aside** (*lit*) écarter qn du coude *or* d'un coup de coude ; (*fig*) jouer des coudes pour écarter qn ◆ **to ~ one's way through** *etc* ⇒ **to elbow through vi** ◆ **to ~ one's way to the top** (*fig*) jouer des coudes pour arriver au sommet

COMP ▷ **elbow grease** N ◆ **to use a bit of ~ grease** mettre de l'huile de coude * ▷ **elbow joint** N articulation *f* du coude ▷ **elbow-rest** N accoudoir *m* ▷ **elbow room** N ◆ **to have enough ~ room** (*lit*) avoir de la place pour se retourner ; (*fig*) avoir les coudées franches ◆ **to have no ~ room** (*lit*) être à l'étroit ; (*fig*) ne pas avoir les coudées franches, ne pas avoir de liberté d'action

**elder**[1] /ˈeldəʳ/ ADJ aîné (*de deux*) ◆ **my ~ sister** ma sœur aînée ◆ **Pliny the ~** Pline l'Ancien ◆ **Alexander Dumas the ~** Alexandre Dumas père ◆ **~ statesman** vétéran *m* de la politique, homme *m* politique chevronné N a (*= older person*) aîné(e) *m(f)* ◆ **one's ~s and betters** ses aînés b (*Rel etc*) [*of Presbyterian Church*] membre *m* du conseil d'une église presbytérienne ◆ **~s** [*of tribe, Church*] anciens *mpl*

**elder**[2] /ˈeldəʳ/ N (*Bot*) sureau *m*

**elderberry** /ˈeldəberi/ N baie *f* de sureau ◆ **~ wine** vin *m* de sureau

**elderflower** /ˈeldəflaʊəʳ/ N fleur *f* de sureau

**elderly** /ˈeldəli/ ADJ [*person*] âgé ; [*vehicle, machine etc*] plutôt vieux ◆ **he's getting ~** il prend de l'âge, il se fait vieux NPL **the elderly** les personnes *fpl* âgées

**eldest** /ˈeldɪst/ ADJ, N aîné(e) *m(f)* (*de plusieurs*) ◆ **their ~ (child)** leur aîné(e), l'aîné(e) de leurs enfants ◆ **my ~ brother** l'aîné de mes frères

**Eleanor** /ˈelɪnəʳ/ N Éléonore *f* ◆ **~ of Aquitaine** Aliénor d'Aquitaine

**elec** abbrev of **electric, electricity**

**elect** /ɪˈlekt/ VT a (*by vote*) élire ◆ **he was ~ed chairman/MP** il a été élu président/député ◆ **to ~ sb to the senate** élire qn au sénat b (*frm = choose*) **to ~ to smoke/stand/stay** *etc* choisir de *or* décider de fumer/rester debout/rester *etc* ADJ futur *before n* ◆ **the president ~** le président désigné, le futur président NPL **the elect** (*esp Rel*) les élus *mpl* COMP ▷ **elected member** N (*Brit Local Govt*) conseiller *m*, -ère *f* municipal(e) *or* régional(e) ▷ **elected official** N élu(e) *m(f)*

**election** /ɪˈlekʃən/ N élection *f* ◆ **to hold an ~** tenir une élection ◆ **to stand for ~ (to Parliament)** se présenter aux élections législatives ◆ **her ~ as Tory leader** son élection à la tête du parti conservateur ◆ **his ~ to the presidency** son élection à la présidence ; → **general** COMP [*speech, agent*] électoral ; [*day, results*] du scrutin ; [*publication*] de propagande électorale ▷ **election campaign** N campagne *f* électorale ▷ **elections judge** N (*US Pol*) scrutateur *m*, -trice *f*

**electioneer** /ɪˌlekʃəˈnɪəʳ/ VI mener une campagne électorale, faire de la propagande électorale

**electioneering** /ɪˌlekʃəˈnɪərɪŋ/ N (*= campaign*) campagne *f* électorale ; (*= propaganda*) propagande *f* électorale COMP [*propaganda, publicity*] électoral ; [*speech*] de propagande électorale

**elective** /ɪˈlektɪv/ ADJ a (*frm = elected*) [*post, official, body, democracy, dictatorship*] électif ◆ **to hold ~ office** (*US*) avoir une fonction élective b (*frm = with power to elect*) [*body, assembly, power*] électoral c (*Med*) [*surgery*] non urgent d (*esp US Scol, Univ*) [*course*] facultatif ; [*subject*] facultatif, en option N (*US Scol, Univ*) (*= course*) cours *m* facultatif

**elector** /ɪˈlektəʳ/ N (*gen, Parl*) électeur *m*, -trice *f* ; (*US Parl*) membre *m* du collège électoral ◆ **Elector** (*Hist*) Électeur *m*, prince *m* électeur

**electoral** /ɪˈlektərəl/ ADJ électoral

COMP ▷ **electoral boundaries** NPL limites *fpl* des circonscriptions (électorales) ▷ **electoral college** N collège *m* électoral ▷ **electoral district, electoral division** N (*US*) circonscription *f* (électorale) ▷ **the electoral map** N (*US*) la carte électorale ▷ **electoral register, electoral roll** N liste *f* électorale ▷ **electoral vote** N (*US*) vote *m* des grands électeurs

> **Electoral College**
>
> Selon la constitution des États-Unis, les Américains n'élisent pas directement leur président et leur vice-président, mais élisent des grands électeurs qui forment ensemble le collège électoral et qui s'engagent à voter pour tel ou tel candidat. Chaque grand électeur dispose d'un certain nombre de voix, compris entre 3 et 54 selon l'importance démographique de l'État qu'il représente.

**electorally** /ɪˈlektərəli/ ADV sur le plan électoral

**electorate** /ɪˈlektərɪt/ N électorat *m*, électeurs *mpl*

**Electra** /ɪˈlektrə/ N Électre *f* COMP ▷ **Electra complex** N (*Psych*) complexe *m* d'Électre

**electric** /ɪˈlektrɪk/ ADJ électrique ◆ **the atmosphere was ~** l'ambiance était électrique

NPL **the electrics** * (*Brit*) l'installation *f* électrique

COMP ▷ **electric arc welding** N soudure *f* électrique à l'arc ▷ **electric blanket** N couverture *f* chauffante ▷ **electric blue** N bleu *m* électrique ▷ **electric-blue** ADJ bleu électrique *inv* ▷ **electric chair** N chaise *f* électrique ▷ **electric charge** N charge *f* électrique ▷ **electric current** N courant *m* électrique ▷ **electric eel** N (*Zool*) anguille *f* électrique, gymnote *m* ▷ **electric eye** N cellule *f* photoélectrique ▷ **electric fence** N clôture *f* électrifiée ▷ **electric field** N champ *m* électrique ▷ **electric fire** N (*Brit*) radiateur *m* électrique ▷ **electric furnace** N four *m* électrique ▷ **electric guitar** N guitare *f* électrique ▷ **electric heater** N ⇒ **electric fire** ▷ **electric light** N lumière *f* électrique ; (*NonC = lighting*) éclairage *m* électrique ▷ **electric mixer** N mixeur *m* ▷ **electric organ** N (*Mus*) orgue *m* électrique ; (*in fish*) organe *m* électrique ▷ **electric piano** N piano *m* électrique ▷ **electric potential** N potentiel *m* électrique ▷ **electric ray** N (*Zool*) raie *f* électrique ▷ **electric shock** N décharge *f* électrique ◆ **to get an ~ shock** recevoir une décharge électrique ◆ **to give sb an ~ shock** donner une décharge électrique à qn ◆ **~ shock treatment** * (*Med*) (traitement *m* par) électrochocs *mpl* ▷ **electric socket** N prise *f* électrique *or* de courant ▷ **electric storm** N orage *m* (électrique) ▷ **electric welding** N soudure *f* électrique ▷ **electric wiring** N installation *f* électrique

**electrical** /ɪˈlektrɪkəl/ ADJ électrique COMP ▷ **electrical engineer** N ingénieur *m* électricien ▷ **electrical engineering** N électrotechnique *f* ▷ **electrical failure** N panne *f* dans le circuit électrique ▷ **electrical fault** N défaut *m* du circuit électrique ▷ **electrical fitter** N monteur *m* électricien ▷ **electrical power** N électricité *f* ▷ **electrical storm** N orage *m* (électrique)

**electrically** /ɪˈlektrɪkəli/ ADV [*heated*] à l'électricité ; [*charged, neutral, self-sufficient*] électriquement ◆ **~ controlled** à commande électrique ◆ **~ operated** *or* **powered** électrique

**electrician** /ɪlekˈtrɪʃən/ N électricien *m*

**electricity** /ɪlekˈtrɪsɪti/ N (*gen*) électricité *f* ◆ **to switch off/on the ~** (*also fig*) couper/rétablir le courant *or* l'électricité ; → **supply**[1] COMP ▷ **electricity board** N (*Brit*) office *m* régional de l'électricité ▷ **electricity strike** N grève *f* des employés de l'électricité

**electrification** /ɪˌlektrɪfɪˈkeɪʃən/ N électrification *f*

**electrify** /ɪˈlektrɪfaɪ/ VT a (*Rail*) électrifier ; (*= charge with electricity*) électriser ◆ **to be electrified** [*village etc*] avoir l'électricité b (*fig*) [*+ audience*] électriser, galvaniser COMP ▷ **electrified fence** N barrière *f* électrifiée

**electrifying** /ɪˈlektrɪfaɪɪŋ/ ADJ (*fig*) électrisant, galvanisant

**electro...** /ɪˌlektrəʊ/ PREF électro...

**electrocardiogram** /ɪˌlektrəʊˈkɑːdɪəgræm/ N électrocardiogramme *m*

**electrocardiograph** /ɪˌlektrəʊˈkɑːdɪəgræf/ N électrocardiographe *m*

**electrochemical** /ɪˌlektrəʊˈkemɪkəl/ ADJ électrochimique

**electrochemistry** /ɪˌlektrəʊˈkemɪstrɪ/ N électrochimie *f*

**electroconvulsive therapy** /ɪˈlektrəʊkənˌvʌlsɪvˈθerəpɪ/ N (traitement *m* par) électrochocs *mpl* ◆ **to give sb/have ~** traiter qn/être traité par électrochocs

**electrocute** /ɪˈlektrəkjuːt/ VT électrocuter

**electrocution** /ɪˌlektrəˈkjuːʃən/ N électrocution *f*

**electrode** /ɪˈlektrəʊd/ N électrode *f*

**electrodialysis** /ɪˌlektrəʊdaɪˈælɪsɪs/ N électrodialyse *f*

**electrodynamic** /ɪˌlektrəʊdaɪˈnæmɪk/ ADJ électrodynamique

**electrodynamics** /ɪˌlektrəʊdaɪˈnæmɪks/ N (*NonC*) électrodynamique *f*

**electrodynamometer** /ɪˌlektrəʊˌdaɪnəˈmɒmɪtəʳ/ N électrodynamomètre *m*

**electroencephalogram** /ɪˌlektrəʊenˈsefələˌgræm/ N électro-encéphalogramme *m*

**electroencephalograph** /ɪˌlektrəʊenˈsefələˌgræf/ N *appareil permettant de faire des électro-encéphalogrammes*

**electroencephalography** /ɪˈlektrəʊˌɪnsefəˈlɒgrəfɪ/ N électro-encéphalographie *f*

**electroforming** /ɪˈlektrəʊˌfɔːmɪŋ/ N électroformage *m*

**electrolyse** /ɪˈlektrəʊˌlaɪz/ VT électrolyser

**electrolyser** /ɪˈlektrəʊˌlaɪzəʳ/ N électrolyseur *m*

**electrolysis** /ɪlekˈtrɒlɪsɪs/ N électrolyse *f*

**electrolyte** /ɪˈlektrəʊˌlaɪt/ N électrolyte *m*

**electrolytic** /ɪˌlektrəʊˈlɪtɪk/ ADJ électrolytique

**electrolyze** /ɪˈlektrəʊˌlaɪz/ VT *(US)* ⇒ **electrolyse**

**electromagnet** /ɪˌlektrəʊˈmægnɪt/ N électroaimant *m*

**electromagnetic** /ɪˌlektrəʊmægˈnetɪk/ ADJ électromagnétique

**electromagnetism** /ɪˌlektrəʊˈmægnɪˌtɪzəm/ N électromagnétisme *m*

**electromechanical** /ɪˌlektrəʊmɪˈkænɪkəl/ ADJ électromécanique

**electromechanics** /ɪˌlektrəʊmɪˈkænɪks/ N *(NonC)* électromécanique *f*

**electrometallurgical** /ɪˌlektrəʊˌmetəˈlɜːdʒɪkəl/ ADJ électrométallurgique

**electrometallurgist** /ɪˌlektrəʊmɪˈtælədʒɪst/ N électrométallurgiste *m*

**electrometallurgy** /ɪˌlektrəʊmɪˈtælədʒɪ/ N électrométallurgie *f*

**electrometer** /ɪlekˈtrɒmɪtəʳ/ N électromètre *m*

**electromotive** /ɪˌlektrəʊˈməʊtɪv/ ADJ électromoteur (-trice *f*)

**electron** /ɪˈlektrɒn/ **1** N électron *m* **2** COMP *[telescope]* électronique ▷ **electron beam** N faisceau *m* électronique ▷ **electron camera** N caméra *f* électronique ▷ **electron engineering** N génie *m* électronique ▷ **electron gun** N canon *m* à électrons ▷ **electron microscope** N microscope *m* électronique

**electronegative** /ɪˌlektrəʊˈnegətɪv/ ADJ électronégatif

**electronic** /ɪlekˈtrɒnɪk/ **1** ADJ électronique **2** COMP ▷ **the electronic age** N l'ère *f* de l'électronique ▷ **electronic banking** N opérations *fpl* bancaires électroniques ▷ **electronic data processing** N traitement *m* électronique de l'information *or* des données ▷ **electronic engineer** N ingénieur *m* électronicien, électronicien(ne) *m(f)* ▷ **electronic engineering** N électronique *f* ▷ **electronic flash** N *(Phot)* flash *m* électronique ▷ **electronic funds transfer** N transfert *m* électronique de fonds ▷ **electronic funds transfer system** N système *m* de transfert électronique de fonds ▷ **electronic game** N jeu *m* électronique ▷ **electronic ink** N encre *f* électronique ▷ **electronic keyboard** N clavier *m* électronique ▷ **electronic mail** N courrier *m* électronique ▷ **electronic mailbox** N boîte *f* aux lettres électronique ▷ **electronic music** N musique *f* électronique ▷ **electronic news gathering** N journalisme *m* électronique ▷ **electronic organ** N orgue *m* électronique ▷ **electronic point of sale** N point *m* de vente électronique ▷ **electronic publishing** N édition *f* électronique ▷ **electronic surveillance** N surveillance *f* électronique ▷ **electronic tag** N *(on prisoner)* étiquette *f* électronique ▷ **electronic tagging** N *(of prisoner)* étiquetage *m* électronique ▷ **electronic transfer of funds** N transfert *m* électronique de fonds ▷ **electronic typewriter** N machine *f* à écrire électronique

**electronically** /ɪlekˈtrɒnɪkəlɪ/ ADV électroniquement

**electronics** /ɪlekˈtrɒnɪks/ N *(NonC)* électronique *f* ◆ **~ engineer** ingénieur *m* électronicien, électronicien(ne) *m(f)*

**electrophysiological** /ɪˌlektrəʊˌfɪzɪəʊˈlɒdʒɪkəl/ ADJ électrophysiologique

**electrophysiologist** /ɪˌlektrəʊˌfɪzɪˈɒlədʒɪst/ N électrophysiologiste *mf*

**electrophysiology** /ɪˌlektrəʊˌfɪzɪˈɒlədʒɪ/ N électrophysiologie *f*

**electroplate** /ɪˈlektrəʊpleɪt/ **1** VT plaquer par galvanoplastie ; *(with gold)* dorer par galvanoplastie ; *(with silver)* argenter par galvanoplastie ◆ **~d nickel silver** ruolz *m* **2** N *(NonC)* articles *mpl* plaqués *etc* par galvanoplastie ; *(= silver)* articles *mpl* de ruolz

**electroplating** /ɪˈlektrəʊˌpleɪtɪŋ/ N *(= process)* galvanoplastie *f*

**electropositive** /ɪˌlektrəʊˈpɒzɪtɪv/ ADJ électropositif

**electropuncture** /ɪˌlektrəʊˈpʌŋktʃəʳ/ N électroponcture *or* électropuncture *f*

**electroshock** /ɪˈlektrəʊʃɒk/ **1** N électrochoc *m* **2** COMP ▷ **electroshock baton** N matraque *f* électrique ▷ **electroshock therapy, electroshock treatment** N (traitement *m* par) électrochocs *mpl* ◆ **to give sb ~ therapy** *or* **treatment** traiter qn par électrochocs

**electrostatic** /ɪˌlektrəʊˈstætɪk/ ADJ électrostatique

**electrostatics** /ɪˌlektrəʊˈstætɪks/ N *(NonC)* électrostatique *f*

**electrosurgery** /ɪˌlektrəʊˈsɜːdʒərɪ/ N électrochirurgie *f*

**electrotechnological** /ɪˌlektrəʊˌteknəˈlɒdʒɪkəl/ ADJ électrotechnique

**electrotechnology** /ɪˌlektrəʊtekˈnɒlədʒɪ/ N électrotechnique *f*

**electrotherapeutics** /ɪˌlektrəʊˌθerəˈpjuːtɪks/ N *(NonC)* électrothérapie *f*

**electrotherapist** /ɪˌlektrəʊˈθerəpɪst/ N électrothérapeute *mf*

**electrotherapy** /ɪˌlektrəʊˈθerəpɪ/ N électrothérapie *f*

**electrotype** /ɪˈlektrəʊˌtaɪp/ **1** N galvanotype *m* **2** VT clicher par galvanotypie

**electrovalent bond** /ɪˌlektrəʊˈveɪləntbɒnd/ N liaison *f* électrostatique

**electrum** /ɪˈlektrəm/ N électrum *m*

**eleemosynary** /ˌelɪiːˈmɒsɪnərɪ/ ADJ *(frm)* de bienfaisance, charitable

**elegance** /ˈelɪgəns/ N *(NonC)* élégance *f*

**elegant** /ˈelɪgənt/ ADJ *(lit, fig)* élégant

**elegantly** /ˈelɪgəntlɪ/ ADV *[dressed]* élégamment, avec élégance ; *[furnished, decorated]* élégamment ; *[written, described]* dans un style élégant ◆ **an ~ simple room** une pièce élégante par sa simplicité ◆ **an ~ simple idea** une idée d'une élégante simplicité

**elegiac** /ˌelɪˈdʒaɪək/ **1** ADJ élégiaque **2** NPL **elegiacs** poèmes *mpl* élégiaques **3** COMP ▷ **elegiac couplet** N distique *m* élégiaque ▷ **elegiac stanza** N strophe *f* élégiaque

**elegy** /ˈelɪdʒɪ/ N élégie *f*

**element** /ˈelɪmənt/ N **a** *(Chem, Gram, Med, Phys)* élément *m* ; *(Elec) [of heater, kettle]* résistance *f* ◆ **the ~s** *(Met)* les éléments *mpl* ◆ **the four ~s** *(= earth, air, fire, water)* les quatre éléments *mpl* ◆ **to be in/out of one's ~** être/ne pas être dans son élément ◆ **the ~s of mathematics** les éléments *mpl or* les rudiments *mpl* des mathématiques

**b** *(= aspect)* dimension *f* ; *(= factor)* élément *m*, facteur *m* ; *(= small part)* part *f* ; *(= group)* élément *m*, composante *f* ◆ **the comic/tragic/sexual ~ in his poetry** la dimension comique/tragique/sexuelle dans sa poésie ◆ **the human ~** l'élément *m* humain ◆ **one of the key ~s of the peace plan** un des éléments clés du plan de paix ◆ **the ~ of chance** le facteur chance ◆ **it's the personal ~ that matters** c'est le rapport personnel qui compte ◆ **an ~ of danger/truth** une part de danger/de vérité ◆ **the communist ~ in the trade unions** la composante communiste dans les syndicats ◆ **the hooligan ~** les éléments *mpl* incontrôlés, les hooligans *mpl* ◆ **the criminal ~** les (éléments *mpl*) criminels *mpl*

**c** *(Rel)* ◆ **the Elements** les espèces *fpl*

**elemental** /ˌelɪˈmentl/ ADJ **a** *(liter = primal) [drive, need]* fondamental ; *[truth]* fondamental, premier *after n* ; *[emotion]* brute ◆ **the ~ violence/fury of the storm** la violence/fureur brute de l'orage **b** *(Chem, Phys, Astron)* élémentaire

**elementary** /ˌelɪˈmentərɪ/ **1** ADJ élémentaire ◆ **~ geometry course** cours *m* de géométrie élémentaire ◆ **~, my dear Watson!** élémentaire, mon cher Watson ! **2** COMP ▷ **elementary education** †† N ≈ enseignement *m* primaire ▷ **elementary particle** N *(Phys)* particule *f* élémentaire *or* fondamentale ▷ **elementary school** † N école *f* primaire ▷ **elementary schooling** † N enseignement *m* primaire ▷ **elementary student** N *(US)* ≈ élève *mf* du primaire ▷ **elementary teacher** N *(US Educ)* professeur *m* des écoles

**elephant** /ˈelɪfənt/ **1** N (pl **elephants** *or* **elephant**) éléphant *m* ◆ **bull/cow ~** éléphant *m* mâle/femelle ◆ **African/Indian ~** éléphant *m* d'Afrique/d'Asie ; → **white 2** COMP ▷ **elephant seal** N éléphant *m* de mer

**elephantiasis** /ˌelɪfənˈtaɪəsɪs/ N éléphantiasis *f*

**elephantine** /ˌelɪˈfæntaɪn/ ADJ *(= large)* éléphantesque ; *(= heavy, clumsy)* gauche, lourd ; *[wit]* lourd

**elevate** /ˈelɪveɪt/ VT hausser, élever *(also Rel)*; *(fig) [+ voice]* hausser ; *[+ mind]* élever ; *[+ soul]* élever, exalter ◆ **to ~ to the peerage** élever à la pairie, anoblir

**elevated** /ˈelɪveɪtɪd/ **1** ADJ **a** *(= exalted) [position, status, rank, tone, style, thoughts]* élevé **b** *(= raised) [position, platform, walkway, track]* surélevé **2** COMP ▷ **elevated railroad** N *(US)* métro *m* aérien ▷ **elevated train** N *(US)* rame *f* de métro aérien

**elevating** /ˈelɪveɪtɪŋ/ ADJ *[reading]* qui élève l'esprit

**elevation** /ˌelɪˈveɪʃən/ N **a** *(NonC = raising) [of person, standards, temperature] (also Astron, Rel, Shooting, Surv)* élévation *f* ; *[of blood pressure]* augmentation *f* ◆ **her ~ to the Cabinet/to the rank of Prime Minister** son accession au gouvernement/au rang de Premier ministre ◆ **his ~ to the papacy/to the peerage** son accession à la dignité de pape/au rang de pair ◆ **the ~ of trash to the status of fine art** la camelote élevée au rang des beaux-arts ◆ **angle of ~** *(Shooting)* angle *m* de hausse

**b** *(frm = hill, rise)* hauteur *f*, élévation *f*

**c** *(= altitude)* altitude *f* ◆ **at an ~ of ...** à une altitude de ...

**d** *(Archit) (= drawing)* élévation *f* ; *(= façade) [of building]* façade *f* ◆ **front/north ~** élévation *f* frontale/nord ◆ **sectional ~** coupe *f* (verticale)

**e** *(NonC: frm = loftiness) [of mind, spirit]* élévation *f*

**elevator** /ˈelɪveɪtəʳ/ **1** N **a** *(esp US = lift)* ascenseur *m* ; *(= hoist)* monte-charge *m inv* **b**

*(US = grain storehouse)* silo *m* (à élévateur pneumatique) **c** *(Aviat)* gouvernail *m* de profondeur **d** *(US:* also **elevator shoe***)* soulier *m* à talonnette **COMP** ▷ **elevator car** N *(US)* cabine *f* d'ascenseur ▷ **elevator operator** N *(US)* liftier *m*, -ière *f* ▷ **elevator shaft** N *(US)* cage *f* d'ascenseur

**eleven** /ɪ'levn/ **ADJ** onze *inv* **N** **a** *(= number)* onze *m inv* ◆ **number** ~ le numéro onze, le onze ◆ **the** ~ **plus** *(Brit Scol)* ≃ l'examen *m* d'entrée en sixième **b** *(Sport)* **the French** ~ le onze de France ◆ **the first** ~ le onze, la première équipe ◆ **the second** ~ la deuxième équipe ; *for other phrases see* **six** **PRON** onze ◆ **there are** ~ il y en a onze

**elevenses** * /ɪ'levnzɪz/ **NPL** *(Brit)* ≃ pause-café *f (dans la matinée)*

**eleventh** /ɪ'levnθ/ **ADJ** onzième ◆ **at the** ~ **hour** *(fig)* à la onzième heure, à la dernière minute **N** onzième *mf* ; *(= fraction)* onzième *m* ; *for phrases see* **sixth**

**elf** /elf/ **N** (pl **elves**) *(lit)* elfe *m*, lutin *m*, farfadet *m* ; *(fig)* lutin *m*

**elfin** /'elfɪn/ **ADJ** **a** *(= delicately attractive) [person]* aux traits délicats ; *[face]* délicat **b** *(Myth) [light, music, dance, creature]* féerique

**El Greco** /el'grekəʊ/ **N** le Greco

**elicit** /ɪ'lɪsɪt/ **VT** *[+ reply, explanation, information]* obtenir (*from* de) ; *[+ reaction, support]* susciter (*from* de la part de) ; *[+ admission, promise]* arracher (*from* à) ◆ **to** ~ **sympathy from sb** s'attirer la sympathie de qn ◆ **to** ~ **public sympathy** s'attirer la sympathie du public ◆ **to** ~ **the facts of a case** tirer une affaire au clair ◆ **to** ~ **the truth about a case** jeter la lumière sur une affaire

**elide** /ɪ'laɪd/ **VT** **a** *(Ling)* élider ◆ **to be** ~**d** s'élider **b** *[+ distinctions]* gommer

**eligibility** /ˌelɪdʒə'bɪlɪtɪ/ **N** *(for election)* éligibilité *f* ; *(for employment)* admissibilité *f*

**eligible** /'elɪdʒəbl/ **ADJ** *(for membership, office)* éligible (*for* à) ; *(for job)* admissible (*for* à) ◆ **to be** ~ **for a pension** avoir droit à la retraite, pouvoir faire valoir ses droits à la retraite *(frm)* ◆ **to be** ~ **for promotion** remplir les *or* satisfaire aux conditions requises pour obtenir de l'avancement ◆ **an** ~ **bachelor** un beau *or* bon parti ◆ **he's very** ~ * c'est un très bon parti

**Elijah** /ɪ'laɪdʒə/ **N** Élie *m*

**eliminate** /ɪ'lɪmɪneɪt/ **VT** **a** *[+ alternative, suspicion, competitor, candidate]* éliminer, écarter ; *[+ possibility]* écarter, exclure ; *[+ competition, opposition, suspect]* éliminer ; *[+ mark, stain]* enlever, faire disparaître ; *[+ bad language, expenditure, detail]* éliminer, supprimer ; *(Math, Physiol)* éliminer **b** *(* = kill)* supprimer, éliminer

**elimination** /ɪˌlɪmɪ'neɪʃən/ **N** élimination *f* ◆ **by (the process of)** ~ par élimination

**eliminator** /ɪ'lɪmɪneɪtər/ **N** *(Sport)* (épreuve *f*) éliminatoire *f*

**Elisha** /ɪ'laɪʃə/ **N** Élisée *m*

**elision** /ɪ'lɪʒən/ **N** élision *f*

**elite** /ɪ'liːt/ **N** *(= select group)* élite *f* **ADJ** **a** *(= select) [group, unit, force, troops]* d'élite ; *[school, university]* prestigieux **b** *(Typ)* élite *inv*

**elitism** /ɪ'liːtɪzəm/ **N** élitisme *m*

**elitist** /ɪ'liːtɪst/ **ADJ, N** élitiste *mf*

**elixir** /ɪ'lɪksər/ **N** élixir *m* ◆ **the** ~ **of life** l'élixir *m* de (longue) vie ◆ ~ **of youth** élixir *m* de jeunesse

**Elizabeth** /ɪ'lɪzəbəθ/ **N** Élisabeth *f*

**Elizabethan** /ɪˌlɪzə'biːθən/ **ADJ** élisabéthain **N** Élisabéthain(e) *m(f)*

**elk** /elk/ **N** (pl **elk** *or* **elks**) *(Zool)* élan *m* ◆ **Canadian** ~ orignac *m (Can)*, orignal *m*

**ellipse** /ɪ'lɪps/ **N** *(Math)* ellipse *f*

**ellipsis** /ɪ'lɪpsɪs/ **N** (pl **ellipses** /ɪ'lɪpsiːz/) *(Gram)* ellipse *f*

**ellipsoid** /ɪ'lɪpsɔɪd/ **ADJ, N** ellipsoïde *m*

**elliptic(al)** /ɪ'lɪptɪk(əl)/ **ADJ** *(Gram, Math, fig)* elliptique

**elliptically** /ɪ'lɪptɪk(ə)lɪ/ **ADV** **a** *(= in elliptical path) [move]* en ellipse **b** *(= not explicitly) [speak, write]* de manière elliptique

**elm** /elm/ **N** *(= tree, wood)* orme *m* ◆ **young** ~ ormeau *m* ; → **Dutch**

**elocution** /ˌelə'kjuːʃən/ **N** élocution *f*, diction *f*

**elocutionist** /ˌelə'kjuːʃənɪst/ **N** *(= teacher)* professeur *m* d'élocution *or* de diction ; *(= entertainer)* diseur *m*, -euse *f*

**elongate** /'iːlɒŋgeɪt/ **VT** *(gen)* allonger, étirer ; *[+ line]* prolonger **VI** s'allonger, s'étirer

**elongation** /ˌiːlɒŋ'geɪʃən/ **N** *(gen)* allongement *m* ; *[of line etc]* prolongement *m* ; *(Astron, Med)* élongation *f*

**elope** /ɪ'ləʊp/ **VI** *[man, woman]* s'enfuir ◆ **they** ~**d** ils se sont enfuis ensemble

**elopement** /ɪ'ləʊpmənt/ **N** fugue *f* (amoureuse)

**eloquence** /'eləkwəns/ **N** éloquence *f*

**eloquent** /'eləkwənt/ **ADJ** *[person, speech, look, gesture, silence, proof]* éloquent ; *[hands]* expressif ◆ **to be** ~ **about** *or* **on sth** parler avec éloquence de qch ; → **wax²**

**eloquently** /'eləkwəntlɪ/ **ADV** *[speak, express]* éloquemment, avec éloquence ; *[write]* avec éloquence ; *[demonstrate]* éloquemment

**El Salvador** /el'sælvəˌdɔːr/ **N** Salvador *m* ◆ **to** ~ au Salvador ◆ **in** ~ au Salvador

**else** /els/ **ADV** ◆ **if all** ~ **fails** si rien d'autre ne marche ◆ **how** ~ **can I do it?** comment est-ce que je peux le faire autrement ? ◆ **there is little** ~ **to be done** il ne reste pas grand-chose d'autre à faire ◆ **they sell books and toys and much** ~ **(besides)** ils vendent des livres, des jouets et bien d'autres choses (encore) ◆ **not much** ~ pas grand-chose d'autre ◆ **what** ~**?** quoi d'autre ? ◆ **what** ~ **could I do?** que pouvais-je faire d'autre ? ◆ **where** ~**?** à quel autre endroit ? ◆ **who** ~**?** qui d'autre ?

♦ **anybody/anything** *etc* **else** ◆ **anybody** ~ **would have done it** n'importe qui d'autre l'aurait fait ◆ **is there anybody** ~ **there?** y a-t-il quelqu'un d'autre ? ◆ **I'd prefer anything** ~ tout mais pas ça ! ◆ **have you anything** ~ **to say?** avez-vous quelque chose à ajouter ? ◆ **anything** ~**?** *(= have you anything more to tell, me, give me etc)* c'est tout ? ; *(in shop)* ce sera tout ? ◆ **will there be anything** ~ **sir?** désirez-vous autre chose monsieur ? ◆ **I couldn't do anything** ~ **but leave** il ne me restait plus qu'à partir ◆ **can you do it anywhere** ~**?** pouvez-vous le faire ailleurs ? ◆ **you won't find this flower anywhere** ~ vous ne trouverez cette fleur nulle part ailleurs

♦ **nobody/nothing** *etc* **else** ◆ **nobody** *or* **no one** ~ personne d'autre ◆ **nothing** ~ rien d'autre ◆ **it was fun if nothing** ~ au moins on s'est amusé ◆ **we could do nothing** ~ *(= nothing more)* nous ne pouvions rien faire de plus ; *(= no other thing)* nous ne pouvions rien faire d'autre ◆ **there's nothing** ~ **for it** c'est inévitable ◆ **nowhere** ~ nulle part ailleurs ◆ **she had nowhere** ~ **to go** c'est le seul endroit où elle pouvait aller

♦ **someone/something** *etc* **else** ◆ **someone** *or* **somebody** ~ quelqu'un d'autre ◆ **may I speak to someone** ~**?** puis-je parler à quelqu'un d'autre ? ◆ **this is someone** ~**'s umbrella** c'est le parapluie de quelqu'un d'autre ◆ **something** ~ autre chose ◆ **she is/it is something** ~ * *(fig)* elle est/c'est vraiment fantastique * ◆ **somewhere** ~, **someplace** ~ *(US)* ailleurs, autre part

♦ **or else** ou bien, sinon, autrement ◆ **do it or** ~ **let me** faites-le, ou bien laissez-moi faire ◆ **do it now or** ~ **you'll be punished** fais-le tout de suite, sinon tu seras puni ◆ **do it or** ~**!** * vous avez intérêt à le faire !

**elsewhere** /ˌels'wɛər/ **ADV** ailleurs, autre part ◆ **from** ~ (venu) d'ailleurs ◆ **to go** ~ aller ailleurs

**ELT** /ˌiːel'tiː/ **N** (abbrev of **English Language Teaching**) → **English** ; → TEFL, TESL, TESOL, ELT

**elucidate** /ɪ'luːsɪdeɪt/ **VT** *[+ text]* élucider ; *[+ mystery]* élucider, tirer au clair

**elucidation** /ɪˌluːsɪ'deɪʃən/ **N** élucidation *f*

**elude** /ɪ'luːd/ **VT** *[+ enemy, pursuit, arrest]* échapper à ; *[+ question]* éluder ; *[+ police, justice]* se dérober à ◆ **to** ~ **sb's grasp** échapper aux mains de qn ◆ **the name** ~**s me** le nom m'échappe ◆ **success** ~**d him** le succès restait hors de sa portée ◆ **sleep** ~**d her** elle n'arrivait pas à trouver le sommeil

**elusive** /ɪ'luːsɪv/ **ADJ** *[person]* difficile à joindre ; *[animal, truth, happiness]* insaisissable ; *[quality]* indéfinissable ; *[goal, target, success, happiness]* difficile à atteindre ◆ **the bombers have proved** ~ **so far** les poseurs de bombe ont jusqu'ici échappé aux recherches

**elusively** /ɪ'luːsɪvlɪ/ **ADV** ◆ **to behave** ~ se dérober ◆ **... he said** ~ ... dit-il pour s'esquiver *or* pour éluder la question

**elusiveness** /ɪ'luːsɪvnɪs/ **N** nature *f* insaisissable, caractère *m* évasif

**elusory** /ɪ'luːsərɪ/ **ADJ** ⇒ **elusive**

**elver** /'elvər/ **N** civelle *f*

**elves** /elvz/ **NPL** of **elf**

**Elysian** /ɪ'lɪzɪən/ **ADJ** élyséen

**elytron** /'elɪtrɒn/ **N** (pl **elytra** /'elɪtrə/) élytre *m*

**EM** /ˌiː'em/ **N** *(US)* **a** (abbrev of **Engineer of Mines**) → **engineer** **b** (abbrev of **enlisted man**) → **enlist**

**em** /em/ **N** *(Typ)* cicéro *m*

**'em** * /əm/ **PERS PRON** ⇒ **them**

**emaciated** /ɪ'meɪsɪeɪtɪd/ **ADJ** *[person, face]* émacié ; *[limb]* décharné ◆ **to become** ~ s'émacier

**emaciation** /ɪˌmeɪsɪ'eɪʃən/ **N** émaciation *f*, amaigrissement *m*

**email, e-mail** /'iːmeɪl/ **N** *(Comput)* (abbrev of **electronic mail**) e-mail *m*, courrier *m* électronique, courriel *m (Can)* **VT** ◆ **to** ~ **sb** envoyer un courrier électronique *or* un e-mail à qn ◆ **to** ~ **sth** envoyer qch par courrier électronique

**emanate** /'eməneɪt/ **VI** *[light, odour]* émaner (*from* de) ; *[rumour, document, instruction]* émaner, provenir (*from* de)

**emanation** /ˌemə'neɪʃən/ **N** émanation *f*

**emancipate** /ɪ'mænsɪpeɪt/ **VT** *[+ women]* émanciper ; *[+ slaves]* affranchir ; *(fig)* émanciper, affranchir, libérer (*from* de) ◆ **to be** ~**d from sth** s'affranchir *or* s'émanciper de qch

**emancipated** /ɪ'mænsɪpeɪtɪd/ **ADJ** *(fig)* émancipé, libéré

**emancipation** /ɪˌmænsɪ'peɪʃən/ **N** *(NonC) [of mankind, women]* émancipation *f* ; *[of slaves]* affranchissement *m*, émancipation *f* ◆ **black/female** ~ émancipation *f* des Noirs/de la femme

**emasculate** /ɪ'mæskjʊleɪt/ **VT** *(lit, fig)* émasculer **ADJ** /ɪ'mæskjʊlɪt/ *(lit, fig)* émasculé

**emasculation** /ɪˌmæskjʊˈleɪʃən/ N *(lit, fig)* émasculation *f*

**embalm** /ɪmˈbɑːm/ VT *(all senses)* embaumer

**embalmer** /ɪmˈbɑːmə^r/ N embaumeur *m*

**embalming** /ɪmˈbɑːmɪŋ/ N embaumement *m* COMP ▷ **embalming fluid** N bain *m* de natron

**embankment** /ɪmˈbæŋkmənt/ N *[of path, railway line]* talus *m*, remblai *m* ; *[of road]* banquette *f* (de sûreté) ; *[of canal, dam]* digue *f*, chaussée *f* (de retenue) ; *[of river]* *(= mound of earth)* berge *f* ; *(= wall of earth)* quai *m* ◆ **the Embankment** *(in London) l'un des quais le long de la Tamise*

**embargo** /ɪmˈbɑːgəʊ/ N (pl **embargoes**) a *(Pol, Comm, Naut etc)* embargo *m* ◆ **to impose an ~ on** *[+ country etc]* imposer un embargo contre ; *[+ goods]* imposer un embargo sur ◆ **arms ~** embargo *m* sur les armes ◆ **an oil ~** un embargo pétrolier ◆ **to lift an ~** lever l'embargo ◆ **to enforce an ~** appliquer l'embargo b *(fig = prohibition)* interdiction *f*, restriction *f* ◆ **to put an ~ on sth** mettre l'embargo sur qch, interdire qch VT mettre l'embargo sur ; *(fig = prohibit)* interdire

**embark** /ɪmˈbɑːk/ VT *[+ passengers]* embarquer, prendre à bord ; *[+ goods]* embarquer, charger VI *(Aviat, Naut)* embarquer (*on* à bord de, sur) ◆ **to ~ on** *(fig) [+ journey]* commencer ; *[+ business undertaking, deal]* s'engager dans, se lancer dans ; *[+ doubtful or risky affair, explanation, story]* se lancer dans, s'embarquer dans* ; *[+ discussion]* se lancer dans

**embarkation** /ˌembɑːˈkeɪʃən/ N *[of passengers]* embarquement *m* ; *[of cargo]* embarquement *m*, chargement *m* ◆ **~ card** *(Aviat, Naut)* carte *f* d'embarquement

**embarrass** /ɪmˈbærəs/ VT *[+ person, government]* embarrasser, gêner

**embarrassed** /ɪmˈbærəst/ ADJ a *[person, silence, laugh]* gêné, embarrassé ◆ **there was an ~ silence** il y eut un silence gêné, un ange est passé ◆ **he looked ~** il avait l'air gêné *or* embarrassé ◆ **I feel ~ about it** cela me gêne *or* m'embarrasse ◆ **he was ~ about discussing his financial difficulties** cela le gênait *or* l'embarrassait de parler de ses problèmes financiers ◆ **she was ~ about her spots** ses boutons étaient une source d'embarras pour elle *or* la rendaient mal à l'aise ◆ **he was ~ at** *or* **about being the focus of attention** cela le gênait *or* le mettait dans l'embarras d'être au centre de l'attention ◆ **I was ~ for him** j'étais gêné pour lui ◆ **she was ~ to be seen with him** cela la gênait d'être vue en sa compagnie
b ◆ **to be financially ~** être dans l'embarras financièrement, avoir des ennuis d'argent

**embarrassing** /ɪmˈbærəsɪŋ/ ADJ embarrassant, gênant ◆ **to get out of an ~ situation** se tirer d'embarras

**embarrassingly** /ɪmˈbærəsɪŋlɪ/ ADV ◆ **~ short/few/bad** si court/peu/mauvais que c'en est (*or* était) embarrassant ◆ **~ for him, he ...** à son grand embarras, il ... ◆ **~, he ...** au grand embarras de tous, il ...

**embarrassment** /ɪmˈbærəsmənt/ N a *(= emotion)* embarras *m*, gêne *f* (*at* devant) ◆ **to cause sb ~** mettre qn dans l'embarras, embarrasser qn ◆ **financial ~** des ennuis *mpl* d'argent, des embarras *mpl* financiers ◆ **it is an ~ of riches: Zola, Flaubert, Balzac, Stendhal** on peut dire qu'on a l'embarras du choix : Zola, Flaubert, Balzac, Stendhal b *(= source of embarrassment)* ◆ **her son is an ~ to her** son fils est une source d'embarras pour elle ◆ **her scar is an ~ to her** sa cicatrice est une source d'embarras pour elle *or* la rend mal à l'aise

**embassy** /ˈembəsɪ/ N ambassade *f* ◆ **the French Embassy** l'ambassade *f* de France

**embattled** /ɪmˈbætld/ ADJ a *(= beleaguered) [city, country, people, army]* assiégé b *(= troubled) [person, government]* aux prises avec des difficultés, en difficulté

**embed** /ɪmˈbed/ VT *(in wood)* enfoncer ; *(in cement)* noyer ; *(in stone)* sceller ; *[+ jewel]* enchâsser ; *(Ling)* enchâsser ◆ **~ded in the memory/mind** gravé dans la mémoire/l'esprit

**embedding** /ɪmˈbedɪŋ/ N action *f* de sceller, fixation *f* ; *(Ling)* enchâssement *m*

**embellish** /ɪmˈbelɪʃ/ VT *(= adorn)* embellir, orner (*with* de) ; *[+ manuscript]* relever, enjoliver (*with* de) ; *(fig) [+ tale, account]* enjoliver, embellir ; *[+ truth]* broder sur, orner

**embellishment** /ɪmˈbelɪʃmənt/ N a *(= adornment)* embellissement *m*, ornement *m* ◆ **stripped of ~** dépouillé de tout ornement b *(= added detail) [of story, truth]* embellissement *m*, enjolivement *m* c *(Mus)* fioriture *f*

**ember** /ˈembə^r/ N charbon *m* ardent ◆ **the ~s** la braise ◆ **the dying ~s** les tisons *mpl* ; → **fan**[1]

**Ember days** /ˈembəˌdeɪz/ NPL *(Rel)* quatre-temps *mpl*

**embezzle** /ɪmˈbezl/ VT détourner VI détourner des fonds

**embezzlement** /ɪmˈbezlmənt/ N détournement *m* de fonds

**embezzler** /ɪmˈbezlə^r/ N escroc *m*

**embitter** /ɪmˈbɪtə^r/ VT *[+ person]* aigrir, remplir d'amertume ; *[+ relations, disputes]* envenimer

**embittered** /ɪmˈbɪtəd/ ADJ *[person, relationship]* aigri, plein d'amertume

**embittering** /ɪmˈbɪtərɪŋ/ ADJ qui laisse amer

**embitterment** /ɪmˈbɪtəmənt/ N amertume *f*, aigreur *f*

**emblazon** /ɪmˈbleɪzən/ VT *(= extol)* chanter les louanges de ; *(Her)* blasonner

**emblem** /ˈembləm/ N *(all senses)* emblème *m*

**emblematic** /ˌembləˈmætɪk/ ADJ *(= characteristic)* typique ◆ **dogs are ~ of faithfulness** *(= symbolic)* les chiens sont un symbole de fidélité

**embodiment** /ɪmˈbɒdɪmənt/ N a incarnation *f*, personnification *f* ◆ **to be the ~ of progress** incarner le progrès ◆ **he is the ~ of kindness** c'est la bonté incarnée *or* personnifiée b *(= inclusion)* incorporation *f*

**embody** /ɪmˈbɒdɪ/ VT a *[+ spirit, quality]* incarner ; *[+ one's thoughts, theories] [person]* exprimer, concrétiser, formuler (*in* dans, en) ; *[work]* exprimer, donner forme à, mettre en application (*in* dans) b *(= include) [+ ideas] [person]* résumer (*in* dans) ; *[work]* renfermer ; *[+ features] [machine]* réunir

**embolden** /ɪmˈbəʊldən/ VT a enhardir ◆ **to ~ sb to do sth** donner à qn le courage de faire qch, enhardir qn à faire qch b *(Typ)* imprimer en gras (*or* mi-gras)

**embolism** /ˈembəlɪzəm/ N embolie *f*

**emboss** /ɪmˈbɒs/ VT *[+ metal]* travailler en relief, repousser, estamper ; *[+ leather, cloth]* frapper, gaufrer ; *[+ velvet, paper]* frapper

**embossed** /ɪmˈbɒst/ ADJ *[lettering, letters, design]* en relief ; *[paper, wallpaper, card]* gaufré ; *[leather] (with stamp)* gaufré ; *(with tool)* repoussé ; *[metal] (with stamp)* estampé ; *(with tool)* repoussé ◆ **~ writing paper** papier *m* à lettres à en-tête en relief ◆ **to be ~ with sth** avoir qch en relief ◆ **leather books ~ in gold** des livres à reliure de cuir estampée d'or

**embouchure** /ˌɒmbʊˈʃʊə^r/ N *(Mus)* embouchure *f*

**embrace** /ɪmˈbreɪs/ VT a *(= hug)* étreindre ; *(amorously)* enlacer, étreindre b *(fig) [+ religion]* embrasser ; *[+ opportunity]* saisir ; *[+ cause]* épouser, embrasser ; *[+ offer]* profiter de c *(= include) [person] [+ theme, experience]* embrasser ; *[+ topics, hypotheses]* inclure ; *[work] [+ theme, period]* embrasser, englober ; *[+ ideas, topics]* renfermer, comprendre ◆ **his charity ~s all mankind** sa charité s'étend à l'humanité tout entière ◆ **an all-embracing review** une revue d'ensemble VI s'étreindre, s'embrasser N *(= hug)* étreinte *f* ◆ **they were standing in a tender ~** ils étaient tendrement enlacés ◆ **he held her in a tender ~** il l'enlaçait tendrement ◆ **to greet sb with a warm ~** accueillir qn en l'étreignant chaleureusement ◆ **locked in an ~** enlacé

**embrasure** /ɪmˈbreɪʒə^r/ N embrasure *f*

**embrocation** /ˌembrəʊˈkeɪʃən/ N embrocation *f*

**embroider** /ɪmˈbrɔɪdə^r/ VT broder ; *(fig:* also **embroider on***) [+ facts, truth]* broder sur ; *[+ story]* enjoliver VI faire de la broderie

**embroidery** /ɪmˈbrɔɪdərɪ/ N broderie *f* COMP ▷ **embroidery frame** N métier *m* *or* tambour *m* à broder ▷ **embroidery silk** N soie *f* à broder ▷ **embroidery thread** N fil *m* à broder

**embroil** /ɪmˈbrɔɪl/ VT entraîner (*in* dans) mêler (*in* à) ◆ **to get (o.s.) ~ed in** se laisser entraîner dans, se trouver mêlé à

**embroilment** /ɪmˈbrɔɪlmənt/ N implication *f* (*in* dans) participation *f* (*in* à)

**embryo** /ˈembrɪəʊ/ N *(lit, fig)* embryon *m* ◆ **in ~** *(lit)* à l'état *or* au stade embryonnaire ; *(fig)* en germe

**embryological** /ˌembrɪəˈlɒdʒɪkəl/ ADJ embryologique

**embryologist** /ˌembrɪˈɒlədʒɪst/ N embryologiste *mf*

**embryology** /ˌembrɪˈɒlədʒɪ/ N embryologie *f*

**embryonic** /ˌembrɪˈɒnɪk/ ADJ a *(Zool)* embryonnaire b *(fig)* en germe

**embus** /ɪmˈbʌs/ VT (faire) embarquer dans un car VI s'embarquer dans un car

**emcee** /ˈemˈsiː/ *(US)* (abbrev of **master of ceremonies**) N *(gen)* maître *m* de cérémonies ; *(in show etc)* animateur *m*, meneur *m* de jeu VT *[+ show etc]* animer

**emend** /ɪˈmend/ VT *[+ text]* corriger

**emendation** /ˌiːmenˈdeɪʃən/ N correction *f*

**emerald** /ˈemərəld/ N *(= stone)* émeraude *f* ; *(= colour)* (vert *m*) émeraude *m* COMP *(= set with emeralds)* (serti) d'émeraudes ; *(also* **emerald green***)* (vert) émeraude *inv* ▷ **the Emerald Isle** N *(liter)* l'île *f* d'Émeraude *(Irlande)* ▷ **emerald necklace** N collier *m* d'émeraudes

**emerge** /ɪˈmɜːdʒ/ VI *[person, animal]* émerger (*from* de) sortir (*from* de) ; *(fig) [truth, facts]* émerger (*from* de) se dégager ; *[difficulties]* surgir, apparaître ; *[new nation]* naître ; *[theory, school of thought]* apparaître, naître ◆ **it ~s (from this) that ...** il (en) ressort que ..., il (en) résulte que ... ◆ **to ~ as ...** *(= turn out to be)* se révéler (être) ...

**emergence** /ɪˈmɜːdʒəns/ N *[of truth, facts]* émergence *f* ; *[of new nation, theory, school of thought]* naissance *f*

**emergency** /ɪˈmɜːdʒənsɪ/ N cas *m* urgent, imprévu *m* NonC ◆ **in case of ~, in an ~** en cas d'urgence ◆ **to be prepared for any ~**

être prêt à *or* parer à toute éventualité ◆ **an ~ case** *(Med)* une urgence ◆ **in this ~** dans cette situation critique, dans ces circonstances critiques ◆ **state of ~** état *m* d'urgence ◆ **to declare a state of ~** déclarer l'état d'urgence

COMP *[measures, treatment, operation, repair]* d'urgence ; *[brake, airstrip]* de secours ; *(= improvised) [mast]* de fortune ▷ **emergency brake** N *(US Aut)* frein *m* à main ▷ **emergency centre** N poste *m* de secours ▷ **emergency exit** N issue *f or* sortie *f* de secours ▷ **emergency force** N *(Mil)* force *f* d'urgence *or* d'intervention ▷ **emergency landing** N *(Aviat)* atterrissage *m* forcé ▷ **emergency powers** NPL *(Pol)* pouvoirs *mpl* spéciaux ▷ **emergency rations** NPL vivres *mpl* de réserve ▷ **emergency room** N *(US Med)* ⇒ **emergency ward** ▷ **emergency service** N *(Med)* service *m* des urgences ; *(Aut)* service *m* de dépannage ▷ **emergency services** NPL *(= police etc)* services *mpl* d'urgence, ≈ police-secours *f* ▷ **emergency stop** N *(Aut)* arrêt *m* d'urgence ▷ **emergency tax** N impôt *m* extraordinaire ▷ **emergency telephone** N dispositif *m or* borne *f* d'urgence ▷ **emergency ward** N *(Med)* salle *f* des urgences

**emergent** /ɪˈmɜːdʒənt/ ADJ *[democracy, movement, group, sexuality]* naissant ; *[nation, country] (gen)* naissant ; *(= recently independent)* nouvellement indépendant ; *(Opt, Philos)* émergent

**emeritus** /ɪˈmerɪtəs/ ADJ *(Univ)* ◆ **~ professor, professor ~** professeur *m* honoraire

**emery** /ˈemərɪ/ N émeri *m* COMP ▷ **emery board** N lime *f* à ongles ▷ **emery cloth** N toile *f* (d')émeri ▷ **emery paper** N papier *m* (d')émeri, papier *m* de verre

**emetic** /ɪˈmetɪk/ ADJ, N émétique *m*

**emigrant** /ˈemɪgrənt/ N *(just leaving)* émigrant(e) *m(f)* ; *(established)* émigré(e) *m(f)* COMP *[ship, family]* d'émigrants

**emigrate** /ˈemɪgreɪt/ VI émigrer

**emigration** /ˌemɪˈgreɪʃən/ N émigration *f*

**émigré** /ˈemɪgreɪ/ N émigré(e) *m(f)*

**Emilia-Romagna** /ɪˈmiːlɪərəʊˈmɑːnjə/ N Émilie-Romagne *f*

**eminence** /ˈemɪnəns/ N **a** *(NonC = distinction)* distinction *f* ◆ **to achieve ~ in one's profession** parvenir à un rang éminent dans sa profession ◆ **to win ~ as a surgeon** acquérir un grand renom comme chirurgien ◆ **the ~ of his position** sa position éminente ◆ **His/Your Eminence** *(Rel)* Son/Votre Éminence **b** *(= high ground)* éminence *f*, élévation *f*

**eminent** /ˈemɪnənt/ ADJ **a** *(= distinguished) [person]* éminent ◆ **she is ~ in the field of avionics** c'est une sommité dans le domaine de l'avionique **b** *(frm = great)* remarquable ◆ **his ~ good sense** son remarquable bon sens **c** *(Rel)* ◆ **Most Eminent** éminentissime

**eminently** /ˈemɪnəntlɪ/ ADV *[sensible, reasonable, capable]* parfaitement ; *[respectable, qualified]* éminemment ; *[practical, readable, desirable]* tout à fait ; *[forgettable]* absolument ◆ **to be ~ suitable** convenir parfaitement

**emir** /eˈmɪəʳ/ N émir *m*

**emirate** /eˈmɪərɪt/ N émirat *m*

**emissary** /ˈemɪsərɪ/ N émissaire *m*

**emission** /ɪˈmɪʃən/ N *(NonC)* dégagement *m* NPL **emissions** *(= substances)* émissions *fpl* COMP ▷ **emission spectrum** N spectre *m* d'émission ▷ **emissions trading** N échange *m* (de quotas) d'émissions

**emit** /ɪˈmɪt/ VT *[+ gas, heat, smoke]* émettre, dégager ; *[+ light, waves]* émettre ; *[+ smell]* dégager, exhaler ; *[+ lava]* répandre ; *[+ sound, chuckle]* émettre

**emitter** /ɪˈmɪtəʳ/ N *(Elec)* émetteur *m*

**Emmanuel** /ɪˈmænjʊəl/ N Emmanuel *m*

**Emmy** /ˈemɪ/ N (pl **Emmys** *or* **Emmies**) *oscar de la télévision américaine*

**emollient** /ɪˈmɒlɪənt/ N émollient *m* ADJ *[cream]* émollient ; *(fig) [person]* conciliant

**emolument** /ɪˈmɒljʊmənt/ N émoluments *mpl*

**e-money** /ˈiːmʌnɪ/ monnaie *f* électronique, argent *m* virtuel

**emote** * /ɪˈməʊt/ VI donner dans le sentiment *

**emoticon** /ɪˈməʊtɪkən/ N *(Comput)* emoticon *m*, smiley *m*

**emotion** /ɪˈməʊʃən/ N émotion *f*, sentiment *m* ◆ **a voice full of ~** une voix émue

**emotional** /ɪˈməʊʃənl/ ADJ **a** *(= psychological) [problem, support, development, detachment, bond, intensity]* affectif ; *[shock, disturbance, impact]* émotif, affectif ◆ **his ~ state** son état émotionnel ◆ **to make an ~ commitment to sb** s'engager vis-à-vis de qn sur le plan affectif ◆ **on an ~ level** sur le plan affectif ◆ **to be on an ~ high/low** * être dans un état d'exaltation *or* sur un petit nuage */déprimé

**b** *(= emotive)* ◆ **it is an ~ issue** cette question soulève les passions

**c** *(= full of emotion) [person] (by nature)* émotif ; *(on specific occasion)* ému ; *[moment, situation]* de grande émotion ; *[experience, story, appeal, speech, farewell, welcome, outburst, scene, response]* plein d'émotion ; *[decision]* guidé par les sentiments ◆ **he became very ~** il a été très ému ◆ **to be ~ about sth** *(by nature)* s'émouvoir facilement de qch ◆ **his behaviour was very ~** il a eu un comportement très émotionnel

COMP ▷ **emotional baggage** * N *(pej)* expériences *fpl* personnelles ◆ **his ~ baggage** le poids de son vécu personnel ▷ **emotional blackmail** * N chantage *m* affectif ▷ **emotional cripple** * N *(pej)* ◆ **to be an ~ cripple** être bloqué sur le plan émotionnel ▷ **emotional roller coaster** N ◆ **to be on an ~ roller coaster** être pris dans un tourbillon d'émotions ▷ **emotional wreck** N loque *f* sur le plan affectif

**emotionalism** /ɪˈməʊʃnəlɪzəm/ N émotivité *f*, sensiblerie *f (pej)* ◆ **the article was sheer ~** l'article n'était qu'un étalage de sensiblerie

**emotionally** /ɪˈməʊʃnəlɪ/ ADV **a** *(= psychologically) [mature, stable, distant, drained]* sur le plan affectif *or* émotionnel ◆ **~ deprived** privé d'affection ◆ **to be ~ disturbed** souffrir de troubles émotifs *or* affectifs ◆ **an ~ disturbed child** un(e) enfant caractériel(le) ◆ **as a doctor, one should never become ~ involved** un médecin ne doit jamais s'impliquer au niveau affectif *or* émotionnel ◆ **to be ~ involved with sb** *(= be in relationship)* avoir une liaison avec qn ◆ **~ I was a wreck** sur le plan émotionnel j'étais une loque **b** *(= with emotion) [speak, describe, react]* avec émotion ◆ **an ~ charged atmosphere** une atmosphère chargée d'émotion ◆ **an ~ worded article** un article qui fait appel aux sentiments

**emotionless** /ɪˈməʊʃənlɪs/ ADJ *[expression, tone etc]* impassible ; *[person]* imperturbable

**emotive** /ɪˈməʊtɪv/ ADJ *[issue, question, subject]* qui soulève les passions ; *[language, word]* à connotations émotionnelles

**empanel** /ɪmˈpænl/ VT *(Jur) [+ jury]* constituer ◆ **to ~ a juror** inscrire quelqu'un sur la liste du jury

**empanelment** /ɪmˈpænlmənt/ N *[of jury]* constitution *f*

**empathetic** /ˌempəˈθetɪk/ ADJ compréhensif *(to* envers)

**empathetically** /ˌempəˈθetɪkəlɪ/ ADV avec compréhension *or* sympathie

**empathic** /emˈpæθɪk/ ADJ ⇒ **empathetic**

**empathize** /ˈempəθaɪz/ VI ◆ **to ~ with sb** comprendre ce que ressent qn

**empathy** /ˈempəθɪ/ N empathie *f* ◆ **to have ~ with sb** comprendre ce que ressent qn ◆ **our ~ with the pain she was suffering** notre compassion *f* pour la douleur qui était la sienne

**emperor** /ˈempərəʳ/ N empereur *m* COMP ▷ **emperor moth** N paon *m* de nuit ▷ **emperor penguin** N manchot *m* empereur

**emphasis** /ˈemfəsɪs/ N (pl **emphases** /ˈemfəsiːz/) **a** *(= accent) (in word, phrase)* accentuation *f*, accent *m* d'intensité ◆ **to speak with ~** parler sur un ton d'insistance ◆ **the ~ is on the first syllable** l'accent d'intensité *or* l'accentuation tombe sur la première syllabe ◆ **to lay** *or* **place ~ on a word** souligner un mot, insister sur *or* appuyer sur un mot

**b** *(= importance) (fig)* accent *m* ◆ **to lay** *or* **place ~ on one aspect of ...** mettre l'accent sur *or* insister sur un aspect de ... ◆ **the school places special ~ on German** l'école met tout particulièrement l'accent *or* insiste tout particulièrement sur l'allemand ◆ **the government is putting more ~ on domestic issues** le gouvernement met plus l'accent *or* insiste plus sur les affaires nationales ◆ **too much ~ has been placed on ...** on a trop mis l'accent *or* trop insisté sur ... ◆ **special ~ will be given to ...** on accordera une importance toute particulière à ... ◆ **a change** *or* **shift of ~** un changement d'orientation *or* de direction ◆ **the ~ is on sport** on accorde une importance particulière au sport ◆ **this year the ~ is on femininity** *(Fashion)* cette année le mot d'ordre est "féminité"

**emphasize** /ˈemfəsaɪz/ VT *(= stress) [+ word, fact, point]* insister sur, souligner ; *[+ syllable]* accentuer ; *(= draw attention to) (gen)* accentuer ; *[+ sth pleasant or flattering]* mettre en valeur, faire valoir ◆ **this point cannot be too strongly ~d** on ne saurait trop insister sur ce point ◆ **I must ~ that ...** je dois souligner le fait que ... ◆ **the long coat ~d his height** le long manteau faisait ressortir sa haute taille ◆ **to ~ the eyes with mascara** mettre les yeux en valeur avec du mascara

**emphatic** /ɪmˈfætɪk/ ADJ **a** *(= forceful) [person]* catégorique ; *[condemnation, denial, rejection, response, statement, declaration]* énergique ◆ **the answer is an ~ yes/no** la réponse est un oui/non catégorique ◆ **to be ~ about sth** insister sur qch ◆ **she's ~ that business is improving** elle affirme catégoriquement que les affaires reprennent ◆ **they were quite ~ that they were not going** ils ont refusé catégoriquement d'y aller ◆ **he was ~ in his defence of the system** il a vigoureusement défendu le système ◆ **they were ~ in denying their involvement** ils ont vigoureusement démenti être impliqués **b** *(= emphasizing) [tone, gesture, nod]* emphatique **c** *(= decisive) [victory, defeat]* écrasant ; *[result, winner]* incontestable

**emphatically** /ɪmˈfætɪkəlɪ/ ADV **a** *(= forcefully) [say, reply, shake one's head]* énergiquement ; *[deny, reject, refuse]* catégoriquement, énergiquement ◆ **to nod ~** acquiescer énergiquement de la tête **b** *(= definitely) [democratic]* clairement ◆ **politics is most ~ back on the agenda** la politique fait bel et bien un retour en force ◆ **~ not** absolument pas

♦ **yes, ~!** oui, tout à fait ! ♦ **~ no!** non, en aucun cas !, non, absolument pas !

**emphysema** /ˌemfɪˈsiːmə/ **N** emphysème *m*

**Empire** /ˈempaɪəʳ/ **ADJ** *[costume, furniture]* Empire *inv*

**empire** /ˈempaɪəʳ/ **N** *(all senses)* empire *m* **COMP** ▷ **empire-builder N** *(fig)* bâtisseur *m* d'empires ▷ **empire-building N** *(fig)* ♦ **he is ~-building, it is ~-building on his part** il joue les bâtisseurs d'empire ▷ **the Empire State N** *(US)* l'État *m* de New York ▷ **the Empire State Building N** l'Empire State Building *m*

**empiric** /emˈpɪrɪk/ **ADJ** empirique **N** empiriste *mf* ; *(Med)* empirique *m*

**empirical** /emˈpɪrɪkəl/ **ADJ** empirique

**empirically** /emˈpɪrɪkəlɪ/ **ADV** *[test]* empiriquement ; *[invalid, testable]* d'un point de vue empirique ♦ **an ~ grounded approach** une approche fondée sur un raisonnement empirique ♦ **~ based knowledge** connaissances *fpl* fondées sur un raisonnement empirique ♦ **~, therefore, four is the answer** empiriquement, donc, la réponse est quatre

**empiricism** /emˈpɪrɪsɪzəm/ **N** empirisme *m*

**empiricist** /emˈpɪrɪsɪst/ **ADJ, N** empiriste *mf*

**emplacement** /ɪmˈpleɪsmənt/ **N** *(Mil)* emplacement *m (d'un canon)*

**employ** /ɪmˈplɔɪ/ **VT** *[+ person]* employer (*as* comme) ; *[+ means, method, process]* employer, utiliser ; *[+ time]* employer (*in or by doing sth* à faire qch) ; *[+ force, cunning]* recourir à, employer ; *[+ skill]* faire usage de, employer ♦ **to be ~ed in doing sth** être occupé à faire qch ♦ **he would be better ~ed painting the house** il ferait mieux de repeindre la maison **N** ♦ **to be in sb's ~** être employé par qn, travailler chez *or* pour qn ; *(of domestic staff)* être au service de qn

**employable** /ɪmˈplɔɪəbəl/ **ADJ** *[person]* capable d'entrer sur le marché de l'emploi ♦ **~ skills** compétences *fpl* utilisables

**employee** /ˌɪmplɔɪˈiː/ **N** salarié(e) *m(f)* ♦ **to be an ~ of ...** travailler chez ... ♦ **~ benefit** avantage social **COMP** ▷ **employee stock ownership plans NPL** *(US)* actionnariat *m* ouvrier *or* des salariés

**employer** /ɪmˈplɔɪəʳ/ **N** *(Comm, Ind, also domestic)* patron(ne) *m(f)* ; *(Jur, Econ)* employeur *m*, -euse *f* ♦ **~s** *(Ind: collectively)* le patronat ♦ **my ~** mon employeur **COMP** ▷ **employer's contribution N** *(Insurance)* cotisation *f* patronale ▷ **employers' federation N** syndicat *m* patronal, fédération *f* patronale

**employment** /ɪmˈplɔɪmənt/ **N** *(NonC = jobs collectively)* emploi *m NonC* ; *(= a job)* emploi *m*, travail *m* ; *(modest)* place *f* ; *(important)* situation *f* ♦ **full ~** le plein emploi ♦ **in ~** qui travaille, qui a un emploi ♦ **the numbers in ~** les actifs *mpl* ♦ **in sb's ~** employé par qn ; *(domestic staff)* au service de qn ♦ **without ~** sans emploi, au chômage ♦ **conditions/place of ~** conditions *fpl*/lieu *m* de travail ♦ **to seek/find/take up ~ (with)** chercher/trouver/prendre un emploi (chez) ♦ **Secretary for Employment** *(US)* ministre *m* de l'Emploi ; → **department, minister, secretary**

**COMP** ▷ **employment agency N** agence *f* de placement ▷ **employment exchange** † **N** *(Brit)* bourse *f* du travail ▷ **employment office N** *(Brit)* ≃ bureau *m* de l'Agence nationale pour l'emploi ▷ **Employment Service N** *(US)* ≃ Agence *f* nationale pour l'emploi ▷ **employment tribunal N** ≃ conseil *m* de prud'hommes

**emporium** /emˈpɔːrɪəm/ **N** (pl **emporiums** *or* **emporia** /emˈpɔːrɪə/) *(= shop)* grand magasin *m*, bazar *m* ; *(= market)* centre *m* commercial, marché *m*

**empower** /ɪmˈpaʊəʳ/ **VT a** *(= authorize)* ♦ **to ~ sb to do sth** autoriser qn à faire qch ; *(Jur)* habiliter qn à faire qch ♦ **to be ~ed to do sth** avoir pleins pouvoirs pour faire qch **b** ♦ **to ~ sb** *(= make stronger)* rendre qn plus fort ; *(= make more independent)* permettre à qn de s'assumer

**empowering** /ɪmˈpaʊərɪŋ/ **ADJ** ♦ **such experiences can be ~** ce type d'expérience peut aider les gens à s'assumer

**empowerment** /ɪmˈpaʊəmənt/ **N a** *(Pol, Sociol)* responsabilisation *f* ♦ **the ~ of minorities** la responsabilisation des minorités **b** *(Ind)* délégation *f* des responsabilités

**empress** /ˈemprɪs/ **N** impératrice *f*

**emptiness** /ˈemptɪnɪs/ **N** vide *m* ; *[of pleasures etc]* vanité *f* ♦ **the ~ of life** le vide de l'existence

**empty** /ˈemptɪ/ **ADJ a** *(= containing nothing)* *[place, building, container, seat, vehicle, hand, days]* vide (*of sth* de qch) ; *[ship]* vide, lège *(Naut)* ; *[landscape]* désert ; *(Ling)* vide ♦ **she was staring into ~ space** elle regardait fixement dans le vide ♦ **there was an ~ space at the table** il y avait une place vide à la table ♦ **on an ~ stomach** l'estomac vide, à jeun ♦ **his face and eyes were ~ of all expression** son visage et ses yeux étaient dénués de toute expression ♦ **~ of emotion** *or* **feeling** incapable de ressentir la moindre émotion ♦ **to be running on ~** *(Aut)* avoir le réservoir pratiquement vide ; *(fig)* *[person]* avoir l'estomac vide ; *[organization]* être à bout de souffle ♦ **~ vessels make most noise** *(Prov)* ce sont les tonneaux vides qui font le plus de bruit ; → **comp**

**b** *(= meaningless)* *[phrase, words, rhetoric]* creux ; *[dream, hope, exercise]* vain ♦ **~ talk** verbiage *m* ♦ **~ promises/threats** promesses *fpl*/menaces *fpl* en l'air ♦ **it's an ~ gesture** c'est un geste vide de sens *or* un geste qui ne veut rien dire ♦ **my life is ~ without you** ma vie est vide sans toi

**c** *(= numb)* *[person]* vidé ; *[feeling]* de vide ♦ **when I heard the news I felt ~** quand j'ai appris la nouvelle, je me suis senti vidé

**NPL empties** *(= bottles)* bouteilles *fpl* vides ; *(= boxes etc)* boîtes *fpl or* emballages *mpl* vides ; *(= glasses) (in pub etc)* verres *mpl* vides

**VT a** *(= discharge)* *[+ box, glass, bin, pond, pocket]* vider ; *[+ tank]* vider, vidanger ; *[+ vehicle]* décharger ♦ **the burglars emptied the shop** les voleurs ont dévalisé le magasin ♦ **television has emptied the cinemas** la télévision a vidé les cinémas ♦ **his singing emptied the room** la salle s'est vidée quand il a chanté

**b** (also **empty out**) *[+ bricks, books]* sortir ; *[+ rubbish]* vider (*of, from* de ; *into* dans) ; *[+ liquid]* vider (*from* de) verser (*from* de ; *into* dans) transvaser (*into* dans)

**VI** *[water]* se déverser, s'écouler ; *[river]* se jeter (*into* dans) ; *[building, room, container]* se vider

**COMP** ▷ **empty calories NPL** calories *fpl* inutiles ▷ **empty-handed ADJ** les mains vides ♦ **to return ~-handed** revenir bredouille *or* les mains vides ▷ **empty-headed ADJ** sot (sotte *f*), sans cervelle ♦ **an ~-headed girl** une écervelée, une évaporée ▷ **empty-nester** * **N** *personne dont les enfants ont quitté la maison*

**empyema** /ˌempaɪˈiːmə/ **N** (pl **empyemas** *or* **empyemata** /ˌempaɪˈiːmətə/) empyème *m*

**empyrean** /ˌempaɪˈriːən/ **N** *(liter)* ♦ **the ~** l'empyrée *m (liter)*

**EMS** /ˌiːemˈes/ **N** (abbrev of **European Monetary System**) SME *m*

**EMU** /ˌiːemˈjuː/ **N** (abbrev of **economic and monetary union**) UME *f*

**emu** /ˈiːmjuː/ **N** émeu *m*

**emulate** /ˈemjʊleɪt/ **VT** imiter ; *(Comput)* émuler

**emulation** /ˌemjʊˈleɪʃən/ **N** imitation *f* ; *(Comput)* émulation *f*

**emulator** /ˈemjʊleɪtəʳ/ **N** *(Comput)* émulateur *m*

**emulsifier** /ɪˈmʌlsɪˌfaɪəʳ/ **N** émulsifiant *m*

**emulsify** /ɪˈmʌlsɪfaɪ/ **VTI** émulsionner

**emulsion** /ɪˈmʌlʃən/ **N** *(also Phot)* émulsion *f* ♦ **~ (paint)** peinture-émulsion *f* **VT** peindre *(avec une peinture-émulsion)*

**en** /en/ **N** *(Typ)* n *m*, lettre *f* moyenne

**enable** /ɪˈneɪbl/ **VT** ♦ **to ~ sb to do sth** *(= give opportunity)* permettre à qn de faire qch, donner à qn la possibilité de faire qch ; *(= give means)* permettre à qn de faire qch, donner à qn le moyen de faire qch ; *(Jur etc = authorize)* habiliter qn à faire qch, donner pouvoir à qn de faire qch **COMP** ▷ **enabling legislation N** loi *f* d'habilitation

**-enabled** /ɪˈneɪbld/ **SUFF** ♦ **a WAP-enabled phone** un téléphone WAP ♦ **internet-enabled mobile phones** des téléphones portables pouvant être connectés à Internet

**enabler** /ɪˈneɪbləʳ/ **N** ♦ **we are ~s, not service providers** notre vocation n'est pas de fournir des services mais d'aider les gens à trouver des solutions eux-mêmes ♦ **to act as ~s of local artists** encourager les artistes de la région

**enact** /ɪˈnækt/ **VT a** *(Jur)* *[+ law, decree]* promulguer, passer ♦ **as by law ~ed** aux termes de la loi, selon la loi **b** *(= perform)* *[+ play]* représenter, jouer ; *[+ part]* jouer ♦ **the drama which was ~ed yesterday** *(fig)* le drame qui s'est déroulé hier **COMP** ▷ **enacting terms NPL** dispositif *m* d'un jugement

**enactment** /ɪˈnæktmənt/ **N** promulgation *f*

**enamel** /ɪˈnæməl/ **N a** *(NonC: most senses)* émail *m* ♦ **nail ~** vernis *m* à ongles (laqué) ♦ **tooth ~** émail *m* dentaire **b** *(Art)* **an ~** un émail **VT** émailler **COMP** *[ornament, brooch]* en émail ▷ **enamel paint N** peinture *f* laquée ▷ **enamel painting N** *(Art)* peinture *f* sur émail ▷ **enamel saucepan N** casserole *f* en fonte émaillée

**enamelled** /ɪˈnæməld/ **ADJ** *[jewellery, bath, saucepan]* en émail ; *[metal]* émaillé

**enamelling** /ɪˈnæməlɪŋ/ **N** émaillage *m*

**enamelware** /ɪˈnæməlwɛəʳ/ **N** *(NonC)* articles *mpl* en métal émaillé

**enamoured, enamored** *(US)* /ɪˈnæməd/ **ADJ** *(liter or hum)* ♦ **to be ~ of** *[+ person]* être amoureux *or* épris de ; *[+ thing]* être enchanté de, être séduit par ♦ **she was not ~ of the idea** *(hum)* l'idée ne l'enchantait pas

**encamp** /ɪnˈkæmp/ **VI** camper **VT** faire camper

**encampment** /ɪnˈkæmpmənt/ **N** campement *m*

**encapsulate** /ɪnˈkæpsjʊleɪt/ **VT** incarner (l'essence de) ; *(Pharm, Space)* mettre en capsule

**encase** /ɪnˈkeɪs/ **VT** *(= contain)* enfermer, enchâsser (*in* dans) ; *(= cover)* enrober (*in* de)

**encash** /ɪnˈkæʃ/ **VT** *(Brit)* *[+ cheque]* encaisser, toucher

**encashment** /ɪnˈkæʃmənt/ N (Brit) encaissement *m*

**encaustic** /enˈkɔːstɪk/ ADJ *[painting]* à l'encaustique ; *[tile, brick]* vernissé N *(= painting)* encaustique *f*

**encephala** /enˈsefələ/ NPL of **encephalon**

**encephalic** /ˌensɪˈfælɪk/ ADJ encéphalique

**encephalitis** /ˌensefəˈlaɪtɪs/ N encéphalite *f*

**encephalogram** /enˈsefələɡræm/ N encéphalogramme *m*

**encephalon** /enˈsefəlɒn/ N (pl **encephala**) encéphale *m*

**enchant** /ɪnˈtʃɑːnt/ VT a *(= put under spell)* enchanter, ensorceler ◆ **the ~ed wood** le bois enchanté b *(fig = delight)* enchanter, ravir

**enchanter** /ɪnˈtʃɑːntəʳ/ N enchanteur *m*

**enchanting** /ɪnˈtʃɑːntɪŋ/ ADJ ravissant

**enchantingly** /ɪnˈtʃɑːntɪŋlɪ/ ADV *[dress, dance]* d'une façon ravissante ; *[smile]* d'une façon charmante ◆ **the ~ named "via della Gatta"** la rue au nom charmant de "via della Gatta" ◆ **she is ~ pretty** elle est jolie et pleine de charme ◆ **she is ~ beautiful** elle est belle à ravir

**enchantment** /ɪnˈtʃɑːntmənt/ N a *(= spell)* enchantement *m*, ensorcellement *m* b *(fig = appeal)* charme *m* ◆ **the forest had its own peculiar ~** la forêt avait son charme bien particulier ◆ **the many ~s of Venice** les nombreux charmes *mpl* or enchantements *mpl* de Venise

**enchantress** /ɪnˈtʃɑːntrɪs/ N enchanteresse *f*

**enchilada** * /ˌentʃɪˈlædə/ N (US) ◆ **big ~** huile * *f*, grosse légume * *f*

**encircle** /ɪnˈsɜːkl/ VT *(gen)* entourer ; *[troops, men, police]* encercler, cerner, entourer ; *[walls, belt, bracelet]* entourer, ceindre

**encirclement** /ɪnˈsɜːklmənt/ N encerclement *m*

**encircling** /ɪnˈsɜːklɪŋ/ N encerclement *m* ADJ qui encercle ◆ **~ movement** manœuvre *f* d'encerclement

**encl.** (abbrev of **enclosure(s)**) PJ, pièce(s) *f(pl)* jointe(s)

**enclave** /ˈenkleɪv/ N enclave *f*

**enclitic** /ɪnˈklɪtɪk/ N enclitique *m*

**enclose** /ɪnˈkləʊz/ LANGUAGE IN USE 20.2, 20.3, 20.6 VT a *(= fence in)* enclore, clôturer ; *(= surround)* entourer, ceindre *(with* de*)* ; *(Rel)* cloîtrer ◆ **to ~ within** enfermer dans b *(with letter etc)* joindre *(in, with* à*)* ◆ **to ~ sth in a letter** joindre qch à une lettre, inclure qch dans une lettre ◆ **letter enclosing a receipt** lettre *f* contenant un reçu ◆ **please find ~d** veuillez trouver ci-joint ◆ **the ~d cheque** le chèque ci-joint or ci-inclus

**enclosed** /ɪnˈkləʊzd/ ADJ *[area]* fermé ; *[garden]* clos, clôturé ; *[path]* clôturé ◆ **an ~ space** un espace clos ◆ **an ~ community** *(Rel)* une communauté retirée COMP ▷ **enclosed order** N *(Rel)* ordre *m* cloîtré

**enclosure** /ɪnˈkləʊʒəʳ/ N a *(NonC) [of land]* fait *m* de clôturer ; *(Brit Hist)* enclosure *f* b *(= ground enclosed)* enclos *m*, enceinte *f* ; *[of monastery]* clôture *f* ; *(= fence etc)* enceinte *f*, clôture *f* ◆ **the ~** *[of racecourse]* le pesage ◆ **the public ~** la pelouse ◆ **the royal ~** l'enceinte *f* réservée à la famille royale c *(= document etc enclosed)* pièce *f* jointe, document *m* ci-joint or ci-inclus ◆ **"enclosure(s)"** pièce(s) jointe(s) COMP ▷ **enclosure wall** N mur *m* d'enceinte

**encode** /ɪnˈkəʊd/ VTI coder ; *(Comput)* coder, encoder ; *(Ling)* encoder

**encoder** /ɪnˈkəʊdəʳ/ N *(Comput)* encodeur *m*

**encoding** /ɪnˈkəʊdɪŋ/ N *[of message]* codage *m* ; *(Comput, Ling)* encodage *m*

**encomium** /ɪnˈkəʊmɪəm/ N (pl **encomiums** or **encomia** /ɪnˈkəʊmɪə/) panégyrique *m*, éloge *m*

**encompass** /ɪnˈkʌmpəs/ VT *(gen)* couvrir ; *(= include)* englober, comprendre

**encore** /ɒŋˈkɔːʳ/ EXCL bis ! N /ˈɒŋkɔːʳ/ bis *m*, rappel *m* ◆ **to call for an ~** bisser, crier "bis" ◆ **to play an ~** jouer or faire un bis ◆ **the pianist gave several ~s** le pianiste a interprété plusieurs morceaux en rappel or a donné plusieurs rappels VT *[+ song, act]* bisser

**encounter** /ɪnˈkaʊntəʳ/ VT *[+ person]* rencontrer (à l'improviste), tomber sur ; *[+ enemy]* affronter, rencontrer ; *[+ opposition]* se heurter à ; *[+ difficulties]* rencontrer, éprouver ; *[+ danger]* affronter ◆ **to ~ enemy fire** essuyer le feu de l'ennemi N rencontre *f* (inattendue) ; *(Mil)* rencontre *f*, engagement *m*, combat *m* COMP ▷ **encounter group** N atelier *m* de psychothérapie de groupe

**encourage** /ɪnˈkʌrɪdʒ/ VT *[+ person]* encourager ; *[+ arts, industry, projects, development, growth]* encourager, favoriser ; *[+ bad habits]* encourager, flatter ◆ **to ~ sb to do sth** encourager or inciter qn à faire qch ◆ **to ~ sb in his belief that ...** confirmer or conforter qn dans sa croyance que ... ◆ **to ~ sb in his desire to do sth** encourager le désir de qn de faire qch

**encouragement** /ɪnˈkʌrɪdʒmənt/ N encouragement *m* ; *(to a deed)* incitation *f* *(to* à*)* ; *(= support)* encouragement *m*, appui *m*, soutien *m*

**encouraging** /ɪnˈkʌrɪdʒɪŋ/ ADJ encourageant

**encouragingly** /ɪnˈkʌrɪdʒɪŋlɪ/ ADV *[say, smile, nod]* de manière encourageante ◆ **the theatre was ~ full** le public était nombreux, ce qui était encourageant ◆ **~, inflation is slowing down** l'inflation est en baisse, ce qui est encourageant

**encroach** /ɪnˈkrəʊtʃ/ VI *(on sb's land, time, rights)* empiéter *(on* sur*)* ◆ **the sea is ~ing (on the land)** la mer gagne du terrain (sur la terre ferme) ◆ **to ~ on sb's turf** *(US fig)* marcher sur les plates-bandes de qn ◆ **I followed the road through ~ing trees and bushes** j'ai suivi la route, qui était envahie par les arbres et les buissons

**encroachment** /ɪnˈkrəʊtʃmənt/ N empiètement *m* *(on* sur*)* ◆ **a major ~ on the power of the central authorities** un empiètement de taille sur le pouvoir du gouvernement central ◆ **it's a sign of the ~ of commercialism on medicine** c'est un signe d'envahissement de la médecine par le mercantilisme

**encrustation** /ɪnkrʌˈsteɪʃən/ N *[of earth, cement etc]* croûte *f*

**encrusted** /ɪnˈkrʌstɪd/ ADJ ◆ **~ with** *[+ jewels, gold]* incrusté de ; *[+ moss, snow]* recouvert (d'une couche) de ◆ **a jewel-~ box** une boîte incrustée de pierres précieuses

**encrypt** /ɪnˈkrɪpt/ VT *(Comput, Telec, TV)* crypter

**encryption** /ɪnˈkrɪpʃən/ N *(Comput, Telec, TV)* cryptage *m*

**encumber** /ɪnˈkʌmbəʳ/ VT *[+ person, room]* encombrer *(with* de*)* ◆ **~ed with debts** *[person]* criblé de dettes

**encumbrance** /ɪnˈkʌmbrəns/ N *(= burden)* fardeau *m* ; *(inhibiting career etc)* handicap *m*, gêne *f* ; *(furniture, skirts etc)* gêne *f* ; *(mortgage)* charge *f* hypothécaire ◆ **to be an ~ to sb** *(fig)* être un fardeau pour qn, être une gêne pour qn

**encyclical** /ɪnˈsɪklɪkəl/ ADJ, N encyclique *f*

**encyclop(a)edia** /ɪnˌsaɪkləʊˈpiːdɪə/ N encyclopédie *f* ; → **walking**

**encyclop(a)edic** /ɪnˌsaɪkləʊˈpiːdɪk/ ADJ encyclopédique ◆ **to have an encyclop(a)edic knowledge of sth** avoir une connaissance encyclopédique de qch

**encyclop(a)edist** /enˌsaɪkləʊˈpiːdɪst/ N encyclopédiste *mf*

## end /end/

| | |
|---|---|
| 1 NOUN | 3 INTRANSITIVE VERB |
| 2 TRANSITIVE VERB | 4 COMPOUNDS |
| 5 PHRASAL VERBS | |

1 - NOUN

a = farthest part *[of road, string, table, branch, finger]* bout *m*, extrémité *f* ; *[of procession, line of people]* bout *m*, queue *f* ; *[of garden]* fond *m* ; *[of telephone line]* bout *m* ; *[of spectrum]* extrémité *f* ◆ **the fourth from the ~** le quatrième en partant de la fin ◆ **from ~ to ~** d'un bout à l'autre, de bout en bout ◆ **~ to ~** bout à bout ◆ **the southern ~ of the town** l'extrémité sud de la ville ◆ **the ships collided ~ on** les bateaux se sont heurtés de front ◆ **to the ~s of the earth** jusqu'au bout du monde ◆ **to change ~s** *(Sport)* changer de côté or de camp ◆ **you've opened the packet at the wrong ~** vous avez ouvert le paquet par le mauvais bout or du mauvais côté ◆ **to be on the wrong ~ of sth** *(fig)* faire les frais de qch ◆ **the ~ of the road** or **line** *(fig)* la fin du voyage ◆ **to reach the ~ of the line** *(fig)* être au bout du rouleau ◆ **there was silence at the other ~ of the line** *(Telec)* il y eut un silence à l'autre bout du fil ◆ **at the other ~ of the social scale** à l'autre bout de l'échelle sociale ◆ **he can't see beyond the ~ of his nose** il ne voit pas plus loin que le bout de son nez ◆ **to keep one's ~ up** * se défendre (assez bien) ◆ **to make (both) ~s meet** (faire) joindre les deux bouts ◆ **to play both ~s against the middle** * jouer les uns contre les autres ◆ **how are things at your ~?** comment vont les choses de ton côté ? ◆ **to get one's ~ away** ‡ s'envoyer en l'air *

b = conclusion *[of story, chapter, month]* fin *f* ; *[of work]* achèvement *m*, fin *f* ; *[of efforts]* fin *f*, aboutissement *m* ; *[of meeting]* fin *f*, issue *f* ◆ **the ~ of a session** la clôture d'une séance ◆ **the ~ of the world** la fin du monde ◆ **it's not the ~ of the world!** * ce n'est pas la fin du monde ! ◆ **to** or **until the ~ of time** jusqu'à la fin des temps ◆ **to read a book to the very ~** lire un livre de A à Z or jusqu'à la dernière page ◆ **to get to the ~ of** *[+ supplies, food]* finir ; *[+ work, essay]* venir à bout de ; *[+ troubles]* (se) sortir de ; *[+ holiday]* arriver à la fin de ◆ **we shall never hear the ~ of it** on n'a pas fini d'en entendre parler ◆ **that's the ~ of the matter, that's an ~ to the matter** un point c'est tout, on n'en parle plus ◆ **that was the ~ of that!** on n'en a plus reparlé ! ◆ **to put an ~ to sth, to make an ~ of sth** mettre fin à qch, mettre un terme à qch ◆ **there is no ~ to it all** cela n'en finit plus ◆ **that was the ~ of him** on n'a plus reparlé de lui, on ne l'a plus revu ◆ **to be nearing one's ~** *(euph, liter)* être à (l'article de) la mort, se mourir *(liter)* ◆ **that was the ~ of my watch** ma montre était fichue *

c = remnant *[of rope, candle]* bout *m* ; *[of loaf, meat]* reste *m*, restant *m*

d = purpose but *m*, fin *f* ◆ **to this ~, with this ~ in view** dans ce but, à cette fin ◆ **to no ~**

en vain ♦ **the ~ justifies the means** *(Prov)* la fin justifie les moyens *(Prov)*

**e** [Sport : of pitch] côté *m*

**f** [Ftbl] ailier *m*

**g** [set structures]

♦ **at the end of** ♦ **at the ~ of the day** à la fin de la journée ; *(fig)* en fin de compte ♦ **at the ~ of three weeks** au bout de trois semaines ♦ **at the ~ of December** à la fin (du mois de) décembre ; *(Comm)* fin décembre ♦ **at the ~ of the winter** à la fin *or* au sortir de l'hiver ♦ **at the ~ of the century** à *or* vers la fin du siècle ♦ **to be at the ~ of one's patience/strength** être à bout de patience/forces

♦ **in the end** ♦ **it succeeded in the ~** cela a réussi finalement *or* en fin de compte ♦ **he got used to it in the ~** il a fini par s'y habituer ♦ **in the ~ they decided to ...** ils ont décidé en définitive de ..., ils ont fini par décider de ...

♦ **no end** * vraiment ♦ **this news depressed me no ~** cette nouvelle m'a vraiment déprimé ♦ **it pleased her no ~** cela lui a fait un plaisir fou *or* énorme

♦ **no end of** * énormément de ♦ **she's had no ~ of problems** elle a eu énormément de problèmes

♦ **on end** *(= upright)* debout ; *(= continuously)* de suite ♦ **to stand a box** *etc* **on ~** mettre une caisse *etc* debout ♦ **his hair stood on ~** ses cheveux se dressèrent sur sa tête ♦ **for two hours on ~** deux heures de suite *or* d'affilée ♦ **for days on ~** jour après jour, pendant des jours et des jours ♦ **for several days on ~** pendant plusieurs jours de suite

♦ **to be at an end** *[action]* être terminé *or* fini ; *[time, period]* être écoulé ; *[material, supplies]* être épuisé ♦ **my patience is at an ~** ma patience est à bout

♦ **to bring sth to an end** ⇒ **end transitive verb**

♦ **to come to an end** ⇒ **end intransitive verb**

2 - TRANSITIVE VERB

[= bring to an end] *[+ work]* finir, terminer ; *[+ period of service]* accomplir ; *[+ speech, writing]* conclure, achever (*with* avec, par) ; *[+ broadcast, series]* terminer (*with* par) ; *[+ speculation, rumour]* mettre fin à, mettre un terme à ; *[+ quarrel, war]* mettre fin à, faire cesser ♦ **to ~ one's days (in Paris/in poverty)** finir ses jours (à Paris/dans la misère) ♦ **to ~ it all** *(= kill oneself)* en finir (avec la vie) ♦ **that was the lie to ~ all lies!** comme mensonge on ne fait pas mieux ! * *(iro)* ♦ **the film to ~ all films** le meilleur film qu'on ait jamais fait ♦ **the deal to ~ all deals** l'affaire *f* du siècle *

3 - INTRANSITIVE VERB

[= come to an end] *[speech, programme, holiday, marriage, series]* finir, se terminer ; *[road]* se terminer ; *[insurance cover etc]* expirer, arriver à échéance ♦ **the winter is ~ing** l'hiver tire à sa fin ♦ **where's it all going to ~?** *(fig)* ♦ **where will it all ~?** comment tout cela finira-t-il ? ♦ **word ~ing in an "s"/in "re"** mot se terminant par un "s"/en "re" ♦ **it ~ed in a fight** cela s'est terminé par une bagarre * ♦ **the plan ~ed in failure** le projet s'est soldé par un échec ♦ **the film ~s with the heroine dying** le film se termine par la mort de l'héroïne

4 - COMPOUNDS

▷ **end-all** N → **be** ▷ **end game** N *(Cards, Chess)* fin *f* de partie, phase *f* finale du jeu ▷ **end house** N ♦ **the ~ house in the street** la dernière maison de la rue ▷ **end line** N *(Basketball)* ligne *f* de fond ▷ **end product** N *(Comm, Ind)* produit *m* fini ; *(fig)* résultat *m* ▷ **end result** N résultat *m* final *or* définitif ▷ **end run** N *(US fig)* moyen *m* détourné ▷ **end table** N *(US)* table *f* basse ▷ **end user** N *(Comput etc)* utilisateur *m* final ▷ **end zone** N *(US Sport)* zone *f* de but

5 - PHRASAL VERBS

► **end off** VT SEP finir, achever, terminer

► **end up** VI **a** finir, se terminer (*in* en, par) ; *[road]* aboutir (*in* à) ♦ **it ~ed up in a fight** cela s'est terminé par une bagarre *

**b** * *(= finally arrive at)* se retrouver, échouer (*in* à, en) ; *(= finally become)* finir par devenir ♦ **he ~ed up in Paris** il s'est retrouvé à Paris ♦ **you'll ~ up in jail** tu vas finir en prison ♦ **he ~ed up a policeman** il a fini par devenir agent de police ♦ **they ~ed up arresting us** ils ont fini par nous arrêter ♦ **the book she had planned ~ed up (being) just an article** son projet de livre a fini en simple article ♦ **this oil spill could ~ up as the largest in history** cette marée noire pourrait se révéler (être) la plus importante de l'histoire ♦ **he broke his leg and ~ed up being rushed to hospital** il s'est cassé la jambe et a été emmené d'urgence à l'hôpital

---

**endanger** /ɪnˈdeɪndʒəʳ/ VT *[+ life, interests, reputation]* mettre en danger, exposer ; *[+ future, chances, health]* compromettre COMP ▷ **endangered species** N espèce *f* en voie de disparition *or* d'extinction

**endear** /ɪnˈdɪəʳ/ VT faire aimer (*to* de) ♦ **this ~ed him to the whole country** cela lui a valu l'affection du pays tout entier ♦ **what ~s him to me is ...** ce qui me plaît en lui c'est ... ♦ **to ~ o.s. to everybody** gagner l'affection de tout le monde ♦ **that speech didn't ~ him to the public** ce discours ne l'a pas fait apprécier du public

**endearing** /ɪnˈdɪərɪŋ/ ADJ *[person, quality, characteristic]* attachant ; *[habit, manner]* touchant ; *[smile]* engageant

**endearingly** /ɪnˈdɪərɪŋlɪ/ ADV *[say, smile]* de façon engageante ; *[admit]* de façon touchante ♦ **~ shy** d'une timidité touchante ♦ **she is ~ unpretentious/childlike** elle est sans prétentions/comme une enfant, ce qui la rend sympathique

**endearment** /ɪnˈdɪəmənt/ N ♦ **term of ~** terme *m* d'affection ♦ **words of ~** paroles *fpl* tendres ♦ **~s** *(= words)* paroles *fpl* affectueuses *or* tendres ; *(= acts)* marques *fpl* d'affection

**endeavour, endeavor** *(US)* /ɪnˈdevəʳ/ N *(frm)* **a** *(NonC = effort)* effort *m* ♦ **in all fields** *or* **areas of human ~** dans toutes les branches *or* tous les secteurs de l'activité humaine **b** *(= attempt)* tentative *f* (*to do sth* pour faire qch) ♦ **he made every ~ to go** il a fait tout son possible pour y aller, il a tout fait pour y aller ♦ **in an ~ to please** dans l'intention de plaire, dans un effort pour plaire VI s'efforcer, tenter (*to do sth* de faire qch) ; *(stronger)* s'évertuer, s'appliquer (*to do sth* à faire qch)

**endemic** /enˈdemɪk/ ADJ endémique (*to* à) N endémie *f*

**endgame** /ˈendgeɪm/ N *(Chess, fig)* fin *f* de partie

**ending** /ˈendɪŋ/ N **a** *[of story, book]* fin *f*, dénouement *m* ; *[of events]* fin *f*, conclusion *f* ; *[of day]* fin *f* ; *(= outcome)* issue *f* ; *[of speech etc]* conclusion *f* ♦ **a story with a happy ~** une histoire qui finit bien ; → **nerve** **b** *(Ling)* terminaison *f*, désinence *f* ♦ **feminine ~** terminaison *f* féminine ♦ **the accusative ~** la flexion de l'accusatif

**endive** /ˈendaɪv/ N *(curly)* chicorée *f* ; *(smooth, flat)* endive *f*

**endless** /ˈendlɪs/ ADJ **a** *(= interminable) [day, summer, queue, speech, series, road]* interminable ; *[expanse, stretch, forest, variety, patience]* infini ; *[desert, plain]* infini, sans fin ; *[cycle, list]* sans fin ; *[supply, resources]* inépuisable ; *[discussion, argument]* continuel, incessant ; *[chatter]* intarissable ♦ **an ~ stream of traffic** un flot interminable de voitures ♦ **an ~ round of meetings** une interminable série de réunions ♦ **to go to ~ trouble over sth** se donner un mal fou pour qch ♦ **this job is ~** c'est à n'en plus finir, on n'en voit pas la fin **b** *(= countless) [meetings, questions, problems, hours]* innombrable ; *[possibilities]* innombrable, illimité ; *[times, attempts, arguments]* innombrable, sans nombre COMP ▷ **endless belt** N *(Tech)* courroie *f* sans fin

**endlessly** /ˈendlɪslɪ/ ADV **a** *(= continually) [repeat]* sans cesse ; *[talk, discuss, debate]* sans arrêt ; *[chatter, argue]* continuellement **b** *(= without limit) [stretch]* sans fin, à perte de vue ; *[recycle]* continuellement ♦ **~ long streets** des rues *fpl* qui n'en finissent pas ♦ **~ curious/kind/willing** d'une curiosité/d'une bonté/d'une bonne volonté sans limites ♦ **I find this subject ~ fascinating** ce sujet ne cesse (pas) de me fasciner *or* exerce sur moi une fascination sans fin

**endocardia** /endəʊˈkɑːdɪə/ NPL of **endocardium**

**endocarditis** /endəʊkɑːˈdaɪtɪs/ N endocardite *f*

**endocardium** /endəʊˈkɑːdɪəm/ N (pl **endocardia**) endocarde *m*

**endocarp** /ˈendəkɑːp/ N endocarpe *m*

**endocrine** /ˈendəʊkraɪn/ ADJ endocrine ♦ **~ gland** glande *f* endocrine

**endocrinologist** /ˌendəʊkraɪˈnɒlədʒɪst/ N endocrinologue *mf*, endocrinologiste *mf*

**endocrinology** /ˌendəʊkrɪˈnɒlədʒɪ/ N endocrinologie *f*

**endogamy** /enˈdɒgəmɪ/ N endogamie *f*

**endogenous** /enˈdɒdʒɪnəs/ ADJ *[factor]* endogène

**endolymph** /ˈendəʊˌlɪmf/ N endolymphe *f*

**endometriosis** /ˌendəʊˌmiːtrɪˈəʊsɪs/ N endométriose *f*

**endometrium** /ˌendəʊˈmiːtrɪəm/ N (pl **endometria** /ˌendəʊˈmiːtrɪə/) endomètre *m*

**endomorph** /ˈendəʊˌmɔːf/ N endomorphe *mf*

**endorphin** /ˌenˈdɔːfɪn/ N endorphine *f*

**endorse** /ɪnˈdɔːs/ VT **a** *(= support) [+ claim, candidature, proposal]* appuyer ; *[+ opinion]* souscrire à, adhérer à ; *[+ action, decision]* approuver, sanctionner ; *(= advertise) [+ product, company]* faire de la publicité pour ♦ **to ~ sb as a candidate** appuyer la candidature de qn **b** *(= sign) [+ document, cheque]* endosser ; *(= guarantee) [+ bill]* avaliser ♦ **to ~ an insurance policy** faire un avenant à une police d'assurance ♦ **he has had his licence ~d** *(Brit Jur)* on (lui) a retiré des points sur son permis

**endorsee** /ˌɪndɔːˈsiː/ N endossataire *mf*, bénéficiaire *mf* d'un endossement

**endorsement** /ɪnˈdɔːsmənt/ N **a** *(= approval) [of proposal, policy]* adhésion *f* (*of sth* à qch) ; *[of movement, claim, candidate]* appui *m* (*of sb/sth* de qn/qch) ; *[of action, decision, efforts]* approbation *f* (*of sth* de qch) ♦ **a letter of ~** une lettre d'approbation

**b** *(NonC = ratification) [of treaty]* ratification *f*

**c** *(Comm) [of product]* recommandation *f* publicitaire ; *[of book]* recommandation *f* ♦ **to receive ~ from sb** être recommandé par qn ♦ **celebrity ~** recommandation *f* publicitaire faite par une personnalité connue

**d** *(Brit Jur: on driving licence) infraction mentionnée sur le permis de conduire* ◆ **he's already got three ~s** il a déjà perdu des points pour trois infractions au code de la route **e** *(on cheque, document)* endossement *m* **f** *[of insurance policy]* avenant *m* (*to sth* à qch)

**COMP** ▷ **endorsement advertising** N *technique publicitaire faisant intervenir des personnalités connues*

**endoscope** /ˈendəʊˌskəʊp/ N endoscope *m*

**endoscopy** /ˌenˈdɒskəpɪ/ N endoscopie *f*

**endoskeleton** /ˌendəʊˈskelɪtən/ N squelette *m* interne, endosquelette *m*

**endothermic** /ˌendəʊˈθɜːmɪk/ ADJ endothermique

**endow** /ɪnˈdaʊ/ VT *[+ institution, church]* doter (*with* de) ; *[+ hospital bed, prize, chair]* fonder ◆ **to be ~ed with brains/beauty** *etc (fig)* être doté d'intelligence/de beauté *etc* ; → **well²**

**endowment** /ɪnˈdaʊmənt/ N **a** *(Fin) (money for school, college)* dotation *f* ; *(hospital bed, prize, university chair)* fondation *f* **b** *(= portion)* ◆ **to have a generous ~ of sth** être généreusement pourvu *or* doté de qch ◆ **a sense of fair play, the natural ~ of every Briton** un sens du fair-play, la qualité naturelle de tout Britannique

**COMP** ▷ **endowment assurance, endowment insurance** N assurance *f* à capital différé ▷ **endowment mortgage** N *(Brit)* hypothèque *f* liée à une assurance-vie ▷ **endowment policy** N ⇒ **endowment assurance**

**endpapers** /ˈendpeɪpəz/ NPL *(Typo)* gardes *fpl*, pages *fpl* de garde

**endurable** /ɪnˈdjʊərəbl/ ADJ supportable, endurable

**endurance** /ɪnˈdjʊərəns/ N endurance *f* ◆ **to have great powers of ~** avoir beaucoup d'endurance, être très endurant ◆ **a test of human ~** une mise à l'épreuve de l'endurance humaine ◆ **he has come to the end of his ~** il n'en peut plus, il est à bout ◆ **beyond ~, past ~** intolérable, au-delà de ce que l'on peut supporter ◆ **tried beyond ~** excédé

**COMP** ▷ **endurance race** N *(Sport)* épreuve *f* de fond ▷ **endurance test** N *(Sport, Tech, fig)* épreuve *f* de résistance ; *(Aut)* épreuve *f* d'endurance

**endure** /ɪnˈdjʊəʳ/ VT **a** *(= put up with) [+ pain]* endurer, supporter ; *[+ insults]* supporter, tolérer ; *[+ hardships]* supporter ◆ **she can't ~ being teased** elle ne peut pas supporter *or* souffrir qu'on la taquine *subj* ◆ **I cannot ~ him** je ne peux pas le supporter *or* le voir ◆ **it was more than I could ~** c'était plus que je ne pouvais supporter **b** *(= suffer)* subir ◆ **the company ~d heavy financial losses** la société a subi de grosses pertes financières VI *(frm = last) [building, peace, friendship]* durer ; *[book, memory]* rester

**enduring** /ɪnˈdjʊərɪŋ/ ADJ *[appeal, legacy, quality, peace, friendship, fame, love]* durable ; *[image, grudge]* tenace ; *[illness, hardship]* persistant, qui persiste

**endways** /ˈendweɪz/, **endwise** /ˈendwaɪz/ ADV *(endways on)* en long, par le petit bout ; *(= end to end)* bout à bout

**ENEA** /ˌiːeniːˈeɪ/ N (abbrev of **European Nuclear Energy Authority**) AENE *f*

**enema** /ˈenɪmə/ N (pl **enemas** *or* **enemata** /ˈenɪmətə/) *(= act)* lavement *m* ; *(= apparatus)* poire *f or* bock *m* à lavement ◆ **to give sb an ~** faire un lavement à qn

**enemy** /ˈenəmɪ/ N *(Mil)* ennemi *m* ; *(gen)* ennemi(e) *m(f)*, adversaire *mf* ◆ **to make enemies** se faire *or* s'attirer des ennemis ◆ **to make an ~ of sb** (se) faire un ennemi de qn ◆ **he is his own worst ~** il est son pire ennemi, il n'a de pire ennemi que lui-même ◆ **they are deadly enemies** ils sont à couteaux tirés, ils sont ennemis jurés ◆ **corruption is the ~ of the state** *(fig)* la corruption est l'ennemie de l'État ; → **public**

**COMP** *[tanks, forces, tribes]* ennemi ; *[morale, strategy]* de l'ennemi ▷ **enemy action** N attaque *f* ennemie ◆ **killed by ~ action** tombé à l'ennemi ▷ **enemy alien** N ressortissant(e) *m(f)* d'un pays ennemi ▷ **enemy-occupied** ADJ occupé par l'ennemi

**energetic** /ˌenəˈdʒetɪk/ ADJ *[person, government, action, measure, denial, refusal]* énergique ; *[performance, campaign]* plein d'énergie ; *[activity, sport, game]* énergétique ◆ **he is an ~ campaigner for road safety** il milite énergiquement en faveur de la sécurité sur les routes ◆ **I don't feel very ~** je ne me sens pas d'attaque

**energetically** /ˌenəˈdʒetɪkəlɪ/ ADV *[deny, campaign]* énergiquement, avec vigueur ; *[nod, wave]* énergiquement

**energetics** /ˌenəˈdʒetɪks/ N *(NonC)* énergétique *f*

**energize** /ˈenədʒaɪz/ VT *[+ person]* regonfler ; *(Elec)* alimenter (en courant)

**energizing** /ˈenədʒaɪzɪŋ/ ADJ énergisant

**energy** /ˈenədʒɪ/ N **a** *(gen)* énergie *f*, vigueur *f* ◆ **he has a lot of ~** il a beaucoup d'énergie, il est très dynamique ◆ **he seems to have no ~ these days** il semble sans énergie *or* à plat* en ce moment ◆ **I haven't the ~ to start again** *(Brit)* je n'ai pas le courage de (tout) recommencer ◆ **to concentrate one's energies on doing sth** appliquer toute son énergie à faire qch ◆ **with all one's ~** de toutes ses forces ◆ **to put all one's ~** *or* **energies into sth/into doing sth** se consacrer tout entier à qch/à faire qch, appliquer toute son énergie à qch/à faire qch ◆ **to save one's ~ for sth** économiser ses forces pour qch ◆ **he used up all his ~ doing it** il a épuisé ses forces à le faire ◆ **don't waste your ~*** ne te fatigue pas*, ne te donne pas du mal pour rien **b** *(Phys)* énergie *f* ◆ **potential/kinetic ~** énergie *f* potentielle/cinétique ◆ **in order to save ~** pour faire des économies d'énergie ◆ **Department** *or* **Ministry of Energy** ministère *m* de l'Énergie ◆ **Secretary (of State) for** *or* **Minister of Energy** ministre *m* de l'Énergie ; → **atomic**

**COMP** ▷ **energy conservation** N conservation *f* de l'énergie ▷ **energy conversion** N conversion *f* de l'énergie ▷ **energy crisis** N crise *f* énergétique *or* de l'énergie ▷ **energy efficiency** N efficacité *f* énergétique ▷ **energy-efficient** ADJ économe en énergie ▷ **energy-giving** ADJ *[food etc]* énergétique ▷ **energy-intensive industry** N industrie *f* grande consommatrice d'énergie ▷ **energy level** N *(Phys)* niveau *m* d'énergie ▷ **energy-saving** N économies *fpl* d'énergie ADJ d'économie d'énergie ▷ **energy-saving campaign** N campagne *f* pour les économies d'énergie

**enervated** /ˈenɜːveɪtɪd/ ADJ affaibli, mou (molle *f*)

**enervating** /ˈenɜːveɪtɪŋ/ ADJ débilitant, amollissant

**enfeeble** /ɪnˈfiːbl/ VT affaiblir

**enfeeblement** /ɪnˈfiːblmənt/ N affaiblissement *m*

**enfilade** /ˌenfɪˈleɪd/ *(Mil)* VT soumettre à un tir d'enfilade N tir *m* d'enfilade

**enfold** /ɪnˈfəʊld/ VT envelopper (*in* de) ◆ **to ~ sb in one's arms** entourer qn de ses bras, étreindre qn

**enforce** /ɪnˈfɔːs/ VT *[+ ruling, the law]* faire obéir *or* respecter ; *[+ agreement, settlement, ceasefire, curfew, sanctions]* faire respecter ; *[+ decision, policy]* mettre en application *or* en vigueur, appliquer ; *[+ discipline, boycott]* imposer ; *[+ argument, rights]* faire valoir ◆ **he ~d the ban on all demonstrations** il a appliqué l'interdiction à toutes les manifestations ◆ **to ~ obedience** se faire obéir ◆ **these laws aren't usually ~d** ces lois ne sont généralement pas appliquées

**enforceable** /ɪnˈfɔːsɪbl/ ADJ *[law]* exécutoire ; *[rules]* applicable

**enforced** /ɪnˈfɔːst/ ADJ *(= imposed)* forcé ◆ **the Frenchman's ~ absence** l'absence forcée du Français ◆ **when she first heard of her ~ retirement ...** lorsqu'elle a appris qu'on la mettait d'autorité à la retraite ...

**enforcement** /ɪnˈfɔːsmənt/ N *[of decision, policy, law]* mise *f* en application *or* en vigueur ; *[of discipline]* imposition *f* ◆ **~ of securities** *(Jur, Fin)* réalisation *f* des sûretés ; → **law**

**COMP** ▷ **enforcement action** N *(Jur)* mesure *f* coercitive

**enforcer** /ɪnˈfɔːsəʳ/ N *[of law, rule]* applicateur *m*, -trice *f*

**enfranchise** /ɪnˈfræntʃaɪz/ VT *(= give vote to)* accorder le droit de vote à ; *(= set free)* affranchir

**enfranchisement** /ɪnˈfræntʃaɪzmənt/ N **a** *(Pol)* octroi *m* du droit de vote (*of sb* à qn) **b** *(= emancipation) [of slave]* affranchissement *m*

**ENG** /ˌiːenˈdʒiː/ N (abbrev of **electronic news gathering**) → **electronic**

**engage** /ɪnˈgeɪdʒ/ VT **a** *(= employ, hire) [+ servant]* engager ; *[+ workers]* embaucher ; *[+ lawyer]* prendre ◆ **to ~ sb's services** s'adjoindre les services de qn ◆ **to ~ o.s. to do sth** *(frm)* s'engager à faire qch **b** *(= attract) [+ sb's attention, interest]* éveiller ◆ **to ~ sb in conversation** engager la *or* lier conversation avec qn **c** *(Mil) [+ enemy]* engager le combat avec, attaquer **d** *(Aut, Mechanics)* engager ; *[+ gearwheels]* mettre en prise ◆ **to ~ a gear** *(Aut: frm)* engager une vitesse ◆ **to ~ gear** mettre en prise ◆ **to ~ the clutch** embrayer ◆ **to ~ the four-wheel drive** passer en quatre roues motrices intégrales *or* en rapport court VI *[person]* s'engager (*to do sth* à faire qch) ; *(Aut, Mechanics) [wheels]* s'engrener ; *[bolt]* s'enclencher ◆ **to ~ in (a) discussion/conversation** se lancer dans une discussion/conversation (*with* avec) ◆ **the clutch didn't ~** l'embrayage n'a pas fonctionné ◆ **to ~ in** *[+ politics, transaction]* se lancer dans ; *[+ controversy]* s'engager dans, s'embarquer dans ◆ **to ~ in competition** entrer en concurrence (*with* avec) ◆ **to ~ with sb/sth** s'engager auprès de qn/dans qch ◆ **she found it hard to ~ with office life** elle a eu du mal à se faire à la vie de bureau

**engaged** /ɪnˈgeɪdʒd/ LANGUAGE IN USE 24.2, 27.5 ADJ **a** *(= betrothed)* ◆ **to be ~ (to be married)** être fiancé (*to* à) ◆ **to get ~ (to sb)** se fiancer (à qn) ◆ **the ~ couple** les fiancés *mpl* **b** *(Brit Telec) [line, number, telephone]* occupé ◆ **it's ~** ça sonne "occupé" **c** *(= not vacant) [toilet]* occupé **d** *(frm = unavailable) [person]* occupé, pris ◆ **to be otherwise ~** être déjà pris **e** *(= involved)* ◆ **~ in sth** *[+ task]* occupé à qch ; *[+ criminal activity]* engagé dans qch ◆ **~ in doing sth** occupé à faire qch ◆ **~ on sth** pris par qch

**COMP** ▷ **engaged tone** N *(Brit Telec)* tonalité *f* "occupé" ◆ **I got the** *or* **an ~ tone** ça sonnait "occupé"

**engagement** /ɪnˈgeɪdʒmənt/ LANGUAGE IN USE 24.2 N **a** *(= appointment)* rendez-vous *m inv* ;

*[of actor etc]* engagement *m* ◆ **public** ~ obligation *f* officielle ◆ **previous** ~ engagement *m* antérieur ◆ **I have an** ~ *or* **a previous** ~ je suis pris **b** *(= betrothal)* fiançailles *fpl* ◆ **a long/short** ~ de longues/courtes fiançailles ◆ **to break off one's** ~ rompre ses fiançailles **c** *(frm = undertaking)* engagement *m*, obligation *f* ◆ **to give an** ~ **to do sth** s'engager à faire qch **d** *(Mil)* combat *m*, engagement *m* COMP ▷ **engagement book** N agenda *m* ▷ **engagement ring** N bague *f* de fiançailles

**engaging** /ɪnˈgeɪdʒɪŋ/ ADJ *[person]* charmant ; *[smile, frankness]* engageant ; *[personality]* attachant ; *[manner]* aimable

**engender** /ɪnˈdʒendəʳ/ VT occasionner, créer

**engine** /ˈendʒɪn/ N *[of vehicle, plane]* moteur *m* ; *[of ship]* machine *f* ; *(Rail)* locomotive *f* ; *(= device)* machine *f*, moteur *m* ◆ **~s of war** engins de guerre ◆ **to sit facing the ~/with one's back to the** ~ *(Rail)* être assis dans le sens de la marche/le sens contraire à la marche ◆ **the private sector is the** ~ **of economic growth** le secteur privé est le moteur de la croissance économique ; → **jet**[1] COMP ▷ **engine block** N *(Aut)* bloc-moteur *m* ▷ **engine driver** N *(Brit Rail)* mécanicien *m* ▷ **engine house** N *(US Rail)* ⇒ **engine shed** ▷ **engine room** N *(Naut)* salle *f or* chambre *f* des machines ; *(fig)* locomotive *f* ◆ **hello,** ~ **room?** *(over speaking tube)* allô, les machines ? ▷ **engine shed** N *(Brit Rail)* rotonde *f* ▷ **engine unit** N bloc-moteur *m*

**-engined** /ˈendʒɪnd/ ADJ *(in compounds)* ◆ **twin-engined** à deux moteurs, bimoteur ; → **single**

**engineer** /ˌendʒɪˈnɪəʳ/ N **a** *(professional)* ingénieur *m* ; *(= tradesman)* technicien *m* ; *(= repairer: for domestic appliances etc)* dépanneur *m*, réparateur *m* ◆ **woman** ~ (femme *f*) ingénieur *m* ◆ **the Engineers** *(Mil)* le génie ◆ ~ **of mines** *(US)* ingénieur *m* des mines ◆ **the TV** ~ **came** le dépanneur est venu pour la télévision ; → **civil, heating, highway** **b** *(Merchant Navy, US Rail)* mécanicien *m* ; *(Navy)* mécanicien *m* de la marine ; → **chief** VT *(lit)* réaliser, concevoir; *(= bring about)* machiner, manigancer

> ⚠ *Be cautious about translating* **engineer** *by* **ingénieur**. *An* **ingénieur** *always has academic qualifications.*

**engineering** /ˌendʒɪˈnɪərɪŋ/ N **a** *(NonC) (= subject)* ingénierie *f*, engineering *m* ; *(= work)* technique *f* ◆ **the road is a great feat of** ~ la route est une merveille de technique ◆ **the back is a very complicated piece of** ~ le dos est une mécanique très complexe ◆ **to study** ~ faire des études d'ingénieur ; → **civil, electrical, mechanical** **b** *(fig, gen pej)* machination(s) *f(pl)*, manœuvre(s) *f(pl)* COMP ▷ **engineering consultant** N ingénieur-conseil *m* ▷ **engineering factory** N atelier *m* de construction mécanique ▷ **engineering industries** NPL industries *fpl* d'équipement ▷ **engineering works** N *(pl inv)* ⇒ **engineering factory**

**England** /ˈɪŋglənd/ N Angleterre *f*

**Englander** /ˈɪŋgləndə/ N → **little**[1], **new**

**English** /ˈɪŋglɪʃ/ ADJ *(gen)* anglais ; *[monarch]* d'Angleterre ; *[teacher, dictionary]* d'anglais N anglais *m* ◆ **the King's** *or* **Queen's** ~ l'anglais *m* correct ◆ **in plain** *or* **simple** ~ en termes très simples NPL **the English** les Anglais *mpl* COMP ▷ **English as a Foreign Language** N l'anglais *m* langue étrangère ; → TEFL *etc* ▷ **English as a Second Language** N l'anglais *m* seconde langue ▷ **English breakfast** N *(in hotel etc)* petit déjeuner *m* anglais ▷ **the English Channel** N la Manche ▷ **English for Special Purposes** N l'anglais *m* langue de spécialité ▷ **English Heritage** N *organisme britannique de protection du patrimoine historique* ▷ **English horn** N *(US)* cor *m* anglais ▷ **English Language Teaching** N l'enseignement *m* de l'anglais ▷ **English muffin** N *(US)* muffin *m* ▷ **English-speaker** N anglophone *mf* ▷ **English-speaking** ADJ anglophone

> **English**
>
> La prononciation standard de l'anglais parlé en Grande-Bretagne est appelée « Received Pronunciation » ou « RP » et correspond à l'accent du sud-est de l'Angleterre. Cette prononciation est dans l'ensemble celle des milieux cultivés et de la presse audiovisuelle, même si, sur ce plan, les accents régionaux sont aujourd'hui davantage représentés qu'autrefois. L'expression « Standard English » désigne la langue telle qu'elle est enseignée dans les écoles.
>
> L'anglais américain se distingue de l'anglais britannique surtout par sa prononciation mais aussi par des différences orthographiques et sémantiques. Le « Network Standard » désigne l'anglais américain standard, utilisé en particulier dans les médias. En Grande-Bretagne, on associe souvent l'accent à l'origine sociale d'une personne, ce qui est beaucoup moins le cas aux États-Unis.

**Englishman** /ˈɪŋglɪʃmən/ N (pl **-men**) Anglais *m* ◆ **an ~'s home is his castle** *(Prov)* charbonnier est maître chez soi *(Prov)*

**Englishwoman** /ˈɪŋglɪʃwʊmən/ N (pl **-women**) Anglaise *f*

**Eng Lit** /ˈɪŋˈlɪt/ N (abbrev of **English Literature**) littérature *f* anglaise

**engorged** /ɪnˈgɔːdʒd/ ADJ *(frm)* gonflé ◆ ~ **with blood** gonflé de sang

**engraft** /ɪnˈgrɑːft/ VT *(Agr, Surg, fig)* greffer (*into, on* sur)

**engram** /ˈengræm/ N engramme *m*

**engrave** /ɪnˈgreɪv/ VT *[+ wood, metal, stone]* graver ; *(Typo)* graver au burin ; *(fig)* graver, empreindre ◆ **~d on the heart/the memory** gravé dans le cœur/la mémoire

**engraver** /ɪnˈgreɪvəʳ/ N graveur *m*

**engraving** /ɪnˈgreɪvɪŋ/ N gravure *f* ; → **wood** COMP ▷ **engraving plate** N *(Typo)* cliché *m* typo

**engross** /ɪnˈgrəʊs/ VT **a** *[+ attention, person]* absorber, captiver **b** *(Jur)* grossoyer

**engrossed** /ɪnˈgrəʊst/ ADJ absorbé ◆ **Grace seemed too ~ to notice** Grace semblait trop absorbée pour remarquer quoi que ce soit ◆ **he listened to her with an ~ expression** il l'écoutait, l'air fasciné

◆ **to be engrossed in** *[+ work]* être absorbé par ; *[+ reading, thoughts]* être plongé dans

◆ **to be engrossed in doing sth** être occupé à faire qch ◆ **I was ~ in coping with the demands of a new baby** j'étais occupée à satisfaire aux impératifs posés par l'arrivée du bébé

**engrossing** /ɪnˈgrəʊsɪŋ/ ADJ absorbant

**engrossment** /ɪnˈgrəʊsmənt/ N *(US Pol)* rédaction *f* définitive d'un projet de loi

**engulf** /ɪnˈgʌlf/ VT engouffrer, engloutir ◆ **to be ~ed in** s'engouffrer dans, sombrer dans

**enhance** /ɪnˈhɑːns/ VT **a** *(= improve, augment)* *[+ attraction, beauty, status]* mettre en valeur ; *[+ powers]* accroître, étendre ; *[+ value, pleasure]* augmenter ; *[+ position, chances]* améliorer ; *[+ prestige, reputation]* accroître, rehausser ◆ **~d graphics adaptor** adapteur *m* de graphique amélioré **b** *(Admin, Fin = increase)* majorer (*by* de)

**enhancement** /ɪnˈhɑːnsmənt/ N *[of pension entitlement]* majoration *f* ; *[of conditions]* amélioration *f*

**enhancer** /ɪnˈhɑːnsəʳ/ N (also **flavour enhancer**) agent *m* de sapidité

**enharmonic** /ˌenhɑːˈmɒnɪk/ ADJ enharmonique

**enigma** /ɪˈnɪgmə/ N énigme *f*

**enigmatic** /ˌenɪgˈmætɪk/ ADJ énigmatique

**enigmatically** /ˌenɪgˈmætɪkəlɪ/ ADV *[say]* de façon énigmatique ; *[smile]* d'un air énigmatique

**enjambement** /ɪnˈdʒæmmənt/ N enjambement *m*

**enjoin** /ɪnˈdʒɔɪn/ VT **a** *(= urge)* *[+ silence, obedience]* imposer (*on* à) ; *[+ discretion, caution]* recommander (*on* à) ◆ **to ~ sb to silence/secrecy** imposer le silence/secret à qn ◆ **to ~ sb to do sth** ordonner *or* prescrire à qn de faire qch **b** *(US)* **to ~ sb from doing sth** *(= forbid)* interdire à qn de faire qch, enjoindre à qn de ne pas faire qch

**enjoy** /ɪnˈdʒɔɪ/ VT **a** *(= take pleasure in)* aimer ◆ **Ross has always ~ed the company of women** Ross a toujours aimé *or* apprécié la compagnie des femmes ◆ **he ~s good food** il aime les bonnes choses ◆ **did you ~ the concert?** le concert vous a-t-il plu ? ◆ **he didn't ~ his years at university** il ne s'est pas plu à la fac ◆ **they greatly** *or* **very much ~ed their holiday** ils se sont beaucoup plu en vacances, ils ont passé de très bonnes vacances ◆ **to ~ a weekend/an evening** passer un bon week-end/une soirée très agréable ◆ **I really ~ed the meal last night** je me suis vraiment régalé hier soir ◆ **the children ~ed their meal** les enfants ont mangé de bon appétit ◆ **to ~ life** jouir de *or* profiter de la vie ◆ **enjoy!** *(US)* bon appétit!

◆ **to enjoy doing sth** aimer faire qch ◆ **I ~ walking and cycling** j'aime faire de la marche et du vélo, j'aime la marche et le vélo ◆ **they ~ed being read to** ils aimaient qu'on leur fasse la lecture ◆ **I ~ed doing it** j'ai pris plaisir à le faire, ◆ **I ~ed playing cricket** ça m'a bien plu de jouer au cricket

◆ **to enjoy oneself** s'amuser ◆ **she was obviously ~ing herself** on voyait qu'elle s'amusait ◆ **did you ~ yourself in Paris?** est-ce que tu t'es bien amusé à Paris ?, est-ce que tu t'es plu à Paris ? ◆ **she always ~s herself in the country** elle se plaît toujours à la campagne, elle est toujours contente d'être à la campagne ◆ **I'm really ~ing myself at the moment** je suis dans une très bonne passe *or* je suis vraiment contente en ce moment ◆ ~ **yourself!** amusez-vous bien !

**b** *(frm = benefit from)* *[+ income, rights, health, advantage]* jouir de

**enjoyable** /ɪnˈdʒɔɪəbl/ ADJ agréable ; *[meal]* excellent ◆ ~ **sex** rapports *mpl* satisfaisants

**enjoyably** /ɪnˈdʒɔɪəblɪ/ ADV agréablement

**enjoyment** /ɪnˈdʒɔɪmənt/ N *(NonC)* **a** *(= pleasure)* plaisir *m* ◆ **to get ~ from (doing) sth** trouver du plaisir à (faire) qch **b** *(= possession) [of income, rights etc]* jouissance *f*, possession *f* (*of* de)

**enlarge** /ɪnˈlɑːdʒ/ VT *[+ house, territory]* agrandir ; *[+ empire, influence, field of knowledge,* *circle of friends]* étendre ; *[+ business]* développer, agrandir ; *[+ hole]* élargir, agrandir ; *[+ numbers, majority]* augmenter ; *(Med) [+ organ]* hypertrophier ; *(Phot)* agrandir VI a *(= grow bigger) [territory]* s'agrandir ; *[empire, influence, field of knowledge, circle of friends]* s'étendre ; *[business]* se développer ; *[hole]* s'élargir ; *(Med) [organ]* s'hypertrophier ; *[pore, pupil]* se dilater b *(= explain)* ◆ **to ~ (up)on** *[+ subject, difficulties etc]* s'étendre sur ; *[+ idea]* développer

**enlarged** /ɪn'lɑːdʒd/ ADJ *[photograph, group, building]* agrandi ; *[force]* plus important ; *[majority]* accru ; *[edition]* augmenté ; *[prostate, gland, organ]* hypertrophié ; *[pore]* dilaté

**enlargement** /ɪn'lɑːdʒmənt/ N a *(NonC = expansion) [of building, city]* agrandissement *m* ; *[of organization]* élargissement *m* ; *[of majority]* élargissement *m*, accroissement *m* b *(NonC: Med) [of organ, gland, prostate]* hypertrophie *f* ; *[of pore]* dilatation *f* ; *[of vein]* gonflement *m* ; → **breast** c *(Phot = photograph, process)* agrandissement *m*

**enlarger** /ɪn'lɑːdʒəʳ/ N *(Phot)* agrandisseur *m*

**enlighten** /ɪn'laɪtn/ VT éclairer (*sb on sth* qn sur qch)

**enlightened** /ɪn'laɪtnd/ ADJ *[person, society, approach, views]* éclairé ◆ **in this ~ age, in these ~ times** *(esp iro)* en ce siècle de lumières ◆ **~ self-interest** individualisme *m* constructif, égoïsme *m* à visage humain

**enlightening** /ɪn'laɪtnɪŋ/ ADJ instructif

**enlightenment** /ɪn'laɪtnmənt/ N *(NonC) (= explanations)* éclaircissements *mpl* ; *(= knowledge)* instruction *f*, édification *f* ; *(Rel)* illumination *f* ◆ **we need some ~ on this point** nous avons besoin de quelques éclaircissements *or* lumières sur ce point ◆ **the Age of Enlightenment** le Siècle des lumières

**enlist** /ɪn'lɪst/ VI *(Mil etc)* s'engager, s'enrôler (*in* dans) VT *[+ recruits]* enrôler, engager ; *[+ soldiers, supporters]* recruter ◆ **to ~ sb's support/sympathy** s'assurer le concours/la sympathie de qn COMP ▷ **enlisted man** N *(US Mil)* simple soldat *m*, militaire *m* du rang ; *(woman)* ≃ caporal *m*

**enlistment** /ɪn'lɪstmənt/ N a *(Mil = enrolment)* enrôlement *m*, engagement *m* (*in sth* dans qch) b *(Mil = period)* engagement *m* ◆ **a normal five-year ~** un engagement normal pour cinq ans c *(NonC = finding) [of helpers]* recrutement *m*

**enliven** /ɪn'laɪvn/ VT *[+ conversation, visit, evening]* animer ; *[+ décor, design]* mettre une note vive dans, égayer

**en masse** /ɑ̃mæs/ ADV en masse

**enmesh** /ɪn'meʃ/ VT *(lit, fig)* prendre dans un filet ◆ **to get ~ed in ...** s'empêtrer dans ...

**enmity** /'enmɪtɪ/ N inimitié *f*, hostilité *f* (*towards* envers ; *for* pour)

**enneathlon** /ˌenɪ'æθlɒn/ N *(Sport)* ennéathlon *m*

**ennoble** /ɪ'nəʊbl/ VT *(lit)* anoblir ; *(fig) [+ person, mind]* ennoblir, élever

**ennui** /'ɒnwiː/ N *(NonC)* ennui *m (also Literat)*

**enologist** /iː'nɒlədʒɪst/ N *(US)* ⇒ **oenologist**

**enology** /iː'nɒlədʒɪ/ N *(US)* ⇒ **oenology**

**enormity** /ɪ'nɔːmɪtɪ/ N a *(NonC) [of action, offence]* énormité *f* b *(= crime)* crime *m* très grave, outrage *m* ; *(= blunder)* énormité *f*

**enormous** /ɪ'nɔːməs/ ADJ *[person, animal, object, amount, number, power, difference]* énorme ; *[patience]* immense ; *[strength]* prodigieux ; *[stature]* colossal ; *[talent, interest]* formidable

**enormously** /ɪ'nɔːməslɪ/ ADV *[enjoy, vary etc]* énormément ; *[enjoyable, variable etc]* extrêmement ◆ **to be ~ helpful** être d'un immense secours

**enosis** /'enəʊsɪs/ N Enôsis *m*

**enough** /ɪ'nʌf/ PRON, N assez, suffisamment

> The partitive **en** is often used with **assez** and **suffisamment**.

◆ **have you got ~?** en avez-vous assez *or* suffisamment ? ◆ **I think you have said ~** je pense que vous en avez assez *or* suffisamment dit ◆ **I've had ~** *(eating)* j'ai assez *or* suffisamment mangé ; *(protesting)* j'en ai assez ◆ **there's more than ~ for all** il y en a largement (assez) *or* plus qu'assez pour tous ◆ **~ said!** * assez parlé ! * ◆ **~ is as good as a feast** *(Prov)* il ne faut pas abuser des bonnes choses

♦ **to be enough** suffire, être suffisant ◆ **I think that will be ~** je pense que ça suffira *or* que ce sera suffisant ◆ **that's ~, thanks** ça suffit, merci ◆ **that's ~!, ~ already!** ‡ *(esp US)* ça suffit ! ◆ **~'s ~!** ça suffit comme ça ! ◆ **it is ~ for us to know that ...** il nous suffit de savoir que ...

♦ **enough of** ◆ **I had not seen ~ of his work** je ne connaissais pas assez son travail ◆ **~ of this!** ça suffit comme ça !

♦ **to have had enough of sth** *(= be fed up of)* en avoir assez de qch ◆ **I've had ~ of this novel** j'en ai assez de ce roman ◆ **I've had ~ of listening to her** j'en ai assez de l'écouter

♦ **enough to** ◆ **~ to eat** assez à manger ◆ **he earns ~ to live on** il gagne de quoi vivre ◆ **one song was ~ to show he couldn't sing** une chanson a suffi à prouver qu'il ne savait pas chanter ◆ **this noise is ~ to drive you mad** ce bruit est à (vous) rendre fou ◆ **I've got ~ to worry about (already)** j'ai assez de soucis comme ça

♦ **enough +** *noun* assez de, suffisamment de ◆ **~ books** assez *or* suffisamment de livres ◆ **~ money** assez *or* suffisamment d'argent ◆ **I haven't ~ room** je n'ai pas assez *or* suffisamment de place ◆ **I've had more than ~ wine** j'ai bu bien assez de vin

ADV a *(= sufficiently)* assez ◆ **he was close ~ now to see them clearly** il était maintenant assez près pour les voir clairement ◆ **the proposed changes don't go far ~** les changements proposés ne vont pas assez loin ◆ **I was fool ~ to believe him** j'ai été assez bête pour le croire ◆ **that's a good ~ excuse** c'est une assez bonne excuse ◆ **he is good ~ to win** il est assez bon pour gagner ◆ **he is old ~ to go alone** il est assez grand pour y aller tout seul ◆ **are you warm ~?** avez-vous assez chaud ? ◆ **he was well ~ to leave hospital** il allait assez bien pour quitter l'hôpital ◆ **I couldn't get out of there quick ~** je n'avais qu'une envie *or* je n'attendais qu'une chose, c'était de partir ◆ **we have waited long ~** nous avons assez attendu ◆ **it's proof ~ that ...** c'est une preuve suffisante que ... ; → **fair**[1], **sure**

b *(offhand = tolerably)* assez ◆ **she seemed sincere ~** elle semblait assez sincère ◆ **he writes well ~** il écrit assez bien, il n'écrit pas mal ◆ **it's good ~ in its way** ce n'est pas (si) mal dans son genre *

c *(intensifying)* **things are difficult ~ as they are** les choses sont bien assez difficiles (comme ça) ◆ **he knows well ~ what I've said** il sait très bien ce que j'ai dit ◆ **oddly** *or* **funnily ~, I saw him too** chose curieuse *or* c'est curieux, je l'ai vu aussi ; → **sure**

**enprint** /'enprɪnt/ N *(Phot)* tirage *m* normal

**enquire** /ɪn'kwaɪəʳ/ ⇒ **inquire**

**enrage** /ɪn'reɪdʒ/ VT mettre en rage *or* en fureur, rendre furieux ◆ **he was ~d by this suggestion** cette proposition l'a rendu furieux ◆ **it ~s me to think that ...** j'enrage de penser que ...

**enrapture** /ɪn'ræptʃəʳ/ VT ravir, enchanter ◆ **~d by ...** ravi de ..., enchanté par ...

**enrich** /ɪn'rɪtʃ/ VT *[+ person, language, collection, mind]* enrichir (*with* en) ; *[+ soil]* fertiliser, amender ; *(Phys)* enrichir ◆ **vitamin-/iron-~ed** enrichi en vitamines/en fer COMP ▷ **enriched uranium** N uranium *m* enrichi

**enrichment** /ɪn'rɪtʃmənt/ N enrichissement *m*

**enrol, enroll** *(US)* /ɪn'rəʊl/ VT *[+ worker]* embaucher ; *[+ student]* immatriculer, inscrire ; *[+ member]* inscrire ; *[+ soldier]* enrôler VI *[worker etc]* se faire embaucher (*as* comme) ; *[student]* se faire immatriculer *or* inscrire, s'inscrire (*in* à ; *for* pour) ; *[soldier]* s'enrôler, s'engager (*in* dans) ◆ **to ~ as a member of a club/party** s'inscrire à un club/un parti COMP ▷ **enrolled bill** N *(US Pol)* projet *m* de loi ratifié par les deux Chambres

**enrolment, enrollment** *(US)* /ɪn'rəʊlmənt/ N *(at school, college, in club, scheme)* inscription *f* (*at or in sth* à qch) ; *(Mil)* enrôlement *m* (*in sth* dans qch) engagement *m* (*in sth* dans qch) ◆ **enrol(l)ment for** *or* **on** *(Brit) or* **in** *(US)* **a course** *(Educ)* inscription *f* à un cours ◆ **the school has an ~ of 600 pupils** l'école a un effectif de 600 élèves ◆ **the ideal ~ would be 1,100 members** l'effectif idéal serait de 1 100 membres ◆ **~ has** *or* **~s have doubled** *(at school, college, in club, scheme)* les inscriptions ont doublé ; *(Mil)* les enrôlements *or* les engagements ont doublé COMP ▷ **enrolment fee** N *(at school, university)* frais *mpl* de scolarité ; *(in club)* frais *mpl* d'adhésion ▷ **enrolment figures** NPL effectif *m*

**ensconce** /ɪn'skɒns/ VT ◆ **to ~ o.s.** bien se caler, bien s'installer ◆ **to be ~d** être bien installé

**ensemble** /ɑ̃ːnsɑ̃ːmbl/ N *(Dress, Mus = collection)* ensemble *m* ADJ *(Theat) [acting, playing]* d'ensemble

**enshrine** /ɪn'ʃraɪn/ VT *[+ custom, principle, rights]* sauvegarder ; *(Rel)* enchâsser ◆ **to be ~d in law** être garanti par la loi

**enshroud** /ɪn'ʃraʊd/ VT *(liter)* ◆ **grey clouds ~ the city** la ville est ensevelie sous des nuages gris ◆ **mist ~ed the land** la terre était noyée sous la brume ◆ **~ed in mystery** enveloppé de mystère

**ensign** /'ensaɪn/ N a /'ensən/ *(= flag)* drapeau *m* ; *(Naut)* pavillon *m* ◆ **Red/White Ensign** *(Brit)* pavillon *m* de la marine marchande/de la marine de guerre b *(= emblem)* insigne *m*, emblème *m* c *(Mil Hist)* (officier *m*) porte-étendard *m inv* d *(US Naut)* enseigne *m* de vaisseau de deuxième classe COMP ▷ **ensign-bearer** N porte-étendard *m inv*

**enslave** /ɪn'sleɪv/ VT *(lit)* réduire en esclavage, asservir ; *(fig)* asservir ◆ **to be ~d by tradition** être l'esclave de la tradition

**enslavement** /ɪn'sleɪvmənt/ N asservissement *m*

**ensnare** /ɪn'sneəʳ/ VT *(lit, fig)* prendre au piège ; *[woman, charms]* séduire

**ensue** /ɪn'sjuː/ VI s'ensuivre, résulter (*from* de)

**ensuing** /ɪn'sjuːɪŋ/ ADJ *[battle, violence, discussion, argument, chaos]* qui s'ensuit (*or* s'ensuivait) ; *[months, weeks]* suivant, qui suivent (*or* suivaient *etc*)

**en suite** /ɑ̃'swiːt/ ADJ ◆ **with bathroom ~, with an ~ bathroom** avec salle de bains (attenante)

**ensure** /ɪnˈʃʊəʳ/ VT a assurer, garantir ; *[+ safety]* veiller sur, assurer ◆ **he did everything to ~ that she came** il a tout fait pour qu'elle vienne *or* pour s'assurer qu'elle viendrait b ⇒ **insure b**

**ENT** /ˌiːenˈtiː/ *(Med)* (abbrev of **Ear, Nose and Throat**) ORL *f*

**entail** /ɪnˈteɪl/ VT a *(= cause)* entraîner ; *(= mean)* supposer ; *[+ expense, work, delay]* occasionner ; *[+ inconvenience, risk, difficulty]* comporter ◆ **vivisection necessarily ~s a great deal of suffering** la vivisection entraîne forcément beaucoup de souffrances ◆ **it ~ed buying a car** cela supposait d'acheter *or* supposait l'achat d'une voiture ◆ **the job ~s a lot of travel** c'est un poste pour lequel il faut beaucoup voyager b *(Jur)* **to ~ an estate** substituer un héritage ◆ **~ed estate** biens *mpl* inaliénables

**entangle** /ɪnˈtæŋgl/ VT a *(= catch up)* empêtrer, enchevêtrer ; *(= twist together) [+ hair]* emmêler ; *[+ wool, thread]* emmêler, embrouiller ◆ **to become ~d in ropes** s'empêtrer dans des cordages b *(fig) [+ person]* entraîner, impliquer (*in* dans) mêler (*in* à) ◆ **to become ~d in an affair** s'empêtrer *or* se laisser entraîner dans une affaire ◆ **to become ~d in lies/explanations** s'empêtrer dans des mensonges/des explications

**entanglement** /ɪnˈtæŋglmənt/ N a *(NonC = entwining)* enchevêtrement *m*, emmêlement *m* b *(Mil)* ◆ **barbed-wire ~s** (réseau *m* de) barbelés *mpl* c *(sexual)* liaison *f* compliquée ◆ **romantic ~** histoire *f* d'amour compliquée d *(= difficulty)* imbroglio *m* ◆ **his ~ with the police** son imbroglio avec la police

**entente** /ɒnˈtɒnt/ N entente *f* ◆ **~ cordiale** entente *f* cordiale

**enter** /ˈentəʳ/ VT a *(= come or go into) [+ house etc]* entrer dans, pénétrer dans ; *[+ vehicle]* monter dans, entrer dans ; *[+ path, road]* s'engager dans ◆ **he ~ed the grocer's** il est entré chez l'épicier *or* dans l'épicerie ◆ **to ~ harbour** *(Naut)* entrer au port *or* dans le port ◆ **the thought never ~ed my head** *or* **mind** cette pensée ne m'est jamais venue à l'esprit ◆ **he is ~ing his sixtieth year** il entre dans sa soixantième année

b *(= become member of) [+ profession, the army]* entrer dans ; *[+ university, college]* s'inscrire à, se faire inscrire à *or* dans ◆ **to ~ the Church** se faire prêtre, recevoir la prêtrise ◆ **to ~ society** faire ses débuts dans le monde

c *(= submit, write down) [+ amount, name, fact, order] (on list)* inscrire ; *(in notebook)* noter ; *(Comput) [+ data]* saisir, entrer ◆ **to ~ an item in the ledger** porter un article sur le livre de comptes ◆ **to ~ a horse for a race** engager *or* inscrire un cheval dans une course ◆ **to ~ a dog for a show** présenter un chien dans un concours ◆ **to ~ a pupil for an exam/a competition** présenter un élève à un examen/à un concours ◆ **he has ~ed his son for Eton** il a inscrit son fils (à l'avance) à Eton ◆ **to ~ a protest** élever une protestation ◆ **to ~ an appeal** *(Jur)* interjeter appel ◆ **to ~ an appearance** *(Jur)* comparaître (en justice)

VI a entrer ◆ **~ Macbeth** *(Theat)* entre Macbeth

b ◆ **to ~ for a race** s'inscrire pour une course ◆ **to ~ for an exam** s'inscrire à un examen

► **enter into** VT FUS a *[+ explanation, apology]* se lancer dans ; *[+ correspondence, conversation]* entrer en ; *[+ plot]* prendre part à ; *[+ negotiations]* entamer ; *[+ contract]* passer ; *[+ alliance]* conclure

b *[+ sb's plans, calculations]* entrer dans ◆ **to ~ into the spirit of the game** *(lit, fig)* entrer dans le jeu ◆ **her money doesn't ~ into it at all** son argent n'y est pour rien *or* n'a rien à voir là-dedans

► **enter on** VT FUS ⇒ **enter upon**

► **enter up** VT SEP *[+ sum of money, amount]* inscrire ; *[+ diary, ledger]* tenir à jour

► **enter upon** VT FUS *[+ course of action]* s'engager dans ; *[+ career]* débuter dans, entrer dans ; *[+ negotiations]* entamer ; *[+ alliance]* conclure ; *(Jur) [+ inheritance]* prendre possession de

**enteric** /enˈterɪk/ ADJ entérique COMP ▷ **enteric fever** N (fièvre *f*) typhoïde *f*

**enteritis** /ˌentəˈraɪtɪs/ N entérite *f*

**enterostomy** /ˌentəˈrɒstəmɪ/ N entérostomie *f*

**enterotomy** /ˌentəˈrɒtəmɪ/ N entérotomie *f*

**enterovirus** /ˌentərəʊˈvaɪrəs/ N entérovirus *m*

**enterprise** /ˈentəpraɪz/ N a *(= undertaking, company)* entreprise *f* b *(NonC = initiative)* (esprit *m* d')initiative *f*, esprit *m* entreprenant ; → **free** COMP ▷ **Enterprise Allowance Scheme** N *(Brit) aide à la création d'entreprise accordée aux chômeurs*

**enterprising** /ˈentəpraɪzɪŋ/ ADJ *[person, company]* plein d'initiative ; *[idea]* hardi ◆ **that was ~ of you!** vous avez fait preuve d'initiative !

**enterprisingly** /ˈentəpraɪzɪŋlɪ/ ADV *(= showing initiative)* de sa (*or* leur *etc*) propre initiative ; *(daringly)* hardiment, audacieusement

**entertain** /ˌentəˈteɪn/ VT a *(= amuse) [+ audience]* amuser, divertir ; *(= keep occupied) [+ guests, children]* distraire ◆ **Liverpool ~ed the crowd with some brilliant football** Liverpool a diverti le public avec un football brillant

b *(= offer hospitality to) [+ guests]* recevoir ◆ **to ~ sb to dinner** *(frm) (at restaurant)* offrir à dîner à qn ; *(at home)* recevoir qn à dîner

c *(= have in mind) [+ possibility]* envisager ; *[+ intention, suspicion, doubt, hope]* nourrir ; *[+ proposal]* accueillir ◆ **to ~ the thought of doing sth** envisager de faire qch ◆ **she doesn't really want to ~ the thought** elle ne veut pas vraiment considérer cette éventualité ◆ **I wouldn't ~ it for a moment** je repousserais tout de suite une telle idée ◆ **to ~ a claim** *(Insurance, Jur etc)* admettre une réclamation, faire droit à une réclamation

VI a *(= amuse) [+ comic, entertainer, book, film]* divertir

b *(= offer hospitality)* recevoir ◆ **do you ~ often?** vous recevez beaucoup ?

**entertainer** /ˌentəˈteɪnəʳ/ N artiste *mf* (de music-hall *etc*), fantaisiste *mf* ◆ **a well-known radio ~** un(e) artiste bien connu(e) à la radio ◆ **he's a born ~** c'est un amuseur né

**entertaining** /ˌentəˈteɪnɪŋ/ ADJ divertissant N ◆ **she loves ~** elle adore recevoir ; *(more formal occasions)* elle adore donner des réceptions ◆ **this is a lovely room for ~** c'est la pièce idéale pour recevoir *or* pour des réceptions ◆ **this dish is ideal for ~** c'est un plat idéal quand on reçoit

**entertainingly** /ˌentəˈteɪnɪŋlɪ/ ADV *[say, talk]* d'une façon divertissante ◆ **~ cynical** d'un cynisme divertissant

**entertainment** /ˌentəˈteɪnmənt/ N a *(NonC = amusement)* divertissements *mpl* ◆ **the cinema is their favourite form of ~** le cinéma est leur loisir *or* divertissement préféré ◆ **this was not his idea of an evening's ~** ce n'était pas comme ça qu'il voyait un divertissement pour une soirée ◆ **family/popular ~** divertissement *m* familial/populaire ◆ **much to the ~ of ...** au grand divertissement de ... ◆ **for your ~ we have invited ...** *(gen)* pour vous divertir nous avons invité ... ; *(on TV, radio show)* pour vous faire plaisir nous avons invité ... ◆ **to make one's own ~** se divertir soi-même ; → **light²**

b *(= show)* spectacle *m* ◆ **the world of ~** le monde du spectacle

c *(Comm) [of clients, guests]* réception *f*

COMP ▷ **entertainment allowance** N ⇒ **entertainment expenses** ▷ **entertainment expenses** NPL frais *mpl* de représentation ▷ **entertainment tax** N taxe *f* sur les spectacles

**enthral(l)** /ɪnˈθrɔːl/ VT a *[book, film, talk, performance, spectacle, story]* captiver ; *[scenery, entertainer, actor]* charmer ; *[idea, thought]* enchanter ; *[beauty, charm]* séduire, ensorceler b *(†† = enslave)* asservir

**enthralled** /ɪnˈθrɔːld/ ADJ *(by book, film, talk, performance, spectacle, story)* captivé ; *(by scenery, entertainer, actor)* charmé ; *(by idea)* enchanté ◆ **the children listened, enthral(l)ed** les enfants écoutaient, captivés ◆ **to hold sb enthral(l)ed** captiver qn

**enthralling** /ɪnˈθrɔːlɪŋ/ ADJ *[story, film, day]* passionnant ; *[beauty]* ensorcelant

**enthrone** /ɪnˈθrəʊn/ VT *[+ king]* placer sur le trône, introniser ; *[+ bishop]* introniser ◆ **to sit ~d** *(liter)* trôner ◆ **~d in the hearts of his countrymen** vénéré par ses compatriotes

**enthronement** /ɪnˈθrəʊnmənt/ N *(lit)* couronnement *m*, intronisation *f* ; *(fig)* consécration *f*

**enthuse** /ɪnˈθuːz/ VI ◆ **to ~ over sb/sth** porter qn/qch aux nues, parler avec (beaucoup d')enthousiasme de qn/qch VT enthousiasmer

**enthusiasm** /ɪnˈθuːzɪæzəm/ N a *(NonC)* enthousiasme *m* (*for* pour) ◆ **without ~** sans enthousiasme ◆ **her visit generated little ~ among local people** sa visite a provoqué peu d'enthousiasme parmi les habitants ◆ **they showed little ~ for the scheme** ils ont manifesté peu d'enthousiasme pour le projet, ils n'ont pas vraiment été enthousiasmés par le projet ◆ **the idea filled her with ~** l'idée l'a enthousiasmée ◆ **she has great ~ for life** elle a une véritable passion pour la vie b *(= pet interest)* passion *f* ◆ **photography is one of her many ~s** la photographie est une de ses nombreuses passions

**enthusiast** /ɪnˈθuːzɪæst/ N enthousiaste *mf* ◆ **he is a jazz/bridge/sport** *etc* **~** il se passionne pour le *or* il est passionné de jazz/bridge/sport *etc* ◆ **all these football ~s** tous ces passionnés de football ◆ **a Vivaldi ~** un(e) fervent(e) de Vivaldi

**enthusiastic** /ɪnˌθuːzɪˈæstɪk/ ADJ enthousiaste ◆ **~ about** *[+ painting, chess, botany]* passionné de ; *[+ plan, suggestion]* enthousiasmé par ◆ **he was very ~ about the plan** le projet l'a beaucoup enthousiasmé ◆ **~ about doing sth** enthousiaste à l'idée de faire qch ◆ **he was ~ in his praise** il a fait des éloges enthousiastes ◆ **he was less than ~ (about/about doing sth)** il n'était pas du tout enthousiaste (à propos de/pour faire qch) ◆ **to make sb ~ (about sth)** enthousiasmer qn (pour qch) ◆ **to wax ~ (about sth)** s'enthousiasmer (pour qch)

**enthusiastically** /ɪnˌθuːzɪˈæstɪkəlɪ/ ADV avec enthousiasme

**entice** /ɪnˈtaɪs/ VT attirer, entraîner ; *(with food, false promises)* allécher ; *(with prospects)* séduire ◆ **to ~ sb to do** entraîner qn (par la ruse) à faire ◆ **to ~ sb away from sb/sth** éloigner qn de qn/qch

**enticement** /ɪn'taɪsmənt/ **N** *(= act)* séduction *f* ; *(= attraction)* attrait *m*

**enticing** /ɪn'taɪsɪŋ/ **ADJ** *[prospect, invitation, offer, idea]* séduisant ◆ **to look ~** *[person]* être séduisant ; *[food]* être appétissant ; *[water]* être tentant

**enticingly** /ɪn'taɪsɪŋlɪ/ **ADV** *[display]* de façon attrayante ◆ **an ~ simple way of life** un style de vie d'une simplicité séduisante

**entire** /ɪn'taɪəʳ/ **ADJ** **a** *(before singular noun)* (tout) entier ; *(before plural noun)* entier ◆ **the ~ town/street** la ville/la rue (tout) entière ◆ **~ families/cities** des familles/des villes entières ◆ **one of the best films in the ~ history of the cinema** l'un des meilleurs films de toute l'histoire du cinéma ◆ **the ~ night** toute la nuit, la nuit (tout) entière ◆ **the ~ time** tout le temps ◆ **the ~ world** le monde entier ◆ **he has my ~ confidence** j'ai entièrement confiance en lui, il a mon entière confiance ◆ **I'd never seen anything like it in my ~ life** de toute ma vie je n'avais rien vu de semblable **b** *(= uncastrated) [animal]* entier

**entirely** /ɪn'taɪəlɪ/ **ADV** *[change]* du tout au tout ; *[depend on, devote to]* entièrement ; *[satisfied, different, clear, possible, happy, convinced]* tout à fait ; *[new]* totalement ; *[free]* absolument ◆ **I ~ agree** je suis entièrement *or* tout à fait d'accord ◆ **made ~ of wood** entièrement fait en bois ◆ **it's ~ up to you** c'est à toi de décider, c'est toi qui décides ◆ **she's ~ the wrong person for the job** ce n'est vraiment pas la personne qui convient pour ce travail ◆ **the accident was ~ the fault of the other driver** l'accident était entièrement de la faute de l'autre conducteur ◆ **to be ~ a matter for sb/sth** relever entièrement de la compétence de qn/qch ◆ **to be another matter ~, to be an ~ different matter** être une tout autre affaire ◆ **was she right? – not ~** avait-elle raison ? – pas entièrement *or* complètement

**entirety** /ɪn'taɪərətɪ/ **N** intégralité *f*, totalité *f* ◆ **in its ~** en (son) entier, intégralement

**entitle** /ɪn'taɪtl/ **VT** **a** *(= bestow right on)* autoriser, habiliter *(Jur)* (*to do sth* à faire qch) ◆ **to ~ sb to sth** donner droit à qch à qn ◆ **this voucher ~s you to three half-price recordings** ce bon vous donne droit à trois disques à moitié prix ◆ **to be ~d to sth** avoir droit à qch ◆ **you should claim all that you're ~d to** vous devriez réclamer tout ce à quoi vous avez droit ◆ **you're ~d to a bit of fun!** tu as bien le droit de t'amuser un peu ! ◆ **I'm ~d to my own opinion** j'ai bien le droit d'avoir ma propre opinion ◆ **to ~ sb to do sth** donner à qn le droit de faire qch ◆ **to be ~d to do sth** *(by position, qualifications)* avoir qualité pour faire qch, être habilité à faire qch *(Jur)* ; *(by conditions, rules)* avoir le droit *or* être en droit de faire qch ◆ **he is quite ~d to believe that ...** il est tout à fait en droit de croire que ... ◆ **to be ~d to vote** *(Pol = have right of suffrage)* avoir le droit de vote ; *(in union election, for committee etc)* avoir voix délibérative

**b** *[+ book]* intituler ◆ **to be ~d** s'intituler

**entitlement** /ɪn'taɪtəlmənt/ **N** droit *m* (*to* à)
**COMP** ▷ **entitlement program** **N** *(US Pol)* programme *m* social

**entity** /'entɪtɪ/ **N** entité *f* ; → **legal**

**entomb** /ɪn'tuːm/ **VT** mettre au tombeau, ensevelir ; *(fig)* ensevelir

**entombment** /ɪn'tuːmmənt/ **N** mise *f* au tombeau, ensevelissement *m*

**entomological** /,entəmə'lɒdʒɪkəl/ **ADJ** entomologique

**entomologist** /,entə'mɒlədʒɪst/ **N** entomologiste *mf*

**entomology** /,entə'mɒlədʒɪ/ **N** entomologie *f*

**entourage** /,ɒntʊ'rɑːʒ/ **N** entourage *m*

**entr'acte** /'ɒntrækt/ **N** entracte *m*

**entrails** /'entreɪlz/ **NPL** *(lit, fig)* entrailles *fpl*

**entrain** /ɪn'treɪn/ **VT** *(Rail)* faire monter dans un train ; *(= carry along)* entraîner **VI** monter dans un train

**entrance¹** /'entrəns/ **N** **a** *(= way in) (gen)* entrée *f* (*to* de) ; *[of cathedral]* portail *m* ; *(= hall)* entrée *f*, vestibule *m* ; → **tradesman**

**b** *(= act of entering)* entrée *f* ◆ **on his ~** à son entrée ◆ **to make an ~** *(esp Theat)* faire son entrée ◆ **his ~ into politics** son entrée dans la politique

**c** *(= right to enter)* admission *f* ◆ **~ to a school** admission *f* à *or* dans une école ◆ **to gain ~ to a university** être admis à *or* dans une université ◆ **children get free ~ (to the zoo)** l'entrée (du zoo) est gratuite pour les enfants

**COMP** ▷ **entrance examination** **N** examen *m* d'entrée ; *(Admin)* concours *m* de recrutement ▷ **entrance fee** **N** *(at museum, cinema etc)* prix *m* *or* droit *m* d'entrée ; *(Brit: for club, association etc)* droit *m* d'inscription ▷ **entrance hall** **N** hall *m* (d'entrée) ▷ **entrance permit** **N** visa *m* d'entrée ▷ **entrance qualifications** **NPL** *(Educ)* diplômes *mpl* exigés à l'entrée ▷ **entrance ramp** **N** *(US Aut)* bretelle *f* d'accès ▷ **entrance requirements** **NPL** *(Educ)* qualifications *fpl* exigées à l'entrée ▷ **entrance ticket** **N** billet *m* d'entrée

**entrance²** /ɪn'trɑːns/ **VT** ravir, enchanter ◆ **she stood there ~d** elle restait là extasiée *or* en extase

**entrancing** /ɪn'trɑːnsɪŋ/ **ADJ** enchanteur (-teresse *f*), ravissant

**entrancingly** /ɪn'trɑːnsɪŋlɪ/ **ADV** *[dance, sing]* à ravir ; *[smile]* d'une façon ravissante *or* séduisante ◆ **she is ~ beautiful** elle est belle à ravir ◆ **it's ~ simple** c'est d'une merveilleuse simplicité

**entrant** /'entrənt/ **N** *(to profession)* nouveau venu *m*, nouvelle venue *f* (*to* dans, en) ; *(in race)* concurrent(e) *m(f)*, participant(e) *m(f)* ; *(in competition)* candidat(e) *m(f)*, concurrent(e) *m(f)* ; *(in exam)* candidat(e) *m(f)*

**entrap** /ɪn'træp/ **VT** prendre au piège ◆ **to ~ sb into doing sth** amener qn à faire qch par la ruse *or* la feinte

**entrapment** /ɪn'træpmənt/ **N** *(Jur)* *incitation policière à commettre un délit qui justifiera ensuite l'arrestation de son auteur*

**entreat** /ɪn'triːt/ **VT** supplier, implorer (*sb to do sth* qn de faire qch) ◆ **listen to him, I ~ you** écoutez-le, je vous en supplie *or* je vous en conjure ◆ **to ~ sth of sb** demander instamment qch à qn ◆ **to ~ sb for help** implorer le secours de qn

**entreating** /ɪn'triːtɪŋ/ **ADJ** suppliant, implorant **N** supplications *fpl*

**entreatingly** /ɪn'triːtɪŋlɪ/ **ADV** *[look]* d'un air suppliant ; *[ask]* d'un ton suppliant, d'une voix suppliante

**entreaty** /ɪn'triːtɪ/ **N** prière *f*, supplication *f* ◆ **at his ~** sur ses instances *fpl* ◆ **they ignored my entreaties** ils sont restés sourds à mes prières *or* supplications ◆ **a look/gesture of ~** un regard/un geste suppliant

**entrée** /'ɒntreɪ/ **N** *(Culin)* entrée *f*

**entrench** /ɪn'trentʃ/ **VT** *(Mil)* retrancher

**entrenched** /ɪn'trentʃd/ **ADJ** **a** *(pej = established) [position, idea, attitude]* arrêté ; *[belief, behaviour, practice, racism, suspicion]* enraciné ; *[interests, power, bureaucracy]* bien établi ; *[person]* inflexible ◆ **to become ~** *[position, idea, attitude]* devenir trop arrêté ; *[belief, behaviour, practice, racism, suspicion]* s'enraciner ; *[interests, power, bureaucracy]* s'établir fermement ; *[person]* se retrancher sur ses positions ◆ **the recession is still well ~** la récession s'est installée, la récession dure ◆ **you're too ~ in the past** vous êtes trop replié sur le passé ◆ **he remained ~ in his position** il ne démordait pas de son point de vue ◆ **to be ~ in the belief/view that ...** ne pas démordre de l'idée que .../du point de vue selon lequel ...

**b** *(Mil) [troops, position]* retranché

**entrenchment** /ɪn'trentʃmənt/ **N** **a** *(Mil)* retranchement *m* **b** *(= establishment) [of rights, standards] (gen)* établissement *m* ; *(by constitution, law)* validation *f*

**entrepôt** /'ɒntrəpəʊ/ **N** entrepôt *m*

**entrepreneur** /,ɒntrəprə'nɜːʳ/ **N** entrepreneur *m (chef d'entreprise)*

**entrepreneurial** /,ɒntrəprə'nɜːrɪəl/ **ADJ** *[person, company]* entreprenant ; *[initiative]* audacieux ◆ **to have ~ flair** avoir l'esprit d'entreprise, avoir le sens de l'initiative

**entrepreneurship** /,ɒntrəprə'nɜːʃɪp/ **N** esprit *m* d'entreprise

**entropy** /'entrəpɪ/ **N** entropie *f*

**entrust** /ɪn'trʌst/ **VT** *[+ secrets, valuables, letters]* confier (*to* à) ; *[+ child]* confier (*to sb* à qn, à la garde de qn) ; *[+ prisoner]* confier (*to* à la garde de) ◆ **to ~ sb/sth to sb's care** confier *or* remettre qn/qch aux soins de qn ◆ **to ~ sb with a task** charger qn d'une tâche, confier à qn une tâche ◆ **to ~ sb with the job of doing sth** charger qn de faire qch, confier à qn le soin de faire qch

**entry** /'entrɪ/ **N** **a** *(= action)* entrée *f* ; *(in competition)* participation *f* ◆ **to make an ~** faire son entrée ◆ **to make one's ~** *(Theat)* entrer en scène ◆ **"no entry"** *(on gate etc)* "défense d'entrer", "entrée interdite" ; *(in one-way street)* "sens interdit"

**b** *(= way in: gen)* entrée *f* ; *[of cathedral]* portail *m*

**c** *(= item) [of list]* inscription *f* ; *[of account book, ledger]* écriture *f* ; *[of dictionary, encyclopedia] (= term)* article *m* ; *(= headword)* adresse *f*, entrée *f* ◆ **single/double ~** *(Accounts)* comptabilité *f* en partie simple/double ◆ **~ in the log** *(Naut)* entrée *f* du journal de bord

**d** *(Sport etc = participant(s))* **there is a large ~ for the 200 metres** il y a une longue liste de concurrents pour le 200 mètres ◆ **there are only three entries** *(for race, competition)* il n'y a que trois concurrents ; *(for exam)* il n'y a que trois candidats

**COMP** ▷ **entry condition** **N** *(Ling)* condition *f* d'admission *(à un système)* ▷ **entry examination** **N** examen *m* d'entrée ▷ **entry fee** **N** *(at museum, cinema etc)* prix *m* *or* droit *m* d'entrée ; *(Brit: for club, association etc)* droit *m* d'inscription ▷ **entry form** **N** feuille *f* d'inscription ▷ **entry-level** **ADJ** *(Comput)* de base ▷ **entry permit** **N** visa *m* d'entrée ▷ **entry phone** **N** interphone *m* ▷ **entry qualifications** **NPL** *(Educ)* diplômes *mpl* exigés à l'entrée ▷ **entry requirements** **NPL** *(Educ)* qualifications *fpl* exigées à l'entrée ▷ **entry visa** **N** ⇒ **entry permit** ▷ **entry word** **N** *(US Lexicography)* entrée *f*, adresse *f*

**entryism** /'entrɪɪzəm/ **N** entrisme *m*

**entryist** /'entrɪɪst/ **N, ADJ** entriste *mf*

**entryway** /'entrɪweɪ/ **N** *(esp US)* entrée *f*, hall *m* d'entrée

**entwine** /ɪn'twaɪn/ **VT** *[+ stems, ribbons]* entrelacer ; *[+ garland]* tresser ; *(= twist around)* enlacer (*with* de) ◆ **to ~ itself around** s'enrouler autour de **VI** s'entrelacer, s'enlacer *(around* autour de)

**enumerate** /ɪˈnjuːməreɪt/ VT énumérer, dénombrer

**enumeration** /ɪˌnjuːməˈreɪʃən/ N énumération *f*, dénombrement *m*

**enunciate** /ɪˈnʌnsɪeɪt/ VT *[+ sound, word]* prononcer, articuler ; *[+ principle, theory]* énoncer, exposer ◆ **to ~ clearly** bien articuler

**enunciation** /ɪˌnʌnsɪˈeɪʃən/ N *[of sound, word]* articulation *f* ; *[of theory]* énonciation *f*, formulation *f* ; *[of problem]* énoncé *m* ◆ **he has good ~** il articule bien

**enuresis** /ˌenjʊˈriːsɪs/ N énurésie *f*

**enuretic** /ˌenjʊˈretɪk/ ADJ énurétique

**envelop** /ɪnˈveləp/ VT envelopper *(also fig)* ◆ **~ed in a blanket** enveloppé dans une couverture ◆ **~ed in clouds/snow** enveloppé de nuages/neige ◆ **~ed in mystery** enveloppé *or* entouré de mystère

**envelope** /ˈenvələʊp/ N *[of letter, balloon, airship]* enveloppe *f* ; *(Bio, Bot)* enveloppe *f*, tunique *f* ; *(Math)* enveloppe *f* ◆ **to put a letter in an ~** mettre une lettre sous enveloppe ◆ **in a sealed ~** sous pli cacheté ◆ **in the same ~** sous le même pli ◆ **it sounds as if it was written on the back of an ~** on dirait que ça a été rédigé à la hâte ◆ **to push (back) the ~** repousser les limites

**envelopment** /ɪnˈveləpmənt/ N enveloppement *m*

**envenom** /ɪnˈvenəm/ VT *(lit, fig)* envenimer

**enviable** /ˈenvɪəbl/ ADJ enviable

**enviably** /ˈenvɪəblɪ/ ADV ◆ **~ slim** d'une minceur enviable ◆ **a city with ~ little crime** une ville dont on peut envier le faible taux de criminalité ◆ **an ~ high academic standard** un niveau scolaire élevé qui fait envie

**envious** /ˈenvɪəs/ ADJ *[person, glance]* envieux ◆ **you're going to Barbados? – I'm very ~** tu vas à la Barbade ? — je t'envie beaucoup ◆ **to be ~ of sb/sth** envier qn/qch ◆ **people were ~ of his success** son succès a fait des envieux ◆ **to be ~ that …** être envieux du fait que … + *subj* ◆ **to cast ~ eyes** *or* **an ~ eye at sb/sth** jeter un regard envieux sur qn/qch

**enviously** /ˈenvɪəslɪ/ ADV avec envie

**environment** /ɪnˈvaɪərənmənt/ **N** **a** *(= surroundings: physical)* cadre *m*, environnement *m* ; *(social, moral)* milieu *m* ◆ **he has a good working ~** il travaille dans un cadre agréable ◆ **to be in a safe ~** *[child, vulnerable person]* être dans un environnement protégé ◆ **pupils in our schools must be taught in a safe ~** les élèves de notre pays doivent pouvoir étudier en toute sécurité ◆ **the twins were brought up in different ~s** les jumeaux ont été élevés dans des milieux différents ◆ **working-class ~** milieu *m* ouvrier ◆ **cultural ~** milieu *m* culturel ◆ **in order to survive in a hostile ~** pour survivre dans un milieu hostile ◆ **are people's characters determined by heredity or ~?** le caractère est-il déterminé par l'hérédité ou par l'environnement ? ◆ **the economic ~ is becoming increasingly global** l'environnement économique se mondialise de plus en plus

**b** *(natural)* environnement *m* ; *(Bio, Bot, Geog)* milieu *m* ◆ **our ~ is awash with other forms of pollution** notre environnement est affecté par une multitude d'autres formes de pollution ◆ **natural ~** milieu *m* naturel

◆ **the environment** l'environnement ◆ **pollution/protection of the ~** la pollution/la protection de l'environnement ◆ **he expressed grave concern for the ~** il a exprimé de graves inquiétudes quant à l'environnement ◆ **Secretary (of State) for** *or* **Minister of the Environment** *(Brit)* ministre *mf* de l'Environnement ◆ **Department** *or* **Ministry of the Environment** ministère *m* de l'Environnement

**COMP** ▷ **Environment Agency** *(Brit)* N agence *f* de protection de l'environnement ▷ **environment-friendly** ADJ qui respecte l'environnement ▷ **Environment Protection Agency** N *(US)* agence *f* de protection de l'environnement

> ⚠ *Be cautious about translating* **environment** *by* **environnement**, *which is generally used for physical and natural environments.*

**environmental** /ɪnˌvaɪərənˈmentl/ **ADJ** **a** *(= ecological) [issues, matters, problems]* écologique, environnemental ; *[impact, effects, research]* sur l'environnement ; *[change]* d'écosystème ; *[policy]* de l'environnement ; *[group, movement]* écologiste ; *[disaster]* écologique ◆ **~ awareness** conscience *f* écologique ◆ **to take account of ~ concerns** tenir compte des considérations écologiques *or* environnementales ◆ **~ damage** dommages *mpl* causés à l'environnement ◆ **~ regulations** lois *fpl* sur (la protection de) l'environnement

**b** *(= situational) [factors]* lié à l'environnement ; *[influence]* de l'environnement ◆ **the illness is caused by genetic rather than ~ factors** cette maladie est due à des facteurs génétiques plutôt qu'au milieu ambiant

**COMP** ▷ **environmental health** N *(Brit)* hygiène *f* publique ▷ **Environmental Health Department** N *(Brit)* département *m* d'hygiène publique ▷ **Environmental Health Officer** N *(Brit)* inspecteur *m* de l'hygiène publique ▷ **Environmental Health Service** N *(Brit)* service *m* d'hygiène publique ▷ **Environmental Protection Agency** N *(US Admin)* ≈ ministère *m* de l'Environnement ▷ **environmental studies** NPL étude *f* de l'environnement, études *fpl* écologiques

**environmentalism** /ɪnˌvaɪrənˈmentəˌlɪzəm/ N écologie *f*, science *f* de l'environnement

**environmentalist** /ɪnˌvaɪərənˈmentəlɪst/ N écologiste *mf*, environnementaliste *mf*

**environmentally** /ɪnˌvaɪərənˈmentəlɪ/ ADV **a** *(= ecologically) [sensitive]* écologiquement ◆ **to be ~ conscious** *or* **aware** être sensibilisé aux problèmes de l'environnement ◆ **to be ~ friendly** *or* **correct** respecter l'environnement ◆ **to be ~ harmful** nuire à l'environnement ◆ **~ sound policies** des politiques respectueuses de l'environnement **b** *(= from living conditions)* ◆ **to suffer from an ~ acquired** *or* **induced disease** souffrir d'une maladie due aux conditions de vie

**environs** /ɪnˈvaɪərənz/ NPL abords *mpl*, alentours *mpl*

**envisage** /ɪnˈvɪzɪdʒ/ VT *(= foresee)* prévoir ; *(= imagine)* envisager ◆ **it is ~d that …** on prévoit que … ◆ **an increase is ~d next year** on prévoit une augmentation pour l'année prochaine ◆ **it is hard to ~ such a situation** il est difficile d'envisager une telle situation ◆ **to ~ sb** *or* **sb's doing sth** imaginer *or* penser que qn fera qch

**envision** /ɪnˈvɪʒən/ VT *(esp US) (= conceive of)* imaginer ; *(= foresee)* prévoir

**envoy**[1] /ˈenvɔɪ/ N *(gen)* envoyé(e) *m(f)*, émissaire *m* ; *(= diplomat:* also **envoy extraordinary)** ministre *m* plénipotentiaire, ambassadeur *m* extraordinaire

**envoy**[2] /ˈenvɔɪ/ N *(Poetry)* envoi *m*

**envy** /ˈenvɪ/ **N** envie *f*, jalousie *f* ◆ **out of ~** par envie, par jalousie ◆ **filled with ~** dévoré de jalousie ◆ **it was the ~ of everyone** cela faisait *or* excitait l'envie de tout le monde ; → **green** **VT** *[+ person, thing]* envier ◆ **to ~ sb sth** envier qch à qn

**enzyme** /ˈenzaɪm/ N enzyme *f*

**EOC** /ˌiːəʊˈsiː/ N *(Brit)* (abbrev of **Equal Opportunities Commission**)

> **EOC, EEOC**
>
> La Commission pour l'égalité des chances (**Equal Opportunities Commission** ou **EOC**) est un organisme britannique chargé de veiller à ce que les femmes perçoivent à travail égal un salaire égal à celui des hommes et qu'elles ne fassent pas l'objet d'une discrimination sexiste. La Commission pour l'égalité des races (« Commission for Racial Equality ») veille pour sa part à ce qu'il n'y ait pas de discrimination sur la base de la race ou de la religion.
> Aux États-Unis, la Commission pour l'égalité des chances (**Equal Employment Opportunity Commission** ou **EEOC**) lutte contre toutes les formes de discrimination raciale, religieuse ou sexuelle sur le lieu de travail. Les entreprises pratiquant une quelconque discrimination peuvent être poursuivies devant la justice fédérale.

**Eocene** /ˈiːəʊˌsiːn/ ADJ, N éocène *m*

**eolithic** /ˌiːəʊˈlɪθɪk/ ADJ éolithique

**eon** /ˈiːɒn/ N ⇒ **aeon**

**eosin(e)** /ˈiːəʊsɪn/ N éosine *f*

**EP** /ˌiːˈpiː/ N (abbrev of **extended play**) 45 tours *m* double durée

**EPA** /ˌiːpiːˈeɪ/ N *(US Admin)* (abbrev of **Environmental Protection Agency**) → **environmental**

**epaulet(te)** /ˈepɔːlet/ N épaulette *f*

**épée** /ˈepeɪ/ N fleuret *m*

**ephedrine** /ˈefɪdrɪn/ N éphédrine *f*

**ephemera** /ɪˈfemərə/ **N** (pl **ephemeras** *or* **ephemerae** /ɪˈfeməˌriː/) *(Zool)* éphémère *m* **NPL** *(= transitory items)* choses *fpl* éphémères ; *(= collectables)* babioles *fpl (d'une époque donnée)*

**ephemeral** /ɪˈfemərəl/ ADJ *(Bot, Zool, fig)* éphémère

**ephemerid** /ɪˈfemərɪd/ N éphémère *m*

**ephemeris** /ɪˈfemərɪs/ N (pl **ephemerides** /ˌefɪˈmerɪˌdiːz/) éphéméride *f*

**Ephesians** /ɪˈfiːʒənz/ N Éphésiens *mpl*

**Ephesus** /ˈefɪsəs/ N Éphèse

**epic** /ˈepɪk/ **ADJ** *(Literat)* épique ; *(= tremendous)* héroïque, épique ◆ **Manchester United's ~ victory** la victoire épique de Manchester United ◆ **an ~ power-struggle** une lutte homérique *or* épique **N** épopée *f*, poème *m or* récit *m* épique ◆ **an ~ of the screen** *(Cine)* un film à grand spectacle

**epicarp** /ˈepɪkɑːp/ N épicarpe *m*

**epicene** /ˈepɪsiːn/ ADJ *(frm) [manners, literature]* efféminé ; *(Gram)* épicène

**epicentre, epicenter** *(US)* /ˈepɪsentəʳ/ N épicentre *m*

**epicure** /ˈepɪkjʊəʳ/ N (fin) gourmet *m*, gastronome *mf*

**epicurean** /ˌepɪkjʊəˈriːən/ ADJ, N épicurien(ne) *m(f)*

**epicureanism** /ˌepɪkjʊəˈrɪənɪzəm/ N épicurisme *m*

**Epicurus** /ˌepɪˈkjʊərəs/ N Épicure *m*

**epicyclic** /ˌepɪˈsaɪklɪk/ ADJ ◆ ~ **gear** or **train** train *m* épicycloïdal

**epidemic** /ˌepɪˈdemɪk/ N épidémie *f* ADJ épidémique ◆ **to reach** ~ **proportions** atteindre des proportions épidémiques

**epidemiologist** /ˌepɪdemɪˈɒlədʒɪst/ N épidémiologiste *mf*

**epidemiology** /ˌepɪdemɪˈɒlədʒɪ/ N épidémiologie *f*

**epidermis** /ˌepɪˈdɜːmɪs/ N épiderme *m*

**epidiascope** /ˌepɪˈdaɪəˌskəʊp/ N épidiascope *m*

**epididymis** /ˌepɪˈdɪdɪmɪs/ N (pl **epididymides** /ˌepɪdɪˈdɪmɪˌdiːz/) épididyme *m*

**epidural** /ˌepɪˈdjʊərəl/ ADJ, N ◆ ~ **(anaesthetic)** péridurale *f*

**epigenesis** /ˌepɪˈdʒenɪsɪs/ N *(Bio)* épigénèse *f*; *(Geol)* épigénie *f*

**epiglottis** /ˌepɪˈglɒtɪs/ N (pl **epiglottises** or **epiglottides** /ˌepɪˈglɒtɪˌdiːz/) épiglotte *f*

**epigram** /ˈepɪgræm/ N épigramme *f*

**epigrammatic(al)** /ˌepɪgrəˈmætɪk(əl)/ ADJ épigrammatique

**epigraph** /ˈepɪgrɑːf/ N épigraphe *f*

**epilator** /ˈepɪleɪtəʳ/ N épilateur *m*

**epilepsy** /ˈepɪlepsɪ/ N épilepsie *f*

**epileptic** /ˌepɪˈleptɪk/ ADJ épileptique ◆ ~ **fit** crise *f* d'épilepsie N épileptique *mf*

**epilogue** /ˈepɪlɒg/ N *(Literat)* épilogue *m*

**epinephrine** /ˌepəˈnefrɪn/ N *(US)* adrénaline *f*

**Epiphany** /ɪˈpɪfənɪ/ N *(Rel)* Épiphanie *f*, jour *m* des Rois; *(fig)* révélation *f*

**epiphytic** /ˌepɪˈfɪtɪk/ ADJ épiphyte

**episcopacy** /ɪˈpɪskəpəsɪ/ N épiscopat *m*

**Episcopal** /ɪˈpɪskəpəl/ ADJ *(Rel: of Church)* épiscopalien

**episcopal** /ɪˈpɪskəpəl/ ADJ *(of bishop)* épiscopal

**Episcopalian** /ɪˌpɪskəˈpeɪlɪən/ ADJ épiscopalien N membre *m* de l'Église épiscopalienne ◆ **the** ~**s** les épiscopaliens *mpl*

**episcopate** /ɪˈpɪskəpɪt/ N épiscopat *m*

**episcope** /ˈepɪˌskəʊp/ N *(Brit)* épiscope *m*

**episiotomy** /əˌpiːzɪˈɒtəmɪ/ N épisiotomie *f*

**episode** /ˈepɪsəʊd/ N *(= event) (TV)* épisode *m*; *(Med)* crise *f*

**episodic** /ˌepɪˈsɒdɪk/ ADJ épisodique

**epistemic** /ˌepɪˈstiːmɪk/ ADJ épistémique

**epistemological** /ɪˌpɪstɪməˈlɒdʒɪkəl/ ADJ épistémologique

**epistemology** /ɪˌpɪstəˈmɒlədʒɪ/ N épistémologie *f*

**epistle** /ɪˈpɪsl/ N épître *f*; *(Admin = letter)* courrier *m* ◆ **Epistle to the Romans/Hebrews** *etc (Bible)* Épître *f* aux Romains/Hébreux *etc*

**epistolary** /ɪˈpɪstələrɪ/ ADJ épistolaire

**epitaph** /ˈepɪtɑːf/ N épitaphe *f*

**epithelium** /ˌepɪˈθiːlɪəm/ N (pl **epitheliums** or **epithelia** /ˌepɪˈθiːlɪə/) épithélium *m*

**epithet** /ˈepɪθet/ N épithète *f*

**epitome** /ɪˈpɪtəmɪ/ N *[of idea, subject]* quintessence *f* ◆ **she's the** ~ **of virtue** elle est la vertu incarnée or personnifiée, elle est l'exemple même de la vertu

**epitomize** /ɪˈpɪtəmaɪz/ VT *[person] [+ quality, virtue]* incarner, personnifier; *[thing]* illustrer parfaitement ◆ **these dishes** ~ **current cooking trends** ces plats illustrent parfaitement les tendances de la cuisine contemporaine ◆ **it** ~**d everything he hated** c'était l'illustration parfaite de tout ce qu'il détestait

**EPNS** /ˌiːpiːenˈes/ (abbrev of **electroplated nickel silver**) → **electroplate**

**EPO** /ˌiːpiːˈəʊ/ N (abbrev of **erythropoietin**) EPO *f*

**epoch** /ˈiːpɒk/ N époque *f*, période *f* ◆ **to mark an** ~ *(fig)* faire époque, faire date COMP ▷ **epoch-making** ADJ qui fait époque, qui fait date

**eponym** /ˈepənɪm/ N éponyme *m*

**eponymous** /ɪˈpɒnɪməs/ ADJ éponyme

**EPOS** /ˈiːpɒs/ N (abbrev of **electronic point of sale**) TPV *m*, terminal *m* point de vente ◆ **has the shop got ~?** est-ce que le magasin est équipé d'un TPV ?

**epoxide** /ɪˈpɒksaɪd/ N époxyde *m* ◆ ~ **resin** ⇒ **epoxy resin** ; → **epoxy**

**epoxy** /ɪˈpɒksɪ/ N (also **epoxy resin**) résine *f* époxyde

**EPROM** /ˈiːprɒm/ N *(Comput)* (abbrev of **erasable programmable read only memory**) EPROM *f*

**Epsom salts** /ˌepsəmˈsɔːlts/ NPL epsomite *f*, sulfate *m* de magnésium

**equable** /ˈekwəbl/ ADJ *[temperament, climate]* égal, constant ◆ **he is very** ~ il a un tempérament très égal

**equably** /ˈekwəblɪ/ ADV *[say]* tranquillement, calmement; *[respond to]* calmement

**equal** /ˈiːkwəl/ LANGUAGE IN USE 5.2

ADJ **a** *(gen, Math)* égal ◆ **to be** ~ **to sth** être égal à qch, égaler qch; see also **b** ◆ ~ **in number** égal en nombre ◆ **to be** ~ **in size** être de la même taille ◆ ~ **pay** égalité *f* des salaires ◆ ~ **pay for** ~ **work** à travail égal salaire égal ◆ ~ **pay for women** salaire égal pour les femmes ◆ ~ **rights** égalité *f* des droits ◆ **an** ~ **sum of money** une même somme d'argent ◆ **with** ~ **indifference** avec la même indifférence ◆ **with** ~ **enthusiasm** avec le même enthousiasme ◆ **each party has** ~ **access to the media** chaque parti a le même accès aux médias ◆ **they are about** ~ *(in value etc)* ils se valent à peu près ◆ **to talk to sb on** ~ **terms** parler à qn d'égal à égal ◆ **other** or **all things being** ~ toutes choses (étant) égales par ailleurs ◆ **to be on** ~ **terms** or **an** ~ **footing (with sb)** être sur un pied d'égalité (avec qn) ◆ **to come** ~ **first/second** *etc* être classé premier/deuxième *etc* ex æquo

**b** *(= capable)* ◆ **to be** ~ **to sth** être à la hauteur de qch ◆ **the guards were** ~ **to anything** les gardes pouvaient faire face à n'importe quoi ◆ **to be** ~ **to doing sth** être de force à or de taille à faire qch ◆ **she did not feel** ~ **to going out** elle ne se sentait pas le courage or la force de sortir

**c** *(†† = equable) [temperament]* égal

N égal(e) *m(f)* ◆ **our** ~**s** nos égaux *mpl* ◆ **to treat sb as an** ~ traiter qn d'égal à égal ◆ **she has no** ~ elle n'a pas sa pareille, elle est hors pair ◆ **she is his** ~ *(in rank, standing)* elle est son égale

VT *(gen, Math)* égaler (*in* en) ◆ **not to be** ~**led** sans égal, qui n'a pas son égal ◆ **there is nothing to** ~ **it** il n'y a rien de tel or de comparable ◆ **let x** ~ **y** *(Math)* si x égale y

COMP ▷ **Equal Employment Opportunity Commission** N *(US)* Commission *f* pour l'égalité des chances; → EOC, EEOC ▷ **equal opportunities** NPL chances *fpl* égales ▷ **Equal Opportunities Commission** N *(Brit)* Commission *f* pour l'égalité des chances; → EOC, EEOC, QUANGO ▷ **equal opportunities employer, equal opportunity employer** N employeur *m* qui ne fait pas de discrimination ▷ **Equal Rights Amendment** N *(US) amendement constitutionnel en faveur de l'égalité des droits* ▷ **equal(s) sign** N *(Math)* signe *m* d'égalité or égal ▷ **equal time** N *(US Rad, TV)* droit *m* de réponse (à l'antenne)

**equality** /ɪˈkwɒlɪtɪ/ N égalité *f* ◆ ~ **in the eyes of the law** égalité *f* devant la loi ◆ ~ **of opportunity** l'égalité *f* des chances ◆ **the Equality State** le Wyoming

**equalization** /ˌiːkwəlaɪˈzeɪʃən/ N *(NonC) [of wealth]* répartition *f*; *[of income, prices]* égalisation *f*; *[of retirement ages]* nivellement *m*; *[of account]* régularisation *f* ◆ **to work towards the** ~ **of opportunities** œuvrer pour l'égalité des chances

**equalize** /ˈiːkwəlaɪz/ VT *[+ rights, opportunities]* garantir l'égalité de; *[+ chances]* équilibrer; *[+ wealth, possessions]* niveler; *[+ income, prices]* égaliser; *[+ accounts]* régulariser VI *(Brit Sport)* égaliser

**equalizer** /ˈiːkwəlaɪzəʳ/ N **a** *(Sport)* but *m* (or point *m*) égalisateur **b** *(US ‡) (= revolver)* pétard* *m*, revolver *m*; *(= rifle)* flingue* *m*

**equally** /ˈiːkwəlɪ/ LANGUAGE IN USE 26.1, 26.2 ADV **a** *(= evenly) [divide, share]* en parts égales ◆ ~ **spaced** à espaces réguliers

**b** *(= in the same way) [treat]* de la même manière ◆ **this applies** ~ **to everyone** ceci s'applique à tout le monde de la même manière ◆ **this applies** ~ **to men and to women** ceci s'applique aussi bien aux hommes qu'aux femmes

**c** *(= just as) [important, impressive, true, difficult]* tout aussi; *[clear]* également ◆ **her mother was** ~ **disappointed** sa mère a été tout aussi déçue ◆ ~ **qualified candidates** des candidats *mpl* ayant les mêmes qualifications ◆ **to be** ~ **successful** *[person]* réussir aussi bien; *[artist, exhibition]* avoir autant de succès ◆ ~ **gifted brothers** frères *mpl* également or pareillement doués ◆ **they were** ~ **guilty** *(gen)* ils étaient aussi coupables l'un que l'autre, ils étaient coupables au même degré ◆ **she did** ~ **well in history** *(Jur)* elle a eu de tout aussi bons résultats en histoire ◆ ~ **as good/bad** tout aussi bon/mauvais, aussi bon/mauvais l'un que l'autre

**d** *(= by the same token)* ◆ **the country must find a solution to unemployment. Equally, it must fight inflation** le pays doit trouver une solution au chômage; de même, il doit lutter contre l'inflation ◆ **she cannot marry him, but** ~ **she cannot live alone** elle ne peut pas l'épouser mais elle ne peut pas non plus vivre seule

**equanimity** /ˌekwəˈnɪmɪtɪ/ N égalité *f* d'humeur, équanimité *f (frm)* ◆ **with** ~ avec sérénité, d'une âme égale

**equate** /ɪˈkweɪt/ VT *(= identify)* assimiler (*with* à); *(= compare)* mettre sur le même pied (*with* que); *(Math)* mettre en équation (*to* avec); *(= make equal)* égaler, égaliser ◆ **to** ~ **Eliot with Shakespeare** mettre Eliot sur le même pied que Shakespeare ◆ **to** ~ **black with mourning** assimiler le noir au deuil ◆ **to** ~ **supply and demand** égaler or égaliser l'offre à la demande

**equation** /ɪˈkweɪʒən/ N **a** *(Math, Chem)* équation *f* ◆ **that doesn't even enter the** ~ ça n'entre même pas en ligne de compte; → **quadratic, simple, simultaneous** **b** *(= comparison)* ◆ **the** ~ **of sth with sth, the** ~ **between sth and sth** l'assimilation *f* de qch à qch COMP ▷ **equation of time** N *(Astron)* équation *f* du temps

**equator** /ɪˈkweɪtəʳ/ N équateur *m* (terrestre), ligne *f* équinoxiale ◆ **at the** ~ sous l'équateur

**equatorial** /ˌekwəˈtɔːrɪəl/ ADJ équatorial ◆ **Equatorial Guinea** la Guinée équatoriale

**equerry** /ɪˈkwerɪ/ N écuyer *m (au service d'un membre de la famille royale)*

**equestrian** /ɪˈkwestrɪən/ ADJ équestre N *(gen)* cavalier *m*, -ière *f* ; *(in circus)* écuyer *m*, -ère *f*

**equestrianism** /ɪˈkwestrɪəˌnɪzəm/ N *(Sport)* hippisme *m*, sports *mpl* équestres

**equi...** /ˈiːkwɪ/ PREF équi...

**equidistant** /ˈiːkwɪˈdɪstənt/ ADJ équidistant, à égale distance ◆ **Orléans is ~ from Tours and Paris** Orléans est à égale distance de Tours et de Paris

**equilateral** /ˈiːkwɪˈlætərəl/ ADJ équilatéral

**equilibrium** /ˌiːkwɪˈlɪbrɪəm/ N (pl **equilibriums** or **equilibria** /ˌiːkwɪˈlɪbrɪə/) *(physical, mental)* équilibre *m* ◆ **to lose one's ~** *(physically)* perdre l'équilibre ; *(mentally)* devenir déséquilibré ◆ **in ~** en équilibre

**equine** /ˈekwaɪn/ ADJ *[species, profile]* chevalin

**equinoctial** /ˌiːkwɪˈnɒkʃəl/ ADJ équinoxial ; *[gales, tides]* d'équinoxe

**equinox** /ˈiːkwɪnɒks/ N équinoxe *m* ◆ **vernal** or **spring ~** équinoxe *m* de printemps, point *m* vernal ◆ **autumnal ~** équinoxe *m* d'automne

**equip** /ɪˈkwɪp/ VT **a** (= *fit out*) *[+ factory]* équiper, outiller ; *[+ kitchen, laboratory, ship, soldier, worker, astronaut]* équiper ◆ **to ~ a room as a laboratory** aménager une pièce en laboratoire ◆ **to ~ a household** monter un ménage ◆ **to be ~ped to do sth** *[factory etc]* être équipé pour faire qch ◆ **to be ~ped for a job** *(fig)* avoir les compétences nécessaires pour un emploi ; → **ill, well²** **b** (= *provide*) **to ~ with** *[+ person]* équiper de, pourvoir de ; *[+ ship, car, factory, army etc]* équiper de, doter de ◆ **to ~ o.s. with** s'équiper de, se munir de ◆ **he is well ~ped with cookery books** il est bien monté or pourvu en livres de cuisine ◆ **to ~ a ship with radar** installer le radar sur un bateau

**equipage** /ˈekwɪpɪdʒ/ N équipage *m (chevaux et personnel)*

**equipment** /ɪˈkwɪpmənt/ N *(gen)* équipement *m* ; *(for office, laboratory, camping etc)* matériel *m* ◆ **factory ~** outillage *m* ◆ **lifesaving ~** matériel *m* de sauvetage ◆ **electrical ~** appareillage *m* électrique ◆ **domestic ~** appareils *mpl* ménagers ◆ **~ grant** prime *f* or subvention *f* d'équipement

**equipoise** /ˈekwɪpɔɪz/ N *(frm)* équilibre *m*

**equisetum** /ˌekwɪˈsiːtəm/ N (pl **equisetums** or **equiseta** /ˌekwɪˈsiːtə/) equisetum *m*, prèle *f*

**equitable** /ˈekwɪtəbl/ ADJ équitable

**equitably** /ˈekwɪtəblɪ/ ADV équitablement

**equitation** /ˌekwɪˈteɪʃən/ N *(frm)* équitation *f*

**equity** /ˈekwɪtɪ/ N **a** *(NonC = fairness)* équité *f* **b** *(Econ)* (also **owner's equity, shareholder's equity, equity capital**) fonds *mpl* or capitaux *mpl* propres, capital *m* actions ◆ **equities** *(Brit St Ex)* actions *fpl* cotées en bourse **c** *(Jur = system of law)* équité *f* **d** *(Brit)* **Equity** *syndicat des acteurs* COMP ▷ **Equity card** N *(Brit Theat) carte de membre du syndicat des acteurs* ▷ **equity issue** N *(Econ)* émission *f* de capital ▷ **equity-linked policy** N *(Econ)* police *f* d'assurance-vie indexée sur le cours des valeurs boursières

**equivalence** /ɪˈkwɪvələns/ N équivalence *f*

**equivalent** /ɪˈkwɪvələnt/ LANGUAGE IN USE 5.3 ADJ équivalent ◆ **to be ~ to** être équivalent à, équivaloir à N équivalent *m* (*in* en) ◆ **the French ~ of the English word** l'équivalent en français du mot anglais ◆ **man ~** *(Ind)* unité-travailleur *f*

**equivocal** /ɪˈkwɪvəkəl/ ADJ *[reply, statement, attitude, behaviour, results, evidence]* équivoque, ambigu (-guë *f*) ; *[person]* (= *ambiguous*) équivoque ; (= *undecided*) indécis (*about sth* quant à qch)

**equivocally** /ɪˈkwɪvəkəlɪ/ ADV d'une manière équivoque or ambiguë

**equivocate** /ɪˈkwɪvəkeɪt/ VI user de faux-fuyants or d'équivoques, parler (or répondre *etc*) de façon équivoque

**equivocation** /ɪˌkwɪvəˈkeɪʃən/ N *(often pl)* paroles *fpl* équivoques ◆ **without ~** sans équivoque or ambiguïté

**ER** **a** (abbrev of **Elizabeth Regina**) la reine Élisabeth **b** *(US Med)* (abbrev of **emergency room**) (salle *f* des) urgences *fpl*

**er** /ɜːʳ/ INTERJ euh

**ERA** /ˌiːɑːrˈeɪ/ N **a** *(US)* (abbrev of **Equal Rights Amendment**) → **equal** **b** *(Brit)* (abbrev of **Education Reform Act**) loi *f* sur la réforme de l'enseignement

**era** /ˈɪərə/ N *(Geol, Hist)* ère *f* ; *(gen)* époque *f*, temps *m* ◆ **the Communist ~** l'ère du communisme ◆ **the Christian ~** l'ère *f* chrétienne ◆ **the ~ of crinolines** le temps des crinolines ◆ **the Gorbachov ~** les années Gorbachev ◆ **a new ~ of economic growth** une nouvelle période de croissance économique ◆ **the end of an ~** la fin d'une époque ◆ **to mark an ~** marquer une époque, faire époque

**eradicate** /ɪˈrædɪkeɪt/ VT *[+ injustice, discrimination, poverty]* éradiquer, supprimer ; *[+ disease]* éradiquer, éliminer ; *[+ weeds]* éliminer

**eradication** /ɪˌrædɪˈkeɪʃən/ N *(NonC)* *[of injustice, discrimination]* suppression *f* ; *[of poverty, disease, corruption]* éradication *f* ; *[of weeds]* élimination *f*

**erasable** /ɪˈreɪzəbl/ ADJ effaçable COMP ▷ **erasable programmable read only memory** N *(Comput)* mémoire *f* morte programmable effaçable

**erase** /ɪˈreɪz/ VT **a** *[+ writing, marks]* effacer, gratter ; *(with rubber)* gommer ; *(Comput, Recording)* effacer ; *[+ memory]* bannir **b** *(US ‡ = kill)* liquider ‡, tuer COMP ▷ **erase head** N tête *f* d'effacement

**eraser** /ɪˈreɪzəʳ/ N *(esp US = rubber)* gomme *f*

**Erasmus** /ɪˈræzməs/ N Érasme *m*

**erasure** /ɪˈreɪʒəʳ/ N grattage *m*, effacement *m*

**erbium** /ˈɜːbɪəm/ N erbium *m*

**ere** /ɛəʳ/ (†† , *liter*) PREP avant ◆ **~ now** déjà ◆ **~ then** d'ici là ◆ **~ long** sous peu CONJ avant que + *subj*

**erect** /ɪˈrekt/ ADJ **a** (= *upright*) *[person, head, plant, stem]* droit ; *[tail, ears]* dressé ◆ **her posture is very ~** elle se tient très droite ◆ **to hold o.s.** or **stand ~** se tenir droit **b** *[penis, clitoris]* en érection ; *[nipples]* durci ADV *[walk]* (= *on hind legs*) debout ; (= *not slouching*) droit VT *[+ temple, statue]* ériger, élever ; *[+ wall, flats, factory]* bâtir, construire ; *[+ machinery, traffic signs]* installer ; *[+ scaffolding, furniture]* monter ; *[+ altar, tent, mast, barricade]* dresser ; *(fig)* *[+ theory]* bâtir ; *[+ obstacles, barrier]* élever

**erectile** /ɪˈrektaɪl/ ADJ érectile

**erection** /ɪˈrekʃən/ N **a** *[of penis]* érection *f* ◆ **to have** or **get an ~** avoir une érection ◆ **to maintain an ~** maintenir une érection **b** *(NonC = construction)* *[of statue, monument]* érection *f* ; *[of building, wall, fence]* construction *f* ; *[of scaffolding]* montage *m* ; *[of altar, tent, mast, barricade]* dressage *m* ; *(fig)* *[of theory, obstacle, barrier]* édification *f* **c** (= *structure*) structure *f*

**erectly** /ɪˈrektlɪ/ ADV droit

**erector** /ɪˈrektəʳ/ N (= *muscle*) érecteur *m* COMP ▷ **erector set** N *(US = toy)* jeu *m* de construction

**erg** /ɜːg/ N *(Phys, Geol)* erg *m*

**ergative** /ˈɜːgətɪv/ ADJ *(Ling)* ergatif

**ergo** /ˈɜːgəʊ/ CONJ *(frm, hum)* par conséquent

**ergonomic** /ˌɜːgəʊˈnɒmɪk/ ADJ ergonomique

**ergonomically** /ˌɜːgəʊˈnɒmɪkəlɪ/ ADV *[designed]* conformément à l'ergonomie ; *[sound, sensible]* du point de vue ergonomique

**ergonomics** /ˌɜːgəʊˈnɒmɪks/ N *(NonC)* ergonomie *f*

**ergonomist** /ɜːˈgɒnəmɪst/ N ergonome *mf*

**ergot** /ˈɜːgət/ N *(Agr)* ergot *m* ; *(Pharm)* ergot *m* de seigle

**ergotism** /ˈɜːgətɪzəm/ N ergotisme *m*

**Erie** /ˈɪərɪ/ N ◆ **Lake ~** le lac Érié

**Erin** /ˈɪərɪn/ N (†† , *liter*) Irlande *f*

**Eritrea** /ˌerɪˈtreɪə/ N Érythrée *f*

**Eritrean** /ˌerɪˈtreɪən/ ADJ érythréen N Érythréen(ne) *m(f)*

**erk** ‡ /ɜːk/ N *(Brit)* *(Aviat)* bidasse *m* ; *(Naut)* mataf *m*

**ERM** /ˌiːɑːrˈem/ N (abbrev of **Exchange Rate Mechanism**) → **exchange**

**ermine** /ˈɜːmɪn/ N (pl **ermines** or **ermine**) (= *animal, fur, robes*) hermine *f*

**ERNIE** /ˈɜːnɪ/ N *(Brit)* (abbrev of **Electronic Random Number Indicator Equipment**) *ordinateur qui sert au tirage des numéros gagnants des bons à lots*

**erode** /ɪˈrəʊd/ VT **a** *[water, wind, sea]* éroder ; *[acid, rust]* ronger, corroder **b** *(fig)* *[+ power, authority, support]* éroder ; *[+ confidence]* saper ; *[+ advantages]* grignoter ; *[inflation]* *[+ value]* amoindrir VI *[rock, soil]* s'éroder ; *[value]* s'amoindrir

► **erode away** VT désagréger VI se désagréger

**erogenous** /ɪˈrɒdʒənəs/ ADJ érogène

**Eroica** /ɪˈrəʊɪkə/ N *(Mus)* ◆ **the ~ Symphony** la symphonie Héroïque

**Eros** /ˈɪərɒs/ N Éros *m*

**erosion** /ɪˈrəʊʒən/ N **a** *[of soil, rock, cliff]* érosion *f* ; *[of metal]* corrosion *f* ; *(Med)* érosion *f* ◆ **coastal ~** érosion *f* littorale ◆ **soil ~** érosion *f* du sol ◆ **wind ~** érosion *f* éolienne ◆ **cervical ~** érosion *f* cervicale ◆ **gum ~** érosion *f* gingivale or des gencives **b** (= *reduction*) *[of power, authority, support, confidence, belief, freedom, rights]* érosion *f* ; *[of moral standards]* dégradation *f* ◆ **the ~ of the French franc through inflation** l'érosion *f* or l'effritement *m* du franc français du fait de l'inflation

**erosive** /ɪˈrəʊzɪv/ ADJ *[power]* d'érosion ; *[effect]* de l'érosion

**erotic** /ɪˈrɒtɪk/ ADJ érotique

**erotica** /ɪˈrɒtɪkə/ NPL *(Art)* art *m* érotique ; *(Literat)* littérature *f* érotique ; *(Cine)* films *mpl* érotiques

**erotically** /ɪˈrɒtɪkəlɪ/ ADV érotiquement ◆ **an ~ charged novel** un roman plein d'érotisme

**eroticism** /ɪˈrɒtɪsɪzəm/ N érotisme *m*

**erotomania** /ɪˌrɒtəʊˈmeɪnɪə/ N érotomanie *f*

**err** /ɜːʳ/ VI (= *be mistaken*) se tromper ; (= *sin*) pécher, commettre une faute ◆ **to ~ in one's judgement** faire une erreur de jugement ◆ **to ~ on the side of caution** pécher par excès de prudence ◆ **to ~ is human** l'erreur est humaine

**errand** /'erənd/ **N** commission *f*, course *f* ◆ **to go on** *or* **run ~s** faire des commissions *or* des courses ◆ **to be on an ~** être en course ◆ **an ~ of mercy** une mission de charité ; → **fool**[1] **COMP** ▷ **errand boy N** garçon *m* de courses

**errant** /'erənt/ **ADJ** *(= sinful)* dévoyé ; *(= wandering)* errant ; → **knight**

**errata** /e'rɑːtə/ **NPL** of **erratum**

**erratic** /ɪ'rætɪk/ **ADJ** *[person, behaviour, moods]* fantasque ; *[driving, performance, progress, movements, sales, pulse]* irrégulier ; *[nature]* irrégulier, changeant ◆ **we work ~ hours** nos heures de travail sont très irrégulières

**erratically** /ɪ'rætɪkəlɪ/ **ADV** *[behave, act]* de manière fantasque ; *[work, play]* de façon irrégulière ; *[drive]* de manière imprévisible, dangereusement

**erratum** /e'rɑːtəm/ **N** (pl **errata**) erratum *m* (errata *pl*)

**erroneous** /ɪ'rəʊnɪəs/ **ADJ** erroné

**erroneously** /ɪ'rəʊnɪəslɪ/ **ADV** à tort, erronément

**error** /'erə^r/ **N** **a** *(= mistake)* erreur *f (also Math)*, faute *f* ◆ **to make** *or* **commit an ~** faire (une) erreur, commettre une erreur, se tromper ◆ **it would be an ~ to underestimate him** on aurait tort de le sous-estimer ◆ **~ of judgement** erreur *f* de jugement ◆ **~ in calculation** erreur *f* de calcul ◆ **compass ~** *(Naut)* variation *f* du compas ◆ **~s and omissions excepted** *(Comm)* sauf erreur ou omission ◆ **~ message** *(Comput)* message *m* d'erreur ; → **margin, spelling** **b** *(NonC)* erreur *f* ◆ **in ~** par erreur, par méprise ◆ **to be in/fall into ~** *(Rel)* être/tomber dans l'erreur ◆ **to see the ~ of one's ways** revenir de ses erreurs

**ersatz** /'ɛəzæts/ **ADJ** **a** *(= fake)* soi-disant ◆ **an ~ Victorian shopping precinct** un centre commercial soi-disant victorien **b** *(= substitute)* **~ coffee** ersatz *m* de café

**erstwhile** /'ɜːstwaɪl/ *(o.f or liter)* **ADJ** d'autrefois, d'antan *(liter)* **ADV** autrefois, jadis

**eructate** /ɪ'rʌkteɪt/ **VI** *(frm)* éructer

**erudite** /'erʊdaɪt/ **ADJ** *[person, work]* érudit, savant ; *[word]* savant

**eruditely** /'erʊdaɪtlɪ/ **ADV** d'une manière savante, avec érudition

**erudition** /ˌerʊ'dɪʃən/ **N** érudition *f*

**erupt** /ɪ'rʌpt/ **VI** **a** *[volcano] (begin)* entrer en éruption ; *(go on erupting)* faire éruption ◆ **~ing volcano** volcan *m* en éruption

**b** *[war, fighting, violence, riots, argument, protests, scandal]* éclater ; *[crisis]* se déclencher ◆ **to ~ in(to) violence** tourner à la violence ◆ **the town ~ed in riots** la ville est devenue (subitement) le théâtre de violentes émeutes ◆ **the car ~ed in flames** la voiture s'est embrasée ◆ **she ~ed (in anger) when she heard the news** sa colère a explosé quand elle a entendu la nouvelle ◆ **the crowd ~ed into applause/laughter** la foule a éclaté en applaudissements/de rire ◆ **the children ~ed into the room** les enfants ont fait irruption dans la pièce

**c** *(Med) [spots]* sortir, apparaître ; *[tooth]* percer ◆ **his face had ~ed (in spots)** son visage s'était soudain couvert de boutons ◆ **a rash had ~ed across his chest** sa poitrine s'était soudain couverte de boutons

**eruption** /ɪ'rʌpʃən/ **N** **a** *[of volcano]* éruption *f* ◆ **a volcano in a state of ~** un volcan en éruption **b** *[of violence, laughter]* explosion *f* ; *[of crisis]* déclenchement *m* ; *[of anger]* explosion *f*, accès *m* ; *[of radicalism, fundamentalism]* vague *f* ◆ **since the ~ of the scandal/the war** depuis que le scandale/la guerre a éclaté ◆ **this could lead to the ~ of civil war** cela pourrait faire éclater une guerre civile **c** *(Med) [of spots, rash]* éruption *f*, poussée *f* ; *[of tooth]* percée *f*

**erysipelas** /ˌerɪ'sɪpɪləs/ **N** érysipèle *or* érésipèle *m*

**erythrocyte** /ɪ'rɪθrəʊˌsaɪt/ **N** érythrocyte *m*

**ES** /iː'es/ **N** (abbrev of **expert system**) SE *m*

**ESA** /ˌiːes'eɪ/ **N** (abbrev of **European Space Agency**) ASE *f*

**Esau** /'iːsɔː/ **N** Ésaü *m*

**escalate** /'eskəleɪt/ **VI** *[fighting, bombing, violence]* s'intensifier ; *[tension, hostilities]* monter ; *[costs]* monter en flèche ◆ **the war is escalating** c'est l'escalade de la guerre ◆ **prices are escalating** c'est l'escalade des prix **VT** *[+ fighting, violence]* intensifier ; *[+ prices, wage claims]* faire monter en flèche

**escalation** /ˌeskə'leɪʃən/ **N** *(= intensification) [of violence]* escalade *f*, intensification *f* ; *[of fighting, conflict, war]* intensification *f* ; *[of tension, hostilities]* montée *f* ; *[of costs, prices]* montée *f* en flèche ◆ **nuclear ~** surenchère *f* dans la course aux armements nucléaires **COMP** ▷ **escalation clause N** *(Comm)* clause *f* d'indexation *or* de révision

**escalator** /'eskəleɪtə^r/ **N** escalier *m* roulant *or* mécanique, escalator *m* **COMP** ▷ **escalator clause N** *(Comm)* clause *f* d'indexation *or* de révision

**escalope** /eskə'lɒp/ **N** *(Brit)* escalope *f* ◆ **veal ~** escalope *f* de veau

**escapade** /'eskəˌpeɪd/ **N** *(= misdeed)* fredaine *f* ; *(= prank)* frasque *f* ; *(= adventure)* équipée *f*

**escape** /ɪs'keɪp/ **VI** **a** *(= get away) [person, animal] (from person, incident, accident)* échapper *(from sb* à qn) ; *(from place)* s'échapper *(from* de) ; *[prisoner]* s'évader *(from* de) ◆ **to ~ from sb/from sb's hands** échapper à qn/des mains de qn ◆ **to ~ from captivity** *[person]* s'évader ; *[animal]* s'échapper *(du zoo etc)* ◆ **an ~d prisoner** un évadé ◆ **to ~ from a country** fuir un pays ◆ **to ~ to a neutral country** s'enfuir dans *or* gagner un pays neutre ◆ **to ~ with a warning** s'en tirer avec un (simple) avertissement ◆ **he ~d with a few scratches** il s'en est tiré avec quelques égratignures ◆ **he only just ~d with his life** il a failli y laisser la vie, il a failli y rester* ◆ **to ~ from poverty** échapper à la pauvreté ◆ **to ~ from the world/the crowd** fuir le monde/la foule ◆ **to ~ from reality** s'évader (du réel) ◆ **to ~ from o.s.** se fuir ◆ **she wanted to ~ from her marriage** elle voulait échapper à la vie de couple

**b** *[water, steam, gas]* s'échapper, fuir

**VT** **a** *(= avoid) [+ pursuit, death, arrest, capture, prosecution, poverty, criticism]* échapper à ; *[+ consequences]* éviter ; *[+ punishment]* se soustraire à ◆ **he narrowly ~d injury/being run over** il a failli être blessé/écrasé ◆ **he ~d death or serious injury by no more than a few centimetres** quelques centimètres de plus et il était tué ou gravement blessé ◆ **to ~ detection** *or* **notice** ne pas se faire repérer ◆ **to ~ one's pursuers** échapper à ses poursuivants ◆ **this species has so far managed to ~ extinction** cette espèce a jusqu'à présent réussi à échapper à l'extinction

**b** *(= elude, be forgotten by)* échapper à ◆ **his name ~s me** son nom m'échappe ◆ **nothing ~s him** rien ne lui échappe ◆ **it had not ~d her** *or* **her notice that ...** elle n'avait pas été sans s'apercevoir que ..., il ne lui avait pas échappé que ...

**N** *[of person]* fuite *f*, évasion *f* ; *[of animal]* fuite *f* ; *[of water, gas]* fuite *f* ; *[of steam, gas in machine]* échappement *m* ◆ **to plan an ~** combiner un plan d'évasion ◆ **to make an** *or* **one's ~** *(from person, incident, accident)* s'échapper ; *(from place)* s'évader ; *[prisoner]* s'évader ◆ **to have a lucky** *or* **narrow ~** l'échapper belle ◆ **~ from reality** évasion *f* (hors de la réalité) ◆ **~ (key)** *(Comput)* touche *f* d'échappement ◆ **press ~** appuyez sur la touche d'échappement

**COMP** ▷ **escape artist N** ⇒ **escapologist** ▷ **escape chute N** *(Aviat)* toboggan *m* de secours ▷ **escape clause N** *(Jur)* clause *f* dérogatoire *or* de sauvegarde ▷ **escape device N** dispositif *m* de sortie *or* de secours ▷ **escape hatch N** *(Naut)* sas *m* de secours ▷ **escape key N** *(Comput)* touche *f* d'échappement ▷ **escape mechanism N** *(lit)* mécanisme *m* de défense *or* de protection ; *(Psych)* fuite *f (devant la réalité)* ▷ **escape pipe N** tuyau *m* d'échappement *or* de refoulement, tuyère *f* ▷ **escape plan N** plan *m* d'évasion ▷ **escape route N** *(Aut)* voie *f* de détresse ; *(fig)* échappatoire *f* ▷ **escape valve N** soupape *f* d'échappement ▷ **escape velocity N** *(Space)* vitesse *f* de libération

**escapee** /ɪskeɪ'piː/ **N** *(from prison)* évadé(e) *m(f)*

**escapement** /ɪs'keɪpmənt/ **N** *[of clock, piano]* échappement *m*

**escapism** /ɪs'keɪpɪzəm/ **N** envie *f* de fuir la réalité ◆ **it's sheer ~!** c'est simplement s'évader du réel !

**escapist** /ɪs'keɪpɪst/ **N** personne *f* qui fuit la réalité *or* qui se réfugie dans l'imaginaire **ADJ** *[film, reading etc]* d'évasion

**escapologist** /ˌeskə'pɒlədʒɪst/ **N** *(lit)* virtuose *mf* de l'évasion ; *(fig)* champion(ne) *m(f)* de l'esquive

**escarpment** /ɪs'kɑːpmənt/ **N** escarpement *m*

**eschatology** /ˌeskə'tɒlədʒɪ/ **N** eschatologie *f*

**eschew** /ɪs'tʃuː/ **VT** *(frm)* éviter ; *[+ wine etc]* s'abstenir de ; *[+ temptation]* fuir

**escort** /'eskɔːt/ **N** **a** *(Mil, Naut)* escorte *f* ; *(= guard of honour)* escorte *f*, cortège *m* ◆ **under the ~ of ...** sous l'escorte de ... ◆ **under ~** sous escorte **b** *(female)* hôtesse *f* ; *(male, at dance)* cavalier *m* ; *(= prostitute)* call-boy *m* **VT** /ɪs'kɔːt/ *(Mil, Naut, gen)* escorter ; *(= accompany)* accompagner, escorter ◆ **to ~ sb in** *(Mil, Police)* faire entrer qn sous escorte ; *(gen) (= accompany)* faire entrer qn ◆ **to ~ sb out** *(Mil, Police)* faire sortir qn sous escorte ; *(gen)* raccompagner qn jusqu'à la sortie **COMP** ▷ **escort agency N** agence *f* de rencontres ▷ **escort duty N** ◆ **to be on ~ duty** *[soldiers]* être assigné au service d'escorte ; *[ship]* être en service d'escorte ▷ **escort vessel N** *(Naut)* vaisseau *m or* bâtiment *m* d'escorte, (vaisseau *m*) escorteur *m*

**escrow** /'eskrəʊ/ **N** *(Jur)* dépôt *m* fiduciaire *or* conditionnel ◆ **in ~** en dépôt fiduciaire, en main tierce **COMP** ▷ **escrow account N** *(Fin)* compte *m* bloqué

**escudo** /es'kuːdəʊ/ **N** (pl **escudos**) escudo *m*

**escutcheon** /ɪs'kʌtʃən/ **N** *(Her)* écu *m*, écusson *m* ; → **blot**

**ESF** /ˌiːes'ef/ **N** (abbrev of **European Social Fund**) FSE *m*

**esker** /'eskə^r/ **N** *(Geol)* os *m*

**Eskimo** /'eskɪməʊ/ **N** **a** Esquir *(Ling)* esquimau *m* **ADJ** esc kimo *inv* ◆ **~ dog** chien *m*

**ESL** /ˌiːesˈel/ N *(Educ)* (abbrev of **English as a Second Language**) → **English**

**esophagus** /ɪˈsɒfəɡəs/ N (pl **esophaguses** *or* **esophagi** /ɪˈsɒfəˌdʒaɪ/) œsophage *m*

**esoteric** /ˌesəʊˈterɪk/ ADJ ésotérique

**esoterica** /ˌesəʊˈterɪkə/ NPL objets *mpl* ésotériques

**ESP** /ˌiːesˈpiː/ N **a** (abbrev of **extrasensory perception**) → **extrasensory** **b** (abbrev of **English for Special Purposes**) → **English**

**esp.** abbrev of **especially**

**espadrille** /ˌespəˈdrɪl/ N espadrille *f*

**espalier** /ɪˈspæljəʳ/ N *(= trellis)* treillage *m* d'un espalier ; *(= tree)* arbre *m* en espalier ; *(= method)* culture *f* en espalier VT cultiver en espalier

**esparto** /eˈspɑːtəʊ/ N *(also* **esparto grass***)* alfa *m*

**especial** /ɪsˈpeʃəl/ ADJ particulier, spécial

**especially** /ɪsˈpeʃəlɪ/ LANGUAGE IN USE 26.3 ADV **a** *(= particularly)* surtout, en particulier ◆ **the garden is beautiful, ~ in summer** le jardin est beau, surtout en été ◆ **~ as** *or* **since it's so late** d'autant plus qu'il est tard ◆ **skincare becomes vitally important, ~ as we get older** les soins de la peau deviennent d'une importance vitale, surtout *or* en particulier quand on vieillit ◆ **he has mellowed considerably, ~ since he got married** il est beaucoup plus détendu, surtout depuis son mariage ◆ **more ~ as ...** d'autant plus que ... ◆ **you ~ ought to know** tu devrais le savoir mieux que personne ◆ **why me ~?** pourquoi moi en particulier ?

**b** *(= expressly)* spécialement ◆ **I came ~ to see you** je suis venu spécialement pour te voir ◆ **to do sth ~ for sb/sth** faire qch spécialement pour qn/qch

**c** *(= more than usual)* particulièrement ◆ **is she pretty? – not ~** elle est jolie ? – pas particulièrement *or* spécialement ◆ **read this passage ~ carefully** lisez ce passage avec un soin tout particulier

**Esperantist** /ˌespəˈræntɪst/ N espérantiste *mf*

**Esperanto** /ˌespəˈræntəʊ/ N espéranto *m* ADJ en espéranto

**espionage** /ˌespɪəˈnɑːʒ/ N espionnage *m*

**esplanade** /ˌespləˈneɪd/ N esplanade *f*

**espousal** /ɪˈspaʊzəl/ N *[of cause, values, theory]* adhésion *f* (*of* à)

**espouse** /ɪsˈpaʊz/ VT **a** *[+ cause, values, theory]* épouser, embrasser **b** *(†† = marry) [+ person]* épouser

**espresso** /esˈpresəʊ/ N (café *m*) express *m* COMP ▷ **espresso bar** N café *m* *(où l'on sert du café express)*

**espy** /ɪsˈpaɪ/ VT *(o.f or frm)* apercevoir, aviser *(frm)*

**Esq.** N *(Brit frm)* (abbrev of **esquire**) ◆ **Brian Smith ~** M. Brian Smith *(sur une enveloppe etc)*

**...esque** /esk/ SUF ◆ **Kafkaesque** kafkaïen

**esquire** /ɪsˈkwaɪəʳ/ N **a** *(Brit: on envelope etc)* → **Esq.** **b** *(Brit Hist)* écuyer *m*

**essay** /ˈeseɪ/ N **a** *(= schoolwork)* rédaction *f* ; *(longer)* dissertation *f* ; *(= published work)* essai *m* ; *(US Univ)* mémoire *m* **b** *(liter = attempt)* essai *m* VT /eˈseɪ/ *(liter) (= try)* essayer, tenter (*to do sth* de faire qch) ; *(= test)* mettre à l'épreuve COMP ▷ **essay test** N *(US Educ)* épreuve *f* écrite

> ⚠ *When it means a piece written by a student,* **essay** *is not translated by* **essai.**

**essayist** /ˈeseɪɪst/ N essayiste *mf*

**essence** /ˈesəns/ N *(gen, Chem, Philos)* essence *f* ; *(Culin)* extrait *m* ◆ **the ~ of what was said** l'essentiel *m* de ce qui a été dit ◆ **the novel captures the ~ of life in the city** le roman rend l'essence de la vie dans la ville ◆ **the ~ of stupidity** * le comble de la stupidité ◆ **he embodies the very ~ of socialism** il incarne l'essence même du socialisme ◆ **the divine ~** l'essence *f* divine ◆ **speed/accuracy is of the ~** la vitesse/la précision est essentielle *or* s'impose ◆ **in ~** essentiellement COMP ▷ **essence of violets** N essence *f* de violette

**essential** /ɪˈsenʃəl/ LANGUAGE IN USE 10.1, 10.3

ADJ *[equipment, action]* essentiel, indispensable (*to* à) ; *[fact]* essentiel ; *[role, point]* capital, essentiel ; *[question]* essentiel, fondamental ; *[commodities]* essentiel, de première nécessité ; *(Chem)* essentiel ◆ **speed/accuracy is ~** la vitesse/la précision est essentielle ◆ **it is ~ to act quickly** il est indispensable *or* essentiel d'agir vite ◆ **it is ~ that ...** il est indispensable que ... *+ subj* ◆ **it's not ~** ce n'est pas indispensable ◆ **the ~ thing is to act** l'essentiel est d'agir ◆ **man's ~ goodness** la bonté essentielle de l'homme

N qualité *f* (*or* objet *m etc*) indispensable ◆ **the ~s** l'essentiel *m* ◆ **in (all) ~s** pour l'essentiel, de manière générale ◆ **to see to the ~s** s'occuper de l'essentiel ◆ **accuracy is an ~** *or* **one of the ~s** la précision est une des qualités indispensables *or* est indispensable ◆ **the ~s of German grammar** *(= basics)* des notions *fpl* fondamentales de grammaire allemande

COMP ▷ **essential oil** N huile *f* essentielle

**essentially** /ɪˈsenʃəlɪ/ ADV *[correct, good, different]* essentiellement ◆ **it's ~ a landscape of rolling hills and moors** c'est essentiellement un paysage de collines ondulantes et de landes ◆ **she was ~ a generous person** au fond c'était quelqu'un de généreux ◆ **~, it is a story of ordinary people** c'est avant tout l'histoire de gens ordinaires ◆ **things will remain ~ the same** pour l'essentiel, les choses ne changeront pas

**Essex Girl** * /ˈesɪksɡɜːl/ N *(Brit pej)* minette *f*

**Essex Man** * (pl **Essex Men** /ˌesɪksˈmæn/) N *(Brit pej)* beauf ‡ *m*

**EST** /ˌiːesˈtiː/ *(US)* (abbrev of **Eastern Standard Time**) → **eastern**

**est** /est/ N (abbrev of **Erhard Seminars Training**) *thérapie de groupe mise au point par Werner Erhard*

**est.** **a** *(Comm etc)* (abbrev of **established**) ◆ **1900** ≈ maison *f* fondée en 1900 **b** abbrev of **estimate(d)**

**establish** /ɪsˈtæblɪʃ/ VT **a** *(= set up) [+ government]* constituer, mettre en place ; *[+ state, business]* fonder, créer ; *[+ factory]* implanter ; *[+ society, tribunal]* constituer ; *[+ laws, custom]* instaurer ; *[+ relations]* établir, nouer ; *[+ post]* créer ; *[+ power, authority]* asseoir ; *[+ peace, order]* faire régner ; *[+ list]* dresser, établir ; *[+ sb's reputation]* établir ◆ **to ~ one's reputation as a scholar/writer** se faire une réputation de savant/comme écrivain

◆ **to establish o.s.** s'imposer ◆ **he is aiming to ~ himself as the team's No. 1 goalkeeper** il cherche à s'imposer comme meilleur gardien de but de l'équipe ◆ **the company is eager to ~ itself internationally** la société cherche à s'imposer au plan international

**b** *(= ascertain)* établir ; *(= show)* montrer, prouver ◆ **they are seeking to ~ the cause of death** ils cherchent à établir la cause du décès ◆ **these studies ~ed that smoking can cause cancer** ces études ont montré que le tabac peut provoquer des cancers

COMP ▷ **establishing shot** N *(Cine)* plan *m* de situation

> ⚠ *Check the meaning and object of the verb* **to establish** *before translating it by* **établir.**

**established** /ɪsˈtæblɪʃt/ ADJ *[order, authority, religion, tradition, company, reputation, truth]* établi ; *[clientele]* régulier ◆ **it's an ~ fact that ...** c'est un fait établi que ... ◆ **~ 1850** *(Comm)* ≈ maison fondée en 1850 ; see also **long**[1] COMP ▷ **the Established Church** N *(Brit)* l'Église *f* anglicane

**establishment** /ɪsˈtæblɪʃmənt/ N **a** *(NonC = creation) [of organization, business, system, scheme, post]* création *f* ; *[of regime, custom]* instauration *f* ; *[of relations, reputation, identity, peace, order]* établissement *m* ; *[of tribunal]* constitution *f*

**b** *(NonC = proving) [of innocence, guilt]* établissement *m*, preuve *f*

**c** *(= institution, business)* établissement *m* ◆ **commercial/educational ~** établissement *m* commercial/scolaire ◆ **research ~** institut *m* de recherche ◆ **military ~** centre *m* militaire

**d** *(= ruling class)* ◆ **the Establishment** l'establishment *m* ◆ **to be against the Establishment** être contre l'establishment ◆ **to join the Establishment** rejoindre l'establishment ◆ **a pillar of the French Establishment** un pilier de l'establishment français ◆ **the medical/political/religious ~** l'establishment *m* médical/politique/religieux

**e** *(Mil, Naut = personnel)* effectif *m* ◆ **a peacetime ~ of 132,000 men** un effectif en temps de paix de 132 000 hommes ◆ **war ~** effectif *m* en temps de guerre

**f** *(frm = household)* maisonnée *f* ◆ **to keep up a large ~** avoir un grand train de maison

ADJ ◆ **the ~ view of history** la vue de l'histoire selon l'establishment ◆ **~ figure** personnalité *f* de l'establishment

**estate** /ɪsˈteɪt/ N **a** *(= land)* propriété *f*, domaine *m* ; *(esp Brit)* (also **housing estate**) lotissement *m*, cité *f* ◆ **country ~** terre(s) *f(pl)* ; → **real**

**b** *(Jur = possessions)* bien(s) *m(pl)* ; *[of deceased]* succession *f* ◆ **he left a large ~** il a laissé une grosse fortune (en héritage) ◆ **to liquidate the ~** liquider la succession

**c** *(= order, rank, condition)* état *m* ◆ **the three ~s** les trois états ◆ **the third ~** le Tiers État, la bourgeoisie ◆ **the fourth ~** la presse, le quatrième pouvoir ◆ **a man of high/low ~** *(liter)* un homme de haut rang/de basse extraction ◆ **to grow to** *or* **reach man's ~** *(liter)* parvenir à l'âge d'homme, atteindre sa maturité

**d** *(Brit)* ⇒ **estate car**

COMP ▷ **estate agency** N *(esp Brit)* agence *f* immobilière ▷ **estate agent** N *(esp Brit)* agent *m* immobilier ▷ **estate car** N *(Brit)* break *m* ▷ **estate duty**, **estate tax** *(US)* N *(Jur)* droits *mpl* de succession

**esteem** /ɪsˈtiːm/ VT **a** *(= think highly of) [+ person]* avoir de l'estime pour, estimer ; *[+ quality]* apprécier ◆ **our (highly) ~ed colleague** notre (très) estimé collègue *or* confrère **b** *(= consider)* estimer, considérer ◆ **I ~ it an honour (that ...)** je m'estime très honoré (que ... *+ subj*) ◆ **I ~ it an honour to do this** je considère comme un honneur de faire cela N estime *f*, considération *f* ◆ **to hold sb in high ~** tenir qn en haute estime, avoir une haute opinion de qn ◆ **to hold sth in high ~** avoir une haute opinion de qch ◆ **he went up/down in my ~** il est monté/a baissé dans mon estime

**ester** /'estə/ *(Chem)* N ester *m*

**Esther** /'estəʳ/ N Esther *f*

**esthete** /'i:sθi:t/ N ⇒ **aesthete**

**Esthonia** /es'təʊnɪə/ N ⇒ **Estonia**

**estimable** /'estɪməbl/ ADJ *(frm)* estimable, digne d'estime

**estimate** /'estɪmət/ N a estimation *f* ; *(Comm)* devis *m* ◆ **this figure is five times the original ~** ce chiffre est cinq fois supérieur à l'estimation initiale ◆ **at a conservative ~** au bas mot ◆ **the painting is worth $28 million at the lowest ~** le tableau vaut 28 millions de dollars au bas mot ◆ **give me an ~ for (building) a greenhouse** *(Comm)* donnez-moi *or* établissez-moi un devis pour la construction d'une serre ◆ **give me an ~ of what your trip will cost** donnez-moi une idée du coût de votre voyage ◆ **to form an ~ of sb's capabilities** évaluer les capacités de qn ◆ **his ~ of 400 people was very far out** il s'était trompé de beaucoup en évaluant le nombre de gens à 400 ◆ **this price is only a rough ~** ce prix n'est que très approximatif ◆ **at a rough ~** approximativement ; → **preliminary**
b *(Admin, Pol)* **the ~s** le budget ◆ **the Army ~s** le budget de l'armée
VT /'estɪmeɪt/ estimer, juger (*that* que) ; *[+ cost, number, price, quantity]* estimer, évaluer ; *[+ distance, speed]* estimer, apprécier ◆ **his fortune is ~d at ...** on évalue sa fortune à ... ◆ **I ~ that there must be 40 of them** j'estime qu'il doit y en avoir 40, à mon avis il doit y en avoir 40

**estimated** /'estɪmeɪtɪd/ ADJ *[number, cost, figure]* estimé ◆ **an ~ 60,000 refugees have crossed the border** environ 60 000 réfugiés auraient traversé la frontière ◆ **~ time of arrival/departure** horaire *m* prévu d'arrivée/de départ ◆ **~ cost** coût *m* estimé

**estimation** /ˌestɪ'meɪʃən/ N a jugement *m*, opinion *f* ◆ **in my ~** à mon avis, selon moi b *(= esteem)* estime *f*, considération *f* ◆ **he went up/down in my ~** il est monté/a baissé dans mon estime

**estimator** /'estɪmeɪtəʳ/ N expert *m (de compagnie d'assurances)*

**Estonia** /e'stəʊnɪə/ N Estonie *f*

**Estonian** /e'stəʊnɪən/ ADJ estonien N a Estonien(ne) *m(f)* b *(Ling)* estonien *m*

**estrange** /ɪs'treɪndʒ/ VT brouiller (*from* avec) éloigner (*from* de) ◆ **to become ~d (from)** se brouiller (avec) ◆ **the ~d couple** le couple désuni ◆ **her ~d husband** son mari, dont elle est séparée

**estrangement** /ɪs'treɪndʒmənt/ N *[of people]* séparation *f* (*from sb* d'avec qn) ; *[of couple]* désunion *f* ; *[of countries]* brouille *f* ◆ **a feeling of ~** un sentiment d'éloignement ◆ **the ~ between the couple** la désunion du couple

**estrogen** /'estrədʒən, 'i:strədʒən/ N *(US)* ⇒ **oestrogen**

**estrus** /'i:strəs/ N *(US)* ⇒ **oestrus**

**estuary** /'estjʊərɪ/ N estuaire *m* COMP ▷ **Estuary English** N *(Brit) façon de parler chez certaines personnes de la région de Londres, où les t, l et h ne se prononcent pas*

**ET** /i:'ti:/ *(US)* (abbrev of **Eastern Time**) *heure sur la côte est*

**ETA** /ˌi:ti:'eɪ/ N (abbrev of **estimated time of arrival**) → **estimated**

**e-tail** /'i:teɪl/ N commerce *m* électronique, e-commerce *m* COMP ▷ **e-tail site** N site *m* de commerce électronique *or* d'e-commerce

**e-tailer** /'i:teɪləʳ/ N détaillant *m* électronique

**e-tailing** /'i:teɪlɪŋ/ N commerce *m* de détail électronique ADJ ◆ **an ~ business** une entreprise de commerce électronique

**et al** /et'æl/ (abbrev of **and others**) et autres

**etc** /ɪt'setərə/ (abbrev of **et cetera**) etc

**et cetera, etcetera** /ɪt'setərə/ ADV et caetera NPL **the etceteras** les extras *mpl*

**etch** /etʃ/ VTI *(Art, Typo)* graver à l'eau forte ◆ **~ed on his memory** gravé dans sa mémoire

**etching** /'etʃɪŋ/ N a *(NonC)* gravure *f* à l'eau-forte b *(= picture)* (gravure *f* à l')eau-forte *f* COMP ▷ **etching needle** N pointe *f* (sèche)

**ETD** /ˌi:ti:'di:/ N (abbrev of **estimated time of departure**) → **estimated**

**eternal** /ɪ'tɜ:nl/ ADJ *[beauty, love, life, youth]* éternel ◆ **can't you stop this ~ quarrelling?** allez-vous cesser vos querelles perpétuelles ? ◆ **he was the ~ practical joker** c'était l'éternel farceur N ◆ **the Eternal** l'Éternel *m* COMP ▷ **the Eternal City** N la Ville éternelle ▷ **the eternal triangle** N l'éternel triangle *m* amoureux

**eternally** /ɪ'tɜ:nəlɪ/ ADV a *(= everlastingly) [exist, be damned]* éternellement b *(= constantly) [grateful, optimistic, cheerful, young]* éternellement ◆ **he's ~ complaining** il est perpétuellement en train de se plaindre

**eternity** /ɪ'tɜ:nɪtɪ/ N éternité *f* ◆ **it seemed like an ~ that we had to wait** nous avons eu l'impression d'attendre une éternité ◆ **we waited an ~*** nous avons attendu une éternité COMP ▷ **eternity ring** N *bague offerte en gage de fidélité*

**ETF** /ˌi:ti:'ef/ N (abbrev of **electronic transfer of funds**) TEF *m*

**ethane** /'i:θeɪn/ N éthane *m*

**ethanol** /'eθənɒl/ N alcool *m* éthylique, éthanol *m*

**ether** /'i:θəʳ/ N *(Chem, Phys)* éther *m* ◆ **the ~** *(liter)* l'éther *m*, les espaces *mpl* célestes ◆ **over the ~** *(Rad)* sur les ondes

**ethereal** /ɪ'θɪərɪəl/ ADJ *(= delicate)* éthéré, aérien ; *(= spiritual)* éthéré, sublime

**ethic** /'eθɪk/ N morale *f*, éthique *f* ; → **work**

**ethical** /'eθɪkəl/ ADJ *(= moral)* éthique, moral ◆ **not ~** contraire à la morale COMP ▷ **ethical code** N *(Med)* code *m* déontologique, déontologie *f* ▷ **ethical drug** N médicament *m* sur ordonnance ▷ **ethical investment** N investissement *m* éthique

**ethically** /'eθɪklɪ/ ADV *[behave, act]* conformément à l'éthique ; *[sound, unacceptable, wrong]* sur le plan éthique, d'un point de vue éthique ; *[opposed]* d'un point de vue éthique

**ethics** /'eθɪks/ N *(NonC = study)* éthique *f*, morale *f* NPL *(= system, principles)* morale *f* ; *(= morality)* moralité *f* ◆ **medical ~** éthique *f* médicale, code *m* déontologique ; → **code**

**Ethiopia** /ˌi:θɪ'əʊpɪə/ N Éthiopie *f*

**Ethiopian** /ˌi:θɪ'əʊpɪən/ ADJ éthiopien N Éthiopien(ne) *m(f)*

**ethnic** /'eθnɪk/ ADJ a *(= racial) [origin, community, group, conflict, tension]* ethnique b *(= expatriate) [population]* d'ethnie différente ◆ **~ Germans** personnes *fpl* d'ethnie allemande c *(= non-Western) [music, food, jewellery]* exotique N *(esp US)* membre *m* d'une minorité ethnique COMP ▷ **ethnic cleansing** N *(euph)* purification *f* ethnique ▷ **ethnic minority** N minorité *f* ethnique

**ethnically** /'eθnɪklɪ/ ADV *[diverse, distinct, pure, clean, homogeneous, divided]* sur le plan ethnique ◆ **~ based republics** républiques *fpl* fondées sur l'origine ethnique *or* sur des critères ethniques ◆ **an ~ mixed country** un pays comprenant divers groupes ethniques ◆ **~ related violence** violences *fpl* ethniques ◆ **the town had been ~ cleansed** la ville avait subi une purification ethnique

**ethnicity** /eθ'nɪsɪtɪ/ N a *(NonC)* ethnicité *f* b *(= ethnic group)* ethnie *f*

**ethnocentric** /'eθnəʊ'sentrɪk/ ADJ ethnocentrique

**ethnographer** /eθ'nɒgrəfəʳ/ N ethnographe *mf*

**ethnographic(al)** /ˌeθnə'græfɪk(əl)/ ADV ethnographique

**ethnography** /eθ'nɒgrəfɪ/ N ethnographie *f*

**ethnolinguistics** /ˌeθnəʊlɪŋ'gwɪstɪks/ N *(NonC)* ethnolinguistique *f*

**ethnologic(al)** /ˌeθnə'lɒdʒɪk(əl)/ ADJ ethnologique

**ethnologist** /eθ'nɒlədʒɪst/ N ethnologue *mf*

**ethnology** /eθ'nɒlədʒɪ/ N ethnologie *f*

**ethologist** /ɪ'θɒlədʒɪst/ N éthologue *mf*

**ethology** /ɪ'θɒlədʒɪ/ N éthologie *f*

**ethos** /'i:θɒs/ N philosophie *f* ◆ **the company/party ~** la philosophie de l'entreprise/du parti

**ethyl** /'i:θaɪl/ N éthyle *m* COMP ▷ **ethyl acetate** N acétate *m* d'éthyle

**ethylene** /'eθɪli:n/ N éthylène *m*

**e-ticket** /'i:tɪkɪt/ N billet *m* électronique (titre de transport acheté en ligne)

**etiolated** /'i:tɪəleɪtɪd/ ADJ *(Bot, fig frm)* étiolé

**etiology** /ˌi:tɪ'ɒlədʒɪ/ N ⇒ **aetiology**

**etiquette** /'etɪket/ N étiquette *f*, convenances *fpl* ◆ **~ demands that ...** les convenances exigent *or* l'étiquette exige que ... *+ subj* ◆ **diplomatic ~** protocole *m* ◆ **court ~** cérémonial *m* de cour ◆ **that isn't good ~** c'est contraire aux convenances, c'est un manquement à l'étiquette ◆ **it's against medical ~** c'est contraire à la déontologie médicale ◆ **it's not professional ~** c'est contraire aux usages de la profession

**Etna** /'etnə/ N (also **Mount Etna**) l'Etna *m*

**Eton** /'i:tən/ N *prestigieuse école anglaise* COMP ▷ **Eton crop** N coupe *f* à la garçonne

**Etonian** /i:'təʊnɪən/ *(Brit)* N *élève du collège d'Eton* ADJ du collège d'Eton

**Etruria** /ɪ'trʊərɪə/ N Étrurie *f*

**Etruscan** /ɪ'trʌskən/ ADJ étrusque N a *(= person)* Étrusque *mf* b *(Ling)* étrusque *m*

**ETV** /ˌi:ti:'vi:/ N *(US TV)* (abbrev of **Educational Television**) → **educational**

**etymological** /ˌetɪmə'lɒdʒɪkəl/ ADJ étymologique

**etymologically** /ˌetɪmə'lɒdʒɪkəlɪ/ ADV étymologiquement

**etymology** /ˌetɪ'mɒlədʒɪ/ N étymologie *f*

**EU** /i:'ju:/ N (abbrev of **European Union**) UE *f*

**eucalyptus** /ˌju:kə'lɪptəs/ N (pl **eucalyptuses** *or* **eucalypti** /ˌju:kə'lɪptaɪ/) *(Bot, Pharm)* eucalyptus *m* COMP ▷ **eucalyptus oil** N huile *f* essentielle d'eucalyptus

**Eucharist** /'ju:kərɪst/ N Eucharistie *f*

**Eucharistic** /ˌju:kə'rɪstɪk/ ADJ eucharistique

**euchre** /'ju:kəʳ/ *(US)* N euchre *m (jeu de cartes)*

**Euclid** /'ju:klɪd/ N Euclide *m*

**Euclidean** /juːˈklɪdɪən/ ADJ euclidien

**eugenic** /juːˈdʒenɪk/ ADJ eugénique

**eugenics** /juːˈdʒenɪks/ N *(NonC)* eugénique *f*, eugénisme *m*

**eulogistic** /ˌjuːləˈdʒɪstɪk/ ADJ *(frm)* élogieux

**eulogize** /ˈjuːlədʒaɪz/ VT faire l'éloge *or* le panégyrique de VI faire l'éloge *or* le panégyrique (*about, over* de)

**eulogy** /ˈjuːlədʒɪ/ N *(gen)* panégyrique *m* ; *(at funeral service)* oraison *f or* éloge *m* funèbre

**eunuch** /ˈjuːnək/ N eunuque *m*

**euphemism** /ˈjuːfəmɪzəm/ N euphémisme *m* (*for* pour)

**euphemistic** /ˌjuːfəˈmɪstɪk/ ADJ euphémique

**euphemistically** /ˌjuːfəˈmɪstɪkəlɪ/ ADV euphémiquement, par euphémisme ◆ **~ described/known as ...** décrit/connu par euphémisme comme ...

**euphonic** /juːˈfɒnɪk/ ADJ euphonique

**euphonium** /juːˈfəʊnɪəm/ N euphonium *m*

**euphonius** /juːˈfəʊnɪəs/ ADJ ⇒ **euphonic**

**euphony** /ˈjuːfənɪ/ N euphonie *f*

**euphorbia** /juːˈfɔːbɪə/ N euphorbe *f*

**euphoria** /juːˈfɔːrɪə/ N euphorie *f*

**euphoric** /juːˈfɒrɪk/ ADJ euphorique

**Euphrates** /juːˈfreɪtiːz/ N Euphrate *m*

**euphuism** /ˈjuːfjuːɪzəm/ N préciosité *f*, euphuisme *m*

**Eurasia** /jʊəˈreɪʃə/ N Eurasie *f*

**Eurasian** /jʊəˈreɪʃn/ ADJ *[population]* eurasien ; *[continent]* eurasiatique N Eurasien(ne) *m(f)*

**Euratom** /jʊəˈrætəm/ N (abbrev of **European Atomic Energy Community**) Euratom *m*, CEEA *f*

**eureka** /jʊəˈriːkə/ EXCL eurêka !

**eurhythmics** /juːˈrɪðmɪks/ N *(NonC)* gymnastique *f* rythmique

**Euripides** /jʊˈrɪpɪdiːz/ N Euripide *m*

**euro** /ˈjʊərəʊ/ N *(= currency)* euro *m*

**euro...** /ˈjʊərəʊ/ PREF euro...

**Eurobond** /ˈjʊərəʊˌbɒnd/ N euro-obligation *f*

**Eurocentric** /ˌjʊərəʊˈsentrɪk/ ADJ eurocentrique

**Eurocheque** /ˈjʊərəʊˌtʃek/ N eurochèque *m* COMP ▷ **Eurocheque card** N carte *f* Eurochèque

**Eurocommunism** /ˈjʊərəʊˌkɒmjʊnɪzəm/ N eurocommunisme *m*

**Eurocrat** /ˈjʊərəʊˌkræt/ N eurocrate *mf*

**Eurocurrency** /ˈjʊərəʊˌkʌrənsɪ/ N eurodevise *f*

**Eurodollar** /ˈjʊərəʊˌdɒləʳ/ N eurodollar *m*

**Euroland** /ˈjʊərəʊlænd/ N Euroland *m*

**Euromarket** /ˈjʊərəʊˌmɑːkɪt/ N Communauté *f* économique européenne

**Euro MP** /ˌjʊərəʊemˈpiː/ N député(e) *m(f)* européen(ne)

**Europe** /ˈjʊərəp/ N Europe *f* ◆ **to go into ~, to join ~** *(Brit Pol)* entrer dans l'Union européenne

**European** /ˌjʊərəˈpiːən/ ADJ européen N Européen(ne) *m(f)* COMP ▷ **European Atomic Energy Community** N Communauté *f* européenne de l'énergie atomique ▷ **European Bank for Reconstruction and Development** N Banque *f* européenne pour la reconstruction et le développement ▷ **European Coal and Steel Community** N Communauté *f* européenne du charbon et de l'acier ▷ **European Commission** N Commission *f* des communautés européennes ▷ **European Community** N Communauté *f* européenne ▷ **European Court of Human Rights** N Cour *f* européenne des droits de l'homme ▷ **European Court of Justice** N Cour *f* de justice européenne *or* des communautés européennes ▷ **European Currency Unit** N unité *f* de compte européenne, unité *f* monétaire européenne ▷ **European Defence Community** N Communauté *f* européenne de défense ▷ **European Economic Community** N Communauté *f* économique européenne ▷ **European Free Trade Association** N Association *f* européenne de libre-échange ▷ **European Monetary System** N Système *m* monétaire européen ▷ **European monetary union** N Union *f* monétaire européenne ▷ **European Parliament** N Parlement *m* européen ▷ **European plan** N *(US: in hotel)* chambre *f* sans les repas ▷ **European Regional Development Fund** N Fonds *m* européen de développement régional ▷ **European Social Fund** N Fonds *m* social européen ▷ **European Space Agency** N Agence *f* spatiale européenne ▷ **European standard** N *(Ind)* norme *f* européenne ▷ **European Union** N Union *f* européenne

**Europeanize** /ˌjʊərəˈpɪəˌnaɪz/ VT européaniser

**Europhile** /ˈjʊərəʊfaɪl/ N, ADJ europhile *mf*

**europium** /jʊˈrəʊpɪəm/ N europium *m*

**Europol** /ˈjʊərəʊpɒl/ N Europol *m*

**Eurosceptic** /ˈjʊərəʊˌskeptɪk/ N eurosceptique *mf*

**Euro-size** /ˈjʊərəʊˌsaɪz/ N *(Comm)* ◆ **~ 1** modèle *m* E 1

**Eurostar** ® /ˈjʊərəʊˌstɑːʳ/ N Eurostar ® *m*

**Eurosterling** /ˈjʊərəʊˌstɜːlɪŋ/ N eurosterling *m*

**Eurotunnel** ® /ˈjʊərəʊˌtʌnl/ N Eurotunnel ® *m*

**Eurovision** /ˈjʊərəʊˌvɪʒən/ N Eurovision *f* COMP ▷ **Eurovision Song Contest** N Concours *m* Eurovision de la chanson

**Eurozone** /ˈjʊərəʊzəʊn/ N zone *f* euro

**Eurydice** /jʊˈrɪdɪsɪ/ N Eurydice *f*

**Eustachian tube** /juːˈsteɪʃəntjuːb/ N trompe *f* d'Eustache

**eustatic** /juːˈstætɪk/ ADJ eustatique

**euthanasia** /ˌjuːθəˈneɪzɪə/ N euthanasie *f* ; → **voluntary**

**evacuate** /ɪˈvækjʊeɪt/ VT *(all senses)* évacuer

**evacuation** /ɪˌvækjʊˈeɪʃən/ N évacuation *f*

**evacuee** /ɪˌvækjʊˈiː/ N évacué(e) *m(f)*

**evade** /ɪˈveɪd/ VT *[+ blow, difficulty]* esquiver, éviter ; *[+ pursuers]* échapper à, tromper ; *[+ obligation]* se soustraire à ; *[+ punishment]* échapper à, se soustraire à ; *[+ sb's gaze]* éviter ; *[+ question]* éluder ; *[+ law]* tourner, contourner ◆ **to ~ military service** se soustraire à ses obligations militaires ◆ **to ~ taxes/customs duty** frauder le fisc/la douane ◆ **happiness still ~d him** le bonheur continuait de lui échapper

> ⚠ *In French,* s'évader *means 'to escape'.*

**evaluate** /ɪˈvæljʊeɪt/ VT *[+ damages]* évaluer (*at* à) déterminer le montant de ; *[+ property, worth]* évaluer (*at* à) déterminer la valeur de ; *[+ effectiveness, usefulness]* mesurer ; *[+ evidence, reasons, argument]* peser, évaluer ; *[+ sb's work, performance]* évaluer ◆ **try to ~ the achievements of Victorian architects** *(in essay etc)* essayez d'évaluer l'apport des architectes de l'époque victorienne ◆ **the market situation is difficult to ~** les tendances du marché sont difficiles à apprécier

**evaluation** /ɪˌvæljʊˈeɪʃən/ N évaluation *f*

**evaluative** /ɪˌvæljʊətɪv/ ADJ *[criteria, research, report]* d'évaluation ◆ **~ judgement** *or* **assessment** évaluation *f*

**evanescent** /evəˈnesnt/ ADJ *(liter)* évanescent

**evangelical** /ˌiːvænˈdʒelɪkəl/ ADJ *(Rel)* évangélique ◆ **with ~ fervour** *(fig)* avec une verve de tribun N évangélique *mf*

**evangelicalism** /ˌiːvænˈdʒelɪkəlɪzəm/ N évangélisme *m*

**evangelism** /ɪˈvændʒəlɪzəm/ N évangélisation *f*

**evangelist** /ɪˈvændʒəlɪst/ N *(Bible)* évangéliste *m* ; *(= preacher)* évangélisateur *m*, -trice *f* ; *(= itinerant)* évangéliste *m*

**evangelize** /ɪˈvændʒəlaɪz/ VT évangéliser, prêcher l'Évangile à VI prêcher l'Évangile

**evaporate** /ɪˈvæpəreɪt/ VT *[+ liquid]* faire évaporer VI *[liquid]* s'évaporer ; *[hopes]* s'envoler ; *[dreams, fear, anger]* se dissiper COMP ▷ **evaporated milk** N lait *m* condensé non sucré

**evaporation** /ɪˌvæpəˈreɪʃən/ N évaporation *f*

**evasion** /ɪˈveɪʒən/ N dérobade *f* ◆ **an ~ of their moral duty to ...** une dérobade devant l'obligation morale de ... ◆ **they were angered by this ~ of responsibility** cette dérobade a provoqué leur colère ◆ **his testimony was full of contradictions and ~s** son témoignage était truffé de contradictions et de faux-fuyants ; → **tax**

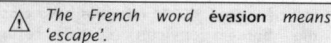

> ⚠ *The French word* **évasion** *means 'escape'.*

**evasive** /ɪˈveɪzɪv/ ADJ *[person, answer]* évasif (*about sth* à propos de qch) ; *[eyes]* fuyant ◆ **to take ~ action** *(Mil)* user de manœuvres dilatoires ; *(gen)* esquiver *or* contourner la difficulté

**evasively** /ɪˈveɪzɪvlɪ/ ADV *[reply]* évasivement ; *[smile]* d'un air évasif

**evasiveness** /ɪˈveɪzɪvˌnɪs/ N manières *fpl* évasives

**Eve** /iːv/ N Ève *f*

**eve**[1] /iːv/ N veille *f* ; *(Rel)* vigile *f* ◆ **on the ~ of sth/of doing sth** *(lit, fig)* à la veille de qch/de faire qch ; → **Christmas**

**eve**[2] /iːv/ N *(liter = evening)* soir *m*

**even**[1] /ˈiːvən/ N ⇒ **eve**[2]

**even**[2] /ˈiːvən/ ADJ **a** *(= smooth, flat) [surface]* plat, plan ; *[ground]* plat ◆ **to make ~** égaliser ; → **keel**

**b** *(= regular) [progress]* régulier ; *[temperature, breathing, step, temper, distribution]* égal ◆ **his work is not ~** son travail est inégal

**c** *(= equal) [quantities, distances, values]* égal ◆ **our score is ~** nous sommes à égalité ◆ **they are an ~ match** *(Sport)* la partie est égale ; *(fig)* ils sont (bien) assortis ◆ **the odds** *or* **chances are about ~** *(fig)* les chances sont à peu près égales ◆ **I'll give you ~ money** *(esp Brit) or* **~ odds** *(US)* **that ...** il y a une chance sur deux pour que ... *+ subj*

◆ **to get even** prendre sa revanche ◆ **this was my chance to get ~** c'était l'occasion ou jamais de prendre ma revanche ◆ **to get ~ with sb** rendre à qn la monnaie de sa pièce, rendre la pareille à qn ◆ **don't get mad, get ~ *** inutile de se mettre en colère, il faut plutôt rendre la pareille ◆ **I'll get ~ with you for that** je te revaudrai ça

**d** *(= calm) [voice, tones, temper]* égal

**e** ◆ **~ number/date** nombre *m*/jour *m* pair

**ADV** même ◆ **~ in the holidays** même pendant les vacances ◆ **~ the most optimistic** même les plus optimistes ◆ **~ the guards were asleep** même les gardes dormaient ◆ **without ~ saying goodbye** sans même dire au revoir ◆ **I have ~ forgotten his name** j'ai oublié jusqu'à son nom, j'ai même oublié son nom ◆ **they ~ denied its existence** ils ont été jusqu'à nier *or* ils ont même nié son existence

♦ **even** + *comparative* encore ◆ **~ better** encore mieux ◆ **~ more easily** encore plus facilement ◆ **~ less money** encore moins d'argent

♦ *negative* + **even** même ◆ **he can't ~ swim** il ne sait même pas nager ◆ **not ~ his mother believed him** même sa mère ne le croyait pas

♦ **even if** même si + *indic* ◆ **~ if they lose this match they'll win the championship** même s'ils perdent ce match ils remporteront le championnat

♦ **even so** quand même ◆ **~ so he was disappointed** il a quand même *or* pourtant été déçu ◆ **yes but ~ so...** oui mais quand même...

♦ **and even then** et malgré tout ◆ **we made maximum concessions and ~ then nothing materialised** nous avons fait le maximum de concessions et malgré tout il n'y a rien eu de concret ◆ **... and ~ then she wasn't happy** ... mais elle n'était toujours pas contente

♦ **even though** bien que + *subj* ◆ **~ though I am not shy, I felt self-conscious** bien que je ne sois pas timide, je me sentais mal à l'aise ◆ **living standards improved, ~ though they remained far lower than in neighbouring countries** le niveau de vie augmentait, mais il restait pourtant bien plus bas que dans les pays voisins

♦ **even as** *(liter) (= exactly when)* alors même que ◆ **~ as he spoke, the door opened** alors même qu'il disait cela, la porte s'ouvrit

**VT** *[+ surface]* égaliser

**NPL** **evens** *(esp Brit)* ◆ **the bookmakers are offering ~s** les bookmakers le donnent un contre un

**COMP** ▷ **evens favourite** **N** *(esp Brit)* favori *m* à un contre un ▷ **even-handed** **ADJ** impartial, équitable ▷ **even-handedly** **ADV** impartialement, équitablement ▷ **even-handedness** **N** impartialité *f*, équité *f* ▷ **even-steven** * **ADV** *[divide]* en deux (parts égales) **ADJ** *(= quits)* quitte (*with* avec) ◆ **it's ~-steven** * **whether we go or stay** peut-être qu'on partira, peut-être qu'on restera ▷ **even-tempered** **ADJ** d'humeur égale, placide

► **even out** **VT SEP** *[+ burden, taxation]* répartir *or* distribuer plus également (*among* entre) ; *[+ prices]* égaliser

► **even up** **VT SEP** égaliser ◆ **that will ~ things up** cela rétablira l'équilibre ; *(financially)* cela compensera

**evening** /ˈiːvnɪŋ/ **N** soir *m* ; *(length of time)* soirée *f* ◆ **all ~** toute la soirée ◆ **every ~** tous les soirs, chaque soir ◆ **every Monday ~** tous les lundis soir(s) ◆ **the previous ~** la veille au soir ◆ **that ~** ce soir-là ◆ **this ~** ce soir ◆ **tomorrow ~** demain soir ◆ **one fine summer ~** (par) une belle soirée d'été ◆ **the warm summer ~s** les chaudes soirées d'été ◆ **a long winter ~** une longue soirée d'hiver ◆ **in the ~(s)** le soir ◆ **to go out in the ~** sortir le soir ◆ **6 o'clock in the ~** 6 heures du soir ◆ **in the ~ of life** *(liter)* au soir de la vie ◆ **on the ~ of his birthday** le soir de son anniversaire ◆ **on the ~ of the next day** le lendemain soir ◆ **on the ~ of the twenty-ninth** le vingt-neuf au soir ◆ **to spend one's ~ reading** passer sa soirée à lire ◆ **let's have an ~ out** *(tonight)* si on sortait ce soir ? ; *(some time)* nous devrions sortir un de ces soirs ◆ **it's her ~ out** c'est le soir où elle sort ; → **good**

**COMP** ▷ **evening class** **N** cours *m* du soir ▷ **evening dress** **N** *[of man]* tenue *f* de soirée, habit *m* ; *[of woman]* robe *f* du soir ◆ **in ~ dress** *(man)* en tenue de soirée ; *(woman)* en robe du soir ▷ **evening fixture, evening match** **N** *(Sport)* (match *m* en) nocturne *f* ▷ **evening paper** **N** journal *m* du soir ▷ **evening performance** **N** (représentation *f* en) soirée *f* ▷ **evening prayer(s)** **N(PL)** office *m* du soir ▷ **evening primrose oil** **N** huile *f* d'onagre ▷ **evening service** **N** *(Rel)* service *m* (religieux) du soir ▷ **evening star** **N** étoile *f* du berger

**evenly** /ˈiːvənlɪ/ **ADV** **a** *(= equally) [distribute]* également ; *[mix]* de façon homogène ; *(= steadily) [breathe, beat, flow]* régulièrement ◆ **to divide/split sth ~** diviser/répartir qch en parts égales ◆ **~ matched** de force égale ◆ **~ spaced** à intervalles réguliers ◆ **an ~ grey sky** un ciel uniformément gris ◆ **keep your weight ~ balanced** répartissez bien votre poids ◆ **spread the butter ~** étalez le beurre uniformément ◆ **the cuts were ~ spread throughout the various departments** les réductions budgétaires ont été réparties uniformément entre les divers services **b** *(= calmly) [say, ask, reply]* d'une voix égale ; *[watch]* d'un air égal

**evenness** /ˈiːvənnɪs/ **N** *[of movements, performance]* régularité *f* ; *[of ground]* caractère *m* plan, planéité *f* ◆ **~ of temper** égalité *f* d'humeur

**evensong** /ˈiːvənsɒŋ/ **N** *(Rel)* vêpres *fpl*, office *m* du soir *(de l'Église anglicane)*

**event** /ɪˈvent/ **N** **a** *(= happening)* événement *m* ◆ **course of ~s** (déroulement *m* des) événements *mpl* ◆ **in the course of ~s** par la suite ◆ **in the normal** *or* **ordinary course of ~s** normalement ◆ **after the ~** après coup ◆ **it's quite an ~** c'est un (véritable) événement ◆ **a new book by Tyler is always an ~** un nouveau roman de Tyler est toujours un événement ◆ **Easter is a major ~ in the Philippines** Pâques est une fête très importante aux Philippines ◆ **an exam, or even a social ~ makes me nervous** les examens, ou même une sortie, sont sources d'angoisse ; → **happy**

**b** *(= public occasion)* manifestation *f* ◆ **an exciting programme of ~s** un calendrier de manifestations très intéressant

**c** *(= case)* cas *m* ◆ **in that ~** dans ce cas ◆ **in any ~** en tout cas, de toute façon ◆ **in either ~** dans l'un ou l'autre cas

♦ **in the event** *(Brit)* en fait, en l'occurrence ◆ **the meeting was scheduled to last one hour, in the ~ it lasted four** la réunion devait durer une heure, mais en l'occurrence *or* en fait elle en a duré quatre

♦ **in the event of** en cas de ◆ **in the ~ of death** en cas de décès ◆ **in the ~ of his failing** *(frm)* au cas où il échouerait ◆ **in the ~ of default** *(Jur)* en cas de défaillance *or* de manquement

♦ **in the event that** dans l'hypothèse où, dans le cas où ◆ **in the unlikely ~ that...** dans l'hypothèse *or* dans le cas improbable où...

**d** *(Sport)* épreuve *f* ; *(Racing)* course *f* ◆ **field ~s** lancers *mpl* et sauts *mpl* ◆ **track ~s** épreuves *fpl* sur piste ◆ **a major sporting ~** une date très importante du calendrier sportif ; → **three**

**COMP** ▷ **event horizon** **N** *(Astron)* horizon *m* des événements

**eventer** /ɪˈventəʳ/ **N** *(Horse-riding)* participant(e) *m(f)* à un concours complet

**eventful** /ɪˈventfʊl/ **ADJ** *[life, day, period, journey]* mouvementé, fertile en événements

**eventide** /ˈiːvəntaɪd/ **N** *(liter)* tombée *f* du jour, soir *m* **COMP** ▷ **eventide home** **N** maison *f* de retraite

**eventing** /ɪˈventɪŋ/ **N** *(Horse-riding)* concours *m* complet

**eventual** /ɪˈventʃʊəl/ **ADJ** *(= ultimate) [aim]* ultime ; *[result]* final ◆ **whatever the ~ outcome...** quel que soit le résultat final... ◆ **the project is doomed to ~ failure** le projet est voué à l'échec ◆ **the ~ winner of the election** le candidat qui a finalement remporté les élections ◆ **he lost in the semi-final to the ~ winner, McCormack** il a perdu en demi-finale contre McCormack, qui a fini par gagner le tournoi ◆ **it resulted in the ~ disappearance of...** cela a abouti finalement à la disparition de...

> ⚠ *Be careful not to translate* **eventual** *by* **éventuel**, *which means 'possible'.*

**eventuality** /ɪˌventʃʊˈælɪtɪ/ **N** éventualité *f*

**eventually** /ɪˈventʃʊəlɪ/ **ADV** **a** *(= finally)* finalement ◆ **he'll do it ~** il finira par le faire ◆ **he ~ became Prime Minister** il est finalement devenu *or* il a fini par devenir Premier ministre ◆ **he ~ agreed that she was right** il a fini par admettre qu'elle avait raison **b** *(= ultimately)* un jour ◆ **~ your child will leave home** un jour votre enfant quittera la maison

> ⚠ *Be careful not to translate* **eventually** *by* **éventuellement**, *which means 'possibly'.*

**eventuate** /ɪˈventʃʊˌeɪt/ **VI** *(US)* (finir par) se produire ◆ **to ~ in...** se terminer par...

**ever** /ˈevəʳ/ **ADV** **a** *(= at any time)* jamais ; *(in questions)* jamais, déjà ◆ **nothing ~ happens** il ne se passe jamais rien ◆ **if you ~ see her** si jamais vous la voyez ◆ **I haven't ~ seen her** je ne l'ai jamais vue ◆ **you won't see him ~ again** tu ne le reverras (plus) jamais ◆ **do you ~ see her?** est-ce qu'il vous arrive de la voir ? ◆ **have you ~ seen her?** l'avez-vous déjà vue ? ◆ **have you ~ seen anything like it?, did you ~ see the like?** avez-vous jamais vu une chose pareille ? ◆ **did you ~!** * a-t-on jamais vu cela ?, (ça) par exemple !

♦ **if ever** ◆ **we seldom if ~ go** nous n'y allons pour ainsi dire jamais ◆ **now if ~ is the moment to do this** c'est le moment ou jamais de faire cela ◆ **he's a liar if ~ there was one** c'est le dernier des menteurs

♦ **never, ever** * ◆ **I can never, ~ forgive myself** jamais au grand jamais je ne me le pardonnerai

♦ *comparative* + **than ever** ◆ **more beautiful than ~** plus beau que jamais ◆ **faster than ~** plus vite que jamais

♦ *superlative* + **ever** ◆ **the best meal I have ~ eaten** le meilleur repas que j'aie jamais fait ◆ **the best grandmother ~** la meilleure grand-mère du monde ◆ **it remains the best album ~ for many fans** pour beaucoup de fans c'est toujours le meilleur album de tous ◆ **the coldest night ~** la nuit la plus froide qu'on ait jamais connue

**b** *(= always)* toujours, sans cesse ◆ **he was ~ ready to check his facts** il était toujours disposé à vérifier ses informations ◆ **mother, ~ the optimist, tried to look on the bright side** maman, toujours optimiste, essayait de voir le bon côté des choses ◆ **the danger is ~ present** le danger est toujours là ◆ **her ~ present anxiety** son angoisse constante *or* de tous les instants ◆ **all he ~ does is sleep** il ne fait que dormir, tout ce qu'il sait faire c'est dormir

♦ **ever after** ◆ **~ after, their affection will be tinged with anxiety** dorénavant, leur affection sera toujours mêlée d'inquiétude ◆ **they lived happily ~ after** ils vécurent (toujours) heureux

♦ **ever since** depuis ◆ **~ since I was a boy** depuis mon enfance ◆ **~ since I have lived here** depuis que j'habite ici ◆ **~ since (then) they have been very careful** depuis (lors) *or* depuis ce moment-là ils sont très prudents

♦ **ever and anon** *(†, liter)* de temps à autre, parfois

♦ **as ever** comme toujours ◆ **he was, as ~, totally alone** il était tout seul, comme toujours

♦ **yours ever** *(Brit: in letters)* amical souvenir, cordialement (à vous)

**c** *(= constantly)* de plus en plus ◆ **they grew ~ further apart** ils s'éloignèrent de plus en plus l'un de l'autre ◆ **~ increasing anxiety** inquiétude *f* croissante ◆ **the government is coming under ~ increasing pressure** le gouvernement est soumis à des pressions de plus en plus importantes

**d** *(intensive)* **as quickly as ~ you can** aussi vite que vous le pourrez ◆ **the first ~** le tout premier ◆ **as if I ~ would!** *(esp Brit)* moi, faire ça ! ◆ **why ~ didn't you tell me?** pourquoi donc *or* pourquoi diable ne m'en as-tu pas parlé ? ◆ **why ~ not?** mais enfin, pourquoi pas ?, pourquoi pas, Grand Dieu ? ◆ **where ~ can he have got to?** † où a-t-il bien pu passer ?

♦ **ever so** * *(Brit) (= very)* ◆ **~ so slightly drunk** (un) tant soit peu ivre ◆ **~ so pretty** joli comme tout ◆ **he is ~ so nice** il est tout ce qu'il y a de plus gentil ◆ **I'm ~ so sorry** je regrette infiniment, je suis (vraiment) désolé ◆ **thank you ~ so much, thanks ~ so** * merci mille fois, merci bien ◆ **she is ~ so much prettier than her sister** elle est autrement plus jolie que sa sœur

♦ **ever such** *(Brit)* ◆ **it's ~ such a pity** c'est vraiment dommage

**Everest** /ˈevərɪst/ **N** ◆ **(Mount) ~** mont *m* Everest, Everest *m*

**everglade** /ˈevəgleɪd/ **N** *(US)* terres *fpl* marécageuses

**Everglades** /ˈevəgleɪdz/ **N** Everglades *mpl*

**evergreen** /ˈevəgriːn/ **ADJ** **a** *[tree, shrub]* vert, à feuilles persistantes **b** *(fig) [song]* qui ne vieillit pas ; *[subject of conversation]* qui revient toujours **N** **a** *(= tree)* arbre *m* vert *or* à feuilles persistantes ; *(= plant)* plante *f* à feuilles persistantes **b** *(fig = song etc)* chanson *f etc* qui ne vieillit pas **c** *(US)* crédit *m* permanent non confirmé **COMP** ▷ **evergreen oak N** yeuse *f* chêne *m* vert ▷ **the Evergreen State N** *(US)* l'État *m* de Washington

**everlasting** /ˌevəˈlɑːstɪŋ/ **ADJ** *(God)* éternel ; *[gratitude, mercy]* infini, éternel ; *[fame, glory]* éternel, immortel ; *[materials]* inusable, qui ne s'use pas **COMP** ▷ **everlasting flower N** immortelle *f*

**everlastingly** /ˌevəˈlɑːstɪŋlɪ/ **ADV** éternellement

**evermore** /ˌevəˈmɔːʳ/ **ADV** toujours ◆ **for ~** à tout jamais

**every** /ˈevrɪ/ **ADJ** **a** *(= each)* tout, chaque, tous (*or* toutes) les ◆ **~ shop in the town** tous les magasins *or* chaque magasin de la ville ◆ **not ~ child has the same advantages** les enfants n'ont pas tous les mêmes avantages ◆ **not ~ child has the advantages you have** tous les enfants n'ont pas les avantages que tu as ◆ **he spends ~ penny he earns** il dépense tout ce qu'il gagne (jusqu'au dernier sou) ◆ **~ child had brought something** chaque enfant avait apporté quelque chose ◆ **~ movement causes him pain** chaque *or* tout mouvement lui fait mal ◆ **from ~ country** de tous (les) pays ◆ **at ~ moment** à tout moment, à chaque instant ◆ **at ~ opportunity** à chaque occasion ◆ **of ~ sort** de toute sorte ◆ **from ~ side** de toute part ◆ **of ~ age** de tout âge ◆ **he became weaker ~ day** il devenait chaque jour plus faible *or* plus faible de jour en jour

**b** *(for emphasis)* ◆ **I have ~ confidence in him** j'ai pleine confiance en lui ◆ **there is ~ chance that he will come** il y a toutes les chances qu'il vienne ◆ **you have ~ reason to complain** vous avez tout lieu de vous plaindre ◆ **I have ~ reason to think that ...** j'ai toutes les raisons de penser que ..., j'ai tout lieu de penser que ... ◆ **there was ~ prospect of success** tout laissait augurer d'un succès

**c** *(showing recurrence)* tout ◆ **~ fifth day, ~ five days** tous les cinq jours, un jour sur cinq ◆ **one man in ~ ten** un homme sur dix ◆ **~ quarter of an hour** tous les quarts d'heure ◆ **~ few days** tous les deux ou trois jours ◆ **once ~ week** une fois par semaine ◆ **~ 15 metres** tous les 15 mètres

♦ **every other ..., every second ...** ◆ **~ other or second child** un enfant sur deux ◆ **~ other or second day** tous les deux jours, un jour sur deux ◆ **~ other Wednesday** un mercredi sur deux ◆ **to write on ~ other line** écrire en sautant une ligne sur deux

**d** *(after poss)* tout, chacun, moindre ◆ **his ~ action** chacune de ses actions, tout ce qu'il faisait ◆ **his ~ wish** son moindre désir, tous ses désirs

**e** *(in phrases)* **~ little helps** *(Prov)* les petits ruisseaux font les grandes rivières *(Prov)* ◆ **~ man for himself (and the devil take the hindmost)** chacun pour soi ; *(= save yourself)* sauve qui peut ! ◆ **~ man to his trade** à chacun son métier ◆ **in ~ way** *(= from every point of view)* à tous (les) égards, en tous points ; *(= by every means)* par tous les moyens ; → **bit**[1]

♦ **every bit as ...** tout aussi ... ◆ **he is ~ bit as clever as his brother** il est tout aussi intelligent que son frère ◆ **he is ~ bit as much of a liar as his brother** il est tout aussi menteur que son frère

♦ **every last ...** ◆ **~ last biscuit/chocolate** *etc* tous les biscuits/chocolats *etc* jusqu'au dernier ◆ **they drank ~ last drop of wine** ils ont bu tout le vin jusqu'à la dernière goutte

♦ **every now and then, every now and again** de temps en temps, de temps à autre

♦ **every (single) one** ◆ **you must examine ~ one** il faut les examiner tous, sans exception ◆ **~ single one of these peaches is bad** toutes ces pêches sans exception sont pourries ◆ **~ one of us is afraid of something** tous autant que nous sommes nous craignons quelque chose ◆ **~ one of them was there** ils étaient tous là ◆ **~ (single) one of them** chacun d'eux, tous, sans exception ◆ **~ one of them had brought something** chacun d'entre eux avait apporté quelque chose, ils avaient tous apporté quelque chose

♦ **every so often** de temps en temps, de temps à autre

♦ **every + time** chaque fois ◆ **~ time (that) I see him** chaque fois que je le vois ◆ **~ single time** chaque fois sans exception ◆ **her cakes are perfect ~ time** ses gâteaux sont parfaitement réussis à chaque fois ◆ **give me Paris ~ time!** * c'est Paris sans hésiter !

**everybody** /ˈevrɪbɒdɪ/ **PRON** tout le monde, chacun ◆ **~ has finished** tout le monde a fini ◆ **~ has his *or* their own ideas about it** chacun a ses idées là-dessus ◆ **~ else** tous les autres ◆ **~ knows ~ else here** tout le monde se connaît ici ◆ **~ knows that** tout le monde *or* n'importe qui sait cela ◆ **~ who is anybody** tous les gens qui comptent

**everyday** /ˈevrɪdeɪ/ **ADJ** *[thing, clothes, object, world]* de tous les jours ; *[situation, language]* courant ; *[activity, task, life]* de tous les jours, quotidien ; *[occurrence, problem]* quotidien ◆ **fabrics for ~ use** des tissus *mpl* pour tous les jours ◆ **it's too expensive for ~ use** c'est trop cher pour un usage courant ◆ **words in ~ use** mots *mpl* d'usage courant ◆ **~ people** gens *mpl* ordinaires

**everyman** /ˈevrɪmæn/ **N** Monsieur *m* tout-le-monde

**everyone** /ˈevrɪwʌn/ **PRON** ⇒ **everybody**

**everyplace** /ˈevrɪpleɪs/ **ADV** *(US)* ⇒ **everywhere**

**everything** /ˈevrɪθɪŋ/ **PRON** tout ◆ **~ is ready** tout est prêt ◆ **~ you have** tout ce que vous avez ◆ **stamina is ~** l'endurance compte plus que tout, l'essentiel c'est l'endurance ◆ **success isn't ~** le succès n'est pas tout ◆ **and ~ (like that)** * et tout et tout *

**everywhere** /ˈevrɪwɛəʳ/ **ADV** partout ◆ **~ in the world** partout dans le monde, dans le monde entier ◆ **~ you go you meet the British** où qu'on aille *or* partout où l'on va, on rencontre des Britanniques

**evict** /ɪˈvɪkt/ **VT** *(from house, lodgings, meeting)* expulser

**eviction** /ɪˈvɪkʃən/ **N** expulsion *f* **COMP** ▷ **eviction order N** mandat *m* d'expulsion

**evidence** /ˈevɪdəns/ **N** *(NonC)* **a** *(= testimony)* témoignage *m* ◆ **the clearest possible ~** la preuve manifeste ◆ **the ~ of the senses** le témoignage des sens ◆ **on the ~ of this document** à en croire ce document ◆ **there is no ~ to support this theory** cette théorie n'est étayée par aucun élément solide ◆ **there is no ~ to suggest a link between the two conditions** rien ne permet d'affirmer qu'il existe un lien entre les deux maladies

**b** *(Jur) (= data)* preuve *f* ; *(= testimony)* témoignage *m*, déposition *f* ◆ **to give ~** témoigner, déposer ◆ **to give ~ for/against sb** témoigner *or* déposer en faveur de/contre qn ◆ **to call sb to give ~** convoquer qn pour qu'il témoigne ◆ **to take sb's ~** recueillir la déposition de qn ◆ **there isn't enough ~ to charge her** il n'y a pas assez de preuves pour l'inculper ◆ **to turn King's *or* Queen's ~** *(Brit)*, **to turn State's ~** *(US)* témoigner contre ses complices

**c** *(= indication)* signe *m*, marque *f* ◆ **there is ~ of widespread fraud** il y a lieu de penser que la fraude est répandue ◆ **to show ~ of** *[+ impatience, worry]* donner des signes de ; *[+ bombing, erosion]* porter les traces de ◆ **his kidneys showed ~ of infection** on a trouvé dans ses reins des signes d'infection ◆ **his features bore ~ of the agony he had endured** ses traits étaient marqués par les épreuves qu'il avait subies ◆ **there was no ~ of the security forces on the streets** il n'y avait aucun signe de la présence dans la rue des forces de sécurité

**d** *(set structure)*

♦ **in evidence** *[object]* en évidence ◆ **his father was nowhere in ~** il n'y avait aucune trace de son père ◆ **few soldiers were in ~** on rencontrait *or* voyait peu de soldats ◆ **poverty is still very much in ~** on voit encore beaucoup de gens pauvres ◆ **a**

**man very much in ~ at the moment** un homme très en vue à l'heure actuelle ◆ **whatever you say may be held in ~ against you** tout ce que vous direz pourra être retenu contre vous

**VT** manifester, témoigner de

> ⚠ **evidence** *is rarely translated by the French word* **évidence**, *which does not mean 'proof'.*

**evident** /ˈevɪdənt/ **ADJ** évident ◆ **that is very ~** c'est l'évidence même ◆ **we must help her, that's ~** il fait l'aider, c'est évident *or* cela va de soi ◆ **he's guilty, that's ~** il est coupable, c'est évident *or* cela saute aux yeux ◆ **it was ~ from the way he walked** cela se voyait à sa démarche ◆ **it is ~ from his speech that ...** il ressort de son discours que ...

**evidently** /ˈevɪdəntlɪ/ LANGUAGE IN USE 15.1 **ADV**

**a** *(= apparently)* apparemment ◆ **~ he feared I was going to refuse** il craignait apparemment que je refuse ◆ **was it suicide? – ~ not** était-ce un suicide ? – apparemment non ◆ **are they going too? –** ~ ils y vont aussi ? – apparemment oui **b** *(= obviously)* manifestement, de toute évidence ◆ **they ~ knew each other** manifestement *or* de toute évidence, ils se connaissaient ◆ **that is ~ not the case** ce n'est manifestement pas le cas ◆ **~, such men are usually extremely wealthy** évidemment, de tels hommes sont généralement extrêmement riches

**evil** /ˈiːvl/ **ADJ** *[person]* méchant, malfaisant ; *[deed, practice, system, consequence, influence]* néfaste ; *[power]* malfaisant ; *[place]* maléfique ; *[spell, reputation]* mauvais ; *[smell]* infect ◆ **to have an ~ tongue** *[person]* être mauvaise langue ◆ **he had his ~ way with her** *(hum)* il est arrivé à ses fins avec elle ◆ **to have an ~ temper** avoir un sale caractère ◆ **(to put off) the ~ day** *or* **hour** (remettre à plus tard) le moment fatidique

**N** mal *m* ◆ **the powers** *or* **forces of ~** les forces *fpl* du mal ◆ **to wish sb ~** vouloir du mal à qn ◆ **to speak ~ of sb** dire du mal de qn ◆ **of two ~s one must choose the lesser** de deux maux, il faut choisir le moindre ◆ **it's the lesser ~** c'est le moindre mal ◆ **social ~s** maux *mpl* sociaux ◆ **the ~s of drink** les conséquences *fpl* funestes de la boisson ◆ **one of the great ~s of our time** un des grands fléaux de notre temps

**COMP** ▷ **the evil eye N** le mauvais œil ◆ **to give sb the ~ eye** jeter le mauvais œil à qn ▷ **evil-minded ADJ** malveillant, mal intentionné ▷ **the Evil One N** le Malin ▷ **evil-smelling ADJ** nauséabond ▷ **evil spirit N** esprit *m* malfaisant

**evildoer** /ˌiːvlˈduːəʳ/ **N** personnage *m* infâme

**evilly** /ˈiːvɪlɪ/ **ADV** avec malveillance

**evince** /ɪˈvɪns/ **VT** *(frm)* *[+ surprise, desire]* manifester ; *[+ qualities, talents]* faire preuve de

**eviscerate** /ɪˈvɪsəreɪt/ **VT** *(frm)* éventrer, éviscérer

**evocation** /ˌevəˈkeɪʃən/ **N** évocation *f*

**evocative** /ɪˈvɒkətɪv/ **ADJ** **a** *(= reminiscent)* *[name, description, memory, atmosphere, scent]* évocateur (-trice *f*) ◆ **to be ~ of sth** évoquer qch **b** *(Occultism)* *[incantation, magic]* évocatoire

**evocatively** /ɪˈvɒkətɪvlɪ/ **ADV** *[describe]* dans un style évocateur

**evoke** /ɪˈvəʊk/ **VT** *[+ spirit, memories]* évoquer ; *[+ admiration]* susciter

**evolution** /ˌiːvəˈluːʃən/ **N** **a** *(Bio, Zool etc)* évolution *f* (*from* à partir de) ; *[of language, events]* évolution *f* ; *[of culture, technology, machine]* évolution *f*, développement *m* **b** *[of troops, skaters etc]* évolutions *fpl*

**evolutionary** /ˌiːvəˈluːʃnərɪ/ **ADJ** *(Bio, Zool etc)* évolutionniste ; *(gen)* *[stage, process]* d'évolution

**evolutionism** /ˌiːvəˈluːʃənɪzəm/ **N** évolutionnisme *m*

**evolutionist** /ˌiːvəˈluːʃənɪst/ **ADJ, N** évolutionniste *mf*

**evolve** /ɪˈvɒlv/ **VT** *[+ system, theory, plan]* élaborer, développer **VI** *(gen, Bio)* évoluer ◆ **to ~ from** se développer à partir de

**ewe** /juː/ **N** brebis *f* **COMP** ▷ **ewe lamb N** agnelle *f*

**ewer** /ˈjuːəʳ/ **N** aiguière *f*

**ex** /eks/ **PREP** *(Comm)* ≃ départ, sortie ◆ **price ~ factory, price ~ works** *(Brit)* prix *m* départ *or* sortie usine ◆ **price ~ warehouse** prix *m* départ *or* sortie entrepôt ; → **ex dividend, ex officio N** * *(= ex-wife etc)* ex * *mf*

**ex-** /eks/ **PREF** ex-, ancien ◆ **ex-chairman** ancien président *m*, ex-président *m* ◆ **he's my ex-boss** c'est mon ancien patron ; → **ex-husband, ex-service**

**exacerbate** /ɪgˈzæsəˌbeɪt, ɪkˈsæsəˈbeɪt/ **VT** *[+ problem, situation]* aggraver ; *[+ pain, disease, hatred]* exacerber

**exact** /ɪgˈzækt/ **ADJ** **a** *(= precise)* *[number, amount, cause, time, translation, details]* exact ; *[copy]* conforme à l'original, exact ◆ **to be ~ about sth** *[person]* préciser qch ◆ **can you be more ~?** pouvez-vous préciser un peu ? ◆ **can you be more ~ about how many came?** pouvez-vous préciser le nombre des gens qui sont venus ? ◆ **he's 44, to be ~** il a 44 ans, pour être précis ◆ **he gave ~ instructions as to what had to be done** il a donné des instructions précises sur ce qu'il fallait faire ◆ **what were his ~ instructions?** quelles étaient ses instructions exactes ? ◆ **to be an ~ likeness of sb/sth** ressembler parfaitement à qn/qch ◆ **until this ~ moment** jusqu'à ce moment précis ◆ **to be the ~ opposite of sb/sth** être aux antipodes *or* tout le contraire de qn/qch ◆ **the ~ same thing** * exactement la même chose ◆ **these were his ~ words** c'est ce qu'il a dit, mot pour mot

**b** *(= meticulous)* *[person, study, work]* méticuleux ; *[analysis, instrument]* précis

**VT** *[+ money, obedience etc]* exiger (*from* de) ◆ **to ~ revenge** se venger ◆ **to ~ a high price for sth** faire payer qch cher

**COMP** ▷ **exact science N** science *f* exacte

**exacting** /ɪgˈzæktɪŋ/ **ADJ** *[person]* exigeant ; *[task, activity, profession, work]* astreignant, qui exige beaucoup d'attention

**exaction** /ɪgˈzækʃən/ **N** *(= act)* exaction *f (pej)* ; *(= money exacted)* impôt *m*, contribution *f* ; *(= excessive demand)* extorsion *f*

**exactitude** /ɪgˈzæktɪtjuːd/ **N** exactitude *f*

**exactly** /ɪgˈzæktlɪ/ LANGUAGE IN USE 11.2, 16.1 **ADV** *(= precisely)* *[match, imitate]* exactement ◆ **to look ~ like sb** ressembler trait pour trait à qn, être tout le portrait de qn ◆ **I wanted to get things ~ right** je voulais que tout soit parfait ◆ **at ~ 5 o'clock** à 5 heures pile *or* précises ◆ **it is 3 o'clock ~** il est 3 heures pile *or* précises, il est exactement 3 heures ◆ **~ one hour** une heure exactement ◆ **I had ~ $3** j'avais exactement 3 dollars ◆ **~ in the middle** en plein milieu ◆ **~ 10m high** exactement 10 m de haut ◆ **~ the same thing** exactement la même chose ◆ **that's ~ what I was thinking** c'est exactement ce que je pensais ◆ **I found it somewhere over there – where ~?** je l'ai trouvé quelque part par là – où exactement ? ◆ **~ what are you implying?** qu'est-ce que tu veux dire par là *or* au juste ? ◆ **~ what are you looking for?** qu'est-ce que tu cherches au juste ? ◆ **so I was wrong – ~** alors j'avais tort – exactement ◆ **he didn't ~ say no, but ...** il n'a pas vraiment dit non, mais ... ◆ **we don't ~ know** nous ne savons pas au juste

◆ **not exactly** ◆ **is she sick? – not ~** est-elle malade ? – pas exactement *or* pas vraiment ◆ **it's easy work, but not ~ interesting** c'est facile, mais pas vraiment ce qu'on appelle intéressant ◆ **you refused? – well not ~ ...** tu as refusé ? – euh, pas vraiment ... ◆ **this is not ~ what we need at the moment** *(iro)* il ne manquait plus que ça

**exactness** /ɪgˈzæktnɪs/ **N** *(NonC)* *[of measurement, words, definition]* précision *f* ; *[of translation]* fidélité *f* ; *[of copy, description]* exactitude *f*

**exaggerate** /ɪgˈzædʒəreɪt/ **VT** **a** *(= overstate)* *[+ dangers, fears, size, beauty, story, importance, effect]* exagérer ; *[+ problem]* exagérer l'importance de ◆ **the press ~d the number of victims** les médias ont gonflé le nombre des victimes **b** *(= emphasize)* accentuer ◆ **the dress ~d her paleness** la robe accentuait sa pâleur **VI** exagérer, forcer la note ◆ **he always ~s a little** il exagère *or* il en rajoute * toujours un peu

**exaggerated** /ɪgˈzædʒəreɪtɪd/ **ADJ** *[claim, view, politeness, gesture, report]* exagéré ; *[praise]* outré ◆ **an ~ sense of one's own importance** une trop haute opinion de soi-même

**exaggeratedly** /ɪgˈzædʒəreɪtɪdlɪ/ **ADV** *[polite]* exagérément ; *[laugh]* d'une manière exagérée

**exaggeration** /ɪgˌzædʒəˈreɪʃən/ **N** exagération *f*

**exalt** /ɪgˈzɔːlt/ **VT** *(in rank, power)* élever (*à un rang plus important*) ; *(= extol)* porter aux nues, exalter

**exaltation** /ˌegzɔːlˈteɪʃən/ **N** *(NonC)* exaltation *f*

**exalted** /ɪgˈzɔːltɪd/ **ADJ** *(= high)* *[rank, position, style]* élevé ; *[person]* haut placé, de haut rang ; *(= elated)* *[mood, person]* exalté

**exam** /ɪgˈzæm/ **N** (abbrev of **examination noun a**) examen *m*, exam * *m*

**examination** /ɪgˌzæmɪˈneɪʃən/ **N** **a** *(Scol, Univ)* *(= test)* examen *m* ; *(each paper)* épreuve *f* ◆ **class ~** *(Scol)* composition *f* ◆ **the June/September ~s** *(Univ etc)* la session de juin/de septembre

**b** *(= study, inspection)* examen *m* ; *[of machine, premises]* inspection *f*, examen *m* ; *[of question]* étude *f*, considération *f* ; *[of accounts]* vérification *f* ; *[of passports]* contrôle *m* ◆ **Custom's ~** fouille *f* douanière ◆ **expert's ~** expertise *f* ◆ **close ~** examen *m* approfondi *or* détaillé ◆ **on ~** après examen ◆ **on close ~, his papers proved to be false** un examen approfondi *or* détaillé révéla que ses papiers étaient des faux ; → **medical**

**c** *(Jur)* *[of suspect, accused]* interrogatoire *m* ; *[of witness]* audition *f* ; *[of case, documents]* examen *m* ◆ **legal ~** examen *m* légal ; → **cross**

**COMP** ▷ **examination board N** *(Brit Scol)* *comité chargé de l'organisation des examens scolaires nationaux* ▷ **examination candidate N** *(Scol etc)* candidat(e) *m(f)* ▷ **examination paper N** *(= exam)* examen *m*, épreuve *f* ; *(= question paper)* questions *fpl or* sujet *m* d'examen ; *(= answer paper)* copie *f* ▷ **examination script N** *(Brit)* *(= answer paper)* copie *f* ; *(= question paper)* questions *fpl or* sujet *m* d'examen

**examine** /ɪgˈzæmɪn/ LANGUAGE IN USE 26.1, 26.2 **VT**

**a** *(gen, Med)* examiner ; *[+ machine]* inspecter ; *[+ document, dossier, question, problem, proposition]* examiner ; *[+ accounts]* vérifier ; *[+ passport]* contrôler ; *(Customs)* *[+ luggage]* inspecter, fouiller ◆ **to ~ a question thoroughly** examiner une question à fond **b** *[+ pupil, candidate]* faire passer un examen à ; *(orally)* interroger (*on* sur) **c** *(Jur) [+ witness]* interroger ; *[+ suspect, accused]* interroger, faire subir un interrogatoire à ; *[+ case, document, evidence]* examiner **COMP** ▷ **examining board** **N** *(Brit Scol)* ⇒ **examination board** *(Univ) (for doctorates)* jury *m* de thèse ▷ **examining magistrate** **N** *(Jur: in France)* juge *m* d'instruction

**examinee** /ɪg,zæmɪ'niː/ **N** candidat(e) *m(f)*

**examiner** /ɪg'zæmɪnəʳ/ **N** examinateur *m*, -trice *f* (*in* de) → **board, oral, outside**

**example** /ɪg'zɑːmpl/ LANGUAGE IN USE 26.1, 26.2 **N** exemple *m* ◆ **for ~** par exemple ◆ **to set a good ~** donner l'exemple ◆ **to be an ~** *[person, sb's conduct, deeds]* être un exemple (*to* pour) ◆ **she's an ~ to us all** c'est un exemple pour nous tous ◆ **to take sb as an ~** prendre exemple sur qn ◆ **to follow sb's ~** suivre l'exemple de qn ◆ **following the ~ of ...** à l'instar de ... ◆ **to hold sb/sth up as an ~** ériger qn/qch en exemple ◆ **to make an ~ of sb** punir qn pour l'exemple ◆ **to punish sb as an ~ to others** punir qn pour l'exemple ◆ **to quote the ~ of ...** citer l'exemple de ... ◆ **to quote sth as an ~** citer qch en exemple ◆ **here is an ~ of the work** voici un échantillon du travail

**exasperate** /ɪg'zɑːspəreɪt/ **VT** *[+ person]* exaspérer ; *[+ feeling]* exaspérer, exacerber

**exasperated** /ɪg'zɑːspəreɪtɪd/ **ADJ** exaspéré ◆ **~ at** *or* **by** *or* **with sb/sth** exaspéré par qn/qch

**exasperating** /ɪg'zɑːspəreɪtɪŋ/ **ADJ** exaspérant

**exasperatingly** /ɪg'zɑːspəreɪtɪŋlɪ/ **ADV** de manière exaspérante ◆ **~ slow/stupid** d'une lenteur/d'une stupidité exaspérante

**exasperation** /ɪg,zɑːspə'reɪʃən/ **N** exaspération *f* ◆ **"hurry!" he cried in ~** "dépêchez-vous !" cria-t-il, exaspéré

**ex cathedra** /ekskə'θiːdrə/ **ADJ, ADV** ex cathedra

**excavate** /'ekskəveɪt/ **VT** *[+ ground]* creuser, excaver ; *(Archeol)* fouiller ; *[+ trench]* creuser ; *[+ remains]* déterrer **VI** *(Archeol)* faire des fouilles

**excavation** /,ekskə'veɪʃən/ **N** **a** *(NonC) [of tunnel etc]* creusement *m*, percement *m* ◆ **~ work** excavations *fpl* **b** *(Archeol = activity, site)* fouilles *fpl*

**excavator** /'ekskəveɪtəʳ/ **N** **a** *(= machine)* excavateur *m* or excavatrice *f* **b** *(Archeol = person)* fouilleur *m*, -euse *f*

**exceed** /ɪk'siːd/ **VT** *(in value, amount, length of time etc)* dépasser, excéder (*in* en ; *by* de) ; *[+ powers] [person]* outrepasser ; *[decision etc]* excéder ; *[+ expectations, limits, capabilities]* dépasser ; *[+ desires]* aller au-delà de, dépasser ◆ **to ~ one's authority** commettre un abus de pouvoir ◆ **to ~ the speed limit** dépasser la vitesse permise, commettre un excès de vitesse ◆ **a fine not ~ing £50** une amende ne dépassant pas *or* n'excédant pas 50 livres

**exceedingly** /ɪk'siːdɪŋlɪ/ **ADV** extrêmement ◆ **his behaviour troubles me ~** je suis extrêmement troublé par son comportement

**excel** /ɪk'sel/ **VI** briller, exceller ◆ **to ~ in** *or* **at French/tennis** briller en français/au tennis **VT** ◆ **to ~ o.s.** se surpasser, se distinguer

**excellence** /'eksələns/ **N** excellence *f*

**Excellency** /'eksələnsɪ/ **N** Excellence *f* ◆ **Your/His** *or* **Her ~** Votre/Son Excellence

**excellent** /'eksələnt/ LANGUAGE IN USE 13 **ADJ** excellent ◆ **what an ~ idea!** (quelle) excellente idée ! ◆ **~!** parfait ! ◆ **that's ~!** c'est parfait !

**excellently** /'eksələntlɪ/ **ADV** admirablement

**excelsior** /ek'selsjəʳ/ **N** *(US = wood shavings)* copeaux *mpl* d'emballage

**except** /ɪk'sept/ **PREP** **a** sauf, excepté, à l'exception de ◆ **all ~ the eldest daughter** tous, excepté la fille aînée, tous, la fille aînée exceptée ◆ **~ (for)** à part, à l'exception de ◆ **~ (that)** sauf que, excepté que ◆ **~ if** sauf si ◆ **~ when** sauf quand, excepté quand **b** *(after neg and certain interrogs)* sinon ◆ **what can they do ~ wait?** que peuvent-ils faire sinon attendre ? **CONJ** *(†, liter)* à moins que + ne + *subj* ◆ **~ he be a traitor** à moins qu'il ne soit un traître **VT** excepter, exclure (*from* de) faire exception de ◆ **not** *or* **without ~ing** sans excepter, sans oublier ◆ **always ~ing** à l'exception (bien entendu) de, exception faite (bien entendu) de ◆ **present company ~ed** exception faite des personnes présentes

**excepting** /ɪk'septɪŋ/ **PREP, CONJ** ⇒ **except**

**exception** /ɪk'sepʃən/ **N** **a** *(NonC)* exception *f* ◆ **without ~** sans exception ◆ **with the ~ of ...** à l'exception de ..., exception faite de ... ◆ **to take ~ to** *(= demur)* trouver à redire à, désapprouver ; *(= be offended)* s'offenser de, s'offusquer de ◆ **I take ~ to that remark** je suis indigné par cette remarque

**b** *(= singularity)* exception *f* ◆ **to make an ~** faire une exception (*to sth* à qch ; *for sb/sth* pour qn/qch) ◆ **these strokes of luck are the ~** ces coups de chance sont l'exception ◆ **this case is an ~ to the rule** ce cas est *or* constitue une exception à la règle ◆ **the ~ proves the rule** l'exception confirme la règle ◆ **with this ~** à cette exception près, à ceci près ◆ **apart from a few ~s** à part quelques exceptions, à de rares exceptions près

**exceptionable** /ɪk'sepʃnəbl/ **ADJ** *(= open to objection) [conduct]* répréhensible, blâmable ; *[proposal]* inadmissible, inacceptable

**exceptional** /ɪk'sepʃənl/ **ADJ** *(gen)* exceptionnel ; *(Jur) [provisions]* dérogatoire ◆ **to apply ~ arrangements (to)** *(Jur)* appliquer un régime dérogatoire (à) **COMP** ▷ **exceptional child** **N** (pl **exceptional children**) *(US Scol) (gifted)* enfant *mf* surdoué(e) ; *(handicapped, mentally)* enfant *mf* handicapé(e) mental(e) ; *(physically)* enfant *mf* handicapé(e)

**exceptionally** /ɪk'sepʃənəlɪ/ **ADV** exceptionnellement

**excerpt** /'eksɜːpt/ **N** *(Literat, Mus etc)* extrait *m*, passage *m* **VT** *(Literat, Mus)* extraire

**excess** /ɪk'ses/ **N** **a** *(NonC) [of precautions, enthusiasm]* excès *m* ; *[of details, adjectives]* luxe *m*, surabondance *f* ◆ **to ~** (jusqu')à l'excès ◆ **to take** *or* **carry to ~** pousser à l'excès, pousser trop loin ◆ **carried to ~** outré ◆ **in ~ of** *[number]* supérieur à ◆ **in ~ of 50 people have died** plus de 50 personnes sont mortes ◆ **to drink to ~** boire à l'excès *or* avec excès ◆ **the ~ of imports over exports** l'excédent *m* des importations sur les exportations

**b** *(Brit Insurance)* franchise *f*

**c** ◆ **~es** *(= debauchery)* excès *mpl* ; *(= cruelty, violence)* excès *mpl*, abus *m* ; *(= overindulgence)* excès *mpl*, écart *m* ◆ **the ~es of the regime** les abus *or* excès du régime

**COMP** *[weight, production]* excédentaire ▷ **excess baggage** **N** *(NonC)* excédent *m* de bagages ▷ **excess demand** **N** *(Econ)* demande *f* excédentaire ▷ **excess employment** **N** suremploi *m* ▷ **excess fare** **N** *(Transport)* supplément *m* ▷ **excess luggage** **N** ⇒ **excess baggage** ▷ **excess postage** **N** *(Brit)* surtaxe *f (pour affranchissement insuffisant)* ▷ **excess profits tax** **N** impôt *m* sur les bénéfices exceptionnels ▷ **excess supply** **N** *(Econ)* excès *m* de l'offre *or* sur offre

**excessive** /ɪk'sesɪv/ **ADJ** *[amount, quantity, use, force, speed, demands]* excessif ; *[ambition]* démesuré ; *[praise]* outré ◆ **~ drinking** abus *m* d'alcool *or* de boissons alcoolisées

**excessively** /ɪk'sesɪvlɪ/ **ADV** *[drink, eat]* à l'excès, avec excès ; *[optimistic, proud, ambitious, cautious, centralized]* par trop ; *[boring, pretty]* excessivement ◆ **do you worry ~ about work?** avez-vous tendance à vous faire trop de souci pour votre travail ? ◆ **his behaviour was impeccable, sometimes ~ so** il se conduisait de manière irréprochable, parfois jusqu'à l'excès

**exchange** /ɪks'tʃeɪndʒ/ **VT** *[+ gifts, letters, glances, blows]* échanger ; *[+ houses, cars, jobs]* faire un échange de ◆ **to ~ one thing for another** échanger une chose contre une autre ◆ **they ~d a few words** ils échangèrent quelques mots ◆ **to ~ words with sb** *(euph = quarrel)* avoir des mots avec qn ◆ **to ~ contracts** *(Conveyancing)* ≃ signer les contrats

**N** **a** *[of objects, prisoners, ideas, secrets, notes, greetings]* échange *m* ◆ **to gain/lose on the ~** gagner/perdre au change ◆ **~ of contracts** *(Conveyancing)* ≃ signature *f* des contrats

◆ **in exchange** en échange (*for* de) ◆ **to give one thing in ~ for another** échanger une chose contre une autre

**b** *(Fin)* change *m* ◆ **foreign ~ office** bureau *m* de change ◆ **at the current rate of ~** au cours actuel du change ◆ **the dollar ~** le change du dollar ◆ **on the (stock) ~** à la Bourse ; → **bill[1], foreign**

**c** (also **telephone exchange**) central *m* ; (also **labour exchange**) bourse *f* du travail

**d** ⇒ **exchange visit**

**COMP** *[student, teacher]* participant(e) *m(f)* à un échange ▷ **exchange control** **N** *(Fin)* contrôle *m* des changes ◆ **~ control regulations** *(Econ)* réglementation *f* des changes ▷ **exchange law** **N** droit *m* cambial ▷ **exchange rate** **N** taux *m* de change ▷ **exchange rate mechanism** **N** mécanisme *m* du taux de change ▷ **exchange restrictions** **NPL** restrictions *fpl* de change ▷ **exchange value** **N** contre-valeur *f* ▷ **exchange visit** **N** *(Educ etc)* échange *m* ◆ **to be on an ~ visit** faire partie d'un échange

**exchangeable** /ɪks'tʃeɪndʒəbl/ **ADJ** échangeable (*for* contre)

**exchequer** /ɪks'tʃekəʳ/ **N** **a** *(= state treasury)* ministère *m* des Finances ; → **chancellor** **b** *(* = one's own funds)* fonds *mpl*, finances *fpl* **COMP** ▷ **exchequer bond** **N** obligation *f* du Trésor

**excisable** /ek'saɪzəbl/ **ADJ** imposable, soumis aux droits de régie

**excise[1]** /'eksaɪz/ **N** taxe *f* (*on* sur) accise *f* *(Belg, Can)* ◆ **the Excise** *(Brit)* ≃ l'administration *f* des impôts indirects **COMP** ▷ **excise duties** **NPL** *(Brit)* impôts *mpl* indirects ▷ **excise laws** **NPL** *(US) lois sur le commerce des boissons*

**excise[2]** /ek'saɪz/ **VT** **a** *(gen)* retrancher, supprimer **b** *(Med)* exciser

**exciseman** /'eksaɪzmæn/ **N** (pl **-men**) *(Brit)* agent *m* du fisc *(chargé du recouvrement des impôts indirects)*

**excision** /ek'sɪʒən/ **N** *(frm)* **a** *(Med)* excision *f* **b** *(NonC = act of deletion) [of words, clause]* suppression *f* **c** *(= deleted passage: in film, play, book)* coupure *f*

**excitability** /ɪk,saɪtə'bɪlɪtɪ/ **N** excitabilité *f*, nervosité *f*

**excitable** /ɪk'saɪtəbl/ ADJ *[person, animal, temperament] (also Med)* excitable ◆ **to be in an ~ state** être tendu

**excitableness** /ɪk'saɪtəbəlnɪs/ N excitabilité *f*, nervosité *f*

**excite** /ɪk'saɪt/ VT a *[+ person, animal] (gen, also sexually)* exciter ; *(= rouse enthusiasm in)* passionner ◆ **to ~ o.s.** s'exciter, s'énerver b *[+ sentiments, envy, attention, pity]* exciter ; *[+ imagination, passion]* exciter, enflammer ; *[+ desire, anger]* exciter, aviver ; *[+ admiration]* exciter, susciter ; *[+ curiosity]* exciter, piquer ◆ **to ~ enthusiasm/interest in sb** enthousiasmer/intéresser qn ◆ **the issue has ~d a great deal of debate** le sujet a suscité de nombreux débats c *(Med) [+ nerve]* exciter, stimuler

**excited** /ɪk'saɪtɪd/ ADJ a *(= exhilarated) [person, voice, shout, laugh, imagination]* excité ; *[chatter]* animé ; *(sexually)* excité ◆ **he was ~ to hear of this development** il était tout excité d'apprendre ce fait nouveau ◆ **he is ~ at the prospect** il est tout excité à cette idée ◆ **I'm really ~ about it** je suis tout excité à cette idée ◆ **he was ~ about going on holiday** il était tout excité à l'idée de partir en vacances ◆ **to become** *or* **get ~** s'exciter ◆ **it's nothing to get ~ about** il n'y a pas de quoi s'énerver b *(= agitated) [person, gesture]* nerveux ; *[state]* de nervosité ◆ **to get ~ (about sth)** s'énerver (à propos de qch) ◆ **don't get ~!** du calme !, ne t'énerve pas ! c *(Phys) [atom, molecule]* excité

**excitedly** /ɪk'saɪtɪdlɪ/ ADV *[say, talk, chatter]* sur un ton animé, avec animation ; *[grin]* d'un air excité ; *[laugh]* avec excitation ; *[behave]* avec agitation ; *[run]* tout excité ◆ **to wave ~** gesticuler

**excitement** /ɪk'saɪtmənt/ N *[of people]* excitation *f* ; *[of event]* fièvre *f* ◆ **the ~ of the departure** l'excitation *or* la fièvre du départ ◆ **the ~ of a trip to the fair** la perspective excitante d'une visite à la fête foraine ◆ **the ~ of the elections** la fièvre des élections ◆ **to be in a state of great ~** être dans un état de très grande excitation ◆ **the ~ of victory** l'ivresse *f* de la victoire ◆ **the book caused great ~ in literary circles** le livre a fait sensation dans les milieux littéraires ◆ **there was great ~ when she announced that ...** elle a suscité un grand émoi lorsqu'elle a annoncé que ... ◆ **he likes ~** il aime les émotions fortes ◆ **she's looking for a bit of ~ in her life** elle cherche à donner un peu de piquant à sa vie ◆ **this sport has plenty of ~s** ce sport est excitant à bien des égards ◆ **the ~ of getting a book published** l'excitation que l'on ressent à la publication d'un livre ◆ **the ~ of being in love** l'ivresse *f* que l'on ressent lorsqu'on est amoureux ◆ **sexual ~** excitation *f* sexuelle ◆ **with growing ~ he turned the key in the lock** de plus en plus excité, il a tourné la clé dans la serrure

**exciting** /ɪk'saɪtɪŋ/ ADJ *(= exhilarating) [activity, experience, opportunity, idea, news, book]* passionnant ; *(sexually) [person]* excitant ◆ **he's ~ to be with** c'est passionnant d'être avec lui ◆ **very ~** (absolument *or* tout à fait) passionnant ◆ **not very ~** pas très *or* bien passionnant ◆ **how ~!** comme c'est excitant *or* passionnant ! ◆ **we had an ~ time** nous avons passé des moments passionnants ◆ **to be ~ to sb** être excitant *or* palpitant pour qn

**excitingly** /ɪk'saɪtɪŋlɪ/ ADV *[describe]* de façon passionnante ◆ **an ~ original writer** un écrivain d'une originalité passionnante

**excl.** abbrev of **excluding, exclusive (of)**

**exclaim** /ɪks'kleɪm/ VI *(gen)* s'exclamer ◆ **he ~ed in surprise when he saw it** il a laissé échapper une exclamation de surprise en le voyant ◆ **to ~ at sth** *(indignantly)* s'exclamer d'indignation devant qch ; *(admiringly)* s'exclamer d'admiration devant qch VT s'écrier (*that* que) ◆ **"at last!" she ~ed** "enfin !" s'écria-t-elle

**exclamation** /ˌekskləˈmeɪʃən/ N exclamation *f* COMP ▷ **exclamation mark, exclamation point** *(US)* N point *m* d'exclamation

**exclamatory** /ɪks'klæmətərɪ/ ADJ exclamatif

**exclude** /ɪks'kluːd/ VT *(from team, society)* exclure (*from* de) ; *(Brit: from school)* exclure temporairement ; *(from list)* écarter (*from* de) ne pas retenir ; *(from meeting, discussions, process)* écarter, exclure ; *[+ possibility]* exclure, écarter ; *[+ sun's rays, germs]* faire écran à ◆ **red meat is ~d from this diet** ce régime interdit la viande rouge ◆ **women were ~d from participation/from competing** les femmes n'avaient pas le droit de participer/de prendre part à la compétition ◆ **to ~ sth from consideration** refuser de prendre qch en considération ◆ **to ~ from the jurisdiction of** soustraire à la compétence de ◆ **the price ~s VAT** le prix est hors taxe ◆ **£200, excluding VAT** 200 livres, hors taxe ◆ **a meal here costs about €15 per head excluding wine** un repas ici coûte environ 15 € par personne, vin non compris

**excluding** /ɪks'kluːdɪŋ/ PREP à l'exclusion de, à part

**exclusion** /ɪks'kluːʒən/ N exclusion *f* (*from* de) ◆ **to the ~ of ...** à l'exclusion de ... COMP ▷ **exclusion clause** N clause *f* d'exclusion ▷ **exclusion order** N *(Brit Jur) (from country)* interdiction *f* de territoire *or* de séjour ; *(against spouse)* interdiction *f* de domicile conjugal ▷ **exclusion zone** N zone *f* d'exclusion

**exclusionary** /ɪks'kluːʒənərɪ/ ADJ *[practice]* d'exclusion

**exclusive** /ɪks'kluːsɪv/ ADJ a *(= select) [person, friendship, interest, occupation]* exclusif ; *[club]* fermé ; *[district, resort, hotel, restaurant]* chic *inv* ; *[gathering]* sélect b *(= sole) [use, offer, contract, property, story, picture]* exclusif ◆ **~ to readers of ...** exclusivement pour les lecteurs de ... ◆ **this special offer is ~ to (readers of) this magazine** cette offre spéciale est réservée à nos lecteurs ◆ **an interview ~ to ...** une interview exclusive accordée à ... ◆ **to have ~ rights to sth** avoir l'exclusivité de qch c *(= not including)* ◆ **to be ~ of sth** exclure qch ◆ **~ of postage and packing** frais d'expédition non compris ◆ **from 15 to 20 June ~** du 15 au 19 juin inclus ◆ **~ of taxes** *(Comm)* hors taxes, taxes non comprises ; → **mutually** N *(Press)* exclusivité *f*

**exclusively** /ɪks'kluːsɪvlɪ/ ADV exclusivement ◆ **available ~ from ...** en vente exclusivement chez ... ◆ **~ available to readers of ...** réservé exclusivement aux lecteurs de ...

**exclusivity** /ɪkskluːˈsɪvətɪ/ N exclusivité *f*

**excommunicate** /ˌekskəˈmjuːnɪkeɪt/ VT excommunier

**excommunication** /ˈekskəˌmjuːnɪˈkeɪʃən/ N excommunication *f*

**ex-con*** /ˌeks'kɒn/ N ancien taulard* *m*

**excoriate** /ɪk'skɔːrɪeɪt/ VT *(frm) [+ person]* chapitrer ; *[+ organization]* condamner ; *[+ idea]* fustiger

**excrement** /'ekskrɪmənt/ N excrément *m*

**excrescence** /ɪks'kresns/ N *(lit, fig)* excroissance *f*

**excreta** /ɪks'kriːtə/ NPL excrétions *fpl* ; *(= excrement)* excréments *mpl*, déjections *fpl*

**excrete** /ɪks'kriːt/ VT excréter ; *[plant]* sécréter

**excretion** /ɪks'kriːʃən/ N excrétion *f*, sécrétion *f*

**excretory** /ɪk'skriːtərɪ/ ADJ *(Physiol)* excréteur (-trice *f*), excrétoire

**excruciating** /ɪks'kruːʃɪeɪtɪŋ/ ADJ *[pain, suffering, sight, sound, boredom]* insoutenable ; *[death]* atroce ; *[joke]* lamentable ◆ **I was in ~ pain** je souffrais comme un damné ◆ **in ~ detail** dans les moindres détails

**excruciatingly** /ɪks'kruːʃɪeɪtɪŋlɪ/ ADV *[painful]* atrocement ; *[difficult, humiliating]* affreusement ◆ **~ funny** désopilant

**exculpate** /'ekskʌlpeɪt/ VT *[+ person]* disculper, innocenter (*from* de) ◆ **to ~ sb of** *or* **from responsibility** juger qn non responsable

**excursion** /ɪks'kɜːʃən/ N excursion *f*, balade* *f* ; *(on foot, cycle)* randonnée *f* ; *(fig = digression)* digression *f* COMP ▷ **excursion ticket** N billet *m* excursion ▷ **excursion train** N train *m* spécial *(pour excursions)*

**excusable** /ɪks'kjuːzəbl/ ADJ excusable, pardonnable

**excuse** /ɪks'kjuːz/ LANGUAGE IN USE 18.1

VT a *(= justify) [+ action, person]* excuser ◆ **such rudeness cannot be ~d** une telle impolitesse est inexcusable ◆ **to ~ o.s.** s'excuser (*for* de) présenter ses excuses

b *(= pardon)* excuser (*sb for having done* qn d'avoir fait) ◆ **to ~ sb's insolence** excuser l'insolence de qn, pardonner à qn son insolence ◆ **one can be ~d for not understanding what she says** il est excusable de ne pas comprendre ce qu'elle dit ◆ **if you will ~ the expression, ~ my French** *(hum)* passez-moi l'expression ◆ **and now if you will ~ me, I have work to do** et maintenant, si vous voulez bien m'excuser, j'ai du travail à faire ◆ **~ me for wondering if ...** permettez-moi de me demander si ... ◆ **~ me!** excusez-moi !, (je vous demande) pardon ! ◆ **~ me, but I don't think this is true** excusez-moi, mais je ne crois pas que ce soit vrai ◆ **~ me for not seeing you out** excusez-moi si je ne vous raccompagne pas *or* de ne pas vous raccompagner

c *(= exempt)* exempter (*sb from sth* qn de qch) dispenser (*sb from sth* qn de qch ; *sb from doing sth* qn de faire qch) excuser ◆ **you are ~d** *(to children)* vous pouvez vous en aller ◆ **he ~d himself after ten minutes** au bout de dix minutes, il s'est excusé et est parti ◆ **to ask to be ~d** demander à être excusé ◆ **he was ~d from the afternoon session** on l'a dispensé d'assister à la séance de l'après-midi ◆ **to ~ sb from an obligation** dispenser qn d'une obligation

N /ɪks'kjuːs/ a *(= reason, justification)* excuse *f* ◆ **there is no ~ for it, it admits of no ~** *(frm)* c'est inexcusable ◆ **his only ~ was that ...** sa seule excuse était que ... ◆ **that is no ~ for his leaving so abruptly** cela ne l'excuse pas d'être parti si brusquement ◆ **in ~ for** pour s'excuser de ◆ **without ~** sans excuse ; → **ignorance**

b *(= pretext)* excuse *f*, prétexte *m* ◆ **a lame ~** une piètre excuse, une excuse boiteuse ◆ **to find an ~ for sth** trouver une excuse à qch ◆ **I have a good ~ for not going** j'ai une bonne excuse pour ne pas y aller ◆ **to make an ~ for sth/for doing** *(gen)* trouver une *or* des excuse(s) à qch/pour faire ◆ **he's just making ~s** il se cherche des excuses ◆ **he is always making ~s to get away** il trouve *or* invente toujours des excuses pour s'absenter ◆ **what's your ~ this time?** qu'avez-vous comme excuse cette fois-ci ? ◆ **he gave the bad weather as his ~ for not coming** il a prétexté *or* allégué le mauvais temps pour ne pas venir ◆ **it's only an ~** ce n'est qu'un prétexte ◆ **his success was a**

**good ~ for a family party** ce succès a fourni le prétexte à une fête de famille

COMP ▷ **excuse-me (dance)** N *(Brit) danse où l'on change de partenaire,* ≃ danse *f* du balai

**ex-directory** /ˌeksdɪˈrektərɪ/ LANGUAGE IN USE 27.5 ADJ *(Brit Telec)* qui ne figure pas dans l'annuaire ≃ qui est sur la liste rouge ADV ◆ **he's gone ~** il s'est fait mettre sur la liste rouge

**ex dividend** /ˈeksˈdɪvɪˌdend/ ADJ *(St Ex)* ex-dividende

**exec** * /ɪgˈzek/ N (abbrev of **executive**) cadre *m*

**execrable** /ˈeksɪkrəbl/ ADJ exécrable

**execrably** /ˈeksɪkrəblɪ/ ADV exécrablement

**execrate** /ˈeksɪkreɪt/ VT *(liter)* a *(= hate)* exécrer b *(= curse)* maudire

**execration** /ˌeksɪˈkreɪʃən/ N *(liter)* a *(NonC)* exécration *f (liter)*, horreur *f* ◆ **to hold in ~** exécrer *(liter)* b *(= curse)* malédiction *f*, imprécation *f*

**executable** /ˈeksɪkjuːtəbl/ ADJ exécutable ◆ **~ program** *(Comput)* application *f*

**executant** /ɪgˈzekjʊtənt/ N *(Mus)* interprète *mf*, exécutant(e) *m(f)*

**execute** /ˈeksɪkjuːt/ VT a *(= carry out) [+ order, piece of work, dance, movement]* exécuter ; *[+ work of art]* réaliser ; *[+ project, plan]* exécuter, mettre à exécution ; *[+ purpose, sb's wishes]* accomplir ; *[+ duties]* exercer, remplir ; *[+ task]* accomplir, s'acquitter de ; *(Comput) [+ command, program]* exécuter ; *(Mus)* exécuter, interpréter ; *(Jur) [+ will]* exécuter ; *[+ document]* valider ; *[+ deed]* signer ; *[+ contract]* valider b *(= put to death)* exécuter

**execution** /ˌeksɪˈkjuːʃən/ N a *(= carrying out) [of task, order, will, warrant, dance, sculpture]* exécution *f* ; *[of plan]* exécution *f*, réalisation *f* ; *[of wishes]* accomplissement *m* ; *[of song]* interprétation *f* ; *[of treaty]* application *f* ◆ **in the ~ of his duties** dans l'exercice *m* de ses fonctions ◆ **to carry** *or* **put sth into ~** mettre qch à exécution b *(= killing)* exécution *f*

**executioner** /ˌeksɪˈkjuːʃnəʳ/ N (also **public executioner**) bourreau *m*, exécuteur *m* des hautes œuvres

**executive** /ɪgˈzekjʊtɪv/ ADJ a *(Govt, Ind, Comm) [power, decision, function, role]* directorial ; *[position, pay]* de cadre ; *[car]* de fonction ◆ **the ~ arm of the organization** l'organe exécutif de l'organisation ◆ **~ capability** capacité *f* d'exécution

b *(esp Brit * = up-market) [briefcase, chair]* de luxe ◆ **~ class** classe *f* affaires

N a *(Admin, Ind etc = person)* cadre *m* ◆ **senior/junior ~** cadre *m* supérieur/moyen ◆ **a Shell/IBM ~** un cadre (de chez) Shell/IBM ◆ **a sales/production ~** un cadre du service des ventes/du service production ◆ **a woman** *or* **female ~** une femme cadre ; → **chief**

b *(= managing group: of organization)* bureau *m* ◆ **to be on the ~** faire partie du bureau ◆ **the trade union/party ~** le bureau du syndicat/du parti

c *(= part of government)* (pouvoir *m*) exécutif *m*

COMP ▷ **executive agreement** N *(US Pol) accord conclu entre chefs d'État* ▷ **executive board** N *(Admin, Ind)* conseil *m* de direction ▷ **executive branch** N *(Admin, Ind, Govt)* organe *m* exécutif ▷ **executive burnout** N épuisement *m* du cadre ▷ **executive chairman** N (pl **executive chairmen**) directeur *m* exécutif ▷ **executive committee** N *(Admin, Ind)* comité *m* exécutif ▷ **executive council** N *(Admin, Ind)* conseil *m* exécutif *or* de direction ; *(US Pol)* conseil *m* exécutif ▷ **executive director** N directeur *m* exécutif ▷ **executive lounge** N salon *m* classe affaires ▷ **the Executive Mansion** N *(US) (= White House)* la Maison-Blanche ; *(= Governor's house)* la résidence officielle du gouverneur *(d'un État américain)* ▷ **executive member** N membre *m* du bureau exécutif ▷ **the Executive Office of the President** N *(US)* le cabinet du président *(des États-Unis)*, la Présidence *(des États-Unis)* ▷ **executive officer** N *[of organization]* cadre *m* administratif ; *(US Mil, Naut)* commandant *m* en second ▷ **executive order** N *(US)* décret-loi *m* ▷ **executive president** N président *m* exécutif ▷ **executive privilege** N *(US Pol) privilège du président de ne pas communiquer certaines informations* ▷ **executive producer** N *(Cine, Theat, TV)* producteur *m* exécutif ▷ **executive relief** N *(NonC: euph)* ≃ le cinq à sept du cadre ▷ **executive secretary** N secrétaire *mf* de direction ▷ **executive session** N *(US Govt)* séance *f* à huis clos ▷ **the executive suite (of offices)** N les bureaux *mpl* de la direction ▷ **executive toy** N *(for play)* gadget *m* de bureau ; *(as status symbol)* gadget *m* de luxe

> **Executive Privilege**
>
> Le « privilège de l'exécutif » est le droit dont bénéficie le président des États-Unis de ne pas divulguer au Congrès ou au pouvoir judiciaire certaines informations jugées confidentielles ou devant rester secrètes pour des raisons de sécurité nationale. Plusieurs présidents ont tenté d'obtenir un droit au secret total, y compris pour des motifs personnels, mais la Cour suprême s'y est opposée. Ainsi, pendant l'affaire du Watergate, elle a rejeté la requête du président Nixon, qui invoquait ce privilège pour refuser de livrer des enregistrements à la commission d'enquête du Sénat.

**executor** /ɪgˈzekjʊtəʳ/ N *(Jur)* exécuteur *m* testamentaire

**executrix** /ɪgˈzekjʊtrɪks/ N (pl **executrixes** *or* **executrices** /ɪgˌzekjʊˈtraɪsiːz/) *(Jur)* exécutrice *f* testamentaire

**exegesis** /ˌeksɪˈdʒiːsɪs/ N (pl **exegeses** /ˌ"eksɪˈdʒiːsiːz/) exégèse *f*

**exemplar** /ɪgˈzemplɑː/ N *(= model)* exemple *m*, modèle *m*

**exemplary** /ɪgˈzemplərɪ/ ADJ exemplaire ◆ **~ in one's conduct** d'une conduite exemplaire COMP ▷ **exemplary damages** NPL *(Jur)* dommages-intérêts *mpl* pour préjudice moral

**exemplification** /ɪgˌzemplɪfɪˈkeɪʃən/ N exemplification *f*

**exemplify** /ɪgˈzemplɪfaɪ/ VT *(= be example of)* être un exemple de ; *(= illustrate)* illustrer ◆ **exemplified copy** *(Jur)* expédition *f*, copie *f* certifiée

**exempt** /ɪgˈzempt/ ADJ exempt *(from* de*)* VT exempter *(from sth* de qch*)* dispenser *(from doing sth* de faire qch*)*

**exemption** /ɪgˈzempʃən/ N exonération *f (from* de*)* ; *(Educ)* dispense *f (from* de*)* ; *(Jur)* dérogation *f* ◆ **tax ~** exonération *f* fiscale

**exercise** /ˈeksəsaɪz/ N a *(NonC = putting into practice) [of right, caution, power]* exercice *m* ; *[of religion]* pratique *f*, exercice *m* ◆ **in the ~ of his duties** dans l'exercice de ses fonctions

b *(= physical exertion)* exercice *m* ◆ **to take ~** faire de l'exercice ◆ **to do (physical) ~s every morning** faire de la gymnastique tous les matins

c *(= task)* exercice *m* ◆ **a grammar ~** un exercice de grammaire

d *(Mil etc: gen pl)* exercice *m*, manœuvre *f* ◆ **to go on (an) ~** *(Mil)* aller à l'exercice ; *(Naut)* partir en manœuvre ◆ **NATO ~s** manœuvres *fpl* de l'OTAN

e *(= sth carried out)* opération *f* ◆ **an ~ in public relations/in management** *etc* une opération de relations publiques/de gestion des affaires *etc* ◆ **a cost-cutting ~** une opération de réduction des coûts ◆ **an ~ in futility** le type même de l'entreprise inutile

NPL **exercises** *(US = ceremony)* cérémonies *fpl*

VT a *(= exert) [+ body, mind]* exercer ; *[+ troops]* faire faire l'exercice à ; *[+ horse]* exercer ◆ **to ~ one's dog** faire courir son chien

b *(= use, put into practice) [+ one's authority, control, power]* exercer ; *[+ a right]* exercer, user de ; *[+ one's talents]* employer, exercer ; *[+ patience, tact, restraint]* faire preuve de ◆ **to ~ care in doing sth** apporter du soin à faire qch, s'appliquer à bien faire qch

c *(frm = preoccupy)* préoccuper ◆ **the problem which is exercising my mind** le problème qui me préoccupe

VI faire de l'exercice

COMP ▷ **exercise bike** N vélo *m* d'appartement ▷ **exercise book** N *(for writing in)* cahier *m* (d'exercices *or* de devoirs) ; *(= book of exercises)* livre *m* d'exercices ▷ **exercise yard** N *[of prison]* cour *f* (de prison)

**exerciser** /ˈeksəsaɪzəʳ/ N *(= person)* personne *f* qui fait de l'exercice ; *(= machine)* exerciseur *m*

**exercycle** /ˈeksəsaɪkl/ N vélo *m* d'appartement

**exert** /ɪgˈzɜːt/ VT a *[+ pressure, control, influence, authority]* exercer ; *[+ force]* employer ◆ **there's no doubting the power that ancient sites ~ over a large portion of the population** les sites antiques ont un pouvoir indéniable *or* exercent un attrait indéniable sur une grande partie de la population b ◆ **to ~ o.s.** *(physically)* se dépenser ; *(= take trouble)* se donner du mal, s'appliquer ◆ **to ~ o.s. to do sth** s'efforcer de faire qch ◆ **he didn't ~ himself unduly** il ne s'est pas donné trop de mal, il ne s'est pas trop fatigué ◆ **don't ~ yourself!** *(iro)* ne vous fatiguez pas !

**exertion** /ɪgˈzɜːʃən/ N a effort *m* ◆ **by his own ~s** par ses propres moyens ◆ **after the day's ~s** après les fatigues *fpl* de la journée ◆ **it doesn't require much ~** cela n'exige pas un grand effort b *(NonC) [of force, strength]* emploi *m* ; *[of authority, influence]* exercice *m* ◆ **by the ~ of a little pressure** *(lit)* en exerçant une légère pression ; *(fig)* en utilisant la manière douce

**exeunt** /ˈeksɪʌnt/ VI *(Theat)* ils sortent ◆ **~ Macbeth and Lady Macbeth** Macbeth et Lady Macbeth sortent

**exfoliate** /eksˈfəʊlɪeɪt/ VT *(Bio, Geol)* exfolier ; *(Cosmetics)* gommer VI *(Bio, Geol)* s'exfolier ; *(Cosmetics)* se faire un gommage (de la peau) COMP ▷ **exfoliating cream** N crème *f* exfoliante

**exfoliation** /eksˌfəʊlɪˈeɪʃən/ N *(Bio, Geol)* exfoliation *f* ; *(Cosmetics)* gommage *m* ◆ **frequent ~ is good for the skin** un gommage fréquent est bon pour la peau

**ex gratia** /ˌeksˈgreɪʃə/ ADJ *[payment]* à titre gracieux

**exhalation** /ˌeksh*ə*ˈleɪʃən/ N a *(= act)* exhalation *f* b *(= odour, fumes etc)* exhalaison *f*

**exhale** /eks'heɪl/ **VT** **a** *(= breathe out)* expirer *(Physiol)* **b** *(= give off) [+ smoke, gas, perfume]* exhaler **VI** expirer ◆ **~ please** expirez s'il vous plaît ◆ **he ~d slowly in relief** il a laissé échapper un long soupir de soulagement

**exhaust** /ɪg'zɔːst/ **VT** **a** *(= use up) [+ supplies, energy, mine, subject]* épuiser ◆ **to ~ sb's patience** pousser qn à bout **b** *(= tire)* épuiser, exténuer ◆ **to ~ o.s. (doing sth)** s'épuiser (à faire qch) **N** *(Aut) (= system)* échappement *m*; *(= pipe)* tuyau *m or* pot *m* d'échappement; *(= fumes)* gaz *m* d'échappement

**exhausted** /ɪg'zɔːstɪd/ **ADJ** **a** *(= tired out) [person]* épuisé *(from doing sth* d'avoir fait qch) ◆ **their horses were ~ from** *or* **with the chase** la poursuite avait épuisé leurs chevaux ◆ **I'm ~** je suis épuisé, je n'en peux plus **b** *(= used up) [supplies, savings, mine]* épuisé ◆ **my patience is ~** ma patience est à bout ◆ **until funds are ~** jusqu'à épuisement des fonds

**exhaustible** /ɪg'zɔːstɪbl/ **ADJ** *[resources]* non renouvelable; *[patience]* limité, qui a des limites

**exhausting** /ɪg'zɔːstɪŋ/ **ADJ** épuisant

**exhaustion** /ɪg'zɔːstʃən/ **N** épuisement *m*

**exhaustive** /ɪg'zɔːstɪv/ **ADJ** *[list, study, report, analysis, research, investigation]* exhaustif; *[coverage]* exhaustif, complet (-ète *f*); *[search]* minutieux; *[tests]* approfondi, poussé ◆ **to make an ~ study of sth** étudier qch à fond *or* de manière exhaustive

**exhaustively** /ɪg'zɔːstɪvlɪ/ **ADV** *[research, cover, list, describe]* de manière exhaustive; *[study]* à fond, de manière exhaustive ◆ **they searched the area ~** ils ont minutieusement fouillé la région

**exhaustiveness** /ɪg'zɔːstɪvnɪs/ **N** exhaustivité *f*

**exhibit** /ɪg'zɪbɪt/ **VT** **a** *(= put on display) [+ painting, handicrafts]* exposer; *[+ merchandise]* exposer, étaler; *[+ animal]* montrer
**b** *[+ courage, skill, ingenuity]* faire preuve de, déployer; *[+ tendencies]* montrer, afficher; *[+ behaviour]* afficher; *[+ symptoms]* présenter ◆ **some people may ~ allergic reactions to this substance** certaines personnes développent *or* présentent des réactions allergiques à cette substance
**VI** *[artist, sculptor]* exposer ◆ **dog breeders who ~ all over the country** des éleveurs de chiens qui participent à des concours dans tout le pays
**N** **a** *(= object on display: in exhibition)* pièce *f* exposée *(dans un musée etc)*
**b** *(Jur)* pièce *f* à conviction ◆ **~ A** première pièce *f* à conviction
**c** *(US = exhibition)* exposition *f* ◆ **a photography ~** une exposition de photographies

**exhibition** /ˌeksɪ'bɪʃən/ **N** **a** *(= show) [of paintings, furniture etc]* exposition *f*; *[of articles for sale]* étalage *m* ◆ **the Van Gogh ~** l'exposition *f* Van Gogh ◆ **to make an ~ of o.s.** se donner en spectacle **b** *(= act of exhibiting) [of technique etc]* démonstration *f*; *[of film]* présentation *f* ◆ **what an ~ of bad manners!** quel étalage de mauvaises manières! **c** *(Brit Univ)* bourse *f* (d'études) **COMP** ▷ **exhibition centre** **N** centre *m* d'expositions ▷ **exhibition match** **N** *(Sport)* match-exhibition *m*

**exhibitioner** /ˌeksɪ'bɪʃənəʳ/ **N** *(Brit Univ)* boursier *m*, -ière *f*

**exhibitionism** /ˌeksɪ'bɪʃənɪzəm/ **N** exhibitionnisme *m*

**exhibitionist** /ˌeksɪ'bɪʃənɪst/ **ADJ, N** exhibitionniste *mf*

**exhibitor** /ɪg'zɪbɪtəʳ/ **N** exposant(e) *m(f) (dans une exposition)*

**exhilarate** /ɪg'zɪləreɪt/ **VT** *[sea air etc]* vivifier; *[music, wine, good company]* rendre euphorique ◆ **to be** *or* **feel ~d** être en pleine euphorie

**exhilarating** /ɪg'zɪləreɪtɪŋ/ **ADJ** *[experience, time, feeling, ride]* grisant; *[air, breeze]* vivifiant; *[activity]* exaltant ◆ **it is ~ to do that** c'est grisant de faire cela

**exhilaration** /ɪgˌzɪlə'reɪʃən/ **N** ivresse *f*, euphorie *f*

**exhort** /ɪg'zɔːt/ **VT** exhorter (*sb to sth* qn à qch; *sb to do sth* qn à faire qch)

**exhortation** /ˌegzɔː'teɪʃən/ **N** exhortation *f* (*to sth* à qch; *to do sth* à faire qch) ◆ **despite ~s to investors to buy** bien que l'on ait exhorté les investisseurs à acheter

**exhumation** /ˌekshjuː'meɪʃən/ **N** exhumation *f* **COMP** ▷ **exhumation order** **N** *(Jur)* autorisation *f* d'exhumer

**exhume** /eks'hjuːm/ **VT** exhumer

**ex-husband** /ˌeks'hʌzbənd/ **N** ex-mari *m*

**exigence** /'eksɪdʒəns/, **exigency** /'eksɪdʒənsɪ/ **N** *(frm) (= urgency)* urgence *f*; *(= emergency)* circonstance *f or* situation *f* critique; *(gen pl = demand)* exigence *f* ◆ **according to the exigencies of the situation** selon les exigences de la situation

**exigent** /'eksɪdʒənt/ **ADJ** *(frm) (= urgent)* urgent, pressant; *(= exacting)* exigeant

**exiguity** /ˌegzɪ'gjuːɪtɪ/ **N** *(frm)* exiguïté *f*

**exiguous** /ɪg'zɪgjʊəs/ **ADJ** *(frm) [space]* exigu (-güe *f*); *[savings, income, revenue]* maigre

**exile** /'eksaɪl/ **N** **a** *(= person)* exilé(e) *m(f)* **b** *(NonC = condition: lit, fig)* exil *m* ◆ **in ~** en exil ◆ **to send into ~** envoyer en exil, exiler ◆ **to go into ~** s'exiler **VT** exiler, bannir (*from* de)

**exiled** /'eksaɪld/ **ADJ** exilé, en exil

**exist** /ɪg'zɪst/ **VI** **a** *(= be in existence: gen, Philos)* exister ◆ **everything that ~s** tout ce qui existe ◆ **does God ~?** est-ce que Dieu existe? ◆ **might life ~ on Mars?** est-ce qu'il peut y avoir de la vie sur Mars? ◆ **it only ~s in her imagination** cela n'existe que dans son imagination ◆ **the understanding which ~s between the two countries** l'entente qui règne *or* existe entre les deux pays ◆ **the ceasefire now ~s in name only** à présent, le cessez-le-feu n'existe plus que sur le papier ◆ **to continue to ~** *[situation, conditions, doubt]* subsister; *[institution]* rester en place; *[person] (after death)* continuer à exister ◆ **to cease to ~** cesser d'exister, disparaître ◆ **there ~s a large number of people who …** il existe un grand nombre de gens qui … ◆ **there ~s a possibility** *or* **the possibility ~s that she is still alive** il se peut qu'elle soit toujours vivante
**b** *(= live)* vivre, subsister ◆ **we cannot ~ without water** nous ne pouvons pas vivre *or* subsister sans eau ◆ **we ~ on an income of just £90 per week** nous vivons *or* subsistons avec seulement 90 livres par semaine ◆ **she ~s on junk food** elle se nourrit de cochonneries

**existence** /ɪg'zɪstəns/ **N** **a** *(NonC) [of God, person, object, institution]* existence *f* ◆ **to be in ~** exister ◆ **to come into ~** voir le jour ◆ **to call into ~** faire naître, créer ◆ **it passed** *or* **went out of ~ ten years ago** cela n'existe plus depuis dix ans ◆ **the only one in ~** le seul *or* la seule qui existe *subj or* qui soit **b** *(= life)* existence *f*, vie *f*

**existent** /ɪg'zɪstənt/ **ADJ** *(frm)* existant

**existential** /ˌegzɪ'stenʃəl/ **ADJ** existentiel

**existentialism** /ˌegzɪ'stenʃəlɪzəm/ **N** existentialisme *m*

**existentialist** /ˌegzɪ'stenʃəlɪst/ **ADJ, N** existentialiste *mf*

**existing** /ɪg'zɪstɪŋ/ **ADJ** *[system, arrangements, customers, facilities, product, border]* actuel; *[law, order]* existant ◆ **under ~ circumstances** dans les circonstances actuelles

**exit** /'eksɪt/ **N** **a** *(from stage, competition, motorway)* sortie *f* ◆ **to make one's ~** *(Theat)* quitter la scène, faire sa sortie; *(gen)* sortir, quitter les lieux **b** *(= way out, door)* sortie *f*; → **emergency** **c** *(voluntary euthanasia society)* **Exit** ≃ Mourir dans la Dignité **VI** **a** *(Theat)* **~ the King** le roi sort **b** *(= leave)* sortir, faire sa sortie **c** *(Comput)* sortir **VT** *(Comput) [+ file, program, application]* sortir de, quitter **COMP** ▷ **exit permit** **N** permis *m* de sortie ▷ **exit poll** **N** *(at election)* sondage *m* effectué à la sortie des bureaux de vote ▷ **exit ramp** **N** *(US Aut)* bretelle *f* d'accès ▷ **exit strategy** **N** stratégie *f* de repli ▷ **exit visa** **N** visa *m* de sortie

**ex nihilo** /ˌeks'nɪhɪləʊ/ **ADV** ex nihilo

**exocrine** /'eksəʊˌkraɪn/ **ADJ** exocrine

**exodus** /'eksədəs/ **N** exode *m* ◆ **there was a general ~** il y a eu un exode massif ◆ **Exodus** *(Bible)* l'Exode *m*

**ex officio** /ˌeksə'fɪʃɪəʊ/ *(frm)* **ADV** *[act]* ès qualités **ADJ** *[member]* de droit

**exonerate** /ɪg'zɒnəreɪt/ **VT** *(= prove innocent)* disculper (*from* de) innocenter; *(= release from obligation)* dispenser (*from* de)

**exoneration** /ɪgˌzɒnə'reɪʃən/ **N** disculpation *f* (*from sth* de qch)

**exorbitance** /ɪg'zɔːbɪtəns/ **N** *[of demands]* outrance *f*; *[of price]* énormité *f*

**exorbitant** /ɪg'zɔːbɪtənt/ **ADJ** *[price, cost, charge, demands]* exorbitant; *[profit]* faramineux

**exorbitantly** /ɪg'zɔːbɪtəntlɪ/ **ADV** *[expensive]* démesurément ◆ **an ~ high salary** un salaire exorbitant ◆ **~ priced** d'un prix exorbitant ◆ **to pay sb/charge sb ~** payer qn/faire payer à qn des sommes exorbitantes

**exorcise** /'eksɔːsaɪz/ **VT** exorciser (*of* de)

**exorcism** /'eksɔːsɪzəm/ **N** exorcisme *m*

**exorcist** /'eksɔːsɪst/ **N** exorciste *mf*

**exoskeleton** /ˌeksəʊ'skelɪtən/ **N** exosquelette *m*

**exosphere** /'eksəʊˌsfɪəʳ/ **N** exosphère *f*

**exoteric** /ˌeksəʊ'terɪk/ **ADJ** *[doctrine]* exotérique; *[opinions]* populaire

**exothermic** /ˌeksəʊ'θɜːmɪk/ **ADJ** exothermique

**exotic** /ɪg'zɒtɪk/ **ADJ** exotique ◆ **an ~-sounding name** un nom aux consonances exotiques **N** *(Bot)* plante *f* exotique

**exotica** /ɪg'zɒtɪkə/ **NPL** objets *mpl* exotiques

**exotically** /ɪg'zɒtɪklɪ/ **ADV** *[dressed]* d'une manière exotique ◆ **~ named** au nom exotique

**exoticism** /ɪg'zɒtɪsɪzəm/ **N** exotisme *m*

**expand** /ɪk'spænd/ **VT** *[+ gas, liquid, metal]* dilater; *[+ one's business, trade, ideas]* développer; *[+ production]* accroître, augmenter; *[+ number]* augmenter; *[+ study]* élargir; *[+ influence, empire]* étendre; *[+ range]* élargir, étendre; *(Math) [+ formula]* développer ◆ **to ~ one's knowledge** élargir ses connaissances ◆ **to ~ one's experience** élargir son expérience ◆ **exercises to ~ one's chest** exercices *mpl* physiques pour développer le torse ◆ **she ~ed the story into a novel** elle a développé l'histoire pour en faire un roman ◆ **they have ~ed their workforce to 300** ils ont porté le nombre de leurs employés à 300 ◆ **this ~ed board membership to 21** cela a porté à 21 le nombre des membres du conseil d'administration
**VI** **a** *[gas, liquid, metal]* se dilater; *[business, trade, ideas]* se développer; *[production]* s'accroître, augmenter; *[study]* s'élargir; *[influence, empire]* s'étendre; *[knowledge]* s'élargir ◆ **the market is ~ing** le marché est en

expansion ◆ **the market is ~ing rapidly** le marché connaît une rapide expansion ◆ **the economy ~ed by 3.9% in 1996** l'économie a connu une croissance de 3,9% en 1996 ◆ **they've ~ed into the European market** ils ont étendu leur activités au marché européen ◆ **they've ~ed into new products** ils ont diversifié leurs produits ◆ **a former radio presenter who has ~ed into television** un ancien présentateur de radio qui s'est reconverti dans la télévision ; see also **expanding**

**b** ◆ **to ~ (up)on** développer

**expanded** /ɪk'spændɪd/ ADJ *(Metal, Tech)* expansé ◆ **~ polystyrene** polystyrène *m* expansé

**expander** /ɪk'spændəʳ/ N → **chest²**

**expanding** /ɪk'spændɪŋ/ ADJ *[metal etc]* qui se dilate ; *[bracelet]* extensible ; *[market, industry, profession]* en expansion ◆ **the ~ universe** l'univers *m* en expansion ◆ **the ~ universe theory** la théorie de l'expansion de l'univers ◆ **~ file** classeur *m* extensible ◆ **a job with ~ opportunities** un emploi qui offre un nombre croissant de débouchés ◆ **a rapidly ~ industry** une industrie en pleine expansion

**expanse** /ɪk'spæns/ N étendue *f*

**expansion** /ɪk'spænʃən/ N *[of gas]* expansion *f*, dilatation *f* ; *[of business]* expansion *f*, agrandissement *m* ; *[of trade]* développement *m*, expansion *f* ; *[of production]* accroissement *m*, augmentation *f* ; *(territorial, economic, colonial)* expansion *f* ; *[of subject, idea]* développement *m* ; *(Math)* développement *m* ; *(Gram)* expansion *f* COMP ▷ **expansion bottle** N *(Aut)* vase *m* d'expansion ▷ **expansion card** N *(Comput)* carte *f* d'extension ▷ **expansion slot** N *(Comput)* emplacement *m or* logement *m* pour carte supplémentaire ▷ **expansion tank** N ⇒ **expansion bottle**

**expansionary** /ɪk'spænʃənərɪ/ ADJ expansionniste

**expansionism** /ɪk'spænʃənɪzəm/ N expansionnisme *m*

**expansionist** /ɪk'spænʃənɪst/ ADJ, N expansionniste *mf*

**expansive** /ɪk'spænsɪv/ ADJ **a** *(= affable) [person, mood, gesture]* expansif ; *[smile]* chaleureux **b** *(frm = grand) [area, lawn]* étendu ; *[room]* spacieux ; *[view]* étendu, bien dégagé **c** *(= expanding) [economy, business]* en expansion ; *[phase]* d'expansion ◆ **to have ~ ambitions** avoir des ambitions conquérantes **d** *(Phys) (= causing expansion)* expansif ; *(= capable of expanding)* expansible, dilatable

**expansively** /ɪk'spænsɪvlɪ/ ADV **a** *(= affably) [say, smile]* chaleureusement, avec chaleur ◆ **to gesture ~** faire de grands gestes **b** *(= in detail)* ◆ **he wrote ~ to his son** il a écrit de longues lettres à son fils ◆ **he talked ~ of his travels** il a longuement raconté ses voyages

**expansiveness** /ɪk'spænsɪvnɪs/ N *[of person]* expansivité *f* ; *[of welcome, smile]* chaleur *f*

**expat** * /eks'pæt/ N (abbrev of **expatriate**) expatrié(e) *m(f)* ◆ **the ~ community** la communauté des expatriés

**expatiate** /ɪk'speɪʃɪeɪt/ VI discourir, disserter *(upon* sur)

**expatriate** /eks'pætrɪət/ N expatrié(e) *m(f)* ◆ **British ~s** ressortissants *mpl* britanniques établis à l'étranger ADJ *[person]* expatrié ; *[family, community]* d'expatriés VT /eks'pætrɪeɪt/ expatrier

**expect** /ɪk'spekt/ VT → **expected** **a** *(= anticipate)* s'attendre à ; *(= predict)* prévoir ; *(with confidence)* escompter ; *(= count on)* compter sur ; *(= hope for)* espérer ◆ **I ~ed that, I ~ed as much** je m'y attendais ◆ **he failed, as we had ~ed** il a échoué, comme nous l'avions prévu ◆ **this suitcase is not as heavy as I ~ed** cette valise n'est pas aussi lourde que je le croyais, je m'attendais à ce que cette valise soit plus lourde ◆ **I did not ~ that from him** je ne m'attendais pas à cela de lui ◆ **we were ~ing rain** nous nous attendions à de la pluie ◆ **he did not have the success he ~ed** il n'a pas eu le succès qu'il escomptait ◆ **to ~ that ...** s'attendre à ce que ... *+ subj* ◆ **I ~ that he'll come** je pense qu'il viendra ◆ **to ~ to do sth** penser *or* compter faire qch ◆ **I ~ him to come** je m'attends à ce qu'il vienne ◆ **we were ~ing war** on attendait la guerre ◆ **I know what to ~** je sais à quoi m'attendre *or* m'en tenir ◆ **well what do** *or* **did you ~?** il fallait t'y attendre !, ce n'est pas surprenant ! ◆ **to ~ the worst** s'attendre au pire ◆ **as ~ed** comme on s'y attendait, comme prévu ◆ **as might have been ~ed, as was to be ~ed** comme on pouvait *or* comme il fallait s'y attendre ◆ **that was to be ~ed** c'était à prévoir, il fallait s'y attendre ◆ **it is ~ed that ...** on s'attend à ce que ... *+ subj* ◆ **it is hardly to be ~ed that ...** il ne faut pas *or* guère s'attendre à ce que ... *+ subj*

◆ **to be expected to do sth** ◆ **she is ~ed to make an announcement this afternoon** elle doit faire une déclaration cet après-midi ◆ **inflation is ~ed to rise this year** on s'attend à ce que l'inflation augmente *subj* cette année ◆ **what am I ~ed to do about it?** qu'est-ce que je suis censé faire ? ◆ **the talks are ~ed to last two or three days** les négociations devraient durer *or* on s'attend à ce que les négociations durent *subj* deux ou trois jours

**b** *(= suppose)* ◆ **I ~ so** je crois que oui, je crois * ◆ **we're not going to win – I ~ not** nous n'allons pas gagner — je crois bien que non ◆ **this work is very tiring – yes, I ~ it is** ce travail est très fatigant — oui, je m'en doute *or* je veux bien le croire ◆ **I ~ he'll soon have finished** je pense *or* suppose qu'il aura bientôt fini ◆ **I ~ you're tired** vous devez être fatigué, je suppose que vous êtes fatigué

**c** *(= demand)* attendre *(sth from sb* qch de qn) demander *(sth from sb* qch à qn) ; *(stronger)* exiger *(sth from sb* qch de qn) ◆ **you can't ~ too much from him** il ne faut pas trop lui en demander ◆ **the company ~s employees to be punctual** l'entreprise attend de ses employés qu'ils soient ponctuels ◆ **what do you ~ of me?** qu'attendez-vous *or* qu'exigez-vous de moi ? ◆ **to ~ sb to do sth** vouloir que qn fasse qch ; *(stronger)* exiger *or* demander que qn fasse qch ◆ **I ~ you to tidy your own room** tu devras ranger ta chambre toi-même ◆ **what do you ~ me to do about it?** que voulez-vous que j'y fasse ? ◆ **you can't ~ them to take it/him seriously** comment voulez-vous qu'ils prennent cela/qu'ils le prennent au sérieux ? ◆ **are we ~ed to leave now?** est-ce que nous sommes censés *or* est-ce qu'on doit partir tout de suite ?

**d** *(= await) [+ person, thing, action, letter, phone call]* attendre ◆ **I am ~ing her tomorrow/this evening/at 7pm** elle doit venir demain/ce soir/à 19 heures ◆ **we are ~ing it this week** *(Comm etc)* nous devons le recevoir cette semaine ◆ **I am ~ing them for dinner** ils doivent venir dîner ◆ **~ me when you see me!** * vous (me) verrez bien quand je serai là ! *, ne m'attendez pas ! ◆ **we'll ~ you when we see you** * on ne t'attend pas à une heure précise

**e** ◆ **to be ~ing a baby** attendre un enfant

VI ◆ **she is ~ing** * elle attend un enfant

**expectancy** /ɪk'spektənsɪ/ N attente *f* ; *(= hopefulness)* espoir *m* ◆ **an air of ~** une atmosphère d'impatience contenue ◆ **a look of ~** un regard plein d'espoir ◆ **awaited with eager ~** attendu avec une vive impatience ; → **life**

**expectant** /ɪks'pektənt/ ADJ **a** *(= future) [mother, father]* futur *before n* **b** *(= excited) [person, crowd]* impatient ; *[silence, hush, face, eyes, smile]* plein d'attente ◆ **with an ~ look on one's face** le visage plein d'attente ◆ **an ~ atmosphere** une atmosphère d'impatience contenue

**expectantly** /ɪk'spektəntlɪ/ ADV *[look at, smile]* avec l'air d'attendre quelque chose ◆ **to wait ~** attendre avec impatience

**expectation** /ˌekspek'teɪʃən/ N *(= sth expected)* attente *f*, espérance *f* ◆ **contrary to all ~(s)** contre toute attente ◆ **to come up to sb's ~s** répondre à l'attente *or* aux espérances de qn ◆ **beyond ~** au-delà de mes (*or* de nos *etc*) espérances ◆ **his (financial) ~s are good** ses perspectives financières sont bonnes ◆ **his promise has raised ~s that a settlement may be near** sa promesse a laissé espérer qu'une solution était proche ◆ **I shouldn't have raised my ~s so high** je n'aurais pas dû avoir de si grandes espérances ◆ **there is every ~ of/no ~ of a cold winter** il y a toutes les chances/peu de chances que l'hiver soit rude ◆ **there is little ~ that the negotiations will succeed** on ne s'attend guère à ce que les négociations aboutissent

◆ **in + expectation** ◆ **in ~ of ...** en prévision de ... ◆ **to live in ~** vivre dans l'expectative ◆ **I waited in the ~ that she would come** j'ai attendu dans l'espoir qu'elle viendrait ◆ **happiness in ~** du bonheur en perspective

**expected** /ɪk'spektɪd/ ADJ *[phone call, letter, news]* qu'on attendait ; *[change, growth]* attendu ; *[arrival]* prévu ; *[profit, loss]* escompté ◆ **the ~ letter never came** la lettre qu'on attendait n'est jamais arrivée ◆ **their ~ time of arrival is 6 o'clock** on les attend à 6 heures, ils doivent arriver à 6 heures ◆ **what is their ~ time/date of arrival?** à quelle heure/quand doivent-ils arriver ? ◆ **six weeks was the ~ time it would take to resolve such an inquiry** six semaines était le temps qu'il fallait escompter pour répondre à une demande de ce genre ◆ **she had been born before the ~ time** elle était née avant terme ◆ **less than half the ~ number turned out to the demonstration** les manifestants étaient moitié moins nombreux que prévu ◆ **next year's ~ $1.8 billion deficit** le déficit escompté de 1,8 milliard de dollars pour l'année prochaine

**expectorant** /ɪk'spektərənt/ N, ADJ expectorant *m*

**expectorate** /ɪk'spektəreɪt/ VTI expectorer

**expedience** /ɪk'spiːdɪəns/, **expediency** /ɪk'spiːdɪənsɪ/ N *(= convenience)* opportunité *f* ; *(= self-interest)* opportunisme *m* ; *(= advisability) [of project, course of action]* opportunité *f*

**expedient** /ɪk'spiːdɪənt/ ADJ **a** *(= suitable, convenient)* indiqué, opportun **b** *(= politic)* politique, opportun ◆ **this solution is more ~ than just** cette solution est plus politique que juste ◆ **it would be ~ to change the rule** il serait opportun de changer le règlement N expédient *m*

**expedite** /'ekspɪdaɪt/ VT *[+ preparations, process]* accélérer ; *[+ work, operations, legal or official matters]* activer, hâter ; *[+ business, task]* expédier ; *[+ deal]* s'efforcer de conclure ; *(o.f or frm = dispatch)* expédier

**expedition** /ˌekspɪˈdɪʃən/ N a *(= journey)* expédition *f* ; *(= shorter trip)* tour *m* ; *(= group of people)* (membres *mpl* d'une) expédition *f* ◆ **a fishing ~** une partie de pêche b *(NonC: o.f or frm = speed)* promptitude *f*

**expeditionary** /ˌekspɪˈdɪʃənrɪ/ ADJ expéditionnaire ◆ **~ force** *(Mil)* corps *m* expéditionnaire

**expeditious** /ˌekspɪˈdɪʃəs/ ADJ *(frm)* expéditif

**expeditiously** /ˌekspɪˈdɪʃəslɪ/ ADV *(frm)* promptement *(liter)* ◆ **as ~ as possible** aussi rapidement que possible

**expel** /ɪkˈspel/ VT *(from country, meeting)* expulser ; *(from society, party)* exclure ; *(from school)* renvoyer ; *[+ the enemy]* chasser ; *[+ gas, liquid]* évacuer, expulser ; *(from the body)* évacuer ; *[+ foetus]* expulser

**expend** /ɪkˈspend/ VT a *(= spend) [+ time, energy]* consacrer (*on sth* à qch ; *on doing sth* à faire qch) ; *[+ money]* dépenser (*on sth* pour qch ; *on doing sth* pour faire qch) b *(= use up) [+ ammunition, resources]* épuiser

**expendability** /ɪkˌspendəˈbɪlɪtɪ/ N ◆ **its ~** le peu de valeur qu'on y attache

**expendable** /ɪkˈspendəbl/ ADJ *(= not indispensable) [person, luxury, troops, aircraft]* dont on peut se passer ; *(= disposable) [rocket, launcher]* non récupérable ◆ **~ stores** *(Mil)* matériel *m* de consommation N consommable *m*

**expenditure** /ɪkˈspendɪtʃəʳ/ N *(NonC)* a *(= money spent)* dépense(s) *f(pl)* ; *(Accounts = outgoings)* sortie *f* ◆ **public ~** dépenses *fpl* publiques ◆ **to limit one's ~** limiter ses dépenses ◆ **a project which involves heavy ~** un projet qui entraîne de grosses dépenses ◆ **income and ~** recettes *fpl* et dépenses *fpl* b *(= spending) [of money, time, energy]* dépense *f* ; *[of resources]* utilisation *f* ◆ **the ~ of public funds on this project** l'utilisation *f* des fonds publics pour ce projet c *(= using up) [of ammunition, resources]* épuisement *m*

**expense** /ɪkˈspens/ N a *(NonC)* dépense *f*, frais *mpl* ; *(Accounts: on account statement)* charge *f*, frais *mpl* ◆ **regardless of ~** même si ça revient cher ◆ **that will involve him in some ~** cela lui occasionnera des frais ◆ **at my ~** à mes frais ◆ **at public ~** aux frais de l'État ◆ **at little ~** à peu de frais ◆ **at great ~** à grands frais ◆ **to go to the ~ of buying a car** aller jusqu'à acheter une voiture ◆ **to put sb to ~** faire faire *or* causer des dépenses à qn ◆ **to put sb to great ~** occasionner de grosses dépenses à qn ◆ **to go to great ~ on sb's account** engager de grosses dépenses pour qn ◆ **to go to great ~ (to repair the house)** faire beaucoup de frais (pour réparer la maison) ◆ **don't go to any ~ over our visit** ne faites pas de frais pour notre visite ◆ **to live at other people's ~** vivre aux frais *or* à la charge des autres ; → **spare**
b *(fig)* **at the ~ of** *[+ person, one's health, happiness, peace of mind]* au détriment de ◆ **to have a good laugh at sb's ~** bien rire aux dépens de qn ◆ **to get rich at other people's ~** s'enrichir aux dépens d'autrui *or* au détriment des autres
NPL **expenses** frais *mpl*, dépenses *fpl* ◆ **he gets all his ~s paid** il se fait rembourser tous ses frais *or* toutes ses dépenses ◆ **your ~s will be entirely covered** vous serez défrayé entièrement *or* en totalité ◆ **after all ~s have been paid** tous frais payés
COMP ▷ **expense account** N *(Comm)* frais *mpl* de représentation ◆ **this will go on his ~ account** cela passera aux frais de représentation *or* sur sa note de frais ◆ **~ account lunch** déjeuner *m* qui passe aux frais de représentation *or* sur la note de frais ▷ **expenses sheet** N note *f* de frais

**expensive** /ɪkˈspensɪv/ ADJ *[goods, shop, restaurant, country, city]* cher ; *[journey]* qui coûte cher, onéreux ; *[hobby, holiday, undertaking]* coûteux ; *[mistake]* qui coûte cher ◆ **to be ~** coûter cher, valoir cher ◆ **to come ~*** revenir cher ◆ **to have ~ tastes** avoir des goûts de luxe ◆ **it is very ~ to live in London** c'est très cher *or* ça revient très cher de vivre à Londres ◆ **bringing up children is an ~ business** c'est cher *or* ça revient cher d'élever des enfants

**expensively** /ɪkˈspensɪvlɪ/ ADV *[buy, sell]* très cher ; *[equipped, furnished, educated]* à grands frais ; *[dressed]* de façon coûteuse ◆ **to live ~** mener grand train

**expensiveness** /ɪkˈspensɪvnɪs/ N cherté *f*

**experience** /ɪkˈspɪərɪəns/ LANGUAGE IN USE 19.2
N a *(NonC = knowledge, wisdom)* expérience *f* ◆ **~ of life/of men** expérience *f* du monde/des hommes ◆ **~ shows that ...** l'expérience montre que ... ◆ **in my ~** d'après mon expérience ◆ **I know by ~** je sais par expérience ◆ **from my own *or* personal ~** d'après mon expérience personnelle ◆ **I know from bitter ~ that ...** j'ai appris à mes dépens que ... ◆ **he has no ~ of real grief** il n'a jamais éprouvé *or* ressenti un vrai chagrin ◆ **he has no ~ of living in the country** il ne sait pas ce que c'est que de vivre à la campagne
b *(NonC = practice, skill)* pratique *f*, expérience *f* ◆ **practical ~** pratique *f* ◆ **business ~** expérience *f* des affaires ◆ **he has a lot of teaching ~** il a une longue pratique *or* expérience de l'enseignement ◆ **he has considerable ~ in selecting ...** il possède une expérience considérable dans la sélection de ... ◆ **he has considerable driving ~** c'est un conducteur très expérimenté ◆ **he lacks ~** il manque d'expérience *or* de pratique ◆ **have you any previous ~ (in this kind of work)?** avez-vous déjà fait ce genre de travail ? ◆ **I've (had) no ~ of driving this type of car** je n'ai jamais conduit une voiture de ce type ◆ **~ preferred (but not essential)** *(in job advert)* expérience souhaitable (mais non indispensable *or* essentielle)
c *(= event experienced)* expérience *f*, aventure *f* ◆ **I had a pleasant/frightening ~** il m'est arrivé une aventure agréable/effrayante ◆ **she's had *or* gone through some terrible ~s** elle a subi de rudes épreuves ◆ **it was a new ~ for me** c'était une nouveauté *or* une expérience nouvelle pour moi ◆ **we had many unforgettable ~s there** nous y avons vécu *or* passé bien des moments inoubliables ◆ **she swam in the nude and it was an agreeable ~** elle a nagé toute nue et a trouvé l'expérience agréable ◆ **it wasn't an ~ I would care to repeat** ça n'est pas une aventure que je tiens à recommencer ◆ **unfortunate ~** mésaventure *f*
VT a *(= undergo) [+ misfortune, hardship]* connaître ; *[+ setbacks, losses]* essuyer ; *[+ privations]* souffrir de ; *[+ conditions]* être confronté à ; *[+ ill treatment]* subir ; *[+ difficulties]* rencontrer ◆ **he doesn't know what it is like to be poor for he has never ~d it** il ne sait pas ce que c'est que d'être pauvre car il n'en a jamais fait l'expérience *or* cela ne lui est jamais arrivé ◆ **he ~s some difficulty in speaking** il a du mal *or* il éprouve de la difficulté à parler
b *(= feel) [+ sensation, terror, remorse]* éprouver ; *[+ emotion, joy, elation]* ressentir

**experienced** /ɪkˈspɪərɪənst/ ADJ *[person]* expérimenté ◆ **we need someone more ~** il nous faut quelqu'un qui ait plus d'expérience *or* quelqu'un de plus expérimenté ◆ **she is not ~ enough** elle n'a pas assez d'expérience ◆ **"experienced driver required"** "on recherche chauffeur : expérience exigée" ◆ **with an ~ eye** d'un œil exercé ◆ **to the ~ eye/ear** pour un œil exercé/une oreille exercée ◆ **to be sexually ~** être expérimenté (sexuellement) ◆ **to be ~ in sth** être expérimenté en *or* dans qch, être rompu à qch ◆ **to be ~ in the trade** avoir du métier ◆ **to be ~ in doing sth** avoir l'habitude de faire qch

**experiential** /ɪkˌspɪərɪˈenʃəl/ ADJ *(frm, Philos)* qui résulte de l'expérience, dont on a fait l'expérience ◆ **~ learning** apprentissage expérientiel

**experiment** /ɪkˈsperɪmənt/ N *(Chem, Phys)* expérience *f* ; *(fig)* expérience *f*, essai *m* ◆ **to carry out an ~** faire une expérience ◆ **by way of ~, as an ~** à titre d'essai *or* d'expérience VI /ɪkˈsperɪˌment/ *(Chem, Phys)* faire une expérience, expérimenter ; *(fig)* faire une *or* des expérience(s) ◆ **to ~ with a new vaccine** expérimenter un nouveau vaccin ◆ **to ~ on guinea pigs** faire des expériences sur des cobayes ◆ **they are ~ing with communal living** ils font l'expérience de la vie communautaire

**experimental** /ɪkˌsperɪˈmentl/ ADJ *[technique, method, evidence, research, novel]* expérimental ◆ **~ scientist/psychologist/physicist** expert *m* en sciences expérimentales/psychologie expérimentale/physique expérimentale ◆ **to be at *or* in the ~ stage** en être au stade expérimental ◆ **he gave an ~ tug at the door handle** il a tiré un peu sur la porte pour voir

**experimentally** /ɪkˌsperɪˈmentəlɪ/ ADV a *(= scientifically) [study, test]* expérimentalement b *(= to see what happens) [try out, introduce]* pour voir, à titre expérimental ◆ **he lifted the cases ~ to see how heavy they were** il a soupesé les valises pour voir si elles étaient lourdes

**experimentation** /ɪkˌsperɪmenˈteɪʃən/ N expérimentation *f*

**experimenter** /ɪkˈsperɪmentəʳ/ N expérimentateur *m*, -trice *f*

**expert** /ˈekspɜːt/ N spécialiste *mf* (*in, on, at* en) connaisseur *m* (*in, on* en) ; *(= officially qualified)* expert *m* ◆ **he is an ~ on wines *or* a wine ~** c'est un grand *or* fin connaisseur en vins ◆ **he is an ~ on the subject** c'est un expert en la matière ◆ **~ at pigeon shooting** spécialiste *mf* du tir aux pigeons ◆ **19th century ~** spécialiste *mf* du 19ᵉ siècle ◆ **he's an ~ at repairing watches** il est expert à réparer les montres ◆ **he's an ~ at that sort of negotiation** il est spécialiste de ce genre de négociations ◆ **with the eye of an ~** *[examine]* d'un œil *or* regard connaisseur ; *[judge]* en connaisseur, en expert ◆ **~'s report *or* valuation** expertise *f*
ADJ *[carpenter, acrobat, hands, approach]* expert (*at or in sth* en qch ; *at or in doing sth* à faire qch) ; *[advice, opinion, help, attention, knowledge, evidence]* d'un expert ; *[treatment]* spécialisé ◆ **to be ~ at *or* in sth/in *or* at doing sth** être expert en qch/à faire qch ◆ **he ran an ~ eye over the photographs** il a regardé les photographies d'un œil expert ◆ **not noticeable except to the ~ eye** que seul un œil expert peut remarquer ◆ **with an ~ touch** avec une habileté d'expert *or* l'habileté d'un expert ◆ **he is ~ in this field** il est expert en la matière
COMP ▷ **expert appraisal** N expertise *f* ▷ **expert system** N *(Comput)* système *m* expert ▷ **expert valuation** N ⇒ **expert appraisal** ▷ **expert witness** N témoin *m* expert

**expertise** /ˌekspəˈtiːz/ **N** *(= knowledge)* expertise *f* ; *(= competence)* compétence *f* (*in* en)

**expertly** /ˈekspɜːtlɪ/ **ADV** de façon experte

**expertness** /ˈekspɜːtnɪs/ **N** ⇒ **expertise**

**expiate** /ˈekspɪeɪt/ **VT** expier

**expiation** /ˌekspɪˈeɪʃən/ **N** expiation *f* ◆ **in ~ of ...** en expiation de ...

**expiatory** /ˈekspɪətərɪ/ **ADJ** expiatoire

**expiration** /ˌekspaɪəˈreɪʃən/ **N** a ⇒ **expiry** b *(= breathing out)* expiration *f* c *(†† = death)* trépas *m (liter)*, décès *m*

**expire** /ɪkˈspaɪəʳ/ **VI** a *[lease, passport, licence, insurance, contract]* expirer ; *[period, time limit]* arriver à terme b *(liter = die)* expirer, rendre l'âme *or* le dernier soupir c *(= breathe out)* expirer

**expiry** /ɪkˈspaɪərɪ/ **N** *[of time limit, period, term of office]* expiration *f*, fin *f* ; *[of passport, lease]* expiration *f* ◆ **date of ~**, **~ date** *(gen)* date *f* d'expiration ; *(on label)* à utiliser avant ... ◆ **date of ~ of the lease** expiration *f or* terme *m* du bail

**explain** /ɪkˈspleɪn/ **LANGUAGE IN USE 18.4, 26.3** **VT** a *(= make clear)* *[+ how sth works, rule, meaning of a word, situation, motives, thoughts]* expliquer ; *[+ mystery]* élucider, éclaircir ; *[+ reasons, points of view]* exposer ◆ **~ what you want to do** expliquez ce que vous voulez faire ◆ **"it's raining" she ~ed** "il pleut" expliqua-t-elle ◆ **that is easy to ~, that is easily ~ed** cela s'explique facilement ◆ **this may seem confused, I will ~ myself** ceci peut paraître confus, je m'explique donc ◆ **I can ~** je peux (m')expliquer ◆ **let me ~** je m'explique ◆ **to ~ why/how** *etc* expliquer pourquoi/comment *etc* ◆ **he ~ed to us why he had been absent** il nous a expliqué pourquoi il avait été absent ◆ **to ~ to sb how to do sth** expliquer à qn comment (il faut) faire qch

b *(= account for)* *[+ phenomenon]* expliquer ; *[+ behaviour]* expliquer, justifier ◆ **the bad weather ~s why he is absent** le mauvais temps explique son absence *or* qu'il soit absent ◆ **come now, ~ yourself!** allez, expliquez-vous !

► **explain away VT SEP** justifier, trouver une explication convaincante à

**explainable** /ɪkˈspleɪnəbl/ **ADJ** explicable ◆ **that is easily ~** cela s'explique facilement

**explanation** /ˌekspləˈneɪʃən/ **N** a *(= act, statement)* explication *f*, éclaircissement *m* ◆ **a long ~ of what he meant by democracy** une longue explication de ce qu'il entendait par la démocratie ◆ **an ~ of how to do sth** une explication sur la manière de faire qch ◆ **these instructions need some ~** ces instructions demandent quelques éclaircissements b *(= cause, motive)* explication *f* ◆ **to find an ~ for sth** trouver l'explication de qch c *(NonC = justification)* explication *f*, justification *f* ◆ **has he something to say in ~ of his conduct?** est-ce qu'il peut fournir une explication à sa conduite ? ◆ **what do you have to say in ~?** comment expliquez-vous la chose ?

**explanatory** /ɪkˈsplænətərɪ/ **ADJ** explicatif

**expletive** /ɪkˈspliːtɪv/ **N** *(= exclamation)* exclamation *f*, interjection *f* ; *(= oath)* juron *m* ; *(Gram)* explétif *m* **ADJ** *(Gram)* explétif

**explicable** /ɪkˈsplɪkəbl/ **ADJ** explicable

**explicably** /ɪkˈsplɪkəblɪ/ **ADV** d'une manière explicable

**explicate** /ˈeksplɪˌkeɪt/ **VT** *(frm)* expliciter

**explicit** /ɪkˈsplɪsɪt/ **ADJ** explicite (*about sth* à propos de qch ; *in sth* dans qch) ◆ **to be ~ in doing sth** faire qch de façon explicite ◆ **he was ~ on this point** il a été explicite sur ce point ◆ **in ~ detail** avec des détails explicites ◆ **sexually ~** sexuellement explicite

**explicitly** /ɪkˈsplɪsɪtlɪ/ **ADV** explicitement

**explode** /ɪkˈspləʊd/ **VI** *[bomb, boiler, plane]* exploser, éclater ; *[gas]* exploser, détoner ; *[building, ship, ammunition]* exploser, sauter ; *[joy, anger]* éclater ; *[person]* (**: from rage, impatience)* exploser ◆ **to ~ with laughter** éclater de rire **VT** *[+ bomb]* faire exploser ; *(fig)* *[+ theory, argument]* faire voler en éclats ; *[+ rumour]* couper court à ◆ **to ~ the myth that ...** démolir le mythe selon lequel ... **COMP** ▷ **exploded drawing, exploded view N** *(Art etc)* éclaté *m*

**exploit** /ˈeksplɔɪt/ **N** *(heroic)* exploit *m*, haut fait *m* ; *(= feat)* prouesse *f* ◆ **~s** *(= adventures)* aventures *fpl* **VT** /ɪkˈsplɔɪt/ a *(= use unfairly)* *[+ workers, sb's credulity]* exploiter b *(= make use of)* *[+ minerals, land, talent]* exploiter ; *[+ situation]* profiter de, tirer parti de

**exploitable** /ɪkˈsplɔɪtəbl/ **ADJ** exploitable

**exploitation** /ˌeksplɔɪˈteɪʃən/ **N** exploitation *f*

**exploitative** /ɪkˈsplɔɪtətɪv/ **ADJ** exploiteur (-trice *f*)

**exploration** /ˌekspləˈreɪʃən/ **N** *(Med, lit, fig)* exploration *f* ◆ **voyage of ~** voyage *m* d'exploration *or* de découverte ◆ **preliminary ~** *[of ground, site]* reconnaissance *f*

**exploratory** /ɪkˈsplɒrətərɪ/ **ADJ** *(= investigative)* *[expedition, digging, drilling]* d'exploration ; *(= preliminary)* *[talks]* exploratoire ; *[meeting, trip, approach, stage]* préliminaire ◆ **the ~ nature of the discussions** la nature préliminaire des discussions ◆ **~ study** *(Jur)* étude *f* prospective ◆ **to have ~ surgery** *or* **an ~ operation** *(Med)* subir une exploration

**explore** /ɪkˈsplɔːʳ/ **VT** *[+ territory, house, question, matter]* explorer ; *(Med)* sonder ; *(fig)* *[+ issue, proposal]* étudier sous tous ses aspects ◆ **to go exploring** partir en exploration *or* à la découverte ◆ **to ~ every corner of a house/garden** explorer chaque recoin d'une maison/d'un jardin ◆ **to ~ the ground** *(lit, fig)* tâter *or* sonder le terrain ◆ **to ~ every avenue** examiner toutes les possibilités ◆ **to ~ the possibilities** étudier les possibilités ◆ **to ~ an agreement** examiner les modalités d'un éventuel accord

**explorer** /ɪkˈsplɔːrəʳ/ **N** a *(= person)* explorateur *m*, -trice *f* b *(US = dental probe)* sonde *f*

**explosion** /ɪkˈspləʊʒən/ **N** a *[of bomb, boiler, plane]* explosion *f* ◆ **nuclear ~** explosion *f* nucléaire ◆ **to carry out a nuclear ~** effectuer un essai nucléaire b *[of anger, laughter, joy]* explosion *f* ; *[of violence]* flambée *f* ◆ **an ~ of colour/light** une soudaine débauche de couleurs/de lumière ◆ **an ~ in demand for sth** une explosion de la demande en qch ◆ **an ~ of interest in sth** une explosion d'intérêt pour qch ◆ **price ~** flambée *f* des prix ; → **population**

**explosive** /ɪkˈspləʊsɪv/ **ADJ** a *(lit, fig)* *[device, charge, power, applause, growth, situation, issue, person, temper]* explosif ; *[gas, matter]* explosible ; *[mixture]* *(lit)* détonant, explosif ; *(fig)* détonant b *(Phon)* ⇒ **plosive** **N** *(gen, Chem)* explosif *m* ; → **high**

**explosively** /ɪkˈspləʊsɪvlɪ/ **ADV** a *(= with bang)* *[react, erupt]* en explosant b *(= angrily)* **"are you mad?" he asked ~** "tu es fou, ou quoi ?" demanda-t-il furieux *or* aboya-t-il

**explosiveness** /ɪkˈspləʊsɪvlɪ/ **N** explosibilité *f*

**expo** /ˈekspəʊ/ **N** (abbrev of **exposition b**) expo *f*

**exponent** /ɪkˈspəʊnənt/ **N** *[of cause]* champion(ne) *m(f)* ; *[of theory]* défenseur *m*, partisan *m* ; *(Math, Gram)* exposant *m* ◆ **the principal ~ of this movement/this school of thought** le chef de file *or* le principal représentant de ce mouvement/de cette école de pensée ◆ **he's a great ~ of this new approach** c'est un chaud partisan de cette nouvelle approche ◆ **a leading ~ of the test-tube baby technique** l'un des principaux adeptes de la technique de la fécondation in vitro

**exponential** /ˌekspəʊˈnenʃəl/ **ADJ** exponentiel ◆ **~ distribution** *(Stat)* distribution *f* exponentielle

**exponentially** /ˌekspəʊˈnenʃəlɪ/ **ADV** de manière exponentielle

**export** /ɪkˈspɔːt/ **VT** a *[+ product]* exporter (*to* vers) ◆ **countries which ~ coal** pays *mpl* exportateurs de charbon

b *(Comput)* *[+ document]* exporter

**VI** exporter (*to* vers)

**N** /ˈekspɔːt/ a *(NonC)* exportation *f* ◆ **for ~ only** réservé à l'exportation

b *(= object, commodity)* (article *m* d')exportation *f* ◆ **invisible ~s** exportations *fpl* invisibles ◆ **ban on ~s, ~ ban** interdiction *f* des exportations

c *(= beer)* bière forte

**COMP** /ˈekspɔːt/ *[goods, permit]* d'exportation ; *[director]* du service export, des exportations ▷ **export credit N** crédit *m* à l'exportation ▷ **export drive N** campagne *f* pour (encourager) l'exportation ▷ **export duty N** droit *m* de sortie ▷ **export earnings NPL** recettes *fpl* d'exportation ▷ **export-orientated, export-oriented ADJ** à vocation exportatrice ▷ **export reject N** article *m* impropre à l'exportation ▷ **export trade N** commerce *m* d'exportation, export *m*

**exportable** /ɪkˈspɔːtəbl/ **ADJ** exportable

**exportation** /ˌekspɔːˈteɪʃən/ **N** *(NonC)* exportation *f*, sortie *f*

**exporter** /ɪkˈspɔːtəʳ/ **N** *(= person)* exportateur *m*, -trice *f* ; *(= country)* pays *m* exportateur

**expose** /ɪkˈspəʊz/ **VT** a *(= uncover, leave unprotected)* découvrir, exposer ; *[+ wire, nerve, body part]* mettre à nu, dénuder ◆ **to ~ to radiation/rain/sunlight** exposer à des radiations/à la pluie/au soleil ◆ **to ~ to danger** mettre en danger ◆ **to ~ o.s. to criticism/ridicule** s'exposer à la critique/au ridicule ◆ **a dress which leaves the back ~d** une robe qui découvre *or* dénude le dos ◆ **to be ~d to view** s'offrir à la vue ◆ **apples turn brown when ~d to air** les pommes brunissent au contact de l'air ◆ **digging has ~d the remains of a temple** les fouilles ont mis au jour les restes d'un temple ◆ **~d parts** *(Tech)* parties *fpl* apparentes ◆ **to ~ a child (to die)** *(Hist)* exposer un enfant ◆ **he ~d himself to the risk of losing his job** il s'est exposé à perdre sa place, il a risqué de perdre sa place ◆ **to ~ o.s.** *(Jur: indecently)* commettre un outrage à la pudeur

b *(= display)* *[+ goods]* étaler, exposer ; *[+ pictures]* exposer ; *[+ one's ignorance]* afficher, étaler

c *(= unmask, reveal)* *[+ vice]* mettre à nu ; *[+ scandal, plot, lie]* révéler, dévoiler ; *[+ secret]* éventer ; *(= denounce)* *[+ person]* démasquer, dénoncer (*as* comme étant) ◆ **the affair ~d him as a fraud** cette affaire a montré que c'était un imposteur

d *(Phot)* exposer

**exposé** /eksˈpəʊzeɪ/ **N** révélation *f*

**exposed** /ɪkˈspəʊzd/ **ADJ** a *(= unprotected)* *[troops, flank]* à découvert, exposé ; *[location, hillside, garden]* exposé ; *[ground]* découvert ; *(Climbing)* *[passage, section]* aérien ; *(= uncovered)* *[brickwork, plaster, wire, skin, nerve]* à nu ;

*[body part]* dénudé ; *[machine part]* apparent ◆ **the house is in a very ~ position** la maison est très exposée ◆ **an ~ position** *(Mil)* un (lieu) découvert ◆ **~ to the wind** exposé au vent **b** *(= vulnerable) [person]* exposé aux regards ◆ **to feel ~** *[person]* se sentir exposé ◆ **his position is very ~** sa position l'expose aux regards **c** *(Phot) [film]* exposé

**exposition** /ˌekspəˈzɪʃən/ **N** **a** *(NonC) [of facts, theory, plan]* exposition *f* ; *[of text]* exposé *m*, commentaire *m*, interprétation *f* ; *(Mus)* exposition *f* **b** *(= exhibition)* exposition *f*

**expostulate** /ɪkˈspɒstjʊleɪt/ *(frm)* **VT** protester **VI** ◆ **to ~ with sb about sth** faire des remontrances à qn au sujet de qch

**expostulation** /ɪkˌspɒstjʊˈleɪʃən/ **N** *(frm)* protestation *f*

**exposure** /ɪkˈspəʊʒəʳ/ **N** **a** *(to substance, radiation, sunlight, noise)* exposition *f* *(to sth* à qch) ◆ **to risk ~ to a virus** risquer d'être mis en contact avec un virus ◆ **to undergo ~ to new ideas** être exposé à de nouvelles idées ◆ **avoid the ~ of children to violent images on television** évitez d'exposer les enfants aux images violentes de la télévision ; → **indecent**

**b** *(= hypothermia)* hypothermie *f* ◆ **to die of ~** mourir de froid ◆ **to suffer from ~** souffrir d'hypothermie

**c** *(NonC = revelation, unmasking) [of secret, corruption, scandal]* révélation *f* ; *[of person]* dénonciation *f* ◆ **public ~** *[of affair, corruption, scandal]* révélation *f* publique ; *[of person]* dénonciation *f* publique

**d** *(NonC = publicity)* ◆ **media ~** couverture *f* médiatique ◆ **to get an enormous amount of ~ on television** faire l'objet d'une abondante couverture télévisée

**e** *(Phot = photograph)* pose *f* ◆ **a 36-~ film, a film with 36 ~s** une pellicule 36 poses ◆ **to make an ~** *(= take photograph)* prendre une photo ; *(= develop photograph)* développer un cliché

**f** *(NonC: Phot = amount of light)* exposition *f* ; → **double, multiple**

**g** *(NonC: Phot)* (also **exposure time**) temps *m* de pose

**h** *(NonC = position) [of house]* exposition *f* ◆ **southern/eastern ~** exposition *f* au sud/à l'est ◆ **a house with a northern ~** une maison exposée au nord

**COMP** ▷ **exposure index N** *(Phot)* indice *m* de pose ▷ **exposure meter N** posemètre *m*, photomètre *m* ▷ **exposure value N** indice *m* de lumination

**expound** /ɪkˈspaʊnd/ **VT** *[+ theory]* expliquer ; *[+ one's views]* exposer ; *[+ the Bible]* expliquer, interpréter

**ex-president** /ˌeksˈprezɪdənt/ **N** ex-président *m*, ancien président *m*

**express** /ɪkˈspres/ LANGUAGE IN USE 6.3

**VT** **a** *(= make known) [+ appreciation, feelings, sympathy]* exprimer ; *[+ opinions]* émettre, exprimer ; *[+ surprise, displeasure]* exprimer, manifester ; *[+ thanks]* présenter, exprimer ; *[+ a truth, proposition]* énoncer ; *[+ wish]* formuler ◆ **to ~ o.s.** s'exprimer ◆ **I haven't the words to ~ my thoughts** les mots me manquent pour traduire ma pensée ◆ **they have ~ed (an) interest in ...** ils se sont montrés intéressés par..., ils ont manifesté de l'intérêt pour...

**b** *(in another language or medium)* rendre, exprimer ; *[face, actions]* exprimer ; *(Math)* exprimer ◆ **this ~es exactly the meaning of the word** ceci rend exactement le sens du mot ◆ **you cannot ~ that so succinctly in French** on ne peut pas l'exprimer aussi succinctement en français

**c** *[+ juice]* exprimer, extraire ; *[+ breast milk]* tirer

**d** *(= send) [+ letter, parcel]* expédier par exprès

**ADJ** **a** *(= explicit) [order, instruction]* exprès (-esse *f*) ; *[purpose, intention]* délibéré ◆ **with the ~ purpose of doing sth** dans le seul but *or* dans le but délibéré de faire qch

**b** *(= fast) [letter, delivery, mail]* exprès *inv* ; *[service]* express *inv*

**ADV** *[send]* en exprès *or* par Chronopost ®

**N** **a** *(= train)* rapide *m*

**b** ◆ **to send sth by ~** envoyer qch en exprès

**COMP** ▷ **express coach N** (auto)car *m* express ▷ **express company N** compagnie *f* de messageries exprès ▷ **express delivery, express mail N** *(Brit Post = system)* distribution *f* exprès ◆ **to send sth by ~ delivery** *or* **mail** envoyer qch en exprès *or* par Chronopost ® ▷ **express rifle N** fusil *m* de chasse express ▷ **express train N** train *m* express

**expressage** /ɪkˈspresɪdʒ/ **N** *(US) (= service)* service *m* de messagerie exprès ; *(= charge for service)* frais *mpl* de messagerie exprès

**expression** /ɪkˈspreʃən/ **N** **a** *(NonC) [of opinions]* expression *f* ; *[of friendship, affection]* témoignage *m* ; *[of joy]* manifestation *f* ◆ **to give ~ to one's fears** formuler ses craintes ◆ **to find ~ (in)** se manifester (dans *or* par) ◆ **from Cairo came ~s of regret at the attack** Le Caire a exprimé ses regrets après cette attaque

**b** *(= facial expression)* expression *f* ◆ **a face devoid of ~** un visage sans expression

**c** *(NonC = feeling)* expression *f* ◆ **to play with ~** jouer avec expression

**d** *(= phrase)* expression *f* ; *(= turn of phrase)* tournure *f* ; *(Math)* expression *f* ◆ **an original/common ~** une tournure originale/expression courante ◆ **it's an ~ he's fond of** c'est une expression *or* une tournure qu'il affectionne ◆ **a figurative ~** une expression figurée ◆ **set** *or* **fixed ~** locution *f*

**COMP** ▷ **expression mark N** *(Mus)* signe *m* d'expression

**expressionism** /ɪkˈspreʃəˌnɪzəm/ **N** expressionnisme *m*

**expressionist** /ɪkˈspreʃənɪst/ **ADJ, N** expressionniste *mf*

**expressionless** /ɪkˈspreʃənlɪs/ **ADJ** *[person]* sans expression ; *[face, eyes, look]* sans expression, inexpressif ; *[voice]* monotone, monocorde ; *[playing, style]* plat

**expressive** /ɪkˈspresɪv/ **ADJ** *[face, look, voice, gesture, music, language]* expressif ; *[power, ability, capability, skill]* d'expression ◆ **she's very ~** *(= eloquent)* elle est très éloquente ◆ **to be ~ of sth** *(frm)* exprimer qch

**expressively** /ɪkˈspresɪvlɪ/ **ADV** d'une manière expressive

**expressiveness** /ɪkˈspresɪvnɪs/ **N** *[of face]* caractère *m* expressif, expressivité *f* ; *[of words]* force *f* expressive ; *[of music, language]* expressivité *f* ; *[of gesture]* éloquence *f* ◆ **a picture remarkable for its ~** un tableau remarquable par (la force de) l'expression

**expressly** /ɪkˈspreslɪ/ **ADV** *[forbid, exclude, allow, design, make, write]* expressément ; *[state]* explicitement ◆ **~ illegal** expressément interdit par la loi

**expressman** /ɪkˈspresmæn/ **N** (pl **-men**) *(US)* employé *m* de messageries exprès

**expresso** /ɪkˈspresəʊ/ **N** ⇒ **espresso**

**expressway** /ɪkˈspresweɪ/ **N** *(esp US)* voie *f* express, autoroute *f* urbaine ; → ROADS

**expropriate** /eksˈprəʊprɪeɪt/ **VT** *[+ person, land]* exproprier

**expropriation** /eksˌprəʊprɪˈeɪʃən/ **N** expropriation *f*

**expulsion** /ɪkˈspʌlʃən/ **N** expulsion *f*, bannissement *m* ; *(Scol etc)* renvoi *m*, exclusion *f* définitive **COMP** ▷ **expulsion order N** arrêté *m* d'expulsion

**expunge** /ɪkˈspʌndʒ/ **VT** *(frm: from book)* supprimer ◆ **to ~ sth from the record** supprimer *or* effacer qch

**expurgate** /ˈekspɜːgeɪt/ **VT** *(frm)* expurger ◆ **~d edition** édition *f* expurgée

**exquisite** /ɪkˈskwɪzɪt/ **ADJ** **a** *(= fine)* exquis ◆ **a woman of ~ beauty** une femme d'une exquise beauté ◆ **in ~ detail** dans les moindres détails **b** *(liter = intense) [pleasure, satisfaction]* exquis ; *[pain]* lancinant ; *[care]* minutieux

**exquisitely** /ɪkˈskwɪzɪtlɪ/ **ADV** *[dress, make, decorate, paint, embroider, describe]* de façon exquise ◆ **~ beautiful/delicate/polite** d'une beauté/délicatesse/politesse exquise ◆ **~ detailed** *[picture, tapestry etc]* plein de détails exquis ◆ **he gave us an ~ detailed account of the accident** il nous a raconté l'accident dans ses moindres détails

**ex-service** /ˌeksˈsɜːvɪs/ **ADJ** *(Brit Mil)* ayant servi dans l'armée

**ex-serviceman** /ˌeksˈsɜːvɪsmæn/ **N** (pl **ex-servicemen**) ancien militaire *m* ; *(= war veteran)* ancien combattant *m*

**ex-servicewoman** /ˌeksˈsɜːvɪswʊmən/ **N** (pl **ex-servicewomen**) femme *f* militaire à la retraite ; *(= war veteran)* ancienne combattante *f*

**ext** *(Telec)* (abbrev of **extension**) poste *m*

**extant** /ekˈstænt/ **ADJ** *(frm)* qui existe encore, existant ◆ **the only ~ manuscript** le seul manuscrit conservé ◆ **a few examples are still ~** quelques exemples subsistent (encore)

**extemporaneous** /ɪkˌstempəˈreɪnɪəs/, **extemporary** /ɪkˈstempərərɪ/ **ADJ** improvisé, impromptu

**extempore** /ɪkˈstempərɪ/ **ADV** impromptu, sans préparation **ADJ** improvisé, impromptu ◆ **to give an ~ speech** improviser un discours, faire un discours au pied levé

**extemporize** /ɪkˈstempəraɪz/ **VTI** improviser

**extend** /ɪkˈstend/ **VT** **a** *(= enlarge) [+ house, property]* agrandir ; *[+ research]* porter *or* pousser plus loin ; *[+ powers]* étendre, augmenter ; *[+ business]* étendre, accroître ; *[+ knowledge]* élargir, accroître ; *[+ limits]* étendre ; *[+ period, time allowed]* prolonger ; *[+ insurance cover]* augmenter le montant de ◆ **to ~ the field of human knowledge/one's sphere of influence** élargir le champ des connaissances/sa sphère d'influence ◆ **to ~ the frontiers of a country** reculer les frontières d'un pays ◆ **a course that ~s students' understanding of British history** un cours qui permet aux étudiants d'approfondir leur connaissance de l'histoire britannique ◆ **to ~ one's vocabulary** enrichir *or* élargir son vocabulaire ◆ **to ~ a time limit (for sth)** accorder un délai (pour qch)

**b** *(= prolong) [+ street, line]* prolonger *(by* de) ; *[+ visit, leave]* prolonger ◆ **to ~ one's stay by two weeks** prolonger son séjour de deux semaines ◆ **to be fully ~ed** *[ladder, telescope]* être entièrement déployé

**c** *(= offer, give) [+ help]* apporter ; *[+ hospitality, friendship]* offrir ; *[+ thanks, condolences, congratulations]* présenter ; *[+ credit, loan]* consentir ◆ **to ~ a welcome to sb** souhaiter la bienvenue à qn ◆ **to ~ an invitation** faire *or* lancer une invitation

**d** *(= stretch out) [+ arm]* étendre ◆ **to ~ one's hand (to sb)** tendre la main (à qn)

**e** *(= make demands on) [+ person, pupil]* pousser à la limite de ses capacités, faire donner son maximum à

**VI** *[wall, estate]* s'étendre (*to, as far as* jusqu'à) ; *[table]* s'allonger ; *[meeting, visit]* se prolonger, continuer (*over* pendant ; *for* durant) ◆ **the caves ~ for some 10 kilometres** les grottes s'étendent sur quelque 10 kilomètres ◆ **a footballing career that ~ed from 1974 to 1990** une carrière de footballeur qui a duré de 1974 à 1990 ◆ **holidays which ~ into September** des vacances qui durent *or* se prolongent jusqu'en septembre ◆ **the table ~s to 220cm** la table peut s'allonger jusqu'à 220 cm, avec ses rallonges, cette table fait 220 cm ◆ **enthusiasm which ~s even to the children** enthousiasme qui gagne même les enfants

**extendable** /ɪk'stendəbl/ **ADJ** *[ladder]* à rallonge ; *[contract, lease]* renouvelable

**extended** /ɪk'stendɪd/ **ADJ** prolongé ; *[holiday, leave]* longue durée ◆ **for an ~ period** pendant une période supplémentaire ◆ **an ~ play record** un disque double (durée) ◆ **~ care facilities** *(US Med)* soins *mpl* pour convalescents ◆ **the ~ family** *(Sociol)* la famille étendue **COMP** ▷ **extended memory N** *(Comput)* mémoire *f* étendue

**extendible** /ɪk'stendəbl/ **ADJ** ⇒ **extendable**

**extensible** /ɪk'stensɪbl/ **ADJ** extensible

**extension** /ɪk'stenʃən/ **LANGUAGE IN USE 27.4, 27.7**

**N** **a** *(to building)* ◆ **to build an ~ (to a building)** agrandir (un bâtiment) ◆ **to have an ~ built onto a house** faire agrandir une maison ◆ **there is an ~ at the back of the house** la maison a été agrandie à l'arrière ◆ **come and see our ~** venez voir, nous avons fait agrandir ◆ **the kitchen/bathroom ~** la nouvelle partie de la maison occupée par la cuisine/la salle de bains ◆ **a new ~ to the library** une nouvelle annexe de la bibliothèque

**b** *(= continuation)* prolongement *m* (*to or of sth* de qch) ; *(= extra part) (for table, electric flex, pipe)* rallonge *f* ; (also **hair extension**) *(clip-on)* postiche *m* ; *(permanent)* extension *f* ◆ **motorway ~** prolongement *m* d'une autoroute ◆ **the building of an ~ to a golf course** l'agrandissement *m* d'un terrain de golf ◆ **~ to an insurance policy** *(= extra cover)* extension *f* d'une assurance ; *(in duration)* prolongation *f* d'une assurance ◆ **an ~ of o.s./one's personality** un prolongement de soi-même/sa personnalité

**c** *(= extra time)* prolongation *f* (*to or of sth* de qch) ◆ **there will be no ~ of the deadline** le délai ne sera pas prolongé ◆ **to grant an ~ of a deadline** accorder un délai supplémentaire ◆ **to get an ~ (of time for payment)** obtenir un délai ◆ **~ of due date** *(Jur, Fin)* report *m* d'échéance délai *m*

**d** *(= development) [of rights, powers]* extension *f* ; *[of idea, concept]* développement *m* ◆ **the role of women within the family and, by ~, within the community** le rôle des femmes dans la famille et, par extension, au sein de la communauté ◆ **the logical ~ of sth** la suite logique de qch

**e** *(Telec) (in house)* appareil *m* supplémentaire ; *(in office)* poste *m* ◆ **you can get me on ~ 308** vous pouvez me joindre au poste 308

**f** *(= provision) [of credit]* allocation *f*

**COMP** ▷ **extension cable, extension cord** *(US)* **N** *(Elec)* rallonge *f* ▷ **extension courses NPL** *cours dispensés par l'institut d'éducation permanente d'une université* ▷ **extension ladder N** échelle *f* coulissante ▷ **extension lead N** ⇒ **extension cable** ▷ **extension light N** (lampe *f*) baladeuse *f* ▷ **extension tube N** *(Phot)* tube-allonge *m*

**extensive** /ɪk'stensɪv/ **ADJ** *[area, grounds, knowledge, powers, range, collection]* étendu ; *[damage, alterations, experience]* considérable ; *[plans, reforms]* de grande envergure ; *[research, discussions]* approfondi ; *[tests]* nombreux ; *[list]* long (longue *f*) ; *[menu]* varié ; *[tour]* complet (-ète *f*) ◆ **to make ~ use of sth** beaucoup utiliser qch ◆ **her visit got ~ coverage in the press** sa visite a fait l'objet de très nombreux articles dans la presse *or* d'une large couverture médiatique ◆ **to undergo ~ surgery** *(= one operation)* subir une opération longue et complexe ; *(= series of operations)* subir une série d'interventions chirurgicales ◆ **~ farming** agriculture *f* extensive

> ⚠ **extensive** *is only translated by* **extensif** *in the agricultural sense.*

**extensively** /ɪk'stensɪvlɪ/ **ADV** *[travel, work, write]* beaucoup ; *[alter, damage]* considérablement ; *[revise, discuss]* en profondeur ; *[grow, quote, report]* abondamment ◆ **to use sth ~** beaucoup utiliser qch ◆ **an ~ used method** une méthode très répandue ◆ **the story was covered ~ in the press** cette histoire a fait l'objet de nombreux articles dans la presse *or* d'une large couverture médiatique ◆ **the subject has been ~ researched** cette question a fait l'objet de recherches approfondies ◆ **the band has toured ~** le groupe a fait des tournées un peu partout ◆ **to advertise ~ in the papers** *[company]* faire énormément de publicité dans les journaux ; *[individual]* faire passer de nombreuses annonces dans les journaux

**extensor** /ɪk'stensəʳ/ **N** (muscle *m*) extenseur *m*

**extent** /ɪk'stent/ **N** **a** *(= size)* étendue *f*, superficie *f* ; *(= length)* longueur *f* ◆ **an avenue lined with trees along its entire ~** une allée bordée d'arbres sur toute sa longueur ◆ **to open to its fullest ~** ouvrir entièrement *or* tout grand ◆ **over the whole ~ of the ground** sur toute la superficie du terrain ◆ **she could see the full ~ of the park** elle voyait le parc dans toute son étendue

**b** *(= range, scope) [of damage]* importance *f*, ampleur *f* ; *[of commitments, losses]* importance *f* ; *[of knowledge, activities, power, influence]* étendue *f*

**c** *(= degree)* mesure *f*, degré *m* ◆ **to what ~?** dans quelle mesure ? ◆ **to some *or* a certain ~** jusqu'à un certain point *or* degré, dans une certaine mesure ◆ **to a large ~** en grande partie ◆ **to a small *or* slight ~** dans une faible mesure, quelque peu ◆ **to the *or* such an ~ that ...** à tel point que ..., au point que ... ◆ **to the ~ of doing sth** au point de faire qch

**extenuate** /ɪk'stenjʊˌeɪt/ **VT** atténuer ◆ **extenuating circumstances** circonstances *fpl* atténuantes

**extenuation** /ɪkˌstenjʊ'eɪʃən/ **N** atténuation *f*

**exterior** /ɪk'stɪərɪəʳ/ **ADJ** *[wall, door, lighting, paint, decorating, world]* extérieur (-eure *f*) ; *[surface]* extérieur (-eure *f*), externe ◆ **~ to sth** extérieur à qch ◆ **paint for ~ use** peinture *f* pour l'extérieur **N** *[of house, box]* extérieur *m* ; *(Art, Cine)* extérieur *m* ◆ **on the ~** à l'extérieur ◆ **underneath his rough ~, he ...** sous ses dehors rudes, il ... **COMP** ▷ **exterior angle N** *(Math)* angle *m* externe ▷ **exterior decoration N** peintures *fpl* extérieures

**exteriorize** /ɪk'stɪərɪəˌraɪz/ **VT** *(Med, Psych)* extérioriser

**exterminate** /ɪk'stɜːmɪˌneɪt/ **VT** *[+ pests, group of people]* exterminer ; *[+ race]* anéantir ; *[+ disease, beliefs, ideas]* éradiquer

**extermination** /ɪkˌstɜːmɪ'neɪʃən/ **N** *[of race, animals]* extermination *f* ; *[of disease]* éradication *f* ◆ **mass ~** extermination *f* massive **COMP** ▷ **extermination camp N** camp *m* d'extermination

**exterminator** /ɪk'stɜːmɪˌneɪtəʳ/ **N** *(US = rat-catcher etc)* employé(e) *m(f)* de la désinfection

**extern** /'ekstɜːn/ **N** *(US Med)* externe *mf*

**external** /ɪk'stɜːnl/ **ADJ** **a** *(= outer, exterior) [wall]* extérieur (-eure *f*) ; *[surface]* extérieur (-eure *f*), externe ; *[injury]* superficiel ; *(Zool, Anat) [ear, gills]* externe ◆ **~ skeleton** exosquelette *m* ◆ **"for external use only"** *(Pharm)* "à usage externe"

**b** *(= outside, from outside) [pressure, factor, reality, world]* extérieur (-eure *f*) ; *(Comm) [mail]* externe ; *[phone call] (outgoing)* vers l'extérieur ; *(incoming)* de l'extérieur

**c** *(= foreign) [debt]* extérieur (-eure *f*) ◆ **the European commissioner for ~ affairs** le commissaire européen aux affaires *or* chargé des affaires extérieures

**N** *(fig)* ◆ **the ~s** l'extérieur *m*, les apparences *fpl* ◆ **the ~s of our faith** les manifestations *fpl* extérieures de notre foi ◆ **to look at the ~s of an issue** ne voir que l'aspect superficiel d'une question

**COMP** ▷ **external auditor N** *(Brit Fin)* vérificateur *m*, -trice *f* de comptes (externe) ▷ **external degree N** *(Brit Univ) diplôme délivré par une université à des personnes non régulièrement inscrites* ▷ **external examiner N** *(Brit Univ)* examinateur *m*, -trice *f* extérieur(e) ▷ **external student N** *(Brit Univ)* étudiant(e) *mf* externe ▷ **external trade N** *(US)* commerce *m* extérieur

**externalize** /ɪk'stɜːnəˌlaɪz/ **VT** extérioriser

**externally** /ɪk'stɜːnəlɪ/ **ADV** *[impose]* de l'extérieur ; *[express]* extérieurement ◆ **~ mounted cameras** des caméras *fpl* installées à l'extérieur ◆ **he remained ~ calm** il est resté calme extérieurement ◆ **a cream to be applied ~** une crème à usage externe ◆ **"to be used externally"** "à usage externe"

**extinct** /ɪk'stɪŋkt/ **ADJ** **a** *(= no longer existing) [animal, species, tribe, way of life, language]* disparu ; *[custom]* tombé en désuétude ◆ **to be ~** avoir disparu ◆ **to become ~** disparaître ◆ **to be nearly ~** être en voie d'extinction ◆ **are good manners ~?** les bonnes manières n'existent-elles plus ? **b** *(= not active) [volcano]* éteint

**extinction** /ɪk'stɪŋkʃən/ **N** *(NonC) [of animal, species, race, family]* extinction *f*, disparition *f* ; *[of hopes]* anéantissement *m* ; *[of debt]* amortissement *m* ; *[of fire]* extinction *f*

**extinguish** /ɪk'stɪŋgwɪʃ/ **VT** *[+ fire, light]* éteindre ; *[+ candle]* éteindre, souffler ; *[+ hopes]* anéantir, mettre fin à ; *[+ debt]* amortir

**extinguisher** /ɪk'stɪŋgwɪʃəʳ/ **N** extincteur *m* ; → **fire**

**extirpate** /'ekstəˌpeɪt/ **VT** extirper

**extirpation** /ˌekstə'peɪʃən/ **N** *(NonC)* extirpation *f*

**extirpator** /'ekstəˌpeɪtəʳ/ **N** *(Agr, Tech)* extirpateur *m*

**extn** *(Telec)* (abbrev of **extension**) poste *m*

**extol** /ɪk'stəʊl/ **VT** *[+ person]* porter aux nues, chanter les louanges de ; *[+ act, quality]* prôner, exalter ◆ **to ~ the virtues of ...** chanter les louanges de ...

**extort** /ɪk'stɔːt/ **VT** *[+ promise, money]* extorquer, soutirer (*from* à) ; *[+ consent, promise, confes-*

*sion, secret]* arracher *(from* à) ; *[+ signature]* extorquer

**extortion** /ɪk'stɔːʃən/ N *(also Jur)* extorsion *f* ◆ **this is sheer ~!** *(fig)* c'est du vol (manifeste) !

**extortionate** /ɪk'stɔːʃənɪt/ ADJ exorbitant

**extortioner** /ɪk'stɔːʃənəʳ/, **extortionist** /ɪk'stɔːʃənɪst/ N extorqueur *m*, -euse *f*

**extra** /'ekstrə/ ADJ a *(= additional) [homework, bus, chair, costs, troops, effort]* supplémentaire ◆ **to work ~ hours** faire des heures supplémentaires ◆ **take an ~ pair of shoes** prends une autre paire de chaussures ◆ **I've set an ~ place at table** j'ai ajouté un couvert ◆ **for ~ safety** pour plus de sécurité ◆ **take ~ care!** fais bien attention ! ◆ **to earn an ~ £20 a week** gagner 20 livres de plus par semaine ◆ **there is an ~ charge for wine, the wine is ~** le vin est en supplément ◆ **there's no ~ charge for the wine** il n'y a pas de supplément pour le vin, le vin est compris ◆ **take some ~ money just to be on the safe side** prends un peu plus d'argent, on ne sait jamais *or* au cas où * ◆ **the ~ money will come in handy** l'argent en plus *or* l'argent supplémentaire pourra toujours servir ◆ **the ~ money required to complete the project** le montant supplémentaire *or* l'argent requis pour terminer le projet ◆ **to go to ~ expense** faire des frais ◆ **~ pay** supplément *m* de salaire, sursalaire *m* ; *(Mil)* supplément *m* de solde ◆ **postage and packing ~** frais d'expédition en sus ◆ **95p ~ for postage and packing** 95 pence de plus pour les frais d'expédition

b *(= spare)* ◆ **these copies are ~** ces exemplaires sont en surplus

ADV a *(= more money)* ◆ **to pay/charge ~ (for sth)** payer/faire payer un supplément (pour qch) ◆ **a room with a bath costs ~** les chambres avec salle de bains coûtent plus cher, il y a un supplément pour les chambres avec salle de bains

b *(= especially) [cautious]* encore plus ◆ **he was ~ polite/nice to her** il a été tout poli/gentil avec elle ◆ **take ~ special care when washing those glasses** faites très attention en lavant ces verres ◆ **he expected to do ~ well in the exam** il s'attendait à réussir brillamment à l'examen ◆ **to work ~ hard** travailler d'arrache-pied ◆ **~ large** *[garment]* très grand ; *[eggs, tomatoes etc]* très gros ◆ **~ virgin** *[oil]* extra vierge

N a *(= perk)* à-côté *m* ◆ **~s** *(= expenses)* frais *mpl* supplémentaires ◆ **singing and piano are ~s** *(= options)* les leçons de chant et de piano sont en option ◆ **those little ~s** *(= luxuries)* ces petites gâteries *fpl* ◆ **there are no hidden ~s** il n'y a pas de frais supplémentaires

b *(in restaurant = extra dish)* supplément *m*

c *(Cine, Theat = actor)* figurant(e) *m(f)*

d *(US = gasoline)* super(carburant) *m*

COMP ▷ **extra time** N *(esp Brit Sport)* prolongations *fpl* ◆ **the match went to ~ time** on a joué les prolongations ◆ **after ~ time** après prolongation(s)

**extra...** /'ekstrə/ PREF a *(= outside)* extra... ; → **extramarital** b *(= specially, ultra)* extra... ◆ **extradry** *[wine etc]* très sec ; *[champagne, vermouth]* extra-dry *inv* ◆ **extrafine** extrafin ◆ **extrasmart** ultrachic *inv* ◆ **extrastrong** *[person]* extrêmement fort ; *[material]* extra-solide ; → **extra-special**

**extract** /ɪk'strækt/ VT *[+ juice, minerals, oil, bullet, splinter]* extraire *(from* de) ; *[+ tooth]* arracher *(from* à) ; *[+ cork]* tirer *(from* de) ; *[+ confession, permission, promise]* arracher *(from* à) ; *[+ information]* tirer *(from* de) ; *[+ money]* tirer *(from* de) soutirer *(from* à) ; *[+ meaning]* tirer, dégager *(from* de) ◆ **to ~ pleasure from sth** tirer du plaisir de qch ◆ **to ~ DNA from sth** extraire l'ADN de qch ◆ **to ~ the square root** *(Math)* extraire la racine carrée N /'ekstrækt/ a *[of book, film, play etc]* extrait *m* ◆ **~s from Voltaire** morceaux *mpl* choisis de Voltaire b *(Pharm)* extrait *m* ; *(Culin)* extrait *m*, concentré *m* ◆ **meat ~** extrait *m* de viande

**extraction** /ɪk'strækʃən/ N a *(NonC) [of minerals, coal, oil]* extraction *f* ; *[of fluid, bone marrow]* prélèvement *m* ◆ **the ~ of confessions through torture** le fait d'arracher des aveux par la torture b *(NonC = descent)* origine *f* ◆ **to be of Scottish ~, to be Scottish by ~** être d'origine écossaise c *(Dentistry)* extraction *f*

**extractor** /ɪk'stræktəʳ/ N extracteur *m* COMP ▷ **extractor fan** N *(Brit)* ventilateur *m* ▷ **extractor hood** N *(Brit)* hotte *f* aspirante

**extracurricular** /'ekstrəkə'rɪkjʊləʳ/ ADJ *(Scol)* parascolaire, hors programme ; *[sports]* en dehors des heures de classe

**extraditable** /'ekstrə,daɪtəbl/ ADJ *[offence]* qui peut donner lieu à l'extradition ; *[person]* passible *or* susceptible d'extradition

**extradite** /'ekstrə,daɪt/ VT extrader

**extradition** /,ekstrə'dɪʃən/ N extradition *f* COMP ▷ **extradition warrant** N mandat *m* d'extradition

**extragalactic** /,ekstrəgə'læktɪk/ ADJ extragalactique COMP ▷ **extragalactic nebula** N nébuleuse *f* extragalactique

**extralinguistic** /,ekstrəlɪŋ'gwɪstɪk/ ADJ extralinguistique

**extramarital** /'ekstrə'mærɪtl/ ADJ en dehors du mariage

**extramural** /'ekstrə'mjʊərəl/ ADJ a *(esp Brit) [course]* hors faculté *(donné par des professeurs accrédités par la faculté et ouvert au public)* ◆ **~ lecture** conférence *f* publique ◆ **Department of Extramural Studies** *(Brit Univ)* ≃ Institut *m* d'éducation permanente ◆ **~ sports** *(US Scol) sports pratiqués entre équipes de différents établissements* b *[district]* extra-muros *inv*

**extraneous** /ɪk'streɪnɪəs/ ADJ a *(= irrelevant) [matter, issue, detail, thought]* sans rapport avec le sujet ◆ **~ to** étranger à b *(frm = external) [noise]* extérieur (-eure *f*)

**extranet** /'ekstrənet/ N extranet *m*

**extraordinaire** /eks,trɔːdɪ'nɛəʳ/ ADJ *(after n: esp hum)* ◆ **George Kuchar, film-maker ~** George Kuchar, cinéaste hors du commun

**extraordinarily** /ɪk'strɔːdnrɪlɪ/ ADV extraordinairement ◆ **~, nobody was killed in the explosion** fait extraordinaire, personne n'a été tué par l'explosion

**extraordinary** /ɪk'strɔːdnrɪ/ ADJ *[person, behaviour, appearance, success, courage, tale, speech]* extraordinaire ; *[insults]* incroyable ; *[violence]* inouï ◆ **there's nothing ~ about that** cela n'a rien d'extraordinaire, il n'y a rien d'extraordinaire à cela ◆ **I find it ~ that he hasn't replied** je trouve inouï qu'il n'ait pas répondu ◆ **it's ~ to think that ...** il est extraordinaire de penser que ... ◆ **it's ~ how much he resembles his brother** c'est inouï ce qu'il peut ressembler à son frère ◆ **what an ~ thing to say!** quelle idée saugrenue ! ◆ **the ~ thing is that he's right** ce qu'il y a d'extraordinaire c'est qu'il a *or* ait raison ◆ **an ~ meeting of the shareholders** une assemblée extraordinaire des actionnaires ◆ **an Extraordinary General Meeting of the Union** *(Brit)* une assemblée générale extraordinaire du syndicat ; see also **envoy**[1]

**extrapolate** /ɪk'stræpəleɪt/ VT extrapoler *(from* à partir de)

**extrapolation** /ɪk,stræpə'leɪʃən/ N extrapolation *f*

**extrasensory** /'ekstrə'sensərɪ/ ADJ extrasensoriel COMP ▷ **extrasensory perception** N perception *f* extrasensorielle

**extra-special** /,ekstrə'speʃəl/ ADJ exceptionnel ◆ **to take ~ care over sth** apporter un soin tout particulier à qch ◆ **~ occasion** grande occasion *f*

**extraterrestrial** /,ekstrətɪ'restrɪəl/ ADJ, N extraterrestre *mf*

**extraterritorial** /'ekstrə,terɪ'tɔːrɪəl/ ADJ d'exterritorialité, d'extraterritorialité

**extravagance** /ɪk'strævəgəns/ N a *(= excessive spending)* prodigalité *f* ; *(= thing bought)* dépense *f* excessive, folie *f* ◆ **gross mismanagement and financial ~** une mauvaise gestion flagrante et des dépenses excessives ◆ **buying a yacht is sheer ~** acheter un yacht est une pure folie b *(= wastefulness)* gaspillage *m* c *(= action, notion)* extravagance *f*, fantaisie *f*

**extravagant** /ɪk'strævəgənt/ ADJ a *(financially) [person]* dépensier ; *[tastes]* de luxe ; *[gift]* somptueux ; *[price]* exorbitant, prohibitif ◆ **~ spending** dépenses *fpl* excessives ◆ **it seems ~ to hire a car** ça paraît exagéré de louer une voiture ◆ **it was very ~ of him to buy this ring** il a fait une folie en achetant cette bague ◆ **to lead an ~ lifestyle** mener un train de vie fastueux ◆ **to be ~ with one's money** être dépensier ◆ **to be ~ with electricity** gaspiller l'électricité b *(= exaggerated) [person, behaviour, dress, talk, claims]* extravagant ; *[praise]* outré ◆ **to be ~ in one's praise of sb/sth** faire un éloge outré de qn/qch

**extravagantly** /ɪk'strævəgəntlɪ/ ADV *[spend]* sans compter ; *[use]* avec prodigalité ; *[entertain]* sans regarder à la dépense ; *[furnish]* avec luxe ; *[behave, dress]* d'une façon extravagante ; *[praise, thank]* à outrance ; *[expensive]* excessivement ; *[eccentric, gifted]* extrêmement ◆ **to live ~** mener un train de vie fastueux ◆ **an ~ large bouquet of flowers** un énorme bouquet de fleurs ◆ **~ elegant** d'une élégance extravagante

**extravaganza** /ɪk,strævə'gænzə/ N *(Literat, Mus)* fantaisie *f* ; *(= story)* histoire *f* extravagante *or* invraisemblable ; *(= show)* spectacle *m* somptueux ; *(= whim)* folie *f*, caprice *m*

**extravehicular** /,ekstrəvɪ'hɪkjʊləʳ/ ADJ *(Space)* extravéhiculaire

**extravert** /'ekstrə,vɜːt/ N, ADJ ⇒ **extrovert**

**extreme** /ɪk'striːm/ ADJ *(gen)* extrême ; *[praise, flattery]* outré *after n* ◆ **of ~ importance** d'une extrême importance ◆ **of ~ urgency** d'une extrême urgence, extrêmement urgent ◆ **in ~ danger** en très grand danger ◆ **the ~ end** l'extrémité *f* ◆ **~ old age** l'extrême vieillesse *f* ◆ **he died in ~ poverty** il est mort dans une misère extrême ◆ **in the ~ distance** au loin ◆ **the ~ north** l'extrême nord *m* ◆ **to the ~ right** à l'extrême droite ◆ **the ~ left/right** *(Pol)* l'extrême gauche *f*/droite *f* ◆ **to be ~ in one's opinions** avoir des opinions extrêmes, être extrémiste

N extrême *m* ◆ **in the ~** *[difficult, irritating, wealthy, helpful, interesting]* à l'extrême ◆ **to go from one ~ to the other** passer d'un extrême à l'autre ◆ **~s of temperature** des écarts *mpl* extrêmes de température ◆ **~s meet** les extrêmes se touchent ◆ **to go to ~s** pousser les choses à l'extrême ◆ **I won't go to that ~** je ne veux pas aller jusqu'à ces extrémités

COMP ▷ **extreme sport** N sport *m* extrême ▷ **extreme unction** N extrême-onction *f*

**extremely** /ɪk'striːmlɪ/ ADV *[happy, difficult, important, high, helpful]* extrêmement ♦ **to be ~ talented/successful** avoir énormément de talent/succès

**extremism** /ɪk'striːmɪzəm/ N extrémisme *m*

**extremist** /ɪk'striːmɪst/ ADJ, N extrémiste *mf*

**extremity** /ɪk'stremɪtɪ/ N **a** *(= furthest point)* extrémité *f* ♦ **extremities** *(= hands and feet)* extrémités *fpl* **b** *[of despair, happiness]* extrême *or* dernier degré *m* ; *(= extreme act)* extrémité *f* ♦ **to drive sb to extremities** pousser qn à une extrémité **c** *(= danger, distress)* extrémité *f* ♦ **to help sb in his ~** venir en aide à qn qui est aux abois

**extricate** /'ekstrɪkeɪt/ VT *[+ object]* dégager *(from* de) ♦ **to ~ o.s.** s'extirper *(from* de) ; *(fig)* se tirer *(from* de) ♦ **to ~ sb from a nasty situation** tirer qn d'un mauvais pas

**extrication** /ˌekstrɪ'keɪʃən/ N *[of object]* dégagement *m* ♦ **to be in debt without hope of ~** être endetté sans espoir de s'en sortir

**extrinsic** /ek'strɪnsɪk/ ADJ extrinsèque

**extroversion** /ˌekstrə'vɜːʃən/ N extraversion *or* extroversion *f*

**extrovert** /'ekstrəʊˌvɜːt/ *(esp Brit)* ADJ extraverti *or* extroverti N extraverti(e) *or* extroverti(e) *m(f)* ♦ **he's an ~** il s'extériorise (beaucoup)

**extroverted** /'ekstrəʊˌvɜːtɪd/ ADJ *(esp US)* ⇒ **extrovert**

**extrude** /ɪk'struːd/ VT rejeter *(from* hors de) expulser *(from* de) ; *[+ metal, plastics]* extruder

**extrusion** /ɪk'struːʒən/ N *(Tech)* extrusion *f*

**extrusive** /ɪk'struːsɪv/ ADJ extrusif

**exuberance** /ɪg'zjuːbərəns/ N *[of person]* exubérance *f* ; *[of vegetation]* exubérance *f*, luxuriance *f* ; *[of words, images]* richesse *f*, exubérance *f*

**exuberant** /ɪg'zjuːbərənt/ ADJ *[person, personality, mood, style, film, music]* exubérant ; *[growth, vegetation]* exubérant, luxuriant ; *[colour]* vif ; *[painting]* d'un style exubérant

**exuberantly** /ɪg'zjuːbərəntlɪ/ ADV **a** *(= high-spiritedly) [laugh, embrace]* avec exubérance ♦ **to be ~ happy** manifester une joie exubérante **b** *(Bot = vigorously)* ♦ **to grow ~** être luxuriant

**exude** /ɪg'zjuːd/ VI suinter, exsuder *(from* de) VT *[+ resin, blood]* exsuder ♦ **to ~ water or moisture** suinter ♦ **he ~d charm** le charme lui sortait par tous les pores ♦ **he ~s confidence** il respire la confiance en soi

**exult** /ɪg'zʌlt/ VI *(= rejoice)* se réjouir *(in* de ; *over* à propos de) exulter ; *(= triumph)* jubiler, chanter victoire ♦ **to ~ at finding** *or* **to find** se réjouir grandement *or* exulter de trouver

**exultant** /ɪg'zʌltənt/ ADJ *[person, mood, tone, expression]* jubilant, triomphant ; *[joy]* triomphant ♦ **to be** *or* **feel ~, to be in an ~ mood** être d'humeur joyeuse

**exultantly** /ɪg'zʌltəntlɪ/ ADV en exultant, en jubilant

**exultation** /ˌegzʌl'teɪʃən/ N exultation *f*, jubilation *f*

**exurbia** /eks'ɜːbɪə/ N *(US)* la banlieue aisée

**ex-wife** /ˌeks'waɪf/ N (pl **ex-wives**) ex-femme *f*

**ex-works** /ˌeks'wɜːks/ ADJ *(Brit Comm) [price]* départ usine ; see also **ex prep**

## eye /aɪ/

| | |
|---|---|
| 1 NOUN | 3 COMPOUNDS |
| 2 TRANSITIVE VERB | 4 PHRASAL VERB |

### 1 - NOUN

**a** of person, animal œil *m* (yeux *pl*) ♦ **to have brown ~s** avoir les yeux marron ♦ **a girl with blue ~s** une fille aux yeux bleus ♦ **before my very ~s** sous mes yeux ♦ **it's there in front of your very ~s** tu l'as sous les yeux, c'est sous ton nez * ♦ **with tears in her ~s** les larmes aux yeux ♦ **to have the sun in one's ~s** avoir le soleil dans les yeux ♦ **I haven't got ~s in the back of my head** je n'ai pas des yeux dans le dos ♦ **he must have ~s in the back of his head!** il n'a pas les yeux dans sa poche ! ♦ **to let one's ~ rest on sb/sth** poser son regard sur qn/qch ♦ **I've never set** *or* **clapped** * *or* **laid ~s on him** je ne l'ai jamais vu de ma vie ♦ **use your ~s!** tu es aveugle ? ♦ **~s front!** *(Mil)* fixe ! ♦ **~s right!** *(Mil)* tête (à) droite ! ♦ **an ~ for an ~ and a tooth for a tooth** œil pour œil, dent pour dent ♦ **for your eyes only** *(fig)* ultraconfidentiel ♦ **"eyes only"** *(US: on documents)* "top secret"

**b** of object *[of needle]* chas *m*, œil *m* (œils *pl*) ; *[of potato, peacock's tail]* œil *m* (yeux *pl*) ; *[of hurricane]* œil *m* ; *[of camera]* objectif *m* ; *(= photoelectric cell)* œil *m* électrique ♦ **the ~ of the storm** *(fig)* l'œil *m* du cyclone

**c** set structures

♦ **to close** *or* **shut one's eyes to** ♦ **to close** *or* **shut one's ~s to sb's shortcomings** fermer les yeux sur les faiblesses de qn ♦ **to close** *or* **shut one's ~s to the evidence** refuser *or* nier l'évidence ♦ **to close** *or* **shut one's ~s to the dangers of sth/to the truth** refuser de voir les écueils de qch/la vérité en face ♦ **one can't close** *or* **shut one's ~s to the fact that ...** il faut bien reconnaître que ... ♦ **he preferred to close his ~s to the possibility of war** il refusait d'envisager la guerre

♦ **to get one's eye in** ajuster son coup d'œil

♦ **to give sb the eye** * faire de l'œil * à qn

♦ **to have an eye for** ♦ **she has an ~ for a bargain** elle flaire *or* elle reconnaît tout de suite une bonne affaire ♦ **she has** *or* **she's got an ~ for antiques** elle a le coup d'œil pour les antiquités

♦ **to have eyes for** ♦ **he only had ~s for her** il n'avait d'yeux que pour elle ♦ **they only have ~s for the championship** ils ne pensent qu'au championnat

♦ **to have (got) one's/an eye on** ♦ **he's got his ~ on the championship** il lorgne le championnat ♦ **I've already got my ~ on a house** j'ai déjà une maison en vue ♦ **to have an ~ on sb for a job** avoir qn en vue pour un poste ♦ **he had his ~ on a job in the Foreign Office** il visait un poste au ministère des Affaires étrangères

♦ **to keep + eye(s)** ♦ **he couldn't keep his ~s open** * il dormait debout ♦ **to keep one's ~s wide open** garder les yeux grand(s) ouverts ♦ **to keep one's ~ on the ball** *(lit)* fixer la balle ; *(fig)* rester vigilant ♦ **keeping his ~ on the bear, he seized his gun** sans quitter l'ours des yeux, il a empoigné son fusil ♦ **keep your ~ on the main objective** ne perdez pas de vue le but principal ♦ **to keep an ~ on things** *or* **on everything** * garder la boutique * ♦ **will you keep an ~ on the baby/shop?** vous pouvez surveiller le bébé/le magasin ? ♦ **to keep an ~ on expenditure** surveiller ses dépenses ♦ **to keep one's ~s open** *or* **peeled** ‡ *or* **skinned** ‡ ouvrir l'œil ♦ **keep your ~s open for** *or* **keep an ~ out for a hotel** * essayez de repérer * un hôtel ♦ **to keep a strict ~ on sb** surveiller qn de près, tenir qn à l'œil *

♦ **to make eyes at sb** * faire de l'œil à qn *

♦ **to open sb's eyes to** ♦ **this will open his ~s to the truth** ça va lui ouvrir *or* dessiller les yeux

♦ **to take one's eye off** ♦ **he didn't take his ~s off her** il ne l'a pas quittée des yeux ♦ **he couldn't take his ~s off the cakes** il ne pouvait pas s'empêcher de lorgner les gâteaux, il dévorait les gâteaux des yeux ♦ **to take one's ~ off the ball** *(lit)* arrêter de fixer le ballon ; *(fig)* avoir un moment d'inattention

♦ **all eyes** ♦ **all ~s are on him** tous les regards sont tournés vers lui ♦ **all ~s are on the conference** tous les regards convergent sur la conférence ♦ **to be all ~s** * être tout yeux

♦ **eye to eye** ♦ **to see ~ to ~ with sb** *(on specific issue)* partager le point de vue de qn, être d'accord avec qn ♦ **we rarely see ~ to ~** nous sommes rarement d'accord

♦ **my eye** ♦ **my ~!** ‡ mon œil ! ‡ ♦ **it's all my ~** ‡ tout ça, c'est des foutaises *

♦ **in + eye(s)** *(fig)* ♦ **it hits you in the ~** cela saute aux yeux ♦ **that's one in the ~ for him** * c'est bien fait pour lui *or* pour sa poire ‡ ♦ **in the ~s of ...** aux yeux de ... ♦ **in his ~s** à ses yeux ♦ **in the ~s of the law** au regard de *or* aux yeux de la loi

♦ **through sb's eyes** ♦ **to look at sth through someone else's ~s** examiner qch du point de vue de quelqu'un d'autre ♦ **to look at a question through the ~s of an economist** envisager une question du point de vue de l'économiste

♦ **under the eye of** sous la surveillance de, sous l'œil de

♦ **up to the/one's eyes** ♦ **to be up to one's ~s in work** être débordé (de travail) ♦ **to be up to one's ~s in paperwork** être dans la paperasserie jusqu'au cou * ♦ **to be up to one's ~s in debt** être endetté jusqu'au cou ♦ **he's in it up to the** *or* **his ~s** * *(in crime, plot, conspiracy)* il est mouillé * jusqu'au cou

♦ **with + eye(s)** ♦ **with one's ~s closed** *or* **shut** les yeux fermés ♦ **with ~s half-closed** *or* **half-shut** les yeux mi-clos ♦ **with my own ~s** de mes propres yeux ♦ **I saw him with my own ~s** je l'ai vu de mes propres yeux ♦ **he went into it with his ~s wide open** *or* **with open ~s** il s'y est lancé en toute connaissance de cause ♦ **I could do it with my ~s shut** *(fig)* je pourrais le faire les yeux fermés ♦ **with an ~ to the future** en prévision de l'avenir ♦ **to look at a house with an ~ to buying** visiter une maison que l'on envisage d'acheter ♦ **he's a man with an ~ for quality** c'est un homme qui sait reconnaître la bonne qualité ♦ **a writer with an ~ for detail** un auteur qui a le sens du détail ♦ **with a critical/a jealous/an uneasy** *etc* **~** d'un œil critique/jaloux/inquiet *etc* ; → **catch, fall, far, half, look, main, mind, open, private, run**

### 2 - TRANSITIVE VERB

*[+ person]* regarder, mesurer du regard ; *[+ thing]* regarder, observer ♦ **to ~ sb from head to toe** toiser qn de la tête aux pieds

### 3 - COMPOUNDS

▷ **eye candy** * N *(= woman)* belle fille *f* ; *(= man)* beau mec * *m* ▷ **eye-catcher** N personne *f* (*or* chose *f*) qui attire l'œil ▷ **eye-catching** ADJ *[dress, colour]* qui attire l'œil ; *[publicity, poster]* accrocheur ▷ **eye contact** N ♦ **to establish/avoid ~ contact with sb** regarder/éviter de regarder qn dans les yeux ▷ **eye doctor** N *(US)* oculiste *mf* ; *(prescribing)* ophtalmologue *mf* ▷ **eye job** * N *opération de chirurgie esthétique aux yeux*

▷ **eye level** **N** ◆ **at ~ level** au niveau des yeux ▷ **eye-level grill** **N** gril *m* surélevé ▷ **eye-opener** * **N** *(= surprise)* révélation *f*, surprise *f* ; *(US) (= drink)* petit verre *m* pris au réveil ◆ **that was an ~-opener for him** cela lui a ouvert les yeux ◆ **his speech was an ~-opener** son discours a été très révélateur ▷ **eye-patch** **N** cache *m*, bandeau *m* ▷ **eye socket** **N** orbite *f* ▷ **eye test** **N** examen *m* de la vue

4 - PHRASAL VERB

► **eye up** * **VT SEP** *(Brit)* reluquer * ◆ **he was ~ing up the girls** il reluquait les filles

**eyeball** /ˈaɪbɔːl/ **N** globe *m* oculaire ◆ **to stand ~ to ~ with sb** * se trouver nez à nez avec qn ◆ **to be up to one's ~s in work** * être débordé (de travail) ◆ **to be up to one's ~s in debt/paperwork** * être endetté/être dans la paperasserie jusqu'au cou * **VT** ‡ zieuter ‡

**eyebank** /ˈaɪbæŋk/ **N** *(Med)* banque *f* des yeux

**eyebath** /ˈaɪbɑːθ/ **N** *(esp Brit)* œillère *f*

**eyebrow** /ˈaɪbraʊ/ **N** sourcil *m* **COMP** ▷ **eyebrow pencil** **N** crayon *m* à sourcils ▷ **eyebrow tweezers** **NPL** pince *f* à épiler

**eyecup** /ˈaɪkʌp/ **N** *(US)* ⇒ **eyebath**

**-eyed** /aɪd/ **ADJ** *(in compounds)* ◆ **big-eyed** aux grands yeux ◆ **brown-eyed** aux yeux marron ◆ **one-eyed** *(lit)* borgne ; *(* fig)* miteux, minable ; → **dry, hollow**

**eyedrops** /ˈaɪdrɒps/ **NPL** gouttes *fpl* pour les yeux, collyre *m*

**eyeful** /ˈaɪfʊl/ **N** ◆ **he got an ~ of mud** il a reçu de la boue plein les yeux ◆ **she's quite an ~** * cette fille, c'est un régal pour l'œil, elle est vraiment canon * ◆ **get an ~ of this!** ‡ vise un peu ça ! ‡

**eyeglass** /ˈaɪglɑːs/ **N** monocle *m*

**eyeglasses** /ˈaɪglɑːsɪz/ **NPL** *(esp US)* lunettes *fpl*

**eyelash** /ˈaɪlæʃ/ **N** cil *m*

**eyelet** /ˈaɪlɪt/ **N** œillet *m (dans du tissu etc)*

**eyelid** /ˈaɪlɪd/ **N** paupière *f*

**eyeliner** /ˈaɪlaɪnəʳ/ **N** eye-liner *m*

**eyepiece** /ˈaɪpiːs/ **N** oculaire *m*

**eyeshade** /ˈaɪʃeɪd/ **N** visière *f*

**eyeshadow** /ˈaɪʃædəʊ/ **N** fard *m* à paupières

**eyesight** /ˈaɪsaɪt/ **N** vue *f* ◆ **to have good ~** avoir une bonne vue *or* de bons yeux ◆ **to lose one's ~** perdre la vue ◆ **his ~ is failing** sa vue baisse

**eyesore** /ˈaɪsɔːʳ/ **N** horreur *f* ◆ **these ruins are an ~** ces ruines sont une horreur *or* sont hideuses

**eyestrain** /ˈaɪstreɪn/ **N** ◆ **to have ~** avoir les yeux fatigués

**eyetooth** /ˈaɪtuːθ/ **N** (pl **eyeteeth** /ˈaɪtiːθ/) canine *f* supérieure ◆ **I'd give my eyeteeth * for a car like that/to go to China** qu'est-ce que je ne donnerais pas pour avoir une voiture comme ça/pour aller en Chine

**eyewash** /ˈaɪwɒʃ/ **N** **a** *(Med)* collyre *m* **b** **that's a lot of ~** ‡ *(= nonsense)* ce sont des fadaises, c'est du vent ; *(to impress)* c'est de la frime *, c'est de la poudre aux yeux

**eyewear** /ˈaɪwɛəʳ/ **N** *(NonC)* lunettes *fpl*, lunetterie *f*

**eyewitness** /ˈaɪˌwɪtnɪs/ **N** témoin *m* oculaire *or* direct **COMP** ▷ **eyewitness account** **N** *(in media)* récit *m* de témoin oculaire ; *(to police)* déposition *f* de témoin oculaire

**eyrie** /ˈɪərɪ/ **N** aire *f (d'aigle)*

**Ezekiel** /ɪˈziːkɪəl/ **N** Ézéchiel *m*

**e-zine** /ˈiːziːn/ **N** e-zine *m*

# F

**F, f** /ef/ N a (= letter) F, f m ◆ **F for Freddy, F for fox** (US) F comme François ; see also **f-word, f-number, f-stop** b (Mus) fa m c (Scol = mark) faible d abbrev of **Fahrenheit** e (abbrev of **fiscal year**) → **fiscal**

**FA** /efˈeɪ/ (Brit) a (abbrev of **Football Association**) fédération anglaise de football b ‡ (abbrev of **Fanny Adams**) → **Fanny**

**fa** /fɑː/ N (Mus) fa m

**FAA** /ˌefeɪˈeɪ/ N (US) (abbrev of **Federal Aviation Administration**) → **federal**

**fab** ‡ /fæb/, **fabby** ‡ /ˈfæbɪ/ ADJ (Brit) (abbrev of **fabulous**) sensass *

**Fabian** /ˈfeɪbɪən/ N (Pol) Fabien(ne) m(f) ADJ fabien COMP ▷ **Fabian Society** N Association f fabienne

**fable** /ˈfeɪbl/ N (Literat, fig) fable f ; → **fact**

**fabled** /ˈfeɪbld/ ADJ légendaire

**fabric** /ˈfæbrɪk/ N a (= cloth) tissu m, étoffe f ◆ **cotton ~s** cotonnades fpl ◆ **woollen ~s** lainages mpl b [of building, system] structure f ◆ **the social ~ of our country** le tissu social de notre pays COMP ▷ **fabric conditioner, fabric softener** N produit m assouplissant

**fabricate** /ˈfæbrɪkeɪt/ VT a (= manufacture) [+ goods] fabriquer b (= invent) [+ story, account] inventer, fabriquer ; [+ evidence] fabriquer ; [+ document] contrefaire ◆ **to ~ an allegation** avancer une allégation ◆ **to ~ an invoice** établir une fausse facture

**fabrication** /ˌfæbrɪˈkeɪʃən/ N a (= lie) ◆ **it is (a) pure ~** c'est une invention pure et simple b (NonC = invention) [of story, account] invention f ; [of document] fabrication f ◆ **~ of evidence** (Jur) fabrication f de (fausses) preuves c (= manufacturing) [of goods] fabrication f

**fabulist** /ˈfæbjʊlɪst/ N (Literat) fabuliste m

**fabulous** /ˈfæbjʊləs/ ADJ a (= incredible) fabuleux b (* = wonderful) [prize, holiday, opportunity, weather] fabuleux ◆ **~ prices** des prix astronomiques ◆ **~!** chouette ! * c (liter = mythical) [beast, monster] fabuleux (liter)

**fabulously** /ˈfæbjʊləslɪ/ ADV [wealthy, rich] fabuleusement ; [expensive] incroyablement ◆ **to be ~ successful** avoir un succès fabuleux

**façade** /fəˈsɑːd/ N (Archit, fig) façade f

## face /feɪs/

| | |
|---|---|
| 1 NOUN | 3 INTRANSITIVE VERB |
| 2 TRANSITIVE VERB | 4 COMPOUNDS |
| 5 PHRASAL VERBS | |

### 1 - NOUN

a [Anat] visage m ◆ **a pleasant ~** un visage agréable ◆ **he stuck his ~ out of the window** il a passé la tête par la fenêtre ◆ **I know that ~, that ~ is familiar** ce visage me dit quelque chose ◆ **injuries to the ~** blessures fpl à la face or au visage ◆ **to have one's ~ lifted** se faire faire un lifting ◆ **to put one's ~ on** * se faire une beauté * ◆ **he won't show his ~ here again** il ne remettra plus les pieds ici ◆ **to go red in the ~** rougir ◆ **I could never look him in the ~ again** je ne pourrais plus le regarder en face ◆ **to be written across or all over or on sb's ~** se lire sur le visage de qn ◆ **you're lying, it's written all over your ~!** * tu mens, ça se lit sur ton visage !

◆ **in one's face** ◆ **the rain was blowing in our ~s** la pluie nous fouettait le visage ◆ **it blew up in my ~** (lit) ça m'a explosé à la figure ◆ **his plan blew up in his ~** son plan s'est retourné contre lui ; → **in-your-face**

◆ **in the face of** ◆ **courage in the ~ of the enemy** courage m face à l'ennemi ◆ **they remained defiant in the ~ of international condemnation** ils persistaient à défier la condamnation internationale ◆ **in the ~ of this threat** devant cette menace, face à cette menace ◆ **to smile in the ~ of adversity** garder le sourire (malgré les problèmes) ◆ **he succeeded in the ~ of great difficulties** il a réussi en dépit de grandes difficultés

◆ **to sb's face** ◆ **he told him so to his ~** il le lui a dit en face or sans détour ◆ **he told him the truth to his ~** il lui a dit la vérité sans détour

◆ **face to face** ◆ **to come ~ to ~ with** (= meet) se trouver face à face or nez à nez avec ; (= confront) [+ problem, difficulty] devoir affronter ◆ **to bring two people ~ to ~** confronter deux personnes ; see also **compounds**

◆ **to be off one's face** ‡ (Brit) être bourré ‡

◆ **out of sb's face** ‡ ◆ **get out of my ~!** fous-moi la paix ! ‡

b [= front] ◆ **he was lying ~ down(wards)** (on ground) il était face contre terre or à plat ventre ; (on bed, sofa) il était à plat ventre ◆ **he was lying ~ up(wards)** il était allongé sur le dos ◆ **to fall (flat) on one's ~** (lit) tomber à plat ventre, tomber face contre terre ; (fig) se planter *

c [= expression] mine f ◆ **to make or pull ~s (at)** faire des grimaces (à) ◆ **to make or pull a (disapproving) ~** faire la moue ◆ **to put a bold or brave ~ on things** faire bonne contenance ◆ **they're trying to put a good ~ on it** ils font contre mauvaise fortune bon cœur ◆ **to set one's ~ against sth** s'élever contre qch ◆ **to set one's ~ against doing sth** se refuser à faire qch

d [= appearance] visage m ◆ **to change the ~ of a town** changer le visage d'une ville ◆ **the changing ~ of Malaysian politics** le visage changeant de la politique malaise ◆ **the unacceptable ~ of capitalism** la face inacceptable du capitalisme

◆ **on the face of it** à première vue

e [* = person] visage m ; (= celebrity) nom m (connu) ◆ **a familiar ~** un visage familier ◆ **among familiar ~s** parmi des visages familiers or connus ◆ **the new committee includes many of the same old ~s** on retrouve les mêmes visages dans le nouveau comité ◆ **we need some new or fresh ~s on the team** notre équipe a besoin de sang neuf

f [of building] façade f

g [of clock] cadran m

h [Climbing] [of mountain] face f ; [of cliff] paroi f ◆ **the north ~ of the Eiger** la face nord de l'Eiger

i [= surface] [of coin] côté m ; [of the earth] surface f ; [of document] recto m ; [of playing card] face f, dessous m ◆ **it fell ~ up/down** [playing card, photo] elle est tombée face en dessus/en dessous ; [coin] elle est tombée côté face/pile ◆ **to turn sth ~ up** retourner or mettre qch à l'endroit ◆ **he vanished off the ~ of the earth** il a complètement disparu

j [Typ] œil m

k [= prestige] **to lose ~** * perdre la face ; → **loss**

l [= impertinence] ◆ **to have the ~ * to do sth** avoir le toupet * de faire qch

### 2 - TRANSITIVE VERB

a [= turn one's face towards] faire face à ◆ **he turned and ~d the man** il se retourna et fit face à l'homme ◆ **~ this way!** tournez-vous de ce côté !

b [= have one's face towards] faire face à, être en face de ◆ **he was facing me** il me faisait face ◆ **facing one another** en face l'un de l'autre, l'un en face de l'autre ◆ **the two boys ~d each other** les deux garçons se faisaient face or étaient face à face ◆ **he**

**was facing the wall** il était face au mur ◆ **to ~ both ways** *(fig)* ménager la chèvre et le chou

**c** [= have its front towards] *(gen)* faire face à ; *(= look out onto) [building, window]* faire face à, donner sur ◆ **the seats were all facing the platform** les sièges faisaient tous face à l'estrade ◆ **the picture facing page 16** l'illustration en regard de *or* en face de la page 16 ◆ **which way does the house ~?** comment la maison est-elle orientée ? ◆ **the house ~s north** la maison est orientée au nord

**d** [= confront] *[problem, task, situation]* se présenter à ◆ **two problems/tasks ~d them** deux problèmes/tâches se présentaient à eux, ils se trouvaient devant deux problèmes/tâches ◆ **the problem facing us** le problème devant lequel nous nous trouvons *or* qui se pose à nous ◆ **the economic difficulties facing the country** les difficultés économiques que rencontre le pays *or* auxquelles le pays doit faire face

♦ **faced with** ◆ **the government, ~d with renewed wage demands ...** le gouvernement, confronté à de nouvelles revendications salariales ... ◆ **he was ~d with a class who refused to cooperate** il se trouvait face à *or* confronté à une classe qui refusait de coopérer ◆ **~d with the task of deciding, he ...** se trouvant dans l'obligation de prendre une décision, il ... ◆ **he was ~d with having to pay £100** *or* **with a bill for £100** il se voyait contraint *or* obligé de payer (une note de) 100 livres ◆ **he was ~d with the possibility that they might refuse** il risquait de les voir refuser ◆ **he was ~d with the prospect of doing it himself** il risquait d'avoir à le faire lui-même ◆ **~d with the prospect of having to refuse, he ...** face à *or* devant la perspective d'avoir à refuser, il ...

♦ **to face sb with sth** ◆ **you must ~ him with this choice/the decision** vous devez le contraindre à faire face à ce choix/cette décision ◆ **you must ~ him with the truth** vous devez le contraindre à regarder la vérité en face

**e** [= look at honestly] *[+ problem]* faire face à ; *[+ truth]* regarder en face ◆ **she ~d the problem at last** elle a enfin fait face au problème ◆ **to ~ the music** braver l'orage *or* la tempête ◆ **sooner or later he'll have to ~ the music** tôt ou tard, il va devoir braver l'orage *or* la tempête ◆ **to ~ (the) facts** regarder les choses en face, se rendre à l'évidence ◆ **she won't ~ the fact that he's not going to come back** elle ne veut pas se rendre à l'évidence et admettre qu'il ne reviendra pas ◆ **let's ~ it** * regardons les choses en face

♦ **can't/couldn't face** ◆ **I can't ~ doing it** je n'ai pas le courage de le faire ◆ **I can't ~ breakfast this morning** je ne peux rien avaler ce matin ◆ **I can't ~ him/the washing up** je n'ai pas le courage de le voir/de faire la vaisselle ◆ **I couldn't ~ this alone** je ne pourrais pas y faire face tout seul

**f** [= risk incurring] *[+ fine, charges, prison, defeat, death]* risquer ; *[+ unemployment, redundancy]* être menacé de ◆ **he ~s life in prison if convicted** il risque la prison à vie s'il est reconnu coupable ◆ **many people were facing redundancy** beaucoup de gens étaient menacés de licenciement *or* risquaient d'être licenciés

**g** [= line] *[+ wall]* revêtir (*with* de) ; *(Sewing)* doubler ◆ **the hood is ~d with silk** la capuche est doublée de soie

3 - INTRANSITIVE VERB

**a** [person] *(= turn one's face)* se tourner (*towards* vers) ; *(= be turned)* être tourné (*towards* vers) faire face (*towards* à) ◆ **he was facing towards the audience** il faisait face au public ◆ **right ~!** *(US Mil)* à droite, droite ! ◆ **about ~!** *(US Mil)* demi-tour !

**b** [house] être exposé *or* orienté ◆ **a window facing south** une fenêtre orientée au sud ◆ **a room facing towards the sea** une chambre donnant sur la mer

4 - COMPOUNDS

▷ **face card** N *(US)* figure *f (de jeu de cartes)* ▷ **face cloth** N ⇒ **face flannel** ▷ **face cream** N crème *f* pour le visage ▷ **face flannel** N *(Brit)* ≃ gant *m* de toilette ▷ **face guard** N *(Baseball)* visière *f* de protection ▷ **face-lift** N lifting *m* ◆ **to have a ~-lift** se faire faire un lifting ◆ **to give a ~-lift** * **to** *(fig) [+ house] (exterior)* ravaler la façade de ; *(interior)* retaper ; *[+ political party, company]* rajeunir l'image de ◆ **the town/the park/the garden has been given a ~-lift** * la ville/le parc/le jardin a fait peau neuve ▷ **face mask** N masque *m* ; *(Cosmetics)* masque *m* (de beauté) ▷ **face-off** N *(Hockey)* remise *f* en jeu ; *(fig)* confrontation *f* ▷ **face pack** N masque *m* (de beauté) ▷ **face powder** N poudre *f* de riz ▷ **face-saver** N → **face-saving** ▷ **face-saving** ADJ qui sauve la face N ◆ **it was clearly a piece of ~-saving** *or* **a ~-saver on their part** ils ont visiblement fait cela pour sauver la face ▷ **face-to-face** ADJ face à face, nez à nez ◆ **~-to-~ discussion** *(TV etc)* face à face *m inv*, face-à-face *m inv* ▷ **face value** N valeur *f* nominale ◆ **to take a statement at (its) ~ value** *(fig)* prendre une déclaration au pied de la lettre ◆ **to take sb at ~ value** juger qn sur les apparences ◆ **you can't take it at (its) ~ value** il ne faut pas vous laisser tromper par les apparences

5 - PHRASAL VERBS

► **face about** VI *(Mil)* faire demi-tour

► **face down** VT SEP *(esp US)* défier du regard

► **face out** * VT SEP *(Brit)* ◆ **to face it out** faire front ◆ **to ~ out a crisis** faire face à *or* affronter une crise

► **face up to** VT FUS *[+ danger, difficulty]* faire face à, affronter ; *[+ responsibilities]* faire face à ◆ **to ~ up to the fact that ...** admettre *or* accepter (le fait) que ...

**faceless** /ˈfeɪslɪs/ ADJ *[person]* sans visage ; *[place]* anonyme ◆ **he thinks politicians are just ~ wonders** pour lui, les hommes politiques sont tous les mêmes

**facer** * /ˈfeɪsəʳ/ N *(Brit)* ◆ **it was a real ~** c'était un sacré * problème

**facet** /ˈfæsɪt/ N *(lit, fig)* facette *f*

**faceted** /ˈfæsɪtɪd/ ADJ à facettes

**facetious** /fəˈsiːʃəs/ ADJ *[person]* facétieux

**facetiously** /fəˈsiːʃəslɪ/ ADV facétieusement

**facetiousness** /fəˈsiːʃəsnɪs/ N *[of person]* esprit *m* facétieux ; *[of remark]* caractère *m or* côté *m* facétieux ; *(= jokes)* facéties *fpl*

**facia** /ˈfeɪʃɪə/ N ⇒ **fascia**

**facial** /ˈfeɪʃəl/ ADJ *[nerve, muscles, massage]* facial ; *[expression]* du visage ; *[injury]* au visage ◆ **~ features** traits *mpl* (du visage) N * soin *m* (complet) du visage ◆ **to have a ~** se faire faire un soin du visage ◆ **to give o.s. a ~** se faire un nettoyage de peau COMP ▷ **facial hair** N poils *mpl* du visage ▷ **facial scrub** N exfoliant *m*, produit *m* gommant (pour le visage) ▷ **facial wash** N lotion *f* (pour le visage)

**facially** /ˈfeɪʃəlɪ/ ADV ◆ **~ disfigured** défiguré ◆ **to be ~ scarred** avoir une (*or* des) cicatrice(s) au visage ◆ **they are ~ similar** leurs visages se ressemblent

**facies** /ˈfeɪʃɪiːz/ N *(pl inv)* faciès *m*

**facile** /ˈfæsaɪl/ ADJ *(pej) [talk, idea, style]* superficiel ; *[optimism, solution, comparison, victory]* facile *(pej)* ; *[question]* simpliste ◆ **it is ~ to suggest that ...** c'est un peu facile de suggérer que ...

**facilely** /ˈfæsaɪllɪ/ ADV aisément

**facilitate** /fəˈsɪlɪteɪt/ VT faciliter VI *(= act as mediator)* faire office de facilitateur (*or* de facilitatrice) ; *(= act as group leader)* faire office d'animateur (*or* d'animatrice)

**facilitator** /fəˈsɪlɪteɪtəʳ/ N *(= mediator)* facilitateur *m*, -trice *f* ; *(= group leader)* animateur *m*, -trice *f*

**facility** /fəˈsɪlɪtɪ/ N **a** ◆ **facilities** *(= equipment, material)* équipements *mpl* (*for* de) ; *(= place, installation)* installations *fpl* ◆ **military facilities** installations *fpl* militaires ◆ **sports/educational facilities** équipements *mpl* sportifs/scolaires ◆ **storage facilities** *(Ind)* installations *fpl* d'entreposage, entrepôts *mpl* ; *(in house = wardrobes, cupboards etc)* espaces *mpl* de rangement ◆ **a large hotel with all facilities** un grand hôtel doté de tout le confort moderne ◆ **toilet facilities** toilettes *fpl*, sanitaires *mpl* ◆ **health care facilities** services *mpl* de santé, infrastructure *f* médicale ◆ **child care facilities** *(= crèches)* crèches *fpl* ; *(for older children)* garderies *fpl* ◆ **we offer facilities for childminding from 8am to 8pm** nous proposons une crèche *or* garderie pour les enfants de 8 heures à 20 heures ◆ **play facilities for young children** un espace de jeu pour les petits enfants ◆ **there are no facilities for children/the disabled** ce n'est pas aménagé pour les enfants/les handicapés ◆ **the flat has no cooking facilities** l'appartement n'est pas équipé pour faire la cuisine

**b** *(= means (of doing sth))* moyens *mpl* (*for* de) possibilité *f* (*for doing sth* de faire qch) ◆ **transport/production facilities** moyens *mpl* de transport/de production ◆ **a ~ for converting part of one's pension into ...** la possibilité de convertir une partie de sa retraite en ... ◆ **the bank offers the ~ to pay over 50 weeks** la banque offre la possibilité d'étaler les paiements sur 50 semaines ◆ **we have no ~** *or* **facilities for disposing of toxic waste** nous ne sommes pas en mesure d'éliminer les déchets toxiques ◆ **you will have all facilities** *or* **every ~ for study** vous aurez toutes facilités *or* tout ce qu'il faut pour étudier ◆ **a computer with the ~ to reproduce speech** un ordinateur capable de reproduire le son de la voix ◆ **the machine does not have the ~ to run this program** l'appareil ne permet pas d'exécuter ce programme ; → **overdraft**

**c** *(Tech etc = device)* mécanisme *m* ; *(Comput)* fonction *f* ◆ **the clock has a stopwatch ~** le réveil peut aussi servir de chronomètre ◆ **the oven has an automatic timing ~** le four est doté d'un minuteur automatique ◆ **there's a ~ for storing data** *(Comput)* il y a une fonction de mise en mémoire des données

**d** *(= place, building)* ◆ **the museum has a ~ where students can work** le musée met à la disposition des étudiants un endroit où travailler ◆ **student facilities include a library and language laboratory** les étudiants disposent notamment d'une bibliothèque et d'un laboratoire de langues ◆ **a newly-built manufacturing ~** une nouvelle usine ◆ **nuclear ~** *(= arms factory)* usine *f* nucléaire ; *(= power station)* centrale *f* nucléaire e *(NonC = ease)* facilité *f* ◆ **to write/speak/express o.s. with ~** écrire/parler/s'exprimer avec facilité *or* aisance

f *(= person's talent, ability)* **her ~ in** *or* **for learning, her learning ~** sa facilité à apprendre ◆ **he has a great ~ for languages/maths** il est très doué pour les langues/les maths, il a beaucoup de facilité en langues/maths

**facing** /ˈfeɪsɪŋ/ N *(Constr)* revêtement *m* ; *(Sewing)* revers *m*

**-facing** /ˈfeɪsɪŋ/ ADJ *(in compounds)* ◆ **south/north~** exposé au sud/au nord ◆ **rear/forward~ seats** *(on train)* sièges *mpl* placés dans le sens contraire de la marche/dans le sens de la marche

**facsimile** /fækˈsɪmɪlɪ/ N fac-similé *m* ◆ **in ~** en fac-similé COMP ▷ **facsimile machine** N télécopieur *m* ▷ **facsimile transmission** N télécopie *f*

**fact** /fækt/ LANGUAGE IN USE 26.1, 26.3

N a *(= sth known, accepted as true)* fait *m* ◆ **the ~ that he is here** le fait qu'il est là *or* qu'il soit là ◆ **it is a ~ that ...** il faut bien reconnaître que ..., il est de fait que ... *(frm)* ◆ **in view of the ~ that ...** étant donné que ... ◆ **despite the ~ that ...** bien que ... + *subj* ◆ **is it a ~ that ...?** est-il vrai que ... + *subj or indic* ? ◆ **is that a ~?** *(iro)* vraiment ? ◆ **(and) that's a ~** c'est certain *or* sûr ◆ **I know it for a ~** j'en suis sûr ◆ **to know (it) for a ~ that ...** être certain que ... ◆ **let's stick to the ~s** tenons-nous-en aux faits ◆ **we haven't got all the ~s and figures yet** nous ne disposons pas encore de tous les éléments ◆ **interesting ~s and figures about the different peoples of Africa** des informations intéressantes sur les différents peuples d'Afrique ◆ **it's a ~ of life (that ...)** la vie est ainsi faite (que ...) ◆ **it's time he knew the ~s of life** *(gen)* il est temps de lui apprendre les choses de la vie *or* qu'on le mette devant les réalités de la vie ; *(about sex)* il est temps qu'il sache comment les enfants viennent au monde ; → **face**

b *(NonC) (= reality)* faits *mpl*, réalité *f* ◆ **story founded on ~** histoire *f* basée sur des faits *or* sur la réalité ◆ **~ and fiction** le réel et l'imaginaire ◆ **he can't tell ~ from fiction** *or* **from fable** il ne sait pas séparer le vrai du faux ◆ **the ~ of the matter is that ...** le fait est que ... ◆ **I accept what he says as ~** je ne mets pas en doute la véracité de ses propos

◆ **in + fact** en fait ; *(reinforcing sth)* effectivement ◆ **he had promised to send the books and in ~ they arrived the next day** il avait promis d'envoyer les livres et ils sont effectivement arrivés le lendemain ◆ **it was a terrible party, in ~ I only stayed for half an hour** la soirée était nulle, en fait, je ne suis resté qu'une demi-heure ◆ **only I knew that Phyllis was, in ~, David's sister** j'étais le seul à savoir que Phyllis était en fait la sœur de David ◆ **it sounds rather simple, but in (actual) ~** *or* **in point of ~ it's very difficult** cela paraît plutôt simple, mais en fait *or* en réalité, c'est très difficile

c *(Jur)* fait *m*, action *f* ; → **accessary**

COMP ▷ **fact-finding** ADJ ◆ **~-finding committee** commission *f* d'enquête ◆ **they were on a ~-finding mission** *or* **trip** *or* **visit to the war front** ils étaient partis en mission d'inspection au front ◆ **~-finding session** séance *f* d'information ▷ **fact sheet** N fiche *f* d'informations

**faction¹** /ˈfækʃən/ N a *(= group)* faction *f* b *(NonC = strife)* discorde *f*, dissension *f*

**faction²** /ˈfækʃən/ N *(Theat, Cine = mixture of fact and fiction)* docudrame *m*

**factional** /ˈfækʃənl/ ADJ *[fighting, violence, rivalry]* entre factions ; *[leader]* de faction

**factionalism** /ˈfækʃənlɪzəm/ N querelles *fpl* intestines

**factionalize** /ˈfækʃənlaɪz/ VT diviser (en factions)

**factious** /ˈfækʃəs/ ADJ factieux

**factitious** /fækˈtɪʃəs/ ADJ artificiel

**factitive** /ˈfæktɪtɪv/ ADJ *(Gram)* factitif

**factoid** /ˈfæktɔɪd/ N pseudo-information *f*

**factor** /ˈfæktəʳ/ N a *(gen, Bio, Math)* facteur *m*, élément *m* ◆ **risk ~** facteur *m* de risque ◆ **~ of safety, safety ~** *(Tech)* facteur *m* de sécurité ◆ **the human ~** le facteur humain ◆ **determining** *or* **deciding ~** facteur *m* déterminant *or* décisif ◆ **a (crucial) ~ in determining/deciding sth** un facteur (essentiel) lorsqu'il s'agit de déterminer/décider qch ◆ **price is very much a determining ~ in deciding which car to buy** le prix est un critère important *or* déterminant lors de l'achat d'une voiture ◆ **the scandal was a contributing ~ in his defeat** le scandale a contribué à sa défaite ◆ **output has risen by a ~ of ten** la production a été multipliée par dix ; → **common, prime**

b *[of sun cream]* **(sun protection) ~ 20** indice *m* (de protection) 20

c *(= agent)* agent *m* ; *(Scot) (= estate manager)* régisseur *m*, intendant *m*

COMP ▷ **factor analysis** N *(Stat)* analyse *f* factorielle ▷ **factor VIII, factor 8** N *(Med)* facteur *m* 8

► **factor in** VT SEP *(esp US)* prendre en compte

**factorage** /ˈfæktərɪdʒ/ N a *(Comm)* commission *f* b *(Fin)* commission *f* d'affacturage *or* de factoring

**factorial** /fækˈtɔːrɪəl/ ADJ factoriel N factorielle *f*

**factoring** /ˈfæktərɪŋ/ N affacturage *m*, factoring *m*

**factorize** /ˈfæktəˌraɪz/ VT *(Math)* mettre en facteurs

**factory** /ˈfæktərɪ/ N usine *f* ◆ **shoe/soap** *etc* **~** usine *f or* fabrique *f* de chaussures/de savon *etc* ◆ **car/textile** *etc* **~** usine *f* d'automobiles/de textile *etc* ◆ **arms/china/tobacco ~** manufacture *f* d'armes/de porcelaine/de tabac COMP ▷ **Factory Acts** NPL *(Brit)* législation *f* industrielle ▷ **factory chimney** N cheminée *f* d'usine ▷ **factory farm** N ferme *f* industrielle ▷ **factory farming** N élevage *m* industriel ▷ **factory floor** N ateliers *mpl* ◆ **workers on the ~ floor** ouvriers *mpl* ▷ **factory-fresh** ADJ tout droit sorti de l'usine ▷ **factory hand** N ⇒ **factory worker** ▷ **factory inspector** N inspecteur *m* du travail ▷ **factory outlet** N magasin *m* d'usine ▷ **factory ship** N navire-usine *m* ▷ **factory work** N *(NonC)* travail *m* en *or* d'usine ▷ **factory worker** N ouvrier *m*, -ière *f* (d'usine)

**factotum** /fækˈtəʊtəm/ N factotum *m*, intendant *m* ◆ **general ~** *(hum)* bonne *f* à tout faire *(fig, hum)*

**factual** /ˈfæktjʊəl/ ADJ *[information, basis, evidence, account]* factuel ; *[error]* sur les faits, de fait ; *[knowledge]* des faits

**factually** /ˈfæktjʊəlɪ/ ADV *[accurate, correct, wrong]* dans les faits ◆ **~ based** tiré de *or* basé sur des faits réels ◆ **she told her story ~ and without emotion** elle a raconté son histoire factuellement et sans trace d'émotion

**faculty** /ˈfækəltɪ/ N a faculté *f* ◆ **the mental faculties** les facultés *fpl* mentales ◆ **to have all one's faculties** avoir toutes ses facultés ◆ **critical ~** le sens critique b *(NonC = aptitude)* aptitude *f*, facilité *f* (*for doing sth* à faire qch) c *(Univ)* faculté *f* ◆ **the Faculty of Arts** la faculté des Lettres ◆ **the medical ~** la faculté de médecine ◆ **the Faculty** *(US)* le corps enseignant ; → **law, science** COMP ▷ **faculty advisor** N *(US Univ) (for student)* directeur *m*, -trice *f* d'études ; *(for club)* animateur *m*, -trice *f* ▷ **Faculty board** N *(Univ)* Conseil *m* de faculté ▷ **Faculty board meeting** N réunion *f* du Conseil de faculté ▷ **faculty lounge** N *(US Scol)* salle *f* des professeurs ▷ **Faculty meeting** N ⇒ **Faculty board meeting**

**fad** /fæd/ N *(personal)* marotte *f*, manie *f* ; *(in society in general)* engouement *m*, mode *f* ◆ **she has her ~s** elle a ses (petites) marottes *or* manies ◆ **her latest food ~** sa dernière lubie en matière de nourriture ◆ **a passing ~** un engouement, une lubie

**faddish** /ˈfædɪʃ/, **faddy** /ˈfædɪ/ ADJ *(Brit) [person]* capricieux, à marottes ; *[distaste, desire]* capricieux

**fade** /feɪd/ VI a *[colour]* passer, perdre son éclat ; *[material]* passer, se décolorer ; *[light]* baisser, diminuer ; *[flower]* se faner, se flétrir ◆ **guaranteed not to ~** *(Tex)* garanti bon teint ◆ **the daylight was fast fading** le jour baissait rapidement

b (also **fade away**) *[thing remembered, vision]* s'effacer ; *[interest, enthusiasm]* diminuer, décliner ; *[sound]* s'affaiblir ; *[smile]* s'évanouir ; *[one's sight, memory, hearing etc]* baisser ◆ **the castle ~d from sight** le château disparut aux regards ◆ **her voice ~d into silence** sa voix s'est éteinte ◆ **the sound is fading** *(Rad)* il y a du fading ◆ **our hopes had ~d** nos espoirs s'étaient évanouis ◆ **hopes are fading of finding any more survivors** l'espoir de découvrir d'autres survivants s'amenuise ◆ **to ~ into the background** *[person]* se fondre dans le décor ◆ **my fears for Philip ~d into the background** mes craintes pour Philip furent reléguées au second plan ◆ **a singer who ~d into obscurity after just one hit record** un chanteur qui est retombé dans l'anonymat après seulement un tube *

c *(liter = die) [person]* dépérir

VT a *[+ curtains etc]* décolorer ; *[+ colours, flowers]* faner

b *(Rad) [+ conversation]* couper par un fondu sonore ◆ **to ~ one scene into another** *(Cine, TV)* faire un fondu enchaîné

N ⇒ **fade-out**

COMP ▷ **fade-in** N *(Cine)* fondu *m* en ouverture ; *(TV)* apparition *f* graduelle ; *(Rad)* fondu *m* sonore ▷ **fade in-fade out** N fondu *m* enchaîné ▷ **fade-out** N *(Cine)* fondu *m* en fermeture ; *(TV)* disparition *f* graduelle ; *(Rad)* fondu *m* sonore

► **fade away** VI ⇒ **fade vi b**

► **fade in** VI *(Cine, TV)* apparaître en fondu

VT SEP *(Cine, TV)* faire apparaître en fondu ; *(Rad)* monter

N ◆ **fade-in** → **fade**

► **fade out** VI *[sound]* faiblir ; *(Cine, TV) [picture]* disparaître en fondu ; *(Rad) [music, dialogue]* être coupé par un fondu sonore

VT SEP *(Cine, TV)* faire disparaître en fondu ; *(Rad)* couper par un fondu sonore

N ◆ **fade-out** → **fade**

**faded** /ˈfeɪdɪd/ ADJ *[material]* décoloré, passé ; *[jeans]* délavé ; *[flowers]* fané, flétri ; *[beauty]* défraîchi, fané

**faecal, fecal** *(US)* /ˈfiːkəl/ ADJ fécal

**faeces, feces** *(US)* /ˈfiːsiːz/ NPL fèces *fpl*

**faerie, faery** /ˈfeərɪ/ († *or liter*) N féerie *f* ADJ imaginaire, féerique

**Faeroes** /ˈfeərəʊz/ NPL ⇒ **Faroes**

**faff** * /fæf/ VI (Brit) ◆ **to ~ about** or **around** glandouiller *

**fag** /fæg/ N a (Brit * = cigarette) clope * f b (esp US * pej = homosexual) pédé * m c (NonC: Brit † *) corvée f ◆ **what a ~!** quelle corvée ! d (Brit Scol) petit élève au service d'un grand VT (Brit) a (also **fag out**) [+ person, animal] éreinter, épuiser ◆ **to be ~ged (out)** * être claqué * or crevé * b ◆ **I can't be ~ged** * j'ai la flemme * (to do sth de faire qch) VI (Brit Scol) ◆ **to ~ for sb** faire les menues corvées de qn COMP ▷ **fag end** N a * [of cigarette] mégot * m b (= remainder) restant m, reste m ; [of conversation] dernières bribes fpl ▷ **fag hag** * N fille f à pédés *

**faggot[1], fagot** (US) /ˈfægət/ N a (= wood) fagot m b (Brit Culin) ≃ crépinette f

**faggot[2]** * /ˈfægət/ N (esp US pej) (= homosexual) pédé * m, tante * f

**fah** /fɑː/ N (Mus) fa m

**Fahrenheit** /ˈfærənhaɪt/ ADJ Fahrenheit inv ◆ **~ thermometer/scale** thermomètre m/échelle f Fahrenheit ◆ **degrees ~** degrés mpl Fahrenheit

**fail** /feɪl/ LANGUAGE IN USE 11.2

VI a (= be unsuccessful) [person] (gen) échouer ; (in exam) échouer, être recalé * or collé * ; [plans, attempts, treatment] échouer, ne pas réussir ; [negotiations] ne pas aboutir, échouer ; [play, show] faire or être un four ; [bank, business] faire faillite ◆ **to ~ in an exam/in Latin** échouer or être recalé * à un examen/en latin ◆ **to ~ by five votes/by ten minutes** échouer à cinq voix près/à dix minutes près ◆ **to ~ miserably** or **dismally** échouer lamentablement ◆ **he ~ed in his attempt to take control of the company** sa tentative de prendre le contrôle de la société a échoué ◆ **to ~ in one's duty** faillir à or manquer à son devoir

b (= grow weak) [hearing, eyesight, health] faiblir, baisser ; [person, invalid, voice] s'affaiblir ◆ **his eyes are ~ing** sa vue faiblit or baisse ◆ **his heart/lungs/liver ~ed** il a eu une défaillance cardiaque/pulmonaire/hépatique ◆ **the daylight was beginning to ~** le jour commençait à baisser

c (= run short) [power, gas, electricity, water supply] manquer ◆ **crops ~ed because of the drought** la sécheresse a causé la perte des récoltes

d (= break down) [engine] tomber en panne ; [brakes] lâcher

VT a [+ examination] échouer à, être recalé * or collé * à ◆ **to ~ Latin** échouer or être recalé * en latin ◆ **to ~ one's driving test** échouer à or être recalé * à son permis (de conduire)

b [+ candidate] recaler *, coller *

c (= let down) [+ business partner] manquer à ses engagements envers ; [+ friend, colleague, loved one] (= disappoint) décevoir ; (= neglect) délaisser ◆ **don't ~ me!** je compte sur vous ! ◆ **he felt that he'd ~ed his family** il avait le sentiment d'avoir manqué à ses devoirs envers sa famille ◆ **his heart ~ed him** le cœur lui a manqué ◆ **words ~ me!** les mots me manquent ! ◆ **his memory often ~s him** sa mémoire lui fait souvent défaut, sa mémoire le trahit souvent

d (= omit) ◆ **to ~ to do sth** manquer de faire qch ◆ **he never ~s to write** il ne manque jamais d'écrire ◆ **he ~ed to visit her** il a omis de lui rendre visite ◆ **he ~ed to meet the deadline** il n'est pas parvenu à respecter les délais ◆ **he ~ed to keep his word** il a manqué à sa parole ◆ **he ~ed to turn up for dinner** il ne s'est pas montré au dîner ◆ **they ~ed to make any progress/to get an agreement** ils n'ont absolument pas progressé/ne sont pas parvenus à un accord ◆ **she never ~s to amaze me** elle me surprendra toujours ◆ **I ~ to see why** je ne vois pas pourquoi ◆ **I ~ to understand** je n'arrive pas à comprendre ; (Jur) ◆ **to ~ to appear** faire défaut ◆ **he was fined for ~ing to stop at a red light** (Jur) il a eu une amende or contravention pour avoir brûlé un feu rouge

N a ◆ **without ~** [happen, befall] immanquablement ; [come, do] chaque fois, sans exception ; (implying obligation) sans faute ◆ **every morning without ~, she takes the dog for a walk** chaque matin sans exception, elle sort son chien ◆ **I'll bring you the money first thing in the morning without ~** je vous apporterai l'argent sans faute, demain à la première heure ◆ **you must take these tablets every day without ~** il faut que vous preniez ces cachets tous les jours sans faute or sans exception

b (Scol, Univ) échec m ◆ **she got a ~ in history** elle a échoué or elle a été recalée * en histoire

COMP ▷ **fail-safe** ADJ (Tech) à sûreté intégrée

**failed** /feɪld/ ADJ [of attempt, coup, marriage, businessman, writer] raté ; [of bank] en faillite ◆ **it's a ~ ideology** c'est une idéologie qui a échoué

**failing** /ˈfeɪlɪŋ/ N défaut m PREP à défaut de ◆ **~ this** sinon ◆ **~ which we ...** sinon or faute de quoi nous ... ◆ **drugs can often help. Failing this, surgery may be required** les médicaments sont souvent efficaces, sinon, or dans le cas contraire, on peut avoir recours à la chirurgie ADJ [eyesight, health, memory] défaillant ; [marriage] qui va à vau-l'eau ; [light] qui baisse ; [economy] déprimé, en récession ◆ **"failing"** (US Scol) "faible"

**failure** /ˈfeɪljəʳ/ N a (= lack of success) [of person, plan] échec m ; [of bank, business] faillite f ; [of discussions, negotiations] échec m, fiasco m ◆ **academic ~** l'échec m scolaire (or universitaire) ◆ **I was surprised by her ~ in the exam** j'ai été surpris qu'elle échoue à cet examen ◆ **after two ~s he gave up** il a abandonné après deux échecs ◆ **the play was a ~** la pièce a fait un four or a été un fiasco ◆ **this new machine/this plan is a total ~** cette nouvelle machine/ce projet est un fiasco complet ◆ **his ~ to convince them** son incapacité or son impuissance à les convaincre ; → **rate[1]**

b (= unsuccessful person) raté(e) m(f) ◆ **to be a ~ at maths** être nul en math ◆ **to be a ~ at gardening** ne pas être doué pour le jardinage ◆ **he's a ~ as a writer** (= poor writer) il ne vaut rien comme écrivain ; (= unsuccessful writer) il n'a pas eu de succès en tant qu'écrivain

c (= insufficiency) [of electricity] panne f ◆ **~ of oil/water supply** manque m de pétrole/d'eau ◆ **~ of the crops** perte f des récoltes

d (Med) **heart/kidney/liver ~** défaillance f cardiaque/rénale/hépatique

e (= breakdown) [of engine] panne f

f (= omission) ◆ **his ~ to answer** le fait qu'il n'a pas répondu ◆ **because of his ~ to help us** du fait qu'il ne nous a pas aidés ◆ **the government's ~ to comply with EU legal obligations** le non-respect des lois de l'UE de la part du gouvernement ◆ **~ to appear** (Jur) défaut m de comparution or de comparaître ◆ **~ to observe a bylaw** inobservation f d'un règlement (de police)

**fain** †† /feɪn/ ADV volontiers ◆ **I would ~ be dead** puissé-je périr

**faint** /feɪnt/ ADJ a (= slight, not pronounced) [sound, smell, trace, breathing] léger ; [marking, writing] à peine visible ; [colour] pâle ; (= vague) [recollection, memory, idea] vague ; [suspicion] léger ; [hope] faible, léger ; (= weak) [voice, light, breathing, smile] faible ; [protest] sans conviction ◆ **to grow ~er** s'affaiblir, diminuer ◆ **a ~ feeling of unease** un vague sentiment de gêne ◆ **she made a ~ attempt to make him laugh** elle a essayé vaguement de le faire rire ◆ **I haven't the ~est idea (about it)** je n'en ai pas la moindre idée ◆ **I never felt the ~est desire to cry** je n'ai jamais eu la moindre envie de pleurer ◆ **~ heart never won fair lady** (Prov) qui n'ose rien n'a rien (Prov) → **damn**

b (= unwell) [person] prêt à s'évanouir or à défaillir ◆ **to feel ~** se sentir mal ◆ **to be/grow ~ with hunger** défaillir/commencer à défaillir de faim

N évanouissement m, défaillance f ◆ **to fall in a ~** s'évanouir, avoir une défaillance

VI (= lose consciousness) s'évanouir ◆ **he ~ed from the shock/the pain** le choc/la douleur lui a fait perdre connaissance ◆ **to be ~ing** (= feel weak) (from hunger etc) défaillir (from de)

COMP ▷ **fainting fit, fainting spell** (US) N évanouissement m ▷ **faint-ruled paper** N papier m réglé (en impression légère)

**fainthearted** /ˌfeɪntˈhɑːtɪd/ ADJ timoré ◆ **it's not for the ~** [venture, investment] ça demande un certain courage ; (= not for the oversensitive) ce n'est pas pour les personnes sensibles

**faintheartedly** /ˌfeɪntˈhɑːtɪdlɪ/ ADV sans courage, avec pusillanimité

**faintheartedness** /ˌfeɪntˈhɑːtɪdnɪs/ N pusillanimité f

**faintly** /ˈfeɪntlɪ/ ADV a (= slightly) [glow, smell of] légèrement ; [odd, strange, silly] un peu ; [ridiculous, absurd, familiar] vaguement ; [surprised, embarrassed, annoyed, uncomfortable] légèrement ◆ **~ amusing** vaguement amusant ◆ **in a ~ disappointed tone** d'un ton un peu déçu, avec une nuance de déception dans la voix ◆ **to be ~ reminiscent of sth** rappeler vaguement qch b (= lightly) [breathe, write] légèrement ; (= weakly) [breathe, say, call] faiblement ◆ **to smile ~** esquisser un faible or un vague sourire ◆ **to sigh ~** pousser un léger soupir

**faintness** /ˈfeɪntnɪs/ N a [of sound, voice etc] faiblesse f ; [of breeze etc] légèreté f b (= dizziness) vertiges mpl

**fair[1]** /fɛəʳ/ ADJ a (= just) [person, decision] juste, équitable ; [price] juste ; [deal] équitable, honnête ; [competition, match, fight, player] loyal, correct ; [profit] justifié, mérité ◆ **he is strict but ~** il est sévère mais juste or équitable ◆ **be ~: it's not their fault** sois juste : ce n'est pas de leur faute ◆ **it's not ~** ce n'est pas juste ◆ **as is (only) ~** et ce n'est que justice, comme de juste ◆ **to be ~ (to him)** or **let's be ~ (to him), he thought he had paid for it** rendons-lui cette justice, il croyait l'avoir payé ◆ **it wouldn't be ~ to his brother** ce ne serait pas juste vis-à-vis de son frère ◆ **this isn't ~ on anyone/either of us** ce n'est juste pour personne/ni pour toi ni pour moi ◆ **it's ~ to say that ...** il est juste de dire que ... ◆ **it's (a) ~ comment** la remarque est juste ◆ **to get** or **have a ~ crack of the whip** avoir la chance de montrer de quoi on est capable ◆ **to give sb a ~ deal** agir équitablement envers qn, être fair-play inv avec qn ◆ **~ enough!** d'accord !, très bien ! ◆ **all this is ~ enough, but ...** tout cela est très bien mais ..., d'accord mais ... ◆ **it's a ~ exchange** c'est équitable, c'est un échange honnête ◆ **~ exchange is no robbery** (Prov) échange n'est pas vol ◆ **he was ~ game for the critics** c'était une proie rêvée or idéale pour les critiques ◆ **~'s ~!** ce n'est que justice ! ◆ **all's ~ in love and war** en amour comme à la guerre, tous les coups sont permis ◆ **by ~ means or foul** par tous les moyens, par n'importe quel moyen ◆ **that's a ~ point** c'est juste ◆ **to give sb a ~ shake** *(US)* agir équitablement envers qn, être fair-play *inv* avec qn ◆ **he got his ~ share of the money** il a eu tout l'argent qui lui revenait (de droit) ◆ **he's had his ~ share of trouble** * il a eu sa part de soucis ◆ **~ shares for all** (à) chacun son dû ◆ **it was all ~ and square** tout était très correct *or* régulier ◆ **he's ~ and square** il est honnête *or* franc ◆ **to get a ~ trial** bénéficier d'un procès équitable ◆ **to give sb ~ warning of sth** prévenir qn honnêtement de qch ◆ **~ wear and tear** usure *f* normale

**b** *(= considerable)* *[sum]* considérable ; *[number]* respectable ◆ **their garden's a ~ size** leur jardin est de taille respectable ◆ **there's a ~ amount of money left** il reste pas mal d'argent ◆ **he's travelled a ~ amount** il a pas mal voyagé ◆ **to have travelled a ~ distance** *or* **way** avoir fait un bon bout de chemin ◆ **to go at a ~ pace** aller bon train, aller à (une) bonne allure

**c** *(= average)* *[work, achievements]* passable, assez bon ◆ **"fair"** *(Scol: as mark)* "passable" ◆ **it's ~ to middling** c'est passable, ce n'est pas mal ◆ **in ~ condition** en assez bon état

**d** *(= reasonable)* *[guess, assessment]* juste ; *[idea]* précis ◆ **he has a ~ chance of success** il a des chances de réussir ◆ **he is in a ~ way to doing it** il y a de bonnes chances pour qu'il le fasse ◆ **~ sample** échantillon *m* représentatif

**e** *(= light-coloured)* *[hair]* blond ; *[complexion, skin]* clair, de blond(e) ◆ **she's ~** elle est blonde, c'est une blonde

**f** *(= fine)* *[weather]* beau (belle *f*) ; *[wind]* propice, favorable ◆ **it will be ~ and warm tomorrow** il fera beau et chaud demain ◆ **it's set ~** le temps est au beau fixe

**g** *(† or liter = beautiful)* *[person, place]* beau (belle *f*) ◆ **~ words** belles phrases *fpl or* paroles *fpl* ◆ **the ~ lady of some brave knight of old** la belle dame de quelque brave chevalier du temps jadis ◆ **this ~ city of ours** cette belle ville qui est la nôtre ◆ **~ promises** belles promesses *fpl* ◆ **with one's own ~ hands** *(hum)* de ses blanches mains

**h** *(= clean, neat)* propre, net ◆ **~ copy** *(rewritten)* copie *f* au propre *or* au net ; *(= model answer)* corrigé *m* ◆ **to make a ~ copy of sth** recopier qch au propre *or* au net

**ADV** **a** ◆ **to play ~** jouer franc jeu ◆ **to act ~ and square** se montrer juste ◆ **the branch struck him ~ and square in the face** la branche l'a frappé au beau milieu du visage *or* en plein (milieu du) visage ◆ **the car ran ~ and square into the tree** la voiture est entrée de plein fouet *or* en plein dans l'arbre

**b** *(‡ or dial)* ⇒ **fairly c**

**c** †† *[speak]* courtoisement ◆ **~ spoken** qui parle avec courtoisie

**COMP** ▷ **fair-haired** **ADJ** blond, aux cheveux blonds ◆ **~-haired girl** blonde *f* ◆ **the ~-haired boy** * *(US fig)* le chouchou *, le chéri ▷ **fair-minded** **ADJ** impartial, équitable ▷ **fair play** **N** fair-play *m* ▷ **fair-sized** **ADJ** assez grand, d'une bonne taille ▷ **fair-skinned** **ADJ** à la peau claire ▷ **fair trade** **N** commerce *m* équitable ▷ **fair-trade price** **N** *(US)* prix *m* imposé ▷ **fair-weather friends** **NPL** *(fig)* les amis *mpl* des beaux jours

**fair²** /fɛəʳ/ **N** *(gen)* foire *f* ; *(Comm)* foire *f* ; *(for charity)* fête *f*, kermesse *f* ; *(Brit:* also **funfair***)* fête *f* foraine ◆ **the Book Fair** *(Comm)* le Salon *or* la Foire du livre ; → **world**

**fairground** /ˈfɛəgraʊnd/ **N** champ *m* de foire

**fairing** /ˈfɛərɪŋ/ **N** *(Aut, Aviat)* carénage *m*

**fairly** /ˈfɛəlɪ/ **ADV** **a** *(= moderately)* assez ◆ **he plays ~ well** il joue assez bien ◆ **he's ~ good** il est assez bon, il n'est pas mauvais ◆ **they lead a ~ quiet life** ils mènent une vie plutôt tranquille ◆ **I'm ~ sure that ...** je suis presque sûr que ... ◆ **~ soon** d'ici peu de temps **b** *(= justly)* *[treat, compare, judge, share, distribute]* équitablement ; *[obtain]* honnêtement, loyalement ; *[call, describe]* honnêtement ; *[claim, argue]* à juste titre **c** *(† = positively)* carrément ◆ **he was ~ beside himself with rage** il était carrément hors de lui ◆ **he ~ flew across the room** il a traversé la pièce en trombe **d** ◆ **~ and squarely** ⇒ **fair and square** ; → **fair¹**

**fairness** /ˈfɛənɪs/ **N** **a** *(= lightness)* *[of hair]* couleur *f* blonde, blondeur *f* ; *[of skin]* blancheur *f*

**b** *(= honesty, justice)* équité *f* ; *[of decision, judgment]* équité *f*, impartialité *f* ◆ **in** *or* **out of all ~** en toute justice ◆ **in ~ to him** pour être juste envers lui

**COMP** ▷ **Fairness Doctrine** **N** *(US)* principe *m* de l'impartialité

> **Fairness Doctrine**
>
> Aux États-Unis, le principe de l'impartialité ou **Fairness Doctrine** impose aux stations de radio et aux chaînes de télévision de faire entendre différents points de vue sur les grandes questions de société et de respecter un certain équilibre dans le temps d'antenne accordé aux principaux candidats lors des élections locales et nationales. Il ne s'agit pas d'une loi, mais d'un principe déontologique qui bénéficie du soutien du Congrès.

**fairway** /ˈfɛəweɪ/ **N** *(Naut)* chenal *m*, passe *f* ; *(Golf)* fairway *m*

**fairy** /ˈfɛərɪ/ **N** **a** fée *f* ◆ **the wicked ~** la fée Carabosse ◆ **she's his good ~** elle est sa bonne fée ◆ **he's away with the fairies** * *(hum)* il a une araignée au plafond *

**b** *(‡ pej = homosexual)* pédé ‡ *m*, tapette ‡ *f*

**ADJ** *[gift]* magique ◆ **a ~ helper** une bonne fée

**COMP** ▷ **fairy cycle** **N** bicyclette *f* d'enfant ▷ **fairy footsteps** **NPL** *(iro)* pas *mpl* (légers) de danseuse *(iro)* ▷ **fairy godmother** **N** *(lit)* bonne fée *f* ; *(fig)* marraine *f* gâteau * *inv* ▷ **fairy lights** **NPL** guirlande *f* électrique ▷ **fairy-like** **ADJ** féerique, de fée ▷ **fairy queen** **N** reine *f* des fées ▷ **fairy story**, **fairy tale** **N** conte *m* de fées ; *(= untruth)* histoire *f* à dormir debout * ▷ **fairy-tale** **ADJ** *[character, place]* *(lit)* de conte de fées ; *(fig)* enchanteur (-teresse *f*) ◆ **the hotel is set in ~-tale surroundings** l'hôtel est situé dans un cadre enchanteur ◆ **a ~-tale ending** un dénouement romanesque

**fairyland** /ˈfɛərɪlænd/ **N** royaume *m* des fées ; *(fig)* féerie *f*

**faith** /feɪθ/ **N** **a** *(NonC)* *(= trust, belief)* foi *f*, confiance *f* ◆ **Faith, Hope and Charity** la foi, l'espérance et la charité ◆ **~ in God** foi *f* en Dieu ◆ **to have ~ in sb** avoir confiance en qn ◆ **to have ~ in sb's ability/judgement** se fier aux compétences/au jugement de qn ◆ **I've lost ~ in him** je ne lui fais plus confiance ◆ **to put one's ~ in, to pin one's ~ on** * mettre tous ses espoirs en

**b** *(= religion)* religion *f* ◆ **the Christian ~** la religion *or* la foi chrétienne ◆ **people of different ~s** des gens de confessions différentes

**c** *(NonC)* ◆ **to keep ~ with sb** tenir ses promesses envers qn ◆ **to break ~ with sb** manquer à sa parole envers qn

**d** *(NonC)* ◆ **good ~** bonne foi *f* ◆ **to do sth in all good ~** faire qch en toute bonne foi ◆ **bad ~** mauvaise foi *f* ◆ **to act in bad ~** agir de mauvaise foi

**COMP** ▷ **faith healer** **N** guérisseur *m*, -euse *f* ▷ **faith healing** **N** guérison *f* par la foi

**faithful** /ˈfeɪθfʊl/ **ADJ** *[person, translation, copy, account]* fidèle (*to* à) ◆ **to be ~ to sb's wishes** respecter les désirs de qn ◆ **26 years' ~ service** 26 années de bons et loyaux services ◆ **my ~ old car** ma bonne vieille voiture **NPL** **the faithful** *(Rel)* *(= Christians)* les fidèles *mpl* ; *(= Muslims)* les croyants *mpl* ◆ **the (party) ~** *(Pol)* les fidèles *mpl* du parti

**faithfully** /ˈfeɪθfəlɪ/ **ADV** *[report, translate, reproduce]* fidèlement ; *[serve]* loyalement ◆ **to promise ~** donner sa parole ◆ **Yours ~** *(esp Brit: in letter writing)* Veuillez agréer, Messieurs, mes salutations distinguées, Je vous prie d'agréer, Messieurs, l'expression de mes sentiments distingués

**faithfulness** /ˈfeɪθfʊlnɪs/ **N** *[of person]* fidélité *f* (*to* à) loyauté *f* (*to* envers) ; *[of account, translation]* fidélité *f*, exactitude *f* ; *[of copy]* conformité *f*

**faithless** /ˈfeɪθlɪs/ **ADJ** déloyal, perfide

**faithlessness** /ˈfeɪθlɪsnɪs/ **N** *(NonC)* déloyauté *f*, perfidie *f*

**fake** /feɪk/ **N** **a** faux *m* ◆ **the passport/document/certificate was a ~** le passeport/le document/le certificat était (un) faux ◆ **the diamond was a ~** c'était un faux diamant ◆ **the pistol was a ~** le pistolet était faux, c'était un faux pistolet ◆ **the bomb was a ~** c'était une fausse bombe ◆ **he's a ~** c'est un imposteur

**b** *(US Sport)* feinte *f*

**ADJ** *[document, passport, painting, beam, banknote, jewel, fur]* faux (fausse *f*) ; *[blood]* factice ; *[elections, trial, photograph, interview]* truqué ◆ **a ~ suntan** un bronzage artificiel ◆ **a ~ Mackintosh chair** une fausse chaise Mackintosh

**VT** **a** *[+ document]* *(= counterfeit)* faire un faux de ; *(= alter)* maquiller, falsifier ; *(Art)* *[+ picture]* faire un faux de, contrefaire ; *[+ beam, furniture, signature]* imiter ; *[+ photograph, sound tape, trial]* truquer ; *[+ accounts]* falsifier ; *(Rad, TV)* *[+ interview]* truquer, monter d'avance ◆ **to ~ illness/death** faire semblant d'être malade/mort ◆ **to ~ orgasm** simuler l'orgasme ◆ **to ~ a pass** *(US Sport)* feinter

**b** *(US = ad-lib)* *[+ tune]* improviser

**VI** faire semblant ; *(US Sport)* feinter

**fakir** /ˈfɑːkɪəʳ/ **N** fakir *m*

**falcon** /ˈfɔːlkən/ **N** faucon *m*

**falconer** /ˈfɔːlkənəʳ/ **N** fauconnier *m*

**falconry** /ˈfɔːlkənrɪ/ **N** fauconnerie *f*

**Falkland** /ˈfɔːlklənd/ **NPL** **the Falklands** ⇒ **the Falkland Islands** **COMP** ▷ **Falkland Islander** **N** habitant(e) *m(f)* des (îles) Malouines *or* Falkland ▷ **the Falkland Islands** **NPL** les îles *fpl* Malouines *or* Falkland

**fall** /fɔːl/ (vb : pret **fell**, ptp **fallen**) **N** **a** *(lit, fig = tumble)* chute *f* ◆ **to have a ~** tomber, faire une chute ◆ **to be heading** *or* **riding for a ~** courir à l'échec, aller au-devant de la défaite ; → **free**

**b** *(= lowering: in price, demand, temperature)* baisse *f* (*in* de) ; *(more drastic)* chute *f* (*in* de) ; *(Fin)* dépréciation *f*, baisse *f*

**c** *(= shower of objects etc)* *[of rocks, snow]* chute *f* ◆ **~ of earth** éboulement *m*, éboulis *m* d *(Mil) (= defeat)* chute *f*, prise *f* ◆ **the ~ of Saigon** la chute *or* la prise de Saïgon ◆ **the ~ of the Bastille** la prise de la Bastille

e *(Rel)* ◆ **the Fall (of Man)** la chute (de l'homme)

f *(= slope) [of ground, roof]* pente *f*, inclinaison *f*

g *(US = autumn)* automne *m* ◆ **in the ~** en automne

NPL **falls** *(= waterfall)* chute *f* d'eau, cascade *f* ◆ **the Niagara Falls** les chutes du Niagara

VI

> For set expressions such as **fall ill/pregnant/lame, fall short, etc**, look up the other word

a *(= tumble) [person, object]* tomber ◆ **he fell into the river** *[person]* il est tombé dans la rivière ◆ **to ~ out of a tree/off a bike** tomber d'un arbre/de vélo ◆ **to ~ over a chair** tomber en butant contre une chaise ◆ **he let the cup ~** il a laissé tomber la tasse ◆ **to ~ on one's feet** *(lit, fig)* retomber sur ses pieds ◆ **to ~ on one's ass** *** *(US: lit, fig)* se casser la gueule *; → **wayside**

b *(= collapse) [building]* s'écrouler, s'effondrer ◆ **he fell into bed exhausted** il s'est effondré sur son lit, épuisé

c *(= find o.s.)* ◆ **he fell among thieves** il est tombé aux mains de voleurs

d *(= rain down) [rain, leaves, bombs]* tomber

e *(= drop) [temperature, price, level]* baisser, tomber ; *[wind]* tomber ; *[voice]* baisser ◆ **his face fell** son visage s'est assombri *or* s'est allongé ◆ **to let ~ a hint that ...** laisser entendre que ..., donner à entendre que ...

f *(= hang)* ◆ **her hair fell to her shoulders** les cheveux lui tombaient sur les épaules ◆ **the curtains ~ to the floor** les rideaux vont jusqu'au sol ◆ **the dress ~s beautifully** la robe tombe très bien

g *(= descend) [night, darkness]* tomber

h (also **fall away**) *[ground]* descendre en pente ◆ **the ground fell steeply to the valley floor** le terrain descendait en pente raide vers le fond de la vallée

i *(= be defeated) [country, city, fortress]* tomber ; *[government]* tomber, être renversé

j *(Rel = sin)* tomber, pécher ; → **grace**

k *(Mil = die) [soldier etc]* tomber (au champ d'honneur)

l *(= throw o.s.)* ◆ **they fell into each other's arms** ils sont tombés dans les bras l'un de l'autre ◆ **to ~ to or on one's knees** tomber à genoux ◆ **he was ~ing over himself to be polite** * il faisait de gros efforts pour être poli ◆ **they were ~ing over each other to get it** * ils se battaient pour l'avoir ; → **neck**

m *(= occur)* tomber ◆ **Christmas Day ~s on a Sunday** Noël tombe un dimanche ◆ **the accent ~s on the second syllable** l'accent tombe sur la deuxième syllabe ◆ **the students ~ into three categories** les étudiants se divisent en trois catégories

COMP ▷ **fall-back position** N solution *f* de secours *or* de réserve ▷ **fall guy** * N *(= scapegoat)* bouc *m* émissaire ; *(= easy victim)* pigeon * *m*, dindon *m* de la farce ▷ **fall line** N *(Geog)* ligne *f* de séparation entre un plateau et une plaine côtière ; *(Ski)* ligne *f* de plus grande pente ▷ **fall-off** N ⇒ **falling-off** ; → **falling**

► **fall about** * VI *(Brit fig:* also **fall about laughing***)* se tordre de rire

► **fall apart** VI *[house, furniture]* s'effondrer ; *[scheme, plan, deal]* tomber à l'eau ; *[person, one's life]* s'effondrer ; *(in exam etc)* perdre tous ses moyens ◆ **their marriage is ~ing apart** leur couple est en train de se briser

► **fall away** VI *[ground]* descendre en pente ; *[plaster]* s'écailler ; *[numbers, attendances]* diminuer ; *[anxiety, fears]* se dissiper, s'évanouir ◆ **his supporters are ~ing away** ses partisans sont en train de le déserter *or* de l'abandonner

► **fall back** VI *(= retreat, also Mil)* reculer, se retirer ◆ **to ~ back on sth** *(fig)* avoir recours à qch ◆ **some money to ~ back on** un peu d'argent en réserve ◆ **gold shares fell back a point** les mines d'or ont reculé *or* se sont repliées d'un point

► **fall behind** VI rester en arrière, être à la traîne ; *[racehorse, runner]* se laisser distancer ; *(in cycle race)* décrocher ◆ **to ~ behind with one's work** prendre du retard dans son travail ◆ **she fell behind with the rent** elle était en retard pour son loyer

VT FUS ◆ **to fall behind sb** *(in work etc)* prendre du retard sur qn

► **fall down** VI a *[person, book]* tomber (par terre) ; *[building]* s'effondrer, s'écrouler ; *[tree]* tomber

b *(= fail) [person]* échouer ; *[plans]* tomber à l'eau ; *[hopes]* s'évanouir ◆ **to ~ down on the job** se montrer incapable de faire le travail, ne pas être à la hauteur ◆ **he fell down badly that time** il s'est vraiment pris les pieds dans le tapis cette fois ◆ **that was where we fell down** c'est là que nous avons achoppé ◆ **she fell down on the last essay** elle a raté la dernière dissertation

► **fall for** VT FUS a *(= become very keen on)* ◆ **to fall for sb** * tomber amoureux de qn ◆ **to ~ for an idea** * *etc* s'enthousiasmer pour une idée *etc*

b *(pej) (= be taken in by)* ◆ **to fall for a suggestion** se laisser prendre à une suggestion ◆ **he really fell for it!** * il s'est vraiment laissé prendre !, il s'est vraiment fait avoir ! *

► **fall in** VI a *[building]* s'effondrer, s'écrouler ◆ **she leaned over the pool and fell in** elle s'est penchée au-dessus de la piscine et elle est tombée dedans

b *(Mil) [troops]* former les rangs ; *[one soldier]* rentrer dans les rangs ◆ **~ in!** à vos rangs !

VT SEP *[+ troops]* (faire) mettre en rangs

► **fall into** VT FUS *[+ trap, ambush]* tomber dans ; *[+ disfavour, disgrace, disuse]* tomber en ; *[+ despair, anarchy]* sombrer dans ; *[+ recession]* s'enfoncer dans ◆ **to ~ into a deep sleep** tomber dans un profond sommeil ◆ **to ~ into conversation with sb** entamer une conversation avec qn, se mettre à parler avec qn ◆ **to ~ into debt** s'endetter ◆ **to ~ into bad habits** prendre *or* contracter de mauvaises habitudes ◆ **to ~ into temptation** *(= be tempted)* être tenté ; *(= give in to temptation)* succomber à la tentation ◆ **she fell into a deep depression** elle a sombré dans la dépression, elle a fait une grave dépression ◆ **to ~ into decline** connaître le déclin ◆ **the city fell into decline at the end of the 16th century** le déclin de la ville remonte à la fin du 16^e siècle ◆ **to ~ into ruin** tomber en ruine ◆ **the mansion fell into decay or ruin 20 years ago** le manoir a commencé à se délabrer *or* à tomber en ruine il y a 20 ans ◆ **ancient civilizations that fell into decay** les civilisations anciennes qui ont connu le déclin ; → **line**[1]

► **fall in with** VT FUS a *(= meet) [+ person]* rencontrer ; *[+ group]* se mettre à fréquenter ◆ **he fell in with a bad crowd** il s'est mis à avoir de mauvaises fréquentations

b *(= agree to) [+ proposal, suggestion]* accepter ◆ **to ~ in with sb's views** se ranger au point de vue de qn

c *(= fit in)* ◆ **this decision fell in very well with our plans** cette décision a cadré avec nos projets

► **fall off** VI a *(lit)* tomber ; *(Climbing)* dévisser

b *[supporters]* déserter ; *[sales, numbers, attendances]* diminuer ; *[curve on graph]* décroître ; *[interest]* se relâcher, tomber ; *[enthusiasm]* baisser, tomber

N ◆ **fall-off** ⇒ **falling-off** ; → **falling**

► **fall on** VT FUS a *(= alight on, encounter)* ◆ **her eyes fell on a strange object** son regard est tombé sur un objet étrange ◆ **strange sounds fell on our ears** des bruits étranges parvinrent à nos oreilles ◆ **to ~ on bad or hard times** tomber dans la misère, avoir des revers de fortune

b ⇒ **fall upon**

► **fall out** VI a *(= quarrel)* se brouiller, se fâcher (*with* avec)

b *(Mil)* rompre les rangs ◆ **~ out!** rompez !

c *(= come to pass)* advenir, arriver ◆ **everything fell out as we had hoped** tout s'est passé comme nous l'avions espéré

VT SEP *[+ troops]* faire rompre les rangs à

► **fall over** VI tomber (par terre)

► **fall through** VI ◆ **all their plans have fallen through** tous leurs projets ont échoué *or* sont tombés à l'eau

► **fall to** VI a *(= begin)* ◆ **he fell to wondering if ...** il s'est mis à se demander si ...

b *(= start eating)* se mettre à l'œuvre, attaquer (un repas)

VT FUS *(= be one's duty)* ◆ **it falls to me to say** il m'appartient de dire, c'est à moi de dire

► **fall under** VT FUS *(= be subject to)* ◆ **to fall under suspicion** devenir suspect

► **fall upon** VT FUS a *(= attack)* se jeter sur, se lancer sur ◆ **to ~ upon the enemy** *(Mil)* fondre *or* s'abattre sur l'ennemi ◆ **the wrath of God fell upon them** *(liter)* la colère de Dieu s'abattit sur eux

b *(= be incumbent on)* ◆ **the responsibility falls upon you** la responsabilité retombe sur vous

c *(= find)* trouver, découvrir ◆ **to ~ upon a way of doing sth** trouver *or* découvrir un moyen de faire qch

**fallacious** /fəˈleɪʃəs/ ADJ fallacieux

**fallaciousness** /fəˈleɪʃəsnɪs/ N caractère *m* fallacieux

**fallacy** /ˈfæləsɪ/ N *(= false belief)* erreur *f*, illusion *f* ; *(= false reasoning)* faux raisonnement *m*, sophisme *m*

**fallback** /ˈfɔːlbæk/ N recul *m*, repli *m* ◆ **as a ~ they will start building their own dealer network** ils vont mettre sur pied un réseau de distribution pour avoir une position de repli

**fallen** /ˈfɔːlən/ VB ptp of **fall** ADJ a *[object]* tombé ◆ **~ leaf** feuille *f* morte b *(morally)* perdu ; *[angel]* déchu ◆ **~ idol** idole *f* déchue

NPL **the fallen** *(Mil)* ceux *mpl* qui sont morts à la guerre, ceux *mpl* qui sont tombés au champ d'honneur COMP ▷ **fallen arches** NPL *(Med)* affaissement *m* de la voûte plantaire

**fallibility** /ˌfælɪˈbɪlɪtɪ/ N faillibilité *f*

**fallible** /ˈfæləbl/ ADJ faillible ◆ **everyone is ~** tout le monde peut se tromper

**falling** /ˈfɔːlɪŋ/ VB prp of **fall** ADJ *[prices, profits, standards, inflation]* en baisse ; *[water, snow, leaf]* qui tombe ◆ **"beware (of) falling rocks"** "attention : chutes de pierres" COMP ▷ **falling evil** †† N ⇒ **falling sickness** ▷ **falling market** N *(St Ex)* marché *m* à la baisse N ▷ **falling-off** N réduction *f*, diminution *f*, décroissance *f* (*in* de) ▷ **falling-out** * N ◆ **to have a ~-out (with sb)** se brouiller (avec qn) ▷ **falling sickness** †† N *(= epilepsy)* haut mal †† *m*, mal caduc †† *m* ▷ **falling star** N étoile *f* filante

**Fallopian** /fəˈləʊpɪən/ ADJ ◆ ~ **tube** trompe *f* utérine *or* de Fallope

**fallout** /ˈfɔːlaʊt/ N (*NonC*) retombées *fpl* (radioactives) ; (*fig*) retombées *fpl*, répercussions *fpl* COMP ▷ **fallout shelter** N abri *m* antiatomique

**fallow** /ˈfæləʊ/ N (*Agr*) jachère *f* ADJ a (*Agr*) [*land*] en jachère ◆ **the land lay** ~ la terre était en jachère b (= *inactive*) ◆ **a ~ period** *or* **time** un passage à vide COMP ▷ **fallow deer** N daim *m*

**false** /fɔːls/ ADJ a (= *artificial, fake*) [*beard, eyelashes, passport, banknote*] faux (fausse *f*) ◆ **a box with a ~ bottom** une boîte à double fond ◆ ~ **ceiling** faux plafond *m* ◆ ~ **hem** faux ourlet *m*

b (= *wrong*) [*information, accusation, impression, hope, rumour*] faux (fausse *f*) ; (= *untrue*) [*promise*] faux (fausse *f*), mensonger ◆ **to give ~ evidence** fournir un faux témoignage ◆ **to make a ~ confession** faire de faux aveux ◆ **he was forced into a ~ confession** on lui a extorqué des aveux ◆ **he gave the police a ~ name** il a donné un faux nom à la police ◆ **he had assumed a ~ identity** il vivait sous une fausse identité ◆ **to bear ~ witness** †† porter un faux témoignage ◆ **under ~ pretences** (*gen*) sous des prétextes fallacieux ; (*Jur*) par des moyens frauduleux ◆ **to put a ~ interpretation on sth** mal interpréter qch ◆ ~ **expectations** faux espoirs *mpl* ◆ **a ~ sense of security** une illusion de sécurité ◆ ~ **move** *or* **step** faux pas *m* ◆ **to make a ~ move, to take a ~ step** faire un faux pas

c (*Jur* = *wrongful*) ◆ ~ **arrest/imprisonment** arrêt *m*/détention *f* arbitraire

d (= *insincere*) [*person*] faux (fausse *f*) ◆ ~ **laughter** rire *m* forcé ◆ ~ **modesty** fausse modestie *f* ◆ **to ring** ~ sonner faux ◆ **in a ~ position** en porte-à-faux

e (= *unfaithful*) ◆ **to be ~ to one's wife** † tromper sa femme

ADV (*liter*) ◆ **to play sb** ~ trahir qn

COMP ▷ **false alarm** N (*lit, fig*) fausse alerte *f* ▷ **false beginner** N faux *or* grand débutant *m* ▷ **false dawn** N lueurs *fpl* annonciatrices de l'aube ; (*fig*) lueur *f* d'espoir trompeuse ▷ **false economy** N fausse économie *f* ▷ **false friend** N (*also Ling*) faux ami *m* ▷ **false-hearted** ADJ fourbe ▷ **False Memory Syndrome** N syndrome *m* du faux souvenir ▷ **false negative** (*Med*) N résultat *m* faussement négatif, faux négatif *m* ADJ [*result*] faussement négatif ▷ **false positive** (*Med*) N résultat *m* faussement positif, faux positif *m* ADJ [*result*] faussement positif ▷ **false ribs** NPL fausses côtes *fpl* ▷ **false start** N (*Sport, also fig*) faux départ *m* ▷ **false teeth** NPL fausses dents *fpl*, dentier *m*

**falsehood** /ˈfɔːlshʊd/ N a (= *lie*) mensonge *m* ◆ **to tell a** ~ mentir, dire un mensonge b (*NonC*) faux *m* ◆ **truth and** ~ le vrai et le faux c (*NonC*) ⇒ **falseness**

**falsely** /ˈfɔːlslɪ/ ADV [*claim, declare, report*] faussement ; [*accuse*] à tort, faussement ; [*convict, imprison, believe*] à tort ◆ ~ **cheerful** d'une gaieté feinte

**falseness** /ˈfɔːlsnɪs/ N fausseté *f* ; († *or liter*) [*of lover*] infidélité *f*

**falsetto** /fɔːlˈsetəʊ/ N (*Mus*) fausset *m* ADJ [*voice, tone*] de fausset, de tête

**falsies** * /ˈfɔːlsɪz/ NPL faux seins *mpl*

**falsification** /ˌfɔːlsɪfɪˈkeɪʃən/ N falsification *f*

**falsify** /ˈfɔːlsɪfaɪ/ VT a (= *forge*) [+ *document*] falsifier ; [+ *evidence*] maquiller ; (= *misrepresent*) [+ *story, facts*] dénaturer ; [+ *accounts, figures, statistics*] truquer b (= *disprove*) [+ *theory*] réfuter

**falsity** /ˈfɔːlsɪtɪ/ N ⇒ **falseness**

**falter** /ˈfɔːltəʳ/ VI [*voice, speaker*] hésiter, s'entrecouper ; (= *waver*) vaciller, chanceler ; [*courage, memory*] faiblir ◆ **her steps ~ed** elle chancela VT (also **falter out**) [+ *words, phrases*] bredouiller

**faltering** /ˈfɔːltərɪŋ/ ADJ [*voice*] hésitant, entrecoupé ; [*steps*] chancelant

**falteringly** /ˈfɔːltərɪŋlɪ/ ADV [*speak*] d'une voix hésitante *or* entrecoupée ; [*walk*] d'un pas chancelant *or* mal assuré

**fame** /feɪm/ N (*gen*) gloire *f*, renommée *f* ; (= *celebrity*) célébrité *f* ◆ **he wanted** ~ il voulait devenir célèbre ◆ **to win ~ for o.s.** se rendre célèbre ◆ **this book brought him** ~ ce livre l'a rendu célèbre ◆ ~ **and fortune** la gloire et la fortune ◆ **Margaret Mitchell of "Gone with the Wind"** ~ Margaret Mitchell, le célèbre auteur de "Autant en emporte le vent" ◆ **Bader of 1940** ~ Bader, devenu célèbre en 1940 ; → **ill**

**famed** /feɪmd/ ADJ célèbre, renommé (*for* pour)

**familial** /fəˈmɪlɪəl/ ADJ (*frm*) familial

**familiar** /fəˈmɪljəʳ/ ADJ a (= *usual, well-known*) [*sight, scene, street*] familier ; [*complaint, event, protest*] habituel ◆ **the problems are all too** ~ ces problèmes sont, hélas, bien connus ◆ **his face is** ~ je l'ai déjà vu quelque part, son visage me dit quelque chose * ◆ **his voice seems ~ (to me)** il me semble connaître sa voix ◆ **he's a ~ figure in the town** c'est un personnage bien connu *or* tout le monde le connaît de vue dans la ville ◆ **it's a ~ feeling** c'est une sensation bien connue ; see also **face**

b (= *conversant*) ◆ **to be ~ with sth** bien connaître qch, être au fait de qch ◆ **to make o.s. ~ with** se familiariser avec ◆ **he is ~ with our customs** il connaît bien nos coutumes

c (= *intimate*) familier, intime ◆ ~ **language** langue *f* familière ◆ **to be on ~ terms with sb** bien connaître qn ◆ ~ **spirit** démon *m* familier ◆ **he got much too** ~ (*pej*) il s'est permis des familiarités (*with* avec)

N a (= *familiar spirit*) démon *m* familier

b (= *friend*) familier *m*

**familiarity** /fəˌmɪlɪˈærɪtɪ/ N a (*NonC*) [*of sight, event etc*] caractère *m* familier *or* habituel b (*NonC: with book, poem, customs etc*) familiarité *f* (*with* avec) (parfaite) connaissance *f* (*with* de) ◆ ~ **breeds contempt** (*Prov*) la familiarité engendre le mépris c (= *intimacy*) familiarité *f* ◆ **the ~ with which she greeted the head waiter** la familiarité avec laquelle elle a salué le maître d'hôtel ; (*pej*) (*gen pl*) ◆ **familiarities** familiarités *fpl*, privautés *fpl*

**familiarize** /fəˈmɪlɪəraɪz/ VT ◆ **to ~ sb with sth** familiariser qn avec qch, habituer qn à qch ◆ **to ~ o.s. with** se familiariser avec

**familiarly** /fəˈmɪljəlɪ/ ADV [*say, greet*] avec familiarité ◆ **the "Jade Palace", ~ known as "Jo's Place"** le "Jade Palace", "Jo's Place" pour les intimes

**family** /ˈfæmɪlɪ/ N (*all senses*) famille *f* ◆ **has he any ~?** (= *relatives*) a-t-il de la famille ? ; (= *children*) a-t-il des enfants ? ◆ **he comes from a ~ of six children** il vient d'une famille de six enfants ◆ **it runs in the** ~ cela tient de famille ◆ **my ~ are all tall** dans ma famille tout le monde est grand ◆ **they'd like to start a** ~ ils aimeraient avoir des enfants ◆ **of good** ~ de bonne famille ◆ **he's one of the** ~ il fait partie *or* il est de la famille

COMP [*dinner, jewels, likeness, name*] de famille ; [*Bible, life*] familial, de famille ▷ **family allowance** N (*Brit Admin: formerly*) allocations *fpl* familiales ▷ **family business** N entreprise *f* familiale, affaire *f* de famille ▷ **family butcher** N boucher *m* de quartier ▷ **family circle** N (= *family members*) cercle *m* familial ; (*US Theat*) deuxième balcon *m* ▷ **family court** N (*US Jur*) ≃ tribunal *m* de grande instance (*s'occupant des affaires familiales*) ▷ **family credit** N (*Brit Admin*) ≃ complément *m* familial ▷ **Family Crisis Intervention Unit** N (*US Police*) ≃ police-secours *f* (*intervenant en cas de drames familiaux*) ▷ **the Family Division** N (*Brit Jur*) tribunal *m* des affaires familiales ▷ **family doctor** N médecin *m* de famille, généraliste *m* ▷ **family friend** N ami(e) *m(f)* de la famille ▷ **family grouping** N (*Scol*) *regroupement de classes de primaire de sections différentes* ▷ **Family Health Services Authority** N (*Brit*) *autorité supervisant les professions de santé* ▷ **family hotel** N pension *f* de famille ▷ **family income supplement** N (*Brit Admin: formerly*) ≃ complément *m* familial ▷ **family man** N (pl **family men**) ◆ **he's a ~ man** il aime la vie de famille ▷ **family-minded** ADJ ◆ **to be ~-minded** avoir le sens de la famille ▷ **family name** N nom *m* de famille ▷ **family planning** N planning *m* familial ▷ **family planning clinic** N centre *m* de planning familial ▷ **family practice** N (*US Med*) médecine *f* générale ▷ **family practitioner** N (*US Med*) médecin *m* de famille, (médecin) généraliste *m* ▷ **family room** N (*esp US: in house*) salle *f* de séjour (*réservée à la famille plutôt qu'aux invités*) ; (*Brit: in pub*) *salle autorisée aux enfants* ; (*in hotel*) chambre *f* familiale ▷ **family-size(d) packet** N (*Comm*) paquet *m* familial ▷ **family therapy** N thérapie *f* familiale ▷ **family tree** N arbre *m* généalogique ▷ **family unit** N (*Sociol*) cellule *f* familiale ▷ **family values** NPL valeurs *fpl* familiales ▷ **family viewing** N (*TV*) ◆ **it's (suitable for) ~ viewing** c'est un spectacle familial *or* pour toute la famille ▷ **family way** † * N ◆ **she's in the ~ way** elle est enceinte, elle attend un enfant

**famine** /ˈfæmɪn/ N famine *f*

**famished** /ˈfæmɪʃt/ ADJ affamé ◆ **I'm absolutely ~** * je meurs de faim, j'ai une faim de loup ◆ ~ **looking** d'aspect famélique

**famous** /ˈfeɪməs/ ADJ a (= *well-known*) célèbre (*for* pour) ◆ ~ **last words!** * (*iro*) on verra bien !, c'est ce que tu crois ! ◆ **so when's this ~ party going to be?** (*iro*) alors, cette fameuse soirée, quand est-ce qu'elle va avoir lieu ? b († * = *excellent*) fameux, formidable *

**famously** /ˈfeɪməslɪ/ ADV a ◆ **a ~ rich/arrogant film star** une vedette de cinéma connue pour sa richesse/son arrogance ◆ **Quentin Tarantino, who once ~ said ...** Quentin Tarantino, dont tout le monde connaît la fameuse boutade ... ◆ **Marlon Brando ~ refused an Oscar in 1972** Marlon Brando, comme chacun le sait, a refusé un oscar en 1972 ◆ **there have been hurricanes in England, most ~ in 1987** il y a eu des ouragans en Angleterre, dont le plus connu en 1987 b († * = *well*) ◆ **to get on** *or* **along** ~ s'entendre comme larrons en foire * ◆ **to get on** *or* **along ~ with sb** s'entendre à merveille avec qn ◆ **to go** ~ marcher rudement * bien

**fan**[1] /fæn/ N éventail *m* ; (*mechanical*) ventilateur *m* ; (*Agr*) tarare *m* ◆ **electric** ~ ventilateur *m* électrique VT a [+ *person, object*] éventer ◆ **to ~ the fire** attiser le feu ◆ **to ~ the embers** souffler sur la braise ◆ **to ~ o.s.** s'éventer b [+ *violence, hatred*] attiser ;

[+ fears] aviver, attiser **c** (US ‡ = smack) corriger, flanquer* une fessée à **COMP** ▷ **fan-assisted oven** N four m à chaleur tournante ▷ **fan belt** N (Aut) courroie f de ventilateur ▷ **fan heater** N (Brit) radiateur m soufflant ▷ **fan light** N imposte f (semi-circulaire) ▷ **fan oven** N four m à chaleur pulsée ▷ **fan-shaped** ADJ en éventail ▷ **fan vaulting** N (Archit) voûte(s) f(pl) en éventail

► **fan out** **VI** [troops, searchers] se déployer (en éventail) **VT SEP** [+ cards etc] étaler (en éventail)

**fan²** /fæn/ **N** [of person] (gen) admirateur m, -trice f ; [of personality, pop star, music style] fan mf ; [of sports team] supporter m ; [of work of art] amateur m ◆ **I'm definitely not one of his ~s** je suis loin d'être un de ses admirateurs ◆ **he is a jazz/bridge/sports/rugby** etc ~ c'est un mordu* or un fana* de jazz/bridge/sport/rugby etc ◆ **football** ~ amateur m or fan m de football ◆ **movie** ~ cinéphile mf, passionné(e) m(f) de cinéma ◆ **a Vivaldi** ~ un grand amateur de Vivaldi **COMP** ▷ **fan club** N (Cine etc) cercle m or club m de fans ; (fig) cercle m d'adorateurs or de fervents (admirateurs) ◆ **the Colin Smith ~ club** le club des fans de Colin Smith ▷ **fan letters** NPL ⇒ **fan mail** ▷ **fan mail** N courrier m des fans ◆ **she receives lots of ~ mail** elle reçoit beaucoup de lettres d'admirateurs

**fanatic** /fəˈnætɪk/ N fanatique mf ◆ **a religious** ~ un fanatique religieux ◆ **(s)he's a football** ~ c'est un(e) fana* de football

**fanatical** /fəˈnætɪkl/ ADJ fanatique ◆ **to be ~ about sth** être un(e) fanatique de qch

**fanatically** /fəˈnætɪklɪ/ ADV fanatiquement

**fanaticism** /fəˈnætɪsɪzəm/ N fanatisme m

**fanciable*** /ˈfænsɪəbl/ ADJ (Brit) pas mal du tout*

**fancied** /ˈfænsɪd/ ADJ imaginaire ; see also **fancy**

**fancier** /ˈfænsɪəʳ/ N ◆ **dog** ~ (= connoisseur) connaisseur m, -euse f en chiens ; (= breeder) éleveur m, -euse f de chiens

**fanciful** /ˈfænsɪfʊl/ ADJ (= whimsical) [person] capricieux, fantasque ; [ideas] fantasque ; (= imaginative) [design, drawing] plein d'imagination, imaginatif ; [story, account] fantaisiste

**fancy** /ˈfænsɪ/ **N** **a** (= whim) caprice m, fantaisie f ◆ **a passing** ~ une lubie ◆ **as the ~ takes her** comme l'idée la prend ◆ **he only works when the ~ takes him** il ne travaille que quand cela lui plaît or lui chante*

**b** (= taste, liking) goût m, envie f ◆ **to take a ~ to sb** (gen) se prendre d'affection pour qn ; (= have a crush on) avoir le béguin* or une tocade* pour qn ◆ **to take a ~ to sth** se mettre à aimer qch, prendre goût à qch ◆ **it took** or **caught** or **tickled his** ~ [story etc] cela a frappé son imagination ◆ **the hat took** or **caught my** ~ ce chapeau m'a fait envie or m'a tapé dans l'œil* ◆ **the story caught the public's** ~ cette histoire a frappé les esprits

**c** (NonC = fantasy) imagination f, fantaisie f ◆ **that is in the realm of** ~ cela appartient au domaine de l'imaginaire, c'est chimérique

**d** (= delusion) chimère f, fantasme m ; (= whimsical notion) idée f fantasque ◆ **I have a ~ that ...** j'ai idée que ...

**e** (Culin) gâteau m à la crème (fait de génoise fourrée)

**VT** **a** (esp Brit) (= want) avoir envie de ; (= like) aimer ◆ **do you ~ going for a walk?** as-tu envie or ça te dit* d'aller faire une promenade ? ◆ **do you ~ a drink?** ça vous dirait de prendre un verre ? ◆ **I don't ~ the idea** cette idée ne me dit rien ◆ **he fancies himself*** (Brit) il ne se prend pas pour rien (iro) ◆ **he fancies himself as an actor*** il se prend pour un acteur ◆ **he fancies her*** (Brit) il s'est entiché* d'elle ◆ **Omar is strongly fancied for the next race** (Racing) Omar est très coté or a la cote pour la prochaine course

**b** (= imagine) se figurer, s'imaginer ; (= rather think) croire, penser ◆ **he fancies he can succeed** il se figure pouvoir réussir, il s'imagine qu'il peut réussir ◆ **I rather ~ he's gone out** je crois (bien) qu'il est sorti ◆ **he fancied he heard the car arrive** il a cru entendre arriver la voiture ◆ **I ~ we've met before** j'ai l'impression que nous nous sommes déjà rencontrés ◆ ~ **that!** * voyez-vous ça ! ◆ ~ **anyone doing that!** les gens font de ces choses ! ◆ ~ **seeing you here!** * tiens ! vous ici ! ◆ ~ **him winning!** * qui aurait cru qu'il allait gagner !

**ADJ** **a** [clothes, shoes, hat, pattern] (= sophisticated) sophistiqué ; (= showy) tape-à-l'œil inv ◆ ~ **food** des plats compliqués ◆ **good plain food, nothing** ~ de la nourriture simple, sans chichis ◆ ~ **cakes** pâtisseries fpl

**b** (gen pej = expensive) [restaurant, shop, school] chic inv ◆ **with his ~ house and his ~ car how can he know what being poor is like?** avec sa belle maison et sa belle voiture, comment peut-il savoir ce que c'est que d'être pauvre ?

**c** (pej = pretentious) [idea, cure] fantaisiste ; [word, language] recherché

**d** (= high) [price] exorbitant

**e** (= high-quality) [products, foodstuffs] de luxe

**COMP** ▷ **fancy dress** N (NonC) déguisement m ◆ **in ~ dress** déguisé, travesti ◆ **to go in ~ dress** se déguiser ▷ **fancy-dress ball** N bal m masqué or costumé ▷ **fancy-free** ADJ ◆ **he is ~-free** c'est un cœur à prendre ; → **footloose** ▷ **fancy goods** NPL (Comm) articles mpl de luxe ▷ **fancy man*** N (pl **fancy men**) (pej) amant m, jules* m ▷ **fancy woman*** N (pl **fancy women**) (pej) maîtresse f, poule* f (pej) ▷ **fancy work** N (NonC) ouvrages mpl d'agrément

**fandango** /fænˈdæŋgəʊ/ N (pl **fandangos**) fandango m

**fanfare** /ˈfænfɛəʳ/ N fanfare f (morceau de musique) ◆ **the product was launched with** or **in a ~ of publicity** il y a eu un grand tapage publicitaire pour le lancement du produit ◆ **the plan was announced amid** or **with much** ~ le projet a été annoncé en fanfare

**fanfold paper** /ˈfænfəʊldˈpeɪpəʳ/ N (Comput) papier m accordéon

**fang** /fæŋ/ N [of dog, vampire] croc m, canine f ; [of snake] crochet m

**Fanny** /ˈfænɪ/ N **a** abbrev of **Frances** **b** (Brit) **sweet ~ Adams‡** que dalle‡

**fanny** /ˈfænɪ/ N **a** (US: *) (= buttocks) cul*‡ m, fesses* fpl **b** (Brit: *‡ = vagina) chatte*‡ f

**fantabulous‡** /fænˈtæbjʊləs/ ADJ super-chouette*

**fantail** /ˈfænteɪl/ N (also **fantail pigeon**) pigeon-paon m

**fantasia** /fænˈteɪzjə/ N (Literat, Mus) fantaisie f

**fantasist** /ˈfæntəzɪst/ N doux rêveur m

**fantasize** /ˈfæntəsaɪz/ VI (gen, Psych) avoir des fantasmes, fantasmer (about sur)

**fantastic** /fænˈtæstɪk/ ADJ **a** (* = fabulous, terrific) [person, achievement, opportunity, news] fantastique, formidable ◆ **it's ~ to see you again!** c'est formidable de te revoir ! ◆ **you look ~!** (= healthy) tu as une mine superbe ; (= attractive) tu es superbe ! **b** (* = huge) [amount, profit, speed] phénoménal **c** (= exotic) [creature, world] fantastique ; → **trip** **d** (= improbable) [story, adventure, idea] invraisemblable

**fantastical** /fænˈtæstɪkl/ ADJ [story, place, world] fantastique ; [account, architecture] fantasque

**fantastically** /fænˈtæstɪkəlɪ/ ADV **a** (= extraordinarily) [complicated] fantastiquement, extraordinairement ; [expensive, rich] fabuleusement **b** (= imaginatively) [wrought, coloured] fantastiquement

**fantasy** /ˈfæntəzɪ/ **N** **a** (= dream) fantasme m, rêve m ◆ **sexual** ~ fantasme m sexuel ◆ **one of my fantasies is to own a boat** l'un des mes rêves c'est d'avoir un bateau ◆ **I had fantasies of revenge** je rêvais de vengeance ◆ **she has fantasies about her teacher** elle fantasme sur son professeur

**b** (NonC) (= imagination) imagination f ◆ **it stimulated her sense of** ~ cela stimulait son imagination ◆ **a world of ~, a ~ world** un monde imaginaire ◆ **the realm of** ~ le domaine de l'imaginaire ◆ **the tales you've been telling me are all** ~ les histoires que tu m'as racontées sont complètement fantaisistes ◆ **she dismissed the allegations as pure** ~ elle a décrété que ces accusations étaient complètement fantaisistes

**c** (Literat, Mus) fantaisie f

**COMP** ▷ **fantasy football** N jeu qui consiste à constituer des équipes de football virtuelles avec des joueurs existants

> ⚠ **fantasy** is only translated by **fantaisie** in literary and musical contexts.

**fanzine** /ˈfænziːn/ N (abbrev of **fan magazine**) fanzine m

**FAO** /ˌefeɪˈəʊ/ N (abbrev of **Food and Agriculture Organization**) FAO f

**FAQ** **ABBR** (Comm) (abbrev of **free alongside quay**) FLQ **N** (Comput) (abbrev of **frequently asked questions**) FAQ f

**far** /fɑːʳ/ (compar **farther** or **further**, superl **farthest** or **furthest**) **ADV** **a** (= a long way) loin ◆ **is it ~?** c'est loin ? ◆ **is it ~ to London?** c'est loin pour aller à Londres ? ◆ **we live quite ~** nous habitons assez loin ◆ **have you come ~?** vous venez de loin ? ◆ **he carried** or **took the joke too ~** il a poussé trop loin la plaisanterie ◆ ~ **be it from me to try to dissuade you** loin de moi l'idée de vous dissuader ◆ **they came from ~ and wide** or **~ and near** ils sont venus de partout

◆ **how far ?** ◆ **how ~ is it to Glasgow?** combien y a-t-il de kilomètres jusqu'à Glasgow ? ◆ **how ~ is it from Glasgow to Edinburgh?** combien y a-t-il (de kilomètres) de Glasgow à Édimbourg ? ◆ **how ~ are you going?** jusqu'où allez-vous ? ◆ **how ~ have you got with your plans?** où en êtes-vous de vos projets ?

◆ **to get + far** ◆ **he won't get ~** il n'ira pas loin ◆ **ten dollars won't get us very ~!** * on n'ira pas loin avec dix dollars !

◆ **to go + far** aller loin ◆ **he'll go ~** (= do well) il ira loin ◆ **to make one's money go ~** faire durer son argent ◆ **£10 doesn't go ~ these days** avec 10 livres, on ne va pas bien loin de nos jours ◆ **that will go ~ towards placating him** cela contribuera beaucoup à le calmer ◆ **this scheme does not go ~ enough** ce projet ne va pas assez loin ◆ **I would even go so ~ as to say that ...** j'irais même jusqu'à dire que ..., je dirais même que ... ◆ **that's going too ~** cela dépasse les bornes or la mesure ◆ **I wouldn't go that ~** je n'irais pas jusque-là ◆ **now you're going a bit too ~** alors là vous allez un peu trop loin ◆ **he's gone too ~ this time!** il est vraiment allé trop loin cette fois ! ◆ **he has gone too ~ to**

**back out now** il est trop engagé pour reculer maintenant

♦ **as far as, so far as** ♦ **we went as ~ as the town** nous sommes allés jusqu'à la ville ♦ **we didn't go as** *or* **so ~ as the others** nous ne sommes pas allés aussi loin que les autres ♦ **as** *or* **so ~ as I know** (pour) autant que je (le) sache ♦ **as ~ as I can** dans la mesure du possible ♦ **as** *or* **so ~ as I can tell** si je ne m'abuse ♦ **as ~ as the eye can see** à perte de vue ♦ **as** *or* **so ~ as that goes** pour ce qui est de cela ♦ **as** *or* **so ~ as I'm concerned** en ce qui me concerne, pour ma part

♦ **by far** de loin, de beaucoup ♦ **this is by ~ the best** *or* **the best by ~** ceci est de très loin ce qu'il y a de mieux ♦ **he's the oldest by ~, he's by ~ the oldest** il est beaucoup plus âgé que les autres

♦ **far above** loin au-dessus ♦ **~ above the hill** loin au-dessus de la colline ♦ **he is ~ above the rest of the class** il est de loin supérieur au *or* il domine nettement le reste de la classe

♦ **far and away** de loin ♦ **it's ~ and away the most expensive** c'est de loin le plus cher

♦ **far away** loin ♦ **he wasn't ~ away when I saw him** il n'était pas loin quand je l'ai vu ♦ **~ away in the distance** au loin, dans le lointain ♦ **they live not ~ away** ils habitent près d'ici

♦ **far back** ♦ **the bungalow was set ~ back from the road** le bungalow était en retrait de la route ♦ **as ~ back as I can remember** d'aussi loin que je m'en souvienne ♦ **as ~ back as 1945** dès 1945, déjà en 1945 ♦ **how ~ back does all this go?** *(in time)* tout ça remonte à quand ?

♦ **far beyond** bien au-delà ♦ **he ventured into the forest and ~ beyond** il s'est aventuré dans la forêt et même bien au-delà ♦ **~ beyond the forest** très loin au-delà de la forêt ♦ **it's ~ beyond what I can afford** c'est bien au-dessus de mes moyens ♦ **I can't look ~ beyond May** je ne sais pas très bien ce qui se passera après le mois de mai

♦ **far from** loin de ♦ **we live not ~ from here** nous habitons tout près d'ici ♦ **your work is ~ from satisfactory** votre travail est loin d'être satisfaisant ♦ **~ from it!** loin de là !, tant s'en faut ! ♦ **~ from liking him I find him rather objectionable** bien loin de l'aimer, je le trouve (au contraire) tout à fait désagréable ♦ **I am ~ from believing him** je suis très loin de le croire

♦ **far gone** ♦ **he was ~ gone** *(= ill)* il était bien bas ; *( * = drunk)* il était bien parti *

♦ **far into** ♦ **~ into the night** tard dans la nuit ♦ **they went ~ into the forest** ils se sont enfoncés (loin) dans la forêt, ils ont pénétré très avant dans la forêt

♦ **far off** *(= in the distance)* au loin, dans le lointain ♦ **he wasn't ~ off when I caught sight of him** il n'était pas loin quand je l'ai aperçu ♦ **his birthday is not ~ off** c'est bientôt son anniversaire, son anniversaire approche ♦ **she's not ~ off fifty** elle n'est pas loin de la cinquantaine

♦ **far out** *(= distant)* ♦ **~ out at sea** au (grand) large ♦ **~ out on the branch** tout au bout de la branche ; see also **far-**

♦ **so far** ♦ **just so ~, so ~ and no further** jusque-là mais pas plus loin ♦ **so ~ so good** jusqu'ici ça va ♦ **so ~ this year** jusqu'ici cette année ♦ **we have ten volunteers so ~** nous avons dix volontaires pour l'instant *or* jusqu'à présent

**b** *(as intensifier)* **~ too expensive/too slow/too dangerous** beaucoup *or* bien trop cher/trop lent/trop dangereux ♦ **this is ~ better** c'est beaucoup *or* bien mieux ♦ **this is ~ and away the best** ceci est de très loin ce qu'il y a de mieux ♦ **it is ~ more serious** c'est (bien) autrement sérieux ♦ **she is ~ prettier than her sister** elle est bien plus jolie que sa sœur ♦ **you're not ~ wrong** tu ne t'es pas trompé de beaucoup, tu n'es pas très loin de la vérité ♦ **it's not ~ wrong** c'est à peu près ça

♦ **to be far out** *or* **far off** *(= wrong) [person]* se tromper lourdement, être loin du compte ; *[estimates, guesses]* être loin du compte ; *[opinion polls]* se tromper lourdement ; *[calculations]* être complètement erroné ♦ **you're not ~ out** *or* **off** tu ne t'es pas trompé de beaucoup, tu n'es pas très loin de la vérité ♦ **it's not ~ out** c'est à peu près ça

**ADJ** **a** *(= distant: liter) [country, land]* lointain, éloigné ♦ **it's a ~ cry from what he promised** on est loin de ce qu'il a promis

**b** *(= further away)* autre, plus éloigné ♦ **on the ~ side of** de l'autre côté de ♦ **at the ~ end of** à l'autre bout de, à l'extrémité de ♦ **in the ~ north of Scotland** tout au nord de l'Écosse

**c** *(Pol)* **the ~ right/left** l'extrême droite f/gauche f

**COMP** ▷ **the Far East** **N** l'Extrême-Orient m ▷ **the Far North** **N** le Grand Nord ▷ **the Far West** **N** *(US)* le Far West, l'Ouest m américain

**far-** /fɑːʳ/ **PREF** ♦ **~distant** lointain ♦ **Far-Eastern** d'Extrême-Orient ♦ **~fetched** *[explanation, argument]* tiré par les cheveux ; *[idea, scheme, suggestion]* bizarre ♦ **~flung** *(= remote)* éloigné ♦ **~off** lointain, éloigné ♦ **~out** * *(= modern)* d'avant-garde ; *(= superb)* super *, génial ♦ **~reaching** *[reforms]* d'une grande portée ; *[changes, consequences, effects, implications]* très important ♦ **~seeing** *[person]* prévoyant ; *[decision, measure]* pris avec clairvoyance ♦ **~sighted** *(US = long-sighted)* hypermétrope ; *(in old age)* presbyte ; *(fig) [person]* prévoyant ; *[policy]* à long terme ; see also **farsightedness**

**farad** /ˈfærəd/ **N** farad m

**faraway** /ˈfɑːrəweɪ/ **ADJ** **a** *(lit) [country]* lointain ; *[village, house]* éloigné **b** *(fig) [look]* distrait, absent ; *[voice]* lointain

**farce** /fɑːs/ **N** **a** **the whole thing's a ~!** tout ça c'est grotesque ♦ **the elections were a ~** les élections furent une mascarade ♦ **the election campaign degenerated into ~** la campagne électorale a tourné à la farce **b** *(Theat)* farce f

**farcical** /ˈfɑːsɪkəl/ **ADJ** **a** *(= comical) [episode, attempt, scene]* burlesque ; *(= ridiculous, grotesque)* risible ; *[situation]* grotesque, risible **b** *(Theat)* ♦ **~ comedy** farce f

**fare** /fɛəʳ/ **N** **a** *(= charge) (on tube, subway, bus etc)* prix m du ticket *or* du billet ; *(on train, boat, plane)* prix m du billet ; *(in taxi)* prix m de la course ♦ **~s, please!** *(in bus)* ≃ les billets, s'il vous plaît ! ♦ **~s are going to go up** les tarifs *mpl* (des transports) vont augmenter ♦ **let me pay your ~** laissez-moi payer pour vous ♦ **I haven't got the ~** je n'ai pas assez d'argent pour le billet ; → **half, return**

**b** *(= passenger)* voyageur m, -euse f ; *(of taxi)* client(e) m(f)

**c** *(NonC = food)* nourriture f ♦ **traditional Christmas ~** les plats *mpl* traditionnels de Noël ♦ **vegetarian dishes are now standard ~ in many restaurants** les plats végétariens figurent désormais au menu de nombreux restaurants ♦ **old black-and-white films are standard ~ on late-night TV** les vieux films en noir et blanc figurent régulièrement au programme de fin de soirée à la télévision ; → **bill¹**

**VI** ♦ **he ~d better at his second attempt** il a mieux réussi à sa deuxième tentative ♦ **she has ~d better in France than in Britain** elle a mieux réussi en France qu'en Grande-Bretagne ♦ **the dollar ~d well on the stock exchange today** le dollar s'est bien comporté à la Bourse aujourd'hui ♦ **how did you ~?** *(† or hum)* comment ça s'est passé ?, comment ça a marché ? *

**COMP** ▷ **fare-dodger** **N** *(Brit)* voyageur m, -euse f sans billet, resquilleur * m, -euse * f ▷ **fare-dodging** **N** resquillage * m ▷ **fare stage** **N** *[of bus]* section f ▷ **fare war** **N** guerre f des tarifs ▷ **fare zone** **N** *(US)* ⇒ **fare stage**

**fare-thee-well** /ˌfɛəðiːˈwel/, **fare-you-well** /ˌfɛəjuːˈwel/ **N** *(US)* ♦ **to a ~** *(= to perfection) [imitate etc]* à la perfection ; *(= very much, very hard)* au plus haut point

**farewell** /fɛəˈwel/ **N, EXCL** adieu m ♦ **to say** *or* **make one's ~s** faire ses adieux ♦ **to take one's ~ of** faire ses adieux à ♦ **to say** *or* **bid † ~ to** *(lit)* dire adieu à ♦ **you can say ~ to your chances of promotion!** tu peux dire adieu à tes chances de promotion !, ta promotion, tu peux faire une croix dessus ! * **COMP** *[dinner etc]* d'adieu

**farinaceous** /ˌfærɪˈneɪʃəs/ **ADJ** farinacé, farineux

**farm** /fɑːm/ **N** *(Agr)* ferme f, exploitation f agricole ♦ **pig/chicken/trout ~** élevage m de porcs/poulets/truites ♦ **to work on a ~** travailler dans une ferme ; → **fish, sheep**

**VT** *[+ land]* cultiver ; *[+ fish, salmon, deer]* faire l'élevage de ; see also **farmed**

**VI** être agriculteur m, -trice f

**COMP** ▷ **farm animal** **N** animal m de (la) ferme ▷ **farm gate price** **N** *(Econ)* prix m à la production *or* au producteur ▷ **farm labourer** **N** ⇒ **farm worker** ▷ **farm produce** **N** *(NonC)* produits *mpl* agricoles *or* de la ferme ▷ **farm worker** **N** ouvrier m, -ière f agricole

► **farm out** * **VT SEP** *[+ shop]* mettre en gérance ♦ **to ~ out work** recourir à un sous-traitant ♦ **the firm ~ed out the plumbing to a local tradesman** l'entreprise a confié la plomberie à un sous-traitant local ♦ **she ~ed her children out on her sister-in-law** elle a donné ses enfants à garder à sa belle-sœur

**farmed** /fɑːmd/ **ADJ** *[fish etc]* d'élevage

**farmer** /ˈfɑːməʳ/ **N** agriculteur m, -trice f, fermier m, -ière f ♦ **angry ~s** des agriculteurs en colère **COMP** ▷ **farmers' market** **N** marché m de producteurs

**farmhand** /ˈfɑːmhænd/ **N** ⇒ **farm worker**

**farmhouse** /ˈfɑːmhaʊs/ **N** ferme f ♦ **~ kitchen** cuisine f de style fermier **COMP** ▷ **farmhouse cheese** **N** fromage m fermier ▷ **farmhouse loaf** **N** *(Brit)* pain m de campagne

**farming** /ˈfɑːmɪŋ/ **N** *(gen)* agriculture f ♦ **he's always been interested in ~** il s'est toujours intéressé à l'agriculture ♦ **vegetable/fruit ~** culture f maraîchère/fruitière ♦ **pig/mink ~** élevage m de porcs/de visons ♦ **the ~ of this land** la culture *or* l'exploitation de cette terre ; → **dairy, factory, mixed** **COMP** *[methods, techniques]* de culture ▷ **farming communities** **NPL** collectivités *fpl* rurales

**farmland** /ˈfɑːmlænd/ **N** terres *fpl* cultivées *or* arables

**farmstead** /ˈfɑːmsted/ **N** ferme f

**farmyard** /ˈfɑːmjɑːd/ **N** cour f de ferme

**Faroes** /ˈfɛərəʊz/ **NPL** ♦ **the ~** *(also* **the Faroe Islands***)* les îles *fpl* Féroé *or* Faeroe

**Faroese** /ˌfɛərəʊˈiːz/ **N** **a** *(pl inv = person)* Féroïen(ne) m(f), Féringien(ne) m(f) **b** *(Ling)* féroïen m **ADJ** féroïen, féringien, des îles Féroé

**farrago** /fəˈrɑːgəʊ/ N (pl **farragos** or **farragoes**) méli-mélo * m, mélange m

**farrier** /ˈfærɪəʳ/ N (esp Brit) maréchal-ferrant m

**farrow** /ˈfærəʊ/ VTI mettre bas N portée f (de cochons)

**Farsi** /ˈfɑːsiː/ N farsi m

**farsightedness** /ˌfɑːˈsaɪtɪdnɪs/ N a (fig) prévoyance f b (lit) hypermétropie f; (in old age) presbytie f

**fart** /fɑːt/ N pet * m ♦ **he's a boring old ~** (pej = person) c'est un mec rasoir * or un vieux schnoque * VI péter

► **fart about, fart around** VI glander ♦ **stop ~ing about and do some work!** arrête de glander et bosse un peu !

**farther** /ˈfɑːðəʳ/ (compar of **far**) ADV plus loin ♦ **how much ~ is it?** c'est encore loin ? ♦ **it is ~ than I thought** c'est plus loin que je ne pensais ♦ **have you got much ~ to go?** est-ce que vous avez encore loin à aller ? ♦ **we will go no ~** (lit) nous n'irons pas plus loin ; (fig) nous en resterons là ♦ **I can't go any ~** (lit) je ne peux pas aller plus loin ; (fig) je n'en peux plus ♦ **I got no ~ with him** je ne suis arrivé à rien de plus avec lui ♦ **nothing could be ~ from the truth** rien n'est plus éloigné de la vérité ♦ **nothing is ~ from my thoughts** rien n'est plus éloigné de ma pensée ♦ **I can't see any ~ than the next six months** je n'arrive pas à voir au-delà des six prochains mois ♦ **to get ~ and ~ away** s'éloigner de plus en plus ♦ **~ back** plus (loin) en arrière ♦ **push it ~ back** repousse-le plus loin ♦ **move ~ back** reculez-vous ♦ **~ back than 1940** avant 1940 ♦ **a little ~ up** (on wall etc) un peu plus haut ; (along path) un peu plus loin ♦ **~ away, ~ off** plus éloigné, plus loin ♦ **he went ~ off than I thought** il est allé plus loin que je ne pensais ♦ **~ on, ~ forward** plus en avant, plus loin ♦ **we're no ~ forward after all that** (fig) on n'est pas plus avancé après tout ça ADJ plus éloigné, plus lointain ♦ **at the ~ end of the room** à l'autre bout de la salle, au fond de la salle ♦ **at the ~ end of the branch** à l'autre bout or à l'extrémité de la branche

**farthest** /ˈfɑːðɪst/ (superl of **far**) ADJ le plus éloigné ♦ **in the ~ depths of the forest** au fin fond de la forêt ♦ **they went by boat to the ~ point of the island** ils se sont rendus en bateau à l'extrémité de l'île ♦ **the ~ way** la route la plus longue ♦ **it's 5km at the ~** il y a 5 km au plus or au maximum ADV le plus loin

**farthing** /ˈfɑːðɪŋ/ N quart d'un ancien penny ♦ **I haven't a ~** je n'ai pas le sou ; → **brass**

**FAS** /ˌefeɪˈes/ (Comm) (abbrev of **free alongside ship**) FLB

**fascia** /ˈfeɪʃə/ N (pl **fasciae** /ˈfeɪʃɪˌiː/) (Brit) a (on building) panneau m b (Aut) tableau m de bord c (for mobile phone) façade f

**fascicle** /ˈfæsɪkl/, **fascicule** /ˈfæsɪkjuːl/ N (Bot) rameau m fasciculé ; [of book] fascicule m

**fascinate** /ˈfæsɪneɪt/ VT a (= interest) [speaker, tale] fasciner, captiver ; [sight] fasciner b [snake] fasciner

**fascinated** /ˈfæsɪneɪtɪd/ ADJ [person] fasciné, captivé ; [look, smile] fasciné

**fascinating** /ˈfæsɪneɪtɪŋ/ ADJ [person, place, sight, story] fascinant ; [book, film] captivant ; [subject] passionnant ♦ **it'll be ~ to see how she reacts** ce sera très intéressant de voir sa réaction

**fascinatingly** /ˈfæsɪneɪtɪŋlɪ/ ADV ♦ **~ interesting** d'un intérêt exceptionnel ♦ **~, his thesis is that ...** chose très intéressante, sa thèse est que ...

**fascination** /ˌfæsɪˈneɪʃən/ N fascination f ♦ **his ~ with the cinema** la fascination qu'exerce sur lui le cinéma ♦ **I don't understand the ~ of this book** je ne comprends pas la fascination que ce livre exerce sur les gens ♦ **he listened in ~** il écoutait, fasciné ♦ **she has developed a ~ for Impressionist painting** elle se passionne maintenant pour la peinture impressionniste

**fascism** /ˈfæʃɪzəm/ N fascisme m

**fascist** /ˈfæʃɪst/ ADJ, N fasciste mf

**fascistic** /fəˈʃɪstɪk/ ADJ fasciste

**fashion** /ˈfæʃən/ N a (NonC = manner) façon f, manière f ♦ **in a strange ~** d'une façon or manière bizarre ♦ **in (a) similar ~** d'une façon or manière similaire, pareillement ♦ **after a ~** [manage] tant bien que mal ♦ **I can cook after a ~** je me débrouille en cuisine, sans plus ♦ **it worked, after a ~** ça a marché plus ou moins bien ♦ **after the ~ of** à la manière de ♦ **in the French ~** à la française ♦ **in his own ~** à sa manière or façon ♦ **it's not my ~ to lie** (frm) ce n'est pas mon genre de mentir

b (lit, fig = latest clothes, style, ideas) mode f ♦ **it's the latest ~** c'est la dernière mode or le dernier cri ♦ **she always wears the latest ~s** elle est toujours habillée à la dernière mode ♦ **the Paris ~s** les collections fpl (de mode) parisiennes ♦ **a man of ~** un homme élégant ♦ **~s have changed** la mode a changé ♦ **to set the ~ for** lancer la mode de ♦ **to bring sth into ~** mettre qch à la mode ♦ **to come into ~** devenir à la mode ♦ **it is the ~ to say that** il est de bon ton de dire cela ♦ **it's no longer the ~ to send children away to school** ça ne se fait plus de mettre les enfants en pension

♦ **in fashion** à la mode ♦ **boots are back in ~** les bottes sont revenues à la mode

♦ **out of fashion** démodé, passé de mode ♦ **to go out of ~** se démoder

c (= habit) coutume f, habitude f ♦ **as was his ~** selon sa coutume or son habitude

VT [+ carving] façonner ; [+ model] fabriquer ; [+ dress] confectionner

COMP ▷ **fashion-conscious** ADJ ♦ **to be ~-conscious** suivre la mode ▷ **fashion designer** N (gen) styliste mf, modéliste mf ♦ **the great ~ designers** (= Givenchy etc) les grands couturiers mpl ▷ **fashion editor** N rédacteur m, -trice f de mode ▷ **fashion house** N maison f de couture ▷ **fashion magazine** N magazine m or journal m de mode ▷ **fashion model** N mannequin m (personne) ▷ **fashion parade** N défilé m de mannequins, présentation f de collections ▷ **fashion plate** N gravure f de mode ♦ **she's a real ~ plate** * on dirait une gravure de mode, elle a l'air de sortir d'un magazine de mode ▷ **fashion show** N présentation f de modèles or de collections ♦ **to go to the Paris ~ shows** faire les collections parisiennes ▷ **fashion victim** * N victime f de la mode

**fashionable** /ˈfæʃnəbl/ ADJ [clothes, shop, restaurant, subject, idea] à la mode ; [hotel] chic inv ; [district] prisé ; [person] (= stylish) à la mode ; (= in the public eye) en vue ; [artist, writer] à la mode ♦ **it is ~ to criticize these theories** il est à la mode de critiquer ces théories

**fashionably** /ˈfæʃnəblɪ/ ADV [dress] à la mode ♦ **~ long hair** des cheveux longs comme c'est la mode ♦ **she was ~ late** elle était en retard, juste ce qu'il faut

**fast[1]** /fɑːst/ ADJ a (= speedy) rapide ♦ **she's a ~ walker/runner/reader** elle marche/court/lit vite ♦ **~ train** rapide m ♦ **he's a ~ thinker** il a l'esprit très rapide ♦ **a grass court is ~er** (Tennis) le jeu est plus rapide sur gazon ♦ **~ film** (Phot) pellicule f rapide ♦ **to pull a ~ one on sb** * rouler qn *, avoir qn * ; see also **comp**

b **to be ~** [clock, watch] avancer ♦ **my watch is five minutes ~** ma montre avance de cinq minutes

c († = dissipated) [person] léger, de mœurs légères ♦ **~ life** or **living** vie f dissolue (liter) ♦ **~ woman** femme f légère or de mœurs légères ♦ **a ~ set** une bande de noceurs * ♦ **one of the ~ set** un noceur or une noceuse

d (= firm) [rope, knot, grip] solide ♦ **to make a boat ~** amarrer un bateau ♦ **they're ~ friends** ils sont très amis

e [colour] bon teint inv, grand teint inv ♦ **is the dye ~?** est-ce que ça déteindra ?, est-ce que la teinture s'en ira ?

ADV a (= quickly) vite, rapidement ♦ **don't speak so ~** ne parlez pas si vite ♦ **how ~ can you type?** à quelle vitesse pouvez-vous taper (à la machine) ? ♦ **the environment is ~ becoming a major political issue** l'environnement est en train de prendre une place importante dans les débats politiques ♦ **he ran off as ~ as his legs could carry him** il s'est sauvé à toutes jambes ♦ **not so ~!** (interrupting) doucement !, minute ! * ♦ **he'd do it ~ enough if ...** il ne se ferait pas prier si ... ♦ **the holidays can't come ~ enough for me** vivement les vacances ! ♦ **as ~ as I advanced he drew back** à mesure que j'avançais, il reculait ; → **furious**

b (= firmly, securely) ferme, solidement ♦ **to be ~ asleep** dormir à poings fermés ♦ **to be stuck ~** [person, door, window, lid] être coincé ♦ **a door shut ~** une porte bien close ♦ **to stand ~** tenir bon or ferme, ne pas lâcher pied ♦ **to play ~ and loose with sb** se jouer de qn, traiter qn à la légère ; → **hard, hold**

c ♦ **~ by the church** †† qui jouxte l'église

COMP ▷ **fast bowler** N (Cricket) lanceur m, -euse f rapide ▷ **fast breeder (reactor)** N (Phys) (réacteur m) surgénérateur m, (réacteur m) surrégénérateur m ▷ **fast-flowing** ADJ [river, stream] au cours rapide ▷ **fast food** N (= food) prêt-à-manger m ; (= place) (also **fast-food restaurant**) fast-food m ▷ **fast-food chain** N chaîne f de fast-foods ▷ **fast-food industry, fast-food trade** N secteur m des fast-foods, restauration f rapide ▷ **fast forward** N avance f rapide ▷ **fast-forward** VT faire avancer rapidement VI [tape] avancer rapidement ▷ **fast-growing** ADJ [economy, market, business] en plein essor ▷ **the fast lane** N (Aut) ≈ la voie de gauche ♦ **to be in the ~ lane** (fig) avoir une vie trépidante, vivre à 100 à l'heure * ♦ **life in the ~ lane** la vie trépidante ▷ **fast-moving** ADJ (gen) rapide ; (fig) (= active, rapidly-changing) [industry, sector] en mouvement constant ♦ **~-moving consumer goods** biens mpl de consommation à rotation rapide ▷ **fast-selling** ADJ à écoulement rapide ▷ **fast-track** N (in organization) filière f ultra-rapide ♦ **her career was on the ~-track** elle progressait rapidement dans sa carrière ♦ **this put the company on a ~-track to privatization** cela a accéléré la privatisation de l'entreprise ADJ [approach] expéditif ; (Univ) ♦ **~-track degree** diplôme m de formation accélérée VT [+ employee] accélérer la carrière de ▷ **fast-tracking** N [of personnel] avancement m rapide

**fast[2]** /fɑːst/ VI jeûner, rester à jeun ; (Rel) jeûner, faire maigre N jeûne m ♦ **to break one's ~** rompre le jeûne ♦ **~ day** (Rel) jour m maigre or de jeûne

**fastback** /ˈfɑːstbæk/ N (Brit Aut) voiture f à hayon

**fasten** /ˈfɑːsn/ VT a *(lit)* attacher *(to* à); *(with rope, string etc)* lier *(to* à); *[+ dress]* fermer, attacher; *[+ shoelaces]* attacher, nouer; *[+ box]* fermer (solidement) ◆ **to ~ two things together** attacher deux choses ensemble *or* l'une à l'autre ◆ **to ~ one's seat belt** attacher *or* mettre sa ceinture de sécurité ◆ **it wasn't properly ~ed** *(= attached)* ce n'était pas bien attaché; *(= closed)* ce n'était pas bien fermé

b *[+ responsibility]* attribuer *(on sb* à qn); *[+ crime]* imputer *(on sb* à qn) ◆ **to ~ the blame on sb** rejeter la faute sur (le dos de) qn ◆ **you can't ~ it on me!** tu ne peux pas me mettre ça sur le dos! ◆ **to ~ one's hopes on sb/sth** placer *or* mettre tous ses espoirs dans qn/qch ◆ **to ~ one's eyes on sth** fixer son regard *or* les yeux sur qch

VI *[dress]* s'attacher; *[box, door, lock, window]* se fermer

► **fasten down** VT SEP fixer en place

► **fasten on** VT SEP fixer (en place)

VT FUS ⇒ **fasten upon**

► **fasten on to** VT FUS a ⇒ **fasten upon**

b se cramponner à, s'accrocher à ◆ **he ~ed on to my arm** il s'est cramponné *or* accroché à mon bras

► **fasten up** VT SEP *[+ dress, coat]* fermer, attacher

► **fasten upon** VT FUS saisir ◆ **to ~ upon an excuse** saisir un prétexte ◆ **to ~ upon the idea of doing sth** se mettre en tête (l'idée) de faire qch

**fastener** /ˈfɑːsnəʳ/, **fastening** /ˈfɑːsnɪŋ/ N *[of box, bag, necklace, book]* fermoir *m*; *[of garment]* fermeture *f*; *(= button)* bouton *m*; *(= hook)* agrafe *f*; *(= press stud)* bouton-pression *m*, pression *f*; *(= zip)* fermeture *f* éclair ® *inv* ◆ **a zip ~** une fermeture éclair ® ◆ **a Velcro ® ~** une fermeture velcro ® ◆ **a snap ~** un bouton-pression, une pression

**fastidious** /fæsˈtɪdɪəs/ ADJ *[work, research]* minutieux; *[person] (= meticulous)* méticuleux, minutieux; *(= demanding about detail)* tatillon, pointilleux; *(= particular about cleanliness)* tatillon; *(= easily disgusted)* délicat ◆ **their inspectors are very ~** leurs inspecteurs sont très pointilleux *or* tatillons ◆ **he's ~ about security/hygiene** il est pointilleux en ce qui concerne la sécurité/l'hygiène ◆ **she's too ~ to eat there** elle est trop délicate pour manger là ◆ **this film is not for the ~** ce film n'est pas pour les esprits délicats *or* pour les personnes trop délicates

> ⚠ **fastidieux** *does not mean* **fastidious**, *but 'boring'*.

**fastidiously** /fæsˈtɪdɪəslɪ/ ADV a *(= meticulously) [check, copy]* méticuleusement ◆ **~ clean** d'une propreté méticuleuse ◆ **his ~ tidy flat** son appartement impeccablement rangé b *(pej = with distaste) [examine]* en faisant le délicat

**fastidiousness** /fæsˈtɪdɪəsnɪs/ N *(= meticulousness)* méticulosité *f (liter)*, minutie *f*; *(= concern about detail)* caractère *m* tatillon

**fastigiate** /fæˈstɪdʒɪɪt/ ADJ fastigié

**fastness** /ˈfɑːstnɪs/ N a *[of colours]* solidité *f* ◆ **to test a fabric for colour ~** tester la résistance au lavage d'un tissu b *(NonC = speed)* rapidité *f*, vitesse *f* c *(= stronghold)* place *f* forte ◆ **mountain ~** repaire *m* de montagne

**fat** /fæt/ N *(gen, also Anat)* graisse *f*; *(on raw meat)* graisse *f*, gras *m*; *(on cooked meat)* gras *m*; *(for cooking)* matière grasse *f* ◆ **try to cut down the amount of ~ in your diet** essayez de manger moins gras *or* moins de matières grasses ◆ **to fry sth in deep ~** (faire) frire *or* cuire qch dans un bain de friture ◆ **animal/vegetable ~** graisse *f* animale/végétale ◆ **beef/mutton ~** graisse *f* de bœuf/de mouton ◆ **pork ~** saindoux *m* ◆ **body ~** tissu *m* adipeux ◆ **he's got rolls of ~ round his waist** il a des bourrelets de graisse autour de la taille ◆ **the ~'s in the fire** ça va barder * *or* chauffer * ◆ **to live off the ~ of the land** vivre grassement

ADJ a *[person, animal, stomach, thighs, cheeks]* gros (grosse *f*); *[face]* joufflu ◆ **to get** *or* **grow** *or* **become ~** devenir gros, grossir ◆ **she has got a lot ~ter** elle a beaucoup grossi ◆ **it makes you look ~ter** ça te grossit ◆ **to grow ~ (on sth)** *(fig)* s'engraisser (de qch) ◆ **it's not** *or* **the show's not over until the ~ lady sings** * *(hum)* il ne faut jamais désespérer ◆ **a ~ year** une bonne année ◆ **can't you get that into your ~ head ?** * tu ne peux pas te mettre ça dans la caboche * ? ◆ **get it into your ~ head that you can't come with us** * mets-toi bien dans la tête que tu ne peux pas venir avec nous

b *[meat, bacon]* gras (grasse *f*)

c *[book, volume]* gros (grosse *f*), épais (épaisse *f*); *[wallet]* bien garni

d * *[profit, fee, cheque, salary]* gros (grosse *f*)

e (* *iro*) ◆ **~ chance (of that) !** ça m'étonnerait! ◆ **he wants to be a racing driver – ~ chance!** il veut être pilote de course — il n'a aucune chance! ◆ **a ~ chance he's got of winning the lottery!** tu parles qu'il risque de gagner à la loterie! * ◆ **you've got a ~ chance of seeing her!** comme si tu avais la moindre chance de la voir!

◆ **(a) fat lot** * ◆ **a ~ lot he cares!** comme si ça lui faisait quelque chose! ◆ **a ~ lot of good that did!** nous voilà bien avancés! ◆ **a ~ lot of good lying did you!** ça t'a avancé à quoi, de mentir? ◆ **a ~ lot of good such a promise will be!** ça nous fait une belle jambe! ◆ **it'll be a ~ lot of good to phone now** tu parles si ça sert à quelque chose de téléphoner maintenant! *(iro)* ◆ **(a) ~ lot of help she was (to me)!** c'est fou ce qu'elle m'a aidé! *(iro)* ◆ **a ~ lot you did to help!** tu as vraiment été d'un précieux secours! *(iro)* ◆ **a ~ lot he knows about it!** comme s'il y connaissait quelque chose! ◆ **that's a ~ lot of use!** pour ce que ça sert! *(iro)* ◆ **that's a ~ lot of use to me!** c'est fou ce que ça m'aide! * *(iro)* ◆ **a ~ lot that's worth!** c'est fou ce que ça a comme valeur! * *(iro)*

VT †† a ⇒ **fatten vt**

b ◆ **to kill the ~ted calf** tuer le veau gras

COMP ▷ **fat-ass** (*, *US pej*) N *(man)* gros lard * *m (pej)*; *(woman)* grosse vache * *f (pej)* ADJ obèse *(pej)* ▷ **fat cat** N gros richard * *m* ▷ **fat city** * N *(US)* ◆ **to be in ~ city** être plein aux as * ▷ **fat farm** * N *(esp US)* clinique *f* d'amaigrissement ▷ **fat-free** ADJ *[diet]* sans matières grasses, sans corps gras ▷ **fat-headed** * ADJ idiot, imbécile

**fatal** /ˈfeɪtl/ ADJ a *(= causing death) [injury, illness, accident, shot, dose]* mortel; *[blow]* mortel, fatal; *[consequences, result, delay]* fatal ◆ **to be ~ to** *or* **for sb** être fatal pour *or* à qn b *(= disastrous) [mistake, weakness]* fatal; *[flaw]* malheureux; *[influence]* néfaste, pernicieux ◆ **~ attraction** attraction *f* irrésistible ◆ **to be ~ to** *or* **for sb/sth** porter un coup fatal *or* le coup de grâce à qn/qch ◆ **it would be ~ to do that** ce serait une erreur fatale de faire cela c *(= fateful) [day]* fatidique

**fatalism** /ˈfeɪtəlɪzəm/ N fatalisme *m*

**fatalist** /ˈfeɪtəlɪst/ N, ADJ fataliste *mf*

**fatalistic** /ˌfeɪtəˈlɪstɪk/ ADJ fataliste

**fatality** /fəˈtælɪtɪ/ N a *(= person killed)* mort *m*; *(= fatal accident)* accident *m* mortel ◆ **there were no fatalities** il n'y a pas eu de morts ◆ **road fatalities** accidents *mpl* mortels de la route b *(NonC)* fatalisme *m* ◆ **a growing sense of pessimism and ~** un sentiment croissant de pessimisme et de fatalisme

**fatally** /ˈfeɪtəlɪ/ ADV a *[wounded, injured, shot]* mortellement ◆ **~ ill** condamné b *[undermine, damage, weaken]* irrémédiablement ◆ **~ flawed** voué à l'échec c *(= disastrously)* **it is ~ easy to forget it** c'est beaucoup trop facile de l'oublier ◆ **to be ~ attracted to sb/sth** être irrésistiblement attiré par qn/qch

> ⚠ **fatalement** *does not mean* **fatally**, *but 'inevitably'*.

**fatback** /ˈfætˌbæk/ N ≈ lard *m* maigre

**fate** /feɪt/ N a *(= force)* destin *m*, sort *m* ◆ **the Fates** *(Myth)* les Parques *fpl* ◆ **what ~ has in store for us** ce que le destin *or* le sort nous réserve; → **tempt** b *(= one's lot)* sort *m* ◆ **to leave sb to his ~** abandonner qn à son sort ◆ **to meet one's ~** trouver la mort ◆ **it met with a strange ~** cela a eu une destinée curieuse ◆ **to meet with** *or* **suffer the same ~** connaître *or* subir le même sort ◆ **to face a similar ~** risquer de subir le même sort ◆ **to settle** *or* **seal sb's ~** décider du sort de qn ◆ **it was a ~ worse than death** c'était un sort pire que la mort, la mort eût été mille fois préférable

**fated** /ˈfeɪtɪd/ ADJ *[friendship, person]* voué au malheur ◆ **they were ~ to meet again** il était dit qu'ils se reverraient

**fateful** /ˈfeɪtfʊl/ ADJ *[day, night, moment, words]* fatidique; *[decision, consequence, journey]* fatal; *[meeting]* décisif ◆ **to be ~ for sb** être fatal pour qn

**fathead** * /ˈfæthed/ N débile *mf*

**father** /ˈfɑːðəʳ/ N a père *m* ◆ **from ~ to son** de père en fils ◆ **like ~ like son** *(Prov)* tel père tel fils *(Prov)* ◆ **to act like a ~** agir en père *or* comme un père ◆ **he was like a ~ to me** il était comme un père pour moi ◆ **there was the ~ and mother of a row!** * il y a eu une dispute épouvantable!; see also **comp**

b *(= founder, leader)* père *m*, créateur *m* ◆ **the ~ of modern jazz/French Impressionism** le père du jazz moderne/de l'impressionnisme français ◆ **the Fathers of the Church** les Pères *mpl* de l'Église; → **city**

c *(Rel = priest, monk etc)* père *m* ◆ **Father Paul** le (révérend) père Paul, l'abbé *m* Paul ◆ **yes, Father** oui, mon père ◆ **the Capuchin Fathers** les pères *mpl* capucins; → **holy**

d *(Rel) (= God)* ◆ **Our Father** Notre Père ◆ **the Our Father** *(= prayer)* le Notre Père

NPL **fathers** ancêtres *mpl*, pères *mpl*

VT *[+ child]* engendrer ◆ **he ~ed three children** il a eu trois enfants ◆ **he was unable to ~ a child** il ne pouvait pas avoir d'enfants

COMP ▷ **Father Christmas** N *(Brit)* le père Noël ▷ **father confessor** N *(Rel)* directeur *m* de conscience, père *m* spirituel ▷ **father figure** N figure *f* de père ◆ **he is the ~ figure** il joue le rôle du père ▷ **father-in-law** N (pl **fathers-in-law**) beau-père *m* ▷ **Father's Day** N la fête des Pères ▷ **Father Time** N (also **Old Father Time**) le Temps

**fatherhood** /ˈfɑːðəhʊd/ N paternité *f*

**fatherland** /ˈfɑːðəlænd/ N patrie *f*

**fatherless** /ˈfɑːðəlɪs/ ADJ orphelin de père, sans père

**fatherly** /ˈfɑːðəlɪ/ ADJ paternel

**fathom** /ˈfæðəm/ N *(Naut)* brasse *f* (= 1,83 m) ◆ **a channel with five ~s of water** un chenal de 9 m de fond ◆ **to lie 25 ~s deep** *or* **down** reposer par 45 m de fond **VT** *(Naut)* sonder ; *(fig)* (also **fathom out**) *[+ mystery]* pénétrer ; *[+ person]* (finir par) comprendre ◆ **I just can't ~ it (out)** je n'y comprends absolument rien

**fathomless** /ˈfæðəmlɪs/ **ADJ** *(lit)* insondable ; *(fig)* insondable, impénétrable

**fatigue** /fəˈtiːg/ **N** **a** fatigue *f*, épuisement *m* **b** *(= jadedness)* **donor ~, charity ~** la lassitude des donateurs ◆ **compassion ~ has set in** la compassion s'est émoussée ◆ **they blamed the low election turn-out on voter ~** ils ont attribué la faible participation électorale à la lassitude des électeurs ; → **battle, combat** **c** *(Mil)* corvée *f* ◆ **to be on ~** être de corvée **NPL** **fatigues** *(Mil)* ⇒ **fatigue dress** **VT** fatiguer, lasser ; *(Tech) [+ metals etc]* fatiguer **COMP** ▷ **fatigue dress** **N** *(Mil)* tenue *f* de corvée, treillis *m* ▷ **fatigue duty** **N** *(Mil)* corvée *f* ▷ **fatigue limit** **N** *(Tech)* limite *f* de fatigue ▷ **fatigue party** **N** *(Mil)* corvée *f*

**fatigued** /fəˈtiːgd/ **ADJ** las (lasse *f*), fatigué

**fatiguing** /fəˈtiːgɪŋ/ **ADJ** fatigant, épuisant

**fatness** /ˈfætnɪs/ **N** *[of person]* embonpoint *m*, corpulence *f*

**fatso** ⁑ /ˈfætsəʊ/ **N** (pl **fatsos** *or* **fatsoes**) *(pej)* gros lard ⁑ *m*

**fatstock** /ˈfætstɒk/ **N** *(Agr)* animaux *mpl* de boucherie

**fatten** /ˈfætn/ **VT** (also **fatten up**) *[+ cattle, chickens]* engraisser ; *[+ geese]* gaver **VI** (also **fatten out**) engraisser, grossir

**fattening** /ˈfætnɪŋ/ **ADJ** *[food]* qui fait grossir **N** (also **fattening-up**) *[of cattle, chickens]* engraissement *m* ; *[of geese]* gavage *m*

**fatty** /ˈfætɪ/ **ADJ** **a** *(= greasy) [food]* gras (grasse *f*) ◆ **they have a fattier diet than us** ils mangent plus gras que nous **b** *(Anat, Bio) [tissue]* adipeux **N** * gros *m* (bonhomme), grosse *f* (bonne femme) ◆ **hey ~!** eh toi le gros (*or* la grosse) ! **COMP** ▷ **fatty acid** **N** acide *m* gras ▷ **fatty degeneration** **N** *(Med)* dégénérescence *f* graisseuse

**fatuity** /fəˈtjuːɪtɪ/ **N** stupidité *f*, sottise *f*

**fatuous** /ˈfætjʊəs/ **ADJ** *[person, remark]* idiot, stupide ; *[smile]* stupide, niais

**fatuously** /ˈfætjʊəslɪ/ **ADV** sottement, stupidement

**fatuousness** /ˈfætjʊəsnɪs/ **N** ⇒ **fatuity**

**fatwa** /ˈfætwə/ **N** *(Rel)* fatwa *f*

**faucet** /ˈfɔːsɪt/ **N** *(US)* robinet *m*

**faugh** /fɔː/ **EXCL** pouah !

**fault** /fɔːlt/ **N** **a** *(in person, scheme)* défaut *m* ; *(in machine)* défaut *m*, anomalie *f* ; *(= mistake)* erreur *f* ◆ **in spite of all her ~s** malgré tous ses défauts ◆ **her big ~ is ...** son gros défaut est ... ◆ **a mechanical ~** un défaut technique ◆ **a ~ has been found in the engine** une anomalie a été constatée dans le moteur ◆ **the ~ lay in the production process** l'anomalie se situait au niveau de la production ◆ **there is a ~ in the gas supply** il y a un défaut dans l'arrivée du gaz ◆ **an electrical ~** un défaut du circuit électrique

◆ **to a fault** ◆ **she is generous to a ~** elle est généreuse à l'excès

◆ **to be at fault** être fautif, être coupable ◆ **you were at ~ in not telling me** vous avez eu tort de ne pas me le dire ◆ **he's at ~ in this matter** il est fautif *or* c'est lui le fautif dans cette affaire ◆ **my memory was at ~** ma mémoire m'a trompé *or* m'a fait défaut

◆ **to find fault** ◆ **to find ~ with sth** trouver à redire à qch, critiquer qch ◆ **to find ~ with sb** critiquer qn ◆ **I have no ~ to find with him** je n'ai rien à lui reprocher ◆ **he is always finding ~** il trouve toujours à redire

**b** *(NonC = blame, responsibility)* faute *f* ◆ **whose ~ is it?** c'est la faute à qui ?, qui est fautif ? ◆ **whose ~ is it if we're late?** *(iro)* et à qui la faute si nous sommes en retard ? ◆ **the ~ lies with him** c'est de sa faute, c'est lui le responsable ◆ **it's not my ~** ce n'est pas (de) ma faute ◆ **it's all your ~** c'est entièrement (de) ta faute ◆ **it's your own ~** vous n'avez à vous en prendre qu'à vous-même ◆ **it happened through no ~ of mine** ce n'est absolument pas de ma faute si cela est arrivé ◆ **through no ~ of her own, she ...** sans qu'elle y soit pour quelque chose, elle ...

**c** *(Tennis)* faute *f*

**d** *(Geol)* faille *f*

**VT** ◆ **to ~ sth/sb** trouver des défauts à qch/chez qn ◆ **you can't ~ him** on ne peut pas le prendre en défaut ◆ **you can't ~ her on her handling of the situation** la manière dont elle a géré la situation est irréprochable ◆ **I can't ~ his reasoning** je ne trouve aucune faille dans son raisonnement

**COMP** ▷ **fault-find** **VI** ◆ **she's always ~-finding** elle trouve toujours à redire, elle est toujours en train de critiquer ▷ **fault-finder** **N** mécontent(e) *m(f)*, grincheux *m*, -euse *f* ▷ **fault-finding** **ADJ** chicanier, grincheux **N** critiques *fpl* ▷ **fault line** **N** *(Geol)* ligne *f* de faille ; *(fig)* faille *f* ▷ **fault plane** **N** *(Geol)* plan *m* de faille ▷ **fault-tolerant** **ADJ** *(Comput)* à tolérance de pannes, insensible aux défaillances

**faultless** /ˈfɔːltlɪs/ **ADJ** *[person, behaviour]* irréprochable ; *[work, manners, dress]* impeccable, irréprochable ; *[performance]* parfait ◆ **he spoke ~ English** il parlait un anglais impeccable

**faultlessly** /ˈfɔːltlɪslɪ/ **ADV** impeccablement

**faulty** /ˈfɔːltɪ/ **ADJ** *[work]* défectueux, mal fait ; *[machine]* défectueux ; *[style]* incorrect, mauvais ; *[reasoning]* défectueux, erroné

**faun** /fɔːn/ **N** faune *m*

**fauna** /ˈfɔːnə/ **N** (pl **faunas** *or* **faunae** /ˈfɔːniː/) faune *f*

**Faust** /faʊst/ **N** Faust *m*

**Faustian** /ˈfaʊstɪən/ **ADJ** faustien

**faux pas** /fəʊˈpɑː/ **N** *(pl inv)* impair *m*, bévue *f*, gaffe * *f*

**fava bean** /ˈfɑːvəbiːn/ **N** *(US)* fève *f*

**fave** * /feɪv/ **ADJ** favori **N** favori(te) *m(f)*

**favela** /fɑːˈveɪlə/ **N** favela *f*

**favour, favor** *(US)* /ˈfeɪvəʳ/ LANGUAGE IN USE 13

**N** **a** *(= act of kindness) (small)* service *m* ; *(more major)* faveur *f* ◆ **to do sb a ~, to do a ~ for sb** rendre (un) service à qn, faire *or* accorder une faveur à qn ◆ **to ask sb a ~, to ask a ~ of sb** demander un service à qn, solliciter une faveur de qn *(frm)* ◆ **he did it as a ~ to his brother** il l'a fait pour rendre service à son frère ◆ **I'll return this ~** je vous revaudrai ça ◆ **I would consider it a ~ if you ...** je vous serais très reconnaissant si vous ... ◆ **do me a ~ and ...** sois gentil et ... ◆ **you're not doing yourself any ~s (by refusing to cooperate)** tu ne te facilites pas les choses (en refusant de coopérer) ◆ **do me a ~!** ⁑ *(iro)* tu te fous de moi ! ⁑ ◆ **a woman's ~s** les faveurs *fpl* d'une femme ◆ **your ~ of the 7th inst.** *(Comm)* votre honorée † du 7 courant

**b** *(NonC = approval, regard)* faveur *f*, approbation *f* ◆ **to be in ~** *[person]* être en faveur, avoir la cote * ; *[style, fashion]* être à la mode *or* en vogue ◆ **to be out of ~** *[person]* ne pas être en faveur, ne pas avoir la cote * ; *[style, fashion]* être démodé *or* passé de mode ◆ **to be in ~ with sb** être bien vu de qn, jouir des bonnes grâces de qn ◆ **to win sb's ~, to find ~ with sb** *[person]* s'attirer les bonnes grâces de qn ; *[suggestion]* gagner l'approbation de qn ◆ **to get back into sb's ~** rentrer dans les bonnes grâces de qn ◆ **to look with ~ on sth** approuver qch ◆ **to look with ~ on sb** bien considérer qn

**c** *(NonC = support, advantage)* faveur *f*, avantage *m* ◆ **the court decided in her ~** le tribunal lui a donné gain de cause ◆ **the decision/judgement went in his ~** la décision a été prise/le jugement a été rendu en sa faveur ◆ **it's in our ~ to act now** c'est (à) notre avantage d'agir maintenant ◆ **the exchange rate is in our ~** le taux de change joue en notre faveur *or* pour nous ◆ **the traffic lights are in our ~** les feux sont pour nous ◆ **circumstances were all working in her ~** les circonstances lui étaient (entièrement) favorables ◆ **that's a point in his ~** c'est quelque chose à mettre à son actif, c'est un bon point pour lui ◆ **he's got everything in his ~** il a tout pour lui ◆ **will in ~ of sb** testament *m* en faveur de qn ◆ **cheque in ~ of sb** chèque *m* payable à qn ◆ **"balance in your favour"** *(Banking)* "solde en votre faveur"

**d** ◆ **to be in ~ of sth** être pour qch, être partisan(e) de qch ◆ **to be in ~ of doing sth** être d'avis de faire qch ◆ **they voted in ~ of accepting the pay offer** ils ont voté en faveur de la proposition de salaire

**e** *(NonC = partiality)* faveur *f*, indulgence *f* ◆ **to show ~ to sb** accorder un traitement de faveur à qn, favoriser qn ; → **curry², fear**

**f** *(= ribbon, token)* faveur *f*

**VT** *[+ political party, scheme, suggestion]* être partisan de ; *[+ undertaking]* favoriser, appuyer ; *[+ person]* préférer ; *[+ candidate, pupil]* montrer une préférence pour ; *[+ team, horse]* être pour ; († *or dial = resemble)* ressembler à ◆ **I don't ~ the idea** je ne suis pas partisan de cette idée ◆ **he ~ed us with a visit** il a eu l'amabilité *or* la bonté de nous rendre visite ◆ **he did not ~ us with a reply** *(iro)* il n'a même pas eu l'amabilité *or* la bonté de nous répondre ◆ **the weather ~ed the journey** le temps a favorisé le voyage ◆ **circumstances that ~ this scheme** circonstances *fpl* favorables à ce projet ◆ **tax cuts which ~ the rich** des réductions d'impôts qui avantagent *or* favorisent les riches

**favourable, favorable** *(US)* /ˈfeɪvərəbl/ LANGUAGE IN USE 13 **ADJ** **a** *(= positive) [reaction, impression, opinion, report]* favorable ; *[comparison]* flatteur ◆ **to be ~ to sb/sth** être favorable à qn/qch ◆ **to show sth in a ~ light** montrer qch sous un jour favorable **b** *(= beneficial) [terms, deal]* avantageux *(for sb/sth* pour qn/qch) ; *[position]* bon ; *[treatment] (gen)* bon ; *(= preferential)* de faveur **c** *[climate, weather, wind]* favorable *(for, to* à)

**favourably, favorably** *(US)* /ˈfeɪvərəblɪ/ **ADV** **a** *(= approvingly) [respond, react, receive]* favorablement ; *[look upon, consider]* d'un œil favorable ◆ **to impress sb ~** faire une impression favorable à qn ◆ **~ disposed** bien disposé **b** *(= advantageously) [placed]* bien ◆ **to compare ~ with sb/sth** soutenir la comparaison avec qn/qch ◆ **he was always being compared ~ with his sister** on l'a toujours trouvé mieux que sa sœur ◆ **few would compare themselves ~ with him** peu de personnes se jugeraient meilleures que lui

**favoured, favored** *(US)* /ˈfeɪvəd/ **ADJ** favorisé ◆ **the ~ few** les élus *mpl* ◆ **most ~ nation clause** clause *f* de la nation la plus favorisée

**favourite, favorite** *(US)* /ˈfeɪvərɪt/ LANGUAGE IN USE 7.4 **N** *(gen)* favori(te) *m(f)*, préféré(e) *m(f)* ; *(at court, Racing)* favori(te) *m(f)* ◆ **he's**

**his mother's** ~ c'est le préféré de sa mère ♦ **he is a universal** ~ tout le monde l'adore ♦ **that song is a great** ~ **of mine** cette chanson est une de mes préférées ♦ **he sang a lot of old** ~**s** il a chanté beaucoup de vieux succès ; → **hot** ADJ favori(te) *m(f)*, préféré ♦ ~ **son** *(US) (Pol) candidat à la présidence soutenu officiellement par son parti dans son État ; (gen)* enfant *m* chéri *(de sa ville natale etc)*

**favouritism, favoritism** *(US)* /ˈfeɪvərɪtɪzəm/ N favoritisme *m*

**fawn¹** /fɔːn/ N faon *m* ADJ *(= colour)* fauve

**fawn²** /fɔːn/ VI ♦ **to** ~ **(up)on sb** *[dog]* faire fête à qn ; *[person]* flatter qn (servilement), lécher les bottes de qn *

**fawning** /ˈfɔːnɪŋ/ ADJ *[person, manner]* servile, flagorneur ; *[dog]* trop démonstratif, trop affectueux

**fax** /fæks/ N *(= machine)* fax *m*, télécopieur *m* ; *(= transmission)* fax *m*, télécopie *f* ♦ ~ **number** numéro *m* de fax *or* de télécopie ♦ **by** ~ par fax *or* télécopie VT *[+ document]* faxer, envoyer par fax *or* par télécopie ; *[+ person]* envoyer un fax à ♦ ~ **me your reply** répondez-moi par fax

**fay** /feɪ/ N *(†† or liter)* fée *f*

**faze** * /feɪz/ VT décontenancer ♦ **all that jargon didn't seem to** ~ **her in the least** elle n'a pas du tout eu l'air décontenancée par tout ce jargon

**FBI** /ˌefbiːˈaɪ/ N *(US)* (abbrev of **Federal Bureau of Investigation**) FBI *m*

**FCC** /ˌefsiːˈsiː/ N *(US)* (abbrev of **Federal Communications Commission**) → **federal**

**FCO** /ˌefsiːˈəʊ/ N *(Brit)* (abbrev of **Foreign and Commonwealth Office**) → **foreign**

**FD** /efˈdiː/ a *(US)* (abbrev of **Fire Department**) → **fire** b *(Brit)* (abbrev of **Fidei Defensor**) Défenseur *m* de la foi c *(Comm)* (abbrev of **free delivered at dock**) livraison *f* franco à quai

**FDA** /ˌefdiːˈeɪ/ N *(US)* (abbrev of **Food and Drug Administration**) FDA *f*

> **FDA**
>
> La **Food and Drug Administration** ou **FDA** est l'organisme qui a pour mission de tester l'innocuité des aliments, additifs alimentaires, médicaments et cosmétiques aux États-Unis, et de délivrer les autorisations de mise sur le marché.

**FDD** N *(Comput)* (abbrev of **floppy disk drive**) → **floppy**

**FE** /efˈiː/ N (abbrev of **Further Education**) → **further**

**fealty** /ˈfiːəltɪ/ N *(Hist)* fidélité *f*, allégeance *f*

**fear** /fɪəʳ/ LANGUAGE IN USE 6.2, 16.2

N a *(= fright)* peur *f* ; *(= worry, apprehension)* crainte *f* ♦ **he obeyed out of** ~ il a obéi sous l'effet de la peur ♦ **I couldn't move from** *or* **for** ~ j'étais paralysé de peur ♦ **a sudden** ~ **came over him** la peur s'est soudain emparée de lui ♦ ~ **of death/failure/rejection** la peur de la mort/de l'échec/du rejet *or* d'être rejeté ♦ ~ **of flying** la peur des voyages en avion *or* de l'avion ♦ ~ **of heights** vertige *m* ♦ **grave** ~**s have arisen for the safety of the hostages** on est dans la plus vive inquiétude en ce qui concerne le sort des otages ♦ **there are** ~**s that ...** on craint que ... ne *+ subj* ♦ **there are** ~**s that many more refugees will die** on craint que beaucoup d'autres réfugiés ne meurent ♦ **he has** ~**s for his sister's life** il craint pour la vie de sa sœur ♦ **to have a** ~ **of** avoir peur de ♦ **have no** ~**(s)** ne craignez rien, soyez sans crainte ♦ **without** ~ **or favour** impartialement, sans distinction de personnes ♦ **in** ~ **and trembling** en tremblant de peur

♦ **for fear of** de peur de ♦ **the authorities had closed the university for** ~ **of violence** les autorités avaient fermé l'université de peur d'incidents violents ♦ **for** ~ **of waking him** de peur de le réveiller

♦ **for fear (that ...)** de peur que ... ne *+ subj* ♦ **for** ~ **that he might wake** de peur qu'il ne se réveille

♦ **in fear of** ♦ **to stand in** ~ **of sb/sth** craindre *or* redouter qn/qch ♦ **he lived in** ~ **of being discovered** il craignait toujours d'être découvert, il a vécu dans la peur d'être découvert ♦ **to go in** ~ **of one's life** craindre pour sa vie

b *(NonC = awe)* crainte *f*, respect *m* ♦ **the** ~ **of God** la crainte *or* le respect de Dieu ♦ **to put the** ~ **of God into sb** * *(= frighten)* faire une peur bleue à qn ; *(= scold)* passer à qn une semonce *or* un savon * qu'il n'oubliera pas de si tôt

c *(= risk, likelihood)* risque *m*, danger *m* ♦ **there's not much** ~ **of his coming** il est peu probable qu'il vienne, il ne risque guère de venir ♦ **there's not much** ~ **of us making that kind of money!** nous ne risquons pas de gagner des sommes pareilles ! ♦ **there's no** ~ **of that!** ça ne risque pas d'arriver ! ♦ **no** ~**!** * jamais de la vie !, pas de danger ! *

VT craindre, avoir peur de ♦ **to** ~ **the worst** redouter *or* craindre le pire ♦ **to** ~ **God** craindre Dieu ♦ **they** ~**ed being attacked again** ils craignaient d'être à nouveau attaqués ♦ **the man most** ~**ed by the people living here** l'homme le plus craint par ici ♦ **the loss of sovereignty** ~**ed by some** la perte de souveraineté que redoutent certains ♦ **the situation is less serious than first** *or* **originally** ~**ed** la situation est moins grave qu'on ne le craignait ♦ **minorities were** ~**ed and disliked** les minorités inspiraient crainte et antipathie ♦ **the** ~**ed secret police** la police secrète tant redoutée ♦ **300 are** ~**ed dead/drowned** 300 personnes seraient mortes/se seraient noyées ♦ **a policeman is missing,** ~**ed dead** un policier est porté disparu, probablement mort

♦ **to fear that ...** avoir peur que *or* craindre que ... (ne) *+ subj* ♦ **many people** ~ **that there might be a war** beaucoup craignent *or* ont peur qu'il n'y ait une guerre ♦ **it is** ~**ed that the death toll may rise** on craint que le bilan ne s'alourdisse ♦ **they** ~**ed that a strike might destabilize the government** ils craignent qu'une grève ne déstabilise le gouvernement

♦ **to fear to do sth** avoir peur de faire qch ♦ **many women** ~ **to go out at night** beaucoup de femmes ont peur de sortir le soir

♦ **I fear ...** *(frm)* ♦ **I** ~ **I am late** *(apologizing)* je crois bien que je suis en retard, je suis désolé d'être en retard ♦ **I** ~ **he won't come** j'ai bien peur *or* je crains bien qu'il ne vienne pas ♦ **I** ~ **so** je crains que oui, hélas oui ♦ **I** ~ **not** je crains que non, hélas non ♦ **it's raining, I** ~ il pleut, hélas

♦ **to be feared** *(= worthy of fear)* ♦ **he's a man to be** ~**ed** c'est un homme redoutable ♦ **such a man was not to be** ~**ed** il n'y avait rien à craindre de cet homme ♦ **there was nothing to be** ~**ed** il n'y avait rien à craindre

VI ♦ **to** ~ **for one's life** craindre pour sa vie ♦ **I** ~ **for him** j'ai peur *or* je tremble pour lui ♦ **he** ~**s for the future of the country** l'avenir du pays lui inspire des craintes *or* des inquiétudes ♦ **we** ~ **for their safety** nous craignons pour leur sécurité ♦ **never** ~**!** ne craignez rien !, n'ayez crainte ! ♦ ~ **not!** *(†, hum)* n'ayez crainte !

**fearful** /ˈfɪəfʊl/ ADJ a *(= frightening) [spectacle, noise]* effrayant, affreux ; *[accident]* épouvantable b *(† = extreme)* affreux ♦ **it really is a** ~ **nuisance** c'est vraiment empoisonnant * *or* embêtant * ♦ **she's a** ~ **bore** Dieu ! qu'elle est *or* peut être ennuyeuse ! c *(= timid) [person]* peureux, craintif ♦ **I was** ~ **of waking her** je craignais de la réveiller

**fearfully** /ˈfɪəfəlɪ/ ADV a *(= timidly) [say, ask]* craintivement b *(† = extremely) [expensive, hot]* affreusement, terriblement ♦ **she's** ~ **ugly** elle est laide à faire peur

**fearfulness** /ˈfɪəfʊlnɪs/ N *(= fear)* crainte *f*, appréhension *f* ; *(= shyness)* extrême timidité *f*

**fearless** /ˈfɪəlɪs/ ADJ intrépide, courageux ♦ ~ **of** *(liter)* sans peur *or* appréhension de

**fearlessly** /ˈfɪəlɪslɪ/ ADV *[fight]* courageusement ♦ **to be** ~ **outspoken** avoir le courage de ses opinions

**fearlessness** /ˈfɪəlɪsnɪs/ N intrépidité *f*

**fearsome** /ˈfɪəsəm/ ADJ *[opponent]* redoutable ; *[apparition]* terrible, effroyable

**fearsomely** /ˈfɪəsəmlɪ/ ADV effroyablement, affreusement

**feasibility** /ˌfiːzəˈbɪlɪtɪ/ N a *(= practicability) [of plan, suggestion]* faisabilité *f* ♦ ~ **of doing sth** possibilité *f* de faire qch ♦ **to doubt the** ~ **of a scheme** douter qu'un plan soit réalisable b *(= plausibility) [of story, report]* vraisemblance *f*, plausibilité *f* COMP ▷ **feasibility study** N étude *f* de faisabilité

**feasible** /ˈfiːzəbl/ ADJ a *(= practicable) [plan, suggestion]* faisable, possible ♦ **can we do it? – yes, it's quite** ~ pouvons-nous le faire ? – oui, c'est tout à fait possible *or* faisable ♦ **it would be** ~ **to put all the data on one disk** il serait possible de rassembler toutes les données sur une seule disquette ♦ **it was not economically** ~ **to keep the school open** il n'était pas économiquement viable de maintenir ouverte cette école b *(= likely, probable) [story, theory]* plausible, vraisemblable

**feasibly** /ˈfiːzəblɪ/ ADV ♦ **he could** ~ **still be alive** il se pourrait bien qu'il soit encore vivant

**feast** /fiːst/ N a *(lit, fig)* festin *m*, banquet *m* ♦ **to be the spectre** *or* **ghost** *or* **skeleton at the** ~ *(Brit)* jeter une ombre sur les réjouissances ♦ **it's** ~ **or famine** c'est l'abondance ou la famine b *(Rel)* fête *f* ♦ ~ **day** (jour *m* de) fête *f* ♦ **the** ~ **of St John** la Saint-Jean ♦ **the** ~ **of the Assumption** la fête de l'Assomption ; → **movable** VI banqueter, festoyer ♦ **to** ~ **on sth** *(lit)* se régaler de qch ; *(fig)* se délecter de qch VT *(† or liter) [+ guest]* fêter, régaler ♦ **to** ~ **o.s.** se régaler ♦ **to** ~ **one's eyes on** repaître ses yeux de, se délecter à regarder

**feat** /fiːt/ N exploit *m*, prouesse *f* ♦ ~ **of architecture** *etc* chef-d'œuvre *m or* triomphe *m* de l'architecture *etc* ♦ ~ **of arms** fait *m* d'armes ♦ ~ **of skill** tour *m* d'adresse ♦ **getting him to speak was quite a** ~ cela a été un tour de force *or* un exploit de (réussir à) le faire parler

**feather** /ˈfeðəʳ/ N plume *f* ; *[of wing, tail]* penne *f* ♦ **the scholarship was a** ~ **in his cap** il pouvait être fier d'avoir obtenu la bourse ♦ **you could have knocked me down** *or* **over with a** ~**!** * les bras m'en sont tombés, j'en suis resté baba * *inv* ; → **bird, light², white**

VT a *[+ arrow etc]* empenner ♦ **to** ~ **one's nest** *(fig)* faire sa pelote ♦ **to** ~ **one's nest at sb's expense** s'engraisser sur le dos de qn b (Aviat) [+ propeller] mettre en drapeau ◆ to ~ an oar (Rowing) plumer

COMP [mattress etc] de plumes ; [headdress] à plumes ▷ **feather bed** N lit m de plume(s) ; (* = sinecure) sinécure f, bonne planque * f ▷ **feather-bed** VT (fig) [+ person, project] surprotéger ; [+ child] élever dans du coton ; (Ind) protéger (afin de lutter contre les licenciements économiques) ▷ **feather boa** N boa m (de plumes) ▷ **feather cut** N (Hairdressing) dégradé m court ▷ **feather duster** N plumeau m ▷ **feather-edged** ADJ en biseau

**featherbedding** /ˈfeðəbedɪŋ/ N (Ind) protection f excessive de la main-d'œuvre

**featherbrain** /ˈfeðəbreɪn/ N écervelé(e) m(f)

**featherbrained** /ˈfeðəbreɪnd/ ADJ écervelé

**feathered** /ˈfeðəd/ ADJ [bird] à plumes ◆ **our ~ friends** nos amis à plumes

**featheredge** /ˈfeðəredʒ/ N (Carpentry) biseau m

**feathering** /ˈfeðərɪŋ/ N plumage m, plumes fpl

**featherweight** /ˈfeðəweɪt/ (Boxing) N poids m plume inv ADJ [championship etc] poids plume inv

**feathery** /ˈfeðərɪ/ ADJ [texture, feel] duveteux, doux (douce f) comme la plume ; [mark, design] plumeté

**feature** /ˈfiːtʃəʳ/ N a (facial) trait m (du visage) ◆ **the ~s** la physionomie ◆ **to have delicate ~s** avoir les traits fins

b [of person] (physical) trait m ; [of personality] caractéristique f ; [of machine, countryside, building] caractéristique f, particularité f ◆ **her most striking ~ is her hair** le plus remarquable, c'est ses cheveux ◆ **one of his most outstanding ~s is his patience** une de ses caractéristiques les plus remarquables est sa patience ◆ **one of the main ~s in the kidnapping story was ...** un des éléments les plus frappants dans l'affaire du kidnapping a été ... ◆ **scepticism is a ~ of our age** le scepticisme est caractéristique de notre temps ◆ **personal attacks have been a ~ of these elections** ces élections ont été marquées par une série d'attaques personnelles

c (Cine) grand film m, long métrage m ; (Press) [of column] chronique f ◆ **this cartoon is a regular ~ in "The Observer"** cette bande dessinée paraît régulièrement dans "The Observer"

d (Ling) (also **distinctive feature**) trait m distinctif

VT a (= give prominence to) [+ person, event, story] mettre en vedette ; [+ name, news] faire figurer ◆ **this film ~s an English actress** ce film a pour vedette une actrice anglaise ◆ **a film featuring John Wayne** un film avec John Wayne ◆ **the murder was ~d on the front page** le meurtre était à la une ◆ **a new album featuring their latest hit single** un nouvel album où figure leur dernier tube *

b (= depict) représenter

c (= have as one of its features) [machine etc] être doté or équipé de

VI a (Cine) jouer (in dans)

b (gen) figurer ◆ **fish often ~s on the menu** le poisson figure souvent au menu ◆ **the story ~d on all of today's front pages** cette histoire faisait aujourd'hui la une de tous les journaux

COMP ▷ **feature article** N (Press) article m de fond ▷ **feature(-length) film** N (Cine) long métrage m ▷ **feature story** N ⇒ **feature article** ▷ **feature writer** N (Press) journaliste mf

**-featured** /ˈfiːtʃəd/ ADJ (in compounds) ◆ **delicate/heavy-featured** aux traits délicats/lourds

**featureless** /ˈfiːtʃəlɪs/ ADJ [landscape, building] monotone

**Feb.** abbrev of **February**

**febrifuge** /ˈfebrɪfjuːdʒ/ ADJ, N fébrifuge m

**febrile** /ˈfiːbraɪl/ ADJ fébrile, fiévreux

**February** /ˈfebrʊərɪ/ N février m ; for phrases see **September**

**fecal** /ˈfiːkəl/ ADJ (US) ⇒ **faecal**

**feces** /ˈfiːsiːz/ NPL (US) ⇒ **faeces**

**feckless** /ˈfeklɪs/ ADJ [person] inepte, incapable ; [attempt] maladroit ◆ **a ~ girl** une tête sans cervelle, une évaporée

**fecund** /ˈfiːkənd/ ADJ fécond

**fecundity** /fɪˈkʌndɪtɪ/ N fécondité f

**Fed** /fed/ ABBR (esp US) abbrev of **Federal, Federated** and **Federation** N a (US *) (abbrev of **federal officer**) agent m or fonctionnaire m fédéral b (US) (abbrev of **Federal Reserve Bank**) → **federal**

**fed** /fed/ VB (pret, ptp **feed**) ◆ **well ~** bien nourri

COMP ▷ **fed up** * ADJ ◆ **to be ~ up** en avoir assez, en avoir marre * ◆ **I'm ~ up waiting for him** j'en ai marre * de l'attendre ◆ **he got ~ up with it** il en a eu assez, il en a eu marre * ◆ **to be ~ up to the back teeth** ‡ en avoir ras le bol ‡ (with doing sth de faire qch)

**fedayee** /fəˈdɑːjiː/ N (pl **fedayeen**) fedayin m inv

**federal** /ˈfedərəl/ ADJ fédéral

N (US Hist) fédéral m, nordiste m

COMP ▷ **Federal Aviation Administration** N (US) Direction f générale de l'aviation civile ▷ **Federal Bureau of Investigation** N (US) FBI m ▷ **Federal Communications Commission** N (US Admin) ≈ Conseil m supérieur de l'audiovisuel ▷ **Federal court** N (US Jur) cour f fédérale ▷ **federal crop insurance** N (US) système fédéral d'indemnisation des agriculteurs en cas de catastrophe naturelle ▷ **Federal Housing Administration** N (US) commission f de contrôle des prêts au logement ▷ **Federal Insurance Contributions Act** N (US) (= law) loi sur les cotisations de Sécurité sociale ; (= contribution) ≈ cotisations fpl de Sécurité sociale ▷ **federal land bank** N (US Fin) banque f fédérale agricole ▷ **Federal Maritime Board** N (US) Conseil m supérieur de la Marine marchande ▷ **Federal Republic of Germany** N Allemagne f fédérale, République f fédérale d'Allemagne ▷ **Federal Reserve Bank** N Federal Reserve Bank f

**federalism** /ˈfedərəlɪzəm/ N fédéralisme m

**federalist** /ˈfedərəlɪst/ ADJ, N fédéraliste mf

**federate** /ˈfedəreɪt/ VT fédérer VI se fédérer ADJ /ˈfedərɪt/ fédéré

**federation** /ˌfedəˈreɪʃən/ N fédération f

**federative** /ˈfedərətɪv/ ADJ fédératif ◆ **the Federative Republic of ...** la République fédérative de ...

**fedora** /fəˈdɔːrə/ N chapeau m mou, feutre m mou

**fee** /fiː/ N [of doctor, lawyer] honoraires mpl ; [of artist, speaker, footballer] cachet m ; [of director, administrator] jetons mpl de présence ; [of private tutor] appointements mpl ; (Scol, Univ etc) (for tuition) frais mpl de scolarité ; (for examination) droits mpl ; (for board) prix m de la pension ◆ **what's his ~?** combien prend-il ? ◆ **is there a ~?** est-ce qu'il faut payer ? ◆ **you can borrow more books for a small ~** or **on payment of a small ~** contre une somme modique vous pouvez emprunter d'autres livres ◆ **~ or other charges** (Jur) redevances fpl ou autres droits ◆ **~ for appeal** (Jur) taxe f de recours ; → **entrance¹, licence, membership**

COMP ▷ **fee-paying** ADJ [pupil] qui paie ses études ; [school] privé ▷ **fee-splitting** N (US: gen) partage m des honoraires ; [of doctors] dichotomie f

**feeble** /ˈfiːbl/ ADJ a (= weak) [person, light, voice] faible b (pej = pathetic) [excuse, response] piètre ; [attempt] vague ; [joke] médiocre ◆ **don't be so ~!** quelle mauviette tu fais !

COMP ▷ **feeble-minded** ADJ imbécile ▷ **feeble-mindedness** N imbécillité f

**feebleness** /ˈfiːblnɪs/ N [of person, pulse, light, voice] faiblesse f

**feebly** /ˈfiːblɪ/ ADV [smile, shine] faiblement ; [say, explain] sans grande conviction

**feed** /fiːd/ (vb : pret, ptp **fed**) N a (NonC, gen) nourriture f ; (= pasture) pâture f ; (= hay etc) fourrage m ◆ **animal/cattle/chicken etc ~** nourriture f or aliments mpl pour animaux/bétail/volailles etc ◆ **he's off his ~ *** [baby] il n'a pas d'appétit

b (= portion of food) ration f ; [of baby] (breast-fed) tétée f ; (bottle-fed) biberon m ; (solid) repas m ◆ **we had a good ~ *** on a bien bouffé *

c (Theat * = comedian's cue line) réplique f ; (= straight man) faire-valoir m inv

d (= part of machine) mécanisme m d'alimentation ◆ **sheet paper ~** (Comput) chargeur m feuille à feuille

VT a (= provide food for) (gen) nourrir ; [+ army] nourrir, ravitailler ; (= give food to) [+ child, invalid, animal] donner à manger à ; (Brit) [+ baby] nourrir ; [+ baby bird] donner la becquée à ◆ **there are six people/mouths to ~ in this house** il y a six personnes/bouches à nourrir dans cette maison ◆ **I have three hungry mouths to ~** j'ai trois bouches à nourrir ◆ **what do you ~ your cat on?** que donnez-vous à manger à votre chat ? ◆ **he can ~ himself now** [child] il sait manger tout seul maintenant ◆ **to ~ sth to sb** donner qch à manger à qn ◆ **you shouldn't ~ him that** vous ne devriez pas lui donner cela à manger

b [+ plant] [ground, sap etc] nourrir ; (with fertilizer, plant food) donner de l'engrais à

c (fig) **to ~ sb information** fournir des informations à qn ◆ **to ~ sb lies** raconter des mensonges à qn ◆ **we've fed him all the facts *** nous lui avons fourni toutes les données ◆ **to ~ sb a line *** essayer de faire avaler une histoire à qn ◆ **to ~ one's habit */one's heroin habit *** se procurer sa drogue/son héroïne

d [+ fire] entretenir, alimenter ; [+ furnace, machine] alimenter ◆ **two rivers ~ this reservoir** deux rivières alimentent ce réservoir ◆ **to ~ the parking meter *** rajouter une pièce dans le parcmètre ◆ **to ~ sth into a machine** mettre or introduire qch dans une machine ◆ **to ~ data into a computer** entrer des données dans un ordinateur ◆ **blood vessels that ~ blood to the brain** des vaisseaux sanguins qui irriguent le cerveau ; → **flame**

e (Theat *) [+ comedian] donner la réplique à ; (= prompt) souffler à

VI [animal] manger, se nourrir ; (on pasture) paître, brouter ; [baby] manger ; (at breast) téter ◆ **to ~ on** (lit, fig) se nourrir de ◆ **nationalism ~s on old hatreds** le nationalisme se nourrit de vieilles haines

COMP ▷ **feed grains** NPL céréales fpl fourragères

► **feed back** VT SEP [+ information, results] donner (en retour)

**N** ◆ **feedback** → **feedback**

► **feed in** VT SEP *[+ tape, wire]* introduire (*to* dans) ; *[+ facts, information]* fournir (*to* à)

► **feed up** VT SEP *[+ animal]* engraisser ; *[+ geese]* gaver ; *[+ person]* faire manger plus *or* davantage

**ADJ** ◆ **fed up** * → **fed**

**feedback** /ˈfiːdbæk/ **N** **a** *(gen)* réactions *fpl* ; *(Comm) (from questionnaire etc)* information *f* en retour, retour *m* d'information ◆ **I haven't had any ~ from him yet** je n'ai encore eu aucune réaction de sa part ◆ **to give sb ~ on sth** faire part à qn de ses réactions *or* impressions sur qch **b** *(Elec)* réaction *f* ; *(unwanted)* réaction *f* parasite ; *(Cybernetics)* rétroaction *f*, feed-back *m*

**feedbag** /ˈfiːdbæg/ **N** *[of livestock]* sac *m* de nourriture ; *(US = nosebag)* musette *f*

**feeder** /ˈfiːdəʳ/ **N** **a** *(= eater: person, animal)* mangeur *m*, -euse *f* ◆ **peonies are quite heavy ~s** *(= need water)* les pivoines ont besoin de beaucoup d'eau ; *(= need fertilizer)* les pivoines ont besoin de beaucoup d'engrais **b** *(= device) (for chickens)* mangeoire *f* automatique ; *(for cattle)* nourrisseur *m* automatique ; *(for machine)* chargeur *m* **c** *(Elec)* ligne *f* d'alimentation **d** *(Brit) (= bib)* bavoir *m* ; *(= bottle)* biberon *m*

**COMP** *[canal]* d'amenée ; *[railway]* secondaire ; *[road]* d'accès ; *[team, league]* servant de réservoir, jouant le rôle de réservoir ▷ **feeder primary (school)** **N** *(Brit Scol) école primaire d'où sont issus les élèves d'un collège donné* ▷ **feeder stream** **N** affluent *m*

**feeding** /ˈfiːdɪŋ/ **N** *(= food)* alimentation *f* ; *(= action of feeding animal)* nourrissage *m*

**COMP** ▷ **feeding bottle** **N** *(esp Brit)* biberon *m* ▷ **feeding frenzy** **N** *(fig)* ◆ **the press was in a ~ frenzy** les organes de presse se sont déchaînés ▷ **feeding grounds** **NPL** *(gen)* aire *f* de nourrissage ; *[of grazing animals]* pâtures *fpl*, pâturages *mpl* ▷ **feeding stuffs** **NPL** nourriture *f or* aliments *mpl* (pour animaux) ▷ **feeding time** **N** *[of baby] (breast-feeding)* heure *f* de la tétée ; *(bottle-feeding)* heure *f* du biberon ; *[of toddler]* heure *f* du repas ; *[of animal] (in zoo)* heure *f* de nourrir les animaux

**feedpipe** /ˈfiːdpaɪp/ **N** tuyau *m* d'amenée

**feedstuffs** /ˈfiːdstʌfs/ **NPL** nourriture *f or* aliments *mpl* (pour animaux)

## feel /fiːl/

vb : pret, ptp **felt**

**LANGUAGE IN USE 6.2, 8.4, 11.1**

| | |
|---|---|
| 1 NOUN | 3 INTRANSITIVE VERB |
| 2 TRANSITIVE VERB | 4 PHRASAL VERBS |

### 1 - NOUN

**a** [= texture] toucher *m* ◆ **to know sth by the ~ (of it)** reconnaître qch au toucher ◆ **the fabric has a papery ~** le grain de ce tissu ressemble à celui du papier

**b** [= sensation] sensation *f* ◆ **she liked the ~ of the sun on her face** elle aimait sentir le soleil sur son visage ◆ **I don't like the ~ of wool against my skin** je n'aime pas le contact de la laine contre ma peau, je n'aime pas porter de la laine à même la peau

**c** [= impression] ◆ **he wants to get the ~ of the factory** il veut se faire une impression générale de l'usine ◆ **you have to get the ~ of a new car** il faut se faire à une nouvelle voiture ◆ **the palms bring a Mediterranean ~ to the garden** les palmiers donnent un aspect méditerranéen au jardin ◆ **the room has a cosy ~** on se sent bien dans cette pièce ◆ **there's a nostalgic ~ to his music** il y a quelque chose de nostalgique dans sa musique ◆ **I don't like the ~ of it** ça ne me dit rien de bon *or* rien qui vaille

**d** [= intuition] **to have a ~ for languages** être doué pour les langues ◆ **to have a ~ for English** être doué en anglais ◆ **to have a ~ for music** avoir l'oreille musicale ◆ **to have a ~ for doing sth** savoir s'y prendre pour faire qch

### 2 - TRANSITIVE VERB

**a** [= touch] toucher ; *(= explore with one's fingers)* palper ◆ **she felt the jacket to see if it was made of wool** elle a palpé *or* touché la veste pour voir si c'était de la laine ◆ **~ the envelope and see if there's anything in it** palpez l'enveloppe pour voir s'il y a quelque chose dedans ◆ **to ~ sb's pulse** tâter le pouls de qn

◆ **to feel one's way** *(lit)* avancer *or* marcher à tâtons ◆ **he got out of bed and felt his way to the telephone** il s'est levé et a avancé *or* marché à tâtons jusqu'au téléphone ◆ **you'll have to ~ your way** *(fig)* il faut y aller à tâtons ◆ **we are ~ing our way towards an agreement** nous tâtons le terrain pour parvenir à un accord ◆ **I'm still ~ing my way around** *(fig)* j'essaie de m'y retrouver ◆ **she's still ~ing her way in her new job** elle n'est pas encore complètement habituée à son nouveau travail, elle est encore en train de se familiariser avec son nouveau travail

**b** [= experience physically] *[+ blow, caress]* sentir ; *[+ pain]* sentir, ressentir ◆ **I felt a few drops of rain** j'ai senti quelques gouttes de pluie ◆ **I'm so cold I can't ~ anything** j'ai si froid que je ne sens plus rien ◆ **she could ~ the heat from the radiator** elle sentait la chaleur du radiateur ; see also **c** ◆ **I can ~ something pricking me** je sens quelque chose qui me pique ◆ **he felt it move** il l'a senti bouger

**c** [= be affected by, suffer from] ◆ **to ~ the heat/cold** être sensible à la chaleur/au froid ◆ **I don't ~ the heat much** la chaleur ne me gêne pas beaucoup ◆ **she really ~s the cold** elle est très frileuse ◆ **she felt the loss of her father greatly** elle a été très affectée par la mort de son père

**d** [= experience emotionally] *[+ sympathy, grief]* éprouver, ressentir ◆ **you must ~ the beauty of this music before you can play it** il faut que vous sentiez *subj* la beauté de cette musique avant de pouvoir la jouer vous-même ◆ **the effects will be felt later** les effets se feront sentir plus tard ◆ **he felt a great sense of relief** il a éprouvé *or* ressenti un grand soulagement ◆ **I ~ no interest in this at all** cela ne m'intéresse pas du tout ◆ **they're starting to ~ the importance of this match** ils commencent à prendre conscience de l'importance de ce match ◆ **I felt myself blush** *or* **blushing** je me suis senti rougir

**e** [= think, believe] ◆ **I ~ he has spoilt everything** à mon avis, il a tout gâché ◆ **I ~ that he ought to go** j'estime qu'il devrait partir ◆ **he felt it necessary to point out ...** il a jugé *or* estimé nécessaire de faire remarquer ... ◆ **I ~ strongly that ...** je suis convaincu que ... ◆ **if you ~ strongly about it** si cela vous tient à cœur, si cela vous semble important ◆ **what do you ~ about this idea?** que pensez-vous de cette idée ? ◆ **I can't help ~ing that something is wrong** je ne peux m'empêcher de penser que quelque chose ne va pas ◆ **I ~ it in my bones** * *or* **waters** ⁑ **that Scotland will score** l'Écosse va marquer, je le sens !, quelque chose me dit que l'Écosse va marquer

### 3 - INTRANSITIVE VERB

**a** [physically] se sentir ◆ **how do you ~ today?** comment vous sentez-vous aujourd'hui ? ◆ **I ~ much better** je me sens beaucoup mieux ◆ **you'll ~ all the better for a rest** vous vous sentirez mieux après vous être reposé ◆ **he doesn't ~ quite himself today** il ne se sent pas tout à fait dans son assiette aujourd'hui ◆ **to ~ old/ill** se sentir vieux/malade ◆ **to ~ cold/hot/hungry/thirsty/sleepy** avoir froid/chaud/faim/soif/sommeil ◆ **he felt like a young man again** il se sentait redevenu jeune homme ◆ **I ~ like a new man/woman** je me sens un autre homme/une autre femme

**b** [emotionally, intellectually] **I couldn't help ~ing envious** je ne pouvais pas m'empêcher d'éprouver de la jalousie ◆ **I ~ sure that ...** je suis sûr que ... ◆ **they don't ~ able to recommend him** ils estiment qu'ils ne peuvent pas le recommander ◆ **he ~s confident of success** il s'estime capable de réussir ◆ **we felt very touched by his remarks** nous avons été très touchés par ses remarques ◆ **I don't ~ ready to see her again yet** je ne me sens pas encore prêt à la revoir ◆ **I ~ very bad about leaving you here** cela m'ennuie beaucoup de vous laisser ici ◆ **how do you ~ about him?** que pensez-vous de lui ? ◆ **what does it ~ like** *or* **how does it ~ to know that you are a success?** quel effet cela vous fait-il de savoir que vous avez réussi ?

◆ **to feel for sb** compatir aux malheurs de qn ◆ **we ~ for you in your sorrow** nous partageons votre douleur ◆ **I ~ for you!** comme je vous comprends !

◆ **to feel like sth/doing sth** *(= want)* avoir envie de qch/de faire qch ◆ **I ~ like an ice cream** j'ai envie d'une glace ◆ **do you ~ like a walk?** ça vous dit d'aller vous promener ? ◆ **if you ~ like it** si ça te dit ◆ **I don't ~ like it** je n'en ai pas envie, ça ne me dit rien

**c** [= have impression] ◆ **I felt as if I was going to faint** j'avais l'impression que j'allais m'évanouir ◆ **I ~ as if there's nothing we can do** j'ai le sentiment *or* j'ai bien l'impression que nous ne pouvons rien faire

**d** [= give impression] **to ~ hard/soft** *[object]* être dur/doux au toucher ◆ **the house ~s damp** la maison donne l'impression d'être humide ◆ **his shirt ~s as if it's made of silk** on dirait que sa chemise est en soie (quand on la touche) ◆ **we were going so fast it felt as if we were flying** on allait si vite qu'on avait l'impression de voler ◆ **it ~s like rain** on dirait qu'il va pleuvoir ◆ **it ~s like thunder** on dirait qu'il va y avoir de l'orage

**e** [= grope] (*also* **feel about, feel around**) tâtonner, fouiller ◆ **she felt (about** *or* **around) in her pocket for some change** elle a fouillé dans sa poche pour trouver de la monnaie ◆ **he was ~ing (about** *or* **around) in the dark for the door** il tâtonnait dans le noir pour trouver la porte

### 4 - PHRASAL VERBS

► **feel out** * VT SEP *[+ person]* sonder, tâter le terrain auprès de

► **feel up** ⁑ VT SEP ◆ **to feel sb up** peloter * qn

**feeler** /ˈfiːləʳ/ **N** *[of insect]* antenne *f* ; *[of octopus]* tentacule *m* ◆ **to put out** *or* **throw out ~s (to discover)** tâter le terrain (pour essayer de découvrir)

**COMP** ▷ **feeler gauge** **N** *(Tech)* calibre *m* (d'épaisseur)

**feelgood** /ˈfiːlgʊd/ **ADJ** ◆ **the ~ factor** *(Pol)* l'euphorie *f* passagère ◆ **the lack of a ~ factor among customers** l'érosion de la confiance des consommateurs ◆ **a ~ movie** un film qui met de bonne humeur

**feeling** /ˈfiːlɪŋ/ LANGUAGE IN USE 6.2 **N** a *(NonC: physical)* sensation *f* ◆ **I've lost all ~ in my right arm** j'ai perdu toute sensation dans le bras droit, mon bras droit ne sent plus rien ◆ **a ~ of cold, a cold ~** une sensation de froid

b *(= awareness, impression)* sentiment *m* ◆ **a ~ of isolation** un sentiment d'isolement ◆ **he had the ~ (that) something terrible was going to happen to him** il avait le sentiment qu'il allait lui arriver quelque chose de terrible ◆ **I've got a funny ~ she will succeed** j'ai comme l'impression qu'elle va réussir ◆ **I know the ~!** je sais ce que c'est *or* ce que ça fait ! ◆ **the ~ of the meeting was that ...** dans l'ensemble, les participants (à la réunion) pensaient que ... ◆ **there was a general ~ that ...** on avait l'impression que ..., le sentiment général a été que ... ; → **strong**

c *(= emotion)* sentiment *m* ◆ **~s** sentiments *mpl*, sensibilité *f* ◆ **he appealed to their ~s rather than their reason** il faisait appel à leurs sentiments plutôt qu'à leur raison ◆ **you can imagine my ~s** tu t'imagines ce que je ressens (*or* j'ai ressenti *etc*) ◆ **~s ran high about the new motorway** la nouvelle autoroute a déchaîné les passions ◆ **his ~s were hurt** il était blessé ◆ **I didn't mean to hurt your ~s** je ne voulais pas te blesser *or* te vexer ◆ **to have ~s for sb** avoir des sentiments pour qn ; → **hard**

d *(NonC) (= sensitivity)* émotion *f*, sensibilité *f* ; *(= compassion)* sympathie *f* ◆ **she sang with ~** elle a chanté avec sentiment ◆ **he spoke with great ~** il a parlé avec chaleur *or* avec émotion ◆ **he doesn't show much ~ for his sister** il ne fait pas preuve de beaucoup de sympathie pour sa sœur ◆ **he has no ~ for the suffering of others** les souffrances d'autrui le laissent insensible ◆ **he has no ~ for music** il n'apprécie pas du tout la musique ◆ **he has a certain ~ for music** il est assez sensible à la musique ◆ **ill** *or* **bad ~** animosité *f*, hostilité *f*

**feelingly** /ˈfiːlɪŋlɪ/ **ADV** *[speak, write]* avec émotion, avec chaleur

**feet** /fiːt/ **NPL** of **foot**

**FEFC** /ˌefiːefˈsiː/ **N** *(Brit)* (abbrev of **Further Education Funding Council**) → **further**

**feign** /feɪn/ **VT** *[+ surprise]* feindre ; *[+ madness]* simuler ◆ **to ~ illness/sleep** faire semblant d'être malade/de dormir ◆ **~ed modesty** fausse modestie *f*, modestie *f* feinte

**feint** /feɪnt/ **N** *(Boxing, Fencing, Mil)* feinte *f* ◆ **to make a ~** faire une feinte (*at* à) **VI** feinter

**COMP** ▷ **feint-ruled paper** **N** papier *m* à réglure fine

**feist** * /faɪst/ **N** *(US)* roquet *m (chien)*

**feisty** * /ˈfaɪstɪ/ **ADJ** a *(= lively)* fougueux b *(US = quarrelsome)* bagarreur *

**feldspar** /ˈfeldspɑːʳ/ **N** ⇒ **felspar**

**felicitate** /fɪˈlɪsɪteɪt/ **VT** *(frm)* féliciter, congratuler

**felicitous** /fɪˈlɪsɪtəs/ **ADJ** *(frm)* heureux

**felicity** /fɪˈlɪsɪtɪ/ **N** *(frm) (= happiness)* félicité *f*, bonheur *m* ; *(= aptness)* bonheur *m*

**feline** /ˈfiːlaɪn/ **ADJ, N** félin(e) *m(f)*

**fell¹** /fel/ **VB** pt of **fall**

**fell²** /fel/ **VT** *[+ tree, enemy]* abattre ; *[+ ox]* assommer, abattre

**fell³** /fel/ **N** *(Brit) (= mountain)* montagne *f*, mont *m* ◆ **the ~s** *(= moorland)* la lande

**fell⁴** /fel/ **ADJ** *(liter) [blow]* féroce, cruel ; *[disease]* cruel ; → **swoop**

**fell⁵** /fel/ **N** *(= hide, pelt)* fourrure *f*, peau *f* (d'animal)

**fella** ‡ /ˈfelə/ **N** *(= chap)* type * *m* ; *(= boyfriend)* petit ami *m*

**fellate** /fɪˈleɪt/ **VT** faire une fellation à

**fellatio** /fɪˈleɪʃɪəʊ/, **fellation** /fɪˈleɪʃən/ **N** fellation *f* ◆ **to perform fellatio on sb** faire une fellation à qn

**fellow** /ˈfeləʊ/ **N** a * type * *m*, homme *m* ◆ **a nice ~** un brave type * ◆ **an old ~** un vieux (bonhomme) ◆ **a poor old ~** un pauvre vieux ◆ **poor little ~** pauvre petit *m* (bonhomme *m or* gars *m*) ◆ **a young ~** un jeune homme ◆ **my dear** *or* **good ~** † mon cher ◆ **look here, old ~** † écoute, mon vieux ◆ **this journalist ~** un journaliste

b *(= comrade)* camarade *m*, compagnon *m* ; *(= equal, peer)* pair *m*, semblable *m* ◆ **~s in misfortune** frères *mpl* dans le malheur, compagnons *mpl* d'infortune ; → **schoolfellow**

c *[of association, society etc]* membre *m*, associé *m (d'une société savante, d'une académie)*

d *(US Univ)* boursier *m*, -ière *f* ; *(Brit Univ)* ≈ chargé *m* de cours *(souvent membre du conseil d'administration)* ; → **research**

**COMP** ▷ **fellow being** **N** semblable *mf*, pareil(le) *m(f)* ▷ **fellow citizen** **N** concitoyen(ne) *m(f)* ▷ **fellow countryman** (pl **fellow countrymen**), **fellow countrywoman** (pl **fellow countrywomen**) **N** compatriote *mf* ▷ **fellow creature** **N** semblable *mf*, pareil(le) *m(f)* ▷ **fellow feeling** **N** sympathie *f* ▷ **fellow inmate** **N** codétenu(e) *m(f)* ▷ **fellow member** **N** confrère *m*, consœur *f* ▷ **fellow men** **NPL** semblables *mpl* ▷ **fellow passenger** **N** compagnon *m* de voyage, compagne *f* de voyage ▷ **fellow student** **N** condisciple *mf* ▷ **fellow traveller** **N** *(lit)* compagnon *m* de voyage, compagne *f* de voyage ; *(Pol) (with communists)* communisant(e) *m(f)*, cryptocommuniste *mf* ; *(gen)* sympathisant(e) *m(f)* ▷ **fellow worker** **N** *(in office)* collègue *mf* ; *(in factory)* camarade *mf* (de travail)

**fellowship** /ˈfeləʊʃɪp/ **N** a *(NonC) (= comradeship)* camaraderie *f* ; *(Rel etc)* communion *f* b *(= society etc)* association *f*, corporation *f* ; *(Rel)* confrérie *f* c *(= membership of learned society)* titre *m* de membre *or* d'associé *(d'une société savante)* d *(US Univ = scholarship)* bourse *f* universitaire ; *(Brit Univ = post)* poste *m* d'enseignement et de recherche ; see also **fellow noun d**

**felon** /ˈfelən/ **N** *(Jur)* criminel(le) *m(f)*

**felonious** /fɪˈləʊnɪəs/ **ADJ** *(Jur)* criminel

**felony** /ˈfelənɪ/ **N** *(Jur)* crime *m*, forfait *m*

**felspar** /ˈfelspɑːʳ/ **N** feldspath *m*

**felt¹** /felt/ **VB** pt, ptp of **feel**

**felt²** /felt/ **N** feutre *m* ; → **roofing** **COMP** de feutre ▷ **felt hat** **N** feutre *m (chapeau)* ▷ **felt-tip (pen)** **N** feutre *m (crayon)*

**fem** ‡ /fem/ **N** ⇒ **femme b**

**fem.** /fem/ a abbrev of **female** b abbrev of **feminine**

**female** /ˈfiːmeɪl/ **ADJ** a *(Biol, Zool = of feminine gender) [animal, plant]* femelle ; *[subject, slave]* du sexe féminin ◆ **a ~ child** une fille, un enfant du sexe féminin ◆ **~ students** étudiantes *fpl* ◆ **~ labour** main-d'œuvre *f* féminine ◆ **~ cat/camel** chatte *f*/chamelle *f* b *(= relating to women) [company, vote]* des femmes ; *[sex, character, quality, organs, health problems]* féminin c *(Elec)* femelle **N** *(= person)* femme *f*, fille *f* ; *(= animal, plant)* femelle *f* ◆ **some ~ he works with** * *(pej)* une bonne femme avec qui il bosse * *(pej)* **COMP** ▷ **female circumcision** **N** excision *f* ▷ **female condom** **N** préservatif *m* féminin ▷ **female impersonator** **N** *(Theat)* travesti *m*

**Femidom** ® /ˈfemɪdɒm/ **N** Femidom ® *m*

**feminine** /ˈfemɪnɪn/ **ADJ** *(also Gram)* féminin **N** *(Gram)* féminin *m* ◆ **in the ~** au féminin **COMP** ▷ **feminine hygiene** **N** hygiène *f* féminine

**femininity** /ˌfemɪˈnɪnɪtɪ/ **N** féminité *f*

**feminism** /ˈfemɪnɪzəm/ **N** féminisme *m*

**feminist** /ˈfemɪnɪst/ **N, ADJ** féministe *mf*

**feminize** /ˈfemɪnaɪz/ **VT** féminiser

**femme** /fæm, fem/ **N** a ◆ **~ fatale** femme *f* fatale b ‡ partenaire *f* passive *(dans un couple de lesbiennes)*

**femoral** /ˈfemərəl/ **ADJ** fémoral

**femur** /ˈfiːməʳ/ **N** (pl **femurs** *or* **femora** /ˈfemərə/) fémur *m*

**fen** /fen/ **N** *(Brit)* (also **fenland**) marais *m*, marécage *m* ◆ **the Fens** les plaines *fpl* marécageuses du Norfolk

**fence** /fens/ **N** a barrière *f*, clôture *f* ; *(Racing)* obstacle *m* ◆ **to sit on the ~** *(fig)* ménager la chèvre et le chou, s'abstenir de prendre position ◆ **to mend one's ~s** * **with sb** se réconcilier avec qn ◆ **they're mending their ~s** * **(with each other)** ils sont en train de se réconcilier ; → **barbed**

b *(= machine guard)* barrière *f* protectrice

c * *[of stolen goods]* receleur *m*, fourgue * *m*

**VT** a (also **fence in**) *[+ land]* clôturer, entourer d'une clôture

b *[+ question]* éluder

c * *[+ stolen goods]* fourguer ‡, receler

**VI** *(Sport)* faire de l'escrime ; *(fig)* éluder la question, se dérober ◆ **to ~ with sword/sabre** *etc (Sport)* tirer à l'épée/au sabre *etc*

**COMP** ▷ **fence-mending** **N** *(esp Pol)* rétablissement *m* de bonnes relations, réconciliation *f* ◆ **~-mending mission** mission *f* de conciliation

► **fence in** **VT SEP** a *(lit)* ⇒ **fence vt a**

b *(fig)* **to feel ~d in by restrictions** se sentir gêné *or* entravé par des restrictions

► **fence off** **VT SEP** *[+ piece of land]* séparer par une clôture

**fenced** /fenst/ **ADJ** *[of field, garden]* clôturé ◆ **a ~ area** *or* **enclosure** un enclos

**fencer** /ˈfensəʳ/ **N** escrimeur *m*, -euse *f*

**fencing** /ˈfensɪŋ/ **N** a *(Sport)* escrime *f* b *(for making fences)* matériaux *mpl* pour clôture **COMP** ▷ **fencing master** **N** maître *m* d'armes ▷ **fencing match** **N** assaut *m* d'escrime ; *(fig)* prise *f* de bec ▷ **fencing school** **N** salle *f* d'armes

**fend** /fend/ **VI** ◆ **to ~ for o.s.** se débrouiller (tout seul)

► **fend off** **VT SEP** *[+ blow]* parer ; *[+ attack]* détourner ; *[+ attacker]* repousser ; *[+ question]* écarter, éluder

**fender** /ˈfendəʳ/ **N** *(in front of fire)* garde-feu *m inv* ; *(US Aut)* aile *f* ; *(US Rail)* chasse-pierres *m inv* ; *(Naut)* défense *f*, pare-battage *m inv*

**COMP** ▷ **fender-bender** * **N** accrochage *m* ◆ **it was just a ~-bender** ce n'était qu'un accrochage *or* que de la tôle froissée *

**fenestration** /ˌfenɪsˈtreɪʃən/ **N** *(Archit)* fenêtrage *m* ; *(Med)* fenestration *f* ; *(Bot, Zool)* aspect *m* fenêtré

**feng shui** /ˌfeŋˈʃuːɪ/ **N** feng-shui *m*

**Fenian** /ˈfiːnɪən/ *(Brit Hist)* **N** a Fenian *m (membre d'un groupe révolutionnaire américain fondé en 1858 qui lutta pour l'indépendance de l'Irlande)* b *(pej,* ‡*)* sale catho *mf* irlandais(e) *(pej)* **ADJ** a Fenian ◆ **the ~**

**defeat at Gabhra** la défaite des Fenians à Gabhra **b** *(pej, ‡)* catho *

**fennel** /ˈfenl/ **N** fenouil *m*

**fenugreek** /ˈfenjʊˌgriːk/ **N** fenugrec *m*

**feral** /ˈfɪərəl/ **ADJ** sauvage

**ferment** /fəˈment/ **VI** *(lit, fig)* fermenter **VT** *(lit, fig)* faire fermenter **N** /ˈfɜːment/ *(lit)* ferment *m* ; *(fig)* agitation *f*, effervescence *f* ◆ **to be in (a state of)** ~ être en ébullition

**fermentation** /ˌfɜːmenˈteɪʃən/ **N** *(lit, fig)* fermentation *f*

**fermium** /ˈfɜːmɪəm/ **N** fermium *m*

**fern** /fɜːn/ **N** fougère *f*

**ferocious** /fəˈrəʊʃəs/ **ADJ** **a** *(= fierce) [animal, person, battle, fighting]* féroce ; *[attack, assault]* violent ; *[knife, teeth]* redoutable **b** *(= intense) [competition]* acharné ; *[debate]* houleux ; *[argument]* violent ; *[energy]* farouche **c** *(= severe) [heat]* accablant ; *[weather, violent storm]* épouvantable ; *[thirst]* terrible

**ferociously** /fəˈrəʊʃəslɪ/ **ADV** **a** *(= violently) [beat, kick, struggle]* violemment ◆ **to fight** ~ *[person]* se battre âprement ; *[animal]* se battre férocement *or* avec férocité **b** *(= extremely) [independent]* farouchement ; *[difficult, complicated]* furieusement ; *[clever, intelligent, funny]* terriblement ◆ **to be** ~ **competitive** avoir un esprit de compétition acharné ◆ ~ **determined** d'une détermination farouche ◆ ~ **loyal** d'une fidélité à toute épreuve

**ferociousness** /fəˈrəʊʃəsnɪs/, **ferocity** /fəˈrɒsɪtɪ/ **N** férocité *f*

**Ferrara** /fəˈrɑːrə/ **N** Ferrare

**ferret** /ˈferɪt/ **N** *(Zool)* furet *m* **VI** **a** (also **ferret about, ferret around**) fouiller, fureter ◆ **she was ~ing (about or around) in the cupboard** elle furetait dans le placard **b** ◆ **to go ~ing** chasser au furet

► **ferret out** **VT SEP** *[+ secret, person]* dénicher, découvrir

**ferric** /ˈferɪk/ **ADJ** ferrique

**Ferris wheel** /ˈferɪswiːl/ **N** grande roue *f (dans une foire)*

**ferrite** /ˈferaɪt/ **N** ferrite *f*

**ferro-** /ˈferəʊ/ **PREF** ferro-

**ferroconcrete** /ˈferəʊˈkɒŋkriːt/ **N** béton *m* armé

**ferrous** /ˈferəs/ **ADJ** ferreux

**ferrule** /ˈferuːl/ **N** virole *f*

**ferry** /ˈferɪ/ **N** (also **ferryboat**) *(large)* ferry-boat *m* ; *(small)* bac *m* ; *(Can)* traversier *m* ; *(between ship and quayside)* va-et-vient *m inv* ; → **air, car** **VT** **a** (also **ferry across, ferry over**) *[+ person, car, train]* faire passer *or* traverser (en bac *or* par bateau *or* par avion *etc*) **b** *(fig = transport) [+ people]* transporter, emmener ; *[+ things]* porter, apporter ◆ **he ferried voters to and from the polls** il a fait la navette avec sa voiture pour emmener les électeurs au bureau de vote ◆ **I can't be expected to ~ you around all the time** je ne peux tout de même pas te servir de taxi en permanence

**ferryman** /ˈferɪmən/ **N** (pl **-men**) passeur *m*

**fertile** /ˈfɜːtaɪl/ **ADJ** *[soil, land]* fertile ; *[person]* fertile, fécond ; *[animal, egg, mind]* fécond ◆ **the ~ period** *or* **time** la période de fécondité ◆ **to have a ~ imagination** *(gen pej)* avoir une imagination fertile ◆ **to be (a) ~ ground for sb/sth** *(fig)* être un terrain propice pour qn/qch **COMP** ▷ **the Fertile Crescent** **N** le Croissant fertile

**fertility** /fəˈtɪlɪtɪ/ **N** *[of soil, land, man]* fertilité *f* ; *[of woman, animal]* fécondité *f*, fertilité *f* ◆ ~ **of invention** *(frm)* fertilité *f* d'imagination **COMP** *[cult, symbol]* de fertilité ▷ **fertility drug** **N** médicament *m* contre la stérilité

**fertilization** /ˌfɜːtɪlaɪˈzeɪʃən/ **N** *[of land, soil]* fertilisation *f* ; *[of animal, plant, egg]* fécondation *f*

**fertilize** /ˈfɜːtɪlaɪz/ **VT** *[+ land, soil]* fertiliser, amender ; *[+ animal, plant, egg]* féconder

**fertilizer** /ˈfɜːtɪlaɪzəʳ/ **N** engrais *m*, fertilisant *m* ◆ **artificial** ~ engrais *m* chimique

**fervent** /ˈfɜːvənt/ **ADJ** *[admirer, advocate, prayer]* fervent ; *[supporter, belief, desire]* ardent ◆ **to be a ~ believer in sth** être un adepte de qch ◆ **my ~ hope is that ...** je souhaite vraiment *or* ardemment que ... ◆ **it is my ~ wish that ...** je souhaite ardemment que ...

**fervently** /ˈfɜːvəntlɪ/ **ADV** *[hope, believe]* ardemment ; *[say, pray, support]* avec ferveur ; *[religious, anti-Communist]* profondément ◆ ~ **opposed to sth** profondément opposé à qch ◆ ~ **patriotic** d'un ardent patriotisme

**fervid** /ˈfɜːvɪd/ **ADJ** ⇒ **fervent**

**fervour, fervor** *(US)* /ˈfɜːvəʳ/ **N** ferveur *f*

**fess up** * /fesˈʌp/ **VI** *(esp US)* avouer ; *[criminal]* avouer, passer aux aveux

**fest** * /fest/ **N** **a** *(= festival)* ◆ **jazz/film** ~ festival *m* de jazz/de cinéma **b** *(= extravaganza)* festival *m*, débauche *f* ◆ **gore** ~ film *m* d'horreur *(où le sang coule à flots)*

**fester** /ˈfestəʳ/ **VI** *[cut, wound]* suppurer ; *[anger]* gronder ; *[resentment]* couver ◆ **resentments are starting to ~** le ressentiment couve

**festival** /ˈfestɪvəl/ **N** **a** *(= cultural event)* festival *m* ◆ **the Edinburgh Festival** le festival d'Édimbourg → EDINBURGH FESTIVAL **b** *(= religious event)* fête *f*

**festive** /ˈfestɪv/ **ADJ** *[food, decorations]* de fête ◆ **the ~ season** la période des fêtes ◆ **to be in a ~ mood** avoir envie de faire la fête ◆ **your house is looking very ~** *(for party, Christmas)* ta maison a vraiment un air de fête ◆ **there was little sign of festive cheer** ils n'avaient pas le cœur à la fête

**festivity** /fesˈtɪvɪtɪ/ **N** **a** (also **festivities**) fête *f*, réjouissances *fpl* ◆ **an air of ~** un air de fête **b** *(= festival)* fête *f*

**festoon** /fesˈtuːn/ **N** feston *m*, guirlande *f* **VT** *(Sewing)* festonner ; *(= bedeck)* orner ◆ **the town was ~ed with flags** il y avait des drapeaux partout dans la ville ◆ **the room was ~ed with flowers** la pièce était ornée de fleurs ◆ **the pagoda was ~ed with lights** la pagode était décorée *or* ornée de lumières

**feta** /ˈfetə/ **N** (also **feta cheese**) feta *f*

**fetal** /ˈfiːtl/ **ADJ** *(US)* ⇒ **foetal**

**fetch** /fetʃ/ **VT** **a** *(= go and get) [+ person, thing]* aller chercher ; *(= bring) [+ person]* amener ; *[+ thing]* apporter ◆ ~ **(it)!** *(to dog)* rapporte !, va chercher ! **b** *(= sell for) [+ money]* rapporter ◆ **they won't ~ much** ils ne rapporteront pas grand-chose ◆ **it ~ed a good price** ça a atteint un bon prix **c** *[+ blow]* flanquer * **VI** **a** *(fig)* **to ~ and carry for sb** faire la bonne pour qn **b** *(Naut)* manœuvrer **N** *(Naut)* fetch *m*

► **fetch in** * **VT SEP** *[+ person]* faire (r)entrer ; *[+ thing]* rentrer

► **fetch out** * **VT SEP** *[+ person]* faire sortir ; *[+ thing]* sortir (of de)

► **fetch up** **VI** * finir par arriver, se retrouver (at à ; in dans) **VT SEP** **a** *[+ object]* apporter, monter ; *[+ person]* faire monter **b** *(Brit * = vomit)* rendre, vomir

**fetching** * /ˈfetʃɪŋ/ **ADJ** *[person]* ravissant, charmant ; *[dress, hat]* seyant, ravissant

**fetchingly** /ˈfetʃɪŋlɪ/ **ADV** d'une façon charmante

**fête** /feɪt/ **N** *(Brit)* fête *f* ; *(for charity)* fête *f*, kermesse *f* ◆ **village** ~ fête *f* de village **VT** *[+ person]* faire la fête à ; *[+ success, arrival]* fêter

**fetid** /ˈfetɪd/ **ADJ** fétide, puant

**fetish** /ˈfetɪʃ/ **N** fétiche *m* ; *(Psych)* objet *m* de fétichisation ◆ **she makes a real ~ of** *or* **has a real ~ about cleanliness** elle est obsédée par la propreté, c'est une maniaque de la propreté ◆ **to have a foot ~** être fétichiste du pied

**fetishism** /ˈfetɪʃɪzəm/ **N** fétichisme *m*

**fetishist** /ˈfetɪʃɪst/ **N** fétichiste *mf* ◆ **to be a silk/foot ~** être fétichiste de la soie/du pied

**fetishistic** /ˌfetɪˈʃɪstɪk/ **ADJ** fétichiste

**fetishize** /ˈfetɪʃaɪz/ **VT** *(frm)* fétichiser

**fetlock** /ˈfetlɒk/ **N** *(= joint)* boulet *m* ; *(= hair)* fanon *m*

**fetoscope** /ˈfiːtəʊˌskəʊp/ **N** fœtoscope *m*

**fetoscopy** /fiːˈtɒskəpɪ/ **N** fœtoscopie *f*

**fetter** /ˈfetəʳ/ **VT** *[+ person]* enchaîner, lier ; *[+ horse, slave]* entraver ; *(fig)* entraver **NPL** **fetters** *[of prisoner]* fers *mpl*, chaînes *fpl* ; *[of horse, slave] (fig)* entraves *fpl* ◆ **in ~s** dans les fers *or* les chaînes ◆ **to put a prisoner in ~s** mettre un prisonnier aux fers

**fettle** /ˈfetl/ **N** ◆ **in fine** *or* **good** ~ en pleine forme

**fettucine** /ˌfetəˈtʃiːnɪ/ **N** *(NonC)* fettucine *fpl*

**fetus** /ˈfiːtəs/ **N** *(US)* ⇒ **foetus**

**feu** /fjuː/ **N** *(Scot Jur)* bail *m* perpétuel *(à redevance fixe)* **COMP** ▷ **feu duty** **N** loyer *m* (de la terre)

**feud**[1] /fjuːd/ **N** querelle *f (entre deux clans)*, vendetta *f* ◆ **family ~s** querelles *fpl* de famille **VI** se quereller, se disputer ◆ **to ~ with sb** être l'ennemi juré de qn, être à couteaux tirés avec qn

**feud**[2] /fjuːd/ **N** *(Hist)* fief *m*

**feudal** /ˈfjuːdl/ **ADJ** féodal ◆ **the ~ system** le système féodal

**feudalism** /ˈfjuːdəlɪzəm/ **N** *(Hist)* féodalité *f* ; *(fig) [of society, institution]* féodalisme *m*

**fever** /ˈfiːvəʳ/ **N** *(Med, fig)* fièvre *f* ◆ **to run a ~** avoir de la fièvre ◆ **he has no ~** il n'a pas de fièvre ◆ **gambling ~** le démon du jeu ◆ **a ~ of impatience** une impatience fébrile ◆ **enthusiasm reached ~ pitch** l'enthousiasme était à son comble ◆ **election ~** fièvre *f* électorale ◆ **the nation is in the grip of World Cup ~** la fièvre de la Coupe du Monde s'est emparée du pays ◆ **the country has succumbed to war ~** le pays a succombé à la fièvre de la guerre ; → **glandular, scarlet** **COMP** ▷ **fever blister** **N** bouton *m* de fièvre

**fevered** /ˈfiːvəd/ **ADJ** **a** *(liter) [brow]* brûlant de fièvre **b** *(fig) [imagination]* exalté, enfiévré

**feverish** /ˈfiːvərɪʃ/ **ADJ** **a** *(Med) [person]* fiévreux, fébrile ; *[illness]* accompagné de fièvre **b** *(fig) [person, excitement, atmosphere, activity]* fiévreux ; *[speculation, pace]* effréné ◆ ~ **with excitement** dans un état d'excitation fiévreuse *or* fébrile

**feverishly** /ˈfiːvərɪʃlɪ/ **ADV** *[work]* fiévreusement, fébrilement ; *[try]* fébrilement

**feverishness** /ˈfiːvərɪʃnɪs/ **N** **a** *(Med)* état *m* fébrile **b** *(fig)* fébrilité *f*

**few** /fjuː/ **ADJ, PRON** **a** *(= not many)* peu (de) ◆ ~ **books** peu de livres ◆ **very ~ books** très peu de livres ◆ ~ **of them came** peu d'entre eux sont venus, quelques-uns d'entre eux seulement sont venus ◆ ~ **(people) come to see him** peu de gens viennent le voir ◆ **he is one of the ~ people who is able to do this** c'est l'une des rares personnes qui puisse le faire *or* à pouvoir le faire ◆ **we have worked hard in the past ~ days** nous avons travaillé dur ces jours-ci *or* ces derniers jours ◆ **these past ~ weeks** ces dernières semaines ◆ **the next ~ days** les (quelques) jours qui viennent ◆ **with ~ exceptions** à de rares exceptions près ◆ **the exceptions are ~** les exceptions sont rares *or* peu nombreuses ◆ **she goes to town every ~ days** elle va à la ville tous les deux ou trois jours ◆ **~ and far between** rares ◆ **such occasions are ~ and far between** de telles occasions sont rares ◆ **we are very ~ (in number)** nous sommes peu nombreux ◆ **our days are ~** *(liter)* nos jours sont comptés ◆ **I'll spend the remaining ~ minutes alone** je passerai seul le peu de *or* les quelques minutes qui me restent ◆ **there are always the ~ who think that ...** il y a toujours la minorité qui croit que ... ◆ **the ~ who know him** les rares personnes qui le connaissent ◆ **the Few** *(Brit Aviat Hist) les héros de la Bataille d'Angleterre* ; → **happy, word**

**b** *(after adv)* **I have as ~ books as you** j'ai aussi peu de livres que vous ◆ **I have as ~ as you** j'en ai aussi peu que vous ◆ **there were as ~ as six objections** il n'y a eu en tout et pour tout que six objections ◆ **how ~ there are!** il n'y en a (vraiment) pas beaucoup ! ◆ **how ~ they are!** il n'y en a (vraiment) pas beaucoup ! ◆ **however ~ books you (may) buy** même si l'on achète peu de livres ◆ **however ~ there may be** si peu qu'il y en ait ◆ **I've got so ~ already (that ...)** j'en ai déjà si peu (que ...) ◆ **so ~ have been sold** on en a (*or* ils en ont) vendu si peu ◆ **so ~ books** tellement peu *or* si peu de livres ◆ **there were too ~** il y en avait trop peu ◆ **too ~ cakes** trop peu de gâteaux ◆ **there were three too ~** il en manquait trois ◆ **ten would not be too ~** dix suffiraient, il (en) suffirait de dix ◆ **I've got too ~ already** j'en ai déjà (bien) trop peu ◆ **he has too ~ books** il a trop peu de livres ◆ **there are too ~ of you** vous êtes trop peu nombreux, vous n'êtes pas assez nombreux ◆ **too ~ of them realize that ...** trop peu d'entre eux sont conscients que ...

**c** *(set structures)*

◆ **a few** quelques(-uns), quelques(-unes) ◆ **a ~ books** quelques livres *mpl* ◆ **I know a ~ of these people** je connais quelques-unes de ces personnes ◆ **a ~** *or (liter)* **some ~ thought otherwise** certains *or (liter)* d'aucuns pensaient autrement ◆ **I'll take just a ~** j'en prendrai quelques-uns ( *or* quelques-unes) seulement ◆ **I'd like a ~ more** j'en voudrais quelques-un(e)s de plus ◆ **quite a ~ books** pas mal * de livres ◆ **we'll go in a ~ minutes** nous partirons dans quelques minutes ◆ **a ~ of us** quelques-un(e)s d'entre nous ◆ **there were only a ~ of us** nous n'étions qu'une poignée ◆ **we must wait a ~ more days** il nous faut attendre encore quelques jours *or* attendre quelques jours de plus

◆ **quite a few, a good few** ◆ **quite a ~ did not believe him** pas mal * de gens ne l'ont pas cru ◆ **I saw a good ~** *or* **quite a ~ people there** j'y ai vu pas mal * de gens ◆ **he has had a good ~ (drinks)** il a pas mal * bu ◆ **a good ~ of the books are ...** (un) bon nombre de ces livres sont ...

**fewer** /ˈfjuːəʳ/ **ADJ, PRON** (compar of **few**) moins (de) ◆ **we have sold ~ this year** nous en avons moins vendu cette année ◆ **he has ~ books than you** il a moins de livres que vous ◆ **we are ~ (in number) than last time** nous sommes moins nombreux que la dernière fois ◆ **~ people than we expected** moins de gens que nous n'en attendions ◆ **there are ~ opportunities for doing it** les occasions de le faire sont plus rares, il y a moins d'occasions de le faire ◆ **no ~ than 37 pupils were ill** il y a eu pas moins de 37 élèves malades ◆ **the ~ the better** moins il y en a mieux c'est *or* mieux ça vaut ◆ **few came and ~ stayed** peu sont venus et encore moins sont restés

**fewest** /ˈfjuːɪst/ **ADJ, PRON** (superl of **few**) le moins (de) ◆ **he met her on the ~ occasions possible** il l'a rencontrée le moins souvent possible ◆ **we were ~ in number then** c'est à ce moment-là que nous étions le moins nombreux ◆ **we sold ~ last year** c'est l'année dernière que nous en avons le moins vendu ◆ **I've got (the) ~** c'est moi qui en ai le moins ◆ **he has (the) ~ books** c'est lui qui a le moins de livres

**fey** /feɪ/ **ADJ** *(pej = affected)* mignard, minaudier

**fez** /fez/ **N** (pl **fezzes**) fez *m*

**ff** (abbrev of **and the following**) sqq

**FFA** /ˌefefˈeɪ/ **N** (abbrev of **Future Farmers of America**) *club agricole*

**FFV** /ˌefefˈviː/ **N** (abbrev of **First Families of Virginia**) *descendants des premiers colons de Virginie*

**FH** **N** (abbrev of **fire hydrant**) → **fire**

**FHA** /ˌefeɪtʃˈeɪ/ **N** *(US)* (abbrev of **Federal Housing Administration**) → **federal** ◆ **~ loan** *prêt à la construction*

**FHSA** /ˌefeɪtʃesˈeɪ/ **N** *(Brit)* (abbrev of **Family Health Services Authority**) → **family**

**fiancé** /fɪˈɑːŋseɪ/ **N** fiancé *m*

**fiancée** /fɪˈɑːŋseɪ/ **N** fiancée *f*

**fiasco** /fɪˈæskəʊ/ **N** (pl **fiascos** *or* **fiascoes**) fiasco *m* ◆ **the whole undertaking was a ~** *or* **ended in a ~** l'entreprise a tourné au désastre *or* a été un fiasco total

**fiat** /ˈfaɪæt/ **N** décret *m*, ordonnance *f*

**fib** * /fɪb/ **N** bobard * *m* **VI** raconter des bobards * ◆ **you're ~bing!** tu plaisantes ?

**fibber** /ˈfɪbəʳ/ **N** blagueur * *m*, -euse * *f*, menteur *m*, -euse *f* ◆ **you ~!** espèce de menteur !

**fibre, fiber** *(US)* /ˈfaɪbəʳ/ **N** **a** *[of wood, cotton, muscle]* fibre *f* ◆ **cotton ~** fibre *f* de coton ◆ **synthetic ~s** fibres *fpl* synthétiques, synthétiques *mpl* ◆ **a man of great moral ~** un homme d'une grande force morale **b** *(dietary)* fibres *fpl* alimentaires ◆ **a diet high in ~** *(= eating régime)* un régime riche en fibres ; *(= food eaten)* une alimentation riche en fibres **COMP** ▷ **fibre optics** **NPL** la fibre optique ▷ **fibre-tip (pen)** **N** *(Brit)* stylo *m* pointe fibre

**fibreboard, fiberboard** *(US)* /ˈfaɪbəbɔːd/ **N** panneau *m* de fibres

**fibrefill, fiberfill** *(US)* /ˈfaɪbəfɪl/ **N** rembourrage *m* synthétique

**fibreglass, fiberglass** *(US)*, **Fiberglas ®** *(US)* /ˈfaɪbəglɑːs/ **N** fibre *f* de verre

**fibreoptic, fiberoptic** *(US)* /ˌfaɪbərˈɒptɪk/ **ADJ** ◆ **~ cable** câble *m* en fibres optiques ◆ **~ link** liaison *f* par fibre optique

**fibrescope, fiberscope** *(US)* /ˈfaɪbəskəʊp/ **N** fibroscope *m*

**fibril** /ˈfaɪbrɪl/, **fibrilla** /faɪˈbrɪlə/ **N** fibrille *f*

**fibrillation** /ˌfaɪbrɪˈleɪʃən/ **N** fibrillation *f*

**fibrin** /ˈfɪbrɪn/ **N** fibrine *f*

**fibrinogen** /fɪˈbrɪnədʒən/ **N** fibrinogène *m*

**fibroid** /ˈfaɪbrɔɪd/ **N** ⇒ **fibroma**

**fibroma** /faɪˈbrəʊmə/ **N** (pl **fibromas** *or* **fibromata** /faɪˈbrəʊmətə/) fibrome *m*

**fibrositis** /ˌfaɪbrəˈsaɪtɪs/ **N** aponévrite *f*

**fibrous** /ˈfaɪbrəs/ **ADJ** fibreux

**fibula** /ˈfɪbjʊlə/ **N** (pl **fibulas** *or* **fibulae** /ˈfɪbjʊˌliː/) péroné *m*

**FICA** /ˌefaɪsiːˈeɪ/ **N** *(US)* (abbrev of **Federal Insurance Contributions Act**) → **federal**

**fickle** /ˈfɪkl/ **ADJ** *[friend, follower, supporter]* inconstant ; *[lover, husband]* volage, inconstant ; *[fate, weather]* changeant, capricieux

**fickleness** /ˈfɪklnɪs/ **N** inconstance *f*

**fiction** /ˈfɪkʃən/ **N** **a** *(NonC: Literat)* ◆ **(works of) ~** œuvres *fpl* de fiction ◆ **a writer of ~** un romancier ◆ **light ~** romans *mpl* faciles à lire ; → **science, truth** **b** *(= fabrication)* fiction *f* ◆ **his account was a complete ~** son récit était une invention du début à la fin ◆ **there is still this ~ that you can find a job if you try hard enough** *(= unjustified belief)* il y a encore des gens qui s'imaginent qu'il suffit d'un peu de persévérance pour trouver du travail ◆ **total recycling is a ~** l'idée de pouvoir tout recycler relève du mythe **c** *(NonC = the unreal)* le faux ; → **fact**

**fictional** /ˈfɪkʃənl/ **ADJ** *(Literat)* *[character]* imaginaire, fictif ; *[hero, setting]* imaginaire ; *[film, drama]* de fiction ; *[account, device]* romanesque ; *(= unreal)* *[plans, figures]* fictif

**fictionalize** /ˈfɪkʃənəlaɪz/ **VT** romancer ◆ **a ~d account of his journey** un récit romancé de son voyage

**fictitious** /fɪkˈtɪʃəs/ **ADJ** *(= false)* *[name, address]* faux (fausse *f*) ; *(Literat)* *[character, story]* imaginaire, fictif ; *[setting]* imaginaire

**Fid. Def.** (abbrev of **Fidei Defensor**) *(= Defender of the Faith)* Défenseur *m* de la foi

**fiddle** /ˈfɪdl/ **N** **a** *(= violin)* violon *m* ; → **fit[1], second[1]**

**b** *(esp Brit * = cheating)* truc * *m*, combine * *f* ◆ **it was all a ~** tout ça c'était une combine * ◆ **tax ~** fraude *f* fiscale ◆ **he's on the ~** il traficote *

**VI** **a** *(Mus)* jouer du violon ◆ **to ~ while Rome burns** se perdre en futilités au lieu d'agir

**b** ◆ **do stop fiddling (about** *or* **around) !** tiens-toi donc tranquille ! ◆ **to ~ (about** *or* **around) with a pencil** tripoter un crayon ◆ **he's fiddling (about** *or* **around) with the car** il bricole la voiture

**c** *(esp Brit * = cheat)* faire de la fraude, traficoter *

**VT** **a** *(esp Brit *)* *[+ accounts, expenses claim]* truquer ◆ **to ~ one's tax return** truquer sa déclaration d'impôts

**b** *(Mus)* jouer du violon

**COMP** ▷ **fiddle-faddle** * **EXCL** quelle blague ! *

▸ **fiddle about, fiddle around** **VI** ◆ **he's fiddling about in the garage** il est en train de bricoler dans le garage ◆ **we just ~d about yesterday** on n'a rien fait de spécial hier, on a seulement traînassé hier ; see also **fiddle vi b**

**fiddler** /ˈfɪdləʳ/ **N** **a** joueur *m*, -euse *f* de violon, violoneux * *m (gen pej)* **b** *(esp Brit * = cheat)* combinard * *m*

**fiddlesticks** * /ˈfɪdlstɪks/ **EXCL** quelle blague ! *

**fiddling** /ˈfɪdlɪŋ/ **ADJ** futile, insignifiant ◆ **~ little jobs** menus travaux *mpl* sans importance **N** *(NonC: * = dishonesty)* combine(s) * *f(pl)*

**fiddly** * /ˈfɪdlɪ/ **ADJ** *[job, task]* minutieux, délicat ; *[machinery]* difficile à manier ◆ **~ to open** difficile à ouvrir ◆ **this is a rather ~ dish to prepare** c'est un plat qui est délicat à réaliser ◆ **prawns are ~ to eat** les crevettes ne sont pas faciles à manger ◆ **~ bits** * fioritures *fpl*

**fidelity** /fɪˈdelɪtɪ/ **N** fidélité *f* ; → **high**

**fidget** /ˈfɪdʒɪt/ **VI** *(= wriggle:* also **fidget about, fidget around)** remuer, gigoter * ; *(= grow impatient)* donner des signes d'impatience

◆ **stop ~ing!** reste donc tranquille !, arrête de bouger ! ◆ **to ~ (about** *or* **around) with sth** tripoter qch ◆ **to be ~ing to do sth** trépigner d'impatience de faire qch **N** ◆ **to be a ~** *[child]* être très remuant, ne pas tenir en place ; *[adult]* ne pas tenir en place ◆ **to have the ~s** * avoir la bougeotte *

**fidgety** /ˈfɪdʒɪtɪ/ **ADJ** *(= jittery)* agité ; *(physically)* remuant, agité ◆ **to feel ~** ne pas tenir en place, être agité

**fiduciary** /fɪˈdjuːʃɪərɪ/ **ADJ, N** fiduciaire *mf*

**fie** /faɪ/ **EXCL** *(archaic or hum)* ◆ **~ (up)on you !** honni sois-tu ! †† *(also hum)*

**fief** /fiːf/ **N** fief *m*

**fiefdom** /ˈfiːfdəm/ **N** *(Hist, fig)* fief *m*

**field** /fiːld/ **N** a *(Agr etc)* champ *m* ; *(Miner)* gisement *m* ◆ **in the ~s** dans les champs, aux champs ; → **coalfield, goldfield, oilfield**

b *(= real environment)* terrain *m* ◆ **this machine had a year's trial in the ~** cette machine a eu un an d'essais sur le terrain ◆ **to be first in the ~ with sth** *(Comm)* être le premier à lancer qch ◆ **work in the ~** enquête *f* sur place *or* sur le terrain

c *(Mil)* champ *m* ◆ **~ of battle** champ *m* de bataille ◆ **to take the ~** entrer en campagne ◆ **to hold the ~** se maintenir sur ses positions ◆ **to die on** *or* **in the ~** tomber *or* mourir au champ d'honneur

d *(Sport)* terrain *m* ◆ **the ~** *(Racing)* les concurrents *mpl (sauf le favori)* ; *(Hunting)* les chasseurs *mpl* ◆ **football ~** terrain *m* de football ◆ **to take the ~** entrer en jeu ◆ **to hold off the ~** *(Sport)* tenir bon face à ses adversaires ; *(fig)* tenir bon face à la concurrence

e *(= sphere of activity, knowledge)* domaine *m* ◆ **in the ~ of painting** dans le domaine de la peinture ◆ **it's outside my ~** ce n'est pas de mon domaine ◆ **his particular ~ is Renaissance painting** la peinture de la Renaissance est sa spécialité, son domaine de spécialité est la peinture de la Renaissance

f *(Phys)* (also **field of force**) champ *m* ◆ **~ of vision** champ *m* visuel *or* de vision ◆ **gravitational ~** champ *m* de gravitation ; → **magnetic**

g *(Comput)* champ *m* ◆ **(semantic) ~** *(Ling)* champ *m* (sémantique)

h *(= expanse)* étendue *f* ; *(Her)* champ *m* ◆ **on a ~ of blue** *(Her)* en champ d'azur

**VT** *(Sport)* *[+ ball]* attraper ; *[+ team]* faire jouer ◆ **to ~ questions** répondre au pied levé (à des questions)

**VI** *(Sport)* être joueur de champ

**COMP** ▷ **field day** **N** *(Mil)* jour *m* de grandes manœuvres ; *(gen)* jour. *m* faste, grand jour *m* ◆ **to have a ~ day** s'en donner à cœur joie ◆ **the ice-cream sellers had a ~ day** * les marchands de glaces ont fait des affaires en or *or* d'or ce jour-là ◆ **the press had a ~ day with the story** la presse a fait ses choux gras de cette histoire ▷ **field event** **N** *(Athletics)* concours *m* ▷ **field glasses** **NPL** jumelles *fpl* ▷ **field grown** **ADJ** de plein champ ▷ **field gun** **N** canon *m* (de campagne) ▷ **field hand** **N** *(US)* ouvrier *m*, -ière *f* agricole ▷ **field hockey** **N** *(US)* hockey *m* sur gazon ▷ **field of honour** **N** champ *m* d'honneur ▷ **field hospital** **N** *(Mil)* antenne *f* chirurgicale ; *(Hist)* hôpital *m* de campagne ▷ **field house** **N** *(US) (for changing)* vestiaire *m* ; *(= sports hall)* complexe *m* sportif (couvert) ▷ **field kitchen** **N** *(Mil)* cuisine *f* roulante ▷ **field label** **N** *(Ling)* (indication *f* de) domaine *m* ▷ **field marshal** **N** *(Brit Mil)* ≃ maréchal *m* ▷ **field mushroom** **N** agaric *m* champêtre ▷ **field officer** **N** *(Mil)* officier *m* supérieur ▷ **field service** **N** *(US Admin)* antenne *f (d'un service administratif)* ▷ **field sports** **NPL** activités *fpl* de plein air *(surtout la chasse et la pêche)* ▷ **field study** **N** étude *f or* enquête *f* sur le terrain ▷ **field term** **N** *(US Univ)* stage *m* pratique ▷ **field-test** **VT** soumettre aux essais sur le terrain, tester sur le terrain ▷ **field tests** **NPL** essais *mpl* sur le terrain ▷ **field trials** **NPL** *[of machine etc]* essais *mpl* sur le terrain ; *(Med)* essais *mpl* cliniques ▷ **field trip** **N** *(Educ)* sortie *f* éducative ; *(longer)* voyage *m* d'étude ▷ **field work** **N** *(Archeol, Geol)* recherches *fpl or* enquête *f* sur le terrain ; *(Social Work)* travail *m* social *(sur le terrain)* ▷ **field worker** **N** *(Archeol, Geol)* archéologue *mf* (*or* géologue *mf etc*) de terrain ; *(Social Work)* ≃ travailleur *m*, -euse *f* social(e) *(allant sur le terrain)*

**fielder** /ˈfiːldəʳ/ **N** *(Cricket)* joueur *m* de champ

**fieldfare** /ˈfiːldfɛəʳ/ **N** *(Orn)* litorne *f*

**fieldmouse** /ˈfiːldmaʊs/ **N** (pl **-mice**) *(Zool)* mulot *m*, rat *m* des champs

**fieldsman** /ˈfiːldzmən/ **N** (pl **-men**) *(Cricket)* joueur *m* de champ

**fieldstrip** /ˈfiːldstrɪp/ **VT** *(US Mil)* *[+ firearm]* démonter (pour inspection)

**fiend** /fiːnd/ **N** a *(= demon)* démon *m* ; *(= cruel person)* monstre *m*, démon *m* ◆ **the Fiend** *(= the Devil)* le Malin ◆ **that child's a real ~** * cet enfant est un petit monstre *or* est infernal * b *(* = fanatic)* enragé(e) *m(f)*, mordu(e) * *m(f)* ◆ **tennis ~** enragé(e) *m(f) or* mordu(e) * *m(f)* de tennis ◆ **drug ~** † toxicomane *mf* ; → **sex**

**fiendish** /ˈfiːndɪʃ/ **ADJ** a *(= cruel)* *[despot]* monstrueux ; *[act, look]* diabolique ; *[cruelty]* extrême ◆ **to take a ~ delight in doing sth** prendre un malin plaisir à faire qch b *(= ingenious)* *[plot, device]* diabolique c *(* = difficult)* *[problem, difficulty]* infernal

**fiendishly** /ˈfiːndɪʃlɪ/ **ADV** a *(= evilly)* ◆ **to laugh ~** éclater d'un rire diabolique b *(* = extremely)* *[difficult, complicated, expensive]* abominablement ; *[simple]* diaboliquement ; *[funny]* terriblement ◆ **~ clever** *[person]* d'une intelligence redoutable ; *[plot, device]* extrêmement ingénieux

**fierce** /fɪəs/ **ADJ** *[animal, person, look, tone, battle]* féroce ; *[attack, argument]* violent ; *[debate]* houleux, acharné ; *[opposition, opponent, resistance, determination]* farouche ; *[loyalty]* à toute épreuve ; *[criticism, critic]* virulent ; *[heat, storm]* terrible ; *[wind]* violent ◆ **to take a ~ pride in sth** être extrêmement fier de qch ◆ **he has a ~ temper** il est d'un tempérament explosif ◆ **competition for the post was ~** la concurrence pour le poste a été rude

**fiercely** /ˈfɪəslɪ/ **ADV** *[resist, fight, defend]* avec acharnement ; *[oppose]* farouchement ; *[criticize]* violemment ; *[say]* d'un ton féroce ◆ **to burn ~** flamber ◆ **~ independent** farouchement indépendant ◆ **to be ~ competitive** avoir un esprit de compétition acharné

**fierceness** /ˈfɪəsnɪs/ **N** *[of person, animal]* férocité *f* ; *[of passion, sun]* ardeur *f* ; *[of love, fighting, competition, heat, fire]* intensité *f*

**fiery** /ˈfaɪərɪ/ **ADJ** *[colour]* rougeoyant ; *[sunset]* embrasé ; *[hair, eyes]* flamboyant ; *[person, character, personality, nature]* fougueux ; *[temper]* explosif ; *[speech, rhetoric]* enflammé ; *[food]* (très) épicé, qui emporte la bouche ; *[drink]* qui emporte la bouche ◆ **the ~ furnace** *(Bible)* la fournaise ardente ◆ **a ~ inferno** un terrible brasier ◆ **the ~ heat of the desert** la chaleur torride du désert ◆ **~ orange/red** orange/rouge flamboyant *inv*

**COMP** ▷ **fiery-tempered** **ADJ** irascible, coléreux

**fiesta** /fɪˈestə/ **N** fiesta *f*

**FIFA** /ˈfiːfə/ **N** (abbrev of **Fédération internationale de football-association**) FIFA *f*

**fife** /faɪf/ **N** fifre *m (instrument)*

**FIFO** /ˈfaɪfəʊ/ **N** (abbrev of **first in, first out**) PEPS *m*

**fifteen** /fɪfˈtiːn/ **ADJ** quinze *inv* ◆ **about ~ books** une quinzaine de livres ◆ **her ~ minutes of fame** sa minute de célébrité **N** a quinze *m inv* ◆ **about ~** une quinzaine b *(Rugby)* quinze *m* ◆ **the French ~** le quinze de France ; *for other phrases see* **six** **PRON** quinze ◆ **there are ~** il y en a quinze

**fifteenth** /fɪfˈtiːnθ/ **ADJ** quinzième **N** quinzième *mf* ; *(= fraction)* quinzième *m* ; *for phrases see* **sixth**

**fifth** /fɪfθ/ **ADJ** cinquième ◆ **~-rate** de dernier ordre, de dernière catégorie ; *for other phrases see* **sixth**

**N** a *(gen)* cinquième *mf* ; *(= fraction)* cinquième *m* ◆ **to take the Fifth** *(US Jur)* invoquer le cinquième amendement pour refuser de répondre ; *(* fig)* refuser de parler ; → FIFTH AMENDMENT ; *for other phrases see* **sixth**

b *(Mus)* quinte *f*

c *(US)* *(= measurement)* le cinquième d'un gallon *(= 75 cl)* ; *(= bottle)* bouteille *f (d'alcool)*

**COMP** ▷ **Fifth Amendment** **N** *(US Jur)* cinquième amendement *m* (de la constitution) ◆ **to plead the Fifth Amendment** invoquer le cinquième amendement pour refuser de répondre ▷ **fifth column** **N** cinquième colonne *f* ▷ **fifth columnist** **N** membre *m* de la cinquième colonne

> **Fifth Amendment**
>
> Le cinquième amendement de la constitution des États-Unis protège le citoyen contre certains abus de pouvoir. Ainsi, on ne peut incarcérer une personne ou lui confisquer ses biens sans procès ; on ne peut non plus la juger deux fois pour un même délit. Enfin, tout citoyen peut invoquer cet amendement ("to plead **the Fifth Amendment**" ou "to take **the Fifth**") pour refuser de fournir des éléments de preuve susceptibles de se retourner contre lui. À l'époque du maccarthysme, le cinquième amendement a été invoqué par diverses personnalités présumées coupables d'activités antiaméricaines. → BILL OF RIGHTS

**fiftieth** /ˈfɪftɪɪθ/ **ADJ** cinquantième **N** cinquantième *mf* ; *(= fraction)* cinquantième *m* ; *for phrases see* **sixth**

**fifty** /ˈfɪftɪ/ **ADJ** cinquante *inv* ◆ **about ~ books** une cinquantaine de livres **N** cinquante *m inv* ◆ **about ~** une cinquantaine ; *for other phrases see* **sixty** **PRON** cinquante ◆ **there are ~** il y en a cinquante **COMP** ▷ **fifty-fifty** **ADJ, ADV** moitié-moitié, fifty-fifty * ◆ **to go ~-~ with sb** partager moitié-moitié *or* fifty-fifty * avec qn ◆ **we have a ~-~ chance of success** nous avons cinquante pour cent de chances *or* une chance sur deux de réussir ◆ **it was a ~-~ deal** ils ont (*or* nous avons *etc*) fait moitié-moitié *or* fifty-fifty *

**fig** /fɪg/ **N** a *(= fruit)* figue *f* ; (also **fig tree**) figuier *m* b *(† *)* **I don't care a ~** je m'en fiche * ◆ **I don't give a ~ what people think** je me fiche * de ce que les gens pensent ◆ **I don't give a ~ for that** je m'en moque comme de ma première chemise * ◆ **a ~ for all your principles!** vos principes, je m'assois dessus ! * **COMP** ▷ **fig leaf** **N** (pl **fig leaves**) *(Bot)* feuille *f* de figuier ; *(on statue)* feuille *f* de vigne ◆ **the agreement was**

**merely a ~ leaf for the government to hide behind** l'accord n'a fait que servir de couverture au gouvernement

**fig.** abbrev of **figure noun b**

**fight** /faɪt/ (vb : pret, ptp **fought**) **N** a *(between persons)* bagarre* *f* ; *(Mil)* combat *m*, bataille *f* ; *(Boxing)* combat *m* ; *(against disease, poverty etc)* lutte *f* (*against* contre) ; *(= quarrel)* dispute *f* ◆ **to have a ~ with sb** se battre avec qn, se bagarrer* avec qn ; *(= argue)* se disputer avec qn ◆ **he put up a good ~** *(lit, fig)* il s'est bien défendu ◆ **~ for life** *(of sick person)* lutte *f* contre la mort ◆ **the ~ for survival** la lutte pour la survie ◆ **the country's ~ for independence** la lutte du pays pour son indépendance ◆ **we're going to make a ~ of it** nous n'allons pas nous laisser faire, nous allons contre-attaquer ◆ **we won't go down without a ~** nous n'abandonnerons pas sans nous être battus ; → **pick**

b *(NonC = spirit)* **there was no ~ left in him** il n'avait plus envie de lutter, il n'avait plus de ressort ◆ **he certainly shows ~** il faut reconnaître qu'il sait montrer les dents *or* qu'il ne se laisse pas faire

**VI** *[person, animal]* se battre (*with* avec ; *against* contre) ; *[troops, countries]* se battre (*against* contre) ; *(fig)* lutter (*for* pour ; *against* contre) ; *(= quarrel)* se disputer (*with* avec) ◆ **the boys were ~ing in the street** les garçons se battaient *or* se bagarraient* dans la rue ◆ **the dogs were ~ing over a bone** les chiens se disputaient un os ◆ **he went down ~ing** il s'est battu jusqu'au bout ◆ **to ~ against sleep** lutter contre le sommeil ◆ **to ~ against disease** lutter contre *or* combattre la maladie ◆ **to ~ for sb** *(lit, fig)* se battre pour qn ◆ **to ~ for one's life** *(lit, fig)* lutter contre la mort ◆ **to be ~ing for breath** respirer à grand-peine ◆ **to ~ shy of sth/sb** fuir devant qch/qn, tout faire pour éviter qch/qn ◆ **to ~ shy of doing sth** éviter à tout prix de *or* répugner à faire qch

**VT** *[+ person, army]* se battre avec *or* contre ; *[+ fire, disease]* lutter contre, combattre ◆ **to ~ a battle** livrer bataille ◆ **to ~ a losing battle against sth** *(fig)* mener un combat perdu d'avance contre qch ◆ **we're ~ing a losing battle** c'est un combat perdu d'avance ◆ **to ~ a duel** se battre en duel ◆ **to ~ a campaign** *(Pol etc)* mener une campagne, faire campagne ◆ **to ~ a case** *(Jur) [plaintiff]* aller en justice ; *[defendant]* se défendre ; *[defence lawyer]* plaider une cause ◆ **we shall ~ this decision all the way** nous combattrons cette décision jusqu'au bout ◆ **to ~ one's way out through the crowd** sortir en se frayant un passage à travers la foule

► **fight back** **VI** *(in fight)* rendre les coups, répondre ; *(Mil)* se défendre, résister ; *(in argument)* répondre, se défendre ; *(after illness)* se remettre, réagir ; *(Sport)* se reprendre, effectuer une reprise

**VT SEP** *[+ tears]* refouler ; *[+ despair]* lutter contre ; *[+ doubts]* vaincre

► **fight down** **VT SEP** *[+ anxiety, doubts]* vaincre ; *[+ desire]* refouler, réprimer

► **fight off** **VT SEP** a *(lit, Mil) [+ attack]* repousser ◆ **she fought off her attackers** elle a repoussé *or* mis en fuite ses agresseurs

b *(fig) [+ disease, sleep]* lutter contre, résister à ; *[+ criticisms]* répondre à

► **fight on** **VI** continuer le combat *or* la lutte

► **fight out** **VT SEP** ◆ **they fought it out** *(lit)* ils se sont bagarrés* pour régler la question ; *(fig)* ils ont réglé la question en se disputant

**fightback** /ˈfaɪtbæk/ **N** *(Brit Sport)* reprise *f*

**fighter** /ˈfaɪtə^r^/ **N** a *(Boxing)* boxeur *m*, pugiliste *m* ◆ **he's a ~** *(fig)* c'est un battant ; → **prize**[1] b (also **fighter aircraft, fighter plane**) avion *m* de chasse, chasseur *m* **COMP** ▷ **fighter-bomber** **N** *(Aviat)* chasseur *m* bombardier, avion *m* de combat polyvalent ▷ **fighter pilot** **N** pilote *m* de chasse

**fighting** /ˈfaɪtɪŋ/ **N** *(Mil)* combat *m* ; *(in classroom, pub etc)* bagarres* *fpl* ◆ **there was some ~ in the town** il y a eu des échauffourées dans la ville ◆ **~ broke out between police and demonstrators** des incidents ont éclaté entre la police et les manifestants ; → **street** **ADJ** *[person]* combatif ; *(Mil) [troops]* de combat ◆ **~ soldier** *or* **man** *(Mil)* combattant *m* ◆ **he's got a lot of ~ spirit** c'est un battant, il en veut* ◆ **there's a ~ chance for her recovery** elle a une assez bonne chance de s'en remettre ◆ **~ cock/dog** coq *m*/chien *m* de combat ◆ **~ fit** *(esp Brit)* en pleine forme ◆ **~ forces** *(Mil)* forces *fpl* armées ◆ **~ fund** fonds *m* de soutien ◆ **~ line** front *m* ◆ **~ strength** effectif *m* mobilisable ◆ **~ talk** *or* **words** paroles *fpl* de défi

**figment** /ˈfɪgmənt/ **N** ◆ **a ~ of the imagination** une invention *or* création de l'imagination ◆ **it's all a ~ of his imagination** il l'a purement et simplement inventé, il a inventé ça de toutes pièces

**figurative** /ˈfɪgjʊrətɪv/ **ADJ** a *(= metaphorical) [language]* figuré, métaphorique ◆ **in the literal and in the ~ sense** *or* **meaning** au (sens) propre et au (sens) figuré b *(Art)* figuratif

**figuratively** /ˈfɪgjʊrətɪvlɪ/ **ADV** au sens figuré ◆ **both literally and ~** au propre comme au figuré ◆ **~ speaking** métaphoriquement parlant

**figure** /ˈfɪgə^r^/ **N** a chiffre *m* ◆ **in round ~s** en chiffres ronds ◆ **I can't give you the exact ~s** je ne peux pas vous donner les chiffres exacts ◆ **the crime/unemployment** *etc* **~s** les chiffres de la criminalité/du chômage *etc* ◆ **to put a ~ to sth** chiffrer qch ◆ **can you put a ~ to** *or* **on that?** est-ce que vous pouvez me donner un chiffre ? ◆ **he's good at ~s** il est doué pour le calcul ◆ **there's a mistake in the ~s** il y a une erreur de calcul ◆ **a three-~ number** un nombre *or* un numéro de trois chiffres ◆ **to get into double ~s** atteindre la dizaine ◆ **to reach three ~s** atteindre la centaine ◆ **he earns well into five ~s** il gagne bien plus de dix mille livres ◆ **to bring** *or* **get inflation/unemployment** *etc* **down to single ~s** faire passer l'inflation/le chômage *etc* en dessous (de la barre) des 10% ◆ **to sell sth for a high ~** vendre qch cher *or* à un prix élevé ◆ **I got it for a low ~** je l'ai eu pour pas cher *or* pour peu de chose

b *(= diagram, drawing) [of animal, person etc]* figure *f*, image *f* ; *(Math)* figure *f* ◆ **he drew the ~ of a bird** il a dessiné (la silhouette d')un oiseau

c *(= human form)* forme *f*, silhouette *f* ◆ **I saw a ~ approach** j'ai vu une forme *or* une silhouette s'approcher ◆ **she's a fine ~ of a woman** c'est une belle femme ◆ **he cut a poor** *or* **sorry ~** il faisait piètre figure ◆ **she cuts a fine ~ in that dress** elle a grand air *(frm) or* elle a beaucoup d'allure dans cette robe

d *(= shape: of person)* ligne *f* ◆ **to improve one's ~** soigner sa ligne ◆ **to keep one's ~** garder la ligne ◆ **she has a good ~** elle est bien faite *or* bien tournée ◆ **think of your ~!** pense à ta ligne ! ◆ **she doesn't have the ~ for that dress** elle n'est pas faite pour porter cette robe

e *(= important person)* figure *f*, personnage *m* ◆ **the great ~s of history** les grandes figures *fpl or* les grands personnages *mpl* de l'histoire ◆ **a ~ of fun** un guignol ; → **public**

f *(Literat)* figure *f* ◆ **~ of speech** figure *f* de rhétorique ◆ **it's just a ~ of speech** ce n'est qu'une façon de parler

g *(Mus)* figure *f* mélodique

h *(Dancing, Skating)* figure *f*

**VT** a *(esp US = guess)* penser, supposer ◆ **I ~ it like this** je vois la chose comme ceci ◆ **I ~ he'll come** je pense *or* suppose qu'il va venir ◆ **go ~** allez comprendre ! *

b *(= imagine)* penser, s'imaginer

c *(= represent)* représenter ; *(= illustrate by diagrams)* illustrer par un *or* des schéma(s), mettre sous forme de schéma

d *(= decorate)* orner ; *[+ silk etc]* brocher, gaufrer ◆ **~d velvet** velours *m* façonné

e *(Mus)* **~d bass** basse *f* chiffrée

**VI** a *(= appear)* figurer ◆ **he ~d in a play of mine** il a joué *or* tenu un rôle dans une de mes pièces ◆ **his name doesn't ~ on this list** son nom ne figure pas sur cette liste

b *(esp US * = make sense)* **it doesn't ~** ça n'a pas de sens ◆ **that ~s** ça paraît logique

**COMP** ▷ **figure-conscious** * **ADJ** ◆ **to be ~-conscious** penser à sa ligne ▷ **figure-hugging** **ADJ** *[dress]* moulant ▷ **figure of eight, figure eight** *(US)* **N** huit *m* ◆ **draw a ~ of eight** dessinez un huit ▷ **figure-skate** **VI** *(in competition)* faire les figures imposées *(en patinage)* ; *(in display etc)* faire du patinage artistique ▷ **figure skater** **N** patineur *m*, -euse *f* artistique ▷ **figure skating** **N** *(in competition)* figures *fpl* imposées ; *(in display etc)* patinage *m* artistique

► **figure in** * **VT SEP** *(US)* inclure, compter ◆ **it's ~d in** c'est inclus, c'est compris

► **figure on** **VT FUS** *(esp US) (= take account of)* tenir compte de ; *(= count on)* compter sur ; *(= expect)* s'attendre (*doing sth* à faire qch) ◆ **you can ~ on 30** tu peux compter sur 30 ◆ **I was figuring on doing that tomorrow** je pensais faire ça demain ◆ **I hadn't ~d on that** je n'avais pas tenu compte de ça ◆ **I wasn't figuring on having to do that** je ne m'attendais pas à devoir faire ça

► **figure out** **VT SEP** a *(= understand)* arriver à comprendre ; *(= resolve)* résoudre ◆ **I can't ~ that guy out at all** je n'arrive pas du tout à comprendre ce type * ◆ **I can't ~ out how much it comes to** je n'arrive pas à (bien) calculer à combien ça s'élève ◆ **I can't ~ it out** ça me dépasse *

b *(= work out, plan)* calculer ◆ **they had it all ~d out** ils avaient calculé leur coup

**figurehead** /ˈfɪgəhed/ **N** a *(gen)* chef *m* de file b *[of ship]* figure *f* de proue

**figurine** /ˌfɪgəˈriːn/ **N** figurine *f*

**Fiji** /ˈfiːdʒiː/ **N** Fidji ; (also **the Fiji Islands**) les îles *fpl* Fidji ◆ **in ~** à *or* aux Fidji

**Fijian** /fɪˈdʒiːən/ **ADJ** fidjien **N** a Fidjien(ne) *m(f)* b *(Ling)* fidjien *m*

**filament** /ˈfɪləmənt/ **N** filament *m*

**filariasis** /ˌfɪləˈraɪəsɪs/ **N** filariose *f*

**filbert** /ˈfɪlbɜːt/ **N** aveline *f*

**filch** * /fɪltʃ/ **VT** voler, chiper *

**file**[1] /faɪl/ **N** *(for wood, fingernails etc)* lime *f* ; → **nailfile** **VT** limer ◆ **to ~ one's nails** se limer les ongles ◆ **to ~ through the bars** limer les barreaux

► **file away** **VT SEP** limer *(pour enlever)*

► **file down** **VT SEP** limer *(pour raccourcir)*

**file**[2] /faɪl/ **N** *(= folder)* dossier *m*, chemise *f* ; *(with hinges)* classeur *m* ; *(for drawings)* carton *m* ; *(for card index)* fichier *m* ; *(= cabinet)* classeur *m* ; *(= papers)* dossier *m* ; *(Comput)* fichier *m* ◆ **to put a document on the ~** joindre une pièce au dossier ◆ **do we have a**

~ **on her?** est-ce que nous avons un dossier sur elle ? ◆ **there's something in** *or* **on the ~ about him** le dossier contient des renseignements sur lui ◆ **to be on** ~ *[person, fingerprints]* être fiché ◆ **to be on police ~s** être fiché par la police ◆ **to keep sb's details on** ~ garder les coordonnées de qn ◆ **to keep information about sth on** ~ avoir un dossier *or* des renseignements sur qch ◆ **to keep a ~ on sb/sth** avoir un dossier sur qn/qch ◆ **they closed the ~ concerning his death** ils ont classé le dossier concernant sa mort ◆ **they closed the ~ on that case** ils ont classé cette affaire ◆ **data on ~** *(Comput)* données *fpl* fichées ◆ **material on ~, ~ material** archives *fpl* ; → **student, single**

VT a (also **file away**) *[+ notes]* classer ; *[+ letters]* ranger, classer ; *(into file)* joindre au dossier

b *(Comput)* classer, stocker

c *(Jur)* **to ~ a claim** déposer une requête *or* demande ◆ **to ~ a claim for damages** intenter un procès en dommages-intérêts ◆ **to ~ an accident claim** *(Insurance)* faire une déclaration d'accident ◆ **to ~ a petition** déposer une requête *or* demande ◆ **to ~ a petition (in bankruptcy), to ~ for bankruptcy** déposer son bilan ◆ **to ~ a suit against sb** intenter un procès à qn ; → **submission**

COMP ▷ **file cabinet** N *(US)* classeur *m (meuble)* ▷ **file card** N fiche *f* ▷ **file clerk** N *(US)* documentaliste *mf* ▷ **file management** N *(Comput)* gestion *f* de fichiers ▷ **file manager** N *(Comput)* gestionnaire *m* de fichiers ▷ **file transfer protocol** N *(Comput)* protocole *m* de transfert de fichiers

► **file for** VT FUS *(Jur)* ◆ **to file for divorce** demander le divorce ◆ **to ~ for bankruptcy** déposer son bilan ◆ **to ~ for custody (of the children)** demander la garde des enfants

**file**[3] /faɪl/ N file *f* ◆ **in Indian** ~ à la *or* en file indienne ◆ **in single** ~ à la *or* en file ; → **rank**[1] VI ◆ **to ~ in/out** *etc* entrer/sortir *etc* en file ◆ **to ~ past** défiler ◆ **the soldiers ~d past the general** les soldats ont défilé devant le général ◆ **they ~d slowly past the ticket collector** ils sont passés lentement les uns après les autres devant le contrôleur

**filename** /ˈfaɪlneɪm/ N *(Comput)* nom *m* de fichier

**filet** /fɪˈleɪ/ *(US)* ⇒ **fillet**

**filial** /ˈfɪlɪəl/ ADJ filial

**filiation** /ˌfɪlɪˈeɪʃən/ N filiation *f*

**filibuster** /ˈfɪlɪbʌstəʳ/ N a *(Pol)* obstruction *f* parlementaire b *(= pirate)* flibustier *m* VI *(Pol)* faire de l'obstruction parlementaire

**filibusterer** /ˈfɪlɪˌbʌstərəʳ/ N *(Pol)* obstructionniste *mf*

**filigree** /ˈfɪlɪɡriː/ N filigrane *m (en métal)* COMP en filigrane

**filing** /ˈfaɪlɪŋ/ N a *[of documents]* classement *m* ◆ **to do the** ~ s'occuper du classement b *(Jur) [of claim etc]* enregistrement *m* COMP ▷ **filing box** N fichier *m (boîte)* ▷ **filing cabinet** N classeur *m (meuble)* ▷ **filing clerk** N *(esp Brit)* documentaliste *mf*

**filings** /ˈfaɪlɪŋz/ NPL limaille *f* ◆ **iron** ~ limaille *f* de fer

**Filipino** /ˌfɪlɪˈpiːnəʊ/ ADJ philippin N a *(= person)* Philippin(e) *m(f)* b *(Ling)* tagalog *m*

**fill** /fɪl/ VT a *[+ bottle, bucket, hole]* remplir (*with* de) ; *[+ cake, pastry]* fourrer (*with* de) ; *[+ teeth]* plomber ◆ **smoke ~ed the room** la pièce s'est remplie de fumée ◆ **the wind ~ed the sails** le vent a gonflé les voiles ◆ **to ~ o.s. with** *[+ chocolate etc]* se gaver de ◆ **the thought ~s me with pleasure/horror/hope** cette pensée me réjouit/m'horrifie/me remplit d'espoir ◆ **~ed with admiration** rempli *or* plein d'admiration ◆ **~ed with emotion/anger** très ému/en colère ◆ **~ed with despair** désespéré, plongé dans le désespoir ◆ **he was trying to ~ his day** il essayait d'occuper sa journée

b *[+ post, job] [employer]* pourvoir ◆ **to ~ a vacancy** *[employer]* pourvoir un emploi ; *[employee]* prendre un poste vacant ◆ **the position is already ~ed** le poste est déjà pourvu *or* pris ◆ **he ~s all our requirements** il répond à toutes nos conditions ◆ **to ~ a need** répondre à un besoin ◆ **to ~ a void** *or* **a gap** remplir *or* combler un vide ◆ **to ~ an order** *(esp US, Comm)* livrer une commande

VI (also **fill up**) *[bath]* se remplir, s'emplir ; *[bus, hall]* se remplir ◆ **to ~ with water** *[hole]* se remplir d'eau ◆ **her eyes ~ed with tears** ses yeux se sont remplis de larmes

N ◆ **to eat one's** ~ manger à sa faim, se rassasier ◆ **he had eaten his** ~ il était rassasié ◆ **to have/drink one's** ~ avoir/boire tout son content ◆ **she's had her ~ of married life** elle en a assez de la vie conjugale ◆ **we've had our ~ of disappointments** nous avons trop souvent été déçus

COMP ▷ **fill-in** N *(gen = temporary employee)* remplaçant(e) *m(f)* ◆ **I'm only a ~-in** *(fig)* je fais office de bouche-trou *

► **fill in** VI ◆ **to fill in for sb** remplacer qn (temporairement)

VT SEP a *[+ form, questionnaire]* remplir ; *[+ account, report]* compléter ◆ **would you ~ in the details for us?** *(fig) (on questionnaire)* pourriez-vous compléter le questionnaire ? ; *(verbally)* pourriez-vous nous donner quelques précisions ? ◆ **to ~ sb in (on sth)** * mettre qn au courant (de qch)

b *[+ hole]* boucher ◆ **to ~ in gaps in one's knowledge** combler des lacunes dans ses connaissances ◆ **draw the outline in black and ~ it in in red** dessinez le contour en noir et remplissez-le en rouge

c (⁑ *fig = beat up)* casser la gueule à ⁑

N ◆ **fill-in** → **fill**

► **fill out** VI a *[sails etc]* gonfler, s'enfler

b *(= become fatter) [person]* forcir, se fortifier ◆ **her cheeks** *or* **her face had ~ed out** elle avait pris de bonnes joues

VT SEP a *[+ form, questionnaire]* remplir

b *[+ story, account, essay]* étoffer

► **fill up** VI a ⇒ **fill vi**

b *(with petrol)* faire le plein (d'essence)

c *(with tears)* avoir les larmes aux yeux

VT SEP a *[+ tank, cup]* remplir ◆ **to ~ o.s. up with** *[+ chocolates etc]* se gaver de ◆ ~ **it** *or* **her up!** * *(with petrol)* (faites) le plein !

b *[+ hole]* boucher

c *(Brit) [+ form, questionnaire]* remplir

**-filled** /fɪld/ ADJ *(in compounds)* ◆ **cream/chocolate-filled** fourré à la crème/au chocolat ◆ **foam-filled** rempli de mousse ◆ **tear-filled** plein de larmes ◆ **hate-filled eyes** des yeux pleins de haine ◆ **he was found dead in his fume-filled car** il a été trouvé mort dans sa voiture remplie de gaz d'échappement

**filler** /ˈfɪləʳ/ N a *(= utensil)* récipient *m* (de remplissage) ; *[of bottle]* remplisseuse *f* ; *(= funnel)* entonnoir *m* b *(NonC: for cracks in wood, plaster etc)* enduit *m or* produit *m* de rebouchage c *(TV, Rad)* intermède *m (entre deux programmes)* ; *(Press)* article *m* bouche-trou *inv* COMP ▷ **filler cap** N *(Aut)* bouchon *m* de réservoir

**-filler** /ˈfɪləʳ/ N *(in compounds)* ◆ **the team is a real stadium-filler** cette équipe fait le plein chaque fois qu'elle joue ◆ **Beethoven's Second Piano Concerto, the standard programme-filler** le Deuxième concerto pour piano de Beethoven, qui figure souvent au programme des concerts ◆ **space-filler** * bouche-trou * *m*

**fillet** /ˈfɪlɪt/, **filet** *(US)* /fɪˈleɪ/ N a *(Culin) [of beef, pork, fish]* filet *m* ◆ **veal** ~ *(NonC)* longe *f* de veau ; *(one piece)* escalope *f* de veau ◆ ~ **of beef/sole** filet *m* de bœuf/de sole b *(for the hair)* serre-tête *m inv* VT *[+ meat]* désosser ; *[+ fish]* découper en filets ◆ **~ed sole** filets *mpl* de sole COMP ▷ **fillet steak** N *(NonC)* filet *m* de bœuf ; *(one slice)* bifteck *m* dans le filet ; *(thick)* chateaubriand *m*

**filling** /ˈfɪlɪŋ/ N a *(in tooth)* plombage *m* ◆ **my ~'s come out** mon plombage est parti *or* a sauté b *(in pie, tart, sandwich)* garniture *f* ; *(= stuffing)* farce *f* ◆ **chocolates with a coffee ~** chocolats *mpl* fourrés au café ADJ *[food]* substantiel COMP ▷ **filling station** N station-service *f*, poste *m* d'essence

**fillip** /ˈfɪlɪp/ N *(with finger)* chiquenaude *f*, pichenette *f* ; *(fig)* coup *m* de fouet *(fig)* ◆ **our advertisements gave a ~ to our business** notre publicité a donné un coup de fouet à nos affaires

**filly** /ˈfɪlɪ/ N a *(= horse)* pouliche *f* b († * *= girl)* jeune fille *f*

**film** /fɪlm/ N a *(esp Brit = movie)* film *m* ◆ **to go to a ~** aller voir un film ◆ **the ~ is on at the Odeon just now** le film passe actuellement à l'Odéon ◆ **he wants to be in ~s** il veut travailler dans le cinéma ◆ **he's been in many ~s** il a joué dans beaucoup de films ; → **feature**

b *(Phot)* film *m*, pellicule *f* ; *(Typ)* film *m* ◆ **I need a ~ for my camera** j'ai besoin d'une pellicule *or* un film pour mon appareil

c *(for wrapping food)* film *m* transparent *or* étirable ; *(in goods packaging etc)* film *m* plastique

d *(= thin layer) [of dust, mud]* couche *f*, pellicule *f* ; *[of mist]* voile *m* ; *[of oil, water]* film *m*

VT *(gen) [+ news, event, play]* filmer ; *[+ scene] [director]* filmer, tourner ; *[camera]* tourner

VI *(= make a film)* faire *or* tourner un film ◆ **they were ~ing all day** ils ont tourné toute la journée ◆ **they were ~ing in Spain** le tournage avait lieu en Espagne

COMP *[archives, history etc]* du cinéma ▷ **film camera** N caméra *f* ▷ **film fan** N cinéphile *mf*, amateur *mf* de cinéma ▷ **film festival** N festival *m* du cinéma *or* du film ▷ **film library** N cinémathèque *f* ▷ **film-maker** N cinéaste *mf* ▷ **film-making** N *(= filming)* tournage *m* ; *(more gen)* le cinéma ▷ **film noir** N film *m* noir ▷ **film première** N première *f* ▷ **film rating** N *(Brit) système de classification des films* ; → MOVIE RATING ▷ **film rights** NPL droits *mpl* d'adaptation (cinématographique) ▷ **film script** N scénario *m* ▷ **film sequence** N séquence *f* (de film) ▷ **film set** N plateau *m* de tournage ; see also **filmset** ▷ **film speed** N sensibilité *f* de la pellicule ▷ **film star** N vedette *f* (de cinéma), star *f* ▷ **film studio** N studio *m* (de cinéma) ▷ **film test** N bout *m* d'essai ◆ **to give sb a ~ test** faire tourner un bout d'essai à qn

► **film over** VI *[windscreen, glass]* s'embuer

**filming** /ˈfɪlmɪŋ/ N *(Cine)* tournage *m*

**filmography** /fɪlˈmɒɡrəfɪ/ N filmographie *f*

**filmset** /ˈfɪlmset/ VT *(Typ)* photocomposer

**filmsetter** /ˈfɪlmsetəʳ/ N *(Typ)* photocomposeuse *f*

**filmsetting** /ˈfɪlmsetɪŋ/ N *(Typ) (= machine)* photocomposition *f* ; *(= person)* photocompos(it)eur *m*

**filmstrip** /ˈfɪlmstrɪp/ N film *m* (pour projection) fixe

**filmy** /ˈfɪlmɪ/ ADJ *[fabric, material]* léger, vaporeux ; *[clothing]* léger et transparent ◆ ~ **curtains** voilages *mpl*

**filo** /ˈfiːləʊ/ N *(also* **filo pastry***)* pâte *f* à filo

**Filofax** ® /ˈfaɪləʊˌfæks/ N Filofax ® *m*

**filter** /ˈfɪltəʳ/ N a *(gen)* filtre *m* ; → **colour, oil**

b *(Brit: in traffic lights)* flèche *f (permettant à une file de voitures de passer)*

VT *[+ liquids, phone calls]* filtrer ; *[+ air]* purifier, épurer

VI a *[light, liquid, sound]* filtrer ◆ **the light ~ed through the shutters** la lumière filtrait à travers les volets ◆ **to ~ back/in/out** *[people]* revenir/entrer/sortir par petits groupes ◆ **horror stories were beginning to ~ out of the prison** des récits effroyables commençaient à filtrer de la prison ; see also **filter out** ◆ **news of the massacre began to ~ in** on a commencé petit à petit à avoir des renseignements sur le massacre ◆ **reports ~ed through that he was dead** des bruits selon lesquels il était mort commençaient à filtrer

b **to ~ to the left** *[car, driver]* prendre la voie *or* la file de gauche pour tourner

COMP ▷ **filter bed** N bassin *m* de filtration ▷ **filter cigarette** N cigarette *f* (à bout) filtre ▷ **filter coffee** N café *m* filtre ▷ **filter lane** N file *f (matérialisée sur la chaussée)* ▷ **filter light** N *(Aut)* flèche *f (de feux de signalisation)* ▷ **filter paper** N papier *m* filtre ▷ **filter tip** N *(= cigarette, tip)* bout *m* filtre ▷ **filter-tipped** ADJ à bout filtre

► **filter out** VT SEP *[+ impurities]* éliminer par filtrage ; *(fig)* éliminer

**filth** /fɪlθ/ N a *(lit)* saleté *f*, crasse *f* ; *(= excrement)* ordure *f* b *(fig)* saleté *f*, ordure *f (liter)* ◆ **this book is sheer ~** ce livre est une vraie saleté ◆ **the ~ shown on television** les saletés *or* les grossièretés *fpl* que l'on montre à la télévision ◆ **all the ~ he talks** toutes les grossièretés qu'il débite

**filthy** /ˈfɪlθɪ/ ADJ a *(= dirty)* crasseux ◆ **to live in ~ conditions** vivre dans la crasse ◆ **~ with mud** couvert *or* maculé de boue ◆ **~ dirty** d'une saleté répugnante *or* dégoûtante b *(= disgusting) [creature, insect, habit]* dégoûtant ; *[substance]* infect ◆ **you ~ liar!** espèce de sale menteur ! ◆ **~ rich*** bourré* de fric ; → **lucre** c *(= obscene) [joke, book]* obscène ; *[language]* ordurier ◆ **to have a ~ mind** avoir l'esprit mal tourné ◆ **~ talk** grossièretés *fpl*, propos *mpl* orduriers d *(= angry)* ◆ **to give sb a ~ look** lancer un regard noir à qn ◆ **to have a ~ temper** avoir un tempérament explosif ◆ **to be in a ~ temper** être d'une humeur massacrante e * *[weather, night]* dégueulasse*

**filtrate** /ˈfɪltreɪt/ N filtrat *m*

**filtration** /fɪlˈtreɪʃən/ N filtration *f*

**fin** /fɪn/ N a *[of fish]* nageoire *f* ; *[of shark]* aileron *m* ; *[of aircraft, spacecraft]* empennage *m* ; *[of ship]* dérive *f* ; *[of radiator]* ailette *f* ; *[of diver]* palme *f* b *(US* * *= five-dollar bill)* billet *m* de cinq dollars

**finagle** /fɪˈneɪgəl/ *(US)* VI resquiller VT ◆ **to ~ sb out of sth** carotter* qch à qn

**finagler** /fɪˈneɪgləʳ/ N *(US)* resquilleur *m*, -euse *f*

**final** /ˈfaɪnl/ LANGUAGE IN USE 26.1

ADJ a *(= last) [minute, stage, match, chapter]* dernier ◆ **to make a ~ attempt to do sth** faire une dernière tentative pour faire qch ◆ **one ~ point** *(in speech, lecture)* enfin, un dernier point ◆ **to put the ~ touches to sth** mettre la dernière main à qch ◆ **a ~-year student** un étudiant de dernière année

b *(= conclusive) [decree, result, approval, answer, draft]* définitif ◆ **the judges' decision is ~** la décision des arbitres est sans appel ◆ **to have the ~ say** avoir le dernier mot ◆ **and that's ~!** un point c'est tout !, point final ! ; → **analysis, arbiter, say**

c *(= ultimate) [humiliation]* suprême ◆ **the ~ irony is that he ...** comble de l'ironie, il ... ◆ **he paid the ~ penalty for his crime** il a payé son crime de sa vie

d *(Philos) [cause]* final

N a *(Sport: US)* (also **finals***)* finale *f*

b *(Press)* ◆ **late night ~** dernière édition *f* (du soir)

NPL **finals** *(Univ)* examens *mpl* de dernière année

COMP ▷ **the final curtain** N *(Theat)* la chute du rideau ▷ **final demand** N *(Comm)* dernier rappel *m* ▷ **final dividend** N *(Fin)* solde *m* de dividende ▷ **final edition** N *(Press)* dernière édition *f* ▷ **final examinations** NPL *(Univ)* examens *mpl* de dernière année ▷ **the Final Four** NPL *(US Basketball)* les demi-finalistes *mpl* ▷ **final instalment** N *(Fin)* versement *m* libératoire ▷ **final notice** N *(Comm)* dernier rappel *m* ▷ **the Final Solution** N *(Hist)* la solution finale ▷ **the final whistle** N *(Ftbl)* le coup de sifflet final

**finale** /fɪˈnɑːlɪ/ N *(Mus, fig)* finale *m* ◆ **the grand ~** *(fig)* l'apothéose *f*

**finalist** /ˈfaɪnəlɪst/ N *(Sport)* finaliste *mf* ; *(Univ) étudiant qui passe ses examens de dernière année*

**finality** /faɪˈnælɪtɪ/ N *[of decision etc]* caractère *m* définitif, irrévocabilité *f* ◆ **to say sth with an air of ~** dire qch sur un ton sans réplique

**finalization** /ˌfaɪnəlaɪˈzeɪʃən/ N *[of deal]* finalisation *f* ; *[of text, report]* rédaction *f* définitive ; *[of details]* mise *f* au point ; *[of arrangements, plans]* mise *f* au point des détails

**finalize** /ˈfaɪnəlaɪz/ VT *[+ text, report]* rédiger la version définitive de, finaliser ; *[+ arrangements, plans, preparations]* mettre au point les derniers détails de, mettre la dernière main à ; *[+ details]* mettre au point ; *[+ decision]* confirmer ; *[+ date]* fixer de façon définitive ◆ **their divorce is now ~d** le divorce est maintenant prononcé

**finally** /ˈfaɪnəlɪ/ LANGUAGE IN USE 26.1, 26.2 ADV a *(= eventually)* enfin, finalement ◆ **women ~ got the vote in 1918** les femmes ont enfin *or* finalement obtenu le droit de vote en 1918 b *(= lastly)* pour finir, pour terminer ◆ **~ I would like to say ...** pour terminer *or* pour finir je voudrais dire ... c *(= definitively) [decide, settle]* définitivement

**finance** /faɪˈnæns/ N *(NonC)* finance *f* ◆ **high ~** la haute finance ◆ **Minister/Ministry of Finance** ministre *m*/ministère *m* des Finances

NPL **finances** finances *fpl* ◆ **his ~s aren't sound** ses finances ne sont pas solides ◆ **the country's ~s** la situation financière du pays ◆ **he hasn't the ~s to do that** il n'a pas les finances *or* les fonds *mpl* pour cela

VT *[+ scheme etc] (= supply money for)* financer, commanditer ; *(= obtain money for)* trouver des fonds pour

COMP *(Press) [news, page]* financier ▷ **finance bill** N *(Parl)* projet *m* de loi de finances ▷ **finance company, finance house** N compagnie *f* financière, société *f* de financement

**financial** /faɪˈnænʃəl/ ADJ *(gen)* financier ◆ **to depend on sb for ~ support** dépendre financièrement de qn

COMP ▷ **financial accounting** N comptabilité *f* générale ▷ **financial aid office** N *(US Univ Admin)* service *m* des bourses ▷ **financial management** N gestion *f* financière ▷ **financial plan** N plan *m* de financement ▷ **financial services** NPL services *mpl* financiers ▷ **Financial Times index, Financial Times Stock Exchange 100 Index** N *(Brit St Ex)* indice *m* FT ▷ **financial year** N *(Brit)* exercice *m* budgétaire

**financially** /faɪˈnænʃəlɪ/ ADV *[secure, independent, viable]* financièrement ◆ **to benefit ~** profiter financièrement ◆ **to be struggling ~** avoir des problèmes financiers ◆ **~, things are a bit tight** financièrement, la situation n'est pas facile

**financier** /faɪˈnænsɪəʳ/ N financier *m*

**finch** /fɪntʃ/ N pinson *m*, fringillidé *m (SPEC)*

**find** /faɪnd/ (pret, ptp **found**) VT a *(gen)* trouver ; *[+ lost person or object]* retrouver ◆ **he was trying to ~ his gloves** il cherchait ses gants, il essayait de retrouver ses gants ◆ **I never found my keys** je n'ai jamais retrouvé mes clés ◆ **to ~ one's place in a book** retrouver sa page dans un livre ◆ **they soon found him again** ils l'ont vite retrouvé ◆ **we left everything as we found it** nous avons tout laissé tel quel ◆ **he was found dead in bed** on l'a trouvé mort dans son lit ◆ **this flower is found all over England** on trouve cette fleur *or* cette fleur se trouve partout en Angleterre ◆ **to ~ its mark** atteindre son but ◆ **to ~ work** trouver du travail ◆ **who will ~ the money for the trip?** qui va trouver l'argent pour le voyage ? ◆ **I can't ~ the money to do it** je ne peux pas trouver l'argent nécessaire pour le faire ◆ **go and ~ me a needle** va me chercher une aiguille ◆ **can you ~ me a pen?** peux-tu me trouver un stylo ?

♦ **find + way** ◆ **they couldn't ~ the way back** ils n'ont pas pu trouver le chemin du retour ◆ **I'll ~ my way about all right by myself** je trouverai très bien mon chemin tout seul ◆ **can you ~ your own way out?** pouvez-vous trouver la sortie tout seul ? ◆ **to ~ one's way into a building** trouver l'entrée d'un bâtiment ◆ **it found its way into my bag** ça s'est retrouvé *or* ça a atterri* dans mon sac ◆ **it found its way into his essay** ça s'est glissé dans sa dissertation

♦ **(all) found** ◆ **wages £150 all found** salaire de 150 livres logé (et) nourri ◆ **wages 500 dollars and found** *(US)* salaire de 500 dollars logé (et) nourri

♦ **... to be found** ◆ **the castle is to be found near Tours** le château se trouve près de Tours ◆ **there are no more to be found** il n'en reste plus ◆ **when we got back he was nowhere to be found** lorsque nous sommes rentrés, il avait disparu ◆ **your book is not** *or* **nowhere to be found** on ne parvient pas à retrouver votre livre, votre livre reste introuvable

♦ **to find oneself ( ...)** ◆ **he found himself at last** il a enfin trouvé sa voie ◆ **they found themselves on a boat** ils se sont retrouvés sur un bateau ◆ **I found myself smiling/looking/wondering** je me suis surpris à sourire/regarder/me demander ◆ **I found myself thinking that ...** je me suis surpris à penser que ... ◆ **to my surprise, I found myself having fun** à mon grand étonnement, je me suis amusé ◆ **I found myself quite at sea among all those scientists** je me suis senti complètement perdu au milieu de tous ces scientifiques

b *(fig)* trouver (*that* que) ◆ **I can never ~ anything to say to him** je ne trouve jamais rien à lui dire ◆ **to ~ the courage to do sth** trouver le courage de faire qch ◆ **I can't ~ time to read** je n'arrive pas à trouver le temps de lire ◆ **to ~ one's voice** *(fig)* trouver son style ◆ **to ~ one's feet** s'adapter, s'acclimater ◆ **to ~ some difficulty in doing sth** éprouver une certaine difficulté à faire qch ◆ **I couldn't ~ it in my heart to refuse** je n'ai pas eu le cœur de refuser ◆ **how did you ~ him?** *(in health)* comment l'avez-vous trouvé ? ◆ **how did you ~ the steak?** comment avez-vous trouvé le bifteck ? ◆ **I ~ her very pleasant** je la trouve très agréable ◆ **we're sure you'll ~ the film exciting!** nous sommes sûrs que vous trouverez ce film captivant ! ◆ **I ~ that I have plenty of time** il se trouve que j'ai tout le temps qu'il faut ; → **expression, fault, favour**

◆ **to find it + *adj*** ◆ **he found it impossible to leave** il n'arrivait pas à partir ◆ **he ~s it difficult/impossible to walk** il lui est difficile/impossible de marcher ◆ **he ~s it tiring/encouraging** *etc* il trouve que c'est fatigant/encourageant *etc* ◆ **you won't ~ it easy** vous ne trouverez pas cela facile

**c** *(= perceive, realize)* constater (*that* que) ; *(= discover)* découvrir, constater (*that* que) ; *[+ cure]* découvrir ; *[+ solution]* trouver, découvrir ; *[+ answer]* trouver ◆ **you will ~ that I am right** vous verrez *or* vous constaterez que j'ai raison ◆ **it has been found that one person in ten does this** on a constaté qu'une personne sur dix fait cela ◆ **I went there yesterday, only to ~ her out** j'y suis allé hier, mais elle était sortie

**d** *(Jur)* **to ~ sb guilty** déclarer qn coupable ◆ **how do you ~ the accused?** quel est votre verdict ? ◆ **the court found that ...** le tribunal a conclu que ...

**VI** *(Jur)* ◆ **to ~ for/against the accused** se prononcer en faveur de/contre l'accusé

**N** trouvaille *f* ◆ **that was a lucky ~** nous avons (*or* vous avez *etc*) eu de la chance de trouver cela

► **find out** **VI** **a** *(= make enquiries)* se renseigner (*about* sur)

**b** *(= discover)* **we didn't ~ out about it in time** nous ne l'avons pas su *or* appris à temps ◆ **your mother will ~ out if you ...** ta mère le saura si tu ...

**VT SEP** **a** *(= discover)* découvrir (*that* que) ; *[+ answer]* trouver ; *[+ sb's secret, character]* découvrir ◆ **I found out what he was really like** j'ai découvert son vrai caractère

**b** *(= discover the misdeeds etc of) [+ person]* démasquer ◆ **he thought we wouldn't know, but we found him out** il pensait que nous ne saurions rien, mais nous l'avons démasqué *or* nous avons découvert le pot aux roses *

**finder** /ˈfaɪndəʳ/ **N** **a** *(of lost object)* personne *f* qui trouve ; *(Jur)* inventeur *m*, -trice *f* ◆ **~s keepers (losers weepers)!** (celui) qui le trouve le garde (et tant pis pour celui qui l'a perdu) ! **b** *[of telescope]* chercheur *m* ; → **viewfinder** **COMP** ▷ **finder's fee** **N** *(US)* prime *f* d'intermédiaire

**findings** /ˈfaɪndɪŋz/ **NPL** **a** *(= conclusions, deductions) [of person, committee]* conclusions *fpl*, constatations *fpl* ; *[of scientist, researcher]* conclusions *fpl*, résultats *mpl* (des recherches) ; *(Jur)* conclusions *fpl*, verdict *m* **b** *(= objects etc unearthed)* découvertes *fpl*

**fine¹** /faɪn/ **N** amende *f*, contravention *f* *(esp Aut)* ◆ **I got a ~ for going through a red light** j'ai eu une amende *or* j'ai attrapé une contravention pour avoir brûlé un feu rouge **VT** condamner à une amende, donner une contravention à *(esp Aut)* ◆ **he was ~d £30** il a eu une amende de 30 livres, il a eu 30 livres d'amende ◆ **they ~d him heavily** ils l'ont condamné à une lourde amende ◆ **he was ~d for exceeding the speed limit** il a eu une amende *or* une contravention pour excès de vitesse ◆ **she was ~d for possession of drugs** elle a été condamnée à une amende pour détention de stupéfiants

**fine²** /faɪn/ **ADJ** **a** *(= excellent) [performer, player, piece of work]* excellent ; *[place, object, example]* beau (belle *f*) ; *[view]* superbe ◆ **the ~st footballer of his generation** le meilleur footballeur de sa génération ◆ **to be in ~ form** être en pleine forme ◆ **you're doing a ~ job** vous faites un excellent travail ◆ **to be in ~ health** être en bonne santé ◆ **it's a ~ thing to help others** c'est beau d'aider autrui ◆ **it was his ~st hour** *or* **moment** ce fut son heure de gloire ; see also **finest** ; → **fettle, figure**

**b** *(= acceptable)* bien *inv* ◆ **how was I? – you were ~** comment je me suis débrouillé ? – bien ◆ **the wallpaper looks ~** le papier peint est bien ◆ **you look ~** tu es très bien ◆ **your idea sounds ~** votre idée semble bonne ◆ **the coffee's just ~** le café est parfait ◆ **everything's ~** tout va bien ◆ **everything's going to be just ~** tout va bien se passer ◆ **isn't the basket a bit too small? – it'll be ~** est-ce que le panier n'est pas un peu trop petit ? – ça ira ◆ **any questions? no? ~!** des questions ? non ? parfait ! ◆ **it's ~ to interrupt me** vous pouvez m'interrompre ◆ **it's ~ for men to cry** il n'y a rien de mal à ce que les hommes pleurent ◆ **it's ~ for two** c'est très bien pour deux personnes ◆ **the hotel is ~ for a weekend break** l'hôtel convient pour un séjour d'un week-end ◆ **this bike is ~ for me** ce vélo me convient ◆ **these apples are ~ for cooking** ces pommes sont parfaites comme pommes à cuire ◆ **that's all very ~, but ...** c'est bien beau *or* bien joli mais ...

**c** *(= not unwell)* ◆ **to be ~** aller bien ◆ **a glass of water and I'll be ~** un verre d'eau et ça ira ◆ **don't worry, I'm sure he'll be ~** ne t'inquiète pas, je suis sûr qu'il se remettra ◆ **to feel ~** se sentir bien ◆ **he looks ~** il a l'air en forme ◆ **how are you? – ~ thanks** comment allez-vous ? – bien, merci

**d** *(= without problems)* ◆ **she'll be ~, the others will look after her** il ne lui arrivera rien, les autres s'occuperont d'elle ◆ **I'll be ~ on my own** je me débrouillerai très bien tout seul

**e** *(expressing agreement)* très bien ◆ **I'll be back by lunchtime – ~!** je serai de retour à l'heure du déjeuner – très bien ! ◆ **that's ~ by** *or* **with me** d'accord ◆ **if you want to give me a hand, that's ~ by me** si tu veux me donner un coup de main, je veux bien ◆ **it'll take me a couple of days – that's ~ by** *or* **with me** ça va me prendre quelques jours – d'accord ◆ **anything she wanted was usually ~ with him** il était en général d'accord avec tout ce qu'elle demandait ◆ **shall we have another beer? – ~ by me** *or* **sounds ~ to me!** on prend encore une bière ? – bonne idée !

**f** *(iro)* ◆ **that's ~ for you to say** c'est facile à dire ◆ **a ~ friend you are!** c'est beau l'amitié ! ◆ **that's another ~ mess you've got(ten) me into!** tu m'as encore mis dans un beau pétrin ! ◆ **you're a ~ one!** t'es bon, toi ! * ◆ **you're a ~ one to talk!** ça te va bien de dire ça ! ◆ **~ words** belles paroles *fpl*

**g** *(= honourable, refined) [person]* bien *inv* ; *[feelings]* raffiné ◆ **he has no ~r feelings** il n'a aucune noblesse de sentiment

**h** *(= superior) [food, ingredients]* raffiné ; *[wine]* fin ; *[furniture, china, fabric, clothes]* beau (belle *f*), raffiné ; *[jewellery]* précieux ; *[metal]* pur ; *[workmanship]* délicat ◆ **~ gold** or *m* fin ◆ **meat of the ~st quality** viande *f* de première qualité ◆ **~ ladies and gentlemen** les beaux messieurs *mpl* et les belles dames *fpl* ◆ **she likes to play at being the ~ lady** elle aime jouer les grandes dames

**i** *(= delicate) [fabric, powder, rain, hair, features, bones]* fin ; *[net, mesh]* à mailles fines ; *[mist]* léger ; → **print**

**j** *(= subtle) [adjustment]* minutieux ; *[detail, distinction]* subtil ◆ **there's a ~ line between genius and madness/fact and fiction** entre le génie et la folie/la réalité et la fiction, la marge est étroite *or* la distinction est subtile ◆ **not to put too ~ a point on it** pour parler franchement ◆ **the ~r points of English grammar** les subtilités de la grammaire anglaise

**k** *[weather, day]* beau (belle *f*) ◆ **it's been ~ all week** il a fait beau toute la semaine ◆ **all areas will be ~ tomorrow** il fera beau partout demain ◆ **coastal areas will be ~** il fera beau sur la côte ◆ **I hope it keeps ~ for you!** j'espère que vous continuerez à avoir beau temps ! ◆ **one ~ day** un beau jour ◆ **one of these ~ days** un de ces quatre matins, un de ces jours

**ADV** **a** (* = *well*) bien ◆ **you're doing ~!** tu te débrouilles bien ! * ◆ **we get on ~** nous nous entendons bien ◆ **that suits me ~** ça me convient très bien

**b** *(= not coarsely)* ◆ **to chop sth ~** hacher qch menu ◆ **to cut sth ~** *(lit)* couper qch finement ◆ **to cut it ~** *(fig)* ne pas se laisser de marge ◆ **you're cutting it too ~** vous comptez trop juste

**COMP** ▷ **fine art** **N** *(= subject)* beaux-arts *mpl* ; *(= works)* objets *mpl* d'art ◆ **the ~ arts** les beaux-arts *mpl* ◆ **a ~ art** un véritable art ◆ **to get sth down** *or* **off to a ~ art** faire qch à la perfection ▷ **fine-drawn** **ADJ** *[wire, thread]* finement étiré ▷ **fine-grained** **ADJ** *[wood]* au grain fin ; *(Phot)* à grain fin ▷ **fine-spun** **ADJ** *[yarn]* très fin, ténu ▷ **fine tooth-comb** **N** peigne *m* fin ◆ **he went through the documents with a ~ tooth-comb** il a passé les documents au peigne fin *or* au crible ▷ **fine-tune** **VT** *(fig) [+ production, the economy]* régler avec précision ▷ **fine-tuning** **N** réglage *m* minutieux

► **fine down** **VI** *(= get thinner)* s'affiner

**VT SEP** *(= reduce)* réduire ; *(= simplify)* simplifier ; *(= refine)* raffiner

**finely** /ˈfaɪnlɪ/ **ADV** **a** *[crafted, carved]* finement ; *[written, painted]* avec finesse ◆ **~ detailed** aux détails précis **b** *[chop]* menu ; *[cut, slice]* en tranches fines ; *[grate, grind]* fin ◆ **to dice sth ~** couper qch en petits dés **c** *(= delicately)* ◆ **the case was ~ balanced** l'issue du procès était tangente ◆ **the distinction was ~ drawn** la distinction était très subtile ◆ **a ~ judged speech** un discours avec des propos bien choisis ◆ **a ~ tuned car** une voiture réglée avec précision ◆ **a ~ tuned mind** un esprit aiguisé

**fineness** /ˈfaɪnnɪs/ **N** **a** *[of hair, powder, features, wine, material, china, clothes]* finesse *f* ; *[of workmanship]* délicatesse *f* ; *[of feelings]* noblesse *f* ; *[of detail, point, distinction]* subtilité *f* **b** *[of metal]* titre *m*

**finery** /ˈfaɪnərɪ/ **N** parure † *f* ◆ **she wore all her ~** elle était parée de ses plus beaux atours † ◆ **wedding guests in all their ~** les invités d'un mariage vêtus de leurs plus beaux habits

**finesse** /fɪˈnes/ **N** finesse *f* ; *(Cards)* impasse *f* ◆ **with ~** avec finesse, finement **VI** *(Cards)* ◆ **to ~ against the King** faire l'impasse au roi **VT** **a** *(= manage skilfully) [+ details]* peaufiner ; *[+ problem, questions]* aborder avec finesse ; *(= avoid)* esquiver ◆ **the skier ~d the difficulties of the mountain** le skieur s'est joué des difficultés de la montagne ◆ **no doubt he will try to ~ the problem** *(pej)* il cherchera sans doute à esquiver le problème **b** *(Cards)* **to ~ the Queen** faire l'impasse en jouant la dame

**finest** /ˈfaɪnɪst/ **NPL** *(US: iro = police)* ◆ **Chicago's/the city's ~** la police de Chicago/de la ville ◆ **one of New York's ~** un agent de police new-yorkais

**finger** /ˈfɪŋgəʳ/ **N** **a** *(Anat)* doigt *m* ◆ **first** *or* **index ~** index *m* ; → **little¹, middle, ring¹** ◆ **be-**

tween ~ and thumb entre le pouce et l'index ◆ to count on one's ~s compter sur ses doigts ◆ I can count on the ~s of one hand the number of times he has ... je peux compter sur les doigts d'une main le nombre de fois où il a ... ◆ to point one's ~ at sb montrer qn du doigt ; see also noun b

b (*fig phrases*) ◆ he wouldn't lift a ~ to help me il ne lèverait pas le petit doigt pour m'aider ◆ to point the ~ at sb (*= accuse*) montrer qn du doigt ; (*= identify*) identifier qn ◆ to point the ~ of suspicion at sb faire peser des soupçons sur qn ◆ to point the ~ of blame at sb faire porter le blâme à qn ◆ to keep one's ~s crossed croiser les doigts ◆ (keep your) ~s crossed! croisons les doigts ! ◆ keep your ~s crossed for me! souhaite-moi bonne chance ! ◆ to put *or* stick two ~s up at sb * (*Brit*), to give sb the ~ * ≈ faire un bras d'honneur * à qn ◆ to put one's ~ on the difficulty mettre le doigt sur la difficulté ◆ there's something wrong, but I can't put my ~ on it il y a quelque chose qui cloche * mais je ne peux pas mettre le doigt dessus ◆ to put the ~ on sb * (*= betray*) dénoncer qn ; (*= indicate as victim*) désigner qn comme victime ◆ to pull *or* get one's ~ out ‡ se décarcasser * ◆ pull your ~ out! ‡ remue-toi ! * ; → green, pie, pulse[1], thumb

c [*of cake etc*] petite part *f* ; [*of whisky*] doigt *m* ; [*of land*] langue *f*

VT a (*= touch*) toucher *or* manier (des doigts) ; (*pej*) tripoter ; [*+ money*] palper ; [*+ keyboard, keys*] toucher

b (*Mus = mark fingering on*) doigter, indiquer le doigté sur

c (*esp US*: ‡ *= betray*) moucharder *, balancer ‡

COMP ▷ finger alphabet N alphabet *m* des sourds-muets ▷ finger board N (*Mus*) touche *f* (*de guitare ou de violon etc*) ▷ finger bowl N rince-doigts *m inv* ▷ finger buffet N buffet *m* d'amuse-gueule(s) ▷ finger-dry VT ◆ to ~-dry one's hair passer les doigts dans ses cheveux pour les faire sécher ▷ finger exercises NPL (*for piano etc*) exercices *mpl* de doigté ▷ finger food N (*= appetizers*) amuse-gueule(s) *m(pl)* ◆ these make ideal ~ food for kids ce sont des choses que les enfants peuvent facilement manger avec les doigts ▷ finger painting N peinture *f* avec les doigts ▷ finger plate N (*on door*) plaque *f* de propreté

**fingering** /ˈfɪŋɡərɪŋ/ N a (*Mus*) doigté *m* b (*= fine wool*) laine *f* (fine) à tricoter c [*of goods in shop etc*] maniement *m*

**fingermark** /ˈfɪŋɡəmɑːk/ N trace *f or* marque *f* de doigts

**fingernail** /ˈfɪŋɡəneɪl/ N ongle *m*

**fingerprint** /ˈfɪŋɡəprɪnt/ N empreinte *f* digitale VT [*+ car, weapon*] relever les empreintes digitales sur ; [*+ room, building*] relever les empreintes digitales dans ; [*+ person*] relever les empreintes digitales de COMP ▷ fingerprint expert N spécialiste *mf* en empreintes digitales, expert *m* en dactyloscopie

**fingerstall** /ˈfɪŋɡəstɔːl/ N doigtier *m*

**fingertip** /ˈfɪŋɡətɪp/ N bout *m* du doigt ◆ all the basic controls are at your ~s toutes les commandes principales sont à portée de votre main ◆ I had the information at my ~s (*= near to hand*) j'avais ces informations à portée de main ◆ he's a politician to his ~s c'est un homme politique jusqu'au bout des ongles COMP ▷ fingertip control N ◆ a machine with ~ control une machine d'un maniement (très) léger ▷ fingertip hold N (*Climbing*) gratton *m* ▷ fingertip search N fouille *f* minutieuse

**finial** /ˈfaɪnɪəl/ N fleuron *m*, épi *m* (de faîtage)

**finicky** /ˈfɪnɪkɪ/ ADJ [*person*] pointilleux, tatillon ; [*work, job*] minutieux, qui demande de la patience ◆ don't be so ~! ne fais pas le (*or* la) difficile ! ◆ she is ~ about her food elle est difficile pour *or* sur la nourriture

**finish** /ˈfɪnɪʃ/ N a (*= end*) fin *f* ; [*of race*] arrivée *f* ; (*Climbing*) sortie *f* ; (*Hunting*) mise *f* à mort ◆ to be in at the ~ (*fig*) assister au dénouement (d'une affaire) ◆ a fight to the ~ un combat sans merci ◆ to fight to the ~ se battre jusqu'au bout ◆ from start to ~ du début à la fin ; → photo

b (*= surface, look*) [*of woodwork, manufactured articles*] finition *f* ◆ it's a solid car but the ~ is not good la voiture est solide mais les finitions sont mal faites ◆ a car with a two-tone ~ une voiture (peinte) en deux tons ◆ paint with a matt ~ peinture *f* mate ◆ paint with a gloss ~ laque *f* ◆ table with an oak ~ (*stained*) table *f* teintée chêne ; (*veneered*) table *f* plaquée *or* à placage chêne ◆ a table with rather a rough ~ une table à la surface plutôt rugueuse

VT [*+ activity, work, letter, game, meal, supplies, cake*] finir, terminer ◆ ~ your soup finis *or* mange ta soupe ◆ to ~ doing sth finir de faire qch ◆ I'm in a hurry to get this job ~ed je suis pressé de finir *or* de terminer ce travail ◆ to ~ a book finir *or* terminer un livre ◆ to put the ~ing touch *or* touches to sth mettre la dernière main *or* la touche finale à qch ◆ that last mile nearly ~ed me * ces derniers quinze cents mètres ont failli m'achever *or* m'ont mis à plat * ; see also finished

VI a [*book, film, game, meeting*] finir, se terminer ; [*holiday, contract*] prendre fin ; [*runner, horse*] arriver, terminer ; (*St Ex*) clôturer, terminer ; (*Climbing*) sortir ◆ the meeting was ~ing la réunion tirait à sa fin ◆ our shares ~ed at $70 (*St Ex*) nos actions cotaient 70 dollars en clôture *or* en fin de séance ◆ he ~ed by saying that ... il a terminé en disant que ... ◆ to ~ well (*in race*) arriver en bonne position ◆ to ~ first arriver *or* terminer premier

b ◆ I've ~ed with the paper je n'ai plus besoin du journal ◆ I've ~ed with politics once and for all j'en ai fini avec la politique, j'ai dit une fois pour toutes adieu à la politique ◆ she's ~ed with him * (*in relationship*) elle l'a plaqué * ◆ you wait till I've ~ed with you! * attends un peu que je te règle ton compte ! *

COMP ▷ finish line N (*US*) ligne *f* d'arrivée

► **finish off** VI terminer, finir ◆ let's ~ off now maintenant finissons-en ◆ to ~ off with a glass of brandy terminer par *or* sur un verre de cognac ◆ the meeting ~ed off with a prayer la réunion a pris fin sur une prière, à la fin de la réunion on a récité une prière

VT SEP a [*+ work*] terminer, mettre la dernière main à

b [*+ food, meal*] terminer, finir ◆ ~ off your potatoes! finis *or* mange tes pommes de terre !

c (* *fig = kill*) [*+ person, wounded animal*] achever ◆ his illness last year almost ~ed him off sa maladie de l'année dernière a failli l'achever

► **finish up** VI a ⇒ finish off vi

b se retrouver ◆ he ~ed up in Rome il s'est retrouvé à Rome, il a fini à Rome

VT SEP ⇒ finish off vt sep b

**finished** /ˈfɪnɪʃt/ ADJ a (*= at end of activity*) ◆ to be ~ [*person*] avoir fini ◆ to be ~ doing sth (*US*) avoir fini de *or* terminé de faire qch ◆ to be ~ with sth (*= have completed*) avoir fini qch ◆ he was ~ with marriage le mariage, pour lui, c'était fini ◆ to be ~ with sb (*after questioning*) en avoir fini avec qn ; (*= have had enough of*) ne plus vouloir entendre parler de qn

b (*= at its end*) ◆ to be ~ [*fighting, life*] être fini ; [*performance, trial*] être fini *or* terminé

c (*= tired*) ◆ to be ~ * être crevé *

d (*= without a future*) ◆ to be ~ [*politician, sportsperson, career*] être fini

e (*= decorated*) ◆ the room is ~ in red la pièce a des finitions rouges ◆ the bedroom is ~ with cream curtains les rideaux crème complètent harmonieusement le décor de la chambre ◆ the jacket is beautifully ~ with hand-sewn lapels la veste est joliment finie avec des revers cousus main ◆ beautifully ~ wood du bois magnifiquement fini

f (*= final*) [*product, goods, painting, film*] fini ; [*result*] final ◆ the ~ article (*= product*) le produit fini ; (*= piece of writing*) la version finale ◆ he's the ~ article * il est génial *

**finisher** /ˈfɪnɪʃəʳ/ N (*Sport*) ◆ a fast ~ un finisseur *or* une finisseuse rapide ◆ a strong ~ un bon finisseur, une bonne finisseuse ◆ a good ~ (*Ftbl*) un bon buteur ; (*Rugby, Hockey etc*) un bon marqueur, une bonne marqueuse

**finishing** /ˈfɪnɪʃɪŋ/ N (*Ftbl*) dons *mpl* de buteur ; (*Rugby, Hockey etc*) dons *mpl* de marqueur ◆ his ~ is excellent c'est un très bon buteur *or* marqueur COMP ▷ finishing line N ligne *f* d'arrivée ◆ to cross the ~ line (*Sport*) franchir la ligne d'arrivée ; (*fig*) toucher au but ◆ we'll never make it to the ~ line with this project nous ne verrons jamais le bout de ce projet ▷ finishing school N institution *f* pour jeunes filles (de bonne famille)

**finite** /ˈfaɪnaɪt/ ADJ a (*= limited*) [*number, set, being, world, universe*] fini ; [*amount, period, life, resources*] limité b (*Gram*) [*verb*] *dont la forme est fixée par le temps et la personne* ; [*clause*] *à forme verbale fixée par le temps et la personne* COMP ▷ finite state grammar N grammaire *f* à états finis

**fink** ‡ /fɪŋk/ (*US pej*) N (*= strikebreaker*) jaune * *m* ; (*= informer*) mouchard * *m*, indic * *m* ; (*= unpleasant person*) sale type *m* VT moucharder *, dénoncer

► **fink out** ‡ VI (*US*) échouer, laisser tomber

**Finland** /ˈfɪnlənd/ N Finlande *f*

**Finn** /fɪn/ N (*gen*) Finlandais(e) *m(f)* ; (*also* Finnish speaker) Finnois(e) *m(f)*

**Finnish** /ˈfɪnɪʃ/ ADJ [*gen*] finlandais ; [*ambassador, embassy*] de Finlande ; [*teacher*] de finnois ; [*literature, culture, civilization*] finnois N (*Ling*) finnois *m*

**Finno-Ugric** /ˈfɪnəʊˈuːɡrɪk/, **Finno-Ugrian** /ˈfɪnəʊˈuːɡrɪən/ N, ADJ (*Ling*) finno-ougrien *m*

**fiord** /fjɔːd/ N fjord *or* fiord *m*

**fir** /fɜːʳ/ N (*also* fir tree) sapin *m* ◆ ~ cone pomme *f* de pin

**fire** /faɪəʳ/ N a (*gen*) feu *m* ; (*= blaze*) incendie *m* ◆ ~! au feu ! ◆ forest ~ incendie *m* de forêt ◆ to insure o.s. against ~ s'assurer contre l'incendie ◆ to lay/light/make up the ~ préparer/allumer/faire le feu ◆ come and sit by the ~ venez vous installer près du feu *or* au coin du feu ◆ I was sitting in front of a roaring ~ j'étais assis devant une belle flambée ◆ ~ and brimstone (*fig*) les tourments *mpl* (*liter*) de l'enfer ; see also comp ◆ by ~ and sword par le fer et par le feu ◆ he would go through ~ and water for her il se jetterait dans le feu pour elle ◆ to have ~ in one's belly avoir le feu sacré ; → play

♦ **on fire** ◆ **the house was on** ~ la maison était en feu *or* en flammes ◆ **the chimney was on** ~ il y avait un feu de cheminée

♦ **to catch fire** *(lit)* prendre feu ; *(fig) [play, film, idea]* décoller ◆ **her dress caught** ~ sa robe s'est enflammée *or* a pris feu ◆ **the issue caught** ~ la question est devenue brûlante *or* délicate

♦ **to set fire to sth, to set sth on fire** mettre le feu à qch ◆ **to set the world on** ~ révolutionner le monde ◆ **he'll never set the world** *or* **the Thames** *(Brit) or* **the heather** *(Scot)* **on** ~ il n'impressionnera jamais par ses prouesses

b *(Brit = heater)* radiateur *m* ; → **electric**

c *(Mil)* feu *m* ◆ **to open** ~ ouvrir le feu, faire feu ◆ **~!** feu ! ◆ **between two ~s** *(fig)* entre deux feux ◆ **under** ~ sous le feu de l'ennemi ◆ **to come under ~, to draw** ~ *(Mil)* essuyer le feu (de l'ennemi) ; *(fig = be criticized)* essuyer des critiques ◆ **to return** ~ riposter par le feu ◆ **to hang** *or* **hold** ~ *[guns]* faire long feu ; *(on plans etc)* traîner (en longueur) ◆ **small-arms/cannon/mortar** ~ tirs *mpl* d'artillerie/de canon/de mortier ◆ **to hold one's** ~ *(= stop firing)* suspendre le tir ; *(= hold back)* ne pas tirer ◆ **to fight ~ with** ~ combattre le feu par le feu ; → **ceasefire, line**[1]

d *(NonC = passion)* ardeur *f*, feu *m (liter)*

**VT** a *(= set fire to)* incendier, mettre le feu à ; *(fig) [+ imagination, passions, enthusiasm]* enflammer, exciter ◆ **~d with the desire to do sth** brûlant de faire qch ; → **gas, oil**

b *[+ gun]* décharger, tirer ; *[+ rocket]* tirer ; *( * = throw)* balancer * ◆ **to ~ a gun at sb** tirer (un coup de fusil) sur qn ◆ **to ~ a shot** tirer un coup de feu (*at* sur) ◆ **without firing a shot** sans tirer un coup (de feu) ◆ **to ~ a salute** *or* **a salvo** lancer *or* tirer une salve ◆ **to ~ a salute of 21 guns** saluer de 21 coups de canon ◆ **she ~d an elastic band at me** * elle m'a tiré dessus * avec un élastique ◆ **to ~ (off) questions at sb** bombarder qn de questions ◆ **"your name?" he suddenly ~d at me** "votre nom ?" me demanda-t-il à brûle-pourpoint

c *( * = dismiss)* virer *, renvoyer ◆ **you're ~d!** vous êtes viré * *or* renvoyé !

d *[+ pottery]* cuire ; *[+ furnace]* chauffer

**VI** a *[person] (gen)* tirer ; *(Mil, Police)* tirer, faire feu (*at* sur) ; *[gun]* partir ◆ **the revolver failed to** ~ le coup n'est pas parti ◆ **~ away** *(fig)* vas-y !, tu peux y aller

b *[engine]* tourner ◆ **it's only firing on two cylinders** il n'y a que deux cylindres qui marchent ; see also **cylinder** ◆ **the engine is firing badly** le moteur tourne mal

**COMP** ▷ **fire alarm** N alarme *f* d'incendie ▷ **fire-and-brimstone** ADJ *[sermon, preacher]* apocalyptique ▷ **fire appliance** N *(Brit) (= vehicle)* voiture *f* de pompiers ; *(= fire extinguisher)* extincteur *m* ▷ **fire blanket** N couverture *f* anti-feu ▷ **fire brigade** N *(esp Brit)* (brigade *f* des) (sapeurs-)pompiers *mpl* ▷ **fire chief** N *(US)* capitaine *m* des pompiers ▷ **fire clay** N *(Brit)* argile *f* réfractaire ▷ **fire curtain** N *(Theat)* rideau *m* de fer ▷ **fire department** N *(US)* ⇒ **fire brigade** ▷ **fire door** N porte *f* coupe-feu ▷ **fire drill** N exercice *m* d'évacuation *(en cas d'incendie)* ▷ **fire-eater** N *(lit)* cracheur *m* de feu ; *(fig)* belliqueux *m*, -euse *f* ▷ **fire engine** N *(= vehicle)* voiture *f* de pompiers ; *(= apparatus)* pompe *f* à incendie ▷ **fire escape** N *(= staircase)* escalier *m* de secours ; *(= ladder)* échelle *f* d'incendie ▷ **fire exit** N sortie *f* de secours ▷ **fire extinguisher** N extincteur *m* ▷ **fire fighter** N *(= fireman)* pompier *m* ; *(volunteer)* pompier *m* volontaire ▷ **fire-fighting** N lutte *f* contre les incendies *or* anti-incendie, *(fig)* gestion *f* de l'urgence ADJ *[equipment, team]* de lutte contre les incendies *or* anti-incendie ▷ **fire hazard** N ◆ **it's a ~ hazard** cela pourrait provoquer un incendie ▷ **fire hydrant** N bouche *f* d'incendie ▷ **fire insurance** N assurance-incendie *f* ▷ **fire irons** NPL garniture *f* de foyer, accessoires *mpl* de cheminée ▷ **fire marshal** N *(US)* ⇒ **fire chief** ▷ **fire power** N *(Mil)* puissance *f* de feu ▷ **fire practice** N ⇒ **fire drill** ▷ **fire prevention** N mesures *fpl* de sécurité *or* de prévention contre l'incendie ▷ **fire-raiser** N *(Brit)* incendiaire *mf*, pyromane *mf* ▷ **fire-raising** N *(Brit)* pyromanie *f* ▷ **fire regulations** NPL consignes *fpl* en cas d'incendie ▷ **fire retardant** ADJ, N ignifuge *m* ▷ **fire risk** N ⇒ **fire hazard** ▷ **fire sale** N *(lit) vente de marchandises légèrement endommagées dans un incendie ; (fig)* braderie *f* ◆ **~-sale prices** prix *mpl* massacrés ▷ **fire screen** N écran *m* de cheminée ▷ **fire service** N ⇒ **fire brigade** ▷ **fire station** N caserne *f* de pompiers ▷ **fire trap** N ◆ **it's a ~ trap** c'est une véritable souricière en cas d'incendie ▷ **fire truck** N *(US)* ⇒ **fire engine** ▷ **fire warden** N *(US)* responsable *mf* de la lutte contre les incendies *or* anti-incendie ▷ **fire watcher** N guetteur *m (dans la prévention contre les incendies)* ▷ **fire watching** N surveillance *f* contre les incendies

► **fire away** VI → **fire vi a**

► **fire off** VT SEP → **fire vt b**

► **fire up** VT SEP *(fig) [+ person]* enthousiasmer ; *[+ imagination]* exciter ◆ **to get ~d up about sth** s'enthousiasmer pour qch

**firearm** /ˈfaɪərˌɑːm/ N arme *f* à feu

**fireback** /ˈfaɪəbæk/ N *[of chimney]* contrecœur *m*, contre-feu *m*

**fireball** /ˈfaɪəbɔːl/ N *(= meteor)* bolide *m* ; *(= lightning, nuclear)* boule *f* de feu ; *(Mil)* bombe *f* explosive ◆ **he's a real** ~ il pète le feu *

**Firebird** /ˈfaɪəbɜːd/ N ◆ **The** ~ *(Mus)* l'Oiseau *m* de feu

**firebomb** /ˈfaɪəbɒm/ **N** bombe *f* incendiaire **VT** lancer une (*or* des) bombe(s) incendiaire(s) sur

**firebrand** /ˈfaɪəbrænd/ N *(lit)* brandon *m* ◆ **he's a real** ~ *(= energetic person)* il pète le feu * ; *(causing unrest)* c'est un fauteur de troubles

**firebreak** /ˈfaɪəbreɪk/ N pare-feu *m*, coupe-feu *m*

**firebrick** /ˈfaɪəbrɪk/ N brique *f* réfractaire

**firebug** * /ˈfaɪəbʌg/ N incendiaire *mf*, pyromane *mf*

**firecracker** /ˈfaɪəˌkrækəʳ/ N pétard *m*

**firedamp** /ˈfaɪədæmp/ N *(Min)* grisou *m*

**firedogs** /ˈfaɪədɒgz/ NPL chenets *mpl*

**firefight** /ˈfaɪəfaɪt/ N *(Mil)* échange *m* de coups de feu

**firefly** /ˈfaɪəflaɪ/ N luciole *f*

**fireguard** /ˈfaɪəgɑːd/ N *(in hearth)* pare-feu *m*, pare-étincelles *m* ; *(in forest)* pare-feu *m*, coupe-feu *m*

**firehouse** /ˈfaɪəhaʊs/ N *(US)* ⇒ **fire station** ; → **fire**

**firelight** /ˈfaɪəlaɪt/ N lueur *f* du feu ◆ **by** ~ à la lueur du feu

**firelighter** /ˈfaɪəˌlaɪtəʳ/ N allume-feu *m* ; *(= sticks)* ligot *m*

**fireman** /ˈfaɪəmən/ **N** (pl **-men**) *(in fire brigade)* (sapeur-)pompier *m* ; *(Rail)* chauffeur *m* **COMP** ▷ **fireman's lift** N ◆ **to give sb a ~'s lift** *(Brit)* porter qn sur l'épaule

**fireplace** /ˈfaɪəpleɪs/ N cheminée *f*, foyer *m*

**fireplug** /ˈfaɪəplʌg/ N *(US)* ⇒ **fire hydrant** ; → **fire**

**fireproof** /ˈfaɪəpruːf/ **VT** ignifuger **ADJ** *[material]* ignifugé, ininflammable **COMP** ▷ **fireproof dish** N *(Culin)* plat *m* allant au feu ▷ **fireproof door** N porte *f* ignifugée *or* à revêtement ignifuge

**fireside** /ˈfaɪəsaɪd/ N foyer *m*, coin *m* du feu ◆ ~ **chair** fauteuil *m* club ; *(without arms)* chauffeuse *f*

**firestorm** /ˈfaɪəstɔːm/ N *(lit)* incendie *m* dévastateur ◆ **a ~ of protest** *(US)* un tollé (général), une levée de boucliers ◆ **a ~ of criticism** une avalanche de critiques ◆ **a ~ of controversy** une vive controverse

**firewall** /ˈfaɪəwɔːl/ N *(Internet)* mur *m* pare-feu

**firewater** * /ˈfaɪəˌwɔːtəʳ/ N alcool *m*, gnôle * *f*

**firewood** /ˈfaɪəwʊd/ N bois *m* de chauffage, bois *m* à brûler

**firework** /ˈfaɪəwɜːk/ **N** (fusée *f* de) feu *m* d'artifice **NPL** **fireworks** (also **firework(s) display**) feu *m* d'artifice

**firing** /ˈfaɪərɪŋ/ **N** a *[of pottery]* cuite *f*, cuisson *f* b *(Mil)* tir *m* ; *(= gun battle)* fusillade *f* **COMP** ▷ **firing hammer** N *[of firearm]* percuteur *m* ▷ **firing line** N ligne *f* de tir ◆ **to be in the ~ line** *(lit)* être dans la ligne de tir ; *(fig)* être sous le feu des attaques ◆ **to be in sb's ~ line** *(fig)* être la cible de qn ◆ **to be out of the ~ line** *(fig)* ne plus être sous le feu des attaques ▷ **firing pin** N ⇒ **firing hammer** ▷ **firing squad** N peloton *m* d'exécution

**firm**[1] /fɜːm/ N *(Comm)* entreprise *f* ◆ **there are four doctors in the ~** * *(Brit Med)* quatre médecins partagent le cabinet ◆ **the Firm** * *(= Mafia)* la Mafia

**firm**[2] /fɜːm/ **ADJ** a *(= hard) [fruit, ground, muscles, breasts, handshake]* ferme ◆ **the cake should be ~ to the touch** le gâteau doit être ferme au toucher

b *(= steady, secure) [table, ladder]* stable ; *[voice]* ferme ◆ **a sofa that provides ~ support for the back** un canapé qui maintient bien le dos ◆ **to get** *or* **take a ~ grip** *or* **hold on** *(lit) [object, person]* saisir fermement ◆ **to have** *or* **keep a ~ grip** *or* **hold on** *(lit) [object, person]* tenir fermement ; see also **adj c**

c *(= strong, solid) [grasp, understanding]* bon ; *[foundation, base, support]* solide ◆ **to be on a ~ footing** *[finances, relationship]* être sain ◆ **to put sth on a ~ footing** établir qch sur une base solide ◆ **to be in ~ control of sth, to keep sth under ~ control** tenir qch bien en main ◆ **it is my ~ belief that ...** je crois fermement que ... ◆ **to be a ~ believer in sth** croire fermement à qch ◆ **it is my ~ conviction that ...** je suis fermement convaincu que ... ◆ **to have a ~ grasp of sth** *[subject, theory]* avoir une connaissance solide de qch ◆ **they became ~ friends** ils sont devenus de grands amis ◆ **he's a ~ favourite (with the young)** c'est le grand favori *m* (des jeunes) ◆ **to have** *or* **keep a ~ grip on power** tenir (fermement) les rênes du pouvoir ◆ **to have** *or* **keep a ~ grip on spending** surveiller de près les dépenses

d *(= resolute, determined) [person, leadership]* ferme ; *[action, measure]* sévère ◆ **to be ~ about sth** être ferme à propos de qch ◆ **with a ~ hand** d'une main ferme ◆ **to be ~ with sb, to take a ~ hand with sb** être ferme avec qn ◆ **to take a ~ line** *or* **stand (against sth)** adopter une attitude ferme (contre qch) ◆ **to hold** *or* **stand ~ (against sth)** tenir bon (face à qch)

e *(= definite, reliable) [agreement, conclusion, decision]* définitif ; *[commitment, intention]* ferme ; *[promise]* formel ; *[information, news]* sûr ; *[evidence]* solide ; *[date]* fixé, arrêté ◆ ~ **offer** *(Comm)* offre *f* ferme

**f** *(Fin) [price]* ferme, stable ; *[currency]* stable ◆ **the pound was ~ against the dollar** la livre était ferme par rapport au dollar ◆ **to hold ~** rester stable *or* ferme

**VT** ⇒ **firm up vt sep**

**VI** ⇒ **firm up vi**

► **firm up** **VI** *[plans, programme]* se préciser ; *[muscles, stomach]* se raffermir ; *(Fin) [currency]* se consolider

**VT SEP** *[+ plans etc]* préciser ; *[+ muscles, stomach]* raffermir ; *(Fin) [+ currency]* consolider

**firmament** /ˈfɜːməmənt/ **N** firmament *m* ◆ **she's a rising star in the political/movie ~** c'est une étoile montante du monde politique/du monde du cinéma

**firmly** /ˈfɜːmlɪ/ **ADV** *[fix, base]* solidement ; *[anchor]* profondément, solidement ; *[root]* profondément ; *[shut, establish, stick]* bien ; *[hold, believe, maintain, reject, tell]* fermement ; *[speak, say]* avec fermeté ; *[deny]* formellement ◆ **~ in place** bien en place ◆ **legs ~ planted on the ground** les jambes bien plantées sur le sol ◆ **the jelly is ~ set** la gelée est bien ferme ◆ **to be ~ committed to doing sth** s'être engagé à faire qch ◆ **to be ~ in control of the situation** avoir la situation bien en main ◆ **~ entrenched attitudes** des attitudes très arrêtées ◆ **~ held opinions** des convictions *fpl* ◆ **~ opposed to sth** fermement opposé à qch ◆ **she had her sights ~ set on a career** elle avait bien l'intention de faire carrière

**firmness** /ˈfɜːmnɪs/ **N** *[of person, object, handshake, currency]* fermeté *f* ; *[of step, voice, manner]* fermeté *f*, assurance *f* ◆ **~ of purpose** détermination *f*

**firmware** /ˈfɜːmwɛəʳ/ **N** *(Comput)* microprogramme *m*

**first** /fɜːst/ **ADJ** premier ◆ **the ~ of May** le premier mai ◆ **the twenty-~ time** la vingt et unième fois ◆ **Charles the First** Charles Premier, Charles I^er^ ◆ **in the ~ place** en premier lieu, d'abord ◆ **~ principles** principes *mpl* premiers ◆ **~ ascent** *(Climbing)* première *f* ◆ **he did it the very ~ time** il l'a fait du premier coup ◆ **it's not the ~ time and it won't be the last** ce n'est pas la première fois et ce ne sera pas la dernière ◆ **they won for the ~ and last time in 1932** ils ont gagné une seule et unique fois en 1932 *or* pour la première et la dernière fois en 1932 ◆ **there's always a ~ time** il y a un début à tout ◆ **I haven't got the ~ idea** * je n'en ai pas la moindre idée ◆ **she doesn't know the ~ thing about it** elle est complètement ignorante là-dessus ◆ **~ things ~!** les choses importantes d'abord ! *(hum)* ◆ **she's past her ~ youth** elle n'est plus de la première *or* prime jeunesse ◆ **of the ~ water** *(fig)* de tout premier ordre ; see also **comp** ; → **first-class, floor, love, offender, sight**

◆ **first thing** ◆ **he goes out ~ thing in the morning** *(= at early hour)* il sort très tôt le matin ; *(= soon after waking)* il sort dès qu'il est levé ◆ **I'll do it ~ thing in the morning** *or* **~ thing tomorrow** je le ferai dès demain matin, je le ferai demain à la première heure ◆ **take the pills ~ thing in the morning** prenez les pilules dès le réveil

**ADV** **a** *(= at first)* d'abord ; *(= firstly)* d'abord, premièrement ; *(= in the beginning)* au début ; *(= as a preliminary)* d'abord, au préalable ◆ **~ you take off the string, then you ...** d'abord on enlève la ficelle, ensuite ..., premièrement on enlève la ficelle, deuxièmement on ... ◆ **when we ~ lived here** quand nous sommes venus habiter ici ◆ **he accepted but ~ he wanted ...** il a accepté mais au préalable *or* d'abord il voulait ... ◆ **he's a patriot ~ and a socialist second** il est patriote avant d'être socialiste, chez lui, le patriote l'emporte sur le socialiste ◆ **she arrived ~** elle est arrivée la première ◆ **to come ~** *(= arrive)* arriver le premier ; *(in exam, competition)* être reçu premier ◆ **my family comes ~** ma famille passe avant tout *or* compte plus que tout le reste ◆ **one's health comes ~** il faut penser à sa santé d'abord, la santé est primordiale ◆ **she comes ~ with him** pour lui, elle compte plus que tout *or* elle passe avant tout le reste ◆ **it comes ~ with him** pour lui, c'est ça qui compte avant tout *or* c'est ça qui passe en premier ◆ **~ come ~ served** les premiers arrivés seront les premiers servis ◆ **you go ~!** *(gen)* allez-y d'abord ; *(in doorway)* passez devant !, après vous ! ◆ **ladies ~!** les dames d'abord !, place aux dames ! ◆ **women and children ~** les femmes et les enfants d'abord ◆ **he says ~ one thing and then another** il se contredit sans cesse, il dit tantôt ceci, tantôt cela ◆ **she looked at ~ one thing then another** elle regardait tantôt ceci, tantôt cela ◆ **~ you agree, then you change your mind!** d'abord *or* pour commencer tu acceptes, et ensuite tu changes d'avis ! ◆ **I must finish this ~** il faut que je termine *subj* ceci d'abord

◆ **first and foremost** tout d'abord, en tout premier lieu

◆ **first and last** avant tout

◆ **first of all, first off** * tout d'abord

**b** *(= for the first time)* pour la première fois ◆ **when did you ~ meet him?** quand est-ce que vous l'avez rencontré pour la première fois ?

**c** *(= in preference)* plutôt ◆ **I'd die ~!** plutôt mourir ! ◆ **I'd resign ~!** je préfère démissionner !, plutôt démissionner ! ◆ **I'd give up my job ~, rather than do that** j'aimerais mieux renoncer à mon travail que de faire cela

**N** **a** premier *m*, -ière *f* ◆ **he was among the very ~ to arrive** il est arrivé parmi les tout premiers ◆ **they were the ~ to come** ils sont arrivés les premiers ◆ **he was among the ~ to meet her** il a été l'un des premiers à la rencontrer ◆ **another ~ for Britain** *(= achievement)* une nouvelle première pour la Grande-Bretagne ◆ **~ in, ~ out** *(Ind)* premier entré, premier sorti ◆ **the ~ I heard of it was when ...** je n'étais pas au courant, je l'ai appris quand ... ◆ **that's the ~ I've heard of it!** c'est la première fois que j'entends parler de ça !

◆ **at first** d'abord, au commencement, au début

◆ **from first to last** du début *or* depuis le début (jusqu')à la fin

◆ **from the first** ◆ **they liked him from the ~** ils l'ont aimé dès le début *or* dès le premier jour

**b** *(also* **first gear***)* première *f* (vitesse) ◆ **in ~** en première

**c** *(Brit Univ)* **he got a ~** ≃ il a eu sa licence avec mention très bien ◆ **to get a double ~** *obtenir sa licence avec mention très bien dans deux disciplines*

**COMP** ▷ **first aid N** → **first aid** ▷ **first aider N** secouriste *mf* ▷ **First Amendment (of the Constitution) N** *(in US)* ◆ **the First Amendment** le premier amendement de la constitution des États-Unis *(sur la liberté d'expression et de pensée)* ▷ **first base N** *(Baseball)* première base *f* ◆ **he didn't even get to ~ base** * *(fig)* il n'a même pas franchi le premier obstacle ◆ **these ideas didn't even get to ~ base** ces idées n'ont jamais rien donné ◆ **to get to ~ base with sb** * *(sexually)* aborder les préliminaires avec qn ▷ **first blood N** ◆ **~ blood to him** il a gagné une première manche ▷ **first-born ADJ, N** premier-né *m*, première-née *f* ▷ **first-class ADJ** → **first-class** ▷ **the first couple N** *(US Pol)* le couple présidentiel ▷ **first cousin N** cousin(e) *m(f)* germain(e) *or* au premier degré ▷ **first-day cover N** *(Post)* émission *f* du premier jour ▷ **first edition N** première édition *f* ; *(valuable)* édition *f* originale *or* princeps ▷ **first-ever ADJ** tout premier ▷ **the first family N** *(US Pol)* la famille du président ▷ **first floor N** ◆ **on the ~ floor** *(Brit)* au premier (étage) ; *(US)* au rez-de-chaussée ▷ **first-foot** *(Scot)* **N** *première personne à franchir le seuil d'une maison le premier janvier* **VI** *rendre visite à ses parents ou amis après minuit à la Saint-Sylvestre* ▷ **first-footing N** *(Scot) coutume écossaise de rendre visite à ses parents ou amis après minuit à la Saint-Sylvestre* ; → HOGMANAY ▷ **first form N** *(Brit Scol)* ≃ (classe *f* de) sixième *f* ▷ **first fruits NPL** *(fig)* premiers résultats *mpl* ▷ **first-generation ADJ** de la première génération ◆ **he's a ~-generation American** c'est un Américain de première génération ▷ **first grade N** *(US Scol)* cours *m* préparatoire ▷ **first hand N** ◆ **I got it at ~ hand** c'est une information de première main ▷ **first-hand ADJ** *[article, news, information]* de première main ▷ **first lady N** première dame *f* ; *(US Pol)* première dame *f* des États-Unis *(ou personne servant d'hôtesse à sa place)* ◆ **the ~ lady of jazz** la plus grande dame du jazz ▷ **first language N** première langue *f* ▷ **first lieutenant N** *(Brit Naut)* lieutenant *m* de vaisseau ; *(US Aviat)* lieutenant *m* ▷ **first mate N** *(Naut)* second *m* ▷ **First Minister N** *(in Scotland) chef du gouvernement régional écossais* ▷ **first name N** prénom *m*, nom *m* de baptême ◆ **my ~ name is Ellis** mon prénom est Ellis ▷ **first-name ADJ** ◆ **to be on ~-name terms with sb** appeler qn par son prénom ▷ **the first-named N** *(frm)* le premier, la première ▷ **first night N** *(Theat etc)* première *f* ▷ **first-nighter N** *(Theat etc)* habitué(e) *m(f)* des premières ▷ **first officer N** *(Naut)* ⇒ **first mate** ▷ **first-past-the-post system N** *(Pol)* système *m* majoritaire à un tour ▷ **first performance N** *(Cine, Theat)* première *f* ; *(Mus)* première audition *f* ▷ **first person N** *(Gram)* première personne *f* ▷ **first-rate ADJ** → **first-rate** ▷ **first school N** *(Brit)* école *f* primaire ▷ **First Secretary N** *(in Wales) chef du gouvernement régional gallois* ▷ **first strike capability N** *(Mil)* capacité *f* de première frappe ▷ **first-time buyer N** (primo-)accédant *m* à la propriété ▷ **first-timer** * **N** **a** *(= novice)* débutant(e) *m(f)* **b** ⇒ **first-time buyer** ▷ **first violin N** premier violon *m* ▷ **the First World N** les pays *mpl* industrialisés ▷ **the First World War N** la Première Guerre mondiale ▷ **first year infants NPL** *(Brit Scol)* cours *m* préparatoire

**-first** /fɜːst/ **ADV** *(in compounds)* ◆ **feet-first** les pieds devant ; → **head**

**first aid** /ˈfɜːstˈeɪd/ **N** premiers secours *mpl or* soins *mpl*, secours *mpl* d'urgence ; *(= subject of study)* secourisme *m* ◆ **to give ~** donner les soins *or* secours d'urgence **COMP** ▷ **first-aid box N** ⇒ **first-aid kit** ▷ **first-aid classes NPL** cours *mpl* de secourisme ▷ **first-aid kit N** trousse *f* de premiers secours *or* à pharmacie ▷ **first-aid post**, **first-aid station N** poste *m* de secours ▷ **first-aid worker N** secouriste *mf*

**first-class** /ˌfɜːstˈklɑːs/ **ADJ** **a** *(= first-rate) [food, facilities, service, hotel]* excellent ; *[candidate, administrator]* remarquable, exceptionnel ◆ **to have a ~ brain** être d'une intelligence exceptionnelle **b** *(Rail, Aviat, Naut) [travel, flight]* en première (classe) ; *[ticket, passen-*

*ger, carriage, compartment]* de première (classe) **c** *(Post) [mail, letter, stamp]* en tarif prioritaire ◆ ~ **postage** tarif *m* prioritaire **d** *(Univ)* ◆ **a ~ (honours) degree** ≈ une licence avec mention très bien ◆ **a ~ honours graduate** ≈ un(e) diplômé(e) qui a obtenu la mention très bien ◆ **to graduate with ~ honours** ≈ obtenir son diplôme avec la mention très bien **ADV** *[travel, fly]* en première classe ; *(Post) [send, go]* en tarif prioritaire

**firstly** /ˈfɜːstlɪ/ LANGUAGE IN USE 26.1, 26.2 **ADV** d'abord, premièrement, en premier lieu

**first-rate** /ˈfɜːstˈreɪt/ **ADJ** excellent ◆ **to do a ~ job** faire un excellent travail ◆ **he's a ~ translator** c'est un traducteur de premier ordre *or* un excellent traducteur

**firth** /fɜːθ/ **N** *(gen Scot)* estuaire *m*, bras *m* de mer ◆ **the Firth of Clyde** l'estuaire *m* de la Clyde

**FIS** /ˌefaɪˈes/ **N** *(Brit)* (abbrev of **Family Income Supplement**) → **family**

**fiscal** /ˈfɪskəl/ **ADJ** fiscal ; → **procurator** **N** *(Scot Jur)* ≈ procureur *m* de la République **COMP** ▷ **fiscal drag** **N** *ralentissement de l'économie dû à une fiscalisation excessive,* fiscal drag *m (SPEC)* ▷ **fiscal year** **N** année *f* fiscale, exercice *m* fiscal

**fiscalist** /ˈfɪskəlɪst/ **N** fiscaliste *mf*

**fish** /fɪʃ/ **N** (pl **fish** *or* **fishes**) **a** poisson *m* ◆ **I caught two ~** j'ai pris deux poissons ◆ **to play a ~** fatiguer un poisson ◆ **I've got other ~ to fry** j'ai d'autres chats à fouetter ◆ **there are plenty more ~ in the sea** *(gen)* les occasions ne manquent pas ; *(relationship)* un(e) de perdu(e) dix de retrouvé(e)s ◆ **it's neither ~ nor fowl** (*or* **nor flesh**) **nor good red herring** ce n'est ni chair ni poisson ◆ **he's like a ~ out of water** il est comme un poisson hors de l'eau ◆ **he's a queer ~!** * c'est un drôle de numéro * *or* de lascar * (celui-là) ! ◆ **they consider him a poor ~** * ils le considèrent comme un pauvre type * ◆ **the Fishes** *(Astron)* les Poissons *mpl* ; → **big, cold, drink, goldfish, kettle**

**b** *(NonC: Culin)* poisson *m*

**VI** pêcher ◆ **to go ~ing** aller à la pêche ◆ **to go salmon ~ing** aller à la pêche au saumon ◆ **to ~ for trout** pêcher la truite ◆ **to ~ in troubled waters** pêcher en eau trouble *(fig)* ◆ **to ~ for compliments** chercher les compliments ◆ **to ~ for information** aller à la pêche (aux informations) ◆ **~ or cut bait** ‡ *(US)* allez, décide-toi !

**VT** *[+ trout, salmon]* pêcher ; *[+ river, pool]* pêcher dans ; *(fig) (= find)* pêcher * ◆ **they ~ed the cat out of the well** ils ont repêché le chat du puits ◆ **he ~ed a handkerchief from his pocket** il a extirpé un mouchoir de sa poche ◆ **where on earth did you ~ that (up) from?** * où diable as-tu été pêcher ça ? *

**COMP** ▷ **fish and chips** **N** *(pl inv)* poisson *m* frit et frites ▷ **fish-and-chip shop** **N** friterie *f* ▷ **fish cake** **N** *(Culin)* croquette *f* de poisson ▷ **fish-eye** **N** *(in door)* œil *m* panoramique ▷ **fish-eye lens** **N** *(Phot)* fish-eye *m* ▷ **fish factory** **N** conserverie *f* de poisson ▷ **fish farm** **N** centre *m* de pisciculture ▷ **fish farmer** **N** pisciculteur *m*, -trice *f* ▷ **fish farming** **N** pisciculture *f* ▷ **fish fingers** **NPL** *(Brit)* bâtonnets *mpl* de poisson ▷ **fish fork** **N** fourchette *f* à poisson ; see also **fish knife** ▷ **fish fry** **N** *(US)* pique-nique *m (où l'on fait frire du poisson)* ▷ **fish glue** **N** colle *f* de poisson ▷ **fish hook** **N** hameçon *m* ▷ **fish kettle** **N** *(Culin)* poissonnière *f* ▷ **fish knife** **N** (pl **fish knives**) couteau *m* à poisson ◆ ~ **knife and fork** couvert *m* à poisson ; see also **fish fork** ▷ **fish ladder** **N** échelle *f* à poissons ▷ **fish manure** **N** engrais *m* de poisson ▷ **fish market** **N** *(retail)* marché *m* au poisson ; *(wholesale)* criée *f* ▷ **fish meal** **N** *(= fertilizer)* guano *m* de poisson ; *(= feed)* farine *f* de poisson ▷ **fish paste** **N** *(Culin)* beurre *m* de poisson ▷ **fish-pole** **N** *(US)* canne *f* à pêche ▷ **fish shop** **N** poissonnerie *f* ▷ **fish slice** **N** *(Brit Culin)* pelle *f* à poisson ▷ **fish sticks** **NPL** *(US)* ⇒ **fish fingers** ▷ **fish store** **N** *(US)* ⇒ **fish shop** ▷ **fish story** * **N** *(US)* histoire *f* de pêcheur, histoire *f* marseillaise ▷ **fish-tail** **VI** *(US) [car]* chasser ▷ **fish tank** **N** aquarium *m*

► **fish out** **VT SEP** *(from water)* sortir, repêcher ; *(from box, drawer etc)* sortir, extirper (*from* de) ◆ **he ~ed out a piece of string from his pocket** il a extirpé un bout de ficelle de sa poche ◆ **to ~ sb out of a river** repêcher qn d'une rivière

► **fish up** **VT SEP** *(from water)* pêcher, repêcher ; *(from bag etc)* sortir ; see also **fish vt**

**fishbone** /ˈfɪʃbəʊn/ **N** arête *f*

**fishbowl** /ˈfɪʃbəʊl/ **N** bocal *m* (à poissons)

**fisher** /ˈfɪʃəʳ/ **N** pêcheur *m*

**fisherman** /ˈfɪʃəmən/ **N** (pl **-men**) pêcheur *m* ◆ **he's a keen ~** il aime beaucoup la pêche ◆ **~'s tale** *(Brit fig)* histoire *f* de pêcheur, histoire *f* marseillaise

**fishery** /ˈfɪʃərɪ/ **N** **a** *(= area)* zone *f* de pêche **b** *(= industry)* secteur *m* de la pêche **c** *(= farm)* établissement *m* piscicole

**fishing** /ˈfɪʃɪŋ/ **N** pêche *f* ◆ **"fishing prohibited"** "pêche interdite", "défense de pêcher" ◆ **"private fishing"** "pêche réservée" **COMP** ▷ **fishing boat** **N** barque *f* de pêche ; *(bigger)* bateau *m* de pêche ▷ **fishing expedition** **N** ◆ **to go on a ~ expedition** *(lit)* aller à la pêche ; *(fig)* chercher à en savoir plus long ▷ **fishing fleet** **N** flottille *f* de pêche ▷ **fishing grounds** **NPL** pêches *fpl*, lieux *mpl* de pêche ▷ **fishing harbour** **N** port *m* de pêche ▷ **fishing line** **N** ligne *f* de pêche ▷ **fishing net** **N** *(on fishing boat)* filet *m* (de pêche) ; *[of angler, child]* épuisette *f* ▷ **fishing permit** **N** permis *m or* licence *f* de pêche ▷ **fishing port** **N** port *m* de pêche ▷ **fishing rod** **N** canne *f* à pêche ▷ **fishing tackle** **N** attirail *m* de pêche

**fishmonger** /ˈfɪʃˌmʌŋgəʳ/ **N** *(esp Brit)* marchand(e) *m(f)* de poisson, poissonnier *m*, -ière *f* ◆ **~'s (shop)** poissonnerie *f*

**fishnet** /ˈfɪʃnet/ **N** *(on fishing boat)* filet *m* (de pêche) ; *[of angler]* épuisette *f* **COMP** *[tights, stockings]* résille *inv*

**fishplate** /ˈfɪʃpleɪt/ **N** *(Rail)* éclisse *f*

**fishpond** /ˈfɪʃpɒnd/ **N** bassin *m* à poissons ; *(in fish farming)* vivier *m*

**fishwife** /ˈfɪʃwaɪf/ **N** (pl **-wives**) marchande *f* de poisson, poissonnière *f* ; *(pej)* harengère *f*, poissarde *f* ◆ **she talks like a ~** *(pej)* elle a un langage de poissarde, elle parle comme une marchande de poisson

**fishy** /ˈfɪʃɪ/ **ADJ** **a** *[smell]* de poisson ◆ **it smells ~ in here** ça sent le poisson ici ◆ **it tastes ~** ça a un goût de poisson **b** (* *= suspicious)* louche, douteux ◆ **the whole business seems** *or* **smells very ~ to me** toute cette histoire m'a l'air bien louche ◆ **it seems** *or* **smells rather ~** ça ne me paraît pas très catholique *

**fissile** /ˈfɪsaɪl/ **ADJ** fissile

**fission** /ˈfɪʃən/ **N** fission *f* ; → **nuclear**

**fissionable** /ˈfɪʃnəbl/ **ADJ** fissible

**fissure** /ˈfɪʃəʳ/ **N** *(gen)* fissure *f*, crevasse *f* ; *(in brain)* scissure *f*

**fissured** /ˈfɪʃəd/ **ADJ** fissuré

**fist** /fɪst/ **N** poing *m* ◆ **he hit me with his ~** il m'a donné un coup de poing ◆ **he shook his ~ at me** il m'a menacé du poing **COMP** ▷ **fist fight** **N** pugilat *m*, bagarre *f* à coups de poing ◆ **to have a ~ fight (with sb)** se battre à coups de poing (avec qn)

**fistful** /ˈfɪstfʊl/ **N** poignée *f*

**fisticuffs** /ˈfɪstɪkʌfs/ **NPL** coups *mpl* de poing

**fistula** /ˈfɪstjʊlə/ **N** (pl **fistulas** *or* **fistulae** /ˈfɪstjʊliː/) fistule *f*

**fit**[1] /fɪt/ **ADJ** **a** *[person] (= suitable, suited)* capable (*for* de) ; *(= worthy)* digne (*for* de) ◆ **he isn't ~ to rule the country** *(= not capable)* il n'est pas capable de gouverner le pays ; *(= not worthy)* il n'est pas digne de gouverner le pays ◆ **he's not ~ to drive** il n'est pas en mesure de conduire ◆ **I'm not ~ to be seen** je ne suis pas présentable ◆ **that shirt isn't ~ to wear** cette chemise n'est pas mettable ◆ **~ to eat** *(= palatable)* mangeable ; *(= not poisonous)* comestible, bon à manger ◆ **~ to drink** *(= palatable)* buvable ; *(= not poisonous)* potable ◆ **~ for habitation, ~ to live in** habitable ◆ **~ for (human) consumption** propre à la consommation ◆ **to be ~ for a job** *(= qualified)* avoir la compétence nécessaire pour faire un travail ◆ **a meal ~ for a king** un repas digne d'un roi ◆ **to be ~ for nothing** être incapable de faire quoi que ce soit, être bon à rien ◆ **to be ~ for the bin** être bon à jeter à la poubelle

**b** *(= right and proper)* convenable, correct ; *[time, occasion]* propice ◆ **it is not ~ that you should be here** *(frm)* votre présence est inconvenante *(frm)* ◆ **it is not a ~ moment to ask that question** ce n'est pas le moment de poser cette question ◆ **he's not ~ company for my son** ce n'est pas une bonne fréquentation pour mon fils ◆ **to see** *or* **think ~ to do sth** trouver *or* juger bon de faire qch ◆ **I'll do as I think** *or* **see ~** je ferai comme bon me semblera ◆ **will she come? – if she sees ~** est-ce qu'elle viendra ? – oui, si elle le juge bon

**c** *(= healthy)* en bonne santé ; *(= in trim)* en forme ; (* *Brit = attractive)* bien foutu * ◆ **to be as ~ as a fiddle** être en pleine forme, se porter comme un charme ◆ **she is not yet ~ to travel** elle n'est pas encore en état de voyager ◆ **~ for duty** *(after illness)* en état de reprendre le travail ; *(Mil)* en état de reprendre le service ◆ **will he be ~ for Saturday's match?** *(footballer etc)* sera-t-il en état de jouer samedi ?, sera-t-il suffisamment en forme pour le match de samedi ? ; → **keep**

**d** (* *= ready)* **to laugh ~ to burst** se tenir les côtes, rire comme un(e) bossu(e) * *or* une baleine * ◆ **to be ~ to drop** tomber de fatigue ◆ **~ to be tied** ‡ *(US = angry)* furibard *

**N** ◆ **your dress is a very good ~** votre robe est tout à fait à votre taille ◆ **these trousers aren't a very good ~** ce pantalon n'est pas vraiment à ma (*or* sa *etc*) taille ◆ **the crash helmet was a tight ~ on his head** *(= too tight)* le casque était un peu trop juste pour lui ; *(= good fit)* le casque était exactement à sa taille

**VT** **a** *(= be the right size for) [clothes, shoes]* aller à ◆ **this coat ~s you well** ce manteau vous va bien *or* est bien à votre taille ◆ **the dress ~s her like a glove** cette robe lui va comme un gant ◆ **the washing machine is too big to ~ this space** la machine à laver est trop grande pour entrer dans cet espace ◆ **the key doesn't ~ the lock** cette clé ne correspond pas à la serrure ◆ **you can put these units together to ~ the shape of your kitchen** vous pouvez assembler les éléments en fonction de la forme de votre cuisine ◆ **the cover is tailored to ~ the seat** la housse est faite pour s'adapter au siège

◆ **roll out the pastry to ~ the top of the pie** abaisser la pâte au rouleau pour recouvrir la tourte ◆ **sheets to ~ a double bed** des draps pour un grand lit ◆ **"one size fits all"** "taille unique" ◆ **"to fit ages 5 to 6"** "5-6 ans" ◆ **"to fit waist sizes 70 to 75cm"** "tour de taille 70-75 cm" ; → **cap**

**b** *(= find space or time for)* **you can ~ five people into this car** il y a de la place pour cinq dans cette voiture ◆ **to ~ a dental appointment into one's diary** trouver un créneau dans son emploi du temps pour un rendez-vous chez le dentiste, caser * un rendez-vous chez le dentiste dans son emploi du temps ◆ **I can't ~ any more meetings into my schedule** je n'ai pas le temps pour d'autres réunions dans mon emploi du temps, il m'est impossible de caser * d'autres réunions dans mon emploi du temps

**c** *(= correspond to, match) [+ mood, definition, stereotype]* correspondre à ; *[+ needs]* répondre à ◆ **the building has been adapted to ~ the needs of disabled people** ce bâtiment a été adapté pour répondre aux besoins des handicapés ◆ **his speech was tailored to ~ the mood of the conference** son discours était adapté à l'ambiance du congrès ◆ **a man ~ting this description** un homme répondant à ce signalement ◆ **to ~ the circumstances** être adapté aux circonstances ◆ **this hypothesis appears to ~ the facts** cette hypothèse semble concorder avec les faits ◆ **the facts ~ the theory** les faits concordent avec la théorie ◆ **she doesn't ~ the profile** *or* **picture of a typical drug smuggler** elle ne correspond pas à l'idée que l'on se fait *or* à l'image que l'on a d'un trafiquant de drogue ◆ **he doesn't ~ my image of a good teacher** il ne correspond pas à l'idée que je me fais d'un bon professeur ◆ **the punishment should ~ the crime** le châtiment doit être proportionné au crime ◆ **the curtains didn't ~ the colour scheme** les rideaux n'allaient pas avec les couleurs de la pièce, la couleur des rideaux jurait avec le reste

**d** *[+ garment]* ajuster

**e** *(= put in place)* mettre ; *(= fix)* fixer (*on* sur) ; *(= install)* poser, mettre ◆ **he ~ted it to the side of the instrument** il l'a mis *or* fixé sur le côté de l'instrument ◆ **to ~ a key in the lock** engager une clé dans la serrure ◆ **to ~ two things together** assembler *or* ajuster deux objets ◆ **~ part A to part B** assemblez la pièce A avec la pièce B ◆ **to ~ sth into place** mettre qch en place ◆ **I had a new window ~ted** on m'a posé *or* installé une nouvelle fenêtre ◆ **to have a new kitchen ~ted** se faire installer une nouvelle cuisine ◆ **car ~ted with a radio** voiture *f* équipée d'une radio ◆ **to ~ lights to a bicycle, to ~ a bicycle with lights** installer des feux sur un vélo ◆ **he has been ~ted with a new hearing aid** on lui a mis *or* posé un nouvel appareil auditif

**f** *(frm)* ◆ **to ~ sb for sth/to do sth** préparer qn *or* rendre qn apte à qch/à faire qch ◆ **to ~ o.s. for a job** se préparer à un travail

**VI** **a** ◆ **the dress doesn't ~ very well** cette robe n'est pas à sa taille *or* ne lui va pas ◆ **it ~s like a glove** *[garment]* cela me (*or* vous *etc*) va comme un gant ; *[suggestion]* cela me (*or* leur *etc*) convient parfaitement

**b** *(= be the right size, shape etc)* ◆ **this key/part doesn't ~** ce n'est pas la bonne clé/pièce ◆ **the saucepan lid doesn't ~** le couvercle ne va pas sur la casserole ◆ **it should ~ on this end somewhere** cela doit aller *or* se mettre là au bout (quelque part)

**c** *(= have enough room)* entrer, tenir ◆ **it's too big to ~ into the box** c'est trop grand pour entrer *or* tenir dans la boîte ◆ **the clothes won't ~ into the suitcase** les vêtements ne vont pas entrer *or* tenir dans la valise ◆ **a computer small enough to ~ into your pocket** un ordinateur qui tient dans la poche ◆ **my CV ~s onto one page** mon CV tient en une page ◆ **seven people in one car? We'll never ~!** sept personnes dans une voiture ? Il n'y aura jamais assez de place !

**d** *(fig = add up, match) [facts]* cadrer ◆ **it doesn't ~ with what he said to me** ça ne correspond pas à *or* ne cadre pas avec ce qu'il m'a dit ◆ **how does this idea ~ into your overall plan?** comment cette idée s'inscrit-elle dans votre plan d'ensemble ? ◆ **people don't always ~ neatly into categories** les gens ne rentrent pas toujours facilement dans des catégories bien définies ◆ **his face doesn't ~ here** il détonne ici ◆ **suddenly everything ~ted into place** soudain, tout est devenu clair ◆ **it all ~s (into place) now!** tout s'explique !

► **fit in** **VI** **a** *(= add up, match) [fact]* cadrer ◆ **this doesn't ~ in with what I was taught at school** ceci ne correspond pas à *or* ne cadre pas avec ce que l'on m'a appris à l'école

**b** *(= integrate)* **at school she has problems ~ting in** *(with other children)* à l'école elle a du mal à s'intégrer ; *(= getting used to lessons etc)* elle a du mal à s'adapter à l'école ◆ **he has ~ted in well with the other members of our team** il s'est bien entendu avec les autres membres de notre équipe, il s'est bien intégré dans notre équipe

**c** *(into room, car etc = have room)* **will we all ~ in?** y aura-t-il assez de place pour nous tous ?, allons-nous tous entrer *or* tenir ? ◆ **will the toys all ~ in?** y aura-t-il assez de place pour tous les jouets ? ◆ **the box is too small for all his toys to ~ in** la boîte est trop petite pour contenir tous ses jouets

**VT SEP** **a** *(= find room for) [+ object, person]* faire entrer, trouver de la place pour ◆ **can you ~ another book in?** y a-t-il encore de la place pour un livre ?

**b** *(= adapt)* adapter, faire concorder ◆ **I'll try to ~ my plans in with yours** je tâcherai de m'adapter en fonction de tes plans

**c** *(= find time for) [+ person]* prendre, caser * ◆ **the doctor can ~ you in tomorrow at three** le docteur peut vous prendre demain à 15 heures ◆ **have you got time to ~ in a quick meeting?** avez-vous le temps d'assister à une réunion rapide ?

► **fit on** **VI** ◆ **the bottle top won't ~ on** le bouchon de la bouteille n'est pas adapté

**VT SEP** *[+ object]* mettre

► **fit out** **VT SEP** **a** *[+ expedition, person]* équiper

**b** *(= furnish) [+ room, office, building]* aménager ◆ **to ~ a room/building out with sth** installer qch dans une pièce/un bâtiment ◆ **they've ~ted one room out as an office** ils ont transformé *or* aménagé une pièce en bureau

**c** *[+ ship]* armer

► **fit up** **VT SEP** **a** ◆ **they've fitted their house up with a burglar alarm** ils ont installé une alarme dans leur maison ◆ **they've ~ted one room up as an office** ils ont transformé *or* aménagé une pièce en bureau

**b** *( * Brit = frame)* ◆ **to fit sb up** faire porter le chapeau à qn

**fit²** /fɪt/ **N** **a** *(Med)* attaque *f* ; *[of epilepsy]* crise *f* ◆ **~ of coughing** quinte *f* de toux ◆ **to have** *or* **throw * a ~** avoir *or* piquer * une crise ◆ **she'll have a ~ when we tell her** * elle va avoir une attaque *or* elle va piquer une crise quand on lui dira ça * ; → **blue, epileptic, faint**

**b** *(= outburst)* mouvement *m*, accès *m* ◆ **in a ~ of anger** dans un mouvement *or* accès de colère ◆ **a ~ of crying** une crise de larmes ◆ **to be in ~s (of laughter)** se tordre de rire ◆ **to get a ~ of the giggles** avoir le fou rire

◆ **in fits and starts** par à-coups

**VI** *(Med)* faire une attaque

**fitful** /ˈfɪtfʊl/ **ADJ** *[sleep]* troublé, agité ; *[showers]* intermittent ; *[breeze]* capricieux, changeant ◆ **~ enthusiasm/anger** des accès *mpl* d'enthousiasme/de colère ◆ **to have a ~ night** passer une nuit agitée

**fitfully** /ˈfɪtfəlɪ/ **ADV** *[sleep, doze]* de façon intermittente ; *[work]* par à-coups ◆ **the sun shone ~** le soleil faisait de brèves apparitions

**fitment** /ˈfɪtmənt/ **N** **a** *(Brit) (= built-in furniture)* meuble *m* encastré ; *(= cupboard)* placard *m* encastré ; *(in kitchen)* élément *m* (de cuisine) **b** *(= part: for vacuum cleaner, mixer etc)* accessoire *m* ◆ **it's part of the light ~** cela fait partie du luminaire

**fitness** /ˈfɪtnɪs/ **N** **a** *(= health)* santé *f* ; *(= physical trimness)* forme *f* **b** *(= suitability) [of remark]* à-propos *m*, justesse *f* ; *[of person]* aptitude *f* (*for* à) **COMP** ▷ **fitness centre N** centre *m* de fitness *or* de culture physique ▷ **fitness fanatic** *, **fitness freak** * **N** *(pej)* fana * *mf* de culture physique ▷ **fitness instructor N** professeur *mf* de fitness *or* de culture physique ▷ **fitness programme N** programme *m* de fitness *or* de culture physique ▷ **fitness room N** salle *f* de fitness *or* de culture physique ▷ **fitness test N** *(Sport)* test *m* de condition physique

**fitted** /ˈfɪtɪd/ **ADJ** **a** *(Brit) [wardrobe, kitchen units]* encastré ; *[kitchen]* intégré ; *[bedroom]* meublé ; *[bathroom]* aménagé ◆ **a fully-~ kitchen** une cuisine entièrement équipée **b** *(= tailored) [jacket, shirt]* ajusté **c** *(frm = suited)* ◆ **~ to do sth** apte à faire qch ◆ **well/ill ~ to do sth** vraiment/pas vraiment fait pour faire qch ◆ **~ for** *or* **to a task** apte pour une tâche **COMP** ▷ **fitted carpet N** moquette *f* ◆ **the room has a ~ carpet** la pièce est moquettée ▷ **fitted sheet N** drap-housse *m*

**fitter** /ˈfɪtəʳ/ **N** **a** *[of machine, device]* monteur *m* ; *[of carpet]* poseur *m* **b** *(Dress)* essayeur *m*, -euse *f*

**fitting** /ˈfɪtɪŋ/ **ADJ** *[remark]* pertinent, juste **N** **a** *(Dress)* essayage *m* **b** *(Brit: gen pl: in house etc)* **~s** installations *fpl* ◆ **bathroom ~s** installations *fpl* sanitaires ◆ **electrical ~s** installations *fpl* électriques, appareillage *m* électrique ◆ **furniture and ~s** mobilier *m* et installations *fpl* ◆ **office ~s** équipement *m* de bureau ; → **light¹** **COMP** ▷ **fitting room N** salon *m* d'essayage

**-fitting** /ˈfɪtɪŋ/ **ADJ** *(in compounds)* ◆ **ill-fitting** qui ne va pas ◆ **wide-fitting** large ; → **close¹, loose, tight**

**fittingly** /ˈfɪtɪŋlɪ/ **ADV** *[dress]* convenablement (pour l'occasion) ; *[titled, named]* de façon appropriée ◆ **a ~ exciting finish to a magnificent match** une fin passionnante à la hauteur de la qualité du match ◆ **the speech was ~ solemn** le discours avait la solennité qui convenait ◆ **~, he won his first world title before his home crowd** comme il convient, il a remporté son premier titre mondial devant son public

**five** /faɪv/ **ADJ** cinq *inv* **N** cinq *m* ◆ **to take ~** * *(esp US)* faire une pause ; *for other phrases see* **six** **NPL** **fives** *(Sport) sorte de jeu de pelote (à la main)* **PRON** cinq ◆ **there are ~** il y en a cinq **COMP** ▷ **five-and-dime, five-and-ten N** *(US)* bazar *m* ▷ **five-a-side (football) N** *(Brit)* football *m* à cinq ▷ **five-by-five** * **ADJ** *(US* *fig)* aussi gros que grand ▷ **Five Nations Tournament** N *(Rugby)* tournoi *m* des cinq nations ▷ **five-o'clock shadow** N barbe *f* d'un jour ▷ **five spot** * N *(US)* billet *m* de cinq dollars ▷ **five-star hotel** N hôtel *m* cinq étoiles ▷ **five-star restaurant** N ≈ restaurant *m* trois étoiles ▷ **five-year** ADJ quinquennal ▷ **five-year man** * N *(US Univ: hum)* éternel redoublant *m* ▷ **five-year plan** N plan *m* quinquennal

**fiver** * /ˈfaɪvəʳ/ N *(Brit)* billet *m* de cinq livres ; *(US)* billet *m* de cinq dollars

**fix** /fɪks/ VT a *(= make firm) (with nails etc)* fixer ; *(with ropes etc)* attacher ◆ **to ~ a stake in the ground** enfoncer un pieu en terre ◆ **to ~ bayonets** *(Mil)* mettre (la) baïonnette au canon ; see also **fixed**

b *(= direct, aim) [+ gun, camera, radar]* diriger (on sur) ; *[+ attention]* fixer (on sur) ◆ **to ~ one's eyes on sb/sth** fixer qn/qch du regard ◆ **all eyes were ~ed on her** tous les regards *or* tous les yeux étaient fixés sur elle ◆ **he ~ed him with an angry glare** il l'a fixé d'un regard furieux ◆ **to ~ sth in one's mind** graver *or* imprimer qch dans son esprit ◆ **to ~ one's hopes on sth** mettre tous ses espoirs en qch ◆ **to ~ the blame on sb** attribuer *or* faire endosser la responsabilité à qn

c *(= arrange, decide)* décider, arrêter ; *[+ time, price]* fixer, arrêter ; *[+ limit]* fixer, établir ◆ **on the date ~ed** à la date convenue ◆ **nothing has been ~ed yet** rien n'a encore été décidé, il n'y a encore rien d'arrêté *or* de décidé

d *(Phot)* fixer

e * arranger, préparer ◆ **to ~ one's hair** se passer un coup de peigne ◆ **can I ~ you a drink?** vous prendrez bien un verre ? ◆ **I'll go and ~ us something to eat** je vais vite (nous) préparer un petit quelque chose à manger

f *(= deal with)* arranger ; *(= mend)* réparer ◆ **don't worry, I'll ~ it all** ne vous en faites pas, je vais tout arranger ◆ **he ~ed it with the police before he organized the demonstration** il a attendu d'avoir le feu vert * de la police *or* il s'est arrangé avec la police avant d'organiser la manifestation ◆ **I'll soon ~ him** *, **I'll ~ his wagon** * *(US)* je vais lui régler son compte ◆ **to ~ a flat tyre** réparer un pneu

g ( * *= rig, corrupt) [+ person, witness, jury] (gen)* corrompre ; *(= bribe)* acheter, soudoyer ; *[+ match, fight, election, trial]* truquer ; *[+ prices]* fixer (de manière déloyale)

VI *(US = intend)* ◆ **to be ~ing to do sth** * avoir l'intention de faire qch, compter faire qch

N a * ennui *m*, embêtement * *m* ◆ **to be in/get into a ~** être/se mettre dans le pétrin * *or* dans de beaux draps ◆ **what a ~!** nous voilà dans de beaux draps *or* dans le pétrin ! *

b (‡ *= dose) [of drugs] (= injection)* piqûre *f*, piquouse ‡ *f* ; *[of coffee, chocolate, caffeine]* dose * *f* ◆ **to get** *or* **give o.s. a ~** *(Drugs)* se shooter ‡, se piquer ◆ **I need my daily ~ of coffee/chocolate** *etc (hum)* il me faut ma dose quotidienne de café/chocolat *etc*

c *(Aviat, Naut)* position *f* ◆ **I've got a ~ on him now** j'ai sa position maintenant ◆ **to take a ~ on** *(Naut)* déterminer la position de ◆ **I can't get a ~ on it** * *(fig)* je n'arrive pas à m'en faire une idée claire

d *(= trick)* ◆ **it's a ~** * c'est truqué, c'est une combine *

COMP ▷ **fixing bath** N *(Phot) (= liquid)* bain *m* de fixage, fixateur *m* ; *(= container)* bac *m* de fixateur

► **fix on** VT FUS choisir ◆ **they finally ~ed on that house** leur choix s'est finalement arrêté sur cette maison

VT SEP *[+ lid]* fixer, attacher

► **fix up** VI s'arranger *(to do sth* pour faire qch)

VT SEP arranger, combiner ◆ **I'll try to ~ something up** je tâcherai d'arranger quelque chose ◆ **let's ~ it all up now** décidons tout de suite ◆ **to ~ sb up with sth** trouver qch pour qn

**fixated** /fɪkˈseɪtɪd/ ADJ *(Psych)* qui fait une fixation ; *(fig)* obsédé (on par)

**fixation** /fɪkˈseɪʃən/ N a *(Chem, Phot)* fixation *f* b ◆ **to have a ~ about** *or* **on** *or* **with sth** faire une fixation sur qch

**fixative** /ˈfɪksətɪv/ N fixatif *m*

**fixed** /fɪkst/ ADJ a *(= set) [amount, position, time, intervals, stare, price]* fixe ; *[smile, grin]* figé ; *[idea]* arrêté ; *(Ling) [stress, word order]* fixe ◆ **(of) no ~ abode** *or* **address** *(Jur)* sans domicile fixe ◆ **there's no ~ agenda** il n'y a pas d'ordre du jour bien arrêté ◆ **with ~ bayonets** baïonnette au canon

b *(= rigged) [election, trial, match, race]* truqué ; *[jury]* soudoyé, acheté

c * ◆ **how are we ~ for time ?** on a combien de temps ?, on en est où question temps * ? ◆ **how are you ~ for cigarettes?** il te reste combien de cigarettes ?, tu en es où question cigarettes * ? ◆ **how are you ~ for tonight?** tu es libre ce soir ?, tu as prévu quelque chose ce soir ? ◆ **how are you ~ for transport?** comment fais-tu question transport * ?

COMP ▷ **fixed assets** NPL *(Comm)* immobilisations *fpl* ▷ **fixed cost contract** N marché *m* à prix forfaitaire ▷ **fixed costs** NPL *(Comm)* frais *mpl* fixes ▷ **fixed decimal point** N virgule *f* fixe ▷ **fixed disk** N *(Comput)* disque *m* fixe ▷ **fixed exchange rate** N *(Econ)* taux *m* de change fixe ▷ **fixed menu** N (menu *m* à) prix *m* fixe ▷ **fixed penalty (fine)** N amende *f* forfaitaire ▷ **fixed point** N ⇒ **fixed decimal point** ▷ **fixed-point notation** *or* **representation** N *(Comput)* notation *f* en virgule fixe ▷ **fixed-rate financing** N financement *m* à taux fixe ▷ **fixed star** N étoile *f* fixe ▷ **fixed-term contract** N contrat *m* à durée déterminée ▷ **fixed-term tenancy** N location *f* à durée déterminée ▷ **fixed-wing aircraft** N aéronef *m* à voilure fixe

**fixedly** /ˈfɪksɪdlɪ/ ADV *[stare]* fixement ◆ **to smile** ~ avoir un sourire figé

**fixer** /ˈfɪksəʳ/ N a *(Phot)* fixateur *m* b (‡ *= person)* combinard(e) ‡ *m(f)*

**fixings** /ˈfɪksɪŋz/ NPL a *(= nuts and bolts)* visserie *f* b *(US Culin)* garniture *f*, accompagnement *m*

**fixity** /ˈfɪksɪtɪ/ N *[of stare]* fixité *f* ◆ **his ~ of purpose** sa détermination inébranlable

**fixture** /ˈfɪkstʃəʳ/ N a *(gen pl: in building)* installation *f* fixe ; *(Jur)* immeuble *m*, bien *m* immeuble ◆ **the house was sold with ~s and fittings** *(Brit)* on a vendu la maison avec les aménagements intérieurs ◆ **€2,000 for ~s and fittings** *(Brit)* 2 000 € de reprise ◆ **lighting ~s** appareillage *m* électrique ◆ **she's a ~** * *(fig)* elle fait partie du mobilier * b *(Brit Sport)* match *m* (prévu), rencontre *f* ◆ **~ list** calendrier *m*

**fizz** /fɪz/ VI *[drink]* pétiller, mousser ; *[steam etc]* siffler N a pétillement *m*, sifflement *m* b *(fig)* punch * *m* ◆ **they need to put some ~ into their election campaign** leur campagne électorale a besoin d'un peu plus de nerf c ‡ champ ‡ *m*, champagne *m* ; *(US)* eau *f or* boisson *f* gazeuse

► **fizz up** VI monter (en pétillant), mousser

**fizzle** /ˈfɪzl/ VI pétiller

► **fizzle out** VI *[firework]* rater *(une fois en l'air)* ; *[party, event]* se terminer ; *[book, film, plot]* se terminer en queue de poisson ; *[plans]* tomber à l'eau ; *[enthusiasm, interest]* tomber

**fizzy** /ˈfɪzɪ/ ADJ *(esp Brit) [soft drink]* pétillant, gazeux ; *[wine]* mousseux, pétillant

**fjord** /fjɔːd/ N ⇒ **fiord**

**FL** abbrev of **Florida**

**Fla.** abbrev of **Florida**

**flab** * /flæb/ N *(= fat)* graisse *f* superflue, lard * *m*

**flabbergast** * /ˈflæbəgɑːst/ VT sidérer * ◆ **I was ~ed at this** ça m'a sidéré *

**flabbiness** /ˈflæbɪnɪs/ N *[of muscle, flesh]* aspect *m* flasque ; *(fig)* mollesse *f*

**flabby** /ˈflæbɪ/ ADJ a *(physically) [thighs, face, stomach, muscles]* mou (molle *f*), flasque ; *[person, skin]* flasque b *(= ineffectual) [country, economy]* mou (molle *f*)

**flaccid** /ˈflæksɪd/ ADJ *[muscle, flesh]* flasque, mou (molle *f*)

**flaccidity** /flækˈsɪdɪtɪ/ N flaccidité *f*

**flack** /flæk/ N *(US Cine, Press)* attaché(e) *m(f)* de presse VI être attaché(e) de presse

**flag**[1] /flæg/ N a drapeau *m* ; *(Naut)* pavillon *m* ◆ **~ of truce, white ~** drapeau *m* blanc ◆ **black ~** *[of pirates]* pavillon *m* noir ◆ **~ of convenience, ~ of necessity** *(US)* pavillon *m* de complaisance ◆ **they put the ~s out** * *(Brit fig)* ils ont fêté ça ◆ **with (all) ~s flying** *(fig)* en pavoisant ◆ **to go down with ~s flying** *(Naut)* couler pavillon haut ; *(fig)* mener la lutte jusqu'au bout ◆ **to keep the ~ flying** *(fig)* maintenir les traditions ◆ **to fly the ~ for one's country** défendre les couleurs de son pays ◆ **to wrap** *or* **drape o.s. in the ~** *(esp US)* servir ses intérêts personnels sous couvert de patriotisme ; → **red, show**

b *[of taxi]* **the ~ was down** ≈ le taxi était pris

c *(for charity)* insigne *m (d'une œuvre charitable)*

d *(Comput)* drapeau *m*

VT a orner *or* garnir de drapeaux ; *[+ street, building, ship]* pavoiser

b *(= mark page)* signaler *(avec une marque)* ; *(Comput)* signaler *(avec un drapeau)*

COMP ▷ **flag carrier** N *(= airline)* compagnie *f* nationale ▷ **Flag Day** N *(US)* le 14 juin *(anniversaire du drapeau américain)* ▷ **flag day** N *(Brit)* journée *f* de vente d'insignes *(pour une œuvre charitable)* ◆ **~ day in aid of the war-blinded** journée *f* des *or* pour les aveugles de guerre ▷ **flag officer** N *(Naut)* officier *m* supérieur ▷ **flag-waving** *(fig)* N déclarations *fpl* cocardières ADJ *[politicians, patriots etc]* cocardier

► **flag down** VT SEP *[+ taxi, bus, car]* héler, faire signe à ; *[police]* faire signe de s'arrêter à

**flag**[2] /flæg/ VI *[athlete, walker]* faiblir ; *[worker]* fléchir, se relâcher ; *[conversation]* traîner, languir ; *[interest, spirits]* faiblir ; *[enthusiasm]* tomber ; *[sales]* fléchir ; *[market]* faiblir ; *[economy, economic recovery]* s'essouffler ; *[film, novel, album]* faiblir ◆ **he's ~ging** il ne va pas fort ◆ **the film begins well but starts ~ging towards the middle** le film commence bien mais se met à faiblir vers le milieu

**flag**[3] /flæg/ N *(Bot)* iris *m* (des marais)

**flag**[4] /flæg/ N *(also* **flagstone***)* dalle *f*

**flagellant** /ˈflædʒələnt/ N a *(Rel)* flagellant *m* b *(sexual)* adepte *mf* de la flagellation

**flagellate** /ˈflædʒəleɪt/ ADJ, N *(Bio)* flagellé *m* VT flageller

**flagellation** /ˌflædʒəˈleɪʃən/ N flagellation *f*

**flagellum** /flə'dʒeləm/ N (pl **flagellums** *or* **flagella** /flə'dʒelə/) flagelle *m*

**flageolet** /ˌflædʒəʊ'let/ N **a** *(Mus)* flageolet *m* **b** *(also* **flageolet bean***)* flageolet *m*

**flagged** /flægd/ ADJ *[floor]* dallé

**flagon** /'flægən/ N *(of glass)* (grande) bouteille *f*; *(larger)* bonbonne *f*; *(= jug)* (grosse) cruche *f*

**flagpole** /'flægpəʊl/ N mât *m (portant le drapeau)* ◆ **to run an idea/proposal up the ~** * lancer une idée/proposition pour tâter le terrain ◆ **let's run this up the ~ (and see who salutes it)** proposons cela (et voyons les réactions)

**flagrant** /'fleɪgrənt/ ADJ flagrant

**flagrante delicto** /flə'græntɪdɪ'lɪktəʊ/ ◆ **in ~** ADV en flagrant délit

**flagrantly** /'fleɪgrəntlɪ/ ADV *[abuse, disregard]* de manière flagrante; *[silly, untrue, unequal]* manifestement; *[provocative]* ouvertement ◆ **~ unjust/indiscreet** d'une injustice/d'une indiscrétion flagrante

**flagship** /'flægʃɪp/ N *(Naut)* vaisseau *m* amiral; *(Comm)* produit *m* phare COMP *(Comm) [product, store, company, TV programme]* phare

**flagstaff** /'flægstɑːf/ N mât *m (portant le drapeau)*; *(Naut)* mât *m* de pavillon

**flagstone** /'flægstəʊn/ N ⇒ **flag**[4]

**flail** /fleɪl/ N *(Agr)* fléau *m* VT *(Agr) [+ corn]* battre au fléau VI *[arms] (also* **flail about***)* battre l'air

**flair** /flɛəʳ/ N **a** *(= talent)* flair *m*; *(= perceptiveness)* perspicacité *f* ◆ **to have a ~ for** avoir un don pour ◆ **to have a ~ for getting into trouble** *(iro)* avoir le don pour s'attirer des ennuis **b** *(= style, elegance)* style *m*

**flak** /flæk/ N **a** *(Mil) (= firing)* tir *m* antiaérien *or* de DCA; *(= guns)* canons *mpl* antiaériens *or* de DCA; *(= flashes)* éclairs *mpl* **b** *(* = criticism)* critiques *fpl* ◆ **he got a lot of ~ (for that)** il s'est fait descendre en flammes (pour ça) ◆ **he got a lot of ~ from ...** il s'est fait éreinter par ... COMP ▷ **flak-jacket** N gilet *m* pare-balles *inv* ▷ **flak ship** N bâtiment *m* de DCA

**flake** /fleɪk/ N **a** *[of snow, cereal]* flocon *m*; *[of paint]* écaillure *f*; *[of rust]* écaille *f*; see also **cornflakes** **b** *(* = eccentric)* barjo * *mf* VI *(also* **flake off***) [stone, plaster]* s'effriter, s'écailler; *[paint]* s'écailler; *[skin]* peler, se desquamer *(Med)* VT *(also* **flake off***)* effriter, écailler ◆ **~d almonds** *(Culin)* amandes *fpl* effilées COMP ▷ **flake-white** N blanc *m* de plomb

► **flake off** VI **a** → **flake vt** **b** *(US)* ◆ **flake off!** ‡ fous le camp! ‡, de l'air! *

► **flake out** ‡ VI *(Brit) (= collapse)* tomber dans les pommes *, tourner de l'œil *; *(= fall asleep)* s'endormir *or* tomber (tout d'une masse) ◆ **to be ~d out** être crevé * *or* à plat *

**flakey** ‡ /'fleɪkɪ/ ADJ ⇒ **flaky**

**flaky** /'fleɪkɪ/ ADJ **a** floconneux **b** ‡ bizarre, excentrique N * ◆ **to chuck** *or* **throw a flaky** piquer une crise * COMP ▷ **flaky pastry** N pâte *f* feuilletée

**flambé** /'flɒːmbeɪ/ ADJ flambé VT flamber ◆ **~ed steaks** steaks *mpl* flambés

**flamboyance** /flæm'bɔɪəns/ N extravagance *f*

**flamboyant** /flæm'bɔɪənt/ ADJ **a** *[colour]* flamboyant, éclatant; *[person, character]* haut en couleur; *[rudeness]* ostentatoire; *[speech]* retentissant; *[style, dress, manners]* extravagant **b** *(Archit)* flamboyant

**flame** /fleɪm/ N **a** flamme *f*; *(fig) [of passion, enthusiasm]* flamme *f*, ardeur *f* ◆ **to feed** *or* **fan the ~s** *(lit)* attiser le feu; *(fig)* jeter de l'huile sur le feu

◆ **in flames** en flammes, en feu ◆ **to go up in ~s** *(= catch fire)* s'embraser; *(= be destroyed by fire)* être détruit par le feu; *(fig)* partir en fumée

**b** ◆ **she's one of his old ~s** * c'est un de ses anciens béguins *

VI *[fire]* flamber; *[passion]* brûler ◆ **her cheeks ~d** ses joues se sont empourprées

VT *(Internet)* envoyer des messages d'insulte à

COMP ▷ **flame-coloured** ADJ (rouge) feu *inv* ▷ **flame gun** N ⇒ **flamethrower** ▷ **flame-proof dish** N plat *m* allant au feu ▷ **flame red** N rouge *m* vif ▷ **flame-red** ADJ rouge vif ▷ **flame retardant** ADJ, N ignifuge *m* ▷ **flame war** N *(Internet)* échange *m* d'insultes

► **flame up** VI *[fire]* flamber

**flamenco** /flə'meŋkəʊ/ ADJ, N flamenco *m*

**flamethrower** /'fleɪm,θrəʊəʳ/ N lance-flammes *m inv*

**flaming** /'fleɪmɪŋ/ ADJ **a** *(= burning) [sun, fire]* ardent; *[torch]* allumé **b** *(in colour) [sunset]* embrasé ◆ **~ red hair** des cheveux d'un roux flamboyant **c** *(* = furious) [row]* violent **d** *(esp Brit * = damn)* fichu *, satané * ◆ **the ~ car's locked** cette fichue *or* satanée voiture est fermée à clé ◆ **it's a ~ nuisance!** c'est vraiment enquiquinant! * ADV *(esp Brit *)* ◆ **he's ~ useless!** il est complètement nul! * ◆ **you get so ~ worked up about everything!** c'est pas possible de s'énerver comme ça pour un rien! *

**flamingo** /flə'mɪŋgəʊ/ N (pl **flamingos** *or* **flamingoes**) flamant *m* (rose)

**flammable** /'flæməbl/ ADJ inflammable

**flan** /flæn/ N *(= tart)* tarte *f*; *(savoury)* ≃ quiche *f*; *(US) (= custard)* flan *m* au caramel

**Flanders** /'flɑːndəz/ N Flandres *fpl*, Flandre *f* COMP ▷ **Flanders poppy** N coquelicot *m*

**flange** /flændʒ/ N *(on wheel)* boudin *m*; *(on pipe)* collerette *f*, bride *f*; *(on I-beam)* aile *f*; *(on railway rail)* patin *m*; *(on tool)* rebord *m*, collet *m*

**flanged** /flændʒd/ ADJ *[wheel]* à boudin, à rebord; *[tube]* à brides; *[radiator]* à ailettes

**flank** /flæŋk/ N *(Anat, Geog, Mil)* flanc *m*; *(Culin)* flanchet *m* VT **a** flanquer ◆ **~ed by two policemen** flanqué de *or* encadré par deux gendarmes **b** *(Mil)* flanquer; *(= turn the flank of)* contourner le flanc de

**flanker** /'flæŋkəʳ/ N *(Rugby)* ailier *m*

**flannel** /'flænl/ N **a** *(NonC: Tex)* flanelle *f* **b** *(Brit: also* **face flannel***)* ≃ gant *m* de toilette **c** *(Brit * fig = waffle)* baratin * *m* NPL **flannels** *(Brit = trousers)* pantalon *m* de flanelle VI *(Brit * = waffle)* baratiner * COMP de flanelle

**flannelette** /ˌflænə'let/ N finette *f*, pilou *m* COMP *[sheet]* de finette, de pilou

**flap** /flæp/ N **a** *[of wings]* battement *m*, coup *m*; *[of sails]* claquement *m* **b** *[of pocket, envelope, hat, tent, book cover]* rabat *m*; *[of counter, table]* abattant *m*; *(= door in floor)* trappe *f*; *(for cats)* chatière *f*; *(Aviat)* volet *m* ◆ **a ~ of skin** un morceau de peau **c** *(* = panic)* ◆ **to be in a ~** être dans tous ses états ◆ **to get into a ~** se mettre dans tous ses états, paniquer **d** *(Phon)* battement *m* VI **a** *[wings]* battre; *[shutters]* battre, claquer; *[sails]* claquer ◆ **his cloak ~ped about his legs** sa cape lui battait les jambes ◆ **his ears must be ~ping** * ses oreilles doivent siffler * **b** *(* = be panicky)* paniquer ◆ **stop ~ping!** pas de panique!, t'affole pas! * VT *[bird]* ◆ **to ~ its wings** battre des ailes

**flapdoodle** * /'flæp,duːdəl/ N blague * *f*, balivernes *fpl*

**flapjack** /'flæpdʒæk/ N *(Culin) (= biscuit)* galette *f* (à l'avoine); *(US) (= pancake)* crêpe *f* épaisse

**flapper** † * /'flæpəʳ/ N *garçonne des années 1920*

**flare** /flɛəʳ/ N **a** *(= light) [of torch, fire, sun]* éclat *m*, flamboiement *m*

**b** *(= signal)* feu *m*, signal *m* (lumineux); *(Mil)* fusée *f* éclairante, fusée-parachute *f*; *(Aviat) (for target)* bombe *f* éclairante *or* de jalonnement; *(for runway)* balise *f*

**c** *(Dress)* évasement *m*

NPL **flares** * pantalon *m* à pattes d'éléphant

VI **a** *[match]* s'enflammer; *[candle]* briller; *[sunspot]* brûler

**b** *(fig) [violence, fighting]* éclater ◆ **tempers ~d** les esprits se sont (vite) échauffés

**c** *[sleeves, skirt]* s'évaser, s'élargir; *[nostrils]* se dilater, se gonfler

VT *[+ skirt, trouser legs]* évaser; *[+ nostrils]* dilater, gonfler ◆ **~d skirt** jupe *f* évasée ◆ **~d trousers** pantalon *m* à pattes d'éléphant

COMP ▷ **flare path** N *(Aviat)* piste *f* balisée ▷ **flare-up** N *[of fire]* recrudescence *f*; *[of fighting]* intensification *f* (soudaine); *(= outburst of rage)* accès *m* de colère; *(= sudden dispute)* altercation *f*, prise *f* de bec *

► **flare out** VI → **flare vi c**

► **flare up** VI *[fire]* s'embraser, prendre (brusquement); *[person]* s'emporter; *[political situation]* exploser; *[anger, fighting, revolt]* éclater; *[disease]* se réveiller, reprendre; *[epidemic]* éclater, se déclarer (soudain) ◆ **he ~s up at the slightest thing** il est très soupe au lait

N ◆ **flare-up** → **flare**

**flash** /flæʃ/ N **a** *(= sudden light) (from torch, car headlights, explosion, firework)* lueur *f* soudaine; *(of flame, jewels)* éclat *m* ◆ **a ~ of light** un jet de lumière ◆ **a ~ of lightning, a lightning ~** un éclair

**b** *(fig = brief moment)* ◆ **it happened in a ~** c'est arrivé en un clin d'œil ◆ **it came to him in a ~ that ...** l'idée lui est venue tout d'un coup que ... ◆ **~ of genius** *or* **inspiration** *(gen)* éclair *m* de génie; *(= brainwave)* idée *f* de génie ◆ **(with) a ~ of anger** *or* **temper** (dans) un mouvement de colère ◆ **staring at the photo of him, I had a sudden ~ of recognition** en le regardant sur la photo, je l'ai subitement reconnu ◆ **in a ~ of memory, she saw ...** la mémoire lui revenant soudain, elle a vu ... ◆ **a ~ of humour** un trait d'humour ◆ **a ~ of wit** une boutade ◆ **a ~ in the pan** *(Pol etc: for new movement, idea, party)* un feu de paille *(fig)* *(= person's fad)* lubie *f*; → **hot**

**c** *(= brief glimpse)* coup *m* d'œil ◆ **a ~ of colour/of blue** *(= briefly seen colour)* une note soudaine de couleur/de bleu; *(= small amount of colour)* une note de couleur/de bleu ◆ **give us a ~!** ‡ fais voir! ◆ **despite his illness, there were ~es of the old Henry** malgré sa maladie, il y avait des moments où Henry redevenait lui-même ◆ **she has ~es of the future** elle a des visions fugitives de l'avenir

**d** *(also* **newsflash***)* flash *m* (d'information)

**e** *(Mil)* écusson *m*

**f** *(Phot)* flash *m*

**g** *(US)* ⇒ **flashlight**

**h** *(US = bright student)* petit(e) doué(e) *m(f)*

VI **a** *[light] (on and off)* clignoter; *[diamond]* étinceler; *[eyes]* lancer des éclairs ◆ **lightning ~ed** il y a eu des éclairs ◆ **a beam of light ~ed across his face** un trait de lumière éclaira soudain son visage ◆ **the sunlight ~ed on the water** l'eau scintillait (au soleil)

◆ **the blade of the knife ~ed in the sunlight** la lame du couteau brillait au soleil ◆ **to ~ on and off** clignoter ◆ **~ing light** *[of police car, ambulance etc]* gyrophare *m* ; *[of answerphone, warning signal]* lumière *f* clignotante ◆ **her eyes ~ed with anger** ses yeux lançaient des éclairs

**b** *(= move quickly)* **to ~ in/out/past** *etc [person, vehicle]* entrer/sortir/passer *etc* comme un éclair ◆ **the day ~ed by** *or* **past** on n'a pas vu la journée passer ◆ **the thought ~ed through** *or* **across his mind that ...** un instant, il a pensé que ... ◆ **his whole life ~ed before him** il a revu le film de sa vie ◆ **a look of terror/anger ~ed across her face** une expression de terreur/de colère passa fugitivement sur son visage ◆ **a message ~ed (up) onto the screen** un message est apparu sur l'écran

**c** *(* = expose o.s. indecently)* s'exhiber

**VT** **a** *[+ light]* projeter ◆ **to ~ a torch on** diriger une lampe torche sur ◆ **to ~ a torch in sb's face** diriger une lampe torche dans les yeux de qn ◆ **to ~ one's headlights, to ~ the high beams** *(US)* faire un appel de phares *(at sb* à qn)

**b** *(= show quickly)* **to ~ one's passport/ID card** montrer rapidement son passeport/sa carte d'identité ◆ **the screen was ~ing a message at me** l'écran m'envoyait un message ◆ **these images were ~ed across television screens all around the world** ces images sont apparues sur les écrans de télévision du monde entier ◆ **she ~ed him a look of contempt** elle lui a jeté un regard de mépris ◆ **to ~ a smile at sb** lancer un sourire éclatant à qn

**c** *(= flaunt) [+ diamond ring]* étaler (aux yeux de tous), mettre (bien) en vue ◆ **don't ~ all that money around** n'étale pas tout cet argent comme ça

**ADJ** * ⇒ **flashy**

**COMP** ▷ **flash bulb** **N** *(Phot)* ampoule *f* de flash ▷ **flash burn** **N** *(Med)* brûlure *f (causée par un flux thermique)* ▷ **flash card** **N** *(Scol)* fiche *f (support pédagogique)* ▷ **flash flood** **N** crue *f* subite ▷ **flash-forward** **N** projection *f* dans le futur ▷ **flash gun** **N** *(Phot)* flash *m* ▷ **flash Harry** †* **N** *(Brit pej)* frimeur* *m* ▷ **flash meter** **N** *(Phot)* flashmètre *m* ▷ **flash pack** **N** emballage *m* promotionnel ▷ **flash photography** **N** *(Phot)* photographie *f* au flash ▷ **flash point** **N** *(Chem)* point *m* d'ignition ◆ **the situation had nearly reached ~ point** la situation était explosive ▷ **flash powder** **N** *(Phot)* photopoudre *m*

**flashback** /ˈflæʃbæk/ **N** **a** *(Cine)* flash-back *m inv*, retour *m* en arrière **b** *(Psych)* flash-back *m inv*

**flashcube** /ˈflæʃkjuːb/ **N** *(Phot)* flash *m* (cube)

**flasher** /ˈflæʃəʳ/ **N** **a** *(= light, device)* clignotant *m* **b** *(* = person committing indecent exposure)* exhibitionniste *m*

**flashily** /ˈflæʃɪlɪ/ **ADV** de façon tape-à-l'œil

**flashing** /ˈflæʃɪŋ/ **N** **a** *(on roof)* revêtement *m* de zinc, noue *f* **b** *(* = indecent exposure)* exhibitionnisme *m*

**flashlight** /ˈflæʃlaɪt/ **N** *(Phot)* flash *m* ; *(esp US = torch)* torche *f* or lampe *f* électrique ; *(on lighthouse etc)* fanal *m*

**flashy** /ˈflæʃɪ/ **ADJ** *(pej) [person]* tapageur ; *[jewellery, car]* tape-à-l'œil *inv*, clinquant ; *[dress]* tape-à-l'œil *inv*, voyant ; *[colour, taste]* criard, tapageur

**flask** /flɑːsk/ **N** *(Pharm)* fiole *f* ; *(Chem)* ballon *m* ; *(= bottle)* bouteille *f* ; *(for pocket)* flasque *f* ; *(also* **vacuum flask***)* bouteille *f* isotherme, (bouteille *f*) thermos ® *f*

**flat¹** /flæt/ **ADJ** **a** *[countryside, surface, the earth]* plat ; *[tyre]* dégonflé, à plat ◆ **a ~ dish** un plat creux ◆ **~ roof** toit *m* plat *or* en terrasse ◆ **~ nose** nez *m* épaté *or* camus ◆ **a ~ stomach** un ventre plat ◆ **he was lying ~ on the floor** il était (étendu) à plat par terre ◆ **to fall ~** *[event, joke]* tomber à plat ; *[scheme]* ne rien donner ◆ **lay the book ~ on the table** pose le livre à plat sur la table ◆ **the earthquake laid the whole city ~** le tremblement de terre a rasé la ville entière ◆ **as ~ as a pancake*** *[tyre]* complètement à plat ; *[surface, countryside]* tout plat ◆ **to be in a ~ spin*** *(Brit)* être dans tous ses états ; see also **comp**

**b** *(= dull) [taste, style]* monotone, plat ; *(= unexciting) [event, experience]* morne, sans intérêt ; *[battery]* à plat ; *(= not fizzy) [beer etc]* éventé ◆ **I was feeling rather ~** je n'avais pas la pêche* ◆ **the beer is ~** *(= not fizzy)* la bière est éventée ; *(= insipid)* la bière a un goût fade

**c** *(Mus) (= off-key)* trop grave ◆ **B ~** *(= semitone lower)* si *m* bémol

**d** *[refusal, denial]* net (nette *f*), catégorique ◆ **and that's ~!*** un point c'est tout !*

**e** *(Comm)* **~ rate of pay** salaire *m* fixe ◆ **~ rate** *[of price, charge]* forfait *m*

**f** *(= not shiny) [colour]* mat

**g** *(= stable) [price]* stationnaire, stable ◆ **house prices have stayed ~** les prix de l'immobilier ont atteint un palier

**h** *(US) (= penniless)* **to be ~** ‡ être fauché (comme les blés)*, n'avoir plus un rond*

**ADV** **a** ◆ **he told me ~ that ...** il m'a dit carrément *or* sans ambages que ... ◆ **he turned it down ~** il l'a carrément refusé, il l'a refusé tout net ◆ **to be ~ broke** ‡ être fauché (comme les blés)*, n'avoir plus un rond* ◆ **in ten seconds ~** en dix secondes pile

♦ **flat out*** ◆ **to go ~ out** *(esp Brit) [person]* courir à fond de train ; *[car]* rouler à fond de train ◆ **to go ~ out for sth** *(esp Brit)* faire tout son possible pour avoir qch ◆ **to be ~ out** *(= exhausted)* être à plat* *or* vidé* ; *(= asleep)* dormir, ronfler* *(fig) (= drunk)* être complètement rétamé, être KO* ◆ **to be working ~ out** *(esp Brit)* travailler d'arrache-pied ◆ **to be lying ~ out** être étendu *or* couché de tout son long

**b** *(Mus) [sing, play]* faux, trop bas

**N** **a** *[of hand, blade]* plat *m*

**b** *(Geog) (= dry land)* plaine *f* ; *(= marsh)* marécage *m* ; → **salt**

**c** *(Mus)* bémol *m*

**d** *(Aut)* crevaison *f*, pneu *m* crevé

**e** *(Racing)* **the ~** ⇒ **flat racing, flat season** ◆ **on the ~** sur le plat

**COMP** ▷ **flat bed** **N** *[of lorry]* plateau *m* ▷ **flat-bed lorry** **N** camion *m* à plateau ▷ **flat-bed scanner** **N** scanner *m* à plat ▷ **flat-bottomed boat** **N** bateau *m* à fond plat ▷ **flat cap** **N** *(Brit)* casquette *f* ▷ **flat car** **N** *(US Rail)* wagon *m* plat ▷ **flat-chested** **ADJ** ◆ **she is ~-chested** elle est plate, elle n'a pas de poitrine ▷ **flat feet** **NPL** ◆ **to have ~ feet** avoir les pieds plats ▷ **flat-iron** **N** fer *m* à repasser ▷ **flat-out** ‡ *(US)* **ADJ** complet, absolu **ADV** complètement ▷ **flat pack** **N** meuble *m* en kit ◆ **it arrives as a ~ pack** c'est livré en kit ▷ **flat-pack** **ADJ** en kit ▷ **flat race** **N** course *f* de plat ▷ **flat racing** **N** course *f* de plat ▷ **flat rate amount** **N** *(Fin, Jur)* montant *m* forfaitaire ▷ **flat screen** **N** *(TV)* écran *m* plat ▷ **flat season** **N** *(Racing)* saison *f* des courses de plat ▷ **flat silver** **N** *(US)* couverts *mpl* en argent ▷ **flat top** **N** *(= haircut)* coupe *f* en brosse

**flat²** /flæt/ **N** *(Brit)* appartement *m* **COMP** ▷ **flat-hunting** **N** ◆ **to go ~-hunting** chercher un appartement

**flatfish** /ˈflætfɪʃ/ **N** (pl **flatfish** *or* **flatfishes**) poisson *m* plat

**flatfoot** ‡ /ˈflætfʊt/ **N** (pl **-foots** *or* **-feet**) *(US = policeman)* flic* *m*

**flatfooted** /ˌflætˈfʊtɪd/ **ADJ** *(lit)* aux pieds plats ; *(* fig = tactless) [person, approach]* maladroit **ADV** *(= wholeheartedly)* tout de go* ◆ **to catch sb ~*** prendre qn par surprise

**flatlet** /ˈflætlɪt/ **N** *(Brit)* studio *m*

**flatly** /ˈflætlɪ/ **ADV** **a** *(= firmly) [refuse, deny, reject]* catégoriquement ◆ **to be ~ against sth** être catégoriquement contre qch ◆ **to be ~ opposed to sth** être catégoriquement opposé à qch **b** *(= unemotionally) [say, state]* avec impassibilité **c** *(= absolutely)* **to be ~ inconsistent with sth** être absolument incompatible avec qch

**flatmate** /ˈflætmeɪt/ **N** ◆ **my ~** la personne avec qui je partage l'appartement ; *(both renting)* mon colocataire, ma colocataire

**flatness** /ˈflætnɪs/ **N** **a** *[of countryside, surface]* manque *m* de relief, aspect *m* plat ; *[of curve]* aplatissement *m* **b** *[of refusal]* netteté *f* **c** *(= dullness)* monotonie *f*

**flatten** /ˈflætn/ **VT** **a** *(= make less bumpy) [+ path, road]* aplanir ; *[+ metal]* aplatir **b** *(= destroy) [wind, storm] [+ crops]* coucher, écraser ; *[+ tree]* abattre ; *[bombing, earthquake] [+ town, building]* raser ; *(* = knock over) [+ person]* étendre* ◆ **to ~ o.s. against** s'aplatir *or* se plaquer contre **c** *(* = defeat)* écraser* **d** *(Mus) [+ tone, pitch, note]* bémoliser **e** *[+ battery]* mettre à plat

► **flatten out** **VI** *[countryside, road]* s'aplanir ; *[aircraft]* se redresser ; *[curve]* s'aplatir **VT SEP** *[+ path]* aplanir ; *[+ metal]* aplatir ; *[+ map, newspaper]* ouvrir à plat

**flatter** /ˈflætəʳ/ **VT** *(all senses)* flatter ◆ **he ~s himself he's a good musician** il se flatte d'être bon musicien ◆ **I was ~ed to be invited** j'étais flatté d'avoir été invité ◆ **you ~ yourself!** tu te flattes !

**flatterer** /ˈflætərəʳ/ **N** flatteur *m*, -euse *f*, flagorneur *m*, -euse *f (pej)*

**flattering** /ˈflætərɪŋ/ **ADJ** **a** *[person, remark, behaviour]* flatteur *(to sb* pour qn) ◆ **they listened to him with a ~ interest** ils l'ont écouté avec un intérêt flatteur ◆ **to be ~ about sb** parler de qn en termes flatteurs **b** *[clothes, colour]* flatteur ◆ **it wasn't a very ~ photo (of him)** ce n'était pas une photo qui l'avantageait beaucoup ◆ **lighter shades are more ~ to your complexion** les tons clairs sont plus flatteurs pour votre teint *or* conviennent mieux à votre teint

**flatteringly** /ˈflætərɪŋlɪ/ **ADV** flatteusement

**flattery** /ˈflætərɪ/ **N** flatterie *f* ◆ **~ will get you nowhere/everywhere** *(hum)* la flatterie ne mène à rien/mène à tout

**flatties*** /ˈflætɪz/ **NPL** chaussures *fpl* basses *or* à talon plat

**flattop*** /ˈflættɒp/ **N** *(US)* porte-avions *m*

**flatulence** /ˈflætjʊləns/ **N** flatulence *f*

**flatulent** /ˈflætjʊlənt/ **ADJ** flatulent

**flatware** /ˈflætwɛəʳ/ **N** *(US) (= plates)* plats *mpl* et assiettes *fpl* ; *(= cutlery)* couverts *mpl*

**flatworm** /ˈflætwɜːm/ **N** plathelminthe *m*, ver *m* plat

**flaunt** /flɔːnt/ **VT** *[+ wealth]* étaler, afficher ; *[+ jewels]* faire étalage de ; *[+ knowledge]* faire étalage *or* parade de ; *[+ boyfriend etc]* afficher ◆ **she ~ed her femininity at him** elle lui jetait sa féminité à la tête ◆ **to ~ o.s.** s'exhiber

**flautist** /ˈflɔːtɪst/ N *(esp Brit)* flûtiste *mf*

**flavour, flavor** *(US)* /ˈfleɪvəʳ/ **N** goût *m*, saveur *f* ; *[of ice cream, sweet, yoghurt, jelly]* parfum *m* ; *(in processed foods)* arôme *m* ◆ **with a rum ~** (parfumé) au rhum ◆ **a slight ~ of irony** une légère pointe d'ironie ◆ **the film gives the ~ of Paris in the twenties** le film rend bien l'atmosphère du Paris des années vingt ◆ **to be (the) ~ of the month** * être la coqueluche du moment **VT** *(with fruit, spirits)* parfumer (*with* à) ; *(with herbs, spices)* aromatiser, assaisonner ◆ **to ~ a sauce with garlic** relever une sauce avec de l'ail ◆ **pineapple-~ed** (parfumé) à l'ananas **COMP** ▷ **flavour enhancer** N agent *m* de sapidité, exhausteur *m* de goût *or* de saveur

**flavourful, flavorful** *(US)* /ˈfleɪvəˌfəl/ ADJ goûteux

**flavouring, flavoring** *(US)* /ˈfleɪvərɪŋ/ N *(in cake, yoghurt, ice cream)* parfum *m* ◆ **vanilla ~** parfum *m* vanille

**flavourless, flavorless** *(US)* /ˈfleɪvəlɪs/ ADJ insipide, sans saveur

**flavoursome** /ˈfleɪvəsəm/ ADJ *(US)* goûteux

**flaw** /flɔː/ **N** *(in character)* défaut *m*, imperfection *f* ; *(in argument, reasoning)* faille *f* ; *(in wood)* défaut *m*, imperfection *f* ; *(in gemstone, marble)* défaut *m*, crapaud *m* ; *(Jur: in contract, procedure)* vice *m* de forme ; *(= obstacle)* problème *m* ◆ **everything seems to be working out, but there's just one ~** tout semble s'arranger, il n'y a qu'un problème **VT** ◆ **the plan was ~ed by its dependence on the actions of others** le plan avait un point faible : il dépendait des actions des autres ◆ **his career was ~ed by this incident** cet incident a nui à sa carrière ◆ **the elections were ~ed by widespread irregularities** les élections ont été entachées de très nombreuses irrégularités ◆ **the team's performance was seriously ~ed by their inexperience** le manque d'expérience de l'équipe a sérieusement nui à ses résultats

**flawed** /flɔːd/ ADJ *[person, character]* imparfait ; *[object, argument, reasoning, plot]* défectueux

**flawless** /ˈflɔːlɪs/ ADJ parfait, sans défaut ◆ **he spoke ~ English** il parlait un anglais impeccable, il parlait parfaitement l'anglais

**flax** /flæks/ N lin *m*

**flaxen** /ˈflæksən/ ADJ *[hair]* (blond) filasse *inv*, de lin *(liter)* ; *(Tex)* de lin ◆ **~-haired** aux cheveux (blond) filasse, aux cheveux de lin *(liter)*

**flay** /fleɪ/ VT **a** *(= beat) [+ person, animal]* fouetter, rosser ; *(= criticize)* éreinter **b** *[+ animal] (= skin)* écorcher

**flea** /fliː/ **N** puce *f* ◆ **to send sb away** *or* **off with a ~ in his ear** * envoyer promener * qn, envoyer qn sur les roses * ; → **sand** **COMP** ▷ **flea collar** N *[of dog, cat]* collier *m* anti-puces ▷ **flea market** N marché *m* aux puces ▷ **flea-pit** ‡ N *(Brit = cinema)* ciné * *m* miteux ▷ **flea powder** N poudre *f* anti-puces ▷ **flea-ridden** ADJ *(lit) [person, animal]* couvert de puces ; *[place]* infesté de puces ; *(fig)* miteux

**fleabag** ‡ /ˈfliːbæg/ N *(Brit = person)* sac *m* à puces * ; *(US = hotel)* hôtel *m* minable

**fleabite** /ˈfliːbaɪt/ N *(lit)* piqûre *f* de puce ; *(fig)* vétille *f*, broutille *f*

**fleabitten** /ˈfliːˌbɪtn/ N *(lit)* infesté de puces ; *(fig)* miteux

**fleck** /flek/ **N** *[of colour]* moucheture *f* ; *[of foam]* flocon *m* ; *[of blood, light]* petite tache *f* ; *[of dust]* particule *f* **VT** tacheter, moucheter ◆ **dress ~ed with mud** robe *f* éclaboussée de boue ◆ **blue ~ed with white** bleu moucheté de blanc ◆ **sky ~ed with little clouds** ciel *m* pommelé ◆ **hair ~ed with grey** cheveux *mpl* qui commencent à grisonner

**fled** /fled/ VB pt, ptp of **flee**

**fledged** /fledʒd/ ADJ → **fully**

**fledg(e)ling** /ˈfledʒlɪŋ/ **N** **a** *(Orn)* oiselet *m*, oisillon *m* **b** *(fig = novice)* novice *mf*, débutant(e) *m(f)* **COMP** *[industry, democracy]* jeune ; *[dancer, writer, poet]* débutant

**flee** /fliː/ (pret, ptp **fled**) **VI** fuir (*before* devant) s'enfuir (*from* de) ◆ **they fled** ils ont fui, ils se sont enfuis ◆ **they fled to Britain/to their parents'** ils se sont enfuis en Grande-Bretagne/chez leurs parents ◆ **I fled when I heard she was expected** je me suis sauvé *or* j'ai pris la fuite lorsque j'ai appris qu'elle devait venir ◆ **to ~ from temptation** fuir la tentation **VT** *[+ town, country]* s'enfuir de ; *[+ famine, war, temptation, danger]* fuir

**fleece** /fliːs/ **N** **a** *[of sheep]* toison *f* ; → **golden** **b** *(= garment)* (laine *f*) polaire *f* **VT** **a** *(= rob)* voler ; *(= swindle)* escroquer, filouter ; *(= overcharge)* estamper * **b** *[+ sheep]* tondre **COMP** ▷ **fleece-lined** ADJ doublé de mouton

**fleecy** /ˈfliːsɪ/ ADJ *[blanket, lining]* laineux ; *[jacket]* en laine polaire ; *[cloud]* floconneux

**fleet[1]** /fliːt/ **N** *(Naut)* flotte *f* ; *[of cars, buses, lorries]* parc *m* ; → **admiral, fishing** **COMP** ▷ **fleet admiral** N *(US)* amiral *m* ▷ **Fleet Air Arm** N *(Brit)* aéronavale *f* ▷ **fleet chief petty officer** N *(Brit)* major *m*

**fleet[2]** /fliːt/ ADJ (also **fleet-footed, fleet of foot**) rapide, au pied léger

**fleeting** /ˈfliːtɪŋ/ ADJ *[smile, glance, thought]* fugitif ; *[memory]* fugace ◆ **a ~ visit** une visite en coup de vent ◆ **to catch** *or* **get a ~ glimpse of sb/sth** entrapercevoir qn/qch ◆ **to make a ~ appearance** faire une brève apparition ◆ **for a ~ moment** l'espace d'un instant ◆ **the ~ years** *(liter)* les années *fpl* qui fuient

**fleetingly** /ˈfliːtɪŋlɪ/ ADV *[think, wonder]* un bref *or* court instant ; *[see, appear]* fugitivement ◆ **to smile ~ at sb** adresser un sourire fugitif à qn

**Fleet Street** /ˈfliːtˌstriːt/ N *(Brit)* les milieux de la presse londonienne

**Fleming** /ˈflemɪŋ/ N Flamand(e) *m(f)*

**Flemish** /ˈflemɪʃ/ **ADJ** flamand **N** *(Ling)* flamand *m* **NPL** **the Flemish** les Flamands *mpl*

**flesh** /fleʃ/ **N** **a** *[of person, animal]* chair *f* ; *[of fruit, vegetable]* chair *f*, pulpe *f* ◆ **to put on ~** *[animal]* engraisser ◆ **to make sb's ~ creep** *or* **crawl** donner la chair de poule à qn ◆ **creatures of ~ and blood** êtres *mpl* de chair et de sang ◆ **I'm only ~ and blood** je ne suis qu'un homme (*or* qu'une femme) comme les autres ◆ **my own ~ and blood** la chair de ma chair ◆ **it is more than ~ and blood can stand** c'est plus que la nature humaine ne peut endurer ◆ **in the ~** en chair et en os, en personne ◆ **to put ~ on the bare bones of a proposal** étoffer une proposition ; → **pound[1]**
**b** *(Rel liter)* ◆ **he's gone the way of all ~** *(= died)* il a payé son tribut à la nature † ◆ **the sins of the ~** les péchés *mpl* de la chair ◆ **the ~ is weak** la chair est faible
**COMP** ▷ **flesh colour** N couleur *f* chair ; *(Art)* carnation *f* ▷ **flesh-coloured** ADJ (couleur *f*) chair *inv* ▷ **flesh tints** NPL *(Art)* carnations *fpl* ▷ **flesh wound** N blessure *f* superficielle

► **flesh out** VT SEP *(fig) [+ essay, speech]* étoffer ; *[+ idea, proposal, agreement]* développer ◆ **to ~ out the details of an agreement** développer les éléments d'un accord ◆ **the author needs to ~ out his characters more** il faut que l'auteur étoffe davantage ses personnages

**fleshly** /ˈfleʃlɪ/ ADJ *(liter) [creature, love]* charnel ; *[pleasures]* charnel, de la chair

**fleshpots** /ˈfleʃpɒts/ NPL lieux *mpl* de plaisir

**fleshy** /ˈfleʃɪ/ ADJ *[face]* rebondi, joufflu ; *[cheeks]* rebondi ; *[nose, fruit, leaf]* charnu ; *[person]* grassouillet

**flew** /fluː/ VB pt of **fly[3]**

**flex** /fleks/ **VT** *[+ body, knees]* fléchir, ployer *(pour assouplir)* ◆ **to ~ one's muscles** *(lit)* faire jouer ses muscles, bander *(liter)* ses muscles ; *(fig)* faire étalage de sa force **N** *(Brit) [of lamp, iron]* fil *m* (souple) ; *[of telephone]* cordon *m* ; *(heavy duty)* câble *m*

**flexi** * /ˈfleksɪ/ N ⇒ **flexitime**

**flexibility** /ˌfleksɪˈbɪlɪtɪ/ N *[of material, person, attitude, approach]* souplesse *f*, flexibilité *f* ; *[of body]* souplesse *f* ; *[of working hours, system]* flexibilité *f* ; *[of machine, device]* flexibilité *f*, souplesse *f* d'emploi

**flexible** /ˈfleksəbl/ **ADJ** **a** *[object, material]* flexible, souple ; *[person, limbs, joints, body]* souple **b** *(fig) [person, approach, system, plans]* flexible, souple ; *[working hours, budget]* flexible ◆ **I'm ~** *(fig)* je peux toujours m'arranger ◆ **to be ~ in one's approach** faire preuve de souplesse **COMP** ▷ **flexible response** N *(Mil)* riposte *f* graduée

**flexibly** /ˈfleksəblɪ/ ADV *[respond, adapt, apply]* avec souplesse ; *[work]* avec flexibilité ◆ **to interpret a rule ~** interpréter une règle avec une certaine souplesse

**flexion** /ˈflekʃən/ N flexion *f*, courbure *f*

**flexitime** /ˈfleksɪˌtaɪm/ N *(esp Brit)* horaire *m* flexible *or* à la carte ◆ **to work ~** avoir un horaire flexible *or* à la carte ◆ **we work 35 hours' ~ a week** on travaille 35 heures hebdomadaires en horaire flexible

**flexor** /ˈfleksəʳ/ ADJ, N fléchisseur *m*

**flibbertigibbet** * /ˈflɪbətɪˈdʒɪbɪt/ N tête *f* de linotte, étourdi(e) *m(f)*

**flick** /flɪk/ **N** **a** *[of tail, duster]* petit coup *m* ; *(with finger)* chiquenaude *f*, pichenette *f* ; *(with wrist)* petit mouvement *m* (rapide) ◆ **at the ~ of a switch** rien qu'en appuyant sur un bouton ◆ **let's have a quick ~ through your holiday snaps** jetons un petit coup d'œil à tes photos de vacances
**b** *(Brit * = film)* film *m* ◆ **the ~s** le ciné *, le cinoche ‡
**VT** donner un petit coup à ◆ **he ~ed the horse lightly with the reins** il a donné au cheval un (tout) petit coup avec les rênes ◆ **I'll just ~ a duster round the sitting room** je vais passer un petit coup de chiffon dans le salon ◆ **to ~ a ball of paper at sb** envoyer d'une chiquenaude une boulette de papier à qn ◆ **he ~ed his cigarette ash into the ashtray** il a fait tomber la cendre de sa cigarette dans le cendrier
**COMP** ▷ **flick knife** N (pl **flick knives**) *(Brit)* (couteau *m* à) cran *m* d'arrêt

► **flick off** VT SEP *[+ dust, ash]* enlever d'une chiquenaude

► **flick out** VI, VT SEP ◆ **the snake's tongue flicked out** ◆ **the snake ~ed its tongue out** le serpent a dardé sa langue

► **flick over** VT SEP *[+ pages of book]* feuilleter, tourner rapidement

► **flick through** VT FUS *[+ pages of book, document]* feuilleter, lire en diagonale ◆ **to ~ through the TV channels** zapper

**flicker** /ˈflɪkəʳ/ **VI** *[flames, light]* danser ; *(before going out)* trembloter, vaciller ; *[needle on dial]* osciller ; *[eyelids]* ciller ◆ **the snake's tongue ~ed in and out** le serpent a dardé sa langue **N** *[of flames, light]* danse *f* ; *(before going out)* vacillement *m* ◆ **without a ~** *(fig)* sans sourciller *or* broncher ◆ **a ~ of hope** une lueur d'espoir ◆ **a ~ of doubt** l'ombre *f* d'un doute ◆ **a ~ of annoyance** un geste d'humeur ◆ **without a ~ of a smile** sans l'ombre d'un sourire **VT** ◆ **to ~ one's eyelids** battre des cils

**flickering** /ˈflɪkərɪŋ/ **ADJ** *(gen)* tremblant ; *[flames]* dansant ; *(before going out)* vacillant ; *[needle]* oscillant

**flickertail** /ˈflɪkə,teɪl/ **N** *(US)* spermophile *m* d'Amérique du Nord **COMP** ▷ **the Flickertail State N** le Dakota du Nord

**flier** /ˈflaɪəʳ/ **N** **a** *(Aviat = person)* aviateur *m*, -trice *f* ◆ **to be a good ~** *[passenger]* supporter (bien) l'avion ◆ **to be a bad ~** ne pas supporter *or* mal supporter l'avion ; → **high** **b** *(US)* *(= fast train)* rapide *m* ; *(= fast coach)* car *m* express **c** ◆ **to take a ~** *(= leap)* sauter avec élan ; *(US * fig = take a risk)* foncer tête baissée **d** *(St Ex)* (folle) aventure *f* **e** *(= handbill)* prospectus *m*

**flight**[1] /flaɪt/ **N** **a** *(NonC = action, course)* *[of bird, insect, plane]* vol *m* ; *[of ball, bullet]* trajectoire *f* ◆ **the principles of ~** les rudiments *mpl* du vol *or* de la navigation aérienne ◆ **in ~** en plein vol ◆ **the Flight of the Bumblebee** *(Mus)* le Vol du bourdon

**b** *(= plane trip)* vol *m* ◆ **~ number 776 from/to Madrid** le vol numéro 776 en provenance/à destination de Madrid ◆ **did you have a good ~?** le vol s'est bien passé ?, vous avez fait (un) bon voyage ?

**c** *(fig)* **a ~ of fancy** *(= harebrained idea)* une idée folle ; *(= figment of imagination)* une pure invention ◆ **to indulge** *or* **engage in a ~ of fancy** avoir des idées folles ◆ **in my wildest ~s of fancy** dans mes rêves les plus fous ; → **reconnaissance, test**

**d** *(= group)* *[of birds]* vol *m*, volée *f* ; *[of planes]* escadrille *f* ◆ **in the first** *or* **top ~ of scientists/novelists** parmi les scientifiques/les romanciers les plus marquants ◆ **a firm in the top ~** une entreprise prestigieuse

**e** ◆ **~ of stairs** escalier *m*, volée *f* d'escalier ◆ **we had to climb three ~s to get to his room** nous avons dû monter trois étages pour arriver à sa chambre ◆ **he lives three ~s up** il habite au troisième ◆ **~ of hurdles** série *f* de haies ◆ **~ of terraces** escalier *m* de terrasses

**COMP** ▷ **flight attendant N** steward *m*/hôtesse *f* de l'air, agent *m* de bord ▷ **flight bag N** (petit) sac *m* de voyage, bagage *m* à main ▷ **flight box N** enregistreur *m* de vol ▷ **flight control N** *(on ground)* contrôle *m* aérien ; *(in aircraft)* commande *f* de vol ▷ **flight crew N** équipage *m* ▷ **flight data recorder N** enregistreur *m* de données de vol ▷ **flight deck N** *[of plane]* poste *m* *or* cabine *f* de pilotage ; *[of aircraft carrier]* pont *m* d'envol ▷ **flight engineer N** mécanicien *m* de bord ▷ **flight lieutenant N** *(Brit)* capitaine *m* (de l'armée de l'air) ▷ **flight log N** suivi *m* de vol ▷ **flight path N** trajectoire *f* (de vol) ▷ **flight plan N** plan *m* de vol ▷ **flight recorder N** enregistreur *m* de vol ▷ **flight sergeant N** *(Brit)* ≈ sergent-chef *m* (de l'armée de l'air) ▷ **flight simulator N** simulateur *m* de vol ▷ **flight-test VT** essayer en vol

**flight**[2] /flaɪt/ **N** *(NonC = act of fleeing)* fuite *f* ◆ **to put to ~** mettre en fuite ◆ **to take (to) ~** prendre la fuite, s'enfuir ◆ **the ~ of capital abroad** la fuite *or* l'exode *m* des capitaux à l'étranger

**flightless** /ˈflaɪtlɪs/ **ADJ** incapable de voler ◆ **~ bird** ratite *m*, oiseau *m* coureur

**flighty** /ˈflaɪtɪ/ **ADJ** *(gen)* frivole ; *(in love)* volage, inconstant

**flimflam** ✻ /ˈflɪm,flæm/ *(US)* **N** *(= nonsense)* balivernes *fpl*, blague * *f* **ADJ** ◆ **a ~ man** *or* **artist** un filou, un escroc **VT** *(= swindle)* rouler *, blouser *

**flimsily** /ˈflɪmzɪlɪ/ **ADV** ◆ **~ built** *or* **constructed** (d'une construction) peu solide ◆ **his thesis was ~ argued** sa thèse était assez faiblement étayée

**flimsiness** /ˈflɪmzɪnɪs/ **N** *[of dress]* finesse *f* ; *[of house]* caractère *m* peu solide ; *[of paper]* minceur *f* ; *[of excuse, reasoning]* faiblesse *f*, futilité *f*

**flimsy** /ˈflɪmzɪ/ **ADJ** **a** *(= fragile)* *[object, structure, construction]* peu solide ; *[fabric]* peu résistant **b** *(= thin)* *[fabric]* léger, mince ; *[garment]* léger, fin ; *[paper]* mince **c** *(= feeble)* *[evidence]* peu convaincant ; *[excuse]* piètre ; *[grounds]* peu solide **N** *(Brit = type of paper)* papier *m* pelure *inv*

**flinch** /flɪntʃ/ **VI** broncher, tressaillir ◆ **to ~ from a task** reculer devant une tâche ◆ **he didn't ~ from warning her** il ne s'est pas dérobé au devoir de la prévenir ◆ **without ~ing** sans sourciller *or* broncher

**fling** /flɪŋ/ (vb : pret, ptp **flung**) **N** * **a** *(= spree)* ◆ **to go on a ~** aller faire la noce *or* la foire * ; *(in shops)* faire des folies ◆ **youth must have its ~** il faut que jeunesse se passe *(Prov)* ◆ **to have a last** *or* **final ~** *(= do sth foolish)* faire une dernière folie ; *[sportsman etc]* faire un dernier exploit ◆ **to have a final ~ at beating one's opponent/winning the championship** tenter une dernière fois de battre son adversaire/de remporter le championnat ; → **highland**

**b** *(= affair)* aventure *f* ◆ **he had a brief ~ with my sister** il a eu une brève aventure avec ma sœur

**VT** *[+ object, stone]* jeter, lancer (*at sb* à qn ; *at sth* sur qch) ; *[+ remark, insult]* lancer (*at sb* à qn) ◆ **he flung his opponent to the ground** il a jeté son adversaire à terre ◆ **to ~ sb into jail** jeter *or* flanquer * qn en prison ◆ **to ~ the window open** ouvrir toute grande la fenêtre ◆ **the door was flung open** la porte s'est ouverte brusquement ◆ **to ~ one's arms round sb** *or* **sb's neck** sauter *or* se jeter au cou de qn ◆ **to ~ a coat over one's shoulders** jeter un manteau sur ses épaules ◆ **to ~ one's coat on/off** enfiler/enlever son manteau d'un geste brusque ◆ **to ~ an accusation at sb** lancer une accusation contre qn ◆ **to ~ o.s. off a bridge/under a train** se jeter d'un pont/sous un train ◆ **to ~ o.s. to the ground/to one's knees** se jeter à terre/à genoux ◆ **to ~ o.s. into a job/a hobby** se jeter *or* se lancer à corps perdu dans un travail/une activité ◆ **she flung herself * at him** elle s'est jetée à sa tête ◆ **she flung herself onto the sofa** elle s'est affalée sur le canapé

► **fling away VT SEP** *[+ unwanted object]* jeter, ficher en l'air * ; *(fig)* *[+ money]* gaspiller, jeter par les fenêtres

► **fling back VT SEP** *[+ ball etc]* renvoyer ; *[+ one's head]* rejeter en arrière ; *[+ curtains]* ouvrir brusquement

► **fling off VT SEP** *(fig liter)* se débarrasser de

► **fling out VT SEP** *[+ person]* flanquer * *or* mettre à la porte ; *[+ unwanted object]* jeter, ficher en l'air *

► **fling up VT SEP** jeter en l'air ◆ **to ~ one's arms up in exasperation** lever les bras en l'air *or* au ciel en signe d'exaspération

**flint** /flɪnt/ **N** *(gen)* silex *m* ; *(for cigarette lighter)* pierre *f* (à briquet) ; → **clay** **COMP** *[axe]* de silex ▷ **flint glass N** flint(-glass) *m*

**flintlock** /ˈflɪntlɒk/ **N** fusil *m* à silex

**flinty** /ˈflɪntɪ/ **ADJ** **a** *(Geol)* *[soil, ground, rocks]* siliceux **b** *(= cruel)* *[person]* dur, insensible ; *[heart]* de pierre ; *[eyes, look]* dur

**flip** /flɪp/ **N** **a** chiquenaude *f*, petit coup *m* ◆ **to decide/win sth on the ~ of a coin** décider/gagner qch en tirant à pile ou face

**b** *(Aviat *)* petit tour *m* en zinc ✻

**VT** donner un petit coup à, donner une chiquenaude à ; *(US)* *[+ pancake]* faire sauter ◆ **to ~ a coin** tirer à pile ou face ◆ **to ~ a book open** ouvrir un livre d'une chiquenaude *or* d'une pichenette ◆ **to ~ one's lid** ✻, **to ~ one's wig** ✻ *or (US)* **one's top** ✻ éclater, exploser *(fig)*

**VI** (✻ : also **flip out**) *(angrily)* piquer une crise * (*over* à cause de) ; *(ecstatically)* devenir dingue * (*over* de)

**ADJ** *[remark, repartee]* désinvolte

**EXCL** * zut ! *

**COMP** ▷ **flip-flop** → **flip-flop** ▷ **flip side N** *[of record]* autre face *f*, face *f* B ; *(fig)* envers *m* ▷ **flip-top bin N** poubelle *f* à couvercle pivotant

► **flip out VI** → **flip VI**

► **flip over VT SEP** *[+ stone]* retourner d'un coup léger ; *[+ pages]* feuilleter

► **flip through VT FUS** *[+ book]* feuilleter

**flipboard** /ˈflɪpbɔːd/, **flipchart** /ˈflɪptʃɑːt/ **N** tableau *m* de conférence

**flip-flop** /ˈflɪpflɒp/ **N** **a** *(Comput)* bascule *f* (bistable) **b** *(esp US fig = change of opinion)* volte-face *f* **NPL** **flip-flops** *(= sandals)* tongs *fpl* **VI** *(US fig)* faire volte-face

**flippancy** /ˈflɪpənsɪ/ **N** *[of attitude]* désinvolture *f* ; *[of speech, remark]* irrévérence *f*, légèreté *f*

**flippant** /ˈflɪpənt/ **ADJ** *[person, remark]* désinvolte ◆ **to sound ~** sembler désinvolte

**flippantly** /ˈflɪpəntlɪ/ **ADV** avec désinvolture, irrévérencieusement, cavalièrement

**flipper** /ˈflɪpəʳ/ **N** *[of seal, whale, penguin]* nageoire *f* ◆ **~s** *[of swimmer]* palmes *fpl*

**flipping** * /ˈflɪpɪŋ/ **ADJ** *(Brit)* fichu * *before n*, maudit *before n* **ADV** *(Brit)* *[rude, stupid, cold]* drôlement * ◆ **it's ~ impossible!** c'est vraiment impossible ! ◆ **~ heck!**, **~ hell!** zut !

**flirt** /flɜːt/ **VI** flirter (*with* avec) ◆ **to ~ with danger** flirter avec le danger ◆ **to ~ with an idea** caresser une idée **N** ◆ **he's a ~** c'est un dragueur, il aime flirter

**flirtation** /flɜːˈteɪʃən/ **N** flirt *m*, amourette *f*

**flirtatious** /flɜːˈteɪʃəs/ **ADJ** qui aime flirter, flirteur †

**flirty** * /ˈflɜːtɪ/ **ADJ** *[person, behaviour]* dragueur ; *[clothes]* sexy *inv*

**flit** /flɪt/ **VI** **a** *[bats, butterflies]* voleter, voltiger ◆ **the idea ~ted through his head** l'idée lui a traversé l'esprit **b** *[person]* **to ~ in/out** *etc* *(Brit: lightly)* entrer/sortir *etc* avec légèreté ; *(US: affectedly)* entrer/sortir *etc* en minaudant ◆ **to ~ about** *(Brit)* se déplacer avec légèreté ; *(US)* marcher à petits pas maniérés **c** *(Brit = move house stealthily)* déménager à la cloche de bois ; *(N Engl, Scot = move house)* déménager **N** **a** *(N Engl, Scot = house move)* déménagement *m* ◆ **to do a (moonlight) ~** *(Brit)* déménager à la cloche de bois **b** *(US ✻ = homosexual)* pédale ✻ *f*, tapette ✻ *f*

**flitch** /flɪtʃ/ **N** flèche *f* (de lard)

**flitting** /ˈflɪtɪŋ/ **N** *(N Engl, Scot)* déménagement *m*

**flivver** ✻ /ˈflɪvəʳ/ **N** *(US)* tacot * *m*, guimbarde * *f*

**float** /fləʊt/ **N** **a** *(Fishing, Plumbing)* flotteur *m*, flotte *f* ; *(of cork)* bouchon *m* ; *(of seaplane)* flotteur *m*

b (= *vehicle in a parade*) char *m* ; → **milk**
c (also **cash float**) fonds *m* de caisse
d (*esp US* = *drink*) *milk-shake ou soda contenant une boule de glace*

VI (*on water, in air*) flotter ; [*ship*] être à flot ; [*swimmer*] faire la planche ; (*Fin*) [*currency*] flotter ♦ **the raft ~ed down the river** le radeau a descendu la rivière ♦ **to ~ back up to the surface** remonter à la surface (de l'eau) ♦ **the balloon ~ed up into the sky** le ballon s'est envolé dans le ciel ♦ **music ~ed through the air** une musique flottait dans l'air ♦ **the idea ~ed into his mind** l'idée lui a traversé l'esprit

VT a [+ *boat*] faire flotter, mettre à flot *or* sur l'eau ; (= *refloat*) remettre à flot *or* sur l'eau ; [+ *wood etc*] faire flotter ♦ **to ~ logs downstream** faire flotter des rondins au fil de l'eau ♦ **it doesn't ~ my boat** * ça ne me branche pas *
b [+ *idea, project, plan*] lancer
c (*Fin*) [+ *currency*] laisser flotter ; [+ *company*] fonder, créer ♦ **to ~ a share issue** émettre des actions ♦ **to ~ a loan** lancer *or* émettre un emprunt

COMP ▷ **float plane** N (*US*) hydravion *m*

► **float around** * VI [*rumour, news*] circuler, courir ♦ **have you seen my glasses ~ing around anywhere?** as-tu vu mes lunettes quelque part ?

► **float away** VI dériver, partir à la dérive

► **float off** VI [*wreck*] se renflouer, se déséchouer
VT SEP [+ *wreck*] renflouer, remettre à flot

► **float round** * VI ⇒ **float around**

**floatation** /fləʊˈteɪʃən/ N ⇒ **flotation**

**floating** /ˈfləʊtɪŋ/ ADJ [*leaves, debris etc*] flottant ; [*population*] fluctuant N a [*of boat*] mise *f* en flottement b (*Fin*) [*of loan*] lancement *m* ; [*of currency*] flottement *m*, flottaison *f* COMP ▷ **floating assets** NPL (*Fin*) capitaux *mpl* circulants ▷ **floating currency** N (*Fin*) devise *f* flottante ▷ **floating currency rate** N (*Fin*) taux *m* de change flottant ▷ **floating debt** N (*Fin*) dette *f* à court terme *or* flottante ▷ **floating decimal (point)** N (*Math*) virgule *f* flottante ▷ **floating dock** N (*Naut*) dock *m* flottant ▷ **floating exchange** N (*Fin*) change *m* flottant ▷ **floating point representation** N (*Comput*) notation *f* en virgule flottante ▷ **floating restaurant** N restaurant *m* flottant ▷ **floating rib** N (*Anat*) côte *f* flottante ▷ **floating vote** N (*Brit Pol*) vote *m* flottant ▷ **floating voter** N (*Brit Pol*) électeur *m*, -trice *f* indécis(e)

**flocculent** /ˈflɒkjʊlənt/ ADJ floconneux

**flock**[1] /flɒk/ N [*of sheep, geese*] troupeau *m* ; [*of birds*] vol *m*, volée *f* ; [*of people*] foule *f*, troupeau *m* (*pej*) ; (*Rel*) ouailles *fpl* ♦ **they came in ~s** ils sont venus en masse VI aller *or* venir en masse, affluer ♦ **to ~ in/out** *etc* entrer/sortir *etc* en foule ♦ **to ~ together** s'assembler ♦ **to ~ round sb** s'attrouper *or* s'assembler autour de qn

**flock**[2] /flɒk/ N (*NonC*) [*of wool*] bourre *f* de laine ; [*of cotton*] bourre *f* de coton COMP ▷ **flock (wall)paper** N papier *m* velouté *or* tontisse

**floe** /fləʊ/ N banquise *f*, glaces *fpl* flottantes

**flog** /flɒg/ VT a flageller, fustiger ♦ **to ~ an idea to death** * *or* **into the ground** * rabâcher une idée ; → **dead** b (*Brit* ‡ = *sell*) fourguer * ♦ **how much did you ~ it for?** tu en as tiré combien ? *

**flogging** /ˈflɒgɪŋ/ N flagellation *f*, fustigation *f* ; (*Jur*) fouet *m* (*sanction*)

**flood** /flʌd/ N a (*gen*) inondation *f* ; (also **flood tide**) marée *f* haute ♦ **"flood"** (*notice on road*) ≃ "attention route inondée" ♦ **the Flood** (*Bible*) le déluge ♦ **river in ~** rivière *f* en crue ♦ **~s of tears** un torrent *or* déluge de larmes ♦ **a ~ of light** un flot de lumière ♦ **a ~ of letters/protests** un déluge de lettres/de protestations ♦ **a ~ of immigrants** un afflux massif d'immigrants
b ⇒ **floodlight**

VT a [+ *fields, town*] inonder, submerger ; (*fig*) inonder ♦ **he was ~ed with letters/with applications** il a été inondé de lettres/de demandes ♦ **room ~ed with light** pièce *f* inondée de lumière
b [*storm, rain*] [+ *river, stream*] faire déborder ♦ **to ~ the market** (*Comm*) [*suppliers, goods*] inonder le marché (*with* de)
c (*Aut*) [+ *carburettor*] noyer

VI [*river*] déborder, être en crue ♦ **people ~ed into the square** la foule a envahi la place ♦ **refugees ~ed across the border** les réfugiés ont franchi la frontière en masse, des flots de réfugiés ont franchi la frontière

COMP ▷ **flood control** N prévention *f* des inondations ▷ **flood damage** N dégâts *mpl* des eaux ▷ **flood plain** N zone *f* inondable ▷ **flood tide** N marée *f* haute

► **flood back** VI [*memories, worries*] (also **come flooding back**) resurgir ♦ **it brought all the memories ~ing back** cela a fait resurgir tous les souvenirs

► **flood in** VI [*sunshine*] entrer à flots ; [*people*] entrer en foule, affluer

► **flood out** VT SEP [+ *house*] inonder ♦ **the villagers were ~ed out** les inondations ont forcé les villageois à évacuer leurs maisons

**floodgate** /ˈflʌdgeɪt/ N vanne *f*, porte *f* d'écluse ♦ **these changes would open the ~s to ...** ces changements seraient la porte ouverte à ...

**flooding** /ˈflʌdɪŋ/ N inondation *f*

**floodlight** /ˈflʌdlaɪt/ (pret, ptp **floodlit**) VT [+ *buildings*] illuminer ; (*Sport*) [+ *match*] éclairer (aux projecteurs) N (= *device*) projecteur *m* ; (= *light*) lumière *f* (des projecteurs) ♦ **to play a match under ~s** jouer un match en nocturne

**floodlighting** /ˈflʌdlaɪtɪŋ/ N [*of building*] illumination *f* ; [*of match*] éclairage *m* (aux projecteurs)

**floodlit** /ˈflʌdlɪt/ VB pt, ptp of **floodlight**

**floodwater(s)** /ˈflʌd,wɔːtə(z)/ N(PL) eaux *fpl* de crue

**flooey** ‡ /ˈfluːɪ/ ADJ ♦ **to go ~** se détraquer *

**floor** /flɔːʳ/ N a (*gen*) sol *m* ; (*wooden*) plancher *m*, parquet *m* ; (*for dance*) piste *f* (de danse) ; [*of valley, ocean*] fond *m* ; (*fig*) [*of prices*] plancher *m* ♦ **stone/tiled ~** sol *m* dallé/carrelé ♦ **put it on the ~** pose-le par terre *or* sur le sol ♦ **she was sitting on the ~** elle était assise par terre *or* sur le sol ♦ **to take to the ~** (= *dance*) aller sur la piste (de danse) ♦ **last year, sales went through the ~** l'année dernière les ventes ont chuté ♦ **property prices have dropped through the ~** les prix sur le marché immobilier se sont effondrés ; → **wipe**
b (*in public speaking*) ♦ **a question from the ~ of the house** une question de l'auditoire *m* *or* de l'assemblée *f* ♦ **to hold the ~** garder la parole ♦ **to take the ~** (= *speak*) prendre la parole ♦ **to cross the ~ (of the House)** (*Parl*) ≃ s'inscrire à un parti opposé
c (= *storey*) étage *m* ♦ **first ~** (*Brit*) premier étage *m* ; (*US*) rez-de-chaussée *m* ♦ **on the first ~** (*Brit*) au premier (étage) ; (*in two-storey building*) à l'étage ; (*US*) au rez-de-chaussée ♦ **he lives on the second ~** (*Brit*) il habite au deuxième étage *or* au second ; (*US*) il habite au premier (étage) ♦ **we live on the same ~** nous habitons au même étage *or* sur le même palier ; → **ground**[1]
d (*St Ex*) enceinte *f* de la Bourse ♦ **on/off the ~** en/hors Bourse

VT a faire le sol de ; (*with wooden boards*) planchéier, parqueter
b (= *knock down*) [+ *opponent*] terrasser ; (*Boxing*) envoyer au tapis
c (* = *silence*) réduire au silence ; (* = *baffle, perplex*) désorienter, dérouter ; (*Sport* = *defeat*) battre à plates coutures ♦ **this argument ~ed him** il n'a rien trouvé à répondre

COMP ▷ **floor area** N [*of flat, offices etc*] surface *f* au sol ▷ **floor covering** N revêtement *m* de sol ▷ **floor exercises** NPL exercices *mpl* au sol ▷ **floor lamp** N (*US*) lampadaire *m* ▷ **floor leader** N (*US Pol*) chef *m* de file ▷ **floor manager** N (*TV*) régisseur *m* de plateau ; (*in shop*) chef *m* de rayon ▷ **floor plan** N (*Archit*) plan *m* de niveau ▷ **floor polish** N encaustique *f*, cire *f* ▷ **floor polisher** N (= *tool*) cireuse *f* ▷ **floor show** N attractions *fpl*, spectacle *m* de variétés (*dans un restaurant, cabaret etc*) ▷ **floor space** N (*gen*) place *f* (par terre) ; (*Comm*) surface *f* au sol

**floorboard** /ˈflɔːbɔːd/ N planche *f* (*de plancher*), latte *f*

**floorcloth** /ˈflɔːklɒθ/ N serpillière *f*

**flooring** /ˈflɔːrɪŋ/ N (= *floor*) sol *m* ; (*made of wood*) plancher *m*, parquet *m* ; (*tiled*) carrelage *m* ; (= *material*) revêtement *m* (de sol)

**floorwalker** /ˈflɔː,wɔːkəʳ/ N (*US Comm*) chef *m* de rayon

**floozy** ‡ /ˈfluːzɪ/ N poule * *f*, pouffiasse ‡ *f*

**flop** /flɒp/ VI a (= *drop*) s'effondrer, s'affaler ♦ **he ~ped down on the bed/in a chair** il s'est effondré *or* s'est affalé sur le lit/dans un fauteuil ♦ **his hair ~ped over his left eye** ses cheveux lui tombaient sur l'œil gauche b (*US* ‡ = *sleep*) roupiller * c (= *fail*) [*play, film, record*] faire un four *or* un flop ; [*scheme etc*] être un fiasco *or* un bide * ♦ **he ~ped as Hamlet** son interprétation d'Hamlet a fait un four N (* = *failure*) [*of business venture, scheme*] fiasco *m* ♦ **the play was a ~** la pièce a été un four *or* un bide * ♦ **he was a terrible ~** il a lamentablement raté son coup

► **flop over** * (*US*) VI ♦ **to flop over to a new idea** adopter une nouvelle idée

**flophouse** * /ˈflɒphaʊs/ N (*US*) asile *m* de nuit

**flopover** * /ˈflɒpəʊvəʳ/ N (*US TV*) cascade *f* d'images

**floppy** /ˈflɒpɪ/ ADJ [*hat*] à bords flottants ; [*clothes*] lâche, flottant ; [*rabbit, dog ears*] tombant N ⇒ **floppy disk** COMP ▷ **floppy disk** N (*Comput*) disquette *f* ▷ **floppy (disk) drive** N (*Comput*) lecteur *m* de disquettes

**flora** /ˈflɔːrə/ N (pl **floras** *or* **florae** /ˈflɔːriː/) flore *f*

**floral** /ˈflɔːrəl/ ADJ [*fabric, dress, wallpaper, curtains*] fleuri, à fleurs ; [*print*] à fleurs ; [*design*] à fleurs, floral ; [*fragrance, perfume*] de fleurs ; [*arrangement, display*] floral ♦ **material with a ~ pattern** étoffe *f* à motifs floraux COMP ▷ **floral tributes** NPL fleurs *fpl* et couronnes *fpl*

**Florence** /ˈflɒrəns/ N Florence

**Florentine** /ˈflɒrəntaɪn/ ADJ florentin

**floret** /ˈflɒrɪt/ N *(Bot)* fleuron *m* ◆ **cauliflower/broccoli ~s** morceaux *mpl* de chou-fleur/brocoli

**floribunda** /flɔrəˈbʌndə/ N polyanta floribunda *m*

**florid** /ˈflɒrɪd/ ADJ **a** *(= ornate) [language, literary style, wallpaper, architecture]* très chargé **b** *(= ruddy) [person, face, complexion]* rubicond, rougeaud

**Florida** /ˈflɒrɪdə/ N Floride *f* ◆ **in ~** en Floride

**florin** /ˈflɒrɪn/ N florin *m (ancienne pièce de deux shillings)*

**florist** /ˈflɒrɪst/ N fleuriste *mf* ◆ **~'s shop** magasin *m* de fleurs, fleuriste *m*

**floss** /flɒs/ **N** bourre *f* de soie ; *(also* **dental floss***)* fil *m* dentaire ; → **candy** **VTI** ◆ **to ~ (one's teeth)** utiliser du fil dentaire

**flossy** * /ˈflɒsɪ/ ADJ *(US)* ultrachic *inv*, d'un brillant superficiel

**flotation** /fləʊˈteɪʃən/ **N** **a** *(lit) [of boat]* action *f* de flotter ; *[of log]* flottage *m* **b** *(Fin) [of share, loan]* lancement *m* ; *[of company]* constitution *f*, création *f* **COMP** ▷ **flotation collar** N *(Space)* flotteur *m (de module lunaire)* ▷ **flotation compartment** N caisse *f* de flottaison ▷ **flotation tank** N caisse *f* de flottaison

**flotilla** /fləˈtɪlə/ N flottille *f*

**flotsam** /ˈflɒtsəm/ N *(NonC)* épave *f* (flottante) ◆ **~ and jetsam** *(lit)* épaves *fpl* flottantes et rejetées ◆ **the ~ and jetsam of our society** *(fig)* les laissés-pour-compte de notre société

**flounce** /flaʊns/ **VI** ◆ **to ~ in/out** *etc* entrer/sortir *etc* dans un mouvement d'humeur (*or* d'indignation *etc*) **N** **a** *(= gesture)* geste *m* impatient, mouvement *m* vif **b** *(= frill: on clothes, curtain)* volant *m*

**flounced** /flaʊnst/ ADJ *[skirt, dress]* à volants

**flounder**[1] /ˈflaʊndəʳ/ N (pl **flounder** *or* **flounders**) *(= fish)* flet *m*

**flounder**[2] /ˈflaʊndəʳ/ VI *(= move with difficulty)* patauger (péniblement) ; *(violently)* se débattre ◆ **we ~ed along in the mud** nous avons poursuivi notre chemin en pataugeant dans la boue ◆ **I watched him ~ing about in the water** je le regardais se débattre dans l'eau ◆ **he ~ed through the rest of the speech** il a fini le discours en bredouillant ◆ **he ~ed on in bad French** il continuait de baragouiner en mauvais français ◆ **his career was ~ing** sa carrière traversait une mauvaise passe ◆ **the company/economy was ~ing** la société/l'économie battait de l'aile

**flour** /ˈflaʊəʳ/ **N** farine *f* **VT** fariner **COMP** ▷ **flour bin** N boîte *f* à farine ▷ **flour mill** N minoterie *f* ▷ **flour shaker** N saupoudreuse *f* (à farine) ▷ **flour sifter** N tamis *m* à farine

**flourish** /ˈflʌrɪʃ/ **VI** *[plant, animal]* bien venir, se plaire ; *[business, town, market]* prospérer ; *[person]* s'épanouir ; *[literature, the arts, painting]* fleurir, être en plein essor ◆ **the children were all ~ing** les enfants étaient épanouis *or* en pleine forme ◆ **the local fox population was ~ing** les renards prospéraient *or* se multipliaient dans la région ◆ **racism and crime ~ed in poor areas** le racisme et la criminalité se développaient dans les quartiers pauvres ◆ **drug traffickers continued to ~** les trafiquants de drogue ont continué à prospérer *or* à faire des affaires

**VT** *[+ stick, book, object]* brandir

**N** *(= curve, decoration)* fioriture *f*, ornement *m* ; *(in handwriting)* fioriture *f* ; *(under signature)* parafe *m or* paraphe *m* ; *(Mus)* fioriture *f* ◆ **he took the lid off with a ~** il a enlevé le couvercle avec un grand geste du bras

**flourishing** /ˈflʌrɪʃɪŋ/ ADJ *[business, economy, career]* prospère, florissant ; *[garden]* florissant ; *[plant, town]* qui prospère ; *[market]* en expansion ; → **flourish**

**floury** /ˈflaʊərɪ/ ADJ *[hands]* enfariné ; *[potatoes]* farineux ; *[loaf, dish]* saupoudré de farine, fariné

**flout** /flaʊt/ VT *[+ orders, advice]* faire fi de, passer outre à ; *[+ conventions, society]* mépriser, se moquer de

**flow** /fləʊ/ **VI** **a** *(= run) [river, blood from wound]* couler ; *[tide]* monter, remonter ◆ **to ~ back** refluer ◆ **to ~ out of** *[liquid]* s'écouler de, sortir de ◆ **to ~ past sth** passer devant qch ◆ **the river ~s into the sea** le fleuve se jette dans la mer ◆ **the water ~ed over the fields** l'eau s'est répandue dans les champs ◆ **tears were ~ing down her cheeks** les larmes coulaient *or* ruisselaient sur ses joues

**b** *(= circulate) [electric current, blood in veins]* circuler ◆ **traffic ~ed freely** la circulation était fluide

**c** *(= move, stream)* ◆ **to ~ in** *[people]* affluer, entrer à flots ◆ **refugees continue to ~ in from the war zone** les réfugiés continuent à affluer de la zone des conflits ◆ **the money keeps ~ing in** l'argent continue à rentrer ◆ **let the music ~ over you** laissez la musique vous envahir, laissez-vous envahir par la musique ◆ **a surge of hatred ~ed through my blood** j'ai soudain ressenti une bouffée de haine ; → **land**

**d** *(= abound)* **the wine ~ed all evening** le vin a coulé à flots toute la soirée ◆ **his words ~ed readily** les mots lui venaient facilement

**e** *[dress, hair etc]* flotter, ondoyer

**f** *(fig)* ◆ **to ~ from** *(= result)* découler de, résulter de

**N** **a** *[of tide]* flux *m* ; *[of river]* courant *m* ◆ **he stopped the ~ of blood** il a arrêté l'écoulement *m or* l'épanchement *m* du sang ◆ **(menstrual) ~** flux *m* menstruel

**b** *(= circulation) [of electric current, blood in veins]* circulation *f* ◆ **it hindered the ~ of traffic** ça a ralenti la circulation

**c** *(fig = movement, flood) [of donations, orders, replies, words]* flot *m* ◆ **the interruption in the ~ of oil from Iran** l'arrêt de l'approvisionnement en pétrole iranien ◆ **the phone rang, interrupting the ~ of conversation** le téléphone a sonné, interrompant le déroulement de la conversation ◆ **the ~ of information** le flux d'informations ◆ **to be in full ~** *[speaker]* être sur sa lancée ◆ **to go with the ~** suivre le mouvement ; → **ebb**

**COMP** ▷ **flow chart, flow diagram, flow sheet** N *(gen)* organigramme *m* ; *(Comput)* ordinogramme *m* ; *(Admin, Ind)* organigramme *m*, graphique *m* d'évolution

**flower** /ˈflaʊəʳ/ **N** **a** *(lit)* fleur *f* ◆ **in ~** en fleurs ◆ **to say sth with ~s** dire qch avec des fleurs ◆ **"no flowers by request"** "ni fleurs ni couronnes"

**b** *(fig) [of group, generation]* (fine) fleur *f*, élite *f* ◆ **the ~ of the army** la (fine) fleur *or* l'élite *f* de l'armée ; → **bunch**

**VI** *(lit, fig)* fleurir

**COMP** ▷ **flower arrangement** N *(= art)* art *m* floral ; *(= exhibit)* composition *f* florale, arrangement *m* floral ▷ **flower arranging** N art *m* floral ▷ **flower bed** N platebande *f*, parterre *m* ▷ **flower children** NPL ⇒ **flower people** ▷ **flower garden** N jardin *m* d'agrément ▷ **flower head** N capitule *m* ▷ **flower people** NPL *(fig)* hippies *mpl*, babas cool * *mpl* ▷ **flower power** N flower power *m* ▷ **flower seller** N marchand(e) *m(f)* de fleurs ambulant(e), bouquetière † *f* ▷ **flower shop** N fleuriste *m*, magasin *m* de fleurs ◆ **at the ~ shop** chez le fleuriste ▷ **flower show** N floralies *fpl* ; *(smaller)* exposition *f* de fleurs

**flowered** /ˈflaʊəd/ ADJ *[fabric, garment]* à fleurs

**flowering** /ˈflaʊərɪŋ/ **N** *(lit)* floraison *f* ; *(fig)* floraison *f*, épanouissement *m* ◆ **the ~ of creative genius** l'épanouissement *m* du génie créateur **ADJ** *(= in flower)* en fleurs ; *(= which flowers)* à fleurs **COMP** ▷ **flowering shrub** N arbuste *m* à fleurs

**flowerpot** /ˈflaʊəpɒt/ N pot *m* de fleurs

**flowery** /ˈflaʊərɪ/ ADJ **a** *[fragrance, perfume]* fleuri, de fleurs ; *[fabric, dress, wallpaper]* fleuri, à fleurs ; *[meadow, field]* fleuri, couvert de fleurs **b** *(fig = elaborate) [speech, language]* fleuri

**flowing** /ˈfləʊɪŋ/ ADJ *[water]* qui coule ; *[tide]* montant ; *[hair, beard, skirt]* flottant ; *[movement]* fluide, plein d'aisance ; *[style]* coulant, fluide ◆ **the car's ~ lines** les lignes douces *or* fluides de la voiture ; → **fast**[1]

**flown** /fləʊn/ VB ptp of **fly**[3] → **high**

**fl. oz** (abbrev of **fluid ounce**) → **fluid**

**flu** /fluː/ N (abbrev of **influenza**) grippe *f* ; → **Asian**

**flub** * /flʌb/ *(US)* **VT** louper *, rater * **VI** rater * **N** ratage * *m*, erreur *f*

**fluctuate** /ˈflʌktjʊeɪt/ VI *[prices, rate, temperature]* varier, fluctuer ; *[person, attitude]* varier (*between* entre)

**fluctuation** /ˌflʌktjʊˈeɪʃən/ N fluctuation *f*, variation *f*

**flue** /fluː/ **N** *[of chimney]* conduit *m* (de cheminée) ; *[of stove]* tuyau *m* (de poêle) **COMP** ▷ **flue brush** N hérisson *m (de ramoneur)*

**fluency** /ˈfluːənsɪ/ N *(in speech)* facilité *f or* aisance *f* (d'élocution) ; *(in writing)* facilité *f*, aisance *f* ◆ **his ~ in English** son aisance (à s'exprimer) en anglais

**fluent** /ˈfluːənt/ ADJ **a** *(in foreign language)* **he is ~ in Italian, he speaks ~ Italian, his Italian is ~** il parle couramment l'italien ◆ **to become ~ in German** acquérir une bonne maîtrise de l'allemand **b** *(= eloquent) [style]* coulant ; *[talker, debater]* éloquent ◆ **to be a ~ speaker** parler avec aisance ◆ **to be a ~ reader** lire avec facilité *or* aisance ◆ **to be a ~ writer** avoir la plume facile ◆ **she speaks in ~ sentences** *[baby]* elle fait des phrases **c** *(= graceful) [movement]* fluide, plein d'aisance

**fluently** /ˈfluːəntlɪ/ ADV *[speak foreign language]* couramment ; *[speak, read, write, move, play]* avec facilité, avec aisance

**fluey** * /ˈfluːɪ/ ADJ *(Brit)* ◆ **to feel ~** se sentir grippé

**fluff** /flʌf/ **N** *(NonC: on birds, young animals)* duvet *m* ; *(from material)* peluche *f* ; *(= dust on floors)* mouton(s) *m(pl) (de poussière)* ◆ **a bit of ~** *‡ *(fig = girl)* une nénette * **VT** **a** *(also* **fluff out***)* *[+ feathers]* ébouriffer ; *[+ pillows, hair]* faire bouffer **b** *(* = do badly) [+ audition, lines in play, exam]* rater *, louper *

**fluffy** /ˈflʌfɪ/ ADJ **a** *(= soft) [wool]* doux (douce *f*) ; *[slipper]* molletonné ; *[sweater, towel]* pelucheux ; *[hair]* duveteux ; *[kitten, rabbit]* au pelage duveteux ; *[cloud]* floconneux ◆ **~ toy** *(= soft toy)* peluche *f* **b** *(= light) [cake, rice, mashed potatoes]* léger ; *[egg, mixture]* mousseux ; *[omelette]* soufflé

**fluid** /ˈfluːɪd/ **ADJ** *[substance]* liquide ; *[shape]* doux (douce *f*) ; *[style]* fluide, coulant ; *[drawing, outline]* fluide ; *[movement]* fluide, plein d'aisance ; *[situation]* fluide, fluctuant ; *[plan]* flou **N** fluide *m (also Chem)*, liquide *m* ◆ **he's on ~s only** *(as diet)* il ne prend que des (aliments) liquides COMP ▷ **fluid assets** NPL *(US Fin)* liquidités *fpl* disponibilités *fpl* ▷ **fluid ounce** N *mesure de capacité (Brit : 0,028 litres, US : 0,030 litres)*

**fluidity** /fluːˈɪdɪtɪ/ N *[of gas, liquid, situation]* fluidité *f* ; *[of style, speech]* aisance *f*, fluidité *f*

**fluke¹** /fluːk/ N (= *chance event*) coup *m* de chance *or* de veine * extraordinaire, hasard *m* extraordinaire ◆ **by a (sheer) ~** par un hasard extraordinaire ADJ *[coincidence, circumstances]* extraordinaire ◆ **he scored a ~ goal** il a marqué un but tout à fait par hasard

**fluke²** /fluːk/ N *[of anchor]* patte *f (d'ancre)* ; *[of arrow, harpoon]* barbillon *m*

**fluke³** /fluːk/ N (= *parasite*) douve *f* (du foie *etc*)

**fluky** /ˈfluːkɪ/ ADJ **a** *[wind]* capricieux **b** ⇒ **fluke¹**

**flume** /fluːm/ N **a** (= *ravine*) ravin *m* **b** (= *channel*) chenal *m* **c** *(in swimming pool)* toboggan *m*

**flummery** /ˈflʌmərɪ/ N *(Culin)* bouillie *f* ; *(fig)* flagornerie *f*

**flummox** * /ˈflʌməks/ VT *[+ person]* démonter, couper le sifflet à * ◆ **he was ~ed** ça lui avait coupé le sifflet *, il était complètement démonté

**flung** /flʌŋ/ VB pret, ptp of **fling** → **far-**

**flunk** * /flʌŋk/ *(esp US)* VI (= *fail*) être recalé * *or* collé * ; (= *shirk*) se dégonfler * VT **a** (= *fail*) **to ~ French/an exam** être recalé * *or* être collé * en français/à un examen ◆ **they ~ed ten candidates** ils ont recalé * *or* collé * dix candidats **b** (= *give up*) laisser tomber

► **flunk out** ⁑ *(US)* VI se faire virer * (*of* de) VT SEP virer *, renvoyer

**flunk(e)y** /ˈflʌŋkɪ/ N *(lit)* laquais *m* ; *(fig)* larbin * *m*

**fluorescein** /ˌflʊəˈresiːn/ N fluorescéine *f*

**fluorescence** /flʊəˈresns/ N fluorescence *f*

**fluorescent** /flʊəˈresnt/ ADJ *[lighting, bulb, colour, dye, paint]* fluorescent ; *[clothes]* fluorescent, fluo * *inv* COMP ▷ **fluorescent strip** N tube *m* fluorescent *or* au néon

**fluoridation** /ˌflʊərɪˈdeɪʃən/ N fluoration *f*

**fluoride** /ˈflʊəraɪd/ N fluorure *m* COMP ▷ **fluoride toothpaste** N dentifrice *m* fluoré *or* au fluor

**fluorine** /ˈflʊəriːn/ N fluor *m*

**fluorite** /ˈflʊəraɪt/ N *(US)* fluorite *f*, spath *m* fluor

**fluorspar** /ˈflʊəspɑːʳ/ N spath *m* fluor, fluorite *f*

**flurry** /ˈflʌrɪ/ N *[of snow]* rafale *f* ; *[of wind]* rafale *f*, risée *f* ; *(fig)* agitation *f*, émoi *m* ◆ **a ~ of activity** un débordement d'activité ◆ **a ~ of protest** une vague de protestations ◆ **in a ~ of excitement** dans un frisson d'agitation VT agiter, effarer ◆ **to get flurried** perdre la tête, s'affoler (*at* pour)

**flush¹** /flʌʃ/ N **a** *(in sky)* lueur *f* rouge, rougeoiement *m* ; *[of blood]* afflux *m* ; (= *blush*) rougeur *f* ◆ **(hot) ~es** *(Med)* bouffées *fpl* de chaleur

**b** *[of beauty, health, youth]* éclat *m* ; *[of joy]* élan *m* ; *[of excitement]* accès *m* ◆ **in the (first) ~ of victory** dans l'ivresse de la victoire ◆ **she's not in the first ~ of youth** elle n'est pas dans sa première jeunesse

**c** *[of lavatory]* chasse *f* (d'eau)

VI **a** *[face, person]* rougir ◆ **to ~ crimson** s'empourprer, rougir jusqu'aux oreilles ◆ **to ~ with shame/anger** rougir de honte/de colère

**b the toilet won't ~** la chasse d'eau ne marche pas

VT nettoyer à grande eau ; *[+ drain, pipe]* curer à grande eau ◆ **to ~ the toilet** *or* **lavatory** tirer la chasse (d'eau) ◆ **to ~ sth down the toilet** *or* **lavatory** faire passer qch dans les toilettes

► **flush away** VT SEP *(down sink/drain)* faire partir par l'évier/par l'égout ; *(down lavatory)* faire partir (en tirant la chasse d'eau)

► **flush out** VT SEP *(with water)* nettoyer à grande eau

**flush²** /flʌʃ/ ADJ **a** au même niveau (*with* que) au *or* à ras (*with* de) ◆ **~ with the ground** à ras de terre, au ras de terre ◆ **a door ~ with the wall** une porte dans l'alignement du mur ◆ **a cupboard ~ with the wall** un placard encastré dans le mur ◆ **~ against** tout contre **b** ◆ **to be ~ (with money)** ⁑ être en fonds, avoir des sous * VT ◆ **to ~ a door** affleurer une porte

**flush³** /flʌʃ/ VT (also **flush out**) *[+ game, birds]* lever ; *[+ person]* forcer à se montrer

► **flush out** VT FUS ◆ **they flushed them out of their hiding places** ils les ont forcés à sortir de leur cachette, ils les ont fait sortir de leur cachette ◆ **they tried to ~ out illegal workers operating in the country** ils ont essayé de chasser les travailleurs clandestins du pays

**flush⁴** /flʌʃ/ N *(Cards)* flush *m* ; → **royal**

**flushed** /ˈflʌʃt/ ADJ *[person]* tout rouge ; *[face, cheeks]* tout rouge, enflammé ◆ **~ with anger** rouge *or* empourpré de colère ◆ **~ with fever/embarrassment/excitement** rouge de fièvre/d'embarras/d'excitation ◆ **~ with success** grisé par le succès ◆ **white flowers ~ with pink** des fleurs blanches colorées de rose

**fluster** /ˈflʌstəʳ/ VT énerver, troubler ◆ **to get ~ed** s'énerver, se troubler N agitation *f*, trouble *m* ◆ **in a ~** énervé, troublé ◆ **to be all of a ~** être dans tous ses états

**flute** /fluːt/ N (= *musical instrument, wine glass*) flûte *f*

**fluted** /ˈfluːtɪd/ ADJ **a** *[pillar]* cannelé ; *[flan dish]* à cannelures **b** *[tone, note]* flûté

**fluting** /ˈfluːtɪŋ/ N cannelures *fpl*

**flutist** /ˈfluːtɪst/ N *(US)* flûtiste *mf*

**flutter** /ˈflʌtəʳ/ VI **a** *[flag, ribbon]* flotter ; *[bird, moth, butterfly]* voleter, voltiger ; *[wings]* battre ◆ **the bird ~ed about the room** l'oiseau voletait çà et là dans la pièce ◆ **the butterfly ~ed away** le papillon a disparu en voletant *or* voltigeant ◆ **a leaf came ~ing down** une feuille est tombée en tourbillonnant

**b** *[person]* papillonner, virevolter

**c** *[heart, pulse]* palpiter

VT *[+ fan, paper]* jouer de ◆ **the bird ~ed its wings** l'oiseau a battu des ailes ◆ **to ~ one's eyelashes** battre des cils (*at sb* dans la direction de qn)

N **a** *[of eyelashes, wings]* battement *m* ; *[of heart, pulse]* palpitation *f* ◆ **there was a ~ of fear in her voice** sa voix trahissait la peur ◆ **to feel a ~ of excitement at the prospect of ...** être tout excité à l'idée de ... ◆ **(all) in a ~** tout troublé, dans un grand émoi

**b** *(Brit* *)* **to have a ~** (= *gamble*) parier (de petites sommes) (*on* sur) ; *(St Ex)* boursicoter

**fluvial** /ˈfluːvɪəl/ ADJ fluvial

**flux** /flʌks/ N *(NonC)* **a** changement *m* continuel, fluctuation *f* ◆ **to be in a state of ~** changer sans arrêt, fluctuer continuellement **b** *(Med)* flux *m*, évacuation *f (de sang etc)* ; *(Phys)* flux *m* ; *(Metal)* fondant *m*

**fly¹** /flaɪ/ N (= *insect, Fishing*) mouche *f* ◆ **they were dropping** * *or* **dying like flies** ils tombaient * *or* mouraient comme des mouches ◆ **small businesses were dropping like flies in the recession** * les petites entreprises faisaient faillite les unes après les autres à cause de la récession ◆ **he wouldn't harm** *or* **hurt a ~** il ne ferait pas de mal à une mouche ◆ **I wish I were a ~ on the wall** j'aimerais être une petite souris ; see also **comp** ◆ **there's a ~ in the ointment** il y a un ennui *or* un hic * ◆ **he's the ~ in the ointment** c'est lui l'empêcheur de tourner en rond ◆ **there are no flies on him** * il n'est pas né d'hier, il n'est pas tombé de la dernière pluie ; → **housefly**

COMP ▷ **fly-blown** ADJ *(lit)* couvert *or* plein de chiures de mouches ; *(fig)* très défraîchi ▷ **fly fishing** N pêche *f* à la mouche ▷ **fly killer** N insecticide *m* ▷ **fly-on-the-wall documentary** N documentaire *m* pris sur le vif ▷ **fly paper** N papier *m* tue-mouches ▷ **fly rod** N *(Fishing)* canne *f* à mouche ▷ **fly spray** N bombe *f* insecticide ▷ **fly swat(ter)** N tapette *f* ▷ **fly trap** N (= *device*) attrape-mouches *m inv* ; → **Venus**

**fly²** /flaɪ/ ADJ *(esp Brit* = *astute)* malin (-igne *f*), rusé

**fly³** /flaɪ/ (pret **flew**, ptp **flown**) VI **a** *[bird, insect, plane]* voler ; *[air passenger]* aller *or* voyager en avion ; *[pilot]* piloter un (*or* des) avion(s) ◆ **I don't like ~ing** je n'aime pas (prendre) l'avion ◆ **I always ~** je voyage toujours en avion, je prends toujours l'avion ◆ **how did you get here? – I flew** comment es-tu venu ? – par *or* en avion ◆ **to ~ over London** survoler Londres, voler au-dessus de Londres ◆ **the planes flew past** *or* **over at 3pm** les avions sont passés à 15 heures ◆ **to ~ over the Channel** survoler la Manche ◆ **to ~ across the Channel** *[bird, plane]* traverser la Manche ; *[passenger]* traverser la Manche (en avion) ◆ **to ~ away** *[bird]* s'envoler ◆ **all her worries flew away** tous ses soucis se sont envolés ◆ **we flew in from Rome this morning** nous sommes venus de Rome en *or* par avion ce matin ◆ **to ~ off** *[bird, plane]* s'envoler ; *[passenger]* partir en avion, s'envoler (*to* pour) ◆ **a bee flew in through the window** une abeille est entrée par la fenêtre ◆ **fur was ~ing, feathers were ~ing** ça bardait *, il y avait du grabuge * ◆ **that will make the fur** *or* **feathers ~!** il va y avoir du grabuge ! * ◆ **he is ~ing high** *(fig)* il a beaucoup de succès, il réussit très bien ◆ **the company is ~ing high** l'entreprise marche très bien ◆ **to find that the bird has flown** *(fig)* trouver l'oiseau envolé ◆ **~ right, sonny** * *(US)* surtout pas de bêtises, fiston * ; → **fury**

**b** *(fig) [time]* passer vite, filer * ; *[sparks]* jaillir, voler ; *[car, people]* filer * ◆ **to ~ in/out/back** *etc [person]* entrer/sortir/retourner *etc* à toute vitesse *or* à toute allure ◆ **it's late, I must ~!** il est tard, il faut que je me sauve *subj* ! ◆ **to ~ to sb's assistance** voler au secours de qn ◆ **to ~ in the face of danger/accepted ideas** défier le danger/les idées reçues ◆ **to ~ in the face of authority** battre en brèche l'ordre établi ◆ **to ~ into a rage** *or* **a passion** s'emporter, se mettre dans une violente colère ◆ **to ~ off the handle** * s'emporter, sortir de ses gonds ◆ **to let ~ at sb** *(in angry words)* s'en prendre violemment à qn, prendre qn violemment à partie ; *(by shooting)* tirer sur qn ◆ **to ~ at sb** sauter *or* se ruer sur qn ◆ **to ~ at sb's throat** sauter à la gorge de qn ◆ **the door**

**flew open** la porte s'est ouverte brusquement ◆ **the handle flew off** la poignée s'est détachée brusquement *or* soudain ; → **send, spark**

**c** *(= flee)* fuir (*before* devant) s'enfuir (*from* de) ◆ **to ~ from temptation** fuir la tentation ◆ **~ for your life!** fuyez !

**d** *[flag]* flotter ◆ **her hair was ~ing in the wind** ses cheveux flottaient au vent ; → **flag¹**

**VT** **a** *[+ aircraft]* piloter ; *[+ person]* emmener en avion ; *[+ goods]* transporter par avion ; *[+ standard, admiral's flag]* arborer ◆ **to ~ the French flag** *(Naut)* battre pavillon français ◆ **the building was ~ing the French flag** le drapeau français flottait sur l'immeuble ◆ **to ~ a kite** *(lit)* faire voler un cerf-volant ; *(fig)* lancer un ballon d'essai *(fig)* ◆ **to ~ great distances** faire de longs voyages en avion ◆ **to ~ the Atlantic/the Channel** *etc* traverser l'Atlantique/la Manche, *etc* en avion ◆ **to ~ Air France** voler sur Air France ◆ **we will ~ you to Italy and back for £350** nous vous proposons un vol aller et retour pour l'Italie pour 350 livres

**b** ◆ **to ~ the country** s'enfuir du pays ; → **coop, nest**

**N** **a** *(on trousers:* also **flies***)* braguette *f* ; *(on tent)* auvent *m*

**b** *(= vehicle)* fiacre *m*

**c** *[of flag]* battant *m*

**d** *(set phrase)*

◆ **on the fly** *(= quickly)* sur-le-champ ; *(= while busy)* tout en faisant autre chose ; *(Comput)* à la volée, en direct ◆ **people who can make decisions on the ~** les gens capables de prendre des décisions sur-le-champ

**NPL** **flies** *(Theat)* cintres *mpl*, dessus *mpl*

**COMP** ▷ **fly-button** **N** bouton *m* de braguette ▷ **fly-by-night** **N** *(= irresponsible person)* tout-fou* *m* ; *(= decamping debtor)* débiteur *m*, -trice *f* qui déménage à la cloche de bois *or* qui décampe en douce* **ADJ** *[person]* tout-fou* *m only* ; *(Comm, Fin) [firm, operation]* véreux ▷ **fly-drive** **N** *(Travel)* formule *f* avion plus voiture ▷ **fly-drive holiday** **N** (vacances *fpl* en) formule *f or* forfait *m* avion plus voiture ▷ **fly hack** **N** *(Rugby)* ⇒ **fly kick** ▷ **fly half** **N** *(Rugby)* demi *m* d'ouverture ▷ **fly kick** **N** *(Rugby)* coup *m* de pied à suivre ▷ **fly-post** **VT** *(Brit)* coller des affiches illégalement ▷ **fly-posting** **N** *(Brit)* affichage *m* illégal ▷ **fly sheet** **N** *(Brit)* feuille *f* volante ▷ **fly-tipping** **N** décharge *f* sauvage

**flyaway** /ˈflaɪəˌweɪ/ **ADJ** *[hair]* rebelle, difficile ; *(= frivolous)* frivole, futile

**flyboy*** /ˈflaɪbɔɪ/ **N** *(US)* pilote *m (de l'armée de l'air)*

**flyby** /ˈflaɪbaɪ/ **N** *(US)* (pl **flybys**) ⇒ **flypast**

**flycatcher** /ˈflaɪˌkætʃəʳ/ **N** **a** *(= bird)* gobe-mouches *m inv* **b** *(= plant)* plante *f* carnivore **c** *(= trap)* attrape-mouches *m inv*

**flyer** /ˈflaɪəʳ/ **N** ⇒ **flier**

**flying** /ˈflaɪɪŋ/ **N** *(= action)* vol *m* ; *(= activity)* aviation *f* ◆ **he likes ~** *[passenger]* il aime (prendre) l'avion ; *[pilot]* il aime piloter ◆ **he's afraid of ~** il a peur de prendre l'avion ◆ **to go ~** *(lit)* faire de l'avion ; *(= fall over)* aller valdinguer* ; → **formation, stunt¹**

**ADJ** *[animal, insect]* volant ; *[debris]* projeté ◆ **~ glass** éclats *mpl* de verre ◆ **~ jump** *or* **leap** saut *m* avec élan ◆ **to take a ~ jump** *or* **leap** sauter avec élan ◆ **with ~ colours** haut la main

**COMP** ▷ **flying ambulance** **N** *(= plane)* avion *m* sanitaire ; *(= helicopter)* hélicoptère *m* sanitaire ▷ **flying boat** **N** hydravion *m* ▷ **flying bomb** **N** bombe *f* volante ▷ **flying buttress** **N** arc-boutant *m* ▷ **flying doctor** **N** médecin *m* volant ▷ **the Flying Dutchman** **N** *(Mus)* le Vaisseau fantôme ; *(= legend)* le Hollandais volant ▷ **flying fish** **N** poisson *m* volant, exocet *m* ▷ **flying fortress** **N** forteresse *f* volante ▷ **flying fox** **N** roussette *f* ▷ **flying machine** **N** machine *f* volante, appareil *m* volant ▷ **flying officer** **N** *(Brit Mil)* lieutenant *m* de l'armée de l'air ▷ **flying picket** **N** *(Ind)* piquet *m* de grève volant ▷ **flying saucer** **N** soucoupe *f* volante ▷ **Flying Squad** **N** *(Brit Police)* brigade *f* volante *(de la police judiciaire)* ▷ **flying start** **N** *(Sport)* départ *m* lancé ◆ **to get off to a ~ start** *[racing car, runner]* prendre un départ très rapide *or* en flèche ; *[scheme, plan]* prendre un bon *or* un excellent départ ▷ **flying suit** **N** combinaison *f* (de vol) ▷ **flying time** **N** heures *fpl or* temps *m* de vol ▷ **flying trapeze** **N** trapèze *m* volant

**flyleaf** /ˈflaɪliːf/ **N** (pl **-leaves**) page *f* de garde

**flyover** /ˈflaɪˌəʊvəʳ/ **N** *(Brit Aut)* autopont *m* ; *(temporary)* toboggan *m* ; *(US Aviat)* défilé *m* aérien

**flypast** /ˈflaɪpɑːst/ **N** *(Brit)* défilé *m* aérien

**flyweight** /ˈflaɪweɪt/ **N** *(Boxing)* poids *m* mouche

**flywheel** /ˈflaɪwiːl/ **N** volant *m (Tech)*

**FM** /efˈem/ **a** (abbrev of **Field Marshal**) → **field** **b** (abbrev of **frequency modulation**) FM **c** (abbrev of **Foreign Minister**) → **foreign**

**FMB** /ˌefemˈbiː/ **N** *(US)* (abbrev of **Federal Maritime Board**) → **federal**

**FMCG, fmcg** /ˌefemsiːˈdʒiː/ **NPL** (abbrev of **fast-moving consumer goods**) → **fast¹**

**FMD** /ˌefemˈdiː/ **N** (abbrev of **foot-and-mouth disease**) → **foot**

**f-number** /ˈefˌnʌmbəʳ/ **N** *(Phot)* ouverture *f (du diaphragme)*

**FO** *(Brit)* (abbrev of **Foreign Office**) → **foreign**

**foal** /fəʊl/ **N** *(= horse)* poulain *m* ; *(= donkey)* ânon *m* ◆ **the mare is in ~** la jument est pleine **VI** mettre bas

**foam** /fəʊm/ **N** *[of beer etc]* mousse *f* ; *[of sea]* écume *f* ; *(in fire fighting)* mousse *f (carbonique)* ; *(at mouth)* écume *f* ◆ **the ~** *(liter)* les flots *mpl (liter)* **VI** *[sea]* écumer, moutonner ; *[soapy water]* mousser, faire de la mousse ◆ **to ~ at the mouth** *[animal]* baver, écumer ; *[person] (lit)* avoir de l'écume aux lèvres ; *(fig)* écumer de rage **COMP** ▷ **foam-backed** **ADJ** *[carpet]* à sous-couche de mousse ▷ **foam bath** **N** bain *m* moussant ▷ **foam plastic** **N** mousse *f* de plastique ▷ **foam rubber** **N** caoutchouc *m* mousse ® ▷ **foam sprayer** **N** extincteur *m* à mousse

► **foam up** **VI** *[liquid in container]* mousser

**foamy** /ˈfəʊmɪ/ **ADJ** *[waves, sea]* écumeux ; *[beer]* mousseux

**FOB** /efəʊˈbiː/ *(Comm)* (abbrev of **free on board**) FOB

**fob** /fɒb/ **VT** ◆ **to ~ sth off on sb, to ~ sb off with sth** refiler* *or* fourguer* qch à qn ◆ **to ~ sb off with promises** se débarrasser de qn par de belles promesses **N** *(† = pocket)* gousset *m* (de pantalon) ; *(= ornament)* breloque *f* **COMP** ▷ **fob watch** **N** montre *f* de gousset

**FOC** /efəʊˈsiː/ *(Comm)* (abbrev of **free of charge**) → **free**

**focal** /ˈfəʊkəl/ **ADJ** focal **COMP** ▷ **focal distance** **N** ⇒ **focal length** ▷ **focal infection** **N** *(Med)* infection *f* focale ▷ **focal length** **N** distance *f* focale, focale *f* ▷ **focal plane** **N** plan *m* focal ▷ **focal plane shutter** **N** *(Phot)* obturateur *m* focal *or* à rideau ▷ **focal point** **N** *(Opt)* foyer *m* ; *(in building, gardens)* point *m* de convergence ; *(= main point) [of meeting, discussions]* point *m* central *or* focal ▷ **focal ratio** **N** diaphragme *m*

**foci** /ˈfəʊkaɪ/ **NPL** of **focus**

**fo'c'sle** /ˈfəʊksl/ **N** ⇒ **forecastle**

**focus** /ˈfəʊkəs/ **N** (pl **focuses** *or* **foci**) **a** *(Math, Phys)* foyer *m*

**b** *(Phot)* **the picture is in/out of ~** l'image est nette/floue, l'image est/n'est pas au point ◆ **to bring a picture into ~** mettre une image au point

**c** *(= main point) [of illness, unrest]* foyer *m*, siège *m* ◆ **to be the ~ of a controversy** être au centre d'une controverse ◆ **to keep sth in ~** ne pas perdre de vue qch ◆ **to bring sth into ~** centrer l'attention sur qch ◆ **he was the ~ of attention** il était le centre d'attraction

**d** *(= purpose, direction) [of person, policy]* objectif *m* ; *[of film, play, plot]* cohérence *f* ◆ **his ~ on foreign policy** la priorité qu'il accorde à la politique étrangère ◆ **the report's ~ is on corruption** le rapport traite essentiellement de la corruption ◆ **to shift one's ~** réorienter ses priorités

**VT** **a** *[+ instrument, camera]* mettre au point ◆ **to ~ the camera** faire le point

**b** *(= direct) [+ light, heat rays]* faire converger ; *[+ beam, ray]* diriger (*on* sur) ; *[+ attention]* concentrer (*on* sur) ◆ **to ~ one's eyes on sth** fixer ses yeux sur qch ◆ **all eyes were ~ed on him** il était le point de mire de tous

**VI** **a** *(Phot)* mettre au point (*on* sur)

**b** ◆ **to ~ on** *[eyes]* se fixer sur, accommoder sur ; *[person]* fixer son regard sur ◆ **my eyes won't ~, I can't ~ properly** je vois trouble, je ne peux pas accommoder

**c** *[heat, light, rays]* converger (*on* sur)

**d** *(= concentrate)* **we must ~ on raising funds** il faut nous concentrer sur la collecte des fonds ◆ **the meeting ~ed on the problems of the unemployed** la réunion a surtout porté sur les problèmes des chômeurs ◆ **the report ~es on new technologies** le rapport est essentiellement axé sur les nouvelles technologies

**COMP** ▷ **focus group** **N** *(Pol, TV etc)* groupe *m* de discussion

**focus(s)ed** /ˈfəʊkəst/ **ADJ** *[person]* déterminé

**fodder** /ˈfɒdəʳ/ **N** fourrage *m* ; → **cannon**

**FOE, FoE** (abbrev of **Friends of the Earth**) → **friend**

**foe** /fəʊ/ **N** *(liter, lit, fig)* ennemi(e) *m(f)*, adversaire *mf*

**foetal, fetal** *(esp US)* /ˈfiːtl/ **ADJ** fœtal ◆ **in a ~ position** dans la position du fœtus, dans une position fœtale

**foetid** /ˈfiːtɪd/ **ADJ** ⇒ **fetid**

**foetus** /ˈfiːtəs/ **N** fœtus *m*

**fog** /fɒg/ **N** **a** *(Met)* brouillard *m* ; *(Naut)* brume *f*, brouillard *m* (de mer) **b** *(fig)* brouillard *m*, confusion *f* ◆ **to be in a ~** être dans le brouillard, ne plus savoir où l'on en est **c** *(Phot)* voile *m* **VT** **a** *[+ mirror, glasses]* embuer **b** *(fig) [+ person]* embrouiller, brouiller les idées à ◆ **to ~ the issue** *(accidentally)* embrouiller *or* obscurcir la question ; *(purposely)* brouiller les cartes **c** *[+ photo]* voiler **VI** **a** *[mirror, glasses]* (also **fog over** *or* **up**) s'embuer ; *[landscape]* s'embrumer **b** *(Phot) [negative]* se voiler **COMP** ▷ **fog bank** **N** banc *m* de brume ▷ **fog signal** **N** *(Naut)* signal *m* de brume ; *(Rail)* pétard *m*

**fogbound** /ˈfɒgbaʊnd/ **ADJ** pris dans la brume, bloqué par le brouillard

**fogey*** /ˈfəʊgɪ/ **N** ◆ **old ~** vieille baderne* *f*, vieux schnock* *m* ◆ **young ~** *jeune BCBG très vieux jeu dans ses goûts et ses opinions*

**foggy** /ˈfɒgɪ/ ADJ a (= misty) [night] de brouillard ; [landscape, weather] brumeux ; [street] enveloppé de brouillard ◆ **it is ~** il y a du brouillard ◆ **on a ~ day** par un jour de brouillard b (fig = confused) [brain] embrumé ; [state] de confusion ◆ **I haven't the foggiest (idea or notion)!** * je n'en ai pas la moindre idée COMP ▷ **Foggy Bottom** * N (US hum) surnom du ministère américain des Affaires étrangères

**foghorn** /ˈfɒghɔːn/ N corne f or sirène f de brume ◆ **she has a voice like a ~** elle a une voix tonitruante or de stentor

**foglamp** (Brit) /ˈfɒglæmp/, **foglight** /ˈfɒglaɪt/ N (Aut) feu m de brouillard

**foible** /ˈfɔɪbl/ N marotte f, petite manie f

**foie gras** /fwɑːˈgrɑː/ N foie m gras

**foil¹** /fɔɪl/ N a (NonC = metal sheet) feuille f or lame f de métal ; (also **cooking** or **kitchen foil**) papier m d'aluminium, (papier m) alu * m ◆ **fish cooked in ~** poisson m cuit (au four) dans du papier d'aluminium ; → **tinfoil** b (fig) ◆ **to act as a ~ to sb/sth** servir de faire-valoir à qn/qch, mettre qn/qch en valeur

**foil²** /fɔɪl/ N (Fencing) fleuret m

**foil³** /fɔɪl/ VT [+ attempts] déjouer ; [+ plans] contrecarrer

**foist** /fɔɪst/ VT ◆ **to ~ sth (off) on sb** refiler * or repasser * qch à qn ◆ **this job was ~ed (off) on to me** c'est moi qui ai hérité de ce boulot * ◆ **to ~ o.s. on (to) sb** s'imposer à qn ; (as uninvited guest) s'imposer or s'installer chez qn

**fold¹** /fəʊld/ N (in paper, cloth, skin, earth's surface) pli m ◆ **~s** (Geol) plissement m

VT a [+ paper, blanket, bed, chair] plier ; [+ wings] replier ◆ **to ~ a page in two** plier une feuille en deux ◆ **to ~ one's arms** (se) croiser les bras ◆ **to ~ one's hands** (in prayer) joindre les mains

b (= wrap up) envelopper (in dans) entourer (in de) ◆ **to ~ sb/sth in one's arms** serrer qn/qch dans ses bras, étreindre qn/qch ◆ **hills ~ed in mist** (liter) des collines enveloppées de brume

c (Culin) [+ eggs, flour] incorporer (into à)

VI a [chair, table] se (re)plier

b (* = fail) [newspaper] disparaître, cesser de paraître ; [business] fermer (ses portes) ; [play] quitter l'affiche, être retiré de l'affiche ◆ **they ~ed last year** [business etc] ils ont mis la clé sous la porte l'année dernière

COMP ▷ **fold-up** ADJ [chair, table etc] pliant, escamotable

► **fold away** VI [table, bed] (être capable de) se (re)plier

VT SEP [+ clothes, newspaper] plier et ranger

► **fold back** VT SEP [+ shutters] ouvrir, rabattre ; [+ bedclothes, collar] replier, rabattre

► **fold down** VT SEP [+ chair] plier ◆ **to ~ down the corner of a page** corner une page

► **fold in** VT SEP (Culin) [+ eggs, flour] incorporer

► **fold over** VT SEP [+ paper] plier, replier ; [+ blanket] replier, rabattre

► **fold up** VI ⇒ **fold¹ vi**

VT SEP [+ paper etc] plier, replier

**fold²** /fəʊld/ N (= enclosure) parc m à moutons ; (Rel) sein m de l'Église ◆ **to come back to the ~** (fig) rentrer au bercail

**...fold** /fəʊld/ SUF ◆ **twentyfold** ADJ par vingt ADV vingt fois ; → **twofold**

**foldaway** /ˈfəʊldəˌweɪ/ ADJ [bed] pliant, escamotable

**folder** /ˈfəʊldəʳ/ N a (= file) chemise f ; (with hinges) classeur m ; (for drawings) carton m ; (papers) dossier m b (Comput) répertoire m c (= leaflet) dépliant m, brochure f

**folding** /ˈfəʊldɪŋ/ ADJ [bed, table, bicycle, screen] pliant COMP ▷ **folding door** N porte f (en) accordéon ▷ **folding money** * N (US) billets mpl de banque ▷ **folding seat** (also **folding stool**) N pliant m ; (Aut, Theat) strapontin m

**foldout** /ˈfəʊldaʊt/ N encart m

**foliage** /ˈfəʊlɪɪdʒ/ N feuillage m

**foliation** /ˌfəʊlɪˈeɪʃən/ N (Bot) foliation f, feuillaison f ; [of book] foliotage m ; (Geol) foliation f ; (Archit) rinceaux mpl

**folic acid** /ˌfəʊlɪkˈæsɪd/ N acide m folique

**folio** /ˈfəʊlɪəʊ/ N (= sheet) folio m, feuillet m ; (= volume) (volume m) in-folio m

**folk** /fəʊk/ N a (pl = people: also **folks**) gens mpl f adj before n ◆ **they are good ~(s)** ce sont de braves gens ◆ **a lot of ~(s) believe ...** beaucoup de gens croient ... ◆ **there were a lot of ~ at the concert** il y avait beaucoup de gens or de monde au concert ◆ **old ~(s)** les personnes fpl âgées, les vieux mpl (pej) ◆ **young ~(s)** les jeunes mpl, les jeunes gens mpl ◆ **my old ~s** (= parents) mes vieux * mpl ◆ **hello ~s!** * bonjour tout le monde ! * ; → **country, old**

b (pl = people in general: also **folks**) les gens mpl, on ◆ **what will ~(s) think?** qu'est-ce que les gens vont penser ?, qu'est-ce qu'on va penser ? ◆ **~ get worried when they see that** les gens s'inquiètent quand ils voient ça

c (*: pl = relatives) **~s** famille f, parents mpl ◆ **my ~s** ma famille, mes parents mpl, les miens mpl

d (NonC) ⇒ **folk music**

COMP ▷ **folk art** N art m populaire ▷ **folk dance, folk dancing** N danse f folklorique ▷ **folk etymology** N étymologie f populaire ▷ **folk medicine** N médecine f traditionnelle ▷ **folk memory** N mémoire f collective ▷ **folk music** N (gen) musique f folklorique ; (contemporary) musique f folk inv, folk m ▷ **folk rock** N folk-rock m ▷ **folk singer** N (gen) chanteur m, -euse f de chansons folkloriques ; (contemporary) chanteur m, -euse f folk inv ▷ **folk tale** N conte m populaire ▷ **folk wisdom** N bon sens m or sagesse f populaire

**folklore** /ˈfəʊklɔːʳ/ N traditions fpl populaires

**folksong** /ˈfəʊksɒŋ/ N (gen) chanson f or chant m folklorique ; (contemporary) chanson f folk inv

**folksy** * /ˈfəʊksɪ/ ADJ a (= rustic) [furniture, charm] rustique ; [clothes] de style rustique b (US = affable) [person] sans façon(s) ; [manner] sans prétentions ; [comment, story, speech, humour] plein de sagesse populaire

**follicle** /ˈfɒlɪkl/ N follicule m

**follow** /ˈfɒləʊ/ LANGUAGE IN USE 26.3

VT a [+ person, road, vehicle, roadsigns] suivre ; (in procession) aller or venir à la suite de, suivre ; [+ suspect] filer ◆ **to ~ sb in/out** etc suivre qn (qui entre/sort etc) ◆ **he ~ed me into the room** il m'a suivi dans la pièce ◆ **we're being ~ed** on nous suit ◆ **~ that car!** suivez cette voiture ! ◆ **~ me** suivez-moi ◆ **they ~ed the guide** ils ont suivi le guide ◆ **he'll be a difficult man to ~** (fig) il sera difficile de lui succéder ◆ **to have sb ~ed** faire filer qn ◆ **the detectives ~ed the suspect for a week** les détectives ont filé le suspect pendant une semaine ◆ **a bodyguard ~ed the president everywhere** un garde du corps accompagnait le président partout ◆ **he arrived first, ~ed by the ambassador** il est arrivé le premier, suivi de l'ambassadeur ◆ **this was ~ed by a request for ...** ceci a été suivi d'une demande de ... ◆ **the boat ~ed the coast** le bateau suivait or longeait la côte ◆ **~ your nose** * continuez tout droit ◆ **he ~ed his father into the business** il a pris la succession de son père ◆ **the earthquake was ~ed by an epidemic** une épidémie a suivi le tremblement de terre ◆ **the dinner will be ~ed by a concert** le dîner sera suivi d'un concert ◆ **the years ~ed one another** les années se suivaient or se succédaient ◆ **night ~s day** la nuit succède au jour

b [+ fashion] suivre, se conformer à ; [+ instructions, course of study] suivre ; [+ sb's orders] exécuter ; [+ serial, strip cartoon] lire (régulièrement) ; [+ speech, lecture] suivre, écouter (attentivement) ◆ **to ~ sb's advice/example** suivre les conseils/l'exemple de qn ◆ **do you ~ football?** vous suivez le football ? ◆ **which team do you ~?** tu es supporter de quelle équipe ?

◆ **to follow suit** (= do likewise) en faire autant, faire de même ◆ **to ~ suit (in clubs etc)** (Cards) fournir (à trèfle etc)

c [+ profession] exercer, suivre ; [+ career] poursuivre ◆ **to ~ the sea** (liter) être or devenir marin

d (= understand) suivre, comprendre ◆ **do you ~ me?** vous me suivez ? ◆ **I don't quite ~ (you)** je ne vous suis pas bien or pas tout à fait

VI a (= come after) suivre ◆ **to ~ right behind sb, to ~ hard on sb's heels** être sur les talons de qn ◆ **to ~ in sb's footsteps** or **tracks** (fig) suivre les traces or marcher sur les traces de qn ◆ **what is there to ~?** (at meals) qu'est-ce qu'il y a après ?, qu'est-ce qui suit ? ◆ **we had ice cream to ~** après or ensuite nous avons eu de la glace ◆ **as ~s** (gen) comme suit ◆ **his argument was as ~s** son raisonnement était le suivant

b (= result) s'ensuivre, résulter (from de) ◆ **it ~s that ...** il s'ensuit que ... + indic ◆ **it doesn't ~ that ...** il ne s'ensuit pas nécessairement que ... + subj or indic, cela ne veut pas forcément dire que ... + subj or indic ◆ **that doesn't ~** pas forcément, les deux choses n'ont rien à voir ◆ **that ~s from what he said** cela découle de ce qu'il a dit

c (= understand) suivre, comprendre

COMP ▷ **follow-my-leader** N (Brit) jeu où les enfants doivent imiter tous les mouvements d'un joueur désigné ▷ **follow-on** N (Cricket) nouveau tour à la défense du guichet ▷ **follow-the-leader** N (US) ⇒ **follow-my-leader** ▷ **follow-through** N (to a project, survey) suite f, continuation f ; (Billiards) coulé m ; (Golf, Tennis) accompagnement m (du coup) ▷ **follow-up** N (on file, case) suivi m (on, of de) ; [of event, programme] (coming after another) suite f (to de) ; [of letter, circular] rappel m ; (by sales representative) relance f ; (= visit) → **follow-up visit** ◆ **this course is a ~-up to the beginners' course** ce cours fait suite au cours pour débutants ▷ **follow-up call** N ◆ **to make a ~-up call** appeler pour donner suite à une lettre (or un fax etc) ▷ **follow-up care** N (Med) soins mpl posthospitaliers or de postcure ▷ **follow-up interview** N entretien m complémentaire, second entretien m ▷ **follow-up letter** N lettre f de rappel or relance ▷ **follow-up study, follow-up survey** N étude f complémentaire ▷ **follow-up telephone call** N ⇒ **follow-up call** ▷ **follow-up visit** N (Med, Social Work etc) visite f de contrôle

► **follow about, follow around** VT SEP suivre (partout), être toujours sur les talons de

► **follow on** VI a *(= come after)* suivre ◆ **you go ahead and I'll ~ on when I can** allez-y, je vous suivrai quand je pourrai

b *(= result)* résulter *(from* de) ◆ **it ~s on from what I said** cela découle de ce que j'ai dit, c'est la conséquence logique de ce que j'ai dit

► **follow out** VT SEP *[+ idea, plan]* poursuivre jusqu'au bout *or* jusqu'à sa conclusion ; *[+ order]* exécuter ; *[+ instructions]* suivre

► **follow through**

VI *(Billiards)* faire *or* jouer un coulé ; *(Golf, Tennis)* accompagner son coup *or* sa balle

VT SEP *[+ idea, plan]* poursuivre jusqu'au bout *or* jusqu'à sa conclusion

N ◆ **follow-through** → **follow**

► **follow up**

VI a *(= pursue an advantage)* exploiter un *or* tirer parti d'un avantage

b *(Ftbl etc)* suivre l'action

VT SEP a *(= benefit from) [+ advantage, success, victory]* exploiter, tirer parti de ; *[+ offer]* donner suite à

b *(= not lose track of)* suivre ◆ **we must ~ this business up** il faudra suivre cette affaire ◆ **this is a case to ~ up** *(gen, Police, Jur)* c'est une affaire à suivre ; *(Med)* c'est un cas à suivre ◆ **"to be followed up"** *(gen, Police, Jur)* "affaire à suivre" ; *(Med)* "cas à suivre"

c *(= reinforce) [+ victory]* asseoir ; *[+ remark]* faire suivre *(with* de) compléter *(with* par) ◆ **they ~ed up the programme with another equally good** ils ont donné à cette émission une suite qui a été tout aussi excellente ◆ **they ~ed up their insults with threats** ils ont fait suivre leurs insultes de menaces

N ◆ **follow-up** ADJ → **follow**

**follower** /ˈfɒləʊəʳ/ N a *[of political, military leader]* partisan(e) *m(f)* ; *[of religious leader, artist, philosopher]* disciple *m* ; *[of religion, theory, tradition]* adepte *mf* ◆ **~s of fashion** les adeptes *mfpl* de la mode ◆ **as all football ~s know** comme le savent tous les amateurs de football b († *= admirer)* amoureux *m*, -euse *f*, admirateur *m*, -trice *f*

**following** /ˈfɒləʊɪŋ/ ADJ suivant ◆ **the ~ day** le jour suivant, le lendemain ◆ **he made the ~ remarks** il a fait les remarques suivantes *or* les remarques que voici

N a *[of political, military leader]* partisans *mpl* ; *[of religion, theory, tradition]* adeptes *mpl* ; *[of religious leader, artist, philosopher]* disciples *mpl* ; *(Sport)* supporters *mpl* ◆ **he has a large ~** il a de nombreux partisans *or* disciples

b ◆ **he said the ~** il a dit ceci ◆ **see the ~ for an explanation** *(in documents)* voir ce qui suit pour toute explication ◆ **his argument was the ~** son raisonnement était le suivant ◆ **the ~ have been chosen** *(= people)* les personnes suivantes ont été retenues ; *(= books)* les livres suivants ont été retenus

PREP a *(= after)* après ◆ **~ the concert there will be ...** après le concert il y aura ...

b *(= as a result of)* (comme) suite à ◆ **~ your letter ...** *(Comm)* (comme) suite à *or* en réponse à votre lettre ... ◆ **~ our meeting** (comme) suite à notre entretien

COMP ▷ **following wind** N vent *m* arrière

**folly** /ˈfɒlɪ/ N a *(NonC = foolishness)* folie *f*, sottise *f* ◆ **it's sheer ~ to do that** c'est de la pure folie *or* de la démence de faire cela b *(= foolish thing, action)* sottise *f*, folie *f* c *(Archit)* folie *f*

**foment** /fəʊˈment/ VT *(lit, fig)* fomenter

**fomentation** /ˌfəʊmenˈteɪʃən/ N *(lit, fig)* fomentation *f*

**fond** /fɒnd/ ADJ a *(= loving) [person, smile]* affectueux ; *[look]* tendre ◆ **to bid a ~ farewell to sb/sth** faire de tendres adieux à qn/qch

◆ **fond of** ◆ **to be ~ of sb** bien aimer qn ◆ **to become** *or* **grow ~ of sb** se prendre d'affection pour qn ◆ **to be ~ of sth** aimer beaucoup qch ◆ **to become** *or* **grow ~ of sth** se mettre à aimer qch ◆ **to be very ~ of music** aimer beaucoup la musique, être très mélomane ◆ **to be ~ of sweet things** être friand de sucreries, aimer les sucreries ◆ **to be ~ of doing sth** aimer beaucoup faire qch

b *(= pleasant) [memory]* très bon, très agréable

c *(= foolish) [belief]* naïf (naïve *f*) ; *[hope]* fou (folle *f*)

d *(= dear) [hope]* fervent ; *[dream, wish]* cher

**fondant** /ˈfɒndənt/ N (bonbon *m*) fondant *m*

COMP ▷ **fondant icing** N glaçage *m* fondant

**fondle** /ˈfɒndl/ VT caresser

**fondly** /ˈfɒndlɪ/ ADV a *(= affectionately) [remember, think of]* avec tendresse ; *[say]* affectueusement, tendrement ◆ **to smile ~ at sb** faire un tendre sourire à qn b *(= foolishly) [imagine, believe, hope]* naïvement

**fondness** /ˈfɒndnɪs/ N *(for things)* prédilection *f*, penchant *m* (*for* pour) ; *(for people)* affection *f*, tendresse *f* (*for* pour)

**fondue** /ˈfɒnduː/ N fondue *f*

**font** /fɒnt/ N a *(Rel)* fonts *mpl* baptismaux b *(Typo)* ⇒ **fount b**

**fontanel(le)** /ˌfɒntəˈnel/ N fontanelle *f*

**food** /fuːd/ N a *(NonC = sth to eat)* nourriture *f* ◆ **there was no ~ in the house** il n'y avait rien à manger *or* il n'y avait pas de nourriture dans la maison ◆ **there's not enough ~** il n'y a pas assez à manger, il n'y a pas assez de nourriture ◆ **most of the ~ had gone bad** la plus grande partie de la nourriture *or* des vivres s'était avariée ◆ **to give sb ~** donner à manger à qn ◆ **to give the horses their ~** faire manger les chevaux, donner à manger aux chevaux ◆ **what's that? – it's ~ for the horse** qu'est-ce que c'est ? — c'est de la nourriture pour *or* c'est de quoi manger pour le cheval ◆ **to buy ~** acheter à manger, faire des provisions ◆ **the cost of ~** le prix des denrées alimentaires *or* de la nourriture ◆ **~ and clothing** la nourriture et les vêtements ◆ **to be off one's ~** * avoir perdu l'appétit, n'avoir plus d'appétit ◆ **the ~ is very good here** la nourriture est très bonne ici, on mange très bien ici ◆ **he likes plain ~** il aime les nourritures simples, il aime se nourrir simplement ◆ **it gave me ~ for thought** cela m'a donné à penser *or* à réfléchir

b *(= specific substance) (gen)* aliment *m* ; *(soft, moist, for poultry, dogs, cats, pigs etc)* pâtée *f* ◆ **a new ~ for babies/for pigs** un nouvel aliment pour les bébés/pour les cochons ◆ **pet ~** aliments *mpl* pour animaux ◆ **tins of dog/cat ~** des boîtes de pâtée pour chiens/chats ◆ **all these ~s must be kept in a cool place** tous ces aliments doivent être conservés au frais ; → **frozen, health**

c *(for plants)* engrais *m*

COMP ▷ **food additive** N additif *m* alimentaire ▷ **food aid** N aide *f* alimentaire ▷ **Food and Agriculture Organization** N Organisation *f* des Nations Unies pour l'alimentation et l'agriculture ▷ **Food and Drug Administration** N *(US)* FDA *f* ; → FDA ▷ **food chain** N chaîne *f* alimentaire ◆ **to enter** *or* **get into the ~ chain** entrer dans la chaîne alimentaire ▷ **food colouring** N colorant *m* alimentaire ▷ **food counter** N *(in shop)* rayon *m* (d')alimentation ▷ **food crop** N culture *f* vivrière ▷ **food grains** NPL céréales *fpl* vivrières ▷ **food mixer** N mixer *m*, mixeur *m* ▷ **food parcel** N colis *m* de vivres ▷ **food poisoning** N intoxication *f* alimentaire ▷ **food prices** NPL prix *mpl* des denrées alimentaires *or* de la nourriture ▷ **food processing** N *(industrial)* transformation *f* des aliments ◆ **the ~ processing industry** l'industrie *f* agroalimentaire ▷ **food processor** N robot *m* ménager *or* de cuisine ▷ **food rationing** N rationnement *m* alimentaire ▷ **food shares** NPL *(St Ex)* valeurs *fpl* de l'agroalimentaire ▷ **food stamps** NPL *(US)* bons *mpl* de nourriture *(pour indigents)* ▷ **Food Standards Agency** N *(Brit)* services *mpl* de l'hygiène alimentaire ▷ **food subsidy** N subvention *f* sur les denrées alimentaires ▷ **food supplies** NPL vivres *mpl* ▷ **food technology** N technologie *f* des produits alimentaires ▷ **food value** N valeur *f* nutritive ▷ **food wrap** N film *m* alimentaire

**foodie** * /ˈfuːdɪ/ N gourmet *m*, fine bouche *f or* gueule * *f*

**foodstuffs** /ˈfuːdstʌfs/ NPL denrées *fpl* alimentaires, aliments *mpl*

**foofaraw** /ˈfuːfəˌrɔː/ N histoires * *fpl*, cirque * *m*, pétard * *m*

**fool**[1] /fuːl/ N a imbécile *mf*, idiot(e) *m(f)* ◆ **stupid ~!** espèce d'imbécile *or* d'idiot ! ◆ **don't be a ~!** ne sois pas stupide ! ◆ **I felt such a ~** je me suis vraiment senti bête ◆ **some ~ of a doctor** *, **some ~ doctor** * un imbécile *or* un abruti * de médecin ◆ **he was a ~ not to accept** il a été bête *or* stupide de ne pas accepter ◆ **what a ~ I was to think ...** ce que j'ai pu être bête de penser ... ◆ **he's more of a ~ than I thought** il est (encore) plus bête que je ne pensais ◆ **he was ~ enough to accept** il a été assez stupide pour accepter, il a eu la bêtise d'accepter ◆ **to play** *or* **act the ~** faire l'imbécile ◆ **he's no ~** il est loin d'être bête ◆ **he's nobody's ~** il n'est pas né d'hier *or* tombé de la dernière pluie ◆ **more ~ you!** * ce que tu es bête ! ◆ **he made himself look a ~** *or* **he made a ~ of himself in front of everybody** il s'est rendu ridicule devant tout le monde ◆ **to make a ~ of sb** *(= ridicule)* ridiculiser qn, se payer la tête de qn * ; *(= trick)* avoir * *or* duper qn ◆ **to play sb for a ~** mener qn en bateau *, rouler * qn ◆ **I went on a ~'s errand** *(= go somewhere)* j'y suis allé pour rien ; *(= do something)* je me suis dépensé en pure perte ◆ **any ~ can do that** n'importe quel imbécile peut faire ça ◆ **to live in a ~'s paradise** se bercer d'illusions *or* d'un bonheur illusoire ◆ **a ~ and his money are soon parted** *(Prov)* aux idiots l'argent file entre les doigts ◆ **there's no ~ like an old ~** *(Prov)* il n'y a pire imbécile qu'un vieil imbécile ◆ **~s rush in (where angels fear to tread)** *(Prov)* c'est de l'inconscience

b *(= jester)* bouffon *m*, fou *m*

VI *(= act silly)* ◆ **stop ~ing!** arrête de faire l'idiot *or* l'imbécile ! ◆ **no ~ing** *, **he really said it** sans blague *, il a vraiment dit ça ◆ **I was only ~ing** je ne faisais que plaisanter, c'était pour rire

◆ **to fool with** *(= mess with) [+ drugs, drink, electricity]* toucher à * ◆ **she's not someone you should ~ with** avec elle on ne plaisante pas

VT berner, duper ◆ **you won't ~ me so easily!** vous n'arriverez pas à me berner *or* duper si facilement ! ◆ **it ~ed nobody** personne n'a été dupe ◆ **don't ~ yourself** ne te fais pas d'illusions

ADJ *(US *)* ⇒ **foolish**

COMP ▷ **fooling about**, **fooling around** N bêtises *fpl* ▷ **fool's gold** N *(Geol)* pyrite *f* ◆ **to go after ~'s gold** *(fig) se lancer dans un projet insensé en espérant faire de l'argent*

► **fool about**, **fool around** VI a *(= waste time)* perdre son temps ◆ **stop ~ing about and get on with your work** cesse de perdre ton temps et fais ton travail

b *(= play the fool)* faire l'imbécile ◆ **stop ~ing about!** arrête de faire l'imbécile !, cesse tes pitreries ! ◆ **to ~ about with sth** *(= play with)* faire l'imbécile avec qch ; *(= mess with) [+ drugs, drink, electricity]* toucher à qch *

c *(= have an affair)* avoir une liaison *or* une aventure ; *(= have affairs)* avoir des liaisons *or* des aventures

N ◆ **fooling about** *or* **around** → **fool**[1]

**fool**[2] /fuːl/ N *(Brit Culin:* also **fruit fool***)* (sorte de) mousse *f* de fruits ◆ **gooseberry ~** ≃ mousse *f* de groseilles à maquereaux

**foolery** /ˈfuːlərɪ/ N *(NonC) (= foolish acts)* sottises *fpl*, bêtises *fpl* ; *(= behaviour)* bouffonnerie *f*, pitrerie(s) *f(pl)*

**foolhardiness** /ˈfuːlˌhɑːdɪnɪs/ N témérité *f*, imprudence *f*

**foolhardy** /ˈfuːlˌhɑːdɪ/ ADJ téméraire, imprudent

**foolish** /ˈfuːlɪʃ/ ADJ a *(= foolhardy) [person]* idiot, bête ; *[action, decision, statement, mistake]* stupide ◆ **don't be so ~** ne fais pas l'idiot(e), ne sois pas bête ◆ **don't do anything ~** ne faites pas de bêtises ◆ **she had done something very ~** elle avait fait une grosse bêtise ◆ **what a ~ thing to do!** quelle bêtise ! ◆ **it would be ~ to believe her** ce serait stupide de la croire ◆ **I was ~ enough to do it** j'ai été assez bête pour le faire ◆ **it was ~ of him to say such a thing** c'était stupide de sa part de dire une chose pareille b *(= ridiculous) [person, question]* ridicule ◆ **to make sb look ~** rendre qn ridicule

**foolishly** /ˈfuːlɪʃlɪ/ ADV a *(= unwisely) [behave, act, ignore, forget, admit]* bêtement ◆ **~ romantic** d'un romantisme stupide ◆ **~, I allowed myself to be persuaded** bêtement, je me suis laissé persuader b *(= ridiculously) [say, grin]* bêtement, sottement

**foolishness** /ˈfuːlɪʃnɪs/ N *(NonC)* bêtise *f*, sottise *f*

**foolproof** /ˈfuːlpruːf/ ADJ *[method]* infaillible ; *[piece of machinery]* indéréglable

**foolscap** /ˈfuːlskæp/ N (also **foolscap paper**) ≃ papier *m* ministre COMP ▷ **foolscap envelope** N enveloppe *f* longue ▷ **foolscap sheet** N feuille *f* de papier ministre ▷ **foolscap size** N format *m* ministre

**foot** /fʊt/ N (pl **feet**) a *[of person, horse, cow etc]* pied *m* ; *[of dog, cat, bird]* patte *f* ◆ **to be on one's feet** *(lit)* être *or* se tenir debout ; *(fig: after illness)* être sur pied, être rétabli ◆ **I'm on my feet all day long** je suis debout toute la journée ◆ **to fall** *or* **land on one's feet** *(lit, fig)* retomber sur ses pieds ◆ **to think on one's feet** *(lit, fig)* agir sur le moment ◆ **to stand on one's own (two) feet** voler de ses propres ailes, se débrouiller tout seul ◆ **to have a ~ in both camps** *or* **each camp** avoir un pied dans chaque camp ◆ **to go on ~** aller à pied ◆ **to get** *or* **to rise to one's feet** se lever, se mettre debout ◆ **to bring sb to his feet** faire lever qn ◆ **to put** *or* **set sb on his feet again** *(fig) (healthwise)* remettre qn d'aplomb *or* sur pied ; *(financially)* remettre qn en selle ◆ **to keep one's feet** garder l'équilibre ◆ **to keep one's feet on the ground** *(fig)* garder les pieds sur terre ◆ **to get one's feet on the ground** *(US fig) (= establish o.s.)* trouver ses marques ; *(= re-establish o.s.)* retrouver ses marques ◆ **feet first** les pieds devant ◆ **it's very wet under ~** c'est très mouillé par terre ◆ **he was trampled under ~ by the horses** les chevaux l'ont piétiné ◆ **to get under sb's feet** venir dans les jambes de qn ◆ **the children have been under my feet the whole day** les enfants ont été dans mes jambes toute la journée ◆ **to put one's ~ down** * *(in car = accelerate)* appuyer sur le champignon * ◆ **you've got to put your ~ down** *(= be firm)* il faut réagir ◆ **he let it go on for several weeks before finally putting his ~ down** il l'a supporté pendant plusieurs semaines avant d'y mettre le holà ◆ **to put one's ~ in it** * mettre les pieds dans le plat ◆ **to put one's best ~ forward** *(= hurry)* se dépêcher, allonger *or* presser le pas ; *(= do one's best)* faire de son mieux ◆ **he didn't put a ~ wrong** il n'a pas commis la moindre erreur *or* maladresse ◆ **to start off** *or* **get off on the right/wrong ~** *[people, relationship]* être bien/mal parti ◆ **I got off on the wrong ~ with him** j'ai mal commencé avec lui ◆ **to get one's** *or* **a ~ in the door** *(fig)* faire le premier pas, établir un premier contact ◆ **to get one's feet under the table** * *(Brit fig)* s'installer ◆ **to put one's feet up** * (s'étendre *or* s'asseoir pour) se reposer un peu ◆ **to take the weight off one's feet** (s'asseoir pour) se reposer un peu ◆ **to have one ~ in the grave** * avoir un pied dans la tombe ◆ **to be dying** *or* **dead on one's feet** * *(= exhausted)* être (complètement) à plat ◆ **the business is dying on its feet** * c'est une affaire qui périclite ◆ **to run sb off his feet** * fatiguer *or* éreinter qn ◆ **she is absolutely run off her feet** * elle est débordée, elle n'en peut plus, elle ne sait plus où donner de la tête ◆ **to set ~ on land** poser le pied sur la terre ferme ◆ **I've never set ~ there** je n'y ai jamais mis le(s) pied(s) ◆ **never set ~ here again!** ne remettez jamais les pieds ici ! ◆ **my ~!** * mon œil ! *, à d'autres ! ◆ **the boot** *(Brit) or* **the shoe** *(US)* **is on the other ~ now** les rôles sont inversés maintenant ; → **cold, drag, find, ground**[1]

b *[of hill, bed, stocking, sock]* pied *m* ; *[of table]* bout *m* ; *[of page, stairs]* bas *m* ◆ **at the ~ of the page** au *or* en bas de la page

c *(= measure)* pied *m* (anglais) *(= 30,48 cm)*

d *(NonC: Mil)* infanterie *f* ◆ **ten thousand ~** dix mille fantassins *mpl or* soldats *mpl* d'infanterie ◆ **the 91st of ~** le $91^{e}$ (régiment) d'infanterie

e *(Poetry)* pied *m*

VT ◆ **to ~ the bill** * payer (la note *or* la douloureuse *) ◆ **to ~ it** * *(= walk)* (y) aller à pied *or* à pinces * ; *(= dance)* danser

COMP ▷ **foot-and-mouth (disease)** N fièvre *f* aphteuse ▷ **foot brake** N frein *m* à pied ▷ **foot-dragging** N lenteurs *fpl*, atermoiements *mpl* ▷ **foot fault** N *(Tennis)* faute *f* de pied ▷ **foot fault judge** N juge *m* de ligne de fond ▷ **foot passengers** NPL *[of ferry]* passagers *mpl* sans véhicule ▷ **foot patrol** N *(Police, Mil)* patrouille *f* à pied ▷ **foot patrolman** N (pl **foot patrolmen**) *(US Police)* agent *m* de police ▷ **foot rot** N piétin *m* ▷ **foot soldier** N fantassin *m*

**footage** /ˈfʊtɪdʒ/ N *(gen, also Cine = length)* ≃ métrage *m* ; *(Cine = material on film)* séquences *fpl* (about, on sur) ◆ **they showed some ~ of the riots/the concert** *(TV)* ils ont diffusé quelques séquences sur les émeutes/le concert

**football** /ˈfʊtbɔːl/ N a *(= sport) (Brit)* football *m*, foot * *m* ; *(US)* football *m* américain ; → **table**

b *(= ball)* ballon *m* (de football) ; → **political**

COMP *[ground, match, team, coach]* de football ▷ **football hooligan** N *(Brit)* hooligan *m*, houligan *m* ▷ **football hooliganism** N *(NonC: Brit)* hooliganisme *m*, houliganisme *m* ▷ **football league** N championnat *m* de football ◆ **the Football League** *(Brit) la fédération britannique de football* ▷ **football player** N *(Brit)* joueur *m*, -euse *f* de football, footballeur *m* ; *(US)* joueur *m*, -euse *f* de football américain ▷ **football pools** NPL *(Brit)* ≃ loto *m* sportif, pronostics *mpl* (sur les matchs de football) ◆ **to do the ~ pools** ≃ jouer au loto sportif ◆ **he won £200 on the ~ pools** ≃ il a gagné 200 livres au loto sportif ▷ **football season** N saison *f* de football ▷ **football special** N *(Brit Rail)* train *m* de supporters *(d'une équipe de football)*

**footballer** /ˈfʊtbɔːləʳ/ N *(Brit)* joueur *m* de football, footballeur *m*

**footballing** /ˈfʊtbɔːlɪŋ/ ADJ *[skills, career]* de footballeur ; *[hero]* du football ◆ **the great ~ nations** les grandes nations du football ◆ **he's got a ~ injury** il s'est blessé lors d'un match de football

**footbath** /ˈfʊtbɑːθ/ N bain *m* de pieds

**footboard** /ˈfʊtbɔːd/ N marchepied *m*

**footbridge** /ˈfʊtbrɪdʒ/ N passerelle *f*

**-footed** /ˈfʊtɪd/ ADJ *(in compounds)* ◆ **light-footed** au pied léger ; → **four**

**footer** /ˈfʊtəʳ/ N *(Typo, Comput)* titre *m* en bas de page

**-footer** /ˈfʊtəʳ/ N *(in compounds)* ◆ **a 15~** *(= boat)* ≃ un bateau de 5 mètres de long ; → **six**

**footfall** /ˈfʊtfɔːl/ N (bruit *m* de) pas *mpl*

**footgear** /ˈfʊtgɪəʳ/ N chaussures *fpl*

**foothills** /ˈfʊthɪlz/ NPL contreforts *mpl*

**foothold** /ˈfʊthəʊld/ N prise *f* (de pied) ◆ **to get** *or* **gain a ~** *(lit)* prendre pied ; *(fig) [newcomer]* se faire (progressivement) accepter ; *[idea, opinion, fascism etc]* se répandre, se propager ◆ **to gain a ~ in a market** *(Comm)* prendre pied sur un marché

**footie** *, **footy** * /ˈfʊtɪ/ N *(Brit)* foot * *m*

**footing** /ˈfʊtɪŋ/ N a *(lit)* prise *f* (de pied) ◆ **to lose** *or* **miss one's ~** perdre son équilibre *or* l'équilibre b *(= position, basis)* **to get a ~ in society** se faire une position dans le monde ◆ **to be on a friendly ~ with sb** être en termes amicaux avec qn ◆ **on an equal ~** sur un pied d'égalité ◆ **on a war ~** sur le pied de guerre ◆ **to put sth on an official ~** officialiser qch, rendre qch officiel ◆ **on the ~ that ...** *(Jur)* en supposant que ...

**footle** * /ˈfuːtl/ VI ◆ **to ~ about** *(= clown around)* faire l'âne ; *(= waste time)* perdre son temps à des futilités

**footlights** /ˈfʊtlaɪts/ NPL *(Theat)* rampe *f* ◆ **the lure of the ~** l'attrait du théâtre *or* des planches *

**footling** /ˈfuːtlɪŋ/ ADJ insignifiant, futile

**footlocker** /ˈfʊtˌlɒkəʳ/ N *(US Mil)* cantine *f*

**footloose** /ˈfʊtluːs/ ADJ libre (de toute attache) ◆ **~ and fancy-free** libre comme l'air

**footman** /ˈfʊtmən/ N (pl **-men**) valet *m* de pied

**footmark** /ˈfʊtmɑːk/ N empreinte *f* (de pied)

**footnote** /ˈfʊtnəʊt/ N *(lit)* note *f* en bas de (la) page ; *(fig)* post-scriptum *m*

**footpath** /ˈfʊtpɑːθ/ N *(= path)* sentier *m* ; see also **public** *(Brit) (= pavement)* trottoir *m* ; *(by highway)* chemin *m*

**footplate** /ˈfʊtpleɪt/ N *(esp Brit Rail)* plateforme *f (d'une locomotive)* COMP ▷ **footplate workers** NPL ⇒ **footplatemen**

**footplatemen** /ˈfʊtpleɪtmən/ NPL *(esp Brit Rail)* agents *mpl* de conduite

**footprint** /'fʊtprɪnt/ **N** *(lit)* empreinte *f* (de pied) ; *(fig) (of computer)* surface *f* d'encombrement ; *(of satellite)* empreinte *f*

**footpump** /'fʊtpʌmp/ **N** pompe *f* à pied

**footrest** /'fʊtrest/ **N** *(= part of chair)* repose-pieds *m inv* ; *(= footstool)* tabouret *m (pour les pieds)*

**Footsie** * /'fʊtsɪ/ **N** *(Fin)* (abbrev of **Financial Times Stock Exchange 100 Index**) → **financial** ◆ **(the)** ~ l'indice *m* Footsie

**footsie** * /'fʊtsɪ/ **N** ◆ **to play ~ with sb** faire du pied à qn

**footslog** ‡ /'fʊtslɒg/ **VI** ◆ **I've been ~ging around town** j'ai fait toute la ville à pied

**footslogger** ‡ /'fʊtslɒgəʳ/ **N** *(= walker)* marcheur *m*, -euse *f* ; *(= soldier)* pousse-cailloux † ‡ *m inv*

**footsore** /'fʊtsɔːʳ/ **ADJ** aux pieds endoloris *or* douloureux ◆ **to be ~** avoir mal aux pieds

**footstep** /'fʊtstep/ **N** pas *m* ; → **follow**

**footstool** /'fʊtstuːl/ **N** tabouret *m (pour les pieds)*

**footway** /'fʊtweɪ/ **N** ⇒ **footpath**

**footwear** /'fʊtweəʳ/ **N** chaussures *fpl*

**footwork** /'fʊtwɜːk/ **N** *(NonC: Sport, Dancing)* jeu *m* de jambes ◆ **legal/financial/political ~** manœuvre *f* juridique/financière/politique

**footy** * /'fʊtɪ/ **N** ⇒ **footie**

**fop** /fɒp/ **N** dandy *m*

**foppish** /'fɒpɪʃ/ **ADJ** *[manners, behaviour, clothes]* de dandy ◆ **a ~ man** un dandy

**FOR** /ˌefəʊ'ɑːʳ/ *(Comm)* (abbrev of **free on rail**) → **free**

## for /fɔːʳ/

1 PREPOSITION 2 CONJUNCTION

When **for** is part of a phrasal verb, eg **look for**, **make for**, **stand for**, look up the verb. When it is part of a set combination, eg **a gift/taste for**, **for sale/pleasure**, **eager/fit/noted for**, look up the other word.

### 1 - PREPOSITION

**a** pour ◆ **a letter ~ you** une lettre pour toi ◆ **is this ~ me?** c'est pour moi ? ◆ **a collection ~ the homeless** une quête pour les *or* en faveur des sans-abri ◆ **he went there ~ a rest** il y est allé pour se reposer ◆ **it is warm ~ January** il fait bon pour (un mois de) janvier ◆ **he's tall ~ his age** il est grand pour son âge ◆ **it's okay ~ a first attempt** ce n'est pas mal pour une première tentative ◆ **there is one French passenger ~ every ten English** il y a un passager français pour dix Anglais ◆ **~ or against** pour ou contre ◆ **I'm ~ helping him** je suis pour l'aider, je suis partisan de l'aider ◆ **I've got some news ~ you** j'ai du nouveau à t'apprendre, j'ai des nouvelles pour toi ◆ **a cloth ~ polishing silver** un chiffon pour astiquer l'argenterie ◆ **it's not ~ cutting wood** ça n'est pas fait pour couper du bois ◆ **what's this knife ~ ?** à quoi sert ce couteau ? ◆ **he had a bag ~ a pillow** il avait un sac en guise d'oreiller ◆ **it's time ~ dinner** c'est l'heure du dîner, il est l'heure de dîner ◆ **I decided that it was the job ~ me** j'ai décidé que ce travail était fait pour moi *or* que c'était le travail qu'il me fallait

**b** = going to pour ◆ **is this the train ~ Paris?** c'est bien le train pour Paris ? ◆ **this isn't the bus ~ Lyons** ce n'est pas le bus pour Lyon ◆ **trains ~ Paris go from platform one** les trains pour Paris *or* à destination de Paris partent du quai numéro un ◆ **he swam ~ the shore** il a nagé vers le rivage ◆ **where are you ~ ?** où allez-vous ?

**c** = on behalf of ◆ **~ me/you** *etc* à ma/ta *etc* place ◆ **I'll see her ~ you if you like** je peux aller la voir à ta place si tu veux ◆ **will you go ~ me?** est-ce que vous pouvez y aller à ma place ?

**d** = as in comme ◆ **D ~ Daniel** D comme Daniel

**e** = in exchange for ◆ **I'll give you this book ~ that one** je vous échange ce livre-ci contre celui-là ◆ **he'll do it ~ £25** il le fera pour 25 livres

When used with **pay** and **sell**, **for** is not translated.

◆ **to pay €10 ~ a ticket** payer un billet 10 € ◆ **I sold it ~ £20** je l'ai vendu 20 livres

**f** = because of pour ◆ **~ this reason** pour cette raison ◆ **to go to prison ~ theft** aller en prison pour vol ◆ **to choose sb ~ his ability** choisir qn pour *or* en raison de sa compétence

**g** = from de ◆ **~ fear of being left behind** de peur d'être oublié ◆ **to jump ~ joy** sauter de joie

**h** = up to à ◆ **that's ~ him to decide** c'est à lui de décider ◆ **it's not ~ you to blame him** ce n'est pas à vous de le critiquer ◆ **it's not ~ me to say** ce n'est pas à moi de le dire

**i** = in spite of malgré ◆ **~ all his wealth** malgré toute sa richesse ◆ **~ all that, you should have warned me** malgré tout, vous auriez dû me prévenir, vous auriez quand même dû me prévenir ◆ **~ all he promised to come, he didn't** malgré ses promesses, il n'est pas venu, bien qu'il ait promis de venir, il ne l'a pas fait

**j** = for a distance of sur, pendant ◆ **a road lined with trees ~ 3km** une route bordée d'arbres sur 3 km ◆ **there was nothing to be seen ~ miles** il n'y avait rien à voir pendant des kilomètres ◆ **we walked ~ 2km** nous avons marché (pendant) 2 km ◆ **there were small drab houses ~ mile upon mile** des petites maisons monotones se succédaient pendant *or* sur des kilomètres et des kilomètres

**k** time in the past or future pendant ◆ **he suffered terribly ~ six months** il a horriblement souffert pendant six mois

With certain verbs **pendant** may be omitted.

◆ **I worked/stayed there ~ three months** j'y ai travaillé/j'y suis resté (pendant) trois mois ◆ **he went away ~ two weeks** il est parti (pendant) quinze jours ◆ **I'll be away ~ a month** je serai absent (pendant) un mois

When **for** indicates an intention, the translation is **pour**.

◆ **Christian went ~ a week, but stayed ~ a year** Christian était parti pour une semaine, mais il est resté un an

When **for** refers to future time, it is translated by **pour** after **aller** and **partir**.

◆ **he's going there ~ six months** il y va pour six mois ◆ **I am going away ~ a few days** je pars (pour) quelques jours ◆ **he won't be back ~ a week** il ne sera pas de retour avant huit jours

**l** uncompleted states and actions depuis, ça fait ... que *(less frm)*

French generally uses the present and imperfect where English uses the perfect and past perfect.

◆ **he's been here ~ ten days** il est ici depuis dix jours, ça fait dix jours qu'il est ici ◆ **I have known her ~ five years** je la connais depuis cinq ans, ça fait cinq ans que je la connais ◆ **I have been working here ~ three months** je travaille ici depuis trois mois, ça fait trois mois que je travaille ici ◆ **I had known her ~ years** je la connaissais depuis des années ◆ **I had been working there ~ three months when ...** je travaillais là depuis trois mois quand ... ◆ **he hasn't worked ~ two years** il n'a pas travaillé depuis deux ans, ça fait deux ans qu'il ne travaille pas ◆ **she hadn't seen him ~ three months** elle ne l'avait pas vu depuis trois mois, cela faisait trois mois qu'elle ne l'avait pas vu

**m** phrases with infinitive ◆ **their one hope is ~ him to return** leur seul espoir est qu'il revienne ◆ **the best would be** *or* **it would be best ~ you to go away** le mieux serait que vous vous en alliez *subj* ◆ **~ this to be possible** pour que cela soit possible ◆ **I brought it ~ you to see** je l'ai apporté pour que vous le voyiez *subj* ◆ **there is still time ~ him to come** il a encore le temps d'arriver

**n** exclamations

◆ **for it !** * ◆ **now ~ it !** (bon, alors) on y va ! ◆ **you're ~ it!** qu'est-ce que tu vas prendre ! *, ça va être ta fête ! ‡ ◆ **I'll be ~ it if he catches me here!** qu'est-ce que je vais prendre * s'il me trouve ici !

◆ **oh for ... !** ◆ **oh ~ a cup of tea!** je donnerais n'importe quoi pour une tasse de thé ! ◆ **oh ~ a chance of revenge!** si seulement je pouvais me venger !

### 2 - CONJUNCTION

liter = because car ◆ **I avoided him, ~ he was rude and uncouth** je l'évitais car il était impoli et grossier

**forage** /'fɒrɪdʒ/ **N** fourrage *m* **VI** fourrager, fouiller (*for* pour trouver) **COMP** ▷ **forage cap N** *(Mil)* calot *m*

**foray** /'fɒreɪ/ **N** *(Mil)* incursion *f*, raid *m* (*into* en) ; *(fig: into business, politics, acting etc)* incursion *f* (*into* dans) ◆ **to go on** *or* **make a ~** *(Mil)* faire une incursion *or* un raid ◆ **we made a short ~ into town** on a fait une petite expédition en ville **VI** faire une incursion *or* un raid

**forbad(e)** /fə'bæd/ **VB** pret of **forbid**

**forbear** /fɔː'beəʳ/ (pret **forbore**, ptp **forborne**) **VI** *(frm)* s'abstenir ◆ **to ~ from doing sth, to ~ to do sth** s'abstenir *or* se garder de faire qch ◆ **he forbore to make any comment** il s'abstint de tout commentaire

**forbearance** /fɔː'beərəns/ **N** patience *f*, tolérance *f*

**forbearing** /fɔː'beərɪŋ/ **ADJ** patient, tolérant

**forbears** /'fɔːbeəz/ **NPL** ⇒ **forebears**

**forbid** /fə'bɪd/ LANGUAGE IN USE 9.3, 9.5, 10.4 (pret **forbad(e)**, ptp **forbidden**) **VT** **a** *(= not allow)* défendre, interdire ◆ **to ~ sb to do sth, to ~ sb from doing sth** interdire à qn de faire qch ◆ **to ~ sb alcohol** défendre *or* interdire l'alcool à qn ◆ **I ~ you to!** je vous l'interdis ! ◆ **it is ~den to do that** il est défendu *or* interdit de faire cela ◆ **they are ~den to do that** ils n'ont pas le droit de faire cela, il leur est défendu *or* interdit de faire cela ◆ **that's ~den** c'est défendu *or* interdit ◆ **~den by law** interdit par la loi ◆ **smoking is (strictly) ~den** il est (formellement) interdit de fumer ◆ **"smoking forbidden"** *(on sign)* "défense de fumer" ◆ **preaching was ~den to women** il était défendu *or* interdit aux femmes de prêcher

**b** *(= prevent)* empêcher ◆ **his pride ~s him to ask for** *or* **from asking for help, his pride ~s his asking for help** *(more frm)* sa fierté l'empêche de demander de l'aide ◆ **custom ~s any**

**modernization** la coutume empêche toute modernisation ◆ **God** *or* **Heaven ~!** * grands dieux non ! ◆ **God** *or* **Heaven ~ that this might be true!** *(liter)* pourvu que ça ne soit pas vrai ! *(liter)* ◆ **God** *or* **Heaven ~ that he should come here!** pourvu qu'il ne vienne pas ici ◆ **God** *or* **Heaven ~ (that) I should do anything illegal** Dieu me garde de faire quoi que ce soit d'illégal

**forbidden** /fəˈbɪdn/ LANGUAGE IN USE 9.5, 10.4 **VB** pt of **forbid** **ADJ** *[food, book, place, love]* interdit ; *[subject, word]* tabou ; *[feelings]* défendu ◆ **that's ~ territory** *or* **ground** *(fig)* c'est un sujet tabou **COMP** ▷ **the Forbidden City** **N** la Cité interdite ▷ **forbidden fruit** **N** *(Bible or fig)* fruit *m* défendu

**forbidding** /fəˈbɪdɪŋ/ **ADJ** *[person]* à l'allure sévère ; *[expression]* sévère ; *[place]* inhospitalier ; *[building]* menaçant

**forbiddingly** /fəˈbɪdɪŋlɪ/ **ADV** *[look at, frown]* de façon rébarbative ◆ **a ~ prison-like building** un bâtiment aux allures rébarbatives de prison

**forbore** /fɔːˈbɔːʳ/ **VB** pt of **forbear**

**forborne** /fɔːˈbɔːn/ **VB** ptp of **forbear**

**force** /fɔːs/ LANGUAGE IN USE 10.3

**N** **a** *(NonC) (= strength)* force *f*, violence *f* ; *(Phys)* force *f* ; *[of phrase, word]* force *f*, poids *m* ◆ **~ of gravity** *(Phys)* pesanteur *f* ◆ **centrifugal/centripetal ~** force *f* centrifuge/centripète ◆ **to use ~** employer la force *(to do sth* pour faire qch) ◆ **by sheer ~** par la simple force ◆ **by ~ of** à force de ◆ **~ of circumstances** force *f* des choses ◆ **from ~ of habit** par la force de l'habitude ◆ **through** *or* **by sheer ~ of will** purement à force de volonté ◆ **by (sheer) ~ of personality** uniquement grâce à sa personnalité ◆ **~ of a blow** violence *f* d'un coup ◆ **to resort to ~** avoir recours à la force ◆ **to settle a dispute by ~** régler une querelle par la force ◆ **his argument lacked ~** son argument manquait de conviction ◆ **I don't quite see the ~ of his argument** je ne vois pas bien la force de son argument ; → **brute**

◆ **in(to) force** ◆ **the rule is now in ~** le règlement est désormais en vigueur ◆ **the police were there in ~** la police était là en force ◆ **they came in ~ to support him** ils sont venus en force pour lui apporter leur soutien ◆ **to come into ~** *[law, prices]* entrer en vigueur *or* en application

**b** *(= power)* force *f* ◆ **the ~s of Nature** les forces *fpl* de la nature ◆ **he is a powerful ~ in the Trade Union movement** il exerce un grand pouvoir au sein du mouvement syndical ◆ **there are several ~s at work** plusieurs influences entrent en jeu ; → **life**

**c** *(= body of men)* force *f* ◆ **the ~s** *(Brit Mil)* les forces *fpl* armées ◆ **allied ~s** *(Brit Mil)* armées *fpl* alliées ◆ **the ~** * *(Police)* la police ; see also **police** ; → **join, land, sale**

**VT** **a** *(= constrain)* forcer, obliger *(sb to do sth* qn à faire qch) ◆ **to be ~d to do sth** être forcé *or* obligé de faire qch ◆ **to ~ o.s. to do sth** se forcer *or* s'obliger à faire qch ◆ **I find myself ~d to say that ...** je me vois contraint de dire que ... ◆ **he was ~d to conclude that ...** il a été forcé de conclure que ...

**b** *(= impose) [+ conditions, obedience]* imposer *(on sb* à qn) ◆ **the decision was ~d on me by events** cette décision m'a été imposée par les événements, ce sont les événements qui m'ont dicté cette décision ◆ **they ~d action on the enemy** ils ont contraint l'ennemi à se battre ◆ **I don't want to ~ myself on you, but ...** je ne veux pas m'imposer, mais ... ◆ **to ~ the issue** enfoncer le clou

**c** *(= push, thrust)* pousser ◆ **to ~ books into a box** fourrer des livres dans une caisse ◆ **he ~d himself through the gap in the hedge** il s'est frayé un passage par un trou dans la haie ◆ **to ~ one's way into** entrer *or* pénétrer de force dans ◆ **to ~ one's way through sth** se frayer un passage à travers qch ◆ **to ~ a bill through Parliament** forcer la Chambre à voter une loi ◆ **the lorry ~d the car off the road** le camion a forcé la voiture à quitter la route

**d** *(= break open) [+ lock]* forcer ◆ **to ~ (open) a drawer/a door** forcer un tiroir/une porte ◆ **to ~ sb's hand** *(fig)* forcer la main à qn

**e** *(= extort)* arracher ; *(stronger)* extorquer *(from* à) ◆ **he ~d a confession from me** il m'a arraché *or* extorqué une confession ◆ **we ~d the secret out of him** nous lui avons arraché le secret

**f** *[+ plants]* forcer, hâter ◆ **to ~ the pace** forcer l'allure *or* le pas

**g** ◆ **he ~d a reply/a smile, he ~d himself to reply/smile** il s'est forcé à répondre/à sourire

**VI** *(Bridge)* faire un forcing

**COMP** ▷ **force-feed** **VT** *(gen)* nourrir de force ; *[+ animal]* gaver ◆ **he was ~-fed** on l'a nourri de force ◆ **as a child she was ~-fed (on) Shakespeare** quand elle était petite elle a été gavée de Shakespeare ▷ **forcing bid** **N** *(Bridge)* annonce *f* forcée *or* de forcing ▷ **forcing house** **N** *(Agr)* forcerie *f* ; *(fig)* pépinière *f*

► **force back** **VT SEP** **a** *(Mil) [+ enemy]* obliger à reculer, faire reculer ; *[+ crowd]* repousser, faire reculer

**b** ◆ **to force back one's desire to laugh** réprimer son envie de rire ◆ **to ~ back one's tears** refouler ses larmes

► **force down** **VT SEP** **a** *[+ aircraft]* forcer à atterrir

**b** *[+ prices, inflation, unemployment]* faire baisser

**c** ◆ **to force food down** se forcer à manger ◆ **if you ~ the clothes down you will get more into the suitcase** si tu tasses les vêtements tu en feras entrer plus dans la valise

► **force out** **VT SEP** **a** faire sortir (de force) ◆ **he ~d the cork out** il a sorti le bouchon en forçant ◆ **they ~d the rebels out into the open** ils ont forcé *or* obligé les insurgés à se montrer ◆ **small farmers will be ~d out of the market** les petits exploitants seront éliminés du marché

**b** ◆ **he forced out a reply/an apology** il s'est forcé à répondre/à s'excuser

► **force up** **VT SEP** *[+ prices, inflation, unemployment]* faire monter

**forced** /fɔːst/ LANGUAGE IN USE 10.1 **ADJ** **a** *(= imposed) [marriage, repatriation]* forcé **b** *(= artificial) [smile, laughter]* forcé ; *[conversation]* peu naturel ◆ **to sound ~** *[words]* faire peu naturel ; *[laughter]* sembler forcé **c** *[plant]* forcé **COMP** ▷ **forced entry** **N** *(Law)* entrée *f* avec effraction ▷ **forced labour** **N** travaux *mpl* forcés ▷ **forced landing** **N** *(Aviat)* atterrissage *m* forcé ▷ **forced march** **N** *(Mil)* marche *f* forcée ▷ **forced savings** **NPL** épargne *f* forcée

**forceful** /ˈfɔːsfʊl/ **ADJ** **a** *(= hard) [blow, kick, punch]* violent **b** *(= vigorous) [person, personality, intervention]* énergique ; *[action, reminder]* vigoureux ; *[argument]* convaincant ; *[statement, speech]* énergique ◆ **to be ~ in doing sth** faire qch énergiquement ◆ **he was ~ in condemning the regime** *or* **in his condemnation of the regime** il a condamné énergiquement le régime

**forcefully** /ˈfɔːsfəlɪ/ **ADV** **a** *(= using force) [push, knock]* avec force, violemment ; *[remove, administer]* avec fermeté ; *(= forcibly)* de force **b** *[say, express, remind]* avec force ; *[argue]* avec force, avec vigueur ; *[act, intervene]* avec détermination ◆ **it struck him ~ that ...** il lui est apparu avec force *or* avec une évidence frappante que ...

**forcefulness** /ˈfɔːsfʊlnɪs/ **N** **a** *(= force) [of blow, kick, punch]* force *f*, violence *f* **b** *(= vigour) [of person]* détermination *f* ; *[of argument, attack]* force *f*

**forcemeat** /ˈfɔːsmiːt/ **N** *(Culin)* farce *f*, hachis *m (de viande et de fines herbes)*

**forceps** /ˈfɔːseps/ **NPL** *(also* **pair of forceps**) forceps *m* ◆ **~ delivery** accouchement *m* au forceps

**forcible** /ˈfɔːsəbl/ **ADJ** **a** *(= forced) [repatriation, feeding]* forcé **b** *(= powerful) [affirmation, speech, reminder]* vigoureux **COMP** ▷ **forcible entry** **N** *(by thief)* entrée *f* par effraction ◆ **to make a ~ entry** *(by police)* entrer de force

**forcibly** /ˈfɔːsəblɪ/ **ADV** **a** *(= by force) [remove, eject, annex]* de force, par la force ; *[repatriate, separate, feed]* de force ; *[restrain]* par la force **b** *(= powerfully) [strike]* avec force ; *[argue, express]* énergiquement ◆ **to bring sth ~ home to sb** forcer qn à prendre conscience de qch

**ford** /fɔːd/ **N** gué *m* **VT** passer à gué

**fordable** /ˈfɔːdəbl/ **ADJ** guéable

**fore** /fɔːʳ/ **ADJ** **a** *(Zool) [foot, limb]* antérieur ◆ **near ~** antérieur gauche ◆ **off ~** antérieur droit ; see also **foreleg** **b** *(Naut, Aviat)* avant *inv* ◆ **the ~ watch** *(Naut)* le quart de proue **N** **a** ◆ **to come to the ~** *[person]* se mettre en évidence, se faire remarquer ; *[sb's courage]* se manifester ◆ **he was well to the ~ during the discussion** il a été très en évidence pendant la discussion ◆ **to the ~** *(= at hand)* à portée de main **b** *(Naut)* avant *m* **ADV** *(Naut)* à l'avant ◆ **~ and aft** de l'avant à l'arrière **EXCL** *(Golf)* gare !, attention ! **COMP** ▷ **fore and aft rig** **N** *(Naut)* gréement *m* aurique ▷ **fore and aft sail** **N** *(Naut)* voile *f* aurique

**forearm** /ˈfɔːrɑːm/ **N** avant-bras *m inv*

**forebears** /ˈfɔːbɛəz/ **NPL** *(liter)* aïeux *mpl (liter)*

**forebode** /fɔːˈbəʊd/ **VT** présager, annoncer

**foreboding** /fɔːˈbəʊdɪŋ/ **N** pressentiment *m*, prémonition *f* ◆ **to have a ~ that** avoir le pressentiment que, pressentir que ◆ **to have ~s** avoir des pressentiments *or* des prémonitions ◆ **with many ~s he agreed to do it** il a consenti à le faire en dépit de *or* malgré toutes ses appréhensions **ADJ** qui ne présage rien de bon, menaçant

**forecast** /ˈfɔːkɑːst/ (pret, ptp **forecast**) **VT** *(Met)* prévoir **N** **a** *(gen, Comm)* prévisions *fpl* ; *(Betting)* pronostic *m* ◆ **according to all the ~s** selon toutes les prévisions ◆ **sales ~** *(Comm)* prévisions *fpl* de vente ◆ **the racing ~** les pronostics *mpl* hippiques *or* des courses **b** (also **weather forecast**) bulletin *m* météorologique, météo * *f* ◆ **the ~ is good** les prévisions sont bonnes, la météo * est bonne

**forecaster** /ˈfɔːˌkɑːstəʳ/ **N** *(Met)* météorologue *mf* ; *(Econ, Pol)* prévisionniste *mf* ; *(Sport)* pronostiqueur *m*, -euse *f*

**forecastle** /ˈfəʊksl/ **N** *(Naut)* gaillard *m* d'avant ; *(Merchant Navy)* poste *m* d'équipage

**foreclose** /fɔːˈkləʊz/ **VT** *(Jur)* saisir ◆ **to ~ (on) a mortgage** saisir un bien hypothéqué **VI** saisir le bien hypothéqué

**foreclosure** /fɔːˈkləʊʒəʳ/ **N** saisie *f*

**forecourt** /ˈfɔːkɔːt/ **N** *(esp Brit)* avant-cour *f*, cour *f* de devant ; *[of petrol station]* devant *m*

**foredeck** /ˈfɔːdek/ **N** pont *m* avant

**foredoomed** /fɔːˈduːmd/ ADJ *(liter)* condamné d'avance, voué à l'échec

**forefathers** /ˈfɔːˌfɑːðəz/ NPL aïeux *mpl (liter)*, ancêtres *mpl*

**forefinger** /ˈfɔːˌfɪŋgəʳ/ N index *m*

**forefoot** /ˈfɔːfʊt/ N (pl **-feet**) *[of horse, cow]* pied *m* antérieur *or* de devant ; *[of cat, dog]* patte *f* antérieure *or* de devant

**forefront** /ˈfɔːfrʌnt/ N ◆ **in** *or* **at the ~ of** *[+ research, technology, progress]* à la pointe de ◆ **in** *or* **at the ~ of their minds** au premier plan *or* au centre de leurs préoccupations ◆ **to bring sth to the ~** mettre qch en évidence, faire ressortir qch

**foregather** /fɔːˈgæðəʳ/ VI se réunir, s'assembler

**forego** /fɔːˈgəʊ/ (pret **forewent**, ptp **foregone**) VT renoncer à, se priver de

**foregoing** /ˈfɔːgəʊɪŋ/ ADJ précédent ; *(in legal document)* susdit ◆ **according to the ~** d'après ce qui précède

**foregone** /ˈfɔːgɒn/ ADJ ◆ **it was a ~ conclusion** c'était à prévoir, c'était joué d'avance ◆ **it's a ~ conclusion that ...** il ne fait aucun doute que ...

**foreground** /ˈfɔːgraʊnd/ **N** *(Art, Phot)* premier plan *m* ◆ **in the ~** au premier plan **VT** *(lit) [+ object in photo, picture]* mettre en premier plan ; *(fig) [+ issue, problem]* mettre en avant

**forehand** /ˈfɔːhænd/ *(Tennis)* **N** coup *m* droit **COMP** ▷ **forehand drive** N coup *m* droit ▷ **forehand volley** N volée *f* de coup droit

**forehead** /ˈfɒrɪd/ N front *m* ◆ **on his ~** au front

**foreign** /ˈfɒrən/ **ADJ** **a** *[person, country, language, food, car]* étranger ; *[holiday, travel]* à l'étranger ; *[goods, produce]* de l'étranger ; *[politics, trade, debt]* extérieur (-eure *f*) ; *(incoming)* étranger ; *(abroad)* à l'étranger ; *[news]* du monde ◆ **he comes from a ~ country** il vient de l'étranger ◆ **our relations with ~ countries** nos rapports avec l'étranger

**b** *(= alien)* ◆ **~ to** étranger à ◆ **lying is quite ~ to him** *or* **to his nature** le mensonge lui est (complètement) étranger

**c** *(= extraneous) [matter, object, substance]* étranger

**COMP** ▷ **foreign affairs** NPL affaires *fpl* étrangères ◆ **Minister of Foreign Affairs** ministre *m* des Affaires étrangères ◆ **Ministry of Foreign Affairs** ministère *m* des Affaires étrangères ◆ **Secretary (of State) for Foreign Affairs** *(Brit)* ≃ ministre *m* des Affaires étrangères ▷ **foreign agent** N *(= spy)* agent *m* étranger ; *(Comm)* représentant *m* à l'étranger ▷ **Foreign and Commonwealth Office** N *(Brit)* ministère *m* des Affaires étrangères et du Commonwealth ▷ **foreign body** N *(Med)* corps *m* étranger ▷ **foreign-born** ADJ né à l'étranger ▷ **foreign correspondent** N correspondant(e) *m(f)* à l'étranger ▷ **foreign currency** N devises *fpl* étrangères ▷ **foreign exchange** N *(= system)* change *m* ; *(= currency)* devises *fpl* ◆ **the ~ exchange market** le marché des changes ▷ **Foreign Legion** N Légion *f* (étrangère) ▷ **Foreign Minister** N ministre *m* des Affaires étrangères ▷ **Foreign Ministry** N ministère *m* des Affaires étrangères ▷ **foreign national** N ressortissant(e) *m(f)* étranger (-ère *f*) ▷ **Foreign Office** N *(Brit)* ≃ ministère *m* des Affaires étrangères ▷ **foreign-owned** ADJ *(Econ, Comm)* sous contrôle étranger ▷ **foreign policy** N politique *f* étrangère *or* extérieure ▷ **foreign relations** NPL relations *fpl* extérieures ▷ **Foreign Secretary** N *(Brit)* ≃ ministre *m* des Affaires étrangères ▷ **foreign service** N *(esp US)* service *m* diplomatique

**foreigner** /ˈfɒrənəʳ/ N étranger *m*, -ère *f*

**foreknowledge** /ˈfɔːˈnɒlɪdʒ/ N fait *m* de savoir à l'avance, connaissance *f* anticipée ◆ **I had no ~ of his intentions** je ne savais pas à l'avance ce qu'il avait l'intention de faire ◆ **it presupposes a certain ~ of ...** ceci présuppose une certaine connaissance anticipée de ...

**foreland** /ˈfɔːlənd/ N *(= headland)* cap *m*, promontoire *m*

**foreleg** /ˈfɔːleg/ N *[of horse, cow]* jambe *f* antérieure ; *[of dog, cat]* patte *f* de devant

**forelock** /ˈfɔːlɒk/ N mèche *f*, toupet *m* ◆ **to touch** *or* **tug one's ~ to sb** *(Brit) (lit)* saluer qn en portant la main à son front ; *(fig)* faire des courbettes à *or* devant qn ◆ **to take Time by the ~** *(liter)* saisir l'occasion aux cheveux

**foreman** /ˈfɔːmən/ N (pl **-men**) **a** *(Ind)* contremaître *m*, chef *m* d'équipe **b** *[of jury]* président *m*

**foremast** /ˈfɔːmɑːst/ N *(Naut)* mât *m* de misaine

**foremost** /ˈfɔːməʊst/ **ADJ** **a** *(= chief) [authority, expert, writer, scholar]* plus grand, plus éminent ◆ **~ among contemporary writers is ...** le premier d'entre tous les écrivains contemporains est ... ◆ **to be ~ in sb's mind** être au premier plan des pensées *or* des préoccupations de qn ◆ **they were ~ in calling for an end to the war** ils ont été les plus actifs pour appeler à la fin de la guerre **b** *(Naut)* le *or* la plus en avant **ADV** **a** *(= above all)* tout d'abord ◆ **first and ~** d'abord et avant tout **b** *(= forwards)* en avant

**forename** /ˈfɔːneɪm/ N prénom *m*

**forenoon** /ˈfɔːnuːn/ N matinée *f*

**forensic** /fəˈrensɪk/ **ADJ** **a** (also **forensics** : *Med, Jur) [test, laboratory]* médico-légal **b** *(frm = lawyerly) [skill, eloquence]* du barreau **N** **forensics** *(NonC) (= science)* médecine *f* légale ; *(= police department)* département *m* médicolégal **COMP** ▷ **forensic evidence** N preuves *fpl* relevées lors d'une expertise médicolégale ▷ **forensic expert** N expert *m* médicolégal ▷ **forensic medicine** N médecine *f* légale ▷ **forensic science** N expertise *f* médicolégale ◆ **~ science laboratory** ≃ laboratoire *m* de police scientifique ▷ **forensic scientist** N médecin *m* légiste ▷ **forensics expert** N ⇒ **forensic expert**

**forepaw** /ˈfɔːpɔː/ N *(Zool)* patte *f* antérieure *or* de devant

**foreplay** /ˈfɔːpleɪ/ N préliminaires *mpl (amoureux)*

**forequarters** /ˈfɔːˌkwɔːtəz/ NPL quartiers *mpl* de devant

**forerunner** /ˈfɔːˌrʌnəʳ/ N **a** *(= sign, indication)* signe *m* avant-coureur, présage *m* ; *(= person)* précurseur *m* ; *[of machine, invention]* ancêtre *m* **b** *(Ski)* ouvreur *m*

**foresail** /ˈfɔːseɪl/ N *(Naut)* (voile *f* de) misaine *f*

**foresee** /fɔːˈsiː/ (pret **foresaw**, ptp **foreseen**) VT prévoir

**foreseeable** /fɔːˈsiːəbl/ ADJ prévisible ◆ **in the ~ future** dans un avenir prévisible

**foreshadow** /fɔːˈʃædəʊ/ VT *[event etc]* présager, annoncer, laisser prévoir

**foreshore** /ˈfɔːʃɔːʳ/ N *[of beach]* plage *f* ; *(Geog)* estran *m*

**foreshorten** /fɔːˈʃɔːtn/ VT **a** *(Art) [+ perspective, view, shape, figure]* faire un raccourci de ; *(Phot)* déformer par un effet de téléobjectif ◆ **~ed view** raccourci *m* **b** *(frm: in duration, size)* raccourcir

**foreshortening** /fɔːˈʃɔːtnɪŋ/ N *(Art, Phot)* raccourci *m*

**foresight** /ˈfɔːsaɪt/ N prévoyance *f* ◆ **lack of ~** imprévoyance *f* ◆ **to have the ~ to do sth** faire preuve de prévoyance en faisant qch, avoir la bonne idée de faire qch au bon moment

**foreskin** /ˈfɔːskɪn/ N prépuce *m*

**forest** /ˈfɒrɪst/ **N** forêt *f* ◆ **he can't see the ~ for the trees** *(US)* les arbres lui cachent la forêt **COMP** ▷ **Forest Enterprise** N *(Brit)* ≃ Office *m* des Forêts ▷ **forest fire** N incendie *m* de forêt ▷ **forest ranger** N garde *m* forestier

**forestall** /fɔːˈstɔːl/ VT *[+ competitor]* devancer ; *[+ desire, eventuality, objection]* anticiper, prévenir

**forested** /ˈfɒrɪstɪd/ ADJ boisé

**forester** /ˈfɒrɪstəʳ/ N forestier *m*

**forestry** /ˈfɒrɪstrɪ/ **N** sylviculture *f*, foresterie *f* **COMP** ▷ **the Forestry Commission** N *(Brit)* ≃ l'Office *m* des Forêts

**foretaste** /ˈfɔːteɪst/ N avant-goût *m* ◆ **the riot provided a ~ of the civil war to come** l'émeute donna un avant-goût de ce que serait la guerre civile

**foretell** /fɔːˈtel/ (pret, ptp **foretold**) VT prédire

**forethought** /ˈfɔːθɔːt/ N prévoyance *f* ◆ **lack of ~** imprévoyance *f*

**forever, for ever** /fərˈevəʳ/ ADV **a** *(= eternally) [live, last, remember]* toujours ◆ **I'll love you ~** je t'aimerai toujours ◆ **Manchester United ~!** vive Manchester United ! ◆ **~ and ever** à jamais, éternellement **b** *(= definitively) [go, change, disappear, lose, close]* définitivement, pour toujours ◆ **he left ~** il est parti pour toujours **c** *(* = a long time) [take]* une éternité ; *[wait]* jusqu'à la saint-glinglin * ◆ **the meeting lasted ~** la réunion n'en finissait pas **d** *(= constantly)* ◆ **to be ~ doing sth** être sans arrêt en train de faire qch **e** *(= unfailingly) [cheerful, suspicious]* toujours

**forewarn** /fɔːˈwɔːn/ VT prévenir, avertir ◆ **~ed is forearmed** *(Prov)* un homme averti en vaut deux *(Prov)*

**foreword** /ˈfɔːwɜːd/ N avant-propos *m inv*, avertissement *m* (au lecteur)

**forex** /ˈfɔːreks/ N *(Fin)* ◆ **~ market** marché *m* des changes ◆ **~ dealer** cambiste *mf*

**forfeit** /ˈfɔːfɪt/ **VT** **a** *(= lose) [+ property]* perdre (par confiscation) ; *[+ one's rights]* perdre, être déchu de ; *[+ one's life, health]* payer de ; *[+ sb's respect]* perdre **b** *(= abandon)* abandonner **N** **a** *(gen)* prix *m*, peine *f* **b** *(for non-performance of contract)* dédit *m* ◆ **~s** *(= game)* gages *mpl (jeu de société)* ◆ **to pay a ~** *(in game)* avoir un gage **ADJ** *(liter) (= liable to be taken)* susceptible d'être confisqué ; *(= actually taken)* confisqué ◆ **his life was ~** *(= he died)* il le paya de sa vie ; *(= he might die)* il pourrait le payer de sa vie

**forfeiture** /ˈfɔːfɪtʃəʳ/ N *[of property]* perte *f* (par confiscation) ; *[of right etc]* perte *f*, déchéance *f*

**forgather** /fɔːˈgæðəʳ/ VI ⇒ **foregather**

**forgave** /fəˈgeɪv/ VB pt of **forgive**

**forge** /fɔːdʒ/ **VT** **a** *(= fake) [+ signature, banknote]* contrefaire ; *[+ document]* faire un faux de ; *[+ painting]* faire un faux de, contrefaire ; *[+ evidence]* fabriquer ; *(= alter)* maquiller, falsifier ◆ **a ~d passport/ticket** un faux passeport/billet ◆ **to ~ a certificate**

*(= create new one)* faire un faux certificat ; *(= alter existing one)* maquiller *or* falsifier un certificat ◆ **the date on the certificate had been ~d** la date figurant sur le certificat avait été falsifiée ◆ **to ~ a Renoir** faire un faux Renoir ◆ **a ~d painting** un faux *(tableau)* ◆ **a ~d Renoir** un faux Renoir ◆ **it's ~d** c'est un faux **b** *[+ metal]* forger **c** *(= establish) [+ alliance, ties, links]* forger ; *[+ coalition]* former ; *[+ agreement, compromise]* établir ; *[+ solution]* parvenir à ◆ **to ~ one's identity** construire son identité **VI** ◆ **to ~ ahead** prendre de l'avance ; *(Racing)* foncer **N** forge *f*

**forger** /ˈfɔːdʒə$^{r}$/ **N** faussaire *mf* ; *(Jur)* contrefacteur *m*

**forgery** /ˈfɔːdʒərɪ/ **N a** *(NonC) [of banknote, signature, document, will] (= counterfeiting)* contrefaçon *f* ; *(= altering)* falsification *f* ; *[of story]* invention *f* ; *(Jur)* contrefaçon *f* (frauduleuse) ◆ **to prosecute sb for ~** poursuivre qn pour faux (et usage de faux) ◆ **art/cheque/banknote ~** contrefaçon d'œuvres d'art/de chèques/de billets de banque **b** *(= thing forged: work of art, document, passport, will)* faux *m* ◆ **the signature was a ~** la signature était fausse

**forget** /fəˈget/ LANGUAGE IN USE 1.1 (pret **forgot**, ptp **forgotten**)

**VT a** *[+ name, fact, experience]* oublier ◆ **I've forgotten all my Spanish** j'ai oublié tout l'espagnol que je savais *or* tout mon espagnol ◆ **she never ~s a face** elle a la mémoire des visages ◆ **I shall never ~ what he said** je n'oublierai jamais ce qu'il a dit ◆ **I ~ who said ...** je ne sais plus qui a dit ... ◆ **not ~ting ...** sans oublier ... ◆ **we completely forgot the time** nous avons complètement oublié l'heure ◆ **and don't you ~ it!** * et tâche de ne pas oublier !, tu as intérêt à ne pas oublier ! ◆ **she'll never let him ~ it** elle ne manque pas une occasion de le lui rappeler ◆ **let's ~ it!** passons *or* on passe l'éponge ! ; *(= let's drop the subject)* ça n'a aucune importance ◆ **~ it!** *(to sb thanking)* ce n'est rien ! ; *(to sb pestering)* laissez tomber ! ; *(to sb hopeful)* n'y comptez pas ! ◆ **to ~ to do sth** oublier *or* omettre de faire qch ◆ **I've forgotten how to do it** je ne sais plus comment on fait ◆ **it's easy to ~ how to do it** c'est facile d'oublier comment on fait ◆ **I forgot (that) I'd seen her** j'ai oublié que je l'avais vue

**b** ◆ **to ~ o.s.** *(= be altruistic)* s'oublier, oublier son propre intérêt ◆ **to ~ o.s.** *or* **one's manners** oublier toutes ses bonnes manières, s'oublier *(liter)* ◆ **he drinks to try to ~ himself** il boit pour oublier ◆ **he forgot himself and ...** *(= be distracted)* dans un moment de distraction, il ...

**c** *(= leave behind) [+ umbrella, passport, gloves etc]* oublier, laisser

**VI** oublier ◆ **I completely forgot, I forgot all about it** j'ai complètement oublié, ça m'est complètement sorti de l'esprit ◆ **I've forgotten all about it (already)** je n'y pense (déjà) plus ◆ **~ about it!** * n'y pensez plus ! ◆ **he seemed willing to ~ about the whole business** il semblait prêt à passer l'éponge sur l'affaire ◆ **you can ~ about your promotion** tu peux dire adieu à ta promotion ◆ **I forgot about having to go to the dentist** j'ai oublié que je devais aller chez le dentiste

**COMP** ▷ **forget-me-not N** *(Bot)* myosotis *m* ▷ **forget-me-not blue N** (bleu *m*) myosotis *m inv*

**forgetful** /fəˈgetfʊl/ **ADJ** *(= absent-minded)* distrait ; *(= careless)* négligent, étourdi ◆ **he is very ~** il a très mauvaise mémoire, il oublie tout ◆ **how ~ of me!** que je suis étourdi ! ◆ **~ of the danger** oublieux du danger

**forgetfulness** /fəˈgetfʊlnɪs/ **N** *(= absent-mindedness)* manque *m* de mémoire ; *(= carelessness)* négligence *f*, étourderie *f* ◆ **in a moment of ~** dans un moment d'oubli *or* d'étourderie

**forgettable** /fəˈgetəbəl/ **ADJ** peu mémorable

**forgivable** /fəˈgɪvəbl/ **ADJ** pardonnable

**forgivably** /fəˈgɪvəblɪ/ **ADV** ◆ **to act** *or* **behave ~** avoir un comportement pardonnable *or* excusable ◆ **he was ~ tense/rude** il était tendu/malpoli, ce qu'on pouvait lui pardonner

**forgive** /fəˈgɪv/ (pret **forgave**, ptp **forgiven**) /fəˈgɪvn/ **VT a** *[+ person, sin, mistake]* pardonner ◆ **to ~ sb (for) sth** pardonner qch à qn ◆ **to ~ sb for doing sth** pardonner à qn de faire qch ◆ **~ me for asking, but ...** excuse-moi de demander, mais ... ◆ **you must ~ him his rudeness** pardonnez-lui son impolitesse ◆ **one could be ~n for thinking ...** on serait excusable *or* pardonnable de penser ... ◆ **~ me, but ...** pardonnez-moi *or* excusez-moi, mais ... ◆ **we must ~ and forget** nous devons pardonner et oublier **b** *(frm)* ◆ **to ~ (sb) a debt** faire grâce (à qn) d'une dette

**forgiveness** /fəˈgɪvnɪs/ **N** *(NonC) (= pardon)* pardon *m* ; *(= compassion)* indulgence *f*, clémence *f*

**forgiving** /fəˈgɪvɪŋ/ **ADJ** indulgent, clément

**forgo** /fɔːˈgəʊ/ **VT** ⇒ **forego**

**forgot** /fəˈgɒt/ **VB** pt of **forget**

**forgotten** /fəˈgɒtn/ **VB** ptp of **forget**

**fork** /fɔːk/ **N a** *(at table)* fourchette *f* ; *(for digging)* fourche *f* **b** *[of branches]* fourche *f* ; *[of roads, railways]* embranchement *m* ◆ **take the left ~** *(giving directions)* prenez à gauche à l'embranchement **VT a** (also **fork over**) *[+ hay, ground]* fourcher **b** ◆ **he ~ed the beans into his mouth** il enfournait * ses haricots (à coups de fourchette) **VI** *[roads]* bifurquer ◆ **we ~ed right on leaving the village** nous avons pris *or* bifurqué à droite à la sortie du village ◆ **~ left for Oxford** prenez *or* bifurquez à gauche pour Oxford **COMP** ▷ **fork-lift truck N** chariot *m* élévateur (à fourche)

► **fork out** * **VI** casquer ‡ **VT SEP** *[+ money]* allonger ‡, abouler ‡

► **fork over VT SEP** ⇒ **fork vt a**

► **fork up VT SEP a** *[+ soil]* fourcher **b** * ⇒ **fork out vt sep**

**forked** /fɔːkt/ **ADJ** fourchu ◆ **to speak with (a) ~ tongue** avoir la langue fourchue **COMP** ▷ **forked lightning N** éclair *m* en zigzags

**forkful** /ˈfɔːkfʊl/ **N** ◆ **a ~ of mashed potato** une pleine fourchette de purée

**forlorn** /fəˈlɔːn/ **ADJ a** *(= miserable) [person]* solitaire et malheureux, triste et délaissé ; *[voice]* triste ; *[expression]* de tristesse et de délaissement ◆ **to look ~** avoir l'air triste et délaissé **b** *(= desolate) [area]* désolé ; *[building]* abandonné ; *[road]* désert **c** *(= despairing) [attempt, effort]* désespéré, vain ◆ **it is a ~ hope** c'est un mince espoir ◆ **in the ~ hope of sth/doing sth** dans le fol espoir de qch/de faire qch

**forlornly** /fəˈlɔːnlɪ/ **ADV a** *(= miserably) [stand, sit, wait, stare]* d'un air triste et délaissé, tristement **b** *(= despairingly) [hope]* en vain ; *[try]* désespérément

**form** /fɔːm/ **N a** *(= type, particular kind)* forme *f*, sorte *f* ◆ **the various ~s of energy** les différentes formes d'énergie ◆ **you could say it was a ~ of apology** on pourrait appeler cela une sorte d'excuse ◆ **a new ~ of government** une nouvelle forme de gouvernement ◆ **a different ~ of life** *(= life-form)* une autre forme de vie ; *(= way of life)* un autre mode de vie

**b** *(= style, condition)* forme *f* ◆ **in the ~ of** sous forme de ◆ **medicine in the ~ of tablets** *or* **in tablet ~** médicament *m* sous forme de comprimés ◆ **the first prize will take the ~ of a trip to Rome** le premier prix sera un voyage à Rome ◆ **what ~ should my application take?** comment dois-je présenter *or* formuler ma demande ? ◆ **their discontent took various ~s** leur mécontentement s'est manifesté de différentes façons ◆ **the same thing in a new ~** la même chose sous une forme nouvelle *or* un aspect nouveau ◆ **her letters are to be published in book ~** ses lettres doivent être publiées sous forme de livre ◆ **the plural ~** *(Gram)* la forme du pluriel

**c** *(NonC: Art, Literat, Mus etc)* forme *f* ◆ **~ and content** la forme et le fond

**d** *(NonC = shape)* forme *f* ◆ **to take ~** prendre forme ◆ **his thoughts lack ~** ses pensées manquent d'ordre

**e** *(= figure)* forme *f* ◆ **the human ~** la forme humaine ◆ **I saw a ~ in the fog** j'ai vu une forme *or* une silhouette dans le brouillard

**f** *(Philos) (= structure, organization)* forme *f* ; *(= essence)* essence *f* ; *(Ling)* forme *f*

**g** *(NonC: esp Brit = etiquette)* forme *f*, formalité *f* ◆ **for ~'s sake, as a matter of ~** pour la forme ◆ **it's good/bad ~ to do that** cela se fait/ne se fait pas

**h** *(= formula, established practice)* forme *f*, formule *f* ◆ **he pays attention to the ~s** il respecte les formes ◆ **choose another ~ of words** choisissez une autre expression *or* tournure ◆ **the correct ~ of address for a bishop** la manière correcte de s'adresser à un évêque ◆ **~ of worship** liturgie *f*, rites *mpl* ◆ **what's the ~?** † * quelle est la marche à suivre ?

**i** *(= document) (gen: for applications etc)* formulaire *m* ; *(for telegram, giro transfer)* formule *f* ; *(for tax returns)* feuille *f* ; *(= card)* fiche *f* ◆ **printed ~** imprimé *m* ◆ **to fill up** *or* **in** *or* **out a ~** remplir un formulaire ; → **application, tax**

**j** *(NonC: esp Brit = fitness)* forme *f* ◆ **on ~** en forme ◆ **he's not on ~, he's off ~** *or* **out of ~** il n'est pas en forme ◆ **in fine** *or* **great ~, on top ~** en pleine forme

**k** ◆ **to study (the) ~** *(Brit Racing)* ≃ préparer son tiercé ; *(fig)* établir un pronostic

**l** *(Brit = bench)* banc *m*

**m** *(Brit Scol = class)* classe *f* ◆ **he's in the sixth ~** ≃ il est en première

**n** *(NonC: Brit = criminal record)* ◆ **he's got ~** ‡ il a fait de la taule ‡

**VT a** *(= shape)* former, construire ◆ **he ~s his sentences well** il construit bien ses phrases ◆ **he ~ed the clay into a ball** il a roulé *or* pétri l'argile en boule ◆ **he ~ed it out of a piece of wood** *(liter)* il l'a façonné *or* fabriqué dans un morceau de bois

**b** *(= train, mould) [+ child]* former, éduquer ; *[+ sb's character]* façonner, former

**c** *(= develop) [+ habit]* contracter ; *[+ plan]* mettre sur pied ◆ **to ~ an opinion** se faire *or* se former une opinion ◆ **to ~ an impression** se faire une impression ◆ **you mustn't ~ the idea that ...** il ne faut pas que vous vous mettiez dans la tête que ...

**d** *(= organize, create) [+ government]* former ; *[+ coalition, alliance]* constituer ; *(Comm) [+ company]* former, créer ◆ **to ~ a committee** former un comité ◆ **to ~ a new political party** former *or* créer un nouveau parti politique

**e** *(= constitute)* composer, former ◆ **to ~ part of** faire partie de ◆ **the ministers who ~ the government** les ministres qui composent *or* constituent le gouvernement ◆ **those who ~ the group** les gens qui font partie du groupe ◆ **to ~ a** *or* **the basis for** former *or* constituer la base de, servir de base à

f *(= take the shape or order of) [+ pattern, picture]* former, faire ◆ **to ~ a line** se mettre en ligne, s'aligner ◆ **~ a circle please** mettez-vous en cercle s'il vous plaît ◆ **to ~ a queue** se mettre en file, former la queue ◆ **to ~ fours** *(Mil)* se mettre par quatre ◆ **the road ~s a series of curves** la route fait *or* dessine une série de courbes

g *(Gram)* ◆ **to ~ the plural** former le pluriel

VI *[queue, group, company, crystal, deposits, blood clots]* se former ; *[idea]* prendre forme ◆ **an idea ~ed in his mind** une idée a pris forme dans son esprit

COMP ▷ **form feeder** N *(Comput)* dispositif *m* de changement de page ▷ **form leader** N *(Brit Scol)* ≈ chef *m* de classe ▷ **form letter** N lettre *f* type ▷ **form master, form mistress** N ≈ professeur *m* principal ▷ **form room** N salle *f* de classe *(affectée à une classe particulière)* ▷ **form tutor** N ⇒ **form master** *or* **mistress**

► **form up** VI se mettre *or* se ranger en ligne, s'aligner ◆ **~ up behind your teacher** mettez-vous *or* rangez-vous en ligne derrière votre professeur

**formal** /ˈfɔːməl/ ADJ a *(= polite, ceremonial) [person]* cérémonieux, protocolaire ; *[behaviour, handshake, welcome, relationship]* cérémonieux ; *[dinner, occasion, function]* protocolaire, officiel ; *[clothes]* habillé ; *[letter]* respectant les convenances ; *[politeness]* formel ; *[language, style]* soutenu ; *[word]* de style soutenu ◆ **don't be so ~** ne faites pas tant de cérémonies ◆ **lunch was a ~ affair** le déjeuner était protocolaire ◆ **a ~ dance** un bal habillé

b *(= official) [talks, statement, request, complaint, acceptance, surrender]* officiel ◆ **~ contract** contrat *m* en bonne et due forme ◆ **~ denial** démenti *m* formel *or* officiel ◆ **~ instructions** instructions *fpl* formelles

c *(= in design) [garden]* à la française ; *[room]* solennel

d *(= professional)* ◆ **he had no ~ training/qualifications** il n'avait pas vraiment de formation/de qualifications ◆ **he had little ~ education** *or* **schooling** il a quitté l'école assez tôt ◆ **his ~ education stopped after primary school** il n'a pas fait d'études secondaires ◆ **I've had no ~ training as an actor** je n'ai pas suivi de cours de théâtre

e *(= structural) [perfection]* formel

f *(= superficial, in form only)* de forme ◆ **a certain ~ resemblance** une certaine ressemblance dans la forme

COMP ▷ **formal dress** N tenue *f* de cérémonie ; *(= evening dress)* tenue *f* de soirée ▷ **formal grammar** N *(Ling)* grammaire *f* formelle ▷ **formal language** N langage *m* formel ▷ **formal logic** N *(Philos)* logique *f* formelle

**formaldehyde** /fɔːˈmældɪhaɪd/ N formaldéhyde *m*

**formalin(e)** /ˈfɔːməlɪn/ N formol *m*

**formalism** /ˈfɔːməlɪzəm/ N formalisme *m*

**formalist** /ˈfɔːməlɪst/ ADJ, N formaliste *mf*

**formalistic** /ˌfɔːməˈlɪstɪk/ ADJ formaliste

**formality** /fɔːˈmælɪtɪ/ N a *(NonC) (= convention)* formalité *f* ; *(= stiffness)* raideur *f*, froideur *f* ; *(= ceremoniousness)* cérémonie *f NonC* b formalité *f* ◆ **it's a mere** *or* **just a ~** ce n'est qu'une simple formalité ◆ **the formalities** les formalités *fpl* ◆ **let's do without the formalities!** dispensons-nous des formalités !, faisons au plus simple !

**formalize** /ˈfɔːməlaɪz/ VT officialiser

**formally** /ˈfɔːməlɪ/ ADV a *(= politely) [say, shake hands]* cérémonieusement ◆ **his behaviour was ~ correct** son comportement était cérémonieux b *(= officially) [announce, approve, agree, open, launch]* officiellement ◆ **~ charged** mis en examen ◆ **we have been ~ invited** nous avons reçu une invitation officielle c **to be ~ dressed** *(= smartly)* être en tenue de cérémonie ; *(= in evening dress)* être en tenue de soirée d *(= academically) [teach]* en tant que matière spécifique ◆ **to have been ~ trained** avoir reçu une formation professionnelle e *(in design)* ◆ **a ~ laid-out garden** un jardin à la française

**format** /ˈfɔːmæt/ N a *(= type, kind) [of computer data, document, camera film, publication]* format *m* ; *[of video]* système *m* ◆ **newspapers in tabloid or broadsheet ~** des journaux de format tabloïd ou de grand format ◆ **the film will be shown in wide-screen ~** *(Cine)* le film sera projeté sur grand écran ; *(TV)* le film sera diffusé en format grand écran ◆ **dictionaries published in both paper and electronic ~** des dictionnaires publiés à la fois en version papier et en version électronique ◆ **available in cassette or CD ~** disponible en cassette ou CD

b *(= structure, presentation) [of book, newspaper, page]* présentation *f* ; *[of TV, radio programme]* forme *f*, présentation *f* ; *[of event, competition]* forme *f* ◆ **dictionaries published in three-column ~** des dictionnaires publiés dans une présentation sur trois colonnes ◆ **large-~ books** livres *mpl* grand format

VT a *(Comput)* formater

b *(gen)* concevoir le format *or* la présentation de

**formation** /fɔːˈmeɪʃən/ N a *(NonC) [of child, character]* formation *f* ; *[of plan]* élaboration *f* ; *[of government]* formation *f* ; *[of classes, courses]* organisation *f*, mise *f* en place ; *[of club]* création *f* ; *[of committee]* création *f*, mise *f* en place b *(NonC: Mil etc)* formation *f*, disposition *f* ◆ **battle ~** formation *f* de combat ◆ **in close ~** en ordre serré c *(Geol)* formation *f* COMP ▷ **formation dance, formation dancing** N danse *f* de groupe ▷ **formation flying** N *(Aviat)* vol *m* en formation

**formative** /ˈfɔːmətɪv/ ADJ formateur (-trice *f*) ◆ **he spent his ~ years in London** *(= his childhood)* il a passé son enfance à Londres ◆ **this was a ~ period in his life** c'était une période déterminante dans sa vie N *(Gram)* formant *m*, élément *m* formateur

**formatting** /ˈfɔːmætɪŋ/ N *(Comput)* formatage *m*

**-formed** /ˈfɔːmd/ ADJ *(in compounds)* ◆ **fully-formed** *[baby, animal]* complètement formé *or* développé ◆ **half-formed** à moitié formé *or* développé ; → **well²**

**former¹** /ˈfɔːməʳ/ N *(Tech)* gabarit *m*

**former²** /ˈfɔːməʳ/ LANGUAGE IN USE 26.2

ADJ a *(= previous) [president, employee, home]* ancien *before n* ; *[strength, authority]* d'autrefois ◆ **the ~ Soviet Union** l'ex-Union *f* soviétique ◆ **the ~ Yugoslavia** l'ex-Yougoslavie *f* ◆ **my ~ wife/husband** mon ex-femme/ex-mari ◆ **the college is a ~ mansion** le collège est un ancien manoir ◆ **to restore sth to its ~ glory** redonner à qch sa splendeur d'autrefois ◆ **the buildings have now been restored to their ~ glory** les bâtiments rénovés ont retrouvé leur ancienne splendeur *or* leur splendeur d'antan *(liter)* ◆ **he was a (pale) shadow of his ~ self** il n'était plus que l'ombre de lui-même ◆ **he was very unlike his ~ self** il ne se ressemblait plus du tout ◆ **in a ~ life** au cours d'une vie antérieure ◆ **in ~ years** *or* **times** *or* **days** autrefois ◆ **the radicals of ~ days** les radicaux d'autrefois

b *(as opposed to latter)* ◆ **the ~ option/alternative** la première option/alternative ◆ **your ~ suggestion** votre première suggestion

PRON celui-là, celle-là ◆ **the ~ ... the latter** celui-là ... celui-ci ◆ **of the two ideas I prefer the ~** des deux idées je préfère celle-là *or* la première ◆ **the ~ is the more expensive of the two systems** ce premier système est le plus coûteux des deux, des deux systèmes, c'est le premier le plus coûteux ◆ **of the two possible solutions, I prefer the ~** entre les deux solutions, je préfère la première, entre les deux, je préfère la première solution

COMP ▷ **former pupil** N *(Scol)* ancien(ne) élève *m(f)*

**-former** /ˈfɔːməʳ/ N *(in compounds: Scol)* élève *mf* de ... ◆ **fourth-former** ≈ élève *mf* de troisième

**formerly** /ˈfɔːməlɪ/ ADV autrefois ◆ **Lake Malawi, ~ Lake Nyasa** le lac Malawi, anciennement *or* autrefois lac Nyassa

**formic** /ˈfɔːmɪk/ ADJ formique

**Formica** ® /fɔːˈmaɪkə/ N formica ® *m*, plastique *m* laminé

**formidable** /ˈfɔːmɪdəbl/ ADJ a *(= daunting) [person, opposition]* redoutable, terrible ; *[task, challenge]* redoutable ; *[obstacle]* terrible b *(= prodigious) [person, talent, reputation]* phénoménal ; *[combination]* impressionnant

**formidably** /ˈfɔːmɪdəblɪ/ ADV *(= extremely)* terriblement, redoutablement ◆ **~ armed** redoutablement bien armé, aux armes redoutables

**formless** /ˈfɔːmlɪs/ ADJ a *(= amorphous) [shape, image]* informe ; *[terror, apprehension]* indéfini b *(pej = unstructured) [book, play, film, record]* dépourvu de structure

**Formosa** /fɔːˈməʊsə/ N *(formerly)* Formose *m or f*

**Formosan** /fɔːˈməʊsən/ ADJ formosan

**formula** /ˈfɔːmjʊlə/ N a *(pl* **formulas** *or* **formulae** /ˈfɔːmjʊliː/) *(gen, also Chem, Math etc)* formule *f* ◆ **a ~ for averting** *or* **aimed at averting the strike** une formule visant à éviter la grève ◆ **winning ~** formule *f* idéale ◆ **peace ~** forme *f* de paix ◆ **pay/pricing ~** système *m* de fixation des salaires/prix b *(= baby milk)* lait *m* maternisé c *(Aut)* ◆ **Formula One/Two/Three** la formule un/deux/trois ◆ **a ~-one car** une voiture de formule un COMP ▷ **formula milk** N lait *m* maternisé

**formulaic** /ˌfɔːmjʊˈleɪɪk/ ADJ *[language, plot, response, TV programme]* convenu, stéréotypé ◆ **~ phrase** *or* **expression** expression *f* convenue

**formulate** /ˈfɔːmjʊleɪt/ VT formuler

**formulation** /ˌfɔːmjʊˈleɪʃən/ N a *(NonC = forming, creation) [of idea, theory, proposal]* formulation *f* ; *[of policy, plan, product]* élaboration *f* b *(= formula) [of treaty, settlement]* formule *f* ◆ **this ~ was acceptable to both sides** cette formule convenait aux deux parties c *(= medicine)* formule *f* d *(= saying)* formule *f*

**fornicate** /ˈfɔːnɪkeɪt/ VI forniquer

**fornication** /ˌfɔːnɪˈkeɪʃən/ N fornication *f*

**forsake** /fəˈseɪk/ (pret **forsook**, ptp **forsaken**) VT *(liter) [+ person]* abandonner, délaisser ; *[+ place]* quitter ; *[+ habit]* renoncer à

**forsaken** /fəˈseɪkən/ VB (pt **forsake** ;) → **godforsaken** ADJ ◆ **an old ~ farmhouse** une vieille ferme abandonnée

**forsook** /fəˈsʊk/ VB pt of **forsake**

**forsooth** /fə'su:θ/ **ADV** *(†† or hum)* en vérité, à vrai dire ◆ **~!** par exemple !

**forswear** /fɔ:'swɛəʳ/ (pret **forswore** /fɔ:'swɔ:ʳ/, ptp **forsworn** /fɔ:'swɔ:n/) **VT** *(frm) (= renounce)* renoncer à, abjurer ; *(= deny)* désavouer ◆ **to ~ o.s.** *(= perjure)* se parjurer

**forsythia** /fɔ:'saɪθɪə/ **N** forsythia *m*

**fort** /fɔ:t/ **N** *(Mil)* fort *m* ; *(small)* fortin *m* ◆ **to hold the ~** *(fig)* monter la garde *(hum)*, assurer la permanence **COMP** ▷ **Fort Knox** **N** Fort Knox *m (réserve d'or des États-Unis)* ◆ **they have turned their home into (a) Fort Knox** ils ont transformé leur maison en une véritable forteresse

**forte¹** /'fɔ:tɪ, (US) fɔ:t/ **N** fort *m* ◆ **generosity is not his ~** la générosité n'est pas son fort

**forte²** /'fɔ:tɪ/ **ADJ, ADV** *(Mus)* forte

**forth** /fɔ:θ/ **ADV**

> When **forth** is an element in a phrasal verb, eg **pour forth**, **sally forth**, **venture forth**, look up the verb.

**a** *(† or frm = out)* de l'avant ◆ **to go back and ~ between ...** aller et venir entre ..., faire la navette entre ... ◆ **the thunderstorm burst ~** l'orage a éclaté ◆ **to come ~** *(= forward)* s'avancer ; *(= outside)* sortir ◆ **to pour ~ a torrent of invective** vomir un torrent d'injures ◆ **to stretch ~ one's hand** tendre la main ; → **bring forth, hold forth** **b** *(= onward)* ◆ **and so ~** et ainsi de suite ◆ **from this day ~** *(frm)* dorénavant, désormais

**forthcoming** /fɔ:θ'kʌmɪŋ/ **ADJ** **a** *(= imminent) [event, visit, election, album etc]* prochain ◆ **in a ~ book, he examines ...** dans un prochain livre *or* dans un livre qui va bientôt sortir, il examine ... **b** *(= available)* ◆ **to be ~** *[money, funds, aid, support]* être disponible ◆ **no evidence of this was ~** on n'avait aucune preuve de cela ◆ **no answer was ~** il n'y a pas eu de réponse **c** *(= communicative) [person]* communicatif ◆ **to be ~ on** *or* **about sth** être disposé à parler de qch

**forthright** /'fɔ:θraɪt/ **ADJ** *[person, manner, answer, remark]* franc (franche *f*), direct ; *[language]* direct ; *[statement]* sans détour ◆ **in ~ terms** sans détour ◆ **to be ~ in one's response** donner une réponse franche ◆ **to be ~ in saying sth** dire qch ouvertement ◆ **to be ~ about sth** ne pas mâcher ses mots à propos de qch

**forthwith** /'fɔ:θ'wɪθ/ **ADV** *(frm)* sur-le-champ

**fortieth** /'fɔ:tɪɪθ/ **ADJ** quarantième **N** quarantième *mf* ; *(= fraction)* quarantième *m* ; *for phrases see* **sixth**

**fortification** /,fɔ:tɪfɪ'keɪʃən/ **N** fortification *f*

**fortify** /'fɔ:tɪfaɪ/ **VT** **a** *[+ place]* fortifier, armer *(against* contre) ; *[+ person]* réconforter ◆ **fortified place** place *f* forte ◆ **have a drink to ~ you** *(hum)* prenez un verre pour vous remonter **b** *[+ wine]* accroître la teneur en alcool de ; *[+ food]* renforcer en vitamines ◆ **fortified wine** ≈ vin *m* doux, vin *m* de liqueur

**fortitude** /'fɔ:tɪtju:d/ **N** courage *m*, force *f* d'âme

**fortnight** /'fɔ:tnaɪt/ **N** *(esp Brit)* quinzaine *f*, quinze jours *mpl* ◆ **a ~'s holiday** quinze jours de vacances ◆ **a ~ tomorrow** demain en quinze ◆ **adjourned for a ~** remis à quinzaine ◆ **for a ~** pour une quinzaine, pour quinze jours ◆ **in a ~, in a ~'s time** dans quinze jours ◆ **a ~ ago** il y a quinze jours

**fortnightly** /'fɔ:tnaɪtlɪ/ *(esp Brit)* **ADJ** *[newspaper]* bimensuel ; *[visit]* tous les quinze jours ; *[cycle]* de quinze jours **ADV** tous les quinze jours

**FORTRAN, Fortran** /'fɔ:træn/ **N** fortran *m*

**fortress** /'fɔ:trɪs/ **N** *(= prison)* forteresse *f* ; *(= medieval castle)* château *m* fort ◆ **~ Europe** la forteresse Europe ; → **flying**

**fortuitous** /fɔ:'tju:ɪtəs/ **ADJ** fortuit, accidentel

**fortuitously** /fɔ:'tju:ɪtəslɪ/ **ADV** fortuitement, par hasard

**fortunate** /'fɔ:tʃənɪt/ **ADJ** *[coincidence, choice]* heureux ; *[circumstances]* favorable ◆ **to be ~** *[person]* avoir de la chance ◆ **we are ~ that ...** nous avons de la chance que ... ◆ **it is ~ that ...** c'est une chance que ... ◆ **it was ~ for him that ...** heureusement pour lui que ... ◆ **they were ~ to escape** ils ont eu de la chance de s'échapper ◆ **I was ~ enough to go to a good school** j'ai eu la chance de fréquenter une bonne école ◆ **to be ~ in one's career** avoir de la chance dans sa carrière ◆ **to be ~ in having a wonderful mother** avoir la chance d'avoir une mère merveilleuse ◆ **she is in the ~ position of having plenty of choice** elle a la chance d'avoir plein d'options ◆ **how ~!** quelle chance !

**fortunately** /'fɔ:tʃənɪtlɪ/ **LANGUAGE IN USE 26.3** **ADV** heureusement (*for* pour)

**fortune** /'fɔ:tʃən/ **N** **a** *(= luck)* chance *f*, fortune *f* ◆ **by good ~** par chance, par bonheur ◆ **I had the good ~ to meet him** j'ai eu la chance *or* le bonheur de le rencontrer ◆ **to try one's ~** tenter sa chance ◆ **~ favoured him** la chance *or* la fortune lui a souri ◆ **the ~s of war** la fortune des armes ; → **seek** **b** *(= destiny)* **to tell sb's ~** dire la bonne aventure à qn ◆ **to tell ~s** dire la bonne aventure ◆ **whatever my ~ may be** quel que soit le sort qui m'est réservé **c** *(= riches)* fortune *f* ◆ **to make a ~** faire fortune ◆ **he made a ~ on it** il a gagné une fortune avec ça ◆ **to come into a ~** hériter d'une fortune ◆ **a man of ~** un homme d'une fortune *or* d'une richesse considérable ◆ **to marry a ~** épouser une grosse fortune ◆ **to spend/cost/lose a (small) ~** dépenser/coûter/perdre une (petite) fortune

**COMP** ▷ **fortune cookie** **N** *(US)* beignet *m* chinois *(renfermant un horoscope ou une devise)* ▷ **fortune hunter** **N** *(man)* coureur *m* de dot ; *(woman)* femme *f* intéressée ▷ **fortune-teller** **N** diseur *m*, -euse *f* de bonne aventure ; *(with cards)* tireuse *f* de cartes ▷ **fortune-telling** **N** (art *m* de la) divination ; *(with cards)* cartomancie *f*

**forty** /'fɔ:tɪ/ **ADJ** quarante *inv* ◆ **about ~ people** une quarantaine de personnes ◆ **to have ~ winks*** faire un petit somme, piquer un roupillon* **N** quarante *m inv* ◆ **about ~** une quarantaine ◆ **the lower ~-eight** *(US = states)* les quarante-huit États américains *(à l'exclusion de l'Alaska et de Hawaï)* ; *for other phrases see* **sixty** **PRON** quarante ◆ **there are ~** il y en a quarante **COMP** ▷ **forty-niner** **N** *(US)* prospecteur *m* d'or *(de la ruée vers l'or de 1849)*

**forum** /'fɔ:rəm/ **N** (pl **forums** *or* **fora** /'fɔ:rə/) **a** *(Hist)* forum *m* **b** *(fig)* tribune *f* ◆ **the newspaper provided a ~ for his ideas** le journal lui a servi de tribune pour ses idées ◆ **the meetings are a ~ for political debate** ces réunions constituent un forum politique

**forward** /'fɔ:wəd/

> When **forward** is an element in a phrasal verb, eg **bring forward**, **come forward**, **step forward**, look up the verb.

**ADV** (also **forwards**) en avant ◆ **to rush ~** se précipiter *or* s'élancer (en avant) ◆ **to go ~** avancer ◆ **to go straight ~** aller droit devant soi ◆ **~!, ~ march!** *(Mil)* en avant, marche ! ◆ **from that moment ~** à partir de ce moment-là ◆ **to push o.s. ~** *(lit, fig)* se mettre en avant ◆ **to come ~** *(fig)* se présenter ◆ **he went backward(s) and ~(s) between the station and the house** il allait et venait entre la gare et la maison ◆ **to put the clocks ~** avancer les pendules ; → **bring forward**

**PREP** ◆ **~ of** à l'avant de

**ADJ** **a** *(= in front, ahead) [movement]* en avant, vers l'avant ◆ **the ~ ranks of the army** les premiers rangs de l'armée ◆ **this seat is too far ~** ce siège est trop en avant **b** *(= well-advanced) [season, plant]* précoce ; *[child]* précoce, en avance ◆ **I'm no further ~ (with this problem)** me voilà bien avancé ! *(iro)* **c** *(= bold)* effronté ◆ **that was rather ~ of him** c'était assez effronté de sa part **d** *(Comm) [prices, delivery]* à terme

**N** *(Sport)* avant *m*

**VT** **a** *(= advance) [+ career, cause, interests]* favoriser, faire avancer **b** *(= dispatch) [+ goods]* expédier, envoyer ; *(= send on) [+ letter, parcel]* faire suivre ◆ **please ~** faire suivre SVP, prière de faire suivre

**COMP** ▷ **forward buying** **N** achat *m* à terme ▷ **forward gear** **N** marche *f* avant ▷ **forwarding address** **N** *(gen)* adresse *f* de réexpédition ; *(Comm)* adresse *f* pour l'expédition ◆ **he left no ~ing address** il est parti sans laisser d'adresse ▷ **forwarding agent** **N** *(Comm)* transitaire *m* ▷ **forward line** **N** *(Mil)* première ligne *f* ; *(Sport)* ligne *f* des avants ▷ **forward-looking** **ADJ** *[person]* ouvert sur *or* tourné vers l'avenir ; *[plan]* tourné vers l'avenir ▷ **forward pass** **N** *(Rugby)* (passe *f*) en-avant *m inv* ▷ **forward planning** **N** planification *f* ▷ **forward post** **N** *(Mil)* avant-poste *m*, poste *m* avancé ▷ **forward sale** **N** vente *f* à terme ▷ **forward slash** **N** barre *f* oblique

**forwardness** /'fɔ:wədnɪs/ **N** *[of seasons, plants, children]* précocité *f* ; *(= boldness)* effronterie *f*

**forwards** /'fɔ:wədz/ **ADV** ⇒ **forward adv**

**Fosbury flop** /'fɒzbərɪ,flɒp/ **N** *(Sport)* rouleau *m* dorsal

**fossick*** /'fɒsɪk/ **VI** *(Austral)* ◆ **to ~ for sth** fouiller partout pour trouver qch

**fossil** /'fɒsl/ **N** fossile *m* ◆ **he's an old ~*!** c'est un vieux fossile* *or* une vieille croûte* ! **COMP** ▷ **fossil energy** **N** énergie *f* fossile ▷ **fossil fuel** **N** combustible *m* fossile ▷ **fossil hunter** **N** collectionneur *m* de fossiles

**fossilization** /,fɒsɪlaɪ'zeɪʃən/ **N** fossilisation *f*

**fossilized** /'fɒsɪlaɪzd/ **ADJ** fossilisé ; *(fig, pej) [person, customs]* fossilisé, figé ; *(Ling) [form, expression]* figé

**foster** /'fɒstəʳ/ **VT** **a** *[+ child] [family]* prendre en placement ; *[authorities]* placer dans une famille nourricière ◆ **the authorities ~ed the child with Mr and Mrs Moore** les autorités ont placé l'enfant chez M. et Mme Moore **b** *(= encourage) [+ friendship, development]* favoriser, encourager **c** *(= entertain) [+ idea, thought]* entretenir, nourrir **COMP** *[child]* adoptif, placé dans une famille ; *[father, parents, family]* adoptif, nourricier ; *[brother, sister]* adoptif ▷ **foster home** **N** famille *f* nourricière *or* d'accueil ▷ **foster mother** **N** mère *f* nourricière *or* adoptive *(d'un enfant placé)*

**fostering** /'fɒstərɪŋ/ **N** placement *m* familial *or* en famille d'accueil ◆ **the couple has been approved for ~** le couple a obtenu l'autorisation d'accueillir un enfant *(en placement familial)*

**fought** /fɔːt/ VB pt, ptp of **fight**

**foul** /faʊl/ ADJ a *(= disgusting) [place]* immonde, dégoûtant ; *[water]* croupi ; *[air]* vicié ; *[breath]* fétide ; *[person]* infect, ignoble ; *[smell]* infect, nauséabond ; *[taste, food]* infect ◆ **to smell ~** puer

b *(esp Brit * = bad) [day]* épouvantable ◆ **~ luck** terrible malchance *f* ◆ **~ weather** *(gen)* sale temps *m*, temps *m* de chien ; *(Naut)* gros temps *m* ◆ **the weather was ~** le temps était infect

c *(esp liter = vile) [crime]* ignoble, odieux ; *[behaviour]* odieux ; *[slander, lie]* odieux, vil (vile *f*) ◆ **~ deed** acte *m* crapuleux

d *(= offensive) [language, abuse]* grossier ◆ **to have a ~ mouth** être mal embouché ◆ **to have a ~ temper** avoir un sale caractère ◆ **in a ~ mood** *or* **temper** d'une humeur massacrante

e *(= unfair: Sport) [shot]* mauvais ; *[tackle]* irrégulier ◆ **by ~ means** par des moyens déloyaux ; → **fair¹** ◆ **a ~ blow** un coup déloyal *or* en traître ; → **cry**

f ◆ **to fall** *or* **run ~ of sb** se mettre qn à dos ◆ **to fall** *or* **run ~ of the law/authorities** avoir maille à partir avec la justice/les autorités ◆ **to fall** *or* **run ~ of a ship** *(Naut)* entrer en collision avec un bateau

N *(Sport)* coup *m* défendu *or* irrégulier ; *(Boxing)* coup *m* bas ; *(Ftbl)* faute *f* ◆ **technical/personal ~** *(Basketball)* faute *f* technique/personnelle

VT a *(= pollute) [+ air, water]* polluer ; *[+ beaches]* polluer, souiller

b *[dog] [+ pavement, garden, grass]* souiller ◆ **to ~ one's own nest** causer sa propre perte

c *(= entangle) [+ fishing line, rope]* emmêler ; *[+ mechanism, propeller, anchor]* s'emmêler dans

d *(= clog) [+ pipe, chimney, gun barrel]* encrasser, obstruer

e *(Sport)* commettre une faute contre

f *(Naut = collide with) [+ ship]* entrer en collision avec

VI *(= become entangled or jammed)* ◆ **to ~ on sth** *[rope, line]* s'emmêler dans qch, s'entortiller dans qch ; *[mechanism]* se prendre dans qch

COMP ▷ **foul-mouthed** ADJ mal embouché ▷ **foul play** N *(Sport)* jeu *m* irrégulier ; *(Cards)* tricherie *f* ; *(Jur)* acte *m* criminel ◆ **he suspected ~ play** il soupçonnait qu'il y avait quelque chose de louche ◆ **the police found a body but do not suspect ~ play** la police a découvert un cadavre mais écarte l'hypothèse d'un meurtre ▷ **foul-smelling** ADJ puant, nauséabond, fétide ▷ **foul-tasting** ADJ infect ▷ **foul-tempered** ADJ ◆ **to be ~-tempered** *(habitually)* avoir un caractère de cochon ; *(on one occasion)* être d'une humeur massacrante ▷ **foul-up** * N confusion *f*

► **foul out** VI *(Basketball)* être exclu *(pour cinq fautes personnelles)*

► **foul up** VT SEP a ⇒ **foul vt a**

b * *[+ relationship]* ficher en l'air * ◆ **that has ~ed things up** ça a tout fichu en l'air * *or* gâché

N ◆ **foul-up** * → **foul**

**found¹** /faʊnd/ VB pt, ptp of **find**

**found²** /faʊnd/ VT *[+ town, school]* fonder, créer ; *[+ hospital]* fonder ; *[+ business enterprise]* fonder, constituer ; *[+ colony]* établir, fonder ; *(fig) [+ belief, opinion]* fonder, baser (*on* sur) ; *[+ suspicion]* baser ◆ **our society is ~ed on this** notre société est fondée là-dessus ◆ **the novel is/my suspicions were ~ed on fact** le roman est basé/mes soupçons reposaient sur *or* étaient basés sur des faits réels

**found³** /faʊnd/ VT *(Metal)* fondre

**foundation** /faʊnˈdeɪʃən/ N a *(NonC = founding) [of town, school, hospital, business]* fondation *f*, création *f*

b *(= establishment)* fondation *f* ◆ **Carnegie Foundation** fondation *f* Carnegie ◆ **research ~** fondation *f* consacrée à la recherche ◆ **charitable ~** organisation *f or* fondation *f* caritative

c *(Constr)* ◆ **~s** fondations *fpl* ◆ **to lay the ~s of** *(lit)* faire *or* jeter les fondations de ; see also **d**

d *(fig = basis) [of career, social structure]* base *f* ; *[of idea, religious belief, theory]* base *f*, fondement *m* ◆ **agriculture is the ~ of their economy** l'agriculture est la base *or* le fondement de leur économie ◆ **to lay the ~s of sth** poser les bases *or* les fondements de qch ◆ **his work laid the ~(s) of our legal system** son travail a posé les bases de notre système judiciaire ◆ **without ~** *[rumour, allegation, report, fears etc]* sans fondement ◆ **to rock** *or* **shake sth to its ~s** profondément secouer *or* ébranler qch

e (also **foundation cream**) fond *m* de teint

COMP ▷ **foundation course** N *(Brit Univ)* cours *m* d'initiation *or* d'introduction ▷ **foundation cream** N fond *m* de teint ▷ **foundation garment** N gaine *f*, combiné *m* ▷ **foundation stone** N *(Brit)* pierre *f* commémorative ◆ **to lay the ~ stone** *(lit, fig)* poser la première pierre

**founder¹** /ˈfaʊndəʳ/ N fondateur *m*, -trice *f*

COMP ▷ **founder member** N *(Brit)* membre *m* fondateur

**founder²** /ˈfaʊndəʳ/ VI *[ship]* sombrer ; *[horse] (in mud etc)* s'embourber, s'empêtrer ; *(from fatigue)* (se mettre à) boiter ; *[plans]* s'effondrer, s'écrouler ; *[hopes]* s'en aller en fumée

**founding** /ˈfaʊndɪŋ/ N ⇒ **foundation noun a**

COMP ▷ **founding fathers** NPL *(US)* pères *mpl* fondateurs *(qui élaborèrent la Constitution fédérale des États-Unis)*

**foundling** /ˈfaʊndlɪŋ/ N enfant *mf* trouvé(e) *f* ◆ **~ hospital** hospice *m* pour enfants trouvés

**foundry** /ˈfaʊndrɪ/ N fonderie *f*

**fount** /faʊnt/ N a *(liter = spring)* source *f* ◆ **the ~ of knowledge/wisdom** la source du savoir/de la sagesse b *(Brit Typ)* fonte *f*

**fountain** /ˈfaʊntɪn/ N a *(lit)* fontaine *f* b (also **drinking fountain**) fontaine *f* d'eau potable c *[of light, sparks]* gerbe *f* ; → **soda**

COMP ▷ **fountain pen** N stylo *m* (à) plume

**fountainhead** /ˈfaʊntɪnhed/ N source *f*, origine *f* ◆ **to go to the ~** aller (directement) à la source, retourner aux sources

**four** /fɔːʳ/ ADJ quatre *inv* ◆ **it's in ~ figures** c'est dans les milliers ◆ **open to the ~ winds** ouvert à tous les vents *or* aux quatre vents ◆ **to the ~ corners of the earth** aux quatre coins du monde ◆ **the Four Hundred** *(US) l'élite sociale* ; → **stroke**

N quatre *m inv* ◆ **on all ~s** à quatre pattes ◆ **a ~** *(Rowing)* un quatre ◆ **will you make up a ~ for bridge?** voulez-vous faire le quatrième au bridge ? ◆ **to hit a ~** *(Cricket)* marquer quatre courses *or* points ◆ **he hit three ~s** il a marqué trois fois quatre courses *or* points ; → **form** ; *for other phrases see* **six**

PRON quatre ◆ **there are ~** il y en a quatre

COMP ▷ **four-ball** ADJ, N *(Golf)* fourball *m* ▷ **four-by-four** N *(= vehicle)* 4 x 4 *m* ▷ **four-colour (printing) process** N *(Typ)* quadrichromie *f* ▷ **four-door** ADJ *[car]* (à) quatre portes ▷ **four-engined** ADJ *[plane]* quadrimoteur ◆ **~-engined plane** quadrimoteur *m* ▷ **four-eyes** * N binoclard(e) * *m(f)* ▷ **four-flush** * VI *(US)* bluffer * ▷ **four-flusher** * N *(US)* bluffeur * *m*, -euse * *f* ▷ **four-footed** ADJ quadrupède, à quatre pattes ▷ **four-four time** N *(Mus)* ◆ **in ~-~ time** à quatre/quatre ▷ **four-handed** ADJ *[piano music]* à quatre mains ▷ **Four-H club** N *(US) club éducatif de jeunes ruraux* ▷ **four-in-hand** N *(= coach)* attelage *m* à quatre ▷ **four-leaf clover**, **four-leaved clover** N trèfle *m* à quatre feuilles ▷ **four-legged** ADJ à quatre pattes, quadrupède *(frm)* ▷ **four-legged friend** N *(hum)* compagnon *m* à quatre pattes ▷ **four-letter word** N *(fig)* obscénité *f*, gros mot *m* ◆ **he let out a ~-letter word** il a sorti le mot de cinq lettres *(euph)* ▷ **four-minute mile** N *(Sport) course d'un mille courue en quatre minutes* ▷ **four-part** ADJ *[song]* à quatre voix ; *[serial]* en quatre épisodes ▷ **four-part harmony** N *(Mus)* harmonie *f* à quatre voix ▷ **four-poster** N lit *m* à baldaquin *or* à colonnes ▷ **four-seater** N *(= car)* (voiture *f* à) quatre places *f inv* ▷ **four-star** ADJ *(= high-quality)* de première qualité N ⇒ **four-star petrol** ▷ **four-star general** N *(US)* général *m* à quatre étoiles ▷ **four-star petrol** N *(Brit)* super(carburant) *m* ▷ **four-stroke** ADJ, N *(Aut)* (moteur *m*) à quatre temps ▷ **four-way stop** N *(US = crossroads) carrefour sans priorité autre que l'ordre d'arrivée* ▷ **four-wheel drive** N *(NonC)* propulsion *f* à quatre roues motrices ; *(= car)* voiture *f* à quatre roues motrices ◆ **with ~-wheel drive** à quatre roues motrices

**fourchette** /fʊəˈʃet/ N fourchette *f* vulvaire

**fourfold** /ˈfɔːfəʊld/ ADJ quadruple ADV au quadruple

**fourscore** /ˈfɔːskɔːʳ/ ADJ, N *(liter)* quatre-vingts *m* ◆ **~ and ten** quatre-vingt-dix *m*

**foursome** /ˈfɔːsəm/ N *(= game)* partie *f* à quatre ; *(= two women, two men)* deux couples *mpl* ◆ **we went in a ~** nous y sommes allés à quatre

**foursquare** /ˈfɔːskweəʳ/ ADJ *(= square)* carré ; *(= firm) [attitude, decision]* ferme, inébranlable ; *(= forthright) [account, assessment]* franc (franche *f*)

**fourteen** /ˈfɔːˈtiːn/ ADJ, N quatorze *m inv* ; *for phrases see* **six** PRON quatorze ◆ **there are ~** il y en a quatorze

**fourteenth** /ˈfɔːˈtiːnθ/ ADJ quatorzième ◆ **Louis the Fourteenth** Louis Quatorze *or* XIV N quatorzième *mf* ; *(= fraction)* quatorzième *m* ◆ **the ~ of July** le quatorze juillet, la fête du quatorze juillet ; *for other phrases see* **sixth**

**fourth** /fɔːθ/ ADJ quatrième ◆ **the ~ dimension** la quatrième dimension ◆ **he lives on the ~ floor** *(Brit)* il habite au quatrième (étage) ; *(US)* il habite au cinquième (étage) ◆ **to change into ~ gear** passer en quatrième ◆ **the ~ estate** le quatrième pouvoir

N quatrième *mf* ; *(US) (= fraction)* quart *m* ; *(Mus)* quarte *f* ◆ **we need a ~ for our game of bridge** il nous faut un quatrième pour notre bridge ◆ **the Fourth of July** *(US)* le 4 juillet *(fête nationale américaine)* ; *for other phrases see* **sixth**

COMP ▷ **fourth-class matter** N *(US Post)* paquet-poste *m* ordinaire ▷ **fourth finger** N annulaire *m* ▷ **fourth-rate** ADJ *(fig)* de dernier ordre, de dernière catégorie ▷ **the Fourth World** N *(Pol)* le quart-monde

> **Fourth of July**
>
> Le 4 juillet, ou jour de l'indépendance ("Independence Day") est la grande fête nationale des États-Unis. Marquant la signature de la déclaration d'indépendance en 1776 (et, par conséquent, la naissance du pays), cette commémoration est l'occasion de manifestations patriotiques diverses : feux d'artifice, défilés, etc.

**fourthly** /'fɔːθlɪ/ ADV quatrièmement, en quatrième lieu

**fowl** /faʊl/ N a (= hens etc: collective n) volaille f, oiseaux mpl de basse-cour ; (= one bird) volatile m, volaille f ◆ **roast ~** volaille f rôtie b †† oiseau m ◆ **the ~s of the air** (liter) les oiseaux mpl ; → **fish, waterfowl, wildfowl** VI ◆ **to go ~ing** chasser le gibier à plumes COMP ▷ **fowling piece** N fusil m de chasse léger, carabine f ▷ **fowl pest** N peste f aviaire

**fox** /fɒks/ N a (= animal) renard m ◆ **a (sly) ~** (fig) un fin renard b (US ✱ = girl) fille f sexy *, jolie fille f VT (= puzzle: esp Brit) rendre perplexe ; (= deceive) tromper, berner ◆ **I was completely ~ed** j'étais vraiment perplexe COMP ▷ **fox cub** N renardeau m ▷ **fox fur** N (fourrure f de) renard m ▷ **fox terrier** N fox m, fox-terrier m

**foxed** /fɒkst/ ADJ [book, paper] marqué de rousseurs

**foxglove** /'fɒksglʌv/ N (Bot) digitale f (pourprée)

**foxhole** /'fɒkshəʊl/ N terrier m de renard, renardière f ; (Mil) gourbi m

**foxhound** /'fɒkshaʊnd/ N chien m courant, fox-hound m

**foxhunt** /'fɒkshʌnt/ N chasse f au renard

**foxhunting** /'fɒks,hʌntɪŋ/ N chasse f au renard ◆ **to go ~** aller à la chasse au renard

**foxtrot** /'fɒkstrɒt/ N fox-trot m

**foxy** /'fɒksɪ/ ADJ a (= crafty) finaud, rusé b (esp US *) ◆ **~ lady** fille f sexy *, jolie fille f

**foyer** /'fɔɪeɪ/ N [of theatre] foyer m ; [of hotel] foyer m, hall m ; (US) [of house] vestibule m, entrée f

**FP** /ef'piː/ (US) abbrev of **fireplug**

**FPA** /,efpiː'eɪ/ N (abbrev of **Family Planning Association**) Mouvement m pour le planning familial

**fr** (abbrev of **franc**) F

**Fr.** (Rel) a (abbrev of **Father**) ◆ **R. Frost** (on envelope) le Révérend Père R. Frost b abbrev of **friar**

**fracas** /'frækɑː/ N (= scuffle) rixe f, échauffourée f ; (= noise) fracas m

**fractal** /'fræktəl/ N (Math) objet m fractal, fractale f

**fraction** /'frækʃən/ N (Math) fraction f ; (fig) fraction f, partie f ◆ **for a ~ of a second** pendant une fraction de seconde ◆ **she only spends a ~ of what she earns** elle ne dépense qu'une infime partie de ce qu'elle gagne ◆ **can you move it a ~ higher/to the left?** peux-tu le déplacer un tout petit peu vers le haut/vers la gauche ? ; → **decimal, vulgar**

**fractional** /'frækʃənl/ ADJ (Math) fractionnaire ; (fig) infime, tout petit COMP ▷ **fractional distillation** N distillation f fractionnée ▷ **fractional note** N (US) petite coupure f ▷ **fractional part** N fraction f

**fractionally** /'frækʃnəlɪ/ ADV un tout petit peu ◆ **to be ~ ahead** avoir un tout petit peu d'avance ◆ **to be ~ behind** être un tout petit peu en arrière, être très légèrement derrière ◆ **to move sth ~ higher/to the left** déplacer qch un tout petit peu vers le haut/vers la gauche

**fractious** /'frækʃəs/ ADJ [child] grincheux, pleurnicheur ; [old person] grincheux, hargneux

**fracture** /'fræktʃəʳ/ N fracture f VT fracturer ◆ **she ~d her hip** elle s'est fracturé la hanche VI se fracturer

**frag** ✱ /fræg/ (US Mil) N grenade f offensive VT tuer or blesser d'une grenade (un officier etc)

**fragile** /'frædʒaɪl/ ADJ a (= delicate) [object, beauty, health, economy] fragile ; [person] fragile ; (from age, ill health) frêle ; [truce, peace, happiness] précaire, fragile ; [situation] délicat ◆ **"fragile: handle with care"** (notice on boxes) "fragile" b (* gen hum = weak) patraque *, mal fichu *

**fragility** /frə'dʒɪlɪtɪ/ N fragilité f

**fragment** /'frægmənt/ N [of china, bone] fragment m ; [of paper, metal, glass] fragment m, (petit) morceau m ; (from bomb) éclat m ; [of information] élément m ◆ **he smashed it to ~s** il l'a réduit en miettes ◆ **the window smashed into ~s** le fenêtre s'est brisée en mille morceaux ◆ **~s of food/DNA, food/DNA ~s** fragments mpl de nourriture/d'ADN ◆ **~s of conversation** bribes fpl de conversation VT /fræg'ment/ fragmenter ; [organization, system] faire éclater VI /fræg'ment/ se fragmenter ; [organization, system] éclater

**fragmental** /fræg'mentl/ ADJ fragmentaire ; (Geol) clastique

**fragmentary** /'frægməntərɪ/ ADJ fragmentaire

**fragmentation** /,frægmen'teɪʃən/ N fragmentation f COMP ▷ **fragmentation grenade** N (Mil) grenade f à fragmentation

**fragmented** /fræg'mentɪd/ ADJ [story, version] morcelé, fragmentaire ; [organization, system] éclaté

**fragrance** /'freɪgrəns/ N (= smell) parfum m, senteur f ; (= perfume) parfum m ◆ **a new ~ by Chanel** un nouveau parfum de Chanel COMP ▷ **fragrance-free** ADJ sans parfum

**fragrant** /'freɪgrənt/ ADJ [flowers, herbs, spices, food] parfumé, odorant ◆ **the air was ~ with the scent of roses** le parfum des roses embaumait l'air

**fraidy-cat** * /'freɪdɪkæt/ ADJ (US: baby talk) trouillard(e) ✱ m(f), poule f mouillée

**frail** /freɪl/ ADJ [person] frêle ; [object] frêle, fragile ; [health, happiness, ego] fragile ; [hope] faible

**frailty** /'freɪltɪ/ N [of person, health, happiness] fragilité f ; (morally) faiblesse f

**frame** /freɪm/ N a (= supporting structure) [of building] charpente f ; [of bicycle] cadre m ; [of boat] carcasse f ; [of car] châssis m ; [of racket] armature f, cadre m

b (= border, surround) [of picture] cadre m, encadrement m ; [of embroidery, tapestry] cadre m ; [of window, door] châssis m, chambranle m

c ◆ **~s** [of spectacles] monture f

d (Cine) photogramme m ; (Phot) image f

e [of human, animal] (= body) corps m ; (= skeleton) ossature f ◆ **his large ~** son grand corps

f (fig = structure) cadre m ◆ **this proposal is beyond the ~ of the peace agreement** cette proposition dépasse le cadre du traité de paix ◆ **the new ~ of government** la nouvelle structure du gouvernement ◆ **~ of mind** humeur f, disposition f d'esprit ◆ **I'm not in the right ~ of mind for this job** or **to do this job** je ne suis pas d'humeur à faire ce travail ◆ **to be in a positive/relaxed ~ of mind** être positif/décontracté ◆ **~ of reference** (Math, fig) système m de référence ◆ **to be in the ~ for sth** (= in the running) être dans la course pour qch

g (in garden) châssis m, cloche f

h (✱ = set-up: also **frame-up**) coup m monté

i (for weaving) métier m

VT a [+ picture] encadrer ◆ **he appeared ~d in the doorway** il apparut dans l'encadrement de la porte ◆ **her face was ~d by a mass of curls** son visage était encadré par une profusion de boucles ◆ **a lake ~d by trees** un lac entouré d'arbres or encadré par des arbres

b (= construct) [+ house] bâtir or construire la charpente de

c (= conceive) [+ idea, plan] concevoir, formuler ; [+ plot] combiner ; [+ sentence] construire ; [+ question, issue] formuler ◆ **she ~d the issue rather differently** elle a formulé la question assez différemment ◆ **the debate is being ~d in terms of civil rights** on aborde la question du point de vue des droits civils

d (Phot) ◆ **to ~ a subject** cadrer un sujet

e (✱ : also **frame up**) **to ~ sb (up), to have sb ~d** monter un coup contre qn (pour faire porter l'accusation contre lui) ◆ **he claimed he had been ~d** il a prétendu être victime d'un coup monté ◆ **I've been framed !** c'est un coup monté !

COMP ▷ **frame house** N maison f à charpente de bois ▷ **frame rucksack** N sac m à dos à armature ▷ **frame tent** N tente f à armature intégrée ▷ **frame-up** ✱ N coup m monté, machination f

**frameless** /'freɪmlɪs/ ADJ [spectacles] à monture à griffes

**framer** /'freɪməʳ/ N (also **picture framer**) encadreur m

**framework** /'freɪmwɜːk/ N a (lit = frame) (gen) structure f ; (for building, furniture) charpente f b (fig = basis) cadre m ◆ **within the ~ of ...** dans le cadre de ... ◆ **to establish the legal ~ for sth** établir le cadre légal de qch ◆ **the ~ of society** la structure de la société COMP ▷ **framework agreement** N (Ind, Pol) accord-cadre m

**framing** /'freɪmɪŋ/ N a (= frame of picture, photo) encadrement m b (Art, Phot = composition of picture) cadrage m

**franc** /fræŋk/ N franc m COMP ▷ **franc area** N zone f franc

**France** /frɑːns/ N France f ◆ **in ~** en France

**Frances** /'frɑːnsɪs/ N Françoise f

**franchise** /'fræntʃaɪz/ N a (Pol) droit m de vote b (Comm) franchise f VT franchiser

**franchisee** /,fræntʃaɪ'ziː/ N franchisé(e) m(f)

**franchiser** /'fræntʃaɪzəʳ/ N franchiseur m

**Francis** /'frɑːnsɪs/ N François m, Francis m ◆ **Saint ~ of Assisi** saint François d'Assise

**Franciscan** /fræn'sɪskən/ ADJ, N franciscain m

**francium** /'frænsɪəm/ N francium m

**Franco** * /'fræŋkəʊ/ ADJ (Can) canadien français

**franco** /'fræŋkəʊ/ ADV (Comm) franco ◆ **~ frontier/domicile** franco frontière/domicile

**Franco-** /'fræŋkəʊ/ PREF franco- ◆ **~British** franco-britannique

**francophile** /'fræŋkəʊfaɪl/ ADJ, N francophile mf

**francophobe** /ˈfræŋkəʊfəʊb/ ADJ, N francophobe *mf*

**francophone** /ˈfræŋkəʊfəʊn/ ADJ, N francophone *mf*

**frangipane** /ˈfrændʒɪpeɪn/, **frangipani** /ˌfrændʒɪˈpɑːnɪ/ N (pl **frangipanes** or **frangipane**) *(= perfume, pastry)* frangipane *f* ; *(= shrub)* frangipanier *m*

**Franglais** * /frɑ̃ˈglɛ/ N franglais *m*

**Frank** /fræŋk/ N *(Hist)* Franc *m*, Franque *f*

**frank**[1] /fræŋk/ ADJ *[person, comment, admission]* franc (franche *f*) ◆ **to be ~ (with you) ...** pour être franc ... ◆ **I'll be quite ~ with you** je vais être très franc avec vous

**frank**[2] /fræŋk/ VT *[+ letter]* affranchir COMP ▷ **franking machine** N machine *f* à affranchir

**frank**[3] * /fræŋk/ N *(US)* (saucisse *f* de) Francfort *f*

**Frankenstein** /ˈfræŋkənstaɪn/ N Frankenstein *m*

**frankfurter** /ˈfræŋkˌfɜːtə(r)/ N *(= sausage)* saucisse *f* de Francfort

**Frankfurt(-on-Main)** /ˈfræŋkfɜːtˌɒnˈmeɪn/ N Francfort(-sur-le-Main)

**frankincense** /ˈfræŋkɪnsens/ N encens *m*

**Frankish** /ˈfræŋkɪʃ/ ADJ *(Hist)* franc (franque *f*) N *(Ling)* francique *m*, langue *f* franque

**frankly** /ˈfræŋklɪ/ ADV franchement ◆ **(quite) ~, I don't give a damn** * franchement, je m'en fiche complètement ◆ **the book deals ~ with the subject of Alzheimer's** le livre parle sans détours de la maladie d'Alzheimer

**frankness** /ˈfræŋknɪs/ N franchise *f*

**frantic** /ˈfræntɪk/ ADJ *[person]* dans tous ses états ; *[shout, phone call]* désespéré ; *[search]* affolé ; *[desire, pace]* effréné ; *[effort, activity, rush]* frénétique ; *[week, day]* fou (folle *f*) ◆ **to become** or **get ~** s'affoler ◆ **~ with worry** fou (folle *f*) d'inquiétude ◆ **he/it drives me ~** * il/ça me rend dingue *

**frantically** /ˈfræntɪkəlɪ/ ADV *[try, search]* désespérément ; *[work, write]* comme un(e) forcené(e) ; *[scramble]* comme un fou or une folle ◆ **to be ~ busy** avoir un boulot * fou, être débordé ◆ **to wave ~ to sb** faire des gestes frénétiques de la main à qn

**frappé** /ˈfræpeɪ/ N *(US)* boisson *f* glacée

**frat** * /fræt/ N *(US Univ)* ⇒ **fraternity noun a**

**fraternal** /frəˈtɜːnl/ ADJ fraternel ◆ **~ twins** faux jumeaux *mpl*

**fraternity** /frəˈtɜːnɪtɪ/ N a *(NonC)* fraternité *f* ; *(US Univ)* association *f* d'étudiants ; → SORORITY, FRATERNITY b *(= group)* confrérie *f* ◆ **the hunting ~** la confrérie des chasseurs ◆ **the yachting ~** le monde de la navigation de plaisance ◆ **the criminal ~** la pègre COMP ▷ **fraternity pin** N *(US Univ)* insigne *m* de confrérie

**fraternization** /ˌfrætənaɪˈzeɪʃən/ N fraternisation *f*

**fraternize** /ˈfrætənaɪz/ VI fraterniser *(with* avec)

**fratricidal** /ˌfrætrɪˈsaɪdl/ ADJ fratricide

**fratricide** /ˈfrætrɪsaɪd/ N *(= act)* fratricide *m* ; *(frm, liter = person)* fratricide *mf*

**fraud** /frɔːd/ N a *(= criminal deception)* fraude *f*, imposture *f* ; *(financial)* escroquerie *f* ; *(= misappropriation)* détournement *m* de fonds ; *(Jur)* fraude *f* ◆ **~ and deception** abus *m* de confiance ◆ **tax ~** fraude *f* fiscale ◆ **credit card ~** escroquerie *f* à la carte de crédit b *(= person)* imposteur *m*, fraudeur *m*, -euse *f* ; *(= object)* attrape-nigaud *m* ◆ **he turned out to be a ~** il s'est révélé être un imposteur ◆ **you're such a ~! You haven't even got a temperature!** quel simulateur ! Tu n'as même pas de fièvre ! ◆ **the document was a complete ~** le document avait été monté de toutes pièces COMP ▷ **Fraud Squad** N *(Police)* service *m* de la répression des fraudes

**fraudster** /ˈfrɔːdstə(r)/ N fraudeur *m*, -euse *f*

**fraudulence** /ˈfrɔːdjʊləns/, **fraudulency** /ˈfrɔːdjʊlənsɪ/ N caractère *m* frauduleux

**fraudulent** /ˈfrɔːdjʊlənt/ ADJ frauduleux COMP ▷ **fraudulent conversion** N *(Jur)* malversation *f*, détournement *m* de fonds

**fraudulently** /ˈfrɔːdjʊləntlɪ/ ADV frauduleusement

**fraught** /frɔːt/ ADJ a *(= filled)* ◆ **to be ~ with difficulty/danger** présenter de multiples difficultés/dangers ◆ **~ with tension** lourd de tension b *(= anxious) [person]* tendu, angoissé ; *[situation, meeting, relationship, morning]* tendu

**fray**[1] /freɪ/ N rixe *f*, échauffourée *f* ; *(Mil)* combat *m* ◆ **ready for the ~** *(lit, fig)* prêt à se battre ◆ **to enter the ~** *(fig)* descendre dans l'arène, entrer en lice

**fray**[2] /freɪ/ VT *[+ cloth, garment]* effilocher, effiler ; *[+ cuff]* user le bord de, râper ; *[+ trousers]* user le bas de, râper ; *[+ rope]* user, raguer *(Naut)* ◆ **tempers were getting ~ed** on commençait à perdre patience or s'énerver ◆ **my nerves are ~ed** je suis à bout (de nerfs) VI *[cloth, garment]* s'effilocher, s'effiler ; *[rope]* s'user, se raguer *(Naut)* ◆ **his sleeve was ~ing at the cuff** sa manche était usée or râpée au poignet ◆ **to ~ at** or **around the edges** * *(fig) [marriage, alliance]* battre de l'aile ◆ **he looked rather ~ed around the edges** * il ne semblait pas en grande forme

**frazzle** * /ˈfræzl/ N a ◆ **worn to a ~** claqué *, crevé * ◆ **she's worn to a ~ getting ready for the competition** la préparation de la compétition la crève * ◆ **she had worn herself to a ~** elle s'était crevée à la tâche * b ◆ **burnt to a ~** carbonisé, calciné VT a *(= exhaust)* crever * ◆ **my brain's ~d!** j'ai la tête farcie ! * ◆ **his nerves were ~d** il était à bout (de nerfs) b *(= burn)* (faire) carboniser, (faire) cramer *

**FRCP** /ˌefɑːsiːˈpiː/ N *(Brit)* (abbrev of **Fellow of the Royal College of Physicians**) *membre de l'Académie royale de médecine*

**FRCS** /ˌefɑːsiːˈes/ N *(Brit)* (abbrev of **Fellow of the Royal College of Surgeons**) *membre de l'Académie royale de chirurgie*

**freak** /friːk/ N a *(= abnormal person or animal)* monstre *m*, phénomène *m* ; *(= eccentric)* phénomène *m* ; *(= absurd idea)* lubie *f*, idée *f* saugrenue or farfelue * ◆ **~ of nature** accident *m* de la nature ◆ **his winning was really just a ~** il n'a gagné que grâce à un hasard extraordinaire

b *(⁑ = fanatic)* ◆ **he's an acid ~** il est accro * à l'acide ◆ **a jazz ~** un(e) dingue * or un(e) fana * du jazz ◆ **a health food ~** un(e) fana * de l'alimentation naturelle or de la bouffe bio * ◆ **a speed ~** un(e) fana * de la vitesse

ADJ *[storm, weather]* exceptionnel ; *[error]* bizarre ; *[victory]* inattendu

COMP ▷ **freak-out** ⁑ N défonce ⁑ *f* ▷ **freak show** N exhibition *f* de monstres *(dans une foire)*

VI ⇒ **freak out vi a vi b vt sep**

► **freak out** ⁑ VI a *(= get angry)* piquer une de ces crises *

b *(= panic)* flipper *

c *(= get high on drugs)* se défoncer ⁑ ◆ **to ~ out on LSD** se défoncer ⁑ au LSD

VT SEP ◆ **to freak sb out** *(= surprise)* en boucher un coin à qn * ; *(= make angry)* foutre qn en boule ⁑ or en pétard ⁑ ; *(= panic)* faire flipper qn *

N ◆ **freak-out** ⁑ → **freak**

**freaking** ⁑ /ˈfriːkɪŋ/ *(US)* ADV foutrement ⁑ ◆ **it's ~ hot in here** il fait vachement * chaud ici ADJ foutu ⁑

**freakish** /ˈfriːkɪʃ/ ADJ *(gen)* bizarre ; *[weather]* anormal ; *[idea]* saugrenu, insolite

**freakishly** /ˈfriːkɪʃlɪ/ ADV *[hot, cold]* anormalement

**freaky** * /ˈfriːkɪ/ ADJ bizarre

**freckle** /ˈfrekl/ N tache *f* de rousseur VI se couvrir de taches de rousseur

**freckled** /ˈfrekld/ ADJ plein de taches de rousseur, taché de son

**Frederick** /ˈfredrɪk/ N Frédéric *m*

## free /friː/

| | |
|---|---|
| 1 ADJECTIVE | 4 NOUN |
| 2 ADVERB | 5 COMPOUNDS |
| 3 TRANSITIVE VERB | 6 PHRASAL VERB |

### 1 - ADJECTIVE

a = at liberty, not captive or tied *[person, animal]* libre ◆ **they tied him up but he managed to get ~** ils l'ont attaché mais il a réussi à se libérer ◆ **to go ~** *[prisoner]* être relâché, être mis en liberté ◆ **all these dangerous people still go ~** tous ces gens dangereux sont encore en liberté ◆ **to set a prisoner ~** libérer or mettre en liberté un prisonnier ◆ **they had to cut the driver ~ from the wreckage** ils ont dû dégager le conducteur du véhicule accidenté ◆ **he left the end of the rope ~** il a laissé libre le bout de la corde ◆ **she opened the door with her ~ hand** elle a ouvert la porte avec sa main libre ◆ **to have one's hands ~** *(lit, fig)* avoir les mains libres ◆ **to have a ~ hand to do sth** *(fig)* avoir carte blanche pour faire qch ◆ **to give sb a ~ hand** donner carte blanche à qn

b = unrestricted, unhindered *[person]* libre ; *[choice, access]* libre *before n* ◆ **~ elections** élections *fpl* libres ◆ **~ press** presse *f* libre ◆ **~ translation** traduction *f* libre ◆ **the fishing is ~** la pêche est autorisée ◆ **to be/get ~ of sb** se débarrasser/être débarrassé de qn ◆ **~ and easy** décontracté, désinvolte ◆ **as ~ as a bird** or **(the) air** *(Brit)* libre comme l'air ; see also **compounds**

◆ **(to be) free to do sth** ◆ **I'm not ~ to do it** je ne suis pas libre de le faire ◆ **he was ~ to refuse** il était libre de refuser ◆ **you're ~ to choose** vous êtes libre de choisir, libre à vous de choisir ◆ **I am leaving you ~ to do as you please** je vous laisse libre de faire comme bon vous semble, je vous laisse carte blanche ◆ **her aunt's death set her ~ to follow her own career** la mort de sa tante lui a donné toute liberté pour poursuivre sa carrière

◆ **to feel free (to do sth)** ◆ **can I borrow your pen? – feel ~** * est-ce que je peux vous emprunter votre stylo ? – je vous en prie or faites ◆ **please feel ~ to ask questions** n'hésitez pas à poser des questions ◆ **a school where children feel ~ to express themselves** une école où les enfants se sentent libres de s'exprimer

◆ **free from** or **of** *(= without)* ◆ **to be ~ from** or **of care/responsibility** être dégagé de tout souci/de toute responsabilité ◆ **to be ~ from** or **of pain** ne pas souffrir ◆ **~ from the usual ruling** non soumis au règlement habituel ◆ **a surface ~ from** or **of dust** une surface dépoussiérée ◆ **area ~ of malaria** zone *f* non touchée par la malaria ◆ **a world ~ of nuclear weapons** un monde sans armes nucléaires *or* dénucléarisé ◆ **the elections have been ~ of violence** les élections se sont déroulées sans violence ◆ **the company is now ~ of government control** la société n'est plus contrôlée par le gouvernement ◆ **~ of tax** *or* **duty** exonéré, hors taxe

**c** [Pol = autonomous, independent] *[country, state]* libre ; *[government]* autonome, libre ◆ **the Free French** *(Hist)* les Français *mpl* libres ◆ **the ~ world** le monde libre ◆ **it's a ~ country!** *(fig)* on est en république ! *, on peut faire ce qu'on veut ici !

**d** [= costing nothing] *[object, ticket, sample]* gratuit ◆ **he got a ~ ticket** il a eu un billet gratuit ◆ **"free mug with each towel"** "une chope gratuite pour tout achat d'une serviette" ◆ **admission ~, ~ admission** entrée *f* gratuite *or* libre ◆ **it's ~ of charge** c'est gratuit ; see also **compounds** ◆ **~ delivery, delivery ~** *(Comm)* livraison *f* gratuite, franco de port ◆ **~ delivered at dock** *(Comm)* livraison *f* franco à quai ◆ **as a ~ gift** *(Comm)* en prime, en cadeau ◆ **~ offer** *(Comm)* offre *f* gratuite ◆ **~ sample** *(Comm)* échantillon *m* gratuit ◆ **there's no such thing as a ~ lunch** tout se paie ◆ **to get a ~ ride** * *(fig)* profiter de la situation

**e** [= not occupied] *[room, seat, hour, person]* libre ◆ **there are only two ~ seats left** il ne reste que deux places de libre ◆ **is this table ~?** cette table est-elle libre ? ◆ **I will be ~ at 2 o'clock** je serai libre à 14 heures

**f** [= lavish, profuse] généreux, prodigue ◆ **to be ~ with one's money** dépenser son argent sans compter ◆ **you're very ~ with your advice** *(iro)* vous êtes particulièrement prodigue de conseils *(iro)* ◆ **he makes ~ with all my things** il ne se gêne pas pour se servir de mes affaires ◆ **to make ~ † with a woman** prendre des libertés *or* se permettre des familiarités avec une femme

**g** [Ling] *[morpheme]* libre

**h** [Chem] *[gas]* libre, non combiné

2 - ADVERB

**a** [= without payment] *[give, get, travel]* gratuitement, gratis * ◆ **we got in ~** *or* **for ~** * nous sommes entrés gratuitement *or* gratis * ◆ **they'll send it ~ on request** ils l'enverront gratuitement sur demande

**b** [= without restraint] *[run about]* en liberté

**c** [expressing release] ◆ **the screw had worked itself ~** la vis s'était desserrée ◆ **to pull ~** se dégager, se libérer ◆ **to wriggle ~** *[person]* se libérer en se tortillant ; *[fish]* se libérer en frétillant

3 - TRANSITIVE VERB

**a** [= liberate] *[+ nation, slave]* affranchir, libérer

**b** [= untie] *[+ person, animal]* détacher ; *[+ knot]* défaire, dénouer ; *[+ tangle]* débrouiller

**c** [= release] *[+ caged animal, prisoner]* libérer ; *[+ person] (from wreckage)* dégager, désincarcérer ; *(from burden)* soulager, débarrasser ; *(from tax)* exempter, exonérer ◆ **to ~ o.s. from** *(lit, fig)* se débarrasser de, se libérer de ◆ **to ~ sb from anxiety** libérer *or* délivrer qn de l'angoisse

**d** [= unblock] *[+ pipe]* débloquer, déboucher

4 - NOUN

◆ **the land of the ~** le pays de la liberté

5 - COMPOUNDS

▷ **free agent** N ◆ **to be a ~ agent** avoir toute liberté d'action ▷ **free alongside quay** ADJ *(Comm)* franco à quai ▷ **free alongside ship** ADJ *(Comm)* franco le long du navire ▷ **free association** N *(Psych)* libre association *f* ▷ **Free Church** *(Brit)* N église *f* non-conformiste ADJ non-conformiste ▷ **free climbing** N escalade *f* libre ▷ **free clinic** N *(US Med)* dispensaire *m* ▷ **free collective bargaining** N *(Ind)* négociation *f* salariale libre *(sans limite imposée par l'État)* ▷ **free enterprise** N libre entreprise *f* ▷ **free-enterprise economy** N économie *f* de marché ▷ **free fall** N *(Space, Parachuting, Econ)* chute *f* libre ◆ **in ~ fall** en chute libre ◆ **to go into ~ fall** entamer une chute libre ▷ **free fight** N mêlée *f* générale ▷ **free-fire zone** N *(Mil)* secteur *m or* zone *f* de tir libre ▷ **free flight** N *(Aviat)* vol *m* libre ▷ **free-floating** ADJ *(in water)* qui flotte librement ; *(in outer space)* qui flotte librement dans l'espace ; *(fig) [person]* sans attaches ▷ **free-for-all** N mêlée *f* générale ▷ **free hit** N *(Sport)* coup *m* franc ▷ **free house** N *(Brit)* pub *m (qui n'appartient pas à une chaîne)* ; → PUB ▷ **free kick** N *(Sport)* coup *m* franc ▷ **free labour** N *(Ind)* main-d'œuvre *f* non syndiquée ▷ **free love** N amour *m* libre ▷ **free market, free-market economy** N économie *f* de marché ▷ **free-marketeer** N partisan *m* de l'économie de marché ▷ **free of charge** ADV *(Comm)* gratuitement ▷ **free on board** ADJ *(Comm)* franco à bord ▷ **free on rail** ADJ *(Comm)* franco wagon ▷ **free period** N *(Educ)* heure *f* de libre *or* sans cours ▷ **free port** N port *m* franc ▷ **free radical** N *(Chem)* radical *m* libre ▷ **free-range egg** N œuf *m* de poule élevée en plein air ▷ **free-range poultry** N poulets *mpl* élevés en plein air ▷ **free shot** N lancer *m* franc, coup *m* franc ▷ **free speech** N liberté *f* de parole ▷ **free spirit** N esprit *m* libre ▷ **free-spirited** ADJ *[person]* libre d'esprit ; *[ways]* libre ▷ **free-standing** ADJ *[furniture]* sur pied ▷ **the Free State** N *(US)* le Maryland ▷ **free-styling** N *(Ski)* ski *m* acrobatique ▷ **free throw** N *(US Sport)* lancer *m* franc ▷ **free-to-air** ADJ *(TV)* gratuit ▷ **free trade** N *(Econ)* libre-échange *m* ▷ **free-trader** N *(Econ)* libre-échangiste *m* ▷ **free-trade zone** N *(Econ)* zone *f* franche ▷ **free verse** N *(Literat)* vers *m* libre ▷ **free vote** N vote *m* en conscience *(sans consigne de vote)* ▷ **free will** N *(Philos)* libre arbitre *m* ◆ **he did it of his own ~ will** il l'a fait de son propre gré ▷ **free-will gift** N don *m* volontaire ▷ **free-will offering** N offrande *f* volontaire

6 - PHRASAL VERB

► **free up** VT SEP *[+ money, resources]* dégager ; *[+ staff]* libérer ◆ **to ~ up some time to do sth** trouver du temps pour faire qch

**-free** /friː/ ADJ *(in compounds)* ◆ **salt-free** sans sel ◆ **stress-free** sans stress ◆ **trouble-free** sans problèmes

**freebase** * /ˈfriːbeɪs/ *(Drugs)* N freebase ‡ *m (forme de cocaïne purifiée)* VT ◆ **to ~ cocaine** fumer du freebase ‡ VI fumer du freebase ‡

**freebie** ‡ /ˈfriːbɪ/ N *(= free gift)* (petit) cadeau *m* ; *(= free trip)* voyage *m* gratis * *or* à l'œil * ; *(= free newspaper)* journal *m* gratis * ADJ gratis *

**freeboard** /ˈfriːbɔːd/ N (hauteur *f* de) franc-bord *m*

**freebooter** /ˈfriːˌbuːtəʳ/ N *(= buccaneer)* pirate *m* ; *(Hist)* flibustier *m*

**freedom** /ˈfriːdəm/ N liberté *f* ◆ **~ of action** liberté *f* d'action *or* d'agir ◆ **~ of association/choice/information/speech** liberté *f* d'association/de choix/d'information/de parole ◆ **~ of the press** liberté *f* de la presse ◆ **~ of worship** liberté *f* religieuse *or* du culte ◆ **~ of the seas** franchise *f* des mers ◆ **to give sb ~ to do as he wishes** laisser les mains libres à qn, donner carte blanche à qn ◆ **to speak with ~** parler en toute liberté ◆ **~ from care/responsibility** le fait d'être dégagé de tout souci/de toute responsabilité ◆ **to give sb the ~ of a city** nommer qn citoyen d'honneur d'une ville ◆ **he gave me the ~ of his house** il m'a laissé la libre disposition de sa maison

COMP ▷ **freedom fighter** N guérillero *m*, partisan *m* ▷ **Freedom of Information Act** N *(US Jur)* loi *f* sur la liberté d'information

> **Freedom of Information Act**
>
> Aux États-Unis, la loi sur la liberté d'information ou **Freedom of Information Act** oblige les organismes fédéraux à divulguer les informations qu'ils détiennent à quiconque en fait la demande, sauf pour des raisons spécifiques liées au secret-défense, aux secrets de fabrication ou à la protection de la vie privée. Cette loi, particulièrement utile pour les journalistes, a permis la publication de renseignements jusqu'alors gardés secrets sur certaines affaires délicates comme la guerre du Viet-nam et les activités d'espionnage illégales du FBI.

**Freefone** ® /ˈfriːfəʊn/ N *(Brit Telec)* ≈ numéro *m* vert ® VT ◆ **to find out more, freefone 77 88 99** pour plus de renseignements, appelez le 77 88 99 (numéro vert) *or* appelez notre numéro vert 77 88 99

**freehand** /ˈfriːhænd/ ADJ, ADV à main levée

**freehold** /ˈfriːhəʊld/ *(Brit)* N propriété *f* foncière libre *(à perpétuité)* ADV en propriété libre

**freeholder** /ˈfriːhəʊldəʳ/ N *(Brit)* propriétaire *mf* foncier (-ière *f*) *(à perpétuité)*

**freelance** /ˈfriːlɑːns/ N free-lance *mf*, collaborateur *m*, -trice *f* indépendant(e) ; *(= journalist)* pigiste *mf* ADJ *[journalist, designer, player]* indépendant, free-lance *inv* ; *[work, writing]* en indépendant, en free-lance VI travailler en free-lance *or* en indépendant ADV *[work]* en free-lance, en indépendant ◆ **to go ~** se mettre à travailler en free-lance *or* en indépendant

**freelancer** /ˈfriːlɑːnsəʳ/ N free-lance *mf*, collaborateur *m*, -trice *f* indépendant(e) ; *(= journalist)* pigiste *mf*

**freeload** * /ˈfriːləʊd/ VI vivre en parasite

**freeloader** * /ˈfriːləʊdəʳ/ N parasite *m*, pique-assiette *mf*

**freely** /ˈfriːlɪ/ ADV **a** *(= unrestrictedly) [travel, elect]* en toute liberté ; *[operate]* librement, en toute liberté ; *[express, translate, adapt]* librement ; *[talk, speak]* franchement, librement ◆ **to move ~** *[person]* se déplacer en toute liberté ; *[machine part]* jouer librement ◆ **traffic is moving** *or* **flowing ~** la circulation est fluide ◆ **to be ~ available** *[drugs, commodity, help, information]* être facile à trouver **b** *(= willingly) [give, share]* généreusement ; *[lend, admit]* volontiers **c** *(= liberally) [spend]* sans compter ; *[use, perspire]* abondamment ◆ **the wine was flowing ~** le vin coulait à flots

**freeman** /ˈfriːmən/ N (pl **-men**) *(Hist)* homme *m* libre ◆ **~ of a city** citoyen *m* d'honneur d'une ville

**freemason** /ˈfriːˌmeɪsn/ N franc-maçon *m*

**freemasonry** /ˈfriːˌmeɪsənrɪ/ N franc-maçonnerie *f*

**Freephone** ® /ˈfriːfəʊn/ ⇒ **Freefone**

**Freepost** ® /ˈfriːpəʊst/ N *(Brit)* port *m* payé

**freesia** /ˈfriːzɪə/ N freesia *m*

**freestyle** /ˈfriːstaɪl/ N *(also* **freestyle swimming***)* nage *f* libre

**freethinker** /ˌfriːˈθɪŋkəʳ/ N libre-penseur *m*, -euse *f*

**freethinking** /ˌfriːˈθɪŋkɪŋ/ ADJ libre penseur N libre pensée *f*

**freeware** /ˈfriːwɛəʳ/ N logiciel *m* gratuit

**freeway** /ˈfriːweɪ/ N *(US)* autoroute *f (sans péage)*; → ROADS

**freewheel** /ˌfriːˈwiːl/ *(Brit)* VI *[cyclist]* se mettre en roue libre, être en roue libre ; *[motorist]* rouler au point mort N *[of bicycle]* roue *f* libre

**freewheeler** /ˌfriːˈwiːləʳ/ N *(fig)* insouciant(e) *m(f)*

**freewheeling** /ˌfriːˈwiːlɪŋ/ ADJ *[person]* insouciant ; *[scheme, lifestyle]* peu orthodoxe ; *[discussion]* libre

**freeze** /friːz/ (pret **froze**, ptp **frozen**) VI a *[liquid] (lit)* geler ; *[food]* se congeler ◆ **it will ~ hard tonight** il gèlera dur cette nuit ◆ **to ~ to death** mourir de froid ◆ **the lake has frozen** le lac est gelé ◆ **the windscreen was frozen** le pare-brise était givré ◆ **this dish ~s well** ce plat se congèle bien ◆ **the fallen apples had frozen to the ground** les pommes tombées étaient collées au sol par le gel

b *(fig = stop)* se figer ◆ **he froze (in his tracks** *or* **to the spot)** il est resté figé sur place ◆ **the smile froze on his lips** son sourire s'est figé sur ses lèvres ◆ **~!** pas un geste ! ; see also **freezing, frozen**

VT a *[+ liquid]* geler ; *[+ food]* congeler ; *(industrially)* surgeler ◆ **she froze him with a look** elle lui a lancé un regard qui l'a glacé sur place

b *(= stop, block) [+ assets, credit, wages]* geler, bloquer ; *[+ prices, bank account]* bloquer ◆ **can you ~ it?** *(Cine = hold image)* tu peux t'arrêter sur l'image ? ; see also **frozen**

N a *(Met)* temps *m* de gelée, gel *m* ◆ **the big ~ of 1948** le grand gel de 1948

b *(Econ) [of prices, wages, credit]* blocage *m*, gel *m* ◆ **a wage(s)/price(s) ~, a ~ on wages/prices** un blocage *or* gel des salaires/des prix ◆ **a ~ on new staff appointments** un gel de l'embauche ◆ **a ~ on nuclear weapons testing/programmes** un gel des essais nucléaires/des programmes d'armes nucléaires

COMP ▷ **freeze-dry** VT lyophiliser ▷ **freeze-frame** N *[of film, video]* arrêt *m* sur image ▷ **freeze-up** N gel *m*

► **freeze out** VT SEP ◆ **to freeze sb out (from sth)** tenir qn à l'écart (de qch)

► **freeze over** VI *[lake, river]* geler ; *[windscreen]* givrer ◆ **the river has frozen over** la rivière est gelée

► **freeze up** VI *[pipes, lake, river]* geler

VT SEP ◆ **the pipes were frozen up last winter** les conduits ont gelé l'hiver dernier

N ◆ **freeze-up** → **freeze**

**freezer** /ˈfriːzəʳ/ N a *(domestic)* congélateur *m* ; *(industrial)* surgélateur *m* b *(in fridge: also* **freezer compartment***)* *(one-star)* freezer *m* ; *(two-star)* conservateur *m* ; *(three-star)* congélateur *m* c *(US = ice cream maker)* sorbetière *f*

COMP ▷ **freezer bag** N sac *m* congélation ▷ **freezer centre** N magasin *m* de surgelés ▷ **freezer container** N barquette *f* congélation ▷ **freezer film** N plastique *m* spécial congélation ▷ **freezer foil** N aluminium *m* spécial congélation ▷ **freezer tray** N bac *m* à glace

**freezing** /ˈfriːzɪŋ/ ADJ a *(= icy) [temperatures, weather, wind, rain, night]* glacial b *(also* **freezing cold***) [person]* gelé ; *[water, room]* glacial ◆ **my hands are ~** j'ai les mains gelées ◆ **it's ~** il fait un froid glacial ◆ **it's ~ in here** on gèle ici ◆ **in the ~ cold** dans le froid glacial

N *[of food]* congélation *f*, gel *m* COMP ▷ **freezing fog** N *(Met)* brouillard *m* givrant ▷ **freezing point** N point *m* de congélation ◆ **below ~ point** au-dessous de zéro (centigrade) ▷ **freezing rain** N pluie *f* verglaçante

**freight** /freɪt/ N *(= transporting)* transport *m* ; *(= price, cost)* fret *m* ; *(= goods moved)* fret *m*, cargaison *f* ; *(esp Brit = ship's cargo)* fret *m* ◆ **~ paid** *(Comm)* port *m* payé ◆ **~ and delivery paid** *(US Comm)* franco de port ◆ **to send sth by ~** faire transporter qch ◆ **air ~** transport *m* par avion, fret *m* aérien VT *[+ goods]* transporter COMP ▷ **freight agent** N transitaire *mf* ▷ **freight car** N *(US Rail)* wagon *m* de marchandises, fourgon *m* ▷ **freight charges** NPL frais *mpl* de transport, fret *m* ▷ **freight forwarder** N transporteur *m* ▷ **freight note** N bordereau *m* d'expédition ▷ **freight plane** N avion-cargo *m*, avion *m* de fret ▷ **freight terminal** N terminal *m* de fret ▷ **freight train** N train *m* de marchandises ▷ **freight yard** N dépôt *m* des marchandises

**freightage** /ˈfreɪtɪdʒ/ N *(= charge)* fret *m* ; *(= goods)* fret *m*, cargaison *f*

**freighter** /ˈfreɪtəʳ/ N *(Naut)* cargo *m*, navire *m* de charge ; *(Aviat)* avion-cargo *m*, avion *m* de fret

**freightliner** /ˈfreɪtˌlaɪnəʳ/ N train *m* de marchandises en conteneurs

**French** /frentʃ/ ADJ *(gen)* français ; *[ambassador, embassy, monarch]* de France ; *[teacher]* de français ◆ **the ~ way of life** la vie française ◆ **~ cooking** la cuisine française ◆ **the ~ people** les Français *mpl* ; see also **comp**

N *(Ling)* français *m* ◆ **excuse** *or* **pardon my ~** * *(apologizing for swearing)* passez-moi l'expression

NPL **the French** les Français *mpl* ; → **free**

COMP ▷ **the French Academy** N l'Académie *f* française ▷ **French bean** N *(Brit)* haricot *m* vert ▷ **French bread** N pain *m* à la française ▷ **French Canadian** ADJ canadien français N *(= person)* Canadien(ne) français(e) *m(f)* ; *(Ling)* français *m* canadien ▷ **French chalk** N craie *f* de tailleur ▷ **French cricket** N *forme simplifiée du cricket jouée par les enfants* ▷ **French door** N *(US)* porte-fenêtre *f* ▷ **French dressing** N *(Culin) (= vinaigrette)* vinaigrette *f* ; *(US) (= salad cream)* sauce *f* (à) salade ▷ **French Equatorial Africa** N Afrique *f* équatoriale française ▷ **French fried potatoes, French fries** NPL (pommes *fpl* de terre) frites *fpl* ▷ **French-fry** VT *(US)* frire à la friteuse ▷ **French Guiana** N Guyane *f* française ▷ **French horn** N *(Mus)* cor *m* d'harmonie ▷ **French kiss** ‡ N baiser *m* profond *or* avec la langue, patin ‡ *m* VT embrasser avec la langue, rouler un patin ‡ à VI s'embrasser avec la langue, se rouler un patin ‡ ▷ **French knickers** NPL (petite) culotte-caleçon *f* ▷ **French leave** N ◆ **to take ~ leave** filer à l'anglaise * ▷ **French letter** * N *(= contraceptive)* capote *f* anglaise * ▷ **French loaf** N baguette *f (de pain)* ▷ **French marigold** N œillet *m* d'Inde ▷ **French pastry** N pâtisserie *f* ▷ **French pleat** N *(Hairdressing)* chignon *m* banane ▷ **French polish** N *(Brit)* vernis *m* (à l'alcool) ▷ **French-polish** VT *(Brit)* vernir (à l'alcool) ▷ **the French Riviera** N la Côte d'Azur ▷ **French seam** N *(Sewing)* couture *f* an glaise ▷ **French-speaking** AD francophone ; → **Switzerland** ▷ **French stick** N ⇒ **French loaf** ▷ **French toast** N *(Brit (= toast)* pain *m* grillé d'un seul côté ; *(= fried bread in egg)* pain *m* perdu ▷ **French West Africa** N Afrique *f* occidentale française ▷ **French window** N porte-fenêtre *f*

**Frenchify** /ˈfrentʃɪfaɪ/ VT franciser ◆ **his Frenchified ways** *(pej)* ses maniérismes copiés sur les Français

**Frenchman** /ˈfrentʃmən/ N (pl **-men**) Français *m*

**Frenchwoman** /ˈfrentʃwʊmən/ N (pl **-women** Française *f*

**frenetic** /frɪˈnetɪk/ ADJ *[person]* très agité ; *[activity, pace, applause, shouts]* frénétique ; *[effort]* désespéré ; *[period, time]* trépidant

**frenetically** /frɪˈnetɪklɪ/ ADV *[work, rush, think, try]* frénétiquement ; *[busy]* extrêmement

**frenzied** /ˈfrenzɪd/ ADJ *[attack]* sauvage ; *[activity, atmosphere, haste, applause, crowd, fans]* frénétique ; *[efforts, shouts]* désespéré

**frenziedly** /ˈfrenzɪdlɪ/ ADV *[run, shake, dance]* frénétiquement ; *[work]* comme un fou o une folle ◆ **a ~ busy** *or* **hectic time** une période d'activité frénétique

**frenzy** /ˈfrenzɪ/ N frénésie *f* ◆ **~ of delight** transport *m* de joie ◆ **to be in a ~** être au comble de l'excitation ◆ **a ~ of activity** une activité folle ◆ **a religious/media ~** un délire religieux/médiatique

**frequency** /ˈfriːkwənsɪ/ N fréquence *f* → **high, ultrahigh, very** COMP ▷ **frequency band** N *(Elec)* bande *f* de fréquence ▷ **frequency distribution** N *(Stat)* distribution des fréquences ▷ **frequency modulation** N *(Elec)* modulation *f* de fréquence

**frequent** /ˈfriːkwənt/ ADJ *[rests, breaks, changes, trains]* fréquent, nombreux ; *[absences, headaches, colds, occurrence, use]* fréquent ; *[reports]* nombreux ; *[complaint, criticism]* courant, que l'on entend souvent ◆ **it's quite ~** c'est très courant, cela arrive souvent ◆ **to make ~ visits** *or* **trips to ..., to be a ~ visitor to ...** aller fréquemment à ... ◆ **he is a ~ visitor (to our house)** c'est un habitué (de la maison)

VT /frɪˈkwent/ fréquenter, hanter COMP ▷ **frequent flyer** N ◆ **he's a ~ flyer** il prend beaucoup l'avion ▷ **frequent-flyer** ADJ *[scheme, programme]* de fidélisation ▷ **frequent wash shampoo** N shampooing *m* (pour) usage fréquent

**frequentative** /frɪˈkwentətɪv/ ADJ, N *(Gram)* fréquentatif *m*, itératif *m*

**frequenter** /frɪˈkwentəʳ/ N *[of restaurant, pub]* habitué(e) *m(f)* ◆ **~s of theatres/public libraries** les habitués *mpl* des théâtres/des bibliothèques municipales ◆ **he was a great ~ of night clubs** il courait les boîtes de nuit, c'était un habitué des boîtes de nuit

**frequently** /ˈfriːkwəntlɪ/ ADV fréquemment COMP ▷ **frequently asked questions** NPL *(Comput)* questions *fpl* fréquentes

**fresco** /ˈfreskəʊ/ N (pl **frescoes** *or* **frescos**) *(= pigment, picture)* fresque *f* ◆ **to paint in ~** peindre à fresque

**fresh** /freʃ/ ADJ a *(= not stale) [food, flavour, smell]* frais (fraîche *f*) ; *[clothes, towel]* propre ◆ **is this milk ~?** ce lait est-il frais ? ◆ **is my breath ~?** ai-je l'haleine fraîche ?

b *(= recent) [blood, tracks, scent, news]* frais (fraîche *f*) ; *[scar, wound]* récent ; *[memories]* proche ◆ **it's still ~ in my mind** *or* **memory** c'est encore tout frais dans ma mémoire

◆ **a ~ coat of paint** une nouvelle couche de peinture ◆ **"fresh paint"** "peinture fraîche"
c (= new, renewed) [evidence, approach, fighting, outbreak, supplies] nouveau (nouvelle f) ◆ **a ~ sheet of paper** une nouvelle feuille de papier ◆ **she applied ~ lipstick** elle a remis du rouge à lèvres ◆ **to make a ~ pot of tea** refaire du thé ◆ **he poured himself a ~ drink** il s'est reversé à boire ◆ **to take a ~ look at sth** regarder qch sous un jour nouveau ◆ **(to make) a ~ start** (prendre) un nouveau départ ◆ **a ~ face** (= new person) un nouveau visage ◆ **~ fields (and pastures new)** nouveaux horizons mpl ; see also **break, heart**
d (= not dried or processed) [pasta, fruit, vegetables, herbs, juice, cream, flowers] frais (fraîche f) ◆ **~ coffee** café m (moulu)
e (= rested) [person, horse] frais (fraîche f) ◆ **to feel ~** être frais et dispos ◆ **he/she is as ~ as a daisy** il est frais comme un gardon/elle est fraîche comme une rose ◆ **to have a ~ complexion** avoir le teint frais
f (= refreshing, original) [approach, style, humour, writing] original
g (= cool, invigorating) [day, wind, breeze] frais (fraîche f)
h († * = cheeky) culotté * ◆ **that's enough of that ~ talk!** ça suffit avec ces familiarités ! ◆ **to be** or **get ~ (with sb)** (= cheeky) être impertinent (avec qn) ; (sexually) prendre des libertés (avec qn), se permettre des familiarités (avec qn)
ADV a (= straight) ◆ **milk ~ from the cow** du lait fraîchement trait ◆ **fish ~ from the lake** du poisson qui sort tout juste du lac ◆ **the bread is ~ from the oven** le pain sort à l'instant or est frais sorti du four ◆ **~ from** or **out of school** frais émoulu du lycée ◆ **~ from the war** tout juste de retour de la guerre ◆ **tourists ~ off the plane** des touristes tout juste débarqués de l'avion ◆ **to come ~ to sth** aborder qch sans idées préconçues
b ◆ **to be ~ out of sth** * être en panne * de qch
COMP ▷ **fresh air** N air m frais ◆ **I'm going out for some ~ air** or **for a breath of ~ air** je sors prendre l'air or le frais ◆ **in the ~ air** au grand air, en plein air ; see also **breath** ▷ **fresh-air fiend** * N amoureux m, -euse f du grand air ▷ **fresh breeze** N (Naut) bonne brise f ▷ **fresh-faced** ADJ au visage juvénile ▷ **fresh gale** N (Naut) coup m de vent ▷ **fresh water** N (= not salt) eau f douce

**freshen** /ˈfreʃn/ VI (Met) [wind, air] fraîchir VT [+ air] désodoriser ; [+ breath, complexion] rafraîchir ◆ **can I ~ your drink for you?** je vous en ressers ?, encore une goutte ?

► **freshen up** VI (= wash o.s.) faire un brin de toilette ; (= touch up make-up) se refaire une beauté * VT SEP [+ invalid etc] faire un brin de toilette à ; [+ child] débarbouiller ; [+ room, paintwork] rafraîchir ◆ **accessories to ~ up your summer wardrobe** des accessoires pour égayer votre garde-robe estivale ◆ **the new players will ~ up the team** les nouveaux joueurs vont apporter du sang neuf dans or à l'équipe ◆ **chewing gum to ~ the breath up** du chewing-gum pour rafraîchir l'haleine ◆ **to ~ o.s. up** ⇒ **to freshen up vi**

**freshener** /ˈfreʃnəʳ/ N (also **skin freshener**) lotion f tonique ; (also **air freshener**) désodorisant m

**fresher** /ˈfreʃəʳ/ N (Brit Univ) bizut(h) m, étudiant(e) m(f) de première année COMP ▷ **freshers' week** N (Brit Univ) semaine f d'accueil des étudiants

**freshet** /ˈfreʃɪt/ N (= flood) crue f rapide, inondation f brutale ; (into sea) (petit) cours m d'eau qui se jette dans la mer

**freshly** /ˈfreʃlɪ/ ADV [ground, grated, dug] fraîchement ◆ **~ baked bread** du pain qui sort or frais sorti du four ◆ **~ caught fish** du poisson fraîchement pêché ◆ **~-cut flowers** des fleurs fraîchement cueillies or qui viennent d'être coupées ◆ **~ made coffee** du café qui vient d'être fait ◆ **~ painted** qui vient d'être peint ◆ **~ squeezed orange juice** du jus d'oranges pressées

**freshman** /ˈfreʃmən/ N (pl **-men**) (US Univ) ≃ bizut(h) m

**freshness** /ˈfreʃnɪs/ N [of air, food, fruit, milk, wind] fraîcheur f ; [of manner] franchise f, spontanéité f ; [of outlook, approach] fraîcheur f, jeunesse f ; [of colour] fraîcheur f, gaieté f

**freshwater** /ˈfreʃˌwɔːtəʳ/ ADJ [fish, plant, lake] d'eau douce

**fret**[1] /fret/ VI a (= become anxious) se tracasser (about à propos de) ; [baby] pleurer, geindre ◆ **don't ~!** ne t'en fais pas !, ne te tracasse pas ! ◆ **she ~s over the slightest thing** elle se fait du mauvais sang or elle se tracasse pour un rien ◆ **the child is ~ting for its mother** le petit réclame sa mère en pleurant b ◆ **to ~ (at the bit)** [horse] ronger le mors VT ◆ **to ~ o.s.** * se tracasser, se faire de la bile N ◆ **to be in a ~** * se biler *

**fret**[2] /fret/ VT [+ wood] découper, chantourner ◆ **the stream has ~ted its way through the rock** le ruisseau s'est frayé un passage dans le rocher

**fret**[3] /fret/ N [of guitar] touchette f

**fretful** /ˈfretfʊl/ ADJ [person] irritable ; [baby, child] grognon, pleurnicheur ; [sleep] agité ; [tone] plaintif

**fretfully** /ˈfretfəlɪ/ ADV [say] (= anxiously) d'un ton irrité ; (= complainingly) d'un ton plaintif or pleurnichard ◆ **to cry ~** [baby] pleurnicher, être grognon

**fretfulness** /ˈfretfʊlnɪs/ N irritabilité f

**fretsaw** /ˈfretsɔː/ N scie f à chantourner or à découper

**fretwork** /ˈfretwɜːk/ N (= piece) pièce f chantournée ; (= work) découpage m

**Freudian** /ˈfrɔɪdɪən/ ADJ (Psych, fig) freudien ◆ **that's very ~!** c'est révélateur ! N freudienne m(f), disciple mf de Freud COMP ▷ **Freudian slip** N lapsus m (révélateur)

**FRG** /ˌefɑːˈdʒiː/ N (abbrev of **Federal Republic of Germany**) RFA f

**Fri.** N abbrev of **Friday**

**friable** /ˈfraɪəbl/ ADJ friable

**friar** /ˈfraɪəʳ/ N moine m, frère m ◆ **Friar John** frère Jean

**friary** /ˈfraɪərɪ/ N confrérie f

**fricassee** /ˈfrɪkəsiː/ N fricassée f

**fricative** /ˈfrɪkətɪv/ (Ling) ADJ spirant, fricatif N spirante f, fricative f

**friction** /ˈfrɪkʃən/ N a (Phys) friction f, frottement m ; (Ling) friction f ; (fig) friction f ◆ **there is a certain amount of ~ between them** il y a des frictions entre eux b (also **friction climbing**) adhérence f COMP ▷ **friction feed** N (on printer) entraînement m par friction ▷ **friction tape** N (US) chatterton m

**Friday** /ˈfraɪdɪ/ N vendredi m ◆ **~ the thirteenth** vendredi treize ; → **good** ; for other phrases see **Saturday**

**fridge** /frɪdʒ/ N (esp Brit) (abbrev of **refrigerator**) frigo * m, frigidaire ® m COMP ▷ **fridge-freezer** N réfrigérateur m avec partie congélateur ▷ **fridge magnet** N magnet m

**fried** /fraɪd/ VB pt, ptp of **fry**[2]

**friend** /frend/ N ami(e) m(f) ; (= schoolmate, workmate) camarade mf, copain * m, copine * f ; (= helper, supporter) ami(e) m(f) ◆ **a ~ of mine** un de mes amis ◆ **~s of ours** des amis (à nous) ◆ **he's one of my son's ~s** c'est un ami or un copain * de mon fils ◆ **her best ~** sa meilleure amie ◆ **a doctor/lawyer ~ of mine** un ami médecin/avocat ◆ **it's a girl's best ~** c'est le rêve de chaque femme ◆ **he's no ~ of mine** je ne le compte pas au nombre de mes amis ◆ **to make ~s with sb** devenir ami avec qn, se lier d'amitié avec qn ◆ **he made a ~ of him** il en a fait son ami ◆ **he makes ~s easily** il se fait facilement des amis, il se lie facilement ◆ **to be ~s with sb** être ami or lié avec qn ◆ **let's be ~s again** on fait la paix ? ◆ **close ~s** amis mpl intimes ◆ **we're just good ~s** on est simplement amis ◆ **we're all ~s here** nous sommes entre amis ◆ **a ~ of the family** un ami de la famille ◆ **a ~ in need (is a ~ indeed)** (Prov) c'est dans le besoin que l'on connaît ses vrais amis ◆ **the best of ~s must part** il n'est si bonne compagnie qui ne se sépare (Prov) ◆ **he's been a true ~ to us** il a fait preuve d'une véritable amitié envers nous ◆ **a ~ at court** (fig) un ami influent ◆ **to have ~s at court** (fig) avoir des amis influents or des protections ◆ **my honourable ~** (Parl) ◆ **my learned ~** (Jur) mon cher or distingué confrère, ma distinguée collègue ◆ **~ of the poor** bienfaiteur m or ami m des pauvres ◆ **Friends of the Earth** les Amis mpl de la Terre ◆ **Friends of the National Theatre** (Société f des) Amis du Théâtre National ◆ **Society of Friends** (Rel) Société f des Amis

**friendless** /ˈfrendlɪs/ ADJ seul, isolé, sans amis

**friendliness** /ˈfrendlɪnɪs/ N gentillesse f

**friendly** /ˈfrendlɪ/ ADJ a (= amiable) [person] gentil (to sb avec qn) ; [child] gentil, affectueux ; [cat, dog] affectueux ; [manner, smile, gesture, atmosphere, argument, fight] amical ; [face] avenant ; [welcome] chaleureux ; [service] sympathique ; [advice] d'ami ; [place] accueillant ◆ **that wasn't a very ~ thing to do** ce n'était pas très gentil de faire cela ◆ **unions ~ to management** syndicats favorables à la direction ◆ **to feel ~ towards sb** être bien disposé envers qn ◆ **it's nice to see a ~ face!** ça fait plaisir de voir un visage sympathique ! ; → **neighbourhood**
b (= friends) ◆ **we're quite ~** nous sommes assez amis ◆ **to be ~ with sb** être ami avec qn ◆ **to become** or **get ~ with sb** se lier d'amitié avec qn ◆ **to be on ~ terms with sb** avoir des rapports d'amitié avec qn ◆ **to get ~** * (sexually) se permettre des familiarités (pej)
c (Pol) [country, nation, government] ami ; [port] de pays ami
N (also **friendly match**) (Brit) → comp
COMP ▷ **friendly fire** N (Mil, fig) tirs mpl de son propre camp ▷ **the Friendly Islands** NPL les îles fpl des Amis ▷ **friendly match** N (Sport) match m amical ▷ **friendly society** N (Brit) société f de prévoyance, mutuelle f

**-friendly** /ˈfrendlɪ/ ADJ (in compounds) ◆ **customer-friendly** [shop] soucieux de sa clientèle, accueillant ; [policy, prices] favorable aux consommateurs ◆ **child-friendly** [shop] aménagé pour les enfants ; [beach, kitchen] sûr or non dangereux pour les enfants ◆ **dolphin-friendly tuna** thon m pêché en respectant les dauphins ◆ **reader-friendly** soucieux de ses lecteurs ; → **environment, gay, ozone, user**

**friendship** /ˈfrendʃɪp/ N amitié *f* ◆ **out of ~** par amitié

**frier** /fraɪəʳ/ N ⇒ **fryer**

**fries** * /fraɪz/ NPL *(esp US)* frites *fpl*

**Friesian** /ˈfriːʒən/ ADJ, N ⇒ **Frisian**

**frieze**[1] /friːz/ N *(Archit)* frise *f*

**frieze**[2] /friːz/ N *(Tex)* ratine *f*

**frig** ‡ /frɪg/ VI ◆ **to ~ about** *or* **around** déconner ‡

**frigate** /ˈfrɪgɪt/ N frégate *f (Naut)*

**frigging** *‡ /ˈfrɪgɪŋ/ ADV foutrement ‡ ADJ foutu ‡

**fright** /fraɪt/ N a frayeur *f*, peur *f* ◆ **to shout out in ~** pousser un cri de frayeur ◆ **to be paralysed with ~** être paralysé par la peur ◆ **to take ~** prendre peur, s'effrayer (*at* de) ◆ **to get** *or* **have a ~** avoir peur ◆ **to get the ~ of one's life** avoir la frayeur de sa vie ◆ **to give sb a ~** faire peur à qn ◆ **it gave me such a ~** ça m'a fait une de ces peurs * *or* une belle peur ; → **stage** b (* = *person)* **she's** *or* **she looks a ~** elle est à faire peur

**frighten** /ˈfraɪtn/ VT effrayer, faire peur à ◆ **did he ~ you?** est-ce qu'il vous a fait peur ? ◆ **it nearly ~ed him out of his wits** * *or* **his skin** *, **it ~ed the life out of him** * cela lui a fait une peur bleue ◆ **to ~ sb into doing sth** faire peur à qn pour qu'il fasse qch ◆ **he was ~ed into doing it** il l'a fait sous le coup de la peur ◆ **she is easily ~ed** elle prend peur facilement, elle est peureuse

► **frighten away, frighten off** VT SEP *[+ birds]* effaroucher ; *[+ children etc]* chasser (en leur faisant peur) ; *(fig) [+ buyers, investors etc]* décourager (en leur faisant peur)

**frightened** /ˈfraɪtnd/ ADJ effrayé ◆ **to be ~ (of sb/sth)** avoir peur (de qn/qch) ◆ **to be ~ of doing** *or* **to do sth** avoir peur de faire qch ◆ **to be ~ about (doing) sth** avoir peur à l'idée de (faire) qch ◆ **to be ~ that ...** avoir peur que ... ◆ **to be ~ to death** * **(that ...)** être mort de peur (que ...) ◆ **to be ~ to death** * **of sb/sth** avoir une peur bleue de qn/qch ◆ **to be ~ out of one's wits** * avoir une peur bleue ◆ **like a ~ rabbit** comme un animal effarouché

**frighteners** ‡ /ˈfraɪtnəz/ NPL *(Brit)* ◆ **to put the ~ on sb** foutre les jetons ‡ à qn

**frightening** /ˈfraɪtnɪŋ/ ADJ effrayant ◆ **it is ~ to think that ...** ça fait peur de penser que ...

**frighteningly** /ˈfraɪtnɪŋlɪ/ ADV *[ugly, thin]* à faire peur ; *[expensive]* effroyablement ◆ **we came ~ close to losing all our money** nous avons vraiment failli perdre tout notre argent

**frightful** /ˈfraɪtfʊl/ ADJ a *(liter = horrifying) [sight, experience]* épouvantable, effroyable b († * = *awful) [mistake, prospect, possibility, clothes, hat, wallpaper]* affreux ; *[person]* détestable ◆ **he's a ~ bore** il est terriblement ennuyeux ◆ **I know I'm being a ~ nuisance, but ...** je ne voudrais pas vous importuner davantage, mais ...

**frightfully** /ˈfraɪtfəlɪ/ ADV a *(liter = horrifyingly) [suffer]* effroyablement b *(Brit:* † * = *very)* terriblement ◆ **I'm ~ sorry** je suis vraiment désolé ◆ **it's ~ nice of you** c'est vraiment trop gentil à vous

**frightfulness** /ˈfraɪtfʊlnɪs/ N *[of crime, situation, behaviour]* atrocité *f*, horreur *f*

**frigid** /ˈfrɪdʒɪd/ ADJ a *(sexually)* frigide b *(= unfriendly) [smile, stare, atmosphere, silence]* glacial c *(Geog, Met)* glacial

**frigidity** /frɪˈdʒɪdɪtɪ/ N *(sexual)* frigidité *f* ; *(gen)* froideur *f*

**frill** /frɪl/ N a *[of dress]* ruche *f*, volant *m* ; *[of shirt front]* jabot *m* ; *[of cuff]* ruche *f* b *(fig)* ◆ **~s** chichis * *mpl* ◆ **without any ~s** simple, sans chichis * ◆ **I want a cheap deal with no ~s** je veux quelque chose de simple et pas cher ◆ **these services are not ~s or luxuries** ces services ne sont pas du tout du superflu ou du luxe ; → **furbelow, no** c *(Culin)* papillote *f* d *(Orn)* collerette *f*

**frilly** /ˈfrɪlɪ/ ADJ a *[shirt, dress, cushion]* à fanfreluches ; *[underwear]* à dentelle b *[style, speech]* plein de fioritures

**fringe** /frɪndʒ/ N a *(Brit = hair)* frange *f*

b *[of rug, shawl]* frange *f*

c *(= edge) [of forest]* bordure *f*, lisière *f* ; *[of crowd]* derniers rangs *mpl* ◆ **on the ~ of the forest** en bordure de forêt, à la lisière de la forêt ◆ **to live on the ~(s) of society** vivre en marge de la société ◆ **a party on the ~(s) of British politics** un parti en marge de la politique britannique ◆ **the outer ~s** *[of town]* la périphérie ; → **lunatic**

VT a *[+ rug, shawl]* franger (*with* de)

b *(fig)* **a lake ~d with trees** un lac bordé d'arbres

COMP ▷ **fringe area** N *(TV)* zone *f* limite (de réception) ▷ **fringe benefits** NPL avantages *mpl* annexes ; *(company car etc)* avantages *mpl* en nature ▷ **fringe festival** N festival *m* off ; → EDINBURGH FESTIVAL ▷ **fringe group** N groupe *m* marginal ▷ **fringe meeting** N *(Pol)* réunion *f* d'un groupe marginal ▷ **fringe theatre** N *(Brit)* théâtre *m* d'avant-garde *or* expérimental ▷ **fringing reef** N *(Geog)* récif *m* frangeant

**frippery** /ˈfrɪpərɪ/ N *(esp Brit: pej) (= cheap ornament)* colifichets *mpl* ; *(on dress)* fanfreluches *fpl* ; *(= ostentation)* préciosité *f*, maniérisme *m*

**Frisbee** ® /ˈfrɪzbɪ/ N frisbee ® *m*

**Frisian** /ˈfrɪʒən/ ADJ frison ◆ **the ~ Islands** les îles *fpl* Frisonnes N a Frison(ne) *m(f)* b *(Ling)* frison *m*

**frisk** /frɪsk/ VI gambader VT *[+ criminal, suspect]* fouiller

**friskiness** /ˈfrɪskɪnɪs/ N vivacité *f*

**frisky** /ˈfrɪskɪ/ ADJ *(= lively)* vif, sémillant ◆ **to be feeling ~** *(hum: sexually)* être d'humeur folâtre

**frisson** /ˈfriːsɒn/ N frisson *m*

**fritillary** /frɪˈtɪlərɪ/ N fritillaire *f*

**fritter**[1] /ˈfrɪtəʳ/ VT (also **fritter away**) *[+ money, time, energy]* gaspiller

**fritter**[2] /ˈfrɪtəʳ/ N *(Culin)* beignet *m* ◆ **apple ~** beignet *m* aux pommes

**fritz** ‡ /frɪts/ *(US)* N ◆ **on the ~** en panne

► **fritz out** ‡ VI tomber en panne

**frivolity** /frɪˈvɒlɪtɪ/ N frivolité *f*

**frivolous** /ˈfrɪvələs/ ADJ *[person, object, activity] (= lighthearted)* frivole ; *(= futile)* futile ; *[attitude, behaviour, remark]* frivole, léger

**frivolously** /ˈfrɪvələslɪ/ ADV de façon frivole, frivolement

**frizz** /frɪz/ VT *[+ hair]* faire friser *or* frisotter VI friser, frisotter

**frizzle** /ˈfrɪzl/ VI grésiller VT a *(= cook)* faire griller ; *(= overcook)* laisser brûler ◆ **~d bacon** bacon *m* grillé b ◆ **a man with ~d white hair** un homme aux cheveux blancs frisés

**frizzy** /ˈfrɪzɪ/ ADJ *[hair]* crépu, crêpelé

**fro** /frəʊ/ ADV ◆ **to and ~** de long en large ◆ **to go to and ~ between** aller et venir entre, faire la navette entre ◆ **journeys to and ~ between London and Edinburgh** allers *mpl* et retours *mpl* entre Londres et Édimbourg

**frock** /frɒk/ N a † *[of woman, baby]* robe *f* b *[of monk]* froc † *m* COMP ▷ **frock coat** N redingote *f*

**frog**[1] /frɒg/ N a *(Zool)* grenouille *f* ◆ **to have a ~ in one's throat** avoir un chat dans la gorge b *(pej)* **Frog** ‡ Français(e) *m(f)* COMP ▷ **frog-march** VT ◆ **to ~-march sb in/out** *etc (= hustle)* faire entrer/sortir qn de force ▷ **frogs' legs** NPL *(Culin)* cuisses *fpl* de grenouilles

**frog**[2] /frɒg/ N *(Dress)* brandebourg *m*, soutache *f*

**frogging** /ˈfrɒgɪŋ/ N *(Dress)* soutaches *fpl*

**Froggy** ‡ /ˈfrɒgɪ/ N *(Brit pej)* Français(e) *m(f)*

**frogman** /ˈfrɒgmən/ N (pl **-men**) homme-grenouille *m*

**frogspawn** /ˈfrɒgspɔːn/ N frai *m* de grenouille

**frolic** /ˈfrɒlɪk/ VI (also **frolic about, frolic around**) *[people] (gen, hum)* batifoler * ; *[lambs]* gambader N *[of lambs]* gambades *fpl* ; *(= prank)* espièglerie *f*, gaminerie *f* ; *(= merrymaking)* ébats *mpl* ; *(hum: sexual)* batifolage *m*

**frolicsome** /ˈfrɒlɪksəm/ ADJ folâtre, badin

**from** /frɒm/ PREP a *(place: starting point)* de ◆ **~ house to house** de maison en maison ◆ **~ town to town** de ville en ville ◆ **to jump ~ a wall** sauter d'un mur ◆ **to travel ~ London to Paris** voyager de Londres à Paris ◆ **train ~ Manchester** train *m* (en provenance) de Manchester ◆ **programme transmitted ~ Lyons** émission *f* retransmise depuis Lyon ◆ **he comes ~ London** il vient de Londres, il est (originaire) de Londres ◆ **he comes ~ there** il en vient ◆ **where are you ~?, where do you come ~?** d'où êtes-vous (originaire) ? ◆ **I see where you're coming ~** * *(= understand)* je comprends maintenant

b *(time: starting point)* à partir de, de ◆ **(as) ~ 14 July** à partir du 14 juillet ◆ **~ that day onwards** à partir de ce jour-là ◆ **~ beginning to end** du début (jusqu')à la fin ◆ **~ her childhood onwards** ... dès son enfance ... ◆ **~ time to time** de temps en temps ◆ **~ day to day** de jour en jour ◆ **~ year to year** d'année en année ◆ **counting ~ last Monday** à dater de lundi dernier ◆ **five years ~ now** dans cinq ans

c *(distance: lit, fig)* de ◆ **the house is 10km ~ the coast** la maison est à 10 km de la côte ◆ **it is 10km ~ there** c'est à 10 km de là ◆ **to go away ~ home** quitter la maison ◆ **not far ~ here** pas loin d'ici ◆ **far ~ blaming you** loin de vous le reprocher

d *(origin = coming from)* de, de la part de ; *(= inspired by)* d'après ◆ **a letter ~ my mother** une lettre de ma mère ◆ **tell him ~ me** dites-lui de ma part ◆ **an invitation ~ the Smiths** une invitation (de la part) des Smith ◆ **memories ~ his childhood** des souvenirs *mpl* de son enfance ◆ **painted ~ life** peint d'après nature ◆ **~ a picture by Picasso** d'après un tableau de Picasso

e *(used with prices, numbers)* à partir de, depuis ◆ **wine ~ 2 euros a bottle** vins à partir de 2 € la bouteille ◆ **there were ~ 10 to 15 people there** il y avait là entre 10 et 15 personnes *or* de 10 à 15 personnes ◆ **take 12 ~ 18** *(Math)* soustrayez 12 de 18 ◆ **3 ~ 8 leaves 5** *(Math)* 8 moins 3 égalent 5

f *(source)* **to drink ~ a stream/a glass** boire à un ruisseau/dans un verre ◆ **to drink straight ~ the bottle** boire à (même) la bouteille ◆ **he took it ~ the cupboard** il l'a pris dans le placard ◆ **he put the box down and took a book ~ it** il a posé la caisse et en a sorti *or* tiré un livre ◆ **to take sth ~ a shelf** prendre qch sur une étagère ◆ **to pick sb ~**

**the crowd** choisir qn dans la foule ◆ **a quotation ~ Racine** une citation (tirée) de Racine ◆ **here's an extract ~ it** en voici un extrait ◆ **to speak ~ notes** parler avec des notes ◆ **~ your point of view** à or de votre point de vue ◆ **to draw a conclusion ~ the information** tirer une conclusion des renseignements

g (prevention, escape, deprivation etc) à, de ◆ **take the knife ~ that child!** enlevez or prenez le couteau à cet enfant ! ◆ **he took/stole it ~ them** il le leur a pris/volé ◆ **he prevented me ~ coming** il m'a empêché de venir ◆ **the news was kept ~ her** on lui a caché la nouvelle ◆ **to shelter ~ the rain** s'abriter de la pluie

h (change) de ◆ **~ bad to worse** de mal en pis ◆ **price increase ~ one franc to one franc fifty** augmentation de prix d'un franc à un franc cinquante ◆ **he went ~ office boy to director in five years** de garçon de bureau, il est passé directeur en cinq ans

i (cause, reason) **to die ~ fatigue** mourir de fatigue ◆ **he died ~ his injuries** il est mort des suites de ses blessures ◆ **~ what I heard ...** d'après ce que j'ai entendu ... ◆ **~ what I can see ...** à ce que je vois ... ◆ **~ the look of things ...** à en juger par les apparences ... ◆ **~ the way he talks you would think that ...** à l'entendre, on penserait que ...

j (difference) de ◆ **he is quite different ~ the others** il est complètement différent des autres ◆ **to distinguish the good ~ the bad** distinguer le bon du mauvais

k (with other preps and advs) ◆ **seen ~ above** vu d'en haut ◆ **~ above the clouds** d'au-dessus des nuages ◆ **I saw him ~ afar** je l'ai vu de loin ◆ **she was looking at him ~ over the wall** elle le regardait depuis l'autre côté du mur ◆ **~ under the table** de dessous la table

**fromage frais** /ˌfrɒmɑːʒˈfreɪ/ N (Culin) fromage m blanc

**frond** /frɒnd/ N [of fern] fronde f ; [of palm] feuille f

**front** /frʌnt/ N a (= leading section) [of boat, car, train etc] avant m ; [of class, crowd, audience] premier rang m ; (= part facing forward) [of cupboard, shirt, dress] devant m ; [of building] façade f, devant m ; [of book] (= beginning) début m ; (= cover) couverture f ; [of postcard, photo] recto m ◆ **she was lying on her ~** * elle était couchée sur le ventre ◆ **it fastens at the ~** cela se ferme devant ◆ **she spilt it down the ~ of her dress** elle l'a renversé sur le devant de sa robe ◆ **he pushed his way to the ~ of the crowd** il s'est frayé un chemin jusqu'au premier rang de la foule ◆ **to come to the ~** (fig = become known, successful) se faire connaître or remarquer, percer

♦ **in front** [be, stand, walk, put] devant ; [send, move, look] en avant ◆ **in ~ of the table** devant la table ◆ **to send sb on in ~** envoyer qn en avant ◆ **he was walking in ~** il marchait devant ◆ **to be in ~** (Sport) mener

♦ **in (the) front** ◆ **to sit in the ~ (of the car)** ◆ **to sit in ~** être assis à l'avant (de la voiture) ◆ **to sit in the ~ of the train/bus** s'asseoir en tête de or du train/à l'avant du bus ◆ **in the ~ of the class** au premier rang de la classe ◆ **in the ~ of the book** au début du livre

♦ **up front** (= in the front) ◆ **let's go and sit up ~** allons nous asseoir devant ◆ **he was very up ~ about it** (= frank) il a été très franc ◆ **to pay up ~** (= in advance) payer d'avance

b (Mil, Pol) front m ◆ **to fall at the ~** mourir au front ◆ **there was fighting on several ~s** on se battait sur plusieurs fronts ◆ **on all ~s** sur tous les fronts, de tous côtés ◆ **we must present a common ~** nous devons offrir un front uni, il faut faire front commun ; → **home**

c (Met) front m ◆ **cold/warm ~** front m froid/chaud

d (Brit: also **sea front**) (= beach) bord m de mer, plage f ; (= prom) front m de mer ◆ **along the ~** (= on the beach) en bord de mer ; (= on the prom) sur le front de mer ◆ **a house on the ~** une maison sur le front de mer

e (liter = forehead) front m

f [of spy, criminal] couverture f (fig) ◆ **it's all just a ~ with him** (fig) ◆ **he's just putting on a ~** ce n'est qu'une façade ◆ **he's putting on a brave ~** (fig) il fait bonne contenance

ADJ a de devant, (en) avant ◆ **~ garden** jardin m de devant ◆ **on the ~ cover** en couverture ◆ **~ door** [of house] porte f d'entrée or principale ; [of car] porte f avant ◆ **in the ~ end of the train** en tête de or du train, à l'avant du train ◆ **~ line(s)** (Mil) front m ◆ **to be in the ~ line** (fig) être en première ligne, être aux avant-postes ◆ **the ~ page** (Press) la première page, la une * ◆ **on the ~ page** (Press) en première page, à la une * ; see also **comp** ◆ **the ~ panel** [of machine] le panneau de devant, la face avant ◆ **in the ~ rank** (fig) parmi les premiers ◆ **~ room** pièce f donnant sur la rue, pièce f de devant ; (= lounge) salon m ◆ **in the ~ row** au premier rang ◆ **to have a ~ seat** (lit) avoir une place (assise) au premier rang ; (fig) être aux premières loges (fig) ◆ **~ tooth** dent f de devant ◆ **~ wheel** roue f avant ; see also **comp** ; → **row¹**

b de face ◆ **~ view** vue f de face ◆ **~ elevation** (Archit) élévation f frontale

ADV par devant ◆ **to attack ~ and rear** attaquer par devant et par derrière ◆ **eyes ~!** (Mil) fixe !

VI a ◆ **to ~ on to** donner sur ◆ **the house ~s north** la maison fait face or est exposée au nord ◆ **the windows ~ on to the street** les fenêtres donnent sur la rue

b ◆ **to ~ for sb** servir de façade à qn

VT a [+ building] donner une façade à ◆ **house ~ed with stone** maison f avec façade en pierre

b (Brit = lead, head) [+ company, organization, team] diriger, être à la tête de ; [+ rock group] être le chanteur or la chanteuse de

c (TV) [+ show] présenter

COMP ▷ **the front bench** N (Brit Parl = people) (government) les ministres mpl ; (opposition) les membres mpl du cabinet fantôme ▷ **the front benches** NPL (Brit Parl) (= place) le banc des ministres et celui des membres du cabinet fantôme ; (= people) ≈ les chefs de file des partis politiques ▷ **front burner** N ◆ **to be on the ~ burner** être une question prioritaire, être au centre des préoccupations ◆ **it's on my ~ burner** j'y pense, je m'en occupe ▷ **front crawl** N (Swimming) crawl m ▷ **front-end financing** N financement m initial ▷ **front-end payment** N versement m initial ▷ **front-end processor** N (Comput) (processeur m) frontal m ▷ **front-line** ADJ [troops, news] du front ; [countries, areas] limitrophe or voisin (d'un pays en guerre) ▷ **front-line player** N (US Sport) avant m ▷ **front-loader**, **front-loading washing machine** N lave-linge m à chargement frontal ▷ **front matter** N pages fpl liminaires ▷ **front money** N acompte m, avance f ▷ **front office** N (US Comm) (= place) administration f ; (= managers) direction f ▷ **front organization** N ◆ **it's merely a ~ organization** cette organisation n'est qu'une façade or une couverture ▷ **front-page news** N gros titres mpl, manchettes fpl ◆ **it was ~-page news for a month** cela a fait la une * (des journaux) pendant un mois ▷ **front-rank** ADJ de premier plan ▷ **front runner** N (Athletics) coureur m de tête ◆ **he is a ~ runner for the party leadership** (fig) c'est l'un des favoris pour la présidence du parti ▷ **front-to-back engine** N (Aut) moteur m longitudinal ▷ **front vowel** N (Ling) voyelle f antérieure ▷ **front-wheel drive** N (Aut = car, system) traction f avant

**frontage** /ˈfrʌntɪdʒ/ N [of shop] devanture f, façade f ; [of house] façade f ◆ **~ road** (US) contre-allée f

**frontal** /ˈfrʌntl/ ADJ a (Mil) [assault, attack] de front ◆ **to make a ~ assault** or **attack on sth** attaquer qch de front ◆ **~ impact** (in car) choc m frontal b (Anat, Met) frontal c [nudity] de face ; → **full** N (Rel) parement m

**frontbencher** /ˌfrʌntˈbentʃəʳ/ N (Brit Parl) (government) ministre m ; (opposition) membre m du cabinet fantôme ; → BACKBENCHER

**frontier** /ˈfrʌntɪəʳ/ N (lit, fig) frontière f ◆ **they're pushing back the ~s of science** ils font reculer les frontières de la science ◆ **the ~** (US Hist) la limite des terres colonisées, la Frontière COMP [town, zone, tribe] frontalier ▷ **frontier dispute** N incident m de frontière ▷ **frontier post**, **frontier station** N poste m frontière ▷ **frontier technology** N technologie f de pointe

**frontiersman** /ˈfrʌntɪəzmən/ N (pl **-men**) (US Hist) habitant m de la Frontière ; see also **frontier n**

**frontispiece** /ˈfrʌntɪspiːs/ N frontispice m

**frontman** /ˈfrʌntmən/ N (pl **-men**) (TV etc) présentateur m

**frontwards** /ˈfrʌntwədz/ ADV en avant, vers l'avant

**frosh** * /frɒʃ/ N (US Univ) ≃ bizut(h) m

**frost** /frɒst/ N gel m, gelée f ; (also **hoarfrost**) givre m, gelée f blanche ◆ **late ~s** gelées fpl tardives or de printemps ◆ **ten degrees of ~** (Brit) dix degrés au-dessous de zéro ; → **ground¹**, **jack** VT (= ice) [+ cake] glacer ; see also **frosted** COMP ▷ **frost-free** ADJ [fridge] à dégivrage automatique

► **frost over**, **frost up** VI [window] se givrer, se couvrir de givre

**frostbite** /ˈfrɒstbaɪt/ N engelures fpl ◆ **to get ~ in one's hands** avoir des engelures aux mains

**frostbitten** /ˈfrɒstˌbɪtn/ ADJ [hands, feet] gelé ; [rosebushes, vegetables] gelé, grillé par la gelée or le gel

**frostbound** /ˈfrɒstbaʊnd/ ADJ [ground] gelé

**frosted** /ˈfrɒstɪd/ ADJ a (= frost-covered) [grass, plants, windows, windscreen] couvert de givre b (Cosmetics) [eyeshadow, nail varnish, lipstick] nacré c (Culin) (= iced) recouvert d'un glaçage ; (= sugared) recouvert de sucre COMP ▷ **frosted glass** N (for window) verre m dépoli ; (for drink) verre m givré

**frostily** /ˈfrɒstɪlɪ/ ADV [greet, reply] sur un ton glacial ◆ **she smiled ~ at him** elle lui a adressé un sourire glacial

**frosting** /ˈfrɒstɪŋ/ N (Culin) (= icing) glace f, glaçage m ; (= icing sugar) sucre m glace

**frosty** /ˈfrɒstɪ/ ADJ a (= cold) [night, morning, weather] de gelée, glacial ; [air, weather] glacial ◆ **it is ~** il gèle b (= frost-covered) [ground, grass, window, windscreen] couvert de givre c (= unfriendly) [person] glacial, froid ; [atmosphere, reception, response, relations, smile] glacial ; [look] froid

**froth** /frɒθ/ N a [of liquids in general] écume f, mousse f ; [of beer] mousse f ; (around the mouth) écume f ◆ **a ~ of lace** un bouillon de dentelle b (= frivolous talk) propos mpl futiles ◆ **his speech was all ~ and no sub-**

**stance** son discours n'avait aucune substance, ce n'était que du vent ◆ **the novel is nothing but silly romantic** ~ ce roman est d'un romantisme mièvre et stupide VI écumer, mousser ◆ **the beer ~ed over the edge of the glass** la mousse débordait du verre (de bière) ◆ **waves ~ed over the deck** des vagues passaient par-dessus le pont dans un nuage d'écume ◆ **a cup of ~ing coffee** une tasse de café mousseux ◆ **to ~ at the mouth** *[dog]* avoir de l'écume à la gueule ; *[angry person]* écumer de rage

**frothy** /'frɒθɪ/ ADJ a *(= bubbly) [beer, milk shake, coffee, mixture]* mousseux ; *[water]* mousseux, écumeux ; *[sea]* écumeux b *(= frilly) [dress, underwear, lace]* léger, vaporeux c *(= not serious) [operetta, comedy]* léger

**frown** /fraʊn/ N froncement *m* (de sourcils) ◆ **to give a** ~ froncer les sourcils ◆ **he looked at her with a disapproving** ~ il l'a regardée en fronçant les sourcils d'un air désapprobateur ◆ **a puzzled/worried** ~ **crossed his face** il fronça les sourcils d'un air perplexe/inquiet VI froncer les sourcils ◆ **to ~ at sb** regarder qn en fronçant les sourcils ; *(at child)* faire les gros yeux à qn ◆ **he ~ed at the news/the interruption** la nouvelle/l'interruption l'a fait tiquer

► **frown (up)on** VT FUS *(fig) [+ person, suggestion, idea]* désapprouver ◆ **such behaviour is ~ed upon** un tel comportement est mal accepté

**frowning** /'fraʊnɪŋ/ ADJ *[person, face, expression]* renfrogné ; *[look, glance]* sombre

**frowsty** * /'fraʊstɪ/ ADJ *(Brit)* ⇒ **frowsy a**

**frowsy, frowzy** /'fraʊzɪ/ ADJ a *[room]* qui sent le renfermé b *[person, clothes]* négligé, peu soigné

**froze** /frəʊz/ VB pt of **freeze**

**frozen** /'frəʊzn/ VB ptp **freeze**

ADJ a *(lit) [lake, ground, pipe, corpse]* gelé ◆ **to be ~ solid** *or* **hard** être complètement gelé

b *(= preserved) [vegetables, meat, meal] (industrially)* surgelé ; *(at home)* congelé ; *[embryo, sperm]* congelé

c *(* = very cold) [person, fingers]* gelé ◆ **I'm ~ (stiff)** je suis gelé (jusqu'aux os) ◆ **my hands are ~ (stiff)** j'ai les mains (complètement) gelées ◆ ~ **to death** * frigorifié * ; → **bone, marrow**

d *(= immobile)* figé ◆ ~ **in horror/with fear** glacé d'horreur/de peur ◆ ~ **to the spot** cloué sur place ◆ ~ **in time** figé dans le temps

e *(Econ, Fin) [prices, wages, account, credit]* gelé, bloqué

COMP ▻ **frozen assets** NPL *(Fin)* actifs *mpl* gelés *or* bloqués ▻ **frozen food** N *(industrially)* aliments *mpl* surgelés ; *(at home)* aliments *mpl* congelés ▻ **frozen food compartment** N partie *f* congélateur, freezer *m* ▻ **frozen shoulder** N *(Med)* épaule *f* ankylosée ▻ **frozen wastes** NPL déserts *mpl* de glace ▻ **frozen yoghurt** N glace *f* au yaourt

**FRS** /ˌefɑːr'es/ (abbrev of **Fellow of the Royal Society**) ≈ membre *m* de l'Académie des sciences

**fructification** /ˌfrʌktɪfɪ'keɪʃən/ N fructification *f*

**fructify** /'frʌktɪfaɪ/ VI fructifier

**fructose** /'frʌktəʊs/ N fructose *m*

**frugal** /'fruːgəl/ ADJ *[person] (gen)* économe (*with sth* de qch) ; *(pej)* pingre ; *[life, meal]* frugal ◆ **to be ~ with one's money** faire attention à la dépense ; *(pej)* être pingre

**frugality** /fruː'gælɪtɪ/ N *[of meal]* frugalité *f* ; *[of person]* frugalité *f* ; *(fig)* parcimonie *f*

**frugally** /'fruːgəlɪ/ ADV *[live]* simplement ; *[eat]* frugalement ; *[use]* parcimonieusement

**fruit** /fruːt/ N a *(collective n)* fruit *m* ◆ **may I have some ~?** puis-je avoir un fruit ? ◆ **a piece of ~** *(= whole fruit)* un fruit ; *(= segment)* un morceau *or* quartier de fruit ◆ ~ **is good for you** les fruits sont bons pour la santé ◆ **several ~s have large stones** plusieurs espèces de fruits ont de gros noyaux ◆ **the ~s of the earth** les fruits de la terre ; → **bear¹, dried, forbidden**

◆ **to be in fruit** *[tree, bush]* porter des fruits

b *(= benefits)* fruit *m* ◆ **the ~(s) of his labour(s)** les fruits de son travail ◆ **it is the ~ of much hard work** c'est le fruit d'un long travail ◆ **the ~s of victory/one's success** les fruits de la victoire/de sa réussite ◆ **one of the main ~s of the meeting was ...** un des principaux acquis de la réunion a été ... ◆ **the ~ of thy womb** *or* **loins** *(liter)* le fruit de tes entrailles ; → **bear¹, first, reap**

c ◆ **hullo, old ~!** † * salut, mon pote ! *

d *(US ‡ pej = homosexual)* pédé ‡ *m*, tapette ‡ *f*

VI *[tree]* donner

COMP ▻ **fruit basket** N corbeille *f* à fruits ▻ **fruit bat** N roussette *f* ▻ **fruit bowl** N coupe *f* à fruits ▻ **fruit cocktail** N macédoine *f* de fruits (en boîte) ▻ **fruit cup** N *(= drink)* boisson *f* aux fruits *(parfois faiblement alcoolisée)* ; *(US)* (coupe *f* de) fruits *mpl* rafraîchis ▻ **fruit dish** N *(for dessert, small)* petite coupe *f* *or* coupelle *f* à fruits ; *(large)* coupe *f* à fruits, compotier *m* ; *(basket)* corbeille *f* à fruits ▻ **fruit drop** N bonbon *m* au fruit ▻ **fruit farm** N exploitation *f* *or* entreprise *f* fruitière ▻ **fruit farmer** N arboriculteur *m* (fruitier) ▻ **fruit farming** N arboriculture *f* (fruitière), culture *f* fruitière ▻ **fruit fly** N mouche *f* du vinaigre, drosophile *f* ▻ **fruit gum** N *(Brit)* boule *f* de gomme *(bonbon)* ▻ **fruit juice** N jus *m* de fruit(s) ▻ **fruit knife** N (pl **fruit knives**) couteau *m* à fruits ▻ **fruit machine** N *(Brit)* machine *f* à sous ▻ **fruit salad** N salade *f* de fruits ▻ **fruit salts** NPL *(Med)* sels *mpl* purgatifs ▻ **fruit tree** N arbre *m* fruitier

**fruitcake** /'fruːtkeɪk/ N a *(Culin)* cake *m* b *(Brit ‡ = eccentric person)* cinglé(e) * *m(f)* ◆ **he's as nutty as a ~** il est complètement timbré *

**fruiterer** /'fruːtərəʳ/ N *(Brit)* marchand(e) *m(f)* de fruits, fruitier *m*, -ière *f* ◆ **at the ~'s (shop)** chez le fruitier, à la fruiterie

**fruitful** /'fruːtfʊl/ ADJ a *(= profitable) [relationship, discussion, career]* fructueux ; *[meeting]* utile, fécond ; *[life]* productif ◆ **a ~ source of information** une mine de renseignements ◆ **it would be more ~ to do that** il serait plus utile *or* avantageux de faire cela b *[land, soil, plant]* fécond *(liter)*

**fruitfully** /'fruːtfəlɪ/ ADV fructueusement

**fruitfulness** /'fruːtfʊlnɪs/ N a *[of discussion, partnership]* caractère *m* fructueux *or* profitable b *[of soil]* fertilité *f*, fécondité *f* ; *[of plant]* fécondité *f*

**fruition** /fruː'ɪʃən/ N *[of aims, plans, ideas]* réalisation *f* ◆ **to bring to** ~ réaliser, concrétiser ◆ **to come to** ~ se réaliser

**fruitless** /'fruːtlɪs/ ADJ a *(= vain) [search, quest, effort, attempt, exercise]* vain ; *[discussion, talks]* stérile ◆ **she spent a ~ morning trying to ...** elle a perdu toute une matinée à essayer de ... ◆ **it is ~ to try** il est vain d'essayer b *(= infertile) [plant]* stérile

**fruity** /'fruːtɪ/ ADJ a *(= like fruit) [flavour, taste, smell]* fruité, de fruit ; *[wine, oil]* fruité b *(= mellow) [voice]* bien timbré ; *[laugh]* chaleureux c *(Brit * = lewd) [remark]* salé ; *[joke]* corsé, salé d *(‡ = crazy)* dingue * e *(US ‡ pej = homosexual)* homo *

**frump** /frʌmp/ N bonne femme *f* mal fagotée *or* mal ficelée * ◆ **she's an old ~** c'est une vieille rombière * *f*

**frumpish** /'frʌmpɪʃ/, **frumpy** /'frʌmpɪ/ ADJ *[person]* mal fagoté, mal ficelé * ◆ **frumpy clothes** des vêtements *mpl* qui font mémé *

**frustrate** /frʌs'treɪt/ VT a *(= thwart) [+ attempts, plans]* contrecarrer, faire échouer ; *[+ plot]* déjouer, faire échouer ◆ **he was ~d in his efforts to win** malgré tous ses efforts, il n'a pas réussi à gagner ◆ **to ~ sb's hopes** frustrer *or* tromper les espoirs de qn ◆ **a stumbling block which has ~d the peace process** un obstacle qui a entravé le processus de paix ◆ **rescuers were ~d in their search by bad weather** *(= hindered)* le mauvais temps a gêné les sauveteurs dans leurs recherches ; *(= stopped)* le mauvais temps a empêché les sauveteurs de mener leurs recherches à bien b *(= irritate, annoy) [+ person]* contrarier, énerver ◆ **it really ~s me when people interrupt me** ça me contrarie *or* ça m'énerve que l'on m'interrompe

**frustrated** /frʌs'treɪtɪd/ ADJ a *(= thwarted, unfulfilled) [person]* contrarié ; *(stronger)* frustré ; *[love, desire]* frustré ; *[ambition]* déçu, contrarié ◆ **in a ~ effort to speak to him** dans un vain effort pour lui parler ◆ **he's a ~ poet/intellectual** c'est un poète/un intellectuel frustré *or* manqué ◆ **to be ~ in one's ambitions** être frustré dans ses ambitions ◆ **he feels very ~ in his present job** il se sent très frustré dans son poste actuel b *(= irritated)* énervé ◆ **I get ~ when people criticize my work** cela m'énerve quand les gens critiquent mon travail c *(sexually)* frustré

**frustrating** /frʌs'treɪtɪŋ/ ADJ contrariant ; *(stronger)* frustrant ◆ **how ~! I've lost my keys** que c'est contrariant, j'ai perdu mes clés ! ◆ **it's very ~ having** *or* **to have no money** c'est vraiment frustrant de ne pas avoir d'argent

**frustration** /frʌs'treɪʃən/ N frustration *f (also Psych)* ◆ **don't take your ~s out on me!** ce n'est pas parce que tu es frustré qu'il faut t'en prendre à moi !

**fry¹** /fraɪ/ COLLECTIVE N *[of fish]* fretin *m* ; *[of frogs]* têtards *mpl* ; → **small**

**fry²** /fraɪ/ (pret, ptp **fried**) VT *(= deep-fry)* (faire) frire ; *(= shallow-fry)* faire revenir ; *[+ steak]* poêler ◆ **to ~ eggs** faire des œufs sur le plat ◆ **fried eggs** œufs *mpl* sur le plat ◆ **fried fish** poisson *m* frit ◆ **fried food is fattening** les fritures *fpl* font grossir ◆ **fried potatoes** *(= chips)* pommes *fpl* (de terre) frites ; *(= sauté)* pommes *fpl* (de terre) sautées ◆ **fried rice** riz *m* cantonais ; → **fish, French** VI frire N friture *f* COMP ▻ **fry-pan** N *(US)* poêle *f* (à frire) ▻ **fry-up** * N *(Brit = dish) plat composé de saucisses, œufs, bacon etc cuits à la poêle*

**fryer** /fraɪəʳ/ N sauteuse *f*

**frying** /'fraɪɪŋ/ N ◆ **there was a smell of ~** il y avait une odeur de friture COMP ▻ **frying pan** N poêle *f* (à frire) ◆ **to jump out of the ~ pan into the fire** tomber de mal en pis, tomber de Charybde en Scylla *(liter)* ▻ **frying steak** N steak *m* (à poêler)

**FSA** /ˌefes'eɪ/ N *(Brit Fin)* (abbrev of **Financial Services Authority**) *organisme de régulation du secteur financier*

**f-stop** /'efstɒp/ N *(Phot)* ouverture *f (du diaphragme)*

**FT** /ef'tiː/ (abbrev of **Financial Times**) → **financial**

**ft.** abbrev of **foot** *or* **feet**

**ftp** /ˈeftiːpiː/ (abbrev of **file transfer protocol**) ftp *m*

**FTSE (100) index** /ˌfʊtsɪ(wʌnˈhʌndrəd)ˈɪndeks/ N *(Brit St Ex)* indice *m* FTSE *or* FT

**fuchsia** /ˈfjuːʃə/ N fuchsia *m*

**fuck**** /fʌk/ N a *(= act)* baise** *f* ◆ **she's a good** ~ c'est un bon coup‡

b ◆ **fire me? like** ~ **(they will)!** me virer? mon cul (qu'ils vont le faire)!** ◆ ~ **knows!** je n'en sais foutre rien!‡

c *(US = person)* ◆ **you dumb** ~**!** espèce de pauvre débile‡!

VT baiser** ◆ ~**!,** ~ **it!** putain de merde!** ◆ ~ **me!** putain!‡, merde alors!‡ ◆ ~ **you!** va te faire foutre!**

VI baiser**

COMP ▷ **fuck-all**** N *(Brit)* rien *m* de rien ◆ **I know ~-all about it** j'en sais foutrement rien‡

► **fuck about****, **fuck around**** VI déconner‡ ◆ **to** ~ **about** *or* **around with sth** tripoter* qch

VT SEP emmerder‡

► **fuck off**** VI foutre le camp‡ ◆ ~ **off!** va te faire foutre!**, va te faire enculer!**

► **fuck over**** VT SEP *(US)* faire une vacherie à *, baiser ** ◆ **they're just ~ing us over!** ils sont en train de nous baiser!**

► **fuck up**** VT SEP *[+ plans]* foutre la merde dans‡; *[+ people]* foutre dans la merde‡

VI merder‡

**fucker**** /ˈfʌkəʳ/ N connard‡ *m*, connasse‡ *f*

**fucking**** /ˈfʌkɪŋ/ ADJ ◆ ~ **hell!** putain de bordel!**, putain de merde!** ◆ ~ **bastard/bitch** espèce *f* de salaud**/salope** ◆ **this ~ machine** cette putain‡ de machine ◆ **this ~ phone** ce putain‡ de téléphone ◆ **where's the ~ phonebook?** où est le foutu‡ annuaire? ◆ **I haven't a ~ clue** je n'en sais foutrement‡ rien

ADV foutrement‡ ◆ **it's ~ cold** il fait un putain‡ de froid ◆ **this is a ~ great idea** c'est une putain‡ de bonne idée ◆ **it's ~ brilliant!, it's ~ A!** putain‡, c'est génial! ◆ **don't be ~ stupid!** fais pas le con!‡ ◆ **a ~ awful film** un film complètement con‡ ◆ **you ~ well know what I mean!** mais putain‡, tu sais très bien ce que je veux dire! ◆ **I don't ~ know!** j'en sais foutrement‡ rien! ◆ **I don't ~ believe this!** putain, c'est pas possible!‡

**fuckwit**** /ˈfʌkwɪt/ N peigne-cul** *m*

**fuddled** /ˈfʌdld/ ADJ *[ideas]* embrouillé, confus; *[person] (= muddled)* désorienté, déconcerté; *(= tipsy)* éméché, gris

**fuddy-duddy*** /ˈfʌdɪˌdʌdɪ/ ADJ *(= old-fashioned) [person, ideas]* vieux jeu *inv*; *(= fussy) [person]* tatillon, maniaque N vieux machin‡ *m*, vieux (vieille *f*) schnock‡ *mf or* schnoque‡ *mf*

**fudge** /fʌdʒ/ N a *(Culin)* caramel(s) *m(pl)* *(mou(s))* ◆ **a piece of** ~ un caramel b *(Press)* *(= space for stop press)* emplacement *m* de la dernière heure; *(= stop press news)* (insertion *f* de) dernière heure, dernières nouvelles *fpl* c *(* = dodging)* faux-fuyants *mpl*, échappatoires *fpl* ◆ **the wording is a total** ~ le libellé est très vague *or* flou EXCL * balivernes! VT * a *(= fake up) [+ story, excuse]* monter; *(= tamper with) [+ accounts, figures, results]* truquer b *(= dodge) [+ question, issue]* esquiver, éluder VI *(* = dodge issue)* esquiver le problème

**fuel** /fjʊəl/ N *(NonC, for aircraft, rocket, heating)* combustible *m*; *(for car engine)* carburant *m* ◆ **what kind of ~ do you use in your central heating?** quel combustible utilisez-vous dans votre chauffage central? ◆ **it's no longer a cheap** ~ ce n'est plus une forme *or* une source d'énergie économique; *(fig)* ◆ **to add ~ to the flames** *or* **fire** jeter de l'huile sur le feu ◆ **the statistics gave him ~ for further attacks on the government** les statistiques lui ont fourni des munitions pour renforcer ses attaques contre le gouvernement

VT a *[+ stove, furnace]* alimenter (en combustible); *[+ ships, aircraft]* ravitailler en combustible *or* carburant

b *[+ anger, tension, controversy]* attiser; *[+ fear, speculation]* nourrir, alimenter

VI *[ship, engine, aircraft]* se ravitailler en combustible *or* en carburant ◆ **a ~ling stop** *(Aviat etc)* une escale technique

COMP *[bill, costs]* de chauffage ▷ **fuel-efficient** ADJ économique ▷ **fuel gauge** N *(Aut, Aviat)* jauge *f* de carburant ▷ **fuel injection** N injection *f* (de carburant) ▷ **fuel injection engine** N moteur *m* à injection ▷ **fuel injector** N injecteur *m* (de carburant) ▷ **fuel oil** N mazout *m*, fioul *m* ▷ **fuel pump** N pompe *f* d'alimentation ▷ **fuel rod** N crayon *m* combustible ▷ **fuel saving** N économies *fpl* de carburant (*or* de combustible *etc*) ▷ **fuel-saving** ADJ qui réduit la consommation de carburant (*or* de combustible *etc*) ▷ **fuel-saving device** N *(Aut)* économiseur *m* de carburant ▷ **fuel tank** N réservoir *m* à carburant; *[of ship]* soute *f* à mazout

**fug*** /fʌg/ N *(esp Brit = smell) (stale)* forte odeur *f* de renfermé; *(smoky)* forte odeur *f* de fumée ◆ **what a ~!** (ce que) ça pue le renfermé *or* la fumée!

**fuggy*** /ˈfʌgɪ/ ADJ *(esp Brit) [room] (= stale)* qui sent le renfermé, mal aéré; *(= smoky)* enfumé; *[atmosphere]* confiné

**fugitive** /ˈfjuːdʒɪtɪv/ N fugitif *m*, -ive *f*, fuyard(e) *m(f)* ◆ **he was a ~ from justice** il fuyait la justice ADJ a *(= running away)* *[person]* fugitif, en fuite b *(liter = fleeting)* *[thought, impression]* fugitif; *[happiness]* fugace, éphémère

**fugue** /fjuːg/ N *(Mus, Psych)* fugue *f*

**fulcrum** /ˈfʌlkrəm/ N (pl **fulcrums** *or* **fulcra** /ˈfʌlkrə/) a *(lit)* pivot *m*, point *m* d'appui b *(fig)* pivot *m* ◆ **she is the ~ of our team** elle est le pivot de notre équipe

**fulfil, fulfill** *(US)* /fʊlˈfɪl/ VT *[+ task, prophecy]* accomplir, réaliser; *[+ order]* exécuter; *[+ condition, function]* remplir; *[+ plan, ambition]* réaliser; *[+ desire, hopes]* satisfaire, répondre à; *[+ promise]* tenir; *[+ one's duties]* s'acquitter de, remplir; *[+ contract]* remplir, respecter ◆ **all my prayers have been ~led** toutes mes prières ont été exaucées ◆ **to feel** *or* **be ~led** être épanoui

**fulfilling** /fʊlˈfɪlɪŋ/ ADJ *[job, career, experience, life]* épanouissant

**fulfilment, fulfillment** *(US)* /fʊlˈfɪlmənt/ N *[of duty, desire]* accomplissement *m*; *[of prayer, wish]* exaucement *m*; *[of conditions, plans]* réalisation *f*, exécution *f*; *(= satisfied feeling)* épanouissement *m*, (sentiment *m* de) contentement *m* ◆ **to have a sense of** ~ se sentir *or* être épanoui

## full /fʊl/

| | |
|---|---|
| 1 ADJECTIVE | 2 ADVERB |
| 3 COMPOUNDS | |

### 1 - ADJECTIVE

a [= filled] *[container, stomach]* plein, rempli; *[room, hall, theatre]* comble, plein; *[hotel, bus, train]* complet (-ète *f*) ◆ **we're ~ (up) for July** nous sommes complets pour juillet ◆ **I'm ~ (up)!** * *(= not hungry)* je n'en peux plus!, j'ai trop mangé! ◆ **you'll work better on a ~ stomach** tu travailleras mieux le ventre plein *or* après avoir mangé ◆ **to play to a ~ house** *(Theat)* jouer à guichets fermés ◆ **"house full"** *(Theat)* "complet" ◆ **I have a ~ day/morning ahead of me** j'ai une journée/matinée chargée devant moi ◆ **he's had a ~ life** il a eu une vie (bien) remplie ◆ **his heart was ~** *(liter)* il avait le cœur gros

♦ **full of** plein de ◆ **pockets ~ of money** des poches pleines d'argent ◆ **the house was ~ of people** la maison était pleine de monde ◆ **the papers were ~ of the murder** les journaux ne parlaient que du meurtre ◆ **a look ~ of hate** un regard plein *or* chargé de haine ◆ **he's ~ of hope** il est plein *or* rempli d'espoir ◆ **he's ~ of good ideas** il est plein de *or* il déborde de bonnes idées ◆ ~ **of one's own importance** pénétré de son importance, plein de suffisance ◆ ~ **of oneself** imbu de soi-même ◆ **to die ~ of years** *(liter)* mourir chargé d'ans *(liter)*; → **life**

b [= complete] ◆ **I waited two ~ hours** j'ai attendu deux bonnes heures ◆ **a ~ 10 kilometres** 10 bons kilomètres, pas moins de 10 kilomètres ◆ ~ **employment** plein emploi *m* ◆ **to pay ~ fare** payer plein tarif ◆ **in ~ flight** en plein vol ◆ ~ **and frank discussions** un franc échange de vues ◆ **ask for ~ information** demandez des renseignements complets ◆ **we must have ~er information** il nous faut des informations plus complètes *or* un complément d'information ◆ **until ~er information is available** en attendant d'en savoir plus ◆ **the ~ particulars** tous les détails ◆ **to pay ~ price for sth** *(for goods)* acheter qch au prix fort; *(for tickets, fares)* payer qch plein tarif ◆ **at ~ speed** à toute vitesse ◆ ~ **speed ahead, ~ steam ahead!** *(Naut)* en avant toute! ◆ **to go ~ steam ahead** *(fig)* avancer à plein régime ◆ **battalion at ~ strength** bataillon *m* au (grand) complet ◆ **in ~ uniform** en grande tenue; see also **compounds**

c [in titles] ◆ **a ~ colonel** un colonel ◆ **a ~ general** un général d'armée, ≃ un général à cinq étoiles ◆ ~ **member** membre *m* à part entière ◆ ~ **professor** *(Univ: esp US)* professeur *m* (titulaire d'une chaire)

d [= ample] *[lips]* charnu; *[face]* plein, joufflu; *[figure]* replet (-ète *f*), rondelet; *[skirt, trousers, blouse]* large, ample; *(Naut) [sails]* plein, gonflé ◆ **clothes for the ~er figure** des vêtements pour personnes fortes

### 2 - ADVERB

◆ **to hit sb ~ in the face** frapper qn en plein visage ◆ **to look sb ~ in the face** regarder qn droit dans les yeux ◆ **to turn the volume/sound up ~** mettre le volume/le son à fond

♦ **full on** ◆ **he had his headlights ~ on** il était en pleins phares ◆ **the heater was ~ on** le chauffage était à fond ◆ **she turned the tap ~ on** elle a ouvert le robinet à fond ◆ **the car hit the deer ~ on** la voiture a heurté le cerf de plein fouet; → **full-on**

♦ **full out*** ◆ **to go ~ out** *(= work)* mettre la gomme* ◆ **we'll be going ~ out to win the championship** on va se défoncer* pour gagner le championnat

♦ **full well** *[know, understand]* fort bien, parfaitement ◆ **to realize ~ well that ...** se rendre parfaitement compte que ...

♦ **in full** ◆ **to write one's name in ~** écrire son nom en entier ◆ **to publish a letter in ~** publier une lettre intégralement ◆ **text in ~** texte *m* intégral ◆ **he paid in ~** il a tout payé

♦ **to the full** pleinement ◆ **to live one's life to the ~** vivre pleinement sa vie

3 - COMPOUNDS

▷ **full beam** N *(Brit Aut)* ◆ **to drive (with one's headlights) on ~ beam** rouler en pleins phares ▷ **full-blooded** ADJ *(= vigorous) [person]* vigoureux, robuste ; *(= of unmixed race)* de race pure ▷ **full-blown** ADJ *[flower]* épanoui ; *[crisis, disaster, war, epidemic]* généralisé ◆ **he has ~-blown Aids** il a un sida avéré *or* déclaré ◆ **he's a ~-blown doctor/architect** il est médecin/architecte de plein droit ▷ **full-bodied** ADJ *[wine]* qui a du corps ▷ **full-court press** N *(US fig)* ◆ **to give sb the ~-court press** * exercer une forte pression sur qn ▷ **full-cream milk** N lait *m* entier *or* non écrémé ▷ **full dress** N *(Mil)* grande tenue *f* ; *(= evening dress)* tenue *f* de soirée ▷ **full-dress** ADJ *[clothes]* de cérémonie ◆ **~-dress debate** *(Parl)* débat *m* dans les règles ◆ **they had a ~-dress discussion on what should be done** ils ont eu un débat de fond pour décider de la conduite à tenir ▷ **full-face** ADJ *[photograph]* de face ; *[helmet]* intégral ▷ **full-fashioned** ADJ *(US)* ⇒ **fully-fashioned ;** → **fully** ▷ **full-featured** ADJ ⇒ **fully-featured** ▷ **full-fledged** ADJ *(US)* ⇒ **fully-fledged ;** → **fully** ▷ **full frontal** N nu *m* intégral de face ▷ **full-frontal** ADJ *[photograph]* d'un nu intégral de face ; *[view]* de face ◆ **~-frontal assault** *or* **attack** attaque *f* de front ▷ **full-grown** ADJ *[child]* parvenu au terme de sa croissance ; *[animal, man, woman]* adulte ▷ **full house** N *(Cards)* full *m* ▷ **full-length** ADJ *[portrait, mirror]* en pied ; *[dress, coat]* long ; *[curtains]* tombant jusqu'au sol ; *[film]* (de) long métrage ▷ **full moon** N pleine lune *f* ▷ **full name** N nom *m* et prénom(s) *m(pl)* ▷ **full-on** * ADJ ◆ **~-on military intervention** intervention *f* militaire massive ◆ **they had a ~-on traditional wedding** c'était un mariage traditionnel, fait dans les règles ▷ **full-page** ADJ *[advert, article]* (en) pleine page ▷ **full pay** N ◆ **to be suspended on ~ pay** être suspendu de ses fonctions sans perte de salaire ▷ **full-scale** → **full-scale** ▷ **full score** N *(Mus)* grande partition *f* ; *(Brit Sport)* ⇒ **full-time score** ▷ **full-size(d)** ADJ *(= life-sized) [model, drawing]* grandeur nature *inv* ; *(= adult-sized) [bicycle, bed]* taille adulte ▷ **full stop** N *(Brit Gram)* point *m* ◆ **I'm not going, ~ stop!** * je n'y vais pas, un point c'est tout ! ◆ **his career seems to have come to a ~ stop** il semble que sa carrière soit au point mort ▷ **full-strength** ADJ *[cigarettes]* très fort ; *[solution]* non dilué ▷ **full term** N ◆ **to come** *or* **go to ~ term** *[baby]* arriver à terme ; *[pregnancy]* arriver à terme, être mené à terme ADV ◆ **to be carried ~ term** *[baby]* arriver à terme ◆ **to go ~ term** *[woman]* accoucher à terme ▷ **full-term** ADJ *[baby]* né à terme ; *[pregnancy, delivery, birth]* à terme ▷ **full-throated** ADJ *[laugh, shout]* retentissant ▷ **full time** ADV *[work]* à temps plein, à plein temps N *(Brit Sport)* fin *f* de match ▷ **full-time** ADJ *[employment]* à plein temps ◆ **she's a ~-time secretary** elle est secrétaire à plein temps ◆ **it's a ~-time job looking after those children** * s'occuper de ces enfants est un travail à temps plein ◆ **~-time score** *(Sport)* score *m* final ▷ **full word** N *(Ling)* mot *m* principal

**fullback** /ˈfʊlbæk/ N *(Sport)* arrière *m*

**fuller's earth** /ˌfʊləzˈɜːθ/ N terre *f* savonneuse

**fullness** /ˈfʊlnɪs/ N **a** *[of details]* abondance *f* ; *[of description] (in novel, story)* richesse *f* ; *[of voice, sound, garment]* ampleur *f* ◆ **the police were impressed by the ~ of her description** la police a été impressionnée par l'exhaustivité de sa description ◆ **~ of flavour** richesse *f* de goût ◆ **this cut gives some ~ to the hairstyle** cette coupe donne du volume ou du gonflant à la coiffure **b** *(liter)* ◆ **out of the ~ of his sorrow** le cœur débordant de chagrin ◆ **in the ~ of time** *(= eventually)* avec le temps ; *(= at predestined time)* en temps et lieu

**full-scale** /ˌfʊlˈskeɪl/ ADJ **a** *(= thorough-going) [war, conflict]* total, généralisé ; *[riot]* véritable ; *[attack, search, negotiations, debate, investigation]* de grande envergure ; *[review, retreat]* complet (-ète *f*) ; *[industrial production]* à plein rendement **b** *(= life-size) [drawing, model, replica]* grandeur nature *inv*

**fully** /ˈfʊlɪ/ ADV **a** *(= completely) [use, load]* au maximum, à plein ; *[justify]* complètement ; *[understand]* très bien ; *[convinced, satisfied]* entièrement, complètement ; → **laden**

**b** *(= at least)* au moins, bien ◆ **~ 600** 600 au moins ◆ **~ half the workforce** une bonne moitié des effectifs, la moitié au moins des effectifs ◆ **it is ~ two hours since he went out** il y a au moins *or* bien deux heures qu'il est sorti

COMP ▷ **fully-fashioned** ADJ *(Dress)* moulant ▷ **fully-featured** ADJ *(Comput, Elec)* entièrement équipé ▷ **fully-fitted kitchen** N cuisine *f* entièrement équipée ▷ **fully-fledged** ADJ **a** ◆ **~-fledged bird** oiseau *m* qui a toutes ses plumes **b** *(fig) [system]* véritable, à part entière ◆ **he's now a ~-fledged doctor/architect** *(Brit)* il est maintenant médecin/architecte de plein droit ◆ **a ~-fledged British citizen** *(Brit)* un citoyen britannique à part entière

**fulmar** /ˈfʊlməʳ/ N fulmar *m*

**fulminate** /ˈfʌlmɪneɪt/ VI fulminer, pester *(against* contre) COMP ▷ **fulminate of mercury** N fulminate *m* de mercure

**fulmination** /ˌfʊlmɪˈneɪʃən/ N (also **fulminations**) invective(s) *f(pl)* *(against sb/sth* contre qn/qch)

**fulness** /ˈfʊlnɪs/ N ⇒ **fullness**

**fulsome** /ˈfʊlsəm/ ADJ *(gen pej = extravagant) [praise, tribute, welcome, compliments, thanks]* outré, excessif ; *[tone]* excessivement élogieux ; *[manner]* obséquieux ◆ **to be ~ in one's praise** faire des éloges outrés

**fulsomely** /ˈfʊlsəmlɪ/ ADV abondamment, excessivement

**fumarole** /ˈfjuːməˌrəʊl/ N fumerolle *f*

**fumble** /ˈfʌmbl/ VI (also **fumble about, around**) *(in the dark)* tâtonner ; *(in one's pockets)* fouiller ◆ **to ~ (about) for sth in the dark** chercher qch à tâtons dans l'obscurité ◆ **to ~ (about) for sth in a pocket/a drawer** fouiller dans une poche/un tiroir pour trouver qch ◆ **to ~ with sth** tripoter qch (maladroitement) ◆ **he was fumbling with the zip** il tripotait la fermeture-éclair ◆ **to ~ for words** chercher ses mots

VT *[+ object]* manier gauchement *or* maladroitement ◆ **he ~d the key in the lock** il tentait maladroitement d'engager la clé dans la serrure ◆ **to ~ the ball** *(Sport)* mal attraper la balle ◆ **their fumbling attempts to arrange a settlement** leurs tentatives maladroites pour arriver à un accord ◆ **I ~d the question I was trying to ask** je me suis emmêlé les pinceaux * en essayant de poser ma question

**fume** /fjuːm/ VI **a** *( * = be furious)* rager ◆ **he's fuming** il est furibard * *or* furax * *inv* **b** *[liquids, gases]* exhaler des vapeurs, fumer N ◆ **~s** *(gen)* exhalaisons *fpl*, émanations *fpl* ◆ **factory ~s** fumées *fpl* d'usine ◆ **petrol ~s** vapeurs *fpl* d'essence ◆ **car exhaust ~s** gaz *m* d'échappement

**fumigate** /ˈfjuːmɪgeɪt/ VT désinfecter par fumigation, fumiger *(frm)*

**fumigation** /ˌfjuːmɪˈgeɪʃən/ N fumigation *f*

**fun** /fʌn/ N *(NonC = amusement)* amusement *m* ◆ **he had great** *or* **good ~** il s'est bien *or* beaucoup amusé ◆ **have ~!** * amusez-vous bien ! ◆ **he's great** *or* **good ~** il est très drôle, on s'amuse bien avec lui ◆ **the book is great** *or* **good ~** le livre est très amusant ◆ **sailing is good ~** c'est amusant de faire de la voile ◆ **what ~!** ce que c'est drôle *or* amusant ! ◆ **for ~, in ~** pour rire *or* plaisanter ◆ **I don't see the ~ of it** je ne trouve pas cela drôle ◆ **I only did it for the ~ of it** je ne l'ai fait que pour m'amuser ◆ **I'm not doing this for the ~ of it** je ne fais pas cela pour m'amuser *or* pour mon plaisir ◆ **it's not much ~ for us** ce n'est pas très amusant, cela ne nous amuse pas beaucoup ◆ **it's only his ~** il fait cela pour rire, c'est tout ◆ **to spoil the ~, to spoil his (***or* **our** *etc***) ~** *[person]* jouer les trouble-fête *or* les rabat-joie ; *[event, weather]* gâcher son (*or* notre *etc*) plaisir ◆ **the children had ~ and games at the picnic** les enfants se sont follement amusés pendant le pique-nique ◆ **there'll be ~ and games over this decision** * *(iro)* cette décision va faire du potin * *or* du boucan * ◆ **he's having ~ and games with the au pair girl** * *(euph)* il ne s'ennuie pas avec la jeune fille au pair *(euph)* ◆ **we had a bit of ~ getting the car started** * *(= difficulty)* pour faire partir la voiture ça n'a pas été de la rigolade * *or* ça n'a pas été une partie de plaisir ◆ **did he go? – like ~ he did!** * y est-il allé ? – tu rigoles *or* tu parles ! *

♦ **to make fun of** *or* **poke fun at sb/sth** se moquer de qn/qch

ADJ * marrant *, rigolo * ◆ **it's a ~ thing to do** c'est marrant à faire * ◆ **she's a really ~ person** elle est vraiment marrante * *or* rigolote *

COMP ▷ **fun fur** N similifourrure *f* ADJ en similifourrure ▷ **fun house** N *(US) attraction foraine comprenant des planchers mouvants, des miroirs déformants, etc* ▷ **fun-loving** ADJ ◆ **she's a ~-loving girl** elle aime s'amuser ▷ **fun run** N course *f* de fond pour amateurs

**function** /ˈfʌŋkʃən/ N **a** *(= role) [of heart, tool etc]* fonction *f* ; *[of person]* fonction *f*, charge *f* ◆ **in his ~ as judge** en sa qualité de juge ◆ **it is not part of my ~ to do that** cela n'entre pas dans mes fonctions, il ne m'appartient pas de faire cela ; → **bodily b** *(= meeting)* réunion *f* ; *(= reception)* réception *f* ; *(= official ceremony)* cérémonie *f* publique **c** *(Math, Ling, Comput)* fonction *f* **d** *(fig = depend on)* ◆ **to be a ~ of sth** être en fonction de qch VI fonctionner, marcher ◆ **to ~ as** *[person, thing]* faire fonction de, servir de, jouer le rôle de COMP ▷ **function key** N *(Comput)* touche *f* de fonction ▷ **function room** N salle *f* de réception ▷ **function word** N *(Ling)* mot-outil *m*

**functional** /ˈfʌŋkʃnəl/ ADJ **a** *(gen)* fonctionnel **b** *(= in working order)* en état de marche

**functionalism** /ˈfʌŋkʃnəlɪzəm/ N fonctionnalisme *m*

**functionalist** /ˈfʌŋkʃnəlɪst/ ADJ, N fonctionnaliste *mf*

**functionality** /fʌŋkʃəˈnælɪtɪ/ N fonctionnalité *f*

**functionally** /ˈfʌŋkʃnəlɪ/ ADV fonctionnellement

**functionary** /ˈfʌŋkʃənərɪ/ N employé(e) *m(f) (d'une administration)* ; *(in civil service, local government)* fonctionnaire *mf*

**fund** /fʌnd/ N **a** *(Fin)* caisse *f*, fonds *m* ◆ **to start a ~** lancer une souscription ◆ **~s** fonds *mpl* ◆ **to be in ~s** être en fonds ◆ **the public ~s** les fonds publics ◆ **no ~s** *(Banking)* défaut *m* de provision ◆ **he hasn't the ~s to buy a**

house il n'a pas les fonds nécessaires pour acheter une maison ; → **raise, secret**

b *(= supply) [of humour, good sense etc]* fond *m* ◆ **a ~ of knowledge** un trésor de connaissances ◆ **he has a ~ of funny stories** il connaît des quantités d'histoires

VT *[+ debt]* consolider ; *[+ project]* financer, assurer le financement de ; *[+ firm]* doter en capital ; *[+ account]* alimenter

COMP ▷ **fund manager** N gestionnaire *mf* de fonds *or* de portefeuille ▷ **fund-raiser** N *(= person)* collecteur *m*, -trice *f* de fonds ; *(= dinner etc)* dîner *m etc* organisé pour collecter des fonds ▷ **fund-raising** N collecte *f* de fonds ADJ *[dinner, event]* organisé pour collecter des fonds

**fundamental** /ˌfʌndəˈmentl/ ADJ fondamental, essentiel ◆ **this is ~ to the smooth running of the company** c'est essentiel *or* fondamental pour la bonne marche de l'entreprise ◆ **it is ~ to our understanding of the problem** c'est fondamental *or* essentiel si nous voulons comprendre le problème

N a principe *m* essentiel *or* de base ◆ **when you get down to (the) ~s** quand on en vient à l'essentiel b *(Mus)* fondamental *m*

COMP ▷ **fundamental particle** N *(Phys)* particule *f* élémentaire ▷ **fundamental research** N recherche *f* fondamentale

**fundamentalism** /ˌfʌndəˈmentəlɪzəm/ N intégrisme *m*, fondamentalisme *m*

**fundamentalist** /ˌfʌndəˈmentəlɪst/ ADJ, N intégriste *mf*

**fundamentally** /ˌfʌndəˈmentəlɪ/ ADV *[different, wrong]* fondamentalement, radicalement ; *[agree, affect, alter]* fondamentalement ◆ **~ important** d'une importance fondamentale ◆ **he is ~ good** c'est quelqu'un de fondamentalement bon ◆ **the plan is ~ flawed** le plan est vicié à la base ◆ **to disagree ~ with sb/sth** être en profond désaccord avec qn/qch ◆ **~, it's a love story** au fond, c'est une histoire d'amour

**fundholder** /ˈfʌndˌhəʊldəʳ/, **fundholding doctor** /ˈfʌndhəʊldɪŋˈdɒktəʳ/, **fundholding GP** /ˌfʌndhəʊldɪŋdʒiːˈpiː/ N *(Brit Admin) généraliste ayant obtenu le droit de gérer son propre budget*

**funding** /ˈfʌndɪŋ/ N financement *m* ◆ **they're hoping to get government ~ for the scheme** ils espèrent obtenir un financement *or* des fonds du gouvernement pour ce programme

**fundus** /ˈfʌndəs/ N (pl **fundi** /ˈfʌndaɪ/) fond *m* (de l'utérus)

**funeral** /ˈfjuːnərəl/ N *(gen)* obsèques *fpl (frm)* ; *(grander)* funérailles *fpl* ; *(= burial)* enterrement *m* ; *(= cremation)* incinération *f* ; *(in announcements)* obsèques *fpl* ◆ **that's your ~!** * c'est ton problème ! ; → **state**

COMP ▷ **funeral director** N entrepreneur *m* de pompes funèbres ▷ **funeral home** N *(US)* ⇒ **funeral parlour** ▷ **funeral march** N marche *f* funèbre ▷ **funeral oration** N oraison *f* funèbre ▷ **funeral parlour** N funérarium *m*, salon *m* funéraire *m (Can)* ▷ **funeral procession** N *(on foot)* cortège *m* funèbre ; *(in car)* convoi *m* mortuaire ▷ **funeral pyre** N bûcher *m* (funéraire) ▷ **funeral service** N service *m or* cérémonie *f* funèbre

**funerary** /ˈfjuːnərərɪ/ ADJ funéraire

**funereal** /fjuːˈnɪərɪəl/ ADJ *[expression, atmosphere]* funèbre, lugubre ; *[voice]* sépulcral, lugubre

**funfair** /ˈfʌnfɛəʳ/ N *(Brit)* fête *f* (foraine)

**fungal** /ˈfʌŋgəl/ ADJ *[infection]* fongique

**fungi** /ˈfʌŋgaɪ/ NPL of **fungus**

**fungible** /ˈfʌndʒɪbəl/ ADJ fongible

**fungicide** /ˈfʌndʒɪsaɪd/ N fongicide *m*

**fungoid** /ˈfʌŋgɔɪd/, **fungous** /ˈfʌŋgəs/ ADJ *(Med)* fongueux ; *(Bot)* cryptogamique

**fungus** /ˈfʌŋgəs/ N (pl **fungi** *or* **funguses**) *(Bot: generic term) (= mushrooms etc)* champignon *m* ; *(= mould)* moisissure *f* ; *(Med)* mycose *f* ; *(* hum = beard)* barbe *f*

**funicular** /fjuːˈnɪkjʊləʳ/ ADJ funiculaire N *(also* **funicular railway***)* funiculaire *m*

**funk**[1] /fʌŋk/ N *(Mus)* ◆ **~ (music)** funk *m*

**funk**[2] * /fʌŋk/ N *(Brit)* ◆ **to be in a (blue) ~** † *(= frightened)* avoir la trouille * VT ◆ **he ~ed it** il s'est dégonflé *, il a cané *

**funker** * /ˈfʌŋkəʳ/ N *(= skiver)* planqué(e) * *m(f)*

**funky**[1] /ˈfʌŋkɪ/ ADJ *[music, rhythm]* funky *inv*

**funky**[2] * /ˈfʌŋkɪ/ *(US)* ADJ a *(= excellent)* super * *inv*, génial * ; *(= fashionable)* à la page, qui a le look * b *(= smelly)* qui cocotte *, qui pue

**funnel** /ˈfʌnl/ N a *(for pouring through)* entonnoir *m* b *(Brit) [of ship, engine]* cheminée *f* VT (faire) passer dans un entonnoir ; *(fig)* canaliser

**funnily** * /ˈfʌnɪlɪ/ ADV a *(= strangely) [behave, walk]* bizarrement ◆ **~ enough ...** curieusement ... b *(= amusingly)* drôlement, comiquement

**funny** /ˈfʌnɪ/ ADJ a *(= amusing) [person, joke, story, book, film, play]* drôle, amusant ; *[accent, voice, walk]* comique ◆ **it's not ~** ça n'a rien de drôle ◆ **what's so ~?** qu'est-ce qu'il y a de drôle ? ◆ **don't (try to) be ~** n'essaie pas d'être drôle ◆ **to make a ~ face** faire une grimace amusante ; see also **adj b** ◆ **to see the ~ side of sth** voir le côté amusant *or* comique de qch

b *( * = strange)* bizarre ◆ **~-peculiar (or ~-ha-ha)?** drôle bizarre (ou drôle amusant) ? ◆ **he's ~ that way** il est bizarre pour ça ◆ **the meat tastes ~** la viande a un drôle de goût ◆ **a ~ idea** une drôle d'idée ◆ **to feel ~** *(= ill)* ne pas être dans son assiette ◆ **to go ~** *[machine]* se détraquer ◆ **to make a ~ face** faire une drôle de tête ; see also **adj a** ◆ **I have a ~ feeling I'm going to regret this** j'ai comme l'impression que je vais le regretter ◆ **(it's) ~ you should say that** c'est bizarre que vous disiez *subj* cela ◆ **the ~ thing (about it) is that ...** ce qu'il y a de drôle c'est que ... ◆ **~! I thought he'd left** bizarre ! je croyais qu'il était parti ◆ **it's a ~ old world** c'est tout de même bizarre *or* curieux

c *( * = fishy)* louche * ◆ **~ business** magouilles * *fpl* ◆ **don't try anything ~!** * ne fais pas le malin *or* la maligne !

N *(US)* ◆ **the funnies** *(Press *: gen pl)* les bandes *fpl* dessinées

COMP ▷ **funny bone** * N petit juif * *m* ▷ **funny cigarette** * N joint * *m* ▷ **funny farm** * N maison *f* de fous ▷ **funny girl** * N *(= comedian)* comique *f* ▷ **funny handshake** * N poignée *f* de main rituelle ▷ **funny man** * N (pl **funny men**) *(= comedian)* comique *m* ▷ **funny money** * N *(= large amount)* sommes *fpl* astronomiques ; *(= counterfeit)* fausse monnaie *f*

**fur** /fɜːʳ/ N a *[of animal]* pelage *m*, fourrure *f* ◆ **the cat has beautiful ~** le chat a un beau pelage *or* une belle fourrure ; → **fly**[3] b *(often pl = animal skins)* fourrure(s) *f(pl)* ◆ **she was dressed in ~s** elle portait des fourrures *or* de la fourrure c *(= limescale)* (dépôt *m* de) calcaire *m* ◆ **to have ~ on one's tongue** avoir la langue pâteuse *or* chargée VI *(also* **fur up***) [kettle, pipe, boiler]* s'entartrer VT ◆ **his tongue is ~red** sa langue est chargée *or* pâteuse COMP *[jacket etc]* de fourrure ▷ **fur coat** N manteau *m* de fourrure ▷ **fur trade** N industrie *f* de la fourrure

**furbelow** † /ˈfɜːbɪləʊ/ N falbala *m* ◆ **(frills and) ~s** fanfreluches *fpl*, falbalas *mpl*

**furbish** /ˈfɜːbɪʃ/ VT *(= polish)* fourbir, astiquer, briquer ; *(= smarten)* remettre à neuf, rénover

**furious** /ˈfjʊərɪəs/ ADJ a *(= angry) [person]* furieux *(about or at or over sth* de qch) ◆ **she was ~ at being disturbed** elle était furieuse d'avoir été dérangée ◆ **to be ~ at *or* with sb (for doing sth)** être furieux contre qn (parce qu'il a fait qch) ◆ **to be ~ with o.s. for doing sth** s'en vouloir d'avoir fait qch ◆ **I was ~ that I'd lost** j'étais furieux d'avoir perdu ◆ **I was ~ that he'd come** j'étais furieux qu'il soit venu ◆ **she was ~ to find that ...** elle a été furieuse de découvrir que ... ◆ **to get ~** se mettre en rage *(with sb* contre qn)

b *(= energetic) [pace]* effréné ; *[speed]* fou (folle *f*) ; *[activity]* débordant, frénétique ; *[effort]* vigoureux, acharné ◆ **the action of the film was fast and ~** le rythme du film était endiablé ◆ **the fun was fast and ~** la fête battait son plein

c *(= violent) [row, reaction, attack, protest]* violent ; *[debate]* houleux ; *[battle, struggle]* acharné ; *[storm, sea]* déchaîné

**furiously** /ˈfjʊərɪəslɪ/ ADV a *(= angrily) [say]* d'un ton furieux, furieusement ; *[react]* furieusement ; *[argue]* avec emportement ◆ **to be ~ angry** être dans une colère noire, être hors de soi b *(= frantically) [work, scribble]* comme un(e) forcené(e) ; *[fight, lobby]* avec acharnement ; *[drive]* à une allure folle ; *[ride]* à bride abattue ◆ **~ busy/jealous** extrêmement occupé/jaloux ◆ **her heart was beating ~** son cœur battait la chamade

**furl** /fɜːl/ VT *(Naut) [+ sail]* ferler, serrer ; *[+ umbrella, flag]* rouler ◆ **the flags are ~ed** les drapeaux sont en berne

**furlong** /ˈfɜːlɒŋ/ N furlong *m (201,17 m)*

**furlough** /ˈfɜːləʊ/ *(US)* N a *(Mil)* permission *f*, congé *m* ◆ **on ~** en permission b *(Ind)* chômage *m* technique VT *(Ind)* mettre au chômage technique

**furnace** /ˈfɜːnɪs/ N *(industrial)* fourneau *m*, four *m* ; *(for central heating)* chaudière *f* ◆ **this room is like a ~** cette pièce est une vraie fournaise COMP ▷ **furnace room** N chaufferie *f*

**furnish** /ˈfɜːnɪʃ/ VT a *[+ house]* meubler *(with* de) ◆ **~ed flat** *(Brit)* ◆ **~ed apartment** *(US)* appartement *m* meublé ◆ **in ~ed rooms** en meublé b *(= supply) [+ object, information, excuse, reason]* fournir ◆ **to ~ sb with sth** pourvoir *or* munir qn de qch ◆ **to ~ an army with provisions** ravitailler une armée COMP ▷ **furnishing fabrics** NPL tissus *mpl* d'ameublement

**furnishings** /ˈfɜːnɪʃɪŋz/ NPL mobilier *m*, ameublement *m* ◆ **house sold with ~ and fittings** maison *f* vendue avec objets mobiliers divers

**furniture** /ˈfɜːnɪtʃəʳ/ N *(NonC)* meubles *mpl*, mobilier *m* ◆ **a piece of ~** un meuble ◆ **I must buy some ~** il faut que j'achète des meubles ◆ **the ~ was very old** les meubles étaient très vieux, le mobilier était très vieux ◆ **the ~ was scanty** l'ameublement était insuffisant, c'était à peine meublé ◆ **one settee and three chairs were all the ~** un sofa et trois chaises constituaient tout l'ameublement *or* le mobilier ◆ **he treats her as part of the ~** il la traite comme si elle faisait partie du décor ◆ **he's like part of the ~** *(regular: in pub etc)* il fait partie des meubles ◆ **dining-room ~** des meubles *mpl or* du mobilier *m* de salle à manger

COMP ▷ **furniture depot** N garde-meubles *m inv* ▷ **furniture mover** N *(US)* déménageur *m* ▷ **furniture polish** N encaustique *f* ▷ **furniture remover** N déménageur *m* ▷ **furniture shop** N magasin *m* d'ameublement *or* de meubles ▷ **furniture store** N ⇒ **furniture depot** *or* **furniture shop** ▷ **furniture van** N camion *m* de déménagement

**furore** /fjʊə'rɔːrɪ/, **furor** *(US)* /fjʊ'rɔːʳ/ N *(= protests)* scandale *m* ; *(= enthusiasm)* débordement *m* d'enthousiasme ◆ **the incident caused a ~** cet incident a fait scandale

**furrier** /'fʌrɪəʳ/ N fourreur *m*

**furrow** /'fʌrəʊ/ N *(Agr)* sillon *m* ; *(in garden etc)* rayon *m* ; *(on brow)* ride *f* ; *(liter: on sea)* sillage *m* ; → **ridge** VT *[+ earth]* sillonner ; *[+ face, brow]* rider

**furry** /'fɜːrɪ/ ADJ a *[animal]* à poil ; *[body, tail]* poilu ; *[leaf]* duveteux b *(= fleecy) [hat, slippers]* en fausse fourrure ; *[material]* qui ressemble à de la fourrure ◆ **~ toy** *(= soft toy)* peluche *f* c *(fig) [kettle, pipe]* entartré ; *(Brit) [tongue]* chargé, pâteux ; *[teeth]* recouvert de tartre, entartré COMP ▷ **furry dice** NPL *(Brit)* dés *mpl* en feutrine *(qu'on accroche au rétroviseur)* ▷ **furry friend** N *(hum)* ami *m* à fourrure

**further** /'fɜːðəʳ/ LANGUAGE IN USE 19.1, 20.2, 21.1, 26.2 (compar of **far**)

ADV a ⇒ **farther adv**

b *(= more)* davantage, plus ◆ **he questioned us no ~** il ne nous a pas interrogés davantage, il ne nous a pas posé d'autres questions ◆ **without troubling any ~** sans se tracasser davantage, sans plus se tracasser ◆ **I got no ~ with him** je ne suis arrivé à rien de plus avec lui ◆ **unless I hear any ~** à moins qu'on ne me prévienne du contraire, sauf avis contraire ◆ **until you hear ~** jusqu'à nouvel avis ◆ **we heard nothing ~ from him** nous n'avons plus rien reçu de lui, nous n'avons pas eu d'autres nouvelles de lui *or* de sa part ◆ **this mustn't go any ~** *(fig)* il ne faut pas que cela aille plus loin ◆ **I think we should take this matter ~** je pense que nous devrions poursuivre cette affaire *or* que nous ne devrions pas nous en tenir là ◆ **and ~ I believe ...** et de plus je crois ... ◆ **he said that he would do it and ~ that he wanted to** il a dit qu'il le ferait et en outre *or* et en plus qu'il avait envie de le faire ◆ **to study/examine an issue ~** approfondir l'étude/l'examen d'une question ◆ **~ to your letter** *(Comm)* comme suite à votre lettre

ADJ a ⇒ **farther adj**

b *(= additional)* nouveau (nouvelle *f*), supplémentaire ◆ **until ~ notice** jusqu'à nouvel ordre ◆ **to refer** *or* **remand a case for ~ inquiry** *(Jur)* renvoyer une cause pour complément d'information *or* d'instruction ◆ **without ~ delay** sans autre délai, sans plus attendre ◆ **without ~ ado** sans plus de cérémonie ◆ **upon ~ consideration** après plus ample réflexion, à la réflexion ◆ **awaiting ~ details** en attendant de plus amples détails ◆ **one or two ~ details** un ou deux autres points ◆ **please send me ~ details of ...** *(in letter)* veuillez m'envoyer de plus amples renseignements sur *or* concernant ... ◆ **there are one or two ~ things I must say** il y a encore une ou deux remarques que j'aimerais faire, j'ai encore une ou deux remarques à faire

VT *[+ one's interests, a cause, one's career, aims]* servir ◆ **to ~ one's education** pour compléter sa formation ◆ **this has ~ed the peace process** cela a contribué à l'avancement du processus de paix ◆ **this has ~ed our understanding of the disease** cela nous a aidés à mieux comprendre cette maladie

COMP ▷ **Further Education**, **further education** N enseignement *m* postscolaire ; see also **college** ▷ **Further Education Funding Council** N *(Brit) organisme de financement de l'enseignement postscolaire*

**furtherance** /'fɜːðərəns/ N *[of career]* avancement *m* ◆ **this is seen as a ~ of the negotiation process** on considère que cela fait avancer les négociations ◆ **in ~ of sth** pour avancer *or* servir qch ; *[of in furtherance of one's own interests]* pour servir ses propres intérêts ◆ **in ~ of their claim for increased subsidies** pour étayer leur demande de subventions supplémentaires

**furthermore** /,fɜːðə'mɔːʳ/ ADV en outre, de plus

**furthermost** /'fɜːðəməʊst/ ADJ le plus éloigné, le plus lointain

**furthest** /'fɜːðɪst/ ⇒ **farthest**

**furtive** /'fɜːtɪv/ ADJ *[action, behaviour, look]* furtif ; *[person]* sournois ◆ **she sneaked out for a ~ cigarette** elle s'éclipsa pour fumer furtivement une cigarette *or* pour fumer en douce *

**furtively** /'fɜːtɪvlɪ/ ADV furtivement, à la dérobée

**fury** /'fjʊərɪ/ N *[of person]* fureur *f*, furie *f* ; *[of storm, wind]* fureur *f*, violence *f* ; *[of struggle]* acharnement *m* ◆ **to be in a ~** être en furie, être dans une rage *or* colère folle ◆ **to put sb into a ~** mettre qn dans une colère folle ◆ **to fly into a ~** entrer en fureur *or* en furie, se mettre dans une rage folle ◆ **she's a little ~** c'est une petite furie *or* harpie ◆ **the Furies** *(Myth)* les Furies *fpl*, les Euménides *fpl*

♦ **like fury** * ◆ **to work like ~** travailler d'arrache-pied *or* comme un fou ◆ **to run like ~** courir comme un dératé

**furze** /fɜːz/ N *(NonC)* ajoncs *mpl*

**fuse, fuze** *(US)* /fjuːz/ VT a *(= unite) [+ metal]* fondre, mettre en fusion

b *(fig)* faire fusionner, réunir

c *(Brit Elec)* faire sauter ◆ **to ~ the television** (*or* **the iron** *or* **the lights** *etc*) faire sauter les plombs

d *(= fit with fuse) [+ bomb]* amorcer ◆ **to ~ a plug** équiper une prise d'un fusible

VI a *[metals]* fondre ; *(fig:* also **fuse together***)* fusionner

b *(Brit Elec)* **the television** (*or* **the lights** *etc*) **~d** les plombs ont sauté

N a *(Elec = wire)* fusible *m*, plomb *m* ◆ **to light the ~** *(fig)* mettre la machine en marche, mettre les choses en branle ◆ **this incident lit the ~ which led to the war** cet incident a été le détonateur de la guerre ◆ **to have a short ~ *, to be on a short ~** * *(fig)* se mettre facilement en rogne *, être soupe au lait

b *(Elec = blow-out)* ◆ **there's been a ~ somewhere** il y a un fusible de sauté quelque part

c *[of bomb etc]* amorce *f*, détonateur *m* ; *(Min)* cordeau *m*

COMP ▷ **fuse box** N *(gen)* boîte *f* à fusibles, coupe-circuit *m inv* ; *(Aut)* boîte *f* à fusibles ▷ **fuse wire** N fusible *m*

**fused** /fjuːzd/ ADJ *(Elec) [electrical equipment, plug]* avec fusible incorporé

**fusel** /'fjuːzl/ N (also **fusel oil***)* fusel *m*, huile *f* de fusel

**fuselage** /'fjuːzəlɑːʒ/ N fuselage *m*

**fusible** /'fjuːzɪbl/ ADJ ◆ **~ metal** *or* **alloy** alliage *m* fusible

**fusilier** /,fjuːzɪ'lɪəʳ/ N *(Brit)* fusilier *m*

**fusillade** /,fjuːzɪ'leɪd/ N fusillade *f*

**fusion** /'fjuːʒən/ N *(Metal)* fonte *f*, fusion *f* ; *(Phys, Mus)* fusion *f* ; *[of parties, races]* fusion *f*, fusionnement *m* ◆ **~ cooking** cuisine *f* fusion

**fuss** /fʌs/ N *(NonC) (= commotion stirred up)* tapage *m* ; *(= excitement, agitation in reaction to sth)* agitation *f* ; *(= complaints, objections, difficulties)* histoires *fpl* ◆ **I think all this ~ is only a publicity stunt** je pense que tout ce tapage n'est qu'un truc publicitaire ◆ **the company introduced new working conditions with the minimum of ~** la société a mis en place de nouvelles conditions de travail sans que cela provoque trop d'agitation *or* de remous ◆ **the government's proposals have caused a great deal of ~** les propositions du gouvernement ont provoqué beaucoup d'agitation *or* de remous ◆ **I'm sick of all this ~!** j'en ai assez de toute cette agitation *or* de toutes ces histoires ! ◆ **I don't know what all the ~ is about** je ne sais pas pourquoi on fait tant d'histoires ◆ **a lot of ~ about nothing** beaucoup de bruit pour rien ◆ **what a ~ just to get a passport!** que d'histoires rien que pour obtenir un passeport ! ◆ **we got married very quietly. We didn't want a big ~** nous nous sommes mariés sans cérémonie. Nous voulions quelque chose de simple ◆ **without (any) ~** *[marry, be buried etc]* simplement, en toute simplicité ◆ **he just gets down to work without any ~** il se met au travail sans faire toute une histoire ◆ **to make a ~, to kick up a ~** * faire un tas d'histoires * ◆ **to make a ~ about** *or* **over sth** *(justifiably)* protester à propos de qch, ne pas laisser passer qch ; *(unjustifiably)* faire des histoires pour qch, faire tout un plat de qch * ◆ **you were quite right to make a ~** vous avez eu tout à fait raison de protester *or* de ne pas laisser passer ça ◆ **don't make such a ~ about accepting** ne faites pas tant de manières pour accepter ◆ **to make a ~ of** *(Brit) or* **over** *(US)* **sb** être aux petits soins pour qn

VI *(= become excited)* s'agiter ; *(= rush around busily)* s'affairer, faire la mouche du coche ; *(= worry)* se tracasser, s'en faire * ◆ **to ~ over sb** être aux petits soins pour qn ; *(pej)* embêter * qn (par des attentions excessives) ◆ **don't ~ over him** laisse-le tranquille ◆ **stop ~ing, Mum! I'll be OK** ne te tracasse Maman, ça ira

VT *[+ person]* ennuyer, embêter *

► **fuss about, fuss around** VI s'affairer, faire la mouche du coche

**fussbudget** * /'fʌs,bʌdʒɪt/ N *(US)* ⇒ **fusspot**

**fussed** * /fʌst/ ADJ *(Brit)* ◆ **I'm not ~ (about going)** ça m'est égal (d'y aller)

**fussily** /'fʌsɪlɪ/ ADV *(pej)* a *(= painstakingly) [check, adjust]* de façon tatillonne b *(pej = overelaborately)* ◆ **~ ornate** tarabiscoté ◆ **~ dressed** habillé de façon apprêtée

**fussiness** /'fʌsɪnɪs/ N *[of person]* caractère *m* tatillon *or* pointilleux ; *[of style]* caractère *m* tarabiscoté *or* surchargé

**fusspot** * /'fʌspɒt/ N *(= nuisance)* enquiquineur * *m*, -euse * *f* ; *(= finicky person)* coupeur *m*, -euse *f* de cheveux en quatre ◆ **don't be such a ~!** ne fais pas tant d'histoires !, arrête d'enquiquiner le monde ! *

**fussy** /'fʌsɪ/ ADJ a *(esp pej = exacting) [person, cat]* tatillon (*about sth* sur qch) pointilleux ◆ **to be a ~ eater** être difficile sur la nourriture ◆ **tea or coffee? – I'm not ~** * thé ou café ? – ça m'est égal b *(pej = overelaborate) [design, style, furnishings, details]* trop recherché ; *[food]* (trop) élaboré ◆ **that dress is too ~** cette robe n'est pas assez simple

**fustian** /'fʌstɪən/ N futaine *f*

**fusty** /ˈfʌstɪ/ **ADJ** **a** *(pej = old-fashioned) [person]* vieux jeu *(inv)* ; *[organization]* poussiéreux, vieillot ; *[image, ideas]* suranné, vieillot **b** *(= musty) [smell]* de renfermé, de moisi ; *[place, clothes, furnishings]* qui sent le renfermé

**futile** /ˈfjuːtaɪl/ **ADJ** *[attempt, hope, effort, ambition, protest, search]* vain ; *[exercise]* futile ◆ **it would be ~ to try to defend the town** il serait vain d'essayer de défendre la ville ◆ **it was a brave, but ~ gesture** c'était un geste courageux mais vain

> ⚠ **futile** *is rarely translated by the French word* **futile**, *see above.*

**futility** /fjuːˈtɪlɪtɪ/ **N** *[of attempt, hope, ambition]* caractère *(m)* vain ; *[of life, war, situation]* absurdité *(f)*

**futon** /ˈfuːtɒn/ **N** futon *(m)*

**future** /ˈfjuːtʃəʳ/ **N** **a** avenir *(m)* ◆ **what the ~ holds for us** ce que l'avenir nous réserve ◆ **does Britain's ~ lie within the EU?** l'avenir de la Grande-Bretagne est-il dans l'UE ? ◆ **there is a real ~ for bright young people in this firm** cette entreprise offre de réelles possibilités d'avenir pour des jeunes gens doués ◆ **he believed his ~ lay with her** *(in relationship, business)* il pensait que son avenir était lié à elle ◆ **in (the) ~** à l'avenir ◆ **in the near ~, in the not too distant ~** bientôt, dans un proche avenir *(more frm)* ◆ **in ~ I'll be more careful** dorénavant *or* désormais je ferai plus attention ◆ **there's no ~ in this type of research** ce type de recherche n'a aucun avenir ◆ **there's no ~ in it** * *[+ product, method, relationship]* cela n'a aucun avenir ; *[+ measures, way of behaving]* ça n'aboutira à rien, ça ne servira à rien
**b** *(Gram)* futur *(m)* ◆ **in the ~** au futur
**NPL** **futures** *(St Ex)* opérations *(fpl)* à terme ◆ **~s market** marché *(m)* à terme ◆ **coffee ~s** café *(m)* (acheté) à terme
**ADJ** *[prospects, plans, role]* futur ; *[king, queen]* futur *(before n)* ◆ **her ~ husband** son futur mari ◆ **~ generations** les générations *(fpl)* futures *or* à venir ◆ **at a** *or* **some ~ date** à une date ultérieure ◆ **in ~ years** dans les années à venir ◆ **for ~ reference** pour référence ultérieure
**COMP** ▷ **future perfect (tense)** **N** futur *(m)* antérieur ▷ **future tense** **N** futur *(m)* ◆ **in the ~ tense** au futur

**futurism** /ˈfjuːtʃərɪzəm/ **N** futurisme *(m)*

**futurist** /ˈfjuːtʃərɪst/ **N** **a** *(esp US = futurologist)* futurologue *(mf)* **b** *(Art)* futuriste *(mf)*

**futuristic** /ˌfjuːtʃəˈrɪstɪk/ **ADJ** futuriste

**futurity** /fjuːˈtjʊərɪtɪ/ **N** *(frm = future time)* futur *(m)*

**futurologist** /ˌfjuːtʃərˈɒlədʒɪst/ **N** futurologue *(mf)*

**futurology** /ˌfjuːtʃərˈɒlədʒɪ/ **N** futurologie *(f)*, prospective *(f)*

**fuze** /fjuːz/ *(US)* ⇒ **fuse**

**fuzz** /fʌz/ **N** *(NonC = light growth) (on body)* duvet *(m)*, poils *(mpl)* fins ; *(on head)* duvet *(m)*, cheveux *(mpl)* fins ; *(= frizzy hair)* cheveux *(mpl)* crépus *or* crêpelés (et bouffants) **NPL** **the fuzz** ‡ *(= police)* la flicaille ‡, les flics * *(mpl)*

**fuzzily** /ˈfʌzɪlɪ/ **ADV** *[worded]* de manière confuse ◆ **you're thinking ~** vous n'avez pas les idées claires

**fuzzy** /ˈfʌzɪ/ **ADJ** **a** *(= indistinct) [photograph, picture]* flou ; *[sound, voice]* confus, indistinct ; *[writing]* indistinct **b** *(= confused) [idea, brain, details, distinction]* confus ; *[memory]* imprécis, vague ◆ **to be ~ about** *or* **on sth** n'avoir qu'une idée confuse de qch **c** *(= downy)* duveteux ; *(= frizzy) [hair]* crépu **d** *(= furry) [material, sweater]* pelucheux **e** ◆ **to be** *or* **feel ~(-headed)** * *(from drink)* être dans les vapes * **COMP** ▷ **fuzzy dice** **NPL** *(US)* ⇒ **furry dice** ▷ **fuzzy logic** **N** *(Comput)* logique *(f)* floue

**fwd** *(esp Comm)* abbrev of **forward**

**f-word** /ˈefˌwɜːd/ **N** *(euph = fuck)* ◆ **the ~** le mot "fuck" **‡, un gros mot

**FX** * /efˈeks/ **NPL** *(Cine = special effects)* effets *(mpl)* spéciaux

**FY** **N** *(Fin)* (abbrev of **fiscal year**) → **fiscal**

**FYI** (abbrev of **for your information**) → **information**

# G

**G, g** /dʒiː/ N a *(= letter)* G, g *m* ◆ **G for George** ≃ G comme Georges b *(Mus)* sol *m* ; → **key** c *(Phys = gravity, acceleration)* g *m* d (** abbrev of **grand**)*(Brit)* mille livres *fpl* ; *(US)* mille dollars *mpl* e *(Scol = mark)* (abbrev of **good**) bon COMP ▷ **G7** N G7 *m* ◆ **G7 summit** sommet *m* du G7 ▷ **G8** N G8 *m* ▷ **G-force** N force *f* gravitationnelle ▷ **G-man** ** N (pl **G-men**) *(US)* agent *m* du FBI ▷ **G spot** N point *m* G ▷ **G-string** N *(Mus)* (corde *f* de) sol *m* ; *(= garment)* cache-sexe *m inv*, string *m* ▷ **G-suit** N *(Space)* combinaison *f* spatiale *or* anti-g

**g.** a (abbrev of **gram(s)**) g *inv* b (abbrev of **gravity**) g

**GA** abbrev of **Georgia**

**gab** * /gæb/ N bagou(t) * *m* ◆ **to have a ~ (about sth)** papoter (à propos de qch) ; → **gift** VI *(= chatter)* papoter (*about* à propos de) ; *(= reveal secret)* vendre la mèche

**gabardine** /ˌgæbəˈdiːn/ N gabardine *f*

**gabble** /ˈgæbl/ VTI *(= talk indistinctly)* bafouiller ; *(= talk unintelligibly)* baragouiner * ◆ **he ~d on about the accident** *(= talk quickly)* il nous a fait une description volubile de l'accident ◆ **he ~d (out) an excuse** il a bafouillé une excuse ◆ **"where are they, where are they?", he ~d** "où sont-ils, où sont-ils ?", a-t-il bafouillé ◆ **they were gabbling away in French** ils jacassaient en français N baragouin * *m*, charabia * *m*

**gabbro** /ˈgæbrəʊ/ N gabbro *m*

**gabby** ** /ˈgæbɪ/ ADJ jacasseur, bavard comme une pie

**gable** /ˈgeɪbl/ N pignon *m* COMP ▷ **gable end** N pignon *m* ▷ **gable roof** N comble *m* sur pignon(s)

**gabled** /ˈgeɪbld/ ADJ à pignon(s)

**Gabon** /gəˈbɒn/ N Gabon *m* ◆ **in ~** au Gabon

**Gabonese** /ˌgæbəˈniːz/ ADJ gabonais N Gabonais(e) *m(f)*

**gad**[1] /gæd/ N *(Agr)* aiguillon *m*

**gad**[2] /gæd/ VI ◆ **to ~ about** vadrouiller * ◆ **she spent the summer ~ding about (in) Italy** elle a passé l'été à vadrouiller * en Italie

**gad**[3] * /gæd/ EXCL (also **by gad**) sapristi ! †, bon -ang !

' /ˈgædəˌbaʊt/ N vadrouilleur * *m*,

` *m* ; *(fig = harassing*

**gadget** /ˈgædʒɪt/ N a *(= device)* (petit) appareil *m* b *(* = thingummy)* (petit) truc * *m or* bidule * *m*, gadget *m*

**gadgetry** /ˈgædʒɪtrɪ/ N *[of car etc]* gadgets *mpl*

**gadolinium** /ˌgædəˈlɪnɪəm/ N gadolinium *m*

**Gael** /geɪl/ N Gaël *mf*

**Gaelic** /ˈgeɪlɪk, ˈgælɪk/ ADJ gaélique N *(Ling)* gaélique *m* COMP ▷ **Gaelic coffee** N irish coffee *m*

**gaff**[1] /gæf/ N *(Fishing)* gaffe *f* ; *(Naut)* corne *f* ◆ **to stand the ~** ** *(US)* encaisser *, tenir VT gaffer, harponner

**gaff**[2] ** /gæf/ N *(Brit) (= home)* piaule * *f* ; *(= music hall etc)* beuglant ** *m*

**gaff**[3] ** /gæf/ N *(= nonsense)* foutaises ** *fpl* ; → **blow**[1]

**gaffe** /gæf/ N gaffe *f*, impair *m*

**gaffer** /ˈgæfəʳ/ N ** a ◆ **an old ~** un vieux (bonhomme) b *(Brit) (= foreman)* contremaître *m* ; *(= boss)* patron *m*, chef *m* c *(Cine)* chef *m* électricien COMP ▷ **gaffer tape** N ruban *m* adhésif

**gag** /gæg/ N a *(in mouth)* bâillon *m* ; *(Med)* ouvre-bouche *m inv* ◆ **the new law will effectively put a ~ on the free press** la nouvelle loi aura pour effet de bâillonner la presse libre b * *(= joke)* blague *f*, plaisanterie *f* ; *(= hoax)* canular *m* ; *(by comedian, unscripted)* improvisation *f* comique ; *(visual)* gag *m* VT *(lit)* bâillonner ; *(fig = silence)* bâillonner, museler ◆ **he was bound and ~ged** on l'a attaché et bâillonné VI a *(* = retch)* avoir des haut-le-cœur ◆ **to be ~ging to do sth** ** mourir d'envie de faire qch ◆ **to be ~ging for it** ** *(sex)* être en chaleur ** b *(* = joke)* plaisanter, blaguer ; *[comedian]* faire une *or* des improvisation(s) comique(s) COMP ▷ **gag law** *, **gag rule** * N *(US)* loi *f* limitant la durée des délibérations

**gaga** ** /ˈgɑːgɑː/ ADJ *(= senile)* gaga * *f inv*, gâteux ; *(= crazy)* cinglé *

**gage** /geɪdʒ/ N a *(= challenge)* défi *m* ; *(= glove)* gant *m* b *(= pledge)* gage *m*, garantie *f* ; *(= article pledged)* gage *m* c *(US Tech)* ⇒ **gauge n** VT *(US Tech)* ⇒ **gauge vt**

**gaggle** /ˈgægl/ N *(lit, hum)* troupeau *m* VI *[geese]* cacarder

**gaiety** /ˈgeɪɪtɪ/ N *(NonC)* gaieté *f*

**gaily** /ˈgeɪlɪ/ ADV a *(= brightly) [painted, dressed]* de couleurs vives ; *[decorated]* de façon gaie ◆ **~ coloured** aux couleurs vives b *(= cheerily) [chatter]* gaiement c *(= thoughtlessly)* tranquillement

**gain** /geɪn/ N *(Comm, Fin) (= profit)* gain *m*, profit *m* ; *(= increase in value of asset)* plus-value *f* ; *(fig)* avantage *m* ; *(= increase)* augmentation *f* ; *(in wealth)* accroissement *m* (*in* de) ; *(in knowledge etc)* acquisition *f* (*in* de) ◆ **to do sth for (financial) ~** faire qch pour le profit ◆ **his loss is our ~** là où il perd nous gagnons ◆ **a ~ in weight** une augmentation de poids ◆ **there have been ~s of up to three points** *(St Ex)* des hausses allant jusqu'à trois points ont été enregistrées ◆ **Labour made ~s in the South** *(in election)* les travaillistes ont progressé *or* sont en progression dans le sud

NPL **gains** *(= profits)* bénéfices *mpl*, gains *mpl* ; *(= winnings)* gains *mpl*

VT a *[+ money, approval, respect]* gagner, obtenir ; *[+ liberty]* obtenir ; *[+ support, supporters]* s'attirer ; *[+ friends]* se faire ◆ **what have you ~ed by doing that?** qu'est-ce que tu as gagné à faire ça ? ◆ **he'll ~ nothing by being rude** il ne gagnera rien à être impoli ◆ **these shares have ~ed three points** *(St Ex)* ces valeurs ont enregistré une hausse de trois points ◆ **my watch has ~ed five minutes** ma montre a pris cinq minutes d'avance ◆ **we were unable to ~ access to his files** nous n'avons pas pu avoir accès à ses fichiers ◆ **did they ~ access to the property?** ont-ils réussi à entrer dans la propriété ? ◆ **to ~ sb's confidence** gagner la confiance de qn ◆ **to ~ control (of)** prendre le contrôle (de) ◆ **his troops ~ed control after heavy fighting** ses troupes ont pris le contrôle après des combats acharnés ◆ **to ~ back control over sth** reprendre le contrôle de qch ◆ **to ~ entry** *(to building)* réussir à entrer ◆ **she ~ed entry to the system by using a stolen password** elle s'est introduite dans le système à l'aide d'un mot de passe volé ◆ **to ~ sb's goodwill** gagner les bonnes grâces de qn ◆ **to ~ a hearing** *(= make people listen)* se faire écouter ; *(with king etc)* obtenir une audience ◆ **Cyprus ~ed independence from Britain in 1960** Chypre, ancienne colonie britannique, est devenue indépendante en 1960 ◆ **to ~ one's objective** atteindre son objectif ◆ **Labour has ~ed three seats** *(in election)* les travaillistes ont gagné trois nouveaux sièges ◆ **Labour has ~ed three seats from the Conservatives** les travaillistes ont pris trois sièges aux conservateurs

b *(= acquire more)* **to ~ ground** *(Mil)* gagner du terrain ; *(fig)* gagner du terrain, progresser ◆ **to ~ momentum** *(lit)* prendre de la vitesse ; *(fig)* prendre de l'ampleur, gagner du terrain ◆ **to ~ speed** prendre de la vitesse ◆ **to ~ time** gagner du temps (*by doing sth* en faisant qch)

c (*also* **gain in**) **to ~ experience** acquérir de l'expérience ◆ **to ~ popularity** gagner en popularité ◆ **to ~ prestige** gagner en prestige ◆ **to ~ strength** *[person, movement]* devenir plus fort ; *[storm, hurricane]* devenir plus violent ; *(Fin) [market]* se raffermir ◆ **to ~ weight** prendre du poids ◆ **she's ~ed 3kg (in weight)** elle a pris 3 kg

d (*= reach*) *[+ place]* atteindre, parvenir à

VI a (*= benefit*) gagner

b ◆ **to ~ in** (*= acquire more*) → **vt c**

c *[watch]* avancer ; *[runners]* prendre de l'avance ◆ **he hasn't ~ed by the exchange** il n'a pas gagné au change

► **gain (up)on** VT FUS a *(Sport, fig) (= catch up with)* rattraper ; *(= outstrip)* prendre de l'avance sur

b *[sea]* gagner sur

**gainer** /ˈgeɪnəʳ/ N *(= person)* gagnant(e) *m(f)* ; *(St Ex)* valeur *f* en hausse ◆ **there were more losers than ~s** il y avait davantage de perdants que de gagnants ◆ **he is the ~ by it** c'est lui qui y gagne

**gainful** /ˈgeɪnfʊl/ ADJ *[occupation] (= worthwhile)* utile, profitable ; *(= lucrative)* lucratif, rémunérateur (-trice *f*) ◆ **to be in ~ employment** avoir un emploi rémunéré

**gainfully** /ˈgeɪnfəlɪ/ ADV ◆ **to be ~ employed** *(= in paid work)* avoir un emploi rémunéré ; *(= doing sth useful)* ne pas perdre son temps ◆ **there was nothing that could ~ be said** il n'y avait pas grand-chose à dire

**gainsay** /ˌgeɪnˈseɪ/ VT (pret, ptp **gainsaid** /ˌgeɪnˈsed/) *[+ person]* contredire ; *[+ account, statement]* contredire, démentir ; *[+ fact]* nier ◆ **the facts cannot be gainsaid** on ne peut pas nier les faits, ces faits sont indéniables ◆ **the evidence cannot be gainsaid** ces preuves sont irrécusables ◆ **her argument cannot be gainsaid** son argument est irréfutable ◆ **there's no ~ing it** c'est indéniable, on ne peut pas le nier

**gait** /geɪt/ N démarche *f* ◆ **with an awkward ~** d'une démarche *or* d'un pas gauche ◆ **to have a rolling ~** rouler *or* balancer les hanches ◆ **to have a shuffling ~** marcher en traînant les pieds

**gaiter** /ˈgeɪtəʳ/ N guêtre *f*

**gal** † * /gæl/ N ⇒ **girl n**

**gal.** (pl **gal.** *or* **gals.**) abbrev of **gallon**

**gala** /ˈgɑːlə/ N fête *f*, gala *m* ◆ **opening/closing ~** gala *m* d'ouverture/de clôture ◆ **swimming/sports ~** grand concours *m* de natation/d'athlétisme COMP *[evening, dinner, concert]* de gala ▷ **gala day** N jour *m* de gala *or* de fête ▷ **gala dress** N tenue *f* de gala ▷ **gala night** N *(Theat)* soirée *f* de gala ▷ **gala occasion** N grande occasion *f*

**galactic** /gəˈlæktɪk/ ADJ galactique

**galantine** /ˈgæləntiːn/ N galantine *f*

**Galapagos** /gəˈlæpəgəs/ NPL ◆ **the ~ (Islands)** les (îles *fpl*) Galapagos *fpl*

**Galatians** /gəˈleɪʃənz/ NPL *(Bible)* Galates *mpl*

**galaxy** /ˈgæləksɪ/ N *(Astron)* galaxie *f* ; *(fig) [of talent]* constellation *f*, brillante assemblée *f*

**gale** /geɪl/ N coup *m* de vent, grand vent *m* ◆ **a force 8 ~** *(Met)* un vent de force 8 ◆ **it was blowing a ~** le vent soufflait très fort ◆ **there's a ~ blowing in through that window** c'est une véritable bourrasque qui entre par cette fenêtre ◆ **~s of laughter** grands éclats *mpl* de rire COMP ▷ **gale force winds** NPL vent *m* soufflant en tempête, coups *mpl* de vent ▷ **gale warning** N *(Met)* avis *m* de coup de vent

**galena** /gəˈliːnə/ N galène *f*

**Galicia** /gəˈlɪʃɪə/ N *(in Central Europe)* Galicie *f* ; *(in Spain)* Galice *f*

**Galician** /gəˈlɪʃɪən/ ADJ galicien N Galicien(ne) *m(f)*

**Galilean**[1] /ˌgæləˈliːən/ ADJ *(Bible, Geog)* galiléen N Galiléen(ne) *m(f)* ◆ **the ~** *(Bible)* le Christ

**Galilean**[2] /ˌgælɪˈleɪən/ ADJ *(Phys, Astron)* galiléen

**Galilee** /ˈgælɪliː/ N Galilée *f* ◆ **the Sea of ~** le lac de Tibériade, la mer de Galilée

**Galileo** /ˌgælɪˈleɪəʊ/ N Galilée *m*

**gall**[1] /gɔːl/ N *(Med)* bile *f* ; *(Zool)* bile *f*, fiel *m* ; *(fig = bitterness)* fiel *m*, amertume *f* ◆ **she had the ~ to say that ...** elle a eu l'effronterie de dire que ... COMP ▷ **gall-bladder** N vésicule *f* biliaire

**gall**[2] /gɔːl/ N *(on animal)* écorchure *f*, excoriation *f* ; *(Bot)* galle *f* VT *(fig)* irriter, exaspérer ◆ **it ~s me that ...** cela m'irrite *or* m'exaspère que ... ◆ **it ~s me to have to admit it** cela m'irrite *or* m'exaspère d'avoir à le reconnaître

**gall.** (pl **gall.** *or* **galls.**) abbrev of **gallon**

**gallant** /ˈgælənt/ ADJ a († = *brave*) *[soldier]* brave, vaillant *(liter)* ◆ **~ conduct** bravoure *f*, vaillance *f (liter)* ◆ **a ~ deed** une action d'éclat b *(= plucky) [effort, attempt]* courageux, héroïque ; *[fight]* héroïque c *(liter = elegant) [appearance, dress]* élégant d /gəˈlænt/ *(= chivalrous) [gentleman, gesture]* galant N /gəˈlænt/ galant *m*

**gallantly** /ˈgæləntlɪ/ ADV a *(= bravely) [fight, battle]* bravement, vaillamment *(liter)* b /gəˈlæntlɪ/ *(= chivalrously)* galamment

**gallantry** † /ˈgæləntrɪ/ N a *(= bravery)* bravoure *f* vaillance *f (liter)* b *(= chivalrousness)* galanterie *f*

**galleon** /ˈgælɪən/ N galion *m*

**gallery** /ˈgælərɪ/ N a *(Archit) (= passageway, long room, outside balcony)* galerie *f* ; *(= inside balcony)* tribune *f* ; *(in cave, mine)* galerie *f* ; → **minstrel, press, shooting** b (*also* **art gallery**) *(state-owned)* musée *m* (d'art) ; *(private, selling paintings)* galerie *f* (de tableaux *or* d'art) ; *(US) (= auction room)* salle *f* des ventes c *(Theat)* dernier balcon *m*, poulailler * *m* ◆ **in the ~** au dernier balcon, au poulailler * ◆ **to play to the ~** *(fig)* poser *or* parler pour la galerie

**galley** /ˈgælɪ/ N a *(= ship)* galère *f* ; *(= ship's kitchen)* coquerie *f* b *(Typ)* galée *f* ; (*also* **galley proof**) (épreuve *f* en) placard *m* COMP ▷ **galley slave** N galérien *m* ▷ **galley west** ADV *(US)* ◆ **to knock sth ~ west** chambarder * qch, mettre la pagaille dans qch

**Gallic** /ˈgælɪk/ ADJ *(= of Gaul)* gaulois ; *(= French)* français ◆ **~ charm** charme *m* latin ◆ **the ~ Wars** la guerre des Gaules

**gallic** /ˈgælɪk/ ADJ *(Chem)* gallique

**Gallicism** /ˈgælɪsɪzəm/ N gallicisme *m*

**gallimaufry** /ˌgælɪˈmɔːfrɪ/ N fatras *m*

**galling** /ˈgɔːlɪŋ/ ADJ *(= irritating)* irritant, exaspérant

**gallinule** /ˈgælɪnjuːl/ N ◆ **common ~** poule *f* d'eau

**gallium** /ˈgælɪəm/ N gallium *m*

**gallivant** /ˌgælɪˈvænt/ VI (*also* **gallivant about, gallivant around**) *(for pleasure)* se balader ◆ **I have to earn my living while you go ~ing around Europe!** il faut que je gagne ma vie pendant que tu te balades en Europe !

**gallon** /ˈgælən/ N gallon *m* (*Brit* = 4,546 *l*, *US* = 3,785 *l*)

**gallop** /ˈgæləp/ N galop *m* ◆ **to go for a ~** aller galoper ◆ **to break into a ~** prendre le galop, se mettre au galop ◆ **at a** *or* **the ~** au galop ◆ **at full ~** *(horse)* au grand galop, ventre à terre ; *(rider)* au grand galop, à bride abattue ◆ **after a quick ~ through the history of the Roman Empire, the author turns to ...** après avoir évoqué rapidement l'histoire de l'empire romain, l'auteur en vient à ... VI *[horse, rider]* galoper ◆ **to ~ away/back** *etc* partir/revenir *etc* au galop ◆ **to go ~ing down the street** *(fig)* descendre la rue au galop ◆ **to ~ through a book** * lire un livre à toute vitesse VT *[+ horse]* faire galoper

**galloping** /ˈgæləpɪŋ/ ADJ a *[horse]* au galop ; *[hooves, pace]* de cheval au galop b *(Med) [pneumonia, pleurisy, consumption]* galopant ; *(Econ) [economy, interest rates, prices]* qui s'emballe ◆ **~ inflation** inflation *f* galopante

**gallows** /ˈgæləʊz/ N (pl **gallowses** *or* **gallows**) *(NonC)* (*also* **gallows tree**) gibet *m*, potence *f* ◆ **he'll end up on the ~** il finira à la potence *or* par la corde COMP ▷ **gallows bird** * N gibier *m* de potence ▷ **gallows humour** N *(fig)* humour *m* macabre

**gallstone** /ˈgɔːlstəʊn/ N calcul *m* biliaire

**Gallup** /ˈgæləp/ N Gallup *m* COMP ▷ **Gallup poll** ® N sondage *m* Gallup

**galoot** ‡ /gəˈluːt/ N *(US)* balourd * *m*

**galop** /ˈgæləp/ N galop *m (danse)*

**galore** /gəˈlɔːʳ/ ADV en abondance, à gogo * ◆ **bargains ~** de bonnes affaires à profusion

**galosh** /gəˈlɒʃ/ N *(gen pl)* ◆ **~es** caoutchoucs *mpl (enfilés par-dessus les chaussures)*

**galumph** * /gəˈlʌmf/ VI ◆ **to go ~ing in/out** *etc (clumsily)* entrer/sortir *etc* en courant maladroitement ; *(happily)* entrer/sortir *etc* en sautillant gaiement ◆ **a ~ing great girl** une grande fille à la démarche gauche

**galvanic** /gælˈvænɪk/ ADJ *(Elec)* galvanique ; *[jerk]* crispé ; *(fig) [effect]* galvanisant, électrisant

**galvanism** /ˈgælvənɪzəm/ N galvanisme *m*

**galvanization** /ˌgælvənaɪˈzeɪʃən/ N galvanisation *f*

**galvanize** /ˈgælvənaɪz/ VT a *(Elec, Med)* galvaniser ◆ **~d iron** fer *m* galvanisé b *(fig) [+ person, group]* galvaniser ; *[+ discussions, debate]* animer ; *[+ market, economy]* stimuler, donner une impulsion à ◆ **to ~ sb into action** pousser qn à agir ◆ **to ~ sb to do sth, to ~ sb into doing sth** pousser qn à faire qch

**galvanometer** /ˌgælvəˈnɒmɪtəʳ/ N galvanomètre *m*

**galvanoscope** /ˈgælvənəˌskəʊp/ N galvanoscope *m*

**Gambia** /ˈgæmbɪə/ N ◆ **(the) ~** la Gambie

**Gambian** /ˈgæmbɪən/ N Gambien(ne) *m(f)* ADJ gambien

**gambit** /ˈgæmbɪt/ N *(Chess)* gambit *m* ; *(fig)* manœuvre *f*, ruse *f* ; → **opening**

**gamble** /ˈgæmbl/ N entreprise *f* risquée, pari *m* ◆ **a political ~** un pari politique ◆ **life's a ~** la vie est un jeu de hasard ◆ **it's a pure ~** c'est affaire de chance ◆ **it was a bit of a ~ but ...** c'était un peu risqué mais ... ◆ **the ~ came off** *or* **paid off** ça a payé de prendre ce risque ◆ **to take a ~** prendre un risque ◆ **to take a ~ on it** prendre le risque ◆ **we're really taking a ~ with him** nous prenons vraiment un risque avec lui ◆ **the party is taking a ~ that they will be elected** le parti mise sur le fait qu'il remportera les élections ◆ **to have a ~ on a horse** miser sur un cheval ◆ **to have a ~ on the stock exchange** jouer à la Bourse

**VI** a *(lit)* jouer (*on* sur ; *with* avec) ◆ **to ~ on the stock exchange** jouer à la Bourse

b *(fig)* ◆ **to ~ on** miser sur ◆ **we had been gambling on fine weather** nous avions misé sur le beau temps ◆ **to ~ on doing sth** *(confident of success)* compter faire qch ; *(less sure)* penser faire qch ◆ **Labour was gambling on winning support from the trade unions** les travaillistes comptaient *or* pensaient obtenir le soutien des syndicats ◆ **he was gambling on her being late** *or* **that she would be late** il comptait sur le fait qu'elle serait en retard ◆ **to ~ with sb's life** jouer avec la vie de qn ◆ **to ~ with one's future** mettre en jeu son avenir

► **gamble away** VT SEP *[+ money etc]* perdre *or* dilapider au jeu

**gambler** /ˈgæmbləʳ/ **N** *(lit)* joueur *m*, -euse *f* ◆ **he's a bit of a ~** *(fig = risk-taker)* il a le goût du risque, il aime prendre des risques ; → **big comp** COMP ▷ **Gamblers Anonymous** N *association venant en aide aux joueurs invétérés*

**gambling** /ˈgæmblɪŋ/ **N** *(= action)* jeu *m* ; *(= games played)* jeux *mpl* d'argent ◆ **his ~ ruined his family** sa passion du jeu a entraîné la ruine de sa famille ◆ **he believes ~ is wrong** il pense que les jeux d'argent sont un vice COMP ▷ **gambling debts** NPL dettes *fpl* de jeu ▷ **gambling den, gambling hell** *, **gambling house, gambling joint**‡ *(US)* N *(pej)* maison *f* de jeu, tripot *m* *(pej)* ▷ **gambling losses** NPL pertes *fpl* au jeu

**gamboge** /gæmˈbuːʒ/ N gomme-gutte *f*

**gambol** /ˈgæmbəl/ **N** gambade *f*, cabriole *f* **VI** gambader, cabrioler ◆ **to ~ away/back** *etc* partir/revenir *etc* en gambadant *or* cabriolant

**gambrel** /ˈgæmbrəl/ N (*also* **gambrel roof**) toit *m* brisé

**game¹** /geɪm/ **N** a *(gen)* jeu *m* ; *(= match) [of football, rugby, cricket]* match *m* ; *[of tennis, billiards, chess]* partie *f* ; *[of bridge]* manche *f* ◆ **a ~ of cards** une partie de cartes ◆ **card ~s** jeux *mpl* de cartes ◆ **video ~s** jeux *mpl* vidéo *inv* ◆ **the wonderful ~ of football** le jeu merveilleux qu'est le football ◆ **England's next ~ is against Spain** le prochain match que jouera l'Angleterre sera contre l'Espagne ◆ **a ~ of skill/of chance** un jeu d'adresse/de hasard ◆ **he plays a good ~ of chess** il est bon aux échecs, il joue bien aux échecs ◆ **~, set and match** *(Tennis)* jeu, set et match ◆ **~ (to) Johnston** *(Tennis)* jeu Johnston ◆ **it isn't a ~, you know!** ce n'est pas un jeu tu sais ! ◆ **it's all part of the ~** cela fait partie des règles du jeu ◆ **to have the ~ in one's hands** être sur le point de gagner ◆ **to be the only ~ in town** *(esp US) [person, company, plan]* être le seul valable *or* digne de considération ◆ **to be on the ~**‡ *[prostitute]* faire le trottoir * ; → **highland, indoor, play**

◆ **to have** *or* **play a game of** *(chess etc)* faire une partie de ; *(football etc)* jouer un match de

◆ **game(s) all** ◆ **they were ~ all** *(Tennis)* ils étaient à un jeu partout ; *(Bridge)* ils étaient à une manche partout ◆ **it was three ~s all** *(Tennis)* on était à trois jeux partout ; *(Bridge)* on était à trois manches partout

b *(= style of playing)* ◆ **in the second set my ~ picked up** au deuxième set mon jeu s'est amélioré ◆ **he's off his ~** il n'est pas en forme ◆ **to put sb off his** (*or* **her** *etc*) **~** troubler qn

c *(= strategy)* manège *m*, (petit) jeu *m* ◆ **they are playing a complicated political ~** ils se livrent à un manège politique très complexe ◆ **the ~s people play when they fall in love** le petit jeu *or* le manège auquel se livrent les gens amoureux ◆ **can't you see his little ~?** tu ne vois pas qu'il mijote *or* manigance quelque chose ? ◆ **don't play his ~** n'entre pas dans son jeu ◆ **we soon saw through his ~** nous avons vite vu clair dans son (petit) jeu ◆ **two can play at that ~** à bon chat bon rat *(Prov)* ◆ **I wonder what his ~ is** * je me demande ce qu'il mijote * *or* manigance ◆ **to spoil sb's ~** déjouer les manigances *or* machinations de qn ◆ **what's your (little) ~?** * à quoi tu joues ? * ◆ **what's the ~?** * *(= what's happening?)* qu'est-ce qui se passe ? ; *(= what are you doing?)* à quoi tu joues ? * ; → **fun, give away, play, waiting**

◆ **to beat sb at his** (*or* **her** *etc*) **own game** battre qn sur son propre terrain

◆ **the game is up** tout est fichu * *or* à l'eau ◆ **they saw the ~ was up** ils ont vu que la partie était perdue ◆ **OK, the ~'s up!** ça suffit maintenant, tu es démasqué !

d *(* = activity)* **I'm new to this ~** c'est nouveau pour moi ◆ **he was new to the ~ and didn't see the pitfalls** il était trop inexpérimenté pour voir qu'il y avait des pièges ◆ **how long have you been in this ~?** * cela fait combien de temps que vous faites ça ? ◆ **it's a profitable ~** c'est une entreprise rentable ◆ **I'm too old for this ~** ce n'est plus de mon âge

e *(Culin, Hunting)* gibier *m* ◆ **big/small ~** gros/petit *or* menu gibier *m* ; see also **big, fair¹**

**NPL games** *(Brit Scol)* sport *m*, activités *fpl* physiques et sportives ◆ **to be good at ~s** être sportif ◆ **we have ~s on Thursdays** nous avons EPS le jeudi

**VI** *(= gamble)* jouer

**ADJ** a *(= ready, prepared)* prêt (*to do sth* à faire qch) ◆ **are you ~?** tu en as envie ? ◆ **I'm ~ if you are** je marche si tu marches ◆ **he's ~ for anything** il est prêt à tout, il ne recule devant rien

b *(= brave)* courageux

COMP ▷ **game birds** NPL gibier *m* NonC à plume ▷ **game fish** N poissons *mpl* d'eau douce ▷ **game laws** NPL réglementation *f* de la chasse ▷ **game park** N ⇒ **game reserve** ▷ **game pie** N *(Culin)* pâté *m* de gibier en croûte ▷ **game plan** N *(lit, fig)* stratégie *f* ◆ **what's the ~ plan?** *(fig)* comment va-t-on s'organiser ? ▷ **game reserve** N réserve *f* naturelle ▷ **games console** N *(Comput)* console *f* de jeux (vidéo) ▷ **game show** N *(TV)* jeu *m* télévisé ; *(Rad)* jeu *m* radiophonique ▷ **games master, games mistress** N *(Scol)* professeur *m* d'éducation physique ▷ **game theory** N théorie *f* des jeux ▷ **game warden** N garde-chasse *m* ; *(on reserve)* gardien *m* chargé de la protection des animaux

**game²** /geɪm/ **ADJ** *(= lame) [arm, leg]* estropié

**gamebag** /ˈgeɪmbæg/ N gibecière *f*, carnassière *f*

**gamecock** /ˈgeɪmkɒk/ N coq *m* de combat

**gamekeeper** /ˈgeɪm,kiːpəʳ/ N garde-chasse *m*

**gamelan** /ˈgæmɪ,læn/ N gamelan *m*

**gamely** /ˈgeɪmlɪ/ ADV hardiment

**gameplay** /ˈgeɪmpleɪ/ N *(Comput)* jouabilité *f*

**gamer** * /ˈgeɪməʳ/ N *(= computer-game player)* amateur *m*, -trice *f* de jeux vidéo

**gamesmanship** /ˈgeɪmzmənʃɪp/ N ◆ **a successful piece of ~** un stratagème couronné de succès ◆ **an element of political ~** une part de stratégie politique ◆ **to be good at ~** savoir utiliser les règles (du jeu) à son avantage

**gamester** /ˈgeɪmstəʳ/ N joueur *m*, -euse *f*

**gamete** /ˈgæmiːt/ N gamète *m*

**gamin** /ˈgæmɛ̃/ N gamin *m*

**gamine** /gæˈmiːn/ **N** *(= cheeky girl)* gamine *f* (espiègle) ; *(= tomboy)* garçon *m* manqué COMP *[appearance, hat]* gamin ▷ **gamine haircut** N ◆ **she had a ~ haircut** elle avait les cheveux coupés à la garçonne

**gaming** /ˈgeɪmɪŋ/ **N** a *(Comput)* jeu *m* b ⇒ **gambling** COMP ▷ **gaming laws** NPL réglementation *f* des jeux d'argent

**gamma** /ˈgæmə/ **N** gamma *m* COMP ▷ **gamma radiation** N rayons *mpl* gamma ▷ **gamma rays** NPL ⇒ **gamma radiation**

**gammon** /ˈgæmən/ **N** *(Brit) (= bacon)* quartier *m* de lard fumé ; *(= ham)* jambon *m* fumé COMP ▷ **gammon steak** N (épaisse) tranche *f* de jambon fumé *or* salé

**gammy** * /ˈgæmɪ/ ADJ *(Brit)* ⇒ **game²**

**gamp**‡ /gæmp/ N *(Brit hum)* pépin * *m*, pébroc *m*

**gamut** /ˈgæmət/ N *(Mus, fig)* gamme *f* ◆ **to run the ~ of** *(fig)* passer par toute la gamme de ◆ **his facial expressions ran the ~ from pain to terror** son visage est passé par toute la gamme des expressions de la douleur à la terreur

**gamy** /ˈgeɪmɪ/ ADJ *[meat etc]* au goût de gibier

**gander** /ˈgændəʳ/ **N** a *(= bird)* jars *m* ; → **sauce** b *(= look)* ◆ **to take a ~**‡ filer * un coup d'œil (*at* vers)

**G&T, G and T** /,dʒiːənˈtiː/ N (abbrev of **gin and tonic**) → **gin¹**

**ganef**‡ /ˈgɑːnəf/ N *(US)* escroc *m*, filou *m*

**gang** /gæŋ/ **N** *[of workmen]* équipe *f* ; *[of criminals]* bande *f*, gang *m* ; *[of youths, children, friends etc]* bande *f* ; *[of prisoners]* convoi *m* ; *(Tech)* série *f* (d'outils multiples) ◆ **do you want to be in our ~?** veux-tu faire partie de notre bande ? ◆ **they roam the streets in ~s** ils traînent dans les rues en bandes ; → **chain** COMP ▷ **the Gang of Four** N *(Pol)* la bande des Quatre ▷ **gang rape** N viol *m* collectif ▷ **gang warfare** N guerre *f* des gangs

► **gang together** * VI se mettre ensemble *or* à plusieurs (*to do sth* pour faire qch)

► **gang up** * VI se mettre à plusieurs (*to do sth* pour faire qch) ◆ **to ~ up on** *or* **against sb**‡ se liguer contre qn, se mettre à plusieurs contre qn

**gangbang**‡ /ˈgæŋ,bæŋ/ N *(= rape)* viol *m* collectif

**gangbanger**‡ /ˈgæŋ,bæŋəʳ/ N *(US = gang member)* membre *m* d'un gang

**gangbusters** * /ˈgæŋbʌstəʳz/ NPL *(US)* ◆ **to be going ~** marcher super bien * ◆ **to come on like ~** rouler des mécaniques *

**ganger** /ˈgæŋəʳ/ N *(Brit)* chef *m* d'équipe *(de travailleurs)*

**Ganges** /ˈgændʒiːz/ N Gange *m*

**gangland** * /ˈgæŋ,lænd/ N ◆ **~ boss** chef *m* de gang ◆ **~ killing** règlement *m* de comptes (entre gangs)

**ganglia** /ˈgæŋglɪə/ NPL of **ganglion**

**gangling** /ˈgæŋglɪŋ/ ADJ *[person]* dégingandé ◆ **a ~ boy** un échalas, une perche *(hum)*

**ganglion** /ˈgæŋglɪən/ N (pl **ganglia** *or* **ganglions**) ganglion *m* ; *(fig) [of activity]* centre *m*

**gangly** /ˈgæŋglɪ/ ADJ ⇒ **gangling**

**gangplank** /ˈgæŋ,plæŋk/ N passerelle *f* (de débarquement) ; *(Naut)* échelle *f* de coupée

**gangrene** /'gæŋgriːn/ **N** gangrène *f* **VI** se gangréner

**gangrenous** /'gæŋgrɪnəs/ **ADJ** gangreneux ◆ **to go ~** se gangrener

**gangsta rap** /'gæŋstə,ræp/ **N** gangsta rap *m*

**gangster** /'gæŋstəʳ/ **N** gangster *m*, bandit *m* **COMP** *[story, film]* de gangsters

**gangsterism** /'gæŋstərɪzəm/ **N** gangstérisme *m*

**gangway** /'gæŋ,weɪ/ **N** passerelle *f* ; *(Brit) (in bus etc)* couloir *m* ; *(in theatre)* allée *f* ◆ **~!** dégagez !

**ganja** /'gændʒə/ **N** ganja *f*

**gannet** /'gænɪt/ **N** fou *m* (de Bassan)

**gantry** /'gæntrɪ/ **N** *(for crane)* portique *m* ; *(Space)* tour *f* de lancement ; *(Rail)* portique *m* (à signaux) ; *(for barrels)* chantier *m*

**gaol** /dʒeɪl/ *(Brit)* ⇒ **jail**

**gaoler** /'dʒeɪləʳ/ **N** *(Brit)* ⇒ **jailer**

**gap** /gæp/ **N** **a** trou *m*, vide *m* ; *(in wall)* trou *m*, brèche *f* ; *(in hedge)* trou *m*, ouverture *f* ; *(in print, text)* espace *m*, blanc *m* ; *(between floorboards)* interstice *m* ; *(in pavement)* brèche *f* ; *(between curtains)* intervalle *m* ; *(in clouds, fog)* trouée *f* ; *(between teeth)* écart *m*, interstice *m* ; *(= mountain pass)* trouée *f* ; *(in writing)* blanc *m* ◆ **to stop up** *or* **fill in a ~** boucher un trou, combler un vide

**b** *(fig) (in time)* intervalle *m* ; *(in timetable)* trou *m* ; *(in conversation, narrative)* interruption *f*, vide *m* ; *(in education)* lacune *f*, manque *m* ◆ **a ~ in his memory** un trou de mémoire ◆ **he left a ~ which will be hard to fill** il a laissé un vide qui sera difficile à combler ◆ **the four-month ~ between the ceasefire and the elections** l'intervalle de quatre mois entre le cessez-le-feu et les élections ◆ **production was resumed after a three-year ~** *or* **a ~ of three years** la production a repris après une interruption de trois ans ◆ **after a ~ of three years** *or* **a three-year ~, Henry was born** trois ans plus tard, Henry est né ◆ **she returned after a ~ of four years** elle est rentrée après une absence de quatre ans ◆ **on the last lap she closed the ~ (between them) to 4.2 seconds** au dernier tour de piste elle est revenue à 4,2 secondes de sa concurrente ◆ **policies designed to close the ~ between the salaries of public and private sector employees** des mesures visant à réduire l'écart entre les salaires du secteur public et ceux du secteur privé ◆ **tax increases to close the ~ between spending and revenue** des augmentations d'impôt afin de réduire l'écart entre les dépenses et les recettes ◆ **to close the ~ in the balance of payments** supprimer le déficit dans la balance des paiements ◆ **the ~ between rich and poor is closing/widening** l'écart entre les riches et les pauvres se réduit/se creuse ◆ **a ~ in the market** un créneau ◆ **the software ~ is the biggest problem** l'insuffisance en matière de logiciel constitue le problème majeur ◆ **the trade ~** le déficit commercial ; → **bridge[1], credibility, generation**

**COMP** ▷ **gap financing** **N** crédit *m* (de) relais ▷ **gap-toothed** **ADJ** *[person] (= teeth wide apart)* aux dents écartées ; *(= teeth missing)* brèche-dent † *inv*, à qui il manque une (or des) dent(s) ; *[smile, grin]* édenté ▷ **gap year** **N** ◆ **he spent his ~ year in India** avant d'entrer à l'université, il a passé un an en Inde

**gape** /geɪp/ **VI** **a** *(= open mouth) [person]* bâiller, ouvrir la bouche toute grande ; *[bird]* ouvrir le bec tout grand ; *[seam etc]* bâiller ; *[chasm, abyss]* être béant **b** *(= stare)* rester bouche bée, bayer aux corneilles ◆ **to ~ at sb/sth** regarder qn/qch bouche bée **N** *(= stare)* regard *m* ébahi

**gaping** /'geɪpɪŋ/ **ADJ** *[hole, chasm, wound]* béant ; *[mouth, eyes]* grand ouvert ; *[onlooker, tourist]* bouche bée *inv*

**gappy** /'gæpɪ/ **ADJ** *[teeth]* écartés ; *[structure, hedge]* avec des vides

**garage** /'gærɑːʒ/ **N** **a** garage *m* **b** (also **garage music**) garage *m* **VT** garer, mettre au garage **COMP** *[door, wall]* de garage ▷ **garage band** **N** *(Mus)* groupe *m* de musique garage ▷ **garage mechanic** **N** mécanicien *m* ▷ **garage proprietor** **N** garagiste *m* ▷ **garage sale** **N** vente *f* d'objets usagés *(chez un particulier)*, vide-grenier *m* ; → CAR-BOOT SALE, GARAGE SALE ▷ **garage space** **N** *(NonC)* place *f* pour se garer ◆ **there is ~ space for three cars** il y a de la place pour trois voitures

**garageman** /'gærɑːʒmən/ **N** (pl **-men**) mécanicien *m*

**garaging** /'gærɑːʒɪŋ/ **N** *(NonC)* place *f* pour se garer ◆ **there is ~ for three cars** il y a de la place pour trois voitures

**garb** /gɑːb/ **N** *(NonC: gen hum)* costume *m*, atours *mpl (liter)* ◆ **in medieval ~** en costume médiéval **VT** *(gen passive)* vêtir (*in* de)

**garbage** /'gɑːbɪdʒ/ **N** *(NonC: esp US)* ordures *fpl*, détritus *mpl* ; *(= food waste)* déchets *mpl* ; *(fig) (= worthless objects)* rebut *m* ; *(= nonsense)* foutaises‡ *fpl* ; *(Comput)* (informations *fpl*) parasites *mpl* ◆ **~ in, ~ out** *(Comput)* qualité d'entrée égale qualité de sortie, garbage in garbage out **COMP** ▷ **garbage can** **N** *(US)* boite *f* à ordures, poubelle *f* ▷ **garbage chute** **N** *(US)* vide-ordures *m inv* ▷ **garbage collector** **N** *(US)* éboueur *m*, boueux* *m* ▷ **garbage disposal unit** **N** *(US)* broyeur *m* d'ordures ▷ **garbage man** **N** (pl **garbage men**) *(US)* ⇒ **garbage collector** ▷ **garbage shute** **N** *(US)* ⇒ **garbage chute** ▷ **garbage truck** **N** *(US)* camion *m* des éboueurs

**garble** /'gɑːbl/ **VT** embrouiller

**garbled** /'gɑːbld/ **ADJ** *[account, version, message]* embrouillé ; *[words, speech]* confus

**Garda[1]** /'gɑːdə/ **N** ◆ **Lake ~** le lac de Garde

**Garda[2]** /'gɑːdə/ **N** (pl **Gardaí** /'gɑːdiː/) *(Ir)* agent *m* de police ◆ **the ~** *or* **~í** *la police irlandaise*

**garden** /'gɑːdn/ **N** jardin *m* ◆ **the Garden of Eden** le Paradis terrestre, le jardin d'Éden ◆ **~s** *(public)* parc *m*, jardin *m* public ; *[of manor house etc]* jardin *m* ◆ **herb ~** jardin *m* d'herbes aromatiques ◆ **vegetable ~** (jardin *m*) potager *m* ◆ **in the ~** dans le jardin, au jardin ◆ **everything in the ~'s lovely** *or* **rosy** tout va pour le mieux ; → **back, flower, kitchen**

**VI** jardiner, faire du jardinage ◆ **I like ~ing** j'aime le jardinage, j'aime jardiner

**COMP** ▷ **garden apartment** **N** *(US)* ⇒ **garden flat** ▷ **garden centre** **N** jardinerie *f* ▷ **garden city** **N** *(Brit)* cité-jardin *f* ▷ **garden flat** **N** appartement *m* en rez-de-jardin ▷ **garden gnome** **N** nain *m* de jardin ▷ **garden hose** **N** tuyau *m* d'arrosage ▷ **garden of remembrance** **N** jardin *m* du souvenir *(dans un cimetière)* ▷ **garden party** **N** garden-party *f*, réception *f* en plein air ▷ **garden path** **N** *(fig)* ◆ **to lead sb up the ~ path** * mener qn en bateau* ▷ **garden produce** **N** *(NonC)* produits *mpl* maraîchers ▷ **garden seat** **N** banc *m* de jardin ▷ **garden shears** **NPL** cisaille *f* de jardinier ▷ **garden snail** **N** escargot *m* ▷ **the Garden State** **N** *(US)* le New Jersey ▷ **garden suburb** **N** banlieue *f* résidentielle *(aménagée par un paysagiste)* ▷ **garden tools** **NPL** outils *mpl* de jardinage ▷ **garden-variety** **ADJ** *(US) (= ordinary)* simple, ordinaire ; *(= standard)* d'un modèle standard *or* ordinaire ▷ **garden wall** **N** mur *m* de jardin ◆ **he lives just over the ~ wall from us** il habite juste à côté de chez nous

**gardener** /'gɑːdnəʳ/ **N** jardinier *m*, -ière *f* ◆ **I'm no ~** je ne connais rien au jardinage ◆ **he's a good ~** il est très bon jardinier ; → **landscape**

**gardenia** /gɑː'diːnɪə/ **N** gardénia *m*

**gardening** /'gɑːdnɪŋ/ **N** jardinage *m* ; see also **garden, landscape** **COMP** ▷ **gardening tools** **NPL** outils *mpl* de jardinage

**garfish** /'gɑː,fɪʃ/ **N** (pl **garfish** *or* **garfishes**) orphie *f*

**gargantuan** /gɑː'gæntjʊən/ **ADJ** gargantuesque

**gargle** /'gɑːgl/ **VI** se gargariser (*with* à) se faire un gargarisme (*with* avec) **N** gargarisme *m*

**gargoyle** /'gɑːgɔɪl/ **N** gargouille *f*

**garish** /'geərɪʃ/ **ADJ** *[colour]* criard ; *[clothes]* aux couleurs criardes, tapageur ; *[décor]* criard, tapageur ; *[light]* cru

**garishly** /'geərɪʃlɪ/ **ADV** *[decorated, painted, dressed]* de couleurs criardes ◆ **~ coloured** aux couleurs criardes ◆ **~ lit** crûment éclairé

**garishness** /'geərɪʃnɪs/ **N** *[of clothes, décor, building]* aspect *m* criard *or* tapageur ; *[of colours]* crudité *f*, violence *f*

**garland** /'gɑːlənd/ **N** guirlande *f* ◆ **a ~ of flowers/holly** une guirlande de fleurs/de houx **VT** orner de guirlandes, enguirlander

**garlic** /'gɑːlɪk/ **N** *(NonC)* ail *m* ; → **clove[1]** **COMP** ▷ **garlic bread** **N** pain *m* à l'ail ▷ **garlic mushrooms** **NPL** champignons *mpl* à l'ail ▷ **garlic press** **N** presse-ail *m inv* ▷ **garlic salt** **N** sel *m* d'ail ▷ **garlic sausage** **N** saucisson *m* à l'ail

**garlicky** /'gɑːlɪkɪ/ **ADJ** *[flavour, smell]* d'ail ; *[sauce]* à l'ail ; *[food]* aillé ; *[breath]* qui sent l'ail

**garment** /'gɑːmənt/ **N** vêtement *m*

**garner** /'gɑːnəʳ/ **VT** (also **garner in, garner up**) *[+ grain etc]* rentrer, engranger ; *(fig) [+ information, reviews]* recueillir **N** *(liter) (= granary)* grenier *m* ; *(= anthology)* recueil *m*

**garnet** /'gɑːnɪt/ **N** *(= gem, colour)* grenat *m* **ADJ** (also **garnet-coloured**) grenat *inv* **COMP** *[ring]* de grenat(s)

**garnish** /'gɑːnɪʃ/ **VT** orner, parer (*with* de) ; *(Culin)* décorer (*with* avec) **N** décoration *f*

**garnishee** /,gɑːnɪ'ʃiː/ **N** *(Jur)* saisi *m*

**garnishing** /'gɑːnɪʃɪŋ/ **N** *(Culin)* décoration *f*

**garnishment** /'gɑːnɪʃmənt/ **N** *(Jur)* saisie-arrêt *f*

**garnishor** /'gɑːnɪʃəʳ/ **N** *(Jur)* saisissant *m*

**garotte** /gə'rɒt/ **VT, N** ⇒ **garrotte**

**garret** /'gærət/ **N** *(= room)* mansarde *f* ; *(= attic)* grenier *m*

**garrison** /'gærɪsən/ **N** garnison *f* **VT** *[+ fort etc]* placer une garnison dans ; *[+ troops]* mettre en garnison ; *[regiment]* être en garnison dans **COMP** ▷ **garrison life** **N** vie *f* de garnison ▷ **garrison town** **N** ville *f* de garnison ▷ **garrison troops** **NPL** troupes *fpl* de garnison

**garrotte** /gə'rɒt/ **VT** *(= strangle)* étrangler ; *(Spanish Hist)* faire périr par le garrot **N** *(gen)* cordelette *f (pour étrangler)* ; *(Spanish Hist)* garrot *m*

**garrulous** /'gærʊləs/ **ADJ** *[person]* loquace, volubile ; *(liter) [stream]* babillard *(liter)*

**garrulously** /ˈgærʊləslɪ/ ADV *[talk]* avec volubilité

**garrulousness** /ˈgærʊləsnɪs/ N loquacité *f*, volubilité *f*

**garter** /ˈgɑːtəʳ/ N *(gen)* jarretière *f* ; *(for men's socks)* fixe-chaussette *m* ; *(US: from belt)* jarretelle *f* ◆ **Order of the Garter** *(Brit)* Ordre *m* de la Jarretière ◆ **Knight of the Garter** *(Brit)* chevalier *m* de l'Ordre de la Jarretière
COMP ⊳ **garter belt** N *(US)* porte-jarretelles *m inv* ⊳ **garter stitch** N *(Knitting)* point *m* mousse

**gas** /gæs/ N (pl **gas(s)es**) a *(Chem, Culin, Phys, Med etc)* gaz *m inv* ; *(Min)* méthane *m*, grisou *m* ; *(Mil)* gaz *m* (asphyxiant *or* vésicant *etc*) ; *(= anaesthetic)* (gaz *m*) anesthésique *m* ◆ **to cook by** *or* **with** ~ faire la cuisine au gaz ◆ **to turn on/off the** ~ allumer/fermer *or* éteindre le gaz ◆ **the dentist gave me** ~ le dentiste m'a fait une anesthésie au gaz ◆ **(combined)** ~ **and electric cooker** cuisinière *f* mixte ; → **laughing, natural, supply**[1]
b (US: also **gasoline**) essence *f* ◆ **to step on the** ~ * *(Aut)* appuyer sur le champignon * ; *(fig)* se magner *, se presser ◆ **to take one's foot off the** ~ * ralentir
c *(= chat)* ◆ **to have a** ~ ⁑ tailler une bavette * (*about* à propos de)
d *(⁑ = fun)* rigolade * *f* ◆ **it was a real** ~! quelle rigolade ! *, ce qu'on s'est marrés ! ⁑
VT *(gen)* asphyxier ; *(Mil)* gazer ◆ **to** ~ **o.s.** *(gen)* s'asphyxier ; *(= commit suicide)* se suicider au gaz
VI a *(Chem)* dégager des gaz
b *(⁑ = talk, chat)* papoter
COMP *[industry]* du gaz, gazier ; *[engine]* à gaz ⊳ **gas bracket** N applique *f* à gaz ⊳ **gas burner** N ⇒ **gas jet** ⊳ **gas carrier** N *(= ship)* méthanier *m* ⊳ **gas central heating** N ⇒ **gas-fired central heating** ⊳ **gas chamber** N chambre *f* à gaz ⊳ **gas cooker** N cuisinière *f* à gaz, gazinière *f* ; *(portable)* réchaud *m* à gaz ⊳ **gas-cooled reactor** N réacteur *m* graphite-gaz ⊳ **gas cylinder** N bonbonne *f* de gaz ⊳ **gas explosion** N *(gen)* explosion *f* (causée par une fuite) de gaz ; *(in coal mine)* explosion *f or* coup *m* de grisou ⊳ **gas fire** N appareil *m* de chauffage à gaz ◆ **to light the** ~ **fire** allumer le gaz ⊳ **gas-fired** ADJ chauffé au gaz ⊳ **gas-fired central heating** N chauffage *m* central au gaz ⊳ **gas fitter** N installateur *m*, -trice *f* d'appareils à gaz ⊳ **gas fittings** NPL installation *f* de gaz ⊳ **gas fixture** N ⇒ **gas bracket** ⊳ **gas guzzler** ⁑ N *(US = car)* voiture *f* qui consomme énormément d'essence *or* qui suce ⁑ beaucoup ⊳ **gas heater** N appareil *m* de chauffage à gaz ; *(for heating water)* chauffe-eau *m inv* (à gaz) ⊳ **gas hog** * N *(US)* ⇒ **gas guzzler** ⊳ **gas jet** N brûleur *m* à gaz ⊳ **gas lamp** N lampe *f* à gaz ⊳ **gas lighter** N *(for cooker etc)* allume-gaz *m inv* ; *(for cigarettes)* briquet *m* à gaz ⊳ **gas lighting** N éclairage *m* au gaz ⊳ **gas main** N canalisation *f* de gaz ⊳ **gas mantle** N manchon *m* à incandescence ⊳ **gas meter** N compteur *m* à gaz ⊳ **gas mileage** N *(US Aut)* consommation *f* d'essence ⊳ **gas oil** N gasoil *m* ⊳ **gas oven** N four *m* à gaz ◆ **he put his head in the** ~ **oven** il s'est suicidé en se mettant la tête dans le four à gaz ◆ **she felt like putting her head in the** ~ **oven** elle avait envie de se jeter par la fenêtre ⊳ **gas pedal** N *(US Aut)* (pédale *f* d')accélérateur *m* ⊳ **gas-permeable** ADJ *[lens]* perméable à l'oxygène ⊳ **gas pipe** N tuyau *m* à gaz ⊳ **gas pipeline** N gazoduc *m* ⊳ **gas pump** N *(US Aut)* pompe *f* à essence ⊳ **gas range** N fourneau *m* à gaz ⊳ **gas ring** N *(= part of cooker)* brûleur *m* ; *(= small stove)* réchaud *m* à gaz ⊳ **gas station** N *(US)* station-service *f* ⊳ **gas stove** N *(portable)* réchaud *m* à gaz ; *(larger)* cuisinière *f or* fourneau *m* à gaz ⊳ **gas tank** N *(US)* réservoir *m* à essence ⊳ **gas tap** N *(on pipe)* robinet *m* à gaz ; *(on cooker)* bouton *m* (de cuisinière à gaz) ⊳ **gas turbine** N turbine *f* à gaz ⊳ **gas worker** N gazier *m*

► **gas up** * VI *(US Aut)* faire le plein (de carburant)

**gasbag** /ˈgæsbæg/ N (enveloppe *f* de) ballon *m* à gaz ; *(⁑ pej) (= talkative person)* moulin *m* à paroles * *(pej)* ; *(= boastful person)* baratineur * *m*, -euse * *f*

**Gascon** /ˈgæskən/ ADJ gascon N Gascon(ne) *m(f)*

**Gascony** /ˈgæskənɪ/ N Gascogne *f*

**gaseous** /ˈgæsɪəs/ ADJ gazeux

**gash** /gæʃ/ N *(in flesh)* entaille *f*, estafilade *f* ; *(on face)* balafre *f* ; *(in cloth, leather)* grande déchirure *f* VT *[+ flesh]* entailler, entamer ; *[+ face]* balafrer ; *[+ cloth, leather]* déchirer ◆ **she ~ed her arm** elle s'est entaillé *or* s'est entamé le bras ADJ *(Brit ⁑ = surplus)* de trop, en surplus

**gasholder** /ˈgæsˌhəʊldəʳ/ N gazomètre *m*

**gasket** /ˈgæskɪt/ N a *[of piston]* garniture *f* de piston ; *[of joint]* joint *m* d'étanchéité ; *[of cylinder head]* joint *m* de culasse ; → **blow**[1] b *(Naut)* raban *m* de ferlage

**gaslight** /ˈgæslaɪt/ N lumière *f* du gaz ◆ **by** ~ au gaz, à la lumière du gaz

**gaslit** /ˈgæslɪt/ N éclairé au gaz

**gasman** * /ˈgæsmən/ N (pl **-men**) employé *m* du gaz, gazier *m*

**gasmask** /ˈgæsmæsk/ N masque *m* à gaz

**gasohol** /ˈgæsəʊhɒl/ N *(US)* carburol *m*

**gasoline** /ˈgæsəʊliːn/ *(US)* N essence *f* COMP ⊳ **gasoline gauge** N jauge *f* d'essence ⊳ **gasoline-powered** ADJ à essence

**gasometer** /gæˈsɒmɪtəʳ/ N *(Brit)* gazomètre *m*

**gasp** /gɑːsp/ N halètement *m* ◆ **to give a** ~ **of surprise/fear** *etc* avoir le souffle coupé par la surprise/la peur *etc* ◆ **to be at one's last** ~ * être au bout du rouleau ◆ **to the last** ~ jusqu'au dernier souffle ◆ **11,000 years ago, at the last** ~ **of the ice age** il y a 11 000 ans, juste à la fin de l'ère glaciaire
VI *(= choke)* haleter, suffoquer ; *(from astonishment)* avoir le souffle coupé ◆ **to make sb** ~ *(lit, fig)* couper le souffle à qn ◆ **to** ~ **for breath** *or* **air** haleter, suffoquer ◆ **I'm ~ing** * **for a cup of tea/a cigarette** *(= want desperately)* je meurs d'envie de boire une tasse de thé/de fumer une cigarette ◆ **I was ~ing!** * *(= thirsty)* je mourrais de soif
VT *(in quiet voice)* souffler ◆ **"no!" she ~ed** "non !" souffla-t-elle ◆ **the young man ~ed his thanks** *(in strangled voice)* le jeune homme remercia d'une voix entrecoupée ◆ **"you're beautiful," he ~ed out** "vous êtes belle" dit-il d'une voix entrecoupée

**gasper** ⁑ /ˈgɑːspəʳ/ N *(Brit)* sèche ⁑ *f*, clope ⁑ *f or m*

**gassed** ⁑ /ˈgæst/ ADJ *(= drunk)* bourré ⁑

**gassy** /ˈgæsɪ/ ADJ gazeux ; *(* pej) [person]* bavard, jacasseur

**gastric** /ˈgæstrɪk/ ADJ gastrique COMP ⊳ **gastric flu** N grippe *f* gastro-intestinale ⊳ **gastric juices** NPL sucs *mpl* gastriques ⊳ **gastric ulcer** N ulcère *m* de l'estomac

**gastritis** /gæsˈtraɪtɪs/ N gastrite *f*

**gastro...** /ˈgæstrəʊ/ PREF gastro...

**gastroenteritis** /ˌgæstrəʊˌentəˈraɪtɪs/ N gastroentérite *f*

**gastroenterologist** /ˈgæstrəʊˈentəˌrɒlədʒɪst/ N gastroentérologue *mf*

**gastroenterology** /ˈgæstrəʊˈentəˌrɒlədʒɪ/ N gastroentérologie *f*

**gastrointestinal** /ˌgæstrəʊɪnˈtestɪnl/ ADJ *[problems, disorders, system]* gastro-intestinal

**gastronome** /ˈgæstrənəʊm/ N gastronome *mf*

**gastronomic** /ˌgæstrəˈnɒmɪk/ ADJ gastronomique

**gastronomist** /gæsˈtrɒnəmɪst/ N gastronome *mf*

**gastronomy** /gæsˈtrɒnəmɪ/ N gastronomie *f*

**gastropod** /ˈgæstrəpɒd/ N gastéropode *m*

**gasworks** /ˈgæswɜːks/ N *(pl inv)* usine *f* à gaz

**gat**[1] †† /gæt/ VB pt of **get**

**gat**[2] † ⁑ /gæt/ N *(US)* *(= gun)* flingue ⁑ *m*, pétard ⁑ *m*

**gate** /geɪt/ N a *[of castle, town, airport]* porte *f* ; *[of field, level crossing]* barrière *f* ; *[of garden]* porte *f*, portail *m* ; *(large, metallic)* grille *f* (d'entrée) ; *(low)* portillon *m* ; *(tall, into courtyard etc)* porte *f* cochère ; *(in Metro)* portillon *m* ; *[of lock, sluice]* vanne *f*, porte *f* (d'écluse) ; *[of sports ground]* entrée *f* ◆ **the factory/castle** *etc* ~ *(= entrance)* l'entrée *f* de l'usine/du château *etc* ◆ **five-bar** ~ ≈ barrière *f* ◆ **to give sb the** ~ ⁑ *(US)* *[+ employee]* virer * qn ; *[+ boyfriend etc]* plaquer * qn ◆ **to get the** ~ ⁑ *(US) (= be dismissed)* être viré *
b *(Sport)* *(= attendance)* spectateurs *mpl* ; *(= money)* recette *f*, entrées *fpl* ◆ **there was a** ~ **of 5,000** il y avait 5 000 spectateurs ◆ **the match got a good** ~ le match a fait beaucoup d'entrées
c *(Ski)* porte *f*
d *(Comput)* porte *f*
VT *(Brit *: Scol, Univ)* consigner, coller *
COMP ⊳ **gated community** N *(esp US)* ghetto *m* doré, enclave *f* (résidentielle) protégée ⊳ **gate-leg(ged) table** N table *f* anglaise, table *f* à abattants ⊳ **gate money** N *(Sport)* recette *f*, (montant *m* des) entrées *fpl*

**...gate** /geɪt/ N *(in compounds)* ◆ **Dianagate** scandale *m* Diana ◆ **Irangate** Irangate *m* ; see also **Watergate**

**gâteau** /ˈgætəʊ/ N (pl **gâteaux** /ˈgætəʊz/) *(Brit)* grand gâteau *m* fourré

**gatecrash** /ˈgeɪtkræʃ/ VI *(without invitation)* s'introduire sans invitation ; *(without paying)* resquiller * VT s'introduire (sans invitation) dans ◆ **to** ~ **a match** assister à un match sans payer

**gatecrasher** /ˈgeɪtˌkræʃəʳ/ N *(without invitation)* intrus(e) *m(f)* ; *(without paying)* resquilleur * *m*, -euse * *f*

**gatefold** /ˈgeɪtfəʊld/ N *(US Publishing)* dépliant *m* encarté

**gatehouse** /ˈgeɪthaʊs/ N *[of castle]* corps *m* de garde ; *[of park etc]* maison *f* du gardien

**gatekeeper** /ˈgeɪtˌkiːpəʳ/ N *[of block of flats etc]* portier *m*, -ière *f* ; *[of factory etc]* gardien(ne) *m(f)* ; *(Rail)* garde-barrière *mf*

**gatepost** /ˈgeɪtpəʊst/ N montant *m* (de porte) ◆ **between you, me and the** ~ * soit dit entre nous

**gateway** /ˈgeɪtweɪ/ N entrée *f* ◆ **New York, the** ~ **to America** New York, porte de l'Amérique ◆ **it proved the** ~ **to success/fame/fortune** cela ouvrit toutes grandes les portes du succès/de la gloire/de la fortune

**gather** /ˈɡæðəʳ/ **VT** **a** (also **gather together**) *[+ people]* rassembler, réunir ; *[+ objects]* rassembler, ramasser ; *[+ troops]* amasser

**b** *(= draw, attract)* attirer ; *(Typ) [+ pages]* assembler ◆ **the programme ~ed an audience of 20 million viewers** cette émission a été regardée par 20 millions de téléspectateurs ◆ **the accident ~ed quite a crowd** l'accident a attiré pas mal de monde

**c** *(= collect) [+ flowers]* cueillir ; *[+ wood, sticks, mushrooms]* ramasser ; *[+ taxes]* percevoir ; *[+ information, data, evidence]* réunir ◆ **to ~ dirt** s'encrasser ◆ **to ~ dust** *(lit, fig)* prendre la poussière ◆ **to ~ momentum** *(lit)* prendre de la vitesse ; *(fig) [political movement, pressure group]* prendre de l'ampleur ◆ **to ~ one's thoughts** se concentrer ◆ **to ~ speed, to ~ way** *(Naut)* prendre de la vitesse ◆ **to ~ strength** *[person]* reprendre des forces ; *[feeling, movement]* se renforcer ◆ **she is trying to ~ support for her ideas/her candidacy** elle essaie d'obtenir des appuis pour ses idées/sa candidature ◆ **to ~ volume** croître en volume

**d** ◆ **she ~ed him in her arms** elle l'a serré dans ses bras ◆ **he ~ed her to him** il l'a serrée contre lui ◆ **he ~ed his cloak around him** il a ramené son manteau contre lui ◆ **she ~ed up her skirts** elle a ramassé ses jupes ◆ **her hair was ~ed into a bun** ses cheveux étaient ramassés en chignon ◆ **he was ~ed to his fathers** *(liter: euph)* il alla rejoindre ses ancêtres *or* aïeux

**e** *(Sewing)* froncer ◆ **a ~ed skirt** une jupe froncée

**f** *(= infer)* déduire, conclure ◆ **I ~ from this report (that) ...** je conclus *or* je déduis de ce rapport (que) ... ◆ **I ~ from the papers that ...** d'après ce que disent les journaux, je déduis *or* je crois comprendre que ... ◆ **I ~ from him that ...** je comprends d'après ce qu'il me dit que ... ◆ **what are we to ~ from that?** que devons-nous en déduire ? ◆ **as far as I can ~, from what I could ~** à ce que je comprends ◆ **I ~ she won't be coming** d'après ce que j'ai compris, elle ne viendra pas ◆ **as you will have ~ed** comme vous avez dû le deviner ◆ **as will be ~ed from my report** comme il ressort de mon rapport ◆ **so I ~** c'est ce que j'ai cru comprendre ◆ **I ~ed that** j'avais compris

**VI** **a** *(= collect) [people]* se rassembler, se réunir ; *[troops]* s'amasser ; *[objects]* s'accumuler ; *[clouds]* se former, s'amonceler ; *[dust]* s'accumuler, s'amasser ◆ **they ~ed round him** ils se sont groupés *or* se sont rassemblés autour de lui ◆ **a crowd had ~ed in front of the embassy** une foule s'était formée devant l'ambassade ◆ **a crowd of demonstrators had ~ed** des manifestants s'étaient rassemblés

**b** *(= increase) (in volume, intensity etc)* croître, grandir ; *(in size, content etc)* grossir ; see also **gathering**

**c** *[abscess]* mûrir ; *[pus]* se former ◆ **tears ~ed in her eyes** ses yeux se remplirent de larmes

**N** *(Sewing)* fronce *f*

► **gather in** **VT SEP** *[+ crops]* rentrer, récolter ; *[+ money, taxes]* faire rentrer, percevoir ; *[+ contributions]* recueillir ; *[+ papers, essays]* ramasser ◆ **the dress is ~ed in at the waist** la robe est froncée à la taille

► **gather round** **VI** faire cercle, s'approcher ◆ **~ round!** approchez-vous ! ◆ **~ round, children!** approchez-vous les enfants !

► **gather together** **VI** s'amasser, se rassembler

**VT SEP** ⇒ **gather vt a** ◆ **to ~ o.s. together** *(= collect one's thoughts)* se recueillir, se concentrer ; *(for jump etc)* se ramasser

► **gather up** **VT SEP** *[+ papers, clothes, toys]* ramasser ◆ **to ~ up the threads of a discussion** rassembler les principaux arguments d'une discussion ◆ **to ~ up one's courage** rassembler son courage ◆ **to ~ up one's dignity** essayer de paraître digne ◆ **to ~ up one's strength** rassembler ses forces ◆ **to ~ o.s. up** *(for jump etc)* se ramasser ◆ **he ~ed himself up to his full height** il s'est redressé de toute sa hauteur ; see also **gather vt c**

**gatherer** /ˈɡæðərəʳ/ **N** cueilleur *m*, -euse *f* ; see also **hunter-gatherer**

**gathering** /ˈɡæðərɪŋ/ **N** **a** *(NonC = act) [of people]* rassemblement *m* ; *[of objects]* accumulation *f*, amoncellement *m* ; *[of fruits etc]* cueillette *f* ; *[of crops]* récolte *f* ◆ **the ~ of information/evidence may take several weeks** réunir les informations/les preuves pourrait prendre plusieurs semaines

**b** *(= group of people)* assemblée *f*, réunion *f* ; *(= act of meeting)* rassemblement *m* ◆ **a family ~** une réunion de famille ◆ **a ~ of 12 heads of state** une rencontre de 12 chefs d'État ◆ **~s of more than 20 people were forbidden** les rassemblements de plus de 20 personnes étaient interdits

**c** *(NonC: Sewing)* fronces *fpl*, froncis *m*

**ADJ** *[dusk, darkness, gloom]* grandissant ; *[crowd]* en train de se former ◆ **the ~ clouds** les nuages qui s'amoncellent (*or* s'amoncelaient) ◆ **the ~ storm** l'orage qui se prépare (*or* se préparait) ◆ **with ~ speed** de plus en plus vite

**-gathering** /ˈɡæðərɪŋ/ **N** *(in compounds)* ◆ **information- or intelligence-gathering** collecte *f* de renseignements

**gator** * /ˈɡeɪtəʳ/ **N** *(US)* ⇒ **alligator**

**GATT** /ɡæt/ **N** (abbrev of **General Agreement on Tariffs and Trade**) GATT *m*

**gauche** /ɡəʊʃ/ **ADJ** gauche, maladroit

**gaucheness** /ˈɡəʊʃnɪs/ **N** gaucherie *f*, maladresse *f*

**gaucho** /ˈɡaʊtʃəʊ/ **N** gaucho *m*

**gaudily** /ˈɡɔːdɪlɪ/ **ADV** *[decorated, painted, dressed]* de couleurs voyantes ◆ **~ coloured** aux couleurs voyantes *or* crues ◆ **~ patterned** aux motifs voyants

**gaudy** /ˈɡɔːdɪ/ **ADJ** *[clothes]* aux couleurs voyantes ; *[bird, fish]* aux couleurs éclatantes ; *[colour]* voyant, cru ; *[display etc]* tapageur **N** *(Brit Univ)* fête *f* annuelle *(de collège)*

**gauge** /ɡeɪdʒ/ **N** *(= standard measure)* calibre *m* ; *(Rail)* écartement *m* ; *(Tex)* jauge *f* ; *(= instrument)* jauge *f*, indicateur *m* ◆ **oil ~** indicateur *m or* jauge *f* du niveau d'huile ◆ **the survey was seen as a good ~ of employment trends** l'enquête a été considérée comme un bon indicateur des tendances de l'emploi ◆ **opinion polls are not an accurate ~ of popular feeling** les sondages ne permettent pas d'évaluer avec justesse le sentiment populaire

**VT** **a** *(= measure) [+ nut, temperature]* mesurer ; *[+ oil]* jauger ; *[+ wind]* mesurer la vitesse de ; *[+ screw, gun]* calibrer ; *[+ sb's abilities]* évaluer ; *[+ course of events]* prévoir ◆ **to ~ a distance** *(by looking)* évaluer une distance à vue d'œil ◆ **"she's out," he said, gauging my reaction** "elle est sortie," dit-il, essayant de deviner ma réaction ◆ **I tried to ~ whether she was pleased or not** j'ai essayé de deviner si elle était contente ou pas ◆ **we must try to ~ how strong public opinion is** nous devons essayer d'évaluer le poids de l'opinion publique ◆ **to ~ the right moment** calculer le bon moment

**b** *[+ tools]* standardiser

**-gauge** /ɡeɪdʒ/ **SUF** *(in compounds)* ◆ **narrow-/standard-/broad-gauge railway** voie *f* étroite/à écartement normal/à grand écartement

**Gaul** /ɡɔːl/ **N** *(= country)* Gaule *f* ; *(= person)* Gaulois(e) *m(f)*

**Gaullism** /ˈɡəʊlɪzəm/ **N** gaullisme *m*

**Gaullist** /ˈɡəʊlɪst/ **ADJ, N** gaulliste *mf*

**gaunt** /ɡɔːnt/ **ADJ** **a** *(= thin and pale) [person, face, features]* hâve ; *[body, figure]* émacié ◆ **he looks ~** il a les traits tirés **b** *(= grim) [building]* austère ; *[tree]* squelettique

**gauntlet** /ˈɡɔːntlɪt/ **N** *(= glove)* gant *m* (à crispin) ; *(= part of glove)* crispin *m* ; *[of armour]* gantelet *m* ◆ **to throw down/take up the ~** *(Hist, also fig)* jeter/relever le gant ◆ **to run the ~** *(Mil Hist)* passer par les baguettes ; *(Naut Hist)* courir la bouline ◆ **they ran the ~ of enemy submarines** ils risquaient d'être la cible de sous-marins ennemis ◆ **he had to run the ~ through the crowd** il a dû foncer à travers une foule hostile ◆ **he ran the ~ of public criticism** il essuya le feu des critiques du public

**gauss** /ɡaʊs/ **N** *(pl inv)* gauss *m*

**gauze** /ɡɔːz/ **N** *(all senses)* gaze *f*

**gauzy** /ˈɡɔːzɪ/ **ADJ** vaporeux

**gave** /ɡeɪv/ **VB** pt of **give**

**gavel** /ˈɡævl/ **N** marteau *m (de président de réunion, de commissaire-priseur)*

**gavotte** /ɡəˈvɒt/ **N** gavotte *f*

**Gawd** ‡ /ɡɔːd/ **EXCL** *(Brit = God)* mon Dieu !, bon Dieu ! *

**gawk** /ɡɔːk/ **N** godiche * *f*, grand dadais * *m* **VI** rester bouche bée (*at* devant)

**gawker** * /ˈɡɔːkəʳ/ **N** badaud *m*

**gawky** /ˈɡɔːkɪ/ **ADJ** godiche *, empoté

**gawp** * /ɡɔːp/ **VI** *(Brit)* ⇒ **gape vi**

**gay** /ɡeɪ/ **ADJ** **a** *(= homosexual) [person, community, movement]* homosexuel, gay *inv* ; *[group, club, bar]* gay *inv* ◆ **~ men and women** homosexuels *mpl* et lesbiennes *fpl* ◆ **~ rights** droits *mpl* des homosexuels ◆ **~ sex** rapports *mpl* homosexuels **b** († *= cheerful) [person, company, occasion]* joyeux ; *[music, party, appearance, colour]* gai ; *[laughter]* enjoué, gai ; *[costume]* aux couleurs gaies ◆ **to become ~(er)** s'égayer ◆ **with ~ abandon** avec une belle désinvolture ◆ **to lead a** *or* **the ~ life** mener une vie de plaisirs, mener joyeuse vie ◆ **to have a ~ time** prendre du bon temps **N** homosexuel(le) *m(f)* ◆ **Gay Liberation (Movement), Gay Lib** * (mouvement *m* pour) la libération des homosexuels *or* la libération gay **COMP** ▷ **gay-friendly** **ADJ** *[place, environment]* où les homosexuels sont très bien acceptés

**gayness** /ˈɡeɪnɪs/ **N** *[of homosexual]* homosexualité *f*

**Gaza strip** /ˈɡɑːzəˈstrɪp/ **N** bande *f* de Gaza

**gaze** /ɡeɪz/ **N** regard *m* (fixe) ◆ **his ~ met mine** son regard a croisé le mien **VI** regarder ◆ **to ~ into space** regarder dans *or* fixer le vide ◆ **to ~ at** *or (liter)* **upon sth** regarder *or* contempler qch ◆ **they ~d into each other's eyes** ils se regardaient les yeux dans les yeux ◆ **to ~ out of the window** regarder fixement par la fenêtre ◆ **to ~ at o.s. in the mirror** se regarder fixement dans le miroir

► **gaze about**, **gaze around** **VI** regarder autour de soi

**gazebo** /ɡəˈziːbəʊ/ **N** (pl **gazebos** *or* **gazeboes**) belvédère *m (pavillon)*

**gazelle** /ɡəˈzel/ **N** (pl **gazelles** *or* **gazelle**) gazelle *f*

**gazette** /gəˈzet/ **N** *(= official publication)* (journal *m*) officiel *m* ; *(= newspaper)* gazette *f* **VT** publier à l'Officiel ◆ **to be ~d** *(Mil etc)* avoir sa nomination publiée à l'Officiel

**gazetteer** /ˌgæzɪˈtɪəʳ/ **N** index *m* (géographique)

**gazpacho** /gəzˈpætʃəʊ/ **N** gaspacho *m*

**gazump** /gəˈzʌmp/ **VT** *(Brit)* ◆ **he was ~ed** le vendeur est revenu sur sa promesse de vente en acceptant une meilleure offre

**gazumping** /gəˈzʌmpɪŋ/ **N** *(Brit) le fait de revenir sur une promesse de vente d'une maison pour accepter une offre plus élevée*

**gazunder** /gəˈzʌndəʳ/ *(Brit)* **VI** *revenir sur une promesse d'achat immobilier pour tenter de faire baisser le prix* **VT** *(Brit)* ◆ **to be ~ed** *être obligé de baisser son prix à la dernière minute*

**GB** /dʒiːˈbiː/ (abbrev of **Great Britain**) GB

**GBH** /dʒiːbiːˈeɪtʃ/ *(Brit) (= crime)* (abbrev of **grievous bodily harm**) → **grievous**

**GBS** /dʒiːbiːˈes/ *(Brit)* abbrev of **George Bernard Shaw**

**GC** /ˈdʒiːsiː/ **N** *(Brit)* (abbrev of **George Cross**) → **George**

**GCE** /dʒiːsiːˈiː/ **N** *(Brit Educ)* (abbrev of **General Certificate of Education**) *(formerly)* ◆ **~ "O" level** ≃ brevet *m* ◆ **~ "A" level** ≃ baccalauréat *m*

**GCH** **N** (abbrev of **gas(-fired) central heating**) → **gas**

**GCHQ** /ˌdʒiːsiːeɪtʃˈkjuː/ **N** *(Brit)* (abbrev of **Government Communications Headquarters**) *service gouvernemental d'interception des communications*

**GCSE** /ˌdʒiːsiːesˈiː/ **N** *(Brit Educ)* (abbrev of **General Certificate of Secondary Education**) ≃ brevet *m* des collèges

> **GCSE**
>
> En Angleterre, au pays de Galles et en Irlande du Nord, le **General Certificate of Secondary Education** ou **GCSE** est l'équivalent du brevet des collèges français. À l'issue de cet examen, qui se passe généralement à l'âge de seize ans, l'élève peut soit quitter l'école, soit préparer les « A levels », qui correspondent au baccalauréat français. L'équivalent écossais du **GCSE** porte le nom de « Standard Grades ». → A LEVELS

**Gdansk** /gdænsk/ **N** Gdansk

**GDI** /dʒiːdiːˈaɪ/ **N** (abbrev of **gross domestic income**) → **gross**

**Gdns** abbrev of **Gardens**

**GDP** /dʒiːdiːˈpiː/ **N** (abbrev of **gross domestic product**) → **gross**

**GDR** /dʒiːdiːˈɑːʳ/ **N** (abbrev of **German Democratic Republic**) → **German**

**gear** /gɪəʳ/ **N** **a** *(= mechanism) [of vehicle]* embrayage *m* ; *(= speed)* vitesse *f* ◆ **a problem with the ~s** *(= mechanical fault)* un problème d'embrayage ◆ **the car slipped** *or* **jumped out of ~** la vitesse a sauté ◆ **to accelerate** *or* **move (up) through the ~s** accélérer en passant toutes les vitesses les unes après les autres ◆ **to move down through the ~s** ralentir en rétrogradant ◆ **first** *or* **bottom** *or* **low ~** première *f* (vitesse) ◆ **second/third/fourth ~** deuxième *f*/troisième *f*/quatrième *f* (vitesse) ◆ **top ~** *(Brit)* ◆ **high ~** *(US) (= fifth)* cinquième *f* (vitesse) ◆ **in second ~** en seconde

♦ **in gear** *[vehicle]* en prise ◆ **the car was in ~** la voiture était en prise ◆ **she put the car into ~** elle a mis la voiture en prise ◆ **not in ~** au point mort

♦ **out of gear** ◆ **it's out of ~** ce n'est pas *or* plus en prise

♦ **to change** *or* **shift + gear** ◆ **to change** *or (US)* **to shift ~** changer de vitesse ◆ **to change** *or (US)* **to shift into third ~** passer en troisième (vitesse) ◆ **to change** *or (US)* **to shift ~s** *(fig)* se réadapter

♦ **to get + in(to) gear** ◆ **to get in(to) ~** * *(fig) [person, process]* démarrer ◆ **the electoral campaign is getting into ~** la campagne électorale démarre ◆ **he helped her get her life back in(to) ~ after the divorce** il l'a aidée à commencer une vie nouvelle après le divorce ◆ **to get one's brain in(to) ~** * faire travailler ses méninges * ◆ **to get one's arse** ** *(Brit) or* **ass** ** *(US)* **in(to) ~** se remuer le cul **

♦ **to move into + gear** *(fig)* ◆ **after the war life suddenly moved into top ~** après la guerre, la vie a soudain pris un rythme effréné ◆ **military production moved into high ~** la production militaire a atteint sa vitesse maximale ; → **engage, reverse**

**b** *(NonC) (= equipment)* équipement *m*, matériel *m* ; *(= harness)* harnachement *m* ; *(for camping, skiing, climbing, photography)* matériel *m*, équipement *m* ; *(for sewing, painting)* matériel *m* ; *(for gardening)* matériel *m*, outils *mpl* ◆ **fishing** *etc* **~** matériel *m* or équipement *m* de pêche *etc*

**c** *(NonC: * = belongings)* affaires *fpl* ◆ **he leaves his ~ all over the house** il laisse traîner ses affaires dans toute la maison

**d** *(NonC: Brit = clothing)* vêtements *mpl* ◆ **I used to wear trendy ~** avant je portais des vêtements branchés ◆ **he's going to wear a top hat and all the ~** il va porter un haut-de-forme et toute la panoplie ◆ **he had his tennis ~ on** il était en tenue de tennis ◆ **put on your tennis ~** mets tes affaires de tennis

**e** *(NonC = apparatus)* mécanisme *m*, dispositif *m* ◆ **safety ~** mécanisme *m* or dispositif *m* de sécurité ; → **landing¹, steering**

**f** *(Tech)* engrenage *m* ◆ **mechanical components such as ~s and bearings** les composants mécaniques tels que les engrenages et les paliers

**g** ** *(= drugs)* came ** *f* ; *(= heroin)* héro ** *f*

**ADJ** *(US * = great)* super *

**VT** **a** adapter ◆ **they ~ed their output to seasonal demands** ils ont adapté leur production à la demande saisonnière ◆ **classrooms ~ed to the needs of disabled students** des salles de classe adaptées aux besoins des étudiants handicapés ◆ **the factory was not ~ed to cope with an increase of production** l'usine n'était pas à même de faire face à une augmentation de la production ◆ **~ed to the cost of living** *(Econ, Ind)* indexé ◆ **we both ~ our lives to the children** nous aménageons tous les deux notre vie en fonction des enfants ◆ **movies ~ed primarily to a US audience** des films s'adressant essentiellement à un public américain ◆ **training is ~ed to make staff more efficient** la formation est conçue pour rendre le personnel plus compétent

**b** *[+ wheel]* engrener

**VI** s'engrener

**COMP** ▷ **gear change** **N** *(Brit Aut)* changement *m* de vitesse ▷ **gear lever** **N** *(Brit Aut)* levier *m* de (changement de) vitesse ▷ **gear ratio** **N** *[of cycle]* braquet *m* ▷ **gear stick** **N** ⇒ **gear lever**

► **gear down** **VI** *(Tech)* démultiplier

► **gear up** **VI** **a** *(Tech)* produire une multiplication

**b** *(= get ready)* ◆ **they are gearing up for a general election** ils se préparent pour des législatives ◆ **Japan is ~ing up to produce 2 million cars a year** le Japon se prépare à produire 2 millions de voitures par an

**c** *(Brit Fin) [company]* s'endetter, augmenter le taux d'endettement

**VT SEP** *(* = make ready)* ◆ **he is gearing himself up for the presidential elections** il se prépare pour les élections présidentielles ◆ **satellites that are ~ed up to look for missiles** des satellites équipés pour la détection des missiles ◆ **the club is ~ed up for success** le club est fin prêt et compte bien gagner ◆ **they were all ~ed up for the new sales campaign** ils étaient parés *or* fin prêts pour la nouvelle campagne de ventes

**gearbox** /ˈgɪəbɒks/ **N** *(Aut)* boîte *f* de vitesses

**gearing** /ˈgɪərɪŋ/ **N** *(Tech)* embrayage *m* ; *(Brit Fin)* taux *m* d'endettement

**gearshift** /ˈgɪəʃɪft/ **N** *(US)* ⇒ **gear change, gear lever**

**gearwheel** /ˈgɪəwiːl/ **N** *[of bicycle]* pignon *m*

**gecko** /ˈgekəʊ/ **N** (pl **geckos** *or* **geckoes**) gecko *m*

**GED** /ˌdʒiːiːˈdiː/ **N** *(US Educ)* (abbrev of **general equivalency diploma**) *diplôme d'études secondaires obtenu en candidat libre*

**geddit** ** /ˈgedɪt/ **EXCL** ◆ **~ ?** tu piges ? *

**gee¹** * /dʒiː/ **EXCL** *(esp US)* eh bien ! ◆ **~ whiz!** mince alors ! * **COMP** ▷ **gee-whiz** **ADJ** *(US) [product, gadget]* tape-à-l'œil *inv*

**gee²** /dʒiː/ **VT** ◆ **to ~ sb up** * motiver qn ◆ **~ up!** *(to horse)* hue ! **COMP** ▷ **gee-gee** **N** *(baby talk)* dada *m*

**geek** * /giːk/ **N** *(esp US)* débile * *mf*

**geeky** * /ˈgiːkɪ/ **ADJ** *(esp US)* débile *

**geese** /giːs/ **NPL** of **goose**

**geezer** † ** /ˈgiːzəʳ/ **N** *(esp Brit)* bonhomme * *m*, gus * *m* ◆ **(silly) old ~** vieux schnock * *m*

**gefilte** /gəˈfɪltə/ **ADJ** *(US)* ◆ **~ fish** ≃ boulettes *fpl* de poisson

**Geiger counter** /ˈgaɪgəˌkaʊntəʳ/ **N** compteur *m* Geiger

**geisha** /ˈgeɪʃə/ **N** (pl **geisha** *or* **geishas**) geisha *f*

**gel¹** /dʒel/ **N** *(Chem)* colloïde *m* ; *(Cosmetics)* gel *m* ; *(gen)* gelée *f* **VI** **a** *[jelly]* prendre **b** *[plan]* prendre tournure ; *[people] (into team, group)* s'intégrer (*with* à) ; *[partnership, team]* se souder

**gel²** /gel/ **N** († *or hum*) ⇒ **girl**

**gelatin(e)** /ˈdʒelətiːn/ **N** gélatine *f*

**gelatinous** /dʒɪˈlætɪnəs/ **ADJ** gélatineux

**geld** /geld/ **VT** *[+ horse]* hongrer ; *[+ pig etc]* châtrer

**gelding** /ˈgeldɪŋ/ **N** **a** *(= horse)* (cheval *m*) hongre *m* **b** *(NonC)* castration *f*

**gelignite** /ˈdʒelɪgnaɪt/ **N** plastic *m*

**gelt** ** /gelt/ **N** *(US)* fric * *m*

**gem** /dʒem/ **N** **a** *(lit)* gemme *f*, pierre *f* précieuse **b** *(fig = work of art)* (vrai) bijou *m*, merveille *f* ◆ **this painting is a real ~** ce tableau est une merveille ◆ **the cathedral is a ~ of Gothic architecture** la cathédrale est un joyau de l'architecture gothique ◆ **a perfect ~ of a hotel** un hôtel absolument charmant ◆ **Duval is a ~ of a writer** Duval est un écrivain remarquable ◆ **I must read you this little ~ from the newspaper** il faut que je te lise cette perle dans le journal ◆ **thanks, Pat, you're a ~** merci, Pat, tu es un amour *or* un ange ◆ **Naomi's a ~ of a girl!** Naomi est un amour ! COMP ▷ **the Gem State** N *(US)* l'Idaho *m*

**Gemini** /ˈdʒemɪnaɪ/ NPL *(Astron)* Gémeaux *mpl* ◆ **I'm (a) ~** *(Astrol)* je suis (des) Gémeaux

**Geminian** /ˌdʒemɪˈnaɪən/ N ◆ **to be a ~** être (des) Gémeaux ADJ *[person]* du signe des Gémeaux ; *[tendency, characteristic]* propre aux Gémeaux

**gem(m)ology** /dʒeˈmɒlədʒɪ/ N gemmologie *f*

**gemstone** /ˈdʒemstəʊn/ N gemme *f*

**gen** * /dʒen/ *(Brit)* N ◆ **to give sb the ~ on sth** donner à qn tous les tuyaux * sur qch ◆ **what's the ~ on this?** qu'est-ce qu'on sait là-dessus ? ◆ **I want all the ~ on him** je veux tout savoir sur lui ◆ **have you got the ~ on the new house?** avez-vous une documentation sur la nouvelle maison ?

► **gen up** * VI ◆ **to gen up on sth** se rancarder sur qch *

VT SEP ◆ **to be genned up on** être tout à fait au courant de, être bien renseigné sur

**Gen.** *(Mil)* (abbrev of **general**) ~ **J. Smith** *(on envelope)* le général Smith

**gen.** abbrev of **general** *and* **generally**

**gendarme** /ˈʒɒndɑːm/ N *(Climbing)* gendarme *m*

**gender** /ˈdʒendəʳ/ N a *(Gram)* genre *m* ◆ **common ~** * genre *m* commun ◆ **to agree in ~** *(Gram)* s'accorder en genre b *(= sex)* sexe *m* ◆ **discrimination on grounds of ~** discrimination *f* sexuelle COMP ▷ **gender bender** * N *personne qui s'habille de façon androgyne* ▷ **gender bias** N parti pris *m* contre les femmes (*or* les hommes) ▷ **the gender gap** N le décalage entre hommes et femmes ▷ **gender politics** NPL politique *f* des sexes ▷ **gender reassignment** N changement *m* de sexe ▷ **gender studies** N *étude sociologique de la différence sexuelle*

**gendered** /ˈdʒendəd/ ADJ *(frm)* sexué

**gene** /dʒiːn/ N gène *m* COMP ▷ **gene mapping** N *(Bio)* cartographie *f* génétique *or* génique ▷ **gene pool** N bagage *m or* patrimoine *m* héréditaire (de l'espèce) ▷ **gene therapy** N thérapie *f* génétique

**genealogical** /ˌdʒiːnɪəˈlɒdʒɪkəl/ ADJ généalogique

**genealogist** /ˌdʒiːnɪˈælədʒɪst/ N généalogiste *mf*

**genealogy** /ˌdʒiːnɪˈælədʒɪ/ N généalogie *f*

**genera** /ˈdʒenərə/ NPL of **genus**

**general** /ˈdʒenərəl/ ADJ a *[approval, attitude, interest, decline]* général ◆ **as a ~ rule** en règle générale ◆ **the ~ deterioration of English society** la dégradation générale de la société anglaise ◆ **this type of behaviour is fairly ~** ce genre de comportement est assez répandu ◆ **there was ~ agreement** il y avait un consensus ◆ **there was a ~ agreement that self-regulation was working well** de l'avis général, l'autorégulation fonctionnait bien ◆ **our aim is to raise ~ awareness of the problems** notre but est de sensibiliser les gens *or* le grand public aux problèmes ◆ **the book was a ~ favourite** tout le monde aimait ce livre ◆ **in ~ use** d'usage courant ◆ **a ~ sense of well-being** un sentiment diffus de bien-être ◆ **to give sb a ~ idea of a subject** donner à qn un aperçu d'un sujet ◆ **to give sb a ~ outline of a subject** exposer à qn les grandes lignes de qch

◆ **in general** en général ◆ **we need to improve the education system in ~** il nous faut améliorer le système éducatif en général ◆ **in ~, the changes were beneficial** dans l'ensemble, les changements ont été bénéfiques

◆ **for general use** ◆ **the vaccine could be ready for ~ use by next year** le vaccin pourrait être mis à la disposition du public d'ici l'année prochaine ◆ **the best printer for ~ use** la meilleure imprimante multifonctions

b *(= overall)* général ◆ **~ maintenance** maintenance *f* générale ◆ **~ costs** frais *mpl* généraux

c *(= unspecific) [answer, discussion, enquiry]* d'ordre général ◆ **in ~ terms** d'une manière générale

d *(= rough, approximate)* ◆ **in the ~ direction of the village** dans la direction approximative du village

◆ **the general idea** ◆ **the ~ idea is to turn the place into a theme park** en gros, il s'agit de faire de cet endroit un parc à thème ◆ **I've got the ~ idea** je vois en gros de quoi il s'agit ◆ **I get the ~ idea** * je vois

e *(= non-specialist) [labourer]* non spécialisé ◆ **the ~ reader** le lecteur moyen ; → **secretary**

f *(after official title)* général, en chef

N *(Mil)* général *m* ◆ **~ (of the Air Force)** *(US)* général *m* de l'armée de l'air ; → **brigadier**

COMP ▷ **general anaesthetic** N *(Med)* anesthésique *m* général ▷ **the General Assembly** N l'assemblée *f* générale ▷ **General Certificate of Education** N *(Brit Educ) examen passé à 18 ans,* ≈ baccalauréat *m* ; → **GCE** ▷ **General Certificate of Secondary Education** N *(Brit Educ) examen passé à 16 ans,* ≈ brevet *m* des collèges ; → GCSE ▷ **general confession** N *(Rel) (Church of England)* confession *f* collective *(lors de la prière en commun)* ; *(Roman Catholic Church)* confession *f* générale ▷ **general costs** NPL frais *mpl* généraux ▷ **general dealer** N *(US)* ⇒ **general shop** ▷ **general degree** N *(Univ) licence non spécialisée* ▷ **general delivery** N *(US, Can Post)* poste *f* restante ▷ **general election** N élections *fpl* législatives ▷ **general expenses** NPL dépenses *fpl* générales ▷ **general factotum** N *(Brit) (lit)* factotum *m* ; *(fig)* bonne *f* à tout faire ▷ **general headquarters** NPL *(Mil)* quartier *m* général ▷ **general holiday** N jour *m* férié ▷ **general hospital** N centre *m* hospitalier ▷ **general insurance** N assurances *fpl* IARD *(incendies, accidents, risques divers)* ▷ **general knowledge** N connaissances *fpl* générales, culture *f* générale ▷ **general linguistics** N *(NonC)* linguistique *f* générale ▷ **General Manager** N directeur *m* général ▷ **general medicine** N médecine *f* générale ▷ **general meeting** N assemblée *f* générale ; → **annual** ▷ **General Officer Commanding** N *(Mil)* général *m* commandant en chef ▷ **general partnership** N *(Jur, Fin)* société *f* en nom collectif ▷ **General Post Office** N *(Brit Govt: formerly)* Postes *fpl* et Télécommunications *fpl* ; *(= building)* poste *f* centrale ▷ **general practice** N *(Brit Med) (= work)* médecine *f* générale ; *(= place)* cabinet *m* de médecine générale ◆ **to be in ~ practice** faire de la médecine générale ▷ **general practitioner** N *(Med)* (médecin *m*) généraliste *m* ▷ **the general public** N le grand public ▷ **general-purpose** ADJ *[tool, substance]* universel, multi-usages ; *[dictionary]* général ▷ **general science** N *(Scol) physique, chimie et biologie* ◆ **~ science teacher** professeur *m* de physique, chimie et biologie ▷ **General Secretary** N secrétaire *m* général ▷ **general servant** N domestique *mf (non spécialisé)* ▷ **general shop** N épicerie *f* générale ▷ **general staff** N *(Mil)* état-major *m* ▷ **general store** N *(US)* épicerie *f* générale ▷ **general strike** N grève *f* générale ▷ **General Studies** NPL *(Brit Scol) cours de culture générale pour élèves spécialisés*

**generalissimo** /ˌdʒenərəˈlɪsɪməʊ/ N généralissime *m*

**generalist** /ˈdʒenərəlɪst/ N généraliste *mf* ADJ généraliste

**generality** /ˌdʒenəˈrælɪtɪ/ N a *(gen pl)* généralité *f*, considération *f* générale ◆ **we talked only of generalities** nous n'avons parlé que de généralités *or* qu'en termes généraux ◆ **to talk in generalities** dire des généralités b ◆ **the ~ of** *(= most of)* la plupart de c *(NonC)* caractère *m* général ◆ **a rule of great ~** une règle très générale

**generalization** /ˌdʒenərəlaɪˈzeɪʃən/ N généralisation *f*

**generalize** /ˈdʒenərəlaɪz/ VTI *(gen, Med)* généraliser

**generally** /ˈdʒenərəlɪ/ ADV a *(= on the whole) [accurate]* en général, généralement ; *[true]* en règle générale ◆ **~, the course is okay** dans l'ensemble, le cours est bien b *(= usually)* d'une manière générale, d'habitude ◆ **I ~ get the bus to work** d'habitude je vais au travail en bus c *(= widely) [available]* partout ; *[accepted]* généralement, communément d *(= in general terms)* ◆ **to talk ~ about sth** dire des généralités sur qch ◆ **~ speaking** en règle générale

**generalship** /ˈdʒenərəlʃɪp/ N *(Mil)* tactique *f*

**generate** /ˈdʒenəreɪt/ VT *[+ electricity, heat]* produire ; *[+ income, wealth]* générer ; *[+ interest]* susciter ; *[+ publicity]* faire ; *[+ work, jobs]* créer ◆ **to ~ excitement** susciter l'enthousiasme COMP ▷ **generating set** N groupe *m* électrogène ▷ **generating station** N centrale *f* électrique ▷ **generating unit** N groupe *m* électrogène

**generation** /ˌdʒenəˈreɪʃən/ N a génération *f* ◆ **the younger ~** la jeune génération ◆ **the postwar ~** la génération d'après-guerre ◆ **the leading artist of his ~** l'artiste le plus en vue de sa génération ◆ **within a ~** en l'espace d'une génération ◆ **a new ~ of computers** une nouvelle génération d'ordinateurs ◆ **first-/second-~** *(Comput etc)* de la première/de la seconde génération ◆ **he is a first-/second-~ American** c'est un Américain de première/seconde génération ; → **rising** b *(NonC) (= generating) [of electricity, heat]* production *f* ; *[of hatred etc]* engendrement *m* ; *(Ling)* génération *f* COMP ▷ **the generation gap** N le conflit des générations

**generational** /ˌdʒenəˈreɪʃənl/ ADJ *(= within one generation)* de sa (*or* leur *etc*) génération ; *(= between generations)* des générations

**generative** /ˈdʒenərətɪv/ ADJ *(Ling)* génératif COMP ▷ **generative grammar** N grammaire *f* générative

**generator** /ˈdʒenəreɪtəʳ/ N *(Elec)* groupe *m* électrogène ; *(in power station)* génératrice *f* ; *(for steam)* générateur *m* ; *(for gas)* gazogène *m*

**generatrix** /ˈdʒenəˌreɪtrɪks/ N (pl **generatrices** /ˈdʒenəˌreɪtrɪˌsiːz/) *(Math)* génératrice *f*

**generic** /dʒɪˈnerɪk/ ADJ *(gen, Ling, Med)* générique N *(Med = drug)* (médicament *m*) générique *m*

**generically** /dʒɪˈnerɪkəlɪ/ ADV génériquement

**generosity** /ˌdʒenəˈrɒsɪtɪ/ N *(NonC)* générosité *f*, libéralité *f*

**generous** /ˈdʒenərəs/ ADJ *[person, amount, gift, offer]* généreux ; *[supply]* ample ◆ **to be in a ~ mood** être d'humeur généreuse ◆ **to be ~ in one's praise of sth** ne pas tarir d'éloges pour qch ◆ **that's very ~ of you** c'est très généreux de ta part ◆ **to be ~ with one's time** ne pas être avare de son temps

**generously** /ˈdʒenərəslɪ/ ADV *[give, reward, offer, pardon, season]* généreusement ; *[say]* avec générosité ◆ ~ **cut** *[garment]* ample

**genesis** /ˈdʒenɪsɪs/ N (pl **geneses** /ˈdʒenɪsiːz/) genèse *f*, origine *f* ◆ **Genesis** *(Bible)* la Genèse

**genetic** /dʒɪˈnetɪk/ ADJ *(Bio)* (= *of the genes)* génétique, génique ; *(= hereditary)* génétique ; *(Philos)* génétique COMP ▷ **genetic code** N *(Bio)* code *m* génétique ▷ **genetic counselling** N conseil *m* génétique ▷ **genetic engineering** N génie *m* génétique, manipulations *fpl* génétiques ▷ **genetic fingerprint** N empreinte *f* génétique ▷ **genetic fingerprinting** N système *m* d'empreinte génétique ▷ **genetic map** N carte *f* génétique ▷ **genetic screening** N test *m* de dépistage génétique

**genetically** /dʒɪˈnetɪkəlɪ/ ADV *[determined, programmed]* génétiquement ◆ ~ **engineered** génétiquement manipulé ◆ ~ **modified** génétiquement modifié

**geneticist** /dʒɪˈnetɪsɪst/ N généticien(ne) *m(f)*

**genetics** /dʒɪˈnetɪks/ N *(NonC)* génétique *f*

**Geneva** /dʒɪˈniːvə/ N Genève ◆ **Lake** ~ le lac Léman *or* de Genève COMP ▷ **Geneva Convention** N convention *f* de Genève

**genial** /ˈdʒiːnɪəl/ ADJ *[person, atmosphere]* cordial ; *[face]* avenant ; *[smile, look, tone]* engageant ; *[climate]* doux (douce *f*), clément ; *[warmth]* réconfortant ◆ **a** ~ **host** un hôte sympathique

**geniality** /ˌdʒiːnɪˈælɪtɪ/ N *[of person, smile]* cordialité *f* ; *[of climate]* douceur *f*, clémence *f*

**genially** /ˈdʒiːnɪəlɪ/ ADV cordialement

**genie** /ˈdʒiːnɪ/ N (pl **genii**) génie *m*, djinn *m* ◆ **the** ~ **is out of the bottle** *(fig)* le mal est fait ◆ **to let the** ~ **out of the bottle** commettre l'irréparable ◆ **to put the** ~ **back in the bottle** chercher à réparer l'irréparable

**genii** /ˈdʒiːnɪaɪ/ NPL of **genie, genius d**

**genital** /ˈdʒenɪtl/ ADJ génital NPL **genitals** organes *mpl* génitaux COMP ▷ **genital herpes** N herpès *m* génital ▷ **genital warts** NPL vésicules *fpl* génitales

**genitalia** /ˌdʒenɪˈteɪlɪə/ NPL organes *mpl* génitaux

**genitive** /ˈdʒenɪtɪv/ *(Gram)* ADJ *[case]* génitif ◆ ~ **ending** flexion *f* du génitif N génitif *m* ◆ **in the** ~ au génitif

**genius** /ˈdʒiːnɪəs/ N **a** *(NonC)* *(= cleverness)* génie *m* ; *(= ability, aptitude)* génie *m* (for de) don *m* extraordinaire (*for* pour) ◆ **man of** ~ (homme *m* de) génie *m* ◆ **his** ~ **lay in his ability to assess ...** il était supérieurement doué pour juger ... ◆ **her real** ~ **as a designer** son véritable génie en design ◆ **he has a** ~ **for publicity** il a le génie de la publicité ◆ **to have** ~ avoir du génie ◆ **to have a** ~ **for doing sth** avoir le don pour faire qch ◆ **she has a** ~ **for controversy** elle a le don de la polémique ◆ **he's got a** ~ **for saying the wrong thing** il a le don de *or* un don pour dire ce qu'il ne faut pas ◆ **a flash** *or* **stroke of** ~ un trait de génie

**b** (pl **geniuses**) génie *m* ◆ **he's a** ~ c'est un génie, il est génial

**c** *(NonC = distinctive character) [of period, country etc]* génie *m* (particulier)

**d** (pl **genii**) *(= spirit)* génie *m* ◆ **evil** ~ mauvais génie *m*

**Genoa** /ˈdʒenəʊə/ N Gênes

**genocidal** /ˌdʒenəʊˈsaɪdl/ ADJ génocide

**genocide** /ˈdʒenəʊsaɪd/ N génocide *m*

**Genoese** /ˌdʒenəʊˈiːz/ ADJ génois N *(pl inv)* Génois(e) *m(f)*

**genome** /ˈdʒiːnəʊm/ N *(Bio)* génome *m*

**genotype** /ˈdʒenəʊtaɪp/ N génotype *m*

**genre** /ˈʒɑːŋrə/ N genre *m* ; (also **genre painting**) tableau *m* de genre

**gent** /dʒent/ N (abbrev of **gentleman**) **a** *(Comm)* ~**s' outfitters** magasin *m* d'habillement *or* de confection pour hommes ◆ ~**s' shoes** *etc (Comm)* chaussures *fpl etc* (pour) hommes ◆ **the** ~**s** *(Brit)* les toilettes *fpl* (pour hommes) ◆ **"gents"** *(Brit: sign)* "messieurs" **b** * monsieur *m*, type * *m* ◆ **he's a (real)** ~ c'est un monsieur (tout ce qu'il y a de) bien

**genteel** /dʒenˈtiːl/ ADJ **a** *(= refined) [person, behaviour, manners]* distingué ; *[upbringing, resort, district]* comme il faut ; *[atmosphere]* raffiné ; *[institution]* respectable ◆ **to live in** ~ **poverty** vivre dignement dans la pauvreté **b** *(= affected)* affecté ◆ **she has a very** ~ **way of holding her glass** elle a une façon très affectée de tenir son verre ; → **shabby**

**genteelly** /dʒenˈtiːlɪ/ ADV **a** *(= with refinement) [sit, eat, drink]* de façon distinguée **b** *(= affectedly) [behave]* d'une manière affectée ◆ **she coughed** ~ **behind her hand** elle toussa d'une manière affectée derrière sa main

**gentian** /ˈdʒenʃɪən/ N gentiane *f* ◆ ~ **blue** bleu *m* gentiane ◆ ~ **violet** bleu *m* de méthylène

**Gentile** /ˈdʒentaɪl/ N Gentil(e) *m(f)* ADJ des Gentils

**gentility** /dʒenˈtɪlɪtɪ/ N *(iro)* prétention *f* à la distinction *or* au bon ton ; *(† = good birth)* bonne famille *f*, bonne naissance *f*

**gentle** /ˈdʒentl/ ADJ **a** *(= kind, mild) [person, animal, voice, smile]* doux (douce *f*) ◆ **to be** ~ **with sb** être doux avec qn ◆ **be** ~ **with me** vas-y doucement ◆ **to have a** ~ **disposition** être doux de nature ◆ **her** ~ **manner** sa douceur ◆ **(as)** ~ **as a lamb** doux comme un agneau ◆ ~ **reader** *(† or hum)* aimable lecteur *m*

**b** *(= not violent or strong) [movement, touch, sound, breeze]* léger ; *[transition]* sans heurts ; *[exercise]* modéré ; *[slope, curve, colour]* doux (douce *f*) ; *[landscape]* d'une grande douceur ◆ **to cook over a** ~ **heat** faire cuire à feu doux ◆ **to apply** ~ **pressure** presser légèrement ◆ **the car came to a** ~ **stop** la voiture s'est arrêtée doucement ◆ **a** ~ **stroll** une petite promenade tranquille

**c** *(= not harsh) [detergent, cleaning product, beauty product]* doux (douce *f*) ◆ **it is** ~ **on the skin** ça n'irrite pas la peau

**d** *(= discreet) [hint, rebuke, reminder]* discret (-ète *f*) ◆ **to poke** ~ **fun at sb** se moquer gentiment de qn ◆ **to use a little** ~ **persuasion** utiliser la manière douce ◆ **a little** ~ **persuasion will get him to help** si nous le persuadons en douceur il nous aidera

**e** *(† = wellborn:* also **of gentle birth**) bien né *(liter)* ◆ ~ **knight** †† noble chevalier *m*

COMP ▷ **the gentle** *or* **gentler sex** † N *(liter)* le beau sexe †

> ⚠ **gentil** *in French does not mean* **gentle**, *but 'nice'.*

**gentlefolk** /ˈdʒentlfəʊk/ NPL gens *mpl* de bonne famille

**gentleman** /ˈdʒentlmən/ (pl **-men**) N **a** *(= man)* monsieur *m* ◆ **there's a** ~ **to see you** il y a un monsieur qui voudrait vous voir ◆ **the** ~ **from ...** *(US Pol)* Monsieur le député de ... ◆ **"gentlemen"** *(sign)* "messieurs"

**b** *(= man of breeding)* homme *m* bien élevé, gentleman *m* ◆ **he is a perfect** ~ c'est un vrai gentleman ◆ **a** ~ **never uses such language** un monsieur bien élevé ne se sert jamais de mots pareils ◆ **one of nature's gentlemen** un gentleman né ◆ **to behave like a** ~ se comporter en gentleman ◆ **be a** ~ **and take Emily home** sois galant *or* comporte-toi en gentleman et ramène Emily chez elle ◆ **he's no** ~**!** ce n'est pas un gentleman ! ◆ ~**'s** ~ *(hum)* valet *m* de chambre

**c** *(= man of substance)* rentier *m* ◆ **to lead the life of a** ~ vivre de ses rentes

**d** *(at court etc)* gentilhomme *m*

COMP ▷ **gentleman-at-arms** N (pl **gentlemen-at-arms**) gentilhomme *m* de la garde ▷ **gentleman-farmer** N (pl **gentlemen-farmers**) gentleman-farmer *m* ▷ **gentleman-in-waiting** N (pl **gentlemen-in-waiting**) gentilhomme *m (attaché à la personne du roi etc)* ▷ **gentleman's agreement** N gentleman's agreement *m*, accord *m* reposant sur l'honneur ▷ **gentlemen's club** N *(esp Brit)* club privé réservé aux hommes

**gentlemanly** /ˈdʒentlmənlɪ/ ADJ *[man]* bien élevé ; *[manner, behaviour, conduct]* courtois ; *[voice, appearance, sport]* distingué

**gentlemen** /ˈdʒentlmən/ NPL of **gentleman**

**gentleness** /ˈdʒentlnɪs/ N douceur *f*

**gentlewoman** /ˈdʒentlwʊmən/ N (pl **-women**) *(by birth)* dame *f or* demoiselle *f* de bonne famille ; *(at court)* dame *f* d'honneur *or* de compagnie

**gently** /ˈdʒentlɪ/ ADV **a** *(= kindly) [say, rebuke]* avec douceur, gentiment ; *[smile, remind, suggest]* gentiment **b** *(= not violently or strongly) [move, shake, caress]* doucement ; *[push, touch]* doucement, avec douceur ; *[exercise]* doucement, sans forcer ◆ ~ **does it!** doucement ! ◆ ~ **sloping hills** des collines en pente douce ◆ **the road slopes** ~ **down to the river** la route descend en pente douce vers la rivière ◆ **to simmer** ~ faire cuire à feu doux ◆ **to deal** ~ **with sb** ménager qn, ne pas bousculer qn **c** *(= nobly)* ◆ ~ **born** † de bonne naissance †

**gentrification** /ˌdʒentrɪfɪˈkeɪʃən/ N *[of area of a town or city]* embourgeoisement *m*

**gentrified** /ˌdʒentrɪˌfaɪd/ ADJ *[area, houses etc]* embourgeoisé ◆ **to become** ~ s'embourgeoiser

**gentrify** /ˈdʒentrɪfaɪ/ VT *[+ area]* embourgeoiser

**gentry** /ˈdʒentrɪ/ N *(Hist: of good birth)* gentry *f* ; *(fig pej)* gens *mpl* bien

**genuflect** /ˈdʒenjʊflekt/ VI *(lit)* faire une génuflexion ◆ **to** ~ **to** *or* **in front of** *(fig)* se prosterner devant

**genuflexion, genuflection** *(US)* /ˌdʒenjʊˈflekʃən/ N génuflexion *f*

**genuine** /ˈdʒenjʊɪn/ ADJ **a** *(= authentic) [refugee, picture, manuscript, antique, coin]* authentique ; *[democracy, leather, wool, silver]* véritable ; *(Comm) [goods]* garanti d'origine ◆ **a** ~ **Persian rug** un authentique tapis persan ◆ **it's the** ~ **article** * c'est du vrai **b** *(= real) [emotion, belief, enthusiasm, interest, offer]* sincère ; *[laughter, disbelief]* franc (franche *f*) ; *[tears]* vrai, sincère ; *[difficulty]* véritable ◆ **this was a** ~ **mistake** c'était vraiment une erreur ◆ **a** ~ **buyer** *(Comm)* un acheteur sérieux **c** *(= sincere) [person, relationship]* sincère COMP ▷ **genuine assets** NPL *(Accounts)* actif *m* réel

**genuinely** /ˈdʒenjʊɪnlɪ/ ADV *[interested]* sincèrement, vraiment ; *[concerned, surprised]* réellement ; *[worried, upset, sorry, democratic]* vraiment, réellement ; *[funny, pleased]* vraiment ◆ **she** ~ **believed that ...** elle croyait vraiment *or* sincèrement que ... ◆ **I** ~ **want to help** je veux vraiment *or* sincèrement aider ◆ **he is** ~ **committed to reform** il est profondément partisan de la réforme

**genuineness** /ˈdʒenjʊɪnˌnɪs/ N a *(= authenticity)* authenticité *f* b *(= sincerity)* sincérité *f*

**genus** /ˈdʒenəs/ N (pl **genera** *or* **genuses**) *(Bio)* genre *m*

**ge(o)...** /ˈdʒiː(əʊ)/ PREF géo...

**geocentric** /ˌdʒiːəʊˈsentrɪk/ ADJ géocentrique

**geochemical** /ˌdʒiːəʊˈkemɪkəl/ ADJ géochimique

**geochemist** /ˌdʒiːəʊˈkemɪst/ N géochimiste *mf*

**geochemistry** /ˌdʒiːəʊˈkemɪstrɪ/ N géochimie *f*

**geode** /ˈdʒiːəʊd/ N géode *f*

**geodesic** /ˌdʒiːəʊˈdesɪk/ ADJ géodésique ◆ ~ **dome** dôme *m* géodésique ◆ ~ **line** géodésique *f*

**geodesy** /dʒiːˈɒdɪsɪ/ N géodésie *f*

**geodetic** /ˌdʒiːəʊˈdetɪk/ ADJ ⇒ **geodesic**

**geographer** /dʒɪˈɒgrəfəʳ/ N géographe *mf*

**geographic(al)** /dʒɪəˈgræfɪk(əl)/ ADJ géographique ◆ **~(al) mile** mille *m* marin *or* nautique

**geographically** /dʒɪəˈgræfɪkəlɪ/ ADV *[isolated]* géographiquement

**geography** /dʒɪˈɒgrəfɪ/ N *(= science)* géographie *f* ◆ **policemen who knew the local** ~ des policiers qui connaissaient la topographie du quartier

**geological** /dʒɪəʊˈlɒdʒɪkəl/ ADJ géologique ◆ ~ **survey** *(US)* Bureau *m* de recherches géologiques et minières

**geologically** /dʒɪəˈlɒdʒɪkəlɪ/ ADV géologiquement

**geologist** /dʒɪˈɒlədʒɪst/ N géologue *mf*

**geology** /dʒɪˈɒlədʒɪ/ N géologie *f*

**geomagnetic** /ˌdʒiːəʊmægˈnetɪk/ ADJ géomagnétique ◆ ~ **storm** orage *m* géomagnétique

**geomagnetism** /ˌdʒiːəʊˈmægnɪˌtɪzəm/ N géomagnétisme *m*

**geometric(al)** /dʒɪəʊˈmetrɪk(əl)/ ADJ géométrique ◆ **~(al) mean** *(Math)* moyenne *f* géométrique ◆ **by ~(al) progression** selon une progression géométrique ◆ **~(al) series** série *f* géométrique

**geometrically** /ˌdʒɪəˈmetrɪkəlɪ/ ADV *[arranged]* géométriquement ◆ ~ **patterned** à motifs géométriques

**geometrician** /ˌdʒɪˌɒmɪˈtrɪʃən/ N géomètre *mf*

**geometry** /dʒɪˈɒmɪtrɪ/ N géométrie *f*

**geomorphic** /ˌdʒiːəʊˈmɔːfɪk/ ADJ géomorphique

**geomorphologic(al)** /ˌdʒiːəʊˈmɔːfəˈlɒdʒɪkəl/ ADJ géomorphologique

**geomorphology** /ˌdʒiːəʊmɔːˈfɒlədʒɪ/ N géomorphologie *f*

**geonomics** /ˌdʒiːəʊˈnɒmɪks/ N *(NonC)* géographie *f* économique

**geophysical** /ˌdʒiːəʊˈfɪzɪkəl/ ADJ géophysique

**geophysicist** /ˌdʒiːəʊˈfɪzɪsɪst/ N géophysicien(ne) *m(f)*

**geophysics** /ˌdʒiːəʊˈfɪzɪks/ N *(NonC)* géophysique *f*

**geopolitical** /ˌdʒiːəʊpəˈlɪtɪkəl/ ADJ géopolitique

**geopolitics** /ˌdʒiːəʊˈpɒlɪtɪks/ N *(NonC)* géopolitique *f*

**Geordie** * /ˈdʒɔːdɪ/ N *(Brit)* *natif de Tyneside*

**George** /dʒɔːdʒ/ N Georges *m* ◆ **by ~!** † * mon Dieu ! ◆ ~ **Cross** *or* **Medal** *(Brit)* ≃ médaille *f* du courage

**georgette** /dʒɔːˈdʒet/ N (also **georgette crêpe**) crêpe *f* georgette

**Georgia** /ˈdʒɔːdʒɪə/ N *(= country and US state)* Géorgie *f* ◆ **in** ~ en Géorgie

**Georgian** /ˈdʒɔːdʒɪən/ ADJ a *(Brit Hist) [period]* *des rois George Iᵉʳ à George IV (1714-1830)*; *(Archit) [architecture, house, style]* géorgien *(entre 1714 et 1830)* b *(Geog) [person, language]* géorgien ; *[town]* de Géorgie ; *[capital]* de la Géorgie

**geoscience** /ˌdʒiːəʊˈsaɪəns/ N science(s) *f(pl)* de la terre

**geoscientist** /ˌdʒiːəʊˈsaɪəntɪst/ N spécialiste *mf* des sciences de la terre

**geostationary** /ˌdʒiːəʊˈsteɪʃənərɪ/ ADJ géostationnaire

**geosynchronous** /ˌdʒiːəʊˈsɪŋkrənəs/ ADJ géosynchrone

**geosyncline** /ˌdʒiːəʊˈsɪnklaɪn/ N géosynclinal *m*

**geothermal** /ˌdʒiːəʊˈθɜːməl/ ADJ géothermal ◆ ~ **power** énergie *f* géothermique

**geothermally** /ˌdʒiːəʊˈθɜːməlɪ/ ADJ géothermiquement

**geotropic** /ˌdʒiːəʊˈtrɒpɪk/ ADJ géotropique

**geotropically** /ˌdʒiːəʊˈtrɒpɪkəlɪ/ ADV géotropiquement

**geotropism** /dʒɪˈɒtrəpɪzəm/ N géotropisme *m*

**geranium** /dʒɪˈreɪnɪəm/ N géranium *m* ADJ *(colour)* (also **geranium red**) rouge géranium *inv*

**gerbil** /ˈdʒɜːbɪl/ N gerbille *f*

**geriatric** /ˌdʒerɪˈætrɪk/ ADJ a *[hospital]* gériatrique ; *[ward]* de gériatrie ; *[patient]* de service de gériatrie ; *[nurse]* spécialisé en gériatrie ◆ ~ **care** *or* **nursing** soins *mpl* aux vieillards ◆ ~ **medicine** gériatrie *f* ◆ ~ **social work** aide *f* sociale aux vieillards b *(* pej) [judge, rock star]* gaga * *(pej)* ; *[government]* de vieux gâteux * *(pej)* ◆ **a** ~ **car** un vieux tacot * *(pej)* ◆ **a** ~ **horse** un vieux canasson * *(pej)* N a *(Med)* malade *mf* gériatrique b *(* pej)* vieillard(e) *m(f)*

**geriatrics** /ˌdʒerɪˈætrɪks/ N *(NonC: Med)* gériatrie *f*

**germ** /dʒɜːm/ N a *(Bio, also fig)* germe *m* ◆ **the ~ of an idea** un embryon d'idée, le germe d'une idée b *(Med)* microbe *m*, germe *m*
COMP ▷ **germ carrier** N *(Med)* porteur *m* de microbes ▷ **germ cell** N *(Bio)* cellule *f* germinale *or* reproductrice, gamète *m* ▷ **germ-free** ADJ *(Med)* stérile, stérilisé ▷ **germ-killer** N germicide *m* ▷ **germ warfare** N *(NonC)* guerre *f* bactériologique

**German** /ˈdʒɜːmən/ ADJ *(gen)* allemand ; *[ambassador, embassy]* d'Allemagne ; *[teacher]* d'allemand ◆ **East/West** ~ d'Allemagne de l'Est/de l'Ouest, est-/ouest-allemand N a Allemand(e) *m(f)* b *(Ling)* allemand *m*
COMP ▷ **the German Democratic Republic** N la République démocratique allemande ▷ **German measles** N *(Med)* rubéole *f* ▷ **German sheep dog**, **German shepherd** N chien *m* loup, berger *m* allemand ▷ **German speaker** N germanophone *mf* ▷ **German-speaking** ADJ qui parle allemand ; *[nation]* germanophone ; → **Switzerland**

**germane** /dʒɜːˈmeɪn/ ADJ pertinent *(to* pour, par rapport à)

**Germanic** /dʒɜːˈmænɪk/ ADJ germanique

**germanium** /dʒɜːˈmeɪnɪəm/ N germanium *m*

**germanophile** /dʒɜːˈmænəʊfaɪl/ N germanophile *mf*

**germanophobe** /dʒɜːˈmænəʊfəʊb/ N germanophobe *mf*

**Germany** /ˈdʒɜːmənɪ/ N Allemagne *f* ◆ **East/West** ~ Allemagne *f* de l'Est/de l'Ouest

**germicidal** /ˌdʒɜːmɪˈsaɪdl/ ADJ germicide

**germicide** /ˈdʒɜːmɪsaɪd/ N germicide *m*

**germinal** /ˈdʒɜːmɪnəl/ ADJ embryonnaire

**germinate** /ˈdʒɜːmɪneɪt/ VI germer VT faire germer

**germination** /ˌdʒɜːmɪˈneɪʃən/ N germination *f*

**germproof** /ˈdʒɜːmpruːf/ ADJ résistant aux microbes

**gerontocracy** /ˌdʒerɒnˈtɒkrəsɪ/ N gérontocratie *f*

**gerontologist** /ˌdʒerɒnˈtɒlədʒɪst/ N gérontologue *mf*

**gerontology** /ˌdʒerɒnˈtɒlədʒɪ/ N gérontologie *f*

**gerrymander** /ˈdʒerɪmændəʳ/ VI faire du charcutage électoral N ⇒ **gerrymandering**

**gerrymandering** /ˈdʒerɪmændərɪŋ/ N charcutage *m* électoral

**gerund** /ˈdʒerənd/ N *(in English)* gérondif *m*, substantif *m* verbal ; *(in Latin)* gérondif *m*

**gerundive** /dʒɪˈrʌndɪv/ ADJ du gérondif N adjectif *m* verbal

**gesso** /ˈdʒesəʊ/ N *[of moulding etc]* plâtre *m* (de Paris) ; *(Art)* gesso *m*

**Gestalt** /gəˈʃtɑːlt/ N (pl **Gestalts** *or* **Gestalten** /gəˈʃtɑːltən/) gestalt *f* ◆ ~ **psychology** gestaltisme *m*

**Gestapo** /gesˈtɑːpəʊ/ N Gestapo *f*

**gestate** /dʒesˈteɪt/ VI être en gestation VT *(Bio)* garder en gestation ; *[+ work of art]* mûrir ; *[+ anger]* couver

**gestation** /dʒesˈteɪʃən/ N gestation *f*

**gesticulate** /dʒesˈtɪkjʊleɪt/ VI faire de grands gestes (*at sb* pour attirer l'attention de qn) VT exprimer par gestes

**gesticulation** /dʒesˌtɪkjʊˈleɪʃən/ N gesticulation *f*

**gestural** /ˈdʒestʃərəl/ ADJ gestuel

**gesture** /ˈdʒestʃəʳ/ N *(lit, fig)* geste *m* ◆ **a ~ of good will** un geste de bonne volonté ◆ **friendly** ~ geste *m or* témoignage *m* d'amitié ◆ **a ~ of defiance** un signe de méfiance ◆ **they did it as a ~ of support** ils l'ont fait pour manifester leur soutien ◆ **what a nice ~!** quelle délicate attention ! VI ◆ **to ~ to sb to do sth** faire signe à qn de faire qch ◆ **he ~d towards the door** il désigna la porte d'un geste ◆ **he ~d with his head towards the safe** il a indiqué le coffre d'un signe de tête ◆ **he ~d at Derek to remain seated** il a fait signe à Derek de rester assis VT mimer, exprimer par gestes

# get /get/

vb : pret, ptp **got**, ptp *(US)* **gotten**

| | |
|---|---|
| 1 TRANSITIVE VERB | 3 COMPOUNDS |
| 2 INTRANSITIVE VERB | 4 PHRASAL VERBS |

## 1 - TRANSITIVE VERB

a [= have, receive, obtain] avoir

> **avoir** covers a wide range of meanings, and like **get** is unspecific.

◆ **I go whenever I ~ the chance** j'y vais dès que j'en ai l'occasion ◆ **he's got a cut on his**

**finger** il a une coupure au doigt ◆ **he got a fine** il a eu une amende ◆ **she ~s a good salary** elle a un bon salaire ◆ **not everyone ~s a pension** tout le monde n'a pas la retraite ◆ **you need to ~ permission from the owner** il faut avoir la permission du propriétaire ◆ **I got a lot of presents** j'ai eu beaucoup de cadeaux ◆ **he got first prize** il a eu le premier prix ◆ **you may ~ a surprise** tu pourrais avoir une surprise

> Some **get** + noun combinations may take a more specific French verb.

◆ **we can ~ sixteen channels** nous pouvons recevoir seize chaînes ◆ **it was impossible to ~ help** il était impossible d'obtenir de l'aide ◆ **he got help from the others** il s'est fait aider par les autres ◆ **first I need to ~ a better idea of the situation** je dois d'abord me faire une meilleure idée de la situation ◆ **I think he got the wrong impression** je pense qu'il s'est fait des idées ◆ **they ~ lunch at school** ils déjeunent *or* ils mangent à l'école ◆ **he got his money by exploiting others** il s'est enrichi en exploitant les autres ◆ **if I'm not working I ~ no pay** si je ne travaille pas je ne suis pas payé ◆ **this area doesn't ~ much rain** il ne pleut pas beaucoup dans cette région ◆ **she got a reputation for infallibility** elle a acquis une réputation d'infaillibilité ◆ **they got interesting results** ils ont obtenu des résultats intéressants ◆ **we'll ~ a sandwich in town** on prendra *or* mangera un sandwich en ville ◆ **this room ~s a lot of sun** cette pièce est très ensoleillée ◆ **I didn't ~ a very good view of it** je ne l'ai pas bien vu ◆ **he got two years** il s'est pris * deux ans de prison

♦ **have/has got** ◆ **I've got toothache** j'ai mal aux dents ◆ **I have got three sisters** j'ai trois sœurs ◆ **how many have you got?** combien en avez-vous ? ◆ **she's got too much to do** elle a trop (de choses) à faire ◆ **I've got it!** *(= have safely)* (ça y est) je l'ai !, je le tiens ! ◆ **you're okay, I've got you!** ne t'en fais pas, je te tiens ! ; see also **have**

**b** [= find] trouver ◆ **they can't ~ jobs** ils n'arrivent pas à trouver de travail ◆ **he got me a job** il m'a trouvé un emploi ◆ **it's difficult to ~ a hotel room in August** c'est difficile de trouver une chambre d'hôtel en août ◆ **you ~ different kinds of ...** on trouve plusieurs sortes de ... ◆ **you'll ~ him at home if you phone this evening** tu le trouveras chez lui si tu appelles ce soir ◆ **I've been trying to ~ you all week** ça fait une semaine que j'essaie de t'avoir ◆ **you can ~ me on this number/the mobile** tu peux m'appeler à ce numéro/sur mon portable

**c** [= buy] acheter ◆ **where do they ~ their raw materials?** où est-ce qu'ils achètent leurs matières premières ? ◆ **to ~ sth cheap** acheter qch bon marché ◆ **I'll ~ some milk** je prendrai *or* j'achèterai du lait

**d** [= fetch] aller chercher ◆ **I must go and ~ some bread** il faut que j'aille chercher *or* acheter du pain ◆ **quick, ~ help!** allez vite chercher de l'aide ! ◆ **can you ~ my coat from the cleaners?** est-ce que tu peux aller chercher mon manteau au pressing ? [BUT] **can I ~ you a drink ?** est-ce que je peux vous offrir quelque chose ?

**e** [= take] prendre ◆ **I'll ~ the bus** je vais prendre le bus ◆ **I don't ~ the local paper** je ne prends pas le journal local

**f** [= pick up] aller chercher ◆ **phone me when you arrive and I'll come and ~ you** appelle-moi quand tu arrives et j'irai te chercher

**g** [= call in] appeler ◆ **we had to ~ the doctor/a plumber** nous avons dû appeler le médecin/un plombier

**h** [= prepare] préparer ◆ **she was ~ting breakfast** elle préparait le petit déjeuner

**i** [= catch] *[+ disease, fugitive]* attraper ; *[+ name]* entendre, comprendre ; *[+ details]* comprendre ◆ **you'll ~ a cold** tu vas attraper un rhume ◆ **they've got the thief** ils ont attrapé le voleur ◆ **I didn't ~ your name** je n'ai pas entendu *or* compris votre nom ◆ **to ~ sb alone** *or* **to o.s.** être seul à seul avec qn ◆ **it ~s me here** *[pain]* ça me fait mal ici ◆ **we'll ~ them yet !** on leur revaudra ça ! ◆ **I'll ~ you !** je te revaudrai ça ! ◆ **he'll ~ you for that !** qu'est-ce que tu vas prendre ! * ◆ **he's got it bad for her** * il est fou d'elle

**j** [= understand] ◆ **~ it ?** * t'as pigé ? *, tu saisis ? * ◆ **I don't ~ it** * je ne comprends pas, je ne saisis pas * ◆ **you've got it in one!** * tu as tout compris ! ◆ **I don't ~ you** * je ne vous suis pas ◆ **I don't ~ the joke** je ne vois pas ce qu'il y a de drôle ◆ **I don't ~ your meaning** * je ne vous suis pas ◆ **he got the point immediately** il a tout de suite tout compris ◆ **let me ~ this right, you're saying that ...** alors, si je comprends bien, tu dis que ... ◆ **don't ~ me wrong** comprenez-moi bien

**k** [= answer] ◆ **can you ~ the phone ?** est-ce que tu peux répondre ? ◆ **I'll ~ it!** j'y vais !

**l** [* = annoy] agacer ◆ **that's what really ~s me** c'est ce qui m'agace le plus

**m** [set structures]

♦ **to get** + *adjective*

> This construction is often translated by a verb alone. Look up the relevant adjective.

◆ **don't ~ the carpet dirty !** ne salis pas la moquette ! ◆ **to ~ one's hands dirty** se salir les mains ◆ **to ~ sb drunk** enivrer *or* soûler qn ◆ **you're ~ting me worried** tu m'inquiètes

♦ **to get sth done** *(by someone else)* faire faire qch ◆ **to ~ one's hair cut** se faire couper les cheveux ◆ **I need to ~ my car serviced** je dois faire réviser ma voiture ◆ **he knows how to ~ things done!** il sait faire activer les choses ! ◆ **when do you think you'll ~ it finished?** *(do oneself)* quand penses-tu avoir fini ? ◆ **you can't ~ anything done round here** il est impossible de travailler ici

♦ **to get sb/sth to do sth** ◆ **~ him to clean the car** fais-lui laver la voiture ◆ **I'll ~ her to ring you back** je lui demanderai de te rappeler

> **réussir** or **pouvoir** may be used when speaking of achieving a result.

◆ **we eventually got her to change her mind** nous avons finalement réussi à *or* pu la faire changer d'avis ◆ **I couldn't ~ the washing machine to work** je n'ai pas réussi à *or* pu faire marcher la machine à laver ◆ **I couldn't ~ the sauce to thicken** je n'ai pas réussi à *or* pu épaissir la sauce ◆ **to ~ sth going** *[+ machine]* (réussir à *or* pouvoir) faire marcher qch

♦ **to get sb/sth somewhere** ◆ **to ~ sth downstairs** descendre qch ◆ **they got him home somehow** ils l'ont ramené chez lui tant bien que mal ◆ **how can we ~ it home?** comment faire pour l'apporter à la maison ? ◆ **threatening me will ~ you nowhere** tu n'obtiendras rien en me menaçant ◆ **to ~ sth upstairs** monter qch ◆ **where does that ~ us?** où est-ce que ça nous mène ?

♦ **to get sb/sth** + *preposition* ◆ **to ~ sb by the arm** saisir qn par le bras ◆ **to ~ sb by the throat** prendre qn à la gorge ◆ **I didn't ~ much for it** on ne m'en a pas donné grand-chose ◆ **he ~s a lot of money for his paintings** il gagne beaucoup d'argent avec ses tableaux ◆ **he ~s his red hair from his mother** il a les cheveux roux de sa mère ◆ **I don't ~ much from his lectures** je ne tire pas grand-chose de ses cours ◆ **the bullet got him in the arm** la balle l'a atteint au bras ◆ **try to ~ him into a good mood** essaie de le mettre de bonne humeur ◆ **he managed to ~ the card into the envelope** il a réussi à faire entrer la carte dans l'enveloppe ◆ **to ~ o.s into a difficult position** se mettre dans une situation délicate ◆ **we got him on to the subject of the war** nous l'avons amené à parler de la guerre ◆ **she ~s a lot of pleasure out of gardening** elle prend beaucoup de plaisir à jardiner ◆ **we'll never ~ anything out of him** nous n'en tirerons jamais rien, nous ne tirerons jamais rien de lui ◆ **I couldn't ~ the stain out of the tablecloth** je n'ai pas réussi à enlever la tache sur la nappe ◆ **to ~ sth past the customs** réussir à passer qch à la douane ◆ **I don't know how it got past the inspectors** je ne sais pas comment ça a échappé à la surveillance des inspecteurs ◆ **to ~ sb round the throat** prendre qn à la gorge ◆ **I'll never ~ the car through here** je n'arriverai jamais à faire passer la voiture par ici ◆ **to ~ sth to sb** faire parvenir qch à qn ◆ **to ~ a child to bed** mettre un enfant au lit, coucher un enfant

2 - INTRANSITIVE VERB

**a** [= go] aller (*to* à ; *from* de) ; *(= arrive)* arriver ; *(= be)* être ◆ **how do you ~ there?** comment fait-on pour y aller ? ◆ **can you ~ there from London by bus?** est-ce qu'on peut y aller de Londres en bus ? ◆ **what time do you ~ to Sheffield?** à quelle heure arrivez-vous à Sheffield ? ◆ **he should ~ here soon** il devrait bientôt être là ◆ **to ~ to the top** *(lit, fig)* arriver *or* parvenir au sommet ; see also **top**[1]

♦ **to get** + *adverb/preposition* ◆ **to ~ after sb** essayer d'attraper qn ◆ **we won't ~ anywhere with him** nous n'arriverons à rien avec lui ◆ **you won't ~ anywhere if you behave like that** tu n'arriveras à rien en te conduisant comme ça ◆ **I got as far as speaking to him** je lui ai même parlé ◆ **how did that box ~ here?** comment cette boîte est-elle arrivée ici ? ◆ **what's got into him?** qu'est-ce qui lui prend ? ◆ **we're ~ting nowhere** on n'avance pas ◆ **we're ~ting nowhere fast** * on fait du sur place * ◆ **now we're ~ting somewhere!** * enfin du progrès ! ◆ **how's your thesis going? – I'm ~ting there** où en es-tu avec ta thèse ? — ça avance ◆ **your garden is lovely! – yes, we're ~ting there!** votre jardin est très joli ! — oui, ça prend tournure ! ◆ **where did you ~ to?** où étais-tu donc passé ? ◆ **where can he have got to?** où est-il passé ? ◆ **where have you got to?** *(in book, work)* où en êtes-vous ? ◆ **don't let it ~ to you** * ne te fais pas de bile * pour ça ◆ **to ~ with it** * se mettre à la mode *or* dans le vent * ◆ **this is serious business and the government had better ~ with it** *(= become aware)* c'est là un problème grave et le gouvernement ferait bien d'en prendre conscience

**b** [= go away] ◆ **~ !** ‡ fous le camp ! ‡

**c** [set structures]

♦ **to get** + *adjective*

> This construction is often translated by a verb alone.

◆ **I hope you'll ~ better soon** j'espère que tu vas vite te remettre ◆ **things are ~ting complicated** les choses se compliquent ◆ **this is ~ting expensive** ça commence à faire cher ◆ **she's afraid of ~ting fat** elle a peur de grossir ◆ **it's ~ting late** il se fait tard ◆ **how do people ~ like that?** comment peut-on en arriver là ? ◆ **I'm ~ting nervous** je commence à avoir le trac ◆ **he's ~ting old** il vieillit, il se fait vieux ◆ **this is ~ting ridiculous** ça devient ridicule ◆ **how stu-**

**pid can you ~?** il faut vraiment être stupide ! ◆ **he soon ~s tired** il se fatigue vite ◆ **to ~ used to sth/to doing sth** s'habituer à qch/à faire qch

♦ **to get** + *past participle (passive)* ◆ **she often ~s asked for her autograph** on lui demande souvent son autographe ◆ **he got beaten up** il s'est fait tabasser * ◆ **several windows got broken** plusieurs fenêtres ont été brisées ◆ **to ~ killed** se faire tuer ◆ **to ~ paid** se faire payer

Reflexive verbs are used when the sense is not passive.

◆ **to ~ dressed** s'habiller ◆ **to ~ married** se marier ◆ **to ~ washed** se laver

♦ **to get to** + *infinitive* ◆ **it got to be quite pleasant after a while** c'est devenu assez agréable au bout d'un moment ◆ **he's ~ting to be an old man** il se fait vieux ◆ **it's ~ting to be impossible** ça devient impossible ◆ **she never ~s to drive the car** * on ne la laisse jamais conduire ◆ **to ~ to know sb** apprendre à connaître qn ◆ **we soon got to like them** nous les avons vite appréciés ◆ **we got to like him in the end** nous avons fini par l'apprécier ◆ **students only ~ to use the library between 2pm and 8pm** les étudiants ne peuvent utiliser la bibliothèque qu'entre 14 heures et 20 heures

♦ **have got to** + *infinitive (= must)* ◆ **you've got to come** il faut que vous veniez *subj* ◆ **have you got to go and see her?** est-ce que vous êtes obligé d'aller la voir ? ◆ **I haven't got to leave yet** je ne suis pas obligé de partir tout de suite ◆ **you've got to be joking!** tu plaisantes !

♦ **to get** + *-ing (= begin)* ◆ **to ~ going** se mettre en route, partir ◆ **I got talking to him in the train** j'ai parlé avec lui dans le train, nous avons engagé la conversation dans le train ◆ **I got to thinking that ...** * je me suis dit que ...

3 - COMPOUNDS

▷ **get-at-able** * ADJ *[place]* accessible, d'accès facile ; *[person]* accessible ▷ **get-rich-quick scheme** * N *projet pour faire fortune rapidement* ▷ **get-together** N (petite) réunion *f* ▷ **get-up-and-go** * N ◆ **he's got lots of ~-up-and-go** il a beaucoup d'allant *or* de dynamisme, il est très dynamique ▷ **get-well card** N carte *f* de vœux (pour un prompt rétablissement)

4 - PHRASAL VERBS

► **get about** VI a *(= move about) [person]* se déplacer ◆ **he ~s about with a stick/on crutches** il marche *or* se déplace avec une canne/des béquilles ◆ **she ~s about quite well despite her handicap** elle arrive assez bien à se déplacer malgré son handicap ◆ **she's old, but she still ~s about quite a bit** elle est âgée mais elle est encore très active ◆ **he's ~ting about again now** *(after illness)* il est de nouveau sur pied b *(= travel)* voyager ◆ **she ~s about a lot** elle voyage beaucoup c *[news]* circuler ◆ **the story had got about that ...** des rumeurs circulaient selon lesquelles ... ◆ **it has got about that ...** le bruit court que ... ◆ **I don't want it to ~ about** je ne veux pas que ça s'ébruite

► **get above** VT FUS ◆ **to get above o.s.** avoir la grosse tête * ◆ **you're ~ting above yourself!** pour qui te prends-tu ?

► **get across** VI a *(lit)* traverser ; *[meaning, message]* passer ◆ **I think the message is ~ting across** je pense que le message commence à passer ◆ **the message is ~ting across that people must ...** les gens commencent à comprendre qu'on doit ... ◆ **that was what got across to me** c'est ce que j'ai compris ◆ **he didn't ~ across to the audience** le courant n'est pas passé entre le public et lui ◆ **he managed to ~ across to her at last** il a enfin réussi à se faire entendre d'elle

VT SEP *(lit)* faire traverser, faire passer ; *[+ ideas, intentions, desires]* communiquer (*to sb* à qn) ◆ **to ~ sth across to sb** faire comprendre qch à qn VT FUS *(= annoy)* ◆ **to get across sb** se faire mal voir de qn

► **get ahead** VI *(lit)* prendre de l'avance ; *(in career)* monter en grade

► **get along** VI a *(= go)* aller (*to* à) ; *(= leave)* s'en aller ◆ **I must be ~ting along** il faut que je m'en aille ◆ **~ along with you!** * *(= go away)* va-t-en !, file ! * ; *(Brit) (= stop joking)* à d'autres ! b *(= manage)* se débrouiller ◆ **to ~ along without sth/sb** se débrouiller sans qch/qn c *(= progress) [work]* avancer ; *[student, invalid]* faire des progrès ◆ **he's ~ting along well in French** il fait de gros progrès en français d *(= be on good terms)* (bien) s'entendre ◆ **they ~ along very well (together)** ils s'entendent très bien ◆ **I don't ~ along with him at all** je ne m'entends pas du tout avec lui

► **get around** VI ⇒ **get about** VT SEP ⇒ **get round** vt sep VT FUS ⇒ **get round vt fus**

► **get at** VT FUS a *(= reach) [+ object, component, person, place]* atteindre ◆ **sometimes children are used to ~ at their parents** on se sert parfois des enfants pour atteindre les parents ◆ **the dog got at the meat** le chien a touché à la viande ◆ **the goat was trying to ~ at the cabbages** la chèvre essayait de manger les choux ◆ **the rich and powerful are difficult to ~ at** les riches et les puissants sont difficiles à approcher ◆ **let me ~ at him!** * attends un peu que je l'attrape *subj* ! b *(= find, ascertain) [+ facts, truth]* découvrir c *(= suggest)* ◆ **what are you ~ting at ?** où voulez-vous en venir ? d *(Brit = attack, jibe at)* s'en prendre à ◆ **she's always ~ting at her brother** elle s'en prend toujours à son frère ◆ **I feel got at** je me sens visé e *(* = influence)* suborner ◆ **there's a danger witnesses will be got at** les témoins risquent d'être subornés

► **get away** VI a *(= leave)* s'en aller, partir ; *[vehicle]* partir ◆ **to ~ away from a place** quitter un endroit ◆ **I usually ~ away from work/the office at six** je quitte généralement (le travail/le bureau) à 6 heures ◆ **I'll try to ~ away from work early** j'essaierai de quitter plus tôt ◆ **I couldn't ~ away any sooner** je n'ai pas pu me libérer plus tôt ◆ **we are not going to be able to ~ away this year** nous n'allons pas pouvoir partir en vacances cette année ◆ **~ away!** allez-vous-en ! ◆ **~ away (with you)!** * à d'autres ! b *(= escape)* s'échapper ◆ **to ~ away from** *[+ prison]* s'échapper de ; *[+ people, situation]* échapper à ; *[+ idea]* renoncer à ◆ **he was trying to ~ away when he was shot** il essayait de s'échapper quand on lui a tiré dessus ◆ **she moved here to ~ away from the stress of city life** elle est venue s'installer ici pour échapper au stress de la vie citadine ◆ **it's time we got away from this idea** il est temps que nous renoncions à cette idée ◆ **he went to the Bahamas to ~ away from it all** il est allé aux Bahamas pour laisser tous ses ennuis *or* problèmes derrière lui ◆ **the doctor told her she must ~ away from it all** le médecin lui a ordonné de partir se reposer loin de tout ◆ **the thief got away with the money** le voleur est parti avec l'argent ◆ **you can't ~ away from it!, there's no ~ting away from it!** on ne peut pas y couper ! *

VT SEP a *(= take)* emmener ; *(= move away)* éloigner ; *(= send off)* expédier ◆ **you must ~ her away to the country for a while** il faut que vous l'emmeniez *subj* passer quelque temps à la campagne b *(= remove)* ◆ **to get sth away from sb** enlever qch à qn

► **get away with** VT *(= suffer no consequences)* ◆ **she got away with saying outrageous things** elle a tenu impunément des propos choquants ◆ **he broke the law and got away with it** il violait la loi sans être inquiété *or* en toute impunité ◆ **you'll never ~ away with that!** on ne te laissera pas passer ça ! * ◆ **he ~s away with murder** * il peut se permettre de faire n'importe quoi ◆ **he got away with a mere apology** *(= escape lightly)* il en a été quitte pour une simple excuse ◆ **we can ~ away with just repainting it** on pourrait se contenter de le repeindre

► **get back** VI a *(= return)* revenir ◆ **to ~ back (home)** rentrer chez soi ◆ **to ~ back to bed** se recoucher, retourner au lit ◆ **to ~ back upstairs** remonter, retourner en haut ◆ **life is starting to ~ back to normal** la vie reprend son cours ◆ **to ~ back to work** se remettre au travail, reprendre le travail ◆ **to ~ back to the point** revenir au sujet ◆ **let's ~ back to why you didn't come yesterday** revenons à la question de savoir pourquoi vous n'êtes pas venu hier ◆ **let's ~ back to what we were talking about** revenons à nos moutons ◆ **to ~ back to sb** * recontacter qn ; *(on phone also)* rappeler qn ◆ **can I ~ back to you on that?** * puis-je vous recontacter à ce sujet ? ; *(on phone)* puis-je vous rappeler à ce sujet ? ; see also **get on vt fus** b *(= move backwards)* reculer ◆ **~ back!** reculez !

VT SEP a *(= recover) [+ sth lent]* récupérer ; *[+ sth lost, stolen]* retrouver, récupérer ; *[+ strength]* reprendre ; *[+ one's husband, partner etc]* faire revenir ◆ **he's trying desperately to ~ her back** il essaie désespérément de la faire revenir ◆ **now that we've got you back** maintenant que tu nous es revenu ◆ **I won't ~ my car back until Thursday** je n'aurai pas ma voiture avant jeudi ◆ **I was afraid I wouldn't ~ my passport back** j'avais peur qu'on ne me rende pas mon passeport ◆ **to ~ one's money back** se faire rembourser, récupérer son argent b *(= replace)* remettre en place c *(= return)* rendre ◆ **I'll ~ it back to you as soon as I can** je vous le rendrai dès que possible d *(= take home) [+ person]* raccompagner, reconduire ◆ **he was drunk and I was trying to ~ him back home** il était ivre et j'essayais de le raccompagner chez lui

► **get back at** * VT FUS *(= retaliate against)* prendre sa revanche sur

► **get by** VI a *(= pass)* passer ◆ **let me ~ by** laissez-moi passer b *(= manage)* arriver à s'en sortir * ◆ **by doing two part-time jobs she just ~s by** elle arrive tout juste à s'en sortir * avec deux emplois à mi-temps ◆ **she ~s by on very little money** elle arrive à s'en sortir * *or* elle se débrouille * avec très peu d'argent ◆ **he'll ~ by!** il s'en sortira ! *

► **get down** VI a descendre (*from, off* de) ◆ **may I ~ down?** *(at table)* est-ce que je peux sortir de table ? ◆ **to ~ down on one's knees** se mettre à genoux ◆ **~ down!** *(= climb down)* descends ! ; *(= lie down)* couche-toi ! b *(esp US ‡ = enjoy oneself)* s'éclater ‡

VT SEP a *(from upstairs, attic)* descendre ; *(from shelf)* prendre b *(* = swallow) [+ food, pill]* avaler c *(= make note of)* noter, prendre (en note) d *(= depress)* déprimer ◆ **he ~s me down** il me fiche le cafard *, il me déprime ◆ **all the worry has got him down** tous ces soucis l'ont déprimé *or* lui ont mis le moral à zéro * ◆ **don't let it ~ you down!** ne te laisse pas abattre !

► **get down to** VT FUS ◆ **to ~ down to doing sth** se mettre à faire qch ◆ **to ~ down to**

**work** se mettre au travail ◆ **you'll have to ~ down to it** il faut vous y mettre ◆ **when you ~ down to it there's not much difference between them** en y regardant de plus près il n'y a pas grande différence entre eux ◆ **to ~ down to business** passer aux choses sérieuses ◆ **let's ~ down to the details** regardons ça de plus près

► **get in** VI a *[person] (= enter)* entrer ; *(= be admitted to university, school)* être admis ; *(= reach home)* rentrer ; *[rain, water]* pénétrer, s'introduire ◆ **do you think we'll ~ in?** tu crois qu'on réussira à entrer ? b *(= arrive) [train, bus, plane]* arriver c *(Parl = be elected) [member]* être élu ; *[party]* accéder au pouvoir VT SEP a *(lit)* faire entrer ; *[+ screw, nail]* enfoncer ; *[+ crops, harvest]* rentrer ◆ **I managed to ~ it in** *(into case)* j'ai réussi à le faire entrer dedans *or* le caser ◆ **did you ~ your essay in on time?** as-tu rendu *or* remis ta dissertation à temps ? b *(= plant) [+ seeds]* planter, semer ; *[+ bulbs]* planter c *(= buy) [+ groceries, beer]* acheter ◆ **to ~ in supplies** s'approvisionner, faire des provisions d *(= summon) [+ doctor, police, tradesman]* faire venir e *(= fit in)* glisser ◆ **he got in a reference to his new book** il a glissé une allusion à son dernier livre ◆ **it was hard to ~ a word in** c'était difficile de placer un mot ◆ **he managed to ~ in a game of golf** il a réussi à trouver le temps de faire une partie de golf ; → **eye, hand**

► **get in on** * VT FUS ◆ **he managed to get in on the deal/the trip** il s'est débrouillé pour se joindre à l'affaire/au voyage ; see also **act noun c**

► **get into** VT FUS a *(= enter) [+ house, park]* entrer dans, pénétrer dans ; *[+ car, train]* monter dans ◆ **to ~ into a club** devenir membre d'un club ◆ **he got into a good university** il a été admis dans une bonne université ◆ **to ~ into politics** entrer en politique ◆ **how did I ~ into all this?** comment me suis-je fourré * là-dedans ? ◆ **to ~ into the way of doing sth** *(= make a habit of)* prendre l'habitude de faire qch ◆ **I don't know what has got into him** je ne sais pas ce qui lui a pris ; → **company, habit, mischief** b *[+ clothes]* mettre ◆ **I can't ~ into these jeans any more** je ne peux plus rentrer dans ce jean

► **get in with** VT FUS a *(= gain favour of)* (réussir à) se faire bien voir de ◆ **he tried to ~ in with the headmaster** il a essayé de se faire bien voir du directeur b *(= become friendly with)* se mettre à fréquenter ◆ **he got in with local drug dealers** il s'est mis à fréquenter les trafiquants de drogue du quartier

► **get off** VI a *(from vehicle)* descendre ◆ **to tell sb where to ~ off** * envoyer promener qn *, envoyer qn sur les roses * b *(= depart) [person]* partir ; *[car]* démarrer ; *[plane]* décoller ◆ **to ~ off to a good start** *(lit)* prendre un bon départ ; *(fig)* partir du bon pied ◆ **to ~ off (to sleep)** s'endormir c *(= escape)* s'en tirer ◆ **to ~ off with a reprimand/a fine** en être quitte pour une réprimande/une amende d *(= leave work)* finir, quitter ; *(= take time off)* se libérer ◆ **we ~ off at 5 o'clock** nous finissons *or* nous quittons à 5 heures ◆ **I can't ~ off early today** je ne peux pas m'en aller de bonne heure aujourd'hui ◆ **can you ~ off tomorrow?** est-ce que tu peux te libérer demain ? VT SEP a *[+ bus, train]* descendre de b *(= remove) [+ clothes, shoes]* enlever ; *[+ stains]* faire partir, enlever c *(= dispatch) [+ mail]* expédier, envoyer ◆ **I'll phone you once I've got the children off to school** je t'appellerai une fois que les enfants seront partis à l'école ◆ **to ~ a child off to sleep** faire dormir un enfant d *(= save from punishment)* faire acquitter ◆ **a good lawyer will ~ him off** un bon avocat le tirera d'affaire *or* le fera acquitter e *(= learn)* ◆ **to ~ sth off (by heart)** apprendre qch (par cœur) f *(from shore) [+ boat]* renflouer ; *(from boat) [+ crew, passengers]* débarquer VT FUS a ◆ **to ~ off a bus/a bike** descendre d'un bus/d'un vélo ◆ **to ~ off a ship** descendre à terre ◆ **he got off his horse** il est descendu de cheval ◆ **to ~ off a chair** se lever d'une chaise ◆ **~ (up) off the floor!** levez-vous ! ◆ **I wish he would ~ off my back!** * si seulement il pouvait me ficher la paix * ! ◆ **let's ~ off this subject of conversation** parlons d'autre chose ◆ **we've rather got off the subject** nous nous sommes plutôt éloignés du sujet b *(* = be excused)* ◆ **to ~ off gym** se faire dispenser des cours de gym ◆ **to ~ off work** se libérer

► **get off on** ‡ VT FUS *[+ pornography, power, violence]* prendre son pied avec ‡ ◆ **these guys ~ off on other guys** ces mecs, ce sont les hommes qui les excitent

► **get off with** * VT FUS *(Brit)* draguer *

► **get on** VI a *(on to bus, bike)* monter ; *(on to ship)* monter à bord b *(= advance, make progress)* avancer, progresser ◆ **how are you ~ting on?** comment ça marche ? * ◆ **how did you ~ on?** ça a bien marché ? *, comment ça s'est passé ? ◆ **she's ~ting on very well with Russian** elle fait de gros progrès en russe ◆ **to be ~ting on** * se faire vieux, prendre de la bouteille * ◆ **he's ~ting on for 40** il approche de la quarantaine ◆ **time is ~ting on** il se fait tard ◆ **it's ~ting on for 3 o'clock** il n'est pas loin de 3 heures ◆ **I must be ~ting on now** il faut que j'y aille ◆ **this will do to be ~ting on with** ça ira pour le moment ◆ **there were ~ting on for 100 people** il y avait pas loin de 100 personnes ◆ **we have ~ting on for 500 copies** nous avons près de *or* pas loin de 500 exemplaires c *(esp Brit = succeed)* réussir, arriver ◆ **if you want to ~ on, you must ...** si tu veux réussir, tu dois ... ◆ **to ~ on in life** *or* **in the world** réussir dans la vie *or* faire son chemin d *(= agree)* s'entendre (*with* avec) ◆ **we don't ~ on** nous ne nous entendons pas ◆ **I ~ on well with her** je m'entends bien avec elle VT SEP a *(= put on) [+ clothes, shoes]* mettre, enfiler b *(Culin)* ◆ **I've got the potatoes on** j'ai mis les pommes de terre sur le feu ◆ **I've got the dinner on** j'ai mis le repas en route VT FUS ◆ **to ~ on a horse** monter sur un cheval ◆ **to ~ on a bicycle** monter sur *or* enfourcher une bicyclette ◆ **to ~ on a ship** monter à bord (d'un navire) ◆ **to ~ on a bus/train** monter dans un bus/un train ◆ **to ~ back on one's feet** se remettre debout

► **get on to** VT FUS a ⇒ **get on vt fus** b *(esp Brit) (= get in touch with)* se mettre en rapport avec ; *(= speak to)* parler à ; *(= ring up)* téléphoner à c *(= start talking about)* aborder ◆ **we got on to (the subject of) money** nous avons abordé le sujet de l'argent

► **get on with** VT FUS a *(= continue)* continuer ◆ **while they talked she got on with her work** pendant qu'ils parlaient, elle continua à travailler ◆ **while he was ~ting on with the job** pendant qu'il continuait à travailler ◆ **~ on with it!, ~ on with the job!** allez, au travail ! b *(= start on)* se mettre à ◆ **I'd better ~ on with the job!** il faut que je m'y mette !

► **get out** VI a sortir (*of* de) ; *(from vehicle)* descendre (*of* de) ◆ **to ~ out of bed** se lever ◆ **~ out!** sortez ! ◆ **~ out of here!** *(lit)* sors d'ici ! ;*(US * = I don't believe it)* à d'autres ! b *(= escape)* s'échapper (*of* de) ◆ **to ~ out of** *(fig) [+ task, obligation]* échapper à ; *[+ difficulty]* surmonter ◆ **you'll have to do it, you can't ~ out of it** il faut que tu le fasses, tu ne peux pas y échapper *or* y couper * ◆ **some people will do anything to ~ out of paying taxes** certaines personnes feraient n'importe quoi pour éviter de payer des impôts ◆ **he's trying to ~ out of going to the funeral** il essaie de trouver une excuse pour ne pas aller à l'enterrement c *[news]* se répandre, s'ébruiter ; *[secret]* être éventé ◆ **wait till the news ~s out!** attends que la nouvelle soit ébruitée ! ; → **jail** VT SEP a *(= bring out) [+ object]* sortir (*of* de) ; *[+ words, speech]* prononcer, sortir * ; *[+ book] [publisher]* publier, sortir ; *[library-user]* emprunter, sortir ◆ **~ the cards out and we'll have a game** sors les cartes et on va faire une partie ◆ **he got his diary out of his pocket** il sortit son agenda de sa poche b *(= remove) [+ nail]* arracher ; *[+ tooth]* extraire, arracher ; *[+ stain]* enlever, faire partir ◆ **to ~ the cork out of a bottle** déboucher une bouteille ◆ **I can't ~ it out of my mind** je ne peux pas chasser cela de mon esprit, ça me trotte dans la tête * sans arrêt c *(= free) [+ person]* faire sortir (*of* de) ◆ **they hope he'll ~ them out of their difficulties** ils espèrent qu'il les sortira de ce mauvais pas ◆ **it ~s me out of the house** ça me fait sortir (de chez moi) d *(= prepare) [+ list]* établir, dresser

► **get over** VI a *(= go)* aller ; *(= come)* venir ; *(= cross)* traverser ; *[message, meaning]* passer * ; *[speaker]* se faire entendre VT FUS a *(= cross) [+ river, road]* traverser ; *[+ fence] [horse]* franchir, sauter par-dessus ; *[person]* escalader, passer par-dessus b *(= recover from)* ◆ **to ~ over an illness** guérir *or* se remettre d'une maladie ◆ **to ~ over sb's death** se consoler *or* se remettre de la mort de qn ◆ **I can't ~ over it** je n'en reviens pas ◆ **I can't ~ over the fact that ...** je n'en reviens pas que ... + *subj* ◆ **I can't ~ over how much he's changed** je n'en reviens pas de voir combien il a changé ◆ **you'll ~ over it!** tu n'en mourras pas ! ◆ **she never really got over him** * elle ne l'a jamais vraiment oublié c *(= overcome) [+ obstacle, difficulty]* surmonter ; *[+ problem]* résoudre VT SEP a *(lit) [+ person, animal, vehicle]* faire passer ◆ **we couldn't ~ the car over** nous n'avons pas pu faire passer la voiture b *(= communicate)* faire comprendre ; *[+ ideas]* communiquer ◆ **I couldn't ~ it over to him that he had to come** je n'ai pas pu lui faire comprendre qu'il devait venir ◆ **he couldn't ~ his ideas over to his readers** il était incapable de communiquer ses idées à ses lecteurs

► **get over with** VT SEP *(= have done with)* en finir ◆ **let's ~ it over with** finissons-en ◆ **I was glad to ~ the injections over with** j'étais content d'en avoir fini avec ces piqûres

► **get round** VI ⇒ **get about** VT SEP ◆ **to ~ sb round to one's way of thinking** rallier qn à son point de vue VT FUS a *(= circumvent) [+ obstacle, difficulty, law, regulation]* contourner b *(= coax, persuade) [+ person]* amadouer *

► **get round to** * VT FUS ◆ **to ~ round to doing sth** trouver le temps de faire qch ◆ **I don't think I'll ~ round to it before next week** je ne pense pas trouver le temps de m'en occuper avant la semaine prochaine

► **get through** VI a *[news]* parvenir (*to* à) ; *[signal]* être reçu ◆ **I think the message is ~ting through to him** je pense qu'il commence à comprendre b *(= be accepted, pass) [candidate]* être reçu, réussir ; *[motion, bill]* passer, être voté ◆ **to ~ through to the third round** *[team]* se qualifier pour le troisième tour c *(Telec)* obtenir la communication ◆ **I phoned you several times but couldn't ~ through** je t'ai appelé plusieurs fois mais je n'ai pas pu t'avoir ◆ **I got through to him straight away** j'ai réussi à lui parler tout de suite d *(= communicate with)* ◆ **to get through** to sb communiquer avec qn ◆ **he can't ~ through to his son at all** il n'arrive pas du tout à communiquer avec son fils e *(= finish)* terminer, finir ◆ **I won't ~ through before 6 o'clock** je n'aurai pas terminé *or* fini avant 6 heures ◆ **to ~ through with sb/sth** * en finir avec qn/qch VT FUS a *[+ hole, window]* passer par ; *[+ hedge]* traverser, passer à travers ; *[+ crowd]* se frayer un chemin dans *or* à travers ; *(Mil) [+ enemy lines]* enfoncer, franchir b *(= do) [+ work]* faire ; *[+ book]* lire (en entier) ◆ **we've got a lot of work to ~ through** nous avons beaucoup de travail à faire ◆ **he got through a lot of work** il a abattu beaucoup de besogne c *(= consume, use, spend) [+ supplies]* utiliser, consommer ; *[+ money]* dépenser ; *[+ food]* manger ; *[+ drink]* boire ◆ **we ~ through a lot of nappies** nous utilisons beaucoup de couches ◆ **we ~ through £150 per week** nous dépensons 150 livres par semaine d *(= survive)* ◆ **how are they going to ~ through the winter?** comment vont-ils passer l'hiver ? ◆ **we couldn't ~ through a day without arguing** pas un jour ne se passait sans que nous ne disputions VT SEP a *[+ person, object]* faire passer ◆ **we couldn't ~ the sofa through the door** on ne pouvait pas faire passer le sofa par la porte ◆ **to ~ the message through to sb that ...** faire comprendre à qn que ... ◆ **I can't ~ it through to him that ...** je n'arrive pas à lui faire comprendre que ... b *(= have approved)* ◆ **to ~ a bill through** faire adopter un projet de loi c *(Scol)* ◆ **he got his pupils through** il y est pour beaucoup dans le succès de ses élèves à l'examen ◆ **it was his English that got him through** c'est grâce à son anglais qu'il a été reçu

► **get together** VI se retrouver ◆ **let's ~ together on Thursday and decide what to do** si on se retrouvait jeudi pour décider de ce qu'on va faire ? ◆ **this is the only place where villagers can ~ together** c'est le seul endroit où les gens du village peuvent se retrouver *or* se réunir ◆ **you'd better ~ together with him before you decide** vous feriez bien de le voir avant de prendre une décision VT SEP *[+ people]* rassembler, réunir ; *[+ thoughts, ideas]* rassembler ; *[+ team, group]* former ; *[+ money]* rassembler, collecter ◆ **let me just ~ my things together** je rassemble mes affaires et j'arrive

► **get under** VI *(= pass underneath)* passer par-dessous VT FUS ◆ **to ~ under a fence/a rope** *etc* passer sous une barrière/une corde *etc*

► **get up** VI a *(= rise) [person]* se lever (*from* de) ; *[wind]* se lever ◆ **the sea is ~ting up** la houle se lève ◆ **what time did you ~ up?** à quelle heure t'es-tu levé ? b *(on a chair, on stage)* monter VT FUS *[+ tree, ladder]* monter à ; *[+ hill]* monter, grimper VT SEP a *(lit) [+ person] (up stairs, hill)* faire monter ; *[+ thing]* monter ; *[+ sail]* hisser ◆ **to ~ up speed** prendre de la vitesse b *(from bed) [+ person]* faire lever ; *(= wake)* réveiller c *(= organize) [+ play, show]* monter ; *[+ concert]* organiser ; *[+ story]* fabriquer, forger ◆ **to ~ up a petition** organiser une pétition d *(= prepare, arrange) [+ article for sale]* apprêter, préparer ; *[+ book]* présenter e *(= dress)* ◆ **she was very nicely got up** elle était très bien mise ◆ **a tramp got up in a velvet jacket** un clochard affublé d'une veste de velours ◆ **to ~ o.s. up as** se déguiser en f *(= study) [+ history, literature etc]* travailler, bûcher * ; *[+ speech, lecture]* préparer

► **get up to** VT FUS a *(= catch up with)* rattraper b *(= reach)* arriver à ◆ **I've got up to page 17** j'en suis à la page 17 ◆ **where did we ~ up to last week?** où en étions-nous *or* où en sommes-nous arrivés la semaine dernière ? c *(* = be involved in, do)* **to ~ up to mischief** faire des bêtises *or* des sottises ◆ **you never know what he'll ~ up to next** on ne sait jamais ce qu'il va inventer *or* fabriquer * ◆ **do you realize what they've been ~ting up to?** est-ce que tu sais ce qu'ils ont trouvé le moyen de faire ? ◆ **what have you been ~ting up to lately?** *(hum)* qu'est-ce que tu deviens ?

---

**getaway** /ˈgetəweɪ/ N a *(= start) (Aut)* démarrage *m* ; *(Racing)* départ *m* b *(= escape) [of criminals]* fuite *f* ◆ **to make a** *or* **one's ~** s'enfuir ◆ **they had a ~ car waiting** ils avaient une voiture pour s'enfuir ◆ **the gangsters' ~ car was later found abandoned** on a retrouvé abandonnée la voiture qui avait permis aux gangsters de s'enfuir c *(= short holiday)* escapade *f*

**Gethsemane** /geθˈsemənɪ/ N Gethsémani

**getup** * /ˈgetʌp/ N *(= clothing)* mise *f*, tenue *f*, accoutrement *m (pej)* ; *(= fancy dress)* déguisement *m* ; *(= presentation)* présentation *f*

**geum** /ˈdʒiːəm/ N benoîte *f*

**gewgaw** /ˈgjuːgɔː/ N bibelot *m*, babiole *f*

**geyser** /ˈgiːzəʳ, (US) ˈgaɪzəʳ/ N *(Geol)* geyser *m* ; *(Brit: in house)* chauffe-eau *m inv*

**Ghana** /ˈgɑːnə/ N Ghana *m* ◆ **in ~** au Ghana

**Ghanaian** /gɑːˈneɪən/ ADJ ghanéen N Ghanéen(ne) *m(f)*

**ghastly** /ˈgɑːstlɪ/ ADJ a *(= awful, horrendous) [person]* horrible ; *[war, murder, news, clothes, wallpaper, building]* horrible, affreux ; *[situation, experience]* épouvantable b *(= frightening)* effrayant c *(= serious) [mistake, headache, pain]* terrible, épouvantable d *(= pale) [appearance]* mortellement pâle ; *[pallor]* mortel ; *[light]* spectral ◆ **to look ~** avoir une mine de déterré

**ghee** /giː/ N beurre *m* clarifié

**Ghent** /gent/ N Gand

**gherkin** /ˈgɜːkɪn/ N *(Culin)* cornichon *m*

**ghetto** /ˈgetəʊ/ N (pl **ghettos** *or* **ghettoes**) *(lit, fig)* ghetto *m* COMP ▷ **ghetto-blaster** * N (gros) radiocassette *m*

**ghettoization** /ˌgetəʊaɪˈzeɪʃən/ N ghettoïsation *f* ; *(fig)* marginalisation *f*

**ghettoize** /ˈgetəʊˌaɪz/ VT ghettoïser ; *(fig)* marginaliser

**Ghibelline** /ˈgɪbɪˌlaɪn/ N Gibelin *m*

**ghost** /gəʊst/ N *(= apparition)* fantôme *m* ; *(fig)* ombre *f* ; *(TV)* filage *m* ; *(†† = soul)* âme *f* ◆ **I don't believe in ~s** je ne crois pas aux fantômes ◆ **he gave the ~ of a smile** il a eu un vague sourire ◆ **I haven't a ~ of a chance** je n'ai pas la moindre chance *or* pas l'ombre d'une chance ◆ **to give up the ~** * *(liter, hum) (= die)* rendre l'âme ; *(= stop trying)* baisser les bras ◆ **my alarm clock's finally given up the ~** mon réveil a fini par rendre l'âme ◆ **you look like** *or* **as if you've seen a ~!** on dirait que tu as vu un revenant ! ; → **holy**

VT ◆ **his book was ~ed by a journalist** c'est un journaliste qui lui a servi de nègre pour (écrire) son livre

COMP *[film, story]* de revenants, de fantômes ; *[ship]* fantôme ▷ **ghost image** N *(TV)* filage *m* ▷ **ghost town** N ville *f* morte ▷ **ghost train** N *(Brit: at funfair)* train *m* fantôme ▷ **ghost-write** VT ⇒ **ghost vt** ▷ **ghost writer** N nègre *m*

**ghostly** /ˈgəʊstlɪ/ ADJ a spectral, fantomatique b *(††: Rel etc)* spirituel

**ghoul** /guːl/ N goule *f* ; *(= grave robber)* déterreur *m* de cadavres ◆ **he's a ~** *(fig)* il est morbide, il a des goûts dépravés

**ghoulish** /ˈguːlɪʃ/ ADJ *(= morbid, ghoul-like)* de goule ; *(pej) [person, curiosity, desire, humour, tastes]* morbide

**ghoulishly** /ˈguːlɪʃlɪ/ ADV *(= morbidly)* de façon morbide

**GHQ** /ˌdʒiːeɪtʃˈkjuː/ N *(Mil etc)* (abbrev of **General Headquarters**) GQG *m*

**GI** * /dʒiːˈaɪ/ (US) N (also **GI Joe**) soldat *m* (américain), GI *m* ADJ militaire ◆ **~ bill** *(Univ)* *loi sur les bourses pour anciens combattants* ◆ **~ bride** *épouse étrangère d'un GI*

**giant** /ˈdʒaɪənt/ N géant *m* ◆ **he is a ~ of a man** c'est un géant ◆ **the ~ of opera, Luciano Pavarotti** le monstre sacré de l'opéra, Luciano Pavarotti ◆ **the Giant's Causeway** *(Geog)* la chaussée des Géants ◆ **electronics/chemicals ~** *(fig)* géant *m* de l'électronique/de l'industrie chimique

ADJ *[tree, star etc]* géant ; *[strides]* de géant ; *[helping, amount]* gigantesque ; *[packet, size]* géant

COMP ▷ **giant-killer** N *(Sport)* vainqueur *m* surprise *(équipe de second plan qui parvient à battre une grande équipe)* ▷ **giant-killing** ADJ ◆ **the team's ~-killing act against Manchester United** la victoire surprise de l'équipe contre le géant Manchester United ◆ **Spain's ~-killing French Open champion** l'outsider espagnol qui a tombé les meilleurs joueurs aux Internationaux de France ▷ **giant panda** N grand panda *m* ▷ **giant slalom** N *(Ski)* slalom *m* géant

**giantess** /ˈdʒaɪəntɪs/ N géante *f*

**gibber** /ˈdʒɪbəʳ/ VI *[person, ape etc]* baragouiner * ◆ **to ~ with rage/fear** bégayer *or* bafouiller de colère/de peur ◆ **~ing idiot** * crétin *m* patenté * ◆ **I was a ~ing wreck by this stage** j'étais alors à bout de nerfs

**gibberish** /ˈdʒɪbərɪʃ/ N *(NonC)* charabia * *m*, baragouin * *m*

**gibbet** /ˈdʒɪbɪt/ N potence *f*, gibet *m*

**gibbon** /ˈgɪbən/ N gibbon *m*

**gibbous** /ˈgɪbəs/ ADJ *(= hump-backed)* gibbeux *(liter)*, bossu ◆ **~ moon** lune *f* dans le deuxième *or* troisième quartier

**gibe** /dʒaɪb/ VI a ◆ **to ~ at sb** railler qn, se moquer de qn b *(Naut) [boat]* virer lof pour lof ; *[sail]* passer d'un bord à l'autre du mât N raillerie *f*, moquerie *f*

**giblets** /ˈdʒɪblɪts/ NPL abattis *mpl*, abats *mpl (de volaille)*

**Gibraltar** /dʒɪˈbrɔːltəʳ/ N Gibraltar ◆ **in ~** à Gibraltar ; → **rock², strait**

**giddily** /ˈgɪdɪlɪ/ ADV *(= unsteadily)* en titubant ; *(= dizzyingly)* à donner/à en avoir le vertige ◆ **to be ~ high** *[figures etc]* atteindre des sommets vertigineux

**giddiness** /ˈgɪdɪnɪs/ N *(NonC) (Med)* vertiges *mpl*, étourdissements *mpl* ; *(= lightheartedness)* légèreté *f* ; *(= heedlessness)* étourderie *f* ◆ **a bout of ~** un vertige, un étourdissement

**giddy¹** /ˈgɪdɪ/ ADJ *[person] (= dizzy)* pris de vertige *or* d'un étourdissement ; *(= heedless)* étourdi, écervelé ; *(= not serious)* léger ; *[height]* vertigineux, qui donne le vertige ◆ **I feel ~** la tête me tourne ◆ **to turn** *or* **go ~** être pris de vertige ◆ **to make sb ~** donner le vertige à qn ◆ **~ spells** vertiges *mpl*, étourdissements *mpl* ◆ **being there gave me a ~ pleasure** être là me procurait un plaisir grisant ◆ **she was ~ with excitement** l'idée (*or* l'émerveillement *etc*) la grisait ◆ **the ~ heights of senior management** *(fig, iro)* les hautes sphères de la direction générale ◆ **that's the ~ limit!** ‡ ça c'est le bouquet ! * ; → **spell²**

**giddy²** /ˈgɪdɪ/ EXCL *(to horse)* ◆ **~ up!** hue !

**GIFT** /gɪft/ N (abbrev of **Gamete Intrafallopian Transfer**) fivète *f*

**gift** /gɪft/ N a *(= present)* cadeau *m*, présent *m* ; *(Comm)* prime *f*, cadeau *m* ◆ **New Year ~** étrennes *fpl* ◆ **it was a ~** *(lit)* c'était un cadeau ; *(* fig = it was easy)* c'était du gâteau * ◆ **I wouldn't have it as a ~** on m'en ferait cadeau que je n'en voudrais pas ◆ **"free gift inside the packet"** *(Comm)* "ce paquet contient un cadeau"
b *(Jur etc)* don *m*, donation *f* ◆ **to make sb a ~ of sth** faire don *or* cadeau de qch à qn ◆ **in the ~ of** à la discrétion de ; → **deed**
c *(= talent)* don *m* (*for* de, pour) talent *m* (*for* pour) ◆ **he has a ~ for maths** il a un don pour les maths *or* le don des maths ◆ **she has a ~ for teaching** elle a un don pour l'enseignement, elle est très douée pour l'enseignement ◆ **he has great artistic ~s** il a de grands dons artistiques ◆ **to have the ~ of the gab** * avoir la langue bien pendue, avoir du bagout *
VT *(esp Jur)* donner ◆ **to be ~ed with patience** *etc (fig)* être doué de patience *etc*
COMP ▷ **gift horse** N **don't look a ~ horse in the mouth** *(Prov)* à cheval donné on ne regarde point la bouche *(Prov)*, on ne critique pas le cadeau qu'on reçoit *(Prov)* ▷ **gift shop** N boutique *f* de cadeaux ▷ **gift token, gift voucher** N chèque-cadeau *m*

**gifted** /ˈgɪftɪd/ ADJ *(fig)* doué (*for* pour) ◆ **the ~ child** l'enfant *m* surdoué

**giftwrap** /ˈgɪftræp/ VT ◆ **to ~ a package** faire un paquet-cadeau ◆ **could you ~ it for me?** pouvez-vous me faire un paquet-cadeau ?
N ⇒ **giftwrapping**

**giftwrapped** /ˈgɪftræpt/ ADJ sous emballage-cadeau

**giftwrapping** /ˈgɪftræpɪŋ/ N emballage-cadeau *m*

**gig** /gɪg/ N a *(= vehicle)* cabriolet *m* ; *(= boat)* petit canot *m*, youyou *m* b *(Mus * = jazz, pop concert)* concert *m* ◆ **they had a regular ~ at the Cavern** ils jouaient régulièrement au Cavern ◆ **comedy ~s** *(Theat)* numéros *mpl* de comique c *(US fig: *)* job * *m* temporaire VI * *(Mus)* jouer live *or* sur scène ◆ **he spent ten years ~ging in bars** *[stand-up comedian]* il a passé dix ans à jouer dans les bars

**gigabyte** /ˈdʒɪgəˌbaɪt/ N gigaoctet *m*

**gigaflop** /ˈgaɪgəˌflɒp/ N milliard *m* d'opérations en virgule flottante par seconde

**gigahertz** /ˈdʒɪgəˌhɜːts/ N gigahertz *m*

**gigantic** /dʒaɪˈgæntɪk/ ADJ gigantesque

**gigantically** /dʒaɪˈgæntɪkəlɪ/ ADV ◆ **~ fat** démesurément gros ◆ **to be ~ successful** avoir un succès énorme

**gigantism** /dʒaɪˈgæntɪzəm/ N gigantisme *m*

**gigawatt** /ˈdʒɪgəˌwɒt/ N gigawatt *m*

**giggle** /ˈgɪgl/ VI rire sottement, glousser ◆ **stop giggling!** ne riez pas sottement comme ça ! ◆ **she was giggling helplessly** elle ne pouvait pas se retenir de rire sottement *or* de glousser ◆ **"stop that!" she ~d** "arrête !" dit-elle en gloussant N petit rire *m* sot *or* nerveux, gloussement *m* sot *or* nerveux ◆ **to have/get the ~s** avoir/attraper le fou rire ◆ **she had a fit of the ~s** elle avait le fou rire ◆ **it was a bit of a ~** * *(Brit)* ça nous a bien fait rigoler * ◆ **he did it for a ~** * *(Brit)* il a fait ça pour rigoler *

**giggly** /ˈgɪglɪ/ ADJ qui rit bêtement *or* glousse (sans arrêt)

**GIGO** /ˈgiːgəʊ, ˌdʒiːˈaɪdʒiːˈəʊ/ (abbrev of **garbage in, garbage out**) → **garbage**

**gigolo** /ˈʒɪgələʊ/ N *(sexually)* gigolo *m* ; *(= dancing partner)* danseur *m* mondain

**gigot** /ˈʒiːgəʊ, ˈdʒɪgət/ N *(Culin)* gigot *m*

**Gila** /ˈhiːlə/ N ◆ **~ monster** monstre *m* de Gila, héloderme *m*

**Gilbertian** /gɪlˈbɜːtɪən/ ADJ *(Brit)* ≃ vaudevillesque

**gild** /gɪld/ VT (pret **gilded**, ptp **gilded** *or* **gilt**) dorer ◆ **to ~ the lily** renchérir sur la perfection ◆ **to ~ the pill** dorer la pilule ◆ **~ed youth** la jeunesse dorée

**gilding** /ˈgɪldɪŋ/ N dorure *f*

**Giles** /dʒaɪlz/ N Gilles *m*

**gill[1]** /gɪl/ N *[of mushrooms]* lamelle *f* ◆ **~s** *[of fish]* ouïes *fpl*, branchies *fpl* ◆ **he was looking somewhat green** *or* **pale around the ~s** * il était (devenu) vert

**gill[2]** /dʒɪl/ N *(Brit = measure)* quart *m* de pinte (= 0,142 l)

**gillie** /ˈgɪlɪ/ N *(Scot)* gillie *m*, accompagnateur *m (d'un chasseur, d'un pêcheur etc)*

**gillyflower** /ˈdʒɪlɪˌflaʊəʳ/ N giroflée *f*

**gilt** /gɪlt/ VB ptp of **gild** N *(= gold)* dorure *f* ◆ **to take the ~ off the gingerbread** enlever tout le charme, gâter le plaisir NPL **gilts** *(Brit Fin)* ⇒ **gilt-edged securities** ADJ doré COMP ▷ **gilt-edged** ADJ *[book]* doré sur tranche ; *(fig)* de tout premier ordre ▷ **gilt-edged securities** NPL *(Brit Fin) (government-issued)* fonds *mpl or* obligations *fpl* d'État ; *(= safe investment)* valeurs *fpl* de tout repos *or* de père de famille ▷ **gilt-edged stock** N ⇒ **gilt-edged securities** ▷ **gilt-head** N *(= fish)* daurade *f*, dorade *f*

**gimbal(s)** /ˈdʒɪmbəl(z)/ N *(Aut, Naut)* cardan *m*

**gimcrack** /ˈdʒɪmkræk/ ADJ ringard

**gimlet** /ˈgɪmlɪt/ N vrille *f* ◆ **to have eyes like ~s, to be ~-eyed** avoir des yeux perçants, avoir un regard perçant

**gimme** * /ˈgɪmiː/ ⇒ **give me**

**gimmick** /ˈgɪmɪk/ N *(gen)* truc * *m* ; *(Theat = catch phrase)* réplique *f* à effet ; *(= gadget)* gadget *m* ; *(US) (= trick)* truc * *m*, combine *f* ◆ **advertising ~** truc * *m or* procédé *m* publicitaire ◆ **election ~** procédé *m* pour s'attirer des suffrages ◆ **it's just a sales ~** c'est simplement un gadget promotionnel *or* une astuce promotionnelle

**gimmickry** /ˈgɪmɪkrɪ/ N gadgets *mpl*

**gimmicky** /ˈgɪmɪkɪ/ ADJ *(pej)* qui relève du gadget

**gimp** * /gɪmp/ *(US)* N *(= person)* boiteux *m*, -euse *f* ◆ **to walk with a ~** boiter VI boiter

**gimpy** /ˈgɪmpɪ/ ADJ *(US)* boiteux

**gin[1]** /dʒɪn/ N a gin *m* ◆ **~ and tonic** gin-tonic *m* ◆ **~ and it** *(Brit)* gin-vermouth *m* ; → **pink[1]** b *(Cards:* also **gin rummy**) *variante du rami* COMP ▷ **gin mill** * N *(US)* bar *m*, saloon *m* ▷ **gin sling** N gin-fizz *m*

**gin[2]** /dʒɪn/ N a *(Brit:* also **gin trap**) piège *m* b *(Tech:* also **cotton gin**) égreneuse *f* (de coton)

**ginger** /ˈdʒɪndʒəʳ/ N gingembre *m* ; *(fig)* énergie *f*, pêche * *f* ◆ **Ginger** *(= nickname)* Poil *m* de Carotte ADJ a *[hair]* roux (rousse *f*), rouquin * ◆ **a ~ tom** un chat roux b *(Culin) [biscuit etc]* au gingembre COMP ▷ **ginger ale, ginger beer** *(Brit)* N boisson *f* gazeuse au gingembre ▷ **ginger group** N *(Brit: esp Pol)* groupe *m* de pression ▷ **ginger nut** N gâteau *m* sec au gingembre ▷ **ginger pop** * N ⇒ **ginger ale** ▷ **ginger snap** N ⇒ **ginger nut**

► **ginger up** VT SEP *(Brit) [+ person]* secouer, secouer les puces à * ; *[+ action, event]* mettre de la vie *or* de l'entrain dans ◆ **the banks are desperately trying to ~ up the housing market** les banques essaient désespérément de stimuler *or* dynamiser le marché de l'immobilier ◆ **he ~ed up his talk with a few jokes** il a relevé *or* égayé sa causerie de quelques plaisanteries

**gingerbread** /ˈdʒɪndʒəbred/ N pain *m* d'épice ADJ *(Culin)* en pain d'épice ; *(Archit *) [style]* tarabiscoté ◆ **~ man** bonhomme *m* en pain d'épice

**gingerly** /ˈdʒɪndʒəlɪ/ ADJ *[prod]* léger, doux (douce *f*) ; *[touch]* délicat ADV avec précaution

**gingery** /ˈdʒɪndʒərɪ/ ADJ a *(= colour) [hair]* avec des reflets roux ; *[cloth etc]* dans les tons roux b *[taste]* de gingembre ◆ **it tastes (very) ~** ça a (fort) goût de gingembre

**gingham** /ˈgɪŋəm/ N *(Tex)* vichy *m*

**gingivitis** /ˌdʒɪndʒɪˈvaɪtɪs/ N gingivite *f*

**gink** * /gɪŋk/ N *(US pej)* (drôle de) type * *m*

**ginkgo** /ˈgɪŋkgəʊ/ N ginkgo *m*

**ginormous** * /dʒaɪˈnɔːməs/ ADJ gigantesque

**ginseng** /dʒɪnˈseŋ/ N ginseng *m* COMP *[tea, tablets]* au ginseng

**Gioconda** /dʒəˈkɒndə/ N ◆ **La ~** la Joconde ◆ **~ smile** sourire *m* énigmatique *or* sibyllin

**gippy** * /ˈdʒɪpɪ/ ADJ *(Brit)* ◆ **to have a ~ tummy** avoir la courante *

**gipsy** /ˈdʒɪpsɪ/ N *(gen)* bohémien(ne) *m(f)* ; *(Spanish)* gitan(e) *m(f)* ; *(Central European)* Tsigane *or* Tzigane *mf* ; *(pej)* romanichel(le) *m(f)* COMP *[caravan, custom]* de bohémien, de gitan, tsigane, de romanichel *(pej)* ; *[music]* des gitans, tsigane ▷ **gipsy cab** N *(US)* taxi *m* clandestin ▷ **gipsy driver** N *(US)* chauffeur *m* de taxi clandestin ▷ **gipsy moth** N *(Zool)* zigzag *m*

**giraffe** /dʒɪˈrɑːf/ N girafe *f* ◆ **baby ~** girafeau *m*

**gird** /gɜːd/ (pret, ptp **girded** *or* **girt**) VT *(liter = encircle)* ceindre *(liter)* ; *(†† = clothe)* revêtir (*with* de) ◆ **to ~ o.s. for a fight** *(fig = get ready)* se préparer au combat ◆ **to ~ (up) one's loins** *(liter)* se préparer (*to do sth* à faire qch ; *for sth* pour qch)

► **gird on** VT SEP *[+ sword etc]* ceindre *(liter)*

► **gird up** VT SEP *[+ robe]* ceindre ; see also **gird**

**girder** /ˈgɜːdəʳ/ N poutre *f* ; *(smaller)* poutrelle *f*

**girdle[1]** /ˈgɜːdl/ N *(= belt: lit, fig)* ceinture *f* ; *(= corset)* gaine *f* VT *(fig liter)* ceindre (*with* de)

**girdle[2]** /ˈgɜːdl/ N *(Culin)* ⇒ **griddle n**

**girl** /gɜːl/ N a (jeune) *or* (petite) fille *f* ◆ **the ~ who looks after the children** la jeune fille qui s'occupe des enfants ◆ **a little ~** une petite fille, une fillette ◆ **the little ~s were watching television** les petites filles *or* les fillettes regardaient la télévision ◆ **she's a nice ~** c'est une fille bien ◆ **that ~ gets on my nerves** cette fille m'énerve ◆ **a ~ of 17** une (jeune) fille de 17 ans ◆ **an English ~** une jeune Anglaise ◆ **a little English ~** une petite Anglaise ◆ **poor little ~** pauvre petite *f* ◆ **the Smith ~s** les filles des Smith ◆ **I'll really give you something to cry about, my ~** je vais te donner une bonne raison de pleurer, ma fille * ◆ **~s' school** école *f* (*or* lycée *m etc*) de filles
b *(= daughter)* fille *f* ; *(= pupil)* élève *f* ; *(= servant)* bonne *f* ; *(= factory-worker)* ouvrière *f* ; *(= shop assistant)* vendeuse *f*, jeune fille *f* ; *(* = sweetheart)* petite amie *f* ◆ **old ~** *(Brit Scol)* ancienne élève *f* ◆ **yes, old ~** * oui, ma vieille * ◆ **the old ~** * *(= wife)* la patronne *, la bourgeoise * ; *(= mother)* ma mère *or*

vieille‡ ◆ **the old ~* next door** la vieille dame *or* la vieille‡ d'à côté

**COMP** ▷ **girl band** N *(Mus)* girlband *m* ▷ **girl Friday** N *(in office)* aide *f* de bureau ▷ **girl guide** N *(Brit)* éclaireuse *f* ; *(Roman Catholic)* guide *f* ▷ **girl's blouse** * N ◆ **he's a big ~'s blouse** c'est une vraie mauviette ◆ **you big ~'s blouse!** quelle mauviette tu fais ! ▷ **girl scout** N *(US)* ⇒ **girl guide** ▷ **girl-watching** N *(US)* ◆ **to go ~-watching** aller reluquer* les filles

**girlfriend** /ˈgɜːlfrend/ N *[of boy]* petite amie *f* ; *[of girl]* amie *f*, copine *f*

**girlhood** /ˈgɜːlhʊd/ N enfance *f*, jeunesse *f*

**girlie, girly** * /ˈgɜːlɪ/ ADJ de filles ◆ **~ magazine** magazine *m* de charme (*ou* fesses*)

**girlish** /ˈgɜːlɪʃ/ ADJ *[boy]* efféminé ; *[behaviour, appearance]* *(woman's)* de petite fille, de jeune fille ; *(man's, boy's)* efféminé

**giro** /ˈdʒaɪrəʊ/ N *(Brit *: also* **giro cheque**) ≃ mandat *m* postal *(servant au paiement des prestations de chômage ou de maladie)* ◆ **bank ~ system** système *m* de virement bancaire ◆ **National Giro** ≃ Comptes *mpl* Chèques Postaux ◆ **by ~ transfer** *(Fin)* par virement postal (*or* bancaire)

**girt** /gɜːt/ VB pt, ptp **gird** II ⇒ **girth b**

**girth** /gɜːθ/ N **a** *(= circumference) [of tree]* circonférence *f* ; *[of waist/hips etc]* tour *m* (de taille/de hanches *etc*) ◆ **in ~** de circonférence, de tour ◆ **his (great) ~** sa corpulence **b** *[of saddle]* sangle *f* ◆ **to loosen the ~s** dessangler

**gist** /dʒɪst/ N *(NonC) [of report, conversation etc]* fond *m*, essentiel *m* ; *[of question]* point *m* principal ◆ **to get the ~ of sth** comprendre l'essentiel de qch ◆ **give me the ~ of what he said** résumez-moi ce qu'il a dit, en deux mots

**git** * /gɪt/ N *(Brit pej)* **a** *(= idiot) (man)* con* *m* ; *(woman)* conne‡ *f* ◆ **stupid ~!** espèce de con(ne) !‡ **b** *(= unpleasant person) (man)* salaud‡ *m* ; *(woman)* salope‡ *f* ◆ **he's a miserable old ~** c'est un vieux con‡

## give /gɪv/

vb : pret **gave**, ptp **given**

| | |
|---|---|
| 1 TRANSITIVE VERB | 3 NOUN |
| 2 INTRANSITIVE VERB | 4 COMPOUNDS |
| 5 PHRASAL VERBS | |

### 1 - TRANSITIVE VERB

> When **give** is part of a set combination, eg **give evidence**, **give a party**, **give a yawn**, look up the other word.

**a** donner (*to* à) ; *[+ gift]* offrir (*to* à) ; *[+ one's time]* consacrer, donner (*to* à) ◆ **to ~ sb something to eat/drink** donner à manger/à boire à qn ◆ **can you ~ him something to do?** pouvez-vous lui donner quelque chose à faire ? ◆ **what are you going to ~ her?** qu'est-ce que tu vas lui offrir ? ◆ **to ~ one's daughter in marriage** † donner sa fille en mariage † ◆ **she gave herself to him** † elle s'est donnée à lui † ◆ **it was not ~n to him to achieve happiness** il ne lui a pas été donné de trouver le bonheur ◆ **to ~ sb one's trust** donner *or* accorder sa confiance à qn ◆ **he gave his life** *or* **himself to helping the poor** il a consacré sa vie aux pauvres

BUT **she gave us a wonderful meal** elle nous a préparé un délicieux repas ◆ **to ~ sb a look** jeter *or* lancer un regard à qn ◆ **~ me a gas cooker every time!** * pour moi rien ne vaut une gazinière ! ◆ **children? ~ me dogs any time!** des enfants ? je préfère de loin les chiens !

> **give** + noun may be translated by a verb alone.

◆ **can you ~ me a bed for the night?** pouvez-vous me loger pour la nuit ? ◆ **they gave us a lot of help** ils nous ont beaucoup aidés ◆ **I'll ~ you a call** je vous appellerai, je vous passerai un coup de fil

◆ **to be given** *(= receive)*

> In French the recipient is not made the subject of a passive construction.

◆ **she was ~n a huge bouquet** on lui a donné *or* offert un énorme bouquet ◆ **we were ~n a warm reception** on nous a accueillis chaleureusement ◆ **the suggestion will be ~n serious consideration** cette suggestion sera soigneusement examinée ◆ **six footballers were ~n honours** six footballeurs ont reçu une distinction honorifique ◆ **he was ~n a knighthood** il a été fait chevalier

◆ **to give and take** ◆ **one must ~ and take** il faut faire des concessions ; see also **compounds**

◆ **give or take** ◆ **~ or take a few minutes** à quelques minutes près ◆ **a hundred people, ~ or take a few** à peu près cent personnes

**b** *(= cause, cause to feel)* faire ◆ **it gave me a shock** ça m'a fait un choc ◆ **keying ~s me a pain in my wrist** si je tape au clavier, ça me fait mal au poignet ◆ **it gave me a funny feeling** ça m'a fait un drôle d'effet ◆ **to ~ sb to believe sth** donner à croire qch à qn, laisser entendre qch à qn ◆ **I was ~n to understand that ...** on m'avait laissé entendre que ..., on m'avait donné à croire que ... ◆ **her grandchildren ~ her a lot of pleasure** ses petits-enfants lui procurent beaucoup de plaisir ◆ **it ~s me great pleasure to introduce ...** c'est avec grand plaisir que je vous présente ... ◆ **it gave us a good laugh** * on a bien rigolé *

**c** *(= pass on)* ◆ **OK, I'll ~ him the message** d'accord, je lui ferai la commission, d'accord, je le lui dirai ◆ **you've ~n me your cold** tu m'as passé *or* refilé* ton rhume ◆ **~ him my love** faites-lui mes amitiés

**d** *(= put through to)* passer ◆ **could you ~ me Mr Smith/extension 231?** pouvez-vous me passer M. Smith/le poste 231 ?

**e** *(with time expressions)* ◆ **~ him time to get home** laissez-lui le temps de rentrer ◆ **~ me time and I'll manage it** laissez-moi du temps et j'y arriverai ◆ **~ yourself time to think about it before you decide** prends le temps de réfléchir avant de te décider ◆ **(just) ~ me time!** attends un peu !, ne me bouscule pas ! ◆ **I can't ~ you any longer, you must pay me now** je ne peux plus vous accorder de délai, il faut que vous payiez maintenant ◆ **I can ~ you half an hour tomorrow** je peux vous consacrer une demi-heure demain ◆ **the doctors gave him two years (to live)** les médecins lui ont donné deux ans (à vivre) ◆ **how long do you ~ that marriage?** combien de temps crois-tu que ce mariage tiendra ? ◆ **I can ~ him ten years** * *(in age)* il est de dix ans mon cadet

**f** *(+ name, address, description)* donner (*to* à) ◆ **what name did he ~?** quel nom a-t-il donné ? ◆ **she was unable to ~ the police a description of her attacker** elle a été incapable de donner une description de son agresseur à la police ◆ **to ~ one's decision** rendre *or* faire connaître sa décision ◆ **he gave the cause of death as asphyxia** il a conclu à une mort par asphyxie ◆ **~n under my hand and seal** *(Jur)* signé

**g** *(= utter)* *[+ answer]* donner ; *[+ sigh, cry]* pousser ◆ **they haven't yet ~n their answer** ils n'ont pas encore donné de réponse, ils n'ont pas encore rendu leur réponse

**h** *(= pay)* payer ; *(= offer)* offrir, donner ◆ **what did you ~ for it?** combien l'avez-vous payé ? ◆ **I'd ~ a lot/anything to know** je donnerais gros/n'importe quoi pour savoir ◆ **what will you ~ me for it?** combien m'en offrez-vous *or* m'en donnez-vous ? ◆ **I don't ~ much for his chances** je ne donne pas cher de ses chances

**i** *(= punish with)* *[+ lines, detention]* donner (*to* à) ◆ **the teacher gave him 100 lines** le professeur lui a donné 100 lignes ◆ **the judge gave him five years** le juge l'a condamné à cinq ans de prison

**j** *(= perform, do, deliver)* *[+ lecture]* faire, donner ; *[+ play]* donner, présenter

**k** *(= produce)* donner, produire ◆ **cows ~ more milk when ...** les vaches donnent *or* produisent plus de lait lorsque ... ◆ **two surveys gave good results** deux études ont donné *or* produit de bons résultats ◆ **it ~s a total of 100** cela fait 100 en tout ◆ **this lamp doesn't ~ much light** cette lampe éclaire mal

**l** *(frm = toast)* ◆ **I ~ you the Queen!** je lève mon verre à la santé de la Reine !

**m** *(idiomatic expressions)* ◆ **he gave as good as he got** il a rendu coup pour coup ◆ **~ it all you've got!** * mets-y le paquet ! * ◆ **I wouldn't have it if you gave it to me** * tu m'en ferais cadeau que je n'en voudrais pas ◆ **I'll ~ him something to cry about!** * je lui apprendrai à pleurer ! ◆ **to ~ sb what for**‡, **to ~ it to sb**‡ passer un savon à qn*, faire sa fête à qn‡ ◆ **he wants £100? I'll ~ him £100!** * *(iro)* il veut 100 livres ? il peut toujours courir ! * ◆ **I'll ~ you that** *(agreeing)* je suis d'accord là-dessus ◆ **don't ~ me that!** * ne me raconte pas d'histoires ! * ◆ **OK, now ~!** ‡*(US)* allez accouche !‡

**n** *(set structures)*

◆ **to give way**[1] *(= collapse) [bridge, beam, ceiling, floor]* s'effondrer (*beneath, under* sous) ; *[ground]* céder, se dérober (*beneath, under* sous) ; *[cable, rope]* céder, (se) casser ; *[legs]* fléchir, mollir ◆ **his strength gave way** les forces lui ont manqué ◆ **after months of stress his health gave way** après des mois de stress, il a eu de graves problèmes de santé *or* sa santé a flanché

◆ **to give way**[2] *(= yield) [person]* céder (*to sth* à qch) ; *(= stand back)* s'écarter, se pousser ; *(= agree)* finir par donner son accord, finir par consentir ; *[troops] (= withdraw)* reculer, se retirer ; *[car, traffic]* céder le passage (*to* à) ◆ **"give way"** *(Aut)* "cédez le passage", "vous n'avez pas la priorité" ◆ **"give way to traffic from the right"** *(Aut)* "priorité à droite" ◆ **I gave way to temptation** j'ai cédé à la tentation ◆ **he gave way to their demands** il a cédé à leurs revendications ◆ **don't ~ way to despair** ne cédez pas au désespoir, ne désespérez pas ◆ **to ~ way to an impulse** céder à une impulsion ◆ **she gave way to tears** elle n'a pas pu retenir ses larmes ◆ **his shock gave way to anger** sa surprise a fait place *or* laissé place à la colère

### 2 - INTRANSITIVE VERB

**a** *(= collapse)* céder (*beneath, under* sous) ◆ **the axle gave and fell on me** l'essieu a cédé et m'est tombé dessus ◆ **the chair gave under his weight** la chaise a cédé sous son poids

**b** *(= yield)* *[floor]* fléchir ; *[cloth, elastic]* se détendre, se relâcher ◆ **the floor gave slightly under his feet** le parquet fléchissait légèrement sous son poids

**c** *(esp US)* ◆ **what ~s ?** * alors, qu'est-ce qui se passe ?

3 - NOUN

* = flexibility ♦ **there is a lot of ~ in this rope** cette corde est très élastique ♦ **there isn't a lot of ~ in these proposals** il n'y a pas beaucoup de souplesse dans ces propositions ♦ **how much ~ has there been on their side?** est-ce qu'ils se sont montrés prêts à faire des concessions ?

4 - COMPOUNDS

▷ **give-and-take** N *(NonC)* concessions *fpl* mutuelles ♦ **there must be a certain amount of ~-and-take** il faut que chacun fasse des concessions *or* y mette un peu du sien

5 - PHRASAL VERBS

► **give away** VT SEP a *(= bestow, distribute)* *[+ prizes]* distribuer ; *[+ bride]* conduire à l'autel ; *[+ money, goods]* donner ♦ **we've got 200 CDs to ~ away** nous avons 200 CD à donner ♦ **at this price I'm giving it away** à ce prix-là c'est un cadeau *or* c'est donné b *(= concede)* faire cadeau de ♦ **we gave away a silly goal** nous leur avons bêtement fait cadeau d'un but c *(= tell, betray)* *[+ names, details]* donner ; *[+ secrets]* révéler ♦ **to ~ sb away** *[+ person, accomplice]* dénoncer *or* donner * qn ; *[reaction, expression]* trahir qn ♦ **to ~ o.s. away** se trahir ♦ **don't ~ anything away** ne dis rien ♦ **his face gave nothing away** son visage ne trahissait aucune émotion ♦ **to ~ the game away** * vendre la mèche *

► **give back** VT SEP *[+ object, freedom]* rendre *(to* à) ; *[+ echo]* renvoyer ; *[+ image]* refléter ♦ **they have been ~n back their property** leurs biens leur ont été restitués *or* rendus

► **give forth** VT SEP *[+ sound]* émettre, faire entendre

► **give in** VI *(= surrender)* capituler ; *(= yield)* céder *(to* à) ♦ **the troops gave in after three weeks** les troupes ont capitulé au bout de trois semaines ♦ **I pestered my parents until they gave in** j'ai harcelé mes parents jusqu'à ce qu'ils cèdent *or* capitulent ♦ **I ~ in!** *(in games)* j'abandonne ! ; *(in guessing)* je donne ma langue au chat ! * VT SEP *[+ essay, exam paper, key]* rendre ; *[+ manuscript, report]* remettre

► **give off** VT SEP *[+ heat]* dégager, émettre ; *[+ gas, smell, aura]* dégager ♦ **the carpets and curtains gave off a smell of mould** la moquette et les rideaux dégageaient une odeur de moisi ♦ **they gave off a sense of assurance** on sentait chez eux une assurance naturelle

► **give on to** VT FUS *[door, window]* donner sur

► **give out** VI *[supplies]* s'épuiser ; *[patience]* être à bout ; *[heart]* lâcher ♦ **after two weeks their food had ~n out** au bout de deux semaines leurs provisions étaient épuisées ♦ **one of his lungs gave out entirely** un de ses poumons a lâché ♦ **all machines ~ out eventually** les machines ne sont pas éternelles ♦ **my strength is giving out** je suis à bout de forces, je n'en peux plus VT SEP a *(= distribute)* *[+ books, food]* distribuer b *(= make known)* *[+ information, details]* donner ♦ **it was ~n out that ...** on a annoncé que ... c *(Rad)* *[+ signal]* émettre d *(= utter)* ♦ **he gave out a scream of pain** il poussa un cri de douleur ; see also **give vt g** e ⇒ **give off**

► **give over** * VT FUS *(= stop)* *[+ studies, activities]* arrêter ♦ **to ~ over doing sth** cesser de faire qch, arrêter de faire qch ♦ **~ over!** arrête !, ça suffit !

► **give over to** VT SEP *(= dedicate, devote)* consacrer ♦ **most of the garden is ~n over to vegetables** la majeure partie du jardin est consacrée au potager ♦ **many cinemas are ~n over to bingo** de nombreux cinémas ont été transformés en salles de bingo ♦ **to ~ o.s. over to** *[+ activity, drink]* s'adonner à ; *[+ children, family]* se consacrer à

► **give up** VI abandonner, laisser tomber * ♦ **they were on the point of giving up when ...** ils étaient sur le point d'abandonner *or* de laisser tomber * lorsque ... ♦ **I ~ up** j'abandonne, je capitule ; *(in guessing)* je donne ma langue au chat * ♦ **don't ~ up!** tenez bon ! VT SEP a *(= renounce)* *[+ interests]* abandonner ; *[+ seat, territory]* céder ; *[+ habit, idea, hope, claim]* renoncer à ; *[+ job]* quitter ; *[+ business]* se retirer de ; *[+ subscription]* résilier ♦ **when she went to university she gave up her old friends** quand elle est entrée à l'université elle a cessé de voir ses vieux amis ♦ **to ~ up the struggle** abandonner la partie ♦ **I gave it up as a bad job** (comme ça ne menait à rien) j'ai laissé tomber * ♦ **she gave him up as a bad job** * comme elle n'arrivait à rien avec lui elle l'a laissé tomber * b *(= stop)* arrêter, cesser ♦ **to ~ up smoking** arrêter de fumer, renoncer au tabac ♦ **I've ~n up trying to persuade her** j'ai renoncé à essayer de la convaincre ♦ **eventually he gave up trying** au bout d'un moment il a renoncé c *(= deliver, hand over)* ♦ **to give o.s. up** se rendre, se constituer prisonnier ♦ **she gave the baby up for adoption** elle a fait adopter le bébé d *(= abandon hope for)* *[+ expected visitor]* ne plus attendre ♦ **the doctors had ~n him up** les médecins le croyaient condamné ♦ **to ~ sb up for lost** considérer qn comme perdu ♦ **to ~ sb up for dead** croire qn mort e * *(US = applaud)* ♦ **give it up for Whitney Houston !** veuillez accueillir Whitney Houston sous vos applaudissements !

► **give up on** VT FUS a *(= renounce)* *[+ idea]* renoncer à ♦ **I finally gave up on it** j'ai fini par y renoncer ♦ **the car/washing machine has ~n up on me** * la voiture/la machine à laver m'a lâché * b *(= stop expecting)* *[+ visitor]* ne plus attendre ; *(= lose faith in)* perdre espoir en

---

**giveaway** /ˈgɪvəweɪ/ N *(fig)* révélation *f* involontaire ; *(Comm = free gift)* cadeau *m* (publicitaire) ; *(US Rad, TV)* jeu *m* radiophonique *or* télévisé *(doté de prix)* ADJ *[price]* dérisoire ♦ **it was a real ~ when he said that ...** il s'est vraiment trahi en disant que ... ♦ **the fact that she knew his name was a ~** le simple fait qu'elle sache son nom était révélateur ♦ **what a ~!** là tu t'es trahi (*or* il s'est trahi ! *etc*)

**given** /ˈgɪvn/ LANGUAGE IN USE 17.1 VB ptp of **give** ADJ a donné, déterminé ♦ **at a ~ time** à un moment donné ♦ **of a ~ size** d'une taille donnée *or* bien déterminée ♦ **under the ~ conditions** compte tenu des conditions b ♦ **~ the triangle ABC** soit *or* étant donné le triangle ABC ♦ **~ that he is capable of learning** à supposer qu'il soit capable d'apprendre c *(= having inclination)* ♦ **I am not ~ to lying** je n'ai pas l'habitude de mentir ♦ **he's ~ to laziness** il est enclin à la paresse PREP ♦ **~ the opportunity** si l'occasion se présentait ♦ **~ patience** avec de la patience COMP ▷ **given name** N nom *m* de baptême

**giver** /ˈgɪvəʳ/ N donateur *m*, -trice *f* ; *(St Ex)* preneur *m*, -euse *f* d'option, optionnaire *mf*

**giving** /ˈgɪvɪŋ/ ADJ généreux

**gizmo** * /ˈgɪzməʊ/ N machin * *m*, truc * *m*

**gizzard** /ˈgɪzəd/ N gésier *m* ; → **stick**

**GLA** /ˌdʒiːelˈeɪ/ N *(Brit)* abbrev of **Greater London Authority**

**glacé** /ˈglæseɪ/ ADJ *(Culin)* *[fruit]* glacé, confit ♦ **~ icing** glaçage *m*

**glacial** /ˈgleɪsɪəl/ ADJ a *(Geol)* glaciaire ; *[wind, winter]* glacial ; *(Chem)* cristallisé, en cristaux ♦ **at a ~ pace, with ~ slowness** incroyablement lentement b *[person, stare, atmosphere]* glacial

**glaciated** /ˈgleɪsɪeɪtɪd/ ADJ *(Geol)* ♦ **~ landscape** relief *m* glaciaire

**glaciation** /ˌgleɪsɪˈeɪʃən/ N glaciation *f*

**glacier** /ˈglæsɪəʳ/ N glacier *m*

**glaciological** /ˌglæsɪəˈlɒdʒɪkəl/ ADJ glaciologique

**glaciologist** /ˌglæsɪˈɒlədʒɪst/ N glaciologue *mf*

**glaciology** /ˌglæsɪˈɒlədʒɪ/ N glaciologie *f*

**glad** /glæd/ ADJ a *(= pleased)* ♦ **to be ~ (about sth)** être bien content (de qch) ♦ **I had a great time – I'm ~** je me suis beaucoup amusé – j'en suis ravi *or* bien content ♦ **he was ~ of a chance to change the subject** il était content de pouvoir changer de sujet ♦ **I'd be ~ of some help with this** j'aimerais bien qu'on m'aide (à faire ça) ♦ **I'm ~ that you came** je suis bien content que vous soyez venu ♦ **I'm ~ that I've come** je suis bien content d'être venu ♦ **to be ~ to do sth** *(= happy)* être bien content de faire qch ; *(= willing)* se faire un plaisir de faire qch ♦ **I shall be ~ to come** ça me fera plaisir de venir ♦ **~ to know you!** très heureux de faire votre connaissance ! ♦ **to be only too ~ to do sth** ne pas demander mieux que de faire qch b ( †, *liter = happy)* *[news]* heureux ; *[occasion]* joyeux ♦ **to give sb the ~ tidings** annoncer à qn la bonne nouvelle COMP ▷ **glad eye** † N *(Brit)* ♦ **to give sb the ~ eye** * faire de l'œil * à qn ▷ **glad hand** * N *(esp US)* ♦ **to give sb the ~ hand** accueillir qn les bras ouverts ▷ **glad-hand** * VT *(US)* accueillir avec effusion ▷ **glad rags** * NPL belles fringues * *fpl* ♦ **to put on one's ~ rags** mettre ses plus belles fringues

**gladden** /ˈglædn/ VT *[+ person]* réjouir ♦ **to ~ sb's heart** réjouir qn ♦ **it ~s the heart** ça fait chaud au cœur ♦ **to be ~ed to see** *etc* être heureux de voir *etc*

**glade** /gleɪd/ N clairière *f*

**gladiator** /ˈglædɪeɪtəʳ/ N gladiateur *m*

**gladiatorial** /ˌglædɪəˈtɔːrɪəl/ ADJ *(fig)* conflictuel ♦ **~ politics** politique *f* de la confrontation

**gladiolus** /ˌglædɪˈəʊləs/ N (pl **gladiolus** *or* **gladioluses** *or* **gladioli** /ˌglædɪˈəʊlaɪ/) glaïeul *m*

**gladly** /ˈglædlɪ/ LANGUAGE IN USE 3.1 ADV *(= happily)* avec plaisir ; *(= willingly)* volontiers ♦ **will you help me? – ~** voulez-vous m'aider ? – volontiers *or* avec plaisir

**gladness** /ˈglædnɪs/ N joie *f*, contentement *m*

**glam** * /glæm/ ADJ abbrev of **glamorous** COMP ▷ **glam rock** * N *(Mus)* glam-rock *m* *(mouvement musical des années 70)*

**glamor** /ˈglæməʳ/ N *(US)* ⇒ **glamour**

**glamorize** /ˈglæməraɪz/ VT *[+ place, event, act etc]* montrer *or* présenter sous un jour séduisant

**glamorous** /ˈglæmərəs/ ADJ *[person, clothes, photo, atmosphere]* glamour *inv* ; *[lifestyle]* de star ; *[restaurant, café]* chic ; *[occasion]* éclatant ; *[production]* somptueux ; *[job]* prestigieux

**glamour** /ˈglæməʳ/ N *[of person]* glamour *m* ; *[of occasion]* éclat *m* ; *[of situation etc]* prestige *m* ; *[of distant countries, journeys]* séduction *f* ♦ **the ~ of show biz** le côté glamour du monde du showbiz ♦ **the ~ of life in**

**Hollywood** le côté glamour de la vie d'Hollywood ◆ **the ~ of being on television** le prestige que confère un passage à la télévision COMP ▷ **glamour boy** * N beau mec * *m* ▷ **glamour girl** * N pin up * *f inv*, beauté *f* ▷ **glamour model** N pin up *f inv*

**glamourpuss** * /ˈglæməpʊs/ N *(female)* pin up *f inv* ; *(male)* beau mec * *m*

**glance** /glɑːns/ N a regard *m*, coup *m* d'œil ◆ **Susan and I exchanged a ~** Susan et moi avons échangé un regard ◆ **at a ~** d'un coup d'œil ◆ **at first ~** au premier coup d'œil, à première vue ◆ **without a backward ~** *(lit)* sans se retourner ; *(fig)* sans plus de cérémonie ◆ **to have** *or* **take a ~ at** jeter un coup d'œil sur *or* à ◆ **to steal a ~ at sb/sth** jeter un coup d'œil furtif sur *or* à qn/qch

b *(= gleam) [of light]* lueur *f* ; *[of metal]* reflet *m* ◆ **a ~ of sunlight** un rayon de soleil

VI a *(= look)* jeter un coup d'œil (*at* sur, à) lancer un regard (*at* à) ◆ **she ~d in my direction** elle a jeté un coup d'œil vers moi ◆ **he picked up the book and ~d through it** il a pris le livre et l'a feuilleté

b *(= glint)* étinceler

c ◆ **to ~ off** *[bullet]* ricocher sur ; *[arrow, sword]* dévier sur

► **glance away** VI détourner le regard

► **glance down** VI jeter un coup d'œil en bas, regarder en bas

► **glance off** VI *[bullet etc]* ricocher, dévier ; *[arrow, sword]* dévier

► **glance round** VI *(= behind)* regarder en arrière ; *(= round about)* jeter un coup d'œil autour de soi

► **glance up** VI *(= raise eyes)* lever les yeux ; *(= look upwards)* regarder en l'air

**glancing** /ˈglɑːnsɪŋ/ ADJ *[blow]* oblique

**gland** /glænd/ N glande *f* ; *(Tech)* presse-étoupe *m inv*

**glanders** /ˈglændəz/ N *(Vet)* morve *f*

**glandes** /ˈglændiːz/ NPL of **glans**

**glandular** /ˈglændjʊləʳ/ ADJ glandulaire COMP ▷ **glandular fever** N mononucléose *f* infectieuse

**glans** /glænz/ N (pl **glandes**) ◆ **~ (penis)** gland *m*

**glare** /gleəʳ/ VI a *[person]* lancer un regard furieux (*at* à) b *[sun, lights]* être éblouissant, briller avec éclat N a *[of person]* regard *m* furieux ◆ **"no" he said with a ~** "non", dit-il en lançant un regard furieux ◆ **he gave me an angry ~** il m'a lancé un regard furieux b *[of light]* éclat *m* aveuglant, lumière *f* éblouissante ; *(Aut)* éblouissement *m* ◆ **the ~ of publicity** le feu des projecteurs *(fig)*

**glaring** /ˈgleərɪŋ/ ADJ *(= angry) [eyes, look]* brillant de colère ; *(= blinding) [light, sun]* éblouissant ; *(pej) (= blatant) [example, error, contradiction]* flagrant ; *[omission]* manifeste ◆ **the ~ weakness of that argument** la faiblesse manifeste de cet argument

**glaringly** /ˈgleərɪŋlɪ/ ADV *(pej)* ◆ **it is ~ obvious (that ...)** c'est une évidence aveuglante (que ...) ◆ **a ~ obvious error** une erreur d'une évidence aveuglante

**glasnost** /ˈglæznɒst/ N glasnost *f*

**glass** /glɑːs/ N a *(NonC)* verre *m* ◆ **pane of ~** carreau *m*, vitre *f* ◆ **window ~** verre *m* à vitre ◆ **I cut myself on the broken ~** je me suis coupé avec l'éclat de verre ◆ **there was some broken ~ in the dustbin** il y avait du verre cassé dans la poubelle ; see also **glassed** ; → **cut, plate**

b *(= tumbler)* verre *m* ; *(= glassful)* (plein) verre *m* ◆ **a ~ of wine** un verre de vin ◆ **a wine ~** un verre à vin ◆ **she cut her hand on a broken ~** elle s'est coupé la main avec un verre cassé ; → **balloon, beer, champagne**

c *(NonC:* also **glassware)** *(gen)* verrerie *f*, objets *mpl* de *or* en verre ; *(= glasses)* gobeleterie *f*

d *(= mirror)* miroir *m*, glace *f* ; *(Opt)* lentille *f* ; (also **magnifying glass)** verre *m* grossissant, loupe *f* ; *(= telescope)* longue-vue *f* ; *(= barometer)* baromètre *m* ; *(Comm etc)* vitrine *f* ◆ **the ~ is falling** *(Met)* le baromètre baisse ◆ **under ~** *(Hort)* sous châssis ◆ **object displayed under ~** objet *m* exposé en vitrine

VT *(Brit* *)* avec une bouteille (*or* un verre)

COMP *[bottle, ornament]* de verre, en verre ▷ **glass case** N *(Comm)* vitrine *f* ; *[of clock etc]* globe *m* ◆ **to keep sth in a ~ case** garder qch sous verre *or* sous globe ▷ **glass ceiling** * N *niveau professionnel où les femmes ont tendance à plafonner* ▷ **glass door** N porte *f* vitrée ▷ **glass eye** N œil *m* de verre ▷ **glass factory** N ⇒ **glassworks** ▷ **glass fibre** N fibre *f* de verre COMP en fibre de verre ▷ **glass industry** N industrie *f* du verre, verrerie *f* ▷ **glass slipper** N pantoufle *f* de verre ▷ **glass wool** N laine *f* de verre

**glassblower** /ˈglɑːsbləʊəʳ/ N souffleur *m* (de verre)

**glassblowing** /ˈglɑːsbləʊɪŋ/ N soufflage *m* (du verre)

**glasscloth** /ˈglɑːsklɒθ/ N essuie-verres *m inv*, torchon *m* à verres

**glasscutter** /ˈglɑːskʌtəʳ/ N *(= tool)* diamant *m*, coupe-verre *m inv* ; *(= person)* vitrier *m*

**glassed** /glɑːst/, **glassed-in** /ˈglɑːstɪn/ ADJ *[cubicle]* vitré ◆ **~-in shower** cabine *f* de douche *(à parois de verre)* ◆ **~-in porch** véranda *f*

**glasses** /glɑːsɪz/ NPL *(= spectacles)* lunettes *fpl* ; *(= binoculars)* jumelles *fpl* ; see also **sunglasses**

**glassful** /ˈglɑːsfʊl/ N (plein) verre *m*

**glasshouse** /ˈglɑːshaʊs/ N *(Brit: for plants)* serre *f* ; *(US = glassworks)* verrerie *f (fabrique)* ◆ **in the ~** * *(Brit Mil)* au trou * ◆ **people who live in glass houses shouldn't throw stones** *(Prov)* avant de critiquer, tu ferais bien de balayer devant ta porte

**glasspaper** /ˈglɑːspeɪpəʳ/ N *(Brit)* papier *m* de verre

**glassware** /ˈglɑːswεəʳ/ N verrerie *f*, objets *mpl* de *or* en verre

**glassworks** /ˈglɑːswɜːks/ N *(pl inv)* verrerie *f (fabrique)*

**glassy** /ˈglɑːsɪ/ ADJ *[substance]* vitreux ; *[surface]* uni, lisse ; *[water, sea]* transparent, lisse comme un miroir ◆ **~ eyes** *or* **look** regard *m* perdu *or* vague ; *(from drink, drugs)* regard *m* vitreux *or* terne ; *(from displeasure)* regard *m* froid COMP ▷ **glassy-eyed** ADJ au regard vide ; *(from drugs, drink)* au regard terne *or* vitreux ; *(from displeasure)* au regard froid

**Glaswegian** /glæsˈwiːdʒən/ N ◆ **he's a ~** il est de Glasgow ADJ de Glasgow

**glaucoma** /glɔːˈkəʊmə/ N glaucome *m*

**glaucous** /ˈglɔːkəs/ ADJ glauque

**glaze** /gleɪz/ VT a *[+ door, window]* vitrer ; *[+ picture]* mettre sous verre ; → **double** b *[+ pottery, tiles]* vernisser ; *[+ leather]* vernir ; *[+ cotton etc]* satiner, lustrer ; *[+ paper, photograph, cake, meat]* glacer N a *(NonC, on pottery, leather, tiles etc)* vernis *m* ; *(on cotton etc)* lustre *m* ; *(on paper, photograph)* glacé *m* ; *(Culin)* glaçage *m* b *(= substance) (for tiles etc)* glaçure *f* ; *(for pottery)* vernis *m* c *(US = ice)* verglas *m*

► **glaze over** VI *[person]* prendre un air absent ◆ **his eyes ~d over** *(boredom)* il prit un air absent ; *(dying)* ses yeux sont devenus vitreux

**glazed** /gleɪzd/ ADJ a *[door, window etc]* vitré ; *[picture]* sous verre b *[pottery, tiles]* vernissé ; *[leather]* glacé, verni ; *[material]* lustré, satiné ; *[paper, photograph]* brillant ; *[cake, meat]* glacé ; *(US* ‡ *= drunk)* bourré ‡, ivre ◆ **his eyes** *or* **he had a ~ look** il avait les yeux ternes *or* vitreux

**glazier** /ˈgleɪzɪəʳ/ N vitrier *m*

**glazing** /ˈgleɪzɪŋ/ N a *(= act) [of windows]* vitrage *m*, pose *f* de vitres ; *[of pottery]* vernissage *m* b *(= glass)* vitrage *m*, vitres *fpl* ; see also **double, triple**

**GLC** /ˌdʒiːelˈsiː/ N *(Brit: formerly)* (abbrev of **Greater London Council**) *ancienne administration centrale à Londres*

**gleam** /gliːm/ N lueur *f*, rayon *m* (de lumière) ; *[of metal]* reflet *m* ; *[of water]* miroitement *m* ◆ **a ~ of hope/interest** une lueur d'espoir/d'intérêt ◆ **with a fanatical ~ in his eye** avec une lueur fanatique dans le regard ◆ **there was a ~ in her eye when she looked at me** il y avait une lueur dans ses yeux quand elle m'a regardé ◆ **the product is still only a ~ in an engineer's eye** ce produit n'est encore qu'une idée en germe dans la tête d'un ingénieur ◆ **almost 20 years before you were even a ~ in your father's eye** *(hum)* près de 20 ans avant que ton père n'ait même imaginé de te concevoir

VI *[lamp, star, eyes etc]* luire ; *[polished metal, shoes etc]* reluire ; *[knife, blade etc]* luire, briller ; *[water]* miroiter ◆ **his eyes ~ed with mischief** ses yeux luisaient *or* brillaient de malice ◆ **his eyes ~ed almost wickedly** il avait une sorte de lueur mauvaise dans les yeux ◆ **his hair ~ed in the sun** ses cheveux brillaient au soleil ◆ **his forehead ~ed with sweat** son front était luisant de sueur ◆ **his skin ~ed with health** sa peau resplendissait de santé

**gleaming** /ˈgliːmɪŋ/ ADJ *[lamp, star, metal, shoes]* brillant ; *[kitchen]* étincelant

**glean** /gliːn/ VTI *(lit, fig)* glaner

**gleaner** /ˈgliːnəʳ/ N glaneur *m*, -euse *f*

**gleanings** /ˈgliːnɪŋz/ NPL glanure(s) *f(pl)*

**glebe** /gliːb/ N *(Rel)* terre *f* attachée à un bénéfice ecclésiastique ; *(liter)* terre *f*, glèbe *f (liter)*

**glee** /gliː/ N a *(NonC)* joie *f*, jubilation *f* ◆ **his victory was greeted with ~** sa victoire a été accueillie dans l'allégresse ◆ **in great ~** jubilant ◆ **they were rubbing their hands in ~** ils se frottaient les mains en jubilant b *(Mus)* chant *m* choral à plusieurs voix ◆ **~ club** chorale *f*

**gleeful** /ˈgliːfʊl/ ADJ jubilant ; *[smile, look]* de jubilation

**gleefully** /ˈgliːfəlɪ/ ADV *[say, point out]* en jubilant ◆ **to laugh ~** rire avec jubilation

**glen** /glen/ N vallée *f*, vallon *m*

**glib** /glɪb/ ADJ *(pej) [answer, style, excuse]* désinvolte ; *[speech, phrase, lie]* facile, désinvolte ; *[person]* qui a la langue bien pendue *or* la parole facile ◆ **~ talk** propos *mpl* *or* paroles *fpl* en l'air ◆ **to make ~ promises** faire des promesses en l'air

**glibly** /ˈglɪblɪ/ ADV *(pej)* avec désinvolture

**glibness** /ˈglɪbnɪs/ N *[of answer, speech, style]* désinvolture *f* ; *[of person]* facilité *f* de parole

**glide** /glaɪd/ VI a ◆ **to ~ in/out** *etc [person]* *(silently)* entrer/sortir *etc* sans bruit ; *(in* *stately way, gracefully)* entrer/sortir *etc* avec grâce ; *[ghost]* entrer/sortir *etc* en flottant ; *[car, ship]* entrer/sortir *etc* en glissant ◆ **time ~d past** le temps s'écoula b *(Ski)* glisser c *[birds]* planer ; *(Aviat)* planer, faire du vol plané ◆ **he ~d down to land** *(Aviat)* il a atterri en vol plané VT faire glisser, faire avancer en douceur N a glissement *m* ; *(Dancing)* glissé *m*, glissade *f* ; *(Ski)* glisse *f* b *(Mus)* port *m* de voix ; *(Phon)* glissement *m* c *(Aviat)* vol *m* plané

**glider** /ˈglaɪdəʳ/ N a *(Aviat)* planeur *m* ◆ **~ pilot** pilote *m* de planeur b *(US = swing)* balancelle *f*

**gliding** /ˈglaɪdɪŋ/ N *(Sport)* vol *m* à voile ; *(Aviat)* vol *m* plané ; *(gen) (= movement)* glissement *m* ADJ *(Anat)* ◆ **~ joint** arthrodie *f*

**glimmer** /ˈglɪməʳ/ VI *[lamp, light, fire]* luire ; *[water]* miroiter N *[of light, candle etc]* lueur *f* ; *[of water]* miroitement *m* ◆ **a ~ of hope** une lueur d'espoir ◆ **not a ~ of intelligence** pas la moindre lueur d'intelligence

**glimmering** /ˈglɪmərɪŋ/ N ⇒ **glimmer n** ADJ étincelant, scintillant

**glimpse** /glɪmps/ N *[of the truth, the future, sb's meaning]* aperçu *m* ◆ **a ~ into the future** un aperçu de l'avenir ◆ **to catch a ~ of** *(person, thing)* entrevoir *or* apercevoir (un bref instant) ; *(the truth, the future etc)* entrevoir, pressentir VT entrevoir *or* apercevoir (un bref instant)

**glint** /glɪnt/ N *[of light]* trait *m* de lumière, éclair *m* ; *[of metal]* reflet *m* ◆ **he had a ~ in his eye** il avait une étincelle *or* une lueur dans le regard ◆ **with the ~ of triumph in his eye** avec une étincelle *or* une lueur de triomphe dans les yeux VI *[metal object, glass, wet road]* luire, briller ; *[eyes]* briller ◆ **the sea ~ed in the sun** la mer miroitait au soleil ◆ **sunlight ~ed on his spectacles** ses lunettes renvoyaient la lumière éblouissante du soleil

**glissade** /glɪˈseɪd/ *(Climbing)* N (also **standing glissade**) ramasse *f* VI descendre en ramasse

**glissando** /glɪˈsændəʊ/ ADV glissando

**glisten** /ˈglɪsn/ VI *[water]* miroiter, scintiller ; *[wet surface]* luire ; *[light]* scintiller ; *[metal object]* briller, miroiter ◆ **her eyes ~ed (with tears)** ses yeux brillaient (de larmes) ◆ **his face was ~ing with sweat** son visage était luisant de sueur N miroitement *m*, scintillement *m*

**glister** †† /ˈglɪstəʳ/ ⇒ **glitter**

**glitch** * /glɪtʃ/ N pépin *m*

**glitter** /ˈglɪtəʳ/ VI *[snow, ice, lights]* scintiller, briller ; *[jewel]* scintiller, étinceler ; *[water]* miroiter, scintiller ◆ **her eyes ~ed** *(with hatred)* ses yeux brillaient de haine ; *(with greed)* ses yeux brillaient de convoitise ◆ **all that ~s is not gold** *(Prov)* tout ce qui brille n'est pas or *(Prov)* N scintillement *m* ; *(fig)* éclat *m*

**glitterati** * /ˌglɪtəˈrɑːtiː/ NPL ◆ **the ~** le beau monde, les célébrités *fpl*

**glittering** /ˈglɪtərɪŋ/ ADJ *[stars, lights, ice, jewel]* étincelant, scintillant ; *[eyes]* brillant, étincelant ; *(fig) [career, future]* brillant ; *[occasion, social event]* somptueux ◆ **~ prizes** prix *mpl* fabuleux ◆ **a ~ array of celebrities** une brillante assemblée de célébrités

**glittery** /ˈglɪtərɪ/ ADJ *(lit, fig)* étincelant

**glitz** * /glɪts/ N faste *m*

**glitzy** * /ˈglɪtsɪ/ ADJ fastueux

**gloaming** /ˈgləʊmɪŋ/ N *(liter)* crépuscule *m* ◆ **in the ~** au crépuscule, entre chien et loup

**gloat** /gləʊt/ VI *(pej)* exulter, jubiler * ◆ **to ~ over** *(money, possessions)* jubiler * à la vue (or à l'idée) de ◆ **he was ~ing over** *or* **about his success** son succès le faisait jubiler * ◆ **that's nothing to ~ over** *or* **about!** il n'y a pas de quoi jubiler ! * ◆ **he was ~ing that he was going to win** il affirmait en jubilant * qu'il allait gagner

**gloating** /ˈgləʊtɪŋ/ *(pej)* N exultation *f* or jubilation *f* malveillante ADJ jubilatoire

**glob** /glɒb/ N *[of liquid]* globule *m* ; *[of clay etc]* petite boule *f*

**global** /ˈgləʊbl/ ADJ a *(= worldwide) [economy, trade, market, recession, climate, system, problem, issue]* mondial ; *[peace]* universel, mondial ◆ **a ~ ban on nuclear testing** une interdiction totale des essais nucléaires ◆ **on a ~ scale** à l'échelle mondiale ◆ **~ capitalism** le capitalisme mondial b *(= comprehensive) [sum, view]* global, entier ◆ **~ search and replace** *(Comput)* recherche *f* et remplacement *m* automatiques COMP ▷ **the global village** N le village planétaire ▷ **global warming** N réchauffement *m* de la planète

> ⚠ **global** *is only translated by the French word* **global** *when it means 'comprehensive'.*

**globalization** /ˌgləʊbəlaɪˈzeɪʃən/ N mondialisation *f*

**globalize** /ˈgləʊbəlaɪz/ VI *[company]* passer à l'échelle mondiale VT *[+ economy, business, culture]* mondialiser ◆ **rock music has become ~d** le rock s'est mondialisé

**globally** /ˈgləʊbəlɪ/ ADV a *(= worldwide, in world terms) [sell, compete, think]* à l'échelle mondiale ◆ **a ~ familiar trade name** une marque mondialement connue *or* connue dans le monde entier ◆ **~, the risks are huge** à l'échelle planétaire, les risques sont énormes b *(= universally)* universellement

> ⚠ **globally** *is not translated by* **globalement**, *which means 'as a whole'.*

**globe** /gləʊb/ N *(= sphere)* globe *m*, sphère *f* ; *(with map on it)* globe *m* ; *(= lampshade etc)* globe *m* ; *(= fishbowl)* bocal *m* ; *(Anat)* globe *m* ◆ **the ~** *(Geog)* le globe, la terre ◆ **all over the ~** sur toute la surface du globe ◆ **countries on the far side of the ~** les pays à l'autre bout du monde COMP ▷ **globe artichoke** N artichaut *m* ▷ **globe lightning** N éclair *m* en boule ▷ **globe-trotter** N globe-trotter *mf* ▷ **globe-trotting** N voyages *mpl* à travers le monde

**globefish** /ˈgləʊbfɪʃ/ N (pl **globefish** *or* **globefishes**) poisson-globe *m*

**globular** /ˈglɒbjʊləʳ/ ADJ globulaire ; *(= like globe)* en forme de globe

**globule** /ˈglɒbjuːl/ N gouttelette *f*

**glockenspiel** /ˈglɒkənˌspiːl/ N glockenspiel *m*

**gloom** /gluːm/ N *(= darkness)* obscurité *f*, ténèbres *fpl* ; *(= melancholy)* mélancolie *f*, tristesse *f* ◆ **to cast a ~ over sth** assombrir qch ◆ **to cast a ~ over sb** rendre qn sombre, attrister qn ◆ **a ~ descended on us** la tristesse s'est abattue sur nous ◆ **it was all ~ and doom** * tout allait mal ◆ **economic ~** morosité *f* économique

**gloomily** /ˈgluːmɪlɪ/ ADV *[say]* d'un air sombre

**gloomy** /ˈgluːmɪ/ ADJ *[person, thoughts, sky, look, mood]* sombre ; *(stronger)* lugubre ; *[weather, day, outlook]* morose, déprimant ; *[voice, place]* morne ; *(stronger)* lugubre ◆ **to feel ~** se sentir morose ◆ **to look ~** *[person]* avoir l'air sombre *or* morose ; *[future]* être sombre ◆ **he took a ~ view of everything** il voyait tout en noir

**gloop** * /gluːp/ N pâte *f* visqueuse

**glop** * /glɒp/ N crasse *f*

**glorification** /ˌglɔːrɪfɪˈkeɪʃən/ N glorification *f*

**glorified** /ˈglɔːrɪfaɪd/ ADJ ◆ **the drug is nothing but a ~ painkiller** ce médicament n'est rien de plus qu'un vulgaire calmant ◆ **the referendum was no more than a ~ opinion poll** le référendum n'était qu'un vulgaire sondage ◆ **the "luxury hotel" was nothing but a ~ boarding house** le soi-disant "hôtel de luxe" n'était qu'une pension de famille ◆ **he's a sort of ~ secretary** il ne fait que du secrétariat amélioré

**glorify** /ˈglɔːrɪfaɪ/ VT a *(= glamorize) [+ war, violence]* faire l'apologie de ◆ **the film doesn't ~ violence** le film ne fait pas l'apologie de la violence ; *[+ person, villain]* glorifier, célébrer ◆ **songs ~ing war** des chansons qui célèbrent la guerre ◆ **a video which glorifies soccer hooligans** un clip qui glorifie les hooligans b *(= praise) [+ God]* glorifier, rendre gloire à

**gloriole** /ˈglɔːrɪəʊl/ N nimbe *m*

**glorious** /ˈglɔːrɪəs/ ADJ a *(* = beautiful) [view, scenery]* splendide, magnifique ; *[sunshine, weather, day]* radieux, magnifique ◆ **a ~ mess** *(iro)* un joli *or* beau gâchis b *(* = enjoyable) [feeling, holiday]* merveilleux c *(= illustrious) [career, future]* brillant ; *[years, days, era]* glorieux ; *[victory]* éclatant ◆ **~ deed** action *f* d'éclat COMP ▷ **the Glorious Revolution** N *(Brit Hist)* la Glorieuse Révolution, la Seconde Révolution d'Angleterre *(1688-89)*

**gloriously** /ˈglɔːrɪəslɪ/ ADV a *(* = wonderfully) [happy]* merveilleusement ◆ **a ~ sunny day** une journée radieuse ◆ **~ hot weather** un temps chaud et radieux b *(= triumphantly) [succeed, win]* glorieusement ◆ **~ successful** glorieusement réussi

**glory** /ˈglɔːrɪ/ N a *(= celebrity) (NonC)* gloire *f* *(also Rel)* ◆ **a moment of ~** un moment de gloire ◆ **to have one's moment of ~** avoir son heure de gloire ◆ **to give ~ to God** rendre gloire à Dieu ◆ **to the greater ~ of God** pour la plus grande gloire de Dieu ◆ **Christ in ~** le Christ en majesté *or* en gloire ◆ **the saints in ~** les glorieux *mpl* ◆ **Solomon in all his ~** Salomon dans toute sa gloire ◆ **covered with ~** couvert de gloire ◆ **Rome at the height of its ~** Rome à l'apogée *or* au sommet de sa gloire ◆ **she was in her ~ * as president of the club** elle était tout à fait à son affaire en tant que présidente du club ◆ **she led her team to Olympic ~** elle a mené son équipe à la gloire lors des Jeux olympiques ◆ **to go to ~** † * *(= die)* aller ad patres * ◆ **~ be!** † * Seigneur !, grand Dieu ! ◆ **Old Glory** * *(US)* le drapeau américain ; → **former²**

b *(= beauty)* **the church was the village's greatest ~** l'église était le principal titre de gloire du village ◆ **the roses that are the ~ of the garden** les roses, joyaux du jardin

◆ **in all its** (*or* **his** *or* **her** *etc*) **glory** dans toute sa gloire ◆ **spring arrived in all its ~** le printemps est arrivé dans toute sa gloire *or* splendeur

◆ **glories** *(= masterpieces)* chefs-d'œuvre *mpl* ◆ **this sonnet is one of the glories of English poetry** ce sonnet est un des chefs-d'œuvre *or* fleurons de la poésie anglaise ◆ **the artistic glories of the Italian Renaissance** les chefs-d'œuvre *or* les joyaux de la Renaissance italienne ◆ **past glories** la gloire passée ◆ **for all its past glories, it's just a**

**computer company like any other** malgré sa gloire passée, c'est une société informatique comme les autres ◆ **those happy hours spent reminiscing about past glories** ces bons moments passés à évoquer les exploits passés ◆ **the general's military glories** les exploits militaires du général ; see also **crowning**

VI ◆ **to ~ in sth** *(= be proud of)* être très fier de qch ; *(= revel in)* se glorifier de qch ; *(= enjoy)* savourer qch ◆ **he gloried in his reputation as a troublemaker** il se glorifiait de sa réputation de fauteur de troubles ◆ **the café glories in the name of "The Savoy"** *(iro)* le café porte le nom ronflant de "Savoy"

COMP ▷ **glory hole** * N capharnaüm * *m* ; *(Naut)* cambuse *f*

**Glos** abbrev of **Gloucestershire**

**gloss**[1] /glɒs/ N a *(= shine)* *[of metal, ceramic, paintwork, polished surface]* lustre *m* ; *[of silk, satin]* lustre *m*, éclat *m* ; *[of person's hair, animal's coat]* brillant *m* ◆ **to take the ~ off** *(metal etc)* dépolir ; *(fig) (event, success)* retirer *or* enlever tout son charme *or* attrait à ; *(victory, compliment)* gâcher ◆ **to lose its ~** *[metal etc]* se dépolir ; *(fig) [event, success]* perdre tout son charme *or* son attrait ; *[victory, compliment]* être gâché ◆ **to put a ~ or an optimistic ~ on sth** *(fig)* présenter qch sous un jour favorable, enjoliver qch b *(= paint)* peinture *f* brillante *or* laquée VT *[+ metal etc]* faire briller, polir COMP *[paint]* brillant, laqué ; *[paper]* glacé, brillant ▷ **gloss finish** N brillant *m*

► **gloss over** VT FUS *(= play down)* glisser sur, passer sur ; *(= cover up)* dissimuler

**gloss**[2] /glɒs/ N *(= insertion)* glose *f* ; *(= note)* commentaire *m* ; *(= interpretation)* paraphrase *f*, interprétation *f* VI commenter, gloser

**glossary** /ˈglɒsərɪ/ N glossaire *m*, lexique *m*

**glossematics** /ˌglɒsəˈmætɪks/ N *(NonC)* glossématique *f*

**glossily** /ˈglɒsɪlɪ/ ADV ◆ **~ packaged** luxueusement conditionné ◆ **a ~ presented** *or* **produced brochure** une brochure luxueusement présentée

**glossolalia** /ˌglɒsəˈleɪlɪə/ N glossolalie *f*

**glossy** /ˈglɒsɪ/ ADJ *[fur, material]* luisant, lustré ; *[photograph]* sur papier brillant ; *[paint]* brillant, laqué ; *[hair]* brillant ; *[leaves]* vernissé ; *[metal]* brillant, poli ; *[red, black etc]* brillant ◆ **~ magazine/brochure** magazine *m*/brochure *f* de luxe *(sur papier couché)* ◆ **~ paper** *(Typ)* papier *m* couché ; *(esp Phot)* papier *m* brillant *or* glacé ◆ **~ production** *(film)* superproduction *f* (luxueuse) N *(Brit)* ◆ **the glossies** * les magazines *mpl* de luxe

**glottal** /ˈglɒtl/ ADJ *(Anat)* glottique ; *(Ling)* glottal COMP ▷ **glottal stop** N *(Ling)* coup *m* de glotte

**glottis** /ˈglɒtɪs/ N (pl **glottises** *or* **glottides** /ˈglɒtɪˌdiːz/) glotte *f*

**Gloucs** abbrev of **Gloucestershire**

**glove** /glʌv/ N *(gen, also Baseball, Boxing)* gant *m* ◆ **the ~s are off!** j'y vais (*or* il y va *etc*) sans prendre de gants ! ; → **fit**[1], **hand, kid, rubber**[1] VT ganter ◆ **his ~d hand** sa main gantée ◆ **white-~d** ganté de blanc COMP ▷ **glove box, glove compartment** N *(Aut)* boîte *f* à gants, vide-poches *m* ▷ **glove factory** N ganterie *f (fabrique)* ▷ **glove maker** N gantier *m*, -ière *f* ▷ **glove puppet** N marionnette *f* (à gaine) ▷ **glove shop** N ganterie *f (magasin)*

**glover** /ˈglʌvəʳ/ N gantier *m*, -ière *f*

**glow** /gləʊ/ VI *[coal, fire]* rougeoyer ; *[sky]* rougeoyer, s'embraser ; *[metal]* luire ; *[cigarette end, lamp]* luire ; *[colour, jewel]* rutiler ; *[complexion, face]* rayonner ; *[eyes]* rayonner, flamboyer ◆ **her cheeks ~ed** elle avait les joues toutes rouges ◆ **to ~ red** rougeoyer ◆ **the autumn leaves ~ed red and yellow in the sunlight** le feuillage rouge et jaune de l'automne resplendissait sous la lumière du soleil ◆ **streetlamps ~ing orange in the dusk** les réverbères répandant leur lumière orange au crépuscule ◆ **he was ~ing with health** il était florissant (de santé) ◆ **to ~ with enthusiasm** brûler d'enthousiasme ◆ **she ~ed with pride** elle rayonnait de fierté ◆ **his face ~ed with pleasure** son visage rayonnait de plaisir ◆ **~ing with confidence** respirant la confiance

N *[of coal, fire, metal]* rougeoiement *m* ; *[of sun]* feux *mpl*, embrasement *m* ; *[of complexion, skin]* éclat *m* ; *[of colour, jewel]* éclat *m* ; *[of lamp]* lueur *f* ; *[of passion]* feu *m* ; *[of youth]* ardeur *f* ◆ **a ~ of enthusiasm** un élan d'enthousiasme

COMP ▷ **glow-worm** N ver *m* luisant

**glower** /ˈglaʊəʳ/ VI lancer des regards mauvais *or* noirs ◆ **to ~ at sb/sth** lancer à qn/qch des regards mauvais *or* noirs N regard *m* noir

**glowering** /ˈglaʊərɪŋ/ ADJ *[look]* mauvais, noir

**glowing** /ˈgləʊɪŋ/ ADJ *[coals, fire]* rougeoyant ; *[sky]* rougeoyant, embrasé ; *[colour, jewel]* rutilant ; *[lamp, cigarette end]* luisant ; *[eyes]* brillant, de braise ; *[complexion, skin]* rayonnant, éclatant ; *[person]* florissant (de santé) ; *[words, report, tribute, review, praise]* élogieux ◆ **to give a ~ account/description of sth** raconter/décrire qch en termes élogieux ◆ **to speak of sb/sth in ~ terms** parler de qn/qch en termes élogieux ◆ **to paint sth in ~ colours** présenter qch en rose ◆ **to get ~ references** *(from job)* être chaudement recommandé

**gloxinia** /glɒkˈsɪnɪə/ N gloxinia *m*

**glucose** /ˈgluːkəʊs/ N glucose *m*

**glue** /gluː/ N colle *f*

VT coller *(to, on* à) ◆ **she ~d the pieces together** *(from broken object)* elle a recollé les morceaux ; *(from kit etc)* elle a collé les morceaux ensemble ◆ **I ~d the plate back together** j'ai recollé l'assiette ◆ **to ~ sth back on** recoller qch ◆ **to ~ sth down** coller qch ◆ **the fabric is ~d in place** le tissu est fixé avec de la colle ◆ **he stood there ~d to the spot** * il était là comme s'il avait pris racine ◆ **his face was ~d to the window** son visage était collé à la vitre ◆ **to keep one's eyes ~d to sb/sth** * avoir les yeux fixés sur qn/qch, ne pas détacher les yeux de qn/qch ◆ **~d to the television** * cloué devant *or* rivé à la télévision ◆ **we were ~d to our seats** * nous étions cloués à nos sièges

COMP ▷ **glue ear** N *(Med)* otite *f* séreuse ▷ **glue-sniffer** N sniffeur * *m*, -euse * *f* de colle ▷ **glue-sniffing** N intoxication *f* à la colle *or* aux solvants

**gluey** /ˈgluːɪ/ ADJ gluant, poisseux

**glum** /glʌm/ ADJ *[person, face]* sombre ; *(stronger)* lugubre ; *[appearance]* sombre, morne ; *[thoughts]* noir ◆ **to feel ~** avoir des idées noires, avoir le cafard ◆ **a ~ silence** un silence lugubre

**glumly** /ˈglʌmlɪ/ ADV *[say, look at]* d'un air sombre *or* abattu

**glut** /glʌt/ VT *(gen)* gaver ; *(Comm) [+ market, economy]* saturer *(with* de) ◆ **~ted with food** repu, gavé ◆ **he ~ted himself on pizza** il s'est gavé de pizza N *[of foodstuffs, goods]* surplus *m*, excès *m* ◆ **there is a ~ of ...** il y a excès de ...

**glutamate** /ˈgluːtəmeɪt/ N → **monosodium glutamate**

**glutamic** /gluːˈtæmɪk/ ADJ ◆ **~ acid** acide *m* glutamique

**gluteal** /gluːˈtiːəl/ ADJ fessier

**gluten** /ˈgluːtən/ N gluten *m* COMP ▷ **gluten-free** ADJ sans gluten

**glutenous** /ˈgluːtənəs/ ADJ glutineux

**gluteus** /ˈgluːtɪəs/ N (pl **glutei** /ˈgluːtɪaɪ/) fessier *m* COMP ▷ **gluteus maximus/medius/minimus** N grand/moyen/petit fessier *m*

**glutinous** /ˈgluːtɪnəs/ ADJ visqueux, gluant

**glutton** /ˈglʌtn/ N glouton(ne) *m(f)*, gourmand(e) *m(f)* ◆ **to be a ~ for work** être un bourreau de travail ◆ **he's a ~ for punishment** il est masochiste

**gluttonous** /ˈglʌtənəs/ ADJ glouton, goulu

**gluttony** /ˈglʌtənɪ/ N gloutonnerie *f*

**glycerin(e)** /ˌglɪsəˈriːn/ N glycérine *f*

**glycerol** /ˈglɪsərɒl/ N glycérol *m*

**glycin(e)** /ˈglaɪsiːn/ N glycine *f*

**glycogen** /ˈglaɪkəʊdʒen/ N glycogène *m*

**glycol** /ˈglaɪkɒl/ N glycol *m*

**GM** /ˌdʒiːˈem/ N a (abbrev of **General Manager**) DG *m* b (abbrev of **George Medal**) → **George** ADJ (abbrev of **genetically modified**) → **genetically**

**gm** (abbrev of **gram(me)**) g *inv*

**GMAT** /ˌdʒiːemˈeɪtiː/ N *(US Univ)* (abbrev of **Graduate Management Admission Test**) *test d'admission pour des études de commerce de troisième cycle*

**GM-free** /ˈdʒiːemfriː/ ADJ sans OGM

**GMOs** /ˌdʒiːemˈəʊz/ NPL (abbrev of **genetically modified organisms**) OGM *mpl*

**GMS** /ˌdʒiːemˈes/ N *(Telec)* (abbrev of **Global Messaging System**) GMS *m*

**GMT** /ˌdʒiːemˈtiː/ (abbrev of **Greenwich Mean Time**) GMT

**GMWU** /ˌdʒiːemdʌbljuːˈjuː/ N *(Brit)* (abbrev of **General and Municipal Workers Union**) *syndicat*

**gnarled** /nɑːld/ ADJ *[tree, roots, hands, fingers]* noueux ; *[old man, old woman]* ratatiné

**gnash** /næʃ/ VT ◆ **to ~ one's teeth** *[person]* grincer des dents ; *[animal]* montrer ses dents en grognant VI *[person's teeth]* grincer ◆ **its teeth were ~ing** *[animal's teeth]* il (*or* elle) montrait ses dents en grognant

**gnashing** /ˈnæʃɪŋ/ N ◆ **~ of teeth** grincement *m* de dents ADJ grinçant

**gnat** /næt/ N moucheron *m* COMP ▷ **gnat's piss** *** N pisse *f* d'âne *

**gnaw** /nɔː/ VI *(lit, fig)* ronger ◆ **to ~ at** *or* **on a bone** ronger un os ◆ **the rat had ~ed through the electric cable** le rat avait complètement rongé la câble électrique ◆ **remorse/desire ~ed at him** le remords/le désir le rongeait ◆ **the secret still ~ed at her** le secret la tourmentait toujours VT *[+ bone etc]* ronger ◆ **~ed by remorse** rongé par le remords

► **gnaw off** VT SEP ronger complètement

**gnawing** /ˈnɔːɪŋ/ ADJ *[fear, doubt, guilt, hunger, pain]* tenaillant ◆ **I had a ~ feeling that something had been forgotten** j'étais tenaillé par le sentiment qu'on avait oublié quelque chose

**gneiss** /naɪs/ N gneiss *m*

**gnocchi** /ˈnɒkɪ/ NPL gnocchis *mpl*

**gnome** /nəʊm/ N gnome *m*, lutin *m* COMP ▷ **the Gnomes of Zurich** NPL *(Brit fig = bankers)* les gnomes de Zurich

**gnomic** /ˈnəʊmɪk/ ADJ gnomique

**gnostic** /ˈnɒstɪk/ ADJ, N gnostique *mf*

**gnosticism** /ˈnɒstɪˌsɪzəm/ N gnosticisme *m*

**GNP** /ˌdʒiːenˈpiː/ N *(Econ)* (abbrev of **gross national product**) PNB *m*

**gnu** /nuː/ **N** (pl **gnus** *or* **gnu**) gnou *m*

**GNVQ** /ˌdʒiːenviːˈkjuː/ **N** *(Brit Scol)* (abbrev of **General National Vocational Qualification**) *diplôme professionnel national*

## go /gəʊ/

vb : 3rd pers sg pres **goes**, pret **went**, ptp **gone**

| | |
|---|---|
| 1 INTRANSITIVE VERB | 4 NOUN |
| 2 MODAL VERB | 5 ADJECTIVE |
| 3 TRANSITIVE VERB | 6 COMPOUNDS |
| 7 PHRASAL VERBS | |

When **go** is part of a set combination, eg **go cheap**, **go to the bad**, **go too far**, **go down the tubes**, **go smoothly**, look up the other word.

### 1 - INTRANSITIVE VERB

**a** [= proceed, travel, move] aller ; *[vehicle] (referring to speed/manner of moving)* rouler ◆ **where are you going?** où allez-vous ? ◆ **to ~ to do sth** aller faire qch ◆ **he's gone to see his mother** il est allé *or* parti voir sa mère ◆ **who goes there?** qui va là ? ◆ **I wouldn't ~ as far as to say that** je n'irais pas jusque là ◆ **she was going too fast** elle roulait *or* allait trop vite ◆ **there he goes !** le voilà ! ◆ **we can talk as we ~** nous pouvons parler en chemin ◆ **you can ~ next** vous pouvez passer devant ; ◆ *(in game)* **whose turn is it to ~ ?** c'est à qui de jouer ? ◆ **add the sugar, stirring as you ~** ajoutez le sucre, en remuant au fur et à mesure

♦ **to go** + *preposition* ◆ **the train goes at 90km/h** le train roule à *or* fait du 90 km/h ◆ **to ~ down the hill** descendre la colline ◆ **to ~ for a walk** (aller) se promener, (aller) faire une promenade ◆ **the train goes from London to Glasgow** le train va de Londres à Glasgow ◆ **where do we ~ from here?** qu'est-ce qu'on fait maintenant ? ◆ **to ~ on a journey** faire un voyage ◆ **it's going on three** *(US)* il est bientôt trois heures, il va bientôt être trois heures ◆ **to ~ to France/to Canada/to London** aller en France/au Canada/à Londres ◆ **to ~ to the swimming pool/cinema/Champs Élysées** aller à la piscine/au cinéma/aux Champs Élysées ◆ **he went to Paris/to his aunt's** il est allé *or* il s'est rendu à Paris/chez sa tante ◆ **she went to the headmaster** elle est allée voir *or* trouver le principal ◆ **to ~ to the doctor** aller chez le *or* voir le médecin ◆ **to ~ to sb for sth** aller demander qch à qn, aller trouver qn pour qch ◆ **the child went to his mother** l'enfant est allé vers sa mère ◆ **to ~ up the hill** monter la colline ◆ **I went up to $1,000** *(at auction)* je suis monté jusqu'à 1 000 dollars ; see also **phrasal verbs**

♦ **to go** + *-ing* ◆ **to ~ fishing/shooting** aller à la pêche/à la chasse ◆ **to ~ riding** (aller) faire du cheval ◆ **to ~ swimming** (aller) nager ◆ **don't ~ looking for trouble!** ne va pas t'attirer des ennuis ! ◆ **don't ~ getting upset** * ne te mets pas dans ces états

♦ **go and ...** ◆ **I'll ~ and check the train times** je vais vérifier les horaires de trains ◆ **~ and get me it!** va me le chercher ! ◆ **don't ~ and tell her I gave it you** * ne va pas lui dire *or* raconter que je te l'ai donné

> **go and** is often not translated.

◆ **~ and shut the door!** ferme *or* va fermer la porte ! ◆ **don't ~ and do that!** * ne fais pas ça !

> Note how indignation, regret etc are expressed in the following:

◆ **now you've gone and broken the zip!** * ça y est *, tu as cassé la fermeture éclair ! ◆ **I wish I hadn't gone and spent all that money!** * si seulement je n'avais pas dépensé tout cet argent ! ◆ **what have they gone and done to him?** * qu'est-ce qu'ils ont bien pu lui faire ?

**b** [= depart] partir, s'en aller ; *(= disappear)* disparaître ; *[time]* passer, s'écouler ; *(= be sacked)* être licencié ; *(= be abolished)* être aboli *or* supprimé ; *(= be finished) [money]* filer ◆ **when does the train ~?** quand part le train ? ◆ **everybody had gone** tout le monde était parti ◆ **my bag has gone** mon sac a disparu ◆ **we must go** *or* **must be going** il faut qu'on y aille ◆ **go!** *(Sport)* partez ! ◆ **50 workers are to ~ at ...** 50 ouvriers doivent être licenciés à ... ◆ **after I go** *or* **have gone** après mon départ ◆ **after a week all our money had gone** en l'espace d'une semaine, nous avions dépensé tout notre argent ◆ **he'll have to ~** *[employee]* on ne peut pas le garder ; *[official, minister]* il doit démissionner ◆ **the car will have to ~** on va devoir se séparer de la voiture ◆ **there goes my chance of promotion !** je peux faire une croix sur ma promotion ! ; ◆ *(at auction)* **going, going, gone !** une fois, deux fois, trois fois, adjugé, vendu !

♦ **to let sb go** *(= allow to leave)* laisser partir qn ; *(euph = make redundant)* se séparer de qn ; *(= stop gripping)* lâcher qn

♦ **to let go** *or* **leave go** lâcher prise ◆ **let ~!, leave ~!** lâchez !

♦ **to let go** *or* **leave go of sth/sb** lâcher qch/qn ◆ **eventually parents have to let ~ of their children** *(psychologically)* tôt ou tard, les parents doivent laisser leurs enfants voler de leur propres ailes

♦ **to let sth go** ◆ **they have let their garden ~** ils ont laissé leur jardin à l'abandon ◆ **we'll let it ~ at that** n'en parlons plus ◆ **you're wrong, but let it ~** vous avez tort, mais passons

♦ **to let o.s. go** se laisser aller

**c** [= operate, start] *[car, machine]* démarrer ; *(= function) [machine, watch, car]* marcher ◆ **how do you make this ~?** comment est-ce que ça marche ? ◆ **to be going** *[machine, engine]* être en marche ◆ **the washing machine was going so I didn't hear the phone** la machine à laver était en marche, si bien que je n'ai pas entendu le téléphone◆ **to make a party ~** mettre de l'ambiance dans une soirée

♦ **to get going** *[person] (= leave)* ◆ **let's get going !** allons-y ! ◆ **to get going on** *or* **with sth** *(= start)* s'occuper de qch ◆ **I've got to get going on my tax** il faut que je m'occupe *subj* de mes impôts ◆ **once he gets going ...** une fois lancé ...

♦ **to get sth going** *[+ machine]* mettre en marche ; *[+ car]* faire démarrer ; *[+ work, dinner]* mettre en train ◆ **to get things going** activer les choses

♦ **to keep going** *(= continue) [person]* continuer ; *[business]* réussir à se maintenir à flot ◆ **it's okay, keep going!** ne te dérange pas, continue ! ◆ **the police signalled her to stop but she kept going** la police lui a fait signe de s'arrêter mais elle a continué son chemin ◆ **she was under great strain but kept going somehow** elle avait beaucoup de soucis mais réussissait malgré tout à tenir le coup ◆ **will the Prime Minister be able to keep going until the spring ?** est-ce que le Premier ministre pourra se maintenir au pouvoir jusqu'au printemps ? ◆ **it wouldn't keep going** *[machine]* elle s'arrêtait tout le temps ; *[car]* elle n'arrêtait pas de caler

♦ **to keep sb/sth going** ◆ **this medicine/hope kept her going** ce médicament/cet espoir lui a permis de tenir (le coup) ◆ **a cup of coffee is enough to keep her going all morning** elle réussit à tenir toute la matinée avec un café ◆ **I gave them enough money to keep them going for a week or two** je leur ai donné assez d'argent pour tenir une semaine ou deux ◆ **to keep a factory going** maintenir une usine en activité

**d** [= begin] ◆ **there he goes again !** le voilà qui recommence ! ◆ **here goes!** * allez, on y va !

**e** [= progress] aller, marcher ◆ **the project was going well** le projet marchait bien ◆ **how's it going?, how goes it?** (comment) ça va ? ◆ **the way things are going** au train où vont les choses, si ça continue comme ça ◆ **I hope all will ~ well** j'espère que tout ira bien ◆ **all went well for him until ...** tout a bien marché *or* s'est bien passé pour lui jusqu'au moment où ...

**f** [= turn out] *[events]* se passer ◆ **how did your holiday ~?** comment se sont passées tes vacances ? ◆ **the evening went very well** la soirée s'est très bien passée ◆ **let's wait and see how things ~** attendons de voir ce qui va se passer ◆ **I don't know how things will ~** je ne sais pas comment ça va se passer, je ne sais pas comment les choses vont tourner * ◆ **that's the way things ~, I'm afraid** c'est malheureux mais c'est comme ça ; *(esp US)* ◆ **what goes ?** * quoi de neuf ?

**g** [= extend] aller, s'étendre ◆ **the garden goes as far as the river** le jardin va *or* s'étend jusqu'à la rivière ◆ **$50 does not ~ very far** on ne va pas très loin avec 50 dollars

**h** [= belong] aller ◆ **the books ~ in that cupboard** les livres vont dans ce placard-là ◆ **this screw goes here** cette vis va là

**i** [= become] devenir ◆ **the biscuits have gone soft** les biscuits sont devenus mous *or* ont ramolli ◆ **have you gone mad?** tu es (devenu) fou ? ◆ **she went pale** elle est devenue pâle, elle a pâli ◆ **you're not going to ~ all sentimental/shy/religious on me !** * tu ne vas pas me faire le coup * des grands sentiments/de la timidité/de la ferveur religieuse ! ◆ **the lights went red** les feux sont passés au rouge ◆ **the constituency went Labour at the last election** aux dernières élections la circonscription est passée aux travaillistes

**j** [= break, yield] *[rope, cable]* céder ; *[fuse]* sauter ; *[bulb]* griller ; *[material]* être usé ◆ **the lining's going** la doublure est usée ◆ **jeans tend to ~ at the knees** les jeans ont tendance à s'user aux genoux ◆ **this jumper has gone at the elbows** ce pull est troué aux coudes ◆ **there goes another button!** encore un bouton de décousu !

**k** [= fail] *[sight]* baisser ; *[strength]* manquer ◆ **his mind is going** il n'a plus toute sa tête ◆ **his nerve was beginning to ~** il commençait à paniquer *or* à perdre la tête ◆ **my voice has gone** je n'ai plus de voix ◆ **my voice is going** je n'ai presque plus de voix ◆ **his health is going** il commence à avoir des problèmes de santé ◆ **his hearing is going** il devient sourd

**l** [euph = die] partir ◆ **after I go** *or* **have gone** quand je serai parti, quand je ne serai plus là ◆ **he's gone!** il est parti, c'est fini !

**m** [= be sold] ◆ **how much do you think the house will ~ for ?** combien crois-tu que la maison va être vendue ?

**n** [= be given] *[prize, reward, inheritance]* aller, revenir *(to* à)

**o** [= be current, be accepted] *[story, rumour]* circuler ◆ **the story goes that ...** le bruit court *or* circule que ... ◆ **anything goes these days** * tout est permis de nos jours ◆ **that goes without saying** cela va sans dire ◆ **what he says goes** c'est lui qui fait la loi ◆ **what I say goes around here** c'est moi qui commande ici

p [* = say] sortir *, faire * ◆ **he goes to me: "what do you want?"** il me sort * *or* il me fait : "qu'est-ce que tu veux ?"

q [= apply] ◆ **she mustn't say a word, and that goes for you too** elle ne doit pas dire un mot et c'est valable pour toi aussi ◆ **that goes for me too** *(= I agree with that)* je suis (aussi) de cet avis ◆ **as far as your suggestion goes ...** pour ce qui est de ta suggestion ...

◆ **as far as it goes** ◆ **this explanation is fine, as far as it goes, but ...** cette explication n'est pas mauvaise, mais ...

r [= available]

◆ **to be going** ◆ **are there any jobs going?** y a-t-il des postes vacants ? ◆ **there just aren't any jobs going** il n'y a pas de travail ◆ **is there any coffee going?** est-ce qu'il y a du café ? ◆ **I'll have whatever's going** donnez-moi *or* je prendrai de ce qu'il y a

s [= be sung, played] ◆ **the tune goes like this** voici l'air ◆ **I don't know how the song goes** je ne connais pas cette chanson ◆ **how does it ~?** c'est comment *or* quoi la chanson ?

t [= make specific sound or movement] faire ; *[bell, clock]* sonner ◆ **~ like that with your left foot** faites comme ça avec votre pied gauche

u [= serve] ◆ **the money will ~ to compensate the accident victims** cet argent servira à dédommager les victimes de l'accident ◆ **the qualities that ~ to make a great man** les qualités qui font un grand homme

v [Math] ◆ **4 into 12 goes 3 times** 12 divisé par 4 égale 3 ◆ **2 won't ~ exactly into 11** 11 divisé par 2, ça ne tombe pas juste

w [* euph] aller aux toilettes ◆ **do you need to ~?** tu as envie d'aller aux toilettes ? ◆ **I need to ~** j'ai une envie pressante

x [implying comparison]

◆ **as ... go** ◆ **he's not bad, as estate agents ~** il n'est pas mauvais pour un agent immobilier ◆ **it's a fairly good garage as garages go** comme garage cela peut aller *or* ce n'est pas trop mal

y [= be disposed of, elapse] ◆ **seven down and three to ~** en voilà sept de faits, il n'en reste plus que trois ◆ **there is a week to ~ before the election** il reste une semaine avant les élections

z [US = take away] ◆ **to ~** à emporter ◆ **two hotdogs to ~** deux hot-dogs à emporter

2 - MODAL VERB

[indicating future]

◆ **to be going to** + *infinitive* aller ◆ **I'm going to phone him this afternoon** je vais l'appeler cet après-midi ◆ **it's going to rain** il va pleuvoir ◆ **I was just going to do it** j'allais le faire, j'étais sur le point de le faire ◆ **I was going to do it yesterday but I forgot** j'allais le faire *or* j'avais l'intention de le faire hier mais j'ai oublié

3 - TRANSITIVE VERB

a [= travel] *[+ distance]* faire ◆ **we had gone only 3km** nous n'avions fait que 3 km ◆ **the car was fairly going it** * la voiture roulait *or* filait à bonne allure

◆ **to go it alone** *(gen)* se débrouiller tout seul ; *(Pol etc)* faire cavalier seul

◆ **to go one better** aller encore plus loin, renchérir

b [Cards, Gambling] ◆ **he went three spades** il a annoncé trois piques ◆ **he went £50 on the red** il a misé 50 livres sur le rouge ◆ **I can only ~ £15** je ne peux mettre que 15 livres

c [= make sound] faire ◆ **he went "psst"** "psst", fit-il

4 - NOUN

(pl **goes**)

a [NonC = energy] ◆ **to be full of ~** être plein d'énergie, être très dynamique ◆ **there's no ~ about him** il n'a aucun ressort, il est mou

b [NonC : * = activity, motion] ◆ **it's all ~ !** ça n'arrête pas ! ◆ **to be always on the ~** être toujours sur la brèche ◆ **to keep sb on the ~** ne pas laisser souffler qn ◆ **he's got two projects on the ~ at the moment** il a deux projets en chantier actuellement

c [* = attempt] tentative *f*, coup *m* ◆ **at one** *or* **a ~** d'un seul coup ◆ **it's your ~** *(in games)* c'est ton tour, c'est à toi (de jouer)

◆ **to have a go** *(= try)* essayer, tenter le coup ◆ **to have a ~ at sth** essayer de faire qch ◆ **to have another ~** réessayer, faire une nouvelle tentative ◆ **have another ~!** essaie encore une fois !, réessaie ! ◆ **to have a ~ at sb** *(verbally)* s'en prendre à qn * ; *(physically)* se jeter sur qn ◆ **the public is warned not to have a ~** *(at criminal)* il est demandé au public de ne rien tenter *or* de ne pas s'approcher du criminel

d [* = event, situation] ◆ **it's a rum ~** c'est une drôle de situation ◆ **they've had a rough ~ of it** ils ont traversé une mauvaise période

e [= success] ◆ **to make a ~ of sth** réussir qch ◆ **they decided to try to make a ~ of their marriage** ils ont décidé de donner une chance à leur couple ◆ **no ~!** * rien à faire ! ◆ **it's all the ~** * ça fait fureur, c'est le dernier cri

5 - ADJECTIVE

[esp Space : *] paré pour la mise à feu ◆ **all systems (are) ~** *(gen)* tout est OK ◆ **you are ~ for moon-landing** vous avez le feu vert pour l'alunissage

6 - COMPOUNDS

▷ **go-ahead** ADJ *(esp Brit) [person, government]* dynamique, qui va de l'avant ; *[business, attitude]* dynamique N ◆ **to give sb the ~-ahead (for sth/to do sth)** * donner le feu vert à qn (pour qch/pour faire qch) ▷ **go-between** N intermédiaire *mf* ▷ **go-by** * N ◆ **to give sth/sb the ~-by** laisser tomber * qch/qn ▷ **go-cart** N *(= vehicle)* kart *m* ; *(= toy)* chariot *m (que se construisent les enfants)* ; *(= handcart)* charrette *f* ; *(= pushchair)* poussette *f* ; *(= baby-walker)* trotteur *m* ▷ **go-carting** N *(Sport)* karting *m* ▷ **go-faster stripe** * N *(Aut)* liseré *m* sport *(sur la carrosserie d'une voiture)* ▷ **go-getter** * N fonceur * *m*, -euse * *f* ▷ **go-getting** * ADJ *[person]* fonceur * ; *[approach, attitude]* de battant ▷ **go-kart** N kart *m* ▷ **go-karting** N *(Sport)* karting *m* ▷ **go-kart track** N piste *f* de karting ▷ **go-slow (strike)** N *(Brit)* grève *f* perlée

7 - PHRASAL VERBS

► **go about** VI a circuler, aller ◆ **he goes about in a Rolls** il roule en Rolls ◆ **to ~ about barefoot/in torn jeans** se promener pieds nus/en jean déchiré ◆ **they ~ about in gangs** ils vont *or* circulent en bandes ◆ **he's going about with disreputable people** il fréquente des gens peu recommandables ◆ **he always goes about telling people what to do** il est toujours en train de dire aux gens ce qu'ils doivent faire

b *[rumour]* courir, circuler

c *(Naut = change direction)* virer de bord

VT FUS a *(= deal with) [+ task, duties]* ◆ **he went about the task methodically** il a procédé *or* il s'y est pris de façon méthodique ◆ **he knows how to ~ about it** il sait s'y prendre ◆ **we must ~ about it carefully** nous devons y aller doucement ◆ **how does one ~ about getting seats?** comment s'y prend-on *or* comment fait-on pour avoir des places ?

b *(= be occupied with)* ◆ **to go about one's work** vaquer à ses occupations *or* travaux ◆ **to ~ about one's business** vaquer à ses affaires

► **go across** VI *(= cross)* traverser ◆ **she went across to Mrs. Smith's** elle est allée en face chez Mme Smith

VT FUS *[+ river, road]* traverser

► **go after** VT FUS *(= follow)* suivre ; *(= attack)* attaquer ◆ **~ after him!** suivez-le ! ◆ **we're not going after civilian targets** nous n'attaquons pas les cibles civiles ◆ **the press went after him mercilessly** la presse s'est acharnée contre lui ◆ **to ~ after a job** poser sa candidature à un poste, postuler à un emploi ◆ **he saw the job advertised and decided to ~ after it** il a vu une annonce pour ce poste et a décidé de poser sa candidature

► **go against** VT FUS a *(= prove hostile to) [vote, judgement, decision]* être défavorable à ◆ **the decision went against him** la décision lui a été défavorable ◆ **everything began to ~ against us** tout se liguait contre nous

b *(= oppose)* aller à l'encontre de ◆ **conditions which went against national interests** des conditions qui allaient à l'encontre des intérêts nationaux ◆ **to ~ against the tide** aller contre le courant *or* à contre-courant ◆ **to ~ against public opinion** aller à contre-courant de l'opinion (publique) ◆ **to ~ against sb's wishes** s'opposer à la volonté *or* aux volontés de qn ◆ **it goes against my conscience** ma conscience s'y oppose ◆ **it goes against my principles** cela va à l'encontre de mes principes, c'est contre mes principes

► **go ahead** VI (also **go on ahead**) passer devant *or* en tête ◆ **~ ahead!** allez-y ! ◆ **the exhibition will ~ ahead as planned** l'exposition aura lieu comme prévu ◆ **to ~ ahead with a plan/project** mettre un plan/projet à exécution

► **go along** VI aller ◆ **why don't you ~ along too?** pourquoi n'iriez-vous pas aussi ? ◆ **I'll tell you as we ~ along** je vous le dirai en cours de route *or* en chemin ◆ **I check as I ~ along** je vérifie au fur et à mesure ◆ **to ~ along with sb** *(lit)* aller avec qn, accompagner qn ; *(= agree with)* être d'accord avec qn ◆ **I'd ~ along with you on that** je suis d'accord avec toi sur ce point ◆ **I don't ~ along with you there** là, je ne suis pas d'accord avec vous ◆ **I can't ~ along with that at all** je ne suis pas du tout d'accord là-dessus, je suis tout à fait contre ◆ **the other parties are unlikely to ~ along with the plan** il est peu probable que les autres partis acceptent ce projet

► **go around** VI a ⇒ **go about, go round**

b ◆ **what goes around comes around** tout finit par se payer

► **go at** VT FUS *(= attack) [+ person]* attaquer, se jeter sur ; *(= undertake) [+ task]* s'atteler à ◆ **he went at it with a will** il s'y est mis avec acharnement

► **go away** VI partir, s'en aller ; *(on holiday)* partir (en vacances), aller en vacances ; *[pain]* disparaître ◆ **he's gone away with my keys** il est parti avec mes clés ◆ **we're not going away this year** nous n'allons nulle part *or* nous ne partons pas cette année ◆ **don't ~ away with the idea that ...** * n'allez pas penser que ... ◆ **I think we need to ~ away and think about this** je pense que nous devons prendre le temps d'y réfléchir

► **go back** VI a *(= return)* retourner ◆ **we went back to the beach after lunch** nous sommes retournés à la plage après le déjeuner ◆ **shall we ~ back now? It's getting dark** il est peut-être temps qu'on rentre *or* qu'on y aille, il commence à faire nuit ◆ **to ~ back to a point** revenir sur un point ◆ **to ~ back to the beginning** revenir au début ◆ **to ~ back to work** reprendre le travail ◆ **to ~ back to bed** aller se recoucher

b *(= retreat)* reculer

c *(in time)* remonter ◆ **my memories don't ~ back so far** mes souvenirs ne remontent pas aussi loin ◆ **the family goes back to the Norman Conquest** la famille remonte à la conquête normande ◆ **we ~ back a long way** on se connaît depuis longtemps

d *(= revert)* revenir (*to* à) ◆ **I don't want to ~ back to the old system** je ne veux pas revenir à l'ancien système ◆ **to ~ back to one's former habits** retomber dans ses anciennes habitudes

e *(= extend)* s'étendre ◆ **the garden goes back to the river** le jardin s'étend jusqu'à la rivière ◆ **the cave goes back 300 metres** la grotte a 300 mètres de long

► **go back on** VT FUS *[+ decision, promise]* revenir sur

► **go before** VI *(lit)* aller au devant ◆ **all that has gone before** *(fig = happen earlier)* tout ce qui s'est passé avant ◆ **those who are** *or* **have gone before** *(euph = die)* ceux qui sont partis avant nous ◆ **to ~ before a court/judge** comparaître devant un tribunal/juge

► **go below** VI *(Naut)* descendre dans l'entrepont

► **go by** VI *[person]* passer ; *[period of time]* (se) passer, s'écouler ◆ **we've let the opportunity ~ by** nous avons raté *or* laissé passer l'occasion ◆ **as time goes by** à mesure que le temps passe, avec le temps ◆ **in days** (*or* **years**) **gone by** autrefois, jadis

VT FUS a *(= judge by)* ◆ **if first impressions are anything to ~ by** s'il faut se fier à sa première impression ◆ **that's nothing to ~ by** ce n'est pas une référence ◆ **you can't ~ by what he says** on ne peut pas se fier à ce qu'il dit ◆ **to ~ by appearances** juger d'après les apparences ◆ **the only thing the police have got to ~ by...** le seul indice dont dispose la police ...

b *(= be guided by)* suivre ◆ **to ~ by the instructions** suivre les instructions ◆ **if they prove I was wrong I'll ~ by what they say** s'ils prouvent que j'avais tort, je me rallierai à leur point de vue

► **go down** VI a *(= descend)* descendre ◆ **to ~ down to the coast** aller *or* descendre sur la côte

b *(= fall) [person]* tomber ; *[boxer]* aller au tapis ; *[building]* s'écrouler

c *(= sink) [ship]* couler, sombrer ; *[person]* couler

d *(= crash) [plane]* s'écraser

e *(Brit Univ) [student] (= go on holiday)* partir en vacances ; *(= finish studies)* terminer (ses études), quitter l'université ◆ **the university goes down on 20 June** les vacances universitaires commencent le 20 juin

f *(= set) [sun, moon]* se coucher

g *(= be swallowed)* ◆ **it went down the wrong way** j'ai (*or* il a *etc*) avalé de travers

h *(= be accepted, approved)* ◆ **I wonder how that will ~ down with her parents** je me demande comment ses parents vont prendre ça ◆ **to ~ down well/badly** être bien/mal accueilli ◆ **it went down well** ça a été bien accueilli ◆ **the suggestion didn't ~ down well with the locals** cette proposition a été mal accueillie par la population locale

i *(= subside) [tide]* descendre ; *[temperature]* baisser ◆ **the floods are going down** les eaux commencent à se retirer

j *(= lessen) [amount, numbers, rate]* diminuer ; *[value, price, standards]* baisser ◆ **the house has gone down in value** la maison s'est dépréciée ◆ **this neighbourhood has gone down** ce quartier s'est dégradé

k *(= be defeated, fail)* être battu (*to* par) ; *(Bridge)* chuter ; *(= fail examination)* échouer, être recalé (*in* en) ◆ **Spain went down to Scotland 2-1** *(Ftbl)* l'Espagne a été battue 2 à 1 par l'Écosse

l *(= be relegated) [team]* être relégué ◆ **to ~ down a class** *(Scol)* redescendre d'une classe

m *(Comput = break down)* tomber en panne

n *(Theat) [curtain]* tomber ◆ **when the curtain goes down** lorsque le rideau tombe ; *[lights]* s'éteindre

o *(= go as far as)* aller ◆ **~ down to the bottom of the page** allez *or* reportez-vous au bas de la page

p *[balloon, tyre]* se dégonfler ◆ **my ankle's OK, the swelling has gone down** ma cheville va bien, elle a désenflé

q *(= be noted, remembered)* ◆ **to ~ down to posterity** passer à la postérité

r *(Mus = lower pitch)* ◆ **can you ~ down a bit ?** vous pouvez chanter (*or* jouer) un peu plus bas ?

► **go down as** VT FUS *(= be regarded as)* être considéré comme ; *(= be remembered as)* passer à la postérité comme ◆ **the victory will ~ down as one of the highlights of the year** cette victoire restera dans les mémoires comme l'un des grands moments de l'année

► **go down on** ** VT FUS sucer **

► **go down with** * VT FUS attraper ◆ **to ~ down with flu** attraper la grippe ; see also **go down**

► **go for** VT FUS a *(= attack)* attaquer ◆ **he went for me with a knife** il m'a attaqué avec un couteau ◆ **~ for him!** *(to dog)* mors-le !

b *(* = like)* ◆ **she went for him in a big way** elle en pinçait * pour lui, elle a craqué * pour lui ◆ **I don't ~ for that sort of talk** je n'aime pas qu'on parle comme ça ◆ **I don't ~ much for poetry** je ne raffole pas de la poésie ◆ **to tend to ~ for** avoir tendance à préférer

c *(= strive for)* essayer d'avoir ; *(= choose)* choisir ◆ **~ for it!** * vas-y ! ◆ **I decided to ~ for it** * j'ai décidé de tenter le coup

d ◆ **he's got a lot going for him** * il a beaucoup d'atouts ◆ **the theory has a lot going for it** cette théorie a de nombreux mérites

► **go forth** VI *(liter, frm)* a *[person]* s'en aller ◆ **they went forth to battle** ils s'en sont allés à la bataille

b ◆ **the order went forth that ...** il fut décrété que ... ◆ **the word went forth that ...** il a été annoncé que ...

► **go forward** VI a *(= move ahead) [person, vehicle]* avancer ; *[economy]* progresser ; *[country]* aller de l'avant

b *(= take place)* avoir lieu

c *(= continue)* maintenir ◆ **if they ~ forward with these radical proposals** s'ils maintiennent ces propositions radicales

► **go in** VI a *(= enter)* entrer ◆ **they went in by the back door** ils sont entrés par la porte de derrière ◆ **I must ~ in now** il faut que je rentre *subj* maintenant ◆ **~ in and win!** allez, bonne chance !

b *(= attack)* attaquer ◆ **the troops are going in tomorrow** les troupes attaquent demain ◆ **British troops will not ~ in alone** les troupes britanniques ne seront pas les seules à se battre

c *[sun, moon]* se cacher (*behind* derrière)

► **go in for** VT FUS a *[+ examination]* se présenter à ; *[+ position, job]* poser sa candidature à, postuler à *or* pour ; *[+ competition, race]* prendre part à

b *[+ sport]* pratiquer ; *[+ hobby]* se livrer à ; *[+ style]* être porté sur, affectionner ; *[+ medicine, accounting, politics]* faire ◆ **she goes in for very high heels** elle affectionne les très hauts talons ◆ **I don't ~ in for bright colours** je ne suis pas (très) porté sur les couleurs vives, je ne raffole pas des couleurs vives ◆ **he doesn't ~ in much for reading** il n'aime pas beaucoup lire ◆ **we don't ~ in for eating in expensive restaurants** nous n'avons pas pour habitude de manger dans des restaurants chers ◆ **he's going in for science** il va faire des sciences

► **go into** VT FUS a *(= take up) [+ profession, field]* ◆ **he doesn't want to ~ into industry** il ne veut pas travailler dans l'industrie

b *(= embark on) [+ explanation]* se lancer dans ◆ **he went into a long explanation** il s'est lancé *or* embarqué dans une longue explication ◆ **to ~ into details** rentrer dans les détails ◆ **let's not ~ into that now** laissons cela pour le moment ◆ **to ~ into fits of laughter** être pris de fou rire

c *(= investigate)* étudier ◆ **this matter is being gone into** on étudie la question ◆ **we haven't got time to ~ into that now** nous n'avons pas le temps de nous pencher sur ce problème ◆ **to ~ into a question in detail** approfondir une question

d *(= be devoted to) [time, money, effort]* être investi dans ◆ **a lot of money went into the research** on a investi beaucoup d'argent dans la recherche

► **go in with** VT FUS *(= share costs)* se cotiser avec ◆ **she went in with her sister to buy the present** elle s'est cotisée avec sa sœur pour acheter le cadeau

► **go off** VI a *(= leave)* partir, s'en aller ; *(Theat)* quitter la scène ◆ **they went off together** ils sont partis ensemble ◆ **she went off at 3 o'clock** *(= go off duty)* elle est partie à 3 heures, elle a quitté (son travail) à 3 heures

b *[alarm clock]* sonner ; *[alarm]* se déclencher ◆ **the gun didn't ~ off** le coup n'est pas parti ◆ **the pistol went off in his hand** le coup est parti alors qu'il tenait le pistolet dans sa main

c *(= stop) [light, radio, TV]* s'éteindre ; *[heating]* s'arrêter, s'éteindre

d *(Brit = deteriorate) [meat]* s'avarier, se gâter ; *[milk]* tourner ; *[butter]* rancir ; *[athlete]* être en méforme

e *(= lose intensity) [pain]* s'apaiser, passer

f *(= go to sleep)* s'endormir

g *[event]* se passer ◆ **the evening went off very well** la soirée s'est très bien passée

VT FUS *(Brit *)* ◆ **I'm starting to ~ off the idea** ça ne me dit plus grand-chose ◆ **I've gone off skiing** le ski ne me tente plus beaucoup ◆ **I used to like him, but I've gone off him lately** je l'aimais bien mais depuis un certain temps il m'agace

► **go off with** VT FUS *[+ thing, person]* partir avec ◆ **she went off with my umbrella** elle est partie avec mon parapluie ◆ **his wife went**

**off with another man** sa femme est partie avec un autre homme

► **go on** VI a *(= fit)* ◆ **the lid won't ~ on** le couvercle ne ferme pas bien ◆ **the cover won't ~ on** ça ne rentre pas dans la housse

b *(= proceed on one's way) (without stopping)* poursuivre son chemin ; *(after stopping)* continuer sa route ; *(by car)* reprendre la route ◆ **after a brief chat she went on to church** après avoir bavardé quelques instants, elle a continué sa route vers l'église ◆ **~ on, it's fun!** * vas-y, tu vas voir, c'est super ! * ; → **go ahead**

c *(= continue)* continuer (*doing sth* de *or* à faire qch) ◆ **to ~ on speaking** continuer de *or* à parler ; *(after pause)* reprendre (la parole) ◆ **~ on with your work** continuez votre travail ◆ **~ on trying!** essaie encore ! ◆ **~ on!** continuez ! ◆ **~ on (with you)!** * allons donc !, à d'autres ! * ◆ **the war went on until 1945** la guerre a continué *or* s'est prolongée jusqu'en 1945 ◆ **if you ~ on doing that, you'll get into trouble** si tu continues à faire ça, tu vas avoir des ennuis ◆ **that's enough to be going on with** ça suffit pour l'instant

d *(* = talk)* ◆ **to go on about sth** ne pas arrêter de parler de qch ◆ **don't ~ on about it!** ça va, j'ai compris ! ◆ **she just goes on and on** elle radote ◆ **he goes on and on about it** il n'arrête pas d'en parler

e *(* = nag)* **to ~ on at sb** s'en prendre à qn ◆ **she went on (and on) at him** elle n'a pas cessé de s'en prendre à lui ◆ **she's always going on at him about doing up the kitchen** elle n'arrête pas de le harceler pour qu'il refasse la cuisine

f *(= proceed)* passer ◆ **to ~ on to another matter** passer à une autre question ◆ **he went on to say that ...** puis il a dit que ... ◆ **he retired from football and went on to become a journalist** il a abandonné le football et est devenu journaliste ◆ **he goes on to Holland tomorrow** il repart demain pour la Hollande

g *(= happen)* se dérouler ; *(for a stated time)* durer ◆ **several matches were going on at the same time** plusieurs matchs se déroulaient en même temps ◆ **how long has this been going on?** depuis combien de temps est-ce que ça dure ? ◆ **the rioting went on all night** les émeutes ont duré toute la nuit ◆ **while this was going on** pendant ce temps, au même moment ◆ **what's going on here?** qu'est-ce qui se passe ici ?

h *(= pass)* ◆ **things got easier as time went on** avec le temps les choses sont devenues plus faciles ◆ **as the day went on he became more and more anxious** au fil des heures, il devenait de plus en plus inquiet

i *(*: gen pej = behave)* ◆ **that's no way to ~ on** c'est une conduite inacceptable ! ◆ **what a way to ~ on!** en voilà des manières !

j *(Theat = enter)* entrer en scène

k *(= progress) [person, patient]* se porter, aller ◆ **how is he going on?** comment va-t-il *or* se porte-t-il ? ◆ **life went on uneventfully** la vie poursuivit son cours paisiblement

l *(* = approach)* ◆ **she's going on 50** elle va sur la cinquantaine, elle frise * la cinquantaine ◆ **Ann's 25 going on 50** Ann a 25 ans mais elle a les réactions d'une femme de 50 ans

VT FUS a *(= be guided by)* ◆ **you've got to ~ on the facts** il faut s'appuyer sur les faits ◆ **what have you got to ~ on?** de quels indices *or* de quelles pistes disposez-vous ? ◆ **we don't have much to ~ on yet** nous n'avons pas beaucoup d'indices pour l'instant ◆ **the police had no clues to ~ on** la police n'avait aucun indice sur lequel s'appuyer

b *(= appreciate, be impressed by)* ◆ **I don't ~ much on that** ‡ ça ne me dit pas grand-chose *

► **go on for** VT FUS ◆ **it's going on for 100km** c'est à une centaine de kilomètres ◆ **it's going on for 5 o'clock** il est près de 5 heures ◆ **he's going on for 50** il va sur la cinquantaine

► **go out** VI a *(= leave)* sortir ◆ **to ~ out of a room** sortir d'une pièce ◆ **to ~ out shopping** aller faire des courses ◆ **to ~ out for a meal** aller au restaurant ◆ **he goes out a lot** il sort beaucoup ◆ **she doesn't ~ out with him any more** elle ne sort plus avec lui ◆ **to ~ out to work** (aller) travailler ◆ **most mothers have to ~ out to work** la plupart des mères de famille doivent travailler

b *[style]* passer de mode, se démoder ; *[custom]* disparaître ; *[fire, light]* s'éteindre ◆ **he was so tired he went out like a light** * il était si fatigué qu'il s'est endormi comme une masse * ◆ **all the fun has gone out of it now** ce n'est plus aussi drôle maintenant

c *(= travel)* aller (*to* à) ◆ **she went out to Bangkok to join her husband** elle est allée rejoindre son mari à Bangkok

d *[sea]* se retirer ; *[tide]* descendre ◆ **the tide** *or* **the sea goes out 2km** la mer se retire sur 2 km

e ◆ **my heart went out to him** j'ai été vraiment désolé pour lui ◆ **all our sympathy goes out to you** nous pensons à vous en ces moments douloureux

f *(Cards etc)* terminer

g *(= be issued) [pamphlet, circular]* être distribué ; *[invitation]* être envoyé ; *(= be broadcast) [radio programme, TV programme]* être diffusé ◆ **an appeal has gone out for people to give blood** un appel a été lancé pour encourager les dons de sang ◆ **the programme goes out on Friday evenings** l'émission passe *or* est diffusée le vendredi soir

h *(Sport = be eliminated)* être éliminé, se faire sortir * ◆ **our team went out to a second division side** notre équipe a été éliminée *or* s'est fait sortir * par une équipe de deuxième division

i *(= end) [year]* finir, se terminer

► **go over** VI a *(= cross)* aller ◆ **to ~ over to France** aller en France ◆ **she went over to Mrs Smith's** elle est allée chez Mme Smith ◆ **his speech went over well** son discours a été bien reçu *or* est bien passé ◆ **the ball went over into the field** le ballon est passé par-dessus la haie (*or* le mur *etc*) et il est tombé dans le champ

b *(= be overturned) [vehicle]* se retourner ; *[boat]* chavirer, se retourner

VT FUS a *(= examine) [+ accounts, report]* examiner, vérifier ; *[doctor] [+ patient]* examiner ◆ **to ~ over a house** visiter une maison ◆ **I went over his essay with him** j'ai regardé sa dissertation avec lui

b *(= rehearse, review) [+ speech]* revoir ; *[+ facts, points]* récapituler ◆ **to ~ over sth in one's mind** repasser qch dans son esprit ◆ **to ~ over the events of the day** repasser les événements de la journée ◆ **let's ~ over the facts again** récapitulons les faits

c *(= touch up)* retoucher, faire des retouches à ◆ **to ~ over a drawing in ink** repasser un dessin à l'encre

► **go over to** VT FUS passer à ◆ **we're going over to a new system** nous passons à un nouveau système ◆ **I've gone over to a new brand of coffee** j'ai changé de marque de café ◆ **to ~ over to the enemy** passer à l'ennemi

► **go round** VI a *(= turn)* tourner ◆ **my head is going round** j'ai la tête qui tourne

b *(= go the long way)* faire le tour ; *(= make a detour)* faire un détour ◆ **there's no bridge, we'll have to ~ round** il n'y a pas de pont, il faut faire le tour ◆ **we went round by Manchester** nous avons fait un détour par Manchester

c ◆ **to ~ round to sb's house/to see sb** aller chez qn/voir qn

d *(= be sufficient)* suffire (pour tout le monde) ◆ **there's enough food to ~ round** il y a assez à manger pour tout le monde ◆ **to make the money ~ round** joindre les deux bouts *

e *(= circulate) [bottle, document, story]* circuler ; *[rumour]* courir, circuler

f ⇒ **go about vi**

► **go through** VI *(= be agreed, voted) [proposal]* être accepté ; *[law, bill]* passer, être voté ; *[business deal]* être conclu, se faire ; *(Sport = qualify)* se qualifier ◆ **the deal did not ~ through** l'affaire n'a pas été conclue *or* ne s'est pas faite

VT FUS a *(= suffer, endure)* subir, endurer ◆ **after all he's gone through** après tout ce qu'il a subi *or* enduré ◆ **we've all gone through it** nous sommes tous passés par là, nous avons tous connu cela ◆ **he's going through a very difficult time** il traverse une période difficile

b *(= examine) [+ list]* éplucher ; *[+ book]* parcourir ; *[+ mail]* regarder, dépouiller ; *[+ subject, plan]* étudier ; *[+ one's pockets]* fouiller dans ; *(at customs) [+ suitcases, trunks]* fouiller ◆ **I went through my drawers looking for a pair of socks** j'ai cherché une paire de chaussettes dans mes tiroirs ◆ **I went through his essay with him** j'ai regardé sa dissertation avec lui

c *(= use up) [+ money]* dépenser ; *(= wear out)* user ◆ **to ~ through a fortune** engloutir une fortune ◆ **he goes through a pair of shoes a month** il use une paire de chaussures par mois ◆ **he has gone through the seat of his trousers** il a troué le fond de son pantalon ◆ **this book has already gone through 13 editions** ce livre en est déjà à sa 13e édition

d *(= carry out) [+ routine, course of study]* suivre ; *[+ formalities]* remplir, accomplir ; *[+ apprenticeship]* faire

► **go through with** VT FUS *(= persist with) [+ plan, threat]* mettre à exécution ◆ **in the end she couldn't ~ through with it** en fin de compte elle n'a pas pu le faire ◆ **he pleaded with her not to ~ through with the divorce** il l'a suppliée de ne pas continuer la procédure de divorce

► **go to** VI ◆ **~ to!** †† allons donc !

VT FUS ◆ **~ to it!** allez-y !

► **go together** VI *[colours]* aller (bien) ensemble ; *[events, conditions, ideas]* aller de pair ◆ **poor living conditions and TB ~ together** la tuberculose va de pair avec les mauvaises conditions de vie ◆ **they ~ well together** ils vont bien ensemble ◆ **Ann and Peter are going together** Ann et Peter sortent ensemble

► **go under** VI a *(= sink) [ship]* sombrer, couler ; *[person]* couler

b *(= fail) [business person]* faire faillite ; *[business]* couler, faire faillite

► **go up** VI a *(= rise) [price, value, temperature]* monter, être en hausse ; *(Theat) [curtain]* se lever ; *[lights]* s'allumer ; *[cheer]* s'élever ◆ **three teams are hoping to ~ up to the second division** trois équipes espèrent monter *or* passer en deuxième division ◆ **houses are going up near the park** on construit des maisons près du parc ◆ **when the curtain goes up** lorsque le rideau se lève ◆ **to ~ up in price** augmenter ◆ **to ~ up a class** *(Scol)* monter d'une classe b (*= climb*) monter, aller en haut ; (*= go upstairs to bed*) monter se coucher

c (*= travel north*) aller, monter ◆ **I'm going up to Manchester tomorrow** demain je vais *or* je monte à Manchester

d (*= approach*) ◆ **I wanted to ~ up and talk to him** je voulais m'approcher de lui et lui parler ◆ **a man went up to him and asked him the time** un homme s'est approché et lui a demandé l'heure

e (*= explode, be destroyed*) [*building*] sauter, exploser

f (*Brit Univ*) entrer à l'université ◆ **he went up to Oxford** il est entré à Oxford

**VT FUS** [*+ hill*] monter, gravir ◆ **to ~ up the stairs** monter l'escalier, monter les marches d'un escalier ◆ **to ~ up the street** monter la rue

► **go with** **VT FUS** a (*= accompany*) [*circumstances, event, conditions*] aller (de pair) avec ◆ **ill health goes with poverty** la pauvreté et la mauvaise santé vont de pair ◆ **the house goes with the job** le logement va avec le poste ◆ **to ~ with the times** vivre avec son temps ◆ **to ~ with the crowd** (*lit*) suivre la foule ; (*fig*) faire comme tout le monde

b (*= harmonize with, suit*) [*colours*] aller bien avec, se marier avec ; [*furnishings*] être assorti à ; [*behaviour, opinions*] cadrer avec, s'accorder avec ◆ **I want a hat to ~ with my new coat** je cherche un chapeau assorti à mon *or* qui aille avec mon nouveau manteau ◆ **his accent doesn't ~ with his appearance** son accent ne correspond pas à son apparence

c (*= agree with*) [*+ person*] être de l'avis de ; [*+ idea*] souscrire à ◆ **I'll ~ with you there** là, je suis de votre avis ◆ **yes, I'd ~ with that** je suis d'accord sur ce point

d (* *= choose*) opter pour, choisir ◆ **we decided to ~ with the first option** nous avons décidé d'opter pour la première solution *or* de choisir la première option

e (* : also **go steady with**) sortir avec

► **go without** **VI** se priver de tout ◆ **mothers feed their children and ~ without themselves** les mères nourrissent leurs enfants et se privent elles-mêmes de tout

**VT FUS** se priver de, se passer de

**goad** /gəʊd/ **N** a (*lit*) aiguillon *m* b (*fig*) (*= spur, impetus*) aiguillon *m*, stimulation *f* ; (*= irritant*) source *f* d'agacement, cause *f* d'irritation **VT** a [*+ cattle*] aiguillonner, piquer b (*fig*) aiguillonner, stimuler ◆ **to ~ sb into doing sth** talonner *or* harceler qn jusqu'à ce qu'il fasse qch ◆ **he was ~ed into replying** il a été piqué au point de répondre ◆ **his insults ~ed her into action** ses insultes l'ont fait passer à l'action

► **goad on** **VT SEP** aiguillonner, stimuler ◆ **to ~ sb on to doing sth** inciter qn à faire qch

**goal** /gəʊl/ **N** a (*gen = aim*) but *m*, objectif *m* ◆ **his ~ was to become president** son objectif *or* son but était de devenir président, il avait pour ambition *or* pour but de devenir président ◆ **her ~ was in sight** elle approchait du but ◆ **the ~ is to raise as much money as possible** le but *or* l'objectif est d'obtenir autant d'argent que possible ◆ **to set a ~** fixer un objectif ◆ **to set o.s. a ~** se fixer un but *or* un objectif

b (*Sport*) but *m* ◆ **to keep ~, to play in ~** être gardien de but ◆ **to win by three ~s to two** gagner par trois buts à deux ◆ **the ball went into the ~** le ballon est entré dans le but

**COMP** ▷ **goal-area** **N** (*Sport*) surface *f* de but ▷ **goal average**, **goal difference** **N** (*Brit Ftbl*) goal-average *m* ▷ **goal difference** **N** (*Sport*) différence *f* de buts, goal-average *m* ▷ **goal-kick** **N** (*Ftbl*) coup *m* de pied de renvoi (aux six mètres) ▷ **goal-line** **N** ligne *f* de but ▷ **goal post** **N** montant *m* *or* poteau *m* de but ◆ **to move the ~ posts** (*fig*) changer les règles du jeu ▷ **goal scorer** **N** buteur *m* ◆ **the main ~ scorer was Jones** c'est Jones qui a marqué le plus de buts

**goalie** * /ˈgəʊlɪ/ **N** (abbrev of **goalkeeper**) goal *m*

**goalkeeper** /ˈgəʊlkiːpəʳ/ **N** gardien *m* de but, goal *m*

**goalkeeping** /ˈgəʊlkiːpɪŋ/ **N** jeu *m* du gardien de but

**goalless** /ˈgəʊllɪs/ **ADJ** a (*Sport*) [*match*] au score vierge, sans but marqué ◆ **a ~ draw** un match nul zéro à zéro b (*= aimless*) sans but

**goalmouth** /ˈgəʊlmaʊθ/ **N** ◆ **in the ~** juste devant les poteaux

**goat** /gəʊt/ **N** a chèvre *f* ; (*= he-goat*) bouc *m* ; (*= young goat*) chevreau *m*, chevrette *f* ; → **sheep** b (*Brit*) **to act the ~** * faire l'imbécile *or* l'andouille * c (*fig = irritate*) ◆ **to get sb's ~** * taper sur le système * *or* les nerfs * de qn **COMP** ▷ **goat('s) cheese** **N** fromage *m* de chèvre ▷ **the goat God** **N** (*Myth*) le divin chèvre-pied, le dieu Pan

**goatee** /gəʊˈtiː/ **N** barbiche *f*, bouc *m*

**goatherd** /ˈgəʊthɜːd/ **N** chevrier *m*, -ière *f*

**goatskin** /ˈgəʊtskɪn/ **N** (*= clothing*) peau *f* de chèvre *or* de bouc ; (*= container*) outre *f* en peau de bouc

**goatsucker** /ˈgəʊtsʌkəʳ/ **N** (*US Orn*) engoulevent *m*

**gob** /gɒb/ **N** a (‡ *= spit*) crachat *m*, mollard‡ *m* b (*esp Brit*: ‡ *= mouth*) gueule‡ *f* ◆ **shut your ~!** ferme-la ! *, ta gueule ! ‡ c (*US Navy* ‡) marin *m*, mataf‡ *m* **VI** (‡ *= spit*) cracher (*at* sur) **COMP** ▷ **gob-stopper** * **N** (*Brit*) (gros) bonbon *m*

**gobbet** * /ˈgɒbɪt/ **N** petit bout *m*

**gobble** /ˈgɒbl/ **N** [*of turkey*] glouglou *m* **VI** [*turkey*] glousser, glouglouter **VT** (also **gobble down, gobble up**) [*+ food*] engloutir, engouffrer ◆ **don't ~!** ne mange pas si vite !

**gobbledegook, gobbledygook** * /ˈgɒbldɪguːk/ **N** charabia * *m*

**gobbler** * /ˈgɒbləʳ/ **N** (*= turkey*) dindon *m*

**Gobi** /ˈgəʊbɪ/ **N** ◆ **~ Desert** désert *m* de Gobi

**goblet** /ˈgɒblɪt/ **N** (*= stem glass*) verre *m* à pied ; (*= cup*) coupe *f*

**goblin** /ˈgɒblɪn/ **N** lutin *m*, farfadet *m*

**gobshite** ‡ /ˈgɒbˌʃaɪt/ **N** (*= idiot*) peigne-cul‡ *m*

**gobsmacked** ‡ /ˈgɒbˌsmækd/ **ADJ** (*Brit*) sidéré *, estomaqué *

**goby** /ˈgəʊbɪ/ **N** (pl **goby** *or* **gobies**) gobie *m*

**GOC** /ˌdʒiːəʊˈsiː/ **N** (*Mil*) (abbrev of **General Officer Commanding**) → **general**

**god** /gɒd/ **N** a dieu *m*, divinité *f* ; (*fig*) dieu *m*, idole *f* ◆ **money is his ~** l'argent est son dieu

b ◆ **God** Dieu *m* ◆ **God the Father, the Son, the Holy Spirit** Dieu le Père, le Fils et le Saint-Esprit ◆ **he thinks he's God** il se prend pour Dieu ◆ **he thinks he's God's gift * to women** il se prend pour Don Juan ◆ **to play God with people's lives** (*pej*) jouer avec la vie des gens ◆ **God's acre** († *= cemetery*) cimetière *m* ◆ **God's own country** * (*US*) les États-Unis *mpl*

c (*phrases*) ◆ **(my) God !** * mon Dieu ! ◆ **God Almighty!** ‡ Dieu tout puissant ! ◆ **God help him!** * (que) Dieu lui vienne en aide ! ◆ **God help you * (if your mother ever finds out about this!)** (si ta mère apprend ça) je te souhaite bien de la chance ! ◆ **God bless you/her/him!** Dieu te/la/le bénisse ! ◆ **God (only) knows** * Dieu seul le sait, allez donc savoir * ◆ **and God (only) knows what else** * et Dieu sait quoi ◆ **God knows I've tried** * Dieu sait si j'ai essayé ◆ **God knows where he's got to** * allez savoir *or* Dieu sait où il est passé ! ◆ **he went God knows where** * il est parti Dieu sait où ◆ **for God's sake!** *, **for the love of God!** * (*crossly*) nom d'un chien ! * ; (*imploringly*) pour l'amour du ciel ! ◆ **by God, I'll get you for this!** * nom d'un chien *or* nom de Dieu je te le ferai payer ! * ◆ **God willing** s'il plaît à Dieu ◆ **I wish to God I hadn't told him!** * si seulement je ne lui avais rien dit ! ◆ **would to God that ...** † plût à Dieu que ... + *subj* ◆ **ye ~s!** †† grands dieux ! ; → **help, hope, love, man, name, thank, tin**

d (*Brit Theat*) ◆ **the ~s** * le poulailler *

**COMP** ▷ **god-awful** ‡ **ADJ** (*gen*) vraiment affreux ; [*weather, place*] pourri ; [*book, film etc*] complètement nul(le) *m(f)* ▷ **god-botherer** * **N** (*pej*) bigot(e) * *m(f)* (*pej*) ▷ **god-fearing** **ADJ** (très) religieux, (très) croyant ◆ **any ~-fearing man** tout croyant digne de ce nom ▷ **god-slot** * **N** (*Brit TV*) créneau *m* horaire des émissions religieuses

**godchild** /ˈgɒdtʃaɪld/ **N** (pl **-children**) filleul(e) *m(f)*

**goddammit** ‡ /gɒˈdæmɪt/ **EXCL** (*US*) nom de Dieu ! ‡, bon sang ! *

**goddam(n)** ‡ /ˈgɒdæm/, **goddamned** ‡ /ˈgɒdæmd/ **ADJ** sacré *before n*, fichu * *before n*, foutu‡ *before n* ◆ **it's no ~(ned) use!** ça ne sert à rien ! *

**goddaughter** /ˈgɒddɔːtəʳ/ **N** filleule *f*

**goddess** /ˈgɒdɪs/ **N** déesse *f* ; (*fig*) idole *f*

**godfather** /ˈgɒdfɑːðəʳ/ **N** (*lit, fig*) parrain *m* ◆ **to stand ~ to a child** être parrain d'un enfant ; (*at ceremony*) tenir un enfant sur les fonts baptismaux

**godforsaken** /ˈgɒdfəˌseɪkən/ **ADJ** [*town, place*] perdu, paumé * ; [*person*] malheureux, misérable ◆ **~ existence** chienne *f* de vie * ◆ **~ spot** trou *m* perdu *or* paumé *

**godhead** /ˈgɒdhed/ **N** divinité *f*

**godless** /ˈgɒdlɪs/ **ADJ** [*person, action, life*] impie

**godlike** /ˈgɒdlaɪk/ **ADJ** divin

**godliness** /ˈgɒdlɪnɪs/ **N** dévotion *f* ; see also **cleanliness**

**godly** /ˈgɒdlɪ/ **ADJ** [*person*] dévot(e) *m(f)*, pieux ; [*actions, life*] pieux

**godmother** /ˈgɒdmʌðəʳ/ **N** marraine *f* ◆ **to stand ~ to a child** être marraine d'un enfant ; (*at ceremony*) tenir un enfant sur les fonts baptismaux ; → **fairy**

**godparent** /ˈgɒdpɛərənt/ **N** (*= godfather*) parrain *m* ; (*= godmother*) marraine *f* **NPL** **godparents** ◆ **his ~s** son parrain et sa marraine

**godsend** /ˈgɒdsend/ **N** aubaine *f*, bénédiction *f* ◆ **to be a *or* come as a ~** être une bénédiction *or* aubaine (*to* pour)

**godson** /ˈgɒdsʌn/ **N** filleul *m*

**godspeed** † /ˈgɒdspiːd/ **EXCL** bonne chance !, bon voyage !

**godsquad** * /ˈgɒdskwɒd/ **N** (*pej*) bande *f* d'illuminés (*pej*), ≃ les bigots * *mpl* (*pej*),

**goer** /ˈgəʊəʳ/ **N** a (*= horse, runner*) fonceur *m*, -euse *f* b (* *= feasible idea*) bon plan * *m*, bonne idée *f* c (*= woman*) ◆ **she's a real ~** ‡ elle démarre au quart de tour ‡

**...goer** /ˈgəʊəʳ/ **N** (*in compounds*) ◆ **cinemagoer** cinéphile *mf* ; → **opera-goer**

**goes** /gəʊz/ **VB** → **go**

**Goethe** /ˈgøːtə/ **N** Goethe *m*

**gofer** /ˈgəʊfəʳ/ **N** coursier *m*, -ière *f*

**goggle** /ˈgɒgl/ **VI** * [*person*] rouler de gros yeux ronds ; [*eyes*] être exorbités, sortir de la tête ◆ **to ~ at sb/sth** regarder qn/qch en roulant de gros yeux ronds **NPL** **goggles** [*of motorcyclist*] lunettes *fpl* protectrices *or* de motocycliste ; [*of skindiver*] lunettes *fpl* de plongée ; *(industrial)* lunettes *fpl* protectrices *or* de protection ; *( * = glasses)* besicles *fpl (hum)* **COMP** ▷ **goggle-box** * **N** *(Brit)* télé * *f* ▷ **goggle-eyed ADJ** *(gen)* aux yeux exorbités ◆ **he sat ~-eyed in front of the TV** * il était assis devant la télé *, les yeux exorbités

**go-go** /'gəʊgəʊ/ **ADJ** **a** *(US St Ex) [market, stocks]* spéculatif ; *( * = dynamic) [team]* plein d'allant ; *[years, days]* prospère, de vaches grasses * ◆ **the ~ 1980s** la décennie prospère des années 1980 **b** *(Brit Fin) [investment, fund]* à haut rendement et à haut risque, hautement spéculatif **COMP** ▷ **go-go dance N** *danse exécuté par des personnes légèrement vêtues (pour les clients d'une boite de nuit, etc)* ▷ **go-go dancer, go-go girl N** *jeune fille qui danse légèrement vêtue (pour les clients d'une boîte de nuit, etc)*

**going** /'gəʊɪŋ/ **N** **a** *(= departure)* départ *m* ; → **coming**

**b** *(= progress) (lit, fig)* ◆ **that was good ~** ça a été rapide ◆ **it was slow ~** on n'avançait pas ; *(in work, task)* les progrès étaient lents ◆ **it was hard ~** on a eu du mal, ça a été dur * ◆ **the meeting was hard** *or* **tough ~** la réunion était laborieuse

**c** *(= conditions) (gen)* état *m* du sol *or* du terrain *(pour la marche etc)* ; *(Racing)* état *m* du sol *or* du terrain ◆ **it's rough ~** *(walking)* on marche mal ; *(in car)* la route est mauvaise ◆ **he got out while the ~ was good** * il est parti au bon moment ◆ **when the ~ gets tough, the tough get ~** *(Prov)* quand ça se met à être dur, les durs s'y mettent *(Prov)* → **heavy**

**ADJ** **a** ◆ **the ~ rate/price** le tarif/le prix normal

**b** *(after superlative adj: *)* ◆ **it's the best thing ~** il n'y a rien de mieux (à l'heure actuelle) ◆ **the best computer game ~** le meilleur jeu électronique du moment *or* sur le marché ◆ **you must be the biggest fool ~** tu es vraiment le roi des imbéciles

**COMP** ▷ **a going concern N** *(Comm)* une affaire florissante *or* qui marche ◆ **the Empire was still a ~ concern** l'Empire était toujours une réalité ▷ **going-over N** (pl **goings-over**) *[of accounts]* vérification *f*, révision *f* ; *(medical)* examen *m* ; *(= cleaning) [of rooms, house etc]* nettoyage *m* ; *(fig = beating)* brutalités *fpl*, passage *m* à tabac * ◆ **to give sth a good** *or* **thorough ~-over** *(= check)* inspecter qch soigneusement, soumettre qch à une inspection en règle ; *(= clean)* nettoyer qch à fond ▷ **goings-on** * **NPL** *(pej) (= behaviour)* activités *fpl* (louche), manigances *fpl* ; *(= happenings)* événements *mpl* ◆ **fine ~s-on!** * c'est du joli ! ◆ **your letters keep me in touch with ~s-on at home** tes lettres me tiennent au courant de ce qui se passe à la maison

**-going** /'gəʊɪŋ/ **ADJ** *(in compounds)* ◆ **church-going Christian** chrétien *m* pratiquant ◆ **the theatre-going public** le public amateur de théâtre, les amateurs de théâtre ; → **easy, ocean** **N** *(in compounds)* ◆ **church-going/theatre-going has declined over the last ten years** depuis dix ans les gens vont de moins en moins à l'église/au théâtre

**goitre, goiter** *(US)* /'gɔɪtə/ **N** goitre *m*

**Golan** /'gəʊlæn/ **N** ◆ **the ~ Heights** le plateau du Golan

**gold** /gəʊld/ **N** **a** *(NonC)* or *m* ◆ **£500 in ~** 500 livres en or ◆ **a pot** *or* **crock of ~** *(= money)* une mine d'or ; *(= desired object etc)* un oiseau rare ; → **good, heart, rolled**

**b** ⇒ **gold medal**

**ADJ** **a** *(= made of gold) [watch, tooth]* en or ; *[coin, ingot, bullion]* d'or ; *[letters, lettering]* d'or, doré

**b** *(= yellow) [paint]* doré ◆ **a green and ~ flag** un drapeau vert et or *inv* ; see also **comp**

**COMP** ▷ **gold braid N** *(Mil)* galon *m* or ▷ **Gold Card N** *(Comm, Fin)* ≈ Gold Card, Gold MasterCard ® ▷ **gold-clause loan N** *(Jur, Fin)* emprunt *m* avec garantie-or ▷ **Gold Coast N** *(Hist: in Africa)* Côte-de-l'Or *f* ; *(US *: fig)* quartiers *mpl* chic *(souvent en bordure d'un lac)* ▷ **gold digger N** **a** *(lit)* chercheur *m* d'or **b** *(fig pej)* ◆ **she's a ~ digger** c'est une aventurière ▷ **gold disc N** *(Mus)* disque *m* d'or ▷ **gold dust N** *(lit)* poudre *f* d'or ◆ **to be like ~ dust** *(esp Brit)* être une denrée rare ▷ **gold-exchange standard N** *(Econ)* étalon *m* de change-or ▷ **gold fever N** la fièvre de l'or ▷ **gold-filled ADJ** *[tooth]* aurifié ▷ **gold filling N** *(Dentistry)* obturation *f* en or, aurification *f* ▷ **gold foil N** feuille *f* d'or ▷ **gold-headed cane N** canne *f* à pommeau d'or ▷ **gold lace N** *(on uniform)* ⇒ **gold braid** ▷ **gold leaf N** feuille *f* d'or, or *m* en feuille ▷ **gold medal N** médaille *f* d'or ▷ **gold mine N** *(lit, fig)* mine *f* d'or ◆ **he's sitting on a ~ mine** il est assis sur une véritable mine d'or ▷ **gold miner N** mineur *m (dans une mine d'or)* ▷ **gold mining N** extraction *f* de l'or ▷ **gold plate N** *(= coating)* mince couche *f* d'or ; *(= dishes)* vaisselle *f* d'or ◆ **to eat off ~ plates** *(fig)* rouler sur l'or, nager dans l'opulence ▷ **gold-plated ADJ** *(lit)* plaqué or *inv* ; *( * fig) [deal, contract]* qui doit rapporter gros ▷ **the gold pool N** *(Fin)* le pool de l'or ▷ **gold record N** ⇒ **gold disc** ▷ **gold reserves NPL** *(Econ)* réserves *fpl* d'or ▷ **gold-rimmed spectacles NPL** lunettes *fpl* à montures en or ▷ **gold rush N** ruée *f* vers l'or ▷ **gold standard N** étalon-or *m* ◆ **to come off** *or* **leave the ~ standard** abandonner l'étalon-or ▷ **Gold Star Mother N** *(US Hist)* mère *f* d'un soldat mort au combat ▷ **gold stone N** aventurine *f*

**goldbrick** /'gəʊldbrɪk/ **N** **a** *(lit)* barre *f* d'or **b** *(US fig) (= good deal)* affaire *f* en or ; *( * = shirker)* tire-au-flanc * *m* **VI** *(US * = shirk)* tirer au flanc *

**goldcrest** /'gəʊldkrest/ **N** roitelet *m* huppé

**golden** /'gəʊldən/ **ADJ** **a** *(= yellow) [hair]* doré, d'or ; *[suntan, sand, light, colour]* doré ; *(Culin:* also **golden-brown**) bien doré

**b** *(liter = made of gold) [cross, chain, locket]* en or ; *(fig) [voice]* d'or, en or

**c** *(= happy, prosperous) [years]* doré ; *[future]* en or ◆ **a ~ era** un âge d'or ◆ **~ hours** heures *fpl* précieuses *or* merveilleuses ; see also **golden age, goose, silence**

**COMP** ▷ **golden age N** âge *m* d'or ▷ **golden boy** * **N** *(popular)* enfant *m* chéri ; *(gifted)* jeune prodige *m* ; *(financially successful)* golden boy *m* ▷ **golden-brown ADJ** *[tan, skin]* brun doré *inv* ; *(Culin)* bien doré ▷ **the golden calf N** le veau d'or ▷ **golden deed N** action *f* d'éclat ▷ **Golden Delicious (apple) N** (pomme *f*) golden *f* ▷ **golden eagle N** aigle *m* royal *or* doré ▷ **the Golden Fleece N** la Toison d'or ▷ **Golden Gate N** *(US Geog)* ◆ **the Golden Gate (Bridge)** le pont de la Golden Gate ▷ **golden girl** * **N** *(popular)* enfant *f* chérie ; *(gifted, successful)* jeune prodige *m* ▷ **golden goal N** *(Sport)* but *m* en or ▷ **golden handcuffs** * **NPL** *(Ind) prime d'encouragement (à rester à un poste)* ▷ **golden handshake N** *(Ind)* grosse prime *f* de départ ▷ **golden hello N** *(Ind)* prime *f* d'embauche ▷ **golden jubilee N** *(Brit)* cinquantième *m* anniversaire, jubilé *m* ▷ **the golden mean N** le juste milieu ▷ **golden number N** nombre *m* d'or ▷ **golden oldie** * **N** *(= pop song, performer, sportsperson)* vieille star *f* ▷ **golden opportunity N** occasion *f* en or ▷ **golden oriole N** loriot *m* d'Europe ▷ **golden parachute** * **N** *(Ind) prime de licenciement (prévue dans le contrat d'un cadre en cas de rachat de l'entreprise)* ▷ **golden pheasant N** faisan *m* doré ▷ **golden remedy N** remède *m* souverain *or* infaillible ▷ **golden retriever N** golden retriever *m (chien)* ▷ **golden rod N** *(Bot)* verge *f* d'or ▷ **golden rule N** règle *f* d'or ▷ **golden share N** *(St Ex)* action *f* privilégiée ▷ **the Golden State N** *(US)* la Californie ▷ **golden syrup N** *(Brit)* sirop *m* de sucre roux ▷ **the Golden Triangle N** le Triangle d'or ▷ **golden wedding (anniversary) N** noces *fpl* d'or ▷ **golden yellow ADJ** jaune d'or

**goldfield** /'gəʊldfiːld/ **N** région *f or* terrain *m* aurifère

**goldfinch** /'gəʊldfɪntʃ/ **N** *(Orn)* chardonneret *m*

**goldfish** /'gəʊldfɪʃ/ (pl **goldfish** *or* **goldfishes**) **N** poisson *m* rouge, cyprin *m* (doré) **COMP** ▷ **goldfish bowl N** bocal *m* (à poissons) ◆ **to live in a ~ bowl** *(fig)* vivre comme dans un bocal en verre

**Goldilocks** /'gəʊldɪlɒks/ **N** Boucles d'Or *f*

**goldsmith** /'gəʊldsmɪθ/ **N** orfèvre *m* ◆ **~'s shop** magasin *m or* atelier *m* d'orfèvre ◆ **~'s trade** orfèvrerie *f*

**golf** /gɒlf/ **N** golf *m* ; → **clock** **VI** faire du golf, jouer au golf **COMP** ▷ **golf ball N** balle *f* de golf ; *(on typewriter)* boule *f*, sphère *f* ◆ **~ ball typewriter** machine *f* à écrire à boule *or* à sphère ▷ **golf club N** *(= stick)* club *m or* crosse *f* (de golf) ; *(= place)* club *m* de golf ▷ **golf course N** (terrain *m* de) golf *m* ▷ **golf links NPL** ⇒ **golf course** ▷ **golf widow N** ◆ **she's a ~ widow** son mari la délaisse pour aller jouer au golf, son mari lui préfère le golf

**golfer** /'gɒlfəʳ/ **N** joueur *m*, -euse *f* de golf, golfeur *m*, -euse *f*

**golfing** /'gɒlfɪŋ/ **ADJ** *[equipment, trousers]* de golf ◆ **to go on a ~ holiday** partir en vacances faire du golf **N** golf *m*

**Golgotha** /'gɒlgəθə/ **N** Golgotha

**Goliath** /gəʊ'laɪəθ/ **N** *(lit, fig)* Goliath *m*

**golliwog** /'gɒlɪwɒg/ **N** *(Brit)* poupée *f* nègre de chiffon *(aux cheveux hérissés)*

**golly** * /'gɒlɪ/ **EXCL** ◆ **(by) ~!** mince (alors) ! *, bon sang ! * ◆ **and by ~ he did it!** et il l'a fait nom de Dieu ! **N** *(Brit)* ⇒ **golliwog**

**golosh** /gə'lɒʃ/ **N** ⇒ **galosh**

**Gomorrah** /gə'mɒrə/ **N** Gomorrhe

**gonad** /'gəʊnæd/ **N** *(Med)* gonade *f*

**gonadotrophin** /,gɒnədəʊ'trəʊfɪn/, **gonadotropin** /,gɒnədəʊ'trəʊpɪn/, **N** gonadotrophine *f*

**gonadotropic** /,gɒnədəʊ'trəʊpɪk/ **ADJ** gonadotrope

**gondola** /'gɒndələ/ **N** **a** *(= boat)* gondole *f* **b** *[of balloon, airship]* nacelle *f* **c** *(in supermarket)* gondole *f* ; *(US Rail:* also **gondola car**) wagon-tombereau *m*

**gondolier** /,gɒndə'lɪəʳ/ **N** gondolier *m*

**Gondwana** /gɒnd'wɑːnə/ **N** (also **Gondwanaland**) Gondwana *m*

**gone** /gɒn/ **VB** ptp of **go** **ADJ** **a** ◆ **to be ~** *[object, enthusiasm etc]* avoir disparu ◆ **the coffee is all ~** il n'y a plus de café ◆ **the trees have been ~ for years** cela fait des années qu'il n'y a plus d'arbres ◆ **~ are the days when ...** le temps n'est plus où ... ◆ **he is ~** il est parti ; *(euph = dead)* il n'est plus ◆ **to be long ~** ne plus exister depuis longtemps ◆ **to be far ~** *(= ill)* être très bas *or* mal ; *( * = drunk, on drugs)* être cassé * ◆ **she was six months ~** * *(= pregnant)* elle était enceinte de six mois

♦ **to be ~ on sb** * en pincer pour qn * ♦ **be ~!** *(†† or hum)* allez-vous-en ! **b** *(Brit = after)* **it's just ~ three** il est 3 heures et quelques ♦ **it was ~ four before he came** il était plus de 4 heures *or* 4 heures passées quand il est arrivé

**goner** * /ˈgɒnəʳ/ **N** ♦ **to be a ~** être fichu * *or* foutu ⁑

**gong** /gɒŋ/ **N** **a** *(Mus)* gong *m* **b** *(Brit hum = medal)* médaille *f*

**gonna** * /ˈgənə/ *(esp US)* ⇒ **going to**

**gonorrhoea** /ˌgɒnəˈrɪə/ **N** blennorragie *f*

**gonzo** ⁑ /ˈgɒnzəʊ/ **ADJ** *(US)* *(= crazy)* déjanté ; *[journalist] qui s'implique dans les événements qu'il relate (et se comporte souvent de façon excentrique)*

**goo** * /guː/ **N** matière *f* visqueuse *or* gluante ; *(= sentimentality)* sentimentalité *f* à l'eau de rose **COMP** ▷ **goo-goo eyes** * **N** *(US)* ♦ **to make goo-goo eyes at sb** *(hum)* faire les yeux doux à qn

## good /gʊd/

compar **better**, superl **best**

| | |
|---|---|
| 1 ADJECTIVE | 3 NOUN |
| 2 ADVERB | 4 NPL |
| 5 COMPOUNDS | |

### 1 - ADJECTIVE

When **good** is part of a set combination, eg **a good thrashing, in a good temper, a good deal of, good heavens**, look up the noun.

**a** [= pleasant] *[trip, holiday, news, mood]* bon ; *[weather, life]* beau (belle *f*) ♦ **his ~ nature** son bon caractère ♦ **I've got some ~ news for you** j'ai de bonnes nouvelles pour toi ♦ **have you had a ~ day?** est-ce que tu as passé une bonne journée ? ♦ **I've had a ~ life** j'ai eu une belle vie ♦ **we had a ~ time** nous nous sommes bien amusés ♦ **there are ~ times ahead** l'avenir est prometteur ♦ **he's a ~ chap** * c'est un brave *or* chic type * ♦ **it's too much** *or* **you can have too much of a ~ thing** c'est presque trop

♦ **it's good to** ♦ **it's ~ to be here** cela fait plaisir d'être ici ♦ **it's ~ to see you looking so well** ça fait plaisir de te voir en si bonne forme ♦ **it's ~ to see you** je suis content de te voir ♦ **it's ~ to talk** ça fait du bien de parler ♦ **it's ~ to be alive** il fait bon vivre ♦ **it's too ~ to be true** c'est trop beau pour être vrai

**b** [= kind] gentil ♦ **be ~ to him** soyez gentil avec lui ♦ **that's very ~ of you** c'est très gentil de votre part, vous êtes bien gentil ♦ **I tried to find something ~ to say about him** j'ai essayé de trouver quelque chose de bien à dire sur lui ♦ **would you be ~ enough to tell me** auriez-vous l'obligeance de me dire ♦ **perhaps you'd be ~ enough to check your facts before accusing me** vous feriez peut-être mieux de vérifier les faits avant de m'accuser

**c** [= efficient, competent] bon ♦ **she was a ~ wife and mother** elle a été une bonne épouse et une bonne mère ♦ **I've got a ~ teacher/doctor/lawyer** j'ai un bon professeur/médecin/avocat ♦ **I think I'm as ~ as him** je pense que je suis aussi bon que lui ♦ **40% of candidates are not ~ enough to pass** 40% des candidats ne sont pas assez bons pour être reçus ♦ **he's as ~ a player as his brother** il joue aussi bien que son frère

♦ **good at** *(academic subject)* bon en ♦ **~ at French** bon en français ♦ **he's ~ at everything** il est bon en tout ♦ **she's ~ at singing** elle chante bien ♦ **she's ~ at putting people at their ease** elle sait mettre les gens à l'aise

♦ **good with** ♦ **she's ~ with children/dogs** elle sait s'y prendre avec les enfants/les chiens ♦ **she's ~ with her hands** elle est habile de ses mains

**d** [= upright, virtuous] ♦ **he's a ~ man** c'est un homme bon ♦ **a ~ and holy man** un saint homme ♦ **to live** *or* **lead a ~ life** mener une vie vertueuse ♦ **he sounds too ~ to be true!** mais c'est une vraie perle ! ♦ **to do ~ works** faire de bonnes œuvres ♦ **the 12 ~ men and true** les 12 jurés

**e** [= respected] ♦ **send us a photo of your ~ self** envoyez-nous une photo de vous ♦ **your ~ lady (wife)** *(hum)* Madame votre épouse ♦ **yes, my ~ man** *(hum)* oui, mon brave

**f** [= well-behaved] *[child, animal]* sage ♦ **be ~!** sois sage ! ♦ **be a ~ girl!** sois sage ! ♦ **Andrew was as ~ as gold** Andrew a été sage comme une image

**g** [= at ease] ♦ **I feel ~** je me sens bien ♦ **I don't feel too ~ about that** * *(= ashamed)* j'ai un peu honte de moi ♦ **I started to feel ~ about myself** j'ai commencé à me sentir bien dans ma peau *

**h** [= close] *[friend]* bon ♦ **he's a ~ friend of mine** c'est un bon ami à moi ♦ **my ~ friend Laura** ma bonne amie Laura

**i** [= high quality] de qualité ♦ **always use ~ ingredients** utilisez toujours des ingrédients de qualité ♦ **it's made of ~ leather** c'est en cuir de bonne qualité ♦ **it's important to have ~ equipment** il est important d'avoir du matériel de qualité *or* du bon matériel BUT **nothing was too ~ for his wife** rien n'était trop beau pour sa femme ♦ **this is my only ~ dress** c'est la seule robe habillée que j'aie

**j** [= creditable] *[result, mark]* bon ♦ **200 was a ~ score in those conditions** 200 était un bon résultat dans ces conditions ♦ **he came in a ~ third** il s'est honorablement classé troisième

**k** [= satisfactory] *[reason, excuse]* bon, valable ♦ **unless you have a ~ excuse** à moins que vous n'ayez une bonne excuse *or* une excuse valable ♦ **it's as ~ a way as any other** c'est une façon comme une autre

♦ **good enough** ♦ **that's ~ enough for me** cela me suffit ♦ **that's not ~ enough** ça ne suffit pas ♦ **a refreshment voucher! that's not ~ enough!** un bon pour une boisson ! mais vous vous moquez de moi ! ♦ **it's just not ~ enough!** *(indignantly)* c'est lamentable !, c'est inadmissible ! ♦ **it is not ~ enough to say parents control what children watch** cela ne suffit pas de dire que les parents doivent surveiller ce que regardent leurs enfants

**l** [= beneficial] bon (*for* pour) ♦ **milk is ~ for children** le lait est bon pour les enfants ♦ **it's ~ for you** c'est bon pour la santé ♦ **this climate is not ~ for one's health** ce climat est mauvais pour la santé *or* est insalubre BUT **the shock was ~ for him** le choc lui a été salutaire ♦ **all this excitement isn't ~ for me !** *(hum)* toutes ces émotions, ça ne me vaut rien ! ♦ **it's ~ for the soul !** *(hum)* ça forme le caractère !

♦ **what's good for** ♦ **if you know what's ~ for you you'll say yes** si tu as le moindre bon sens tu accepteras ♦ **what's ~ for the consumer isn't necessarily ~ for the economy** ce qui est bon pour le consommateur ne l'est pas forcément pour l'économie

♦ **more than is good for** ♦ **they tend to eat and drink more than is ~ for them** ils ont tendance à boire et à manger plus que de raison ♦ **some children know more than is ~ for them** certains enfants en savent plus qu'ils ne le devraient

**m** [= wholesome, in sound condition] bon ♦ **the water of the well is still ~** l'eau du puits est encore bonne *or* saine ♦ **their stock of food is still ~** leurs stocks de nourriture sont encore bons ♦ **how ~ is her eyesight?** est-ce qu'elle a une bonne vue ? ♦ **his hearing is ~** il entend bien ♦ **to stay ~** *[food]* (bien) se conserver

**n** [= attractive] joli, beau (belle *f*) ♦ **she's got a ~ figure** elle a un joli corps, elle est bien faite ♦ **you've got ~ hair** tu as de beaux cheveux ♦ **she's got ~ legs** elle a de jolies jambes ♦ **you have to be of ~ appearance** vous devez bien présenter ♦ **you look ~ in that** ♦ **that looks ~ on you** ça vous va bien ♦ **you look ~ !** *(= healthy)* tu as bonne mine ! ; *(= well-dressed)* tu es très bien comme ça !

**o** [Naut] ♦ **the ~ ship Domino** le Domino

**p** [= advantageous, favourable] *[terms, deal, offer]* intéressant ; *[omen, opportunity]* bon ♦ **it would be a ~ thing to ask him** il serait bon de lui demander ♦ **it's a ~ chance to sort things out** c'est l'occasion ou jamais de régler le problème ; *(Gambling)* ♦ **I've had a ~ day** la chance était avec moi aujourd'hui ♦ **he's on to a ~ thing** * il a trouvé le filon * *or* un bon filon * ♦ **this is as ~ a time as any to do it** autant le faire maintenant ♦ **you've never had it so ~ !** * la vie n'a jamais été aussi facile

**q** [= lucky] ♦ **it's a ~ thing** *or* **job I was there** heureusement que j'étais là, c'est une chance que j'aie été là ♦ **that's a ~ thing!** tant mieux !, très bien !

**r** [= upper-class] ♦ **to live at a ~ address** habiter dans un beau quartier ♦ **he's got no money but he's of ~ family** il n'a pas d'argent mais il est de bonne famille

**s** [= reliable, valid] *[car, tools, machinery]* bon ♦ **it's a ~ little car** c'est une bonne petite voiture ♦ **he is a ~ risk** *(financially)* c'est un client sûr ♦ **is his credit ~ ?** peut-on lui faire crédit ?

♦ **good for** ♦ **this ticket is ~ for three months** ce billet est valable trois mois ♦ **he's ~ for another 20 years yet** * il en a encore bien pour 20 ans ♦ **my car is ~ for another few years** ma voiture fera *or* tiendra bien encore quelques années ♦ **I'm ~ for another mile or two** je me sens de force à faire quelques kilomètres de plus ♦ **he is** *or* **his credit is ~ for £9,000** on peut lui faire crédit jusqu'à 9 000 livres ♦ **what** *or* **how much is he ~ for?** de combien (d'argent) dispose-t-il ? ♦ **he's ~ for £500** *(= will lend)* il nous (*or* vous *etc*) prêtera bien 500 livres ♦ **are you ~ for another beer?** * tu reprendras bien une autre bière ? ; see also **compounds**

**t** [= thorough] ♦ **to have a ~ cry** pleurer un bon coup *or* tout son soûl

Verb + adverb may be used in French, instead of adjective + noun. For combinations other than the following, look up the noun.

♦ **give it a ~ rinse** rincez-le bien *or* à grande eau ♦ **give it a ~ stir** mélangez-le bien

**u** [= considerable, not less than] bon, grand ♦ **a ~ distance** une bonne distance ♦ **it will take you a ~ hour** il vous faudra une bonne heure ♦ **we waited a ~ fifteen minutes** nous avons attendu un bon quart d'heure ♦ **a ~ 8 kilometres** 8 bons kilomètres, 8 kilomètres au moins

**v** [in greetings] ♦ **~ afternoon** *(early)* bonjour ; *(later)* bonsoir ; *(on leaving)* bonsoir ♦ **~ day** † *(= goodbye)* au revoir ; *(= good morning)* bonjour ♦ **~ evening** bonsoir ♦ **~ morning** bonjour ♦ **Robert sends (his) ~ wishes** Robert envoie ses amitiés ♦ **with every ~ wish, with all ~ wishes** *(in letter)* cordialement

**w** [in exclamations] ♦ **oh ~, Tom's just arrived** tiens justement, Tom vient d'arriver

♦ **very ~, sir!** (très) bien monsieur ! ♦ **~ for YOU!, ~ on you!** bravo ! ♦ **(that's) ~!** bien !, excellent ! ♦ **that's a ~ one!** *[joke, story]* elle est (bien) bonne celle-là ! * *(iro)*, à d'autres ! * ♦ **~ one!** * *(= well done, well said)* bravo ! *(also iro)*

**x** emphatic use ♦ **we had a ~ long talk** nous avons bien *or* longuement discuté ♦ **a ~ long walk** une bonne *or* une grande promenade ♦ **they're expecting it to take a ~ long time** ils pensent que ça va prendre un bon bout de temps ♦ **~ old Charles!** * ce (bon) vieux Charles ! ♦ **~ strong shoes** de bonnes chaussures

♦ **good and ...** * ♦ **the soup was served ~ and hot** la soupe a été servie bien chaude ♦ **I'll go when I'm ~ and ready** je partirai quand ça me chante * ♦ **I told him off ~ and proper** * je lui ai passé un bon savon *, je l'ai bien engueulé ‡

**y** set structures

♦ **as good as** *(= practically)* pratiquement, pour ainsi dire ♦ **his career is as ~ as over** sa carrière est pratiquement terminée ♦ **the matter is as ~ as settled** c'est comme si l'affaire était réglée, l'affaire est pour ainsi dire *or* pratiquement réglée ♦ **she as ~ as told me that ...** elle m'a dit à peu de chose près que ..., elle m'a pour ainsi dire déclaré que ... ♦ **it was as ~ as a holiday** c'étaient presque des vacances ♦ **he as ~ as called me a liar** il n'a pas dit que je mentais mais c'était tout comme *, il m'a pratiquement traité de menteur ♦ **it's as ~ as saying that ...** autant dire que ... ♦ **he was as ~ as his word** il a tenu promesse

♦ **as good as new** *[thing]* comme neuf (neuve *f*) ♦ **in a day or so he'll be as ~ as new** *[person]* dans un jour ou deux il sera complètement rétabli

♦ **to make good** *(= succeed)* faire son chemin, réussir ; *[ex-criminal]* s'acheter une conduite * ; *(= compensate for) [+ deficit]* combler ; *[+ deficiency, losses]* compenser ; *[+ expenses]* rembourser ; *(= put right) [+ injustice, damage]* réparer ♦ **to make ~ an assertion** justifier une affirmation ♦ **to make ~ one's escape** réussir son évasion ♦ **to make ~ a loss to sb** dédommager qn d'une perte ♦ **to make ~ a promise** tenir une promesse ♦ **they were sure he would make ~ his threat** ils étaient sûrs qu'il mettrait sa menace à exécution

2 - ADVERB

* = well bien ♦ **you did ~** tu as bien fait ♦ **how are you? – ~!** *(esp US)* comment vas-tu ? – bien ! ♦ **to be in ~ with sb** être dans les petits papiers * de qn

3 - NOUN

**a** = virtue, righteousness bien *m* ♦ **~ and evil may co-exist within one family** le bien et le mal peuvent se côtoyer au sein d'une même famille ♦ **for ~ or ill** pour le meilleur et *or* ou pour le pire ♦ **he is a power for ~** il exerce une bonne influence ♦ **there's some ~ in him** il a de bons côtés

**b** = good deeds ♦ **to do ~** faire le bien ♦ **she's up to no ~** * elle prépare un mauvais coup *

**c** = advantage, profit bien *m* ♦ **it's for his own ~** c'est pour son bien ♦ **I did it for your ~** je l'ai fait pour ton bien ♦ **for the ~ of the country** pour le bien du pays ♦ **the common ~** l'intérêt *m* commun ♦ **a lot of ~ that's done!** nous voilà bien avancés ! ♦ **a lot of ~ that's done you!** te voilà bien avancé ! ♦ **he'll come to no ~** il finira mal

♦ **to do sb good** faire du bien à qn ♦ **that will do you ~** cela vous fera du bien ♦ **what ~ will that do you ?** ça t'avancera à quoi ? ♦ **a (fat) lot of ~ that will do (you) !** * tu seras bien avancé !, ça te fera une belle jambe ! * ♦ **much ~ may it do you !** grand bien te fasse ! ♦ **a lot of ~ that's done him !** le voilà bien avancé ! ♦ **it does my heart ~ to see him** ça me réjouit de le voir

**d** = use ♦ **what's the ~ ?** à quoi bon ? ♦ **what's the ~ of hurrying?** à quoi bon se presser ? ♦ **it's not much ~ to me** *[advice, suggestion]* ça ne m'avance pas à grand-chose ; *[object, money]* ça ne me sert pas à grand-chose ♦ **if that is any ~ to you** si ça peut t'être utile *or* te rendre service ♦ **is he any ~?** *[worker/singer etc]* est-ce qu'il est bon ? ♦ **that won't be much ~** cela ne servira pas à grand-chose

♦ **no good** *(= useless)* ♦ **it's no ~** ça ne sert à rien ♦ **it's no ~ saying that** ça ne sert à rien de dire cela, inutile de dire cela ♦ **it's no ~ worrying** ça ne sert à rien de se faire du souci ♦ **it's no ~, I'll never get it finished in time** il n'y a rien à faire, je n'arriverai jamais à le finir à temps ♦ **that's no ~** ça ne va pas ♦ **that's no ~, it's too thick** ça ne va pas, c'est trop épais ♦ **I'm no ~ at maths** je suis mauvais en maths

**e** → **goods**

**f** set structures

♦ **for good** pour de bon ♦ **he's gone for ~** il est parti pour de bon ♦ **for ~ and all** une (bonne) fois pour toutes ♦ **to settle down for ~** se fixer définitivement

♦ **to the good** ♦ **we were £50 to the ~** nous avions fait 50 livres de bénéfice ♦ **that's all to the ~!** tant mieux !, c'est autant de gagné !

4 - NPL

**the good** *(= people)* les bons *mpl* ♦ **the ~ and the bad** les bons *mpl* et les méchants *mpl* BUT **the ~ die young** ce sont toujours les meilleurs qui partent les premiers

5 - COMPOUNDS

▷ **the Good Book** N la Bible ▷ **good-for-nothing** ADJ bon *or* propre à rien N bon *m*, bonne *f* à rien, propre *mf* à rien ▷ **Good Friday** N Vendredi *m* saint ▷ **good-hearted** ADJ qui a bon cœur, bon ▷ **good-heartedness** N bonté *f* ▷ **good-humoured** ADJ *[person]* de bonne humeur, jovial ; *[appearance, smile etc]* jovial ; *[joke]* sans malice ▷ **good-humouredly** ADV avec bonne humeur, avec bonhomie ▷ **good-looker** * N *(= man)* beau gosse * *m* ; *(= woman)* belle *or* jolie fille *f* ; *(= horse)* beau cheval *m* ▷ **good-looking** ADJ beau (belle *f*), bien *inv* ▷ **good looks** NPL beauté *f* ▷ **good-natured** ADJ *[person]* accommodant, facile à vivre ; *[smile, laughter]* bon enfant *inv* ▷ **good-naturedly** ADV gentiment ▷ **Good Neighbor Policy** N *(US Pol)* politique *f* de bon voisinage ▷ **good-oh** * EXCL *(Brit, Austral)* youpi ▷ **good-sized** ADJ assez grand ; *[portion]* bon (*f* bonne) ♦ **a ~-sized steak** un bon (gros) steak ▷ **good-tempered** ADJ *[person]* qui a bon caractère ; *[smile, look]* aimable, gentil ▷ **good-time girl** * N *(pej)* fille *f* qui ne pense qu'à s'amuser *or* qu'à prendre du bon temps

**goodbye** /gʊdˈbaɪ/ EXCL au revoir ♦ **to say** *or* **bid** † **~ to sb** dire au revoir à qn, faire ses adieux à qn *(frm)* ♦ **~ to all that!** fini tout cela ! ♦ **you can say ~ to all your hopes** tu peux dire adieu à toutes tes espérances ♦ **you can say ~ to peace and quiet!** tu peux dire adieu à ta tranquillité ! ♦ **you can kiss it ~!** * tu peux faire une croix dessus ! *

**goodie** * /ˈgʊdɪ/ ⇒ **goody**

**goodish** /ˈgʊdɪʃ/ ADJ assez bon *or* bien

**goodly** /ˈgʊdlɪ/ ADJ **a** *(= reasonable) [number, supply]* considérable ; *[portion, amount]* gros (grosse *f*) ; *[size]* grand ♦ **to have a ~ share of sth** avoir plus que sa part de qch **b** († *or liter* = *attractive) [appearance]* beau (belle *f*), gracieux

**goodness** /ˈgʊdnɪs/ N **a** *[of person]* bonté *f* ♦ **out of the ~ of his heart** par pure gentillesse ♦ **(my) ~!** *, **~ gracious!** * juste ciel !, bonté divine ! ♦ **~ (only) knows** * Dieu (seul) sait ♦ **for ~' sake** * pour l'amour de Dieu ♦ **I wish to ~ I had gone there!** * si seulement j'y étais allé ! ♦ **I wish to ~ I had never met him!** * si seulement j'avais pu ne jamais le rencontrer !, si seulement je ne l'avais jamais rencontré ! ; → **surely, thank b** *(in food)* qualités *fpl* nutritives ♦ **to be full of natural ~** être plein de bonnes choses

**goodnight** /gʊdˈnaɪt/ EXCL bonsoir, bonne nuit ♦ **to bid sb ~** souhaiter le *or* dire bonsoir à qn ♦ **to give sb a ~ kiss** embrasser qn *(en lui disant bonne nuit)*

**goods** /gʊdz/ NPL **a** *(Comm)* marchandises *fpl*, articles *mpl* ♦ **leather ~** articles *mpl* de cuir, maroquinerie *f* ♦ **knitted ~** articles *mpl* en tricot ♦ **to have the ~ on sb** * *(US)* en savoir long sur qn ; → **consumer, deliver b** *(Jur)* biens *mpl*, meubles *mpl* ♦ **all his ~ and chattels** tous ses biens et effets COMP ▷ **goods service** N *(Brit Rail)* ♦ **to send by fast/slow ~ service** envoyer en grande/petite vitesse ▷ **goods siding** N *(Brit Rail)* voie *f* de garage pour wagons de marchandises ▷ **goods station** N *(Brit Rail)* gare *f* de marchandises ▷ **goods train** N *(Brit Rail)* train *m* de marchandises ▷ **goods wagon** N *(Brit Rail)* wagon *m* de marchandises ▷ **goods yard** N *(Brit Rail)* dépôt *m or* cour *f* des marchandises

**goodwill** /ˌgʊdˈwɪl/ N **a** bonne volonté *f* ♦ **to gain sb's ~** se faire bien voir de qn ♦ **~ mission** *or* **tour** *(Pol)* visite *f* d'amitié **b** *(= willingness)* zèle *m* ♦ **to work with ~** travailler de bon cœur *or* avec zèle **c** *(Comm = customer connections)* (biens *mpl*) incorporels *mpl*, clientèle *f* ; *(Accounts = intangible assets)* survaloir *m*, goodwill *m* ♦ **the ~ goes with the business** les incorporels sont vendus *or* la clientèle est vendue avec le fonds de commerce COMP ▷ **goodwill ambassador** N ambassadeur *m*, -drice *f* de bonne volonté

**goody** * /ˈgʊdɪ/ EXCL *(also* **goody goody***)* chic ! *, chouette ! * N **a** *(= person)* ♦ **the goodies and the baddies** * les bons *mpl* et les méchants *mpl* **b** ♦ **goodies** * *(= treats)* friandises *fpl* ; *(Culin = gifts)* petits cadeaux *mpl* COMP ▷ **goody bag** * N sachet *m* de cadeaux, pochette *f* de cadeaux promotionnels ▷ **goody-goody** * ADJ *(pej)* ♦ **to be goody-goody** *[child]* être l'image du petit garçon (*or* de la petite fille) modèle ; *[adult]* être un vrai petit saint N modèle *m* de vertu *(iro)*, petit(e) saint(e) * *m(f)* ▷ **goody two-shoes** * N *(pej)* modèle *m* de vertu *(iro)*, petit(e) saint(e) * *m(f)*

**gooey** * /ˈguːɪ/ ADJ *(= sticky) [substance, mess]* gluant ; *[cake, dessert]* fondant ; *(pej) (= sentimental) [film, story]* à l'eau de rose *(pej)* ♦ **to go (all) ~** devenir bêtement sentimental ♦ **women went ~ over him** il faisait fondre toutes les femmes

**goof** * /guːf/ N *(= idiot)* toqué(e) ‡ *m(f)* VI faire une gaffe, gaffer *

► **goof around** * VI *(US)* faire l'imbécile

► **goof off** * VI *(US)* tirer au flanc

► **goof up** * VI *(US)* faire une gaffe, gaffer * VT SEP gâcher

**goofball** * /ˈguːfbɔːl/ N a (= drug) barbiturique m b (US = eccentric person) fantaisiste mf, numéro * m

**goofy** * /ˈguːfɪ/ ADJ (= mad) maboul ‡, toqué ‡ ; (esp US) (= silly) niais

**Google ®** /ˈguːgl/ N Google ® m VI faire or lancer une recherche Google VT (= do search on) [+ person] googler, chercher des renseignements sur qn au moyen d'Internet

**googly** /ˈguːglɪ/ N (Cricket) balle lancée de manière à tromper le batteur sur la direction qu'elle va prendre

**gook** ‡ /guːk/ N (US) a (= slime) substance f visqueuse ; (= dirt) crasse f ◆ **what's this ~?** qu'est-ce que c'est que cette saloperie ‡ ? b (pej = Asian etc) Asiate mf (pej)

**goolies** *‡ /ˈguːlɪz/ NPL couilles *‡ fpl

**goon** ‡ /guːn/ N (= fool) idiot(e) m(f), imbécile mf ; (US) (= hired thug) homme m de main ; (= prison camp guard) garde-chiourme m

**gooney bird** ‡ /ˈguːnɪ,bɜːd/ N (US) albatros m

**goop** ‡ /guːp/ N (esp US) substance f visqueuse

**goosander** /guːˈsændəʳ/ N harle m bièvre

**goose** /guːs/ (pl **geese**) N oie f ◆ **all his geese are swans** il exagère tout le temps, il en rajoute toujours ◆ **to kill the ~ that lays the golden eggs** tuer la poule aux œufs d'or ◆ **don't be such a ~!** † * ne sois pas si bébête ! * ◆ **silly little ~!** * petite dinde ! * ; → **boo, cook, mother** VT (esp US ‡ = prod) donner un petit coup sur les fesses de COMP ▷ **goose bumps** NPL ⇒ **goose pimples** ▷ **goose chase** N → **wild** ▷ **goose flesh** N ⇒ **goose pimples** ▷ **goose pimples** NPL ◆ **to come out in ~ pimples** avoir la chair de poule ◆ **that gives me ~ pimples** cela me donne la chair de poule ▷ **goose-step** N pas m de l'oie VI faire le pas de l'oie ◆ **to ~-step along/in** etc avancer/entrer etc au pas de l'oie

**gooseberry** /ˈgʊzbərɪ/ N (= fruit) groseille f à maquereau ; (also **gooseberry bush**) groseillier m ◆ **to play ~** (Brit) tenir la chandelle

**goosegog** ‡ /ˈgʊzgɒg/ N (Brit) ⇒ **gooseberry**

**GOP** /ˌdʒiːəʊˈpiː/ N (US) (abbrev of **Grand Old Party**) → **grand**

**gopher** /ˈgəʊfəʳ/ N a (= squirrel) spermophile m ; (= rodent) gauphre m, gaufre m b ⇒ **gofer** c (Comput) gopher m COMP ▷ **the Gopher State** N (US) le Minnesota

**gorblimey** ‡ /ˌgɔːˈblaɪmɪ/ ADJ [accent] populaire EXCL (Brit) nom d'un chien ! *

**Gordian** /ˈgɔːdɪən/ N ◆ **to cut** or **untie the ~ knot** trancher le nœud gordien

**gore¹** /gɔːʳ/ N (= blood) sang m

**gore²** /gɔːʳ/ VT (= injure) encorner, blesser d'un coup de corne ◆ **~d to death** tué d'un coup de corne

**gore³** /gɔːʳ/ N (Sewing) godet m ; [of sail] pointe f VT [+ sail] mettre une pointe à ◆ **~d skirt** jupe f à godets

**gorge** /gɔːdʒ/ N a (Geog) gorge f, défilé m b (Anat) gorge f, gosier m ◆ **it makes my ~ rise** cela me soulève le cœur VT ◆ **to ~ o.s.** se gaver (with de) VI se gaver (on de)

**gorgeous** /ˈgɔːdʒəs/ ADJ a (= beautiful) [scenery, sunset, colour, house] superbe, splendide ; [weather, day] formidable, superbe ; [food, wine] sensationnel ◆ **to look ~** avoir l'air superbe ◆ **to smell ~** sentir délicieusement bon b (* = attractive) [person] superbe ; [eyes, hair] splendide ◆ **a ~ blonde** une superbe blonde ◆ **a ~ hunk** un mec * superbe ◆ **hi, ~!** (to female) salut, beauté ! * ; (to male) salut, playboy ! * c (liter = sumptuous) [clothes, fabric, jewellery, building] somptueux

**gorgeously** /ˈgɔːdʒəslɪ/ ADV [embroidered, dressed] superbement, splendidement ◆ **~ coloured** aux couleurs superbes or splendides

**Gorgons** /ˈgɔːgənz/ NPL (Myth) Gorgones fpl

**gorilla** /gəˈrɪlə/ N a (Zool) gorille m b (‡ pej) (= bodyguard) gorille * m

**Gorki, Gorky** /ˈgɔːkɪ/ N Gorki m

**gormandize** /ˈgɔːməndaɪz/ VI (pej) se goinfrer ‡, s'empiffrer ‡

**gormless** * /ˈgɔːmlɪs/ ADJ (Brit) empoté

**gorse** /gɔːs/ N (NonC) ajoncs mpl ◆ **~ bush** ajonc m

**gory** /ˈgɔːrɪ/ ADJ sanglant ◆ **tell me all the ~ details!** * (hum) raconte-moi tous les détails sordides ! (hum)

**gosh** * /gɒʃ/ EXCL dites donc !, mince alors ! *

**goshawk** /ˈgɒshɔːk/ N autour m

**gosling** /ˈgɒzlɪŋ/ N oison m

**gospel** /ˈgɒspəl/ N a évangile m ◆ **the Gospel according to St John** l'Évangile selon saint Jean ◆ **that's ~** * (fig) c'est parole d'évangile ◆ **to take** or **accept sth as ~** * accepter qch comme or prendre qch pour parole d'évangile b (= music) gospel m COMP ▷ **gospel music** N gospel m ▷ **Gospel oath** N serment m prêté sur l'Évangile ▷ **gospel song** N gospel m, negro-spiritual m ▷ **gospel truth** N (fig) ◆ **it's the ~ truth** * c'est parole d'évangile, c'est la vérité pure

**gossamer** /ˈgɒsəməʳ/ N a (NonC) (= cobweb) fils mpl de la Vierge ; (= gauze) gaze f ; (= light fabric) tulle m, gaze f b (US = waterproof) imperméable m léger ADJ [thread, garment, wings] (= light) arachnéen (liter), léger ◆ **~ thin** très fin, fin comme de la gaze

**gossip** /ˈgɒsɪp/ N a (NonC: pej = rumours) commérages mpl (pej), cancans mpl (pej) ; (in newspaper) échos mpl, potins mpl (pej) ◆ **I never listen to ~** je n'écoute jamais les commérages or les cancans ◆ **what's the latest ~?** quels sont les derniers potins ? ◆ **a piece of ~** un cancan, un ragot b (= chat) **we had a good old ~** on a bien papoté * c (= person) bavard(e) m(f), commère f (pej) ◆ **he's a real ~** c'est une vraie commère VI a (= chat) bavarder, papoter b (pej: maliciously) cancaner, faire des commérages (about sur) COMP ▷ **gossip column** N (Press) échos mpl ▷ **gossip columnist**, **gossip writer** N échotier m, -ière f

**gossiping** /ˈgɒsɪpɪŋ/ ADJ (= chatting) bavard ; (pej) cancanier N (idle) bavardage m, papotage m ; (pej: malicious) commérage m

**gossipy** * /ˈgɒsɪpɪ/ ADJ [style, book, letter] plein de bavardages ; (pej) [person] cancanier (pej)

**got** /gɒt/ VB (pt, ptp of **get**) see also **have**

**gotcha** ‡ /ˈgɒtʃə/ EXCL (= I've got you) a (= I see) pigé ! * b (when catching sb, catching sb out) je te tiens ! * ; (when hitting, killing sb) je t'ai eu ! *

**Goth¹** /gɒθ/ N Goth m

**Goth², goth** /gɒθ/ (esp Brit) N a (= person) fan mf de goth b (Mus) goth m (mouvement musical des années 80) c (= fashion) mode f goth ADJ goth

**Gothic** /ˈgɒθɪk/ ADJ a (Archit, Literat, Cine) (genuine) gothique ; (in Gothic style) de style gothique b (Hist) des Goths N (Archit, Ling etc) gothique m COMP ▷ **Gothic Revival** N (Archit) néogothique m ▷ **Gothic script** N (Printing) écriture f gothique

**gotta** * /ˈgɒtə/ MODAL AUX VB (esp US = have got to) ◆ **I/he's/they ~ go** je dois/il doit/ils doivent partir

**gotten** /ˈgɒtn/ VB (US) ptp of **get**

**gouache** /gʊˈɑːʃ/ N gouache f

**gouge** /gaʊdʒ/ N gouge f VT a [+ wood etc] gouger ◆ **to ~ a hole in sth** creuser un trou dans qch b (US * fig = overcharge etc) estamper *, arnaquer

► **gouge out** VT SEP (with gouge) gouger ; (with thumb, pencil etc) évider ◆ **to ~ sb's eyes out** arracher les yeux à qn

**goujons** /ˈguːʒɒn/ NPL (Culin) croquettes de poisson ou de poulet

**goulash** /ˈguːlæʃ/ N goulache m, goulasch m

**gourd** /gʊəd/ N (= fruit) gourde f ; (= container) gourde f, calebasse f

**gourmand** /ˈgʊəmənd/ N gourmand(e) m(f), glouton(ne) m(f)

**gourmet** /ˈgʊəmeɪ/ N gourmet m, gastronome mf ADJ [food, restaurant] gastronomique

**gout** /gaʊt/ N (Med) goutte f

**gouty** /ˈgaʊtɪ/ ADJ [person, joint, condition] goutteux

**gov** ‡ /gʌv/ N abbrev of **governor b**

**Gov.** N abbrev of **governor a**

**govern** /ˈgʌvən/ VT a (= rule) [person, government] [+ country] gouverner, diriger ; [+ province, city] administrer ; (= direct) [+ household, business, company] diriger, gérer ; [+ affairs] administrer, gérer ◆ **she ~ed Britain from 1979 to 1990** elle a gouverné la Grande-Bretagne de 1979 à 1990

b (= control) [law, rule, principle] [+ conduct, behaviour, treatment] régir ◆ **~ed by the laws of England** (Jur) régi par le droit anglais ◆ **international guidelines ~ing the export of arms** les directives internationales régissant l'exportation des armes ◆ **there are strict rules ~ing how much lawyers can charge** il existe des règles strictes fixant le montant des honoraires des avocats

c (= influence) [+ events] déterminer, régir ; [+ opinions] guider ; [+ speed] déterminer

d (fig frm) [+ passions, emotions] maîtriser, dominer ◆ **to ~ one's temper** se maîtriser

e (Gram) régir

VI (Pol) gouverner

**governance** /ˈgʌvənəns/ N (frm) (= governing) gouvernement m ; (= authority) autorité f

**governess** /ˈgʌvənɪs/ N gouvernante f, institutrice f (à domicile)

**governing** /ˈgʌvənɪŋ/ ADJ [party, coalition] au pouvoir ; [council, board] d'administration ; [committee] directeur (-trice f) ; see also **self-governing;** → **self** COMP ▷ **governing body** N [of sport] comité m directeur ; [of professional association] conseil m d'administration ; [of school] conseil m d'établissement ; [of university] conseil m d'université ▷ **governing class** N classe f gouvernante ▷ **governing principle** N principe m directeur

**government** /ˈgʌvənmənt/ N [of country] gouvernement m ; [of province, city] administration f ; (= Cabinet of ministers) gouvernement m ; (= the State: also **central government**) État m, pouvoirs mpl publics ; (= local, municipal, regional) administration f territoriale ; (= political régime) régime m politique ◆ **a project financed by the ~** un projet financé par l'État ◆ **a presidential/democratic system of ~** un régime présidentiel/démocratique ◆ **we've had five years of socialist ~** on a eu cinq années de gouvernement or gestion socialiste ; see also **local**

**COMP** *[policy, decision, intervention, spending]* gouvernemental, du gouvernement ; *[backing]* du gouvernement ; *[grant]* gouvernemental, d'État ; *[responsibility, loan]* de l'État, public (-ique *f*) ▷ **Government Accounting Office** N *(US)* ≃ Cour *f* des comptes ▷ **government action** N *(gen)* action *f* gouvernementale ; *(Insurance)* fait *m* du prince ▷ **government bond** N *(Fin)* obligation *f* d'État ▷ **government corporation** N *(US)* régie *f* d'État ▷ **government department** N département *m* or service *m* gouvernemental ▷ **government expenditure** N dépenses *fpl* publiques ▷ **Government House** N *(Brit)* palais *m* or résidence *f* du gouverneur ▷ **government issue** ADJ *[equipment]* fourni par le gouvernement ; *[bonds etc]* émis par le gouvernement ▷ **government monopoly** N monopole *m* d'État ▷ **government-owned corporation** N établissement *m* public autonome ▷ **Government Printing Office** N *(US)* ≃ Imprimerie *f* nationale ▷ **government securities** NPL *(Fin)* fonds *mpl* or titres *mpl* d'État ▷ **government stock** N *(Fin)* fonds *mpl* publics or d'État

**governmental** /ˌɡʌvənˈmentl/ ADJ gouvernemental, du gouvernement

**governor** /ˈɡʌvənəʳ/ N **a** *[of state, bank]* gouverneur *m* ; *(esp Brit) [of prison]* directeur *m*, -trice *f* ; *[of institution]* administrateur *m*, -trice *f* ; *(Brit Scol)* ≃ membre *m* d'un conseil d'établissement *(de lycée ou d'IUT)* ◆ ~ **general** *(Brit)* gouverneur *m* général **b** *(Brit *)* *(= employer)* patron *m* ; *(= father)* paternel* *m* ◆ **thanks ~!** merci chef or patron ! **c** *(Tech)* régulateur *m* ; *(Aut, Rail = speed control device)* limiteur *m* de vitesse

**governorship** /ˈɡʌvənəʃɪp/ N fonctions *fpl* de gouverneur ◆ **during my ~** pendant la durée de mes fonctions (de gouverneur)

**govt.** abbrev of **government**

**gown** /ɡaʊn/ **N** robe *f* ; *(Jur, Univ)* toge *f* ; → **town VT** *(liter)* revêtir (*in* de) habiller (*in* de)

**goy** /ɡɔɪ/ N (pl **goys** or **goyim** /ˈɡɔɪɪm/) goy *mf*

**GP** /dʒiːˈpiː/ N (abbrev of **General Practitioner**) (médecin *m*) généraliste *m* ◆ **he's/she's a ~** il/elle est (médecin) généraliste ◆ **to go to one's ~** aller voir son médecin généraliste or traitant

**GPA** /ˌdʒiːpiːˈeɪ/ N *(US)* (abbrev of **grade point average**) → **grade**

**GPMU** /ˌdʒiːpiːemˈjuː/ N *(Brit)* (abbrev of **Graphical, Paper and Media Union**) *syndicat*

**GPO** /dʒiːpiːˈəʊ/ N **a** *(Brit Govt: formerly)* (abbrev of **General Post Office**) → **general b** *(US)* (abbrev of **Government Printing Office**) → **government**

**GPS** /dʒiːpiːˈes/ N (abbrev of **global positioning system**) GPS *m*

**gr.** abbrev of **gross adj e**

**grab** /ɡræb/ **N a** ◆ **to make a ~ for** or **at sth** faire un geste or un mouvement vif pour saisir qch ◆ **to be up for ~s** * *(= available)* être disponible ◆ **there are big money prizes up for ~s** il y a de grosses sommes d'argent à gagner

**b** *(esp Brit Tech)* benne *f* preneuse

**VT a** *(lit = take hold of) [+ object, one's belongings]* saisir ◆ **to ~ sth away from sb** arracher qch à qn, enlever qch à qn d'un geste brusque ◆ **he ~bed the pen from me** il m'a arraché le stylo ◆ **~ hold of this for a minute** tiens ça une minute ◆ **he ~bed (hold of) me** il m'a empoigné ◆ **she ~bed (hold of) him by the arm** elle l'a saisi or empoigné par le bras ◆ **I managed to ~ him before he left** *(fig)* j'ai réussi à lui mettre la main dessus avant qu'il s'en aille

**b** *(= seize unlawfully) [+ land, power]* s'emparer de

**c** *(* = snatch) [+ quick snack, sandwich]* avaler ; *[+ cigarette]* fumer rapidement ; *[+ seat]* prendre ◆ **I'll ~ a quick shower** je vais prendre une douche vite fait* ◆ **to ~ a quick nap** piquer un roupillon*

**d** *(fig = attract, win) [+ sb's attention]* attirer, accaparer ; *(= take) [+ opportunity]* saisir ◆ **to ~ the headlines** *[person, story]* faire la une ◆ **they're trying to ~ a share of the market** ils essaient de prendre une part de marché ◆ **he ~bed* the audience at once** il a tout de suite captivé l'auditoire ◆ **that really ~bed* me** ça m'a vraiment emballé* ◆ **how does that ~ you?** * qu'est-ce que tu en dis ? *

**VI** ◆ **to ~ at a rope** essayer d'agripper une corde ◆ **don't ~!** *(to child)* doucement !, ne te jette pas dessus !

**COMP** ▷ **grab bag** * N *(US) (lit)* sac *m* (pour jouer à la pêche miraculeuse) ; *(fig)* mélange *m* hétéroclite

**grabby** * /ˈɡræbɪ/ ADJ *(= greedy) [person]* gourmand *(fig)*, accapareur

**grace** /ɡreɪs/ **N a** *(NonC) [of person, animal, movement]* grâce *f*

**b** *(Rel)* grâce *f* ◆ **by the ~ of God** par la grâce de Dieu ◆ **there but for the ~ of God go I** cela aurait tout aussi bien pu être moi ◆ **in a state of ~** en état de grâce ◆ **to fall from ~** *(Rel)* perdre la grâce ; *(fig hum)* tomber en disgrâce, ne plus avoir la cote* ◆ **to say ~** *(before meals)* dire le bénédicité ; *(after meals)* dire les grâces ; → **year**

**c** *(phrases)* ◆ **to be in sb's good/bad ~s** être bien/mal vu de qn, être en faveur/défaveur auprès de qn ◆ **to get into sb's good/bad ~s** se faire bien/mal voir de qn ◆ **to do sth with good/bad ~** faire qch de bonne/mauvaise grâce ◆ **he had the (good) ~ to apologize** il a eu la bonne grâce de s'excuser ◆ **his saving ~** ce qui le rachète (or rachetait *etc*) ; → **air**

**d** *(NonC = respite)* grâce *f*, répit *m* ◆ **a day's ~** un jour de grâce or de répit ◆ **days of ~** *(Comm)* jours *mpl* de grâce ◆ **as an act of ~, he ...** *(Jur)* en exerçant son droit de grâce, il ...

**e** *(= title)* ◆ **His Grace (the Archbishop)** Monseigneur l'Archevêque, Son Excellence l'Archevêque ◆ **His Grace (the Duke)** Monsieur le duc ◆ **Her Grace (the Duchess)** Madame la duchesse ◆ **yes, your Grace** oui, Monseigneur (or Monsieur le duc or Madame la duchesse)

**f** *(Myth)* ◆ **the (three) Graces** les trois Grâces *fpl*

**VT a** *(= adorn)* orner, embellir (*with* de)

**b** honorer (*with* de) ◆ **the queen ~d the performance with her presence** la reine honora la représentation de sa présence

**COMP** ▷ **grace-and-favour** N *(Brit)* ◆ **~-and-favour residence** *résidence attribuée à une personne pour la durée de sa vie par un roi ou un noble* ◆ **he has the use of the room on a ~-and-favour basis** *(fig)* il a l'usage de cette pièce (à titre gratuit) ▷ **grace note** N *(Mus)* (note *f* d')ornement *m* ▷ **grace period** N *(Jur, Fin)* délai *m* de grâce or de carence

**graceful** /ˈɡreɪsfʊl/ ADJ *[movement, animal, person]* gracieux ; *[building, apology, retraction, refusal]* élégant

**gracefully** /ˈɡreɪsfəlɪ/ ADV *[move]* avec grâce, gracieusement ; *[dance, accept, withdraw]* avec grâce ; *[retire]* avec dignité ; *[apologize]* élégamment, avec grâce ◆ **to admit defeat ~** s'avouer vaincu de bonne grâce ◆ **to grow old ~** vieillir avec grâce

**gracefulness** /ˈɡreɪsfʊlnɪs/ N ⇒ **grace noun a**

**graceless** /ˈɡreɪslɪs/ ADJ *[dance, movement, building]* sans grâce ; *[person, refusal]* inélégant, peu courtois

**gracious** /ˈɡreɪʃəs/ **ADJ a** *(frm = kindly) [person]* bienveillant ; *[smile, gesture]* gracieux, bienveillant ; *(= courteous) [person, smile, gesture]* courtois, affable ; *[action]* courtois, plein de bonne grâce ◆ **our ~ Queen** notre gracieuse souveraine ◆ **by the ~ consent of** par la grâce de ◆ **to be ~ to sb** se montrer bienveillant à l'égard de qn **b** *(= elegant) [house, room, gardens]* d'une élégance raffinée ; *[era]* fastueux ◆ **~ living** la vie de luxe **c** *(† = merciful) [God]* miséricordieux ◆ **Lord be ~ unto him** Seigneur, accordez-lui votre miséricorde **EXCL** * ◆ **(good** or **goodness) ~!** juste ciel !, bonté divine ! ◆ **(good** or **goodness) ~ yes!** bien sûr que oui ! ◆ **(good** or **goodness) ~ no!** jamais de la vie ! ◆ **(good** or **goodness) ~ me!** oh, mon Dieu !

**graciously** /ˈɡreɪʃəslɪ/ ADV **a** *(frm = courteously) [wave, smile]* gracieusement, avec grâce ; *[accept, agree]* de bonne grâce ; *[consent, allow]* gracieusement ◆ **the king was ~ pleased to accept** *(frm)* le roi eut la bonté d'accepter, le roi accepta gracieusement **b** *(= elegantly) [live]* avec raffinement **c** *(= mercifully)* miséricordieusement

**graciousness** /ˈɡreɪʃəsnɪs/ N *(NonC) [of person]* bienveillance *f* (*towards* envers) ; *[of house]* élégance *f* raffinée ; *[of God]* miséricorde *f*

**grad** * /ɡræd/ N *(US)* abbrev of **graduate**

**gradate** /ɡrəˈdeɪt/ **VT** graduer **VI** être gradué

**gradation** /ɡrəˈdeɪʃən/ N gradation *f*

**grade** /ɡreɪd/ **N a** *[of goods] (= quality)* qualité *f* ; *(= size)* calibre *m* ◆ **high-~ meat/fruit** viande *f*/fruits *mpl* de premier choix or de première qualité ◆ **high-~ steel/coal** acier *m*/charbon *m* de haute qualité ◆ **small-/large-~ eggs** œufs *mpl* de petit/gros calibre

**b** *(= category, type)* catégorie *f* ◆ **prices vary according to the ~ of the hostel** le prix varie en fonction de la catégorie de l'établissement ◆ **a union that represents every ~ of staff** un syndicat qui représente toutes les catégories de personnel ◆ **the lowest ~ of skilled worker** la catégorie la plus basse des ouvriers qualifiés ◆ **the highest ~ of clerical post** la catégorie supérieure or la plus élevée des employés de bureau ◆ **make sure you install the right ~ of glass for the job** veillez à installer le type de verre qui convient ◆ **using a coarse ~ of steel wool** en utilisant une laine de verre épaisse

**c** *(in hierarchy: in company etc)* échelon *m* ; *(in public sector)* grade *m* ; *(Mil = rank)* rang *m* ◆ **to go up a ~** monter d'un échelon ◆ **salary ~** échelon *m* (salarial) ◆ **she's on salary ~ three** elle est à l'indice trois ◆ **every ~ of competence** tous les niveaux de compétence

♦ **to make the grade** y arriver ◆ **he'll never make the ~** il n'y arrivera jamais, il ne sera jamais à la hauteur ◆ **she wanted to be a dancer, but failed to make the ~** elle voulait être danseuse, mais elle n'y est pas arrivée

**d** *(= mark)* note *f* ◆ **~s for effort** *etc* note *f* d'application *etc* ◆ **to get good/poor ~s** avoir de bonnes/mauvaises notes

**e** *(US Scol = class)* année *f* ; → GRADE

**f** *(= gradation on scale)* degré *m*

**g** *(Climbing)* degré *m* (de difficulté)

**h** *(US = slope)* rampe *f*, pente *f*

**i** *(US = ground level)* ◆ **at ~** au niveau du sol

VT a *(= sort out) [+ produce, accommodation, colours, questions]* classer ; *(by size) [+ apples, eggs etc]* calibrer ◆ **the exercises are ~d according to difficulty** les exercices sont classés selon leur degré de difficulté ◆ **to ~ sb according to performance/seniority** *(Comm)* classer qn en fonction de son rendement/ancienneté

b *(= make progressively easier, more difficult, darker, lighter etc) [+ work, exercises, colours etc]* graduer ; see also **graded**

c *(Scol = mark) [+ pupil, work]* noter

d (*Agr:* also **grade up**) améliorer par sélection

e *(US = level) [+ ground]* niveler

COMP ▷ **grade book** N *(US Scol)* registre *m or* cahier *m* de notes ▷ **grade crossing** N *(US Rail)* passage *m* à niveau ▷ **grade inflation** N *(US Educ)* surnotation *f* ▷ **grade point (average)** N *(US Educ)* (note *f*) moyenne *f* ▷ **grade school** N *(US)* école *f* primaire ▷ **grade separation** N *(US Aut)* séparation *f* des niveaux de circulation ▷ **grade sheet** N *(US Educ)* relevé *m* de notes

► **grade down** VT SEP mettre *or* placer dans une catégorie inférieure

► **grade up** VT SEP mettre *or* placer dans une catégorie supérieure ; see also **grade vt d**

> **Grade**
>
> Aux États-Unis et au Canada, on désigne sous le nom de **grade** chacune des douze années de la scolarité obligatoire, depuis le cours préparatoire (first **grade**) jusqu'à la terminale (twelfth **grade**). On notera les surnoms donnés aux élèves des quatre dernières années : « freshman » (petit nouveau) en 9^e^ année (la première année du deuxième cycle du secondaire), « sophomore » en 10^e^ année, « junior » en 11^e^ et « senior » en terminale.

**graded** /ˈgreɪdɪd/ ADJ *[charges, rates, tax] (= increasing)* progressif ; *(= decreasing)* dégressif ; *[tests, exercises]* classé par degré de difficulté ◆ **a ~ series of transformations** une série progressive de transformations ◆ **~ reader** méthode *f* de lecture progressive

**grader** /ˈgreɪdəʳ/ N *(US Scol)* correcteur *m* ; *(Constr)* niveleuse *f*

**gradient** /ˈgreɪdɪənt/ N *(esp Brit)* pente *f*, inclinaison *f* ; *(Math, Phys)* gradient *m* ◆ **a ~ of one in ten** *or* **10%** une inclinaison *or* une déclivité de 10%

**grading** /ˈgreɪdɪŋ/ N *(gen)* classification *f* ; *(by size)* calibrage *m* ; *(Scol etc)* notation *f*

**gradual** /ˈgrædjʊəl/ ADJ *[process, progress]* graduel ; *[change, improvement, withdrawal, reduction]* graduel, progressif ; *[decline, recovery, reform]* progressif ; *[slope]* doux (douce *f*) N *(Rel)* graduel *m*

**gradualism** /ˈgrædjʊəlɪzm/ N *(Pol, Geol etc)* gradualisme *m*

**gradually** /ˈgrædjʊəlɪ/ ADV peu à peu, petit à petit, progressivement

**graduate** /ˈgrædjʊeɪt/ VT a *(= mark out) [+ thermometer, container]* graduer (*in* en)

b *(= make progressively easier, more difficult, darker etc) [+ work, exercises, colours etc]* graduer ◆ **to ~ payments** *[buyer]* payer par fractionnements progressifs (*or* dégressifs)

c *(US Scol, Univ)* conférer un diplôme à

VI a *(Univ)* ≃ obtenir sa licence (*or* son diplôme *etc*) ; *(US Scol)* ≃ obtenir son baccalauréat ◆ **he ~d as an architect/a teacher** *etc* il a eu son diplôme d'architecte/de professeur *etc*

b *[colours etc]* se changer graduellement ◆ **to ~ to ...** virer progressivement à ...

N /ˈgrædjʊɪt/ a *(Univ)* ≃ licencié(e) *m(f)*, diplômé(e) *m(f)*

b *(Pharm)* verre *m* (*or* bocal *m etc*) gradué

ADJ /ˈgrædjʊɪt/ *(Univ) [teacher, staff]* ≃ diplômé, licencié ◆ **~ assistant** étudiant(e) *m(f)* chargé(e) de travaux dirigés, moniteur *m*, -trice *f* ◆ **~ course** études *fpl* de troisième cycle ◆ **Graduate Record Examination** *(US Univ)* *examen d'entrée dans le second cycle* ◆ **~ school** *(US)* troisième cycle *m* d'université ◆ **~ student** *(US)* étudiant(e) *m(f)* de troisième cycle ◆ **~ studies** *(US)* études *fpl* de troisième cycle

**graduated** /ˈgrædjʊeɪtɪd/ ADJ *[tube, flask]* gradué ; *[tax]* progressif ◆ **in ~ stages** par paliers, progressivement COMP ▷ **graduated pension scheme** N *(Brit)* ≃ régime *m* de retraite complémentaire

**graduation** /ˌgrædjʊˈeɪʃən/ N a *(Univ, also US Scol) (= ceremony)* cérémonie *f* de remise des diplômes ; *(by student)* obtention *f* du diplôme ◆ **I'm hoping to get a good job after ~** j'espère trouver un bon emploi une fois que j'aurai (obtenu) mon diplôme

b *(on container, instrument)* graduation *f*

COMP ▷ **graduation ceremony** N cérémonie *f* de remise des diplômes ▷ **graduation day** N jour *m* de la remise des diplômes

> **Graduation**
>
> La **graduation** est la cérémonie de remise des diplômes universitaires. C'est un événement important, où les étudiants, revêtus de leur toge et de leur toque noires, reçoivent officiellement leurs diplômes des mains du recteur. Les familles assistent à la cérémonie et les photos prises à cette occasion occupent généralement une place d'honneur dans les intérieurs anglo-saxons.
> Aux États-Unis, le terme désigne aussi la cérémonie qui marque la fin des études secondaires.

**Graeco-** *(Brit)*, **Greco-** *(esp US)* /ˈgriːkəʊ/ PREF gréco- COMP ▷ **Graeco-Roman** ADJ *[art, sculpture]* gréco-romain ▷ **Graeco-Roman wrestling** N lutte *f* gréco-romaine

**graffiti** /grəˈfiːtɪ/ N *(NonC)* graffiti *m* ◆ **~ artist** graffiteur *m*, -euse *f (artiste)*

**graft** /grɑːft/ N a *(Agr)* greffe *f*, greffon *m*, ente *f* ; *(Med)* greffe *f* ◆ **they did a skin ~** ils ont fait une greffe de la peau ◆ **they did a kidney ~ on him** on lui a greffé un rein b *(esp US = corruption)* corruption *f* c *(Brit *) (hard) ~ (= work)* boulot* *m* acharné VT a *(Agr, Med)* greffer (*on* sur) b *(= get by bribery)* obtenir par la corruption ; *(= get by swindling)* obtenir par (l')escroquerie VI *(= engage in bribery)* donner (*or* recevoir) des pots-de-vin *or* enveloppes* ; *(= swindle)* faire de l'escroquerie

**grafter** /ˈgrɑːftəʳ/ N a *(= swindler etc)* escroc *m*, chevalier *m* d'industrie *(liter)* b *(Brit * = hard worker)* bourreau *m* de travail

**graham cracker** /ˈgreɪəmkrækəʳ/ N *(US)* biscuit *m* à la farine complète

**graham flour** /ˈgreɪəmflaʊəʳ/ N farine *f* complète

**grail** /greɪl/ N ◆ **the Holy Grail** le Saint Graal

**grain** /greɪn/ N a *(NonC)* céréale(s) *f(pl)* ; *(US)* blé *m*

b *(= single grain) [of cereal, salt, sand etc]* grain *m* ; *(fig) [of sense, malice]* grain *m*, brin *m* ; *[of truth]* ombre *f*, miette *f* ◆ **a few ~s of rice** quelques grains de riz ◆ **that's a ~ of comfort** c'est une petite consolation ; → **salt**

c *(in leather, also Phot)* grain *m* ; *(in wood, meat)* fibre *f* ; *(in cloth)* fil *m* ; *(in stone, marble)* veine *f* ◆ **with the ~** dans le sens de la fibre (*or* de la veine *etc*) ◆ **against the ~** en travers de la fibre (*or* de la veine *etc*) ◆ **it goes against the ~ for him to apologize** cela va à l'encontre de sa nature de s'excuser ◆ **I'll do it, but it goes against the ~** je le ferai, mais pas de bon cœur *or* mais cela va à l'encontre de mes idées

d *(= weight) mesure de poids (= 0,065 gramme)*

VT a *[+ salt etc]* grener, grainer ; *[+ powder]* granuler ◆ **finely ~ed** à grain fin ◆ **coarse ~ed** à gros grain

b *[+ leather, paper]* greneler ; *(= paint in imitation of wood)* veiner

COMP ▷ **grain alcohol** N alcool *m* de grain ▷ **grain elevator** N *(US)* silo *m* à céréales

**graininess** /ˈgreɪnɪnɪs/ N *(Phot)* grain *m*

**grainy** /ˈgreɪnɪ/ ADJ *(Phot)* qui a du grain ; *[substance]* granuleux

**gram** /græm/ N gramme *m*

**gram flour** /ˈgræmflaʊəʳ/ N farine *f* de pois chiches

**grammar** /ˈgræməʳ/ N a *(NonC)* grammaire *f* ◆ **that is bad ~** cela n'est pas grammatical ; → **generative** b (also **grammar book**) (livre *m* de) grammaire *f* COMP ▷ **grammar checker** N correcteur *m* grammatical ▷ **grammar school** N *(Brit)* ≃ lycée *m (avec examen d'entrée)*; *(US)* ≃ école *f* primaire ; → COMPREHENSIVE SCHOOL

**grammarian** /grəˈmeərɪən/ N grammairien(ne) *m(f)*

**grammatical** /grəˈmætɪkəl/ ADJ a *[structure, sentence]* grammatical ; *[rule, error]* de grammaire, grammatical b *(= correct)* grammaticalement correct ◆ **he speaks perfectly ~ English** il parle un anglais parfaitement correct du point de vue grammatical

**grammaticality** /grəmætɪˈkælɪtɪ/ N grammaticalité *f*

**grammatically** /grəˈmætɪkəlɪ/ ADV *[correct]* du point de vue grammatical ◆ **to write ~** écrire des phrases grammaticalement correctes ◆ **to speak ~** s'exprimer correctement d'un point de vue grammatical

**grammaticalness** /grəˈmætɪkəlnɪs/ N grammaticalité *f*

**grammatologist** /ˌgræməˈtɒlədʒɪst/ N grammatologue *mf*

**grammatology** /ˌgræməˈtɒlədʒɪ/ N grammatologie *f*

**gramme** /græm/ N *(Brit)* ⇒ **gram**

**Grammy** /ˈgræmɪ/ N (pl **Grammys** *or* **Grammies**) *(US) prix récompensant les meilleurs disques*

**gramophone** /ˈgræməfəʊn/ N *(esp Brit)* phonographe *m* COMP ▷ **gramophone needle** N aiguille *f* de phonographe ▷ **gramophone record** N disque *m*

**Grampian** /ˈgræmpɪən/ N ◆ **the ~ Mountains, the ~s** les (monts *mpl*) Grampians *mpl*

**gramps** * /græmps/ N *(US)* pépé* *m*, papy* *m*

**grampus** /ˈgræmpəs/ N (pl **grampuses**) dauphin *m* de Risso

**gran** * /græn/ N *(Brit)* mémé* *f*, mamie* *f*

**Granada** /grəˈnɑːdə/ **N** Grenade

**granary** /ˈɡrænərɪ/ **N** grenier *m (à blé etc)* **COMP** ▷ **Granary** ® **ADJ** *[bread, loaf, roll]* aux céréales

**grand** /ɡrænd/ **ADJ** **a** *(= impressive) [architecture]* grandiose ; *[building, staircase]* majestueux ; *[person]* éminent ; *[job]* prestigieux ; *[occasion, chorus, concert]* grand ◆ **to make a ~ entrance** faire une entrée majestueuse ◆ **in the ~ manner** en souverain(e) *m(f)* ◆ **on a ~ scale** à très grande échelle ◆ **to do things on a ~ scale** faire les choses en grand ◆ **to live in ~ style** mener la grande vie ◆ **to make a ~ gesture** *(fig)* faire un geste grandiose

**b** *(= ambitious) [scheme, strategy, design]* ambitieux

**c** († * = *excellent) [person]* super * *inv* ◆ **we had a ~ time** c'était formidable ◆ **it was a ~ game** le match a été magnifique

**d** *(in names)* ◆ **the Grand Hotel** le Grand Hôtel

**N** **a** *(pl inv: *) (Brit)* mille livres *fpl* ; *(US)* mille dollars *mpl*

**b** *(also* **grand piano***)* piano *m* à queue *or* de concert ; → **baby**

**COMP** ▷ **the Grand Canyon** **N** le Grand Canyon ◆ **the Grand Canyon State** l'Arizona *m* ▷ **grand duchy** **N** grand-duché *m* ◆ **the Grand Duchy of Luxembourg** le grand-duché de Luxembourg ▷ **grand duke** **N** grand-duc *m* ▷ **grand finale** **N** grande finale *f* ▷ **grand jury** **N** *(in US)* jury *m* d'accusation ▷ **grand larceny** **N** *(US Jur)* vol *m* qualifié ▷ **grand mal** **N** *(= illness)* épilepsie *f* (essentielle) ; *(= seizure)* crise *f* (d'épilepsie) convulsive ▷ **grand master** **N** *(Chess)* grand maître *m* ▷ **the Grand National** **N** *(Brit Racing)* le Grand National ▷ **grand old man** **N** (pl **grand old men**) ◆ **the ~ old man of English politics** le grand monsieur de la politique anglaise ▷ **the Grand Old Party** **N** *(US)* le parti républicain ▷ **grand opening** **N** grande inauguration *f* ▷ **grand opera** **N** grand opéra *m* ▷ **grand piano** **N** piano *m* à queue *or* de concert ▷ **Grand Prix** **N** *(Motor Racing)* Grand Prix *m* ◆ **the French/Monaco** *etc* **Grand Prix** le Grand Prix de France/de Monaco *etc* ▷ **grand slam** **N** *(Bridge, Sport)* grand chelem *m* ▷ **grand staircase** **N** escalier *m* d'honneur ▷ **grand total** **N** *(gen)* somme *f* globale ; *(Math)* résultat *m* final ◆ **we get to the ~ total of ...** *(fig)* nous arrivons au chiffre impressionnant de ... ▷ **the Grand Tour** **N** *(Hist)* le tour d'Europe ◆ **we did a** *or* **the ~ tour of the Louvre** nous avons fait le tour complet *or* une visite complète du Louvre ▷ **Grand Unified Theory** **N** *(Phys)* théorie *f* de la grande unification ▷ **grand vizier** **N** grand vizir *m*

> **Grand Jury**
>
> Dans le système judiciaire américain, le **grand jury** est le jury d'accusation, qui décide si une personne devra comparaître devant le jury de jugement (« trial jury » ou « petit jury »), qui statuera sur son éventuelle culpabilité.
> Composé de 12 à 23 personnes, le **grand jury** se réunit à huis clos ; il a le droit de citer des témoins à comparaître.

**grandchild** /ˈɡræntʃaɪld/ **N** petit(e)-enfant *m(f)*, petit-fils *m*, petite-fille *f* **NPL** **grandchildren** petits-enfants *mpl*

**grand(d)ad** * /ˈɡrændæd/, **grand(d)addy** * *(US)* /ˈɡrændædɪ/ **N** grand-papa * *m*, pépé * *m*, papi * *m*, bon-papa * *m*

**granddaughter** /ˈɡrændɔːtəʳ/ **N** petite-fille *f*

**grandee** /ɡrænˈdiː/ **N** *(in Spain)* grand *m* d'Espagne ; *(fig)* grand personnage *m*

**grandeur** /ˈɡrændjəʳ/ **N** *[of person]* grandeur *f* ; *[of scenery, house]* splendeur *f*, magnificence *f* ; *[of character, style]* noblesse *f* ; *[of position]* éminence *f* ◆ **an air of ~** une allure grandiose

**grandfather** /ˈɡrændfɑːðəʳ/ **N** grand-père *m* **COMP** ▷ **grandfather clause** **N** *(US fig: in law)* clause *f* d'antériorité ▷ **grandfather clock** **N** (horloge *f*) comtoise *f*, horloge *f* de parquet

**grandiloquence** /ɡrænˈdɪləkwəns/ **N** grandiloquence *f*

**grandiloquent** /ɡrænˈdɪləkwənt/ **ADJ** *(frm)* grandiloquent

**grandiloquently** /ɡrænˈdɪləkwəntlɪ/ **ADV** *(frm)* avec grandiloquence

**grandiose** /ˈɡrændɪəʊz/ **ADJ** grandiose ; *[style]* grandiloquent, pompeux

**grandly** /ˈɡrændlɪ/ **ADV** **a** *(= impressively) [stand]* majestueusement ◆ **to live ~** mener grand train ◆ **~ decorated** au décor majestueux **b** *(= pompously) [announce]* solennellement ; *[speak, say, call]* pompeusement ; *[behave]* avec majesté

**grandma** * /ˈɡrændmɑː/ **N** grand-maman * *f*, mémé * *f*, mamie * *f*, bonne-maman * *f*

**grandmother** /ˈɡrænmʌðəʳ/ **N** grand-mère *f*

**grandpa** * /ˈɡrænpɑː/ **N** ⇒ **grand(d)ad**

**grandparent** /ˈɡrændpɛərənt/ **N** *(= grandfather)* grand-père *m* ; *(= grandmother)* grand-mère *f* **NPL** **grandparents** grands-parents *mpl*

**grandson** /ˈɡrænsʌn/ **N** petit-fils *m*

**grandstand** /ˈɡrændstænd/ **N** *(Sport)* tribune *f* ◆ **to have a ~ view** *(fig)* être aux premières loges *(fig)* **VI** *(US * fig)* jouer pour la galerie ◆ **~ play** * *(US fig)* amusement *m* pour la galerie

**grandstanding** /ˈɡrændstændɪŋ/ **N** *(political)* démagogie *f*

**grange** /ɡreɪndʒ/ **N** **a** *(esp Brit = country house)* château *m*, manoir *m* **b** *(US = farm)* ferme *f* ◆ **the Grange** *(US Hist)* la Fédération agricole **c** ⇒ **granary n**

**granger** /ˈɡreɪndʒəʳ/ **N** *(US)* fermier *m*

**granite** /ˈɡrænɪt/ **N** granit *m* **COMP** de granit ▷ **the Granite City** **N** *(Brit)* Aberdeen ▷ **the Granite State** **N** *(US)* le New Hampshire

**grannie, granny** /ˈɡrænɪ/ **N** * mamie *f*, grand-maman *f* **COMP** ▷ **granny bond** * **N** ≈ bon *m* du Trésor indexé ▷ **granny flat** * **N** petit appartement *m* indépendant *(en annexe)* ▷ **granny glasses** * **NPL** petites lunettes *fpl* cerclées de métal ▷ **granny knot** **N** nœud *m* de vache ▷ **Granny Smith (apple)** **N** granny smith *f inv* ▷ **granny specs** * **NPL** ⇒ **granny glasses**

**granola** /ɡræˈnəʊlə/ **N** *(US)* muesli *m (aux pépites de céréales)*

**grant** /ɡrɑːnt/ **VT** **a** *(= accord) [+ favour, permission]* accorder ; *[+ wish, prayer]* exaucer ; *[+ request]* accéder à ; *[+ money]* accorder, octroyer ; *[+ pension]* accorder, allouer ◆ **to ~ sb permission to do sth** accorder à qn l'autorisation de faire qch ◆ **to ~ sb his request** accéder à la requête de qn ◆ **to be ~ed one's wish** voir son souhait exaucé ◆ **they were ~ed an extension of three weeks** on leur a accordé un délai de trois semaines ◆ **to ~ sb political asylum** accorder l'asile politique à qn ◆ **I beg your pardon! – ~ed!** je vous demande pardon ! — je vous en prie ! ◆ **God ~ that ...** plaise à Dieu que ... *(+ subj)*

**b** *(= admit)* admettre, concéder ◆ **to ~ a proposition** admettre la vérité d'une proposition ◆ **it must be ~ed that ...** il faut admettre *or* reconnaître que ... ◆ **I ~ you that** je vous l'accorde ◆ **I ~ that he is honest** je vous accorde qu'il est honnête

**c** *(set phrases)*

◆ **to take sb for granted** ◆ **one does tend to take one's parents for ~ed** c'est vrai que nous avons tendance à ne pas apprécier *or* à faire peu de cas de tout ce que nos parents font pour nous ◆ **he takes her for ~ed** il ne fait aucun cas de tout ce qu'elle fait pour lui ◆ **stop taking me for ~ed!** arrête de faire comme si je n'existais pas !

◆ **to take sth for granted** *(= regard as normal)* ◆ **we take our democracy for ~ed** pour nous la démocratie est quelque chose qui va de soi *or* est une évidence ◆ **people who took this luxury for ~ed** les gens pour qui ce luxe était quelque chose de normal ◆ **I take Net access so much for ~ed that ...** pour moi, avoir accès à l'Internet est quelque chose de tellement normal que ... ◆ **to take sb's agreement for ~ed** considérer l'accord de qn comme allant de soi *or* comme acquis ◆ **researchers should avoid taking too much for ~ed** les chercheurs doivent veiller à ne pas avoir trop de certitudes ◆ **he seemed to take it for ~ed that he should speak first** il semblait trouver tout naturel qu'on lui donne la parole en premier ◆ **you take too much for ~ed** *(= take too many liberties)* vous vous croyez tout permis, vous prenez trop de libertés ; *(= assume things are further forward than they are)* si vous croyez que c'est facile ...

◆ **to take (it) for granted that ...** *(= assume)* supposer que ... ◆ **I just took for ~ed that she was going straight home** j'ai supposé qu'elle rentrait directement ◆ **we may take it for ~ed that he will come** nous pouvons tenir pour certain *or* nous pouvons compter qu'il viendra

**N** **a** *(NonC) [of favour, permission]* octroi *m* ; *[of land]* concession *f* ; *(Jur) [of property]* cession *f* ; *[of money, pension]* allocation *f* ◆ **~ of a patent** *(Jur)* délivrance *f* d'un brevet

**b** *(= sum given)* subvention *f*, allocation *f* ; *(Brit) (= scholarship)* bourse *f* ◆ **they have a government ~ to aid research** ils ont une subvention gouvernementale d'aide à la recherche ◆ **to be on a ~** *[student]* avoir une bourse ◆ **he's on a ~ of £900** il a une bourse de 900 livres ; → **improvement**

**COMP** ▷ **grant-aided** **ADJ** subventionné par l'État ▷ **grant-in-aid** **N** (pl **grants-in-aid**) subvention *f* de l'État ▷ **grant-maintained school** **N** *(Brit)* *établissement scolaire financé par l'État plutôt que par une collectivité locale*

**granted** /ˈɡrɑːntɪd/ **CONJ** ◆ **~ that this is true** en admettant que ce soit vrai **ADV** ◆ **~, he doesn't look too bad for his age** c'est vrai, il n'est pas mal pour son âge **EXCL** soit !, d'accord !

**grantee** /ɡrɑːnˈtiː/ **N** *(Jur: gen)* bénéficiaire *mf* ; *[of patent]* impétrant *m*

**granular** /ˈɡrænjʊləʳ/ **ADJ** granuleux

**granulate** /ˈɡrænjʊleɪt/ **VT** *[+ metal, powder]* granuler ; *[+ salt, sugar, soil]* grener, grainer ; *[+ surface]* rendre grenu **COMP** ▷ **granulated paper** **N** papier *m* grenelé ▷ **granulated sugar** **N** sucre *m* semoule ▷ **granulated surface** **N** surface *f* grenue

**granule** /ˈɡrænjuːl/ **N** granule *m*

**grape** /ɡreɪp/ **N** (grain *m* de) raisin *m* ◆ **~s** raisin *m NonC*, raisins *mpl* ◆ **to harvest**

**the ~s** vendanger, faire la (*or* les) vendange(s) ; → **bunch, sour** COMP ▷ **grape harvest** N vendange *f* ▷ **grape hyacinth** N muscari *m* ▷ **grape juice** N jus *m* de raisin

**grapefruit** /ˈgreɪpfruːt/ N (pl **grapefruit** *or* **grapefruits**) pamplemousse *m*

**grapeshot** /ˈgreɪpʃɒt/ N mitraille *f*

**grapevine** /ˈgreɪpvaɪn/ N **a** *(lit)* vigne *f* **b** *(fig)* **I hear on** *or* **through the ~ that ...** j'ai appris par le téléphone arabe *or* par mes services de renseignement que ...

**graph** /grɑːf/ **1** N *(gen)* graphique *m* ; *(Ling)* graphe *m* **2** VT tracer le graphique *or* la courbe de **3** COMP ▷ **graph paper** N papier *m* quadrillé ; *(in millimetres)* papier *m* millimétré ▷ **graph plotter** N table *f* traçante

**grapheme** /ˈgræfiːm/ N graphème *m*

**graphic** /ˈgræfɪk/ **1** ADJ **a** *(= horrifying) [account, description]* cru ; *(= explicit) [sex, violence]* explicite ♦ **to describe sth in ~ detail** faire une description très crue de qch **b** *(= vivid) [description]* imagé **c** *(Art, Math)* graphique **2** COMP ▷ **graphic artist** N graphiste *mf* ▷ **the graphic arts** NPL les arts *mpl* graphiques ▷ **graphic design** N graphisme *m* ▷ **graphic designer** N maquettiste *mf*, graphiste *mf* ▷ **graphic display** N *(Comput)* visualisation *f* graphique ▷ **graphic equalizer** N égaliseur *m* graphique ▷ **graphic novel** N bande *f* dessinée, BD *f*

**graphical** /ˈgræfɪkəl/ **1** ADJ *(gen, also Math)* graphique **2** COMP ▷ **graphical display unit** N *(Comput)* visuel *m* graphique ▷ **graphical user interface** N *(Comput)* interface *f* graphique, interface *f* GUI

**graphically** /ˈgræfɪkəlɪ/ ADV *[describe, explain]* de manière très réaliste ; *[illustrate, demonstrate, display]* très clairement ♦ **to be ~ clear** être tout à fait évident

**graphics** /ˈgræfɪks/ **1** N **a** *(NonC) (= art of drawing)* art *m* graphique ; *(Math etc = use of graphs)* (utilisation *f* des) graphiques *mpl* ; *(Comput)* traitement *m* graphique, graphiques *mpl* **b** *(pl = sketches)* représentations *fpl* graphiques, graphisme *m* ♦ **~ by ...** *(TV etc)* art *m* graphique (de) ... ; → **computer** **2** COMP ▷ **graphics card** N *(Comput)* carte *f* graphique

**graphite** /ˈgræfaɪt/ N graphite *m*, mine *f* de plomb

**graphologist** /græˈfɒlədʒɪst/ N graphologue *mf*

**graphology** /græˈfɒlədʒɪ/ N graphologie *f*

**grapnel** /ˈgræpnəl/ N grappin *m*

**grapple** /ˈgræpl/ **1** N *(Tech:* also **grappling hook** *or* **iron)** grappin *m* **2** VT *(Tech)* saisir avec un grappin *or* au grappin **3** VI ♦ **to ~ with** *[+ person]* lutter avec ; *[+ problem, task, book, subject]* se colleter avec, se débattre avec

**grasp** /grɑːsp/ **1** VT **a** *(= seize) [+ object]* saisir, empoigner ♦ **to ~ sb's hand** saisir *or* empoigner la main de qn ; → **nettle**

**b** *(fig) [+ power]* s'emparer de ; *[+ opportunity]* saisir

**c** *(= understand)* saisir, comprendre ♦ **she soon ~ed what was going on** elle a vite compris ce qui se passait

**2** N **a** *(= hold)* prise *f* ; *(stronger)* poigne *f* ♦ **a strong ~** une forte poigne ♦ **to lose one's ~** *(lit)* lâcher prise ♦ **to lose one's ~ on** *or* **of sth** *(lit)* lâcher qch ; *(fig)* ne plus être au fait de qch ♦ **to let sth/sb slip out of** *or* **from one's ~** *(fig)* laisser échapper qch/qn ♦ **to have sb/sth in one's ~** *(= have power over)* avoir *or* tenir qn/qch sous son emprise ♦ **to have sth within one's ~** *(lit, fig)* avoir qch à portée de la main ♦ **peace is now within our ~** la paix est à présent à notre portée

**b** *(= understanding)* compréhension *f* ♦ **he has a good ~ of basic mathematics** il a de bonnes bases en mathématiques ♦ **he has no ~ of our difficulties** il ne se rend pas compte de nos difficultés, il ne saisit pas la nature de nos difficultés ♦ **it is beyond my ~** je n'y comprends rien, cela me dépasse ♦ **this subject is within everyone's ~** ce sujet est à la portée de tout le monde

► **grasp at** VT FUS **a** *(lit)* essayer d'agripper **b** *(fig) [+ hope]* chercher à se raccrocher à ; *[+ opportunity]* chercher à saisir ; see also **straw**

**grasping** /ˈgrɑːspɪŋ/ ADJ *[arm, hand]* crochu ; *(fig)* cupide, avide

**grass** /grɑːs/ **1** N **a** *(NonC)* herbe *f* ; *(= lawn)* gazon *m*, pelouse *f* ; *(= grazing)* herbage *m*, pâturage *m* ♦ **"keep off the grass"** "défense de marcher sur la pelouse" ♦ **at ~** au vert ♦ **to put under ~** *(Agr)* enherber, mettre en pré ♦ **to put out to ~** *[+ horse]* mettre au vert ; *(fig) [+ person]* mettre sur la touche ♦ **to play on ~** *(Tennis)* jouer sur herbe *or* sur gazon ♦ **to let the ~ grow under one's feet** laisser traîner les choses, laisser passer son temps ♦ **to kick** *or* **put sth into the long ~** reléguer qch aux oubliettes ♦ **he can hear the ~ growing** * rien ne lui échappe ♦ **the ~ is (always) greener on the other side of the fence** ailleurs, l'herbe est toujours plus verte ; → **blade, green**

**b** *(Bot)* ♦ **~es** graminées *fpl*

**c** (‡ *= marijuana)* herbe * *f*

**d** ‡ *(= telltale)* balance‡ *f*, mouchard * *m* ; *(= informer)* indic * *m*

**2** VT (also **grass over**) *[+ garden, square]* gazonner ; *[+ field, land]* couvrir d'herbe, enherber

**3** VI ‡ moucharder * ♦ **to ~ on sb** donner * *or* vendre * qn

**4** COMP ▷ **grass court** N *(Tennis)* court *m* (en gazon) ♦ **to play on a ~ court** jouer sur herbe *or* sur gazon ▷ **grass cutter** N (grosse) tondeuse *f* à gazon ▷ **grass green** N vert *m* pré ▷ **the grass roots** NPL *[of movement, party]* la base ♦ **~-roots candidate/movement** *etc (Pol)* candidat *m*/mouvement *m etc* populaire ▷ **grass skirt** N pagne *m* végétal *(des Hawaïennes)* ▷ **grass snake** N couleuvre *f* ▷ **grass widow** N *(esp US) (divorced)* divorcée *f* ; *(separated)* femme *f* séparée (de son mari) ♦ **I'm a ~ widow this week** * *(Brit fig)* cette semaine je suis célibataire *f (hum) or* sans mari ▷ **grass widower** N *(esp US) (divorced)* divorcé *m* ; *(separated)* homme *m* séparé (de sa femme)

**grasshopper** /ˈgrɑːshɒpəʳ/ N sauterelle *f*

**grassland** /ˈgrɑːslænd/ N *(NonC)* prairie *f*, herbages *mpl*

**grassy** /ˈgrɑːsɪ/ ADJ **a** *[land]* herbeux, herbu **b** *[wine, flavour]* herbacé

**grate¹** /greɪt/ N *(= metal framework)* grille *f* de foyer ; *(= fireplace)* âtre *m*, foyer *m* ♦ **a fire in the ~** un feu dans l'âtre

**grate²** /greɪt/ **1** VT **a** *(Culin) [+ cheese, carrot etc]* râper **b** *(= make noise with) [+ metallic object]* faire grincer ; *[+ chalk]* faire grincer *or* crisser **2** VI *[metal]* grincer ; *[chalk]* grincer, crisser (*on* sur) ♦ **to ~ on the ears** écorcher les oreilles ♦ **it ~d on his nerves** cela lui tapait sur les nerfs * *or* le système * ♦ **his constant chatter ~d on me** son bavardage incessant me tapait sur les nerfs * *or* m'agaçait

**grateful** /ˈgreɪtfʊl/ LANGUAGE IN USE 2.1, 4, 19.1, 19.4, 20.1, 20.3, 20.6, 21, 22 ADJ *[person]* reconnaissant (*to* à ; *for* de) ; *[smile]* de reconnaissance ♦ **I am ~ for your support** je vous suis reconnaissant de votre soutien ♦ **I should be ~ if you would come** je serais très heureux si vous pouviez venir ♦ **he sent me a very ~ letter** il m'a envoyé une lettre exprimant sa vive reconnaissance ♦ **with ~ thanks** avec mes (*or* nos *etc*) plus sincères remerciements ♦ **I would be ~ if you could send me ...** *(in letter)* je vous saurais gré *or* je vous serais reconnaissant de bien vouloir m'envoyer ... ♦ **he was ~ that she had told him the truth** il était heureux qu'elle lui ait dit la vérité

**gratefully** /ˈgreɪtfəlɪ/ ADV avec gratitude ♦ **all donations ~ received** tous les dons seront les bienvenus

**grater** /ˈgreɪtəʳ/ N râpe *f* ♦ **cheese ~** râpe *f* à fromage

**gratification** /ˌgrætɪfɪˈkeɪʃən/ N *(= pleasure)* satisfaction *f*, plaisir *m* ; *(= fulfilment) [of desires etc]* assouvissement *m* ♦ **to his ~ he learnt that ...** à sa grande satisfaction il apprit que ... ♦ **sensual ~** le plaisir sensuel ♦ **sexual ~** la satisfaction sexuelle, le plaisir sexuel

**gratify** /ˈgrætɪfaɪ/ VT *(= please) [+ person]* faire plaisir à, être agréable à ; *(= fulfil) [+ desire etc]* satisfaire, assouvir ; *[+ whim]* satisfaire ♦ **I was gratified to hear that ...** j'ai appris avec grand plaisir que ..., cela m'a fait plaisir d'apprendre que ...

**gratifying** /ˈgrætɪfaɪɪŋ/ ADJ *(= pleasing)* agréable, plaisant ; *(= flattering) [attentions]* flatteur ♦ **it is ~ to learn that ...** il est très agréable d'apprendre que ..., j'ai (*or* nous avons) appris avec plaisir que ... ♦ **it is ~ that everyone reacted in a professional way** cela fait plaisir de voir que tout le monde a réagi avec professionnalisme

**gratin** /ˈgrætɛ̃/ N gratin *m*

**grating¹** /ˈgreɪtɪŋ/ N grille *f*

**grating²** /ˈgreɪtɪŋ/ **1** ADJ *[voice, sound]* grinçant **2** N *(NonC = sound)* grincement *m*

**gratis** /ˈgrætɪs/ **1** ADV gratuitement **2** ADJ gratuit

**gratitude** /ˈgrætɪtjuːd/ LANGUAGE IN USE 22 N reconnaissance *f*, gratitude *f* (*towards* envers ; *for* de)

**gratuitous** /grəˈtjuːɪtəs/ ADJ gratuit

**gratuitously** /grəˈtjuːɪtəslɪ/ ADV ♦ **~ violent/nasty/cruel** d'une violence/méchanceté/cruauté gratuite ♦ **~ offensive** qui cherche à choquer sans justification

**gratuity** /grəˈtjuːɪtɪ/ N **a** *(Brit Mil)* prime *f* de démobilisation **b** *(= tip)* pourboire *m*, gratification *f* **c** *(to a retiring employee)* prime *f* de départ

**gravamen** /grəˈveɪmen/ N (pl **gravamina** /grəˈvæmɪnə/) *(Jur)* ≈ principal chef *m* d'accusation

**grave¹** /greɪv/ N tombe *f* ; *(more elaborate)* tombeau *m* ♦ **from beyond the ~** d'outre-tombe ♦ **he went to his ~ a bitter man** il est mort aigri ♦ **he'll go to an early ~** il aura une fin prématurée ♦ **he sent her to an early ~** il est responsable de sa mort prématurée ♦ **you'll send me to an early ~!** *(hum)* tu veux ma mort ? ♦ **someone is walking over my ~** * j'ai eu un frisson ♦ **Mozart must be turning in his ~** * Mozart doit se retourner dans sa tombe * ; → **dig, foot, silent**

**grave²** /greɪv/ ADJ *(= serious, solemn)* grave ♦ **to have ~ doubts about sth** douter sérieusement de qch

**grave³** /grɑːv/ ADJ *(Typ) [accent]* grave

**gravedigger** /ˈgreɪvdɪgəʳ/ N fossoyeur *m*

**gravel** /ˈgrævəl/ **1** N **a** *(NonC)* gravier *m* ; *(finer)* gravillon *m* **b** *(Med)* lithiase *f* **2** VT couvrir de gravier **3** COMP ▷ **gravel path** N allée *f* de gravier ▷ **gravel pit** N carrière *f* de cailloux

**gravelly** /ˈgrævəlɪ/ ADJ a (= *stony*) [*road, soil, riverbed*] graveleux b (*fig* = *rough*) [*voice*] râpeux

**gravely** /ˈgreɪvlɪ/ ADV a (= *solemnly*) [*say, ask, nod*] gravement b (= *badly, extremely*) ~ **ill** gravement malade ♦ ~ **wounded** grièvement *or* gravement blessé ♦ ~ **displeased** extrêmement mécontent ♦ ~ **concerned** extrêmement *or* profondément inquiet

**graven** †† /ˈgreɪvən/ ADJ taillé, sculpté ♦ ~ **image** (*Rel etc*) image *f* (gravée) ♦ ~ **on his memory** gravé dans sa mémoire

**graveness** /ˈgreɪvnɪs/ N (*NonC: all senses*) gravité *f*

**graverobber** /ˈgreɪvrɒbəʳ/ N déterreur *m* de cadavres

**graveside** /ˈgreɪvsaɪd/ N ♦ **at the** ~ (= *beside the grave*) près de la tombe ; (= *at the burial ceremony*) à l'enterrement

**gravestone** /ˈgreɪvstəʊn/ N pierre *f* tombale

**graveyard** /ˈgreɪvjɑːd/ N cimetière *m* ♦ **the** ~ **of so many political careers** la ruine de tant de carrières politiques ♦ **a** ~ **cough** une toux caverneuse *or* qui sent le sapin * ♦ ~ **shift** * (*US fig hum*) le poste *or* l'équipe *f* de nuit COMP ▷ **graveyard slot** N plage *f*, horaire d'écoute minimale

**gravid** /ˈgrævɪd/ ADJ (*frm*) gravide

**graving dock** /ˈgreɪvɪŋdɒk/ N (*Naut*) bassin *m* de radoub

**gravitas** /ˈgrævɪtæs/ N [*of person*] gravité *f*

**gravitate** /ˈgrævɪteɪt/ VI a (*fig*) graviter (*round* autour de) être attiré (*towards* par) ♦ **these students** ~ **towards medicine, law and engineering** ces étudiants sont plutôt attirés par la médecine, le droit et les études d'ingénieur b (*Phys*) graviter (*round* autour de) ♦ **to** ~ **to the bottom** se déposer *or* descendre au fond (*par gravitation*)

**gravitation** /ˌgrævɪˈteɪʃən/ N (*Phys, fig*) gravitation *f* (*round* autour de ; *towards* vers)

**gravitational** /ˌgrævɪˈteɪʃənl/ ADJ gravitationnel ♦ ~ **constant/field/force** constante *f*/champ *m*/force *f* de gravitation COMP ▷ **gravitational pull** N gravitation *f*

**gravity** /ˈgrævɪtɪ/ N (*NonC*) a (*Phys*) pesanteur *f* ♦ ~ **feed** alimentation *f* par gravité ; → **centre, law, specific** b (= *seriousness*) gravité *f*, sérieux *m* ♦ **to lose one's** ~ perdre son sérieux

**gravy** /ˈgreɪvɪ/ N a (*Culin*) sauce *f* au jus *m* de viande b (*US* ‡) (= *easy money*) profit *m* facile, bénef ‡ *m* ; (= *dishonest money*) argent *m* mal acquis COMP ▷ **gravy boat** N saucière *f* ▷ **gravy train** ‡ N (*fig*) ♦ **to be on** *or* **ride the** ~ **train** avoir trouvé le bon filon ‡ ♦ **to get on the** ~ **train** trouver une bonne planque ‡

**gray** /greɪ/ (*esp US*) ⇒ **grey**

**grayish** /ˈgreɪɪʃ/ ADJ (*esp US*) ⇒ **greyish**

**grayling** /ˈgreɪlɪŋ/ N (pl **grayling** *or* **graylings**) (= *fish*) ombre *m* (de rivière)

**graze**[1] /greɪz/ VI [*animal*] brouter, paître ; [*person*] grignoter VT a [*cattle*] [+ *grass*] brouter, paître ; [+ *field*] pâturer (dans) b [*farmer*] [+ *cattle*] paître, faire paître

**graze**[2] /greɪz/ VT a (= *touch lightly*) frôler, effleurer ♦ **it only** ~**d him** cela n'a fait que l'effleurer ♦ **to** ~ **bottom** (*Naut*) labourer le fond b (= *scrape*) [+ *skin, hand etc*] érafler, écorcher ♦ **to** ~ **one's knees** s'écorcher les genoux ♦ **the bullet** ~**d his arm** la balle lui a éraflé le bras N écorchure *f*, éraflure *f*

**grazing** /ˈgreɪzɪŋ/ N (*NonC:* also **grazing land**) pâturage *m* ; (= *act*) pâture *f*

**GRE** /dʒiːɑːrˈiː/ N (*US Univ*) (abbrev of **Graduate Record Examination**) → **graduate**

**grease** /griːs/ N (*gen, also Culin*) graisse *f* ; (*Aut, Tech*) lubrifiant *m*, graisse *f* ; (= *dirt*) crasse *f*, saleté *f* ♦ **to remove the** ~ **from sth** dégraisser qch ♦ **his hair is thick with** ~ il a les cheveux très gras ; → **axle, elbow** VT graisser ; (*Aut, Tech*) lubrifier, graisser ♦ **like** ~**d lightning** * en quatrième vitesse *, à toute pompe * ♦ **to move like a** ~**d pig** * (*US*) filer comme un zèbre * ; → **palm**[1], **wheel** COMP ▷ **grease gun** N (pistolet *m*) graisseur *m* ▷ **grease monkey** ‡ N mécano * *m* ▷ **grease nipple** N (*Aut*) graisseur *m* ▷ **grease remover** N dégraisseur *m* ▷ **grease-stained** ADJ graisseux

**greasepaint** /ˈgriːspeɪnt/ N fard *m* gras ♦ **stick of** ~ crayon *m* gras

**greaseproof paper** /ˈgriːspruːfˈpeɪpəʳ/ N papier *m* sulfurisé

**greaser** ‡ /ˈgriːsəʳ/ N a (= *mechanic*) mécano * *m* b (= *motorcyclist*) motard * *m* c (*pej* = *ingratiating person*) lèche-bottes * *m* d (*US pej* = *Latin American*) Latino-Américain *m*, ≃ métèque * *m*

**greasiness** /ˈgriːsɪnɪs/ N aspect *m* or état *m* graisseux ; (= *slipperiness*) [*of road*] surface *f* grasse *or* glissante

**greasy** /ˈgriːsɪ/ ADJ a (= *oily*) [*hair, skin, ointment, food, surface*] gras (grasse *f*) ; [*overalls, tools*] graisseux ♦ ~ **hands** mains *fpl* pleines de graisse, mains *fpl* graisseuses ♦ **the road (surface) was** ~ la chaussée était grasse b (*pej* = *smarmy*) obséquieux COMP ▷ **greasy pole** N (*lit*) mât *m* de cocagne ♦ **to climb (up) the** ~ **pole** (*Brit fig*) progresser au prix de grands efforts ▷ **greasy spoon** * N (*pej*) gargote * *f* (*pej*)

**great** /greɪt/ ADJ a (= *large*) [*building, tree, cloud*] grand ♦ **A or B, whichever is the** ~**er** choisir entre A et B le chiffre ayant la valeur la plus élevée

b (= *considerable*) [*effort, success*] grand ♦ **a player of** ~ **ability** un joueur très doué ♦ **to live to a** ~ **age** parvenir à un âge avancé ♦ **he did not live to a** ~ **age** il n'a pas vécu très vieux ♦ **despite his** ~ **age, he ...** malgré son grand âge, il ... ♦ **with** ~ **care** avec grand soin, avec beaucoup de soin ♦ **a** ~ **deal** beaucoup ♦ **a** ~ **deal of sth** beaucoup *or* énormément de qch ♦ **to study sth in** ~ **depth** étudier qch à fond ♦ **with** ~ **difficulty** avec de grandes difficultés ♦ **to a** ~ **extent** dans une large mesure ♦ **she has a** ~ **eye for detail** elle a vraiment le coup d'œil pour les détails ♦ **I have a** ~ **hatred of ...** j'éprouve une violente haine pour ... ♦ **to be a** ~ **help** être d'une grande aide ♦ **to take a** ~ **interest in sb/sth** s'intéresser énormément à qn/qch ♦ **a** ~ **many** un grand nombre ♦ **a** ~ **many people** un grand nombre de gens ♦ **a** ~ **many of us** beaucoup d'entre nous ♦ **there is a** ~ **need for improvement** des améliorations s'imposent ♦ **I have no** ~ **opinion of ...** je n'ai pas une haute opinion de ... ♦ **at a** ~ **pace** à vive allure ♦ **are you in** ~ **pain?** avez-vous très mal ? ♦ **a** ~ **sense of team spirit** un esprit d'équipe remarquable ♦ **it was all a** ~ **shock** tout cela fut un choc terrible ♦ **a** ~ **variety of opinions** des avis très variés ♦ **she has** ~ **willpower** elle a une forte volonté

c (= *important*) [*achievement, event, issue, city, country*] grand ♦ **America can be** ~ **again** l'Amérique peut retrouver sa grandeur

d (= *eminent*) [*scientist, footballer etc*] éminent ♦ **a** ~ **man** un grand homme ♦ **he has a** ~ **future** il a un bel *or* grand avenir (devant lui) ♦ **the** ~ **masters** les grands maîtres ♦ **the** ~**est names in football/poetry** *etc* les plus grands noms du football/de la poésie, *etc*

e (* = *excellent*) [*person, place*] super * *inv* ; [*holiday, idea*] sensationnel *, génial * ♦ **you were** ~**!** tu as été sensationnel ! * ♦ **he's the** ~**est!** il est formidable ! ♦ **that's** ~**!** (*lit, iro*) c'est super ! * ♦ **I feel** ~ je me sens en pleine forme ♦ **my wife isn't feeling so** ~ ma femme ne se sent pas trop bien ♦ **this cook book is** ~ **for desserts** ce livre de cuisine est excellent pour les desserts ♦ **you look** ~ (= *healthy*) tu as vraiment bonne mine ; (= *attractive*) tu es superbe ♦ **we had a** ~ **time** c'était merveilleux ♦ **it was** ~ **fun** c'était très amusant ♦ **wouldn't it be** ~ **to live here?** ça ne serait pas merveilleux de vivre ici ? ; see also **gun, shake**

f (= *enthusiastic*) ♦ **he's a** ~ **angler** il est passionné de pêche ♦ **he's a** ~ **arguer** il est toujours prêt à discuter ♦ **he was a** ~ **friend of Huxley** c'était un grand ami de Huxley ♦ **they are** ~ **friends** ce sont de grands amis ♦ **he's a** ~ **one for cathedrals** * il adore visiter les cathédrales ♦ **he's a** ~ **one for criticizing others** * il ne rate pas une occasion de critiquer les autres ♦ **he was a** ~ **womaniser** c'était un grand coureur de jupons ♦ **he's** ~ **on jazz** * (*US*) il est mordu * de jazz

g (* = *expert*) ♦ **he's a** ~ **teacher** c'est un excellent professeur ♦ **he's** ~ **at football/maths** il est doué pour le football/les maths ♦ **he's** ~ **on baroque music** il est incollable * en musique baroque

h (*in exclamations*) ♦ **Great Scott** *or* **Heavens !** † grands dieux !

i (*in titles*) ♦ **Alexander the Great** Alexandre le Grand ♦ **Catherine the Great** Catherine II la Grande

j (= *pregnant*) ♦ **to be** ~ **with child** †† être enceinte

ADV * a (= *excellently*) super bien * ♦ **she's doing** ~ elle s'en tire super bien * ♦ **we get on** ~ nous nous entendons super bien * ♦ **everything's going** ~ [*life*] tout va super bien * ; [*activity, business*] tout marche comme sur des roulettes *

b ♦ ~ **big** [*object, animal, kiss*] énorme ♦ **a** ~ **big Italian wedding** un mariage italien en grand

EXCL * (= *brilliant*) super *, génial * ♦ **oh** ~**, just what I need!** super *, j'avais vraiment besoin de ça !

N (*Oxford Univ*) ♦ **Greats** ≃ licence *f* de lettres classiques

NPL **the great** les grands *mpl*

COMP ▷ **great ape** N grand singe *m*, anthropoïde *m* ▷ **great auk** N (*Zool*) grand pingouin *m* ▷ **great-aunt** N grand-tante *f* ▷ **the Great Australian Bight** N la Grande Baie Australienne ▷ **the Great Barrier Reef** N la Grande Barrière de corail ▷ **the Great Bear** N (*Astron*) la Grande Ourse ▷ **Great Britain** N Grande-Bretagne *f* ; → GREAT BRITAIN ▷ **Great Dane** N (= *dog*) danois *m* ▷ **the Great Dividing Range** N la cordillère australienne ▷ **Greater London** N (*in Brit*) grand Londres *m* ▷ **Greater London Authority** conseil municipal de Londres ▷ **Greater Manchester** N (*in Brit*) l'agglomération *f* de Manchester ▷ **greatest common divisor, greatest common factor** N (*Math*) plus grand commun diviseur *m* ▷ **great-grandchild** N (pl **great-grandchildren**) arrière-petit-fils *m*, arrière-petite-fille *f* ♦ **my** ~**-grandchildren** mes arrière-petits-enfants *mpl* ▷ **great-granddaughter** N arrière-petite-fille *f* ▷ **great-grandfather** N arrière-grand-père *m*, bisaïeul *m* (*liter*) ▷ **great-grandmother** N arrière-grand-mère *f*, bisaïeule *f* (*liter*) ▷ **great-grandparent** N (= *great-grandfather*) arrière-grand-père *m* ; (= *great-grandmother*) arrière-grand-mère *f* ♦ ~**-grandparents** arrière-grands-parents *mpl* ▷ **great-grandson** N arrière-petit-fils *m* ▷ **great-great-grand-**

**father** N arrière-arrière-grand-père *m*, trisaïeul *m (liter)* ▷ **great-great-grandson** N arrière-arrière-petit-fils *m* ▷ **great-hearted** ADJ au grand cœur, magnanime ▷ **the Great Lakes** NPL les Grands Lacs *mpl* ▷ **Great Leap Forward** N *(in China)* le Grand Bond en avant ▷ **great-nephew** N petit-neveu *m* ▷ **great-niece** N petite-nièce *f* ▷ **the Great Plains** NPL les Grandes Plaines *fpl* ▷ **the Great Powers** NPL *(Pol)* les grandes puissances *fpl* ▷ **great tit** N *(Orn)* mésange *f* charbonnière ▷ **great-uncle** N grand-oncle *m* ▷ **the Great Wall of China** N la Grande Muraille de Chine ▷ **the Great War** N la Grande Guerre, la guerre de 14-18 ▷ **the Great White Way** * N *(esp US)* Broadway *m*

**Great Britain, United Kingdom**

Dans l'usage courant, il est fréquent d'employer les mots **Britain** ou **England** pour désigner l'ensemble du Royaume-Uni, mais cet usage est impropre.

La Grande-Bretagne, **Great Britain** ou **Britain** en anglais, est, strictement parlant, un terme géographique. Il désigne la plus grande des îles Britanniques et englobe donc l'Écosse et le pays de Galles. Avec l'Irlande, l'île de Man et les îles Anglo-Normandes, la Grande-Bretagne constitue les îles Britanniques ou **British Isles**, qui sont également une notion géographique puisqu'elles comprennent deux pays : le Royaume-Uni (capitale : Londres) et la République d'Irlande (capitale : Dublin).

Le Royaume-Uni (de Grande-Bretagne et d'Irlande du Nord), en anglais **United Kingdom (of Great Britain and Northern Ireland)** ou **UK**, est la désignation officielle d'une entité politique. Ses citoyens sont des Britanniques.

**greatcoat** /ˈgreɪtkəʊt/ N pardessus *m* ; *(Mil)* manteau *m*, capote *f*

**greater** /ˈgreɪtəʳ/, **greatest** /ˈgreɪtɪst/ ADJ compar, superl of **great**

**greatly** /ˈgreɪtlɪ/ ADV *[regret]* vivement ; *[surprise]* beaucoup ; *[prefer]* de beaucoup ; *[admire, influence, increase]* énormément ; *[improve]* considérablement ; *[exaggerate]* largement ; *[diminish]* fortement, considérablement ◆ **to be ~ superior to sb/sth** être nettement supérieur à qn/qch ◆ **this is ~ to be feared/regretted** *(frm)* il y a tout lieu de le craindre/de le regretter

**greatness** /ˈgreɪtnɪs/ N *[of person, achievement, country, city]* grandeur *f* ; *[of work of art]* grandeur *f*, splendeur *f*

**grebe** /griːb/ N grèbe *m*

**Grecian** /ˈgriːʃən/ *(liter)* ADJ grec (grecque *f*) ◆ **hair in a ~ knot** coiffure *f* à la grecque N *(= Greek)* Grec(que) *m(f)*

**Greco-** /ˈgriːkəʊ/ *(esp US)* ⇒ **Graeco-**

**Greece** /griːs/ N Grèce *f*

**greed** /griːd/ N *(NonC, for food)* gourmandise *f* ; *(for money, power etc)* avidité *f*, cupidité *f*

**greedily** /ˈgriːdɪlɪ/ ADV *[eat, drink]* goulûment ◆ **he eyed the food ~** il a regardé la nourriture d'un air vorace *or* goulu ◆ **he licked his lips ~** il s'est léché les babines

**greediness** /ˈgriːdɪnɪs/ N ⇒ **greed**

**greedy** /ˈgriːdɪ/ ADJ *(for food)* gourmand ; *(for money, power etc)* avide (*for* de) rapace, cupide ◆ **~ for gain** âpre au gain ◆ **don't be ~!** *(at table)* ne sois pas si gourmand ! ; *(gen)* n'en demande pas tant ! ◆ **~ guts** ** *(pej)* goinfre *m*, bâfreur * *m* ; → **hog**

**Greek** /griːk/ ADJ *(gen)* grec (grecque *f*) ; *[ambassador, embassy, monarch]* de Grèce ; *[teacher]* de grec ◆ **~ scholar** *or* **expert** helléniste *mf* N **a** Grec(que) *m(f)* **b** *(Ling)* grec *m* ◆ **ancient/modern ~** grec *m* classique/moderne ◆ **that's (all) ~ to me** * tout ça c'est de l'hébreu *or* du chinois pour moi * COMP ▷ **Greek Cypriot** N Chypriote *mf* grec (grecque *f*) ADJ chypriote grec ▷ **Greek god** N *(Myth)* dieu *m* grec ◆ **to be a ~ god** *(= handsome man)* être beau comme un dieu ▷ **Greek-letter society** N *(US Univ)* *association d'étudiants désignée par une combinaison de lettres grecques* ; → PHI BETA KAPPA ▷ **Greek Orthodox Church** N Église *f* orthodoxe grecque ▷ **Greek tragedy** N *(Theat)* tragédie *f* grecque

**green** /griːn/ ADJ **a** *(in colour)* vert ◆ **dark ~** vert *inv* foncé *inv* ◆ **light ~** vert *inv* clair *inv* ◆ **pale ~** vert *inv* pâle *inv* ◆ **the ~ shoots of recovery** les premiers signes *mpl* de reprise ◆ **he looked quite ~** *(fig)* il était vert ◆ **to turn** *or* **go ~** *[person]* verdir ◆ **she went ~** elle *or* son visage a verdi ◆ **to be/turn ~ with envy** *(fig)* être/devenir vert de jalousie ◆ **to make sb ~ with envy** rendre qn vert de jalousie ; see also **comp**

**b** *(= unripe) [fruit]* vert, pas mûr ; *[banana, tomato, wood]* vert ; *[bacon]* non fumé ◆ **~ corn** blé *m* en herbe ◆ **~ meat** viande *f* crue

**c** * *(= inexperienced)* jeune, inexpérimenté ; *(= naïve)* naïf (naïve *f*) ◆ **I'm not as ~ as I look!** je ne suis pas si naïf que j'en ai l'air ! ◆ **he's as ~ as grass** c'est un blanc-bec *

**d** (* *= ecological) [issues, movement, company, policy, product]* écologique ; *[vote, voters]* vert ; *[party]* écologique, vert ; *[person]* écolo * *inv* ◆ **~ awareness** prise *f* de conscience des problèmes écologiques

**e** *(liter = flourishing)* vert, vigoureux ◆ **to keep sb's memory ~** chérir la mémoire de qn ◆ **memories still ~** souvenirs *mpl* encore vivaces *or* vivants

N **a** *(= colour)* vert *m* ◆ **dressed in ~** habillé de *or* en vert

**b** *(= lawn)* pelouse *f*, gazon *m* ; (also **village green**) ≃ place *f* (du village) *(gazonnée)* ; *(Golf)* vert *m* ; (also **bowling green**) *terrain gazonné pour le jeu de boules*

NPL **greens** **a** *(Brit = vegetables)* légumes *mpl* verts

**b** *(Pol)* ◆ **the Greens** les Verts *mpl*

ADV *(Pol)* ◆ **to vote ~** voter vert ◆ **to think ~** penser écologie

COMP ▷ **green bean** N haricot *m* vert ▷ **green belt** N *(Brit Town Planning)* ceinture *f* verte ▷ **the Green Berets** NPL *(Mil)* les bérets *mpl* verts ▷ **green card** N *(in Brit = driving insurance)* carte *f* verte ; *(in US) (= work permit)* permis *m* de travail ▷ **Green Cross Code** N *(Brit)* *code de prévention routière destiné aux enfants* ▷ **green currency** N monnaie *f* verte ▷ **green-eyed** ADJ aux yeux verts ; *(fig)* jaloux, envieux ◆ **the ~-eyed monster** *(fig)* la jalousie ▷ **green fingers** NPL *(Brit)* ◆ **he's got ~ fingers** il a la main verte *or* le pouce vert ▷ **green goddess** * N *(Brit)* voiture *f* de pompiers *(de l'armée)* ▷ **green light** N *(= traffic light)* feu *m* vert ◆ **to give sb/sth the ~ light** *(fig)* donner le feu vert à qn/qch ◆ **to get the ~ light from sb** obtenir *or* recevoir le feu vert de qn ▷ **the Green Mountain State** N *(US)* le Vermont ▷ **green onion** N *(US)* ciboule *f* ▷ **Green Paper** N *(Brit Pol)* ≃ livre *m* blanc ▷ **the Green Party** N *(Brit Pol)* les Verts *mpl* ▷ **green peas** NPL petits pois *mpl* ▷ **green pepper** N poivron *m* vert ▷ **the green pound** N *(Econ)* la livre verte ▷ **green power** N *(US) [of money]* puissance *f* de l'argent ▷ **green revolution** N *(Econ, Agr)* révolution *f* verte ▷ **green room** N *(Theat)* foyer *m* des acteurs *or* des artistes ▷ **green salad** N salade *f* (verte) ▷ **green tea** N thé *m* vert ▷ **green thumb** N *(US)* ⇒ **green fingers** ▷ **green vegetables** NPL légumes *mpl* verts ▷ **green-welly** * ADJ *(pej)* ◆ **the ~-welly brigade** les gens huppés qui vivent à la campagne ▷ **green woodpecker** N pivert *m*, pic-vert *m*

**Green-Welly Brigade**

En Grande-Bretagne, les personnes qui pratiquent l'équitation, la chasse et la pêche portent souvent des bottes en caoutchouc vertes. Ces passe-temps étant traditionnellement ceux d'une certaine élite sociale, les bottes vertes sont devenues un signe social distinctif. L'expression **green-welly brigade** est parfois utilisée pour évoquer certains aspects déplaisants du comportement de la haute société.

**greenback** * /ˈgriːnbæk/ N *(US = dollar)* dollar *m*

**greenery** /ˈgriːnərɪ/ N verdure *f*

**greenfield site** /ˈgriːnfiːldsaɪt/ N *(Ind)* terrain *m* en dehors de la ville

**greenfinch** /ˈgriːnfɪntʃ/ N verdier *m*

**greenfly** /ˈgriːnflaɪ/ N (pl **greenfly** *or* **greenflies**) puceron *m* (des plantes)

**greengage** /ˈgriːnˌgeɪdʒ/ N *(Brit)* reine-claude *f*

**greengrocer** /ˈgriːngrəʊsəʳ/ N *(Brit)* marchand(e) *m(f)* de fruits et légumes ◆ **~'s (shop)** magasin *m* de fruits et légumes

**greenhorn** /ˈgriːnhɔːn/ N blanc-bec *m*

**greenhouse** /ˈgriːnhaʊs/ N serre *f* ◆ **the ~ effect** *(Ecol)* l'effet *m* de serre ◆ **~ gas** *(Ecol)* gaz *m* contribuant à l'effet de serre

**greening** /ˈgriːnɪŋ/ N *(NonC)* sensibilisation *f* à l'environnement

**greenish** /ˈgriːnɪʃ/ ADJ tirant sur le vert, verdâtre *(pej)* ◆ **~-blue/-yellow/-brown** bleu/jaune/brun tirant sur le vert

**Greenland** /ˈgriːnlənd/ N Groenland *m* ◆ **in ~** au Groenland ADJ groenlandais

**Greenlander** /ˈgriːnləndəʳ/ N Groenlandais(e) *m(f)*

**Greenlandic** /griːnˈlændɪk/ ADJ groenlandais N *(Ling)* groenlandais *m*

**greenmail** /ˈgriːnmeɪl/ N *(US St Ex)* chantage *m* financier *(pour revendre au prix fort à une société les actions qui ont été achetées lors d'un raid)*

**greenness** /ˈgriːnnɪs/ N couleur *f* verte, vert *m* ; *[of countryside etc]* verdure *f* ; *[of wood, fruit etc]* verdeur *f*

**Greenpeace** /ˈgriːnˌpiːs/ N Greenpeace *m*

**greenshank** /ˈgriːnʃæŋk/ N *(Orn)* chevalier *m* aboyeur

**greenstick fracture** /ˈgriːnstɪkfræktʃəʳ/ N *(Med)* fracture *f* incomplète *or* en bois vert

**greenstuff** /ˈgriːnstʌf/ N verdure *f* ; *(Culin)* légumes *mpl* verts, verdure *f*

**greensward** †† /ˈgriːnswɔːd/ N pelouse *f*, gazon *m*, tapis *m* de verdure

**Greenwich** /ˈgrenɪtʃ, ˈgrenɪdʒ/ N ◆ **~ (mean) time** heure *f* de Greenwich

**greenwood** /ˈgriːnwʊd/ N *(liter)* ◆ **the ~** la forêt verdoyante

**greeny** * /ˈgriːnɪ/ ADJ ⇒ **greenish**

**greet¹** /griːt/ VT *[+ person] (= say or wave hello to)* saluer ; *(= invite, welcome)* accueillir ◆ **they ~ed him with cries of delight** ils l'ont accueilli avec des cris de joie ◆ **he ~ed me with the news that …** il m'a accueilli en m'apprenant que … ◆ **the statement was ~ed with laughter** la déclaration fut accueillie *or* saluée par des rires ◆ **this was ~ed with relief by everyone** ceci a été accueilli avec soulagement par tous ◆ **to ~ the ear** parvenir à l'oreille ◆ **an awful sight ~ed me** *or* **my eyes** un spectacle affreux s'offrit à mes regards

**greet²** /griːt/ VI *(Scot = weep)* pleurer

**greeting** /ˈgriːtɪŋ/ N salut *m*, salutation *f* ; *(= welcome)* accueil *m* ◆ **~s** compliments *mpl*, salutations *fpl* ◆ **Xmas ~s** vœux *mpl* de Noël ◆ **~(s) card** carte *f* de vœux ◆ **he sent ~s to my brother** il s'est rappelé au bon souvenir de mon frère ◆ **my mother sends you her ~s** ma mère vous envoie son bon souvenir

**gregarious** /grɪˈgɛərɪəs/ ADJ *[animal, instinct, tendency]* grégaire ; *[person]* sociable ◆ **man is ~** l'homme est un animal grégaire

**Gregorian** /grɪˈgɔːrɪən/ ADJ grégorien COMP ▷ **Gregorian calendar** N calendrier *m* grégorien ▷ **Gregorian chant** N chant *m* grégorien

**Gregory** /ˈgregərɪ/ N Grégoire *m*

**gremlin** * /ˈgremlɪn/ N *(hum)* diablotin *m* (malfaisant)

**Grenada** /greˈneɪdə/ N Grenade *f* ◆ **in ~** à la Grenade

**grenade** /grɪˈneɪd/ N *(Mil)* grenade *f* ; → **hand, stun**

**Grenadian** /greˈneɪdɪən/ ADJ grenadin N Grenadin(e) *m(f)*

**grenadier** /ˌgrenəˈdɪəʳ/ N grenadier *m (soldat)*

**grenadine** /ˈgrenədiːn/ N grenadine *f*

**grew** /gruː/ VB pt of **grow**

**grey, gray** *(US)* /greɪ/ ADJ **a** *(in colour)* gris ◆ **dark ~** gris *inv* foncé *inv* ◆ **light ~** gris *inv* clair *inv* ◆ **pale ~** gris *inv* pâle *inv* ◆ **he is totally ~** *(hair)* il a les cheveux complètement gris ◆ **he** *or* **his hair is going** *or* **turning ~** il grisonne, ses cheveux grisonnent ◆ **he nearly went ~ over it** il s'en est fait des cheveux blancs ◆ **~ skies** ciel *m* gris ◆ **it was a ~ day** *(lit)* c'était un jour gris ; *(fig)* c'était un jour triste ◆ **the men in ~ suits** *(Pol hum) les membres influents du parti conservateur*

**b** *(= ashen) [person, face, complexion]* blême ◆ **to turn ~** blêmir

**c** *(= bleak) [time, world]* morne ; *[outlook, prospect]* sombre, morne ; *(= boring) [person, image]* terne ; *[city, town]* morne, triste

**d** *(= older people's) [vote, market]* des plus de 55 ans, des seniors

N **a** *(= colour)* gris *m* ◆ **dressed in ~** habillé de *or* en gris ◆ **hair touched with ~** cheveux *mpl* grisonnants

**b** *(= horse)* cheval *m* gris

VI *[hair]* grisonner ◆ **~ing hair** cheveux *mpl* grisonnants ◆ **a ~ing man** un homme aux cheveux grisonnants ◆ **he was ~ing at the temples** il avait les tempes grisonnantes

COMP ▷ **grey area** N zone *f* d'ombre ◆ **a ~ area between truth and lies** une zone d'ombre entre la vérité et le mensonge ◆ **the law on compensation is a ~ area** la loi sur l'indemnisation comporte des zones d'ombre ▷ **Grey Friar** N franciscain *m* ▷ **grey-haired** ADJ aux cheveux gris, grisonnant ▷ **grey market** N *(Comm, St Ex)* marché *m* gris ▷ **grey matter** N *(Anat)* substance *f* grise ; *(* = intelligence)* matière *f* grise ▷ **grey mullet** N mulet *m*, muge *m* ▷ **grey seal** N phoque *m* gris ▷ **grey squirrel** N écureuil *m* gris, petit-gris *m* ▷ **grey wagtail** N bergeronnette *f* des ruisseaux ▷ **grey wolf** N loup *m* (gris)

**greybeard** /ˈgreɪbɪəd/ N *(liter)* vieil homme *m*

**Greyhound** /ˈgreɪhaʊnd/ N ◆ **~ (bus)** Greyhound *mpl*

> **Greyhound**
>
> Les cars de tourisme de la compagnie **Greyhound** sillonnent tout le territoire des États-Unis. Ce moyen de transport très répandu et bon marché perpétue symboliquement la tradition des grandes migrations américaines. La compagnie propose un abonnement forfaitaire appelé "Ameripass" qui permet de voyager sans restriction dans l'ensemble du pays.

**greyhound** /ˈgreɪhaʊnd/ N *(= dog)* lévrier *m* ; *(= bitch)* levrette *f* COMP ▷ **greyhound racing** N courses *fpl* de lévriers

**greying** /ˈgreɪɪŋ/ ADJ → **grey vi**

**greyish** /ˈgreɪɪʃ/ ADJ tirant sur le gris, grisâtre *(pej)* ; *[hair, beard]* grisonnant

**greylag goose** /ˈgreɪlæggʊːs/ N oie *f* cendrée

**greyness** /ˈgreɪnɪs/ N *(= colour)* couleur *f* grise ; *(= semi-dark)* pénombre *f* ; *[of atmosphere, weather, day]* morosité *f* ; *[of person]* fadeur *f*

**grid** /grɪd/ N **a** *(= grating)* grille *f*, grillage *m* ; *(= network of lines on chart, map etc, also Rad)* grille *f* ; *(Theat)* gril *m (pour manœuvrer les décors)* ; *(= electrode)* grille *f* ; *(Brit Elec = system)* réseau *m* ; *(Surv)* treillis *m* ◆ **the (national) ~** *(Brit Elec)* le réseau électrique (national) **b** ⇒ **gridiron** COMP ▷ **grid map** N carte *f* or plan *m* quadrillé(e) *or* à grille ▷ **grid reference** N référence *f* de grille

**gridded** /ˈgrɪdɪd/ ADJ quadrillé

**griddle** /ˈgrɪdl/ N *(Culin)* plaque *f* en fonte *(pour cuire)* ; *(= part of stove)* plaque *f* chauffante VT *(Culin)* cuire sur une plaque COMP ▷ **griddle cake** N (sorte *f* de) crêpe *f* épaisse

**gridiron** /ˈgrɪdaɪən/ N **a** *(= utensil)* gril *m* **b** *(American Ftbl)* terrain *m* de football américain

**gridlock** /ˈgrɪdlɒk/ N *(US)* bouchon *m* ; *(fig) (in talks etc)* impasse *f*

**gridlocked** /ˈgrɪdlɒkt/ ADJ *(esp US)* **a** *(lit) [road]* embouteillé ; *[traffic]* bloqué **b** *(fig) [government, negotiations]* dans une impasse

**grief** /griːf/ N **a** *(NonC)* chagrin *m*, peine *f* ◆ **to come to ~** *[vehicle, rider, driver]* avoir un accident ; *[plan, marriage etc]* échouer ◆ **a bungee jumper came to ~ during recording for a TV programme** un sauteur à l'élastique a eu un accident lors de l'enregistrement d'une émission télévisée ◆ **good ~!** * ciel !, grands dieux ! **b** *(= cause of grief)* (cause *f* de) chagrin *m* **c** *(* = trouble)* embêtements * *mpl*, ennuis *mpl* ◆ **to give sb ~** embêter * qn, en faire voir de toutes les couleurs à qn ◆ **the bank's been giving me ~ about my overdraft** la banque m'a fait des histoires à cause de mon découvert COMP ▷ **grief-stricken** ADJ accablé de douleur, affligé

**grievance** /ˈgriːvəns/ N *(= ground for complaint)* grief *m*, sujet *m* de plainte ; *(= complaint)* doléance *f* ; *(Ind)* différend *m*, conflit *m* ◆ **to have a ~ against sb** avoir un grief *or* un sujet de plainte contre qn, en vouloir à qn ◆ **he had a sense of ~** il avait le sentiment profond d'être victime d'une injustice ; → **redress**

**grieve** /griːv/ VT peiner, chagriner ◆ **it ~s us to see** nous sommes peinés de voir ◆ **it ~s us to learn that …** nous avons la douleur d'apprendre que …, c'est avec beaucoup de peine que nous apprenons que … ◆ **in a ~d tone** d'un ton peiné *or* chagriné VI avoir de la peine *or* du chagrin *(at, about, over* à cause de) ◆ **to ~ for sb/sth** pleurer qn/qch ◆ **I didn't have any time to ~** je n'avais pas le temps de pleurer

**grieving** /ˈgriːvɪŋ/ ADJ *[family, relatives]* éploré ◆ **the ~ process** le travail de deuil

**grievous** /ˈgriːvəs/ *(frm)* ADJ *[injury, damage, error, injustice]* grave ; *[wound]* grave, sérieux ; *[setback]* sérieux ; *[loss]* cruel ; *[blow]* sévère ; *[news]* pénible, affreux ; *[crime, offence]* odieux COMP ▷ **grievous bodily harm** N *(Jur)* ≈ coups *mpl* et blessures *fpl*

**grievously** /ˈgriːvəslɪ/ ADV *(frm) [hurt, offend]* terriblement ◆ **~ injured** *or* **wounded** grièvement blessé ◆ **to wrong sb ~** gravement léser qn ◆ **to be ~ mistaken** se tromper lourdement

**griffin** /ˈgrɪfɪn/ N *(Myth)* griffon *m*

**griffon** /ˈgrɪfən/ N *(Myth, Zool)* griffon *m*

**grift** ‡ /grɪft/ *(US)* N filouterie * *f*, escroquerie *f* VI filouter *, vivre d'escroquerie

**grifter** ‡ /ˈgrɪftəʳ/ N *(US)* escroc *m*, filou *m*

**grill** /grɪl/ N **a** *(= cooking utensil)* gril *m* ; *(= food)* grillade *f* ; *(= restaurant)* (also **grillroom**) rôtisserie *f*, grill *m* ◆ **brown it under the ~** faites-le dorer au gril ; → **mixed b** ⇒ **grille** VT **a** *(Culin)* (faire) griller ◆ **~ed fish** poisson *m* grillé **b** *(fig = interrogate)* cuisiner *, mettre sur la sellette VI *(Culin)* griller COMP ▷ **grill pan** N *(Brit)* plateau *m* à grillades *(avec poignée)*

**grille** /grɪl/ N *(= grating)* grille *f* ; *[of convent etc]* grille *f* ; *[of door]* judas *m* ; *(Aut:* also **radiator grille**) calandre *f*

**grilling** /ˈgrɪlɪŋ/ N *(fig = interrogation)* interrogatoire *m* serré ◆ **to give sb a ~** cuisiner * qn, mettre qn sur la sellette

**grim** /grɪm/ ADJ **a** *(= dire, gloomy) [place, situation, warning, outlook, news]* sinistre ◆ **to hold** *or* **hang** *or* **cling on to sth like** *or* **for ~ death** se cramponner à qch de toutes ses forces ◆ **things are looking pretty ~** les perspectives ne sont guère réjouissantes ◆ **~ necessity** la dure *or* cruelle nécessité ◆ **the ~ reality of hospital work** la dure réalité du travail à l'hôpital ◆ **the ~ truth** la vérité brutale

**b** *[person, face, expression] (= stern, angry)* sévère ; *(= worried)* sombre ; *[smile]* sans joie ; *[humour]* macabre ; *[voice]* sombre ◆ **to look ~** *(= angry)* avoir une mine sévère ; *(= worried)* avoir une mine sombre ◆ **with ~ determination** avec une volonté inflexible

**c** *(* = bad)* nul * ◆ **his singing's pretty ~** il chante comme une casserole ◆ **to feel ~** *(= unwell)* ne pas être dans son assiette

COMP ▷ **the Grim Reaper** N ≈ la Faucheuse *(liter)*

**grimace** /grɪˈmeɪs/ N grimace *f* VI *(from disgust, pain etc)* grimacer, faire la grimace ; *(for fun)* faire des grimaces ◆ **he ~d at the taste/the sight of …** il a fait une grimace en goûtant/voyant …

**grime** /graɪm/ N *(NonC)* crasse *f*, saleté *f*

**grimly** /ˈgrɪmlɪ/ ADV *[frown, look at]* d'un air sévère ; *[continue, hold on]* avec détermination ; *[fight, struggle]* farouchement ◆ **~ determined** farouchement déterminé ◆ **to**

**smile** ~ avoir un sourire amer ◆ **he nodded** ~ l'air sombre, il acquiesça d'un signe de tête ◆ **"no surrender", they said** ~ "nous ne nous rendrons pas", dirent-ils, farouchement déterminés ◆ **"this is not good enough" he said** ~ "ça ne va pas" dit-il d'un air sévère

**grimness** /'grɪmnɪs/ **N** *[of situation]* caractère *m* sinistre ; *[of sight, face, person]* aspect *m* lugubre *or* sinistre

**grimy** /'graɪmɪ/ **ADJ** crasseux

**grin** /grɪn/ **VI** **a** *(= smile)* sourire ; *(broadly)* avoir un large *or* grand sourire ◆ **his ~ning face confronts us on the television** son visage souriant est là, devant nous, sur l'écran de télévision ◆ **to ~ broadly at sb** adresser un large sourire à qn ◆ **to ~ from ear to ear, to ~ like a Cheshire cat** avoir un sourire fendu jusqu'aux oreilles ◆ **we must just ~ and bear it** il faut le prendre avec le sourire, il faut faire contre mauvaise fortune bon cœur **b** *(in pain)* avoir un rictus, grimacer ; *[snarling dog]* montrer les dents **VT** ◆ **he ~ned his approval** il a manifesté son approbation d'un large sourire **N** *(= smile)* (large) sourire *m* ; *(in pain)* rictus *m*, grimace *f* de douleur

**grind** /graɪnd/ (pret, ptp **ground**) **N** **a** *(= sound)* grincement *m*, crissement *m*

**b** *(* = dull hard work)* boulot * *m* pénible ; *(particular task)* corvée *f* ◆ **the daily** ~ le boulot * quotidien ◆ **she found housework a** ~ le ménage était une corvée pour elle ◆ **the tiresome ~ of preparing for exams** la vraie corvée que sont les révisions pour les examens

**c** *(US * = swot)* bûcheur *m*, -euse *f*

**VT** **a** *[+ corn, coffee, pepper etc]* moudre ; *(= crush)* écraser, broyer ; *(US) [+ meat]* hacher ; *(in mortar)* piler, concasser ◆ **to ~ sth to a powder** pulvériser qch, réduire qch en poudre ◆ **the metal will have to be ground into tiny pieces** il faudra réduire le métal en petits morceaux ◆ **to ~ one's teeth** grincer des dents ◆ **dirt ground into the carpet** saleté *f* incrustée dans le tapis ◆ **he ground his heel into the soil** il a enfoncé son talon dans la terre ◆ **to ~ the faces of the poor** opprimer les pauvres ; see also **ground²**

**b** *(= polish) [+ gems]* égriser, polir ; *[+ knife, blade]* aiguiser *or* affûter (à la meule), meuler ; *[+ lens]* polir ; → **axe**

**c** *(= turn) [+ handle]* tourner ; *[+ barrel organ]* faire jouer, jouer de ◆ **to ~ a pepper mill** tourner un moulin à poivre

**VI** **a** grincer ◆ **the ship was ~ing against the rocks** le navire heurtait les rochers en grinçant ◆ **tanks were ~ing south** des chars progressaient péniblement en direction du sud ◆ **to ~ to a halt** *or* **a standstill** *[vehicle]* s'arrêter *or* s'immobiliser dans un grincement de freins ; *[process, production, negotiations etc]* s'enliser ◆ **the traffic had ground to a halt** *or* **a standstill** il y avait un bouchon

**b** *(* = work hard)* bosser * dur *or* ferme

► **grind away** * **VI** bosser * dur *or* ferme ◆ **to ~ away at grammar** bûcher * *or* potasser * la grammaire

► **grind down VT SEP** **a** *(lit)* pulvériser

**b** *(fig) (= oppress)* opprimer, écraser ; *(= wear down) [+ one's opponents etc]* avoir à l'usure ◆ **ground down by poverty** accablé par la misère ◆ **he gradually ground down all opposition to his plans** il a écrasé petit à petit toute tentative d'opposition à ses plans ; see also **grind vi a**

► **grind on VI** *[person]* continuer péniblement *or* laborieusement ; *[year, week, day etc]* s'écouler péniblement ; *[war]* s'éterniser implacablement

► **grind out VT SEP** ◆ **to grind out a tune on a barrel organ** jouer un air sur un orgue de Barbarie ◆ **he ground out an oath** il a proféré un juron entre ses dents ◆ **he managed to ~ out two pages of his essay** il est laborieusement arrivé à pondre * *or* à écrire deux pages de sa dissertation

► **grind up VT SEP** pulvériser

**grinder** /'graɪndəʳ/ **N** **a** *(= apparatus)* broyeur *m*, moulin *m* ; *(= tool)* meuleuse *f* ; *(for sharpening)* affûteuse *f*, meule *f* à aiguiser **b** *(= person)* broyeur *m*, -euse *f* ; *(for knives)* rémouleur *m*, -euse *f* ; → **organ** **c** *(= tooth)* molaire *f* **d** *(US Culin *)* grand sandwich *m* mixte

**grinding** /'graɪndɪŋ/ **N** *(NonC = sound)* grincement *m* **ADJ** **a** *(= oppressive)* ~ **poverty** misère *f* noire ◆ ~ **hard work** travail *m* très pénible ◆ ~ **tedium** ennui *m* mortel **b** *(= grating) [noise]* grinçant ◆ **to make a ~ noise** grincer ◆ **to come to a ~ halt** *[process, production, negotiations]* s'enrayer brusquement ; *[vehicle]* s'arrêter brusquement ◆ **to bring sth to a ~ halt** *[+ process, production, negotiations]* mettre brusquement un terme à qch ; *[+ vehicle]* arrêter qch dans un grincement ◆ **the traffic came to** *or* **was brought to a ~ halt** la circulation a fini par se bloquer

**grindingly** /'graɪndɪŋlɪ/ **ADV** ◆ **to be ~ hard work** être terriblement dur ◆ **to be a ~ slow process** être horriblement long ◆ **the routine became ~ familiar** la routine est devenue terriblement pesante

**grindstone** /'graɪndstəʊn/ **N** meule *f* (à aiguiser) ◆ **to keep sb's nose to the** ~ faire travailler qn sans répit *or* relâche ◆ **to keep one's nose to the** ~ travailler sans répit *or* relâche

**gringo** /'grɪŋgəʊ/ **N** *(US pej)* gringo *m*, Ricain(e) *m(f)*

**grip** /grɪp/ **N** **a** *(= handclasp)* poigne *f* ; *(= hold)* prise *f* ; *(= control)* mainmise *f* ◆ **he held my arm in a vice-like** ~ il me tenait le bras d'une poigne d'acier, il me serrait le bras comme un étau ◆ **she tightened her ~ on my arm** elle a serré mon bras plus fort ◆ **he has a strong** ~ il a de la poigne *or* une bonne poigne ◆ **cold weather had a firm ~ on the capital** un froid intense régnait dans la capitale ◆ **environmentalism has taken a firm ~ on Europe** l'écologisme est solidement implanté en Europe ◆ **they're struggling to maintain their ~ on power** ils s'efforcent de maintenir leur mainmise sur le pouvoir ◆ **rebel forces are tightening their ~ on the capital** les rebelles resserrent l'étau sur la capitale

◆ **to get a grip** * *(= control oneself)* se ressaisir ◆ **he told himself to get a** ~ il s'est dit "ressaisis-toi !"

◆ **to get a grip on** *or* **of o.s.** * se ressaisir ◆ **get a ~ on yourself!** ressaisis-toi ! ◆ **I had to get a ~ of myself not to panic** j'ai dû me faire violence pour ne pas paniquer

◆ **to keep a grip on o.s.** * se maîtriser, se contrôler

◆ **to get a grip on** *or* **of sth** *(= get hold of)* empoigner qch

◆ **to get a grip on** *(= control) [+ inflation]* contrôler ; *[+ party, power]* prendre le contrôle de ; *[+ situation]* prendre en main

◆ **to lose one's grip** *(on object)* lâcher prise ; *(= lose control)* perdre le contrôle de la situation ◆ **Brown is showing signs of losing his** ~ il semble que Brown soit en train de perdre le contrôle de la situation ◆ **he's losing his** ~ * *[old person]* il perd un peu les pédales * ◆ **I must be losing my ~!** * *(hum)* je baisse ! *

◆ **to lose one's grip on sth** *[+ object]* lâcher ◆ **he lost his ~ on the rope** il a lâché la corde ◆ **the President was losing his ~ on power** le président perdait le contrôle du pouvoir ◆ **to lose one's ~ on reality** perdre le sens de la réalité

◆ **in the grip of** en proie à ◆ **a region in the ~ of severe drought** une région en proie à une grave sécheresse ◆ **the country was in the ~ of an epidemic of minor crime** le pays était en proie à une véritable épidémie de délinquance ◆ **in the ~ of winter** paralysé par l'hiver ◆ **country in the ~ of a general strike** pays paralysé par une grève générale

◆ **to fall into the grip of sb** *or* **sth** ◆ **he fell into the ~ of the dictator** il est tombé sous l'emprise du dictateur ◆ **she fell into the ~ of anorexia** elle est devenue anorexique

**b** *[of tyre]* adhérence *f*

**c** *(= handle)* poignée *f* ; *(on racket)* prise *f* de raquette ; *(on golf club, bat)* prise *f*

**d** *(= suitcase)* valise *f* ; *(US) (= bag)* (also **gripsack**) sac *m* de voyage

**e** *(TV, Cine:* also **key grip:** *US)* machiniste *mf* caméra

**NPL grips** ◆ **to come** *or* **get to ~s with a problem** s'attaquer à un problème, s'efforcer de résoudre un problème ◆ **we have never had to come to ~s with such a situation** nous n'avons jamais été confrontés à pareille situation

**VT** **a** *(= grasp) [+ rope, handrail, sb's arm]* saisir ; *[+ pistol, sword etc]* saisir, empoigner ; *(= hold)* serrer, tenir serré ◆ **to ~ sb's hand** *(= grasp)* saisir la main de qn ; *(= hold)* tenir la main de qn serrée ◆ **to ~ the road** *[tyres]* adhérer à la chaussée ◆ **the car ~s the road well** la voiture tient bien la route

**b** *[fear etc]* saisir, étreindre ◆ **~ped by terror** saisi de terreur

**c** *(= interest strongly) [film, story etc]* captiver ◆ **a film that really ~s you** un film vraiment palpitant, un film qui vous prend vraiment

**VI** *[wheels]* adhérer, mordre ; *[screw, vice, brakes]* mordre ; *[anchor]* crocher (sur le fond)

**COMP** ▷ **grip strip N** *(for carpet)* bande *f* adhésive *(pour tapis)*

**gripe** /graɪp/ **VT** *(= anger)* ◆ **this ~d him** * cela lui a mis l'estomac en boule * **VI** *(* = grumble)* ronchonner, rouspéter * *(at contre)* **N** **a** *(Med:* also **gripes**) coliques *fpl* **b** *(NonC)* ◆ **his main ~ was that ...** * son principal sujet de plainte *or* de rogne * était que ... **COMP** ▷ **gripe water N** *(Brit)* calmant *m (pour coliques infantiles)*

**griping** /'graɪpɪŋ/ **ADJ** ◆ ~ **pain(s)** coliques *fpl* **N** *(NonC: * = grumbling)* rouspétance * *f*, ronchonnements * *mpl*

**grippe** /grɪp/ **N** *(US)* grippe *f*

**gripping** /'grɪpɪŋ/ **ADJ** *(= exciting)* palpitant

**grisly** /'grɪzlɪ/ **ADJ** *(= gruesome)* macabre, sinistre ; *(= terrifying)* horrible, effroyable

**grist** /grɪst/ **N** blé *m* (à moudre) ◆ **it's all ~ for** *or* **to his mill** cela apporte de l'eau à son moulin ◆ **any media coverage is useful - it's all ~ to the mill** toute couverture médiatique est utile : c'est toujours bon à prendre

**gristle** /'grɪsl/ **N** *(NonC)* nerfs *mpl (surtout dans la viande cuite)*

**gristly** /'grɪslɪ/ **ADJ** *[meat]* tendineux

**grit** /grɪt/ **N** *(NonC)* **a** *(= sand)* sable *m* ; *(= gravel)* gravillon *m* ; *(= rock:* also **gritstone**) grès *m* ; *(for fowl)* gravier *m* ◆ **I've got (a piece of) ~ in my eye** j'ai une poussière dans l'œil **b** *(* fig = courage)* cran * *m* ◆ **he's got** ~ il a du cran * **NPL grits** *(US)* gruau *m* de maïs **VI** craquer, crisser **VT** **a** ◆ **to ~ one's teeth** serrer les dents **b** ◆ **to ~ a road** sabler une route, répandre du sable sur une route

**gritter** /ˈgrɪtəʳ/ N camion *m* de sablage

**gritty** /ˈgrɪtɪ/ ADJ a (*= stony, grainy*) *[soil, ash]* graveleux ; *[road]* sablé ; *[floor]* plein de grains de sable ; *[texture]* grumeleux ; *[fruit]* graveleux, grumeleux b (* *= courageous*) *[person, determination]* solide ◆ **the team's ~ display** la performance courageuse de l'équipe c (*= unsentimental*) *[realism]* cru ; *[film, drama, account]* réaliste

**grizzle** /ˈgrɪzl/ VI (*Brit*) (*= whine*) pleurnicher, geindre ; (*= complain*) ronchonner *

**grizzled** /ˈgrɪzld/ ADJ *[hair, beard, man]* grisonnant

**grizzly** /ˈgrɪzlɪ/ ADJ a (*= grey*) grisâtre ; *[hair, person]* grisonnant b (*= whining*) pleurnicheur, geignard N (also **grizzly bear**) grizzly *m*

**groan** /grəʊn/ N *[of pain]* gémissement *m*, plainte *f* ; *[of disapproval, dismay]* grognement *m* ◆ **this news was greeted with ~s** cette nouvelle a été accueillie par des murmures (désapprobateurs) VI a (*in pain*) gémir, pousser un *or* des gémissement(s) (*with* de) ; (*in disapproval, dismay*) grogner ◆ **he ~ed inwardly at the thought** il étouffa un grognement à cette idée b (*= creak*) *[planks]* gémir ; *[door]* crier ◆ **the table ~ed under the weight of the food** la table ployait sous le poids de la nourriture ◆ **the ~ing board** (*o.f or hum*) la table ployant sous l'amoncellement de victuailles VT (*in pain*) dire en gémissant ; (*in disapproval, dismay*) dire en grommelant

**groat** /grəʊt/ N (*Brit*) *ancienne petite pièce de monnaie*

**groats** /grəʊts/ NPL gruau *m* d'avoine *or* de froment

**grocer** /ˈgrəʊsəʳ/ N épicier *m*, -ière *f* ◆ **at the ~'s (shop)** à l'épicerie, chez l'épicier

**grocery** /ˈgrəʊsərɪ/ N a (*= shop*) épicerie *f* ◆ **he's in the ~ business** il est dans l'épicerie b (*= provisions*) ◆ **I spent $25 on groceries** j'ai dépensé 25 dollars en épicerie *or* en provisions ◆ **all the groceries are in this basket** toute l'épicerie est dans ce panier

**grog** /grɒg/ N grog *m*

**groggy** * /ˈgrɒgɪ/ ADJ *[person]* (*= weak*) faible ; (*= unsteady*) groggy * ; (*from blow etc*) groggy *, sonné * ; *[voice]* faible ◆ **I still feel a bit ~** je me sens toujours un peu sonné * *or* groggy *

**grogram** /ˈgrɒgrəm/ N gros-grain *m*

**groin** /grɔɪn/ N a (*Anat*) aine *f* b (*Archit*) arête *f* c ⇒ **groyne**

**grommet** /ˈgrɒmɪt/ N a (*= metal eyelet*) œillet *m* b (*Med*) drain *m* transtympanique

**groom** /gruːm/ N a (*for horses*) valet *m* d'écurie, palefrenier *m* b (also **bridegroom**) (*just married*) (jeune) marié *m* ; (*about to be married*) (futur) marié *m* c (*in royal household*) chambellan *m* VT [+ *horse*] panser ◆ **the cat was ~ing itself** le chat faisait sa toilette ◆ **to ~ each other** *[primates]* s'épouiller ◆ **to ~ o.s.** *[person]* se pomponner, s'arranger ◆ **well-~ed** *[person]* très soigné ; *[hair]* bien coiffé ◆ **to ~ sb for a post** préparer *or* former qn pour un poste ◆ **she is being ~ed for stardom** on la prépare à devenir une star ◆ **he is ~ing him as his successor** il en a fait son poulain

**grooming** /ˈgruːmɪŋ/ N a (*gen*) soins *mpl* de toilette *or* de beauté ; (*= well-groomedness*) apparence *f* (impeccable) ◆ **~ products** produits *mpl* de toilette *or* de beauté b *[of horse]* pansage *m* ; *[of dog]* toilettage *m*

**groove** /gruːv/ N a (*in wood, plank, head of screw, for sliding door*) rainure *f* ; (*for pulley*) gorge *f* ; (*in column*) cannelure *f* ; (*in record*) sillon *m* ; (*in penknife blade*) onglet *m* b (*Mus* * *= rhythm*) groove *m* ◆ **to get into the ~** trouver son rythme c * ◆ **to be in the ~** (*= up-to-date*) *[person, place]* être dans le vent * *or* coup * ◆ **he's in the** *or* **a ~** il a le vent en poupe * ◆ **he's (stuck) in a ~** il s'est encroûté d (*US = great*) ◆ **it's a ~** ‡ c'est sensationnel *, c'est le pied ‡ VT a (*= put groove in*) rainurer, rainer (*SPEC*) b (*US = like*) ◆ **I ~ it** ‡ ça me botte * VI a (*US* ‡) prendre son pied ‡ b (* *= dance*) danser ◆ **to ~ to the music** danser au rythme de la musique

**groovy** * /ˈgruːvɪ/ ADJ (*= marvellous*) sensass ‡ *inv*, vachement bien ‡ ; (*= up-to-date*) dans le vent *

**grope** /grəʊp/ VI tâtonner, aller à l'aveuglette ◆ **to ~ (around) for sth** (*in a room etc*) chercher qch à tâtons *or* à l'aveuglette ◆ **I ~d (around) in my bag for the keys** j'ai fouillé dans mon sac pour trouver les clés ◆ **to ~ for words** chercher ses mots ◆ **scientists are groping towards a cure** les chercheurs s'efforcent de trouver un remède ◆ **to be groping in the dark** (*fig*) être dans le brouillard VT a ◆ **to ~ one's way towards** avancer à tâtons *or* à l'aveuglette vers ◆ **to ~ one's way in/out** *etc* entrer/sortir *etc* à tâtons *or* à l'aveuglette b (*, *pej = touch sexually*) peloter *, tripoter * N (*pej: sexual*) ◆ **to have a ~** * *[couple]* se peloter *

**groping** /ˈgrəʊpɪŋ/ ADJ a (*= tentative*) *[attempt]* tâtonnant, timide ◆ **we have a ~ awareness of how it works** nous commençons plus ou moins à comprendre comment cela fonctionne b (*pej*) ◆ **~ hands** * mains *fpl* baladeuses N a (also **gropings**) (*= tentative attempts*) tâtonnements *mpl* b (*, *pej*) pelotage * *m*

**gropingly** /ˈgrəʊpɪŋlɪ/ ADV en tâtonnant, à tâtons

**grosgrain** /ˈgrəʊgreɪn/ N gros-grain *m*

**gross** /grəʊs/ ADJ a (*= massive*) *[injustice]* flagrant ; *[inequalities, abuse, violation, mismanagement, incompetence]* grave ; *[exaggeration, simplification, error]* grossier ◆ **~ ignorance** ignorance *f* crasse ◆ **that is a ~ understatement** c'est le moins que l'on puisse dire ◆ **it is a ~ exaggeration to say that ...** c'est une grossière exagération que d'affirmer que ...

b (* *= disgusting*) *[person, behaviour, food]* dégoûtant, répugnant ; *[clothes]* moche *

c (*= crude*) *[remarks, jokes]* grossier

d (*pej = fat*) énorme

e *[income, profit, weight etc]* brut

ADV *[pay, weigh]* brut ◆ **she earns £30,000 ~ per annum** elle gagne 30 000 livres brut par an

N a ◆ **in (the) ~** (*= wholesale*) en gros, en bloc ; (*fig*) en général, à tout prendre

b (*pl inv = twelve dozen*) grosse *f*, douze douzaines *fpl*

VT (*Comm*) réaliser *or* dégager un bénéfice brut de

COMP ▷ **gross domestic income** N (*Econ*) revenu *m* intérieur brut ▷ **gross domestic product** N (*Econ*) produit *m* intérieur brut ▷ **gross indecency** N atteinte (*f*) sexuelle ▷ **gross misconduct** N faute (*f*) grave ▷ **gross national product** N (*Econ*) produit *m* national brut ▷ **gross negligence** N (*gen*) extrême négligence *f* ; (*Jur*) ≃ faute *f* grave ▷ **gross output** N (*Ind, Econ*) production *f* brute

► **gross out** ‡ VT (*US*) débecter ‡

► **gross up** VT FUS [+ *interest, dividend, amount*] calculer le montant brut *or* la valeur brute de

**grossly** /ˈgrəʊslɪ/ ADV a (*= very much*) *[exaggerate, overestimate, underestimate]* grossièrement ; *[overpaid, underpaid]* nettement ; *[inadequate]* nettement, largement ; *[inaccurate]* totalement ; *[misleading, inefficient, irresponsible]* terriblement ◆ **~ unfair** d'une injustice flagrante ◆ **to be ~ negligent** (*gen*) commettre une négligence grave ; (*Jur*) ≃ commettre une faute grave ◆ **the health service is ~ underfunded** les services de santé manquent cruellement de fonds b (*= disgustingly*) *[behave, talk]* de façon grossière, grossièrement c (*gen, Med*) ◆ **~ overweight** obèse

**grossness** /ˈgrəʊsnɪs/ N a (*= coarseness*) grossièreté *f* b (*= fatness*) obésité *f*

**grot** * /grɒt/ N (*NonC*) (*= dirt*) crasse *f* ; (*fig*) inepties *fpl*

**grotesque** /grəʊˈtesk/ ADJ a (*= hideous*) *[appearance]* monstrueux ; *[idea, proposal]* grotesque ; *[sight, spectacle]* choquant b (*Art*) grotesque N grotesque *m*

**grotesquely** /grəʊˈtesklɪ/ ADV (*= hideously*) *[distorted, deformed, swollen]* monstrueusement ; *[simplistic]* ridiculement

**grotto** /ˈgrɒtəʊ/ N (pl **grottos** *or* **grottoes**) grotte *f*

**grotty** * /ˈgrɒtɪ/ ADJ (*Brit*) (*= dirty*) *[clothes]* cradingue * ; (*= horrible*) *[place, food]* minable * ◆ **to feel ~** (*= unwell*) être mal fichu *

**grouch** * /graʊtʃ/ VI râler * N (*= person*) râleur * *m*, -euse * *f* ◆ **his main ~ is that ...** (*= complaint*) il râle * surtout parce que ...

**grouchiness** * /ˈgraʊtʃɪnɪs/ N caractère *m* ronchon * *or* grincheux

**grouchy** * /ˈgraʊtʃɪ/ ADJ ronchon *, grincheux

**ground**[1] /graʊnd/ N a (*NonC*) ◆ **the ~** (*= surface for walking on*) la terre, le sol ◆ **above ~** en surface ◆ **below (the) ~** sous terre ◆ **to fall to the ~** tomber par terre ◆ **to knock sb to the ~** faire tomber qn (par terre) ◆ **burnt to the ~** réduit en cendres ◆ **to lie/sit (down) on the ~** se coucher/s'asseoir par terre *or* sur le sol ◆ **to have one's feet (firmly) on the ~** (*fig*) avoir les pieds sur terre ◆ **to get off the ~** *[plane etc]* décoller ; *[scheme etc]* démarrer ◆ **to get sth off the ~** (*fig*) (faire) démarrer qch ◆ **to go to ~** (*lit, fig*) se terrer ◆ **to run a fox to ~** poursuivre un renard jusqu'à son terrier ◆ **to run sb to ~** (*fig*) mettre la main sur qn ◆ **that suits me down to the ~** * ça me va tout à fait ◆ **to run** *or* **drive a car into the ~** user une voiture jusqu'à ce qu'elle soit bonne pour la casse ◆ **to run a business into the ~** laisser péricliter une entreprise ◆ **to run sb into the ~** user *or* épuiser qn ◆ **to run o.s. into the ~ (with work)** s'épuiser (au travail) ◆ **to cut the ~ from under sb's feet** couper l'herbe sous le pied de qn ; → **ear**[1], **high, thick, thin**

b (*NonC*) (*= piece of land*) terrain *m* ; (*larger*) domaine *m*, terres *fpl* ; (*= soil*) sol *m*, terre *f*, terrain *m* ; (*fig*) terrain *m* ◆ **to till the ~** labourer la terre ◆ **stony ~** sol *m or* terrain *m* caillouteux ; see also **stony** ◆ **all this ~ is owned by Lord Carrick** toutes ces terres appartiennent à Lord Carrick ◆ **neutral ~** (*lit, fig*) terrain *m* neutre ◆ **to meet sb on his own ~** (*fig*) affronter qn sur son propre terrain ◆ **to be sure of one's ~** (*fig*) être sûr de son fait ◆ **to be on dangerous ~** être sur un terrain glissant ◆ **on familiar ~** en terrain familier *or* connu ◆ **we're on fairly firm** *or* **solid ~** nous sommes sur un terrain assez solide ◆ **to change one's ~** (*fig*) changer son fusil d'épaule ◆ **to give ~** (*Mil, also fig*) céder du terrain ◆ **to go over the same ~**

again *(fig: in discussion etc)* ressasser les mêmes questions ◆ **to hold one's ~** tenir bon, ne pas lâcher prise ◆ **to lose ~** *(Mil, also gen)* perdre du terrain ; *[party, politician]* être en perte de vitesse ◆ **sterling lost ~ against the other European currencies** la livre a perdu du terrain face aux autres monnaies européennes ◆ **to clear the ~** *(fig)* déblayer le terrain ◆ **to shift one's ~** changer son fusil d'épaule ◆ **to stand one's ~** tenir bon ; → **break, common, cover, gain**

c *(= area for special purpose)* terrain *m* ◆ **football ~** terrain *m* de football ; → **landing¹, parade, recreation**

d ◆ **~s** *(= gardens etc)* → **grounds**

e *(US Elec)* terre *f* ; *(in car etc)* masse *f*

f *(gen pl = reason)* motif *m*, raison *f* ◆ **~s for divorce/dismissal** motifs *mpl* de divorce/licenciement ◆ **~s for prosecution** chefs *mpl* d'accusation ◆ **~(s) for complaint** grief *m* ◆ **there are ~s for believing that ...** il y a lieu de penser que ... ◆ **the situation gives ~s for anxiety** la situation est préoccupante ◆ **the latest figures give (us) ~s for optimism** les derniers chiffres (nous) permettent d'être optimistes ◆ **on personal/medical ~s** pour (des) raisons personnelles/médicales ◆ **on what ~s?** à quel titre ? ◆ **on the ~(s) of** pour raison de ◆ **on the ~(s) that ...** en raison du fait que ... ◆ **on the ~ that ...** *(Jur)* au motif que ...

g *(= background)* fond *m* ◆ **on a blue ~** sur fond bleu

VT a *[+ plane, pilot]* empêcher de voler, interdire de voler à ; *(= keep on ground)* retenir au sol

b *(*: as punishment) [+ teenager]* priver de sortie

c *[+ ship]* faire s'échouer ◆ **the tanker was ~ed (on the rocks)** le pétrolier s'était échoué (sur les rochers)

d *(US Elec)* mettre à la terre ; *(in car etc)* mettre à la masse

e *(= base)* fonder (*on, in* sur) ◆ **her argument was ~ed in** *or* **on fact** son argument était fondé sur des faits ◆ **the story isn't ~ed in reality** cette histoire n'est pas fondée sur la réalité ; → **well²**

VI *[ship]* s'échouer

COMP ▷ **ground angle shot** N *(Phot, Cine)* contre-plongée *f* ▷ **ground attack** N *(Mil)* offensive *f* terrestre ▷ **ground bait** N *(Fishing)* amorce *f* de fond ▷ **ground bass** N *(Mus)* basse *f* contrainte *or* obstinée ▷ **ground cloth** N *(US)* tapis *m* de sol ▷ **ground colour** N *(= background colour)* fond *m* ▷ **ground control** N *(Aviat)* contrôle *m* au sol ▷ **ground crew** N *(Aviat)* équipe *f* au sol ▷ **ground floor** N *(esp Brit)* rez-de-chaussée *m* ◆ **he got in on the ~ floor** *(fig)* il est là depuis le début ▷ **ground-floor** ADJ *(esp Brit) [flat, room]* au rez-de-chaussée ; *[window]* du rez-de-chaussée ▷ **ground forces** NPL *(Mil)* forces *fpl* terrestres ▷ **ground frost** N gelée *f* blanche ▷ **ground ice** N glaces *fpl* de fond ▷ **ground ivy** N lierre *m* terrestre ▷ **ground level** N ◆ **at ~ level** au niveau du sol ▷ **ground plan** N *(= scale drawing)* plan *m* (au sol) ; *(= basic sketch)* esquisse *f* ▷ **ground rent** N *(esp Brit)* redevance *f* foncière ▷ **ground rules** NPL *(gen)* procédure *f* ◆ **we can't change the ~ rules at this stage** *(fig)* on ne peut pas changer les règles du jeu maintenant ▷ **ground staff** N *(Aviat)* personnel *m* au sol ▷ **ground-to-air missile** N *(Mil)* missile *m* sol-air ▷ **ground-to-ground missile** N *(Mil)* missile *m* sol-sol ▷ **ground troops** NPL *(Mil)* armée *f* de terre ▷ **ground water** N *(Geol)* nappe *f* phréatique ▷ **ground wire** N *(US Elec)* fil *m* de terre ; *(in car etc)* fil *m* de masse ▷ **ground zero** N *(Mil: of nuclear explosion)* point *m* de radiation maximum au sol ▷ **Ground Zero** N *(in US)* Ground Zero *m*

**ground²** /graʊnd/ VB pt, ptp of **grind** ADJ *[coffee, spices etc]* moulu ◆ **~ beef** *(US Culin)* bœuf *m* haché ◆ **~ glass** *(rough surface)* verre *m* dépoli ; *(powdered)* verre *m* pilé ◆ **~ rice** farine *f* de riz

**groundbreaking** /ˈgraʊndbreɪkɪŋ/ ADJ révolutionnaire

**groundhog** /ˈgraʊndhɒg/ N *(US)* marmotte *f* d'Amérique COMP ▷ **Groundhog Day** N *(US)* jour *m* de la marmotte d'Amérique

> **Groundhog Day**
>
> **Groundhog Day** est une tradition américaine selon laquelle on peut prédire l'arrivée du printemps en observant le comportement de la marmotte d'Amérique, censée sortir de son hibernation le 2 février. Si le soleil brille ce jour-là, la marmotte est tellement effrayée par son ombre qu'elle prolonge son hibernation de six semaines, ce qui signifie que l'hiver se prolongera d'autant. La sortie de la marmotte est filmée chaque année à Punxsutawney, en Pennsylvanie, et l'événement est diffusé à l'échelle nationale.

**grounding** /ˈgraʊndɪŋ/ N a *(in education)* bases *fpl* (in en) ◆ **she had a good ~ in French** elle avait de bonnes bases en français b *[of ship]* échouage *m* c *[of plane]* interdiction *f* de vol

**groundless** /ˈgraʊndlɪs/ ADJ sans fondement, infondé

**groundnut** /ˈgraʊndnʌt/ N *(esp Brit)* arachide *f* COMP ▷ **groundnut oil** N huile *f* d'arachide

**grounds** /graʊndz/ NPL a (also **coffee grounds**) marc *m* (de café) b *(= gardens etc)* parc *m*

**groundsel** /ˈgraʊnsl/ N séneçon *m*

**groundsheet** /ˈgraʊndʃiːt/ N tapis *m* de sol

**ground(s)keeper** /ˈgraʊndzkiːpəʳ/ N *(US)* ⇒ **groundsman**

**groundsman** /ˈgraʊndzmən/ (pl **-men**) N *[of playing field]* gardien *m* (de stade) ; *[of park]* garde *m* (de parc) ; *[of cemetery]* gardien *m* (de cimetière)

**groundspeed** /ˈgraʊndspiːd/ N *(Aviat)* vitesse *f* au sol

**groundswell** /ˈgraʊndswel/ N *(lit, fig)* lame *f* de fond

**groundwork** /ˈgraʊndwɜːk/ N *(gen)* travail *m* préparatoire, préparation *f* ; *[of novel, play etc]* plan *m*, canevas *m*

**group** /gruːp/ N *(gen, also Gram, Comm, Mus)* groupe *m* ◆ **in ~s of four** par groupes de quatre ◆ **to stand in ~s** former des petits groupes ◆ **to form a ~ round sth/sb** se grouper *or* se rassembler autour de qch/qn ◆ **literary ~** cercle *m* littéraire ; → **blood, in, pressure**

VI (also **group together**) *[people]* se grouper, se regrouper ◆ **to ~ round sth/sb** se grouper *or* se rassembler autour de qch/qn

VT (also **group together**) *[+ objects, people]* rassembler, réunir ; *[+ ideas, theories, numbers]* grouper ◆ **the children ~ed themselves around the teacher** les enfants se sont groupés *or* rassemblés autour du professeur ◆ **pupils are ~ed according to age and ability** les élèves sont répartis en groupes en fonction de leur âge et de leurs aptitudes

COMP ▷ **group booking** N réservation *f* de groupe ▷ **group captain** N *(Brit Aviat)* colonel *m* de l'armée de l'air ▷ **group dynamics** NPL dynamique *f* de(s) groupe(s) ▷ **group insurance** N *(NonC)* assurance *f* groupe ▷ **the Group of Eight** N *(Pol)* le groupe des Huit ▷ **the Group of Seven** N *(Pol)* le groupe des Sept ▷ **group practice** N *(Med)* cabinet *m* (de groupe *or* d'association) ▷ **group sex** N ◆ **to take part in ~ sex** faire l'amour à plusieurs ▷ **group theory** N *(Math)* théorie *f* des ensembles ▷ **group therapist** N *(Psych)* (psycho)thérapeute *mf* (de groupe) ▷ **group therapy** N *(Psych)* (psycho)thérapie *f* de groupe ▷ **group work** N *(Social Work)* travail *m* en groupe *or* en équipe

**grouper** /ˈgruːpəʳ/ N mérou *m*

**groupie** * /ˈgruːpɪ/ N groupie * *f*

**grouping** /ˈgruːpɪŋ/ N groupement *m* ◆ **~s of companies** *(Fin, Jur)* regroupements *mpl* d'entreprises

**groupware** /ˈgruːpwɛəʳ/ N *(NonC: Comput)* groupware *m* COMP ▷ **groupware package** N logiciel *m* de productivité de groupe

**grouse¹** /graʊs/ *(Orn)* N (pl **grouse** *or* **grouses**) grouse *f* ; → **black, red** COMP ▷ **grouse-beating** N ◆ **to go ~-beating** faire le rabatteur *(à la chasse à la grouse)* ▷ **grouse moor** N chasse *f* réservée *(où l'on chasse la grouse)* ▷ **grouse-shooting** N ◆ **to go ~-shooting** chasser la grouse, aller à la chasse à la grouse

**grouse²** * /graʊs/ VI *(= grumble)* rouspéter *, râler * (*at, about* contre) ◆ **stop grousing!** arrête de rouspéter ! * N ◆ **to have a ~ (about sth)** *(= complain)* rouspéter * *or* râler * (contre qch) ◆ **I have a big ~ about the firm's attitude** j'ai de bonnes raisons de rouspéter * *or* râler * contre l'attitude de l'entreprise

**grout** /graʊt/ N enduit *m* de jointoiement ; *(on floor)* coulis *m*, enduit *m* de ragréage VT jointoyer

**grouting** /ˈgraʊtɪŋ/ N *(between tiles)* joints *mpl* ; *(= sealant)* mastic *m*

**grove** /grəʊv/ N bosquet *m* ◆ **olive ~** oliveraie *f* ◆ **pine ~** pinède *f*

**grovel** /ˈgrɒvl/ VI *(lit)* être à plat ventre ; *(searching for something)* ramper ; *(fig) (= humble oneself)* se mettre à plat ventre, ramper (*to, before* devant)

**grovelling** /ˈgrɒvlɪŋ/ ADJ *(lit)* rampant ; *(fig)* servile

**grow** /grəʊ/ (pret **grew**, ptp **grown**) VI a *(= get taller, bigger, longer etc physically) [plant, hair]* pousser ; *[person]* grandir ; *[animal]* grandir, grossir ; *[tumour]* grossir ; *[crystal]* se former ◆ **she's letting her hair ~** elle se laisse pousser les cheveux ◆ **that plant does not ~ in England** cette plante ne pousse pas en Angleterre ◆ **the plant ~s from a bulb/from seed** c'est une plante à bulbe/que l'on sème ◆ **to ~ to a height of 60cm** atteindre 60 cm (de haut) ◆ **he has ~n (by) 5cm** il a grandi de 5 cm ◆ **haven't you ~n!** comme tu as grandi *or* poussé ! * ; see also **grow into**

b *(= increase, develop) [numbers, amount]* augmenter, grandir ; *[club, group]* s'agrandir ; *[population, rage, fear, love, influence, knowledge]* augmenter, s'accroître ; *[economy, market]* être en expansion ◆ **their friendship grew as time went on** leur amitié a grandi avec le temps ◆ **our friendship grew from a common interest in gardening** notre amitié s'est développée à partir d'un goût commun pour le jardinage ◆ **fears are ~ing for the safety of the hostages** on craint de plus en plus pour la sécurité des otages ◆ **pressure is ~ing on him to resign** on fait de plus en plus pression sur lui pour qu'il démissionne ◆ **their policies kept the economy ~ing** grâce à leur politique, la croissance de l'économie s'est maintenue ◆ **the economy/market is ~ing at** *or* **by 3% a year** l'économie/le marché connaît une croissance de 3% par an ◆ **the population is ~ing at** *or* **by 2% a year** la population augmente de 2% par an ◆ **we have ~n away from each other** avec le temps, nous nous sommes éloignés l'un de l'autre

◆ **to grow** *+ adj* ◆ **he grew bitter** il est devenu amer ◆ **to ~ big(ger)** grandir ◆ **to ~ old(er)** vieillir ◆ **to ~ red(der)** rougir ◆ **to ~ angry** se fâcher, se mettre en colère ◆ **to ~ rare(r)** se faire (plus) rare ◆ **to ~ used to sth** s'habituer *or* s'accoutumer à qch

◆ **to grow in** *+ noun* ◆ **to ~ in popularity** devenir plus populaire ◆ **to ~ in confidence** prendre de l'assurance ◆ **to ~ in strength** se renforcer ◆ **to ~ in wisdom/beauty** *(liter)* croître en sagesse/beauté

◆ **to grow to do sth** commencer à faire qch ◆ **to ~ to like/dislike/fear sth** commencer à aimer/détester/redouter qch ◆ **I'm ~ing to like him a bit more** je commence à l'apprécier un peu plus ◆ **I had ~n to like him** j'avais fini par l'apprécier

VT *[+ plants, crops]* cultiver, faire pousser ; *[+ one's hair, beard, nails]* laisser pousser ; *[+ crystal]* fabriquer ◆ **organically-~n vegetables** légumes *mpl* biologiques ◆ **she has ~n her hair (long)** elle s'est laissé pousser les cheveux ◆ **it's ~n a new leaf** une nouvelle feuille vient de pousser *or* d'apparaître ◆ **to ~ horns** commencer à avoir des cornes

COMP ▷ **grow bag** N *(Hort) sac contenant du terreau enrichi où l'on peut faire pousser directement des plantes*

► **grow apart** VI s'éloigner peu à peu (l'un de l'autre *or* les uns des autres)

► **grow in** VI *[nail]* s'incarner ; *[hair]* repousser

► **grow into** VT FUS a *(= become)* devenir ◆ **to ~ into a man** devenir un homme ◆ **he's ~n into quite a handsome boy** il est devenu très beau garçon (en grandissant)

b *[+ clothes]* devenir assez grand pour mettre ◆ **he grew into the job** peu à peu, il a appris les ficelles du métier ◆ **to ~ into the habit of doing sth** prendre (avec le temps) l'habitude de faire qch

► **grow on** VT FUS *[habit etc]* s'imposer peu à peu à ; *[book, music etc]* plaire de plus en plus à ◆ **his paintings ~ on you** plus on regarde ses tableaux, plus on les apprécie

► **grow out** VI ◆ **to let one's dyed hair grow out** laisser repousser ses cheveux *(pour éliminer la teinture)*, attendre que ses cheveux retrouvent leur couleur naturelle

VT SEP ◆ **if you don't like the perm, you'll just have to grow it out** si la permanente ne vous plaît pas, vous n'avez qu'à vous laisser repousser les cheveux

► **grow out of** VT FUS *[+ clothes]* devenir trop grand pour ◆ **he's ~n out of this jacket** cette veste est (devenue) trop petite pour lui ◆ **he grew out of his asthma/acne** son asthme/acné lui a passé avec le temps ◆ **to ~ out of the habit of doing sth** perdre l'habitude de faire qch

► **grow up** VI a *[person, animal]* devenir adulte ◆ **when I ~ up I'm going to be a doctor** quand je serai grand je serai médecin ◆ **~ up!** * arrête tes enfantillages !

b *[friendship, hatred etc]* se développer ; *[custom]* se répandre

**grower** /ˈgrəʊəʳ/ N a *(= person)* producteur *m*, -trice *f*, cultivateur *m*, -trice *f* ◆ **vegetable ~** maraîcher *m*, -ère *f* ; → **rose²** b ◆ **this plant is a slow ~** c'est une plante à croissance lente

**growing** /ˈgrəʊɪŋ/ ADJ a *[plant]* qui pousse ◆ **~ crops** récoltes *fpl* sur pied ◆ **fast-/slow-~** à croissance rapide/lente b *[child]* en cours de croissance, qui grandit ◆ **he's a ~ boy** il est en pleine croissance c *(= increasing) [number, amount]* grandissant, qui augmente ; *[friendship, hatred]* grandissant, croissant ◆ **a ~ opinion** une opinion de plus en plus répandue ◆ **a ~ feeling of frustration** un sentiment croissant *or* grandissant de frustration ◆ **to have a ~ desire to do sth** avoir de plus en plus envie de faire qch N *(= getting bigger)* croissance *f* ; *(Agr)* culture *f*

COMP ▷ **growing pains** * NPL *(Med)* douleurs *fpl* de croissance ; *[of business, project]* difficultés *fpl* de croissance ▷ **growing season** N *(Agr)* période *f* de croissance

**growl** /graʊl/ VI *[animal]* grogner, gronder (*at* contre) ; *[person]* grogner, ronchonner * ; *[thunder]* gronder VT *[+ reply etc]* grogner, grommeler N grognement *m*, grondement *m* ◆ **to give a ~** grogner

**grown** /grəʊn/ VB (ptp **grow**;) see also **home comp** ADJ *[person]* adulte ◆ **he's a ~ man** il est adulte

**grown-up** /ˌgrəʊnˈʌp/ ADJ a *(= adult) [children]* adulte ◆ **when he is ~** quand il sera grand b *(= mature) [child, adolescent]* mûr ; *[behaviour]* de grande personne ◆ **your brother's very ~ for his age** ton frère est très mûr pour son âge ◆ **you think you're so ~!** tu te prends pour une grande personne ! ◆ **she looks very ~** elle fait très grande personne *or* très adulte ◆ **try to be more ~ about it** ne sois pas aussi puéril c * *[talk, subject]* d'adultes N grande personne *f*, adulte *mf* ◆ **the ~s** les grandes personnes *fpl*

**growth** /grəʊθ/ N a *(NonC = development) [of plant]* croissance *f*, développement *m* ; *[of person]* croissance *f* ◆ **to reach full ~** *[person]* avoir fini de grandir

b *(NonC = increase) [of numbers, amount]* augmentation *f* ; *[of business, trade]* expansion *f*, croissance *f* (in de) ; *[of club, group]* croissance *f* ; *[of influence, economy]* croissance *f*, développement *m* ; *[of knowledge, love, friendship]* développement *m* ◆ **these measures encourage ~** *(Econ)* ces mesures favorisent la croissance ◆ **the ~ of public interest in ...** l'intérêt croissant du public pour ...

c *(= what has grown)* pousse *f*, poussée *f* ◆ **a thick ~ of weeds** des mauvaises herbes qui ont poussé dru ◆ **a five days' ~ of beard** une barbe de cinq jours ◆ **she had a new ~ of hair** ses cheveux se sont mis à repousser

d *(Med = tumour)* tumeur *f* ◆ **benign/malignant ~** tumeur *f* bénigne/maligne

COMP *[potential, prospects, forecast]* de croissance, d'expansion ▷ **growth area** N *(= sector of economy)* secteur *m* en (pleine) expansion ; *(= region)* région *f* en (pleine) expansion ▷ **growth factor** N *(Med)* facteur *m* de croissance ▷ **growth hormone** N hormone *f* de croissance ▷ **growth industry** N secteur *m* en (pleine) expansion *or* en plein essor ▷ **growth market** N marché *m* en (pleine) expansion *or* en plein essor ▷ **growth rate** N taux *m* de croissance ▷ **growth shares** NPL *(Brit)* valeurs *fpl* de croissance ▷ **growth stock** N *(US)* ⇒ **growth shares**

**groyne** /grɔɪn/ N *(esp Brit)* brise-lames *m inv*

**Grozny** /ˈgrɒznɪ/ N Grozny

**grub** /grʌb/ N a *(= larva)* larve *f* ; *(in apple etc)* ver *m*, asticot *m* b *(NonC:* ‡ *= food)* boustifaille ‡ *f*, bouffe ‡ *f* ◆ **~'s up!** à la soupe ! * VT *[animal] [+ ground, soil]* fouir VI (also **grub about, grub around**) fouiller, fouiner (*in, among* dans) COMP ▷ **Grub Street** * N *(Brit)* le monde des écrivaillons

► **grub up** VT SEP *[+ soil]* fouir ; *[+ object]* déterrer

**grubbiness** /ˈgrʌbɪnɪs/ N saleté *f*

**grubby** /ˈgrʌbɪ/ ADJ *(= dirty) [person, object]* malpropre, sale ; *(pej) (= sordid)* sale, sordide ◆ **I don't want him to get his ~ hands on it** je ne veux pas qu'il y touche (avec ses pattes sales) ◆ **the ~ business of selling arms** le sordide commerce des armes

**grubstake** * /ˈgrʌbsteɪk/ N *(US) (Hist)* avance *f* faite à un prospecteur ◆ **to put up a ~ for sb** * *(Fin)* fournir les fonds nécessaires à qn *(pour le lancement d'une entreprise ou d'un projet)* VT accorder une avance à ; *(Fin)* financer *(pendant la phase de lancement)*

**grudge** /grʌdʒ/ VT ◆ **to ~ doing sth** faire qch à contrecœur, rechigner à faire qch ◆ **she ~s paying £20 a ticket** cela lui fait mal au cœur de payer 20 livres le billet ◆ **he ~s her even the food she eats** il lui mesure jusqu'à sa nourriture, il lésine même sur sa nourriture ◆ **do you ~ me these pleasures?** me reprochez-vous ces (petits) plaisirs ? ◆ **they ~d him his success** ils lui en voulaient de sa réussite ◆ **I won't ~ you $5** je ne vais pas te refuser 5 dollars N rancune *f* ◆ **to bear** *or* **have a ~ against sb** en vouloir à qn, garder rancune à qn COMP ▷ **grudge match** * N (pl **grudge matches**) *(Sport, fig)* règlement *m* de comptes

**grudging** /ˈgrʌdʒɪŋ/ ADJ *[consent, approval, support]* réticent ; *[apology, praise]* fait à contrecœur ◆ **he won their ~ admiration/respect** à contrecœur, ils ont fini par l'admirer/le respecter ◆ **to be ~ in one's support for sth** apporter un soutien réticent à qch

**grudgingly** /ˈgrʌdʒɪŋlɪ/ ADV à contrecœur

**gruel** /grʊəl/ N gruau *m*

**gruelling, grueling** *(US)* /ˈgrʊəlɪŋ/ ADJ éreintant

**gruesome** /ˈgruːsəm/ ADJ horrible, épouvantable ◆ **in ~ detail** jusque dans les plus horribles détails

**gruesomely** /ˈgruːsəmlɪ/ ADV *(with vb)* d'une manière horrible ; *(with adj)* horriblement

**gruff** /grʌf/ ADJ bourru

**gruffly** /ˈgrʌflɪ/ ADV *[say]* d'un ton bourru

**gruffness** /ˈgrʌfnɪs/ N *[of person, manner]* brusquerie *f* ; *[of voice]* ton *m* bourru

**grumble** /ˈgrʌmbl/ VI *[person]* maugréer (*at, about* contre) ; *[thunder]* gronder N a grognement *m*, ronchonnement * *m* ◆ **to do sth without a ~** faire qch sans ronchonner * ◆ **after a long ~ about ...** après avoir longtemps maugréé contre ... b ◆ **~s** récriminations *fpl*

**grumbling** /ˈgrʌmblɪŋ/ N *(NonC)* récriminations *fpl* ADJ *[person]* grognon, grincheux ◆ **a ~ sound** un grondement COMP ▷ **grumbling appendix** N appendicite *f* chronique

**grummet** /ˈgrʌmɪt/ N ⇒ **grommet**

**grump** /grʌmp/ N *(= person)* grognon *m*, ronchon *m* NPL **grumps** ◆ **to have the ~s** être de mauvais poil *

**grumpily** /ˈgrʌmpɪlɪ/ ADV *[say]* d'un ton maussade

**grumpiness** /ˈgrʌmpɪnɪs/ N *(permanent)* mauvais caractère *m* ◆ **sorry for my ~ yesterday** désolé d'avoir été de mauvais poil * hier

**grumpy** /ˈgrʌmpɪ/ ADJ grognon, bougon

**grunge** /grʌndʒ/ N grunge *m*

**grungy** * /ˈgrʌndʒɪ/ ADJ crado * *inv*, cradingue *

**grunt** /grʌnt/ VTI grogner ◆ **to ~ a reply** grommeler *or* grogner une réponse ◆ **"no", he ~ed** "non", grommela-t-il N a grognement *m* ◆ **to give a ~** pousser *or* faire entendre un grognement ; *(in reply)* répondre par un grognement b *(US * = soldier)* fantassin *m*, biffin * *m*

**gruppetto** /gruːˈpetəʊ/ N (pl **gruppetti** /gruːˈpetiː/) *(Mus)* gruppetto *m*

**gryphon** /ˈgrɪfən/ N ⇒ **griffin**

**GSM** /ˌdʒiːesˈem/ N *(Telec)* (abbrev of **Global System for Mobile Communications**) GSM *m*

**GSOH** * N (abbrev of **good sense of humour**) sens *m* de l'humour

**GT** /ˈdʒiːˈtiː/ N (abbrev of **gran turismo**) GT *f*

**Gt** (abbrev of **Great**) gd (gde *f*), grand ◆ **~ Britain** la Grande-Bretagne ◆ **~ Yarmouth** Great Yarmouth

**GTi** /ˌdʒiːtiːˈaɪ/ N (abbrev of **gran turismo injection**) GTi *f*

**GU** *(US Post)* abbrev of **Guam**

**guacamole** /ˌgwɑːkəˈməʊlɪ/ N *(Culin)* guacamole *m*

**Guadeloupe** /ˌgwɑːdəˈluːp/ N Guadeloupe *f*

**Guam** /gwɑːm/ N Guam

**guano** /ˈgwɑːnəʊ/ N *(NonC)* guano *m*

**guarantee** /ˌgærənˈtiː/ N a *(gen, Comm = promise, assurance)* garantie *f* ◆ **to be under ~** être sous garantie ◆ **there is a year's ~ on this watch** cette montre est garantie un an, cette montre a une garantie d'un an ◆ **a ~ against defective workmanship** une garantie contre les malfaçons ◆ **"money-back guarantee with all items"** "remboursement garanti sur tous les articles" ◆ **you have** *or* **I give you my ~ that ...** je vous garantis que ... ◆ **there's no ~ that it will happen** il n'est pas garanti *or* dit que cela arrivera ◆ **there's no ~ that it actually happened** il n'est pas certain que cela soit arrivé ◆ **health is not a ~ of happiness** la santé n'est pas une garantie de bonheur

b *(Jur etc = pledge, security)* garantie *f*, caution *f* ◆ **~ for a bill** *(Fin)* aval *m* d'une traite ◆ **to give sth as (a) ~** donner qch en garantie ◆ **he left his watch as a ~ of payment** il a laissé sa montre en gage ◆ **what ~ can you offer?** quelle caution pouvez-vous donner ?

c ⇒ **guarantor**

VT a *(Comm) [+ goods etc]* garantir *(against* contre) ◆ **to ~ sth for two years** garantir qch (pour) deux ans ◆ **~d not to rust** garanti inoxydable ◆ **~d price** prix *m* garanti

b *(= assure) [+ sb's safety, freedom, rights]* garantir ◆ **I will ~ his good behaviour** je me porte garant de sa bonne conduite ◆ **I ~ that it won't happen again** je vous garantis que cela ne se reproduira pas ◆ **I can't ~ that he will come** je ne peux pas garantir qu'il viendra ◆ **we can't ~ good weather** nous ne pouvons pas garantir le beau temps *or* qu'il fera beau

c *(Fin)* ◆ **to ~ a loan** se porter garant *or* caution d'un emprunt ◆ **I will ~ him for a £500 loan** je lui servirai de garant *or* de caution pour un emprunt de 500 livres ◆ **~d student loan** *(US Univ)* prêt *m* d'honneur *(à un étudiant)*

COMP ▷ **guarantee form** N garantie *f (fiche)*

**guarantor** /ˌgærənˈtɔːʳ/ N garant(e) *m(f)*, caution *f* ◆ **to stand ~ for sb** se porter garant *or* caution de qn ◆ **will you be my ~ for the loan?** me servirez-vous de garant *or* de caution pour cet emprunt ?

**guaranty** /ˈgærəntɪ/ N *(Fin)* garantie *f*, caution *f* ; *(= agreement)* garantie *f* ; *(= person)* garant(e) *m(f)*

**guard** /gɑːd/ N a *(NonC)* garde *f*, surveillance *f* ; *(Mil)* garde *f* ◆ **to put a ~ on sb/sth** faire surveiller qn/qch ◆ **to come off ~** finir son tour de garde ◆ **to be on ~** être de garde *or* de faction ◆ **to go on ~** prendre son tour de garde ◆ **to keep** *or* **stand ~** être de garde, monter la garde ◆ **to keep** *or* **stand ~ on** *(against attack)* garder ; *(against theft, escape)* surveiller ◆ **to stand ~ over sb/sth** monter la garde auprès de qn/qch ◆ **to be under ~** être sous surveillance *or* sous bonne garde ◆ **to keep sb under ~** garder qn sous surveillance ◆ **he was taken under ~ to ...** il a été emmené sous escorte à ... ; → **mount**

b *(NonC) (Boxing, Fencing)* garde *f* ◆ **on ~!** *(Sport)* en garde !

c *(= as protection)* ◆ **he wears goggles as a ~ against accidents** il porte des lunettes protectrices

d *(= wariness)* ◆ **to be on one's ~** se méfier *(against* de) être *or* se tenir sur ses gardes *(against* contre) ◆ **to put sb on his ~** mettre qn en garde *(against* contre) ◆ **to be off (one's) ~** ne pas être *or* ne pas se tenir sur ses gardes ◆ **to catch sb off (his) ~** prendre qn au dépourvu ◆ **to put sb off (his) ~** tromper la vigilance de qn ◆ **to drop one's ~** relâcher sa vigilance, baisser sa garde *(fig)*

e *(Mil etc) (= squad of men)* garde *f* ; *(= one man)* garde *m* ◆ **to change (the) ~** *(Mil)* faire la relève de la garde ◆ **one of the old ~** un vieux de la vieille * ◆ **the Guards** *(Brit Mil)* les régiments *mpl* de la garde royale ; → **lifeguard, security**

f *(Brit Rail)* chef *m* de train

g *(on machine)* dispositif *m* de sûreté ; *(on sword)* garde *f* ; → **fireguard**

h *(Basketball)* ◆ **left/right ~** arrière *m* gauche/droit

VT *(against attack)* garder *(from, against* contre) ; *(against theft, escape)* surveiller ; *(Cards, Chess)* garder ; *(fig) [+ one's tongue, passions etc]* surveiller ◆ **the frontier is heavily ~ed** la frontière est solidement gardée ◆ **the dog ~ed the house** le chien gardait la maison ◆ **~ it with your life!** veillez bien dessus ! ◆ **to ~ o.s. against sth** *(fig)* se prémunir contre qch

COMP ▷ **guard dog** N chien *m* de garde ▷ **guard duty** N *(Mil)* ◆ **to be on ~ duty** être de garde *or* de faction ▷ **guard of honour** N *(lit, fig)* garde *f* d'honneur ; *(on either side)* haie *f* d'honneur ▷ **guard's van** N *(Brit Rail)* fourgon *m*

▸ **guard against** VT FUS se protéger contre, se prémunir contre ◆ **to ~ against doing sth** (bien) se garder de faire qch ◆ **in order to ~ against this** pour éviter cela ◆ **we must try to ~ against this happening again** nous devons essayer d'empêcher que cela ne se reproduise

**guarded** /ˈgɑːdɪd/ ADJ *[person]* sur ses gardes ; *[response, remark]* circonspect, prudent ; *[support, smile]* réservé ; *[optimism]* prudent ◆ **he is ~ about his intentions** il se garde de trop révéler ses intentions ◆ **a closely** *or* **carefully ~ secret** un secret bien gardé ◆ **to give a ~ welcome to sth** accueillir qch avec réserve

**guardedly** /ˈgɑːdɪdlɪ/ ADV *[say]* avec circonspection, prudemment ◆ **~ optimistic** d'un optimisme prudent

**guardedness** /ˈgɑːdɪdnɪs/ N circonspection *f*

**guardhouse** /ˈgɑːdhaʊs/ N *(Mil) (for guards)* corps *m* de garde ; *(for prisoners)* salle *f* de police

**guardian** /ˈgɑːdɪən/ N a gardien(ne) *m(f)*, protecteur *m*, -trice *f* b *[of minor]* tuteur *m*, -trice *f* ADJ gardien COMP ▷ **guardian angel** N ange *m* gardien ▷ **Guardian reader** N *(Brit)* lecteur *m*, -trice *f* du Guardian

> **Guardian Reader**
>
> « Dis-moi quel quotidien tu lis, et je te dirai qui tu es » : cet adage est particulièrement valable en Grande-Bretagne, où les gens ont une image stéréotypée des lecteurs des différents quotidiens. Les lecteurs du **Guardian**, quotidien de centre gauche, se comptent surtout parmi la gauche bourgeoise et intellectuelle, les enseignants, les travailleurs sociaux etc. Le « Sun » se situerait à l'autre extrême.

**guardianship** /ˈgɑːdɪənʃɪp/ N *(Jur)* tutelle *f*

**guardrail** /ˈgɑːdreɪl/ N *[of staircase]* rampe *f* ; *[of balcony]* balustrade *f*, rambarde *f* ; *[of road]* glissière *f* de sécurité

**guardroom** /ˈgɑːdrʊm/ N *(Mil)* corps *m* de garde

**guardsman** /ˈgɑːdzmən/ N (pl **-men**) *(Brit Mil)* soldat *m* de la garde royale, garde *m* ; *(US)* soldat *m* de la garde nationale

**Guatemala** /ˌgwɑːtɪˈmɑːlə/ N Guatemala *m* ◆ **in ~** au Guatemala

**Guatemalan** /ˌgwɑːtɪˈmɑːlən/ ADJ guatémaltèque N Guatémaltèque *mf*

**guava** /ˈgwɑːvə/ N *(= fruit)* goyave *f* ; *(= tree)* goyavier *m*

**gubbins** * /ˈgʌbɪnz/ N *(Brit)* a *(= thing)* machin * *m*, truc * *m* b *(= silly person)* crétin * *m*, imbécile *m*

**gubernatorial** /ˌguːbənəˈtɔːrɪəl/ ADJ *(esp US)* de *or* du gouverneur

**gudgeon**[1] /ˈgʌdʒən/ N *(= fish)* goujon *m*

**gudgeon**[2] /ˈgʌdʒən/ N *(Tech)* tourillon *m* ; *(Naut)* goujon *m* COMP ▷ **gudgeon pin** N *(Brit Aut)* axe *m* de piston

**guelder rose** /ˌgeldəˈrəʊz/ N *(Bot)* boule-de-neige *f*

**Guelf, Guelph** /gwelf/ N guelfe *m*

**Guernsey** /ˈgɜːnzɪ/ N a *(Geog)* Guernesey *f* ◆ **in ~** à Guernesey b *(also* **Guernsey cow***)* vache *f* de Guernesey

**guernsey** /ˈgɜːnzɪ/ N *(= garment)* ≈ pull *m* marin

**guerrilla** /gəˈrɪlə/ N guérillero *m* COMP *[tactics etc]* de guérilla ▷ **guerrilla band** N troupe *f* de partisans *or* de guérilleros ▷ **guerrilla financing** N *(US)* financement *m* indépendant ▷ **guerrilla group** N ⇒ **guerrilla band** ▷ **guerrilla strike** N *(Ind)* grève *f* sauvage ▷ **guerrilla war(fare)** N guérilla *f*

**guess** /ges/ N supposition *f*, conjecture *f* ◆ **to have** *or* **make a ~ (at sth)** essayer de deviner (qch) ◆ **he made a wild ~** il a lancé une réponse au hasard ◆ **(I'll give you) three ~es!** essaie de deviner ! ◆ **that was a good ~!** tu as deviné juste ! ◆ **that was a good ~ but ...** c'est une bonne idée, mais ... ◆ **how did you know? – it was just a lucky ~** comment as-tu deviné ? – j'ai dit ça au hasard ◆ **my ~ is that he refused** d'après moi, il aura *or* a refusé ◆ **it's anyone's ~ who will win** * impossible de prévoir qui va gagner ◆ **will he come tomorrow? – it's**

**anyone's** ~ * viendra-t-il demain ? — qui sait ? *or* Dieu seul le sait ◆ **at a ~ I would say there were 200** à vue de nez, il y en a 200 ◆ **at a rough ~** à vue de nez ◆ **an educated ~** une supposition éclairée ◆ **your ~ is as good as mine!** * je n'en sais pas plus que toi !

**VT** a (also **guess at**) *[+ answer, name etc]* deviner ; *(= estimate) [+ height, numbers etc]* estimer, évaluer ; *(= surmise)* supposer, conjecturer (*that* que) ◆ **to ~ sb's age** deviner l'âge de qn ◆ **you've ~ed (it)!** tu as deviné !, c'est ça ! ◆ **I ~ed as much** je m'en doutais ◆ **I don't weigh the ingredients, I just ~ the quantities** je ne pèse pas les ingrédients, je le fais au pif * ◆ **I ~ed him to be about 20, I ~ed (that) he was about 20** je lui donnais à peu près 20 ans ◆ **~ how heavy he is** devine combien il pèse ◆ **can you ~ what it means?** devine ce que ça veut dire ◆ **~ what!** * tu sais quoi ? ◆ **~ who!** * devine qui c'est ! ◆ **you'll never ~ who's coming to see us!** tu ne devineras jamais qui va venir nous voir !

b *(= believe, think)* supposer, penser ◆ **he'll be about 40 I ~** je lui donnerais la quarantaine ◆ **I ~ she's decided not to come** je suppose qu'elle a décidé de ne pas venir ◆ **I ~ so** sans doute, oui ◆ **I ~ not** non

**VI** deviner ◆ **(try to) ~!** essaie de deviner !, devine un peu ! ◆ **you'll never ~!** tu ne devineras jamais ! ◆ **to ~ right** deviner juste ◆ **to ~ wrong** tomber à côté ◆ **to keep sb ~ing** laisser qn dans le doute ◆ **to ~ at the height of a building/the number of people present** évaluer *or* estimer (au jugé) la hauteur d'un bâtiment/le nombre de personnes présentes

**COMP** ▷ **guessing game N** ◆ **to play a ~ing game** jouer aux devinettes

**guesstimate** * /ˈgestɪmɪt/ **N** *(NonC)* estimation *f* approximative **VT** calculer au pifomètre *

**guesswork** /ˈgeswɜːk/ **N** conjecture *f*, hypothèse *f* ◆ **it was sheer ~** ce n'étaient que des conjectures ◆ **by ~** en devinant, au jugé ◆ **it's far too important a decision to be left to ~** c'est une décision bien trop importante pour être prise au hasard *or* au jugé ◆ **to take the ~ out of sth** rendre qch plus précis

**guest** /gest/ **N** *(at home)* invité(e) *m(f)*, hôte *mf* ; *(at table)* convive *mf* ; *(in hotel)* client(e) *m(f)* ; *(in boarding house)* pensionnaire *mf* ; *(TV, Rad)* invité(e) *m(f)* ◆ **~ of honour** invité(e) *m(f)* d'honneur ◆ **we were their ~s last summer** nous avons été invités chez eux l'été dernier ◆ **be my ~!** * je vous en prie ! ; → **houseguest, paying**

**VI** *(TV, Rad)* ◆ **to ~ on sb's show** être invité sur le plateau de qn ◆ **and ~ing on tonight's show we have Linda Roberts** et pour l'émission de ce soir, notre invitée est Linda Roberts

**COMP** ▷ **guest appearance N** ◆ **to make a ~ appearance on sb's show** être invité sur le plateau de qn ▷ **guest artist N** invité(e) *m(f)* spécial(e) ▷ **guest book N** livre *m* d'or ▷ **guest list N** liste *f* des invités ▷ **guest night N** *soirée où les membres d'un club peuvent inviter des non-membres* ▷ **guest room N** chambre *f* d'amis ▷ **guest speaker N** conférencier *m*, -ière *f* *(invité(e) par un club, une organisation)*

**guesthouse** /ˈgesthaus/ **N** *(Brit: gen)* pension *f* de famille ; *(in monastery etc)* hôtellerie *f*

**guestworker** /ˈgestwɜːkəʳ/ **N** travailleur *m*, -euse *f* immigré(e)

**guff** * /gʌf/ **N** *(NonC)* idioties *fpl*, conneries ‡ *fpl*

**guffaw** /gʌˈfɔː/ **VI** s'esclaffer **N** gros (éclat *m* de) rire *m*

**GUI** /ˈguːɪ/ **N** *(Comput)* (abbrev of **graphical user interface**) interface *f* graphique, interface *f* GUI

**Guiana** /gaɪˈænə/ **N** Guyanes *fpl* ◆ **in ~** aux Guyanes

**guidance** /ˈgaɪdəns/ **N** a conseils *mpl* ; *(= counselling)* guidance *f* ◆ **he needs some ~ about how *or* as to how to go about it** il a besoin de conseils quant à la façon de procéder ◆ **your ~ was very helpful** vos conseils ont été très utiles ◆ **for your ~** pour votre gouverne, à titre d'indication *or* d'information ; see also **child, vocational** b *[of rocket etc]* guidage *m* **COMP** ▷ **guidance counselor N** *(US Scol)* conseiller *m*, -ère *f* d'orientation ▷ **guidance system N** *(Tech)* système *m* de guidage

**guide** /gaɪd/ **N** a *(= person)* guide *m* ◆ **you must let reason be your ~** il faut vous laisser guider par la raison

b *(= indication)* guide *m*, indication *f* ◆ **this figure is only a ~** ce chiffre n'est donné qu'à titre indicatif ◆ **last year's figures will be a good ~** les statistiques de l'année dernière serviront d'indication générale ◆ **these results are not a very good ~ as to his ability** ces résultats ne reflètent pas vraiment ses compétences ◆ **as a rough ~, count four apples to the pound** comptez en gros quatre pommes par livre

c *(= guidebook)* guide *m* (touristique) ◆ **~ to Italy** guide *m* d'Italie

d *(= book of instructions)* guide *m*, manuel *m* ◆ **beginner's ~ to sailing** manuel *m* d'initiation à la voile

e *(for curtains etc)* glissière *f* ; *(on sewing machine)* pied-de-biche *m*

f *(Brit:* also **girl guide**) éclaireuse *f* ; *(Roman Catholic)* guide *f*

**VT** a *[+ stranger, visitor]* guider, piloter ; *[+ blind person]* conduire, guider ◆ **he ~d us through the town** il nous a pilotés *or* guidés à travers la ville ◆ **he ~d us to the main door** il nous a montré le chemin jusqu'à la porte d'entrée ◆ **they had only a compass to ~ them** ils n'avaient qu'une boussole pour s'orienter

◆ **guided by** ◆ **be ~d by your instinct** laisse-toi guider par ton instinct ◆ **his method of working was ~d by four principles** sa méthode de travail obéissait à quatre principes ◆ **governments should be ~d by a simple rule ...** les gouvernements devraient respecter une règle simple ...

b *[+ rocket, missile]* guider

**COMP** ▷ **guide dog N** chien *m* d'aveugle ▷ **guide line N** *(for writing)* ligne *f (permettant une écriture horizontale régulière)* ; *(= rope)* main *f* courante ; see also **guideline** ▷ **guide price N** prix *m* indicatif

**guidebook** /ˈgaɪdbʊk/ **N** guide *m* (touristique)

**guided** /ˈgaɪdɪd/ **ADJ** *[rocket etc]* téléguidé **COMP** ▷ **guided missile N** missile *m* téléguidé ▷ **guided tour N** visite *f* guidée

**guideline** /ˈgaɪdlaɪn/ **N** a *(= rough guide)* indication *f* ; *(= advice)* conseil *m* ◆ **an IQ test is merely a ~** un test de QI ne donne qu'une indication (générale) ◆ **I gave her a few ~s on how to look after a kitten** je lui ai donné quelques conseils sur la manière de s'occuper d'un chaton ◆ **follow these simple ~s for a healthy diet** pour vous alimenter sainement, il suffit de suivre ces conseils b *(= official directive)* directive *f* (*on* sur) ◆ **judges are expected to follow clear ~s when awarding damages** les juges sont censés suivre des directives claires dans les affaires de dommages-intérêts ◆ **safety/health ~s** directives *fpl* concernant la santé/sécurité, directives *fpl* de santé/sécurité

**guidepost** /ˈgaɪdpəʊst/ **N** poteau *m* indicateur

**guider** /ˈgaɪdəʳ/ **N** cheftaine *f*

**guiding** /ˈgaɪdɪŋ/ **ADJ** *[ideology]* dominant ; *[policy, rule]* de base ◆ **he assumed a ~ role in his nephew's life** il a servi de mentor à son neveu ◆ **~ light, ~ star** *(fig)* guide *m* ◆ **our ~ principle is that the interests of children are paramount** le principe qui nous guide est que les intérêts des enfants passent avant tout ◆ **the ~ principle behind conservation** le principe de base de la défense de l'environnement ◆ **~ force** moteur *m* ◆ **he is the ~ force behind these reforms** il est le moteur de ces réformes ◆ **he needs a ~ hand from time to time** de temps en temps, il faut le remettre sur la bonne voie

**guild** /gɪld/ **N** a *(Hist)* guilde *f*, corporation *f* ◆ **goldsmiths' ~** guilde *f* des orfèvres b association *f*, confrérie *f* ◆ **the church ~** le conseil paroissial ◆ **women's ~** association *f* féminine

**guilder** /ˈgɪldəʳ/ **N** (pl **guilders** *or* **guilder**) florin *m*

**guildhall** /ˈgɪldhɔːl/ **N** *(Hist)* maison *f* des corporations ; *(= town hall)* hôtel *m* de ville

**guile** /gaɪl/ **N** *(NonC)* *(= deceit)* fourberie *f*, duplicité *f* ; *(= cunning)* ruse *f*

**guileful** /ˈgaɪlfʊl/ **ADJ** *(= deceitful)* fourbe, trompeur ; *(= cunning)* rusé

**guileless** /ˈgaɪllɪs/ **ADJ** candide, sans malice

**guillemot** /ˈgɪlɪmɒt/ **N** guillemot *m*

**guillotine** /ˌgɪləˈtiːn/ **N** *(for beheading)* guillotine *f* ; *(for paper-cutting)* massicot *m* ◆ **a ~ was imposed on the bill** *(Parl)* la durée des débats sur le projet de loi a été limitée **VT** *[+ person]* guillotiner ; *[+ paper]* massicoter ◆ **to ~ a bill** *(Parl)* limiter la durée des débats sur un projet de loi

**guilt** /gɪlt/ **N** *(NonC)* culpabilité *f* ◆ **he was tormented by ~** il était torturé par un sentiment de culpabilité ◆ **to have ~ feelings about sth/sb** avoir un sentiment de culpabilité à cause de qch/envers qn **COMP** ▷ **guilt complex N** *(Psych)* complexe *m* de culpabilité

**guiltily** /ˈgɪltɪlɪ/ **ADV** *[say]* d'un ton coupable ; *[look away]* d'un air coupable ; *[think]* avec un sentiment de culpabilité

**guiltless** /ˈgɪltlɪs/ **ADJ** innocent (*of* de)

**guilty** /ˈgɪltɪ/ **ADJ** a (also *Jur*) *[person]* coupable (*of* de) ◆ **I've been ~ of that myself** j'ai moi-même commis la même erreur ◆ **he was ~ of taking the book without permission** il s'est rendu coupable d'avoir pris le livre sans permission ◆ **to be found ~/not ~ (of sth)** être déclaré coupable/non coupable (de qch) ◆ **to plead ~/not ~ (to sth)** plaider coupable/non coupable (de qch) ◆ **how do you plead? ~ or not ~?** plaidez-vous coupable ou non coupable ? ◆ **a ~ verdict, a verdict of ~** un verdict de culpabilité ◆ **a not ~ verdict, a verdict of not ~** un verdict d'acquittement ◆ **the judge took into account his ~ plea *or* his plea of ~** le juge a tenu compte du fait qu'il avait plaidé coupable ◆ **the court accepted a not ~ plea *or* a plea of not ~** la cour l'a acquitté

b *(= ashamed) [smile, thought]* coupable ; *[silence]* chargé de culpabilité ◆ **to look ~** avoir l'air coupable ◆ **he had a ~ look on his face** il avait une expression coupable ◆ **to feel ~** culpabiliser, avoir mauvaise conscience ◆ **to make sb feel ~** culpabiliser qn, donner mauvaise conscience à qn ◆ **to feel ~ about sth** se sentir coupable de qch ◆ **I felt ~ that I had not thanked her** je culpabilisais *or* j'avais mauvaise conscience de ne pas l'avoir remerciée

**c** *(= shameful) [secret]* honteux ; *[pleasure]* inavouable, coupable

**COMP** ▷ **guilty conscience** N mauvaise conscience *f* ◆ **I have a ~ conscience about not writing** j'ai mauvaise conscience de ne pas avoir écrit ▷ **the guilty party** N le coupable

**Guinea** /ˈgɪnɪ/ **N** *(Geog)* ◆ **(the Republic of)** ~ la (République *f* de) Guinée *f* ; see also **equatorial** **COMP** ▷ **Guinea-Bissau** N Guinée-Bissau *f* ▷ **guinea-fowl** N *(pl inv)* pintade *f* ▷ **guinea-pig** N *(Zool)* cochon *m* d'Inde, cobaye *m* ; *(fig)* cobaye *m* ◆ **to be a guinea-pig** *(fig)* servir de cobaye

**guinea** /ˈgɪnɪ/ N *(Brit: formerly = money)* guinée *f* (= *21 shillings)*

**Guinean** /ˈgɪnɪən/ **ADJ** guinéen **N** Guinéen(ne) *m(f)*

**guise** /gaɪz/ N ◆ **in a new** ~ sous une autre forme ◆ **in** *or* **under the** ~ **of scientific research** sous l'apparence de *or* sous couvert de recherche scientifique ◆ **under the ~ of doing sth** sous prétexte de faire qch ◆ **a portrait of the king in the ~ of a Roman emperor** un portrait du roi en empereur romain

**guitar** /gɪˈtɑːʳ/ N guitare *f*

**guitarist** /gɪˈtɑːrɪst/ N guitariste *mf*

**Gujarat, Gujerat** /ˌgʊdʒəˈrɑːt/ N Gujarat *m*, Gujerat *m* ◆ **in** ~ au Gujarat

**Gujarati, Gujerati** /ˌgʊdʒəˈrɑːtɪ/ **ADJ** du Gujarat **N** **a** *(= person)* Gujarati *mf* **b** *(Ling)* gujarati *m*

**gulag** /ˈguːlæg/ N goulag *m*

**gulch** /gʌlʃ/ N *(US)* ravin *m*

**gulf** /gʌlf/ **N** **a** *(in ocean)* golfe *m* ◆ **the (Persian) Gulf** le golfe Persique, le Golfe **b** *(= difference)* fossé *m* **COMP** ▷ **the Gulf of Aden** N le golfe d'Aden ▷ **the Gulf of Alaska** N le golfe d'Alaska ▷ **the Gulf of Mexico** N le golfe du Mexique ▷ **the Gulf States** NPL *(Middle East)* les États *mpl* du Golfe ; *(in US)* les États *mpl* du golfe du Mexique ▷ **the Gulf Stream** N le Gulf Stream ▷ **the Gulf War** N la guerre du Golfe ▷ **Gulf War syndrome** N *(NonC: Med)* syndrome *m* de la guerre du Golfe

**gull¹** /gʌl/ **N** *(= bird)* goéland *m*, mouette *f* ◆ **common** ~ goéland *m* cendré **COMP** ▷ **gull-wing door** N *(Aut)* porte *f* papillon

**gull²** /gʌl/ **VT** duper, rouler* **N** *(= dupe)* gogo* *m*

**gullet** /ˈgʌlɪt/ N *(Anat)* œsophage *m* ; *(= throat)* gosier *m* ◆ **it really stuck in my** ~ *(fig)* ça m'est resté en travers de la gorge*

**gulley** /ˈgʌlɪ/ N ⇒ **gully**

**gullibility** /ˌgʌlɪˈbɪlɪtɪ/ N crédulité *f*

**gullible** /ˈgʌlɪbl/ ADJ crédule

**gully** /ˈgʌlɪ/ N **a** *(= ravine)* ravine *f*, couloir *m* ; *(Climbing)* couloir *m* **b** *(= drain)* caniveau *m*, rigole *f*

**gulp** /gʌlp/ **N** **a** *(= action)* coup *m* de gosier ; *(from emotion)* serrement *m* de gorge ◆ **to swallow sth in one** ~ avaler qch d'un seul coup ◆ **he emptied the glass in one** ~ il a vidé le verre d'un (seul) trait ◆ **"yes" he replied with a** ~ "oui" répondit-il la gorge serrée *or* avec une boule dans la gorge

**b** *(= mouthful) [of food]* bouchée *f* ; *[of drink]* gorgée *f* ◆ **he took a ~ of milk** il a avalé une gorgée de lait

**VT** **a** (also **gulp down**) *[+ food]* engloutir, avaler tout rond ; *[+ drink]* avaler d'un trait ◆ **don't ~ your food** mâche ce que tu manges

**b** ◆ **"I'm sorry," he ~ed** "désolé", répondit-il la gorge serrée *or* avec une boule dans la gorge

**VI** essayer d'avaler ; *(from emotion)* avoir un serrement à la gorge ◆ **he ~ed** sa gorge s'est serrée *or* s'est contractée

► **gulp back** VT SEP ◆ **to gulp back one's tears/sobs** ravaler *or* refouler ses larmes/sanglots

**gum¹** /gʌl/ **N** *(Anat)* gencive *f* **COMP** ▷ **gum disease** N gingivite *f* ▷ **gum shield** N protège-dents *m*

**gum²** /gʌm/ **N** **a** *(NonC) (Bot)* gomme *f* ; *(esp Brit = glue)* gomme *f*, colle *f* ; *(= rubber)* caoutchouc *m* **b** *(NonC)* chewing-gum *m* **c** *(= sweet)* (also **gumdrop**) boule *f* de gomme

**VT** *(= put gum on)* gommer ; *(= stick)* coller (*to* à) ◆ **~med envelope/label** enveloppe *f*/étiquette *f* collante *or* gommée ◆ **to ~ sth back on** recoller qch ◆ **to ~ down an envelope** coller *or* cacheter une enveloppe **COMP** ▷ **gum arabic** N gomme *f* arabique ▷ **gum tree** N gommier *m* ◆ **to be up a ~ tree*** *(Brit)* être dans le pétrin*

► **gum up*** VT SEP *[+ machinery, plans]* bousiller* ◆ **it's ~med up the works** ça a tout bousillé*

**gum³*** /gʌm/ N *(euph)* ◆ **by ~ !*** nom d'un chien !*, mince alors !*

**gumball*** /ˈgʌmbɔːl/ N *(US)* *(= chewing gum)* boule *f* de chewing-gum ; *(pej = person)* andouille* *f* ; *(hum) (on police car)* gyrophare *m*, bulle‡ *f*

**gumbo** /ˈgʌmbəʊ/ N *(US, Can) (Bot)* gombo *m* ; *(Culin)* soupe *f* au(x) gombo(s)

**gumboil** /ˈgʌmbɔɪl/ N fluxion *f* dentaire, abcès *m* à la gencive

**gumboots** /ˈgʌmbuːts/ NPL *(esp Brit)* bottes *fpl* de caoutchouc

**gumdrop** /ˈgʌmdrɒp/ N boule *f* de gomme

**gummy** /ˈgʌmɪ/ ADJ *[substance, surface]* collant

**gumption*** /ˈgʌmpʃən/ N *(NonC)* jugeote* *f*, bon sens *m* ◆ **use your ~!** un peu de jugeote !* ◆ **he's got a lot of** ~ il sait se débrouiller

**gumshoe‡** /ˈgʌmʃuː/ N *(US = detective)* privé* *m*

**gumshoes** /ˈgʌmʃuːz/ NPL *(US)* *(= overshoes)* caoutchoucs *mpl* ; *(= sneakers)* (chaussures *fpl* de) tennis *mpl*

**gun** /gʌn/ **N** **a** *(= handgun)* revolver *m*, pistolet *m* ; *(= rifle)* fusil *m* ; *(= cannon)* canon *m* ◆ **he's got a ~!** il est armé ! ◆ **the thief was carrying a** ~ le voleur avait une arme (à feu), le voleur était armé ◆ **to draw a ~ on sb** braquer une arme sur qn ◆ **to hold** *or* **put a ~ to sb's head** *(fig)* mettre le couteau *or* le pistolet sous la gorge de qn ◆ **a 21-~ salute** une salve de 21 coups de canon ◆ **the ~s** *(Mil)* les canons *mpl*, l'artillerie *f* ◆ **the big ~s** *(Mil)* les gros canons *mpl*, l'artillerie *f* lourde ; * *(fig = people)* les grosses légumes* *fpl*, les huiles* *fpl* ◆ **to bring out the big ~s** *(fig)* brandir un argument massue ◆ **to be going great ~s*** *(fig) [business]* marcher très fort* ; *[person]* être en pleine forme ; see also **blow¹** ◆ **he's the fastest ~ in the West** c'est la meilleure gâchette de l'Ouest ◆ **with (all) ~s blazing** tout feu tout flamme *inv* ◆ **to be under the** ~ *(esp US)* être dans une situation critique ; → **jump, son, stick**

**b** *(Brit = member of shooting party)* fusil *m*

**c** *(US* ‡: also **gunman**) bandit *m* armé

**d** *(Tech)* pistolet *m* ◆ **paint** ~ pistolet *m* à peinture ; see also **grease**

**VT** *(esp US Aut)* ◆ **to ~ the engine** faire ronfler le moteur ◆ **to ~ it*** appuyer sur le champignon*

**VI** * ◆ **to be ~ning for sb** chercher qn*, essayer d'avoir qn ◆ **watch out, he's ~ning for you!** fais gaffe*, il te cherche !

**COMP** ▷ **gun barrel** N canon *m* de fusil *or* de revolver ▷ **gun carriage** N affût *m* de canon ; *(at funeral)* prolonge *f* d'artillerie ▷ **gun control** N *(US)* réglementation *f* du port d'armes ▷ **gun cotton** N fulmicoton *m*, coton-poudre *m* ▷ **gun crew** N *(Mil)* peloton *m or* servants *mpl* de pièce ▷ **gun dog** N chien *m* de chasse ▷ **the gun laws** NPL *(US)* les lois *fpl* sur le port d'armes ▷ **gun licence, gun license** *(US)* N permis *m* de port d'armes ▷ **gun room** N *(in house)* armurerie *f* ; *(Brit Naut)* poste *m* des aspirants ▷ **gun-shy** ADJ qui a peur des coups de feu *or* des détonations ; *(fig)* qui n'a pas le courage de ses opinions ▷ **gun turret** N *(Mil etc)* tourelle *f*

► **gun down** VT SEP abattre

> **Gun Control**
>
> Aux États-Unis, la réglementation du port d'armes est un sujet très controversé. Le droit pour tous les citoyens de détenir des armes à feu est inscrit dans la constitution et certains lobbies encouragent fortement la pratique de l'autodéfense. Cependant, la montée de la violence préoccupe de nombreux Américains et a conduit à mettre en place une législation plus restrictive ; en particulier, beaucoup d'armes semi-automatiques ont été interdites.

**gunboat** /ˈgʌnbəʊt/ **N** *(Naut)* canonnière *f* **COMP** ▷ **gunboat diplomacy** N politique *f* de la canonnière, politique *f* de force

**gunfight** /ˈgʌnfaɪt/ N échange *m* de coups de feu, fusillade *f*

**gunfighter** /ˈgʌnfaɪtəʳ/ N *(esp US)* professionnel *m* de la gâchette, tireur *m*

**gunfire** /ˈgʌnfaɪəʳ/ N *[of rifles etc]* coups *mpl* de feu, fusillade *f* ; *[of cannons]* feu *m or* tir *m* d'artillerie

**gunge*** /gʌndʒ/ N *(NonC: Brit)* magma *m* infâme*

**gung ho*** /ˈgʌŋˈhəʊ/ ADJ fonceur

**gungy*** /ˈgʌndʒɪ/ ADJ visqueux, poisseux

**gunk*** /gʌŋk/ N *(NonC)* ⇒ **gunge**

**gunmaker** /ˈgʌnmeɪkəʳ/ N armurier *m*

**gunman** /ˈgʌnmən/ N (pl **-men**) bandit *m* armé ; *(Pol)* terroriste *m*

**gunmetal** /ˈgʌnmetl/ **N** bronze *m* à canon **ADJ** *(= colour)* vert-de-gris *inv*

**gunnel** /ˈgʌnl/ N ⇒ **gunwale**

**gunner** /ˈgʌnəʳ/ N *(Mil, Naut)* artilleur *m* ; *(Brit Mil)* canonnier *m*

**gunnery** /ˈgʌnərɪ/ **N** **a** *(= science, art, skill)* tir *m* au canon, canonnage *m* **b** *(Mil = guns)* artillerie *f* **COMP** ▷ **gunnery officer** N *(Mil)* officier *m* d'artillerie

**gunny** /ˈgʌnɪ/ N *(NonC)* toile *f* de jute grossière ; (also **gunny bag, gunny sack**) sac *m* de jute

**gunplay** /ˈgʌnpleɪ/ N *(US)* échange *m* de coups de feu

**gunpoint** /ˈgʌnpɔɪnt/ N ◆ **to have** *or* **hold sb at** ~ tenir qn sous la menace d'un revolver *or* d'un fusil ◆ **he did it at** ~ il l'a fait sous la menace d'un revolver *or* d'un fusil

**gunpowder** /ˈgʌnpaʊdəʳ/ N poudre *f* à canon ◆ **the Gunpowder Plot** *(Brit Hist)* la conspiration des Poudres

**gunrunner** /ˈgʌnrʌnəʳ/ N trafiquant *m* d'armes

**gunrunning** /ˈgʌnrʌnɪŋ/ N contrebande *f or* trafic *m* d'armes

**gunsel** * /ˈgʌnsl/ N *(US = gunman)* flingueur * *m*

**gunship** /ˈgʌnʃɪp/ N (also **helicopter gunship**) hélicoptère *m* de combat

**gunshot** /ˈgʌnʃɒt/ N *(= sound)* coup *m* de feu ◆ **within ~** à portée de fusil ◆ **out of ~** hors de portée de fusil COMP ▷ **gunshot wound** N blessure *f* par balle ◆ **to get a ~ wound** être blessé par balle, recevoir un coup de feu

**gunslinger** ‡ /ˈgʌnslɪŋəʳ/ N *(US = gunman)* flingueur * *m*

**gunsmith** /ˈgʌnsmɪθ/ N armurier *m*

**gunwale** /ˈgʌnl/ N *(Naut)* plat-bord *m*

**guppy** /ˈgʌpɪ/ N guppy *m*

**gurdwara** /gɜːdˈwɑːrəʳ/ N gurdwara *m*

**gurgle** /ˈgɜːgl/ N *[of water, rain]* gargouillis *m*, glouglou *m* ; *[of stream]* murmure *m* ; *[of laughter]* gloussement *m* ; *[of baby]* gazouillis *m* ◆ **to give a ~ of delight** gazouiller de joie VI *[water]* glouglouter, gargouiller ; *[stream]* murmurer ; *[person]* *(with delight)* gazouiller ; *(with laughter)* glousser

**Gurkha** /ˈgɜːkə/ N Gurkha *m*

**gurnard** /ˈgɜːnəd/ N (pl **gurnard** or **gurnards**) grondin *m*

**gurney** /ˈgɜːnɪ/ *(US)* N lit *m* à roulettes

**guru** /ˈgʊruː/ N *(lit, fig)* gourou *m*

**gush** /gʌʃ/ N *[of oil, water, blood]* jaillissement *m*, bouillonnement *m* ; *[of tears, words]* flot *m* ; *(* pej)* effusion(s) *f(pl)*, épanchement(s) *m(pl)* VI a *(lit, fig)* jaillir ◆ **to ~ in/out/through** *etc [water etc]* entrer/sortir/traverser *etc* en bouillonnant b *(* pej) [person]* se répandre en compliments *(over/about* sur/au sujet de) en rajouter *

**gusher** * /ˈgʌʃəʳ/ N a *(= oil well)* puits *m* jaillissant (de pétrole) b *(= effusive person)* ◆ **to be a ~** être trop exubérant

**gushing** /ˈgʌʃɪŋ/ ADJ *[water etc]* jaillissant ; *(pej) [person, enthusiasm, welcome]* trop exubérant

**gushy** * /ˈgʌʃɪ/ ADJ *[person]* trop exubérant ; *[language]* dithyrambique

**gusset** /ˈgʌsɪt/ N *(Sewing)* soufflet *m*

**gussy** * /ˈgʌsɪ/ VT *(US)* ◆ **to ~ sth up** retaper * qch

**gust** /gʌst/ N a *[of wind]* rafale *f*, bourrasque *f* ; *[of smoke]* bouffée *f* ; *[of flame]* jet *m* ◆ **a ~ of rain** une averse ◆ **the wind was blowing in ~s** le vent soufflait en rafales ◆ **~s of 100km/h** des rafales de 100 km/h b *(fig) [of rage etc]* accès *m*, bouffée *f* ◆ **a ~ of laughter** un grand éclat de rire VI *[wind]* souffler en rafales ◆ **wind ~ing to force 7** *(Met)* vent *m* (en rafales) atteignant force 7

**gustatory** /ˈgʌstətərɪ/ ADJ gustatif

**gusto** /ˈgʌstəʊ/ N *(NonC)* enthousiasme *m*, plaisir *m* ◆ **with ~** avec brio *or* verve ◆ **he ate his meal with great ~** il a dévoré son repas

**gusty** /ˈgʌstɪ/ ADJ *[weather]* venteux ◆ **a ~ day** un jour de grand vent ◆ **~ wind** du vent en rafales

**gut** /gʌt/ N *(Anat)* boyau *m*, intestin *m* ; *(Med: for stitching)* catgut *m* ; *(Mus etc)* (corde *f* de) boyau *m* ◆ **~s** *(Anat)* boyaux *mpl* ◆ **my ~s ache!** ‡ j'ai mal au bide ‡ ◆ **to work** *or* **sweat one's ~s out** ‡ se crever * au travail ◆ **I hate his ~s** ‡ je ne peux pas le blairer ‡ ◆ **the ~s** * **of his speech/of the problem** l'essentiel de son discours/du problème ; → **bust²**

NPL **guts** * *(= courage)* cran * *m* ◆ **he's got ~s** il a du cran * ◆ **he's got no ~s** il n'a rien dans le ventre *, il manque de cran * ◆ **it takes a lot of ~s to do that** il faut beaucoup de cran * pour faire ça

ADJ *(fig) [reaction]* instinctif ; *(negative)* viscéral ◆ **I've got a ~ feeling about it** je le sens au fond de moi-même ◆ **my ~ feeling** *or* **instinct is that ...** instinctivement, je sens que ... ◆ **~ reaction** première réaction *f*, réaction *f* instinctive

VT *(Culin) [+ animal]* vider, étriper ; *[+ fish]* vider ; * *[+ book etc]* piller * ◆ **fire ~ted the house** le feu n'a laissé que les quatre murs de la maison ◆ **the vandals ~ted the hall** les vandales n'ont laissé de la salle que les murs ; see also **gutted**

COMP ▷ **gut-churning** ADJ abominable, effroyable ▷ **gut course** * N *(US Univ)* enseignement *m* de base ▷ **gut-wrenching** ADJ abominable, effroyable

**gutless** * /ˈgʌtlɪs/ ADJ *(= cowardly)* dégonflé *

**gutsy** * /ˈgʌtsɪ/ ADJ a *(= plucky)* courageux b *(= substantial) [food, wine]* corsé ; *[music, song]* musclé *

**gutta-percha** /ˌgʌtəˈpɜːtʃə/ N *(NonC)* gutta-percha *f*

**gutted** ‡ /ˈgʌtɪd/ ADJ *(Brit = disappointed)* écœuré

**gutter** /ˈgʌtəʳ/ N *[of roof]* gouttière *f* ; *[of road]* caniveau *m* ◆ **the language of the ~** le langage de la rue ◆ **to rise from the ~** sortir du ruisseau VI *[candle]* couler ; *[flame]* vaciller, crachoter COMP ▷ **gutter-press** N presse *f* de bas étage *or* à scandales

**guttering** /ˈgʌtərɪŋ/ N *(NonC)* gouttières *fpl*

**guttersnipe** /ˈgʌtəsnaɪp/ N gamin(e) *m(f)* des rues

**guttural** /ˈgʌtərəl/ ADJ guttural N *(Phon †)* gutturale *f*

**guv** ‡ /gʌv/ N ⇒ **gov** ; → **governor b**

**guvnor** ‡ /ˈgʌvnəʳ/ N ⇒ **governor b**

**Guy** /gaɪ/ N Guy *m* COMP ▷ **Guy Fawkes Night** N *(Brit)* *fête célébrée le 5 novembre*

> **Guy Fawkes Night**
>
> En Grande-Bretagne, **Guy Fawkes Night** se fête le 5 novembre en mémoire de l'exécution du principal conjuré de la Conspiration des poudres (1605). Cette fête est prétexte à feux d'artifices et à feux de joie sur lesquels on brûle traditionnellement une effigie de **Guy Fawkes** (the guy) sous la forme d'une poupée de chiffon. Dans les jours qui précèdent, les enfants promènent cette effigie dans les rues et abordent les passants pour leur demander "a penny for the guy".

**guy¹** /gaɪ/ N a *(esp US *)* type * *m*, mec * *m* ◆ **the good/bad ~s** les bons *mpl*/les méchants *mpl* ◆ **nice ~** chic type * *m*, type *m* bien * ◆ **hi, ~s!** salut les mecs ! * ◆ **what are you ~s doing tonight?** qu'est-ce que vous faites ce soir, les mecs ? * ◆ **the ~s** *(US = friends)* les copains *mpl* ; → **fall** b *(Brit)* *effigie de Guy Fawkes* ; → GUY FAWKES NIGHT VT *(= make fun of)* tourner en ridicule

**guy²** /gaɪ/ N (also **guy rope**) corde *f* de tente

**Guyana** /gaɪˈænə/ N Guyana *f*

**Guyanese** /ˌgaɪəˈniːz/ ADJ guyanais N Guyanais(e) *m(f)*

**guzzle** /ˈgʌzl/ VT a *[person] [+ food]* bâfrer *, bouffer * ; *[+ drink]* siffler * b *(* fig) [car] [+ fuel, petrol]* bouffer *

**guzzler** /ˈgʌzləʳ/ N goinfre *mf* ; → **gas**

**gybe** /dʒaɪb/ VI ⇒ **gibe vi b**

**gym** /dʒɪm/ N a (abbrev of **gymnastics**) gymnastique *f*, gym * *f* b (abbrev of **gymnasium**) gymnase *m* ; *(Scol)* gymnase *m*, salle *f* de gym * COMP ▷ **gym shoes** NPL chaussures *fpl* de gym * ▷ **gym slip** *(Brit)*, **gym suit** *(US)* N tunique *f (d'écolière)*

**gymkhana** /dʒɪmˈkɑːnə/ N *(esp Brit)* gymkhana *m*

**gymnasium** /dʒɪmˈneɪzɪəm/ N (pl **gymnasiums** or **gymnasia** /dʒɪmˈneɪzɪə/) gymnase *m* ; *(Scol)* gymnase *m*, salle *f* de gymnastique

**gymnast** /ˈdʒɪmnæst/ N gymnaste *mf*

**gymnastic** /dʒɪmˈnæstɪk/ ADJ *[ability]* en gymnastique ; *[exercise, routine, championship]* de gymnastique ; *[leap]* acrobatique

**gymnastics** /dʒɪmˈnæstɪks/ N a *(pl = exercises)* gymnastique *f* ◆ **to do ~** faire de la gymnastique ◆ **mental ~** gymnastique *f* intellectuelle b *(NonC = art, skill)* gymnastique *f*

**gynae** * /ˈgaɪnɪ/ abbrev of **gynaecological, gynaecology**

**gynaecological, gynecological** *(US)* /ˌgaɪnɪkəˈlɒdʒɪkəl/ ADJ gynécologique

**gynaecologist, gynecologist** *(US)* /ˌgaɪnɪˈkɒlədʒɪst/ N gynécologue *mf*

**gynaecology, gynecology** *(US)* /ˌgaɪnɪˈkɒlədʒɪ/ N gynécologie *f*

**gyp** * /dʒɪp/ N a *(US) (= swindler)* arnaqueur * *m* ; *(= swindle)* escroquerie *f* b *(Brit)* ◆ **my leg is giving me ~** j'ai atrocement *or* sacrément * mal à la jambe c *(Brit Univ)* domestique *m* VT *(US)* ◆ **to ~ sb out of sth** escroquer qch à qn

**gyppo** ‡ /ˈdʒɪpəʊ/ N *(Brit)* manouche * *mf*

**gypsophila** /dʒɪpˈsɒfɪlə/ N gypsophile *f*

**gypsum** /ˈdʒɪpsəm/ N *(NonC)* gypse *m*

**gypsy** /ˈdʒɪpsɪ/ N ⇒ **gipsy**

**gyrate** /ˌdʒaɪəˈreɪt/ VI a *(= dance)* tournoyer ; *(suggestively)* onduler de façon suggestive b *(= spin)* tournoyer c *(= fluctuate)* fluctuer

**gyration** /ˌdʒaɪəˈreɪʃən/ N *[of dancer, gymnast]* acrobatie *f* ; *(suggestive)* mouvement *m* suggestif ; *[of currency, stockmarket]* fluctuation *f*

**gyratory** /ˌdʒaɪəˈreɪtərɪ/ ADJ giratoire

**gyro** /ˈdʒaɪərəʊ/ N abbrev of **gyrocompass, gyroscope**

**gyro...** /ˈdʒaɪəˈrəʊ/ PREF gyro...

**gyrocompass** /ˈdʒaɪərəʊˈkʌmpəs/ N gyrocompas *m*

**gyrofrequency** /ˌdʒaɪərəʊˈfriːkwənsɪ/ N gyrofréquence *f*

**gyromagnetic** /ˌdʒaɪrəʊmægˈnetɪk/ ADJ gyromagnétique

**gyroscope** /ˈdʒaɪərəˌskəʊp/ N gyroscope *m*

**gyroscopic** /ˌdʒaɪərəˈskɒpɪk/ ADJ gyroscopique

**gyrostabilizer** /ˌdʒaɪərəʊˈsteɪbɪlaɪzəʳ/ N gyrostabilisateur *m*

**gyrostat** /ˈdʒaɪrəʊˌstæt/ N gyrostat *m*

# H

**H, h** /eɪtʃ/ **N** **a** *(= letter)* H, h *m* ◆ **H for Harry, H for How** *(US)* ≃ H comme Hector ; → **drop** **b** *(Drugs)* **H** * poudre * *f (Drugs)*, héroïne *f*
**COMP** ▷ **H-bomb** **N** bombe *f* H ▷ **H grade** **N** *(Scot Scol)* ⇒ **Higher Grade ;** → **higher**

**ha**[1] /hɑː/ **EXCL** ha !, ah ! ◆ **~, ~!** *(surprise, irony)* ha ! ha ! ; *(laughter)* hi ! hi ! hi !

**ha**[2] **N** (abbrev of **hectare**) ha

**habeas corpus** /ˈheɪbɪəsˈkɔːpəs/ **N** *(Jur)* habeas corpus *m* ; → **writ**[1]

**haberdasher** /ˈhæbədæʃəʳ/ **N** *(= person)* *(Brit)* mercier *m*, -ière *f* ; *(US)* chemisier *m*, -ière *f* ◆ **~'s** *(Brit)* mercerie *f* ; *(US)* confection *f* pour hommes

**haberdashery** /ˌhæbəˈdæʃərɪ/ **N** *(Brit)* mercerie *f* ; *(US)* confection *f* pour hommes

**habit** /ˈhæbɪt/ **N** **a** habitude *f* ◆ **good ~s** bonnes habitudes *fpl* ◆ **eating ~s** habitudes *fpl* alimentaires ◆ **a survey of British reading ~s** une étude sur ce que lisent les Britanniques ◆ **I'm worried about his drinking ~s** je m'inquiète de son penchant pour la boisson ◆ **to be in the ~ of doing sth** avoir pour habitude *or* avoir l'habitude de faire qch ◆ **he was talking very loudly, as he was in the ~ of doing when nervous** il parlait très fort comme il avait l'habitude de le faire quand il était tendu ◆ **I don't make a ~ of it** je ne le fais pas souvent ◆ **you can do it this time, but don't make a ~ of it** d'accord pour cette fois, mais il ne faut pas que cela devienne une habitude ◆ **let's hope he doesn't make a ~ of it** espérons qu'il n'en prendra pas l'habitude ◆ **to get** *or* **fall into bad ~s** prendre de mauvaises habitudes ◆ **to get into/out of the ~ of doing sth** prendre/perdre l'habitude de faire qch ◆ **to get sb into the ~ of doing sth** faire prendre à qn l'habitude de faire qch, habituer qn à faire qch ◆ **to get out of a ~** *(= lose the habit)* perdre une habitude ; *(= get rid of a habit)* se débarrasser *or* se défaire d'une habitude ◆ **I've got out of the ~ of going to the cinema** j'ai perdu l'habitude d'aller au cinéma, je ne vais pratiquement plus au cinéma ◆ **to have a ~ of doing sth** avoir l'habitude de faire qch ◆ **his ~ of staring at people unnerved her** cette habitude qu'il avait de fixer les gens la troublait ◆ **he had a bad ~ of listening in to other people's conversations** il avait la mauvaise habitude d'écouter les conversations des autres ◆ **history has a ~ of repeating itself** l'histoire a tendance à se répéter ◆ **to do sth out of** *or* **from ~** faire qch par habitude ◆ **~ of mind** tournure *f* d'esprit ◆ **old ~s die hard** *(Prov)* les mauvaises habitudes ont la vie dure *(Prov)* → **creature, force**
**b** ◆ **to have a ~** *(= drug-taking)* être toxicomane ; *(= smoking)* avoir une dépendance à la nicotine ◆ **they couldn't cure him of the ~** ils n'ont pas réussi à le désaccoutumer *or* le faire décrocher * ; → **kick**
**c** *(= costume)* *[of monk, nun]* habit *m* ; (also **riding habit**) tenue *f* d'équitation
**COMP** ▷ **habit-forming** **ADJ** qui crée une accoutumance

**habitability** /ˌhæbɪtəˈbɪlɪtɪ/ **N** habitabilité *f*

**habitable** /ˈhæbɪtəbl/ **ADJ** habitable

**habitat** /ˈhæbɪtæt/ **N** habitat *m*

**habitation** /ˌhæbɪˈteɪʃən/ **N** **a** *(NonC)* habitation *f* ◆ **the house showed signs of ~** la maison avait l'air habitée ◆ **unfit for human ~** inhabitable **b** *(= dwelling-place)* habitation *f*, domicile *m* ; *(= settlement)* établissement *m*, colonie *f*

**habitual** /həˈbɪtjʊəl/ **ADJ** **a** *(= customary)* *[action, smile, expression, practice, courtesy]* habituel ◆ **to become ~** devenir une habitude **b** *(= regular)* *[drug user, drinker, liar]* invétéré ◆ **~ criminal** *or* **offender** multirécidiviste *mf*

**habitually** /həˈbɪtjʊəlɪ/ **ADV** habituellement

**habituate** /həˈbɪtjʊeɪt/ **VT** habituer, accoutumer *(sb to sth* qn à qch)

**hacienda** /ˌhæsɪˈendə/ **N** *(US)* hacienda *f*

**hack**[1] /hæk/ **N** **a** *(= cut)* entaille *f* ; *(= blow)* (grand) coup *m* ; *(= kick)* coup *m* de pied
**b** *(= cough)* toux *f* sèche
**c** *(Comput)* ⇒ **hacker**
**VT** **a** *(= cut)* hacher, tailler ◆ **to ~ sth to pieces** tailler qch en pièces ◆ **the victims had been ~ed to death** les victimes avaient été massacrées à coups de hache ◆ **we ~ed our way through the jungle** nous nous sommes frayé un chemin dans la jungle à coups de machette
**b** *(Brit Sport = kick)* ◆ **to ~ the ball away** renvoyer le ballon
**c** * ◆ **he just can't ~ it** *(= can't manage it)* il est complètement largué * ; *(= can't stand it)* il déteste ça, ça lui donne des boutons * ◆ **can he ~ it as a police chief?** est-ce qu'il tiendra le choc * en tant que chef de la police ?
**d** *(Brit* *)* ◆ **I'm ~ed off** *(= fed up)* j'en ai ras le bol * *(with sb/sth* de qn/qch) ; *(= annoyed)* je l'ai mauvaise * ◆ **I'm really ~ed off with her!** *(= annoyed)* je suis en rogne * contre elle !
**e** *(Comput)* *[+ system, file]* s'introduire dans
**VI** **a** *(= cut)* ◆ **to ~ at sth** (essayer de) couper qch (au couteau *or* à la hache *etc*)
**b** *(= cough)* tousser (d'une toux sèche)
**c** *(= be computer enthusiast)* être un(e) mordu(e) * d'informatique ◆ **she had managed to ~ into the system** *(= break into system)* elle avait réussi à s'introduire dans le système
**COMP** ▷ **hacking cough** **N** toux *f* sèche

► **hack around** **VI** *(US)* traîner

► **hack down** **VT SEP** *[+ person]* massacrer à coups de couteau (*or* de hache *or* d'épée *etc*) ; *[+ tree]* abattre

► **hack out** **VT SEP** enlever grossièrement à coups de couteau (*or* de hache *or* d'épée *etc*)

► **hack up** **VT SEP** hacher, tailler en pièces

**hack**[2] /hæk/ **N** **a** *(Brit)* *(= horse)* cheval *m* de selle ; *(hired)* cheval *m* de louage ; *(worn-out)* haridelle *f*, rosse *f* ; *(= ride)* promenade *f* à cheval ◆ **to go for a ~** (aller) se promener à cheval
**b** *(pej)* *(= journalist)* journaleux *m*, -euse *f* *(pej)* ; *(= politician)* politicard(e) *m(f)* *(pej)* ◆ **the party ~s** *(Pol)* les politicards *mpl (pej)* du parti ◆ **a ~ writer, a literary ~** un écrivaillon, un plumitif
**c** *(US* *)* *(= vehicle)* taxi *m* ; *(= driver)* chauffeur *m* de taxi
**VI** **a** *(Brit = ride)* monter (à cheval) ◆ **to go ~ing** (aller) se promener à cheval
**b** *(US = operate cab)* faire le taxi *
**COMP** ▷ **hacking jacket** **N** *(Brit)* veste *f* de cheval *or* d'équitation ▷ **hack reporter** **N** ◆ **to be a ~ reporter** tenir la rubrique des chiens écrasés, faire les chiens écrasés ▷ **hack work** **N** ⇒ **hack writing** ▷ **hack writer** **N** *(pej)* → noun b ▷ **hack writing** **N** *(NonC)* écrits *mpl* alimentaires ; *(pej)* travail *m* d'écrivaillon *(pej)*

► **hack up** **VI** *[horse]* *(= win easily)* l'emporter facilement ◆ **the favourite ~ed up by 12 lengths** le favori l'a emporté facilement avec 12 longueurs d'avance

**hacker** /ˈhækəʳ/ **N** *(Comput)* *(= enthusiast)* mordu(e) * *m(f)* d'informatique ; *(= pirate)* pirate *m* informatique

**hacking** /ˈhækɪŋ/ **N** *(Comput)* *(= enthusiasm)* engouement *m* pour l'informatique ; *(= piracy)* piratage *m* informatique

**hackle** /ˈhækl/ **N** plume *f* du cou **NPL** **hackles** poils *mpl* du cou ◆ **his ~s rose at the very idea** *(fig)* ça le hérissait d'y penser ◆ **to get sb's ~s up, to raise sb's ~s** hérisser qn

**hackman** /ˈhækmən/ **N** (pl **-men**) *(US = cabdriver)* chauffeur *m* de taxi

**hackney cab** /ˈhæknɪkæb/, **hackney carriage** /ˈhæknɪkærɪdʒ/ **N** voiture *f* de place *or* de louage

**hackneyed** /ˈhæknɪd/ **ADJ** *[word, image]* banal ; *[theme, subject]* rebattu ; *[metaphor]* usé ◆ ~ **expression** *or* **phrase** cliché *m*, lieu *m* commun

**hacksaw** /ˈhæksɔː/ **N** scie *f* à métaux

**had** /hæd/ **VB** pt, ptp of **have**

**haddock** /ˈhædək/ **N** (pl **haddock** *or* **haddocks**) églefin *m or* aiglefin *m* ◆ **smoked** ~ haddock *m*

**Hades** /ˈheɪdiːz/ **N** *(Myth) (= the underworld)* les enfers *mpl* ; *(= god)* Hadès *m*

**hadj** /hædʒ/ **N** (pl **hadjes**) ⇒ **hajj**

**hadn't** /ˈhædnt/ ⇒ **had not** ; → **have**

**Hadrian** /ˈheɪdrɪən/ **N** Hadrien *m* **COMP** ▷ **Hadrian's Wall N** le mur d'Hadrien

**haematemesis, hematemesis** *(US)* /ˌhiːməˈtemɪsɪs/ **N** hématémèse *f*

**haematic, hematic** *(US)* /hiːˈmætɪk/ **ADJ** hématique

**haematite, hematite** *(US)* /ˈhiːməˌtaɪt/ **N** hématite *f*

**haematological, hematological** *(US)* /ˌhiːmətəˈlɒdʒɪkəl/ **ADJ** hématologique

**haematologist, hematologist** *(US)* /ˌhiːməˈtɒlədʒɪst/ **N** hématologue *mf*, hématologiste *mf*

**haematology, hematology** *(US)* /ˌhiːməˈtɒlədʒɪ/ **N** hématologie *f*

**haematolysis, hematolysis** *(US)* /ˌhiːməˈtɒlɪsɪs/ **N** (pl **haematolyses** /ˌhiːməˈtɒlɪsiːz/) ⇒ **haemolysis**

**haematoma, hematoma** *(US)* /ˌhiːməˈtəʊmə/ **N** (pl **haematomas** *or* **haematomata** /ˌhiməˈtəʊmətə/) hématome *m*

**haemodialyser, hemodialyzer** *(US)* /ˌhiːməʊˈdaɪəˌlaɪzəʳ/ **N** rein *m* artificiel

**haemodialysis, hemodialysis** *(US)* /ˌhiːməʊdaɪˈælɪsɪs/ **N** hémodialyse *f*

**haemoglobin, hemoglobin** *(US)* /ˌhiːməʊˈgləʊbɪn/ **N** hémoglobine *f*

**haemolysis, hemolysis** *(US)* /hɪˈmɒlɪsɪs/ **N** (pl **haemolyses** /hɪˈmɒlɪˌsiːz/) hémolyse *f*

**haemophilia, hemophilia** *(US)* /ˌhiːməʊˈfɪlɪə/ **N** hémophilie *f*

**haemophiliac, hemophiliac** *(US)* /ˌhiːməʊˈfɪlɪæk/ **ADJ, N** hémophile *mf*

**haemoptysis, hemoptysis** *(US)* /hɪˈmɒptɪsɪs/ **N** (pl **haemoptyses** /hɪˈmɒptɪˌsiːz/) hémoptysie *f*

**haemorrhage, hemorrhage** *(US)* /ˈhemərɪdʒ/ **N** hémorragie *f* **VI** faire une hémorragie

**haemorrhoids, hemorrhoids** *(US)* /ˈhemərɔɪdz/ **NPL** hémorroïdes *fpl*

**haemostasis, hemostasis** *(US)* /ˌhiːməʊˈsteɪsɪs/ **N** hémostase *f*

**hafnium** /ˈhæfnɪəm/ **N** hafnium *m*

**haft** /hɑːft/ **N** *[of knife]* manche *m* ; *[of sword]* poignée *f* **VT** emmancher, mettre un manche à

**hag** /hæg/ **N** *(= ugly old woman)* vieille sorcière *f* ; *(= witch)* sorcière *f* ; *(* = unpleasant woman)* mégère *f* **COMP** ▷ **hag-ridden ADJ** *(gen)* tourmenté ◆ **he's ~-ridden** *(henpecked husband)* sa femme n'arrête pas de le houspiller

**haggard** /ˈhægəd/ **ADJ** *(= careworn)* défait ; *(= wild in appearance)* hagard ◆ **to look ~** avoir la mine défaite

**haggis** /ˈhægɪs/ **N** haggis *m (plat écossais à base d'abats de mouton, traditionnellement cuit dans une panse de mouton)*

**haggle** /ˈhægl/ **VI** *(= bargain)* marchander ; *(= quibble)* chicaner ◆ **to ~ about** *or* **over the price** *(= bargain)* débattre le prix ; *(= quibble)* chicaner sur le prix ◆ **they ~d over the terms of the agreement** ils ont chicané sur les termes de l'accord

**haggling** /ˈhæglɪŋ/ **N** *(= bargaining)* marchandage *m* ; *(= quibbling)* ergotage *m*

**hagiographer** /ˌhægɪˈɒgrəfəʳ/ **N** hagiographe *mf*

**hagiography** /ˌhægɪˈɒgrəfɪ/ **N** hagiographie *f*

**Hague** /heɪg/ **N** ◆ **The ~** La Haye

**hah** /hɑː/ **EXCL** ha !, ah !

**ha-ha** /ˈhɑːhɑː/ **N** *(Brit) (= fence)* clôture *f* en contrebas ; *(= ditch)* saut-de-loup *m*

**haiku** /ˈhaɪkuː/ **N** *(pl inv)* haïku *m*

**hail**[1] /heɪl/ **N** **a** *(NonC: Met)* grêle *f* **b** *(fig) [of stones, bullets, blows]* grêle *f*, pluie *f* ◆ **a ~ of gunfire** une pluie *or* grêle de balles **VI** grêler ◆ **it is ~ing** il grêle

**hail**[2] /heɪl/ **VT** **a** *(= acclaim)* saluer *(as* comme*)* ◆ **she has been ~ed as the greatest novelist of her generation** elle a été saluée comme la plus grande romancière de sa génération ◆ **the agreement was ~ed as a breakthrough** l'accord a été salué comme un événement capital

**b** *(† = acknowledge)* acclamer *(as* comme*)* ◆ **he was ~ed as emperor** on l'acclama *or* il fut acclamé comme empereur

**c** ◆ **(all) ~ !** † salut à vous !, je vous salue !

**d** *(= call loudly) [+ ship, taxi, person]* héler ◆ **within ~ing distance** à portée de (la) voix

**VI** *(frm)* ◆ **to ~ from** *[ship]* être en provenance de ; *[person]* être originaire de ◆ **a ship ~ing from London** un navire en provenance de Londres ◆ **they ~ from Leeds** ils sont originaires de Leeds ◆ **where do you ~ from?** d'où êtes-vous ?

**N** appel *m*

**COMP** ▷ **hail-fellow-well-met ADJ** ◆ **to be ~-fellow-well-met** se montrer d'une familiarité excessive ▷ **Hail Mary N** *(Rel)* Je vous salue Marie *m inv*, Ave *m inv*

► **hail down VT SEP** *[+ taxi]* héler

**hailstone** /ˈheɪlstəʊn/ **N** grêlon *m*

**hailstorm** /ˈheɪlstɔːm/ **N** averse *f* de grêle

**hair** /hɛəʳ/ **N** **a** *(NonC) [of human] (on head)* cheveux *mpl* ; *(on body)* poils *mpl* ◆ **he has black ~** il a les cheveux noirs ◆ **a man with long ~** un homme aux cheveux longs ◆ **a fine head of ~** une belle chevelure ◆ **to wash one's ~** se laver les cheveux ◆ **to do one's ~** se coiffer ◆ **her ~ always looks nice** elle est toujours bien coiffée ◆ **to have one's ~ done** se faire coiffer ◆ **she always does my ~ very well** elle me coiffe toujours très bien ◆ **to get one's ~ cut** se faire couper les cheveux ◆ **to put one's ~ up** relever ses cheveux ◆ **to let one's ~ down** * *(fig)* se laisser aller ◆ **keep your ~ on!** * *(Brit)* du calme ! ◆ **he gets in my ~** * *(= is annoying)* il me tape sur les nerfs * *or* sur le système * ◆ **I wish you'd get out of my ~** * **while I'm working** j'aimerais bien que tu ne sois pas tout le temps dans mes jambes quand je travaille ◆ **to get sb out of one's ~** *(= get rid of them)* se débarrasser de qn ◆ **it made my ~ stand on end** cela m'a fait dresser les cheveux sur la tête

**b** *[of human] (= single hair) (on head)* cheveu *m* ; *(on body)* poil *m* ◆ **I'm starting to get some grey ~s** je commence à avoir des cheveux gris *or* à grisonner ◆ **(with) not a ~ out of place** tiré à quatre épingles ◆ **not a ~ of his head was harmed** on n'a pas touché à un seul de ses cheveux ◆ **this will put ~s on your chest** * *(hum: spicy food, strong drink etc)* ça te rendra plus viril ◆ **it was hanging by a ~** cela ne tenait qu'à un cheveu ◆ **he won the race by a ~** il a gagné la course de justesse *or* d'un cheveu ; → **hair's breadth, split, turn**

**c** *[of animal] (= single hair)* poil *m* ; *(NonC)* pelage *m* ; *[of horse]* pelage *m*, robe *f* ; *(= bristles)* soies *fpl* ◆ **I'm allergic to cat ~** je suis allergique aux poils de chat ◆ **try a ~ of the dog (that bit you)** * reprends un petit verre pour faire passer ta gueule de bois *

**COMP** *[sofa, mattress]* de crin ▷ **hair appointment N** rendez-vous *m* chez le coiffeur ▷ **hair bulb N** bulbe *m* pileux ▷ **hair care N** soins *mpl* capillaires *or* du cheveu ▷ **hair clippers NPL** tondeuse *f (de coiffeur)* ▷ **hair conditioner N** après-shampooing *m*, baume *m* démêlant ▷ **hair cream N** crème *f* capillaire ▷ **hair-curler N** bigoudi *m* ▷ **hair-dryer N** *(hand-held)* sèche-cheveux *m inv*, séchoir *m* (à cheveux) ; *(freestanding)* casque *m* ▷ **hair extension N** *(clip-on)* postiche *m* ; *(permanent)* extension *f* ▷ **hair follicle N** follicule *m* pileux ▷ **hair gel N** gel *m* (coiffant *or* pour les cheveux) ▷ **hair grip N** *(Brit)* pince *f* à cheveux ▷ **hair implant N** implants *mpl* capillaires ▷ **hair lacquer N** laque *f (pour cheveux)* ▷ **hair oil N** huile *f* capillaire ▷ **hair-raising** * **ADJ** *[experience, story]* terrifiant, à (vous) faire dresser les cheveux sur la tête ◆ **driving in Paris is a ~-raising business** c'est terrifiant de conduire dans Paris ▷ **hair remover N** crème *f* dépilatoire ▷ **hair restorer N** antichute *m* ▷ **hair roller N** rouleau *m (bigoudi)* ▷ **hair's breadth N** ◆ **the bullet missed him by a ~'s breadth** la balle l'a manqué de justesse *or* d'un cheveu ◆ **the car missed the taxi by a ~'s breadth** la voiture a évité le taxi de justesse ◆ **the country is within a ~'s breadth of civil war** le pays est à deux doigts de la guerre civile ◆ **she was within a ~'s breadth of selling the business** elle était à deux doigts de vendre l'affaire **ADJ** ◆ **they won the election with a ~'s breadth majority** ils ont remporté les élections d'un cheveu *or* de justesse ◆ **this performance earned him a ~'s breadth victory** grâce à cette performance, il l'a emporté *or* il a gagné de justesse ◆ **they had a ~'s breadth escape from their pursuers** ils ont échappé à leurs poursuivants de justesse ▷ **hair shirt N** *(Rel)* haire *f*, cilice *m* ▷ **hair slide N** *(Brit)* barrette *f* ▷ **hair specialist N** capilliculteur *m*, -trice *f* ▷ **hair-splitter N** coupeur *m*, -euse *f* de cheveux en quatre ▷ **hair-splitting N** ergotage *m*, pinaillage * *m* ▷ **hair spray N** laque *f (pour cheveux)* ▷ **hair style N** coiffure *f* ▷ **hair stylist N** coiffeur *m*, -euse *f* ▷ **hair transplant N** implants *mpl* capillaires ▷ **hair-trigger ADJ** *[temper]* explosif

**hairball** /ˈhɛəbɔːl/ **N** *[of cat]* boule *f* de poils

**hairband** /ˈhɛəbænd/ **N** bandeau *m*

**hairbrained** /ˈhɛəbreɪnd/ **ADJ** ⇒ **harebrained**

**hairbrush** /ˈhɛəbrʌʃ/ **N** brosse *f* à cheveux

**haircloth** /ˈhɛəklɒθ/ **N** étoffe *f* de crin

**haircut** /ˈhɛəkʌt/ **N** ◆ **to have** *or* **get a ~** se faire couper les cheveux ◆ **I'd like a ~** je voudrais une coupe ◆ **I like your ~** j'aime bien ta coupe de cheveux

**hairdo** * /ˈhɛəduː/ **N** coiffure *f* ◆ **do you like my ~?** tu aimes ma coiffure ?, tu aimes mes cheveux comme ça ? *

**hairdresser** /ˈhɛədresəʳ/ **N** coiffeur *m*, -euse *f* ◆ **I'm going to the ~'s** je vais chez le coiffeur COMP ▷ **hairdresser's (salon** *or* **shop)** N salon *m* de coiffure

**hairdressing** /ˈhɛədresɪŋ/ N *(NonC = skill, job)* coiffure *f (métier)* COMP ▷ **hairdressing appointment** N rendez-vous *m* chez le coiffeur ▷ **hairdressing salon** N salon *m* de coiffure

**-haired** /hɛəd/ ADJ *(in compounds)* ◆ **long-haired** *[person]* aux cheveux longs ; *[animal]* à longs poils ◆ **short-haired** *[person]* aux cheveux courts ; *[animal]* à poils ras ; → **curly, fair**[1]

**hairless** /ˈhɛəlɪs/ ADJ *[head]* chauve ; *[face, chin]* imberbe ; *[body, legs]* glabre ; *[animal]* sans poils

**hairline** /ˈhɛəlaɪn/ N *(on head)* naissance *f* des cheveux ; *(in handwriting)* délié *m* ; → **recede** COMP ▷ **hairline crack** N *(gen)* fine fissure *f* ; *(Med)* mince *or* légère fêlure *f* ▷ **hairline fracture** N *(Med)* fêlure *f*

**hairnet** /ˈhɛənet/ N résille *f*, filet *m* à cheveux

**hairpiece** /ˈhɛəpiːs/ N postiche *m*

**hairpin** /ˈhɛəpɪn/ N épingle *f* à cheveux COMP ▷ **hairpin bend**, **hairpin curve** *(US)* N virage *m* en épingle à cheveux

**hairspring** /ˈhɛəsprɪŋ/ N (ressort *m*) spiral *m (de montre)*

**hairy** /ˈhɛərɪ/ ADJ a *(= covered with hair) [person, body]* poilu ; *[animal]* très poilu ; *[chest, legs, spider, leaf]* velu ◆ **a mammal's ~ coat** le pelage épais d'un mammifère b * *(= scary)* ◆ **his driving is a bit ~** sa façon de conduire file la pétoche‡ ◆ **there were some ~ moments on the mountain bends** on a eu des sueurs froides dans les virages de montagne

**Haiti** /ˈheɪtɪ/ N Haïti *f or m* ◆ **in ~** en Haïti

**Haitian** /ˈheɪʃɪən/ ADJ haïtien N Haïtien(ne) *m(f)*

**hajj** /hædʒ/ N (pl **hajjes**) hadj *m*

**hake** /heɪk/ N (pl **hake** *or* **hakes**) *(Brit)* colin *m*, merlu *m*

**halal** /hæˈlæl/ ADJ *[meat, butcher]* halal *inv or* hallal *inv*

**halberd** /ˈhælbəd/ N hallebarde *f*

**halcyon** /ˈhælsɪən/ N *(Myth, Orn)* alcyon *m* ADJ *[years, period]* de bonheur ◆ **~ days** jours *mpl* de bonheur, jours *mpl* heureux

**hale** /heɪl/ ADJ *[person]* vigoureux, robuste ◆ **to be ~ and hearty** *(gen)* être en pleine santé ; *[old person]* avoir bon pied bon œil

**half** /hɑːf/ (pl **halves**) N a *(of one whole)* moitié *f* ◆ **to take ~ of sth** prendre la moitié de qch ◆ **two halves make a whole** deux demis font un entier ◆ **the two halves of the brain** les deux hémisphères du cerveau ◆ **inflation rose in the first ~ of this year** l'inflation a augmenté au cours du premier semestre de l'année ◆ **I spent ~ the night thinking about it** j'ai passé la moitié de la nuit à y penser ◆ **she was working with ~ her usual energy** elle travaillait avec beaucoup moins d'énergie que de coutume ◆ **in ~ a second** * en moins de rien ◆ **to listen with ~ an ear** n'écouter que d'une oreille ◆ **you can see that with ~ an eye** ça saute aux yeux, ça crève les yeux ◆ **and that's not the ~ of it!** *, **I haven't told you the ~ of it yet!** * et c'est pas tout ! * ◆ **my better** *or* **other ~** * *(hum)* ma douce moitié ◆ **to see how the other ~ lives** * voir comment vivent les autres

♦ **and a half** ◆ **two and a ~** deux et demi ◆ **two and a ~ hours/weeks, two hours/weeks and a ~** deux heures/semaines et demie ◆ **two and a ~ kilos, two kilos and a ~** deux kilos et demi ◆ **that was a day/an exam and a ~!** * ça a été une sacrée journée/un sacré examen ! *, je te raconte pas ma journée/mon examen ! *

♦ **by half** ◆ **to cut by ~** *[+ costs, prices, budget, workforce]* réduire de moitié ◆ **he's too clever/cheeky by ~** * c'est un petit malin/impertinent ◆ **the film was too sentimental by ~** * ce film était bien trop sentimental

♦ **by halves** ◆ **he doesn't do things by halves** il ne fait pas les choses à moitié *or* à demi

♦ **to go halves** ◆ **will you go halves with me in buying the book?** veux-tu qu'on achète ce livre ensemble, en payant chacun la moitié ?, est-ce que tu partagerais avec moi le prix de ce livre ? ◆ **we always go halves on the phone bill** nous partageons toujours la note de téléphone en deux ◆ **we went halves on a taxi** nous avons partagé un taxi

♦ **in half** ◆ **to cut sth in ~** *[+ object]* couper qch en deux ◆ **to cut in ~** *[+ costs, prices, budget, workforce]* réduire de moitié ◆ **the plate broke in ~** l'assiette s'est cassée en deux

b *(of a number of things or people)* moitié *f* ◆ **~ of the books are in French** la moitié des livres sont en français ◆ **nearly ~ of all marriages end in divorce** près de la moitié des couples divorcent ◆ **100 employees, ~ of whom are part-time** 100 employés, dont la moitié sont à temps partiel ◆ **they don't know how to drive, ~ of them** la plupart d'entre eux ne savent pas conduire

c *[of rail ticket]* **outward ~** billet *m* aller ◆ **return ~** billet *m* de retour

d *(Sport = part of match)* mi-temps *f* ◆ **the first/second ~** la première/seconde mi-temps

e *(Sport = player)* demi *m* ◆ **left/right ~** *(Ftbl)* demi *m* gauche/droite

f *(Scol = term)* semestre *m*

g *(Brit:* also **half-pint**) demi *m* ◆ **a ~ of Guinness please** un demi de Guinness, s'il vous plaît

ADJ demi ◆ **a ~ cup, ~ a cup** une demi-tasse ◆ **three ~ cups** trois demi-tasses ◆ **a ~ bottle of wine** une demi-bouteille de vin ◆ **a ~-point cut in interest rates** une réduction d'un demi pour cent des taux d'intérêt ◆ **~ man ~ beast** mi-homme mi-bête ◆ **there are no ~ measures** il n'y a pas de demi-mesures ◆ **this plan smacks of ~ measures** ce plan ne propose que des demi-mesures ◆ **he never does anything by ~ measures, there are no ~ measures with him** il ne fait jamais les choses à moitié ; see also **comp, tick**[1]

ADV a *(= 50%)* ◆ **a mixture of ~ milk, ~ cream** un mélange moitié lait moitié crème, un mélange de lait et de crème, moitié-moitié ◆ **a ~-million dollars/people** un demi-million de dollars/personnes ◆ **the book was ~ in French, ~ in English** le livre était à moitié en français, à moitié en anglais ◆ **he's ~ French ~ English** il est de père français et de mère anglaise (*or* de père anglais et de mère française) ◆ **he is ~ as big as his sister** il est deux fois plus petit que sa sœur ◆ **he earns ~ as much as you** il gagne deux fois moins que vous ◆ **she earns ~ as much again as him** elle gagne une fois et demi(e) son salaire ◆ **a PC costs ~ as much again in Europe as in America** les PC coûtent une fois et demi(e) plus cher en Europe qu'en Amérique ◆ **his company's sales fell ~ as much again as last year** les ventes de son entreprise ont connu une baisse de 50% de plus que l'année dernière ; see also **comp**

b *(= partially, partly)* à moitié ◆ **~ asleep** à moitié endormi ◆ **~-buried** à moitié *or* à demi enterré ◆ **the work is only ~ done** le travail n'est qu'à moitié fait ◆ **she has only ~ recovered from her illness** elle n'est qu'à moitié remise de sa maladie ◆ **he only ~ understands** il ne comprend qu'à moitié ◆ **I've only ~ read it** *(= didn't read carefully)* je ne l'ai lu qu'à moitié ; *(= haven't finished reading)* je n'en ai lu que la moitié ◆ **she was ~ laughing ~ crying** elle était partagée entre le rire et les larmes, elle était entre rire et larmes ◆ **~ angry, ~ amused** mi-fâché, mi-amusé

c *(= rather, almost)* un peu ◆ **I'm ~ afraid that ...** j'ai un peu peur que ... + ne *+ subj* ◆ **he was ~ ashamed to admit it** il avait un peu honte de l'admettre ◆ **I ~ think (that) ...** je serais tenté de penser que ... ◆ **I'm ~ inclined to do it** je suis tenté de le faire ◆ **I ~ suspect that ...** je soupçonne que ... ; see also **comp**

d *(Brit *: emphatic)* ◆ **he wasn't ~ bad to look at!** il était rudement * *or* drôlement * beau ! ◆ **she didn't ~ swear!** elle a juré comme un charretier ! ◆ **she didn't ~ cry!** elle a pleuré comme une Madeleine ! ◆ **not ~!** tu parles ! *, et comment !

e *(in telling the time)* ◆ **it is ~ past three** il est trois heures et demie ◆ **what time is it? – ~ past** quelle heure est-il ? – la demie ; see also **comp**

COMP ▷ **half-a-crown** N *(Brit: formerly = value)* une demi-couronne ; → **half-crown** ▷ **half-a-dollar** N *(US = value)* un demi-dollar ; *(Brit *: formerly)* une demi-couronne ; → **half-dollar** ▷ **half-a-dozen** N une demi-douzaine ; → **half-dozen** ▷ **half-and-half** ADV moitié-moitié N *(US = milk and cream) mélange mi-crème mi-lait* ▷ **half-an-hour** N une demi-heure ; → **half-hour** ▷ **half-assed** ‡ ADJ *(US)* foireux ‡, nul ▷ **half-baked** ADJ *(Culin)* à moitié cuit ; *(fig, pej) [plan, idea]* qui ne tient pas debout, à la noix * ; *[attempt]* maladroit ◆ **a ~-baked philosopher/politician** un philosophe/politicien à la manque * ▷ **half-binding** N *[of book]* demi-reliure *f* ▷ **half-blind** ADJ à moitié aveugle ▷ **half-blood** N *(US)* ⇒ **half-breed** ▷ **half-board** N *(Brit: in hotel)* demi-pension *f* ▷ **half-breed** N *(= person)* métis(se) *m(f)* ADJ (also **half-bred**) *[person]* métis(se) ; *[animal]* hybride ▷ **half-brother** N demi-frère *m* ▷ **half-caste** ADJ, N métis(se) *m(f)* ▷ **half-century** N demi-siècle *m* ▷ **half-circle** N demi-cercle *m* ▷ **half-clad** ADJ à demi vêtu ▷ **half-closed** ADJ à demi fermé, à moitié fermé ▷ **half-cock** N ◆ **to go off at ~-cock** *(fig) [plan etc]* rater ▷ **half-cocked** ADJ *[gun]* à moitié armé, au cran de sûreté ; *(fig) [plan, scheme]* mal préparé, bâclé ◆ **to go off ~-cocked** *(fig)* rater ▷ **half-conscious** ADJ à demi conscient ▷ **half-convinced** ADJ à demi convaincu, à moitié convaincu ▷ **half-cooked** ADJ à moitié cuit ▷ **half-crazy** ADJ à moitié fou (folle *f*) ▷ **half-crown** N *(Brit: formerly = coin)* demi-couronne *f* ; → **half-a-crown** ▷ **half-cup bra** N soutien-gorge *m* à balconnet ▷ **half-cut** † ‡ ADJ *(Brit)* bourré ‡ ▷ **half-day** N demi-journée *f* ◆ **to have a ~-day (holiday)** avoir une demi-journée (de congé) ▷ **half-dazed** ADJ à demi hébété ▷ **half-dead** ADJ *(lit, fig)* à moitié mort, à demi mort (*with* de) ▷ **half-deaf** ADJ à moitié sourd ▷ **half-deck** N *(Naut)* demi-pont *m* ▷ **half-digested** ADJ *(lit, fig)* mal digéré ▷ **half-dollar** N *(US = coin)* demi-dollar *m* ; → **half-a-dollar** ▷ **half-dozen** N demi-douzaine *f* ; → **half-a-dozen** ▷ **half-dressed** ADJ à demi vêtu ▷ **half-drowned** ADJ à moitié noyé ▷ **half-educated** ADJ ◆ **he is ~-educated** il n'est pas très instruit ▷ **half-empty** ADJ à moitié vide VT vider à moitié ▷ **half-fare** N demi-tarif *m* ADV *[pay]* demi-tarif ▷ **half-fill** VT remplir à moitié ▷ **half-forgotten** ADJ à moitié oublié ▷ **half-frozen** ADJ à moitié gelé ▷ **half-full** ADJ à moitié plein ▷ **half-grown** ADJ à mi-croissance ▷ **half-hearted** ADJ *[person, welcome]* peu enthousiaste ; *[manner]*

tiède ; *[attempt]* timide ▷ **half-heartedly** ADV *[welcome]* sans enthousiasme ; *[try]* sans conviction ▷ **half-heartedness** N tiédeur *f* ; *[of person, welcome]* manque *m* d'enthousiasme ; *[of attempt]* manque *m* de conviction ▷ **half-hitch** N demi-clef *f* ▷ **half holiday** N *(Brit)* demi-journée *f* de congé ▷ **half-hour** N demi-heure *f* ◆ **the clock struck the ~-hour** l'horloge a sonné la demie (de l'heure) ◆ **on the ~-hour** à la demie ADJ *[wait, delay]* d'une demi-heure ; → **half-an-hour** ▷ **half-hourly** ADV toutes les demi-heures ADJ d'une demi-heure ▷ **half-jokingly** ADV en plaisantant à moitié ▷ **half-landing** N palier *m* de repos ▷ **half-length** N *(Swimming)* demi-longueur *f* ADJ *[portrait]* en buste ▷ **half-lie** N demi-mensonge *m* ▷ **half-life** N *(Phys)* demi-vie *f* ▷ **half-light** N demi-jour *m* ▷ **half-mad** ADJ à moitié fou (folle *f*) ▷ **half-marathon** N semi-marathon *m* ▷ **half-mast** N ◆ **at ~-mast** *[flag]* en berne ; *[trousers]* qui tombe ▷ **half-moon** N demi-lune *f* ; *(on fingernail)* lunule *f* ▷ **half-naked** ADJ à demi nu, à moitié nu ▷ **half-nelson** N *(Wrestling)* étranglement *m* ▷ **half-note** N *(US Mus)* blanche *f* ▷ **half open** VT entrouvrir, entrebâiller ▷ **half-open** ADJ *[eye, mouth]* entrouvert ; *[window, door]* entrouvert, entrebâillé ▷ **half pay** N ◆ **to be on ~ pay** *(gen)* toucher un demi-salaire ; *(Mil)* toucher une demi-solde ▷ **half-pint** N ≈ quart *m* de litre ; ( * *= small person)* demi-portion * *f* ◆ **a ~-pint (of beer)** ≈ un demi ▷ **half price** N ◆ **at ~ price** à moitié prix ◆ **the goods were reduced to ~ price** le prix des articles était réduit de moitié ◆ **children are admitted (at) ~ price** les enfants paient demi-tarif ◆ **a ~-price hat** un chapeau à moitié prix ▷ **half-raw** ADJ à moitié cru ▷ **half rest** N *(US Mus)* demi-pause *f* ▷ **half seas over** † * ADJ parti *, dans les vignes du Seigneur ▷ **half-serious** ADJ à moitié sérieux ▷ **half-shut** ADJ à moitié fermé ▷ **half-sister** N demi-sœur *f* ▷ **half-size** N *[of shoes]* demi-pointure *f* ADJ ◆ **~-size(d) model** modèle *m* réduit de moitié ▷ **half-sleeve** N manche *f* mi-longue ▷ **half-staff** N *(US)* ◆ **at ~-staff** en berne ▷ **half-starved** ADJ à demi mort de faim, affamé ▷ **half term** N *(Brit Educ)* *congé en milieu de trimestre*, petites vacances *fpl* ▷ **half-timbered** ADJ à colombage ▷ **half time** N a *(Sport)* mi-temps *f* ◆ **at ~ time** à la mi-temps b *(= work)* mi-temps *m* ◆ **on ~ time** à mi-temps ◆ **they are working ~ time** ils travaillent à mi-temps ▷ **half-time** ADJ ◆ **~-time score** score *m* à la mi-temps ▷ **half-tone** N *(US Mus)* demi-ton *m* ; *(Art)* demi-teinte *f* ; *(Phot)* similigravure *f* ▷ **half-track** N *(= tread)* chenille *f* ; *(= vehicle)* half-track *m* ▷ **half-truth** N demi-vérité *f* ▷ **half-understood** ADJ compris à moitié, mal compris ▷ **half volley** N *(Tennis)* demi-volée *f* ▷ **half-yearly** *(esp Brit)* ADJ semestriel(le) *m(f)* ADV tous les six mois, chaque semestre

**halfback** /ˈhɑːfbæk/ N *(Sport)* demi *m*

**halfpenny** /ˈheɪpnɪ/ N (pl **halfpennies** *or* **halfpence** /ˈheɪpəns/) demi-penny *m* ◆ **he hasn't got a ~** il n'a pas le *or* un sou ADJ d'un demi-penny

**halfway** /ˈhɑːfˈweɪ/ ADV *(in distance)* à mi-chemin ◆ **to be ~ along the road** être à mi-chemin ◆ **~ along (the line of cars** *etc***)** vers le milieu (de la file de voitures *etc*) ◆ **~ between ...** *(lit, fig)* à mi-chemin entre ... ◆ **~ down (the hill)** à mi-pente, à mi-côte ◆ **~ up (the pipe/tree** *etc***)** à mi-hauteur (du tuyau/de l'arbre *etc*) ◆ **he was ~ down/up the stairs** il avait descendu/monté la moitié de l'escalier ◆ **her hair reaches ~ down her back** ses cheveux lui arrivent au milieu du dos ◆ **to stretch ~ around the world** faire la moitié de la terre ◆ **they've travelled ~ around the world** *(lit)* ils ont fait la moitié du tour de la terre ; *(fig)* ils ont beaucoup voyagé ◆ **(to be) ~ there** (être) à mi-chemin ◆ **~ through the book/film** au milieu du livre/du film ◆ **turn the fish over ~ through** retournez le poisson en milieu de cuisson ◆ **~ to Paris** à mi-chemin de Paris ◆ **anything ~ decent will be incredibly expensive** pour avoir quelque chose d'à peu près correct, il faut compter une fortune ◆ **to go ~** *(lit)* faire la moitié du chemin ◆ **the decision goes ~ to giving the strikers what they want** cette décision va dans le sens des revendications des grévistes ◆ **I'll meet you ~** *(lit)* j'irai à votre rencontre, je ferai la moitié du chemin ; *(fig)* coupons la poire en deux, faisons un compromis ◆ **to meet trouble ~** se créer des ennuis

COMP ▷ **halfway hostel** N ⇒ **halfway house** a ▷ **halfway house** N a *(for rehabilitation)* centre *m* de réadaptation b *(= compromise)* compromis *m* ◆ **it's a ~ house between dance and drama** c'est à mi-chemin entre la danse et le théâtre c *(Hist = inn)* hôtellerie *f* relais ▷ **halfway line** N *(Ftbl)* ligne *f* médiane

**halfwit** /ˈhɑːfwɪt/ N idiot(e) *m(f)*, imbécile *mf*

**halfwitted** /hɑːfˈwɪtɪd/ ADJ idiot, imbécile

**halibut** /ˈhælɪbət/ N (pl **halibut** *or* **halibuts**) flétan *m*

**halitosis** /ˌhælɪˈtəʊsɪs/ N mauvaise haleine *f*

**hall** /hɔːl/ N a *(= large public room)* salle *f* ; *[of castle, public building]* (grande) salle *f* ; (also **village hall, church hall**) salle *f* paroissiale ; *(Brit Univ) (= refectory)* réfectoire *m* ; → **concert, music, town** b *(= mansion)* château *m*, manoir *m* c *(Theat)* ◆ **to play the ~s** faire du music-hall d *(= entrance way) [of house]* entrée *f* ; *[of hotel]* hall *m* e *(US = corridor)* couloir *m* f *(Univ:* also **hall of residence** *(Brit),* **residence hall** *(US))* résidence *f* universitaire ◆ **to live** *or* **be in ~** habiter en résidence universitaire *or* en cité universitaire

COMP ▷ **Hall of Fame** N panthéon *m* ◆ **his records have earned him a place in the jazz Hall of Fame** ses disques lui ont valu une place au panthéon du jazz ▷ **hall porter** N *(Brit) (in blocks of flats)* concierge *mf* ; *(in hotel)* portier *m* ▷ **hall tree** N *(US)* ⇒ **hallstand**

**hallelujah** /ˌhælɪˈluːjə/ EXCL, N alléluia *m* ◆ **the Hallelujah Chorus** l'Alléluia

**hallmark** /ˈhɔːlmɑːk/ N a *[of gold, silver]* poinçon *m* b *(fig)* marque *f* ◆ **the ~ of genius** la marque du génie ◆ **this attack bears the ~ of a terrorist incident** cet attentat porte la marque d'une organisation terroriste, cet attentat a tout d'un acte terroriste ◆ **excellent service is the ~ of a good restaurant** un bon restaurant se distingue par l'excellence de son service ◆ **the dry wit that has always been his ~** l'humour pince-sans-rire qui l'a toujours caractérisé VT poinçonner

**hallo** /həˈləʊ/ EXCL *(Brit)* ⇒ **hello**

**halloo** /həˈluː/ EXCL *(Hunting)* taïaut ! ; *(gen)* ohé ! N appel *m* VI *(Hunting)* crier taïaut ; *(gen)* appeler (à grands cris)

**hallow** /ˈhæləʊ/ VT sanctifier, consacrer ◆ **~ed be Thy name** que Ton nom soit sanctifié

**hallowed** /ˈhæləʊd/ ADJ a *(= holy)* saint, béni ◆ **on ~ ground** en terre sacrée b *(= venerable) [right, tradition, institution]* sacré ◆ **the ~ halls of the White House** *(hum)* la vénérable enceinte de la Maison Blanche ◆ **the ~ portals of the headmaster's office** *(hum)* l'entrée de ce lieu sacré qu'est le bureau du directeur

**Halloween, Hallowe'en** /ˌhæləʊˈiːn/ N Halloween *m*

> **Halloween**
>
> La fête d'**Halloween**, célébrée le 31 octobre (jour où, pensait-on, les morts venaient rendre visite aux vivants), est une très ancienne tradition dans les pays anglo-saxons. À cette occasion, les enfants déguisés en sorcières et en fantômes frappent aux portes de leurs voisins pour leur demander des bonbons et de l'argent ; aux États-Unis, cette coutume est connue sous le nom de « trick or treat », car les enfants menacent de vous jouer un mauvais tour (« trick ») si vous ne leur donnez pas un petit cadeau (« treat »), en général des bonbons.

**hallstand** /ˈhɔːlstænd/ N portemanteau *m*

**hallucinant** /həˈluːsɪnənt/ N hallucinogène *m*

**hallucinate** /həˈluːsɪˌneɪt/ VI avoir des hallucinations

**hallucination** /həˌluːsɪˈneɪʃən/ N hallucination *f*

**hallucinatory** /həˈluːsɪnətərɪ/ ADJ *[drug]* hallucinogène ; *[state, effect, vision]* hallucinatoire

**hallucinogen** /ˌhæluːˈsɪnədʒən/ N hallucinogène *m*

**hallucinogenic** /həˌluːsɪnəʊˈdʒenɪk/ ADJ hallucinogène

**hallway** /ˈhɔːlweɪ/ N ⇒ **hall noun d**

**halo** /ˈheɪləʊ/ N (pl **halo(e)s**) *[of saint]* auréole *f*, nimbe *m* ; *(Astron)* halo *m*

**halogen** /ˈhæləˌdʒen/ N halogène *m* COMP ▷ **halogen lamp** N lampe *f* (à) halogène

**halt[1]** /hɔːlt/ N a halte *f*, arrêt *m* ◆ **five minutes' ~** cinq minutes d'arrêt ◆ **to come to a ~** *[person]* faire halte, s'arrêter ; *[vehicle]* s'arrêter ; *[process]* être interrompu ◆ **the commander called a ~** le commandant a ordonné que l'on s'arrête ◆ **the referee called a ~** *(Ftbl etc)* l'arbitre a sifflé un arrêt de jeu ◆ **to call a ~ to sth** mettre fin à qch ◆ **to call for a ~ to sth** demander l'arrêt de qch ◆ **her government called for an immediate ~ to the fighting** son gouvernement a demandé l'arrêt immédiat des combats b *(Brit Rail)* halte *f* VI faire halte, s'arrêter ◆ **~!** halte ! VT *[+ vehicle]* faire arrêter ; *[+ process]* interrompre COMP ▷ **halt sign** N *(Aut)* (panneau *m*) stop *m*

**halt[2]** †† /hɔːlt/ ADJ *(= lame)* boiteux NPL **the halt** les estropiés *mpl*

**halter** /ˈhɔːltər/ N a *[of horse]* licou *m*, collier *m* ; *(= hangman's noose)* corde *f (de pendaison)* b *(Dress:* also **halterneck**) ◆ **a dress with a ~ top** une robe dos nu ADJ *(Dress:* also **halterneck**) *[top, dress]* dos nu *inv*

**halterneck** /ˈhɔːltəˈnek/ N dos-nu *m inv* ADJ dos nu *inv*

**halting** /ˈhɔːltɪŋ/ ADJ *[speech, efforts, progress]* hésitant ; *[voice]* haché, hésitant ; *[verse]* boiteux ; *[style]* heurté ◆ **in ~ French/German** dans un français/allemand hésitant

**haltingly** /ˈhɔːltɪŋlɪ/ ADV *[speak]* de façon hésitante

**halve** /hɑːv/ VT a *(= divide in two) [+ object]* couper en deux b *(= reduce by half) [+ expense, time]* réduire *or* diminuer de moitié ◆ **~ the quantities if cooking for one** pour une personne, réduisez les quantités de moitié VI *[sales, figures]* être réduit de moitié

**halves** /hɑːvz/ NPL of **half**

**halyard** /ˈhæljəd/ N *(Naut)* drisse *f*

**ham** /hæm/ N a (= meat) jambon m ◆ ~ **and eggs** œufs mpl au jambon b (Anat) [of animal] cuisse f c (Theat *: pej) cabotin(e) * m(f) (pej) d (Rad *) radioamateur m COMP [sandwich] au jambon ▷ **ham acting** N cabotinage * m ▷ **ham-fisted**, **ham-handed** ADJ maladroit, gauche

► **ham up** * VT SEP (Theat) [+ part, speech] forcer ◆ **to ~ it up** forcer son rôle

**Hamburg** /ˈhæmbɜːg/ N Hambourg

**hamburger** /ˈhæm,bɜːgəʳ/ N (gen) hamburger m ; (US: also **hamburger meat**) viande f hachée

**Hamitic** /hæˈmɪtɪk/ ADJ chamitique

**Hamlet** /ˈhæmlət/ N Hamlet m

**hamlet** /ˈhæmlɪt/ N (village) hameau m

**hammer** /ˈhæməʳ/ N (= tool: also Sport, of piano) marteau m ; (of gun) chien m ◆ **the ~ and sickle** la faucille et le marteau ◆ **to come under the ~** (at auction) être mis aux enchères

◆ **to go at it hammer and tongs** s'en donner à cœur joie ◆ **they were going at it ~ and tongs** (= having sex) ils s'en donnaient à cœur joie ; (= fighting) ils se battaient comme des chiffonniers ; (= working) ils y mettaient tout leur cœur ; (= arguing, debating) ils discutaient âprement

VT a [+ metal] battre au marteau, marteler ◆ **to ~ a nail into a plank** enfoncer un clou dans une planche (à coups de marteau) ◆ **to ~ the table with one's fists** frapper du poing sur la table ◆ **to ~ sb/sth into the ground** (fig) venir à bout de qn/qch ◆ **to ~ a point home** insister sur un point ◆ **to ~ into shape** [+ metal] façonner (au marteau) ; (fig) [+ plan, agreement] mettre au point ◆ **I tried to ~ some sense into him** j'ai essayé de lui faire entendre raison ◆ **I'd had it ~ed into me that ...** on m'avait enfoncé dans la tête que ...

b (Brit * = defeat) battre à plate(s) couture(s) ; (= criticize severely) descendre en flammes, éreinter ; (= damage severely) frapper de plein fouet ◆ **the firm had been ~ed by the recession** l'entreprise avait été frappée de plein fouet par la récession ◆ **the report ~s motorists who drink and drive** le rapport incrimine les automobilistes qui conduisent en état d'ivresse

c (St Ex) [+ stockbroker] déclarer failli or en faillite

VI (lit) donner des coups de marteau ◆ **he was ~ing at the door** il frappait à la porte à coups redoublés ◆ **he was ~ing away on the piano** il tapait sur le piano (comme un sourd) ◆ **to ~ away at a problem** s'acharner à résoudre un problème ◆ **my heart was ~ing** mon cœur battait très fort

COMP ▷ **hammer blow** N (lit) coup m de marteau ; (fig) coup m terrible (for pour) ◆ **to deal a ~ blow to sth** porter un rude coup or un coup terrible à qch ▷ **hammer drill** N perceuse f à percussion

► **hammer down** VT SEP [+ nail] enfoncer ; [+ metal] aplatir au marteau ; [+ loose plank] fixer

► **hammer in** VT SEP enfoncer (au marteau) ◆ **he ~ed the nail in with his shoe** il a enfoncé le clou avec sa chaussure

► **hammer out** VT SEP [+ metal] étirer (au marteau) ; (fig) [+ plan, agreement] élaborer (avec difficulté) ; [+ difficulties] démêler ; [+ verse, music] marteler ◆ **to ~ out a solution** finir par trouver une solution

► **hammer together** VT SEP [+ pieces of wood etc] assembler au marteau

**hammerhead** /ˈhæməhed/ N (= shark) requin m marteau

**hammering** /ˈhæmərɪŋ/ N a (lit) (= action) martelage m ; (= sound) martèlement m b * : (fig) (= defeat) raclée * f, dérouillée ✱ f ; (= criticism) éreintement m, descente f en flammes ◆ **to take a ~** * [team, boxer, player] prendre une raclée * or une dérouillée ✱ ; [book, play, film] se faire esquinter * or éreinter

**hammertoe** /ˈhæməˈtəʊ/ N orteil m en marteau

**hammock** /ˈhæmək/ N hamac m

**hammy** * /ˈhæmɪ/ ADJ [actor] qui force son rôle ; [performance] trop théâtral

**hamper**[1] /ˈhæmpəʳ/ N panier m d'osier, manne f ; (for oysters, fish, game) bourriche f ◆ **a ~ of food** un panier garni (de nourriture) ; → **picnic**

**hamper**[2] /ˈhæmpəʳ/ VT [+ person] gêner, handicaper ; [+ movement, efforts] gêner, entraver

**hamster** /ˈhæmstəʳ/ N hamster m

**hamstring** /ˈhæmstrɪŋ/ N tendon m du jarret VT couper les jarrets à ; (fig) [+ person] couper ses moyens à, paralyser ; [+ plan] entraver ; [+ activity] paralyser COMP ▷ **hamstring injury** N claquage m (au jarret)

## hand /hænd/

LANGUAGE IN USE 26.2

| | |
|---|---|
| 1 NOUN | 3 COMPOUNDS |
| 2 TRANSITIVE VERB | 4 PHRASAL VERBS |

### 1 - NOUN

a [= part of body] main f ◆ **he took her by the ~** il l'a prise par la main ◆ **to take sth with both ~s** prendre qch à deux mains ◆ **he's very good with his ~s** il est très adroit de ses mains ◆ **give me your ~** donne-moi la main ◆ **my ~s are tied** j'ai les mains liées ◆ **I could do it with one ~ tied behind my back** je pourrais le faire les yeux fermés ◆ **we're forced to do it with one ~** or **both ~s** or **our ~s tied behind our back** nous sommes pieds et poings liés

b [in marriage] main f ◆ **he asked for her ~** † il a demandé sa main ◆ **to give sb one's ~** † accorder sa main à qn †

c [= help] coup m de main ◆ **could you give** or **lend me a ~?** tu peux me donner un coup de main ? ◆ **would you like a ~ with moving that?** tu veux un coup de main pour déplacer ça ? ◆ **to lend a ~** donner un coup de main

d [= influence] influence f ◆ **you could see his ~ in everything the committee did** on reconnaissait son influence dans tout ce que faisait le comité

e [person] (= worker) ouvrier m, -ière f ; (= member of crew) membre m d'équipage ◆ **I sailed round Java, with a couple of ~s** j'ai fait le tour de Java en voilier avec un équipage de deux personnes ◆ **the ship was 26 ~s short of her complement** il manquait 26 hommes à l'équipage du bateau ◆ **the ship was lost with all ~s** le navire a disparu corps et biens ◆ **all ~s on deck** tout le monde sur le pont ; (fig) ◆ **the wedding's next week, so it's all ~s on deck** le mariage a lieu la semaine prochaine, alors on a besoin de tout le monde

f [of clock, watch] aiguille f ◆ **the ~s of the clock were pointing to midday** les aiguilles de l'horloge indiquaient midi ◆ **the big/little ~** la grande/petite aiguille

g [Cards] (= cards one has) main f, jeu m ; (= game) partie f ◆ **I've got a good ~** j'ai une belle main or un beau jeu ◆ **we played a ~ of bridge** nous avons fait une partie de bridge

h [= handwriting] écriture f ◆ **she recognized his neat ~** elle a reconnu son écriture bien nette ◆ **the letter was written in his own ~** la lettre était écrite de sa propre main

i [Measure] paume f ◆ **a horse 13 ~s high** un cheval de 13 paumes

j [Culin] ◆ **~ of bananas** régime m de bananes ◆ **~ of pork** jambonneau m

k [set structures]

◆ preposition/article/possessive + **hand(s)** ◆ **many suffered at the ~s of the secret police** beaucoup de gens ont souffert aux mains de la police secrète ◆ **their defeat at the ~s of Manchester** (Sport) leur défaite face à Manchester ◆ **to lead sb by the ~** conduire qn par la main ◆ **for four ~s** (Mus) à quatre mains ◆ **she had a book in her ~** elle avait un livre à la main ◆ **she was holding the earrings in her ~** elle tenait les boucles d'oreilles dans sa main ◆ **he wanted £100 in his ~** il a demandé 100 livres de la main à la main ◆ **my life is in your ~s** ma vie est entre vos mains ◆ **in one's own ~s** entre ses mains ◆ **our destiny is in our own ~s** notre destinée est entre nos mains ◆ **to put o.s. in sb's ~s** s'en remettre à qn ◆ **to put sth into sb's ~s** confier qch à qn ◆ **she put the firm into her daughter's ~s** elle a confié l'entreprise à sa fille ◆ **to fall into the ~s of** tomber aux mains or entre les mains de ◆ **the children are now off our ~s** maintenant nous n'avons plus besoin de nous occuper des enfants ◆ **to get sth off one's ~s** se débarrasser or se décharger de qch ◆ **I'll take it off your ~s** je vous en débarrasse ? ◆ **we've got a difficult job on our ~s** une tâche difficile nous attend ◆ **he'll have a real battle on his ~s** un véritable combat l'attend ◆ **he had time on his ~s** il avait du temps de reste ◆ **to sit on one's ~s** rester sans rien faire ◆ **goods left on our** (or **their** etc) **~s** marchandises fpl invendues ◆ **the hedgehog ate out of his ~** le hérisson lui mangeait dans la main ◆ **she's got the boss eating out of her ~** elle fait marcher le patron au doigt et à l'œil ◆ **it is out of his ~s** ce n'est plus lui qui s'en occupe

◆ **hand(s)** + preposition/adverb ◆ **she won ~s down** elle a gagné haut la main ◆ **to get one's ~ in** se faire la main ◆ **to have a ~ in** [+ task, achievement] jouer un rôle dans ; [+ crime] être mêlé à, être impliqué dans ◆ **Lee scored a goal and had a ~ in two others** Lee a marqué un but et a contribué à en marquer deux autres ◆ **the president himself had a ~ in the massacre** le président lui-même était impliqué dans le massacre ◆ **I had no ~ in it** je n'y suis pour rien ◆ **to take a ~ in sth/in doing sth** contribuer à qch/à faire qch ◆ **everybody took a ~ in the preparations for the party** tout le monde a participé aux préparatifs de la fête ◆ **the government took a ~ in drawing up the plan** le gouvernement a contribué à l'élaboration du projet ◆ **to keep one's ~ in** garder la main ◆ **he can't keep his ~s off the money** il ne peut pas s'empêcher de toucher à l'argent ◆ **keep your ~s off my sweets!** * touche pas à mes bonbons ! * ◆ **~s off!** * bas les pattes ! * ◆ **~s off our village!** * laissez notre village tranquille ! ◆ **to get one's ~s on sth** mettre la main sur qch ◆ **just wait till I get my ~s on him!** * attends un peu que je lui mette la main dessus ! ◆ **I wish I could lay my ~s on a good dictionary** si seulement je pouvais mettre la main sur or dénicher un bon dictionnaire ◆ **she read everything she could get** or **lay her ~s on** elle a lu tout ce qui lui tombait sous la main ◆ **to put** or **set one's ~ to sth** entreprendre qch ◆ **he can set his ~ to most things** il y a peu de choses qu'il ne sache (pas) faire ◆ **~s up!** *(at gun point)* haut les mains ! ; *(in school)* levez la main ! ◆ **~s up who'd like some chocolate!** levez la main si vous voulez du chocolat !

♦ *adjective* + **hand(s)** ◆ **she's no bad ~ at acting** ce n'est pas une mauvaise actrice ◆ **they gave him a big ~** ils l'ont applaudi bien fort ◆ **a big ~, please, for Mr John Turner** applaudissez bien fort M. John Turner ◆ **he grabbed the opportunity with both ~s** il a sauté sur l'occasion ◆ **I am leaving you in Penny's very capable ~s** je te laisse entre les mains de Penny ◆ **on every ~** partout ◆ **to rule with a firm ~** gouverner d'une main ferme ◆ **at first ~** de première main ◆ **I've got my ~s full at the moment** je suis débordé en ce moment ◆ **to have one's ~s full with** avoir fort à faire avec ◆ **to be in good ~s** être en (de) bonnes mains ◆ **King Henry ruled with a heavy ~** le roi Henri a dirigé le pays d'une main de fer ◆ **on the left ~** du côté gauche, à gauche ◆ **he's an old ~ (at this game)!** il connaît la musique ! ◆ **he's an old ~ at blackmail** le chantage, ça le connaît ◆ **the director was an old ~ at Racine** il (*or* elle) n'en était pas à sa première mise en scène de Racine ◆ **to give with one ~ and take away with the other** donner d'un côté *or* d'une main et reprendre de l'autre ◆ **on the one ~ ..., on the other ~** d'une part ..., d'autre part ◆ **yes, but on the other ~ he is very rich** oui, mais (par ailleurs) il est très riche ◆ **on the right ~** du côté droit, à droite ◆ **to gain** *or* **get the upper ~** prendre l'avantage *or* le dessus ◆ **to get into the wrong ~s** tomber dans *or* entre de mauvaises mains ; → **left²**, **right**

♦ **hand(s)** + *noun* ◆ **he's making money ~ over fist** il fait des affaires en or ◆ **we're losing money ~ over fist** nous perdons de l'argent à une vitesse phénoménale ◆ **he was bound ~ and foot** il était pieds et poings liés ◆ **I refuse to wait on my husband ~ and foot** je refuse d'être l'esclave de mon mari ◆ **she expected to be waited on ~ and foot** elle voulait être servie comme une princesse ◆ **they are ~ in glove** ils sont de mèche ◆ **he's ~ in glove with them** il est de mèche avec eux ◆ **the authorities often worked ~ in glove with criminals** les autorités ont souvent travaillé en étroite collaboration avec des criminels ◆ **they were walking along ~ in ~** ils marchaient (la) main dans la main ◆ **research and teaching go ~ in ~** la recherche et l'enseignement vont de pair *or* sont indissociables ◆ **she hauled herself up the rope ~ over ~** elle a grimpé à la corde en s'aidant des deux mains ◆ **from ~ to ~** de main en main ◆ **on (one's) ~s and knees** à quatre pattes ◆ **to live from ~ to mouth** vivre au jour le jour ◆ **he doesn't like putting his ~ in his pocket** il n'aime pas mettre la main à la poche ◆ **he never does a ~'s turn** * *(Brit)* il ne fiche * jamais rien

♦ *verb* + **hand(s)** ◆ **to force sb's ~** forcer la main à qn ◆ **to put** *or* **hold one's ~s up to sth** se déclarer coupable de qch ◆ **to show one's ~** dévoiler son jeu ◆ **to stay one's ~** *(liter)* se retenir ◆ **he turned his ~ to writing** il s'est mis à écrire ◆ **he can turn his ~ to anything** il sait tout faire

♦ **at hand** *(= close by)* à portée de (la) main ◆ **having the equipment at ~ will be very helpful** ce sera très pratique d'avoir l'équipement à portée de (la) main ◆ **summer is (close) at ~** † l'été *m* est (tout) proche

♦ **by hand** à la main ◆ **made by ~** fait (à la) main ◆ **the letter was written by ~** la lettre était manuscrite *or* écrite à la main ◆ **the letter was delivered by ~** quelqu'un a apporté la lettre

♦ **in hand** ◆ **Guy was at the door, briefcase in ~** Guy était à la porte, son attaché-case à la main ◆ **he opened the door, gun in ~** il a ouvert la porte, pistolet au poing ◆ **he had the situation well in ~** il avait la situation bien en main ◆ **to take sb/sth in ~** prendre qn/qch en main ◆ **to take o.s. in ~** se prendre en main ◆ **Scotland are behind, but have a game in ~** l'Écosse est derrière, mais il lui reste un match à jouer ◆ **he had £6,000 in ~** il avait 6 000 livres de disponibles ◆ **let's concentrate on the job in ~** revenons à nos moutons

♦ **off hand** ◆ **I don't know off ~** je ne pourrais pas le dire de tête

♦ **on hand** sur place ◆ **there are experts on ~ to give you advice** il y a des experts sur place pour vous conseiller

♦ **out of hand** *(= instantly)* d'emblée ◆ **to dismiss sth out of ~** rejeter qch d'emblée ◆ **to get out of ~** *[situation, spending, crowd]* échapper à tout contrôle

♦ **to hand** sous la main ◆ **I haven't got the letter to ~** je n'ai pas la lettre sous la main ◆ **the information to ~** les renseignements *mpl* disponibles ◆ **she seized the first weapon to ~** elle s'est emparée de la première arme venue

2 - TRANSITIVE VERB

[= give] donner (*to* à) ; *(= hold out)* tendre (*to* à) ◆ **to ~ sb sth, to ~ sth to sb** donner qch à qn ◆ **you've got to ~ it to him** * - **he did it very well** il faut reconnaître qu'il l'a très bien fait, il n'y a pas à dire, il l'a très bien fait ◆ **it was ~ed to him on a plate** * on le lui a apporté sur un plateau (d'argent)

3 - COMPOUNDS

▷ **hand-baggage** N ⇒ **hand-luggage** ▷ **hand controls** NPL commandes *fpl* manuelles ▷ **hand cream** N crème *f* pour les mains ▷ **hand-drier**, **hand-dryer** N sèche-mains *m inv* ▷ **hand grenade** N *(Mil)* grenade *f* ▷ **hand-held** ADJ portable ▷ **hand-knitted** ADJ tricoté à la main ▷ **hand lotion** N lotion *f* pour les mains ▷ **hand-luggage** N *(NonC)* bagages *mpl* à main ▷ **hand-me-down** * N vêtement *m* déjà porté ◆ **it's a ~-me-down from my sister** c'est un vêtement qui me vient de ma sœur ▷ **hand-out** N *(= leaflet)* prospectus *m* ; *(at lecture, meeting)* polycopié *m* ; *(= press release)* communiqué *m* ; *(= money: from government, official body)* aide *f*, subvention *f* ; *(= alms)* aumône *f* ▷ **hand-painted** ADJ peint à la main ▷ **hand-pick** VT *[+ fruit, vegetables etc]* cueillir à la main ; *(fig)* trier sur le volet ▷ **hand-picked** ADJ *[fruit, vegetables etc]* cueilli à la main ; *(fig)* trié sur le volet ▷ **hand print** N empreinte *f* de main ▷ **hand-printed** ADJ imprimé à la main ▷ **hand puppet** N marionnette *f* à gaine ▷ **hand-reared** ADJ *[animal]* élevé *or* nourri au biberon ▷ **hands-free** ADJ *[telephone]* mains libres ◆ **~s-free kit** *or* **set** kit *m* mains libres ▷ **hand signal** N **a** *(gen)* geste *m*, signe *m* **b** *(Aut)* signe *m* de la main ▷ **hands-off** ADJ *(fig) [policy etc]* de non-intervention ▷ **hands-on** ADJ *[experience]* pratique ; *[exhibition]* interactif *(où l'on peut toucher les objets)* ▷ **hand-spray** N *(= shower attachment)* douchette *f* (amovible) ; *(= plant spray)* spray *m* ▷ **hand-stitched** ADJ cousu (à la) main ▷ **hand-to-hand** ADJ, ADV ◆ **to fight ~-to-~** combattre corps à corps ◆ **a ~-to-~ fight** un corps à corps ◆ **~-to-~ fighting** du corps à corps ▷ **hand-to-mouth** ADJ ◆ **to lead a ~-to-mouth existence** vivre au jour le jour ▷ **hand towel** N essuie-mains *m inv* ▷ **hand wash** VT laver à la main ◆ **"hand wash only"** "lavage à la main" ▷ **hand-woven** ADJ tissé à la main

4 - PHRASAL VERBS

► **hand around** VT SEP ⇒ **hand round**

► **hand back** VT SEP rendre (*to* à)

► **hand down** VT SEP **a** *(lit)* ◆ **hand me down the vase** descends-moi le vase ◆ **he ~ed me down the dictionary from the top shelf** il a pris le dictionnaire qui était en haut de l'étagère et me l'a passé **b** *(fig)* transmettre ◆ **the farm's been ~ed down from generation to generation** cette ferme s'est transmise de génération en génération ◆ **these tales are ~ed down from mother to daughter** ces histoires se transmettent de mère en fille **c** *(Jur) [+ decision]* rendre

► **hand in** VT SEP remettre (*to* à) ◆ **~ this in at the office** remettez cela à quelqu'un au bureau ◆ **your wallet's been ~ed in at reception** *[+ lost item]* on a rapporté votre portefeuille à la réception

► **hand on** VT SEP **a** *(= pass to sb else)* donner (*to* à) passer (*to* à) **b** ⇒ **hand down b**

► **hand out** VT SEP distribuer ◆ **to ~ out advice** donner des conseils

► **hand over** VI *(fig)* ◆ **to hand over to sb** *(gen)* passer le relais à qn ; *(at meeting)* passer le micro à qn ; *(Rad, TV)* passer l'antenne à qn VT SEP *[+ book, object]* remettre (*to* à) ; *[+ criminal, prisoner]* livrer (*to* à) ; *[+ authority, powers]* *(= transfer)* transmettre (*to* à) ; *(= surrender)* céder (*to* à) ; *[+ property, business]* céder (*to* à)

► **hand round** VT SEP *[+ bottle, papers]* faire circuler ; *[+ cakes]* (faire) passer (à la ronde) ; *[hostess]* offrir

► **hand up** VT SEP passer *(de bas en haut)*

**handbag** /ˈhændbæg/ N sac *m* à main

**handball** /ˈhændbɔːl/ N **a** *(= sport)* handball *m* **b** *(Ftbl = offence)* faute *f* de main

**handbasin** /ˈhændˌbeɪsn/ N lavabo *m*

**handbasket** /ˈhændbɑːskɪt/ N → **hell**

**handbell** /ˈhændbel/ N sonnette *f*

**handbill** /ˈhændbɪl/ N prospectus *m*

**handbook** /ˈhændˌbʊk/ N **a** *(= manual)* manuel *m* ; see also **teacher** **b** *(= guidebook) (for tourist)* guide *m* ; *(to museum)* catalogue *m*

**handbrake** /ˈhændˌbreɪk/ N *(Brit)* frein *m* à main ◆ **to take the ~ off, to release the ~** enlever le frein à main ◆ **you've left the ~ on** tu as laissé le frein à main COMP ▷ **handbrake turn** N virage *m* au frein à main

**h. & c.** (abbrev of **hot and cold (water)**) → **hot**

**handcar** /ˈhændkɑːʳ/ N *(Rail)* draisine *f*

**handcart** /ˈhændkɑːt/ N charrette *f* à bras ; → **hell**

**handclap** /ˈhændklæp/ N *(Brit)* ◆ **a thunderous ~** un tonnerre d'applaudissements ◆ **to get the slow ~** se faire siffler

**handclasp** /ˈhændklɑːsp/ N poignée *f* de main

**handcraft** /ˈhændkrɑːft/ N ⇒ **handicraft**

**handcuff** /ˈhændkʌf/ N menotte *f* VT mettre *or* passer les menottes à ◆ **to be ~ed** avoir les menottes aux poignets

**-handed** /ˈhændɪd/ ADJ *(in compounds)* ◆ **one-handed** d'une main, avec une main ; → **empty**, **left²**, **short**

**Handel** /ˈhændəl/ N Händel *or* Haendel *m*

**handful** /ˈhændfʊl/ N **a** *(= fistful) [of coins, objects etc]* poignée *f* ◆ **his hair started falling out by the ~ or in ~s** il a commencé à perdre ses cheveux par poignées ◆ **she was swallowing sleeping pills by the** ~ elle se bourrait de somnifères **b** *(= small number)* poignée *f* ◆ **there was only a ~ of people at the concert** il n'y avait qu'une poignée de gens au concert ◆ **only a tiny ~ of companies did well in the recession** très peu d'entreprises ont prospéré pendant la récession **c** *(= nuisance)* ◆ **the children can be a ~** * les enfants me donnent parfois du fil à retordre

**handgrip** /ˈhændgrɪp/ **N** *(on cycle, machine)* poignée *f*

**handgun** /ˈhændgʌn/ **N** pistolet *m*

**handhold** /ˈhændhəʊld/ **N** prise *f*

**handicap** /ˈhændɪkæp/ **N** **a** *(= disability)* handicap *m* ; *(= disadvantage)* désavantage *m* ◆ **his appearance is a great ~** son aspect physique le handicape beaucoup ◆ **to be under a great ~** avoir un désavantage *or* un handicap énorme ; → **physical** **b** *(Sport)* handicap *m* ◆ **weight ~** *[of racehorse]* surcharge *f* ◆ **time ~** handicap *m* (de temps)
**VT** *(also Sport, fig)* handicaper ◆ **the industry was ~ped by antiquated machinery** la vétusté des machines constituait un handicap pour ce secteur

**handicapped** /ˈhændɪkæpt/ **ADJ** handicapé ◆ **a physically ~ child** un enfant handicapé physique **NPL** **the handicapped** les handicapés *mpl* ◆ **the mentally/physically ~** les handicapés *mpl* mentaux/physiques

**handicraft** /ˈhændɪkrɑːft/ **N** *(= work)* artisanat *m*, travail *m* artisanal ; *(= skill)* habileté *f* manuelle **NPL** **handicrafts** *(= products)* objets *mpl* artisanaux

**handily** /ˈhændɪlɪ/ **ADV** **a** *(= conveniently) [placed]* commodément **b** *(US = easily) [win]* haut la main

**handiness** /ˈhændɪnɪs/ **N** **a** *(= usefulness) [of object, method, approach]* côté *m* pratique, commodité *f* ; *(= ease of control) [of car, boat]* maniabilité *f* **b** *(= nearness)* **because of the ~ of the library** parce que la bibliothèque est (or était) si proche **c** *(= skill) [of person]* adresse *f*, dextérité *f*

**handiwork** /ˈhændɪwɜːk/ **N** œuvre *f* ◆ **the architect stepped back to admire his ~** l'architecte a fait un pas en arrière pour admirer son œuvre ◆ **the fire was the ~ of an arsonist** l'incendie était l'œuvre d'un pyromane

**handjob** ** /ˈhænddʒɒb/ **N** ◆ **to give sb a ~** branler qn ** ◆ **to give o.s. a ~** se branler **

**handkerchief** /ˈhæŋkətʃɪf/ **N** mouchoir *m* ; *(fancy)* pochette *f*

**handle** /ˈhændl/ **N** **a** *[of basket, bucket]* anse *f* ; *[of broom, spade, knife]* manche *m* ; *[of door, drawer, suitcase]* poignée *f* ; *[of handcart]* brancard *m* ; *[of saucepan]* queue *f* ; *[of pump, stretcher, wheelbarrow]* bras *m* ◆ **(starting) ~** *[of car]* manivelle *f*

**b** *(= understanding)* **models give us a ~ on some aspects of the natural world** les modèles nous aident à comprendre certains aspects de la nature ◆ **to have a ~ on** *[+ problem, state of affairs]* comprendre ; *(= control) [+ situation, spending]* maîtriser ◆ **my subject is something not many people have a ~ on** peu de gens ont une idée de mon sujet

**c** ◆ **to have a ~ to one's name** † * avoir un nom à rallonge * ; → **fly³**

**VT** **a** *(= cope with) [+ difficult person]* s'y prendre avec ; *[+ stress]* supporter ◆ **he knows how to ~ his son** il sait s'y prendre avec son fils ◆ **this child is very hard to ~** cet enfant est très difficile ◆ **she cannot ~ pressure** elle ne supporte pas la pression ◆ **it was more than I could ~** c'était plus que je ne pouvais supporter ◆ **I don't know if I can ~ the job** je ne sais pas si je serai à la hauteur ◆ **I could have ~d it better than I did** j'aurais pu mieux m'y prendre ◆ **you didn't ~ that very well!** vous ne vous y êtes pas très bien pris !

**b** *(= deal with) [+ customers, clients, case]* s'occuper de ; *[+ business]* traiter ◆ **I'll ~ this** je m'en charge, je vais m'en occuper ◆ **do you ~ tax matters?** est-ce que vous vous occupez de fiscalité ? ◆ **three lawyers had already refused to ~ the case** trois avocats avaient déjà refusé de s'occuper de l'affaire ◆ **which judge is handling the case?** quel juge est chargé de l'affaire ? ◆ **we don't ~ that type of business** nous ne traitons pas ce type d'affaires ◆ **we have to be careful when handling these issues** nous devons traiter ces questions avec prudence ◆ **the hospital doesn't ~ emergencies** l'hôpital n'a pas de service d'urgences ◆ **Orly ~s 5 million passengers a year** 5 millions de voyageurs passent par Orly chaque année ◆ **we ~ 200 passengers a day** 200 voyageurs par jour passent par nos services ◆ **can the port ~ big ships?** le port peut-il accueillir les gros bateaux ? ◆ **she ~s large sums of money in her job** elle manie de grosses sommes d'argent dans son travail

**c** *(= manage)* gérer ◆ **they doubt the government's ability to ~ the economy** ils doutent de la capacité du gouvernement à gérer l'économie ◆ **he ~d the situation very well** il a très bien géré la situation

**d** *(= touch) [+ fruit, food]* toucher à ◆ **please do not ~ the goods** prière de ne pas toucher aux marchandises ◆ **to ~ the ball** *(Ftbl)* toucher le ballon de la main, faire une faute de main

**e** *(= move by hand)* manipuler, manier ◆ **they had to ~ radioactive materials** ils ont dû manipuler des substances radioactives ◆ **his hands were sore from handling bales of straw** il avait mal aux mains d'avoir manié des bottes de paille ◆ **"handle with care"** *(label)* "fragile" ◆ **the crowd ~d him roughly** *(lit)* la foule l'a malmené ; *(fig)* la foule l'a hué

**f** *(= control) [+ ship]* manœuvrer, gouverner ; *[+ car]* conduire, manœuvrer ; *[+ weapon]* manier, se servir de ◆ **the boat was very easy to ~** le bateau était très facile à manœuvrer *or* gouverner ◆ **he knows how to ~ a gun** il sait se servir d'un revolver *or* manier un revolver ◆ **these dogs can be difficult to ~** ces chiens sont parfois difficiles à contrôler

**g** *(= stock, deal in)* avoir, faire ◆ **we don't ~ that type of product** nous ne faisons pas ce genre de produit ◆ **to ~ stolen goods** receler des objets volés ◆ **she was convicted of handling explosives** elle a été condamnée pour détention d'explosifs

**VI** ◆ **to ~ well/badly** *[ship]* être facile/difficile à manœuvrer ; *[car, gun]* être facile/difficile à manier ; *[horse]* répondre bien/mal aux aides

**handlebar** /ˈhændlbɑːʳ/ **N** *(also* **handlebars***)* guidon *m* **COMP** ▷ **handlebar moustache N** *(hum)* moustache *f* en guidon de vélo *

**-handled** /ˈhændld/ **ADJ** *(in compounds)* ◆ **a wooden-handled spade** une pelle au manche de bois *or* avec un manche de bois

**handler** /ˈhændləʳ/ **N** **a** *(also* **dog handler***)* maître-chien *m* **b** *[of stock]* manutentionnaire *mf*

**handling** /ˈhændlɪŋ/ **N** *[of ship]* manœuvre *f* ; *[of car]* maniement *m* ; *(Ind) [of goods, objects]* manutention *f* ; *(= fingering)* maniement *m*, manipulation *f* ; *[of stolen goods]* recel *m* ◆ **~ of drugs** trafic *m* de drogue ◆ **his ~ of the matter** la façon dont il a géré l'affaire ◆ **the judge's ~ of witnesses was criticized** on a critiqué la manière dont le juge a traité les témoins ◆ **a new system to speed up the ~ of complaints** un nouveau système pour accélérer le traitement des réclamations ◆ **the government's ~ of the economy** la manière dont le gouvernement gère l'économie ◆ **toxic waste requires very careful ~** les déchets toxiques doivent être manipulés avec beaucoup de précaution ◆ **to get some rough ~** *[person, object]* se faire malmener

**COMP** ▷ **handling charges NPL** frais *mpl* de manutention

**handmade** /ˌhændˈmeɪd/ **ADJ** fait (à la) main

**handmaid(en)** /ˈhændmeɪd(ə)n/ **N** († *or liter: lit, fig*) servante *f*

**handover** /ˈhændəʊvə/ **N** *[of company, colony]* cession *f* ◆ **the ~ of power** la passation des pouvoirs ◆ **during the prisoner's ~ to the police ...** lorsque le prisonnier a été remis à la police ...

**handrail** /ˈhændreɪl/ **N** *[of stairs]* rampe *f*, main *f* courante ; *[of bridge, quay]* garde-fou *m*

**handsaw** /ˈhændsɔː/ **N** scie *f* à main, scie *f* égoïne

**handset** /ˈhændset/ **N** *(Telec)* combiné *m*

**handshake** /ˈhændʃeɪk/ **N** **a** poignée *f* de main ; → **golden** **b** *(Comput)* prise *f* de contact

**handsome** /ˈhænsəm/ **ADJ** **a** *(= attractive) [man, face, features, building, object]* beau (belle *f*) ◆ **a ~ woman** une belle femme ◆ **~ is as ~ does** *(Prov)* l'air ne fait pas la chanson, l'habit ne fait pas le moine **b** *(= large) [sum]* coquet ◆ **a ~ price/salary** un bon prix/salaire ◆ **to win a ~ victory** remporter une belle victoire ◆ **to win by a ~ margin** gagner haut la main **c** *(= generous) [conduct, compliment, gift]* généreux ◆ **to make a ~ apology for sth** se confondre en excuses pour qch

**handsomely** /ˈhænsəmlɪ/ **ADV** **a** *(= attractively) [illustrated]* joliment ; *[dressed]* avec élégance **b** *(= generously) [pay, reward, behave]* généreusement ; *[contribute]* généreusement, avec générosité ◆ **to apologize ~** se confondre en excuses **c** *(= convincingly) [win]* haut la main ◆ **this strategy paid off ~** cette stratégie s'est révélée payante

**handspring** /ˈhændsprɪŋ/ **N** saut *m* de mains

**handstand** /ˈhændstænd/ **N** appui *m* renversé, équilibre *m* sur les mains ◆ **to do a ~** faire un appui renversé *or* un équilibre sur les mains

**handwork** /ˈhændwɜːk/ **N** ⇒ **handiwork**

**handwringing** /ˈhændrɪŋɪŋ/ **N** paroles *fpl* affligées, manifestation *f* de compassion

**handwrite** /ˈhændraɪt/ **VT** écrire à la main

**handwriting** /ˈhændraɪtɪŋ/ **N** écriture *f* ◆ **he has seen the ~ on the wall** *(US)* il mesure la gravité de la situation ◆ **the ~ is on the wall** la catastrophe est imminente

**handwritten** /ˈhændrɪtən/ **ADJ** manuscrit, écrit à la main

**handy** /ˈhændɪ/ **ADJ** **a** *(= useful) [tool, hint, method]* pratique ◆ **a ~ little car** une petite voiture bien pratique ◆ **I brought a torch just in case – that's ~!** j'ai apporté une lampe de poche à tout hasard — bonne idée ! ◆ **he's coming to see us tomorrow – that's ~!** il vient nous voir demain — ça tombe bien ! ◆ **to come in ~** être bien utile

**b** * *(= conveniently close)* proche ◆ **in a ~ place** à portée de (la) main ◆ **the shops are very ~** les magasins sont tout près ◆ **to be ~ for the shops** être à proximité des magasins ◆ **to keep** *or* **have sth ~** avoir qch à portée de (la) main

c *(= skilful)* adroit (de ses mains) ◆ **he's ~ around the home** il est bricoleur ◆ **he's ~ in the kitchen** il se débrouille bien en cuisine ◆ **to be ~ with sth** savoir bien se servir de qch

d *[ship]* maniable

COMP ▷ **handy-pack** N emballage *m* à poignée

**handyman** /ˈhændɪmæn/ N (pl **-men**) *(do-it-yourself)* bricoleur *m* ; *(= servant)* factotum *m*, homme *m* à tout faire

**hang** /hæŋ/ (pret, ptp **hung**) VT a *(= suspend)* *[+ lamp]* suspendre, accrocher (*on* à) ; *[+ curtains, hat, decorations]* accrocher ; *[+ painting]* *(gen)* accrocher ; *(in gallery) (= exhibit)* exposer ; *[+ door]* monter ; *[+ wallpaper]* poser, tendre ; *[+ dangling object]* laisser pendre ◆ **to ~ clothes on the line** étendre du linge ◆ **he hung the rope over the side of the boat** il a laissé pendre le cordage par-dessus bord ◆ **to ~ one's head** baisser la tête

b *(Culin) [+ game]* faire faisander

c *(= decorate)* décorer (*with* de) ◆ **trees hung with lights** des arbres décorés de lumières ◆ **walls hung with modern paintings** des murs décorés de tableaux modernes ◆ **a study hung with hessian** un bureau tapissé *or* tendu de jute ◆ **balconies hung with flags** des balcons pavoisés

d (pret, ptp **hanged**) *[+ criminal]* pendre ◆ **he was ~ed for murder** il fut pendu pour meurtre ◆ **he was ~ed, drawn and quartered** il a été pendu, éviscéré et écartelé ◆ **he ~ed himself** il s'est pendu ◆ **(may) as well be ~ed for a sheep as a lamb** quitte à être punis, autant l'être pour un crime qui en vaille la peine

e *(† *: in phrases)* ◆ **~ him!** qu'il aille se faire voir ! ‡ ◆ **(I'll be) ~ed if I know!** je veux bien être pendu si je le sais ! * ◆ **I'm ~ed if I'm waiting until he decides to come back** je serais fou d'attendre *or* je ne vois pas pourquoi j'attendrais qu'il se décide à revenir ◆ **~ it (all)!** zut ! *

VI a *[rope, dangling object]* pendre, être accroché *or* suspendu (*on, from* à) ; *[drapery]* tomber ◆ **a suit that ~s well** un costume qui tombe bien ◆ **her hair hung down her back** *(not put up)* elle avait les cheveux dénoués ; *(long)* ses cheveux lui tombaient dans le dos ◆ **her hair hung loose about her shoulders** ses cheveux flottaient sur ses épaules ◆ **a picture ~ing on the wall** un tableau accroché au mur ◆ **to ~ out of the window** *[person]* se pencher par la fenêtre ; *[thing]* pendre à la fenêtre ◆ **I was left ~ing by my fingertips** *(lit)* je me suis retrouvé agrippé au rocher (*or* au bord de la fenêtre *etc*) ; *(fig)* je n'avais plus qu'un mince espoir de m'en tirer ◆ **just ~ loose!** ‡ *(esp US)* essaie d'être relax ! * ◆ **to ~ tough** * *(esp US)* tenir bon, s'accrocher * ; → **balance**

b *(= hover)* planer, peser ◆ **a damp fog hung over the valley** un brouillard chargé d'humidité planait sur la vallée ◆ **a haze of expensive perfume ~s around her** les effluves d'un parfum de luxe flottent autour d'elle ◆ **the hawk hung motionless in the sky** le faucon était comme suspendu dans le ciel ◆ **a constant threat of unemployment ~s over us** *or* **our heads** la menace constante du chômage pèse sur nous ◆ **the question was left ~ing in the air** la question est restée en suspens ◆ **time hung heavy (on his hands)** il trouvait le temps long

c *[criminal]* être pendu ◆ **he ought to ~** il devrait être pendu ◆ **he'll ~ for it** cela lui vaudra la corde *or* d'être pendu ◆ **to be sentenced to ~** être condamné à la corde (*for sth* pour qch) ◆ **he was sentenced to ~ for killing a woman** il a été condamné à être pendu pour avoir tué une femme

d *(US* ‡*)* ⇒ **hang about**

N * a ◆ **to get the ~ of** *(= learn to use)* *[+ machine, tool, device]* comprendre *or* piger * comment utiliser ; *(= grasp meaning of)* *[+ letter, book]* (arriver à) comprendre ◆ **to get the ~ of doing sth** attraper le coup pour faire qch ◆ **you'll soon get the ~ of it** *(of device, process etc)* tu auras vite fait de t'y mettre ◆ **she's getting the ~ of her new job** elle commence à s'habituer à son nouveau travail ◆ **I am getting the ~ of it!** ça y est, je saisis !

b ◆ **I don't give a ~** † je m'en fiche *

COMP ▷ **hang-glider** N *(= aircraft)* deltaplane ® *m*, aile *f* delta ; *(= person)* libériste *mf* ▷ **hang-gliding** N deltaplane ® *m*, vol *m* libre ◆ **to go ~-gliding** faire du deltaplane ®, pratiquer le vol libre ▷ **hang-out** * N *(= place)* lieu *m* de prédilection ▷ **hang-up** * N *(= complex)* complexe *m* (*about* à cause de) ◆ **to have a ~-up about one's body** être mal dans son corps, être complexé ◆ **to have a ~-up about spiders** avoir la phobie des araignées, avoir une peur maladive des araignées ◆ **to have sexual ~-ups** avoir des blocages (sexuels)

► **hang about, hang around** VI *(= loiter, pass time)* traîner ; *(= wait)* attendre ◆ **he's always ~ing about here** il est toujours à traîner par ici ◆ **he got sick of ~ing around waiting for me** il en a eu marre * de m'attendre ◆ **they always ~ around together** ils sont toujours ensemble ◆ **Ann used to ~ around with the boys** Ann traînait avec les garçons ◆ **to keep sb ~ing about** faire attendre *or* poireauter * qn ◆ **this is where they usually ~ about** c'est là qu'ils se trouvent habituellement ◆ **~ about!** * attends ! ◆ **~ about** *, **I know that guy!** attends, je le connais, ce type * !

VT FUS ◆ **the crowd who hung around the cafe** les habitués du café

► **hang back** VI *(in walking etc)* rester en arrière, hésiter à aller de l'avant ◆ **she hung back from suggesting this** elle hésitait à le proposer ◆ **they hung back on closing the deal** ils tardaient à conclure l'affaire ◆ **he should not ~ back (on this decision) any longer** il est temps qu'il prenne une décision *or* qu'il se décide

► **hang down** VI pendre

► **hang in** * VI (also **hang in there**) s'accrocher ◆ **~ in there, Bill, you're going to make it** accroche-toi, Bill, tu vas t'en sortir

► **hang on** VI a *(* = wait)* attendre ◆ **~ on!** attendez ! ; *(on phone)* ne quittez pas ! ◆ **~ on a sec, I'll come with you** attends une seconde, je viens avec toi ◆ **I had to ~ on for ages** *(on phone)* j'ai dû attendre des siècles

b *(= hold out)* tenir bon ◆ **he managed to ~ on till help came** il réussit à tenir bon jusqu'à l'arrivée des secours ◆ **Manchester United hung on to take the Cup** Manchester United a tenu bon et a remporté le championnat ◆ **to ~ on by one's fingernails** *or* **fingertips** *(lit)* être agrippé *or* cramponné au rocher (*or* au bord de la fenêtre *etc*) ; *(fig)* n'avoir plus qu'un mince espoir de s'en tirer ◆ **~ on in there** * ⇒ **hang in there** ; → **hang in**

c ◆ **to hang on to sth** * *(= cling on to)* s'accrocher à qch, rester cramponné à qch ; *(= keep, look after)* garder qch ◆ **~ on to the branch** cramponne-toi à la branche, ne lâche pas la branche ◆ **to ~ on to one's lead** conserver son avance ◆ **to ~ on to power** s'accrocher au pouvoir

VT FUS a *(lit, fig)* se cramponner à, s'accrocher à ◆ **to ~ on sb's arm** se cramponner *or* s'accrocher au bras de qn ◆ **to ~ on sb's words** *or* **every word** boire les paroles de qn, être suspendu aux lèvres de qn

b *(= depend on)* dépendre de ◆ **everything ~s on his decision** tout dépend de sa décision ◆ **everything ~s on whether he saw her or not** le tout est de savoir s'il l'a vue ou non

VT SEP *(esp US)* ◆ **to ~ one on** * se cuiter ‡, se biturer ‡

► **hang out** VI a *[tongue]* pendre ; *[shirt tails etc]* pendre (dehors), pendouiller * ◆ **let it all ~ out!** ‡ défoulez-vous !

b * *(= live)* percher *, crécher ‡ ; *(= loiter aimlessly)* traîner ◆ **to ~ out with sb** frayer avec qn

c *(= resist)* **they are ~ing out for a 5% rise** * ils insistent pour obtenir une augmentation de 5%

VT SEP *[+ streamer]* suspendre (dehors) ; *[+ washing]* étendre (dehors) ; *[+ flag]* arborer ◆ **to ~ sb out to dry** * *(= abandon them)* abandonner qn à son sort

N ◆ **hang-out** * → **hang**

► **hang together** VI a *(= unite)* *[people]* se serrer les coudes

b *(= be consistent)* *[argument]* se tenir ; *[story]* tenir debout ; *[statements]* s'accorder, concorder ◆ **her ideas don't always ~ together very well as a plot** ses intrigues sont souvent décousues

► **hang up** VI *(Telec)* raccrocher ◆ **to ~ up on sb** raccrocher au nez de qn ; see also **hang**

VT SEP *[+ hat, picture]* accrocher, pendre (*on* à, sur) ◆ **to ~ up the receiver** *(Telec)* raccrocher ◆ **to ~ up one's hat** *(= retire)* raccrocher * ◆ **the goalkeeper announced he was ~ing up his boots for good** le gardien de but a annoncé qu'il raccrochait pour de bon ; → **hung**

N ◆ **hang-up** * → **hang**

► **hang with** * VT FUS *(esp US)* frayer avec *

**hangar** /ˈhæŋəʳ/ N *(Aviat)* hangar *m*

**hangdog** /ˈhæŋdɒg/ N ◆ **to have a ~ look** *or* **expression** avoir un air de chien battu

**hanger** /ˈhæŋəʳ/ N (also **coat hanger**) cintre *m* ; *(= hook)* patère *f* COMP ▷ **hanger-on** N (pl **hangers-on**) parasite *m* ◆ **he's just one of the ~s-on** *(= person)* c'est juste l'un de ces parasites ◆ **there was a crowd of ~s-on** il y avait toute une foule de parasites

**hanging** /ˈhæŋɪŋ/ N a *(= execution)* pendaison *f* ◆ **they want to bring back ~** ils veulent réintroduire la pendaison b *(NonC)* accrochage *m*, suspension *f* ; *[of bells, wallpaper]* pose *f* ; *[of door]* montage *m* ; *[of picture]* accrochage *m* c *(= curtains etc)* **~s** tentures *fpl*, draperies *fpl* ◆ **bed ~s** rideaux *mpl* de lit

ADJ *[bridge, staircase]* suspendu ; *[door]* battant ; *[lamp, light]* pendant ; *[sleeve]* tombant

COMP ▷ **hanging basket** N panier *m* suspendu ▷ **hanging committee** N *(Art)* jury *m* d'exposition ▷ **the Hanging Gardens of Babylon** NPL les jardins *mpl* suspendus de Babylone ▷ **hanging judge** N *(Hist) juge qui envoyait régulièrement à la potence* ; *(fig)* juge *m* impitoyable ▷ **hanging offence** N *(lit)* crime *m* punissable de pendaison ◆ **it's not a ~ offence** *(fig)* ce n'est pas un crime ▷ **hanging wardrobe** N penderie *f*

**hangman** /ˈhæŋmən/ N (pl **-men**) a *(= executioner)* bourreau *m* b *(= game)* pendu *m* ◆ **to play ~** jouer au pendu

**hangnail** /ˈhæŋneɪl/ N petite peau *f*, envie *f*

**hangover** /ˈhæŋəʊvəʳ/ N a *(after drinking)* ◆ **to have a ~** avoir la gueule de bois * b *(= relic)* ◆ **this problem is a ~ from the previous admin-**

**istration** c'est un problème que nous avons hérité de l'administration précédente

**Hang Seng Index** /ˌhæŋseŋˈındeks/ **N** indice *m* Hang Seng

**hank** /hæŋk/ **N** *[of wool]* écheveau *m*

**hanker** /ˈhæŋkəʳ/ **VI** ◆ **to ~ for** *or* **after** rêver de

**hankering** /ˈhæŋkərıŋ/ **N** ◆ **to have a ~ for sth/to do sth** rêver de qch/de faire qch

**hankie** *, **hanky** * /ˈhæŋkı/ **N** abbrev of **handkerchief**

**hanky-panky** * /ˈhæŋkıˈpæŋkı/ **N** *(suspicious)* entourloupes * *fpl*; *(= fooling around)* bêtises *fpl*; *(sexual)* batifolage *m* ◆ **there's some ~ going on** *(suspicious)* il se passe quelque chose de louche, il y a là quelque chose de pas très catholique * ◆ **there were reports of political ~** le bruit courait qu'il se passait des choses louches en politique

**Hannibal** /ˈhænıbəl/ **N** Hannibal *m*

**Hanoi** /hæˈnɔı/ **N** Hanoi

**Hanover** /ˈhænəʊvəʳ/ **N** Hanovre ◆ **the house of ~** *(Brit Hist)* la maison *or* la dynastie de Hanovre

**Hanoverian** /ˌhænəʊˈvıərıən/ **ADJ** hanovrien

**Hansard** /ˈhænsɑːd/ **N** Hansard *m* *(procès verbal des débats du parlement britannique)*

**Hanseatic** /ˌhænzıˈætık/ **ADJ** ◆ **the ~ League** la Hanse, la Ligue hanséatique

**hansom** /ˈhænsəm/ **N** (also **hansom cab**) cab *m*

**Hants** /hænts/ abbrev of **Hampshire**

**Hanukkah** /ˈhɑːnəkə/ **N** *(Rel)* Hanoukka *f*

**ha'pence** † /ˈheıpəns/ **NPL** of **ha'penny**

**ha'penny** † /ˈheıpnı/ **N** ⇒ **halfpenny**

**haphazard** /ˌhæpˈhæzəd/ **ADJ** désordonné ◆ **in a somewhat ~ fashion** de manière un peu désordonnée ◆ **the whole thing was very ~** tout était fait au petit bonheur ◆ **they have a ~ approach to film-making** leur façon de réaliser des films laisse une grande place au hasard

**haphazardly** /ˌhæpˈhæzədlı/ **ADV** *[arrange, select]* au hasard

**hapless** /ˈhæplıs/ **ADJ** infortuné *before n*, malheureux *before n*

**happen** /ˈhæpən/ **VI** **a** arriver, se passer ◆ **something ~ed** il est arrivé *or* il s'est passé quelque chose ◆ **what's ~ed?** qu'est-ce qui s'est passé ?, qu'est-il arrivé ? ◆ **just as if nothing had ~ed** comme si de rien n'était ◆ **whatever ~s** quoi qu'il arrive *subj* *or* advienne ◆ **don't let it ~ again!** et que cela ne se reproduise pas ! ◆ **these things ~** ce sont des choses qui arrivent ◆ **what has ~ed to him?** *(= befallen)* qu'est-ce qui lui est arrivé ? ; *(= become of)* qu'est-ce qu'il est devenu ? ◆ **if anything ~ed to me my wife would have enough money** s'il m'arrivait quelque chose ma femme aurait assez d'argent ◆ **something has ~ed to him** il lui est arrivé quelque chose ◆ **a funny thing ~ed to me this morning** il m'est arrivé quelque chose de bizarre ce matin ◆ **let's pretend it never ~ed** faisons comme si rien ne s'était passé ◆ **she switched on the ignition. Nothing ~ed** elle a mis le contact. Il ne s'est rien passé ◆ **it's all ~ing!** * il s'en passe des choses !

**b** *(= come about, chance)* **how does it ~ that ...?** comment se fait-il que ... + *subj* ? ◆ **it might ~ that ...** il se pourrait que ... + *subj* ◆ **it so ~ed that ...** il s'est trouvé que ... + *indic* ◆ **it so ~s that I'm going there today, as it ~s I'm going there today** il se trouve que j'y vais aujourd'hui

◆ **to happen to do sth** ◆ **he ~ed to tell me that ...** il me disait justement que ... ◆ **do you ~ to have a pen?** aurais-tu par hasard un stylo ? ◆ **how did you ~ to go?** comment se fait-il que tu y sois allé ? ◆ **we ~ed to discover we had a friend in common** nous avons découvert par hasard que nous avions un ami commun ◆ **I looked in the nearest paper, which ~ed to be the Daily Mail** j'ai regardé dans le premier journal qui m'est tombé sous la main. Il s'est trouvé que c'était le Daily Mail ◆ **I ~ to know he is not rich** je sais qu'en fait, il n'est pas riche ◆ **if he does ~ to see her** s'il lui arrive de la voir

► **happen (up)on** † **VT FUS** *[+ object]* trouver par hasard ; *[+ person]* rencontrer par hasard

**happening** /ˈhæpnıŋ/ **N** événement *m* ; *(Theat)* happening *m* **ADJ** * branché *

**happenstance** * /ˈhæpənstæns/ **N** ◆ **by ~** par hasard

**happily** /ˈhæpılı/ **ADV** **a** *[say, talk, play] (= contentedly)* d'un air heureux ; *(= merrily)* gaiement ◆ **to smile ~** avoir un sourire épanoui *or* de bonheur ◆ **it all ended ~** tout s'est bien terminé ◆ **I'm a ~ married man** je suis heureux en ménage ◆ **they lived ~ ever after** ils vécurent heureux **b** *(= without difficulty) [live together, work together etc]* sans problème **c** *(= willingly) [offer, lend]* volontiers **d** *(= fortunately)* heureusement ◆ **~, no one was hurt** heureusement, personne n'a été blessé ◆ **~ for him, he can afford it** heureusement pour lui, il peut se le permettre **e** *(= felicitously) [express, word]* avec bonheur ◆ **a ~ chosen word** un mot choisi avec bonheur

**happiness** /ˈhæpınıs/ LANGUAGE IN USE 24.3 **N** bonheur *m*

**happy** /ˈhæpı/ LANGUAGE IN USE 3.2, 11.2, 23.2, 23.3, 23.6, 24, 25

**ADJ** **a** *(= joyful, glad) [person, smile, time]* heureux ◆ **a ~ feeling** un sentiment de bonheur ◆ **to have a ~ ending** bien se terminer ◆ **to have ~ memories of sb/sth** garder un bon souvenir *or* de bons souvenirs de qn/qch ◆ **to be ~ about sth** être heureux de qch ◆ **as ~ as Larry** *or* **a sandboy** *or* **a clam** *or* **a lark, ~ as the day is long** *(US)* heureux comme un poisson dans l'eau, heureux comme un roi ◆ **we're just one big ~ family** *(firm, school etc)* nous formons une grande famille, nous sommes comme une grande famille ◆ **to be ~ for sb** se réjouir pour qn ◆ **can't you just be ~ for me?** tu ne peux pas te réjouir pour moi ? ◆ **I'm ~ that I came** je suis content d'être venu ◆ **I'm ~ that you came** je suis content que vous soyez venu ◆ **I'm ~ to say that ...** j'ai le plaisir de vous dire que ... ◆ **I'm just ~ to have a job** je m'estime heureux d'avoir un emploi

**b** *(= contented, at ease) [person]* content, heureux ; *[childhood, life, marriage, retirement, family]* heureux ◆ **I'm ~ here reading** je suis très bien ici à lire ◆ **we like to keep the customers/sponsors ~** nous voulons que nos clients/sponsors soient satisfaits ◆ **you're not just saying that to keep me ~?** tu ne dis pas ça juste pour me faire plaisir ? ◆ **to be ~ with** *or* **about sth** être satisfait de qch ◆ **I'm not ~ with this new car** je ne suis pas satisfait de cette nouvelle voiture ◆ **I'm not ~ about leaving him alone** ça ne me plaît pas trop de le *or* je n'aime pas trop le laisser seul ◆ **are you ~ now?** *(said in reproach)* t'es content maintenant ? *

**c** *(= willing, glad)* ◆ **to be ~ to do sth** bien vouloir faire qch ◆ **she was quite ~ to stay there alone** cela ne l'ennuyait *or* la dérangeait pas (du tout) de rester là toute seule ◆ **I'm always ~ to oblige** à votre service ◆ **I would be ~ to have your comments** n'hésitez pas à me faire part de vos commentaires ◆ **I'd be more than** *or* **only too ~ to do that** je le ferais volontiers ; → **slap, trigger**

**d** *(in greetings)* ◆ **~ birthday!** bon anniversaire ! ◆ **"happy birthday to you!"** *(in song)* "joyeux anniversaire !" ◆ **"happy 40th birthday"** *(on card)* "40 ans : joyeux anniversaire !" ◆ **~ Christmas!** joyeux Noël ! ◆ **~ Easter!** joyeuses Pâques ! ◆ **~ New Year!** bonne année ! ◆ **~ holidays!** *(US)* joyeuses fêtes ! ◆ **~ days!** * *(as toast)* tchin-tchin ! * ; see also **return**

**e** *(*, euph = tipsy)* éméché *, gris *

**f** *(= fortunate) [chance, coincidence]* heureux ◆ **the ~ few** les rares privilégiés *mpl*

**g** *(= felicitous) [phrase, words, outcome]* heureux ◆ **it's not a ~ thought** ce n'est pas une perspective réjouissante

**COMP** ▷ **happy-clappy** **ADJ** *(pej) [service] qui se déroule dans une allégresse collective* ▷ **the happy couple** **N** les jeunes mariés *mpl* ▷ **the happy event** **N** *(= birth)* l'heureux événement *m* ▷ **happy families** **N** *(= card game)* jeu *m* des sept familles ▷ **happy-go-lucky** **ADJ** *[person, attitude]* insouciant ◆ **the arrangements were very ~-go-lucky** c'était organisé au petit bonheur (la chance) ◆ **to do sth in a ~-go-lucky way** faire qch au petit bonheur (la chance) *or* à la va comme je te pousse * ▷ **happy hour** **N** *(US)* heure *f* du cocktail *or* de l'apéritif ; *(Brit) heure, généralement en début de soirée, pendant laquelle les consommations sont à prix réduit* ▷ **happy hunting ground** **N** *[of Native Americans]* paradis *m* des Indiens d'Amérique ◆ **a ~ hunting ground for collectors** le paradis des collectionneurs ▷ **happy medium** **N** juste milieu *m* ◆ **to strike a ~ medium** trouver le juste milieu

**Hapsburg** /ˈhæpsbɜːg/ **N** Habsbourg ◆ **the ~s** les Habsbourg *mpl*

**hara-kiri** /ˈhærəˈkırı/ **N** hara-kiri *m* ◆ **to commit ~** faire hara-kiri

**harangue** /həˈræŋ/ **VT** *[+ crowd]* haranguer (*about* à propos de) ; *[+ individual]* sermonner (*about* à propos de) ◆ **he tried to ~ the crowd into action** il a essayé de haranguer la foule pour qu'elle agisse **N** *(to crowd)* harangue *f* ; *(to individual)* sermon *m*

**harass** /ˈhærəs/ **VT** **a** *(= harry) [+ troops, the enemy, crowd]* harceler ◆ **don't ~ me!** arrête de me harceler ! ◆ **they complained of being routinely ~ed by the police** ils se sont plaints de harcèlements répétés de la part de la police ◆ **he sexually ~ed her** il la harcelait sexuellement **b** *(= worry)* tracasser ; *(stronger)* harceler, tourmenter ◆ **~ed by doubts** harcelé de doutes

⚠ **harasser** *in French means 'to exhaust'.*

**harassed** /ˈhærəst/ **ADJ** *(= hassled)* harcelé ; *(= overburdened)* stressé ◆ **I'm feeling a bit ~** je suis un peu stressé

**harassment** /ˈhærəsmənt/ **N** harcèlement *m* ◆ **police ~** harcèlement *m* de la part de la police ; → **sexual**

**harbinger** /ˈhɑːbındʒəʳ/ **N** *(liter)* signe *m* avant-coureur *(liter)*, présage *m* ◆ **a ~ of doom** un funeste présage

**harbour, harbor** *(US)* /ˈhɑːbəʳ/ **N** *(for boats)* port *m* ; *(fig)* havre *m* *(liter)*, refuge *m* ◆ **Dover Harbour** *(in names)* port *m* de Douvres ◆ **the ship was lying in the ~** le navire était au port *or* avait mouillé dans le port ; → **outer**

**VT** **a** *(= give shelter to)* héberger, abriter ◆ **to ~ a criminal** receler un criminel *(Jur)* ◆ **they accused the government of ~ing terrorists** ils ont accusé le gouvernement d'avoir fermé les yeux sur la présence de terroristes

**b** *[+ suspicions]* entretenir, nourrir ; *[+ fear, hope]* entretenir ◆ **to ~ a grudge against sb** garder rancune à qn ◆ **she ~s no regrets** elle ne nourrit aucun regret

**c** *[+ dirt, dust]* retenir, garder ◆ **the river still ~s crocodiles** des crocodiles habitent encore le fleuve ◆ **the cat's fur ~s various parasites** divers parasites trouvent refuge dans la fourrure du chat

**COMP** ▷ **harbour dues**, **harbour fees** NPL *(Jur, Comm)* droits *mpl* de port ▷ **harbour master** N capitaine *m* de port ▷ **harbour station** N gare *f* maritime

**hard** /hɑːd/ **ADJ** **a** *(= firm) [object, substance, ground, bed, fruit]* dur ; *[mud, snow]* durci ; *[muscle]* ferme ; *[cheese]* à pâte pressée ; see also **f** ◆ **to become** *or* **get** *or* **go** *or* **grow ~** durcir ◆ **the ground was baked/frozen ~** le sol était durci par la chaleur/par le gel ◆ **the lake was frozen ~** le lac était complètement gelé ◆ **to set ~** *[plaster, concrete, clay etc]* bien prendre

**b** *(= difficult) [problem, question, exam, choice, decision, work]* difficile ; *[task]* pénible, dur ; *[battle, fight]* rude ; *[match]* âprement disputé ◆ **it is ~ to do that** il est difficile de faire cela ◆ **to find it ~ to do sth** avoir du mal à faire qch, trouver difficile de faire qch ◆ **I find it ~ to believe that ...** j'ai du mal à croire que ... ◆ **their prices are ~ to beat** leurs prix sont imbattables ◆ **to be ~ to open/close/translate** *etc* être difficile *or* dur à ouvrir/fermer/traduire *etc* ◆ **good managers are ~ to find these days** il est difficile de trouver de bons cadres de nos jours ◆ **that's a ~ question to answer** c'est une question à laquelle il est difficile de répondre ◆ **it was a ~ decision to make** c'était une décision difficile à prendre ◆ **I've had a ~ day** ma journée a été dure ◆ **a ~ day's work** une rude journée de travail ◆ **it's ~ work!** c'est dur ! ◆ **a ~ day's sunbathing on the beach** *(hum)* une rude journée *or* une journée fatigante passée à bronzer sur la plage *(hum)* ◆ **she's had a very ~ life** elle a eu une vie très dure ◆ **it's a ~ life** *(also iro)* la vie est dure ◆ **it's a ~ life being a man** *(also iro)* c'est dur d'être un homme ◆ **she's having a ~ time at the moment** elle traverse une période difficile ◆ **she had a ~ time of it after her husband's death** elle a traversé une période difficile après la mort de son mari ◆ **to have a ~ time doing sth** avoir du mal *or* des difficultés à faire qch ◆ **you'll have a ~ time trying to get him to help you** vous allez avoir du mal à le persuader de vous aider ◆ **to give sb a ~ time** * en faire voir de toutes les couleurs à qn ◆ **the kids are giving me a ~ time at the moment** * les enfants sont vraiment pénibles en ce moment ◆ **times are ~** les temps sont durs ◆ **those were ~ times** c'était une époque difficile ◆ **he always has to do it** *or* **things the ~ way** il faut toujours qu'il cherche *subj* la difficulté ◆ **to learn the ~ way** l'apprendre à ses dépens ◆ **to play ~ to get** * se faire désirer ; see also **drive**

**c** *(= committed)* ◆ **he's a ~ worker** il est travailleur ◆ **he's a ~ drinker** il boit beaucoup, il boit sec

**d** *(= forceful) [blow, kick, punch]* violent ◆ **give it a ~ push** pousse fort ◆ **she gave the rope a ~ tug** elle a tiré la corde d'un coup sec ◆ **he had a ~ fall** il a fait une mauvaise chute ◆ **a ~ blow** *(fig)* un coup dur *(for, to sb/sth* pour qn/qch) → **knock**

**e** *(= unsympathetic) [person, face, look, smile, voice]* dur ◆ **to have a ~ heart** avoir le cœur dur ◆ **no ~ feelings!** sans rancune ! ◆ **to show there are no ~ feelings** pour montrer qu'il n'y a pas de rancune entre nous (*or* eux *etc*) ◆ **to grow ~** s'endurcir

**f** *(= harsh, severe) [winter, climate]* rude, rigoureux ; *[frost]* fort ; *[light, colour]* cru ; *[treatment]* dur ; *[rule, decision]* sévère ◆ **to take a ~ line with sb/on sth** se montrer dur *or* intransigeant avec qn/lorsqu'il s'agit de qch ; see also **comp** ◆ **to be ~ on sb** *[person]* être dur avec qn ◆ **aren't you being a bit ~ on yourself?** n'es-tu pas un peu trop dur avec toi-même ? ◆ **to be ~ on sb/sth** *(= damaging) [situation, circumstances]* être difficile *or* éprouvant pour qn/qch ◆ **the light was ~ on the eyes** la lumière fatiguait les yeux ◆ **children are ~ on their shoes** les enfants usent leurs chaussures en un rien de temps ◆ **~ cheese** * *or* **lines** *! *(Brit)* tant pis pour toi ! ◆ **~ luck!** pas de chance *or* de veine * ! ◆ **it was ~ luck that he didn't win** il n'a vraiment pas eu de chance de ne pas gagner ◆ **it's ~ luck on him** il n'a vraiment pas de chance ◆ **he told me another ~ luck story** il m'a encore raconté ses malheurs ◆ **his ~ luck story failed to move me** il n'a pas réussi à m'émouvoir avec ses malheurs

**g** *(= tough)* **she thinks she's really ~** * *[person]* elle se considère comme une dure

**h** *(= indisputable) [information]* sûr ; *[evidence]* tangible ◆ **there are ~ facts to support our arguments** il y a des faits concrets pour soutenir nos arguments ◆ **the ~ facts of the matter are that ...** ce qu'il y a de sûr et certain, c'est que ... ◆ **what we want is ~ news** ce qu'il nous faut, c'est une information sérieuse

**i** *(= strong) [drink]* fortement alcoolisé, fort ; *[drug]* dur ◆ **~ porn** * porno *m* hard * ◆ **the ~ stuff** * *(= whisky)* le whisky ; *(= drugs)* les drogues dures ◆ **a drop of the ~ stuff** * un petit coup * de whisky

**j** *(Chem) [water]* dur

**k** *(Med) [tissue]* sclérosé, scléreux

**l** *(esp Brit)* ◆ **the ~ left/right** *(Pol)* la gauche/droite dure

**m** *(Phon, Ling) [sound]* dur ; *[consonant] (= not palatalized)* dur ; *(= velar)* fort, dur †

**n** *(St Ex) [market, stock, rate]* soutenu, ferme

**ADV** **a** *(= energetically, assiduously) [push, pull, rain, snow]* fort ; *[work]* dur ; *[study]* assidûment ; *[laugh]* aux éclats ; *[cry]* à chaudes larmes ; *[listen]* de toutes ses oreilles ; *[think]* bien ◆ **tug the rope ~** tire sur la corde d'un coup sec ◆ **she slammed the door ~** elle a claqué violemment la porte ◆ **to fall down ~** tomber lourdement ◆ **to run ~** courir de toutes ses forces ◆ **to hold on ~** tenir bon ◆ **to hit ~** frapper fort, cogner dur ; see also **hit** ◆ **to beg ~** supplier ◆ **to look ~ at** *[+ person]* dévisager ; *[+ thing]* bien regarder ◆ **he tried really ~** il a vraiment essayé ◆ **you must try ~er** il faut faire plus d'efforts ◆ **no matter how ~ I try, I ...** j'ai beau essayer, je ... ◆ **as ~ as one can** de toutes ses forces ◆ **to be ~ at work** *or* **at it** * travailler *or* bosser * dur ◆ **she works ~ at keeping herself fit** elle fait de gros efforts pour rester en forme ◆ **he likes to work ~ and play ~** il met autant d'énergie à travailler qu'à s'amuser ◆ **to clamp down ~ on sb** prendre des sanctions très sévères contre qn

◆ **to be hard pushed** *or* **put (to it) to do sth** avoir beaucoup de mal à faire qch

**b** *(= as far as possible) [turn]* ◆ **~ left** à fond à gauche ◆ **~ right** à fond à droite ◆ **~ a-port** *(Naut)* bâbord toute ◆ **~ a-starboard** *(Naut)* tribord toute ◆ **~ astern** *(Naut)* arrière toute ◆ **~ about** *(Naut)* demi-tour toute

**c** *(= badly)* ◆ **to take sth ~** être très affecté par qch ◆ **it'll go ~ for him if ...** ça ira mal pour lui si ... ◆ **she feels ~ done by** *(by person)* elle se sent brimée ; *(by life)* elle trouve qu'elle n'a pas eu de chance dans la vie

**d** *(= closely)* ◆ **to follow** *or* **come ~ behind** *or* **upon sth** suivre qch de très près ◆ **~ by sth** † tout près de qch ◆ **it was ~ on 10 o'clock** † il était bientôt 10 heures ; → **heel**[1]

**COMP** ▷ **hard-and-fast** ADJ *[timetable]* strict ; *[position]* inflexible ; *[conclusion]* définitif ; *[evidence]* concluant ; *[rule]* absolu ▷ **hard-ass** *✱ N *(US)* dur(e) *m(f)* à cuire * ▷ **hard-bitten** ADJ *(fig)* dur à cuire * ▷ **hard-boiled** ADJ *[egg]* dur ; *(fig) [person]* dur à cuire * ▷ **hard cash** N *(Fin)* espèces *fpl*, argent *m* liquide ▷ **hard cider** N *(US)* cidre *m* ▷ **hard copy** N *(Comput)* tirage *m*, sortie *f* papier ▷ **hard core** N **a** *(= group) [of supporters, objectors, offenders]* noyau *m* dur **b** *(for roads)* matériaux *mpl* pour assise, couche *f* de fondation ; see also **hardcore** ▷ **hard-core** ADJ *(= extreme) [criminal, hooligan]* irrécupérable ; *(= uncompromising)* pur et dur ; *[support, opposition]* inconditionnel ◆ **~-core pornography** pornographie *f* hard ▷ **hard court** N *(Tennis)* court *m* en dur ▷ **hard currency** N *(Fin)* devise *f* forte ▷ **hard disk** N *(Comput)* disque *m* dur ▷ **hard disk drive** N *(Comput)* unité *f* de disque dur ▷ **hard-drinking** ADJ qui boit beaucoup *or* sec ▷ **hard-earned** ADJ *[money, salary]* durement gagné ; *[holiday]* bien mérité ▷ **hard-edged** ADJ *[shadow, shape]* aux contours nets ; *[style]* intransigeant ▷ **hard-faced**, **hard-featured** ADJ au visage sévère, aux traits durs ▷ **hard-fought** ADJ *[battle]* acharné ; *[election, competition]* âprement disputé ▷ **hard hat** N *[of motorcyclist, construction worker]* casque *m* ; *(= riding hat)* bombe *f* ; *(esp US fig = construction worker)* ouvrier *m* du bâtiment ▷ **hard-hat** ADJ *(esp US fig)* réactionnaire ▷ **hard-headed** ADJ réaliste, qui a la tête sur les épaules ◆ **~-headed businessman** homme *m* d'affaires réaliste ; see also **hardhead** ▷ **hard-hearted** ADJ insensible, au cœur dur ◆ **he was very ~-hearted towards them** il était très dur avec eux ▷ **hard-hitting** ADJ *(fig) [report, news programme]* sans complaisance ▷ **hard labour**, **hard labor** *(US)* N *(Jur)* travaux *mpl* forcés ▷ **hard-line** ADJ *[person]* (pur et) dur ; *[stance, policy]* dur, intransigeant ▷ **hard-liner** N *(gen)* pur(e) *m(f)* et dur(e) *m(f)* ◆ **the ~-liners** *(in political party)* la ligne dure (du parti) ▷ **hard loan** N *(Fin)* prêt *m* aux conditions commerciales *or* du marché ▷ **hard mint candy** N *(US)* bonbon *m* à la menthe ▷ **hard-nosed** ADJ dur, intraitable ▷ **hard of hearing** ADJ dur d'oreille ▷ **the hard-of-hearing** NPL les malentendants *mpl* ▷ **hard-on** *✱ N ◆ **to have a ~-on** bander *✱ ▷ **hard-packed snow** N neige *f* tassée ; *(by wind)* congère *f* ▷ **hard palate** N voûte *f* du palais, palais *m* dur ▷ **hard pressed** ADJ *[staff]* sous pression ; *[consumers, homeowners]* en difficulté financière ; *[economy]* en difficulté ◆ **to be ~ pressed to do sth** avoir beaucoup de mal à faire qch ◆ **to be ~ pressed for money** être vraiment à court d'argent ▷ **hard rock** N *(Mus)* hard rock *m* ▷ **hard sauce** N *(US)* crème au beurre ▷ **hard-sell** N *(Comm)* vente *f* agressive ◆ **~-sell tactics** stratégie *f* de vente agressive ◆ **~-sell approach** *(gen)* approche *f* agressive ▷ **hard shoulder** N *(esp Brit Aut)* bande *f* d'arrêt d'urgence ▷ **hard-up** * ADJ *(= penniless)* fauché *, sans le sou ◆ **I'm ~-up** je suis fauché * *or* à sec * ◆ **they must be ~-up if ...** *(fig)* les choses doivent aller mal (pour eux) si ... ◆ **to be ~-up for sth** *(gen)* être à court de qch, manquer de qch ▷ **hard-wearing** ADJ *[shoes, clothes, material]* solide, résistant ▷ **hard-wired** ADJ *(Comput)* câblé ▷ **hard-won** ADJ *[victory, battle, freedom, independence]* durement gagné, remporté de haute lutte ; *[promotion]* bien mérité ▷ **hard-working** ADJ *(gen)* travailleur ; *[student, pupil]* travailleur, bûcheur *

**hardback** /ˈhɑːdbæk/ ADJ *[book]* relié, cartonné N livre *m* relié *or* cartonné

**hardball** /ˈhɑːdbɔːl/ N *(US)* base-ball *m* ♦ **to play ~** * *(fig)* employer la manière forte, ne pas prendre de gants

**hardboard** /ˈhɑːdbɔːd/ N *(NonC)* isorel® *m*, panneau *m* dur (de fibres de bois)

**hardcore** /ˌhɑːdˈkɔːʳ/ N *(Mus)* hardcore *m* ; see also **hard**

**hardcover** /ˈhɑːdˌkʌvəʳ/ ADJ, N *(US)* ⇒ **hardback**

**harden** /ˈhɑːdn/ VT a *[+ substance]* durcir ; *[+ steel]* tremper ; *[+ muscle]* affermir, durcir ♦ **his years in the Arctic ~ed him considerably** les années qu'il a passées dans l'Arctique l'ont considérablement endurci ♦ **to ~ o.s. to sth** s'endurcir *or* s'aguerrir à qch ♦ **to ~ one's heart** s'endurcir ♦ **this ~ed his heart** cela lui a endurci le cœur ♦ **my heart ~ed against her** je lui ai fermé mon cœur b *(Fin)* ♦ **to ~ credit** restreindre le crédit ; see also **hardened** c *(Med) [+ arteries]* scléroser VI a *[substances]* durcir ; *[steel]* se tremper ♦ **his voice ~ed** sa voix se fit dure ♦ **the look on his face ~ed** son regard s'est durci b *(Fin) [shares, prices]* se raffermir ♦ **the market ~ed** le marché s'affermit c *(Med) [arteries]* se scléroser

**hardened** /ˈhɑːdnd/ ADJ *[substance]* durci ; *[steel]* trempé ; *[criminal, sinner]* endurci ; *[drinker]* invétéré ♦ **~ drug addicts** des toxicomanes endurcis ♦ **I'm ~ to it** j'ai l'habitude, ça ne me fait plus rien ♦ **a world ~ to political injustice** un monde qui est devenu insensible à l'injustice politique

**hardening** /ˈhɑːdnɪŋ/ N a *[of substance]* durcissement *m* ; *[of steel]* trempe *f* ; *(fig)* durcissement *m*, endurcissement *m* ♦ **I noticed a ~ of his attitude** j'ai remarqué que son attitude se durcissait b *(Fin) [of currency, prices]* raffermissement *m* c *(Med)* induration *f*, sclérose *f* COMP ▷ **hardening of the arteries** N *(Med)* artériosclérose *f*

**hardhead** /ˈhɑːdhed/ N *(= person)* réaliste *mf* ; see also **hard**

**hardihood** /ˈhɑːdɪhʊd/ N hardiesse *f*

**hardiness** /ˈhɑːdɪnɪs/ N robustesse *f*

**hardly** /ˈhɑːdlɪ/ ADV a

> When it means 'barely', **hardly** can generally be translated using the expression **à peine**.

♦ **he can ~ write** il sait à peine écrire, c'est à peine s'il sait écrire ♦ **I can ~ hear you** je vous entends à peine ♦ **he was given ~ 24 hours to pack his bags** c'est à peine si on lui a donné 24 heures pour faire ses bagages ♦ **~ had he got home than the phone started ringing** à peine était-il rentré chez lui que le téléphone se mit à sonner ♦ **~ a day goes by without someone visiting** il est rare qu'une journée se passe sans qu'il y ait une visite ♦ **you'll ~ believe it** vous aurez de la peine *or* du mal à le croire

> Note the use of **presque** in the following examples.

♦ **~ anyone knew** presque personne n'était au courant ♦ **these animals are found ~ anywhere else** ces animaux ne se trouvent presque nulle part ailleurs ♦ **you have ~ eaten anything** tu n'as presque rien mangé ♦ **~ ever** presque jamais ♦ **I ~ know you** je vous connais à peine, je ne vous connais presque pas ♦ **Nicki had ~ slept** Nicki avait à peine dormi, Nicki n'avait presque pas dormi

b *(expressing doubt, scepticism, irony)* **~!** *(= not at all)* certainement pas ! ; *(= not exactly)* pas précisément ! ♦ **he would ~ have said that** il n'aurait tout de même pas dit cela ♦ **it's ~ surprising his ideas didn't catch on** il n'est guère surprenant que ses idées ne soient pas devenues populaires ♦ **it's ~ his business if ...** ce n'est guère son affaire si ... ♦ **I need ~ point out that ...** je n'ai pas besoin de faire remarquer que ...

**hardness** /ˈhɑːdnɪs/ N dureté *f* ♦ **~ of hearing** surdité *f* (partielle) ♦ **his ~ of heart** sa dureté de cœur ♦ **the ~ of the market** *(Fin)* le raffermissement du marché

**hardscrabble** /ˈhɑːdˌskræbəl/ ADJ *(US) [farmer, farm]* misérable

**hardship** /ˈhɑːdʃɪp/ N a *(NonC) (= circumstances)* épreuves *fpl* ; *(= suffering)* souffrance *f* ; *(= poverty)* pauvreté *f* ; *(= deprivation)* privation *f* ♦ **he has suffered great ~** il a connu de dures épreuves ♦ **periods of economic ~** des périodes de difficultés économiques ♦ **many students are experiencing severe financial ~** beaucoup d'étudiants ont de gros problèmes d'argent ♦ **there's a certain amount of ~ involved but it's worth it** ça sera dur mais ça en vaut la peine ♦ **a life of ~** une vie pleine d'épreuves ♦ **being posted to Cairo was no ~ at all** être posté au Caire n'avait rien de désagréable ♦ **it's no great ~ to go and see her once a month** ce n'est pas la mer à boire d'aller la voir une fois par mois

b ♦ **~s** épreuves *fpl*, privations *fpl* ♦ **the ~s of war** les privations *fpl or* les rigueurs *fpl* de la guerre ♦ **many families are suffering economic ~s** de nombreuses familles ont des problèmes financiers

COMP ▷ **hardship clause** N *(Jur)* clause *f* de sauvegarde

**hardtack** /ˈhɑːdtæk/ N *(Mil)* biscuit *m* ; *(Naut)* galette *f*

**hardtop** /ˈhɑːdtɒp/ N *(Aut) (= roof)* hard-top *m* ; *(= car)* voiture *f* à hard-top

**hardware** /ˈhɑːdweəʳ/ N *(NonC) (Comm)* quincaillerie *f (marchandises)* ; *(Mil etc)* matériel *m* ; *(Comput, Space)* matériel *m*, hardware *m* COMP ▷ **hardware dealer** N quincaillier *m*, -ière *f* ▷ **hardware shop** *(Brit)*, **hardware store** *(US)* N quincaillerie *f*

**hardwood** /ˈhɑːdwʊd/ N *(= tree)* feuillu *m* ; *(= wood)* bois *m* dur, bois *m* de feuillu COMP de feuillu, de bois dur

**hardy** /ˈhɑːdɪ/ ADJ a *(= tough) [person, animal]* robuste ; *[plant]* rustique b *(= brave) [person]* hardi, intrépide COMP ▷ **hardy annual** N *(Bot)* annuelle *f* rustique ; *(fig) (= topic)* sujet *m* rebattu, sujet *m* bateau ▷ **hardy perennial** N *(Bot)* vivace *f* rustique ; *(fig)* sujet *m* rebattu, sujet *m* bateau

**hare** /heəʳ/ N lièvre *m* ♦ **~ and hounds** *(= game)* (sorte de) jeu *m* de piste ♦ **to run with the ~ and hunt with the hounds** ménager la chèvre et le chou ; → **jug, mad** VI *(Brit)* ♦ **to ~ away** *or* **off** * partir en trombe *or* à fond de train COMP ▷ **hare coursing** N chasse *f* au lièvre

**harebell** /ˈheəbel/ N campanule *f*

**harebrained** /ˈheəbreɪnd/ ADJ *[person]* écervelé ; *[plan, scheme]* insensé ♦ **to be ~** *[person]* être une tête de linotte, être écervelé

**harelip** /ˌheəˈlɪp/ N *(Med)* bec-de-lièvre *m*

**harem** /hɑːˈriːm/ N harem *m*

**haricot** /ˈhærɪkəʊ/ N *(Brit)* (also **haricot bean**) haricot *m* blanc

**hark** /hɑːk/ VI *(liter)* ♦ **to ~ to** écouter, prêter une oreille attentive à ♦ **~!** († *or liter*) écoutez ! ♦ **~ at him!** * *(Brit)* mais écoutez-le (donc) ! *

► **hark back** VI revenir (*to* à) ♦ **to ~ back to sth** revenir sur qch, ressasser qch

**harken** /ˈhɑːkən/ VI ⇒ **hearken**

**Harlequin** /ˈhɑːlɪkwɪn/ N *(Theat)* Arlequin *m* ♦ **~ costume** costume *m* bigarré *or* d'Arlequin

**Harley Street** /ˈhɑːlɪˌstriːt/ N *(Brit)* Harley Street *(haut lieu de la médecine privée à Londres)*

**harlot** †† /ˈhɑːlət/ N catin *f* † *(pej)*

**harm** /hɑːm/ N mal *m* ♦ **to do sb ~** faire du mal à qn ♦ **he never did any ~ to anyone** il n'a jamais fait de mal à personne ♦ **a bit of exercise never did anyone any ~** un peu d'exercice physique n'a jamais fait de mal à personne ♦ **the ~'s done now** le mal est fait maintenant ♦ **no ~ done!** il n'y a pas de mal ! ♦ **it can't do you any ~** ça ne peut pas te faire de mal ♦ **it will do more ~ than good** cela fera plus de mal que de bien ♦ **to cut taxes would do the economy more ~ than good** une réduction des impôts ferait plus de mal que de bien à l'économie ♦ **he means no ~** il n'a pas de mauvaises intentions ♦ **he doesn't mean us any ~** il ne nous veut pas de mal ♦ **you will come to no ~** il ne t'arrivera rien ♦ **make sure that no ~ comes to him** fais en sorte qu'il ne lui arrive rien de mal ♦ **I don't see any ~ in it, I see no ~ in it** je n'y vois aucun mal ♦ **there's no ~ in an occasional drink** un petit verre de temps en temps ne peut pas faire de mal ♦ **there's no ~ in asking** on peut toujours demander

♦ **in harm's way** en danger ♦ **they'd been put in ~'s way** on les avait mis en danger

♦ **out of harm's way** ♦ **keep** *or* **stay out of ~'s way** *(= out of danger)* mettez-vous en sûreté ; *(= out of the way)* ne restez pas ici, c'est dangereux ♦ **to keep a child out of ~'s way** mettre un enfant à l'abri du danger ♦ **put the vase out of ~'s way** mets ce vase en lieu sûr

VT *[+ person] (= damage)* faire du tort à, nuire à ; *(= hurt)* faire du mal à ; *[+ crops, harvest, building]* endommager ; *[+ object]* abîmer ; *[+ reputation, interests, cause]* nuire à ♦ **this will ~ his case considerably** cela desservira ses intérêts ♦ **products which ~ the environment** des produits nocifs pour l'environnement ; → **fly**[1]

**harmful** /ˈhɑːmfʊl/ ADJ *[substance, rays, effects]* nocif ♦ **to be ~ to** *(physically)* être nuisible à *or* mauvais pour ; *(morally)* porter préjudice à

**harmless** /ˈhɑːmlɪs/ ADJ *[animal, substance, device, joke]* inoffensif (to pour) ; *[hobby, pleasure, entertainment, diversion]* innocent ; *[rash, cyst, growth]* bénin (-igne *f*) ♦ **it's just a bit of ~ fun** ce n'est pas bien méchant ♦ **he's ~** * il n'est pas bien méchant ♦ **to hold ~** *(Jur)* tenir à couvert

**harmlessly** /ˈhɑːmlɪslɪ/ ADV a *(= without causing damage) [explode]* sans dommages b *(= inoffensively) [gossip]* de façon inoffensive ♦ **it all started ~ enough** au début ce n'était qu'un jeu

**harmonic** /hɑːˈmɒnɪk/ ADJ *(Math, Mus, Phys)* harmonique NPL **harmonics** a *(= science)* harmonie *f* ; *(= overtones)* harmoniques *mpl* b *(Phys)* harmoniques *mpl or fpl*

**harmonica** /hɑːˈmɒnɪkə/ N harmonica *m*

**harmonious** /hɑːˈməʊnɪəs/ ADJ *(gen, Mus)* harmonieux

**harmoniously** /hɑːˈməʊnɪəslɪ/ ADV a *[live together, work together]* en harmonie ; *[blend, combine]* harmonieusement, avec harmonie b *[sing]* harmonieusement

**harmonium** /hɑːˈməʊnɪəm/ N harmonium *m*

**harmonize** /'hɑːmənaɪz/ VI (Mus) chanter en harmonie ; *[colours etc]* s'harmoniser (*with* avec) VT (*gen, Mus*) harmoniser

**harmony** /'hɑːmənɪ/ N (*Mus*) harmonie *f* ; (*fig*) harmonie *f*, accord *m* ◆ **in perfect ~** en parfaite harmonie, en parfait accord ◆ **they work together in ~** ils travaillent ensemble en harmonie ◆ **in ~ with** en harmonie *or* en accord avec ◆ **to live in ~ with nature** vivre en harmonie avec la nature ; → **close**[1]

**harness** /'hɑːnɪs/ N *[of horse]* harnais *m*, harnachement *m* ; *[of loom, parachute]* harnais *m* ; (*Climbing*) baudrier *m* ◆ **to get back in(to) ~** * (*fig = back to work*) reprendre le collier ◆ **to die in ~** * (*fig*) mourir debout *or* à la tâche ◆ **to work in ~ (with sb)** (*fig*) travailler en tandem (avec qn) VT a *[+ horse]* harnacher ◆ **to ~ a horse to a carriage** atteler un cheval à une voiture b *[+ river, resources, energy, power, anger, talents]* exploiter

**Harold** /'hærəld/ N Harold *m*

**harp** /hɑːp/ N harpe *f* VI * ◆ **to ~ on (about) sth** rabâcher qch ◆ **stop ~ing on about it!** cesse de nous rebattre les oreilles avec ça ! ◆ **she's always ~ing on about her problems** elle nous rebat les oreilles de ses problèmes ◆ **I don't want to ~ on about it** je ne veux pas revenir toujours là-dessus ◆ **to ~ back to sth** revenir sur qch, ressasser qch

**harpist** /'hɑːpɪst/ N harpiste *mf*

**harpoon** /hɑː'puːn/ N harpon *m* VT harponner

**harpsichord** /'hɑːpsɪkɔːd/ N clavecin *m*

**harpsichordist** /'hɑːpsɪkɔːdɪst/ N claveciniste *mf*

**harpy** /'hɑːpɪ/ N (*Myth*) harpie *f* ◆ **old ~** (*pej*) vieille harpie *f or* sorcière *f*

**harridan** /'hærɪdən/ N (*frm*) harpie *f*, sorcière *f*

**harried** /'hærɪd/ ADJ *[look, expression]* soucieux

**harrier** /'hærɪəʳ/ N a (*= dog*) harrier *m* ◆ **~s** meute *f* b ◆ **~s** (*= cross-country runners*) coureurs *mpl* de cross c (*= bird*) busard *m*

**Harris Tweed** ® /,hærɪs'twiːd/ N (gros) tweed *m (des Hébrides)*

**harrow** /'hærəʊ/ N herse *f* VT a (*Agr*) herser b (*fig*) *[+ person]* tourmenter, torturer

**harrowing** /'hærəʊɪŋ/ ADJ *[story, account, film]* poignant ; *[experience]* extrêmement pénible ; *[photo, picture]* difficile à supporter N (*Agr*) hersage *m*

**Harry** /'hærɪ/ N (dim of **Henry**) Harry ; → **flash**

**harry** /'hærɪ/ VT *[+ country]* dévaster, ravager ; *[+ person]* harceler ; (*Mil*) harceler

**harsh** /hɑːʃ/ ADJ a (*= severe*) *[words, criticism, reality, truth, measures]* dur ; *[person, verdict, sentence, punishment]* sévère, dur ◆ **the ~ facts of ...** la dure réalité de ... ◆ **he said many ~ things about his opponents** il n'a pas été tendre avec ses adversaires ◆ **to be ~ on sb** être dur avec qn b (*= inhospitable*) *[conditions, environment]* dur ; *[climate, winter, weather]* rude, rigoureux c (*= rough, hard*) *[colour, voice, cry]* criard ; *[sound]* discordant ; *[light]* cru ; *[whisper, breathing]* rauque ; *[contrast]* fort ; *[wool, fabric]* rêche ; *[wine, whisky, tobacco]* âpre, râpeux ; *[cleaner, detergent]* corrosif ◆ **the ~ glare of the sun** l'éclat éblouissant du soleil

**harshly** /'hɑːʃlɪ/ ADV *[treat, criticize, judge]* sévèrement ; *[say]* rudement, durement ; *[laugh]* d'un rire jaune *or* amer

**harshness** /'hɑːʃnɪs/ N a (*= severity*) *[of manner]* rudesse *f* ; *[of words, conditions]* dureté *f* ; *[of fate, climate]* rigueur *f* ; *[of punishment, laws]* sévérité *f* b (*= roughness*) (*to the touch*) rudesse *f*, dureté *f* ; (*to the taste*) âpreté *f* ; (*to the ear*) discordance *f*

**hart** /hɑːt/ N (pl **harts** *or* **hart**) cerf *m*

**harumph** /hə'rʌmf/ VTI bougonner

**harum-scarum** * /'hɛərəm'skɛərəm/ ADJ tête de linotte *inv* N tête *f* de linotte

**harvest** /'hɑːvɪst/ N *[of corn]* moisson *f* ; *[of fruit]* récolte *f*, cueillette *f* ; *[of grapes]* vendange *f* ; (*fig*) moisson *f* ◆ **to get in the ~** faire la moisson, moissonner ◆ **a bumper potato ~** une récolte de pommes de terre exceptionnelle ◆ **poor ~s** mauvaises récoltes *fpl* ; see also **reap** VT *[+ corn]* moissonner ; *[+ fruit]* récolter, cueillir ; *[+ grapes]* vendanger, récolter ; *[+ organ, egg]* prélever ; *[+ reward, information]* récolter ◆ **to ~ the fields** faire les moissons, moissonner (les champs) VI faire la moisson, moissonner
COMP ▷ **harvest festival** N fête *f* de la moisson ▷ **harvest home** N (*= festival*) fête *f* de la moisson ; (*= season*) fin *f* de la moisson ▷ **harvest moon** N pleine lune *f* (de l'équinoxe d'automne) ▷ **harvest time** N ◆ **at ~ time** pendant *or* à la moisson

**harvester** /'hɑːvɪstəʳ/ N (*= machine*) moissonneuse *f* ; (*= person*) moissonneur *m*, -euse *f* ; → **combine**

**harvestman** /'hɑːvɪstmən/ N (pl **-men**) (*= insect*) faucheur *m*

**has** /hæz/ → **have** COMP ▷ **has-been** * N (*= person*) has been * *m inv* ; (*= hat, carpet etc*) vieillerie *f*, vieux truc * *m* ◆ **he's/she's a ~-been** * il/elle a fait son temps

**hash**[1] /hæʃ/ N a (* *= mess*) gâchis *m* ◆ **he made a ~ of it** il a raté son affaire ◆ **I'll settle his ~** * je vais lui régler son compte *
b (*Culin*) *plat en sauce à base de viande hachée et de légumes*
c (*Drugs* *: also **hashish**) hasch * *m*
VT (*Culin*) hacher
COMP ▷ **hash brownies** NPL petits gâteaux *mpl* au haschisch ▷ **hash browns** NPL (*Culin*) pommes *fpl* de terre sautées (*servies au petit déjeuner*) ▷ **hash cookies** NPL ⇒ **hash brownies** ▷ **hash house** * N (*US*) gargote *f* ▷ **hash house slinger** * N (*US*) serveur *m*, -euse *f* dans une gargote

► **hash out** * VT SEP a ⇒ **hash over**
b (*= solve*) finir par résoudre

► **hash over** * VT SEP *[+ problem, plan, difficulty]* discuter ferme de ◆ **this subject has been ~ed over a great deal** on a discuté en long et en large de ce sujet

► **hash up** VT SEP a (*Culin*) hacher menu
b (*= spoil*) ◆ **he really hashed it up** * il a raté son affaire
N ◆ **hash-up** * ⇒ **hash noun a**

**hash**[2] /hæʃ/ (pl **hashes**) N (*Typ*) dièse *m*
COMP ▷ **hash key** N (*on keyboard, phone*) touche *f* dièse

**hashish** /'hæʃɪʃ/ N haschisch *or* haschich *m*

**hasn't** /'hæznt/ ⇒ **has not ;** → **have**

**hasp** /hɑːsp/ N *[of door, lid, window]* moraillon *m* ; *[of book cover, necklace]* fermoir *m*

**Hassidic** /hæ'sɪdɪk/ ADJ hassidique

**hassle** * /'hæsl/ N a (*= fuss*) histoire *f* ; (*= worries*) tracas *mpl* ◆ **what a ~!** quelle histoire ! ◆ **legal ~s** tracas *mpl* juridiques ◆ **it's a ~!** c'est toute une histoire *or* affaire ! ◆ **it's no ~!** ce n'est pas un problème ! ◆ **it isn't worth the ~** ça ne vaut pas la peine * ◆ **preparing for a wedding is such a ~** la préparation d'un mariage, c'est toute une affaire ◆ **commuting's a bit of a ~** les trajets quotidiens sont un peu embêtants ◆ **charcoal's a real ~ to light** ce n'est pas une mince affaire d'allumer du charbon de bois
b (*US*) (*= squabble*) chamaillerie * *f*, bagarre * *f* ; (*= bustle, confusion*) pagaille *f*
VT (*= harass*) embêter, enquiquiner * ◆ **stop hassling me, will you?** arrête donc de m'embêter *or* de m'enquiquiner * ◆ **he was continually being ~d for money** on l'embêtait sans arrêt pour lui demander de l'argent
VI (*US = quarrel*) se battre (*with sb* avec qn ; *over sth* à propos de qch)

**hassock** /'hæsək/ N coussin *m* (d'agenouilloir)

**hast** †† /hæst/ (*liter*) ◆ **thou ~** ⇒ **you have ;** → **have**

**haste** /heɪst/ N hâte *f* ; (*excessive*) précipitation *f* ◆ **why all this ~?** pourquoi tant de précipitation ? ◆ **to do sth in ~** faire qch à la hâte *or* en hâte ◆ **in their ~ to explain what had happened, they ...** dans leur précipitation à expliquer ce qui s'était passé, ils ... ◆ **in great ~** en toute hâte ◆ **to make ~** † se hâter (*to do sth* de faire qch) ◆ **more ~ less speed** (*Prov*) hâtez-vous lentement ◆ **marry in ~, repent at leisure** (*Prov*) qui se marie sans réfléchir aura tout le loisir de s'en repentir

**hasten** /'heɪsn/ VI se hâter, s'empresser (*to do sth* de faire qch) ◆ **... I ~ to add** ... je m'empresse d'ajouter, ... j'ajoute tout de suite ◆ **to ~ down/away** *etc* se hâter de descendre/partir *etc*, descendre/partir *etc* à la hâte VT (*gen*) hâter, accélérer ; *[+ reaction]* activer ◆ **to ~ one's step** presser le pas, accélérer l'allure *or* le pas ◆ **to ~ sb's departure** hâter le départ de qn ◆ **to ~ sb's/sth's demise** précipiter la fin de qn/qch ◆ **the strikes that ~ed the collapse of the Soviet Union** les grèves qui ont précipité l'effondrement de l'Union soviétique

**hastily** /'heɪstɪlɪ/ ADV hâtivement ; (*= excessively quickly*) précipitamment ◆ **a ~ arranged press conference** une conférence de presse organisée à la hâte ◆ **he ~ suggested that ...** il s'est empressé de suggérer que ..., il a suggéré précipitamment que ... ◆ **to act ~ in doing sth** agir avec précipitation *or* à la hâte en faisant qch

**Hastings** /'heɪstɪŋz/ N ◆ **the Battle of ~** la bataille de Hastings

**hasty** /'heɪstɪ/ ADJ a (*= hurried*) *[departure, escape, retreat]* précipité ; *[glance, examination, visit, sketch, kiss]* rapide ◆ **to eat a ~ breakfast** prendre son petit déjeuner en hâte ◆ **to bid a ~ goodbye to sb** dire précipitamment au revoir à qn b (*= rash*) *[action, decision, words]* hâtif ; *[marriage]* précipité ◆ **don't be ~** pas de précipitation ◆ **perhaps I was a bit ~** (*in actions*) j'ai sans doute agi avec précipitation ; (*in speaking*) j'ai sans doute parlé trop vite ◆ **to have a ~ temper** s'emporter facilement

**hat** /hæt/ N chapeau *m* ◆ **to put on one's ~** mettre son chapeau ◆ **~ in hand** (*lit*) chapeau bas ; (*fig*) obséquieusement ◆ **~s off!** chapeau bas ! ◆ **to take one's ~ off to sb** tirer son chapeau à qn ◆ **~s off to them for helping the homeless!** leur action en faveur des SDF mérite un (grand) coup de chapeau ◆ **to keep sth under one's ~** * garder qch pour soi ◆ **keep it under your ~!** * motus ! ◆ **to pass round the ~** *or* (*US*) **to pass the ~ for sb** faire la quête pour qn ◆ **she wears two ~s** (*fig*) elle a deux casquettes ◆ **speaking with my accountant's ~ on** (si je te parlais) en tant que comptable ◆ **putting on my nationalistic ~ ...** en tant que nationaliste ...

♦ **at the drop of a hat** *[act, make speech]* au pied levé ; *[leave, shoot, get angry]* pour un oui pour un non

COMP ▷ **hat shop** N magasin *m* de chapeaux ▷ **hat tree** N *(US)* ⇒ **hatstand** ▷ **hat trick** N a ♦ **to score a ~ trick** *(gen Sport)* réussir trois coups (*or* gagner trois matchs *etc*) consécutifs ; *(Ftbl)* marquer trois buts dans un match ; *(Cricket)* éliminer trois batteurs en trois balles b *(Conjuring)* tour *m* du chapeau

**hatband** /ˈhætbænd/ N ruban *m* de chapeau

**hatbox** /ˈhætbɒks/ N carton *m* à chapeaux

**hatch[1]** /hætʃ/ VT a *[+ chick, egg]* faire éclore ; → **chicken** b *[+ plot]* ourdir *(liter)*, tramer ; *[+ plan]* couver VI (also **hatch out**) *[chick, egg]* éclore N *(= brood)* couvée *f*

**hatch[2]** /hætʃ/ N a *(Naut:* also **hatchway**) écoutille *f* ; *(= floodgates)* vanne *f* d'écluse ♦ **under ~es** dans la cale ♦ **down the ~!** * *(drinking)* cul sec ! * b *(Brit:* also **service** *or* **serving hatch**) passe-plats *m inv*, guichet *m* c *(= car)* ⇒ **hatchback**

**hatch[3]** /hætʃ/ VT *(Art)* hachurer

**hatchback** /ˈhætʃbæk/ N *(= car)* voiture *f* à hayon

**hatcheck** /ˈhættʃek/ N (also **hatcheck girl, hatcheck man**) préposé(e) *m(f)* au vestiaire

**hatchery** /ˈhætʃərɪ/ N couvoir *m (local pour l'incubation des œufs, notamment de poisson)*

**hatchet** /ˈhætʃɪt/ N hachette *f* ; → **bury** COMP ▷ **hatchet-faced** ADJ au visage en lame de couteau ▷ **hatchet job** N *(fig)* démolissage *m* ♦ **to do a ~ job on sb** démolir qn ▷ **hatchet man** * N (pl **hatchet men**) *(US = hired killer)* tueur *m* (à gages) ; *(fig) (in industry etc)* homme *m* de main ♦ **he was the company's ~ man when they sacked 200 workers** c'est lui que l'entreprise a chargé de faire tomber les têtes quand elle a licencié 200 ouvriers

**hatching[1]** /ˈhætʃɪŋ/ N *[of chicks, eggs] (= act)* éclosion *f* ; *(= brood)* couvée *f*

**hatching[2]** /ˈhætʃɪŋ/ N *(Art)* hachures *fpl*

**hatchway** /ˈhætʃweɪ/ N passe-plats *m inv*

**hate** /heɪt/ LANGUAGE IN USE 7.3

VT haïr ; *(weaker)* détester, avoir horreur de ♦ **she ~s him like poison** elle le hait à mort ; *(weaker)* elle ne peut pas le voir en peinture * ♦ **what he ~s most of all is ...** ce qu'il déteste le plus au monde c'est ... ♦ **I ~ it when people accuse me of lying** je déteste *or* j'ai horreur que les gens m'accusent de mentir ♦ **to ~ o.s.** s'en vouloir (*for doing sth* de faire qch) ♦ **I ~d myself for writing that letter** je m'en voulais d'avoir écrit cette lettre ♦ **to ~ doing sth, to ~ to do sth** détester faire qch, avoir horreur de faire qch ♦ **he ~s being** *or* **to be ordered about** il a horreur *or* il ne peut pas souffrir qu'on lui donne *subj* des ordres ♦ **I ~ being late** je déteste être en retard, j'ai horreur d'être en retard ♦ **she ~s me having any fun** elle ne supporte pas que je m'amuse ♦ **I ~ to tell you this, but ...** *[+ bad news]* ça m'embête beaucoup de te dire ça, mais ... ♦ **I ~ to tell you this, but we're out of mayonnaise** j'ai bien peur qu'il n'y ait plus de mayonnaise ♦ **I ~ to admit it, but you were right** je suis obligé d'admettre que vous aviez raison ♦ **I ~ seeing her in pain** je ne peux pas supporter de la voir souffrir ♦ **I would ~ to keep him waiting** je ne voudrais surtout pas le faire attendre ♦ **I ~ to rush you but I have another appointment later on** je ne voudrais pas vous bousculer mais j'ai un autre rendez-vous plus tard ♦ **I would ~ him to think that ...** je ne voudrais surtout pas qu'il pense que ...

N *(NonC)* haine *f* ; → **pet[1]**

COMP ▷ **hate campaign** N campagne *f* de dénigrement ▷ **hate mail** N lettres *fpl* d'injures

**hated** /ˈheɪtɪd/ ADJ haï, détesté

**hateful** /ˈheɪtfʊl/ ADJ a *(= horrible)* odieux b *(= full of hate)* haineux

**hath** †† /hæθ/ ⇒ **has** ; → **have**

**hatless** /ˈhætlɪs/ ADJ sans chapeau

**hatpin** /ˈhætpɪn/ N épingle *f* à chapeau

**hatrack** /ˈhætræk/ N porte-chapeaux *m inv*

**hatred** /ˈheɪtrɪd/ N *(NonC)* haine *f* ♦ **racial ~** la haine raciale ♦ **he developed a bitter ~ of the police** il s'est mis à vouer une haine féroce à la police ♦ **the brothers killed their father out of ~** la haine a poussé les frères à tuer leur père ♦ **to feel ~ for sb/sth** haïr qn/qch

**hatstand** /ˈhætstænd/ N portemanteau *m*

**hatter** /ˈhætəʳ/ N chapelier *m* ; → **mad**

**haughtily** /ˈhɔːtɪlɪ/ ADV *[say, reply, dismiss, ignore]* avec arrogance, avec morgue *(liter)*

**haughtiness** /ˈhɔːtɪnɪs/ N arrogance *f*, morgue *f (liter)*

**haughty** /ˈhɔːtɪ/ ADJ *(pej) [person, manner, tone, look]* hautain

**haul** /hɔːl/ N a *(= journey)* **the long ~ between Paris and Grenoble** le long voyage entre Paris et Grenoble ♦ **it's a long ~** *(lit, fig)* la route est longue ♦ **revitalizing the economy will be a long ~** relancer l'économie prendra beaucoup de temps ♦ **over the long ~** *(esp US fig)* sur le long terme

b *(= catch) [of fish]* prise *f* ♦ **a good ~** une belle prise, un beau coup de filet

c *(= booty)* butin *m* ♦ **the thieves made a good ~** les voleurs ont eu un beau butin ♦ **a drugs ~** une saisie de drogue ♦ **police have recovered a ~ of machine guns** la police a récupéré tout un stock de mitraillettes ♦ **what a ~!** * *(fig)* quelle récolte !

VT a *(= pull)* traîner, tirer ♦ **to ~ o.s. on to sth** se hisser sur qch ♦ **he ~ed himself to his feet** il s'est levé à grand-peine ♦ **to ~ sb over the coals** passer un savon * à qn, réprimander sévèrement qn ♦ **she was ~ed before magistrates for refusing to pay the fine** * elle a été traînée devant les tribunaux parce qu'elle avait refusé de payer l'amende ♦ **to ~ ass** ‡ *(US)* se barrer ‡, mettre les bouts ‡

b *(= transport by truck)* camionner

c *(Naut)* haler ♦ **to ~ a boat into the wind** faire lofer un bateau

VI *(Naut) [boat]* lofer ; *[wind]* refuser

► **haul down** VT SEP *(gen) [+ object]* descendre *(en tirant)* ; *[+ flag, sail]* affaler, amener

► **haul in** VT SEP *[+ line, catch]* amener ; *[+ drowning man]* tirer (de l'eau)

► **haul up** VT SEP *(gen) [+ object]* monter *(en tirant)* ; *[+ flag, sail]* hisser ♦ **to ~ o.s. up** se hisser ♦ **to ~ up a boat** *(Naut) (aboard ship)* rentrer une embarcation (à bord) ; *(on to beach)* tirer un bateau au sec ♦ **to be ~ed up in court** * être traîné devant les tribunaux ♦ **he was ~ed up for speeding** * il a été interpellé parce qu'il roulait trop vite

**haulage** /ˈhɔːlɪdʒ/ N *(= business)* transport *m* routier ; *(= charge)* frais *mpl* de transport COMP ▷ **haulage company** N *(Brit)* entreprise *f* de transports (routiers) ▷ **haulage contractor** N ⇒ **haulier**

**hauler** /ˈhɔːləʳ/ N *(US)* a ⇒ **haulier** b *(= vehicle)* camion *m*, poids *m* lourd

**haulier** /ˈhɔːlɪəʳ/ N *(Brit) (= company)* entreprise *f* de transports (routiers) ; *(= person in charge)* entrepreneur *m* de transports (routiers), transporteur *m* ; *(= driver)* camionneur *m*, routier *m*

**haunch** /hɔːntʃ/ N hanche *f* ♦ **~es** *[of animal]* derrière *m*, arrière-train *m* ♦ **(squatting) on his ~es** *(person)* accroupi ; *(dog etc)* assis (sur son derrière) ♦ **~ of venison** cuissot *m* de chevreuil

**haunt** /hɔːnt/ VT *(lit, fig)* hanter ♦ **he used to ~ the café in the hope of seeing her** il hantait le café dans l'espoir de la voir ♦ **to be ~ed by memories** être hanté par des souvenirs ♦ **he is ~ed by the fear of losing all his money** il est hanté par la peur de *or* il a la hantise de perdre tout son argent ♦ **the decision to leave her children now ~s her** elle est hantée par le remords parce qu'elle a décidé d'abandonner ses enfants ♦ **lack of money ~ed successive projects** le manque d'argent a été la plaie de *or* a nui à tous les projets ; see also **haunted**

N *[of criminals]* repaire *m* ♦ **one of the favourite ~s of this animal is ...** un des lieux où l'on trouve souvent cet animal est ... ♦ **it is a favourite ~ of artists** c'est un lieu fréquenté par les artistes ♦ **that café is one of his favourite ~s** ce café est un de ses lieux favoris *or* de prédilection ♦ **familiar childhood ~s** des lieux de prédilection de son (*or* mon *etc*) enfance

**haunted** /ˈhɔːntɪd/ ADJ *[house]* hanté ; *[look, expression]* égaré ; *[face, eyes]* hagard ♦ **he looks ~** il a un air égaré *or* hagard

**haunting** /ˈhɔːntɪŋ/ ADJ *[tune]* obsédant, qui vous hante ; *[image, beauty, memory, doubt, cry]* N ♦ **there have been several ~s here** il y a eu plusieurs apparitions ici

**hauntingly** /ˈhɔːntɪŋlɪ/ ADV ♦ **~ beautiful** d'une beauté envoûtante

**haute couture** /ˌəʊt kuːˈtʊəʳ/ N haute couture *f*

**haute cuisine** /ˌəʊt kwɪˈziːn/ N haute cuisine *f*

**hauteur** /əʊˈtɜː/ N hauteur *f (pej)*, morgue *f (liter)*

**Havana** /həˈvænə/ N a La Havane b ♦ **a ~ (cigar)** un havane

## have /hæv/

vb : 3rd pers sg pres **has**, pret, ptp **had**

LANGUAGE IN USE 10

| | |
|---|---|
| 1 AUXILIARY VERB | 3 TRANSITIVE VERB |
| 2 MODAL VERB | 4 NOUN |
| 5 PHRASAL VERBS | |

When **have** is part of a set combination, eg **have a look/walk, have a good time, have breakfast/lunch**, look up the noun.

### 1 - AUXILIARY VERB

a avoir

> **avoir** is the auxiliary used with most verbs to form past tenses. For important exceptions see **b**.

♦ **I ~ eaten** j'ai mangé ♦ **I ~ been** j'ai été ♦ **I had been** j'avais été ♦ **I had eaten** j'avais mangé ♦ **haven't you grown!** comme tu as grandi ! ♦ **once he'd explained the situation I felt better** une fois qu'il m'eut expliqué la situation, je me suis senti mieux

> Note the agreement of the past participle with the preceding direct object.

♦ **I haven't seen him** je ne l'ai pas vu ♦ **I haven't seen her** je ne l'ai pas vue ♦ **I hadn't**

**seen him** je ne l'avais pas vu ◆ **had I seen her** *or* **if I had seen her I would have spoken to her** si je l'avais vue, je lui aurais parlé ◆ **having seen them** les ayant vus ◆ **I left immediately after I had seen her** je suis parti tout de suite après l'avoir vue

When describing uncompleted states or actions, French generally uses the present and imperfect where English uses the perfect and past perfect.

◆ **I ~ lived** *or* **~ been living here for ten years/since January** j'habite ici depuis dix ans/depuis janvier ◆ **I had lived** *or* **had been living there for ten years** j'habitais là depuis dix ans

◆ **to have just ...** venir de ... ◆ **I ~ just seen him** je viens de le voir ◆ **I had just spoken to him** je venais de lui parler ◆ **I've just come from London** j'arrive à l'instant de Londres

**b** être

**être** is the auxiliary used with all reflexives, and the following verbs when used intransitively: **aller**, **arriver**, **descendre**, **devenir**, **entrer**, **monter**, **mourir**, **naître**, **partir**, **passer**, **rentrer**, **rester**, **retourner**, **revenir**, **sortir**, **tomber**, **venir**.

◆ **I ~ gone** je suis allé ◆ **I've made a mistake** je me suis trompé ◆ **I had gone** j'étais allé ◆ **I had made a mistake** je m'étais trompé

**c** [in tag questions : seeking confirmation] n'est-ce pas ◆ **you've seen her, haven't you?** vous l'avez vue, n'est-ce pas ? ◆ **he hasn't told anyone, has he?** il n'en a parlé à personne, n'est-ce pas ? ◆ **you haven't lost it, ~ you?** tu ne l'as pas perdu, n'est-ce pas ?

**d** [in tag responses] ◆ **he's got a new job – oh has he ?** il a un nouveau travail — ah bon ? ◆ **you've dropped your book – so I ~!** vous avez laissé tomber votre livre — en effet *or* ah oui, c'est vrai !

**(mais) si** or **(mais) non** are used to contradict.

◆ **you haven't seen her – yes I ~!** vous ne l'avez pas vue — (mais) si ! ◆ **you've made a mistake – no I haven't!** vous vous êtes trompé — (mais) non !

**oui** or **non** are often sufficient when answering questions.

◆ **have you met him? – yes I ~** est-ce que tu l'as rencontré ? — oui ◆ **has he arrived? – no he hasn't** est-ce qu'il est arrivé ? — non

**e** [avoiding repetition of verb] ◆ **~ you ever been there ? if you ~ ...** y êtes-vous déjà allé ? si oui, ... ◆ **~ you tried it? if you haven't ...** est-ce que vous avez goûté ça ? si vous ne l'avez pas fait, ... ; → **so, neither, nor**

2 - MODAL VERB

◆ **to have to** + *infinitive* devoir, falloir

**falloir** is always used in the third person singular, in an impersonal construction.

◆ **they ~ to work hard** ils doivent travailler dur, il faut qu'ils travaillent *subj* dur ◆ **they had to work hard** ils ont dû travailler dur, il a fallu qu'ils travaillent *subj* dur ◆ **you're going to ~ to work hard!** tu vas devoir travailler dur !, il va falloir que tu travailles *subj* dur ! ◆ **I ~ (got) to speak to you at once** je dois vous parler *or* il faut que je vous parle *subj* immédiatement ◆ **I'll ~ to leave now or I'll miss the train** il faut que je parte, sinon je vais rater mon train ◆ **he had to pay all the money back** il a dû tout rembourser ◆ **don't you ~ to get permission?** est-ce qu'on ne doit pas demander la permission ? ◆ **do you ~ to go now?, ~ you got to go now?** est-ce que vous devez partir tout de suite ? ◆ **she was having to get up at six each morning** elle devait se lever à 6 heures tous les matins ◆ **we've had to work late twice this week** nous avons dû rester travailler tard deux fois cette semaine ◆ **we shall ~ to find an alternative** nous allons devoir *or* il nous faudra trouver une autre solution ◆ **the locks will ~ to be changed** il va falloir changer les serrures ◆ **what kind of equipment would you ~ to have?** quel type de matériel vous faudrait-il ? ◆ **it's got to be** *or* **it has to be the biggest scandal this year** c'est sans aucun doute le plus gros scandale de l'année ◆ **it still has to be proved** ça reste à prouver ◆ **do you ~ to make such a noise ?** tu es vraiment forcé de faire tout ce bruit ?, tu ne pourrais pas faire un peu moins de bruit ?

◆ **don't/doesn't have to** + *infinitive*

Note that **falloir** and **devoir** are not used.

◆ **he doesn't ~ to work** il n'a pas besoin de travailler ◆ **you didn't ~ to tell her!** tu n'avais pas besoin de le lui dire ! ◆ **if you're a member you don't ~ to pay** si vous êtes membre vous n'avez pas besoin de payer ◆ **it's nice not to ~ to work on Saturdays** c'est agréable de ne pas avoir à travailler le samedi ◆ **I don't ~ to do it** je ne suis pas obligé *or* forcé de le faire

3 - TRANSITIVE VERB

**a** [= possess] avoir ◆ **I ~** *or* **I've got three books** j'ai trois livres ◆ **~ you got** *or* **do you ~ a suitcase?** avez-vous une valise ? ◆ **she has blue eyes** elle a les yeux bleus ◆ **he's got big feet** il a de grands pieds ◆ **I've got an idea** j'ai une idée ◆ **~ you got this jumper in black?** est-ce que vous avez ce pull en noir ? ◆ **sorry, that's all I ~** désolé, c'est tout ce que j'ai ◆ **I haven't (got) any more** je n'en ai plus ◆ **she has** *or* **she's got a shop** elle tient *or* a une boutique ◆ **~ you got the time (on you)?** est-ce que vous avez *or* avez-vous l'heure ? ◆ **I ~ (got) nothing to do** je n'ai rien à faire ◆ **I ~ (got) letters to write** j'ai des lettres à écrire ◆ **I didn't ~ any spades** *(Cards)* je n'avais pas de piques ◆ **he has flu** il a la grippe ◆ **I've (got) a headache** j'ai mal à la tête ◆ **I had my camera ready** j'avais mon appareil tout prêt ◆ **I'll ~ everything ready** je veillerai à ce que tout soit prêt ◆ **I ~ (got) no German** je ne parle pas un mot d'allemand

**b** [= eat, drink, take] ◆ **he had an egg for breakfast** il a mangé un œuf au petit déjeuner ◆ **I'll just ~ a sandwich** je vais juste prendre *or* manger un sandwich ◆ **I've had some more** j'en ai repris ◆ **shall we ~ a coffee?** est-ce qu'on prend un café ? ◆ **to ~ tea with sb** prendre le thé avec qn ◆ **I've had a couple of aspirins** j'ai pris deux aspirines

◆ **will you have ... ?** *(in offers)* ◆ **will you ~ tea or coffee ?** voulez-vous *or* prendrez-vous du thé ou du café ? ◆ **will you ~ some more?** voulez-vous en reprendre ?

**c** [= spend] passer ◆ **what sort of day have you had?** est-ce que tu as passé une bonne journée ? ◆ **to ~ a pleasant evening** passer une bonne soirée

**d** [= smoke] fumer ◆ **he had a cigarette** il a fumé une cigarette

**e** [= receive, obtain, get] avoir, recevoir ◆ **to ~ news from sb** avoir *or* recevoir des nouvelles de qn ◆ **we had a lot of visitors** nous avons eu *or* reçu beaucoup de visites ◆ **I had a birthday card from him** il m'a envoyé une carte d'anniversaire ◆ **there are no newspapers to be had** on ne trouve pas de journaux

Note the use of **falloir** to translate **must have/have to have**.

◆ **I must ~ £50 at once** il me faut 50 livres immédiatement ◆ **I must** *or* **~ to have them by this afternoon** il me les faut pour cet après-midi ◆ **I must ~ more time** il me faut davantage de temps

**f** [= hold, catch] tenir ◆ **he had me by the throat/the hair** il me tenait à la gorge/par les cheveux ◆ **the dog had (got) him by the ankle** le chien le tenait par la cheville ◆ **I ~** *or* **I've got him where I want him!** * je le tiens ! ◆ **there you ~ me !** là tu me poses une colle !

**g** [= give birth to] **to ~ a child** avoir un enfant ◆ **she is having a baby in April** elle va avoir un bébé en avril ◆ **our cat has had kittens** notre chatte a eu des petits

**h** [‡ = have sex with] coucher * avec

**i** [set structures]

◆ **to let sb have** *(= give)* donner à qn ◆ **let me ~ your address** donnez-moi votre adresse ◆ **I'll let you ~ the books tomorrow** je vous donnerai les livres demain ◆ **I'll let you ~ it for 20 euros** je vous le cède pour 20 euros

◆ **to have it that** ◆ **he will ~ it that Paul is guilty** il soutient que Paul est coupable ◆ **he won't ~ it that Paul is guilty** il n'admet pas que Paul soit coupable ◆ **rumour has it that ...** le bruit court que ...

◆ **won't have** *or* **am not having** *(= refuse to accept)* ◆ **I won't ~** *or* **am not having this nonsense !** je ne tolérerai pas ces enfantillages ! ◆ **I won't ~** *or* **am not having this sort of behaviour!** je ne tolérerai pas une conduite pareille ! ◆ **I won't ~ it!** je ne tolérerai pas ça ! ◆ **I won't ~ him risking his neck on that motorbike** je ne tolérerai pas qu'il risque sa vie sur cette moto ◆ **I'm not having any!** ‡ ça ne prend pas ! *

◆ **would + have** *(= wish)* ◆ **as fate would ~ it, he did not get the letter** la fatalité a voulu qu'il ne reçoive pas la lettre ◆ **what would you ~ me do?** que voulez-vous que je fasse ? ◆ **I would ~ you know that ...** sachez que ...

◆ **to have sth done** faire faire qch ◆ **to ~ sth mended** faire réparer qch ◆ **~ it mended!** fais-le réparer ! ◆ **to ~ one's hair cut** se faire couper les cheveux ◆ **they killed him, or had him killed** ils l'ont tué ou ils l'ont fait tuer ◆ **I've had the brakes checked** j'ai fait vérifier les freins

◆ **to have sb do sth** faire faire qch à qn ◆ **I had him clean the car** je lui ai fait nettoyer la voiture

◆ **to have sb doing sth** ◆ **he had us all helping with the dinner** il nous avait tous mis à contribution pour préparer le dîner ◆ **she soon had them all reading and writing** elle réussit très rapidement à leur apprendre à lire et à écrire

◆ **to have sth stolen/broken** *etc* ◆ **he had his car stolen** il s'est fait voler sa voiture, on lui a volé sa voiture ◆ **he had his worst fears confirmed** ses pires craintes se sont réalisées ◆ **I've had three windows broken this week** j'ai eu trois fenêtres cassées cette semaine

◆ **had better** *(= should)* ◆ **I had better go now** il vaut mieux que j'y aille ◆ **you'd better not tell him that!** tu ferais mieux de ne pas lui dire ça !

◆ **to be had** * se faire avoir ◆ **you've been had** tu t'es fait avoir *, on t'a eu *

◆ **to have had it** * ◆ **I've had it** *(= am done for)* je suis fichu * *or* foutu ‡ ; *(= fed up:* also **I've had it up to here** *or* **I've had that)** j'en ai par-dessus la tête ! *, j'en ai marre ! *, j'en ai ras-le-bol ! *

♦ **to have to do with** ♦ **I ~ (got) nothing to do with it** je n'y suis pour rien ♦ **that has nothing to do with it** ça n'a rien à voir

4 - NOUN

♦ **the ~s and the ~-nots** les riches *mpl* et les pauvres *mpl* ♦ **the ~-nots** les démunis *mpl*, les déshérités *mpl*

5 - PHRASAL VERBS

► **have at** VT FUS *(in swordfight etc)* ♦ **have at thee!** †† défends-toi !

► **have down** VT SEP ♦ **we are having the Smiths down for a few days** nous avons invité les Smith à venir passer quelques jours chez nous

► **have in** VT SEP a *[+ doctor]* faire venir ♦ **we'll ~ them in and discuss it** nous allons les faire venir pour en discuter b ♦ **to have it in for sb** * garder *or* avoir une dent contre qn c ♦ **to have it in one** en être capable ♦ **she has got it in her** elle en est capable

► **have it away** *, **have it off** * VI *(Brit)* ♦ **to have it away** *or* **off with sb** * s'envoyer * qn, se taper * qn ♦ **they were having it off** * ils s'envoyaient en l'air *

► **have on** VT SEP a *[+ clothes]* porter ♦ **he had nothing on** il était tout nu b *(Brit = have planned)* ♦ **I've got so much on this week that ...** j'ai tant à faire cette semaine que ... ♦ **I've (got) nothing on this evening** je suis libre ce soir c *(Brit * = tease) [+ person]* faire marcher * d * ♦ **Richard has nothing on him!** Richard ne lui arrive pas à la cheville ! ♦ **the police ~ nothing on me** la police n'a pas de preuve contre moi

► **have out** VT SEP a ♦ **to have a tooth out** se faire arracher une dent b ♦ **to have it out with sb** s'expliquer avec qn

► **have round** VT SEP *[+ friends, neighbours]* inviter

► **have up** VT SEP ♦ **to be had up** passer en jugement *(for sth* pour qch ; *for doing sth* pour avoir fait qch)

---

**have-a-go** /ˈhævəgəʊ/ * ADJ ♦ **~ hero** *intrépide qui n'hésite pas à intervenir lorsqu'il est témoin d'un délit*

**haven** /ˈheɪvn/ N a ♦ **a ~ of** *[+ peace, tranquillity etc]* un havre de ♦ **a ~ for** *[+ animals, refugees]* un refuge pour ; *[+ artists, writers]* un refuge b *(liter = harbour)* port *m* ; → **safe, tax**

**haven't** /ˈhævnt/ ⇒ **have not** ; → **have**

**haver** /ˈheɪvəʳ/ VI *(N Engl, Scot)* dire des âneries

**haversack** /ˈhævəsæk/ N *(over shoulder)* musette *f* ; *(on back)* sac *m* à dos ; *(Mil)* havresac *m*, musette *f*

**havoc** /ˈhævək/ N *(NonC)* ravages *mpl* ; *(less serious)* dégâts *mpl* ♦ **to cause** *or* **create ~** faire des dégâts ♦ **to wreak ~** causer des ravages ♦ **violent storms wreaked ~ on the French Riviera** de violents orages ont ravagé la Côte d'Azur *or* ont causé des ravages sur la Côte d'Azur ♦ **stress can wreak ~ on the immune system** le stress peut perturber sérieusement *or* dérégler le système immunitaire ♦ **this wreaked ~ with their plans** cela a bouleversé tous leurs projets ♦ **to wreak ~ on sb's life** complètement bouleverser la vie de qn ♦ **to play ~ with** *(schedule, routine, plans)* bouleverser ; *(health, skin)* être très mauvais pour ♦ **spicy food can play ~ with your stomach** les aliments épicés peuvent vous déranger l'estomac ♦ **his drug habit played ~ with his career** sa toxicomanie a gravement perturbé sa carrière

**haw**[1] /hɔː/ N *(Bot)* cenelle *f*

**haw**[2] /hɔː/ VI ♦ **to hem and ~, to hum and ~** balancer

**Hawaii** /həˈwaɪː/ N Hawaï *or* Hawaii ♦ **in ~** à Hawaï *or* Hawaii

**Hawaiian** /həˈwaɪjən/ ADJ hawaïen ♦ **the ~ Islands** les îles *fpl* Hawaï *or* Hawaii N a Hawaïen(ne) *m(f)* b *(Ling)* hawaïen *m*
COMP ▷ **Hawaiian guitar** N guitare *f* hawaïenne ▷ **Hawaiian shirt** N chemise *f* hawaïenne ▷ **Hawaiian Standard Time** N *(US)* heure *f* de Hawaï

**hawfinch** /ˈhɔːfɪntʃ/ N gros-bec *m*

**hawk**[1] /hɔːk/ N a *(Orn)* faucon *m* ♦ **to have eyes like a ~** avoir un regard d'aigle *or* des yeux de lynx ♦ **to watch sb like a ~** surveiller qn de près, avoir qn à l'œil * b *(Pol fig)* faucon *m* ♦ **~s and doves** faucons *mpl* et colombes *fpl* VI chasser au faucon COMP ▷ **hawk-eyed** ADJ au regard d'aigle, aux yeux de lynx

**hawk**[2] /hɔːk/ VI (also **hawk up**) *(= clear one's throat)* se racler la gorge VT ♦ **to ~ sth up** cracher qch

**hawk**[3] /hɔːk/ VT *(= peddle)* colporter ; *(in street)* crier *(des marchandises)*

**hawker** /ˈhɔːkəʳ/ N *(street)* colporteur *m* ; *(door-to-door)* démarcheur *m*, -euse *f*

**Hawkeye** /ˈhɔːkaɪ/ N *(US)* habitant(e) *m(f)* de l'Iowa COMP ▷ **the Hawkeye State** N l'Iowa *m*

**hawkish** /ˈhɔːkɪʃ/ ADJ belliciste

**hawser** /ˈhɔːzəʳ/ N haussière *or* aussière *f*

**hawthorn** /ˈhɔːθɔːn/ N aubépine *f*

**hay** /heɪ/ N foin *m* ♦ **to make ~** *(Agr)* faner, faire les foins ♦ **to make ~ while the sun shines** *(Prov)* ≃ battre le fer pendant qu'il est chaud ♦ **to make ~ of** * *(argument)* démolir * ; *(enemy, team)* battre à plate(s) couture(s) ♦ **that ain't ~** * *(US fig)* c'est pas rien * ; → **hit, roll** COMP ▷ **hay fever** N rhume *m* des foins ▷ **hay fork** N fourche *f* à foin

**haycock** /ˈheɪkɒk/ N meulon *m* (de foin)

**hayloft** /ˈheɪlɒft/ N grenier *m* à foin, fenil *m*

**haymaker** /ˈheɪmeɪkəʳ/ N *(= worker)* faneur *m*, -euse *f* ; *(Boxing) (= blow)* uppercut *m* magistral

**haymaking** /ˈheɪmeɪkɪŋ/ N fenaison *f*, foins *mpl*

**hayrick** /ˈheɪrɪk/ N ⇒ **haystack**

**hayride** /ˈheɪraɪd/ N *(esp US) promenade dans une charrette de foin*

**hayseed** * /ˈheɪsiːd/ N *(US pej)* péquenaud * *m*

**haystack** /ˈheɪstæk/ N meule *f* de foin

**haywire** * /ˈheɪwaɪəʳ/ ADJ ♦ **to go ~** *[person]* perdre la tête *or* la boule * ; *[plans]* être perturbé ; *[equipment etc]* se détraquer

**hazard** /ˈhæzəd/ N a *(= risk)* risque *m* ; *(stronger)* danger *m*, péril *m* ♦ **natural ~s** risques *mpl* naturels ♦ **to be a safety ~** constituer un danger, être dangereux ♦ **to pose a ~ (to sb/sth)** présenter un risque (pour qn/qch) ♦ **this waste is an environmental ~** ces déchets présentent un risque pour l'environnement ♦ **pesticides posed the greatest ~ to health** les pesticides présentaient le plus gros risque pour la santé ; → **fire, health, occupational**
b *(= chance)* hasard *m*
c *(Golf etc)* obstacle *m* naturel, hazard *m*
VT a *(= venture to make) [+ remark, forecast]* hasarder ♦ **to ~ a suggestion** hasarder une proposition ♦ **to ~ an attempt** risquer une tentative ♦ **to ~ a guess** hasarder une hypothèse ♦ **she ~ed a guess that ...** elle a hasardé l'hypothèse que ... ♦ **"I could do it," she ~ed** "je pourrais le faire," se risqua-t-elle à dire
b *(= risk) [+ life, reputation, one's fortune]* risquer ; *(= endanger)* mettre en danger
COMP ▷ **hazard (warning) lights** NPL *(Aut)* feux *mpl* de détresse

> ⚠ *When it means 'danger'* **hazard** *is not translated by* **hasard**.

**hazardous** /ˈhæzədəs/ ADJ dangereux *(to or for sb/sth* pour qn/qch) COMP ▷ **hazardous waste** N déchets *mpl* dangereux

**haze**[1] /heɪz/ N brume *f* (légère) ♦ **a ~ of cigarette smoke filled the room** de la fumée de cigarette emplissait la pièce ♦ **a ~ of dust** un nuage de poussière ♦ **to be in a ~** *(fig)* être dans le brouillard ♦ **in a ~ of alcohol** dans les brumes de l'alcool ; → **heat**

**haze**[2] /heɪz/ VT *(US Univ)* bizuter

**hazel** /ˈheɪzl/ N *(Bot)* noisetier *m*, coudrier *m* ADJ *(colour)* (couleur) noisette *inv* ♦ **~ eyes** yeux *mpl* (couleur) noisette COMP ▷ **hazel grouse** N gélinotte *f* (des bois) ▷ **hazel grove** N coudraie *f*

**hazelnut** /ˈheɪzlnʌt/ N noisette *f*

**hazelwood** /ˈheɪzlwʊd/ N (bois *m* de) noisetier *m*

**haziness** /ˈheɪzɪnɪs/ N a *(= mist)* brume *f* b *(= lack of clarity) [of ideas, memory]* flou *m*, manque *m* de précision

**hazing** /ˈheɪzɪŋ/ N *(US Univ)* bizutage *m*

**hazy** /ˈheɪzɪ/ ADJ a *(= misty) [sunshine, sun]* voilé ; *[day, sky]* brumeux ; *[view] (with mist)* brumeux ; *(with heat, vapour, dust)* flou ♦ **it's very ~ today** *(with mist)* il y a beaucoup de brume aujourd'hui ; *(with vapour, heat, dust)* l'air est vaporeux aujourd'hui ♦ **~ blue** bleu pastel *inv* b *(= indistinct) [outline, vision, details]* flou ; *[notion, idea, memory]* vague ♦ **to be ~ about sth** *[person]* n'avoir qu'une vague idée de qch

**HC** (abbrev of **hot and cold (water)**) → **hot**

**HDD** N *(Comput)* (abbrev of **hard disk drive**) → **hard**

**HDTV** N (abbrev of **high definition television**) TVHD *f*

**HE** /eɪtʃˈiː/ a (abbrev of **His** *or* **Her Excellency**) SE b (abbrev of **high explosive**) → **high**

**he** /hiː/ PERS PRON a *(unstressed)* il ; *(Rel)* **He** Il ♦ **~ has come** il est venu ♦ **here ~ is** le voici ♦ **~ is a doctor** il est médecin, c'est un médecin ♦ **~ is a small man** c'est un homme petit b *(stressed)* lui ; *(Rel)* Lui ♦ **it is ~** *(frm)* c'est lui ♦ **if I were ~** *(frm)* si j'étais lui, si j'étais à sa place ♦ **younger than ~** *(frm)* plus jeune que lui ♦ **HE didn't do it** ce n'est pas lui qui l'a fait c *(+ rel pron)* celui ♦ **~ who** *or* **that can** celui qui peut N a * mâle *m* ♦ **it's a ~** *(animal)* c'est un mâle ; *(baby)* c'est un garçon b *(Scol)* ♦ **you're ~!** * (c'est toi le) chat ! COMP mâle ▷ **he-bear** N ours *m* mâle ▷ **he-goat** N bouc *m* ▷ **he-man** * N (pl **he-men**) (vrai) mâle *m*, macho * *m*

## head /hed/

| | |
|---|---|
| 1 NOUN | 3 INTRANSITIVE VERB |
| 2 TRANSITIVE VERB | 4 COMPOUNDS |
| 5 PHRASAL VERB | |

1 - NOUN

a *Anat* tête *f* ♦ **to hit sb on the ~** frapper qn à la tête ♦ **~ down** *(= upside down)* la tête en bas ; *(= looking down)* la tête baissée ♦ **to**

**keep one's ~ down** * *(= avoid trouble)* garder un profil bas ; *(= work hard)* travailler dur ♦ **~ hanging** la tête baissée ♦ **~ downwards** la tête en bas ♦ **~ first, ~ foremost** la tête la première ♦ **my ~ aches, I've got a bad ~** * j'ai mal à la tête *or* au crâne * ♦ **I've got a bit of a ~** * j'ai un peu mal au crâne * ♦ **~ of hair** chevelure *f* ♦ **to stand on one's ~** faire le poirier ♦ **I could do it standing on my ~** c'est simple comme bonjour ♦ **to stand** *or* **turn sth on its ~** prendre le contre-pied de qch ♦ **she is a ~ taller than her sister, she is taller than her sister by a ~** elle dépasse sa sœur d'une tête ♦ **to win by a (short) ~** *[horse]* gagner d'une (courte) tête ♦ **to give a horse its ~** lâcher la bride à un cheval ♦ **to give sb his ~** lâcher la bride à qn ♦ **to give (sb) ~** ** *(esp US)* tailler une pipe ** (à qn) ♦ **to keep one's ~ above water** *(lit)* garder la tête au-dessus de l'eau ; *(fig)* se maintenir à flot ♦ **to have a big** *or* **swollen ~** *(fig)* avoir la grosse tête * ♦ **to put** *or* **lay one's ~ on the block** *(fig)* risquer gros ♦ **it's completely above my ~** *(fig)* cela me dépasse complètement ♦ **to get in** *or* **be in over one's ~** * être complètement dépassé ♦ **he gave orders over my ~** il a donné des ordres sans me consulter ♦ **he went over my ~ to the director** il m'a court-circuité et est allé voir le directeur ♦ **his ideas went right over my ~** ses idées me dépassaient complètement ♦ **he's got his ~ in the sand** il pratique la politique de l'autruche ♦ **to have one's ~ up one's arse** ** *(Brit = be confused)* dérailler * ♦ **to have one's ~ up one's ass** ** *(US = be heedless)* marcher à côté de ses pompes * ♦ **he was talking his ~ off** * il n'arrêtait pas de parler ♦ **to sing/shout one's ~ off** * chanter/crier à tue-tête ♦ **to laugh one's ~ off** rire aux éclats *or* à gorge déployée ♦ **on your own ~ be it!** à vos risques et périls ! ♦ **~ to wind** *(Naut)* vent debout ♦ **~ on** ⇒ **head-on**

♦ **a head, per head** par tête ♦ **they paid €5 a ~** *or* **per ~** ils ont payé 5 € par tête

♦ **from head to foot** *or* **toe** de la tête aux pieds ♦ **covered from ~ to foot** *or* **toe in mud** couvert de boue de la tête aux pieds ♦ **he was dressed in black from ~ to foot** *or* **toe** il était habillé en noir de la tête aux pieds ♦ **he was trembling from ~ to foot** il tremblait de tout son corps

♦ **head and shoulders** ♦ **he stands ~ and shoulders above everybody else** *(lit)* il dépasse tout le monde d'une tête ; *(fig)* il surpasse tout le monde ♦ **she is ~ and shoulders above her sister in maths** elle est cent fois meilleure que sa sœur en maths

♦ **head over heels** ♦ **to turn** *or* **go ~ over heels** *(accidentally)* faire la culbute ; *(on purpose)* faire une galipette ♦ **to be/fall ~ over heels in love with sb** être/tomber follement *or* éperdument amoureux de qn

**b** [= mind, intellect] tête *f* ♦ **weak** *or* **soft** * **in the ~** un peu demeuré * ♦ **to count in one's ~** calculer mentalement *or* de tête ♦ **I can't do it in my ~** je ne peux pas faire *or* calculer ça de tête ♦ **to get sth into one's ~** * s'enfoncer *or* se mettre qch dans la tête ♦ **I wish he would get it into his ~** * **that ...** j'aimerais qu'il se mette dans la tête que ... ♦ **I can't get that into his ~** * je ne peux pas lui mettre ça dans la tête ♦ **he has taken it into his ~ that ...** il s'est mis dans la tête que ... ♦ **to take it into one's ~ to do sth** se mettre en tête de *or* s'aviser de faire qch ♦ **it didn't enter his ~ to do it** il ne lui est pas venu à l'idée *or* à l'esprit de le faire ♦ **you never know what's going on in his ~** on ne sait jamais ce qui lui passe par la tête ♦ **what put that (idea) into his ~?** qu'est-ce qui lui a mis cette idée-là dans la tête ? ♦ **that tune has been running through my ~ all day** j'ai eu cet air dans la tête *or* cet air m'a trotté dans la tête toute la journée ♦ **she's got her ~ screwed on (right)** * elle a la tête sur les épaules ♦ **two ~s are better than one** deux avis valent mieux qu'un ♦ **we put our ~s together** * nous y avons réfléchi ensemble ♦ **don't bother** *or* **worry your ~ about it** * ne vous en faites pas pour cela ♦ **to keep one's ~** garder son sang-froid ♦ **to lose one's ~** perdre la tête ♦ **he has no ~ for heights** il a le vertige ♦ **the wine/his success went to his ~** le vin/son succès lui est monté à la tête ♦ **he has gone** *or* **he is off his ~** * il a perdu la boule * ♦ **to get one's ~ together** *or* **straight** * reprendre le dessus ♦ **to get one's ~ round sth** * *(= understand)* piger * qch ; *(= come to accept)* accepter qch ♦ **it does my ~ in** * ça me prend la tête *

♦ **a (good) head (for)** ♦ **she has a good ~ for figures** elle a des dispositions pour *or* elle est douée pour le calcul ♦ **she has a good ~ for heights** elle n'a jamais le vertige ♦ **she has a good business ~** elle a le sens des affaires ♦ **she has a good ~ on her shoulders** elle a de la tête

♦ **out of one's head** ♦ **I can't get it out of my ~** je ne peux pas me sortir ça de la tête, ça me trotte dans la tête ♦ **he couldn't get her out of his ~** il ne pouvait pas s'empêcher de penser à elle ♦ **his name has gone out of my ~** son nom m'est sorti de la tête *or* de la mémoire ♦ **it's gone right out of my ~** ça m'est tout à fait sorti de la tête ♦ **to be out of one's ~** * *(= mad)* être cinglé * *or* dingue * ; *(= drunk)* être bituré * *or* pété * ; *(= high on drugs)* être défoncé * *or* pété *

**c** [of cattle] *(pl inv)* ♦ **20 ~ of cattle** 20 têtes *fpl* *or* pièces *fpl* de bétail ♦ **20 ~ of oxen** 20 bœufs *mpl*

**d** [specific part] *[of flower, nail, pin, hammer, mast]* tête *f* ; *[of arrow]* pointe *f* ; *[of spear]* fer *m* ; *[of cane]* pommeau *m* ; *[of bed]* chevet *m*, tête *f* ; *[of violin]* crosse *f* ; *(on beer)* mousse *f*, faux col * *m* ; *(on tape recorder)* tête *f (de lecture, d'enregistrement)*

**e** [= top end] *[of page, staircase]* haut *m* ; *[of pillar]* chapiteau *m* ; *[of jetty, pier]* extrémité *f* ♦ **at the ~ of** *(lake, valley)* à l'extrémité de ; *(table)* au (haut †) bout de ; *(procession)* en tête de ; *(fig = in charge of: army, organization, company)* à la tête de ♦ **at the ~ of the list/the queue** en tête de liste/de file ♦ **to be at the ~ of the field** *or* **pack** *(Sport)* mener la course

**f** [of vegetable] *[of lettuce, cabbage]* pomme *f* ; *[of celery]* pied *m*

**g** [of abscess, pimple] tête *f* ♦ **it's coming to a ~** *[abscess, pimple]* ça mûrit ; *(fig, gen)* ça devient critique ♦ **it all came to a ~ when he met her yesterday** les choses sont arrivées au point critique quand il l'a rencontrée hier ♦ **to bring things to a ~** précipiter les choses

**h** [= leader] *(Comm, Pol) [of family]* chef *m* ♦ **~ of department** *[of company]* chef *m* de service ; *[of shop]* chef *m* de rayon ; see also **i** ♦ **~ of state** chef *m* d'État ♦ **the ~ of the government** le chef du gouvernement

**i** [Brit Scol] ⇒ **headmaster** *or* **headmistress** ♦ **~ of French/Maths** *etc (Scol)* ≃ professeur *m* coordinateur de français/de maths *etc* ♦ **~ of department** *[of school, college]* professeur *mf* responsable de département

**j** [= title] titre *m* ; *(= subject heading)* rubrique *f* ♦ **under this ~** sous ce titre *or* cette rubrique

**k** [of coin] face *f* ♦ **to toss ~s or tails** jouer à pile ou face ♦ **~s or tails?** pile ou face ? ♦ **~s I win!** face je gagne ! ♦ **he called ~s** il a annoncé "face" ♦ **I can't make ~ (n)or tail of what he's saying** je ne comprends rien à ce qu'il dit ♦ **I can't make ~ (n)or tail of it** je n'y comprends rien

**l** [Drugs *] → **acid**

**m** [Comput] tête *f* ♦ **reading/writing ~** tête *f* de lecture/d'écriture

2 - TRANSITIVE VERB

**a** [+ group of people] être à la tête de ; *[+ procession, list, poll]* venir *or* être en tête de ♦ **Dr Grey ~s our research team** le docteur Grey est à la tête de notre équipe de chercheurs ♦ **a coalition government ~ed by the former opposition leader** un gouvernement de coalition dirigé par l'ancien leader de l'opposition

**b** [= direct] **he got in the car and ~ed it towards town** il est monté dans la voiture et a pris la direction de *or* il s'est dirigé vers la ville ♦ **to ~ a ship for port** *(Naut)* mettre le cap sur le port

**c** [= put at head of] *[+ chapter]* intituler ♦ **to ~ a chapter/a letter** *etc* **with sth** mettre qch en tête d'un chapitre/d'une lettre *etc*

**d** [Ftbl] **to ~ the ball** faire une tête

3 - INTRANSITIVE VERB

**a** [= go, move] **to ~ for** *or* **towards, to be ~ed for** *or* **towards** *[person, vehicle]* se diriger vers ; *[ship]* mettre le cap sur ♦ **he ~ed up the hill** il s'est mis à monter la colline ♦ **he was ~ing home(wards)** il était sur le chemin du retour ♦ **they were ~ing back to town** ils rentraient *or* retournaient à la ville ♦ **he's ~ing for a disappointment** il va vers une déception ♦ **he's ~ing for trouble** il va avoir des ennuis ♦ **they're ~ing for victory** ils sont bien partis pour gagner ♦ **they're ~ing straight for disaster** ils vont droit au désastre

**b** [* = head off, leave] mettre les voiles *

4 - COMPOUNDS

*[buyer, assistant etc]* principal ▷ **head-banger** * N *(= heavy metal fan)* enragé(e) * *m(f)* de heavy metal ; *(= mad person)* cinglé(e) * *m(f)* ▷ **head boy** N *(Brit Scol)* élève de terminale chargé d'un certain nombre de responsabilités ▷ **head clerk** N *(Comm)* premier commis *m*, chef *m* de bureau ; *(Jur)* principal *m* ▷ **head cold** N rhume *m* de cerveau ▷ **head gardener** N jardinier *m* en chef ▷ **head girl** N *(Brit Scol)* élève de terminale chargée d'un certain nombre de responsabilités ▷ **head-guard** N *(Sport)* casque *m* de protection ▷ **head height** N ♦ **at ~ height** à hauteur d'homme ▷ **head lad** N *(Racing)* premier garçon *m* ▷ **head nurse** N *(US)* infirmier *m*, -ière *f* en chef ▷ **head office** N siège *m* social, agence *f* centrale ▷ **head of steam** N pression *f* ♦ **to build up** *or* **work up a ~ of steam** *(fig) (= get worked up)* se mettre dans tous ses états ; *(= build momentum) [movement]* prendre de l'ampleur ♦ **to get** *or* **build up a ~ of steam for sth** *(fig)* obtenir un ferme soutien pour qch ▷ **head of water** N colonne *f* d'eau, hauteur *f* de chute ▷ **head-on** ADV *[confront, tackle, meet]* de front ♦ **to collide** *or* **crash ~-on** se heurter de plein fouet ♦ **to collide ~-on with sth, to crash ~-on into sth** heurter qch de plein fouet ADJ *[smash, collision]* frontal ; *[conflict, clash, confrontation]* direct ▷ **head post office** N bureau *m* central des postes, poste *f* principale ▷ **head restraint** N *(Aut)* ⇒ **headrest** ▷ **head shop** N *(US)* boutique *f* hippie ▷ **head start** N *(fig)* ♦ **to have a ~ start** être avantagé dès le départ *(over or on sb* par rapport à qn*)* ▷ **head teacher** N *(Brit Scol)* ⇒ **headmaster** *or* **headmistress** ▷ **head to head** ADV ♦ **to compete ~ to ~ with sb** affronter directement qn ; *(Comm)* être en concurrence directe avec qn ▷ **head-to-head** ADJ *[contest, competition]* direct N

affrontement *m* direct ▷ **head waiter N** maître *m* d'hôtel

5 - PHRASAL VERB

► **head off** VI partir (*for* pour ; *towards* vers) ◆ **he ~ed off onto the subject of ...** il est passé à la question de ... VT SEP *[+ enemy]* forcer à se rabattre ; *[+ person] (lit)* détourner de son chemin ; *(fig)* détourner (*from* de) ; *[+ questions]* parer, faire dévier

► **head up** VT FUS *[+ organization, team]* diriger

**headache** /ˈhedeɪk/ N a *(lit)* mal *m* de tête ◆ **to have a** ~ avoir mal à la tête ◆ **he suffers from terrible ~s** il souffre de terribles maux de tête b *(fig)* problème *m* ◆ **at least that's not my** ~ au moins ce n'est pas mon problème ◆ **it was a real** ~ ça n'a pas été une mince affaire ◆ **the decision created a major** ~ **for the Government** cette décision a sérieusement compliqué la tâche du gouvernement ◆ **his teenage daughter is a real** ~ sa fille est une adolescente impossible

**headband** /ˈhedbænd/ N bandeau *m*

**headboard** /ˈhedbɔːd/ N *[of bed]* tête *f* de lit

**headbutt** /ˈhedbʌt/ N coup *m* de tête VT donner un coup de tête à

**headcase** * /ˈhedkeɪs/ N cinglé(e) * *m(f)*

**headcheese** /ˈhedtʃiːz/ N *(US)* fromage *m* de tête

**headcount** /ˈhedkaʊnt/ N a *(= count)* comptage *m*, vérification *f* du nombre de personnes présentes ◆ **let's do a** ~ comptons-les, comptons combien ils sont b *(= number of employees)* nombre *m* d'employés

**headdress** /ˈheddres/ N *(of lace)* coiffe *f* ; *(of feathers)* coiffure *f*

**headed** /ˈhedɪd/ ADJ *(Brit)* ◆ ~ **writing paper** *or* **notepaper** papier *m* à lettres à en-tête

**-headed** /ˈhedɪd/ ADJ *(in compounds)* ◆ **bare-headed** nu-tête *inv* ◆ **curly-headed** frisé, aux cheveux frisés ; → **hard**

**header** /ˈhedəʳ/ N a * *(= dive)* plongeon *m* ; *(= fall)* chute *f or* plongeon *m* (la tête la première) ◆ **to take a** ~ *(= fall)* tomber par terre la tête la première ◆ **to take** *or* **do a** ~ **into the water** piquer une tête dans l'eau ◆ **the dollar took a** ~ **in share trading today** le dollar a chuté en Bourse aujourd'hui b *(Ftbl)* tête *f* c *(Constr)* boutisse *f* d *(Comput)* en-tête *m*

**headfirst** /ˌhedˈfɜːst/ ADV *(lit)* la tête la première ◆ **she rushed** ~ **into marriage** *(fig)* elle s'est précipitée dans le mariage

**headgear** /ˈhedgɪəʳ/ N *(NonC)* a *(= hat)* chapeau *m* ; *(= cap)* casquette *f* ◆ **she was wearing the most outrageous** ~ elle portait un chapeau des plus extravagants ◆ **protective** ~ *(for policeman)* casque *m* ; *(= riding hat)* bombe *f* b *(= part of costume)* coiffure *f* ◆ **the men of the tribe wear brightly-coloured** ~ les hommes de la tribu portent des coiffures très colorées ◆ **she was wearing elaborate Egyptian-style** ~ elle portait une coiffure très élaborée, de style égyptien

**headhunt** /ˈhedhʌnt/ VI *(fig)* recruter des cadres pour une entreprise VT recruter ◆ **she has been ~ed by several firms** plusieurs entreprises ont essayé de la recruter

**headhunter** /ˈhedhʌntəʳ/ N *(lit)* chasseur *m* de têtes ; *(fig) (in recruiting personnel)* chasseur *m* de têtes, recruteur *m* de cadres

**headhunting** /ˈhedhʌntɪŋ/ N chasse *f* de têtes

**headiness** /ˈhedɪnɪs/ N a *(= strength) [of wine]* goût *m* capiteux ◆ **the** ~ **of her perfume was almost intoxicating** son parfum capiteux était presque enivrant b *(= exhilaration)* exaltation *f* ◆ **the** ~ **of the unknown** l'exaltation de l'inconnu

**heading** /ˈhedɪŋ/ N *(= title: at top of page, chapter, article, column of figures)* titre *m* ; *(= subject title)* rubrique *f* ; *(printed: on letter, document)* en-tête *m* ◆ **chapter** ~ *(gen)* tête *f* de chapitre ; *(= title)* titre *m* ◆ **under this** ~ sous ce titre *or* cette rubrique ◆ **this comes under the** ~ **of ...** c'est sous la rubrique ... ◆ **under the** ~ **of "Science" may be found ...** sous la rubrique "Sciences" on peut trouver ... ◆ **the essay was divided into several ~s** la dissertation était divisée en plusieurs chapitres ; → **tariff**

**headlamp** /ˈhedlæmp/ N ⇒ **headlight**

**headland** /ˈhedlənd/ N promontoire *m*, cap *m*

**headless** /ˈhedlɪs/ ADJ *[body, nail]* sans tête ; *(Zool)* acéphale ; → **chicken**

**headlight** /ˈhedlaɪt/ N *(Brit Aut)* phare *m* ; *[of train]* fanal *m*, feu *m* avant

**headline** /ˈhedlaɪn/ N *[of newspaper]* gros titre *m* ; *(Rad, TV)* grand titre *m* ◆ **it's in the ~s in the papers** c'est en gros titre *or* en manchette dans les journaux ◆ **the ~s were full of the story** cette histoire faisait les gros titres *or* la une de tous les journaux ◆ **to hit the ~s** * *[story, person]* faire les gros titres *or* la une ; *[scandal, crime etc]* défrayer la chronique ◆ **the story never made the ~s** cette histoire n'a jamais fait les gros titres *or* la une ◆ **have you seen the ~s?** as-tu vu les (gros) titres ? ◆ **here are the news ~s** *(Rad, TV)* voici les titres de l'actualité *or* de notre journal ◆ **here are the ~s again** et maintenant le rappel des titres ◆ **I only heard the ~s** je n'ai entendu que les (grands) titres

VT a *[+ story]* mettre en manchette ◆ **a story ~d "Fraud in high places"** un article intitulé "Fraude en haut lieu"

b *[+ festival, event]* être en tête de l'affiche de ◆ **his ambition was to** ~ **the Albert Hall before he was 30** son ambition était d'être en tête d'affiche à l'Albert Hall avant ses 30 ans

COMP ▷ **headline news N** ◆ **to be** *or* **make** ~ **news** faire les gros titres ▷ **headline rate of inflation N** *(Econ) l'indice des prix prenant notamment en compte les taux d'intérêt des emprunts logement*

**headliner** * /ˈhedlaɪnəʳ/ N *(US Mus, Theat)* vedette *f*

**headlock** /ˈhedlɒk/ N ◆ **to get/have sb in a** ~ cravater qn/avoir cravaté qn

**headlong** /ˈhedlɒŋ/ ADV *(lit, fig) [run, rush, plunge]* tête baissée ◆ **she fell** ~ **down the stairs** elle est tombée la tête la première dans les escaliers ◆ **avoid rushing** ~ **into another relationship** évitez de vous précipiter tête baissée dans une nouvelle liaison ADJ *(lit, fig) [fall]* vertigineux ◆ ~ **dash** *or* **rush** ruée *f* ◆ **they made a** ~ **dash for the door** ils se sont rués vers la porte ◆ **the army was in** ~ **flight** l'armée était en pleine débandade

**headman** /ˈhedmən/ N (pl **-men**) chef *m (d'une tribu etc)*

**headmaster** /ˈhedmɑːstəʳ/ N *(Brit gen)* directeur *m* ; *[of French lycée]* proviseur *m* ; *[of college]* principal *m* ; *(US Scol)* directeur *m* d'école privée

**headmistress** /ˈhedmɪstrɪs/ N *(Brit gen)* directrice *f* ; *[of French lycée]* proviseur *m* ; *[of college]* principale *f* ; *(US Scol)* directrice *f* d'école privée

**head-on** /ˈhedˈɒn/ ADV ◆ **to confront** *or* **meet** *or* **tackle** ~ *[+ problem, issue]* attaquer *or* aborder de front ; *[+ enemies]* attaquer de front ; *[+ criticism, threat]* faire face à ◆ **to collide** *or* **crash** *or* **meet** ~ se heurter de plein fouet ◆ **to collide** ~ **with sth, to crash** ~ **into sth** heurter qch de plein fouet ADJ *[smash, collision]* frontal ; *[conflict, clash, confrontation]* direct

**headphones** /ˈhedfəʊnz/ NPL casque *m* (à écouteurs)

**headquarter** /ˈhedkwɔːtəʳ/ VT ◆ **the company is ~ed in Chicago** la société a son siège à Chicago

**headquarters** /ˈhedkwɔːtəz/ NPL *[of bank, company, political party]* siège *m* ; *(Mil)* quartier *m* général COMP ▷ **headquarters staff N** *(Mil)* état-major *m*

**headrest** /ˈhedrest/ N appui-tête *m*, repose-tête *m*

**headroom** /ˈhedrʊm/ N *(Aut)* hauteur *f* de l'habitacle ◆ **there is not enough** ~ *(gen)* le plafond est trop bas *or* n'est pas assez haut ◆ **have you got enough** ~**?** vous avez assez d'espace (en hauteur) ? ◆ **"5 metres headroom"** *(on roadsign)* "hauteur limite : 5 mètres" ◆ **there is standing** ~ **throughout** *(on boat)* on peut se tenir debout partout ◆ **there is sitting** ~ **only** *(on boat)* on ne tient qu'assis

**headscarf** /ˈhedskɑːf/ N foulard *m*

**headset** /ˈhedset/ N ⇒ **headphones**

**headship** /ˈhedʃɪp/ N *(= post)* poste *m* de directeur ◆ **under the** ~ **of Mr Winfield** sous la direction de M. Winfield

**headshrinker** * /ˈhedʃrɪŋkəʳ/ N psy * *mf*

**headsman** † /ˈhedzmən/ N (pl **-men**) bourreau *m*

**headsquare** /ˈhedskwɛəʳ/ N foulard *m*

**headstand** /ˈhedstænd/ N ◆ **to do a** ~ faire le poirier

**headstone** /ˈhedstəʊn/ N a *[of grave]* pierre *f* tombale b *(Archit)* clef *f* de voûte, pierre *f* angulaire

**headstrong** /ˈhedstrɒŋ/ ADJ *(= obstinate)* têtu ; *(= rash)* impétueux

**headwaters** /ˈhedwɔːtəz/ NPL sources *fpl*

**headway** /ˈhedweɪ/ N progrès *m* ◆ **to make** ~ *(in journey, studies etc)* avancer, faire des progrès ; *[ship]* faire route ◆ **I didn't make much** ~ **with him** je n'ai pas fait beaucoup de progrès avec lui

**headwind** /ˈhedwɪnd/ N vent *m* contraire ; *(Naut)* vent *m* debout

**headword** /ˈhedwɜːd/ N entrée *f*, adresse *f*

**heady** /ˈhedɪ/ ADJ *[scent, wine]* capiteux ; *[days, experience, atmosphere, brew, mixture]* grisant ◆ **the** ~ **delights of ...** les plaisirs grisants de ... ◆ **the** ~ **heights of ...** les sommets vertigineux de ... ◆ **it's** ~ **stuff** * **(for sb)** c'est grisant (pour qn) ◆ **to be** ~ **with success** être grisé par le succès ◆ **the air was** ~ **with spices** les épices rendaient l'air enivrant

**heal** /hiːl/ VI (also **heal over, heal up**) *[wound]* se cicatriser VT *[+ person]* guérir (*of* de) ; *[+ wound]* cicatriser ; *(fig) [+ differences]* régler ; *[+ troubles]* apaiser ◆ **time will** ~ **the pain** votre chagrin s'estompera avec le temps ◆ **to** ~ **the breach** *(fig)* combler le fossé, effectuer une réconciliation

**healer** /ˈhiːləʳ/ N guérisseur *m*, -euse *f* ; → **faith**

**healing** /ˈhiːlɪŋ/ N *[of person]* guérison *f* ; *[of wound]* cicatrisation *f* ADJ *[ointment]* cicatrisant ; *[properties]* médicinal, curatif ; *[powers]* de guérison ; *[words]* apaisant ◆ **the** ~ **process** le processus de guérison ◆ **to have** ~ **hands** avoir des talents de guérisseur

**health** /helθ/ **N** santé *f* ◆ **in good/poor ~** en bonne/mauvaise santé ◆ **poverty can cause poor ~** la pauvreté peut être la cause de problèmes de santé ◆ **he suffers from poor ~** il est en mauvaise santé ◆ **to have ~ problems** avoir des problèmes de santé ◆ **the ~ benefits of a vegetarian diet** les effets bénéfiques pour la santé d'un régime végétarien ; see also **comp** ◆ **to regain one's ~** recouvrer la santé, guérir ◆ **the ~ of the economy** la santé de l'économie ◆ **to drink (to) sb's ~** boire à la santé de qn ◆ **your ~!, good ~!** à votre santé ! ◆ **Department of/Secretary of State for Health and Social Security** *(Brit: formerly)* ◆ **Department/Secretary of Health and Human Services** *(US)* ministère *m*/ministre *m* de la Santé et des Affaires sociales ◆ **Department of Health** *(Brit)* ≃ ministère *m* de la Santé ; → **national, restore**

**COMP** ▷ **the Health and Safety Executive N** *(Brit)* ≃ l'inspection *f* du travail ▷ **Health Authority N** *(Brit)* administration *f* régionale de la santé publique ▷ **health benefits NPL** *(Admin)* prestations *fpl* maladie ▷ **health care N** *(= services)* services *mpl* de santé ; *(= treatment)* soins *mpl* médicaux ◆ **the ~ care system** le système de santé publique ◆ **the ~ care industry** le secteur médical ◆ **~ care benefits** prestations *fpl* de santé ▷ **health care worker N** membre *m* du personnel soignant ▷ **health centre N** ≃ centre *m* médicosocial ▷ **health check N** visite *f* médicale ; *(more thorough)* bilan *m* de santé ▷ **health club N** club *m* de (re)mise en forme ▷ **health education N** *(Scol)* hygiène *f* ▷ **health farm N** établissement *m* de remise en forme ▷ **health foods NPL** aliments *mpl* diététiques ▷ **health food shop, health food store** *(US)* **N** magasin *m* or boutique *f* de produits diététiques ▷ **health-giving ADJ** → **healthful** ▷ **health hazard N** risque *m* pour la santé ▷ **health insurance N** assurance *f* maladie ▷ **health maintenance organization N** *(US) organisme médical privé* ▷ **health officer N** inspecteur *m*, -trice *f* de la santé (publique) ▷ **health resort N** *(= spa town)* station *f* thermale, ville *f* d'eaux ; *(in mountains)* station *f* climatique ▷ **health risk N** ⇒ **health hazard** ▷ **Health Service N** *(Brit)* → NHS ◆ **I got my glasses on the Health Service** ≃ la Sécurité sociale m'a remboursé mes lunettes ▷ **health service N** *(US Univ)* infirmerie *f* ▷ **Health Service doctor N** *(Brit)* ≃ médecin *m* conventionné ▷ **health spa N** centre *m* de cure, station *f* thermale ▷ **health visitor N** *(Brit)* ≃ infirmière *f* visiteuse ▷ **health warning N** *(on cigarette packet) mise en garde du ministère de la Santé*

**Health Maintenance Organization**

Aux États-Unis, les **health maintenance organizations** sont des organismes privés qui dispensent des soins médicaux (y compris hospitaliers) à leurs adhérents. Dans une volonté de maîtrise des coûts, ces organismes insistent sur la médecine préventive et obligent à consulter des médecins agréés. En ce sens, ils diffèrent des assurances médicales privées avec lesquelles on les assimile parfois.

**healthful** /ˈhelθfʊl/ **ADJ** sain

**healthily** /ˈhelθɪlɪ/ **ADV** *[live, eat, grow]* sainement ◆ **a recipe which is ~ low in fat** une recette saine du fait de sa faible teneur en graisses ◆ **~ cynical/irreverent** d'un cynisme/d'une irrévérence salutaire ◆ **to be ~ contemptuous of sth** montrer un mépris sain de qch ◆ **to be ~ sceptical of sth** faire preuve d'un scepticisme salutaire à l'égard de qch

**healthy** /ˈhelθɪ/ **ADJ** **a** *(= in good health) [person, animal, plant]* en bonne santé ; *[body, skin, hair, cell, sexuality]* sain ; *[appetite]* solide ◆ **he is very ~** il est en très bonne santé ◆ **to stay ~** rester en bonne santé ◆ **her skin/she had a ~ glow** sa peau/elle éclatait de santé ◆ **a ~ mind in a ~ body** un esprit sain dans un corps sain

**b** *(fig = thriving) [economy, bank, relationship]* sain ; *[bank account]* bien approvisionné ◆ **to make** *or* **earn a ~ living** gagner confortablement sa vie

**c** *(= health-giving) [food, lifestyle, attitude]* sain ; *[climate, air]* salubre ; *[exercise]* bon pour la santé, salutaire ◆ **to have a ~ diet** manger sainement ◆ **~ eating** une alimentation saine ◆ **advice on ~ living** conseils *mpl* pour vivre sainement

**d** *(= wholesome, desirable) [profit]* substantiel ; *[scepticism]* salutaire, de bon aloi ; *[doubts]* légitime ◆ **to have a ~ respect for sb/sth** apprécier qn/qch à sa juste valeur ◆ **the economy is showing ~ growth** l'économie connaît une croissance équilibrée ◆ **a ~ dose of caution/scepticism** une bonne dose de prudence/scepticisme ◆ **his interest in this is not very ~** l'intérêt qu'il y porte n'est pas très sain

**heap** /hiːp/ **N** **a** tas *m* ◆ **in a ~** en tas ◆ **to collapse/fall in a ~** *[person]* s'effondrer/tomber comme une masse ◆ **to be at the top/the bottom of the ~** *(fig)* être en haut/en bas de l'échelle

**b** *(* fig)* tas * *m*, masse * *f* ◆ **~s of** *(money, people, ideas)* des tas * de ◆ **she has ~s of enthusiasm** elle déborde d'enthousiasme ◆ **they got ~s of criticism for this decision** ils ont été très critiqués pour cette décision ◆ **we've got ~s of time** nous avons largement le temps, nous avons tout notre temps ◆ **~s of times** des tas * de fois, mille fois ◆ **to have ~s of** *or* **a whole ~ of things to do** avoir un tas * *or* des masses * de choses à faire ◆ **~s better** drôlement * mieux ◆ **(to be in) a whole ~ of trouble** (avoir) tout un tas * d'ennuis ◆ **the news struck him all of a ~** ‡ *(fig)* la nouvelle lui a coupé bras et jambes *or* l'a éberlué * ◆ **he was struck all of a ~** ‡ *(fig)* il en est resté baba *

**c** (‡ *= car)* tas *m* de ferraille *

**VT** **a** ⇒ **heap up**

**b** *(fig)* ◆ **to ~ gifts on sb** couvrir qn de cadeaux ◆ **to ~ favours on sb** combler qn de faveurs ◆ **to ~ praise on sb** couvrir qn d'éloges ◆ **to ~ abuse/scorn on sb** accabler *or* couvrir qn d'injures/de mépris ◆ **to ~ work on sb** accabler qn de travail ◆ **to ~ coals of fire on sb's head** *(fig)* rendre le bien pour le mal à qn

► **heap up VT SEP** empiler ◆ **to ~ sth up on top of sth** empiler *or* entasser qch sur qch ◆ **she ~ed her plate up with cakes** elle a empilé des gâteaux sur son assiette, elle a chargé son assiette de gâteaux

**heaped** /hiːpt/ **ADJ** **a** *[basket]* très chargé ◆ **shelves ~ with piles of old books** des étagères croulant sous des piles de vieux livres ◆ **a sofa ~ with cushions** un canapé où s'entassent des coussins *or* disparaissant sous les coussins **b** *(Culin)* **a ~ spoonful** une grosse cuillerée ◆ **a ~ teaspoonful** une cuiller à café bien pleine

**heaping** /ˈhiːpɪŋ/ **ADJ** *(US)* ⇒ **heaped b**

**hear** /hɪəʳ/ **LANGUAGE IN USE 21.1** (pret, ptp **heard**)

**VT** **a** entendre ◆ **did you ~ what he said?** avez-vous entendu ce qu'il a dit ? ◆ **can you ~ him?** vous l'entendez (bien) ? ◆ **I can't ~ you!** je ne vous entends pas ! ◆ **I ~ you speaking** je vous entends parler ◆ **you're not going, do you ~ (me)?** tu n'iras pas, tu m'entends ? ◆ **I ~ you** *(= understand)* je comprends ◆ **I heard him say that ...** je l'ai entendu dire que ... ◆ **I heard someone come in** j'ai entendu entrer quelqu'un *or* quelqu'un entrer ◆ **a noise was heard** un bruit se fit entendre ◆ **he was heard to say that ...** on l'a entendu dire que ... ◆ **to make o.s. heard** se faire entendre ◆ **I couldn't ~ myself think** * je ne m'entendais plus penser ◆ **to ~ him (talk) you'd think he was an expert** à l'entendre, on dirait que c'est un expert ◆ **I have heard it said that ..., I've heard tell that ...** j'ai entendu dire que ... ◆ **I've heard tell of ...** j'ai entendu parler de ... ◆ **to ~ voices** *(lit, fig)* entendre des voix ◆ **let's ~ it for ...** * *(call for applause)* un grand bravo pour ..., on applaudit bien fort ...

**b** *(= learn) [+ piece of news, facts]* apprendre ◆ **have you heard the news?** connaissez-vous la nouvelle ? ◆ **have you heard the rumour that they're going to leave?** avez-vous entendu la rumeur selon laquelle ils partiraient ? ◆ **we've been ~ing reports of roads blocked by snow** nous avons entendu à la radio que les routes étaient bloquées par la neige ◆ **have you heard the story about her trip to Paris?** tu as entendu ce qui s'est passé quand elle est allée à Paris ? ◆ **have you heard the one about the Scotsman who ...** tu connais l'histoire de l'Écossais qui ... ◆ **we've heard it all before** ce n'est pas la première fois qu'on entend cette histoire ◆ **I've been ~ing bad things about him** on m'a dit du mal de lui ◆ **I've never heard such rubbish!** jamais je n'ai entendu pareilles âneries ! ◆ **he had heard that they had left** on lui avait dit qu'ils étaient partis ◆ **I ~ you've been ill** il paraît que vous avez été malade, on m'a dit que vous avez été malade ◆ **did you ~ whether or not she's accepted the job?** savez-vous si elle a accepté (ou non) le poste ?

**c** *(= listen to) [+ lecture etc]* assister à, écouter ◆ **to ~ a case** *(Jur)* entendre une cause ◆ **the court has been ~ing evidence that he was ...** le tribunal a entendu des témoignages selon lesquels il aurait été ... ◆ **to ~ mass** *(Rel)* assister à *or* entendre la messe ◆ **Lord, ~ our prayers** Seigneur, écoutez nos prières ◆ **to ~ a child's lessons** faire répéter *or* réciter ses leçons à un enfant

**VI** **a** entendre ◆ **he does not** *or* **cannot ~ very well** il n'entend pas très bien

**b** *(= get news)* recevoir *or* avoir des nouvelles *(from* de) ◆ **I ~ from my daughter every week** je reçois *or* j'ai des nouvelles de ma fille chaque semaine ◆ **you will ~ from me soon** vous aurez bientôt de mes nouvelles ◆ **hoping to ~ from you** *(in informal letter)* en espérant avoir bientôt de tes nouvelles ; *(in formal letter)* dans l'attente de vous lire ◆ **you'll be ~ing from me!** *(threatening)* tu vas avoir de mes nouvelles !, tu vas entendre parler de moi ! ◆ **to ~ about** *or* **of sb/sth** *(gen)* entendre parler de qn/qch ; *(= have news of)* avoir des nouvelles de qn/qch ◆ **I ~ about** *or* **of him from his mother** j'ai de ses nouvelles par sa mère, sa mère me donne de ses nouvelles ◆ **he wasn't heard of for a long time** on n'entendit plus parler de lui pendant longtemps ◆ **he was never heard of again** on n'a plus jamais entendu parler de lui ◆ **the ship was never heard of again** on n'a jamais retrouvé trace du navire ◆ **I've never heard of him!** je ne le connais pas !, connais pas ! * ◆ **everyone has heard of him** tout le monde a entendu parler de lui ◆ **I've never heard of such a thing!** je n'ai jamais entendu parler d'une chose pareille ! ◆ **I ~ about nothing else!** j'en ai les oreilles rebattues ! ◆ **I won't ~ of you going there** je ne veux absolument pas que tu y ailles ◆ **no! I won't ~ of it!** non, je ne veux pas en entendre parler ! ◆ **can I help you with the washing-up? – I wouldn't ~ of it!** je peux vous aider à faire la vaisselle ? – (il n'en est) pas question !

EXCL ◆ **hear, hear !** bravo !

► **hear out** VT SEP *[+ person, story]* écouter jusqu'au bout

**heard** /hɜːd/ VB pt, ptp of **hear**

**hearer** /ˈhɪərəʳ/ N auditeur *m*, -trice *f* ◆ **~s** auditoire *m*, auditeurs *mpl*

**hearing** /ˈhɪərɪŋ/ N a *(NonC = sense)* ouïe *f* ◆ **to have good ~** avoir l'ouïe fine ◆ **his ~'s not very good** il n'entend pas très bien ◆ **within ~ (distance)** à portée de voix ◆ **in my ~** en ma présence, devant moi ; → **hard**

b *(= chance to be heard)* ◆ **to give sb a fair ~** *(gen)* écouter ce que qn a à dire ◆ **he was refused a ~** on refusa de l'entendre, on refusa d'écouter ce qu'il avait à dire ◆ **to condemn sb without a ~** condamner qn sans l'entendre ◆ **he got a sympathetic ~** on l'a écouté avec bienveillance

c *(= meeting) [of commission, committee etc]* séance *f* ◆ **court ~** *(Jur)* audience *f* ◆ **to give sb a fair ~** accorder à qn un procès équitable ◆ **they demanded a proper ~ of their complaint** ils ont exigé que leur plainte soit correctement entendue ◆ **disciplinary ~** conseil *m* de discipline ◆ **full ~** *(Jur)* audience *f* contradictoire

ADJ *[person]* qui entend (bien)

COMP ▷ **hearing aid** N appareil *m* acoustique, audiophone *m*, sonotone ® *m* ▷ **Hearing Dog** N chien *m* de malentendant ▷ **hearing-impaired** ADJ *(= deaf)* sourd ; *(= hard of hearing)* malentendant N ◆ **the ~-impaired** *(= deaf)* les sourds *mpl* ; *(= hard of hearing)* les malentendants *mpl*

**hearken** /ˈhɑːkən/ VI *(† or liter)* prêter l'oreille *(to* à*)*

**hearsay** /ˈhɪəseɪ/ N ◆ **from** *or* **by ~** par ouï-dire ◆ **it's only ~** ce ne sont que des rumeurs *or* des on-dit COMP *[report, account]* fondé sur des ouï-dire ▷ **hearsay evidence** N *(Jur)* preuve *f* par commune renommée *or* par ouï-dire

**hearse** /hɜːs/ N corbillard *m*, fourgon *m* mortuaire

## heart /hɑːt/

**LANGUAGE IN USE 22, 26.1**

| 1 NOUN | 2 PLURAL NOUN | 3 COMPOUNDS |
|---|---|---|

### 1 - NOUN

a Anat cœur *m* ◆ **to have a weak ~** avoir le cœur malade, être cardiaque ◆ **to clasp sb to one's ~** *(liter)* serrer qn sur son cœur

b seat of feelings, emotions cœur *m* ◆ **a battle for the ~s and minds of ...** une bataille pour séduire ... ◆ **it did my ~ good to see them** cela m'a réchauffé le cœur de les voir ◆ **I didn't have the ~ to tell him, I couldn't find it in my ~ to tell him** je n'ai pas eu le cœur de le lui dire ◆ **he knew in his ~ that it was a waste of time** au fond de lui-même, il savait bien que c'était une perte de temps ◆ **in his ~ of ~s he thought ...** dans son for intérieur *or* au fond de lui-même, il pensait ... ◆ **his ~ isn't in it** le cœur n'y est pas ◆ **his ~ isn't in his work** il n'a pas le cœur à l'ouvrage ◆ **his ~ is in the right place** il a bon cœur ◆ **this is an issue which is close to** *or* **dear to his ~** c'est un sujet qui lui tient à cœur ◆ **that part of the country was very dear to her ~** cette région du pays était très chère à son cœur ◆ **to be in good ~** avoir le moral ◆ **a man after my own ~** un homme selon mon cœur ◆ **with all my ~** de tout mon cœur ◆ **have a ~!** * pitié ! * ◆ **to lose one's ~ to sb** tomber amoureux de qn ◆ **to take sth to ~** prendre qch à cœur ◆ **don't take it to ~** ne prenez pas cela trop à cœur ◆ **it cut me to the ~** cela m'a profondément blessé ◆ **he left with a heavy ~** il est parti le cœur gros ◆ **he has set his ~ on a new car, his ~ is set on a new car** il veut à tout prix une nouvelle voiture ◆ **he has set his ~ on going to Paris** il veut à tout prix aller à Paris, il rêve d'aller à Paris ◆ **my ~ was in my mouth, I had my ~ in my mouth** mon cœur battait la chamade ◆ **to eat/drink to one's ~'s content** manger/boire tout son soûl ◆ **it was his ~'s desire** c'était son plus cher désir *or* ce qu'il désirait le plus au monde ◆ **to have a ~ of gold/stone** avoir un cœur en or/de pierre ◆ **~ and soul** corps et âme ◆ **he put his ~ and soul into his work** il s'est donné à son travail corps et âme

◆ **from + heart** du cœur ◆ **a cry from the ~** un cri du cœur ◆ **a plea from the ~** un appel du fond du cœur ◆ **to speak from the ~** parler du fond du cœur ◆ **from the bottom of one's ~** du fond du cœur

◆ **at heart** au fond ◆ **I'm an optimist at ~** au fond je suis optimiste ◆ **she's still a child at ~** elle est restée très enfant ◆ **we have your (best) interests at ~** vos intérêts nous tiennent à cœur

◆ **by heart** par cœur ◆ **to know by ~** *or* **off by ~** * *[+ text, song, poem]* savoir par cœur ; *[+ subject, plan, route]* connaître par cœur ◆ **to learn sth by ~** *or* **off by ~** * apprendre qch par cœur

c = courage courage *m* ◆ **to put new** *or* **fresh ~ into sb** redonner (du) courage à qn ◆ **to lose/take ~** perdre/prendre courage ◆ **we may take ~ from the fact that ...** le fait que ... devrait nous encourager

d = centre *[of town]* cœur *m*, centre *m* ◆ **in the ~ of the forest** au cœur *or* au (beau) milieu de la forêt, en pleine forêt ◆ **in the ~ of the desert** au cœur *or* au (fin) fond du désert ◆ **in the ~ of the country** en pleine campagne ◆ **the ~ of the matter** le fond du problème, le vif du sujet

e = middle part *[of cabbage, lettuce, celery]* cœur *m* ; *[of artichoke]* fond *m*, cœur *m*

### 2 - PLURAL NOUN

**hearts** *(Cards)* cœur *m* ◆ **queen/six of ~s** dame *f*/six *m* de cœur ; *for other phrases see* **club**

### 3 - COMPOUNDS

▷ **heart attack** N crise *f* cardiaque ▷ **heart case** N cardiaque *mf* ▷ **heart complaint, heart condition** N maladie *f* de cœur ◆ **to have a ~ complaint** *or* **condition** être cardiaque ▷ **heart disease** N maladie *f* de cœur ▷ **heart failure** N *(gen)* insuffisance *f* cardiaque ; *(= cardiac arrest)* arrêt *m* du cœur ▷ **heart-lung machine** N cœur-poumon *m* (artificiel) ▷ **heart-rate** N rythme *m* cardiaque ▷ **heart-rate monitor** N moniteur *m* cardiaque ▷ **heart-searching** N ◆ **after much ~-searching he ...** après s'être longuement interrogé, il ... ▷ **heart-shaped** ADJ en (forme de) cœur ▷ **heart surgeon** N chirurgien *m* cardiologue ▷ **heart surgery** N chirurgie *f* du cœur ▷ **heart-throb** * N *(= person)* idole *f*, coqueluche *f* ; *(US)* ⇒ **heartbeat** ▷ **heart-to-heart** ADJ intime, à cœur ouvert ADV à cœur ouvert N ◆ **to have a ~-to-~ (with sb)** * parler à cœur ouvert (avec qn) ▷ **heart transplant** N greffe *f* du cœur ▷ **heart trouble** N ◆ **to have ~ trouble** souffrir du cœur, être cardiaque ◆ **~ trouble in the over-50s** les troubles cardiaques dont on souffre après la cinquantaine

**heartache** /ˈhɑːteɪk/ N chagrin *m*, peine *f*

**heartbeat** /ˈhɑːtbiːt/ N a *(= single beat)* battement *m* de *or* du cœur, pulsation *f* b *(= rhythm of heart, pulse)* battements *mpl* de *or* du cœur, pouls *m* ◆ **her ~ is very weak** son pouls est très faible

**heartbreak** /ˈhɑːtbreɪk/ N immense chagrin *m or* douleur *f* ◆ **the relationship ended in ~** la relation s'est terminée dans la douleur ◆ **the group split up, causing ~ to millions of fans** le groupe s'est séparé, au grand désespoir de millions de fans

**heartbreaker** /ˈhɑːtbreɪkəʳ/ N *(man)* bourreau *m* des cœurs ; *(woman)* femme *f* fatale

**heartbreaking** /ˈhɑːtbreɪkɪŋ/ ADJ *[story, sight]* qui fend le cœur ; *[appeal, cry, sound]* déchirant, qui fend le cœur ◆ **it was ~ to see him like that** c'était à fendre le cœur de le voir comme ça

**heartbroken** /ˈhɑːtbrəʊkn/ ADJ ◆ **to be ~** avoir un immense chagrin ; *(stronger)* avoir le cœur brisé ; *[child]* avoir un gros chagrin ◆ **she was ~ about it** elle en a eu un immense chagrin ; *(stronger)* elle en a eu le cœur brisé ◆ **her ~ parents** ses parents, complètement désespérés

**heartburn** /ˈhɑːtbɜːn/ N brûlures *fpl* d'estomac

**-hearted** /ˈhɑːtɪd/ ADJ *(in compounds)* ◆ **open-hearted** sincère ◆ **warm-hearted** chaleureux ; → **broken, hard**

**hearten** /ˈhɑːtn/ VT encourager, donner du courage à

**heartening** /ˈhɑːtnɪŋ/ ADJ encourageant, réconfortant ◆ **it's very ~ to see so many young writers emerging** c'est très encourageant *or* réconfortant de voir apparaître tant de jeunes écrivains ◆ **it's ~ that the crime figures have dropped so significantly** il est encourageant *or* réconfortant de voir que la criminalité a connu une telle baisse

**heartfelt** /ˈhɑːtfelt/ ADJ qui vient du fond du cœur ◆ **to make a ~ appeal** lancer un appel du fond du cœur ◆ **~ sympathy** condoléances *fpl* sincères

**hearth** /hɑːθ/ N foyer *m*, âtre † *m* COMP ▷ **hearth rug** N devant *m* de foyer

**heartily** /ˈhɑːtɪlɪ/ ADV a *(= enthusiastically) [laugh]* de bon cœur ; *[say, welcome]* chaleureusement ; *[applaud]* avec enthousiasme ; *[eat]* de bon appétit ; *[drink, sing]* avec entrain ; *[recommend]* vivement ; *[agree]* pleinement ; *[congratulate, endorse]* de tout cœur b *(= thoroughly) [glad, relieved, sorry]* profondément ◆ **to be ~ sick of** * *or* **fed up with** * **sb/sth** en avoir vraiment par-dessus la tête * de qn/qch ◆ **to dislike sb ~** détester cordialement qn ◆ **to dislike sth ~** avoir une profonde aversion pour qch

**heartland** /ˈhɑːtlænd/ N (also **heartlands**) *[of country, continent]* cœur *m*, centre *m* ◆ **the Tory ~** le bastion traditionnel des conservateurs

**heartless** /ˈhɑːtlɪs/ ADJ *[person]* sans cœur ; *[treatment]* cruel

**heartlessly** /ˈhɑːtlɪslɪ/ ADV *[say, deceive]* sans pitié ◆ **~ cruel** d'une cruauté impitoyable

**heartlessness** /ˈhɑːtlɪsnɪs/ N *[of person]* manque *m* de cœur

**heartrending** /ˈhɑːtrendɪŋ/ ADJ *[cry, appeal]* déchirant, qui fend le cœur ; *[sight]* qui fend le cœur ◆ **it was ~ to see him** c'était à fendre le cœur de le voir

**heartsick** /ˈhɑːtsɪk/ ADJ ◆ **to be ~** avoir la mort dans l'âme

**heartstrings** /ˈhɑːtstrɪŋz/ NPL ◆ **to pull at** *or* **tug (at)** *or* **touch sb's ~** jouer sur la corde sensible de qn

**heartwarming** /ˈhɑːtwɔːmɪŋ/ ADJ réconfortant, qui réchauffe le cœur

**hearty** /ˈhɑːtɪ/ ADJ a *(= enthusiastic) [welcome, thanks]* chaleureux ; *[applause]* enthousiaste ; *[slap, pat, thump]* bon *before n* ; *[appetite]* solide ◆ **he gave a ~ laugh** il eut un bon rire franc ◆ **to bid sb a ~ welcome** accueillir chaleureusement qn ◆ **he's a ~ eater** c'est un gros mangeur ; → **hale**

b *(= substantial) [food, soup]* consistant ; *[meal]* copieux ; *[helping]* généreux

c *(pej = bluff) [person, greeting]* trop exubérant ; *[voice]* retentissant

d *(= wholehearted) [endorsement, condemnation]* sans réserves ◆ **to be in ~ agreement with sb/sth** être absolument d'accord avec qn/qch ◆ **please accept my ~** *or* **heartiest congratulations** *(in letter)* je vous adresse mes plus vives félicitations ◆ **to have a ~ dislike of sb** détester cordialement qn ◆ **to have a ~ dislike of sth** avoir une profonde aversion pour qch

N * a *(= person)* gai luron † *m*

b *(Naut)* ◆ **heave ho, my hearties !** oh ! hisse ! les gars ! *

**heat** /hiːt/ N a *(NonC: gen, Phys)* chaleur *f* ◆ **extremes of ~ and cold** extrêmes *mpl* de chaleur et de froid ◆ **I can't stand ~** je ne supporte pas la chaleur ◆ **how can you work in this ~?** *(indoor temperature)* comment pouvez-vous travailler dans cette fournaise ? ; *(in hot weather)* comment pouvez-vous travailler par cette chaleur ? ◆ **if you can't stand the ~ get out of the kitchen** *(fig)* que ceux qui trouvent la situation intenable s'en aillent ◆ **in the ~ of the day** au (moment le) plus chaud de la journée ◆ **in the summer ~** dans la chaleur de l'été ◆ **we were trying to stay cool in the 35-degree ~** nous essayions de nous rafraîchir alors qu'il faisait 35 degrés ◆ **at a low ~** *(Culin)* à feu doux ◆ **cook over a low/medium ~** cuire à feu doux/moyen ◆ **lower the ~ and allow to simmer** *(Culin)* réduire le feu et laisser mijoter ◆ **in the ~ of the moment/the battle/the argument** dans le feu de l'action/du combat/de la discussion ◆ **in the ~ of his departure they forgot ...** dans l'agitation qui a entouré son départ, ils ont oublié ... ◆ **"certainly not!" she responded with some ~** "certainement pas !" répondit-elle avec feu ◆ **the issue was debated with some ~** cette question a fait l'objet d'un débat houleux ◆ **we had no ~ all day at the office** nous avons été sans chauffage toute la journée au bureau ◆ **to turn on the ~** *(in house, office)* mettre le chauffage ◆ **to put** *or* **turn the ~ on sb** * faire pression sur qn ◆ **to turn up the ~ on sb** * accentuer la pression sur qn ◆ **the ~ is on** * on est sous pression ◆ **it'll take the ~ off us** * ça nous permettra de souffler *or* de respirer un peu ; → **red, specific, white**

b *(Sport)* (épreuve *f*) éliminatoire *f* ; → **dead**

c *(NonC) (Zool)* chaleur *f*, rut *m* ◆ **in** *or* *(Brit)* **on ~** en chaleur, en rut

d *(US)* ◆ **the ~** ‡ les flics ‡ *mpl*

VT *(Culin, Phys, Tech)* chauffer ; *(Med) [+ blood]* échauffer ; *(fig)* enflammer

VI *[liquid etc]* chauffer ; *[room]* se réchauffer

COMP ▷ **heat constant** N *(Phys)* constante *f* calorifique ▷ **heat efficiency** N rendement *m* thermique *or* calorifique ▷ **heat exchanger** N échangeur *m* de chaleur ▷ **heat exhaustion** N *(Med)* épuisement *m* dû à la chaleur ▷ **heat haze** N brume *f* de chaleur ▷ **heat lightning** N éclair(s) *m(pl)* de chaleur ▷ **heat loss** N perte *f* calorifique ▷ **heat rash** N *(Med)* irritation *f* or inflammation *f* (due à la chaleur) ▷ **heat-resistant, heat-resisting** ADJ ⇒ **heatproof** ▷ **heat-seeking** ADJ *[missile]* thermoguidé, guidé par infrarouge ▷ **heat-sensitive** ADJ sensible à la chaleur ▷ **heat shield** N *(Space)* bouclier *m* thermique ▷ **heat treatment** N *(Med)* traitement *m* par la chaleur, thermothérapie *f*

► **heat up** VI *[liquid etc]* chauffer ; *[room]* se réchauffer

VT SEP réchauffer

**heated** /ˈhiːtɪd/ ADJ a *[swimming pool, greenhouse, towel rail]* chauffé b *(= impassioned) [debate, discussion]* passionné ; *[argument, exchange, words]* vif ◆ **to become** *or* **get** *or* **grow ~** *[person, debate, argument etc]* s'échauffer

COMP ▷ **heated rollers** NPL bigoudis *mpl* or rouleaux *mpl* chauffants

**heatedly** /ˈhiːtɪdlɪ/ ADV *[say]* avec emportement ; *[argue]* avec feu, fougueusement ; *[debate]* avec feu, avec passion ; *[deny]* farouchement

**heater** /ˈhiːtəʳ/ N *(gen: for room)* appareil *m* de chauffage, radiateur *m* ; *(for water)* chauffe-eau *m inv* ; *[of car]* chauffage *m* ; → **electric, immersion**

**heath** /hiːθ/ N a *(esp Brit = moorland)* lande *f* b *(= plant)* bruyère *f*

**heathen** /ˈhiːðən/ *(pej)* ADJ *(= unbelieving)* païen ; *(= barbarous)* barbare, sauvage N (pl **heathens** *or* **heathen**) païen(ne) *m(f)*, les païens *mpl* ; *(= savages)* les barbares *mpl*, les sauvages *mpl*

**heathenish** /ˈhiːðənɪʃ/ ADJ *(pej)* *(= unbelieving)* de païen ; *(= barbarous)* barbare

**heathenism** /ˈhiːðənɪzəm/ N *(pej)* paganisme *m*

**heather** /ˈheðəʳ/ N bruyère *f*

**Heath Robinson** * /hiːθˈrɒbɪnsən/ ADJ *(Brit)* bricolé

**heating** /ˈhiːtɪŋ/ N chauffage *m* ; → **central**

COMP ▷ **heating apparatus** N *(= heater)* appareil *m* de chauffage ; *(= equipment)* appareils *mpl* de chauffage ▷ **heating engineer** N chauffagiste *m* ▷ **heating plant** N système *m* or installation *f* de chauffage ▷ **heating power** N pouvoir *m* calorifique ▷ **heating system** N système *m* de chauffage

**heatproof** /ˈhiːtpruːf/ ADJ *[material]* résistant *inv* à la chaleur ; *[dish]* allant *inv* au four

**heatpump** /ˈhiːtpʌmp/ N pompe *f* à chaleur, thermopompe *f*

**heatstroke** /ˈhiːtstrəʊk/ N *(NonC: Med)* coup *m* de chaleur

**heatwave** /ˈhiːtweɪv/ N vague *f* de chaleur

**heave** /hiːv/ (vb : pret, ptp **heaved**) N *[of sea]* houle *f* ; *[of bosom]* soulèvement *m* ◆ **to give a ~** *(= lift, throw, tug etc)* faire un effort pour soulever (*or* lancer *or* tirer *etc*) ◆ **to give sb the ~(-ho)** ‡ *[employer]* sacquer * or virer * qn ; *[boyfriend, girlfriend]* plaquer * qn

VT *(= lift)* lever *or* soulever (avec effort) ; *(= pull)* tirer (avec effort) ; *(= drag)* traîner (avec effort) ; *(= throw)* lancer ◆ **he ~d Barney to his feet** il a soulevé Barney (avec effort) pour le mettre debout ◆ **he ~d himself up off his stool** il s'est levé de son tabouret avec effort ◆ **to ~ a sigh of relief** pousser un gros soupir de soulagement

VI a *[sea, chest]* se soulever ; *[person] (= pant)* haleter ; *(= retch)* avoir des haut-le-cœur *or* des nausées ; *(= vomit)* vomir ◆ **his stomach was heaving** son estomac se soulevait

b *(Naut)* (pret, ptp **hove**) **to ~ into sight** *or* **view** apparaître

COMP ▷ **heave-ho** EXCL *(Naut)* oh ! hisse !

► **heave to** (pret, ptp **hove to**) *(Naut)* VI se mettre en panne

VT SEP mettre en panne

► **heave up** VT SEP *(= vomit)* vomir

**heaven** /ˈhevn/ N a *(= paradise)* ciel *m*, paradis *m* ◆ **to go to ~** aller au ciel, aller au paradis ◆ **in ~** au ciel, au *or* en paradis ◆ **our Father which art in ~** notre Père qui êtes aux cieux ◆ **he was in ~** *or* **in seventh ~** il était au septième ciel *or* aux anges ◆ **I thought I'd died and gone to ~!** * j'étais au septième ciel *or* aux anges ◆ **it was ~** * c'était divin *or* merveilleux ◆ **he found a ~ on earth** il a trouvé son paradis sur terre ◆ **the shop was a chocolate-lover's ~!** ce magasin était un paradis pour les amateurs de chocolat ! ◆ **an injustice that cries out to ~** une injustice criante *or* flagrante ◆ **~ help you** * **(if your mother ever finds out about this)** (si ta mère apprend ça) je te souhaite bien de la chance ◆ **what in ~'s name does that mean?** * mais qu'est-ce que ça veut bien dire ? ◆ **~ (only) knows what/when** *etc* Dieu sait quoi/quand *etc* ◆ **when will you come back? – ~ (only) knows!** quand reviendras-tu ? – Dieu seul le sait ! ◆ **~ knows I've tried** Dieu sait *or* m'est témoin que j'ai essayé ◆ **(good) ~s!** * mon Dieu !, Seigneur !, ciel ! *(hum)* ◆ **for ~'s sake** * pour l'amour de Dieu * *or* du ciel * ◆ **I wish to ~** * **he were still here!** si seulement il était encore là ! ◆ **I wish to ~** * **I'd never met you!** si seulement je ne t'avais jamais rencontré ! ; → **forbid, move, stink, thank**

b *(gen liter)* **the ~s** *(= sky)* le ciel, le firmament *(liter)* ◆ **the ~s opened** le ciel se mit à déverser des trombes d'eau

COMP ▷ **heaven-sent** ADJ providentiel

**heavenly** /ˈhevnlɪ/ ADJ *(lit)* céleste, du ciel ; *(fig) (= delightful)* divin, merveilleux COMP ▷ **heavenly body** N corps *m* céleste ▷ **Heavenly Father** N *(Rel)* Père *m* céleste

**heavenward(s)** /ˈhevnwəd(z)/ ADV *[go]* vers le ciel ◆ **to look ~(s)** lever les yeux au ciel

**heavily** /ˈhevɪlɪ/ ADV a *(= much) [rely on, influence, censor, subsidize]* fortement ; *[rain]* à verse, très fort ; *[snow]* à gros flocons, très fort ; *[bleed, sweat]* abondamment ; *[smoke, drink]* beaucoup ; *[gamble]* gros ; *[criticize]* vivement ; *[tax]* lourdement ; *[fortified]* solidement ; *[populated]* densément ; *[wooded]* très ◆ **he spoke in ~ accented English** il parlait anglais avec un fort accent ◆ **~ armed** fortement armé ◆ **~ bandaged** entouré d'un épais pansement ◆ **to be ~ booked in advance** être en grande partie réservé à l'avance ◆ **his face was ~ bruised** il avait la figure toute meurtrie ◆ **~ in debt** fortement endetté ◆ **to be ~ defeated** subir une défaite écrasante ◆ **to be ~ disguised** avoir un déguisement très élaboré ◆ **~ edited** plein de corrections ◆ **~ fined** condamné à une lourde amende ◆ **~ guarded** fortement gardé ◆ **~ involved in** *or* **with** *(politics, interest group)* fortement engagé dans ; *(drugs, illegal business)* fortement impliqué dans ◆ **~ laden** lourdement chargé ◆ **his ~ lined face** son visage tout parcheminé *or* ridé ◆ **~ made-up eyes** yeux *mpl* très maquillés *or* fardés ◆ **~ outnumbered** très inférieur en nombre ◆ **~ pregnant** près d'accoucher, dans un état de grossesse avancée ◆ **a ~ pregnant mare** une jument près de mettre bas ◆ **~ scented flowers** des fleurs au parfum lourd *or* capiteux ◆ **~ sedated** sous l'influence de fortes doses de calmants ◆ **~ spiced** fortement épicé ◆ **~ underlined** souligné d'un gros trait ◆ **~ weighted in sb's favour/against sb** fortement favorable/défavorable à qn ◆ **the rain/snow was falling ~** il pleuvait/neigeait très fort ◆ **to borrow ~** emprunter de fortes sommes ◆ **to invest ~** beaucoup investir ◆ **to lose ~** *(Gambling)* perdre gros ; *(Sport, Pol)* subir une défaite écrasante

b ◆ **to be ~ into** * *[+ sports, music, computers etc]* être un(e) mordu(e) de * ◆ **he's ~ into drugs/heroin/health foods** son truc *, c'est la drogue/l'héroïne/l'alimentation bio

c *(= deeply) [breathe, pant]* bruyamment ; *[sleep, sigh]* profondément

d *(= clumsily) [sit down, fall, land, lean, move]* lourdement ; *[walk]* d'un pas lourd

e *(= solidly)* ◆ **~ built** costaud, solidement bâti ◆ **her attacker is described as aged 30-40 and ~ built** son agresseur aurait entre 30 et 40 ans et serait de forte carrure

f *(= slowly) [say]* d'une voix accablée

g *(= richly) [encrusted, embroidered, gilded]* richement

**heaviness** /ˈhevɪnɪs/ N *[of person, animal, load]* poids *m* ◆ **the ~ of his movements** la lourdeur dans ses mouvements ◆ **a sensation of ~ in the limbs** une sensation de lourdeur dans les membres ◆ **the ~ of the blood loss** l'importance *f* de l'hémorragie ◆ **hormones to reduce the ~ of your period** des hormones qui rendraient vos règles moins abondantes ◆ **~ of heart** tristesse *f*

**heavy** /ˈhevɪ/ ADJ a *(gen)* lourd ◆ **to make sth heavier** alourdir qch ◆ **how ~ are you?** combien pesez-vous ? ◆ **heavier than air** plus lourd que l'air ◆ **barley bread is ~ on the stomach** le pain d'orge est peu digeste ◆ **to fall into a ~ sleep** s'endormir comme une masse ◆ **a ~ sigh** un gros soupir ◆ **his voice was ~ with sarcasm** son ton était très sarcastique

b *(= violent)* **a ~ blow** *(lit)* un coup violent ; *(fig)* un rude coup ◆ **they suffered a ~ defeat** ils ont subi une lourde défaite ◆ **the plane made a ~ landing** l'avion a fait un atterrissage brutal ◆ **he got really ~ with me** * *(= threatening)* il est devenu menaçant

c *(= severe)* **a ~ cold** *(Med)* un gros rhume ◆ **~ periods** *(Med)* des règles *fpl* abondantes

d *(describing features)* **~ eyes** yeux cernés *mpl* ◆ **eyes ~ with sleep** yeux *mpl* lourds de sommeil ◆ **a man of ~ build** un homme solidement bâti *or* de forte constitution ◆ **~ features** gros traits *mpl*, traits *mpl* épais

e *(in quantity, number) [population]* dense ; *[crop]* abondant ; *[loss, fine]* gros (grosse *f*) *before n*, lourd ; *[payments]* important ◆ **there were ~ casualties** il y a eu de nombreuses victimes ◆ **a ~ concentration of ...** une forte concentration de ... ◆ **the traffic was ~** la circulation était dense ◆ **I was caught up in ~ traffic** j'ai été pris dans un ralentissement ◆ **my car is ~ on petrol** ma voiture consomme beaucoup (d'essence) ◆ **salads ~ on carrots** des salades avec beaucoup de carottes

f *(= difficult, demanding) [task, work]* lourd, pénible ◆ **we've got a very ~ schedule** nous avons un planning très lourd ◆ **I've had a ~ day** j'ai eu une journée chargée ◆ **the going was ~ because of the rain** le terrain était lourd à cause de la pluie ◆ **he did all the ~ work** c'est lui qui a fait le gros travail ◆ **it's ~ stuff** * *(= not superficial)* c'est du solide * ; *(= difficult, tedious)* c'est indigeste

◆ **heavy going** *(= difficult)* difficile ◆ **he found things ~ going without Jim's experience and contacts** c'était difficile pour lui sans l'expérience et les contacts de Jim ◆ **this book is very ~ going** ce livre est très indigeste

g *(describing habits)* **to be a ~ drinker/smoker** boire/fumer beaucoup, être un grand buveur/fumeur ◆ **to be a ~ sleeper** avoir le sommeil profond *or* lourd ◆ **~ drug use** consommation *f* excessive de drogues ◆ **~ viewer** *(TV)* téléspectateur *m*, -trice *f* assidu(e)

h *(= not subtle) [humour, irony]* lourd ◆ **to play the ~ father** jouer les pères autoritaires

i *(Met) [rain, shower]* fort *before n*, gros (grosse *f*) *before n* ; *[fog]* épais (-aisse *f*) ; *[sky]* couvert, lourd ◆ **~ dew** forte rosée *f* ◆ **~ sea** grosse mer *f* ◆ **a ~ sea was running** la mer était grosse

◆ **heavy weather** *(Naut)* gros temps *m* ◆ **he made ~ weather of it** il s'est compliqué la tâche *or* l'existence * ◆ **he made ~ weather of cleaning the car** il s'est compliqué la vie pour laver la voiture

j *(= pregnant)* **~ with young** *(animal)* gravide ◆ **to be ~ with child** † *(liter)* être grosse

k *(Mil)* **~ artillery, ~ guns** artillerie *f* lourde, grosse artillerie *f* ◆ **~ (gun)fire** feu *m* nourri ◆ **~ fighting** combats *mpl* acharnés ◆ **~ shelling** bombardements *mpl* intensifs

ADV lourd, lourdement ◆ **to weigh** *or* **lie ~ on** peser lourd sur ◆ **he's ~ into** * **health foods** *(US fig)* il est à fond dans l'alimentation bio *, son truc, c'est l'alimentation bio * ; see also **lie¹**

N a *(Boxing)* poids *m* lourd

b *( * = bouncer etc)* costaud * *m*

c *(Brit * = newspaper)* grand journal *m*

COMP ▷ **heavy bodies** NPL *(Phys)* corps *mpl* graves ▷ **heavy breather** N *(on phone) personne qui fait des appels téléphoniques anonymes obscènes* ▷ **heavy cream** N *(US)* crème *f* fraîche épaisse *or* à fouetter ▷ **heavy crude (oil)** N brut *m* lourd ▷ **heavy cruiser** N *(Naut)* croiseur *m* lourd ▷ **heavy-duty** ADJ *[carpet]* résistant ; *[equipment]* à usage industriel ▷ **heavy goods vehicle** N poids *m* lourd ▷ **heavy-handed** ADJ *[person] (= severe)* dur ; *(= tactless, clumsy)* maladroit ; *[tactics]* dur, répressif ; *[style]* lourd ▷ **heavy-handedly** ADV *(with severity)* durement ; *(= tactlessly)* maladroitement ▷ **heavy-hearted** ADJ ◆ **to be ~-hearted** avoir le cœur gros ▷ **heavy industry** N industrie *f* lourde ▷ **heavy-laden** ADJ lourdement chargé ▷ **heavy metal** N *(Chem)* métal *m* lourd ; *(Mus)* heavy metal *m* ▷ **heavy-set** ADJ costaud ▷ **heavy type** N *(Typ)* caractères *mpl* gras ▷ **heavy water** N eau *f* lourde

**heavyweight** /ˈhevɪweɪt/ N *(Boxing)* poids *m* lourd ; ( * *fig = influential person*) (grosse) pointure *f* ADJ a *(Boxing) [bout, champion, class]* poids lourds *inv* ◆ **a ~ boxer** un poids lourd b *(= serious) [issue, subject, newspaper, interviewer, political commentator]* sérieux c *(= thick) [cloth, plastic]* épais (-aisse *f*) ; *[wallpaper]* fort

**Hebe** ** /ˈhiːbɪ/ N *(US pej)* youpin(e) ** *m(f)*

**Hebraic** /hɪˈbreɪɪk/ ADJ hébraïque

**Hebrew** /ˈhiːbruː/ ADJ hébreu *m only*, hébraïque N a *(Hist)* Hébreu *m*, Israélite *mf* ◆ **~s** *(Bible)* Hébreux *mpl* b *(Ling)* hébreu *m*

**Hebrides** /ˈhebrɪdiːz/ NPL ◆ **the ~** les Hébrides *fpl*

**heck** * /hek/ EXCL zut ! *, flûte ! * N ◆ **a ~ of a lot** une sacrée quantité * ◆ **I'm in one ~ of a mess** je suis dans un sacré pétrin * ◆ **what the ~ is he doing?** que diable * peut-il bien faire ? ◆ **what the ~ did he say?** qu'est-ce qu'il a bien pu dire ? ◆ **what the ~!** et puis flûte * *or* zut * !

**heckle** /ˈhekl/ VTI chahuter

**heckler** /ˈheklər/ N *(Pol etc)* (élément *m*) perturbateur *m*

**heckling** /ˈheklɪŋ/ N chahut *m*

**hectare** /ˈhektɑːr/ N hectare *m*

**hectic** /ˈhektɪk/ ADJ a *[life, lifestyle] (= busy)* trépidant ; *(= eventful)* mouvementé ; *[journey, day]* mouvementé ; *[schedule]* très chargé ; *[activity]* fiévreux ; *[pace]* trépidant ; *[traffic]* intense ◆ **we've had three ~ days** on n'a pas arrêté pendant trois jours b *(Med) [person, colour]* fiévreux COMP ▷ **hectic fever** N fièvre *f* hectique

**hectogramme, hectogram** *(US)* /ˈhektəʊɡræm/ N hectogramme *m*

**hectolitre, hectoliter** *(US)* /ˈhektəʊˌliːtər/ N hectolitre *m*

**Hector** /ˈhektər/ N Hector *m*

**hector** /ˈhektər/ VT harceler VI ◆ **stop ~ing!** arrête de harceler les gens !

**hectoring** /ˈhektərɪŋ/ ADJ ◆ **in a ~ voice** d'un ton autoritaire *or* impérieux

**Hecuba** /ˈhekjʊbə/ N Hécube *f*

**he'd** /hiːd/ ⇒ **he had, he would** ; → **have, would**

**hedge** /hedʒ/ N a haie *f* ◆ **beech ~** haie *f* de hêtres

b *(fig)* ◆ **a ~ against inflation** une protection contre l'inflation

VI a *(= not be direct) (in answering)* se dérober ; *(in explaining, recounting etc)* expliquer *or* raconter *etc* avec des détours ◆ **don't ~** dis-le franchement ◆ **to ~ on a question/promise** éviter de répondre à une question/de s'engager

b *(= protect o.s.)* **to ~ against sth** se prémunir contre qch

VT a (also **hedge about, hedge in**) entourer d'une haie, enclore ◆ **~d (about** *or* **in) with difficulties** *(fig)* plein de difficultés ◆ **the offer was ~d around with conditions** l'offre était assortie d'une série de conditions

b *[+ bet, risk]* couvrir ◆ **to ~ one's bets** *(fig)* se couvrir *(fig)* ◆ **"I can't give you an answer now", he ~d** "je ne peux pas vous répondre maintenant", dit-il en se dérobant

c **to ~ the issue** esquiver la question

COMP ▷ **hedge clippers** NPL cisailles *fpl* à haie ▷ **hedge fund** N *(Fin)* hedge fund *m*, fonds *m* spéculatif ▷ **hedge trimmer** N taille-haie *m*

► **hedge off** VT SEP *[+ garden]* entourer d'une haie ; *[+ part of garden]* séparer par une haie (*from* de)

**hedgehog** /ˈhedʒhɒɡ/ N hérisson *m*

**hedgehop** /ˈhedʒhɒp/ VI *(in plane)* faire du rase-mottes

**hedger** /ˈhedʒər/ N *(St Ex, Fin)* arbitragiste *m (en couverture de risques)*

**hedgerow** /ˈhedʒrəʊ/ N haie *f*

**hedgesparrow** /ˈhedʒspærəʊ/ N fauvette *f* des haies *or* d'hiver

**hedonism** /ˈhiːdənɪzəm/ N hédonisme *m*

**hedonist** /ˈhiːdənɪst/ ADJ, N hédoniste *mf*

**hedonistic** /ˌhiːdəˈnɪstɪk/ ADJ hédoniste

**heebie-jeebies** ‡ /ˈhiːbɪˈdʒiːbɪz/ NPL ◆ **to give sb the ~** *(revulsion)* donner la chair de poule à qn ; *(fright, apprehension)* flanquer la frousse * *or* la trouille ‡ à qn

**heed** /hiːd/ VT tenir compte de N ◆ **to take ~ of sth, to pay** *or* **give ~ to sth** tenir compte de qch ◆ **take no ~ of what they say** ne faites pas attention à ce qu'ils disent ◆ **to pay no**

~ **to sb** ne pas écouter qn ◆ **pay no ~ to these rumours** ne faites pas attention à ces rumeurs ◆ **he paid no ~ to the warning** il n'a tenu aucun compte de cet avertissement ◆ **to take ~ to do sth** prendre soin de faire qch

**heedless** /ˈhiːdlɪs/ **ADJ** *(= not thinking)* étourdi ; *(= not caring)* insouciant ◆ ~ **of what was going on** inattentif à ce qui se passait ◆ ~ **of danger, she ...** sans se soucier du danger, elle ... ◆ ~ **of complaints** sans tenir compte des réclamations

**heedlessly** /ˈhiːdlɪslɪ/ **ADV** sans faire attention

**heehaw** /ˈhiːhɔː/ **N** hi-han *m* **VI** faire hi-han, braire

**heel¹** /hiːl/ **N** **a** *[of foot, sock, shoe, tool, golf club, bow]* talon *m* ; *[of hand]* hypothénar *m (Anat)* ◆ **high ~s** talons *mpl* hauts ◆ **shoes with high ~s** chaussures *fpl* à talons hauts ◆ **at sb's ~s** sur les talons de qn ◆ **to be (hot) on sb's ~s** marcher sur les talons de qn ◆ **they followed close** *or* **hard on his ~s** ils étaient sur ses talons ◆ **this meeting follows hot on the ~s of last month's talks** cette réunion arrive juste après les négociations du mois dernier ◆ **to be snapping at sb's ~s** * *(fig)* essayer de prendre la place de qn ◆ **to take to one's ~s, to show a clean pair of ~s** prendre ses jambes à son cou ◆ **he turned on his ~ and left** il a tourné les talons et est parti ◆ **under the ~ of** *(fig)* sous le joug *or* la botte de ◆ **~!** *(to dog)* au pied ! ◆ **he brought the dog to ~** il a fait venir le chien à ses pieds ◆ **to bring sb to ~** *(fig)* rappeler qn à l'ordre, faire rentrer qn dans le rang ; → **click, cool down, kick**

**b** *(† * = unpleasant man)* salaud ‡ *m*

**VT** **a** *[+ shoes]* remettre *or* refaire un talon à

**b** *(Rugby) [+ ball]* talonner ; see also **back**

**COMP** ▷ **heel-bar N** talon-minute *m* ▷ **heel-piece N** *[of sock etc]* talon *m* (renforcé)

**heel²** /hiːl/ **VI** (also **heel over**) *[ship]* gîter, donner de la bande ; *[truck, structure]* s'incliner *or* pencher (dangereusement)

**heeled** /hiːld/ **ADJ** **a** → **well²** **b** *(US ‡ = armed)* armé

**heeling** /ˈhiːlɪŋ/ **N** *(Rugby)* talonnage *m*

**heft** * /heft/ **VT** *(= lift)* soulever ; *(= feel weight of)* soupeser

**hefty** * /ˈheftɪ/ **ADJ** **a** *(= big) [person]* costaud *, maous * (-ousse * *f*) ; *[object, fine, increase, meal]* de taille * ; *[profit]* gros (grosse *f*) ; *[bill]* salé * ; *[fees]* très élevé ◆ **a ~ sum** une jolie somme, une coquette somme **b** *(= powerful) [kick, slap, punch]* formidable

**Hegelian** /hɪˈgeɪlɪən/ **ADJ** hégélien

**hegemony** /hɪˈgemənɪ/ **N** hégémonie *f*

**Hegira** /ˈhedʒɪrə/ **N** hégire *f*

**heifer** /ˈhefəʳ/ **N** génisse *f*

**heigh** /heɪ/ **EXCL** hé !, eh ! ◆ **~-ho!** eh bien !

**height** /haɪt/ **N** **a** *[of object, building]* hauteur *f* ; *[of person]* taille *f* ; *[of mountain]* altitude *f* ; *[of star, sun]* élévation *f* ◆ **what ~ are you?** combien mesurez-vous ? ◆ **he is 5 foot 9 inches in ~, his ~ is 5 foot 9 inches** il fait 1 mètre 75 ◆ **of average ~** de taille moyenne ◆ **her weight is about normal for her ~** son poids est à peu près normal par rapport à sa taille ◆ **he drew himself up to his full ~** il s'est dressé de toute sa hauteur ◆ **a building 40 metres in ~** un bâtiment qui a *or* un bâtiment de 40 mètres de haut ◆ **at shoulder ~** à hauteur des épaules ◆ **~ above sea level** altitude *f* au-dessus du niveau de la mer

**b** *(= high place)* éminence *f*, hauteur *f* ◆ **the ~s** les sommets *mpl* ◆ **fear of ~s** *(gen)* vertige *m* ◆ **to be afraid of ~s** avoir le vertige ◆ **his performance never reached the ~s** *(fig)* il n'a jamais brillé ; → **giddy¹, head**

**c** *(= altitude) [of plane]* altitude *f* ◆ **to gain/lose ~** gagner *or* prendre/perdre de l'altitude

**d** *(fig) (= best point) [of fortune]* apogée *m* ; *[of success]* point *m* culminant ; *[of glory]* sommet *m* ; *[of grandeur]* sommet *m*, faîte *m* ; *[of absurdity, folly]* comble *m* ◆ **at the ~ of his power** au summum de sa puissance ◆ **at the ~ of his career** à l'apogée *or* au sommet de sa carrière ◆ **at the ~ of his fame** au sommet de sa gloire ◆ **he is at the ~ of his powers** il est en pleine possession de ses moyens ◆ **at the ~ of summer/the storm/the battle** au cœur de l'été/l'orage/la bataille ◆ **at the ~ of the season** au plus fort de la saison ◆ **the season is at its ~** la saison bat son plein ◆ **the ~ of fashion** la toute dernière mode, le dernier cri ◆ **the ~ of luxury** le comble du luxe ◆ **the ~ of bad manners/arrogance/bad taste** le comble de l'impolitesse/de l'arrogance/du mauvais goût ◆ **during the war emigration was at its ~** pendant la guerre l'émigration a atteint son niveau le plus haut ◆ **at its ~ the company employed 12,000 people** à son apogée la société employait 12 000 personnes ◆ **the crisis was at its ~** la crise avait atteint son paroxysme

**COMP** ▷ **height gauge N** *(Aviat etc)* altimètre *m*

**heighten** /ˈhaɪtn/ **VT** *[+ effect, absurdity, interest, tension, fear]* augmenter, intensifier ; *[+ flavour]* relever ◆ **it will ~ people's awareness of the problem** cela rendra les gens plus conscients du problème ◆ **this has ~ed concern that the elections may not go ahead** cela fait craindre encore plus que les élections n'aient pas lieu **VI** *[tension]* augmenter, monter ; *[fear]* s'intensifier, devenir plus vif

**heightened** /ˈhaɪtnd/ **ADJ** *[competition]* accru ; *[sense]* très aigu ◆ **the attack comes amid ~ tension in the region** cette attaque est survenue alors que la tension s'accroît dans la région ◆ **this has brought ~ concern about food shortages** cela a augmenté les craintes de pénurie de nourriture ◆ **~ emotions** des sentiments *mpl* exacerbés ◆ **her ~ sense of injustice** son sens très aigu de l'injustice ◆ **she looked at him with ~ interest** elle l'a regardé avec un intérêt accru ◆ **this gave her a ~ awareness of ...** cela lui a permis de mieux se rendre compte de ... ◆ **with ~ colour** *[person]* le teint animé

**heinous** /ˈheɪnəs/ **ADJ** odieux, atroce

**heir** /ɛəʳ/ **N** héritier *m*, légataire *mf* (*to* de) ◆ **he is ~ to a fortune** il héritera d'une fortune ◆ **~ to the throne** héritier *m* du trône *or* de la couronne ◆ **rightful ~** héritier *m* légitime *or* naturel ◆ **to fall ~ to sth** hériter de qch **COMP** ▷ **heir apparent N** (pl **heirs apparent**) héritier *m* présomptif ▷ **heir-at-law N** (pl **heirs-at-law**) *(Jur)* héritier *m* légitime *or* naturel ▷ **heir presumptive N** (pl **heirs presumptive**) héritier *m* présomptif *(sauf naissance d'un héritier en ligne directe)*

**heiress** /ˈɛəres/ **N** héritière *f* ◆ **he married an ~** il a épousé une riche héritière

**heirloom** /ˈɛəluːm/ **N** héritage *m* ◆ **this silver is a family ~** c'est de l'argenterie de famille ◆ **you can't sell that, it's an ~!** tu ne peux pas vendre ça, c'est un bien de famille !

**heist** * /haɪst/ *(esp US)* **N** *(= robbery)* hold-up *m inv* ; *(= burglary)* casse ‡ *m* **VT** voler

**held** /held/ **VB** pt, ptp of **hold**

**Helen** /ˈhelɪn/ **N** Hélène *f* ◆ **~ of Troy** Hélène *f* de Troie

**helical** /ˈhelɪkəl/ **ADJ** hélicoïdal ◆ **~ spring** ressort *m* hélicoïdal

**helices** /ˈhelɪˌsiːz/ **NPL** of **helix**

**helicopter** /ˈhelɪkɒptəʳ/ **N** hélicoptère *m* ◆ **transfer** *or* **transport by ~** héliportage *m* ◆ **transferred** *or* **transported by ~** héliporté **VT** *(esp US) [+ person, goods]* transporter en hélicoptère ◆ **to ~ in/out** *etc* amener/évacuer *etc* par hélicoptère **COMP** *[patrol, rescue]* en hélicoptère ; *[pilot]* d'hélicoptère ▷ **helicopter gunship N** hélicoptère *m* de combat ▷ **helicopter station N** héligare *f*

**heliograph** /ˈhiːlɪəʊgrɑːf/ **N** héliographe *m*

**heliostat** /ˈhiːlɪəʊstæt/ **N** héliostat *m*

**heliotrope** /ˈhiːlɪətrəʊp/ **N** **a** *(Bot)* héliotrope *m* **b** *(= colour)* ≈ violet *m* **ADJ** ≈ violet

**helipad** /ˈhelɪˌpæd/ **N** hélistation *f*

**heliport** /ˈhelɪpɔːt/ **N** héliport *m*

**helium** /ˈhiːlɪəm/ **N** hélium *m*

**helix** /ˈhiːlɪks/ **N** (pl **helixes** *or* **helices** /ˈhelɪˌsiːz/) *(Anat)* hélix *m*

**he'll** /hiːl/ ⇒ **he will** ; → **will**

**hell** /hel/ **N** **a** *(Rel)* enfer *m* ; *(Myth)* les enfers *mpl* ◆ **in ~** *(gen, Rel)* en enfer ; *(Myth)* aux enfers ◆ **the ~ of the labour camps** l'enfer des camps de travail ◆ **to make sb's life ~** rendre la vie de qn infernale ◆ **when ~ freezes over** quand les poules auront des dents, à la Saint-Glinglin * ◆ **all ~ broke** *or* **was let loose** * ça a été une pagaille * monstre ◆ **when he heard about it all ~ broke** *or* **was let loose** * quand il l'a appris il a fait une scène épouvantable ◆ **life became ~** la vie est devenue infernale ◆ **it's ~ on earth** * c'est l'enfer ◆ **a living ~** un véritable enfer ◆ **we've been to ~ and back** * ça a été l'enfer *or* l'horreur (mais on s'en est sortis) ◆ **we're going to ~ in a handbasket** *or* **handcart** ‡ la situation est catastrophique * pour nous ◆ **~ hath no fury like a woman scorned** *(Prov)* rien n'est plus à craindre qu'une femme blessée ◆ **come ~ or high water** quoi qu'il arrive ◆ **the boyfriend from ~** * le pire des petits amis ◆ **the holiday from ~** * des vacances de cauchemar ◆ **to ride ~ for leather** aller à un train d'enfer ◆ **he went off home ~ for leather** il est rentré chez lui au triple galop

**b** ‡ *(emphatic phrases)* **there'll be ~ to pay** ça va barder * ◆ **he did it for the ~ of it** *(gen)* il l'a fait parce que ça lui chantait ; *(= to annoy people)* il l'a fait pour embêter le monde ◆ **to play (merry) ~ with** *[+ plans, routine, schedule]* bouleverser ; *[+ health, skin]* être très mauvais pour ◆ **they beat the ~ out of me** ils m'ont roué de coups ◆ **I hope to ~ you're right** j'espère sacrément * que tu as raison ◆ **to give sb ~** *(= make their life a misery)* faire mener une vie infernale à qn ; *(= scold)* faire sa fête à qn *, passer une engueulade ‡ à qn ◆ **my back's giving me ~** mon dos me fait horriblement mal * ◆ **the children give her ~** les enfants lui en font voir de toutes les couleurs ◆ **to go through ~** vivre un enfer *or* l'enfer ◆ **I put Brian through ~** j'en ai fait voir de toutes les couleurs à Brian ◆ **oh ~!** flûte ! *, merde ! ‡ ◆ **~ and damnation!** ‡, **~'s bells** *or* **teeth!** † *(Brit)* sacrebleu ! * ◆ **to ~ with him!** qu'il aille se faire voir ! * ◆ **to ~ with it!** la barbe ! * ◆ **get the ~ out of here!** fous le camp ! ‡ ◆ **let's get the ~ out of here** barrons-nous ‡ ◆ **he got the ~ out** il a foutu le camp ‡ ◆ **to scare the ~ out of sb** faire une peur bleue à qn *, ficher la frousse à qn * ◆ **go to ~!** va te faire voir * *or* foutre ‡ ! ◆ **will you do it? – the ~ I will!** tu le feras ? – tu parles * *or* tu rigoles ‡ !

◆ **as hell** ◆ **I was angry as ~** j'étais vraiment en boule * ◆ **it's (as) hot/cold as ~** on crève * de chaud/froid ◆ **they sure as ~ haven't been trained properly** une chose est sûre, ils n'ont pas été correctement formés

♦ **hell of a** ‡ ◆ **to make a ~ of a noise** faire un boucan *or* un raffut du diable * ◆ **a ~ of a lot of cars** tout un tas de bagnoles * ◆ **a ~ of a lot of people** des masses * de gens ◆ **he's a ~ of a nice guy** c'est un type vachement bien * ◆ **we had a ~ of a time** *(= bad)* ça n'a pas été marrant ‡, on en a bavé ‡ ; *(= good)* on s'est vachement marrés ‡, ça a été terrible ‡ *or* du tonnerre ‡ ◆ **they had one ~ of a fight** ils se sont étripés ◆ **there'll be a ~ of a row** ça va barder *

♦ **like hell** ◆ **to work like ~** travailler comme un forçat ◆ **to run like ~** courir comme un dératé * *or* un fou ◆ **it hurts like ~** ça fait vachement * mal ◆ **I missed her like ~** elle me manquait vachement * ◆ **will you do it? – like ~ (I will)!** tu le feras ? – tu parles * *or* tu rigoles ‡ !

♦ **what/where** *etc* **the hell ...** ◆ **what the ~!** *(in surprise)* merde alors ! ‡ ; *(dismissive)* qu'est-ce que ça peut bien faire ! ◆ **what the ~ does he want now?** qu'est-ce qu'il peut bien vouloir maintenant ? ◆ **what the ~ is he doing?** qu'est-ce qu'il peut bien fabriquer * *or* foutre ‡ ? ◆ **what the ~ did he say?** qu'est-ce qu'il a bien pu raconter ? ◆ **what the ~'s going on?** mais enfin qu'est-ce qui se passe ?, mais bon sang * qu'est-ce qui se passe ? ◆ **where the ~ have I put it?** où est-ce que j'ai bien pu le foutre ? ‡ ◆ **where the ~ have you been?** mais où t'étais passé, bon sang ? * ◆ **how the ~ did you get in?** mais comment t'as fait pour entrer ? * ◆ **why the ~ did you do it?** qu'est-ce qui t'a pris de faire ça ?

**COMP** ▷ **hell-raiser** ‡ **N** ◆ **to be a ~-raiser** mener une vie de patachon * *or* de bâton de chaise * ▷ **hell-raising** ‡ **N** vie *f* de patachon * *or* de bâton de chaise * ▷ **hell's angel N** *(= person)* Hell's Angel *m*

**hellacious** ‡ /heˈleɪʃəs/ **ADJ** *(US)* **a** *(= terrible)* *[fighting]* infernal ; *[car crash]* effroyable **b** *(= wild) [party]* dingue * **c** *(= excellent) [vacation]* d'enfer *

**hellbent** * /ˌhelˈbent/ **ADJ** ◆ **to be ~ on doing sth** *or (US)* **to do sth** vouloir à tout prix faire qch

**hellcat** /ˈhelkæt/ **N** harpie *f*, mégère *f*

**hellebore** /ˈhelɪbɔːʳ/ **N** (h)ellébore *m*

**Hellene** /ˈheliːn/ **N** Hellène *mf*

**Hellenic** /heˈliːnɪk/ **ADJ** hellénique

**Hellenistic** /ˌhelɪˈnɪstɪk/ **ADJ** hellénistique

**heller** ‡ /ˈheləʳ/ **N** *(US)* vrai démon * *m*

**hellfire** /helˈfaɪəʳ/ **N** flammes *fpl* de l'enfer

**hellhole** * /ˈhelhəʊl/ **N** bouge *m*

**hellion** * /ˈheljən/ **N** *(US)* chahuteur *m*, trublion *m*

**hellish** /ˈhelɪʃ/ **ADJ** *(lit) [vision]* cauchemardesque ; *[intentions, actions]* diabolique ; *(* fig = very unpleasant) [time, place, job]* infernal ; *[problems]* épouvantable **ADV** † * *[expensive, difficult]* sacrément

**hellishly** * /ˈhelɪʃlɪ/ **ADV** horriblement

**hello** /həˈləʊ/ **LANGUAGE IN USE 21.2** **EXCL** *(in greeting)* bonjour ! ; *(on phone)* allô ! ; *(to attract attention)* hé !, ohé ! ; *(in surprise)* tiens ! ◆ **~ there!** bonjour !

**helluva** ‡ /ˈheləvə/ ⇒ **hell of a** ; → **hell**

**helm** /helm/ **N** *(Naut)* barre *f* ◆ **to be at the ~** *(Naut, fig)* être à *or* tenir la barre ◆ **to take (over) the ~** *(fig)* prendre la barre **VT** tenir la barre de **VI** être à *or* tenir la barre, barrer

**helmet** /ˈhelmɪt/ **N** casque *m* ; → **crash**[1]

**helmeted** /ˈhelmɪtɪd/ **ADJ** casqué

**helminth** /ˈhelmɪnθ/ **N** helminthe *m*

**helmsman** /ˈhelmzmən/ **N** (pl **-men**) *(Naut)* timonier *m*, homme *m* de barre

**help** /help/ **LANGUAGE IN USE 4**

**N** **a** *(gen)* aide *f* ; *(in emergency)* secours *m* ◆ **~!** *(in danger etc)* au secours !, à l'aide ! ; *(in dismay)* mince ! ◆ **thank you for your ~** merci de votre aide ◆ **with his brother's ~** avec l'aide de son frère ◆ **~ was at hand in the form of my sister** ma sœur est venue à mon secours ◆ **with the ~ of a knife/a computer** à l'aide d'un couteau/d'un ordinateur ◆ **he did it without ~** il l'a fait tout seul ◆ **to shout for ~** appeler *or* crier au secours, appeler à l'aide ◆ **to ask sb for ~** demander de l'aide à qn ◆ **ask the pharmacist for ~** demandez conseil au pharmacien ◆ **to go to sb's ~** aller au secours de qn, prêter secours *or* assistance à qn ◆ **to come to sb's ~** venir à l'aide de qn *or* en aide à qn ◆ **to be of ~ to sb** *[person, machine, training]* rendre service à qn ◆ **can I be of ~?** je peux vous aider ? ◆ **I was glad to be of ~** j'ai été content d'avoir pu rendre service ◆ **it was of no ~ (at all)** cela n'a servi à rien (du tout) ◆ **you've been a great ~** vous m'avez vraiment rendu service ◆ **you're a great ~!** *(iro)* tu es d'un précieux secours ! *(iro)* ◆ **you can't get decent (domestic) ~ nowadays** on ne trouve plus de bons employés de maison de nos jours ◆ **she has no ~ in the house** elle n'a personne pour l'aider à la maison ◆ **we need more ~ in the shop** il nous faut davantage de personnel au magasin ◆ **he's beyond ~** *(fig)* on ne peut plus rien pour lui ◆ **there's no ~ for it** il n'y a rien à faire, on n'y peut rien ; → **voluntary**

**b** *(= cleaner)* femme *f* de ménage ; → **daily, home, mother**

**VT** **a** *(gen)* aider *(sb to do sth* qn à faire qch) ; *(in emergency)* secourir ◆ **let me ~ you with that suitcase** je vais vous aider avec votre valise ◆ **she ~s her son with his homework** elle aide son fils à faire ses devoirs ◆ **he got his brother to ~ him** il s'est fait aider par son frère ◆ **that doesn't ~ much** cela ne sert pas à *or* n'arrange pas grand-chose ◆ **that won't ~ you** cela ne vous servira à rien ◆ **God ~s those who ~ themselves** *(Prov)* aide-toi et le ciel t'aidera *(Prov)* ◆ **so ~ me God!** je le jure devant Dieu ! ◆ **so ~ me * I'll kill him!** je le tuerai, je le jure ! ◆ **this money will ~ to save the church** cet argent contribuera à sauver l'église ◆ **every little ~s** les petits ruisseaux font les grandes rivières *(Prov)* ◆ **can I ~ you?** *(in shop, to customer at counter)* vous désirez ? ; *(to customer browsing)* je peux vous aider ? ◆ **to ~ each other** *or* **one another** s'entraider ◆ **he is ~ing the police with their inquiries** *(euph)* il est en train de répondre aux questions de la police ◆ **it ~s industry/exports** cela favorise l'industrie/les exportations ◆ **to ~ sb across/down/in** *etc* aider qn à traverser/à descendre/à entrer *etc* ◆ **to ~ sb up/down/out with a suitcase** aider qn à monter/à descendre/à sortir une valise ◆ **to ~ sb (up) to his feet** aider qn à se lever ◆ **to ~ sb on/off with his coat** aider qn à mettre/à enlever son manteau

**b** *(= serve)* ◆ **to ~ o.s.** se servir ◆ **he ~ed himself to vegetables** il s'est servi de légumes ◆ **~ yourself to wine/bread** prenez du vin/du pain, servez-vous de vin/de pain ◆ **just ~ yourself to leaflets** voilà des prospectus, servez-vous ◆ **~ yourself!** servez-vous ! ◆ **he's ~ed himself to my pencil** * *(euph)* il m'a piqué mon crayon *

**c** *(with can, cannot, etc)* **I couldn't ~ laughing** je ne pouvais pas m'empêcher de rire ◆ **one cannot ~ wondering whether ...** on ne peut s'empêcher de se demander si... ◆ **one can't ~ but wonder/be impressed** on ne peut s'empêcher de se demander/d'être impressionné ◆ **it can't be ~ed** tant pis !, on n'y peut rien ! ◆ **I can't ~ it if he always comes late** je n'y peux rien *or* ce n'est pas de ma faute s'il arrive toujours en retard ◆ **he can't ~ it** ce n'est pas de sa faute, il n'y peut rien ◆ **why are you laughing? – I can't ~ it** pourquoi riez-vous ? – c'est plus fort que moi ◆ **we just can't ~ ourselves** c'est plus fort que nous ◆ **not if I can ~ it!** sûrement pas !, il faudra d'abord me passer sur le corps ! *(hum)* ◆ **he won't come if I can ~ it** je vais faire tout mon possible pour l'empêcher de venir ◆ **can I ~ it if it rains?** est-ce que c'est de ma faute s'il pleut ? ◆ **it's rather late now – I can't ~ that, you should have come earlier** il est un peu tard maintenant – je n'y peux rien, tu aurais dû venir plus tôt ◆ **he can't ~ his temperamental nature** il n'arrive pas à se corriger de son humeur instable ◆ **he can't ~ his deafness** ce n'est pas de sa faute s'il est sourd ◆ **he can't ~ being stupid** ce n'est pas de sa faute s'il est idiot ◆ **don't say more than you can ~** n'en dites pas plus qu'il ne faut

**COMP** ▷ **help desk N** service *m* d'assistance ▷ **help menu N** *(Comput)* menu *m* d'assistance

► **help along VT SEP** *[+ person]* aider à marcher ; *[+ scheme]* (faire) avancer, faire progresser

► **help out**

**VI** aider, donner un coup de main ; *(financially)* dépanner * ◆ **I ~ out with the secretarial work** j'aide à faire le secrétariat

**VT SEP** *(gen)* aider, donner un coup de main à ; *(financially)* dépanner *, tirer d'embarras ◆ **to ~ each other out** s'entraider

► **help up VT SEP** ◆ **to help sb up** aider qn à se lever

**helper** /ˈhelpəʳ/ **N** aide *mf*

**helpful** /ˈhelpfʊl/ **ADJ** **a** *(= cooperative) [person, staff]* obligeant *(to sb* avec qn) ◆ **you have been most ~** c'était très aimable à vous ◆ **you're not being very ~** tu ne m'aides pas beaucoup **b** *(= useful) [suggestion, book, tool]* utile ; *[medicine]* efficace ◆ **to be ~ in doing sth** contribuer à faire qch

**helpfully** /ˈhelpfəlɪ/ **ADV** *[say]* avec obligeance ; *[provide, suggest, explain]* obligeamment

**helpfulness** /ˈhelpfʊlnɪs/ **N** obligeance *f*

**helping** /ˈhelpɪŋ/ **N** *(at table)* portion *f* ◆ **to take a second ~ of sth** reprendre de qch ◆ **I've had three ~s** j'en ai repris deux fois ◆ **the public appetite for huge ~s of nostalgia** le goût du public pour de grosses bouffées de nostalgie **ADJ** secourable ◆ **to give** *or* **lend a ~ hand (to)** aider, donner un coup de main (à)

**helpless** /ˈhelplɪs/ **ADJ** *[victim, baby, old person]* sans défense *(against sth* contre qch) ; *[invalid]* impotent, sans défense ; *[situation]* désespéré ; *[feeling, gesture]* d'impuissance ◆ **he is quite ~ (in this matter)** il n'y peut rien, il ne peut rien y faire ◆ **she looked at him with a ~ expression** elle lui jeta un regard d'impuissance ◆ **to feel ~ (against sth)** se sentir désarmé (devant qch) ◆ **he was ~ to resist** il a été incapable de résister ◆ **to be ~ with laughter** être mort de rire

**helplessly** /ˈhelplɪslɪ/ **ADV** **a** *(= impotently) [struggle, try, say]* désespérément ; *[stand, look on]* sans pouvoir rien faire ; *[agree]* en désespoir de cause ◆ **he was lying ~ on the ground** il était allongé par terre, sans pouvoir bouger **b** *(= uncontrollably) [sob, cry, sneeze]* sans pouvoir se retenir ; *[drift]* inexorablement ◆ **to laugh ~** être mort de rire ◆ **to get ~ drunk** se soûler jusqu'à ne plus pouvoir tenir debout ◆ **to feel ~ angry** être en proie à une colère impuissante

**helplessness** /ˈhelplɪsnɪs/ **N** *[of victim, baby, old person]* impuissance *f* (*against sth* face à qch ; *before sth* devant qch) ; *[of invalid]* impotence *f* ◆ **feelings of ~** un sentiment d'impuissance ◆ **the ~ of the situation** le fait que la situation soit désespérée

**helpline** /ˈhelplaɪn/ **N** *(esp Brit)* service *m* d'assistance téléphonique ; *(Comm)* ≃ numéro *m* vert *(pour renseignements sur un produit)*

**helpmate** /ˈhelpmeɪt/, **helpmeet** † /ˈhelpmiːt/ **N** *(= spouse)* époux *m*, épouse *f* ; *(= female companion)* dame *f* de compagnie

**Helsinki** /helˈsɪŋkɪ/ **N** Helsinki

**helter-skelter** /ˈheltəˈskeltəʳ/ **ADV** *[run]* pêle-mêle **ADJ** *[rush]* désordonné **N** a *(= rush)* débandade *f*, bousculade *f* b *(Brit: in fairground)* toboggan *m*

**hem¹** /hem/ **N** ourlet *m* ; *(= edge)* bord *m* ◆ **I've let the ~ down on my skirt** j'ai défait l'ourlet de ma jupe pour la rallonger, j'ai rallongé ma jupe **VT** *(= sew)* ourler

► **hem in** **VT SEP** *[+ houses, objects, people]* cerner ; *[rules etc]* entraver ◆ **I feel ~med in** je me sens oppressé ◆ **they are ~med in by rigid contracts** ils sont pris dans le carcan de contrats rigides

**hem²** /hem/ **VI** → **haw²**

**hema(t)...** /ˈhiːmə(t)/ **PREF** *(US)* ⇒ **haema(t)...**

**hemato...** /ˈhiːmətəʊ/ **PREF** *(US)* ⇒ **haemato...**

**hemicycle** /ˈhemɪsaɪkl/ **N** hémicycle *m*

**hemiplegia** /hemɪˈpliːdʒɪə/ **N** hémiplégie *f*

**hemiplegic** /ˌhemɪˈpliːdʒɪk/ **ADJ, N** hémiplégique *mf*

**hemisphere** /ˈhemɪsfɪəʳ/ **N** hémisphère *m* ◆ **the northern ~** l'hémisphère *m* nord *or* boréal ◆ **the southern ~** l'hémisphère *m* sud *or* austral

**hemispheric** /ˈhemɪsferɪk/ **ADJ** a *(Geog)* ◆ **Northern ~ summers** les étés *mpl* de l'hémisphère nord *or* boréal b *(US Pol) [relations, solidarity]* entre pays du nord et du sud de l'Amérique ; *[policy]* concernant les relations entre pays du nord et du sud de l'Amérique ◆ **a sense of ~ identity** un sentiment d'identité américaine c *(Med, Psych) [asymmetry]* hémisphérique ; *[specialization, activity]* de l'un des hémisphères (du cerveau)

**hemistich** /ˈhemɪstɪk/ **N** hémistiche *m*

**hemline** /ˈhemlaɪn/ **N** (bas *m* de l')ourlet *m* ◆ **~s are lower this year** les robes rallongent cette année

**hemlock** /ˈhemlɒk/ **N** a *(= plant, poison)* ciguë *f* b *(= tree)* (also **hemlock spruce**) sapin *m* du Canada, sapin-ciguë *m*

**hem(o)...** /ˈhiːm(əʊ)/ **PREF** *(US)* ⇒ **haem(o)...**

**hemp** /hemp/ **N** *(= plant, fibre)* chanvre *m* ; *(= drug)* chanvre *m* indien

**hemstitch** /ˈhemstɪtʃ/ **VT** ourler à jour **N** point *m* d'ourlet

**hen** /hen/ **N** a poule *f* ; *(= female bird)* femelle *f* ◆ **~ bird** oiseau *m* femelle b *(Scot)* **here you are, ~** * voilà, ma petite dame * **COMP** ▷ **hen harrier N** busard *m* Saint-Martin ▷ **hen night** *, **hen party** * **N** *(esp Brit)* soirée *f* entre femmes (*or* filles)

**henbane** /ˈhenbeɪn/ **N** *(Bot)* jusquiame *f* (noire), herbe *f* aux poules

**hence** /hens/ LANGUAGE IN USE 26.3 **ADV** a *(frm = therefore)* d'où ◆ **~ the name** d'où son nom ◆ **inflation is rising: ~, new economic policies are needed** l'inflation est en hausse ; d'où la nécessité de prendre de nouvelles mesures économiques ◆ **it will drive up the price of oil, and ~ the price of petrol** ça fera monter le prix du pétrole, et par conséquent celui de l'essence ◆ **the lack of blood, and ~ oxygen, in the brain** le manque de sang, et par conséquent *or* et donc d'oxygène, dans le cerveau b *(frm = from now)* d'ici ◆ **two years ~** d'ici deux ans c *(†† = from here)* d'ici ◆ **(get thee) ~!** hors d'ici !

**henceforth** /hensˈfɔːθ/, **henceforward** /hensˈfɔːwəd/ **ADV** *(frm)* dorénavant, désormais

**henchman** /ˈhentʃmən/ **N** (pl **-men**) *(pej)* homme *m* de main ; *(Hist)* écuyer *m*

**hencoop** /ˈhenkuːp/ **N** cage *f* à poules

**henhouse** /ˈhenhaʊs/ **N** poulailler *m*

**henna** /ˈhenə/ **N** henné *m* **VT** *[+ hair]* teindre au henné ◆ **to ~ one's hair** se faire un henné

**henpecked** /ˈhenpekt/ **ADJ** ◆ **he's a ~ husband** sa femme le mène par le bout du nez

**Henry** /ˈhenrɪ/ **N** Henri *m* ; → **hooray**

**hep** * /hep/ **N** (abbrev of **hepatitis**) hépatite *f* ◆ **~ A/B** hépatite A/B **ADJ** † *(= with-it)* dans le vent * ◆ **to be ~ to sth** *(US)* être au courant de qch

**heparin** /ˈhepərɪn/ **N** héparine *f*

**hepatitis** /ˌhepəˈtaɪtɪs/ **N** hépatite *f* ◆ **~ A/B/C** hépatite *f* A/B/C

**heptagon** /ˈheptəgən/ **N** *(Geom)* heptagone *m*

**heptagonal** /hepˈtægənəl/ **ADJ** *(Geom)* heptagonal

**heptathlon** /hepˈtæθlən/ **N** heptathlon *m*

**her** /hɜːʳ/ **PERS PRON** a *(direct, unstressed)* la ; *(before vowel)* l' ; *(stressed)* elle ◆ **I see ~** je la vois ◆ **I have seen ~** je l'ai vue ◆ **I know HIM but I have never seen HER** lui je le connais, mais elle je ne l'ai jamais vue

b *(indirect)* lui ◆ **I gave ~ the book** je lui ai donné le livre ◆ **I'm speaking to ~** je lui parle

c *(after prep etc)* elle ◆ **I am thinking of ~** je pense à elle ◆ **without ~** sans elle ◆ **she took her books with ~** elle a emporté ses livres ◆ **if I were ~** si j'étais elle ◆ **it's ~** c'est elle ◆ **younger than ~** plus jeune qu'elle

d celle ◆ **to ~ who might complain, I should point out that ...** à celle qui se plaindrait, je ferais remarquer que ... ◆ **the articles are of no value except to ~ who had once owned them** ces articles n'ont aucune valeur sauf pour celle à qui ils appartenaient autrefois

**POSS ADJ** son, sa, ses ◆ **~ book** son livre ◆ **~ table** sa table ◆ **~ friend** son ami(e) *m(f)* ◆ **~ clothes** ses vêtements

**Hera** /ˈhɪərə/ **N** Héra *f*

**Heracles** /ˈherəˌkliːz/ **N** Héraclès *m*

**Heraclitus** /ˌherəˈklaɪtəs/ **N** Héraclite *m*

**herald** /ˈherəld/ **N** héraut *m* ◆ **the ~ of spring** *(fig, liter)* le messager du printemps *(liter)* **VT** annoncer ◆ **to ~ (in)** annoncer l'arrivée de ◆ **tonight's game is being ~ed as the match of the season** *(Ftbl)* on présente le match de ce soir comme le plus important de la saison

**heraldic** /heˈrældɪk/ **ADJ** héraldique ◆ **~ bearing** armoiries *fpl*, blason *m*

**heraldry** /ˈherəldrɪ/ **N** *(NonC) (= science)* héraldique *f* ; *(= coat of arms)* blason *m* ; *(ceremonial)* pompe *f* héraldique ◆ **book of ~** armorial *m*

**herb** /hɜːb, (US) ɜːb/ **N** herbe *f* ◆ **~s** *(Culin)* fines herbes *fpl* ◆ **pot ~s** herbes *fpl* potagères ◆ **medicinal ~s** herbes *fpl* médicinales, simples *mpl* **COMP** ▷ **herb garden N** jardin *m* d'herbes aromatiques ▷ **herb tea N** infusion *f*, tisane *f*

**herbaceous** /hɜːˈbeɪʃəs/ **ADJ** herbacé ◆ **~ border** bordure *f* de plantes herbacées

**herbage** /ˈhɜːbɪdʒ/ **N** *(Agr)* herbages *mpl* ; *(Jur)* droit *m* de pacage

**herbal** /ˈhɜːbəl/ **ADJ** d'herbes **N** herbier *m* *(livre)* **COMP** ▷ **herbal medicine N** phytothérapie *f* ▷ **herbal remedy N** remède *m* à base de plantes ▷ **herbal tea N** infusion *f*, tisane *f*

**herbalism** /ˈhɜːbəlɪzəm/ **N** phytothérapie *f*

**herbalist** /ˈhɜːbəlɪst/ **N** herboriste *mf*

**herbarium** /hɜːˈbeərɪəm/ **N** (pl **herbariums** *or* **herbaria** /hɜːˈbeərɪə/) herbier *m (collection)*

**herbicide** /ˈhɜːbɪsaɪd/ **N** herbicide *m*

**herbivore** /ˈhɜːbɪvɔːʳ/ **N** herbivore *m*

**herbivorous** /hɜːˈbɪvərəs/ **ADJ** herbivore

**Herculean** /ˌhɜːkjʊˈliːən/ **ADJ** herculéen

**Hercules** /ˈhɜːkjuliːz/ **N** *(Myth)* Hercule *m* ; *(fig) (= strong man)* hercule *m*

**herd** /hɜːd/ **N** a *[of cattle, goats, elephants]* troupeau *m* ; *[of stags]* harde *f* ; *[of horses]* troupe *f*, bande *f* ◆ **to ride ~ on sb** *(US)* avoir l'œil sur qn b * *[of people]* troupeau *m*, foule *f* ◆ **to follow the ~** *(fig)* être comme un mouton de Panurge ; → **common** c *(†† = person)* pâtre *m (liter)* ; → **cowherd, goatherd** **VT** *[+ animals]* mener en troupeau ◆ **to ~ into/onto** *etc [+ people]* faire entrer/monter *etc* en troupeau dans **COMP** ▷ **herd instinct N** instinct *m* grégaire

► **herd together** **VI** *[animals, people]* s'attrouper, s'assembler en troupeau **VT SEP** *[+ animals, people]* rassembler

**herdsman** /hɜːdzmən/ **N** (pl **-men**) gardien *m* de troupeau ; *(= shepherd)* berger *m* ; *(= cowman)* vacher *m*, bouvier *m*

**here** /hɪəʳ/ **ADV** a *(place)* ici ◆ **I live ~** j'habite ici ◆ **come ~** venez ici ◆ **~!** *(at roll call)* présent ! ◆ **he's ~ at last** le voici enfin, il est enfin là *or* arrivé ◆ **spring is ~** c'est le printemps, le printemps est là ◆ **my sister ~ says ...** ma sœur que voici dit ... ◆ **this man ~ saw it** cet homme-ci l'a vu ◆ **Mr Moore is not ~ just now** M. Moore n'est pas là *or* ici en ce moment ◆ **are you there? – yes I'm ~** vous êtes là ? – oui je suis là ◆ **I shan't be ~ this afternoon** je ne serai pas là cet après-midi ◆ **I'm ~ to help** je suis là pour vous aider ◆ **I'm ~ to tell you (that) ...** je suis venu vous dire (que) ... ◆ **~ below** ici-bas

♦ **here and there** çà et là, par-ci par-là

♦ **here, there and everywhere** un peu partout

♦ **neither here nor there** ◆ **it's neither ~ nor there** tout cela n'a aucun rapport

♦ **here and now** sur-le-champ ◆ **I must warn you ~ and now that ...** il faut que je vous prévienne tout de suite que ...

♦ *preposition +* **here** ◆ **about** *or* **around ~** par ici ◆ **far from ~** loin d'ici ◆ **put it in ~** mettez-le ici ◆ **come in ~** venez (par) ici ◆ **in ~ please** par ici s'il vous plaît ◆ **near ~** près d'ici ◆ **over ~** ici ◆ **it's cold up ~** il fait froid ici (en haut) ◆ **up to** *or* **down to ~** jusqu'ici ◆ **from ~ to London** d'ici (jusqu')à Londres ◆ **it's 10km from ~ to Paris** il y a 10 km d'ici à Paris

♦ **here** *+ verb structure (showing, announcing etc)* ◆ **~ I am** me voici ◆ **~ is my brother** voici mon frère ◆ **~ are the others** voici les autres ◆ **~ we are at last** nous voici enfin arrivés ◆ **~ we are!** *(bringing sth)* voici ! ◆ **~ you are!** *(giving sth)* tenez ! ◆ **~ come my friends** voici mes amis qui arrivent ◆ **~ goes!** * allons-y !, c'est parti ! * ◆ **~ we go again!** c'est reparti ! *, (et) voilà que ça recommence ! ◆ **~ lies ...** ci-gît ...

♦ **here's to ...** ◆ **~'s to you!** à la tienne !, à la vôtre ! ◆ **~'s to your success!** à votre succès !

b *(time)* alors, à ce moment-là ◆ **it's ~ that the real test will come** ce sera l'épreuve de vérité ◆ **~ I think it is appropriate to draw your attention to ...** je pense qu'il convient maintenant d'attirer votre attention sur ... EXCL ◆ **~, I didn't promise that at all!** dites donc, je n'ai jamais promis cela ! ◆ **~, you try to open it** * tiens, essaie de l'ouvrir, alors ◆ **~, hold this a minute** * tiens-moi ça une minute

COMP ▷ **the here and now** N le présent, l'instant *m* présent

**hereabouts** /hɪərəˈbaʊts/ ADV par ici

**hereafter** /hɪərˈɑːftəʳ/ ADV *(= in the future)* après, plus tard ; *(in document = following this)* ci-après ; *(= after death)* dans l'autre monde *or* vie N ◆ **the ~** l'au-delà *m*

**hereby** /hɪəˈbaɪ/ ADV *(Comm, Jur) (in letter)* par la présente ; *(in document)* par le présent document ; *(in act)* par le présent acte ; *(in will)* par le présent testament ; *(in declaration)* par la présente (déclaration)

**hereditaments** /ˌherɪˈdɪtəmənts/ NPL *(Jur) biens meubles ou immeubles transmissibles par héritage*

**hereditary** /hɪˈredɪtərɪ/ ADJ héréditaire ◆ **a ~ peer** un lord héréditaire

**heredity** /hɪˈredɪtɪ/ N hérédité *f*

**herein** /hɪəˈrɪn/ ADV *(frm) (= in this matter)* en ceci, en cela ; *(= in this writing)* ci-inclus

**hereinafter** /ˌhɪərɪnˈɑːftəʳ/ ADV *(Jur)* ci-après, dans la suite des présentes

**hereof** /hɪərˈɒv/ ADV *(frm)* de ceci, de cela ◆ **the provisions ~** *(Jur)* les dispositions *fpl* des présentes

**heresy** /ˈherəsɪ/ N hérésie *f* ◆ **an act of ~** une hérésie

**heretic** /ˈherətɪk/ N hérétique *mf*

**heretical** /hɪˈretɪkəl/ ADJ hérétique

**hereto** /hɪəˈtuː/ ADV *(Jur)* à ceci, à cela ◆ **the parties ~** *(Jur)* les parties *fpl* aux présentes

**heretofore** /ˌhɪətʊˈfɔːʳ/ ADV *(frm) (= up to specified point)* jusque-là ; *(= up to now)* jusqu'ici ; *(= previously)* ci-devant

**hereupon** /ˌhɪərəˈpɒn/ ADV *(frm)* là-dessus, sur ce

**herewith** /ˌhɪəˈwɪð/ ADV *(frm)* avec ceci ◆ **I am sending you ~** je vous envoie ci-joint *or* sous ce pli ◆ **I enclose ~ a copy of ...** veuillez trouver ci-joint une copie de ...

**heritable** /ˈherɪtəbl/ ADJ *[objects, property]* transmissible ; *[intelligence]* héréditaire

**heritage** /ˈherɪtɪdʒ/ N a *(= legacy)* héritage *m* ◆ **the country's communist ~** l'héritage communiste du pays ◆ **the law is a ~ of the Thatcher era** cette loi est un héritage des années Thatcher b *(= historical wealth)* patrimoine *m* ◆ **our cultural/national ~** notre patrimoine culturel/national ◆ **steel mills are becoming part of the ~ industry** les anciennes aciéries font maintenant partie des circuits du tourisme industriel et historique COMP ▷ **heritage centre** N *(Brit)* petit musée *m* local

**hermaphrodite** /hɜːˈmæfrədaɪt/ ADJ, N hermaphrodite *m*

**hermaphroditic** /hɜːmæfrəˈdɪtɪk/ ADJ hermaphrodite

**Hermes** /ˈhɜːmiːz/ N Hermès *m*

**hermetic** /hɜːˈmetɪk/ ADJ *(gen, also Literat)* hermétique

**hermetically** /hɜːˈmetɪkəlɪ/ ADV hermétiquement ◆ **~ sealed** hermétiquement fermé

**hermit** /ˈhɜːmɪt/ N *(lit, fig)* ermite *m* COMP ▷ **hermit crab** N bernard-l'(h)ermite *m inv*

**hermitage** /ˈhɜːmɪtɪdʒ/ N ermitage *m*

**hernia** /ˈhɜːnɪə/ N (pl **hernias** *or* **herniae** /ˈhɜːnɪˌiː/) hernie *f*

**hero** /ˈhɪərəʊ/ (pl **heroes**) N a héros *m* ◆ **his boyhood ~** le héros de son enfance ◆ **the ~ of the hour** le héros du jour ; → **land** b ⇒ **hero sandwich** COMP ▷ **hero sandwich** N *(US)* grand sandwich *m* mixte ▷ **hero's welcome** N ◆ **to give sb a ~'s welcome** accueillir qn comme un héros ▷ **hero-worship** N culte *m* (du héros) VT aduler, idolâtrer

**Herod** /ˈherəd/ N Hérode *m* ; → **out-Herod**

**heroic** /hɪˈrəʊɪk/ ADJ héroïque ◆ **to put up ~ resistance** résister héroïquement COMP ▷ **heroic couplet** N *(Poetry)* distique *m* héroïque ▷ **heroic verse** N *(NonC: Poetry)* vers *mpl* héroïques ◆ **in ~ verse** en décasyllabes

**heroically** /hɪˈrəʊɪkəlɪ/ ADV héroïquement ◆ **she managed, ~, to keep a straight face** *(hum)* elle réussit, à grand-peine, à garder son sérieux

**heroics** /hɪˈrəʊɪks/ NPL actes *mpl* de bravoure ◆ **no ~!** ne joue pas les héros !

**heroin** /ˈherəʊɪn/ N héroïne *f (drogue)* COMP ▷ **heroin addict** N héroïnomane *mf* ▷ **heroin addiction** N héroïnomanie *f* ▷ **heroin user** N héroïnomane *mf*

**heroine** /ˈherəʊɪn/ N héroïne *f (femme)*

**heroism** /ˈherəʊɪzəm/ N héroïsme *m*

**heron** /ˈherən/ N héron *m*

**herpes** /ˈhɜːpiːz/ N herpès *m* ; → **genital**

**herring** /ˈherɪŋ/ N (pl **herrings** *or* **herring**) hareng *m* ; → **fish, red** COMP ▷ **herring boat** N harenguier *m* ▷ **herring gull** N goéland *m* argenté ▷ **the herring-pond** * N *(= the Atlantic)* la mare aux harengs *(hum)*, l'Atlantique nord

**herringbone** /ˈherɪŋbəʊn/ N *(lit)* arête *f* de hareng ; *(Archit)* appareil *m* en épi ; *(Ski)* (also **herringbone climb**) montée *f* en canard COMP ▷ **herringbone pattern** N (dessin *m* à) chevrons *mpl* ▷ **herringbone stitch** N point *m* d'épine (en chevron)

**hers** /hɜːz/ POSS PRON le sien, la sienne, les siens, les siennes ◆ **my hands are clean, ~ are dirty** mes mains sont propres, les siennes sont sales ◆ **~ is a specialized department** sa section est une section spécialisée ◆ **this book is ~** ce livre est à elle, ce livre est le sien ◆ **the house became ~** la maison est devenue la sienne ◆ **it is not ~ to decide** ce n'est pas à elle de décider, il ne lui appartient pas de décider ◆ **is this poem ~?** ce poème est-il d'elle ?

♦ **... of hers** ◆ **a friend of ~** un de ses amis (à elle) ◆ **it's no fault of ~** ce n'est pas de sa faute (à elle) ◆ **no advice of ~ could prevent him** aucun conseil de sa part ne pouvait l'empêcher ◆ **that car of ~** *(pej)* sa fichue * voiture ◆ **that stupid son of ~** *(pej)* son idiot de fils ◆ **that temper of ~** *(pej)* son sale caractère

**herself** /hɜːˈself/ PERS PRON *(reflexive, direct and indirect)* se ; *(emphatic)* elle-même ; *(after prep)* elle ◆ **she has hurt ~** elle s'est blessée ◆ **she poured ~ a whisky** elle s'est servie un whisky ◆ **"why not?" she said to ~** "pourquoi pas ?" se dit-elle ◆ **she told me ~** elle me l'a dit elle-même ◆ **I saw the girl ~** j'ai vu la jeune fille elle-même *or* en personne ◆ **she kept three for ~** elle s'en est réservé trois ◆ **he asked her for a photo of ~** il lui a demandé une photo d'elle ◆ **she hasn't been ~ lately** *(= not behaving normally)* elle n'est pas dans son état normal ces temps-ci ; *(= not feeling well)* elle n'est pas dans son assiette ces temps-ci

♦ **(all) by herself** toute seule

**Herts** /hɑːts/ abbrev of **Hertfordshire**

**hertz** /hɜːts/ N *(pl inv)* hertz *m*

**he's** /hiːz/ ⇒ **he is, he has** ; → **be, have**

**hesitancy** /ˈhezɪtənsɪ/ N hésitation *f*

**hesitant** /ˈhezɪtənt/ ADJ hésitant ◆ **to be ~ to do sth** *or* **about doing sth** hésiter à faire qch

**hesitantly** /ˈhezɪtəntlɪ/ ADV *[say]* avec hésitation ; *[enter]* en hésitant ◆ **she stood ~ in the doorway** elle se tenait indécise sur le pas de la porte

**hesitate** /ˈhezɪteɪt/ LANGUAGE IN USE 3.1, 20.2, 21.2 VI hésiter *(over, about, at* sur, devant ; *to do sth* à faire qch) ◆ **he didn't ~ at the idea of leaving her** il l'a quittée sans hésiter ◆ **he never once ~d over publishing the article** il n'a pas hésité une seconde avant de publier cet article ◆ **the President has been hesitating over whether to attend the conference** le président hésite à assister à la conférence ◆ **I will not ~ to take unpopular decisions** je n'hésiterai pas à prendre des décisions impopulaires ◆ **she ~d about going in for politics** elle hésitait à entrer dans la politique ◆ **don't ~ to ask me** n'hésitez pas à me demander ◆ **please do not ~ to contact our Customer Service Department** n'hésitez pas à contacter notre service clientèle ◆ **he ~s at nothing** il ne recule devant rien, rien ne l'arrête ◆ **he who ~s is lost** *(Prov)* une minute d'hésitation peut coûter cher

**hesitation** /ˌhezɪˈteɪʃən/ N hésitation *f* ◆ **without the slightest ~** sans la moindre hésitation ◆ **I have no ~ in saying that ...** je n'hésite pas à dire que ... ◆ **... he said after some ~** ... dit-il après un moment d'hésitation ◆ **I had no ~ about taking the job** j'ai accepté le travail sans la moindre hésitation

**Hesperides** /heˈsperɪˌdiːz/ NPL ◆ **the ~** les Hespérides *fpl*

**hessian** /ˈhesɪən/ *(esp Brit)* N (toile *f* de) jute *m* COMP *(= made of hessian)* en (toile de) jute

**het** /het/ ADJ * N hétéro * *mf* COMP ▷ **het up** * ADJ excité, énervé ◆ **he gets ~ up about the slightest thing** il se met dans tous ses états à propos d'un rien

**hetero** * /ˈhetərəʊ/ N, ADJ hétéro * *mf*

**hetero...** /ˈhetərəʊ/ PREF hétér(o)...

**heterodox** /ˈhetərədɒks/ ADJ hétérodoxe

**heterodoxy** /ˈhetərədɒksɪ/ N hétérodoxie *f*

**heterogeneity** /ˌheterəʊdʒəˈniːətɪ/ N hétérogénéité *f*

**heterogeneous** /ˈhetərəʊˈdʒiːnɪəs/ ADJ hétérogène

**heterosexism** /ˈhetərəʊˈseksɪzm/ N discrimination *f* à l'égard des homosexuels

**heterosexual** /ˈhetərəʊˈseksjʊəl/ ADJ, N hétérosexuel(le) *m(f)*

**heterosexuality** /ˌhetərəʊˌseksjʊˈælɪtɪ/ N hétérosexualité *f*

**heuristic** /hjʊəˈrɪstɪk/ ADJ heuristique

**heuristics** /hjʊəˈrɪstɪks/ N *(NonC)* heuristique *f*

**hew** /hjuː/ VT (pret **hewed** /hjuːd/, ptp **hewn** *or* **hewed** /hjuːn/) *[+ stone]* tailler, équarrir ; *[+ wood]* couper ; *[+ coal]* abattre ◆ **to ~ sth out of wood/stone** tailler qch dans du bois/la pierre VI (pret, ptp **hewed**) *(US)* ◆ **to ~ to sth** se conformer à qch, suivre qch

**hewer** /ˈhjuːəʳ/ N *[of stone, wood]* équarrisseur *m* ; *[of coal]* haveur *m*, piqueur *m*

**hex[1]** /heks/ (*esp US*) N (*= spell*) sort *m* ; (*= witch*) sorcière *f* VT jeter un sort à

**hex[2]** /heks/ N (*Comput*) ◆ ~ **code** code *m* hexadécimal

**hexadecimal** /ˌheksəˈdesɪməl/ ADJ, N hexadécimal *m*

**hexagon** /ˈheksəgən/ N hexagone *m*

**hexagonal** /hekˈsægənəl/ ADJ hexagonal

**hexagram** /ˈheksəˌgræm/ N hexagramme *m*

**hexameter** /hekˈsæmɪtəʳ/ N hexamètre *m*

**hexathlon** /hekˈsæθlən/ N hexathlon *m*

**hey** /heɪ/ EXCL hé !, ohé ! ◆ ~ **presto!** (*said by magician*) passez muscade ! ; (*fig*) ô miracle ! ◆ **what the ~!** (*US*) et puis zut ! *

**heyday** /ˈheɪdeɪ/ N [*of the music hall, the railways etc*] âge *m* d'or, beaux jours *mpl* ◆ **in his ~** (*= in his prime*) quand il était dans la force de l'âge ; (*= at his most famous*) à l'apogée de sa gloire ◆ **in the ~ of punk/of the theatre** à l'âge d'or du punk/du théâtre ◆ **in the ~ of flares** à la grande époque des pantalons à pattes d'éléphant

**Hezbollah** /ˈhezbəˈlɑː/ N Hezbollah *m* ADJ [*guerrillas, leader, stronghold*] du Hezbollah

**HGH** /ˌeɪtʃdʒiːˈeɪtʃ/ N (*Med*) (abbrev of **human growth hormone**) HCH *f*

**HGV** /ˌeɪtʃdʒiːˈviː/ N (abbrev of **heavy goods vehicle**) poids *m* lourd ◆ ~ **driver** chauffeur *m*, -euse *f* de poids lourd ◆ ~ **licence** permis *m* poids lourd

**HHS** /eɪtʃeɪtʃˈes/ N (*US*) (abbrev of **Health and Human Services**) *ministère de la Santé et des Affaires sociales*

**HI** abbrev of **Hawaii**

**hi** * /haɪ/ EXCL **a** (*= greeting*) salut ! * **b** (*= hey*) hé !, ohé !

**hiatus** /haɪˈeɪtəs/ N (pl **hiatuses** or **hiatus**) (*in series, manuscript etc*) lacune *f* ; (*Ling, Phon, Poetry*) hiatus *m* ; (*fig*) (*= interruption*) interruption *f*, pause *f* ; (*= difference*) hiatus *m*, décalage *m* ◆ **after a two-week ~** après une interruption de deux semaines ◆ **there was an ~ in his acting life** il y a eu une coupure dans sa carrière d'acteur COMP ▷ **hiatus hernia** N (*Med*) hernie *f* hiatale

**hibernate** /ˈhaɪbəneɪt/ VI hiberner

**hibernation** /ˌhaɪbəˈneɪʃən/ N hibernation *f* ◆ **in ~** en hibernation

**Hibernian** /haɪˈbɜːnɪən/ ADJ irlandais N Irlandais(e) *m(f)*

**hibiscus** /hɪˈbɪskəs/ N (pl **hibiscuses**) hibiscus *m*

**hic** /hɪk/ EXCL hic !

**hiccup, hiccough** † /ˈhɪkʌp/ N **a** hoquet *m* ◆ **to have ~s** avoir le hoquet **b** (*= minor setback*) contretemps *m*, ratés *mpl* ◆ **the recent sales ~** la baisse momentanée des ventes que nous avons connue récemment VI hoqueter VT dire en hoquetant

**hick** ‡ /hɪk/ (*US*) N péquenaud(e) ‡ *m(f)* (*pej*) ADJ [*ideas*] de péquenaud ‡ (*pej*) COMP ▷ **hick town** N bled ‡ *m* (*pej*)

**hickey** * /ˈhɪkɪ/ N (*US*) (*= pimple*) petit bouton *m* ; (*= lovebite*) suçon *m*

**hickory** /ˈhɪkərɪ/ N hickory *m*, noyer *m* blanc d'Amérique

**hidden** /ˈhɪdn/ VB ptp of **hide[1]** ADJ caché ◆ **to remain ~** rester caché ◆ ~ **meaning** sens *m* caché ◆ **"no hidden extras"** "garanti sans suppléments" ◆ ~ **tax** impôt *m* déguisé COMP ▷ **hidden agenda** N intentions *fpl* cachées

**hide[1]** /haɪd/ (pret **hid** /hɪd/, ptp **hidden** /ˈhɪdn/ or **hid**) †† VT cacher (*from sb* à qn) ; [*+ feelings*] dissimuler (*from sb* à qn) ◆ **to ~ o.s.** se cacher ◆ **I've got nothing to ~** je n'ai rien à cacher *or* à dissimuler ◆ **he's hiding something** il nous cache quelque chose ◆ **to ~ one's face** se cacher le visage ◆ **to ~ sth from sight** dérober qch aux regards ◆ **hidden from sight** dérobé aux regards ◆ **to ~ one's light under a bushel** cacher ses talents ◆ **he doesn't ~ his light under a bushel** ce n'est pas la modestie qui l'étouffe ◆ **clouds hid the sun** des nuages cachaient *or* voilaient le soleil ◆ **the building was hidden by trees and shrubs** le bâtiment était caché par des arbres et des arbustes ◆ **he tried to ~ his disappointment** il a essayé de dissimuler sa déception

VI se cacher (*from sb* de qn) ◆ **he's hiding behind his boss** (*fig*) il se réfugie derrière son patron (*fig*)

N (*Brit*) cachette *f*

COMP ▷ **hide-and-(go-)seek** N cache-cache *m*

▸ **hide away** VI se cacher (*from* de)
VT SEP cacher

▸ **hide out, hide up** VI se cacher (*from* de)

**hide[2]** /haɪd/ N (*= skin*) peau *f* ; (*= leather*) cuir *m* ◆ **they found neither ~ nor hair of him** ils n'ont pas trouvé la moindre trace de son passage ◆ **I haven't seen ~ nor hair of him** * je ne l'ai vu nulle part, il a complètement disparu de la circulation ◆ **when I went to Australia I didn't see ~ nor hair of a kangaroo** quand je suis allé en Australie, je n'ai pas vu l'ombre d'un kangourou ; → **tan** COMP [*chair etc*] de *or* en cuir

**hideaway** /ˈhaɪdəweɪ/ N cachette *f*, planque * *f*

**hidebound** /ˈhaɪdbaʊnd/ ADJ [*person*] borné, obtus ; [*view*] étroit, borné

**hideous** /ˈhɪdɪəs/ ADJ [*appearance, sight, person*] hideux, affreux ; [*crime, attack*] abominable, horrible ; (*fig*) terrible * ◆ **it's been a truly ~ day** ça a été une journée absolument épouvantable

**hideously** /ˈhɪdɪəslɪ/ ADV [*deformed, ugly*] hideusement ; [*embarrassed*] affreusement ; [*expensive*] horriblement

**hideout** /ˈhaɪdaʊt/ N ⇒ **hideaway**

**hidey-hole** * /ˈhaɪdɪhəʊl/ N planque * *f*

**hiding[1]** /ˈhaɪdɪŋ/ N [*of object*] fait *m* de cacher ; [*of feelings*] dissimulation *f* ; [*of criminals*] recel *m* ◆ **to be in ~** se tenir caché ◆ **to go into ~** se cacher ◆ **to come out of ~** sortir de sa cachette COMP ▷ **hiding place** N cachette *f*

**hiding[2]** /ˈhaɪdɪŋ/ N (*gen*) raclée * *f* ; (*= punishment*) correction *f* ◆ **to give sb a good ~** donner une bonne raclée * *or* correction à qn ◆ **to take** *or* **get a ~** * (*fig*) prendre une raclée * ◆ **to be on a ~ to nothing** * (*Brit*) être sûr de se ramasser *or* prendre une gamelle *

**hie** †† /haɪ/ VI se hâter ◆ ~ **thee hence!** hors d'ici !

**hierarchic(al)** /ˌhaɪəˈrɑːkɪk(əl)/ ADJ hiérarchique

**hierarchically** /haɪəˈrɑːkɪkəlɪ/ ADV hiérarchiquement

**hierarchy** /ˈhaɪərɑːkɪ/ N hiérarchie *f*

**hieratic** /haɪəˈrætɪk/ ADJ (*frm*) hiératique

**hieroglyph** /ˈhaɪərəglɪf/ N hiéroglyphe *m*

**hieroglyphic** /ˌhaɪərəˈglɪfɪk/ ADJ hiéroglyphique N hiéroglyphe *m*

**hieroglyphics** /ˌhaɪərəˈglɪfɪks/ NPL (*lit*) écriture *f* hiéroglyphique ; (*fig*) hiéroglyphes *mpl*, écriture *f* hiéroglyphique

**hifalutin** * /ˌhaɪfəˈluːtɪn/ ADJ ⇒ **highfalutin(g)**

**hi-fi** /ˈhaɪˈfaɪ/ (abbrev of **high fidelity**) N **a** (also **hi-fi system**) chaîne *f* (hi-fi *inv*) **b** (*NonC*) hi-fi *f inv*, haute fidélité *inv* COMP [*reproduction, record*] hi-fi *inv*, haute fidélité *inv* ▷ **hi-fi equipment** N matériel *m* hi-fi *inv* ▷ **hi-fi set, hi-fi system** N chaîne *f* (hi-fi *inv*)

**higgledy-piggledy** * /ˈhɪgldɪˈpɪgldɪ/ ADJ, ADV pêle-mêle *inv*

**high** /haɪ/ ADJ **a** (*in height*) [*building, mountain, wall, shelf, ceiling*] haut ◆ **a ~ fence/hill** une haute clôture/colline ◆ **a building 40 metres ~, a 40-metre ~ building** un bâtiment de 40 mètres de haut, un bâtiment haut de 40 mètres ◆ **the wall is 2 metres ~** le mur fait 2 mètres de haut ◆ **the door is 3 metres ~** la porte fait 3 mètres de haut ◆ **how ~ is that tower?** quelle est la hauteur de cette tour ? ◆ **how ~ is the mountain?** quelle est l'altitude de la montagne ? ◆ **the shelf was too ~ for him to reach** l'étagère était trop haute, il n'arrivait pas à l'atteindre ◆ **the sun was ~ in the sky** le soleil était haut dans le ciel ◆ **at ~ altitude** à haute altitude ◆ **when he was only so ~** * alors qu'il était haut comme trois pommes ◆ ~ **cheekbones** pommettes *fpl* saillantes ◆ **on ~ ground** (*= on hill*) en hauteur ; (*= on mountain*) en altitude ◆ **to have** *or* **hold** *or* **occupy the (moral) ~ ground** (*= moral superiority*) être au-dessus de la mêlée ◆ **to take** *or* **claim the (moral) ~ ground** se mettre dans une position moralement plus élevée, prétendre être au-dessus de la mêlée ; see also **comp**

**b** (*in degree, number, strength etc*) [*frequency, latitude, tension*] haut *before n* ; [*speed, value*] grand *before n* ; [*fever*] gros (grosse *f*) *before n*, fort *before n* ; [*pressure*] élevé, haut *before n* ; [*salary*] haut *before n*, gros (grosse *f*) *before n* ; [*rent, price*] élevé ; [*number*] grand *before n*, élevé ; [*sound, voice*] aigu (-guë *f*) ; [*note*] haut ; [*complexion*] rougeaud ; [*colour*] vif ; [*polish*] brillant ; [*respect*] grand *before n*, profond ; [*calling, character*] noble ; [*ideal*] noble, grand *before n* ; (*Phon*) [*vowel*] fermé ◆ **this food is ~ in protein** cet aliment contient beaucoup de protéine ◆ **to have ~ blood pressure** avoir de la tension ◆ **his team were of the ~est calibre** son équipe était de très haut niveau ◆ **of ~ caste** de caste supérieure ◆ **official reports say casualties have been ~** selon les rapports officiels, il y a beaucoup de morts et de blessés ◆ **the new model has been refined to the ~est degree** le nouveau modèle est hautement perfectionné ◆ **to have ~ expectations of sth** placer de grands espoirs en qch ◆ **to have ~ expectations of sb** beaucoup attendre de qn ◆ ~ **official** haut fonctionnaire *m* ◆ **to have a ~ opinion of sb/sth** avoir une haute opinion de qn/qch ◆ **she has friends in ~ places** elle a des amis en haut lieu ◆ **allegations of corruption in ~ places** des allégations de corruption en haut lieu ◆ **to buy sth at a ~ price** acheter qch cher ◆ **to pay a ~ price for sth** (*lit, fig*) payer qch cher ◆ **he has a ~ temperature** il a une forte température ◆ **it boils at a ~ temperature** cela bout à une température élevée ◆ **the temperature was in the ~ 30s** la température approchait les quarante degrés ◆ **it's ~ time you went home** il est grand temps que tu rentres *subj* ◆ **to set a ~ value on sth** attacher une grande valeur à qch ◆ **a ~ wind was blowing** il soufflait un vent violent, il faisait grand vent ◆ **in ~ gear** (*Aut*) en quatrième (*or* cinquième) vitesse ◆ **the ~est common factor** (*Math*) le plus grand commun diviseur ; see also **comp** ; → **lord, priority, profile, very**

◆ **to be high on** [*+ quality*] ◆ **he's low on looks but ~ on personality** il n'est pas très beau mais il a beaucoup de personnalité ♦ **the film is ~ on humour but low on suspense** le film est plein d'humour mais il n'y a pas beaucoup de suspense

**c** *(Culin) [game, meat]* avancé, faisandé ; *[butter]* fort, rance

**d** * *(= drunk)* parti * ♦ **he was ~** *(= on drugs)* il planait * ♦ **to get ~ on alcohol** s'enivrer ♦ **he was ~ on speed** il planait * après avoir pris du speed ♦ **to be (as) ~ as a kite** planer complètement * ♦ **she was ~ on her latest success** elle était enivrée par son dernier succès

**e** *(† * fig)* ♦ **to have a ~ old time** s'amuser follement ♦ **there was a ~ old row about it** cela a provoqué une sacrée bagarre * *or* un sacré chambard *

**ADV** **a** *(in height) [climb, jump, throw]* haut ; *[fly]* à haute altitude, à une altitude élevée ♦ **she threw the ball ~ in the air** elle a lancé le ballon très haut ♦ **the balloon rose ~ in the air** le ballon s'est élevé *or* est monté haut dans le ciel ♦ **~ above our heads** bien au-dessus de nos têtes ♦ **how ~ can you jump?** à quelle hauteur pouvez-vous sauter ? ♦ **a plate piled ~ with sandwiches** une assiette avec une grosse pile de sandwiches ♦ **the house was built ~ on the hillside** la maison était construite en haut de la colline ♦ **a house ~ up in the hills** une maison perchée dans les collines ♦ **grapes grown ~ up on the slope** du raisin que l'on fait pousser en haut de la pente ♦ **we saw a bird circling very ~ up** nous avons vu un oiseau décrire des cercles très haut dans le ciel ♦ **~er up** plus haut ♦ **~er up the hill was a small farm** plus haut sur la colline il y avait une petite ferme ♦ **~er and ~er** de plus en plus haut ♦ **unemployment is climbing ~er and ~er** le chômage augmente de plus en plus ♦ **she was quite ~ up in the organization** elle était assez haut placée dans l'organisation ♦ **economic reform is ~ (up) on the agenda** *or* **on the list of priorities** la réforme économique est l'une des (premières) priorités ♦ **to aim ~, to set one's sights ~** *(fig)* viser haut ♦ **to live ~ on the hog** **(esp US fig)* vivre comme un nabab

**b** *(in degree, number, strength etc)* **the numbers go as ~ as 200** les nombres montent jusqu'à 200 ♦ **I had to go as ~ as 60 euros for it** j'ai dû aller *or* monter jusqu'à 60 € pour l'avoir ♦ **to hunt** *or* **look ~ and low for sb** chercher qn partout ♦ **to hunt** *or* **look ~ and low for sth** chercher qch partout *or* dans tous les coins ♦ **to hold one's head (up) ~** avoir la tête haute ♦ **to play ~** *[gambler]* jouer gros (jeu) ♦ **to live ~** mener grand train, mener la grande vie ♦ **the sea is running ~** la mer est grosse *or* houleuse ♦ **the river is running ~** la rivière est en crue ♦ **feelings ran ~** les esprits étaient échauffés ; → **fly**[1]

**N** **a** *(= high point)* ♦ **the cost of living reached a new ~** le coût de la vie a atteint un nouveau record *or* plafond ♦ **the pound closed at a new ~ against the dollar today** la livre a atteint un nouveau plafond par rapport au dollar en clôture aujourd'hui ♦ **his football career reached a new ~ with eight goals in ten matches** sa carrière de footballeur a atteint un nouveau sommet avec huit buts en dix matchs ♦ **car sales reached an all-time ~ of 2.3 million** les ventes de voitures ont atteint un niveau record : 2,3 millions ♦ **~s and lows** *(fig)* les hauts *mpl* et les bas *mpl*

♦ **on high** en haut ♦ **from on ~** d'en haut ♦ **the directive had come down from on ~** la directive était venue d'en haut ♦ **orders from on ~** des ordres venus d'en haut ♦ **God on ~** Dieu qui est au ciel

**b** * *(= good feeling)* euphorie *f*

♦ **to be on a high** être euphorique

**c** *(Met = high pressure)* ♦ **a ~ over the North Sea** une zone de haute pression sur la mer du Nord

**d** *(Rel)* **the Most High** le Très-Haut

**COMP** ▷ **high-ability** ADJ très doué ▷ **high altar** N maître-autel *m* ▷ **high and dry** ADJ *[boat]* échoué ♦ **to leave sb ~ and dry** *(fig)* laisser qn en plan * ▷ **high and mighty** * ADJ ♦ **to be ~ and mighty** se donner de grands airs, faire le grand seigneur (*or* la grande dame) ▷ **high-angle shot** N *(Cine)* plongée *f* ▷ **high beam** N *(US)* pleins phares *mpl* ▷ **high camp** N → **camp**[2] ▷ **High Church** N *(Brit)* Haute Église *f (anglicane)* ▷ **high-class** ADJ *[hotel, food, service]* de premier ordre ; *[house]* très bourgeois ; *[neighbourhood, flat]* (de) grand standing ; *[person]* du grand monde ; *[prostitute]* de luxe ▷ **high comedy** N *(Theat)* comédie *f* sophistiquée ♦ **it was ~ comedy** *(fig)* c'était du plus haut comique ▷ **high command** N *(Mil)* haut commandement *m* ▷ **High Commission** N *(Admin)* haut commissariat *m* ▷ **High Commissioner** N *(Admin)* haut commissaire *m* ▷ **High Court** N *(Jur)* ≈ Haute Cour *f* ▷ **High Court judge** N *(Brit)* juge *m* de la Haute Cour ▷ **high definition** ADJ, N haute définition *f* ▷ **high definition television** N télévision *f* haute définition ▷ **high-density** ADJ *[printing, disk]* haute densité *inv* ▷ **high-density housing** N grands ensembles *mpl* ▷ **high dependency** ADJ *(Med) [bed, unit]* de soins semi-intensifs ▷ **high diving** N *(NonC: Sport)* plongeon(s) *m(pl)* de haut vol ; see also **diving** ▷ **high-end** ADJ *(= top-of-the-range)* haut de gamme *inv* ▷ **high-energy** ADJ *[particle]* de haute énergie ▷ **high explosive** N explosif *m* (puissant) ▷ **high-explosive shell** N obus *m* explosif ▷ **high fibre diet** N *(= eating régime)* régime *m* riche en fibres ; *(= food eaten)* alimentation *f* riche en fibres ▷ **high-fidelity** N, ADJ haute fidélité *f inv* ▷ **high-five** * N *geste de salut ou de félicitation où les deux personnes se tapent dans la main* ▷ **high-flier**, **high-flyer** N *(in profession)* ambitieux *m*, -euse *f*, jeune loup *m (pej)* ; *(at school)* crack * *m* ▷ **high-flown** ADJ *[style, discourse]* ampoulé ▷ **high-flyer** N ⇒ **high-flier** ▷ **high-flying** ADJ *[aircraft]* volant à haute altitude ; *[aim, ambition]* extravagant ; *[person]* ambitieux ▷ **high-frequency** ADJ de *or* à haute fréquence ; see also **ultrahigh, very** ▷ **High German** N haut allemand *m* ▷ **high-grade** ADJ *[goods]* de qualité supérieure, de premier choix ▷ **high-grade mineral** N minerai *m* à haute teneur ▷ **high hand** N ♦ **to rule sb with a ~ hand** imposer sa loi à qn ▷ **high-handed** ADJ autoritaire ▷ **high-handedly** ADV de manière autoritaire ▷ **high-handedness** N autoritarisme *m* ▷ **high hat** N *(= hat)* (chapeau *m*) haut-de-forme *m* ▷ **high-hat** * ADJ snob, poseur VT snober, traiter de haut VI faire le snob *or* la snobinette ▷ **high-heeled shoes** N chaussures *fpl* à hauts talons ▷ **high heels** NPL *(= shoes)* hauts talons *mpl* ▷ **high horse** N *(fig)* ♦ **to get up/be on one's ~ horse** monter/être sur ses grands chevaux ▷ **high-impact** ADJ *[aerobics, exercise]* high-impact *inv* ; *[plastic]* résistant *inv* aux chocs ▷ **high-income** ADJ *[group, country]* à hauts revenus, à revenus élevés ▷ **high-interest** ADJ *(Fin)* à intérêt élevé ▷ **high jinks** † * NPL ♦ **to get up to** *or* **have ~ jinks** se payer du bon temps ♦ **there were ~ jinks last night** on s'est amusé comme des fous hier soir ▷ **high jump** N *(Sport)* saut *m* en hauteur ♦ **he's for the ~ jump!** * *(Brit fig) (= going to be scolded, punished)* il est bon pour une engueulade *, qu'est-ce qu'il va prendre ! * ; *(= going to be sacked)* il va se faire virer ! * ▷ **high jumper** N *(Sport)* sauteur *m*, -euse *f* en hauteur ▷ **high-level** ADJ de haut niveau ♦ **~-level committee** *(with great authority)* haute instance *f* ; *(composed of high officials)* comité *m* formé de hauts responsables ♦ **~-level language** langage *m* évolué ♦ **~-level nuclear waste** déchets *mpl* nucléaires à haute activité ▷ **high life** N ♦ **to live the ~ life** mener la grande vie ▷ **high living** N la grande vie ▷ **High Mass** N grand-messe *f* ▷ **high-minded** ADJ *[person]* à l'âme noble, de caractère élevé ; *[ambition, wish]* noble, élevé ▷ **high-necked** ADJ à col haut ▷ **high noon** N plein midi *m* ♦ **it's ~ noon for ...** *(= crisis point)* c'est l'heure de vérité pour ... ▷ **high-octane** ADJ *[petrol]* à indice d'octane élevé ; *(fig = powerful, exciting)* puissant ▷ **high-performance** ADJ très performant, à haute performance ▷ **high-pitched** ADJ *(Mus) [voice, sound, note]* aigu (-guë *f*) ; *[song]* (chanté) dans les aigus ; *(Archit) [roof]* à forte pente ; *[ambitions]* noble, haut *before n* ▷ **high point** N *[of visit, holiday]* grand moment *m* ♦ **the ~ point of the show/evening** le clou du spectacle/de la soirée ▷ **high-powered** ADJ *[car]* très puissant ; *(fig) [person]* de haut vol ♦ **~-powered businessman** homme *m* d'affaires de haut vol ▷ **high-pressure** ADJ *(Tech)* à haute pression ♦ **~-pressure area** *(Met)* zone *f* de haute pression ♦ **a ~-pressure salesman** *(fig)* un vendeur de choc * ♦ **~-pressure salesmanship** technique *f* de vente agressive ▷ **high-priced** ADJ coûteux, cher ▷ **high priest** N grand prêtre *m* ▷ **high priestess** N grande prêtresse *f* ▷ **high-principled** ADJ qui a des principes élevés ▷ **high-profile** ADJ *[position, politician]* très en vue ; *[role]* très influent ; *[issue]* très discuté ▷ **high-protein** ADJ riche en protéines ▷ **high-ranking** ADJ haut placé, de haut rang ♦ **~-ranking official** haut fonctionnaire *m* ▷ **high resolution** N haute résolution *f* ▷ **high-resolution** ADJ haute résolution *inv* ▷ **high-rise** N (*also* **high-rise block, high-rise flats**) tour *f* (d'habitation) ▷ **high-risk** ADJ à haut risque ▷ **high roller** * N *(US) (gen)* casse-cou * *m inv* ; *(Gambling)* flambeur ‡ *m* ▷ **high school** N *(US)* ≃ lycée *m* ; *(Brit)* collège *m or* établissement *m* d'enseignement secondaire ♦ **~ school diploma** *(US)* diplôme *m* de fin d'études secondaires, ≃ baccalauréat *m* ; → HIGH SCHOOL ▷ **high-scoring** ADJ à score élevé ▷ **high seas** NPL ♦ **on the ~ seas** en haute mer ▷ **high season** N *(Brit)* haute saison *f* ▷ **high-sided vehicle** N véhicule *m* haut *(donnant prise au vent)* ▷ **high sign** * N *(US)* signe *m* convenu *or* d'intelligence ♦ **to give sb a ~ sign** faire un signe d'intelligence à qn ▷ **high society** N haute société *f* ▷ **high-sounding** ADJ sonore, grandiloquent *(pej)* ▷ **high-speed** ADJ *(gen)* ultrarapide ♦ **a ~-speed chase** une course poursuite ♦ **~-speed lens** objectif *m* à obturation (ultra)rapide ♦ **~-speed train** train *m* à grande vitesse, TGV *m* ▷ **high-spirited** ADJ *[person]* plein d'entrain *or* de vivacité ; *[horse]* fougueux, fringant ▷ **high spirits** NPL entrain *m*, vivacité *f* ♦ **in ~ spirits** *(= lively, energetic)* plein d'entrain *or* de vivacité ; *(= happy)* tout joyeux ▷ **high spot** N *(fig) (= climax) [of visit, holiday]* grand moment *m* ♦ **the ~ spot of the show/evening** le clou du spectacle/de la soirée ♦ **to hit the ~ spots** * faire la foire ‡ *or* la noce * *(dans un night-club, restaurant etc)* ▷ **high stakes** NPL *(lit, fig)* ♦ **to play for ~ stakes** jouer gros (jeu) ▷ **high street** N *(Brit) [of village]* grand-rue *f* ; *[of town]* rue *f* principale ▷ **high-street** ADJ *(Brit) [shop, store]* qui appartient à une grande chaîne ♦ **the ~-street banks** les grandes banques *fpl* ▷ **high-strung** ADJ *(US)* ⇒ **highly strung ;**

→ **highly** ▷ **high summer** N le cœur de l'été ◆ **in ~ summer** en plein été, au cœur de l'été, au plus chaud de l'été ▷ **high table** N *(gen)* table *f* d'honneur ; *(Scol, Univ)* table *f* des professeurs *(au réfectoire)* ▷ **high tea** N *(Brit) repas pris en début de soirée* ▷ **high tech** N high-tech *m inv* ▷ **high-tech** ADJ *[equipment, product]* de pointe, de haute technologie ; *[computer]* sophistiqué ; *[company]* high-tech *inv*, de pointe, de haute technologie ; *[industry, medicine]* de pointe, high-tech *inv* ; *[weapon]* de haute technologie ; *[job]* dans un secteur de haute technologie ; *[technique]* de pointe ◆ **the ~-tech age** l'ère *f* des techniques de pointe ▷ **high technology** N technologie *f* avancée *or* de pointe ▷ **high-technology** ADJ *[device]* d'une haute technicité ; *[sector]* de pointe ▷ **high-tensile steel** N acier *m* à résistance élevée ▷ **high-tensile wire** N fil *m* à résistance élevée ▷ **high tension** N *(Elec)* haute tension *f* ▷ **high-tension** ADJ *(Elec)* à haute tension ▷ **high tide** N marée *f* haute ◆ **at ~ tide** à marée haute ▷ **high treason** N haute trahison *f* ▷ **high-up** ADJ *[person, post]* de haut rang, très haut placé N * grosse légume* *f*, huile* *f* ▷ **high-velocity** ADJ *[rifle, bullet, jet of air]* à grande vitesse ▷ **high voltage** N haute tension *f* ▷ **high-voltage** ADJ haute tension *inv* ▷ **high water** N ⇒ **high tide** ; see also **hell** ▷ **high-water mark** N niveau *m* des hautes eaux ▷ **high wire** N *(lit = tightrope)* corde *f* raide ◆ **to be walking the ~ wire** *(fig)* être sur la corde raide ▷ **high wire act** N *(lit, fig)* numéro *m* de corde raide ▷ **high yellow***‡ N *(US pej)* mulâtre *m* au teint clair, mulâtresse *f* au teint clair

**High School**

Aux États-Unis, les **high schools** réunissent les quatre années du deuxième cycle du secondaire (15 à 18 ans). Les élèves reçus à leur examen final se voient remettre leur diplôme au cours d'une importante cérémonie appelée « graduation ».
La vie des **high schools** a inspiré de nombreux films et téléfilms américains ; on y voit le rôle qu'y jouent les sports (en particulier le football et le basket-ball) et certaines manifestations mondaines comme le bal de fin d'année des élèves de terminale, le « senior prom ». → GRADE, GRADUATION, PROM

**-high** /haɪ/ ADJ *(in compounds)* ◆ **to be knee/shoulder-high** arriver aux genoux/épaules

**high-achieving** /ˌhaɪəˈtʃiːvɪŋ/ ADJ *[manager]* performant

**highball** /ˈhaɪbɔːl/ N a *(esp US = drink)* whisky *m* à l'eau (avec de la glace) b *(also* **highball glass** *or* **tumbler***)* grand verre *m* VI *(US Aut* ‡*)* foncer *

**highborn** /ˈhaɪbɔːn/ ADJ de haute naissance, bien né

**highboy** /ˈhaɪbɔɪ/ N *(US)* commode *f (haute)*

**highbrow** /ˈhaɪbraʊ/ *(slightly pej)* N intellectuel(le) *m(f)* ADJ *[tastes, interests]* d'intellectuel ; *[music]* pour intellectuels

**highchair** /ˈhaɪtʃeəʳ/ N chaise *f* haute *(pour enfants)*

**higher** /ˈhaɪəʳ/ (compar of **high**) ADJ *[animal, primate, species, plant]* supérieur ; *[degree, diploma]* d'études supérieures ◆ **any number ~ than six** tout nombre supérieur à six ◆ **the ~ forms** *or* **classes** *(Scol)* les grandes classes *fpl* ◆ **the ~ income brackets** les tranches *fpl* de revenu(s) supérieur(s) ADV plus haut ; → **high** N *(Scot Scol:* also **Higher***)* ⇒ **Higher Grade**
COMP ▷ **higher education** N enseignement *m* supérieur ▷ **Higher Grade** N *(Scot Scol)* diplôme *m* de fin d'études secondaires, ≃ baccalauréat *m* ; → A LEVELS ▷ **Higher National Certificate** N *(Brit Educ)* ≃ BTS *m* ▷ **Higher National Diploma** N *(Brit Educ)* ≃ DUT *m* ▷ **higher-up** * N *(= senior person)* supérieur(e) *m(f)* (hiérarchique)

**highfalutin(g)** * /ˌhaɪfəˈluːtɪn/ ADJ *[behaviour, language]* affecté, prétentieux ; *[style]* ampoulé

**highjack** /ˈhaɪdʒæk/ VT ⇒ **hijack**

**highjacker** /ˈhaɪdʒækəʳ/ N ⇒ **hijacker**

**highjacking** /ˈhaɪdʒækɪŋ/ N ⇒ **hijacking**

**highland** /ˈhaɪlənd/ ADJ *(Brit)* ◆ **Highland** *[scenery, air]* des Highlands ; *[holiday]* dans les Highlands NPL **highlands** région *f* montagneuse, montagnes *fpl* ◆ **the Highlands** *(Brit Geog)* les Highlands *mpl* COMP ▷ **Highland fling** N *danse écossaise* ▷ **Highland games** NPL jeux *mpl* écossais

**highlander** /ˈhaɪləndəʳ/ N montagnard *m* ◆ **Highlander** *(Brit)* natif *m*, -ive *f* des Highlands

**highlight** /ˈhaɪlaɪt/ N a *(= high point)* ◆ **the ~s of the match/the festival** les temps *mpl* forts du match/du festival ◆ **the ~ of the show/evening** le clou du spectacle/de la soirée b *(Art, lit)* rehaut *m* ◆ **to have ~s put in one's hair** se faire faire un balayage *or* des mèches *fpl* VT a *(= emphasize)* souligner, mettre l'accent sur ◆ **his report ~ed the plight of the homeless** son rapport a attiré l'attention sur la situation des SDF ◆ **the incident ~s growing concern about racism** cet incident montre que le racisme inquiète de plus en plus les gens b *(with highlighter pen)* surligner ; *(= underline)* souligner ; *(on computer)* sélectionner

**highlighter** /ˈhaɪˌlaɪtəʳ/ N a *(= pen)* surligneur *m* b *(for hair)* produit *m* éclaircissant

**highly** /ˈhaɪlɪ/ ADV a *(= very) (gen)* extrêmement ; *[skilled, qualified, unlikely, professional]* hautement ; *[prized]* très ; *[interesting, unusual]* tout à fait ◆ **~ respected** éminemment respecté ◆ **~ acclaimed by the critics** salué par la critique ◆ **~ recommended** *[book, film, play]* hautement recommandé ◆ **she comes ~ recommended** elle est chaudement recommandée ◆ **~ polished** *(= shiny) [furniture, wood]* (bien) astiqué, briqué ; *[gemstone]* (bien) poli ◆ **~ charged** *[atmosphere]* très tendu ; *[occasion, debate]* à l'atmosphère très tendue ◆ **~ seasoned** fortement assaisonné ◆ **to be ~ sexed** avoir de forts appétits sexuels

b *(= at or to a high level)* ◆ **~-paid** *[person, job]* très bien payé *or* rémunéré ◆ **~-trained** *[professional, scientist, staff]* de haut niveau ; *[sportsman, soldier]* parfaitement entraîné ◆ **~-placed** haut *inv* placé ◆ **~-regarded, ~-rated** très estimé ◆ **~ coloured** *(lit) [picture etc]* haut en couleur ; *(fig) [description]* pittoresque

c *(with vb)* ◆ **to speak/think ~ of sb/sth** dire/penser beaucoup de bien de qn/qch ◆ **to praise sb ~** chanter les louanges de qn ◆ **I don't rate him very ~ at all** je n'ai pas une très haute opinion de lui ◆ **travelling by car rates very ~ in terms of convenience** la voiture est perçue comme un moyen de transport très pratique

COMP ▷ **highly strung** ADJ *(esp Brit)* très nerveux

**highness** /ˈhaɪnɪs/ N ◆ **His** *or* **Her/Your Highness** Son/Votre Altesse *f* ; → **royal**

**highroad** /ˈhaɪrəʊd/ N *(esp Brit) (lit)* grand-route *f* ◆ **the ~ to success** la voie de la réussite

**hightail** * /ˈhaɪteɪl/ VT *(esp US)* ◆ **they ~ed it back to town** ils sont revenus en ville à toute vitesse *or* à tout(e) berzingue ‡

**highway** /ˈhaɪweɪ/ N a *(US = main road)* grande route *f*, route *f* nationale b *(also* **public highway***)* voie *f* publique ◆ **the king's** *or* **queen's ~** la voie publique ◆ **through the ~s and byways of Sussex** par tous les chemins du Sussex COMP ▷ **highway code** N *(Brit)* code *m* de la route ▷ **highway patrol** N *(US)* *(also* **state highway patrol***)* police *f* de la route ▷ **highway robbery** N *(lit)* banditisme *m* de grand chemin ◆ **it's ~ robbery** *(fig)* c'est du vol manifeste *or* caractérisé ▷ **Highways Department** N *(Admin)* administration *f* des Ponts et Chaussées ▷ **highways engineer** N ingénieur *m* des Ponts et Chaussées

**highwayman** /ˈhaɪweɪmən/ N (pl **-men**) *(Hist)* bandit *m* de grand chemin

**hijack** /ˈhaɪdʒæk/ VT *(lit)* détourner ; *(fig)* récupérer ◆ **they were accused of ~ing the revolution** on les a accusés d'avoir récupéré la révolution N *(lit)* détournement *m* ; *(fig)* récupération *f*

**hijacker** /ˈhaɪdʒækəʳ/ N pirate *m* (de l'air/de la route/du rail *etc*), auteur *m* d'un détournement

**hijacking** /ˈhaɪdʒækɪŋ/ N *(lit, fig)* détournement *m*

**hike** /haɪk/ N a randonnée *f* (pédestre) ; *(Mil, Sport)* marche *f* à pied ◆ **to go on** *or* **for a ~** faire une randonnée (pédestre) b *(= increase) [of prices etc]* hausse *f*, augmentation *f* VI a faire des randonnées (pédestres) ◆ **we spent our holidays hiking in France** nous avons passé nos vacances à faire des randonnées pédestres à travers la France b *(US = increase) [price etc]* augmenter VT ⇒ **hike up**

► **hike up** VT SEP a *(= hitch up) [+ skirt]* remonter b *(= increase) [+ prices, amounts]* augmenter

**hiker** /ˈhaɪkəʳ/ N randonneur *m*, -euse *f*

**hiking** /ˈhaɪkɪŋ/ N randonnées *fpl* (à pied) COMP ▷ **hiking boots** NPL chaussures *fpl* de randonnée *or* de marche

**hilarious** /hɪˈleərɪəs/ ADJ hilarant

**hilariously** /hɪˈleərɪəslɪ/ ADV comiquement ◆ **~ funny** hilarant ◆ **Mary Williams plays the ~ incompetent Betty** Mary Williams joue Betty, dont l'incompétence est d'un comique irrésistible

**hilarity** /hɪˈlærɪtɪ/ N hilarité *f* ◆ **it caused great** *or* **much ~** cela a déchaîné l'hilarité

**hill** /hɪl/ N colline *f* ; *(= slope)* côte *f*, pente *f* ; *(up)* montée *f* ; *(down)* descente *f* ◆ **their house is on a ~** *(in countryside)* leur maison est sur une colline ; *(in town)* leur maison est dans une rue en pente ◆ **he was going up the ~** *(in countryside)* il grimpait la colline ; *(in town)* il remontait la rue ◆ **up ~ and down dale, over ~ and dale** *(liter)* par monts et par vaux ◆ **as old as the ~s** vieux comme Hérode ◆ **he's over the ~** * *(= old)* il se fait vieux ◆ **it doesn't amount to a ~ of beans** * *(US)* ça n'a aucune importance ; → **ant, molehill, uphill**
COMP ▷ **hill climb** N *(Sport)* course *f* de côtes ▷ **hill climber** N ⇒ **hill walker** ▷ **hill climbing** N ⇒ **hill walking** ▷ **hill farmer** N *(esp Brit) agriculteur pratiquant l'élevage sur hauts pâturages* ▷ **hill start** N *(Aut)* démarrage *m* en côte ▷ **hill walker** N randonneur *m*, -euse *f* ▷ **hill walking** N randonnées *fpl* (en montagne)

**hillbilly** * /ˈhɪlbɪlɪ/ **N** *(US: gen pej)* péquenaud * *m (pej)*, rustaud *m (pej) (montagnard du sud des USA)* **COMP** ▷ **hillbilly music N** musique *f* folk *inv (originaire des montagnes du sud des USA)*

**hilliness** /ˈhɪlɪnɪs/ **N** caractère *m* accidenté

**hillock** /ˈhɪlək/ **N** monticule *m*

**hillside** /ˈhɪlsaɪd/ **N** (flanc *m* de) coteau *m* ◆ **on the ~** à flanc de coteau

**hilltop** /ˈhɪltɒp/ **N** ◆ **on the ~** en haut de *or* au sommet de la colline **ADJ** *[village, site, fortress]* perché en haut d'une colline

**hilly** /ˈhɪlɪ/ **ADJ** *[country]* vallonné, accidenté ; *[road]* qui monte et qui descend

**hilt** /hɪlt/ **N** *[of sword]* poignée *f* ; *[of dagger]* manche *m* ; *[of pistol]* crosse *f* ◆ **she's in debt up to the ~** elle est endettée jusqu'au cou ◆ **we're mortgaged to the ~** nous nous sommes endettés jusqu'au cou avec l'achat de notre maison (*or* appartement) ◆ **to back** *or* **support sb to the ~** être derrière qn quoi qu'il arrive, soutenir qn à fond ◆ **he played his role to the ~** il a joué son rôle avec conviction

**him, Him** *(Rel)* /hɪm/ **PERS PRON** **a** *(direct, unstressed)* le ; *(before vowel)* l' ; *(stressed)* lui ◆ **I see ~** je le vois ◆ **I have seen ~** je l'ai vu ◆ **I know HER but I've never seen HIM** je la connais, elle, mais lui je ne l'ai jamais vu **b** *(indirect)* lui ◆ **I give ~ the book** je lui donne le livre ◆ **I'm speaking to ~** je lui parle, c'est à lui que je parle **c** *(after prep etc)* lui ◆ **I am thinking of ~** je pense à lui ◆ **I'm proud of ~** je suis fier de lui ◆ **without ~** sans lui ◆ **if I were ~** si j'étais lui, si j'étais à sa place ◆ **it's ~** c'est lui ◆ **younger than ~** plus jeune que lui **d** celui ◆ **to ~ who might complain, I should point out that ...** à ceux qui se plaindraient, je ferais remarquer que ...

**Himalayan** /ˌhɪməˈleɪən/ **ADJ** *(gen)* himalayen ; *[expedition]* dans l'Himalaya

**Himalayas** /ˌhɪməˈleɪəz/ **NPL** (chaîne *f* de l') Himalaya *m*

**himself** /hɪmˈself/ **PERS PRON** *(reflexive, direct and indirect)* se ; *(emphatic)* lui-même ; *(after prep)* lui ◆ **he has hurt ~** il s'est blessé ◆ **he poured ~ a whisky** il s'est servi un whisky ◆ **"why not?" he said to ~** "pourquoi pas ?" se dit-il ◆ **he told me ~** il me l'a dit lui-même ◆ **I saw the teacher ~** j'ai vu le professeur lui-même *or* en personne ◆ **he kept three for ~** il s'en est réservé trois ◆ **she asked him for a photo of ~** elle lui a demandé une photo de lui ◆ **there's no work and no future for students like ~** il n'y a pas de travail et pas d'avenir pour les étudiants comme lui ◆ **he hasn't been ~ lately** *(= not behaving normally)* il n'est pas dans son état normal ces temps-ci ; *(= not feeling well)* il n'est pas dans son assiette ces temps-ci

◆ **(all) by himself** tout seul

**hind**[1] /haɪnd/ **N** (pl **hinds** *or* **hind**) *(Zool)* biche *f*

**hind**[2] /haɪnd/ **ADJ** *[legs, feet, paws]* de derrière ◆ **to get up on one's ~ legs** * *(hum)* se lever pour parler ◆ **she could** *or* **would talk the ~ leg(s) off a donkey** * c'est un vrai moulin à paroles

**hinder**[1] /ˈhaɪndəʳ/ **ADJ** compar of **hind²**

**hinder**[2] /ˈhɪndəʳ/ **VT** *(= obstruct, impede)* entraver, gêner ; *(= delay)* retarder ; *(= prevent)* empêcher, arrêter ◆ **the rescue team's efforts were ~ed by the bad weather** le travail des sauveteurs a été ralenti par le mauvais temps ◆ **we want to help, not ~, the progress of the scheme** nous voulons faire avancer le projet, pas l'entraver ◆ **being disabled has done nothing to ~ her career** son handicap n'a pas du tout entravé sa carrière ◆ **the heavy jacket ~ed him as he tried to swim** sa lourde veste le gênait pour nager ◆ **poor productivity ~s economic growth** lorsque la productivité est faible, cela entrave la croissance économique ◆ **he does not let racism ~ him** il ne se laisse pas arrêter par le racisme ◆ **the rocky terrain ~ed their progress** le terrain rocheux les a ralentis ◆ **poor diet is ~ing her recovery** sa mauvaise alimentation l'empêche de guérir plus vite ◆ **high interest rates are ~ing recovery** les taux d'intérêt élevés font obstacle à la reprise *or* freinent la reprise ◆ **to ~ sb from doing sth** *(= prevent)* empêcher qn de faire qch ◆ **restrictions that ~ them from doing their job** *(= impede)* des restrictions qui les gênent dans leur travail

**Hindi** /ˈhɪndɪ/ **N** *(Ling)* hindi *m*

**hindmost** /ˈhaɪndməʊst/ **ADV** dernier ; → **devil, every**

**hindquarters** /ˈhaɪndˌkwɔːtəz/ **NPL** arrière-train *m*, train *m* de derrière

**hindrance** /ˈhɪndrəns/ **N** obstacle *m* ◆ **to be a ~ to sb/sth** gêner qn/qch ◆ **he is more of a ~ than a help** il gêne plus qu'il n'aide ◆ **these attacks are a ~ to reconciliation** ces attaques font obstacle à la réconciliation ◆ **the issue has been a constant ~ to normal relations between the two countries** ce problème n'a cessé de faire obstacle à la normalisation des relations entre les deux pays ◆ **they crossed the border without ~** ils ont traversé la frontière sans problème *or* difficulté

**hindsight** /ˈhaɪndsaɪt/ **N** ◆ **with** *or* **in ~, with the benefit of ~** avec du recul, rétrospectivement ◆ **it was, in ~, a mistaken judgement** rétrospectivement *or* avec du recul, je pense que c'était une erreur de jugement

**Hindu** /ˈhɪnduː/ **ADJ** hindou **N** hindou(e) *m(f)*

**Hinduism** /ˈhɪndʊˌɪzəm/ **N** hindouisme *m*

**Hindustan** /ˌhɪndʊˈstɑːn/ **N** Hindoustan *m*

**Hindustani** /ˌhɪndʊˈstɑːnɪ/ **ADJ** hindou **N** **a** Hindoustani(e) *m(f)* **b** *(Ling)* hindoustani *m*

**hinge** /hɪndʒ/ **N** *[of door]* gond *m*, charnière *f* ; *[of box]* charnière *f* ; *(fig)* pivot *m*, charnière *f* ; *(= stamp hinge)* charnière *f* ◆ **the door came off its ~s** la porte est sortie de ses gonds **VT** *[+ door]* mettre dans ses gonds ; *[+ box]* mettre des charnières à ◆ **a ~d lid** un couvercle à charnière(s) ◆ **a ~d flap** *[of counter] (in shop, bar)* abattant *m* ◆ **the mirror was ~d to a wooden frame** le miroir était fixé à un cadre en bois par des charnières **VI** **a** *(Tech)* pivoter (*on* sur) **b** *(fig)* ◆ **to ~ on** *or* **upon sth** dépendre de qch ◆ **everything ~s on his decision** tout dépend de sa décision **COMP** ▷ **hinged girder N** *(Tech)* poutre *f* articulée ▷ **hinge joint N** *(Anat)* diarthrose *f*

**hint** /hɪnt/ **N** **a** allusion *f* ◆ **to drop a ~, to throw out a ~** faire une allusion ◆ **to drop a ~ that ...** faire une allusion au fait que ... ◆ **he dropped me a ~ that he would like an invitation** il m'a fait comprendre *or* il m'a laissé entendre qu'il aimerait être invité ◆ **he dropped a gentle ~ about it** il y a fait une allusion discrète ◆ **a broad** *or* **strong** *or* **heavy ~** une allusion transparente *or* à peine voilée ◆ **there are strong ~s from the government that ...** le gouvernement a clairement laissé entendre que ... ◆ **I dropped heavy ~s that I'd love a new coat for my birthday** j'ai insisté lourdement sur le fait que je voulais un nouveau manteau pour mon anniversaire ◆ **she gave me a subtle ~ not to expect promotion** elle m'a fait comprendre discrètement qu'il ne fallait pas compter sur une promotion ◆ **he knows how to take a ~** il comprend à demi-mot, il comprend les allusions ◆ **he took the ~ and left at once** il a compris sans qu'on ait besoin de lui expliquer et est parti sur-le-champ ◆ **I can take a ~** (ça va,) j'ai compris ◆ **he can't take a ~** il ne comprend pas vite ◆ **I'll give you a ~ - the answer has two words** je vais vous donner un indice *or* vous mettre sur la piste : la réponse est en deux mots ◆ **he gave no ~ of his feelings** il n'a rien laissé transparaître de ses sentiments ◆ **~s and tips for travellers** conseils *mpl* aux voyageurs ◆ **~s on maintenance** conseils *mpl* d'entretien

**b** *(= trace) [of colour]* touche *f* ; *[of taste, flavour]* soupçon *m* ◆ **she was wearing a ~ of eyeshadow** elle avait mis un peu *or* une touche de fard à paupières ◆ **there was a ~ of sadness in his smile** il y avait un je ne sais quoi de triste dans son sourire ◆ **there was a ~ of desperation in his voice** il y avait une pointe de désespoir dans sa voix ◆ **there was no ~ of apology in his voice** il n'y avait pas la moindre trace de remords dans sa voix ◆ **"why are you here?" she said, with no ~ of irony** "que faites-vous ici ?" dit-elle, sans la moindre ironie ◆ **at the first ~ of trouble** à la moindre alerte, au moindre problème ◆ **there's a ~ of spring in the air** il y a un petit air printanier

**VT** *(= insinuate)* insinuer (*that* que) ◆ **he ~ed strongly that ...** il a lourdement insinué que ... ◆ **he ~ed to me that he was unhappy** il m'a laissé entendre *or* fait comprendre qu'il était malheureux

**VI** ◆ **to ~ at sth** faire allusion à qch ◆ **what are you ~ing at?** qu'est-ce que vous voulez dire par là ? ◆ **are you ~ing at something?** c'est une allusion ? ◆ **the newspapers ~ed darkly at conspiracies** les journaux ont fait des allusions inquiétantes à des complots ◆ **the president ~ed at the possibility of tax cuts** le président a laissé entendre qu'il pourrait y avoir une baisse des impôts

**hinterland** /ˈhɪntəlænd/ **N** arrière-pays *m inv*

**hip**[1] /hɪp/ **N** **a** *(Anat)* hanche *f* ◆ **with (one's) hands on (one's) ~s** les mains sur les hanches ◆ **to break one's ~** se casser le col du fémur ; → **shoot** **b** *(Archit)* arête *f (d'un toit)* **COMP** ▷ **hip bath N** baignoire-sabot *f* ▷ **hip flask N** flasque *f* ▷ **hip joint N** articulation *f* coxofémorale *or* de la hanche ▷ **hip measurement N** ⇒ **hip size** ▷ **hipped roof N** *(Archit)* toit *m* en croupe ▷ **hip pocket N** poche *f* revolver *inv* ▷ **hip replacement (operation) N** pose *f* d'une prothèse de la hanche ◆ **she's waiting for/she's had a ~ replacement** elle attend/on lui a posé une prothèse de la hanche ▷ **hip size N** tour *m* de hanches ◆ **what is her ~ size?** quel est son tour de hanches ?, combien fait-elle de tour de hanches ?

**hip**[2] /hɪp/ **N** *(Bot)* cynorrhodon *m*

**hip**[3] /hɪp/ **EXCL** ◆ **~ ~ hurrah !** hip hip hip hourra !

**hip**[4] ‡ /hɪp/ **ADJ** *(= up-to-date)* branché * **VT** *(US)* mettre au parfum *

**hipbone** /ˈhɪpbəʊn/ **N** os *m* iliaque *or* de la hanche

**hip-hop** /ˈhɪphɒp/ **N** hip-hop *m*

**hiphuggers** /ˈhɪphʌgəz/ **NPL** pantalon *m* taille basse

**hipped** /hɪpt/ **ADJ** *(US)* ◆ **to be ~ on sth** ‡ être dingue * de qch

**-hipped** /hɪpt/ **ADJ** *(in compounds)* ◆ **broad-hipped** large de hanches, aux hanches larges ◆ **narrow-hipped** aux hanches étroites

**hippie** * /ˈhɪpɪ/ **ADJ, N** *(in the sixties)* hippie *mf* ; *(modern-day)* baba *mf* cool ◆ **an ageing** ~ un hippie sur le retour

**hippo** * /ˈhɪpəʊ/ **N** abbrev of **hippopotamus**

**Hippocrates** /hɪˈpɒkrəˌtiːz/ **N** Hippocrate *m*

**Hippocratic oath** /hɪpəʊˈkrætɪk/ **N** ◆ **the** ~ le serment d'Hippocrate

**hippodrome** /ˈhɪpədrəʊm/ **N** hippodrome *m*

**Hippolytus** /hɪˈpɒlɪtəs/ **N** Hippolyte *m*

**hippopotamus** /ˌhɪpəˈpɒtəməs/ **N** (pl **hippopotamuses** or **hippopotami** /ˌhɪpəˈpɒtəmaɪ/) hippopotame *m*

**hippy**[1] * /ˈhɪpɪ/ ⇒ **hippie**

**hippy**[2] * /ˈhɪpɪ/ **ADJ** aux hanches larges, large de hanches

**hipster** /ˈhɪpstəʳ/ **N** **a** *(Brit)* ◆ ~ **skirt** jupe *f* taille basse ; see also **npl** **b** *(US *)* jeune homme *m* dans le vent *(1940-50)* **NPL** **hipsters** *(Brit)* pantalon *m* taille basse

**hire** /ˈhaɪəʳ/ **N** *(NonC: Brit = act of hiring) [of car, boat, clothes, hall]* location *f* ◆ **for** ~ *[car, boat, building]* à louer ; *[taxi]* libre ◆ **on** ~ en location ◆ **to let out sth on** ~ louer qch ◆ **car/cycle/ski** ~ location *f* de voitures/de vélos/de skis

**VT** **a** *(Brit = rent) [+ car, boat, clothes, hall]* louer ◆ **a ~d car** une voiture louée *or* de location

**b** *(= employ) [+ person]* engager, embaucher ◆ **~d man** *(for season)* ouvrier *m* saisonnier ; *(on daily basis)* ouvrier *m* à la journée ◆ **a ~d killer** un tueur à gages

**VI** embaucher, recruter ◆ **she's in charge of all hiring and firing at the company** c'est elle qui est responsable du recrutement et des licenciements au sein de l'entreprise

**COMP** ▷ **hire car** **N** *(Brit)* voiture *f* de location ▷ **hire charges** **NPL** *(Brit)* frais *mpl* de location, prix *m* de (la) location ▷ **hire purchase** **N** *(Brit)* achat *m or* vente *f* à crédit, achat *m or* vente *f* à tempérament ◆ **on** ~ **purchase** à crédit ▷ **hire purchase agreement** **N** *(Brit)* contrat *m* de crédit

► **hire out** **VT SEP** **a** *(Brit = rent out) [+ car, tools]* louer

**b** *(US)* ◆ **he hires himself out as a gardener** il loue ses services comme jardinier

**hireling** /ˈhaɪəlɪŋ/ **N** *(pej)* mercenaire *m*

**Hiroshima** /ˌhɪrɒˈʃiːmə/ **N** Hiroshima

**hirsute** /ˈhɜːsjuːt/ **ADJ** velu, poilu

**his** /hɪz/ **POSS ADJ** son, sa, ses ◆ ~ **book** son livre ◆ ~ **table** sa table ◆ ~ **friend** son ami(e) ◆ ~ **clothes** ses vêtements ◆ **HIS book** son livre à lui ◆ **he has broken** ~ **leg** il s'est cassé la jambe

**POSS PRON** le sien, la sienne, les siens, les siennes ◆ **my hands are clean,** ~ **are dirty** mes mains sont propres, les siennes sont sales ◆ ~ **is a specialized department** sa section est une section spécialisée ◆ **this book is** ~ ce livre est à lui, ce livre est le sien ◆ **this poem is** ~ ce poème est de lui ◆ **the house became** ~ la maison est devenue la sienne ◆ **it is not** ~ **to decide** ce n'est pas à lui de décider, il ne lui appartient pas de décider

◆ **... of his** ◆ **a friend of** ~ un de ses amis (à lui) ◆ **it's no fault of** ~ ce n'est pas de sa faute (à lui) ◆ **no advice of** ~ **could prevent her doing it** aucun conseil de sa part ne pouvait l'empêcher de le faire ◆ **that car of** ~ *(pej)* sa fichue * voiture ◆ **that stupid son of** ~ *(pej)* son idiot de fils ◆ **that temper of** ~ *(pej)* son sale caractère ◆ **that awful laugh of** ~ *(pej)* ce rire abominable qu'il a

**Hispanic** /hɪˈspænɪk/ **ADJ** *(gen)* hispanique ; *(in America)* hispano-américain **N** Hispano-Américain(e) *m(f)*

**Hispano...** /hɪˈspænəʊ/ **PREF** hispano-

**hiss** /hɪs/ **VI** *[person, snake]* siffler ; *[cat]* cracher ; *[gas, steam]* chuinter, siffler **VT** *[+ actor, speaker]* siffler ◆ **"come here", he ~ed** "viens ici", siffla-t-il **N** sifflement *m* ◆ **~es** *(Theat)* sifflet(s) *m(pl)*

**histogram** /ˈhɪstəgræm/ **N** histogramme *m*

**histologist** /hɪˈstɒlədʒɪst/ **N** histologiste *mf*

**histology** /hɪˈstɒlədʒɪ/ **N** histologie *f*

**historian** /hɪˈstɔːrɪən/ **N** historien(ne) *m(f)*

**historic** /hɪˈstɒrɪk/ **ADJ** *(gen)* historique ◆ **site of** ~ **interest** site *m* historique ◆ **a** ~ **occasion** un événement historique **COMP** ▷ **historic present** **N** *(Gram)* présent *m* historique *or* de narration

**historical** /hɪˈstɒrɪkəl/ **ADJ** *(gen)* historique ◆ **the** ~ **background to the case** le rappel historique *or* l'historique *m* de l'affaire ◆ **place of** ~ **interest** monument *m or* site *m* historique ◆ **of** ~ **importance** d'une importance historique ◆ **a** ~ **landmark** un événement historique marquant, un jalon dans l'histoire ◆ **a famous** ~ **figure** un personnage historique célèbre ◆ **from a** ~ **perspective** d'un point de vue historique ◆ ~ **research** recherche *f* historique ◆ **a** ~ **record** une source historique ◆ **there is no** ~ **precedent for this** sur le plan historique, il n'y a aucun précédent

**COMP** ▷ **historical linguistics** **N** *(NonC)* linguistique *f* diachronique ▷ **historical novel** **N** roman *m* historique ▷ **historical present** **N** *(Gram)* present *m* historique *or* de narration

**historically** /hɪˈstɒrɪkəlɪ/ **ADV** *(= traditionally)* traditionnellement ; *(= in historical terms) [important, accurate]* historiquement ; *[consider]* sur le plan historique ◆ ~, **there is no precedent for this** sur le plan historique, ceci n'a aucun précédent ◆ ~ **speaking** historiquement parlant

**historiography** /ˌhɪstɒrɪˈɒgrəfɪ/ **N** historiographie *f*

**history** /ˈhɪstərɪ/ **N** histoire *f* ◆ **to make** ~ être historique ◆ **she will go down in** ~ **for what she did** elle entrera dans l'histoire pour ce qu'elle a fait ◆ **it will go down in** ~ **(as ...)** *[event, day, decision]* cela entrera dans l'histoire (comme étant ...) ◆ **one of the most dramatic moments in Polish** ~ un des moments les plus marquants de l'histoire polonaise ◆ **the highest salary in television** ~ le salaire le plus élevé de l'histoire de la télévision ◆ **religious** ~ l'histoire *f* des religions ◆ **military** ~ l'histoire *f* militaire ◆ **that's all ancient** ~ c'est de l'histoire ancienne tout cela ◆ **the recent ceasefire agreement is already** ~ le récent cessez-le-feu n'est déjà plus qu'un souvenir ◆ **... and the rest is** ~ ... le reste appartient à l'histoire ◆ **one mistake and you're** ~ * une erreur et tu es fini * ◆ **I don't know the** ~ **of this necklace** je ne connais pas l'histoire de ce collier ◆ **what is his medical** ~**?** quel est son passé médical ? ◆ **my family has a** ~ **of asthma** j'ai des antécédents familiaux d'asthme ◆ **he has a** ~ **of psychiatric disorders** il a des antécédents de troubles psychiatriques ◆ **the accused had a** ~ **of violent behaviour** l'accusé était déjà connu pour avoir commis des actes de violence ; → **case**[1], **natural**

**histrionic** /ˌhɪstrɪˈɒnɪk/ **ADJ** théâtral ; *(pej)* histrionique, de cabotin *(pej)* ◆ ~ **ability** talent *m* dramatique

**histrionically** /ˌhɪstrɪˈɒnɪkəlɪ/ **ADV** d'un air théâtral *or* mélodramatique

**histrionics** /ˌhɪstrɪˈɒnɪks/ **NPL** art *m* dramatique ◆ **I'm tired of his** ~ *(pej)* j'en ai assez de ses airs dramatiques *or* de son cinéma *

**hit** /hɪt/ (vb : pret, ptp **hit**) **N** **a** *(= stroke, blow)* coup *m* ; *(in baseball, cricket)* coup *m* de batte ; *(in tennis)* coup *m* de raquette ; *(fig)* attaque *f* ◆ **the film was a** ~ **at current government policy** le film était une attaque contre la politique actuelle du gouvernement ; → **free**

**b** *(= successful stroke)* coup *m* réussi, beau coup *m* ; *(Fencing)* touche *f* ; *(Mil: with bomb, bullet, shell)* tir *m* réussi ◆ **three ~s and three misses** *(gen)* trois succès et trois échecs ; → **direct, score**

**c** *(Comput) (= response from Internet)* réponse *f*, occurrence *f* ; *(= visit to website)* connexion *f*, hit *m*

**d** *(gen)* (gros) succès *m* ; *(= song)* tube * *m* ◆ **the play/song was a big** ~ la pièce/chanson a eu un énorme succès ◆ **to make a** ~ **of sth** * réussir (pleinement) qch ◆ **she was** *or* **made a big** ~ **with my sister** elle a beaucoup plu à ma sœur

**e** *(* = dose) [of crack, speed, caffeine etc]* dose * *f* ; → **score**

**f** *(* = assassination)* meurtre *m*

**VT** **a** *(= strike) (once)* frapper ; *(repeatedly)* taper sur ; *(= knock against)* heurter, cogner ; *(= reach)* atteindre ; *(Billiards, Fencing)* toucher ; *(Typ, Comput) [+ key]* appuyer sur ; *(fig = hurt, annoy)* blesser ◆ **he** ~ **his brother** il a frappé son frère ◆ **he** ~ **me!** *(once)* il m'a frappé ! ; *(repeatedly)* il m'a tapé dessus ! ◆ **his father used to** ~ **him** son père le battait ◆ **to** ~ **sb where it hurts** *(lit: in fight)* frapper qn là où ça fait mal ; *(fig)* toucher qn à son point faible ◆ **she** ~ **him a blow across the face** *(with hand)* elle l'a frappé au visage ; *(with truncheon etc)* elle lui a donné un coup de matraque *etc* sur le visage ◆ **to** ~ **one's knee/elbow on** *or* **against sth** se cogner *or* se heurter le genou/coude contre qch ◆ **his head** ~ **the corner of the table, he** ~ **his head on the corner of the table** sa tête a cogné contre *or* heurté le coin de la table, il s'est cogné la tête sur le coin de la table ◆ **the stone** ~ **the window** la pierre a cogné contre la fenêtre ◆ **he** ~ **the nail with a hammer** il a tapé sur le clou avec un marteau ◆ **to** ~ **the nail on the head** *(fig)* mettre dans le mille, faire mouche ◆ **that** ~ **home!** *(fig)* le coup a porté ! ◆ **to** ~ **the buffers** *(Brit fig) [plan, project]* s'en aller en eau de boudin ◆ **to** ~ **the wall** *(fig) [athlete etc]* connaître un passage à vide ◆ **to** ~ **the ground running** * se mettre immédiatement au travail ◆ **he was** ~ **by flying glass** il a reçu des éclats de verre ◆ **the president was** ~ **by three bullets** le président a reçu trois balles ◆ **the bullet** ~ **him in the chest** il a reçu la balle dans la poitrine ◆ **the house was** ~ **by a bomb** la maison a été atteinte par *or* a reçu une bombe ◆ **the tree was** ~ **by lightning** l'arbre a été frappé par la foudre ◆ **the hurricane** ~ **San Francisco yesterday evening** l'ouragan a frappé San Francisco hier soir ◆ **my plane had been** ~ mon avion avait été touché ◆ **you won't know what's** ~ **you when the baby arrives!** * ta vie va être bouleversée par l'arrivée du bébé ; → **down**[2], **mark**[2]

**b** *(fig = affect adversely)* toucher ◆ **California was the area hardest** ~ **by the storms** la Californie a été la région la plus touchée par les tempêtes ◆ **production was** ~ **by the strike** la production a été touchée par la grève ◆ **the rise in prices will** ~ **the poorest families first** la hausse des prix affectera *or* touchera d'abord les familles les plus pauvres ◆ **he was hard** ~ **by his losses** ses pertes l'ont durement touché *or* atteint ◆ **industry has been hard** ~ **by the recession** l'industrie a été gravement touchée par la récession ◆ **the public was hardest ~ by the strike** c'est le public qui a été touché le plus durement par la grève

c *(fig)* ◆ **to ~ the papers** *[news, story]* être à la une* des journaux, faire les gros titres des journaux ◆ **what will happen when the story ~s the front page?** que se passera-t-il quand on lira cette histoire en première page des journaux ? ◆ **the car ~ * 100mph just before it crashed** la voiture a atteint les 160 km/h juste avant l'accident ◆ **oil prices ~ record levels yesterday** le prix du pétrole a atteint un niveau record hier ◆ **then it ~ me** * *(= realization)* alors ça a fait tilt* ◆ **it suddenly ~ me * that ...** je me suis soudain rendu compte que ..., j'ai soudain réalisé que ... ◆ **you've ~ it!** * ça y est*, tu as trouvé ! ◆ **he ~ me with a six of spades** * *(US Cards)* il m'a flanqué un six de pique ◆ **to ~ sb for 10 dollars** ⁑ *(US)* taper* qn de 10 dollars ◆ **to ~ the bottle** * se mettre à picoler* ◆ **to ~ the ceiling** * *or* **the roof** * sortir de ses gonds ◆ **to ~ the deck** * *(= get down)* s'aplatir au sol ; *(= get knocked down) (gen)* tomber par terre ; *[boxer]* aller au tapis ◆ **to ~ the dirt** ⁑ s'aplatir au sol ◆ **to ~ the hay** ⁑ *or* **the sack** ⁑ se pieuter ⁑ ◆ **to ~ the road** * *or* **the trail** * se mettre en route ◆ **in May the candidates will ~ the campaign trail** en mai les candidats se lanceront dans la campagne électorale ◆ **to ~ the dance floor** * aller sur la piste (de danse) ◆ **when will Jim ~ town?** * quand est-ce que Jim va débarquer* en ville ? ◆ **we should ~ Las Vegas in a couple of hours** nous devrions arriver à Las Vegas dans une ou deux heures ◆ **to ~ the shops** * *[article]* arriver dans les magasins ; *[person]* faire les magasins ◆ **to ~ the bookshops** *or (US)* **bookstores** *[new publication]* sortir en librairie ◆ **it ~s the spot** * *[food, drink]* ça fait du bien ! ; *(= succeeds)* ça tombe à pic ! * ◆ **to ~ sb for six** * *[cold, flu]* lessiver* qn ; *[news]* faire un choc à qn ; → **headline, high, jackpot, skid**

d *(= collide with)* heurter, rentrer dans* ◆ **the car ~ a pedestrian** la voiture a renversé un piéton

e *(= find)* trouver, tomber sur ; *[+ problems, difficulties]* rencontrer ◆ **at last we ~ the right road** nous sommes enfin tombés sur la bonne route ◆ **we've ~ a snag** on est tombés sur un os*

VI *(= collide)* se heurter, se cogner (*against* à, contre)

COMP ▷ **hit-and-miss** ADV au petit bonheur (la chance), un peu n'importe comment ADJ *[work]* fait au petit bonheur (la chance) ; *[attitude]* désinvolte ; *[technique]* empirique ◆ **it's a ~-and-miss affair** c'est une question de chance ◆ **the way she painted the room was rather ~-and-miss** elle a peint la pièce un peu n'importe comment ◆ **it was all rather ~-and-miss** tout se passait plutôt au petit bonheur (la chance), tout était à la va-comme-je-te-pousse ▷ **hit-and-run accident** N accident *m* avec délit de fuite ▷ **hit-and-run driver** N chauffard *m* coupable du délit de fuite ▷ **hit-and-run raid** N *(Mil)* raid *m* éclair *inv* ▷ **hit-and-run strike** N grève *f* éclair ▷ **hit list** N liste *f* noire ◆ **he's on her ~ list** *(fig)* elle l'a dans le collimateur* ▷ **hit-or-miss** ADV, ADJ ⇒ **hit-and-miss** ▷ **hit parade** N hit-parade *m* ▷ **hit show** N *(Theat)* revue *f* à succès ; *(TV)* émission *f* à succès ▷ **hit single** N *(Mus)* tube* *m* ▷ **hit squad** * N commando *m* (de tueurs)

▸ **hit back** VI *(lit)* frapper en retour ; *(fig)* riposter ◆ **to ~ back at sb** *(fig)* se venger de qn ◆ **to ~ back at sb's criticism/suggestions/accusations** riposter à la critique/aux suggestions/aux accusations de qn

VT SEP ◆ **to hit sb back** frapper qn en retour

▸ **hit off** * VT SEP ◆ **to hit it off with sb** bien s'entendre avec qn ◆ **they ~ it off straight away** ils se sont immédiatement bien entendus ◆ **he has never ~ it off with Douglas** il ne s'est jamais entendu avec Douglas

▸ **hit on** VT FUS a ⇒ **hit upon**

b *(US *) (= try to pick up)* draguer* ; *(= beat)* frapper

▸ **hit out** VI a *(lit)* ◆ **the police hit out with batons and iron bars** la police a distribué des coups de matraque et de barres de fer ◆ **to ~ out at sb** donner un coup à qn

b *(fig)* riposter ◆ **he ~ out angrily when I suggested it had been his fault** il a riposté avec colère quand j'ai suggéré que c'était de sa faute ◆ **to ~ out at sb** s'en prendre à qn ◆ **to ~ out at sb's criticism/suggestions/accusations** riposter à la critique/aux suggestions/aux accusations de qn

▸ **hit upon** VT FUS tomber sur, trouver

**hitch** /hɪtʃ/ N a *(= obstacle)* (petit) problème *m* ◆ **there's been a ~** il y a eu un (petit) problème ◆ **there's been a ~ in their plans** leur projet s'est heurté à un obstacle ◆ **after some technical ~es the show finally got under way** après quelques problèmes techniques le spectacle a finalement commencé ◆ **the only ~ is that ...** le seul ennui c'est que ... ◆ **without a ~** sans accroc

b *(US *: in army or in jail)* *période passée dans l'armée ou en prison*

c *(= knot: gen)* nœud *m* ; (also **hitch knot**) deux demi-clés *fpl*

d ◆ **to give sth a ~ (up)** remonter qch

VT a (also **hitch up**) *[+ trousers, skirt]* remonter

b *(= fasten)* accrocher, attacher, fixer ; *(Naut)* amarrer ◆ **to get ~ed** ⁑ se marier ◆ **to ~ one's wagon to a star** *(US)* aspirer à de hautes destinées ◆ **to ~ one's wagon to sb** *(US)* chercher à profiter de la destinée de qn

c * ◆ **to ~ a lift** *(= be hitch-hiking)* faire du stop* ; *(= get a lift)* être pris en stop* ◆ **to ~ a lift** *or* **a ride to Paris** faire du stop* jusqu'à Paris, être pris en stop* jusqu'à Paris ◆ **she ~ed a lift into town** elle a fait du stop* pour aller en ville, quelqu'un l'a déposée en ville ◆ **I ~ed a ride with a truck driver** j'ai été pris en stop* par un camion *or* un routier

VI * ⇒ **hitch-hike**

COMP ▷ **hitch-hike** VI faire du stop* *or* de l'auto-stop ◆ **they ~-hiked to Paris** ils sont allés à Paris en stop, ils ont fait du stop* *or* de l'auto-stop jusqu'à Paris ▷ **hitch-hiker** N auto-stoppeur *m*, -euse *f* ▷ **hitch-hiking** N auto-stop *m*, stop* *m*

▸ **hitch up** VT SEP a *[+ horses, oxen]* atteler (*to* à)

b ⇒ **hitch vt a**

**hi-tec(h)** /ˈhaɪˈtek/ ADJ ⇒ **high-tech** ; → **high**

**hither** /ˈhɪðəʳ/ ADV a (†† *= to here) [bring]* ici ◆ **come ~!** viens çà ! †† ; see also **come** ◆ **his journey ~** son voyage en ce lieu b ◆ **~ and thither** *(Brit)*, **~ and yon** *(US) (= to and fro)* çà et là ADJ †† de ce côté-ci

**hitherto** /ˌhɪðəˈtuː/ ADV jusqu'ici

**Hitler** /ˈhɪtləʳ/ N Hitler *m* COMP ▷ **the Hitler Youth (Movement)** N les jeunesses *fpl* hitlériennes

**Hitlerian** /hɪtˈlɪərɪən/ ADJ hitlérien

**Hitlerism** /ˈhɪtlərɪzəm/ N hitlérisme *m*

**hitman** * /ˈhɪtmæn/ N (pl **-men**) tueur *m* à gages

**Hittite** /ˈhɪtaɪt/ N a Hittite *mf* b *(Ling)* hittite *m* ADJ hittite

**HIV** /ˌeɪtʃaɪˈviː/ N *(Med)* (abbrev of **human immunodeficiency virus**) HIV *m*, VIH *m* COMP ▷ **HIV-negative** ADJ séronégatif ▷ **HIV-positive** ADJ séropositif ▷ **HIV-related** ADJ associé au sida ▷ **HIV virus** N virus *m* HIV

**hive** /haɪv/ N *(= place, also fig)* ruche *f* ; *(with bees in it)* essaim *m* ◆ **a ~ of activity** *or* **industry** *(fig)* une vraie ruche VT mettre dans une ruche VI entrer à la ruche

▸ **hive off** *(Brit)* VI a *(= separate)* se séparer (*from* de) essaimer b (⁑ *= rush off)* filer*, se tirer ⁑ VT SEP séparer (*from* de) ◆ **they ~d off the infant school to a different building** ils ont déplacé la maternelle pour l'installer dans un autre bâtiment ◆ **the branch might be ~d off into a separate company** il se peut que cette succursale devienne une société indépendante

**hives** /haɪvz/ NPL *(Med)* urticaire *f*

**hiya** ⁑ /ˈhaɪjə/ EXCL salut ! *

**Hizbollah, Hizbullah** /ˈhɪzbəˈlɑː/ N ⇒ **Hezbollah**

**hl** (abbrev of **hectolitre(s)**) hl

**HM** /eɪtʃˈem/ N (abbrev of **His** *or* **Her Majesty**) S.M., Sa Majesté

**HMG** /ˌeɪtʃemˈdʒiː/ N *(Brit)* (abbrev of **His** *or* **Her Majesty's Government**) → **majesty**

**HMI** /ˌeɪtʃemˈaɪ/ N *(Brit Educ)* (abbrev of **His** *or* **Her Majesty's Inspector**) ≈ inspecteur *m*, -trice *f* général(e) de l'enseignement secondaire

**HMS** /ˌeɪtʃemˈes/ N *(Brit)* (abbrev of **His** *or* **Her Majesty's Ship**) → **ship**

**HMSO** /ˌeɪtʃemesˈəʊ/ N *(Brit)* (abbrev of **His** *or* **Her Majesty's Stationery Office**) → **stationery**

**HNC** /ˌeɪtʃenˈsiː/ N *(Brit Educ)* (abbrev of **Higher National Certificate**) ≈ BTS *m*

**HND** /ˌeɪtʃenˈdiː/ N *(Brit Educ)* (abbrev of **Higher National Diploma**) ≈ DUT *m*

**ho** /həʊ/ EXCL ◆ **~ ~ !** ah ah (ah) !

**hoagie, hoagy** /ˈhəʊgɪ/ N *(US)* grand sandwich *m* mixte

**hoard** /hɔːd/ N réserves *fpl*, provisions *fpl* ; *(pej)* stock *m (pej)* ; *(= treasure)* trésor *m* ◆ **a ~ of food** des provisions *fpl*, des réserves *fpl* ◆ **a ~ of silver and jewels** un trésor composé d'argenterie et de bijoux ; *(pej)* tout un stock d'argenterie et de bijoux ◆ **a squirrel's ~ of nuts** les réserves *or* provisions de noisettes d'un écureuil VT (also **hoard up**) *[+ food etc]* amasser, mettre en réserve ; *(pej)* stocker *(pej)* ; *[+ money]* accumuler, amasser

**hoarder** /ˈhɔːdəʳ/ N ◆ **to be a ~** ne rien jeter

**hoarding¹** /ˈhɔːdɪŋ/ N *(= act of saving)* entassement *m*, accumulation *f* ; *[of capital]* thésaurisation *f*

**hoarding²** /ˈhɔːdɪŋ/ N a *(Brit: for advertisements)* panneau *m* d'affichage *or* publicitaire b *(= fence)* palissade *f*

**hoarfrost** /ˈhɔːˌfrɒst/ N gelée *f* blanche, givre *m*

**hoarse** /hɔːs/ ADJ *[person]* enroué ; *[voice]* rauque, enroué ◆ **to be ~** avoir la voix rauque, être enroué ◆ **he shouted himself ~** il s'est enroué à force de crier

**hoarsely** /ˈhɔːslɪ/ ADV d'une voix rauque

**hoarseness** /ˈhɔːsnɪs/ N enrouement *m*

**hoary** /ˈhɔːrɪ/ ADJ a *[hair]* blanchi, blanc neigeux *inv* ; *[person]* *(lit, liter:* also **hoary-headed**) chenu *(liter)* ; *(fig)* vénérable ◆ **a ~ old joke** une blague éculée ◆ **a ~ old tradition** une vieille tradition surannée b *(Bot)* couvert de duvet blanc

**hoax** /həʊks/ **N** canular *m* ◆ **to play a ~ on sb** monter *or* faire un canular à qn ◆ **the phone call was a ~** le coup de téléphone était le fait d'un mauvais plaisant **VT** faire *or* monter un canular à ◆ **we were completely ~ed** on nous a eus* ◆ **to ~ sb into believing sth** faire croire qch à qn

**hob** /hɒb/ **N** *(on cooker)* plan *m* de cuisson ; *(Brit: on old-fashioned cooker)* rond *m* ; *(by fireplace)* plaque *f* (de foyer) *(où la bouilloire etc est tenue au chaud)*

**hobble** /ˈhɒbl/ **VI** clopiner, boitiller ◆ **to ~ along** aller clopin-clopant ◆ **to ~ in/out** *etc* entrer/sortir *etc* en clopinant **VT** *(lit, fig)* entraver **N** *(for horses)* entrave *f* **COMP** ▷ **hobble skirt N** jupe *f* entravée

**hobbledehoy** /ˌhɒbldɪˈhɔɪ/ **N** grand dadais *m*

**hobby** /ˈhɒbɪ/ **N** passe-temps *m inv*, hobby *m* ◆ **my hobbies include painting and sailing** la peinture et la voile sont deux de mes hobbies ◆ **he began to paint as a ~** il a commencé la peinture comme passe-temps **COMP** ▷ **hobby-horse N** *(= toy)* tête *f* de cheval *(sur un manche)* ; *(= rocking horse)* cheval *m* à bascule ; *(fig)* sujet *m* favori, dada* *m* ◆ **he's off on his ~-horse** *(fig)* le voilà reparti (sur son dada)

**hobbyist** /ˈhɒbɪɪst/ **N** amateur *m* ◆ **a photo ~** un photographe amateur

**hobgoblin** /ˈhɒbˌgɒblɪn/ **N** *(= elf)* lutin *m* ; *(fig) (= bugbear)* croquemitaine *m*

**hobnail** /ˈhɒbneɪl/ **N** caboche *f*, clou *m* **COMP** ▷ **hobnail(ed) boots NPL** souliers *mpl* cloutés *or* ferrés

**hobnob** /ˈhɒbnɒb/ **VI** ◆ **to ~ with** frayer avec

**hobo** /ˈhəʊbəʊ/ **N** (pl **hobo(e)s**) *(US)* **a** *(= tramp)* clochard *m* **b** *(= migratory worker)* saisonnier *m*

**Hobson's choice** /ˈhɒbsənzˈtʃɔɪs/ **N** ◆ **it's ~** c'est un choix qui n'en est pas un, ce n'est un choix qu'en apparence

**Ho Chi Minh City** /ˈhəʊˈtʃiːˈmɪnˈsɪtɪ/ **N** Hô Chi Minh-Ville

**hock**[1] /hɒk/ **N** *[of animal]* jarret *m* ; *[of human]* creux *m* du genou ; *(Culin)* jarret *m* (de bœuf)

**hock**[2] /hɒk/ **N** *(Brit = wine)* vin *m* du Rhin

**hock**[3] ‡ /hɒk/ **VT** *(= pawn)* mettre au clou* **N** ◆ **in ~** *[object]* au clou*, au mont-de-piété ; *[person]* endetté

**hockey** /ˈhɒkɪ/ **N** **a** (also **field hockey**) hockey *m* **b** (also **ice hockey**) hockey *m* sur glace **COMP** *[match, pitch]* de hockey ▷ **hockey player N** hockeyeur *m*, -euse *f*, joueur *m*, -euse *f* de hockey ▷ **hockey stick N** crosse *f* de hockey

**hocus-pocus** /ˈhəʊkəsˈpəʊkəs/ **N** *(NonC)* **a** *(= trickery)* ◆ **a bit of ~** des tours de passe-passe **b** *(= mumbo-jumbo)* galimatias *m*

**hod** /hɒd/ **N** *(for coal)* seau *m* à charbon ; *(for bricks, mortar)* oiseau *m*, hotte *f*

**hodgepodge** /ˈhɒdʒpɒdʒ/ **N** *(esp US)* ⇒ **hotchpotch**

**hoe** /həʊ/ **N** houe *f*, binette *f* **VT** *[+ ground]* biner ; *[+ vegetables, weeds]* sarcler

**hoedown** /ˈhəʊdaʊn/ **N** *(US) (= dance)* danse *f* (villageoise) ; *(= party)* bal *m* populaire

**hog** /hɒg/ **N** **a** cochon *m*, porc *m* ; *(Brit: castrated)* cochon *m* ◆ **he's a greedy ~** c'est un vrai goinfre ◆ **to go ~ wild*** *(US)* dépasser les bornes ; → **high, road, whole** **b** *(US * = motorbike)* moto* *f* **VT** * **a** *(= monopolize) [+ best chair etc]* accaparer, monopoliser ; *[+ conversation]* monopoliser ◆ **don't ~ all the sweets** ne garde pas tous les bonbons pour toi ◆ **to ~ the credit** s'attribuer tout le mérite ◆ **to ~ the limelight** monopoliser l'attention **b** *[+ food]* se goinfrer* de

**Hogarthian** /həʊˈgɑːθɪən/ **ADJ** *grotesque à la manière de Hogarth*

**Hogmanay** /ˌhɒgməˈneɪ/ **N** *(Scot)* la Saint-Sylvestre, le réveillon du jour de l'an

> **Hogmanay**
>
> **Hogmanay** est le nom donné au réveillon du jour de l'An en Écosse. La coutume veut que le 31 décembre on se rende chez ses voisins après minuit en apportant symboliquement un petit cadeau, de la boisson et, parfois, un morceau de charbon en gage de prospérité pour l'année à venir ; cette coutume porte le nom de « first-footing ».

**hogshead** /ˈhɒgzhed/ **N** barrique *f*

**hogtie** /ˈhɒgtaɪ/ **VT** *(US) (lit)* lier les pieds et les poings de ; *(fig)* entraver ◆ **to be ~d** *(lit, fig)* être pieds et poings liés

**hogwash** /ˈhɒgwɒʃ/ **N** *(= pigswill)* eaux *fpl* grasses *(pour nourrir les porcs)* ; *(* = nonsense)* inepties *fpl*

**ho hum*** /ˈhəʊˈhʌm/ **EXCL** ◆ **~ ! that's life** eh oui ! c'est la vie **ADJ** (also **ho-hum**) moyen

**hoick*** /hɔɪk/ **VT** *(Brit = lift)* ◆ **to ~ one's trousers up** remonter son pantalon ◆ **to ~ sb out of bed** tirer qn de son lit

**hoi polloi** /ˌhɔɪpəˈlɔɪ/ **NPL** *(pej)* ◆ **the ~** la populace

**hoist** /hɔɪst/ **VT** hisser, remonter ; *[+ sails, flag]* hisser ◆ **to be ~ with one's own petard** être pris à son propre piège **N** **a** *(= equipment)* appareil *m* de levage, palan *m* ; *(= winch)* treuil *m* ; *(= crane)* grue *f* ; *(for goods)* monte-charge *m inv* ; *(made of rope)* corde *f*, palan *m* **b** ◆ **to give sth a ~ (up)** hisser *or* remonter qch

**hoity-toity** /ˈhɔɪtɪˈtɔɪtɪ/ **ADJ** *(pej = arrogant)* prétentieux, bêcheur*

**hoke**‡ /həʊk/ **VT** *(US)* ◆ **to ~ up a movie** forcer les effets d'un film

**hokey*** /ˈhəʊkɪ/ **ADJ** *(US)* **a** *(= phoney)* bidon* *inv* ◆ **it's ~** c'est du bidon* **b** *(= corny) [story, song]* cucul la praline* *inv* ; *[excuse]* tiré par les cheveux **COMP** ▷ **hokey-cokey N** *sorte de ronde*

**hokum*** /ˈhəʊkəm/ **N** *(US) (= nonsense)* foutaises‡ *fpl* ; *(= sentimentality)* blablabla* *m* sentimental, niaiseries *fpl* ; *(US Cine, Theat)* gros effets *mpl*

## hold /həʊld/

vb : pret, ptp **held**

LANGUAGE IN USE 27

| | |
|---|---|
| 1 NOUN | 3 INTRANSITIVE VERB |
| 2 TRANSITIVE VERB | 4 PHRASAL VERBS |

1 - NOUN

**a** [= grip, clutch] prise *f* ◆ **he loosened his ~** il a desserré sa prise *or* son étreinte *f* ◆ **he loosened his ~ around my arms/my throat** il a desserré son étreinte autour de mes bras/ma gorge ◆ **I tried to break free from his ~** j'ai essayé de me dégager ◆ **to seize ~ of** saisir ◆ **to have ~ of** tenir ◆ **I've got a good** *or* **firm ~ on the rope** je tiens bien *or* bon la corde

**b** [= control, influence] emprise *f* ◆ **the Prime Minister's uneasy ~ over her government** la fragile emprise du Premier ministre sur son gouvernement ◆ **the president has consolidated his ~ on the media** le président a renforcé son emprise sur les médias ◆ **she still has a ~ on him** elle a toujours de l'emprise sur lui

**c** [gen, *also* Climbing] prise *f* ◆ **the rock offered him few ~s** le rocher lui offrait peu de prises

**d** [Wrestling] prise *f* ◆ **no ~s barred*** *(fig)* tous les coups sont (*or* étaient *etc*) permis ◆ **a talk show with no ~s barred*** un débat télévisé où tous les coups sont permis

**e** [of hairspray, hair gel] fixation *f* ◆ **finish with hairspray for extra ~** pour finir, vaporisez de la laque pour obtenir une fixation parfaite

**f** [Naut] cale *f*

**g** [Aviat] soute *f*

**h** [set structures]

- **to catch hold (of sth)** attraper (qch) ◆ **catch ~!** attrape ! ◆ **he caught ~ of her arm** il l'a attrapée par le bras
- **to get/take a hold of** *(= catch)* prendre ◆ **to get a ~ of o.s.** se maîtriser, se contrôler ◆ **get a ~ of yourself!** ressaisis-toi !
- **to get hold of** *(= find, trace) [+ object]* dénicher*, (réussir à) se procurer ; *[+ details, information]* réussir à obtenir ; *(= contact) [+ person]* contacter, joindre ◆ **can you get ~ of £500 by tomorrow?** est-ce que tu peux te procurer 500 livres d'ici demain ?* ◆ **where did you get ~ of that hat?** où as-tu déniché* *or* été trouver ce chapeau ? ◆ **children can all too easily get ~ of drugs** les enfants peuvent trop facilement se procurer de la drogue ◆ **where did you get ~ of that idea?** où as-tu été pêcher* *or* trouver cette idée ? ◆ **the press got ~ of the story** la presse s'empara de cette histoire ◆ **we've been trying to get ~ of him all day** nous avons essayé de le contacter *or* le joindre toute la journée
- **to take hold** *[fire]* prendre ; *[custom, practice]* se répandre ; *[idea]* faire son chemin ; *[recession, economic recovery, disease]* s'installer ; *[truce, ceasefire]* tenir ◆ **the reforms taking ~ in former Communist states** les réformes engagées dans les anciens États communistes ◆ **take ~!** tiens !
- **to keep hold of** tenir fermement, ne pas lâcher ◆ **keep ~ of the idea that ...** dites-vous bien que ...
- **on hold** *[phone call, order]* en attente ◆ **to put sb on ~** *(during phone call)* mettre qn en attente ◆ **nuclear testing was put on ~** les essais nucléaires ont été suspendus ◆ **he put his career on ~ to spend more time with his family** il a mis sa carrière entre parenthèses pour consacrer plus de temps à sa famille

2 - TRANSITIVE VERB

**a** [= grasp] tenir ◆ **~ this for a moment** tiens *or* prends ça un moment ◆ **he held my arm** il me tenait le bras ◆ **the dog held the stick in his mouth** le chien tenait le bâton dans sa gueule ◆ **she was ~ing her sister's hand** *(lit, fig)* elle tenait la main de sa sœur ◆ **they were ~ing hands** *(gen)* ils se tenaient par la main ; *[lovers]* ils étaient la main dans la main ◆ **she held him tight** elle l'a serré très fort ◆ **~ him tight or he'll fall** tenez-le bien pour qu'il ne tombe *subj* pas

**b** [= keep in place] ◆ **to ~ sth in place** maintenir qch en place ◆ **the nails ~ the carpet in place** les clous maintiennent la moquette en place ◆ **hair held in place with a clip** des cheveux attachés avec une barrette ◆ **she held the door open** elle a tenu la porte (ouverte) ◆ **a hat held by a ribbon tied under**

**the chin** un chapeau maintenu au moyen d'un ruban noué sous le menton

c [= support] supporter ◆ **the ladder won't ~ you** *or* **your weight** l'échelle ne supportera pas ton poids

d [= maintain, keep] **to ~ o.s. upright** se tenir droit ◆ **to ~ a note** *(Mus)* tenir une note ◆ **to ~ sth in mind** garder qch à l'esprit ◆ **to ~ an opinion** avoir une opinion ◆ **to ~ sb's attention/interest** retenir l'attention/l'intérêt de qn ◆ **can he ~ an audience?** est-ce qu'il sait tenir son public (en haleine) ? ◆ **this car ~s the road well** cette voiture tient bien la route ◆ **to ~ one's breath** *(lit, fig)* retenir son souffle ◆ **don't ~ your breath!** *(fig)* n'y compte pas trop ! ◆ **it's scheduled to finish in August, but don't ~ your breath** il est prévu que ce soit fini en août mais je n'y compterais pas trop ◆ **~ the line!** *(Telec)* ne quittez pas ! ◆ **I've been ~ing the line for several minutes** *(Telec)* cela fait plusieurs minutes que je suis en ligne *or* que j'attends

e [= have, possess] *[+ ticket, permit, driving licence]* avoir ; *[+ shares, record]* détenir ◆ **Spain held vast territories in South America** l'Espagne possédait de vastes territoires en Amérique du Sud

f [= defend successfully] *(gen, Mil)* tenir ◆ **the army held the bridge against the enemy** l'armée a tenu le pont malgré les attaques de l'ennemi ◆ **to ~ one's serve** *(Tennis)* gagner son service

◆ **to hold one's own** *(gen)* (bien) se débrouiller ; *[ill person]* se maintenir ◆ **he can ~ his own in German** il se débrouille très bien en allemand ◆ **he can ~ his own with anybody** il ne s'en laisse pas remontrer

g [= occupy] *[+ post, position]* avoir, occuper ; *(Rel) [+ living]* jouir de ◆ **he ~s the post of headmaster** il occupe le poste de directeur

h [= cause to take place] *[+ meeting, election, debate]* tenir ; *[+ conversation]* avoir, tenir ; *(Scol) [+ examination]* organiser ◆ **the exhibition is always held here** l'exposition se tient toujours *or* a toujours lieu ici ◆ **to ~ a service** *(Rel) [priest etc]* célébrer un office ◆ **they are ~ing a service to mark the day when ...** ils ont prévu une cérémonie pour commémorer le jour où ... ◆ **to ~ interviews** *[employer etc]* recevoir des candidats ◆ **the interviews are being held in London** les entretiens ont lieu à Londres

i [= contain] contenir ◆ **this box will ~ all my books** cette caisse est assez grande pour (contenir) tous mes livres ◆ **this bottle ~s one litre** cette bouteille a une contenance d'un litre *or* peut contenir un litre ◆ **this room ~s 20 people** il y a de la place pour 20 personnes dans cette salle ◆ **what does the future ~ for us?** qu'est-ce que l'avenir nous réserve ? ◆ **I wonder what the future ~s** je me demande ce que l'avenir nous réserve ◆ **she can ~ her drink** *or* **liquor!** * c'est fou ce qu'elle supporte bien l'alcool !

j [= keep, have charge of] garder ◆ **I will ~ the money until ...** je garderai l'argent jusqu'à ce que ... ◆ **my lawyer ~s these documents** ces documents sont chez mon avocat ◆ **the bank ~s these bills** la banque conserve ces effets ◆ **we don't ~ that information on our files** nous n'avons pas ces informations dans nos fichiers ◆ **the data is held on computer** ces données sont informatisées

k [= keep back, restrain] *[+ person]* tenir, retenir ◆ **to ~ a train** empêcher un train de partir ◆ **~ the letter until ...** n'envoyez pas la lettre avant que ... *+ subj* ◆ **"hold for arrival"** *(US on letters)* "ne pas faire suivre" ◆ **the police held him for two days** la police l'a gardé (à vue) pendant deux jours ◆ **there's no ~ing him** il n'y a pas moyen de l'arrêter ◆ **~ it!** * stop !

l [= believe, assert] ◆ **to ~ that ...** maintenir que ... ◆ **he ~s that matter does not exist** il maintient que la matière n'existe pas ◆ **to ~ sth to be true** considérer qch comme vrai ◆ **this is held to be true** cela passe pour vrai ◆ **the court held that ...** *(Jur)* la cour a statué que ... ◆ **it was held by the judge that ...** le juge a statué que ... ◆ **the law ~s that ...** la loi prévoit *or* stipule que ... ◆ **he was held guilty of the offence** on pensait que c'était lui qui avait commis le délit ◆ **to ~ sb responsible for sth** tenir qn pour responsable de qch ◆ **to ~ in high esteem** tenir en haute estime

◆ **to hold sth against sb** en vouloir à qn de qch ◆ **I don't ~ it against him** je ne lui en veux pas

3 - INTRANSITIVE VERB

a [= remain in place] *[rope, nail]* tenir, être solide ◆ **to ~ firm** *or* **tight** *or* **fast** *(= stay in place)* tenir ; see also **tight** ◆ **~ hard!** arrêtez !, minute ! *

b *[weather]* se maintenir

c [Telec] **can you ~, please?** ne quittez pas ! ◆ **I've been ~ing for several minutes** cela fait plusieurs minutes que je suis en ligne *or* que j'attends

d [also **hold good**] *[statement, argument]* être valable ◆ **your argument doesn't ~ (good)** votre argument n'est pas valable ◆ **the theory could still ~** la théorie pourrait tout de même être valable

4 - PHRASAL VERBS

► **hold back**

VI *(lit)* rester en arrière ; *(fig)* se retenir (*from sth* de qch ; *from doing sth* de faire qch) ◆ **I held back from telling him what I really thought** je me suis retenu de lui dire ce que je pensais vraiment

VT SEP a *[+ fears, emotions]* maîtriser ; *[+ tears]* retenir ◆ **the police held back the crowd** la police a contenu la foule ◆ **to ~ sb back from doing sth** empêcher qn de faire qch ◆ **they held back the names of the victims** ils n'ont pas divulgué le nom des victimes ◆ **he was ~ing something back from me** il me cachait quelque chose ◆ **his policies have held our country back economically** sa politique a bloqué l'essor économique *or* a freiné le développement (économique) de notre pays

b *(US Scol) [+ pupil]* faire redoubler ◆ **to be held back** redoubler

► **hold down** VT SEP a *(= keep in place)* maintenir en place ; *[+ person]* maintenir ◆ **to ~ one's head down** garder la tête baissée ◆ **we couldn't ~ him down** nous ne sommes pas arrivés à le maintenir au sol

b *(= keep low) [+ costs, prices, inflation, taxes]* empêcher d'augmenter ◆ **strict government regulation will ~ down costs** le gouvernement empêchera les coûts d'augmenter grâce à une réglementation stricte

c *[+ job] (= have)* avoir, occuper ; *(= keep)* garder ◆ **she's managed to ~ down a job as well as looking after the children** elle a réussi à continuer de travailler tout en s'occupant des enfants ◆ **he's ~ing down a good job** il a une belle situation ◆ **he can't ~ down a job** il ne garde jamais longtemps le même travail

► **hold forth**

VI faire des discours, disserter ◆ **he was ~ing forth on the subject of religion** il faisait des discours *or* dissertait sur la religion

VT SEP *(frm = hold out)* tendre

► **hold in** VT SEP retenir ◆ **~ your stomach in!** rentre ton ventre ! ◆ **to ~ in one's temper** se contenir, se retenir ◆ **he managed to ~ in his horse** il réussit à maîtriser son cheval ◆ **depression can sometimes be traced to ~ing in anger** le fait de réprimer sa colère peut entraîner la dépression ◆ **go ahead and cry, don't ~ it in** laisse-toi aller et pleure, n'essaie pas de te retenir

► **hold off**

VI ◆ **the rain has held off so far** jusqu'ici il n'a pas plu

VT SEP a *(= prevent from approaching)* tenir éloigné *or* à distance ◆ **they held off the enemy** ils tenaient l'ennemi à distance ◆ **try to ~ him off a little longer** *(fig)* essayez de le faire patienter encore un peu ◆ **I can't ~ him off any longer: you'll have to see him** je ne peux pas le faire attendre plus longtemps : il faut que vous le voyiez

b *(= resist)* ◆ **she held off all challengers to win the race** elle a gagné la course malgré les autres challengers

c *(= delay)* ◆ **to hold off doing sth** attendre pour faire qch ◆ **they held off eating until she had arrived** ils ont attendu qu'elle soit arrivée pour manger

► **hold on**

VI a *(= endure)* tenir bon, tenir le coup * ◆ **despite her aching shoulders, Nancy held on** malgré ses épaules qui lui faisaient mal, Nancy a tenu bon *or* a tenu le coup

b *(= wait)* attendre ◆ **~ on!** attendez ! ; *(on telephone)* ne quittez pas !

VT SEP maintenir (en place), tenir en place ◆ **this hinge ~s the lid on** cette charnière maintient le couvercle (en place) ◆ **to ~ one's hat on** tenir son chapeau sur sa tête

► **hold on to** VT FUS a *(= cling to) [+ rope, raft, branch]* se cramponner à, s'accrocher à ; *(fig) [+ hope, idea]* se raccrocher à

b *(= keep)* garder ◆ **~ on to this for me** *(= hold it)* tiens-moi ça ; *(= keep it)* garde-moi ça

► **hold out**

VI a *(= last) [supplies]* durer ◆ **how long will the food ~ out?** combien de temps est-ce que les provisions vont durer ? ◆ **if his luck ~s out** s'il continue à avoir de la chance

b *(= endure, resist)* tenir bon, tenir le coup ◆ **to ~ out against** *[+ enemy, attacks]* tenir bon devant ; *[+ change, improvements, progress, threats, fatigue]* résister à ◆ **one prisoner was still ~ing out on the roof of the jail** un prisonnier continuait à résister sur le toit de la prison ◆ **they are ~ing out for more pay** ils continuent de demander une augmentation

VT SEP *[+ object]* tendre (*sth to sb* qch à qn) ◆ **"I'm Nancy" she said, ~ing out her hand** "je m'appelle Nancy" dit-elle en tendant la main ◆ **to ~ out one's arms** ouvrir les bras

VT FUS ◆ **the doctors hold out little hope for him** les médecins ne lui donnent pas beaucoup de chances de s'en tirer ◆ **she's still ~ing out hope that ...** elle conserve toujours l'espoir que ... ◆ **the negotiations held out little hope of a settlement** il y avait peu d'espoir que les négociations aboutissent à un accord ◆ **the scheme ~s out the promise of great financial reward** ce projet promet de rapporter beaucoup d'un point de vue financier

► **hold out on** * VT FUS *[+ price etc]* s'en tenir à ◆ **you've been ~ing out on me!** tu m'as caché quelque chose !

► **hold over** VT SEP remettre ◆ **the meeting was held over until Friday** la réunion a été remise à vendredi

► **hold to**

VT FUS s'en tenir à ◆ **I ~ to what I said** je m'en tiens à ce que j'ai dit ◆ **he held to his religious beliefs** il restait attaché à ses convictions religieuses

**VT SEP** ◆ **to hold sb to a promise** faire tenir parole à qn ◆ **I'll ~ you to that!** je te prends au mot !

► **hold together**
**VI** *[objects]* tenir (ensemble) ; *[groups, people]* rester uni ◆ **the coalition will never ~ together for six months** la coalition ne tiendra jamais six mois ◆ **we must ~ together** il faut se serrer les coudes *or* rester unis
**VT SEP** *[+ objects]* maintenir (ensemble) ; *(fig) [+ political party]* maintenir l'union de ◆ **he held the family together** c'est grâce à lui que la famille est restée unie ◆ **she sought to ~ together the various factions in her party** elle a cherché à réconcilier les différentes factions de son parti

► **hold up**
**VI** **a** *(lit)* ◆ **that building won't hold up much longer** ce bâtiment ne tiendra plus longtemps debout
**b** *[argument]* tenir la route ; *[economy]* tenir le coup ◆ **the evidence doesn't ~ up** ces preuves ne tiennent pas la route
**VT SEP** **a** *(= raise)* lever, élever ◆ **~ it up higher** tiens-le plus haut ◆ **~ up your hand** levez la main ◆ **~ it up so that we can see it** soulevez-le pour que nous puissions le voir ◆ **to ~ sth up to the light** élever qch vers la lumière ◆ **I'll never be able to ~ my head up again** je ne pourrai plus jamais regarder personne en face ◆ **to ~ sb up to ridicule** tourner qn en ridicule ◆ **he had always been held up as an example to the younger ones** il avait toujours été cité en exemple aux plus jeunes
**b** *(= support)* soutenir ◆ **the roof is held up by pillars** le toit est soutenu par des piliers
**c** *(= stop)* arrêter ; *(= suspend)* différer, suspendre ; *(= cause delay to)* retarder ◆ **the traffic was held up by the accident** l'accident a ralenti la circulation ◆ **I'm sorry, I was held up** excusez-moi, j'ai été retenu ◆ **violence on the streets could ~ up progress towards reform** la violence dans les rues pourrait retarder les réformes
**d** *[robber] [+ bank, shop]* faire un hold-up dans, braquer * ; *[+ coach, person]* attaquer (à main armée), braquer *

► **hold with** * **VT FUS** ◆ **I don't hold with that** je désapprouve *or* réprouve cela ◆ **she doesn't ~ with people smoking** elle n'aime pas que l'on fume *subj*

**holdall** /ˈhəʊldɔːl/ **N** *(Brit)* (sac *m*) fourre-tout *m inv*

**holder** /ˈhəʊldəʳ/ **N** **a** *[of ticket, card]* détenteur *m*, -trice *f* ; *[of passport, office, post, title of nobility, diploma]* titulaire *mf* ; *[of stocks]* porteur *m*, -euse *f*, détenteur *m*, -trice *f* ; *[of farm]* exploitant *m* ; *(Sport etc) [of record]* détenteur *m*, -trice *f* ; *[of title]* détenteur *m*, -trice *f*, tenant(e) *m(f)* ◆ **the ~s of the European Football Championship** les détenteurs *or* les tenants du titre de champion d'Europe de football ◆ **account ~** *(Banking)* titulaire *mf* d'un compte **b** *(= object)* support *m* ◆ **penholder** porte-plume *m inv* ; → **cigarette**

**holding** /ˈhəʊldɪŋ/ **N** **a** *(= act)* tenue *f* ; *(Tech)* fixation *f* **b** *(= possession) [of lands]* possession *f*, jouissance *f* ; *[of stocks]* possession *f* **c** *(= farm)* propriété *f*, ferme *f* **NPL** **holdings** *(Fin) (= lands)* avoirs *mpl* fonciers ; *(= stocks)* intérêts *mpl*, participations *fpl*
**COMP** ▷ **holding company** **N** *(Fin)* holding *m*, société *f* de portefeuille

**holdout** /ˈhəʊldaʊt/ **N** *(US)* personne qui fait *obstacle*, obstacle *m* ◆ **Britain was the only ~ on this agreement** la Grande-Bretagne était le seul pays à faire obstacle à cet accord

**holdover** * /ˈhəʊldəʊvəʳ/ **N** *(US: esp Pol)* rescapé(e) *m(f) (fig)*

**holdup** /ˈhəʊldʌp/ **N** **a** *(= robbery)* hold-up *m inv*, braquage * *m* **b** *(= delay)* retard *m* ; *(in traffic)* embouteillage *m*, bouchon *m* ◆ **there's been a ~ in the delivery** il y a eu un retard dans la livraison ◆ **a big ~ owing to roadworks** un gros embouteillage *or* bouchon dû aux travaux

**hole** /həʊl/ **N** **a** trou *m* ; *(in defences, dam)* brèche *f* ; *(in clouds)* trouée *f* ◆ **he spied on them through a ~ in the wall** il les a espionnés en regardant par un trou dans le mur ◆ **these socks are in ~s** *or* **full of ~s** ces chaussettes sont toutes trouées *or* pleines de trous ◆ **to wear a ~ in sth** trouer qch ◆ **to wear into ~s** se trouer ◆ **I need it like I need a ~ in the head!** ‡ je n'ai vraiment pas besoin de ça !
**b** *[of mouse]* trou *m* ; *[of rabbit, fox]* terrier *m*
**c** *(Golf)* trou *m* ◆ **we played nine ~s** nous avons fait neuf trous ; → **comp**
**d** *(fig = gap)* ◆ **it made** *or* **blew a ~ in his savings** cela a fait un trou dans ses économies ◆ **to blow a ~ in sb's plans** saborder les plans de qn ◆ **there were some ~s in his theory/his argument** il y avait des failles *fpl or* des faiblesses *fpl* dans sa théorie/son argumentation ◆ **the plot is full of ~s** l'intrigue est mal ficelée ◆ **his story's full of ~s** sa version des faits ne tient pas debout ; → **burn**[1], **knock, pick**
**e** *(* = trouble)* **they were in a nasty ~** ils étaient dans un sale pétrin ◆ **he got me out of a ~** il m'a tiré d'embarras *or* d'un mauvais pas
**f** *( * pej) (= town)* trou *m* (paumé) * ; *(= room, house)* bouge *m*
**VT** **a** faire un trou dans, trouer ◆ **the ship was ~d by a missile** un missile a fait un trou dans le bateau
**b** *(Golf) [+ putt]* enquiller ◆ **to ~ a ball in three** faire un *or* le trou en trois ◆ **he ~d the 5th in three** il a fait le (trou numéro) cinq en trois coups, il a fait trois sur le cinq
**VI** **a** *[socks, pullover]* se trouer
**b** *(Golf:* also **hole out**) terminer le trou ◆ **to ~ in one** faire le *or* un trou en un ; see also **comp** ◆ **he ~d from nine feet at the 18th** il a fait le 18e trou à trois mètres
**c** *(Billiards)* bloquer
**COMP** ▷ **hole-and-corner** **ADJ** *(pej) (= secret)* clandestin, secret (-ète *f*) ; *(= furtive)* furtif ; *(= underhand)* fait en douce * ▷ **hole in one** **N** *(Golf)* trou *m* en un ▷ **hole in the heart** **N** maladie *f* bleue ◆ **she was born with a ~ in the heart** elle est née avec une malformation cardiaque *or* du cœur ▷ **hole-in-the-heart** **ADJ** ◆ **~-in-the-heart baby** enfant *mf* bleu(e) ◆ **~-in-the-heart operation** opération *f* pour communication interventriculaire ▷ **hole-in-the-wall** * **N** *(Brit = cash dispenser)* distributeur *m* de billets

► **hole up** **VI** *[animal, criminal]* se terrer ◆ **she's been ~d up in her study all day** elle a passé toute la journée cloîtrée dans son bureau

**holey** /ˈhəʊlɪ/ **ADJ** plein de trous, (tout) troué

**holiday** /ˈhɒlɪdeɪ/ **N** *(esp Brit) (= vacation)* vacances *fpl* ; *(= day off)* (jour *m* de) congé *m* ; *(= public holiday)* jour *m* férié ◆ **to take a ~** prendre des vacances *or* un congé ◆ **to take a month's ~** prendre un mois de vacances ◆ **~s with pay, paid ~s** congés *mpl* payés ◆ **tomorrow is a ~** demain est un jour férié ◆ **the school ~(s)** les vacances *fpl* scolaires ◆ **the Christmas ~(s)** les vacances *fpl* de Noël ◆ **we were in ~ mood** on se sentait en vacances ; → **bank**[2]
♦ **on holiday** en vacances, en congé ◆ **to go on ~** partir en vacances
**VI** *(esp Brit)* passer les vacances ◆ **they were ~ing at home** ils prenaient leurs vacances à la maison
**COMP** ▷ **holiday camp** **N** *(Brit) (gen)* camp *m* de vacances ; *(for children only)* colonie *f or* camp *m* de vacances ▷ **holiday clothes** **NPL** tenue *f* de vacances ▷ **holiday feeling** **N** atmosphère *f or* ambiance *f* de vacances ▷ **holiday home** **N** *(esp Brit)* maison *f or* résidence *f* secondaire ▷ **holiday job** **N** *(Brit)* emploi *m* temporaire *(pendant les vacances)* ▷ **holiday-maker** **N** *(Brit)* vacancier *m*, -ière *f* ; *(in summer)* estivant(e) *m(f)* ▷ **holiday pay** **N** *(esp Brit)* congés *mpl* payés ◆ **they don't get ~ pay** ils n'ont pas droit aux congés payés ▷ **holiday resort** **N** *(esp Brit)* villégiature *f*, lieu *m* de vacances ▷ **holiday season** **N** période *f* des vacances ▷ **holiday spirit** **N** air *m or* ambiance *f* de vacances ◆ **he's already lost his ~ spirit** il ne se sent déjà plus en vacances ▷ **holiday traffic** **N** départs *mpl* en (*or* retours *mpl* de) vacances

**holier-than-thou** * /ˈhəʊlɪəðənˈðaʊ/ **ADJ** *[person]* imbu de soi-même, supérieur ; *(in religious matters)* pharisien ; *[attitude]* suffisant

**holiness** /ˈhəʊlɪnɪs/ **N** sainteté *f* ◆ **His Holiness** Sa Sainteté

**holism** /ˈhəʊlɪzəm/ **N** holisme *m*

**holistic** /həʊˈlɪstɪk/ **ADJ** holistique

**Holland** /ˈhɒlənd/ **N** **a** Hollande *f*, Pays-Bas *mpl* ◆ **in ~** en Hollande, aux Pays-Bas **b** *(Tex)* **holland** toile *f* de Hollande

**holler** * /ˈhɒləʳ/ *(esp US)* **N** braillement *m* **VTI** (also **holler out**) brailler, beugler * ◆ **to ~ at sb** *(= tell off)* crier après qn

**hollow** /ˈhɒləʊ/ **ADJ** **a** *(= empty inside) [tree, tooth, log, stem]* creux ◆ **to sound ~** *[object]* sonner creux ◆ **to have a ~ feeling in one's stomach** *(from hunger)* avoir le ventre creux ; *(from emotion)* avoir l'estomac noué
**b** *(= sunken) [cheeks]* creux ; *[eyes]* creux, cave
**c** *(= hollow-sounding) [laugh]* creux ; *[voice]* caverneux ; *[sound] (from box)* creux ; *(from hall, cave)* caverneux ; → **beat**
**d** *(= false, empty) [person, victory]* faux (fausse *f*) ; *[promise, threat, gesture]* vain ◆ **~ words** des paroles *fpl* creuses ◆ **to have a ~ ring, to ring ~** sonner faux ◆ **a ~ sham** une dérisoire comédie
**N** *(in ground, gen)* creux *m* ; *(= valley)* cuvette *f* ; *[of back, hand, tree]* creux *m* ; *[of tooth]* cavité *f* ◆ **to have** *or* **hold sb in the ~ of one's hand** mener qn par le bout du nez
**VT** (also **hollow out**) creuser ; *(= scoop out) [+ apple etc]* évider
**COMP** ▷ **hollow-cheeked** **ADJ** aux joues creuses *or* creusées ▷ **hollow-eyed** **ADJ** aux yeux caves *or* creux

**hollowly** /ˈhɒləʊlɪ/ **ADV** *[echo]* avec un bruit creux ; *[say]* platement ◆ **to ring ~** sonner creux ◆ **to laugh ~** rire jaune

**hollowness** /ˈhɒləʊnɪs/ **N** *[of promise, guarantee]* manque *m* de sincérité, vacuité *f*

**holly** /ˈhɒlɪ/ **N** houx *m* **COMP** ▷ **holly berry** **N** baie *f* de houx

**hollyhock** /ˈhɒlɪˌhɒk/ **N** rose *f* trémière

**Hollywood** /ˈhɒlɪˌwʊd/ **N** Hollywood

**holmium** /ˈhɒlmɪəm/ **N** holmium *m*

**holm oak** /ˈhəʊmˈəʊk/ **N** chêne *m* vert, yeuse *f*

**holocaust** /ˈhɒləkɔːst/ **N** holocauste *m* ◆ **the Holocaust** *(Hist)* l'Holocauste *m*

**hologram** /ˈhɒləˌɡræm/ **N** hologramme *m*

**holograph** /ˈhɒləgrɑːf/ **N** document *m* (h)olographe **ADJ** (h)olographe

**holographic** /ˌhɒləˈgræfɪk/ **ADJ** holographique

**holography** /hɒˈlɒgrəfɪ/ **N** holographie *f*

**holophrastic** /ˌhɒləˈfræstɪk/ **ADJ** holophrastique

**hols** * /hɒlz/ **N** *(Brit)* (abbrev of **holidays**) vacances *fpl*

**holster** /ˈhəʊlstəʳ/ **N** étui *m* de revolver ; *(on saddle)* fonte *f*

**holy** /ˈhəʊlɪ/ **ADJ** *[object, place, day, book]* saint ◆ **~ war** guerre *f* sainte ◆ **on ~ ground** dans un lieu saint ◆ **the ~ month of Ramadan** le mois sacré du ramadan ◆ **that child is a ~ terror** * cet enfant est un vrai démon ◆ **~ cow** or **smoke** or **Moses** or **Moley** or **mackerel!** ‡ sacrebleu ! * ◆ **~ shit!** *‡ nom de Dieu ! ‡ ◆ **Holy (Mary) Mother of God!** ‡ nom de Dieu ! ‡ ; → **innocent**

**N** ◆ **the ~ of holies** le saint des saints

**COMP** ▷ **the Holy Alliance N** la Sainte-Alliance ▷ **the Holy Bible N** la sainte bible ▷ **the Holy City N** la Ville sainte ▷ **Holy Communion N** sainte communion *f* ▷ **Holy Eucharist N** saint sacrement *m* ▷ **the Holy Family N** la Sainte famille ▷ **the Holy Father N** le Saint-Père ▷ **the Holy Ghost N** ⇒ **Holy Spirit** ▷ **the Holy Grail N** le Saint-Graal ; *(fig)* le graal ▷ **Holy Joe** * **N** *(= clergyman)* curé *m* ; *(= sanctimonious person)* bondieusard(e) *m(f)* *(pej)* ▷ **the Holy Land N** la Terre sainte ◆ **in the Holy Land** en Terre sainte ▷ **holy man N** (pl **holy men**) saint homme *m* ▷ **holy matrimony N** les liens *mpl* sacrés du mariage ◆ **they were joined in ~ matrimony** ils ont été unis par les liens sacrés du mariage ▷ **the Holy Office N** le Saint-Office ▷ **holy oil N** huile *f* bénite ▷ **holy orders NPL** ordres *mpl* ◆ **in ~ orders** dans les ordres ◆ **to take ~ orders** entrer dans les ordres ▷ **holy picture N** image *f* pieuse ▷ **the Holy Roman Empire N** le Saint Empire romain germanique ▷ **the Holy Rood N** la sainte Croix ▷ **Holy Saturday N** samedi *m* saint ▷ **Holy Scripture N** Écriture *f* sainte ▷ **the Holy See N** le Saint-Siège ▷ **the Holy Sepulchre N** le Saint-Sépulcre ▷ **the Holy Spirit N** le Saint-Esprit, l'Esprit *m* saint ▷ **the Holy Trinity N** la sainte Trinité ▷ **holy water N** eau *f* bénite ▷ **Holy Week N** semaine sainte *f* ▷ **Holy Writ** † **N** *(= scripture)* Écriture *f* sainte ◆ **he treats everything she says as if it were Holy Writ** pour lui, tout ce qu'elle dit est parole d'évangile ▷ **Holy Year N** année *f* sainte

**holystone** /ˈhəʊlɪstəʊn/ *(Naut)* **N** brique *f* à pont **VT** briquer

**homage** /ˈhɒmɪdʒ/ **N** *(NonC)* hommage *m* ◆ **to pay ~ to sb/sth** rendre hommage à qn/qch ◆ **in ~ to sb/sth** en hommage à qn/qch

**homburg** /ˈhɒmbɜːg/ **N** chapeau *m* mou, feutre *m* (souple)

**home** /həʊm/ **N** **a** maison *f*, chez-soi *m* ◆ **to have a ~ of one's own** avoir sa propre maison (*or* son propre appartement) ◆ **he was glad to see his ~ again** il était content de rentrer chez lui ◆ **it is quite near my ~** c'est tout près de chez moi ◆ **his ~ is in Paris** il habite Paris ◆ **I live in Paris but my ~ is in London** je suis de Londres, mais j'habite à Paris en ce moment ◆ **~ for me is Edinburgh** c'est à Édimbourg que je me sens chez moi ◆ **for some years he made his ~ in France** pendant quelques années il a habité en France ◆ **refugees who made their ~ in Britain** les réfugiés qui se sont installés en Grande-Bretagne ◆ **~ for them is England now, they now call England ~** maintenant l'Angleterre c'est leur pays ◆ **Warwick is ~ to some 550 international students** il y a quelque 550 étudiants étrangers à Warwick ◆ **the building is ~ to over 1,000 students** plus de 1 000 étudiants logent dans ce bâtiment ◆ **he is far from ~** il est loin de chez lui ◆ **he has been away from ~ for some months** il est loin de chez lui depuis quelques mois ◆ **there's no place like ~** *(Prov)* ◆ **~ is where the heart is** *(Prov)* on n'est vraiment bien que chez soi ◆ **he has no ~** il n'a pas de foyer ◆ **to give sb/an animal a ~** recueillir qn/un animal chez soi *or* sous son toit ◆ **he made a ~ for his sisters** il a accueilli ses sœurs sous son toit ◆ **it's a ~ from ~** *(Brit)* or **away from ~** *(US)* c'est mon second chez-moi (*or* son second chez-soi *etc*) ◆ **she has a lovely ~** c'est joli chez elle ◆ **he comes from a broken ~** il vient d'un foyer désuni ◆ **"good home wanted for kitten"** "cherche foyer accueillant pour chaton" ◆ **accidents in the ~** accidents *mpl* domestiques ; → **leave, set up, spiritual**

◆ **at home** chez soi, à la maison ◆ **I'll be at ~ this afternoon** je serai chez moi cet après-midi ◆ **is Paul at ~?** est-ce que Paul est à la maison ? ◆ **Celtic are at ~ to Rangers, Celtic are playing Rangers at ~** *(Ftbl)* le Celtic joue à domicile contre les Rangers, le Celtic reçoit les Rangers ◆ **Mrs Gough is not at ~** *(frm = not receiving visitors)* Mme Gough ne reçoit pas ◆ **Mrs Gough is not at ~ to anyone** *(frm)* Mme Gough ne reçoit personne ◆ **to be** *or* **feel at ~ with sb** se sentir à l'aise avec qn ◆ **he doesn't feel at ~ in English** il n'est pas à l'aise en anglais ◆ **to make o.s. at ~** se mettre à l'aise, faire comme chez soi ◆ **make yourself at ~!** *(fig, also iro)* faites comme chez vous ! ◆ **who's he when he's at ~?** * qui c'est celui-là ? * ◆ **what's that when it's at ~?** * qu'est-ce que c'est que ça ?

**b** *(= country of origin)* pays *m* natal, patrie *f* ◆ **at ~ and abroad** ici et *or* chez nous et à l'étranger ◆ **the Russians, at ~ and abroad** les Russes, chez eux et à l'étranger ◆ **to bring sth closer** *or* **nearer (to) ~ for sb** permettre à qn de mieux se rendre compte de qch ◆ **let's concentrate on problems closer** *or* **nearer to ~** occupons-nous de problèmes qui nous concernent plus directement ◆ **her jokes about bald people were a bit too close to ~ for him** ses plaisanteries sur les chauves le touchaient au vif ◆ **Scotland is the ~ of the haggis** l'Écosse est le pays du haggis ◆ **Bordeaux is the ~ of some of the world's finest wines** Bordeaux produit certains des meilleurs vins du monde

**c** *(= institution)* maison *f*, institution *f* ; *(shorter-term)* foyer *m* ◆ **children's ~** maison *f* pour enfants ; → **maternity, mental, nursing**

**d** *(Bot, Zool)* habitat *m*

**e** *(Racing)* arrivée *f*

**f** *(Baseball)* base *f* de départ

**ADV** **a** chez soi, à la maison ◆ **to go ~** rentrer (chez soi *or* à la maison) ◆ **to get ~** rentrer ◆ **I got ~ at 5 o'clock** je suis rentré (chez moi *or* à la maison) à 5 heures ◆ **I'll be ~ at 5 o'clock** je serai à la maison à 5 heures, je rentrerai à 5 heures ◆ **I met him on the journey ~** je l'ai rencontré sur le chemin du retour ◆ **I must write ~** il faut que j'écrive à ma famille ◆ **it's nothing to write ~ about** * ça ne casse pas des briques *, ça ne casse rien * ◆ **to be ~ and dry** *or (US)* **~ free** *(fig)* être arrivé au bout de ses peines

**b** *(from abroad)* dans son pays, chez soi ◆ **he came ~ from abroad** il est rentré de l'étranger ◆ **to go** *or* **return ~** rentrer dans son pays

**c** *(= right in etc)* à fond ◆ **to drive a nail ~** enfoncer un clou à fond ◆ **to bring sth ~ to sb** faire comprendre *or* faire voir qch à qn ◆ **the horror of the situation was brought ~ to him when ...** l'horreur de la situation lui est apparue pleinement quand ... ◆ **to drive** *or* **hammer sth ~** *(fig)* bien faire comprendre qch ◆ **he nodded the ball ~** *(Ftbl)* il a marqué un but de la tête ◆ **he drove the ball ~ from 15 metres** *(Ftbl)* il a marqué un but grâce à un tir de 15 mètres ◆ **to push ~ an attack** pousser à fond une attaque ; → **hit**

**VI** revenir *or* rentrer chez soi ; *[pigeons]* revenir au colombier

**COMP** *[atmosphere]* de famille, familial ; *[troubles]* de famille, domestique ; *(Econ, Pol)* du pays, national ; *[policy, market]* intérieur (-eure *f*) ▷ **home address N** *(on forms etc)* domicile *m* (permanent) ; *(as opposed to business address)* adresse *f* personnelle ▷ **home assembly N** ◆ **for ~ assembly** en kit ▷ **home-baked ADJ** (fait) maison *inv* ◆ **~-baked bread** pain *m* fait maison ▷ **home baking N** *(= cakes etc)* pâtisseries *fpl* maison ▷ **home banking N** banque *f* à domicile ▷ **home base N** *(Baseball)* base *f* de départ ▷ **home birth N** accouchement *m* à domicile ▷ **home brew N** *(= beer)* bière *f* faite à la maison ; *(= wine)* vin *m* fait à la maison ▷ **home-buying N** achats *mpl* de logements ; *(first-time)* accession *f* à la propriété ▷ **home comforts NPL** confort *m* du foyer ▷ **home computer N** ordinateur *m* personnel ▷ **home cooking N** cuisine *f* familiale ▷ **the Home Counties NPL** *(Brit) les comtés qui entourent Londres* ▷ **home country N** pays *m* natal *or* d'origine ▷ **home delivery N** *(Comm) [of meals, shopping]* livraison *f* à domicile ; *(Med) [of baby]* accouchement *m* à domicile ▷ **home economics N** *(NonC)* économie *f* domestique ▷ **home entertainment system N** équipement *m* hi-fi, TV et vidéo ▷ **home field N** *(US)* ⇒ **home ground** ▷ **home front N** ◆ **on the ~ front** *(Pol, Mil)* à l'intérieur ; *(* hum = at home)* à la maison ▷ **home ground N** *(Sport)* ◆ **to play at one's ~ ground** jouer sur son terrain *or* à domicile ◆ **to be on ~ ground** *(fig)* être sur son terrain ▷ **home-grown ADJ** *(= not foreign)* du pays ; *(= from own garden)* du jardin ▷ **Home Guard N** *(Brit) volontaires pour la défense du territoire (1940-45)* ▷ **home heating oil N** fuel *m* domestique ▷ **home help N** *(Brit Social Work) (= person)* aide *f* ménagère ◆ **do you have any ~ help?** *(= assistance)* est-ce que vous avez quelqu'un pour vous aider à la maison ? ▷ **home improvement grant N** prime *f* à l'amélioration de l'habitat ▷ **home improvement loan N** prêt *m* pour l'amélioration de l'habitat ▷ **home improvements NPL** réfection *f* de logements ; *(= DIY)* bricolage *m* ▷ **home leave N** *(gen)* congé *m* au foyer ; *(Mil)* permission *f* ▷ **home life N** vie *f* de famille ▷ **home loan N** prêt *m* immobilier ▷ **home-lover N** casanier *m*, -ière *f* ; *(woman)* femme *f* d'intérieur ▷ **home-loving ADJ** casanier ▷ **home-made ADJ** (fait) maison *inv* ▷ **home-maker N** femme *f* d'intérieur ▷ **home match N** *(Sport)* match *m* à domicile ▷ **home movie N** vidéo *f* amateur ▷ **home news N** *(gen)* nouvelles *fpl* de chez soi ; *(Pol)* nouvelles *fpl* nationales ▷ **the Home Office N** *(Brit)* ≃ le ministère de l'Intérieur ▷ **home owner N** propriétaire *mf* ▷ **home ownership N** ◆ **~ ownership is on the increase** de plus en plus de gens sont propriétaires de leur logement ▷ **home page N** *(Comput)* page *f* d'accueil ▷ **home port N** *(Naut)* port *m* d'attache ▷ **home posting N** *(Brit: of diplomat, soldier)* affectation *f* au pays ▷ **home rule N** autonomie *f* ▷ **home run N** *[of ship, truck]* voyage *m* de retour ; *(Baseball)* coup *m* de circuit ◆ **to hit a ~ run** *(Baseball)* faire *or* réussir un coup de circuit ; *(US fig)* réussir un beau coup ▷ **home sales** NPL ventes *fpl* intérieures *or* domestiques ▷ **Home Secretary** N *(Brit)* ≃ ministre *m* de l'Intérieur ▷ **home shopping** N *(by post, telephone)* achat par correspondance ou par téléphone ; *(by computer, television)* téléachat *m* ▷ **home side** N *(Sport)* ⇒ **home team** ▷ **home State** N *(US)* État *m* d'origine ▷ **home straight**, **home stretch** N ◆ **to be in the ~ straight** *(Sport)* être dans la (dernière) ligne droite ; *(fig)* toucher au but ▷ **home team** N *(Ftbl etc)* équipe *f* qui reçoit ▷ **home territory** N *(fig)* ◆ **to be on one's ~ territory** être sur son terrain ▷ **home time** N ◆ **it's ~ time** c'est l'heure de rentrer à la maison ▷ **home town** N ◆ **my ~ town** *(= place of birth)* ma ville natale ; *(= where I grew up)* la ville où j'ai grandi ▷ **home truth** N ◆ **I'll tell him a few ~ truths** je vais lui dire ses quatre vérités ▷ **home video** N vidéo *f* amateur ▷ **home visit** N *(by doctor etc)* visite *f* à domicile ▷ **home waters** NPL *(Naut) (= territorial waters)* eaux *fpl* territoriales ; *(near home port)* eaux *fpl* voisines du port d'attache

► **home in on, home on to** VT FUS *[missile]* *(= move towards)* se diriger vers *or* sur ; *(= reach)* atteindre

**homebody** * /ˈhəʊmbɒdɪ/ N *(esp US)* casanier *m*, -ière *f*, pantouflard(e) * *m(f)* *(pej)*

**homebound** /ˈhəʊmˈbaʊnd/ ADJ *(= on the way home)* *[traveller]* qui rentre chez soi

**homeboy** * /ˈhəʊmbɔɪ/ N *(US)* pote * *m*

**homecoming** /ˈhəʊmkʌmɪŋ/ N a *(gen)* retour *m* à la maison ; *(to one's country)* retour *m* au pays ; *(of soldier etc)* retour *m* au foyer b *(US Scol, Univ)* fête *f* annuelle *(marquant le début de l'année universitaire)*

**homegirl** * /ˈhəʊmgɜːl/ N *(US)* copine * *f*

**homeland** /ˈhəʊmlænd/ N *(gen)* patrie *f* ; *(in South Africa)* homeland *m*

**homeless** /ˈhəʊmlɪs/ ADJ sans foyer, sans abri NPL **the homeless** les SDF *mpl* ; → **single**

**homelessness** /ˈhəʊmlɪsnɪs/ N ◆ **~ is on the increase** il y a de plus en plus de SDF ◆ **what's the government doing about ~?** que fait le gouvernement pour les SDF ?

**homelike** /ˈhəʊmlaɪk/ ADJ accueillant, confortable

**homely** /ˈhəʊmlɪ/ ADJ a *(esp Brit)* *[person]* aux goûts simples ; *[atmosphere, room, place]* accueillant ; *[dish, food]* simple, familial b *(US = plain)* *[person]* sans charme ; *[appearance]* peu attrayant

**homeopath** /ˈhəʊmɪəʊpæθ/ N homéopathe *mf*

**homeopathic** /ˌhəʊmɪəʊˈpæθɪk/ ADJ *[medicine, methods]* homéopathique ; *[doctor]* homéopathe

**homeopathy** /ˌhəʊmɪˈɒpəθɪ/ N homéopathie *f*

**Homer** /ˈhəʊməʳ/ N Homère *m*

**homer** /ˈhəʊməʳ/ N a *(US Baseball *)* coup *m* de circuit b *(Brit = homing pigeon)* pigeon *m* voyageur

**Homeric** /həʊˈmerɪk/ ADJ homérique

**homeroom** /ˈhəʊmrʊm/ N *(US Scol)* salle *f* de classe *(affectée à une classe particulière)* COMP ▷ **homeroom teacher** N ≃ professeur *m* principal

**homesick** /ˈhəʊmsɪk/ ADJ nostalgique ◆ **to be ~** *(for place)* avoir le mal du pays ; *(for one's family)* s'ennuyer de sa famille ◆ **to be ~ for sth** avoir la nostalgie de qch

**homesickness** /ˈhəʊmsɪknɪs/ N mal *m* du pays

**homespun** /ˈhəʊmspʌn/ ADJ *[cloth]* filé à domicile ; *(fig)* simple, sans recherche N homespun *m*

**homestead** /ˈhəʊmsted/ *(esp US)* N *(= house etc)* propriété *f* ; *(= farm)* ferme *f* COMP ▷ **the Homestead Act** N *(US)* *la loi agraire de 1862*

**homesteader** /ˈhəʊmstedəʳ/ N *(US)* colon *m* *(pionnier)*

**homeward** /ˈhəʊmwəd/ ADJ de retour ◆ **~ journey** (voyage *m* de) retour *m* ADV *(Brit)* (also **homewards**) ◆ **to head ~** partir en direction de chez soi ◆ **to hurry ~** se dépêcher de rentrer chez soi COMP ▷ **homeward bound** ADV ◆ **to be ~ bound** être sur le chemin de retour ◆ **~-bound commuters** banlieusards *mpl* rentrant chez eux

**homework** /ˈhəʊmwɜːk/ N *(Scol)* devoirs *mpl* COMP ▷ **homework diary** N cahier *m* de textes ▷ **homework exercise** N devoir *m* ▷ **homework notebook** N ⇒ **homework diary**

**homeworker** /ˈhəʊmwɜːkəʳ/ N travailleur *m*, -euse *f* à domicile

**homeworking** /ˈhəʊmwɜːkɪŋ/ N travail *m* à domicile

**homey** /ˈhəʊmɪ/ ADJ *(US)* ⇒ **homely b**

**homicidal** /ˌhɒmɪˈsaɪdl/ ADJ *[tendencies]* homicide ; *[rage]* meurtrier ◆ **~ maniac** fou *m* dangereux, folle *f* dangereuse

**homicide** /ˈhɒmɪsaɪd/ N *(= act)* homicide *m* ; *(= person)* homicide *mf*

**homie** ‡ /ˈhəʊmɪ/ N *(US)* ⇒ **homeboy, homegirl**

**homily** /ˈhɒmɪlɪ/ N *(Rel)* homélie *f* ; *(fig)* sermon *m*, homélie *f*

**homing** /ˈhəʊmɪŋ/ ADJ *[missile]* à tête chercheuse COMP ▷ **homing device** N tête *f* chercheuse ▷ **homing instinct** N *[of animal]* instinct *m* de retour (à l'habitat d'origine) ▷ **homing pigeon** N pigeon *m* voyageur

**hominy** /ˈhɒmɪnɪ/ N *(US)* maïs *m* concassé COMP ▷ **hominy grits** NPL *(US)* bouillie *f* de maïs concassé

**homo** † ‡ /ˈhəʊməʊ/ ADJ, N (abbrev of **homosexual**) *(pej)* pédé ‡ *m* *(pej)*, homo * *mf*

**homoeopath** /ˈhəʊmɪəʊpæθ/ N ⇒ **homeopath**

**homoeopathic** /ˌhəʊmɪəʊˈpæθɪk/ ADJ ⇒ **homeopathic**

**homoeopathy** /ˌhəʊmɪˈɒpəθɪ/ N ⇒ **homeopathy**

**homoeostasis** /ˌhəʊmɪəʊˈsteɪsɪs/ N ⇒ **homeostasis**

**homoerotic** /ˌhəʊməʊɪˈrɒtɪk/ ADJ homoérotique

**homoeroticism** /ˌhəʊməʊɪˈrɒtɪsɪzm/ N homoérotisme *m*

**homogeneity** /ˌhəʊməʊdʒɪˈniːɪtɪ/ N homogénéité *f*

**homogeneous** /ˌhəʊməˈdʒiːnɪəs/ ADJ homogène

**homogenize** /həˈmɒdʒənaɪz/ VT homogénéiser

**homogenous** /həˈmɒdʒɪnəs/ ADJ ⇒ **homogeneous**

**homograph** /ˈhɒməʊgrɑːf/ N homographe *m*

**homographic** /ˌhɒməˈgræfɪk/ ADJ homographique

**homography** /hɒˈmɒgrəfɪ/ N homographie *f*

**homonym** /ˈhɒmənɪm/ N homonyme *m*

**homonymic** /ˌhɒməˈnɪmɪk/ ADJ homonymique

**homonymy** /hɒˈmɒnɪmɪ/ N homonymie *f*

**homophobe** /ˌhəʊməʊˈfəʊb/ N homophobe *mf*

**homophobia** /ˌhɒməʊˈfəʊbɪə/ N homophobie *f*

**homophobic** /ˌhɒməʊˈfəʊbɪk/ ADJ homophobe

**homophone** /ˈhɒməfəʊn/ N homophone *m*

**homophonic** /ˌhɒməˈfɒnɪk/ ADJ homophone

**homophony** /hɒˈmɒfənɪ/ N homophonie *f*

**homo sapiens** /ˈhɒməʊˈsæpɪˌenz/ N homo sapiens *m*

**homosexual** /ˌhɒməʊˈseksjʊəl/ ADJ, N homosexuel(le) *m(f)*

**homosexuality** /ˌhɒməʊseksjʊˈælɪtɪ/ N homosexualité *f*

**homunculus** /hɒˈmʌŋkjʊləs/ N (pl **homunculi** /hɒˈmʌŋkjʊlaɪ/) homoncule *m* *or* homuncule *m*

**hon** * /hʌn/ N *(US)* (abbrev of **honey**) ◆ **hi, ~!** bonjour, chéri(e) !

**Hon.** *(in titles)* abbrev of **Honorary** *or* **Honourable**

**honcho** * /ˈhɒntʃəʊ/ N *(US)* patron *m*, grand chef *m*

**Honduran** /hɒnˈdjʊərən/ ADJ hondurien N Hondurien(ne) *m(f)*

**Honduras** /hɒnˈdjʊərəs/ N Honduras *m* ◆ **in ~** au Honduras

**hone** /həʊn/ N pierre *f* à aiguiser VT a *[+ craft, abilities, wit, skill]* affiner ◆ **~d to perfection, finely ~d** parfaitement affiné ◆ **a finely ~d body** un corps d'athlète b *[+ blade]* affûter, affiler ◆ **finely ~d** parfaitement affûté *or* affilé

**honest** /ˈɒnɪst/ ADJ *[person, action]* honnête (*with sb* avec qn ; *about sth* en ce qui concerne qch) ; *[face]* franc (franche *f*) ; *[answer]* franc (franche *f*), sincère ; *[money, profit]* honnêtement acquis *or* gagné ; *(Jur)* *[goods]* de qualité loyale et marchande ◆ **he's (as) ~ as the day is long** il est on ne peut plus honnête, il est foncièrement honnête ◆ **now, be ~!** *(= say what you think)* allons, dis ce que tu penses ! ; *(= tell the truth, be objective)* allons, sois honnête ! ◆ **to be ~ (with you) ...** à vrai dire ... ◆ **~ (injun)!** * parole d'honneur ! ◆ **~ to goodness** *or* **God!** * *(expressing sincerity)* parole d'honneur ! ; *(expressing impatience)* vingt dieux ! * ◆ **by ~ means** par des moyens honnêtes ◆ **an ~ mistake** une erreur commise en toute bonne foi ◆ **I'd like your ~ opinion of it** j'aimerais que vous me donniez honnêtement votre avis (là-dessus) ◆ **an ~ day's work** une honnête journée de travail ◆ **to earn an ~ penny** *or* **crust** *(hum)* gagner honnêtement sa vie *or* son pain ◆ **I'm trying to turn an ~ penny** j'essaie de me faire de l'argent honnêtement ◆ **the ~ truth** la pure vérité ◆ **(the) God's ~ truth** * la vérité pure ◆ **he made an ~ woman of her** *(† or hum)* il a fini par l'épouser ◆ **good, ~ home cooking** de la bonne cuisine bourgeoise

COMP ▷ **honest broker** N *(Brit esp Pol)* médiateur *m*, -trice *f* ▷ **honest-to-God** *, **honest-to-goodness** * ADJ très simple, sans chichi *

**honestly** /ˈɒnɪstlɪ/ ADV *[act, behave, say, answer]* honnêtement ; *[think, expect]* vraiment ◆ **~?** c'est vrai ? ◆ **I can ~ say that ...** franchement *or* en toute honnêteté, je peux dire que ... ◆ **I ~ believe that ...** je suis convaincu que ... ◆ **no, ~, I'm fine** non, vraiment, je me sens bien ◆ **~, I don't care** honnêtement *or* franchement, ça m'est égal ◆ **I didn't do it, ~** ce n'est pas moi, je le jure *or* parole d'honneur ◆ **quite ~ ...** en toute honnêteté ... ◆ **~, that woman!** * celle-là, alors ! * ◆ **~, this is getting ridiculous!** * enfin, ça devient ridicule !

**honesty** /'ɒnɪstɪ/ N a (*= integrity, truthfulness*) *[of person]* honnêteté *f* ; *[of words, writing]* franchise *f*, sincérité *f* ; *(= sincerity)* sincérité *f* ◆ **in all ~** en toute honnêteté ◆ **~ is the best policy** *(Prov)* l'honnêteté paie b *(Bot)* lunaire *f*, monnaie-du-pape *f* COMP ▷ **honesty box** N *boîte où l'on est invité à déposer le montant d'un journal en distribution hors kiosque, d'un trajet impayé, etc*

**honey** /'hʌnɪ/ N a miel *m* ◆ **clear/thick ~** miel *m* liquide/solide b *(= person)* ◆ **yes, ~** * oui, chéri(e) ◆ **she's a ~** * elle est adorable, c'est un chou *

**honeybee** /'hʌnɪbiː/ N abeille *f*

**honeybunch** * /'hʌnɪbʌntʃ/, **honeybun** * /'hʌnɪbʌn/ N *(esp US)* ◆ **hi, ~ !** salut, chéri(e) !

**honeycomb** /'hʌnɪkəʊm/ N a *(of bees)* rayon *m* de miel b *(Tex)* nid *m* d'abeille ; *(Metal)* soufflure *f* VT *(fig)* cribler *(with* de) ◆ **the palace was ~ed with corridors** le palais était un dédale de couloirs COMP *[textile, pattern]* en nid d'abeille

**honeydew** /'hʌnɪdjuː/ N *[of insects]* miellat *m* ; *[of plants]* miellée *f* COMP ▷ **honeydew melon** N melon *m* d'hiver *or* d'Espagne

**honeyed** /'hʌnɪd/ ADJ a *[scent, taste]* de miel b *[words, voice]* mielleux, doucereux

**honeymoon** /'hʌnɪ,muːn/ N *(= trip)* voyage *m* de noces ; *(= period)* lune *f* de miel ◆ **their ~ was spent in Paris** ils sont allés à Paris en voyage de noces ◆ **they spent their ~ at home** ils ont passé leur lune de miel à la maison ◆ **we were on our ~** nous étions en voyage de noces ◆ **while on ~ in Majorca they ...** pendant leur voyage de noces à Majorque, ils ... VI passer son voyage de noces ◆ **while ~ing in Majorca we ...** pendant notre voyage de noces à Majorque, nous ... COMP ▷ **honeymoon couple** N jeunes mariés *mpl* (en voyage de noces) ▷ **honeymoon period** N *(fig)* état *m* de grâce ▷ **honeymoon suite** N suite *f* nuptiale

**honeymooner** /'hʌnɪ,muːnəʳ/ N jeune marié(e) *m(f)* (en voyage de noces)

**honeypot** /'hʌnɪpɒt/ N *(lit)* pot *m* à miel ◆ **a tourist ~, a ~ for tourists** un lieu qui attire les touristes ; → **bee**

**honeysuckle** /'hʌnɪsʌkl/ N chèvrefeuille *m*

**honeytrap** /'hʌnɪtræp/ N piège *m (dans lequel un criminel est attiré par une femme)*

**Hong Kong** /'hɒŋ'kɒŋ/ N Hong-Kong ◆ **in ~** à Hong-Kong

**honk** /hɒŋk/ VI a *[car]* klaxonner ; *[goose]* cacarder b (*‡ = stink)* chlinguer‡, cocotter * ◆ **it's ~ing in here!** ça chlingue‡ *or* cocotte * ici ! VT ◆ **to ~ the** *or* **one's horn** klaxonner, corner N *[of car]* coup *m* de klaxon ® ; *[of goose]* cri *m* ◆ **~, ~!** *[of car]* tut-tut ! ; *[of goose]* coin-coin !

**honkie**‡, **honky**‡ /'hɒŋkɪ/ N *(US pej)* sale Blanc *m*, sale Blanche *f* COMP ▷ **honky-tonk** * N a *(US = club)* bastringue * *m* b *(Mus)* musique *f* de bastringue *

**Honolulu** /,hɒnə'luːluː/ N Honolulu

**honor** /'ɒnəʳ/ N *(US)* ⇒ **honour**

**honorable** /'ɒnərəbl/ ADJ *(US)* ⇒ **honourable**

**honorably** /'ɒnərəblɪ/ ADV *(US)* ⇒ **honourably**

**honorarium** /,ɒnə'rɛərɪəm/ N (pl **honoraria** or **honoraria** /,ɒnə'rɛərɪə/) honoraires *mpl no sg*

**honorary** /'ɒnərərɪ/ ADJ *[official, member]* honoraire ; *[duties, titles]* honorifique ; *[degree]* accordé à titre honorifique ◆ **to be awarded an ~ doctorate** *(Univ)* être nommé docteur honoris causa COMP ▷ **Honorary Secretary** N secrétaire *mf* honoraire

**honorific** /ɒnə'rɪfɪk/ ADJ honorifique N titre *m* honorifique

**honour, honor** *(US)* /'ɒnəʳ/ N a honneur *m* ◆ **it is a great ~ for me** c'est un grand honneur pour moi ◆ **it is an ~ for me to be here** c'est un honneur pour moi que d'être ici ◆ **he is the soul of ~** c'est la probité même ◆ **he is an ~ to his father/his regiment** il fait honneur à son père/son régiment ◆ **to what do we owe this ~?** qu'est-ce qui nous vaut cet honneur ? ◆ **I have the ~ to inform you** *or* **of informing you that ...** *(frm)* j'ai l'honneur de vous informer que ... ◆ **may I have the ~ of accompanying you?** *(frm)* puis-je avoir l'honneur de vous accompagner ? ◆ **to lose one's ~** † *(woman)* être déshonoré † ◆ **(there is) ~ among thieves** *(Prov)* les loups ne se mangent pas entre eux ; → **debt, word**

◆ **do + honour(s)** ◆ **they did me the ~ of inviting me** *(frm)* ils m'ont fait l'honneur de m'inviter ◆ **perhaps you will do me the ~ of dancing with me?** *(frm)* me ferez-vous l'honneur de m'accorder une danse ? ◆ **he does no ~ to the profession** il ne fait pas honneur à sa profession ◆ **to do the ~s** *(= introductions)* faire les présentations *(entre invités)* ; *(of one's house)* faire les honneurs de sa maison

◆ **in honour of ...** en l'honneur de ... ◆ **in his ~** en son honneur

◆ **on + honour** ◆ **to be on one's ~ to do sth** s'être engagé à faire qch ◆ **she put me on my ~ to own up** je lui ai donné ma parole d'honneur que j'avouerais ◆ **on** *or* **upon my ~!** † * parole d'honneur !

b *(Mil etc)* **the last ~s** les derniers honneurs *mpl*, le dernier hommage ◆ **with full military ~s** avec les honneurs militaires ; → **guard**

c *(frm = title)* **Your/His Honour** Votre/Son Honneur

d *(Brit Univ)* **to take ~s in English** ≃ faire une licence d'anglais ◆ **he got first-/second-class ~s in English** ≃ il a eu sa licence d'anglais avec mention très bien/mention bien

e *(Bridge)* honneur *m*

f *(Brit = award)* distinction *f* honorifique

VT a *[+ person]* honorer, faire honneur à ◆ **to feel ~ed (to do sth)** être honoré (de faire qch) ◆ **I'm ~ed** je suis très honoré, quel honneur ! ◆ **I'd be ~ed** je serais très honoré ◆ **she ~ed them with her presence** *(gen, iro)* elle les honora de sa présence ◆ **they ~ed us by coming to the ceremony** ils nous firent l'honneur de venir à la cérémonie ◆ **since you have ~ed me with your confidence** puisque vous m'avez fait l'honneur de m'accorder votre confiance ◆ **to ~ one's partner** *(in dancing)* saluer son cavalier (*or* sa cavalière) ◆ **~ed guest** invité(e) *m(f)* d'honneur

b *[+ cheque, contract]* honorer ; *[+ ceasefire, agreement]* respecter

COMP ▷ **honour-bound** ADJ ◆ **to be ~-bound to do sth** être tenu par l'honneur de faire qch ▷ **honors course** N *(US) cours réservé aux meilleurs étudiants* ▷ **honours course** N *(Brit Univ)* ≃ licence *f* ▷ **honors degree** N *(US)* licence *f* avec mention ▷ **honours degree** N *(Brit Univ)* ≃ licence *f* ▷ **honor guard** N *(US)* ⇒ **guard of honour** ; → **guard** ▷ **Honours List** N *(Brit) liste de distinctions honorifiques conférées par le monarque* ▷ **honor roll** N *(US) (gen)* liste *f* honorifique ; *(Mil)* liste *f* d'anciens combattants ; *(Scol)* liste *f* des meilleurs élèves ▷ **honor society** N *(US Scol)* club *m* des meilleurs élèves ▷ **honor system** N *(US)* système *m* de l'autosurveillance *(dans les écoles et les prisons)*

> **Honours List**
>
> La **Honours List** est la liste des personnes proposées pour recevoir une distinction honorifique telle qu'un MBE (titre de « Member of the Order of the British Empire ») ou un OBE (titre de « Officer of the Order of the British Empire »). Cette liste, établie par le Premier ministre et approuvée par le monarque, est publiée deux fois par an au moment de la nouvelle année (**New Year's Honours List**) et de l'anniversaire de la reine en juin (**Queen's Birthday Honours List**).

**honourable, honorable** *(US)* /'ɒnərəbl/ ADJ *[person, action, intentions]* honorable ; *[contract, debt]* d'honneur ◆ **an ~ mention** une mention honorable ◆ **the Honourable ...** *(title)* l'honorable ... ◆ **my (right) Honourable friend** *(Brit Parl)* mon (très) honorable collègue ◆ **the (right) Honourable member for Weston** *(Brit Parl)* ≃ Monsieur (*or* Madame) le député de Weston ; → **right**

**honourably, honorably** *(US)* /'ɒnərəblɪ/ ADV honorablement

**Hons.** *(Univ)* (abbrev of **honours degree**) avec mention

**Hon. Sec.** N (abbrev of **Honorary Secretary**) → **honorary**

**hooch**‡ /huːtʃ/ N *(= alcoholic drink)* gnôle * *f*

**hood** /hʊd/ N a *(gen)* capuchon *m* ; *[of executioner etc]* cagoule *f* ; *(Univ)* épitoge *f* ; *[of falcon]* chaperon *m* ◆ **rain ~** capuche *f (en plastique)* b *(Brit Aut)* capote *f* ; *(US Aut)* capot *m* c *[of pram]* capote *f* ; *(over fire, cooker)* hotte *f* d *[of cobra]* capuchon *m* e *[of clitoris]* capuchon *m* f *(US ‡ = neighbourhood)* quartier *m* g *(‡ = hoodlum)* truand *m* VT *[+ falcon]* chaperonner, enchaperonner

**'hood**‡ /hʊd/ N *(US)* ⇒ **neighborhood**

**hooded** /'hʊdɪd/ ADJ *(gen) [monk, figure, gunman]* encapuchonné ; *[prisoner]* au visage couvert ; *[coat, jacket]* à capuchon ◆ **he has ~ eyes** il a les paupières tombantes COMP ▷ **hooded crow** N corneille *f* mantelée ▷ **hooded falcon** N faucon *m* chaperonné *or* enchaperonné

**hoodlum** /'huːdləm/ N truand *m*

**hoodoo** * /'huːduː/ N *(= bad luck)* guigne * *f*, poisse * *f* ; *(= object, person)* porte-guigne * *m* VT porter la guigne * *or* la poisse * à

**hoodwink** /'hʊd,wɪŋk/ VT tromper, duper ◆ **they ~ed me into accepting** j'ai accepté sur la foi d'informations erronées

**hooey** * /'huːɪ/ N *(US)* sornettes *fpl*, conneries‡ *fpl* ◆ **to talk a lot of ~** dire des bêtises, déconner‡

**hoof** /huːf/ N (pl **hoofs** *or* **hooves**) sabot *m (d'animal)* ◆ **on the ~** sur pied ; → **cloven** VT ◆ **to ~ it** ‡ *(= walk)* aller à pinces * ; *(US) (= dance)* danser, se trémousser COMP ▷ **hoof and mouth disease** N *(US)* fièvre *f* aphteuse

**hoofed** /huːft/ ADJ à sabots

**hoofer**‡ /'huːfəʳ/ N *(esp US = dancer)* danseur *m*, -euse *f* professionnel(le)

**hoo-ha** * /'huː,hɑː/ N *(= noise)* brouhaha *m*, boucan * *m* ; *(= confusion)* pagaille * *f or* pagaïe * *f* ; *(= bustle)* tohu-bohu *m* ; *(= excitement)* animation *f* ; *(pej) (= fuss)* ◆ **there was a great ~ about it** on en a fait tout un foin * *or* tout un plat *

**hook** /hʊk/ N a crochet *m* ; *(for hanging coats)* patère *f* ; *(on dress)* agrafe *f* ; *(Fish-*

ing) hameçon *m* ◆ **~s and eyes** *(Sewing)* agrafes *fpl* ◆ **he swallowed the story ~, line and sinker** * il a gobé * tout ce qu'on lui a raconté, il a tout avalé *(fig)* ◆ **by ~ or by crook** coûte que coûte, par tous les moyens ◆ **to get sb off the ~** * tirer qn d'affaire *or* d'un mauvais pas ◆ **to let sb off the ~** * *[+ wrongdoer]* ficher la paix à qn *; *[+ sb with problem]* tirer une épine du pied à qn ◆ **he's off the ~** * il est tiré d'affaire ◆ **to get one's ~s into sb/sth** * *(pej)* mettre le grappin sur qn/qch

b *(Telec)* ◆ **to take the phone off the ~** décrocher le téléphone ◆ **the phone's off the ~** on a décroché le téléphone ◆ **the phone was ringing off the ~** * *(US)* le téléphone n'arrêtait pas de sonner

c *(Boxing)* crochet *m* ◆ **right ~** crochet *m* (du) droit

d *(Golf)* coup *m* hooké

e *(Agr)* faucille *f*

VT accrocher (*to* à) ; *[+ dress]* agrafer ; *(Naut)* gaffer ; *(Boxing)* donner un crochet à ; *(Fishing)* prendre ; *(Golf)* hooker ◆ **to ~ the ball** *(Rugby)* talonner le ballon ◆ **to ~ a husband** * se trouver un mari ; see also **hooked**

VI a *(Golf)* hooker

b *(US* ‡*) [prostitute]* faire le tapin ‡ *or* le trottoir *

COMP ▷ **hook-nosed** ADJ au nez recourbé *or* crochu ▷ **the Hook of Holland** N Hoek van Holland

► **hook on** VI s'accrocher (*to* à)

VT SEP accrocher (*to* à)

► **hook up** VI *[dress, skirt]* s'agrafer

VT SEP a *[+ dress, skirt]* agrafer

b *(Rad, TV* *) faire un duplex entre

N ◆ **hookup** * → **hookup**

**hookah** /ˈhʊkɑː/ N narguilé *m*

**hooked** /hʊkt/ ADJ a *(= hook-shaped) [nose]* recourbé, crochu ◆ **the end of the wire was ~** le bout du fil (de fer) était recourbé b *(= having hooks)* muni de crochets *or* d'agrafes *or* d'hameçons ; → **hook** c *(* *fig) (= fascinated)* fasciné (*on* par) accroché * ; *(= dependent)* dépendant (*on* de) ◆ **he's ~ on it** il ne peut plus s'en passer ◆ **to get ~ on** *[+ drugs]* devenir accro * à ; *[+ jazz, television]* devenir enragé * de ◆ **he's really ~ on that girl** il est complètement dingue * de cette fille ◆ **he's become ~ on power** il aime trop le pouvoir : il ne peut plus s'en passer ◆ **once I'd seen the first episode I was ~** après avoir vu le premier épisode j'étais accro * d *(* ‡ *= married)* casé *, marié

**hooker** /ˈhʊkəʳ/ N a *(Rugby)* talonneur *m* b *(* ‡ *= prostitute)* putain ‡ *f*

**hookey** * /ˈhʊkɪ/ N ◆ **to play ~** sécher les cours, faire l'école buissonnière

**hookup** * /ˈhʊkʌp/ N *(Rad, TV)* relais *m* temporaire

**hookworm** /ˈhʊkwɜːm/ N ankylostome *m*

**hooky** * /ˈhʊkɪ/ N ⇒ **hookey**

**hooligan** /ˈhuːlɪgən/ N vandale *m*, hooligan *m*

**hooliganism** /ˈhuːlɪgənɪzəm/ N vandalisme *m*, hooliganisme *m*

**hoop** /huːp/ N *[of barrel]* cercle *m* ; *(= toy: in circus, for skirt)* cerceau *m* ; *(Basketball)* (cercle *m* du) panier *m* ; *(Croquet)* arceau *m* ◆ **they put him through the ~(s)** *(= interrogated)* ils l'ont mis sur la sellette ◆ **they put him through** *or* **made him jump through ~s** *(= put to test)* ils l'ont mis à l'épreuve

**hoopla** /ˈhuːplɑː/ N a *(Brit)* jeu *m* d'anneaux *(dans les foires)* b *(US* *) ⇒ **hoo-ha**

**hoopoe** /ˈhuːpuː/ N huppe *f*

**hooray** /huːˈreɪ/ EXCL hourra COMP ▷ **Hooray Henry** N (pl **Hooray Henries**) *(Brit pej) jeune homme des classes supérieures jovial et bruyant*

**hoosegow** ‡ /ˈhuːsgaʊ/ N *(US)* taule ‡ *f or* tôle ‡ *f*, trou * *m*

**Hoosier** /ˈhuːʒəʳ/ N *(US)* habitant(e) *m(f)* de l'Indiana ◆ **the ~ State** l'Indiana *m*

**hoot** /huːt/ N a *[of owl]* hululement *m* ; *(esp Brit) (Aut)* coup *m* de klaxon ® ; *[of siren]* mugissement *m* ; *[of train]* sifflement *m* ; *(= jeer)* huée *f* ◆ **she gave a ~ of laughter** elle s'est esclaffée ◆ **I don't give** *or* **care a ~** *or* **two ~s** * je m'en fiche * b *(* *= amusing thing, person)* ◆ **it was a ~** c'était tordant * *or* marrant * ◆ **she's a ~** elle est impayable * VI *[owl]* hululer ; *(esp Brit) [car horn]* klaxonner, corner ; *[siren]* mugir ; *[train]* siffler ; *(= jeer)* huer, pousser des huées ◆ **to ~ with laughter** s'esclaffer, rire aux éclats ◆ **to ~ with derision/delight** pousser des cris moqueurs/de joie VT a (also **hoot down**) *[+ actor, speaker]* huer, conspuer b ◆ **to ~ the** *or* **one's horn** klaxonner

**hooter** /ˈhuːtəʳ/ N a *[of factory]* sirène *f* ; *(Brit) [of car]* klaxon ® *m* ; *[of train]* sifflet *m* b *(Brit* ‡ *= nose)* pif * *m*, blair ‡ *m* c *(US)* ‡ *(= breasts)* **~s** roberts ‡ *mpl*

**Hoover** ® /ˈhuːvəʳ/ *(Brit)* N aspirateur *m* VT ◆ **to hoover a carpet/a room** passer l'aspirateur sur un tapis/dans une pièce ◆ **to hoover sth up** *(lit)* aspirer qch ; *(fig: = consume)* engloutir qch

**hooves** /huːvz/ NPL of **hoof**

**hop**[1] /hɒp/ N a *[of person, animal]* saut *m* ; *[of bird]* sautillement *m* ◆ **~ skip and jump, ~ step and jump** *(Sport)* triple saut *m* ◆ **it's a ~, skip** *or* **step and jump from here** c'est à deux pas d'ici ◆ **with a ~, skip** *or* **step and jump he was gone** une pirouette et il avait disparu ◆ **to catch sb on the ~** *(Brit)* prendre qn au dépourvu ◆ **to keep sb/be on the ~** * ne pas laisser à qn/ne pas avoir le temps de respirer *

b *(*† * *= dance)* sauterie † *f*

c *(Aviat)* étape *f* ◆ **from London to Athens in two ~s** de Londres à Athènes en deux étapes ◆ **it's a short ~ from Paris to Brussels** ce n'est qu'un saut de Paris à Bruxelles

VI *[person] (on one foot)* sauter à cloche-pied ; *(= jump)* sauter ; *[animal]* sauter ; *[bird]* sautiller ◆ **he hopped over to the window** il est allé à cloche-pied jusqu'à la fenêtre ◆ **~ in!** *(in car)* montez ! ◆ **he hopped out of bed** il a sauté du lit ◆ **he hopped onto a plane for London** il a attrapé un avion pour Londres ; → **mad**

VT ◆ **to ~ it** * *(Brit)* décamper *, mettre les bouts * *or* les voiles * ◆ **~ it!** * *(Brit)* fiche le camp ! * ◆ **he hopped a flight to New York** *(US)* il a attrapé un avion pour New York

COMP ▷ **hop-o'-my-thumb** N le Petit Poucet

► **hop off** * VI *(= leave)* décamper *, ficher le camp *

**hop**[2] /hɒp/ N *(Bot)* (also **hops**) houblon *m*

COMP ▷ **hop picker** N cueilleur *m*, -euse *f* de houblon ▷ **hop-picking** N cueillette *f* du houblon ▷ **hop pole** N perche *f* à houblon

**hope** /həʊp/ LANGUAGE IN USE 8.4, 23, 25.2

N espoir *m* (*of doing sth* de faire qch) espérance *f (liter) (also Rel)* ◆ **we must live in ~** nous devons vivre d'espoir ◆ **she lives in (the) ~ of seeing her son again** elle continue d'espérer revoir un jour son fils ◆ **in the ~ that ...** dans l'espoir que ... ◆ **in the ~ of sth/of doing sth** dans l'espoir de qch/de faire qch ◆ **to have ~s of doing sth** avoir l'espoir de faire qch ◆ **I haven't much ~ of succeeding** je n'ai pas beaucoup d'espoir de réussir ◆ **to give up ~** cesser d'espérer, perdre espoir ◆ **you should never give up ~** il ne faut jamais perdre espoir ◆ **to give up ~ of doing sth** abandonner l'espoir de faire qch ◆ **past** *or* **beyond (all) ~** sans espoir, désespéré ◆ **the car was smashed beyond any ~ of repair** la voiture était bonne pour la casse ◆ **she hasn't (got) a ~ in hell** ‡ **of being promoted** elle n'a pas la moindre chance d'être promue ◆ **there is no ~ of that** c'est hors de question ◆ **he set out with high ~s** il s'est lancé avec l'espoir de faire de grandes choses ◆ **she had high ~s of winning** elle avait bon espoir de gagner ◆ **her family has great** *or* **high ~s of her** sa famille a de grands espoirs pour elle ◆ **to raise sb's ~s** faire naître l'espoir chez qn ◆ **don't raise her ~s too much** ne lui laisse *or* donne pas trop d'espoir ◆ **don't get your ~s up** *or* **raise your ~s too much** n'y compte pas trop ◆ **to lose (all) ~ of sth/of doing sth** perdre l'espoir *or* tout espoir de qch/de faire qch ◆ **my ~ is that ...** ce que j'espère *or* mon espoir c'est que ... ◆ **you're my last ~** tu es mon dernier espoir ◆ **she's now our best ~** elle représente maintenant notre plus grand espoir ◆ **some ~(s)!** * tu parles ! *, tu crois au père Noël ! * ; → **dash, faith, hold out**

VI espérer ◆ **to ~ for money/for success** espérer gagner de l'argent/avoir du succès ◆ **they were still hoping for a peaceful solution to the crisis** ils espéraient toujours trouver une solution pacifique à la crise ◆ **we're hoping for fine weather** nous espérons avoir du beau temps *or* qu'il fera beau ◆ **if I were you I shouldn't ~ for too much from the meeting** à votre place je n'attendrais pas trop de la réunion ◆ **don't ~ for too much** n'en attendez pas trop ◆ **it was too much to ~ for (that ...)** ça aurait été trop beau (que ... *+ subj*) ◆ **a pay rise would be too much to ~ for** une augmentation ? il ne faut pas rêver ! ◆ **to ~ for better days** espérer (connaître) des jours meilleurs ◆ **we must ~ for better things** il faut espérer que de meilleurs jours viendront *or* que ça ira mieux ◆ **to ~ for the best** espérer que tout se passe au mieux ◆ **to ~ against ~** espérer en dépit de tout

VT espérer ◆ **I ~ (that) he comes** j'espère qu'il viendra ◆ **I ~ to see you, I ~ I'll see you** j'espère te voir ◆ **I ~ to God** *or* **hell** ‡ **she remembers/he doesn't turn up** j'espère vraiment qu'elle s'en souvient/qu'il ne viendra pas ◆ **what do you ~ to gain by that?** qu'espères-tu obtenir par là ? ◆ **the party cannot ~ to win more than a few seats** le parti ne peut pas espérer obtenir plus que quelques sièges ◆ **hoping to hear from you** *(in letter)* dans l'espoir d'avoir de vos nouvelles ◆ **I ~ so** *(answer to question)* j'espère que oui ; *(agreeing with sb's statement)* je l'espère, j'espère bien ◆ **I ~ not** *(answer to question)* j'espère que non ; *(agreeing)* (also **I should hope not**) j'espère bien que non !

COMP ▷ **hope chest** N *(US)* (armoire *f or* malle *f* à) trousseau *m* ▷ **hoped-for** ADJ espéré

**hopeful** /ˈhəʊpfʊl/ ADJ a *(= optimistic) [person, face]* plein d'espoir ◆ **to be** *or* **feel ~ (that ...)** avoir bon espoir (que ...) ◆ **I'll ask her but I'm not too ~** je lui demanderai mais je n'y crois pas trop ◆ **to be ~ of doing sth** avoir bon espoir de faire qch b *(= promising) [sign, future]* prometteur ; *[situation, news]* encourageant N ◆ **the young ~s** *(showing promise)* les jeunes espoirs *mpl* ; *(ambitious)* les jeunes ambitieux *mpl* ; *(hoping for sth)* les jeunes optimistes *mpl* ◆ **the British Olympic ~s** *(hoping to make team)* les candidats *mpl* à la sélection pour l'équipe olympique britannique ; *(hoping to win medal)* les prétendants *mpl* britanniques à une médaille olympique ◆ **presidential ~ Gavin Killip** le candidat à la présidence Gavin Killip

**hopefully** /ˈhəʊpfəlɪ/ ADV **a** *(= optimistically) [say, look at]* avec espoir ◆ **... she asked** ~ ... demanda-t-elle pleine d'espoir **b** *(* = one hopes)* avec un peu de chance ◆ ~ **we'll be able to find a solution** avec un peu de chance, nous trouverons une solution ◆ ~ **it won't rain** j'espère qu'il ne va pas pleuvoir ◆ **(yes)** ~**!** je l'espère !, j'espère bien ! ◆ ~ **not!** j'espère que non !

**hopeless** /ˈhəʊplɪs/ ADJ **a** *(= doomed) [person, cause, situation, position, attempt]* désespéré ; *[love, task]* impossible ◆ **it's** ~**!** c'est désespérant ! ◆ **a** ~ **muddle** *or* **mess** une effroyable pagaille ◆ **in the face of** *or* **against** ~ **odds** face à une situation désespérée ◆ **to feel** ~ *(= in despair)* être désespéré **b** *(= incurable) [romantic]* incorrigible ; *[drunk]* invétéré ◆ **he's** ~ *, **he's a** ~ **case** * c'est un cas désespéré **c** *(* = useless) [person, work]* nul ◆ **he's a** ~ **teacher** il est nul comme professeur ◆ **to be** ~ **at maths/sport** être nul en maths/sport ◆ **to be** ~ **at doing sth** être nul quand il s'agit de faire qch

**hopelessly** /ˈhəʊplɪslɪ/ ADV **a** *(= despairingly)* avec désespoir **b** *(= impossibly) [confused]* totalement ; *[lost]* complètement ◆ ~ **naïve** d'une naïveté désespérante ◆ **supplies were** ~ **inadequate** les provisions manquaient cruellement ◆ **to be** ~ **in love** *or* **besotted (with sb)** être éperdument amoureux (de qn)

**hopelessness** /ˈhəʊplɪsnɪs/ N *[of situation]* caractère *m* désespéré ; *(= powerlessness)* sentiment *m* d'impuissance ; *(= despair)* désespoir *m*

**hopfield** /ˈhɒpfiːld/ N houblonnière *f*

**hophead** ‡ /ˈhɒphed/ N *(US pej)* junkie ‡ *mf*

**hopper** /ˈhɒpəʳ/ **N** **a** *(= bin)* trémie *f* **b** *(Austral *)* kangourou *m* **COMP** ▷ **hopper car** N *(Rail)* wagon-trémie *m*

**hopscotch** /ˈhɒpskɒtʃ/ N marelle *f*

**Horace** /ˈhɒrɪs/ N Horace *m*

**Horae** /ˈhɔːriː/ NPL *(Myth)* Heures *fpl*

**horde** /hɔːd/ N horde *f (also pej)*, foule *f* ◆ ~**s of people** des foules de gens

**horizon** /həˈraɪzn/ N *(lit)* horizon *m* ; *(fig)* vue *f*, horizon *m* ◆ **on the** ~ *(lit, fig)* à l'horizon ◆ **the mountains on the distant** ~ les montagnes loin à l'horizon ◆ **a man of limited** ~**s** un homme aux vues étroites ◆ **to broaden** *or* **expand one's** ~**s** élargir son horizon *or* ses horizons ◆ **to open new** ~**s for sb** ouvrir des horizons à qn

**horizontal** /ˌhɒrɪˈzɒntl/ **ADJ** horizontal **N** horizontale *f* **COMP** ▷ **horizontal bar** N barre *f* fixe

**horizontally** /ˌhɒrɪˈzɒntəlɪ/ ADV horizontalement

**hormonal** /hɔːˈməʊnəl/ ADJ hormonal

**hormone** /ˈhɔːməʊn/ **N** hormone *f* **COMP** ▷ **hormone replacement therapy** N traitement *m* hormonal substitutif ▷ **hormone treatment** N traitement *m* hormonal

**horn** /hɔːn/ **N** **a** corne *f* ◆ **to draw in** *or* **pull in one's** ~**s** *(= back down)* diminuer d'ardeur ; *(= spend less)* restreindre son train de vie ; → **dilemma** **b** *(Mus)* cor *m* ; *(* = trumpet)* trompette *f* ; → **French** **c** *[of car]* klaxon ® *m*, avertisseur *m* ; *[of boat]* sirène *f* ◆ **to blow** *or* **sound the** *or* **one's** ~ klaxonner, corner ; → **foghorn** **d** *(US ‡ = telephone)* bigophone * *m* ◆ **to get on the** ~ **to sb** passer un coup de bigophone * à qn **e** *[of saddle]* corne *f*, pommeau *m* **COMP** *[handle, ornament]* en corne ▷ **horn of plenty** N corne *f* d'abondance ▷ **horn-rimmed spectacles** NPL lunettes *fpl* à monture d'écaille

► **horn in** ‡ VI *(esp US)* mettre son grain de sel

**hornbeam** /ˈhɔːnbiːm/ N *(Bot)* charme *m*

**hornbill** /ˈhɔːnbɪl/ N calao *m*

**horned** /hɔːnd/ **ADJ** *(gen)* cornu **COMP** ▷ **horned owl** N duc *m (Orn)* ▷ **horned toad** N crapaud *m* cornu

**hornet** /ˈhɔːnɪt/ N frelon *m* ◆ **his inquiries stirred up a** ~**'s nest** ses investigations ont mis le feu aux poudres ◆ **the case has opened up a** ~**'s nest of moral and legal concerns** cette affaire soulève une série de questions épineuses, tant morales que juridiques

**hornless** /ˈhɔːnlɪs/ ADJ sans cornes

**hornpipe** /ˈhɔːnpaɪp/ N *(Naut)* matelote *f (danse)*

**horny** /ˈhɔːnɪ/ ADJ **a** *(‡ = sexually aroused)* excité * *(sexuellement)* **b** *(‡ = sexually arousing)* sexy * **c** *(= like horn)* corné ; *[hands]* calleux

**horology** /hɒˈrɒlədʒɪ/ N horlogerie *f*

**horoscope** /ˈhɒrəskəʊp/ N horoscope *m*

**horrendous** /hɒˈrendəs/ ADJ épouvantable

**horrible** /ˈhɒrɪbl/ ADJ **a** *(= horrific)* horrible ; *[moment]* terrible ◆ **the** ~ **truth** la terrible vérité **b** *(= unpleasant, awful)* épouvantable ; *[clothes]* affreux ; *[mistake]* terrible **c** *(* = unkind) [person]* méchant *(to sb* avec qn) ◆ **that's a** ~ **thing to say!** c'est vraiment méchant *or* terrible de dire des choses pareilles ! ◆ **all the** ~ **things I said to you** toutes les horreurs que je t'ai dites

**horribly** /ˈhɒrɪblɪ/ ADV **a** *(= horrifically) [die, scream]* d'une manière horrible ; *[mutilated, disfigured, injured]* horriblement ; *[cruel]* très, particulièrement ; *[violent]* terriblement **b** *(= unpleasantly, awfully) [expensive, guilty, embarrassed, uncomfortable]* terriblement ◆ **it's all gone** ~ **wrong** les choses ont très mal tourné ◆ **I'm going to be** ~ **late** * je vais être affreusement en retard

**horrid** /ˈhɒrɪd/ ADJ *(= nasty) [person]* ignoble ; *[weather, place]* épouvantable ; *(= ugly)* hideux ◆ **a** ~ **child** une (petite) horreur *

**horrific** /hɒˈrɪfɪk/ ADJ atroce, horrible

**horrifically** /hɒˈrɪfɪkəlɪ/ ADV *[injured, burned, beaten]* horriblement ; *[expensive, dangerous]* terriblement

**horrified** /ˈhɒrɪfaɪd/ ADJ horrifié

**horrify** /ˈhɒrɪfaɪ/ VT horrifier

**horrifying** /ˈhɒrɪfaɪɪŋ/ ADJ effrayant

**horrifyingly** /ˈhɒrɪfaɪɪŋlɪ/ ADV effroyablement

**horror** /ˈhɒrəʳ/ **N** *(= feeling, object)* horreur *f* ◆ **to have a** ~ **of sth/of doing sth** avoir horreur de qch/de faire qch ◆ **the** ~**s of war** les horreurs *fpl* de la guerre ◆ **to my** ~ **I realized that ...** je me suis rendu compte avec horreur que ... ◆ **to my** ~ **he returned with a knife** à ma grande horreur il est revenu un couteau à la main ◆ **they watched in** ~ **as the train left the tracks** le train a déraillé sous leurs yeux horrifiés ◆ **and then,** ~ **of** ~**s *, he said ...** et alors, pour comble de l'horreur, il a dit ... ◆ **you little** ~**!** * petit monstre ! * ◆ **nine die in motorway** ~ *(as headline)* scènes d'horreur sur l'autoroute : neuf morts ; → **chamber**

**COMP** *[book, film, comic]* d'épouvante ▷ **horror story** N *(lit)* histoire *f* d'épouvante ; *(fig)* horreur *f* ▷ **horror-stricken, horror-struck** ADJ glacé d'horreur

**horse** /hɔːs/ **N** **a** cheval *m* ◆ **to work like a** ~ travailler comme un forcené ◆ **(straight) from the** ~**'s mouth** de source sûre ◆ **to back the wrong** ~ *(lit, fig)* miser sur le mauvais cheval ◆ **that's a** ~ **of a different colour** cela n'a rien à voir ◆ **hold your** ~**s!** * arrêtez !, minute ! * ◆ **it's (a case of)** ~**s for courses** *(Brit)* chacun selon ses compétences ◆ **to change** *or* **switch** ~**s in midstream** changer de cheval au milieu du gué ◆ **you can take** *or* **lead a** ~ **to water but you cannot make it drink** *(Prov)* on ne peut pas forcer les gens ; → **dark, eat, gift, white, willing**

**b** *(Gym)* cheval *m* d'arçons ; → **clothes**

**c** *(NonC: Mil)* cavalerie *f* ◆ **light** ~ cavalerie *f* légère

**d** *(Drugs * = heroin)* blanche * *f*, héroïne *f*

**COMP** ▷ **horse-and-buggy** ADJ *(US) [approach, system]* dépassé ▷ **horse artillery** N troupes *fpl* montées ▷ **horse brass** N médaillon *m* de cuivre *(fixé à une martingale)* ▷ **horse-breaker** N dresseur *m*, -euse *f* de chevaux ▷ **horse breeder** N éleveur *m*, -euse *f* de chevaux ▷ **horse chestnut** N *(= nut)* marron *m* (d'Inde) ; (also **horse chestnut tree**) marronnier *m* (d'Inde) ▷ **horse-collar** N collier *m (de harnais)* ▷ **horse-dealer** N maquignon *m* ▷ **horse-doctor** * N vétérinaire *mf* ▷ **horse-drawn** ADJ tiré par des chevaux, à chevaux ▷ **the Horse Guards** NPL *(Brit Mil)* (le régiment de) la Garde à cheval ▷ **horse latitudes** NPL latitudes *fpl* subtropicales ▷ **horse-laugh** N gros rire *m* ▷ **horse manure** N crottin *m* de cheval ▷ **horse opera** * N *(US Cine, TV)* western *m* ▷ **horse-race** N course *f* de chevaux ▷ **horse-racing** N courses *fpl* de chevaux, hippisme *m* ▷ **horse-riding** N *(Brit)* équitation *f* ▷ **horse-sense** * N (gros) bon sens *m* ▷ **horse show** N concours *m* hippique ▷ **horse-trade** VI *(lit)* maquignonner ; *(fig)* négocier âprement ▷ **horse-trader** N *(lit)* maquignon *m* ; *(fig)* négociateur *m*, -trice *f* redoutable ▷ **horse-trading** N *(lit)* maquignonnage *m* ; *(fig)* âpres négociations *fpl* ▷ **horse trailer** N *(US)* ⇒ **horsebox** ▷ **horse trials** NPL concours *m* hippique ▷ **horse vaulting** N *(Sport)* saut *m* de cheval

► **horse about** *, **horse around** * VI chahuter, jouer bruyamment ◆ **stop horsing about!** arrêtez de chahuter !

**horseback** /ˈhɔːsbæk/ **N** ◆ **on** ~ à cheval **COMP** ▷ **horseback riding** N *(esp US)* équitation *f*

**horsebox** /ˈhɔːsbɒks/ N *(Brit)* fourgon *m* à chevaux, van *m* ; *(in stable)* box *m*

**horsecar** /ˈhɔːskɑːʳ/ N *(US)* fourgon *m* à chevaux, van *m*

**horseflesh** /ˈhɔːsfleʃ/ N **a** *(= horses generally)* chevaux *mpl* **b** *(= horsemeat)* viande *f* de cheval

**horsefly** /ˈhɔːsflaɪ/ N taon *m*

**horsehair** /ˈhɔːsheəʳ/ **N** crin *m* (de cheval) **ADJ** de *or* en crin

**horsehide** /ˈhɔːshaɪd/ N cuir *m* de cheval

**horseless** /ˈhɔːslɪs/ **ADJ** sans cheval **COMP** ▷ **horseless carriage** † N voiture *f* sans chevaux

**horseman** /ˈhɔːsmən/ N (pl **-men**) cavalier *m* ◆ **he's a good** ~ c'est un bon cavalier, il monte bien (à cheval)

**horsemanship** /ˈhɔːsmənʃɪp/ N *(= skill)* talent *m* de cavalier, monte *f*

**horsemeat** /ˈhɔːsmiːt/ N viande *f* de cheval

**horseplay** /ˈhɔːspleɪ/ N chahut *m*

**horsepower** /ˈhɔːspaʊəʳ/ N puissance *f* (en chevaux) ; *(= unit)* cheval-vapeur *m* ◆ **a ten-**~ **car** une dix-chevaux

**horseradish** /ˈhɔːsrædɪʃ/ **N** *(Bot)* raifort *m* **COMP** ▷ **horseradish sauce** N sauce *f* au raifort

**horseshit** *‡* /ˈhɔːsʃɪt/ **N** *(lit)* crottin *m* (de cheval) ; *(fig) (= nonsense)* conneries ‡ *fpl*

**horseshoe** /ˈhɔːsʃuː/ **N** fer *m* à cheval **ADJ** en fer à cheval

**horsetail** /ˈhɔːsteɪl/ **N** *(Bot)* prêle *f*

**horsewhip** /ˈhɔːswɪp/ **N** cravache *f* **VT** cravacher

**horsewoman** /ˈhɔːswʊmən/ **N** (pl **-women**) cavalière *f*, écuyère *f* ◆ **she's a good ~** c'est une bonne cavalière, elle monte bien (à cheval)

**hors(e)y** * /ˈhɔːsɪ/ **ADJ** **a** *(= fond of horses)* passionné de chevaux ; *(= fond of riding)* passionné d'équitation **b** *(in appearance) [person, face]* chevalin

**horticultural** /ˌhɔːtɪˈkʌltʃərəl/ **ADJ** horticole ◆ **~ show** exposition *f* horticole *or* d'horticulture

**horticulturalist** /ˌhɔːtɪˈkʌltʃərəlɪst/ **N** ⇒ **horticulturist**

**horticulture** /ˈhɔːtɪkʌltʃəʳ/ **N** horticulture *f*

**horticulturist** /ˌhɔːtɪˈkʌltʃərɪst/ **N** horticulteur *m*, -trice *f*

**hosanna, hosannah** /həʊˈzænə/ **EXCL** hosanna ! **N** hosanna *m*

**hose**[1] /həʊz/ **N** *(gen)* tuyau *m* ; (also **garden hose**) tuyau *m* d'arrosage ; (also **fire hose**) tuyau *m* d'incendie ; *(Tech) (for water)* manche *f* à eau ; *(for air)* manche *f* à air ; *(Aut)* durite *f* **VT** *(in garden)* arroser au jet ; *[firemen]* arroser à la lance

► **hose down**, **hose out** **VT SEP** laver au jet

**hose**[2] /həʊz/ **N** *(pl inv) (Comm = stockings etc)* bas *mpl* ; *(US: = tights)* collants *mpl* ; *(Hist) (= tights)* chausses *fpl* ; *(= knee breeches)* culotte *f* courte

**Hosea** /həʊˈzɪə/ **N** Osée *m*

**hosepipe** /ˈhəʊzpaɪp/ **N** *(in garden)* tuyau *m* d'arrosage ; *(of fireman)* tuyau *m* d'incendie **COMP** ▷ **hosepipe ban** **N** *(Brit)* interdiction *d'arroser pour cause de pénurie d'eau*

**hosier** /ˈhəʊzɪəʳ/ **N** bonnetier *m*, -ière *f*

**hosiery** /ˈhəʊzɪərɪ/ **N** *(business)* bonneterie *f* ; *(Comm) (= stocking department)* (rayon *m* des) bas *mpl* ; *(= stockings)* bas *mpl*

**hosp** **N** abbrev of **hospital**

**hospice** /ˈhɒspɪs/ **N** *(gen)* hospice *m* ; *(for terminally ill)* établissement *m* de soins palliatifs

**hospitable** /hɒsˈpɪtəbl/ **ADJ** *[person, place, welcome]* hospitalier *(to sb* envers qn) accueillant ; *[climate, environment]* favorable *(to sth* à qch) hospitalier

**hospitably** /hɒsˈpɪtəblɪ/ **ADV** *[welcome]* de façon accueillante

**hospital** /ˈhɒspɪtl/ **N** hôpital *m* ◆ **in ~** à l'hôpital ◆ **people** *or* **patients in ~** (malades *mpl*) hospitalisés *mpl* ◆ **to go into ~** aller à l'hôpital, être hospitalisé ; → **maternity, mental**

**COMP** *[treatment, staff]* hospitalier ; *[bed etc]* d'hôpital ; *[dispute, strike]* des hôpitaux ▷ **hospital administrator** **N** *(Brit)* administrateur *m*, -trice *f* d'hôpital ; *(US)* directeur *m*, -trice *f* d'hôpital ▷ **hospital board** **N** conseil *m* d'administration de l'hôpital ▷ **hospital case** **N** ◆ **90% of ~ cases are released within three weeks** 90% des patients hospitalisés sortent dans les trois semaines ◆ **this is a ~ case** le patient doit être hospitalisé ▷ **hospital doctor** **N** médecin *m* hospitalier ◆ **junior ~ doctor** interne *m* des hôpitaux ▷ **hospital facilities** **NPL** structures *fpl* hospitalières ▷ **hospital nurse** **N** infirmier *m*, -ière *f* hospitalier (-ière) ▷ **hospital service** **N** service *m* hospitalier ▷ **hospital ship** **N** navire-hôpital *m* ▷ **hospital train** **N** train *m* sanitaire

**hospitality** /ˌhɒspɪˈtælɪtɪ/ **N** hospitalité *f* **COMP** ▷ **hospitality suite** **N** salon *m* *(où sont offerts les rafraîchissements)*

**hospitalization** /ˌhɒspɪtəlaɪˈzeɪʃən/ **N** hospitalisation *f*

**hospitalize** /ˈhɒspɪtəlaɪz/ **VT** hospitaliser

**host**[1] /həʊst/ **N** **a** *(= person receiving guests)* hôte *m* ; *(† = innkeeper)* patron *m* ; *[of TV, radio show]* animateur *m*, -trice *f*, présentateur *m*, -trice *f* ◆ **mine ~** *(hum)* notre hôte *(hum)* **b** *(Bot, Zool, Comput)* hôte *m* **VT** *[+ radio or TV show]* animer ; *[+ festival, games]* accueillir **COMP** *[plant, animal]* hôte ; *[town etc]* qui reçoit ▷ **host computer** **N** hôte *m* ▷ **host country** **N** *[of conference, games]* pays *m* d'accueil

**host**[2] /həʊst/ **N** **a** *(= crowd)* foule *f* ◆ **a ~ of friends** une foule d'amis ◆ **a whole ~ of reasons** toute une série *or* tout un tas * de raisons **b** †† armée *f*

**host**[3] /həʊst/ **N** *(Rel)* hostie *f*

**hostage** /ˈhɒstɪdʒ/ **N** otage *m* ◆ **to take/hold sb ~** prendre/retenir qn en otage ◆ **to be a ~ to fortune** être le jouet du destin

**hostel** /ˈhɒstəl/ **N** **a** *(for students, workers)* foyer *m* ◆ **(youth) ~** auberge *f* de jeunesse **b** *(† = inn)* auberge *f* **VI** ◆ **to go (youth) ~ling** aller passer ses vacances en auberges de jeunesse

**hosteller** /ˈhɒstələʳ/ **N** ≈ ajiste *mf*

**hostelry** /ˈhɒstəlrɪ/ **N** *(esp Brit ††)* hostellerie *f* ; *(hum) (= pub)* auberge *f*

**hostess** /ˈhəʊstɪs/ **N** *(gen)* hôtesse *f* ; *(in night club)* entraîneuse *f* ; *[of TV, radio show]* animatrice *f*, présentatrice *f* ; → **air** **COMP** ▷ **hostess trolley** **N** *(Brit)* table *f* roulante *(avec chauffe-plats)*

**hostile** /ˈhɒstaɪl, (US) ˈhɒstəl/ **ADJ** hostile *(to* à) ; *(Mil) [fire, force, aircraft]* ennemi **COMP** ▷ **hostile takeover bid** **N** OPA *f* hostile

**hostility** /hɒˈstɪlɪtɪ/ **N** hostilité *f*

**hostler** †† /ˈɒsləʳ/ **N** *(US)* ⇒ **ostler**

**hot** /hɒt/ **ADJ** **a** *(lit)* chaud ◆ **to be ~** *[person]* avoir (très *or* trop) chaud ; *[thing]* être (très) chaud ; *(Met)* faire (très) chaud ◆ **it's too ~ in here** il fait trop chaud ici ◆ **to get ~** *[person]* commencer à avoir (trop) chaud ; *[thing]* devenir chaud, chauffer ; *(Met)* commencer à faire chaud ◆ **it was a very ~ day** c'était un jour de grande *or* de forte chaleur ◆ **the ~ sun** le soleil brûlant ◆ **in the ~ weather** pendant les grandes chaleurs ◆ **bread ~ from the oven** pain tout chaud sorti du four ◆ **~ dishes** *(on menu)* plats *mpl* chauds ◆ **I can't drink ~ things** je ne peux pas boire chaud ◆ **the food must be served ~** la nourriture doit être servie bien chaude ◆ **he's had more trips to Paris than I've had ~ dinners** * c'est un grand habitué des voyages à Paris ◆ **~ and cold (running water)** (eau *f* courante) chaude et froide ◆ **to be in ~ water** *(fig)* être dans le pétrin ◆ **to get into ~ water** *(fig)* s'attirer des ennuis ◆ **this subject's too ~ to handle** * ce sujet est trop épineux ◆ **she's too ~ to handle** * il vaut mieux ne pas s'y frotter ◆ **that's a ~ button** *(US)* c'est un sujet épineux ◆ **to be (all) ~ and bothered** *(= perspiring)* être en nage ; *(= flustered)* être dans tous ses états *(about sth* au sujet de qch) ◆ **to be/get ~ under the collar** * être/se mettre dans tous ses états *(about sth* au sujet de qch) see also **comp** ; → **cake, coal, iron**

**b** *(fig) [food, curry]* fort, épicé ; *[spices]* fort ; *[news]* tout(e) frais (fraîche *f*) ; *[contest, dispute, competition]* acharné ; *[topic]* brûlant ; *[temperament]* passionné, violent ◆ **he's got a ~ temper** il a un caractère violent, il est très coléreux ◆ **a ~ war** * *(Pol)* une guerre ouverte ◆ **~ favourite** *(Sport)* grand favori *m* ◆ **~ tip** tuyau *m* sûr * ◆ **to be ~ on the trail** être sur la bonne piste ◆ **to be ~ on sb's trail** être sur les talons de qn ◆ **you're getting ~!** *(in guessing games)* tu brûles ! ◆ **news ~ from the press** informations *fpl* de dernière minute ◆ **the latest designs ~ from Milan** les derniers modèles qui arrivent tout droit de Milan ◆ **to make it** *or* **things ~ for sb** * mettre qn dans une situation délicate ; see also **pursuit**

**c** *(* = very good) (gen)* terrible *, sensationnel * ◆ **that's ~** *(esp US)* c'est fantastique ◆ **not so ~** pas formidable *, pas fameux * ◆ **how are things? – not so ~** comment ça va ? – pas terrible * ◆ **he's pretty ~ at maths** c'est un crack * en maths ◆ **he's pretty ~ at football** il joue super bien au foot * ◆ **she is so ~** * *(sexually)* elle est tellement sexy

**d** *(= successful) [article for sale]* très recherché, qui a beaucoup de succès ◆ **the hottest show in town** * un spectacle à voir absolument ◆ **Bardot soon became the hottest property * in show business** bientôt, on s'est arraché Bardot dans le milieu du show-business

**e** *(= stolen)* ◆ **it's ~** * c'est de la fauche *

**f** *(= radioactive)* radioactif (-ive *f*)

**ADV** → **blow**[1]

**NPL** **hots** ‡ ◆ **to have the ~s for sb** craquer * complètement pour qn

**COMP** ▷ **hot air** * **N** *(fig) (= nonsense)* blablabla * *m*, foutaises ‡ *fpl* ; *(= empty talk)* du vent ◆ **to blow ~ air** brasser du vent ◆ **he's all ~ air** c'est une grande gueule * ▷ **hot-air balloon** **N** ballon *m*, montgolfière *f* ▷ **hot-blooded** **ADJ** *(fig)* ardent, passionné ▷ **hot-button** **ADJ** *(US)* ◆ **~-button issue** point *m* chaud, question *f* controversée ▷ **hot cross bun** **N** brioche *f* du Vendredi saint ▷ **hot-desking** **N** partage *m* de bureaux ▷ **hot dog** **N** *(Culin)* hot-dog *m* ▷ **hot-dogging** **N** *(Ski)* ski *m* acrobatique ▷ **hot flash** **N** *(US)* ⇒ **hot flush** ▷ **hot flush** **N** *(Med)* bouffée *f* de chaleur ▷ **hot gospeller** * **N** prêcheur *m* évangéliste, exalté(e) *m(f)* ▷ **hot issue** **N** *(Fin)* émission *f* des valeurs vedettes ▷ **hot jazz** **N** hot *m* ▷ **hot key** **N** *(Comput)* touche *f* directe ▷ **hot line** **N** *(Telec) (gen)* ligne *f* ouverte vingt-quatre heures sur vingt-quatre *(to* avec) ; *(Pol)* téléphone *m* rouge *(to* avec) ▷ **hot money** **N** *(Fin)* capitaux *mpl* spéculatifs *or* fébriles ; *(stolen)* argent *m* volé ▷ **hot pants** * **NPL** mini-short *m* ▷ **hot pepper** **N** piment *m* rouge ▷ **hot potato** * **N** *(fig)* sujet *m* brûlant ◆ **he dropped the idea like a ~ potato** il a (soudain) laissé tomber cette idée ▷ **hot press** **N** *(Ir = airing cupboard)* placard-séchoir *m* ▷ **hot seat** * **N** *(US = electric chair)* chaise *f* électrique ◆ **to be in the ~ seat** *(fig) (in decision-making)* être en première ligne ▷ **hot-selling** **ADJ** qui se vend comme des petits pains ▷ **hot shit** *‡* **N** *(esp US fig)* ◆ **he really thinks he's ~ shit** il ne se prend pas pour de la merde ‡ ▷ **hot-shoe** **N** *(Phot)* sabot(-contact) *m*, porte-flash *m* ▷ **hot spot** * **N** *(= trouble area)* point *m* névralgique *or* chaud ; *(= night club)* boîte *f* (de nuit) ; *(for wireless access)* borne *f* ▷ **hot spring** **N** source *f* chaude ▷ **hot stuff** * **N** ◆ **to be ~ stuff** *(= terrific)* être terrible * ; *(= daring) [film etc]* être osé ◆ **he's ~ stuff** *(= clever)* il est génial * ; *(= sexy)* il est sexy * ▷ **hot-tempered** **ADJ** emporté, colérique ▷ **hot tub** **N** *(esp US)* jacuzzi ® *m* ▷ **hot-water bottle** **N**

bouillotte *f* ▷ **hot-wire** * VT *[+ car]* démarrer en faisant se toucher les fils de contact

► **hot up** * *(fig)* VI *(esp Brit)* chauffer * ◆ **things are ~ting up in the Middle East** cela commence à chauffer * au Moyen-Orient ◆ **things are ~ting up** *(at a party)* l'atmosphère commence à chauffer * ◆ **the bars rarely ~ up before 1am** il y a rarement de l'ambiance dans les bars avant une heure du matin

VT SEP *(= to step up)* ◆ **police are ~ting up their surveillance** la police renforce sa surveillance

**hotbed** /'hɒtbed/ N ◆ **a ~ of vice** une sentine de vices ◆ **a ~ of social unrest** un foyer d'agitation sociale

**hotcake** /'hɒtkeɪk/ N *(US)* ⇒ **pancake**

**hotchpotch** /'hɒtʃpɒtʃ/ N salmigondis *m*, fatras *m*

**hotel** /həʊ'tel/ N hôtel *m* ; *(Austral = pub)* pub *m* ◆ **to stay at a ~** être à l'hôtel COMP *[furniture, prices, porter]* d'hôtel ▷ **hotel industry** N industrie *f* hôtelière, hôtellerie *f* ▷ **hotel manager** N gérant(e) *m(f)* or directeur *m*, -trice *f* d'hôtel ▷ **hotel receptionist** N réceptionniste *mf* d'hôtel ▷ **hotel room** N chambre *f* d'hôtel ▷ **hotel ship** N navire-hôtel *m* ▷ **hotel staff** N personnel *m* hôtelier *or* de l'hôtel ▷ **hotel work** N ◆ **he's looking for ~ work** il cherche un travail dans l'hôtellerie ▷ **hotel workers** NPL personnel *m* hôtelier

**hotelier** /həʊ'telɪəʳ/, **hotelkeeper** /həʊ'tel,kiːpəʳ/ N hôtelier *m*, -ière *f*

**hotfoot** /hɒt'fʊt/ ADV à toute vitesse, à toute allure VT ◆ **to ~ it** * galoper

**hothead** /'hɒthed/ N *(fig)* tête *f* brûlée ADJ *(also* **hotheaded***)* *[person]* impétueux ; *[attitude]* exalté

**hothouse** /'hɒthaʊs/ N *(lit)* serre *f* (chaude) ; *(fig)* foyer *m* ADJ *(lit)* de serre (chaude) ◆ **a ~ atmosphere** une ambiance très compétitive

**hothousing** /'hɒthaʊzɪŋ/ N *enseignement intensif à l'intention des enfants surdoués*

**hotly** /'hɒtlɪ/ ADV **a** *(= keenly) [debated, disputed]* avec passion ◆ **~ pursued (by sb)** poursuivi de très près (par qn) ◆ **the man ~ tipped to become the next president** l'homme donné comme grand favori de la course à la présidence ◆ **he was ~ tipped to take a gold** il était grand favori pour la médaille d'or ◆ **to be ~ contested** être l'objet d'une lutte acharnée **b** *(= angrily) [deny]* avec virulence ; *[say]* avec feu

**hotplate** /'hɒtpleɪt/ N plaque *f* chauffante

**hotpot** /'hɒtpɒt/ N *(esp Brit Culin) ragoût de viande aux pommes de terre*

**hotrod** /'hɒtrɒd/ N *(US) (also* **hotrod car***)* hotrod *m*, voiture *f* gonflée *

**hotshot** * /'hɒtʃɒt/ ADJ *[person]* génial ; *[performance]* de virtuose ◆ **a ~ lawyer** un ténor du barreau N *(= expert)* as *m*, crack * *m* ; *(= important person)* gros bonnet *m*

**Hottentot** /'hɒtəntɒt/ ADJ hottentot N **a** Hottentot *mf* **b** *(Ling)* hottentot *m*

**houm(o)us** /'huːməs/ N ⇒ **hummus**

**hound** /haʊnd/ N **a** chien *m* courant, chien *m* de meute ; *(hum = any dog)* chien *m* ◆ **the ~s** *(Brit)* la meute ◆ **to ride to ~s** chasser à courre ; → **foxhound, master** **b** *(† pej = person)* canaille *f*, crapule *f* VT *[+ person]* s'acharner sur *or* contre, harceler ◆ **he is constantly ~ing them for advice** il les harcèle constamment pour leur demander conseil ◆ **to be ~ed by the press** être harcelé par la presse ◆ **he was ~ed out of his job** il a été chassé de son travail ◆ **he was ~ed out of town** il a été forcé à quitter la ville ◆ **they ~ed him for the money** ils n'ont pas arrêté de le harceler pour qu'il leur donne l'argent

► **hound down** VT SEP (traquer et) capturer

► **hound out** VT SEP chasser

**hour** /'aʊəʳ/ N **a** *(= period)* heure *f* ◆ **a quarter of an ~** un quart d'heure ◆ **three quarters of an ~** trois quarts d'heure ◆ **half an ~, a half-~** une demi-heure ◆ **an ~ and a half** une heure et demie ◆ **two and a half ~s** deux heures et demie ◆ **~ by ~** heure par heure ◆ **80km an ~** 80 km à l'heure ◆ **four ~s' walk from here** (à) quatre heures de marche d'ici ◆ **London is an ~ away from here** Londres est à une heure d'ici ◆ **to do sth (for) ~ after ~** faire qch heure après heure *or* des heures d'affilée ◆ **to pay sb by the ~** payer qn à l'heure ◆ **she is paid £8 an ~** elle est payée 8 livres (de) l'heure ◆ **getting there would take ~s** il faudrait des heures pour s'y rendre ◆ **she's been waiting for ~s** elle attend depuis des heures ◆ **to be ~s late** *(lit)* être en retard de plusieurs heures ; *(fig)* être terriblement en retard

**b** *(= time of day, point in time)* heure *f* ; *(fig)* heure *f*, moment *m* ◆ **on the ~** à l'heure juste (toutes les heures) ◆ **the ~ has come** l'heure est venue, c'est l'heure ◆ **his ~ has come** son heure est venue ◆ **his last ~ neared** sa dernière heure approchait ◆ **the ~ of his execution** l'heure de son exécution ◆ **the darkest ~ of my professional life** le passage le plus noir de ma vie professionnelle ◆ **in the early** *or* **(wee) small ~s (of the morning)** au petit matin *or* jour, aux premières heures (du jour) ◆ **at all ~s (of the day and night)** à toute heure (du jour et de la nuit) ◆ **till all ~s** * jusqu'à une heure avancée de la nuit, jusqu'à très tard ◆ **not at this ~ surely!** tout de même pas à cette heure-ci *or* à l'heure qu'il est ! ◆ **at this late ~** *(fig)* à ce stade avancé ◆ **in his ~ of danger** lorsqu'il était en danger ◆ **the problems of the ~** les problèmes *mpl* du jour *or* de l'heure ◆ **Book of Hours** livre *m* d'Heures ; → **eleventh, half**

**c** ◆ **to keep regular ~s** avoir une vie réglée ◆ **to work long ~s** avoir une journée très longue ◆ **after ~s** *(Brit) (of shops, pubs)* après l'heure de fermeture ; *(of offices)* après les heures de bureau ◆ **out of ~s** en dehors des heures d'ouverture ◆ **out of school ~s** en dehors des heures de cours *or* de classe ; → **early, late, office, school[1]**

COMP ▷ **hour hand** N *[of watch, clock]* petite aiguille *f*

**hourglass** /'aʊəglɑːs/ N sablier *m* COMP ▷ **hourglass figure** N *(fig)* silhouette *f* de rêve

**hourly** /'aʊəlɪ/ ADJ **a** *(= every hour)* ◆ **the ~ news broadcast** les nouvelles diffusées toutes les heures ◆ **the village has an ~ bus service** le village est desservi par un car qui passe toutes les heures ◆ **at ~ intervals** toutes les heures ◆ **at two-~ intervals** toutes les deux heures **b** *(= per hour) [earnings, wage, rate]* horaire ; *[worker, job]* payé à l'heure ◆ **paid on an ~ basis** payé à l'heure **c** *(= constant)* constant ADV **a** *(= every hour) [fly, patrol, update]* toutes les heures **b** *(= per hour) [pay]* à l'heure **c** *(= constantly)* constamment **d** *(= at any moment) [expect]* à tout moment, d'un moment à l'autre

**house** /haʊs/ N *(pl* **houses** /'haʊzɪz/*)* **a** maison *f* ◆ **at my ~** chez moi ◆ **to my ~** chez moi ◆ **she needs more help in the ~** il faudrait qu'elle soit plus aidée à la maison ◆ **she looks after the ~ herself** elle tient son ménage, c'est elle qui s'occupe du ménage ◆ **to keep ~ (for sb)** tenir la maison *or* le ménage (de qn) ◆ **to set up ~** s'installer, monter son ménage ◆ **they've set up ~ together** *(gen)* ils habitent ensemble ; *[couple]* ils se sont mis en ménage ◆ **to put** *or* **set one's ~ in order** *(fig)* mettre de l'ordre dans ses affaires ◆ **to play at ~s, to play ~** *(esp US)* jouer au papa et à la maman ◆ **they got on like a ~ on fire** ils s'entendaient à merveille *or* comme larrons en foire ◆ **to be (as) safe as ~s** être tout à fait sûr, ne présenter aucun risque ◆ **he'll be safe as ~s** il ne courra absolument aucun risque ◆ **their jobs are safe as ~s** ils ne risquent pas du tout de perdre leur emploi, ils ont un emploi tout à fait sûr ◆ **to go round the ~s** * *(Brit = waffle)* parler pour ne rien dire ; → **doll, eat, move, open, public**

**b** *(Parl)* **the House** la Chambre ; → **floor**

**c** *(Theat etc) (= place)* salle *f* ; *(= audience)* spectateurs *mpl* ◆ **is there a doctor in the ~?** y a-t-il un médecin dans la salle ? ◆ **a full** *or* **good ~** une salle pleine ◆ **to play to full** *or* **packed ~s** faire salle pleine, jouer à guichets fermés ◆ **"house full"** "complet" ◆ **the second ~** la deuxième séance ◆ **to bring the ~ down** faire un tabac *, casser la baraque * ; → **pack**

**d** *(Comm) (also* **business house***)* maison *f* (de commerce), compagnie *f* ; → **banking[2], fashion, publishing** *etc*

◆ **in house** → **in**

◆ **on the house** * aux frais de la maison ◆ **drinks are on the ~!** c'est la tournée du patron !

◆ **out of house** en externe ◆ **the work was done out of ~** le travail a été fait en externe

**e** *(of noble family)* maison *f* ; *(Rel)* maison *f* religieuse ; *(Brit Scol)* groupe *m* d'internes ◆ **the House of Windsor** la maison des Windsor

**f** *(Mus)* **House (music)** house *f*

VT /haʊz/ *[+ person]* loger, héberger ◆ **she was housing refugees** elle logeait *or* hébergeait des réfugiés ◆ **the town offered to ~ six refugee families** la ville a proposé de loger six familles de réfugiés ◆ **this building ~s five families/a motorcycle museum** ce bâtiment abrite cinq familles/un musée de la moto ◆ **the jail ~s more than a thousand inmates** il y a plus de mille détenus dans cette prison ◆ **the freezer is ~d in the basement** le congélateur est au sous-sol ◆ **the generator is ~d in a large wooden box** le générateur se trouve dans un grand châssis de bois ◆ **the sauna is ~d in their garage** le sauna est (situé) dans leur garage

COMP ▷ **house agent** N *(Brit)* agent *m* immobilier ▷ **house arrest** N assignation *f* à domicile *or* à résidence ◆ **to put sb under ~ arrest** assigner qn à domicile *or* à résidence ◆ **to be under ~ arrest** être assigné à domicile, être en résidence surveillée ▷ **house-clean** VI *(US)* faire le ménage ▷ **house-cleaning** N *(US)* ménage *m*, nettoyage *m* ▷ **house-hunt** VI *(Brit)* chercher une maison (*or* un appartement), être à la recherche d'une maison (*or* d'un appartement) ▷ **house-hunting** N *(Brit)* recherche *f* d'une maison (*or* d'un appartement) ▷ **house-husband** N homme *m* au foyer ▷ **house journal**, **house magazine** N *[of company, organization]* bulletin *m*, journal *m* interne ▷ **house manager** N *(Theat)* directeur *m*, -trice *f* de théâtre ▷ **house of cards** N château *m* de cartes ▷ **House of Commons** N *(Brit)* Chambre *f* des communes ▷ **house of correction** N *(US)* maison *f* d'arrêt ▷ **House of God** N maison *f* de Dieu ▷ **House of Lords** N *(Brit)* Chambre *f* des lords ▷ **House of Representatives** N *(US)* Chambre *f* des députés ▷ **house**

**organ** N ⇒ **house journal** ▷ **house-owner** N propriétaire *mf* d'une maison ▷ **house painter** N peintre *m* en bâtiments ▷ **house party** N *(in country house)* partie *f* de campagne ◆ **I'm having a ~ party next week** *(gen)* j'organise une soirée *or* une fête chez moi la semaine prochaine ▷ **house physician** N *(Brit) (in hospital)* ≃ interne *mf* en médecine ; *(in hotel etc)* médecin *m (attaché à un hôtel etc)* ▷ **house plant** N plante *f* d'intérieur ▷ **house prices** NPL prix *mpl* de l'immobilier ▷ **house-proud** ADJ *(esp Brit)* ◆ **she's very ~-proud** tout est toujours impeccable chez elle ▷ **house red** N vin *m* rouge cuvée du patron ▷ **house rosé** N vin *m* rosé cuvée du patron ▷ **house rule** N *(gen, Comm)* règle *f* de la maison ◆ **~ rules** *(Comm)* règlement *m* interne ▷ **house sale** N vente *f* immobilière ▷ **house-sit** VI ◆ **to ~-sit for sb** garder la maison de qn ▷ **house-sitter** N *personne qui loge chez qn en son absence* ▷ **the Houses of Parliament** N *(in Brit) (= building)* le Palais de Westminster ; *(= members)* le Parlement, les Chambres *fpl* ▷ **house sparrow** N moineau *m* domestique ▷ **house style** N *(Publishing)* style *m* maison ▷ **house surgeon** N *(Brit)* ≃ interne *mf* en chirurgie ▷ **house-to-house** ADJ porte à porte *inv* ◆ **~-to-~ search** perquisition *f* systématique dans le quartier ◆ **to make a ~-to-~ search for sb** aller de porte en porte à la recherche de qn ▷ **house-train** VT *(Brit) [+ animal]* apprendre à être propre à ▷ **house-trained** ADJ *(Brit) [animal]* propre ; *(fig) [person]* docile, obéissant ▷ **House Un-American Activities Committee** N *(US Hist)* Commission *f* des activités antiaméricaines ▷ **house-warming (party)** N pendaison *f* de crémaillère ◆ **to give a ~-warming (party)** pendre la crémaillère ▷ **house white** N vin *m* blanc cuvée du patron ▷ **house wine** N cuvée *f* du patron

> **House**
>
> Les types de logements portent souvent des noms différents en anglais britannique et en anglais américain ; ainsi, un appartement se dit respectivement « flat » (Brit) et « apartment » (US). Un « condominium » (US) est un immeuble d'habitation dont les appartements appartiennent à des propriétaires individuels alors que les parties communes sont en copropriété.
> Les rangées de maisons identiques et contiguës sont appelées « terraced houses » (Brit) ou « row houses » (US). Les « semidetached houses » (Brit) ou « duplex houses » (US) sont des maisons jumelles, tandis que la « detached house » (Brit) est un pavillon.
> Deux autres types de maisons répandues aux États-Unis sont les « ranch houses » - de longues bâtisses généralement de plain-pied, et les « colonials », maisons de style 18^e siècle en bardeaux ou en briques, comportant souvent un portique.

**houseboat** /ˈhaʊsbəʊt/ N house-boat *m*

**housebound** /ˈhaʊsbaʊnd/ ADJ confiné chez soi NPL **the housebound** les personnes *fpl* confinées chez elles

**houseboy** † /ˈhaʊsbɔɪ/ N *(= servant)* domestique *m* ; *(in former colonies)* boy *m*

**housebreaker** /ˈhaʊsbreɪkəʳ/ N *(= burglar)* cambrioleur *m*

**housebreaking** /ˈhaʊsbreɪkɪŋ/ N *(= burglary)* cambriolage *m*

**housebroken** /ˈhaʊsbrəʊkən/ ADJ *(US)* ⇒ **house-trained** ; → **house**

**housecoat** /ˈhaʊskəʊt/ N a *(= dress)* robe *f* d'intérieur b *(= dressing gown)* peignoir *m*

**housedress** /ˈhaʊsdres/ N ⇒ **housecoat a**

**housefather** /ˈhaʊsfɑːðəʳ/ N responsable *m* (de groupe) *(dans une institution)*

**housefly** /ˈhaʊsflaɪ/ N mouche *f* (commune *or* domestique)

**houseful** /ˈhaʊsfʊl/ N ◆ **a ~ of people** une pleine maisonnée de gens ◆ **a ~ of dogs** une maison pleine de chiens

**houseguest** /ˈhaʊsgest/ N invité(e) *m(f)* ◆ **I've got ~s** j'ai des amis à la maison

**household** /ˈhaʊs,həʊld/ N *(= persons)* (gens *mpl* de la) maison *f*, ménage *m (also Admin, Econ)* ◆ **there were seven people in his ~** sa maison était composée de sept personnes ◆ **the whole ~ was there to greet him** tous les gens de la maison étaient là pour l'accueillir ◆ **give below details of your ~** indiquez ci-dessous les personnes qui résident chez vous ◆ **~s with more than three wage-earners** des ménages *or* des familles de plus de trois salariés ◆ **poor ~s** les ménages *mpl* pauvres ◆ **a male-only ~** un appartement (*or* une maison) où il n'y a que des hommes ◆ **Household** *(Brit)* maison *f* royale

COMP *[accounts, expenses, equipment]* de *or* du ménage ▷ **household ammonia** N ammoniaque *f* ▷ **household arts** NPL arts *mpl* ménagers ▷ **Household Cavalry** N *(Brit)* Cavalerie *f* de la Garde Royale ▷ **household chores** NPL travaux *mpl* ménagers ▷ **household gods** NPL dieux *mpl* du foyer, pénates *mpl* ▷ **household goods** NPL *(gen) (Comm)* appareils *mpl* ménagers ; *(Econ)* biens *mpl* d'équipement ménager ◆ **all her ~ goods** *(more generally)* ses meubles *mpl* et ses ustensiles *mpl* de ménage ▷ **household insurance** N assurance *f* sur le contenu de l'habitation ▷ **household linen** N linge *m* de maison ▷ **household name** N ◆ **she is a ~ name** elle est connue partout ◆ **Kleeno is a ~ name** Kleeno est une marque très connue ▷ **household soap** N savon *m* de Marseille ▷ **Household troops** NPL *(Brit)* Garde *f* royale ▷ **household word** N *(fig)* ◆ **it's a ~ word** c'est un mot que tout le monde connaît

**householder** /ˈhaʊs,həʊldəʳ/ N occupant(e) *m(f)* ; *(= owner)* propriétaire *mf* ; *(= lessee)* locataire *mf* ; *(= head of house)* chef *m* de famille

**housekeeper** /ˈhaʊskiːpəʳ/ N *(in sb else's house)* gouvernante *f* ; *(in institution)* économe *f*, intendante *f* ◆ **his wife is a good ~** sa femme est bonne ménagère *or* maîtresse de maison

**housekeeping** /ˈhaʊskiːpɪŋ/ N a *(= skill)* économie *f* domestique *or* ménagère ; *(= work)* ménage *m* ; *(= management)* gestion *f* ◆ **it's a question of good ~** *(at home)* il s'agit de tenir sa maison en ordre ; *(at work)* il s'agit d'être bon gestionnaire ◆ **they said the job cuts were just good ~** ils ont dit que les licenciements ne relevaient que de la bonne gestion des effectifs b *(esp Brit) (also* **housekeeping money***)* argent *m* du ménage c *(Comput)* gestion *f* des disques

**houselights** /ˈhaʊslaɪts/ NPL *(Theat)* lumières *fpl or* éclairage *m* de la salle

**housemaid** /ˈhaʊsmeɪd/ N bonne *f* COMP ▷ **housemaid's knee** N inflammation *f* du genou

**houseman** /ˈhaʊsmən/ N (pl **-men**) *(Brit: in hospital)* ≃ interne *mf*

**housemartin** /ˈhaʊsmɑːtɪn/ N hirondelle *f* de fenêtre

**housemaster** /ˈhaʊsmɑːstəʳ/ N *(Brit Scol) professeur responsable d'un groupe d'internes*

**housemate** /ˈhaʊsmeɪt/ N ◆ **my ~** la personne avec qui je partage la maison ; *(both renting)* mon *or* ma colocataire

**housemistress** /ˈhaʊsmɪstrɪs/ N *(Brit Scol) professeur responsable d'un groupe d'internes*

**housemother** /ˈhaʊsmʌðəʳ/ N responsable *f* (de groupe) *(dans une institution)*

**houseroom** /ˈhaʊsrʊm/ N ◆ **I wouldn't give it ~** je n'en voudrais pas chez moi ◆ **I wouldn't give him ~** *(Brit fig)* je ne veux pas de lui

**housetop** /ˈhaʊstɒp/ N toit *m* ◆ **to shout** *or* **proclaim sth from the ~s** crier qch sur les toits

**housewares** /ˈhaʊswɜəz/ NPL *(esp US)* articles *mpl* ménagers

**housewife** /ˈhaʊs,waɪf/ N (pl **-wives** /waɪvz/) a ménagère *f* ; *(as opposed to career woman)* femme *f* au foyer ◆ **a born ~** une ménagère née, une femme au foyer type ◆ **a bored ~** une femme au foyer qui s'ennuie, une ménagère esseulée ◆ **housewives refuse to pay these prices** les ménagères refusent de payer ces prix ◆ **I'd rather be a ~** j'aimerais mieux être femme au foyer b /ˈhʌzɪf/ *(= sewing box)* trousse *f* de couture

**housewifely** /ˈhaʊs,waɪflɪ/ ADJ de ménagère

**housewifery** /ˈhaʊs,wɪfərɪ/ N tenue *f* du ménage

**housewives** /ˈhaʊs,waɪvz/ NPL of **housewife**

**housework** /ˈhaʊswɜːk/ N *(NonC)* ménage *m*, tâches *fpl* ménagères ◆ **to do the ~** faire le ménage

**housing** /ˈhaʊzɪŋ/ N a *(NonC)* logement *m* ◆ **affordable ~ is difficult to find** les logements à des prix abordables sont difficiles à trouver ◆ **there's a lot of new ~** il y a beaucoup de résidences *or* de constructions nouvelles ◆ **the ~ of workers proved difficult** le logement des ouvriers a posé un problème ◆ **Minister/Ministry of Housing** *(Brit)* ◆ **Secretary/Department of Housing and Urban Development** *(US)* ministre *m*/ministère *m* de l'Urbanisme et du Logement ; → **low**[1]

b *(Tech: for mechanism etc)* boîtier *m* ; *(Archit, Constr)* encastrement *m*

COMP *[matters, problem, crisis]* de *or* du logement ▷ **housing association** N *(Brit) (for providing housing) association à but non lucratif qui construit et rénove des logements pour les louer à des prix très raisonnables ; (for co-ownership)* association *f* de copropriétaires *(pour faciliter l'accession à la propriété privée)* ▷ **housing benefit** N *(Admin)* allocation *f* logement ▷ **housing conditions** NPL conditions *fpl* de logement ▷ **housing development** N *(US)* ensemble *m* immobilier privé ▷ **housing estate** N *(Brit) (= council-owned flats)* cité *f* ; *(= privately-owned houses)* lotissement *m* ▷ **housing list** N *(Brit) liste d'attente pour obtenir un logement social* ▷ **housing project** N *(US = place)* ≃ cité *f* ▷ **housing scheme** N *(Scot)* ⇒ **housing estate** ▷ **housing shortage** N pénurie *f or* manque *m* de logements ◆ **the current acute ~ shortage** la crise du logement actuelle ▷ **housing stock** N parc *m* de logements

**hove** /həʊv/ VB pt, ptp of **heave**

**hovel** /ˈhɒvəl/ N taudis *m*, masure *f*

**hover** /ˈhɒvəʳ/ VI a *[bird, butterfly]* voltiger (*about* autour de ; *over* au-dessus de) ; *[bird of prey, helicopter, danger, threat]* planer (*above,* *over* au-dessus de) ; *[person]* (also **hover about, hover around**) rôder ; *[smile]* errer ; *[mist, fog]* flotter ◆ **a waiter ~ed over** *or* **round us** un garçon (de café) rôdait *or* tournait autour de nous ◆ **she was ~ing in the doorway** elle hésitait sur le pas de la porte ◆ **he was ~ing between life and death** il restait suspendu entre la vie et la mort ◆ **the exchange rate is ~ing around 140 yen to the dollar** le taux de change tourne autour de *or* avoisine les 140 yens pour un dollar **b** *(= waver)* hésiter (*between* entre)

**hovercraft** /ˈhɒvəkrɑːft/ **N** aéroglisseur *m*

**hoverport** /ˈhɒvəpɔːt/ **N** hoverport *m*

**how** /haʊ/ **ADV** **a** *(= in what way)* comment ◆ **~ did you come?** comment êtes-vous venu ? ◆ **tell me ~ you came** dites-moi comment vous êtes venu ◆ **to learn ~ to do sth** apprendre à faire qch ◆ **I know ~ to do it** je sais le faire ◆ **~ do you like your steak?** comment aimez-vous votre bifteck ? ◆ **~ did you like the steak?** comment avez-vous trouvé le bifteck ? ◆ **~ was the play?** comment avez-vous trouvé la pièce ? ◆ **~ is it that ...?** comment se fait-il que ... *+ subj* ? ◆ **~ could you (do such a thing)?** comment as-tu pu faire une chose pareille ? ◆ **~ could you do/say that?** comment as-tu pu faire/dire une chose pareille ? ◆ **~ so?, ~ can that be?** comment cela (se fait-il) ? ◆ **~ come?** * comment ça se fait ? *, pourquoi ? ◆ **~ come you aren't going out?** * pourquoi tu ne sors pas ? * ◆ **and ~!** * et comment ! *

♦ **how about ...** * ◆ **~** *or* **~'s** ‡ **about going for a walk?** et si on allait se promener ? ◆ **~ about you?** et toi ? ◆ **~ about that?** * *(US)* ça alors !

♦ **how's that ?** * *(= how possible, in what way)* comment ça ? ; *(= what is your opinion)* qu'est-ce que tu en penses ? ; *(= agreed)* d'accord ?, ça va ? ◆ **~'s that (again)?** *(= please repeat)* vous pouvez répéter ? ◆ **~'s that for size/height?** ça va du point de vue de la taille/de la hauteur ? ◆ **~'s that for clean!** *(admiringly)* c'est ce que j'appelle propre ! ◆ **~'s that for luck?** quelle veine ! * ◆ **~'s that for size/height?** ça va pour la taille/la hauteur ?

**b** *(health etc)* ◆ **~ are you ?** comment allez-vous ? ◆ **tell me ~ she is** dites-moi comment elle va ◆ **~ do you do?** *(on being introduced)* enchanté ◆ **~ are things?** * comment ça va ? ◆ **~'s business?** comment vont les affaires ? ◆ **~'s life?** * comment ça va ?

**c** *(with adj, adv: degree, quantity)* que, comme ◆ **~ glad I am to see you!** que *or* comme je suis content de vous voir ! ◆ **I can't tell you ~ glad I was to leave that place** vous ne pouvez pas savoir à quel point j'étais heureux de quitter cet endroit ◆ **~ splendid!** c'est merveilleux ! ◆ **~ nice!** comme c'est gentil ! ◆ **~ kind of you!** c'est très aimable à vous ! ◆ **~ very astute of you** (*or* **him** *etc*)! quelle finesse ! *(also iro)* ◆ **~ very clever of you!** ce que vous pouvez être intelligent ! ◆ **~ he has grown!** comme il a grandi !, ce qu'il a grandi ! * ◆ **~ long is the tunnel?** quelle est la longueur du tunnel ? ◆ **~ long is this film?** combien de temps dure ce film ? ◆ **~ long will you be staying?** combien de temps resterez-vous ? ◆ **~ tall is he?** quelle est sa taille ?, combien mesure-t-il ? ◆ **~ old is he?** quel âge a-t-il ? ◆ **~ soon can you come?** quand pouvez-vous venir ? ◆ **~ much does this book cost?** combien coûte ce livre ?

**d** *(= that)* que ◆ **she told me ~ she had seen the child lying on the ground** elle m'a raconté qu'elle avait vu l'enfant couché par terre

**N** ◆ **the ~ and the why of it** le comment et le pourquoi de cela

**COMP** ▷ **how-d'ye-do** †* **N** ◆ **here's a (fine) ~-d'ye-do!** en voilà une affaire !, en voilà une histoire ! * ◆ **it was a real ~-d'ye-do** c'était un joli gâchis ! * ▷ **how's-your-father** * **N** *(= sex)* partie *f* de jambes en l'air * ▷ **how-to ADJ** ◆ **a ~-to book on carpentry** un manuel de menuiserie ◆ **a ~-to video on carpentry** une vidéo d'initiation à la menuiserie

**howdah** /ˈhaʊdə/ **N** *siège sanglé sur le dos d'un éléphant*

**howdy** * /ˈhaʊdɪ/ **EXCL** *(US)* salut !

**however** /haʊˈevəʳ/ LANGUAGE IN USE 26.2, 26.3

**ADV** **a** *(= nevertheless)* cependant, toutefois ◆ **that is one reason. It is not, ~, the only one** c'est une raison. Ce n'est cependant pas la seule ◆ **losing doesn't seem to matter to women. Most men, ~, can't stand it** cela ne semble pas gêner les femmes de perdre. Par contre *or* en revanche, les hommes détestent cela, cela ne semble pas gêner les femmes de perdre alors que la plupart des hommes détestent cela ◆ **~, he remained unimpressed by my enthusiasm** pourtant, mon enthousiasme ne lui a fait ni chaud ni froid

**b** *(= no matter how)* ◆ **~ tall he may be** *or* **is, ...** il a beau être grand, ..., malgré sa taille, ... ◆ **~ much money he has ...** il a beau être riche ..., même s'il a beaucoup d'argent ... ◆ **~ hard she tried, she couldn't remember my name** malgré tous ses efforts, elle n'arrivait pas à se souvenir de mon nom ◆ **~ great the temptation, don't do it** même si tu es très tenté, ne le fais pas ◆ **~ few people come, we'll do the play** même s'il n'y a pas beaucoup de monde, nous jouerons la pièce ◆ **~ many people there are** quel que soit le nombre de personnes (présentes) ◆ **six or seven people, or ~ many are present** six ou sept personnes, ou selon le nombre de présents

**c** *(= how on earth: in questions)* comment donc ◆ **~ did you manage to do that?** comment donc as-tu réussi à le faire ?

**CONJ** de quelque manière que *+ subj* ◆ **~ we tell her about this, she won't be pleased** de quelque manière que nous le lui disions, elle ne sera pas contente ◆ **~ you may do it, it will never be right** quoi que vous fassiez *or* de toute façon, ce ne sera jamais bien ◆ **~ that may be** quoi qu'il en soit

**howitzer** /ˈhaʊɪtsəʳ/ **N** obusier *m*

**howl** /haʊl/ **N** *[of person, animal]* hurlement *m* ; *[of baby]* braillement *m*, hurlement *m* ; *[of wind]* mugissement *m* ◆ **there were ~s of laughter at her remark** sa remarque a provoqué d'énormes éclats de rire **VI** **a** *[person, animal, wind]* hurler ◆ **to ~ with laughter** rire aux éclats *or* à gorge déployée ◆ **to ~ with delight** pousser des cris de joie ◆ **to ~ with pain/rage** hurler de douleur/de rage ◆ **to ~ with derision** lancer des huées **b** *(* = cry)* pleurer ; *[baby]* brailler * **VT** (also **howl out**) hurler, crier ◆ **they ~ed their disapproval** ils hurlaient leur désapprobation

► **howl down VT SEP** huer ◆ **the president was ~ed down by the crowd** le président a été hué par la foule

**howler** * /ˈhaʊləʳ/ **N** gaffe * *f*, bourde *f* ◆ **to make a ~** faire une gaffe * *or* une bourde ◆ **schoolboy ~** perle *f* (d'écolier)

**howling** /ˈhaʊlɪŋ/ **N** *[of person, animal]* hurlements *mpl* ; *[of wind]* mugissement *m* **ADJ** **a** *[person, animal, wind]* hurlant **b** *(* = terrific)* *[success]* monstre

**howsoever** /haʊsəʊˈevəʳ/ **ADV** **a** *(frm = no matter how)* ◆ **~ bad the situation may seem** quelque *(liter)* mauvaise que la situation puisse paraître **b** *(†† or dial = nevertheless)* néanmoins **CONJ** *(frm)* ◆ **~ that may be** quoi qu'il en soit

**hoy** /hɔɪ/ **EXCL** ohé !

**hoyden** † /ˈhɔɪdn/ **N** garçon *m* manqué

**hoydenish** † /ˈhɔɪdənɪʃ/ **ADJ** garçonnier, de garçon manqué

**HP** * /ˌeɪtʃˈpiː/ **N** *(Brit)* (abbrev of **hire purchase**) → **hire**

**hp** /eɪtʃˈpiː/ **N** (abbrev of **horsepower**) CV

**HQ** /eɪtʃˈkjuː/ **N** (abbrev of **headquarters**) QG *m*

**HR** /eɪtʃˈɑːʳ/ **N** (abbrev of **human resources**) ressources *fpl* humaines

**hr** (abbrev of **hour**) h ◆ **28 ~s** 28 h

**HRH** /ˌeɪtʃɑːrˈeɪtʃ/ **N** (abbrev of **His** *or* **Her Royal Highness**) SAR

**HRT** /ˌeɪtʃɑːˈtiː/ **N** (abbrev of **hormone replacement therapy**) → **hormone**

**HS N** *(US Scol)* (abbrev of **high school**) → **high**

**HST** /ˌeɪtʃesˈtiː/ **N** **a** *(Brit)* (abbrev of **high speed train**) ≈ TGV *m* **b** *(US)* (abbrev of **Hawaiian Standard Time**) → **Hawaiian**

**HT** (abbrev of **high tension**) → **high**

**ht N** abbrev of **height**

**HTML** /ˌeɪtʃtiːemˈel/ (abbrev of **hypertext markup language**) HTML *m*

**http** /ˌeɪtʃtiːtiːˈpiː/ *(Comput)* (abbrev of **hypertext transfer protocol**) http

**HUAC N** *(US Hist)* (abbrev of **House Un-American Activities Committee**) → **house**

**hub** /hʌb/ **N** **a** *[of wheel]* moyeu *m* ; *(fig)* *(= centre)* centre *m* ; *(= cornerstone)* pierre *f* angulaire ◆ **a ~ of finance/activity/operations** un centre financier/d'activité/d'opérations *or* opérationnel ◆ **the island's social ~** le centre de la vie sociale de l'île **b** *(Aviat)* ◆ **~ (airport)** hub *m*, plate-forme *f* de correspondances **COMP** ▷ **hub airport N** *(US)* plaque *f* tournante du transport aérien

**hubba-hubba** * /ˈhʌbəˈhʌbə/ **EXCL** *(US)* vise un peu ! *

**hubbub** /ˈhʌbʌb/ **N** tohu-bohu *m*

**hubby** ‡ /ˈhʌbɪ/ **N** (abbrev of **husband**) mari *m*

**hubcap** /ˈhʌbkæp/ **N** *(Aut)* enjoliveur *m*

**hubris** /ˈhjuːbrɪs/ **N** orgueil *m* (démesuré)

**huckleberry** /ˈhʌklbərɪ/ **N** *(US)* myrtille *f*

**huckster** /ˈhʌkstəʳ/ **N** *(US)* *(= hawker)* colporteur *m* ; *(fig pej)* mercanti *m* ; *(* = salesman)* vendeur *m* de choc * ; *(in fairground)* bonimenteur *m*

**HUD** /hʌd/ **N** *(US)* (abbrev of **Department of Housing and Urban Development**) → **housing**

**huddle** /ˈhʌdl/ **N** *[of people]* petit groupe *m* (compact) ◆ **a ~ of houses in the valley** quelques maisons blotties dans la vallée ◆ **to go into a ~** * se réunir en petit comité *(fig)*

**VI** **a** *(lit)* se blottir (les uns contre les autres) ◆ **we ~d round the fire** nous nous sommes blottis autour du feu ◆ **the baby birds ~d in the nest** les oisillons se blottissaient les uns contre les autres dans le nid ◆ **spectators huddling under umbrellas** des spectateurs s'abritant tant bien que mal sous leurs parapluies ; see also **huddled** **b** *(US fig = meet and discuss)* se réunir en petit comité *(fig)*

► **huddle down VI** *(= crouch)* se recroqueviller, se faire tout petit ; *(= snuggle)* se blottir, se pelotonner

► **huddle together VI** se serrer *or* se blottir les uns contre les autres ◆ **they were huddling together for warmth** ils se serraient *or* se blottissaient les uns contre les autres pour se tenir chaud ◆ **they ~d together to discuss the proposal** ils ont formé un petit groupe pour discuter de la proposition ; see also **huddled**

► **huddle up** VI se blottir, se pelotonner

**huddled** /ˈhʌdld/ ADJ ◆ **the chairs were ~ in a corner** les chaises étaient rassemblées *or* groupées dans un coin ◆ **small wooden sheds, ~ under tall pine trees** des petites cabanes groupées sous de hauts sapins ◆ **he lay ~ under the blankets** il était blotti *or* pelotonné sous les couvertures ◆ **the children lay ~ (together) under the blankets** les enfants étaient blottis *or* pelotonnés (les uns contre les autres) sous les couvertures ◆ **she sat ~ in the corner** elle était (assise,) blottie dans le coin ◆ **he was ~ over his books** il était penché sur ses livres

**Hudson Bay** /ˈhʌdsənˈbeɪ/ N la baie d'Hudson

**hue**[1] /hjuː/ N ◆ **~ and cry** clameur *f* ◆ **to raise a ~ and cry** crier haro (*against* sur)

**hue**[2] /hjuː/ N *(= colour)* teinte *f*, nuance *f*

**-hued** /hjuːd/ ADJ *(in compounds)* ◆ **many-hued** multicolore

**huff**[1] * /hʌf/ N ◆ **to be in a ~** être vexé ◆ **to go into a ~** prendre la mouche, se vexer ◆ **he went off** *or* **left in a ~** il s'est vexé et il est parti

**huff**[2] /hʌf/ VI *(lit)* ◆ **to ~ and puff** souffler comme un bœuf * ; *(* = show annoyance)* râler *

**huffily** * /ˈhʌfɪlɪ/ ADV avec (mauvaise) humeur

**huffiness** * /ˈhʌfɪnɪs/ N mauvaise humeur *f*

**huffy** * /ˈhʌfɪ/ ADJ *(= annoyed)* vexé ; *(= sulky)* boudeur, qui boude ; *(= touchy)* susceptible

**hug** /hʌg/ VT a *(= hold close)* serrer dans ses bras, étreindre ; *[bear, gorilla]* écraser entre ses bras ◆ **to ~ one another** s'étreindre ◆ **she stood ~ging herself as if she were cold** elle avait les bras serrés contre sa poitrine comme si elle avait froid ◆ **she ~ged her legs tight to her chest** elle a serré ses jambes contre sa poitrine ◆ **to ~ o.s. over sth** *(fig)* jubiler à l'idée de qch b *(= keep close to)* serrer ◆ **to ~ the shore/wind** *(Naut)* serrer la côte/le vent ◆ **to ~ the kerb** *[car]* serrer le trottoir VI s'étreindre ◆ **we ~ged and kissed** nous nous sommes embrassés N étreinte *f* ◆ **to give sb a ~** serrer qn dans ses bras, étreindre qn ◆ **he gave the child a big ~** il a serré l'enfant bien fort dans ses bras ; → **bear**[2]

**huge** /hjuːdʒ/ ADJ *[person, object, profit, difference, amount, effort]* énorme ; *[success]* énorme, fou (folle *f*) ; *[eyes]* immense ; *[number, increase]* très fort ◆ **on a ~ scale** sur une très grande échelle

**hugely** /ˈhjuːdʒlɪ/ ADV *[popular, expensive, important, entertaining, enjoyable]* extrêmement ; *[enjoy o.s., vary, increase]* énormément ◆ **a ~ successful film** un film qui a eu un énorme succès *or* un succès fou ◆ **~ influential** très influent ◆ **~ talented** extrêmement doué

**hugeness** /ˈhjuːdʒnɪs/ N immensité *f*

**hugger-mugger** † * /ˈhʌgəˌmʌgəʳ/ ADV *(= confusedly)* pêle-mêle

**Hugh** /hjuː/ N Hugues *m*

**Huguenot** /ˈhjuːgənəʊ/ ADJ huguenot N huguenot(e) *m(f)*

**huh** /hʌ/ EXCL *(dismay)* oh ! ; *(surprise, disbelief)* hein ? ; *(disgust)* berk ! *, beuh !

**Hula Hoop** ® /ˈhuːləˌhuːp/ N hula-hoop *m*

**hulk** /hʌlk/ N a ◆ **(big) ~ of a man** mastodonte *m* ◆ **I followed his big ~ * into the kitchen** j'ai suivi ce géant dans la cuisine b *(= prison ship)* ponton *m* ; *(= wrecked ship)* épave *f* ; *(= ramshackle ship)* vieux rafiot * *m* ; *(= wrecked vehicle, building)* carcasse *f*

**hulking** /ˈhʌlkɪŋ/ ADJ massif, imposant ◆ **he was a ~ great brute** * c'était un gros malabar *

**hull** /hʌl/ N a *[of ship]* coque *f* ; *[of plane]* carlingue *f* ; *[of tank]* caisse *f* b *[of nuts]* coque *f* ; *[of peas, beans]* cosse *f*, gousse *f* VT a *[+ peas]* écosser ; *[+ barley]* monder ; *[+ oats, rice]* décortiquer ; *[+ nuts]* écaler ; *[+ berries]* équeuter b *[+ ship, plane]* percer la coque de

**hullabaloo** * /ˌhʌləbəˈluː/ N *(= noise)* raffut * *m* ◆ **they made** *or* **there was quite a ~ about the missing money** *(= fuss)* on a fait toute une histoire * *or* tout un foin * à propos de l'argent disparu ◆ **I don't know what all the ~ is about** *(= noise)* je ne sais pas d'où vient ce raffut * ; *(= fuss)* je ne comprends pas pourquoi on en fait toute une histoire

**hullo** /hʌˈləʊ/ EXCL *(esp Brit)* ⇒ **hello**

**hum** /hʌm/ VI a *[insect]* bourdonner ; *[person]* fredonner, chantonner ; *[aeroplane, engine, machine]* vrombir ; *[spinning top, radio]* ronfler ; *[wire]* bourdonner ◆ **then things began to ~** * *(fig)* alors les choses ont commencé à chauffer * *or* à s'animer ; → **haw**[2] b *(Brit * = stink)* chlinguer * VT *[+ tune]* fredonner, chantonner N a *[of insect, conversation]* bourdonnement *m* ; *[of aeroplane, engine, machine]* vrombissement *m* ; *[of spinning top, radio]* ronflement *m* b *(Brit * = stink)* puanteur *f* EXCL hem !, hum !

**human** /ˈhjuːmən/ ADJ humain ◆ **he's only ~ after all** après tout, ce n'est qu'un homme ◆ **to lack the ~ touch** manquer de chaleur humaine ◆ **not fit for ~ consumption** impropre à la consommation ; → **decency**

N humain *m*

COMP ▷ **human being** N être *m* humain ▷ **human cloning** N clonage *m* humain ▷ **human ecology** N écologie *f* humaine ▷ **human engineering** N ergonomie *f* ▷ **human genome** N génome *m* humain ▷ **human growth hormone** N *(Med)* hormone *f* de croissance humaine ▷ **human interest** N dimension *f* humaine ▷ **human interest story** N *(Press)* histoire *f* à dimension humaine ▷ **human nature** N nature *f* humaine ◆ **it's only ~ nature to want revenge** c'est dans la nature humaine de chercher à se venger ▷ **human race** N race *f* humaine, genre *m* humain ▷ **human resource management** N gestion *f* des ressources humaines ▷ **human resources** NPL ressources *fpl* humaines ▷ **human rights** NPL droits *mpl* de l'homme ▷ **human rights campaigner** N défenseur *m* des droits de l'homme ▷ **human shield** N bouclier *m* humain

**humane** /hjuːˈmeɪn/ ADJ a *(= compassionate)* *[person]* plein d'humanité ; *[attitude]* humain, plein d'humanité ; *[treatment, decision, system]* humain ; *[society]* bienveillant b *(= painless)* ◆ **the ~ killing of cattle** l'abattage *m* sans cruauté du bétail COMP ▷ **the Humane Society** N *(in US)* société protectrice des animaux, ≃ SPA *f* ▷ **humane studies** NPL *études de lettres*

**humanely** /hjuːˈmeɪnlɪ/ ADV *(= compassionately)* *[treat]* avec humanité, humainement ; *(= painlessly)* *[kill, slaughter, rear]* sans cruauté

**humaneness** /hjuːˈmeɪnnɪs/ N humanité *f*

**humanism** /ˈhjuːmənɪzəm/ N humanisme *m*

**humanist** /ˈhjuːmənɪst/ N, ADJ humaniste *mf*

**humanistic** /ˌhjuːməˈnɪstɪk/ ADJ humaniste

**humanitarian** /hjuːˌmænɪˈteərɪən/ ADJ, N humanitaire *mf*

**humanitarianism** /hjuːˌmænɪˈteərɪənɪzəm/ N humanitarisme *m*

**humanity** /hjuːˈmænɪtɪ/ N humanité *f* NPL **the humanities** les humanités *fpl*, les lettres *fpl*

**humanization** /ˌhjuːmənaɪˈzeɪʃən/ N humanisation *f*

**humanize** /ˈhjuːmənaɪz/ VT humaniser

**humankind** /ˌhjuːmənˈkaɪnd/ N l'humanité *f*, le genre humain

**humanly** /ˈhjuːmənlɪ/ ADV ◆ **if it is ~ possible** si c'est humainement possible ◆ **we will do all that is ~ possible** nous ferons tout ce qui est humainement possible ◆ **in as quick a time as is ~ possible** aussi vite qu'il est humainement possible de le faire

**humanoid** /ˈhjuːmənɔɪd/ ADJ, N humanoïde *mf*

**humble** /ˈhʌmbl/ ADJ a *(= lowly)* *[person, beginnings, home, job]* humble ◆ **of ~ origins** *or* **birth** *(liter)* d'humble naissance ◆ **the ~ potato/earthworm** l'humble pomme de terre/ver de terre ◆ **in my ~ opinion** *(esp iro)* à mon humble avis ◆ **my ~ abode** *(hum)* mon humble demeure *(hum)* ◆ **I am** *or* **remain, Sir, your ~ servant** † *(in letters)* je suis, Monsieur, votre humble serviteur † ◆ **your ~ servant** *(= oneself)* votre serviteur *(hum)* ◆ **to eat ~ pie** faire amende honorable

b *(= unassuming)* *[person]* modeste (*about sth* à propos de qch) ; *[restaurant]* sans prétention

c ◆ **it makes me (feel) very ~** ça me donne un sentiment de grande humilité

VT *(= humiliate)* rabaisser ; *(Sport)* humilier ◆ **Ted's words ~d me** les paroles de Ted ont été une leçon d'humilité pour moi ◆ **to ~ o.s.** se rabaisser ◆ **I felt ~d** j'ai eu honte de moi ◆ **millions of viewers were ~d by their story** ça a été une leçon d'humilité pour des millions de téléspectateurs ◆ **United were ~d 3-0 at Liverpool** United a été honteusement battu 3 à 0 par Liverpool

**humblebee** /ˈhʌmblbiː/ N bourdon *m*

**humbleness** /ˈhʌmblnɪs/ N humilité *f*

**humbly** /ˈhʌmblɪ/ ADV *[say, beseech, thank, beg sb's pardon]* humblement ; *[suggest]* en toute humilité

**humbug** /ˈhʌmbʌg/ N a *(= person)* charlatan *m* ; *(= talk)* sornettes *fpl* b *(Brit = sweet)* bonbon *m* à la menthe EXCL n'importe quoi !

**humdinger** † * /ˈhʌmdɪŋəʳ/ N ◆ **he's/she's a real ~ !** il/elle est vraiment super ! * ◆ **it's a ~!** c'est super * ! ◆ **it's going to be a ~ of a match** ça va être un super * match ◆ **a ~ of a hangover** une épouvantable gueule de bois *

**humdrum** /ˈhʌmˌdrʌm/ ADJ monotone, banal N monotonie *f*, banalité *f*

**humerus** /ˈhjuːmərəs/ N (pl **humeri** /ˈhjuːməˌraɪ/) humérus *m*

**humid** /ˈhjuːmɪd/ ADJ *[climate]* humide et chaud ◆ **it's ~ today** il fait lourd aujourd'hui

**humidifier** /hjuːˈmɪdɪfaɪəʳ/ N humidificateur *m*

**humidify** /hjuːˈmɪdɪfaɪ/ VT *[+ room, air]* humidifier

**humidity** /hjuːˈmɪdɪtɪ/ N humidité *f*

**humidor** /ˈhjuːmɪdɔːʳ/ N boîte *f* à cigares

**humiliate** /hjuːˈmɪlɪeɪt/ VT humilier

**humiliating** /hjuːˈmɪlɪeɪtɪŋ/ ADJ humiliant

**humiliatingly** /hjuːˈmɪlɪeɪtɪŋglɪ/ ADV d'une manière humiliante, honteusement ◆ **~, he broke down in tears** à sa grande honte, il éclata en sanglots

**humiliation** /hjuːˌmɪlɪˈeɪʃən/ N humiliation *f*

**humility** /hjuːˈmɪlɪtɪ/ N humilité *f*

**humming** /ˈhʌmɪŋ/ N *[of insect, voices]* bourdonnement *m* ; *[of aeroplane, engine, machine]* vrombissement *m* ; *[of person]* fredonnement *m* COMP ▷ **humming-top** N toupie *f* ronflante

**hummingbird** /ˈhʌmɪŋbɜːd/ N oiseau-mouche *m*, colibri *m*

**hummock** /ˈhʌmək/ N *(= hillock)* tertre *m*, monticule *m* ; *(in ice field)* hummock *m*

**hummus** /ˈhʊməs/ N houm(m)ous *m*

**humongous** ⁑ /hjuˈmɒŋgəs/ ADJ énorme, monstre * ◆ **a ~ row** une mégadispute *, une dispute monstre * ◆ **a ~ box office hit** un mégasuccès * *or* un succès monstre * au box-office ◆ **Streisand is such a ~ star** Streisand est vraiment une superstar

**humor** /ˈhjuːmər/ N, VT *(US)* ⇒ **humour**

**-humored** /ˈhjuːməd/ ADJ *(US) (in compounds)* ⇒ **-humoured**

**humorist** /ˈhjuːmərɪst/ N humoriste *mf*

**humorless(ly)** /ˈhjuːməlɪs(lɪ)/ ADJ, ADV *(US)* ⇒ **humourless(ly)**

**humorous** /ˈhjuːmərəs/ ADJ a *(= amusing) [book, comment, writer]* humoristique b *(= amused) [expression]* amusé

**humorously** /ˈhjuːmərəslɪ/ ADV avec humour

**humour, humor** *(US)* /ˈhjuːmər/ N a *(= sense of fun)* humour *m* ◆ **I see no ~ in it** je ne vois pas où est l'humour ◆ **this is no time for ~** ce n'est pas le moment de faire de l'humour ◆ **the ~ of the situation** le comique de la situation ◆ **their own inimitable brand of ~** leur humour inimitable b *(= temper)* humeur *f* ◆ **to be in (a) good/bad ~** être de bonne/mauvaise humeur ◆ **to be out of ~** être de mauvaise humeur c *(Med Hist)* humeur *f* VT *[+ person]* faire plaisir à ; *[+ sb's wishes, whims]* se prêter à, se plier à ◆ **just ~ him!** fais-lui plaisir !

**-humoured, -humored** *(US)* /ˈhjuːməd/ ADJ *(in compounds)* ◆ **bad-humoured** de mauvaise humeur ; → **good**

**humourless, humorless** *(US)* /ˈhjuːməlɪs/ ADJ *[person]* qui manque d'humour, qui n'a pas le sens de l'humour ; *[laugh, style]* sans humour

**humourlessly, humorlessly** *(US)* /ˈhjuːməlɪslɪ/ ADV sans humour

**hump** /hʌmp/ N a *[of person, camel]* bosse *f* b *(= hillock)* bosse *f*, mamelon *m* ◆ **we're over the ~ now** * *(fig)* le plus difficile est passé *or* fait maintenant c *(Brit)* ◆ **to have** *or* **get the ~** * faire la gueule * VT a *(Brit * = carry)* porter, trimballer * b *(*⁑ = have sex with)* baiser *⁑, sauter ⁑ VI *(*⁑ = have sex)* baiser *⁑

**humpback** /ˈhʌmpbæk/ N a *(= person)* bossu(e) *m(f)* ◆ **to have a ~** être bossu b *(also* **humpback whale***)* baleine *f* à bosse

**humpbacked** /ˈhʌmpbækt/ ADJ a *[person]* bossu b *(Brit) [bridge]* en dos d'âne

**humph** /hʌmf/ EXCL hum !

**humpy** /ˈhʌmpɪ/ ADJ *[ground]* inégal, accidenté

**humungous** ⁑ /hjuˈmʌŋgəs/ ADJ ⇒ **humongous**

**humus** /ˈhjuːməs/ N humus *m*

**Hun** /hʌn/ N a *(Hist)* Hun *m* b *(⁑ pej)* Boche ⁑ *m (pej)*

**hunch** /hʌntʃ/ VT ◆ **to ~ one's back** arrondir le dos ◆ **to ~ one's shoulders** se voûter ◆ **~ed shoulders** épaules *fpl* voûtées ◆ **with ~ed shoulders** la tête rentrée dans les épaules ; → **hunched** N a *(* = premonition)* pressentiment *m*, intuition *f* ◆ **to have a ~ that ...** avoir (comme une petite) idée que * ... ◆ **it's only a ~** ce n'est qu'une impression ◆ **your ~ paid off** vous avez bien fait de vous fier à votre intuition ◆ **his ~ proved right** son intuition était juste ◆ **to act on a ~, to play a ~** *(esp US)* suivre son intuition b *(= hump)* bosse *f* c ⇒ **hunk**

**hunchback** /ˈhʌntʃbæk/ N bossu(e) *m(f)*

**hunchbacked** /ˈhʌntʃbækt/ ADJ bossu

**hunched** /ˈhʌntʃt/ ADJ recroquevillé ◆ **she sat ~ over her typewriter** elle était penchée sur sa machine à écrire ◆ **he sat ~ (up) over his books** il était assis courbé *or* penché sur ses livres ◆ **he was ~ forward in his chair** il était penché en avant sur sa chaise ; → **hunch**

**hundred** /ˈhʌndrəd/ ADJ cent ◆ **a ~ books/chairs** cent livres/chaises ◆ **two ~ chairs** deux cents chaises ◆ **about a ~ books** une centaine de livres

N a cent *m* ◆ **about a ~, a ~-odd** * une centaine ◆ **I've got a ~** j'en ai cent ◆ **a** *or* **one ~ and one** cent un ◆ **two ~** deux cents ◆ **two ~ and one** deux cent un ◆ **the ~ and first** le *or* la cent unième ◆ **a ~ per cent** cent pour cent ◆ **it was a ~ per cent successful** cela a réussi à cent pour cent ◆ **in seventeen ~** en dix-sept cents ◆ **in seventeen ~ and ninety-six** en dix-sept cent quatre-vingt-seize ◆ **sold by the ~** *(Comm)* vendus par (lots de) cent ◆ **to live to be a ~** devenir centenaire ◆ **they came in (their) ~s** ils sont venus par centaines ; *for other phrases see* **sixty**

b *(* fig)* **~s of** des centaines de, des tas * de ◆ **I've told you ~s of times!** je te l'ai dit mille fois !

COMP ▷ **the Hundred Days** NPL *(Hist)* les Cent Jours *mpl* ▷ **hundreds and thousands** NPL *(Brit)* vermicelles *mpl* en sucre ▷ **hundred-year-old** ADJ centenaire, séculaire *(liter)* ▷ **the Hundred Years' War** N *(Hist)* la guerre de Cent Ans

**hundredfold** /ˈhʌndrədfəʊld/ ADJ centuple ADV au centuple

**hundredth** /ˈhʌndrɪdθ/ ADJ centième N *(= person, thing)* centième *mf* ; *(= fraction)* centième *m*

**hundredweight** /ˈhʌndrədweɪt/ N *(Brit, Can)* (poids *m* de) cent douze livres *fpl (50,7 kg)* ; *(US)* (poids *m* de) cent livres *fpl (45,3 kg)*

**hung** /hʌŋ/ VB pret, ptp of **hang** ADJ ◆ **to be ~ like a horse** *or* **a donkey** ⁑ être bien monté ⁑ COMP ▷ **hung jury** N jury *m* sans majorité, jury *m* qui ne parvient pas à une décision ▷ **hung over** * ADJ ◆ **to be ~ over** avoir la gueule de bois * ▷ **hung parliament** N parlement *m* sans majorité, parlement *m* où aucun parti n'a la majorité ▷ **hung up** * ADJ *(= tense)* complexé, inhibé ◆ **he's ~ up about it** il en fait tout un complexe * ◆ **to be ~ up on sb/sth** *(= obsessed)* être fou (folle *f*) de qn/qch

**Hungarian** /hʌŋˈgeərɪən/ ADJ *(gen)* hongrois ; *[ambassador, embassy]* de Hongrie ; *[teacher]* de hongrois N a Hongrois(e) *m(f)* b *(Ling)* hongrois *m*

**Hungary** /ˈhʌŋgərɪ/ N Hongrie *f*

**hunger** /ˈhʌŋgər/ N faim *f* ; *(fig)* faim *f*, soif *f* *(for* de) ◆ **~ to do sth** désir *m* ardent de faire qch VI *(liter)* avoir faim ◆ **to ~ for** *or* **after sth** *(fig)* avoir faim *or* soif de qch *(fig)* ◆ **to ~ to do sth** *(fig)* désirer ardemment faire qch COMP ▷ **the hunger marches** NPL *(Brit Hist)* les marches *fpl* de la faim ▷ **hunger strike** N grève *f* de la faim ◆ **to go on (a) ~ strike** faire la grève de la faim ▷ **hunger striker** N gréviste *mf* de la faim

**hungrily** /ˈhʌŋgrɪlɪ/ ADV *[eat, kiss, smoke]* goulûment ; *[look, listen, wait]* avidement

**hungry** /ˈhʌŋgrɪ/ ADJ a *(for food) [person, animal]* affamé ◆ **to be** *or* **feel ~** avoir faim ◆ **I'm so ~** j'ai tellement faim ◆ **to be very ~** avoir très faim, être affamé ◆ **you look ~** tu as l'air d'avoir faim ◆ **to make sb ~** donner faim à qn ◆ **to go ~** *(= starve)* être affamé, manquer de nourriture ; *(= miss a meal)* sauter un repas ◆ **when he was a child he often went ~** quand il était enfant, il ne mangeait pas toujours à sa faim ◆ **digging the garden is ~ work** ça donne faim de bêcher b *(= eager)* ◆ **they were ~ for news** ils attendaient avidement des nouvelles ◆ **the child is ~ for love** cet enfant a besoin d'amour ◆ **~ for success** *[executive]* avide de réussir ; *[artist, writer]* avide de succès

**hunk** /hʌŋk/ N a *[of bread, cheese]* (gros) morceau *m* b *(* = attractive man)* beau mec * *m*

**hunker** /ˈhʌŋkər/ VI ◆ **to ~ down** s'accroupir

**hunkers** /ˈhʌŋkəz/ NPL fesses *fpl* ◆ **on one's ~** accroupi

**hunky** * /ˈhʌŋkɪ/ ADJ *[man]* bien foutu * COMP ▷ **hunky-dory** * ADJ au poil * ◆ **everything's ~-dory** tout marche comme sur des roulettes *

**hunt** /hʌnt/ N a *(gen)* recherche *f*

b *(Sport) (= event)* chasse *f* ◆ **elephant/tiger ~** chasse *f* à l'éléphant/au tigre ◆ **the ~ was held on the Duke's land** la partie de chasse a eu lieu sur les terres du duc ◆ **the ~ rode by** *(= hunters)* les chasseurs sont passés à cheval ◆ **the Beaufort ~** l'équipage *m* Beaufort ◆ **the ~ for the missing child** la battue pour retrouver l'enfant disparu ◆ **the ~ for the murderer** la chasse au meurtrier ◆ **her ~ for a husband** sa chasse au mari ◆ **I've had a ~ for my gloves** j'ai cherché mes gants partout ◆ **to be on the ~ for a cheap house** chercher une *or* être à la recherche d'une maison bon marché ◆ **the ~ is on for ...** *(fig)* on cherche ...

VT a *(= seek)* chercher ; *(= pursue)* poursuivre, pourchasser

b *(Sport) [+ fox etc]* chasser, faire la chasse à ◆ **to ~ a horse** monter un cheval à la chasse ◆ **astronomers ~ the sky for black holes** les astronomes cherchent des trous noirs dans le ciel ◆ **I've ~ed my desk for it** j'ai retourné tout mon bureau pour le trouver

VI *(Sport)* chasser ◆ **to go ~ing** aller à la chasse ◆ **to ~ for** *(Sport)* faire la chasse à, chasser ; *(gen) [+ object, details, facts, missing person]* chercher (partout), être à la recherche de ◆ **he is ~ing for a job** il est à la recherche d'un travail ◆ **he ~ed in his pocket for his pen** il a fouillé dans sa poche pour trouver son stylo ◆ **we ~ed around for cardboard and glue** nous avons cherché partout du carton et de la colle ◆ **~ around until you find what you need** fouillez jusqu'à ce que vous trouviez ce dont vous avez besoin

COMP ▷ **hunt sabbing** * N *(Brit)* sabotage *m* des chasses à courre ▷ **hunt saboteur, hunt sab** * N *(Brit) militant qui participe à des actions directes contre les chasses à courre*

► **hunt down** VT SEP *[+ animal]* pourchasser ; *[+ person]* traquer, pourchasser ; *[+ object, facts, details, quotation]* dénicher

► **hunt out** VT SEP dénicher, découvrir

**hunter** /ˈhʌntər/ N a *(= person) (Sport)* chasseur *m* ; *(gen)* poursuivant *m* ; → **lion** b *(= horse)* cheval *m* de chasse c *(= watch)* (montre *f* à) savonnette *f* COMP ▷ **hunter-gatherer** N chasseur-cueilleur *m* ◆ **they were ~-gatherers** ils vivaient de chasse et de cueillette ▷ **hunter-killer submarine** N sous-marin *m* nucléaire d'attaque

**hunting** /ˈhʌntɪŋ/ N a *(Sport)* chasse *f* ; *(with dogs)* chasse *f* à courre ; *(also* **fox hunting***)* chasse *f* au renard b *(gen = search)* chasse *f* *(for* à) recherche *f* *(for* de) → **bargain, house** COMP ▷ **hunting ground** N *(lit, fig)* (terrain *m* de) chasse *f* ; → **happy** ▷ **hunting horn** N cor *m or* trompe *f* de chasse ▷ **hunting lodge** N pavillon *m* de chasse ▷ **hunting pink** N rouge *m* chasseur *inv* ▷ **hunting season** N saison *f* de chasse

**Huntington's chorea** /ˌhʌntɪŋtənzkɔːˈrɪə/ N chorée *f* de Huntington

**huntress** /ˈhʌntrɪs/ N *(liter)* chasseresse *f*

**huntsman** /ˈhʌntsmən/ N (pl **-men**) chasseur *m*

**hurdle** /ˈhɜːdl/ N *(for fences)* claie *f* ; *(Sport)* haie *f* ; *(fig)* obstacle *m* ◆ **the 100-metre ~s** *(Sport)* le 100 mètres haies ◆ **to take a ~** *(Sport)* franchir une haie ; *(fig)* franchir un obstacle ◆ **to fall at the first ~** *(fig)* échouer au premier obstacle VI *(Sport)* faire de la course de haies COMP ▷ **hurdle champion** N champion(ne) *m(f)* de course de haies ▷ **hurdle race** N course *f* de haies ▷ **hurdles champion** N ⇒ **hurdle champion** ▷ **hurdles race** N ⇒ **hurdle race**

**hurdler** /ˈhɜːdləʳ/ N *(Sport)* coureur *m*, -euse *f* de haies

**hurdling** /ˈhɜːdəlɪŋ/ N *(NonC)* course *f* de haies

**hurdy-gurdy** /ˈhɜːdɪˈgɜːdɪ/ N orgue *m* de Barbarie

**hurl** /hɜːl/ VT *[+ object, stone]* jeter *or* lancer (avec violence) *(at* contre) ◆ **they were ~ed to the ground by the blast** ils ont été précipités à terre par le souffle de l'explosion ◆ **to ~ o.s. at sb/sth** se ruer sur qn/qch ◆ **they ~ed themselves into the fray** ils se sont jetés dans la mêlée ◆ **he ~ed himself from a 10th floor window** il s'est jeté *or* précipité d'une fenêtre au 10e étage ◆ **they ~ed themselves into the debate** ils se sont jetés à corps perdu dans le débat ◆ **her question ~ed us headlong into a moral quandary** sa question nous a plongés dans un dilemme moral ◆ **to ~ abuse at sb** lancer des injures à qn, accabler *or* agonir qn d'injures

**hurley** /ˈhɜːlɪ/, **hurling** /ˈhɜːlɪŋ/ N *sport irlandais ressemblant au hockey sur gazon*

**hurly-burly** /ˈhɜːlɪˈbɜːlɪ/ N *(= commotion)* tohu-bohu *m* ; *(= uproar)* tumulte *m* ◆ **the ~ of politics** le tourbillon de la politique ◆ **the ~ of election campaigning** le tourbillon de la campagne électorale

**Huron** /ˈhjʊərən/ N ◆ **Lake ~** le lac Huron

**hurrah** /hʊˈrɑː/, **hurray** /hʊˈreɪ/ N hourra *m* ◆ **~ for Robert!** vive Robert ! ◆ **last ~** *(US) (= last appearance)* dernier tour *m* de piste ; *(= last attempt)* dernière tentative *f* ; *(Pol)* dernière campagne *f* ; → **hip³**

**hurricane** /ˈhʌrɪkən/ N ouragan *m* COMP ▷ **hurricane-force** ADJ *[wind]* de force 12 ▷ **hurricane lamp** N lampe-tempête *f*

**hurried** /ˈhʌrɪd/ ADJ *[steps]* précipité, pressé ; *[remark]* dit à la hâte ; *[departure]* précipité ; *[decision]* pris à la hâte ; *[reading, visit, meeting]* très rapide ; *[work]* fait à la hâte, fait à la va-vite * *(pej)* ◆ **a ~ breakfast** un petit déjeuner pris à la hâte ◆ **a ~ goodbye** des adieux précipités ◆ **to pay sb a ~ visit** passer voir qn en coup de vent

**hurriedly** /ˈhʌrɪdlɪ/ ADV *(= quickly)* en hâte ; *(faster than one would wish)* à la hâte

**hurry** /ˈhʌrɪ/ N *(= haste)* hâte *f*, précipitation *f* ; *(= eagerness)* empressement *m* ◆ **what's the** *or* **your ~?** * qu'est-ce qui (vous) presse ? ◆ **there's no (great) ~** rien ne presse, il n'y a pas le feu * ◆ **there's no ~ for it** ça ne presse pas

♦ **in a hurry** ◆ **to be in a ~** être pressé ◆ **to be in a ~ to do sth** avoir hâte de faire qch ◆ **it was done in a ~** cela a été fait à la hâte ◆ **he left in a ~** il est parti précipitamment ◆ **I won't do that again in a ~!** * je ne suis pas près de recommencer ! ◆ **he won't come back here in a ~!** * il ne reviendra pas de sitôt !, il n'est pas près de revenir ! ◆ **are you in a ~ for this?** vous en avez un besoin urgent ?, vous en avez besoin tout de suite ?

♦ **in no hurry** ◆ **I'm in no particular ~** je ne suis pas particulièrement pressé ◆ **I'm in no ~ to do that again!** * je ne recommencerai pas de sitôt !, je ne suis pas près de recommencer !

VI a se dépêcher, se presser *(to do sth* de faire qch) ◆ **do ~!** dépêchez-vous ! ◆ **don't ~** ne vous pressez *or* dépêchez pas ◆ **I must ~** il faut que je me dépêche *subj or* presse *subj*

b ◆ **to ~ in/out/through** entrer/sortir/traverser en hâte ◆ **she hurried (over) to her sister's** elle s'est précipitée chez sa sœur ◆ **he hurried after her** il a couru pour la rattraper ◆ **they hurried up the stairs** ils ont monté l'escalier quatre à quatre ◆ **she hurried home** elle s'est dépêchée de rentrer, elle est rentrée en hâte

VT a *[+ person]* bousculer, faire se dépêcher ; *[+ piece of work]* presser ◆ **don't ~ your meal** *(= don't feel you have to rush)* ne vous pressez pas (de manger) ; *(= don't eat too quickly)* ne mangez pas trop vite ◆ **I don't want to ~ you** je ne veux pas vous bousculer ◆ **you can't ~ him, he won't be hurried** vous ne le ferez pas se dépêcher ◆ **this job can't be hurried** ce travail prend du temps ◆ **I won't be hurried into a decision** je refuse de prendre une décision précipitée ; see also **hurried**

b ◆ **to ~ sb in/out/through** faire entrer/sortir/traverser qn à la hâte *or* en (toute) hâte ◆ **they hurried him to a doctor** ils l'ont emmené d'urgence chez un médecin ◆ **the legislation was hurried through parliament** ils ont fait adopter la loi à toute vitesse par le parlement

COMP ▷ **hurry-scurry** VI courir dans tous les sens N bousculade *f*, débandade *f* ADV à la débandade

► **hurry along** VI marcher d'un pas pressé ◆ **~ along please!** pressons un peu, s'il vous plaît !

VT SEP ⇒ **hurry on vt sep**

► **hurry back** VI se presser de revenir (*or* de retourner) ◆ **~ back!** *(to guest)* revenez-nous bientôt ! ◆ **don't ~ back: I'll be here till 6 o'clock** ne te presse pas de revenir, je serai ici jusqu'à 6 heures

► **hurry on** VI ◆ **she hurried on to the next stop** elle s'est pressée de gagner l'arrêt suivant ◆ **they hurried on to the next question** ils sont vite passés à la question suivante ◆ **she hurried on ahead** elle est partie devant, elle est partie en éclaireur

VT SEP *[+ person]* faire se dépêcher ; *[+ work]* activer, accélérer ◆ **we're trying to ~ things on a little** nous essayons d'accélérer *or* d'activer un peu les choses

► **hurry up** VI se dépêcher, se presser ◆ **~ up!** dépêchez-vous ! ◆ **~ up and take your bath** dépêche-toi de prendre ton bain ◆ **~ up with that coffee** *(bringing it)* dépêche-toi d'apporter ce café ; *(drinking it)* dépêche-toi de boire ton café

VT SEP *[+ person]* faire se dépêcher ; *[+ work]* activer, pousser

**hurt** /hɜːt/ (pret, ptp **hurt**) VT a *(= do physical damage to) [+ person]* faire du mal à ◆ **to ~ o.s.** se blesser, se faire mal ◆ **to ~ one's arm** se faire mal au bras ◆ **I hope I haven't ~ you?** j'espère que je ne vous ai pas fait de mal *or* pas blessé ? ◆ **to get ~** se blesser, se faire mal ◆ **someone is bound to get ~** il va y avoir quelqu'un de blessé, quelqu'un va se faire du mal ◆ **a little rest won't ~ him** un peu de repos ne lui fera pas de mal ◆ **a glass of wine never ~ anyone** un verre de vin n'a jamais fait de mal à personne ◆ **it wouldn't ~ you to be a bit more serious** ça ne te ferait pas de mal d'être un peu plus sérieux ; → **fly¹**

b *(= cause physical pain to) [+ person]* faire mal à ◆ **to ~ o.s., to get ~** se faire mal

c *(emotionally)* faire de la peine à ◆ **someone is bound to get ~** il y a toujours quelqu'un qui pâtit *or* qui écope * ◆ **what ~ most was ...** ce qui faisait le plus mal c'était ... ◆ **to ~ sb's feelings** blesser qn

d *(= damage) [+ thing]* abîmer, endommager ; *[+ sb's reputation, career]* nuire à ◆ **an embargo would ~ the economy** un embargo serait mauvais pour *or* aurait un effet néfaste sur l'économie

VI a faire mal ◆ **that ~s** ça fait mal ◆ **my arm ~s** mon bras me fait mal ◆ **it doesn't ~ much** ça ne fait pas très mal ◆ **where does it ~?** où avez-vous mal ? ◆ **nothing ~s like the truth** il n'y a que la vérité qui blesse ◆ **it won't ~ for being left for a while** * il n'y aura pas de mal à laisser cela de côté un instant

b *(= suffer emotionally)* souffrir

N douleur *f* ◆ **to cause (great) ~ to sb** blesser qn (profondément) ◆ **the real ~ lay in his attitude to her** ce qui la blessait vraiment *or* lui faisait vraiment mal c'était l'attitude qu'il avait envers elle ◆ **feelings of ~ and anger** la peine et la colère

ADJ *(lit, fig)* blessé ◆ **she's feeling ~ about it** ça l'a blessée, elle est blessée

**hurtful** /ˈhɜːtfʊl/ ADJ nocif, nuisible *(to* à) ; *[remark]* blessant ◆ **what a ~ thing (for you) to say!** c'est vraiment blessant ce que tu as dit !

**hurtfully** /ˈhɜːtfʊlɪ/ ADV d'une manière blessante

**hurtle** /ˈhɜːtl/ VI ◆ **to ~ along** *[car, person]* avancer à toute vitesse *or* allure ◆ **to ~ past sb** passer en trombe devant qn ◆ **the stone ~d through the air** la pierre a fendu l'air ◆ **she went hurtling down the hill** elle a dévalé la pente VT lancer (de toutes ses forces *or* violemment)

**husband** /ˈhʌzbənd/ N mari *m* ; *(Admin, Jur)* époux *m* ◆ **now they're ~ and wife** ils sont maintenant mari et femme ◆ **the ~ and wife** les conjoints *mpl*, les époux *mpl* ◆ **they were living together as ~ and wife** *(gen)* ils vivaient maritalement ; *(Jur, Admin)* ils vivaient en concubinage VT *(frm) [+ strength]* ménager, économiser ; *[+ supplies, resources]* bien gérer

**husbandry** /ˈhʌzbəndrɪ/ N *(Agr)* agriculture *f* ; *(fig)* économie *f*, gestion *f* ◆ **good ~** bonne gestion *f* ; → **animal**

**hush** /hʌʃ/ N silence *m* ◆ **there was a sudden ~, a ~ fell** il y a eu un silence, tout à coup tout le monde s'est tu ◆ **an expectant ~ fell over the crowd** les spectateurs ont retenu leur souffle ◆ **in the ~ of the night** *(liter)* dans le silence de la nuit ◆ **a deathly ~** un silence de mort ; see also **hushed** EXCL chut ! VT *(= silence)* faire taire ; *(= soothe)* apaiser, calmer ◆ **~ your chatter/complaining!** * arrêtez un peu de bavarder/de vous plaindre ! VI se taire COMP ▷ **hush-hush** * ADJ (ultra-)secret (-ète *f*) ▷ **hush money** * N pot-de-vin *m (pour acheter le silence)*, prix *m* du silence ◆ **to pay sb ~ money** acheter

˝le silence de qn ▷ **hush puppy** N *(US Culin)* *espèce de beignet*

► **hush up** VT SEP *[+ scandal, news]* étouffer ; *[+ fact]* cacher ; *[+ person]* faire taire, empêcher de parler

**hushed** /hʌʃt/ ADJ *[voice, conversation]* étouffé ◆ **there was a ~ silence** *(of embarrassment)* un ange est passé ; *(of expectation)* tout le monde a retenu son souffle ◆ **in ~ amazement they ...** frappés de stupeur, ils ... ◆ **we discussed the situation in ~ whispers** nous avons discuté de la situation à voix basse

**husk** /hʌsk/ N *[of wheat]* balle *f* ; *[of maize, rice]* enveloppe *f* ; *[of chestnut]* bogue *f* ; *[of nut]* écale *f* ; *[of peas]* cosse *f*, gousse *f* ◆ **rice in the ~** riz *m* non décortiqué VT *[+ maize, rice]* décortiquer ; *[+ nut]* écaler ; *[+ grain]* vanner ; *[+ peas]* écosser ; *[+ barley, oats]* monder

**huskily** /'hʌskɪlɪ/ ADV d'une voix rauque *or* voilée

**huskiness** /'hʌskɪnɪs/ N enrouement *m*

**husky**[1] /'hʌskɪ/ ADJ a *(= hoarse)* *[person]* enroué ; *[voice]* rauque, voilé b *(= burly)* costaud *

**husky**[2] /'hʌskɪ/ N *(= dog)* husky *m*

**hussar** /hʊ'zɑːr/ N hussard *m*

**hussy** /'hʌsɪ/ N *(pej)* dévergondée *f*

**hustings** /'hʌstɪŋz/ NPL *(esp Brit)* plateforme *f* électorale ◆ **he said it on the ~** il l'a dit pendant *or* au cours de sa campagne électorale ◆ **candidates are battling it out at the ~** les élections mettent aux prises les candidats

**hustle** /'hʌsl/ VT a *[+ person]* pousser, bousculer ◆ **to ~ sb in/out/away** faire entrer/sortir/partir qn ◆ **they ~d him into a car** ils l'ont poussé dans une voiture ◆ **I won't be ~d into anything** je ne ferai rien si on me bouscule ◆ **I won't be ~d into making a decision** je refuse de prendre une décision précipitée

b *(= cause to proceed)* **to ~ legislation through** faire voter des lois à la hâte ◆ **to ~ things (on or along)** faire activer les choses

c *(US* ‡ *= sell, pass off)* fourguer *, refiler *

VI a *(* = hurry)* se manier *, se grouiller *

b *(esp US *)* *(= make efforts)* se démener ; *(= work hard)* trimer *, turbiner *

c *(esp US* ‡*)* *[prostitute]* faire le trottoir * ; *[trader]* fricoter *

N a *(= jostling)* bousculade *f* ; *(= activity)* grande activité *f* ◆ **~ and bustle** tourbillon *m* d'activité ◆ **the ~ and bustle of city life** le tourbillon de la vie en ville

b *(US* ‡*)* racket *m*, activité *f* illégale

**hustler** * /'hʌslər/ N a *(= swindler)* arnaqueur *m*, -euse *f* b *(= prostitute)* prostitué(e) *m(f)* c *(= go-getter)* battant(e) *m(f)*

**hut** /hʌt/ N *(= primitive dwelling)* hutte *f*, case *f* ; *(= shed)* cabane *f* ; *(Mil)* baraquement *m* ; *(for climbers)* refuge *m* ; *[of shepherd]* cabane *f*, abri *m* ; → **mud**

**hutch** /hʌtʃ/ N a *[of rabbit]* clapier *m* b *(US = dresser)* vaisselier *m*

**Hutu** /'huːtuː/ N Hutu *mf* ADJ hutu *f inv*

**HV, h.v.** (abbrev of **high voltage**) → **high**

**hyacinth** /'haɪəsɪnθ/ N a *(Bot)* jacinthe *f* ◆ **wild ~** jacinthe *f* des bois *or* sauvage, endymion *m* b *(= gemstone)* hyacinthe *f*

**hyaena** /haɪ'iːnə/ N ⇒ **hyena**

**hybrid** /'haɪbrɪd/ N a *(gen)* hybride *m* *(between* entre*)* b *(= bicycle)* vélo *m* hybride ADJ hybride COMP ▷ **hybrid system** N système *m* hybride

**hybridism** /'haɪbrɪdɪzəm/ N hybridisme *m*

**hybridization** /ˌhaɪbrɪdaɪ'zeɪʃən/ N hybridation *f*

**hybridize** /'haɪbrɪdaɪz/ VT hybrider, croiser

**hydra** /'haɪdrə/ N (pl **hydras** *or* **hydrae** /'haɪdriː/) hydre *f*

**hydrangea** /haɪ'dreɪndʒə/ N hortensia *m*

**hydrant** /'haɪdrənt/ N prise *f* d'eau ; (also **fire hydrant**) bouche *f* d'incendie

**hydrate** /'haɪdreɪt/ N hydrate *m* VT hydrater

**hydraulic** /haɪ'drɒlɪk/ ADJ *(gen)* hydraulique COMP ▷ **hydraulic brake** N *(Aut)* frein *m* hydraulique ▷ **hydraulic circuit** N *(Aut)* circuit *m* hydraulique ▷ **hydraulic ramp** N *(Aut)* pont *m* élévateur ▷ **hydraulic suspension** N *(Aut)* suspension *f* hydraulique

**hydraulics** /haɪ'drɒlɪks/ N *(NonC)* hydraulique *f*

**hydro** /'haɪdrəʊ/ N a *(Brit* † *= hotel)* établissement *m* thermal *(hôtel)* b *(Can)* *(= electricity)* énergie *f* hydroélectrique ; *(= power station)* centrale *f* hydroélectrique ADJ *(Can)* hydroélectrique

**hydr(o)...** /'haɪdr(əʊ)/ PREF hydr(o)...

**hydrocarbon** /ˌhaɪdrəʊ'kɑːbən/ N hydrocarbure *m*

**hydrochloric** /ˌhaɪdrəʊ'klɒrɪk/ ADJ chlorhydrique

**hydrocyanic** /ˌhaɪdrəʊsaɪ'ænɪk/ ADJ cyanhydrique

**hydrodynamics** /ˌhaɪdrəʊdaɪ'næmɪks/ N *(NonC)* hydrodynamique *f*

**hydroelectric** /ˌhaɪdrəʊɪ'lektrɪk/ ADJ hydroélectrique COMP ▷ **hydroelectric power** N énergie *f* hydroélectrique

**hydroelectricity** /ˌhaɪdrəʊɪlek'trɪsɪtɪ/ N hydroélectricité *f*

**hydrofoil** /'haɪdrəʊˌfɔɪl/ N hydroptère *m*, hydrofoil *m*

**hydrogen** /'haɪdrɪdʒən/ N hydrogène *m* COMP ▷ **hydrogen bomb** N bombe *f* à hydrogène ▷ **hydrogen peroxide** N eau *f* oxygénée

**hydrography** /haɪ'drɒgrəfɪ/ N hydrographie *f*

**hydrolysis** /haɪ'drɒlɪsɪs/ N hydrolyse *f*

**hydrometer** /haɪ'drɒmɪtər/ N hydromètre *m*

**hydropathic** /ˌhaɪdrəʊ'pæθɪk/ ADJ hydrothérapique

**hydrophilic** /ˌhaɪdrəʊ'fɪlɪk/ ADJ hydrophile

**hydrophobia** /ˌhaɪdrəʊ'fəʊbɪə/ N hydrophobie *f*

**hydrophobic** /ˌhaɪdrəʊ'fəʊbɪk/ ADJ hydrophobe

**hydroplane** /'haɪdrəʊˌpleɪn/ N hydroglisseur *m*

**hydroponic** /ˌhaɪdrəʊ'pɒnɪk/ ADJ hydroponique

**hydroponics** /ˌhaɪdrəʊ'pɒnɪks/ N *(NonC)* culture *f* hydroponique

**hydropower** /ˌhaɪdrəʊ'paʊər/ N énergie *f* hydroélectrique, hydroélectricité *f*

**hydrotherapy** /ˌhaɪdrəʊ'θerəpɪ/ N hydrothérapie *f*

**hydroxide** /haɪ'drɒksaɪd/ N hydroxyde *m*

**hyena** /haɪ'iːnə/ N hyène *f*

**hygiene** /'haɪdʒiːn/ N hygiène *f*

**hygienic** /haɪ'dʒiːnɪk/ ADJ hygiénique

**hygienist** /'haɪdʒiːnɪst/ N hygiéniste *mf*

**hymen** /'haɪmen/ N *(Anat)* hymen *m*

**hymn** /hɪm/ N hymne *m*, cantique *m* ◆ **a ~ to sth** *(fig = celebration)* un hymne à qch VT *(liter)* chanter un hymne à la gloire de COMP ▷ **hymn book** N livre *m* de cantiques ▷ **hymn sheet** N ◆ **to be singing from the same ~ sheet** parler d'une même voix

**hymnal** /'hɪmnəl/ N livre *m* de cantiques

**hype** /haɪp/ N a *(NonC: * = publicity)* battage *m* publicitaire ; *(in media)* battage *m* médiatique ◆ **it has been the subject of intense media ~** ça a fait l'objet d'un énorme battage médiatique ◆ **he's always been contemptuous of marketing ~** il a toujours méprisé le battage publicitaire des campagnes de marketing

b *(* = book, product)* livre *m* *or* produit *m* lancé à grand renfort de publicité

c *(Drugs* ‡*)* *(= syringe)* shooteuse ‡ *f* ; *(= injection)* shoot ‡ *m* ; *(= addict)* toxico * *mf*, camé(e) * *m(f)*

VT a *(* :* also **hype up**) *(= publicize)* *[+ book, product, film]* faire un énorme battage autour de ◆ **he felt the film was ~d up too much** il a trouvé que l'on avait fait trop de battage autour de ce film

b *(*‡ *= increase)* *[+ numbers, attendance]* augmenter ◆ **to ~ the economy** stimuler l'économie

c *(*‡ *= excite)* exciter ; see also **hyped-up**

d *(US* ‡ *= cheat)* *[+ person]* tromper, rouler *

VI *(Drugs* ‡*:* also **hype up**) se shooter *

COMP ▷ **hyped-up** ‡ ADJ *(= excited)* surexcité ; *(= anxious)* stressé

► **hype up** VI, VT SEP → **hype vi, hyped-up**

**hyper** * /'haɪpər/ ADJ surexcité

**hyper...** /'haɪpər/ PREF hyper...

**hyperacidity** /'haɪpərə'sɪdɪtɪ/ N hyperacidité *f*

**hyperactive** /ˌhaɪpər'æktɪv/ ADJ *[child]* hyperactif

**hyperactivity** /ˌhaɪpəræk'tɪvɪtɪ/ N suractivité *f* ; *[of child]* hyperactivité *f*, syndrome *m* hyperkinétique *(SPEC)*

**hyperbola** /haɪ'pɜːbələ/ N (pl **hyperbolas** *or* **hyperbole** /haɪ'pɜːbəˌliː/) *(Math)* hyperbole *f*

**hyperbole** /haɪ'pɜːbəlɪ/ N *(Literat)* hyperbole *f*

**hyperbolic(al)** /ˌhaɪpə'bɒlɪk(əl)/ ADJ hyperbolique

**hypercorrection** /ˌhaɪpəkə'rekʃən/ N hypercorrection *f*

**hypercritical** /ˌhaɪpə'krɪtɪkəl/ ADJ hypercritique

**hyperglycaemia, hyperglycemia** *(US)* /ˌhaɪpəglaɪ'siːmɪə/ N hyperglycémie *f*

**hyperglycaemic, hyperglycemic** *(US)* /ˌhaɪpəglaɪ'siːmɪk/ ADJ hyperglycémique

**hyperinflation** /ˌhaɪpərɪn'fleɪʃən/ N hyperinflation *f*

**hyperkinetic** /ˌhaɪpəkɪ'netɪk/ ADJ suractif ; *[child]* hyperactif

**hyperlink** /'haɪpəlɪŋk/ N lien *m* hypertexte VT créer un lien hypertexte avec

**hypermarket** /'haɪpəmɑːkɪt/ N *(Brit)* hypermarché *m*

**hypermeter** /haɪ'pɜːmɪtər/ N vers *m* hypermètre

**hypermetropia** /ˌhaɪpəmɪ'trəʊpɪə/, **hypermetropy** /ˌhaɪpə'metrəpɪ/ N hypermétropie *f*

**hypernym** /'haɪpənɪm/ N hyperonyme *m*

**hyperrealism** /ˌhaɪpə'rɪəlɪzəm/ N hyperréalisme *m*

**hypersensitive** /ˌhaɪpə'sensɪtɪv/ ADJ hypersensible

**hypersonic** /ˌhaɪpə'sɒnɪk/ ADJ hypersonique

**hypertension** /ˌhaɪpəˈtenʃən/ N hypertension *f*

**hypertext** /ˈhaɪpəˌtekst/ N *(Comput)* hypertexte *m*

**hypertrophy** /haɪˈpɜːtrəfɪ/ **N** hypertrophie *f* **VT** hypertrophier **VI** s'hypertrophier

**hyperventilate** /ˌhaɪpɜːˈventɪleɪt/ VI hyperventiler

**hyperventilation** /ˌhaɪpɜːventɪˈleɪʃən/ N hyperventilation *f*

**hyphen** /ˈhaɪfən/ N trait *m* d'union

**hyphenate** /ˈhaɪfəneɪt/ VT mettre un trait d'union à ◆ **~d word** mot *m* à trait d'union

**hypnagogic, hypnogogic** /ˌhɪpnəˈgɒdʒɪk/ ADJ hypnagogique

**hypnosis** /hɪpˈnəʊsɪs/ N (pl **hypnoses** /hɪpˈnəʊsiːz/) hypnose *f* ◆ **under ~** sous hypnose

**hypnotherapist** /ˌhɪpnəʊˈθerəpɪst/ N hypnothérapeute *mf*

**hypnotherapy** /ˌhɪpnəʊˈθerəpɪ/ N hypnothérapie *f*

**hypnotic** /hɪpˈnɒtɪk/ **ADJ** *[state]* hypnotique, d'hypnose ; *[trance, regression, power]* hypnotique ; *[rhythm, effect, eyes, voice]* envoûtant **N** *(= drug)* hypnotique *m* ; *(= person)* sujet *m* hypnotique

**hypnotism** /ˈhɪpnətɪzəm/ N hypnotisme *m*

**hypnotist** /ˈhɪpnətɪst/ N hypnotiseur *m*, -euse *f*

**hypnotize** /ˈhɪpnətaɪz/ VT *(lit, fig)* hypnotiser ◆ **to ~ sb into doing sth** faire faire qch à qn sous hypnose ◆ **to ~ o.s.** s'hypnotiser

**hypo...** /ˈhaɪpəʊ/ PREF hypo...

**hypoallergenic** /ˌhaɪpəʊæləˈgenɪk/ ADJ hypoallergénique

**hypocentre** /ˈhaɪpəʊˌsentəʳ/ N *[of earthquake]* hypocentre *m* ; *[of nuclear blast]* point *m* zéro

**hypochondria** /ˌhaɪpəʊˈkɒndrɪə/ N *(Med)* hypocondrie *f*

**hypochondriac** /ˌhaɪpəʊˈkɒndrɪæk/ **ADJ** *(Med)* hypocondriaque ◆ **my ~ brother** *(gen)* mon frère, ce malade imaginaire **N** *(Med)* hypocondriaque *mf* ; *(gen)* malade *mf* imaginaire

**hypocrisy** /hɪˈpɒkrɪsɪ/ N hypocrisie *f*

**hypocrite** /ˈhɪpəkrɪt/ N hypocrite *mf*

**hypocritical** /ˌhɪpəˈkrɪtɪkəl/ ADJ hypocrite

**hypocritically** /ˌhɪpəˈkrɪtɪkəlɪ/ ADV hypocritement

**hypodermic** /ˌhaɪpəˈdɜːmɪk/ **ADJ** hypodermique **N** *(= syringe)* seringue *f* hypodermique ; *(= needle)* aiguille *f* hypodermique ; *(= injection)* injection *f* hypodermique

**hypoglossal** /ˌhaɪpəˈglɒsəl/ ADJ hypoglosse

**hypoglycaemia, hypoglycemia** *(US)* /ˌhaɪpəʊglaɪˈsiːmɪə/ N *(Med)* hypoglycémie *f*

**hypoglycaemic, hypoglycemic** *(US)* /ˌhaɪpəʊglaɪˈsiːmɪk/ ADJ hypoglycémique

**hyponym** /ˈhaɪpənɪm/ N hyponyme *m*

**hyponymy** /haɪˈpɒnɪmɪ/ N hyponymie *f*

**hypostasis** /haɪˈpɒstəsɪs/ N (pl **hypostases** /haɪˈpɒstəsiːz/) *(Rel)* hypostase *f*

**hypostatic** /ˌhaɪpəʊˈstætɪk/ ADJ *(Rel)* hypostatique

**hypotenuse** /haɪˈpɒtɪnjuːz/ N hypoténuse *f*

**hypothalamus** /ˌhaɪpəˈθæləməs/ N (pl **hypothalami** /ˌhaɪpəˈθæləmaɪ/) hypothalamus *m*

**hypothermia** /ˌhaɪpəʊˈθɜːmɪə/ N hypothermie *f*

**hypothesis** /haɪˈpɒθɪsɪs/ N (pl **hypotheses** /haɪˈpɒθɪsiːz/) hypothèse *f* ; → **working**

**hypothesize** /haɪˈpɒθɪˌsaɪz/ **VT** conjecturer ◆ **it was ~d that ...** on est parti de l'hypothèse que ... **VI** se livrer à des conjectures

**hypothetic(al)** /ˌhaɪpəʊˈθetɪk(əl)/ ADJ hypothétique

**hypothetically** /ˌhaɪpəʊˈθetɪkəlɪ/ ADV en théorie

**hyssop** /ˈhɪsəp/ N *(Bot)* hysope *f*

**hysterectomy** /ˌhɪstəˈrektəmɪ/ N hystérectomie *f*

**hysteria** /hɪsˈtɪərɪə/ N *(Psych)* hystérie *f* ◆ **she felt a wave of mounting ~** *(= panic)* elle se sentait *or* elle était au bord de la crise de nerfs ◆ **there were signs of ~ among the crowd** la foule semblait être au bord de l'hystérie ◆ **he was completely overcome with ~** il était complètement hystérique ; → **mass**[1]

**hysterical** /hɪsˈterɪkəl/ ADJ *(Psych)* hystérique ; *(gen) [person]* très nerveux, surexcité ; *(with laughter)* en proie au fou rire ; *[laugh, sobs, weeping]* convulsif ; *(* = hilarious) [joke, scene, comedian]* tordant * ◆ **~ laughter** fou rire *m* ◆ **~ crying** une violente crise de larmes

**hysterically** /hɪsˈterɪkəlɪ/ ADV *(Med, Psych)* hystériquement ◆ **to weep ~** avoir une violente crise de larmes ◆ **to laugh ~** rire convulsivement, être saisi d'un rire convulsif ◆ **"come here", she shouted ~** "viens ici" hurla-t-elle comme une hystérique ◆ **it was ~ funny** * c'était à se tordre de rire

**hysterics** /hɪsˈterɪks/ NPL **a** *(= tears, shouts)* (violente) crise *f* de nerfs ◆ **to have ~, to go into ~** avoir une (violente) crise de nerfs ◆ **she was nearly in ~** elle était au bord de la crise de nerfs **b** *(* = laughter)* crise *f* de fou rire ◆ **to have ~, to go into ~** attraper le fou rire ◆ **we were in ~ about it** on a ri aux larmes ◆ **he had us all in ~** il nous a fait rire aux larmes

**Hz** *(Rad etc)* (abbrev of **hertz**) hz

# I

**I¹, i** /aɪ/ **N** a (= *letter*) I, i *m* ◆ **I for Isaac** *(Brit)* ◆ **I for item** *(US)* ≃ I comme Irène ; → **dot** b *(Geog)* (abbrev of **Island** *and* **Isle**) I

**I²** /aɪ/ **PERS PRON** *(unstressed)* je ; *(before vowel)* j' ; *(stressed)* moi ◆ **he and I are going to sing** lui et moi (nous) allons chanter ◆ **no, I'll do it** non, c'est moi qui vais le faire ◆ **it is I** *(frm)* c'est moi

**IA** abbrev of **Iowa**

**Ia.** abbrev of **Iowa**

**IAAF** /ˌaɪeɪeɪ'ef/ **N** (abbrev of **International Amateur Athletic Federation**) FIAA *f*

**IAEA** /ˌaɪeɪiː'eɪ/ **N** (abbrev of **International Atomic Energy Agency**) AIEA *f*

**iambic** /aɪ'æmbɪk/ **ADJ** iambique **N** iambe *m*, vers *m* iambique **COMP** ▷ **iambic pentameter** **N** pentamètre *m* iambique

**IBA** /ˌaɪbiː'eɪ/ **N** *(Brit)* (abbrev of **Independent Broadcasting Authority**) *haute autorité contrôlant les sociétés indépendantes de radiotélévision*

**Iberia** /aɪ'bɪərɪə/ **N** Ibérie *f*

**Iberian** /aɪ'bɪərɪən/ **ADJ** ibérique **N** a Ibère *mf* b *(Ling)* ibère *m* **COMP** ▷ **Iberian Peninsula** **N** péninsule *f* Ibérique

**ibex** /'aɪbeks/ **N** (pl **ibexes** *or* **ibex** *or* **ibices** /'ɪbɪˌsiːz/) bouquetin *m*, ibex *m*

**ibid** /'ɪbɪd/ (abbrev of **ibidem**) ibid

**ibis** /'aɪbɪs/ **N** (pl **ibises** *or* **ibis**) ibis *m*

**Ibiza** /ɪ'biːθə/ **N** Ibiza *f* ◆ **in ~** à Ibiza

**IBRD** /ˌaɪbiːɑː'diː/ **N** (abbrev of **International Bank for Reconstruction and Development**) BIRD *f*

**IBS** /ˌaɪbiː'es/ **N** (abbrev of **irritable bowel syndrome**) → **irritable**

**i/c** (abbrev of **in charge**) → **charge**

**ICA** /ˌaɪsiː'eɪ/ **N** a *(Brit)* abbrev of **Institute of Contemporary Arts** b *(Brit)* abbrev of **Institute of Chartered Accountants** c abbrev of **International Cooperation Administration**

**ICAO** /ˌaɪsiːeɪ'əʊ/ **N** (abbrev of **International Civil Aviation Organization**) OACI *f*

**Icarus** /'ɪkərəs/ **N** Icare *m*

**ICBM** /ˌaɪsiːbiː'em/ **N** (abbrev of **intercontinental ballistic missile**) ICBM *m*

**ice** /aɪs/ **N** a *(NonC)* glace *f* ; *(on road)* verglas *m* ; *(for drink)* glaçons *mpl* ◆ **my hands are like ~** j'ai les mains glacées ◆ **to put sth on ~** *(lit)* [+ *melon, wine*] mettre qch à rafraîchir avec de la glace ; [+ *champagne*] mettre qch à frapper ; *(fig)* mettre qch en attente *or* au frigidaire * ◆ **to keep sth on ~** *(lit)* garder qch sur *or* dans de la glace ; *(fig)* garder qch en attente ◆ **"Cinderella on ice"** *(Theat)* "Cendrillon, spectacle sur glace" ◆ **to break the ~** *(lit) (also in conversation etc)* briser *or* rompre la glace ; (= *broach tricky matter*) entamer le sujet délicat ◆ **that cuts no ~** *or* **that doesn't cut much ~ with me** ça ne me fait aucun effet, ça ne m'impressionne guère ; → **black, cold**

b (*Brit:* also **ice cream**) glace *f* ◆ **raspberry ~** glace *f* à la framboise ; → **water**

c (‡ = *diamonds*) diam(s)‡ *m(pl)*, diamant(s) *m(pl)*

d (‡ = *drug*) *drogue à base de méthamphétamine*

**VT** a [+ *cake*] glacer

b *(fig)* ◆ **his words ~d her heart** ses paroles l'ont glacée ; → **iced**

**COMP** ▷ **ice age** **N** période *f* glaciaire ▷ **ice-age** **ADJ** (qui date) de la période glaciaire ▷ **ice axe** **N** piolet *m* ▷ **ice beer** **N** ice beer *m*, bière *f* de glace ▷ **ice blue** **N, ADJ** bleu *m* métallique *inv* ▷ **ice bucket** **N** seau *m* à glace *or* à champagne ▷ **ice climber** **N** glaciériste *mf* ▷ **ice-cold** **ADJ** [*drink, hands*] glacé ; [*room, manners, person*] glacial ▷ **ice-cool** **ADJ** [*person*] d'un sang-froid à toute épreuve ▷ **ice cream** **N** glace *f* ◆ **strawberry ~ cream** glace *f* à la fraise ▷ **ice-cream cone, ice-cream cornet** *(Brit)* **N** cornet *m* de glace ▷ **ice-cream soda** **N** *(US)* soda *m* avec de la crème glacée ▷ **ice-cream van** **N** camionnette *f* de vendeur de glaces ▷ **ice cube** **N** glaçon *m* ▷ **ice dance** **N** ⇒ **ice dancing** ▷ **ice dancer** **N** danseur *m*, -euse *f* sur glace ▷ **ice dancing** **N** danse *f* sur glace ▷ **ice field** **N** champ *m* de glace ▷ **ice floe** **N** banquise *f* (flottante) ▷ **ice hammer** **N** marteau-piolet *m* ▷ **ice hockey** **N** hockey *m* sur glace ▷ **ice lolly** **N** *(Brit)* sucette *f* glacée ▷ **ice maiden** * **N** glaçon * *m (fig)* ▷ **ice pack** **N** *(Med)* poche *f* de glace ; *(Geog)* banquise *f* ▷ **ice pick** **N** pic *m* à glace ▷ **ice piton** **N** broche *f* (à glace) ▷ **ice rink** **N** patinoire *f* ▷ **ice sheet** **N** *(Geol)* couche *f* de glace ▷ **ice-shelf** **N** *(Geog)* ice-shelf *m* ▷ **ice show** **N** *(Theat)* spectacle *m* sur glace ▷ **ice skate** **N** patin *m* (à glace) ▷ **ice-skate** **VI** faire du patin (à glace) *or* du patinage (sur glace) ▷ **ice skater** **N** patineur *m*, -euse *f* (sur glace) ▷ **ice-skating** **N** patinage *m* (sur glace) ▷ **ice storm** **N** *(US)* tempête *f* de pluie verglaçante ▷ **ice tray** **N** bac *m* à glaçons ▷ **ice water** **N** *(US)* eau *f* glacée ▷ **ice yacht** **N** char *m* à voile (sur patins)

► **ice over** **VI** [*windscreen, aircraft wings*] givrer ; [*river*] geler ◆ **the lake has ~d over** le lac a gelé *or* est pris (de glace)

**VT SEP** ◆ **to be iced over** [*windscreen, aircraft wings*] être givré ; [*river, lake*] être gelé, être pris (de glace)

► **ice up** **VI** [*windscreen, aircraft, mechanism, lock*] se givrer

**VT SEP** ◆ **to be iced up** [*windscreen, aircraft wings*] être givré ; [*river, lake*] être gelé, être pris (de glace)

**iceberg** /'aɪsbɜːg/ **N** iceberg *m* ; (* *fig* = *person*) glaçon * *m* ; see also **tip¹** **COMP** ▷ **iceberg lettuce** **N** laitue *f* iceberg *(sorte de laitue croquante)*

**iceboat** /'aɪsbəʊt/ **N** *(Sport)* char *m* à voile (sur patins) ; *(Naut)* brise-glace(s) *m*

**icebound** /'aɪsbaʊnd/ **ADJ** [*harbour*] fermé par les glaces ; [*ship*] pris dans les glaces

**icebox** /'aɪsbɒks/ **N** *(US* † = *refrigerator)* frigidaire ® *m*, réfrigérateur *m* ; *(Brit* = *freezer compartment)* compartiment *m* à glace, freezer *m* ; (= *insulated box*) glacière *f* ◆ **this room is like an ~** cette pièce est une vraie glacière, on gèle dans cette pièce

**icebreaker** /'aɪsˌbreɪkəʳ/ **N** *(Naut)* brise-glace(s) *m* ◆ **as an ~** *(fig)* pour briser la glace *or* faire connaissance

**icecap** /'aɪskæp/ **N** calotte *f* glaciaire

**iced** /aɪst/ **ADJ** [*coffee, tea*] glacé ; [*melon*] rafraîchi ◆ **~ water/martini** de l'eau/un martini avec des glaçons ◆ **~ champagne** champagne *m* frappé

**icehouse** /'aɪshaʊs/ **N** glacière *f*

**Iceland** /'aɪslənd/ **N** Islande *f*

**Icelander** /'aɪsləndəʳ/ **N** Islandais(e) *m(f)*

**Icelandic** /aɪs'lændɪk/ **ADJ** islandais **N** *(Ling)* islandais *m*

**iceman** /'aɪsmæn/ **N** (pl **-men**) a *(US)* marchand *m* *or* livreur *m* de glace b *(Archeol)* homme *m* trouvé dans la glace

**I Ching** /ˌiː'tʃɪŋ/ **N** Yijing *or* Yi-king *m*

**ichthyologist** /ˌɪkθɪ'ɒlədʒɪst/ **N** ichtyologiste *mf*

**ichthyology** /ˌɪkθɪ'ɒlədʒɪ/ **N** ichtyologie *f*

**ichthyosaurus** /ˌɪkθɪə'sɔːrəs/ **N** (pl **ichthyosauruses** *or* **ichthyosauri** /ˌɪkθɪə'sɔːraɪ/) ichtyosaure *m*

**icicle** /'aɪsɪkl/ **N** glaçon *m (naturel)*

**icily** /'aɪsɪlɪ/ **ADV** [*say*] sur un ton glacial ; [*smile, stare*] d'un air glacial ◆ **~ polite** d'une politesse glaciale ◆ ~ **calm** d'un calme glacial

**iciness** /ˈaɪsɪnɪs/ N **a** *(lit) [of road surface]* état *m* verglacé **b** *(fig) [of manner, tone, stare etc]* froideur *f* extrême

**icing** /ˈaɪsɪŋ/ **N** **a** *(NonC: Culin)* glace *f*, glaçage *m* ◆ **chocolate/coffee** *etc* ~ glaçage *m* au chocolat/au café *etc* ; → **butter** **b** *(fig)* **the ~ on the cake** la cerise sur le gâteau

**COMP** ▷ **icing sugar** N *(Brit)* sucre *m* glace

**icky*** /ˈɪkɪ/ ADJ *(= messy)* poisseux ; *(fig) (= horrible)* dégueulasse*

**icon** /ˈaɪkɒn/ N **a** *(Rel, Comput)* icône *f* **b** *(fig = symbol)* emblème *m* ; *(= idol)* idole *f* ◆ **a feminist/youth/gay ~** une idole pour les féministes/les jeunes/les homosexuels ◆ **fashion ~** figure *f* emblématique de la mode

**iconic** /aɪˈkɒnɪk/ ADJ **a** *(Ling, Comput, Psych)* iconique **b** *(Art) [portrait]* ressemblant à une icône **c** *(culturally) [figure]* emblématique ◆ **to achieve ~ status** devenir une idole

**iconoclast** /aɪˈkɒnəklæst/ N iconoclaste *mf*

**iconoclastic** /aɪˌkɒnəˈklæstɪk/ ADJ iconoclaste

**iconographer** /ˌaɪkɒˈnɒgrəfəʳ/ N iconographe *mf*

**iconography** /ˌaɪkɒˈnɒgrəfɪ/ N iconographie *f*

**ICRC** /ˌaɪsiːɑːˈsiː/ N (abbrev of **International Committee of the Red Cross**) CICR *m*

**ICT** /ˌaɪsiːˈtiː/ N *(Brit Scol)* (abbrev of **Information and Communications Technology**) TIC *fpl*

**ICU** /ˌaɪsiːˈjuː/ N (abbrev of **intensive care unit**) USI *f*

**icy** /ˈaɪsɪ/ **ADJ** **a** *(= frozen) [road, pavement]* verglacé ; *[lake, river, sea]* gelé ◆ ~ **rain** pluie *f* mêlée de grêle ◆ ~ **conditions** *(on roads)* verglas *m* ◆ **it's ~ this morning** il gèle ce matin **b** (also **icy cold**) *[wind, water]* glacial, glacé ; *[hands, feet]* glacé ◆ **it was ~ (cold) yesterday** il faisait un froid glacial hier ◆ **her hands were ~ (cold)** elle avait les mains glacées ◆ **the ~ blast** *(liter or hum)* le vent glacial **c** *(= unfriendly) [stare, silence, tone, reception]* glacial **COMP** ▷ **icy blue** ADJ, N bleu *m* métallique *inv*

**ID** /aɪˈdiː/ **ABBR** abbrev of **Idaho** **N** (abbrev of **identification**) pièce *f* d'identité ◆ **she asked me for some ~** elle m'a demandé une pièce d'identité ◆ **I had no ~ on me** je n'avais pas de pièce d'identité sur moi **COMP** (abbrev of **identification, identity**) *[bracelet, tag, number]* d'identification ▷ **ID card** N *(gen)* carte *f* d'identité ; *(magnetic)* carte *f* d'identification ▷ **ID parade** N *(Brit)* séance *f* d'identification (d'un suspect)

**id** /ɪd/ N *(Psych)* ça *m*

**I'd** /aɪd/ ⇒ **I had, I should, I would** ; → **have, should, would**

**Ida.** abbrev of **Idaho**

**Idaho** /ˈaɪdəˌhəʊ/ N Idaho *m* ◆ **in ~** dans l'Idaho

**IDD** /ˌaɪdiːˈdiː/ N *(Brit Telec)* (abbrev of **international direct dialling**) *automatique international*

**idea** /aɪˈdɪə/ LANGUAGE IN USE 1, 2.2, 11.2 N **a** *(= thought, purpose)* idée *f* ◆ **brilliant** *or* **bright ~** idée *f* géniale *or* de génie ◆ **good ~!** bonne idée ! ◆ **what an ~!, the very ~ (of it)!** quelle idée !, en voilà une idée ! ◆ **I've got an ~ for a play** j'ai une idée pour une pièce de théâtre ◆ **I haven't the least** *or* **slightest** *or* **foggiest** * ~ je n'en ai pas la moindre idée ◆ **it wasn't my ~!** ce n'est pas moi qui en ai eu l'idée ! ◆ **man/woman of ~s** homme *m*/femme *f* à idées ◆ **he's the ~s man** * *or* **the one with the ~s** c'est lui qui trouve les idées ◆ **the ~ never entered my head** l'idée ne m'en est jamais venue *or* ne m'a jamais effleuré ◆ **to put ~s into sb's head, to give sb ~s** mettre *or* fourrer * des idées dans la tête de qn ◆ **that's the ~!** * c'est ça ! ◆ **what's the big ~?** * ça ne va pas, non ? *

◆ **the idea of + -ing** ◆ **I can't bear the ~ of selling it** je ne supporte pas l'idée de le vendre ◆ **that gave me the ~ of inviting her** cela m'a donné l'idée de l'inviter ◆ **I suddenly had the ~ of going to see her** d'un seul coup l'idée m'est venue d'aller la voir ◆ **he sent for the books, with the ~ of re-reading them** il s'est fait envoyer ces livres dans l'intention de les relire ◆ **I like the ~ of helping people** l'idée d'aider les gens me plaît ◆ **I like/hate the ~ of living abroad** j'aimerais assez/je détesterais vivre à l'étranger

◆ **idea of +** *noun or noun clause (= conception)* ◆ **if that's your ~ of fun** si c'est ça que tu appelles t'amuser ◆ **that's not my ~ of a holiday** ce n'est pas ce que j'appelle des vacances ◆ **I've got some ~ of what this is all about** j'ai une vague idée de quoi il s'agit ◆ **he gave me a general ~ of what they would do** il m'a donné une idée générale de ce qu'ils allaient faire ◆ **have you any ~ of what he meant to do?** avez-vous idée de ce qu'il voulait faire ? ◆ **this will give you an ~ of how much it will cost** cela permettra de vous faire une idée de ce que ça va coûter ◆ **can you give me a rough ~ of how many you want?** pouvez-vous m'indiquer en gros *or* approximativement combien vous en voulez ?

◆ **the/an idea that** ◆ **what gave you the ~ that I couldn't come?** qu'est-ce qui t'a fait penser que je ne pourrais pas venir ? ◆ **I had an ~ that he'd joined the army** j'avais dans l'idée qu'il s'était engagé dans l'armée ◆ **I hate the ~ that summer's over** je n'arrive pas à me faire à l'idée que l'été est fini

◆ **idea + to** ◆ **it's an ~** *or* **a good ~ to book well in advance** c'est une (bonne) idée de réserver assez longtemps à l'avance ◆ **it was a good/wonderful ~ to come here** c'était une bonne/excellente idée de venir ici ◆ **it might not be a bad ~ to wait a few days** ce ne serait peut-être pas une mauvaise idée d'attendre quelques jours ◆ **the ~ is to reduce expenditure** l'idée est de réduire les dépenses ◆ **whose ~ was it to take this route?** qui a eu l'idée de prendre cet itinéraire ?

◆ **to get + idea** ◆ **where did you get the ~ that I wasn't well?** où as-tu été chercher que je n'allais pas bien ? ◆ **where did you get that ~?** où est-ce que tu as pris cette idée ? ◆ **don't get any ~s!** * ce n'est pas la peine d'y penser ! ◆ **you're getting the ~!** * tu commences à comprendre *or* à piger * ! ◆ **I've got the general ~** * je vois à peu près *or* en gros (ce dont il s'agit) ◆ **to get an ~ into one's head** se mettre une idée dans la tête ◆ **once he gets an ~ into his head** une fois qu'il s'est mis une idée dans la tête ◆ **he got the ~ into his head that she wouldn't help him** il s'est mis dans la tête qu'elle ne l'aiderait pas

◆ **to have no idea** ◆ **I have no ~** je n'en sais rien ◆ **I had no ~ they knew each other** je n'avais aucune idée *or* j'ignorais absolument qu'ils se connaissaient ◆ **he has no ~ what he's doing!** il fait n'importe quoi ! * ◆ **it was awful, you've no ~!** c'était terrible, tu ne peux pas t'imaginer !

**b** *(= opinion)* idée *f*, opinion *f* ; *(= way of thinking)* façon *f* de penser ◆ **she has some odd ~s about how to bring up children** elle a de drôles d'idées sur l'éducation des enfants ◆ **he is convinced that his ~s are correct** il est convaincu que sa façon de penser est la bonne ◆ **Lord Syme outlined his ~s at a London conference** Lord Syme a exposé sa théorie lors d'une conférence à Londres ◆ **according to his ~** selon sa façon de penser ◆ **his ~s about democracy** ses idées sur la démocratie, sa façon de voir *or* sa conception de la démocratie

**ideal** /aɪˈdɪəl/ **ADJ** idéal (*for sb/sth* pour qn/qch ; *for doing sth* pour faire qch) **N** idéal *m*

**idealism** /aɪˈdɪəlɪzəm/ N idéalisme *m*

**idealist** /aɪˈdɪəlɪst/ ADJ, N idéaliste *mf*

**idealistic** /aɪˌdɪəˈlɪstɪk/ ADJ idéaliste

**idealization** /aɪˌdɪəlaɪˈzeɪʃən/ N idéalisation *f*

**idealize** /aɪˈdɪəlaɪz/ VT idéaliser

**ideally** /aɪˈdɪəlɪ/ ADV **a** *(= preferably)* ◆ **~, you should brush your teeth after every meal** l'idéal serait de se brosser les dents après chaque repas, pour bien faire il faudrait se brosser les dents après chaque repas ◆ **~, every child should get individual attention** l'idéal serait que chaque enfant soit suivi individuellement ◆ **~ I'd like to leave about five** dans l'idéal *or* pour bien faire, j'aimerais partir vers cinq heures **b** *(= perfectly)* ◆ **he is ~ suited to the job** il est parfait pour ce poste ◆ **I'm not ~ placed to give you advice** je ne suis pas le mieux placé pour vous conseiller ◆ **the village is ~ situated** la situation du village est idéale

**ident** * /ˈaɪdent/ N *(TV)* (also **station ident**) *clip vidéo servant à identifier une chaîne de télévision*

**identical** /aɪˈdentɪkəl/ ADJ identique (*to* à) ◆ ~ **twins** vrais jumeaux *mpl*, vraies jumelles *fpl*

**identically** /aɪˈdentɪkəlɪ/ ADV de façon identique ◆ ~ **dressed** vêtus de manière identique, habillés pareil *

**identifiable** /aɪˈdentɪˌfaɪəbl/ ADJ identifiable ; *[goal, group]* distinct ; *[person]* repérable, reconnaissable ◆ ~ **as a Frenchman** reconnaissable en tant que Français ◆ **it is ~ as a Rembrandt** on voit tout de suite que c'est un Rembrandt ◆ **he's easily ~** il est facilement repérable *or* reconnaissable (*as* comme ; *by* à) ◆ **Chinese rugs are ~ by their design** les tapis chinois se reconnaissent à leur motifs

**identification** /aɪˌdentɪfɪˈkeɪʃən/ **N** **a** identification *f* (*with* avec) ◆ **early ~ of a disease** l'identification précoce d'une maladie ◆ **he's made a formal ~ of the body** il a formellement identifié le corps

**b** *(= association)* association *f* ◆ **the ~ of Spain with Catholicism** l'association de l'Espagne au catholicisme

**c** *(= empathy)* ◆ **his ~ with the problem** sa compréhension profonde du problème ◆ **an actor's ~ with his character** l'identification *f* d'un acteur avec son personnage

**d** *(= proof of identity)* pièce *f* d'identité

**COMP** ▷ **identification mark** N signe *m* particulier *(permettant d'identifier qn ou qch)* ▷ **identification papers** NPL pièces *fpl or* papiers *mpl* d'identité ▷ **identification parade** N *(Brit Police)* séance *f* d'identification (d'un suspect) ▷ **identification tag** N plaque *f* d'identité

**identifier** /aɪˈdentɪfaɪəʳ/ N *(Comput)* identificateur *m*

**identify** /aɪˈdentɪfaɪ/ **VT** **a** *(= recognize)* **the characteristics by which you can ~ an epic** les caractéristiques qui permettent de définir l'épopée ◆ **try to ~ sources of stress in your life** essayez de déterminer les causes de stress dans votre vie quotidienne ◆ **I tried to ~ her perfume** j'ai essayé d'identifier son parfum

**b** *(= name)* **many players ~ him as their most troublesome opponent** de nombreux joueurs le considèrent comme leur opposant le plus coriace ◆ **the police have so far identified 10 suspects** la police a jusqu'ici révélé l'identité de 10 suspects ◆ **so far we have just identified the problems** jusqu'ici nous n'avons fait qu'énumérer les problèmes

c *(= establish identity of)* identifier ◆ **she identified him as the man who had attacked her** elle l'a identifié comme étant son agresseur ◆ **the police have identified the man they want to question** la police a identifié *or* établi l'identité de l'homme qu'elle veut interroger ◆ **to ~ a body** identifier un cadavre

d *(= discover)* découvrir ◆ **scientists have identified valuable chemicals produced by plants** des chercheurs ont découvert d'importants produits chimiques présents dans les plantes

e *(= mark out)* **his accent identified him as a local boy** son accent indiquait qu'il était de la région ◆ **she wore a nurse's hat to ~ herself** elle portait un chapeau d'infirmière pour qu'on la reconnaisse ◆ **the badge identified him as Emil Gregory** le badge disait "Emil Gregory", il portait un badge au nom d'Emil Gregory

f *(= consider as the same)* identifier ◆ **she hates to play the passive women audiences ~ her with** elle déteste les rôles de femmes passives auxquels l'identifie le public ◆ **to ~ o.s. with** s'identifier à *or* avec, s'assimiler à ◆ **he refused to ~ himself with the rebels** il a refusé de s'identifier avec les rebelles ◆ **he refused to be identified with the rebels** il a refusé d'être identifié *or* assimilé aux rebelles

**VI** s'identifier (*with* avec, à) ◆ **a character the audience can ~ with** un personnage auquel le public peut s'identifier ◆ **I can easily ~ with their problems** je comprends parfaitement leurs problèmes

> ⚠ *Check which meaning of* **to identify** *you are translating before opting for* **identifier**.

**Identikit** ® /aɪˈdentɪkɪt/ **N** (also **Identikit picture**) portrait-robot *m*, photo-robot *f*

**identity** /aɪˈdentɪtɪ/ **N** identité *f* ◆ **proof of ~** pièce *f* d'identité ◆ **a case of mistaken ~** une erreur d'identité ◆ **the distinct cultural ~ of Tibetans** l'identité culturelle distincte des Tibétains **COMP** ▷ **identity card** **N** *(gen)* carte *f* d'identité ; *(magnetic)* carte *f* d'identification ▷ **identity crisis** **N** *(Psych)* crise *f* d'identité ▷ **identity disc** **N** plaque *f* d'identité ▷ **identity papers** **NPL** pièces *fpl or* papiers *mpl* d'identité ▷ **identity parade** **N** *(Brit)* séance *f* d'identification (d'un suspect)

**ideogram** /ˈɪdɪəgræm/, **ideograph** /ˈɪdɪəgrɑːf/ **N** idéogramme *m*

**ideographic** /ˌɪdɪəˈgræfɪk/ **ADJ** idéographique

**ideological** /ˌaɪdɪəˈlɒdʒɪkəl/ **ADJ** idéologique

**ideologically** /ˌaɪdɪəˈlɒdʒɪkəlɪ/ **ADV** *[motivated]* idéologiquement ◆ **~ sound/unsound** idéologiquement correct/incorrect, correct/incorrect sur le plan idéologique ◆ **to be ~ opposed to sth** être hostile à qch pour des raisons idéologiques ◆ **~, they are poles apart** du point de vue idéologique, ils sont très éloignés l'un de l'autre

**ideologist** /ˌaɪdɪˈɒlədʒɪst/ **N** idéologue *mf*

**ideologue** /ˈaɪdɪəlɒg/ **N** idéologue *mf*

**ideology** /ˌaɪdɪˈɒlədʒɪ/ **N** idéologie *f*

**ides** /aɪdz/ **NPL** ides *fpl*

**idiocy** /ˈɪdɪəsɪ/ **N** a *(NonC)* stupidité *f*, idiotie *f* (*of doing sth* de faire qch) ◆ **a piece of ~** une stupidité, une idiotie b *(Med ††)* idiotie *f*

**idiolect** /ˈɪdɪəʊlekt/ **N** idiolecte *m*

**idiom** /ˈɪdɪəm/ **N** a *(= phrase, expression)* expression *f or* tournure *f* idiomatique, idiotisme *m* b *(= language) [of country]* idiome *m*, langue *f* ; *[of region]* idiome *m* ; *[of person]* idiome *m*, parler *m* c *(= style)* style *m* ◆ **in a minimalist ~** dans un style minimaliste

**idiomatic** /ˌɪdɪəˈmætɪk/ **ADJ** idiomatique ◆ **~ expression** expression *f or* tournure *f* idiomatique

**idiomatically** /ˌɪdɪəˈmætɪkəlɪ/ **ADV** de façon idiomatique

**idiosyncrasy** /ˌɪdɪəˈsɪŋkrəsɪ/ **N** idiosyncrasie *f*, particularité *f* ◆ **it's just one of his little idiosyncrasies** ça fait partie de son côté original

**idiosyncratic** /ˌɪdɪəsɪŋˈkrætɪk/ **ADJ** particulier, singulier

**idiot** /ˈɪdɪət/ **N** a idiot(e) *m(f)*, imbécile *mf* ◆ **to act** *or* **behave like an ~** se conduire en idiot *or* en imbécile ◆ **to grin like an ~** sourire bêtement ◆ **to feel like an ~** se sentir bête ◆ **what an ~ I am!** que je suis idiot !, quel imbécile je fais ! b *(Med ††)* idiot(e) *m(f)* (de naissance) ; → **village** **COMP** ▷ **idiot board** **N** *(TV)* téléprompteur *m*, télésouffleur *m* ▷ **idiot box** ‡ **N** *(US TV)* téloche* *f* ▷ **idiot-proof** * **ADJ** *[method]* infaillible ; *[machine]* indétraquable, indéréglable

**idiotic** /ˌɪdɪˈɒtɪk/ **ADJ** idiot, stupide ◆ **that was ~ of you!** ce que tu as été idiot ! ◆ **what an ~ thing to say!** c'est idiot *or* stupide de dire une chose pareille !

**idiotically** /ˌɪdɪˈɒtɪkəlɪ/ **ADV** stupidement, de façon idiote

**idle** /ˈaɪdl/ **ADJ** a *(= inactive) [person]* inactif ; *[employee]* désœuvré ; *[machinery]* à l'arrêt ; *[factory]* arrêté ; *[land]* inexploité ◆ **this machine is never ~** cette machine n'est jamais à l'arrêt *or* ne s'arrête jamais ◆ **he has not been ~ during his absence** il n'a pas chômé pendant son absence ◆ **to stand ~** *[machinery, vehicle, factory]* être à l'arrêt ◆ **to lie** *or* **sit ~** *[money]* dormir ; *[land]* rester inexploité ◆ **~ money** argent *m* qui dort ; → **lie**[1]

b *(= unoccupied, at leisure) [person, hours, days]* oisif ◆ **~ time** *[of workers]* temps *m* chômé ; *[of machine]* temps *m* mort, arrêt *m* machine ◆ **to spend one's ~ hours doing sth** passer son temps libre à faire qch ◆ **in an ~ moment** pendant un moment d'oisiveté

c *(pej = lazy) [person]* fainéant ◆ **the ~ rich** *(pej)* les riches oisifs *mpl* ; → **bone, devil**

d *(† = unemployed)* sans emploi ◆ **to make sb ~** *(Ind)* réduire qn au chômage

e *(= futile, vain) [threat, promise, hope]* vain *before n* ; *[speculation, talk, chatter]* oiseux, vain *before n* ; *[conversation, remark, question]* oiseux, futile ; *[rumour, fear]* sans fondement ◆ **out of ~ curiosity** par pure *or* simple curiosité ◆ **~ gossip** ragots *mpl* ◆ **that is no ~ boast** ce n'est pas une vaine fanfaronnade ◆ **an ~ dream** un vain rêve ◆ **it would be ~ to do such a thing** il serait vain *or* futile de faire une telle chose

**VI** a (also **idle about** *or* **around**) *[person]* paresser, fainéanter ◆ **to ~ about the streets** traîner dans les rues

b *[engine, machine]* tourner au ralenti

**VT** *(US) [+ person]* mettre au chômage ; *[+ factory]* mettre à l'arrêt

► **idle away** **VT SEP** ◆ **to idle away one's time** passer le temps (en occupations futiles), s'occuper pour passer le temps ◆ **he ~d the time away in dreamy thought** il passait le temps à rêvasser

**idleness** /ˈaɪdlnɪs/ **N** a *(= leisure)* oisiveté *f* ; *(pej) (= laziness)* paresse *f*, fainéantise *f* ◆ **to live in ~** vivre dans l'oisiveté b *(= state of not working)* inaction *f*, inactivité *f* ; *(= unemployment)* chômage *m* c *[of threat, wish, question, speculation]* futilité *f*, inutilité *f* ; *[of promises, pleasures]* futilité *f* ; *[of fears]* manque *m* de justification ; *[of words]* manque *m* de sérieux ; *[of effort]* inutilité *f*

**idler** /ˈaɪdlə^r/ **N** a *(= lazy person)* paresseux *m*, -euse *f*, fainéant(e) *m(f)* b *(Tech) (= wheel)* roue *f* folle ; *(= pinion)* pignon *m* libre ; *(= pulley)* poulie *f* folle

**idling** /ˈaɪdlɪŋ/ **ADJ** ◆ **at ~ speed** au ralenti

**idly** /ˈaɪdlɪ/ **ADV** a *(= lazily) [sit, spend time]* sans rien faire ◆ **to stand** *or* **sit ~ by (while ...)** rester sans rien faire (pendant que ...) b *(= abstractedly) [wonder, speculate, think, look at]* vaguement ; *[say, play with]* négligemment ; *[talk]* pour passer le temps ◆ **~ curious** vaguement curieux

**idol** /ˈaɪdl/ **N** *(lit, fig)* idole *f* ◆ **a teen ~** une idole des jeunes ◆ **a fallen ~** une idole déchue

**idolater** /aɪˈdɒlətə^r/ **N** idolâtre *mf*

**idolatrous** /aɪˈdɒlətrəs/ **ADJ** idolâtre

**idolatry** /aɪˈdɒlətrɪ/ **N** *(lit, fig)* idolâtrie *f*

**idolize** /ˈaɪdəlaɪz/ **VT** idolâtrer

**idyll** /ˈɪdɪl/ **N** *(Literat, also fig)* idylle *f*

**idyllic** /ɪˈdɪlɪk/ **ADJ** idyllique

**i.e., ie** /ˌaɪˈiː/ (abbrev of **id est**) *(= that is)* c.-à-d., c'est-à-dire

**if** /ɪf/ **CONJ** a *(condition = supposing that)* si ◆ **I'll go ~ you come with me** j'irai si tu m'accompagnes ◆ **~ the weather's nice I'll be pleased** s'il fait beau je serai content ◆ **~ the weather were nice I would be pleased** s'il faisait beau je serais content ◆ **~ the weather's nice and (~ it is) not too cold I'll go with you** s'il fait beau et (s'il ne fait *or* qu'il ne fasse) pas trop froid je vous accompagnerai ◆ **~ I had known, I would have visited them** si j'avais su, je leur aurais rendu visite ◆ **~ you wait a minute, I'll come with you** si vous attendez *or* voulez attendre une minute, je vais vous accompagner ◆ **~ I were a millionaire, I could ...** si j'étais (un) millionnaire, je pourrais ... ◆ **~ I were you** si j'étais vous, (si j'étais) à votre place ◆ **(even) ~ I knew I wouldn't tell you** même si je le savais, je ne te le dirais pas ◆ **~ they are to be believed** à les en croire ◆ **~ it is true that ...** s'il est vrai que ... *+ indic*, si tant est que ... *+ subj*

b *(= whenever)* si ◆ **~ I asked him he helped me** si je le lui demandais il m'aidait ◆ **~ she wants any help she asks me** si elle a besoin d'aide elle s'adresse à moi

c *(= although)* si ◆ **(even) ~ it takes me all day I'll do it** (même) si cela doit me prendre toute la journée je le ferai ◆ **(even) ~ they are poor at least they are happy** s'ils sont pauvres du moins ils sont heureux ◆ **even ~ it is a good film it's rather long** c'est un bon film bien qu'(il soit) un peu long ◆ **nice weather, ~ rather cold** temps agréable, bien qu'un peu froid ◆ **even ~ he tells me himself I won't believe it** même s'il me le dit lui-même je ne le croirai pas

d *(= granted that, admitting that)* si ◆ **~ I am wrong, you are wrong too** si je me trompe *or* en admettant que je me trompe *subj*, vous vous trompez aussi ◆ **(even) ~ he did say that, he didn't mean to hurt you** quand (bien) même il l'aurait dit, il n'avait aucune intention de vous faire de la peine e (= *whether)* si ◆ **do you know ~ they have gone?** savez-vous s'ils sont partis ? ◆ **I wonder ~ it's true** je me demande si c'est vrai

f (= *unless)* ~ **... not** si ... ne ◆ **that's the house, ~ I'm not mistaken** voilà la maison, si je ne me trompe ◆ **they're coming at Christmas ~ they don't change their minds** ils viennent à Noël à moins qu'ils ne changent *subj* d'avis

g *(phrases)* **underpaid, ~ they are paid at all** mal payés, si tant est qu'on les paie ◆ **~ it weren't for him, I wouldn't go** sans lui, je n'irais pas ◆ **~ it weren't for him, I wouldn't be in this mess** sans lui, je ne serais pas dans ce pétrin ◆ **~ it hadn't been for you, I would have despaired** sans toi, j'aurais désespéré ◆ **well ~ he didn't try to steal my bag!** * (ne) voilà-t-il pas qu'il essaie de me voler mon sac ! * ◆ **~ it isn't our old friend Smith!** tiens ! mais c'est notre bon vieux Smith ! ◆ **~ I know her, she'll refuse** telle que je la connais, elle refusera

♦ **as if** comme, comme si ◆ **he acts as ~ he were rich** il se conduit comme s'il était riche ◆ **as ~ by chance** comme par hasard ◆ **he stood there as ~ he were dumb** il restait là comme (s'il était) muet ◆ **it isn't as ~ we were rich** ce n'est pas comme si nous étions riches, nous ne sommes pourtant pas riches

♦ **if not** sinon ◆ **in practice ~ not in law** dans la pratique sinon d'un point de vue légal ◆ **the old programme was very similar, ~ not the same** l'ancienne émission était très semblable, voire identique ◆ **difficult ~ not impossible** difficile, voire impossible ◆ **they're nothing ~ not efficient** le moins qu'on puisse dire, c'est qu'ils sont efficaces

♦ **if only** *(wishing)* si seulement ◆ **~ only I had known!** si seulement j'avais su ! ◆ **~ only it were that simple!** si seulement c'était aussi simple ! ◆ **I'd better write to her, ~ only to let her know that ...** *(emphatic use)* il faudrait que je lui écrive, ne serait-ce que pour lui faire savoir que ... ◆ **~ only for a moment** ne serait-ce que pour un instant

♦ **if so** si oui, dans ce cas ◆ **are they to be released and ~ so when?** vont-ils être remis en liberté et, si oui *or* dans ce cas, quand ?

N ◆ **~s and buts** les si *mpl* et les mais *mpl* ◆ **it's a big ~** c'est un grand point d'interrogation

**iffy** * /ˈɪfɪ/ ADJ (= *uncertain) [outcome, future]* aléatoire, incertain ; (= *dodgy) [method]* qui craint * ◆ **an ~ neighbourhood** un quartier douteux ◆ **it all seems a bit ~ to me** ça me paraît un peu suspect, ça ne me paraît pas très catholique ◆ **I was feeling a bit ~** je n'étais pas vraiment dans mon assiette

**igloo** /ˈɪgluː/ N igloo *m or* iglou *m*

**Ignatius** /ɪgˈneɪʃɪəs/ N Ignace *m* ◆ **(St) ~ Loyola** saint Ignace de Loyola

**igneous** /ˈɪgnɪəs/ ADJ igné

**ignite** /ɪgˈnaɪt/ VT a *(lit)* mettre le feu à, enflammer b *(fig) [passions, interest]* susciter, déclencher ; *[conflict, controversy]* déclencher, être le détonateur de VI a *(lit)* prendre feu, s'enflammer b *(fig) [conflict, controversy]* se déclencher

**ignition** /ɪgˈnɪʃən/ N a ignition *f* b *(Aut)* (= *system)* allumage *m* ; (= *starting mechanism)* contact *m* ◆ **to switch on/turn off the ~** mettre/couper le contact COMP ▷ **ignition coil** N *(Aut)* bobine *f* d'allumage ▷ **ignition key** N clé *f* de contact ▷ **ignition switch** N contact *m*

**ignoble** /ɪgˈnəʊbl/ ADJ ignoble, indigne

**ignominious** /ˌɪgnəˈmɪnɪəs/ ADJ *(frm)* ignominieux *(liter)*

**ignominiously** /ˌɪgnəˈmɪnɪəslɪ/ ADV *(frm)* ignominieusement *(liter)*

**ignominy** /ˈɪgnəmɪnɪ/ N ignominie *f*

**ignoramus** /ˌɪgnəˈreɪməs/ N ignare *mf*, ignorant(e) *m(f)*

**ignorance** /ˈɪgnərəns/ N a ignorance *f (of* de) ◆ **to be in ~ of sth** ignorer qch ◆ **they lived in blissful ~ of his true identity** ils vivaient dans l'heureuse ignorance de sa véritable identité ◆ **to keep sb in ~ of sth** tenir qn dans l'ignorance de qch, laisser ignorer qch à qn ◆ **in my ~** dans mon ignorance ◆ **~ of the law is no excuse** nul n'est censé ignorer la loi ◆ **his ~ of chemistry** son ignorance en (matière de) chimie ◆ **there is so much public ~ about this problem** c'est un problème totalement méconnu du grand public ◆ **~ is bliss** il vaut mieux ne pas savoir b (= *lack of education)* ignorance *f* ◆ **don't show your ~!** ce n'est pas la peine d'étaler ton ignorance !

**ignorant** /ˈɪgnərənt/ ADJ a (= *unaware)* ~ **of** ignorant de ◆ **to be ~ of the facts** ignorer les faits, être ignorant des faits b (= *lacking education) [person]* ignorant ; *[words, behaviour]* d'(un) ignorant ◆ **for fear of appearing ~** par peur de paraître ignorant ; → **pig**

**ignorantly** /ˈɪgnərəntlɪ/ ADV par ignorance

**ignore** /ɪgˈnɔːʳ/ VT a (= *take no notice of) [+ interruption, remark, objection, advice, warning]* ne tenir aucun compte de, ignorer ; *[+ sb's behaviour]* ne pas prêter attention à ; *[+ person]* faire semblant de ne pas voir *or* entendre ; *[+ invitation, letter]* ne pas répondre à ; *[+ facts]* méconnaître ; *[+ question]* ne pas répondre à ; *[+ rule, prohibition]* ne pas respecter ; *[+ awkward fact]* faire semblant de ne pas connaître, ne tenir aucun compte de ◆ **I shall ~ your impertinence** je ne relèverai pas votre impertinence ◆ **we cannot ~ this behaviour any longer** nous ne pouvons plus fermer les yeux sur ce genre de comportement b *(Jur)* **to ~ a bill** prononcer un verdict d'acquittement

**iguana** /ɪˈgwɑːnə/ N iguane *m*

**ikon** /ˈaɪkɒn/ N ⇒ **icon**

**IL** abbrev of **Illinois**

**ILEA** /aɪˌeliːˈeɪ/ N *(Brit Educ: formerly)* (abbrev of **Inner London Education Authority**) *services londoniens de l'enseignement*

**ileum** /ˈɪlɪəm/ N *(Anat)* iléon *m*

**ilex** /ˈaɪleks/ N a (= *holm oak)* yeuse *f*, chêne *m* vert b *(genus = holly)* houx *m*

**Iliad** /ˈɪlɪəd/ N ◆ **the ~** l'Iliade *f*

**Ilion** /ˈɪlɪən/, **Ilium** /ˈɪlɪəm/ N Ilion

**ilium** /ˈɪlɪəm/ N (pl **ilia** /ˈɪlɪə/) *(Anat)* ilion *m*

**ilk** /ɪlk/ N ◆ **of that ~** de cette espèce *or* cet acabit ◆ **people of his ~** des gens de son espèce

**I'll** /aɪl/ ⇒ **I shall, I will** ; → **shall, will**

**ill** /ɪl/ ADJ (compar **worse**, superl **worst**) a (= *unwell)* malade ; *(less serious)* souffrant ◆ **to be ~** être malade *or* souffrant ◆ **to fall or take or be taken ~** tomber malade ◆ **to feel ~** ne pas se sentir bien ◆ **to look ~** avoir l'air malade *or* souffrant ◆ **to make sb ~** rendre qn malade ◆ **to be ~ with a fever/pneumonia** avoir de la fièvre/une pneumonie ◆ **~ with anxiety/jealousy** *etc* malade d'inquiétude/de jalousie *etc* ◆ **he's seriously ~ in hospital** il est à l'hôpital dans un état grave ; see also **mentally, terminally**

b (= *bad)* mauvais, méchant ◆ **~ deed** *(liter)* mauvaise action *f*, méfait *m* ◆ **~ effects** conséquences *fpl* négatives ◆ **of ~ fame or repute** *(liter) [place]* mal famé ; *[person]* de mauvaise réputation ◆ **house of ~ repute** maison *f* mal famée ◆ **~ health** mauvaise santé *f* ◆ **~ luck** malchance *f* ◆ **by ~ luck** par malheur, par malchance ◆ **as ~ luck would have it, he ...** le malheur a voulu qu'il ... + *subj* ◆ **~ humour or temper** mauvaise humeur *f* ◆ **~ nature** méchanceté *f* ◆ **~ omen** mauvais augure *m* ◆ **~ feeling** ressentiment *m*, rancune *f* ◆ **no ~ feeling!** sans rancune ! ◆ **~ will** *(gen)* malveillance *f* ; (= *grudge, resentment)* rancune *f* ◆ **I bear him no ~ will** je ne lui en veux pas ◆ **just to show there's no ~ will, I'll do it** je vais le faire, pour bien montrer que je ne suis pas rancunier ◆ **it's an ~ wind that blows nobody any good** *(Prov)* à quelque chose malheur est bon *(Prov)*

N *(NonC = evil, injury)* mal *m* ◆ **to think/speak ~ of sb** penser/dire du mal de qn ◆ **they mean you no ~** ils ne vous veulent aucun mal ; → **good**

NPL **ills** (= *misfortunes)* maux *mpl*, malheurs *mpl*

ADV mal ◆ **he can ~ afford the expense** il peut difficilement se permettre la dépense ◆ **we can ~ afford another scandal** nous ne pouvons guère nous permettre un autre scandale ◆ **to take sth ~** *(liter)* prendre mal qch, prendre qch en mauvaise part ◆ **to go ~ with sb/sth** *(liter)* tourner mal pour qn/qch, aller mal pour qn/qch ◆ **the suggestion was ~-received** la suggestion a été mal accueillie ◆ **to sit ~ with sth** *(liter)* aller mal avec qch ◆ **to bode or augur ~ for sb** être de mauvais augure pour qn ◆ **it ~ becomes you to do that** *(frm, liter)* il vous sied mal *(frm)* de faire cela

COMP ▷ **ill-advised** ADJ *[decision, remark, action]* peu judicieux ◆ **you would be ~-advised to do that** vous auriez tort de faire cela, vous seriez malavisé de faire cela ▷ **ill-assorted** ADJ mal assorti ▷ **ill-at-ease** ADJ mal à l'aise ▷ **ill-bred** ADJ mal élevé ▷ **ill-concealed** ADJ *[amusement, disdain, disgust]* mal dissimulé ▷ **ill-conceived** ADJ *[plan, policy]* mal conçu *or* pensé ▷ **ill-considered** ADJ *[action, words]* irréfléchi ; *[measures]* hâtif ▷ **ill-defined** ADJ *[goals, powers, task]* mal défini ▷ **ill-disposed** ADJ mal disposé (*towards* envers) ▷ **ill-equipped** ADJ mal équipé (*with* en) ◆ **to be ~-equipped to do sth** *(lit)* être mal équipé pour faire qch, ne pas avoir le matériel nécessaire pour faire qch ; *(fig) [person]* être mal armé pour faire qch ◆ **he's ~-equipped for the role of Macbeth** il n'a pas les qualités requises pour jouer Macbeth ▷ **ill-fated** ADJ *[person]* infortuné, malheureux ; *[day]* fatal, néfaste ; *[action, effort]* malheureux ▷ **ill-favoured, ill-favored** *(US)* ADJ (= *ugly)* laid, pas aidé par la nature ; (= *objectionable)* déplaisant, désagréable ; *(stronger)* répugnant ▷ **ill-fitting** ADJ *[shoe, garment]* qui ne va pas (bien) ; *[lid, stopper]* qui ferme mal ▷ **ill-formed** ADJ *(Ling)* mal formé ▷ **ill-founded** ADJ *[belief, argument]* mal fondé ; *[rumour]* sans fondement ▷ **ill-gotten gains** NPL biens *mpl* mal acquis ▷ **ill-humoured** ADJ de mauvaise humeur, maussade ▷ **ill-informed** ADJ *[person]* mal renseigné, mal informé ; *[comment, criticism]* mal fondé ; *[essay, speech]* plein d'inexactitudes ▷ **ill-judged** ADJ peu judicieux, peu sage ▷ **ill-mannered** ADJ *[person, behaviour]* grossier, impoli ▷ **ill-natured** ADJ *[person, reply]* désagréable ; *[child]* méchant, désagréable ▷ **ill-nourished** ADJ mal nourri ▷ **ill-omened** ADJ de mauvais augure ▷ **ill-prepared** ADJ mal préparé ▷ **ill-starred** ADJ *(liter) [person]* né sous une mauvaise étoile, infortuné ; *[day, undertaking]* malheureux, néfaste ▷ **ill-suited** ADJ ◆ **they are ~-suited (to each other)** ils sont mal assortis ◆ ~-

**suited to** *[tool, computer]* mal adapté à ◆ **he is ~-suited to this type of work** il ne convient guère à ce genre de travail, il n'est pas vraiment fait pour ce genre de travail ▷ **ill-tempered** ADJ *(habitually)* désagréable, qui a mauvais caractère ; *(on one occasion)* de mauvaise humeur, maussade ▷ **ill-timed** ADJ inopportun ▷ **ill-treat** VT maltraiter ▷ **ill-treatment** N mauvais traitements *mpl* ▷ **ill-use** VT maltraiter

**Ill.** abbrev of **Illinois**

**illegal** /ɪˈliːgəl/ ADJ **a** *(= against the law)* illégal ◆ **it is ~ to do that** il est illégal de faire cela ◆ **it is ~ to sell alcohol to children** la loi interdit la vente d'alcool aux enfants ◆ **to make it ~ to do sth** rendre illégal de faire qch ◆ **~ parking** stationnement *m* illicite *or* interdit ◆ **~ alien** étranger *m*, -ère *f* en situation irrégulière ◆ **~ immigrant** immigré(e) *m(f)* clandestin(e) **b** *(Sport)* irrégulier ◆ **~ tackle** tacle *m* irrégulier **c** *(Comput)* ◆ **~ character** caractère *m* invalide ◆ **~ operation** opération *f* interdite

**illegality** /ˌɪliːˈgælɪtɪ/ N illégalité *f*

**illegally** /ɪˈliːgəlɪ/ ADV illégalement ◆ **to be ~ parked** être en stationnement interdit

**illegible** /ɪˈledʒəbl/ ADJ illisible

**illegibly** /ɪˈledʒəblɪ/ ADV illisiblement

**illegitimacy** /ˌɪlɪˈdʒɪtɪməsɪ/ N illégitimité *f*

**illegitimate** /ˌɪlɪˈdʒɪtɪmɪt/ ADJ **a** *[child]* illégitime, naturel **b** *[action]* illégitime ; *(fig) [argument]* illogique ; *[conclusion]* injustifié

**illegitimately** /ˌɪlɪˈdʒɪtɪmɪtlɪ/ ADV illégitimement

**illiberal** /ɪˈlɪbərəl/ ADJ *[law]* restrictif ; *[system, regime]* intolérant ; *[person]* intolérant, étroit d'esprit ; *[view]* étroit

**illicit** /ɪˈlɪsɪt/ ADJ illicite

**illicitly** /ɪˈlɪsɪtlɪ/ ADV illicitement

**illimitable** /ɪˈlɪmɪtəbl/ ADJ illimité, sans limites

**Illinois** /ˌɪlɪˈnɔɪ/ N Illinois *m* ◆ **in ~** dans l'Illinois

**illiteracy** /ɪˈlɪtərəsɪ/ N analphabétisme *m*

**illiterate** /ɪˈlɪtərɪt/ ADJ *[person]* illettré, analphabète ◆ **he is computer ~** il ne connaît rien à l'informatique, il ne s'y connaît pas en informatique N illettré(e) *m(f)*, analphabète *mf*

**illness** /ˈɪlnɪs/ N maladie *f* ◆ **she died after a long ~** elle est morte à la suite d'une longue maladie

**illocutionary** /ˌɪləˈkjuːʃənərɪ/ ADJ illocutionnaire

**illogical** /ɪˈlɒdʒɪkəl/ ADJ illogique

**illogicality** /ɪˌlɒdʒɪˈkælɪtɪ/ N illogisme *m*

**illogically** /ɪˈlɒdʒɪkəlɪ/ ADV de façon illogique

**illuminate** /ɪˈluːmɪneɪt/ VT **a** *(gen)* éclairer ; *(for special occasion or effect)* illuminer ◆ **~d sign** enseigne *f* lumineuse **b** *(fig) [+ question, subject]* éclairer, faire la lumière sur **c** *(Art) [+ manuscript]* enluminer

**illuminating** /ɪˈluːmɪneɪtɪŋ/ ADJ *(lit, fig)* éclairant ◆ **his comments proved very ~** ses commentaires se sont révélés très éclairants *or* ont beaucoup éclairci la question ◆ **it would be ~ to compare their stories** on apprendrait beaucoup en comparant leurs histoires

**illumination** /ɪˌluːmɪˈneɪʃən/ N **a** *(NonC, gen)* éclairage *m* ; *(for special effect) [of building]* illumination *f* **b** *(fig)* lumière *f*, inspiration *f* **c** *(Brit)* ◆ **~s** *(= decorative lights)* illuminations *fpl* **d** *[of manuscript]* enluminure *f*

**illuminator** /ɪˈluːmɪneɪtəʳ/ N **a** *(= lighting device)* dispositif *m* d'éclairage **b** *[of manuscript]* enlumineur *m*

**illumine** /ɪˈluːmɪn/ VT *(liter)* éclairer

**illusion** /ɪˈluːʒən/ N illusion *f* ◆ **to be under an ~** avoir *or* se faire une illusion ◆ **to be under the ~ that ...** avoir *or* se faire l'illusion que ... *+ indic* ◆ **to have** *or* **to be under no ~(s)** ne se faire aucune illusion ◆ **I have no ~s about what will happen to him** je ne me fais aucune illusion sur le sort qui l'attend ◆ **no one has any ~s about winning the war** personne ne se fait d'illusions sur l'issue de la guerre ◆ **he cherishes the ~ that ...** il caresse l'illusion que ... ◆ **large wall mirrors give an ~ of space** des grands miroirs au mur créent une impression d'espace ◆ **a tan can give us the ~ of being slimmer** le bronzage peut donner l'impression d'être plus mince ; → **optical**

**illusionist** /ɪˈluːʒənɪst/ N illusionniste *mf*

**illusive** /ɪˈluːsɪv/, **illusory** /ɪˈluːsərɪ/ ADJ *(= unreal)* illusoire, irréel ; *(= deceptive)* illusoire, trompeur

**illustrate** /ˈɪləstreɪt/ LANGUAGE IN USE 26.1 VT **a** *[+ book, story]* illustrer ◆ **~d paper** (journal *m* or magazine *m* etc) illustré *m* **b** *(fig = exemplify) [+ idea, problem]* illustrer ; *[+ rule]* donner un exemple de ◆ **this can best be ~d as follows** la meilleure illustration qu'on puisse en donner est la suivante ◆ **to ~ that ...** illustrer le fait que ...

**illustration** /ˌɪləsˈtreɪʃən/ LANGUAGE IN USE 26.2 N illustration *f* ◆ **by way of ~** à titre d'exemple

**illustrative** /ˈɪləstrətɪv/ ADJ *[example]* explicatif, servant d'explication ◆ **for ~ purposes** à titre d'illustration ◆ **~ of this problem** qui sert à illustrer ce problème

**illustrator** /ˈɪləstreɪtəʳ/ N illustrateur *m*, -trice *f*

**illustrious** /ɪˈlʌstrɪəs/ ADJ illustre, célèbre

**illustriously** /ɪˈlʌstrɪəslɪ/ ADV glorieusement

**ILO** /ˌaɪelˈəʊ/ N (abbrev of **International Labour Organisation**) OIT *f*

**IM, i.m.** /ˈaɪˈem/ (abbrev of **intramuscular(ly)**) IM, im

**I'm** /aɪm/ ⇒ **I am** ; → **be**

**image** /ˈɪmɪdʒ/ N **a** *(= likeness)* image *f* ◆ **God created man in his own ~** Dieu créa l'homme à son image ◆ **real/virtual ~** image *f* réelle/virtuelle ◆ **~ in the glass/mirror** réflexion *f* dans la vitre/le miroir ◆ **he is the (living** *or* **very** *or* **spitting *) ~ of his father** c'est le portrait (vivant) de son père, c'est son père tout craché * ◆ **he's the very ~ of the English aristocrat** c'est l'aristocrate anglais type, c'est l'image même de l'aristocrate anglais ◆ **I had a sudden (mental) ~ of her, alone and afraid** soudain je l'ai vue en imagination, seule et effrayée ◆ **they had quite the wrong ~ of him** ils se faisaient une idée tout à fait fausse de lui ; → **graven, mirror**

**b** (also **public image**) image *f* (de marque) *(fig)* ◆ **he has to think of his ~** il faut qu'il pense à son image (de marque) ◆ **the tobacco industry is trying to improve its ~** l'industrie du tabac essaie d'améliorer son image (de marque) ◆ **he's got the wrong ~ for that part** *(Cine, Theat etc)* le public ne le voit pas dans ce genre de rôle ; → **brand**

COMP ▷ **image-building** N ◆ **it's just ~-building** ça ne vise qu'à promouvoir son (*or* leur *etc*) image de marque ▷ **image-conscious** ADJ ◆ **he is very ~-conscious** il se soucie beaucoup de son image ▷ **image enhancement** N *(Tech)* enrichissement *m* d'images

**imager** /ˈɪmɪdʒəʳ/ N → **magnetic, thermal**

**imagery** /ˈɪmɪdʒərɪ/ N imagerie *f* ◆ **language full of ~** langage *m* imagé

**imaginable** /ɪˈmædʒɪnəbl/ ADJ imaginable ◆ **every activity ~** toutes les activités imaginables ◆ **the most horrible circumstances ~** les circonstances les plus horribles que l'on puisse imaginer ◆ **a place of no ~ strategic value** un endroit qui ne présente pas le moindre intérêt stratégique

**imaginary** /ɪˈmædʒɪnərɪ/ ADJ *[danger]* imaginaire ; *[character, place]* imaginaire, fictif

**imagination** /ɪˌmædʒɪˈneɪʃən/ N *(NonC)* imagination *f* ◆ **to have a lively** *or* **vivid ~** avoir une imagination fertile ◆ **he's got ~** il a de l'imagination ◆ **he has little ~** il a peu d'imagination ◆ **a lack of ~** un manque d'imagination ◆ **she lets her ~ run away with her** elle se laisse emporter *or* entraîner par son imagination ◆ **it existed only in his ~** cela n'existait que dans son imagination ◆ **to capture** *or* **catch sb's ~** frapper l'imagination de qn ◆ **it is only** *or* **all (your) ~!** vous vous faites des idées !, vous rêvez ! ◆ **haven't you got any ~?** tu n'as donc aucune imagination ? ◆ **use your ~!** tu n'as pas beaucoup d'imagination ! ; → **appeal ;** see also **stretch**

**imaginative** /ɪˈmædʒɪnətɪv/ ADJ *[person]* imaginatif, plein d'imagination ; *[book, film, approach]* plein d'imagination ; *[solution, system, device]* inventif

**imaginatively** /ɪˈmædʒɪnətɪvlɪ/ ADV avec imagination

**imaginativeness** /ɪˈmædʒɪnətɪvnɪs/ N *[of person]* esprit *m* imaginatif *or* inventif ; *[of thing]* caractère *m* imaginatif *or* inventif

**imagine** /ɪˈmædʒɪn/ LANGUAGE IN USE 6.2 VT **a** *(= picture to o.s.)* (s')imaginer ◆ **~ life 100 years ago** imaginez(-vous) *or* représentez-vous la vie il y a 100 ans ◆ **try to ~ a huge house far from anywhere** essayez d'imaginer *or* de vous imaginer une immense maison loin de tout ◆ **~ (that) you're lying on a beach** imaginez que vous êtes étendu sur une plage ◆ **I can't ~ myself at 60** je ne m'imagine *or* ne me vois pas du tout à 60 ans ◆ **~ a situation in which ...** imaginez(-vous) une situation où ... ◆ **(just) ~!** tu (t')imagines ! ◆ **(you can) ~ how I felt!** imaginez *or* vous imaginez ce que j'ai pu ressentir ! ◆ **I can ~ how he must feel** j'imagine ce qu'il doit ressentir ◆ **I can ~!** je m'en doute ! ◆ **~ my surprise when I won!** imaginez ma surprise quand j'ai gagné ! ◆ **(you can) ~ how pleased I was!** vous pensez si j'étais content ! ◆ **it's hard to ~ how bad things were** on a du mal à s'imaginer à quel point les choses allaient mal ◆ **did you ever ~ you'd meet her one day?** est-ce que tu t'étais jamais imaginé *or* douté que tu la rencontrerais un jour ? ◆ **I can just ~ his reaction when he sees her** je vois d'ici sa réaction quand il la verra ◆ **I can't ~ you being nasty to anyone** je ne peux pas imaginer que vous puissiez être désagréable avec qui que ce soit ◆ **I can't ~ living there** je ne me vois pas vivre là ◆ **he's (always) imagining things** il se fait des idées

**b** *(= suppose, believe)* supposer, imaginer (*that* que) ◆ **you won't want to stay long, I ~** vous ne resterez pas longtemps, je suppose *or* j'imagine ◆ **I didn't ~ he would come** je ne pensais pas qu'il viendrait ◆ **was he meeting someone? – I ~ so** il avait un rendez-vous ? — j'imagine *or* je suppose

**c** *(= believe wrongly)* croire, s'imaginer ◆ **don't ~ that I can help you** n'allez pas croire que *or* ne vous imaginez pas que je puisse vous aider ◆ **he fondly ~d she was still willing to obey him** il s'imaginait naïvement qu'elle était encore prête à lui obéir

◆ **I ~d I heard someone speak** j'ai cru entendre parler ◆ **I ~d you to be dark-haired** je vous imaginais avec les cheveux bruns

**imaging** /ˈɪmɪdʒɪŋ/ N *(Comput)* imagerie *f* ; → **document, thermal**

**imaginings** /ɪˈmædʒɪnɪŋz/ NPL ◆ **it was beyond our wildest ~** nous n'en espérions pas tant, même dans nos rêves les plus fous

**imam** /ɪˈmɑːm/ N imam *m*

**IMAX** ® /ˈaɪmaks/ N IMAX ® *m*

**imbalance** /ɪmˈbæləns/ N *(lit, fig)* déséquilibre *m* ◆ **the ~ in trade between the two countries** le déséquilibre des échanges commerciaux entre les deux pays

**imbalanced** /ɪmˈbælənst/ ADJ déséquilibré

**imbecile** /ˈɪmbəsiːl/ N **a** imbécile *mf*, idiot(e) *m(f)* ◆ **to act/speak like an ~** faire/dire des imbécillités *or* des bêtises ◆ **you ~!** espèce d'imbécile *or* d'idiot ! **b** *(Med ††)* imbécile *mf* ADJ **a** *[action, words]* imbécile ; *[person]* imbécile, idiot **b** *(Med ††)* imbécile

**imbecility** /ˌɪmbɪˈsɪlɪtɪ/ N **a** *(NonC)* imbécillité *f*, stupidité *f* **b** *(= act etc)* imbécillité *f*, stupidité *f* **c** *(Med ††)* imbécillité *f*

**imbed** /ɪmˈbed/ VT ⇒ **embed**

**imbibe** /ɪmˈbaɪb/ VT **a** *(= drink)* boire, absorber ; *(fig) [+ ideas, information]* absorber **b** *(= absorb) [+ water, light, heat]* absorber VI *(* hum = drink to excess)* s'imbiber d'alcool

**imbroglio** /ɪmˈbrəʊlɪəʊ/ N imbroglio *m*

**imbue** /ɪmˈbjuː/ VT *(fig)* imprégner (*with* de) ◆ **~d with** imprégné de

**IMF** /ˌaɪemˈef/ N *(Econ)* (abbrev of **International Monetary Fund**) FMI *m*

**imitable** /ˈɪmɪtəbl/ ADJ imitable

**imitate** /ˈɪmɪteɪt/ VT imiter

**imitation** /ˌɪmɪˈteɪʃən/ N imitation *f* ◆ **in ~ of** en imitant ◆ **they learnt grammar by ~ of their elders** ils ont appris la grammaire en imitant leurs aînés ◆ **"beware of imitations"** *(Comm)* "se méfier des contrefaçons" ◆ **it's only ~** c'est de l'imitation ◆ **I do a pretty good ~ of him** j'arrive assez bien à l'imiter ◆ **~ is the sincerest form of flattery** *(Prov)* il n'est pas de louange plus sincère que l'imitation

COMP *[silk, ivory, gun, fruit]* faux (fausse *f*) *before n* ▷ **imitation fur coat** N manteau *m* en fourrure synthétique *or* en fausse fourrure ▷ **imitation gold** N similor *m* ▷ **imitation jewellery** N faux bijoux *mpl* ▷ **imitation leather** N imitation *f* cuir, similicuir *m* ▷ **imitation marble** N faux marbre *m*, similimarbre *m* ▷ **imitation mink coat** N manteau *m* (en) imitation vison ▷ **imitation pearl** N perle *f* synthétique, fausse perle *f* ▷ **imitation stone** N pierre *f* artificielle, fausse pierre *f*

**imitative** /ˈɪmɪtətɪv/ ADJ *[word, art]* imitatif ; *[person]* imitateur (-trice *f*)

**imitator** /ˈɪmɪteɪtəʳ/ N imitateur *m*, -trice *f*

**immaculate** /ɪˈmækjʊlɪt/ ADJ *(= clean) [fabric, garment, colour]* immaculé ; *(= spick and span) [garment, house, hair, figure]* impeccable ◆ **an ~ white shirt** une chemise blanche immaculée COMP ▷ **the Immaculate Conception** N *(Rel)* l'Immaculée Conception *f*

**immaculately** /ɪˈmækjʊlɪtlɪ/ ADV *[dressed, groomed, behaved]* de façon impeccable ◆ **~ clean** d'une propreté impeccable ◆ **an ~ kept house/car** une maison/voiture impeccablement tenue

**immanent** /ˈɪmənənt/ ADJ immanent

**Immanuel** /ɪˈmænjʊəl/ N Emmanuel *m*

**immaterial** /ˌɪməˈtɪərɪəl/ ADJ **a** *(= unimportant)* négligeable, sans importance ◆ **it is ~ whether he did or not** il importe peu qu'il l'ait fait ou non ◆ **that's (quite) ~** *(= not important)* ça n'a pas d'importance ; *(= not relevant)* ça n'est pas pertinent ◆ **that's ~ to us** peu nous importe ◆ **my presence was ~ to him** il n'avait que faire de ma présence **b** *(Philos etc)* immatériel

**immature** /ˌɪməˈtjʊəʳ/ ADJ **a** *(= not full-grown) [fruit]* (qui n'est) pas mûr, vert ; *[animal, tree]* jeune **b** *(= childish)* immature ◆ **he's very ~** il est très immature, il manque vraiment de maturité ◆ **he is emotionally ~** il est affectivement immature ◆ **she's just being childish and ~** elle se comporte d'une manière puérile et immature

**immaturity** /ˌɪməˈtjʊərɪtɪ/ N manque *m* de maturité, immaturité *f*

**immeasurable** /ɪˈmeʒərəbl/ ADJ *[amount, height, space]* incommensurable ; *[joy, suffering]* incommensurable, infini ; *[precautions, care]* infini ; *[wealth, riches, value]* inestimable

**immeasurably** /ɪˈmeʒərəblɪ/ ADV *(frm) [better, worse]* infiniment ; *[improve]* infiniment ; *[increase, rise, advance]* dans des proportions illimitées ◆ **to help sb ~** apporter une aide inestimable à qn ◆ **to add ~ to sth** ajouter infiniment à qch

**immediacy** /ɪˈmiːdɪəsɪ/ N immédiateté *f* ◆ **the ~ of live television** l'immédiateté du direct ◆ **a sense of ~** un sentiment d'immédiateté *or* d'urgence

**immediate** /ɪˈmiːdɪət/ ADJ **a** *(= instant) [effect, impact, response, results, ceasefire, closure, danger]* immédiat ◆ **with ~ effect** avec effet immédiat ◆ **to come into ~ effect** entrer immédiatement en vigueur ◆ **to take ~ action** agir immédiatement ◆ **for ~ delivery** à livrer immédiatement ◆ **the matter deserves your ~ attention** cette affaire exige une attention immédiate de votre part ◆ **a savings account that allows ~ access to your money** un compte d'épargne qui vous permet d'effectuer des retraits à tout moment ◆ **he has no ~ plans to retire** il n'envisage pas de prendre sa retraite dans l'immédiat

**b** *(= most urgent) [future, needs, priority, threat, problem, issue]* immédiat ◆ **my ~ concern was for the children** mon premier souci a été les enfants ◆ **of more ~ concern is the state of the economy** l'état de l'économie est une préoccupation plus urgente *or* plus immédiate ◆ **his (most) ~ task** sa tâche la plus urgente

**c** *(= direct, nearest)* immédiat ◆ **in sb's ~ vicinity** dans le voisinage immédiat de qn ◆ **to the ~ south** immédiatement au sud ◆ **her ~ predecessor** son prédécesseur immédiat ◆ **in the ~ aftermath of the war** sitôt après la guerre, dans l'immédiat après-guerre ◆ **my ~ family** ma famille immédiate

COMP ▷ **immediate constituent** N *(Gram)* constituant *m* immédiat

**immediately** /ɪˈmiːdɪətlɪ/ ADV **a** *(= at once)* immédiatement, tout de suite ◆ **~ available/obvious/apparent** immédiatement *or* tout de suite disponible/évident/apparent ◆ **~ before/after/afterwards** immédiatement *or* sitôt avant/après/après ◆ **the years ~ following the Second World War** les années qui ont immédiatement suivi la Seconde Guerre mondiale ◆ **~ upon arrival *or* arriving** dès l'arrivée **b** *(= directly)* directement ◆ **~ behind/above** directement derrière/au-dessus CONJ *(esp Brit)* dès que ◆ **~ I returned, I ...** dès mon retour, je ...

**immemorial** /ˌɪmɪˈmɔːrɪəl/ ADJ immémorial ◆ **from *or* since time ~** de toute éternité, de temps immémorial

**immense** /ɪˈmens/ ADJ *[space]* immense, vaste ; *[size]* immense ; *[possibilities, achievements, fortune, difficulty]* immense, énorme ; *(* esp US = very impressive)* géant *

**immensely** /ɪˈmenslɪ/ ADV *[rich, successful, popular]* immensément, extrêmement ; *[enjoy, help, vary]* énormément ◆ **~ helpful** *[book, object etc]* extrêmement utile ; *[person]* extrêmement serviable ◆ **to improve ~** s'améliorer énormément

**immensity** /ɪˈmensɪtɪ/ N immensité *f*

**immerse** /ɪˈmɜːs/ VT immerger, plonger ; *(Rel)* baptiser par immersion ◆ **to ~ one's head in water** plonger la tête dans l'eau ◆ **to ~ o.s. in sth** *(work, hobby)* se plonger dans qch ◆ **to be ~d in one's work** être absorbé *or* plongé dans son travail

**immersion** /ɪˈmɜːʃən/ N immersion *f* ; *(fig)* absorption *f* ; *(Rel)* baptême *m* par immersion COMP ▷ **immersion course** N *(Educ)* stage *m or* cours *m* intensif (*in* de) ▷ **immersion heater** N *(Brit) (= boiler)* chauffe-eau *m inv* électrique ; *(= device)* thermoplongeur *m*

**immigrancy** /ˈɪmɪgrənsɪ/ N *(US)* condition *f* d'immigrant

**immigrant** /ˈɪmɪgrənt/ ADJ, N *(newly arrived)* immigrant(e) *m(f)* ; *(well-established)* immigré(e) *m(f)* COMP ▷ **immigrant labour** N ⇒ **immigrant workers** ▷ **immigrant workers** NPL *(Ind)* main-d'œuvre *f* immigrée

**immigrate** /ˈɪmɪgreɪt/ VI immigrer

**immigration** /ˌɪmɪˈgreɪʃən/ N immigration *f* ◆ **to go through customs and ~** passer la douane et l'immigration COMP *[policy]* d'immigration ; *[law]* sur l'immigration ▷ **immigration authorities** NPL services *mpl* de l'immigration ▷ **immigration border patrol** N *(US Police)* services *mpl* de l'immigration ▷ **immigration control** N *(= department)* (services *mpl* de) l'immigration *f* ; *(= system)* contrôle *m* de l'immigration ▷ **Immigration Department** N services *mpl* de l'immigration *f*

**imminence** /ˈɪmɪnəns/ N imminence *f*

**imminent** /ˈɪmɪnənt/ ADJ imminent

**immobile** /ɪˈməʊbaɪl/ ADJ immobile

**immobility** /ˌɪməʊˈbɪlɪtɪ/ N immobilité *f*

**immobilize** /ɪˈməʊbɪlaɪz/ VT *(also Fin)* immobiliser

**immobilizer** *(Brit)* /ɪˈməʊbɪlaɪzəʳ/ N *(Aut)* dispositif *m* antidémarrage

**immoderate** /ɪˈmɒdərɪt/ ADJ *(frm) [desire, appetite]* immodéré, démesuré ; *[conduct]* déréglé

**immoderately** /ɪˈmɒdərɪtlɪ/ ADV *(frm)* immodérément

**immodest** /ɪˈmɒdɪst/ ADJ **a** *(= indecent)* impudique, indécent **b** *(= presumptuous)* impudent, présomptueux

**immodestly** /ɪˈmɒdɪstlɪ/ ADV **a** *(= indecently) [dress]* de façon inconvenante ◆ **to behave ~** avoir une conduite inconvenante **b** *(= presumptuously) [claim]* de façon présomptueuse

**immodesty** /ɪˈmɒdɪstɪ/ N **a** *(= indecency)* impudeur *f*, indécence *f* **b** *(= presumption)* impudence *f*, présomption *f*

**immolate** /ˈɪməʊleɪt/ VT *(frm)* immoler

**immoral** /ɪˈmɒrəl/ ADJ immoral, contraire aux bonnes mœurs ◆ **it is ~ to do that** il est immoral de faire ça ◆ **it would be ~ for him to take the money** il serait immoral qu'il accepte *subj* l'argent ◆ **it is ~ that ...** il est immoral que ... *+ subj* ◆ **~ behaviour** un comportement contraire aux bonnes mœurs COMP ▷ **immoral earnings** NPL *(Jur)* gains *mpl* résultant d'activités contraires à la morale

**immorality** /ˌɪməˈrælɪtɪ/ N immoralité *f*

**immortal** /ɪˈmɔːtl/ ADJ *[person, god]* immortel ; *[fame]* immortel, impérissable ◆ **in the ~ words of La Pasionaria, they shall not pass** selon le mot impérissable de la Pasionaria, ils ne passeront pas N immortel(le) *m(f)*

**immortality** /ˌɪmɔːˈtælɪtɪ/ N immortalité *f*

**immortalize** /ɪˈmɔːtəlaɪz/ VT immortaliser

**immovable** /ɪˈmuːvəbl/ ADJ a *[object]* fixe ; *(Jur) [belongings]* immeuble, immobilier b *(fig) [courage, decision]* inflexible, inébranlable ◆ **John was ~ in his decision** John était inflexible *or* inébranlable dans sa décision NPL **immovables** *(Jur)* immeubles *mpl*, biens *mpl* immobiliers

**immovably** /ɪˈmuːvəblɪ/ ADV a *[fix, nail down]* de façon inamovible b *[determined]* de façon inébranlable ; *[opposed]* irrévocablement

**immune** /ɪˈmjuːn/ ADJ a *(Med) [person]* immunisé (*from, to* contre) → **acquired** b *(fig = secure from)* ~ **from** *or* **to** *(temptation, wish etc)* immunisé *or* blindé * contre ◆ ~ **to criticism** immunisé *or* blindé * contre la critique ◆ **he never became ~ to the sight of death** il n'a jamais pu s'habituer à la vue de la mort c *(fig = exempt from)* ~ **from taxation** exonéré d'impôt ◆ **to be ~ from prosecution** bénéficier de l'immunité COMP ▷ **immune body** N anticorps *m* ▷ **immune deficiency** N déficience *f* immunitaire ▷ **immune response** N réaction *f* immunitaire ▷ **immune serum** N immun-sérum *m* ▷ **immune system** N système *m* immunitaire

**immunity** /ɪˈmjuːnɪtɪ/ N *(Med, gen)* immunité *f* (*from, to* contre) ◆ **diplomatic/parliamentary ~** immunité *f* diplomatique/parlementaire

**immunization** /ˌɪmjʊnaɪˈzeɪʃən/ N immunisation *f* (*against* contre)

**immunize** /ˈɪmjʊnaɪz/ VT immuniser (*against* contre)

**immunodeficiency** /ˌɪˌmjʊnəʊdɪˈfɪʃənsɪ/ N déficience *f* immunologique

**immunodepressant** /ˌɪˌmjʊnəʊdɪˈpresnt/ N, ADJ immunodépresseur *m*

**immunogenic** /ˌɪmjʊnəʊˈdʒenɪk/ ADJ immunogène

**immunoglobulin** /ˌɪmjʊnəʊˈglɒbjʊlɪn/ N immunoglobuline *f*

**immunological** /ˌɪˌmjʊnəʊˈlɒdʒɪkəl/ ADJ immunologique

**immunologist** /ˌɪmjʊˈnɒlədʒɪst/ N immunologiste *mf*

**immunology** /ˌɪmjʊˈnɒlədʒɪ/ N immunologie *f*

**immunosuppressant** /ˌɪmjʊnəʊsʌˈpresnt/ N immunosuppresseur *m* ADJ immunosuppressif

**immunosuppression** /ˌɪmjʊnəʊsʌˈpreʃən/ N immunosuppression *f*

**immunosuppressive** /ˌɪmjʊnəʊdɪˈpresɪv/ ADJ immunosuppressif

**immunotherapy** /ˌɪmjʊnəʊˈθerəpɪ/ N immunothérapie *f*

**immure** /ɪˈmjʊəʳ/ VT *(frm) (lit)* emmurer ; *(fig)* enfermer

**immutability** /ɪˌmjuːtəˈbɪlɪtɪ/ N immutabilité *f*, immuabilité *f (frm)*

**immutable** /ɪˈmjuːtəbl/ ADJ immuable, inaltérable

**immutably** /ɪˈmuːtəblɪ/ ADV immuablement

**imp** /ɪmp/ N diablotin *m*, lutin *m* ; *(* = child)* petit(e) espiègle *m(f)*, petit diable *m*

**impact** /ˈɪmpækt/ N a *(= effect)* impact *m*, effets *mpl* ; *(= consequences)* incidences *fpl*, conséquences *fpl* ◆ **the major ~ of this epidemic is yet to come** les effets les plus dramatiques de cette épidémie ne se sont pas encore fait sentir ◆ **the ~ on the environment has not been positive** cela n'a pas eu d'effets positifs sur l'environnement

◆ **to have an impact on sth** avoir des conséquences *or* un impact sur qch ◆ **the bad weather had an ~ on sales** le mauvais temps a eu des conséquences *or* un impact sur les ventes ◆ **such gestures of charity can have little ~ on a problem of this scale** de tels actes de charité n'ont souvent que peu d'impact sur un problème de cette taille

◆ **to make an impact on sb** *(= affect)* produire un impact sur qn ; *(= impress)* faire une forte impression sur qn

b *[of moving object]* choc *m* ; *[of bullet]* impact *m*, choc *m* ◆ **at the moment of ~** au moment du choc *or* de l'impact

◆ **on impact** au moment du choc *or* de l'impact

VT /ɪmˈpækt/ a *(= affect) [+ person]* toucher ◆ **the potential for women to ~ the political process** la possibilité pour les femmes d'exercer une influence sur le système politique ◆ **factors ~ing their mental health** des facteurs qui ont une incidence sur leur santé mentale

b *(= cause to become impacted)* enfoncer, presser (*into* dans)

c *(= collide with)* percuter, entrer en collision avec

VI /ɪmˈpækt/ a *(= influence)* influer (*on* sur) ; ◆ **the strategy ~ed on the culture of the company** la stratégie a influé sur la culture d'entreprise ◆ **we're confident that we're not ~ing on the environment** nous sommes persuadés que nous n'avons aucun effet négatif sur l'environnement ◆ **the Gulf crisis also ~ed on this period** les effets de la crise du Golfe se sont également fait sentir sur cette période

◆ **to impact on sb** produire un impact sur qn ◆ **such schemes mean little unless they ~ on people** de tels programmes ne signifient pas grand-chose s'ils n'ont pas d'effet sur les gens

b *(= hit)* percuter ◆ **the missile ~ed with the ground** le missile a percuté le sol

c *(= become stuck)* se coincer

COMP ▷ **impact printer** N *(Comput)* imprimante *f* à impact

**impacted** /ɪmˈpæktɪd/ ADJ *(gen = stuck)* coincé ; *[tooth]* inclus, enclavé ; *[fracture]* engrené COMP ▷ **impacted area** N *(US)* quartier *m* surpeuplé

**impair** /ɪmˈpɛəʳ/ VT *[+ abilities, faculties]* détériorer, diminuer ; *[+ relations]* porter atteinte à ; *[+ negotiations]* entraver ; *[+ health]* abîmer, détériorer ; *[+ sight, hearing]* abîmer, affaiblir ; *[+ mind, strength]* diminuer ; *[+ quality]* diminuer, réduire ◆ **extreme heat can ~ judgment** les températures extrêmement élevées peuvent diminuer le sens critique ◆ **anxiety does not necessarily ~ performance** l'anxiété ne nuit pas forcément aux performances

**impaired** /ɪmˈpɛəd/ ADJ *[sight, hearing]* abîmé, affaibli ; *[faculties, health]* détérioré ; *[strength]* diminué ◆ **if she did survive, she would be in a very ~ state** si elle s'en tirait, elle serait très diminuée N ◆ **the visually ~** les malvoyants *mpl* ◆ **the hearing ~** les malentendants *mpl*

**impairment** /ɪmˈpɛəmənt/ N a *(NonC = weakening) [of judgment, mental functions]* affaiblissement *m*, diminution *f* b *(= defect)* déficience *f* ◆ **hearing/visual ~** déficience *f* auditive/visuelle ◆ **speech** *or* **language ~s** *(serious)* troubles *mpl* du langage ; *(= lisp etc)* défauts *mpl* de prononciation

**impala** /ɪmˈpɑːlə/ N (pl **impalas** *or* **impala**) impala *m*

**impale** /ɪmˈpeɪl/ VT empaler (*on* sur)

**impalpable** /ɪmˈpælpəbl/ ADJ impalpable

**impanel** /ɪmˈpænl/ VT ⇒ **empanel**

**imparity** /ɪmˈpærɪtɪ/ N inégalité *f*

**impart** /ɪmˈpɑːt/ VT a *(= make known) [+ news]* communiquer, faire part de ; *[+ knowledge]* communiquer, transmettre b *(= bestow)* donner, transmettre

**impartial** /ɪmˈpɑːʃəl/ ADJ *[person, attitude, verdict, decision, speech]* impartial, objectif

**impartiality** /ɪmˌpɑːʃɪˈælɪtɪ/ N impartialité *f*, objectivité *f*

**impartially** /ɪmˈpɑːʃəlɪ/ ADV impartialement, objectivement

**impassable** /ɪmˈpɑːsəbl/ ADJ *[barrier, river]* infranchissable ; *[road]* impraticable

**impasse** /æmˈpɑːs/ N *(lit, fig)* impasse *f* ◆ **to reach an ~** se retrouver dans une impasse

**impassioned** /ɪmˈpæʃnd/ ADJ *[feeling]* exalté ; *[plea, speech]* passionné

**impassive** /ɪmˈpæsɪv/ ADJ *[person, attitude, face]* impassible, imperturbable

**impassively** /ɪmˈpæsɪvlɪ/ ADV impassiblement, imperturbablement

**impatience** /ɪmˈpeɪʃəns/ N a *(= eagerness)* impatience *f* (*to do sth* de faire qch) b *(= intolerance)* intolérance *f* (*of sth* à l'égard de qch ; *with sb* vis-à-vis de qn, à l'égard de qn)

**impatiens** /ɪmˈpeɪʃɪˌenz/ N *(pl inv: Bot)* impatiente *f*

**impatient** /ɪmˈpeɪʃənt/ ADJ a *(= eager) [person, answer]* impatient ◆ **an ~ gesture** un geste d'impatience ◆ **~ to leave** impatient de partir ◆ **to become** *or* **get** *or* **grow ~** s'impatienter ◆ **they are ~ for jobs** ils ont hâte d'obtenir un emploi b *(= intolerant)* intolérant (*of sth* à l'égard de qch ; *with sb* vis-à-vis de qn, à l'égard de qn ; *at* par rapport à)

**impatiently** /ɪmˈpeɪʃəntlɪ/ ADV *[wait, say]* impatiemment ; *[nod]* avec impatience ◆ **to look forward ~ to sth** attendre qch avec beaucoup d'impatience

**impeach** /ɪmˈpiːtʃ/ VT a *(Jur = accuse) [+ public official]* mettre en accusation *(en vue de destituer)*; *(US)* entamer la procédure d'impeachment contre ; *[+ person]* accuser (*for or of sth* de qch ; *for doing sth* de faire qch) b *(= question, challenge) [+ sb's character]* attaquer ; *[+ sb's motives, honesty]* mettre en doute ◆ **to ~ a witness** *(Jur)* récuser un témoin

**impeachable** /ɪmˈpiːtʃəbl/ ADJ passible des tribunaux

**impeachment** /ɪmˈpiːtʃmənt/ N a *(Jur) [of public official]* mise *f* en accusation *(en vue d'une destitution)*; *(US)* procédure *f* d'impeachment ; *[of person]* accusation *f* (*for sth* de qch ; *for doing sth* de faire qch) b *[of sb's character]* dénigrement *m* ; *[of sb's honesty]* mise *f* en doute

**impeccable** /ɪmˈpekəbl/ ADJ *[manners, behaviour, taste]* irréprochable ; *[credentials, timing, English, service, clothes]* impeccable

**impeccably** /ɪmˈpekəblɪ/ ADV *[dress]* impeccablement ; *[behave]* de façon irréprochable

**impecunious** /ˌɪmpɪˈkjuːnɪəs/ ADJ *(frm)* impécunieux, nécessiteux

**impedance** /ɪmˈpiːdəns/ N *(Elec)* impédance *f*

**impede** /ɪm'piːd/ VT *[+ person, progress]* entraver ; *[+ action, success, movement, traffic]* gêner, entraver ◆ **to ~ sb from doing sth** empêcher qn de faire qch

**impediment** /ɪm'pedɪmənt/ N a obstacle *m*, empêchement *m* ◆ **there was no legal ~ to the marriage** il n'y avait aucun empêchement légal à ce mariage b *(also* **speech impediment***)* défaut *m* d'élocution c ◆ **~s** ⇒ **impedimenta**

**impedimenta** /ɪm,pedɪ'mentə/ NPL *(also Mil)* impedimenta *mpl*

**impel** /ɪm'pel/ VT a *(= drive forward)* pousser, faire avancer b *(= compel)* obliger, forcer (*to do sth* à faire qch) ; *(= urge)* inciter, pousser (*to do sth* à faire qch) ◆ **to ~ sb to crime** pousser qn au crime ◆ **to ~ sb to action** pousser qn à agir

**impend** /ɪm'pend/ VI *(= be about to happen)* être imminent ; *(= menace, hang over) [danger, storm]* menacer ; *[threat]* planer

**impending** /ɪm'pendɪŋ/ ADJ imminent

**impenetrability** /ɪm,penɪtrə'bɪlɪtɪ/ N *[of forest]* impénétrabilité *f* ; *[of book, theory]* caractère *m* hermétique

**impenetrable** /ɪm'penɪtrəbl/ ADJ *[barrier]* infranchissable ; *[forest]* impénétrable ; *[darkness, mystery]* insondable ; *[book, theory]* inaccessible ; *[accent]* incompréhensible

**impenetrably** /ɪm'penɪtrəblɪ/ ADV ◆ **~ thick** d'une épaisseur impénétrable ◆ **~ obscure** d'une obscurité insondable

**impenitence** /ɪm'penɪtəns/ N impénitence *f*

**impenitent** /ɪm'penɪtənt/ ADJ impénitent ◆ **he was quite ~ about it** il ne s'en repentait nullement

**impenitently** /ɪm'penɪtəntlɪ/ ADV sans repentir

**imperative** /ɪm'perətɪv/ ADJ a *[action, need]* impératif ; *[desire]* pressant, impérieux ◆ **immediate action is ~** il est impératif d'agir immédiatement ◆ **silence is ~** le silence s'impose ◆ **it is ~ to do this** il est impératif de le faire ◆ **it is ~ for him to do this, it is ~ that he (should) do this** il est impératif qu'il le fasse b *(Gram)* **~ form/mood** forme *f* impérative/mode *m* impératif ◆ **~ verb** verbe *m* à l'impératif N *(Gram)* impératif *m* ◆ **in the ~ (mood)** à l'impératif, au mode impératif

**imperatively** /ɪm'perətɪvlɪ/ ADV a *[need]* impérieusement ; *[order]* impérativement b *(Gram) [use verb]* à l'impératif

**imperceptible** /,ɪmpə'septəbl/ ADJ *[sight, movement, sound]* imperceptible (*to* à) ; *[difference]* imperceptible, insensible

**imperceptibly** /,ɪmpə'septəblɪ/ ADV imperceptiblement

**imperceptive** /,ɪmpə'septɪv/ ADJ peu perspicace

**imperfect** /ɪm'pɜːfɪkt/ ADJ a *(= flawed) [world, human being, system, knowledge]* imparfait ; *[goods, copy]* défectueux b *(Gram) [tense, ending]* de l'imparfait ; *[verb]* à l'imparfait N *(Gram)* imparfait *m* ◆ **in the ~ (tense)** à l'imparfait COMP ▷ **imperfect competition** N *(Econ)* concurrence *f* imparfaite ▷ **imperfect market** N *(Econ)* marché *m* imparfait

**imperfection** /,ɪmpə'fekʃən/ N *(in person, moral)* défaut *m* ; *(physical)* imperfection *f* ; *(in skin, paper, policy, system, design)* imperfection *f* (*in sth* de qch) ; *(in china, glass, jewel, cloth)* défaut *m* (*in sth* de qch)

**imperfectly** /ɪm'pɜːfɪktlɪ/ ADV imparfaitement

**imperial** /ɪm'pɪərɪəl/ ADJ a *(Pol)* impérial ◆ **His Imperial Highness/Majesty** Son Altesse/Sa Majesté Impériale b *(in Brit = non-metric)* ◆ **~ weights and measures** *système anglo-saxon de poids et mesures* ◆ **~ gallon** ≃ 4,55 litres N *(= beard)* (barbe *f* à l')impériale *f* COMP ▷ **imperial preference** N *(Brit Hist)* tarif *m* préférentiel *(à l'intérieur de l'Empire britannique)* ▷ **imperial system** N *système anglo-saxon de poids et mesures*

> **Imperial System**
>
> Le système dit « impérial » des poids et mesures reste utilisé en Grande-Bretagne, parallèlement au système métrique, officiellement adopté en 1971 et enseigné dans les écoles. Beaucoup de gens connaissent leur poids en « stones and pounds » et leur taille en « feet and inches ». Les distances sont, elles, données en « miles ».
> Aux États-Unis, le système « impérial » est encore officiellement en usage pour toutes les unités de poids et mesures. Cependant, en ce qui concerne les liquides, beaucoup de noms sont les mêmes que dans le système britannique, mais la contenance diffère. D'autre part, les gens se pèsent en « pounds » plutôt qu'en « stones and pounds ».

**imperialism** /ɪm'pɪərɪəlɪzəm/ N impérialisme *m*

**imperialist** /ɪm'pɪərɪəlɪst/ ADJ, N impérialiste *mf*

**imperialistic** /ɪm,pɪərɪə'lɪstɪk/ ADJ impérialiste

**imperially** /ɪm'pɪərɪəlɪ/ ADV majestueusement ; *[say, gesture]* impérieusement

**imperil** /ɪm'perɪl/ VT *(liter) [+ sb's life]* mettre en péril *or* danger ; *[+ fortune, one's life]* exposer, risquer ; *[+ health, reputation]* compromettre

**imperious** /ɪm'pɪərɪəs/ ADJ *[gesture, look, command]* impérieux ; *[need, desire]* pressant, impérieux

**imperiously** /ɪm'pɪərɪəslɪ/ ADV impérieusement

**imperishable** /ɪm'perɪʃəbl/ ADJ impérissable

**impermanence** /ɪm'pɜːmənəns/ N caractère *m* éphémère

**impermanent** /ɪm'pɜːmənənt/ ADJ éphémère, transitoire

**impermeable** /ɪm'pɜːmɪəbl/ ADJ *[rock]* imperméable ; *[wall, roof]* étanche

**impersonal** /ɪm'pɜːsnl/ ADJ *(also Gram)* impersonnel

**impersonality** /ɪm,pɜːsə'nælɪtɪ/ N côté *m* impersonnel

**impersonalize** /,ɪm'pɜːsənə,laɪz/ VT déshumaniser

**impersonally** /ɪm'pɜːsnəlɪ/ ADV de façon impersonnelle

**impersonate** /ɪm'pɜːsəneɪt/ VT *(gen)* se faire passer pour ; *(Jur)* usurper l'identité de ; *(Theat)* imiter

**impersonation** /ɪm,pɜːsə'neɪʃən/ N *(Theat)* imitation *f* ; *(Jur)* usurpation *f* d'identité ◆ **his Elvis ~** son imitation d'Elvis ◆ **he gave a fair ~ of somebody trying to be friendly** il jouait assez bien le rôle de quelqu'un qui se veut aimable

**impersonator** /ɪm'pɜːsəneɪtəʳ/ N *(Theat)* imitateur *m*, -trice *f* ; *(Jur)* usurpateur *m*, -trice *f* d'identité ; → **female**

**impertinence** /ɪm'pɜːtɪnəns/ N impertinence *f* ◆ **a piece of ~** une impertinence ◆ **to ask would be an ~** il serait impertinent de demander

**impertinent** /ɪm'pɜːtɪnənt/ ADJ *(= impudent)* impertinent (*to sb* envers qn) ◆ **don't be ~!** ne soyez pas impertinent ! ◆ **would it be ~ to ask where exactly you were?** serait-il inconvenant de vous demander où vous étiez exactement ?

**impertinently** /ɪm'pɜːtɪnəntlɪ/ ADV a *(= impudently)* avec impertinence b *(= irrelevantly)* sans pertinence, hors de propos ; *[reply]* à côté de la question

**imperturbable** /,ɪmpə'tɜːbəbl/ ADJ imperturbable

**imperturbably** /,ɪmpə'tɜːbəblɪ/ ADV imperturbablement

**impervious** /ɪm'pɜːvɪəs/ ADJ a *(= impermeable) [substance, rock]* imperméable (*to* à) ; *[wall, roof]* étanche (*to* à) b *(fig)* ◆ **~ to the sufferings of others** insensible aux souffrances d'autrui ◆ **~ to reason** inaccessible *or* sourd à la raison ◆ **~ to threats** indifférent aux menaces ◆ **he is ~ to criticism** la critique le laisse indifférent *or* ne le touche pas ; *(pej)* il est fermé *or* sourd à la critique

**impetigo** /,ɪmpɪ'taɪgəʊ/ N *(Med)* impétigo *m* ; *(in children)* gourme *f*

**impetuosity** /ɪm,petjʊ'ɒsɪtɪ/ N impétuosité *f*, fougue *f*

**impetuous** /ɪm'petjʊəs/ ADJ impétueux, fougueux

**impetuously** /ɪm'petjʊəslɪ/ ADV impétueusement, fougueusement

**impetuousness** /ɪm'petjʊəsnɪs/ N ⇒ **impetuosity**

**impetus** /'ɪmpɪtəs/ N a *(Phys) [of object]* force *f* d'impulsion ; *[of runner]* élan *m* b *(fig)* impulsion *f*, élan *m* ◆ **to give (an) ~ to** donner une impulsion *or* un élan à ◆ **she needs a new ~ for her talent** elle a besoin d'une nouvelle impulsion *or* d'un nouvel élan pour exprimer son talent

**impiety** /ɪm'paɪətɪ/ N impiété *f*

**impinge** /ɪm'pɪndʒ/ VI a *(= make impression)* ◆ **to ~ on sb/sth** affecter *or* toucher qn/qch ◆ **it didn't ~ on his daily life** cela n'affectait pas sa vie quotidienne, cela n'avait pas de répercussion sur sa vie quotidienne b ◆ **to ~ on sb's rights** empiéter sur les droits de qn, porter atteinte aux droits de qn ◆ **this legislation could ~ on privacy** cette législation pourrait porter atteinte à la vie privée c ◆ **cosmic rays that ~ on the upper atmosphere** les rayons cosmiques qui affectent la couche supérieure de l'atmosphère

**impingement** /ɪm'pɪndʒmənt/ N empiètement *m* (*of, on* sur)

**impious** /'ɪmpɪəs/ ADJ impie

**impiously** /'ɪmpɪəslɪ/ ADV avec impiété

**impish** /'ɪmpɪʃ/ ADJ espiègle, malicieux

**implacable** /ɪm'plækəbl/ ADJ implacable (*towards sb/sth* envers qn/qch) ◆ **he was ~ in his opposition to the proposal** il a été implacable dans son opposition à la proposition

**implacably** /ɪm'plækəblɪ/ ADV implacablement

**implant** /ɪm'plɑːnt/ VT a *[+ idea]* implanter (*in sb* dans la tête de qn) ; *[+ principle]* inculquer (*in sb* à qn) ; *[+ desire, wish]* inspirer (*in sb* à qn) b *(Med)* implanter (*in* dans) VI s'implanter (*in* dans) **N** /ˈɪmplɑːnt/ *(under skin)* implant *m* ; *(= graft)* greffe *f*

**implantation** /ˌɪmplɑːnˈteɪʃən/ **N** *[of ideology, culture]* introduction *f* ; *(Med) [of embryo]* implantation *f*

**implausible** /ɪmˈplɔːzəbl/ **ADJ** peu plausible, peu vraisemblable

**implausibly** /ɪmˈplɔːzəblɪ/ **ADV** *[big, fat, high]* incroyablement ◆ **his characters are ~ nice** ses personnages sont d'une bonté peu vraisemblable ◆ **they are, rather ~, good friends** chose incroyable, ils sont bons amis

**implement** /ˈɪmplɪmənt/ **N** outil *m*, instrument *m* ◆ **~s** équipement *m NonC*, matériel *m NonC* ; *(for gardening, painting, carpentry)* matériel *m*, outils *mpl* ; *(for cooking)* ustensiles *mpl* ◆ **~s of war** matériel *m* de guerre ◆ **farm ~s** matériel *m or* outillage *m* agricole

**VT** /ˈɪmplɪment/ *[+ decision, plan, recommendation]* mettre en œuvre, exécuter ; *[+ promise]* accomplir ; *[+ contract]* exécuter ; *[+ law]* mettre en œuvre, appliquer ; *[+ system]* mettre en place ; *[+ idea]* mettre en pratique, réaliser

**implementation** /ˌɪmplɪmenˈteɪʃən/ **N** *[of plan]* exécution *f*, réalisation *f* ; *[of law, reform, peace agreement, policy]* mise *f* en œuvre ; *(Comput)* implémentation *f*

**implicate** /ˈɪmplɪkeɪt/ **VT** impliquer, compromettre (*in* dans)

**implication** /ˌɪmplɪˈkeɪʃən/ **N** **a** *(= possible consequence)* implication *f* ◆ **what are the political ~s?** quelles sont les implications politiques ? ◆ **we shall have to study all the ~s** il nous faudra étudier toutes les conséquences *or* implications possibles ◆ **what are the ~s of the new tax for the poor?** qu'implique ce nouvel impôt pour les pauvres ?

◆ **to have implications** avoir des répercussions ◆ **the low level of investment has ~s for economic growth** la faiblesse des investissements a des répercussions sur la croissance économique

**b** *(= suggestion)* **she complained that the ~ was that she was guilty** elle s'est élevée contre le fait que sa culpabilité était sous-entendue ◆ **the ~ was obvious: vote for us and you'll pay less tax** le sous-entendu était clair : votez pour nous, vous paierez moins d'impôts ◆ **his ~ was that the war boosted newspaper circulation** ce qu'il voulait dire c'est que la guerre faisait vendre les journaux ◆ **he didn't realize the full ~ of his words** il n'a pas mesuré toute la portée de ses paroles

◆ **by implication** par voie de conséquence ◆ **his authority, and by ~, that of the whole team, is under threat** son autorité et, par voie de conséquence, celle de l'équipe tout entière, est menacée ◆ **if a product remains unlabelled then, by ~, it doesn't contain GM elements** si un produit ne porte pas d'étiquette, cela implique *or* suppose qu'il ne contient pas d'OGM ◆ **everyone else, by ~, is an extremist** sous-entendu : tous les autres sont des extrémistes

**c** *(NonC = involvement)* implication *f* (*in* dans)

> ⚠ *Be cautious about translating* **implication** *by the French word* **implication**, *which does not mean 'suggestion'.*

**implicit** /ɪmˈplɪsɪt/ **ADJ** **a** *(= implied) [warning, message, criticism, threat, admission]* implicite (*in* dans) ; *[recognition]* tacite **b** *(= unquestioning) [belief, faith, confidence, obedience]* absolu

**implicitly** /ɪmˈplɪsɪtlɪ/ **ADV** **a** *(= indirectly) [accept, recognize, criticize]* implicitement **b** *(= unquestioningly) [trust]* totalement ; *[believe]* tout à fait

**implied** /ɪmˈplaɪd/ **ADJ** *[criticism, question]* implicite, sous-entendu ; *[threat]* implicite, voilé ; *[message]* implicite **COMP** ▷ **implied reader N** *(Literat)* lecteur *m* (*à qui s'adresse implicitement le texte*) ▷ **implied term N** *(Jur)* clause *f* implicite *or* tacite ▷ **implied warranty N** *(US Jur)* garantie *f* légale

**implode** /ɪmˈpləʊd/ **VI** imploser **VT** causer l'implosion de **COMP** ▷ **imploded consonant N** *(Phon)* consonne *f* implosive

**implore** /ɪmˈplɔːʳ/ **VT** implorer (*sb to do sth* qn de faire qch) ◆ **to ~ sb's help** implorer le secours de qn ◆ **I ~ you!** je vous en supplie *or* conjure !

**imploring** /ɪmˈplɔːrɪŋ/ **ADJ** *[look, voice]* implorant, suppliant ; *[person]* suppliant

**imploringly** /ɪmˈplɔːrɪŋlɪ/ **ADV** *[say]* d'un ton implorant ◆ **to look ~ at sb** supplier qn du regard, regarder qn d'un air implorant

**implosion** /ɪmˈpləʊʒən/ **N** implosion *f*

**implosive** /ɪmˈpləʊzɪv/ **ADJ** implosif **N** *(Phon)* implosive *f*

**imply** /ɪmˈplaɪ/ **VT** **a** *[person]* suggérer, laisser entendre ; *(= insinuate)* insinuer *(pej)* ◆ **he implied that he would come** il a laissé entendre qu'il viendrait ◆ **he implied that I was lying** il a laissé entendre *or* insinué que je mentais ◆ **are you ~ing that ...?** voulez-vous suggérer *or* insinuer que ... ? ◆ **it is implied that ...** il faut sous-entendre que ..., cela sous-entend que ... ; see also **implied** **b** *(= indicate)* impliquer ◆ **that implies some intelligence** cela implique *or* suppose une certaine intelligence ◆ **the meeting did not ~ the resumption of sales** la rencontre ne signifiait pas que les ventes allaient reprendre ◆ **figures ~ that the economy is getting stronger** les chiffres laissent penser *or* suggèrent que l'économie connaît une embellie ; see also **implied**

**impolite** /ˌɪmpəˈlaɪt/ **ADJ** impoli (*to or towards sb* avec *or* envers qn) ◆ **it is ~ to do that** il est impoli de faire cela ◆ **it was very ~ of you to do/say that** c'était très impoli de votre part de faire/dire cela

**impolitely** /ˌɪmpəˈlaɪtlɪ/ **ADV** impoliment

**impoliteness** /ˌɪmpəˈlaɪtnɪs/ **N** impolitesse *f* (*to, towards* envers)

**impolitic** /ɪmˈpɒlɪtɪk/ **ADJ** *(frm)* peu politique, impolitique

**imponderable** /ɪmˈpɒndərəbl/ **ADJ, N** impondérable *m*

**import** /ˈɪmpɔːt/ **N** **a** *(Comm = process, goods)* importation *f* (*into* en) ◆ **~ of goods** importation *f* de marchandises ◆ **~s from England** importations *fpl* en provenance d'Angleterre

**b** *(= significance)* importance *f* ◆ **of great/little ~** *[question, issue]* de grande/peu d'importance ; *[argument]* de poids/de peu de poids

**c** *(frm = meaning) [of action, decision, speech, words]* sens *m*, signification *f* ; *[of document]* teneur *f*

**VT** /ɪmˈpɔːt/ **a** *(Comm)* importer ◆ **~ed goods** marchandises *fpl* d'importation *or* importées

**b** *(frm = mean, imply)* signifier, vouloir dire

**COMP** ▷ **import duty N** droits *mpl* d'importation, taxe *f* à l'importation ▷ **import-export (trade) N** import-export *m* ▷ **import licence N** licence *f* d'importation ▷ **import quota N** quota *m* à l'importation, contingent *m* d'importation ▷ **import surcharge N** surtaxe *f* à l'importation ▷ **import trade N** (commerce *m* d')importation *f*

**importance** /ɪmˈpɔːtəns/ **N** importance *f* ◆ **to be of ~** avoir de l'importance ◆ **of some ~** assez important, d'une certaine importance ◆ **of great ~** très important, de grande importance ◆ **it is a matter of great ~ for the future** c'est quelque chose de très important pour l'avenir ◆ **it is of the highest ~ that ...** il est de la plus haute importance que ... *+ subj*, il importe au premier chef que ... *+ subj* ◆ **it is of ~ to do** il est important de faire, il importe de faire *(frm)* ◆ **it is of no (great) ~** c'est sans (grande) importance ◆ **to give ~ to sth** *[person]* attacher de l'importance *or* du prix à qch ; *[event, development]* accorder *or* donner de l'importance à qch ◆ **we give** *or* **attach the greatest ~ to establishing the facts** nous accordons *or* attachons la plus haute importance à l'établissement des faits ◆ **man of ~** homme *m* important, personnage *m* (important) ◆ **person of no ~** personne *f* sans importance ◆ **his position gives him considerable ~** sa position lui donne une importance *or* un poids considérable ◆ **he is full of his own ~** il est imbu de lui-même, il est pénétré de son importance ◆ **the ~ of being/doing** l'importance d'être/de faire

**important** /ɪmˈpɔːtənt/ LANGUAGE IN USE 26.3 **ADJ** important (*to or for sb/sth* pour qn/qch) ; ◆ **that's an ~ consideration** c'est un facteur important ◆ **his family was more ~ to him than politics** sa famille comptait plus pour lui que la politique ◆ **that's not ~** ça n'a pas d'importance, ce n'est pas important ◆ **to make sb feel ~** donner à qn un sentiment d'importance ◆ **he's trying to look ~** il fait l'important, il se donne des airs importants ◆ **it is ~ to do sth** il est important de faire qch ◆ **it is ~ for sb to do sth** *or* **that sb (should) do sth** il est important que qn fasse qch

◆ **the important thing** l'important *m* ◆ **the ~ thing is not to win but to take part** l'important n'est pas de gagner mais de participer

◆ **the most important thing** le plus important ◆ **the most ~ thing is that you should be happy** l'important *or* le plus important, c'est que tu sois heureux ◆ **her children are the most ~ thing in her life** ses enfants sont ce qu'il y a de plus important dans sa vie ◆ **the most ~ thing to remember is ...** *(factual information)* ce qu'il faut surtout retenir, c'est ... ◆ **the most ~ thing to remember is to do ...** *(advice on interview technique etc)* surtout n'oublie pas de faire ...

**importantly** /ɪmˈpɔːtəntlɪ/ **ADV** **a** *(= significantly)* ◆ **to figure ~ in sth** occuper une place importante dans qch ◆ **to differ ~ from sth** présenter d'importantes différences avec qch ◆ **I was hungry, and, more ~, my children were hungry** j'avais faim et, surtout *or* plus important encore, mes enfants avaient faim **b** (also **self-importantly**) *[say, strut]* d'un air important

**importation** /ˌɪmpɔːˈteɪʃən/ **N** *(Comm)* importation *f*

**importer** /ɪmˈpɔːtəʳ/ **N** *(= person)* importateur *m*, -trice *f* ; *(= country)* (pays *m*) importateur *m*

**importunate** /ɪmˈpɔːtjʊnɪt/ **ADJ** *(frm) [visitor, demand]* importun, gênant ; *[creditor]* harcelant

**importune** /ˌɪmpɔːˈtjuːn/ **VT** *(frm) [questioner, beggar]* importuner, ennuyer ; *[creditor]* harceler, presser ; *(Jur) [prostitute]* racoler **VI** *(Jur)* racoler ◆ **she was arrested for importuning** elle a été arrêtée pour racolage

**importunity** /ˌɪmpɔːˈtjuːnɪtɪ/ **N** *(frm)* importunité *f*

**impose** /ɪmˈpəʊz/ **VT** **a** *[+ task, conditions, constraint, rule, obedience, one's opinion]* imposer (*on* à) ; *[+ sanctions]* prendre (*on* à l'encontre de) ; ◆ **to ~ a fine on sb** condamner qn à une amende ◆ **to ~ a tax on sth** imposer qch, taxer qch ◆ **beware of imposing your tastes on your children** gardez-vous d'imposer vos goûts à vos enfants ◆ **the pressures ~d upon teachers** les pressions que subissent les professeurs ◆ **to ~ itself** s'imposer ◆ **to ~ o.s. (on sb)** s'imposer (à qn) ◆ **to ~ one's presence on sb** imposer sa présence à qn **b** *(Typ)* imposer **VI** s'imposer ◆ **I don't want to ~** je ne veux pas m'imposer ◆ **to ~ on sb** abuser de la gentillesse de qn ◆ **to ~ on sb's hospitality** abuser de l'hospitalité de qn

**imposing** /ɪm'pəʊzɪŋ/ **ADJ** imposant, impressionnant

**imposition** /ˌɪmpə'zɪʃən/ **N** **a** *(NonC) [of regulations, ban]* mise *f* en place ◆ **despite the ~ of a curfew** malgré la mise en place d'un couvre-feu ◆ **the ~ of sanctions on Iraq** le fait de prendre des sanctions à l'encontre de l'Irak ◆ **the ~ of a tax on ...** la taxation *or* l'imposition de ... **b** *(= tax imposed)* impôt *m*, taxe *f* **c** *(= burden)* **I know this is an ~, but please hear me out** je sais que j'abuse, mais écoutez-moi, je vous en prie ◆ **she seems to find the presence of guests more of an ~** la présence d'invités semble plutôt la déranger ◆ **it's rather an ~ on her** c'est abuser de sa gentillesse **d** *(Typ)* imposition *f* **e** *(Scol)* punition *f*

> ⚠ *The commonest meanings of* **imposition** *are not translated by the French word* **imposition**.

**impossibility** /ɪmˌpɒsə'bɪlɪtɪ/ **N** impossibilité *f* (*of sth* de qch ; *of doing sth* de faire qch) ◆ **it's an ~** c'est une chose impossible, c'est quelque chose d'impossible ; → **physical**

**impossible** /ɪm'pɒsəbl/ **LANGUAGE IN USE 12, 15.3, 16.3, 16.4, 18.2, 26.3**

**ADJ** impossible ◆ **this cooker is ~ to clean!** cette cuisinière est impossible à nettoyer ! ◆ **it is ~ for him to leave** il lui est impossible *or* il est dans l'impossibilité de partir ◆ **I find it ~ to understand why ...** je n'arrive pas à comprendre pourquoi ... ◆ **to put sb/to be in an ~ position** *or* **situation** mettre qn/être dans une position *or* situation impossible ◆ **it is/is not ~ that ...** il est/n'est pas impossible que ... + *subj* ◆ **that boy is ~!** * ce garçon est impossible ! *

◆ **to make it impossible** ◆ **the idea was to make it ~ to cheat** le but était de rendre toute tricherie impossible

◆ **to make it impossible for sb to do sth** empêcher qn de faire qch ◆ **a knee injury made it ~ for him to play again** une blessure au genou l'a empêché de rejouer

**N** impossible *m* ◆ **to do/ask for the ~** faire/demander l'impossible

**impossibly** /ɪm'pɒsəblɪ/ **ADV** *[small, large, late]* incroyablement ; *[expensive]* ridiculement ◆ **~ rude/arrogant** d'une impolitesse/arrogance insupportable ◆ **~ difficult** d'une difficulté insurmontable ◆ **her standards were ~ high** ses exigences étaient impossibles à satisfaire ◆ **he's behaving ~** il se conduit d'une façon impossible ◆ **if, ~, he were to succeed** si, par impossible, il réussissait

**impost** /'ɪmpəʊst/ **N** *(Admin, Fin, Jur)* impôt *m* ; *(Customs)* taxe *f* douanière, droit *m* de douane

**imposter, impostor** /ɪm'pɒstə^r/ **N** imposteur *m*

**imposture** /ɪm'pɒstʃə^r/ **N** imposture *f*

**impotence** /'ɪmpətəns/ **N** *(gen, sexual, fig)* impuissance *f* ; † *[of invalid, patient]* impotence *f*

**impotent** /'ɪmpətənt/ **ADJ** **a** *(sexually)* impuissant **b** *(= powerless) [person, organization]* impuissant ; † *[invalid, patient]* impotent ◆ **in ~ rage** *or* **fury** † dans une rage impuissante ◆ **to be ~ in the face of sth** être impuissant face à qch

**impound** /ɪm'paʊnd/ **VT** **a** *(Jur) [+ property]* confisquer, saisir ; *[+ car]* mettre en fourrière **b** *[+ water]* retenir, endiguer

**impoundment** /ɪm'paʊndmənt/ **N** **a** *(Jur) [of property]* saisie *f* ; *[of car]* mise *f* en fourrière **b** *[of water]* retenue *f* d'eau **c** *(US Fin) mise en réserve de fonds votés (par le Congrès)*

**impoverish** /ɪm'pɒvərɪʃ/ **VT** appauvrir

**impoverished** /ɪm'pɒvərɪʃt/ **ADJ** pauvre

**impoverishment** /ɪm'pɒvərɪʃmənt/ **N** appauvrissement *m*

**impracticability** /ɪmˌpræktɪkə'bɪlɪtɪ/ **N** impraticabilité *f*

**impracticable** /ɪm'præktɪkəbl/ **ADJ** *[idea, plan, scheme, suggestion]* impraticable, irréalisable

**impractical** /ɪm'præktɪkəl/ **ADJ** *[person]* qui manque d'esprit pratique ; *[plan, idea]* difficilement applicable ; *[clothes]* pas pratique

**impracticality** /ɪmˌpræktɪ'kælɪtɪ/ **N** *[of person]* manque *m* d'esprit pratique ; *[of plan, idea]* côté *m* peu pratique

**imprecation** /ˌɪmprɪ'keɪʃən/ **N** *(frm)* imprécation *f*, malédiction *f*

**imprecise** /ˌɪmprɪ'saɪs/ **ADJ** imprécis

**imprecision** /ˌɪmprɪ'sɪʒən/ **N** imprécision *f*, manque *m* de précision

**impregnable** /ɪm'pregnəbl/ **ADJ** *(Mil) [fortress, defences]* imprenable, inexpugnable ; *(fig) [person, position]* inattaquable ; *[argument]* irréfutable

**impregnate** /'ɪmpregneɪt/ **VT** **a** *(= fertilize)* féconder **b** *(= saturate)* imprégner, imbiber (*with* de) ; *(fig)* imprégner, pénétrer (*with* de)

**impregnation** /ˌɪmpreg'neɪʃən/ **N** **a** *(= fertilization)* fécondation *f* **b** *(= permeation)* imprégnation *f* ◆ **the ~ of paper with chemicals** l'imprégnation du papier par des produits chimiques

**impresario** /ˌɪmpre'sɑːrɪəʊ/ **N** imprésario *m*

**impress** /ɪm'pres/ **VT** **a** *[+ person]* impressionner ◆ **to be ~ed by sth** être impressionné par qch ◆ **they were most ~ed by his having everything ready on time** ils ont été très impressionnés par le fait qu'il ait tout préparé à temps ◆ **he is not easily ~ed** il ne se laisse pas facilement impressionner ◆ **I am not ~ed** *(negative opinion, by object, work of art, performance)* ça me laisse froid ; *(by sb's behaviour)* ça ne m'impressionne pas ◆ **I am NOT ~ed!** *(annoyance)* je ne suis pas du tout content ! ◆ **he ~ed me favourably/unfavourably** il m'a fait une bonne/mauvaise impression ◆ **his novel greatly ~ed me** son roman m'a beaucoup impressionné, son roman m'a fait une forte *or* grosse impression ◆ **he does it just to ~ people** il ne le fait que pour épater la galerie

**b** imprimer, marquer (*on* sur) ◆ **to ~ a seal on wax** imprimer un sceau sur de la cire ◆ **to ~ sth on sb** *(fig)* faire (bien) comprendre qch à qn ◆ **that day has remained ~ed in my memory** ce jour est resté gravé dans ma mémoire

**VI** *[object, work of art, performance]* être impressionnant ; *[person]* faire bonne impression

**N** /'ɪmpres/ marque *f*, empreinte *f*

**impression** /ɪm'preʃən/ **N** **a** *(= effect)* impression *f* ◆ **to make an ~ on sb** faire impression *or* de l'effet à qn ◆ **to make an ~ on sth** avoir un effet sur qch ◆ **to make a good/bad ~ on sb** faire bonne/mauvaise impression à qn ◆ **his novel made a lasting ~ on me** son roman m'a laissé une impression durable ◆ **what was your ~ of him?** quelle impression vous a-t-il fait ? ◆ **you have a false ~ of him** vous vous trompez sur son compte ◆ **first ~s count** c'est la première impression qui compte ◆ **she got the wrong ~** elle s'est méprise ◆ **he gave the ~ of being bored** il donnait l'impression de s'ennuyer ◆ **to create an ~ of space** créer une impression d'espace

**b** *(= vague idea)* impression *f* ◆ **I was under the ~ that ..., my ~ was that ...** j'avais l'impression que ..., je croyais que ... ◆ **that wasn't my ~!** ce n'est pas l'impression que j'ai eue ! ◆ **his ~s of Paris** les impressions qu'il a gardées de Paris

**c** *[of seal, stamp, footprint]* empreinte *f*, trace *f* ; *(on wax)* impression *f* ; *(Dentistry)* empreinte *f*

**d** *[of engraving]* impression *f* ; *(esp Brit) [of book]* tirage *m*, édition *f*

**e** ◆ **to do ~s (of sb)** faire des imitations (de qn)

**impressionable** /ɪm'preʃnəbl/ **ADJ** impressionnable ◆ **at an ~ age** à un âge où l'on est impressionnable

**impressionism** /ɪm'preʃənɪzəm/ **N** *(Art)* impressionnisme *m*

**impressionist** /ɪm'preʃənɪst/ **N** *(Art)* impressionniste *mf* ; *(Theat = impersonator)* imitateur *m*, -trice *f* **ADJ** *(Art)* impressionniste

**impressionistic** /ɪmˌpreʃə'nɪstɪk/ **ADJ** *[story, account, painting]* impressionniste

**impressive** /ɪm'presɪv/ **ADJ** *[appearance, building, ceremony, person, sight, sum]* impressionnant, imposant ; *[amount, account, achievement, result, speech]* impressionnant

**impressively** /ɪm'presɪvlɪ/ **ADV** *[big, high, brave etc]* remarquablement ; *[win, perform]* d'une manière impressionnante ◆ **~ large** remarquablement grand, d'une grandeur impressionnante

**impressment** /ɪm'presmənt/ **N** *[of person]* enrôlement *m* forcé ; *[of property, goods]* réquisition *f*

**imprimatur** /ˌɪmprɪ'mɑːtə^r/ **N** *(frm)* imprimatur *m*

**imprint** /ɪm'prɪnt/ **VT** imprimer, marquer (*on* sur) ; *(fig)* imprimer, graver (*on* dans) **N** /'ɪmprɪnt/ **a** *(= impression) (lit, fig)* empreinte *f* ; *(Psych)* empreinte *f* perceptive **b** *(Publishing)* ◆ **published under the Collins ~** édité chez Collins

**imprinting** /ɪm'prɪntɪŋ/ **N** *(NonC: Psych)* empreinte *f*

**imprison** /ɪm'prɪzn/ **VT** emprisonner, écrouer ; *(fig)* emprisonner ◆ **they ~ed him for his part in the burglary** ils l'ont emprisonné *or* écroué pour avoir participé au cambriolage ◆ **the judge ~ed him for ten years** le juge l'a condamné à dix ans de prison

**imprisonment** /ɪm'prɪznmənt/ **N** emprisonnement *m*, incarcération *f* ◆ **to sentence sb to seven years' ~/to life ~** condamner qn à sept ans de prison/à la prison à vie *or* à perpétuité ◆ **sentence of life ~** condamnation *f* à la prison à vie *or* à perpétuité ◆ **the prospect of ~** la perspective de la prison

**improbability** /ɪmˌprɒbə'bɪlɪtɪ/ **N** **a** *(= unlikelihood) [of outcome]* improbabilité *f* **b** *(= implausibility) [of film, story, plot, excuse]* invraisemblance *f*

**improbable** /ɪmˈprɒbəbl/ ADJ a (= *unlikely*) *[situation, victory]* improbable ◆ **it is ~ that ...** il est improbable *or* il est peu probable que ... + *subj* b (= *implausible*) *[explanation, story, name]* invraisemblable ◆ **~ as it sounds ...** aussi invraisemblable que cela paraisse ...

**improbably** /ɪmˈprɒbəblɪ/ ADV invraisemblablement ◆ **she works, ~, in a bank** bizarrement, elle travaille dans une banque

**impromptu** /ɪmˈprɒmptjuː/ ADV impromptu ADJ impromptu ◆ **to make an ~ speech** faire un discours impromptu *or* au pied levé ◆ **to make an ~ appearance** faire une apparition N (*Mus*) impromptu *m*

**improper** /ɪmˈprɒpəʳ/ ADJ a (= *unsuitable*) déplacé, malséant b (= *indecent*) indécent, inconvenant ; *[conduct, suggestion]* indécent ; *[story]* indécent, scabreux c (= *dishonest*) malhonnête d (= *wrong*) *[diagnosis]* incorrect, erroné ; *[term]* inexact, impropre ; *[use, interpretation]* abusif, incorrect ; (*Sport*) *[play etc]* incorrect

**improperly** /ɪmˈprɒpəlɪ/ ADV a (= *indecently*) ◆ **he was ~ dressed** il était habillé de façon inconvenante b (= *dishonestly*) *[act]* de façon irrégulière c (= *incorrectly*) *[test, diagnose, treat]* mal ◆ **a word used ~** un mot employé improprement

**impropriety** /ˌɪmprəˈpraɪətɪ/ N a *[of behaviour etc]* inconvenance *f* ◆ **to commit an ~** commettre une inconvenance ◆ **to behave with ~** se conduire avec inconvenance ◆ **financial ~** irrégularités *fpl* financières b (*Ling*) *[of expression, phrase]* impropriété *f*

**improv** * /ˈɪmprɒv/ N sketch *m* improvisé

**improve** /ɪmˈpruːv/ VT a (= *make better*) *[+ situation, position, work, health, wording]* améliorer ; *[+ physique]* développer ; *[+ knowledge, machine, invention]* améliorer, perfectionner ; *[+ building, property]* réaménager, rénover ; *[+ site]* aménager, embellir ; *[+ soil, land]* amender, bonifier ◆ **to ~ sb's looks** *or* **appearance** embellir *or* avantager qn ◆ **to ~ one's looks** s'embellir ◆ **to ~ one's chances of doing sth** améliorer *or* augmenter ses chances de faire qch ◆ **how can I ~ my chances at interview?** comment est-ce que je peux améliorer *or* augmenter mes chances de réussite à un entretien ? ◆ **that should ~ his chances of success** cela devrait améliorer ses chances de succès ◆ **$60,000 worth of repairs failed to ~ matters** 60 000 dollars de réparations n'ont pas réussi à améliorer les choses ◆ **she's trying to ~ her mind** elle essaie de se cultiver (l'esprit) ◆ **a book which ~s the mind** un livre qui élève l'esprit ◆ **he wants to ~ his French** il veut se perfectionner en français

b (= *make good use of*) tirer parti de, profiter de ◆ **to ~ the occasion, to ~ the shining hour** (*hum*) tirer parti de l'occasion, mettre l'occasion à profit

VI a (= *get better*) *[situation, position, health, prospects, chances, weather]* s'améliorer ; *[physique]* se développer ; *[soil]* s'amender, se bonifier ; *[student, patient]* faire des progrès ◆ **the service has ~d** la qualité du service s'est améliorée ◆ **his work is improving** (la qualité de) son travail s'améliore ◆ **his French is improving** il fait des progrès en français ◆ **as medical knowledge ~s** avec l'amélioration des connaissances médicales ◆ **mobile phones have ~d greatly** les téléphones portables se sont beaucoup améliorés ◆ **safety/efficiency/productivity has definitely ~d** il y a eu une nette amélioration au niveau de la sécurité/de l'efficacité/du rendement ◆ **business is improving** les affaires reprennent ◆ **things are improving** les choses vont mieux ◆ **matters haven't ~d much** la situation ne s'est pas beaucoup améliorée ◆ **his chances of success are improving** ses chances de réussir s'améliorent ◆ **to ~ with use** s'améliorer à l'usage ◆ **this wine ~s with age** ce vin se bonifie *or* s'améliore en vieillissant ◆ **he's ~d with age** (*hum*) il s'est amélioré *or* bonifié avec l'âge ◆ **this book ~s on re-reading** ce livre gagne à être relu

b ◆ **to ~ on sth** faire mieux que qch, apporter des améliorations à qch ◆ **it can't be ~d on** on peut difficilement faire mieux ◆ **she had ~d on her previous performance** elle s'est améliorée depuis sa dernière prestation ◆ **to ~ on sb's offer** (*Comm, Fin*) enchérir sur qn

**improved** /ɪmˈpruːvd/ ADJ meilleur ◆ **much/slightly ~** nettement/légèrement meilleur ◆ **this room looks much ~ after painting** la pièce est beaucoup mieux après avoir été repeinte ◆ **"new improved formula"** (*Comm*) "nouvelle formule"

**improvement** /ɪmˈpruːvmənt/ N a (*NonC*) *[of situation, position, health, soil, land]* amélioration *f* ; *[of mind, physique]* développement *m* ; *[of site]* aménagement *m*, embellissement *m* ; *[of building, property]* réaménagement *m*, rénovation *f* ; *[of machine]* perfectionnement *m* ◆ **there's been quite an ~** (*gen*) on constate une nette amélioration ◆ **there has been some ~ in the patient's condition** l'état du malade s'est un peu amélioré ◆ **it is open to ~** ça peut être amélioré ◆ **he has shown some ~ in French** il a fait quelques progrès en français ◆ **this model is an ~ on the previous one** ce modèle est mieux que le précédent ◆ **the new teacher is an ~ on his predecessor** le nouveau professeur est meilleur que son prédécesseur ◆ **they made an ~ on their previous offer** ils ont fait une nouvelle offre plus intéressante ◆ **there is room for ~** (*in situation*) cela pourrait être mieux ; (*in work*) on pourrait faire mieux

b (*gen pl*) ◆ **~s** améliorations *fpl* aménagements *mpl* ◆ **to carry out ~s to a house** apporter des améliorations à *or* faire des travaux d'aménagement dans une maison

COMP ▷ **improvement grant** N subvention *f* pour l'amélioration d'un logement, ≃ prime *f* à l'amélioration de l'habitat

**improvidence** /ɪmˈprɒvɪdəns/ N imprévoyance *f*, manque *m* de prévoyance

**improvident** /ɪmˈprɒvɪdənt/ ADJ (= *not providing for future*) imprévoyant ; (= *extravagant*) prodigue, dépensier

**improvidently** /ɪmˈprɒvɪdəntlɪ/ ADV avec imprévoyance

**improving** /ɪmˈpruːvɪŋ/ ADJ (= *edifying*) édifiant

**improvisation** /ˌɪmprəvaɪˈzeɪʃən/ N (*gen, Mus*) improvisation *f*

**improvise** /ˈɪmprəvaɪz/ VTI (*gen, Mus*) improviser

**imprudence** /ɪmˈpruːdəns/ N imprudence *f*

**imprudent** /ɪmˈpruːdənt/ ADJ imprudent

**imprudently** /ɪmˈpruːdəntlɪ/ ADV imprudemment

**impudence** /ˈɪmpjʊdəns/ N impudence *f*, effronterie *f*

**impudent** /ˈɪmpjʊdənt/ ADJ impudent, effronté

**impudently** /ˈɪmpjʊdəntlɪ/ ADV impudemment, avec effronterie

**impugn** /ɪmˈpjuːn/ VT (*frm*) *[+ motives, sincerity, judgment]* contester ; *[+ honour, reputation]* porter gravement atteinte à, attaquer

**impulse** /ˈɪmpʌls/ N a (= *sudden desire*) impulsion *f* ◆ **rash ~** coup *m* de tête ◆ **on a sudden ~ he ...** pris d'une impulsion soudaine il ... ◆ **a man of ~** un impulsif ◆ **to act on (an) ~** agir par impulsion ◆ **my first ~ was to refuse** ma première impulsion *or* réaction a été de refuser ◆ **he couldn't resist the ~** il n'arrivait pas à résister à l'envie ◆ **she resisted an ~ to smile** elle a réprimé son envie de sourire b (= *stimulus*) impulsion *f*, élan *m* ◆ **this gave new ~ to the reform process** ça a donné une nouvelle impulsion *or* un nouvel élan au processus de réforme c (*Phys, Elec, Physiol*) impulsion *f* COMP ▷ **impulse buy** N achat *m* d'impulsion ▷ **impulse buying** N achats *mpl* d'impulsion ▷ **impulse purchase** N ⇒ **impulse buy**

**impulsion** /ɪmˈpʌlʃən/ N impulsion *f*

**impulsive** /ɪmˈpʌlsɪv/ ADJ a (= *spontaneous, acting on impulse*) *[movement]* impulsif, spontané ; *[temperament]* primesautier ; *[temper, passion]* fougueux ; *[act]* impulsif, spontané ; *[remark]* irréfléchi ◆ **she's very ~** elle est très impulsive b (= *impelling*) *[force]* irrésistible

**impulsively** /ɪmˈpʌlsɪvlɪ/ ADV impulsivement

**impulsiveness** /ɪmˈpʌlsɪvnɪs/ N (*NonC*) caractère *m* impulsif, impulsivité *f*

**impunity** /ɪmˈpjuːnɪtɪ/ N impunité *f* ◆ **with ~** impunément, avec impunité

**impure** /ɪmˈpjʊəʳ/ ADJ *[air, water, milk, motive]* impur ; *[thought, action]* impur, impudique ; *[drug]* frelaté ; (*Archit etc*) *[style]* bâtard

**impurity** /ɪmˈpjʊərɪtɪ/ N impureté *f*

**imputation** /ˌɪmpjʊˈteɪʃən/ N a (= *accusation*) imputation *f* b (*NonC*) attribution *f*, imputation *f* (*of sth to sb/sth* de qch à qn/qch)

**impute** /ɪmˈpjuːt/ VT imputer, attribuer (*sth to sb/sth* qch à qn/qch) ◆ **~d rent/value** (*Comm*) loyer *m*/valeur *f* imputé(e) *or* implicite ◆ **~d cost** (*Comm*) coût *m* supplétif, charge *f* supplétive

**IN** abbrev of **Indiana**

## in /ɪn/

| | |
|---|---|
| 1 PREPOSITION | 3 ADJECTIVE |
| 2 ADVERB | 4 PLURAL NOUN |
| 5 COMPOUNDS | |

### 1 - PREPOSITION

When **in** is the second element in a phrasal verb, eg **ask in**, **fill in**, **look in**, look up the verb. When it is part of a set combination, eg **in the country**, **in ink**, **in danger**, **weak in**, **wrapped in**, look up the other word.

a [place] dans ◆ **~ the box** dans la boîte ◆ **~ the street** dans la rue ◆ **~ the shop window** en vitrine ◆ **~ sb's house** chez qn

◆ **in it/them** (= *inside it, inside them*) dedans ◆ **put that ~ it** mets-le dedans ◆ **there's something ~ it** il y a quelque chose dedans ◆ **our bags were stolen, and our passports were ~ them** on nous a volé nos sacs et nos passeports étaient dedans

b [people] chez ◆ **a condition rare ~ a child of that age** une maladie rare chez un enfant de cet âge ◆ **it's something I admire ~ her** c'est quelque chose que j'admire chez elle ◆ **we find this theme ~ Dickens** on trouve ce thème chez Dickens ◆ **the party will have a great leader ~ him** le parti trouvera en lui un excellent leader

c [plant, animal] chez ◆ **you find this instinct ~ animals** on trouve cet instinct chez les animaux ◆ **a condition common ~ plants, shellfish, and some lizards** une maladie courante chez les plantes, les crustacés et certains lézards

**d** [with geographical names]

♦ **in** + *fem countries, regions, islands* en

[Feminine countries usually end in **-e**.]

◆ ~ **England/France** en Angleterre/France ◆ ~ **Brittany/Provence** en Bretagne/Provence ◆ ~ **Sicily/Crete** en Sicile/Crète ◆ ~ **Louisiana/Virginia** en Louisiane/Virginie ◆ ~ **Cornwall/Bavaria** en Cornouailles/Bavière

[**en** is also used with masculine countries beginning with a vowel.]

◆ ~ **Iran/Israel** en Iran/Israël

♦ **in** + *masc country* au ◆ ~ **Japan/Kuwait** au Japon/Koweït

[Note also the following:]

◆ ~ **the Sahara/Kashmir** au Sahara/Cachemire

♦ **in** + *plural country/group of islands* aux ◆ ~ **the United States/West Indies** aux États-Unis/Antilles

♦ **in** + *town/island without article* à ◆ ~ **London/Paris** à Londres/Paris ◆ ~ **Cuba/Malta** à Cuba/Malte

♦ **in** + *masculine state/French region/county* dans ◆ ~ **Poitou/Berry** dans le Poitou/le Berry ◆ ~ **Sussex/Yorkshire** dans le Sussex/le Yorkshire

[**dans** is also used with islands with **île** in their name, and many departments.]

◆ ~ **the Drôme/the Var** dans la Drôme/le Var ◆ ~ **the Isle of Man/the Ile de Ré** dans l'île de Man / l'île de Ré [BUT] ~ **Seine-et-Marne/the Vendée** en Seine-et-Marne/Vendée

**e** [with time expressions] *(= in the space of)* en ; *(= after)* dans ◆ **I can't do it ~ two hours** je ne peux pas le faire en deux heures ◆ **he has written twice ~ three years** il a écrit deux fois en trois ans ◆ **it'll be ready ~ three hours** ce sera prêt dans trois heures ◆ **I'll be back ~ a week** je reviendrai dans une semaine ◆ **once ~ a hundred years** une fois tous les cent ans

**f** [month, year, season] en ◆ ~ **May** en mai ◆ ~ **2002/September 2002** en 2002/septembre 2002 ◆ ~ **summer/autumn/winter** en été/automne/hiver ◆ ~ **spring** au printemps

[Look up the noun when translating such phrases as **in the morning, in the sixties, in a minute, in a week's time, in the end**.]

**g** [= wearing] en ◆ **they were all ~ shorts** ils étaient tous en short ◆ ~ **his slippers** en pantoufles, dans ses pantoufles ◆ **you look nice ~ that dress** cette robe te va bien, tu es jolie dans cette robe

**h** [language, medium, material] en ◆ ~ **French** en français ◆ ~ **marble/velvet** en marbre/velours

**i** [ratio] sur ◆ **one man ~ ten** un homme sur dix ◆ **what happened was a chance ~ a million** il y avait une chance sur un million que ce genre de choses arrive ◆ **a one ~ fifty chance of survival** une chance sur cinquante de survie ◆ **they pay 20 pence ~ the pound income tax** ils payent 20 pour cent d'impôts sur le revenu

**j** [= in respect of] ◆ **rough ~ appearance** d'aspect rugueux ◆ ~ **that, he resembles his father** en cela, il ressemble à son père

**k** [following superlative] de ◆ **the best pupil ~ the class** le meilleur élève de la classe ◆ **the highest mountain ~ Europe** la plus haute montagne d'Europe, la montagne la plus haute d'Europe

**l** [= while] en ◆ ~ **saying this, ~ so saying** en disant cela ◆ ~ **trying to save her he fell into the water himself** en essayant de la sauver, il est tombé à l'eau

2 - ADVERB

**a** [= inside] à l'intérieur ◆ **she opened the door and they all rushed ~** elle a ouvert la porte et ils se sont tous précipités à l'intérieur

[When **in** means **in it** or **in them**, it is translated by **y**.]

◆ **she opened her bag and put the ticket ~** elle a ouvert son sac et y a mis le billet

**b** [at home, work]

♦ **to be in** *[person]* être là ◆ **the boss isn't ~ yet** le patron n'est pas encore là

[When **in** means **at home**, **chez** + pronoun can also be used.]

◆ **he's usually ~ on Saturday morning** il est généralement là le samedi matin, il est généralement chez lui le samedi matin ◆ **you're never ~!** tu n'es jamais là !, tu n'es jamais chez toi ! ◆ **is Paul ~?** est-ce que Paul est là ? [BUT] **there's nobody ~** il n'y a personne

[**to be in** may require a more specific translation.]

◆ **the train is ~** le train est en gare ◆ **he's ~ for tests** il est venu faire des analyses ◆ **the essays have to be ~ by Friday** les dissertations doivent être rendues d'ici vendredi ◆ **the harvest is ~** la moisson est rentrée ◆ **the socialists are ~!** les socialistes sont au pouvoir ! ◆ **the fire is still ~** il y a encore du feu ◆ **the screw was not ~ properly** la vis n'était pas bien enfoncée

**c** [set structures]

♦ **in between** ◆ **the pages ~ between are completely blank** les pages du milieu sont vierges ◆ ~ **between he will give three concerts** entre-temps *or* dans l'intervalle, il donnera trois concerts

♦ **in between** + *noun/pronoun* entre ◆ **he positioned himself ~ between the two weakest players** il s'est placé entre les deux joueurs les plus faibles ◆ ~ **between adventures, he finds time for ...** entre deux aventures, il trouve le temps de ... ; see also **compounds**

♦ **to be in for sth** *(= be threatened with)* ◆ **we are ~ for trouble** * nous allons avoir des ennuis ◆ **you don't know what you're ~ for!** * tu ne sais pas ce qui t'attend ! ◆ **he's ~ for it!** * il va en prendre pour son grade ! * ◆ **to be ~ for a competition/exam** *(= to be entered for)* être inscrit à un concours/examen

♦ **to be in on sth** * *(= know about)* ◆ **to be ~ on a plan/secret** être au courant d'un plan/d'un secret ◆ **are you ~ on it?** tu es au courant ?

♦ **in that** *(= seeing that)* ◆ **the new treatment is preferable ~ that ...** le nouveau traitement est préférable car ...

♦ **to be well in with sb** * être dans les petits papiers de qn * ◆ **she's well ~ with the management** elle est bien avec la direction

3 - ADJECTIVE

[* = fashionable] in *inv*, à la mode ◆ **straw hats are ~** les chapeaux de paille sont à la mode ◆ **it's the ~ place to eat** c'est le restaurant branché * *or* à la mode en ce moment ◆ **it's the ~ thing to ...** c'est très in * *or* à la mode de ... + *infin*

4 - PLURAL NOUN

**the ins**

**a** [= details]

♦ **the ins and outs** ◆ **to know the ins and outs of a matter** connaître les tenants et aboutissants d'une affaire, connaître une affaire dans ses moindres détails ◆ **she knows the ins and outs of the system** le système n'a plus de secret pour elle, elle connaît le système dans ses moindres détails

**b** [US Pol *] le parti au pouvoir

5 - COMPOUNDS

▷ **in-between** N ◆ **the in-betweens** ceux qui sont entre les deux ADJ ◆ **it's in-between** c'est entre les deux ◆ **in-between times** dans les intervalles ◆ **it was in-between * weather** c'était un temps mitigé ◆ **a coat for in-between * weather** un manteau de demi-saison ▷ **in-built** ADJ *(esp Brit) [feeling, tendency]* inné ; *[feature, device]* intégré ◆ **in-built limitation** limite *f* inhérente au système ▷ **in-car entertainment system** N autoradio *m* ▷ **the in-crowd** * N les branchés * *mpl*, les gens *mpl* in ◆ **to be in with the in-crowd** faire partie des branchés * *or* des gens in ▷ **in-depth** ADJ en profondeur ◆ **in-depth interview** interview *f* en profondeur ▷ **in-flight** ADJ *[refuelling]* en vol ; *[film, entertainment]* proposé pendant le vol ◆ **in-flight meal** repas *m* servi pendant le vol ◆ **in-flight magazine** magazine *m* de voyage *(destiné aux passagers aériens)* ▷ **in-goal area** N *(Rugby)* en-but *m inv* ▷ **in-group** N cercle *m* fermé ▷ **in-house** ADJ *(= designed for staff) [publication]* interne ; *[training]* en entreprise *or* en interne ; *(= made within company) [video etc]* réalisé en interne ADV *[train, produce etc]* en interne ▷ **in-joke** N plaisanterie *f* pour initiés ▷ **in-laws** * NPL *(= parents-in-law)* beaux-parents *mpl* ; *(others)* belle-famille *f* ▷ **in-off** * N *(Ftbl)* ◆ **the goal was an in-off** le but a été marqué après un cafouillage dans la surface de réparation ▷ **in-patient** N ⇒ **inpatient** ▷ **in-service education** N *(US)* formation *f* continue ▷ **in-service training** N *(Ind etc)* formation *f* continue ◆ **to have in-service training** *(Ind, Scol etc) [new employee]* faire un stage d'initiation ; *[present employee]* faire un stage de perfectionnement ; *(new subject)* faire un stage de recyclage ◆ **to have in-service training in the use of computers** suivre un stage d'informatique dans son entreprise ▷ **in-store** ADJ *[detective]* employé par le magasin ; *[theft]* commis par un membre du personnel ▷ **in-tray** N corbeille *f* "arrivée" ▷ **in-your-face** **, **in-yer-face** ** ADJ cru

**-in** /ɪn/ N *(in compounds) particule qui désigne une réunion ou un rassemblement* ◆ **a talk-in** une réunion où l'on discute ; → **sit-in, teach**

**in.** abbrev of **inch**

**inability** /ˌɪnəˈbɪlɪtɪ/ N incapacité *f* (*to do sth* de faire qch) inaptitude *f* (*to do sth* à faire qch)

**in absentia** /ˌɪnæbˈsentɪə/ ADV *(frm)* en votre (*or leur etc*) absence

**inaccessibility** /ˈɪnækˌsesəˈbɪlɪtɪ/ N inaccessibilité *f*

**inaccessible** /ˌɪnækˈsesəbl/ ADJ *(lit, fig)* inaccessible (*to sb/sth* à qn/qch) ◆ **to be ~ by road/by land/by boat/by sea** être inaccessible par la route/par voie terrestre/par bateau/par voie maritime

**inaccuracy** /ɪnˈækjʊrəsɪ/ N **a** *(NonC) [of calculation, information, translation, quotation, statement]* inexactitude *f* ; *[of person]* imprécision *f*, manque *m* de précision ; *[of expression, term, word]* inexactitude *f*, impropriété *f* **b** *(= error)* inexactitude *f* ◆ **there are several inaccuracies in his account** son rapport contient plusieurs inexactitudes

**inaccurate** /ɪnˈækjʊrɪt/ ADJ *[information, statement, picture, forecast]* inexact ; *[method, instrument, missile, shot]* imprécis ◆ **he is ~** il fait des erreurs ◆ **the clock is ~** l'horloge n'est pas à l'heure ◆ **it is ~ to say that ...** il est inexact de dire que ...

**inaccurately** /ɪnˈækjʊrɪtlɪ/ ADV *[answer, quote, report]* avec inexactitude, inexactement ; *[multiply]* incorrectement

**inaction** /ɪnˈækʃən/ N inaction *f*, inertie *f* ◆ **policy of ~** politique *f* de l'inaction *or* de non-intervention

**inactive** /ɪnˈæktɪv/ ADJ **a** *[person, animal, lifestyle, bank account]* inactif ; *[member]* non participant **b** *(Chem) [substance]* non actif, inerte **c** *[volcano] (= extinct)* inactif, éteint ; *(= dormant)* assoupi

**inactivity** /ˌɪnækˈtɪvɪtɪ/ N inactivité *f*

**inadequacy** /ɪnˈædɪkwəsɪ/ N *[of system, punishment, resources, piece of work]* insuffisance *f* ; *(Psych)* inadaptation *f* *or* insuffisance *f* socio-affective ◆ **the inadequacies of the current system** les insuffisances du système actuel

**inadequate** /ɪnˈædɪkwɪt/ ADJ *(= insufficient) [resources, funding, protection, information, preparation, amount]* insuffisant ; *(= unsatisfactory) [facilities, housing, training, response, diet]* inadéquat, inadapté ; *(= incompetent)* incompétent ; *(Psych)* mal adapté *or* inadapté (sur le plan socio-affectif) ◆ **he's ~** il ne fait pas le poids, il n'est pas à la hauteur ◆ **he felt totally ~** il ne se sentait absolument pas à la hauteur ◆ **~ staffing levels** manque *m* de personnel ◆ **the proposed legislation is quite ~ for this purpose** la législation en projet est tout à fait insuffisante *or* inadéquate pour atteindre ce but ◆ **the amount offered is ~ to cover the expenses** la somme proposée ne suffit pas à couvrir les frais N *(also* **social inadequate***)* inadapté(e) *m(f)*

**inadequately** /ɪnˈædɪkwɪtlɪ/ ADV insuffisamment

**inadmissible** /ˌɪnədˈmɪsəbl/ ADJ *[attitude, opinion, behaviour]* inadmissible ; *[suggestion, offer]* inacceptable ◆ **~ evidence** *(Jur)* témoignage *m* irrecevable

**inadvertence** /ˌɪnədˈvɜːtəns/ N manque *m* d'attention, étourderie *f* ◆ **by** *or* **through ~** par inadvertance, par mégarde

**inadvertent** /ˌɪnədˈvɜːtənt/ ADJ **a** *(= heedless) [person]* insouciant (*to* de) ; *[action]* commis par inadvertance *or* par mégarde ◆ **an ~ insult** une insulte lâchée par étourderie **b** *(= inattentive) [person]* inattentif, étourdi

**inadvertently** /ˌɪnədˈvɜːtəntlɪ/ ADV par inadvertance *or* mégarde

**inadvisability** /ˈɪnədˌvaɪzəˈbɪlɪtɪ/ N inopportunité *f* (*of doing sth* de faire qch)

**inadvisable** /ˌɪnədˈvaɪzəbl/ LANGUAGE IN USE 2.2 ADJ *[action, scheme]* inopportun, à déconseiller ◆ **it is ~ to do ...** il est déconseillé de faire ...

**inalienable** /ɪnˈeɪlɪənəbl/ ADJ *(Jur, fig) [rights, affection]* inaliénable

**inamorata** /ɪnˌæməˈrɑːtə/ N *(liter)* amoureuse *f*

**inane** /ɪˈneɪn/ ADJ *[person, action]* inepte, bête ; *[question, smile, grin]* bête ◆ **~ remark** observation *f* inepte, ineptie *f* ◆ **what an ~ thing to do!** faut-il être bête pour faire une chose pareille !

**inanely** /ɪˈneɪnlɪ/ ADV *[grin, laugh]* bêtement ; *[talk]* sottement

**inanimate** /ɪnˈænɪmɪt/ ADJ inanimé

**inanition** /ˌɪnəˈnɪʃən/ N inanition *f*

**inanity** /ɪˈnænɪtɪ/ N ineptie *f*

**inapplicable** /ɪnˈæplɪkəbl/ ADJ inapplicable (*to* à)

**inappropriate** /ˌɪnəˈprəʊprɪɪt/ ADJ *[action, behaviour, remark]* inopportun, déplacé ; *[word, expression]* impropre ; *[name]* mal choisi, impropre ; *[moment]* inopportun, mauvais ◆ **it would be ~ for me to comment** il ne m'appartient pas de commenter ◆ **many parents feel it is ~ to discuss finances with their children** beaucoup de parents trouvent inopportun *or* déplacé de parler de questions financières avec leurs enfants

◆ **inappropriate to** + *noun* ◆ **the factory is ~ to the town's needs** l'usine ne répond pas *or* n'est pas adaptée aux besoins de la ville ◆ **clothing ~ to their status** des vêtements qui ne correspondent pas *or* ne sont pas appropriés à leur statut

**inappropriately** /ˌɪnəˈprəʊprɪɪtlɪ/ ADV *[remark, reply]* mal à propos, inopportunément ◆ **to behave ~** ne pas se comporter comme il faut (*or* fallait *etc*) ; *(= harrass)* se conduire de façon déplacée ◆ **if a colleague is behaving ~, ask him to stop** si l'un de vos collègues se conduit de façon déplacée, demandez-lui d'arrêter ◆ **he was asking questions quite ~** il posait des questions de façon tout à fait inopportune ◆ **he was dressed ~ for ...** il n'était pas habillé comme il fallait pour ...

**inappropriateness** /ɪnəˈprəʊprɪɪtnəs/ N *[of action, behaviour, remark]* caractère *m* inopportun *or* déplacé ; *[of word]* impropriété *f*

**inapt** /ɪnˈæpt/ ADJ **a** *[remark, behaviour]* peu approprié **b** *[person]* inapte, incapable

**inaptitude** /ɪnˈæptɪtjuːd/ N **a** *[of remark, behaviour]* caractère *m* peu approprié **b** *[of person]* inaptitude *f*, incapacité *f*

**inarticulacy** /ˌɪnɑːˈtɪkjʊləsɪ/ N difficulté *f* à s'exprimer ◆ **he was suddenly reduced to ~** il était soudain incapable de s'exprimer

**inarticulate** /ˌɪnɑːˈtɪkjʊlɪt/ ADJ **a** *(= incoherent) [speech]* mal articulé ; *[sound, noise]* inarticulé ; *[emotion]* inexprimable ◆ **he is ~** *(= unable to express himself)* il s'exprime mal, il n'arrive pas à s'exprimer ; *(in pronunciation)* il articule mal, il avale ses mots ◆ **~ with anger** bafouillant *or* bégayant de colère **b** *(Anat, Bot) [body, structure]* inarticulé

**inarticulately** /ˌɪnɑːˈtɪkjʊlɪtlɪ/ ADV *[mumble]* de manière confuse

**inartistic** /ˌɪnɑːˈtɪstɪk/ ADJ *[work]* peu artistique, sans valeur artistique ; *[person]* dépourvu de sens artistique, peu artiste

**inartistically** /ˌɪnɑːˈtɪstɪkəlɪ/ ADV sans talent (artistique), de façon peu artistique

**inasmuch** /ɪnəzˈmʌtʃ/ ADV ◆ **~ as** *(= seeing that)* attendu que, vu que ; *(= insofar as)* en ce sens que, dans la mesure où

**inattention** /ˌɪnəˈtenʃən/ N manque *m* d'attention, inattention *f* ◆ **~ to details** manque *m* d'attention pour les détails ◆ **a moment's ~** un moment d'inattention

**inattentive** /ˌɪnəˈtentɪv/ ADJ *(= not paying attention)* inattentif, distrait ; *(= neglectful)* peu attentionné, négligent (*towards sb* envers qn) ◆ **he was ~ to details** il accordait peu d'attention aux détails ◆ **he was ~ to her requests** il était peu attentif à ses demandes

**inattentively** /ˌɪnəˈtentɪvlɪ/ ADV distraitement, sans prêter attention

**inaudible** /ɪnˈɔːdəbl/ ADJ *[sound, whisper, voice]* inaudible ◆ **he was almost ~** il était presque inaudible, on l'entendait à peine ◆ **sounds that are ~ to humans** des sons qui ne sont pas perceptibles à l'oreille humaine

**inaudibly** /ɪnˈɔːdəblɪ/ ADV *[speak, mumble]* de manière inaudible

**inaugural** /ɪˈnɔːgjʊrəl/ ADJ inaugural ◆ **~ lecture** *(Univ)* cours *m* inaugural ◆ **~ ceremony** cérémonie *f* d'inauguration *or* d'ouverture

**inaugurate** /ɪˈnɔːgjʊreɪt/ VT **a** *[+ policy]* inaugurer, mettre en application ; *[+ new rail service etc]* inaugurer ; *[+ era]* inaugurer, commencer **b** *[+ president, official]* investir dans ses fonctions ; *[+ bishop, king, pope]* introniser

**inauguration** /ɪˌnɔːgjʊˈreɪʃən/ N *[of president, governor, government]* investiture *f* ; *[of bishop, king, pope]* intronisation *f* ; *[of building, institution, service]* inauguration *f* COMP ▷ **Inauguration Day** N *(US Pol)* jour *m* de l'investiture du président

> **Inauguration Day**
>
> Les élections présidentielles américaines ont lieu au mois de novembre, mais le nouveau président ne prête serment que deux mois plus tard, le 20 janvier, **Inauguration Day**, à l'occasion d'une cérémonie d'investiture qui se tient dans la ville de Washington.

**inauspicious** /ˌɪnɔːsˈpɪʃəs/ ADJ *[beginning, event]* peu propice, de mauvais augure ; *[circumstances]* malencontreux, fâcheux

**inauspiciously** /ˌɪnɔːsˈpɪʃəslɪ/ ADV sous de mauvais auspices

**inboard** /ˈɪnˌbɔːd/ *(Naut)* ADV à l'intérieur, à bord PREP à bord de ADJ intérieur (-eure *f*) COMP ▷ **inboard motor** N (moteur *m*) in-bord *m*

**inborn** /ˈɪnˌbɔːn/ ADJ *[talent, ability, instinct, desire, fear]* inné ; *[weakness, fault]* congénital

**inbound** /ˈɪnˌbaʊnd/ ADJ ◆ **an ~ flight from Honduras** un vol en provenance du Honduras ◆ **a plane/flight ~ for Heathrow Airport** un avion/vol arrivant à l'aéroport de Heathrow

**inbred** /ˈɪnˌbred/ ADJ **a** *(= innate)* inné (*in sb* chez qn) **b** *(Sociol, Bio) [family, tribe]* qui possède un fort degré de consanguinité ; *[person]* de parents ayant un fort degré de consanguinité ; *[animal]* issu de la même souche

**inbreeding** /ˈɪnˌbriːdɪŋ/ N *[of animals]* croisement *m* d'animaux de même souche ◆ **there is a lot of ~ in the tribe** il y a beaucoup d'unions consanguines au sein de la tribu

**inc** abbrev of **including, inclusive**

**Inc.** (abbrev of **Incorporated**) SA ◆ **Gough and Gautier ~** Gough et Gautier SA

**Inca** /ˈɪŋkə/ N (pl **Inca** *or* **Incas**) **a** Inca *mf* **b** *(Ling)* quichua *m* ADJ inca *inv*

**incalculable** /ɪnˈkælkjʊləbl/ ADJ **a** *(= immeasurable) [effect, consequences, damage, risk, cost, loss]* incalculable ; *[value, importance, benefit]* inestimable **b** *(= unpredictable) [mood]* imprévisible

**incandescence** /ˌɪnkænˈdesns/ N incandescence *f*

**incandescent** /ˌɪnkænˈdesnt/ ADJ **a** *(lit = glowing)* incandescent **b** *(fig, liter = radiant)* rayonnant **c** *(= furious)* ◆ **he was ~ (with**

**rage** *or* **fury)** il était blême de rage COMP *[bulb, lamp, light]* à incandescence

**incantation** /ˌɪnkænˈteɪʃən/ N incantation *f*

**incapability** /ɪnˌkeɪpəˈbɪlɪtɪ/ N *(Jur, fig)* incapacité *f* (*of doing sth* de faire qch)

**incapable** /ɪnˈkeɪpəbl/ LANGUAGE IN USE 16.4 ADJ *[person]* incapable (*of doing sth* de faire qch) ; *(Jur)* incapable, inapte ◆ **I'm not ~, I can manage** je ne suis pas invalide, je peux me débrouiller ◆ **~ of violence/tenderness/love/murder** incapable de violence/de tendresse/d'aimer/de commettre un meurtre ◆ **he was ~ of movement** il était incapable de bouger ◆ **~ of proof/analysis** *(frm)* impossible à prouver/analyser ◆ **to be ~ of solution** *(frm)* être insoluble *or* sans solution, ne pouvoir être résolu

**incapacitate** /ˌɪnkəˈpæsɪteɪt/ VT **a** handicaper ◆ **she was ~d by diabetes** elle était handicapée par ses problèmes de diabète ◆ **to be ~d for work** *or* **from working** être dans l'incapacité de travailler, être en invalidité ◆ **heart problems ~d him** ses problèmes cardiaques l'empêchaient de mener une vie normale **b** *(Jur)* frapper d'incapacité

**incapacitated** /ˌɪnkəˈpæsɪteɪtɪd/ ADJ handicapé ◆ **he was ~ with severe back pain** il était immobilisé souffrant d'un sérieux mal de dos

**incapacitating** /ˌɪnkəˈpæsɪteɪtɪŋ/ ADJ ◆ **~ headaches** des maux *mpl* de tête qui empêchent toute activité ◆ **he had an ~ heart condition** ses problèmes cardiaques l'empêchaient de poursuivre des activités normales ◆ **she suffered an ~ stroke** elle a eu une attaque qui l'a laissée handicapée

**incapacity** /ˌɪnkəˈpæsɪtɪ/ N **a** incapacité *f* (*to do* de faire) incompétence *f* (*to do sth* pour faire qch) impuissance *f* (*to do sth* à faire qch ; *for sth* en matière de qch) **b** *(Jur)* incapacité *f* (légale) COMP ▷ **incapacity benefit** N *(Brit)* allocation *f* d'invalidité

**incarcerate** /ɪnˈkɑːsəreɪt/ VT incarcérer

**incarceration** /ɪnˌkɑːsəˈreɪʃən/ N incarcération *f*

**incarnate** /ɪnˈkɑːnɪt/ *(Rel, fig)* ADJ incarné ◆ **the Incarnate Word** *(Rel)* le Verbe incarné ◆ **he's evil/the devil ~** c'est le mal/le diable incarné ◆ **he is cynicism ~** il est le cynisme incarné VT /ˈɪnkɑːneɪt/ incarner

**incarnation** /ˌɪnkɑːˈneɪʃən/ N *(Rel, fig)* incarnation *f* ◆ **she is the ~ of virtue** c'est la vertu incarnée ◆ **in a previous ~** dans une vie antérieure

**incautious** /ɪnˈkɔːʃəs/ ADJ *[person]* imprudent ; *[remark, promise, action]* irréfléchi ; *[behaviour]* inconsidéré

**incautiously** /ɪnˈkɔːʃəslɪ/ ADV imprudemment, sans réfléchir

**incendiary** /ɪnˈsendɪərɪ/ ADJ *(lit, fig)* incendiaire N (*= bomb*) engin *m* *or* bombe *f* incendiaire ; (*= arsonist*) incendiaire *mf* ; *(fig)* (*= agitator*) brandon *m* de discorde COMP ▷ **incendiary device** N dispositif *m* incendiaire

**incense**[1] /ɪnˈsens/ VT (*= anger*) mettre en fureur ; *(stronger)* mettre dans une rage folle

**incense**[2] /ˈɪnsens/ N encens *m* COMP ▷ **incense bearer** N thuriféraire *m* ▷ **incense burner** N encensoir *m*

**incensed** /ɪnˈsenst/ ADJ outré (*at, by* de, par) révolté (*at, by* par)

**incentive** /ɪnˈsentɪv/ N **a** (*= motivation*) motivation *f* ◆ **he has got no ~** il n'a aucune motivation, il n'est absolument pas motivé ◆ **this gave me an ~** cela m'a motivé *or* m'a donné une motivation ◆ **there is no ~ to work hard** rien ne vous incite *or* ne vous pousse à travailler dur ◆ **what ~ is there to work faster?** pour quelle (bonne) raison se mettrait-on à travailler plus vite ? ◆ **they have little ~ to keep going** peu de choses les motivent *or* incitent à continuer ◆ **to provide ~(s) for sth** encourager qch à l'aide de mesures incitatives

**b** (*= promised reward*) incitation *f* ◆ **financial/economic ~s** incitations *fpl* financières/économiques ◆ **they offered him an ~** ils lui ont promis qu'il serait récompensé ; see also **tax**

COMP ▷ **incentive bonus** N *(Ind)* prime *f* d'encouragement ▷ **incentive discount** N *(Comm)* remise *f* promotionnelle ▷ **incentive payment** N ⇒ **incentive bonus**

**inception** /ɪnˈsepʃən/ N commencement *m*, début *m* ◆ **since its ~** depuis ses débuts

**incertitude** /ɪnˈsɜːtɪtjuːd/ N incertitude *f*

**incessant** /ɪnˈsesnt/ ADJ *[complaints]* incessant, perpétuel ; *[rain, efforts]* incessant

**incessantly** /ɪnˈsesntlɪ/ ADV sans arrêt

**incest** /ˈɪnsest/ N inceste *m*

**incestuous** /ɪnˈsestjʊəs/ ADJ *(lit)* incestueux ◆ **they're an ~ lot** *(fig)* ils sont très repliés sur eux-mêmes, ils vivent entre eux

**inch** /ɪntʃ/ N pouce *m* (*= 2,54 cm*) ◆ **he has grown a few ~es since last year** ≈ il a grandi de quelques centimètres depuis l'année dernière ◆ **not an ~ from my face** *or* **nose** en plein *or* juste devant mon nez ◆ **he couldn't see an ~ in front of him** il n'y voyait pas à deux pas ◆ **not an ~ of the cloth is wasted** on ne perd pas un centimètre de tissu ◆ **not an ~ of French territory will be conceded** on ne cédera pas un pouce de territoire français ◆ **he knows every ~ of the district** il connaît la région comme sa poche *or* (jusque) dans ses moindres recoins ◆ **we searched every ~ of the room** nous avons cherché partout dans la pièce, nous avons passé la pièce au peigne fin ◆ **the police were searching the area ~ by ~** la police passait le quartier au peigne fin ◆ **an ~-by-~ search** une fouille minutieuse ◆ **he wouldn't budge an ~** *(lit)* il n'a pas voulu bouger d'un pouce ; *(fig)* il n'a pas voulu faire la plus petite concession *or* céder d'un pouce ◆ **he's every ~ a soldier** il a tout d'un soldat, il est soldat jusqu'à la moelle ◆ **she's every ~ a lady** c'est une femme du monde jusqu'au bout des ongles, elle a tout d'une femme du monde ◆ **within an ~ of succeeding/of death** *etc* à deux doigts *or* à un doigt de réussir/de la mort *etc* ◆ **they beat him to within an ~ of his life** ils l'ont roué de coups et laissé à deux doigts de la mort ◆ **he missed being run over by ~es** il a été à deux doigts de se faire écraser ◆ **give him an ~ and he'll take a yard** *or* **a mile** vous lui donnez le doigt, il vous prend le bras

VI ◆ **to ~ (one's way) forward/out/in** *etc* avancer/sortir/entrer *etc* peu à peu *or* petit à petit ◆ **to ~ (one's way) through** se frayer peu à peu un passage ◆ **prices are ~ing up** les prix augmentent petit à petit

VT ◆ **to ~ sth forward/in/out** *etc* faire avancer/entrer/sortir *etc* qch peu à peu *or* petit à petit

**inchoate** /ˈɪnkəʊeɪt/ ADJ *(frm)* (*= just begun*) naissant, débutant ; (*= half-formed*) vague, mal défini ; (*= unfinished*) incomplet (-ète *f*), inachevé

**inchoative** /ɪnˈkəʊətɪv/ ADJ *(Ling)* *[aspect, verb]* inchoatif

**inchtape** /ˈɪntʃteɪp/ N centimètre *m* (de couturière)

**incidence** /ˈɪnsɪdəns/ N **a** *[of disease]* fréquence *f*, incidence *f* ; *[of crime]* taux *m* ◆ **the ~ of breast cancer increases with age** la fréquence *or* l'incidence des cancers du sein augmente avec l'âge ◆ **the high ~ of heart disease in men over 40** le taux élevé des maladies cardiaques chez les hommes de plus de 40 ans ◆ **record ~s of pneumonia and bronchitis** un nombre record de cas de pneumonie et de bronchite **b** *(Opt, Phys etc)* incidence *f* ; → **angle**[1]

**incident** /ˈɪnsɪdənt/ N **a** incident *m* ; *(in book, play etc)* épisode *m*, péripétie *f* ◆ **there were several ~s on the border last month** il y a eu plusieurs incidents frontaliers le mois dernier ◆ **two students were killed in separate ~s** deux étudiants ont été tués dans deux incidents différents ◆ **a diplomatic ~** un incident diplomatique ◆ **the Birmingham ~** l'incident de Birmingham *or* qui a eu lieu à Birmingham ◆ **~s of violence** actes *mpl* de violence

**b** *(NonC)* **the elections went ahead without ~** les élections se sont poursuivies sans incident ◆ **a novel full of ~** un roman plein de péripéties ◆ **a life full of ~** une vie mouvementée

ADJ **a** *(frm)* **~ to** lié à ◆ **costs ~ to the development of the new model** les coûts liés au développement du nouveau modèle

**b** *(Opt)* incident

COMP ▷ **incident room** N *(Police)* bureau *m* de police *(provisoirement installé sur les lieux d'une enquête)*

**incidental** /ˌɪnsɪˈdentl/ ADJ (*= accompanying*) annexe ; (*= secondary*) d'importance secondaire, annexe ; (*= unplanned*) accidentel, fortuit ; (*= relating to a particular incident*) *[detail]* accessoire, secondaire ◆ **I don't know much about the ~ background** je connais mal les circonstances annexes ◆ **teaching is ~ to my main occupation of translating** l'enseignement n'est pour moi qu'une activité annexe par rapport à la traduction ◆ **these minor characters are ~ to the story** ces personnages secondaires ne sont pas essentiels à l'histoire ◆ **the dangers ~ to such exploration** les dangers que comporte une telle exploration

N *[event etc]* chose *f* fortuite ◆ **that's just an ~** ça n'a pas de rapport avec la question ◆ **~s** (*= expenses*) faux frais *mpl* ; (*= objects*) accessoires *mpl*

COMP ▷ **incidental damages** NPL *(Jur)* dommages-intérêts *mpl* accessoires ▷ **incidental expenses** NPL faux frais *mpl* ▷ **incidental music** N *(TV)* musique *f* de fond ; *(Theat)* musique *f* de scène ; *(Cine)* musique *f* de film ◆ **the ~ music to the play** la musique qui accompagne la pièce

**incidentally** /ˌɪnsɪˈdentəlɪ/ ADV **a** (*= by the way*) *(at start of sentence)* au fait, à propos ; *(in middle, at end of sentence)* soit dit en passant, entre parenthèses ◆ **~, why have you come?** au fait *or* à propos, pourquoi es-tu venu ? ◆ **the tower, ~, dates from the 12th century** la tour, entre parenthèses, date du 12e siècle **b** (*= casually*) *[mention, happen]* incidemment ◆ **it was only ~ interesting** cela n'avait qu'un intérêt accessoire

**incinerate** /ɪnˈsɪnəreɪt/ VT incinérer

**incineration** /ɪnsɪnəˈreɪʃən/ N incinération *f*

**incinerator** /ɪnˈsɪnəreɪtər/ N *(domestic, industrial)* incinérateur *m* ; *[of crematorium]* four *m* crématoire

**incipient** /ɪnˈsɪpɪənt/ ADJ *[quarrel, disease, revolt]* naissant, qui commence ◆ **the ~ uprising was suppressed** la révolte naissante a été étouffée, la révolte a été écrasée dans l'œuf

**incise** /ɪnˈsaɪz/ VT **a** inciser, faire une incision dans **b** *(Art)* graver

**incision** /ɪnˈsɪʒən/ N incision *f*, entaille *f* ; *(Surg)* incision *f*

**incisive** /ɪnˈsaɪsɪv/ ADJ *[tone, analysis, comment, criticism]* incisif ; *[mind]* pénétrant ◆ **she's very ~** elle a l'esprit très vif

**incisively** /ɪnˈsaɪsɪvlɪ/ ADV *[say]* sur un ton incisif ; *[analyse, criticize]* de façon pénétrante

**incisiveness** /ɪnˈsaɪsɪvnɪs/ N *[of person, comment, criticism, analysis]* perspicacité *f* ◆ **the ~ of his mind** son acuité d'esprit ◆ **the ~ of his tone was almost aggressive** son ton était incisif au point d'en être presque agressif

**incisor** /ɪnˈsaɪzəʳ/ N *(= tooth)* incisive *f*

**incite** /ɪnˈsaɪt/ VT inciter, pousser *(to* à) ◆ **to ~ sb to violence/revolt** *etc* inciter *or* pousser qn à la violence/la révolte *etc* ◆ **to ~ sb to do sth** inciter *or* pousser qn à faire qch ◆ **they were ~d to break the law** on les a incités *or* poussés à enfreindre la loi

**incitement** /ɪnˈsaɪtmənt/ N *(NonC)* incitation *f* *(to* à)

**incivility** /ˌɪnsɪˈvɪlɪtɪ/ N *(NonC)* impolitesse *f*, incivilité † *f (also liter)* ◆ **there was an exchange of incivilities** ils ont échangé des amabilités *(iro)*

**incl.** abbrev of **including, inclusive**

**inclemency** /ɪnˈklemənsɪ/ N inclémence *f*

**inclement** /ɪnˈklemənt/ ADJ inclément

**inclination** /ˌɪnklɪˈneɪʃən/ N **a** *(= liking, wish)* inclination *f*, penchant *m* ; *(= tendency)* tendance *f* ; *(= desire)* envie *f* ◆ **children with little ~ for schooling** des enfants qui montrent peu d'inclination *or* de penchant pour les études ◆ **she was by ~ generous** elle était généreuse par inclination ◆ **I had no ~ to sleep** je n'avais aucune envie de dormir ◆ **I have neither the time nor the ~ (to do)** je n'ai ni le temps ni l'envie (de faire) ◆ **she's a playwright by ~** elle est auteur dramatique par goût ◆ **to follow one's own ~s** suivre son inclination *or* ses penchants (naturels) ◆ **he has an ~ towards meanness** il a tendance à être mesquin ◆ **her natural ~ was to help him** son inclination naturelle la portait à lui venir en aide

**b** *(= slope, leaning) [of hill]* inclinaison *f*, pente *f* ; *[of head, body]* inclination *f*

**incline** /ɪnˈklaɪn/ VT **a** *(= bend, bow)* incliner, pencher ◆ **Jack ~d his head very slightly** Jack a très légèrement incliné *or* penché la tête ◆ **~d at an angle of ...** incliné à un angle de ...

**b** *(fig: gen pass)* **to ~ sb to do sth** porter qn à faire qch ◆ **to be ~d to do sth** *(= have a tendency to)* avoir tendance à faire qch ; *(= feel desire to)* être enclin à faire qch ◆ **he's ~d to be lazy** il a tendance à être paresseux ◆ **the drawer is ~d to stick** le tiroir a tendance à se coincer ◆ **I'm ~d to think that ...** j'ai tendance à penser que ... ◆ **I'm ~d to believe you** je suis tenté de te croire ◆ **I'm more ~d to believe her than her sister** j'aurais tendance à la croire elle, plutôt que sa sœur ◆ **he's that way ~d** il est comme ça ◆ **to be criminally ~d** avoir des tendances criminelles ◆ **to be artistically ~d** avoir des dispositions pour l'art ◆ **if you feel (so) ~d** si le cœur vous en dit ◆ **to be well** *or* **favourably ~d towards sb** être bien disposé envers qn

VI **a** *(= slope)* s'incliner ; *(= bend, bow)* s'incliner, se pencher

**b** *(= tend towards)* **she ~s to the opinion that ...** elle est plutôt d'avis que ..., elle aurait tendance à croire que ... ◆ **he ~s to laziness** il incline à la paresse, il a tendance à être paresseux ◆ **his politics ~ towards socialism** ses idées politiques tendent vers le socialisme

N /ˈɪnklaɪn/ pente *f*, inclinaison *f* ; *(Rail)* plan *m* incliné ◆ **a steep ~** une pente raide

COMP ▷ **inclined plane** N plan *m* incliné

**inclose** /ɪnˈkləʊz/ VT ⇒ **enclose**

**inclosure** /ɪnˈkləʊʒəʳ/ N ⇒ **enclosure**

**include** /ɪnˈkluːd/ VT inclure, comprendre ◆ **the trip will ~ Brazil, Argentina and Chile** le Brésil, l'Argentine et le Chili seront inclus dans le trajet ◆ **the President will ~ this idea in his plan** le Président inclura cette idée dans son plan ◆ **the hostages ~ three Britons** il y a trois Britanniques parmi les otages ◆ **does that remark ~ me?** est-ce que cette remarque s'adresse aussi à moi ? ◆ **he ~d my mother in the invitation** ma mère était comprise dans son invitation ◆ **the invitation ~s everybody** l'invitation s'adresse à tout le monde ◆ **everyone, children ~d** tout le monde, les enfants y compris ◆ **all of us, myself ~d** nous tous, moi y compris ◆ **the district ~s ...** la région comprend ...

♦ **to be included** *(in price)* être compris *or* inclus ◆ **wine was ~d in the price** le vin était compris *or* inclus dans le prix ◆ **"service included/not included"** "service compris/non compris" ◆ **your name is not ~d on the list** votre nom ne figure pas sur la liste ◆ **they were all ~d in the accusation** ils étaient tous visés par l'accusation ◆ **I had worked hard to be ~d in a project like this** j'avais travaillé dur pour participer à un projet comme celui-ci

► **include out** * VT SEP ◆ **include me out !** ne comptez pas sur moi !

**including** /ɪnˈkluːdɪŋ/ PREP y compris ◆ **that comes to €40 ~ packing** cela fait 40 € y compris l'emballage ◆ **there were six rooms ~ the kitchen** il y avait six pièces y compris la cuisine ◆ **(not) ~ service charge** service (non) compris ◆ **not ~ tax** taxe non comprise ◆ **up to and ~ chapter five** jusqu'au chapitre cinq inclus ◆ **up to and ~ 4 May** jusqu'au 4 mai inclus ◆ **several projects, ~ ...** plusieurs projets, dont ... *or* parmi lesquels ... ◆ **many conditions, ~ allergies, can be treated with homeopathic remedies** beaucoup de maladies, dont *or* et notamment les allergies, peuvent être traitées par l'homéopathie ◆ **several people, ~ my father, had been invited** plusieurs personnes, dont mon père, avaient été invitées

**inclusion** /ɪnˈkluːʒən/ N inclusion *f*

**inclusive** /ɪnˈkluːsɪv/ ADJ **a** *(= comprehensive) [price, package]* tout compris *inv* ; *[amount, sum]* forfaitaire, global ◆ **~ terms** *(Comm)* (prix *m*) tout compris *m* ◆ **~ of postage and packing** port et emballage compris ◆ **all prices are ~ of VAT** tous les prix incluent la TVA ◆ **cost ~ of travel** prix voyage compris ◆ **the course costs £700, ~ of all food, drink and accommodation** le cours coûte 700 livres, nourriture, boissons et logement compris *or* y compris la nourriture, les boissons et le logement ◆ **the course is fully ~ of all costs** le cours inclut *or* comprend tous les frais ; → **all compounds**

**b** *(= included)* ◆ **Tuesday to Saturday ~** de mardi à samedi inclus *or* compris ◆ **rows A to M ~** de la rangée A à M incluse *or* comprise ◆ **from 1 to 6 May ~** du 1er au 6 mai inclus ◆ **up to page five ~** jusqu'à la page cinq incluse *or* comprise

**c** *(= undiscriminating)* ◆ **a very ~ agenda** un programme très riche ◆ **the conservatoire is far more ~ than before** le conservatoire accueille une clientèle beaucoup plus diversifiée qu'autrefois ◆ **~ language** *(= non-sexist)* langage *m* non sexiste

**inclusively** /ɪnˈkluːsɪvlɪ/ ADV inclusivement

**inclusiveness** /ɪnˈkluːsɪvnɪs/, **inclusivity** /ˌɪnkluːˈsɪvɪtɪ/ N inclusivité *f*

**incognito** /ˌɪnkɒgˈniːtəʊ/ ADV *[travel]* incognito ADJ ◆ **to remain ~** garder l'incognito ◆ **to be an ~ traveller** voyager incognito N incognito *m*

**incoherence** /ˌɪnkəʊˈhɪərəns/ N incohérence *f*

**incoherent** /ˌɪnkəʊˈhɪərənt/ ADJ *[person, speech, letter]* incohérent ; *[style]* décousu ◆ **an ~ set of objectives** un ensemble incohérent d'objectifs ◆ **he was ~ with rage** la fureur le rendait incohérent ◆ **~ ramblings** des divagations *fpl*, des propos *mpl* incohérents

**incoherently** /ˌɪnkəʊˈhɪərəntlɪ/ ADV de façon incohérente

**incohesive** /ˌɪnkəʊˈhiːsɪv/ ADJ sans cohésion

**incombustible** /ˌɪnkəmˈbʌstəbl/ ADJ incombustible

**income** /ˈɪnkʌm/ N revenu(s) *m(pl)* ◆ **families on low ~s, low-~ families** les familles *fpl* à faible revenu ◆ **an ~ of $30,000 a year** un revenu de 30 000 dollars par an ◆ **most of their ~ comes from ...** l'essentiel de leur revenu provient de ... ◆ **private ~** rente(s) *f(pl)* ; → **price, upper**

COMP ▷ **income group** N *(Econ)* tranche *f* de revenus ◆ **the lowest ~ group** les économiquement faibles *mpl* ◆ **the middle ~ group** les revenus *mpl* moyens ◆ **the upper** *or* **highest ~ group** les gros revenus *mpl*, les revenus *mpl* élevés ▷ **incomes policy** N politique *f* des revenus ▷ **Income Support** N *(Brit Admin)* ≈ revenu *m* minimum d'insertion, RMI *m* ▷ **income tax** N *(gen)* impôt *m* sur le revenu ; *[of corporations]* impôt *m* sur les bénéfices ▷ **income tax inspector** N inspecteur *m* des impôts ▷ **income tax return** N déclaration *f* de revenus, feuille *f* d'impôts

**incomer** /ˈɪnˌkʌməʳ/ N *(Brit = new arrival) (into town, area)* nouveau venu *m*, nouvelle venue *f*, nouvel(le) arrivant(e) *m(f)* ; *(into country)* immigrant(e) *m(f)*

**incoming** /ˈɪnˌkʌmɪŋ/ ADJ **a** *(Mil) [missile]* en approche ; *(Phys) [light, radiation]* reçu ◆ **they would not let him receive ~ calls** ils ne le laissaient pas recevoir d'appels ◆ **this telephone only takes ~ calls** ce téléphone ne prend que les appels de l'extérieur ◆ **~ mail** le courrier à l'arrivée **b** *(= arriving: Travel) [plane, flight]* à l'arrivée **c** *[tide]* montant ; *[waves]* qui arrive **d** *(= new) [president, government]* nouveau (nouvelle *f*) NPL **incomings** *(Accounts)* rentrées *fpl*, recettes *fpl*

**incommensurable** /ˌɪnkəˈmenʃərəbl/ ADJ incommensurable (*with* avec)

**incommensurate** /ˌɪnkəˈmenʃərɪt/ ADJ **a** *(= out of proportion)* sans rapport (*to* avec) disproportionné (*to* à) ; *(= inadequate)* insuffisant (*to* pour) **b** ⇒ **incommensurable**

**incommode** † /ˌɪnkəˈməʊd/ VT *(frm)* incommoder, gêner

**incommodious** /ˌɪnkəˈməʊdɪəs/ ADJ *(frm) (= inconvenient)* incommode ; *(= not spacious) [house, room]* où l'on est à l'étroit

**incommunicable** /ˌɪnkəˈmjuːnɪkəbl/ ADJ incommunicable

**incommunicado** /ˌɪnkəmjʊnɪˈkɑːdəʊ/ ADJ ◆ **to be ~** être injoignable ADV ◆ **to be kept** *or* **held ~** être tenu au secret

**incomparable** /ɪnˈkɒmpərəbl/ ADJ incomparable (*to, with* à) ; *[talent, beauty]* incomparable, sans pareil

**incomparably** /ɪnˈkɒmpərəblɪ/ ADV *[better, superior]* incomparablement ◆ **~ beautiful** d'une beauté incomparable

**incompatibility** /ˈɪnkəm,pætəˈbɪlɪtɪ/ N *(gen, Med, Comput)* incompatibilité *f* ◆ **divorce on the grounds of ~** divorce *m* pour incompatibilité d'humeur

**incompatible** /,ɪnkəmˈpætəbl/ ADJ *(gen, Med, Comput)* incompatible (*with sb/sth* avec qn/qch) ◆ **we were totally ~** il y avait incompatibilité totale entre nous, nous n'étions pas faits pour nous entendre

**incompetence** /ɪnˈkɒmpɪtəns/, **incompetency** /ɪnˈkɒmpɪtənsɪ/ N *(gen, Jur)* incompétence *f*

**incompetent** /ɪnˈkɒmpɪtənt/ ADJ *(gen, Jur)* incompétent ◆ **~ teachers** professeurs *mpl* incompétents ◆ **to be ~ in business** être incompétent *or* inapte en affaires ◆ **to be ~ at driving/drawing** être mauvais conducteur/mauvais en dessin ◆ **the court declared him ~ to manage his financial affairs** le tribunal l'a déclaré inapte à s'occuper de ses propres finances N incompétent(e) *m(f)*, incapable *mf*

**incomplete** /,ɪnkəmˈpliːt/ ADJ *(= unfinished)* incomplet (-ète *f*), inachevé ; *(= with some parts missing) [collection, series, kit, machine]* incomplet (-ète *f*)

**incompletely** /,ɪnkəmˈpliːtlɪ/ ADV incomplètement

**incompleteness** /,ɪnkəmˈpliːtnɪs/ N inachèvement *m*

**incomprehensible** /ɪn,kɒmprɪˈhensəbl/ ADJ incompréhensible (*to sb* à qn)

**incomprehensibly** /ɪn,kɒmprɪˈhensəblɪ/ ADV *[act, react]* de manière incompréhensible ◆ **~ worded** formulé de façon inintelligible *or* incompréhensible ◆ **~, he refused** inexplicablement, il a refusé

**incomprehension** /ɪn,kɒmprɪˈhenʃən/ N incompréhension *f*

**inconceivable** /,ɪnkənˈsiːvəbl/ ADJ inconcevable

**inconceivably** /,ɪnkənˈsiːvəblɪ/ ADV ◆ **~ stupid** d'une stupidité inconcevable ◆ **almost ~, she survived the accident** il est incroyable qu'elle ait survécu à l'accident

**inconclusive** /,ɪnkənˈkluːsɪv/ ADJ *[outcome, results, evidence, debate]* peu concluant, peu probant ; *[war, fighting]* non décisif ; *[election]* sans résultats nets ◆ **the last two elections were ~** les deux dernières élections n'ont pas donné de résultats nets

**inconclusively** /,ɪnkənˈkluːsɪvlɪ/ ADV *[discuss]* d'une manière peu concluante ◆ **to end ~** ne pas produire de résultats tangibles, ne déboucher sur rien

**incongruity** /,ɪnkɒŋˈgruːɪtɪ/ N *[of behaviour, dress, remark]* incongruité *f*, inconvenance *f* ; *[of situation]* absurdité *f* ; *[of age, condition]* disproportion *f*, incompatibilité *f*

**incongruous** /ɪnˈkɒŋgrʊəs/ ADJ *(= out of place) [remark, act, name]* incongru, déplacé ; *(= absurd) [situation]* absurde, grotesque ◆ **he was an ~ figure among the tourists** il ne semblait pas à sa place au milieu des touristes ◆ **it was an ~ setting for a wedding** c'était un cadre qui ne semblait pas convenir à un mariage ◆ **it seemed ~ that they should take such a silly idea so seriously** il semblait absurde qu'ils prennent tellement au sérieux une idée aussi stupide ◆ **~ with** peu approprié à

**incongruously** /ɪnˈkɒŋgrʊəslɪ/ ADV *[say, remark, remind, dress]* de façon incongrue ◆ **he wore old jeans, with ~ smart shoes** il portait un vieux jean avec des chaussures d'une élégance incongrue

**inconsequent** /ɪnˈkɒnsɪkwənt/ ADJ *(frm) [person, remark, behaviour, reasoning]* inconséquent

**inconsequential** /ɪn,kɒnsɪˈkwenʃəl/ ADJ a ⇒ **inconsequent** b *(= unimportant)* sans importance, sans conséquence

**inconsequentially** /ɪn,kɒnsɪˈkwenʃəlɪ/ ADV *[talk, remark]* de façon inconséquente

**inconsiderable** /,ɪnkənˈsɪdərəbl/ ADJ insignifiant ◆ **a not ~ sum of money** une somme d'argent non négligeable

**inconsiderate** /,ɪnkənˈsɪdərɪt/ ADJ *[person]* qui manque d'égards *or* de considération ; *[action, reply]* inconsidéré, irréfléchi ◆ **to be ~ towards sb** manquer d'égards *or* de considération envers qn ◆ **you were very ~, that was very ~ of you** tu as agi sans aucun égard *or* sans aucune considération ◆ **it would be ~ to wake him up** ce serait manquer d'égards *or* de considération que de le réveiller

**inconsistency** /,ɪnkənˈsɪstənsɪ/ N *[of person]* inconstance *f* ; *[of facts, accusation, behaviour, reasoning]* incohérence *f* ◆ **the ~ of the two statements** les contradictions entre les deux déclarations ◆ **the ~ of his work** le manque de constance de son travail

**inconsistent** /,ɪnkənˈsɪstənt/ ADJ a *(pej = capricious) [person]* inconstant ; *[behaviour]* incohérent b *(= variable) [work, quality]* inégal ◆ **the team's been ~ this season** les résultats de l'équipe ont été inégaux cette saison c *(= contradictory) [statements, evidence, accounts]* contradictoire ◆ **it is ~ to do that** c'est incohérent *or* inconséquent de faire cela ◆ **to be ~ with sth** *(= contradict)* ne pas concorder avec qch, contredire qch ; *(= be out of keeping with)* ne pas être conforme à qch, ne pas correspondre à qch

> ⚠ *The French word* **inconsistant** *means 'flimsy'.*

**inconsolable** /,ɪnkənˈsəʊləbl/ ADJ inconsolable

**inconsolably** /,ɪnkənˈsəʊləblɪ/ ADV de façon inconsolable

**inconspicuous** /,ɪnkənˈspɪkjʊəs/ ADJ *[person, action]* qui passe inaperçu ; *[dress]* discret (-ète *f*) ◆ **he tried to make himself ~** il a essayé de passer inaperçu, il s'est efforcé de ne pas se faire remarquer

**inconspicuously** /,ɪnkənˈspɪkjʊəslɪ/ ADV *[behave, move, sit, wait]* discrètement ; *[dress]* de façon discrète

**inconstancy** /ɪnˈkɒnstənsɪ/ N *(frm) (= fickleness) [of person]* inconstance *f* ; *(= instability)* instabilité *f*

**inconstant** /ɪnˈkɒnstənt/ ADJ a *[person] (in friendship)* changeant, instable ; *(in love)* inconstant, volage b *(= variable) [weather]* instable, changeant ; *[quality]* variable

**incontestable** /,ɪnkənˈtestəbl/ ADJ incontestable, indiscutable

**incontinence** /ɪnˈkɒntɪnəns/ N *(Med, also fig frm)* incontinence *f* COMP ▷ **incontinence pad** N couche *f* pour incontinent

**incontinent** /ɪnˈkɒntɪnənt/ ADJ a *(Med)* incontinent b *(fig frm)* intempérant

**incontrovertible** /ɪn,kɒntrəˈvɜːtəbl/ ADJ *[proof, evidence]* irréfutable, irrécusable ; *[argument]* irréfutable ; *[fact]* indéniable ◆ **it is ~ that …** il est indéniable que …

**incontrovertibly** /ɪn,kɒntrəˈvɜːtəblɪ/ ADV *[true, right]* indéniablement, irréfutablement ; *[prove, demonstrate]* de façon irréfutable, irréfutablement

**inconvenience** /,ɪnkənˈviːnɪəns/ N a *(= disadvantage)* inconvénient *m*, désagrément *m* ◆ **there are ~s in** *or* **to living in the country** il y a des inconvénients à habiter la campagne, habiter la campagne présente des inconvénients *or* des désagréments ◆ **it's one of the ~s of getting old** c'est l'un des inconvénients quand on vieillit
b *(NonC)* dérangement *m* ◆ **the ~ of a delayed flight** le dérangement occasionné par le retard d'un vol ◆ **to put sb to great ~** causer beaucoup de dérangement à qn ◆ **I don't want to put you to any ~** je ne veux surtout pas vous déranger ◆ **he went to a great deal of ~ to help me** il s'est donné beaucoup de mal pour m'aider ◆ **the management apologizes for any ~ caused by this work** la direction vous prie de bien vouloir excuser la gêne occasionnée par les travaux
VT *(= presume on, impose on)* déranger ; *(= disturb) [noise, smoke etc]* incommoder ; *(stronger)* gêner

**inconvenient** /,ɪnkənˈviːnɪənt/ ADJ *[time, moment]* inopportun ; *[visitor]* gênant, importun ; *[fact, information, truth]* gênant ; *[arrangement, location]* peu pratique ; *[house, room]* peu pratique, malcommode ◆ **I'm sorry if I've come at an ~ time** excusez-moi si j'arrive à un moment inopportun *or* au mauvais moment ◆ **I can come back later if it is ~** je peux revenir plus tard si je vous dérange ◆ **it is ~ for us to do that** ce n'est pas pratique pour nous de faire cela, cela ne nous arrange pas de faire ça

**inconveniently** /,ɪnkənˈviːnɪəntlɪ/ ADV *[happen]* malencontreusement ◆ **an ~ designed room/car** une pièce/voiture conçue de façon peu pratique ◆ **the hotel is ~ situated** la situation de l'hôtel est peu pratique

**inconvertibility** /ˈɪnkən,vɜːtɪˈbɪlɪtɪ/ N non-convertibilité *f*

**inconvertible** /,ɪnkənˈvɜːtəbl/ ADJ *(Fin etc)* inconvertible

**incorporate¹** /ɪnˈkɔːpəreɪt/ VT a *(= introduce as part) [+ territory, suggestions, revisions]* incorporer, intégrer ◆ **they ~d him into their group** ils l'ont incorporé *or* intégré dans leur groupe ◆ **her proposals were ~d into the project plan** ses propositions ont été incorporées dans l'ébauche du projet ◆ **they refused to ~ environmental considerations into their policies** ils ont refusé d'intégrer *or* de prendre en compte des considérations écologiques dans leur politique
b *(= include, contain) [+ articles, essays]* contenir, comprendre ; *[+ ideas, thoughts]* rassembler, réunir ◆ **the new cars will ~ a number of major improvements** les nouvelles voitures seront dotées de plusieurs perfectionnements importants
c *(Comm, Jur) [+ company]* absorber ◆ **~d company** *(esp US)* société *f* à responsabilité limitée ◆ **Smith Robinson Incorporated** *(in name of firm)* Smith Robinson SA
d *(= mix, add)* incorporer (*into* à) ◆ **to ~ eggs into a sauce** incorporer des œufs à une sauce
VI *(Comm)* fusionner (*with* avec)

**incorporate²** /ɪnˈkɔːpərɪt/ ADJ *(Philos)* incorporel

**incorporation** /ɪn,kɔːpəˈreɪʃən/ N *(gen)* incorporation *f* (*in(to) sth* dans qch) ; *(Comm, Jur) [of single company]* incorporation *f* ; *(= takeover)* absorption *f* (*of, by* de, par)

**incorporator** /ɪnˈkɔːpə,reɪtəʳ/ N *(Jur, Fin)* fondateur *m* (d'une société)

**incorporeal** /,ɪnkɔːˈpɔːrɪəl/ ADJ *(frm)* incorporel

**incorrect** /,ɪnkəˈrekt/ ADJ *[information, answer, spelling, assessment, behaviour, posture]* incorrect ; *[assumption, belief]* erroné ; *[diet, dress]* inadapté ; *[breathing]* mauvais ◆ **he is ~ (in**

**his assertion/belief that ...)** il se trompe (en affirmant/croyant que ...) ◆ **it is ~ to say that ...** il est incorrect de dire que ... ; → **politically**

**incorrectly** /ˌɪnkəˈrektlɪ/ ADV *[behave, act]* incorrectement ◆ **he sits ~** il se tient mal, il ne se tient pas correctement ◆ **we assumed ~ that ...** nous avons supposé à tort que ...

**incorrigible** /ɪnˈkɒrɪdʒəbl/ ADJ incorrigible

**incorrigibly** /ɪnˈkɒrɪdʒəblɪ/ ADV incorrigiblement

**incorruptible** /ˌɪnkəˈrʌptəbl/ ADJ incorruptible

**increase** /ɪnˈkriːs/ VI *[price, sales, taxes, crime, sorrow, surprise, rage, pain]* augmenter ; *[amount, numbers]* augmenter, croître ; *[demand, strength, population, supply, speed, possessions, riches]* augmenter, s'accroître ; *[trade]* se développer ; *[darkness]* grandir ; *[noise, effort]* s'intensifier ; *[pride]* grandir ; *[business, firm, institution, town]* s'agrandir, se développer ; *[rain, wind]* devenir plus violent, redoubler ; *[friendship]* se renforcer, se consolider ◆ **industrial output ~d by 2% last year** la production industrielle a augmenté de 2% l'année dernière ◆ **to ~ in volume** augmenter de volume, prendre du volume ◆ **to ~ in weight** prendre du poids, s'alourdir ◆ **to ~ in width** s'élargir ◆ **to ~ in height** *[person]* grandir ; *[tree]* pousser ; *[building]* gagner de la hauteur

VT *[+ numbers, strength, taxes, pain]* augmenter (*by* de) ; *[+ price, sales]* augmenter, faire monter (*by* de) ; *[+ demand, supply, population, possessions, riches]* augmenter, accroître (*by* de) ; *[+ delight, pride, rage, sorrow, surprise]* augmenter, ajouter à ; *[+ trade]* développer ; *[+ noise]* intensifier ; *[+ business]* agrandir, développer ; *[+ friendship]* renforcer, consolider ◆ **how can I ~ my chances of winning?** comment puis-je augmenter mes chances de gagner ? ◆ **a poor diet ~s the risk of cancer** une mauvaise alimentation augmente le risque de cancer ◆ **a greatly ~d risk of (getting) heart disease** un risque considérablement accru de contracter une maladie du cœur ◆ **they've ~d her salary by $2,000 a year** ils l'ont augmentée *or* ils ont augmenté son salaire de 2 000 dollars par an ◆ **they've ~d her salary to $50,000 a year** son salaire a été porté à 50 000 dollars par an ◆ **his hours were ~d to 25 per week** ses heures ont été portées à 25 par semaine ◆ **to ~ speed** accélérer ◆ **he ~d his speed to 90km/h** il a accéléré jusqu'à 90 km/h, il a atteint le 90* ◆ **she ~d her efforts** elle redoubla ses efforts *or* redoubla d'efforts

N /ˈɪnkriːs/ *[of price, sales, numbers, pain, workload]* augmentation *f* ; *[of demand, supply, population, speed]* augmentation *f*, accroissement *m* ; *[of trade]* développement *m* ; *[of noise]* intensification *f* ; *[of business]* agrandissement *m*, développement *m* ; *[of crime]* augmentation *f* ; *[of rain, wind]* redoublement *m* ; *[of friendship]* renforcement *m*, consolidation *f* ; *[of effort]* redoublement *m*, intensification *f* ◆ **our sales figures showed no significant ~** nos chiffres de vente n'ont pas connu d'augmentation notable ◆ **an ~ in public spending** une augmentation des dépenses publiques ◆ **there has been an ~ in police activity** la police a intensifié ses activités ◆ **a pay ~, an ~ in pay** une hausse de salaire, une augmentation (de salaire) ◆ **~ in value** *(Fin)* plus-value *f*

◆ **on the increase** ◆ **violent crime is/racial attacks are on the ~** les crimes violents/les agressions raciales sont en augmentation ◆ **the problem of crime is on the ~** le problème de la criminalité s'accentue ◆ **inflation is on the ~** l'inflation est de plus en plus forte ◆ **asthma is on the ~** les cas d'asthme sont de plus en plus nombreux

**increasing** /ɪnˈkriːsɪŋ/ ADJ *[number, amount]* croissant ◆ **there is ~ concern about the effect of these drugs** on se préoccupe de plus en plus de l'effet de ces drogues ◆ **there is ~ evidence to suggest that ...** nous disposons de plus en plus d'éléments qui tendent à prouver que ... ◆ **there are ~ signs that ...** il semble de plus en plus que ... ◆ **there is ~ pressure on her to resign** elle subit des pressions de plus en plus fortes qui la poussent à démissionner

**increasingly** /ɪnˈkriːsɪŋlɪ/ ADV *(= more and more)* de plus en plus ; *(= more and more often)* de plus en plus souvent ◆ **~ well** de mieux en mieux ◆ **~ unreliable** de moins en moins fiable

**incredible** /ɪnˈkredəbl/ ADJ incroyable ◆ **it is ~ that ...** il est incroyable que ... + *subj* ◆ **~ though it may seem ...** aussi incroyable que cela puisse paraître ...

**incredibly** /ɪnˈkredəblɪ/ ADV a *(= unbelievably)* incroyablement ◆ **~, he refused** chose incroyable, il a refusé b *(= extremely) [big, small, fast, silly etc]* drôlement* ◆ **it was ~ difficult** c'était drôlement* *or* extrêmement difficile

**incredulity** /ˌɪnkrɪˈdjuːlɪtɪ/ N incrédulité *f*

**incredulous** /ɪnˈkredjʊləs/ ADJ *[person]* incrédule ; *[look]* incrédule, d'incrédulité

**incredulously** /ɪnˈkredjʊləslɪ/ ADV *[say]* d'un ton incrédule ; *[watch]* d'un air incrédule

**increment** /ˈɪnkrɪmənt/ N *(in salary)* échelon *m* ; *(Math)* différentielle *f* ; *(Comput)* incrément *m* ; → **unearned** VT *(gen)* augmenter ; *(Comput)* incrémenter

**incremental** /ˌɪnkrɪˈmentl/ ADJ *[benefits]* supplémentaire ; *[cost]* marginal, différentiel ; *[rise, increase]* progressif ; *(Comput)* incrémentiel COMP ▷ **incremental plotter** N *(Comput)* traceur *m* incrémentiel ▷ **incremental value** N *(Comm: on index, scale)* valeur *f* indiciaire *or* de l'augmentation

**incriminate** /ɪnˈkrɪmɪneɪt/ VT incriminer, compromettre ◆ **the drugs had been planted to ~ him** les drogues avaient été placées là dans le but de le compromettre *or* de pouvoir l'incriminer ◆ **he was afraid of incriminating himself** il avait peur de se compromettre

**incriminating** /ɪnˈkrɪmɪneɪtɪŋ/ ADJ compromettant ◆ **~ document** pièce *f* à conviction ◆ **~ evidence** *(Jur)* pièces *fpl* à conviction, preuves *fpl* à charge ; *(fig)* pièces *fpl* à conviction

**incrimination** /ɪnˌkrɪmɪˈneɪʃən/ N incrimination *f*

**incriminatory** /ɪnˈkrɪmɪnətərɪ/ ADJ ⇒ **incriminating**

**incrustation** /ˌɪnkrʌsˈteɪʃən/ N incrustation *f*

**incubate** /ˈɪnkjʊbeɪt/ VT a *[+ eggs]* couver, incuber b *(= grow) [+ bacteria cultures, disease]* incuber c *(fig) [+ plan, scheme]* mûrir VI *[eggs, bacteria, virus]* être en incubation ; *(fig)* couver

**incubation** /ˌɪnkjʊˈbeɪʃən/ N a *[of eggs, disease]* incubation *f* b *(fig) [of plan, scheme]* gestation *f* COMP ▷ **incubation period** N période *f* d'incubation

**incubator** /ˈɪnkjʊbeɪtəʳ/ N *(for chicks, eggs, babies)* couveuse *f*, incubateur *m* ; *(for bacteria cultures)* incubateur *m* ◆ **to put a baby in an ~** mettre un nouveau-né en couveuse

**incubus** /ˈɪŋkjʊbəs/ N (pl **incubuses** *or* **incubi** /ˈɪŋkjʊˌbaɪ/) *(= demon)* incube *m* ; *(fig)* cauchemar *m*

**incudes** /ɪnˈkjuːdiːz/ NPL of **incus**

**inculcate** /ˈɪnkʌlkeɪt/ VT inculquer (*sth in sb, sb with sth* qch à qn)

**inculcation** /ˌɪnkʌlˈkeɪʃən/ N inculcation *f*

**incumbency** /ɪnˈkʌmbənsɪ/ N *[of president, official]* mandat *m* ; *(Rel)* charge *f* ◆ **during his ~** *(gen)* pendant son mandat ; *(Rel)* pendant la durée de sa charge

**incumbent** /ɪnˈkʌmbənt/ ADJ a *(frm)* ◆ **to be ~ (up)on sb to do sth** incomber *or* appartenir à qn de faire qch b *(in office)* en exercice ◆ **the ~ President** *(US Pol)* le président en exercice ; *(before elections)* le président sortant N *(Rel, Admin)* titulaire *m* ◆ **the present ~ of the White House** *(US Pol)* l'occupant actuel de la Maison-Blanche

**incunabula** /ˌɪnkjʊˈnæbjʊlə/ NPL incunables *mpl*

**incunabular** /ˌɪnkjʊˈnæbjʊləʳ/ ADJ incunable

**incur** /ɪnˈkɜːʳ/ VT *[+ anger, blame]* s'attirer, encourir ; *[+ risk]* courir ; *[+ obligation, debts]* contracter ; *[+ loss]* subir ; *[+ expenses, costs]* encourir ◆ **a company ~s huge costs if it decides to modernize** une société encourt des dépenses énormes si elle décide de se moderniser ◆ **this would ~ huge costs to the company** ceci coûterait extrêmement cher à la société ◆ **settle the bill in full each month and you won't ~ interest charges** si vous réglez la facture en entier chaque mois, vous ne serez pas soumis au paiement des intérêts

**incurable** /ɪnˈkjʊərəbl/ ADJ a *(Med)* incurable b *(fig)* incurable, incorrigible ◆ **he's an ~ romantic** c'est un romantique incorrigible N incurable *mf*

**incurably** /ɪnˈkjʊərəblɪ/ ADV *(Med, fig)* incurablement ◆ **the ~ ill** les incurables *mpl*

**incurious** /ɪnˈkjʊərɪəs/ ADJ sans curiosité (*about* en ce qui concerne) incurieux *(liter)* (*about* de)

**incuriously** /ɪnˈkjʊərɪəslɪ/ ADV sans curiosité

**incursion** /ɪnˈkɜːʃən/ N *(Mil)* incursion *f* ; *(fig)* ingérence *f*

**incus** /ˈɪŋkəs/ N (pl **incudes**) *(Anat)* enclume *f*

**Ind.** abbrev of **Indiana**

**indebted** /ɪnˈdetɪd/ ADJ a *(Fin)* endetté ◆ **to be ~ to sb for sth** *(lit, fig)* être redevable à qn de qch ◆ **I was ~ to the tune of £13,000** mes dettes s'élevaient à 13 000 livres ◆ **heavily ~ companies** des sociétés *fpl* fortement endettées ◆ **he was ~ to his brother for a large sum** il était redevable d'une grosse somme à son frère b *(= grateful)* ◆ **I am ~ to him for pointing out that ...** je lui suis redevable d'avoir fait remarquer que ... ◆ **I am greatly ~ to him for his generosity** je lui dois beaucoup pour sa générosité

**indebtedness** /ɪnˈdetɪdnɪs/ N a *(Fin, Comm)* dette(s) *f(pl)*, endettement *m* ◆ **the company has reduced its ~ to £15 million** la société a réduit son endettement à 15 millions de livres ◆ **the amount of our ~ to the bank is $15,000** notre dette envers la banque s'élève à 15 000 dollars b *(fig)* dette(s) *f(pl)* ◆ **my ~ to my friend** ma dette envers mon ami, ce dont je suis redevable à mon ami ◆ **De Palma's ~ to Hitchcock** ce que De Palma doit à Hitchcock

**indecency** /ɪnˈdiːsnsɪ/ N *(gen)* indécence *f* ; *(Jur:* also **act of indecency**) attentat *m* à la pudeur COMP ▷ **indecency charge** N accusation *f* d'attentat à la pudeur ▷ **indecency law** N loi *f* sur l'attentat à la pudeur

**indecent** /ɪnˈdiːsnt/ ADJ indécent ◆ **~ material** documents *mpl* contraires aux bonnes mœurs COMP ▷ **indecent assault** N attentat *m* à la pudeur (*on sb* contre qn) ▷ **inde-**

**cent behaviour** N outrage *m* aux bonnes mœurs ▷ **indecent exposure** N outrage *m* public à la pudeur

**indecently** /ɪn'diːsntlɪ/ ADV a *[behave]* indécemment, de façon indécente ◆ **they got married ~ soon after his first wife's funeral** ils se sont mariés si tôt après les obsèques de sa première femme que c'en était indécent b *(Jur) [touch]* de façon indécente ◆ **to ~ assault sb** attenter à la pudeur de qn ◆ **to ~ expose oneself** *or* **one's person** commettre un outrage public à la pudeur

**indecipherable** /ˌɪndɪ'saɪfərəbl/ ADJ indéchiffrable

**indecision** /ˌɪndɪ'sɪʒən/ N indécision *f*, irrésolution *f*

**indecisive** /ˌɪndɪ'saɪsɪv/ ADJ a *(= uncertain) [person, government, manner]* indécis (*about or over sth* à propos de qch) b *(= inconclusive) [discussion, argument, result, vote]* peu concluant, peu probant

**indecisively** /ˌɪndɪ'saɪsɪvlɪ/ ADV de façon indécise

**indecisiveness** /ˌɪndɪ'saɪsɪvnɪs/ N ⇒ **indecision**

**indeclinable** /ˌɪndɪ'klaɪnəbl/ ADJ indéclinable

**indecorous** /ɪn'dekərəs/ ADJ *(frm)* peu convenable, inconvenant

**indecorously** /ɪn'dekərəslɪ/ ADV d'une manière inconvenante *or* peu convenable

**indecorum** /ˌɪndɪ'kɔːrəm/ N *(frm)* manquement *m* aux usages

**indeed** /ɪn'diːd/ LANGUAGE IN USE 26.3 ADV a *(indicating confirmation, agreement)* en effet, effectivement ◆ **he promised to help and ~ he helped us a lot** il a promis de nous aider et effectivement il nous a beaucoup aidés ◆ **I am ~ quite tired** je suis en effet assez fatigué ◆ **did you know him? – I did ~** vous le connaissiez ? – oui, tout à fait ◆ **are you coming? – ~ I am** *or* **yes ~!** vous venez ? – mais certainement *or* (mais) bien sûr !

b *(introducing further information)* d'ailleurs, en fait ◆ **I don't know what she said, ~ I don't want to know** je ne sais pas ce qu'elle a dit, d'ailleurs *or* en fait je ne veux pas le savoir ◆ **he was happy, ~ delighted, to hear the news** il était content, même ravi d'entendre la nouvelle ◆ **I feel, ~ I know he is right** je sens, en fait je sais qu'il a raison

c *(as intensifier)* vraiment ◆ **that's praise ~ coming from him** venant de lui, c'est vraiment un compliment ◆ **I am very grateful/pleased ~** je suis vraiment reconnaissant/très content ◆ **thank you very much ~** je vous remercie infiniment ◆ **if ~ he were wrong** s'il est vrai qu'il a tort, si tant est qu'il ait tort

d *(showing interest, irony, surprise etc)* ◆ **(oh) ~?** vraiment ?, c'est vrai ? ◆ **is it ~!, did you** (*or* **he** *etc*) **~!** vraiment ? ◆ **who is that man? – who is he ~?** qui est cet homme ? – ah, là est la question ! ◆ **what was to be done? – what ~?** que faire ? – on peut effectivement se poser la question ! ◆ **I heard it on the wireless – wireless, ~! they're called radios now** je l'ai entendu à la TSF – TSF, vraiment ! ça s'appelle une radio, maintenant

**indefatigable** /ˌɪndɪ'fætɪgəbl/ ADJ infatigable, inlassable

**indefatigably** /ˌɪndɪ'fætɪgəblɪ/ ADV inlassablement

**indefensible** /ˌɪndɪ'fensəbl/ ADJ indéfendable

**indefensibly** /ɪndɪ'fensəblɪ/ ADV d'une manière inexcusable ◆ **he was ~ rude** il a été d'une grossièreté impardonnable *or* inexcusable

**indefinable** /ˌɪndɪ'faɪnəbl/ ADJ indéfinissable, vague

**indefinably** /ˌɪndɪ'faɪnəblɪ/ ADV vaguement

**indefinite** /ɪn'defɪnɪt/ ADJ a *(= unspecified) [period, postponement, size, number, duration]* indéterminé ; *[strike, curfew, ban]* illimité ◆ **for the ~ future** pour un avenir indéterminé ◆ **to be granted ~ leave (of absence)** obtenir un congé à durée indéterminée ◆ **at some ~ time** à un moment quelconque *or* indéterminé b *(= vague) [feelings]* indéfini ; *[word]* imprécis ; *[plans]* imprécis, mal défini COMP ▷ **indefinite article** N *(Gram)* article *m* indéfini ▷ **indefinite pronoun** N *(Gram)* pronom *m* indéfini

**indefinitely** /ɪn'defɪnɪtlɪ/ ADV *[last, continue, stay, detain]* indéfiniment ; *[adjourn, cancel]* pour une durée indéterminée ◆ **the meeting has been postponed ~** la réunion a été reportée à une date indéterminée

**indelible** /ɪn'deləbl/ ADJ *(lit, fig)* indélébile

**indelibly** /ɪn'delɪblɪ/ ADV *(lit, fig)* de façon indélébile

**indelicacy** /ɪn'delɪkəsɪ/ N *(frm)* a *(NonC) [of person, behaviour] (= tactlessness)* indélicatesse *f*, manque *m* de délicatesse ; *(= indiscreetness)* manque *m* de discrétion b *[of action, remark] (= impropriety)* inconvenance *f* ; *(= coarseness)* grossièreté *f* ; *(= tactlessness)* indiscrétion *f*

**indelicate** /ɪn'delɪkɪt/ ADJ *[person] (= indiscreet)* indélicat, peu délicat ; *(= tactless)* manquant de tact, indiscret (-ète *f*) ; *[act, remark] (= out of place)* indélicat, déplacé ; *(= tactless)* indiscret (-ète *f*), manquant de tact ; *(= coarse)* grossier

**indemnification** /ɪnˌdemnɪfɪ'keɪʃən/ N a *(NonC)* indemnisation *f* (*for, against* de) b *(= sum paid)* indemnité *f*, dédommagement *m*

**indemnify** /ɪn'demnɪfaɪ/ VT a *(= compensate)* indemniser, dédommager (*sb for sth* qn de qch) b *(= safeguard)* garantir, assurer (*sb against or for sth* qn contre qch)

**indemnity** /ɪn'demnɪtɪ/ N a *(= compensation)* indemnité *f*, dédommagement *m* b *(= insurance)* assurance *f*, garantie *f*

**indent** /ɪn'dent/ VT a *(Typ) [+ word, line]* mettre en alinéa *or* en retrait ; *[+ whole paragraph]* mettre en retrait ; *[+ first line of paragraph]* faire un retrait de première ligne de ◆ **~ed line** ligne *f* en alinéa *or* en retrait ◆ **~ two spaces** renfoncez de deux espaces, mettez en alinéa *or* en retrait de deux espaces b *[+ border]* denteler, découper *(en dentelant)* ◆ **~ed edge** bord *m* dentelé ◆ **~ed coastline** littoral *m* découpé VI *(Brit Comm)* ◆ **to ~ on sb for sth** passer une commande de qch à qn, commander qch à qn N /'ɪndent/ a *(Brit Comm)* commande *f* b ⇒ **indentation**

**indentation** /ˌɪnden'teɪʃən/ N a *(Typ)* alinéa *m* b *(= act)* découpage *m* ; *(= notched edge)* dentelure *f*, découpure *f* ; *[of coastline]* échancrures *fpl*, indentations *fpl* c *(= hollow mark)* empreinte *f* ; *(= footprint)* trace *f* de pas ; *(in metal, car)* bosse *f* ◆ **the ~ of tyres on the soft ground** l'empreinte des pneus sur le sol mou

**indenture** /ɪn'dentʃəʳ/ N *(Jur)* contrat *m* synallagmatique ; *[of apprentice]* contrat *m* d'apprentissage VT *(Jur)* lier par contrat (synallagmatique) ; *[+ apprentice]* mettre en apprentissage (*to* chez)

**independence** /ˌɪndɪ'pendəns/ N a *(gen)* indépendance *f* (*from* par rapport à) ◆ **to show ~** faire preuve d'indépendance, manifester son indépendance b *(Pol)* ◆ **the country's first elections since ~** les premières élections du pays depuis l'indépendance ◆ **the country got its ~ in 1970** le pays est devenu indépendant *or* a obtenu son indépendance en 1970 ◆ **Rhodesia gained ~ from Britain in 1978** la Rhodésie s'est affranchie de la tutelle britannique en 1978 COMP ▷ **Independence Day** N *(US)* fête *f* *or* anniversaire *m* de l'Indépendance américaine *(le 4 juillet)*

**independent** /ˌɪndɪ'pendənt/ ADJ a *(gen) [person, attitude, artist]* indépendant ; *[radio]* libre ◆ **she was fiercely ~** elle était farouchement indépendante ◆ **he is an ~ thinker** c'est un penseur original ◆ **an Independent member** *(Pol)* un député non inscrit *or* non affilié ◆ **~ means** rentes *fpl*, revenus *mpl* indépendants ◆ **he has ~ means** il a une fortune personnelle

b *[country, nation]* indépendant (*of* de) autonome ◆ **to become ~** devenir indépendant *or* autonome, s'affranchir

c *(= unrelated) [proof, research]* indépendant ; *[reports]* émanant de sources indépendantes ◆ **to ask for an ~ opinion** demander un avis indépendant ◆ **there has been no ~ confirmation of this report** aucune source indépendante n'a confirmé cette information

d *(Gram)* indépendant

N *(Pol)* ◆ **Independent** non-inscrit(e) *m(f)*, non-affilié(e) *m(f)*

COMP ▷ **independent school** N *(Brit)* établissement *m* d'enseignement privé ▷ **independent suspension** N *(Aut)* suspension *f* indépendante ▷ **Independent Television Commission** N *(Brit)* ≃ Conseil *m* supérieur de l'audiovisuel

**independently** /ˌɪndɪ'pendəntlɪ/ ADV *[act, live, think]* de façon indépendante, de façon autonome ; *[research, negotiate, investigate]* séparément ◆ **~ of sb/sth** indépendamment de qn/qch ◆ **to be ~ wealthy** avoir une fortune personnelle ◆ **the two scientists had discovered the virus quite ~** les deux savants avaient découvert le virus chacun de leur côté ◆ **quite ~, he had offered to help** il avait proposé son aide sans même qu'on le lui demande, il avait spontanément proposé son aide

**indescribable** /ˌɪndɪs'kraɪbəbl/ ADJ indescriptible

**indescribably** /ˌɪndɪs'kraɪbəblɪ/ ADV ◆ **~ filthy** d'une saleté indescriptible ◆ **it was ~ awful** c'était affreux au-delà de toute expression ◆ **~ beautiful** d'une beauté indescriptible

**indestructibility** /ˌɪndɪstrʌktə'bɪlɪtɪ/ N indestructibilité *f*

**indestructible** /ˌɪndɪs'trʌktəbl/ ADJ indestructible

**indeterminable** /ˌɪndɪ'tɜːmɪnəbl/ ADJ indéterminable

**indeterminacy** /ˌɪndɪ'tɜːmɪnəsɪ/ N indétermination *f*

**indeterminate** /ˌɪndɪ'tɜːmɪnɪt/ ADJ *[age, sex, number, period]* indéterminé ; *[meaning, shape]* imprécis, vague ; *[colour]* imprécis, indéterminé ; *(Math)* indéterminé COMP ▷ **indeterminate sentence** N *(US Jur)* peine *f* de prison de durée indéterminée

**indeterminately** /ˌɪndɪ'tɜːmɪnɪtlɪ/ ADV de façon indéterminée, vaguement

**index** /'ɪndeks/ N a (pl **indexes**) *(= list) (in book, map etc)* index *m*, table *f* alphabétique ; *(on cards, in files: in library etc)* catalogue *m* *or* répertoire *m* (alphabétique) ◆ **to put a book on the Index** *(Rel)* mettre un livre à l'Index

b (pl **indexes**) *(= pointer) [of instrument]* aiguille *f*, index *m* c (pl **indices**) *(= number expressing ratio)* indice *m* ◆ **cost-of-living** ~ indice *m* du coût de la vie ◆ ~ **of growth/of industrial activity** indice *m* de croissance/de l'activité industrielle ◆ ~ **of refraction** *(Opt)* indice *m* de réfraction

d *(St Ex:* also **share index**) indice *m* boursier

e (pl **indices**) *(fig)* signe *m* (révélateur), indication *f* ◆ **it is an** ~ **of how much poorer people were then** c'est un signe révélateur de la plus grande pauvreté qui régnait à l'époque ◆ **weeds are an** ~ **to the character of the soil** les mauvaises herbes sont un indicateur de la nature du sol

f (pl **indexes**) ◆ ~ **(finger)** index *m*

g (pl **indexes**) *(Typ)* index *m*

h (pl **indices**) *(Math)* exposant *m*

**VT** a *(= put an index in) [+ book]* ajouter un index *or* une table alphabétique à ◆ **the book is badly ~ed** l'index *or* la table alphabétique du livre est mal fait(e)

b *(= put into an index) [+ word]* faire figurer dans l'index *or* la table alphabétique ; *(on cards, in files etc) [+ information]* répertorier *or* cataloguer (alphabétiquement) ; *[+ books, diskettes, articles]* classer (*under* sous, à) ◆ **it is ~ed under "Europe"** c'est classé *or* indexé sous "Europe"

c *(Fin, Econ) [+ wages, prices]* indexer

**COMP** ▷ **index card** N fiche *f* ▷ **index figure** N *(Stat)* indice *m* ▷ **index finger** N index *m* ▷ **index-linked** ADJ *(Brit Econ)* indexé ▷ **index number** N ⇒ **index figure** ▷ **index-tied** ADJ ⇒ **index-linked** ▷ **index-tracking fund**, **index-tracker (fund)** N *(Fin)* fonds *m* indiciel

**indexation** /ˌɪndekˈseɪʃən/ N indexation *f*

**India** /ˈɪndɪə/ **N** Inde *f*; *(Hist)* les Indes *fpl*

**COMP** ▷ **India ink** N encre *f* de Chine ▷ **India paper** N papier *m* bible ▷ **India rubber** N *(NonC) (= substance)* caoutchouc *m* ; *(= eraser)* gomme *f*

**Indiaman** /ˈɪndɪəmən/ N (pl **-men**) *(Naut Hist)* navire faisant le voyage des Indes

**Indian** /ˈɪndɪən/ **ADJ** a *(in India)* indien, de l'Inde ; *[ambassador, embassy]* de l'Inde ; *(Hist)* des Indes

b (also **American Indian**) indien, des Indiens (d'Amérique)

**N** a *(in India)* Indien(ne) *m(f)*

b (also **American Indian**) Indien(ne) *m(f)* (d'Amérique)

c *(Ling)* amérindien *m*

**COMP** ▷ **Indian clubs** NPL massues *fpl (de gymnastique)* ▷ **Indian corn** N maïs *m* ▷ **Indian elephant** N éléphant *m* d'Asie ▷ **Indian Empire** N Empire *m* des Indes ▷ **Indian file** N ◆ **in** ~ **file** en file indienne ▷ **Indian giver** * N *(US pej)* personne *f* qui reprend ses cadeaux ▷ **Indian ink** N encre *f* de Chine ▷ **Indian Mutiny** N *(Hist)* révolte *f* des Cipayes ▷ **Indian National Congress** N Congrès *m* national indien ▷ **Indian Ocean** N océan *m* Indien ▷ **Indian rope trick** N *tour d'illusionniste consistant à grimper à une corde que l'on a dressée en jouant d'un instrument de musique* ▷ **Indian sign** † N *(US)* sort *m* ◆ **to put an** ~ **sign on sb** jeter un sort à qn ▷ **Indian summer** N *(= warm weather)* été *m* indien *or* de la Saint-Martin ; *(esp Brit: fig = success late in life)* réussite *f* tardive, succès *m* tardif ▷ **Indian tea** N thé *m* indien *or* de l'Inde ▷ **Indian tonic (water)** N Schweppes ® *m* ▷ **Indian wrestling** N *(US Sport)* bras *m* de fer ; see also **rope**

**Indiana** /ˌɪndɪˈænə/ N Indiana *m* ◆ **in** ~ dans l'Indiana

**indicate** /ˈɪndɪkeɪt/ **VT** a *(= point to)* indiquer, montrer ◆ **he ~d a chair and asked me to sit down** il a indiqué *or* montré une chaise et m'a invité à m'asseoir

b *(= be a sign of)* indiquer ◆ **a change in colour ~s the presence of acid** un changement de couleur indique la présence d'acide ◆ **opinion polls** ~ **(that) they are losing popularity** les sondages indiquent que leur cote de popularité est en baisse

c *(= make known) [+ intentions, opinion]* faire connaître, faire part de ; *[+ feelings]* laisser voir, manifester ◆ **he ~d that I was to leave** il m'a fait comprendre que je devais partir ◆ **he ~d that he might resign** il a laissé entendre qu'il pourrait démissionner

d *(= call for)* indiquer ◆ **the use of penicillin is clearly ~d** le recours à la pénicilline est nettement indiqué ◆ **a new approach to the wages problem is ~d** il convient d'aborder le problème des salaires sous un nouvel angle

**VI** *(esp Brit Aut)* mettre son clignotant ◆ **he was indicating (left)** il avait mis son clignotant (à gauche)

**indication** /ˌɪndɪˈkeɪʃən/ N signe *m*, indication *f* ◆ **it was an** ~ **of his guilt** c'était un signe *or* une indication de sa culpabilité ◆ **we had no** ~ **that it was going to take place** rien ne laissait prévoir *or* présager que cela allait arriver ◆ **there is every** ~ **that she's right** tout porte à croire *or* laisse à penser qu'elle a raison ◆ **there are few ~s that they are ready to come to an agreement** rien ne laisse présager qu'ils approchent d'un accord ◆ **all the ~s lead one to believe that ...** tout porte à croire que ..., il y a toute raison de croire que ... ◆ **it is some** ~ **of how popular she is** cela montre à quel point elle est populaire ◆ **if this result is any** ~, **he ...** à en juger par ce résultat, il ... ◆ **to give sb an** ~ **of one's feelings/intentions** manifester ses sentiments/faire part de ses intentions à qn ◆ **he gave us some** ~ **of what he meant** il nous a donné une idée de ce qu'il voulait dire ◆ **he gave no** ~ **that he was ready to compromise** il n'a aucunement laissé entendre qu'il était prêt à transiger

**indicative** /ɪnˈdɪkətɪv/ **ADJ** a ◆ **to be** ~ **of sth** être révélateur de qch ◆ **to be** ~ **of the fact that ...** montrer que ... b *(Gram)* indicatif **N** *(Gram:* also **indicative mood**) (mode *m*) indicatif *m* ◆ **in the** ~ à l'indicatif

**indicator** /ˈɪndɪkeɪtəʳ/ N *(= device)* indicateur *m* ; *(= needle on scale etc)* aiguille *f*, index *m* ; *(= indication)* indicateur *m* ; *(Brit Aut:* also **indicator light**) *(flashing)* clignotant *m* ; *(projecting)* flèche *f* ; *(Ling)* indicateur *m* ◆ **higher output is an** ~ **that the economy is recovering** *or* **of economic recovery** une augmentation de la production est un indicateur de reprise économique ◆ **economic ~s** indicateurs *mpl* économiques ◆ **altitude/pressure** ~ indicateur *m* d'altitude/de pression

**indices** /ˈɪndɪsiːz/ NPL of **index**

**indict** /ɪnˈdaɪt/ VT a *(esp US Jur)* mettre en examen ◆ **to** ~ **sb for sth** *or* **on a charge of sth** inculper qn de qch, mettre qn en examen pour qch b *(fig)* accuser, porter une accusation contre

**indictable** /ɪnˈdaɪtəbl/ ADJ *(Jur) [person, action]* attaquable en justice, passible de poursuites ◆ **an** ~ **offence** un délit grave, une infraction majeure

**indictment** /ɪnˈdaɪtmənt/ N a *(Jur) (= bill)* acte *m* d'accusation (*for* de) ; *(= process)* mise *f* en examen (*for* pour) ; *(US)* accusation *f (par le jury d'accusation)*; → GRAND JURY ◆ **bill of** ~ *(Brit Hist)* résumé *m* d'instruction *(présenté au jury d'accusation)* ◆ **to bring an** ~ **against sb (for sth)** inculper qn (de qch) b *(fig)* ◆ **such poverty is an** ~ **of the political system** une telle pauvreté est une véritable mise en cause du système politique ◆ **his speech constituted a damning** ~ **of government policy** son discours a été un réquisitoire accablant contre la politique du gouvernement ◆ **it is a sad** ~ **of our times that many old people are afraid to go out alone** c'est un triste signe des temps que beaucoup de personnes âgées n'osent plus sortir seules

**indie** * /ˈɪndɪ/ N *(Mus)* musique *f or* rock *m* indé

**Indies** /ˈɪndɪz/ NPL Indes *fpl* ; → **east, west**

**indifference** /ɪnˈdɪfrəns/ N a *(= lack of interest, of feeling)* indifférence *f* (*to* à ; *towards* envers) manque *m* d'intérêt (*to, towards* pour, à l'égard de) ◆ **he greeted the suggestion with** ~ il a accueilli la suggestion avec indifférence *or* sans manifester d'intérêt ◆ **it is a matter of supreme** ~ **to me** cela m'est parfaitement indifférent *or* égal b *(= poor quality)* médiocrité *f*

**indifferent** /ɪnˈdɪfrənt/ ADJ a *(= lacking feeling, interest)* indifférent (*to* à) ◆ **the government's** ~ **attitude to the massacres** l'indifférence manifestée par le gouvernement vis-à-vis des massacres b *(pej = mediocre) [talent, performance, player]* médiocre, quelconque ◆ **good, bad or** ~ bon, mauvais ou quelconque c († *= impartial)* impartial, neutre

**indifferently** /ɪnˈdɪfrəntlɪ/ ADV a *(= uninterestedly) [say, shrug, look at]* avec indifférence b *(pej = badly) [perform, write]* médiocrement c († *= impartially)* ◆ **she went** ~ **to one shop or the other** elle allait indifféremment dans une boutique ou dans l'autre

**indigence** /ˈɪndɪdʒəns/ N indigence *f*

**indigenous** /ɪnˈdɪdʒɪnəs/ ADJ *[people, species, plant, culture, language]* indigène ; *[population]* indigène, autochtone ◆ **the elephant is** ~ **to India** l'éléphant est un animal indigène en Inde

**indigent** /ˈɪndɪdʒənt/ ADJ *(frm)* indigent, nécessiteux

**indigestible** /ˌɪndɪˈdʒestəbl/ ADJ a *[food, fibre]* inassimilable (par l'organisme) b *(fig) [book, information]* indigeste

**indigestion** /ˌɪndɪˈdʒestʃən/ N *(NonC: Med)* indigestion *f* ◆ **to have an attack of** ~ avoir une indigestion ◆ **he gets a lot of** ~ il fait souvent des indigestions

**indignant** /ɪnˈdɪgnənt/ ADJ indigné (*at or about sth* de qch ; *with sb* contre qn) ◆ **they were** ~ **that they were not consulted/that he had not consulted them** ils étaient indignés de ne pas avoir été consultés/qu'il ne les eût pas consultés ◆ **to become** *or* **get** ~ s'indigner ◆ **to make sb** ~ indigner qn

**indignantly** /ɪnˈdɪgnəntlɪ/ ADV avec indignation ; *[say]* d'un air *or* d'un ton indigné

**indignation** /ˌɪndɪgˈneɪʃən/ N indignation *f* (*at* devant ; *with* contre) ◆ **she was filled with** ~ **at their working conditions** leurs conditions de travail la remplissaient d'indignation

**indignity** /ɪnˈdɪgnɪtɪ/ N a *(= act)* outrage *m*, indignité *f* ◆ **it was the final** ~ c'était le comble de l'outrage ◆ **he suffered the** ~ **of having to ...** il subit l'outrage d'avoir à ... b *(NonC)* indignité *f*

**indigo** /ˈɪndɪgəʊ/ **N** (pl **indigos** *or* **indigoes**) indigo *m* **ADJ** (also **indigo blue**) (bleu) indigo *inv*

**indirect** /ˌɪndɪˈrekt/ **ADJ** indirect **COMP** ▷ **indirect demand** N *(Comm)* demande *f* indirecte ▷ **indirect discourse** N *(US)* ⇒ **indirect speech** ▷ **indirect discrimination** N discrimination *f* indirecte ▷ **indirect lighting** N éclairage *m* indirect ▷ **indirect object** N *(Gram)* complément *m* d'objet indirect ▷ **indirect question** N *(gen, Gram)* question *f* indirecte ▷ **indirect speech** N *(Gram)* discours *m* indirect ▷ **indirect tax** N impôt *m* indirect ▷ **indirect taxation** N contributions *fpl* indirectes, impôts *mpl* indirects

**indirectly** /ˌɪndɪˈrektlɪ/ ADV indirectement

**indirectness** /ˌɪndɪˈrektnɪs/ N caractère *m* indirect

**indiscernible** /ˌɪndɪˈsɜːnəbl/ ADJ indiscernable

**indiscipline** /ɪnˈdɪsɪplɪn/ N indiscipline *f*

**indiscreet** /ˌɪndɪsˈkriːt/ ADJ *(= tactless)* indiscret (-ète *f*) ; *(= rash)* imprudent (*about sth* à propos de qch)

**indiscreetly** /ˌɪndɪsˈkriːtlɪ/ ADV *(= tactlessly)* indiscrètement ; *(= rashly)* imprudemment, avec imprudence

**indiscretion** /ˌɪndɪsˈkreʃən/ N **a** *(NonC) (= tactlessness)* manque *m* de discrétion, indiscrétion *f* ; *(= rashness)* imprudence *f* ; *(= carelessness)* indiscrétion *f* **b** *(= tactless remark, action)* indiscrétion *f* ◆ **an act of ~** une indiscrétion ◆ **a youthful ~** une bêtise *or* une erreur de jeunesse

**indiscriminate** /ˌɪndɪsˈkrɪmɪnɪt/ ADJ *[killing, violence]* systématique ; *[punishment]* distribué à tort et à travers ◆ **~ use of pesticides** emploi *m* inconsidéré de pesticides ◆ **to be ~ in one's attacks** lancer ses attaques au hasard ◆ **to be ~ in one's viewing habits** ne pas être sélectif dans ses choix de programmes de télévision

**indiscriminately** /ˌɪndɪsˈkrɪmɪnɪtlɪ/ ADV *[use]* sans discernement ; *[kill, punish]* sans distinction ; *[fire]* au hasard ; *[read, watch TV]* de façon non sélective ◆ **this disease strikes ~** cette maladie frappe tout le monde sans distinction

**indispensable** /ˌɪndɪsˈpensəbl/ ADJ indispensable (*to* à) ◆ **nobody's ~!** personne n'est indispensable ! ◆ **you're not ~!** on peut se passer de toi !, tu n'es pas indispensable !

**indisposed** /ˌɪndɪsˈpəʊzd/ ADJ **a** *(= unwell)* indisposé, souffrant **b** *(= disinclined)* peu disposé, peu enclin (*to do sth* à faire qch)

**indisposition** /ˌɪndɪspəˈzɪʃən/ N **a** *(= illness)* indisposition *f*, malaise *m* **b** *(= disinclination)* manque *m* d'inclination (*to do sth* à faire qch)

**indisputable** /ˌɪndɪsˈpjuːtəbl/ ADJ incontestable, indiscutable

**indisputably** /ˌɪndɪsˈpjuːtəblɪ/ LANGUAGE IN USE 26.3 ADV incontestablement, indiscutablement

**indissoluble** /ˌɪndɪˈsɒljʊbl/ ADJ **a** *[friendship]* indissoluble **b** *(Chem)* insoluble

**indissolubly** /ˌɪndɪˈsɒljʊblɪ/ ADV *(gen, Jur)* indissolublement

**indistinct** /ˌɪndɪsˈtɪŋkt/ ADJ *[voice, sound, words, figure, shape]* indistinct ; *[memory]* vague, flou ; *[photograph]* flou

**indistinctly** /ˌɪndɪsˈtɪŋktlɪ/ ADV *[see, hear, speak]* indistinctement ; *[remember]* vaguement

**indistinguishable** /ˌɪndɪsˈtɪŋgwɪʃəbl/ ADJ **a** indifférenciable (*from* de) **b** *(= very slight) [noise, difference, change]* imperceptible, indiscernable

**indistinguishably** /ˌɪndɪsˈtɪŋgwɪʃəblɪ/ ADV au point de ne pouvoir être différencié

**indium** /ˈɪndɪəm/ N indium *m*

**individual** /ˌɪndɪˈvɪdjʊəl/ ADJ **a** *(= separate) [opinion, attention, portion]* individuel ◆ **served in ~ dishes** servi dans des plats individuels ◆ **Japan has changed ~ aspects of its nuclear policy** le Japon a modifié certains aspects de sa politique nucléaire ◆ **the rights of ~ countries to impose their own laws** le droit de chaque pays à imposer ses propres lois ◆ **divide the salmon among six ~ plates** répartissez le saumon sur six assiettes individuelles

**b** *(= distinctive, characteristic)* personnel, particulier ◆ **he has an ~ style** il a un style personnel *or* bien à lui ◆ **the language she uses is highly ~** elle utilise un langage très personnel *or* particulier

**c** *(Sport)* ◆ **~ pursuit** poursuite *f* individuelle ◆ **~ sports** sports *mpl* individuels

N individu *m* ◆ **each ~ is entitled to ...** tout individu *or* toute personne *or* chacun a droit à ... ◆ **two or more unrelated ~s living together** deux ou plusieurs personnes qui vivent ensemble ◆ **donations from wealthy ~s** des dons de riches particuliers ◆ **enterprising ~s who ...** des audacieux qui ... ◆ **at what age does a child become aware it is an ~?** à quel âge l'enfant se rend-il compte de son individualité ?

**individualism** /ˌɪndɪˈvɪdjʊəlɪzəm/ N individualisme *m*

**individualist** /ˌɪndɪˈvɪdjʊəlɪst/ N individualiste *mf*

**individualistic** /ˌɪndɪˌvɪdjʊəˈlɪstɪk/ ADJ individualiste

**individuality** /ˌɪndɪˌvɪdjʊˈælɪtɪ/ N individualité *f*

**individualize** /ˌɪndɪˈvɪdjʊəlaɪz/ VT individualiser, personnaliser ◆ **~d instruction** *(US Scol)* enseignement *m* individualisé

**individually** /ˌɪndɪˈvɪdjʊəlɪ/ ADV **a** *(= separately) [wrapped, numbered]* individuellement, séparément ◆ **~ responsible for sth** individuellement *or* personnellement responsable de qch ◆ **he spoke to them ~** il leur a parlé à chacun individuellement *or* personnellement ◆ **they're all right ~** pris séparément ils sont très bien **b** *(= uniquely) [decorated]* de façon individualisée *or* personnalisée ◆ **~ designed flats** appartements *mpl* individualisés *or* personnalisés

**indivisibility** /ˌɪndɪˌvɪzəˈbɪlɪtɪ/ N indivisibilité *f*

**indivisible** /ˌɪndɪˈvɪzəbl/ ADJ indivisible ; *(Math, Philos)* insécable

**indivisibly** /ˌɪndɪˈvɪzəblɪ/ ADV indivisiblement, indissolublement

**Indo-** /ˈɪndəʊ/ PREF indo- ; → **Indo-China**

**Indo-China** /ˈɪndəʊˈtʃaɪnə/ N Indochine *f*

**Indo-Chinese** /ˈɪndəʊtʃaɪˈniːz/ ADJ indochinois N Indochinois(e) *m(f)*

**indoctrinate** /ɪnˈdɒktrɪneɪt/ VT endoctriner ◆ **they've all been ~d** ils sont tous endoctrinés ◆ **to ~ sb with ideas** inculquer des idées à qn ◆ **to ~ sb to do sth** conditionner qn à faire qch ◆ **we have all been strongly ~d to value material things** nous avons tous été fortement conditionnés à valoriser les choses matérielles, on nous a fortement inculqué à tous le sens des choses matérielles ◆ **to ~ sb with political ideas/with hatred of the enemy** inculquer des doctrines politiques/la haine de l'ennemi à qn

**indoctrination** /ɪnˌdɒktrɪˈneɪʃən/ N endoctrinement *m*

**Indo-European** /ˈɪndəʊˌjʊərəˈpɪən/ ADJ indo-européen N *(Ling)* indo-européen *m*

**indolence** /ˈɪndələns/ N indolence *f*

**indolent** /ˈɪndələnt/ ADJ indolent

**indolently** /ˈɪndələntlɪ/ ADV indolemment

**indomitable** /ɪnˈdɒmɪtəbl/ ADJ indomptable ◆ **her ~ spirit** sa ténacité à toute épreuve

**indomitably** /ɪnˈdɒmɪtəblɪ/ ADV *[struggle, continue]* sans jamais se laisser abattre

**Indonesia** /ˌɪndəʊˈniːzɪə/ N Indonésie *f*

**Indonesian** /ˌɪndəʊˈniːzɪən/ ADJ indonésien N **a** Indonésien(ne) *m(f)* **b** *(Ling)* indonésien *m*

**indoor** /ˈɪndɔːʳ/ ADJ *[activity, plant, shoes]* d'intérieur ; *[market, swimming pool, tennis court, cycle track]* couvert ; *[sports, athletics, championship]* en salle ; *[job] (in office)* dans un bureau ; *(at home)* à la maison ; *(Cine, Theat) [scene]* d'intérieur ◆ **~ aerial** *(TV)* antenne *f* intérieure ◆ **~ games** *(squash etc)* sports *mpl* pratiqués en salle ; *(table games)* jeux *mpl* de société ◆ **~ photography** photographie *f* d'intérieur

**indoors** /ɪnˈdɔːz/ ADV *[stay] (in building)* à l'intérieur ; *(at home)* chez soi ; *[go, keep, spend time]* à l'intérieur ◆ **to go ~** rentrer ◆ **to take sb ~** faire entrer qn ◆ **I can't stay ~ forever** je ne peux pas rester enfermé tout le temps ◆ **bring plants ~ in October** en octobre, rentrer les plantes

**indorse** /ɪnˈdɔːs/ VT ⇒ **endorse**

**indrawn** /ˈɪndrɔːn/ ADJ *(lit)* ◆ **a long ~ breath** une longue inspiration ◆ **he received the news with ~ breath** *(fig)* l'annonce de la nouvelle lui a coupé le souffle ◆ **the crowd gave a gasp of ~ breath** la foule a retenu son souffle

**indubitable** /ɪnˈdjuːbɪtəbl/ ADJ indubitable

**indubitably** /ɪnˈdjuːbɪtəblɪ/ ADV indubitablement

**induce** /ɪnˈdjuːs/ VT **a** *(= persuade)* persuader (*sb to do sth* qn de faire qch) inciter (*sb to do sth* qn à faire qch) ◆ **nothing would ever ~ me to go back there** rien ne pourrait me décider à retourner là-bas **b** *(= bring about) [+ reaction]* produire, provoquer ; *[+ sleep, illness, hypnosis]* provoquer ◆ **to ~ labour** *(Med)* déclencher l'accouchement *(artificiellement)* ◆ **~d labour** accouchement *m* déclenché ◆ **she was ~d** son accouchement a été déclenché **c** *(Philos = infer)* induire, conclure **d** *(Elec)* produire par induction

**-induced** /ɪnˈdjuːst/ ADJ *(in compounds)* causé *or* provoqué par ◆ **drug-induced** *[sleep, fit]* causé *or* provoqué par les médicaments (*or* par la drogue *etc*) ◆ **self-induced** intentionnel, volontaire ; *[hypnosis]* autosuggéré

**inducement** /ɪnˈdjuːsmənt/ N **a** *(= reward)* récompense *f* ; *(euph) (= bribe)* pot-de-vin *m (pej)* ◆ **and as an added ~ we are offering ...** et comme avantage supplémentaire nous offrons ... ◆ **he received £100 as an ~** il a reçu 100 livres à titre de gratification, il a reçu un pot-de-vin *(pej)* de 100 livres ◆ **financial/cash ~s** avantages *mpl* financiers/en espèces **b** *(NonC = reason for doing sth)* motivation *f* (*to do sth, for doing sth* pour faire qch) encouragement *m* (*to do sth, for doing sth* à faire qch)

**induct** /ɪnˈdʌkt/ VT *[+ president]* établir dans ses fonctions, installer ; *[+ clergyman]* instituer, installer ; *[+ student]* accueillir *(au début de leur première année d'études)* ; *(US Mil)* incorporer ◆ **to ~ sb into the mysteries of ...** initier qn aux mystères de ...

**induction** /ɪnˈdʌkʃən/ N **a** *(NonC) (Elec, Philos)* induction *f* ; *[of sleep, hypnosis etc]* provocation *f* ; *(Med) [of labour]* déclenchement *m* (provoqué) **b** *[of clergyman, president]* installation *f* ; *[of new staff members]* insertion *f*, intégration *f* ; *(US Mil)* incorporation *f*

COMP ▷ **induction coil** N *(Elec)* bobine *f* d'induction ▷ **induction course**, **induc-**

**tion training** N *(Ind)* stage *m* préparatoire (d'intégration), stage *m* d'accueil et d'orientation ▷ **induction year** N *(Scol) [of teacher]* ≈ année *f* de stage

**inductive** /ɪn'dʌktɪv/ ADJ a *(Logic, Math) [reasoning, logic, process]* inductif b *(Elec) [load]* inductif ; *[current]* inducteur (-trice *f*)

**indulge** /ɪn'dʌldʒ/ VT a *(= spoil) [+ person]* gâter ; *(= give way to, gratify) [+ person, desires, wishes, laziness]* céder à ◆ **he ~s her every whim** il lui passe tous ses caprices, il cède à tous ses caprices ◆ **on Saturdays he ~s his passion for football** le samedi il s'adonne à sa passion pour le football ◆ **~ yourself with a glass of chilled white wine** faites-vous plaisir avec un verre de vin blanc bien frais ◆ **go on, ~ yourself!** allez, laissez-vous tenter !
b *(Comm = extend time for payment) [+ person, firm]* accorder des délais de paiement à
VI ◆ **to ~ in sth** se permettre qch ◆ **she ~d in a little harmless flirtation** elle s'est permis un petit flirt inoffensif ◆ **we can't afford to ~ in cheap speculation** nous ne pouvons pas nous complaire dans des suppositions gratuites ◆ **we don't ~ in such underhand tactics** nous ne nous abaissons pas à pratiquer ces tactiques sournoises

**indulgence** /ɪn'dʌldʒəns/ N a *(NonC = tolerance)* indulgence *f*, complaisance *f* b *(= luxury)* luxe *m* ; *(= treat, food)* gâterie *f* ◆ **he allowed himself the ~ of a day off work** il s'est offert le luxe de prendre un jour de congé ◆ **smoking was his one ~** la cigarette était son seul petit plaisir *or* son seul péché mignon c *(Rel)* indulgence *f*

**indulgent** /ɪn'dʌldʒənt/ ADJ *(= not severe)* indulgent (*to* envers, pour) ; *(= permissive)* indulgent (*to* envers, pour) complaisant (*to* à l'égard de, pour)

**indulgently** /ɪn'dʌldʒəntlɪ/ ADV avec indulgence

**Indus** /'ɪndəs/ N Indus *m*

**industrial** /ɪn'dʌstrɪəl/ ADJ *[application, experience, psychology, research, training]* industriel ; *[expansion]* industriel, de l'industrie ; *[worker]* de l'industrie ; *[accident, injury, medicine]* du travail ; *[fabric, equipment]* pour l'industrie, industriel
COMP ▷ **industrial action** N *(Brit)* action *f* revendicative ; *(= strike)* (mouvement *m* de) grève *f* ◆ **to take ~ action** lancer une action revendicative ; *(= go on strike)* se mettre en grève ▷ **industrial arts** NPL *(US)* enseignement *m* technique ▷ **industrial correspondent** N *(Brit Press, Rad, TV)* correspondant *m* industriel ▷ **industrial design** N design *m* (industriel), esthétique *f* industrielle ▷ **industrial designer** N concepteur-dessinateur *m* industriel, designer *m* ▷ **industrial diamond** N diamant *m* naturel *or* industriel ▷ **industrial disease** N maladie *f* professionnelle ▷ **industrial dispute** N *(Brit)* conflit *m* social ▷ **industrial engineering** N génie *m* industriel ▷ **industrial espionage** N espionnage *m* industriel ▷ **industrial estate** N *(Brit)* zone *f* industrielle ▷ **industrial hygiene** N hygiène *f* du travail ▷ **industrial injury benefit** N indemnité *f* d'accident du travail ▷ **industrial insurance** N assurance *f* contre les accidents du travail, assurance *f* des salariés de l'industrie ▷ **industrial park** N zone *f* industrielle ▷ **industrial psychologist** N psychologue *mf* d'entreprise ▷ **industrial rehabilitation** N réadaptation *f* fonctionnelle ▷ **industrial relations** NPL relations *fpl* patronat-syndicats ; *(= field of study)* relations *fpl* sociales ▷ **Industrial Revolution** N *(Hist)* révolution *f* industrielle ▷ **industrial school** N *(US)* école *f* technique ▷ **industrial-strength** ADJ a *(Ind)* à usage industriel b *(* hum = strong) [elastic]* bien costaud ; *[face cream]* énergique ◆ **~-strength red wine** du gros rouge costaud *or* qui tache ▷ **industrial tribunal** N ≈ conseil *m* de prud'hommes ▷ **industrial unrest** N troubles *mpl* sociaux, agitation *f* ouvrière ▷ **industrial vehicle** N véhicule *m* industriel ▷ **industrial waste** N *(Brit)* déchets *mpl* industriels ▷ **industrial wastes** NPL *(US)* ⇒ **industrial waste**

**industrialism** /ɪn'dʌstrɪəlɪzəm/ N industrialisme *m*

**industrialist** /ɪn'dʌstrɪəlɪst/ N industriel *m*

**industrialization** /ɪn,dʌstrɪəlaɪ'zeɪʃən/ N industrialisation *f*

**industrialize** /ɪn'dʌstrɪəlaɪz/ VT industrialiser

**industrious** /ɪn'dʌstrɪəs/ ADJ assidu

**industriously** /ɪn'dʌstrɪəslɪ/ ADV assidûment, avec assiduité

**industriousness** /ɪn'dʌstrɪəsnɪs/ N ⇒ **industry noun b**

**industry** /'ɪndəstrɪ/ N a industrie *f* ◆ **basic** *or* **heavy ~** industrie *f* lourde ◆ **the hotel ~** l'hôtellerie *f*, l'industrie *f* hôtelière ◆ **the tourist ~** le tourisme, l'industrie *f* touristique ◆ **psychoanalysis has become a real ~** *(fig)* la psychanalyse est devenue une véritable industrie ; → **coal, textile, trade** b *(NonC = industriousness)* assiduité *f*, application *f* ◆ **with great ~** avec beaucoup d'assiduité
COMP ▷ **industry standard** N norme *f* industrielle ▷ **industry-standard** ADJ aux normes industrielles

**inebriate** /ɪ'niːbrɪɪt/ N *(frm)* alcoolique *mf* ADJ *(frm)* en état d'ébriété VT /ɪ'niːbrɪeɪt/ *(lit, fig)* enivrer, griser

**inebriated** /ɪ'niːbrɪ,eɪtɪd/ ADJ *(= drunk) (lit)* ivre ; *(fig)* enivré, grisé (*by* de)

**inebriation** /ɪ,niːbrɪ'eɪʃən/, **inebriety** /,ɪniː'braɪətɪ/ N état *m* d'ébriété

**inedible** /ɪn'edɪbl/ ADJ *(= not meant to be eaten)* non comestible ; *(= not fit to be eaten)* immangeable

**ineducable** /ɪn'edjʊkəbl/ ADJ inéducable

**ineffable** /ɪn'efəbl/ ADJ *(liter)* indicible *(liter)*, ineffable

**ineffably** /ɪn'efəblɪ/ ADV *(liter)* ineffablement *(liter)*

**ineffaceable** /,ɪnɪ'feɪsəbl/ ADJ ineffaçable, indélébile

**ineffective** /,ɪnɪ'fektɪv/ ADJ inefficace (*against sth* contre qch ; *in doing sth* pour faire qch)

**ineffectively** /,ɪnɪ'fektɪvlɪ/ ADV *[use]* inefficacement ; *[try]* vainement, en vain

**ineffectiveness** /,ɪnɪ'fektɪvnɪs/ N inefficacité *f*

**ineffectual** /,ɪnɪ'fektjʊəl/ ADJ ⇒ **ineffective**

**ineffectually** /,ɪnɪ'fektjʊəlɪ/ ADV inefficacement

**inefficacious** /,ɪnefɪ'keɪʃəs/ ADJ inefficace

**inefficacy** /ɪn'efɪkəsɪ/ N inefficacité *f*

**inefficiency** /,ɪnɪ'fɪʃənsɪ/ N *[of action, machine, measures]* inefficacité *f*, insuffisance *f* ; *[of person]* incompétence *f*, manque *m* d'efficacité

**inefficient** /,ɪnɪ'fɪʃənt/ ADJ *[person, measures, drug]* inefficace ; *[machine, factory]* peu performant

**inefficiently** /,ɪnɪ'fɪʃəntlɪ/ ADV inefficacement ◆ **work done ~** travail exécuté de façon inefficace

**inelastic** /,ɪnɪ'læstɪk/ ADJ a *[material]* non élastique b *(fig) [system, regulations]* rigide ; *(Econ) [demand, supply]* non élastique c *(Phys)* inélastique

**inelegant** /ɪn'elɪgənt/ ADJ inélégant, peu élégant

**inelegantly** /ɪn'elɪgəntlɪ/ ADV inélégamment

**ineligibility** /ɪn,elɪdʒə'bɪlɪtɪ/ N *(gen)* inéligibilité *f* ; *(Fin)* irrecevabilité *f*

**ineligible** /ɪn'elɪdʒəbl/ ADJ *[candidate]* inéligible ◆ **he's ~ for social security benefits** il n'a pas droit aux prestations de la Sécurité sociale ◆ **he's ~ to vote** il n'a pas le droit de vote ◆ **~ for military service** inapte au service militaire

**ineluctable** /,ɪnɪ'lʌktəbl/ ADJ *(frm)* inéluctable, inévitable

**inept** /ɪ'nept/ ADJ *(= incompetent)* incompétent ; *(= inappropriate) [remark]* déplacé ◆ **the team's ~ performance** la médiocre performance de l'équipe

**ineptitude** /ɪ'neptɪtjuːd/ N *(= incompetence)* incompétence *f* ; *(= inappropriateness) [of remark]* caractère *m* déplacé

**ineptly** /ɪ'neptlɪ/ ADV de façon inepte

**ineptness** /ɪ'neptnɪs/ N ⇒ **ineptitude**

**inequality** /,ɪnɪ'kwɒlɪtɪ/ N inégalité *f*

**inequitable** /ɪn'ekwɪtəbl/ ADJ inéquitable, injuste

**inequity** /ɪn'ekwɪtɪ/ N injustice *f*, iniquité *f*

**ineradicable** /,ɪnɪ'rædɪkəbl/ ADJ indéracinable, tenace

**inert** /ɪ'nɜːt/ ADJ *(gen, also Chem, Phys)* inerte ; *(= dull)* morne COMP ▷ **inert gas** N gaz *m* inerte

**inertia** /ɪ'nɜːʃə/ N a *[of person]* inertie *f*, apathie *f* b *(Chem, Phys)* inertie *f* COMP ▷ **inertia-reel seat belts** NPL *(Aut)* ceintures *fpl* (de sécurité) à enrouleurs ▷ **inertia selling** N *(Brit Comm)* vente *f* forcée par correspondance

**inescapable** /,ɪnɪs'keɪpəbl/ ADJ inéluctable, inévitable

**inessential** /,ɪnɪ'senʃəl/ ADJ superflu, non-essentiel

**inestimable** /ɪn'estɪməbl/ ADJ *[gift, friendship]* inestimable, inappréciable ; *[fortune, work]* incalculable

**inevitability** /ɪn,evɪtə'bɪlɪtɪ/ N caractère *m* inévitable

**inevitable** /ɪn'evɪtəbl/ ADJ *[result]* inévitable, inéluctable ; *[day, event]* fatal ◆ **it seems that civil war has become ~** il semble que la guerre civile soit devenue inévitable *or* inéluctable ◆ **it's ~ that new recruits will make errors at first** les nouvelles recrues feront inévitablement *or* fatalement des erreurs au début ◆ **I'm afraid it's ~** j'ai bien peur que ce soit inévitable *or* inéluctable ◆ **the tourist had the ~ camera** le touriste avait l'inévitable *or* l'incontournable appareil-photo N ◆ **the ~** l'inévitable *m*

**inevitably** /ɪn'evɪtəblɪ/ ADV inévitablement

**inexact** /,ɪnɪg'zækt/ ADJ inexact

**inexactitude** /,ɪnɪg'zæktɪtjuːd/ N inexactitude *f*

**inexactly** /,ɪnɪg'zæktlɪ/ ADV inexactement

**inexcusable** /,ɪnɪks'kjuːzəbl/ ADJ inexcusable, impardonnable ◆ **it is ~ that ...** il est inexcusable que ... + *subj* ◆ **it would be ~ to make such a mistake** il serait inexcusable de faire une telle erreur ◆ **that was ~ of you** c'était inexcusable *or* impardonnable de votre part

**inexcusably** /,ɪnɪks'kjuːzəblɪ/ ADV *[say, overlook, neglect]* de façon inexcusable *or* impardonnable ◆ ~ **lazy/careless** d'une paresse/d'une négligence inexcusable

**inexhaustible** /ˌɪnɪgˈzɔːstəbl/ **ADJ** inépuisable

**inexorable** /ɪnˈeksərəbl/ **ADJ** inexorable

**inexorably** /ɪnˈeksərəblɪ/ **ADV** inexorablement

**inexpedient** /ˌɪnɪksˈpiːdɪənt/ **ADJ** *[action, decision, policy]* inopportun, malavisé

**inexpensive** /ˌɪnɪksˈpensɪv/ **ADJ** bon marché *inv*, pas cher

**inexpensively** /ˌɪnɪksˈpensɪvlɪ/ **ADV** *[buy]* à bon marché, à bon compte ; *[live]* à peu de frais

**inexperience** /ˌɪnɪksˈpɪərɪəns/ **N** inexpérience *f*, manque *m* d'expérience

**inexperienced** /ˌɪnɪksˈpɪərɪənst/ **ADJ** *[driver, pilot, teacher, doctor]* inexpérimenté ◆ **I am very ~ in matters of this kind** j'ai très peu d'expérience dans ce genre de choses ◆ **doctors are ~ in dealing with this disease** les médecins ont peu d'expérience dans le traitement de cette maladie ◆ **he's too ~ to be president** il manque trop d'expérience pour être président ◆ **to be sexually ~** manquer d'expérience sexuelle

**inexpert** /ɪnˈekspɜːt/ **ADJ** inexpert, maladroit (*in* en)

**inexpertly** /ɪnˈekspɜːtlɪ/ **ADV** maladroitement

**inexplicable** /ˌɪnɪksˈplɪkəbl/ **ADJ** inexplicable

**inexplicably** /ˌɪnɪksˈplɪkəblɪ/ **ADV** inexplicablement

**inexpressible** /ˌɪnɪksˈpresəbl/ **ADJ** inexprimable

**inexpressive** /ˌɪnɪksˈpresɪv/ **ADJ** inexpressif

**inextinguishable** /ˌɪnɪksˈtɪŋgwɪʃəbl/ **ADJ** *[fire]* impossible à éteindre *or* à maîtriser ; *[passion, enthusiasm]* indéfectible ; *[thirst, laughter]* inextinguible

**in extremis** /ɪnɪkˈstriːmɪs/ **ADV** *(frm)* in extremis

**inextricable** /ˌɪnɪksˈtrɪkəbl/ **ADJ** inextricable

**inextricably** /ˌɪnɪksˈtrɪkəblɪ/ **ADV** inextricablement

**infallibility** /ɪnˌfæləˈbɪlɪtɪ/ **N** *(also Rel)* infaillibilité *f*

**infallible** /ɪnˈfæləbl/ **ADJ** infaillible

**infallibly** /ɪnˈfæləblɪ/ **ADV** **a** *(= without error)* *[pronounce, correct]* infailliblement **b** *(= always)* infailliblement, immanquablement

**infamous** /ˈɪnfəməs/ **ADJ** *[person, place]* tristement célèbre (*for sth* pour qch) ; *[incident]* notoire ; *[case, trial, conduct]* infâme ◆ **his ~ temper** son mauvais caractère notoire

**infamy** /ˈɪnfəmɪ/ **N** infamie *f*

**infancy** /ˈɪnfənsɪ/ **N** **a** *(lit)* petite enfance *f*, bas âge *m* ; *(Jur)* minorité *f* ◆ **early ~** toute petite enfance *f* ◆ **child still in ~** enfant *mf* encore en bas âge ◆ **a quarter of these children die in ~** un quart de ces enfants meurent en bas âge **b** *(fig)* enfance *f*, débuts *mpl* ◆ **when radio was still in its ~** quand la radio en était encore à ses débuts *or* à ses premiers balbutiements

**infant** /ˈɪnfənt/ **N** *(= newborn)* nouveau-né *m* ; *(= baby)* bébé *m*, nourrisson *m* ; *(= young child)* petit(e) enfant *m(f)*, enfant *mf* en bas âge ; *(Jur)* mineur(e) *m(f)* ; *(Brit Scol)* enfant *mf*, petit(e) *m(f)* *(de quatre à sept ans)* **COMP** *[disease]* infantile ; *(fig)* *[industry, movement, organization]* naissant ▷ **infant class** **N** *(Brit)* ≃ cours *m* préparatoire ◆ **the ~ classes** les classes *fpl* enfantines, les petites classes *fpl* ▷ **infant education** **N** enseignement *m* des petits *(entre quatre et sept ans)* ▷ **infant mortality** **N** mortalité *f* infantile ▷ **infant school** **N** *(Brit)* ≃ cours *m* préparatoire et première année de cours élémentaire *(entre quatre et sept ans)* ▷ **infant welfare clinic** **N** centre *m* médicosocial pédiatrique

**infanta** /ɪnˈfæntə/ **N** infante *f*

**infante** /ɪnˈfæntɪ/ **N** infant *m*

**infanticide** /ɪnˈfæntɪsaɪd/ **N** *(= crime)* infanticide *m* ; *(frm)* *(= killer)* infanticide *mf*

**infantile** /ˈɪnfəntaɪl/ **ADJ** infantile **COMP** ▷ **infantile paralysis** † **N** *(= polio)* paralysie *f* infantile †

**infantilism** /ɪnˈfæntɪˌlɪzəm/ **N** *(Psych)* infantilisme *m*

**infantilize** /ɪnˈfæntɪˌlaɪz/ **VT** infantiliser

**infantry** /ˈɪnfəntrɪ/ **N** *(NonC: Mil)* infanterie *f* *NonC*, fantassins *mpl*

**infantryman** /ˈɪnfəntrɪmən/ **N** fantassin *m* ; → **light²**

**infarct** /ˈɪnfɑːkt/ **N** *(Med)* infarctus *m*

**infarction** /ɪnˈfɑːkʃən/ **N** *(Med)* **a** *(= dead tissue)* ⇒ **infarct** **b** *(= forming of dead tissue)* infarcissement *m*

**infatuate** /ɪnˈfætjʊeɪt/ **VT** *(gen pass)* tourner la tête à ◆ **to be ~d with** *[+ person]* être fou d'amour pour ; *[+ idea]* avoir la tête pleine de, être engoué de ◆ **to become ~d with** *[+ person]* s'enticher de ; *[+ idea]* s'engouer pour ◆ **as soon as he met her he was ~d** il s'est entiché d'elle dès leur première rencontre

**infatuation** /ɪnˌfætjʊˈeɪʃən/ **N** *(with person)* amour *m* obsessionnel ; *(with idea, activity)* engouement *m* (*with sth* pour qch)

**infect** /ɪnˈfekt/ **VT** **a** *(lit)* *[+ person, wound]* infecter ; *[+ air, well, blood]* contaminer ◆ **his wound became ~ed** sa blessure s'infecta ◆ **a virus spread by ~ed blood** un virus qui se transmet par du sang contaminé ◆ **to ~ sb with a disease** transmettre *or* communiquer une maladie à qn ◆ **to be ~ed with malaria/hepatitis** être atteint du paludisme/de l'hépatite ◆ **~ed with HIV** séropositif **b** *(fig)* **for a moment I was ~ed by her fear** pendant un moment elle m'a communiqué sa peur ◆ **you can't help being ~ed with his passion for the music** sa passion pour la musique est véritablement contagieuse

**infection** /ɪnˈfekʃən/ **N** **a** *(lit)* *[of person, wound]* infection *f* ; *[of air, well, blood]* contamination *f* ◆ **there's some ~ in the wound** la blessure est légèrement infectée ◆ **she has a slight ~** elle a une légère infection ◆ **a throat ~** une angine ◆ **an ear ~** une otite **b** *(fig)* contagion *f*

**infectious** /ɪnˈfekʃəs/ **ADJ** **a** *(Med)* *[disease]* *(= transmissible)* contagieux ; *(= caused by germs)* infectieux **b** *(fig)* *[person, laugh, enthusiasm, rhythm]* contagieux **COMP** ▷ **infectious hepatitis** **N** hépatite *f* infectieuse

**infectiousness** /ɪnˈfekʃəsnɪs/ **N** **a** *(Med)* nature *f* infectieuse **b** *(fig)* contagion *f*

**infective** /ɪnˈfektɪv/ **ADJ** *[disease]* *(= transmissible)* contagieux ; *(= caused by germs)* infectieux ; *[agent]* infectieux

**infectivity** /ˌɪnfekˈtɪvɪtɪ/ **N** infectiosité *f*

**infelicitous** /ˌɪnfɪˈlɪsɪtəs/ **ADJ** *(frm)* malheureux, fâcheux

**infelicity** /ˌɪnfɪˈlɪsɪtɪ/ **N** *(frm)* **a** *(NonC = misfortune)* malheur *m* **b** *(= tactless act, remark)* maladresse *f*

**infer** /ɪnˈfɜːʳ/ **VT** **a** *(= conclude)* déduire, conclure (*that* que) ◆ **can we ~ from this that you disagree?** pouvons-nous en déduire *or* en conclure que vous n'êtes pas d'accord ? **b** *(* = imply)* laisser entendre, insinuer ◆ **what are you ~ring?** qu'est-ce que vous insinuez ?

**inference** /ˈɪnfərəns/ **N** **a** *(= conclusion)* déduction *f*, conclusion *f* ◆ **by ~** par déduction ◆ **the ~ is that he is unwilling to help us** on doit en conclure qu'il n'est pas disposé à nous aider ◆ **to draw an ~ from sth** tirer une conclusion de qch **b** *(* = implication)* insinuation *f*

**inferential** /ˌɪnfəˈrenʃəl/ **ADJ** *[method]* déductif ; *[proof]* obtenu par déduction

**inferentially** /ˌɪnfəˈrenʃəlɪ/ **ADV** par déduction

**inferior** /ɪnˈfɪərɪəʳ/ **LANGUAGE IN USE 26.3** **ADJ** **a** *[person, status, quality]* inférieur (-eure *f*) (*to sb* à qn ; *in sth* en qch) ; *[product]* de qualité inférieure ; *[service, work]* de second ordre ◆ **he makes me feel ~** il me donne un sentiment d'infériorité **b** *(Jur)* *[court]* ≃ de première instance **c** *(Bot)* infère **d** *(Typ)* **~ letter** indice *m* **N** *(in quality, social standing)* inférieur *m*, -eure *f* ; *(in authority, rank: also Mil)* subalterne *mf*, subordonné(e) *m(f)*

**inferiority** /ɪnˌfɪərɪˈɒrɪtɪ/ **N** infériorité *f* (*to* par rapport à) **COMP** ▷ **inferiority complex** **N** complexe *m* d'infériorité

**infernal** /ɪnˈfɜːnl/ **ADJ** **a** *(* = terrible)* *[noise]* infernal ; *[heat, weather]* abominable ; *[car, computer]* satané ◆ **it's an ~ nuisance** c'est vraiment empoisonnant **b** *(Myth, Rel, liter)* *[regions]* infernal ; *[flames]* de l'enfer

**infernally** * /ɪnˈfɜːnəlɪ/ **ADV** *[difficult]* abominablement, épouvantablement ◆ **it is ~ hot** il fait une chaleur infernale *or* abominable

**inferno** /ɪnˈfɜːnəʊ/ **N** **a** ◆ **an ~, a blazing ~** un brasier **b** *(liter = hell)* enfer *m*

**infertile** /ɪnˈfɜːtaɪl/ **ADJ** *[person, animal, land, soil]* stérile

**infertility** /ˌɪnfɜːˈtɪlɪtɪ/ **N** *[of person, animal, land, soil]* stérilité *f* **COMP** ▷ **infertility clinic** **N** *service de consultation pour problèmes de stérilité* ▷ **infertility treatment** **N** *(Med)* traitement *m* de la stérilité

**infest** /ɪnˈfest/ **VT** **a** *(lit)* *[pest, vermin]* infester ◆ **~ed with** infesté de **b** *(fig)* *[drugs, bandits]* envahir

**infestation** /ˌɪnfesˈteɪʃən/ **N** infestation *f*

**infidel** /ˈɪnfɪdəl/ **N** *(liter)* *(Hist, Rel)* infidèle † *mf* ; *(Rel)* incroyant(e) *m(f)* **ADJ** infidèle †, incroyant

**infidelity** /ˌɪnfɪˈdelɪtɪ/ **N** infidélité *f* ◆ **divorce on the grounds of ~** *(Jur)* divorce *m* pour cause d'adultère

**infighting** /ˈɪnˌfaɪtɪŋ/ **N** **a** *(within group)* conflits *mpl* *or* querelles *fpl* internes, luttes *fpl* intestines (*within* au sein de) **b** *(Mil)* *(hand-to-hand)* corps à corps *m* ; *(close-range)* combat *m* rapproché ; *(Boxing)* corps à corps *m*

**infill** /ˈɪnfɪl/ **N** *(Constr, Geol)* remplissage *m*

**infiltrate** /ˈɪnfɪlˌtreɪt/ **VI** *[troops, person, light, liquid, ideas]* s'infiltrer (*into* dans) **VT** *[+ liquid]* infiltrer (*into* dans ; *through* à travers) ; *(Pol)* *[+ group, organization]* infiltrer, noyauter ; *(Mil)* *[troops]* *[+ territory, city, enemy lines]* s'infiltrer dans ◆ **to ~ troops into a territory, to ~ a territory with troops** envoyer des troupes s'infiltrer dans un territoire

**infiltration** /ˌɪnfɪlˈtreɪʃən/ **N** *(Pol, Mil, Med)* infiltration *f* (*into sth* dans qch)

**infiltrator** /ˈɪnfɪlˌtreɪtəʳ/ **N** *(inside organization, country)* agent *m* infiltré ◆ **Western ~s** agents *mpl* de l'Occident

**infinite** /ˈɪnfɪnɪt/ **ADJ** *(gen)* *[number, patience, care]* infini, illimité ; *[possibilities]* illimité ; *(Math, Philos, Rel)* infini ◆ **the choice is ~** le choix est illimité ◆ **an ~ variety of landscapes** une variété infinie de paysages ◆ **God in his ~ mercy** Dieu dans son infinie miséricorde ◆ **it gave her ~ pleasure** cela lui a fait infiniment plaisir ◆ **the organizers, in their ~**

**wisdom, planned the two events for the same day** *(iro)* les organisateurs, dans leur infinie sagesse, ont programmé les deux manifestations le même jour ◆ **he seemed to have an ~ capacity for cruelty** *(iro)* sa cruauté semblait illimitée N infini *m*

**infinitely** /ˈɪnfɪnɪtlɪ/ ADV infiniment

**infiniteness** /ˈɪnfɪnɪtnɪs/ N ⇒ **infinity c**

**infinitesimal** /ˌɪnfɪnɪˈtesɪməl/ ADJ *(gen) [amount, majority etc]* infinitésimal, infime ; *(Math)* infinitésimal

**infinitesimally** /ˌɪnfɪnɪˈtesɪməlɪ/ ADV infiniment

**infinitive** /ɪnˈfɪnɪtɪv/ *(Gram)* N infinitif *m* ◆ **in the ~** à l'infinitif ADJ infinitif

**infinitude** /ɪnˈfɪnɪtjuːd/ N ◆ **an ~ of** une infinité de

**infinity** /ɪnˈfɪnɪtɪ/ N a *(= that which is infinite)* infinité *f*, infini *m* ◆ **in time and space or in ~** dans le temps et dans l'espace ou dans l'infinité *or* l'infini b *(= infinite quantity, number etc)* infinité *f* ◆ **an ~ of reasons/details/possibilities** une infinité de raisons/détails/possibilités c *(= infiniteness)* infinitude *f* ◆ **the ~ of God** l'infinitude *f* de Dieu d *(Math)* infini *m* ◆ **to ~** à l'infini

**infirm** /ɪnˈfɜːm/ ADJ a *(= sick)* infirme b *(liter)* ◆ **~ of purpose** irrésolu, indécis NPL **the infirm** les infirmes *mpl* ◆ **the old and the ~** les personnes *fpl* âgées et les infirmes *mpl*

**infirmary** /ɪnˈfɜːmərɪ/ N *(= hospital)* hôpital *m* ; *(in school etc)* infirmerie *f*

**infirmity** /ɪnˈfɜːmɪtɪ/ N infirmité *f* ◆ **her grandmother's increasing ~** l'infirmité croissante de sa grand-mère ◆ **she bears these infirmities with fortitude** elle supporte ces infirmités avec courage

**infix** /ɪnˈfɪks/ VT *[+ habit, idea]* inculquer (*in* à) implanter (*in* dans) ; *(Ling)* insérer (*in* dans) N /ˈɪnˌfɪks/ *(Ling)* infixe *m*

**inflame** /ɪnˈfleɪm/ VT a *(fig) [+ courage]* enflammer ; *[+ anger, desire, hatred, discord]* attiser b *(Med)* enflammer c *(= set alight)* enflammer, mettre le feu à

**inflammable** /ɪnˈflæməbl/ ADJ a *[liquid, substance]* inflammable b *(fig) [situation]* explosif

**inflammation** /ˌɪnfləˈmeɪʃən/ N *(Med, fig)* inflammation *f*

**inflammatory** /ɪnˈflæmətərɪ/ ADJ a *[speech, remark, language]* incendiaire b *(Med)* inflammatoire

**inflatable** /ɪnˈfleɪtɪbl/ ADJ *[dinghy, mattress]* pneumatique, gonflable ; *[toy, rubber ring]* gonflable N *(gen)* objet *m* (or jouet *m* etc) gonflable ; *(= dinghy)* canot *m* pneumatique

**inflate** /ɪnˈfleɪt/ VT a *(lit) [+ tyre, balloon]* gonfler (*with* de) ; *(Med) [+ lung]* dilater b *(fig) [+ prices]* gonfler, faire monter ; *[+ bill, account]* gonfler, charger VI *[tyre, balloon, air bag]* se gonfler

**inflated** /ɪnˈfleɪtɪd/ ADJ a *(lit) [tyre, balloon]* gonflé ; *[lung]* dilaté b *(fig) [price, cost, salary, insurance claim]* excessif ◆ **~ with pride** bouffi d'orgueil ◆ **he has an ~ ego** il a une très haute opinion de lui-même ◆ **he has an ~ sense of his own importance** il se fait une idée exagérée de sa propre importance

**inflation** /ɪnˈfleɪʃən/ N a *(Econ)* inflation *f* ; *[of prices]* hausse *f* b *[of tyre etc]* gonflement *m* COMP ▷ **inflation-proof** ADJ protégé contre l'inflation ▷ **inflation rate** N taux *m* d'inflation

**inflationary** /ɪnˈfleɪʃnərɪ/ ADJ inflationniste

**inflationist** /ɪnˈfleɪʃənɪst/ N partisan(e) *m(f)* d'une politique inflationniste

**inflect** /ɪnˈflekt/ VT a *(Ling) [+ word]* mettre une désinence à ; *(= conjugate)* conjuguer ; *(= decline)* décliner ◆ **~ed form** forme *f* fléchie ◆ **~ed vowel** voyelle *f* infléchie b *(= modulate) [+ voice]* moduler ; *(Mus) [+ note]* altérer c *(Geom, Opt = bend)* infléchir, dévier VI *(Ling)* ◆ **a verb which ~s** un verbe flexionnel *or* qui prend des désinences ◆ **does this noun ~ in the plural?** ce nom prend-il la marque du pluriel ? ◆ **an ~ing language** une langue désinentielle *or* flexionnelle

**inflection** /ɪnˈflekʃən/ N a *(= modulation) [of voice, tone]* inflexion *f* ; *[of note]* altération *f* b *(NonC: Ling) [of word]* flexion *f* ◆ **the ~ of nouns/verbs** la flexion nominale/verbale ◆ **vowel ~** inflexion *f* vocalique c *(Ling = affix)* désinence *f* d *(= curving) [of body]* inflexion *f*, inclination *f* ; *(Geom, Opt)* inflexion *f*, déviation *f*

**inflectional** /ɪnˈflekʃənəl/ ADJ *(Ling)* flexionnel ◆ **an ~ ending** une désinence

**inflexibility** /ɪnˌfleksɪˈbɪlɪtɪ/ N a *(lit)* rigidité *f* b *(fig)* inflexibilité *f*, rigidité *f*

**inflexible** /ɪnˈfleksəbl/ ADJ a *(lit) [person]* inflexible ; *[object]* rigide b *(fig) [system, policy]* rigide ; *[person, rule, position]* inflexible ; *[attitude]* rigide, inflexible

**inflexion** /ɪnˈflekʃən/ N ⇒ **inflection**

**inflict** /ɪnˈflɪkt/ VT *[+ punishment, torture, fine, defeat]* infliger (*on* à) ; *[+ pain, suffering]* faire subir, infliger (*on* à) ◆ **to ~ damage** causer des dégâts ◆ **to ~ a wound on sb** infliger une blessure à qn ◆ **the enemy ~ed heavy casualties on us** l'ennemi nous a infligé de lourdes pertes ◆ **to ~ one's company/one's beliefs on sb** imposer sa compagnie/ses croyances à qn

**infliction** /ɪnˈflɪkʃən/ N a *(NonC)* ◆ **another operation would mean further ~ of pain on him** une autre opération reviendrait à lui infliger de nouvelles douleurs b *(= misfortune)* affliction *f*

**in-flight** /ˈɪnˌflaɪt/ ADJ *[refuelling]* en vol ; *[film, entertainment]* proposé pendant le vol ◆ **~ meal** repas *m* servi pendant le vol ◆ **~ magazine** magazine *m* de voyage *(destiné aux passagers aériens)*

**inflow** /ˈɪnfləʊ/ N a *[of water]* afflux *m*, arrivée *f* b ⇒ **influx a** c *[of capital]* entrée *f* COMP ▷ **inflow pipe** N tuyau *m* d'arrivée ◆ **water-~ pipe** arrivée *f* or adduction *f* d'eau

**influence** /ˈɪnflʊəns/ N *(gen)* influence *f* (*on* sur) ◆ **her book had** *or* **was a great ~ on him** son livre a eu une grande influence sur lui *or* l'a beaucoup influencé ◆ **he has got ~** il a de l'influence ◆ **I've got a lot of ~ with her** j'ai beaucoup d'influence *or* d'ascendant sur elle ◆ **to use one's ~ with sb to get sth** user de son influence auprès de qn pour obtenir qch ◆ **she used her ~ to persuade them to accept the deal** elle a usé de son influence pour les persuader d'accepter le marché ◆ **to exert ~ over sb** exercer une influence sur qn ◆ **he denies having exerted any political ~ over them** il a nié avoir exercé la moindre influence politique sur eux ◆ **I shall bring all my ~** *or* **every ~ to bear on him** j'essaierai d'user de toute mon influence pour le persuader ◆ **a man of ~** un homme influent ◆ **she is a good ~ in the school/on the pupils** elle a *or* exerce une bonne influence dans l'établissement/sur les élèves ◆ **she is a disruptive ~** c'est un élément perturbateur

◆ **under + influence** ◆ **under his ~** sous son influence ◆ **under the ~ of his advisers, he ...** influencé par ses conseillers, il ... ◆ **under the ~ of drink/drugs** sous l'effet *or* l'empire de la boisson/des drogues ◆ **convicted of driving under the ~ of drink** *(Jur)* condamné pour conduite en état d'ébriété *or* d'ivresse ◆ **he was a bit under the ~** * il était pompette *

VT *[+ attitude, behaviour, decision, person]* influencer ◆ **don't be ~d by him** ne vous laissez pas influencer par lui ◆ **a friend who ~d me deeply** un ami qui m'a beaucoup influencé *or* marqué ◆ **my dad ~d me to do electronics** mon père m'a encouragé *or* poussé à faire des études d'électronique ◆ **he's easily ~d** il est très influençable, il se laisse facilement influencer ◆ **her music is strongly ~d by jazz** sa musique est fortement influencée par le jazz ◆ **the artist has been ~d by Leonardo da Vinci** cet artiste a été influencé par Léonard de Vinci ◆ **your diet may ~ your risk of getting cancer** votre alimentation peut influer sur les risques que vous avez de développer un cancer

COMP ▷ **influence peddling** N trafic *m* d'influence

**influential** /ˌɪnflʊˈenʃəl/ ADJ influent ◆ **to be ~** avoir de l'influence ◆ **she has ~ friends** elle a des amis influents *or* haut placés

**influenza** /ˌɪnflʊˈenzə/ N *(NonC)* grippe *f* ◆ **he's got ~** il a la grippe

**influx** /ˈɪnflʌks/ N a *[of people]* afflux *m*, flot *m* ; *[of new ideas, attitudes]* flot *m*, flux *m* ◆ **a great ~ of people into the neighbourhood** un gros afflux d'arrivants dans le voisinage ◆ **the ~ of tourists/foreign workers** l'afflux *or* le flot de touristes/de travailleurs étrangers b ⇒ **inflow noun a** c *(= meeting place of rivers)* confluent *m*

**info** * /ˈɪnfəʊ/ N *(NonC)* (abbrev of **information**) *(gen)* renseignements *mpl* ; *(= tips)* tuyaux * *mpl* (*about* sur)

**infobahn** /ˈɪnfəʊbɑːn/ N autoroute *f* de l'information

**infomercial** /ˈɪnfəʊmɜːʃəl/ N *(US) (for product)* publireportage *m* ; *(Pol) émission où un candidat présente son programme électoral*

**inform** /ɪnˈfɔːm/ LANGUAGE IN USE 24.5

VT a *(gen)* informer (*of* de) ; *(= warn)* avertir (*of* de) ◆ **to ~ sb of sth** informer qn de qch, faire savoir qch à qn ◆ **"he'd like a word with you", she ~ed me** "il aimerait vous dire un mot" m'a-t-elle dit ◆ **we were ~ed that the factory was to close** nous avons été informés que l'usine allait fermer ◆ **I should like to be ~ed as soon as he arrives** j'aimerais être informé *or* averti dès qu'il sera là, prévenez-moi dès qu'il arrivera ◆ **keep me ~ed** tenez-moi au courant ◆ **I'd like to be kept ~ed of progress** j'aimerais que l'on me tienne au courant de l'avancement des choses ◆ **they tried to keep us fully ~ed** ils ont essayé de nous tenir pleinement informés ◆ **why was I not ~ed?** pourquoi ne m'a-t-on rien dit ?, pourquoi n'ai-je pas été informé ? ◆ **we must ~ the police** il faut avertir la police ◆ **the public should be ~ed about the dangers of these drugs** il faudrait informer le public *or* le public devrait être informé des dangers de ces drogues ◆ **she's better ~ed than most of her colleagues** elle est mieux informée que la plupart de ses collègues ◆ **he was not well ~ed about what had been happening** il était mal informé *or* il n'était pas bien au courant de ce qui s'était passé ; see also **informed**

b *(= contribute to)* contribuer à ; *(= influence)* influencer ◆ **his writing is ~ed by a sound knowledge of philosophy** ses écrits portent la marque d'une solide connaissance de la philosophie

VI ◆ **to ~ against** *or* **on sb** dénoncer qn

**informal** /ɪnˈfɔːməl/ ADJ a (= *relaxed, natural*) *[person]* décontracté, sans façons ; *[manner, tone, style, atmosphere]* décontracté

b (*Ling*) *[language, expression]* familier

c (= *unceremonious*) *[party, meal, visit]* tout simple, sans cérémonie ; *[clothes]* décontracté ◆ **it was a very ~ occasion** c'était une occasion dénuée de toute formalité *or* de tout protocole ◆ **it's just an ~ get-together between friends** ce sera à la bonne franquette ◆ **it will be quite ~** ce sera sans cérémonie *or* en toute simplicité ◆ **"dress informal"** "tenue de ville"

d (= *unofficial*) *[talks, meeting]* non officiel, informel ; *[agreement, acceptance, announcement, communication, visit]* non officiel, officieux ; *[invitation]* non officiel, dénué de caractère officiel ; *[group]* à caractère non officiel ◆ **there was an ~ arrangement that ...** il y avait une entente officieuse selon laquelle ... ◆ **play is often an important part of ~ education** le jeu joue souvent un rôle important dans l'apprentissage non scolaire

**informality** /ˌɪnfɔːˈmælɪtɪ/ N *[of visit, welcome etc]* simplicité *f*, absence *f* de formalité ; *[of style, language]* simplicité *f* ; *[of arrangement, agreement, occasion]* caractère *m* informel *or* officieux ◆ **the ~ of his manners** (*gen*) son naturel ; (*pej*) les familiarités qu'il se permet

**informally** /ɪnˈfɔːməlɪ/ ADV a (= *in relaxed manner*) *[dress]* simplement ◆ **she chatted ~ to the children** elle parla aux enfants avec naturel b (= *unceremoniously, unofficially*) *[invite]* sans cérémonie ; *[meet, discuss, agree, arrange]* à titre officieux *or* non officiel ◆ **the policy has been ~ adopted** la politique a été adoptée à titre officieux *or* non officiel c (*Ling*) *[call]* familièrement

**informant** /ɪnˈfɔːmənt/ N a (*gen, Press*) informateur *m*, -trice *f* ◆ **my ~ tells me ...** mon informateur me dit que ... ◆ **who is your ~?** de qui tenez-vous cette information ?, quelles sont vos sources ? b (= *informer*) (also **police informant**) indicateur *m* informateur *m* (de la police) ◆ **a mafia boss turned police ~** un parrain de la mafia devenu indicateur *or* informateur c (*Ling*: also **native informant**) informateur *m*, -trice *f*

**informatics** /ˌɪnfəˈmætɪks/ N (*NonC*) informatique *f*

**information** /ˌɪnfəˈmeɪʃən/ LANGUAGE IN USE 19.1, 19.3

N a (*NonC*) (= *facts*) renseignements *mpl*, information(s) *f(pl)* ◆ **a piece of ~** un renseignement, une information ◆ **we will be looking at every piece of ~ we received** nous examinerons chacune des informations que nous avons reçues *or* chacun des renseignements que nous avons reçus ◆ **to give sb ~ about** *or* **on sth/sb** renseigner qn sur qch/qn ◆ **to get ~ about** *or* **on sth/sb** se renseigner sur qch/qn, obtenir des informations sur qch/qn ◆ **to ask for ~ about** *or* **on sth/sb** demander des renseignements *or* des informations sur qch/qn ◆ **I need more ~ about it** il me faut des renseignements plus complets *or* des informations plus complètes ◆ **we are collecting as much ~ as we can on that organization** nous sommes en train de réunir le plus d'informations *or* de renseignements possible(s) sur cette organisation ◆ **we have no ~ on that point** nous n'avons aucune information *or* aucun renseignement là-dessus ◆ **until more ~ is available** jusqu'à ce qu'il y ait de plus amples renseignements ◆ **have you any ~ about the accident?** avez-vous des renseignements *or* des détails sur l'accident ? ◆ **the police are seeking ~ about ...** la police recherche des renseignements sur ..., la police enquête sur ... ◆ **I have ~ that they are being held captive near the border** j'ai des informations selon lesquelles ils seraient retenus en captivité près de la frontière ◆ **our ~ is that he has refused to talk to the press** selon nos renseignements il aurait refusé de parler à la presse ◆ **my ~ is that the President will be making a statement this afternoon** selon mes renseignements le président fera une déclaration cet après-midi ◆ **the police had acted on inadequate ~** la police avait agi à partir d'informations insuffisantes ◆ **I enclose for your ~ a copy of ...** à titre d'information je joins une copie de ... ◆ **for further ~ contact ...** pour plus de *or* pour de plus amples renseignements, veuillez contacter ... ◆ **"for your information"** (*on document*) "à titre d'information", "à titre indicatif" ◆ **for your ~, he ...** (*gen*) nous vous signalons *or* informons qu'il ... ; (*iro*) au cas où vous ne le sauriez pas (encore), il ... ; → **tourist**

b (*US Telec*) (service *m* des) renseignements *mpl*

c (pl **informations**) (*Jur*) (= *denunciation*) dénonciation *f* ; (= *charge*) plainte *f* ◆ **to lay an ~ against sb** (= *bring charge against*) déposer plainte contre qn ; (= *denounce*) dénoncer qn à la police

COMP ▷ **information bureau** N bureau *m* d'informations *or* de renseignements ▷ **information content** N contenu *m* informationnel ▷ **information desk** N accueil *m* ▷ **information exchange** N centre *m* d'échange d'informations ▷ **information highway** N ⇒ **information superhighway** ▷ **information office** N ⇒ **information bureau** ▷ **information officer** N responsable *mf* de l'information ▷ **information overload** N surinformation *f* ▷ **information pack** N (*Brit*) documentation *f*, ensemble *m* documentaire ▷ **information processing** N informatique *f*, traitement *m* de l'information ▷ **information retrieval** N recherche *f* documentaire ▷ **information retrieval system** N système *m* de recherche documentaire ▷ **information science** N informatique *f* ▷ **information scientist** N informaticien(ne) *m(f)* ▷ **information service** N bureau *m* d'informations *or* de renseignements ▷ **information superhighway** N autoroute *f* de l'information ▷ **information technology** N informatique *f*, technologie *f* de l'information ▷ **information theory** N théorie *f* de l'information

**informational** /ˌɪnfəˈmeɪʃənl/ ADJ *[needs, meeting, documentary, programme]* d'information

**informative** /ɪnˈfɔːmətɪv/ ADJ *[book, meeting, article, talk]* instructif ◆ **the talk was very ~ about ...** l'exposé était très instructif quant à *or* au sujet de ...

**informatory** /ɪnˈfɔːmətərɪ/ ADJ (*Bridge*) d'information ◆ **~ double** contre *m* d'appel

**informed** /ɪnˈfɔːmd/ ADJ *[person]* informé ; *[debate, discussion]* approfondi ; *[opinion, criticism, point of view]* fondé ◆ **an ~ decision** une décision prise en connaissance de cause ◆ **to make an ~ choice** choisir en connaissance de cause ◆ **~ sources** sources *fpl* bien informées ◆ **~ observers** observateurs *mpl* bien informés ◆ **there is a body of ~ opinion which claims that there is ...** certains milieux bien informés prétendent qu'il y a ..., selon certains milieux bien informés, il y aurait ... ◆ **an ~ guess** une hypothèse fondée sur la connaissance des faits ; see also **inform**

**informer** /ɪnˈfɔːmə^r^/ N dénonciateur *m*, -trice *f*, délateur *m*, -trice *f* ◆ **police ~** indicateur *m*, informateur *m* (de la police) ◆ **to turn ~** (*on specific occasion*) dénoncer *or* vendre ses complices ; (*long-term*) devenir indicateur *or* informateur

**infotainment** /ˌɪnfəʊˈteɪnmənt/ N info-spectacle *m*, info-divertissement *m*

**infraction** /ɪnˈfrækʃən/ N *[of law, rule]* infraction *f* (*of* à)

**infra dig*** /ˈɪnfrəˈdɪg/ ADJ au-dessous de sa (*or* ma *etc*) dignité, indigne *or* au-dessous de soi (*or* moi *etc*), déshonorant

**infrared** /ˈɪnfrəˈred/ ADJ infrarouge

**infrasonic** /ˌɪnfrəˈsɒnɪk/ ADJ infrasonore

**infrastructure** /ˈɪnfrəˌstrʌktʃə^r^/ N infrastructure *f*

**infrequency** /ɪnˈfriːkwənsɪ/ N rareté *f*

**infrequent** /ɪnˈfriːkwənt/ ADJ peu fréquent

**infrequently** /ɪnˈfriːkwəntlɪ/ ADV peu souvent, peu fréquemment ◆ **not ~** assez fréquemment

**infringe** /ɪnˈfrɪndʒ/ VT *[+ law, rule]* enfreindre, transgresser ◆ **to ~ copyright** ne pas respecter les droits d'auteur ◆ **to ~ a patent** commettre une contrefaçon en matière de brevet ◆ **to ~ sb's rights** empiéter sur *or* léser les droits de qn ◆ **this law would ~ freedom of speech** cette loi serait contraire au principe de la liberté d'expression ◆ **he ~d his amateur status by accepting money for the race** il a enfreint son statut d'amateur en acceptant d'être payé pour cette course

VI ◆ **to ~ (up)on sb's rights** empiéter sur *or* léser les droits de qn ◆ **to ~ on sb's privacy** porter atteinte à la vie privée de qn ◆ **measures that ~ on Iraq's sovereignty** des mesures qui portent atteinte à la souveraineté de l'Irak ◆ **laws that ~ upon press freedom** des lois qui portent atteinte à la liberté de la presse

**infringement** /ɪnˈfrɪndʒmənt/ N *[of law]* transgression *f* (*of sth* de qch) violation *f* (*of sth* de qch) ; *[of rule]* infraction *f* (*of sth* à qch) ; *[of rights, liberties]* atteinte *f* (*of or on sth* à qch) ◆ **to be in ~ of a law** enfreindre une loi ◆ **~ of copyright** non-respect *m* des droits d'auteur ◆ **~ of patent** contrefaçon *f* de brevet

**infuriate** /ɪnˈfjʊərɪeɪt/ VT rendre furieux, mettre en fureur ◆ **it ~s me (that ...)** cela me rend fou (que.. + *subj*), cela m'exaspère (que ... + *subj*) ◆ **to be ~d** être furieux ◆ **she was ~d to hear that ...** elle était furieuse d'apprendre que ... ◆ **to be ~d by sth/sb** être exaspéré par qch/qn

**infuriating** /ɪnˈfjʊərɪeɪtɪŋ/ ADJ exaspérant, rageant

**infuriatingly** /ɪnˈfjʊərɪeɪtɪŋlɪ/ ADV *[say, reply, laugh]* de façon exaspérante ◆ **~ slow/cheerful** d'une lenteur/gaieté exaspérante ◆ **~ reasonable** raisonnable à un point exaspérant

**infuse** /ɪnˈfjuːz/ VT infuser (*into* dans) ; (*Culin*) *[+ tea, herbs]* (faire) infuser ; (*fig*) *[+ ideas etc]* infuser, insuffler (*into* à) ◆ **to ~ a project with enthusiasm** insuffler de l'enthousiasme dans un projet VI (*Culin*) *[tea, herbs]* infuser

**infusion** /ɪnˈfjuːʒən/ N infusion *f*

**ingenious** /ɪnˈdʒiːnɪəs/ ADJ ingénieux, astucieux

**ingeniously** /ɪnˈdʒiːnɪəslɪ/ ADV ingénieusement, astucieusement ◆ **~ inventive excuses** des excuses ingénieuses

**ingénue** /ˌænʒeɪˈnjuː/ N ingénue *f*

**ingenuity** /ˌɪndʒɪˈnjuːɪtɪ/ N ingéniosité *f*

**ingenuous** /ɪn'dʒenjʊəs/ ADJ *(= naïve)* ingénu, naïf (naïve *f*) ; *(= candid)* sincère, franc (franche *f*)

**ingenuously** /ɪn'dʒenjʊəslɪ/ ADV ingénument

**ingenuousness** /ɪn'dʒenjʊəsnɪs/ N ingénuité *f*

**ingest** /ɪn'dʒest/ VT *(Med)* ingérer

**ingestion** /ɪn'dʒestʃən/ N *(Med)* ingestion *f*

**inglenook** /'ɪŋglnʊk/ N coin *m* du feu COMP ▷ **inglenook fireplace** N grande cheminée *f* à l'ancienne

**inglorious** /ɪn'glɔːrɪəs/ ADJ peu glorieux ; *(stronger)* déshonorant, honteux

**ingloriously** /ɪn'glɔːrɪəslɪ/ ADV *[fall, slip]* piteusement ; *[fail]* lamentablement

**ingoing** /'ɪn,gəʊɪŋ/ ADJ *[people, crowd]* qui entre ; *[tenant]* nouveau (nouvelle *f*)

**ingot** /'ɪŋgət/ N lingot *m*

**ingrained** /ɪn'greɪnd/ ADJ **a** *(= deep-seated) [attitude, prejudice, hostility, distrust]* enraciné (*in sb* chez qn ; *in sth* dans qch) ; *[habit]* invétéré **b** *[dirt, grime]* incrusté ◆ **~ with dirt** encrassé, incrusté de saleté

**ingrate** /'ɪngreɪt/ N ingrat(e) *m(f)*

**ingratiate** /ɪn'greɪʃɪeɪt/ VT ◆ **to ~ o.s. with sb** se faire bien voir de qn, s'insinuer dans les bonnes grâces de qn

**ingratiating** /ɪn'greɪʃɪeɪtɪŋ/ ADJ patelin, doucereux

**ingratitude** /ɪn'grætɪtjuːd/ N ingratitude *f*

**ingredient** /ɪn'griːdɪənt/ N *(Culin)* ingrédient *m* ; *[of character etc]* élément *m* ◆ **~s** *(on food packaging)* ingrédients *mpl*, composition *f*

**ingress** /'ɪngres/ N *(Jur)* entrée *f* ◆ **to have free ~** avoir le droit d'entrée

**ingrowing** /'ɪn,grəʊɪŋ/, **ingrown** *(US)* /'ɪn,grəʊn/ ADJ ◆ **~ nail** ongle *m* incarné

**inguinal** /'ɪŋgwɪnl/ ADJ inguinal

**inhabit** /ɪn'hæbɪt/ VT *[+ town, country]* habiter ; *[+ house]* habiter (dans) ◆ **~ed** habité

**inhabitable** /ɪn'hæbɪtəbl/ ADJ habitable

**inhabitant** /ɪn'hæbɪtənt/ N habitant(e) *m(f)*

**inhalant** /ɪn'heɪlənt/ N inhalant *m*

**inhalation** /,ɪnhə'leɪʃən/ N *(gen, Med)* inhalation *f*

**inhalator** /'ɪnhəleɪtər/ N ⇒ **inhaler**

**inhale** /ɪn'heɪl/ VT *[+ vapour, gas]* inhaler ; *[+ perfume]* respirer, humer ; *[smoker]* avaler VI *[smoker]* avaler la fumée

**inhaler** /ɪn'heɪlər/ N inhalateur *m*

**inharmonious** /,ɪnhɑː'məʊnɪəs/ ADJ inharmonieux, peu harmonieux

**inhere** /ɪn'hɪər/ VI *(frm)* être inhérent (*in* à)

**inherent** /ɪn'hɪərənt/ ADJ *[right, power]* inhérent, intrinsèque ; *[dangers, problems, contradictions, risks, weaknesses]* inhérent, propre ; *[value]* intrinsèque ; *(Jur)* propre (*in, to* à) ; ◆ **to be ~ to sb/sth** être inhérent à qn/qch ◆ **the dangers ~ in war** les dangers inhérents *or* propres à la guerre ◆ **with all the ~ difficulties** avec toutes les difficultés qui en découlent ◆ **stress is an ~ part of modern life** le stress fait partie intégrante de la vie moderne ◆ **self-defence is an ~ right of all countries** l'autodéfense est un droit inhérent à tous les pays *or* intrinsèque de chaque pays

**inherently** /ɪn'hɪərəntlɪ/ ADV *[involved, dangerous, difficult]* par nature ; *(Philos)* par inhérence ; *(Jur) [entail]* en propre ◆ **there is nothing ~ wrong with the system** le système n'a rien de mauvais en soi ◆ **war is ~ a dirty business** la guerre est par nature une sale affaire

**inherit** /ɪn'herɪt/ VT hériter de, hériter *(liter)* ◆ **she ~ed $10,000** elle a hérité de 10 000 dollars ◆ **to ~ a house/fortune** hériter d'une maison/d'une fortune, hériter *(liter)* une maison/une fortune ◆ **to ~ a house/fortune from sb** hériter *(liter)* une maison/une fortune de qn ◆ **he ~ed the estate from his father** il a succédé à son père à la tête du domaine, il a hérité du domaine de son père ◆ **to ~ a title** succéder à un titre, hériter d'un titre ◆ **the new government has ~ed a weak economy** le nouveau gouvernement a hérité d'une économie en mauvaise santé ◆ **she ~ed her mother's beauty** elle a hérité de la beauté de sa mère ◆ **he ~s his patience/his red hair from his father** il tient sa patience/ses cheveux roux de son père ◆ **I've ~ed my brother's coat** *(hum)* j'ai hérité du manteau de mon frère ; see also **inherited**

VI hériter ◆ **she is due to ~ on the death of her aunt** elle doit hériter à la mort de sa tante

**inheritance** /ɪn'herɪtəns/ N **a** *(NonC)* succession *f* ◆ **law of ~** *(Jur)* droit *m* de succession **b** *[of individual, family]* héritage *m* ; *[of nation]* patrimoine *m* ◆ **to come into an ~** faire un héritage ◆ **an ~ of $10,000** un héritage de 10 000 dollars ◆ **it's part of our cultural ~** cela fait partie de notre patrimoine culturel ◆ **our genetic ~** notre patrimoine génétique COMP ▷ **inheritance tax** N droits *mpl* de succession

**inherited** /ɪn'herɪtɪd/ ADJ *[disease, defect]* héréditaire ; *[gene]* hérité ◆ **~ wealth/property** richesse *f*/propriété *f* dont on a hérité

**inheritor** /ɪn'herɪtər/ N *(lit, fig)* héritier *m*, -ière *f*

**inhibit** /ɪn'hɪbɪt/ VT **a** *[+ growth, development] (= slow down)* freiner ; *(= hinder)* entraver ; *(= prevent)* empêcher ; *[situation, sb's presence] [+ person]* gêner ; *(Psych)* inhiber ◆ **tablets which ~ the desire to eat** des pilules qui coupent la faim, des coupe-faim *mpl* ◆ **orthodox drugs can ~ the action of natural treatments** les médicaments traditionnels peuvent gêner l'action des traitements naturels ◆ **a drug that ~s the formation of blood clots** un médicament qui empêche la formation de caillots de sang ◆ **alcohol can ~ our ability to think logically** l'alcool peut diminuer nos facultés de raisonnement ◆ **stress can ~ a man's sexual performance** le stress peut diminuer *or* amoindrir les capacités sexuelles d'un homme ◆ **to ~ freedom of speech** entraver la liberté d'expression ◆ **to ~ sb from doing sth** *(= restrain)* retenir qn de faire qch ; *(= prevent)* empêcher qn de faire qch ◆ **his presence ~ed the discussion** *(= limited it)* sa présence gênait la discussion ; *(= prevented it)* sa présence empêchait toute discussion ◆ **he was greatly ~ed by his lack of education** *(= held back)* il était handicapé par son manque d'instruction ; *(= embarrassed)* il était très gêné par son manque d'instruction

**b** *(Jur = prohibit)* interdire, défendre (*sb from doing sth* à qn de faire qch)

**inhibited** /ɪn'hɪbɪtɪd/ ADJ refoulé, inhibé ◆ **he is very ~** il a beaucoup d'inhibitions ◆ **to be sexually ~** être refoulé sexuellement

**inhibiting** /ɪn'hɪbɪtɪŋ/ ADJ inhibiteur (-trice *f*)

**inhibition** /,ɪnhɪ'bɪʃən/ N **a** *(gen)* complexe *m* ; *(Physiol, Psych)* inhibition *f* **b** *(Jur = prohibition)* interdiction *f*

**inhibitory** /ɪn'hɪbɪtərɪ/ ADJ **a** *(Physiol, Psych)* inhibiteur (-trice *f*) **b** *(Jur)* prohibitif

**inhospitable** /,ɪnhɒs'pɪtəbl/ ADJ *[person, behaviour, reception]* inhospitalier, peu accueillant ; *[country, climate]* inhospitalier ; *[weather]* désagréable, inclément *(liter)*

**inhospitably** /,ɪnhɒs'pɪtəblɪ/ ADV *[behave]* de façon *or* manière inhospitalière ◆ **to treat sb ~** se montrer inhospitalier envers qn ◆ **~ cold** *[region, climate]* d'un froid inhospitalier ; *(fig) [person]* d'une froideur glaciale

**inhospitality** /'ɪn,hɒspɪ'tælɪtɪ/ N *[of person, country, climate]* inhospitalité *f* ; *[of weather]* inclémence *f* *(liter)*

**inhuman** /ɪn'hjuːmən/ ADJ *(lit, fig)* inhumain

**inhumane** /,ɪnhju(ː)'meɪn/ ADJ inhumain

**inhumanity** /,ɪnhjuː'mænɪtɪ/ N inhumanité *f*

**inhumation** /,ɪnhjuː'meɪʃən/ N *(frm)* inhumation *f*

**inimical** /ɪ'nɪmɪkəl/ ADJ *(= hostile)* hostile ◆ **~ to** défavorable à, (l')ennemi de

**inimitable** /ɪ'nɪmɪtəbl/ ADJ inimitable

**inimitably** /ɪ'nɪmɪtəblɪ/ ADV d'une façon inimitable

**iniquitous** /ɪ'nɪkwɪtəs/ ADJ inique, profondément injuste

**iniquitously** /ɪ'nɪkwɪtəslɪ/ ADV iniquement

**iniquity** /ɪ'nɪkwɪtɪ/ N iniquité *f*

**initial** /ɪ'nɪʃəl/ ADJ **a** *[investment, cost, results, period, enthusiasm]* initial ◆ **after the ~ shock, I ...** après le choc initial, je ... ◆ **my ~ reaction was to refuse** ma première réaction *or* ma réaction initiale a été de refuser ◆ **~ reports suggest that hundreds of people have been wounded** selon les premiers rapports il y aurait des centaines de blessés ◆ **in the ~ stages** au début, dans un premier temps ◆ **~ expenses** *[of shop, firm etc]* frais *mpl* d'établissement **b** *(Phon)* initial **c** *(Typ)* **~ letter** initiale *f* N (lettre *f*) initiale *f* ◆ **~s** initiales *fpl* ; *(as signature)* parafe *or* paraphe *m* VT *[+ letter, document]* parafer *or* parapher ; *(= approve)* viser COMP ▷ **Initial Teaching Alphabet** N *(Brit Scol)* *alphabet phonétique d'apprentissage de la lecture*

**initialize** /ɪ'nɪʃə,laɪz/ VT *(Comput)* initialiser

**initially** /ɪ'nɪʃəlɪ/ ADV d'abord, au départ ◆ **~, they were wary of him** au départ, ils se méfiaient de lui

**initiate** /ɪ'nɪʃɪeɪt/ VT **a** *[+ negotiations, discussion, action, reform]* engager, lancer ; *[+ enterprise, fashion]* lancer ; *[+ scheme, programme]* mettre en place ◆ **to ~ sex** prendre l'initiative de l'acte sexuel ◆ **to ~ proceedings against sb** *(Jur)* intenter un procès à qn ◆ **the trip was ~d by the manager** c'est le directeur qui a eu l'initiative du voyage **b** *(Rel etc) [+ person]* initier ◆ **to ~ sb into a science/a secret** initier qn à une science/un secret ◆ **to ~ sb into a society** admettre qn au sein d'une société (secrète) ADJ /ɪ'nɪʃɪɪt/ N initié(e) *m(f)*

**initiation** /ɪ,nɪʃɪ'eɪʃən/ N **a** *[of negotiations, discussion, action, reform, enterprise, fashion]* lancement *m* ; *[of scheme, programme]* mise *f* en place **b** *(into society)* admission *f* (*into* dans) initiation *f* ; *(into knowledge, secret)* initiation *f* (*into* à) COMP ▷ **initiation rite** N rite *m* d'initiation

**initiative** /ɪ'nɪʃətɪv/ N initiative *f* ◆ **to take the ~** prendre l'initiative (*in doing sth* de faire qch) ◆ **the government still has the ~** le gouvernement a gardé l'initiative ◆ **to use one's (own) ~** faire preuve d'initiative ◆ **on one's own ~** de sa propre initiative, par soi-même ◆ **he's got ~** il a de l'initiative ◆ **to have/lose the ~** avoir/perdre l'initiative ◆ **a new peace ~** une nouvelle initiative de paix COMP ▷ **initiative test** N test *m* d'initiative

**initiator** /ɪ'nɪʃɪ,eɪtər/ N auteur *m*, instigateur *m*, -trice *f*

**inject** /ɪn'dʒekt/ VT **a** *[+ liquid, gas]* injecter (*into* dans) ◆ **to ~ sb with sth** *(Med)* injecter qch à qn, faire une piqûre *or* une injection de qch à qn ◆ **to ~ sb's arm with penicillin, to ~ penicillin into sb's arm** faire une piqûre *or* injection de pénicilline dans le bras de qn ◆ **he ~s himself** *[diabetic etc]* il se fait ses piqûres ◆ **to ~ drugs** *[addict]* se piquer * ◆ **to ~ heroin** se piquer * à l'héroïne

b *(fig)* ◆ **to ~ sb with enthusiasm** communiquer *or* insuffler de l'enthousiasme à qn ◆ **I wanted to ~ some humour into my speech** je voulais introduire un peu d'humour dans mon discours ◆ **they need to ~ some new life into their relationship** il faut qu'ils introduisent un peu de nouveauté dans leur relation ◆ **the government are trying to ~ some life into the economy** le gouvernement essaie de relancer l'économie ◆ **she ~ed some money/£5 million into the company** elle a injecté de l'argent/5 millions de livres dans la société

VI *[drug addict]* se piquer *

**injection** /ɪnˈdʒekʃən/ N *(lit, fig, also Fin = process)* injection *f*; *(Med, Brit Dentistry = shot)* injection *f*, piqûre *f* ◆ **to give medicine by ~** administrer un remède par injection ◆ **an ~ of new capital** une injection *or* un apport de capital frais ◆ **a $250 million cash ~** un apport de 250 millions de dollars

**injector** /ɪnˈdʒektəʳ/ N *(Aut)* injecteur *m*; → **fuel**

**injudicious** /ˌɪndʒʊˈdɪʃəs/ ADJ peu judicieux, malavisé

**injudiciously** /ˌɪndʒʊˈdɪʃəslɪ/ ADV peu judicieusement

**injunction** /ɪnˈdʒʌŋkʃən/ N *(gen)* ordre *m*, recommandation *f* formelle ; *(Jur)* injonction *f* ; *(= court order)* ordonnance *f* (*to do sth* de faire qch ; *against doing sth* de ne pas faire qch) ◆ **she plans to seek a court ~ to stop publication of the photographs** elle a l'intention de demander une ordonnance pour empêcher la publication des photos ◆ **an ~ banning the sale of the book** une ordonnance interdisant la vente du livre ◆ **to give sb strict ~s to do sth** enjoindre formellement *or* strictement à qn de faire qch

**injure** /ˈɪndʒəʳ/ VT a *(= hurt physically) [+ person, limb]* blesser ◆ **to ~ o.s.** se blesser ◆ **to ~ one's leg** se blesser à la jambe ◆ **no one was ~d** il n'y a pas eu de blessés, personne n'a été blessé ; see also **injured** b *(fig) [+ person] (= wrong)* faire du tort à, nuire à ; *(Jur)* porter préjudice à, léser ; *(= offend)* blesser, offenser ; *(= damage) [+ reputation, sb's interests, chances, trade]* compromettre ; *(Comm) [+ cargo, goods]* avarier ◆ **to ~ sb's feelings** offenser qn ◆ **to ~ one's health** compromettre sa santé, se détériorer la santé ; see also **injured**

**injured** /ˈɪndʒəd/ ADJ a *(physically)* blessé ; *(in road accident)* accidenté ; *[limb]* blessé b *(fig) [person]* offensé ; *[look, voice]* blessé, offensé ; *[wife, husband]* outragé, trompé ◆ **the ~ party** *(Jur)* la partie lésée NPL **the injured** *(gen)* les blessés *mpl* ; *(in road accident etc)* les accidentés *mpl*, les blessés *mpl*

**injurious** /ɪnˈdʒʊərɪəs/ ADJ nuisible, préjudiciable (*to* à)

**injury** /ˈɪndʒərɪ/ N a *(physical)* blessure *f* ◆ **to do sb an ~** blesser qn ◆ **you'll do yourself an ~!** tu vas te faire mal ! ◆ **three players have injuries** *(Sport)* il y a trois joueurs (de) blessés b *(fig = wrong) (to person)* tort *m*, préjudice *m* ; *(to reputation)* atteinte *f* ; *(Jur)* lésion *f*, préjudice *m* ◆ **to the ~ of sb** au détriment *or* au préjudice de qn ◆ **they awarded him £28,000 to cover ~ to his feelings** il a reçu 28 000 livres en réparation du préjudice moral c *(Comm, Naut)* avarie *f* COMP ▷ **injury time** N *(Brit Ftbl)* arrêts *mpl* de jeu ◆ **to play ~ time** jouer les arrêts de jeu

**injustice** /ɪnˈdʒʌstɪs/ N injustice *f* ◆ **to do sb an ~** être *or* se montrer injuste envers qn

**ink** /ɪŋk/ N a encre *f* ◆ **written in ~** écrit à l'encre ; → **Indian, invisible** b *[of octopus, cuttlefish]* encre *f*, sépia *f* VT a *(Typ) [+ roller]* encrer b *(US * fig = sign)* signer COMP ▷ **ink bag** N *(Zool)* sac *m or* poche *f* d'encre ▷ **ink blot** N tache *f* d'encre, pâté *m* ▷ **ink blot test** N *(Psych)* test *m* de la tache d'encre, test *m* de Rorschach ▷ **ink bottle** N bouteille *f* d'encre ▷ **ink eraser** N gomme *f* à encre ▷ **ink-jet printer** N *(Comput)* imprimante *f* à jet d'encre ▷ **ink rubber** N ⇒ **ink eraser**

► **ink in** VT SEP repasser à l'encre

► **ink out** VT SEP raturer *or* barrer à l'encre

► **ink over** VT SEP ⇒ **ink in**

**inkling** /ˈɪŋklɪŋ/ N soupçon *m*, vague *or* petite idée *f* ◆ **I had no ~ that ...** je n'avais pas la moindre idée que ..., je ne me doutais pas du tout que ... ◆ **he had no ~ of what was going on** il n'avait pas la moindre idée de ce qui se passait, il ne se doutait pas du tout de ce qui se passait ◆ **we had some ~ of their plan** nous avions une petite idée de leur plan ◆ **there was no ~ of the disaster to come** rien ne laissait présager le désastre qui allait se produire

**inkpad** /ˈɪŋkpæd/ N tampon *m* (encreur)

**inkpot** /ˈɪŋkpɒt/ N encrier *m*

**inkstain** /ˈɪŋksteɪn/ N tache *f* d'encre

**inkstand** /ˈɪŋkstænd/ N (grand) encrier *m* (de bureau)

**inkwell** /ˈɪŋkwel/ N encrier *m* (de pupitre *etc*)

**inky** /ˈɪŋkɪ/ ADJ a *(liter = dark) [colour]* très foncé ; *[sky]* noir *inv* d'encre *or* comme de l'encre ◆ **~ black** noir *inv* d'encre ◆ **~ blue** (d'un) bleu outremer foncé *inv* b *(= covered with ink) [finger, paper]* plein d'encre ; *[pad, rubber stamp]* encré

**inlaid** /ˈɪnˈleɪd/ ADJ *[brooch, sword]* incrusté (*with* de) ; *[box, table]* marqueté ; *[metal]* damasquiné ◆ **ivory ~ with gold** ivoire *m* incrusté d'or ◆ **an ~ floor** un parquet ◆ **~ work** *(= jewels)* incrustation *f* ; *(= wood)* marqueterie *f*

**inland** /ˈɪnlænd/ ADJ a *(= not coastal) [sea, town]* intérieur (-eure *f*) ◆ **~ navigation** navigation *f* fluviale ◆ **~ waterways** canaux *mpl* et rivières *fpl* b *(Brit = domestic) [mail, trade]* intérieur (-eure *f*) ADV /ɪnˈlænd/ à l'intérieur ◆ **to go ~** aller dans l'arrière-pays COMP ▷ **the Inland Revenue (Service)** N *(Brit) (= organization, system)* le fisc ▷ **Inland Revenue stamp** N timbre *m* fiscal

**inlay** /ˈɪnleɪ/ (vb : pret, ptp **inlaid**) N *[of brooch, sword]* incrustation *f* ; *[of table, box]* marqueterie *f* ; *[of floor]* parquet *m* ; *[of metal]* damasquinage *m* VT /ˌɪnˈleɪ/ *[+ brooch, sword]* incruster (*with* de) ; *[+ table, box]* marqueter ; *[+ floor]* parqueter ; *[+ metal]* damasquiner ; see also **inlaid**

**inlet** /ˈɪnlet/ N a *[of sea]* crique *f*, anse *f* ; *[of river]* bras *m* de rivière b *(Tech)* arrivée *f*, admission *f* ; *[of ventilator]* prise *f* (d'air) COMP ▷ **inlet pipe** N tuyau *m* d'arrivée ; → **valve**

**in loco parentis** /ɪnˈləʊkəʊpəˈrentɪs/ ADV en tant que substitut *or* à la place des parents

**inmate** /ˈɪnmeɪt/ N *[of prison]* détenu(e) *m(f)* ; *[of asylum]* interné(e) *m(f)* ; *[of hospital]* malade *mf*, hospitalisé(e) *m(f)*, pensionnaire * *mf*

**inmost** /ˈɪnməʊst/ ADJ *[thoughts]* le plus secret, le plus intime ; *[feelings]* le plus intime ◆ **in the ~ part of the temple** au plus profond *or* au cœur du temple ◆ **in one's ~ being** au plus profond de soi-même ◆ **in one's ~ heart** au fond de son cœur

**inn** /ɪn/ N *(small, wayside)* auberge *f* ; *(larger, wayside)* hostellerie *f* ; *(in town)* hôtel *m* ; († *= tavern)* cabaret † *m* COMP ▷ **inn sign** N enseigne *f* d'auberge ▷ **the Inns of Court** NPL *(Brit Jur)* les (quatre) écoles *fpl* de droit *(londoniennes)*

**innards** * /ˈɪnədz/ NPL entrailles *fpl*, intérieurs * *mpl*

**innate** /ɪˈneɪt/ ADJ *[ability, talent, wisdom, intelligence, conservatism]* inné ; *[dignity]* foncier ; *[distrust]* naturel ◆ **an ~ sense of sth** un sens inné de qch

**innately** /ɪˈneɪtlɪ/ ADV ◆ **~ aggressive/generous** d'une agressivité/générosité innée, naturellement agressif/généreux

**inner** /ˈɪnəʳ/ ADJ a *[room, court]* intérieur (-eure *f*) ◆ **on the ~ side** à l'intérieur ◆ **they formed an ~ circle within the society** ils formaient un petit noyau *or* un petit cercle (fermé) à l'intérieur de la société

b *[emotions, thoughts]* intime ; *[life]* intérieur (-eure *f*) ◆ **the ~ child** l'enfant *m* intérieur ◆ **the ~ meaning** le sens intime *or* profond ◆ **the ~ man** *(= spiritual self)* l'homme *m* intérieur ; *(hum) (= stomach)* l'estomac *m* ◆ **the discovery of the ~ self** la découverte de soi ◆ **trust your ~ self** suivez votre instinct

COMP ▷ **inner city** N quartiers *mpl* déshérités *(à l'intérieur de la ville)* ▷ **inner-city** ADJ *[buildings, problems, crime, renewal]* des quartiers déshérités ▷ **inner-city areas** NPL ⇒ **inner city** ▷ **inner-directed** ADJ *(esp US)* individualiste ▷ **inner dock** N *(Naut)* arrière-bassin *m* ▷ **inner ear** N *(Anat)* oreille *f* interne ▷ **inner harbour** N arrière-port *m* ▷ **inner sole** N *[of shoe]* semelle *f* (intérieure) ▷ **inner spring mattress** N *(US)* matelas *m* à ressorts ▷ **inner tube** N *[of tyre]* chambre *f* à air

**Inner City**

L'expression **inner city** désigne initialement le centre des villes. Dans l'évolution des villes anglo-saxonnes, les quartiers du centre, délaissés par les classes aisées, se caractérisent souvent par une grande pauvreté, un taux de chômage élevé, de très mauvaises conditions de logement et des tensions entre les groupes ethniques. En ce sens, la notion de **inner city** correspondrait en français aux banlieues à problèmes.

**innermost** /ˈɪnəməʊst/ ADJ ⇒ **inmost**

**inning** /ˈɪnɪŋ/ N *(Baseball)* tour *m* de batte

**innings** /ˈɪnɪŋz/ N *(pl inv)* a *(Cricket)* tour *m* de batte b *(fig)* tour *m* ◆ **I've had a good ~** j'ai bien profité de l'existence

**innit** ‡ /ˈɪnɪt/ EXCL *(Brit)* ◆ **~ ?** pas vrai ? *

**innkeeper** /ˈɪnkiːpəʳ/ N *(wayside)* aubergiste *mf* ; *(in town)* hôtelier *m*, -ière *f*

**innocence** /ˈɪnəsns/ N *(gen, Jur)* innocence *f* ; *(= simplicity)* innocence *f*, naïveté *f* ◆ **in all ~** en toute innocence ◆ **in his ~ he believed it all** naïf comme il est (*or* était *etc*) il a tout cru, dans son innocence il a tout cru ◆ **to protest one's ~** *(Jur)* protester de son innocence

**Innocent** /ˈɪnəsnt/ N *(= Papal name)* Innocent *m*

**innocent** /ˈɪnəsnt/ **ADJ** **a** *(= not guilty, not involved, naive) [person, victim, bystander]* innocent (*of sth* de qch) ◆ **to be found ~ of sth** être déclaré innocent de qch ◆ **as ~ as a new-born babe** innocent comme l'enfant qui vient de naître
**b** *(= harmless, not malicious) [question, remark, pastime]* innocent ◆ **it was the source of much ~ amusement** on s'en est beaucoup amusé mais il n'y avait aucune méchanceté là-dedans ◆ **an ~ mistake** une erreur commise en toute innocence ◆ **~ infringement** *(Jur: of patent)* contrefaçon *f* involontaire
**c** *(frm)* ◆ **~ of** *(= free from)* vierge de *(liter)*, dépourvu de ◆ **a room ~ of all ornament** une pièce vierge de *(liter)* or dépourvue de tout ornement
**N** ◆ **he's one of Nature's ~s *, he's a bit of an ~ *** c'est un grand innocent ◆ **he tried to come the ~ with me** ⁑ il a essayé de jouer aux innocents avec moi ◆ **Massacre of the Holy Innocents** *(Rel)* massacre *m* des (saints) Innocents ◆ **Holy Innocents' Day** jour *m* des saints Innocents

**innocently** /ˈɪnəsntlɪ/ **ADV** innocemment, en toute innocence

**innocuous** /ɪˈnɒkjʊəs/ **ADJ** inoffensif

**innovate** /ˈɪnəʊveɪt/ **VTI** innover

**innovation** /ˌɪnəʊˈveɪʃən/ **N** innovation *f* (*in sth* en (matière de) qch) changement *m* (*in sth* en (matière de) qch) ◆ **to make ~s in sth** apporter des innovations *or* des changements à qch ◆ **scientific/technical ~s** innovations *fpl* scientifiques/techniques

**innovative** /ˈɪnəʊˌveɪtɪv/ **ADJ** *[person, organization, idea, design, approach]* novateur (-trice *f*) ; *[product]* innovant ◆ **we aim to be ~** nous cherchons à innover

**innovator** /ˈɪnəʊveɪtəʳ/ **N** innovateur *m*, -trice *f*, novateur *m*, -trice *f*

**innovatory** /ˈɪnəʊˌveɪtərɪ/ **ADJ** *(Brit)* ⇒ **innovative**

**innuendo** /ˌɪnjʊˈendəʊ/ **N** (pl **innuendo(e)s**) insinuation *f*, allusion *f* (malveillante) ◆ **to make ~(e)s about sb** faire des insinuations (malveillantes) à l'égard de qn ◆ **to spread ~(e)s about sb** faire courir des bruits sur qn ◆ **sexual ~** allusions *fpl* grivoises

**Innuit** /ˈɪnjuːɪt/ **N, ADJ** ⇒ **Inuit**

**innumerable** /ɪˈnjuːmərəbl/ **ADJ** innombrable, sans nombre ◆ **there are ~ reasons** il y a une infinité de raisons ◆ **I've told you ~ times** je te l'ai dit cent fois ◆ **goals can be pursued in ~ ways** on peut poursuivre un but de cent manières différentes ◆ **she drank ~ cups of coffee** elle a bu un nombre incalculable de tasses de café

**innumerate** /ɪˈnjuːmərɪt/ **ADJ** qui n'a pas le sens de l'arithmétique ◆ **he's totally ~** il ne sait pas du tout compter

**inoculate** /ɪˈnɒkjʊleɪt/ **VT** *(Med, Vet) [+ person, animal]* vacciner (*against sth* contre qch) ◆ **to ~ sb with sth** inoculer qch à qn

**inoculation** /ɪˌnɒkjʊˈleɪʃən/ **N** *(Med, Vet)* inoculation *f*

**inoffensive** /ˌɪnəˈfensɪv/ **ADJ** inoffensif

**inoperable** /ɪnˈɒpərəbl/ **ADJ** inopérable

**inoperative** /ɪnˈɒpərətɪv/ **ADJ** inopérant

**inopportune** /ɪnˈɒpətjuːn/ **ADJ** inopportun

**inopportunely** /ɪnˈɒpətjuːnlɪ/ **ADV** inopportunément

**inordinate** /ɪˈnɔːdɪnɪt/ **ADJ** *[size, number, quantity]* démesuré ; *[demands]* immodéré, extravagant ; *[pride, pleasure]* extrême ◆ **an ~ amount of luggage/time/money** énormément de bagages/de temps/d'argent ◆ **an ~ sum (of money)** une somme exorbitante *or* astronomique

**inordinately** /ɪˈnɔːdɪnɪtlɪ/ **ADV** *[hot, cold, difficult]* excessivement ; *[proud]* infiniment ◆ **to be ~ fond of sth** aimer particulièrement qch

**inorganic** /ˌɪnɔːˈgænɪk/ **ADJ** **a** *(= artificial) [fibre, material, fertilizer]* inorganique **b** *(Sci)* minéral ◆ **~ chemistry** chimie *f* inorganique *or* minérale

**inpatient** /ˈɪnˌpeɪʃənt/ **N** malade *mf* hospitalisé(e)

**input** /ˈɪnpʊt/ **N** **a** *(= contribution)* contribution *f*, participation *f* ; *[of funds, labour]* apport *m* ; *(= ideas)* idées *fpl* ◆ **we need a regular ~ of new ideas** nous avons besoin d'un flux *or* d'un apport constant de nouvelles idées ◆ **artistic/creative ~** apport *m* artistique/créatif **b** *(Econ)* ◆ **~s** input *m*, intrants *mpl* ; *(Ind) (= materials, parts)* consommations *fpl* intermédiaires **c** *(Elec)* énergie *f*, puissance *f* ; *(Tech) [of machine]* consommation *f* **d** *(Comput) (= data)* données *fpl* ; *(= act of inputting)* saisie *f*, entrée *f* (de données) **VT** *(Comput)* saisir (*into* sur) entrer (*into sth* dans qch) **COMP** ▷ **input data** **N** *(Comput)* données *fpl* en entrée ▷ **input/output** **N** *(Comput)* entrée-sortie *f* ▷ **input/output device** **N** *(Comput)* périphérique *m* entrée-sortie ▷ **input/output table** **N** *(Econ)* tableau *m* d'entrées-sorties

**inquest** /ˈɪnkwest/ **N** *(Jur)* enquête *f* (criminelle) ; → **coroner**

**inquietude** /ɪnˈkwaɪətjuːd/ **N** *(liter)* inquiétude *f*

**inquire** /ɪnˈkwaɪəʳ/ **VI** se renseigner (*about sth* sur qch) s'informer (*about, after* de) ; *(= ask)* demander ◆ **to ~ after sb/sth** demander des nouvelles de qn/qch, s'informer *or* s'enquérir *(liter)* de qn/qch ◆ **I'll go and ~** je vais demander ◆ **~ at the office** demandez au bureau, renseignez-vous au bureau ◆ **"inquire within"** "renseignements ici", "s'adresser ici" ◆ **"inquire at the information desk"** "s'adresser aux renseignements", "s'adresser au bureau de renseignements" ◆ **to ~ into** *(subject)* faire des recherches *or* des investigations sur ; *(possibilities)* se renseigner sur ; *(Admin, Jur) (event, situation)* enquêter sur, faire une enquête sur
**VT** demander ◆ **"is something wrong?" he ~d** "il y a quelque chose qui ne va pas ?" a-t-il demandé ◆ **he rang up to ~ how she was** il a téléphoné pour demander *or* savoir comment elle allait ◆ **he ~d what she wanted** il a demandé ce qu'elle voulait ◆ **I ~d whether my letter had arrived** j'ai demandé si ma lettre était arrivée ◆ **he ~d his way to the cemetery, he ~d how to get to the cemetery** il a demandé le chemin du cimetière

**inquiring** /ɪnˈkwaɪərɪŋ/ **ADJ** *[attitude, frame of mind]* curieux ; *[look]* interrogateur (-trice *f*)

**inquiringly** /ɪnˈkwaɪərɪŋlɪ/ **ADV** *[look]* d'un air interrogateur ; *[say]* d'un ton interrogateur

**inquiry** /ɪnˈkwaɪərɪ/ **N** **a** *(from individual)* demande *f* de renseignements ◆ **to make inquiries (about sb/sth)** se renseigner (sur qn/qch), demander des renseignements (sur qn/qch) ; see also **noun b** ◆ **on ~ he found that ...** renseignements pris il a découvert que ... ◆ **a look of ~** un regard interrogateur ◆ **he gave me a look of ~** il m'a interrogé du regard ◆ **"all inquiries to ..."** "pour tous renseignements s'adresser à ..."
**b** *(Admin, Jur)* enquête *f*, investigation *f* ◆ **to set up** *or* **open an ~ (into sth)** ouvrir une enquête (sur qch) ◆ **committee of ~** commission *f* d'enquête ◆ **to hold an ~ (into sth)** enquêter *or* faire une enquête (sur qch) ◆ **to call for an ~ into sth** demander une enquête sur qch ◆ **a murder ~** une enquête sur un meurtre ◆ **they are pursuing a new line of ~** ils suivent une nouvelle piste ◆ **the police are making inquiries** la police enquête ; → **help, officer**
**c** *(Telec, Rail etc)* **the Inquiries** les renseignements *mpl*
**COMP** ▷ **inquiry agent** **N** détective *m* privé ▷ **inquiry desk, inquiry office** **N** (bureau *m* de) renseignements *mpl*

**inquisition** /ˌɪnkwɪˈzɪʃən/ **N** investigation *f*, recherches *fpl* ; *(Jur)* enquête *f* (judiciaire) ◆ **the Inquisition** *(Rel)* l'Inquisition *f*

**inquisitive** /ɪnˈkwɪzɪtɪv/ **ADJ** curieux, inquisiteur (-trice *f*) *(pej)*

**inquisitively** /ɪnˈkwɪzɪtɪvlɪ/ **ADV** avec curiosité ; *(pej)* d'un air inquisiteur

**inquisitiveness** /ɪnˈkwɪzɪtɪvnɪs/ **N** curiosité *f* ; *(pej)* curiosité *f* indiscrète, indiscrétion *f*

**inquisitor** /ɪnˈkwɪzɪtəʳ/ **N** *(Jur)* enquêteur *m*, -euse *f* ; *(Rel)* inquisiteur *m*

**inquisitorial** /ɪnˌkwɪzɪˈtɔːrɪəl/ **ADJ** inquisitorial

**inquorate** /ɪnˈkwɔːreɪt/ **ADJ** *(Admin)* qui n'a pas le quorum, où le quorum n'est pas atteint

**inroad** /ˈɪnrəʊd/ **N** *(Mil)* incursion *f* (*into* en, dans) ◆ **to make ~s on** *or* **into** *(fig) (majority, numbers, supplies)* entamer ; *(sb's rights)* empiéter sur ◆ **they have made significant ~s into the commercial aircraft market** ils ont fait une percée importante sur le marché de l'aéronautique commerciale

**inrush** /ˈɪnˌrʌʃ/ **N** *[of air, water, people]* irruption *f*

**ins.** (abbrev of **inches**) → **inch**

**insalubrious** /ˌɪnsəˈluːbrɪəs/ **ADJ** *(gen)* insalubre, malsain ; *[district]* peu recommandable

**insane** /ɪnˈseɪn/ **ADJ** *(Med)* aliéné, dément ; *(gen) [person, desire]* fou (folle *f*), insensé ; *[project]* démentiel ◆ **to become ~** perdre la raison ◆ **to go ~** perdre la raison, devenir fou ◆ **to drive sb ~** rendre qn fou ◆ **he must be ~ to think of going** il faut qu'il soit fou pour envisager d'y aller ◆ **you must be ~!** tu es fou ! ◆ **temporarily ~** pris d'une crise de folie ◆ **~ asylum** *(US)* asile *m* d'aliénés ; → **certify** **NPL** **the insane** *(Med)* les aliénés *mpl*

**insanely** /ɪnˈseɪnlɪ/ **ADV** *[behave]* de façon insensée ◆ **to laugh ~** *(= hysterically)* rire de façon hystérique ◆ **~ possessive/expensive/fast** follement possessif/cher/rapide ◆ **~ jealous** *(on one occasion)* fou de jalousie ; *(by nature)* d'une jalousie maladive

**insanitary** /ɪnˈsænɪtərɪ/ **ADJ** insalubre, malsain

**insanity** /ɪnˈsænɪtɪ/ **N** *(Med)* aliénation *f* mentale, démence *f* ; *(gen)* folie *f*, démence *f*

**insatiable** /ɪnˈseɪʃəbl/ **ADJ** *(lit, fig)* insatiable (*for sth* de qch)

**insatiably** /ɪnˈseɪʃəblɪ/ **ADV** ◆ **to be ~ hungry** avoir une faim insatiable ◆ **to be ~ curious** être d'une curiosité insatiable

**inscribe** /ɪnˈskraɪb/ **VT** **a** *(in book etc)* inscrire ; *(on monument etc)* inscrire, graver ; *[+ surface]* marquer, graver ; *(fig) [+ ideas]* graver, inscrire, fixer ◆ **to ~ a tomb with a name** *or* **a name on a tomb** graver un nom sur une tombe ◆ **a watch ~d with his name** une montre gravée à son nom ◆ **a watch, ~d "to Laura"** une montre portant l'inscription "à Laura" ◆ **~d stock** *(Fin)* titres *mpl* nominatifs *or* inscrits **b** *(= dedicate) [+ book]* dédicacer

**inscription** /ɪnˈskrɪpʃən/ **N** *(on coin, monument etc)* inscription *f* ; *(on cartoon)* légende *f* ; *(= dedication)* dédicace *f*

**inscrutability** /ɪnˌskruːtəˈbɪlɪtɪ/ **N** impénétrabilité *f*

**inscrutable** /ɪnˈskruːtəbl/ **ADJ** impénétrable (*to sb/sth* à qn/qch)

**insect** /ˈɪnsekt/ **N** insecte *m* **COMP** ▷ **insect bite N** piqûre *f* d'insecte ▷ **insect eater N** insectivore *m* ▷ **insect powder N** poudre *f* insecticide ▷ **insect repellent ADJ** antimoustiques *inv*, insectifuge *(frm)* **N** *(= cream, ointment etc)* crème *f* (*or* lotion *f etc*) antimoustiques *inv*, insectifuge *m (frm)* ▷ **insect spray N** aérosol *m or* bombe *f* insecticide

**insecticide** /ɪnˈsektɪsaɪd/ **ADJ, N** insecticide *m*

**insectivorous** /ˌɪnsekˈtɪvərəs/ **ADJ** insectivore

**insecure** /ˌɪnsɪˈkjʊəʳ/ **ADJ** **a** *(= unsure of oneself)* ◆ **to be ~** manquer d'assurance ; *(Psych)* être anxieux *or* angoissé ◆ **to feel ~** *(gen)* se sentir mal dans sa peau ; *(= afraid)* ne pas se sentir en sécurité **b** *(= uncertain) [future]* incertain ; *[job, rights]* précaire **c** *(= unsafe, unprotected) [building, lock, door, window, district]* peu sûr **d** *(= not firm, badly fixed) [structure, ladder]* qui n'est pas sûr ; *[rope, rope ladder, load]* mal attaché

**insecurity** /ˌɪnsɪˈkjʊərɪtɪ/ **N** *(also Psych)* insécurité *f*

**inseminate** /ɪnˈsemɪneɪt/ **VT** inséminer

**insemination** /ɪnˌsemɪˈneɪʃən/ **N** insémination *f* ; → **artificial**

**insensate** /ɪnˈsenseɪt/ **ADJ** *(frm) (= senseless)* insensé ; *(= inanimate)* inanimé, insensible ; *(= unfeeling)* insensible

**insensibility** /ɪnˌsensəˈbɪlɪtɪ/ **N** **a** *(frm Med = unconsciousness)* insensibilité *f*, inconscience *f* **b** *(fig = unfeelingness)* insensibilité *f* (*to sb/sth* à qn/qch) indifférence *f* (*to sb/sth* pour qn/qch)

**insensible** /ɪnˈsensəbl/ **ADJ** **a** *(frm = unconscious)* inconscient, sans connaissance ◆ **the blow knocked him ~** le coup lui fit perdre connaissance **b** *(= unaware, impervious)* insensible (*to sth* à qch) ◆ **~ to the cold/to shame/to ridicule** insensible au froid/à la honte/au ridicule

**insensibly** /ɪnˈsensɪblɪ/ **ADV** *[change, grow]* insensiblement, imperceptiblement

**insensitive** /ɪnˈsensɪtɪv/ **ADJ** *(lit, fig: physically or emotionally) [person]* insensible (*to sth* à qch ; *to sb* envers qn) ; *[remark, act]* indélicat ; *[policy]* pas assez réfléchi ◆ **policies which are ~ to the needs of ...** des mesures qui ne tiennent pas compte des besoins de ...

**insensitivity** /ɪnˌsensɪˈtɪvɪtɪ/ **N** insensibilité *f*

**inseparable** /ɪnˈsepərəbl/ **ADJ** inséparable (*from* de)

**inseparably** /ɪnˈsepərəblɪ/ **ADV** inséparablement ◆ **~ bound up with** *or* **linked with** inséparablement lié à

**insert** /ɪnˈsɜːt/ **VT** insérer (*in, into* dans ; *between* entre) ; *[+ paragraph, word]* insérer, introduire (*in* dans) ajouter (*in* à) ; *[+ knife, finger]* introduire, enfoncer (*in* dans) ; *[+ key]* introduire, mettre (*in* dans) ; *(Typ) [+ page, leaflet]* encarter, insérer ; *[+ advertisement]* insérer (*in* dans) **N** /ˈɪnsɜːt/ **a** *(= extra pages)* encart *m* ; *(in print) (= advertisement, note, word)* insertion *f* **b** *(Tech)* pièce *f* insérée, ajout *m* ; *(Sewing)* entre-deux *m inv*, incrustation *f*

**insertion** /ɪnˈsɜːʃən/ **N** **a** *(NonC)* insertion *f*, introduction *f* **b** ⇒ **insert noun a** **COMP** ▷ **insertion mark N** *(Typ)* signe *m* d'insertion

**INSET** /ˈɪnset/ **N** *(Brit)* (abbrev of **In-Service Education and Training**) formation *f* continue

**inset** /ˈɪnset/ (pret, ptp **inset**) **VT** *[+ jewel]* insérer (*into* dans) incruster (*into* sur) ; *[+ leaflet]* encarter, insérer (*into* dans) ; *(in typing, printing) [+ word, line]* rentrer ◆ **to ~ a panel into a skirt** *(Sewing)* rapporter un panneau sur une jupe ◆ **to ~ a map into the corner of a larger one** insérer une carte en cartouche sur une plus grande **N** *(= diagram)* schéma *m* en cartouche ; *(= map)* carte *f* en cartouche ; *(= portrait)* portrait *m* en cartouche ; *(Typ = leaflet, pages)* encart *m* ; *(Sewing)* entre-deux *m inv*, incrustation *f* **ADJ** *[gem, pearl]* enchâssé, serti ◆ **~ with** incrusté de

**inshore** /ˈɪnˈʃɔːʳ/ **ADJ** *[area, fisherman, navigation, waters]* côtier ; *[fishing boat]* côtier, caboteur ; *[reefs]* près de la côte ◆ **~ fishing** pêche *f* côtière ◆ **~ lifeboat** canot *m* de sauvetage côtier ◆ **~ wind** vent *m* de mer **ADV** *[be, fish]* près de la côte ; *[blow, flow, go]* vers la côte

**inside** /ˈɪnˈsaɪd/

> When **inside** is an element in a phrasal verb, eg **step inside**, look up the verb.

**ADV** **a** dedans, à l'intérieur ◆ **~ and outside** au-dedans et au-dehors ◆ **come** *or* **step ~!** entrez (donc) ! ◆ **it is warmer ~** il fait plus chaud à l'intérieur ◆ **wait for me ~** attendez-moi à l'intérieur ◆ **let's go ~** rentrons

**b** (* *= in jail*) à l'ombre *, au frais *

**PREP** **a** *(of place)* à l'intérieur de, dans ◆ **he was waiting ~ the house** il attendait à l'intérieur (de la maison) *or* dans la maison ◆ **she was standing just ~ the gate** *(seen from inside)* elle était juste de ce côté-ci de la barrière ; *(seen from outside)* elle était juste de l'autre côté de la barrière

**b** *(of time)* en moins de ◆ **he came back ~ three minutes** *or (US)* **~ of three minutes** il est revenu en moins de trois minutes ◆ **he was well ~ the record time** *(Sport)* il avait largement battu le record

**N** **a** dedans *m*, intérieur *m* ; *[of house, box, company]* intérieur *m* ◆ **on the ~** à l'intérieur ◆ **walk on the ~ of the pavement** *or (US)* **sidewalk** marchez sur le trottoir du côté maisons ◆ **the door is bolted on** *or* **from the ~** la porte est fermée au verrou de l'intérieur ◆ **I heard music coming from ~** j'ai entendu de la musique qui venait de l'intérieur

◆ **inside out** ◆ **your coat is ~ out** ton manteau est à l'envers ◆ **her umbrella blew ~ out** son parapluie s'est retourné sous l'effet du vent ◆ **I turned the bag ~ out** j'ai retourné le sac (entièrement) ◆ **he knows his subject ~ out** il connaît son sujet à fond ◆ **he knows the district ~ out** il connaît le quartier comme sa poche ◆ **we know each other ~ out** nous nous connaissons parfaitement ◆ **war turns morality ~ out** la guerre met les valeurs morales sens dessus dessous

**b** (* *= stomach:* also **insides**) ventre *m* ◆ **he felt the fear grip his ~s** il a senti la peur le prendre au ventre

**ADJ** **a** intérieur (-eure *f*), d'intérieur ◆ **~ pocket** poche *f* intérieure ◆ **~ seat** *[of plane]* place *f* côté fenêtre ◆ **to get ~ information** *(fig)* obtenir des renseignements grâce à des complicités dans la place ◆ **the ~ story** *(Press)* les dessous *mpl* de l'histoire ◆ **it must have been an ~ job** * *(theft etc)* c'est un coup qui a dû être monté de l'intérieur *or* par quelqu'un de la maison

**b** *(Aut) [wheel, headlight etc] (in Brit)* gauche ; *(in US, Europe etc)* droit ◆ **the ~ lane** *(in Brit)* ≃ la voie de gauche ; *(in US, Europe etc)* ≃ la voie de droite ◆ **to be on** *or* **hold the ~ track** *(Sport)* être à la corde, tenir la corde ; *(fig)* être le mieux placé

**COMP** ▷ **inside-forward N** *(Sport)* intérieur *m*, inter * *m* ▷ **inside-left N** *(Sport)* intérieur *m* gauche ▷ **inside leg N** entrejambe *m* ▷ **inside leg measurement N** mesure *f or* hauteur *f* de l'entrejambe ▷ **inside-right N** *(Sport)* intérieur *m* droit

**insider** /ɪnˈsaɪdəʳ/ **N** *(gen)* quelqu'un qui connaît les choses de l'intérieur ; *(in firm, organization)* quelqu'un qui est dans la place ; *(esp sb with influence, knowledge, also St Ex)* initié(e) *m(f)* **COMP** ▷ **insider dealing**, **insider trading N** *(Jur, Fin)* délit *m* d'initiés

**insidious** /ɪnˈsɪdɪəs/ **ADJ** insidieux

**insidiously** /ɪnˈsɪdɪəslɪ/ **ADV** insidieusement

**insight** /ˈɪnsaɪt/ **N** **a** *(= revealing glimpse)* aperçu *m*, idée *f* (*into* de ; *about* sur) ◆ **to give sb an ~ into sth** donner à qn un aperçu de qch ◆ **this gave us new ~s into what's been happening** cela nous a ouvert de nouvelles perspectives sur ce qui s'est passé ◆ **that will give you an ~ into his reasons for doing it** cela vous éclairera sur les raisons qui l'ont poussé à le faire ◆ **to gain ~ into sth** se familiariser avec qch **b** *(= discernment)* perspicacité *f* ◆ **to have great ~** être doué d'une grande perspicacité

**insightful** /ˈɪnsaɪtfʊl/ **ADJ** pénétrant, perspicace

**insignia** /ɪnˈsɪgnɪə/ **N** (pl **insignias** *or* **insignia**) insigne *m*

**insignificance** /ˌɪnsɪgˈnɪfɪkəns/ **N** insignifiance *f* ; → **pale**[1]

**insignificant** /ˌɪnsɪgˈnɪfɪkənt/ **ADJ** insignifiant ◆ **not ~** non négligeable ◆ **statistically ~** statistiquement non significatif

**insincere** /ˌɪnsɪnˈsɪəʳ/ **ADJ** *[person]* pas sincère, hypocrite ; *[book, smile, remark]* faux (fausse *f*), hypocrite

**insincerely** /ˌɪnsɪnˈsɪəlɪ/ **ADV** *[speak, smile, promise]* sans sincérité, de façon hypocrite

**insincerity** /ˌɪnsɪnˈserɪtɪ/ **N** manque *m* de sincérité, hypocrisie *f*

**insinuate** /ɪnˈsɪnjʊeɪt/ **VT** **a** *(= hint, suggest)* insinuer ◆ **to ~ that ...** insinuer que ... ◆ **to ~ to sb that ...** insinuer à qn que ... ◆ **what are you insinuating?** qu'est-ce que tu veux dire *or* insinuer par là ? **b** ◆ **to ~ o.s. into sb's favour** s'insinuer dans les bonnes grâces de qn

**insinuating** /ɪnˈsɪnjʊeɪtɪŋ/ **ADJ** insinuant

**insinuation** /ɪnˌsɪnjʊˈeɪʃən/ **N** **a** *(= suggestion)* insinuation *f*, allusion *f* **b** *(NonC)* insinuation *f*

**insipid** /ɪnˈsɪpɪd/ **ADJ** *[food, taste, entertainment, person]* insipide ; *[colour]* fade

**insipidity** /ˌɪnsɪˈpɪdɪtɪ/ **N** *[of food, taste, entertainment, person]* insipidité *f* ; *[of colour]* fadeur *f*

**insist** /ɪnˈsɪst/ LANGUAGE IN USE 4

**VI** insister ◆ **if you ~** si vous insistez, si vous y tenez ◆ **I won't ~** je n'insisterai pas ◆ **please don't ~** inutile d'insister ◆ **if he refuses, I will ~** s'il refuse, j'insisterai ◆ **to ~ on doing sth** insister pour faire qch, vouloir absolument faire qch ◆ **I ~ on your coming** j'insiste pour que tu viennes, je tiens absolument à ce que tu viennes ◆ **he ~ed on my waiting for him** il a insisté pour que je l'attende, il voulait absolument que je l'attende ◆ **they ~ed on silence** ils ont exigé le silence ◆ **he ~ed on his innocence** il a clamé son innocence, il protestait de son innocence ◆ **they ~ on the right to defend themselves** ils revendiquent leur droit de se défendre eux-mêmes ◆ **he ~ed on the need for dialogue** il a insisté sur le besoin de dialogue ◆ **to ~ on a point in a discussion** insister sur un point dans une discussion

**VT** **a** *(= demand)* insister ◆ **I must ~ that you let me help** laissez-moi vous aider, j'insiste ◆ **she ~ed that I should come** elle a insisté pour que je vienne ◆ **I ~ that you should come** j'insiste pour que tu viennes, je tiens absolument à ce que tu viennes

**b** *(= affirm)* affirmer, soutenir ◆ **he ~s that he has seen her before** il affirme *or* soutient l'avoir déjà vue ◆ **"it's not that difficult", she ~ed** "ce n'est pas si difficile" a-t-elle affirmé *or* soutenu

**insistence** /ɪnˈsɪstəns/ **N** insistance *f* ◆ **his ~ on coming with me** l'insistance qu'il met (*or* a mis *etc*) à vouloir venir avec moi ◆ **their ~ on being involved** *or* **that they should be involved** leur insistance à vouloir être associé ◆ **his ~ on his innocence** ses protestations d'innocence ◆ **his ~ on secrecy made her uneasy** son insistance à exiger le secret la mettait mal à l'aise ◆ **with ~** avec insistance ◆ **I did it on** *or* **at his ~** je l'ai fait parce qu'il a insisté

**insistent** /ɪnˈsɪstənt/ **ADJ** *[person, tone, question, attitude, demands]* insistant ◆ **she was (most) ~ (about it)** elle a (beaucoup) insisté (là-dessus)

**insistently** /ɪnˈsɪstəntlɪ/ **ADV** avec insistance

**in situ** /ɪnˌsɪtjuː/ **ADV** *(frm)* in situ, sur place

**insofar** /ˌɪnsəʊˈfɑː/ **ADV** ◆ **~ as** en ce sens que, dans la mesure où

**insole** /ˈɪnˌsəʊl/ **N** *(removable)* semelle *f* intérieure ; *(part of shoe)* première *f*

**insolence** /ˈɪnsələns/ **N** *(NonC)* insolence *f* (*to* envers)

**insolent** /ˈɪnsələnt/ **ADJ** insolent (*to or with sb* avec qn)

**insolently** /ˈɪnsələntlɪ/ **ADV** insolemment

**insolubility** /ɪnˌsɒljʊˈbɪlɪtɪ/ **N** insolubilité *f*

**insoluble** /ɪnˈsɒljʊbl/ **ADJ** insoluble

**insolvable** /ɪnˈsɒlvəbl/ **ADJ** insoluble

**insolvency** /ɪnˈsɒlvənsɪ/ **N** *(gen)* insolvabilité *f* ; *(= bankruptcy)* faillite *f*

**insolvent** /ɪnˈsɒlvənt/ **ADJ** *(gen)* insolvable ; *(= bankrupt)* en faillite, en état de cessation de paiement *(Jur)* ◆ **to become ~** *[trader]* tomber en *or* faire faillite ; *[individual]* tomber en déconfiture ◆ **to declare oneself ~** *[trader]* déposer son bilan ; *[individual]* se déclarer insolvable

**insomnia** /ɪnˈsɒmnɪə/ **N** insomnie *f*

**insomniac** /ɪnˈsɒmnɪæk/ **ADJ, N** insomniaque *mf*

**insomuch** /ˌɪnsəʊˈmʌtʃ/ **ADV** ◆ **~ that** à tel point *or* au point que ◆ **~ as** d'autant que

**insouciance** /ɪnˈsuːsɪəns/ **N** *(frm)* insouciance *f*

**insouciant** /ɪnˈsuːsɪənt/ **ADJ** *(frm)* insouciant (*about sth* de qch)

**insp.** abbrev of **inspector**

**inspect** /ɪnˈspekt/ **VT** **a** *(= examine) [+ document, object]* examiner (avec attention *or* de près), inspecter ; *(Brit) [+ ticket]* contrôler ; *(Customs) [+ luggage]* visiter ; *[+ machinery]* inspecter, vérifier ; *(Mil, Pol) [+ weapon sites]* inspecter ; *[+ school, teacher]* inspecter ◆ **right to ~ (sth)** *(Jur)* droit *m* de regard (sur qch) **b** *(Mil) [+ troops] (= check)* inspecter ; *(= review)* passer en revue

**inspection** /ɪnˈspekʃən/ **N** **a** *[of document, object]* examen *m* (attentif) ; *(Brit) [of ticket]* contrôle *m* ; *[of machinery]* inspection *f*, vérification *f* ; *[of school]* (visite *f* d')inspection *f* ◆ **close ~** *(gen)* examen *m* minutieux ; *(for checking purposes)* inspection *f* ◆ **customs ~** visite *f* de douane ◆ **factory ~** inspection *f* d'usine ◆ **to make an ~ of sth** effectuer une inspection *or* un contrôle de qch ◆ **on ~ everything proved normal** une vérification a permis de s'assurer que tout était normal ◆ **on closer ~** en regardant de plus près

**b** *(Mil) [of troops] (= check)* inspection *f* ; *(= review)* revue *f* **COMP** ▷ **inspection pit** **N** *(Aut)* fosse *f* (de réparation)

**inspector** /ɪnˈspektəʳ/ **N** **a** *(gen)* inspecteur *m*, -trice *f* ; *(Brit: on bus, train)* contrôleur *m*, -euse *f* ◆ **tax ~, ~ of taxes** *(Brit)* contrôleur *m or* inspecteur *m* des impôts **b** *(Brit)* (also **police inspector**) inspecteur *m* (de police) ; → **chief** **c** *(Brit Scol:* also **schools inspector, inspector of schools***) (secondary)* inspecteur *m*, -trice *f* d'académie ; *(primary)* inspecteur *m*, -trice *f* primaire **COMP** ▷ **inspector general** **N** (pl **inspectors general**) inspecteur *m* général

**inspectorate** /ɪnˈspektərɪt/ **N** *(esp Brit) (= body of inspectors)* corps *m* des inspecteurs, inspection *f* ; *(= office)* inspection *f*

**inspiration** /ˌɪnspəˈreɪʃən/ **N** **a** *(NonC)* inspiration *f* ◆ **to draw one's ~ from sth** s'inspirer de qch **b** ◆ **to be an ~ to sb** *[person, thing]* être une source d'inspiration pour qn ◆ **you've been an ~ to us all** vous avez été notre source d'inspiration à tous ◆ **to be the ~ for sth** servir d'inspiration pour qch ◆ **the ~ behind the reforms was a paper written in 1985** les réformes s'inspiraient d'un article écrit en 1985 **c** *(= good idea)* inspiration *f* ◆ **to have a sudden ~** avoir une inspiration subite

**inspirational** /ˌɪnspəˈreɪʃənl/ **ADJ** *[teacher, leader]* enthousiasmant, stimulant ; *[book, film]* stimulant, inspirant ; *(Rel)* édifiant

**inspire** /ɪnˈspaɪəʳ/ **VT** *[+ person, work of art, action, decision]* inspirer ◆ **the book was ~d by a real person** le livre s'inspirait d'un personnage réel ◆ **to ~ confidence in sb, to ~ sb with confidence** inspirer confiance à qn ◆ **to ~ courage in sb** insuffler du courage à qn ◆ **to ~ sb with an idea** inspirer une idée à qn ◆ **her beauty ~d him to write the song** inspiré par sa beauté, il a écrit cette chanson ◆ **what ~d you to offer to help?** qu'est-ce qui vous a donné l'idée de proposer votre aide ? ◆ **these herbs will ~ you to try out all sorts of exotic-flavoured dishes!** ces herbes vous donneront envie d'essayer toutes sortes de plats aux saveurs exotiques ! ◆ **what ~d you to change your name?** qu'est-ce qui vous a donné l'idée de changer de nom ? ◆ **a political murder ~d by nationalist conflicts** un assassinat politique motivé par les conflits nationalistes

**inspired** /ɪnˈspaɪəd/ **ADJ** **a** *[person, performance, idea, choice]* inspiré ◆ **that was an ~ guess** *or* **a piece of ~ guesswork!** bien deviné ! **b** *(= motivated)* **politically/divinely/classically ~** d'inspiration politique/divine/classique

**inspiring** /ɪnˈspaɪərɪŋ/ **ADJ** **a** *(= edifying, impressive) [story, film, example]* édifiant, inspirant ◆ **the ~ tale of her fight against cancer** l'histoire édifiante de sa lutte contre le cancer ◆ **it wasn't particularly ~** ce n'était pas terrible * **b** *(= stimulating) [teacher, leader]* enthousiasmant, stimulant ; *[book, film]* stimulant, inspirant

**inst.** **ADV** *(Comm)* (abbrev of **instant**) courant ◆ **the 16th ~** le 16 courant

**instability** /ˌɪnstəˈbɪlɪtɪ/ **N** instabilité *f*

**instal(l)** /ɪnˈstɔːl/ **VT** *(gen, Rel)* installer ◆ **to ~(l) o.s. in** s'installer dans

**installation** /ˌɪnstəˈleɪʃən/ **N** *(all senses)* installation *f*

**instalment, installment** *(US)* /ɪnˈstɔːlmənt/ **N** **a** *(= payment)* versement *m* (partiel *or* échelonné) ; *(= down payment)* acompte *m* ; *[of loan, investment, credit]* tranche *f*, versement *m* ◆ **to pay an ~** faire un versement (partiel) ◆ **to pay in** *or* **by ~s** payer en plusieurs versements *or* par traites échelonnées ◆ **~ on account** acompte *m* provisionnel ◆ **annual ~** versement *m* annuel, annuité *f* ◆ **monthly ~** versement *m* mensuel, mensualité *f*

**b** *[of story, serial]* épisode *m* ; *[of book]* fascicule *m*, livraison *f* ◆ **this is the first ~ of a six-part serial** *(TV etc)* voici le premier épisode d'un feuilleton qui en comportera six ◆ **this story will appear in ~s over the next eight weeks** ce récit paraîtra par épisodes pendant les huit semaines à venir ◆ **to publish a work in ~s** publier un ouvrage par fascicules

**COMP** ▷ **installment plan** **N** *(US)* contrat *m* de vente à crédit *or* à tempérament ◆ **to buy on the installment plan** acheter à crédit

**instance** /ˈɪnstəns/ LANGUAGE IN USE 26.2 **N** **a** *(= example)* exemple *m*, cas *m* ; *(= occasion)* circonstance *f*, occasion *f* ◆ **for ~** par exemple ◆ **in the present ~** dans le cas présent, dans cette circonstance ◆ **in many ~s** dans bien des cas ◆ **in the first ~** en premier lieu ◆ **as an ~ of** comme exemple de ◆ **let's take an actual ~** prenons un exemple *or* un cas concret ◆ **this is an ~ of what I was talking about** c'est un exemple de ce dont je parlais ◆ **a serious ~ of corruption** un cas sérieux de corruption **b** *(Jur)* **at the ~ of** sur *or* à la demande de, sur l'instance de

**VT** donner en exemple, citer en exemple, faire état de *(more frm)*

**instant** /ˈɪnstənt/ **ADJ** **a** *[obedience, relief, response, effect]* immédiat, instantané ; *[need]* urgent, pressant ◆ **this calls for ~ action** ceci nécessite des mesures immédiates ◆ **~ camera/photography** appareil *m* (photo)/photographie *f* à développement instantané

**b** *(Culin) [coffee]* soluble ; *[potatoes]* déshydraté ; *[food]* à préparation rapide ◆ **~ soup** potage *m* (instantané) en poudre

**c** *(Comm)* courant ◆ **your letter of the 10th ~** votre lettre du 10 courant

**N** **a** *(= moment)* instant *m*, moment *m* ◆ **come here this ~** viens ici tout de suite *or* à l'instant ◆ **for an ~** pendant un instant, l'espace d'un instant ◆ **on the ~** tout de suite, à l'instant ◆ **the next ~** l'instant d'après ◆ **I did it in an ~** je l'ai fait en un instant ◆ **I'll be ready in an ~** je serai prêt dans un instant ◆ **in** *or* **at the same ~** au même moment ◆ **he left the ~ he heard the news** il est parti dès qu'il *or* aussitôt qu'il a appris la nouvelle

**b** *(lottery = scratchcard) jeu instantané de grattage,* ≃ Tac o Tac ® *m*

**COMP** ▷ **instant replay** **N** *(TV) répétition immédiate d'une séquence ; (= slow-motion)* ralenti *m*

**instantaneous** /ˌɪnstənˈteɪnɪəs/ **ADJ** *[event, response]* instantané ◆ **I took an ~ dislike to him** je l'ai tout de suite *or* immédiatement détesté

**instantaneously** /ˌɪnstənˈteɪnɪəslɪ/ **ADV** instantanément

**instantly** /ˈɪnstəntlɪ/ **ADV** *[die, be killed]* sur le coup, instantanément ; *[know, recognize]* immédiatement ; *[identifiable, available]* immédiatement ◆ **~ likeable** *[person]* sympathique au premier abord ◆ **the giant panda is ~ recognizable** *or* **identifiable by its black and white coat** le panda géant est immédiatement reconnaissable à son pelage noir et blanc ◆ **~ forgettable** *(= mediocre)* sans aucun intérêt

**instead** /ɪnˈsted/ **ADV** plutôt, au contraire ◆ **if you don't like orange juice, have some mineral water ~** si vous n'aimez pas le jus d'orange, prenez plutôt de l'eau minérale ◆ **forget about dieting and eat normally** ~ oubliez votre régime et mangez normalement ◆ **his brother came** ~ **(of him)** son frère est venu à sa place ◆ **I didn't go to the office, I went to the cinema** ~ je ne suis pas allé au bureau, au lieu de cela je suis allé au cinéma

♦ **instead of** ◆ ~ **of going to school** au lieu d'aller à l'école, plutôt que d'aller à l'école ◆ **we decided to have dinner at 8 o'clock** ~ **of 7** nous avons décidé de dîner à 20 heures au lieu de 19 heures ◆ ~ **of Louise** à la place de Louise ◆ **this is** ~ **of a birthday present** c'est à la place d'un cadeau d'anniversaire

**instep** /ˈɪnstep/ **N** a (Anat) cou-de-pied *m* ◆ **to have a high** ~ avoir le pied cambré b *[of shoe]* cambrure *f*

**instigate** /ˈɪnstɪɡeɪt/ **VT** être l'instigateur de

**instigation** /ˌɪnstɪˈɡeɪʃən/ **N** instigation *f* ◆ **at sb's** ~ à l'instigation de qn

**instigator** /ˈɪnstɪɡeɪtəʳ/ **N** instigateur *m*, -trice *f* ; *[of riot, plot]* auteur *m*

**instil, instill** *(US)* /ɪnˈstɪl/ **VT** *[+ courage, optimism]* insuffler (*into sb* à qn) ; *[+ knowledge, principles]* inculquer (*into sb* à qn) ; *[+ idea, fact]* faire comprendre (*into sb* à qn) ; *[+ fear]* faire naitre (*into sb* chez qn) ◆ **to** ~ **into sb that ...** faire pénétrer dans l'esprit de qn que ...

**instinct** /ˈɪnstɪŋkt/ **N** instinct *m* ◆ **by** *or* **from** ~ d'instinct ◆ **to have an** ~ **for business** *or* **a good business** ~ avoir le sens des affaires **ADJ** /ɪnˈstɪŋkt/ *(liter)* ◆ ~ **with** qui exhale *or* respire *(liter)*, plein de

**instinctive** /ɪnˈstɪŋktɪv/ **ADJ** instinctif

**instinctively** /ɪnˈstɪŋktɪvlɪ/ **ADV** instinctivement

**instinctual** /ɪnˈstɪŋktʃʊəl/ **ADJ** ⇒ **instinctive**

**institute** /ˈɪnstɪtjuːt/ **VT** a (= establish) *[+ system, rules]* instituer, établir ; (= found) *[+ society]* fonder, constituer ◆ **newly ~d** *[post]* récemment créé, de création récente ; *[organization]* de fondation récente b (= set in motion) *[+ inquiry]* ouvrir ; *[+ action]* entreprendre (*against sb* contre qn) ◆ **to** ~ **proceedings against sb** intenter un procès contre qn c (Rel) investir **N** a (gen) institut *m* ◆ **Institute of Education** Institut *m* de formation des maîtres ◆ **Institute of Linguistics** *etc* Institut *m* de linguistique *etc* b (US = course) stage *m* (d'études)

**institution** /ˌɪnstɪˈtjuːʃən/ **N** a (= organization) institution *f* ◆ **a religious/political** ~ une institution religieuse/politique ◆ **financial/credit/educational** ~ établissement *m* financier/de crédit/d'enseignement ◆ **an academic** ~ un établissement d'enseignement supérieur

b (= feature, custom) institution *f* ◆ **democratic ~s, the ~s of democracy** les institutions *fpl* démocratiques ◆ **the** ~ **of marriage** l'institution *f* du mariage ◆ **tea is a great British** ~ le thé est une grande institution britannique ◆ **he's been with the firm so long that he's now an** ~ *(hum)* il fait partie de l'entreprise depuis si longtemps qu'il en est devenu une véritable institution

c (= hospital, mental home etc) institution *f* ◆ **he has been in ~s all his life** il a passé toute sa vie en institution

d (NonC) *[of system, practice]* institution *f* ; *[of proceedings, inquiry]* ouverture *mf*

e (Rel) *[of priest]* investiture *f*

**institutional** /ˌɪnstɪˈtjuːʃənl/ **ADJ** a (= of institutions) *[reform, structure]* institutionnel ◆ ~ **care** soins *mpl* en institution b (Fin, Comm = of companies) *[investors, funds, buying]* institutionnel c (pej = reminiscent of institutions) *[food]* d'internat ; *[atmosphere]* réglementé

**institutionalization** /ˈɪnstɪˌtjuːʃnəlaɪˈzeɪʃən/ **N** *[of person]* placement *m* dans une institution ; *[of custom, procedure]* institutionnalisation *f*

**institutionalize** /ˌɪnstɪˈtjuːʃnəlaɪz/ **VT** a *[+ person]* placer dans une institution b *[+ procedure, custom, event etc]* institutionnaliser, donner un caractère officiel à

**institutionalized** /ˌɪnstɪˈtjuːʃnəlaɪzd/ **ADJ** a (= living in an institution) ◆ ~ **people** personnes *fpl* vivant en institution b (= dependent) dépendant ◆ **after all those years in prison, he's become totally** ~ après toutes ces années en prison, il est désormais totalement dépendant *or* il a désappris à être autonome c (= ingrained) *[racism etc]* institutionnalisé ◆ **to become** ~ s'institutionnaliser, devenir une institution ◆ ~ **religion** (NonC) la religion institutionnalisée

**instruct** /ɪnˈstrʌkt/ **VT** a (= teach) *[+ person]* instruire ◆ **to** ~ **sb in sth** instruire qn en qch, enseigner *or* apprendre qch à qn ◆ **to** ~ **sb in how to do sth** enseigner *or* apprendre à qn comment (il faut) faire qch b (= order, direct) *[+ person]* donner des instructions *or* des ordres à ◆ **to** ~ **sb to do** charger qn de faire, donner pour instructions à qn de faire ◆ **I am ~ed to inform you that ...** *(frm)* je suis chargé de *or* j'ai mission de vous informer que ... c (Brit Jur) ◆ **to** ~ **a solicitor** donner ses instructions à un notaire ◆ **to** ~ **counsel** constituer avocat ◆ **to** ~ **the jury** *[judge]* donner des instructions au jury (*to do sth* pour qu'il fasse qch)

**instruction** /ɪnˈstrʌkʃən/ **N** a (NonC = teaching) instruction *f*, enseignement *m* ◆ **to give** ~ **to sb (in sth)** instruire qn (en qch) ◆ **driving** ~ leçons *fpl* de conduite

b (gen pl) ◆ **~s** instructions *fpl* ; (Mil) consigne *f* ; (Comm, Pharm, Tech) indications *fpl* ◆ **he gave me precise ~s on what to do if ...** il m'a donné des consignes précises *or* des instructions précises sur la conduite à tenir au cas où ... ◆ **I gave ~s for him to be brought to me** j'ai donné des instructions pour qu'on *or* j'ai donné ordre qu'on me l'amène *subj* ◆ **he gave me ~s not to leave until ...** il m'a donné ordre de ne pas partir avant ... ◆ **he was given strict ~s to avoid alcohol** on lui a rigoureusement interdit de boire de l'alcool ◆ **to act according to ~s** (gen) se conformer aux instructions ; (Mil) se conformer à la consigne ◆ **"instructions for use"** "mode d'emploi" ◆ **the ~s are on the back of the box** le mode d'emploi est (indiqué) au dos de la boite

**COMP** ▷ **instruction book** **N** (Comm, Tech) mode *m* d'emploi, notice *f* d'utilisation ▷ **instruction manual** **N** manuel *m* d'utilisation

**instructive** /ɪnˈstrʌktɪv/ **ADJ** instructif

**instructor** /ɪnˈstrʌktəʳ/ **N** a (Sport) moniteur *m*, -trice *f*, professeur *m* ; (Mil) instructeur *m* ; → **driving** b (US Univ) ≃ assistant *m*

**instructress** /ɪnˈstrʌktrɪs/ **N** (Sport) monitrice *f*, professeur *m*

**instrument** /ˈɪnstrʊmənt/ **N** (gen, Med, Mus, Tech, fig) instrument *m* ; (Jur) instrument *m*, acte *m* juridique ; (Fin) titre *m*, effet *m* ◆ **to fly by** *or* **on ~s** naviguer aux instruments ◆ ~ **of government** instrument *m* du gouvernement ; → **blunt, wind¹** **VT** /ˌɪnstrʊˈment/ (Mus) orchestrer ; (Jur) instrumenter **COMP** (Aviat) *[flying, landing]* aux instruments (de bord) ▷ **instrument board, instrument panel** **N** (Aut, Aviat) tableau *m* de bord

**instrumental** /ˌɪnstrʊˈmentl/ **ADJ** a *[role]* déterminant ◆ **to be** ~ **in sth** jouer un rôle-clé dans qch ◆ **he was** ~ **in setting up/launching the scheme** il a joué un rôle-clé dans la mise en place/le lancement du projet b (Mus) *[music, composition, arrangement, tuition, ensemble]* instrumental ; *[recording, album]* de musique instrumentale ; *[composer]* d'œuvres instrumentales ◆ ~ **performer** instrumentiste *mf*

**instrumentalist** /ˌɪnstrʊˈmentəlɪst/ **N** (Mus) instrumentiste *mf*

**instrumentation** /ˌɪnstrʊmenˈteɪʃən/ **N** (Mus, Tech) instrumentation *f*

**insubordinate** /ˌɪnsəˈbɔːdənɪt/ **ADJ** insubordonné, indiscipliné

**insubordination** /ˈɪnsəˌbɔːdɪˈneɪʃən/ **N** insubordination *f*, indiscipline *f*, désobéissance *f*

**insubstantial** /ˌɪnsəbˈstænʃəl/ **ADJ** a (= small) *[sum, amount]* peu important ; *[meal, work]* peu substantiel ; (= weak) *[argument]* sans substance ; *[evidence]* sans fondement ; *[structure]* peu solide b (liter = unreal) *[vision, illusion]* chimérique

**insufferable** /ɪnˈsʌfərəbl/ **ADJ** *(frm)* insupportable

**insufferably** /ɪnˈsʌfərəblɪ/ **ADV** *(frm)* insupportablement ◆ **it was** ~ **hot** il faisait une chaleur insupportable

**insufficiency** /ˌɪnsəˈfɪʃənsɪ/ **N** insuffisance *f*

**insufficient** /ˌɪnsəˈfɪʃənt/ **ADJ** insuffisant

**insufficiently** /ˌɪnsəˈfɪʃəntlɪ/ **ADV** insuffisamment

**insular** /ˈɪnsjələʳ/ **ADJ** a (pej = parochial) *[person, attitude, views, outlook]* borné *(pej)* ; *[community, existence]* coupé du monde extérieur b (SPEC = relating to an island) insulaire

**insularity** /ˌɪnsjʊˈlærɪtɪ/ **N** insularité *f* ; (fig pej) *[of person]* étroitesse *f* d'esprit ; *[of community, existence]* fermeture *f* au monde extérieur ; *[of outlook, views]* étroitesse *f*

**insulate** /ˈɪnsjʊleɪt/ **VT** a (Elec) isoler ; (against cold, heat) *[+ room, roof]* isoler ; *[+ water tank]* calorifuger ; (against sound) *[+ room, wall]* insonoriser ◆ **~d handle** manche *m* isolant ◆ **~d pliers** pince *f* isolante ◆ **insulating material** isolant *m* b (fig) *[+ person]* (= separate) séparer (*from* de) ; (= protect) protéger (*against* de) **COMP** ▷ **insulating tape** **N** (ruban *m*) isolant *m* ; (= adhesive) chatterton *m*

**insulation** /ˌɪnsjʊˈleɪʃən/ **N** a (NonC) (Elec) isolation *f* ; *[of house, room]* (against cold) isolation *f* (calorifuge) ; (against sound) insonorisation *f* b (fig) **they lived in happy** ~ **from brutal facts** ils vivaient heureux à l'abri de la réalité brutale c (NonC = material) isolant *m*

**insulator** /ˈɪnsjʊleɪtəʳ/ **N** (Elec) (= device) isolateur *m* ; (= material) isolant *m*

**insulin** /ˈɪnsjʊlɪn/ **N** insuline *f* **COMP** *[injection]* d'insuline ▷ **insulin shock** **N** (Med) choc *m* insulinique ▷ **insulin treatment** **N** insulinothérapie *f*, traitement *m* insulinique *or* à l'insuline

**insult** /ɪnˈsʌlt/ **VT** (with words, gestures) insulter, injurier ; (= offend) faire (un) affront à, insulter ◆ **she felt ~ed by his indifference** elle s'est sentie insultée par son indifférence **N** /ˈɪnsʌlt/ (= remark) insulte *f*, injure *f* ; (= action, affront) affront *m*, insulte *f* ◆ **to hurl ~s at sb** injurier qn, lancer des insultes à qn ◆ **the book is an** ~ **to the reader's intelligence** le livre est une insulte à *or* fait affront à l'intelligence du lecteur ◆ **these demands are an** ~ **to the profession** ces revendications sont un affront à la profession ◆ **an** ~ **to sb's memory** une insulte à la mémoire de qn ◆ **it was seen as an ~ to Islam** cela a été perçu comme un affront à l'islam ; → **add**

**insulting** /ɪn'sʌltɪŋ/ ADJ insultant, injurieux ◆ **to be ~ to sb** *[remarks, comments etc]* être un affront à qn

**insultingly** /ɪn'sʌltɪŋlɪ/ ADV *[behave, talk]* de façon insultante ◆ **~ dismissive** dédaigneux au point d'être insultant ◆ **~ sexist** d'un sexisme insultant

**insuperable** /ɪn'suːpərəbl/ ADJ insurmontable

**insuperably** /ɪn'suːpərəblɪ/ ADV d'une façon insurmontable

**insupportable** † /ˌɪnsə'pɔːtəbl/ ADJ insupportable

**insurable** /ɪn'ʃʊərəbl/ ADJ assurable

**insurance** /ɪn'ʃʊərəns/ N (*gen*) assurance *f* (*on or for sth* pour qch ; *against* contre) ; (*= policy*) police *f or* contrat *m* d'assurances (*on or for sth* pour qch ; *against sth* contre qch) ; (*fig*) garantie *f* ◆ **he pays £300 a year in ~** il paie 300 livres (de primes) d'assurance par an ◆ **~ on a building** assurance *f* sur le capital immobilier ◆ **to take out ~** contracter une assurance ◆ **to take out ~ against** s'assurer contre, se faire assurer contre ◆ **what does your ~ cover?** que couvre votre police *or* contrat d'assurance ? ◆ **we must extend our ~** nous devons augmenter le montant pour lequel nous sommes assurés ◆ **the ~ runs out on 5 July** l'assurance arrive à échéance le 5 juillet ◆ **to do sth as an ~ against** (*fig*) faire qch comme garantie contre, faire qch pour se prémunir contre ; → **fire, life**

COMP ▷ **insurance adjuster** N (*US*) expert *m* en sinistres ▷ **insurance agent** N agent *m* d'assurances ▷ **insurance broker** N courtier *m* d'assurances ▷ **insurance certificate** N (*Aut*) attestation *f* d'assurance ▷ **insurance claim** N (déclaration *f* de) sinistre *m* ▷ **insurance company** N compagnie *f or* société *f* d'assurances ▷ **insurance policy** N police *f* d'assurance, assurances* *fpl* ▷ **insurance premium** N prime *f* (d'assurance) ▷ **insurance scheme** N régime *m* d'assurances ▷ **insurance stamp** N (*Brit Admin*) vignette *f or* timbre *m* de contribution à la sécurité sociale ▷ **insurance underwriter** N (*gen*) assureur *m* ; (*= underwriting company*) réassureur *m*

**insurant** /ɪn'ʃʊərənt/ N (*SPEC*) assuré(e) *m(f)*, souscripteur *m*, -trice *f*

**insure** /ɪn'ʃʊəʳ/ VT a *[+ car, house]* (faire) assurer ◆ **he ~d his guitar for $1000** il a assuré sa guitare pour 1 000 dollars ◆ **to ~ o.s.** *or* **one's life** s'assurer *or* se faire assurer sur la vie ◆ **I am ~d against fire** je suis assuré contre l'incendie ◆ **we ~d (ourselves) against possible disappointment** (*fig*) nous avons paré aux déceptions possibles ◆ **in order to ~ against any delay ...** pour nous (*or* les *etc*) garantir contre tout retard ...

b *[+ power, success]* assurer, garantir ◆ **this will ~ that you will be notified when ...** grâce à ceci vous êtes assuré d'être avisé quand ... ◆ **in order to ~ that terrorists do not enter the country** afin de s'assurer que les terroristes n'entrent pas dans le pays ◆ **they want to ~ that their children will be educated properly** ils veulent s'assurer *or* être sûrs que leurs enfants recevront une éducation correcte

**insured** /ɪn'ʃʊəd/ ADJ, N assuré(e) *m(f)*

**insurer** /ɪn'ʃʊərəʳ/ N assureur *m*

**insurgence** /ɪn'sɜːdʒəns/, **insurgency** /ɪn'sɜːdʒənsɪ/ N insurrection *f*

**insurgent** /ɪn'sɜːdʒənt/ ADJ, N insurgé(e) *m(f)*

**insurmountable** /ˌɪnsə'maʊntəbl/ ADJ insurmontable

**insurrection** /ˌɪnsə'rekʃən/ N a (*NonC*) insurrection *f* ◆ **to rise in ~** se soulever, s'insurger b (*= uprising*) insurrection *f*, soulèvement *m*

**insurrectionary** /ˌɪnsə'rekʃnərɪ/ ADJ insurrectionnel

**insurrectionist** /ˌɪnsə'rekʃənɪst/ N insurgé(e) *m(f)*

**int.** ADJ, N (abbrev of **international**) international

**intact** /ɪn'tækt/ ADJ intact ◆ **to remain** *or* **survive ~** rester intact

**intake** /'ɪnteɪk/ N a (*NonC: Tech*) *[of water]* prise *f*, adduction *f* ; *[of gas, steam]* adduction *f*, admission *f* ; → **air** b (*Scol, Univ*) admission(s) *f(pl)*, (nombre *m* des) inscriptions *fpl* ; (*Mil*) contingent *m*, recrues *fpl* ◆ **the latest ~ of young graduates into our company** le dernier contingent de jeunes diplômés recrutés dans notre société ◆ **the US's annual ~ of immigrants** le contingent annuel d'immigrants arrivant aux États-Unis c *[of protein, liquid, alcohol etc]* consommation *f* ◆ **food ~** ration *f* alimentaire d ◆ **she heard his ~ of breath** elle l'a entendu retenir sa respiration COMP ▷ **intake valve** N (*Tech*) soupape *f* d'admission

**intangible** /ɪn'tændʒəbl/ ADJ *[quality, presence]* intangible, impalpable N impondérable *m* COMP ▷ **intangible assets** NPL (*Jur*) immobilisations *fpl* incorporelles ▷ **intangible property** N (*Jur*) biens *mpl* incorporels

**integer** /'ɪntɪdʒəʳ/ N (nombre *m*) entier *m*

**integral** /'ɪntɪgrəl/ ADJ a *[part]* intégrant, constituant ◆ **to be an ~ part of sth, to be ~ to sth** faire partie intégrante de qch b (*= whole*) intégral, complet (-ète *f*), entier ◆ **~ payment** paiement *m* intégral c (*Math*) intégral ◆ **~ calculus** calcul *m* intégral N (*Math, fig*) intégrale *f*

**integrate** /'ɪntɪgreɪt/ VT a (*= combine into a whole*) *[+ people, objects, ideas]* intégrer, incorporer (*in, into* dans) ◆ **talks will now begin about integrating the activities of both companies** l'intégration des activités des deux sociétés va maintenant faire l'objet de négociations ◆ **Ann wanted the conservatory to ~ with the kitchen** Ann voulait qu'il y ait une continuité entre le jardin d'hiver et la cuisine

b (*= complete by adding parts*) compléter ◆ **an ~d personality** (*Psych*) une personnalité bien intégrée

c (*= desegregate*) *[+ races, religions, ethnic groups etc]* intégrer ◆ **to ~ Catholic and non-Catholic schools** intégrer les écoles catholiques et non catholiques ◆ **to ~ a school** *etc* imposer la déségrégation dans un établissement scolaire *etc* ◆ **~d school** établissement *m* scolaire où se pratique l'intégration

d (*Math*) intégrer

VI a *[school, neighbourhood etc]* pratiquer l'intégration raciale

b *[person, religious or ethnic group etc]* s'intégrer (*into* dans)

**integrated** /'ɪntɪgreɪtɪd/ ADJ intégré COMP ▷ **integrated accounting package** N logiciel *m* intégré de comptabilité ▷ **integrated circuit** N (*Elec*) circuit *m* intégré ▷ **integrated course** N (*Brit Educ*) cours *m* de formation professionnelle (*pour apprentis*) ▷ **integrated day** N (*Brit Scol*) journée *f* sans emploi du temps structuré ▷ **Integrated Services Digital Network** N Réseau *m* numérique à intégration de services ▷ **integrated studies** NPL (*Brit Scol*) études *fpl* générales (*où les matières ne sont pas différenciées*)

**integration** /ˌɪntɪ'greɪʃən/ N (*also Math, Psych*) intégration *f* (*into* dans) ◆ **racial/social/European ~** intégration *f* raciale/sociale/européenne

**integrity** /ɪn'tegrɪtɪ/ N a (*= honesty*) intégrité *f*, probité *f* ◆ **a man of ~** un homme intègre b (*= totality*) intégrité *f*, totalité *f* ◆ **in its ~** dans son intégrité, dans sa totalité ◆ **territorial ~** l'intégrité *f* du territoire ◆ **the ~ of the nation** l'intégrité *f* de la nation

**integument** /ɪn'tegjʊmənt/ N tégument *m*

**intellect** /'ɪntɪlekt/ N a (*NonC*) (*= reasoning power*) intellect *m*, intelligence *f* ; (*= cleverness*) intelligence *f*, esprit *m* ◆ **a man of (great) ~** un homme d'une grande intelligence b *[of person]* intelligence *f*, esprit *m*

**intellectual** /ˌɪntɪ'lektjʊəl/ ADJ (*gen*) intellectuel ; *[group, family]* d'intellectuels ◆ **~ property** propriété *f* intellectuelle N intellectuel(le) *m(f)*

**intellectualize** /ˌɪntɪ'lektjʊəlaɪz/ VT intellectualiser VI ◆ **you always have to ~** il faut toujours que tu intellectualises tout

**intellectually** /ˌɪntɪ'lektjʊəlɪ/ ADV intellectuellement, sur le plan intellectuel ◆ **~ satisfying/honest** *etc* intellectuellement satisfaisant/honnête *etc*

**intelligence** /ɪn'telɪdʒəns/ N a (*NonC*) intelligence *f* ◆ **a man of little ~** un homme peu intelligent *or* de peu d'intelligence ◆ **his book shows ~** son livre est intelligent

b (*= information*) renseignement(s) *m(pl)*, information(s) *f(pl)* ◆ **latest ~** (*Press*) informations *fpl* de dernière minute

c ◆ **Military/Naval Intelligence** service *m* de renseignements de l'armée de Terre/de la Marine ◆ **he was in Intelligence during the war** il était dans les services de renseignements pendant la guerre

COMP ▷ **intelligence agent** N agent *m* de renseignements, agent *m* secret ▷ **Intelligence Corps** N (*Brit Mil*) *service de renseignements et de sécurité militaires* ▷ **Intelligence officer** N (*Brit Pol*) officier *m* de renseignements ▷ **intelligence quotient** N quotient *m* intellectuel ▷ **Intelligence Service** N (*Brit Pol*) services *mpl* secrets *or* de renseignements ▷ **intelligence test** N test *m* d'intelligence ▷ **intelligence work** N ◆ **to do ~ work** être dans *or* travailler dans les services de renseignements

**intelligent** /ɪn'telɪdʒənt/ ADJ (*gen*) intelligent ◆ **~ terminal** (*Comput*) terminal *m* intelligent ◆ **the search for ~ life on other planets** la recherche de formes de vie intelligente sur d'autres planètes

**intelligently** /ɪn'telɪdʒəntlɪ/ ADV intelligemment

**intelligentsia** /ɪnˌtelɪ'dʒentsɪə/ N (*collective sg*) ◆ **the ~** l'intelligentsia *f*, l'élite *f* intellectuelle

**intelligibility** /ɪnˌtelɪdʒə'bɪlɪtɪ/ N intelligibilité *f*

**intelligible** /ɪn'telɪdʒəbl/ ADJ intelligible

**intelligibly** /ɪn'telɪdʒəblɪ/ ADV intelligiblement

**intemperance** /ɪn'tempərəns/ N (*= lack of self-restraint*) intempérance *f* ; (*= lack of moderation*) manque *m* de modération

**intemperate** /ɪn'tempərɪt/ ADJ (*frm*) *[attitude, comment]* immodéré ; *[language]* sans retenue ; *[person]* intempérant † ; *[haste, zeal]* excessif

**intend** /ɪn'tend/ LANGUAGE IN USE 8 VT avoir l'intention ; *[+ gift etc]* destiner (*for* à) ◆ **to ~**

**to do sth, to ~ doing sth** avoir l'intention de faire qch ◆ **I ~ to go and see him** j'ai l'intention d'aller le voir ◆ **I don't ~ to tell him about it** je n'ai pas l'intention de lui en parler ◆ **I didn't ~ coming to Germany to work ...** je n'avais pas l'intention *or* je n'avais pas prévu de venir en Allemagne pour travailler ... ◆ **I'm sure he didn't ~ that we should hear him** je suis sûr qu'il ne pensait pas que nous allions l'entendre ◆ **his response seemed patronizing, though he hadn't ~ed it that way** le ton de sa réponse semblait condescendant, même si ça n'était pas son intention ◆ **I fully ~ to punish him** j'ai la ferme intention de le punir ◆ **he ~s to be a doctor** il a l'intention de devenir médecin, il se destine à la médecine ◆ **it was ~ed that he should become an accountant** il était prévu qu'il devienne comptable ◆ **this scheme is ~ed to help the poor** ce projet est destiné à venir en aide aux indigents ◆ **~ed for** destiné à ◆ **the money was ~ed for British families** l'argent était destiné aux familles britanniques ◆ **hospital facilities which were ~ed for AIDS patients** des infrastructures hospitalières qui étaient destinées aux malades du sida ◆ **the building was originally ~ed as a sports complex** le bâtiment devait initialement être un complexe sportif ◆ **I ~ed it as a compliment** (dans mon esprit) cela voulait être un compliment ◆ **he ~ed no harm** il l'a fait sans mauvaise intention ◆ **to ~ marriage** avoir des intentions de mariage ◆ **did you ~ that?** est-ce que vous avez fait cela exprès ? ; see also **intended**

**intended** /ɪn'tendɪd/ **ADJ** **a** *(= desired, planned) [target]* visé ; *[effect]* voulu ◆ **the ~ victim (of the attack)** la victime visée (par l'attentat) ◆ **he stayed only ten days of his ~ six-month visit** il n'est resté que dix jours sur les six mois de visite qu'il avait prévus **b** *(= deliberate) [insult etc]* intentionnel, fait intentionnellement **N** † ◆ **his ~** sa promise †, sa future *(hum)* ◆ **her ~** son promis †, son futur *(hum)*

**intense** /ɪn'tens/ **ADJ** **a** *[heat, cold, pain, light, colour, activity, fighting, speculation]* intense ; *[fear, anger, hatred]* violent ; *[interest, enthusiasm, competition]* très vif **b** *(= passionate) [person]* sérieux ; *[relationship]* passionné ; *[gaze, expression]* d'une grande intensité

**intensely** /ɪn'tenslɪ/ **ADV** **a** *(= very) [hot, cold, unpleasant, moving]* extrêmement ; *[moved, irritated]* vivement **b** *[concentrate, look at]* intensément ; *[hate]* de tout son être ◆ **I dislike her ~** elle me déplaît profondément

**intensification** /ɪn,tensɪfɪ'keɪʃən/ **N** *[of heat, light, pain, activity, fighting]* intensification *f* ; *[of production]* accélération *f*, intensification *f*

**intensifier** /ɪn'tensɪfaɪə^r/ **N** *(Gram)* intensif *m*

**intensify** /ɪn'tensɪfaɪ/ **VT** intensifier ◆ **to ~ (one's) efforts to do sth** intensifier ses efforts pour faire qch **VI** *[fighting, competition, speculation]* s'intensifier ; *[heat, cold, pain, fear, anger, hatred, light, colour]* augmenter

**intensity** /ɪn'tensɪtɪ/ **N** *[of anger, hatred, love]* intensité *f*, force *f* ; *[of cold, heat]* intensité *f* ; *[of current, light, sound]* intensité *f*, puissance *f* ; *[of tone]* véhémence *f* ◆ **her ~ disturbs me** son côté sérieux me met mal à l'aise ◆ **capital ~** intensité *f* capitalistique

**intensive** /ɪn'tensɪv/ **ADJ** *(gen, Ling, Agr)* intensif ◆ **an ~ course in French** un cours accéléré *or* intensif de français **COMP** ▷ **intensive care N** ◆ **to be in ~ care** être en réanimation ◆ **to need ~ care** demander des soins intensifs ▷ **intensive care unit N** *(Med)* service *m* de réanimation, unité *f* de soins intensifs ▷ **intensive farming N** agriculture *f* intensive

**-intensive** /ɪn'tensɪv/ **ADJ** *(in compounds)* à forte intensité de ◆ **capital-intensive** à forte intensité de capital ; → **energy, labour**

**intensively** /ɪn'tensɪvlɪ/ **ADV** *[work, campaign, study, farm]* intensivement ◆ **~ reared** *[meat]* provenant d'un élevage intensif

**intent** /ɪn'tent/ **N** intention *f* ◆ **it was not my ~ to do business with him** il n'était pas dans mes intentions de traiter avec lui, je n'avais pas l'intention de traiter avec lui ◆ **to all ~s and purposes** pratiquement ◆ **with good ~** dans une bonne intention ◆ **to do sth with ~** faire qch de propos délibéré ◆ **with criminal ~** *(Jur)* dans un but délictueux ◆ **with ~ to do sth** dans l'intention *or* le but de faire qch ◆ **he denied possessing a firearm with ~ to endanger life** *(Jur)* il a nié avoir détenu une arme à feu dans le but d'intenter à la vie de quelqu'un ◆ **he signed a letter of ~ to sell his assets** il a signé une lettre d'intention concernant la vente de ses biens ; → **loiter**

**ADJ** **a** *(= absorbed) [face, look, expression]* attentif ◆ **~ on his work/on a jigsaw puzzle** absorbé par son travail/par un puzzle ◆ **he was ~ on what she was saying** il écoutait attentivement ce qu'elle disait

**b** *(= determined)* ◆ **to be ~ on doing sth** être résolu à faire qch ◆ **~ on revenge** résolu à se venger ◆ **they were ~ on his downfall** ils étaient résolus à provoquer sa perte ◆ **he was so ~ on seeing her that ...** il voulait tellement la voir que ...

**intention** /ɪn'tenʃən/ **LANGUAGE IN USE 8** **N** intention *f* ◆ **it is my ~ to retire** j'ai l'intention de prendre ma retraite ◆ **to have no ~ of doing sth** n'avoir aucune intention de faire qch ◆ **he has every ~ of doing this** il a bien l'intention de le faire ◆ **I haven't the least** *or* **slightest ~ of staying** je n'ai pas la moindre intention de rester ici, il n'est nullement dans mes intentions de rester ici ◆ **with the ~ of doing sth** dans l'intention de *or* dans le but de faire qch ◆ **with this ~** à cette intention, à cette fin ◆ **with good ~s** avec de bonnes intentions ◆ **with the best of ~s** avec les meilleures intentions (du monde) ◆ **what are your ~s?** quelles sont vos intentions ?, que comptez-vous faire ? ◆ **I don't know what his ~s were when he did it** je ne sais pas quelles étaient ses intentions quand il l'a fait ◆ **his ~s are honourable** il a des intentions honorables

**intentional** /ɪn'tenʃənl/ **ADJ** intentionnel ◆ **how can I blame him? it wasn't ~** comment pourrais-je lui en vouloir ? il ne l'a pas fait exprès *or* ce n'était pas intentionnel

**intentionally** /ɪn'tenʃnəlɪ/ **ADV** *[mislead, violate, discriminate etc]* intentionnellement ◆ **the authorities consider him ~ homeless** l'administration considère qu'il a délibérément quitté son domicile ◆ **~ vague/misleading** délibérément vague/trompeur ◆ **I didn't hurt you ~** je ne voulais pas te faire du mal

**intently** /ɪn'tentlɪ/ **ADV** *[listen, look, watch, stare]* intensément ◆ **they were talking ~ about work** ils parlaient travail, l'air absorbé

**intentness** /ɪn'tentnɪs/ **N** intensité *f* ◆ **~ of purpose** résolution *f*

**inter** /ɪn'tɜː^r/ **VT** enterrer, ensevelir

**inter-** /,ɪntər/ **PREF** *(+ nsg)* entre *+ npl*, inter ... *+ adj* ◆ **~company** entre compagnies ◆ **~regional** interrégional ; see also **inter-city**

**interact** /,ɪntər'ækt/ **VI** **a** *[substances]* (ré)agir l'un sur l'autre, interagir **b** *(Comput)* dialoguer (*with* avec) ◆ **we don't ~ very well** *(fig)* le courant passe mal (entre nous)

**interaction** /,ɪntər'ækʃən/ **N** relation *f* ◆ **the ~ between life and theatre** la relation entre la vie et le théâtre ◆ **~ between individuals** les relations entre individus ◆ **the ~ of politics and the financial markets** l'interaction *or* les relations entre la politique et les marchés financiers ◆ **the ~ between alpha particles** l'interaction entre les particules alpha

> ⚠ *Be cautious about translating* **interaction** *by the French word* **interaction**, *which is mainly used in technical contexts.*

**interactive** /,ɪntər'æktɪv/ **ADJ** *(gen, Comput)* interactif ◆ **~ computing** traitement *m* interactif, informatique *f* conversationnelle ◆ **~ mode** mode *m* conversationnel *or* interactif **COMP** ▷ **interactive television N** télévision *f* interactive ▷ **interactive video N** vidéo *f* interactive

**interactively** /,ɪntər'æktɪvlɪ/ **ADV** *(Comput) [work]* en mode conversationnel *or* interactif

**inter alia** /,ɪntər'ælɪə/ **ADV** *(frm)* notamment, entre autres

**interbreed** /'ɪntə'briːd/ (pret, ptp **interbred** /'ɪntə'bred/) **VT** *[+ animals]* croiser **VI** se croiser (*with* avec)

**intercalate** /ɪn'tɜːkəleɪt/ **VT** intercaler

**intercalation** /ɪn,tɜːkə'leɪʃən/ **N** intercalation *f*

**intercampus** /,ɪntə'kæmpəs/ **ADJ** *(US Univ)* interuniversitaire

**intercede** /,ɪntə'siːd/ **VI** intercéder (*with* auprès de ; *for* pour, en faveur de)

**intercensal** /,ɪntə'sensl/ **ADJ** intercensitaire

**intercept** /,ɪntə'sept/ **VT** *[+ message, light]* intercepter, capter ; *[+ plane, suspect]* intercepter ; *[+ person]* arrêter au passage **N** interception *f*

**interception** /,ɪntə'sepʃən/ **N** interception *f*

**interceptor** /,ɪntə'septə^r/ **N** *(= aircraft, missile)* intercepteur *m*

**intercession** /,ɪntə'seʃən/ **N** intercession *f*

**interchange** /'ɪntə,tʃeɪndʒ/ **N** **a** *(NonC) (= exchange)* échange *m* ; *(= alternation)* alternance *f* **b** *(on motorway)* échangeur *m* **VT** /,ɪntə'tʃeɪndʒ/ *(= alternate)* faire alterner (*with* avec) ; *(= change positions of)* changer de place, mettre à la place l'un de l'autre ; *(= exchange) [+ gifts, letters, ideas]* échanger (*with sb* avec qn) **VI** *(= change position)* changer de place (*with* avec) ; *(= alternate)* alterner (*with* avec)

**interchangeable** /,ɪntə'tʃeɪndʒəbl/ **ADJ** interchangeable

**interchangeably** /,ɪntə'tʃeɪndʒəblɪ/ **ADV** de façon interchangeable

**Intercity** /,ɪntə'sɪtɪ/ ® **N** *(= train)* rapide *m*

**inter-city** /,ɪntə'sɪtɪ/ **ADJ** *[travel]* d'une grande ville à une autre ; *[communications, route, service]* interurbain

**intercollegiate** /'ɪntəkə'liːdʒɪɪt/ **ADJ** entre collèges

**intercom** /'ɪntəkɒm/ **N** interphone *m* ◆ **over** *or* **on the ~** à l'interphone

**intercommunicate** /,ɪntəkə'mjuːnɪkeɪt/ **VI** communiquer (réciproquement)

**intercommunication** /'ɪntəkə,mjuːnɪ'keɪʃən/ **N** intercommunication *f*, communication *f* réciproque

**intercommunion** /,ɪntəkə'mjuːnɪən/ **N** *(Rel)* intercommunion *f* ; *(gen)* intercommunication *f*

**interconnect** /ˌɪntəkəˈnekt/ **VT** *(gen)* connecter (entre eux *or* elles) ; *(Comput) [+ systems]* interconnecter ◆ **~ed facts** faits *mpl* intimement *or* étroitement liés ◆ **~ed rooms** pièces *fpl* communicantes **VI** *[rooms, tunnels]* communiquer (entre eux *or* elles) ; *[parts of a structure]* être relié(e)s (les un(e)s aux autres) ◆ **~ing wall** mur *m* mitoyen

**interconnection** /ˈɪntəˌkəˈnekʃən/ **N** *(Elec)* interconnexion *f* ; *(fig)* lien *m*

**intercontinental** /ˈɪntəˌkɒntɪˈnentl/ **ADJ** intercontinental ◆ **~ ballistic missile** missile *m* balistique intercontinental

**intercostal** /ˌɪntəˈkɒstl/ **ADJ** intercostal

**intercourse** /ˈɪntəkɔːs/ **N** **a** *(NonC)* relations *fpl*, rapports *mpl* ◆ **business/human/social ~** relations *fpl* commerciales/humaines/sociales **b** ◆ **sexual ~** rapports *mpl* (sexuels) ◆ **anal ~** sodomie *f* ◆ **to have ~** avoir des rapports (*with* avec)

**intercut** /ˌɪntəˈkʌt/ **VT** *(Cine)* ◆ **to ~ sth with sth** entrecouper qch de qch

**interdenominational** /ˈɪntədɪˌnɒmɪˈneɪʃənl/ **ADJ** entre confessions, interconfessionnel

**interdental** /ˌɪntəˈdentl/ **ADJ** interdentaire

**interdepartmental** /ˈɪntəˌdiːpɑːtˈmentl/ **ADJ** *(within firm)* entre services ; *(Univ)* entre départements ; *(Pol)* interministériel

**interdependence** /ˌɪntədɪˈpendəns/ **N** interdépendance *f*

**interdependent** /ˌɪntədɪˈpendənt/ **ADJ** interdépendant

**interdict** /ˈɪntədɪkt/ **VT** **a** *(Jur, frm)* interdire, prohiber **b** *(Rel) [+ priest, person]* jeter l'interdit sur **N** **a** *(Jur)* prohibition *f*, interdiction *f* **b** *(Rel)* interdit *m*

**interdiction** /ˌɪntəˈdɪkʃən/ **N** *(Jur, Rel)* interdiction *f*

**interdisciplinarity** /ˌɪntəˌdɪsɪplɪˈnærɪtɪ/ **N** interdisciplinarité *f*

**interdisciplinary** /ˌɪntəˈdɪsɪplɪnərɪ/ **ADJ** interdisciplinaire

**interest** /ˈɪntrɪst/ LANGUAGE IN USE 19.2

**N** **a** *(NonC: in sb/sth)* intérêt *m* ◆ **to take** *or* **have an ~ in sb** s'intéresser à qn ◆ **to take** *or* **have an ~ in sth** s'intéresser à qch, prendre de l'intérêt à qch ◆ **he took no further ~ in it** il ne s'y est plus intéressé ◆ **to show an ~ in sb/sth** manifester *or* montrer de l'intérêt pour qn/qch ◆ **to take a great ~ in sb/sth** s'intéresser vivement à qn/qch ◆ **to arouse sb's ~** éveiller l'intérêt de qn ◆ **that's of no ~ to me** ça ne m'intéresse pas, ça a peu d'intérêt pour moi ◆ **a subject of little ~** un sujet présentant peu d'intérêt ◆ **questions of public ~** questions *fpl* d'intérêt public *or* qui intéressent le public ; see also **noun c** ◆ **she doesn't really need to work - she's doing it just for ~** elle n'a pas vraiment besoin de travailler : elle le fait parce que ça l'intéresse ◆ **it adds ~ to the story** ça ajoute un certain intérêt à l'histoire ◆ **matters of vital ~** questions *fpl* d'un intérêt *or* d'une importance capital(e)

**b** *(= hobby etc)* ◆ **what are your ~s ?** quelles sont les choses qui vous intéressent ?, à quoi vous intéressez-vous ? ◆ **my main ~ is baroque architecture** mon principal centre d'intérêt est l'architecture baroque ◆ **special ~ holidays** vacances *fpl* à thème

**c** *(= advantage, well-being)* intérêt *m*, avantage *m* ◆ **in one's (own) ~(s)** dans son (propre) intérêt ◆ **it is in your own ~ to do so** il est de votre intérêt d'agir ainsi, vous avez tout intérêt à agir ainsi ◆ **to act in sb's ~(s)** agir dans l'intérêt de qn ◆ **in the ~(s) of hygiene/safety** par souci d'hygiène/de sécurité ◆ **in the ~(s) of peace/national security** dans l'intérêt de la paix/la sécurité nationale ◆ **in the public ~** dans l'intérêt public, pour le bien public ◆ **Washington has an ~ in helping Russia with its economy** c'est dans l'intérêt de Washington d'aider économiquement la Russie

**d** *(Comm, Jur etc = share stake)* intérêts *mpl*, participation *f* ◆ **I have an ~ in a hairdressing business** j'ai des intérêts dans un salon de coiffure ◆ **he has business ~s abroad** il a des intérêts commerciaux à l'étranger ◆ **Switzerland is looking after British ~s** la Suisse défend les intérêts britanniques ◆ **he has sold his ~ in the firm** il a vendu la participation *or* les intérêts qu'il avait dans l'entreprise ; → **vest²**

**e** *(= interested parties)* **the coal/oil ~(s)** les (gros) intérêts *mpl* houillers/pétroliers ◆ **shipping ~s** les intérêts *mpl* maritimes ◆ **the landed ~s** les propriétaires *mpl* terriens

**f** *(NonC: Fin)* intérêt(s) *m(pl)* ◆ **simple/compound ~** intérêts *mpl* simples/composés ◆ **~ on an investment** intérêts *mpl* d'un placement ◆ **loan with ~** prêt *m* à intérêt ◆ **to lend out money at ~** faire un prêt (*or* des prêts) à intérêt ◆ **to bear ~** rapporter un intérêt ◆ **to bear ~ at 8%** donner un intérêt de 8%, porter intérêt à 8% ◆ **to carry ~** rapporter *or* produire des intérêts

**VT** **a** intéresser ◆ **to be ~ed in sth/sb** s'intéresser à qch/qn ◆ **I'm not ~ed in football** le football ne m'intéresse pas, je ne m'intéresse pas au football ◆ **the company is ~ed in buying land** l'entreprise est intéressée par l'achat de terrains ◆ **I'm ~ed in going** ça m'intéresse d'y aller ◆ **I'm not ~ed!** ça ne m'intéresse pas ! ◆ **I'm not ~ed in your excuses!** tes excuses ne m'intéressent pas ! ◆ **I'd be ~ed to see what this man has to offer** je serais curieux de savoir ce que cet homme a à proposer ◆ **they spent time trying to ~ customers in their product** ils ont passé du temps à essayer d'intéresser les clients à leurs produits ◆ **can I ~ you in contributing to ...?** est-ce que cela vous intéresserait de contribuer à ... ? ◆ **can I ~ you in a new computer?** seriez-vous intéressé par un nouvel ordinateur ?

**b** *(= concern)* intéresser, concerner ◆ **the struggle against inflation ~s us all** la lutte contre l'inflation touche chacun d'entre nous *or* nous concerne tous

**COMP** ▷ **interest-bearing** **ADJ** *(Fin) [loan]* productif d'intérêt ▷ **interest-free** **ADJ** *(Fin)* sans intérêt ▷ **interest group** **N** groupe *m* d'intérêt ▷ **interest payment** **N** *(Fin)* versement *m* d'intérêts ▷ **interest rate** **N** *(Fin)* taux *m* d'intérêt ◆ **at an ~ rate of 10%** à un taux d'intérêt de 10%

**interested** /ˈɪntrɪstɪd/ **ADJ** **a** *(= attentive) [expression]* d'intérêt **b** *(= involved, partial) [person, motive]* intéressé ◆ **to be an ~ party** être une des parties intéressées ◆ **the ~ parties** les intéressés *mpl*, les parties *fpl* intéressées *(Jur)* ; see also **interest**

**interesting** /ˈɪntrɪstɪŋ/ **ADJ** *[book, story, idea, person]* intéressant ◆ **the meeting was very ~ for me** cette réunion m'a beaucoup intéressé ◆ **the ~ thing (about it) is that ...** ce qu'il y a d'intéressant (à ce propos), c'est que ...

**interestingly** /ˈɪntrɪstɪŋlɪ/ **ADV** de façon intéressante ◆ **~ (enough), he ...** chose intéressante, il ...

**interface** /ˈɪntəfeɪs/ **N** **a** *(Comput, Phys, Chem)* interface *f* ◆ **user ~** *(Comput)* interface *f* utilisateur **b** *(fig)* interface *f*, point *m* de liaison *or* de contact **VI** **a** *(Comput, Tech)* faire interface **b** *(fig) [person, organization] (= liaise)* être en liaison *or* en contact (*with* avec) **VT** *(Tech)* connecter (*with* avec)

**interfacing** /ˈɪntəfeɪsɪŋ/ **N** **a** *(Sewing)* entoilage *m* **b** *(Comput)* interfaçage *m*, interface *f*

**interfere** /ˌɪntəˈfɪəʳ/ **VI** **a** *(= intrude)* **stop interfering!** ne vous mêlez pas de ce qui ne vous regarde pas ! ◆ **he's always interfering** il se mêle toujours de ce qui ne le regarde pas ◆ **he tried to ~ in running the business** il a voulu se mêler de la gestion de l'entreprise ◆ **to ~ in another country's affairs** s'ingérer dans les affaires d'un autre pays

♦ **to interfere with** *(= adversely affect)* affecter ; *[+ plans]* contrarier, contrecarrer ◆ **to ~ with sb's plans** *[weather, accident, circumstances etc]* contrarier *or* contrecarrer les projets de qn ◆ **tiredness ~s with your ability to study** la fatigue affecte l'aptitude à étudier ◆ **alcohol can ~ with your sexual performance** l'alcool peut affecter votre puissance sexuelle ◆ **computer games can ~ with school work** les jeux électroniques peuvent perturber le travail scolaire

**b** *(sexually)* ◆ **to ~ with sb** abuser de qn ◆ **the child had been ~d with** on avait abusé de l'enfant

**c** *(= handle)* ◆ **don't ~ with my camera** * ne touche pas à *or* ne tripote pas mon appareil, laisse mon appareil tranquille *

**d** *(Phys)* interférer

**interference** /ˌɪntəˈfɪərəns/ **N** *(NonC)* **a** *(gen)* ingérence *f* (*in* dans ; *from* de) ◆ **bureaucracy and government ~** l'ingérence des bureaucrates et du gouvernement ◆ **his constant ~ in the lives of his children** la façon dont il se mêle constamment des affaires de ses enfants ◆ **with less ~, we can manage our own affairs** si on nous laisse faire, nous pouvons gérer nos affaires nous-mêmes ◆ **state ~** *(Econ)* ingérence *f* de l'État ◆ **unwarrantable ~** *(Jur)* immixtion *f* **b** *(Phys)* interférence *f* ; *(Rad)* parasites *mpl*, interférence *f*

**interfering** /ˌɪntəˈfɪərɪŋ/ **ADJ** *[person]* importun ; *[neighbour]* envahissant ◆ **he's an ~ busybody** il se mêle toujours de ce qui ne le regarde pas

**interferon** /ˌɪntəˈfɪərɒn/ **N** interféron *m*

**intergalactic** /ˌɪntəgəˈlæktɪk/ **ADJ** intergalactique

**intergovernmental** /ˌɪntəgʌvnˈmentl/ **ADJ** intergouvernemental

**interim** /ˈɪntərɪm/ **N** intérim *m* ◆ **in the ~** dans l'intérim, entre-temps **ADJ** *[arrangement, report, payment, loan]* provisoire ; *[post, postholder]* par intérim, intérimaire ; *[government]* intérimaire, provisoire ◆ **the ~ period** l'intérim *m* **COMP** ▷ **interim dividend** **N** dividende *m* intérimaire ▷ **interim financing** **N** préfinancement *m*

**interior** /ɪnˈtɪərɪəʳ/ **ADJ** intérieur (-eure *f*) **N** **a** *[of building, country]* intérieur *m* ◆ **Minister/Ministry of the Interior** ministre *m*/ministère *m* de l'Intérieur ◆ **Secretary/Department of the Interior** *(US) ministre/ministère de l'Environnement chargé des Parcs nationaux* **b** *(Art)* (tableau *m* d')intérieur *m* **COMP** ▷ **interior angle** **N** *(Math)* angle *m* interne ▷ **interior decoration** **N** décoration *f* d'intérieur ▷ **interior decorator** **N** décorateur *m*, -trice *f* d'intérieur ▷ **interior design** **N** architecture *f* d'intérieur ▷ **interior designer** **N** architecte *mf* d'intérieur ▷ **interior sprung mattress** **N** matelas *m* à ressorts

**interject** /ˌɪntəˈdʒekt/ **VT** *[+ remark, question]* placer ◆ **"yes" he ~ed** "oui" dit-il soudain

**interjection** /ˌɪntəˈdʒekʃən/ **N** interjection *f*

**interlace** /ˌɪntəˈleɪs/ **VT** entrelacer, entrecroiser **VI** s'entrelacer, s'entrecroiser

**interlard** /ˌɪntəˈlɑːd/ VT entrelarder, entremêler (*with* de)

**interleave** /ˌɪntəˈliːv/ VT interfolier

**interlibrary loan** /ˈɪntəˌlaɪbrərɪˈləʊn/ N prêt *m* interbibliothèque

**interline** /ˌɪntəˈlaɪn/ VT a *(Typ)* interligner b *(Sewing)* mettre une triplure à

**interlinear** /ˌɪntəˈlɪnɪəʳ/ ADJ interlinéaire

**interlining** /ˌɪntəˈlaɪnɪŋ/ N *(Sewing)* triplure *f*

**interlink** /ˌɪntəˈlɪnk/ VI *[parts of a structure]* se rejoindre ; *[factors, problems, aspects]* se lier ; *[bus, train services]* interconnecter ◆ **a transport network with bus and rail services ~ing** un réseau de transport avec interconnexion des services de bus et de train VT ◆ **to be ~ed** *[factors, problems, aspects]* être lié (*with* à)

**interlock** /ˌɪntəˈlɒk/ VT *(Tech)* enclencher VI *(Tech)* *(= click into place)* s'enclencher ; *(= join together)* s'emboîter ; *(fig)* *[problems, ideas, projects]* être étroitement lié ; *[groups]* avoir des intérêts en commun

**interlocutor** /ˌɪntəˈlɒkjʊtəʳ/ N interlocuteur *m*, -trice *f*

**interloper** /ˈɪntələʊpəʳ/ N intrus(e) *m(f)* ; *(Comm)* commerçant *m* marron

**interlude** /ˈɪntəluːd/ N intervalle *m* ; *(Theat)* intermède *m* ◆ **in the ~** *(gen)* dans l'intervalle, entre-temps ; *(Theat)* pendant l'intermède ◆ **musical ~** interlude *m*, intermède *m* musical

**intermarriage** /ˌɪntəˈmærɪdʒ/ N *(NonC, within family, tribe etc)* endogamie *f* ; *(between families, tribes etc)* mariage *m*

**intermarry** /ˈɪntəˈmærɪ/ VI *(within one's own family, tribe etc)* pratiquer l'endogamie ; *(with other family, tribe etc)* se marier entre eux ◆ **to ~ with** se marier avec

**intermediary** /ˌɪntəˈmiːdɪərɪ/ ADJ, N intermédiaire *mf*

**intermediate** /ˌɪntəˈmiːdɪət/ ADJ a intermédiaire ◆ **~ goods** *(Econ)* biens *mpl* intermédiaires ◆ **~ stop** *[of ship, plane]* escale *f* ◆ **the ~ stages of the project** les phases *fpl* or étapes *fpl* intermédiaires du projet b *(Scol etc)* moyen ◆ **~ course/exam** cours *m*/examen *m* (de niveau) moyen N a *(Sport, Educ etc)* niveau *m* intermédiaire ◆ **language courses for ~s** des cours *mpl* de langue pour les étudiants de niveau intermédiaire b *(US)* *(= intermediary)* intermédiaire *mf* c *(US = car)* automobile *f* de taille moyenne d *(= substance)* substance *f* or produit *m* intermédiaire COMP ▷ **intermediate-range ballistic missile**, **intermediate-range weapon** N *(Mil)* missile *m* à moyenne portée

**interment** /ɪnˈtɜːmənt/ N enterrement *m*, inhumation *f*

**intermezzo** /ˌɪntəˈmetsəʊ/ N (pl **intermezzos** or **intermezzi** /ˌɪntəˈmetsiː/) *(Mus)* intermezzo *m*

**interminable** /ɪnˈtɜːmɪnəbl/ ADJ interminable, sans fin

**interminably** /ɪnˈtɜːmɪnəblɪ/ ADV *[talk, argue, continue]* interminablement ◆ **~ long** interminable

**intermingle** /ˌɪntəˈmɪŋgl/ VT entremêler (*with* de) mélanger VI se mêler, se mélanger (*with* avec)

**intermission** /ˌɪntəˈmɪʃən/ N a *(gen)* interruption *f*, pause *f* ; *(in hostilities, quarrel, work, session)* trêve *f* ◆ **without ~** *(frm)* sans arrêt, sans relâche b *(Cine, Theat)* entracte *m* c *(Med)* intermission *f*

**intermittent** /ˌɪntəˈmɪtənt/ ADJ intermittent ◆ **~ wipe** *(Aut)* essuie-glace *m* à balayage intermittent

**intermittently** /ˌɪntəˈmɪtəntlɪ/ ADV par intermittence

**intermodal** /ɪntəˈməʊdəl/ ADJ *[transport]* intermodal

**intern** /ɪnˈtɜːn/ VT *(Pol, Mil)* interner *(pour raisons de sécurité)* N /ˈɪntɜːn/ *(US Med)* interne *mf*

**internal** /ɪnˈtɜːnl/ ADJ a *(Med)* interne ◆ **~ bleeding** hémorragie *f* interne ◆ **~ examination** toucher *m* vaginal ◆ **~ injuries** lésions *fpl* internes

b *(Math, Tech)* interne

c *(Ind, Pol)* *[dispute, trouble, reorganization, security]* intérieur (-eure *f*), interne ◆ **~ wars** *(Pol)* guerres *fpl* civiles or intestines *(liter)* ◆ **~ quarrels** *(Pol)* querelles *fpl* intestines ◆ **~ (phone) call** appel *m* or communication *f* interne ◆ **~ candidate** candidat *m* interne ◆ **~ mail** courrier *m* interne

d *(= intrinsic)* *[proof, evidence]* intrinsèque

e *[hope]* secret (-ète *f*) ◆ **~ conviction** conviction *f* intime

COMP ▷ **internal auditor** N *(Fin)* contrôleur *m* financier ▷ **internal combustion engine** N moteur *m* à explosion or à combustion interne ▷ **internal examiner** N *(Univ)* examinateur *m*, -trice *f* interne ▷ **internal market** N *(in country)* marché *m* intérieur or domestique ; *(in European Union)* marché *m* intérieur ; *(in organization)* marché *m* interne ▷ **internal medicine** N *(US)* médecine *f* interne ▷ **internal revenue** N *(US)* contributions *fpl* directes ▷ **Internal Revenue Service** N *(US)* ≃ fisc *m*

**internalization** /ɪnˌtɜːnəlaɪˈzeɪʃən/ N intériorisation *f*

**internalize** /ɪnˈtɜːnəˌlaɪz/ VT *[+ skill, fact]* intégrer ; *[+ problem]* intérioriser ; *(Ling)* intérioriser

**internally** /ɪnˈtɜːnəlɪ/ ADV a *(gen, Med)* intérieurement ◆ **to bleed ~** avoir des hémorragies internes ◆ **~ coherent** qui a une cohérence interne ◆ **"to be taken internally"** *(Pharm)* "à usage interne" ◆ **"not to be taken internally"** *(Pharm)* "pour usage externe" b *(Comm)* ◆ **software developed ~ at IBM** un logiciel créé au sein d'IBM

**international** /ˌɪntəˈnæʃnəl/ ADJ international ◆ **~ law** droit *m* international ◆ **~ relations** relations *fpl* internationales ; → **road**

N a *(Brit Sport)* *(= match)* match *m* international ; *(= player)* international(e) *m(f)*

b *(Pol)* **International** Internationale *f* *(association)*

COMP ▷ **International Atomic Energy Agency** N Agence *f* internationale de l'énergie atomique ▷ **International Bank for Reconstruction and Development** N Banque *f* internationale pour la reconstruction et le développement ▷ **International Court of Justice** N Cour *f* internationale de Justice ▷ **International Date Line** N ligne *f* de changement de date or de changement de jour ▷ **International Labour Organization** N Organisation *f* internationale du travail ▷ **International Modernism** N ⇒ **International Style** ▷ **International Monetary Fund** N Fonds *m* monétaire international ▷ **International Olympic Committee** N Comité *m* international olympique ▷ **International Phonetic Alphabet** N alphabet *m* phonétique international ▷ **international reply coupon** N coupon-réponse *m* international ▷ **International Standards Organization** N Organisation *f* internationale de normalisation ▷ **International Style** N *(Archit)* style *m* international

**Internationale** /ˌɪntəˌnæʃəˈnɑːl/ N Internationale *f*

**internationalism** /ˌɪntəˈnæʃnəlɪzəm/ N internationalisme *m*

**internationalist** /ˌɪntəˈnæʃnəlɪst/ N internationaliste *mf*

**internationalize** /ˌɪntəˈnæʃnəlaɪz/ VT internationaliser

**internationally** /ˌɪntəˈnæʃnəlɪ/ ADV *[recognized]* internationalement ; *[discussed, accepted, competitive]* au niveau international ◆ **~ renowned** de réputation internationale, réputé internationalement ◆ **~ respected** respecté dans le monde entier ◆ **to compete ~** *[athlete etc]* participer à des compétitions internationales ; *[company]* être présent sur le marché international ◆ **~, the situation is even worse** sur le plan international, la situation est encore pire

**internecine** /ˌɪntəˈniːsaɪn/ ADJ *(frm)* *[strife, warfare, feud]* interne ◆ **~ quarrels/battles** querelles *fpl*/luttes *fpl* internes or intestines *(liter)*

**internee** /ˌɪntɜːˈniː/ N *(Mil, Pol)* interné(e) *m(f)*

**Internet** /ˈɪntəˌnet/ N ◆ **the ~** l'Internet *m* COMP ▷ **Internet café** N cybercafé *m*

**internist** /ɪnˈtɜːnɪst/ N *(US Med)* ≃ spécialiste *mf* de médecine interne, interniste *mf*

**internment** /ɪnˈtɜːnmənt/ N *(Mil, Pol)* internement *m* COMP ▷ **internment camp** N camp *m* d'internement

**internship** /ˈɪntɜːnˌʃɪp/ N *(US Med)* internat *m* ; *(Univ etc)* stage *m* en entreprise

**interoperability** /ˈɪntəˌrɒpərəˈbɪlɪtɪ/ N *(Comput)* interopérabilité *f*, interfonctionnement *m*

**interpenetrate** /ˈɪntəˈpenɪtreɪt/ VT imprégner VI s'interpénétrer

**interpersonal** /ˌɪntəˈpɜːsnl/ ADJ ◆ **~ skills/relationships** compétences *fpl*/relations *fpl* interpersonnelles

**interplanetary** /ˌɪntəˈplænɪtərɪ/ ADJ *[journey]* interplanétaire ◆ **~ vessel** vaisseau *m* spatial

**interplay** /ˈɪntəpleɪ/ N *(NonC)* effet *m* réciproque, interaction *f*

**Interpol** /ˈɪntəˌpɒl/ N Interpol *m*

**interpolate** /ɪnˈtɜːpəleɪt/ VT *(gen)* interpoler (*into* dans) ; *[+ text, manuscript]* altérer par interpolation

**interpolation** /ɪnˌtɜːpəˈleɪʃən/ N interpolation *f*

**interpose** /ˌɪntəˈpəʊz/ VT *[+ remark]* placer ; *[+ objection, veto]* opposer ; *[+ obstacle]* interposer ◆ **to ~ o.s. between** s'interposer entre ◆ **"he rang me just now", she ~d** "il vient de me téléphoner" dit-elle soudain VI intervenir, s'interposer

**interpret** /ɪnˈtɜːprɪt/ LANGUAGE IN USE 26.1 VT *(all senses)* interpréter VI interpréter, servir d'interprète, faire l'interprète

**interpretation** /ɪnˌtɜːprɪˈteɪʃən/ N *(all senses)* interprétation *f* ◆ **she put quite a different ~ on the figures** elle a donné à ces chiffres une tout autre interprétation

**interpretative** /ɪnˈtɜːprɪtətɪv/ ADJ *[article, account]* explicatif ; *[skills, grasp, problems]* d'interprétation ◆ **~ centre** centre *m* d'information

**interpreter** /ɪnˈtɜːprɪtəʳ/ N *(= person: lit, fig)* interprète *mf* ; *(Comput)* interpréteur *m*

**interpreting** /ɪnˈtɜːprɪtɪŋ/ N *(= profession)* interprétariat *m*, interprétation *f*

**interpretive** /ɪn'tɜːprɪtɪv/ ADJ ⇒ **interpretative**

**interracial** /ˌɪntə'reɪʃəl/ ADJ *[marriage]* mixte ; *[problems, violence]* interracial

**interregnum** /ˌɪntə'regnəm/ N (pl **interregnums** or **interregna** /ˌɪntə'regnə/) interrègne *m*

**interrelate** /ˌɪntərɪ'leɪt/ VT mettre en corrélation VI *[concepts]* être en corrélation (*with* avec) ◆ **the way in which we ~ with others** la manière dont nous communiquons avec les autres ◆ **the body and the mind ~** le corps et l'esprit sont étroitement liés

**interrelated** /ˌɪntərɪ'leɪtɪd/ ADJ étroitement lié

**interrelation** /ˌɪntərɪ'leɪʃən/, **interrelationship** /ˌɪntərɪ'leɪʃənʃɪp/ N corrélation *f*, lien *m* étroit

**interrogate** /ɪn'terəgeɪt/ VT interroger, soumettre à une interrogation ; *(Police)* soumettre à un interrogatoire ; *(Comput)* interroger

**interrogation** /ɪnˌterə'geɪʃən/ N interrogation *f* ; *(Police)* interrogatoire *m* COMP ▷ **interrogation mark**, **interrogation point** N point *m* d'interrogation

**interrogative** /ˌɪntə'rɒgətɪv/ ADJ *[look, tone]* interrogateur (-trice *f*) ; *(Ling)* interrogatif N *(Ling)* interrogatif *m* ◆ **in the ~** à l'interrogatif

**interrogatively** /ˌɪntə'rɒgətɪvlɪ/ ADV d'un air *or* d'un ton interrogateur ; *(Ling)* interrogativement

**interrogator** /ɪn'terəgeɪtə^r/ N interrogateur *m*, -trice *f*

**interrogatory** /ˌɪntə'rɒgətərɪ/ ADJ interrogateur (-trice *f*)

**interrupt** /ˌɪntə'rʌpt/ VT *[+ speech, traffic, circuit, holiday]* interrompre ; *[+ communication]* interrompre, couper ; *[+ person] (when talking)* interrompre, couper la parole à ; *(when busy etc)* interrompre ; *[+ view]* gêner, boucher ◆ **to ~ a private conversation** interrompre un tête-à-tête ◆ **the match was ~ed by rain** le match a été interrompu par la pluie ◆ **don't ~!** pas d'interruptions ! ◆ **I don't want to ~, but ...** je ne voudrais pas vous interrompre, mais ...

**interruption** /ˌɪntə'rʌpʃən/ N interruption *f* ◆ **without ~** sans interruption, sans arrêt ◆ **an ~ to her career** une interruption dans sa carrière

**intersect** /ˌɪntə'sekt/ VT couper, croiser ; *(Math)* intersecter ◆ **the city is ~ed by three waterways** la ville est traversée par trois cours d'eau VI *[lines, wires, roads etc]* se couper, se croiser ; *(Math)* s'intersecter ◆ **~ing arcs/lines** *(Math)* arcs *mpl*/lignes *fpl* intersecté(e)s ◆ **their histories ~** leurs histoires se croisent ◆ **historical events ~ with our lives** nos vies sont traversées par des événements historiques

**intersection** /ˌɪntə'sekʃən/ N *(US = crossroads)* croisement *m*, carrefour *m* ; *(Math)* intersection *f*

**interservice** /ˌɪntə'sɜːvɪs/ ADJ *(Mil)* interarmes *inv*

**intersperse** /ˌɪntə'spɜːs/ VT semer, parsemer (*among, between* dans, parmi) ◆ **a book ~d with quotations** un livre parsemé *or* émaillé de citations ◆ **a speech ~d with jokes** un discours émaillé de plaisanteries ◆ **a rocky landscape ~d with lakes** un paysage de rochers et de lacs ◆ **periods of tremendous heat ~d with sudden showers** des périodes de très forte chaleur entrecoupées de brusques averses

**interstate** /ˌɪntə'steɪt/ *(US)* ADJ *[commerce etc]* entre états N (also **interstate highway**) autoroute *f (qui relie plusieurs États)* ; → ROADS

**interstellar** /ˌɪntə'stelə^r/ ADJ interstellaire, intersidéral

**interstice** /ɪn'tɜːstɪs/ N interstice *m*

**intertextuality** /'ɪntəˌtekstjuː'ælɪtɪ/ N *(Literat)* intertextualité *f*

**intertwine** /ˌɪntə'twaɪn/ VT entrelacer ◆ **their destinies are ~d** leurs destins sont inextricablement liés VI s'entrelacer ◆ **intertwining branches** branches *fpl* entrelacées ◆ **her fate ~d with his** son destin était inextricablement lié au sien

**interurban** /ˌɪntə'ɜːbən/ ADJ interurbain

**interval** /'ɪntəvəl/ N **a** *(in time)* intervalle *m* ◆ **at ~s** par intervalles ◆ **at frequent/regular ~s** à intervalles rapprochés/réguliers ◆ **at rare ~s** à intervalles espacés, de loin en loin ◆ **at fortnightly ~s** tous les quinze jours ◆ **there was an ~ for discussion** il y eut une pause pour la discussion ◆ **he has lucid ~s** *(Med)* il a des moments de lucidité ◆ **showery ~s** *(Met)* averses *fpl* ; → **sunny**
**b** *(Theat)* entracte *m* ; *(Sport)* mi-temps *f*, pause *f* ; *(Scol)* récréation *f*
**c** *(= space between objects)* intervalle *m*, distance *f* ◆ **at ~s of 2 metres** à 2 mètres d'intervalle, à 2 mètres de distance ◆ **rest areas spaced at regular ~s along major roads** des aires de repos aménagées à intervalles réguliers sur les routes principales
**d** *(Mus)* intervalle *m* ◆ **second/third ~** intervalle *m* de seconde/de tierce

**intervene** /ˌɪntə'viːn/ VI **a** *[person]* intervenir (*in* dans) ◆ **the government ~d to resolve the crisis** le gouvernement est intervenu pour résoudre la crise ◆ **Europe would ~ with military force** l'Europe interviendrait militairement **b** *[event, circumstances etc]* survenir, arriver ; *[time]* s'écouler, s'étendre (*between* entre) ◆ **war ~d** survint la guerre ◆ **if nothing ~s** s'il n'arrive *or* ne se passe rien entre-temps ◆ **you never know what might ~ between now and election day** on ne sait jamais ce qui pourrait se passer d'ici les élections VT *(= interrupt)* ◆ **"I've told you he's not here", Irene ~d** "je vous ai dit qu'il n'était pas là" coupa Irene

**intervening** /ˌɪntə'viːnɪŋ/ ADJ *[event]* survenu ; *[period of time]* intermédiaire ◆ **the ~ years were happy** les années qui s'écoulèrent entre-temps furent heureuses, la période intermédiaire a été heureuse ◆ **I had spent the ~ time in London** entre-temps j'étais resté à Londres ◆ **they scoured the ~ miles of moorland** ils ont parcouru les kilomètres de lande qui séparaient les deux endroits

**intervention** /ˌɪntə'venʃən/ N intervention *f* (*in* dans) ◆ **~ price** *(Econ)* prix *m* d'intervention

**interventionist** /ˌɪntə'venʃənɪst/ N, ADJ interventionniste *mf*

**interview** /'ɪntəvjuː/ LANGUAGE IN USE 19.3, 19.5
N **a** *(for job, place on course etc)* entretien *m* ; *(to discuss working conditions, pay rise etc)* entrevue *f* ◆ **to call** *or* **invite sb to (an) ~** convoquer qn à *or* pour un entretien ◆ **to come to (an) ~** venir pour *or* se présenter à un entretien ◆ **I had an ~ with the manager** j'ai eu un entretien *or* une entrevue avec le directeur ◆ **the ~s will be held next week** les entretiens auront lieu la semaine prochaine
**b** *(Press, Rad, TV)* interview *f* ◆ **to give an ~** accorder une interview
VT **a** *(for job, place on course etc)* faire passer un entretien à ◆ **he is being ~ed on Monday** on le convoque (pour) lundi ◆ **she was ~ed for the job** elle a passé un entretien pour le poste
**b** *(Press, Rad, TV)* interviewer
**c** *(Police)* interroger ◆ **he was ~ed by the police** il a été interrogé par les policiers ◆ **the police want to ~ him** la police le recherche
VI ◆ **we shall be ~ing throughout next week** nous faisons passer des entretiens toute la semaine prochaine

**interviewee** /ˌɪntəvjʊ'iː/ N *(for job, place on course etc)* candidat(e) *m(f) (qui passe un entretien)* ; *(Press, Rad, TV)* interviewé(e) *m(f)*

**interviewer** /'ɪntəvjuə^r/ N *(Press, Rad, TV)* interviewer *m* ; *(in market research, opinion poll)* enquêteur *m*, -trice *f* ◆ **the ~ asked me ...** *(for job etc)* la personne qui m'a fait passer l'entretien m'a demandé ...

**inter vivos** /'ɪntə'viːvɒs/ ADJ *(Jur)* ◆ **~ gift** donation *f* entre vifs

**intervocalic** /ˌɪntəvəʊ'kælɪk/ ADJ *(Phon)* intervocalique

**interwar** /'ɪntə'wɔː^r/ ADJ ◆ **the ~ period** *or* **years** l'entre-deux-guerres *m*

**interweave** /ˌɪntə'wiːv/ VT *[+ threads]* tisser ensemble ; *[+ lines etc]* entrelacer ; *(fig) [+ stories, subplots]* entremêler VI s'entrelacer, s'emmêler

**intestate** /ɪn'testɪt/ ADJ *(Jur)* intestat *f inv* ◆ **to die ~** mourir ab intestat COMP ▷ **intestate estate** N succession *f* ab intestat

**intestinal** /ɪn'testɪnl/ ADJ intestinal ◆ **~ blockage** occlusion *f* intestinale ◆ **to have ~ fortitude** ⁑ *(US fig)* avoir quelque chose dans le ventre *

**intestine** /ɪn'testɪn/ N *(Anat)* intestin *m* ◆ **small ~** intestin *m* grêle ◆ **large ~** gros intestin *m*

**inti** /'ɪntɪ/ N inti *m*

**intifada** /ˌɪntɪ'fɑːdə/ N intifada *f*

**intimacy** /'ɪntɪməsɪ/ N **a** *(NonC)* intimité *f* **b** *(NonC: sexual)* rapports *mpl* (intimes *or* sexuels) **c** ◆ **intimacies** familiarités *fpl*

**intimate** /'ɪntɪmɪt/ ADJ **a** *(= close) [friend, friendship, contact]* intime ; *[link, bond]* étroit ; *(sexually)* intime ◆ **to be on ~ terms (with sb)** *(gen)* être intime (avec qn), être très proche (de qn) ; *(sexually)* avoir des relations intimes (avec qn) ◆ **to be ~ with sb** *(euph = have sex with)* avoir des rapports intimes avec qn *(euph)*
**b** *(= private, cosy) [conversation, moment, details, restaurant, photo etc]* intime ◆ **an ~ atmosphere** une atmosphère intime *or* d'intimité ◆ **an ~ candlelit dinner for two** un dîner aux chandelles en tête-à-tête
**c** *(= detailed)* ◆ **to have an ~ knowledge of sth** avoir une connaissance intime *or* approfondie de qch
N intime *mf*, familier *m*, -ière *f*
VT /'ɪntɪmeɪt/ *(frm)* **a** *(= hint)* laisser entendre, donner à entendre
**b** *(= make known officially)* annoncer (*that* que) ◆ **he ~d his approval, he ~d that he approved** il a annoncé qu'il était d'accord

**intimately** /'ɪntɪmɪtlɪ/ ADV *[know]* intimement ; *[talk]* en toute intimité ◆ **~ concerned** intimement concerné ◆ **to be ~ involved in** *or* **with a project** être très engagé dans un projet ◆ **to be ~ involved with sb** *(sexually)* avoir des relations intimes avec qn ◆ **~ linked** *or* **connected** étroitement lié ◆ **to be ~ acquainted with sb/sth** connaître intimement qn/qch

**intimation** /ˌɪntɪ'meɪʃən/ N *(= announcement) (gen)* annonce *f* ; *[of death]* avis *m* ; *[of birth, wedding]* annonce *f* ; *(= notice)* signification *f*, notification *f* ; *(= hint)* suggestion *f* ; *(= sign)* indice *m*, indication *f* ◆ **this was the first ~ we had of their refusal** c'était la première fois qu'on nous notifiait leur refus

◆ **this was the first ~ we had that the company was in financial difficulty** c'était la première fois que nous entendions parler des difficultés financières de l'entreprise ◆ **he gave no ~ that he was going to resign** rien dans son comportement ne permettait de deviner qu'il allait démissionner

**intimidate** /ɪnˈtɪmɪdeɪt/ VT intimider

**intimidating** /ɪnˈtɪmɪdeɪtɪŋ/ ADJ *[person, manner, presence, atmosphere]* intimidant ; *[sight, figure]* impressionnant, intimidant ; *[tactics]* d'intimidation

**intimidation** /ɪnˌtɪmɪˈdeɪʃən/ N *(NonC)* intimidation *f* ; *(Jur)* menaces *fpl*

**intimidatory** /ɪnˌtɪmɪˈdeɪtərɪ/ ADJ *[tactics, telephone call]* d'intimidation ; *[behaviour]* intimidant

**into** /ˈɪntʊ/

> When **into** is an element in a phrasal verb, eg **break into, enter into, look into, walk into**, look up the verb.

PREP *(gen)* dans ◆ **to come** *or* **go ~ a room** entrer dans une pièce ◆ **to go ~ town** aller en ville ◆ **to get ~ a car** monter dans une voiture *or* en voiture ◆ **he helped his mother ~ the car** il a aidé sa mère à monter dans la *or* en voiture ◆ **she fell ~ the lake** elle est tombée dans le lac ◆ **he went off ~ the desert** il est parti dans le désert ◆ **to put sth ~ a box** mettre qch dans une boîte ◆ **put the book ~ it** mets le livre dedans ◆ **it broke ~ a thousand pieces** ça s'est cassé en mille morceaux ◆ **to change traveller's cheques ~ francs/francs ~ pounds** changer des chèques de voyage contre des francs/des francs contre des livres sterling ◆ **to translate** *or* **put sth ~ French** traduire qch en français ◆ **he went further ~ the forest** il s'est enfoncé dans la forêt ◆ **far ~ the night** tard dans la nuit ◆ **it was ~ 1996** c'était déjà 1996, on était déjà en 1996 ◆ **it continued well ~** *or* **far ~ 1996** cela a continué pendant une bonne partie de 1996 ◆ **he's well ~ his fifties/sixties** il a une bonne cinquantaine/soixantaine d'années ◆ **he's well ~ his seventies/eighties** il a soixante-dix/quatre-vingts ans bien tassés * ◆ **let's not go ~ that again!** ne revenons pas là-dessus ! ◆ **we must go ~ this very carefully** nous devons étudier la question de très près ◆ **4 ~ 12 goes 3** 12 divisé par 4 donne 3 ◆ **the children are ~ everything** * les enfants touchent à tout ◆ **she's ~ * health foods/jazz/buying antiques** les aliments naturels/le jazz/acheter des antiquités, c'est son truc * ◆ **to be ~ drugs** * toucher à la drogue * ; → **burst, get into, grow into**

**intolerable** /ɪnˈtɒlərəbl/ ADJ *(= unacceptable)* intolérable ; *(= unbearable)* insupportable, intolérable ◆ **an ~ intrusion into his private life** une intrusion intolérable dans sa vie privée ◆ **the heat was ~** la chaleur était insupportable *or* intolérable ◆ **it is ~ that ...** il est intolérable *or* il n'est pas tolérable que ... *+ subj*

**intolerably** /ɪnˈtɒlərəblɪ/ ADV *(frm)* **a** *[high, low, expensive, rude, arrogant etc]* horriblement ◆ **it was ~ hot** il faisait une chaleur intolérable *or* insupportable, il faisait horriblement chaud **b** *(with vb) [annoy, disturb, behave]* de façon intolérable

**intolerance** /ɪnˈtɒlərəns/ N *(NonC: also Med)* intolérance *f*

**intolerant** /ɪnˈtɒlərənt/ ADJ intolérant ◆ **to be ~ of** *(gen)* ne pas supporter ; *(Med) [foodstuff, drug etc]* présenter une intolérance à

**intolerantly** /ɪnˈtɒlərəntlɪ/ ADV avec intolérance

**intonation** /ˌɪntəʊˈneɪʃən/ N *(Ling, Mus)* intonation *f*

**intone** /ɪnˈtəʊn/ VT entonner ; *(Rel)* psalmodier

**intoxicant** /ɪnˈtɒksɪkənt/ ADJ enivrant N *(= alcohol)* alcool *m*, boisson *f* alcoolisée ; *(= narcotic)* stupéfiant *m*

**intoxicate** /ɪnˈtɒksɪkeɪt/ VT *(lit, fig)* enivrer

**intoxicated** /ɪnˈtɒksɪkeɪtɪd/ ADJ *(frm = drunk)* en état d'ivresse ◆ **~ by** *or* **with success/victory** *etc* enivré par le succès/la victoire *etc*

**intoxicating** /ɪnˈtɒksɪkeɪtɪŋ/ ADJ *[drink]* alcoolisé ; *[effect, perfume]* enivrant

**intoxication** /ɪnˌtɒksɪˈkeɪʃən/ N ivresse *f* ; *(Med)* intoxication *f* (par l'alcool) ; *(fig)* ivresse *f* ◆ **in a state of ~** *(Jur)* en état d'ivresse *or* d'ébriété

**intra...** /ˈɪntrə/ PREF intra...

**intractability** /ɪnˌtræktəˈbɪlɪtɪ/ N **a** *(= difficulty) [of problem, dispute]* insolubilité *f (frm)*, caractère *m* insoluble **b** *(= stubbornness) [of person, government]* intransigeance *f*

**intractable** /ɪnˈtræktəbl/ ADJ *[problem]* insoluble ; *[illness, pain]* réfractaire (à tout traitement) ; *[child, temper]* intraitable, indocile

**intramural** /ˌɪntrəˈmjʊərəl/ ADJ *[studies, sports, competitions]* à l'intérieur d'un même établissement NPL **intramurals** *(US Scol, Univ)* matchs *mpl* entre élèves (*or* étudiants) d'un même établissement

**intramuscular** /ˌɪntrəˈmʌskjʊləʳ/ ADJ intramusculaire

**intramuscularly** /ˌɪntrəˈmʌskjʊləlɪ/ ADV par voie intramusculaire

**intranet** /ˈɪntrənet/ N intranet *m*

**intransigence** /ɪnˈtrænsɪdʒəns/ N intransigeance *f*

**intransigent** /ɪnˈtrænsɪdʒənt/ ADJ, N intransigeant(e) *m(f)*

**intransitive** /ɪnˈtrænsɪtɪv/ ADJ, N *(Gram)* intransitif *m*

**intrauterine** /ˌɪntrəˈjuːtəraɪn/ ADJ *[procedure, surgery, insemination, pregnancy]* intra-utérin COMP ▷ **intrauterine device** N stérilet *m*, dispositif *m* anticonceptionnel intra-utérin

**intravenous** /ˌɪntrəˈviːnəs/ ADJ *[injection, fluids, solution]* intraveineux ; *[feeding]* par voie intraveineuse ; *[line, tube, needle]* pour voie intraveineuse ; *[drugs]* administré par voie intraveineuse ◆ **~ drug users/drug use** utilisateurs *mpl*/utilisation *f* de drogue par voie intraveineuse COMP ▷ **intravenous drip** N perfusion *f* intraveineuse, goutte-à-goutte *m* ▷ **intravenous injection** N (injection *f or* piqûre *f*) intraveineuse *f*

**intravenously** /ˌɪntrəˈviːnəslɪ/ ADV par voie intraveineuse

**intrepid** /ɪnˈtrepɪd/ ADJ intrépide

**intrepidity** /ˌɪntrɪˈpɪdɪtɪ/ N intrépidité *f*

**intrepidly** /ɪnˈtrepɪdlɪ/ ADV intrépidement

**intricacy** /ˈɪntrɪkəsɪ/ N *[of problem, plot, pattern, mechanism]* complexité *f* ◆ **the intricacies of English law** les subtilités *fpl* du droit anglais

**intricate** /ˈɪntrɪkɪt/ ADJ *[mechanism]* complexe ; *[pattern, style]* complexe, très élaboré ; *[plot, problem, situation]* complexe ◆ **all the ~ details** les détails dans toute leur complexité

**intricately** /ˈɪntrɪkɪtlɪ/ ADV ◆ **~ carved** finement sculpté ◆ **~ designed** *(in conception)* de conception très élaborée ; *(elaborately drawn)* au dessin *or* motif très élaboré ◆ **~ patterned tiles** des carreaux aux motifs complexes *or* élaborés

**intrigue** /ɪnˈtriːg/ VI intriguer, comploter (*with sb* avec qn ; *to do sth* pour faire qch) VT intriguer ◆ **she ~s me** elle m'intrigue ◆ **go on, I'm ~d** continue, ça m'intrigue ◆ **I'm ~d to hear what she's been saying** je suis curieux de savoir ce qu'elle a dit ◆ **I was ~d with** *or* **by what you said about the case** ce que vous avez dit sur l'affaire m'a intrigué N *(= plot)* intrigue *f* ; *(= love affair)* intrigue *f*, liaison *f* ◆ **political ~** intrigue *f* politique

**intriguer** /ɪnˈtriːgəʳ/ N intrigant(e) *m(f)*

**intriguing** /ɪnˈtriːgɪŋ/ ADJ fascinant N *(NonC)* intrigues *fpl*

**intriguingly** /ɪnˈtriːgɪŋlɪ/ ADV ◆ **~ different** étrangement différent ◆ **~ original** d'une originalité fascinante ◆ **~-titled** au titre fascinant ◆ **~, this was never confirmed** très curieusement, ça n'a jamais été confirmé

**intrinsic** /ɪnˈtrɪnsɪk/ ADJ intrinsèque ◆ **the sculpture has no ~ value** cette sculpture n'a pas de valeur intrinsèque ◆ **financial insecurity is ~ to capitalism** l'insécurité financière est une caractéristique intrinsèque du capitalisme

**intrinsically** /ɪnˈtrɪnsɪklɪ/ ADV intrinsèquement ◆ **~ linked** intrinsèquement lié

**intro** * /ˈɪntrəʊ/ N (abbrev of **introduction**) intro * *f*

**intro...** /ˈɪntrəʊ/ PREF intro...

**introduce** /ˌɪntrəˈdjuːs/ VT **a** *(= make acquainted)* présenter ◆ **he ~d me to his friend** il m'a présenté à son ami ◆ **let me ~ myself** permettez-moi de me présenter ◆ **I ~d myself to my new neighbour** je me suis présenté à mon nouveau voisin ◆ **who ~d them?** qui les a présentés ? ◆ **we haven't been ~d** nous n'avons pas été présentés ◆ **may I ~ Mr Smith?** *(frm)* puis-je (me permettre de) vous présenter M. Smith ?

◆ **to introduce sb to sth** faire découvrir qch à qn ◆ **who ~d him to drugs?** qui est-ce qui lui a fait découvrir la drogue ? ◆ **I was ~d to Shakespeare at the age of 11** on m'a fait découvrir Shakespeare quand j'avais 11 ans

**b** *(= announce etc) [+ speaker, programme]* présenter

**c** *(= adopt, bring in) [+ reform, new method, innovation]* mettre en place, introduire ; *[+ practice]* faire adopter, introduire ; *[+ word, species]* introduire ◆ **potatoes were ~d here from America** la pomme de terre nous est venue d'Amérique ◆ **when video cameras were first ~d into the courtroom** le jour où les caméras ont été autorisées pour la première fois dans les salles d'audience ◆ **this ~d a note of irony into the conversation** cela a introduit une note d'ironie dans la conversation

**d** *(= tackle) [+ subject, question]* aborder ◆ **to ~ a bill** *(Parl)* présenter un projet de loi ◆ **he soon ~d the subject of sex** il a rapidement abordé le sujet de la sexualité

**e** *(= put in place)* introduire ; *[+ key etc]* introduire, insérer (*into* dans) ◆ **I ~d him into the firm** je l'ai introduit *or* fait entrer dans l'entreprise ◆ **privatization ~d competition into the telecommunications industry** la privatisation a introduit la concurrence dans l'industrie des télécommunications ◆ **the genes ~d into plants to make them grow faster** les gènes introduits dans les plantes pour accélérer leur croissance

> ⚠ *When it means 'make acquainted',* **introduce** *is not translated by* **introduire.**

**introduction** /ˌɪntrəˈdʌkʃən/ **N** **a** *(= introducing, putting in place: gen)* introduction *f* (*into* dans) ; *[of system, legislation]* mise *f* en place ◆ **the company's ~ of new technology** l'introduction par l'entreprise de nouvelles technologies ◆ **his ~ to professional football** ses débuts dans le monde du football professionnel

**b** *(= new phenomenon)* apparition *f* ◆ **the massive changes wrought by the ~ of cheap Internet access** les changements radicaux dûs à l'apparition des abonnements Internet à bas prix

**c** présentation *f* (*of sb to sb* de qn à qn) ◆ **to give sb an ~** *or* **a letter of ~ to sb** donner à qn une lettre de recommandation auprès de qn ◆ **someone who needs no ~** une personne qu'il est inutile de présenter ◆ **will you make** *or* **do* the ~s?** voulez-vous faire les présentations ?

**d** *(to book etc)* avant-propos *m*, introduction *f*

**e** *(= elementary course)* introduction *f* (*to* à) manuel *m* élémentaire ◆ **"an introduction to German"** "initiation à l'allemand"

**COMP** ▷ **introduction agency N** club *m* de rencontres

**introductory** /ˌɪntrəˈdʌktərɪ/ **ADJ** préliminaire, d'introduction ◆ **a few ~ words** quelques mots d'introduction ◆ **~ remarks** remarques *fpl* (pré)liminaires, préambule *m* ◆ **~ offer** *(Comm)* offre *f* de lancement ◆ **an ~ price of £2.99** un prix de lancement de 2,99 livres

**introit** /ˈɪntrɔɪt/ **N** introït *m*

**introspection** /ˌɪntrəʊˈspekʃən/ **N** *(NonC)* introspection *f*

**introspective** /ˌɪntrəʊˈspektɪv/ **ADJ** introspectif, replié sur soi-même

**introspectiveness** /ˌɪntrəʊˈspektɪvnɪs/ **N** tendance *f* à l'introspection

**introversion** /ˌɪntrəʊˈvɜːʃən/ **N** introversion *f*

**introvert** /ˈɪntrəʊvɜːt/ **N** *(Psych)* introverti(e) *m(f)* ◆ **he's something of an ~** c'est un caractère plutôt fermé **ADJ** introverti **VT** *(Psych)* ◆ **to become ~ed** se replier sur soi-même

**introverted** /ˈɪntrəʊvɜːtɪd/ **ADJ** *(Psych)* introverti ; *(fig) (= inward-looking) [system, society]* replié sur soi-même

**intrude** /ɪnˈtruːd/ **VI** *[person]* être importun, s'imposer ◆ **to ~ on sb's privacy** s'ingérer dans la vie privée de qn ◆ **to ~ on sb's grief** ne pas respecter le chagrin de qn ◆ **to ~ into sb's affairs** s'immiscer *or* s'ingérer dans les affaires de qn ◆ **my family has been ~d upon by the press** la presse s'est immiscée dans la vie privée de ma famille ◆ **I don't want to ~ on your meeting** je ne veux pas interrompre votre réunion ◆ **don't let personal feelings ~** ne vous laissez pas influencer par vos sentiments ◆ **don't let negative thoughts ~** écartez toute pensée négative ◆ **am I intruding?** est-ce que je (vous) dérange ? ; *(stronger)* est-ce que je (vous) gêne ? **VT** introduire de force (*into* dans) imposer (*into* à) ◆ **to ~ one's views (on sb)** imposer ses idées (à qn)

**intruder** /ɪnˈtruːdəʳ/ **N** *(= person, animal)* intrus(e) *m(f)* ; *(Mil, Aviat) (= aircraft) avion pénétrant sans autorisation dans un espace aérien* ◆ **the ~ fled when he heard the car** l'intrus s'est enfui en entendant la voiture ◆ **I felt like an ~** je me sentais étranger *or* de trop **COMP** ▷ **intruder alarm N** alarme *f* anti-effraction

**intrusion** /ɪnˈtruːʒən/ **N** intrusion *f* (*into* dans) ◆ **excuse this ~** excusez-moi de vous déranger

**intrusive** /ɪnˈtruːsɪv/ **ADJ** *[person, presence]* indiscret (-ète *f*), importun ◆ **~ consonant** *(Ling)* consonne *f* d'appui ◆ **the ~ "r"** *(Ling) le "r" ajouté en anglais en liaison abusive*

**intuit** /ɪnˈtjuːɪt/ **VT** ◆ **to ~ that ...** savoir intuitivement *or* par intuition que ..., avoir l'intuition que ... ◆ **he ~s your every thought** il connaît intuitivement toutes vos pensées

**intuition** /ˌɪntjuːˈɪʃən/ **N** intuition *f* ◆ **female** *or* **woman's ~** l'intuition féminine

**intuitive** /ɪnˈtjuːɪtɪv/ **ADJ** intuitif

**intuitively** /ɪnˈtjuːɪtɪvlɪ/ **ADV** intuitivement ◆ **the plan seemed ~ attractive** intuitivement, ce projet nous (*or* leur *etc*) a plu ◆ **~, the idea seems reasonable to me** intuitivement, je trouve cette idée raisonnable

**Inuit** /ˈɪnjuːɪt/ **N** Inuit *mf* ◆ **the ~(s)** les Inuit *mfpl* **ADJ** inuit *inv*

**inundate** /ˈɪnʌndeɪt/ **VT** *(lit, fig)* inonder (*with* de) ◆ **to be ~d with work** être débordé (de travail), être submergé de travail ◆ **to be ~d with visits** être inondé de visiteurs, être débordé de visites ◆ **to be ~d with letters** être submergé de lettres

**inundation** /ˌɪnʌnˈdeɪʃən/ **N** inondation *f*

**inure** /ɪˈnjʊəʳ/ **VT** ◆ **to be ~d to** *[+ criticism, cold]* être endurci contre ; *[+ sb's charms]* être insensible à ; *[+ pressures]* être habitué à

**invade** /ɪnˈveɪd/ **VT** **a** *(gen, Mil, fig)* envahir ◆ **city ~d by tourists** ville *f* envahie par les touristes ◆ **he was suddenly ~d by doubts** il fut soudain envahi de doutes ◆ **cells that have been ~d by a virus** des cellules qui ont été envahies par un virus **b** *[+ privacy]* violer, s'ingérer dans ◆ **to ~ sb's rights** empiéter sur les droits de qn

**invader** /ɪnˈveɪdəʳ/ **N** envahisseur *m*, -euse *f* ◆ **the immune system produces antibodies to neutralize the ~** le système immunitaire fabrique des anticorps afin de neutraliser l'envahisseur

**invading** /ɪnˈveɪdɪŋ/ **ADJ** *[army, troops]* d'invasion ◆ **the ~ Romans** l'envahisseur romain

**invalid[1]** /ˈɪnvəlɪd/ **N** *(= sick person)* malade *mf* ; *(with disability)* invalide *mf*, infirme *mf* ◆ **chronic ~** malade *mf* chronique ◆ **to treat sb like an ~** traiter qn comme un handicapé **ADJ** *(= ill)* malade ; *(with disability)* invalide, infirme **VT** /ˈɪnvəliːd/ *(esp Brit Mil)* ◆ **he was ~ed home from the front** il fut rapatrié du front pour blessures (*or* pour raisons de santé) **COMP** ▷ **invalid car, invalid carriage N** *(Brit)* voiture *f* d'infirme *or* pour handicapé

► **invalid out VT SEP** *(Mil)* ◆ **to invalid sb out of the army** réformer qn (pour blessures *or* pour raisons de santé)

**invalid[2]** /ɪnˈvælɪd/ **ADJ** *(esp Jur)* non valide, non valable ; *[argument]* nul (nulle *f*) ◆ **to become ~** *[ticket]* ne plus être valable, être périmé ◆ **to declare sth ~** déclarer qch nul

**invalidate** /ɪnˈvælɪdeɪt/ **VT** invalider, annuler ; *(Jur) [+ judgment]* casser, infirmer ; *[+ will]* rendre nul et sans effet ; *[+ contract]* vicier ; *[+ statute]* abroger

**invalidity** /ˌɪnvəˈlɪdɪtɪ/ **N** **a** *(= disability)* invalidité *f* ◆ **~ benefit** *(Brit Admin)* allocation *f* d'invalidité **b** *[of argument]* nullité *f* ; *[of law, election]* invalidité *f*

**invaluable** /ɪnˈvæljʊəbl/ **ADJ** inestimable, (très) précieux ◆ **her help has been ~ to me** elle m'a été d'une aide inestimable *or* (très) précieuse ◆ **their advice was ~ (to me)** leurs conseils m'ont été précieux

**invariable** /ɪnˈvɛərɪəbl/ **ADJ** invariable

**invariably** /ɪnˈvɛərɪəblɪ/ **ADV** invariablement

**invariant** /ɪnˈvɛərɪənt/ **ADJ, N** invariant *m*

**invasion** /ɪnˈveɪʒən/ **N** **a** *(Mil, fig)* invasion *f* ◆ **a tourist ~** une invasion de touristes **b** *[of rights]* empiètement *m* (*of* sur) ◆ **~ of privacy** *(by journalist, police etc)* intrusion *f* dans la vie privée ◆ **reading her diary was a gross ~ of privacy** lire son journal intime était une intrusion choquante dans sa vie privée

**invasive** /ɪnˈveɪsɪv/ **ADJ** *(Med) [disease] (gen)* qui gagne du terrain ; *[cancer, carcinoma]* invasif ; *[surgery, treatment]* agressif ◆ **the legislation has been criticized as being too ~** cette législation a été critiquée parce qu'elle porterait atteinte à la vie privée

**invective** /ɪnˈvektɪv/ **N** *(NonC)* invective *f* ◆ **torrent** *or* **stream of ~** flot *m* d'invectives *or* d'injures ◆ **racist ~** injures *fpl* racistes

**inveigh** /ɪnˈveɪ/ **VI** ◆ **to ~ against sb/sth** invectiver qn/qch ; *(more violently)* fulminer *or* tonner contre qn/qch

**inveigle** /ɪnˈviːgl/ **VT** ◆ **to ~ sb into sth** entraîner *or* attirer qn dans qch (par la ruse) ◆ **to ~ sb into doing sth** entraîner *or* amener qn à faire qch (par la ruse)

**invent** /ɪnˈvent/ **VT** *(lit, fig)* inventer

**invention** /ɪnˈvenʃən/ **N** **a** invention *f* ◆ **the ~ of the telephone** l'invention *f* du téléphone ◆ **one of his most practical ~s** une de ses inventions les plus pratiques **b** *(= falsehood)* invention *f*, mensonge *m* ◆ **it was pure ~ on her part** c'était pure invention de sa part ◆ **it was (an) ~ from start to finish** c'était (une) pure invention du début à la fin

**inventive** /ɪnˈventɪv/ **ADJ** inventif

**inventiveness** /ɪnˈventɪvnɪs/ **N** *(NonC)* esprit *m* inventif *or* d'invention

**inventor** /ɪnˈventəʳ/ **N** inventeur *m*, -trice *f*

**inventory** /ˈɪnvəntrɪ/ **N** inventaire *m* ; *(US Comm)* stock *m* ◆ **to draw up** *or* **make an ~ of sth** inventorier qch, faire *or* dresser un inventaire de qch ◆ **~ of fixtures** état *m* des lieux **VT** inventorier **COMP** ▷ **inventory control N** *(US Comm)* gestion *f* des stocks

**inverse** /ˈɪnvɜːs/ **ADJ** inverse ◆ **in ~ order** en sens inverse ◆ **in ~ proportion to** inversement proportionnel à ◆ **in ~ ratio (to)** en raison inverse (de) ◆ **an ~ relationship between ...** une relation inverse entre ... **N** inverse *m*, contraire *m*

**inversely** /ɪnˈvɜːslɪ/ **ADV** inversement

**inversion** /ɪnˈvɜːʃən/ **N** *(gen)* inversion *f* ; *[of values, roles etc] (also Mus)* renversement *m*

**invert** /ɪnˈvɜːt/ **VT** **a** *[+ elements, order, words]* inverser, intervertir ; *[+ roles]* renverser, intervertir ◆ **to ~ a process** renverser une opération **b** *[+ cup, object]* retourner **N** /ˈɪnvɜːt/ *(Psych)* inverti(e) *m(f)* **COMP** ▷ **inverted chord N** *(Mus)* accord *m* renversé ▷ **inverted commas NPL** *(Brit)* guillemets *mpl* ◆ **in ~ed commas** entre guillemets ▷ **inverted nipples NPL** mamelons *mpl* ombiliqués ▷ **inverted snobbery N** snobisme *m* à rebours ▷ **invert sugar N** sucre *m* inverti

**invertebrate** /ɪnˈvɜːtɪbrɪt/ **ADJ, N** invertébré *m*

**invest** /ɪnˈvest/ **VT** **a** *(Fin) [+ money, capital, funds]* investir, placer (*in* dans, en) ◆ **to ~ money** faire un *or* des placement(s), placer de l'argent ◆ **I have ~ed a lot of time in this project** j'ai consacré beaucoup de temps à ce projet ◆ **she ~ed a lot of effort in it** elle s'est beaucoup investie **b** *(= endow)* revêtir, investir (*sb with sth* qn de qch) ◆ **to ~ sb as** *[+ monarch, president etc]* élever qn à la dignité de ◆ **the buildings are ~ed with a nation's history** ces bâtiments sont empreints de l'histoire d'une nation **c** *(Mil = surround)* investir, cerner **VI** investir ◆ **to ~**

**in shares/property** placer son argent *or* investir dans des actions/dans l'immobilier ◆ **I've ~ed in a new car** je me suis offert une nouvelle voiture

**investigate** /ɪnˈvestɪgeɪt/ VT *[+ question, possibilities]* examiner, étudier ; *[+ motive, reason]* scruter, sonder ; *[+ crime]* enquêter sur, faire une enquête sur

**investigation** /ɪn͵vestɪˈgeɪʃən/ N a *(NonC)* *[of facts, question]* examen *m* ; *[of crime]* enquête *f* (*of* sur) ◆ **to be under ~ for sth** faire l'objet d'une enquête pour qch ◆ **the matter under ~** la question à l'étude

b *[of researcher]* investigation *f*, enquête *f* ; *[of policeman]* enquête *f* ◆ **his ~s led him to believe that...** ses investigations l'ont amené à penser que ... ◆ **criminal ~** enquête *f* criminelle ◆ **to launch an ~** ouvrir une enquête ◆ **preliminary ~** enquête *f* préparatoire *or* préliminaire ◆ **it calls for an immediate ~** cela demande une étude immédiate *or* à être étudié immédiatement ◆ **to call for an immediate ~ into sth** demander que l'on ouvre *subj* immédiatement une enquête sur qch ◆ **to order an ~ into** *or* **of sth** ordonner une enquête sur qch ◆ **we have made ~s** nous avons fait une enquête *or* des recherches

**investigative** /ɪnˈvestɪgeɪtɪv/ ADJ *[journalism, reporter, team, method]* d'investigation

**investigator** /ɪnˈvestɪgeɪtə^r/ N investigateur *m*, -trice *f* ; → **private**

**investigatory** /ɪnˈvestɪ͵geɪtərɪ/ ADJ ◆ **~ group/panel** groupe *m*/commission *f* d'enquête

**investiture** /ɪnˈvestɪtʃə^r/ N investiture *f*

**investment** /ɪnˈvestmənt/ N a *(Fin)* investissement *m*, placement *m* ; *(fig, esp Psych)* investissement *m* ◆ **by careful ~ of his capital** en investissant *or* plaçant soigneusement son capital ◆ **he regretted his ~ in the company** il regrettait d'avoir investi dans la firme ◆ **~ in shares** placement *m* en valeurs ◆ **~ in property** placement *m* *or* investissement *m* immobilier ◆ **we need a major ~ in new technology** il nous faut investir massivement dans les nouvelles technologies ◆ **foreign ~ in the region** les investissements *mpl* étrangers dans la région ◆ **~s** *(= money invested)* placements *mpl*, investissements *mpl* ◆ **return on one's ~s** retour *m* sur investissement ◆ **a portable TV is always a good ~** une télévision portable est toujours un bon investissement

b *(Mil)* investissement *m*

c ⇒ **investiture**

COMP ▷ **investment analyst** N analyste *mf* en placements ▷ **investment bank** N *(US)* banque *f* d'affaires *or* d'investissement ▷ **investment company** N société *f* d'investissement ▷ **investment income** N revenu *m* des placements *or* des investissements ▷ **investment management** N gestion *f* de portefeuille ▷ **investment manager** N gérant(e) *m(f)* de portefeuille ▷ **investment opportunities** NPL investissements *mpl* *or* placements *mpl* intéressants ▷ **investment trust** N société *f* d'investissement

**investor** /ɪnˈvestə^r/ N *(gen)* investisseur *m* ; *(= shareholder)* actionnaire *mf* ◆ **(the) big ~s** les gros actionnaires *mpl* ◆ **(the) small ~s** les petits actionnaires *mpl*, la petite épargne *NonC*

**inveterate** /ɪnˈvetərɪt/ ADJ *[gambler, smoker, liar]* invétéré ; *[traveller]* insatiable ; *[collector]* impénitent ; *[laziness, extravagance]* incurable

**invidious** /ɪnˈvɪdɪəs/ ADJ *[decision, distinction, choice]* injuste, propre à susciter la jalousie ; *[comparison]* blessant, désobligeant ; *[task]* ingrat, déplaisant

**invigilate** /ɪnˈvɪdʒɪleɪt/ *(Brit)* VI être de surveillance (à un examen) VT *[+ examination]* surveiller

**invigilator** /ɪnˈvɪdʒɪleɪtə^r/ N *(Brit)* surveillant(e) *m(f)* *(à un examen)*

**invigorate** /ɪnˈvɪgəreɪt/ VT *[+ person] [drink, food, thought, fresh air]* redonner des forces à, revigorer ; *[climate, air]* vivifier, tonifier ; *[exercise]* tonifier ; *[+ campaign]* animer ◆ **to feel ~d** se sentir revigoré *or* vivifié

**invigorating** /ɪnˈvɪgəreɪtɪŋ/ ADJ *[climate, air, walk]* vivifiant, tonifiant ; *[speech]* stimulant

**invincibility** /ɪn͵vɪnsɪˈbɪlɪtɪ/ N invincibilité *f*

**invincible** /ɪnˈvɪnsəbl/ ADJ a *(= unbeatable)* invincible b *(= unshakeable) [faith, belief, spirit]* inébranlable

**inviolability** /ɪn͵vaɪələˈbɪlɪtɪ/ N inviolabilité *f*

**inviolable** /ɪnˈvaɪələbl/ ADJ inviolable

**inviolably** /ɪnˈvaɪələblɪ/ ADV inviolablement

**inviolate** /ɪnˈvaɪəlɪt/ ADJ inviolé

**invisibility** /ɪn͵vɪzəˈbɪlɪtɪ/ N invisibilité *f*

**invisible** /ɪnˈvɪzəbl/ ADJ a *(lit)* invisible b *(fig = ignored)* ignoré ◆ **to feel ~** se sentir ignoré NPL **invisibles** invisibles *mpl* COMP ▷ **invisible earnings** NPL revenus *mpl* invisibles ▷ **invisible exports** NPL exportations *fpl* invisibles ▷ **invisible ink** N encre *f* sympathique ▷ **invisible mending** N stoppage *m*

**invisibly** /ɪnˈvɪzəblɪ/ ADV invisiblement

**invitation** /͵ɪnvɪˈteɪʃən/ LANGUAGE IN USE 25

N invitation *f* ◆ **~ to dinner** invitation *f* à dîner ◆ **the unions have not yet accepted the ~ to attend** les syndicats n'ont pas encore accepté de venir ◆ **their ~ to attend a July conference** leur invitation à participer à une conférence en juillet ◆ **he has refused an ~ to attend the inauguration ceremony** il a refusé d'assister à la cérémonie d'ouverture ◆ **at sb's ~** à *or* sur l'invitation de qn ◆ **by ~ (only)** sur invitation (seulement) ◆ **to send out ~s** envoyer des invitations ◆ **~ to bid** *(Fin)* avis *m* d'appel d'offres ◆ **this lock is an open ~ to burglars!** *(iro)* cette serrure est une véritable invite au cambriolage !

COMP ▷ **invitation card** N (carte *f* *or* carton *m* d')invitation *f*

**invitational** /͵ɪnvɪˈteɪʃənl/ ADJ *(Sport)* ◆ **~ tournament** tournoi *m* sur invitation

**invite** /ɪnˈvaɪt/ LANGUAGE IN USE 25.1

VT a *(= ask) [+ person]* inviter (*to do sth* à faire qch) ◆ **to ~ sb to dinner** inviter qn à dîner ◆ **he ~d him for a drink** il l'a invité à prendre un verre ◆ **I've never been ~d to their house** je n'ai jamais été invité chez eux ◆ **he was ~d to the ceremony** il a été invité (à assister) à la cérémonie ◆ **to ~ sb in/up** *etc* inviter qn à entrer/monter *etc* ◆ **that store ~s thieves** *(iro)* ce magasin est une invite au vol

b *(= ask for) [+ sb's attention, subscriptions etc]* demander, solliciter ◆ **when he had finished he ~d questions from the audience** quand il eut fini il invita le public à poser des questions ◆ **he was ~d to give his opinion** on l'a invité à donner son avis

c *(= lead to) [+ confidences, questions, doubts, ridicule]* appeler ; *[+ discussion, step]* inviter à ; *[+ failure, defeat]* chercher ◆ **I wouldn't walk home alone, it only ~s trouble** je ne rentrerais pas à pied tout seul, c'est vraiment chercher les ennuis

N /ˈɪnvaɪt/ * invitation *f*

► **invite out** VT SEP inviter (à sortir) ◆ **he has ~d her out several times** il l'a invitée plusieurs fois à sortir ◆ **I've been ~d out to dinner this evening** j'ai été invité à dîner ce soir

► **invite over** VT SEP a inviter (à venir) ◆ **they often ~ us over for a drink** ils nous invitent souvent à venir prendre un verre chez eux ◆ **let's ~ them over some time** invitons-les un de ces jours (à venir nous voir)

b ◆ **he invited me over to his table** il (m'appela et) m'invita à venir m'asseoir à sa table

**inviting** /ɪnˈvaɪtɪŋ/ ADJ *[place, room, atmosphere]* accueillant ; *[dish, smell]* alléchant, appétissant ; *[prospect]* engageant, tentant ◆ **the water looked very ~** *(for swimming)* l'eau était très tentante ◆ **it's not an ~ prospect** ce n'est pas une perspective engageante *or* tentante

**invitingly** /ɪnˈvaɪtɪŋlɪ/ ADV ◆ **to smile ~** sourire d'un air engageant ◆ **the soup steamed ~** la soupe fumait de façon appétissante ◆ **the chocolate sat ~ on his desk** * le chocolat était sur son bureau, telle une invitation à la gourmandise ◆ **the waters of the tropics are ~ clear** les eaux tropicales sont d'une limpidité engageante

**in vitro** /ɪnˈviːtrəʊ/ ADJ, ADV in vitro COMP ▷ **in vitro fertilization** N fécondation *f* in vitro

**invocation** /͵ɪnvəʊˈkeɪʃən/ N invocation *f*

**invoice** /ˈɪnvɔɪs/ LANGUAGE IN USE 20.6 N facture *f* VT *[+ customer, goods]* facturer ◆ **they will ~ us for the maintenance** ils vont nous facturer l'entretien COMP ▷ **invoice clerk** N facturier *m*, -ière *f*

**invoicing** /ˈɪnvɔɪsɪŋ/ N *(NonC)* facturation *f*

**invoke** /ɪnˈvəʊk/ VT a *(= call on) [+ God, Muse, mercy, precedent, law]* invoquer ; *[+ memories, atmosphere]* évoquer ◆ **to ~ sb's help** invoquer *or* demander l'aide de qn b *(= evoke) [+ spirits, the devil]* évoquer

**involuntarily** /ɪnˈvɒləntərɪlɪ/ ADV involontairement

**involuntary** /ɪnˈvɒləntərɪ/ ADJ involontaire COMP ▷ **involuntary manslaughter** N *(Jur)* homicide *m* involontaire

**involuted** /͵ɪnvəˈluːtɪd/ ADJ compliqué

**involve** /ɪnˈvɒlv/ VT a *(= entail)* impliquer ; *(= cause)* occasionner ; *(= demand)* exiger ◆ **such an attack would inevitably ~ considerable loss of life** une telle attaque ferait inévitablement de très nombreuses victimes ◆ **such a project ~s considerable planning** un tel projet exige une organisation considérable ◆ **will the post ~ much foreign travel?** ce poste impliquera-t-il de nombreux déplacements à l'étranger ? ◆ **make sure you know what the job ~s** il faut que tu saches exactement en quoi consiste ce travail ◆ **my job ~s repetitive hand movements** dans le cadre de mon travail, je fais toujours le même mouvement avec mes mains ◆ **the job would ~ my moving to London** ce travail impliquerait que je m'installe *subj* à Londres ◆ **there will be a good deal of work ~d** cela demandera *or* entraînera beaucoup de travail ◆ **the charges against him ~ allegations of corruption** parmi les accusations portées contre lui, il y a des allégations de corruption

b *(= implicate, associate)* impliquer (*in* dans) mêler (*in* à) ◆ **we would prefer not to ~ Robert** nous préférerions ne pas mêler Robert à l'affaire *or* ne pas impliquer Robert dans l'affaire ◆ **don't try to ~ me in this scheme** n'essaie pas de me mêler à ce projet ◆ **to ~ sb in a quarrel** mêler qn à une querelle ◆ **the cover-up ~d senior officers** des officiers supérieurs étaient impliqués dans le *or* mêlés au complot ◆ **to get ~d in sth, to ~ o.s. in sth** *(= get dragged into)* se laisser entraîner dans qch ; *(from choice)* s'engager dans qch ◆ **she didn't want to ~ herself in this debate** elle ne voulait pas se laisser entraîner dans ce débat ◆ **she ~d herself** *or* **got ~d in the freedom movement** elle s'est engagée dans le mouvement pour la liberté ◆ **a riot involving a hundred prison inmates** une émeute à laquelle ont pris part cent détenus ◆ **this is going to ~ us in a lot of expense** cela va nous entraîner dans de grosses dépenses ◆ **how did you come to be ~d?** comment vous êtes-vous trouvé impliqué ?

◆ **to involve sb in sth** *(= cause to participate)* faire participer qn à qch ◆ **he ~s me in all aspects of the job** il me fait participer à tous les aspects du travail ◆ **the school likes to ~ parents in their children's education** l'école aime associer les parents à l'éducation de leurs enfants

**involved** /ɪn'vɒlvd/ ADJ a *(= concerned)* concerné ◆ **we are all ~** nous sommes tous concernés ◆ **to feel personally ~** se sentir concerné ◆ **she wasn't directly ~** *(= affected)* elle n'était pas directement concernée ; *(= taking part)* elle n'était pas directement impliquée ◆ **the police became ~** la police est intervenue ◆ **a question of principle is ~** il s'agit d'une question de principe ◆ **the factors/forces/principles ~** les facteurs *mpl*/forces *fpl*/principes *mpl* en jeu ◆ **the vehicles ~** les véhicules *mpl* en cause ◆ **the person ~** l'intéressé(e) *m(f)*

◆ **to be involved in sth** *(= take part in)* participer à ; *[+ sth negative]* être mêlé à ◆ **they were not ~ in the discussions** ils ne participaient pas aux négociations ◆ **an organization for people ~ in agriculture** un organisme pour ceux qui travaillent dans l'agriculture ◆ **he wasn't ~ in the plot** il n'était pas mêlé au complot ◆ **to be ~ in a quarrel** être mêlé à une querelle

◆ **to get involved with sb** *(socially)* se mettre à fréquenter qn ; *(= fall in love with)* avoir une liaison avec qn ◆ **he got ~ with a married woman** il a eu une liaison avec une femme mariée ◆ **she likes him but she doesn't want to get (too) ~** elle l'aime bien, mais elle ne veut pas (trop) s'engager

b *(= very interested)*

◆ **to be involved in sth** être absorbé par qch ◆ **he was so ~ in politics that he had no time to ...** il était tellement absorbé par la politique qu'il n'avait pas le temps de ...

c *(= complicated) [situation, relationship, question]* compliqué, complexe ; *[style]* contourné, compliqué ; see also **involve**

**involvement** /ɪn'vɒlvmənt/ N *(NonC) (= rôle)* rôle *m* (*in* dans) ; *(= participation)* participation *f* (*in* à) ◆ **his ~ in the affair/plot** *etc* son rôle dans l'affaire/le complot *etc* ◆ **the increasing ~ of employees in decision-making processes** la participation de plus en plus importante des employés dans la prise de décisions ◆ **his ~ in politics** son engagement *m* dans la politique ◆ **his ~ in social work** son action *f* en matière sociale ◆ **we don't know the extent of her ~** nous ne savons pas dans quelle mesure elle est impliquée ◆ **we have no hard proof of his ~** nous n'avons aucune preuve concrète qu'il ait été impliqué ◆ **she denied any ~ in** *or* **with drugs** elle a nié toute implication dans des histoires de drogues ◆ **they were good friends but there was no romantic ~** ils étaient bons amis mais leur relation n'allait pas plus loin

**invulnerability** /ɪn,vʌlnərə'bɪlɪtɪ/ N invulnérabilité *f*

**invulnerable** /ɪn'vʌlnərəbl/ ADJ invulnérable

**inward** /'ɪnwəd/ ADJ *[movement]* vers l'intérieur ; *[happiness, peace]* intérieur (-eure *f*) ; *[thoughts, desire, conviction]* intime, profond

ADV ⇒ **inwards** COMP ▷ **inward investment** N *(NonC: Comm)* investissements *mpl* étrangers ▷ **inward-looking** ADJ replié sur soi (-même)

**inwardly** /'ɪnwədlɪ/ ADV *[groan, smile]* intérieurement ◆ **she was ~ furious** en son for intérieur elle était furieuse

**inwards** /'ɪnwədz/ ADV *[move]* vers l'intérieur ◆ **his thoughts turned ~** il devint songeur

**I/O** /aɪ'əʊ/ N (abbrev of **input/output**) E/S *f*

**IOC** /,aɪəʊ'siː/ N (abbrev of **International Olympic Committee**) CIO *m*

**iodide** /'aɪədaɪd/ N iodure *m*

**iodine** /'aɪədiːn/ N iode *m*

**iodize** /'aɪədaɪz/ VT ioder

**iodoform** /aɪ'ɒdəfɔːm/ N iodoforme *m*

**IOM** (abbrev of **Isle of Man**) → **isle**

**ion** /'aɪən/ N ion *m*

**Iona** /aɪ'əʊnə/ N (île *f* d')Iona *f*

**Ionian** /aɪ'əʊnɪən/ ADJ ionien ◆ **the ~ Islands** les îles *fpl* Ioniennes ◆ **the ~ (Sea)** la mer Ionienne

**Ionic** /aɪ'ɒnɪk/ ADJ *(Archit)* ionique

**ionic** /aɪ'ɒnɪk/ ADJ *(Chem, Phys)* ionique

**ionize** /'aɪənaɪz/ VT ioniser

**ionizer** /'aɪənaɪzəʳ/ N ioniseur *m*

**ionosphere** /aɪ'ɒnəsfɪəʳ/ N ionosphère *f*

**iota** /aɪ'əʊtə/ N *(= letter)* iota *m* ; *(fig = tiny amount)* brin *m*, grain *m* ; *(in written matter)* iota *m* ◆ **he won't change an ~ (of what he has written)** il refuse de changer un iota (à ce qu'il a écrit) ◆ **if he had an ~ of sense** s'il avait un grain de bon sens ◆ **not an ~ of truth** pas un brin de vérité, pas un mot de vrai ◆ **it won't make an ~ of difference** cela ne changera absolument rien ◆ **it won't affect us one ~** cela ne nous touchera absolument pas

**IOU** /,aɪəʊ'juː/ N (abbrev of **I owe you**) reconnaissance *f* de dette ◆ **he gave me an ~ for £20** il m'a signé un reçu de 20 livres

**IOW** *(Brit)* (abbrev of **Isle of Wight**) → **isle**

**Iowa** /'aɪəʊə/ N Iowa *m* ◆ **in ~** dans l'Iowa

**IPA** /,aɪpiː'eɪ/ N (abbrev of **International Phonetic Alphabet**) API *m*

**IP address** /aɪ'piːədres/ N *(Comput)* (abbrev of **Internet Protocol address**) adresse *f* IP

**ipecac(uanha)** /,ɪpɪkæk(jʊ'ænə)/ N ipéca(cuana) *m*

**IPO** /,aɪpiː'əʊ/ N (abbrev of **initial public offering**) IPO *m*

**ipso facto** /'ɪpsəʊ'fæktəʊ/ ADJ, ADV ipso facto

**IQ** /,aɪ'kjuː/ N (abbrev of **intelligence quotient**) QI *m*

**IR** /,aɪ'ɑːʳ/ N *(Brit)* (abbrev of **Inland Revenue**) ≈ fisc *m*

**IRA** /,aɪɑːr'eɪ/ N (abbrev of **Irish Republican Army**) IRA *f*

**Irak** /ɪ'rɑːk/ N ⇒ **Iraq**

**Iraki** /ɪ'rɑːkɪ/ ADJ, N ⇒ **Iraqi**

**Iran** /ɪ'rɑːn/ N Iran *m* ◆ **in ~** en Iran

**Irangate** /ɪ'rɑːngeɪt/ N, ADJ Irangate *m*

**Iranian** /ɪ'reɪnɪən/ ADJ iranien N a Iranien(ne) *m(f)* b *(Ling)* iranien *m*

**Iraq** /ɪ'rɑːk/ N Irak *or* Iraq *m* ◆ **in ~** en Irak

**Iraqi** /ɪ'rɑːkɪ/ ADJ irakien *or* iraquien N Irakien(ne) *or* Iraquien(ne) *m(f)*

**irascibility** /ɪ,ræsɪ'bɪlɪtɪ/ N irascibilité *f*

**irascible** /ɪ'ræsɪbl/ ADJ irascible, coléreux

**irascibly** /ɪ'ræsɪblɪ/ ADV *[say]* d'un ton irrité

**irate** /aɪ'reɪt/ ADJ furieux, courroucé *(liter)*

**IRBM** /,aɪɑːbiː'em/ N (abbrev of **intermediate range ballistic missile**) → **intermediate**

**IRC** /,aɪɑː'siː/ N *(Comput)* (abbrev of **Internet Relay Chat**) IRC *m*

**ire** /aɪəʳ/ N *(liter)* courroux *m (liter)* ◆ **to rouse sb's ~** provoquer le courroux de qn

**Ireland** /'aɪələnd/ N Irlande *f* ◆ **the Republic of ~** la République d'Irlande ; → **northern**

**irides** /'ɪrɪdiːz/ NPL of **iris a**

**iridescence** /,ɪrɪ'desns/ N *[of prism, crystal]* irisation *f* ; *[of plumage etc]* chatoiement *m*

**iridescent** /,ɪrɪ'desnt/ ADJ *[prism, crystal]* irisé, iridescent ; *[plumage]* chatoyant

**iridium** /aɪ'rɪdɪəm/ N iridium *m*

**iridology** /,ɪrɪ'dɒlədʒɪ/ N iridologie *f*

**iris** /'aɪərɪs/ N a (pl **irides**) *[of eye]* iris *m* b (pl **irises**) *(Bot)* iris *m*

**Irish** /'aɪərɪʃ/ ADJ *(gen)* irlandais ; *[ambassador, embassy]* d'Irlande ; *[teacher]* d'irlandais N *(Ling)* irlandais *m* NPL **the Irish** les Irlandais *mpl* COMP ▷ **Irish coffee** N café *m* irlandais, irish coffee *m* ▷ **Irish Free State** N *(Hist)* État *m* libre d'Irlande ▷ **Irish Republic** N République *f* d'Irlande ▷ **Irish Sea** N mer *f* d'Irlande ▷ **Irish stew** N ragoût *m* de mouton (à l'irlandaise) ▷ **Irish terrier** N irish-terrier *m* ▷ **Irish wolfhound** N lévrier *m* irlandais

**Irishman** /'aɪərɪʃmən/ N (pl **-men**) Irlandais *m*

**Irishwoman** /'aɪərɪʃ'wʊmən/ N (pl **-women**) Irlandaise *f*

**irk** /ɜːk/ VT contrarier, ennuyer

**irksome** /'ɜːksəm/ ADJ *[restriction, person]* ennuyeux ; *[task]* ingrat

**iron** /'aɪən/ N a *(NonC = metal)* fer *m* ◆ **old** *or* **scrap ~** ferraille *f NonC* ◆ **a man of ~** *(fig) (unyielding)* un homme de fer ; *(cruel)* un homme au cœur de pierre ◆ **to strike while the ~ is hot** battre le fer pendant qu'il est chaud ◆ **the ~ had entered his soul** *(fig liter)* il avait la mort dans l'âme, il était comme une âme en peine ; → **cast, pump[1], rod, wrought**

b *(= tool)* fer *m* ; *(for laundry: also* **flat iron**) fer *m* (à repasser) ◆ **electric ~** fer *m* électrique ◆ **to give a dress an ~ *, to run the ~ over a dress** donner un coup de fer à une robe ◆ **to have too many ~s in the fire** mener trop de choses *or* d'affaires de front ◆ **she's got other ~s in the fire** elle a d'autres affaires en train ; → **fire, grapple, solder**

c *(Golf)* fer *m* ◆ **a number three ~** un fer trois

d *(NonC: Med)* (sels *mpl* de) fer *m*

e *(= surgical appliance)* appareil *m* orthopédique ; → **leg**

NPL **irons** *(= fetters)* fers *mpl*, chaînes *fpl* ◆ **to put sb in ~s** mettre qn aux fers ◆ **to be in ~s** *(Naut)* faire chapelle

VT *[+ clothes etc]* repasser ; *(more sketchily)* donner un coup de fer à ◆ **"iron under a damp cloth"** "repasser à la pattemouille" ; → **minimum, non-**

VI *[person]* repasser ; *[clothes etc]* se repasser

COMP *(lit) [tool, bridge]* de *or* en fer ; *(fig) [determination]* de fer, d'acier ▷ **the Iron Age** N l'âge *m* de fer ▷ **the iron and steel industry** N l'industrie *f* sidérurgique ▷ **the Iron Chancellor** N *(Hist)* le Chancelier de fer *(Bismarck)* ▷ **iron constitution** N ◆ **to have an ~ constitution** avoir une santé de fer ▷ **Iron Curtain** N *(Pol Hist)* rideau *m* de fer ◆ **the Iron Curtain countries** les pays *mpl* de l'Est, le bloc de l'Est ▷ **the Iron Duke** N *(Brit Hist)* le Duc de fer *(Wellington)* ▷ **iron fist** N ◆ **an ~ fist in a velvet glove** une main de fer dans un gant de velours ▷ **iron** foundry N fonderie *f* de fonte ▷ **iron grey** ADJ gris *inv* de fer, gris fer *inv*; *[hair]* gris argenté ▷ **iron hand** N ◆ **to rule with an ~ hand** gouverner d'une main *or* poigne de fer; see also **iron fist** ▷ **the Iron Lady** N *(Brit Pol)* la Dame de fer *(Margaret Thatcher)* ▷ **iron lung** N *(Med)* poumon *m* d'acier ▷ **iron mask** N ◆ **the man in the ~ mask** l'homme *m* au masque de fer ▷ **iron ore** N minerai *m* de fer ▷ **iron oxide** N oxyde *m* de fer ▷ **iron pyrite** N pyrite *f* ▷ **iron rations** NPL vivres *mpl or* rations *fpl* de réserve ▷ **iron will** N volonté *f* de fer

► **iron out** VT SEP *[+ creases]* faire disparaître au fer; *(fig) [+ difficulties]* aplanir; *[+ problems]* régler ◆ **the two sides were unable to ~ out their differences** les deux camps n'ont pas réussi à régler leurs différends

**ironclad** /ˈaɪənklæd/ N *(Naut)* cuirassé *m* ADJ *(lit) [warship]* cuirassé; *(fig) [argument, case, guarantee, promise, defence]* en béton; *[rule]* strict

**ironic(al)** /aɪˈrɒnɪk(əl)/ ADJ ironique

**ironically** /aɪˈrɒnɪkəlɪ/ ADV ironiquement ◆ **~, she never turned up** l'ironie de la chose, c'est qu'elle n'est pas venue du tout

**ironing** /ˈaɪənɪŋ/ N repassage *m* ◆ **to do the ~** repasser, faire le repassage ◆ **it doesn't need ~** cela n'a pas besoin d'être repassé COMP ▷ **ironing board** N planche *f* à repasser

**ironist** /ˈaɪərənɪst/ N adepte *mf* de l'ironie ◆ **the master ~** le maître de l'ironie

**ironize** /ˈaɪərənaɪz/ VI ironiser VT ◆ **to ~ sb/sth** traiter qn/qch avec ironie

**ironmonger** /ˈaɪən,mʌŋgəʳ/ N *(Brit)* quincaillier *m*, -ière *f* ◆ **~'s (shop)** quincaillerie *f*

**ironmongery** /ˈaɪən,mʌŋgərɪ/ N *(Brit)* quincaillerie *f*

**ironstone** /ˈaɪənstəʊn/ N (also **ironstone china**) terre *f* de fer

**ironwork** /ˈaɪənwɜːk/ N *(NonC) [of gates, railings etc]* ferronnerie *f*, serrurerie *f*; *[of parts of construction]* ferronnerie *f*, ferrures *fpl* ◆ **heavy ~** grosse ferronnerie *f or* serrurerie *f*

**ironworks** /ˈaɪənwɜːks/ N *(pl inv)* usine *f* sidérurgique

**irony** /ˈaɪərənɪ/ N ironie *f* ◆ **the ~ of the situation was not lost on her** l'ironie de la situation ne lui a pas échappé ◆ **by some ~ of fate, she ...** l'ironie du sort a voulu qu'elle ... ◆ **the ~ of it is that ...** l'ironie de la chose c'est que ... ◆ **one of the great ironies of this story is that ...** le comble de l'ironie (dans cette histoire), c'est que ... ; → **dramatic**

**Iroquois** /ˈɪrəkwɔɪ/ ADJ iroquois N *(pl inv)* a (also **Iroquois Indian**) Iroquois(e) *m(f)* b *(Ling)* iroquois *m*

**irradiate** /ɪˈreɪdɪeɪt/ VT a *(Med, Nucl = expose to radiation) [+ food, population, tumour, patient]* irradier ◆ **~d foods** aliments *mpl* irradiés b *(= illuminate: lit, fig)* illuminer

**irradiation** /ɪ,reɪdɪˈeɪʃən/ N *(with radiation) [of person, food]* irradiation *f*; *(with light)* illumination *f*

**irrational** /ɪˈræʃənl/ ADJ *[person]* qui n'est pas rationnel; *[conduct]* irrationnel, déraisonnable; *[fear]* irraisonné, irrationnel; *[hatred, idea, reaction]* irrationnel; *[thoughts]* fou (folle *f*); *(Math)* irrationnel ◆ **he had become quite ~ about it** c'était un sujet qu'il n'était plus capable d'aborder rationnellement

**irrationality** /ɪ,ræʃəˈnælɪtɪ/ N irrationalité *f*

**irrationally** /ɪˈræʃnəlɪ/ ADV *[act, behave]* irrationnellement; *[think, believe]* en dépit du bon sens, irrationnellement; *[angry]* sans véritable raison ◆ **~ jealous** d'une jalousie irraisonnée

**irreconcilable** /ɪ,rekənˈsaɪləbl/ ADJ *[differences, positions]* inconciliable; *[beliefs, opinions]* inconciliable, incompatible (*with sth* avec qch); *[objectives]* incompatible (*with sth* avec qch); *[enemy, opponent]* irréconciliable; *[conflict]* insoluble; *[hatred]* implacable

**irrecoverable** /,ɪrɪˈkʌvərəbl/ ADJ *[object]* irrécupérable; *[loss]* irréparable, irrémédiable; *(Fin)* irrécouvrable

**irredeemable** /,ɪrɪˈdiːməbl/ ADJ a *[error]* irréparable; *[liar, thief]* invétéré; *[optimist]* impénitent, incorrigible b *(Fin) [loan]* non amortissable, non remboursable; *[bond]* irremboursable

**irredeemably** /,ɪrɪˈdiːməblɪ/ ADV *[lost, ruined, damaged]* irrémédiablement ◆ **~ evil/incompetent** d'une méchanceté/incompétence irrémédiable

**irredentism** /,ɪrɪˈdentɪzəm/ N *(fig)* irrédentisme *m*

**irredentist** /,ɪrɪˈdentɪst/ ADJ, N *(fig)* irrédentiste *mf*

**irreducible** /,ɪrɪˈdjuːsəbl/ ADJ irréductible

**irrefutable** /,ɪrɪˈfjuːtəbl/ ADJ *[argument, evidence]* irréfutable; *[testimony]* irrécusable

**irregular** /ɪˈregjʊləʳ/ ADJ a *(gen, Math, Gram) [features, pulse, meals, hours]* irrégulier ◆ **at ~ intervals** à intervalles irréguliers ◆ **he leads a very ~ life** il mène une vie très déréglée ◆ **all this is most ~** *(= against regulations)* tout cela n'est pas du tout régulier; *(= unorthodox)* cela ne se fait pas ◆ **he is ~ in his attendance at classes** il n'assiste pas régulièrement aux cours ◆ **~ periods** *(Med)* règles *fpl* irrégulières b *(= uneven) [surface]* inégal c *(Mil) [soldier]* irrégulier NPL *(Mil)* ◆ **the ~s** les irréguliers *mpl*

**irregularity** /ɪ,regjʊˈlærɪtɪ/ N irrégularité *f*; *(NonC)* irrégularités *fpl*; *(Jur, Admin) (in procedure)* vice *m* de forme

**irregularly** /ɪˈregjʊləlɪ/ ADV irrégulièrement ◆ **~-shaped** aux formes irrégulières

**irrelevance** /ɪˈreləvəns/, **irrelevancy** /ɪˈreləvənsɪ/ N a *(NonC)* manque *m* de pertinence (*to* par rapport à) ◆ **the ~ of nuclear weapons in this day and age** le fait que les armements nucléaires n'ont plus de raison d'être à l'heure actuelle b *(= person, thing)* ◆ **a report full of ~s** *or* **irrelevancies** un compte rendu qui s'écarte sans cesse du sujet ◆ **the party is rapidly becoming a political ~** ce parti est de plus en plus coupé de la réalité politique ◆ **she dismissed this idea as an ~** elle a écarté cette idée comme étant non pertinente

**irrelevant** /ɪˈreləvənt/ ADJ a *(= unconnected) [facts, details]* non pertinent; *[question, remark]* hors de propos ◆ **~ to** sans rapport avec ◆ **that's ~ (to the subject)** ça n'a rien à voir, ça n'a aucun rapport ◆ **written in the 1960s, his novels are largely ~ to the concerns of today** écrits dans les années 60, ses romans n'ont guère de rapport avec les préoccupations d'aujourd'hui b *(= unimportant)* sans importance ◆ **the cost is ~** le coût n'a pas d'importance ◆ **age should be totally ~ when a player has ability** l'âge ne devrait pas entrer en ligne de compte lorsque le joueur est doué ◆ **many of these issues seem ~ to the younger generation** les jeunes ne se sentent pas concernés par beaucoup de ces questions

**irrelevantly** /ɪˈreləvəntlɪ/ ADV *[say, add, ask]* hors de propos

**irreligion** /,ɪrɪˈlɪdʒən/ N irréligion *f*

**irreligious** /,ɪrɪˈlɪdʒəs/ ADJ irréligieux

**irremediable** /,ɪrɪˈmiːdɪəbl/ ADJ irrémédiable, sans remède

**irremediably** /,ɪrɪˈmiːdɪəblɪ/ ADV irrémédiablement

**irremovable** /,ɪrɪˈmuːvəbl/ ADJ *[thing]* immuable; *[difficulty]* invincible; *[judge etc]* inamovible

**irreparable** /ɪˈrepərəbl/ ADJ *[harm, wrong]* irréparable; *[loss]* irréparable, irrémédiable

**irreparably** /ɪˈrepərəblɪ/ ADV irréparablement, irrémédiablement

**irreplaceable** /,ɪrɪˈpleɪsəbl/ ADJ irremplaçable

**irrepressible** /,ɪrɪˈpresəbl/ ADJ *[laughter]* irrépressible; *[person]* débordant d'activité, exubérant

**irrepressibly** /,ɪrɪˈpresəblɪ/ ADV *[laugh]* de façon irrépressible ◆ **~ cheerful/optimistic** d'une gaieté/d'un optimisme à toute épreuve

**irreproachable** /,ɪrɪˈprəʊtʃəbl/ ADJ irréprochable

**irresistible** /,ɪrɪˈzɪstəbl/ ADJ irrésistible (*to sb* pour qn) ◆ **he is ~ to women** les femmes le trouvent irrésistible

**irresistibly** /,ɪrɪˈzɪstəblɪ/ ADV *[attract, remind, impel, spread]* irrésistiblement ◆ **she found him ~ attractive** elle lui trouvait un charme irrésistible

**irresolute** /ɪˈrezəluːt/ ADJ irrésolu, indécis, hésitant

**irresolutely** /ɪˈrezə,luːtlɪ/ ADV *[hesitate, pause etc]* d'un air irrésolu *or* indécis

**irresoluteness** /ɪˈrezəluːtnɪs/ N irrésolution *f*, indécision *f*

**irrespective** /,ɪrɪˈspektɪv/ ADJ ◆ **~ of** ◆ **they were all the same price, ~ of their quality** ils étaient tous au même prix, indépendamment de leur qualité *or* quelle que soit la qualité ◆ **~ of race, creed or colour** sans distinction de race, de religion ou de couleur, indépendamment de la race, de la religion ou de la couleur ◆ **~ of whether they are needed** que l'on en ait besoin ou non

**irresponsibility** /ˈɪrɪs,pɒnsəˈbɪlɪtɪ/ N *[of person]* irresponsabilité *f (also Jur)*, légèreté *f*; *[of act]* légèreté *f*

**irresponsible** /,ɪrɪsˈpɒnsəbl/ ADJ *[person, behaviour, attitude, action] (also Jur)* irresponsable; *[remark]* irréfléchi ◆ **it was ~ of her to say that, she was ~ to say that** c'était irresponsable de sa part de dire cela ◆ **it would be ~ of me to encourage you** ce serait irresponsable de ma part si je t'encourageais ◆ **it is ~ to drink and drive** c'est faire preuve d'irresponsabilité de conduire lorsqu'on a bu

**irresponsibly** /,ɪrɪsˈpɒnsɪblɪ/ ADV *[act, behave]* de façon irresponsable ◆ **~ extravagant** d'une extravagance irresponsable

**irretrievable** /,ɪrɪˈtriːvəbl/ ADJ *[harm, damage, loss]* irréparable; *[object]* irrécupérable; *(Fin) [debt]* irrécouvrable ◆ **the ~ breakdown of a relationship** la rupture irrémédiable d'une relation ◆ **to divorce on grounds of ~ breakdown** *(Jur)* divorcer pour rupture de la vie commune

**irretrievably** /,ɪrɪˈtriːvəblɪ/ ADV irréparablement, irrémédiablement

**irreverence** /ɪˈrevərəns/ N irrévérence *f*

**irreverent** /ɪˈrevərənt/ ADJ irrévérencieux

**irreverently** /ɪˈrevərəntlɪ/ ADV irrévérencieusement

**irreversible** /ˌɪrɪˈvɜːsəbl/ ADJ *[damage, process, change, decline, disease, brain damage, operation]* irréversible ; *[decision, judgment]* irrévocable

**irreversibly** /ˌɪrɪˈvɜːsəblɪ/ ADV *[change]* irréversiblement ; *[damage]* de façon irréversible

**irrevocable** /ɪˈrevəkəbl/ ADJ irrévocable

**irrevocably** /ɪˈrevəkəblɪ/ ADV irrévocablement

**irrigable** /ˈɪrɪgəbl/ ADJ irrigable

**irrigate** /ˈɪrɪgeɪt/ VT *(Agr, Med)* irriguer

**irrigation** /ˌɪrɪˈgeɪʃən/ N *(Agr, Med)* irrigation *f*

**irritability** /ˌɪrɪtəˈbɪlɪtɪ/ N irritabilité *f*

**irritable** /ˈɪrɪtəbl/ ADJ *[person] (= cross)* irritable ; *(= irascible)* irascible, coléreux ; *[look, mood]* irritable ; *[temperament, nature]* irascible ◆ **to get** *or* **grow ~** devenir irritable COMP ▷ **irritable bowel syndrome** N syndrome *m* du côlon irritable, colopathie *f* spasmodique

**irritably** /ˈɪrɪtəblɪ/ ADV avec irritation

**irritant** /ˈɪrɪtənt/ N a *(= annoying noise, interference etc)* source *f* d'irritation ; *(= contentious issue)* point *m* épineux ◆ **the issue has become a major ~ to the government** cette question donne du fil à retordre au gouvernement b *(= substance)* irritant *m* ADJ *[substance, effect]* irritant

**irritate** /ˈɪrɪteɪt/ VT a *(= annoy)* irriter, agacer ◆ **to get** *or* **become ~d** s'irriter b *(Med)* irriter

**irritating** /ˈɪrɪteɪtɪŋ/ ADJ a *(= annoying)* irritant, agaçant b *(Med)* irritant

**irritatingly** /ˈɪrɪteɪtɪŋlɪ/ ADV ◆ **~ slow/smug** d'une lenteur/d'une autosuffisance irritante *or* agaçante

**irritation** /ˌɪrɪˈteɪʃən/ N a *(NonC = annoyance)* irritation *f*, agacement *m* b *(= irritant)* source *f* d'irritation

**irruption** /ɪˈrʌpʃən/ N irruption *f*

**IRS** /ˌaɪɑːˈres/ N *(US)* (abbrev of **Internal Revenue Service**) ◆ **the ~** ≃ le fisc

**is** /ɪz/ → **be**

**ISA** /ˌaɪesˈeɪ/ N *(Brit)* (abbrev of **Individual Savings Account**) plan *m* d'épargne défiscalisé

**Isaac** /ˈaɪzək/ N Isaac *m*

**Isaiah** /aɪˈzaɪə/ N Isaïe *m*

**ISBN** /ˌaɪesbiːˈen/ N (abbrev of **International Standard Book Number**) ISBN *m*

**ischium** /ˈɪskɪəm/ N (pl **ischia** /ˈɪskɪə/) ischion *m*

**ISDN** /ˌaɪesdiːˈen/ N (abbrev of **Integrated Services Digital Network**) RNIS *m*

**ish** ⁑ /ɪʃ/ ADV *(Brit)* ◆ **hungry ? – ~** tu as faim ? – un (petit) peu ◆ **is it good? – ~** est-ce que c'est bien ? – pas mal *

**...ish** /ɪʃ/ SUF a ...âtre ◆ **blackish** plutôt noir, noirâtre *(pej)* b ◆ **she came at threeish** elle est venue vers 3 heures *or* sur les 3 heures ◆ **it's coldish** il fait un peu froid *or* frisquet * ◆ **she's fortyish** elle a dans les quarante ans *

**isinglass** /ˈaɪzɪŋglɑːs/ N ichtyocolle *f*

**Isis** /ˈaɪsɪs/ N *(Myth)* Isis *f*

**Islam** /ˈɪzlɑːm/ N Islam *m*

**Islamic** /ɪzˈlæmɪk/ ADJ islamique ◆ **the ~ Republic of ...** la République islamique de ...

**Islamicist** /ɪzˈlæmɪsɪst/ N islamiste *mf*

**Islamism** /ˈɪzləmɪzəm/ N islamisme *m*

**Islamist** /ˈɪzləmɪst/ N ⇒ **Islamicist**

**islamophobia** /ɪzˌlæməˈfəʊbɪə/ N islamophobie *f*

**island** /ˈaɪlənd/ N *(lit, fig)* île *f* ; *(smaller)* îlot *m* COMP *[people, community]* insulaire ▷ **island-hopping** * N ◆ **to go ~-hopping** aller d'île en île ADJ ◆ **~-hopping holiday** *vacances passées à aller d'île en île*

**islander** /ˈaɪləndəʳ/ N insulaire *mf*, habitant(e) *m(f)* d'une île *or* de l'île

**isle** /aɪl/ N *(liter)* île *f* ; → **British** COMP ▷ **the Isle of Man** N l'île *f* de Man ▷ **the Isle of Wight** N l'île *f* de Wight

**islet** /ˈaɪlɪt/ N îlot *m*

**ism** /ˈɪzəm/ N doctrine *f*, idéologie *f* ◆ **Marxism or any other ~** le marxisme ou tout autre doctrine *or* idéologie

**...ism** /ˈɪzəm/ SUF ...isme

**isn't** /ˈɪznt/ ⇒ **is not** ; → **be**

**ISO** /ˌaɪesˈəʊ/ N (abbrev of **International Standards Organization**) ISO *f*

**iso...** /ˈaɪsəʊ/ PREF iso...

**isobar** /ˈaɪsəʊbɑːʳ/ N isobare *f*

**Isobel** /ˈɪzəʊbel/ N Isabelle *f*

**isogloss** /ˈaɪsəʊˌglɒs/ N isoglosse *f*

**isolate** /ˈaɪsəʊleɪt/ VT *(all senses)* isoler *(from* de)

**isolated** /ˈaɪsəʊleɪtɪd/ ADJ *(gen, Chem, Med etc)* isolé *(from sb/sth* de qn/qch) ; ◆ **to keep sb/sth ~ (from sb/sth)** tenir qn/qch à l'écart (de qn/qch)

**isolation** /ˌaɪsəʊˈleɪʃən/ N a *(gen, Med)* isolement *m* ◆ **international ~** isolement *m* international ◆ **to be (kept) in ~** *[prisoner]* être maintenu en isolement ◆ **he was in ~ for three months** il a passé trois mois en isolement

b ◆ **in ~** isolément ◆ **my remarks should not be considered in ~** mes remarques ne devraient pas être considérées isolément *or* hors contexte ◆ **taken in ~ these statements can be dangerously misleading** hors contexte ces déclarations risquent d'être mal interprétées ◆ **no social class can exist in ~** aucune classe sociale ne peut exister isolément ◆ **to act in ~** agir seul ◆ **to deal with sth in ~** traiter de qch à part

c *(Chem etc) (= action)* isolation *f* ; *(= state)* isolement *m*

COMP ▷ **isolation hospital** N hôpital *m* de quarantaine ▷ **isolation ward** N salle *f* de quarantaine

**isolationism** /ˌaɪsəʊˈleɪʃənɪzəm/ N isolationnisme *m*

**isolationist** /ˌaɪsəʊˈleɪʃənɪst/ ADJ, N isolationniste *mf*

**Isolde** /ɪˈzɒldə/ N Iseult *or* Iseut *f*

**isomer** /ˈaɪsəməʳ/ N isomère *m*

**isometric** /ˌaɪsəʊˈmetrɪk/ ADJ isométrique NPL **isometrics** exercices *mpl* musculaires isométriques

**isomorphic** /ˌaɪsəʊˈmɔːfɪk/ ADJ isomorphe

**isopluvial** /ˌaɪsəʊˈpluːvɪəl/ ADJ ◆ **~ map** carte *f* pluviométrique

**isosceles** /aɪˈsɒsɪliːz/ ADJ isocèle

**isotherm** /ˈaɪsəʊθɜːm/ N isotherme *f*

**isotonic** /ˌaɪsəʊˈtɒnɪk/ ADJ *[contraction, solution]* isotonique

**isotope** /ˈaɪsəʊtəʊp/ ADJ, N isotope *m*

**ISP** /ˌaɪesˈpiː/ N (abbrev of **Internet service provider**) fournisseur *m* d'accès à Internet

**I-spy** /ˈaɪˈspaɪ/ N *(Brit) jeu où l'on essaie de faire deviner le nom d'un objet à partir de sa première lettre*

**Israel** /ˈɪzreəl/ N Israël *m* ◆ **in ~** en Israël

**Israeli** /ɪzˈreɪlɪ/ ADJ *(gen)* israélien ; *[ambassador, embassy]* d'Israël N (pl **Israelis** *or* **Israeli**) Israélien(ne) *m(f)*

**Israelite** /ˈɪzrɪəlaɪt/ N israélite *mf*

**issue** /ˈɪʃuː/ N a *(= matter, question)* question *f* ; *(= point)* point *m* ; *(= problem)* problème *m* ◆ **it is a very difficult ~** c'est une question *or* un problème très complexe ◆ **the ~ is whether ...** la question est de savoir si ... ◆ **the main** *or* **key ~ is to discover if ...** la question centrale est de découvrir si ... ◆ **that's the main** *or* **key ~** c'est la question principale *or* le problème principal ◆ **it's not a political ~** ce n'est pas une question politique ◆ **this needn't become an ~ between us** il ne faut pas que ça devienne un problème entre nous ◆ **the real ~ was never addressed** le vrai problème *or* la vraie question n'a jamais été posé(e) ◆ **to face the ~** regarder le problème en face ◆ **to evade** *or* **avoid the ~** éluder le problème, prendre la tangente

♦ **at issue** ◆ **the point at ~** le point controversé ◆ **the question at ~** la question en jeu *or* qui fait problème ◆ **the matter at ~** l'affaire *f* en jeu ◆ **his integrity is not at ~** son intégrité n'est pas (mise) en doute *or* en cause ◆ **his political future is at ~** son avenir politique est (mis) en question *or* en cause ◆ **what is at ~ is whether/how ...** la question est de savoir si/comment ...

♦ **to have issues with** *or* **about sth** ◆ **I have always had ~s with my weight** mon poids m'a toujours posé problème ◆ **they have ~s about the safety of their children** ils sont préoccupés par la sécurité de leurs enfants

♦ **to make an issue of sth** ◆ **he's not expected to make an ~ of sanctions** il ne devrait pas insister sur la question des sanctions ◆ **he makes an ~ of every tiny detail** il fait une montagne du moindre détail ◆ **I don't want to make an ~ of it but ...** je ne veux pas trop insister là-dessus mais ...

♦ **to raise + issue** ◆ **she will raise the ~ at next month's conference** elle soulèvera ce problème le mois prochain, à la conférence ◆ **she raised several new ~s** elle a soulevé plusieurs points nouveaux ◆ **the priest raised the ~ of human rights** le prêtre a soulevé la question des droits de l'homme ◆ **she raised the ~ of who was to control the budget** elle a posé la question de savoir qui contrôlerait le budget

♦ **to take issue with** ◆ **to take issue with sb** ne pas être d'accord avec qn, être en désaccord avec qn ◆ **some of you might take ~ with me on this matter** certains d'entre vous ne seront peut-être pas d'accord avec moi sur ce point ◆ **I will not take ~ with the fact that we have a problem** je ne nierai pas le fait que nous avons un problème ◆ **I feel I must take ~ with you on this** je me permets de ne pas partager votre avis là-dessus

b *(= release) [of book]* publication *f*, parution *f*, sortie *f* ; *[of goods, tickets]* distribution *f* ; *[of passport, document]* délivrance *f* ; *[of banknote, cheque, stamp]* émission *f*, mise *f* en circulation ; *[of shares]* émission *f* ; *[of proclamation]* parution *f* ; *(Jur) [of warrant, writ, summons]* lancement *m* ◆ **there has been a new ~ of banknotes/stamps/shares** il y a eu une nouvelle émission de billets/de timbres/d'actions ◆ **these coins are a new ~** ces pièces viennent d'être émises

c *(= copy, number) [of newspaper, magazine]* numéro *m*, livraison *f* ◆ **in this ~** dans ce numéro

d *(Med)* écoulement *m*

e *(NonC: Jur or liter = offspring)* descendance *f*, progéniture *f (liter)* ◆ **without ~** sans descendance, sans progéniture *(liter)* ◆ **the king and his ~** le roi et sa descendance *or* ses descendants

f *(frm = outcome)* résultat *m*

VT [+ book] publier, faire paraître ; [+ order] donner ; [+ goods, tickets] distribuer ; [+ passport, document] délivrer ; [+ banknote, cheque, shares, stamps] émettre, mettre en circulation ; [+ proclamation] faire ; [+ threat, ultimatum, warning, warrant, writ] lancer ; [+ verdict] rendre ◆ **to ~ a statement** faire une déclaration ◆ **to ~ a summons** (Jur) lancer une assignation ◆ **~d to bearer** (Fin) émis au porteur ◆ **to ~ sth to sb, to ~ sb with sth** fournir *or* donner qch à qn ◆ **to be ~d with** recevoir ◆ **the children were ~d with pencils** on a distribué des crayons aux enfants, les enfants ont reçu des crayons

VI (liter) ◆ **to ~ forth** [steam, liquid, people] jaillir ◆ **to ~ from** sortir de ◆ **blood issuing from his mouth, he ...** alors que du sang sortait de sa bouche, il ...

COMP (esp Mil) [clothing etc] réglementaire, d'ordonnance ▷ **issue price** N (St Ex) prix *m* or cours *m* d'émission

**issuer** /ˈɪʃʊəʳ/ N (Fin, St Ex) émetteur *m*, société *f* émettrice

**Istanbul** /ˌɪstænˈbuːl/ N Istanbul

**isthmus** /ˈɪsməs/ N (pl **isthmuses** or **isthmi** /ˈɪsmaɪ/) isthme *m*

**Istria** /ˈɪstrɪə/ N Istrie *f*

**IT** /ˈaɪˈtiː/ N (abbrev of **information technology**) → **information**

**it**[1] /ɪt/ PRON a (specific, nominative) il, elle ; (accusative) le, la ; (before vowel) l' ; (dative) lui ◆ **where is the book? – ~'s on the table** où est le livre ? — il est sur la table ◆ **my machine is old but ~ works** ma machine est vieille mais elle marche ◆ **here's the pencil – give ~ to me** voici le crayon — donne-le-moi ◆ **if you find the watch give ~ to him** si tu trouves la montre, donne-la-lui ◆ **he found the book and brought ~ to me** il a trouvé le livre et me l'a apporté ◆ **let the dog in and give ~ a drink** fais entrer le chien et donne-lui à boire

b ◆ **of** or **from** or **about** or **for** ~ etc en ◆ **he's afraid of ~** il en a peur ◆ **I took the letter out of ~** j'en ai sorti la lettre ◆ **I feel the better for ~** ça m'a fait du bien ◆ **I don't care about ~** ça m'est égal, je m'en fiche * ◆ **speak to him about ~** parlez-lui-en ◆ **he didn't speak to me about ~** il ne m'en a pas parlé ◆ **I doubt ~** (following French verbs with "de") j'en doute

c ◆ **in** or **to** or **at** ~ etc y ◆ **he fell in ~** il y est tombé ◆ **he'll be at ~** (meeting etc) il y sera ◆ **he agreed to ~** il y a consenti ◆ **taste ~!** (following French verbs with "à") goûtez-y ! ◆ **don't touch ~** n'y touche pas

d ◆ **above** or **over** ~ (au-)dessus ◆ **below** or **beneath** or **under** ~ (au-)dessous, (en-)dessous ◆ **there's the table and your book is on ~** voilà la table et votre livre est dessus ◆ **a table with a cloth over ~** une table avec une nappe dessus ◆ **he drew a house with a cloud above ~** il a dessiné une maison avec un nuage au-dessus ◆ **there is a fence but you can get under ~** il y a une barrière mais vous pouvez passer (en-)dessous

e (weather, time) il ◆ **~ is raining** il pleut ◆ **~'s hot today** il fait chaud aujourd'hui ◆ **~ was a warm evening** il faisait doux ce soir-là ◆ **~'s 3 o'clock** il est 3 heures ◆ **~'s Wednesday 16 October** nous sommes (le) mercredi 16 octobre

f (impers: non-specific) ◆ **~ all frightens me** tout cela m'effraie ◆ **~'s very pleasant here** c'est agréable *or* bien ici ◆ **who is ~?** qui est-ce ? ◆ **~'s me** c'est moi ◆ **what is ~?** qu'est-ce que c'est ? ◆ **what's ~ all about?** qu'est-ce qui se passe ?, de quoi s'agit-il ? ◆ **where is ~?** où est-ce ?, où est-ce que c'est ? ◆ **that's ~!** (approval) c'est ça ! ; (agreement) exactement !, tout à fait ! ; (achievement) ça y est !, c'est fait ! ; (anger) ça suffit ! ; (dismay) ça y est ! ◆ **how was ~?** comment ça s'est passé ?, comment c'était ? * ◆ **what was that noise? – ~ was the cat** qu'est-ce que c'était que ce bruit ? — c'était le chat ◆ **~'s no use trying to see him** ce n'est pas la peine de *or* ça ne sert à rien d'essayer de le voir ◆ **~'s difficult to understand** c'est difficile à comprendre ◆ **~'s difficult to understand why** il est difficile de comprendre pourquoi ◆ **~'s a pity** c'est dommage ◆ **I considered ~ pointless to protest** j'ai jugé (qu'il était) inutile de protester ◆ **~'s fun to go for a swim** c'est amusant d'aller nager ◆ **~ was your father who phoned** c'est ton père qui a téléphoné ◆ **~ was Anne I gave ~ to** c'est à Anne que je l'ai donné ◆ **~ can't be helped** on n'y peut rien, on ne peut rien y faire ◆ **the best of ~ is that ...** ce qu'il y a de mieux (là-dedans) c'est que ... ◆ **he's not got ~ in him to do this job properly** il est incapable de faire ce travail comme il faut ◆ **keep at ~!** continuez ! ◆ **let's face ~** regardons les choses en face ◆ **he's had ~** * il est fichu * ◆ **to be with ~** * être dans le vent * *or* à la page ◆ **to get with ~** * se mettre à la page * ◆ **she's got ~ in for me** elle m'en veut, elle a une dent contre moi *

g (in games) ◆ **you're ~!** c'est toi le chat !

h (* = something special) ◆ **she really thinks she's ~** elle se prend vraiment pour le nombril du monde * ◆ **she's got ~** elle est sexy *

COMP ▷ **It-Girl** N * (Brit) jeune fille *f* branchée

**it**[2] /ɪt/ N (abbrev of **Italian**) ◆ **gin and ~** vermouth-gin *m*

**ITA** /ˌaɪtiːˈeɪ/ N (abbrev of **Initial Teaching Alphabet**) → **initial**

**Italian** /ɪˈtæljən/ ADJ (gen) italien ; [ambassador, embassy] d'Italie ; [teacher] d'italien N a Italien(ne) *m(f)* b (Ling) italien *m* ; → **Switzerland**

**Italianate** /ɪˈtæljənɪt/ ADJ [garden, landscape] à l'italienne ; [building, architecture, singing] de style italien, italianisant

**italic** /ɪˈtælɪk/ ADJ (Typ) italique ◆ **~ script** or **writing** écriture *f* italique NPL **italics** italique *m* ◆ **to put a word/to write in ~s** mettre un mot/écrire en italique ◆ **"my italics"** "c'est moi qui souligne"

**italicize** /ɪˈtælɪsaɪz/ VT (Typ) mettre *or* imprimer en italique

**Italo-** /ɪˈtæləʊ/ PREF italo-

**Italy** /ˈɪtəlɪ/ N Italie *f*

**ITC** /ˌaɪtiːˈsiː/ N (Brit) (abbrev of **Independent Television Commission**) ≈ CSA *m*, *organisme de contrôle de l'audiovisuel*

**itch** /ɪtʃ/ N (lit) démangeaison *f* ◆ **I've got an ~ in my leg/back** ma jambe/mon dos me démange, j'ai des démangeaisons à la jambe/dans le dos ◆ **the ~** (Med, Vet) la gale ◆ **I've got an ~** * **for** or **to travel** l'envie de voyager me démange ◆ **the seven-year ~** *le cap des sept ans de mariage*

VI a [person] éprouver des démangeaisons ◆ **his legs ~** ses jambes le *or* lui démangent ◆ **my leg/back ~es** ma jambe/mon dos me démange, j'ai des démangeaisons à la jambe/dans le dos ◆ **my eyes are ~ing** j'ai les yeux qui me piquent ◆ **my skin ~es** j'ai la peau qui me gratte *or* démange

b * **I was ~ing to get started** cela me démangeait de commencer ◆ **I'm ~ing to tell him the news** la langue me démange de lui annoncer la nouvelle ◆ **he's ~ing for a fight** ça le démange de se battre ◆ **she was ~ing for her contract to end** elle avait hâte que son contrat se termine *subj* ◆ **the people are ~ing for change** les gens attendent un changement avec impatience

VT démanger

**itchiness** /ˈɪtʃɪnɪs/ N démangeaisons *fpl*

**itching** /ˈɪtʃɪŋ/ N démangeaison *f* COMP ▷ **itching powder** N poil *m* à gratter

**itchy** /ˈɪtʃɪ/ ADJ ◆ **my eyes are ~** j'ai les yeux qui me piquent ◆ **my skin is** *or* **feels ~** j'ai la peau qui me gratte *or* me démange ◆ **my scalp is** *or* **feels ~, I have an ~ scalp** j'ai le cuir chevelu qui me démange *or* qui me gratte ◆ **a dry, ~ scalp** un cuir chevelu sec et irrité ◆ **I have an ~ leg** j'ai la jambe qui me démange, j'ai des démangeaisons à la jambe ◆ **I'm** *or* **I feel all ~** ça me démange de partout, ça me gratte partout ◆ **the baby has an ~ rash** le bébé a des rougeurs qui le démangent ◆ **this sweater is ~** ce pull me gratte ◆ **to have ~ feet** * (esp Brit fig) avoir la bougeotte * ◆ **to have ~ fingers** * (fig) (= be impatient to act) ne pas tenir en place ; (= be likely to steal) être kleptomane sur les bords * ◆ **to have an ~ palm** * (fig, pej) avoir les doigts crochus * ◆ **to have an ~ trigger finger** * avoir la gâchette facile

**it'd** /ˈɪtd/ ⇒ **it had, it would** ; → **have, would**

**item** /ˈaɪtəm/ N (Comm, Comput) article *m* ; (in discussion: at meeting) question *f*, point *m* ; (in variety show) numéro *m* ; (in catalogue, newspaper) article *m* ; (Jur: in contract) article *m* ; (Accounts) poste *m* ◆ **an ~ of clothing** un vêtement ◆ **an ~ of food, a food ~** un aliment ◆ **an ~ of jewellery, a jewellery ~** un bijou ◆ **~s on the agenda** questions *fpl* à l'ordre du jour ◆ **the first ~ on the programme** le premier numéro du programme ◆ **the first ~ on the list** (gen) la première chose sur la liste ; (on shopping list) le premier article sur la liste ; (in discussion) la première question *or* le premier point sur la liste ◆ **the main ~ in the news, the main news ~** (Rad, TV) l'information *f* principale ◆ **we have several ~s for discussion** nous avons plusieurs points à discuter ◆ **they're an ~** * ils sont ensemble

ADV item, en outre

COMP ▷ **item veto** N (US Pol) veto *m* partiel (sur un projet de loi)

**itemize** /ˈaɪtəmaɪz/ VT donner le détail de ◆ **an ~d bill** une facture *f* détaillée

**iterate** /ˈɪtəreɪt/ VT (frm) réitérer

**itinerant** /ɪˈtɪnərənt/ ADJ [preacher] itinérant ; [actor, musician] ambulant ◆ **~ (lace-)seller** colporteur *m*, -euse *f* (de dentelle) ◆ **an ~ lifestyle/childhood** un mode de vie/une enfance nomade ◆ **~ teacher** (US Scol) *professeur qui enseigne dans plusieurs établissements*

**itinerary** /aɪˈtɪnərərɪ/ N itinéraire *m*

**it'll** /ˈɪtl/ ⇒ **it will** ; → **will**

**ITN** /ˌaɪtiːˈen/ N (Brit) (abbrev of **Independent Television News**) *chaîne indépendante d'actualités télévisées*

**its** /ɪts/ POSS ADJ son *m also f before vowel*, sa *f*, ses *pl* POSS PRON le sien, la sienne, les siens, les siennes

**it's** /ɪts/ ⇒ **it is, it has** ; → **be, have**

**itself** /ɪtˈself/ PRON a (emphatic) lui-même *m*, elle-même *f* ◆ **the book ~ is not valuable** le livre (en) lui-même n'est pas de grande valeur ◆ **the chair ~ was covered with ink** la chaise elle-même était couverte d'encre ◆ **you've been kindness ~** vous avez été la gentillesse même ◆ **she fainted in the theatre ~** elle s'est évanouie en plein théâtre *or* dans le théâtre même ◆ **the involvement of the foreign ministers was ~ a sign of progress** l'engagement des ministres des Affaires étrangères était en soi un signe encourageant ◆ **in the town ~, the atmosphere remained calm** dans la ville même, le calme régnait ◆ **no matter who's elected, the system ~ is not going to change** peu importe qui sera élu, le système en lui-même ne va pas changer

◆ **by itself** ◆ **the door closes by ~** la porte se ferme d'elle-même *or* toute seule ◆ **this by ~ is not bad** ceci n'est pas un mal en soi ◆ **the mere will to cooperate is by ~ not sufficient** la simple volonté de coopérer n'est pas suffisante en soi

◆ **in itself, in and of itself** en soi ◆ **just reaching the semifinals has been an achievement in ~** arriver en demi-finale a déjà été un exploit en soi ◆ **this in ~ is not bad** ceci n'est pas un mal en soi ◆ **an end in ~** une fin en soi

**b** *(reflexive)* se ◆ **the dog hurt ~** le chien s'est fait mal ◆ **the computer can reprogram ~** l'ordinateur peut se reprogrammer tout seul ◆ **a group which calls ~ the freedom movement** un groupe qui se donne le nom de mouvement pour la liberté

**ITV** /ˌaɪtiːˈviː/ **N** *(Brit)* (abbrev of **Independent Television**) *chaîne indépendante de télévision*

**IU(C)D** /ˌaɪjuːsiːˈdiː/ **N** (abbrev of **intrauterine (contraceptive) device**) DIU *m*

**IV, i.v.** /ˈaɪˈviː/ (abbrev of **intravenous(ly)**) IV, iv

**Ivan** /ˈaɪvən/ **N** Ivan *m* ◆ **~ the Terrible** Ivan le Terrible

**I've** /aɪv/ ⇒ **I have ;** → **have**

**IVF** /ˌaɪviːˈef/ **N** (abbrev of **in vitro fertilization**) FIV *f*

**ivory** /ˈaɪvərɪ/ **N** **a** *(NonC)* ivoire *m* **b** *(= object)* ivoire *m* **c** ◆ **ivories** * *(= piano keys)* touches *fpl* ; *(= dice)* dés *mpl* ; *(= teeth)* dents *fpl* **COMP** *[statue, figure]* en ivoire, d'ivoire ; (also **ivory-coloured**) ivoire *inv* ▷ **Ivory Coast** **N** Côte-d'Ivoire *f* ▷ **ivory tower** **N** *(fig)* tour *f* d'ivoire ▷ **ivory trade** **N** *(= selling)* commerce *m* de l'ivoire ; *(= industry)* industrie *f* de l'ivoire

**ivy** /ˈaɪvɪ/ **N** lierre *m* **COMP** ▷ **Ivy League** **N** *(US)* *les huit grandes universités privées du nord-est* **ADJ** ≈ BCBG *

**Ivy League**

Les universités dites de l'**Ivy League** sont huit universités du nord-est des États-Unis réputées pour la qualité de leur enseignement et qui ont créé une association visant à encourager les compétitions sportives interuniversitaires. Il s'agit des universités de Harvard, Yale, Pennsylvania, Princeton, Columbia, Brown, Dartmouth et Cornell. Le nom de cette « ligue du lierre » vient du fait que la plupart des bâtiments de ces prestigieuses institutions sont recouverts de lierre.

Un **Ivy Leaguer** est un étudiant appartenant à l'une de ces universités, ou toute personne qui en adopte les modes et les comportements.

**ivyleaf geranium** /ˈaɪvɪliːfdʒəˈreɪnɪəm/ **N** géranium-lierre *m*

# J

**J, j** /dʒeɪ/ N *(= letter)* J, j *m* ◆ **J for Jack, J for John, J for Jig** *(US)* ≃ J comme Jean

**jab** /dʒæb/ VT *[+ knife, stick]* enfoncer, planter (*into* dans) ◆ **he ~bed his elbow into my side** il m'a donné un coup de coude dans les côtes ◆ **he ~bed the fabric with his needle** il a planté son aiguille dans l'étoffe ◆ **he ~bed a finger at the map** il a montré la carte du doigt VI *(Boxing)* lancer un coup droit, envoyer un direct (*at* à) N a coup *m* *(donné avec un objet pointu)* b *(Brit * = injection)* piqûre *f* ◆ **I've had my ~** on m'a fait ma piqûre ◆ **tetanus/measles/flu ~** vaccin *m* contre le tétanos/la rougeole/la grippe c *(Boxing)* direct *m* ◆ **left/right ~** direct du gauche/du droit

**jabber** /ˈdʒæbəʳ/ *(pej)* VT (also **jabber out**) *[+ excuse, explanation]* bafouiller, bredouiller ; *[+ foreign language]* baragouiner ; *[+ prayers]* marmotter VI a *(= speak unintelligibly)* (also **jabber away**) baragouiner ◆ **they were ~ing (away) in Chinese** ils baragouinaient en chinois b *(= chatter)* (also **jabber on**) jacasser, caqueter ◆ **he was ~ing (on) about his holidays** il parlait à n'en plus finir de ses vacances

**jabbering** /ˈdʒæbərɪŋ/ N jacassement *m*, caquetage *m*

**jacaranda** /ˌdʒækəˈrændə/ N jacaranda *m*

**jack** /dʒæk/ N a *(Aut)* cric *m*

b *(Bowls)* cochonnet *m*, bouchon * *m*

c *(Cards)* valet *m*

d *(= flag)* → **union**

e *(dim of)* **John**

f **before you could say Jack Robinson** * en moins de temps qu'il n'en faut pour le dire ◆ **I'm all right Jack** * moi, je suis peinard *

g ◆ **every man ~** chacun ◆ **every man ~ of them** tous tant qu'ils sont (*or* étaient *etc*)

NPL **jacks** *(= game)* osselets *mpl*

COMP ▷ **"Jack and the Beanstalk"** N "Jack et le Haricot magique" ▷ **Jack Frost** N (le) Bonhomme Hiver ▷ **jack-in-office** * N *(pej)* *rond-de-cuir qui joue les petits chefs* ▷ **jack-in-the-box** N diable *m* (à ressort) ▷ **jack-knife** N (pl **jack-knives**) couteau *m* de poche VI ◆ **the lorry ~-knifed** la remorque (du camion) s'est mise en travers ◆ **~-knife dive** saut *m* carpé *or* de carpe ▷ **jack of all trades** N (pl **jacks of all trades**) ◆ **he's a ~ of all trades (and master of none)** c'est un touche-à-tout ▷ **jack-o'-lantern** N feu follet *m* ▷ **jack plug** N fiche *f* mâle, jack *m* ▷ **jack rabbit** N gros lièvre *m* *(de l'Ouest américain)* ▷ **jack shit** ** N *(US)* que dalle ‡ ▷ **Jack Tar** *, **jack tar** * N *(Naut)* marin *m*, matelot *m* ▷ **Jack-the-lad** * N *(Brit)* petit frimeur * *m* *(pej)*

► **jack in** ‡ VT SEP *(Brit)* plaquer *

► **jack up** VT SEP a *[+ car]* soulever avec un cric ◆ **the car was ~ed up** la voiture était sur le cric

b *(* = raise) [+ prices, wages]* faire grimper

**jackal** /ˈdʒækɔːl/ N chacal *m*

**jackanapes** † /ˈdʒækəneɪps/ N polisson(ne) *m(f)*

**jackass** /ˈdʒækæs/ N âne *m*, baudet * *m* ; *(* fig)* crétin * *m* ; → **laughing**

**jackboot** /ˈdʒækbuːt/ N a botte *f* cavalière b *(fig = military dictatorship)* régime *m* totalitaire ◆ **to live under the ~ of** vivre *or* être sous la botte de ADJ *[discipline, method]* autoritaire, dictatorial

**jackdaw** /ˈdʒækdɔː/ N choucas *m*

**jacket** /ˈdʒækɪt/ N a *(straight, fitted style, man's)* veste *f*, veston *m* ; *(woman's)* veste *f* ; *(padded or blouson style)* blouson *m* ; → **life** b *[of water boiler]* enveloppe *f* calorifugée ; *[of book]* jaquette *f* ; *[of record]* pochette *f* ◆ **~ potatoes, potatoes baked in their ~s** *(Brit)* pommes *fpl* de terre cuites au four dans leur peau *or* en robe des champs

**jackfruit** /ˈdʒækfruːt/ N *(= tree)* jaquier *m* ; *(= fruit)* jaque *m*

**jackhammer** /ˈdʒækˌhæməʳ/ N *(US)* marteau-piqueur *m*

**jackleg** /ˈdʒækleg/ ADJ *(US)* *(= not qualified)* amateur ; *(= dishonest)* *[work]* louche ; *(= makeshift)* *[structure]* de fortune

**jackpot** /ˈdʒækpɒt/ N gros lot *m*, jackpot *m* ◆ **to hit the ~** *(lit, fig) (= win prize)* gagner le gros lot *or* le jackpot ; *(= be successful)* faire un malheur * *or* un tabac *

**jackstraw** /ˈdʒækstrɔː/ N *(fig)* nullité *f* COMP ▷ **jackstraws** NPL *(= game)* (jeu *m* de) jonchets *mpl*

**Jacob** /ˈdʒeɪkəb/ N Jacob *m* COMP ▷ **Jacob's ladder** N l'échelle *f* de Jacob

**Jacobean** /ˌdʒækəˈbiːən/ ADJ jacobéen (-éenne *f*) *(de l'époque de Jacques Iᵉʳ d'Angleterre (1603-1625))*

**Jacobite** /ˈdʒækəbaɪt/ N Jacobite *mf* ADJ jacobite

**Jacuzzi** ® /dʒəˈkuːzɪ/ N jacuzzi ® *m*, bain *m* à jet propulsé

**jade¹** /dʒeɪd/ N jade *m* ADJ *(colour)* (couleur de) jade *inv* COMP ▷ **jade-green** ADJ vert jade *inv*

**jade²** /dʒeɪd/ N *(= horse)* haridelle *f*, rossinante *f* ; *(† pej = prostitute)* traînée ‡ *f* ; *(† = pert girl)* coquine *f*

**jaded** /ˈdʒeɪdɪd/ ADJ *[person]* las (lasse *f*) (*with or about* de) blasé ; *[palate]* blasé ◆ **his appetite was ~** il avait l'estomac fatigué

**Jag** * /dʒæg/ N *(Aut)* jag * *f*, jague * *f*

**jag** /dʒæg/ N a saillie *f*, aspérité *f* b *(* fig)* ◆ **a drinking ~** une cuite * ◆ **they were on a drinking ~ last night** ils se sont bien cuités * *or* ils ont pris une fameuse cuite * hier soir ◆ **a crying ~** une crise de larmes c *(Scot)* injection *f*, piqûre *f* VT *(= catch, tear)* déchirer

**jagged** /ˈdʒægɪd/ ADJ *[rocks, edge, glass, metal]* déchiqueté ; *[tear]* irrégulier, en dents de scie ; *[hole]* aux bords déchiquetés *or* irréguliers

**jaguar** /ˈdʒægjʊəʳ/ N jaguar *m*

**jai alai** /ˈhaɪəˌlaɪ/ N *(US Sport)* ≃ pelote *f* basque

**jail** /dʒeɪl/ N prison *f* ◆ **he is in ~** il est en prison ◆ **he was in ~ for five years** il a fait cinq ans de prison ◆ **to put sb in ~** mettre qn en prison ◆ **to send sb to ~** condamner qn à la prison ◆ **to send sb to ~ for five years** condamner qn à cinq ans de prison ◆ **to break ~** s'évader (de prison) ◆ **to get out of ~** *(lit)* sortir de prison; *(Sport)* se ressaisir, reprendre le dessus VT mettre en prison ◆ **to ~ sb for life** condamner qn (à la réclusion) à perpétuité ◆ **to ~ sb for theft/murder** condamner qn à la prison pour vol/meurtre COMP ▷ **jail sentence** N peine *f* de prison ◆ **she got a three-year ~ sentence** elle a été condamnée à (une peine de) trois ans de prison

**jailbait** ‡ /ˈdʒeɪlbeɪt/ N *(US)* mineure *f* ◆ **she's ~** *(NonC)* si tu touches à cette fille, tu te retrouves en taule ‡

**jailbird** /ˈdʒeɪlbɜːd/ N récidiviste *mf*

**jailbreak** /ˈdʒeɪlbreɪk/ N évasion *f* (de prison)

**jailbreaker** /ˈdʒeɪlbreɪkəʳ/ N évadé(e) *m(f)*

**jailer** /ˈdʒeɪləʳ/ N geôlier *m*, -ière *f*

**jailhouse** /ˈdʒeɪlhaus/ N prison *f*

**Jain** /ˈdʒaɪn/ ADJ, N *(Rel)* jaïn *(mf) inv*

**Jainism** /ˈdʒaɪnɪzəm/ N *(Rel)* jaïnisme *m*

**Jakarta** /dʒəˈkɑːtə/ N Djakarta *or* Jakarta

**jakes** ‡ /dʒeɪks/ N ◆ **the ~** les cabinets *mpl*

**jalapeño** /ˌdʒæləˈpiːnəʊ, hæləˈpenjəʊ/ N (piment *m*) jalapenos *m*

**jalop(p)y** * /dʒəˈlɒpɪ/ N vieux tacot * *m*, guimbarde *f*

**jalousie** /ˈʒæluːziː/ N jalousie *f (store)*

**jam[1]** /dʒæm/ N a *(= crush) [of vehicles]* embouteillage *m*; *[of people]* foule *f*, masse *f*; → **log[1], traffic**

b *( * = mess)* pétrin *m* ◆ **to be in a ~** être dans le pétrin ◆ **to get into/out of a ~** se mettre dans le/se tirer du pétrin ◆ **to get sb into/out of a ~** mettre qn dans le/tirer qn du pétrin

c *(Climbing)* coincement *m*, verrou *m*

VT a *(= stuff)* entasser; *(= thrust)* fourrer, enfoncer ◆ **to ~ clothes into a suitcase** entasser des vêtements dans une valise ◆ **the prisoners were ~med into a small cell** les prisonniers ont été entassés dans une petite cellule ◆ **he ~med his hat on** il a enfoncé son chapeau sur sa tête ◆ **she ~med her hands into her pockets** elle a enfoncé *or* fourré ses mains dans ses poches ◆ **he ~med a handkerchief up his sleeve** il a fourré un mouchoir dans sa manche ◆ **to ~ one's foot on the brake** écraser le frein, enfoncer la pédale de frein

b *(= wedge) [+ door, window]* coincer ◆ **to be ~med between the wall and the door** être coincé entre le mur et la porte ◆ **he got his finger ~med in the door, he ~med his finger in the door** il s'est coincé le doigt dans la porte ◆ **the coins got ~med in the machine** les pièces se sont coincées dans la machine ◆ **to ~ a door open/shut** coincer *or* bloquer une porte en position ouverte/fermée

c *(= make unworkable)* (also **jam up**) *[+ lock]* bloquer; *[+ mechanism]* enrayer, coincer; *[+ gun, machine]* enrayer; *[+ hinge]* coincer; *[+ brake]* bloquer, coincer

d *(= block) [crowd, cars] [+ street, corridor]* encombrer, embouteiller ◆ **a street ~med with cars** une rue embouteillée ◆ **the street was ~med with people** la rue était noire de monde ◆ **the entrance was ~med with people** des gens bouchaient l'entrée ◆ **spectators ~med the stadium for the match** les spectateurs se sont entassés dans le stade pour le match ◆ **the drain was ~med with rubbish** l'égout était bouché par des ordures

e *[+ station, broadcast, transmission, radar signal]* brouiller; *(Telec) [+ line]* encombrer; *[+ switchboard]* encombrer, saturer

VI a *(= become stuck) [door, switch, lever, hinge]* se coincer; *[mechanism]* s'enrayer, se coincer; *[gun]* s'enrayer; *[brake]* se bloquer ◆ **the key ~med in the lock** la clé s'est coincée dans la serrure

b *(= press tightly)* ◆ **the crowd ~med into the courtroom** la foule s'est entassée dans la salle de tribunal

COMP ▷ **jam-full, jam-packed** ADJ *[room]* comble, plein à craquer *; *[bus]* bondé, plein à craquer *; *[street, pavements]* noir de monde; *[container, suitcase]* plein à ras bord

► **jam in** VT SEP *[+ people] (= pack in)* entasser; *(= trap, wedge)* coincer ◆ **to get ~med in** se retrouver coincé

► **jam on** VT SEP a ◆ **to jam on the brakes** écraser le frein, enfoncer la pédale de frein

b ◆ **to jam on one's hat** enfoncer son chapeau sur sa tête

**jam[2]** /dʒæm/ N *(esp Brit)* confiture *f* ◆ **cherry ~** confiture *f* de cerises ◆ **you want ~ on it!** * *(Brit)* et quoi encore ? ◆ **to promise ~ tomorrow** promettre des jours meilleurs ◆ **(it's a case of) ~ tomorrow** ça ira mieux demain; → **money** COMP *[tart]* à la confiture ▷ **jam jar, jam pot** N pot *m* à confiture ▷ **jam puff** N *(Brit)* feuilleté *m* à la confiture ▷ **jam roll** N *(Brit)* roulé *m* à la confiture

**jam[3]** /dʒæm/ *(Mus)* N (also **jam session**) bœuf * *m* jam-session *f* VI faire un bœuf *

**Jamaica** /dʒəˈmeɪkə/ N Jamaïque *f* ◆ **in ~** à la Jamaïque

**Jamaican** /dʒəˈmeɪkən/ ADJ jamaïquain; *[ambassador, embassy]* de la Jamaïque N Jamaïquain(e) *m(f)*

**jamb** /dʒæm/ N *[of door, window]* jambage *m*, montant *m*

**jambalaya** /ˌdʒʌmbəˈlaɪə/ N *plat de la Louisiane à base de riz et de fruits de mer*

**jamboree** /ˌdʒæmbəˈriː/ N *(= gathering)* grand rassemblement *m*; *(= merrymaking)* festivités *fpl*; *(scouts)* jamboree *m*; *(fig)* réjouissances *fpl*

**James** /dʒeɪmz/ N Jacques *m*

**jamming** /ˈdʒæmɪŋ/ N *(Rad)* brouillage *m*; *(Telec)* encombrement *m*

**jammy** /ˈdʒæmɪ/ ADJ a *(lit) [fingers, hands]* poisseux *(de confiture)* b *(Brit* ‡ *= lucky)* verni * ◆ **that was pretty ~!** c'était un coup de veine * *or* de pot * ! ◆ **~ devil** *or* **so-and-so** veinard(e) * *m(f)*

**JAN** /ˌdʒeɪeɪˈen/ N *(US)* (abbrev of **Joint Army-Navy**) *organisation commune armée-marine*

**Jan.** abbrev of **January**

**Jane** /dʒeɪn/ N Jeanne *f*; → **plain** COMP ▷ **Jane Doe** N *(US Jur) femme dont on ignore le nom*

**jangle** /ˈdʒæŋgl/ VI *[bracelets, chains]* cliqueter; *[saucepans]* retentir avec un bruit de ferraille *or* de casserole; *[bells]* retentir ◆ **his nerves were jangling** il avait les nerfs à vif VT faire cliqueter ◆ **~d nerves** nerfs *mpl* à vif N cliquetis *m*

**jangling** /ˈdʒæŋglɪŋ/ ADJ *[keys, bracelets]* cliquetant; *[phone, music]* strident N *[of keys]* cliquetis *m*; *[of phone]* sonnerie *f* stridente

**janitor** /ˈdʒænɪtəʳ/ N *(= doorkeeper)* portier *m*; *(US, Scot = caretaker)* concierge *m*, gardien *m*

**Jansenism** /ˈdʒænsəˌnɪzəm/ N jansénisme *m*

**Jansenist** /ˈdʒænsənɪst/ ADJ, N janséniste *mf*

**January** /ˈdʒænjʊərɪ/ N janvier *m*; *for phrases see* **September**

**Janus** /ˈdʒeɪnəs/ N Janus *m*

**Jap** /dʒæp/ N *(pej)* (abbrev of **Japanese**) Japonais(e) *m(f)*

**Japan** /dʒəˈpæn/ N Japon *m* ◆ **in ~** au Japon

**japan** /dʒəˈpæn/ N laque *f* VT laquer

**Japanese** /ˌdʒæpəˈniːz/ ADJ *(gen)* japonais; *[ambassador, embassy]* du Japon; *[teacher]* de japonais N a Japonais(e) *m(f)* b *(Ling)* japonais *m* NPL **the Japanese** les Japonais *mpl*

**jape** † /dʒeɪp/ N *(= trick)* farce *f*, tour *m*; *(= joke)* blague * *f*

**japonica** /dʒəˈpɒnɪkə/ N cognassier *m* du Japon

**jar[1]** /dʒɑːʳ/ N *(= harsh sound)* son *m* discordant; *(= jolt: lit, fig)* secousse *f*, choc *m* ◆ **that gave him a nasty ~** *(lit, fig)* cela l'a sérieusement ébranlé *or* secoué

VI a *(= sound discordant)* rendre un son discordant; *(= rattle, vibrate)* vibrer, trembler ◆ **to ~ against sth** cogner sur qch *or* heurter qch (avec un bruit discordant)

b *(= clash, be out of harmony) [note]* détonner; *[colours]* jurer (*with* avec); *(fig) [ideas, opinions]* se heurter ◆ **what he says ~s a little** ce qu'il dit sonne faux

VT *[+ structure]* ébranler; *[+ person]* ébranler, secouer; *(fig)* commotionner, choquer ◆ **the explosion ~red the whole building** l'explosion a ébranlé tout le bâtiment ◆ **he was badly ~red by the blow** il a été sérieusement commotionné par le choc ◆ **you ~red my elbow** tu m'as cogné le coude

► **jar (up)on** VT FUS irriter, agacer ◆ **this noise ~s (up)on my nerves** ce bruit me met les nerfs en boule * *or* me tape sur les nerfs ◆ **her screams ~ (up)on my ears** ses cris m'écorchent *or* me percent les oreilles

**jar[2]** /dʒɑːʳ/ N a *(of glass)* bocal *m*; *(of stone, earthenware)* pot *m*, jarre *f*; → **jam[2]** b *(Brit * = drink)* pot * *m*, verre *m* ◆ **we had a few ~s** on a pris quelques verres

**jargon** /ˈdʒɑːgən/ N *(= technical language)* jargon *m*; *(= pompous nonsense)* jargon *m*, charabia * *m*

**jarring** /ˈdʒɑːrɪŋ/ ADJ a *(= discordant) [noise, voice, colours]* discordant ◆ **to strike a ~ note** *(fig)* détonner b *(= jolting)* ◆ **~ shock** secousse *f* c *(= upsetting) [experience]* bouleversant

**jasmine** /ˈdʒæzmɪn/ N jasmin *m* ◆ **~ tea** thé *m* au jasmin

**Jason** /ˈdʒeɪsən/ N Jason *m*

**jasper** /ˈdʒæspəʳ/ N jaspe *m*

**jaundice** /ˈdʒɔːndɪs/ N *(Med)* jaunisse *f*

**jaundiced** /ˈdʒɔːndɪst/ ADJ *(fig = bitter)* amer, aigri ◆ **to look on sth with a ~ eye, to take a ~ view of sth** voir qch d'un mauvais œil ◆ **he has a fairly ~ view of things** il voit les choses en noir ◆ **to give sb a ~ look** regarder qn d'un œil torve

**jaunt** /dʒɔːnt/ N ◆ **to go for a ~** aller faire un tour *or* une virée *

**jauntily** /ˈdʒɔːntɪlɪ/ ADV *(= cheerily) [say]* d'une voix enjouée; *[walk]* d'un pas leste

**jauntiness** /ˈdʒɔːntɪnɪs/ N désinvolture *f*

**jaunty** /ˈdʒɔːntɪ/ ADJ *(= cheery) [air, tone]* enjoué; *[step]* leste, vif; *[hat, clothes]* coquet ◆ **a hat worn at a ~ angle** un chapeau incliné sur le côté de façon guillerette

**Java[1]** /ˈdʒɑːvə/ N *(Geog)* Java *f* ◆ **in ~** à Java

**Java[2]** ® /ˈdʒɑːvə/ N *(Comput)* Java *m*

**java** * /ˈdʒɑːvə/ N *(US = coffee)* café *m*, kawa * *m*

**Javanese** /ˌdʒɑːvəˈniːz/ ADJ javanais N a *(pl inv)* Javanais(e) *m(f)* b *(Ling)* javanais *m*

**javelin** /ˈdʒævlɪn/ N *(Sport)* javelot *m*; *(Mil)* javelot *m*, javeline *f* ◆ **the ~** *(= competition)* le (lancer du) javelot COMP ▷ **javelin thrower** N *(Sport)* lanceur *m*, -euse *f* de javelot ▷ **javelin throwing** N *(NonC)* le lancement *or* le lancer du javelot

**jaw** /dʒɔː/ N a *(Anat)* mâchoire *f*; *[of pincer, vice]* mâchoire *f* ◆ **his ~ dropped (in astonishment)** il en est resté bouche bée ◆ **his ~ was set in concentration** la concentration lui faisait serrer les mâchoires ◆ **his ~ was set in an angry line** sa mâchoire serrée lui donnait un air furieux ◆ **the ~s of death** les bras *mpl* de la mort ◆ **the ~s of hell** *(liter)* les portes *fpl* de l'enfer; → **lockjaw, lower[1]** b *(= chat)* ◆ **we had a good old ~** * on a bien papoté * VI * *(= chat)* papoter *, tailler une bavette *; *(= moralize)* faire un sermon * ◆ **he was ~ing (on) about ...** il discourait sur ... *(pej)* COMP ▷ **jaw-dropping** ADJ stupéfiant

**jawbone** /ˈdʒɔːbəʊn/ N (os *m*) maxillaire *m* VT *(US fig)* chercher à convaincre, exercer des pressions sur

**jawboning** ‡ /ˈdʒɔːbəʊnɪŋ/ N *(US Pol)* pressions *fpl* gouvernementales

**jawbreaker** /ˈdʒɔːˌbreɪkəʳ/ N *(US) (= word)* mot *m* très difficile à prononcer; *(= sweet)* bonbon *m* à sucer

**-jawed** /dʒɔːd/ ADJ *(in compounds)* au menton ... ◆ **square-jawed** au menton carré

**jawline** /ˈdʒɔːlaɪn/ N menton *m*

**jay** /dʒeɪ/ N *(Orn)* geai *m*

**Jayhawker** /ˈdʒeɪˌhɔːkəʳ/ N *(US)* habitant(e) *m(f)* du Kansas ◆ **the ~ State** le Kansas

**jaywalk** /ˈdʒeɪˌwɔːk/ VI traverser la chaussée en dehors des clous

**jaywalker** /ˈdʒeɪˌwɔːkəʳ/ N piéton(ne) *m(f)* indiscipliné(e)

**jaywalking** /ˈdʒeɪˌwɔːkɪŋ/ N *(gen)* indiscipline *f* des piétons ◆ **to be accused of ~** être accusé d'avoir traversé la chaussée en dehors des clous

**jazz** /dʒæz/ N *(Mus)* jazz *m* ◆ **and all that ~** * et tout le bataclan *, et tout ça ; → **hot** VI *(US * = exaggerate)* exagérer COMP *[band, club, record]* de jazz ▷ **jazz ballet** N ballet *m* sur musique de jazz ▷ **jazz rock** N jazz-rock *m*

► **jazz up** VT SEP a *(Mus)* ◆ **to jazz up the classics** mettre les classiques au goût du jour ◆ **a ~ed-up version of the national anthem** une version de l'hymne national mise au goût du jour b * *[+ occasion]* animer ◆ **to ~ up a party** mettre de l'animation dans une soirée ◆ **to ~ up an old dress** égayer *or* rajeunir une vieille robe ◆ **she ~ed her outfit up with a scarf** elle a égayé sa tenue avec un foulard

**jazzed** ⁑ /dʒæzd/ ADJ *(US)* ◆ **to be ~ for sth** être plein d'entrain à la pensée de qch

**jazzman** /ˈdʒæzmən/ N (pl **-men**) jazzman *m*

**jazzy** /ˈdʒæzɪ/ ADJ a *( * = showy) [clothes, product, car]* voyant, qui en jette * b *(= upbeat) [music]* vivant, gai ; *(= jazz-like) [rhythm, beat]* de jazz

**JC** (abbrev of **Jesus Christ**) → **Jesus**

**JCB** ® /ˌdʒeɪsiːˈbiː/ N ABBR pelle *f* hydraulique automotrice

**JCR** /ˌdʒeɪsiːˈɑːʳ/ N *(Brit Univ)* (abbrev of **Junior Common Room**) → **junior**

**JCS** /ˌdʒeɪsiːˈes/ N *(US Mil)* (abbrev of **Joint Chiefs of Staff**) → **joint**

**jct., jctn** abbrev of **junction**

**JD** /ˌdʒeɪˈdiː/ N *(US = Doctor of Laws)* ≃ doctorat *m* en droit

**jealous** /ˈdʒeləs/ ADJ *(= envious) [person, nature, look]* jaloux (of de) ◆ **a ~ rage** une crise de jalousie ◆ **~ feelings** jalousie *f* ◆ **to keep a ~ watch over** *or* **a ~ eye on sb/sth** surveiller qn/qch d'un œil jaloux

**jealously** /ˈdʒeləslɪ/ ADV *[watch]* d'un œil jaloux ; *[guard, protect]* jalousement ◆ **~ guarded** *[secret, privilege]* jalousement gardé

**jealousy** /ˈdʒeləsɪ/ N jalousie *f*

**Jean** /dʒiːn/ N Jeanne *f*

**jeans** /dʒiːnz/ NPL (also **pair of jeans**) jean *m* ; → **blue**

**Jeep** ® /dʒiːp/ N jeep ® *f*

**jeer** /dʒɪəʳ/ N *(= mocking remark)* raillerie *f* ; *(from a crowd)* quolibet *m*, huée *f* VI *[individual]* railler ; *[crowd]* huer, conspuer *(frm)* ◆ **to ~ at sb** se moquer de qn, railler qn VT huer, conspuer

**jeering** /ˈdʒɪərɪŋ/ ADJ railleur, moqueur N *(= mocking remarks)* railleries *fpl* ; *[of crowd]* huées *fpl*

**jeeringly** /ˈdʒɪərɪŋlɪ/ ADV *[say]* d'un ton moqueur

**Jeez** ⁑ /dʒiːz/ EXCL bon Dieu ! ⁑, putain ! ⁑

**jehad** /dʒɪˈhæd/ N ⇒ **jihad**

**Jehovah** /dʒɪˈhəʊvə/ N Jéhovah *m* COMP ▷ **Jehovah's Witness** N Témoin *m* de Jéhovah

**jejune** /dʒɪˈdʒuːn/ ADJ *(liter) (= naive)* naïf (naïve *f*) ; *(= dull)* ennuyeux, plat

**jejunum** /dʒɪˈdʒuːnəm/ N jéjunum *m*

**Jekyll and Hyde** /ˈdʒekələnˈhaɪd/ N ◆ **a ~ (character)** une sorte de Docteur Jekyll et Mister Hyde

**jell** /dʒel/ VI ⇒ **gel**[1]

**jellied** /ˈdʒelɪd/ ADJ *[eels, meat]* en gelée

**Jell-O ®, jello** /ˈdʒeləʊ/ N *(US Culin)* gelée *f*

**jelly** /ˈdʒelɪ/ N a *(Brit: gen)* gelée *f* ; *(US) (= jam)* confiture *f* ◆ **blackcurrant ~** gelée *f* de cassis ◆ **my legs turned to ~** mes jambes se sont dérobées sous moi ; → **petroleum** b ⁑ ⇒ **gelignite** COMP ▷ **jelly baby** N bonbon *m* à la gélatine *(en forme de bébé)* ▷ **jelly bean** N bonbon *m* à la gelée ▷ **jelly bear** N nounours *m (bonbon)* ▷ **jelly roll** N *(US Culin)* gâteau *m* roulé

**jellyfish** /ˈdʒelɪfɪʃ/ N (pl **jellyfish** *or* **jellyfishes**) méduse *f*

**jemmy** /ˈdʒemɪ/ *(Brit)* N pince-monseigneur *f* VT ◆ **to ~ sth open** ouvrir qch à l'aide d'une pince-monseigneur

**jeopardize** /ˈdʒepədaɪz/ VT mettre en péril, compromettre ◆ **the publicity could ~ the entire operation** le fait que les médias en ont parlé pourrait compromettre *or* mettre en péril l'opération tout entière

**jeopardy** /ˈdʒepədɪ/ N

◆ **to be in jeopardy** *[person, life]* être en péril ◆ **his life is in ~** sa vie est *or* ses jours sont en péril ◆ **his happiness is in ~** son bonheur est menacé ◆ **their marriage is in ~** leur mariage est en jeu ◆ **my business is in ~** mon affaire risque de couler

◆ **to put sth in jeopardy** *(= endanger)* compromettre qch ◆ **these setbacks have put the whole project in ~** ces revers ont compromis le projet tout entier

◆ **to put sb in jeopardy** mettre la vie de qn en péril ◆ **its 325 passengers were put in ~** la vie de ses 325 passagers a été mise en péril

**jerbil** /ˈdʒɜːbɪl/ N ⇒ **gerbil**

**jerboa** /dʒɜːˈbəʊə/ N gerboise *f*

**jeremiad** /ˌdʒerɪˈmaɪəd/ N jérémiade *f*

**Jeremiah** /ˌdʒerɪˈmaɪə/ N Jérémie *m*

**Jericho** /ˈdʒerɪˌkəʊ/ N Jéricho

**jerk** /dʒɜːk/ N a *(= push, pull, twist)* secousse *f*, saccade *f* ; *(Med)* réflexe *m* tendineux, crispation *f* nerveuse ◆ **the car moved along in a series of ~s** la voiture a avancé par saccades *or* par à-coups ◆ **the train started with a series of ~s** le train s'est ébranlé avec une série de secousses *or* des saccades

b *(esp US ⁑ pej = person)* pauvre type * *m* ; → **physical, soda**

VT *(= pull)* tirer brusquement ; *(= shake)* secouer (par saccades), donner une secousse à ◆ **she ~ed her head up** elle a brusquement redressé la tête ◆ **he ~ed the book out of my hand** il m'a brusquement arraché le livre que je tenais à la main ◆ **he ~ed himself free** il s'est libéré d'une secousse ◆ **to ~ out an apology** bafouiller une excuse

VI a ◆ **the car ~ed along** la voiture roulait en cahotant ◆ **he ~ed away (from me)** il s'est brusquement écarté de moi

b *[person, muscle]* se contracter, se crisper

► **jerk off** ⁑⁑ VI se branler ⁑⁑

**jerkily** /ˈdʒɜːkɪlɪ/ ADV *[move, walk]* d'une démarche saccadée ; *[speak, say]* d'une voix entrecoupée

**jerkin** /ˈdʒɜːkɪn/ N gilet *m* ; *(Hist)* justaucorps *m*, pourpoint *m*

**jerkiness** /ˈdʒɜːkɪnɪs/ N *[of walk]* rythme *m* saccadé ; *[of journey]* cahots *mpl* ; *[of style, delivery]* caractère *m* haché

**jerkwater town** ⁑ /ˈdʒɜːkwɔːtəˈtaʊn/ N *(US pej)* trou *m* perdu, bled * *m*

**jerky** /ˈdʒɜːkɪ/ ADJ *[motion, movement, rhythm]* saccadé ; *[song]* au rythme saccadé

**jeroboam** /ˌdʒerəˈbəʊəm/ N jéroboam *m*

**Jerry** † * /ˈdʒerɪ/ N *(Brit) (= German)* Boche * *m*

**jerry** ⁑ /ˈdʒerɪ/ N *(Brit = chamberpot)* pot *m* (de chambre), Jules ⁑ *m* COMP ▷ **jerry-building** N *(NonC)* construction *f* bon marché ▷ **jerry-built** ADJ *[house]* (construit) en carton-pâte ; *(fig) [agreement, plan]* cousu de fil blanc ▷ **jerry can** N jerrycan *m*

**Jersey** /ˈdʒɜːzɪ/ N a *(Geog)* (île *f* de) Jersey *f* ◆ **in ~** à Jersey b *(Zool)* race *f* Jersey ◆ **a ~ (cow)** une vache jersiaise *or* de Jersey

**jersey** /ˈdʒɜːzɪ/ N *(= pullover)* chandail *m* ; *(= material)* jersey *m* ; → **yellow**

**Jerusalem** /dʒəˈruːsələm/ N Jérusalem ◆ **the New/Heavenly ~** la Jérusalem nouvelle/céleste COMP ▷ **Jerusalem artichoke** N topinambour *m*

**jest** /dʒest/ N plaisanterie *f* ◆ **in ~** pour rire, en plaisantant ◆ **many a true word is spoken in ~** beaucoup de vérités se disent en plaisantant VI plaisanter, se moquer

**jester** /ˈdʒestəʳ/ N *(Hist)* bouffon *m* ; *(= joker)* plaisantin *m*, farceur *m*, -euse *f* ◆ **the King's ~** le fou du Roi

**jesting** /ˈdʒestɪŋ/ ADJ *[remark]* (fait) en plaisantant *or* pour plaisanter N plaisanteries *fpl*

**Jesuit** /ˈdʒezjʊɪt/ N, ADJ *(Rel, fig)* jésuite *m*

**jesuitic(al)** /ˌdʒezjʊˈɪtɪk(əl)/ ADJ *(Rel, fig)* jésuitique

**Jesus** /ˈdʒiːzəs/ N Jésus *m* ◆ **~ Christ** Jésus-Christ *m* ◆ **~ (wept)!** ⁑ nom de Dieu ! ⁑ ; → **society** COMP ▷ **Jesus freak** * N chrétien(ne) *m(f)* militant(e) branché(e) * ▷ **Jesus Movement** N Jesus Movement *m* ▷ **Jesus sandals** NPL nu-pieds *mpl*

**jet**[1] /dʒet/ N a *[of liquid]* jet *m*, giclée *f* ; *[of gas]* jet *m*

b *(Aviat)* (also **jet plane**) avion *m* à réaction, jet *m*

c *(= nozzle)* brûleur *m* ; *(Aut)* gicleur *m*

VI * voyager en avion *or* en jet ◆ **she's ~ting off to Spain next week** elle prend l'avion pour l'Espagne la semaine prochaine

COMP *(Aviat) [travel]* en jet ▷ **jet engine** N *(Aviat)* moteur *m* à réaction, réacteur *m* ▷ **jet fighter** N *(Aviat)* chasseur *m* à réaction ▷ **jet-foil** N hydroglisseur *m* ▷ **jet fuel** N kérosène *m* ▷ **jet lag** N fatigue *f* due au décalage horaire ▷ **jet-lagged** ADJ ◆ **to be ~-lagged** souffrir du décalage horaire ▷ **jet-powered, jet-propelled** ADJ à réaction ▷ **jet propulsion** N propulsion *f* par réaction ▷ **jet set** N jet-set *m or f* ▷ **jet-set** ADJ *[travellers]* du *or* de la jet-set ▷ **jet setter** N membre *m* du *or* de la jet-set ▷ **jet-setting** ADJ *[lifestyle]* du *or* de la jet-set ; *[person]* qui fait partie du *or* de la jet-set ▷ **jet ski** N scooter *m* des mers, jet-ski *m* ▷ **jet-ski** VI faire du scooter des mers *or* du jet-ski ▷ **jet skiing** N *(NonC)* jet-ski *m* ▷ **jet stream** N *(Met, Aviat)* jet-stream *m*, courant-jet *m*

**jet²** /dʒet/ **N** jais *m* COMP ▷ **jet-black** ADJ de jais, noir comme jais

**jetliner** /ˈdʒet,laɪnəʳ/ **N** avion *m* de ligne

**jetsam** /ˈdʒetsəm/ **N** a *(NonC)* jets *mpl* à la mer ; → **flotsam** b *(fig = down-and-outs)* épaves *fpl (fig)*

**jettison** /ˈdʒetɪsn/ **VT** a *(Naut)* jeter par-dessus bord, se délester de b *(Aviat) [+ bombs, fuel, cargo]* larguer c *(fig) [+ idea, system, plans]* abandonner ; *[+ assets, product]* se défaire de

**jetty** /ˈdʒetɪ/ **N** *(= breakwater)* jetée *f*, digue *f* ; *(= landing pier)* embarcadère *m*, débarcadère *m* ; *(of wood)* appontement *m*

**jetway** /ˈdʒetweɪ/ **N** *(Aviat)* passerelle *f* télescopique

**Jew** /dʒuː/ **N** juif *or* Juif *m*, juive *or* Juive *f* COMP ▷ **Jew-baiting** **N** persécution *f* des juifs ▷ **jew's harp** **N** guimbarde *f*

**jewel** /ˈdʒuːəl/ **N** a bijou *m*, joyau *m* ; *(= gem)* pierre *f* précieuse ; *(Tech) (in watch)* rubis *m* b *(fig) (= object, work of art)* bijou *m*, joyau *m* ; *(= person)* perle *f*, trésor *m* ♦ **the ~ in the crown of ...** le joyau de ..., le plus beau fleuron de ... ♦ **his latest book is the ~ in his crown** son dernier livre est le couronnement de sa carrière COMP ▷ **jewel case** **N** (also **jewel box** *: for jewels*) coffret *m* à bijoux ; *(for CD)* boîtier *m* de disque compact

**jewelled, jeweled** *(US)* /ˈdʒuːəld/ ADJ orné de bijoux *or* de pierreries ; *[watch]* monté sur rubis

**jeweller, jeweler** *(US)* /ˈdʒuːələʳ/ **N** bijoutier *m* ♦ **~'s (shop)** bijouterie *f*

**jewellery, jewelry** *(US)* /ˈdʒuːəlrɪ/ **N** *(NonC)* bijoux *mpl* ♦ **a piece of ~** un bijou ♦ **jewelry store** *(US)* bijouterie *f*

**Jewess** † /ˈdʒuːɪs/ **N** *(gen pej)* Juive *f*

**Jewish** /ˈdʒuːɪʃ/ ADJ juif

**Jewishness** /ˈdʒuːɪʃnɪs/ **N** judaïté *f*, judéité *f*

**Jewry** /ˈdʒʊərɪ/ **N** la communauté juive, les Juifs *mpl*

**Jezebel** /ˈdʒezə,bel/ **N** Jézabel *f*

**jib** /dʒɪb/ **N** a *(Naut)* foc *m* ♦ **the cut of his ~** † * *(fig)* son allure b *[of crane]* flèche *f* **VI** *[person]* rechigner *(at sth* à qch ; *at doing sth* à faire qch) ; *[horse]* refuser d'avancer ♦ **the horse ~bed at the fence** le cheval a refusé l'obstacle *or* a renâclé devant l'obstacle

**jibe¹** /dʒaɪb/ ⇒ **gibe**

**jibe²** * /dʒaɪb/ **VI** *(US = agree)* concorder

**jiffy** * /ˈdʒɪfɪ/ **N** ♦ **wait a ~** attends une minute *or* une seconde ♦ **in a ~** en moins de deux * COMP ▷ **Jiffy bag** ® **N** enveloppe *f* matelassée

**jig** /dʒɪg/ **N** a *(= dance)* gigue *f* ♦ **the ~'s up** * *(US fig)* c'est cuit * b *(Tech)* calibre *m*, gabarit *m* **VI** (also **jig about, jig around**) se trémousser, gigoter * ♦ **to ~ up and down** sautiller

**jigger¹** /ˈdʒɪgəʳ/ **N** a *(= whisky measure)* mesure *f* d'une once et demie *(= 42 ml)* b *(esp US * = thingummy)* truc * *m*, machin * *m*

**jigger²** /ˈdʒɪgəʳ/ **N** *(= flea)* chique *f*

**jiggered** * † /ˈdʒɪgəd/ ADJ *(Brit)* a *(= astonished)* étonné, baba * *f inv* ♦ **well, I'll be ~!** nom d'un chien ! * b *(= exhausted)* crevé *

**jiggery-pokery** ⁑ /ˈdʒɪgərɪˈpəʊkərɪ/ **N** *(NonC: Brit)* magouilles * *fpl*, manigances *fpl*

**jiggle** /ˈdʒɪgl/ **VT** secouer légèrement

**jigsaw** /ˈdʒɪg,sɔː/ **N** a (also **jigsaw puzzle**) puzzle *m* b *(= saw)* scie *f* sauteuse

**jihad** /dʒɪˈhæd/ **N** *(Rel)* djihad *m*

**jilt** /dʒɪlt/ **VT** *[+ lover, girlfriend, boyfriend]* plaquer *, laisser tomber * ♦ **~ed** abandonné, plaqué * ♦ **he was ~ed at the altar** il a été plaqué * par sa fiancée le jour de son mariage

**Jim** /dʒɪm/ **N** (dim **James**) Jim *m* COMP ▷ **Jim Crow** **N** *(US = policy)* politique *f* raciste *(envers les Noirs)*

**jimjams¹** ⁑ /ˈdʒɪmdʒæmz/ **N** ♦ **to have the ~** *(from revulsion)* avoir des frissons *or* la chair de poule ; *(from fear)* avoir les chocottes * ; *(from drink)* avoir une (*or* des) crise(s) de delirium tremens

**jimjams²** * /ˈdʒɪmdʒæmz/ **NPL** *(baby talk)* pyjama *m*

**Jimmy** /ˈdʒɪmɪ/ **N** (dim of **James**) Jimmy *m*

**jimmy** /ˈdʒɪmɪ/ **N** *(US)* pince-monseigneur *f*

**jimson weed** /ˈdʒɪmsən,wiːd/ **N** *(US Bot)* stramoine *f*, datura *m*

**jingle** /ˈdʒɪŋgl/ **N** a *[of jewellery etc] (musical)* tintement *m* ; *(clinking)* cliquetis *m* b *(= tune)* ♦ **(advertising) ~** jingle *m or* sonal *m* publicitaire **VI** *(musically)* tinter ; *(= clink)* cliqueter **VT** *(musically)* faire tinter ; *(= clink)* faire cliqueter

**jingo** /ˈdʒɪŋgəʊ/ **N** (pl **jingoes**) chauvin *m* ♦ **by ~!** * ça alors !, nom d'une pipe ! *

**jingoism** /ˈdʒɪŋgəʊɪzəm/ **N** chauvinisme *m*

**jingoistic** /,dʒɪŋgəʊˈɪstɪk/ ADJ chauvin

**jink** * /dʒɪŋk/ **VI** *(Brit = zigzag)* zigzaguer ♦ **he ~ed out of the way** il a fait un bond de côté

**jinks** /dʒɪŋks/ **NPL** → **high**

**jinx** * /dʒɪŋks/ **N** ♦ **to put a ~ on sb** porter la poisse à qn ♦ **to put a ~ on sth** jeter un sort à qch ♦ **there's a ~ on this watch** on a jeté un sort à cette montre **VT** *[+ person]* porter la guigne * *or* la poisse * à ♦ **to be ~ed** *[person]* avoir la guigne * *or* la poisse * ♦ **this project must be ~ed** un mauvais sort semble peser sur ce projet

**jitney** ⁑ /ˈdʒɪtniː/ **N** *(US)* a pièce *f* de cinq cents b *véhicule à itinéraire fixe et à prix modique*

**jitterbug** /ˈdʒɪtəbʌg/ **N** a *(= dance) danse acrobatique sur rythme de swing ou de boogie-woogie* b *(* = panicky person)* froussard(e) * *m(f)*, trouillard(e) ⁑ *m(f)* **VI** *(= dance)* danser le jitterbug

**jitters** * /ˈdʒɪtəz/ **NPL** frousse * *f* ♦ **to have the ~** *(gen)* être nerveux *or* agité ; *(before performance)* avoir le trac, avoir la frousse * ♦ **to give sb the ~** rendre qn nerveux *or* agité, ficher la frousse à qn *

**jittery** * /ˈdʒɪtərɪ/ ADJ nerveux, agité ♦ **to be ~** avoir la frousse *

**jiujitsu** /dʒuːˈdʒɪtsuː/ **N** ⇒ **jujitsu**

**jive** /dʒaɪv/ **N** a *(= music, dancing)* swing *m* b *(esp US ⁑) (= big talk)* baratin * *m* ; *(= nonsense)* foutaises ⁑ *fpl* ♦ **stop that ~** arrête de dire tes conneries ⁑ c *(US = type of speech)* argot *m (des Noirs surtout)* **VI** *(= dance)* danser le swing

**Jly** abbrev of **July**

**Jnr** *(Brit)* abbrev of **junior**

**Joan** /dʒəʊn/ **N** Jeanne *f* ♦ **~ of Arc** Jeanne *f* d'Arc

**Job** /dʒəʊb/ **N** *(Bible)* Job *m* COMP ▷ **Job's comforter** **N** piètre consolateur *m*, -trice *f* ▷ **Job's tears** **N** *(Bot)* larme-de-Job *f*

**job** /dʒɒb/ **N** a *(= employment)* travail *m*, emploi *m* ♦ **to have a ~** avoir un travail *or* un emploi ♦ **to lose one's ~** perdre son travail *or* son emploi ♦ **to look for a ~** chercher du travail *or* un emploi ♦ **he's looking for a ~ as a teacher/manager** il cherche un poste *or* un emploi de professeur/directeur ♦ **her new ~** son nouveau travail ♦ **teaching/manufacturing ~s** emplois *mpl* dans l'enseignement/l'industrie ♦ **nursing ~s** postes *mpl* d'infirmiers ♦ **he has a ~ for the vacation** il a un travail pour les vacances ♦ **7,000 ~s lost** 7 000 suppressions d'emplois ♦ **it's more than my ~'s worth** *(hum)* ça risque de me coûter mon travail ♦ **we've found the right person for the ~** nous avons trouvé la personne qu'il nous faut ♦ **off-the-~ training** formation *f* à l'extérieur ♦ **~s for the boys** * *(Brit)* des boulots pour les (petits) copains * ; → **cushy, loss**

♦ **to get + job** trouver du travail *or* un emploi ♦ **once I'm in America I can get a ~** une fois que je serai en Amérique je pourrai trouver du travail *or* un emploi ♦ **of course she didn't get the ~** évidemment elle n'a pas obtenu le poste

♦ **on the job** ♦ **after 3 years on the ~** au bout de 3 années à ce poste ♦ **everyone learns on the ~** tout le monde apprend sur le tas ♦ **the heavy boots he wore on the ~** les gros bottillons qu'il portait pour travailler ♦ **to stay** *or* **remain on the ~** conserver son emploi *or* poste ♦ **he fell asleep on the ~** ⁑ *(= during sex)* il s'est endormi en pleine action * *(hum) or* en faisant l'amour ♦ **on-the-~ training** *(formal)* formation *f* dans l'entreprise ; *(informal)* formation *f* sur le tas

♦ **to be out of a job** être au chômage

b *(= piece of work, task)* travail *m*, boulot * *m* ♦ **I have a little ~ for you** j'ai un petit travail *or* un petit boulot * pour vous ♦ **the decorators made a terrible ~ of the kitchen** les peintres ont fait du sale boulot * dans la cuisine ♦ **he's got a ~ to do, he's only doing his ~** il ne fait que son travail ♦ **drinking a lot of water helps the kidneys do their ~** boire beaucoup d'eau facilite le travail des reins ♦ **she's done a fine ~ with her children** elle a bien élevé ses enfants ; → **chin, odd, nose**

♦ **to do the job** * *(= be okay)* faire l'affaire ♦ **it's not ideal but it'll do the ~** ce n'est pas l'idéal mais ça fera l'affaire

♦ **to do a good job** *(= do well)* faire du bon travail ♦ **most thought the United Nations was doing a good ~** la plupart des gens pensaient que les Nations unies faisaient du bon travail ♦ **are our schools doing a good ~?** nos écoles sont-elles efficaces ?

♦ **to make a good job of sth** *(= do sth well)* ♦ **you've made a good ~ of the lawn** tu as bien tondu la pelouse ♦ **they haven't made a good ~ of protecting our countryside** ils n'ont pas protégé nos campagnes comme ils auraient dû ♦ **he has made a good ~ of it** il a fait du bon travail

♦ **to make a better job of sth** ♦ **we could have done a far better ~ of running the project than they have** on aurait pu gérer ce projet beaucoup mieux qu'eux

♦ **to do** *or* **make a poor job of sth** ♦ **he has made a poor ~ of it** il n'a pas réussi ♦ **he tried to keep calm, but did a poor ~ of it** il a essayé de rester calme mais n'y a pas réussi ♦ **Bob did a poor ~ of hiding his disappointment** Bob n'a pas réussi à cacher sa déception

c *(= duty, responsibility)* travail *m* ♦ **it's not my ~ to supervise him** ce n'est pas à moi *or* ce n'est pas mon travail de contrôler ce qu'il fait ♦ **he knows his ~** il connaît son affaire ♦ **that's not his ~** ce n'est pas de son ressort, ce n'est pas son travail ♦ **I had the ~ of telling them** c'est moi qui ai dû le leur dire

d *(= state of affairs)* ♦ **it's a good ~ (that) he managed to meet you** c'est heureux *or* c'est une chance qu'il ait pu vous rencontrer ♦ **and a good ~ too!** à la bonne heure ! ♦ **it's a bad ~** c'est une sale affaire ♦ **to give sth/sb up as a bad ~** renoncer à qch/qn en désespoir de cause ◆ **this is just the** ~ * *(Brit)* c'est juste *or* exactement ce qu'il faut

e *(= difficult time)* ◆ **to have a ~ to do sth** *or* **doing sth** avoir du mal à faire qch ◆ **I had a ~ to finish this letter** j'ai eu du mal à finir cette lettre ◆ **it was a** ~ *or* **an awful ~ to organize this party** ça a été un sacré * travail *or* tout un travail que d'organiser cette soirée ◆ **it was a (terrible) ~ convincing him** ça a été toute une affaire *or* ça n'a pas été une mince affaire pour le convaincre ◆ **you'll have a ~ finding** *or* **to find a hotel room** vous aurez du mal à trouver une chambre d'hôtel ◆ **I'll show it to him now – you'll have a ~, he's already left!** je le lui montre tout de suite – tu auras du mal, il est déjà parti ! ◆ **you've got a real ~ there!** tu n'es pas au bout de tes peines !

f *( * = dishonest business)* ◆ **to do a** ~ faire un coup ◆ **to pull a** ~ monter un coup ◆ **a put-up** ~ un coup monté ◆ **remember that bank ~?** tu te rappelles le coup de la banque ?

g *( ‡ = thing)* truc * *m* ◆ **that red ~ over there** ce truc rouge là-bas

VI *(= do casual work)* faire des petits travaux ; *(St Ex)* négocier, faire des transactions ; *(= profit from public position)* magouiller *

VT *(also* **job out***)* *[+ work]* sous-traiter

COMP ▷ **job action** N *(US Ind)* action *f* revendicative, (mouvement *m* de) grève *f* ▷ **job analysis** N *(Ind)* analyse *f* des tâches, analyse *f* statique *or* par poste de travail ▷ **Jobcentre** N *(Brit)* ≃ ANPE *f*, Agence *f* nationale pour l'emploi ▷ **job club** N *(Brit)* club *m* d'entraide pour chômeurs ▷ **job control language** N *(Comput)* langage *m* de contrôle de travaux ▷ **job creation** N création *f* d'emplois ▷ **job creation scheme** N plan *m* de création d'emplois ▷ **job description** N description *f* de poste, profil *m* de l'emploi ▷ **job evaluation** N évaluation *f* des tâches ▷ **job-hop** * VI changer fréquemment d'emploi ▷ **job hopper** * N personne *f* qui change fréquemment d'emploi ▷ **job hunting** N chasse *f* à l'emploi ▷ **job lot** N lot *m* d'articles divers ◆ **to sell/buy sth as a ~ lot** vendre/acheter qch en vrac ▷ **job offer** N offre *f* d'emploi ▷ **job queue** N *(Comput)* file *f* d'attente des travaux ▷ **job rotation** N rotation *f* des tâches ▷ **job satisfaction** N satisfaction *f* au travail ◆ **I get a lot of ~ satisfaction** je trouve beaucoup de satisfaction dans mon travail ▷ **job security** N sécurité *f* de l'emploi ▷ **job seeker** N *(Brit Admin)* demandeur *f* d'emploi ▷ **job seeker's allowance** N *(Brit Admin)* allocation *f* de demandeur d'emploi ▷ **job-share** *(Brit)* N partage *m* de poste VI partager un poste ▷ **job sharing** N partage *m* de poste ▷ **job title** N intitulé *m* de poste

**jobber** /ˈdʒɒbəʳ/ N *(Brit St Ex)* négociant *m* en valeurs (boursières) ; *(also* **stock jobber***)* contrepartiste *mf* ; *(= pieceworker)* ouvrier *m*, -ière *f* à la tâche ; *(= dishonest person)* magouilleur * *m*, -euse * *f*

**jobbery** /ˈdʒɒbərɪ/ N *(NonC: Brit)* malversation *f*, magouillage *m*

**jobbing** /ˈdʒɒbɪŋ/ ADJ *(Brit)* *(paid by the day)* payé à la journée ; *(paid by the task)* à la tâche, à façon N *(NonC: St Ex)* transactions *fpl* boursières

**jobholder** /ˈdʒɒb,həʊldəʳ/ N *(= employed person)* personne *f* qui travaille ; *(in specific post)* employé(e) *m(f)*

**jobless** /ˈdʒɒblɪs/ ADJ sans emploi, au chômage NPL **the jobless** les chômeurs *mpl*, les sans-emploi *mpl* ◆ **the ~ figures** le nombre de chômeurs *or* sans-emploi, les chiffres *mpl* du chômage

**joblessness** /ˈdʒɒblɪsnɪs/ N chômage *m*

**jobsworth** * /ˈdʒɒbz,wɜːθ/ N *(Brit)* *employé qui applique le règlement à la lettre*

**Jock** * /dʒɒk/ N *(pej)* Écossais *m*

**jock** /dʒɒk/ N a ⇒ **jockstrap** b *(US)* sportif *m*

**jockey** /ˈdʒɒkɪ/ N jockey *m* VI ◆ **to ~ about** se bousculer ◆ **to ~ for position** *(lit, fig)* manœuvrer pour se placer avantageusement ◆ **they were ~ing for office in the new government** ils manœuvraient pour obtenir des postes dans le nouveau gouvernement VT ◆ **to ~ sb into doing sth** manœuvrer qn (habilement) pour qu'il fasse qch, amener adroitement qn à faire qch COMP ▷ **Jockey club** N Jockey-Club *m* ▷ **Jockey Shorts** ® NPL caleçon *m*

**jockstrap** /ˈdʒɒkstræp/ N *(Sport)* slip *m* de sport ; *(Med)* suspensoir *m*

**jocose** /dʒəˈkəʊs/ ADJ *(liter)* *(= merry)* enjoué, jovial ; *(= jesting)* facétieux

**jocosely** /dʒəˈkəʊslɪ/ ADV *(liter)* *[say]* *(= merrily)* d'un ton enjoué ; *(= jestingly)* facétieusement

**jocular** /ˈdʒɒkjʊləʳ/ ADJ *(= merry)* enjoué, jovial ; *(= humorous)* plaisant

**jocularity** /,dʒɒkjʊˈlærɪtɪ/ N jovialité *f*

**jocularly** /ˈdʒɒkjʊləlɪ/ ADV *[say, ask, speak, discuss]* en plaisantant

**jocund** /ˈdʒɒkənd/ ADJ jovial, joyeux

**jodhpurs** /ˈdʒɒdpəz/ NPL jodhpurs *mpl*, culotte *f* de cheval

**Joe** /dʒəʊ/ N (dim **Joseph**) Jo *m* COMP ▷ **Joe Bloggs** * *(Brit)*, **Joe Blow** * *(US)* N Monsieur tout-le-monde *m*, l'homme *m* de la rue ▷ **Joe College** * N *(US Univ)* étudiant *m* type américain ▷ **Joe Public** * N *(Brit)* le public ▷ **Joe Six-Pack** * *(US)*, **Joe Soap** * *(Brit)* N ⇒ **Joe Bloggs**

**Joel** /ˈdʒəʊəl/ N Joël *m*

**jog** /dʒɒg/ N a *(Sport = run)* jogging *m*, footing *m* ◆ **to go for a ~** aller faire un jogging *or* un footing ◆ **she begins the day with a ~ around the park** elle commence la journée en faisant son jogging *or* footing dans le parc

b *(also* **jog-trot***)* petit trot *m* ◆ **he set off at a ~ down the path** il s'est mis à descendre le sentier au petit trot ◆ **to go along at a ~(-trot)** aller au petit trot

c *(= nudge, knock)* légère poussée *f* ; *(with elbow)* coup *m* de coude

VT *(= shake)* secouer, bringuebaler ; *(= nudge)* pousser ◆ **to ~ sb's elbow** pousser le coude de qn ◆ **to ~ sb's memory** rafraîchir la mémoire de qn

VI a *(Sport)* faire du jogging, faire du footing

b cahoter, bringuebaler ◆ **the cart ~s along the path** la charrette cahote *or* bringuebale sur le chemin

► **jog about** VI sautiller
VT SEP remuer

► **jog along** VI *(lit)* *[person, vehicle]* aller son petit bonhomme de chemin, cheminer ; *(fig)* *[person]* aller cahin-caha * ; *[piece of work, course of action]* aller tant bien que mal

► **jog around** VTI ⇒ **jog about**

► **jog on** VI ⇒ **jog along**

**jogger** /ˈdʒɒgəʳ/ N jogger *m*, joggeur *m*, -euse *f* COMP ▷ **jogger's nipple** * N mamelon *m* du jogger

**jogging** /ˈdʒɒgɪŋ/ N *(Sport)* jogging *m*, footing *m* COMP ▷ **jogging shoes** NPL chaussures *fpl* de jogging ▷ **jogging suit** N jogging *m*

**joggle** /ˈdʒɒgl/ VT secouer VI bringuebaler, ballotter N légère secousse *f*

**Johannesburg** /dʒəʊˈhænɪs,bɜːg/ N Johannesburg

**John** /dʒɒn/ N a Jean *m* b *(esp US = lavatory)* ◆ **the john** ‡ les chiottes ‡ *fpl* c *(US = prostitute's customer)* ◆ **john** ‡ micheton ‡ *m* COMP ▷ **John Bull** N John Bull *m* *(Anglais de caricature)* ▷ **John Doe** N *(US Jur)* *homme dont on ignore le nom* ▷ **John Dory** N saint-pierre *m inv*, dorée *f* ▷ **John Hancock** *, **John Henry** * N *(US fig = signature)* signature *f*, paraphe *m* ▷ **John of the Cross** N *(also* **Saint John of the Cross***)* saint Jean *m* de la Croix ▷ **John Q. Public** * N *(US)* le public, le quidam *(hum)* ▷ **John the Baptist** N *(also* **Saint John the Baptist***)* saint Jean *m* Baptiste

**Johnny** /ˈdʒɒnɪ/ N a dim of **John** b ◆ **johnny** * type * *m* c *(Brit* † * *= condom:* also **johnny, rubber johnny***)* capote *f* (anglaise) * COMP ▷ **Johnny-come-lately** N nouveau venu *m* ; *(= upstart)* parvenu *m* ▷ **Johnny Foreigner** ‡ N *(Brit pej)* étrangers *mpl*

**join** /dʒɔɪn/ LANGUAGE IN USE 25.2

VT a *(= attach)* attacher, relier ; *(= assemble, put together)* *[+ parts]* assembler ; *[+ broken pieces]* raccorder ; *(with glue)* recoller ; *(Elec)* *[+ batteries]* accoupler, connecter ◆ **to ~ (together) two ends of a chain** attacher *or* relier les deux bouts d'une chaîne ◆ **~ part A to part B** *(in instructions)* assemblez l'élément A avec l'élément B ◆ **~ the panels (together) with screws** assemblez les panneaux à l'aide de vis ◆ **they are ~ed at the hip** * *(fig, pej)* ils sont comme cul et chemise *, ils sont inséparables ; → **issue**

b *(= link)* relier (*to* à) ◆ **~ the dots (together) with a line** reliez les points par un trait ◆ **the island was ~ed to the mainland by a bridge** l'île était reliée à la terre par un pont ◆ **to ~ hands** se donner la main ◆ **~ed in marriage** *or* **matrimony** unis par les liens du mariage

c *(= merge with)* *[river]* *[+ another river, the sea]* rejoindre, se jeter dans ; *[road]* *[+ another road]* rejoindre ◆ **this is where the river ~s the sea** c'est là que le fleuve se jette dans la mer

d *(Mil, fig)* ◆ **to ~ battle (with)** engager le combat (avec) ◆ **they ~ed forces** ils ont uni leurs forces ◆ **to ~ forces (with sb) to do sth** s'unir (à qn) pour faire qch

e *(= become member of)* *[+ club, association, political party]* devenir membre de, adhérer à, s'affilier à ; *[+ university]* entrer à, s'inscrire à ; *[+ circus, religious order]* entrer dans ; *[+ procession]* se joindre à ◆ **to ~ NATO/the European Union** devenir membre de l'OTAN/l'Union européenne ◆ **he ~ed Liverpool** *(Ftbl)* il a rejoint l'équipe de Liverpool ◆ **to ~ the army** s'engager *or* s'enrôler dans l'armée ◆ **to ~ a trade union** s'affilier à un syndicat, se syndiquer ◆ **~ the club!** * *(fig)* tu es en bonne compagnie !

f *[+ person]* rejoindre, retrouver ◆ **I'll ~ you in five minutes** je vous rejoins *or* retrouve dans cinq minutes ◆ **Paul ~s me in wishing you ...** Paul se joint à moi pour vous souhaiter ... ◆ **Moscow has ~ed Washington in condemning these actions** Moscou, comme Washington, a condamné ces actions ◆ **she ~ed me in support of the idea** elle s'est jointe à moi pour défendre cette idée ◆ **will you ~ us?** *(= come with us)* voulez-vous venir avec nous ? ; *(= be one of our number)* voulez-vous être des nôtres ? ; *(in restaurant)* voulez-vous vous asseoir à notre table ?, je peux *or* puis-je m'asseoir avec vous ? ◆ **will you ~ me in a drink?** *(in* *restaurant)* voulez-vous prendre un verre avec moi ? ◆ **to ~ one's regiment** rejoindre son régiment ◆ **to ~ one's ship** rallier *or* rejoindre son bâtiment ◆ **to ~ the queue** se mettre à la queue

**VI** a *(= connect) [pieces, parts, edges]* se raccorder (*with* à) ; *[ends]* s'attacher

b *(= link up) [lines]* se rejoindre, se rencontrer

c *(= merge) [roads, rivers]* se rejoindre ; *(= become a member) [of political party, sports club, leisure club, class, group]* devenir membre ◆ **to ~ in doing sth** *[people]* s'associer pour faire qch ◆ **Moscow and Washington have ~ed in condemning these actions** Moscou et Washington ont toutes deux condamné ces actions

**N** *(in mended object)* ligne *f* de raccord ; *(Sewing)* couture *f*

**COMP** ▷ **joined case** **N** *(Jur)* affaire *f* jointe ▷ **joined-up** **ADJ** *[writing]* attaché ; *[language, thinking]* cohérent ▷ **join-the-dots puzzle** **N** *(Brit) jeu qui consiste à relier des points pour découvrir une figure*

► **join in**

**VI** participer, se mettre de la partie ◆ **~ in!** *(in singing)* chantez avec nous !

**VT FUS** *[+ game, activity]* participer à ; *[+ conversation]* prendre part à ; *[+ protests, shouts]* joindre sa voix à ; *[+ thanks, wishes]* se joindre à ; → **chorus**

► **join on**

**VI** *[links, parts of structure]* se joindre (*to* à)

**VT SEP** fixer ; *(by tying)* attacher

► **join together**

**VI** ⇒ **join vi a**

**VT SEP** ⇒ **join vt a, b**

► **join up**

**VI** *(Mil)* s'engager (dans l'armée)

**VT SEP** joindre, assembler ; *[+ pieces of wood or metal]* abouter, rabouter ; *(Elec) [+ wires]* connecter, raccorder

**joinder** /ˈdʒɔɪndəʳ/ **N** *(Jur)* jonction *f*

**joiner** /ˈdʒɔɪnəʳ/ **N** *(Brit = carpenter)* menuisier *m*

**joinery** /ˈdʒɔɪnərɪ/ **N** *(Brit)* menuiserie *f*

**joint** /dʒɔɪnt/ **N** a *(Anat)* articulation *f* ◆ **ankle/knee/elbow ~** articulation *f* de la cheville/du genou/du coude ◆ **out of ~** *[knee, ankle, hip]* démis ; *(fig)* de travers ◆ **to put one's shoulder/wrist** *etc* **out of ~** se démettre l'épaule/le poignet *etc* ◆ **his nose is out of ~** *(fig)* il est dépité ◆ **that put his nose out of ~** ça l'a défrisé * ; → **ball¹**

b *(in wood, metal)* articulation *f*, jointure *f* ; *(Geol) (in rock)* diaclase *f* ; → **mitre, universal**

c *(Brit) [of meat]* rôti *m* ◆ **a cut off the ~** une tranche de rôti

d * *(= night club)* boîte * *f* ; *(= disreputable pub)* bistro(t) * *m* mal famé ; *(= gambling den)* tripot *m*

e *(Drugs *)* joint * *m*

**ADJ** *[statement, action, project, approach, meeting, control]* commun ; *[research]* en commun ; *[effort]* conjugué ◆ **to come ~ first/second** *(in race, competition)* être classé premier/deuxième ex æquo ◆ **it has to be a ~ decision between you and your husband** votre mari et vous devez prendre cette décision ensemble ◆ **the two bodies are expected to take a ~ decision today** les deux organismes devraient parvenir aujourd'hui à une décision commune ◆ **to make** *or* **take a ~ decision to do sth** décider d'un commun accord de faire qch ◆ **~ consultations** consultations *fpl* bilatérales ◆ **~ obligation** coobligation *f* ◆ **~ responsibility** coresponsabilité *f* ◆ **in ~ names** *[sign]* conjointement

**VT** a *(Brit Culin)* découper (aux jointures)

b *[+ pipes]* joindre, raccorder

**COMP** ▷ **joint account** **N** *(Fin)* compte *m* joint ▷ **joint agreement** **N** *(Ind)* convention *f* collective ▷ **joint and several guarantee** **N** caution *f* solidaire ▷ **joint and several liability** **N** responsabilité *f* conjointe et solidaire ▷ **joint author** **N** coauteur *m* ▷ **Joint Chiefs of Staff** **NPL** *(US)* chefs *mpl* d'état-major (des armées) ▷ **joint committee** **N** *(gen)* commission *f* mixte ; *(US Pol)* commission *f* interparlementaire ▷ **joint estate** **N** *(Jur)* biens *mpl* communs ▷ **joint favourite** **N** ◆ **the horses are ~ favourites** ces chevaux sont les deux favoris ▷ **joint financing** **N** cofinancement *m* ▷ **joint heir** **N** cohéritier *m*, -ière *f* ▷ **joint honours** **N** *(Brit Univ = degree)* ≈ licence *f* préparée dans deux matières *(ayant le même coefficient)* ▷ **joint manager** **N** codirecteur *m*, -trice *f*, cogérant(e) *m(f)* ▷ **joint mortgage** **N** emprunt *m* logement souscrit conjointement ▷ **joint ownership** **N** copropriété *f* ▷ **joint partner** **N** coassocié(e) *m(f)* ▷ **joint passport** **N** passeport *m* conjoint *(pour mari et femme)* ▷ **joint-stock company** **N** *(Fin)* société *f* par actions ▷ **joint venture** **N** *(gen)* entreprise *f* commune ; *(Jur, Fin) (= company, operation)* joint-venture *f*

### Joint Chiefs of Staff

Collectivement, les **Joint Chiefs of Staff** (c'est-à-dire les chefs d'état-major des trois corps d'armée) constituent un organe du ministère américain de la Défense ayant pour rôle de conseiller le Président, le Conseil national de sécurité et le ministère de la Défense en matière de défense nationale.

**jointed** /ˈdʒɔɪntɪd/ **ADJ** *[doll]* articulé ; *[fishing rod, tent pole]* démontable

**jointly** /ˈdʒɔɪntlɪ/ **ADV** conjointement (*with* avec) ◆ **to be ~ responsible** *or* **liable for sth** être conjointement responsable de qch ◆ **~ and severally** *(Jur)* conjointement et solidairement

**jointure** /ˈdʒɔɪntʃəʳ/ **N** douaire *m*

**joist** /dʒɔɪst/ **N** *(wooden)* solive *f* ; *(metal)* poutrelle *f*

**jojoba** /həʊˈhəʊbə/ **N** jojoba *m*

**joke** /dʒəʊk/ **N** a *(= funny anecdote)* plaisanterie *f*, blague * *f* ◆ **for a ~** pour rire, pour blaguer * ◆ **to make a ~ about sb/sth** plaisanter sur qn/qch ◆ **to make a ~ of sth** tourner qch à la plaisanterie ◆ **he can't take a ~** il ne comprend pas *or* il prend mal la plaisanterie ◆ **it's no ~!** *(= it's not easy)* ce n'est pas une petite affaire ! *(doing sth* que de faire qch) ; *(= it's not enjoyable)* ce n'est pas drôle *or* marrant * *(doing sth* (que) de faire qch) ◆ **what a ~!** *(gen, iro)* ce que c'est drôle ! ◆ **it's a ~!** * *(pej = useless)* c'est de la blague ! ◆ **his behaviour is (getting) beyond a ~** * *(Brit)* il a dépassé les bornes ◆ **the situation is (getting) beyond a ~** * la situation devient alarmante ◆ **the ~ is that ...** le plus drôle c'est que ..., ce qu'il y a de drôle *or* de marrant * c'est que ... ; → **see¹, standing**

b *(= trick)* tour *m*, farce *f* ◆ **to play a ~ on sb** faire une farce à qn, jouer un tour à qn ; → **practical**

c *(= object of amusement)* risée *f* ◆ **he is the ~ of the village** il est la risée du village

**VI** plaisanter, blaguer * ◆ **you're joking!** vous voulez rire !, sans blague ! * ◆ **£100 for that? – you must be joking!** 100 livres pour ça ? — vous n'êtes pas sérieux *or* vous voulez rire ! ◆ **I'm not joking** je ne plaisante pas ◆ **I was only joking** ce n'était qu'une plaisanterie ◆ **you mustn't ~ about his accent** il ne faut pas se moquer de son accent

**VT** ◆ **you're joking me!** tu plaisantes !, tu me mets en boîte !

**joker** /ˈdʒəʊkəʳ/ **N** a (* = *idiot)* rigolo * *m* ◆ **some ~ will always start singing** il y aura toujours un rigolo * pour se mettre à chanter b *(Cards)* joker *m* ◆ **the ~ in the pack** *(fig)* l'outsider *m*, le joker c ⇒ **jokester** d *(Jur)* clause *f* ambiguë

**jokester** /ˈdʒəʊkstəʳ/ **N** blagueur *m*, -euse *f*, plaisantin *m*

**jokey** * /ˈdʒəʊkɪ/ **ADJ** *(= amusing)* rigolo * (-ote * *f*) ; *(= jocular)* blagueur, jovial ◆ **in a ~ way** en plaisantant

**joking** /ˈdʒəʊkɪŋ/ **ADJ** *[tone]* de plaisanterie **N** *(NonC)* plaisanterie *f*, blague * *f* ◆ **~ apart** *or* **aside** plaisanterie *or* blague * à part

**jokingly** /ˈdʒəʊkɪŋlɪ/ **ADV** en plaisantant, pour plaisanter ◆ **she ~ referred to her son as "my little monster"** elle appelait son fils "mon petit monstre" pour plaisanter

**jollification** * /ˌdʒɒlɪfɪˈkeɪʃən/ **N** *(NonC)* réjouissances *fpl*

**jollity** /ˈdʒɒlɪtɪ/ **N** *[of person, atmosphere]* gaieté *f*, joyeuse humeur *f*

**jolly** /ˈdʒɒlɪ/ **ADJ** *(esp Brit)* a *(= cheerful) [person, atmosphere, smile, mood]* jovial b († * = *enjoyable)* amusant ◆ **to have a ~ (old) time** bien s'amuser **ADV** *(Brit* † * = *very) [good, decent]* drôlement *, rudement * ◆ **you are ~ lucky** tu as une drôle de veine * ◆ **~ good!** *(expressing approval)* très bien ! ◆ **I'm ~ well going** un peu que je vais y aller ! * ◆ **you ~ well will go!** pas question que tu n'y ailles pas ! ◆ **I (should) ~ well hope** *or* **think so!** j'espère bien ! **VT** ◆ **to ~ sb along** enjôler qn ◆ **they jollied him into joining them** ils l'ont convaincu (en douceur) de se joindre à eux **N** *(US)* ◆ **to get one's jollies** ⁑ prendre son pied ⁑ *(from doing sth* en faisant qch)
**COMP** ▷ **jolly boat** **N** *(Naut)* canot *m* ▷ **the Jolly Roger** **N** le pavillon noir

**jolt** /dʒəʊlt/ **VI** *[vehicle]* cahoter, tressauter ◆ **to ~ along** avancer en cahotant ◆ **to ~ to a stop** s'arrêter brutalement **VT** *(lit, fig)* secouer, cahoter ◆ **she was ~ed awake** elle s'est réveillée en sursaut ◆ **to ~ sb into action/into doing sth** *(fig)* pousser qn à agir/à faire qch ◆ **she was ~ed back to reality** elle fut brutalement rappelée à la réalité ◆ **it ~ed her out of her self-pity/depression** ça l'a tellement secouée qu'elle a arrêté de s'apitoyer sur son sort/qu'elle a arrêté de déprimer **N** a *(= jerk) [of vehicle]* secousse *f*, à-coup *m* b *(fig)* choc *m* ◆ **it gave me a ~** ça m'a fait un choc

**jolting** /ˈdʒəʊltɪŋ/ **ADJ** cahotant **N** *(NonC)* cahots *mpl*

**Jonah** /ˈdʒəʊnə/ **N** Jonas *m* ; *(fig)* porte-malheur *m inv*, oiseau *m* de malheur

**Jonas** /ˈdʒəʊnəs/ **N** Jonas *m*

**Jonathan** /ˈdʒɒnəθən/ **N** Jonathan *m*

**Joneses** /ˈdʒəʊnzɪz/ **NPL** ◆ **to try to keep up with the ~** * ne pas vouloir faire moins bien que le voisin

**jonquil** /ˈdʒɒŋkwɪl/ **N** jonquille *f*, narcisse *m* **ADJ** jonquille *inv*

**Jordan** /ˈdʒɔːdn/ **N** *(= country)* Jordanie *f* ◆ **the river ~** le Jourdain

**Jordanian** /dʒɔːˈdeɪnɪən/ **N** Jordanien(ne) *m(f)* **ADJ** jordanien ; *[ambassador, embassy, monarch]* de Jordanie

**Joseph** /ˈdʒəʊzɪf/ **N** Joseph *m*

**Josephine** /ˈdʒəʊzɪfiːn/ **N** Joséphine *f*

**josh** ✲ /dʒɒʃ/ *(esp US)* VT charrier*, mettre en boîte* VI blaguer* N mise *f* en boîte*

**Joshua** /'dʒɒʃʊə/ N Josué *m*

**joss stick** /'dʒɒsstɪk/ N bâton *m* d'encens

**jostle** /'dʒɒsl/ VI ◆ **he ~d against me** il m'a bousculé ◆ **to ~ through the crowd** se frayer un chemin (à coups de coudes) à travers la foule ◆ **to ~ for sth** *(lit, fig)* jouer des coudes pour obtenir qch VT bousculer N bousculade *f*

**jot** /dʒɒt/ N brin *m*, iota *m* ◆ **there is not a ~ of truth in this** il n'y a pas une once de vérité là-dedans ◆ **not one ~ or tittle** pas un iota, pas un brin VT noter, prendre note de

► **jot down** VT SEP noter, prendre note de ◆ **to ~ down notes** prendre *or* griffonner des notes ◆ **to ~ down a few points** prendre note de *or* noter quelques points

**jotter** /'dʒɒtə^r/ N *(Brit) (= exercise book)* cahier *m* (de brouillon) ; *(= pad)* bloc-notes *m*

**jottings** /'dʒɒtɪŋz/ NPL notes *fpl*

**joual** /ʒwɑːl/ N *(Can)* joual *m*

**joule** /dʒuːl/ N joule *m*

**journal** /'dʒɜːnl/ N a *(= periodical)* revue *f* ; *(= newspaper)* journal *m* ◆ **all our results are published in scientific ~s** tous nos résultats sont publiés dans des revues scientifiques b *(= diary)* journal *m* c *(Naut)* livre *m* de bord ; *(Comm)* livre *m* de comptes ; *(Jur)* compte rendu *m* COMP ▷ **journal bearing** N *(Tech)* palier *m*

**journalese** /ˌdʒɜːnə'liːz/ N *(NonC: pej)* jargon *m* journalistique

**journalism** /'dʒɜːnəlɪzəm/ N journalisme *m*

**journalist** /'dʒɜːnəlɪst/ N journaliste *mf*

**journalistic** /ˌdʒɜːnə'lɪstɪk/ ADJ *[profession, community, experience, talent, cliché]* de journaliste ; *[style, career]* journalistique

**journey** /'dʒɜːnɪ/ N *(gen)* voyage *m* ; *(short or regular trip)* trajet *m* ; *(distance covered)* trajet *m*, parcours *m* ◆ **to go on a ~** partir en voyage ◆ **to set out on one's ~** se mettre en route ◆ **a two days' ~** un voyage de deux jours ◆ **it's a 50-minute train ~ from Glasgow to Edinburgh** le trajet Glasgow-Édimbourg en train est de *or* prend 50 minutes ◆ **to reach one's ~'s end** arriver à destination ◆ **the ~ from home to office** le trajet de la maison au bureau ◆ **the return ~, the ~ home** le (voyage *or* trajet de) retour ◆ **a car ~** un voyage *or* trajet en voiture ◆ **a long bus ~** un long trajet en autobus ; → **outward** VI voyager ◆ **to ~ on** continuer son voyage COMP ▷ **journey time** N durée *f* du trajet

> ⚠ journée *means 'day', not* **journey**.

**journeyman** /'dʒɜːnɪmən/ N (pl **-men**) artisan *m* COMP ▷ **journeyman baker** N ouvrier *m* boulanger ▷ **journeyman joiner** N compagnon *m* charpentier

**journo** * /'dʒɜːnəʊ/ N (abbrev of **journalist**) journaliste *mf*, journaleux* *m (pej)*

**joust** /dʒaʊst/ N joute *f* VI *(lit, fig)* jouter

**Jove** /dʒəʊv/ N Jupiter *m* ◆ **by ~!** † * sapristi ! *

**jovial** /'dʒəʊvɪəl/ ADJ jovial

**joviality** /ˌdʒəʊvɪ'ælɪtɪ/ N jovialité *f*

**jovially** /'dʒəʊvɪəlɪ/ ADV *[say]* jovialement ; *[laugh]* gaiement

**jowl** /dʒaʊl/ N *(= jaw)* mâchoire *f* ; *(= cheek)* bajoue *f* ; → **cheek**

**-jowled** /dʒaʊld/ ADJ *(in compounds)* ◆ **square-jowled** à la mâchoire carrée

**jowly** /'dʒaʊlɪ/ ADJ aux joues flasques

**joy** /dʒɔɪ/ N a *(NonC)* joie *f* ◆ **the ~ of my life** mon rayon de soleil ◆ **to my great ~** à ma grande joie

b *(= enjoyable thing)* plaisir *m* ◆ **the ~s of the seaside** les plaisirs *or* les charmes du bord de la mer ◆ **the ~s of motherhood** les joies *fpl or* satisfactions *fpl* de la maternité ◆ **it was a ~ to see him again** c'était un (vrai) plaisir de le revoir ◆ **this car is a ~ to drive** c'est un (vrai) plaisir de conduire cette voiture ◆ **his dancing was a ~ to watch, it was a ~ to watch him dancing** c'était un (vrai) plaisir *or* délice de le regarder danser ◆ **to be full of the ~s of spring** avoir le cœur joyeux ◆ **I wish you ~ of it!** *(iro)* je vous souhaite bien du plaisir !

c *(Brit * = success)* ◆ **any ~?** alors, ça a marché ? * ◆ **I got no ~ out of it** ça n'a pas marché, ça n'a rien donné ◆ **I got no ~ out of him** avec lui ça n'a rien donné, je n'en ai rien tiré

**joyful** /'dʒɔɪfʊl/ ADJ joyeux

**joyfully** /'dʒɔɪfəlɪ/ ADV *[greet, sing]* joyeusement

**joyfulness** /'dʒɔɪfʊlnɪs/ N *(gen)* joie *f* ◆ **the ~ of the occasion** le caractère joyeux de l'événement

**joyless** /'dʒɔɪlɪs/ ADJ *[world]* sans joie ; *[person, experience]* triste

**joyous** /'dʒɔɪəs/ ADJ *(liter)* joyeux

**joyously** /'dʒɔɪəslɪ/ ADV *(liter) (with vb)* avec joie ; *(with adj)* joyeusement

**joyride** /'dʒɔɪˌraɪd/ N ◆ **to go for a ~** faire une virée* dans une voiture volée VI *(also* **go joyriding***)* faire une virée* dans une voiture volée

**joyrider** /'dʒɔɪˌraɪdə^r/ N jeune chauffard *m* au volant d'une voiture volée

**joyriding** /'dʒɔɪˌraɪdɪŋ/ N ◆ **~ is on the increase** il y a de plus en plus de jeunes qui volent une voiture juste pour aller faire une virée

**joystick** /'dʒɔɪstɪk/ N *(Aviat)* manche *m* à balai ; *(Comput)* manche *m* à balai, manette *f* (de jeu)

**JP** /ˌdʒeɪ'piː/ N *(Brit Jur)* (abbrev of **Justice of the Peace**) → **justice**

**Jr** *(US)* (abbrev of **Junior**) Jr

**JSA** /ˌdʒeɪes'eɪ/ N *(Brit Admin)* (abbrev of **job seeker's allowance**) → **job**

**jubilant** /'dʒuːbɪlənt/ ADJ *[person, voice]* débordant de joie ; *[face]* épanoui, radieux ◆ **he was ~** il jubilait

**jubilation** /ˌdʒuːbɪ'leɪʃən/ N *(= emotion)* allégresse *f*, jubilation *f* NPL **jubilations** *(= celebrations)* fête *f*, réjouissance(s) *f(pl)*

**jubilee** /'dʒuːbɪliː/ N jubilé *m* ; → **diamond**

**Judaea** /dʒuː'diːə/ N Judée *f*

**Judaeo-Christian, Judeo-Christian** *(US)* /dʒuːˌdeɪəʊ'krɪstɪən/ ADJ judéo-chrétien

**Judah** /'dʒuːdə/ N Juda *m*

**Judaic** /dʒuː'deɪɪk/ ADJ judaïque

**Judaism** /'dʒuːdeɪɪzəm/ N judaïsme *m*

**Judas** /'dʒuːdəs/ N a *(= name)* Judas *m* ◆ **~ Iscariot** Judas *m* Iscariote b *(= traitor)* judas *m* c *(= peephole)* **judas** judas *m* COMP ▷ **Judas tree** N arbre *m* de Judée, gainier *m*

**judder** /'dʒʌdə^r/ *(Brit)* VI vibrer ; *(stronger)* trépider ◆ **to ~ to a halt** s'arrêter en trépidant N vibration *f*, trépidation *f*

**Jude** /dʒuːd/ N Jude *m*

**judge** /dʒʌdʒ/ N a *(gen, Jur, Sport)* juge *m* ; *(= member of judging panel)* membre *m* du jury ◆ **(the book of) Judges** *(Bible)* (le livre des) Juges *mpl* ◆ **the ~s' rules** *(Brit Police) la procédure criminelle avant un procès* ; see also **comp**

b *(fig)* connaisseur *m*, juge *m* ◆ **to be a good ~ of character** être bon psychologue, savoir juger les gens ◆ **to be a good ~ of wine** être bon juge en vins, s'y connaître en vins ◆ **I'll be the ~** *or* **let me be the ~ of that** c'est à moi de juger

VT a *(= assess) [+ person, conduct, competition]* juger ; *[+ qualities]* apprécier

b *(= consider)* juger, estimer (*that* que) ◆ **to ~ it necessary to do sth** juger *or* estimer nécessaire de faire qch ◆ **you can't ~ a book by its cover** *(Prov)* il ne faut pas se fier aux apparences

VI juger, rendre un jugement ◆ **to ~ for oneself** juger par soi-même ◆ **as far as one can ~, as far as can be ~d** autant qu'on puisse en juger ◆ **judging by** *or* **from** à en juger par *or* d'après

COMP ▷ **judge advocate** N (pl **judge advocates**) *(Mil, Jur)* assesseur *m (auprès d'un tribunal militaire)* ▷ **judge of appeal** N *(Jur)* conseiller *m* à la cour d'appel

**judg(e)ment** /'dʒʌdʒmənt/ N a *(= opinion)* avis *m* ◆ **to give one's judg(e)ment (on)** donner son avis (sur) ◆ **in my judg(e)ment** selon moi

◆ **to make a judg(e)ment** se faire une opinion ◆ **they had to make a ~ about what they had seen** ils ont dû se faire une opinion sur ce qu'ils venaient de voir ◆ **my job is to make a ~ as to whether a good job has been done** mon rôle est de décider si le travail a été bien fait

◆ **to pass judg(e)ment** *(= criticize)* juger ◆ **it's not for me to pass ~** il ne m'appartient pas de juger

◆ **against one's better judg(e)ment** ◆ **against my better ~ I agreed** j'ai accepté tout en sachant que c'était une erreur

◆ **to sit in judg(e)ment** porter un jugement ; → **reserve**

b *(Jur, Rel)* jugement *m* ◆ **in a historic ~, the court rejected this argument** le tribunal a rejeté cet argument dans un jugement qui fera date ◆ **to give** *or* **pass ~ (on)** prononcer *or* rendre un jugement (sur) ; → **last¹**

c *(NonC = good sense)* jugement *m* ◆ **to have (sound) judg(e)ment** avoir du jugement ◆ **I respect his ~** j'ai confiance en son jugement ◆ **an error of ~** une erreur de jugement

COMP ▷ **judg(e)ment call** N *(esp US)* ◆ **to make a judg(e)ment call** prendre une décision en s'en remettant à son jugement personnel ▷ **Judg(e)ment Day** N *(Rel)* le jour du Jugement (dernier)

> ⚠ **judg(e)ment** *is not usually translated by* **jugement** *when it means 'opinion'.*

**judg(e)mental** /dʒʌdʒ'mentəl/ ADJ ◆ **he is very judg(e)mental** il porte toujours des jugements catégoriques, il s'érige toujours en juge

**judicature** /'dʒuːdɪkətʃə^r/ N a *(= process of justice)* justice *f* b *(= body of judges)* magistrature *f* c *(= judicial system)* système *m* judiciaire

**judicial** /dʒuː'dɪʃəl/ ADJ a *(Jur) [power, function]* judiciaire ; *[decision]* de justice ◆ **~ and extrajudicial documents** actes *mpl* judiciaires et extrajudiciaires ◆ **the ~ process** la procédure judiciaire ◆ **~ appointments** nominations *fpl* judiciaires b *(= wise) [mind]* sage ◆ **~ faculty** sens *m* critique COMP ▷ **judicial inquiry** N enquête *f* judiciaire ▷ **judicial murder** N exécution *f* ▷ **judi-**

**cial proceedings** NPL poursuites *fpl* judiciaires ▷ **judicial review** N *(Jur) (Brit)* réexamen *m* d'une décision de justice *(par une juridiction supérieure)*; *(US)* examen *m* de la constitutionnalité d'une loi ▷ **judicial sale** N vente *f* forcée *or* judiciaire

**judicially** /dʒuːˈdɪʃəlɪ/ ADV judiciairement

**judiciary** /dʒuːˈdɪʃɪərɪ/ ADJ judiciaire N a *(= system)* système *m* judiciaire b *(= body of judges)* magistrature *f* c *(= branch of government)* pouvoir *m* judiciaire

**judicious** /dʒuːˈdɪʃəs/ ADJ *(frm)* judicieux

**judiciously** /dʒuːˈdɪʃəslɪ/ ADV *(frm) [use, say]* judicieusement

**Judith** /ˈdʒuːdɪθ/ N Judith *f*

**judo** /ˈdʒuːdəʊ/ N judo *m*

**judoka** /ˈdʒuːdəʊˌkɑː/ N judoka *m*

**Judy** /ˈdʒuːdɪ/ N (dim of **Judith**) → **Punch**

**jug** /dʒʌg/ N a *(for water)* carafe *f*; *(for wine)* pichet *m*; *(round, heavy, jar-shaped)* cruche *f*; *(for milk)* pot *m*; *(for washing water)* broc *m* b (*✱* *= prison)* taule * *f or* tôle * *f*, bloc * *m* ♦ **in ~** en taule *, au bloc * VT a *(Culin)* cuire en civet ♦ **~ged hare** civet *m* de lièvre b (*✱* *= imprison)* coffrer * COMP ▷ **jug band** N *(US)* orchestre *m* (de folk *or* de jazz) improvisé *(utilisant des ustensiles ménagers)*

**juggernaut** /ˈdʒʌgənɔːt/ N a *(Brit = truck)* gros poids lourd *m*, mastodonte *m* b *(fig = irresistible force)* **the media/military ~** le pouvoir écrasant des médias/de l'armée ♦ **the ~ of tradition/religion** l'influence écrasante de la tradition/religion c *(Rel)* **Juggernaut** Jagannâth *m*

**juggins** ✱ /ˈdʒʌgɪnz/ N jobard(e) *m(f)*, cruche * *f*

**juggle** /ˈdʒʌgl/ VI *(lit, fig)* jongler (*with* avec) VT *[+ balls, plates, facts, figures]* jongler avec; *[+ one's time]* essayer de partager ♦ **to ~ a career and a family** jongler pour concilier sa carrière et sa vie de famille

**juggler** /ˈdʒʌgləʳ/ N jongleur *m*, -euse *f*

**juggling** /ˈdʒʌglɪŋ/ N *(NonC)* a *(lit: with balls, plates)* jonglerie *f* b *(fig = clever organization)* **combining career and family requires a lot of ~** il faut beaucoup jongler pour concilier sa carrière et sa famille ♦ **with a bit of ~ I managed to pack everything into one suitcase** avec un peu d'astuce j'ai réussi à tout mettre dans une seule valise c *(= trickery)* tours *mpl* de passe-passe COMP ▷ **juggling act** N *(fig)* ♦ **to do a ~ act** tout mener de front ♦ **to do a ~ act with sth** jongler avec qch *(fig)*

**jughead** ✱ /ˈdʒʌghed/ N *(US pej)* andouille * *f*

**Jugoslav** /ˈjuːgəʊˌslɑːv/ ADJ yougoslave N Yougoslave *mf*

**Jugoslavia** /ˌjuːgəʊˈslɑːvɪə/ N Yougoslavie *f*

**jugular** /ˈdʒʌgjʊləʳ/ ADJ jugulaire N (veine *f*) jugulaire *f* ♦ **to go for the ~** frapper au point le plus faible

**juice** /dʒuːs/ N a *[of fruit, meat]* jus *m* ♦ **orange ~** jus *m* d'orange b *(Physiol)* suc *m* ♦ **digestive ~s** sucs *mpl* digestifs c *(US* ✱ *= alcohol)* alcool *m* d (* *= electricity, gas)* jus * *m*; *(Brit = petrol)* essence *f* VT *[+ fruit, vegetable]* faire du jus (avec) COMP ▷ **juice extractor** N *(Brit)* centrifugeuse *f* électrique ▷ **juicing orange** N orange *f* à jus

► **juice up** * VT SEP a *(US Aut) [+ car]* gonfler le moteur de b *(= spice up) [+ occasion]* mettre de l'ambiance dans; *[+ image, brand]* donner du punch à *

**juicehead** ✱ /ˈdʒuːshed/ N *(US)* poivrot(e) * *m(f)*, alcoolique *mf*

**juicer** /ˈdʒuːsəʳ/ N centrifugeuse *f* électrique

**juiciness** /ˈdʒuːsɪnɪs/ N juteux *m*

**juicy** /ˈdʒuːsɪ/ ADJ a *(= succulent) [fruit, steak]* juteux b * *(= desirable) [role, part]* savoureux; *[deal]* juteux; *(= interesting) [story, scandal, details]* croustillant ♦ **I heard some ~ gossip about him** j'ai entendu des histoires bien croustillantes à son sujet

**jujitsu** /dʒuːˈdʒɪtsuː/ N jiu-jitsu *m*

**juju** /ˈdʒuːdʒuː/ N *culte africain proche du vaudou*

**jujube** /ˈdʒuːdʒuːb/ N jujube *m*

**jukebox** /ˈdʒuːkbɒks/ N juke-box *m*

**Jul.** abbrev of **July**

**julep** /ˈdʒuːlep/ N boisson *f* sucrée, sirop *m*, julep *m*; → **mint²**

**Julian** /ˈdʒuːlɪən/ N Julien *m* ADJ julien

**Juliet** /ˈdʒuːlɪet/ N Juliette *f*

**Julius** /ˈdʒuːlɪəs/ N Jules *m* ♦ **~ Caesar** Jules *m* César

**July** /dʒuːˈlaɪ/ N juillet *m*; *for phrases see* **September**

**jumble** /ˈdʒʌmbl/ VT (also **jumble up**) a *(lit) [+ objects, clothes, figures]* mélanger ♦ **to ~ everything (up)** tout mélanger ♦ **his clothes are all ~d up on his bed** ses vêtements sont pêle-mêle *or* en vrac sur son lit ♦ **a ~d mass of wires** un amas de fils entortillés ♦ **can you work out whose famous face has been ~d up in the picture?** *(in magazine)* pouvez-vous recomposer le visage du personnage célèbre qui figure sur cette image ?

b *(fig) [+ facts, details]* brouiller, embrouiller ♦ **~d thoughts/memories** pensées *fpl*/souvenirs *mpl* confus(es)

N a *(lit) [of objects]* fouillis *m*, méli-mélo * *m* ♦ **a ~ of toys/papers** un tas de jouets/papiers en vrac ♦ **in a ~** *[objects, papers, toys]* en vrac

b **a ~ of words** une suite de mots sans queue ni tête ♦ **a ~ of ideas/thoughts/memories** des idées *fpl*/pensées *fpl*/souvenirs *mpl* confus(es) ♦ **in a ~** *[ideas, thoughts]* confus

c *(NonC: Brit = junk, goods at jumble sale)* bric-à-brac *m*

COMP ▷ **jumble sale** N *(Brit)* vente *f* de charité *(d'objets d'occasion)*

**jumbo** /ˈdʒʌmbəʊ/ N * a éléphant *m* b ⇒ **jumbo jet** COMP *[order, load, box, bottle, vegetable, prawn, egg]* géant ▷ **jumbo jet** N *(Aviat)* jumbo-jet *m*, avion *m* gros porteur ▷ **jumbo loan** N prêt *m* géant *or* jumbo ▷ **jumbo pack** N *(gen)* paquet *m* géant; *(of bottles, cans)* emballage *m* géant

**jump** /dʒʌmp/ N a *(gen)* saut *m*; *(of fear, nervousness)* sursaut *m* ♦ **to give a ~** faire un saut, sauter; *(nervously)* sursauter ♦ **at one ~** d'un (seul) bond ♦ **to be one ~ ahead** *(fig)* avoir une longueur d'avance (*of* sur); ♦ **to get a** *or* **the ~ on sb/sth** *(US)* prendre une longueur d'avance sur qn/qch ♦ **it's a big ~ from medical student to doctor** il y a une grande différence entre être étudiant en médecine et devenir médecin; → **bungee jumping, high, parachute, running**

b *(= increase)* bond *m* ♦ **a ~ in profits/sales/inflation** un bond des profits/des ventes/de l'inflation ♦ **the ~ in prices** la hausse brutale des prix ♦ **a 5% ~ in the unemployment figures** un bond de 5% des chiffres du chômage

c *(Comput)* saut *m*

d *(Horse-riding)* obstacle *m*

VI a *(= leap)* sauter, bondir ♦ **to ~ in/out/across** entrer/sortir/traverser d'un bond ♦ **to ~ across a stream** franchir un ruisseau d'un bond ♦ **to ~ into the river** sauter dans la rivière ♦ **to ~ off a bus/train** sauter d'un autobus/d'un train ♦ **to ~ off a wall** sauter (du haut) d'un mur ♦ **to ~ over a wall/fence/ditch** sauter un mur/une barrière/un fossé ♦ **he managed to ~ clear as the car went over the cliff** il a réussi à sauter hors de la voiture au moment où celle-ci passait par-dessus la falaise ♦ **to ~ up and down** sauter ♦ **to ~ up and down with excitement** bondir d'excitation ♦ **to ~ up and down with anger** trépigner de colère ♦ **to ~ for joy** *(fig)* sauter de joie

b *(from nervousness)* sursauter, tressauter ♦ **to make sb ~** *[loud noise]* faire sursauter *or* tressauter qn ♦ **it almost made him ~ out of his skin** * ça l'a fait sauter au plafond * ♦ **his heart ~ed** *(with fear)* il a eu un coup au cœur; *(with happiness)* son cœur a bondi

c *(fig) [person]* sauter ♦ **to ~ from one subject to another** sauter (sans transition) d'un sujet à un autre, passer du coq à l'âne ♦ **she ~ed from kitchen assistant to chef** elle est passée directement de simple aide-cuisinière à chef de cuisine ♦ **she ~ed from seventh place to second** elle est passée directement de la septième à la seconde place ♦ **to ~ at** *[+ chance, suggestion, offer]* sauter sur; *[+ idea]* accueillir avec enthousiasme ♦ **to ~ down sb's throat** * rembarrer qn ♦ **to ~ to conclusions** tirer des conclusions hâtives ♦ **he ~ed to the conclusion that ...** il en a conclu hâtivement que ... ♦ **to ~ to sb's defence** s'empresser de prendre la défense de qn ♦ **~ to it!** * et plus vite que ça ! *, et que ça saute ! *

d *[prices, shares, profits, costs]* monter en flèche, faire un bond ♦ **her salary ~ed from $25,000 to $50,000** son salaire est passé d'un seul coup de 25 000 à 50 000 dollars ♦ **losses ~ed to $4.1 million** les pertes ont subitement atteint les 4,1 millions de dollars

VT a *[person, horse] [+ obstacle, ditch, fence]* sauter, franchir (d'un bond) ♦ **the horse ~ed a clear round** le cheval a fait un parcours d'obstacles sans faute ♦ **the electric current ~s the gap between the two wires** sans que les fils se touchent, le courant électrique passe de l'un à l'autre ♦ **to ~ 2 metres** sauter 2 mètres, faire un saut de 2 mètres

b *[rider] [+ horse]* faire sauter ♦ **the jockey ~ed his horse over the fence** le jockey a fait sauter l'obstacle à son cheval ♦ **she's ~ing three horses in this competition** *[jockey]* elle monte trois chevaux dans cette épreuve d'obstacles; *[owner]* elle engage trois chevaux dans cette épreuve d'obstacles

c *(= skip)* sauter ♦ **the stylus ~ed a groove** la pointe de lecture a sauté un sillon ♦ **the disease has ~ed a generation** cette maladie a sauté une génération ♦ **the film then ~s ten years to 1996** le film fait alors un bond de dix ans pour arriver en 1996 ♦ **the company's shares ~ed £1.25/3%** les actions de la société ont fait un bond de 1,25 livres/de 3% ♦ **to ~ bail** *(Jur)* ne pas comparaître au tribunal ♦ **to ~ a claim** *(Jur)* s'emparer illégalement d'une concession minière ♦ **to ~ the gun** *(Sport)* partir avant le départ; (* *fig)* agir prématurément ♦ **to ~ the gun on sb** couper l'herbe sous le pied de qn ♦ **to ~ the lights** *or* **a red light** * *[motorist]* brûler le feu rouge ♦ **to ~ the queue** * *(Brit)* passer avant son tour, resquiller * ♦ **to ~ the points** *[train]* dérailler à l'aiguillage ♦ **to ~ the rails** *(lit) [train]* dérailler; *(esp Brit fig = go wrong)* déraper ♦ **to ~ a train** *(= get on)* sauter dans un train en marche; *(= get off)* sauter d'un train en marche ♦ **to ~ ship** *(lit)* déserter le navire; *(fig = join rival organization)* passer dans un autre camp ♦ **to ~ town** ✱ *(US)* quitter la ville

d *(= attack)* ♦ **to ~ sb** * sauter sur qn

e ✱ *(esp US = have sex with)* sauter *

COMP ▷ **jumped-up** * ADJ *(Brit pej) (= pushy)* parvenu ; *(= cheeky)* effronté ; *(= conceited)* prétentieux ◆ **he is a ~ed-up clerk** ce n'est qu'un petit employé qui a monté en grade ▷ **jump-jet** N avion *m* à décollage vertical ▷ **jump jockey** N *(Brit Racing)* jockey *m* de steeple-chase ▷ **jump leads** NPL *(Brit Aut)* câbles *mpl* de démarrage *(pour batterie)* ▷ **jump-off** N *(Horse-riding)* (épreuve *f*) finale *f (d'un concours hippique)* ▷ **jump rope** N *(US)* corde *f* à sauter ▷ **jump seat** N *(Aut, Aviat)* strapontin *m* ▷ **jump-start** → **jump-start** ▷ **jump suit** N *(gen)* combinaison (-pantalon) *f*, combinaison *f* de saut

► **jump about, jump around** VI sautiller

► **jump down** VI *(gen)* descendre d'un bond (*from* de) ◆ **~ down!** *(from wall, bicycle)* sautez !

► **jump in** VI sauter dedans ◆ **he came to the river and ~ed in** arrivé à la rivière il a sauté dedans ◆ **~ in!** *(into vehicle)* montez ! ; *(into swimming pool)* sautez !

► **jump off** VI sauter ◆ **he ~ed off** il a sauté

ADJ ◆ **jumping-off** → **jumping**

N ◆ **jump-off** → **jump**

► **jump on** VI *(onto truck, bus)* ◆ **jump on!** montez ! ◆ **to ~ on(to) one's bicycle** sauter sur son vélo

VT FUS a ◆ **to jump on(to) a bus** sauter dans un autobus

b *(* = reprimand)* tomber sur

► **jump out** VI sauter (*of* de) ◆ **to ~ out of bed** sauter (à bas) du lit ◆ **to ~ out of the window** sauter par la fenêtre ◆ **to ~ out of a car/train** sauter d'une voiture/d'un train ◆ **~ out!** *(from vehicle)* sortez !, descendez ! ◆ **the mistake ~ed out of the page at him** l'erreur dans la page lui a sauté aux yeux

► **jump up** VI se (re)lever d'un bond

ADJ ◆ **jumped-up** * → **jump**

**jumper** /ˈdʒʌmpəʳ/ N a *(Brit = sweater)* pull (-over) *m* b *(US = dress)* robe-chasuble *f* c *(= one who jumps: person, animal)* sauteur *m*, -euse *f* d *(Comput)* cavalier *m* COMP ▷ **jumper cables** NPL câbles *mpl* de démarrage *(pour batterie)*

**jumping** /ˈdʒʌmpɪŋ/ N *(gen)* saut *m* ; *(= equitation)* jumping *m*, concours *m* hippique ADJ *(US * = lively)* plein d'animation COMP ▷ **jumping bean** N haricot *m* sauteur ▷ **jumping-off place, jumping-off point** N *(fig)* tremplin *m* ◆ **they used the agreement as a ~-off place** *or* **point for further negotiations** ils se sont servis de l'accord comme d'un tremplin pour de plus amples négociations ▷ **jumping rope** N *(US)* corde *f* à sauter

**jump-start** /ˈdʒʌmpstɑːt/ VT a *(Aut)* **to ~ a car** *(by pushing)* faire démarrer une voiture en la poussant ; *(with jump leads)* faire démarrer une voiture en branchant sa batterie sur une autre b *[+ negotiations, process, economy]* relancer N a *(Aut)* **to give sb a ~** *(by pushing)* faire démarrer la voiture de qn en la poussant ; *(with jump leads)* faire démarrer la voiture de qn en branchant sa batterie sur une autre b *[of negotiations, process, economy]* relance *f*

**jumpy** * /ˈdʒʌmpɪ/ ADJ *[person]* nerveux ; *(St Ex) [market]* instable

**Jun.** a abbrev of **June** b (abbrev of **Junior**) Jr

**junction** /ˈdʒʌŋkʃən/ N a *(NonC)* jonction *f* b *(Brit) (= meeting place) [of roads]* bifurcation *f* ; *(= crossroads)* carrefour *m* ; *[of rivers]* confluent *m* ; *[of railway lines]* embranchement *m* ; *[of pipes]* raccordement *m* ; *(= station)* gare *f* de jonction ◆ **leave the motorway at ~ 13** prenez la sortie numéro 13 COMP ▷ **junction box** N *(Elec)* boîte *f* de dérivation

**juncture** /ˈdʒʌŋktʃəʳ/ N a *(= joining place)* jointure *f*, point *m* de jonction ; *(Ling)* joncture *f* b *(fig = state of affairs)* conjoncture *f* ◆ **at this ~** *(fig = point)* à ce moment

**June** /dʒuːn/ N juin *m* ; *for phrases see* **September** COMP ▷ **June bug** N hanneton *m*

**Jungian** /ˈjʊŋɪən/ N *(= follower of Jung)* jungien(ne) *m(f)* ADJ jungien

**jungle** /ˈdʒʌŋgl/ N a jungle *f* b *(Mus)* jungle *f* COMP *[animal, bird]* de la jungle ▷ **jungle bunny** *‡* N *(esp US pej)* nègre *m*, négresse *f*, Noir(e) *m(f)* ▷ **jungle gym** N *(in playground)* cage *f* à poules *or* aux écureuils ▷ **jungle juice** * N gnôle * *f* ▷ **jungle warfare** N *(NonC)* combats *mpl* de jungle

**junior** /ˈdʒuːnɪəʳ/ ADJ a *(in age)* (plus) jeune, cadet ◆ **John Smith, Junior** John Smith fils *or* junior ; see also **comp**

b *(in position) [employee, job]* subalterne ◆ **~ members of staff** les employés subalternes ◆ **he is ~ to me in the business** il est au-dessous de moi dans l'entreprise ◆ **people at the most ~ level in the company** les petits employés de l'entreprise ; see also **comp**

c *(Sport) [competition, team, title] (gen)* junior ; *(= under 11)* ≃ de poussins ; *(= 12 to 13)* ≃ de benjamins ; *(= 14 to 15)* ≃ de minimes ; *(= 16 to 17)* ≃ de cadets ; *(= 18 to 19)* ≃ de juniors ◆ **to compete at ~ level** faire partie de l'équipe des poussins (*or* des benjamins *etc*)

N a cadet(te) *m(f)* ◆ **he is two years my ~, he is my ~ by two years** il est mon cadet de deux ans

b *(Brit Scol)* petit(e) élève *m(f) (de 7 à 11 ans)* ; *(US Scol)* élève *mf* de classe de première ; *(US Univ)* étudiant(e) *m(f)* de troisième année

c *(Sport) (gen)* junior *mf* ; *(= under 11)* ≃ poussin *mf* ; *(= 12 to 13)* ≃ benjamin(e) *m(f)* ; *(= 14 to 15)* ≃ minime *mf* ; *(= 16 to 17)* ≃ cadet(te) *m(f)* ; *(= 18 to 19)* ≃ junior *mf*

COMP ▷ **junior class** N ◆ **the ~ classes** les petites classes *fpl (de 7 à 11 ans)* ▷ **junior clerk** N petit commis *m* ▷ **junior college** N *(US)* institut *m* universitaire (du premier cycle) ▷ **Junior Common Room** N *(Brit Univ) (= room)* salle *f* des étudiants ; *(= students)* étudiants *mpl* ▷ **junior doctor** N interne *m* des hôpitaux ▷ **junior executive** N jeune cadre *m* ▷ **junior high school** N *(US)* ≃ collège *m* ▷ **Junior League** N a *(US: for voluntary work) association locale féminine d'aide à la communauté* b *(Brit Sport)* championnat *m* junior ▷ **junior minister** N *(Parl)* sous-secrétaire *m* d'État ▷ **junior miss** † N *(Comm)* fillette *f (de 11 à 14 ans)* ▷ **junior officer** N officier *m* subalterne ▷ **junior partner** N associé(-adjoint) *m* ▷ **junior rating** N *(Brit Navy)* matelot *m* ▷ **junior school** N *(Brit)* école *f* primaire *(de 7 à 11 ans)* ▷ **junior's license** N *(US) permis spécial pour adolescents et autres apprentis conducteurs* ; → DRIVING LICENCE, DRIVER'S LICENSE ▷ **junior technician** N *(Brit Aviat)* soldat *m* de première classe ▷ **junior training centre** N *(Brit)* centre *m* médico-éducatif ▷ **junior varsity sports** NPL *(US Univ) sports pratiqués entre les équipes de deuxième division des établissements scolaires et universitaires*

**juniper** /ˈdʒuːnɪpəʳ/ N genévrier *m* ◆ **~ berry** baie *f* de genièvre ◆ **~ berries** genièvre *m*

**junk**[1] /dʒʌŋk/ N *(NonC) (= discarded objects)* bric-à-brac *m inv*, vieilleries *fpl* ; *(= metal)* ferraille *f* ; *(* = bad quality goods)* camelote * *f* ; *(* = worthless objects)* pacotille *f* ; *(‡ = nonsense)* âneries *fpl* ; *(Drugs *)* came * *f* VT * bazarder *, balancer * COMP ▷ **junk art** N junk art *m (sculptures réalisées à l'aide de déchets)* ▷ **junk bond** N junk bond *m*, obligation *f* à risque ▷ **junk dealer** N brocanteur *m*, -euse *f* ▷ **junk food** * N *(NonC)* ◆ **to eat ~ food** manger des cochonneries * ▷ **junk heap** N dépotoir *m* ▷ **junk mail** N *(NonC)* imprimés *mpl* publicitaires *(envoyés par la poste)* ▷ **junk market** N marché *m* aux puces ▷ **junk shop** N (boutique *f* de) brocante *f*

**junk**[2] /dʒʌŋk/ N *(= boat)* jonque *f*

**junket** /ˈdʒʌŋkɪt/ N a *(Culin)* (lait *m*) caillé *m* b *(US = trip at public expense)* voyage *m* aux frais de la princesse * VI faire bombance

**junketing** /ˈdʒʌŋkɪtɪŋ/ N *(NonC) (= merrymaking)* bombance *f*, bringue *‡ f* ; *(US * = trip, banquet at public expense)* voyage *m or* banquet *m* aux frais de la princesse *

**junkie, junky** * /ˈdʒʌŋkɪ/ N drogué(e) *m(f)*, camé(e) * *m(f)* ◆ **a television ~** un accro * de la télé

**junkyard** /ˈdʒʌŋkjɑːd/ N entrepôt *m* de chiffonnier-ferrailleur

**Juno** /ˈdʒuːnəʊ/ N Junon *f*

**Junr** (abbrev of **Junior**) Jr

**junta** /ˈdʒʌntə/ N junte *f*

**Jupiter** /ˈdʒuːpɪtəʳ/ N *(Myth)* Jupiter *m* ; *(Astron)* Jupiter *f*

**Jura** /ˈdʒʊərə/ N (also **Jura Mountains**) Jura *m*

**Jurassic** /dʒʊˈræsɪk/ ADJ *(Geol) [period]* jurassique

**juridical** /dʒʊəˈrɪdɪkəl/ ADJ juridique

**jurisdiction** /ˌdʒʊərɪsˈdɪkʃən/ N *(Jur)* juridiction *f* ; *(Admin)* compétence *f* ◆ **it comes within our ~** *(Jur)* cela relève de notre juridiction ; *(Admin)* cela relève de notre compétence *or* de nos attributions, c'est de notre ressort ◆ **to be outside sb's ~** *(Jur)* ne pas relever de la juridiction de qn ; *(Admin)* ne pas relever des compétences de qn, sortir des attributions de qn ; → **court**

**jurisdictional** /ˌdʒʊərɪsˈdɪkʃənl/ ADJ *(US)* ◆ **~ dispute** conflit *m* d'attributions

**jurisprudence** /ˌdʒʊərɪsˈpruːdəns/ N droit *m* ; → **medical**

**jurist** /ˈdʒʊərɪst/ N juriste *m*

**juror** /ˈdʒʊərəʳ/ N juré *m*

**jury**[1] /ˈdʒʊərɪ/ N *(Jur)* jury *m*, jurés *mpl* ; *[of examination, exhibition, competition]* jury *m* ◆ **to be on the ~** faire partie du jury ◆ **Ladies and Gentlemen of the ~** Mesdames et Messieurs les jurés ◆ **the ~ is out** *(lit)* le jury s'est retiré pour délibérer ; *(fig)* cela reste à voir ◆ **the ~ is out on whether this is true** reste à voir si c'est vrai ; → **coroner, grand** COMP ▷ **jury box** N banc *m* des jurés ▷ **jury duty** N *(US, Scot)* ⇒ **jury service** ▷ **jury-rigging** N *constitution d'un jury partisan* ▷ **jury service** N ◆ **to do ~ service** faire partie d'un jury, être juré ◆ **to be called for ~ service** être appelé à faire partie d'un jury ▷ **jury shopping** N *(US Jur) recherche du jury idéal (par récusation de jurés)* ▷ **the jury system** N le système de jugement par jury

**jury**[2] /ˈdʒʊərɪ/ ADJ *(Naut)* de fortune, improvisé

**juryman** /ˈdʒʊərɪmən/ N (pl **-men**) juré *m*

**jurywoman** /ˈdʒʊərɪwʊmən/ N (pl **-women**) femme *f* juré

## just[1] /dʒʌst/

ADVERB

a = exactly juste, exactement ◆ **it's ~ 9 o'clock** il est 9 heures juste, il est exactement 9 heures ◆ **you're ~ in time** vous arrivez juste à temps ◆ **it took me ~ two hours** il m'a fallu exactement *or* juste deux heures ◆ **it's ~ what I wanted** c'est exactement *or* juste ce que je voulais ◆ **that's ~ what I thought** c'est exactement ce que je pensais ◆ **that's ~ what I was going to say** c'est juste *or* exactement ce que j'allais dire ◆ **~ how many came we don't know** nous ne savons pas exactement *or* au juste combien de personnes sont venues ◆ **~ then** *or* **at that moment** à ce moment-là, juste à ce moment ◆ **he has to have everything ~ so** * il faut que tout soit exactement comme il veut

Note the translations of the following examples, where **just** is used for emphasis:

◆ **~ what are you implying?** qu'est-ce que tu veux dire au juste ? ◆ **~ what did they hope to achieve!** on se demande bien ce qu'ils s'imaginaient obtenir ! ◆ **I'm sure that's ~ what it was** c'était sûrement ça ◆ **~ when everything was going so well!** dire que tout allait si bien !

◆ **just on** tout juste ◆ **it cost ~ on 10 euros** ça a coûté tout juste 10 € ◆ **it's ~ on 2 kilos** ça fait tout juste 2 kilos ◆ **it's ~ on nine** il est tout juste 9 heures

**b** [indicating position] juste ◆ **~ by the church** juste à côté de *or* tout près de l'église ◆ **my house is ~ here** ma maison est juste ici ◆ **it's ~ on the left as you go in** c'est tout de suite à gauche en entrant ◆ **~ over there** là(, tout près) ◆ **~ past the station** juste après la gare ◆ **it's ~ to the left of the bookcase** c'est juste à gauche de la bibliothèque

**c** [= at this or that moment] ◆ **we're ~ off** nous partons à l'instant ◆ **I'm ~ coming!** j'arrive ! ◆ **it's okay, I was ~ leaving** ce n'est pas grave, je partais ◆ **are you leaving? – not ~ yet** tu pars ? — pas encore *or* pas tout de suite ◆ **are you ready? – not ~ yet** tu es prêt ? — pas tout à fait

**d** [referring to recent time] ◆ **~ last week** pas plus tard que la semaine dernière ◆ **I saw him ~ last week** je l'ai vu pas plus tard que la semaine dernière ◆ **this book is ~ out** ce livre vient de paraître

◆ **to have just done sth** venir de faire qch ◆ **he had ~ left** il venait de partir ◆ **I have only ~ heard about it** je viens juste de l'apprendre ◆ **I've ~ this minute finished it** je viens de le finir à l'instant, je viens tout juste de le finir

**e** [= barely] ◆ **we (only) ~ caught the train** nous avons juste eu le temps de sauter dans le train ◆ **I'll ~ catch the train if I hurry** j'aurai tout juste le temps d'attraper le train si je me dépêche ◆ **his voice was ~ audible** sa voix était tout juste audible

◆ **only just** tout juste ◆ **I will only ~ get there on time** j'arriverai tout juste à l'heure ◆ **I have only ~ enough money** j'ai tout juste assez d'argent ◆ **we only ~ missed the train** nous avons raté le train de justesse ◆ **he passed the exam but only ~** il a été reçu à l'examen mais de justesse *or* mais ça a été juste

**f** [= slightly] juste ◆ **he got home ~ after 9 o'clock** il est rentré peu après *or* juste après 9 heures ◆ **~ after he came** juste après son arrivée ◆ **~ after this** juste après, tout de suite après ◆ **~ before Christmas** juste avant Noël ◆ **~ before it started to rain** juste avant qu'il ne commence à pleuvoir ◆ **that's ~ over the kilo** cela fait juste un peu plus du kilo ◆ **~ over $10** un peu plus de 10 dollars ◆ **~ under $10** un peu moins de 10 dollars ◆ **it's ~ after 9 o'clock** il est un peu plus de 9 heures

**g** [= conceivably] ◆ **it may ~ be possible** ce n'est pas totalement exclu ◆ **it's an old trick, but it could ~ work** c'est une vieille astuce mais avec un peu de chance ça pourrait marcher

**h** [= merely] juste, ne ... que ◆ **it's ~ a suggestion** c'est juste une suggestion, ce n'est qu'une suggestion ◆ **there will be ~ the two of us** il n'y aura que nous deux, il y aura juste nous deux ◆ **~ a few** juste quelques-uns ◆ **would you like some? – ~ a little bit** tu en veux ? — juste un petit peu ◆ **~ a quick note to let you know that ...** juste un petit mot pour vous dire que ... ◆ **he did it ~ for a laugh** * il l'a fait juste pour rigoler * ◆ **that's ~ your opinion** ça c'est ce que tu penses, ça c'est ton opinion

**i** [= simply] juste, simplement ◆ **I ~ told him to go away** je lui ai juste *or* simplement dit de s'en aller ◆ **I would ~ like to say this** je voudrais juste *or* simplement dire ceci ◆ **don't take any notice of her, she's ~ jealous** ne fais pas attention à elle, elle est tout simplement jalouse

When **just** is used in mitigation, or for emphasis, this is expressed in French in various ways.

◆ **I was ~ wondering if you knew ...** je me demandais si vous saviez ... ◆ **I'm ~ phoning to remind you that ...** je te téléphone juste pour te rappeler que ... ◆ **it's ~ one of those things** * c'est comme ça * ◆ **I ~ can't imagine what's happened to him** je n'arrive tout simplement pas à comprendre *or* j'ai du mal à imaginer ce qui a (bien) pu lui arriver ◆ **you should ~ send it back** vous n'avez qu'à le renvoyer ◆ **~ because YOU think so doesn't mean ...** ce n'est pas parce que tu le crois que ...

**j** [= specially] spécialement ◆ **I did it ~ for you** je l'ai fait spécialement pour toi

**k** [= absolutely] absolument, tout simplement ◆ **it was ~ marvellous!** c'était absolument *or* tout simplement merveilleux ! ◆ **she's ~ amazing!** elle est tout simplement *or* absolument stupéfiante ! ◆ **that's ~ stupid !** c'est complètement *or* vraiment stupide ◆ **we're managing ~ fine** on s'en sort (sans problème)

**l** [in imagination] ◆ **I can ~ see her face if I told her** j'imagine déjà la tête qu'elle ferait si je (le) lui disais ◆ **I can ~ hear the roars of laughter** j'entends déjà les rires (que ça provoquerait)

**m** [in commands, requests, threats] ◆ **~ wait here a minute** attends une minute ici ◆ **~ be reasonable** sois donc (un peu) raisonnable ◆ **~ don't ask me to help** ne me demande surtout pas de t'aider ◆ **~ a moment please** un instant s'il vous plaît ◆ **~ imagine!** * rends-toi compte !, tu t'imagines un peu ! * ◆ **~ look at that!** regarde-moi ça ! * ◆ **~ you do!** *, **~ you try it!** *, **~ you dare!** * essaie un peu pour voir ! ◆ **~ shut up!** * veux-tu te taire !, tu vas te taire ! ◆ **~ let me get my hands on him!** * celui-là, si je l'attrape !

**n** [in rejoinders] ◆ **that's ~ it !, that's ~ the point !** justement ! ◆ **~ so!** exactement ! ◆ **yes, but ~ the same ...** oui, mais tout de même ... ◆ **that's ridiculous! – isn't it ~!** *(Brit)* c'est ridicule ! — ça tu peux le dire ! ◆ **she made a real mess of it – didn't she ~!** *(Brit)* elle a tout gâché — ça tu peux le dire !

**o** [set structures]

◆ **just about** *(= approximately)* à peu près ◆ **it's ~ about 3 o'clock** il est à peu près 3 heures ◆ **it's ~ about 5 kilos** ça pèse à peu près 5 kilos ◆ **I think that it was ~ about here that I saw him** je pense que c'est par ici que je l'ai vu ◆ **have you finished? – ~ about** avez-vous fini ? — presque *or* pratiquement ◆ **the incident ~ about ruined him** l'incident l'a pratiquement *or* quasiment ruiné ◆ **I've had ~ about enough** *or* **about as much as I can stand!** j'en ai par-dessus la tête ! *, j'en ai vraiment assez !

◆ **to be just about to do sth** être sur le point de faire qch ◆ **we were ~ about to leave** on était sur le point de partir, on allait partir

◆ **just as** ◆ **leave everything ~ as you find it** laissez tout exactement en l'état ◆ **~ as we arrived it began to rain** juste au moment où nous arrivions, il s'est mis à pleuvoir ◆ **come ~ as you are** venez comme vous êtes ◆ **~ as you like** (c'est) comme vous voulez *or* voudrez ◆ **~ as I thought!** c'est bien ce que je pensais ! ◆ **this one is ~ as good as the more expensive model** celui-ci est tout aussi bon que le modèle plus cher

◆ **just as well** ◆ **I wasn't expecting much, which was ~ as well** je ne m'attendais pas à grand-chose, heureusement *or* et c'est tant mieux ◆ **I was driving slowly, and ~ as well** heureusement que je roulais lentement ◆ **we might ~ as well have stayed on a few days longer** on aurait très bien pu rester quelques jours de plus

◆ **just in case** ◆ **~ in case it rains** juste au cas où il pleuvrait ◆ **I'm taking a sleeping bag, ~ in case** j'emmène un sac de couchage, au cas où *or* pour le cas où

◆ **just like** ◆ **he's ~ like his father** *(physically)* c'est le portrait de son père, c'est son père tout craché ; *(in behaviour)* il est comme son père ◆ **they have their problems ~ like the rest of us** eux aussi, ils ont leurs problèmes comme tout le monde ◆ **that's ~ like Robert, always late** c'est bien Robert ça, toujours en retard ◆ **I can't find £1,000 ~ like that** je ne peux pas trouver 1 000 livres comme ça

◆ **just now** *(= a short time ago)* à l'instant, tout à l'heure ◆ **I saw him ~ now** je l'ai vu à l'instant *or* tout à l'heure ◆ **I'm busy ~ now** *(= at the moment)* je suis occupé (pour l'instant) ◆ **he's on the phone ~ now** il est au téléphone

**just²** /dʒʌst/ **ADJ** *(= fair)* juste (*to or towards sb* avec qn) ◆ **it is only ~ to point out that ...** il n'est que juste de faire remarquer que ... ; → **deserts**

**justice** /ˈdʒʌstɪs/ **N** **a** *(NonC: Jur)* justice *f* ◆ **to bring sb to ~** traduire qn en justice ◆ **~ has been done** justice a été faite ; → **poetic**

**b** *(NonC = fairness)* justice *f* ◆ **I must, in (all) ~, say (that) ...** pour être juste, je dois dire (que) ... ◆ **in ~ to him he ..., to do him ~ he ...** pour être juste envers lui, il ..., il faut lui rendre cette justice qu'il ... ◆ **this photograph doesn't do him ~** cette photo ne le flatte pas *or* ne l'avantage pas ◆ **she never does herself ~** elle ne se montre jamais à sa juste valeur ◆ **to do ~ to a meal** faire honneur à un repas

**c** *(= judge) (Brit)* juge *m* ; *(US)* juge *m* de la Cour Suprême ; → **lord**

**d** *(= justness) [of cause]* bien-fondé *m* ◆ **to dispute the ~ of a claim** contester le bien-fondé d'une réclamation

**COMP** ▷ **Justice Department N** *(US)* département *m* de la Justice ▷ **Justice of the Peace N** juge *m* de paix

**justifiable** /ˌdʒʌstɪˈfaɪəbl/ **ADJ** *[action]* justifié ; *[desire, emotion]* légitime ; *[choice]* défendable ◆ **~ homicide** *(Jur)* homicide *m* justifiable *(commis par qn dans l'exercice de ses fonctions)*

**justifiably** /ˌdʒʌstɪˈfaɪəblɪ/ **ADV** à juste titre ◆ **he was angry, and ~ so** il était en colère, à juste titre *or* et il y avait de quoi

**justification** /ˌdʒʌstɪfɪˈkeɪʃən/ **N** **a** *(gen, also Rel)* justification *f (of, for* de, à, pour) ◆ **as a ~ for his action** comme justification de *or* à son acte ◆ **in ~ of** pour justifier ◆ **to have some ~ for doing sth** avoir des raisons de faire qch ◆ **there is no ~ for the recent rise in prices** la hausse récente des prix n'est absolument pas justifiée ◆ **there can be no ~ for these barbaric acts** rien ne saurait justifier ces actes de barbarie ◆ **I knew there was no ~ for what I was doing** je savais que je n'avais aucune raison valable de faire ce que je faisais ◆ **the only ~ for a zoo is education** la seule raison d'être des zoos est leur fonction éducative ◆ **with ~** à juste titre

**b** *(Typ, Comput) [of text, page]* justification *f*

**justify** /ˈdʒʌstɪfaɪ/ **VT** **a** *[+ behaviour, action]* justifier ; *[+ decision]* prouver le bien-fondé de ◆ **to ~ o.s.** se justifier ◆ **this does not ~ his being late** cela ne justifie pas son retard ◆ **the decision was fully justified by economic conditions** la décision était entièrement justifiée par les conditions économiques ◆ **to be justified in doing sth** avoir de bonnes raisons de faire qch ◆ **you're not justified in talking to her like that** rien ne vous autorise à lui parler de cette façon ◆ **am I justified in thinking ...?** est-ce que j'ai raison de penser ... ? **b** *(Typ, Comput) [+ paragraph, text]* justifier ◆ **justified left/right, left/right justified** justifié à gauche/à droite

**justly** /ˈdʒʌstlɪ/ **ADV** **a** *(= justifiably, deservedly) [proud, famous, claim, accuse]* à juste titre **b** *(= fairly, equitably) [treat, rule, govern, reward]* justement

**justness** /ˈdʒʌstnɪs/ **N** *[of cause]* justesse *f*

**jut** /dʒʌt/ **VI** (also **jut out**) faire saillie, dépasser ◆ **he saw a gun ~ting (out) from behind a wall** il a vu le canon d'un fusil dépasser de derrière un mur ◆ **the cliff ~s (out) into the sea** la falaise avance dans la mer ◆ **to ~ (out) over the street/the sea** surplomber la rue/la mer

**Jute** /dʒuːt/ **N** Jute *m*

**jute** /dʒuːt/ **N** jute *m*

**Juvenal** /ˈdʒuːvɪnəl/ **N** Juvénal *m*

**juvenile** /ˈdʒuːvənaɪl/ **N** *(= human)* adolescent(e) *m(f)*, jeune *mf* ; *(= bird, animal)* jeune *mf* **ADJ** **a** *(= young) [animal]* jeune **b** *[violence, employment]* des jeunes ; *[diabetes, arthritis]* juvénile ◆ **~ crime** délinquance *f* juvénile ◆ **~ books** livres *mpl* pour enfants ; see also **comp** ; → **lead**[1] **c** *(pej) [behaviour, attitude]* puéril(e) *m(f)*, juvénile **COMP** ▷ **juvenile court** **N** *(Jur)* tribunal *m* pour enfants ▷ **juvenile delinquency** **N** délinquance *f* juvénile ▷ **juvenile delinquent** **N** délinquant(e) *m(f)* juvénile, jeune délinquant(e) *m(f)* ◆ **~ delinquents** l'enfance *f or* la jeunesse délinquante ▷ **juvenile offender** **N** *(Jur)* jeune délinquant(e) *m(f)*

**juvenilia** /ˌdʒuːvɪˈnɪlɪə/ **NPL** *(frm)* œuvres *fpl* de jeunesse

**juxtapose** /ˈdʒʌkstəpəʊz/ **VT** juxtaposer

**juxtaposition** /ˌdʒʌkstəpəˈzɪʃən/ **N** juxtaposition *f* ◆ **to be in ~** se juxtaposer

# K

**K, k** /keɪ/ N **a** *(= letter)* K, k *m* ◆ **K for King** ≃ K comme Kléber **b** *(= thousand)* mille *m* ◆ **he earns 30K** * il gagne 30 000 livres (*or* dollars) **c** *(Comput)* **K** K *m*

**kabala** /kæ'bɑːlə/ N cabale *f*

**kabob** /kə'bɒb/ N ⇒ **kebab**

**kabuki** /kə'buːkɪ/ N kabuki *m*

**Kabul** /kə'bʊl/ N Kaboul

**kaffeeklatsch** /'kæfɪklætʃ/ N *(US) réunion de femmes qui se retrouvent régulièrement pour bavarder autour d'une tasse de café*

**Kaffir** /'kæfəʳ/ *(pej)* **N** (pl **Kaffirs** *or* **Kaffir**) Cafre *mf* **ADJ** cafre

**Kafkaesque** /ˌkæfkə'esk/ ADJ kafkaïen

**kaftan** /'kæftæn/ N caf(e)tan *m*

**kagoul(e)** /kə'guːl/ N ⇒ **cagoule**

**kail** /keɪl/ N ⇒ **kale**

**Kaiser** /'kaɪzəʳ/ N Kaiser *m*

**Kalahari** /ˌkælə'hɑːrɪ/ N ◆ **the ~ (Desert)** le (désert du) Kalahari

**Kalashnikov** /kə'læʃnɪkɒf/ N kalachnikov *f*

**kale** /keɪl/ N chou *m* frisé

**kaleidoscope** /kə'laɪdəskəʊp/ N *(lit, fig)* kaléidoscope *m*

**kaleidoscopic** /kəˌlaɪdə'skɒpɪk/ ADJ kaléidoscopique

**Kama Sutra** /ˌkɑːmə'suːtrə/ N Kamasutra *m*

**kamikaze** /ˌkæmɪ'kɑːzɪ/ **N** kamikaze *m* **ADJ** kamikaze

**Kampala** /ˌkæm'pɑːlə/ N Kampala

**Kampuchea** /ˌkæmpʊ'tʃɪə/ N ◆ **(Democratic) ~** le Kampuchéa (démocratique)

**Kampuchean** /ˌkæmpʊ'tʃɪən/ **N** Kampuchéen(ne) *m(f)* **ADJ** kampuchéen

**Kan.** abbrev of **Kansas**

**Kanak** /kə'næk/ N canaque *mf*, kanak(e) *m(f)*

**kangaroo** /ˌkæŋgə'ruː/ **N** kangourou *m* ◆ **to have ~s in one's top paddock** * *(Austral)* débloquer * **COMP** ▷ **kangaroo court** N *(pej)* tribunal *m* irrégulier

**Kans.** abbrev of **Kansas**

**Kansas** /'kænzəs/ N Kansas *m* ◆ **in ~** dans le Kansas

**Kantian** /'kæntɪən/ **N** kantien(ne) *m(f)* **ADJ** kantien

**kaolin** /'keəlɪn/ N kaolin *m*

**kapok** /'keɪpɒk/ **N** *(= material)* kapok *m* ; *(= tree)* fromager *m* **COMP** *[cushion]* rembourré de kapok

**Kaposi's sarcoma** /kæ'pəʊsɪzsɑː'kəʊmə/ N *(Med)* sarcome *m* de Kaposi

**kaput** ‡ /kə'pʊt/ ADJ *[watch, car]* fichu *, kaput * *inv* ; *[plan]* fichu *, foutu ‡

**karabiner** /ˌkærə'biːnəʳ/ N *(Climbing)* mousqueton *m*

**karaoke** /ˌkɑːrɪ'əʊkɪ/ **N** karaoké *m* **COMP** *[competition, singer]* de karaoké ▷ **karaoke bar** N bar *m* karaoké ▷ **karaoke machine** N karaoké *m*

**karat** /'kærət/ N ⇒ **carat**

**karate** /kə'rɑːtɪ/ **N** *(NonC)* karaté *m* **COMP** ▷ **karate chop** N coup *m* de karaté *(donné avec le tranchant de la main)*

**Kariba** /kə'riːbə/ N ◆ **Lake ~** le lac Kariba

**karma** /'kɑːmə/ N *(Rel)* karma *m* ◆ **good/bad ~** *(fig)* bonnes/mauvaises vibrations *fpl*

**kart** /kɑːt/ **N** kart *m* **VI** ◆ **to go ~ing** faire du karting

**karting** /'kɑːtɪŋ/ N karting *m*

**Kashmir** /kæʃ'mɪəʳ/ N Cachemire *m*

**Kashmiri** /kæʃ'mɪərɪ/ **N** **a** *(= person)* Cachemirien(ne) *m(f)* **b** *(Ling)* kashmiri *m*, cachemirien *m* **ADJ** cachemirien

**kat** /kæt/ N ⇒ **khat**

**Kate** /keɪt/ N dim of **Katharine**

**Katharine, Katherine** /'kæθərɪn/, **Kathleen** /'kæθliːn/ N Catherine *f*

**katydid** /'keɪtɪdɪd/ N sauterelle *f* d'Amérique

**katzenjammer** * /'kætsənˌdʒæməʳ/ N *(US)* **a** *(= noise)* tapage *m* **b** *(= hangover)* gueule *f* de bois *

**kayak** /'kaɪæk/ N kayak *m*

**Kazak(h)** /kə'zɑːk/ **ADJ** kazakh **N** **a** *(= person)* Kazakh(e) *m(f)* **b** *(Ling)* kazakh *m*

**Kazakhstan** /ˌkɑːzɑːk'stæn/ N Kazakhstan *m*

**kazoo** /kə'zuː/ N mirliton *m*

**KB** (abbrev of **kilobyte**) Ko *m*

**KBE** /ˌkeɪbiː'iː/ N *(Brit)* (abbrev of **Knight of the British Empire**) *titre honorifique*

**KC** /keɪ'siː/ N **a** *(Brit Jur)* (abbrev of **King's Counsel**) → **counsel** **b** abbrev of **Kansas City**

**kcal** /'keɪkæl/ N (abbrev of **kilocalorie**) kcal

**KCB** /ˌkeɪsiː'biː/ N *(Brit)* (abbrev of **Knight Commander of the Bath**) *titre honorifique*

**KD** /keɪ'diː/ ADJ *(US Comm)* (abbrev of **knocked down**) (livré) non monté

**kebab** /kə'bæb/ N (also **shish kebab**) brochette *f* (de viande) ; (also **doner kebab**) doner kebab *m*

**kedge** /kedʒ/ *(Naut)* **N** ancre *f* à jet **VT** haler (sur une ancre à jet)

**kedgeree** /ˌkedʒə'riː/ N *(Brit)* kedgeree *m (pilaf de poisson avec des œufs durs)*

**keel** /kiːl/ N *(Naut)* quille *f* ◆ **on an even ~** *(Naut)* dans ses lignes, à égal tirant d'eau ; *(fig)* stable ◆ **to keep sth on an even ~** *(fig)* maintenir qch en équilibre ◆ **to get back on an even ~** retrouver l'équilibre

► **keel over** **VI** **a** *(Naut)* chavirer **b** *( * fig) [person]* tourner de l'œil * **VT** *(Naut)* (faire) chavirer

**keelhaul** /'kiːlhɔːl/ VT *(Naut)* faire passer sous la quille *(en guise de châtiment)* ; *( * fig)* passer un savon à *

**keen[1]** /kiːn/ LANGUAGE IN USE 19.2 ADJ **a** *(= eager)* ◆ **to be ~ to do sth** *or* **on doing sth** tenir à faire qch ◆ **to be ~ for** *[+ solution, referendum etc]* avoir hâte de voir ◆ **she's ~ for a family** elle a envie d'avoir des enfants ◆ **he's not ~ on her coming** il ne tient pas tellement à ce qu'elle vienne ◆ **to be ~ for sb to do sth** *or* **that sb should do sth** tenir à ce que qn fasse qch ◆ **to await sth with ~ anticipation** attendre qch avec beaucoup d'impatience

**b** *(= enthusiastic) [student, amateur]* enthousiaste ◆ **a ~ gardener/photographer** un passionné de jardinage/de photo ◆ **a ~ advocate of sth** un fervent partisan de qch ◆ **he tried not to seem too ~** il a essayé de ne pas se montrer trop enthousiaste *or* de ne pas montrer trop d'enthousiasme ◆ **to be ~ on music/cycling** aimer beaucoup la musique/le vélo ◆ **to be ~ on an idea** être emballé * par une idée ◆ **to become** *or* **get ~ on sth** se passionner pour qch ◆ **I got quite ~ on the idea** l'idée m'a séduit ◆ **to be (as) ~ as mustard** * ◆ **to be mustard ~** * *(Brit)* déborder d'enthousiasme ◆ **to be mad ~ on sth** * être fou de qch

**c** *(esp Brit* *)* ◆ **to be ~ on sb** être inspiré *or* branché * par qn, être attiré par qn ; *(= sexually attracted)* en pincer * pour qn ◆ **I'm not too ~ on him** il ne me plaît pas beaucoup

**d** *(= acute) [desire, interest, disappointment, sense of humour, intellect, intelligence]* vif ; *[look, gaze, sight]* perçant ; *[hearing, sense of smell]* fin ◆ **to have a ~ sense of** *or* **instinct for sth** avoir un sens aigu de qch ◆ **to have a ~**

**appetite for sth** *(fig)* avoir un vif intérêt pour qch ◆ **to have a ~ awareness of sth** être profondément conscient de qch, avoir une conscience vive de qch ◆ **to have a ~ eye** *(= good eyesight)* avoir la vue perçante ◆ **to have a ~ eye for detail** être minutieux ◆ **to have a ~ ear** *(= good hearing)* avoir l'oreille *or* ouïe fine ◆ **to have a ~ nose for sth** *(= sense of smell)* avoir le nez fin *or* du nez pour qch ; *(fig)* savoir flairer qch

e *(= fierce) [competition]* serré ; *[fight]* acharné

f *(= sharp) [blade, edge]* tranchant ; *[wind]* pénétrant ; *[frost]* mordant ; *[air]* vif

g *(esp Brit = competitive) [price]* compétitif

h *(US * = good)* chouette * ◆ **he plays a ~ game of squash** il se défend bien au squash

**keen²** /kiːn/ **N** *(= lament)* mélopée *f* funèbre *(irlandaise)* **VI** chanter une mélopée funèbre

**keenly** /ˈkiːnlɪ/ **ADV** a *(= intensely) [interested]* vivement ; *[aware]* profondément ◆ **to feel sth ~** ressentir qch profondément b *(= alertly) [listen, watch]* très attentivement c *(= eagerly) [awaited, anticipated]* impatiemment, avec impatience d *(= fiercely) [fight, debate]* âprement ◆ **~ contested** vivement contesté e *(= competitively)* ◆ **~ priced** vendu à un prix compétitif

**keenness** /ˈkiːnnɪs/ **N** a *(= eagerness)* volonté *f* ; *(= haste)* empressement *m* ◆ **the Government's ~ for economic reform** la volonté du gouvernement de mettre en place des réformes économiques ◆ **his ~ to leave** son empressement à partir b *(= enthusiasm) [of student, supporter]* enthousiasme *m* c *(= acuteness) [of interest, pleasure, grief]* intensité *f* ; *[of pain]* violence *f*, acuité *f* ; *[of cold, wind]* âpreté *f* ; *[of hearing]* finesse *f* ; *[of intelligence, mind]* finesse *f*, pénétration *f* ◆ **~ of sight** acuité *f* visuelle d *(= sharpness) [of blade]* tranchant *m*

## keep /kiːp/

vb : pret, ptp **kept**

| | |
|---|---|
| 1 TRANSITIVE VERB | 3 NOUN |
| 2 INTRANSITIVE VERB | 4 COMPOUNDS |
| 5 PHRASAL VERBS | |

### 1 - TRANSITIVE VERB

When **keep** is part of a set combination, eg **keep control/a promise/an appointment**, look up the noun.

a [= retain] garder, conserver *(more frm)* ◆ **you can ~ this book** tu peux garder ce livre ◆ **if that's what it costs, you can ~ it!** * à ce prix-là, vous pouvez le garder ! ◆ **you must ~ the receipt** il faut garder *or* conserver le reçu ◆ **~ the change!** gardez la monnaie ! ◆ **to ~ one's job** garder *or* conserver son emploi ◆ **this material will ~ its colour/softness** ce tissu garde ses couleurs/sa souplesse ◆ **to ~ sth for o.s.** garder qch (pour soi) ◆ **I bought it for my niece but decided to ~ it for myself** je l'ai acheté pour ma nièce mais j'ai décidé de le garder (pour moi) ◆ **~ it to yourself** * garde-ça pour toi, ne le répète à personne ◆ **I can't ~ telephone numbers in my head** je n'arrive pas à retenir les numéros de téléphone

b [= preserve, put aside] garder, mettre de côté ◆ **we're ~ing the best ones for Christmas** nous gardons *or* mettons de côté les meilleurs pour Noël ◆ **you must ~ it in a cold place** il faut le garder *or* le conserver au froid ◆ **I'm ~ing this champagne in case we have visitors** je garde cette bouteille de champagne (en réserve) au cas où nous aurions de la visite

c [= have ready] avoir ◆ **I always ~ a blanket and a shovel in the car** j'ai toujours une couverture et une pelle dans la voiture

d [Comm = stock] faire, avoir ◆ **we don't ~ that model any more** nous ne faisons plus *or* n'avons plus ce modèle

e [= store, put] ranger, mettre ◆ **where does he ~ his passport?** où est-ce qu'il range *or* met son passeport ? ◆ **where do you ~ the sugar?** où est-ce que vous mettez *or* rangez le sucre ? ◆ **~ it somewhere safe** mettez-le en lieu sûr ◆ **she ~s her money under the mattress** elle cache son argent sous son matelas

f [= detain] retenir ◆ **they kept him prisoner for two years** ils l'ont retenu *or* gardé prisonnier pendant deux ans ◆ **what kept you?** qu'est-ce qui vous a retenu ? ◆ **I mustn't ~ you** je ne veux pas vous retenir *or* vous retarder ◆ **he was kept in hospital overnight** il a dû passer une nuit à l'hôpital ◆ **he was kept in prison for 20 years** il a passé 20 ans en prison ◆ **they kept the prisoners in a dark room** les prisonniers étaient enfermés dans une salle sombre ◆ **a nasty cold kept her in bed** un mauvais rhume l'a forcée à rester au lit *or* à garder le lit

g [= have] *[+ shop]* tenir, avoir ; *[+ house, servant, dog]* avoir ; *[+ pigs, bees, chickens]* élever ◆ **he ~s a good cellar** il a une bonne cave

h [= support] subvenir aux besoins de ; *[+ mistress]* entretenir ◆ **you can't ~ a family on that** ça ne suffit pas pour subvenir aux besoins d'une famille *or* pour faire vivre une famille ◆ **I have three children to ~** j'ai trois enfants à ma charge *or* à nourrir ◆ **such a sum would ~ me for a year** une somme pareille me permettrait de vivre pendant un an ◆ **the money ~s me in beer and cigarettes** cet argent me permet d'acheter de la bière et des cigarettes ◆ **our garden ~s us in vegetables all summer** notre jardin nous fournit tout l'été les légumes dont nous avons besoin

i [= observe] *[+ law]* observer, respecter ; *[+ vow]* respecter ; *[+ feast day]* célébrer ◆ **to ~ Christmas** célébrer Noël

j [+ accounts, diary] tenir ◆ **~ a note of this number, in case there's some problem** prends *or* note ce numéro, au cas où il y aurait un problème ; → **count¹, track**

k [† = guard, protect] protéger ◆ **God ~ you!** que Dieu vous garde *or* protège !

l [set structures]

◆ **to keep sb at sth** ◆ **they kept him at it all day** ils l'ont fait travailler toute la journée ; see also **keep at**

◆ **to keep sth from sb** *(= conceal)* cacher qch à qn ◆ **to ~ a piece of news from sb** cacher une nouvelle à qn ◆ **I know he's ~ing something from me** je sais qu'il me cache quelque chose

◆ **to keep sb from sth** ◆ **the thought kept him from despair** cette pensée l'a empêché de sombrer dans le désespoir

◆ **to keep sb/sth from doing sth** *(= prevent)* empêcher qn/qch de faire qch ◆ **shyness kept him from making new friends** sa timidité l'empêchait de se faire de nouveaux amis ◆ **a spot of oil will ~ it from going rusty** une goutte d'huile l'empêchera de rouiller ◆ **to ~ o.s. from doing sth** se retenir *or* s'abstenir de faire qch ◆ **what can we do to ~ it from happening again ?** que pouvons-nous faire pour que ça ne se reproduise pas ?

◆ **to keep sb to sth** ◆ **she kept him to his promise** elle l'a forcé à tenir sa promesse

◆ **to keep o.s. to o.s.** se tenir à l'écart ◆ **she ~s herself to herself** elle n'est pas très sociable, elle ne se mêle pas aux autres ◆ **they ~ themselves to themselves** *[group]* ils font bande à part, ils restent entre eux

◆ **to keep sb/sth** + *-ing* ◆ **to ~ sb waiting** faire attendre qn ◆ **he kept them working all night** il les a fait travailler toute la nuit ◆ **~ him talking while I ...** fais-lui la conversation pendant que je ... ◆ **we want to ~ customers coming back** nous voulons fidéliser notre clientèle ◆ **she managed to ~ the conversation going** elle a réussi à entretenir la conversation ◆ **he kept the engine running** il a laissé le moteur en marche

◆ **to keep** ... + *adjective* ◆ **to ~ sth clean** tenir *or* garder qch propre ◆ **cats ~ themselves clean** les chats sont toujours propres ◆ **exercise will ~ you fit** l'exercice physique vous maintiendra en forme ◆ **to ~ inflation as low as possible** maintenir l'inflation au plus bas niveau possible ◆ **you must ~ your bedroom tidy** ta chambre doit toujours être bien rangée *or* en ordre ◆ **to ~ sb informed (of sth)** tenir qn au courant (de qch) ◆ **she kept the plants watered for me** elle a arrosé mes plantes régulièrement

### 2 - INTRANSITIVE VERB

a [= continue] continuer ◆ **to ~ straight on** continuer *or* aller tout droit ◆ **~ north till you get to ...** continuez vers le nord jusqu'à ce que vous arriviez *subj* à ...

b [= remain] rester ◆ **she kept inside for three days** elle est restée enfermée chez elle *or* elle n'est pas sortie pendant trois jours ◆ **~ there for a minute** restez là une minute ◆ **to ~ in the middle of the road** rester au milieu de la route

c [in health] aller, se porter ◆ **how are you ~ing?** comment allez-vous ?, comment vous portez-vous ? ◆ **to ~ well** aller bien, se porter bien ◆ **she's not ~ing very well** elle ne va pas très bien *or* elle ne se porte pas très bien

d [food] se garder, se conserver ◆ **apples that ~ all winter** des pommes qui se gardent *or* se conservent tout l'hiver

e [= wait] ◆ **that letter can** *or* **will ~ until tomorrow** cette lettre peut attendre jusqu'à demain

f [set structures]

◆ **to keep** + *-ing* ◆ **to ~ doing sth** *(= continue)* continuer à *or* de faire qch ; *(= do repeatedly)* ne pas arrêter de faire qch, ne pas cesser de faire qch ◆ **he kept walking** il a continué à *or* de marcher ◆ **if you ~ complaining** si vous continuez à vous plaindre ◆ **she ~s saying it was my fault** elle ne cesse de dire *or* n'arrête pas de dire que c'était de ma faute ◆ **he kept interrupting us** il n'a pas arrêté *or* cessé de nous couper la parole ◆ **~ smiling!** gardez le sourire !

An adverb is often added to verbs such as **oublier** and **espérer**.

◆ **I ~ leaving things on the bus** j'oublie constamment des choses dans le bus ◆ **I ~ forgetting to pay the gas bill** j'oublie tout le temps de payer la facture de gaz ◆ **I ~ hoping she'll come back** j'espère toujours qu'elle reviendra

◆ **to keep** + *preposition* ◆ **she bit her lip to ~ from crying** elle s'est mordu la lèvre pour s'empêcher de pleurer ◆ **he leaned against the wall to ~ from falling** il s'est appuyé contre le mur pour ne pas tomber ◆ **he's promised to ~ off alcohol** il a promis de ne plus boire ◆ **you'll save money if you ~ off the motorways** vous économiserez de l'argent si vous évitez d'utiliser les autoroutes ♦ **"keep off the grass"** "défense de marcher sur les pelouses" ♦ **~ on this road until you come to ...** suivez cette route jusqu'à ce que vous arriviez *subj* à ... ♦ **~ to the left!** gardez votre gauche ! ♦ **to ~ to one's bed/one's room** garder le lit/la chambre ♦ **she ~s to herself** elle n'est pas très sociable ♦ **they ~ to themselves** *[group]* ils font bande à part, ils restent entre eux ; see also **phrasal verbs**

♦ **to keep** *+ adjective* ♦ **~ calm !** reste calme ! ♦ **to ~ fit** se maintenir en forme ; see also **compounds** ♦ **to ~ silent** se taire, rester silencieux ♦ **to ~ still** rester *or* se tenir tranquille

3 - NOUN

a [= livelihood, food] ♦ **I got £30 a week and my ~** je gagnais 30 livres par semaine logé et nourri, je gagnais 30 livres par semaine plus le gîte et le couvert ♦ **I need to give my parents money for my ~** je dois donner de l'argent à mes parents pour participer aux frais de la maison ♦ **in a poem every word must earn its ~** dans un poème chaque mot doit avoir sa raison d'être

b [of castle] donjon *m*

c [set structure] ♦ **for ~s** * pour toujours

4 - COMPOUNDS

▷ **keep-fit** N *(Brit)* ♦ **she does ~-fit once a week** elle fait de la gymnastique une fois par semaine ♦ **~-fit (classes)** cours *mpl* de gymnastique ♦ **~-fit exercises** gymnastique *f*

5 - PHRASAL VERBS

► **keep at** VT FUS a *(= persevere with)* poursuivre, continuer ♦ **despite his problems he kept at his studies** malgré ses problèmes, il a poursuivi *or* continué ses études ♦ **~ at it!** persévère !, ne baisse pas les bras ! b *(= nag at)* harceler ♦ **I kept at them until they paid me** je les ai harcelés jusqu'à ce qu'ils me paient

► **keep away** VI *(lit)* ne pas s'approcher *(from* de) ♦ **~ away from the fire** ne t'approche pas du feu ♦ **he promised to ~ away from drink** il a promis de ne plus toucher une goutte d'alcool ♦ **~ away!** n'approchez pas ! VT SEP empêcher de s'approcher *(from* de) ♦ **the police kept the crowds away** la police a empêché la foule de s'approcher ♦ **~ him away!** ne le laisse pas approcher !

► **keep back** VI ne pas approcher ♦ **~ back!** n'approchez pas !, restez où vous êtes ! VT SEP a *(= restrain)* retenir ♦ **he struggled to ~ back his tears** il retenait ses larmes à grand-peine b *(= save)* mettre de côté ♦ **~ back some of the parsley to garnish** mettez de côté *or* réservez une partie du persil pour la garniture c *(= conceal)* cacher ; *[+ secrets]* ne pas révéler, taire ♦ **I'm sure he's ~ing something back** je suis sûr qu'il me (*or* nous *etc*) cache quelque chose d *[+ crowd]* empêcher de s'approcher *(from* de)

► **keep down** VI rester à couvert ♦ **~ down!** baissez-vous !, restez à couvert ! VT SEP a *(= control) [+ one's anger]* réprimer, contenir ; *[+ dog]* retenir, maîtriser ♦ **it's just a way to ~ women down** c'est une manière de cantonner les femmes à un statut inférieur ♦ **you can't ~ her down** elle ne se laisse jamais abattre ♦ **he's living proof that you can't ~ a good man down** il est la preuve vivante que quelqu'un qui en veut arrive toujours à s'en sortir ! b *(= limit) [+ inflation, costs]* maîtriser ; *[+ number]* limiter ♦ **to ~ prices down** empêcher les prix de monter ♦ **could you ~ the noise down?** est-ce que vous pourriez faire un peu moins de bruit ? c *(Scol)* **to ~ a pupil down** faire redoubler une classe à un élève ♦ **to be kept down** redoubler d *(= avoid vomiting)* ♦ **she drank some water but couldn't keep it down** elle a bu de l'eau mais elle a tout vomi *or* rendu ♦ **I can't ~ anything down** je ne peux rien garder

► **keep in** VI ♦ **to keep in with sb** rester en bons termes avec qn VT SEP a *[+ anger]* contenir [BUT] ~ **your stomach in !** rentre le ventre ! b *(Scol)* ♦ **to keep a child in** garder un enfant en retenue, consigner un enfant ♦ **I'm going to ~ her in till she is better** je vais la garder à la maison jusqu'à ce qu'elle soit rétablie

► **keep off** VI *[person]* rester à l'écart *or* à distance ♦ **if the rain ~s off** s'il ne se met pas à pleuvoir VT SEP ♦ **cover it with clingfilm to keep the flies off** recouvrez-le de film alimentaire pour le protéger des mouches ♦ **they want to ~ young people off the streets** ils veulent qu'il n'y ait plus de jeunes qui traînent dans les rues ♦ **~ your hands off!** * pas touche ! * ♦ **he kept his hat off** il s'était découvert ; see also **keep intransitive verb f**

► **keep on** VI a *(= continue)* continuer ♦ **if you ~ on like this you'll fail the exam** si tu continues comme ça, tu seras recalé à l'examen ♦ **he kept on reading** il a continué à *or* de lire ♦ **~ on past the church till you get to the school** continuez après l'église jusqu'à (ce que vous arriviez *subj* à) l'école ♦ **I'll ~ on trying** *(on phone)* je rappellerai b *(Brit = nag)* ♦ **don't keep on !** * arrête donc un peu !, laisse-moi tranquille ! VT SEP a *[+ servant, employee]* garder b ♦ **to keep one's hat on** garder son chapeau ; *[man]* rester couvert ; see also **keep intransitive verb f**

► **keep on about** * VT FUS *(Brit)* ne pas arrêter de parler de ♦ **she ~s on about her important friends** elle n'arrête pas de parler de ses amis haut placés ♦ **he kept on about me being selfish** il n'arrêtait pas de dire que j'étais égoïste

► **keep on at** * VT FUS *(Brit)* harceler ♦ **she kept on at him to look for a job** elle le harcelait pour qu'il cherche du travail

► **keep out** VI rester en dehors ♦ **"keep out"** "défense d'entrer", "accès interdit" ♦ **to ~ out of danger** rester *or* se tenir à l'abri du danger ♦ **to ~ out of a quarrel** ne pas se mêler à une dispute ♦ **~ out of this!, you ~ out of it!** ne te mêle pas de ça ! VT SEP a *(= exclude) [+ person, dog]* empêcher d'entrer ♦ **that coat looks as if it will ~ out the cold** ce manteau doit bien protéger du froid ♦ **I'll ~ the kids out of your** *or* **the way so that you two can have a nice evening together** je me débrouillerai pour que les enfants ne vous embêtent pas et que vous puissiez passer la soirée entre vous b *(= not involve)* ♦ **let's keep my mother out of this, shall we ?** pas la peine de mêler ma mère à ça, d'accord ? ♦ **racist attitudes are blamed for ~ing black people out of the police** on considère que le racisme décourage les Noirs d'entrer dans la police

► **keep to** VT FUS *[+ promise]* tenir, être fidèle à ; *[+ agreement, rules, schedule]* respecter ; *[+ plan]* s'en tenir à ; *[+ subject]* ne pas s'écarter de, rester dans ♦ **his production/translation ~s close to the original text** sa mise en scène/traduction reste fidèle au texte original ♦ **to ~ to one's bed** garder le lit ♦ **to ~ to a/one's diet** suivre scrupuleusement un/son régime, ne pas faire d'écart à un/son régime ♦ **to ~ to one's ideal weight** rester *or* se maintenir à son poids idéal ; see also **keep verb**

► **keep together** VI *[people]* ne pas se séparer, rester ensemble ♦ **~ together!** ne vous séparez pas, restez ensemble ! VT SEP *[+ objects]* garder ensemble ; *(= keep fixed together)* maintenir ensemble ; *[+ team, group]* maintenir la cohésion de, souder ♦ **it's been hard to ~ the team together** ça n'a pas été facile de souder l'équipe

► **keep under** VT SEP *[+ people, race]* assujettir ; *[+ subordinates]* dominer ; *[+ unruly pupils etc]* se faire obéir de, mater

► **keep up** VI a *[prices]* se maintenir ♦ **their spirits are ~ing up** ils ne se découragent pas, ils ne se laissent pas abattre ♦ **I hope the good weather will ~ up** j'espère que le beau temps va continuer *or* se maintenir b *(in walk, race, work, achievement)* suivre (le rythme) ; *(in comprehension)* suivre ♦ **to ~ up with sb** *(in walk, race, work, achievement)* suivre qn ; *(in comprehension)* suivre qn ♦ **they went so fast I couldn't ~ up (with them)** ils allaient si vite que je n'arrivais pas à (les) suivre ♦ **I couldn't ~ up with what he was saying** je n'ai pas pu suivre ce qu'il disait ♦ **wage increases have not kept up with inflation** les hausses de salaires n'ont pas suivi le taux d'inflation ♦ **the company has failed to ~ up with the times** la société n'a pas réussi à évoluer ♦ **to ~ up with demand** parvenir à satisfaire la demande ; → **Joneses** c *(= stay friends with)* ♦ **to keep up with sb** rester en relations avec qn, garder le contact avec qn VT SEP a *[+ pressure, standards, subscription]* maintenir ; *[+ correspondence]* entretenir ; *[+ study]* continuer ♦ **I try to ~ up my German** j'essaie d'entretenir mon allemand ♦ **I couldn't ~ the diet up for more than a week** je n'ai pas réussi à suivre ce régime pendant plus d'une semaine ♦ **they can no longer ~ the payments up** ils n'arrivent plus à payer les traites ♦ **they kept up a constant barrage of criticism** ils ont opposé un flot ininterrompu de critiques ♦ **to ~ up a custom** maintenir *or* perpétuer une tradition ♦ **~ it up!** continuez ! b *(= maintain) [+ house, paintwork]* entretenir, maintenir en bon état

**keeper** /ˈkiːpər/ N *(in museum)* conservateur *m*, -trice *f* ; *(in park, zoo)* gardien(ne) *m(f)* ; (also **gamekeeper**) garde-chasse *m* ; (also **goalkeeper**) gardien(ne) *m(f)* (de but) ♦ **am I my brother's ~?** *(Bible)* suis-je le gardien de mon frère ? ♦ **I'm not his ~** *(fig)* je ne suis pas responsable de lui ; → **beekeeper, goalkeeper, shopkeeper**

**keeping** /ˈkiːpɪŋ/ N *(NonC)* a *(= care)* garde *f* ♦ **to put sb in sb's ~** confier qn à (la garde de) qn ♦ **to put sth in sb's ~** confier qch à qn ; → **safekeeping**

b *(= observing) [of rule]* observation *f* ; *[of festival etc]* célébration *f*

c *(set structures)*

♦ **to be in keeping with** *[+ regulation, law, image]* être conforme à, correspondre à ; *[+ status, tradition]* être conforme à ; *[+ character]* correspondre à ; *[+ surroundings, area]* être en harmonie avec

♦ **to be out of keeping with** *[+ image, character]* ne pas correspondre à ; *[+ status, tradition]* ne pas être conforme à ; *[+ surroundings, area]* détonner dans

**keepsake** /ˈkiːpseɪk/ N souvenir *m (objet)*

**keester** ‡ /ˈkiːstər/ N ⇒ **keister**

**keg** /keg/ N a *(= barrel) [of beer, brandy etc]* tonnelet *m*, baril *m* ; *[of fish]* caque *f* b (also **keg beer**) bière *f* en tonnelet

**keister** ‡ /ˈkiːstər/ N *(US) (= buttocks)* derrière *m*, postérieur * *m* ; *(= case)* mallette *f*

**kelly-green** /'kelɪ'gri:n/ **ADJ, N** *(US)* vert pomme *m inv*

**kelp** /kelp/ **N** *(NonC)* varech *m*

**ken** /ken/ **N** ◆ **that is beyond** *or* **outside my ~** ça dépasse mes capacités d'entendement **VT** *(Scot)* ⇒ **know**

**Ken.** abbrev of **Kentucky**

**kendo** /'kendəʊ/ **N** kendo *m*

**kennel** /'kenl/ **N** a *[of dog]* niche *f*; *(pej)* tanière *f* ◆ **~s** *(for breeding)* élevage *m* (de chiens), chenil *m*; *(for boarding)* chenil *m* ◆ **to put a dog in ~s** mettre un chien dans un chenil b *[of fox]* repaire *m*, tanière *f*

**Kentucky** /ken'tʌkɪ/ **N** Kentucky *m* ◆ **in ~** dans le Kentucky

**Kenya** /'kenjə/ **N** Kenya *m* ◆ **in ~** au Kenya ◆ **Mount ~** le mont Kenya

**Kenyan** /'kenjən/ **N** Kényan(e) *m(f)* **ADJ** kényan

**kepi** /'keɪpɪ/ **N** képi *m*

**kept** /kept/ **VB** (pret, ptp of **keep**) ◆ **a ~ man/woman** † un homme/une femme entretenu(e)

**keratin** /'kerətɪn/ **N** kératine *f*

**kerb** /kɜ:b/ *(Brit)* **N** a *[of pavement]* (bordure *f* or bord *m* du) trottoir *m* ◆ **along the ~** le long du trottoir ◆ **to pull into the ~** s'arrêter (le long du trottoir) ◆ **to hit the ~** *[car]* heurter le trottoir b *(St Ex)* **on the ~** en coulisse, après la clôture *(de la Bourse)* **COMP** ▷ **kerb broker** **N** *(St Ex)* courtier *m* en valeurs mobilières ▷ **kerb crawler** **N** dragueur * *m* motorisé, conducteur *m* qui accoste les femmes sur le trottoir ▷ **kerb crawling** **N** *(NonC)* drague * *f* en voiture ▷ **kerb drill** **N** ◆ **to learn one's ~ drill** apprendre à traverser la rue (en toute sécurité) ▷ **kerb market** **N** *(St Ex)* marché *m* hors-cote, coulisse † *f*

**kerbstone** /'kɜ:bstəʊn/ **N** bordure *f* de trottoir

**kerchief** † /'kɜ:tʃɪf/ **N** fichu *m*, fanchon *f*

**kerfuffle** * /kə'fʌfl/ **N** *(Brit)* histoire * *f* ◆ **what a ~!** quelle histoire ! *, que d'histoires ! *

**kernel** /'kɜ:nl/ **N** a *[of nut, fruit stone]* amande *f*; *(= seed)* grain *m* ◆ **there's a ~ of truth in what he says** il y a un grain de vérité dans ce qu'il dit b *(Ling, Comput)* noyau *m* ◆ **~ sentence** *(Ling)* phrase-noyau *f*

**kerosene** /'kerəsi:n/ **N** a *(= aircraft fuel)* kérosène *m* b *(US: for stoves, lamps)* pétrole *m* (lampant) **COMP** ▷ **kerosene lamp** **N** lampe *f* à pétrole

**kestrel** /'kestrəl/ **N** crécerelle *f*

**ketch** /ketʃ/ **N** ketch *m*

**ketchup** /'ketʃəp/ **N** ketchup *m*

**kettle** /'ketl/ **N** a *(for water: US)* (also **teakettle**) bouilloire *f* ◆ **the ~'s boiling** l'eau bout (dans la bouilloire) ◆ **I'll just put the ~ on (for some tea)** je vais mettre l'eau à chauffer (pour le thé) b (also **fish kettle**) poissonnière *f* ◆ **that's a fine** *or* **a pretty ~ of fish** quel micmac ! * ◆ **that's another** *or* **a different ~ of fish** c'est une autre paire de manches *

**kettledrum** /'ketldrʌm/ **N** *(Mus)* timbale *f*

**key** /ki:/ **N** a *(for lock)* clé *or* clef *f* ◆ **to turn the ~ (in the door)** donner un tour de clé (dans la serrure) ◆ **to leave the ~ in the door** laisser la clé sur la porte ; → **latchkey, lock¹, master**

b *[of clock]* clé *f* or clef *f*, remontoir *m* ; *[of clockwork toy etc]* remontoir *m* ; *(Tech)* clé *f* de serrage *or* à écrous

c *(to problem etc)* clé *f* or clef *f* ◆ **he holds the ~ to the mystery** il détient la clé du mystère ◆ **the ~ to understanding his behaviour is ...** la clé pour comprendre son comportement, c'est ..., l'explication de son comportement, c'est ... ◆ **the ~ to ending this recession** la solution pour mettre fin à la récession

d *(= answers)* solutions *fpl* ; *(Scol)* corrigé *m* ; *(= explanation) (for map, diagram etc)* légende *f* ; *(to symbols, abbreviations)* liste *f*

e *[of piano, computer, typewriter etc]* touche *f* ; *[of wind instrument]* clé *f* or clef *f* ; → **function**

f *(Mus)* ton *m* ◆ **to be in/off ~** être/ne pas être dans le ton ◆ **to go off ~** sortir du ton ◆ **to sing in/off ~** chanter juste/faux ◆ **to play in/off ~** jouer juste/faux ◆ **that note was off ~** cette note était fausse ◆ **in the ~ of C/D** *etc* en do/ré *etc* ◆ **in the major ~** en mode majeur ◆ **change of ~** changement *m* de ton ; → **low¹, minor**

**ADJ** *(= crucial) [role, factor, area, concept]* clé *inv* ◆ **to be a ~ player (in sth)** jouer un rôle-clé (dans qch) ◆ **we will provide additional resources in ~ areas** nous injecterons des fonds supplémentaires dans certains domaines-clés ◆ **a ~ issue** une question fondamentale ◆ **a ~ figure in American politics** l'une des principales personnalités de la scène politique américaine ◆ **a ~ component of ...** une composante essentielle *or* l'une des principales composantes de ... ◆ **a ~ witness** un témoin essentiel

**VT** a *(Comput, Typo:* also **key in** *or* **up**) *[+ text, data]* saisir

b ◆ **to ~ one's speech to** *or* **for one's audience** adapter son discours à son auditoire ◆ **the colour scheme was ~ed to brown** les coloris s'harmonisaient autour du brun

**COMP** ▷ **key card** **N** *(at hotel etc)* carte *f* magnétique ▷ **key money** **N** pas *m* de porte *(fig)* ▷ **key punch** **N** *(Comput)* perforatrice *f* à clavier ▷ **key ring** **N** porte-clés *m inv* ▷ **key signature** **N** *(Mus)* armature *f*

► **key in** **VT SEP** *(Comput, Typ)* saisir

► **key up** **VT SEP** a *(Comput, Typ)* saisir

b *(fig) (= excite)* surexciter ; *(= make tense)* tendre ◆ **she was (all) ~ed up about the interview** elle était excitée *or* tendue à la perspective de l'entrevue

**keyboard** /'ki:bɔ:d/ **N** *[of piano, computer, typewriter etc]* clavier *m* **VT** *(Comput, Typ)* saisir **NPL** **keyboards** *(Mus)* (instrument *m* à) clavier *m* électronique, synthétiseur *m* ◆ **he's on ~s** il est aux claviers *or* au synthétiseur **COMP** ▷ **keyboard instruments** **NPL** *(Mus)* instruments *mpl* à clavier ▷ **keyboard operator** **N** *(Comput)* ⇒ **keyboarder** ▷ **keyboard player** **N** *(Mus)* ◆ **he's a ~ player** il joue du piano (*or* clavecin *etc*) ▷ **keyboard skills** **NPL** *(Comput)* compétences *fpl* de claviste

**keyboarder** /'ki:bɔ:dəʳ/ **N** *(Comput)* opérateur *m*, -trice *f* de saisie, claviste *mf*

**keyboardist** /'ki:,bɔ:dɪst/ **N** *(Mus)* joueur *m*, -euse *f* de synthétiseur

**keyhole** /'ki:həʊl/ **N** trou *m* de serrure ◆ **through the ~** par le trou de la serrure **COMP** ▷ **keyhole saw** **N** scie *f* à guichet ▷ **keyhole surgery** **N** *(Med)* chirurgie *f* endoscopique

**keying** /'ki:ɪŋ/ **N** saisie *f* (de données)

**keynote** /'ki:nəʊt/ **N** *(Mus)* tonique *f*; *(fig) (= main theme) [of speech, policy]* idée-force *f* **COMP** ▷ **keynote speaker** **N** *(Pol etc)* orateur *m* principal ▷ **keynote speech** **N** discours-programme *m*

**keynoter** * /'ki:nəʊtəʳ/ **N** *(US)* ⇒ **keynote speaker** ; → **keynote**

**keypad** /'ki:pæd/ **N** *(on computer keyboard)* pavé *m* numérique ; *(on telephone, calculator etc)* clavier *m*

**keystone** /'ki:stəʊn/ **N** *(Archit, fig)* clé *or* clef *f* de voûte **COMP** ▷ **the Keystone State** **N** *(US)* la Pennsylvanie

**keystroke** /'ki:strəʊk/ **N** *(Typ, Comput)* frappe *f*

**keyword** /'ki:wɜ:d/ **N** mot-clé *m*

**keyworker** /'ki:wɜ:kəʳ/ **N** *(Med, Social Work)* coordonnateur *m*, -trice *f*

**Kg** (abbrev of **kilogram(s)**) kg

**KGB** /keɪdʒi:'bi:/ **N** *(in former USSR)* KGB *m*

**khaki** /'kɑ:kɪ/ **ADJ** kaki *inv* **N** kaki *m*

**Khartoum** /kɑ:'tu:m/ **N** Khartoum

**khat** /kæt/ **N** qat *or* khat *m*

**Khmer** /kmɛəʳ/ **ADJ** khmer (khmère *f*) **N** a Khmer *m*, Khmère *f* b *(Ling)* khmer *m*, cambodgien *m* **COMP** ▷ **Khmer Republic** **N** République *f* khmère ▷ **Khmer Rouge** **N** Khmer *m* rouge

**Khyber Pass** /,kaɪbə'pɑ:s/ **N** passe *f* de Khyber *or* Khaybar

**kHz** abbrev of **kilohertz**

**kibbutz** /kɪ'bʊts/ **N** (pl **kibbutzim** /kɪ'bʊtsɪm/) kibboutz *m*

**kibitz** * /'kɪbɪts/ **VI** *(US) (Cards) regarder le jeu de quelqu'un par-dessus son épaule ; (fig)* mettre son grain de sel *

**kibitzer** * /'kɪbɪtsəʳ/ **N** *(US) (Cards)* spectateur *m*, -trice *f (qui regarde le jeu de quelqu'un par-dessus son épaule)*; *(= busybody)* mouche *f* du coche ; *(pej) (= disruptive wisecracker)* petit malin *m*, petite maligne *f*

**kibosh** ‡ /'kaɪbɒʃ/ **N** ◆ **to put the ~ on sth** mettre le holà à qch

**kick** /kɪk/ **N** a *(= action)* coup *m* de pied ◆ **to give the door a ~** donner un coup de pied dans la porte ◆ **to get a ~ on the leg** recevoir un coup de pied à la jambe ◆ **to aim** *or* **take a ~ at sb/sth** lancer un coup de pied à qn/qch *or* dans la direction de qn/qch ◆ **he needs a ~ up the backside** ‡ il a besoin d'un bon coup de pied au cul ‡ ◆ **to give sb a ~ in the pants** * botter * le derrière à *or* de qn ◆ **this refusal was a ~ in the teeth for her** * ce refus lui a fait l'effet d'une gifle ; → **free**

b *(* = thrill, excitement)* ◆ **I get a ~ out of it** j'adore ça ◆ **she got quite a ~ out of seeing Paris** elle était super contente de voir Paris * ◆ **he gets a ~ out of making his sister cry** il prend un malin plaisir à faire pleurer sa sœur ◆ **he did it for ~s** ‡ il l'a fait pour se marrer * *or* pour rigoler *

c *(* = zest, punch)* ◆ **a drink with plenty of ~ in it** une boisson qui vous donne un coup de fouet ◆ **an old man with plenty of ~ left in him** un vieil homme encore plein de punch *

d *[of gun]* recul *m* ◆ **a ~ of the starting handle** *(Aut)* un retour de manivelle

e *(fig)* ◆ **he's on a fishing ~ now** * son truc * en ce moment c'est la pêche

f *(Ftbl etc)* ◆ **he's a good ~** * il a un bon dégagement

**VI** a *[person]* donner *or* lancer un coup de pied ; *[footballer]* shooter ; *[baby] (in womb)* donner des coups de pied ; *(after birth)* gigoter * ; *[horse]* ruer ◆ **to ~ at sb/sth** *[person]* lancer un coup de pied à qn/qch *or* en direction de qn/qch ; *[horse]* lancer une ruade à qn/qch *or* en direction de qn/qch ◆ **~ing and screaming** à son (*or* leur *etc*) corps défendant ◆ **they need to be dragged**

**~ing and screaming into the 21st century** il faut les forcer à entrer à leur corps défendant dans le XXIe siècle ◆ **to ~ for touch** *(Rugby)* chercher la touche ◆ **to ~ against the pricks** regimber en pure perte ◆ **to ~ over the traces** *(fig)* ruer dans les brancards *(fig)*

b (* *= object to sth)* ruer dans les brancards, se rebiffer * ◆ **to ~ (out) at** *or* **against sth** se rebiffer contre qch *

c *[gun]* reculer

VT a *[person] (gen)* donner un coup de pied à ; *[+ ball]* donner un coup de pied à, botter ; *[horse]* lancer une ruade à ◆ **she ~ed him in the face/head/shin/stomach** elle lui a donné un coup de pied au visage/à la tête/dans le tibia/dans le ventre ◆ **to ~ one's legs in the air** *[baby]* gigoter ◆ **to ~ sb's bottom** botter * le derrière *or* les fesses à qn ◆ **to ~ a goal** *(Ftbl etc)* marquer un but ◆ **to ~ the ball into touch** *(Rugby)* botter en touche ◆ **I could have ~ed myself** * je me serais giflé ◆ **to ~ sb in the teeth** * *(fig)* faire un coup vache * à qn ◆ **to ~ sb when he's** (*or* **she's**) **down** * *(fig)* frapper qn à terre ◆ **to ~ sb downstairs** *(lit)* faire descendre qn à coups de pied dans le derrière ; *(fig)* rétrograder qn ◆ **to ~ sb upstairs** *(lit)* faire monter qn à coups de pied dans le derrière ; (* *fig)* catapulter *or* bombarder * qn à un poste supérieur (pour s'en débarrasser) ; *(Brit Pol *)* catapulter qn à la Chambre des lords *(un député dont on ne veut plus aux Communes)* ◆ **I'm going to ~ (some) ass** ⁑ *(esp US)* il y a des coups de pied au cul qui se perdent ⁑ ◆ **it ~s ass!** *⁑ *(esp US)* c'est à en tomber sur le cul ! *⁑ ◆ **to ~** *(Brit) or* **~ up** *(US)* **one's heels** * *(= wait around)* faire le pied de grue, poireauter * ◆ **to ~ the bucket** ⁑ *(= die)* casser sa pipe ⁑

b *(= stop)* **to ~ the habit** *(gen)* arrêter ; *[smoker]* arrêter de fumer ; *[drug addict]* décrocher *

COMP ▷ **kick boxing** N boxe *f* française ▷ **kick-off** N *(Ftbl etc)* coup *m* d'envoi ; (* *fig = start) [of meeting, ceremony etc]* démarrage * *m* ◆ **the ~-off is at 3pm** *(Ftbl)* le coup d'envoi est à 15 h ◆ **when's the ~-off?** * *(fig)* à quelle heure ça démarre ? * ◆ **for a ~-off** * *(fig)* d'abord, pour commencer ▷ **kick pleat** N *(Sewing)* pli *m* d'aisance ▷ **kick-stand** N *[of motorcycle, bicycle]* béquille *f* ▷ **kick-start** VT *[+ motorcycle]* démarrer au kick ; *(fig) [+ economy]* donner un coup de fouet à ; *[+ negotiations, process]* relancer ▷ **kick starter** N *[of motorcycle]* kick *m* ▷ **kick turn** N *(Ski)* conversion *f*

► **kick about, kick around** VI ⁑ *[books, clothes etc]* traîner ; *[person]* traîner, traînasser *(pej)*

VT SEP ◆ **to kick a ball about** *or* **around** donner des coups de pied dans un ballon, taper dans un ballon * ◆ **to ~ sb around** *(= mistreat)* traiter qn sans ménagement, malmener qn ◆ **to ~ an idea around** * *(reflecting)* tourner et retourner une idée ; *(discussing)* débattre une idée

► **kick away** VT SEP a *[+ object on ground]* repousser du pied

b ◆ **he kicked away the last part of the fence** il a démoli à coups de pied ce qui restait de la clôture

► **kick back** VI a *[engine]* avoir un retour de manivelle

b * *(esp US = relax)* se la couler douce *

VT SEP a *[+ ball etc]* renvoyer (du pied)

b *(US* ⁑*) [+ money]* ristourner

► **kick down** VT SEP *[+ door]* enfoncer à coups de pied ; *[+ hedge, barrier]* démolir à coups de pied

► **kick in** VT SEP a *[+ door]* enfoncer à coups de pied ◆ **to ~ sb's teeth in** * casser la figure * *or* la gueule ⁑ à qn

b *(US* ⁑ *= contribute)* cracher *, abouler ⁑

VI (* *= begin, take effect) [drug]* commencer à agir ; *[mechanism, generator]* entrer en action

► **kick off** VI *(Ftbl)* donner le coup d'envoi ; (* *fig)* démarrer * ◆ **the party ~ed off in great style** la soirée a démarré * en beauté ◆ **it all ~ed off when ...** ce qui a tout déclenché, c'est que ...

VT SEP enlever d'un coup de pied, envoyer valser *

N ◆ **~-off** → **kick**

► **kick out** VI *[horse]* ruer ◆ **the man ~ed out at his assailants** l'homme envoyait de grands coups de pied à ses assaillants ◆ **to ~ out against one's lot/society** *etc* se révolter contre son sort/la société *etc* ; see also **kick vi b**

VT SEP *(lit)* chasser à coups de pied, flanquer * dehors ; (* *fig)* flanquer * dehors *or* à la porte

► **kick up** VT SEP *[+ dust]* faire voler ◆ **to ~ up a row** * *or* **a din** * *or* **a racket** * faire du chahut *or* du boucan * ◆ **to ~ up a fuss** * faire des histoires *or* toute une histoire ◆ **he ~ed up a stink** ⁑ **about it** il en a fait tout un plat * ; see also **kick vt a**

**kickback** * /ˈkɪkbæk/ N *(= reaction)* réaction *f*, contrecoup *m* ; *(= bribe)* pot-de-vin *m* ; *(= rebate on sale)* ristourne *f*, rabais *m*

**kicker** /ˈkɪkəʳ/ N *(Rugby)* botteur *m*

**kicking** ⁑ /ˈkɪkɪn/ ADJ ◆ **a really ~ club** une boîte qui bouge * ◆ **a ~ beat** un rythme d'enfer *

**kicky** ⁑ /ˈkɪkɪ/ ADJ excitant, palpitant

**kid** /kɪd/ N a *(= goat)* chevreau *m*, chevrette *f*

b *(NonC = leather)* chevreau *m NonC*

c * *(= child)* gosse * *mf*, gamin(e) * *m(f)* ; *(= teenager)* (petit(e)) jeune *m(f)* ◆ **when I was a ~** quand j'étais gosse * ◆ **that's ~'s stuff** *(= easy to do)* un gamin * *or* un gosse * saurait faire ça ; *(= suitable for children)* c'est bon pour des gosses * ◆ **hi, ~!** salut mon vieux (*or* ma vieille) ! ◆ **to be like a ~ in a candy store** *(US)* être aux anges

VT * ◆ **to ~ sb** faire marcher qn * ◆ **no ~ding!, you're ~ding!** sans blague ! * ◆ **you can't ~ me** tu ne me la feras pas ⁑ ◆ **I ~ you not** je te jure ◆ **who are you trying to ~?** à qui tu veux faire croire ça ? ◆ **to ~ o.s.** se faire des illusions, se fourrer le doigt dans l'œil ◆ **to ~ o.s. that ...** s'imaginer que ...

VI (* : also **kid on**) raconter des blagues * ◆ **he's just ~ding (on)** il te (*or* nous *etc*) fait marcher * ◆ **I was only ~ding (on)** j'ai dit ça pour plaisanter *or* pour rigoler *

COMP ▷ **kid brother** * N petit frère *m* ▷ **kid gloves** NPL gants *mpl* de chevreau ◆ **to handle with ~ gloves** *(fig) [+ person]* ménager, prendre des gants avec * ; *[+ subject]* traiter avec précaution ▷ **kid sister** * N petite sœur *f*

► **kid on** VI ⇒ **kid vi**

VT SEP * a ◆ **to kid sb on** faire marcher qn *, raconter des blagues à qn *

b *(= pretend)* ◆ **he was kidding on that he was hurt** il faisait semblant d'être blessé

**kiddo** * /ˈkɪdəʊ/ N mon petit *m*, ma petite *f*

**kiddy** * /ˈkɪdɪ/ N gosse * *mf*, gamin(e) * *m(f)*

**kidnap** /ˈkɪdnæp/ VT kidnapper, enlever

**kidnapper, kidnaper** *(US)* /ˈkɪdnæpəʳ/ N kidnappeur *m*, -euse *f*, ravisseur *m*, -euse *f*

**kidnapping, kidnaping** *(US)* /ˈkɪdnæpɪŋ/ N enlèvement *m*, kidnapping *m*, rapt *m*

**kidney** /ˈkɪdnɪ/ N *(Anat)* rein *m* ; *(Culin)* rognon *m* COMP *[disease etc]* rénal, de(s) reins ▷ **kidney bean** N haricot *m* rouge *or* de Soissons ▷ **kidney dish** N haricot *m* ▷ **kidney donor** N donneur *m*, -euse *f* de rein(s) ▷ **kidney machine** N *(Med)* rein *m* artificiel ◆ **to be on a ~ machine** être sous rein artificiel *or* en (hémo)dialyse ▷ **kidney-shaped** ADJ en forme de haricot ▷ **kidney specialist** N néphrologue *mf* ▷ **kidney stone** N calcul *m* rénal ▷ **kidney transplant** N greffe *f* du rein, transplantation *f* rénale

**kidology** * /kɪˈdɒlədʒɪ/ N *(Brit)* bluff *m*

**Kiel** /kiːl/ N ◆ **~ Canal** canal *m* de Kiel

**kike** *⁑/kaɪk/ N *(esp US pej)* youpin(e) *⁑ *m(f) (pej)*

**Kilimanjaro** /ˌkɪlɪmənˈdʒɑːrəʊ/ N ◆ **Mount ~** le Kilimandjaro

**kill** /kɪl/ N a *(at bullfight, hunt)* mise *f* à mort ◆ **the wolves gathered round for the ~** les loups se sont rassemblés pour tuer leur proie ◆ **the tiger had made a ~** le tigre avait tué ◆ **to move in for the ~** *(lit)* s'approcher pour la curée ; *(fig)* guetter le dénouement ◆ **to be in at the ~** *(fig)* assister au dénouement ; *(for unpleasant event)* assister au coup de grâce

b *(NonC: Hunting = animals killed)* pièces *fpl* tuées, tableau *m* de chasse ◆ **the lion dragged his ~ over to the trees** le lion a traîné (le cadavre de) sa proie sous les arbres

VT a tuer ; *(= murder)* assassiner ; *(= gun down)* abattre ; *[+ animal]* tuer ; *(Hunting, Shooting: also in slaughterhouse)* abattre ◆ **the earthquake ~ed five people** le tremblement de terre a fait cinq morts ◆ **the shock ~ed her** c'est le choc qui l'a tuée ◆ **the frost has ~ed my trees** le gel a tué *or* a fait mourir mes arbres ◆ **to be ~ed in action/battle** tomber au champ d'honneur/au combat ◆ **thou shalt not ~** tu ne tueras point ◆ **to ~ two birds with one stone** *(Prov)* faire d'une pierre deux coups *(Prov)* ◆ **it was ~ or cure** *(hum)* c'était un remède de cheval * *(fig)*

b *(fig) [+ parliamentary bill]* couler ; *[+ proposal, attempt]* faire échouer ; *(Press etc) [+ paragraph, line]* (faire) supprimer ; *[+ story]* interdire la publication de ; *[+ rumour]* étouffer, mettre fin à ; *[+ pain]* supprimer ; *[+ feeling, hope]* détruire ; *[+ flavour, smell]* tuer ; *[+ sound]* étouffer ; *[+ engine, motor]* arrêter ◆ **to ~ time** tuer le temps ◆ **we're just ~ing time** on tue le temps ◆ **to ~** * **a bottle of whisky** liquider * une bouteille de whisky

c * ◆ **to ~ o.s. with work** se tuer au travail ◆ **to ~ sb with kindness** accabler qn de prévenances ◆ **he certainly wasn't ~ing himself** le moins qu'on puisse dire c'est qu'il ne se surmenait pas ◆ **don't ~ yourself!** *(iro)* surtout ne te surmène pas ! *(iro)* ◆ **I'll do it (even) if it ~s me** je le ferai même si je dois y laisser ma peau ◆ **this heat is ~ing me** cette chaleur me tue *or* me crève * ◆ **my feet are ~ing me** j'ai un de ces * mal aux pieds ◆ **she was ~ing herself (laughing)** elle était morte de rire, elle était pliée en deux de rire ◆ **this will ~ you!** tu vas (mourir de) rire ! ; → **dressed**

VI *[cancer, drugs, drink etc]* tuer

► **kill off** VT SEP *[+ people]* tuer ; *[+ weeds, disease, bacteria, infection]* éliminer ; *[+ parliamentary bill]* couler

**killer** /ˈkɪləʳ/ N a *(= assassin)* tueur *m*, -euse *f* ; *(= murderer)* assassin *m*, meurtrier *m*, -ière *f* ; → **hire, ladykiller** b *(= deadly thing)* **diphtheria was once a ~** autrefois la diphtérie tuait ◆ **it's a ~** * *(fig)* *(= hard work)* c'est tuant ; *(= very funny)* c'est tordant * ; *(= very impressive)* c'est terrible * *or* formidable COMP *[disease, virus, drug]* mortel ▷ **killer bee** N abeille *f* tueuse ▷ **killer blow** N coup *m* décisif, coup *m* de grâce ▷ **killer instinct** N *(lit)* instinct *m* de meurtre ◆ **he's got the ~ instinct** *(fig)* il est prêt à tout pour réussir ◆ **he lacks the ~ instinct** *(fig)* il manque d'agressivité ▷ **killer whale** N épaulard *m*, orque *f*

**killing** /ˈkɪlɪŋ/ N *[of person]* meurtre *m* ; *[of people, group]* tuerie *f*, massacre *m* ; *[of animal]* *(at abattoir)* abattage *m* ◆ **the ~ of stags is forbidden** il est interdit de tuer les cerfs ◆ **all the ~ sickened him of war** toute cette tuerie lui fit prendre la guerre en horreur ◆ **to make a ~** * *(fig: in buying and selling)* réussir un beau coup ADJ a *[blow, disease, shot]* meurtrier b (* = *exhausting)* *[work]* tuant, crevant * c * † *(= hilarious)* tordant *, crevant * † COMP ▷ **killing fields** NPL , **killing ground(s)** N(PL) charniers *mpl* ▷ **killing spree** N massacre *m* ◆ **to go on a ~ spree** se livrer à un massacre

**killingly** /ˈkɪlɪŋlɪ/ ADV ◆ **it was ~ funny** c'était crevant * *or* tordant *, c'était à mourir de rire

**killjoy** /ˈkɪldʒɔɪ/ N rabat-joie *mf inv*

**kiln** /kɪln/ N four *m* ◆ **pottery ~** four *m* céramique ; → **lime**[1]

**Kilner jar** ® /ˈkɪlnəˌdʒɑːʳ/ N *(Brit)* bocal *m* à conserves

**kilo** /ˈkiːləʊ/ N (abbrev of **kilogram(me)**) kilo *m*

**kiloampère** /ˈkɪləʊˌæmpɛəʳ/ N kiloampère *m*

**kilobar** /ˈkɪləʊbɑːʳ/ N kilobar *m*

**kilobyte** /ˈkɪləʊˌbaɪt/ N *(Comput)* kilo-octet *m*

**kilocalorie** /ˈkɪləʊˌkælərɪ/ N kilocalorie *f*

**kilocycle** /ˈkɪləʊˌsaɪkl/ N kilocycle *m*

**kilogram(me)** /ˈkɪləʊgræm/ N kilogramme *m*

**kilohertz** /ˈkɪləʊˌhɜːts/ N *(pl inv)* kilohertz *m*

**kilolitre, kiloliter** *(US)* /ˈkɪləʊˌliːtəʳ/ N kilolitre *m*

**kilometre, kilometer** *(US)* /ˈkɪləʊˌmiːtəʳ, kɪˈlɒmətəʳ/ N kilomètre *m* ◆ **it is 5 ~s to the nearest town** la ville la plus proche est à 5 kilomètres

**kilometric** /ˌkɪləʊˈmetrɪk/ ADJ kilométrique

**kiloton** /ˈkɪləʊtʌn/ N kilotonne *f*

**kilovolt** /ˈkɪləʊˌvəʊlt/ N kilovolt *m*

**kilowatt** /ˈkɪləʊwɒt/ N kilowatt *m* COMP ▷ **kilowatt-hour** N kilowattheure *m*

**kilt** /kɪlt/ N kilt *m*

**kilted** /ˈkɪltɪd/ ADJ *[man]* en kilt ◆ **~ skirt** kilt *m*

**kilter** /ˈkɪltəʳ/ N ◆ **out of ~** détraqué, déglingué * ◆ **out of ~ with** déphasé par rapport à

**kimono** /kɪˈməʊnəʊ/ N kimono *m*

**kin** /kɪn/ N *(NonC)* parents *mpl*, famille *f* ; → **kith, next**

**kind** /kaɪnd/ LANGUAGE IN USE 4, 22, 25.1

N a *(= class, variety, sort, type)* genre *m*, type *m*, sorte *f* ; *(= make)* *[of car, coffee etc]* marque *f* ◆ **this ~ of book** ce genre de livre ◆ **books of all ~s** des livres de tous genres *or* de toutes sortes ◆ **this ~ of thing** ce genre *or* ce type de chose ◆ **what ~ of flour do you want? – the ~ you gave me last time** quelle sorte *or* quel type de farine voulez-vous ? — celle que vous m'avez donnée la dernière fois ◆ **what ~ do you want?** vous en voulez de quelle sorte ? ◆ **what ~ of car is it?** quelle marque de voiture est-ce ? ◆ **what ~ of dog is he?** qu'est-ce que c'est comme (race de) chien ? ◆ **what ~ of man is he?** quel genre *or* quel type d'homme est-ce ? ◆ **he is not the ~ of man to refuse** ce n'est pas le genre d'homme à refuser, il n'est pas homme à refuser ◆ **he's not that ~ of person** ce n'est pas son genre ◆ **I'm not that ~ of girl!** * *(gen)* ce n'est pas mon genre ! ; *(refusing sb's advances)* pour qui me prenez-vous ? ◆ **that's the ~ of person I am** c'est comme ça que je suis (fait) ◆ **what ~ of people does he think we are?** (mais enfin,) pour qui nous prend-il ? ◆ **what ~ of a fool does he take me for?** (non mais *,) il me prend pour un imbécile ! ◆ **what ~ of behaviour is this?** qu'est-ce que c'est que cette façon de se conduire ? ◆ **what ~ of an answer do you call that?** vous appelez ça une réponse ? ◆ **classical music is the ~ she likes most** c'est la musique classique qu'elle préfère ◆ **and all that ~ of thing** et tout ça * ◆ **you know the ~ of thing I mean** vous voyez (à peu près) ce que je veux dire ◆ **I don't like that ~ of talk** je n'aime pas ce genre de propos ◆ **he's the ~ that will cheat** il est du genre à tricher ◆ **I know his ~!** * je connais ce genre de type ◆ **your ~ never do any good** * il n'y a rien de bon à tirer de gens de votre espèce ◆ **he's not my ~** * *(gen)* je n'aime pas les gens de son genre *or* de son espèce ; *(sexually)* ce n'est pas mon genre d'homme ◆ **it's my ~** * **of film** c'est le genre de film que j'aime *or* qui me plaît

♦ **a kind of ...** une sorte *or* une espèce de ..., un genre de ... ◆ **there was a ~ of box in the middle of the room** il y avait une sorte *or* une espèce de boîte au milieu de la pièce ◆ **there was a ~ of tinkling sound** on entendait quelque chose qui ressemblait à un bruit de grelot ◆ **in a ~ of way I'm sorry** * d'une certaine façon je le regrette

♦ **kind of** * ◆ **I was ~ of frightened that ...** j'avais comme peur que ... + ne *+ subj* ◆ **I ~ of like that** j'aime assez ça ◆ **I ~ of thought that he would come** j'avais dans l'idée qu'il viendrait ◆ **he was ~ of worried-looking** il avait l'air un peu inquiet, il avait l'air comme qui dirait * inquiet ◆ **it's ~ of blue** c'est plutôt bleu ◆ **aren't you pleased? – ~ of!** tu n'es pas content ? — si, assez !

♦ **of a kind** *(pej)* ◆ **it was beef of a ~** c'était quelque chose qui pouvait passer pour du bœuf ◆ **it was an apology of a ~** ça pouvait ressembler à une excuse ◆ **the cease-fire brought peace of a ~** le cessez-le-feu a introduit une certaine paix

♦ **of the kind** ◆ **something of the ~** quelque chose de ce genre *or* d'approchant ◆ **this is wrong – nothing of the ~!** c'est faux — pas le moins du monde *or* absolument pas ! ◆ **I shall do nothing of the ~!** je n'en ferai rien !, certainement pas ! ◆ **I will have nothing of the ~!** je ne tolérerai pas cela !

b *(= race, species)* genre *m*, espèce *f* ◆ **they differ in ~** ils sont de genres différents *or* de natures différentes ◆ **they're two of a ~** ils sont du même genre ; *(pej)* ils sont du même acabit ◆ **this painting is perfect of/the only one of its ~** ce tableau est parfait dans/unique en son genre ; → **humankind, mankind**

c *(NonC = goods as opposed to money)* nature *f* ◆ **to pay/payment in ~** payer/paiement *m* en nature ◆ **I shall repay you in ~** *(fig)* *(after good deed)* je vous revaudrai ça ; *(after bad deed)* je vous rendrai la monnaie de votre pièce

ADJ a *(= caring, helpful)* *[person, remark, smile]* gentil ; *[gesture]* aimable ; *[face, voice]* doux (douce *f*), affable ◆ **to be ~ to sb** *[person]* être gentil avec qn ◆ **to be ~ to sb/sth** *[photograph, lighting]* montrer qn/qch à son avantage ; *[clothes]* avantager qn/qch ◆ **to be ~ to animals** être bon avec les animaux ◆ **that's very ~ of you** c'est très gentil *or* *(more frm)* aimable (de votre part) ◆ **life has been ~ to me** j'ai eu de la chance dans la vie, j'ai eu la vie belle ◆ **life has not been ~ to her** la vie ne l'a pas gâtée ◆ **to have a ~ heart** avoir bon cœur ; → **soul**

b *(= charitable)* *[person]* gentil ; *[comments]* aimable ; *[thought]* délicat, attentionné ◆ **he was very ~ about me** il a dit des choses très gentilles *or* aimables sur moi ◆ **the critics were not ~ to the film** les critiques n'ont pas été tendres avec le film ◆ **the ~est thing that can be said about him is that ...** ce qu'on peut en dire de plus aimable, c'est que ...

c *(in polite formulae)* ◆ **he was ~ enough to write to me** il a eu la gentillesse de m'écrire ◆ **please be ~ enough to ..., please be so ~ as to ...** veuillez avoir la gentillesse de ... *(frm)* ◆ **would you be ~ enough to ...?, would you be so ~ as to ...?** voudriez-vous avoir la gentillesse *or* l'amabilité de ... ? *(frm)*

d *(= not harmful)* doux (douce *f*) ◆ **a washing-up liquid that is ~ to your hands** un produit à vaisselle qui n'abîme pas vos mains *or* qui est doux pour vos mains

COMP ▷ **kind-hearted** ADJ bon, qui a bon cœur ▷ **kind-heartedness** N bonté *f*, grand cœur *m*

**kinda** * /ˈkaɪndə/ ⇒ **kind of** ; → **kind**

**kindergarten** /ˈkɪndəˌgɑːtn/ N *(gen)* jardin *m* d'enfants ; *(state-run)* (école *f*) maternelle *f* ◆ **she's in ~ now** elle est en maternelle maintenant

**kindle** /ˈkɪndl/ VT *[+ fire]* allumer ; *[+ wood]* enflammer ; *(fig)* *[+ passion, desire]* allumer, enflammer ; *[+ enthusiasm, interest]* susciter ; *[+ heart]* enflammer VI s'allumer, s'enflammer

**kindliness** /ˈkaɪndlɪnɪs/ N bienveillance *f*, bonté *f*

**kindling** /ˈkɪndlɪŋ/ N *(NonC = wood)* petit bois *m*, bois *m* d'allumage

**kindly** /ˈkaɪndlɪ/ ADV a *(= in a caring way)* *[say, speak, treat]* avec bienveillance b *(= generously)* *[offer, give, invite]* gentiment, aimablement ◆ **Mr Lea has ~ offered to help us** M. Lea nous a gentiment proposé son aide c *(= please)* ◆ **~ be seated** veuillez vous asseoir ◆ **would you ~ pass the salt?** auriez-vous la gentillesse de me passer le sel ? ◆ **will you ~ be quiet!** *(annoyed)* veux-tu te taire ? d *(= favourably)* ◆ **to think ~ of sb** apprécier qn ◆ **to look ~ (up)on sb/sth** considérer qn/qch avec bienveillance ◆ **not to take ~ to sb/sth/to doing sth** ne pas apprécier qn/qch/de faire qch ◆ **she didn't take it ~ when I said that** elle n'a pas apprécié quand j'ai dit cela ; → **disposed** ADJ *[person, smile, words]* bienveillant ; *[face, eyes]* doux (douce *f*) ; → **soul**

**kindness** /ˈkaɪndnɪs/ N a *(NonC)* gentillesse *f*, bonté *f* (*towards* pour, envers) ◆ **to treat sb with ~, to show ~ to sb** être gentil avec *or* envers qn, faire preuve de bonté envers qn ◆ **out of the ~ of his heart** par (pure) bonté d'âme ; → **kill** b *(= act of kindness)* gentillesse *f*, attention *f* ◆ **to do sb a ~** rendre service à qn ◆ **he thanked the teachers for all their ~es** il a remercié les professeurs pour toutes leurs petites attentions ◆ **it would be a ~ to let him know** ce serait lui rendre service que de le lui dire

**kindred** /ˈkɪndrɪd/ N *(NonC)* *(= relatives)* parents *mpl*, famille *f* ; *(= relationship)* parenté *f* ADJ a *(= related)* *[languages, tribes]* apparenté, de la même famille b *(= similar)* similaire, semblable, analogue ◆ **to have a ~ feeling for sb** sympathiser avec qn COMP ▷ **kindred spirit** N âme *f* sœur

**kinesics** /kɪˈniːsɪks/ N kinésique *f*

**kinesiology** /ˌkɪniːsɪˈɒlədʒɪ/ N cinésiologie *f*, kinésiologie *f*

**kinetic** /kɪˈnetɪk/ ADJ *(Phys, Art)* cinétique

**kinetics** /kɪˈnetɪks/ N *(NonC)* cinétique *f*

**kinfolk** /ˈkɪnfəʊk/ NPL ⇒ **kinsfolk**

**king** /kɪŋ/ N a *(lit, fig)* roi *m* ◆ **King Arthur/David** le roi Arthur/David ◆ **(the Book of) Kings** *(Bible)* le livre des Rois ◆ **the ~ of beasts** le roi des animaux ◆ **it cost a ~'s ransom** ça a coûté des sommes fabuleuses ◆ **an oil ~** un roi *or* un magnat du pétrole

b *(Cards, Chess)* roi *m* ; *(Draughts)* dame *f*

COMP ▷ **king cobra** N cobra *m* royal ▷ **king penguin** N manchot *m* royal ▷ **King's Bench** N *(Brit Jur)* cour *f* supérieure de justice ▷ **King's Counsel** N *(Jur)* avocat *m* de la Couronne ▷ **King's evidence** N *(Jur)* ◆ **to turn King's evidence** témoigner contre ses complices ▷ **the King's highway** N *(Jur)* la voie publique ▷ **king-size(d)** ADJ *(Comm)* *[cigarette]* long (longue *f*) ; *[packet]* géant ◆ **I've got a ~-size(d) headache** * j'ai un mal de crâne carabiné * ▷ **king-size bed** N grand lit *m* *(de 1,95 m de large)* ▷ **King's Messenger** N courrier *m* diplomatique ▷ **King's speech** N *(Brit)* discours *m* du roi ; → QUEEN'S SPEECH, KING'S SPEECH

**kingbolt** /ˈkɪŋbəʊlt/ N pivot *m* central, cheville *f* ouvrière

**kingcup** /ˈkɪŋkʌp/ N *(= buttercup)* bouton *m* d'or ; *(= marsh marigold)* souci *m* d'eau *or* des marais, populage *m*

**kingdom** /ˈkɪŋdəm/ N royaume *m* ; *(Bot, Zool)* règne *m* ◆ **the plant ~** le règne végétal ◆ **the Kingdom of God** le royaume de Dieu ◆ **the Kingdom of Heaven** le royaume des cieux, le royaume céleste ◆ **he's gone to ~ come** * il est parti dans l'autre monde *or* dans un monde meilleur ◆ **to send sb to ~ come** * envoyer qn dans l'autre monde *or* ad patres * ◆ **till ~ come** * jusqu'à la fin des siècles ◆ **in the ~ of the blind (the one-eyed man is king)** *(Prov)* au royaume des aveugles, les borgnes sont rois *(Prov)* → **animal, united**

**kingfish** * /ˈkɪŋfɪʃ/ N *(US = leader)* caïd * *m*

**kingfisher** /ˈkɪŋfɪʃəʳ/ N martin-pêcheur *m*

**kingly** /ˈkɪŋlɪ/ ADJ *(lit, fig)* royal, de roi

**kingmaker** /ˈkɪŋmeɪkəʳ/ N personne *f* qui fait et défait les rois ◆ **the ~s** *(Pol fig)* les gens *mpl* qui font et défont les hommes politiques

**kingpin** /ˈkɪŋpɪn/ N *(Tech)* pivot *m* central, cheville *f* ouvrière ; *(fig)* pilier *m* ; *(US)* *(= tenpin bowling, skittles)* première quille *f*

**kingship** /ˈkɪŋʃɪp/ N royauté *f*

**kink** /kɪŋk/ N *(in rope, tube, wire)* nœud *m* ; *(in paper)* défaut *m* ◆ **to work out** *or* **iron out the ~s** *(fig)* résoudre les problèmes ◆ **her hair has a ~ in it** ses cheveux frisent légèrement

VI *[rope, tube, wire]* s'entortiller

**kinky** /ˈkɪŋkɪ/ ADJ a (*: *sexually)* *[person]* aux mœurs spéciales, pervers sur les bords * ; *[activity]* spécial *(euph)* ; *[underwear]* d'un goût spécial ◆ **~ sex** des pratiques sexuelles un peu spéciales ◆ **~ black leather gear** un attirail en cuir noir d'un goût spécial b (* *= eccentric)* *[person]* farfelu c *(= curly)* *[hair]* frisé COMP ▷ **kinky boots** NPL bottes *fpl* de cuir *(ajustées au-dessous du genou)*

**kinsfolk** /ˈkɪnzfəʊk/ NPL *(NonC)* parents *mpl*, famille *f*

**kinship** /ˈkɪnʃɪp/ N *(NonC)* a *(= blood relationship)* parenté *f* b *(fig = bond)* affinité *f* ◆ **to feel a deep ~ with sb** avoir de nombreuses affinités avec qn

**kinsman** /ˈkɪnzmən/ N (pl **-men**) parent *m*

**kinswoman** /ˈkɪnzˌwʊmən/ N (pl **-women**) parente *f*

**kiosk** /ˈkiːɒsk/ *(Brit)* N *(for selling:* also **bandstand***)* kiosque *m* ; *(Telec)* cabine *f* téléphonique

**kip** ‡ /kɪp/ *(Brit)* N *(= bed)* plumard ‡ *m*, pieu ‡ *m* ; *(= nap)* roupillon * *m* ◆ **to get some ~** piquer un roupillon *, pioncer ‡ VI *(also* **kip down***)* se pieuter ‡

**kipper** /ˈkɪpəʳ/ *(Brit)* N hareng *m* fumé et salé, kipper *m* VT *[+ herring]* fumer et saler COMP ▷ **kipper tie** N large cravate *f* *(des années 60)*

**kir** /kɪəʳ/ N kir *m*

**Kirbigrip** ®, **kirbygrip** /ˈkɜːbɪˌgrɪp/ N pince *f* à cheveux

**Kirg(h)iz** /ˈkɜːgɪz/ ADJ kirghiz *inv* N a *(= person)* Kirghiz(e) *m(f)* b *(Ling)* kirghiz *m*

**Kirg(h)izia** /ˌkɜːˈgɪzɪə/ N Kirghizstan *m*

**Kirg(h)izstan** /ˌkɜːgɪsˈtɑːn/ N Kirghizstan *m*

**Kiribati** /ˈkɪrɪbæs/ N Kiribati

**kirk** /kɜːk/ N *(Scot)* église *f* ◆ **the Kirk** l'Église *f* presbytérienne (d'Écosse)

**Kirsch** /ˈkɪəʃ/, **Kirschwasser** /ˈkɪəʃˌvɑːsəʳ/ N kirsch *m*

**kiss** /kɪs/ N baiser *m* ◆ **to give sb a ~** donner un baiser à qn, embrasser qn ◆ **give me a ~** embrasse-moi ; *(to child)* fais-moi une bise * *or* un bisou * ◆ **~ of life** *(esp Brit Med)* bouche-à-bouche *m* ◆ **"love and kisses"** *(in letter)* "bons baisers", "grosses bises" * ◆ **to give the ~ of death to ...** *(fig)* porter le coup fatal à ... ; → **blow¹**

VT a embrasser, donner un baiser à ◆ **to ~ sb's cheek** embrasser qn sur la joue ◆ **to ~ sb's hand** baiser la main de qn ◆ **to ~ hands** *(Diplomacy etc)* être admis au baisemain (du roi *or* de la reine) ◆ **they ~ed each other** ils se sont embrassés ◆ **to ~ sb good night/goodbye** embrasser qn en lui souhaitant bonne nuit/en lui disant au revoir, souhaiter bonne nuit/dire au revoir à qn en l'embrassant ◆ **I'll ~ it better** *(to hurt child)* un petit bisou * et ça ira mieux ◆ **to ~ ass** ** *(esp US)* faire de la lèche ‡ ◆ **to ~ sb's ass** ** *(esp US)* lécher le cul à qn ** ◆ **~ my ass!** ** *(esp US)* va chier ! ** ; see also **goodbye**

b *(= touch lightly: also liter)* frôler ◆ **the ball ~ed the top of the crossbar** le ballon a frôlé la barre transversale

VI s'embrasser ◆ **to ~ and make up** faire la paix ◆ **to ~ and tell** raconter ses secrets d'alcôve

COMP ▷ **kiss-and-tell** * ADJ *[story, memoirs]* divulguant des secrets d'alcôve *(avec une personnalité en vue)* ▷ **kiss curl** N *(Brit)* accroche-cœur *m* ▷ **kiss-off** ‡ N *(US)* ◆ **to give sb the ~-off** *[+ employee]* virer * qn ; *[+ girlfriend etc]* plaquer ‡ qn

► **kiss away** VT SEP ◆ **she kissed away the child's tears** elle a séché les larmes de l'enfant en l'embrassant

► **kiss back** VT SEP *[+ person]* rendre un baiser à

**kissagram** /ˈkɪsəˌgræm/ N *baiser télégraphié*

> **Kissagram**
>
> Un **kissagram** est un « baiser télégraphié » adressé à une personne pour lui faire une surprise, par exemple à l'occasion de son anniversaire. Le message est remis par un porteur costumé, qui lit un petit texte et embrasse le destinataire devant tout le monde.

**kisser** ‡ /ˈkɪsəʳ/ N gueule ‡ *f*

**kit** /kɪt/ N a *(NonC)* *(= equipment, gear)* *(for camping, skiing, climbing, photography etc)* matériel *m*, équipement *m* ; *(Mil)* fourniment *m*, fourbi * *m* ; *(= tools)* outils *mpl* ◆ **fishing** *etc* **~** matériel *m* *or* attirail *m* de pêche *etc* ◆ **the whole ~ and caboodle** * *(US)* tout le bataclan *, tout le fourbi *

b *(NonC:* *) *(= belongings)* affaires *fpl* ; *(= clothes)* fringues * *fpl* ; *(for sports)* affaires *fpl* ; *(= luggage)* bagages *mpl* ◆ **get your ~ off!** ‡ à poil ! * ◆ **have you got your gym/football ~?** tu as tes affaires de gym/de football ?

c *(= set of items)* trousse *f* ◆ **puncture-repair ~** trousse *f* de réparations ◆ **first-aid ~** trousse *f* d'urgence *or* de premiers secours ; → **survival**

d *(= parts for assembly)* kit *m* ◆ **sold in ~ form** vendu en kit ◆ **he built it from a ~** il l'a assemblé à partir d'un kit ◆ **model aeroplane ~** maquette *f* d'avion (à assembler)

COMP ▷ **kit car** N voiture *f* en kit ▷ **kit inspection** N *(Mil)* revue *f* de détail

► **kit out, kit up** VT SEP *(Brit)* a *(Mil)* équiper (*with* de)

b ◆ **to kit sb out with sth** équiper qn de qch ◆ **he arrived ~ted out in oilskins** il est arrivé équipé d'un ciré ◆ **he had ~ted himself out in a bright blue suit** il avait mis un costume bleu vif

**kitbag** /ˈkɪtbæg/ N *(esp Brit)* sac *m* *(de voyage, de sportif, de soldat, de marin etc)*

**kitchen** /ˈkɪtʃɪn/ N cuisine *f* ; → **thief**

COMP *[table, cutlery, scissors etc]* de cuisine ▷ **kitchen cabinet** N buffet *m* de cuisine ; *(Pol fig)* proches conseillers *mpl* du Premier ministre ; *(in US)* proches conseillers *mpl* du Président ; → CABINET ▷ **kitchen-diner, kitchen-dinette** N cuisine *f* avec coin-repas ▷ **kitchen foil** N papier *m* d'aluminium *or* d'alu * ▷ **kitchen garden** N (jardin *m*) potager *m* ▷ **kitchen paper** N essuie-tout *m inv* ▷ **kitchen police** N *(US Mil)* *(= work)* corvée *f* de cuisine ; *(= soldiers)* soldats *mpl* chargés de la corvée de cuisine ▷ **kitchen range** N fourneau *m* (de cuisine), cuisinière *f* ▷ **kitchen roll** N ⇒ **kitchen paper** ▷ **kitchen salt** N sel *m* de cuisine, gros sel *m* ▷ **kitchen scales** NPL balance *f* (de cuisine) ▷ **kitchen sink** N évier *m* ◆ **I've packed everything but the ~ sink** * j'ai tout emporté sauf les murs ▷ **kitchen-sink drama** * N *(Theat)* *théâtre misérabiliste des années 50 et 60* ▷ **kitchen soap** N savon *m* de Marseille ▷ **kitchen unit** N élément *m* de cuisine ▷ **kitchen utensil** N ustensile *m* de cuisine ▷ **kitchen waste** N déchets *mpl* domestiques ▷ **kitchen wastes** NPL *(US)* ⇒ **kitchen waste**

**kitchenette** /ˌkɪtʃɪˈnet/ N kitchenette *f*

**kitchenmaid** /ˈkɪtʃɪnmeɪd/ N fille *f* de cuisine

**kitchenware** /ˈkɪtʃɪnwɛəʳ/ N *(NonC)* *(= dishes)* vaisselle *f* *or* faïence *f* (de cuisine) ; *(= equipment)* ustensiles *mpl* de cuisine

**kite** /kaɪt/ N a *(Orn)* milan *m* ; *(= toy)* cerf-volant *m* ; → **fly³, high** b *(Fin* *) *(= cheque)* chèque *m* en bois * ; *(= bill)* traite *f* en l'air * COMP ▷ **kite balloon** N *(Mil)* ballon *m* d'observation, saucisse *f* ▷ **Kite mark** N *(Brit Comm)* label *m* de qualité *(délivré par l'Association britannique de normalisation)*

**kith** /kɪθ/ N ◆ **~ and kin** amis *mpl* et parents *mpl*

**kitsch** /kɪtʃ/ N *(NonC)* kitsch *m*, art *m* kitsch *or* pompier ADJ kitsch *inv*, pompier

**kitten** /ˈkɪtn/ N chaton *m*, petit chat *m* ◆ **to have ~s** ‡ *(Brit fig)* piquer une crise *

**kittenish** /ˈkɪtənɪʃ/ ADJ *(lit)* de chaton ; *(fig)* de chaton, mutin

**kittiwake** /ˈkɪtɪweɪk/ N mouette *f* tridactyle

**kitty** /ˈkɪtɪ/ N a *(Cards etc)* cagnotte *f* ; *(* fig)* caisse *f*, cagnotte *f* ◆ **there's nothing left in the ~** il n'y a plus un sou dans la caisse *or* dans la cagnotte b *(* = cat)* minet * *m*, minou * *m* COMP ▷ **Kitty Litter** ® N *(US)* litière *f* pour chats

**kiwi** /ˈkiːwiː/ N a *(= bird)* kiwi *m*, aptéryx *m* b (also **kiwi fruit**) kiwi *m* c *(* = New Zealander)* Néo-Zélandais(e) *m(f)*

**KKK** /ˌkeɪkeɪˈkeɪ/ abbrev of **Ku Klux Klan**

**Klansman** /ˈklænzmən/ N membre *m* du Ku Klux Klan

**klatch** /klætʃ/ N (also **coffee klatch**) *(US)* ⇒ **kaffeeklatsch**

**klaxon** /ˈklæksn/ N klaxon ® *m*

**Kleenex** ® /ˈkliːneks/ N (pl **Kleenex** *or* **Kleenexes**) kleenex ® *m*

**kleptomania** /ˌkleptəʊˈmeɪnɪə/ N kleptomanie *f*

**kleptomaniac** /ˌkleptəʊˈmeɪnɪæk/ ADJ, N kleptomane *mf*

**klieg light** /ˈkliːglaɪt/ N *(esp US)* lampe *f* à arc

**kludge** * /klʌdʒ/ N *(Comput)* bidouille * *f*, kludge *m*

**klutz** ‡ /klʌts/ N *(US)* empoté(e) *m(f)*, manche * *m*

**klystron** /ˈklɪstrɒn/ N klystron *m*

**km** N (abbrev of **kilometre(s)**) km

**kmh** N (abbrev of **kilometres per hour**) km/h

**knack** /næk/ N a *(= physical dexterity)* tour *m* de main ◆ **to learn** *or* **get the ~ of doing sth** prendre le tour de main pour faire qch ◆ **there's a ~ to it** il y a un tour de main à prendre ◆ **I've lost the ~** j'ai perdu la main b *(= talent)* ◆ **to have the ~ of doing sth** avoir le don pour faire qch ; *(iro)* avoir le chic pour faire qch ◆ **she's got a ~ of saying the wrong thing** elle a le chic pour dire ce qu'il ne faut pas ◆ **I never really got the ~ of it** je n'ai jamais compris le truc *

**knacker** /ˈnækəʳ/ *(Brit)* N a *[of horses]* équarrisseur *m* ◆ **to send a horse to the ~'s yard** envoyer un cheval à l'équarrissage b *[of boats, houses]* entrepreneur *m* de démolition, démolisseur *m* NPL **knackers** *‡† *(Brit: = testicles)* couilles *‡ *fpl* VT ‡ a *(= tire)* crever * b *(= break)* bousiller *

**knackered** ‡ /ˈnækəd/ ADJ *(Brit)* a *(= tired out)* crevé *, éreinté * b *(= broken, worn out)* nase *, foutu ‡

**knapsack** /ˈnæpsæk/ N sac *m* à dos, havresac *m*

**knave** /neɪv/ N *(† pej)* filou *m*, fripon † *m* ; *(Cards)* valet *m*

**knavery** /ˈneɪvərɪ/ N *(NonC: pej)* filouterie *f*, friponnerie † *f*

**knavish** /ˈneɪvɪʃ/ ADJ *(pej)* de filou, de fripon †

**knead** /niːd/ VT *[+ dough]* pétrir, travailler ; *[+ muscles]* malaxer

**knee** /niː/ N genou *m* ◆ **he sank in up to the ~s** il s'est enfoncé jusqu'aux genoux ◆ **these trousers have gone at the ~(s)** ce pantalon est usé aux genoux ◆ **to sit on sb's ~** s'asseoir sur les genoux de qn ◆ **to put a child over one's ~** donner une fessée à un enfant ◆ **to learn sth at one's mother's ~** apprendre qch dès son jeune âge ◆ **to go (down) on one's ~s** s'agenouiller, tomber *or* se mettre à genoux ◆ **to go down on one's ~s to sb** *(lit)* tomber *or* se mettre à genoux devant qn ; *(fig)* se mettre à genoux devant qn *(fig)*, supplier qn à genoux ◆ **on bended ~(s)** à genoux ◆ **to bring sb to his ~s** *(fig)* forcer qn à capituler *or* à se soumettre ◆ **it will bring the country/the steel industry to its ~s** ça va mettre le pays/l'industrie sidérurgique à genoux

VT ◆ **to ~ sb in the groin** donner un coup de genou dans le bas-ventre de qn

COMP ▷ **knee-bend** N *(gen, Ski)* flexion *f* (du genou) ▷ **knee breeches** NPL culotte *f* courte ▷ **knee-deep** ADJ ◆ **he was ~-deep in mud** la boue lui arrivait aux genoux, il était dans la boue jusqu'aux genoux ◆ **the water was ~-deep** l'eau arrivait aux genoux ◆ **to be ~-deep in paperwork** * être dans la paperasse jusqu'au cou ▷ **knee-high** ADJ à hauteur de genou ◆ **~-high to a grasshopper** * haut comme trois pommes ▷ **knee jerk** N réflexe *m* rotulien ▷ **knee-jerk** ADJ *[reaction, response]* réflexe ◆ **he's a ~-jerk conservative** * c'est un conservateur primaire ▷ **knee joint** N articulation *f* du genou ▷ **knee level** N ◆ **at ~ level** à (la) hauteur du genou ▷ **knee pants** NPL *(US)* bermuda *m* ▷ **knee reflex** N réflexe *m* rotulien ▷ **knees-up** ‡ N (pl **knees-ups**) *(Brit)* pince-fesses ‡ *m*, bringue * *f*

**kneecap** /ˈniːkæp/ N *(Anat)* rotule *f* VT tirer dans le genou de

**kneecapping** /ˈniːˌkæpɪŋ/ N mutilation *f* en tirant dans le genou

**kneel** /niːl/ (pret, ptp **knelt** *or* **kneeled**) VI (also **kneel down**) s'agenouiller, se mettre à genoux ; *(= be kneeling)* être agenouillé ◆ **he had to ~ on his case to shut it** il a dû se mettre à genoux sur sa valise pour la fermer ◆ **to ~ (down) to** *or* **before sb** *(lit, fig)* se mettre à genoux devant qn

**kneepad** /ˈniːpæd/ N genouillère *f*

**kneeroom** /ˈniːrʊm/ N espace *m* pour les jambes

**knell** /nel/ N glas *m* ◆ **to sound** *or* **toll the (death) ~** sonner le glas

**knelt** /nelt/ VB pt, ptp of **kneel**

**Knesset** /ˈknesɪt/ N ◆ **the ~** la Knesset

**knew** /njuː/ VB pt of **know**

**knickerbocker** /ˈnɪkəˌbɒkəʳ/ NPL **knickerbockers** *(knee-length)* knickers *mpl* ; *(longer)* culotte *f* de golf COMP ▷ **knickerbocker glory** N *(Brit)* *coupe glacée faite de glace, de gelée, de crème et de fruits*

**knickers** /ˈnɪkəz/ NPL a *(Brit: woman's)* culotte *f*, slip *m (de femme)* ◆ **~!** ‡ *(annoyed)* mince ! * ; *(disbelieving)* mon œil ! * ◆ **to get one's ~ in a twist** ‡ se mettre dans tous ses états ◆ **don't get your ~ in a twist!** ‡ ne te mets pas dans cet état ! b † ⇒ **knickerbockers** ; → **knickerbocker**

**knick-knack** /ˈnɪknæk/ N bibelot *m*, babiole *f* ; *(on dress)* colifichet *m*

**knife** /naɪf/ N (pl **knives**) couteau *m* ; (also **pocket knife**) canif *m* ◆ **~, fork and spoon** couvert *m* ◆ **to turn** *or* **twist the ~ in the wound** *(fig)* retourner le couteau dans la plaie *(fig)* ◆ **he's got his ~ into me** * *(fig)* il s'acharne contre moi ◆ **the knives are out** * *(esp Brit fig)* c'est la guerre ouverte ◆ **the knives are out for him** * *(esp Brit fig)* on en a après lui ◆ **to put** *or* **stick the ~ into sb** *(fig)* blesser qn ◆ **the critics are trying to put the ~ in (him)** les critiques l'attendent au tournant ◆ **it's war to the ~ between them** ils sont à couteaux tirés *(fig)* ◆ **(to go) under the ~** * *(Med)* (passer) sur le billard * ◆ **before you could say ~** * en moins de temps qu'il n'en faut pour le dire ◆ **like a (hot) ~ through butter** *(US = easily)* facilement

VT *[+ person]* donner un coup de couteau à ◆ **she had been ~d** elle avait reçu un coup (*or* des coups) de couteau ; *(to death)* elle avait été tuée à coups de couteau

COMP ▷ **knife edge** N fil *m* d'un couteau ; *(Tech)* couteau *m* ◆ **on a ~ edge** *(fig = tense, anxious)* sur des charbons ardents *(fig)* ◆ **the success of the scheme/the result was balanced on a ~ edge** la réussite du projet/le résultat ne tenait qu'à un fil ▷ **knife-edge(d)** ADJ *[blade]* tranchant, aiguisé ; *[crease]* bien marqué ▷ **knife-grinder** N rémouleur *m* ▷ **knife pleat** N pli *m* couché ▷ **knife point** N ◆ **to hold sb at ~ point** menacer qn d'un couteau ▷ **knife rest** N porte-couteau *m* ▷ **knife-sharpener** N *(on wall, on wheel etc)* affiloir *m*, aiguisoir *m* ; *(long, gen with handle)* fusil *m* (à repasser les couteaux)

**knifeman** /ˈnaɪfmən/ N *(Brit)* agresseur *m* armé d'un couteau

**knifing** /ˈnaɪfɪŋ/ N attaque *f* au couteau

**knight** /naɪt/ N chevalier *m* ; *(Chess)* cavalier *m* ◆ **a ~ in shining armour** *(= romantic figure)* un prince charmant ; *(= saviour)* un sauveur, un redresseur de torts VT a *(Hist) [+ squire etc]* adouber, faire chevalier b *(Brit) [sovereign]* donner l'accolade (de chevalier) à, faire chevalier ◆ **he was ~ed for services to industry** il a été fait chevalier pour services rendus dans l'industrie COMP ▷ **knight errant** N (pl **knights errant**) *(Hist)* chevalier *m* errant ▷ **knight-errantry** N *(NonC)* chevalerie *f* errante ▷ **Knight of the Garter** N chevalier *m* de (l'ordre de) la Jarretière ▷ **Knight Templar** N (pl **Knights Templars** *or* **Knights Templar**) chevalier *m* de l'ordre du Temple, Templier *m*

**knighthood** /ˈnaɪthʊd/ N a *(= knights collectively)* chevalerie *f* b *(Brit = rank)* titre *m* de chevalier ◆ **to get** *or* **receive a ~** être fait chevalier, recevoir le titre de chevalier

**knightly** /ˈnaɪtlɪ/ ADJ *[courtesy]* chevaleresque ; *[armour]* de chevalier

**knit** /nɪt/ (pret, ptp **knitted** *or* **knit**) VT a *[+ garment, blanket etc]* tricoter ◆ **"knit three, purl one"** "trois mailles à l'endroit, une maille à l'envers" ◆ **to ~ sth for sb, to ~ sb sth** tricoter qch pour qn ◆ **~ted jacket** veste *f* tricotée *or* en tricot ◆ **~ted goods** tricots *mpl*, articles *mpl* en maille ; → **close¹, thick** b ◆ **to ~ one's brows** froncer les sourcils VI a tricoter b (also **knit together, knit up**) *[bone]* se souder COMP ▷ **knit stitch** N maille *f* à l'endroit

► **knit together** VI se souder VT SEP a ◆ **"knit two together"** "tricoter deux mailles ensemble" b *(fig) [+ family, community]* lier, unir ; *[+ team]* souder

► **knit up** VI a *[bone]* se souder b ◆ **this wool knits up very quickly** cette laine monte très vite VT SEP *[+ jersey]* tricoter

**knitter** /ˈnɪtəʳ/ N tricoteur *m*, -euse *f*

**knitting** /ˈnɪtɪŋ/ N *(NonC)* a *(gen)* tricot *m* ; *(Ind)* tricotage *m* ◆ **where's my ~?** où est mon tricot ? ; → **double** b *[of bone]* consolidation *f*, soudure *f* COMP ▷ **knitting bag** N sac *m* à tricot ▷ **knitting machine** N machine *f* à tricoter, tricoteuse *f* ▷ **knitting needle**, **knitting pin** N aiguille *f* à tricoter ▷ **knitting wool** N laine *f* à tricoter

**knitwear** /ˈnɪtwɛəʳ/ N *(NonC: Comm)* tricots *mpl*

**knives** /naɪvz/ NPL of **knife**

**knob** /nɒb/ N a *[of door, instrument]* bouton *m* ; *[of cane, walking stick]* pommeau *m* ; *(= small bump)* bosse *f*, protubérance *f* ; *(on tree)* nœud *m* ◆ **with ~s on** * *(fig)* et encore plus b *(= small piece) [of cheese etc]* petit morceau *m* ◆ **~ of butter** *(Brit)* noix *f* de beurre c *(*‡ = penis)* zob *‡ *m*, bitte *‡ *f*

**knobbly** /ˈnɒblɪ/, **knobby** /ˈnɒbɪ/ ADJ noueux

**knobkerrie** /ˈnɒbˌkerɪ/ N massue *f*

**knock** /nɒk/ N a (= blow) coup *m* ; (= collision) heurt *m*, choc *m* ; (in engine etc) cognement *m* ◆ **he got a ~ (on the head** etc) il a reçu or pris * un coup (sur la tête etc) ◆ **he gave himself a nasty ~ (on the head** etc) il s'est cogné très fort (la tête etc)

b (at door) ◆ **there was a ~ at the door** on a frappé (à la porte) ◆ **I heard a ~ (at the door)** j'ai entendu (quelqu'un) frapper (à la porte) ◆ **~, ~!** toc, toc, toc ! ◆ **I'll give you a ~ at 7 o'clock** je viendrai frapper à ta porte à 7 heures

c (fig) (= setback) revers *m* ◆ **~s** * (= criticism) critiques *fpl* ◆ **to take a ~** [person] recevoir un coup (fig) ◆ **his pride/credibility has taken a ~** son orgueil/sa crédibilité en a pris un coup ◆ **his confidence has taken a ~** sa confiance a été sérieusement ébranlée ◆ **her professional reputation took a very hard ~** sa réputation professionnelle en a pris un sacré * coup

VT a (= hit, strike) [+ object] frapper ◆ **to ~ a nail into a plank** planter or enfoncer un clou dans une planche ◆ **to ~ a nail in (with a hammer/shoe** etc) enfoncer un clou (d'un coup or à coups de marteau/de chaussure etc) ◆ **he ~ed the ball into the hedge** il a envoyé la balle dans la haie ◆ **she ~ed the knife out of his hand** elle lui a fait tomber le couteau des mains ◆ **to ~ a glass off a table** faire tomber un verre d'une table ◆ **she ~ed the cup to the floor** elle a fait tomber la tasse (par terre) ◆ **to ~ the bottom out of a box** défoncer (le fond d')une boîte ◆ **to ~ the bottom out of an argument** démolir un argument ◆ **this ~ed the bottom out of the market** (St Ex) cela a provoqué l'effondrement des cours ◆ **to ~ holes in sth** faire des trous dans qch ◆ **to ~ holes in an argument** battre un argument en brèche ◆ **to ~ sb's confidence** ébranler la confiance de qn ◆ **that ~ed his plans on the head** * (Brit) ça a flanqué * par terre or démoli ses projets ◆ **it's time to ~ this idea on the head** * il est temps de faire un sort à cette idée ◆ **to ~ some sense into sb** * ramener qn à la raison (par la manière forte) ◆ **to ~ spots off sb** * battre qn à plate(s) couture(s) ◆ **to ~ spots off sth** * être beaucoup mieux que qch ; → **stuffing**

b (= hit, strike) **to ~ sb to the ground** [person, explosion] jeter qn à terre, faire tomber qn ; (= stun) assommer qn ◆ **to ~ sb unconscious** or **cold** or **senseless** or **silly** * assommer qn ◆ **to ~ sb off balance** faire perdre l'équilibre à qn ◆ **he ~ed the child out of the way** il a brusquement écarté l'enfant ◆ **to ~ sb dead** * épater qn *, en mettre plein la vue à qn * ◆ **go out there and ~ 'em dead!** ⁑ montre-leur de quoi tu es capable ! ◆ **to ~ sb on the head** frapper qn à la tête ; (= stun) assommer qn ◆ **to ~ sb into the middle of next week** ⁑ faire voir trente-six chandelles à qn * ◆ **to ~ sth on the head** * [+ project, idea] laisser tomber qch ; [+ relationship] mettre fin à qch ◆ **his wife's death really ~ed him sideways** * (Brit = shook him) la mort de sa femme l'a profondément ébranlé ◆ **confidence in the legal system has been ~ed sideways** * (Brit) la confiance dans le système légal a été sérieusement ébranlée ◆ **to ~ sb for six** * (Brit) [cold, flu] lessiver * qn ; [news] faire un choc à qn

c (= collide with, strike) [person] se cogner dans, heurter ; [vehicle] heurter ◆ **to ~ one's head on** or **against** se cogner la tête contre ◆ **he ~ed his foot against the leg of the table** il a buté contre le pied de la table

d (Constr) ◆ **to ~ two rooms into one** abattre la cloison entre deux pièces

e (* = denigrate) [+ person, sb's work] débiner * ; [+ plan, project, idea] dénigrer ◆ **don't ~ it!** arrête de dénigrer ! ◆ **don't ~ it if you haven't tried it!** c'est pas la peine * de critiquer si tu n'as pas essayé !

f (Scot * = steal) piquer *

VI a (= strike, hit) frapper ; (more forcefully) cogner ◆ **to ~ at the door/window** frapper à la porte/la fenêtre ◆ **he ~ed on the table** il a frappé la table, il a cogné sur la table ◆ **his knees were ~ing** il tremblait de peur, il avait les chocottes *

b (= bump, collide) **to ~ against** or **into sb/sth** se cogner contre qn/qch, heurter qn/qch ◆ **his hand ~ed against the shelf** sa main a heurté l'étagère, il s'est cogné la main contre l'étagère ◆ **he ~ed into the table** il s'est cogné dans or contre la table, il a heurté la table ◆ **the car ~ed into the lamppost** la voiture a heurté le réverbère

c [car engine] cogner

COMP ▷ **knocked down** ADJ (US Comm) [table, shed etc] (livré) non monté ▷ **knock-for-knock agreement** N (Insurance) convention *f* d'indemnisation directe de l'assuré ▷ **knock-kneed** ADJ ◆ **to be ~-kneed** avoir les genoux cagneux ▷ **knock-knees** NPL ◆ **to have ~-knees** avoir les genoux cagneux ▷ **knock-on** N (Rugby) en-avant *m inv* ▷ **knock-on effect** N répercussions *fpl* ▷ **knock-out agreement** N (Jur, Fin) entente *f* entre enchérisseurs ▷ **knock-out drops** * NPL soporifique *m* ▷ **knock-up** N (Tennis) ◆ **to have a ~-up** faire des balles

► **knock about** *, **knock around** * VI (= travel) vadrouiller *, bourlinguer * (fig) (= hang around) traîner, glander ⁑ ◆ **he spent many years ~ing about in the provinces** il a passé de nombreuses années à vadrouiller * or bourlinguer * en province ◆ **he has ~ed about a bit** il a beaucoup bourlingué * ◆ **what are all these boxes ~ing about in the garage?** que font tous ces cartons dans le garage ? ◆ **who's he ~ing around with these days?** qui est-ce qu'il fréquente en ce moment ?

VT FUS ◆ **to knock about the world** vadrouiller * de par le monde ◆ **he's ~ing about France somewhere** * il vadrouille * or il se balade * quelque part en France

VT SEP a (* = beat) taper sur, frapper ◆ **he ~s her about** il lui tape dessus *

b [storm, waves] [+ boat] ballotter

c ◆ **to knock a ball about** or **around** donner des coups de pied dans un ballon, taper dans un ballon *

► **knock back** VI (lit) ◆ **he knocked on the wall and she knocked back** il a frappé au mur et elle a répondu de la même façon

VT SEP * a (= drink) s'enfiler *, s'envoyer * ; (= eat) avaler, engloutir

b (= cost) coûter ◆ **how much did it ~ you back?** ça vous a coûté combien ? ◆ **this watch ~ed me back £120** cette montre m'a coûté 120 livres

c (fig = shock) sonner * ◆ **the news ~ed her back a bit** la nouvelle l'a un peu sonnée *

d (*= reject) [+ offer, suggestion] refuser ; [+ person] envoyer balader *

► **knock down** VT SEP a [+ object] (= topple) renverser ; (= knock off shelf, table etc) faire tomber ; [+ building, wall etc] abattre, démolir ; [+ door] (= remove) démolir ; (= kick in) défoncer, enfoncer ◆ **he ~ed me down with one blow** il m'a jeté à terre d'un seul coup ; → **feather**

b (= run over) [vehicle] [+ person] renverser ; [+ lamppost] emboutir ; [+ fence, wall] défoncer ◆ **he got ~ed down by a bus** il a été renversé par un autobus

c [+ price] baisser ◆ **he ~ed the price down by 10%** il a baissé le prix de 10%, il a fait une remise de 10% sur le prix

d (at auction) ◆ **to knock down sth to sb** adjuger qch à qn ◆ **it was ~ed down for £10** ça a été adjugé 10 livres

ADJ ◆ **knocked down** → **knock**

► **knock off** VI * (= stop work) s'arrêter (de travailler) ; (= leave work) se casser *, se tirer * ; (= strike) débrayer

VT SEP a (lit) [+ object on shelf etc] faire tomber ◆ **I got ~ed off my bike** j'ai été renversé en vélo ◆ **to ~ sb's block off** * casser la figure * à qn

b (= reduce price by) [+ percentage, amount] faire une remise de ◆ **I'll ~ off £10/10%** je vous fais une remise de 10 livres/de 10% ◆ **she ~ed 15 seconds off the world record** elle a battu le record du monde de 15 secondes

c * [+ homework, correspondence, piece of work] expédier

d (Brit * = steal) piquer *

e (= stop) ◆ **knock it off !** * ça suffit !

f (* = kill) liquider *

ADJ ◆ **knocking-off** → **knocking**

► **knock on** VT SEP (Rugby) ◆ **to knock the ball on** faire un en-avant

VT FUS ◆ **he's knocking on for fifty** * il frise la cinquantaine

N ◆ **knock-on** ADJ → **knock**

► **knock out** VT SEP a [+ nail etc] faire sortir (of de) ◆ **to ~ out one's pipe** débourrer or éteindre sa pipe ◆ **to ~ a window out** [builder] enlever une fenêtre ; [explosion, earthquake] souffler une fenêtre

b (* = put out of action) [storm, earthquake, bomb] [+ power supply, electricity] couper ; [missile] [+ target] détruire, bousiller *

c (= stun) [person] assommer ; (Boxing) mettre knock-out or k.-o. ; [drug] sonner *, assommer ◆ **to ~ o.s. out** s'assommer

d * (= shock, overwhelm) sidérer * ; (= exhaust) mettre à plat *

e (from competition, contest) éliminer (of de)

► **knock over** VT SEP a [+ object] renverser

b [vehicle] [+ pedestrian] renverser ; [+ lamppost] emboutir ; [+ fence] défoncer ◆ **he was ~ed over by a taxi** il a été renversé par un taxi

► **knock together** VI [glasses, knees] s'entrechoquer

VT SEP a (lit) [+ two objects] cogner l'un contre l'autre ◆ **I'd like to ~ their heads together!** * ce sont deux têtes à claques

b * ⇒ **knock up vt sep c**

► **knock up** VI (Tennis) faire des balles

VT SEP a (lit) [+ handle, lever etc] faire lever d'un coup

b (Brit = waken) réveiller (en frappant à la porte)

c (* = make hurriedly) [+ meal] improviser ; [+ shed, furniture] bricoler (en vitesse)

d (Brit * = exhaust) [+ person] crever *

e (⁑ = make pregnant) engrosser ⁑

N ◆ **knock-up** → **knock**

**knockabout** /ˈnɒkəˌbaʊt/ N (esp US Naut) dériveur *m*, petit voilier *m* ADJ (esp Brit = boisterous) [fun, humour, style] exubérant ◆ **~ comedy** (Theat) (grosse) farce *f*

**knockback** * /ˈnɒkbæk/ N (= setback) contretemps *m* ◆ **he got** or **received** or **suffered a ~** on l'a envoyé balader *

**knockdown** /ˈnɒkdaʊn/ ADJ a ◆ **a ~ blow** (lit) un coup à assommer un bœuf ; (fig) un coup de boutoir b (Brit Comm) ◆ **~ price** prix *m* très avantageux *or* intéressant ◆ **"knockdown prices"** *(in posters, announcements)* "prix sacrifiés" ◆ **to sell at ~ prices** vendre pour une bouchée de pain **N** *(Boxing)* knock-down *m inv*

**knocker** /'nɒkəʳ/ **N** *(also* **door-knocker***)* marteau *m* (de porte), heurtoir *m* **NPL** **knockers** ⁑ *(= breasts)* nichons⁑ *mpl*, roberts⁑ *mpl*

**knocking** /'nɒkɪŋ/ **N** *(NonC)* **a** coups *mpl* ◆ **I can hear ~ at the door** j'entends frapper à la porte **b** *(in engine)* cognement *m* **COMP** ▷ **knocking copy N** *(Advertising)* publicité *f* comparative ▷ **knocking-off time** * **N** *(Ind etc)* heure *f* de la sortie ▷ **knocking shop**⁑ **N** *(Brit)* bordel⁑ *m*

**knockout** /'nɒkaʊt/ **N** **a** *(Boxing)* knock-out *m inv* **b** *(= overwhelming success)* ◆ **to be a ~** * *[person, record, achievement]* être sensationnel * **c** *(= competition)* compétition *f* (avec épreuves éliminatoires) ◆ **"It's a Knockout"** *(TV: formerly)* ≃ "Jeux sans frontières" **ADJ** **a** *(Boxing etc)* ◆ **he delivered** *or* **landed a ~ blow** *or* **punch** il a mis son adversaire K.-O. ◆ **the ~ blow came in round six** il a été mis K.-O. au sixième round ◆ **~ blow** *(fig)* coup *m* terrible **b** *(Brit Sport) [competition, tournament]* par élimination

**knoll** /nəʊl/ **N** *(= hillock)* tertre *m*, monticule *m*

**Knossos** /'nɒsəs/ **N** Cnossos

**knot** /nɒt/ **N** **a** nœud *m* ◆ **to tie/untie a ~** faire/défaire un nœud ◆ **the marriage ~** le lien du mariage ◆ **to have a ~ in one's stomach** *(= feel tense)* avoir l'estomac noué, avoir un nœud à l'estomac ; → **granny, reef²**, **slipknot, tie** **b** *(Naut = unit of speed)* nœud *m* ◆ **to make 20 ~s** filer 20 nœuds ; → **rate¹** **c** *(in wood)* nœud *m* ◆ **a ~ of people** un petit groupe de gens **VT** *[+ rope, scarf, tie, handkerchief]* faire un nœud à, nouer ◆ **he ~ted the piece of string to the rope** il a noué la ficelle à la corde ◆ **get ~ted!**⁑ va te faire voir * *or* foutre⁑ !

► **knot together VT SEP** attacher, nouer

**knothole** /'nɒthəʊl/ **N** *(in wood)* trou *m* (laissé par un nœud)

**knotty** /'nɒtɪ/ **ADJ** **a** *(lit) [wood, muscle, hand]* noueux ; *[rope, hair]* plein de nœuds **b** *(fig = thorny) [problem, issue, question]* épineux

**knout** /naʊt/ **N** knout *m*

## know /nəʊ/

vb : pret **knew**, ptp **known**

LANGUAGE IN USE 16.1

| | |
|---|---|
| 1 TRANSITIVE VERB | 3 SET STRUCTURES |
| 2 INTRANSITIVE VERB | 4 NOUN |
| 5 COMPOUNDS | |

### 1 - TRANSITIVE VERB

> Look up set combinations such as **know the ropes**, **know the score** at the noun.

**a** [= have knowledge of] connaître ◆ **to ~ the details/the results/the truth** connaître les détails/les résultats/la vérité ◆ **I ~ the problem!** je connais le problème ! ◆ **to ~ one's business** * connaître son affaire, s'y connaître

> **savoir** can often also be used.

◆ **to ~ the difference between** connaître *or* savoir la différence entre ◆ **to ~ French** savoir *or* connaître le français ◆ **that's worth ~ing** c'est bon à savoir ◆ **it was sure to cause trouble, as well he knew** ça allait sûrement faire des histoires et il le savait très bien ◆ **I ~ the problems that arise when ...** je connais les problèmes qui surviennent lorsque ...

> When **know** is followed by a clause, **savoir** must be used. Unlike **that**, ***que*** can never be omitted.

◆ **I ~ (that) you're wrong** je sais que vous avez tort ◆ **I ~ him to be a liar** je sais que c'est un menteur ◆ **I will** *or* **would have you ~ that ...** sachez que ... ◆ **to ~ how to do sth** savoir faire qch ◆ **I ~ how you feel** je sais ce que tu ressens, je connais ça ◆ **you don't ~ how glad/relieved I am to see you** vous ne pouvez pas savoir comme je suis content/soulagé de vous voir ◆ **she ~s what it means to suffer** *or* **what suffering means** elle sait ce qu'est la souffrance ◆ **he ~s what he's talking about** il sait de quoi il parle ◆ **I don't ~ where to begin** je ne sais pas par où commencer ◆ **do you ~ whether she's coming?** est-ce que tu sais si elle vient ? ◆ **I don't ~ why he reacted like that** je ne sais pas pourquoi il a réagi comme ça

**b** [= be acquainted with] *[+ person, place, book, author]* connaître ◆ **I ~ him well** je le connais bien ◆ **do you ~ Paris?** connaissez-vous Paris ? ◆ **to ~ sb by sight/by name/by reputation** connaître qn de vue/de nom/de réputation ◆ **he ~s all his customers by name** il connaît tous ses clients par leur(s) nom(s) ◆ **I don't ~ her to speak to** je ne la connais que de vue ◆ **everyone ~s him as Dizzy** on le connaît sous le nom de Dizzy ◆ **most of us ~ him only as a comedian** la plupart d'entre nous ne le connaissons qu'en tant que comique ◆ **he is ~n as a man of great charm** c'est un homme connu pour son charme, il passe pour un homme plein de charme ◆ **civilisation as we ~ it** la civilisation telle que nous la connaissons

**c** [= understand] ◆ **I don't ~ how you can say that!** comment peux-tu dire une chose pareille ! ◆ **you ~ what I mean** tu vois ce que je veux dire

**d** [= recognize] reconnaître ◆ **to ~ sb by his voice/his walk** reconnaître qn à sa voix/à sa démarche ◆ **I knew him at once** je l'ai reconnu tout de suite ◆ **I ~ real expertise when I see it!** je sais reconnaître un spécialiste quand j'en vois un ! ◆ **she ~s a good thing when she sees it** * elle ne laisse pas passer les bonnes occasions ◆ **he knew he was to blame** il se savait coupable

**e** [= be certain] ◆ **I don't ~ that it's made things any easier** je ne suis pas sûr que ça ait simplifié les choses ◆ **I don't ~ if** *or* **that that is a very good idea** je ne suis pas sûr que ce soit une bonne idée ◆ **I don't ~ if I can do it** je ne suis pas sûr de pouvoir le faire

**f** [exclamations] ◆ **well, what do you ~!** *(US)* * tiens, tiens ! ◆ **I ~ (what)** *, **let's leave it till tomorrow!** et si on remettait ça à demain ? ◆ **(do) you ~ what** *, **I think she did it!** tu sais quoi, je pense que c'est elle qui a fait ça ! ◆ **she's furious! – don't I ~ it!** * elle est furieuse ! — à qui le dis-tu *or* je suis bien placé pour le savoir ! ◆ **not if I ~ it!** * ça m'étonnerait ! ◆ **that's all you ~ (about it)!** * c'est ce que tu crois ! ◆ **you ~ what you can do with it** *or* **where you can stick it!**⁑ tu peux te le mettre où je pense !⁑

### 2 - INTRANSITIVE VERB

savoir ◆ **who ~s?** qui sait ? ◆ **is she nice? – I don't ~** *or* **I wouldn't ~** * est-ce qu'elle est gentille ? — je ne sais pas *or* je n'en sais rien ◆ **how should I ~?** est-ce que je sais (moi) ! *, comment veux-tu que je sache ? ◆ **it'll be expensive, you ~** ça va coûter cher, tu sais ◆ **you ~, that's not a bad idea** tu sais, ce n'est pas une mauvaise idée ◆ **as far as I ~** autant que je sache, à ma connaissance ◆ **not as far as I ~** pas que je sache, pas à ma connaissance ◆ **for all I ~** pour ce que j'en sais ◆ **one never ~s, you never ~** on ne sait jamais ◆ **and afterwards they just don't want to ~** * et après ça ils ne veulent plus en entendre parler

### 3 - SET STRUCTURES

◆ **to know sth about sth/sb** ◆ **to ~ a lot about sth/sb** en savoir long sur qch/qn ◆ **I don't ~ much about it/him** je ne sais pas grand-chose à ce sujet/je ne le connais pas beaucoup ◆ **I'd like to ~ more (about it)** je voudrais en savoir plus (à ce sujet) ◆ **it's no good lying, I ~ all about it** ce n'est pas la peine de mentir, je sais tout ◆ **she ~s (all) about computers** elle s'y connaît en informatique ◆ **I ~ nothing about music** je n'y connais rien en musique, je ne m'y connais pas du tout en musique ◆ **I ~ nothing about it** je ne sais rien à ce sujet

◆ **to know about sth/sb** ◆ **I didn't ~ about their quarrel** je ne savais pas qu'ils s'étaient disputés, je n'étais pas au courant de leur dispute ◆ **I didn't ~ about the accident** je n'étais pas au courant pour l'accident ◆ **I didn't ~ about that** je n'étais pas au courant ◆ **he ~s about antiques** il s'y connaît en antiquités ◆ **do you ~ about Paul?** tu es au courant pour Paul ? ◆ **I don't ~ about you, but I think it's terrible** je ne sais pas ce que tu en penses mais personnellement je trouve ça affreux ◆ **I don't ~ about you, but I'm hungry!** vous n'avez peut-être pas faim, mais moi si ! ◆ **so you're satisfied? – I don't ~ about that** alors tu es satisfait ? — satisfait c'est beaucoup dire ◆ **I'm not going to school tomorrow – I don't ~ about that!** * je ne vais pas à l'école demain — c'est à voir *or* c'est ce qu'on va voir !

◆ **to know of** *(= be acquainted with)* connaître ; *(= be aware of)* savoir ; *(= learn about)* apprendre ; *(= have heard of)* entendre parler de ◆ **do you ~ of a good hairdresser?** connaissez-vous un bon coiffeur ? ◆ **I ~ of a nice little café** je connais un petit café sympathique ◆ **I'd ~n of his death for some time** je savais depuis quelque temps qu'il était mort ◆ **is he married? – not that I ~ of** il est marié ? — pas que je sache *or* pas à ma connaissance ◆ **I knew of his death through a friend** j'ai appris sa mort par un ami ◆ **I ~ of you through your sister** j'ai entendu parler de vous par votre sœur ◆ **I don't ~ him but I ~ of him** je ne le connais pas mais j'ai entendu parler de lui ◆ **I ~ of no reason why he should have committed suicide** je ne lui connais aucune raison de se suicider ◆ **I ~ of no evidence for this claim** rien à ma connaissance ne permet de l'affirmer

◆ **to know sb/sth from sb/sth** *(= distinguish)* savoir distinguer qn/qch de qn/qch, savoir faire la différence entre qn/qch et qn/qch ◆ **students nowadays don't ~ a pronoun from an adverb** les étudiants ne savent plus distinguer un pronom d'un adverbe ◆ **he doesn't ~ good wine from cheap plonk** * il ne sait pas faire la différence entre un bon vin et une piquette, il est incapable de distinguer un bon vin d'une piquette BUT **he doesn't ~ one end of a horse/hammer from the other** c'est à peine s'il sait ce que c'est qu'un cheval/marteau

◆ **to know sb/sth** + *infinitive* ◆ **I've never ~n him to smile** je ne l'ai jamais vu sourire ◆ **I've never ~n her to be wrong** je dois dire qu'elle ne se trompe jamais ◆ **I've ~n such things to happen before** ça s'est déjà produit auparavant ◆ **well, it has been ~n (to happen)** enfin, ça c'est déjà vu ◆ **I've never**

**~n it to rain like this in June** je n'ai jamais vu autant de pluie en juin

♦ **to know better** ♦ **I ~ better than to offer advice** je me garde bien de donner des conseils ♦ **he ~s better than to touch his capital** il est trop prudent pour entamer son capital ♦ **you ought to ~ better than to listen to him** tu sais bien qu'il ne faut pas l'écouter ♦ **you ought to have ~n better** tu aurais dû réfléchir ♦ **he should ~ better at his age** à son âge il devrait avoir un peu plus de bon sens ♦ **they did that because they didn't ~ any better** ils faisaient ça par ignorance ♦ **he says he didn't do it but I ~ better** il dit qu'il n'est pas responsable mais je sais que ce n'est pas vrai *or* que ce n'est pas le cas ♦ **she told him not to go but he thought he knew better** elle lui a dit de ne pas y aller mais il pensait qu'il était plus apte à juger qu'elle ♦ **a lot of people think he's rich but I ~ better** beaucoup de gens pensent qu'il est riche, mais je sais que ce n'est pas vrai *or* que ce n'est pas le cas

♦ **to know best** ♦ **mother ~s best!** maman a toujours raison ! ♦ **you ~ best, I suppose!** bon, puisque tu le dis !

♦ **to get to know** *[+ fact]* apprendre ; *[+ person]* faire plus ample connaissance avec, apprendre à connaître ♦ **I'd like to see you again and get to ~ you better** j'aimerais vous revoir et faire plus ample connaissance avec vous *or* apprendre à mieux vous connaître ♦ **he seems arrogant, but when you get to ~ him you can see he's just shy** il a l'air arrogant, mais quand on le connaît mieux on s'aperçoit que c'est simplement de la timidité

♦ **to let sb know** ♦ **I'll let you ~** je vous le ferai savoir ♦ **I'll let you ~ on Monday** je te dirai *or* te ferai savoir ça lundi ♦ **if you can't come, please let me ~** *(in advance)* préviens-moi si tu ne peux pas venir, s'il te plaît

♦ **to let sb know sth** dire qch à qn ♦ **I'll let you ~ the price as soon as possible** je te dirai combien ça coûte dès que possible ♦ **let me ~ if I can help** si je peux me rendre utile, dites-le-moi ♦ **he soon let me ~ what he thought of it** il n'a pas tardé à me faire savoir ce qu'il en pensait

4 - NOUN

♦ **to be in the know** * être au courant *or* au parfum ⁑ ♦ **those in the ~ choose Collins** ceux qui s'y connaissent choisissent Collins

5 - COMPOUNDS

▷ **know-all** * N *(Brit)* (Monsieur) je-sais-tout * *m*, (Madame *or* Mademoiselle) je-sais-tout * *f* ▷ **know-how** * N savoir-faire *m* ♦ **they have the materials to make the missile but they haven't got the ~-how** ils ont le matériel nécessaire à la fabrication du missile mais ils n'ont pas le savoir-faire ♦ **after years in the job he has acquired a lot of ~-how** après des années dans cet emploi il a acquis beaucoup de savoir-faire *or* de métier ♦ **you need quite a bit of ~-how to operate this machine** il faut pas mal s'y connaître pour faire marcher cette machine ▷ **know-it-all** * N *(US)* ⇒ **know-all**

**knowable** /ˈnəʊəbəl/ ADJ connaissable

**knowing** /ˈnəʊɪŋ/ ADJ a *(= shrewd)* fin, malin (-igne *f*) ; *(= wise)* sage b *(= arch) [look, smile]* entendu N ♦ **there's no ~ what she might do** on ne peut pas savoir ce qu'elle va faire ♦ **will he help us? – there's no ~** est-ce qu'il va nous aider ? — on ne peut pas savoir

**knowingly** /ˈnəʊɪŋlɪ/ ADV a *(= consciously)* sciemment, intentionnellement b *(= archly) [look, smile, nod]* d'un air entendu

**knowledge** /ˈnɒlɪdʒ/ LANGUAGE IN USE 19.2

N *(NonC)* a *(= understanding, awareness)* connaissance *f* ♦ **to have ~ of** avoir connaissance de ♦ **to have no ~ of** ne pas savoir, ignorer ♦ **to (the best of) my ~** à ma connaissance, pour autant que je sache ♦ **not to my ~** pas à ma connaissance, pas que je sache ♦ **they had never to her ~ complained before** à sa connaissance ils ne s'étaient jamais plaints auparavant ♦ **without his ~** à son insu, sans qu'il le sache ♦ **without the ~ of her mother** à l'insu de sa mère, sans que sa mère le sache ♦ **to bring sth to sb's ~** porter qch à la connaissance de qn ♦ **to bring to sb's ~ that ...** porter à la connaissance de qn le fait que ... ♦ **it has come to my ~ that ...** j'ai appris que ... ♦ **~ of the facts** la connaissance des faits ♦ **it's common** *or* **public ~ that ...** il est de notoriété publique que ...

b *(= body of knowledge)* savoir *m* ; *(= learning, facts learnt)* connaissances *fpl* ♦ **his ~ will die with him** son savoir mourra avec lui ♦ **my ~ of English is elementary** mes connaissances d'anglais sont élémentaires ♦ **he has a thorough ~ of geography** il a de grandes connaissances en géographie, il possède la géographie à fond ♦ **he has a working ~ of Japanese** il possède les éléments de base du japonais

COMP ▷ **knowledge-based system** N *(Comput)* système *m* expert ▷ **knowledge engineering** N *(Comput)* génie *m* cognitif

**knowledgeable** /ˈnɒlɪdʒəbl/ ADJ *[person] (in general)* cultivé ; *(in a given subject)* qui s'y connaît ♦ **she's very ~ about cars** elle s'y connaît en voitures

**knowledgeably** /ˈnɒlɪdʒəblɪ/ ADV de manière compétente

**known** /nəʊn/ VB ptp of **know**

ADJ connu (*to sb* de qn) ♦ **to be ~ for sth/for doing sth** être connu pour qch/pour faire qch ♦ **she wishes to be ~ as Jane Beattie** elle veut se faire appeler Jane Beattie ♦ **he is ~ to be unreliable** il est bien connu qu'on ne peut pas compter sur lui ♦ **he is ~ to have been there/to be dishonest** on sait qu'il y a été/qu'il est malhonnête ♦ **it soon became ~ that ...** on a bientôt su que ... ♦ **to make sth ~ to sb** faire savoir qch à qn ♦ **to make o.s. ~ to sb** se présenter à qn ♦ **to make one's presence ~ to sb** manifester sa présence à qn ♦ **~ to the Ancient Greeks** connu des Grecs de l'antiquité ♦ **to let it be ~ that** faire savoir que ♦ **it is a ~ fact that ...** c'est un fait établi que ... ♦ **an internationally-~ expert** un expert reconnu au plan international ♦ **he is a ~ quantity** on sait ce qu'il vaut ♦ **the most dangerous snake ~ to science** le serpent le plus dangereux que l'on connaisse

**knuckle** /ˈnʌkl/ N articulation *f* or jointure *f* du doigt ♦ **to graze one's ~s** s'écorcher les articulations des doigts ♦ **to be near the ~** * être limite * ; → **rap** COMP ▷ **knuckle-bone** N *(Anat)* articulation *f* du doigt ; *(Culin)* os *m* de jarret

► **knuckle down** * VI s'y mettre ♦ **to ~ down to work** s'atteler au travail

► **knuckle under** * VI céder

**knuckleduster** /ˈnʌklˌdʌstəʳ/ N coup-de-poing *m* américain

**knucklehead** ⁑ /ˈnʌklhed/ N crétin(e) * *m(f)*, nouille * *f*

**knurl** /nɜːl/ N *(in wood)* nœud *m* ; *(Tech)* moletage *m* VT *(Tech)* moleter

**KO** * /ˈkeɪˈəʊ/ (abbrev of **knockout**) N (pl **KO's**) *(= blow)* K.-O. *m* VT (vb : pret, ptp **KO'd** /ˈkeɪˈəʊd/) *(gen, Boxing)* mettre K.-O.

**koala** /kəʊˈɑːlə/ N (also **koala bear**) koala *m*

**kohl** /kəʊl/ N khôl *m* COMP ▷ **kohl pencil** N crayon *m* khôl

**kohlrabi** /kəʊlˈrɑːbɪ/ N (pl **kohlrabies**) chou-rave *m*

**kook** ⁑ /kuːk/ N *(US)* dingue * *mf*

**kookaburra** /ˈkʊkəˌbʌrə/ N kookaburra *m*

**kookie** ⁑, **kooky** ⁑ /ˈkuːkɪ/ ADJ *(US)* dingue *, cinglé *

**kopeck** /ˈkəʊpek/ N kopeck *m*

**Koran** /kɒˈrɑːn/ N Coran *m*

**Koranic** /kɒˈrænɪk/ ADJ coranique

**Korea** /kəˈrɪə/ N Corée *f* ♦ **North/South ~** Corée *f* du Nord/du Sud

**Korean** /kəˈrɪən/ ADJ coréen ♦ **North/South ~** nord-/sud-coréen N a Coréen(ne) *m(f)* ♦ **North/South ~** Nord-/Sud-Coréen(ne) b *(Ling)* coréen *m*

**korma** /ˈkɔːmə/ N *type de curry souvent préparé à la crème et à la noix de coco*

**Kosevo** /ˈkɒsəˌvəʊ/ N, ADJ ⇒ **Kosovo**

**kosher** /ˈkəʊʃəʳ/ ADJ a *(Rel)* casher *inv*, kasher *inv* b *(* fig)* ♦ **it's ~** c'est OK * ♦ **there's something not quite ~ about him/it** il y a quelque chose de pas très catholique * en lui/là-dedans

**Kosova** /ˈkɒsəʊvɑː/ N, ADJ ⇒ **Kosovo**

**Kosovan** /ˈkɒsəvən/, **Kosovar** /ˈkɒsəvɑːʳ/ ADJ kosovar N Kosovar(e) *m(f)*

**Kosovo** /ˈkɒsəˌvəʊ/ N Kosovo *m* ♦ **in ~** au Kosovo ADJ kosovar

**Kowloon Peninsula** /ˈkaʊluːnpɪˈnɪnsjʊlə/ N péninsule *f* de Kowloon

**kowtow** /ˈkaʊˈtaʊ/ VI se prosterner ♦ **to ~ to sb** courber l'échine devant qn, faire des courbettes devant qn

**KP** /keɪˈpiː/ N a *(US Mil)* (abbrev of **kitchen police**) → **kitchen** b *(Med)* abbrev of **Kaposi's sarcoma**

**kph** /ˌkeɪpiːˈaɪtʃ/ N (abbrev of **kilometres per hour**) km/h

**kraal** /krɑːl/ N kraal *m*

**Kraut** ⁑ /kraʊt/ N *(pej)* Boche ⁑ *mf*

**Kremlin** /ˈkremlɪn/ N Kremlin *m*

**kremlinologist** /ˈkremlɪˈnɒlədʒɪst/ N kremlinologue *mf*

**kremlinology** /ˈkremlɪˈnɒlədʒɪ/ N kremlinologie *f*

**krill** /krɪl/ N *(pl inv)* krill *m*

**Krishna** /ˈkrɪʃnə/ N *(= deity)* Krisna *or* Krishna ; *(= river)* Krishna *m*, Kistna *m*

**Krishnaism** /ˈkrɪʃnəˌɪzəm/ N kris(h)naïsme *m*

**krona** /ˈkrəʊnə/ N couronne *f* (suédoise)

**krone** /ˈkrəʊnə/ N *(Danish)* couronne *f* (danoise) ; *(Norwegian)* couronne *f* (norvégienne)

**Krugerrand** /ˈkruːgəˌrænd/ N krugerrand *m*

**Krum(m)horn** /ˈkrʌmˌhɔːn/ N *(Mus)* cromorne *m*

**krypton** /ˈkrɪptɒn/ N krypton *m*

**KS** abbrev of **Kansas**

**Kt** *(Brit)* abbrev of **knight**

**kudos** * /ˈkjuːdɒs/ N *(NonC)* gloire *f* ♦ **to have ~** avoir du prestige ♦ **he got all the ~** c'est lui qui a récolté toute la gloire *or* tous les lauriers

**Ku Klux Klan** /ˈkuːˈklʌksˈklæn/ N Ku Klux Klan *m*

**kummel** /ˈkɪməl/ N kummel *m*

**kumquat** /ˈkʌmkwɒt/ N kumquat *m*

**kung fu** /ˈkʌŋˈfuː/ **N** kung-fu *m*

**Kuomintang** /ˈkwəʊˈmɪnˈtæŋ/ **N** Kuo-min-tang *m*

**Kurd** /kɜːd/ **N** Kurde *mf*

**Kurdish** /ˈkɜːdɪʃ/ **ADJ** kurde **N** *(Ling)* kurde *m*

**Kurdistan** /ˌkɜːdɪˈstɑːn/ **N** Kurdistan *m* ◆ **in ~** au Kurdistan

**Kuwait** /kʊˈweɪt/ **N** Koweït *m* ◆ **in Koweit** au Koweït

**Kuwaiti** /kʊˈweɪtɪ/ **N** Koweitien(ne) *m(f)* **ADJ** koweitien

**kvas(s)** /kvɑːs/ **N** kwas *or* kvas *m*

**kvetch** * /kvetʃ/ **VI** *(US)* se plaindre (*about* de) râler *

**kW** (abbrev of **kilowatt**) kW

**kwashiorkor** /ˌkwɑːʃɪˈɔːkɔːʳ/ **N** kwashiorkor *m*

**kWh** (abbrev of **kilowatt-hour(s)**) kWh

**KY** abbrev of **Kentucky**

**Kyrgyzstan** /ˌkɜːgɪsˈtɑːn/ **N** ⇒ **Kirg(h)izstan**

# L

**L, l** /el/ N a (= *letter*) L, l *m* ◆ **L for London, L for Love** (*US*) ≃ L comme Louis b (abbrev of **litre(s)**) l c (*US*) **the L** * le métro aérien d (*Geog*) (abbrev of **Lake**) L e (abbrev of **left**) gauche f (abbrev of **large**) L (*pour indiquer la taille sur l'étiquette*) g (*Ling*) (abbrev of **Latin**) lat. COMP ▷ **L-driver** N (*Brit Aut*) conducteur *m*, -trice *f* débutant(e) ▷ **L-plate** N (*Brit Aut*) *plaque signalant la conduite accompagnée* ; [*of driving school*] plaque *f* d'auto-école ▷ **L-shaped** ADJ [*room*] en (forme de) L

**LA**[1] /el'eɪ/ abbrev of **Los Angeles**

**LA**[2] abbrev of **Louisiana**

**La** abbrev of **Lane**

**La.** abbrev of **Louisiana**

**Lab** (*Brit Pol*) (abbrev of **Labour**) ADJ travailliste N (*NonC*) le parti travailliste, les travaillistes *mpl*

**lab** * /læb/ N (abbrev of **laboratory**) labo * *m* COMP [*work, test*] en laboratoire ▷ **lab book** N (*Scol etc*) cahier *m* de travaux pratiques ▷ **lab coat** N blouse *f* blanche ▷ **lab technician** N technicien(ne) *m(f)* de laboratoire

**label** /'leɪbl/ N (*lit, fig, Ling*) étiquette *f* ; (= *brand guarantee*) label *m* ◆ **an album on the Technix** ~ un album sorti chez Technix *or* sous le label Technix ◆ **he was stuck with the ~ of "political activist"** il avait du mal à se défaire de l'étiquette d'"activiste politique" ; → **luggage** VT a [+ *parcel, bottle*] coller une *or* des étiquette(s) sur ; (*Comm*) [+ *goods for sale*] étiqueter ◆ **all packets must be clearly ~led** tous les paquets doivent être clairement étiquetés ◆ **the bottle was not ~led** il n'y avait pas d'étiquette sur la bouteille ◆ **the bottle was ~led "poison"** sur la bouteille il y avait marqué "poison" b [+ *person, group*] étiqueter, cataloguer (*pej*) (*as* comme) ◆ **he was ~led a dissident** on l'a étiqueté *or* catalogué comme dissident c (*Ling*) marquer

**labia** /'leɪbɪə/ N (pl of **labium**) lèvres *fpl* ◆ ~ **minora/majora** petites/grandes lèvres *fpl*

**labial** /'leɪbɪəl/ ADJ (*Anat, Phon*) labial N (*Phon*) labiale *f*

**labiodental** /ˌleɪbɪəʊ'dentəl/ ADJ labiodental N labiodentale *f*

**labiovelar** /ˌleɪbɪəʊ'viːləʳ/ ADJ, N labiovélaire *f*

**labium** /ˌleɪbɪəm/ N → **labia**

**labor** /'leɪbəʳ/ (*US*) ⇒ **labour**

**laboratory** /lə'bɒrətərɪ, (US) 'læbrətɔːrɪ/ N laboratoire *m* ; → **language** COMP [*experiment, instrument, product*] de laboratoire ▷ **laboratory assistant** N assistant(e) *m(f)* de laboratoire, laborantin(e) *m(f)* ▷ **laboratory equipment** N équipement *m* de laboratoire ▷ **laboratory school** N (*US*) école *f* d'application ▷ **laboratory technician** N technicien(ne) *m(f)* de laboratoire

**laborious** /lə'bɔːrɪəs/ ADJ laborieux

**laboriously** /lə'bɔːrɪəslɪ/ ADV laborieusement

**labour, labor** (*US*) /'leɪbəʳ/ N a (= *work, task*) travail *m* ; (= *hard work*) dur travail *m*, labeur *m* ◆ **a ~ of love** une tâche accomplie pour le plaisir ◆ **the (twelve) ~s of Hercules** les (douze) travaux *mpl* d'Hercule ; → **hard, manual, organized, slave**

b (*NonC: Ind = workers*) main-d'œuvre *f* ◆ **Minister/Ministry of Labour, Secretary/Department of Labour** (*US*) ministre *m*/ministère *m* du Travail ◆ **to withdraw one's** ~ faire grève ; → **management, skilled**

c (*Pol*) (also **the Labour Party**) ◆ **Labour** le parti travailliste, les travaillistes *mpl* ◆ **he votes Labour** il vote travailliste ◆ **New Labour** le New Labour, le nouveau parti travailliste

d (*Med*) travail *m* ◆ **in** ~ en travail, en train d'accoucher ◆ **to go into** ~ commencer à avoir des contractions ◆ **a 15-hour** ~ un accouchement qui a duré 15 heures

ADJ (*Pol*) ◆ **Labour** travailliste

VI a (= *work with effort*) travailler dur (*at* à) ; (= *work with difficulty*) peiner (*at* sur) ◆ **to ~ to do sth** peiner pour faire qch ◆ **to ~ up a slope** [*person, car*] gravir péniblement une pente

b [*engine, motor*] peiner ; [*ship, boat*] fatiguer

c ◆ **to ~ under a delusion** *or* **an illusion** *or* **a misapprehension** être victime d'une illusion ◆ **to ~ under the delusion** *or* **illusion** *or* **misapprehension that ...** s'imaginer que ...

VT insister sur, s'étendre sur ◆ **I won't ~ the point** je n'insisterai pas (lourdement) sur ce point, je ne m'étendrai pas là-dessus

COMP [*dispute, trouble*] ouvrier ▷ **labo(u)r agreement** N convention *f* collective ▷ **labo(u)r camp** N camp *m* de travail ▷ **Labo(u)r Day** N fête *f* du Travail (*Brit : premier lundi de mai ; US, Can : premier lundi de septembre*) ▷ **Labour Exchange** N (*Brit: formerly*) ≃ Bourse *f* de l'emploi †, Agence *f* pour l'emploi ▷ **labo(u)r force** N (*Ind*) main-d'œuvre *f*, travailleurs *mpl* ▷ **labo(u)r-intensive** ADJ ◆ **a labo(u)r-intensive industry** une industrie à forte main-d'œuvre ◆ **to be labo(u)r-intensive** nécessiter une main-d'œuvre importante ▷ **labo(u)r laws** NPL législation *f or* droit *m* du travail ▷ **labo(u)r market** N marché *m* du travail ▷ **labo(u)r movement** N (*Pol*) mouvement *m* ouvrier ◆ **the Labo(u)r movement** le mouvement travailliste ▷ **labo(u)r pains** NPL (*Med*) douleurs *fpl* de l'accouchement ▷ **labour relations** NPL relations *fpl* du travail ▷ **labo(u)r-saving** ADJ qui facilite le travail ▷ **labo(u)r-saving device** N (*in household*) appareil *m* ménager ▷ **labo(u)r shortage** N (*Ind*) pénurie *f* de main-d'œuvre ▷ **labo(u)r supply** N (*Ind*) main-d'œuvre *f* (disponible) ▷ **labor union** N (*US*) syndicat *m* ▷ **labo(u)r ward** N (*Med*) salle *f* d'accouchement *or* de travail

> **Labor Day**
>
> La fête du Travail aux États-Unis et au Canada est fixée au premier lundi de septembre. Instituée par le Congrès en 1894 après avoir été réclamée par les mouvements ouvriers pendant douze ans, elle a perdu une grande partie de son caractère politique pour devenir un jour férié assez ordinaire et l'occasion de partir pour un long week-end avant la rentrée des classes.

**laboured, labored** (*US*) /'leɪbəd/ ADJ a (= *involving effort*) [*movement*] pénible ; [*debate, negotiations, process, task*] laborieux ◆ ~ **breathing** respiration *f* pénible *or* difficile b (= *clumsy*) [*joke, pun, rhyme, style*] lourd, laborieux

**labourer, laborer** (*US*) /'leɪbərəʳ/ N ouvrier *m*, travailleur *m* ; (*on farm*) ouvrier *m* agricole ; (*on roads, building sites etc*) manœuvre *m* ◆ **the ~ is worthy of his hire** (*Prov*) l'ouvrier mérite son salaire ; → **dock**[1]

**labouring, laboring** (*US*) /'leɪbərɪŋ/ ADJ [*work, job*] d'ouvrier ◆ **a ~ man** un ouvrier ◆ **the interests of the ~ man** les intérêts des ouvriers *or* de la population ouvrière ◆ **the ~ class(es)** la classe ouvrière

**labourite, laborite** (*US*) /'leɪbəraɪt/ N (*Pol*) travailliste *mf*

**Labrador** /'læbrədɔːʳ/ N a (*Geog*) Labrador *m* ◆ **in** ~ au Labrador b (= *dog:* also **labrador**) labrador *m*

**laburnum** /lə'bɜːnəm/ N cytise *m*, faux ébénier *m*

**labyrinth** /ˈlæbɪrɪnθ/ N *(lit, fig)* labyrinthe *m* ◆ **a ~ of streets** un dédale *or* un labyrinthe de rues

**labyrinthine** /ˌlæbɪˈrɪnθaɪn/ ADJ labyrinthique, labyrinthien

**lace** /leɪs/ N a *(NonC: Tex)* dentelle *f* ◆ **dress trimmed with ~** robe *f* bordée de dentelle(s) ◆ **a piece of ~** de la dentelle b *[of shoe, corset]* lacet *m* VT a (also **lace up**) *[+ shoe, corset]* lacer ◆ **to ~ one's fingers together** joindre les mains b ◆ **to ~ with** *[+ alcohol]* arroser de ◆ **tea ~d with whisky** du thé arrosé de whisky ◆ **coffee ~d with cyanide** du café additionné de cyanure ◆ **her comments were ~d with sarcasm/humour** ses propos étaient empreints de sarcasme/d'humour VI (also **lace up**) se lacer COMP *[collar, curtains]* de *or* en dentelle ▷ **lace-ups** * NPL ⇒ **lace-up shoes** ▷ **lace-up shoes** NPL *(Brit)* chaussures *fpl* à lacets

**lacemaker** /ˈleɪsˌmeɪkəʳ/ N dentellier *m*, -ière *f*

**lacemaking** /ˈleɪsˌmeɪkɪŋ/ N fabrication *f* de la dentelle, dentellerie *f*

**lacerate** /ˈlæsəreɪt/ VT *(lit) [+ face, skin, clothes]* lacérer ; *(fig) [+ person]* déchirer, fendre le cœur de

**laceration** /ˌlæsəˈreɪʃən/ N *(= act)* lacération *f* ; *(= tear: also Med)* déchirure *f*

**lacey** /ˈleɪsɪ/ ADJ ⇒ **lacy**

**lachrymal** /ˈlækrɪməl/ ADJ lacrymal

**lachrymose** /ˈlækrɪməʊs/ ADJ *(liter)* larmoyant

**lack** /læk/ LANGUAGE IN USE 17.1

N manque *m* ◆ **through** *or* **for ~ of** faute de, par manque de ◆ **such was their ~ of confidence that ...** ils manquaient tellement de confiance que ... ◆ **there was a complete ~ of interest in my proposals** mes suggestions se sont heurtées à une indifférence totale ◆ **there was no ~ of applicants/customers** ce n'étaient pas les candidats/les clients qui manquaient ; → **try**

VT *[+ confidence, friends, strength, interest]* manquer de ◆ **we ~ the resources** nous manquons de ressources, nous n'avons pas les ressources nécessaires ◆ **he doesn't ~ talent** il ne manque pas de talent, ce n'est pas le talent qui lui manque

VI a ◆ **to be ~ing** *[food, money etc]* manquer, faire défaut ◆ **innovation has been sadly ~ing throughout this project** l'innovation a fait cruellement défaut tout au long de ce projet

b ◆ **to be ~ing in** ◆ **to ~ for** *[person]* manquer de

**lackadaisical** /ˌlækəˈdeɪzɪkəl/ ADJ *(= listless)* nonchalant, apathique ; *(= lazy)* indolent ; *[work]* fait à la va-comme-je-te-pousse *

**lackey** /ˈlækɪ/ N laquais *m (also pej)*, larbin * *m (pej)*

**lacking** * /ˈlækɪŋ/ ADJ *(= stupid)* simplet, demeuré *

**lacklustre, lackluster** *(US)* /ˈlækˌlʌstəʳ/ ADJ terne, peu brillant

**laconic** /ləˈkɒnɪk/ ADJ laconique

**laconically** /ləˈkɒnɪkəlɪ/ ADV laconiquement

**lacquer** /ˈlækəʳ/ N *(= substance: for wood, hair etc)* laque *f* ; *(= object)* laque *m* ◆ **~ ware** laques *mpl* VT *[+ wood]* laquer ; *(Brit) [+ hair]* mettre de la laque sur

**lacrosse** /ləˈkrɒs/ N lacrosse *m* COMP ▷ **lacrosse stick** N crosse *f*

**lactase** /ˈlækteɪs/ N lactase *f*

**lactate** /ˈlækteɪt/ N *(Chem)* lactate *m* VI produire du lait

**lactation** /lækˈteɪʃən/ N lactation *f*

**lacteal** /ˈlæktɪəl/ ADJ lacté NPL **lacteals** veines *fpl* lactées

**lactic** /ˈlæktɪk/ ADJ lacté COMP ▷ **lactic acid** N *(Chem)* acide *m* lactique

**lactiferous** /lækˈtɪfərəs/ ADJ lactifère

**lactogenic** /ˌlæktəˈdʒenɪk/ ADJ lactogène

**lacto-ovo-vegetarian** /ˌlæktəʊˌəʊvəʊˌvedʒɪˈtɛərɪən/ N lacto-ovo-végétarien(ne) *m(f)*

**lactose** /ˈlæktəʊs/ N lactose *m*

**lacto-vegetarian** /ˌlæktəʊˌvedʒɪˈtɛərɪən/ N lactovégétarien(ne) *m(f)*

**lacuna** /ləˈkjuːnə/ N (pl **lacunas** *or* **lacunae** /ləˈkjuːniː/) lacune *f*

**lacustrine** /ləˈkʌstraɪn/ ADJ lacustre

**lacy** /ˈleɪsɪ/ ADJ *[underwear, shirt, cushion] (= made of lace)* en dentelle ; *(= containing lace)* avec des dentelles ◆ **her tights had a ~ pattern** *(= resembling lace)* ses collants avaient un motif de dentelle ◆ **the frost made a ~ pattern** il y avait une dentelle de givre

**lad** /læd/ N *(esp Brit) (= boy)* garçon *m*, gars * *m* ; (* *= son)* fiston * *m* ◆ **when I was a ~** quand j'étais jeune, dans mon jeune temps ◆ **he's only a ~** ce n'est qu'un gosse * *or* un gamin * ◆ **I'm going for a drink with the ~s** * *(Brit)* je vais boire un pot * avec les copains ◆ **come on ~s!** *(Brit)* allez les gars ! * ◆ **he's one of the ~s** * *(Brit)* il fait partie de la bande ◆ **he's a bit of a ~** * *(Brit)* c'est un vrai mec * ; → **stable[2]** COMP ▷ **lad mag** N magazine *m* pour homme

**ladder** /ˈlædəʳ/ N a *(lit, fig)* échelle *f* ◆ **to be at the top/bottom of the ~** *(fig)* être en haut/en bas de l'échelle ◆ **the social ~** l'échelle *f* sociale ◆ **to move up the social ~** monter dans l'échelle sociale ◆ **to move up the career ~** monter dans la hiérarchie ◆ **she has reached the top of the career ~** elle est au sommet de sa carrière ◆ **to get on the housing ~** accéder à la propriété ◆ **an evolutionary ~ from monkey to ape to man** l'échelle de l'évolution du singe au grand singe puis à l'homme ; → **rope, stepladder** b *(Brit: in tights)* échelle *f*, maille *f* filée ◆ **to have a ~ in one's tights** avoir une échelle à son collant, avoir un collant filé VT *(Brit) [+ tights, stocking]* filer, faire une échelle à VI *(Brit) [tights, stocking]* filer

**ladderproof** /ˈlædəpruːf/ ADJ *(Brit) [tights, stockings]* indémaillable

**laddie** * /ˈlædɪ/ N *(esp Scot and dial)* garçon *m*, (petit) gars * *m* ◆ **look here, ~!** dis donc, mon petit * *or* fiston * !

**laddish** * /ˈlædɪʃ/ ADJ *(Brit)* macho * *inv*

**lade** /leɪd/ (pret **laded**, ptp **laden**) VT charger

**laden** /ˈleɪdn/ VB ptp of **lade** ADJ chargé *(with* de) ◆ **fully ~ truck/ship** camion *m*/navire *m* avec un plein chargement

**la-di-da** * /ˈlɑːdɪˈdɑː/ *(pej)* ADJ *[person]* chochotte * ; *[voice]* maniéré, apprêté ; *[manner]* affecté ADV *[talk, speak]* de façon maniérée *or* affectée

**lading** /ˈleɪdɪŋ/ N cargaison *f*, chargement *m* ; → **bill[1]**

**ladle** /ˈleɪdl/ N louche *f* VT *[+ soup]* servir (à la louche)

► **ladle out** VT SEP *[+ soup]* servir (à la louche) ; (* *fig) [+ money, advice]* prodiguer (à foison)

**lady** /ˈleɪdɪ/ N a *(= woman)* dame *f* ◆ **she's a real ~** c'est une vraie dame ◆ **she's no ~** elle n'a aucune classe ◆ **a little old ~** une petite vieille * ◆ **young ~** *(married)* jeune femme *f* ; *(unmarried)* jeune fille *f* ◆ **look here, young ~!** dites donc, jeune fille ! ◆ **this is the young ~ who served me** *(in shop, restaurant etc)* voilà la demoiselle qui m'a servi ◆ **Ladies and Gentlemen!** Mesdames, Mesdemoiselles, Messieurs ! ◆ **good morning, ladies and gentlemen** bonjour mesdames, bonjour mesdemoiselles, bonjour messieurs ◆ **listen here, ~** * écoutez, ma petite dame * ◆ **the ~ of the house** *(Brit)* la maîtresse de maison ◆ **"The Lady with the Camelias"** *(Literat)* "La Dame aux camélias" ◆ **ladies who lunch** * dames *fpl* de la bonne société ; → **first, leading[1]**

b ( † *= wife)* dame *f* ◆ **the headmaster and his ~** le directeur et sa dame † ◆ **your good ~** *(hum)* votre dame * *(also hum)* ◆ **his young ~** * *(= girlfriend)* sa petite amie ; *(= fiancée)* sa fiancée

c *(in titles)* ◆ **Lady Davenport** lady Davenport ◆ **Sir John and Lady Smith** sir John Smith et lady Smith

d *(for ladies)* ◆ **ladies' hairdresser** coiffeur *m*, -euse *f* pour dames ◆ **~'s umbrella** parapluie *m* de femme ◆ **he's a ladies' man** *or* **a ~'s man** c'est un homme à femmes

e ◆ **ladies** (also **ladies' room**) *(= public lavatory)* toilettes *fpl* (pour dames) ◆ **where is the ladies' room?, where is the ladies?** où sont les toilettes (pour dames) ? ◆ **"Ladies"** *(on sign)* "Dames"

f *(Rel)* ◆ **Our Lady** Notre-Dame *f*

COMP *[engineer etc]* femme *before n* ▷ **ladies' auxiliary** N *(US Med) association de bénévoles s'occupant d'œuvres de bienfaisance dans un hôpital* ▷ **Lady Bountiful** N généreuse bienfaitrice *f* ▷ **Lady Chapel** N *(Rel)* chapelle *f* de la (Sainte) Vierge ▷ **Lady Day** N *(Brit)* la fête de l'Annonciation ▷ **lady doctor** N femme *f* médecin ▷ **lady friend** * N amie *f* ▷ **lady-in-waiting** N (pl **ladies-in-waiting**) dame *f* d'honneur ▷ **lady-love** N ( † *or hum)* ◆ **his ~-love** sa bien-aimée †, la dame de ses pensées *(hum)* ▷ **Lady Mayoress** N *(Brit)* femme *f* du lord-maire ▷ **Lady Muck** N ◆ **she thinks she's Lady Muck** * ce qu'elle peut se croire ! * ▷ **lady's finger** N *(= biscuit)* boudoir *m* ; *(= vegetable)* gombo *m* ▷ **lady's maid** N femme *f* de chambre *(attachée au service particulier d'une dame)* ▷ **lady teacher** N femme *f* professeur

**ladybird** /ˈleɪdɪbɜːd/ N *(Brit)* coccinelle *f*, bête *f* à bon Dieu

**ladybug** /ˈleɪdɪbʌg/ N *(US)* ⇒ **ladybird**

**ladyfinger** /ˈleɪdɪˌfɪŋgəʳ/ N *(US Culin)* boudoir *m (biscuit)*

**ladykiller** /ˈleɪdɪkɪləʳ/ N don Juan *m*, bourreau *m* des cœurs *(hum)*

**ladylike** /ˈleɪdɪlaɪk/ ADJ *[person]* bien élevé, distingué ; *[manners]* raffiné ◆ **it's not ~ to yawn** une jeune fille bien élevée *or* comme il faut ne bâille pas

**ladyship** /ˈleɪdɪʃɪp/ N ◆ **Her/Your Ladyship** Madame *f* (la comtesse *or* la baronne *etc*)

**lag[1]** /læg/ VI rester en arrière, traîner ◆ **he was ~ging behind the others** il était à la traîne ; *(physically)* il traînait derrière les autres ◆ **their country ~s behind ours in car exports** leur pays a du retard *or* est en retard sur le nôtre dans l'exportation automobile ◆ **he now ~s ten points behind the leader** il a maintenant un retard de dix points sur le leader N *(= delay)* retard *m* ; *(between two events)* décalage *m* ; → **jet[1], time**

► **lag behind** VI rester en arrière, traîner ◆ **the government is ~ging behind in the opinion polls** le gouvernement est à la traîne dans les sondages

**lag[2]** /læg/ VT *[+ pipes]* calorifuger

**lag[3]** * /læg/ N *(esp Brit)* ◆ **old ~** récidiviste *mf*, cheval *m* de retour

**lager** /ˈlɑːgəʳ/ N lager *f*, ≃ bière *f* blonde ◆ **~ lout** *(Brit)* voyou *m* imbibé de bière

**laggard** /ˈlægəd/ N traînard(e) *m(f)*

**lagging** /ˈlægɪŋ/ N *(NonC) (= material)* calorifuge *m* ; *(= act)* calorifugeage *m*

**lagniappe** /lænˈjæp/ N *(US)* prime *f*

**lagoon** /ləˈguːn/ N *(gen)* lagune *f* ; *(coral)* lagon *m*

**Lagos** /ˈleɪgɒs/ N Lagos *m*

**lah** /lɑː/ N *(Mus)* la *m*

**lah-di-dah** * /ˌlɑːdɪˈdɑː/ ⇒ **la-di-da**

**laicize** /ˈleɪɪsaɪz/ VT laïciser

**laid** /leɪd/ VB pt, ptp of **lay**¹ ; → **new** COMP ▷ **laid-back** * ADJ relax *, décontracté

**lain** /leɪn/ VB ptp of **lie**¹

**lair** /lɛəʳ/ N *(lit, fig)* tanière *f*, repaire *m*

**laird** /lɛəd/ N *(Scot)* laird *m*, propriétaire *m* foncier

**laity** /ˈleɪɪtɪ/ NPL ◆ **the ~** les laïcs *or* les laïques *mpl*

**lake**¹ /leɪk/ N lac *m* ◆ **Lake Michigan** *(in Geog names)* le lac Michigan ◆ **Lake Constance** le lac de Constance ◆ **Lake Geneva** le lac Léman *or* de Genève COMP ▷ **the Lake District** N *(Brit Geog)* la région des lacs ▷ **lake dwellers** NPL *(Hist)* habitants *mpl* d'un village (*or* d'une cité) lacustre ▷ **lake dwelling** N *(Hist)* habitation *f* lacustre ▷ **the Lake poets** NPL *(Literat)* les lakistes *mpl* ▷ **the Lakes** NPL *(Brit Geog)* ⇒ **the Lake District**

**lake**² /leɪk/ N *(Art)* laque *f*

**Lakeland** /ˈleɪklænd/ N *(Brit Geog)* ⇒ **the Lake District** ; → **lake**¹

**lakeside** /ˈleɪksaɪd/ N bord *m* de lac ADJ au bord du (*or* d'un) lac ◆ **along the ~** le long du lac ◆ **by** *or* **at the ~** au bord du lac

**La-La Land** * /ˈlɑːlɑːˌlænd/ N *(esp US) Los Angeles, et plus particulièrement Hollywood*

**Lallans** /ˈlælənz/ N lallans *m (forme littéraire du dialecte parlé dans les Basses Terres d'Écosse)* ADJ en lallans

**lallygag** ‡ /ˈlælɪˌgæg/ VI *(US)* ⇒ **lollygag**

**lam**¹ * /læm/ VT tabasser * VI ◆ **to ~ into sb** *(= thrash)* rentrer dans qn * ; *(= scold)* engueuler qn ‡

**lam**² * /læm/ N *(US)* ◆ **on the ~** en fuite, en cavale ‡ ◆ **to take it on the ~** filer, partir en cavale ‡

**lama** /ˈlɑːmə/ N lama *m (Rel)*

**Lamaism** /ˈlɑːməˌɪzəm/ N *(Rel)* lamaïsme *m*

**Lamaist** /ˈlɑːməˌɪst/ ADJ, N *(Rel)* lamaïste *mf*

**lamb** /læm/ N *(Culin, Zool)* agneau *m* ◆ **Lamb of God** *(Rel)* Agneau de Dieu ◆ **my little ~!** * mon trésor !, mon ange ! ◆ **poor ~!** * pauvre petit(e) ! ◆ **he followed her like a ~** il l'a suivie sans broncher *or* sans protester ◆ **like a ~ to the slaughter** comme un agneau que l'on mène à l'abattoir VI agneler, mettre bas COMP ▷ **lamb chop, lamb cutlet** N côtelette *f* d'agneau ▷ **lamb's lettuce** N mâche *f*, doucette *f* ▷ **lamb's wool** N *(NonC)* lambswool *m*, laine *f* d'agneau

**lambada** /ˌlæmˈbɑːdə/ N lambada *f*

**lambast** /læmˈbæst/, **lambaste** /læmˈbeɪst/ VT *(= scold)* réprimander ; *(= criticize severely)* éreinter, démolir ; *(= beat)* rosser *

**lambent** /ˈlæmbənt/ ADJ chatoyant

**lambing** /ˈlæmɪŋ/ N agnelage *m* ◆ **~ time, ~ season** (période *f* d')agnelage *m*

**lambkin** /ˈlæmkɪn/ N jeune agneau *m*, agnelet *m* ◆ **my little ~!** * mon trésor *or* ange !

**lambrequin** /ˈlæmbrɪkɪn/ N lambrequin *m*

**lambskin** /ˈlæmskɪn/ N *(= skin itself)* peau *f* d'agneau ; *(= material)* agneau *m NonC* ADJ en agneau, d'agneau

**lame** /leɪm/ ADJ **a** *(= disabled) [person]* éclopé ; *[horse]* boiteux ; *[leg]* estropié ◆ **to be ~** boiter ◆ **to be slightly ~** boitiller ◆ **to go** *or* **fall ~** se mettre à boiter ◆ **this horse is ~ in one leg** ce cheval boite d'une jambe **b** *(= feeble) [excuse]* mauvais ; *[performance]* piètre *before n* ; *[joke]* vaseux ; *[argument]* boiteux **c** *(Poetry) [metre]* boiteux, faux (fausse *f*) VT *[+ person, animal]* estropier N *(US* ‡*)* personne *f* qui n'est pas dans le coup COMP ▷ **lame duck** N *(= failure)* canard *m* boiteux ; *(US Pol) homme politique non réélu qui assure l'intérim en attendant l'entrée en fonction de son successeur*

**lamé** /ˈlɑːmeɪ/ N lamé *m* COMP en lamé ◆ **gold ~ jacket** veste *f* lamée or

**lamebrain** * /ˈleɪmbreɪn/ N crétin(e) *m(f)*

**lamebrained** * /ˈleɪmbreɪnd/ ADJ crétin

**lamely** /ˈleɪmlɪ/ ADV *[say, ask]* sans conviction ◆ **to argue ~ (that ...)** avancer des arguments boiteux (selon lesquels ...)

**lameness** /ˈleɪmnɪs/ N *(lit)* claudication *f (frm)*, boiterie *f* ; *(of excuse)* faiblesse *f*

**lament** /ləˈment/ N **a** lamentation *f* **b** *(= poem)* élégie *f* ; *(= song)* complainte *f* ; *(at funerals)* chant *m* funèbre ; *(for bagpipes etc)* lamentation *f* VT *[+ loss, lack]* regretter ◆ **to ~ sb's death** pleurer la mort de qn ◆ **to ~ the fact that ...** regretter que ... + *subj* ◆ **"she doesn't believe me!", he ~ed** "elle ne me croit pas !", gémit-il *or* se lamenta-t-il ◆ **our (late) ~ed sister** notre regrettée sœur ◆ **the late ~ed James Rose** le regretté James Rose VI se lamenter (*for* sur) ◆ **to ~ over one's lost youth** pleurer sa jeunesse perdue

**lamentable** /ˈlæməntəbl/ ADJ *[state, situation, performance]* lamentable, déplorable ; *[incident]* fâcheux, regrettable

**lamentably** /ˈlæməntəblɪ/ ADV lamentablement ◆ **there are still ~ few women surgeons** il est déplorable qu'il y ait toujours aussi peu de femmes chirurgiens ◆ **there are, ~, no set rules** il n'y a pas, on peut le déplorer, de règles établies

**lamentation** /ˌlæmənˈteɪʃən/ N lamentation *f* ◆ **(the Book of) Lamentations** *(Bible)* le livre des Lamentations

**laminate** /ˈlæmɪneɪt/ VT *[+ metal]* laminer ; *[+ book jacket]* plastifier N stratifié *m*

**laminated** /ˈlæmɪneɪtɪd/ ADJ *[metal]* laminé ; *[glass]* feuilleté ; *[windscreen]* (en verre) feuilleté ; *[book, jacket]* plastifié ◆ **~ wood** contreplaqué *m*

**lamp** /læmp/ N **a** *(= light)* lampe *f* ; *(Aut)* feu *m* ; → **blowlamp, safety, streetlamp** **b** *(= bulb)* ampoule *f* ◆ **100-watt ~** ampoule *f* de 100 watts COMP ▷ **lamp bracket** N applique *f* ▷ **lamp standard** N réverbère *m*

**lampblack** /ˈlæmpblæk/ N noir *m* de fumée *or* de carbone

**lampern** /ˈlæmpən/ N lamproie *f* de rivière

**lamplight** /ˈlæmplaɪt/ N ◆ **by ~** à la lumière de la (*or* d'une) lampe

**lamplighter** /ˈlæmplaɪtəʳ/ N allumeur *m* de réverbères

**lamplit** /ˈlæmplɪt/ ADJ éclairé (par une lampe)

**lampoon** /læmˈpuːn/ N *(gen)* virulente satire *f* ; *(written)* pamphlet *m*, libelle *m* ; *(spoken)* diatribe *f* VT *[+ person, action, quality]* railler, tourner en dérision, faire la satire de ; *(in song)* chansonner

**lampoonist** /læmˈpuːnɪst/ N *(gen)* satiriste *m* ; *(= writer)* pamphlétaire *m* ; *(= singer)* chansonnier *m*

**lamppost** /ˈlæmpˌpəʊst/ N réverbère *m*

**lamprey** /ˈlæmprɪ/ N lamproie *f*

**lampshade** /ˈlæmpʃeɪd/ N abat-jour *m inv*

**lampstand** /ˈlæmpstænd/ N pied *m* de lampe

**LAN** /læn/ N *(Comput)* (abbrev of **local area network**) → **local**

**lanai** /ləˈnaɪ/ N *(US)* véranda *f*

**Lancaster** /ˈlæŋkəstəʳ/ N *(Geog)* Lancaster ; *(Hist)* Lancastre

**Lancastrian** /læŋˈkæstrɪən/ ADJ *(Geog)* lancastrien, de Lancaster ; *(Hist)* de Lancastre N Lancastrien(ne) *m(f)*, natif *m*, -ive *f or* habitant(e) *m(f)* de Lancaster ; *(Hist)* Lancastrien(ne) *m(f)*, natif *m*, -ive *f or* habitant(e) *m(f)* de Lancastre

**lance** /lɑːns/ N **a** *(= weapon)* lance *f* ; *(= soldier)* lancier *m* **b** *(Med)* lancette *f*, bistouri *m* VT *[+ abscess]* percer ; *[+ finger]* ouvrir COMP ▷ **lance corporal** N *(Brit Mil)* caporal *m*

**lancer** /ˈlɑːnsəʳ/ N *(= soldier)* lancier *m*

**lancet** /ˈlɑːnsɪt/ N *(Med)* lancette *f*, bistouri *m* COMP ▷ **lancet window** N *(Archit)* fenêtre *f* en ogive

**Lancs.** /læŋks/ N abbrev of **Lancashire**

**land** /lænd/ N **a** *(NonC: as opposed to sea)* terre *f* ◆ **on ~** à terre ◆ **over ~ and sea** sur terre et sur mer ◆ **dry ~** terre *f* ferme ◆ **on dry ~** sur la terre ferme ◆ **to sight ~** apercevoir la terre ◆ **to go by ~** voyager par voie de terre ◆ **to make ~** toucher terre ◆ **to see how the ~ lies, to find out the lie** *(Brit) or* **the lay** *(US)* **of the ~** tâter le terrain, prendre le vent * ◆ **(for) ~'s sake!** * *(US)* juste ciel ! *(liter)*

**b** *(NonC: Agr)* terre *f* ; *(= countryside)* campagne *f* ◆ **many people have left the ~** beaucoup d'agriculteurs ont cessé leur activité et quitté la campagne ◆ **to work (on) the ~** travailler la terre ◆ **to live off the ~** vivre de la terre ◆ **agricultural ~** *(suitable for agriculture)* terres *fpl* cultivables ; *(used for agriculture)* terres *fpl* agricoles ◆ **fertile ~** terre *f* fertile ◆ **grazing ~** pâturage *m*

**c** *(= property) (large)* terre(s) *f(pl)* ; *(smaller)* terrain *m* ◆ **she's bought a piece of ~** elle a acheté un terrain ◆ **get off my ~!** sortez de mon terrain *or* de mes terres !

**d** *(= country, nation)* pays *m* ◆ **people of many ~s** des gens de nationalités diverses ◆ **throughout the ~** dans tout le pays ◆ **a ~ of contrasts** une terre de contrastes ◆ **a ~ of opportunity** un pays où tout le monde a ses chances ◆ **a ~ fit for heroes** un pays digne de ses héros ◆ **to be in the ~ of the living** être encore de ce monde ◆ **~ of milk and honey** *or* **flowing with milk and honey** pays *m* de cocagne ◆ **in the Land of Nod** au pays des rêves ; → **law, native, promised**

VT **a** *[+ cargo]* décharger, débarquer ; *[+ passengers]* débarquer ; *[+ aircraft]* poser ; *[+ fish]* prendre ◆ **to ~ a blow on sb's cheek/mouth, to ~ sb a blow on the cheek/mouth** frapper qn sur la joue/bouche

**b** *(* = obtain) [+ job, contract, prize]* décrocher *

**c** *(Brit * = cause to be)* ◆ **to ~ sb in it** mettre qn dans de beaux draps *or* dans le pétrin * ◆ **that will ~ you in trouble** ça va vous attirer des ennuis ◆ **to ~ sb in debt** endetter qn ◆ **buying the house ~ed him in debt** en achetant la maison, il s'est endetté ◆ **that's what ~ed him in jail** c'est comme ça qu'il s'est retrouvé en prison ◆ **his outspoken comments ~ed him in court for slander** son franc-parler lui a valu un procès en diffamation

d *(Brit *)* ◆ **to be ~ed with sth** *(= left with)* avoir qch *or* rester avec qch sur les bras ; *(= forced to take on)* récolter qch *, devoir se coltiner qch * ◆ **now we're ~ed with all this extra work** maintenant il faut qu'on se coltine * *subj* tout ce boulot * en plus ◆ **I've got ~ed with this job** on m'a collé * ce travail ◆ **being overdrawn could ~ you with big bank charges** avec un découvert, vous pourriez vous retrouver à payer d'importants frais bancaires

VI a *[aircraft]* atterrir, se poser ; *(on sea)* amerrir ; *(on ship's deck)* apponter ◆ **to ~ on the moon** *[rocket, spacecraft]* alunir, se poser sur la lune ; *[person]* atterrir sur la lune ◆ **we ~ed at Orly** nous avons atterri à Orly ◆ **as the plane was coming in to ~** comme l'avion s'apprêtait à atterrir

b *[person, object] (gen)* retomber ; *(= fall)* tomber ; *[ski jumper, gymnast]* retomber, se recevoir ◆ **he slipped and ~ed heavily on his arm** il a glissé et est tombé lourdement sur le bras ◆ **to ~ awkwardly** mal retomber ◆ **to ~ on sth** *[falling object]* tomber sur qch ; *[person or animal jumping]* retomber *or* atterrir * sur qch ; *[bird, insect]* se poser sur qch ◆ **to ~ on one's feet** *(lit, fig)* retomber sur ses pieds

c *(from boat)* débarquer

COMP *[breeze]* de terre ; *[prices]* des terrains ; *[defences]* terrestre ; *[law, policy, reform]* agraire ; *[tax]* foncier ▷ **land agent** N *(= steward)* régisseur *m* ; *(= estate agent)* agent *m* immobilier ▷ **land army** N ⇒ **land forces** ▷ **the (Women's) Land Army** N *(Brit) pendant les deux guerres mondiales, corps composé de femmes, chargé des travaux agricoles en l'absence des hommes* ▷ **land forces** NPL armée *f* de terre, forces *fpl* terrestres ▷ **land girl** N *(Brit)* membre *m* de la Land Army ▷ **land grant college** N *(US)* établissement *m* d'enseignement supérieur *(créé grâce à une donation foncière du gouvernement fédéral)* ▷ **land line** N *(Telec)* ligne *f* terrestre ▷ **land mass** N bloc *m* continental ▷ **land-office** N *(US fig)* ◆ **to do a ~-office business** * faire d'excellentes affaires ▷ **land ownership** N propriété *f* foncière ▷ **land patent** N *(US)* titre *m* (constitutif) de propriété foncière ▷ **land-poor farmer** N *(US)* fermier *m* riche en terre mais pauvre en disponibilités ▷ **land reform** N réforme *f* agraire ▷ **land registry** N *(Brit)* ≈ bureau *m* du cadastre ▷ **Land Rover** ® N Land Rover *f*, landrover *f* ▷ **Land's End** N *(Geog)* Land's End *(pointe sud-ouest de l'Angleterre)* ▷ **land worker** N ouvrier *m*, -ière *f* agricole ▷ **land yacht** N char *m* à voile

► **land up** * VI atterrir *, (finir par) se retrouver ◆ **to ~ up in Paris/in jail** atterrir * *or* finir par se retrouver à Paris/en prison ◆ **the report ~ed up on my desk** le rapport a atterri * *or* a fini par arriver sur mon bureau ◆ **we finally ~ed up in a small café** nous avons fini par échouer *or* nous retrouver dans un petit café

**landau** /'lændɔː/ N landau *m (véhicule)*

**landed** /'lændɪd/ ADJ *[proprietor]* foncier, terrien ; *[property]* foncier COMP ▷ **landed gentry** N aristocratie *f* terrienne ▷ **landed price** N *(Comm)* prix *m* débarqué *or* au débarquement

**landfall** /'lændfɔːl/ N terre *f (aperçue d'un navire)* ◆ **to make ~** *(= see land)* apercevoir la terre ; *(= make land)* accoster

**landfill** /'lændfɪl/ N enfouissement *m* des déchets ◆ **~ site** site *m* d'enfouissement (des déchets)

**landing**[1] /'lændɪŋ/ N a *[of aircraft, spacecraft etc]* atterrissage *m* ; *(on sea)* amerrissage *m* ; *(on moon)* alunissage *m* ; *(on deck)* appontage *m* ; → **crash**[1], **pancake, soft**

b *(from ship)* débarquement *m* ◆ **the Normandy ~s** *(Mil Hist)* le débarquement (du 6 juin 1944)

c *[of jumper, gymnast]* réception *f*

COMP ▷ **landing card** N carte *f* de débarquement ▷ **landing craft** N *(Mil)* chaland *m or* navire *m* de débarquement ▷ **landing field** N terrain *m* d'aviation ▷ **landing force** N *(Mil)* troupes *fpl* de débarquement ▷ **landing gear** N *(Aviat)* train *m* d'atterrissage ▷ **landing ground** N terrain *m* d'atterrissage ▷ **landing lights** NPL *(on aircraft)* phares *mpl* d'atterrissage ; *(on ground)* balises *fpl* (d'atterrissage) ▷ **landing net** N *(Fishing)* épuisette *f* ▷ **landing party** N *(Naut)* détachement *m* de débarquement ▷ **landing stage** N *(Brit)* débarcadère *m*, appontement *m* ▷ **landing strip** N *(Aviat)* piste *f* d'atterrissage ▷ **landing wheels** NPL roues *fpl* du train d'atterrissage

**landing**[2] /'lændɪŋ/ N *(between stairs)* palier *m* ; *(= storey)* étage *m*

**landlady** /'lænd,leɪdɪ/ N *[of flat, house] (gen)* propriétaire *f* ; *(= live-in owner)* logeuse *f* ; *(Brit) [of pub, guest house]* patronne *f*

**landless** /'lændlɪs/ ADJ sans terre

**landlocked** /'lændlɒkt/ ADJ *(= totally enclosed) [country]* enclavé, sans accès à la mer ; *[lake]* qui ne communique pas avec la mer ; *(= almost totally enclosed)* entouré par les terres

**landlord** /'lænd,lɔːd/ N *[of flat, house] (gen)* propriétaire *m* ; *(= live-in owner)* logeur *m* ; *(Brit) [of pub, guest house]* patron *m*

**landlubber** * /'lænd,lʌbəʳ/ N *(hum)* marin *m* d'eau douce *(pej)*

**landmark** /'lændmɑːk/ N a *(for navigating)* point *m* de repère ◆ **we used the castle as a ~** le château nous a servi de point de repère b *(= famous sight) (monument)* grand monument *m* ; *(natural phenomenon)* grand site *m* ◆ **one of the ~s of historic Prague** l'un des grands monuments du vieux Prague c *(= momentous event, achievement etc)* jalon *m* ◆ **a ~ in the history of cinema** un jalon dans l'histoire du cinéma ADJ *[decision, ruling, victory]* historique ◆ **this was hailed as a ~ decision** cette décision a été jugée historique ◆ **this is a ~ event** il s'agit d'un événement historique *or* qui fera date

**landmine** /'lændmaɪn/ N *(Mil)* mine *f* terrestre

**landowner** /'lændəʊnəʳ/ N propriétaire *m* terrien

**landowning** /'lændəʊnɪŋ/ ADJ *[family]* de propriétaires terriens ◆ **the ~ class** les propriétaires *mpl* terriens

**landscape** /'lænd,skeɪp/ N *(= land, view, picture)* paysage *m* VT *[+ garden]* dessiner ; *[+ bomb site, dirty place etc]* aménager ADJ, ADV *(Comput)* en format paysage COMP ▷ **landscape architect** N architecte *mf* paysagiste ▷ **landscape gardener** N jardinier *m*, -ière *f* paysagiste ▷ **landscape gardening** N jardinage *m* paysagiste, paysagisme *m* ▷ **landscape mode** N *(Comput)* ◆ **to print sth in ~ mode** imprimer qch en format paysage ▷ **landscape painter** N (peintre *m*) paysagiste *mf*

**landscaping** /'lænd,skeɪpɪŋ/ N *(NonC)* aménagements *mpl* paysagers

**landslide** /'lænd,slaɪd/ N glissement *m* de terrain ; *(loose rocks etc)* éboulement *m* ; *fig Pol:* also **landslide victory**) victoire *f* écrasante ◆ **to win by a ~, to win a ~ victory** remporter une victoire écrasante ◆ **~ majority** majorité *f* écrasante VI *(US Pol)* remporter une victoire électorale écrasante

**landslip** /'lændslɪp/ N *(esp Brit)* glissement *m* de terrain ; *[of loose rocks etc]* éboulement *m*

**landward** /'lændwəd/ ADJ (situé *or* dirigé) du côté de la terre ◆ **~ breeze** brise *f* de mer ◆ **~ side** côté *m* terre ADV *(also* **landwards***)* vers *or* en direction de la terre, vers l'intérieur

**lane** /leɪn/ N a *(in country)* chemin *m*, petite route *f* ; *(in town)* ruelle *f*

b *(Aut) (= part of road)* voie *f* ; *(= line of traffic)* file *f* ◆ **"keep in lane"** *ne changez pas de file* ◆ **"get in lane"** *mettez-vous dans or sur la bonne file* ◆ **(to be in) the left-hand ~** (être *or* rouler sur) la voie de gauche ◆ **three-~ road** route *f* à trois voies ◆ **I'm in the wrong ~** je suis dans *or* sur la mauvaise file ◆ **traffic was reduced to a single ~** on ne roulait plus que sur une seule file

c *(for aircraft, ships, runners, swimmers)* couloir *m* ◆ **air/shipping ~** couloir *m* aérien/de navigation

COMP ▷ **lane closure** N *(Aut)* fermeture *f* de voie(s) de circulation ◆ **there'll be ~ closures on the M1** certaines voies seront fermées à la circulation sur la M1 ▷ **lane markings** NPL *(Aut)* signalisation *f* au sol des voies, signalisation *f* horizontale

**langlauf** /'lɑːŋ,laʊf/ N *(Ski)* ski *m* de fond ◆ **~ specialist** fondeur *m*, -euse *f* ◆ **~ skier** skieur *m*, -euse *f* de fond

**language** /'læŋgwɪdʒ/ N a *(= particular tongue)* langue *f* ◆ **the French ~** la langue française ◆ **English has become the international ~ of business** l'anglais est devenu la langue internationale des affaires ◆ **he's studying ~s** il fait des études de langues ; → **dead, source**

b *(NonC = ability to talk)* langage *m* ◆ **the faculty of ~** le langage ◆ **animal ~** le langage des animaux ◆ **the origin of ~** l'origine du langage ◆ **how do children acquire ~?** comment se fait l'acquisition du langage chez les enfants ? ◆ **speaking is one aspect of ~** la parole est l'un des aspects du langage ◆ **he's studying ~** il étudie les sciences du langage

c *(= specialized terminology: also Comput)* langage *m* ◆ **the formal ~ of official documents** le langage conventionnel des documents officiels ◆ **scientific/legal ~** langage *m* scientifique/juridique ◆ **the ~ of art/science/flowers** le langage de l'art/de la science/des fleurs ◆ **we're not speaking the same ~ here** *(fig)* nous ne parlons pas le même langage ◆ **to speak the ~ of diplomacy/violence** parler le langage de la diplomatie/violence ; → **machine, sign**

d *(NonC = individual's manner of expression)* langage *m* ◆ **(watch your) ~!** * surveille ton langage ! ◆ **strong** *or* **bad** *or* **foul ~** gros mots *mpl*, grossièretés *fpl*

COMP *[studies, teacher, textbooks, department, school]* de langues ; *[students, degree]* en langues ; *[development]* langagier, linguistique ; *[ability]* à s'exprimer ▷ **language barrier** N barrière *f* linguistique *or* de la langue ▷ **language laboratory, language lab** * N laboratoire *m* de langues ◆ **~ lab training** *or* **practice** entraînement *m* en cabines ▷ **language school** N école *f* de langues

**languid** /'læŋgwɪd/ ADJ languissant

**languidly** /ˈlæŋgwɪdlɪ/ ADV avec langueur ◆ ~ **graceful/elegant** d'une grâce/élégance langoureuse

**languidness** /ˈlæŋgwɪdnɪs/ N langueur *f*

**languish** /ˈlæŋgwɪʃ/ VI *(gen)* (se) languir ; *(in prison)* se morfondre, dépérir

**languishing** /ˈlæŋgwɪʃɪŋ/ ADJ languissant, langoureux

**languor** /ˈlæŋgəʳ/ N langueur *f*

**languorous** /ˈlæŋgərəs/ ADJ langoureux, alangui

**lank** /læŋk/ ADJ *[hair]* raide et terne ; *[grass, plant]* long (longue *f*) et grêle

**lanky** /ˈlæŋkɪ/ ADJ grand et maigre, dégingandé

**lanolin** /ˈlænəʊlɪn/ N lanoline *f*

**lantern** /ˈlæntən/ N *(all senses)* lanterne *f* ; *(in paper)* lanterne *f* vénitienne, lampion *m* ; → **Chinese, magic** COMP ▷ **lantern-jawed** ADJ aux joues creuses ▷ **lantern slide** N plaque *f* de lanterne magique

**lanthanum** /ˈlænθənəm/ N lanthane *m*

**lanyard** /ˈlænjəd/ N *(gen, Mil)* cordon *m* ; *(Naut)* ride *f* (de hauban)

**Lao** /laʊ/ N *(pl inv)* Lao *mpl*

**Laos** /laʊs/ N Laos *m* ◆ **in** ~ au Laos

**Laotian** /ˈlaʊʃɪən/ ADJ laotien N a *(= person)* Laotien(ne) *m(f)* b *(Ling)* laotien *m*

**Laotze** /ˈlaʊˈtzeɪ/, **Lao-tzu** /ˈlaʊˈtsuː/ N Laozi *m*, Lao-tseu *m*

**lap**[1] /læp/ N *(= knees)* genoux *mpl*, giron *m (gen hum)* ◆ **sitting on his mother's** ~ assis sur les genoux de sa mère ◆ **with her hands in her** ~ les mains sur les genoux ◆ **it fell right into his** ~ * *(fig)* ça lui est tombé tout cuit dans le bec * ◆ **they dropped the problem in his** ~ ils lui ont laissé *or* collé * le problème (à résoudre) ◆ **it's in the** ~ **of the gods** on ne peut que s'en remettre au destin ◆ **(to live) in the** ~ **of luxury** (vivre) dans le plus grand luxe COMP ▷ **lap and shoulder belt** N *(Aut)* ceinture *f* (de sécurité) trois points ▷ **lap dancer** N strip-teaseuse *f (qui s'assoit sur les genoux des clients)* ▷ **lap dancing** N *(esp US) numéro de strip-tease où une danseuse s'assoit sur les genoux d'un client* ▷ **lap robe** N *(US)* plaid *m (pour les genoux)*

**lap**[2] /læp/ N *(Sport)* tour *m* de piste ◆ **to run a** ~ faire un tour de piste ◆ **ten-**~ **race** course *f* en *or* sur dix tours ◆ **on the 10th** ~ au $10^e$ tour ◆ ~ **of honour** *(esp Brit)* tour *m* d'honneur ◆ **we're on the last** ~ *(fig)* on a fait le plus gros *or* le plus difficile, on tient le bon bout * VT *(Sport) [+ runner, car]* prendre un tour d'avance sur VI *(Racing)* ◆ **the car was ~ping at 200km/h** la voiture faisait le circuit à 200 km/h de moyenne

**lap**[3] /læp/ VT *[+ milk]* laper VI *[waves]* clapoter *(against* contre)

► **lap up** VT SEP a *[+ milk etc]* laper b *(* fig) [+ information, congratulations, compliments]* avaler, gober ; *[+ attention]* se délecter de ◆ **he ~s up everything you say** il gobe * tout ce qu'on lui dit ◆ **he fairly ~ped it up** il buvait du petit-lait * ◆ **the media are ~ping up this latest scandal** les médias se délectent de *or* font leurs choux gras * de ce dernier scandale

**lap**[4] /læp/ VT *(= wrap)* enrouler *(round* autour de) envelopper *(in* de)

► **lap over** VI *[tiles etc]* se chevaucher

**laparoscopy** /ˌlæpəˈrɒskəpɪ/ N laparoscopie *f*, cœlioscopie *f*

**laparotomy** /ˌlæpəˈrɒtəmɪ/ N laparotomie *f*

**La Paz** /læˈpæz/ N La Paz

**lapdog** /ˈlæpdɒg/ N petit chien *m* d'appartement, chien *m* de manchon †

**lapel** /ləˈpel/ N revers *m (de veston etc)* ◆ ~ **microphone,** ~ **mike** * micro *m* cravate

**lapidary** /ˈlæpɪdərɪ/ N *(= craftsman)* lapidaire *m* ; *(= craft)* art *m or* métier *m* du lapidaire

**lapin** /ˈlæpɪn/ N *(US)* (fourrure *f or* peau *f* de) lapin *m*

**lapis lazuli** /ˈlæpɪsˈlæzjʊlaɪ/ N *(= stone)* lapis (-lazuli) *m* ; *(= colour)* bleu *m* lapis(-lazuli)

**Lapland** /ˈlæpˌlænd/ N Laponie *f*

**Laplander** /ˈlæpˌlændəʳ/ N Lapon(e) *m(f)*

**Lapp** /læp/ ADJ lapon(-one *f*) N a Lapon(e) *m(f)* b *(Ling)* lapon *m*

**lapping** /ˈlæpɪŋ/ N *[of waves]* clapotis *m*

**Lappish** /ˈlæpɪʃ/ ADJ, N ⇒ **Lapp**

**lapse** /læps/ N a *(= fault)* faute *f* (légère), défaillance *f* ; *(= in behaviour)* écart *m* (de conduite) ◆ **a** ~ **into bad habits** un retour à de mauvaises habitudes ◆ **~s of (good) taste** des fautes *fpl* de goût ◆ **a serious security** ~ une grave défaillance des services de sécurité ◆ **~s of judgement** des erreurs *fpl* de jugement ◆ ~ **of memory, memory** ~ trou *m* de mémoire ◆ ~ **from a diet** entorse *f* à un régime ◆ **a momentary** ~ **of concentration** *or* **attention** un moment d'inattention

b *(= passage of time)* intervalle *m* ◆ **a** ~ **of time, a time** ~ un laps de temps ◆ **after a** ~ **of ten weeks** au bout de dix semaines, après un intervalle de dix semaines

c *(= falling into disuse) [of custom etc]* disparition *f*, oubli *m* ; *[of right, privilege]* déchéance *f*

VI a *(= err)* faire un *or* des écart(s)

b *(Rel)* cesser de pratiquer ◆ **to** ~ **from grace** perdre l'état de grâce

c ◆ **to** ~ **into bad habits** prendre de mauvaises habitudes *or* un mauvais pli ◆ **to** ~ **into silence** se taire ◆ **to** ~ **into unconsciousness** (re)perdre connaissance ◆ **to** ~ **into a coma** tomber dans le coma ◆ **he ~d into reverie** il s'est laissé aller à la rêverie ◆ **he ~d into French** il est repassé au français, il s'est remis à parler français ◆ **she ~d into legal jargon** elle s'est remise à parler le jargon juridique

d *[act, law]* devenir caduc, tomber en désuétude ; *[contract]* expirer, venir à expiration ; *[ticket, passport]* se périmer ; *[membership, subscription]* prendre fin, venir à expiration ◆ **her insurance policy has ~d** sa police d'assurance est périmée *or* n'est plus valable

**lapsed** /læpst/ ADJ *[contract, law]* caduc (-uque *f*) ; *[ticket, passport]* périmé ◆ **a** ~ **Catholic** un(e) catholique qui ne pratique plus

**laptop (computer)** /ˈlæptɒpkəmˈpjuːtəʳ/ N (ordinateur *m*) portable *m*

**lapwing** /ˈlæpwɪŋ/ N vanneau *m*

**larboard** †† /ˈlɑːbəd/ *(Naut)* N bâbord *m* ADJ de bâbord

**larceny** /ˈlɑːsənɪ/ N *(Jur)* vol *m* simple ◆ **to commit** ~ **by servant** *(US Jur)* commanditer un vol ; → **grand, petty**

**larch** /lɑːtʃ/ N mélèze *m*

**lard** /lɑːd/ N saindoux *m* VT *(Culin)* larder *(with* de) ◆ **a speech ~ed with quotations/references to ...** un discours bourré *or* truffé de citations/références à ...

> ⚠ **lard** *in French means 'bacon'.*

**larder** /ˈlɑːdəʳ/ N *(= cupboard)* garde-manger *m inv* ; *(= small room)* cellier *m*

**large** /lɑːdʒ/ ADJ *[area, town, house, garden, company, object, amount, problem]* grand ; *[person, animal, hand, slice, piece]* gros (grosse *f*) ; *[dose]* fort ; *[sum, share, proportion, group]* important ; *[population]* nombreux, important ; *[family, crowd]* nombreux ; *[losses]* lourd, important ; *[meal]* copieux, grand ◆ **to get** *or* **grow ~(r)** *[stomach]* grossir ; *[population, overdraft]* augmenter ◆ **to make ~r** agrandir ◆ **"large"** *(Comm: on garment)* L ◆ **the** ~ **size** *(of packet, tube)* le grand modèle ◆ **the ~st size of this dress** *(of garment)* la plus grande taille dans ce modèle de robe ◆ **a** ~ **number of them refused** beaucoup d'entre eux ont refusé ◆ ~ **numbers of people came** les gens sont venus nombreux *or* en grand nombre ◆ **a** ~ **slice of his savings** une bonne partie de ses économies ◆ **a** ~ **proportion of the business** une part importante des affaires ◆ **to do sth on a** ~ **scale** faire qch sur une grande échelle *or* en grand ; see also **large-scale** ◆ **to a** ~ **extent** dans une grande mesure ◆ **in (a)** ~ **measure** en grande partie, dans une large mesure ◆ **in** ~ **part** en grande partie ◆ **there he was (as)** ~ **as life** c'était bien lui ◆ **~r than life** *[character]* plus vrai que nature

♦ **at large** *(= at liberty)* en liberté ; *(US Pol) [candidate, congressman]* non rattaché à une circonscription électorale ◆ **the prisoner is still at** ~ le prisonnier court toujours *or* est toujours en liberté ◆ **the country/population at** ~ *(= as a whole)* le pays/la population dans son ensemble ; → **ambassador**

♦ **by and large** d'une façon générale, en gros ◆ **taking it by and** ~ à tout prendre

VT ◆ **to** ~ **it** * *(Brit)* faire la fête

COMP ▷ **large-hearted** ADJ *(fig)* au grand cœur ▷ **large intestine** N *(Anat)* gros intestin *m* ▷ **large-minded** ADJ *(fig)* large d'esprit ▷ **large-mouth bass** N achigan *m* à grande bouche ▷ **large-print book** N livre *m* imprimé en gros caractères ▷ **large-scale** ADJ a *(= extensive) [operation, reforms, research]* de grande envergure ; *[production, fraud]* à grande échelle ; *[immigration, aid, redundancies]* massif ; *[attack]* vaste ; *[unrest]* général b *(Geog) [drawing, map]* à grande échelle c *(Comput)* ◆ **very ~-scale integration** intégration *f* à (très) grande échelle ▷ **large-size(d)** ADJ grand

> ⚠ **large** *is rarely translated by the French word* **large**, *which means 'wide'.*

**largely** /ˈlɑːdʒlɪ/ ADV *[ignore, forget]* pratiquement ; *[correct, responsible, irrelevant, unchanged]* en grande partie ◆ ~ **forgotten/unnoticed** pratiquement oublié/inaperçu ◆ **the traffic consisted** ~ **of bicycles** le trafic se composait en grande partie de vélos ◆ **these estimates are based** ~ **on conjecture** ces estimations s'appuient en grande partie sur des conjectures ◆ **the town was** ~ **untouched by the hurricane** la ville a été presque complètement épargnée par l'ouragan ◆ **the phenomenon appears to be** ~ **confined to coastal areas** ce phénomène semble presque exclusivement circonscrit aux régions côtières ◆ ~ **because** principalement parce que, surtout parce que ◆ ~ **thanks to** notamment grâce à, en raison notamment de

> ⚠ **largely** *is not translated by* **large**-**ment**, *which does not mean 'mainly'.*

**largeness** /ˈlɑːdʒnɪs/ N *(= size) [of person, body, object]* grande taille *f* ; *[of number, amount]* importance *f* ; *(fig) (= breadth)* largesse *f*

**largesse** /lɑːˈʒes/ N *(NonC) (= generosity)* largesse *f* ; *(= gifts)* largesses *fpl*

**largish** * /ˈlɑːdʒɪʃ/ ADJ assez grand ; *[person, body, object]* assez gros (grosse *f*) ; *[amount, proportion]* assez important

**largo** /ˈlɑːgəʊ/ ADV, N largo *m inv*

**lariat** /ˈlærɪət/ N *(= lasso)* lasso *m* ; *(= tether)* longe *f*

**lark¹** /lɑːk/ N *(Orn)* alouette *f* ◆ **to be up** *or* **rise with the ~** se lever au chant du coq ; → **happy, sing**

**lark²** † * /lɑːk/ N blague *f* ◆ **we only did it for a ~** on l'a seulement fait pour rigoler *, on l'a seulement fait histoire de rigoler * ◆ **what a ~!** quelle rigolade ! *, la bonne blague ! ◆ **I don't believe in all this horoscope ~** je ne crois pas à ces histoires d'horoscope

► **lark about** *, **lark around** * VI faire le fou * ◆ **they were ~ing about with a ball/on their bikes** ils s'amusaient avec une balle/ leurs vélos

**larkspur** /ˈlɑːkspɜːʳ/ N *(Bot)* pied-d'alouette *m*

**larky** /ˈlɑːkɪ/ ADJ espiègle

**Larry** /ˈlærɪ/ N (dim of **Laurence, Lawrence**); see also **happy**

**larva** /ˈlɑːvə/ N (pl **larvae** /ˈlɑːviː/) larve *f (Zool)*

**larval** /ˈlɑːvəl/ ADJ larvaire *(Zool)*

**laryngitis** /ˌlærɪnˈdʒaɪtɪs/ N laryngite *f*

**larynx** /ˈlærɪŋks/ N (pl **larynxes** *or* **larynges** /ləˈrɪndʒiːz/) larynx *m*

**lasagna, lasagne** /ləˈzænjə/ N lasagne *f inv*

**lascivious** /ləˈsɪvɪəs/ ADJ lascif, luxurieux

**lasciviously** /ləˈsɪvɪəslɪ/ ADV lascivement

**lasciviousness** /ləˈsɪvɪəsnɪs/ N luxure *f*, lasciveté *or* lascivité *f*

**laser** /ˈleɪzəʳ/ N laser *m* COMP ▷ **laser beam** N rayon *m* laser ▷ **laser disk** N disque *m* laser ▷ **laser-guided** ADJ *(Mil)* guidé par laser ▷ **laser printer** N *(Comput)* imprimante *f* laser ▷ **laser proof** N épreuve *f* laser ▷ **laser show** N spectacle *m* laser ▷ **laser surgery** N chirurgie *f* au laser ▷ **laser weapon** N arme *f* laser

**lash** /læʃ/ N a *(= blow from whip)* coup *m* de fouet ◆ **sentenced to ten ~es** condamné à dix coups de fouet ◆ **to feel the ~ of sb's tongue** essuyer les propos cinglants de qn ; → **whiplash**

b (also **eyelash**) cil *m*

c *(= thong)* mèche *f*, lanière *f*

VT a *[person] (= beat)* frapper (d'un grand coup de fouet), fouetter violemment ; *(= flog)* flageller

b *[storm]* s'abattre sur ; *[wind]* cingler, fouetter ; *[waves]* fouetter ◆ **the wind ~ed the sea into a fury** le vent a déchaîné la mer ◆ **the storm has been ~ing the Bahamas with high winds and heavy rain** de violentes bourrasques de vent et de pluie se sont abattues sur les Bahamas ◆ **the hailstones ~ed my face** la grêle me cinglait le visage ◆ **to ~ sb with one's tongue** faire des remarques cinglantes à qn

c ◆ **the lion ~ed its tail** le lion a fouetté l'air de sa queue

d *(= fasten)* attacher *or* fixer fermement ; *[+ cargo]* arrimer ; *[+ load]* attacher, amarrer ◆ **to ~ sth to a post** attacher solidement qch à un piquet ◆ **he ~ed himself to the life raft** il s'est attaché *or* amarré solidement au radeau de sauvetage

VI ◆ **the rain was ~ing against the window** la pluie fouettait *or* cinglait les carreaux

► **lash about** VI *(in bonds, in pain etc)* se débattre violemment

► **lash down** VI *[rain]* tomber avec violence

VT SEP *[+ cargo]* arrimer

► **lash out** VI a ◆ **to lash out at sb (with one's fists/a knife)** envoyer des coups (de poing/de couteau) à qn ◆ **she ~ed out with her fists** elle s'est débattue à coups de poing ◆ **to ~ out at sb** *(verbally)* s'en prendre violemment à qn

b *(* = spend a lot of money)* faire une folie * ◆ **he ~ed out on a car** il a fait une folie * et s'est payé une voiture

VT SEP * *[+ money]* lâcher *, allonger *

► **lash up** VT SEP *[+ person, dog]* attacher ; *[+ boat]* attacher, amarrer

**lashing** /ˈlæʃɪŋ/ N a *(= flogging)* flagellation *f* ◆ **to give sb a ~** *(lit)* donner le fouet à qn ; *(fig: verbally)* réprimander sévèrement qn, tancer † vertement qn b *(= rope)* corde *f* ; *(Naut)* amarre *f* c *(esp Brit *)* **with ~s of cream/butter** avec une montagne *or* des tonnes de crème/beurre ◆ **~s of mascara** des tonnes de mascara

**lass** /læs/ N *(esp Scot and dial) (= girl)* jeune fille *f* ; *(† = sweetheart)* bonne amie † *f*

**Lassa fever** /ˈlæsəˈfiːvəʳ/ N fièvre *f* de Lassa

**lassie** /ˈlæsɪ/ N *(esp Scot and dial)* gamine * *f*, gosse * *f*

**lassitude** /ˈlæsɪtjuːd/ N lassitude *f*

**lasso** /læˈsuː/ N (pl **lassos** *or* **lassoes**) a *(= rope)* lasso *m* b *(Climbing)* ⇒ **lassoing** VT prendre au lasso

**lassoing** /læˈsuːɪŋ/ N *(Climbing)* lancer *m* de corde

**last¹** /lɑːst/ ADJ a *(= final in series)* dernier *before n* ◆ **the ~ Saturday of the month** le dernier samedi du mois ◆ **the ~ ten pages** les dix dernières pages ◆ **~ but one, second ~** avant-dernier ◆ **the ~ time but one** l'avant-dernière fois ◆ **it's the ~ round but three** il ne reste plus que trois rounds (après celui-ci) ◆ **his office is the second ~** son bureau est l'avant-dernier ◆ **the third and ~ point is that ...** le troisième et dernier point est que ... ◆ **to fight to the ~ man** se battre jusqu'au dernier ◆ **to make it through to the ~ four** *(in tournament)* atteindre les demi-finales ; *(in race)* arriver dans les quatre premiers ; → **every**

b *(= past, most recent)* dernier *gen after n* ◆ **~ night** *(= evening)* hier soir ; *(= night)* cette nuit, la nuit dernière ◆ **~ week/year** la semaine/l'année *f* dernière ◆ **~ month/summer** le mois/l'été *m* dernier ◆ **~ Monday, on Monday ~** lundi dernier ◆ **for the ~ few days** ces derniers jours, ces jours-ci ◆ **for the ~ few weeks** ces dernières semaines, depuis quelques semaines ◆ **he hasn't been seen these ~ two years** on ne l'a pas vu ces deux dernières années *or* depuis deux ans ◆ **for the ~ two years he has been ...** depuis deux ans il est ... ◆ **the day before ~** avant-hier ◆ **the night/morning before ~** avant-hier soir/matin ◆ **the week before ~** l'avant-dernière semaine ◆ **what did you do ~ time?** qu'avez-vous fait la dernière fois ? ◆ **he was ill (the) ~ time I saw him** il était malade la dernière fois que je l'ai vu ◆ **this time ~ year** l'an dernier à la même époque

c *(= final) [chance, hope]* dernier ◆ **this is my ~ pound** c'est ma dernière livre ◆ **I'm down to my ~ pound** je n'ai plus *or* il ne me reste plus qu'une seule livre ◆ **he took the ~ sandwich** il a pris le dernier sandwich ◆ **at the ~ minute** à la dernière minute ; see also **comp** ◆ **that was the ~ time I saw him** c'est la dernière fois que je l'ai vu ◆ **that's the ~ time I lend you anything!** c'est la dernière fois que je te prête quelque chose ! ◆ **for the ~ time, shut up!** pour la dernière fois, tais-toi ! ◆ **~ thing (at night)** juste avant de se coucher ◆ **I'll get it, if it's the ~ thing I do** je l'aurai coûte que coûte *or* même si ça doit me coûter la vie ◆ **to fight to the ~ ditch** *(lit, fig)* se battre jusqu'au bout ; see also **comp** ◆ **at one's ~ gasp** *(= dying)* sur le point de mourir, à l'agonie ; *(* = exhausted)* à bout de force ; see also **comp** ◆ **he was on his ~ legs** * il était à bout ◆ **the company is on its ~ legs** * l'entreprise est au bord de la faillite ◆ **the washing machine is on its ~ legs** * la machine à laver va bientôt nous lâcher, la machine à laver va bientôt rendre l'âme ◆ **she always wants to have the ~ word** elle veut toujours avoir le dernier mot ◆ **it's the ~ word in comfort** c'est ce que l'on fait de mieux *or* c'est le dernier cri en matière de confort ; → **first, laugh, stand, straw**

d *(= least likely or desirable)* dernier ◆ **he's the ~ person to ask** c'est la dernière personne à qui demander ◆ **that's the ~ thing to worry about** c'est le dernier *or* le cadet de mes (*or* tes *etc*) soucis

e *(Rel)* ◆ **at the Last Judgement** au Jugement dernier ◆ **the ~ rites** les derniers sacrements *mpl* ◆ **the ~ trump** *or* **trumpet** la trompette du Jugement dernier

ADV a *(= at the end)* en dernier ◆ **she arrived ~** elle est arrivée en dernier *or* la dernière ◆ **he arrived ~ of all** il est arrivé le tout dernier ◆ **his horse came in ~** son cheval est arrivé (bon) dernier ◆ **~ but not least** enfin et surtout ◆ **~ in, first out** dernier entré, premier sorti ◆ **to leave sth/sb till ~** placer qch/qn en dernier *or* à la fin

b *(= most recently)* la dernière fois ◆ **when I ~ saw him** quand je l'ai vu la dernière fois, la dernière fois que je l'ai vu ◆ **who dealt ~?** *(Cards)* qui a donné en dernier ?

c *(= finally)* finalement, pour terminer ◆ **~, I would like to say ...** pour terminer *or* enfin, je voudrais dire ...

N dernier *m*, -ière *f* ◆ **he was the ~ of the Tudors** ce fut le dernier des Tudor ◆ **this is the ~ of the pears** *(one)* c'est la dernière poire ; *(several)* ce sont les dernières poires, voici le reste des poires ◆ **this is the ~ of the cider** c'est tout ce qui reste de *or* comme cidre ◆ **the ~ but one** l'avant-dernier *m*, -ière *f* ◆ **I'd be the ~ to criticize, but ...** ce n'est pas mon genre de critiquer, mais ..., j'ai horreur de critiquer, mais ... ◆ **each one better than the ~** tous meilleurs les uns que les autres ◆ **to stick to one's ~** *(fig)* s'en tenir à ce que l'on sait faire ◆ **to look one's ~ on sth** *(liter)* jeter un ultime regard sur qch ; → **breathe**

◆ **at (long) last** enfin, à la fin ◆ **at (long) ~** enfin ◆ **at long ~ he came** il a enfin fini par arriver ◆ **here he is! – at ~!** le voici ! – enfin *or* ce n'est pas trop tôt !

◆ **the last ...** *(= the end)* ◆ **we shall never hear the ~ of this** on n'a pas fini d'en entendre parler ◆ **you haven't heard the ~ of this!** vous n'avez pas fini d'en entendre parler ! ; *(threatening)* vous aurez de mes nouvelles ! ◆ **the ~ I heard (of her), she was abroad** aux dernières nouvelles, elle était à l'étranger ◆ **I shall be glad to see the ~ of this** je serai content de voir tout ceci terminé *or* de voir la fin de tout ceci ◆ **we were glad to see the ~ of him** nous avons été contents de le voir partir *or* d'être débarrassés de lui ◆ **that was the ~ I saw of him** c'est la dernière fois que je l'ai vu, je ne l'ai pas revu depuis

◆ **to the last** jusqu'au bout, jusqu'à la fin

COMP ▷ **last-chance saloon** N *(Brit)* ◆ **it's the ~-chance saloon for them** ◆ **they are drinking in the ~-chance saloon** c'est leur dernière chance ▷ **last-ditch, last-gasp** ADJ ultime, de dernière minute ▷ **last-minute** ADJ de dernière minute ▷ **last post** N *(Brit) (= bugle* call) (sonnerie f de l')extinction f des feux ; (at funerals) sonnerie f aux morts ▷ the Last Supper N (Rel) la Cène

**last²** /lɑːst/ VI a (= continue) [pain, film, supplies etc] durer ◆ it ~ed two hours cela a duré deux heures ◆ it's too good to ~ c'est trop beau pour durer or pour que ça dure subj ◆ will this good weather ~ till Saturday? est-ce que le beau temps va durer or tenir jusqu'à samedi ?

b (= hold out) tenir ◆ no one ~s long in this job personne ne reste longtemps dans ce poste ◆ after he got pneumonia he didn't ~ long après sa pneumonie il n'en a pas eu pour longtemps * ◆ that whisky didn't ~ long ce whisky n'a pas fait long feu or n'a pas duré longtemps

c (= remain usable) durer ◆ made to ~ fait pour durer ◆ this table will ~ a lifetime cette table vous fera toute une vie ◆ will this material ~? ce tissu fera-t-il de l'usage ?

VT durer ◆ this amount should ~ you (for) a week cela devrait vous durer or vous faire une semaine ◆ I have enough money to ~ me a lifetime j'ai assez d'argent pour tenir jusqu'à la fin de mes jours ◆ she must have got enough chocolates to ~ her a lifetime elle a dû recevoir assez de chocolats pour tenir jusqu'à la fin de ses jours

► **last out** VI [person] tenir (le coup) ; [money] suffire

VT SEP faire ◆ he won't ~ the winter out il ne passera pas or ne fera pas l'hiver *, il ne verra pas la fin de l'hiver ◆ my money doesn't ~ out the month mon argent ne me fait pas le mois

**last³** /lɑːst/ N [of cobbler] forme f

**Lastex** ® /'læsteks/ N (US) Lastex ® m

**lasting** /'lɑːstɪŋ/ ADJ [friendship, situation, benefit, impression, effect] durable ◆ to cause ~ damage to sb/sth affecter qn/qch de façon durable ◆ to his ~ shame à sa plus grande honte

**lastly** /'lɑːstlɪ/ ADV (= as final point, item) enfin, en dernier lieu ; (= as final action) enfin

**latch** /lætʃ/ N clenche f, loquet m ◆ the door is on or off the ~ la porte n'est pas fermée à clé ◆ to leave the door on or off the ~ fermer la porte sans la verrouiller VT fermer au loquet

► **latch on** * VI a (= grab) s'accrocher (to à) b (= understand) saisir, piger *

► **latch on to** * VT FUS a (= get possession of) prendre possession de ; (= catch hold of) saisir ; (US) (= obtain) se procurer ◆ he ~ed on to me as soon as I arrived il n'a pas arrêté de me coller * depuis que je suis arrivé ◆ he ~es on to the slightest mistake il ne laisse pas passer la moindre erreur b (= understand) saisir, piger * ; (= realize) se rendre compte de, réaliser * ◆ when children ~ on to the idea that reading is fun quand les enfants se rendent compte que la lecture est un plaisir

**latchkey** /'lætʃkiː/ N clé f (de la porte d'entrée) COMP ▷ latchkey child, latchkey kid * N enfant qui rentre à la maison avant ses parents

**late** /leɪt/ (compar later, superl latest) ADJ a (= delayed, after scheduled time) ◆ to be ~ [person] (gen) être en retard ; (arriving) arriver en retard ◆ I'm ~ (gen) je suis en retard ; (menstrual period) j'ai du retard * (euph), mes règles ont du retard ◆ to be ~ (in) arriving arriver avec du retard or en retard ◆ she was ~ (in) returning from work elle est rentrée du travail en retard ◆ to be ~ for an appointment être or arriver en retard à un rendez-vous ◆ I was ~ for work je suis arrivé au travail en retard ◆ hurry up, I'm ~ for work dépêche-toi, je vais arriver en retard au travail ◆ to be ~ with sth avoir du retard dans qch ◆ I was ~ with the rent (now paid) j'avais payé mon loyer en retard ◆ the train is ~ le train est en retard or a du retard ◆ your essay is ~ vous rendez votre dissertation en retard ◆ too ~ trop tard ◆ to make sb ~ mettre qn en retard ◆ I apologized for my ~ arrival je me suis excusé d'être arrivé en retard ◆ we apologize for the ~ arrival of flight XY 709 nous vous prions d'excuser le retard du vol XY 709 ◆ ~ arrivals will not be admitted les retardataires ne seront pas admis ◆ his campaign got off to a ~ start sa campagne a démarré tard ◆ both my babies were ~ mes deux bébés sont nés or arrivés après terme

b (with time expressions) ◆ to be 20 minutes ~ avoir 20 minutes de retard ◆ it made me an hour ~ j'ai eu une heure de retard à cause de ça ◆ the train is 30 minutes ~ le train a 30 minutes de retard ◆ I'm/I was two hours ~ for work je vais arriver/je suis arrivé au travail avec deux heures de retard ◆ a technical problem on the plane made us two hours ~ un problème technique dans l'avion nous a fait arriver avec deux heures de retard ◆ I'm a week ~ (gen) j'ai une semaine de retard ; (menstrual period) j'ai une semaine de retard * (euph), mes règles ont une semaine de retard

c (= after usual time) [crop, flowers] tardif ; [booking] de dernière minute ◆ Easter is ~ this year Pâques est or tombe tard cette année ◆ spring was ~ le printemps était en retard or était tardif

d (= at advanced time of day) tard ◆ it was very ~ il était très tard ◆ it's getting ~ il se fait tard ◆ owing to the ~ hour en raison de l'heure tardive ◆ at this ~ hour à cette heure tardive ◆ to work ~ hours finir son travail tard le soir, travailler tard le soir ◆ to keep ~ hours être un(e) couche-tard * inv ◆ to have a ~ meal/lunch manger/déjeuner tard ◆ there's a ~(-night) film on Saturdays (Cine) le samedi, il y a une séance supplémentaire le soir ◆ the ~ film tonight is ... (TV) le film diffusé en fin de soirée est ... ◆ there's a ~(-night) show on Saturdays (Theat) il y a une seconde représentation en soirée le samedi ◆ ~(-night) opening (Comm) nocturne f ◆ there's ~(-night) opening on Thursdays les magasins ouvrent en nocturne or font nocturne * le jeudi ◆ ~(-night) opening Fridays until 7pm nocturne jusqu'à 19 heures le vendredi

e (= near end of period or series) the ~st edition of the catalogue la toute dernière édition du catalogue ◆ the subject of her ~r books is ... le sujet de ses derniers livres est ... ◆ two ~ goals deux buts en fin de match ◆ at this ~ stage à ce stade avancé ◆ he was in his ~ thirties il approchait de la quarantaine ◆ in the ~ afternoon en fin d'après-midi ◆ she was enjoying the cool ~ evening elle appréciait la fraîcheur de cette fin de soirée ◆ by ~ morning à la fin de la matinée ◆ in ~ June/September fin juin/septembre, à la fin (du mois de) juin/septembre ◆ in ~ spring à la fin du printemps ◆ it was not until ~ 1989 that ... ce n'est qu'à la fin de l'année 1989 que ... ◆ in the ~ 1980s à la fin des années 80 ◆ in the ~ 18th century à la fin du 18ᵉ (siècle) ◆ in the ~ Middle Ages à la fin du Moyen Âge ◆ a ~ Victorian house une maison de la fin de l'époque victorienne ; see also later, latest

f (= dead) feu (liter) ◆ the ~ queen feu la reine ◆ the ~ Harry Thomas feu Harry Thomas ◆ my ~ wife ma pauvre or défunte (frm) femme ◆ our ~ colleague notre regretté (frm) or défunt (frm) collègue

ADV a (= after scheduled time) [arrive] en re tard ; [start, finish, deliver] avec du retar ◆ to arrive ~ for sth (meeting, dinner, film) arri ver en retard à qch ◆ we're running ~ thi morning nous sommes en retard ce mati ◆ the baby was born ~ le bébé est né o arrivé après terme ◆ the baby was born tw weeks ~ le bébé est né avec deux semaine de retard ◆ he turned up two hours ~ il es arrivé avec deux heures de retard ◆ we'r running about 40 minutes ~ nous avons en viron 40 minutes de retard ◆ work on th new motorway started two years ~ la cons truction de la nouvelle autoroute a com mencé avec deux ans de retard ◆ too ~ trop tard ; see also later ; → better¹

b (= after usual time) ◆ to flower ~ fleurir tar ◆ her periods started very ~ elle a eu se premières règles très tard ◆ they married ~ in life ils se sont mariés sur le tard ◆ sh had started learning German quite ~ in lif elle avait commencé à apprendre l'alle mand assez tard ◆ she came ~ to acting ell est devenue comédienne sur le tard ◆ h had come quite ~ to painting il s'était mis à la peinture sur le tard

c (= at advanced time of day) [work, get up sleep, start, finish] tard ◆ they stayed up talk ing until very ~ ils sont restés à parle jusque tard dans la nuit ◆ the chemist i open ~ on Thursdays la pharmacie es ouverte tard or en nocturne le jeudi ◆ t stay up ~ veiller tard, se coucher tard ◆ t work ~ at the office rester tard au burea pour travailler ◆ ~ at night tard dans l nuit or la soirée ◆ ~ that night tard dans l nuit or la soirée ◆ ~ last night tard hier soi ◆ ~ in the afternoon en fin d'après-midi ◆ the previous evening la veille, en fin d soirée ◆ it was ~ in the evening before returned to Baker Street je ne suis retourn à Baker Street qu'en fin de soirée ◆ ~ int the night tard dans la nuit ◆ it is rather ~ i the day to change your mind (fig) c'est un pe tard pour changer d'avis ◆ it was he intervention, ~ in the day, that saved th scheme (fig) ce fut son intervention, asse tardive, qui sauva le projet

d (= near end of period) ~ in 2001 à la fin d l'année 2001, fin 2001 ◆ ~ in the year en fi d'année ◆ ~ last year à la fin de l'anné dernière ◆ ~ in May fin mai ◆ they scored ~ in the second half ils ont marqué à la fin d la deuxième mi-temps ◆ symptoms appea only ~ in the disease les symptômes n'appa raissent qu'à un stade avancé de l maladie ◆ very ~ in the proceedings * tout à la fin, très tard ◆ it wasn't until relatively ~ in his career that ... ce n'est que vers la fi de sa carrière que ...

e (= recently) ◆ as ~ as last week pas plu tard que la semaine dernière, la semain dernière encore ◆ as ~ as 1950 en 195 encore ◆ as ~ as the 1980s jusque dans le années 80

◆ **of late** (= lately) dernièrement, ces dernier temps ◆ we haven't seen much of him of ~ o ne l'a pas beaucoup vu ces dernier temps

f (frm = formerly) Jane Burdon, ~ of Bristo Jane Burdon, autrefois domiciliée à Bris tol ◆ Carrington, ~ of the Diplomatic Servic Carrington, ancien membre du corp diplomatique

COMP ▷ late developer N ◆ he's a ~ develope il n'est pas précoce, il a mis du temps à sortir de l'enfance ▷ late-night AD ◆ ~-night television émissions fpl de fin d soirée ◆ there's ~-night shopping on Thurs days le magasin ouvre en nocturne or fai nocturne * le jeudi

**latecomer** /'leɪtkʌmər/ N a (lit) retardatair mf ◆ ~s will not be admitted (frm) les retar dataires ne seront pas admis b *(fig)* ◆ **he is a ~ to politics** il est venu à la politique sur le tard

**lateen** /lə'tiːn/ **N** (also **lateen sail**) voile *f* latine

**lately** /'leɪtlɪ/ **ADV** ces derniers temps, dernièrement ◆ **till ~** jusqu'à ces derniers temps ; see also **Johnny**

**latency** /'leɪtənsɪ/ **N** *(Med)* latence *f*

**lateness** /'leɪtnɪs/ **N** a *(= not being on time) [of person, train, flight]* retard *m* ◆ **he apologized for his ~** il s'est excusé de son retard ◆ **his boss became exasperated by his constant ~** ses retards perpétuels ont fini par exaspérer son patron b ◆ **a crowd had gathered despite the ~ of the hour** une foule s'était formée malgré l'heure tardive

**latent** /'leɪtənt/ **ADJ** *[tendency, talent, antagonism, racism, threat]* latent ; *[meaning]* caché **COMP** ▷ **latent defect N** *(Jur)* vice *m* caché ▷ **latent heat N** *(Phys)* chaleur *f* latente ▷ **latent period N** *(Med)* période *f* de latence

**later** /'leɪtəʳ/ (compar of **late**) **ADV** plus tard ◆ **~ that night** plus tard (dans la soirée) ◆ **even ~** encore plus tard ◆ **two years ~** deux ans plus tard ◆ **~ on** *(in period of time, film)* plus tard ; *(in book)* plus loin ◆ **not** *or* **no ~ than ...** pas plus tard que ... ◆ **essays must be handed in not ~ than Monday morning** les dissertations devront être remises lundi matin dernier délai *or* au plus tard ◆ **~!** *(when interrupted etc)* tout à l'heure ! ; *(US* = goodbye)* à plus ! * ◆ **see you ~!** * *(= in a few minutes)* à tout à l'heure ! ; *(longer)* à plus tard ! ; see also **soon**

**ADJ** a *(= subsequent, more recent) [chapter, date]* ultérieur (-eure *f*) ◆ **we'll discuss it at a ~ meeting** nous en discuterons au cours d'une réunion ultérieure *or* d'une autre réunion ◆ **at a ~ meeting they decided ...** au cours d'une réunion ultérieure, ils ont décidé ... ◆ **I decided to take a ~ train** j'ai décidé de prendre un autre train *or* de partir plus tard ◆ **the ~ train** *(of two)* le train suivant ◆ **a ~ edition** une édition postérieure ◆ **this version is ~ than that one** *(= subsequent)* cette version est postérieure à celle-là

b *(in period or series)* ◆ **at a ~ stage** plus tard ◆ **at a ~ stage in the negotiations** lors d'une phase ultérieure des négociations ◆ **the ~ 18th century** la fin du 18ᵉ (siècle) ◆ **Beethoven's ~ symphonies** les dernières symphonies de Beethoven ◆ **in ~ life** plus tard ◆ **in his ~ years** vers la fin de sa vie

**lateral** /'lætərəl/ **ADJ** latéral *(also Phon)* **COMP** ▷ **lateral thinking N** *(esp Brit)* la pensée latérale *(manière non conventionnelle d'aborder les problèmes)*

**laterally** /'lætərəlɪ/ **ADV** *(= sideways)* latéralement ; *(= originally)* ◆ **to think ~** pratiquer la pensée latérale, avoir une manière originale d'aborder les problèmes

**latest** /'leɪtɪst/ (superl of **late**) **ADJ** a *(= most recent)* dernier ◆ **his ~ film** son dernier film ◆ **the ~ in a series of murders** le dernier en date d'une série de meurtres ◆ **the ~ news** les dernières nouvelles *fpl* ◆ **the ~ news (bulletin)** *(Rad, TV)* les dernières informations *fpl* ◆ **his ~ statement** sa dernière déclaration (en date) ◆ **he is the ~ minister to resign** c'est le dernier ministre en date à démissionner ◆ **the very ~ technology** la toute dernière technologie

b *(= last possible)* limite ◆ **what is the ~ date for applications?** quelle est la date limite de dépôt des candidatures ? ◆ **the ~ date he could do it was 31 July** la dernière date à laquelle il pouvait le faire était le 31 juillet ◆ **the ~ time you may come is 4 o'clock** l'heure limite à laquelle vous pouvez arriver est 4 heures ◆ **the ~ time for doing it is April** il faut le faire en avril au plus tard ◆ **at the ~ possible moment** au tout dernier moment

**ADV** *(= last)* ◆ **to arrive/get up (the) ~** être le dernier *or* la dernière à arriver/se lever ◆ **to work ~** travailler plus tard que les autres ◆ **to flower (the) ~** fleurir en dernier

**N** a * *(= latest version)* ◆ **it's the ~ in computer games** c'est le dernier cri * en matière de jeux électroniques ◆ **the very ~ in technology** le dernier cri * de la technologie ◆ **have you heard the ~?** *(= news)* tu connais la dernière ? * ◆ **what's the ~ on this affair?** qu'y a-t-il de nouveau sur cette affaire ? ◆ **for the ~ on the riots, over to Ian** *(Rad, TV)* pour les dernières informations sur les émeutes, à vous, Ian ◆ **have you seen his ~?** *(= girlfriend)* tu as vu sa nouvelle ? * ◆ **have you heard his ~?** *(= joke)* tu connais sa dernière ? * ◆ **did you hear about his ~?** *(= exploit)* on t'a raconté son dernier exploit *or* sa dernière prouesse ?

b *(= latest time)* ◆ **when** *or* **what is the ~ you can come ?** quand pouvez-vous venir, au plus tard ? ◆ **I'll be there by noon at the ~** j'y serai à midi au plus tard ◆ **give me your essay by Monday at the ~** rendez-moi votre dissertation lundi dernier délai *or* au plus tard

**latex** /'leɪteks/ **N** (pl **latexes** *or* **latices** /'lætɪˌsiːz/) latex *m*

**lath** /lɑːθ/ **N** (pl **laths** /lɑːðz/) *(Constr)* latte *f* ◆ **a ~-and-plaster wall** *un mur fait en lattes et enduit de plâtre*

**lathe** /leɪð/ **N** *(Tech)* tour *m* ; → **capstan, power**

**lather** /'lɑːðəʳ/ **N** a *[of soap]* mousse *f* (de savon) b *(= sweat) [of horse]* écume *f* ◆ **in a ~** *[horse]* couvert d'écume ; *(* fig = nervous, anxious) [person]* agité, dans tous ses états ◆ **to work o.s. up into a ~** * se mettre dans tous ses états ◆ **what's he getting into such a ~ about?** * pourquoi se met-il dans un état pareil ? **VT** ◆ **to ~ one's face/hands** *etc* se savonner le visage/les mains *etc* **VI** *[soap]* mousser

**latices** /'lætɪˌsiːz/ **NPL** of **latex**

**latifundia** /ˌlætɪ'fʊndɪə/ **NPL** latifundia *mpl*

**Latin** /'lætɪn/ **ADJ** a *(Ling) [text, grammar, poet]* latin ; *[lesson]* de latin b *[people, temperament, culture] (European)* latin ; *(in US)* latino-américain **N** a *(Ling)* latin *m* ◆ **late ~** bas latin *m* ◆ **low ~** bas latin *m* ◆ **vulgar ~** latin *m* vulgaire b Latin(e) *m(f)* ; *(in US)* Latino-Américain(e) *m(f)* **COMP** ▷ **Latin America N** Amérique *f* latine ▷ **Latin-American ADJ** latino-américain, d'Amérique latine **N** Latino-Américain(e) *m(f)* ▷ **latin lover N** latin lover *m* ▷ **Latin quarter N** quartier *m* latin ▷ **Latin school N** *(US)* ≃ lycée *m* classique

**Latinist** /'lætɪnɪst/ **N** latiniste *mf*

**Latinization** /ˌlætɪnaɪ'zeɪʃən/ **N** latinisation *f*

**Latinize** /'lætɪnaɪz/ **VT** latiniser

**Latino** /læ'tiːnəʊ/ **N** (pl **Latinos**) *(in US)* Latino *mf* **COMP** ▷ **Latino-American ADJ** latino-américain **N** *(US)* Latino-Américain(e) *m(f)*

**latish** * /'leɪtɪʃ/ **ADJ** *[hour]* assez avancé, assez tardif ◆ **it's getting ~** il commence à se faire tard ◆ **we had a ~ breakfast** nous avons pris notre petit déjeuner assez *or* plutôt tard **ADV** assez tard, plutôt tard

**latitude** /'lætɪtjuːd/ **N** a *(Geog)* latitude *f* ◆ **at a ~ of 48° north** à *or* par 48° de latitude Nord ◆ **in these ~s** sous ces latitudes b *(NonC = freedom)* latitude *f* ◆ **to give** *or* **allow sb a certain amount of ~** laisser *or* accorder une certaine latitude à qn

**latitudinal** /ˌlætɪ'tjuːdɪnl/ **ADJ** latitudinal

**latrine** /lə'triːn/ **N** latrine(s) *f(pl) gen pl*

**latte** /'lɑːteɪ/ **N** *(= coffee)* café *m* au lait

**latter** /'lætəʳ/ LANGUAGE IN USE 26.2 *(frm)*

**ADJ** a *(= second of two)* dernier, second ◆ **the ~ proposition was accepted** cette dernière *or* la seconde proposition fut acceptée ◆ **of the two, we prefer the ~ solution** nous préférons la seconde solution ◆ **the ~ half** la seconde moitié ◆ **the ~ half of the month** la seconde quinzaine du mois

b *(= later)* **the ~ stages of the match produced some fine football** vers la fin du match, il y a eu du très bon football ◆ **the college was destroyed in the ~ stages of the war/the century** le collège a été détruit vers la fin de la guerre/du siècle ◆ **in the ~ years of his life, in his ~ years** les dernières années de sa vie, tard dans sa vie

**N** ◆ **the ~ is the more expensive of the two systems** ce dernier *or* second système est le plus coûteux des deux ◆ **of these two books the former is expensive but the ~ is not** le premier de ces deux livres est cher mais le second ne l'est pas ◆ **he visited his cousin and uncle - the ~ was ill** il a rendu visite à son cousin et à son oncle : ce dernier était souffrant ◆ **of the two possible solutions, I prefer the ~** je préfère la seconde solution

**COMP** ▷ **latter-day ADJ** moderne, d'aujourd'hui ▷ **Latter-Day Saints NPL** *(Rel)* Saints *mpl* des derniers jours

**latterly** /'lætəlɪ/ **ADV** *(frm) (= recently)* récemment, dernièrement ; *(= towards end of life)* vers la fin de sa (*or* leur *etc*) vie ; *(= towards end of period)* vers la fin ◆ **he has lived abroad for many years, ~ in Rome** il a longtemps vécu à l'étranger, maintenant il est à Rome

**lattice** /'lætɪs/ **N** treillis *m* ; *(= fence)* treillage *m*, claire-voie *f* ; (also **lattice structure**) structure *f* réticulaire **COMP** ▷ **lattice girder N** poutre *f* en treillis ▷ **lattice window N** fenêtre *f* treillissée

**latticed** /'lætɪst/ **ADJ** *[window]* treillissé ; *[fence, wall]* treillagé

**latticework** /'lætɪswɜːk/ **N** treillis *m*

**Latvia** /'lætvɪə/ **N** Lettonie *f*

**Latvian** /'lætvɪən/ **ADJ** lette, letton (-on(n)e *f*) **N** a Lette *mf*, Letton((n)e) *m(f)*, Latvien(ne) *m(f)* b *(Ling)* lette *m*, letton *m*

**laud** /lɔːd/ **VT** *(liter)* louanger *(liter)* ; *(Rel)* louer, glorifier, chanter les louanges de

**laudable** /'lɔːdəbl/ **ADJ** louable, digne de louanges

**laudably** /'lɔːdəblɪ/ **ADV** *[behave]* de façon louable ◆ **he was ~ calm** son calme était remarquable ◆ **a ~ objective article** un article d'une louable objectivité

**laudanum** /'lɔːdnəm/ **N** laudanum *m*

**laudatory** /'lɔːdətərɪ/ **ADJ** *(frm)* élogieux

**laugh** /lɑːf/ **N** a rire *m* ◆ **he has a very distinctive ~** il a un rire très caractéristique ◆ **with a ~** *(brief)* dans un éclat de rire ; *(longer)* en riant ◆ **with a scornful ~** avec un rire méprisant *or* dédaigneux ◆ **to give a ~** rire ◆ **to have a good ~ at sb/sth** bien rire de qn/qch ◆ **his act didn't get a single ~** son numéro n'a fait rire personne ◆ **that joke always gets a ~** cette plaisanterie fait toujours rire ◆ **he had the last ~** finalement c'est lui qui a bien ri ◆ **we'll see who has the last ~** on verra bien qui rira le dernier ◆ **the ~ is on you** * c'est toi qui fais les frais de la plaisanterie ◆ **it was a ~ a minute!** *(also iro)* c'était d'un drôle ! *(also iro)* ; → **play, raise**

**b** *( * = amusement, amusing time)* ◆ **it was** *or* **we had a good** ~ on s'est bien amusés, on a bien rigolé * ◆ **if you want a ~ go to her German class!** si tu veux t'amuser *or* rigoler * va assister à son cours d'allemand ! ◆ **what a ~!** ça, c'est (*or* c'était *etc*) marrant ! * ◆ **just for a ~** *or* **for ~s** rien que pour rire, histoire de rire * ◆ **he's always good for a ~** il nous fera toujours bien rire ◆ **his films are always good for a ~** ses films sont toujours drôles ◆ **he's a good ~** on rigole * bien avec lui

**VI** rire ◆ **you may ~!, it's easy for you to ~!** tu peux toujours rire ! ◆ **you've got to ~** * ◆ **you have to ~** * *(philosophical)* il vaut mieux en rire ◆ **I didn't know whether to ~ or cry** je ne savais plus si je devais rire ou pleurer ◆ **he ~ed until he cried** il pleurait de rire, il riait aux larmes ◆ **to ~ about** *or* **over sth** rire de qch ◆ **there's nothing to ~ about** il n'y a pas de quoi rire ◆ **he never ~s at my jokes** mes plaisanteries ne le font jamais rire ; see also **laugh at** ◆ **she ~ed to herself** elle a ri dans sa barbe, elle a ri sous cape ◆ **to ~ up one's sleeve** rire dans sa barbe, rire sous cape ◆ **he makes me ~** il me fait rire ◆ **don't make me ~** * *(iro = don't be silly)* laisse-moi rire, ne me fais pas rire ◆ **he who ~s last ~s longest** *(Prov)* rira bien qui rira le dernier *(Prov)* ◆ **to ~ in sb's face** rire au nez de qn ◆ **he'll soon be ~ing on the other side of his face** il n'aura bientôt plus envie de rire, il va bientôt rire jaune ◆ **you'll be ~ing on the other side of your face in a minute!** * tu vas le regretter ! ◆ **it's all right for him, he's ~ing** * lui il s'en fiche, il est peinard * ◆ **once we get this contract signed we're ~ing** * une fois ce contrat signé, ce sera dans la poche * ◆ **he's ~ing all the way to the bank** * il n'a pas de problèmes de compte en banque ! ; → **burst out**

**VT** ◆ **he ~ed a jolly laugh** il eut un rire jovial ◆ **"don't be silly," he ~ed** "ne sois pas idiot", dit-il en riant ◆ **to be ~ed out of court** *[person, idea]* être tourné en ridicule ◆ **they ~ed him to scorn** ils l'ont tourné en dérision ◆ **he ~ed himself silly** * il a ri comme un bossu * *or* une baleine *

**COMP** ▷ **laugh track** **N** *(US Rad, TV)* (bande *f* sonore de) rires *mpl* préenregistrés

► **laugh at** **VT FUS** *(lit) [+ person, sb's behaviour]* rire de ; *(unpleasantly)* se moquer de ; *(fig) [+ difficulty, danger]* se rire de

► **laugh down** **VT SEP** ◆ **they laughed the speaker down** leurs moqueries ont réduit l'orateur au silence

► **laugh off** **VT SEP** **a** ◆ **to laugh one's head off** * rire comme un bossu * *or* une baleine *

**b** *[+ accusation]* écarter d'une plaisanterie *or* d'une boutade ◆ **she managed to ~ it off** elle a réussi à tourner la chose en plaisanterie ◆ **you can't ~ this one off** cette fois tu ne t'en tireras pas par la plaisanterie

**laughable** /ˈlɑːfəbl/ **ADJ** *[person, behaviour, idea, suggestion]* ridicule ; *[offer, amount]* dérisoire ◆ **it's ~ to compare him with Gandhi** il est ridicule de le comparer à Gandhi

**laughably** /ˈlɑːfəblɪ/ **ADV** ridiculement

**laughing** /ˈlɑːfɪŋ/ **ADJ** **a** *[person, face, eyes]* riant, rieur **b** *(= light-hearted)* **this is no ~ matter** il n'y a pas de quoi rire ◆ **I'm in no ~ mood** *(= angry)* je ne suis pas d'humeur à rire ; *(= sad)* je n'ai pas le cœur à rire

**COMP** ▷ **laughing gas** **N** gaz *m* hilarant ▷ **laughing hyena** **N** *(Zool)* hyène *f* (tachetée) ▷ **laughing jackass** **N** *(Orn)* martin-pêcheur *m* géant ▷ **laughing stock** **N** ◆ **he was the ~ stock of the class** il était la risée de la classe ◆ **he made himself a ~ stock** il s'est couvert de ridicule

**laughingly** /ˈlɑːfɪŋlɪ/ **ADV** **a** *(= amusedly) [say]* en riant **b** *(= ironically)* ◆ **this patch of lawn that I ~ call my garden** ce carré de gazon que j'appelle pour rire mon jardin ◆ **what the government ~ calls its economic policy** *(= risibly)* ce que le gouvernement appelle sans rire sa politique économique

**laughline** /ˈlɑːflaɪn/ **N** *(US: on face)* ride *f* d'expression

**laughter** /ˈlɑːftəʳ/ **N** *(NonC)* rire(s) *m(pl)* ◆ **there was a little nervous ~** on entendit quelques rires nerveux ◆ **there was loud ~ at this remark** cette remarque a provoqué des éclats de rire ◆ **he said amid ~ that ...** il dit au milieu des rires que ... ◆ **~ is good for you** cela fait du bien de rire ◆ **their ~ could be heard in the next room** on les entendait rire dans la pièce à côté ; → **can², roar**

**COMP** ▷ **laughter line** **N** *(Brit: on face)* ride *f* d'expression

**launch** /lɔːntʃ/ **N** **a** *(= motorboat) (for patrol etc)* vedette *f* ; *(for pleasure)* bateau *m* de plaisance ◆ **police ~** vedette *f* de la police

**b** *(= boat carried by warship)* chaloupe *f*

**c** *(= launching) [of ship, spacecraft, product]* lancement *m* ; → **window**

**VT** **a** *[+ ship, satellite, missile]* lancer ; *[+ shore lifeboat etc]* faire sortir ; *[+ ship's boat]* mettre à la mer

**b** *[+ company, product, career, scheme, plan]* lancer ; *[+ attack, offensive]* lancer, déclencher ; *[+ inquiry, investigation]* ouvrir ◆ **to ~ a share issue** *(Fin)* émettre des actions, faire une émission d'actions ◆ **it was this novel that really ~ed her as a writer** c'est ce roman qui l'a vraiment lancée en tant qu'écrivain ◆ **the film ~ed her as Hollywood's latest star** le film a fait d'elle la nouvelle star d'Hollywood

**VI** *(fig:* also **launch forth***)* se lancer ◆ **to ~ into** *[+ speech, explanation, attack]* se lancer dans

**COMP** ▷ **launch pad** **N** *(Space)* ⇒ **launching pad** ▷ **launch party** **N** *(Publishing etc)* réception *f* de lancement ▷ **launch vehicle** **N** *(Space)* fusée *f* de lancement

► **launch forth** **VI** ⇒ **launch vi**

► **launch out** **VI** *[business, company] (= diversify)* se diversifier ◆ **to ~ out into sth** *[speaker, business]* se lancer dans qch

**launcher** /ˈlɔːntʃəʳ/ **N** *(Mil, Space)* lanceur *m* ; → **missile, rocket**

**launching** /ˈlɔːntʃɪŋ/ **N** **a** *[of new ship, missile, satellite]* lancement *m* ; *[of shore lifeboat]* sortie *f* ; *[of ship's boat]* mise *f* à la mer **b** *[of company, product, career]* lancement *m* **COMP** ▷ **launching ceremony** **N** cérémonie *f* de lancement ▷ **launching pad** **N** *(Space)* rampe *f* de lancement ▷ **launching site** **N** *(Mil, Space)* aire *f* de lancement

**launder** /ˈlɔːndəʳ/ **VT** **a** *[+ clothes]* laver ◆ **to send sth to be ~ed** envoyer qch à la blanchisserie *or* au blanchissage **b** *[+ money]* blanchir

**Launderette** ® /ˌlɔːndəˈret/ **N** *(Brit)* laverie *f* automatique

**laundering** /ˈlɔːndərɪŋ/ **N** **a** *[of clothes]* blanchissage *m* **b** *[of money]* blanchiment *m*

**laundress** /ˈlɔːndrɪs/ **N** blanchisseuse *f*

**laund(e)rette** /ˌlɔːndəˈret/ **N** laverie *f* automatique

**Laundromat** ® /ˈlɔːndrəmæt/ **N** *(US)* ⇒ **laund(e)rette**

**laundry** /ˈlɔːndrɪ/ **N** **a** *(NonC) (= clean clothes)* linge *m* ; *(= dirty clothes)* linge *m* (sale) ◆ **to do the ~** faire la lessive, laver le linge **b** *(= place)* blanchisserie *f* **COMP** ▷ **laundry basket** **N** panier *m* à linge ▷ **laundry list** **N** *(lit)* liste *f* de blanchissage ; *(fig pej)* liste *f* interminable ▷ **laundry mark** **N** marque *f* de la blanchisserie *or* du blanchissage ▷ **laundry van** **N** camionnette *f* de la blanchisserie ▷ **laundry worker** **N** blanchisseur *m*, -euse *f (employé)*

**laureate** /ˈlɔːrɪɪt/ **ADJ, N** lauréat(e) *m(f)* ◆ **(poet) ~** *(in Brit)* poète *m* lauréat

**laurel** /ˈlɒrəl/ **N** *(Bot, fig)* laurier *m* ◆ **to rest on one's ~s** se reposer sur ses lauriers ◆ **to win one's ~s** se couvrir de lauriers ◆ **you must look to your ~s** ne t'endors pas sur tes lauriers **COMP** ▷ **laurel wreath** **N** couronne *f* de lauriers

**lav** ‡ /læv/ **N** (abbrev of **lavatory**) cabinets *mpl*, W.-C. *mpl*

**lava** /ˈlɑːvə/ **N** lave *f* **COMP** ▷ **lava bed** **N** champ *m* de lave ▷ **lava flow** **N** coulée *f* de lave ▷ **lava lamp** **N** lampe *f* à bulles d'huile

**lavalier(e)** /ˌlævəˈlɪəʳ/ **N** *(US)* pendentif *m*

**lavatorial** /ˌlævəˈtɔːrɪəl/ **ADJ** scatologique

**lavatory** /ˈlævətrɪ/ **N** **a** *(= room)* toilettes *fpl*, W.-C. *mpl* **b** *(Brit = fitting)* (cuvette *f* et siège *m* de) W.-C. *mpl* ◆ **to put sth down the ~** jeter qch dans les W.-C. *or* cabinets ; → **public**

**COMP** ▷ **lavatory bowl** **N** cuvette *f* de W.-C. ▷ **lavatory humour** **N** *(pej)* humour *m* scatologique ▷ **lavatory pan** **N** ⇒ **lavatory bowl** ▷ **lavatory paper** **N** papier *m* hygiénique ▷ **lavatory seat** **N** siège *m* de W.-C.

**lavender** /ˈlævɪndəʳ/ **N** lavande *f* **COMP** *[colour]* lavande *inv* ▷ **lavender bag** **N** sachet *m* de lavande ▷ **lavender-blue** **ADJ** bleu lavande *inv* ▷ **lavender water** **N** eau *f* de lavande

**laver bread** /ˈlɑːvəbred/ **N** gâteau *m* d'algues

**lavish** /ˈlævɪʃ/ **ADJ** **a** *[person]* prodigue (*of, with* de) ◆ **to be ~ with one's money** dépenser sans compter, se montrer prodigue **b** *(= generous) [expenditure]* très considérable ; *[amount]* gigantesque ; *[meal]* plantureux, copieux ; *[helping, hospitality]* généreux ◆ **to bestow ~ praise on sb** se répandre en éloges sur qn **VT** prodiguer (*sth on sb* qch à qn)

**lavishly** /ˈlævɪʃlɪ/ **ADV** *[illustrated, decorated]* somptueusement ; *[equipped, furnished]* somptueusement, luxueusement ◆ **to entertain ~** recevoir somptueusement ◆ **to spend ~** dépenser sans compter ◆ **to tip sb ~** donner un pourboire très généreux à qn

**lavishness** /ˈlævɪʃnɪs/ **N** *[of spending]* extravagance *f* ; *[of hospitality, helping]* générosité *f* ; *[of meal]* luxe *m*

**law** /lɔː/ **N** **a** *(NonC = set of laws, legislation)* loi *f*, législation *f* ◆ **the ~** la loi ◆ **it's the ~** c'est la loi ◆ **the ~ as it stands** les lois en vigueur, la législation en vigueur ◆ **they're campaigning for a change in the ~** ils font campagne pour une réforme législative ◆ **according to French/European ~** selon la loi *or* la législation française/européenne ◆ **by** *or* **under French/international ~** selon la loi *or* la législation française/internationale ◆ **when a bill becomes ~** *(Parl)* quand un projet de loi est voté ◆ **to be above the ~** être au-dessus des lois ◆ **to keep within the ~** rester dans (les limites de) la légalité ◆ **to take the ~ into one's own hands** (se) faire justice soi-même ◆ **the ~ of the land** la législation *or* les lois du pays ◆ **the ~ of the jungle** la loi de la jungle ◆ **the Law of Moses** la loi de Moïse ◆ **~ and order** l'ordre *m* public ; see also **comp** ◆ **forces of ~ and order** forces *fpl* de l'ordre ◆ **to have the ~ on one's side** avoir la loi pour soi ◆ **he's a ~ unto himself** il ne connaît d'autre loi que la sienne, il fait ce qu'il veut ; → **break, lay down, rule, word**

♦ **against the law** contraire à la loi, illégal

♦ **by law** ◆ **protected/prohibited/permitted by ~** protégé/interdit/autorisé par la loi ◆ **bound** *or* **obliged by ~** légalement obligé ◆ **you must by ~ provide access for the handicapped** vous êtes légalement obligé d'aménager un accès pour les handicapés ◆ **parents who must by ~ remain anonymous** les parents que la loi oblige à rester dans l'anonymat

**b** *(NonC = operation of the law)* justice *f* ◆ **the report looks at how women are treated by the ~** ce rapport étudie la façon dont la justice traite les femmes ◆ **court of ~** cour *f* de justice, tribunal *m* ◆ **to go to ~** recourir à la justice ◆ **to take a case to ~** porter une affaire devant les tribunaux, saisir la justice ◆ **to take sb to ~** faire un procès à qn ◆ **I'll have the ~ on you!** * je vous traînerai devant les tribunaux ! ◆ **here's the ~ arriving!** * *(= the police)* voilà les flics ! * ; → **arm¹, brush, officer**

**c** *(NonC = system, science, profession)* droit *m* ◆ **civil/criminal** *etc* **~** le droit civil/criminel *etc* ◆ **to study** *or* **read ~** faire son *or* du droit ◆ **to practise ~** *[solicitor]* être notaire *m* ; *[barrister]* être avocat(e) ◆ **Faculty of Law** *(Univ)* faculté *f* de droit ; → **common, martial, point**

**d** *(= regulation)* loi *f* ◆ **to pass a ~** voter une loi ◆ **several ~s have been passed against pollution** plusieurs lois ont été votées pour combattre la pollution ◆ **is there a ~ against it?** est-ce que c'est interdit par la loi ? ◆ **there should be a ~ against it!** ça devrait être interdit ! ◆ **there's no ~ against it!** * ce n'est pas défendu ! ◆ **framework ~** loi-cadre *f*

**e** *(= principle, rule) (also Phys)* loi *f* ; *(Sport)* règle *f* ◆ **the ~ of averages** la loi des probabilités ◆ **the ~ of diminishing returns** la loi des rendements décroissants ◆ **the ~(s) of gravity** la loi de la chute des corps *or* de la pesanteur ◆ **the ~s of nature** les lois *fpl* de la nature ◆ **the ~(s) of supply and demand** la loi de l'offre et de la demande ; → **Murphy, Parkinson's law, sod²**

**COMP** ▷ **law-abiding** ADJ respectueux des lois ▷ **law-and-order issues** NPL questions *fpl* d'ordre public ▷ **law-breaking** N *(NonC)* violation *f* de la loi ADJ violant *or* enfreignant la loi ▷ **law centre, law center** *(US)* N *service de consultations juridiques gratuites* ▷ **law clerk** N *(US Jur) jeune juriste qui prépare le travail du juge* ▷ **law court** N cour *f* de justice, tribunal *m* ▷ **Law Courts** NPL ≈ Palais *m* de justice ▷ **law enforcement agency** N *(US) service chargé de faire respecter la loi* ▷ **law enforcement officer** N *(US) personne ayant des pouvoirs de police* ▷ **Law Faculty** N *(Univ)* faculté *f* de droit ▷ **Law Lords** NPL *(Brit) juges siégeant à la Chambre des lords* ▷ **law school** N *(Univ)* faculté *f* de droit ◆ **he's at ~ school** il fait son droit *or* du droit ▷ **law student** N étudiant(e) *m(f)* en droit

**lawbreaker** /ˈlɔːˌbreɪkəʳ/ N personne *f* qui enfreint la loi

**lawful** /ˈlɔːfʊl/ ADJ *[action]* légal ; *[marriage, child]* légitime ; *[contract]* valide ◆ **it is not ~ to do that** il n'est pas légal de *or* il est illégal de faire cela ◆ **to go about one's ~ business** vaquer à ses occupations

**lawfully** /ˈlɔːfəlɪ/ ADV légalement

**lawgiver** /ˈlɔːˌgɪvəʳ/ N *(Brit)* législateur *m*, -trice *f*

**lawless** /ˈlɔːlɪs/ ADJ *[country]* sans loi ; *[period]* d'anarchie ; *[person]* sans foi ni loi ◆ **~ behaviour** manque *m* de respect des lois ◆ **we live in an increasingly ~ society** nous vivons dans une société où l'on respecte de moins en moins la loi

**lawlessness** /ˈlɔːlɪsnɪs/ N *[of person]* non-respect *m* des lois ; *[of country, period]* anarchie *f*

**lawmaker** /ˈlɔːˌmeɪkəʳ/ N *(US)* législateur *m*, -trice *f*

**lawman** /ˈlɔːmæn/ N (pl **-men**) *(US)* policier *m*

**lawn¹** /lɔːn/ **N** pelouse *f* **COMP** ▷ **lawn tennis** N *(on grass)* tennis *m* sur gazon ; *(on hard surface)* tennis *m*

**lawn²** /lɔːn/ N *(Tex)* batiste *f*, linon *m*

**lawnmower** /ˈlɔːnməʊəʳ/ N tondeuse *f* (à gazon)

**Lawrence** /ˈlɒrəns/ N ≈ Laurent *m*

**lawrencium** /lɔːˈrensɪəm/ N lawrencium *m*

**lawsuit** /ˈlɔːsuːt/ N *(esp US)* procès *m* ◆ **to bring a ~ against sb** intenter un procès à qn, poursuivre qn en justice

**lawyer** /ˈlɔːjəʳ/ N **a** *(= barrister)* avocat *m* ; *(= solicitor) (for sales, wills etc)* notaire *m* ; *(in court for litigation)* avocat *m* ; *(in firm etc)* conseiller *m* juridique

**b** *(= person trained in law)* juriste *mf*

> **Lawyer**
>
> Il existe deux catégories d'avocats en Grande-Bretagne : les "solicitors" et les "barristers" (appelés "advocates" en Écosse). Les premiers sont à la fois des notaires, qui traitent donc les transactions immobilières, les affaires de succession, etc, et des avocats habilités à plaider au civil dans les instances inférieures. Les seconds sont des avocats plus spécialisés, qui interviennent au pénal ou au civil dans les instances supérieures, y compris pour défendre des affaires dont ils sont saisis par des "solicitors".
>
> Aux États-Unis, les avocats sont appelés "attorneys". Ils travaillent souvent selon le système dit "no win no fee" (c'est-à-dire que le client ne paie les honoraires que s'il a gain de cause), ce qui leur permet de défendre des clients pauvres dans des affaires importantes, avec la perspective d'obtenir des gains importants en cas de succès. Ainsi, les dommages et intérêts demandés dans les affaires civiles sont souvent beaucoup plus élevés qu'en Europe, et les Américains ont volontiers recours aux voies judiciaires pour régler leurs différends.

**lax** /læks/ ADJ **a** *[behaviour, discipline, morals]* relâché ; *[person]* négligent ; *[government]* laxiste ; *[pronunciation]* relâché ◆ **to be ~ in doing sth** faire qch avec négligence *or* sans soin ◆ **to be ~ about security/one's work/duties** négliger la sécurité/son travail/ses devoirs ◆ **he's become very ~ recently** il s'est beaucoup relâché récemment **b** *(Med) [bowels]* relâché **c** *(Ling) [vowel]* lâche

**laxative** /ˈlæksətɪv/ ADJ, N laxatif *m*

**laxity** /ˈlæksɪtɪ/, **laxness** /ˈlæksnɪs/ N *[of behaviour, discipline, morals]* relâchement *m* ; *[of person]* négligence *f* ; *[of government]* laxisme *m*

**lay¹** /leɪ/ (vb : pret, ptp **laid**) **N** **a** *[of countryside, district etc]* disposition *f*, configuration *f* ; → **land**

**b** *(‡ = sex)* partie *f* de jambes en l'air ◆ **it was a good ~** on a bien baisé*‡ ◆ **she's an easy ~** elle couche * avec n'importe qui, c'est une fille facile ◆ **he's/she's a good ~** il/elle baise bien*‡, c'est un bon coup ‡

**VT** **a** *(= put, place, set) [+ cards, objects]* mettre, poser ; *(= stretch out) [+ cloth etc]* étendre ◆ **he laid his briefcase on the table** il a posé *or* mis sa serviette à plat sur la table ◆ **she laid her hand on my shoulder** elle a posé *or* mis la main sur mon épaule ◆ **he laid his head on the table/the pillow** il a posé sa tête sur la table/l'oreiller ◆ **I didn't ~ a finger on him** je ne l'ai pas touché ◆ **if you so much as ~ a finger on me ...** si tu oses (seulement) lever la main sur moi ... ◆ **I wish I could ~ my hands on a good dictionary** si seulement je pouvais mettre la main sur *or* dénicher un bon dictionnaire ◆ **to ~ hands on a territory** *etc (= seize)* s'emparer d'un territoire *etc* ◆ **to ~ a hand** *or* **hands on sb** *(= strike)* porter *or* lever la main sur qn ◆ **to ~ hands on sb** *(Rel)* faire l'imposition des mains à qn ◆ **to ~ it on the line** * *(fig)* y aller carrément, ne pas y aller par quatre chemins ◆ **he laid it on me** * *(US = explained)* il m'a tout expliqué ◆ **to ~ one on sb** ‡ *(Brit) (= hit)* coller un pain ‡ à qn, flanquer une châtaigne * à qn ; *(= trick)* jouer un sale tour à qn ; → **curse, eye, hand, rest, siege**

**b** *(= put down, install)* poser, mettre ; *[+ bricks, carpet, cable, pipe]* poser ; *[+ mine]* poser, mouiller ◆ **to ~ a road** faire une route ◆ **to ~ a floor with carpet** poser une moquette sur un sol ; → **foundation**

**c** *[+ eggs]* pondre ◆ **this bird ~s its eggs in the sand** cet oiseau pond (ses œufs) dans le sable ; see also **egg, new**

**d** *(= prepare) [+ fire]* préparer ; *[+ snare, trap]* tendre, dresser (*for* à) ; *[+ plans]* élaborer ◆ **to ~ the table (for lunch)** *(Brit)* mettre la table *or* le couvert (pour le déjeuner) ◆ **all our carefully-laid plans went wrong** tous nos projets si bien élaborés ont échoué ◆ **even the best-laid plans can go wrong** même les projets les mieux élaborés peuvent échouer ; see also **best**

**e** *(with adjective)* ◆ **to ~ bare one's innermost thoughts/feelings** mettre à nu *or* dévoiler ses pensées les plus profondes/ses sentiments les plus secrets ◆ **to ~ bare one's soul** *(liter)* mettre son âme à nu ◆ **the blow laid him flat** le coup l'étendit par terre *or* l'envoya au tapis ◆ **the storm laid the town flat** la tempête a rasé la ville ◆ **to be laid low** être immobilisé ◆ **he was laid low with flu** il était immobilisé par la grippe, la grippe l'obligeait à garder le lit ◆ **to ~ sb/to ~ o.s. open to criticism** *etc* exposer qn/s'exposer à la critique *etc* ◆ **to ~ waste a town, to ~ a town to waste** ravager *or* dévaster une ville

**f** *(= impose, place) [+ tax]* faire payer (*on sth* sur qch) ; *[+ burden]* imposer (*on sb* à qn) → **blame, emphasis, responsibility**

**g** *(= wager) [+ money]* parier, miser (*on* sur) ◆ **I'll ~ you (a fiver *) that ...** je te parie (5 livres) que ... ◆ **to ~ a bet (on sth)** parier (sur qch)

**h** *(= register, bring to sb's attention) [+ accusation, charge]* porter ◆ **we shall ~ the facts before him** nous lui exposerons les faits ◆ **they laid their plan before him** ils lui ont soumis leur projet ◆ **to ~ a matter before the court** *(Jur)* saisir le tribunal d'une affaire ◆ **he laid his case before the commission** il a porté son cas devant *or* soumis son cas à la commission ◆ **to ~ a complaint** *(Jur)* porter plainte (*against* contre ; *with* auprès de) ◆ **to ~ information** *(Police = inform authorities)* donner des informations, servir d'indicateur ; → **claim**

**i** *(= suppress) [+ ghost]* exorciser, conjurer ; *[+ doubt, fear]* dissiper ◆ **to ~ the dust** faire tomber la poussière j (*** = have sex with)* baiser *** ◆ **to get laid** baiser ***, se faire sauter ***

VI *[bird, fish, insect]* pondre

COMP ▷ **lay-by** N *(Brit Aut)* (petite) aire *f* de stationnement *(sur le bas-côté)* ▷ **lay days** NPL *(Naut)* jours *mpl* de planche, estarie *f* ▷ **lay-off** N *(Ind)* licenciement *m*

► **lay about** VT FUS ◆ **to lay about sb (with a stick)** rouer qn de coups (de bâton)

► **lay alongside** *(Naut)* VI, VT SEP accoster

► **lay aside** VT SEP a *(= save) [+ money, supplies]* mettre de côté

b *(= put away) [+ object]* mettre de côté ◆ **he laid aside his book to greet me** il a posé son livre pour me dire bonjour

c *(= relinquish) [+ prejudice, scruples]* faire abstraction de ; *[+ differences, disagreements, doubts]* faire taire ; *[+ principles]* se départir de ; *[+ fears, anxieties, doubts]* écarter ; *[+ plans, projects]* abandonner

► **lay away** VT SEP *(US)* ⇒ **lay aside a**

► **lay back** VT SEP remettre (*on* sur)

► **lay by** VT SEP ⇒ **lay aside a**

N ◆ **lay-by** → **lay**[1]

► **lay down** VI *(Cards)* étaler son jeu *or* ses cartes

VT SEP a *(= deposit) [+ object, parcel, burden]* poser, déposer ◆ **to ~ down one's cards** poser son jeu *or* ses cartes

b *[+ wine]* mettre en cave

c *(= give up)* **to ~ down one's arms** déposer ses *or* les armes ◆ **to ~ down one's life for sb** sacrifier sa vie pour qn

d *(= establish, decide) [+ rule]* établir, poser ; *[+ condition, price]* imposer, fixer ◆ **he laid it down that ...** il décréta *or* stipula que ... ◆ **it is laid down in the rules that ...** il est stipulé dans le règlement que ... ◆ **to ~ down a policy** dicter une politique ◆ **to ~ down the law (to sb) (about sth)** *(fig)* (essayer de) faire la loi (à qn) (sur qch) ◆ **in our house it's my mother who ~s down the law** c'est ma mère qui fait la loi à la maison ◆ **stop ~ing down the law!** arrête de commander !

► **lay in** VT SEP *[+ goods, reserves]* faire provision de ; *(in shop)* emmagasiner ◆ **to ~ in provisions** faire des provisions ◆ **I must ~ in some fruit** il faut que je m'approvisionne *subj* en fruits *or* que je fasse provision de fruits

► **lay into** * VT FUS *(= attack verbally)* prendre à partie ; *(= scold)* passer un savon à * ; *(= attack physically)* rentrer dans le chou *or* le lard de *, tomber à bras raccourcis sur ◆ **we really laid into the beer last night** *(fig = devour)* on a descendu pas mal de bière hier soir *

► **lay off** VT SEP *(Ind) [+ workers]* licencier, débaucher

VT FUS (* *= leave alone)* ◆ **you'd better ~ off the beer/running for a while** tu ferais mieux de t'abstenir de boire/courir pour le moment ◆ **~ off (it)!** *(= stop)* arrête !, ça suffit ! ; *(= don't touch)* pas touche ! *, bas les pattes ! * ◆ **~ off him!** fiche-lui la paix ! * ◆ **I told him to ~ off (it)** je lui ai dit d'arrêter

N ◆ **lay-off** → **lay**[1]

► **lay on** VT SEP a *[+ tax]* mettre ◆ **they ~ on an extra charge for tea** ils ajoutent à la note le prix du thé

b *(Brit) (= install) [+ water, gas]* installer, mettre ; *(= provide) [+ facilities, entertainment]* fournir ◆ **a house with water/gas/electricity laid on** une maison qui a l'eau courante/le gaz/l'électricité ◆ **I'll have a car laid on for you** je mettrai une voiture à votre disposition, je ferai en sorte que vous ayez une voiture à votre disposition ◆ **everything will be laid on** il y aura tout ce qu'il faut ◆ **it was all laid on (for us) so that we didn't have to buy anything** tout (nous) était fourni si bien qu'on n'a rien eu à acheter

c *[+ varnish, paint]* étaler ◆ **he laid it on thick** *or* **with a trowel** * *(fig)* il en a rajouté * ; → **lay**[1]

► **lay out** VT SEP a *(= plan, design) [+ garden]* dessiner ; *[+ house]* concevoir (le plan de) ; *[+ essay]* faire le plan de ◆ **a well laid-out flat** un appartement bien conçu ◆ **to ~ out page 4** *(Typ)* faire la mise en page de la (page) 4, monter la (page) 4

b *(= get ready, display) [+ clothes]* sortir, préparer ; *[+ goods for sale]* disposer, étaler ◆ **the meal that was laid out for them** le repas qui leur avait été préparé ◆ **to ~ out a body** faire la toilette d'un mort

c *(= present systematically) [+ reasons, events etc]* exposer systématiquement

d *(= spend) [+ money]* débourser, dépenser (*on* pour)

e *(= knock out)* mettre knock-out *or* KO

f *(= make an effort)* ◆ **to lay o.s. out to do sth** faire tout son possible pour faire qch, se mettre en quatre pour faire qch

N ◆ **layout** → **layout**

► **lay over** *(US)* VI s'arrêter, faire une halte

N ◆ **layover** → **layover**

► **lay to** *(Naut)* VI être en panne

VT SEP mettre en panne

► **lay up** VT SEP a *[+ store, provisions]* amasser, entasser ; *(in shop)* emmagasiner ◆ **to ~ up trouble for o.s.** se préparer des ennuis

b *[+ car]* remiser ; *[+ boat]* désarmer ◆ **he is laid up (in bed) with flu** il est au lit avec la grippe

**lay**[2] /leɪ/ VB pt of **lie**[1]

**lay**[3] /leɪ/ N *(Mus, Poetry)* lai *m*

**lay**[4] /leɪ/ ADJ a *[missionary, school, education]* laïque b *(fig)* **to the ~ mind** aux yeux du profane, pour le profane ◆ **~ opinion on this** l'opinion des profanes sur la question

COMP ▷ **lay analyst** N *psychanalyste non titulaire d'un doctorat* ▷ **lay brother** N frère *m* convers *or* lai ▷ **lay person** N a *(Rel)* laïc *m* b *(fig)* profane *mf*, non-initié(e) *m(f)* ▷ **lay reader** N prédicateur *m* laïque ▷ **lay sister** N sœur *f* converse

**lay**[5] /leɪ/ ADJ *(Art)* ◆ **~ figure** mannequin *m*

**layabout** * /ˈleɪəbaʊt/ N *(Brit)* fainéant(e) *m(f)*, feignant(e) * *m(f)*

**layaway (plan)** /ˈleɪəweɪ,plæn/ N *(US Comm)* vente *f* à livraison différée

**layback** /ˈleɪbæk/ N *(Climbing)* dülfer *f*

**layer** /ˈleɪəʳ/ N a *[of atmosphere, paint, dust, sand]* couche *f* ; *(Geol)* couche *f*, strate *f* ◆ **several ~s of clothing** plusieurs épaisseurs *fpl* de vêtements b *(= hen)* ◆ **a good ~** une bonne pondeuse c *(Hort)* marcotte *f* VT a *[+ hair]* couper en dégradé b *(Hort)* marcotter COMP ▷ **layer cake** N gâteau *m* fourré

**layette** /leɪˈet/ N layette *f*

**laying** /ˈleɪɪŋ/ N *[of carpet]* pose *f* ◆ **the ~ of wreaths** *(ceremony)* le dépôt de gerbes ◆ **the ~ on of hands** *(Rel)* l'imposition *f* des mains ADJ ◆ **~ hen** poule *f* pondeuse

**layman** /ˈleɪmən/ N (pl **-men**) a *(Rel)* laïc *m* b *(fig)* profane *m*, non-initié *m* ◆ **in ~'s terms** en termes simples

**layout** /ˈleɪaʊt/ N *[of house, school]* disposition *f*, agencement *m* ; *[of garden]* plan *m*, dessin *m*, disposition *f* ; *[of district]* disposition *f* ; *[of essay]* plan *m* ; *[of advertisement, newspaper article etc]* agencement *m*, mise *f* en page ◆ **the ~ of page 4** *(Press etc)* la mise en page de la (page) 4 ◆ **I don't like the ~ of my hand** *(Cards)* je n'aime pas mon jeu

**layover** /ˈleɪ,əʊvəʳ/ N *(US)* halte *f*

**Lazarus** /ˈlæzərəs/ N Lazare *m*

**laze** /leɪz/ VI (also **laze about, laze around**) *(= be idle)* paresser, ne rien faire, traînasser *(pej)* ◆ **we ~d (about** *or* **around) in the sun for a week** nous avons passé une semaine au soleil à ne rien faire, nous avons eu une semaine de farniente au soleil ◆ **stop lazing about** *or* **around and do some work!** cesse de perdre ton temps (à ne rien faire) et mets-toi au travail !

► **laze away** VT SEP ◆ **to laze the time away** passer son temps à ne rien faire

**lazily** /ˈleɪzɪlɪ/ ADV *(= idly, languidly) [stretch, get up, yawn, watch]* paresseusement ; *[smile]* avec indolence ◆ **to drift ~** *[smoke, cloud]* flotter mollement ; *[snowflakes]* voleter légèrement

**laziness** /ˈleɪzɪnɪs/ N paresse *f*, indolence *f*, fainéantise *f*

**lazy** /ˈleɪzɪ/ ADJ a *(pej = idle) [person]* paresseux ◆ **I'm ~ about washing my vegetables** je suis trop paresseux pour laver mes légumes, je ne prends pas la peine de laver mes légumes ◆ **to feel ~** être pris de paresse b *(pej = sloppy) [attitude]* nonchalant, paresseux ; *[writing, work]* peu soigné ; *[style]* relâché c *(= relaxed, languid) [gesture, smile]* nonchalant, indolent ; *[river]* paresseux, lent ; *[hour, day, afternoon]* de détente ; *[lunch, dinner]* décontracté ◆ **a ~ drawl** une voix traînante et nonchalante ◆ **we had a ~ holiday on the beach** nous avons passé des vacances reposantes à la plage COMP ▷ **lazy eye** N *(Med)* amblyopie *f* ▷ **lazy Susan** N *(= dish)* plateau *m* tournant

**lazybones** * /ˈleɪzɪbəʊnz/ N feignant(e) * *m(f)*

**lb** (abbrev of **libra**) ⇒ **pound**[1]

**LBO** /,elbiːˈəʊ/ N *(Fin)* (abbrev of **leveraged buyout**) → **leverage**

**lbw** /,elbiːˈdʌbljuː/ N *(Cricket)* (abbrev of **leg before wicket**) *faute du batteur qui met la jambe devant le guichet au moment où la balle arrive*

**LC** N *(in US)* (abbrev of **Library of Congress**) → **library**

**lc** *(Typ)* (abbrev of **lower case**) → **lower**[1]

**L/C** *(Fin)* (abbrev of **letter of credit**) → **letter**

**LCD** /,elsiːˈdiː/ N a (abbrev of **liquid crystal display**) LCD *m* b (abbrev of **lowest common denominator**) PPDC *m*

**lcd** /,elsiːˈdiː/ N PPDC *m*

**LCM, lcm** /,elsiːˈem/ N (abbrev of **lowest common multiple**) PPCM *m*

**Ld** *(Brit)* abbrev of **Lord**

**L-dopa** /elˈdəʊpə/ N L-dopa *f*

**LDS** /,eldiːˈes/ N (abbrev of **Licentiate in Dental Surgery**) diplôme *m* de chirurgien dentiste

**LEA** /,eliːˈeɪ/ N *(Brit Educ)* (abbrev of **local education authority**) → **local**

**lea** /liː/ N *(liter)* pré *m*

**leach** /liːtʃ/ VT *[+ liquid]* filtrer ; *[+ particles]* lessiver VI *[liquid]* filtrer (*from* de ; *into* dans ; *through* à travers)

# lead[1] /liːd/

vb : pret, ptp **led**

LANGUAGE IN USE 26.3

| | |
|---|---|
| 1 NOUN | 4 INTRANSITIVE VERB |
| 2 ADJECTIVE | 5 COMPOUNDS |
| 3 TRANSITIVE VERB | 6 PHRASAL VERBS |

## 1 - NOUN

**a** esp Sport *(= front position)* tête *f* ; *(= distance or time ahead)* avance *f* ◆ **to be in the ~** *(in match)* mener ; *(in race, league)* être en tête ◆ **to go into** *or* **take the ~** *(in race)* prendre la tête ; *(in match, league)* mener ◆ **to have a three-point ~** avoir trois points d'avance ◆ **to have a two-minute/ten-metre ~ over sb** avoir deux minutes/dix mètres d'avance sur qn

**b** = initiative initiative *f*, exemple *m* ◆ **to follow sb's ~** suivre l'exemple de qn ◆ **to give the ~** montrer l'exemple ◆ **to give sb a ~** montrer l'exemple à qn ◆ **to take the ~ in doing sth** être le premier à faire qch ◆ **thanks to his ~ the rest were able to ...** grâce à son initiative les autres ont pu ...

**c** = clue piste *f* ◆ **the police have a ~** la police tient une piste ◆ **the footprints gave them a ~** les traces de pas les ont mis sur la piste

**d** Theat rôle *m* principal ◆ **to play the ~** jouer *or* avoir le rôle principal ◆ **to sing the ~** chanter le rôle principal ◆ **male/female ~** premier rôle *m* masculin/féminin ◆ **juvenile ~** jeune premier *m*

**e** = leash laisse *f* ◆ **dogs must be kept on a ~** les chiens doivent être tenus en laisse

**f** Elec = flex fil *m*

**g** Press article *m* à la une ; *(= editorial)* éditorial *m* ◆ **the financial crisis is the ~ (story) in this morning's papers** *(= headlines)* la crise financière fait les gros titres des journaux *or* est à la une des journaux ce matin

**h** Cards **whose ~ is it?** à qui est-ce de jouer ?

**i** Comm ◆ **~s and lags** termaillage *m*, jeu *m* de termes de paiement

## 2 - ADJECTIVE

= leading ◆ **~ guitarist** première guitare *f* ◆ **~ vocalist** (chanteur *m*) leader *m*, (chanteuse *f*) leader *f*

## 3 - TRANSITIVE VERB

**a** = conduct, show the way to *[+ person, horse]* conduire, mener (*to* à) ; *[+ procession, parade]* être à la tête de ◆ **to ~ sb in/out/across** *etc* faire entrer/sortir/traverser *etc* qn ◆ **they led him into the king's presence** on le conduisit devant le roi ◆ **to ~ sb into a room** faire entrer qn dans une pièce ◆ **the guide led them through the courtyard** le guide leur a fait traverser la cour *or* les a fait passer par la cour ◆ **the first street on the left will ~ you to the church** la première rue à gauche vous mènera à l'église ◆ **what led you to Venice?** qu'est-ce qui vous a amené à Venise ? ◆ **each clue led him to another** chaque indice le menait au suivant ◆ **this ~s me to an important point** cela m'amène à un point important ◆ **to ~ a team onto the field** conduire une équipe sur le terrain

◆ **to lead the way** *(= go ahead)* aller devant ; *(= show the way) (lit, fig)* montrer le chemin ◆ **he led the way to the garage** il nous (*or* les *etc*) a menés jusqu'au garage ◆ **will you ~ the way?** passez devant, nous vous suivons

**b** = be leader of *[+ government, movement, party, team]* être à la tête de, diriger ; *[+ expedition]* être à la tête de, mener ; *[+ regiment]* être à la tête de, commander ; *(Ftbl etc) [+ league]* être en tête de ; *[+ orchestra](Brit)* être le premier violon de ; *(US)* diriger ◆ **we are looking for someone to ~ our new department** nous cherchons quelqu'un pour assurer la direction de notre nouveau service

**c** Sport, fig = be ahead of ◆ **they were ~ing us by 10 metres** ils avaient une avance de 10 mètres sur nous ◆ **to ~ the field** *(Sport, fig)* venir *or* être en tête ◆ **our country ~s the world in textiles** notre pays est le leader mondial dans le domaine du textile

**d** + life, existence mener ◆ **they ~ a simple life** ils mènent une vie simple

**e** = induce, bring porter, amener ◆ **I am led to the conclusion that ...** je suis amené à conclure que ...

◆ **to lead sb to do sth** ◆ **he led me to believe that he would help me** il m'a amené à croire qu'il m'aiderait ◆ **what led you to think that?** qu'est-ce qui vous a amené à penser ça ? ◆ **his financial problems led him to change his attitude** ses problèmes financiers l'ont amené à changer d'attitude

**f** Cards jouer ; *(Bridge etc: at first trick)* attaquer de, entamer ◆ **what is led?** qu'est-ce qui est joué *or* demandé ?

## 4 - INTRANSITIVE VERB

**a** = be ahead : esp Sport *(in match)* mener ; *(in race)* être en tête ◆ **which horse is ~ing?** quel est le cheval de tête ? ◆ **to ~ by half a length/three points** avoir une demi-longueur/trois points d'avance ◆ **to ~ (by) four goals to three** mener (par) quatre (buts) à trois

**b** = go ahead aller devant ; *(= show the way)* montrer le chemin ◆ **you ~, I'll follow** passez devant, je vous suis

**c** Jur ◆ **to ~ for the defence** être l'avocat principal de la défense

**d** Dancing mener, conduire

**e** = go *[road, corridor]* mener, conduire ; *[door]* mener (*to* à) s'ouvrir (*to* sur) ; *(fig)* mener (*to* à) ◆ **where is all this ~ing?** *(trend, events)* où cela va-t-il nous mener ? ; *(questions, reasoning)* où veut-il (*or* voulez-vous *etc*) en venir ? ◆ **the streets that ~ into/from the square** les rues qui débouchent sur/partent de la place ; see also **lead off**

◆ **to lead to** ◆ **it led to war** cela a conduit à la guerre ◆ **it led to his arrest** cela a abouti à son arrestation ◆ **that will ~ to his undoing** cela causera *or* sera sa perte ◆ **it led to nothing** ça n'a mené à rien ◆ **this led to their asking to see the president** cela les a amenés à demander à voir le président ◆ **it could ~ to some confusion** cela pourrait créer *or* occasionner une certaine confusion ◆ **it led to a change in his attitude** cela a provoqué un changement dans son attitude ◆ **one story led to another** une histoire en a amené une autre ◆ **one thing led to another and we ...** une chose en amenant une autre, nous ...

**f** Cards ◆ **who is it to ~?** c'est à qui de commencer ? ◆ **south to ~** *(Bridge)* sud joue

## 5 - COMPOUNDS

▷ **lead-in** N introduction *f*, entrée *f* en matière ▷ **lead story** N *(Press)* → **noun g** ▷ **lead time** N *[of project, process]* délais *mpl* (d'exécution *or* de réalisation) ; *[of stock]* délais *mpl* (de réapprovisionnement) ; *[of new product]* délais *mpl* (de démarrage *or* de mise en production) ▷ **lead-up** N préparation *f* (*to sth* de qch)

## 6 - PHRASAL VERBS

► **lead away** VT SEP emmener ◆ **he was led away by the soldiers** il a été emmené par les soldats ◆ **they led him away to the cells** ils l'ont conduit en cellule

► **lead back** VT SEP ramener, reconduire ◆ **they led us back to the office** ils nous ont ramenés *or* reconduits au bureau ◆ **this street ~s you back to the town hall** cette rue vous ramène à l'hôtel de ville

► **lead off** VI *(= begin)* commencer VT FUS *[corridor, path]* partir de ◆ **a passage ~ing off the foyer** un couloir qui part du foyer ◆ **the rooms which ~ off the corridor** les pièces qui donnent sur le couloir VT SEP ⇒ **lead away**

► **lead on** VI *(= lead the way)* marcher devant ◆ **~ on(, Macduff)!** *(hum)* allez-y, je vous suis ! VT SEP **a** *(= tease)* taquiner, faire marcher * ; *(= fool)* duper, avoir * ; *(= raise hopes in)* donner de faux espoirs à ; *(sexually)* allumer * **b** *(= induce)* amener ◆ **they led him on to talk about his experiences** ils l'ont amené à parler de son expérience ◆ **this led him on to say that ...** cela l'amena à dire que ...

► **lead up** VI **a** *[path etc]* conduire ◆ **this road ~s up to the castle** cette route conduit *or* mène au château ◆ **this staircase ~s up to the roof** cet escalier conduit au *or* donne accès au toit **b** *(= precede)* précéder ◆ **the years that led up to the war** les années qui ont précédé la guerre ◆ **the events that led up to the revolution** les événements qui ont conduit à la révolution **c** *(= lead on)* ◆ **he led up carefully to his proposal** il a soigneusement amené sa proposition ◆ **what are you ~ing up to?** où voulez-vous en venir ? ◆ **what's all this ~ing up to?** *(= what's he trying to say?)* où veut-il en venir ?

---

**lead[2]** /led/ N **a** *(NonC = metal)* plomb *m* ◆ **they filled** *or* **pumped him full of ~** * *(hum)* ils l'ont criblé de balles, ils l'ont transformé en écumoire * ; → **red**

**b** *(NonC: also* **black lead***)* mine *f* de plomb

**c** *[of pencil]* mine *f* ; *[of fishing line]* plomb *m* ; *(for sounding)* plomb *m* (de sonde) ; *(Aut: for wheel balancing)* masselotte *f* ◆ **that'll put ~ in your pencil** †‡ *(Brit hum)* ça va te donner de la vigueur (virile) ; → **swing**

**d** *(Brit)* **~s** *[of roof]* couverture *f* de plomb ◆ **(window) ~s** plombures *fpl*

COMP *[object, weight etc]* de *or* en plomb ▷ **lead acetate** N acétate *m* de plomb ▷ **lead balloon** * N ◆ **it went down like a ~ balloon** c'est tombé à plat, ça a foiré‡ ▷ **lead crystal** N cristal *m* au plomb ▷ **lead-crystal** ADJ *[decanter, bowl]* en cristal (au plomb) ▷ **lead-free** ADJ sans plomb ▷ **lead oxide** N oxyde *m* de plomb ▷ **lead paint** N peinture *f* à base de carbonate de plomb ▷ **lead pencil** N crayon *m* à papier ▷ **lead pipe** N tuyau *m* de plomb ▷ **lead piping** N tuyauterie *f* de plomb ▷ **lead poisoning** N saturnisme *m*, coliques *fpl* de plomb ▷ **lead replacement petrol** N ≈ super *m* ▷ **lead shot** N *(NonC)* grenaille *f* de plomb

**leaded** /ˈledɪd/ ADJ **a** ◆ **~ window** fenêtre *f* à petits carreaux ◆ **~ lights** petits carreaux *mpl* **b** *[petrol]* au plomb, qui contient du plomb

**leaden** /ˈledn/ ADJ **a** *(† = made of lead)* de *or* en plomb **b** *(liter: in colour) [sky, clouds]* de plomb, plombé **c** *(= heavy) [footsteps, atmosphere]* lourd, pesant ; *[silence]* de mort ; *[translation, dialogue]* lourd **d** *(pej = stodgy) [food]* bourratif * COMP ▷ **leaden-eyed** ADJ aux yeux ternes ▷ **leaden-limbed** ADJ ◆ **to feel ~-limbed** se sentir des membres de plomb

**leader** /ˈliːdəʳ/ **N** **a** *[of expedition, gang, tribe]* chef *m* ; *[of club]* dirigeant(e) *m(f)* ; *(= guide)* guide *m* ; *(Climbing)* premier *m* (de cordée) ; *[of riot, strike]* meneur *m*, -euse *f* ; *(Mil)* commandant *m* ; *(Pol)* dirigeant(e) *m(f)*, leader *m* ◆ **they're (the) world ~s in the cosmetics industry** ce sont les leaders mondiaux de l'industrie cosmétique ◆ **he's a born ~** il est né pour commander ◆ **one of the ~s in the scientific field** une des sommités du monde scientifique ◆ **one of the ~s of the trade union movement** l'un des chefs de file *or* leaders du mouvement syndical ◆ **the ~ of the Labour Party, the Labour ~** le leader *or* le chef (du parti) travailliste ◆ **opposition ~** leader *m or* chef *m* de l'opposition ◆ **the Iraqi ~** le chef du gouvernement irakien ◆ **political ~s** leaders *mpl or* chefs *mpl* politiques ◆ **religious ~s** chefs *mpl* religieux ◆ **community ~s** notables *mpl* ◆ **the ~ of the orchestra** *(Brit)* le premier violon ; *(US)* le chef d'orchestre ◆ **the ~ for the defence** *(Jur)* l'avocat *m* principal de la défense ; → **follow, world, youth**

**b** *(Sport) (in race) (= runner)* coureur *m* de tête ; *(= horse)* cheval *m* de tête ; *(in league)* leader *m* ◆ **he managed to stay up with the ~s** il a réussi à rester dans les premiers *or* dans le peloton de tête

**c** *(Press)* article *m* principal ; *(= editorial)* éditorial *m* ◆ **~ writer** *(Brit)* éditorialiste *mf*

**d** *(Mus) (= principal violinist)* premier violon *m* ; *(US) (= director)* chef *m* d'orchestre

**e** *(Recording)* (also **leader tape**) amorce *f*

**f** *(Fishing)* bas *m* de ligne

**g** *(Comm:* also **loss leader**) produit *m* d'appel

**h** *(St Ex)* **~s** valeurs *fpl* vedettes

COMP ▷ **Leader of the House** N *(Brit Parl)* président *m* de la Chambre *(des communes ou des lords)*

> **Leader of the House**
>
> Leader of the House désigne le président de la Chambre des communes ou celui de la Chambre des lords. L'un et l'autre ont pour fonction de préparer les débats parlementaires et d'en assurer le bon déroulement. Ils occupent une place importante au sein de l'équipe gouvernementale.

**leaderboard** /ˈliːdəbɔːd/ N *(Golf)* leaderboard *m*, têtes *fpl* de liste

**leadership** /ˈliːdəʃɪp/ N **a** *(NonC) (= position)* direction *f*, leadership *m* ; *(= action)* direction *f* ◆ **during** *or* **under his ~** sous sa direction ◆ **they were rivals for the party ~** ils étaient candidats rivaux à la direction du parti ◆ **to take over the ~ of the country** prendre la succession à la tête du pays ◆ **to resign the party ~** démissionner de la tête du parti ◆ **he has ~ potential** il a l'étoffe d'un chef ◆ **what we want to see is firm ~** ce que nous voulons c'est un dirigeant à poigne ◆ **he praised her ~ during the crisis** il a loué la manière dont elle a géré la crise ◆ **the company is suffering from poor ~** la société est mal gérée ◆ **~ skills** qualités *fpl* de leader ◆ **to play** *or* **take a ~ role (in sth)** jouer un rôle de meneur (dans qch)

**b** *(= leaders collectively)* dirigeants *mpl* ◆ **the union ~ has** *or* **have agreed to arbitration** les dirigeants du syndicat ont accepté de recourir à l'arbitrage

**leading¹** /ˈliːdɪŋ/ ADJ **a** *(= important)* important ◆ **a ~ industrialist** un industriel de premier plan ◆ **a ~ industrial nation** une des principales nations industrialisées ◆ **a ~ advocate of economic sanctions** un des principaux partisans des sanctions économiques

**b** *(= most important)* principal ◆ **Britain's ~ car manufacturer** le premier *or* le principal constructeur automobile britannique ◆ **one of the ~ figures of the twenties** un personnage marquant des années vingt ◆ **one of our ~ industries** l'une de nos principales industries ◆ **one of the country's ~ writers** un des écrivains les plus importants *or* les plus en vue du pays

**c** *(Theat, Cine) [role, part]* principal ◆ **to play the ~ part** *or* **role (in a film/play)** être la vedette (d'un film/d'une pièce) ◆ **to play** *or* **take a ~ part** *or* **role in sth** *(fig)* jouer un rôle majeur *or* prépondérant dans qch

**d** *(= in foremost position) [car, aircraft, battalion]* de tête

**e** *(= winning) (in race) [runner, driver, car]* en tête de course ; *(in league) [competitor, club, team]* en tête de classement

COMP ▷ **leading aircraft(s)man** (pl **leading aircraft(s)men**), **leading aircraft(s)woman** (pl **leading aircraft(s)women**) N *(Brit Aviat)* ≃ soldat *m* (de l'armée de l'air) ▷ **leading article** N *(Press) (Brit)* éditorial *m* ; *(US)* article *m* de tête ▷ **leading case** N *(Jur)* précédent *m* ▷ **leading counsel** N *(Brit Jur)* *avocat commis sur une affaire* ▷ **leading edge** N **a** *(Aviat)* ◆ **the ~ edge** le bord d'attaque **b** *(fig)* ◆ **to be at** *or* **on the ~ edge of technology** être à la pointe de la technologie ◆ **to invest in the ~ edge of technology** investir dans les technologies de pointe ▷ **leading lady** N *(Cine)* actrice *f* principale ◆ **his ~ lady in that film was Gill Page** sa partenaire principale dans ce film était Gill Page ◆ **the ~ lady was Mary Dodd** *(Theat)* c'est Mary Dodd qui tenait le premier rôle féminin ▷ **leading light** N ◆ **he is one of the ~ lights in the campaign** c'est un des personnages les plus en vue de la campagne ◆ **she was one of the ~ lights in the local drama society** c'était une des étoiles du groupe d'art dramatique local ◆ **one of the ~ lights in the economic field** une des sommités *or* lumières en matière d'économie ▷ **leading man** N (pl **leading men**) *(Cine)* acteur *m* principal ◆ **her ~ man in that film was Will Preston** son partenaire principal dans ce film était Will Preston ◆ **the ~ man was David Penn** *(Theat)* c'est David Penn qui tenait le premier rôle masculin ▷ **leading note** N *(Mus)* note *f* sensible ▷ **leading question** N *(Jur, fig: pej)* question *f* tendancieuse ▷ **leading rating** N *(Brit Navy)* quartier-maître *m* de 1<sup>re</sup> classe ▷ **leading rein** N *(Horse-riding)* longe *f*

**leading²** /ˈledɪŋ/ N *(NonC: Typ)* interligne *f*, blanc *m*

**leadworks** /ˈledwɜːks/ N fonderie *f* de plomb

**leaf** /liːf/ (pl **leaves**) **N** **a** *[of tree, plant]* feuille *f* ◆ **the leaves** les feuilles *fpl*, le feuillage ◆ **in ~** en feuilles ◆ **to come into ~** se couvrir de feuilles ◆ **to shake like a ~** trembler comme une feuille ; → **fig** **b** *[of book]* feuillet *m*, page *f* ◆ **you should take a ~ out of his book** vous devriez prendre exemple sur lui ◆ **to turn over a new ~** s'acheter une conduite ; → **flyleaf** **c** *[of table] (on hinges)* rabat *m*, abattant *m* ; *(in groove, removable)* rallonge *f* **d** *(NonC) [of metal]* feuille *f* ; → **gold** COMP ▷ **leaf bud** N bourgeon *m* à feuilles ▷ **leaf mould, leaf mold** *(US)* N *(NonC)* terreau *m* de feuilles ▷ **leaf tobacco** N tabac *m* en feuilles

► **leaf through** VT FUS *[+ book]* feuilleter, parcourir

**leafless** /ˈliːflɪs/ ADJ sans feuilles, dénudé

**leaflet** /ˈliːflɪt/ **N** **a** *(= publication)* prospectus *m* ; *(Pol, Rel)* tract *m* ; *(for publicity)* dépliant *m*, prospectus *m* ; *(Comm etc) (= instruction sheet)* notice *f* explicative, mode *m* d'emploi **b** *(Bot)* foliole *f* **VI** distribuer des prospectus *or* des tracts *etc* **VT** *[+ area, street]* distribuer des prospectus *or* des tracts *etc* dans

**leafy** /ˈliːfɪ/ ADJ *[branch]* couvert de feuilles ; *[tree, plant]* touffu ; *[garden]* luxuriant ; *[lane]* bordé d'arbres (feuillus) ; *[suburb]* vert ◆ **green ~ vegetables** les légumes *mpl* verts à feuilles

**league¹** /liːɡ/ **N** **a** *(= association)* ligue *f* ◆ **to form a ~ against** se liguer contre ◆ **to be in ~ (with sb)** être de connivence (avec qn)

**b** *(Ftbl)* championnat *m* ; *(Baseball)* division *f* ◆ **major/minor ~** *(Baseball)* première/deuxième division *f* ; → **rugby**

**c** *(fig = class)* classe *f*, catégorie *f* ◆ **they're in a different** *or* **not in the same ~** ils ne sont pas du même calibre ◆ **in the big ~** dans le peloton de tête, parmi les premiers ◆ **this is way out of your ~!** tu ne fais pas le poids !, tu n'es pas de taille !

COMP ▷ **league champions** NPL *(Brit Ftbl)* vainqueurs *mpl* du championnat ◆ **they were the ~ champions last year** ils ont remporté le championnat l'année dernière ▷ **league championship** N championnat *m* ▷ **league leaders** NPL ◆ **they are the ~ leaders now** pour le moment ils sont en tête du championnat ▷ **league match** N *(Brit Ftbl)* match *m* de championnat ▷ **League of Nations** N Société *f* des Nations ▷ **league table** N *(Ftbl)* classement *m* du championnat ; *(esp Brit) [of schools, companies etc]* palmarès *m*

**league²** /liːɡ/ N lieue *f* ◆ **seven-~ boots** bottes *fpl* de sept lieues

**leak** /liːk/ **N** **a** *(in bucket, pipe, roof, bottle, pen)* fuite *f* ; *(in boat)* voie *f* d'eau ; *(in shoe)* trou *m* ◆ **to spring a ~** *[bucket, pipe]* se mettre à fuir ; *[boat]* commencer à faire eau ◆ **the ship sprang a ~ in the bow** une voie d'eau s'est déclarée à l'avant du navire ◆ **a gas ~** une fuite de gaz

**b** *[of information]* fuite *f* ◆ **a Cabinet ~** *(fig)* une fuite ministérielle ◆ **budget/security ~** fuite *f* concernant le budget/la sécurité

**c** (*✱ = urinate*) ◆ **to take a ~** pisser✱ ◆ **to go for a ~** aller pisser✱

**VI** **a** *[bucket, pen, pipe, bottle]* fuir ; *[ship]* faire eau ; *[shoe]* prendre l'eau ◆ **the roof ~s** le toit fuit, il y a des fuites dans le toit

**b** *[gas, liquid]* fuir, s'échapper ◆ **the acid ~ed (through) onto the carpet** l'acide a filtré jusque dans le tapis

**c** *[cabinet, ministry etc]* ◆ **the Cabinet has been ~ing** il y a eu des fuites au sein du cabinet

**VT** **a** *[+ liquid]* répandre, faire couler ◆ **the tanker had ~ed its contents into the river/all over the road** le contenu du camion-citerne s'était répandu dans la rivière/sur la route

**b** *[+ information]* divulguer ; *[+ story, document]* divulguer *(à la presse)*

► **leak in** VI *[spilt liquid]* filtrer ; *[water]* s'infiltrer ◆ **the water is ~ing in through the roof** l'eau entre *or* s'infiltre par le toit

► **leak out** VI *[gas, liquid]* fuir, s'échapper ; *[secret, news]* filtrer, être divulgué ◆ **it finally ~ed out that ...** on a fini par apprendre que ...

**leakage** /ˈliːkɪdʒ/ N *(= leak) [of gas, liquid, information]* fuite *f* ; *(= amount lost)* perte *f*

**leakproof** /ˈliːkpruːf/ **ADJ** étanche

**leaky** /ˈliːkɪ/ **ADJ** *[roof, pipe, bucket]* qui fuit ; *[boat]* qui fait eau ; *[shoe]* qui prend l'eau

**lean¹** /liːn/ (pret, ptp **leaned** *or* **leant**) **VI** **a** *(= slope) [wall, construction etc]* pencher ◆ **I ~ towards the belief that ...** *(fig)* je tends à *or* j'incline à croire que ... ◆ **to ~ towards sb's opinion** tendre à partager l'opinion de qn ◆ **to ~ towards the left** *(Pol)* avoir des sympathies pour la gauche *or* à gauche

**b** *(= support o.s., rest) [person]* s'appuyer (*(up) against* contre, à ; *on* sur) prendre appui (*(up) against* contre ; *on* sur) ; *(with one's back)* s'adosser (*(up) against* à) s'appuyer (*(up) against* contre, à) ; *(with elbows)* s'accouder (*on* à) ◆ **to be ~ing** être appuyé *or* adossé *or* accoudé ◆ **to be ~ing (up) against the wall** *[ladder, cycle etc]* être appuyé contre le mur ; *[person]* être appuyé contre le mur, être adossé au mur ◆ **to ~ on one's elbows** s'appuyer *or* prendre appui sur les coudes ◆ **to ~ on sb for help** *or* **support** s'appuyer sur qn ◆ **to ~ (heavily) on sb for advice** compter (beaucoup) sur qn pour ses conseils

**c** *(* = apply pressure)* faire pression (*on* sur) forcer la main (*on* à) ◆ **they ~ed on him for payment** ils ont fait pression sur lui pour qu'il paie *subj* ◆ **the editor was ~ing on him for the article** le rédacteur en chef le pressait pour qu'il remette son article

**VT** *[+ ladder, cycle etc]* appuyer (*(up) against* contre) ◆ **to ~ one's elbows on the table/one's head on sb's shoulder** poser ses coudes sur la table/sa tête sur l'épaule de qn ◆ **she ~ed her weight on the door** elle s'appuya de tout son poids contre la porte

**N** inclinaison *f*

**COMP** ▷ **lean-to** **N** (pl **lean-tos**) appentis *m* ◆ **~-to garage/shed** *etc* garage *m*/cabane *f etc* en appentis

► **lean back** **VI** se pencher en arrière ◆ **to ~ back in an armchair** se laisser aller en arrière dans un fauteuil ◆ **to ~ back against sth** s'adosser contre *or* à qch

**VT SEP** *[+ chair]* pencher en arrière ◆ **to ~ one's head back** pencher la tête en arrière, renverser la tête (en arrière)

► **lean forward** **VI** se pencher en avant

**VT SEP** pencher en avant

► **lean out** **VI** se pencher au dehors ◆ **to ~ out of the window** se pencher par la fenêtre ◆ **"do not lean out"** "ne pas se pencher au dehors"

**VT SEP** pencher au dehors ◆ **he leant his head out of the window** il a passé la tête par la fenêtre

► **lean over** **VI** *[person] (= forward)* se pencher en avant ; *(= sideways)* se pencher sur le côté ; *[object, tree]* pencher, être penché ◆ **to ~ over backwards** se pencher en arrière

► **lean up** **VI, VT SEP** → **lean¹**

**lean²** /liːn/ **ADJ** **a** *(= slim) [person, body]* mince ; *[animal]* svelte ◆ **to have a ~ build** être mince **b** *(= fatless) [meat, beef]* maigre **c** *(= poor) [harvest]* maigre, pauvre ◆ **~ diet** régime *m* maigre ◆ **~ years** années *fpl* de vaches maigres ◆ **there are ~ times ahead in the property market** le marché de l'immobilier connaîtra une période difficile ◆ **we had a ~ time of it** on a mangé de la vache enragée ◆ **to go through a ~ patch** traverser une période difficile **d** *(Comm) [company]* dégraissé **N** *[of meat]* maigre *m* **COMP** ▷ **lean-burn engine** **N** moteur *m* à carburant maigre

**leaning** /ˈliːnɪŋ/ **N** *(= liking)* penchant *m* (*towards* pour) ; *(= tendency)* tendance *f* (*towards* à) ◆ **I always had a ~ towards sport** j'ai toujours été attiré par le sport ◆ **he has artistic ~s** il a une prédisposition pour les arts, il a des tendances artistiques ◆ **what are his political ~s?** quelles sont ses tendances politiques ? **ADJ** *[wall, building]* penché

**COMP** ▷ **the Leaning Tower of Pisa** **N** la tour (penchée) de Pise

**leanness** /ˈliːnnɪs/ **N** maigreur *f*

**leant** /lent/ **VB** pt, ptp of **lean¹**

**leap** /liːp/ (vb : pret, ptp **leaped** *or* **leapt**) **N** **a** *(lit)* saut *m*, bond *m* ◆ **to take a ~** bondir, sauter ◆ **at one ~** d'un bond

**b** *(fig)* bond *m* ◆ **a ~ in profits/inflation** un bond dans les profits/l'inflation ◆ **there has been a ~ of 13% in profits/sales** les profits/les ventes ont fait un bond de 13% ◆ **Russia's ~ into the market economy** le passage de la Russie à l'économie de marché ◆ **the film takes a ~ into fantasy** le film plonge dans le fantastique ◆ **to make the ~ from singer to actor** réussir à passer de la chanson au cinéma (*or* au théâtre) ◆ **in** *or* **by ~s and bounds** à pas de géant ◆ **a ~ in the dark** un saut dans l'inconnu ◆ **a big** *or* **great ~ forward** un grand bond en avant ◆ **a giant ~ for mankind** un pas de géant pour l'humanité ◆ **(to take** *or* **make) a ~ of faith** *(Rel, fig)* (faire) un acte de foi ◆ **to make a ~ of the imagination** *or* **an imaginative ~** faire preuve de beaucoup d'imagination ◆ **you're making a ~ of logic here that I can't follow** je n'arrive pas à suivre votre logique

**VI** **a** *[person, animal, fish]* sauter, bondir ; *[flames]* jaillir ◆ **to ~ in/out** *etc* entrer/sortir *etc* d'un bond ◆ **to ~ to one's feet** se lever d'un bond ◆ **he leapt into/out of the car** il sauta dans/de la voiture ◆ **he leapt out of bed** il sauta du lit ◆ **he leapt over to the window** il se précipita à la fenêtre ◆ **to ~ off a bus/train** sauter d'un bus/train ◆ **to ~ over a ditch** franchir un fossé d'un bond, sauter (par-dessus) un fossé ◆ **he leapt into the air** il fit un bond (en l'air) ◆ **the flames leapt into the air** les flammes ont jailli *or* se sont élevées dans les airs ◆ **to ~ to attention** se mettre vivement au garde-à-vous ◆ **he leapt for joy** il a sauté *or* bondi de joie ◆ **the word leapt out at him** *or* **leapt off the page (at him)** le mot lui a sauté aux yeux

**b** *(fig) [profits, sales, prices, unemployment]* faire un bond ◆ **the shares leapt from 125p to 190p** les actions ont fait un bond de 125 à 190 pence ◆ **the shares leapt (by) 21p to 370p** les actions ont fait un bond de 21 pence pour atteindre la cote de 370 pence ◆ **her heart leapt** son cœur a bondi dans sa poitrine ◆ **my heart leapt at the sight of her** j'ai eu un coup au cœur en la voyant ◆ **to ~ at sth** *[+ chance, suggestion, offer]* sauter sur qch ; *[+ idea]* accueillir qch avec enthousiasme ◆ **to ~ to the conclusion that ...** conclure hâtivement que ... ◆ **you mustn't ~ to conclusions** il ne faut pas tirer de conclusions hâtives ◆ **to ~ to sb's defence** s'empresser de prendre la défense de qn ; → **look**

**VT** **a** *[+ stream, hedge etc]* sauter (par-dessus), franchir d'un bond

**b** *[+ horse]* faire sauter

**c** *(fig)* **to ~ a generation** *[disease, illness, trait]* sauter une génération

**COMP** ▷ **leap year** **N** année *f* bissextile

► **leap about** **VI** gambader ◆ **to ~ about with excitement** sauter de joie

► **leap up** **VI** **a** *(lit) (off ground)* sauter en l'air ; *(to one's feet)* se lever d'un bond ; *[flame]* jaillir ◆ **the dog leapt up at him** le chien lui a sauté dessus ◆ **he leapt up indignantly** il a bondi d'indignation

**b** *(fig) [profits, sales, prices, unemployment]* faire un bond

**leapfrog** /ˈliːpˌfrɒg/ **N** saute-mouton *m* **VI** ◆ **to ~ over** *(lit) [+ person]* sauter à saute-mouton par-dessus ; *[+ stool, object]* franchir à saute-mouton ; *(fig)* dépasser **VT** *(fig)* dépasser

**leapt** /lept/ **VB** (pt, ptp of **leap**)

**learn** /lɜːn/ (pret, ptp **learned** *or* **learnt**) **VT** **a** *(by study) [+ language, lesson, musical instrument]* apprendre ◆ **to ~ (how) to do sth** apprendre à faire qch ◆ **he's learnt his lesson** *(fig)* il a compris la leçon ◆ **I've learnt a lot since then** *(fig)* je sais à quoi m'en tenir maintenant, maintenant j'ai compris

**b** *(= find out) [+ facts, news, results etc]* apprendre ◆ **I was sorry to ~ (that) you had been ill** j'ai appris avec regret que vous aviez été malade ◆ **we haven't yet ~ed whether he recovered** nous ne savons toujours pas s'il est guéri

**c** *(Psych = acquire) [behaviour, reaction]* acquérir ◆ **a ~ed reaction** une réaction acquise ◆ **~ed behaviour** comportement *m* acquis

**d** *(‡ = teach)* apprendre ◆ **I'll ~ you!** je vais t'apprendre, moi ! * ◆ **that'll ~ you!** ça t'apprendra ! *

**VI** **a** apprendre ◆ **it's never too late to ~** il n'est jamais trop tard pour apprendre, on apprend à tout âge ◆ **he'll ~!** *(fig iro)* un jour il comprendra ! ◆ **we are ~ing about the Revolution at school** on étudie la Révolution en classe ◆ **to ~ from experience** apprendre par l'expérience ◆ **to ~ from one's mistakes** tirer la leçon de ses erreurs ; → **live¹**

**b** *(= hear)* ◆ **I was sorry to ~ of** *or* **about your illness** j'ai appris avec regret votre maladie

► **learn off** **VT SEP** apprendre par cœur

► **learn up** **VT SEP** *(= revise) [+ maths etc]* travailler, bûcher * ; *[+ new facts]* apprendre ◆ **she ~t up all she could about the district** elle a appris tout ce qu'elle a pu sur la région

**learned** /ˈlɜːnɪd/ **ADJ** *(= erudite) [person, journal, society, essay]* savant ; *[profession]* intellectuel ◆ **my ~ friend** *(Brit Jur)* mon éminent confrère

**learnedly** /ˈlɜːnɪdlɪ/ **ADV** avec érudition, savamment

**learner** /ˈlɜːnəʳ/ **N** apprenant(e) *m(f)* ◆ **~ (driver)** *(Brit Aut)* apprenti(e) conducteur *m*, -trice *f* ◆ **you are a quick ~** vous apprenez vite ◆ **a ~s' dictionary** un dictionnaire pour apprenants ◆ **language ~** étudiant(e) *m(f)* en langues ◆ **a ~ of English** un apprenant d'anglais **COMP** ▷ **learner-centred, learner-centered** *(US)* **ADJ** centré sur l'apprenant ▷ **learner's license** **N** *(US)* *permis spécial pour apprentis conducteurs* ; → DRIVING LICENCE, DRIVER'S LICENSE

**learning** /ˈlɜːnɪŋ/ **N** *(NonC)* **a** *(= fund of knowledge)* érudition *f*, savoir *m* ◆ **a man of ~** *(in humanities)* un érudit ; *(in sciences)* un savant ◆ **a little ~ is a dangerous thing** *(Prov)* mieux vaut être ignorant qu'à demi-savant ; → **seat**

**b** *(= act)* apprentissage *m*, étude *f* (*of* de) ◆ **language** *etc* **~** apprentissage *m* *or* étude *f* des langues *etc* ◆ **children who are behind in their ~** des enfants qui ont du retard à l'école ◆ **~ develops the memory** apprendre développe la mémoire ◆ **a place of ~** un lieu d'étude ; → **distance, rote**

**COMP** ▷ **learning curve** **N** courbe *f* d'apprentissage *(SPEC)* ◆ **to be on a (steep) ~ curve** devoir apprendre (très) vite, avoir beaucoup à apprendre ▷ **learning difficulties, learning disabilities** **NPL** difficultés *fpl* d'apprentissage ▷ **learning-disabled** **ADJ** *(US Scol)* ayant des difficultés d'apprentissage ▷ **learning resources centre** **N** *(Educ)* centre *m* de documentation et d'information

**learnt** /lɜːnt/ VB *(esp Brit)* (pt, ptp of **learn**)

**lease** /liːs/ N a *(Jur = contract, duration)* bail *m* ◆ **long** ~ bail *m* à long terme ◆ **99-year** ~ bail *m* de 99 ans ◆ **to take a house on** ~ prendre une maison à bail, louer une maison

b *(fig)* ◆ **to get** *or* **find** *or* **be given a new** ~ **of** *(Brit) or* **on** *(US)* **life** *[person]* retrouver un second souffle ◆ **after a career as a comedian, he found a new** ~ **of life as an actor** après une carrière de comique, il a retrouvé un second souffle en devenant acteur ◆ **it's like getting a new** ~ **of life!** je retrouve un second souffle ! ; *(stronger)* je me sens revivre ! ◆ **after months of pain and immobility I have found a new** ~ **of life** après des mois de douleur et d'immobilité j'ai retrouvé une nouvelle jeunesse ◆ **the heart transplant has given him a new** ~ **of** *or* **on life** sa greffe du cœur lui a donné un regain de vitalité ◆ **printing can give old T-shirts a new** ~ **of** *or* **on life** l'impression d'un motif peut donner une nouvelle jeunesse à de vieux tee-shirts

VT *[+ house, car etc]* louer à bail

COMP ▷ **lease-lend** N *(Econ)* prêt-bail *m*

**leaseback** /'liːsbæk/ N cession-bail *f* ◆ ~ **scheme** *or* **contract** contrat *m* de cession-bail

**leasehold** /'liːshəʊld/ N *(= contract)* ≈ bail *m* emphytéotique ; *(= property)* propriété *f* louée à bail ADJ *[property, building, land]* loué à bail ADV *[buy]* à bail COMP ▷ **leasehold reform** N révision *f* du bail

**leaseholder** /'liːshəʊldəʳ/ N ≈ locataire *mf* emphytéotique

**leash** /liːʃ/ N *(for dog)* laisse *f* ◆ **to keep a dog on a** ~ tenir un chien en laisse ◆ **to hold** *or* **keep sb on a short** *or* **tight** ~ tenir la bride haute à qn ◆ **to give sb a longer** ~ *(esp US)* laisser la bride sur le cou à qn

**leasing** /'liːsɪŋ/ N crédit-bail *m*

**least** /liːst/ LANGUAGE IN USE 26.3 (superl of **little**[2])

ADJ *(= smallest amount of)* le moins de ; *(= smallest)* le moindre, la moindre, le plus petit, la plus petite ◆ **he has (the)** ~ **money** c'est lui qui a le moins d'argent ◆ **the** ~ **thing upsets her** la moindre chose *or* la plus petite chose la contrarie ◆ **the principle of** ~ **effort** le principe du moindre effort ◆ **the** ~ **common denominator** *(Math)* le plus petit dénominateur commun ◆ **with the** ~ **possible expenditure** avec le moins de dépenses possible(s) ◆ **that's the** ~ **of our worries** c'est le moindre *or* le cadet de nos soucis ; → **resistance**

PRON le moins ◆ **you've given me the** ~ c'est à moi que tu en as donné le moins ◆ **it's the** ~ **I can do** c'est le moins que je puisse faire, c'est la moindre des choses ◆ **it's the** ~ **one can expect** c'est la moindre des choses ◆ **what's the** ~ **you are willing to accept?** quel prix minimum êtes-vous prêt à accepter ? ◆ **I wasn't the** ~ **bit surprised** cela ne m'a pas surpris le moins du monde ◆ ~ **said soonest mended** *(Prov)* moins on en dit mieux on se porte, moins on en dit et mieux ça vaut ◆ **that's the** ~ **of it!** s'il n'y avait que ça !, ça, ce n'est rien !

♦ **at least** *(with quantity, comparison)* au moins ; *(parenthetically)* du moins, tout au moins ◆ **it costs $5 at** ~ cela coûte au moins 5 dollars ◆ **there were at** ~ **eight books** il y avait au moins huit livres ◆ **he's at** ~ **as old as you** il a au moins votre âge ◆ **he eats at** ~ **as much as I do** il mange au moins autant que moi ◆ **at** ~ **it's not raining** au moins il ne pleut pas ◆ **you could at** ~ **have told me!** tu aurais pu au moins me le dire ! ◆ **I can at** ~ **try** je peux toujours essayer ◆ **he's ill, at** ~ **that's what he says** il est malade, du moins c'est ce qu'il dit

♦ **at the very least** au moins, au minimum ◆ **it will cost $100 at the very** ~ cela coûtera 100 dollars au minimum *or* au bas mot

♦ **in the least** ◆ **not in the** ~**!** pas du tout ! ◆ **he was not in the** ~ **tired** *or* **not the** ~ **bit tired** *or* **not tired in the** ~ il n'était pas le moins du monde fatigué ◆ **it didn't surprise me in the** ~ cela ne m'a pas surpris le moins du monde ◆ **it doesn't matter in the** ~ cela n'a pas la moindre importance

♦ **to say the least** ◆ **I was annoyed, to say the** ~ **(of it)** j'étais mécontent, c'était le moins qu'on puisse dire ◆ **she was not very wise, to say the** ~ elle était pour le moins imprudente ◆ **it wasn't a very good meal, to say the** ~ **of it** c'était un repas assez médiocre pour ne pas dire plus

ADV le moins ◆ **the** ~ **expensive** le moins cher ◆ **the** ~ **expensive car** la voiture la moins chère ◆ **he did it** ~ **easily of all** *(= least easily of all he did)* c'est ce qu'il a eu le plus de mal à faire ; *(= least easily of all people involved)* c'est lui qui l'a fait le moins facilement de tous ◆ **she is** ~ **able to afford it** elle est la dernière à pouvoir se l'offrir ◆ **when you are** ~ **expecting it** quand vous vous y attendez le moins

♦ **least of all** ◆ **he deserves it** ~ **of all** c'est lui qui le mérite le moins de tous ◆ **nobody seemed amused,** ~ **of all John** cela ne semblait amuser personne et surtout pas John ◆ ~ **of all would I wish to offend him** je ne voudrais surtout pas le froisser

♦ **not least** ◆ **all countries, not** ~ **the USA** tous les pays, et en particulier les USA ◆ **not** ~ **because ...** notamment *or* entre autres parce que ...

COMP ▷ **least-worst** * ADJ moins pire *, moins mauvais

**leastways** * /'liːstweɪz/, **leastwise** * /'liːstwaɪz/ ADV du moins, ou plutôt

**leather** /'leðəʳ/ N a *(NonC)* cuir *m* ; → **hell, patent** b (also **wash leather**) peau *f* de chamois ; → **chamois** c *(US * = wallet)* portefeuille *m* NPL **leathers** *(= suit)* cuir * *m* ; *(= trousers)* pantalon *m* en cuir VT *( * = beat)* tanner le cuir à * COMP *[boots, jacket, seat]* de *or* en cuir ▷ **leather bar** * N bar *m* cuir * *(à clientèle sadomasochiste et homosexuelle)* ▷ **leather goods** NPL *(gen)* articles *mpl* en cuir ; *(fancy goods)* maroquinerie *f*

**leatherbound** /'leðəbaʊnd/ ADJ *[book]* relié (en) cuir

**Leatherette** ® /ˌleðə'ret/ N similicuir *m*, skaï ® *m*

**leathering** * /'leðərɪŋ/ N ◆ **to give sb a** ~ tanner le cuir à qn *

**leatherjacket** /'leðəˌdʒækɪt/ N *(Zool)* larve *f* de la tipule

**leathern** /'leðən/ ADJ *(= of leather)* de *or* en cuir ; *(= like leather)* tanné

**leatherneck** * /'leðənek/ N *(US)* marine *m*, fusilier *m* marin américain

**leathery** /'leðərɪ/ ADJ *[meat, substance]* coriace ; *[skin]* parcheminé, tanné

**leave** /liːv/ (vb : pret, ptp **left**) N a *(NonC = consent)* permission *f* ◆ **to ask** ~ **(from sb) to do sth** demander (à qn) la permission de faire qch ◆ **by** *or* **with your** ~ avec votre permission ; → **by**

b *(= holiday) (gen)* congé *m* ; *(Mil)* permission *f* ◆ **how much** ~ **do you get?** vous avez droit à combien de jours de congé (*or* de jours de permission) ? ◆ **six weeks'** ~ permission *f or* congé *m* de six semaines ◆ **to be on** ~ être en congé *or* en permission ◆ **on** ~ **of absence** en congé exceptionnel ; *(Mil)* en permission spéciale ; → **absent, French, sick**

c *(= departure)* congé *m* ◆ **to take (one's)** ~ **(of sb)** prendre congé (de qn) ◆ **I must take my** ~ il faut que je prenne congé ◆ **have you taken** ~ **of your senses?** avez-vous perdu la tête *or* la raison ?

VT a *(= go away from) [+ town]* quitter, partir de ; *(permanently)* quitter ; *[+ room, building]* sortir de, quitter ; *[+ person, job, one's husband, wife]* quitter ; *[+ one's children]* abandonner ◆ **he left Paris in 2001** il a quitté Paris en 2001 ◆ **we left Paris at 6 o'clock** nous sommes partis de Paris *or* nous avons quitté Paris à 6 heures ◆ **I must** ~ **you** il faut que je vous quitte *subj* ◆ **you may** ~ **us** *(frm)* vous pouvez vous retirer *(frm)* ◆ **they were left to die/to starve** on les a laissés mourir/mourir de faim ◆ **he has left this address** il n'habite plus à cette adresse ◆ **he left home in 1989** il a quitté la maison en 1989 ◆ **I left home at 6 o'clock** je suis sorti de chez moi *or* j'ai quitté la maison à 6 heures ◆ **to** ~ **hospital** sortir de *or* quitter l'hôpital ◆ **the ship left port** le navire a quitté le port ◆ **to** ~ **prison** sortir de prison ◆ **the car left the road** la voiture a quitté la route ◆ **to** ~ **the room** *(= go out)* sortir de la pièce ; *(euph = go to toilet)* sortir *(euph)* ◆ **he left school in 2001** *(Brit)* il a quitté l'école en 2001 ; *(US)* il a terminé ses études en 2001 ; *(US = gave up studies)* il a arrêté ses études en 2001 ◆ **he left school at 4pm** il est sorti de l'école *or* il a quitté l'école à 16 heures ◆ **the train left the station** le train est sorti de *or* a quitté la gare ◆ **to** ~ **the table** se lever de table, quitter la table ◆ **to** ~ **the track** *or* **rails** *(Rail)* dérailler ; → **love, lurch**[2]

b *(= forget) [+ object, keys, umbrella]* laisser, oublier ◆ **he left his umbrella on the train** il a laissé *or* oublié son parapluie dans le train

c *(= deposit, put)* laisser ◆ **I'll** ~ **the book for you with my neighbour** je laisserai le livre pour vous chez mon voisin ◆ **has the postman left anything?** est-ce que le facteur a apporté *or* laissé quelque chose ? ◆ **can I** ~ **my camera with you?, can I** ~ **you my camera?** puis-je vous confier mon appareil-photo ? ◆ **he left the children with a neighbour** il a laissé *or* confié les enfants à un voisin ◆ **he** ~**s a widow and one son** il laisse une veuve et un orphelin ◆ **to** ~ **a message for sb** laisser un message à qn ◆ **to** ~ **the waiter a tip** laisser un pourboire au garçon ◆ **to** ~ **word** laisser un mot *or* un message (*with sb for sb* à qn pour qn ; *that* que) ◆ **he left word for Paul to go and see him** il a fait dire à Paul d'aller le voir ◆ **he left word with me for Paul to go and see him** il m'a chargé de dire à Paul d'aller le voir

d *(= allow to remain)* laisser ◆ ~ **it where it is** laisse-le là où il est ◆ **he left half his meal** il a laissé la moitié de son repas ◆ **to** ~ **a space** *(Typ etc)* laisser un blanc *or* un espace ◆ **to** ~ **the door open/the phone off the hook** laisser la porte ouverte/le téléphone décroché ◆ **to** ~ **two pages blank** laisser deux pages blanches ◆ **it left me free for the afternoon** cela m'a laissé l'après-midi de libre, cela m'a libéré pour l'après-midi ◆ **this deal has left me in debt** cette affaire m'a laissé des dettes ◆ **he was left a widower** il est devenu veuf ◆ **he left it lying on the floor** il l'a laissé traîner par terre ◆ **don't** ~ **that letter lying around** ne laissez pas traîner cette lettre ◆ **to** ~ **sb on his own** *or* **to himself** laisser qn tout seul ◆ **to** ~ **sb in peace** *or* **to himself** laisser qn tranquille ◆ **left to himself, he'd never have finished** (tout) seul, il n'aurait jamais fini ◆ **I'll** ~ **it to you to decide** je te laisse le soin de décider ◆ **I('ll)** ~ **you to judge** je vous laisse juger ◆ **I'll** ~ **the matter**

**in your hands** je vous laisse vous occuper de l'affaire, je vous laisse le soin d'arranger cela ◆ **shall we go via Paris? – I'll ~ it to you** et si on passait par Paris ? — je m'en remets à vous *or* je vous laisse décider ◆ **~ it to me!** laissez-moi faire !, je m'en charge ! ◆ **I'll ~ you to it** * je vous laisse (à vos occupations) ◆ **I wanted to ~ myself (with) at least £80 a week** je voulais garder *or* qu'il me reste *subj* au moins 80 livres par semaine ◆ **let's ~ it at that** tenons-nous-en là ◆ **let's ~ it at that for today** restons-en là pour aujourd'hui ◆ **it left a good impression on me** cela m'a fait bonne impression ◆ **to ~ sb in charge of a house/shop** *etc* laisser à qn la garde d'une maison/d'une boutique *etc* ◆ **the boss is out and he's left me in charge** le patron est sorti et m'a laissé la charge de tout ◆ **take it or ~ it** c'est à prendre ou à laisser ◆ **I can take it or ~ it** cela ne me fait ni chaud ni froid ; → **alone, baby, chance, cold, desire, device, go, shelf, stand, stone, unsaid**

**e** *(Math)* **three from six ~s three** six moins trois égalent trois ◆ **if you take four from seven, what are you left with?** si tu enlèves quatre de sept, qu'est-ce qui te reste ?

**f** *(in will) [+ money]* laisser (*to* à) ; *[+ object, property]* laisser, léguer (*to* à)

**g** ◆ **to be left** rester ◆ **what's left?** qu'est-ce qui reste ? ◆ **who's left?** qui est-ce qui reste ? ◆ **there'll be none left** il n'en restera pas ◆ **how many are (there) left?** combien en reste-t-il ? ◆ **there are three cakes left** il reste trois gâteaux ◆ **are there any left?** est-ce qu'il en reste ? ◆ **nothing was left for me but to sell the house** il ne me restait plus qu'à vendre la maison ◆ **I was left with a lot of stock I couldn't sell** je me suis retrouvé avec un gros stock que je ne pouvais pas écouler ◆ **I've got $6 left** il me reste 6 dollars ◆ **I've got a half left** il m'en reste la moitié ◆ **I'll have nothing left** il ne me restera plus rien ◆ **I've no money left** je n'ai plus d'argent ◆ **have you got any left?** est-ce qu'il vous en reste ?

**VI** *(= go away) [person, train, ship etc]* partir, s'en aller ; *(= resign)* partir, démissionner ◆ **to ~ for Paris** *[person, train]* partir pour Paris ; *[ship]* partir *or* appareiller pour Paris ◆ **it's time we left, it's time for us to ~** il est l'heure de partir *or* que nous partions *subj* ◆ **the train ~s at 4 o'clock** le train part à 4 heures ◆ **he's just left** il vient de partir ◆ **his wife has left** *(permanently)* sa femme est partie

► **leave about, leave around** VT SEP *[+ clothes, possessions etc]* laisser traîner

► **leave aside** VT SEP laisser de côté

► **leave behind** VT SEP **a** *(= not take) [+ person]* laisser, ne pas emmener ; *[+ object]* laisser, ne pas emporter ◆ **he left the children behind in Paris** il a laissé les enfants à Paris ◆ **you'll get left behind if you don't hurry up** on va te laisser là si tu ne te dépêches pas

**b** *(= outdistance) [+ opponent in race]* distancer ; *[+ fellow students etc]* dépasser

**c** *(= forget) [+ gloves, umbrella etc]* laisser, oublier

► **leave in** VT SEP *[+ paragraph, words etc]* garder, laisser ; *[+ plug]* laisser, ne pas enlever ◆ **~ the cake in for 50 minutes** *(in oven)* laisser cuire le gâteau pendant 50 minutes

► **leave off** **VI** (* *= stop)* s'arrêter ◆ **where did we ~ off?** *(in work, reading)* où nous sommes-nous arrêtés ? ◆ **~ off!** arrête !, ça suffit ! *

**VT SEP** **a** (* *= stop)* arrêter (*doing sth* de faire qch)

**b** *[+ lid]* ne pas remettre ; *[+ clothes] (= not put back on)* ne pas remettre ; *(= stop wearing)* cesser de porter, abandonner ; *(= not put on)* ne pas mettre

**c** *[+ gas, heating, tap]* laisser fermé ; *[+ light]* laisser éteint

**d** *(= not add to list) (deliberately)* exclure ; *(accidentally)* oublier, omettre

► **leave on** VT SEP **a** *[+ one's hat, coat etc]* garder, ne pas enlever ; *[+ lid]* ne pas enlever, laisser

**b** *[+ gas, heating, tap]* laisser ouvert ; *[+ light]* laisser allumé

► **leave out** VT SEP **a** *(= omit) (accidentally)* oublier, omettre ; *(deliberately)* exclure ; *[+ line in text] (also Mus) [+ note]* sauter ◆ **they left him out** ils l'ont tenu *or* laissé à l'écart ◆ **I'm feeling left out** j'ai l'impression d'être tenu à l'écart ◆ **~ it out!** ‡ arrête ! *

**b** *(= not put back)* laisser sorti, ne pas ranger ; *(= leave visible) [+ food, note, etc]* laisser ◆ **I left the box out on the table** j'ai laissé la boîte sortie sur la table ◆ **to ~ sth out in the rain** laisser qch dehors sous la pluie ◆ **to ~ sb out in the cold** *(in cold place)* laisser qn dans le froid ; *(on the sidelines)* laisser qn à l'écart *or* sur la touche ; *(in the lurch)* laisser qn en plan

► **leave over** **VT SEP** **a** ◆ **this is all the meat that was left over** c'est toute la viande qui reste ◆ **there's nothing left (over)** il ne reste plus rien ◆ **there's never anything left over** il n'y a jamais de restes ◆ **after each child has three there are two left over** quand chaque enfant en a pris trois, il en reste deux ◆ **if there's any money left over** s'il reste de l'argent

**b** *(= postpone)* remettre (à plus tard) ◆ **let's ~ this over till tomorrow** remettons cela à demain

**-leaved** /liːvd/ ADJ *(in compounds)* ◆ **small-leaved** à petites feuilles ◆ **round-leaved** à feuilles rondes ◆ **five-leaved stem** tige *f* à cinq feuilles

**leaven** /ˈlevn/ **N** levain *m* **VT** *(lit)* faire lever ◆ **his speech was ~ed by a few witty stories** son discours était agrémenté de quelques anecdotes spirituelles **COMP** ▷ **leavened bread** N pain *m* au levain

**leavening** /ˈlevnɪŋ/ N *(lit, fig)* levain *m*

**leaves** /liːvz/ NPL of **leaf**

**leavetaking** /ˈliːvˌteɪkɪŋ/ N adieux *mpl*

**leaving** /ˈliːvɪŋ/ **N** départ *m* **COMP** ▷ **leaving present** N cadeau *m* de départ

**leavings** /ˈliːvɪŋz/ NPL restes *mpl*

**Lebanese** /ˌlebəˈniːz/ **ADJ** libanais **N** *(pl inv)* Libanais(e) *m(f)* **NPL** **the Lebanese** les Libanais *mpl*

**Lebanon** /ˈlebənən/ N Liban *m* ◆ **in ~** au Liban ; → **cedar**

**leccy** ‡ /ˈlekɪ/ *(Brit)* N *(= electricity)* courant *m*

**lech** * /letʃ/ **VI** ◆ **to ~ after sb** *(= desire)* désirer qn ; *(= behave lecherously)* courir après qn **N** ⇒ **lecher**

**lecher** /ˈletʃəʳ/ N coureur *m* de jupons

**lecherous** /ˈletʃərəs/ ADJ lubrique, libidineux *(hum)* ; *[look]* lascif

**lecherously** /ˈletʃərəslɪ/ ADV lubriquement, lascivement

**lechery** /ˈletʃərɪ/ N *(NonC)* luxure *f*, lubricité *f*

**lectern** /ˈlektən/ N lutrin *m*

**lector** /ˈlektɔːʳ/ N *(Univ)* lecteur *m*, -trice *f*

**lecture** /ˈlektʃəʳ/ **N** **a** *(gen single occurrence)* conférence *f* ; *(Univ etc: gen one of a series)* cours *m* (magistral) ◆ **to give a ~** faire *or* donner une conférence, faire un cours (*on* sur) ◆ **I went to the ~s on French poetry** j'ai suivi les cours de poésie française ; → **inaugural**

**b** *(fig = reproof)* réprimande *f*, sermon *m* *(pej)* ◆ **to give** *or* **read sb a ~** sermonner qn (*about* au sujet de)

**VI** faire *or* donner une conférence (*to* à ; *on* sur) faire un cours (*to* à ; *on* sur) ◆ **he ~s at 10 o'clock** il fait son cours à 10 heures ◆ **he ~s at Bristol** il enseigne dans le supérieur à Bristol ◆ **he ~s in law** il est professeur de droit à l'université ◆ **she ~s on Keats** elle fait cours sur Keats

**VT** *(= reprove)* réprimander (*for having done* pour avoir fait) sermonner *(pej)* ◆ **he ~d me about my clumsiness** il m'a réprimandé pour ma maladresse

**COMP** ▷ **lecture course** N *(Univ)* cours *m* magistral ▷ **lecture hall** N amphithéâtre *m* ▷ **lecture notes** NPL notes *fpl* de cours ▷ **lecture room, lecture theatre** N *(gen)* salle *f* de conférences ; *(Univ)* amphithéâtre *m*

> ⚠ *In French,* **lecture** *means 'reading'.*

**lecturer** /ˈlektʃərəʳ/ N **a** *(= speaker)* conférencier *m*, -ière *f* **b** *(Brit Univ)* ≃ enseignant(e) *m(f)* du supérieur ◆ **senior ~** ≃ maître *m* de conférences

**lectureship** /ˈlektʃəʃɪp/ N *(Brit Univ)* ≃ poste *m* d'enseignant(e) du supérieur ◆ **senior ~** ≃ poste *m* de maître de conférences ◆ **he's got a ~ in English at Birmingham University** il enseigne l'anglais à l'université de Birmingham

**LED** /ˌeliːˈdiː/ **N** (abbrev of **light-emitting diode**) (diode *f*) LED *f* **COMP** ▷ **LED display** N affichage *m* LED

**led** /led/ VB pt, ptp of **lead¹**

**ledge** /ledʒ/ N *(on wall)* rebord *m*, saillie *f* ; (also **window ledge**) rebord *m* (de la fenêtre) ; *(on mountain)* saillie *f* ; *(Climbing)* vire *f* ; *(under sea) (= ridge)* haut-fond *m* ; *(= reef)* récif *m*

**ledger** /ˈledʒəʳ/ **N** *(Accounts)* grand livre *m* **COMP** ▷ **ledger line** N *(Mus)* ligne *f* supplémentaire

**lee** /liː/ **N** côté *m* sous le vent ◆ **in** *or* **under the ~ of ...** à l'abri de ... **ADJ** *[side of ship, shore]* sous le vent

**leech** /liːtʃ/ N *(lit, also fig pej)* sangsue *f* ◆ **he clung like a ~ to me all evening** il est resté pendu à mes basques * toute la soirée

**leek** /liːk/ N poireau *m*

**leer** /lɪəʳ/ **VI** lorgner ◆ **to ~ at sb** lorgner qn **N** *(evil)* regard *m* mauvais ; *(lustful)* regard *m* concupiscent

**leery** * /ˈlɪərɪ/ ADJ **a** *(esp US, Can)* ◆ **to be ~ about sth** se méfier de qch **b** *[smile, grin]* lubrique, concupiscent **c** *(= flashy, showy) [clothes, car etc]* tape-à-l'œil *inv*

**lees** /liːz/ NPL *[of wine]* lie *f* *NonC*

**leeward** /ˈliːwəd/ *(esp Naut)* **ADJ, ADV** sous le vent **N** côté *m* sous le vent ◆ **to ~** sous le vent **COMP** ▷ **the Leeward Islands** NPL *(Geog)* les îles *fpl* Sous-le-Vent

**leeway** /ˈliːweɪ/ N **a** *(Naut)* dérive *f*

**b** *(fig = freedom)* liberté *f* ; *(= margin for action)* latitude *f* ◆ **he gives his children/his staff too much ~** il laisse trop de liberté à ses enfants/à son personnel ◆ **that allows** *or* **gives him a certain (amount of) ~** cela lui donne une certaine liberté d'action *or* marge de manœuvre ◆ **we had ten minutes' ~ to catch the train** nous avions une marge (de sécurité) de dix minutes pour attraper le train ◆ **they want more ~ to make decisions** ils veulent davantage de latitude *or* de liberté pour prendre des décisions ◆ **we**

**had little ~ in our choice of hotel** *or* **in choosing a hotel** nous n'étions pas vraiment libres de choisir notre hôtel ◆ **he has some ~ in deciding how much money to spend** il dispose d'une certaine liberté *or* marge de manœuvre pour les dépenses

**left**[1] /left/ VB (pt, ptp **leave**) COMP ▷ **left luggage** N *(Brit)* bagages *mpl* en consigne ▷ **left-luggage locker** N (casier *m* à) consigne *f* automatique ▷ **left-luggage office** N consigne *f*

**left**[2] /left/ ADJ gauche ◆ **my ~ arm/foot** mon bras/pied gauche ◆ **~ hand down!** *(Aut)* braquez à gauche ! ◆ **to have two ~ feet** * être maladroit de ses pieds ◆ **to be (way) out in ~ field** * *(esp US)* être (tout à fait) saugrenu ◆ **to come out of ~ field** * *(esp US)* être totalement inattendu ; see also **comp**

ADV *[turn, look]* à gauche ◆ **go** *or* **bear** *or* **turn ~ at the church** tournez *or* prenez à gauche à l'église ◆ **eyes ~!** *(Mil)* tête gauche ! ; → **right**

N a gauche *f* ◆ **on your ~** à *or* sur votre gauche ◆ **on the ~** sur la gauche, à gauche ◆ **the door on the ~** la porte de gauche ◆ **to drive on the ~** conduire à gauche ◆ **to the ~** à gauche ◆ **to keep to the ~** *(Aut)* tenir sa gauche ◆ **turn it to the ~** tournez-le vers la gauche *or* à gauche

b *(Pol)* **the Left** la gauche ◆ **he's further to the Left than I am** il est plus à gauche que moi ◆ **the parties of the Left** les partis *mpl* de gauche

c *(Boxing)* gauche *m* ◆ **he threw a ~ to the jaw** il a porté un direct du gauche à la mâchoire ◆ **he hit him with his ~** il l'a frappé du gauche

COMP ▷ **left back** N *(Sport)* arrière *m* gauche ▷ **left-click** *(Comput)* VI cliquer à gauche VT cliquer à gauche sur ▷ **left-footed** ADJ *[shot]* du pied gauche ; *[player]* gaucher ▷ **left half** N *(Sport)* demi *m* gauche ▷ **left-hand** ADJ à *or* de gauche ◆ **the ~-hand door/page** *etc* la porte/page *etc* de gauche ◆ **~-hand drive car** conduite *f* à gauche *(véhicule)* ◆ **this car is ~-hand drive** cette voiture a la conduite à gauche ◆ **on the ~-hand side** à gauche ◆ **a ~-hand turn** un virage à gauche ▷ **left-handed** ADJ *[person]* gaucher ; *[screw]* fileté à gauche, avec pas à gauche ; *[scissors etc]* pour gaucher ◆ **~-handed compliment** *(= insincere)* compliment *m* hypocrite ; *(= ambiguous)* compliment *m* ambigu ▷ **left-hander** N *(= person)* gaucher *m*, -ère *f* ; *(* = blow)* gifle *f* *or* claque * *f* *(donnée de la main gauche)* ▷ **left-of-centre** ADJ *(Pol)* de centre gauche ▷ **left wing** N *(Mil, Sport)* aile *f* gauche ; *(Pol)* gauche *f* ▷ **left-wing** ADJ *[newspaper, view]* de gauche ◆ **he's very ~-wing** il est très à gauche ▷ **left-winger** N *(Pol)* homme *m* or femme *f* de gauche ; *(Sport)* ailier *m* gauche

**leftie** * /ˈleftɪ/ N a *(esp Brit: Pol, pej)* gaucho * *mf* *(pej)*, gauchiste *mf* b *(US = left-handed person)* gaucher *m*, -ère *f*

**leftish** /ˈleftɪʃ/ ADJ ⇒ **leftist adj**

**leftism** /ˈleftɪzəm/ N *(NonC)* gauchisme *m*

**leftist** /ˈleftɪst/ *(Pol)* N gauchiste *mf* ADJ de gauche

**leftover** /ˈleftˌəʊvəʳ/ N *(= throwback)* vestige *m* (*from* de) ◆ **a ~ from the days when ...** un vestige des jours *or* de l'époque où ... NPL **leftovers** *(after meal)* restes *mpl* ADJ restant, qui reste ◆ **a bottle with some ~ wine in it** une bouteille avec un restant de vin ◆ **a ~ bottle of wine** une bouteille de vin qui reste (*or* restait *etc*)

**leftward(s)** /ˈleftwəd(z)/ *(Pol, lit)* ADJ orienté vers la gauche ADV vers la gauche

**lefty** * /ˈleftɪ/ N ⇒ **leftie**

**leg** /leg/ N a *[of person, horse]* jambe *f* ; *[of other animal, bird, insect]* patte *f* ◆ **my ~s won't carry me any further!** je ne tiens plus sur mes jambes ! ◆ **to stand on one ~** se tenir sur un pied *or* une jambe ◆ **to give sb a ~ up** *(lit)* faire la courte échelle à qn ; *(* fig)* donner un coup de pouce à qn ◆ **he hasn't got a ~ to stand on** il ne peut s'appuyer sur rien, il n'a aucun argument valable ◆ **it's got ~s** * *(esp US) [idea, plan, story]* ça tient debout ◆ **to pull sb's ~** *(= hoax)* faire marcher qn ; *(= tease)* taquiner qn ◆ **to get one's ~ over** ‡ *(Brit)* s'envoyer en l'air ‡ ; → **fast**[1], **hind**[2], **last**[1]

b *(Culin) [of lamb]* gigot *m* ; *[of beef]* gîte *m* ; *[of veal]* sous-noix *f* ; *[of pork, chicken, frog]* cuisse *f* ; *[of venison]* cuissot *m*

c *[of table etc]* pied *m* ; *[of trousers, tights etc]* jambe *f* ; → **inside**

d *(= stage) [of journey]* étape *f* ◆ **first ~** *(Ftbl etc)* match *m* aller ◆ **second** *or* **return ~** match *m* retour ◆ **to run/swim the first ~** *(Sport: in relay)* courir/nager la première distance *or* le premier relais

VT ◆ **to ~ it** * *(= run)* cavaler ‡ ; *(= flee)* se barrer ‡ ; *(= walk)* aller à pied, faire le chemin à pied

COMP ▷ **leg bone** N tibia *m* ▷ **leg iron** N *(Med)* appareil *m* (orthopédique) ▷ **leg muscle** N muscle *m* de la jambe, muscle *m* jambier *(frm)* ▷ **leg-of-mutton sleeve** N manche *f* gigot *inv* ▷ **leg-pull** * N canular *m* ▷ **leg-pulling** * N mise *f* en boîte * ▷ **leg shield** N protège-jambe *m* ▷ **leg-warmers** NPL jambières *fpl*

**legacy** /ˈlegəsɪ/ N *(Jur)* legs *m (de biens mobiliers)* ; *(fig)* legs *m*, héritage *m* ◆ **to leave a ~ to sb** *(Jur)* faire un legs *or* un héritage à qn ; *(fig)* laisser un héritage à qn ◆ **they have left us a ~ of bureaucracy and red tape** ils nous ont légué leur bureaucratie et leur paperasserie ◆ **we are left with the ~ of 40 years of environmental disaster** nous héritons de 40 ans de désastre écologique ◆ **the ~ of the past** l'héritage *m* *or* le legs du passé ◆ **the tragedy left a ~ of bitterness** cette tragédie a laissé un profond sentiment d'amertume ◆ **this law is a ~ from medieval times** cette loi est un héritage de l'époque médiévale ◆ **the economic ~ of Thatcherism/Communism** l'héritage *m* économique du thatchérisme/du communisme ◆ **this vase is a ~ from the previous tenants** *(hum)* on a hérité ce vase des précédents locataires

COMP ▷ **legacy duty**, **legacy tax** *(US)* N droits *mpl* de succession

**legal** /ˈliːgəl/ ADJ a *(= concerning the law) [error, protection]* judiciaire ; *[question, battle, services, framework]* juridique ; *[status]* légal, judiciaire ◆ **to take ~ action against sb** intenter un procès à qn, poursuivre qn en justice ◆ **I am considering taking ~ action** j'envisage d'intenter une action ◆ **to take ~ advice (on** *or* **about** *or* **over sth)** consulter un juriste *or* un avocat (à propos de qch) ◆ **~ loophole** vide *m* juridique ◆ **it's a ~ matter** c'est une question juridique *or* de droit ◆ **in ~ matters** en matière de droit ◆ **to have a fine ~ mind** être un excellent juriste ◆ **to the ~ mind the issue is quite clear** pour un juriste ce problème est tout à fait clair ◆ **for ~ reasons** pour des raisons légales ◆ **he's below the ~ age for driving a car** il n'a pas l'âge légal pour conduire une voiture

b *(= lawful) [act, decision, right, obligation, requirement]* légal

COMP ▷ **legal adviser** N conseiller *m*, -ère *f* juridique ▷ **legal aid** N aide *f* juridictionnelle ▷ **legal costs** NPL frais *mpl* de justice ▷ **legal currency** N *(Fin)* monnaie *f* légale ◆ **this note is no longer ~ currency** ce billet n'a plus cours ▷ **legal department** N *[of bank, firm]* service *m* du contentieux ▷ **legal document** N *(concerning the law)* document *m* juridique ; *(legally valid)* document *m* légal ▷ **legal eagle** * N as * *m* du barreau ▷ **legal entity** N personne *f* morale ▷ **legal fees** NPL frais *mpl* de justice ▷ **legal fiction** N fiction *f* juridique ▷ **legal holiday** N *(US)* jour *m* férié ▷ **the legal limit** N la limite légale ▷ **legal offence** N infraction *f* à la loi ▷ **legal opinion** N avis *m* juridique ▷ **legal proceedings** NPL procès *m*, poursuites *fpl* ◆ **to begin** *or* **start ~ proceedings against sb** engager des poursuites contre qn, intenter un procès à qn ▷ **the legal process** N la procédure (judiciaire) ▷ **the legal profession** N *(= lawyers)* les gens *mpl* de loi ; *(= occupation)* ◆ **to go into the ~ profession** faire une carrière juridique ▷ **legal redress** N réparation *f* en justice ▷ **legal representation** N représentation *f* en justice ▷ **legal successor** N ayant cause *m* ▷ **legal system** N système *m* juridique ▷ **legal tender** N *(Fin)* monnaie *f* légale ◆ **is this ~ tender?** *[banknote]* ce billet a-t-il cours ? ; *[coin]* cette pièce a-t-elle cours ?

**legalese** * /ˌliːgəˈliːz/ N *(pej)* jargon *m* des juristes

**legalism** /ˈliːgəˌlɪzəm/ N *(pej)* a *(word, point, rule etc)* argutie *f* juridique b *(turn of mind)* juridisme *m*, légalisme *m*

**legalistic** /ˌliːgəˈlɪstɪk/ ADJ *(pej)* légaliste

**legalistically** /ˌliːgəˈlɪstɪkəlɪ/ ADV *(frm)* d'un point de vue purement juridique

**legality** /lɪˈgælɪtɪ/ N légalité *f*

**legalization** /ˌliːgəlaɪˈzeɪʃən/ N légalisation *f*

**legalize** /ˈliːgəlaɪz/ VT légaliser

**legally** /ˈliːgəlɪ/ ADV *(gen)* légalement ◆ **to acquire sth ~** acquérir qch légalement *or* par des moyens légaux ◆ **~, the whole issue is a nightmare** du point de vue juridique, toute cette question est un cauchemar ◆ **it could be a bit problematic, ~ speaking** du point de vue juridique, ça pourrait poser un problème ◆ **the school is ~ responsible for your child's safety** du point de vue juridique *or* selon la loi, l'école est responsable de la sécurité de vos enfants ◆ **a lorry driver can ~ work eighty-two hours a week** selon la loi, les chauffeurs de poids lourds peuvent travailler jusqu'à 82 heures par semaine

**legate** /ˈlegɪt/ N légat *m*

**legatee** /ˌlegəˈtiː/ N légataire *mf*

**legation** /lɪˈgeɪʃən/ N légation *f*

**legator** /ˌlegəˈtɔːʳ/ N testateur *m*, -trice *f*

**legend** /ˈledʒənd/ N *(all senses)* légende *f* ◆ **a ~ in his own lifetime** une légende de son vivant ◆ **a living ~** une légende vivante

**legendary** /ˈledʒəndərɪ/ ADJ *(gen)* légendaire ◆ **to achieve ~ status** devenir légendaire

**-legged** /ˈlegɪd/ ADJ *(in compounds)* ◆ **four-legged** à quatre pattes, quadrupède *(frm)* ◆ **bare-legged** aux jambes nues ; → **three**

**leggings** /ˈlegɪŋz/ NPL *(for woman)* caleçon *m*, leggings *mpl* ; *(= legwarmers)* jambières *fpl* ; *(for baby)* petit pantalon *m* ; *(protective: for walker, farmer)* cuissardes *fpl*

**leggo** ‡ /leˈgəʊ/ EXCL ⇒ **let go** ; → **go**

**leggy** * /ˈlegɪ/ ADJ *[person]* aux longues jambes ; *(slightly pej) [youth etc]* tout en jambes ; *[animal]* aux longues pattes, haut sur pattes ◆ **a gorgeous ~ blonde** une magnifique blonde aux longues jambes

**Leghorn** /ˈlegˌhɔːn/ N *(Geog)* Livourne

**legibility** /ˌledʒɪˈbɪlɪtɪ/ N lisibilité *f*

**legible** /ˈledʒəbl/ ADJ lisible

**legibly** /ˈledʒəblɪ/ ADV de façon lisible

**legion** /ˈliːdʒən/ N *(lit, fig)* légion *f* ; → **foreign** ADJ légion *inv* ◆ **books on the subject are ~** les ouvrages sur ce sujet sont légion

> **Legion**
>
> La **British Legion** est un organisme d'aide aux anciens combattants et à leurs familles. Comptant de nombreux clubs locaux, elle organise des collectes au profit des associations caritatives de l'armée le jour anniversaire de l'armistice de la Première Guerre mondiale. C'est le "Poppy Day Appeal".
>
> L'**American Legion** remplit des fonctions similaires et aide à la réinsertion des anciens combattants. D'autre part, elle fait pression auprès du Congrès pour défendre leurs intérêts et milite en faveur d'une forte défense nationale. Elle compte également de nombreux clubs locaux où ses membres peuvent se retrouver.

**legionary** /ˈliːdʒənərɪ/ N légionnaire *m* ADJ de la légion

**legionella** /ˌliːdʒəˈnelə/ N légionellose *f*

**legionnaire** /ˌliːdʒəˈnɛəʳ/ N légionnaire *m* COMP ▷ **legionnaire's disease** N *(Med)* maladie *f* du légionnaire

**legislate** /ˈledʒɪsleɪt/ VI légiférer, faire des lois ◆ **to ~ against** faire des lois contre ◆ **the government's decision to ~ for immigration control** la décision du gouvernement de légiférer sur le contrôle de l'immigration ◆ **we can't ~ for people doing that** ça ne servirait à rien d'interdire aux gens de le faire VT ◆ **attempts to ~ a national energy strategy** des tentatives pour mettre en place, par la voie législative, une stratégie nationale de l'énergie ◆ **a clause which allows the EU to ~ a fuller anti-discrimination law** une clause qui permet à l'UE d'adopter une loi plus complète contre la discrimination

**legislation** /ˌledʒɪsˈleɪʃən/ N a *(= body of laws)* législation *f* ; *(= single law)* loi *f* ◆ **a piece of ~** une loi ◆ **to bring in** *or* **introduce ~** mettre en place des dispositions législatives ◆ **the government is considering ~ against ...** le gouvernement envisage de légiférer contre ... ◆ **we are in favour of ~ to abolish ...** nous sommes partisans d'une législation qui abolirait ... ◆ **under the present ~** sous la législation actuelle b *(NonC) (= making laws)* élaboration *f* des lois ; *(= enacting)* promulgation *f* des lois

**legislative** /ˈledʒɪslətɪv/ ADJ *(frm) [reform, assembly, powers, process]* législatif ; *[session]* parlementaire ; *[programme]* de lois ; *[proposals]* de loi ◆ **the ~ body** le (corps) législatif ◆ **a ~ agenda** *(US)* un programme de lois ◆ **~ drafting** *(US)* rédaction *f* des projets de loi

**legislator** /ˈledʒɪsleɪtəʳ/ N législateur *m*, -trice *f*

**legislature** /ˈledʒɪslətʃəʳ/ N (corps *m*) législatif *m*

**legist** /ˈliːdʒɪst/ N légiste *mf*

**legit** * /ləˈdʒɪt/ ADJ *[business, deal, person]* réglo * ◆ **to go ~** faire les choses dans les règles

**legitimacy** /lɪˈdʒɪtɪməsɪ/ N légitimité *f*

**legitimate** /lɪˈdʒɪtɪmɪt/ ADJ a *(= lawful) [action, government, business, child]* légitime ◆ **he has a ~ claim to the property** il a légitimement droit à cette propriété ◆ **it's ~ for the international community to intervene** il est légitime que la communauté internationale intervienne b *(= valid) [reason, excuse, argument, conclusion]* valable ; *[fear]* légitime ; *[complaint]* fondé ; *[target]* admissible ◆ **for ~ purposes** dans un but légitime, pour des motifs valables ◆ **it's perfectly ~ to raise objections** il est parfaitement légitime de soulever des objections c *(Theat)* ◆ **the ~ stage** *or* **theatre** *(gen)* le théâtre sérieux ; *(as opposed to cinema)* le théâtre VT /lɪˈdʒɪtɪmeɪt/ légitimer

**legitimately** /lɪˈdʒɪtɪmɪtlɪ/ ADV *[act, claim, argue, expect]* légitimement ◆ **a ~ elected government** un gouvernement élu légitimement ◆ **one might ~ believe/ask ...** on est en droit de croire/de demander ...

**legitim(iz)ation** /lɪˌdʒɪtɪm(aɪˈz)eɪʃən/ N légitimation *f*

**legitimize** /lɪˈdʒɪtɪmaɪz/ VT légitimer

**legless** /ˈleglɪs/ ADJ a *(lit)* sans jambes, cul-de-jatte b *(Brit * fig = drunk)* bourré *, rond *

**legman** * /ˈlegmæn/ N (pl **-men**) *(Press)* reporter *m* débutant (qui enquête sur le terrain) ; *(gen)* garçon *m* de courses

**Lego** ® /ˈlegəʊ/ N Lego ® *m* COMP ▷ **Lego brick** N bloc *m* de Lego ®

**legroom** /ˈlegrʊm/ N place *f* pour les jambes

**legume** /ˈlegjuːm/ N *(gen) (= plant)* légumineuse *f* ; *(= pod)* gousse *f*

**leguminous** /leˈgjuːmɪnəs/ ADJ légumineux

**legwork** * /ˈlegwɜːk/ N *[of reporter, investigator etc]* travail *m* sur le terrain ◆ **I had to do all the ~** *(gen)* c'est moi qui ai dû me déplacer

**Leibnitzian** /laɪbˈnɪtsɪən/ ADJ leibnizien

**Leics.** abbrev of **Leicestershire**

**Leipzig** /ˈlaɪpsɪg/ N Leipzig

**leisure** /ˈleʒəʳ, (US) ˈliːʒəʳ/ N *(NonC)* loisir *m*, temps *m* libre ◆ **she's a lady of ~** *(hum)* elle est rentière *(fig hum)* ◆ **a life of ~** une vie pleine de loisirs, une vie oisive *(pej)* ◆ **in my moments** *or* **hours of ~** à mes moments perdus, pendant mes loisirs ◆ **do it at your ~** prenez tout votre temps ◆ **think about it at (your) ~** réfléchissez-y à tête reposée ◆ **a park where the public can stroll at ~** un parc où l'on peut flâner à sa guise ◆ **he is not often at ~** il n'a pas souvent de temps libre COMP *[pursuits, activities]* de loisirs ; *[sector]* des loisirs ▷ **leisure centre** N *(Brit)* centre *m* de loisirs ▷ **leisure complex** N complexe *m* de loisirs ▷ **the leisure industry** N l'industrie *f* des loisirs ▷ **leisure occupations** NPL loisirs *mpl* ▷ **leisure suit** N costume *m* sport, tenue *f* décontractée ▷ **leisure time** N loisirs *mpl*, temps *m* libre ▷ **leisure wear** N *(NonC: Comm)* vêtements *mpl* décontractés

**leisured** /ˈleʒəd/ ADJ *[person, life, existence]* oisif ; *[meal]* tranquille ◆ **the ~ classes** les classes *fpl* oisives

**leisurely** /ˈleʒəlɪ/ ADJ *[pace, stroll, meal, occupation]* tranquille ◆ **to adopt a ~ approach to sth** aborder qch avec décontraction ◆ **to have a ~ bath** prendre tranquillement un bain ADV tranquillement, sans se presser

**leitmotif, leitmotiv** /ˈlaɪtməʊˌtiːf/ N *(Mus, fig)* leitmotiv *m*

**lem** /lem/ N *(Space)* lem *m*, module *m* lunaire

**lemma** /ˈlemə/ N (pl **lemmas** *or* **lemmata** /ˈlemətə/) *(Ling: gen)* vocable *m* ; *(Comput Ling)* lemme *m*

**lemmatization** /ˌleməˌtaɪˈzeɪʃən/ N lemmatisation *f*

**lemmatize** /ˈlemətaɪz/ VT lemmatiser

**lemming** /ˈlemɪŋ/ N lemming *m*

**lemon** /ˈlemən/ N a *(= fruit, drink)* citron *m* ; *(= tree)* citronnier *m* ; *(= colour)* citron *m* ; → **bitter** b * *(= idiot)* cruche * *f*, imbécile *mf* ; *(= defective object)* cochonnerie * *f* ◆ **I stood there like a ~** j'étais là comme un imbécile *or* une cruche * ADJ *(in colour)* citron *inv* COMP ▷ **lemon balm** N citronnelle *f*, eau *f* de mélisse ▷ **lemon cheese**, **lemon curd** N *(Brit)* crème *f* au citron ▷ **lemon drink** N citronnade *f* ▷ **lemon drop** N bonbon *m* (acidulé) au citron ▷ **lemon grass** N lemon-grass *m inv* ▷ **lemon grove** N plantation *f* de citronniers ▷ **lemon juice** N jus *m* de citron ; *(= drink)* citron *m* pressé ▷ **lemon soda** N *(esp US)* limonade *f* ▷ **lemon sole** N *(Brit)* limande-sole *f* ▷ **lemon squash** N ≈ citronnade *f* ▷ **lemon squeezer** N presse-citron *m*, presse-agrumes *m inv* ▷ **lemon tea** N thé *m* au citron ▷ **lemon tree** N citronnier *m* ▷ **lemon yellow** ADJ, N jaune citron *m inv*

**lemonade** /ˌleməˈneɪd/ N *(still)* citronnade *f* ; *(fizzy)* limonade *f*

**lemur** /ˈliːməʳ/ N maki *m*, lémur *m*

**lend** /lend/ (pret, ptp **lent**) VT a *[+ money, possessions]* prêter ◆ **to ~ sb sth, to ~ sth to sb** prêter qch à qn ◆ **to ~ money at 10%** prêter de l'argent à 10% ; → **lease**

b *(fig) [+ importance]* prêter, accorder (*to* à) ; *[+ dignity, mystery]* donner, conférer (*to* à) ◆ **to ~ credibility to sth** donner *or* conférer une certaine crédibilité à qch ◆ **to ~ authority to sth** conférer une certaine autorité à qch ◆ **to ~ an ear (to sb)** prêter l'oreille (à qn), écouter (qn) ; see also **ear**[1] ◆ **to ~ one's name to ...** prêter son nom à ..., accorder son patronage à ...

c *(reflexive)* ◆ **to ~ itself** (*or* **o.s.**) **to ...** se prêter à ... ◆ **the novel doesn't ~ itself to being filmed** ce roman ne se prête pas à une adaptation cinématographique ◆ **the programme doesn't really ~ itself to radio** cette émission ne se prête pas vraiment à la radio ◆ **these problems don't ~ themselves to quick solutions** ces problèmes ne se prêtent pas à des solutions rapides ◆ **he refused to ~ himself to such a dishonest scheme** il a refusé de cautionner un plan aussi malhonnête, il a refusé de se laisser impliquer dans une affaire aussi malhonnête ; → **hand, support, weight**

COMP ▷ **lend-lease** N *(US)* ⇒ **lease-lend** ; → **lease**

► **lend out** VT SEP *[+ object, book]* prêter

**lender** /ˈlendəʳ/ N prêteur *m*, -euse *f* ; → **moneylender**

**lending** /ˈlendɪŋ/ N prêt *m* ◆ **bank ~** le prêt bancaire COMP ▷ **lending library** N bibliothèque *f* de prêt ▷ **lending limit** N *(Fin)* plafond *m* de crédit ▷ **lending policy** N *(Fin)* politique *f* de prêt ▷ **lending rate** N *(Fin)* taux *m* de prêt, taux *m* d'intérêt débiteur

**length** /leŋ(k)θ/ N a *(NonC: in space)* longueur *f* ◆ **its ~ was 6 metres, it was 6 metres in ~** il faisait 6 mètres de long, sa longueur était de 6 mètres ◆ **what is the ~ of the field?, what ~ is the field?** quelle est la longueur du champ ? ◆ **along the whole ~ of the river** tout le long *or* sur toute la longueur de la rivière ◆ **what ~ do you want?** quelle longueur vous faut-il ?, il vous en faut combien (de long) ? ◆ **what ~ (of cloth) did you buy?** quel métrage (de tissu) as-tu acheté ? ◆ **the ship turns in its own ~** le navire vire sur place ◆ **over the ~ and breadth of England** dans toute l'Angleterre ◆ **to fall full ~, to go** *or* **measure one's ~** tomber *or* s'étaler * de tout son long ; see also **full** ; → **arm**[1]

**b** *(NonC: in time)* durée *f* ; *[of book, essay, letter, film, speech]* longueur *f* ◆ **what ~ is the film?, what's the ~ of the film?** quelle est la durée du film ? ◆ **~ of life** durée *f* de vie ◆ **for the whole ~ of his life** pendant toute la durée de sa vie ◆ **for what ~ of time?** pour combien de temps ?, pour quelle durée ? ◆ **for some ~ of time** pendant un certain temps, pendant quelque temps ◆ **the ~ of time he took to do it** le temps qu'il a mis à le faire ◆ **~ of service** ancienneté *f* ◆ **4,000 words in ~** *(essay, book)* de 4 000 mots

◆ **at + length** *(= at last)* enfin, à la fin ◆ **at (great) ~** *(= for a long time)* fort longuement ; *(= in detail)* dans le détail, en long et en large

◆ **to go to the length/to ... lengths** ◆ **he went to the ~ of asking my advice** il est allé jusqu'à me demander conseil ◆ **I've gone to great ~s to get it finished** je me suis donné beaucoup de mal pour le terminer ◆ **he would go to any ~(s) to succeed** il ne reculerait devant rien pour réussir ◆ **I didn't think he would go to such ~s to get the job** je n'aurais pas cru qu'il serait allé jusque-là pour avoir le poste

**c** *(Sport)* longueur *f* ◆ **to win by a ~** gagner d'une longueur ◆ **he was two ~s behind** il avait deux longueurs de retard ◆ **the race will be swum over six ~s** la course se nagera sur six longueurs ◆ **four ~s of the pool** quatre longueurs de piscine ◆ **he was about three car ~s behind me** il était à trois longueurs de voiture derrière moi

**d** *(Phon) [of vowel]* quantité *f* ; *[of syllable]* longueur *f*

**e** *(= section) [of rope, wire]* morceau *m*, bout *m* ; *[of wallpaper]* lé *m*, laize *f* ; *[of cloth]* métrage *m*, pièce *f* ; *[of tubing]* morceau *m*, bout *m* ; *[of track]* tronçon *m* ◆ **cut into metre ~s** coupé en morceaux d'un mètre ◆ **I bought several ~s of dress material** j'ai acheté plusieurs métrages de tissu de confection ◆ **dress/skirt ~** *(Sewing)* hauteur *f* de robe/de jupe

**COMP** ▷ **length mark** N *(Ling)* signe *m* diacritique de longueur

**-length** /leŋ(k)θ/ ADJ *(in compounds)* ◆ **ankle-length skirt** jupe *f* qui descend jusqu'aux chevilles ◆ **elbow-length sleeve** manche *f* mi-longue ; → **shoulder**

**lengthen** /ˈleŋ(k)θən/ **VT** *[+ object]* allonger, rallonger ; *[+ visit, life]* prolonger ; *(Phon) [+ vowel]* allonger ◆ **to ~ one's stride** allonger le pas **VI** *[object, process, cycle, shadows, queue]* s'allonger ; *[visit, silence]* se prolonger ; *[skirts]* rallonger ◆ **the days/nights are ~ing** les jours/nuits rallongent ◆ **the intervals between his visits were ~ing** ses visites s'espaçaient

**lengthily** /ˈleŋ(k)θɪlɪ/ ADV longuement

**lengthways** /ˈleŋ(k)θ,weɪz/, **lengthwise** /ˈleŋ(k)θ,waɪz/ **ADV** dans le sens de la longueur **ADJ** longitudinal

**lengthy** /ˈleŋ(k)θɪ/ ADJ très long (longue *f*) ◆ **a ~ process** un processus très long ◆ **~ delays on the M8** de très forts ralentissements sur la M8 ◆ **for a ~ period of time** pendant très longtemps ◆ **patients who have a ~ wait for treatment** les patients qui doivent attendre très longtemps pour être soignés

**lenience** /ˈliːnɪəns/, **leniency** /ˈliːnɪənsɪ/ N *[of parent, teacher, treatment, view]* indulgence *f* ; *[of government, judge, sentence]* clémence *f*

**lenient** /ˈliːnɪənt/ ADJ *[parent, teacher, treatment, view]* indulgent (*with sb* avec qn) ; *[government, judge, sentence]* clément

**leniently** /ˈliːnɪəntlɪ/ ADV *[treat]* avec indulgence

**Lenin** /ˈlenɪn/ N Lénine *m*

**Leningrad** /ˈlenɪŋgræd/ N Leningrad

**Leninism** /ˈlenɪ,nɪzəm/ N léninisme *m*

**Leninist** /ˈlenɪnɪst/ ADJ, N léniniste *mf*

**lens** /lenz/ **N** *(for magnifying)* lentille *f* ; *[of camera]* objectif *m* ; *[of spectacles]* verre *m* ; *(also* **contact lens***)* lentille *f*, verre *m* de contact ; *[of eye]* cristallin *m* ; → **contact, telephoto lens, wide** **COMP** ▷ **lens cap** N *(Phot)* bouchon *m* d'objectif ▷ **lens field** N angle *m* de couverture ▷ **lens holder** N porte-objectif *m inv* ▷ **lens hood** N pare-soleil *m inv*

**Lent** /lent/ N *(Rel)* le carême ◆ **in** *or* **during ~** pendant le carême ◆ **to keep ~** observer le carême, faire carême ◆ **I gave it up for ~** j'y ai renoncé pour le carême

**lent** /lent/ VB (pt, ptp of **lend**)

**Lenten** /ˈlentən/ ADJ de carême

**lentil** /ˈlentl/ N *(Bot, Culin)* lentille *f* ◆ **~ soup** soupe *f* aux lentilles

**Leo** /ˈliːəʊ/ N *(Astron)* Lion *m* ◆ **I'm (a) ~** *(Astrol)* je suis (du) Lion

**Leonard** /ˈlenəd/ N Léonard *m*

**Leonardo (da Vinci)** /,liːəˈnɑːdəʊ(dəˈvɪntʃɪ)/ N Léonard de Vinci *m*

**Leonian** /liːˈəʊnɪən/ N ◆ **to be a ~** être (du) Lion

**leonine** /ˈliːənaɪn/ ADJ léonin

**leopard** /ˈlepəd/ N léopard *m* ◆ **the ~ cannot change its spots** *(Prov)* on ne peut pas changer sa nature, chassez le naturel, il revient au galop

**leopardess** /ˈlepədes/ N léopard *m* femelle

**leopardskin** /ˈlepədskɪn/ N peau *f* de léopard

**leotard** /ˈliːətɑːd/ N justaucorps *m*

**leper** /ˈlepə^r^/ N *(Med)* lépreux *m*, -euse *f* ; *(fig)* pestiféré *m* ◆ **~ colony** léproserie *f*

**lepidoptera** /,lepɪˈdɒptərə/ NPL lépidoptères *mpl*

**lepidopterist** /,lepɪˈdɒptərɪst/ N lépidoptériste *mf*

**leprechaun** /ˈleprəkɔːn/ N lutin *m*, farfadet *m*

**leprosy** /ˈleprəsɪ/ N lèpre *f*

**leprous** /ˈleprəs/ ADJ lépreux

**lesbian** /ˈlezbɪən/ **ADJ** *[woman, activist, feminist]* lesbien ; *[couple]* de lesbiennes ; *[relationship, affair]* homosexuel *(entre femmes)* ◆ **~ sex** rapports *mpl* homosexuels entre femmes ◆ **~ and gay community** communauté *f* lesbienne et gay ◆ **~ and gay issues** questions *fpl* concernant les lesbiennes et les gays ◆ **~ and gay movement/rights** mouvement *m*/droits *mpl* des lesbiennes et des gays ◆ **~ and gay people** les lesbiennes *fpl* et les gays *mpl* **N** lesbienne *f*

**lesbianism** /ˈlezbɪənɪzəm/ N lesbianisme *m*, homosexualité *f* féminine

**lesion** /ˈliːʒən/ N lésion *f*

**Lesotho** /lɪˈsuːtuː/ N Lesotho *m* ◆ **in ~** au Lesotho

**less** /les/ (compar of **little**[2]) **ADJ, PRON** *(in amount, size, degree)* moins (de) ◆ **~ butter** moins de beurre ◆ **even ~** encore moins ◆ **even** *or* **still ~ butter** encore moins de beurre ◆ **much ~ milk** beaucoup moins de lait ◆ **a little ~ cream** un peu moins de crème ◆ **~ and ~** de moins en moins ◆ **~ and ~ money** de moins en moins d'argent ◆ **he couldn't have done ~ if he'd tried** il aurait pu difficilement (en) faire moins ◆ **of ~ importance** de moindre importance, de moins d'importance ◆ **I have ~ time for reading** j'ai moins le temps de lire, j'ai moins de temps pour lire ◆ **can't you let me have it for ~?** vous ne pouvez pas me faire un prix ? ◆ **~ of your cheek!** * ça suffit ! ◆ **~ noise please!** moins de bruit s'il vous plaît ! ◆ **~ of that** *or* **it!** assez !, ça suffit ! ◆ **with ~ trouble** avec moins de mal ◆ **he knows little German and ~ Russian** il ne connaît pas bien l'allemand et encore moins le russe ◆ **he has little but I have ~** il n'a pas grand-chose mais j'en ai encore moins ◆ **we must see ~ of her** il faut que nous la voyions *subj* moins souvent

◆ **less ... than** moins ... que ; *(before a number)* moins de ... ◆ **I have ~ than you** j'en ai moins que vous ◆ **I need ~ than that** il m'en faut moins que cela ◆ **I have ~ money than you** j'ai moins d'argent que vous ◆ **it costs ~ than the export model** il coûte moins cher que le modèle d'exportation ◆ **it was ~ money than I expected** c'était moins (d'argent) que je n'escomptais ◆ **~ than half the audience** moins de la moitié de l'assistance ◆ **I got ~ out of it than you did** j'en ai tiré moins de profit que toi ◆ **it took ~ time than I expected** cela a pris moins de temps que je ne pensais ◆ **we eat ~ bread than we used to** nous mangeons moins de pain qu'avant ◆ **he did ~ to help them than his brother did** il a moins fait *or* fait moins pour les aider que son frère ◆ **it is ~ than perfect** on ne peut pas dire que ce soit parfait ◆ **in ~ than a month** en moins d'un mois ◆ **in ~ than no time** * en un rien de temps, en moins de deux * ◆ **not ~ than one kilo** pas moins d'un kilo ◆ **a sum ~ than 10 euros** une somme de moins de 10 € ◆ **it's ~ than you think** c'est moins que vous ne croyez ◆ **I won't sell it for ~ than $10** je ne le vendrai pas à *or* pour moins de 10 dollars

◆ **no less** ◆ **with no ~ skill than enthusiasm** avec non moins d'habileté que d'enthousiasme ◆ **no ~ a person than the Prime Minister** rien moins que le Premier ministre ◆ **he's bought a car, no ~** * il s'est payé une voiture, rien que ça * ◆ **I was told the news by the bishop, no ~** * c'est l'évêque en personne, s'il vous plaît *, qui m'a appris la nouvelle ◆ **he has no ~ than four months' holiday a year** il a au moins quatre mois de vacances par an ◆ **it costs no ~ than £100** ça ne coûte pas moins de 100 livres ◆ **I think no ~ of him for that** il n'est pas descendu dans mon estime pour autant

◆ **the less ...** ◆ **there will be so much the ~ to pay** cela fera autant de moins à payer ◆ **the ~ said about it the better** mieux vaut ne pas en parler ◆ **the ~ you buy the ~ you spend** moins vous achetez, moins vous dépensez ◆ **I think none the ~ of him** *or* **I don't think any the ~ of him for that** il n'est pas descendu dans mon estime pour autant

◆ **nothing less than** rien moins que, tout simplement ◆ **he's nothing ~ than a thief** c'est tout simplement un voleur, ce n'est qu'un voleur ◆ **nothing ~ than a bomb would move them** il faudrait au moins une bombe pour les faire bouger ◆ **nothing ~ than a public apology will satisfy him** il ne lui faudra rien moins que des excuses publiques pour le satisfaire ◆ **it's nothing ~ than disgraceful** le moins qu'on puisse dire c'est que c'est une honte

**ADV** moins ◆ **you must eat ~** vous devez moins manger, il faut que vous mangiez *subj* moins ◆ **I must see you ~** il faut que je vous voie moins souvent ◆ **to grow ~** diminuer ◆ **that's ~ important** c'est moins important, ça n'est pas si important ◆ **~ and ~** de moins en moins ◆ **still ~, much ~, even ~** encore moins ◆ **~ regularly/often** moins régulièrement/souvent ◆ **whichever is (the) ~ expensive** le moins cher des deux ◆ **he is ~ well known** il est moins (bien) connu ◆ **he was (all) the ~ pleased as he'd**

**refused to give his permission** il était d'autant moins content qu'il avait refusé son autorisation ◆ **he wasn't expecting me but he was none the ~ pleased to see me** il ne m'attendait pas mais il n'en était pas moins content de me voir

♦ **less ... than** moins ... que ◆ **it's ~ expensive than you think** c'est moins cher que vous ne croyez ◆ **he was ~ hurt than frightened** il a eu plus de peur que de mal ◆ **the problem is ~ one of capital than of personnel** ce n'est pas tant *or* c'est moins un problème de capital qu'un problème de personnel ◆ **he was ~ annoyed than amused** il était moins fâché qu'amusé ◆ **it is ~ a short story than a novel** c'est moins une nouvelle qu'un roman

♦ **no less ... than** ◆ **she is no ~ intelligent than you** elle n'est pas moins intelligente que vous ◆ **he criticized the director no ~ than the caretaker** il a critiqué le directeur tout autant que le concierge

♦ **the less ...** + *comparative* ◆ **the ~ he works the ~ he earns** moins il travaille, moins il gagne ◆ **the ~ you worry about it the better** moins vous vous ferez du souci à ce sujet, mieux ça vaudra ; → **more**

PREP moins ◆ **~ 10% discount** moins 10% de remise ◆ **in a year ~ four days** dans un an moins quatre jours

**...less** /lɪs/ SUF ◆ **hatless** sans chapeau ◆ **childless** sans enfants

**lessee** /le'siː/ N preneur *m*, -euse *f* (à bail)

**lessen** /'lesn/ VT *(gen)* diminuer ; *[+ cost]* réduire ; *[+ anxiety, pain]* atténuer ; *[+ effect, shock]* amortir ; *(Pol) [+ tension]* relâcher VI diminuer, s'amoindrir ; *[pain]* s'atténuer ; *[tension]* se relâcher

**lessening** /'lesnɪŋ/ N *(NonC)* diminution *f*, amoindrissement *m* ◆ **~ of tension** *(Pol)* détente *f*

**lesser** /'lesəʳ/ ADJ a moindre ◆ **to a ~ degree** *or* **extent** à un moindre degré, à un degré moindre ◆ **the ~ of two evils** le moindre de deux maux ◆ **we ~ mortals** * *or* **beings** * *(hum)* nous (autres) simples mortels *(hum)* b *(Bot, Zool, Geog)* petit COMP ▷ **the Lesser Antilles** NPL les Petites Antilles *fpl* ▷ **lesser celandine** N ficaire *f* ▷ **lesser panda** N petit panda *m*

**lesson** /'lesn/ N a *(gen)* leçon *f* ; *(in school, college etc)* leçon *f*, cours *m* ◆ **a French/geography** *etc* **~** une leçon *or* un cours de français/de géographie *etc* ◆ **swimming/driving ~** leçon *f* de natation/de conduite ◆ **to have** *or* **take ~s in** prendre des leçons de ◆ **to give ~s in** donner des leçons de ◆ **we have ~s from nine to midday** nous avons classe *or* cours de 9 heures à midi ◆ **~s start at 9 o'clock** la classe commence *or* les cours commencent à 9 heures ◆ **let that be a ~ to you!** que cela te serve de leçon ! ; → **private, teach** b *(Rel)* leçon *f* ; → **read** COMP ▷ **lesson plans** NPL *(Scol)* dossier *m* pédagogique

**lessor** /le'sɔːʳ/ N bailleur *m*, -eresse *f*

**lest** /lest/ CONJ *(liter)* de peur *or* de crainte de + *infin*, de peur *or* de crainte que (+ ne) + *subj* ◆ **he took the map ~ he should get lost** il a pris la carte de peur *or* crainte de se perdre, il a pris la carte au cas où il se perdrait ◆ **I gave him the map ~ he should get lost** je lui ai donné la carte de peur *or* de crainte qu'il (ne) se perde, je lui ai donné la carte au cas où il se perdrait ◆ **~ anyone had forgotten, may I remind you that ...** au cas où certains auraient oublié, permettez-moi de vous rappeler que ... ◆ **I was afraid ~ he should** *or* **might fall** je craignais qu'il ne tombe *subj* *or* ne tombât *subj* *(frm)* ◆ **"lest we forget"** *(on war memorial etc)* "in memoriam"

**let**[1] /let/ LANGUAGE IN USE 3.1, 9, 26.1 (pret, ptp **let**)

VT a *(= allow)* laisser ◆ **to ~ sb do sth** laisser qn faire qch ◆ **he wouldn't ~ us** il n'a pas voulu ◆ **she wanted to help but her mother wouldn't ~ her** elle voulait aider mais sa mère ne l'a pas laissée faire ◆ **I won't ~ you be treated like that** je ne permettrai pas qu'on vous traite *subj* de cette façon ◆ **I won't ~ it be said that ...** je ne permettrai pas que l'on dise que ... ◆ **to ~ sb into a secret** révéler un secret à qn ◆ **don't ~ it get you down** * ne te laisse pas démoraliser pour autant * ◆ **don't ~ me forget** rappelle-le-moi, tu m'y feras penser ◆ **don't ~ the fire go out** ne laisse pas s'éteindre le feu ◆ **~ me have a look** faites voir ◆ **~ me help you** laissez-moi vous aider ◆ **~ me give you some advice** permettez-moi de vous donnez un conseil ◆ **~ me take your coat** laissez-moi vous débarrasser de votre manteau ◆ **~ me tell you ...** que je vous dise ... *or* raconte *subj* ... ◆ **when can you ~ me have it?** quand est-ce que je pourrai l'avoir *or* le prendre ? ◆ **~ him have it!** *(= give)* donnez-le-lui ! ; (* *= shoot, strike etc)* règle-lui son compte ! * ◆ **~ him be!** laisse-le (tranquille) ! ◆ **(just you) ~ me catch you stealing again!** * que je t'attrape *subj* or t'y prenne encore à voler ! ◆ **the hunted man ~ himself be seen** l'homme traqué s'est laissé repérer ◆ **I ~ myself be persuaded** je me suis laissé convaincre ; → **alone, drop, fall, fly**[3]**, go, know, lie**[1]

b *(used to form imperative of 1st person)* **~ us** *or* **~'s go for a walk** allons nous promener ◆ **~'s go!** allons-y ! ◆ **~'s get out of here!** filons !, fichons le camp (d'ici) ! * ◆ **don't ~'s** * *or* **~'s not start yet** ne commençons pas tout de suite ◆ **don't ~ me keep you** que je ne vous retienne pas ◆ **don't ~ me see you doing that again** que je ne t'y reprenne pas, que je ne te revoie pas faire ça ◆ **~ us pray** prions ◆ **~ me see (now) ..., ~'s see (now) ...** voyons ... ◆ **~ me think** laissez-moi réfléchir ; → **say**

c *(used to form imperative of 3rd person)* **if he wants the book, ~ him come and get it himself** s'il veut le livre, qu'il vienne le chercher lui-même *or* il n'a qu'à venir le chercher lui-même ◆ **~ him say what he likes, I don't care** qu'il dise ce qu'il veut, ça m'est égal ◆ **~ no one believe that I will change my mind** que personne ne s'imagine *subj* que je vais changer d'avis ◆ **~ that be a warning to you** que cela vous serve d'avertissement ◆ **~ there be light** que la lumière soit ◆ **just ~ them try!** qu'ils essaient *subj* un peu ! ◆ **~ it be done at once** *(frm)* qu'on le fasse tout de suite ◆ **~ x equal two** *(Math)* soit x égal à deux

d *(Med)* **to ~ blood** tirer du sang, faire une saignée

e ◆ **to ~ a window/door into a wall** percer *or* ouvrir une fenêtre/porte dans un mur

f *(esp Brit = hire out) [+ house etc]* louer, mettre en location ◆ **"flat to let"** "appartement à louer" ◆ **"to let", "to be let"** "à louer"

N *[of house etc]* location *f* ◆ **I'm looking for a long/short ~ for my villa** je cherche à louer ma villa pour une longue/brève période

COMP ▷ **let alone** CONJ → **alone** ▷ **let-down** * N déception *f* ◆ **what a ~-down!** quelle déception ! ◆ **the film was a ~-down after the book** le film était décevant par rapport au livre ▷ **let-out** N *(Brit)* échappatoire *f*, issue *f* ▷ **let-up** * N *(= decrease)* diminution *f* ; *(= stop)* arrêt *m* ; *(= respite)* relâchement *m*, répit *m* ◆ **if there is a ~-up in the rain** si la pluie s'arrête un peu ◆ **he worked five hours without (a) ~-up** il a travaillé cinq heures d'affilée *or* sans s'arrêter ◆ **there will be no ~-up in my efforts** je ne relâcherai pas mes efforts

► **let away** VT SEP *(= allow to leave)* laisser partir ◆ **the headmaster ~ the children away early today** le directeur a laissé partir *or* a renvoyé les enfants tôt aujourd'hui ◆ **you can't ~ him away with that!** tu ne peux pas le laisser s'en tirer comme ça !

► **let down**

VT SEP a *[+ window]* baisser ; *[+ one's hair]* dénouer, défaire ; *[+ dress]* rallonger ; *[+ tyre]* dégonfler ; *(on rope etc) [+ person, object]* descendre ◆ **to ~ down a hem** défaire un ourlet *(pour rallonger un vêtement)* ◆ **he ~ me down gently** *(fig) (in giving bad news)* il me l'a dit *or* il m'a traité avec ménagement ; *(in punishing etc)* il n'a pas été trop sévère avec moi ; see also **hair**

b *(= disappoint, fail)* faire faux bond à, décevoir ◆ **we're expecting you on Sunday, don't ~ us down** nous vous attendons dimanche, nous comptons sur vous *or* ne nous faites pas faux bond ◆ **he's ~ me down several times** il m'a déçu plusieurs fois *or* à plusieurs reprises ◆ **to feel ~ down** être déçu ◆ **that shop has ~ me down before** j'ai déjà été déçu par cette boutique ◆ **the car ~ me down** la voiture m'a joué des tours ◆ **my watch never ~s me down** ma montre est toujours à l'heure ◆ **you've ~ the team down** ta façon de jouer a beaucoup déçu *or* desservi l'équipe ◆ **you've ~ the side down** *(fig)* tu ne nous (*or* leur) as pas fait honneur ◆ **the weather ~ us down** le beau temps n'a pas été de la partie

N ◆ **let-down** * → **let**[1]

► **let in** VT SEP *[+ person, cat]* faire entrer, laisser entrer, ouvrir (la porte) à ◆ **can you ~ him in?** pouvez-vous lui ouvrir (la porte) ? ◆ **the maid ~ him in** la bonne lui a ouvert la porte *or* l'a fait entrer ◆ **he pleaded with us to ~ him in** il nous a suppliés de le laisser entrer *or* de lui ouvrir (la porte) ◆ **they wouldn't ~ me in** ils ne voulaient pas me laisser entrer ◆ **he ~ himself in with a key** il a ouvert (la porte) *or* il est entré avec une clé ◆ **to ~ in water** *[shoes, tent]* prendre l'eau ; *[roof]* laisser entrer *or* passer la pluie ◆ **the curtains ~ the light in** les rideaux laissent entrer la lumière ◆ **this camera ~s the light in** cet appareil-photo laisse passer la lumière ◆ **to ~ the clutch in** *(Aut)* embrayer

♦ **to let sb in for sth** * ◆ **see what you've ~ me in for now!** tu vois dans quelle situation tu me mets maintenant ! ◆ **if I'd known what you were ~ting me in for I'd never have come** si j'avais su dans quoi tu allais m'entraîner je ne serais jamais venu ◆ **you're ~ting yourself in for trouble** tu te prépares des ennuis ◆ **you don't know what you're ~ting yourself in for** tu ne sais pas à quoi tu t'engages ◆ **I ~ myself in for doing the washing-up** je me suis laissé coincer pour la corvée de vaisselle ◆ **I got ~ in for a £5 donation** j'ai dû donner cinq livres

♦ **to let sb in on sth** mettre qn au courant de qch ◆ **can't we ~ him in on it?** ne peut-on pas le mettre au courant ?

► **let off** VT SEP a *(= cause to explode, fire etc) [+ bomb]* faire éclater ; *[+ firework]* tirer, faire partir ; *[+ firearm]* faire partir

b *(= release)* dégager, lâcher ◆ **to ~ off steam** *[boiler, engine]* lâcher *or* dégager de la vapeur ; * *(fig) [person] [+ anger]* décharger sa bile ; *[+ excitement]* se défouler *

c *(= allow to leave)* laisser partir ◆ **they ~ the children off early today** aujourd'hui ils ont laissé partir *or* renvoyé les enfants de bonne heure ◆ **will you please ~ me off at 3 o'clock?** pourriez-vous s'il vous plaît me laisser partir à 3 heures ?

d *(= excuse)* dispenser ◆ **to ~ sb off (doing) sth** dispenser qn de (faire) qch ◆ **if you don't want to do it, I'll ~ you off** si tu ne veux pas le faire, je t'en dispense

e *(= not punish)* ne pas punir, faire grâce à ◆ **he ~ me off** il ne m'a pas puni ◆ **I'll ~ you off this time** je vous fais grâce *or* je ferme les yeux pour cette fois ◆ **the headmaster ~ him off with a warning** le directeur lui a seulement donné un avertissement ◆ **he was ~ off with a fine** il s'en est tiré avec une amende, il en a été quitte pour une amende ◆ **to ~ sb off lightly** laisser qn s'en tirer à bon compte

f *[+ rooms etc]* louer ◆ **the house has been ~ off in flats** la maison a été louée en plusieurs appartements

► **let on** *

VI *(= tell)* ◆ **I won't ~ on** je ne dirai rien, je garderai ça pour moi ◆ **they knew the answer but they didn't ~ on** ils connaissaient la réponse mais ils n'ont pas pipé ◆ **don't ~ on!** motus ! ◆ **don't ~ on about what they did** ne va pas raconter *or* dire ce qu'ils ont fait ◆ **she didn't ~ on that she'd seen me** elle n'a pas dit qu'elle m'avait vu

VT SEP a *(= admit, acknowledge)* dire, aller raconter (*that* que)

b *(= pretend)* prétendre, raconter (*that* que)

► **let out**

VI ◆ **to let out at sb** *(with fists, stick etc)* envoyer des coups à qn ; *(= abuse)* injurier qn ; *(= speak angrily to)* attaquer qn ; *(= scold)* réprimander qn sévèrement

VT SEP a *(= allow to leave) [+ person, cat]* faire *or* laisser sortir ; *(= release) [+ prisoner]* relâcher ; *[+ sheep, cattle]* faire sortir (*of* de) ; *[+ caged bird]* lâcher ◆ **~ me out!** laissez-moi sortir ! ◆ **I'll ~ you out** je vais vous ouvrir la porte *or* vous reconduire ◆ **the watchman ~ me out** le veilleur m'a fait sortir ◆ **he ~ himself out quietly** il est sorti sans faire de bruit, il a ouvert la porte sans faire de bruit ◆ **I'll ~ myself out** pas besoin de me reconduire ◆ **they are ~ out of school at 4** on les libère à 16 heures ◆ **to ~ the air out of a tyre** dégonfler un pneu ◆ **to ~ the water out of the bath** vider l'eau de la baignoire ; → **cat**

b *[+ fire, candle]* laisser s'éteindre

c *(= reveal) [+ secret, news]* laisser échapper, révéler ◆ **don't ~ it out that ...** ne va pas raconter que ...

d *[+ shout, cry]* laisser échapper ◆ **to ~ out a laugh** faire entendre un rire

e *[+ dress]* élargir ◆ **to ~ one's belt out by two holes** desserrer sa ceinture de deux crans ◆ **to ~ out a seam** défaire une couture *(pour agrandir un vêtement)*

f *(= remove suspicion from)* disculper, mettre hors de cause ; *(= exclude)* exclure, éliminer ◆ **his alibi ~s him out** son alibi le met hors de cause ◆ **if it's a bachelor you need that ~s me out** si c'est un célibataire qu'il vous faut je ne peux pas faire votre affaire

g *(esp Brit) [+ house etc]* louer

N ◆ **let-out** → **let**¹

► **let past** VT SEP *[+ person, vehicle, animal, mistake]* laisser passer

► **let through** VT SEP *[+ vehicle, person, light]* laisser passer

► **let up**

VI *[rain]* diminuer ; *[cold weather]* s'adoucir ◆ **he didn't ~ up until he'd finished** il ne s'est accordé aucun répit avant d'avoir fini ◆ **she worked all night without ~ting up** elle a travaillé toute la nuit sans relâche ◆ **what a talker she is, she never ~s up!** quelle bavarde, elle n'arrête pas ! ◆ **to ~ up on sb** * lâcher la bride à qn

VT SEP *(= allow to rise)* ◆ **to ~ sb up** permettre à qn de se lever

N ◆ **let-up** * → **let**¹

**let**² /let/ N a *(Tennis)* let *m*, balle *f* à remettre ◆ **to play a ~** jouer un let, remettre le service ◆ **~ ball** balle *f* de let ◆ **~!** net !, let ! b *(Jur)* **without ~ or hindrance** librement, sans empêchement aucun

**letch** * /letʃ/ VI ⇒ **lech**

**lethal** /ˈliːθəl/ ADJ *(= causing death) [poison, chemical, gas, effect, injection, dose]* mortel ; *[attack, blow]* fatal ; *[weapon, explosion]* meurtrier ◆ **(by) ~ injection** (par) injection *f* (d'une dose) mortelle ◆ **a ~ combination** *or* **cocktail (of ...)** *[of drink, drugs etc]* un mélange fatal (de ...) ; *(fig) [of ignorance, fear, poverty etc]* un mélange explosif *or* détonant (de ...) ; *(Pol, Mil)* ◆ **~/non-~ aid** aide *f* militaire/humanitaire ◆ **that stuff is ~!** * *(hum: coffee, beer etc)* c'est infect !

**lethargic** /lɪˈθɑːdʒɪk/ ADJ a *(= tired) [person]* léthargique ; *[movement]* indolent ◆ **to feel ~** se sentir tout mou b *(Comm, St Ex)* léthargique ◆ **trading was ~** les affaires étaient moroses

**lethargy** /ˈleθədʒɪ/ N léthargie *f*

**LETS** /lets/ N (abbrev of **Local Exchange Trading Scheme** *or* **System**) SEL *m*

**let's** /lets/ ⇒ **let us** ; → **let**¹

**Lett** /let/ ADJ, N ⇒ **Latvian**

**letter** /ˈletəʳ/ N a *[of alphabet]* lettre *f* ◆ **the ~ L** la lettre L ◆ **it was printed in ~s 15cm high** c'était écrit en lettres de 15 cm de haut ◆ **the ~ of the law** la lettre de la loi ◆ **he followed the instructions to the ~** il a suivi les instructions à la lettre *or* au pied de la lettre ◆ **to have a lot of ~s after** *(Brit)* **or behind** *(US)* **one's name** être bardé de diplômes ; → **block, capital, red**

b *(= written communication)* lettre *f* ◆ **I wrote her a ~** je lui ai écrit une lettre ◆ **thank you for your ~ of 1 June 1996** je vous remercie pour votre lettre du 1^er^ juin 1996 ◆ **were there any ~s for me?** y avait-il du courrier *or* des lettres pour moi ? ◆ **to write a ~ of complaint/support/apology/protest** écrire une lettre de réclamation/de soutien/d'excuse/de protestation ◆ **she apologized/complained by ~** elle a envoyé une lettre d'excuse/de réclamation ◆ **he was invited by ~** il a reçu une invitation écrite ◆ **his appointment to the post was confirmed by ~** il a reçu une lettre confirmant sa nomination ◆ **the news came in a ~ from her brother** une lettre de son frère annonçait la nouvelle ◆ **"The Letters of Virginia Woolf"** "La correspondance de Virginia Woolf", "Les lettres de Virginia Woolf" ; → **covering, love, open**

c *(= literature)* ◆ **~s** (belles-)lettres *fpl* ◆ **man of ~s** homme *m* de lettres

d *(US Scol)* distinctions *fpl (pour succès sportifs)*

VT a *(= put letter on)* **I've ~ed the packets according to the order they arrived in** j'ai inscrit des lettres sur les paquets selon leur ordre d'arrivée ◆ **she ~ed the envelopes from A to M** elle a marqué les enveloppes de A à M

b *(= add lettering to)* ◆ **the book cover was ~ed in gold** la couverture du livre portait une inscription en lettres d'or ◆ **the case is ~ed with my initials** l'étui est gravé à mes initiales, mes initiales sont gravées sur l'étui

COMP ▷ **letter bomb** N lettre *f* piégée ▷ **letter-card** N *(Brit)* carte-lettre *f* ▷ **letter of acknowledgement** N *(Comm)* lettre *f* accusant réception ▷ **letter of attorney** N *(Jur)* procuration *f* ▷ **letter of credence** N ⇒ **letters of credence** ▷ **letter of credit** N *(Fin)* lettre *f* de crédit ▷ **letter of intent** N lettre *f* d'intention ▷ **letter of introduction** N lettre *f* de recommandation ▷ **letter of request** N *(Jur)* commission *f* rogatoire ▷ **letter opener** N coupe-papier *m inv* ▷ **letter paper** N papier *m* à lettres ▷ **letter-perfect** ADJ *(US)* ◆ **to be ~-perfect in sth** connaître qch sur le bout des doigts ▷ **letter quality** N *(Comput)* qualité *f* "courrier" ▷ **letter rogatory** N ⇒ **letter of request** ▷ **letters of credence** NPL *(Diplomacy)* lettres *fpl* de créance ▷ **letters patent** NPL lettres *fpl* patentes ▷ **letter-writer** N ◆ **he's a good/bad ~-writer** c'est un bon/mauvais correspondant *or* épistolier *(hum)*

**letterbox** /ˈletəbɒks/ N *(esp Brit)* boîte *f* aux *or* à lettres

**lettered** /ˈletəd/ ADJ *[person]* lettré ; see also **letter**

**letterhead** /ˈletəhed/ N en-tête *m* (de lettre)

**lettering** /ˈletərɪŋ/ N *(NonC)* *(= engraving)* gravure *f* ; *(= letters)* caractères *mpl*

**letterpress** /ˈletəpres/ N *(Typ)* *(= method)* typographie *f* ; *(= text)* texte *m* imprimé

**letting** /ˈletɪŋ/ N a *[of flat etc]* location *f* b → **bloodletting**

**lettuce** /ˈletɪs/ N *(as plant, whole)* laitue *f* ; *(leaves, as salad)* salade *f*

**leucocyte, leukocyte** *(esp US)* /ˈluːkəˌsaɪt/ N leucocyte *m*

**leucotomy, leukotomy** *(esp US)* /luːˈkɒtəmɪ/ N leucotomie *f*, lobotomie *f* cérébrale

**leukaemia, leukemia** *(esp US)* /luːˈkiːmɪə/ N leucémie *f*

**leukocyte** /ˈluːkəˌsaɪt/ N *(esp US)* ⇒ **leucocyte**

**leukotomy** /luːˈkɒtəmɪ/ N *(esp US)* ⇒ **leucotomy**

**Levant** /lɪˈvænt/ N Levant *m*

**Levantine** /ˈlevəntaɪn/ ADJ levantin N *(Hist)* Levantin(e) *m(f)*

**levee**¹ /ˈlevɪ/ N *(= raised riverside of silt)* levée *f* naturelle ; *(= man-made embankment)* levée *f*, digue *f* ; *(= ridge surrounding field)* digue *f* ; *(= landing place)* quai *m*

**levee**² /ləˈveɪ/ N *(Hist)* réception *f* royale *(pour hommes)* ; *(at royal bedside)* lever *m* (du roi) ◆ **a presidential ~** *(US)* une réception présidentielle

**level** /ˈlevl/ N a *(lit = height)* niveau *m*, hauteur *f* ◆ **the water reached a ~ of 10 metres** l'eau a atteint un niveau *or* une hauteur de 10 mètres ◆ **water finds its own ~** l'eau trouve son niveau ◆ **at roof ~** au niveau du toit ◆ **the top of the tree was on a ~ with the roof** la cime de l'arbre arrivait au niveau *or* à la hauteur du toit ◆ **she bent down until her eyes were on a ~ with mine** elle s'est baissée pour que ses yeux soient au même niveau que les miens ; → **eye, knee, sea**

b *(fig: in intellect, achievement)* niveau *m* ◆ **the child will find his own ~** l'enfant trouvera son niveau ◆ **intellectual ~** niveau *m* intellectuel ◆ **he's far above my ~** il est d'un niveau bien supérieur au mien ◆ **the teacher came down to their ~** le professeur s'est mis à leur niveau ◆ **I'm not on his ~ at all** je ne suis pas du tout à son niveau ◆ **his reading/writing is on a ~ with that of his brother** il a le même niveau que son frère en lecture/écriture ◆ **that dirty trick is on a ~ with the other one he played** ce mauvais coup est (bien) à la hauteur du *or* vaut le précédent

c *(fig: in hierarchy)* niveau *m*, échelon *m* ◆ **social ~** niveau *m* social ◆ **at a higher/lower ~** *(in company)* à un échelon supérieur/inférieur ; *[talks, negotiations]* à un niveau *or* échelon supérieur/inférieur ◆ **at local/national/international** ~ au niveau local/national/international ◆ **at departmental** ~ à l'échelon départemental ◆ **there were redundancies at all ~s of the organization** il y a eu des licenciements à tous les niveaux *or* échelons de l'organisation ◆ **we need to address the gun problem at grassroots** ~ nous devons affronter le problème du port d'armes à la source

**d** *(= rate, degree) [of inflation, unemployment, radiation]* niveau *m*, taux *m* ; *[of income, noise, difficulty, violence]* niveau *m* ◆ **the ~ of hormones/insulin in the blood** le taux d'hormones/d'insuline dans le sang ◆ **the ~ of alcohol in the blood** le taux d'alcoolémie ◆ **cholesterol ~(s), ~(s) of cholesterol** taux *m* de cholestérol ◆ **fluoride ~(s)** quantité *f* de fluor dans l'eau ◆ **~ of consciousness** *(Med)* état *m* de conscience ◆ **a higher ~ of consciousness** un niveau de conscience supérieur ◆ **the idea attracted a high ~ of interest** cette idée a suscité beaucoup d'intérêt ◆ **the ~ of support for the government is high/low** beaucoup/peu de gens soutiennent le gouvernement ◆ **the ~ of violence in those societies is very high** il y a énormément de violence dans ces sociétés ◆ **the strike received a fairly low ~ of support** la grève n'a pas vraiment été suivie ◆ **the ~ of public interest in the scheme remains low** le public continue à manifester peu d'intérêt pour ce projet ◆ **these polls do not reflect the true ~ of support for Green policies** ces sondages ne reflètent pas la popularité réelle des mesures écologiques ◆ **the rising ~ of violence** la montée de la violence ◆ **the rising ~ of inflation/unemployment** l'augmentation *f* de l'inflation/du chômage ◆ **there has been a falling/rising ~ of support for their policies** de moins en moins/de plus en plus de gens soutiennent leur politique

**e** *(= floor)* niveau *m* ◆ **the house is on four ~s** la maison est sur *or* la maison a quatre niveaux

**f** *(Nucl Ind)* ◆ **high-/intermediate-/low-~ waste** déchets *mpl* de haute/moyenne/faible activité

**g** *(Aut, Rail)* palier *m* ◆ **speed on the ~** vitesse *f* en palier ◆ **I'm telling you on the ~** * je te le dis franchement ◆ **is this on the ~?** * est-ce que c'est réglo ? * ◆ **is he on the ~?** * est-ce qu'il joue franc-jeu ?, est-ce qu'il est fair-play ?

**h** (also **spirit level**) niveau *m* à bulle

**i** *(= flat place)* terrain *m* plat

**ADJ** **a** *(= flat, not bumpy, not sloping) [surface]* plat, plan, uni ◆ **~ ground** terrain *m* plat *or* plan ◆ **it's dead ~** c'est parfaitement plat ◆ **the tray must be absolutely ~** il faut que le plateau soit parfaitement horizontal ◆ **hold the stick ~** tiens le bâton horizontal *or* à l'horizontale ◆ **a ~ spoonful** une cuillerée rase ◆ **a ~ playing field** *(fig)* une situation équitable pour tout le monde ◆ **a ~ playing field for all companies** une situation équitable pour toutes les entreprises ◆ **to compete on a ~ playing field** être sur un pied d'égalité ◆ **to do one's ~ best (to do sth)** * faire tout son possible *or* faire de son mieux (pour faire qch)

**b** *(= equal) (at same standard)* à égalité ; *(at same height)* à la même hauteur ◆ **the two contestants are dead ~** les deux participants sont exactement à égalité ◆ **hold the two sticks absolutely ~ (with each other)** tiens les deux bâtons exactement à la même hauteur ◆ **keep your shoulders ~ throughout the exercise** gardez vos épaules à la même hauteur tout au long de l'exercice ◆ **he knelt down so that their eyes were ~** il s'est agenouillé afin que leurs yeux soient au même niveau ◆ **the dining room is ~ with the garden** la salle à manger est de plain-pied avec le jardin ◆ **~ with the ground** au niveau du sol, à ras du sol ◆ **to be ~ with sb** *(in race)* être à la hauteur de qn ; *(in league)* être à égalité avec qn, avoir le même nombre de points que qn ; *(in one's studies, achievements etc)* être au niveau de *or* au même niveau que qn ; *(in salary, rank)* être à l'échelon de *or* au même échelon que qn, être au même niveau que qn ◆ **to be ~ in seniority with** avoir la même ancienneté que, être au même niveau d'ancienneté que ◆ **to draw ~ with sb** *(esp Brit) (in race)* arriver à la hauteur de *or* à la même hauteur que qn ; *(in league)* arriver dans la même position que qn, arriver au même score que qn ; *(in one's studies, achievements etc)* arriver au niveau de *or* au même niveau que qn ; *(in salary, rank)* arriver au niveau de *or* au même niveau que qn, arriver au même échelon que qn ◆ **she slowed down a little to let the car draw ~ (with her)** elle a ralenti un peu afin de permettre à la voiture d'arriver à sa hauteur

**c** *(= steady) [voice, tones]* calme ◆ **she gave him a ~ stare** elle l'a dévisagé calmement ◆ **to keep a ~ head** garder tout son sang-froid ; see also **comp**

**d** *(US * = honest) [person, deal]* honnête, régulier

**VT** **a** *(= make level) [+ site, ground]* niveler, aplanir ; *[+ quantities]* répartir également ◆ **to ~ the score** *(in competition, league etc)* égaliser ◆ **Graf ~led the score to one set all** *(Tennis)* Graf a égalisé à un set partout

**b** *(= demolish) [+ building, town]* raser ◆ **to ~ sth to the ground** raser qch

**c** *(= aim)* ◆ **to ~ a blow at sb** allonger un coup de poing à qn ◆ **to ~ a gun at sb** braquer *or* pointer un pistolet sur qn ◆ **to ~ an accusation at sb** lancer *or* porter une accusation contre qn ◆ **to ~ criticism at** *or* **against sb** formuler des critiques à l'encontre de qn ◆ **to ~ charges at** *or* **against sb** *(Jur)* porter des accusations contre qn

**VI** ◆ **I'll ~ with you** je vais être franc avec vous ◆ **you're not ~ling with me about how much it cost** tu ne me dis pas combien ça a coûté

**COMP** ▷ **level crossing** **N** *(Brit Rail)* passage *m* à niveau ▷ **level-headed** **ADJ** équilibré, pondéré ▷ **level-pegging** **ADJ** *(Brit)* ◆ **they were ~-pegging** ils étaient à égalité

► **level down** **VT SEP** *(lit) [+ surface]* aplanir, raboter ; *(fig) [+ standards]* niveler par le bas

**N** ◆ **levelling down** → **levelling**

► **level off** **VI** *[statistics, results, prices etc]* se stabiliser ; *[curve on graph]* s'aplatir ; *[aircraft]* amorcer le vol en palier ◆ **output has ~led off over recent months** la production s'est stabilisée ces derniers mois

**VT SEP** *(= make flat) [+ heap of sand etc]* égaliser, niveler

**N** ◆ **levelling off** → **levelling**

► **level out** **VI** *[statistics, results, prices etc]* se stabiliser ; *[curve on graph]* s'aplatir ; *[road etc]* s'aplanir

**VT SEP** niveler, égaliser

► **level up** **VT SEP** *[+ ground]* niveler ; *[+ standards]* niveler par le haut

**leveling** /ˈlevlɪŋ/ *(US)* ⇒ **levelling**

**leveller, leveler** *(US)* /ˈlevləʳ/ **N** ◆ **poverty is a great ~** tous les hommes sont égaux dans la misère ◆ **death is the great ~** *(Prov)* nous sommes tous égaux devant la mort

**levelling, leveling** *(US)* /ˈlevlɪŋ/ **N** *(NonC: lit, fig)* nivellement *m* **ADJ** *(fig) [process, effect]* de nivellement **COMP** ▷ **levelling down N** nivellement *m* par le bas ▷ **levelling off N** *(gen)* égalisation *f*, nivellement *m* ; *(Econ, Fin)* stabilisation *f*, tassement *m* ▷ **levelling rod, levelling staff N** mire *f*, jalon-mire *m* ▷ **levelling up N** nivellement *m* par le haut

**levelly** /ˈlevlɪ/ **ADV** *(= evenly) [look at, say]* posément

**lever** /ˈliːvəʳ/ **N** *(gen, also fig)* levier *m* ; *(small: on machine etc)* manette *f* ◆ **he used it as a ~ to get what he wanted** *(fig)* cela lui a servi de marchepied pour arriver à ses fins ; → **gear** **VT** ◆ **to ~ sth into position** mettre qch en place (à l'aide d'un levier) ◆ **to ~ sth out/open** extraire/ouvrir qch (au moyen d'un levier) ◆ **they had ~ed open the door with a crowbar** ils avaient ouvert la porte à l'aide d'un levier ◆ **he ~ed himself out of the chair** *(hum)* il s'est extirpé * du fauteuil ◆ **to ~ sb into a post** pistonner qn pour un poste ◆ **to ~ sb out** déloger qn

► **lever up** **VT SEP** soulever au moyen d'un levier ◆ **he ~ed himself up on one elbow** il s'est soulevé sur un coude ◆ **to ~ up the bank rate** relever le taux d'escompte officiel

**leverage** /ˈliːvərɪdʒ/ **N** *(lit)* force *f* (de levier) ; *(fig = influence)* influence *f*, prise *f* (*on or with sb* sur qn) ; *(US Fin)* effet *m* de levier **VT** *(Fin) [+ company]* augmenter le ratio d'endettement de ◆ **~d buyout** rachat *m* d'entreprise financé par l'endettement

**leveret** /ˈlevərɪt/ **N** levraut *m*

**leviathan** /lɪˈvaɪəθən/ **N** *(Bible)* Léviathan *m* ; *(fig = ship/organization etc)* navire *m*/organisme *m etc* géant

**Levi's** ® /ˈliːvaɪz/ **NPL** Levi's ® *m*

**levitate** /ˈlevɪteɪt/ **VI** se soulever *or* être soulevé par lévitation **VT** soulever *or* élever par lévitation

**levitation** /ˌlevɪˈteɪʃən/ **N** lévitation *f*

**Leviticus** /lɪˈvɪtɪkəs/ **N** Lévitique *m*

**levity** /ˈlevɪtɪ/ **N** *(= frivolity)* manque *m* de sérieux, légèreté *f*

**levy** /ˈlevɪ/ **N** **a** *(gen)* prélèvement *m* (*on* sur) ; *(= tax)* impôt *m*, taxe *f* (*on* sur) ; *(= amount, act of taxing)* taxation *f* ◆ **import ~** prélèvement *m* à l'importation ◆ **the political ~** *(in Brit)* *cotisation des membres d'un syndicat au parti travailliste* ◆ **training ~** ≃ taxe *f* d'apprentissage ; → **capital** **b** *(Mil) (= act)* levée *f*, enrôlement *m* ; *(= troops)* troupes *fpl* enrôlées, levée *f* **VT** **a** *(= impose) [+ tax]* prélever (*on sth* sur qch) ; *[+ fine]* infliger, imposer (*on sb* à qn) **b** *(= collect) [+ taxes, contributions]* lever, percevoir **c** *(Mil)* **to ~ troops/an army** lever des troupes/une armée

► **levy on** **VT FUS** *(Jur)* ◆ **to levy on sb's property** saisir (les biens de) qn

**lewd** /luːd/ **ADJ** *[comment, picture, gesture, joke]* obscène ◆ **to have a ~ expression on one's face** avoir un air lubrique

**lewdly** /ˈluːdlɪ/ **ADV** de façon obscène

**lewdness** /ˈluːdnɪs/ **N** *[of person]* lubricité *f* ; *[of object, drawing]* obscénité *f*

**lexeme** /ˈleksiːm/ **N** lexème *m*

**lexical** /ˈleksɪkəl/ **ADJ** lexical ◆ **~ item** unité *f* lexicale, item *m* lexical

**lexicalize** /ˈleksɪkəˌlaɪz/ **VT** lexicaliser

**lexicographer** /ˌleksɪˈkɒɡrəfəʳ/ **N** lexicographe *mf*

**lexicographical** /ˌleksɪkəʊˈɡræfɪkəl/ **ADJ** lexicographique

**lexicography** /ˌleksɪˈkɒɡrəfɪ/ **N** lexicographie *f*

**lexicologist** /ˌleksɪˈkɒlədʒɪst/ N lexicologue *mf*

**lexicology** /ˌleksɪˈkɒlədʒɪ/ N lexicologie *f*

**lexicon** /ˈleksɪkən/ N a *(Ling = wordlist, lexis)* lexique *m* b *(fig = terminology, language)* vocabulaire *m* ♦ **the word "perestroika" has entered the political** ~ le mot "perestroïka" fait désormais partie du vocabulaire politique

**lexis** /ˈleksɪs/ N *(Ling)* lexique *m*

**Leyland cypress** /ˈleɪlənd/ N (pl **Leyland cypresses**) *(Bot)* cyprès *m* hybride de Leyland

**LI** abbrev of **Long Island**

**liability** /ˌlaɪəˈbɪlɪtɪ/ N a *(NonC)* responsabilité *f* ♦ **don't admit** ~ **for the accident** n'acceptez pas la responsabilité de l'accident ♦ **his** ~ **for the company's debts was limited to $50,000** il n'était responsable qu'à hauteur de 50 000 dollars des dettes de la société

b *(NonC)* ♦ ~ **for tax/for paying tax** assujettissement *m* à l'impôt/au paiement de l'impôt ♦ ~ **for military service** obligations *fpl* militaires

c *(Fin)* **liabilities** *(= debts)* dettes *fpl*, passif *m* ♦ **assets and liabilities** actif *m* et passif *m* ♦ **to meet one's liabilities** rembourser ses dettes ♦ **current** ~ dettes *fpl* à court terme ♦ **non-current** ~ dettes *fpl* à moyen et long terme

d *(= handicap)* ♦ **this car is a** ~ **(for us)** on n'arrête pas d'avoir des problèmes avec cette voiture ♦ **he's a real** ~ ce type est un boulet * ♦ **this issue has become a political** ~ cette question constitue maintenant un handicap politique

COMP ▷ **liability insurance** N assurance *f* responsabilité civile ; → **joint, limited, strict**

**liable** /ˈlaɪəbl/ ADJ a ♦ **to be** ~ **to do sth** *(= be likely to)* avoir des chances de faire qch ; *(= risk)* risquer de faire qch ♦ **he's** ~ **to refuse to do it** il risque de refuser de le faire ♦ **he is** ~ **not to come** il y a des chances (pour) qu'il ne vienne pas, il y a peu de chances qu'il vienne ♦ **we are** ~ **to get shot at** on risque de se faire tirer dessus ♦ **we are** ~ **to be in London next week** nous pourrions bien être *or* nous serons probablement à Londres la semaine prochaine ♦ **it's** ~ **to be hot there** il peut faire très chaud là-bas

b *(= subject)* ♦ **to be** ~ **to sth** être sujet à qch ♦ **the programme is** ~ **to alteration without notice** la direction se réserve le droit d'apporter sans préavis des modifications à ce programme ♦ **to be** ~ **to imprisonment/a fine** être passible d'emprisonnement/d'une amende ♦ **to be** ~ **to** *or* **for prosecution** s'exposer à des poursuites ♦ **to be** ~ **to** *or* **for duty** *[goods]* être assujetti à des droits ; *[person]* avoir à payer des droits ♦ **to be** ~ **to** *or* **for tax** *[person]* être imposable ; *[thing]* être assujetti à la taxation ♦ **every man of 20 is** ~ **for military service** tout homme de 20 ans est astreint au service militaire ♦ **he is not** ~ **for military service** il a été exempté du service militaire

c *(Jur = responsible)* (civilement) responsable (*for sb/sth* de qn/qch) ♦ **jointly and severally** ~ responsable conjointement et solidairement ♦ **to be** ~ **for sb's debts** répondre des dettes de qn ♦ **he is still** ~ **for interest on the loan** il est toujours redevable d'intérêts sur cet emprunt ♦ ~ **for damages** tenu de verser des dommages et intérêts ♦ **you could be** ~ **for hefty damages** on serait en droit de vous demander des dommages et intérêts importants ♦ **to be held** ~ **(for sth)** être tenu (pour) responsable (de qch) ♦ **to be** ~ **in law** *or* **under the law** être responsable devant la loi ♦ **to be** ~ **in law** *or* **under the law to do sth** être tenu, de par la loi, de faire qch, être tenu par la loi de faire qch

**liaise** /liːˈeɪz/ VI *(Brit)* collaborer ♦ **to** ~ **with** *(= cooperate with)* se concerter avec ; *(= act as go-between)* assurer la liaison avec ♦ **to** ~ **between** assurer la liaison entre ♦ **to** ~ **closely** travailler en étroite collaboration

**liaison** /liːˈeɪzɒn/ N *(gen, Mil, Phon)* liaison *f*

COMP ▷ **liaison committee** N comité *m* de liaison ▷ **liaison officer** N *(Mil, gen)* officier *m* de liaison

**liana** /liːˈɑːnə/ N liane *f*

**liar** /ˈlaɪəʳ/ N menteur *m*, -euse *f*

**Lib** /lɪb/ ADJ, N *(Brit Pol)* (abbrev of **Liberal**) libéral(e) *m(f)* COMP ▷ **Lib-Lab** * ADJ *(Brit Pol Hist)* (abbrev of **Liberal-Labour**) ♦ ~**-Lab pact** pacte *m* libéral-travailliste

**lib** * /lɪb/ N abbrev of **liberation**

**libation** /laɪˈbeɪʃən/ N libation *f*

**libber** * /ˈlɪbəʳ/ N ⇒ **liberationist**

**libel** /ˈlaɪbəl/ N *(Jur)* *(= act)* diffamation *f* (par écrit) ; *(= document)* écrit *m* diffamatoire ♦ **to sue sb for** ~**, to bring an action for** ~ **against sb** intenter un procès en diffamation à qn ♦ **that's (a)** ~**!** *(fig)* c'est une calomnie ! VT *(Jur)* diffamer (par écrit) ; *(gen)* calomnier, médire de COMP ▷ **libel laws** NPL *(Jur)* lois *fpl* sur la diffamation ▷ **libel proceedings** NPL ⇒ **libel suit** ▷ **libel suit** N procès *m* en diffamation

**libellous, libelous** *(US)* /ˈlaɪbələs/ ADJ diffamatoire

**liberal** /ˈlɪbərəl/ ADJ a *(= broad-minded) [education, régime, society]* libéral ; *[ideas, views]* progressiste ; *[person]* large d'esprit

b *(= broad) [interpretation]* libre

c *(= generous) [amount, helping, contribution, offer]* généreux ; *[person]* prodigue (*with* de) généreux ; *[supply]* ample, abondant ♦ **a** ~ **amount of** beaucoup de ♦ **she made** ~ **use of the hairspray** elle a utilisé beaucoup de laque ♦ **she made** ~ **use of her sister's make-up and clothes** elle se servait abondamment du maquillage et des vêtements de sa sœur ♦ **because of the** ~ **use of weed-killers and pesticides these days** parce que les herbicides et les pesticides sont utilisés abondamment de nos jours ♦ **the artist's** ~ **use of black** la dominante noire dans l'œuvre de ce peintre

d *(Brit Pol)* **Liberal** libéral

N *(Pol)* ♦ **Liberal** libéral(e) *m(f)*

COMP ▷ **liberal arts** NPL arts *mpl* libéraux ▷ **liberal democracy** N démocratie *f* libérale ▷ **Liberal Democrat** N *(Pol)* libéral(e)-démocrate *m(f)* ▷ **the Liberal Democrat Party** N *(Brit)* le parti démocrate-libéral ▷ **liberal-minded** ADJ ⇒ **adj a** ▷ **liberal studies** NPL *(Scol etc)* ≈ programme *m* de culture générale

**liberalism** /ˈlɪbərəlɪzəm/ N *(gen, Pol)* libéralisme *m*

**liberality** /ˌlɪbəˈrælɪtɪ/ N *(= broad-mindedness)* libéralisme *m* ; *(= generosity)* libéralité *f*, générosité *f*

**liberalization** /ˌlɪbərəlaɪˈzeɪʃən/ N libéralisation *f*

**liberalize** /ˈlɪbərəlaɪz/ VT libéraliser

**liberally** /ˈlɪbərəlɪ/ ADV a *(= generously)* généreusement b *(= indulgently) [treat]* libéralement

**liberate** /ˈlɪbəreɪt/ VT *[+ prisoner, slave]* libérer ; *[+ women etc]* libérer, émanciper ; *(Chem) [+ gas]* libérer, dégager ; *(Fin) [+ capital]* dégager

**liberated** /ˈlɪbəreɪtɪd/ ADJ libéré

**liberation** /ˌlɪbəˈreɪʃən/ N libération *f* ; *(Fin)* dégagement *m* COMP ▷ **liberation theology** N *(Rel)* théologie *f* de la libération

**liberationist** /ˌlɪbəˈreɪʃənɪst/ N *(active)* membre *m* d'un (*or* du) mouvement de libération ; *(sympathiser)* partisan *m* de la libération *(des femmes etc)*

**liberator** /ˈlɪbəreɪtəʳ/ N libérateur *m*, -trice *f*

**Liberia** /laɪˈbɪərɪə/ N Libéria *or* Liberia *m* ♦ **in** ~ au Libéria

**Liberian** /laɪˈbɪərɪən/ ADJ *(gen)* libérien ; *[ambassador, embassy]* du Libéria N Libérien(ne) *m(f)*

**libertarian** /ˌlɪbəˈtɛərɪən/ ADJ *[person, attitude, view, policy, politics]* libertaire N libertaire *mf*

**libertarianism** /ˌlɪbəˈtɛərɪənɪzəm/ N *(= philosophy)* doctrine *f* libertaire ; *(= sb's characteristic)* idées *fpl* libertaires

**libertinage** /ˈlɪbətɪnɪdʒ/ N libertinage *m*

**libertine** /ˈlɪbətiːn/ ADJ, N libertin(e) *m(f)*

**Liberty** /ˈlɪbətɪ/ N *(= civil rights group) association britannique de défense des libertés civiques*

**liberty** /ˈlɪbətɪ/ N a *(= freedom)* liberté *f* ♦ **individual/political** ~ liberté *f* individuelle/politique

♦ **at liberty** ♦ **the escaped prisoner remains at** ~ le prisonnier évadé est toujours en liberté ♦ **to set sb at** ~ mettre qn en liberté ♦ **to set** *or* **leave sb at** ~ **to do sth** permettre qn à faire qch ♦ **you are at** ~ **to choose** vous êtes libre de choisir, libre à vous de choisir ♦ **I am not at** ~ **to reveal that information** je n'ai pas le droit de révéler ces informations

b *(= presumption)* liberté *f* ♦ **to take liberties (with sb)** prendre *or* se permettre des libertés (avec qn) ♦ **to take the** ~ **of doing sth** prendre la liberté *or* se permettre de faire qch ♦ **that was rather a** ~ **on his part** il ne s'est pas gêné ♦ **what a** ~**!** * quel toupet ! *

COMP ▷ **liberty bodice** † N ≈ chemise *f* américaine ▷ **liberty cap** N *(Hist)* bonnet *m* phrygien ▷ **liberty hall** N *(fig hum)* ♦ **it's** ~ **hall here** * ici tout est permis

**libidinal** /lɪˈbɪdɪnl/ ADJ libidinal

**libidinous** /lɪˈbɪdɪnəs/ ADJ *(frm)* libidineux *(liter or hum)*

**libido** /lɪˈbiːdəʊ/ N libido *f*

**Libra** /ˈliːbrə/ N *(Astron)* Balance *f* ♦ **I'm (a)** ~ *(Astrol)* je suis (de la) Balance

**Libran** /ˈliːbrən/ N ♦ **to be a** ~ être (de la) Balance

**librarian** /laɪˈbrɛərɪən/ N bibliothécaire *mf*

**librarianship** /laɪˈbrɛərɪənʃɪp/ N *(= job)* poste *m* de bibliothécaire ; *(esp Brit)* *(= science)* bibliothéconomie *f* ; *(= knowledge)* connaissances *fpl* de bibliothécaire ♦ **to do** *or* **study** ~ faire des études de bibliothécaire *or* de bibliothéconomie

**library** /ˈlaɪbrərɪ/ N a *(= building, room)* bibliothèque *f* ; → **mobile, public, reference**

b *(= collection, also Comput)* bibliothèque *f* ; *(= published series)* collection *f*, série *f*

COMP ▷ **library book** N livre *m* de bibliothèque ▷ **library card** N ⇒ **library ticket** ▷ **library edition** N édition *f* de luxe ▷ **Library of Congress** N *(US)* Bibliothèque *f* du Congrès ▷ **library pictures** NPL *(TV)* images *fpl* d'archives ▷ **library science** N bibliothéconomie *f* ▷ **library software** N

*(Comput)* répertoire *m* de macro-instructions ▷ **library ticket** N carte *f* de lecteur *or* de bibliothèque

> ⚠ **librairie** *in French means 'bookshop', not* **library**.

> **Library of Congress**
>
> La Bibliothèque du Congrès a été fondée à Washington en 1800, initialement pour servir les besoins des membres du Congrès. Devenue par la suite la Bibliothèque nationale des États-Unis, elle reçoit, au titre du dépôt légal, deux exemplaires de chaque ouvrage publié dans le pays et possède un fonds très riche de manuscrits, partitions de musique, cartes, films et autres enregistrements. D'autre part, c'est elle qui gère la bibliothèque internationale en attribuant les numéros d'ISBN.

**librettist** /lɪ'bretɪst/ N librettiste *mf*

**libretto** /lɪ'bretəʊ/ N (pl **librettos** *or* **libretti**) /lɪ'breti:/ libretto *m*, livret *m*

**Librium** ® /'lɪbrɪəm/ N Librium ® *m*

**Libya** /'lɪbɪə/ N Libye *f*

**Libyan** /'lɪbɪən/ **N** Libyen(ne) *m(f)* **ADJ** *(gen)* libyen ; *[ambassador, embassy]* de Libye ◆ ~ **Arab Jamahiriya** Jamahiriya *f* arabe libyenne ◆ **the ~ Desert** le désert de Libye

**lice** /laɪs/ NPL of **louse**

**licence, license** *(US)* /'laɪsəns/ **N** **a** *(= permit) (gen)* autorisation *f*, permis *m* ; *(for manufacturing, trading etc)* licence *f* ; *(Aut) (for driver)* permis *m* ; *(for car)* vignette *f* ; *(for radio, TV)* redevance *f* ; *(= document itself)* fiche *f* de redevance ◆ **driving** ~ *(Brit)* permis *m* de conduire ◆ **export/import** ~ permis *m* d'exporter/d'importer ◆ **pilot's** ~ brevet *m* de pilote ◆ **have you got a ~ for this television?** est-ce que vous avez payé votre redevance pour cette télévision ? ◆ **they were married by special** ~ ils se sont mariés avec dispense (de bans) ◆ **to manufacture sth under** ~ fabriquer qch sous licence ; → **marriage, off**

**b** *(NonC) (= freedom)* licence *f*, liberté *f* ; *(= excess)* licence *f* ◆ **you can allow some ~ in translation** on peut tolérer une certaine licence *or* liberté dans la traduction ; → **poetic**

**COMP** ▷ **licence fee** N *(Brit TV)* redevance *f* ▷ **licence number** N *(Aut) [of licence]* numéro *m* de permis de conduire ; *[of car]* numéro *m* minéralogique *or* d'immatriculation ▷ **licence plate** N plaque *f* minéralogique *or* d'immatriculation

> ⚠ *Check what kind it is before translating* **licence** *by the French word* **licence**.

**license** /'laɪsəns/ **N** *(US)* ⇒ **licence**

**VT** **a** *(= give licence to)* donner une licence à ; *[+ car] [licensing authority]* délivrer la vignette pour ; *[owner]* acheter la vignette de *or* pour ◆ **is that gun ~d?** avez-vous un permis pour ce revolver ? ◆ **the shop is ~d to sell tobacco** le magasin détient une licence de bureau de tabac ◆ **the shop is ~d for the sale of alcoholic liquor** le magasin détient une licence de débit de boissons ◆ **~d victualler** *(Brit Jur)* patron *m or* gérant *m* d'un pub ◆ **(on) ~d premises** *(Brit)* (dans un) établissement ayant une licence de débit de boissons ◆ **~d product** *(Jur)* produit *m* sous licence ◆ **~d practical nurse** *(US)* infirmier *m*, -ière *f* auxiliaire

**b** *(frm = permit)* autoriser (*sb to do sth* qn à faire qch) permettre (*sb to do sth* à qn de faire qch)

**COMP** ▷ **license plate** N *(US)* ⇒ **licence plate**

**licensee** /ˌlaɪsən'si:/ N concessionnaire *mf* d'une licence ; *[of pub]* patron(ne) *m(f)*

**licenser** /'laɪsənsəʳ/ N ⇒ **licensor**

**licensing** /'laɪsənsɪŋ/ **ADJ** ◆ **the ~ authority** l'organisme *m or* le service délivrant les permis (*or* les licences *etc*)

**COMP** ▷ **licensing agreement** N *(Comm)* accord *m* de licence ▷ **licensing hours** NPL *(Brit)* heures *fpl* d'ouverture légales *(des débits de boisson)* ▷ **licensing laws** NPL *(Brit)* lois *fpl* réglementant la vente d'alcool

> **Licensing Laws**
>
> En Grande-Bretagne, les lois réglementant la vente et la consommation d'alcool sont connues sous le nom de **licensing laws**. L'âge minimum pour boire de l'alcool dans les lieux publics est de 18 ans.
> Aux États-Unis, chaque État a sa propre législation en la matière. L'âge minimum varie de 18 à 21 ans et, dans certains comtés, il reste rigoureusement interdit de vendre ou de consommer de l'alcool. Dans d'autres, on ne peut acheter les boissons alcoolisées que dans des magasins spécialisés appelés "liquor stores" ou "package stores". La plupart des restaurants et discothèques ont une licence (liquor license) qui les autorise à vendre de l'alcool.

**licensor** /'laɪsənsəʳ/ N *(Jur)* bailleur *m or* bailleresse *f* de licence

**licentiate** /laɪ'senʃɪɪt/ N diplômé(e) *m(f) (pour pratiquer une profession libérale)*

**licentious** /laɪ'senʃəs/ ADJ *(frm)* licencieux

**licentiousness** /laɪ'senʃəsnɪs/ N *(frm)* licence *f*

**lichee** /ˌlaɪ'tʃi:/ N ⇒ **lychee**

**lichen** /'laɪkən/ N lichen *m*

**lichgate** /'lɪtʃgeɪt/ N porche *m* de cimetière

**licit** /'lɪsɪt/ ADJ licite

**lick** /lɪk/ **N** **a** coup *m* de langue ◆ **the cat gave me a** ~ le chat m'a donné un coup de langue ◆ **the cat gave my hand a** ~ le chat m'a léché la main ◆ **give me** *or* **let me have a** ~ je peux goûter ? ◆ **to give o.s. a ~ and a promise** * faire un (petit) brin de toilette ◆ **a ~ of paint** un (petit) coup de peinture ◆ **he didn't do a ~ of work** * il n'a rien fichu *

**b** *(* = speed)* vitesse *f* ◆ **at a fair** *or* **a good** *or* **one hell of a** ~ en quatrième vitesse *, à toute blinde ‡

**c** *(Mus *)* riff *m*

**VT** **a** *[person, animal, flames]* lécher ◆ **she ~ed the cream off her fingers** elle a léché la crème qu'elle avait sur les doigts ◆ **the cat ~ed (at) her hand** le chat lui a léché la main ◆ **the cat ~ed its paws** le chat s'est léché les pattes ◆ **to ~ sth clean** nettoyer qch à coups de langue ◆ **to ~ the bowl out** *or* **clean** lécher le saladier ◆ **to ~ one's lips** *(lit)* se lécher les lèvres ; *(fig)* se frotter les mains ◆ **to ~ one's chops** * se lécher les babines * ; *(fig)* se frotter les mains, s'en lécher les babines * ◆ **to ~ sb's boots** lécher les bottes à qn *, jouer les lèche-bottes * avec qn ◆ **to ~ sb's arse** ** lécher le cul à qn ** ◆ **to ~ one's wounds** *(fig)* panser ses blessures *(fig)*

**b** * *(= defeat)* écraser *, battre à plate(s) couture(s) ; *(= outdo, surpass)* battre ; *(= thrash)* flanquer une correction à, tabasser * ◆ **I've got it ~ed** *[+ problem, puzzle etc]* j'ai trouvé la solution ; *[+ bad habit]* j'ai réussi à m'arrêter ◆ **it's got me ~ed** *[problem etc]* cela me dépasse ; → **shape**

► **lick at** VT FUS *[dog, flames]* lécher

► **lick off** VT SEP enlever à coups de langue, lécher ◆ **~ it off!** lèche-le !

► **lick up** VT SEP lécher ; *[cat]* laper

**lickety-split** * /'lɪkɪtɪ'splɪt/ ADV *(US)* à fond de train

**licking** * /'lɪkɪŋ/ N *(= whipping)* rossée * *f*, raclée * *f* ; *(= defeat)* déculottée ‡ *f*

**lickspittle** /'lɪkˌspɪtl/ N *(pej)* lèche-botte * *mf*

**licorice** /'lɪkərɪs/ N *(US)* ⇒ **liquorice**

**lid** /lɪd/ N **a** *[of pan, box, jar, piano]* couvercle *m* ◆ **the newspaper articles took** *or* **blew the ~ off his illegal activities** les articles de presse ont étalé au grand jour ses activités illégales ◆ **that puts the (tin) ~ on it!** † * *(= that's the end)* ça c'est un comble *or* le pompon ! * ◆ **to keep the ~ on sth** *[+ scandal, affair]* étouffer qch ; *[+ crime]* contenir qch ◆ **to keep a ~ on prices** enrayer la hausse des prix **b** *(also* **eyelid***)* paupière *f*

**lidded** /'lɪdɪd/ ADJ *[container, jar]* à couvercle ◆ **heavily ~ eyes** yeux *mpl* aux paupières lourdes

**lido** /'li:dəʊ/ N *(= resort)* complexe *m* balnéaire ; *(Brit) (= swimming pool)* piscine *f (en plein air)*

**lie**[1] /laɪ/ (pret **lay**, ptp **lain**) **VI** **a** *[person etc] (= lie down)* s'allonger, s'étendre ; *(state = be lying)* être allongé *or* étendu ; *(in grave etc)* être enterré ◆ **go and ~ on the bed** allez vous allonger *or* vous étendre sur le lit ◆ **don't ~ on the grass** ne t'allonge pas sur l'herbe ◆ **he was lying on the floor** *(resting etc)* il était allongé *or* étendu par terre ; *(unable to move)* il était étendu *or* il gisait par terre ◆ **she lay in bed until 10 o'clock** elle est restée *or* a traîné *(pej)* au lit jusqu'à 10 heures ◆ **she was lying in bed** elle était au lit ◆ **she was lying on her bed** elle était allongée *or* étendue sur son lit ◆ **she was lying in bed reading** elle lisait au lit ◆ ~ **on your side** couche-toi *or* allonge-toi sur le côté ◆ **she was lying face downwards** elle était (allongée *or* étendue) à plat ventre ◆ **he was lying asleep** il était allongé et il dormait, il était allongé endormi ◆ **he lay asleep on the bed** il dormait allongé *or* étendu sur le lit ◆ **he lay dead** il était étendu mort ◆ **he lay dead at her feet** il était étendu mort à ses pieds, il gisait à ses pieds ◆ **he lay helpless on the floor** il était étendu *or* il gisait par terre sans pouvoir rien faire ◆ **he was lying still** il était étendu immobile ◆ ~ **still!** ne bouge pas !, reste tranquille ! ◆ **his body was lying on the ground** son corps gisait sur le sol ◆ **he ~s in the churchyard** il repose dans le *or* est enterré au cimetière ◆ **the corpse lay in the coffin/the tomb** le corps reposait *or* était dans le cercueil/la tombe ◆ **to ~ in state** être exposé solennellement ◆ **here ~s** *or* **lieth ...** † *(on tombstone)* ci-gît ... ◆ **to ~ low** *(fig) (= hide)* se cacher, rester caché ; *(= stay out of limelight)* ne pas se faire remarquer, se tenir à carreau * ; → **ambush, sleeping, wait**

**b** *[object]* être ; *[place, road]* se trouver, être ; *[land, sea etc]* s'étendre ; *(= remain)* rester, être ◆ **the book lay on the table** le livre était sur la table ◆ **the book lay unopened all day** le livre est resté fermé toute la journée ◆ **the book lay open on the table** le livre était ouvert sur la table ◆ **his food lay untouched while he told us the story** il n'a pas touché à son assiette pendant qu'il nous racontait l'histoire ◆ **his clothes were lying on the floor** ses vêtements étaient par terre ◆ **the contents of the box lay scattered on the carpet** le contenu de la boîte était éparpillé sur le tapis ◆ **our road lay along the river** notre route longeait la rivière ◆ **the road ~s over the hills** la route traverse les collines ◆ **the British team is lying third** l'équipe britannique est troisième *or* en troisième position ◆ **to ~ at anchor** *[ship]* être à l'ancre, avoir mouillé ◆ **obstacles ~ in the way** la route est semée d'embûches ◆ **the money is lying (idle) in the bank** l'argent dort à la banque ◆ **the factory lay idle** personne ne travaillait dans l'usine ◆ **the machines lay idle** les machines étaient arrêtées ◆ **the snow lay two metres deep** il y avait deux mètres de neige ◆ **the snow lay thick** *or* **deep on the ground** il y avait une épaisse couche de neige sur le sol ◆ **this snow will not ~** la neige ne tiendra pas ◆ **the town lay in ruins** la ville était en ruines ◆ **the meal lay heavy on his stomach** le repas lui pesait sur l'estomac ◆ **the crime lay heavy on his conscience** ce crime lui pesait sur la conscience ◆ **the valley/lake/sea lay before us** la vallée/le lac/la mer s'étendait devant nous ◆ **Stroud ~s to the west of Oxford** Stroud est situé à l'ouest d'Oxford ◆ **the years that ~ before us** les années à venir ◆ **a brilliant future ~s before you** vous avez devant vous un brillant avenir ◆ **what ~s before him** *(fig: in future)* ce que lui réserve l'avenir ◆ **what ~s ahead** *(fig)* ce qui reste à venir, ce que réserve l'avenir ◆ **the (whole) world lay at her feet** toutes les portes lui étaient ouvertes ◆ **to let it** *or* **things ~** *(fig)* laisser les choses comme elles sont ; → **land**

c *(with abstract subject)* être, résider ◆ **he knows where his interests ~** il sait où sont *or* résident ses intérêts ◆ **what ~s behind his refusal?** quelle est la véritable raison de son refus ? ◆ **the real cause that lay behind the rise in divorce** la vraie cause de la hausse du nombre des divorces ◆ **the trouble ~s in the engine** le problème vient du moteur ◆ **the trouble ~s in his inability to be strict** le problème vient de *or* réside dans son incapacité à être sévère ◆ **the difference ~s in the fact that ...** la différence vient de ce que ... ◆ **the real solution ~s in education** la véritable solution réside dans l'éducation ◆ **the blame ~s with you** c'est vous qui êtes à blâmer, c'est à vous que la faute est imputable ◆ **a curse lay on the family** une malédiction pesait sur la famille ◆ **it does not ~ within my power to decide** il n'est pas en mon pouvoir de décider ◆ **it ~s with you to decide** il vous appartient de décider, c'est à vous (qu'il incombe) de décider ◆ **as far as in me ~s** *(liter, frm)* au mieux de mes possibilités, du mieux que je peux

d *(Jur) [evidence, appeal]* être recevable

N a *(Golf) [of ball]* position *f*

b *[of land]* configuration *f* ; → **land**

COMP ▷ **lie-abed** † N flemmard(e) * *m(f)* (qui traîne au lit) ▷ **lie-down** N *(Brit)* ◆ **to have a ~-down** s'allonger, se reposer ▷ **lie-in** N *(Brit)* ◆ **to have a ~-in** faire la grasse matinée

► **lie about, lie around** VI a *[objects, clothes, books]* traîner ◆ **don't leave that money lying about** ne laissez pas traîner cet argent

b *[person]* traîner, traînasser * *(pej)* ◆ **don't just ~ about all day!** tâche de ne pas traîner *or* traînasser * *(pej)* toute la journée !

► **lie back** VI *(in chair, on bed)* se renverser (en arrière) ◆ **just ~ back and enjoy yourself!** *(fig)* laisse-toi (donc) vivre !

► **lie down** VI *[person, animal]* s'allonger, s'étendre ◆ **she lay down for a while** elle s'est allongée quelques instants ◆ **when I arrived she was lying down** quand je suis arrivé elle était allongée ◆ **~ down!** *(to dog)* couché ! ◆ **to ~ down on the job** * tirer au flanc *, flemmarder * ◆ **to take sth lying down** * *(fig)* encaisser qch * sans broncher, accepter qch sans protester ◆ **he won't take that lying down** * il va se rebiffer *, il ne va pas se laisser faire ◆ **I won't take it lying down** * ça ne va pas se passer comme ça, je ne vais pas me laisser faire ◆ **he's not one to take things lying down** * il n'est pas du genre à tout encaisser sans rien dire

N ◆ **lie-down** * → **lie**[1]

► **lie in** VI a *(= stay in bed)* rester au lit, faire la grasse matinée

b *(†: in childbirth)* être en couches

N ◆ **lie-in** * → **lie**[1]

► **lie off** VI *(Naut)* rester au large

► **lie over** VI *(= be postponed)* être ajourné, être remis (à plus tard)

► **lie to** VI *(Naut)* être *or* se tenir à la cape

► **lie up** VI a *(= stay in bed)* garder le lit *or* la chambre

b *(= hide)* se cacher, rester caché

**lie**[2] /laɪ/ (vb : pret, ptp **lied**) N mensonge *m* ◆ **to tell ~s** mentir, dire des mensonges ◆ **I tell a ~** * je mens, je dis une bêtise ◆ **that's a ~!** vous mentez !, c'est un mensonge ! ◆ **to give the ~ to** *[+ person]* accuser de mentir ; *[+ claim, account]* démentir, contredire ; → **pack, white** VI mentir ◆ **he's lying through** *or* **in his teeth** * il ment effrontément *or* comme un arracheur de dents VT ◆ **he tried to ~ his way out of it** il a essayé de s'en sortir par des mensonges ◆ **he managed to ~ his way into the director's office** il a réussi à s'introduire dans le bureau du directeur sous un prétexte mensonger ◆ **he ~d his way into the job** il a obtenu le poste grâce à des mensonges COMP ▷ **lie detector** N détecteur *m* de mensonges

**Liechtenstein** /ˈlɪktən,staɪn/ N Liechtenstein *m* ◆ **in ~** au Liechtenstein ◆ **native** *or* **inhabitant of ~** Liechtensteinois(e) *m(f)* ADJ liechtensteinois

**lied** /liːd/ N (pl **lieder** /ˈliːdəʳ/) lied *m*

**lief** †† /liːf/ ADV ◆ **I would as ~ die as tell a lie** j'aimerais mieux mourir que mentir

**liege** /liːdʒ/ N *(Hist)* a (also **liege lord**) seigneur *m*, suzerain *m* ◆ **yes, my ~!** oui, Sire ! b (also **liege man**) vassal *m* (lige)

**lien** /lɪən/ N *(Jur)* privilège *m*, droit *m* de gage ◆ **to have a ~ on the estate of a debtor** avoir un privilège sur les biens d'un débiteur

**lienee** /lɪəˈniː/ N débiteur-gagiste *m*

**lienor** /ˈlɪənəʳ/ N créancier-gagiste *m*

**lieu** /luː/ N ◆ **in ~ of** au lieu de, à la place de ◆ **one month's notice or £2,400 in ~** un mois de préavis ou bien 2 400 livres

**Lieut.** (abbrev of **Lieutenant**) ~ **J Smith** *(on envelope)* le lieutenant J. Smith

**lieutenant** /lefˈtenənt, (US) luːˈtenənt/ N a *(Brit Army)* lieutenant *m* ; *(Brit, US Navy)* lieutenant *m* de vaisseau ; *(fig = chief assistant)* second *m* ◆ **first ~** *(US Army)* lieutenant *m* ; → **lord** b *(US Police) (uniformed)* officier *m* de paix ; *(plain clothes)* inspecteur *m* de police COMP ▷ **lieutenant colonel** N *(Brit, US Army, also US Air Force)* lieutenant-colonel *m* ▷ **lieutenant commander** N *(Navy)* capitaine *m* de corvette ▷ **lieutenant general** N *(Brit, US Army)* général *m* de corps d'armée ; *(US Air Force)* général *m* de corps aérien ▷ **lieutenant-governor** N *(Can)* lieutenant-gouverneur *m*

**life** /laɪf/ N (pl **lives**) a *(in general)* vie *f* ◆ **is there (a) ~ after death?** y a-t-il une vie après la mort ? ◆ **I don't believe in ~ after death** je ne crois pas à la vie après la mort ◆ **a matter of ~ and death** une question de vie ou de mort ◆ **to be tired of ~** être las de vivre ◆ **to lay down one's ~ (for sb)** *(liter)* sacrifier sa vie (pour qn), donner sa vie (pour qn) ◆ **to be on trial for one's ~** risquer la peine capitale ◆ **he ran for his ~** il a pris ses jambes à son cou, il s'est sauvé à toutes jambes ◆ **run for your lives!** sauve qui peut ! ◆ **I couldn't for the ~ of me tell you his name** * je ne pourrais absolument pas vous dire son nom ◆ **I couldn't for the ~ of me understand ...** * je n'arrivais absolument pas à comprendre ... ; → **large, loss, still**[2]

♦ **to bring (back) to life** ◆ **to bring sb back to ~** *(= resuscitate)* ranimer qn ◆ **he brought me back to ~** *(fig)* il m'a redonné goût à la vie ◆ **his interpretation brings the character to ~** son interprétation donne vie au personnage ◆ **she brought the party to ~** elle a vraiment animé la soirée ◆ **Victorian England is vividly brought to ~ in this film** ce film est une évocation très vivante de l'Angleterre victorienne

♦ **to come to life** ◆ **he came to ~ again** *(= regained consciousness)* il a repris conscience ◆ **the creature came to ~** la créature s'est animée ◆ **the town came to ~ when the sailors arrived** la ville s'éveillait à l'arrivée des marins

♦ **lose + life** ◆ **to lose one's ~** perdre la vie ◆ **how many lives were lost?** combien de vies cela a-t-il coûté ? ◆ **many lives were lost** beaucoup ont trouvé la mort ◆ **no lives were lost** il n'y a eu aucun mort *or* aucune victime

♦ **take + life** ◆ **to take one's (own) ~** se donner la mort ◆ **to take sb's ~** donner la mort à qn ◆ **when is it acceptable to take a ~?** quand devient-il acceptable de tuer quelqu'un ? ◆ **to take one's ~ in one's hands** jouer sa vie

b *(= existence)* vie *f* ◆ **~ went on uneventfully** la vie poursuivit son cours paisible ◆ **~ goes on, ~ must go on** la vie continue ◆ **he lived in France all his ~** il a vécu toute sa vie en France ◆ **~ begins at forty** la vie commence à quarante ans ◆ **she began ~ as a teacher** elle a débuté comme professeur ◆ **how's ~?** comment (ça) va ? ◆ **departed this ~, 27 February 1997** *(on tombstone etc)* enlevé(e) *(liter)* aux siens le 27 février 1997 ◆ **~ isn't worth living** la vie ne vaut pas la peine d'être vécue ◆ **for the rest of his ~** pour le restant de ses jours, pour le reste de sa vie ◆ **at my time of ~** à mon âge ◆ **cats have nine lives** le chat a neuf vies ; → **afterlife, claim, danger, fight, risk, rose**[2]**, save**[1]**, working**

♦ **in + life** ◆ **in early ~, early in ~** de bonne heure, tôt dans la vie ◆ **in her early ~** dans sa jeunesse ◆ **in later ~** plus tard (dans la vie) ◆ **in his later ~** plus tard dans sa vie ◆ **late in ~** sur le tard, à un âge avancé ◆ **they married late in ~** ils se sont mariés sur le tard ◆ **in the next ~** dans l'autre vie ◆ **for the first time in my ~** pour la première fois de ma vie ◆ **never in (all) my ~ have I seen such stupidity** jamais de ma vie je n'ai vu une telle stupidité ◆ **she's in the ~** ‡ *(US) (of prostitute)* elle fait le trottoir

♦ **for life** ◆ **to be banned/scarred for ~** être exclu/marqué à vie ◆ **to be jailed for ~** être condamné à perpétuité *or* à la prison à vie ◆ **it will last you for ~** cela vous durera toute votre vie ◆ **friends for ~** amis pour toujours ◆ **a job for ~** un emploi pour la vie ◆ **president for ~** président(e) *m(f)* à vie

c *(= living things)* vie *f* ◆ **is there ~ on Mars?** la vie existe-t-elle sur Mars ? ◆ **bird ~** les oiseaux *mpl* ◆ **insect ~** les insectes *mpl*

◆ **animal and plant** ~ vie *f* animale et végétale

d *(= way of living)* vie *f* ◆ **which do you prefer, town or country ~?** que préférez-vous, la vie à la ville ou (la vie) à la campagne ? ◆ **his ~ was very unexciting** sa vie n'avait rien de passionnant ◆ **to lead a busy ~** avoir une vie bien remplie ◆ **to lead a charmed ~** avoir la chance avec soi ◆ **the good ~** *(= pleasant)* la belle vie ; *(Rel)* la vie d'un saint, une vie sainte ◆ **it's a good ~** c'est la belle vie ◆ **to live one's own ~** vivre sa vie ◆ **to make a new ~ for o.s., to start a new ~** commencer une nouvelle vie ◆ **to lead a quiet ~** mener une vie tranquille ◆ **to have another ~** *or* **a ~ of one's own** avoir sa propre vie ◆ **that washing machine seems to have a ~ of its own** cette machine à laver n'en fait qu'à sa tête ◆ **I do have a ~ outside of work, you know!** il n'y a pas que le travail dans ma vie, vous savez ! ; → **live¹, married, nightlife, private, see¹**

e *(= liveliness)* ◆ **there isn't much ~ in our village** notre village n'est pas très vivant *or* est plutôt mort ◆ **there's ~ in the old dog yet** * *(hum)* le bonhomme a encore du ressort ◆ **to be full of ~** être plein de vie ◆ **you need to put a bit of ~ into it** il faut y mettre plus d'ardeur, il faut y aller avec plus d'entrain ◆ **it put new ~ into me** ça m'a fait revivre, ça m'a ragaillardi ◆ **he's the ~ and soul of the party** c'est un boute-en-train, c'est lui qui met l'ambiance

f *(in exclamations)* **that's ~!, such is ~!** c'est la vie ! ◆ **get a ~!** * bouge-toi un peu ! * ◆ **not on your ~!** * jamais de la vie ! ◆ **this is the ~!** * voilà comment je comprends la vie ! ◆ **upon my ~!** † seigneur !, diantre ! † ◆ **what a ~!** quelle vie !

g *[of car, ship, government, battery etc]* durée *f* de vie ; *[of licence]* validité *f* ◆ **my car's nearing the end of its ~** ma voiture a fait son temps

h *(Art)* ◆ **a portrait taken from ~** un portrait d'après nature ◆ **it was Paul to the ~** c'était Paul tout craché *

i *(= biography)* vie *f*, biographie *f* ◆ **a ~ of Henry VIII** une biographie d'Henri VIII, la vie d'Henri VIII ◆ **the lives of the Saints** la vie des saints

j *(* = life imprisonment)* ◆ **he got ~** il a été condamné à perpétuité *or* à perpète * ◆ **he's doing ~ (for murder)** il a été condamné à perpétuité *or* à perpète * (pour meurtre)

COMP *[subscription etc]* à vie ▷ **life-affirming** ADJ (humainement) positif ▷ **life-and-death struggle** N combat *m* à mort, lutte *f* désespérée ▷ **life annuity** N rente *f* viagère ▷ **life assurance** N *(esp Brit)* assurance *f* vie, assurance-vie *f* ▷ **life class** N *(Art)* cours *m* de dessin d'après modèle ▷ **life coach** N coach *m/f* (personnel) ▷ **life cycle** N cycle *m* de (la) vie ▷ **life-enhancing** ADJ revigorant ▷ **life expectancy** N espérance *f* de vie ◆ **~ expectancy table** table *f* de survie ▷ **the life force** N la force vitale ▷ **life form** N forme *f* de vie ▷ **life-giving** ADJ vivifiant ▷ **Life Guards** NPL *(Brit Mil)* régiment *m* de cavalerie de la garde royale ▷ **life history** N ◆ **her ~ history** l'histoire *f* de sa vie ◆ **the ~ history of the salmon** *(Bio)* la vie du saumon ▷ **life imprisonment** N prison *f* à vie, réclusion *f* à perpétuité ▷ **life insurance** N ⇒ **life assurance** ▷ **life interest** N *(Jur)* usufruit *m* ▷ **life jacket** N gilet *m* de sauvetage ; *(Navy)* brassière *f* (de sauvetage) ▷ **life member** N membre *m* à vie ▷ **life membership** N carte *f* de membre à vie ◆ **to be given ~ membership** être nommé *or* fait membre à vie ▷ **life-or-death struggle** N ⇒ **life-and-death struggle** ▷ **life peer** N *(Brit)* pair *m* à vie ▷ **life peerage** N *(Brit)* pairie *f* à vie ▷ **life preserver** N *(US)* ⇒ **life jacket** ; *(Brit* * *= bludgeon)* matraque *f* ▷ **life president** N président(e) *m(f)* à vie ▷ **life raft** N radeau *m* de sauvetage ▷ **life-saver** N *(= person)* maître *m* nageur *(surveillant un lieu de baignade)* ◆ **that money was a ~-saver** cet argent m'a (*or* lui a *etc*) sauvé la vie ▷ **life-saving** N *(= rescuing)* sauvetage *m* ; *(= first aid)* secourisme *m* ADJ de sauvetage ▷ **the life sciences** NPL les sciences *fpl* de la vie ▷ **life sentence** N *(Jur)* condamnation *f* à perpétuité ▷ **life-size(d)** ADJ grandeur nature *inv* ▷ **life span** N durée *f* *or* espérance *f* de vie ▷ **life story** N biographie *f* ◆ **his ~ story** sa biographie, l'histoire *f* de sa vie ◆ **he started telling me his ~ story** * il a commencé à me raconter sa vie ▷ **life support machine** N *(Space)* équipements *mpl* de vie ; *(Med)* respirateur *m* artificiel ◆ **he's on a ~ support machine** *(Med)* il est sous assistance respiratoire ◆ **to switch off the ~ support machine** *(Med)* débrancher le respirateur artificiel ▷ **life's work** N œuvre *f* de toute une (*or* ma *or* sa *etc*) vie ▷ **life tenancy** N ◆ **to hold a ~ tenancy of a house** être locataire d'une maison à vie ▷ **life-threatening** ADJ *[disease, emergency]* extrêmement grave ▷ **life-vest** N *(US)* ⇒ **life jacket**

**lifebelt** /ˈlaɪfbelt/ N bouée *f* de sauvetage

**lifeblood** /ˈlaɪfblʌd/ N *(fig)* élément *m* vital *or* moteur, âme *f*

**lifeboat** /ˈlaɪfbəʊt/ N *(from shore)* bateau *m* *or* canot *m* de sauvetage ; *(from ship)* chaloupe *f* de sauvetage ◆ **~ station** centre *m* *or* poste *m* de secours en mer

**lifeboatman** /ˈlaɪfbəʊtmən/ N (pl **-men**) sauveteur *m* (en mer)

**lifebuoy** /ˈlaɪfbɔɪ/ N bouée *f* de sauvetage

**lifeguard** /ˈlaɪfgɑːd/ N *(on beach)* maître nageur *m* ; *(Mil)* *(= bodyguard)* garde *m* du corps

**lifeless** /ˈlaɪflɪs/ ADJ a *(= dead)* *[person, eyes]* sans vie ; *[animal]* mort ; *[body]* sans vie, inanimé b *(= inanimate)* *[object]* inanimé c *(= not supporting life)* *[lake]* stérile ; *[planet]* sans aucune forme de vie d *(pej = dull, feeble)* *[style, novel, description]* plat ; *[voice]* terne ; *[team, player, performer]* sans énergie

**lifelessness** /ˈlaɪflɪsnɪs/ N *(lit)* absence *f* de vie ; *(fig)* manque *m* de vigueur *or* d'entrain

**lifelike** /ˈlaɪflaɪk/ ADJ qui semble vivant *or* vrai

**lifeline** /ˈlaɪflaɪn/ N a *(on ship)* main *f* courante ; *(for diver)* corde *f* de sécurité ◆ **it was his ~** *(fig)* c'était vital pour lui b *(in palmistry)* ligne *f* de vie

**lifelong** /ˈlaɪflɒŋ/ ADJ *[ambition]* de toute ma (*or* sa *etc*) vie ; *[friend, friendship]* de toujours ◆ **it is a ~ task** c'est le travail de toute une vie COMP ▷ **lifelong learning** N formation *f* tout au long de la vie

**lifer** * /ˈlaɪfəʳ/ N condamné(e) *m(f)* à perpète *

**lifestyle** /ˈlaɪfstaɪl/ N style *m* *or* mode *m* de vie ◆ **a ~ change** un changement de mode de vie

**lifetime** /ˈlaɪftaɪm/ N a *(of person)* vie *f* ◆ **it won't happen in** *or* **during my ~** je ne verrai pas cela de mon vivant ◆ **it was the chance/holiday of a ~** c'était la chance/c'étaient les plus belles vacances de ma (*or* sa *etc*) vie ◆ **the experience of a ~** une expérience inoubliable ◆ **once in a ~** une fois dans la *or* une vie ◆ **the work of a ~** l'œuvre de toute une vie ◆ **a ~'s experience/work** l'expérience/le travail de toute une vie ; → **last²** b *(fig = eternity)* éternité *f* ◆ **an hour that seemed (like) a ~** une heure qui semblait une éternité c *[of battery, machine etc]* (durée *f* de) vie *f* ; *[of nuclear reactor]* durée *f* de vie

**LIFO** /ˈlaɪfəʊ/ (abbrev of **last in, first out**) DEPS

**lift** /lɪft/ N a *(Brit)* *(= elevator)* ascenseur *m* ; *(for goods)* monte-charge *m inv* ; → **service**

b *(Ski)* téléski *m*, tire-fesses * *m*, remontée *f* mécanique

c ◆ **give the box a ~** soulève la boîte ◆ **can you give me a ~ up, I can't reach the shelf** soulève-moi, s'il te plaît, je n'arrive pas à atteindre l'étagère ; → **airlift, face**

d *(= transport)* **can I give you a ~?** est-ce que je peux vous déposer quelque part ? ◆ **I gave him a ~ to Paris** je l'ai pris en voiture *or* je l'ai emmené jusqu'à Paris ◆ **we didn't get any ~s** personne ne s'est arrêté pour nous prendre ◆ **he stood there hoping for a ~** il était là (debout) dans l'espoir d'être pris en stop ; → **hitch**

e *(NonC: Aviat)* portance *f*

f *(fig = boost)* **it gave us a ~** cela nous a remonté le moral *or* nous a encouragés

VT a *(= raise)* lever, soulever ; *(Agr)* *[+ potatoes etc]* arracher ◆ **to ~ sth into the air** lever qch en l'air ◆ **to ~ sb/sth onto a table** soulever qn/qch et le poser *or* pour le poser sur une table ◆ **to ~ sb/sth off a table** descendre qn/qch d'une table ◆ **to ~ sb over a wall** faire passer qn par-dessus un mur ◆ **this suitcase is too heavy for me to ~** cette valise est trop lourde pour que je la soulève *subj* ◆ **to ~ weights** *(Sport)* faire de l'haltérophilie *or* des haltères ◆ **he ~ed his fork to his mouth** il a porté la fourchette à sa bouche ◆ **"lift here"** "soulever ici" ; → **face, finger**

b *(= repeal)* *[+ restrictions]* supprimer, abolir ; *[+ ban, blockade, siege]* lever ◆ **to ~ the prohibition on sth** lever l'interdiction de qch

c *( * = steal)* piquer *, chiper * ; → **shoplift**

d *(= copy)* *[+ quotation, passage]* prendre, voler ◆ **he ~ed that idea from Sartre** il a volé *or* pris cette idée à Sartre, il a plagié Sartre

VI *[lid etc]* se soulever ; *[fog]* se lever

COMP ▷ **lift attendant** N *(Brit)* liftier *m*, -ière *f* ▷ **lift cage** N *(Brit)* cabine *f* d'ascenseur ▷ **lift-off** N *(Space)* décollage *m* ◆ **we have ~-off!** décollage ! ▷ **lift operator** N ⇒ **lift attendant** ▷ **lift shaft** N *(Brit)* cage *f* d'ascenseur

► **lift down** VT SEP *[+ box, person]* descendre ◆ **to ~ sth down from a shelf** descendre qch d'une étagère

► **lift off** VI *(Space)* décoller

VT SEP *[+ lid]* enlever ; *[+ person]* descendre

N ◆ **lift-off** → **lift**

► **lift out** VT SEP *[+ object]* sortir ; *(Mil)* *[+ troops]* *(by plane)* évacuer par avion, aéroporter ; *(by helicopter)* héliporter, évacuer par hélicoptère ◆ **he ~ed the child out of his playpen** il a sorti l'enfant de son parc

► **lift up** VI *[drawbridge etc]* se soulever, basculer

VT SEP *[+ object, carpet, skirt, person]* soulever ◆ **to ~ up one's eyes** lever les yeux ◆ **to ~ up one's head** lever *or* redresser la tête ◆ **he ~ed up his voice** *(liter)* il a élevé la voix

**liftboy** /ˈlɪftbɔɪ/ N *(Brit)* liftier *m*, garçon *m* d'ascenseur

**liftgate** /ˈlɪftgeɪt/ N *(esp US Aut)* hayon *m*

**liftman** /ˈlɪftmæn/ N (pl **-men**) *(Brit)* ⇒ **liftboy**

**lig** * /lɪg/ VI *(Brit)* *(at party)* s'inviter ; *(at concert etc)* resquiller *

**ligament** /ˈlɪgəmənt/ N ligament *m*

**ligature** /ˈlɪɡətʃəʳ/ N *(Surg, Typ = act, object)* ligature *f* ; *(Mus)* liaison *f*

**ligger**‡ /ˈlɪɡəʳ/ N *(Brit) (at party)* personne qui s'invite ; *(at concert etc)* resquilleur* *m*, -euse* *f*

**ligging**‡ /ˈlɪɡɪŋ/ N *(Brit) (at party)* fait *m* de s'inviter ; *(at concert etc)* resquille* *f*

**light[1]** /laɪt/ LANGUAGE IN USE 26.3 (vb : pret, ptp **lit** *or* **lighted**)

N a *(gen)* lumière *f* ; *(from lamp)* lumière *f*, éclairage *m* ; *(from sun)* lumière *f* ; (also **daylight**) lumière *f*, jour *m* ◆ **we saw several ~s on the horizon** nous avons vu plusieurs lumières à l'horizon ◆ **by the ~ of a candle/the fire/a torch** à la lumière *or* lueur d'une bougie/du feu/d'une lampe de poche ◆ **there were ~s on in several of the rooms** il y avait de la lumière dans plusieurs pièces ◆ **the ~s are on but nobody's (at) home*** *(fig hum)* il (*or* elle *etc*) est complètement dans les nuages ◆ **at first ~** au point du jour ◆ **the ~ was beginning to fail** le jour commençait à baisser ◆ **the ~ isn't good enough to take photographs** il ne fait pas assez clair *or* il n'y a pas assez de lumière pour prendre des photos ◆ **~ and shade** *(Art, Phot)* ombre *f* et lumière *f* ◆ **there's no ~ and shade in their life** leur vie est très monotone ◆ **you're holding it against the ~** vous le tenez à contre-jour ◆ **to stand sth in the ~** mettre qch à la lumière ◆ **to be** *or* **stand in one's own ~** se faire de l'ombre ◆ **you're in my** *or* **the ~** *(daylight)* vous me cachez le jour ; *(electric)* vous me cachez la lumière ◆ **she was sitting with her back to the ~** elle tournait le dos à la lumière ; → **firelight, go out, hide[1], electric, moonlight**

b *(fig)* ◆ **in a good/bad ~** sous un jour favorable/défavorable ◆ **to see things in a new ~** voir les choses sous un nouveau jour ◆ **the incident revealed him in a new ~** l'incident l'a montré sous un jour nouveau ◆ **to see sb/sth in a different ~** voir qn/qch sous un autre jour *or* un jour différent ◆ **to shed** *or* **cast a new ~ on a subject** jeter un jour nouveau sur un sujet ◆ **can you throw any ~ on this question?** pouvez-vous éclaircir cette question ? ◆ **to bring to ~** mettre en lumière, révéler ◆ **the case will be reconsidered in the ~ of new evidence** l'affaire sera revue à la lumière des nouvelles preuves ◆ **in the ~ of recent events, I think we should ...** étant donné les *or* compte tenu des récents événements, je pense que nous devrions ... ◆ **to come to ~** être dévoilé *or* découvert ◆ **new facts have come to ~** on a découvert des faits nouveaux ◆ **in (the) ~ of what you say** à la lumière de ce que vous dites ◆ **I don't see things in that ~** je ne vois pas les choses sous cet angle-là *or* sous ce jour-là ◆ **in the cold ~ of day** à tête reposée ◆ **to see the ~** *(= understand)* comprendre ; *(= see error of one's ways: also Rel)* trouver son chemin de Damas ◆ **to see the ~ (of day)** *(= be born)* venir au monde ; *(= be published etc)* paraître ◆ **there is (a)** *or* **one can see the ~ at the end of the tunnel** on entrevoit la lumière au bout du tunnel

c *(in eyes)* lueur *f* ◆ **with the ~ of battle in his eyes** (avec) une lueur belliqueuse dans le regard

d *(= lamp etc)* lampe *f* ◆ **desk ~** lampe *f* de bureau

e *[of motor vehicle] (gen)* feu *m* ; *(= headlight)* phare *m* ; *[of cycle]* feu *m* ◆ **have you got your ~s on?** as-tu mis tes phares (*or* tes feux) ? ; → **parking, sidelight**

f **the ~s** *(= traffic lights)* les feux *mpl* (de circulation) ◆ **the ~s aren't working** les feux sont en panne ◆ **the ~s were (at) red** le feu était (au) rouge ◆ **he stopped at the ~s** il s'est arrêté au feu (rouge) ; see also **red**

g *(for cigarette etc)* feu *m* ◆ **have you got a ~?** avez-vous du feu ? ◆ **to set ~ to sth** *(Brit)* mettre le feu à qch ; → **pilot, strike**

h *(Archit = window)* fenêtre *f*, ouverture *f* ; → **fan[1], leaded, skylight**

ADJ a *(in brightness) [evening, room]* clair ◆ **it was growing** *or* **getting ~** il commençait à faire jour ◆ **while it's still ~** pendant qu'il fait encore jour

b *(in colour) [hair]* clair, blond ; *[colour, complexion, skin]* clair ◆ **~ green** vert clair *inv* ◆ **~ blue** bleu clair *inv*

VT a *(= set fire to) [+ candle, cigarette, gas]* allumer ◆ **to ~ a match** frotter *or* gratter une allumette ◆ **a ~ed match** une allumette enflammée ◆ **he lit the fire** il a allumé le feu ◆ **he lit a fire** il a fait du feu ◆ **to ~ a fire under sb** *(esp US)* mettre la pression sur qn

b *(= illuminate)* éclairer ◆ **lit by electricity** éclairé à l'électricité ◆ **this torch will ~ your way** *or* **the way for you** cette lampe de poche vous éclairera le chemin

VI a *[match]* s'allumer ; *[coal, wood]* prendre (feu)

b ◆ **to ~ into sb*** tomber sur qn (à bras raccourcis)

COMP ▷ **light bulb** N *(Elec)* ampoule *f* ▷ **light-coloured** ADJ clair, de couleur claire ▷ **light effects** NPL effets *mpl* *or* jeux *mpl* de lumière ▷ **light-emitting diode** N diode *f* électroluminescente ▷ **light fitting** N appareil *m* d'éclairage ▷ **light-haired** ADJ blond ▷ **light meter** N *(Phot)* posemètre *m* ▷ **light pen, light pencil** N *(Comput)* photostyle *m*, crayon *m* optique ▷ **light pollution** N pollution *f* lumineuse ▷ **light-sensitive** ADJ photosensible ▷ **light show** N éclairages *mpl* ▷ **lights out** N l'extinction *f* des feux ◆ **~s out at 9 o'clock** extinction des feux à 21 heures ◆ **~s out!** extinction des feux !, on éteint ! ▷ **light switch** N interrupteur *m* ▷ **light wave** N onde *f* lumineuse ▷ **light-year** N année-lumière *f* ◆ **3,000 ~-years away** à 3 000 années-lumière ◆ **that's ~-years away** *(fig)* c'est à des années-lumière

▸ **light out** †‡ VI partir à toute vitesse (*for* pour) se barrer*

▸ **light up**

VI a *[lamp]* s'allumer ; *(fig)* s'allumer, s'éclairer ◆ **her eyes/face lit up** son regard/visage s'est éclairé

b *(* = start to smoke)* allumer une cigarette *or* une pipe *etc*

VT SEP *(= illuminate)* éclairer ◆ **a smile lit up her face** un sourire a éclairé *or* illuminé son visage

ADJ ◆ **lit up** → **lit**

N ◆ **lighting-up** → **lighting**

**light[2]** /laɪt/ ADJ a *(= not heavy) [parcel, weapon, clothes, sleep, meal, wine, soil]* léger ◆ **~er than air** plus léger que l'air ◆ **as ~ as a feather** léger comme une plume ◆ **to be ~ on one's feet** *(gen)* avoir le pas léger *or* la démarche légère ; *(of boxer)* avoir un très bon jeu de jambes ; *(of dancer)* être aérien ◆ **to be a ~ sleeper** avoir le sommeil léger

b *(fig) (= not serious) [play, music, breeze, punishment, shower]* léger ; *[rain]* petit, fin ; *[work, task] (= easy)* facile ; *(= not strenuous)* peu fatigant ◆ **it is no ~ matter** c'est sérieux, ça n'est pas une plaisanterie ◆ **a ~ fall of snow** une légère chute de neige ◆ **with a ~ heart** le cœur léger ◆ **"woman wanted for light work"** "on demande employée de maison pour travaux légers" ◆ **to make ~ work of sth** faire qch aisément *or* sans difficulté ◆ **to make ~ of sth** prendre *or* traiter qch à la légère

ADV ◆ **to sleep ~** avoir le sommeil léger ◆ **to travel ~** voyager avec peu de bagages

NPL **lights** *(= meat)* mou *m (abats)*

COMP ▷ **light aircraft** N petit avion *m* ▷ **light ale** N *(Brit) sorte de bière blonde légère* ▷ **light beer** N *(US)* bière *f* basses calories ▷ **light comedy** N comédie *f* légère ▷ **light cream** N *(US)* crème *f* liquide ▷ **light entertainment** N *(NonC: Rad, TV)* variétés *fpl* ▷ **light-fingered** ADJ ◆ **to be ~-fingered** être chapardeur ▷ **light-footed** ADJ *(gen)* au pas léger, à la démarche légère ; *[dancer]* aérien ▷ **light-headed** ADJ *(= dizzy)* étourdi, pris de vertige ; *(= unable to think clearly)* étourdi, hébété ; *(= excited)* exalté, grisé ; *(= thoughtless)* étourdi, écervelé ▷ **light-hearted** ADJ *[person]* gai, aimable, enjoué ; *[laugh]* joyeux, gai ; *[atmosphere]* joyeux, gai, plaisant ; *[discussion]* enjoué ; *[question, remark]* plaisant, peu sérieux ▷ **light-heartedly** ADV *(= happily)* joyeusement, allégrement ; *(= jokingly)* en plaisantant ; *(= cheerfully)* de bon cœur, avec bonne humeur ▷ **light heavyweight** ADJ, N *(Boxing)* (poids *m*) mi-lourd *m* ▷ **light industry** N industrie *f* légère ▷ **light infantry** N *(Mil)* infanterie *f* légère ▷ **light middleweight** ADJ, N *(Boxing)* (poids *m*) superwelter *m* *or* super-mi-moyen *m* ▷ **light opera** N opérette *f* ▷ **light railway** N transport *m* urbain sur rail ▷ **light reading** N lecture *f* distrayante ▷ **light vehicles** NPL véhicules *mpl* légers ▷ **light verse** N poésie *f* légère ▷ **light welterweight** ADJ, N *(Boxing)* (poids *m*) super-léger *m*

**light[3]** /laɪt/ (pret, ptp **lighted** *or* **lit**) VI ◆ **to ~ (up)on sth** trouver qch par hasard, tomber par chance sur qch ◆ **his eyes lit upon the jewels** son regard est tombé sur les bijoux

**lighten[1]** /ˈlaɪtn/ VT a *(= light up) [+ darkness, face]* éclairer, illuminer b *(= make lighter) [+ colour, hair]* éclaircir VI a *[sky]* s'éclaircir b *(Met)* **it is ~ing** *(of lightning)* il fait *or* il y a des éclairs

**lighten[2]** /ˈlaɪtn/ VT a *(= make less heavy) [+ cargo, burden]* alléger ; *[+ tax]* alléger, réduire b *(fig) [+ atmosphere]* détendre ; *[+ discussion]* rendre plus léger ◆ **to ~ sb's mood** dérider qn ◆ **the sunshine did nothing to ~ his mood** malgré le soleil, il ne s'est pas déridé VI *[load]* se réduire ◆ **her heart ~ed at the news** la nouvelle lui a enlevé le poids qu'elle avait sur le cœur *or* lui a ôté un grand poids

▸ **lighten up*** VI se relaxer, se détendre

**lighter[1]** /ˈlaɪtəʳ/ N *(for gas cooker)* allume-gaz *m inv* ; (also **cigarette lighter**) briquet *m* ; *(Aut: on dashboard)* allume-cigare *m inv*, allume-cigarette *m inv* ; → **cigar, firelighter, lamplighter**

COMP ▷ **lighter flint** N pierre *f* à briquet ▷ **lighter fuel** N gaz *m* (*or* essence *f*) à briquet

**lighter[2]** /ˈlaɪtəʳ/ N *(Naut) (= barge)* péniche *f*, chaland *m* ; *(= for unloading ships)* allège *f*

**lighterage** /ˈlaɪtərɪdʒ/ N (transport *m* par) ac(c)onage *m* ; *(= fee)* droit *m* d'ac(c)onage

**lighthouse** /ˈlaɪthaʊs/ N phare *m* COMP ▷ **lighthouse keeper** N gardien(ne) *m(f)* de phare

**lighting** /ˈlaɪtɪŋ/ N *(NonC)* a *(Elec)* éclairage *m* ; *(Theat)* éclairages *mpl* b *(= act) [of lamp, candle etc]* allumage *m* COMP ▷ **lighting effects** NPL effets *mpl* *or* jeux *mpl* d'éclairage, éclairages *mpl* ▷ **lighting engineer** N éclairagiste *mf* ▷ **lighting fixture** N appareil *m* d'éclairage ▷ **lighting-up time** N *(Brit Aut) heure à laquelle les automobilistes sont tenus d'allumer leurs phares*

**lightly** /ˈlaɪtlɪ/ **ADV** **a** *(= gently) [walk]* légèrement ; *[stroke]* doucement, délicatement ; *[brush]* délicatement ◆ **she touched his brow ~ with her hand** elle lui a effleuré le front de la main ◆ **bring to the boil and season ~ with pepper** faire bouillir et assaisonner légèrement de poivre ◆ ~ **boiled egg** ≃ œuf *m* mollet ◆ ~ **cooked** pas trop cuit ◆ **to kiss sb ~** donner un petit baiser à qn ◆ **he kissed me ~ on the lips** il a déposé un petit baiser sur mes lèvres **b** *(= light-heartedly) [speak]* légèrement, à la légère ; *[laugh]* légèrement ; *[remark, say]* d'un ton dégagé ◆ **if this deadline is not met, they will not take it ~** si ce délai n'est pas respecté, ils ne le prendront pas à la légère ◆ **to get off ~** s'en tirer à bon compte

**lightness**[1] /ˈlaɪtnɪs/ **N** *(= brightness)* clarté *f*

**lightness**[2] /ˈlaɪtnɪs/ **N** *(in weight, Culin)* légèreté *f*

**lightning** /ˈlaɪtnɪŋ/ **N** *(= flash)* éclair *m* ; *(= phenomenon)* foudre *f* ◆ **we saw ~** nous avons vu un éclair *or* des éclairs ◆ **there was a lot of ~** il y avait beaucoup d'éclairs ◆ **a flash of ~** un éclair ◆ **struck by ~** frappé par la foudre, foudroyé ◆ ~ **never strikes twice in the same place** *(Prov)* la foudre ne frappe *or* ne tombe jamais deux fois au même endroit ◆ **like ~** * avec la rapidité de l'éclair *or* à la vitesse de l'éclair ; → **forked, grease, sheet** **COMP** *[attack]* foudroyant ; *(Ind) [strike]* surprise *inv* ; *[visit]* éclair *inv* ▷ **lightning bug** **N** *(US)* luciole *f* ▷ **lightning conductor**, **lightning rod** *(US)* **N** paratonnerre *m*

**lightship** /ˈlaɪtʃɪp/ **N** bateau-phare *m*, bateau-feu *m*

**lightweight** /ˈlaɪtweɪt/ **ADJ** *[jacket, shoes]* léger ; *(Boxing)* poids léger *inv* **N** *(Boxing)* poids *m* léger ◆ **European ~ champion/championship** champion *m*/championnat *m* d'Europe des poids légers

**ligneous** /ˈlɪɡnɪəs/ **ADJ** ligneux

**lignite** /ˈlɪɡnaɪt/ **N** lignite *m*

**lignum vitae** /ˈlɪɡnəmˈviːtaɪ/ **N** **a** *(= tree)* gaïac *m* **b** *(= wood)* bois *m* de gaïac

**Liguria** /lɪˈɡjʊərɪə/ **N** Ligurie *f*

**Ligurian** /lɪˈɡjʊərɪən/ **ADJ** ligurien

**likable** /ˈlaɪkəbl/ **ADJ** ⇒ **likeable**

## like /laɪk/

**LANGUAGE IN USE 3.3, 4, 7, 8, 11.2, 13, 25.2**

| | |
|---|---|
| 1 ADJECTIVE | 5 NOUN |
| 2 PREPOSITION | 6 PLURAL NOUN |
| 3 ADVERB | 7 TRANSITIVE VERB |
| 4 CONJUNCTION | 8 COMPOUNDS |

### 1 - ADJECTIVE

[= similar] de ce type *or* genre, analogue ◆ **this technique detects sugar and other ~ substances** cette technique permet de détecter le sucre et d'autres substances de ce type *or* analogues ◆ **in ~ manner** de la même manière ◆ **they are as ~ as two peas (in a pod)** ils se ressemblent comme deux gouttes d'eau

### 2 - PREPOSITION

**a** [= in the manner of] comme ◆ **he spoke ~ an aristocrat** il parlait comme un aristocrate ◆ **he spoke ~ the aristocrat he was** il parlait comme l'aristocrate qu'il était ◆ **he behaved ~ a fool** il s'est conduit comme un imbécile ◆ ~ **the fool he is, he ...** imbécile comme il l'est, il ... ◆ ~ **an animal in a trap he ...** comme *or* telle une bête prise au piège, il ... ◆ **an idiot ~ you** un imbécile comme toi ◆ **she was ~ a sister to me** elle était comme une sœur pour moi ◆ **the news spread ~ wildfire** la nouvelle s'est répandue comme une traînée de poudre ◆ **to tell it ~ it is** * dire les choses comme elles sont

♦ **like that** comme ça ◆ **don't do it ~ that** ne fais pas comme ça ◆ **some people are ~ that** il y a des gens comme ça ◆ **his father is ~ that** son père est comme ça ◆ **it wasn't ~ that at all** ce n'est pas comme ça que ça s'est passé ◆ **people ~ that can't be trusted** on ne peut pas se fier à des gens pareils *or* à des gens comme ça

♦ **like this** comme ceci, comme ça ◆ **you do it ~ this** tu fais comme ceci *or* ça ◆ **it happened ~ this ...** voici comment ça s'est passé ..., ça s'est passé comme ça ... ◆ **it was ~ this, I'd just got home ...** voilà, je venais juste de rentrer chez moi ... ◆ **I'm sorry I didn't come but it was ~ this ...** je m'excuse de ne pas être venu mais c'est que ...

**b** [in comparisons] comme ◆ **to be ~ sb/sth** ressembler à qn/qch ◆ **they are very (much) ~ one another** ils se ressemblent beaucoup ◆ **he is ~ his father** il ressemble à son père, il est comme son père ◆ **he's just ~ anybody else** il est comme tout le monde ◆ **the portrait is not ~ him** le portrait ne lui ressemble pas *or* n'est pas ressemblant ◆ **his work is rather ~ Van Gogh's** son œuvre est un peu dans le style de Van Gogh ◆ **your writing is rather ~ mine** vous avez un peu la même écriture que moi, votre écriture ressemble un peu à la mienne ◆ **a house ~ mine** une maison comme la mienne ◆ **a hat rather** *or* **something ~ yours** un chapeau un peu comme le vôtre *or* dans le genre du vôtre ◆ **I found one ~ it** j'en ai trouvé un pareil, j'ai trouvé le même ◆ **I never saw anything ~ it!** je n'ai jamais rien vu de pareil ! ◆ **we heard a noise ~ a car backfiring** on a entendu comme une pétarade de voiture

**c** [in descriptions] ◆ **what's he ~?** comment est-il ? ◆ **you know what she's ~** * vous savez comment elle est ◆ **what's he ~ as a teacher?** comment est-il *or* que vaut-il comme professeur ? ◆ **what was the film ~?** comment as-tu trouvé le film ? ◆ **what's the weather ~ in Paris?** quel temps fait-il à Paris ? ◆ **that's more ~ it!** * voilà qui est mieux !, il y a du progrès !

♦ **something/nothing like** ◆ **it cost something ~ $100** cela a coûté dans les 100 dollars, cela a coûté quelque chose comme 100 dollars ◆ **he's called Middlewick or something ~ that** il s'appelle Middlewick ou quelque chose comme ça *or* quelque chose d'approchant ◆ **I was thinking of giving her something ~ a necklace** je pensais lui offrir un collier ou quelque chose dans ce genre-là *or* quelque chose comme ça ◆ **that's something ~ a steak!** * voilà ce que j'appelle *or* ce qui s'appelle un bifteck ! ◆ **there's nothing ~ real silk** rien de tel que la soie véritable, rien ne vaut la soie véritable ◆ **that's nothing ~ it!** ça n'est pas du tout ça !

**d** [= typical of] ◆ **that's just ~ him!** c'est bien de lui ! ◆ **it's not ~ him to be late** ça ne lui ressemble pas *or* ça n'est pas son genre d'être en retard ◆ **that's just ~ a woman!** voilà bien les femmes !

**e** [= in the same way as] comme, de même que ◆ ~ **me, he is fond of Brahms** comme moi, il aime Brahms ◆ **he, ~ me, thinks that ...** comme moi, il pense que ... ◆ **he thinks ~ us** * il pense comme nous ◆ **do it ~ me** * fais comme moi ◆ **can't you just accept it ~ everyone else?** tu ne peux pas simplement l'accepter comme tout le monde ? ◆ ~ **father, ~ son** *(Prov)* tel père, tel fils *(Prov)*

**f** [= such as] comme, tel que ◆ **the things she prefers, ~ reading and music** les activités qu'elle préfère, telles que la lecture et la musique *or* comme la lecture et la musique

### 3 - ADVERB

**a** [= likely] ◆ **(as) ~ as not** ◆ ~ **enough** * probablement

**b** [= near] **that record's nothing ~ as good as this one** ce disque-là est loin d'être aussi bon que celui-ci ◆ **she's more ~ 30 than 25** elle est plus près de 30 ans que de 25 ◆ **he asked her to do it – ordered her, more ~!** * il lui a demandé de le faire — il le lui a ordonné, plutôt !

**c** [* : conversational filler] **he felt tired ~, he felt ~ tired** *(US)* il se sentait comme qui dirait * fatigué ◆ **I had a fortnight's holiday, ~, so I did a bit of gardening** j'avais quinze jours de vacances, alors comme ça * j'ai fait un peu de jardinage

### 4 - CONJUNCTION

**a** [* = as] comme ◆ **he did it ~ I did** il l'a fait comme moi ◆ **he can't play poker ~ his brother can** il ne sait pas jouer au poker comme *or* aussi bien que son frère ◆ ~ **we used to** comme nous en avions l'habitude ◆ **it's just ~ I say** c'est comme je vous le dis

**b** [* = as if] comme si ◆ **he behaved ~ he was afraid** il se conduisait comme s'il avait peur ◆ **it's not ~ she's poor, or anything** ce n'est pas comme si elle était pauvre

### 5 - NOUN

[= similar thing] ◆ **oranges, lemons and the ~** les oranges, les citrons et autres fruits de ce genre ◆ **the ~ of which we'll never see again** comme on n'en reverra plus jamais ◆ **did you ever see the ~ (of it)?** * a-t-on jamais vu une chose pareille ? ◆ **I've never known his ~ for ...** il n'a pas son pareil pour ... ◆ **we'll never see his ~ again** nous ne verrons plus jamais quelqu'un comme lui *or* son pareil ◆ **the ~s of him** * les gens comme lui *or* de son acabit *(pej)*

### 6 - PLURAL NOUN

**likes** goûts *mpl*, préférences *fpl* ◆ **he knows all my ~s and dislikes** il sait tout ce que j'aime et (tout) ce que je n'aime pas

### 7 - TRANSITIVE VERB

**a** [+ person] aimer bien ◆ **I ~ him** je l'aime bien ◆ **I don't ~ him** je ne l'aime pas beaucoup, il me déplaît ◆ **I've come to ~ him** il m'est devenu sympathique, maintenant je l'aime bien ◆ **he is well ~d here** on l'aime bien ici, on le trouve sympathique ici ◆ **how do you ~ him?** comment le trouvez-vous ? ◆ **I don't ~ the look of him** son allure ne me dit rien qui vaille

**b** [+ object, food, activity] aimer (bien) ◆ **I ~ that hat** j'aime bien ce chapeau, ce chapeau me plaît ◆ **which do you ~ best?** lequel préfères-tu ? ◆ **this plant doesn't ~ sunlight** cette plante ne se plaît pas à la lumière du soleil ◆ **I ~ oysters but they don't ~ me** * j'aime bien les huîtres mais elles ne me réussissent pas ◆ **I ~ music/Beethoven/football** j'aime bien la musique/Beethoven/le football ◆ **I ~ to have a rest after lunch** j'aime (bien) me reposer après déjeuner ◆ **he ~s to be obeyed** il aime être obéi *or* qu'on lui obéisse ◆ **I ~ people to be punctual** j'aime que les gens soient à l'heure, j'aime qu'on soit ponctuel ◆ **I don't ~ it when he's unhappy** je n'aime pas ça quand il est malheureux ◆ **well, I ~ that!** * *(iro)* ah ça, par exemple ! ◆ **I ~ your cheek!** * *(iro)* tu as quand même du toupet ! * ◆ **how do you ~ Paris?** que pensez-vous de Paris ?, est-ce que Paris vous plaît ? ◆ **how do you ~ it here?** (est-ce que) vous vous plaisez ici ? ◆ **your father won't ~ it** cela ne plaira pas à ton père, ton père ne sera pas content ◆ **whether he ~s it or not** que cela lui plaise ou non

c [= want, wish] aimer (bien), vouloir ◆ **I'd ~ to go home** j'aimerais (bien) *or* je voudrais (bien) rentrer chez moi ◆ **I'd have ~d to be there** j'aurais (bien) aimé être là ◆ **I didn't ~ to disturb you** je ne voulais pas vous déranger ◆ **I thought of asking him but I didn't ~ to** j'ai bien pensé (à) le lui demander mais j'étais gêné ◆ **would you ~ a drink?** voulez-vous boire quelque chose ? ◆ **I would ~ more time** je voudrais plus de temps ◆ **which one would you ~?** lequel voudriez-vous *or* aimeriez-vous ? ◆ **I would ~ you to speak to him** je voudrais que tu lui parles *subj* ◆ **would you ~ me to go and get it?** veux-tu que j'aille le chercher ? ◆ **would you ~ to go to Paris?** aimerais-tu aller à Paris ? ◆ **how would you ~ to go to Paris?** est-ce que cela te plairait *or* te dirait * d'aller à Paris ? ◆ **how do you ~ your steak: rare, medium or well done?** vous le voulez comment, votre bifteck : saignant, à point ou bien cuit ? ◆ **how would you ~ a steak?** est-ce que ça te dirait * de manger un bifteck ? ◆ **I can do it when/where/as much as/how I ~** je peux le faire quand/où/autant que/comme je veux ◆ **when would you ~ breakfast?** à quelle heure voulez-vous votre petit déjeuner ? ◆ **whenever you ~** quand vous voudrez ◆ **"As You Like It"** "Comme il vous plaira" ◆ **don't think you can do as you ~** ne croyez pas que vous puissiez faire comme vous voulez *or* comme bon vous semble ◆ **I'll go out as much as I ~** je sortirai autant qu'il me plaira ◆ **come on Sunday if you ~** venez dimanche si vous voulez ◆ **if you ~** si tu veux, si vous voulez ◆ **she can do what(ever) she ~s with him** elle fait tout ce qu'elle veut de lui ◆ **(you can) shout as much as you ~, I won't open the door** crie tant que tu veux *or* voudras, je n'ouvrirai pas la porte ◆ **he can say** *or* **let him say what he ~s, I won't change my mind** il peut dire ce qu'il veut, je ne changerai pas d'avis

8 - COMPOUNDS

▷ **like-minded** ADJ de même sensibilité ◆ **it was nice to be with ~-minded individuals** c'était agréable d'être en compagnie de gens de même sensibilité

**...like** /laɪk/ SUF ◆ **childlike** enfantin ◆ **statesmanlike** d'homme d'État ; → **catlike**

**likeable** /ˈlaɪkəbl/ ADJ sympathique, agréable

**likeableness** /ˈlaɪkəblnɪs/ N caractère *m* sympathique *or* agréable

**likelihood** /ˈlaɪklɪhʊd/ N probabilité *f*, chance *f* ◆ **there is little ~ of his coming** *or* **that he will come** il y a peu de chances *or* il est peu probable qu'il vienne ◆ **there is a strong ~ of his coming** *or* **that he will come** il y a de fortes chances (pour) qu'il vienne, il est très probable qu'il viendra ◆ **there is no ~ of that** cela ne risque pas d'arriver ◆ **in all ~ she ...** selon toute probabilité elle ..., il est fort probable qu'elle ...

**likely** /ˈlaɪklɪ/ LANGUAGE IN USE 16.2, 26.3

ADJ a (= probable) *[outcome, result, consequences]* probable ◆ **~ developments in the region** les développements que la région va probablement connaître ◆ **what is the likeliest time to find him at home?** à quelle heure a-t-on le plus de chances de le trouver chez lui ? ◆ **it is ~ that ...** il est probable que ... *+ subj*, il y a des chances (pour) que ... *+ subj* ◆ **it is not ~ that ...** il est peu probable que ... *+ subj*, il y a peu de chances que ... *+ subj* ◆ **it is very ~ that ...** il est tout à fait possible que ... *+ subj*, il y a de grandes chances (pour) que ... *+ subj* ◆ **it's hardly ~ that ...** il n'est guère probable que ... *+ subj* ◆ **is it ~ that he would forget?** se peut-il qu'il oublie *subj* ? ◆ **is it ~ that I'd forget?** comment aurais-je pu oublier ?

b ◆ **he/it is ~ to ...** il est bien possible qu'il/que cela ... *+ subj* ◆ **to be ~ to win/succeed** *(with pleasant outcome) [person]* avoir de fortes chances de gagner/réussir ◆ **to be ~ to fail/refuse** *(with unpleasant outcome) [person]* risquer d'échouer/de refuser ◆ **it is ~ to sell well/to improve** *(pleasant) [thing]* il y a de fortes chances (pour) que cela se vende bien/que cela s'améliore *subj* ◆ **it is ~ to break/make a loss** *(unpleasant) [thing]* cela risque de se casser/de ne pas être rentable ◆ **she is ~ to arrive at any time** *(gen)* elle va probablement arriver d'une minute à l'autre ; *(unwelcome)* elle risque d'arriver d'une minute à l'autre ◆ **she is not ~ to come** il est peu probable *or* il y a peu de chances qu'elle vienne ◆ **this trend is ~ to continue** *(gen)* cette tendance va probablement se poursuivre ; *(unpleasant)* cette tendance risque de se poursuivre ◆ **he is not ~ to succeed** il a peu de chances de réussir ◆ **the man most ~ to succeed** l'homme qui a le plus de chances de réussir ◆ **this incident is ~ to cause trouble** cet incident pourrait bien créer *or* risque de créer des problèmes ◆ **that is not ~ to happen** cela a peu de chances de se produire ◆ **they were not ~ to forget it** ils n'étaient pas près de l'oublier

c (= plausible) *[explanation]* plausible, vraisemblable ◆ **a ~ story** *or* **tale !** *(iro)* elle est bonne, celle-là ! *(iro)* ◆ **a ~ excuse!** *(iro)* belle excuse ! *(iro)*

d (= promising) ◆ **he's a ~ candidate/recruit** c'est un candidat/une nouvelle recrue qui promet ◆ **a ~ candidate to become** *or* **for Prime Minister** quelqu'un qui a de fortes chances de devenir Premier ministre ◆ **I asked six ~ people** j'ai demandé à six personnes susceptibles de convenir *or* qui me semblaient pouvoir convenir ◆ **he's a ~ young man** c'est un jeune homme qui promet ◆ **it's not a very ~ place for a film festival** *(= surprising choice)* ce n'est pas vraiment l'endroit auquel on penserait pour un festival du cinéma ◆ **he glanced round for a ~-looking person to help him** il chercha des yeux une personne susceptible de l'aider ◆ **a ~ place for him to be hiding** un endroit où il pouvait être caché

ADV a ◆ **very** *or* **most ~** très probablement ◆ **it will very** *or* **most ~ rain** il va très probablement pleuvoir ◆ **as ~ as not** sans doute

b *(US)* probablement ◆ **some prisoners will ~ be released soon** certains prisonniers seront probablement bientôt libérés

c *(esp Brit: *)* ◆ **not ~!** sûrement pas ! * ◆ **are you going? – not ~!** tu y vas ? – sûrement pas *or* ça risque pas !

**liken** /ˈlaɪkən/ VT comparer (*to* à) ◆ **to ~ sb to a fox/bird/hamster** comparer qn à un renard/un oiseau/un hamster ◆ **he ~ed the situation to a time bomb** il a comparé la situation à une bombe à retardement ◆ **he ~ed himself to the former president** il se comparait à l'ancien président ◆ **X can be ~ed to Y** on peut comparer X et Y

**likeness** /ˈlaɪknɪs/ N a (= resemblance) ressemblance *f* (*to* avec) ◆ **I can't see much ~ between them** je ne vois guère de ressemblance entre eux, je ne trouve pas qu'ils se ressemblent *subj* beaucoup ◆ **a strong family ~** un air de famille très marqué ◆ **to bear a ~ to sb/sth** ressembler à qn/qch b ◆ **in the ~ of ...** sous la forme *or* l'aspect de ... c (= portrait) **to draw sb's ~** faire le portrait de qn ◆ **to have one's ~ taken** se faire faire son portrait ◆ **it is a good ~** c'est très ressemblant ◆ **to catch a ~** *(Art, Phot)* saisir une ressemblance

**likewise** /ˈlaɪkwaɪz/ ADV a (= similarly) de même ; (= also) également, aussi ; (= moreover) de plus, en outre ◆ **in Italy football is the national sport, ~ in Britain** en Italie, le football est le sport national ; il en est de même en Grande-Bretagne ◆ **I can talk to him about anything. Likewise with my brother** je peux lui parler de tout ; c'est la même chose avec mon frère *or* il en est de même avec mon frère ◆ **overtures from the Right have ~ been rejected** des ouvertures de la part de la droite ont de même *or* ont également été rejetées ◆ **my wife is well, the children ~** ma femme va bien, les enfants aussi *or* également ◆ **and ~, it cannot be denied that ...** et on ne peut pas nier non plus que ...

b *(with vb)* ◆ **to do ~** faire de même

c *(in replies)* ◆ **nice to talk to you – ~ *** ça m'a fait plaisir de parler avec vous – moi de même

**liking** /ˈlaɪkɪŋ/ N *(for person)* sympathie *f*, affection *f* (*for* pour) ; *(for thing)* goût *m* (*for* pour) penchant *m* (*for* pour) ◆ **to take a ~ to sb** se prendre d'amitié pour qn ◆ **to take a ~ to (doing) sth** se mettre à aimer (faire) qch ◆ **to have a ~ for sb** avoir de la sympathie pour qn ◆ **to have a ~ for sth** avoir un penchant *or* du goût pour qch, aimer qch ◆ **a ~ for work** le goût du travail ◆ **to your ~, for your ~** à votre goût

**lilac** /ˈlaɪlək/ N (= bush, colour, flower) lilas *m* ◆ **a bunch of white ~** un bouquet de lilas blanc ADJ *(in colour)* lilas *inv*

**Lilliputian** /ˌlɪlɪˈpjuːʃɪən/ ADJ lilliputien N Lilliputien(ne) *m(f)*

**Lilo** ® /ˈlaɪˌləʊ/ N matelas *m* pneumatique

**lilt** /lɪlt/ N *[of speech, song]* rythme *m*, cadence *f* ◆ **a song with a ~ to it** une chanson bien rythmée ◆ **her voice had a pleasant ~ (to it)** sa voix avait des inflexions mélodieuses

**lilting** /ˈlɪltɪŋ/ ADJ *[song]* cadencé ; *[voice]* aux intonations mélodieuses ; *[movement]* cadencé

**lily** /ˈlɪlɪ/ N lis *m* ◆ **~ of the valley** muguet *m* ; → **water** COMP ▷ **lily-livered** ADJ poltron ▷ **lily pad** N feuille *f* de nénuphar ▷ **lily-white** ADJ *(lit)* d'une blancheur de lis ; *(fig = innocent)* blanc (blanche *f*) comme neige ; *(US: for Whites only)* excluant totalement les Noirs

**Lima** /ˈliːmə/ N Lima COMP ▷ **Lima bean** N haricot *m* de Lima

**limb** /lɪm/ N *(Anat, Zool, also fig)* membre *m* ; *[of tree]* grosse branche *f* ; *[of cross]* bras *m* ◆ **to tear ~ from ~** *[+ person]* mettre en pièces ; *[+ animal]* démembrer ◆ **to be out on a ~** (= isolated) être isolé ; (= vulnerable) être dans une situation délicate ◆ **to go out on a ~** prendre des risques ◆ **~ of Satan** suppôt *m* de Satan ; → **risk**

**-limbed** /lɪmd/ ADJ *(in compounds)* ◆ **long-limbed** aux membres longs ◆ **strong-limbed** aux membres forts

**limber**[1] /ˈlɪmbəʳ/ **ADJ** *[person]* leste ; *[thing]* souple, flexible

► **limber up** **VI** *(Sport etc)* se dégourdir, faire des exercices d'assouplissement ; *(fig)* se préparer, se mettre en train ◆ **~ing-up exercises** exercices *mpl* d'assouplissement

**limber**[2] /ˈlɪmbəʳ/ **N** *[of gun carriage]* avant-train *m*

**limbic** /ˈlɪmbɪk/ **ADJ** limbique

**limbless** /ˈlɪmlɪs/ **ADJ** ◆ **~ man** *(= no limbs)* homme *m* sans membres, homme *m* tronc ; *(= limb missing)* homme *m* estropié, homme *m* à qui il manque un bras *or* une jambe ; *(after amputation)* amputé *m* (d'un membre) ◆ **~ ex-servicemen** ≃ (grands) mutilés *mpl* de guerre

**limbo**[1] /ˈlɪmbəʊ/ **N** ◆ **in ~** *(= forgotten)* tombé dans l'oubli ; *(= still undecided)* encore dans les limbes *mpl (liter)* ; *(Rel)* dans les limbes ◆ **in legal/social ~** dans un vide juridique/social ◆ **negotiations have been in ~ since December** les négociations sont dans une impasse depuis décembre ◆ **refugee children live on in a ~ of hunger and fear** les enfants réfugiés mènent une existence incertaine dominée par la faim et la peur

**limbo**[2] /ˈlɪmbəʊ/ **N** *(= dance)* limbo *m* ◆ **~ dancer** danseur *m*, -euse *f* de limbo

**lime**[1] /laɪm/ **N** **a** *(Chem)* chaux *f* ; → **quicklime** **b** (also **birdlime**) glu *f* **VT** **a** *[+ ground]* chauler **b** *[+ twig]* engluer ; *[+ bird]* prendre à la glu, engluer **COMP** ▷ **lime kiln** **N** four *m* à chaux

**lime**[2] /laɪm/ **N** **a** *(= fruit)* citron *m* vert, lime *f* **b** *(= tree)* lime *f* **c** *(= drink)* jus *m* de citron vert ◆ **vodka/lager and ~** vodka *f*/bière *f* citron vert **COMP** ▷ **lime cordial** **N** sirop *m* de citron vert ▷ **lime green** **N** vert *m* jaune *inv* ▷ **lime juice** **N** jus *m* de citron vert

**lime**[3] /laɪm/ **N** *(= linden:* also **lime tree***)* tilleul *m*

**limelight** /ˈlaɪmlaɪt/ **N** *(Theat)* feux *mpl* de la rampe ◆ **to be in the ~** *(fig)* être sous les projecteurs (de l'actualité) ◆ **to keep out of the ~** ne pas se faire remarquer

**limerick** /ˈlɪmərɪk/ **N** limerick *m*

> **Limerick**
>
> Un **limerick** est un poème humoristique ou burlesque en cinq vers, dont les rimes se succèdent dans l'ordre aabba. Le sujet de ces épigrammes (qui commencent souvent par "There was a ...") est généralement une personne décrite dans des termes crus ou sur un mode surréaliste.

**limescale** /ˈlaɪmskeɪl/ **N** tartre *m*

**limestone** /ˈlaɪmstəʊn/ **N** calcaire *m*

**Limey** * /ˈlaɪmɪ/ **N** *(US, Austral)* Anglais(e) *m(f)*, Angliche ‡ *mf*

**limit** /ˈlɪmɪt/ **N** *(= furthest point) [of territory, experience, vision etc]* limite *f* ; *(fig)* limite *f*, borne *f* ; *(= restriction on amount, number etc)* limitation *f*, restriction *f* ; *(= permitted maximum)* limite *f* ◆ **the city ~s (of Baghdad)** les limites de la ville (de Bagdad) ◆ **we must set a ~ to the expense** il faut limiter *or* restreindre les dépenses ◆ **his anger knows no ~s** sa colère ne connaît pas de limites, sa colère est sans borne(s) ◆ **to go to the ~ to help sb** faire tout son possible pour aider qn ◆ **the 60km/h ~** *(= speed limit)* la limitation de vitesse de 60 km/h ◆ **there is a 60km/h ~ on this road** la vitesse est limitée à 60 km/h sur cette route ; see also **speed** ◆ **that's the ~!** * c'est le comble !, ça dépasse les bornes ! ◆ **he's the ~!** * *(= goes too far)* il dépasse les bornes ! ; *(= amusing)* il est impayable ! * ◆ **there are ~s!** * quand même il y a des limites !, il y a des limites à tout ! ◆ **he is at the ~ of his patience/endurance** il est à bout de patience/de forces ◆ **off ~s** *[area, district]* d'accès interdit ; *(on sign)* "accès interdit" ◆ **there is no ~ on the amount you can import** la quantité que l'on peut importer n'est pas limitée ◆ **outside the ~s of ...** en dehors des limites de ... ◆ **over the ~** *(of lorry in weight)* en surcharge, surchargé ; *(of driver on Breathalyser)* qui excède le taux maximal légal d'alcoolémie ◆ **he was three times over the ~** *[driver]* son taux d'alcoolémie était trois fois plus élevé que le maximum légal ◆ **there is a ~ to my patience** ma patience a des limites ◆ **there is a ~ to what one can do** il y a une limite à ce que l'on peut faire, on ne peut (quand même) pas faire l'impossible ◆ **within the ~s of** dans les limites de ◆ **within a 5-mile ~** dans un rayon de 8 kilomètres ◆ **it is true within ~s** c'est vrai dans une certaine limite *or* mesure ◆ **without ~** sans limitation, sans limite ; see also **stretch**

**VT** **a** *(= restrict) [+ speed, time]* limiter (*to* à) ; *[+ expense, power]* limiter, restreindre (*to* à) ; *[+ person]* limiter ◆ **he ~ed questions to 25 minutes** il a limité les questions à 25 minutes ◆ **he ~ed questions to those dealing with education** il a accepté seulement les questions portant sur l'éducation ◆ **to ~ o.s. to a few remarks** se borner à (faire) quelques remarques ◆ **to ~ o.s. to ten cigarettes a day** se limiter à dix cigarettes par jour ◆ **we are ~ed in what we can do** nous sommes limités dans ce que nous pouvons faire

**b** *(= confine)* limiter ◆ **Neo-Fascism is not ~ed to Europe** le néofascisme ne se limite pas à l'Europe ◆ **our reorganization plans are ~ed to Africa** nos projets de réorganisation se limitent à *or* ne concernent que l'Afrique ◆ **the government's attempts to ~ unemployment to 2.5 million** les efforts du gouvernement pour empêcher le chômage de dépasser la barre des 2,5 millions

**limitation** /ˌlɪmɪˈteɪʃən/ **N** **a** *(= restriction)* limitation *f*, restriction *f* ◆ **the ~ on imports** la limitation *or* la restriction des importations ◆ **there is no ~ on the amount of currency you may take out** il n'y a aucune restriction sur les devises que vous pouvez emporter ◆ **he has/knows his ~s** il a/connaît ses limites ◆ **the ~ of nuclear weapons** la limitation des armements nucléaires ◆ **an exercise in damage ~, a damage-~ exercise** une tentative pour limiter les dégâts ◆ **this drug has one important ~** ce médicament a un inconvénient de taille ◆ **parents tend to blame schools for the educational ~s of their children** les parents ont tendance à tenir l'école pour responsable des insuffisances scolaires de leurs enfants ◆ **~ of movement** restriction *f* des mouvements

**b** *(Jur)* prescription *f*

**limited** /ˈlɪmɪtɪd/ **ADJ** **a** *(= restricted) [number, resources, choice, means, amount, range]* limité ; *[intelligence, person]* borné, limité ◆ **for a ~ period only** pour une durée limitée ◆ **to a ~ extent** jusqu'à un certain point, dans une certaine mesure seulement

**b** *(esp Brit Comm, Jur)* ◆ **Smith and Sons Limited** ≃ Smith et fils, SA

**COMP** ▷ **limited bus** **N** *(US)* ⇒ **limited-stop bus** ▷ **limited company** **N** *(esp Brit Jur)* (also **private limited company***)* ≃ société *f* à responsabilité limitée ; (also **public limited company***)* ≃ société *f* anonyme ▷ **limited edition** **N** *[of book]* édition *f* à tirage limité ; *[of poster, print]* tirage *m* limité ; *[of record]* pressage *m* limité ; *[of car]* série *f* limitée ▷ **limited liability** **N** *(Brit Jur)* responsabilité *f* limitée ◆ **~ liability company** société *f* à responsabilité limitée ▷ **limited partnership** **N** société *f* en commandite simple ▷ **limited-stop bus** **N** autobus *m* semi-direct

**limiting** /ˈlɪmɪtɪŋ/ **ADJ** restrictif, contraignant

**limitless** /ˈlɪmɪtlɪs/ **ADJ** *[power]* sans borne(s), illimité ; *[opportunities]* illimité

**limo** * /ˈlɪməʊ/ **N** (abbrev of **limousine**) limousine *f*

**limousine** /ˈlɪməziːn/ **N** *(gen)* limousine *f* ; *(US: from airport etc)* (voiture-)navette *f* **COMP** ▷ **limousine liberal** * **N** *(US)* libéral *m* de salon

**limp**[1] /lɪmp/ **ADJ** **a** *(= not firm) [hand, handshake, hair, penis]* mou (molle *f*) ; *[lettuce, flowers]* plus très frais (fraîche *f*) ◆ **to go ~** devenir mou ◆ **his body went ~** tous les muscles de son corps se sont relâchés ◆ **to let one's body go ~** laisser son corps se relâcher ◆ **let your arm go ~** laissez aller votre bras ◆ **his arms hung ~ by his sides** il avait les bras ballants ◆ **he was ~ with exhaustion** il était épuisé ◆ **I feel very ~ in this hot weather** je me sens tout ramolli *or* avachi par cette chaleur ◆ **to have a ~ wrist** * *(fig = be effeminate)* avoir des manières efféminées **b** *(fig = feeble) [excuse]* faible ; *[style]* mou (molle *f*) **c** *(Publishing)* ◆ **~ cover(s)** reliure *f* souple **COMP** ▷ **limp-wristed** **ADJ** *(pej = effeminate)* efféminé

**limp**[2] /lɪmp/ **VI** *[person]* boiter ; *(fig) [vehicle etc]* marcher tant bien que mal ◆ **to ~ in/out** *etc* entrer/sortir *etc* en boitant ◆ **to ~ along** avancer en boitant, aller clopin-clopant * ◆ **he ~ed to the door** il est allé à la porte en boitant, il a clopiné jusqu'à la porte ◆ **the plane managed to ~ home** l'avion a réussi à regagner sa base tant bien que mal **N** claudication *f*, boiterie *f* ◆ **to have a ~, to walk with a ~** boiter, clopiner

**limpet** /ˈlɪmpɪt/ **N** **a** *(Zool)* patelle *f*, bernique *f* ; *(fig = person)* crampon *m* ◆ **to cling** *or* **stick to sth like a ~** s'accrocher à qch comme une moule au rocher **b** *(Mil:* also **limpet mine***)* mine-ventouse *f*

**limpid** /ˈlɪmpɪd/ *(liter)* **ADJ** limpide

**limply** /ˈlɪmplɪ/ **ADV** **a** *(lit)* mollement ◆ **his arms hung ~ by his side** il avait les bras ballants ◆ **the flag hung ~ from the mast** le drapeau pendait mollement **b** *(fig) [say, express]* mollement

**limpness** /ˈlɪmpnɪs/ **N** **a** *(lit)* mollesse *f* **b** *(fig) [of style]* mollesse *f* ; *[of excuse]* faiblesse *f*

**limy** /ˈlaɪmɪ/ **ADJ** **a** *(= chalky) [soil, water]* calcaire **b** (also **limy green***)* d'un vert acide

**linage** /ˈlaɪnɪdʒ/ **N** *(Press)* lignage *m*, nombre *m* de lignes ◆ **advertising ~** nombre *m* de lignes de publicité **COMP** ▷ **linage advertisement** **N** petite annonce *f* ordinaire *(sans encadrement)*

**linchpin** /ˈlɪntʃpɪn/ **N** **a** *(Aut)* esse *f* **b** *(fig)* *(= person)* pilier *m*, cheville *f* ouvrière ; *(= thing)* élément *m* central, pilier *m*

**Lincs.** /lɪŋks/ abbrev of **Lincolnshire**

**linctus** /ˈlɪŋktəs/ **N** (pl **linctuses**) sirop *m* (contre la toux)

**linden** /ˈlɪndən/ **N** (also **linden tree***)* tilleul *m*

# line[1] /laɪn/

LANGUAGE IN USE 27

| | |
|---|---|
| 1 NOUN | 3 COMPOUNDS |
| 2 TRANSITIVE VERB | 4 PHRASAL VERB |

## 1 - NOUN

**a** [= mark] ligne *f*, trait *m* ; *(Math, TV, Sport)* ligne *f* ; *(= pen stroke)* trait *m* ; *(on palm)* ligne *f* ◆ **a straight** ~ une (ligne) droite ◆ **a curved** ~ une (ligne) courbe ◆ **to put a** ~ **through sth** barrer *or* rayer qch ◆ **the teacher put a red** ~ **through my translation** le professeur a barré *or* rayé ma traduction au stylo rouge ◆ **to draw a** ~ **under sth** *(in exercise book)* tirer un trait sous qch ; *(fig: episode, event)* tirer un trait sur qch ◆ ~ **by** ~ ligne par ligne ◆ **above the** ~ *(Bridge)* (marqué) en points d'honneur ◆ **below the** ~ *(Bridge)* (marqué) en points de marche ; *(Accounts)* hors bilan ◆ **on the** ~ *(Mus)* sur la ligne ; → **bottom, dotted, draw, state**

**b** [= boundary] frontière *f* ◆ **there's a thin** *or* **fine** ~ **between genius and madness** il n'y a qu'un pas du génie à la folie, peu de choses séparent génie et folie

**c** [Geog] **the Line** *(= equator)* la ligne

**d** [= wrinkle] ride *f* ◆ **the** ~**s on her face were now deeper** les rides de son visage s'étaient creusées

**e** [= shape] ◆ **the rounded** ~**s of this car** les contours *mpl* arrondis de cette voiture ◆ **clothes that follow the** ~**s of the body** des vêtements *mpl* moulants *or* qui épousent les contours du corps

**f** [= rope] corde *f* ; *(= wire)* fil *m* ; *(Fishing)* ligne *f*, fil *m* ; *[of diver]* corde *f* (de sûreté) ; (also **clothes line, washing line**) corde *f* (à linge) ◆ **they threw a** ~ **to the man in the sea** ils ont lancé une corde à l'homme qui était tombé à la mer

**g** [= pipe] tuyau *m* ; *(larger: esp for oil, gas)* pipeline *m*

**h** [Telec, *also* Elec = cable] ligne *f* ◆ **"663-1111 five lines"** "663.11.11 cinq lignes groupées" ◆ **it's a bad** ~ la ligne est mauvaise ◆ **the** ~**'s gone dead** *(during conversation)* on nous a coupés ; *(before dialling)* la ligne est en dérangement ◆ **the** ~**s are down** les lignes ont été coupées ◆ **the** ~ **is engaged** *or (US)* **busy** la ligne est occupée, c'est occupé ◆ **Mr Smith is on the** ~ **(for you)** j'ai M. Smith à l'appareil (pour vous) ◆ **he's on the** ~ **to the manager** il est en ligne avec le directeur ◆ **the** ~**s are open from 6 o'clock onwards** on peut téléphoner *or* appeler à partir de 6 heures

**i** [of print, writing] ligne *f* ; *[of poem]* vers *m* ; *(* = letter)* mot *m* ◆ **page 20,** ~ **18** page 20, ligne 18 ◆ **new** ~ *(in dictation)* à la ligne ◆ **a six-**~ **stanza** une strophe de six vers ◆ **it's one of the best** ~**s in "Hamlet"** c'est l'un des meilleurs vers de "Hamlet" ◆ **drop me a** ~ * envoyez-moi un (petit) mot ◆ **to read between the** ~**s** lire entre les lignes ◆ ~**s** *(Scol = punishment)* lignes *fpl* à copier ◆ **to learn/forget one's** ~**s** *(Theat)* apprendre/oublier son texte

**j** [esp US = queue] file *f*, queue *f* ◆ **to form a** ~ faire la queue ◆ **to stand** *or* **wait in** ~ faire la queue

**k** [= row, column] *[of trees, parked cars, hills]* rangée *f* ; *[of cars in traffic jam]* file *f* ; *[of people] (side by side)* rang *m*, rangée *f* ; *(one behind another)* file *f*, colonne *f* ; (also **assembly line**) chaîne *f* ◆ **the new recruits marched in a** ~ les nouvelles recrues avançaient en file ◆ **they sat in a** ~ **in front of him** ils se sont assis en rang devant lui ◆ **a** ~ **of winning numbers** une série de numéros gagnants ◆ **the first** ~ **of defence** le premier moyen de défense ◆ **the first** ~ **of treatment** le premier traitement à suivre

**l** [= succession] série *f* ; *(= descent)* ligne *f*, lignée *f* ◆ **the latest in a long** ~ **of tragedies** la dernière d'une longue série de tragédies ◆ **in a direct** ~ **from** en droite ligne de, en ligne directe de ◆ **he comes from a long** ~ **of artists** il est issu d'une longue lignée d'artistes ◆ **the royal** ~ la lignée royale ◆ **succession passes through the male** ~ la succession se fait par les hommes

**m** [also **shipping line**] *(= company)* compagnie *f* maritime ; *(= route)* ligne *f* (maritime) ◆ **the Cunard Line** la compagnie Cunard ◆ **the New York-Southampton** ~ la ligne New York-Southampton

**n** [Rail *etc*] *(= route)* ligne *f* (de chemin de fer) ; *[of underground]* ligne *f* (de métro) ; *[of bus]* ligne *f* ; *(= track)* voie *f* ◆ **the Brighton** ~ la ligne de Brighton ◆ **the** ~ **was blocked for several hours** la voie a été bloquée plusieurs heures ◆ **cross the** ~ **by the footbridge** empruntez la passerelle pour traverser la voie ◆ **the train left the** ~ le train a déraillé

**o** [= direction] ◆ **the main** *or* **broad** ~**s** *[of story, plan]* les grandes lignes *fpl* ◆ ~ **of argument** raisonnement *m* ◆ **the next chapter continues this** ~ **of thinking** le chapitre suivant développe cet argument ◆ ~ **of research** ligne *f* de recherche ◆ **you're on the right** ~**s** vous êtes sur la bonne voie ◆ **on ethnic/geographical** ~**s** selon des critères ethniques/géographiques ; → **inquiry, resistance**

**p** [= stance] position *f* ; *(= argument)* argument *m* ◆ **they voted against the government** ~ ils ont voté contre la position adoptée par le gouvernement ◆ **they came out with their usual** ~ ils ont sorti leur argument habituel ◆ **to take a strong** ~ **on ...** se montrer ferme sur ...

**q** [* = field] ◆ ~ **of business** *or* **work** activité *f* ◆ **you must be very aware of that in your** ~ **of business** vous devez en être très conscient dans votre métier ◆ **what's your** ~ **(of business** *or* **work)?** que faites-vous dans la vie ? ◆ **we're in the same** ~ **(of business)** *(of companies)* nous sommes dans la même branche ◆ **most kids can do something in the art** ~ la plupart des gosses ont un certain don artistique ◆ **cocktail parties are not (in) my** ~ les cocktails ne sont pas mon genre ◆ **fishing's more (in) my** ~ **(of country)** la pêche est davantage mon truc * ◆ **he's got a nice** ~ **in rude jokes** il connaît plein d'histoires cochonnes *

**r** [= product] ◆ **this lager is the shop's best selling** ~ cette bière blonde est ce qui se vend le mieux (dans le magasin)

**s** [= course] ◆ **in the** ~ **of duty** dans l'exercice de ses (*or* mes *etc*) fonctions ◆ **it's all in the** ~ **of duty** * *(fig)* ça fait partie du boulot *

**t** [* = idea] ◆ **... but I really don't have a** ~ **on what's going to happen** ... mais je n'ai vraiment aucune idée de ce qui va se passer ◆ **we've got a** ~ **on where he's gone to** nous croyons savoir où il est allé

**u** [= spiel] **to give sb a** ~ * baratiner * qn ◆ **to feed** *or* **hand sb a** ~ **about sth** ** raconter des bobards * à qn sur qch

**v** [Mil] ligne *f* ◆ **in the front** ~ *(Mil, fig)* en première ligne ◆ **behind (the) enemy** ~**s** derrière les lignes ennemies ◆ ~ **of battle** ligne *f* de combat ◆ **regiment of the** ~ *(Brit Mil)* ≃ régiment *m* d'infanterie ◆ ~ **abreast** *(Navy)* ligne *f* de front ◆ ~ **astern** *(Navy)* ligne *f* de file ◆ **ship of the** ~ vaisseau *m* de ligne, navire *m* de haut bord ◆ **the (battle)** ~**s are drawn** *(fig)* les hostilités *fpl* sont engagées

**w** [Drugs] *[of cocaine etc]* ligne *f*

**x** [set structures]

◆ **along the line** ◆ **somewhere along the** ~ **he got an engineering degree** je ne sais pas exactement quand, il a décroché son diplôme d'ingénieur ◆ **all along the** ~ *(= constantly)* toujours ; *(= everywhere)* partout ◆ **didn't I tell you that all along the** ~**?** c'est ce que je n'ai pas arrêté de te dire ◆ **they've been involved all along the** ~ ils ont participé depuis le début ◆ **the effects will be felt all along the** ~ les effets en seront ressentis à tous les niveaux

◆ **all (the way)** *or* **right down the line** ⇒ **all along the line**

◆ **along those/the same** *etc* **lines** ◆ **he'd already said something along those** ~**s** il avait déjà dit quelque chose du même genre ◆ **we are all thinking along the same** ~**s** nous pensons tous de la même façon, nous sommes tous d'accord *or* du même avis ◆ **several projects were suggested, all along the same** ~**s** plusieurs projets avaient été suggérés et tous étaient du même genre ◆ **I hope we'll continue along the same** ~**s** j'espère que nous continuerons sur cette lancée ◆ **along** *or* **on political/racial** ~**s** *[decide, divide]* selon des critères politiques/raciaux ; *[organize, plan]* dans une optique politique/raciale ◆ **factories now work along Japanese** ~**s** les usines emploient maintenant des méthodes japonaises

◆ **in line** ◆ **to keep sb in** ~ faire tenir qn tranquille ◆ **if the Prime Minister fails to keep the rebels in** ~ si le Premier ministre ne réussit pas à maîtriser les éléments rebelles ◆ **to be in** ~ **for a job** être sur les rangs pour un emploi ◆ **public sector pay is in** ~ **to rise** les salaires des fonctionnaires devraient augmenter ◆ **Earth was in** ~ **with Venus and the Sun** la Terre était alignée avec Vénus et le Soleil ◆ **the law is now in** ~ **with most medical opinion** la loi va maintenant dans le sens de l'avis de la plupart des médecins ◆ **our system is broadly in** ~ **with that of other countries** notre système correspond plus ou moins à celui d'autres pays

◆ **into line** ◆ **to come** *or* **fall** *or* **step into** ~ *[person, group]* se conformer (*with* à) ◆ **to come** *or* **fall into** ~ *[plans, proposals]* concorder (*with* avec) ◆ **to fall into** ~ **with sb** *(fig)* se ranger *or* se conformer à l'avis de qn ◆ **to bring sth into** ~ **with sth** *(lit, fig)* aligner qch sur qch ◆ **attempts to bring the system into** ~ **with that of Germany** des tentatives pour aligner le système sur celui de l'Allemagne

◆ **on line** *(= on computer)* en ligne ◆ **they can order their requirements on** ~ ils peuvent passer leurs commandes en ligne ◆ **to come on** ~ *(= in or into service) [power station, machine]* entrer en service

◆ **on the line** *(* = at stake)* en jeu ◆ **my reputation/job is on the** ~ ma réputation/mon emploi est en jeu ◆ **to put one's reputation/job on the** ~ mettre sa réputation/son emploi en jeu ◆ **to put o.s. on the** ~ prendre de gros risques ◆ **to put one's neck** * *or* **ass** ** *(US)* **on the** ~ risquer sa peau *

◆ **out of line** * *(= unreasonable)* ◆ **to be out of** ~ ◆ **he was completely out of** ~ **to suggest that ...** il n'aurait vraiment pas dû suggérer que ... ◆ **he is out of** ~ **with his own party** *(= in conflict)* il est en décalage par rapport à son parti ◆ **their debts are completely out of** ~ **with their incomes** leurs dettes sont tout à fait disproportionnées par rapport à leurs revenus ◆ **this result is out of** ~ **with the trend** ce résultat ne s'inscrit pas dans la tendance générale

2 - TRANSITIVE VERB

= mark *[+ face]* rider, marquer ◆ **his face was ~d with exhaustion** il avait le visage marqué par la fatigue ◆ **~d paper** papier *m* réglé

3 - COMPOUNDS

▷ **line dancing** N *danse de style country* ▷ **line drawing** N *(Art)* dessin *m* (au trait) ▷ **line feed** N *(Comput)* saut *m or* changement *m* de ligne ▷ **line fishing** N *(Sport)* pêche *f* à la ligne ▷ **line judge** N *(Tennis)* juge *m* de ligne ▷ **line manager** N *(Brit Ind)* supérieur *m* hiérarchique *or* direct ▷ **line of attack** N *(Mil)* plan *m* d'attaque ; *(fig)* plan *m* d'action ▷ **line of communication** N ligne *f* de communication ◆ **to keep the ~s of communication open with sb** ne pas rompre le dialogue avec qn ▷ **line of descent** N *(lit, fig)* lignée *f* ◆ **an ancient family who trace their ~ of descent back more than a thousand years** *(lit)* une vieille famille dont les origines remontent à plus de mille ans ◆ **in a direct ~ of descent from sth** *(fig)* dans la lignée directe de qch ▷ **line of fire** N *(Mil)* ligne *f* de tir ◆ **right in the ~ of fire** en plein dans la ligne de tir *or* de feu ▷ **line of flight** N *[of bird etc]* ligne *f* de vol ; *[of object]* trajectoire *f* ▷ **line of latitude** N ligne *f* de latitude ▷ **line of longitude** N ligne *f* de longitude ▷ **line of sight** N *(Mil)* ligne *f* de visée ▷ **line of vision** N champ *m* de vue ▷ **line-out** N *(Rugby)* touche *f* ▷ **line printer** N *(Comput)* imprimante *f* ligne par ligne ▷ **line spacing** N *(Typ, Comput)* interligne *m* ▷ **line storm** N *(US)* ouragan *m* ▷ **line-up** N *[of people etc] (= row)* file *f* ; *(Police = identity parade)* séance *f* d'identification (d'un suspect) ; *(Ftbl etc)* (composition *f* de l')équipe *f* ◆ **the new ~-up** *(fig, Pol etc)* la nouvelle composition du Parlement (*or* du Congrès *etc*) ◆ **the President chose his ~-up** le Président a choisi son équipe *or* ses collaborateurs ◆ **the ~-up of African powers** *(fig, Pol)* le front des puissances africaines

4 - PHRASAL VERB

► **line up**

1 VI a *(= stand in row)* se mettre en rang(s), s'aligner ; *(= stand in queue)* faire la queue ◆ **the teams ~d up and waited for the whistle** les équipes se sont alignées et ont attendu le coup de sifflet

b *(fig = align o.s.)* **to ~ up against sb/sth** se liguer contre qn/qch ◆ **to ~ up behind sth** se rallier à qch ◆ **most senators ~d up in support of the president** la plupart des sénateurs se sont ralliés au président ◆ **black people have ~d up on both sides of the issue** les Noirs se sont ralliés aux deux camps ◆ **to ~ up with** *or* **behind** *or* **alongside sb** se ranger du côté de qn, se rallier à qn

2 VT SEP a *[+ people, objects]* aligner, mettre en ligne ◆ **~ them up against the wall** alignez-les contre le mur ◆ **they were ~d up and shot** on les a alignés pour les fusiller ◆ **to be all ~d up** * *(= ready)* être fin prêt (*for* pour ; *to do sth* pour faire qch)

b * *(= organize) [+ party, trip]* organiser ; *(= find)* trouver ◆ **we must ~ up a chairman for the meeting** il faut que nous trouvions un président pour la réunion ◆ **to have sth ~d up** avoir prévu qch ◆ **to have sb ~d up** avoir qn en vue ◆ **have you got something ~d up for this evening?** est-ce que tu as prévu quelque chose pour ce soir ? ◆ **have you got someone ~d up?** avez-vous quelqu'un en vue ? ◆ **I wonder what he's got ~d up for us** je me demande ce qu'il nous prépare

**line²** /laɪn/ VT *[+ clothes, bag, box]* doubler (*with* de) ; *[bird] [+ nest]* garnir, tapisser ; *(Tech)* revêtir, chemiser ◆ **to ~ one's pockets** *(fig: esp pej)* se remplir les poches ◆ **eat something to ~ your stomach** ne reste pas l'estomac vide ◆ **the walls were ~d with books and pictures** les murs étaient couverts *or* tapissés de livres et de tableaux ◆ **the streets were ~d with cheering crowds** les rues étaient bordées d'une (double) haie de spectateurs enthousiastes ◆ **cheering crowds ~d the route** une foule enthousiaste faisait la haie tout le long du parcours ◆ **the road was ~d with trees** la route était bordée d'arbres ; → **wool**

**lineage** /ˈlɪnɪɪdʒ/ N a *(= ancestry)* lignage † *m*, famille *f* ; *(= descendants)* lignée *f* ◆ **she can trace her ~ back to the 17th century** sa famille remonte au 17ᵉ siècle b ⇒ **linage**

**lineal** /ˈlɪnɪəl/ ADJ en ligne directe

**lineament** /ˈlɪnɪəmənt/ N *(liter) (= feature)* trait *m*, linéament *m (liter)* ◆ **~s** *(= characteristic)* caractéristiques *fpl*, particularités *fpl*

**linear** /ˈlɪnɪəʳ/ ADJ linéaire COMP ▷ **linear accelerator** N *(Phys)* accélérateur *m* linéaire ▷ **linear equation** N *(Math)* équation *f* linéaire ▷ **linear perspective** N *(Art)* perspective *f* linéaire ▷ **linear programming** N *(Econ, Math)* programmation *f* linéaire

**linebacker** /ˈlainbækə/ N *(US Sport)* linebacker *m*, défenseur *m (positionné derrière la ligne)*

**lineman** /ˈlaɪnmən/ N (pl **-men**) *(US) (Rail)* poseur *m* de rails ; *(Telec)* ouvrier *m* de ligne

**linen** /ˈlɪnɪn/ N a *(NonC: Tex)* (toile *f* de) lin *m* b *(collective n) (= sheets, tablecloths etc:* also **linens:** *esp US)* linge *m* (de maison) ; *(= underwear)* linge *m* (de corps) ◆ **dirty** *or* **soiled ~** linge *m* sale ; → **household, wash** COMP *[sheet]* de fil, pur fil ; *[suit, thread]* de lin ▷ **linen basket** N panier *m* à linge ▷ **linen closet, linen cupboard** N armoire *f* or placard *m* à linge ▷ **linen paper** N papier *m* de lin

**liner** /ˈlaɪnəʳ/ N a *(Naut)* paquebot *m* de grande ligne ; → **airliner, Atlantic** b (also **dustbin liner**) sac *m* poubelle c → **eye-liner** d *(US) [of record]* pochette *f* COMP ▷ **liner note** N *(US)* texte *m (sur pochette de disque)*

**linesman** /ˈlaɪnzmən/ N (pl **-men**) *(Sport, Tennis)* juge *m* de ligne ; *(Ftbl, Rugby)* juge *m* de touche

**ling¹** /lɪŋ/ N *(= heather)* bruyère *f*

**ling²** /lɪŋ/ N (pl **ling** *or* **lings**) a *(= sea fish)* lingue *f*, julienne *f* b *(= freshwater fish)* lotte *f* de rivière

**linger** /ˈlɪŋgəʳ/ VI (also **linger on**) *[person] (= wait behind)* s'attarder ; *(= take one's time)* prendre son temps ; *(= dawdle)* traîner, lambiner * ; *[smell, pain]* persister ; *[tradition, memory]* persister, subsister ; *[doubt]* subsister ◆ **the others had gone, but he ~ed (on)** les autres étaient partis, lui restait en arrière *or* s'attardait ◆ **after the accident he ~ed (on) for several months** *(before dying)* après l'accident il a traîné quelques mois avant de mourir ◆ **he always ~s behind everyone else** il est toujours derrière tout le monde, il est toujours à la traîne ◆ **don't ~ about** *or* **around** ne lambine pas *, ne traîne pas ◆ **to ~ over a meal** rester longtemps à table, manger sans se presser ◆ **I let my eye ~ on the scene** j'ai laissé mon regard s'attarder sur la scène ◆ **to ~ on a subject** s'attarder *or* s'étendre sur un sujet

**lingerie** /ˈlænʒəriː/ N *(NonC)* lingerie *f*

**lingering** /ˈlɪŋgərɪŋ/ ADJ *[look]* long (longue *f*), insistant ; *[doubt]* qui subsiste (encore) ; *[hope]* faible ; *[death]* lent

**lingo** * /ˈlɪŋgəʊ/ N (pl **lingoes**) *(pej) (= language)* langue *f* ; *(= jargon)* jargon *m* ◆ **I had a hard time in Spain because I don't speak the ~** j'ai eu du mal en Espagne parce que je ne cause * pas la langue

**lingua franca** /ˈlɪŋgwəˈfræŋkə/ N (pl **lingua francas** *or* **linguae francae** /ˈlɪŋgwiːˈfrænsiː/) langue *f* véhiculaire, lingua franca *f inv*

**linguist** /ˈlɪŋgwɪst/ N linguiste *mf* ◆ **I'm no great ~** je ne suis pas vraiment doué pour les langues

**linguistic** /lɪŋˈgwɪstɪk/ ADJ linguistique COMP ▷ **linguistic atlas** N atlas *m* linguistique ▷ **linguistic borrowing** N *(= item borrowed)* emprunt *m* ; *(= process)* emprunts *mpl* ▷ **linguistic geography** N géographie *f* linguistique ▷ **linguistic philosophy** N philosophie *f* linguistique

**linguistically** /lɪŋˈgwɪstɪkəlɪ/ ADV linguistiquement

**linguistics** /lɪŋˈgwɪstɪks/ N *(NonC)* linguistique *f* COMP *[book, degree, professor]* de linguistique ; *[student]* en linguistique

**liniment** /ˈlɪnɪmənt/ N liniment *m*

**lining** /ˈlaɪnɪŋ/ N *[of clothes, bag, box]* doublure *f* ; *(Tech)* revêtement *m* ; *[of brakes]* garniture *f* ; *[of stomach]* paroi *f* ◆ **~ paper** papier *m* d'apprêt ; *(for drawers)* papier *m* à tapisser ; → **silver**

**link** /lɪŋk/ LANGUAGE IN USE 17.1

N a *[of chain]* maillon *m*

b *(= connection)* lien *m*, liaison *f* ; *(= interrelation)* rapport *m*, lien *m* ; *(= bonds)* lien *m*, relation *f* ; *(Comput: of hypertext)* lien *m* ◆ **a new rail ~** une nouvelle liaison ferroviaire ◆ **there must be a ~ between the two phenomena** il doit y avoir un lien *or* un rapport entre ces deux phénomènes ◆ **he served as ~ between management and workers** il a servi de lien *or* d'intermédiaire entre la direction et les ouvriers ◆ **cultural ~s** liens *mpl* culturels, relations *fpl* culturelles ◆ **~s of friendship** liens *mpl* d'amitié ◆ **he broke off all ~s with his friends** il a cessé toutes relations avec ses amis, il a rompu tous les liens avec ses amis ; → **cufflink, missing, weak**

VT a *(physically)* lier ◆ **to ~ arms** se donner le bras

b *(= establish communication between)* relier ; *(fig)* lier ◆ **~ed by rail/by telephone** reliés par (la) voie ferrée/par téléphone ◆ **~ed (together) in friendship** liés d'amitié ◆ **the two companies are now ~ed (together)** ces deux sociétés sont maintenant liées *or* associées

c *(= establish logical connection between)* établir un lien *or* rapport entre ◆ **to ~ sth with sb** établir un lien entre qch et qn ◆ **the police are not ~ing him with the murder** la police n'a établi aucun rapport entre lui et le meurtre ◆ **this is closely ~ed to our sales figures** ceci est étroitement lié à nos chiffres de vente ◆ **smoking and lung cancer are closely ~ed** le tabac et le cancer des poumons sont étroitement liés

VI ◆ **to ~ to a site** *(Comput)* proposer des liens avec un site

COMP ▷ **linking consonant** N *(Phon)* consonne *f* de liaison ▷ **linking verb** N *(Ling)* verbe *m* copulatif, copule *f* ▷ **link road** N *(Brit)* voie *f* de raccordement

▷ **link-up** N *(gen)* lien *m*, rapport *m* ; *(Rad, TV)* *(= connection)* liaison *f* ; *(= programme)* émission *f* en duplex ; *(Space)* jonction *f* ◆ **there is no apparent ~-up between the two cases** il n'y a pas de rapport apparent *or* de lien apparent entre les deux affaires ◆ **is there any ~-up between our company and theirs?** y a-t-il un lien entre notre entreprise et la leur ?

► **link together**

VI s'unir, se rejoindre

VT SEP *[+ two objects]* unir, joindre ; *(by means of a third)* relier

► **link up**

VI *[persons]* se rejoindre ; *[firms, organizations etc]* s'associer ; *[spacecraft]* opérer l'arrimage ; *[roads, railway lines]* se rejoindre, se rencontrer ◆ **they ~ed up with the other group** ils ont rejoint l'autre groupe

VT SEP **a** *(Rad, Telec, TV)* relier, assurer la liaison entre

**b** *[+ spacecraft]* opérer l'arrimage de

N ◆ **link-up** → **link**

**linkage** /ˈlɪŋkɪdʒ/ N **a** *(= connection)* lien *m*, relation *f* **b** *(Tech)* tringlerie *f*, transmission *f* par tringlerie **c** *(Bio)* linkage *m*

**linkman** /ˈlɪŋkmæn/ N (pl **-men**) *(esp US TV, Rad)* présentateur *m*

**links** /lɪŋks/ NPL (terrain *m* de) golf *m*, links *mpl*

**linnet** /ˈlɪnɪt/ N linotte *f*

**lino** * /ˈlaɪnəʊ/ N *(Brit)* (abbrev of **linoleum**) lino *m* ◆ **~ cut** gravure *f* sur linoléum

**linoleum** /lɪˈnəʊlɪəm/ N linoléum *m*

**Linotype** ® /ˈlaɪnəʊtaɪp/ N linotype *f*

**linseed** /ˈlɪnsiːd/ N *(NonC)* graines *fpl* de lin ◆ **~ oil** huile *f* de lin

**lint** /lɪnt/ N *(NonC)* **a** *(Med)* tissu *m* ouaté *(pour pansements)* ◆ **a small piece of ~** une compresse, un petit pansement ouaté **b** *(US = fluff)* peluches *fpl* ◆ **a piece** *or* **speck of ~** une peluche

**lintel** /ˈlɪntl/ N linteau *m*

**Linus** /ˈlaɪnəs/ N *(esp US)* ◆ **~ blanket** * couverture *f* sécurisante *(pour jeune enfant)*

**lion** /ˈlaɪən/ N lion *m* ; *(fig = person)* personnage *m* en vue, célébrité *f* ◆ **the Lion** *(Astrol, Astron)* le Lion ◆ **to get** *or* **take the ~'s share** se tailler la part du lion ◆ **to put one's head in the ~'s mouth** *(fig)* se jeter *or* se précipiter dans la gueule du loup ◆ **to throw sb to the ~s** *(fig)* abandonner qn à son sort, jeter *or* livrer qn en pâture ; → **beard, mountain, Richard** COMP ▷ **lion cub** N lionceau *m* ▷ **lion-hearted** ADJ d'un courage de lion ▷ **lion-hunter** N *(fig)* ◆ **she is a ~-hunter** * elle cherche toujours à avoir des célébrités comme invités ▷ **lion-tamer** N dompteur *m*, -euse *f* de lions

**lioness** /ˈlaɪənɪs/ N lionne *f*

**lionize** /ˈlaɪənaɪz/ VT *[+ person]* aduler, stariser *

**lip** /lɪp/ N **a** *(Anat)* lèvre *f* ; *[of dog etc]* babine *f* ◆ **on every ~** *or* **everyone's ~s** *(fig)* sur toutes les lèvres

**b** *(= edge)* *[of jug]* bec *m* ; *[of cup, saucer]* rebord *m* ; *[of crater]* bord *m* ; *[of wound]* bord *m*, lèvre *f*

**c** (* *= insolence)* culot * *m*, insolences *fpl* ◆ **less of your ~!** ne sois pas insolent ! ; → **bite, button, stiff**

COMP ▷ **lip balm** N *(esp US)* ⇒ **lip salve** ▷ **lip gloss** N brillant *m* à lèvres ▷ **lip pencil** N crayon *m* à lèvres ▷ **lip-read** VT lire sur les lèvres ▷ **lip-reading** N lecture *f* sur les lèvres ▷ **lip salve** N *(Brit)* baume *m* pour les lèvres ▷ **lip service** N ◆ **to pay ~ service to sth** manifester un intérêt de pure forme pour qch ◆ **~-service paid by politicians to family needs** l'intérêt de pure forme manifesté par la classe politique à l'égard de la famille ◆ **they only pay ~-service to human rights when it suits them** ils ne manifestent un intérêt pour les droits de l'homme que lorsque cela les arrange ◆ **he only pays ~ service to socialism** il n'est socialiste qu'en paroles ▷ **lip-smacking** * ADJ *[pleasure, satisfaction, relish]* vif ; *[food]* délicieux ▷ **lip-sync(h)** VI *(= sing)* chanter en play-back ; *(= speak)* doubler des films VT *(= sing)* chanter en play-back ; *(= speak)* doubler ◆ **to ~-sync(h) sb's words** doubler qn N play-back *m*

**lipase** /ˈlaɪpeɪs/ N lipase *f*

**lipid** /ˈlaɪpɪd/ N lipide *m*

**lipoprotein** /ˌlɪpəʊˈprəʊtiːn/ N *(Chem, Bio)* lipoprotéine *f*

**liposuction** /ˈlɪpəʊˌsʌkʃən/ N lipo-aspiration *f*, liposuccion *f*

**-lipped** /lɪpt/ ADJ *(in compounds)* ◆ **dry-lipped** aux lèvres sèches ; → **thick**

**lippy** * /ˈlɪpɪ/ ADJ insolent N *(= lipstick)* rouge *m* à lèvres

**lipstick** /ˈlɪpstɪk/ N *(NonC)* *(= substance)* rouge *m* à lèvres ; *(= stick)* (bâton *m* *or* tube *m* de) rouge *m* à lèvres

**liquefaction** /ˌlɪkwɪˈfækʃən/ N liquéfaction *f*

**liquefied** /ˈlɪkwɪfaɪd/ ADJ liquéfié COMP ▷ **liquefied natural gas** N gaz *m* naturel liquéfié

**liquefy** /ˈlɪkwɪfaɪ/ VT liquéfier VI se liquéfier

**liqueur** /lɪˈkjʊəʳ/ N liqueur *f* COMP ▷ **liqueur brandy** N fine (champagne) *f* ▷ **liqueur chocolates** NPL chocolats *mpl* à la liqueur ▷ **liqueur glass** N verre *m* à liqueur

**liquid** /ˈlɪkwɪd/ ADJ **a** *(= not solid etc)* *[substance]* liquide ; *[container]* pour (les) liquides ◆ **~ air/oxygen** air *m*/oxygène *m* liquide ◆ **~ ammonia** ammoniaque *m* (liquide) ◆ **~ crystal** *(Comput)* cristal *m* liquide ◆ **~ crystal display** affichage *m* à cristaux liquides ◆ **~ diet** régime *m* (exclusivement) liquide ◆ **to have a ~ lunch** *(hum)* boire de l'alcool en guise de déjeuner ◆ **~ measure** mesure *f* de capacité pour les liquides ◆ **Liquid Paper** ® *(for corrections)* correcteur *m* liquide ◆ **~ paraffin** *(Pharm)* huile *f* de paraffine *or* de vaseline ◆ **~ petroleum gas** GPL *m*, gaz *m* de pétrole liquéfié **b** *(fig)* *[eyes, sky]* limpide, clair ; *[sound, voice]* limpide, harmonieux ; *(Phon)* liquide ◆ **~ assets** *(Fin)* liquidités *fpl*, disponibilités *fpl* N *(= fluid)* liquide *m* ; *(Ling)* liquide *f*

**liquidate** /ˈlɪkwɪdeɪt/ VT **a** *(Fin, Jur)* liquider ◆ **~d damages** *(Jur)* dommages-intérêts *mpl* préalablement fixés (par les parties) **b** (* *= kill)* liquider *

**liquidation** /ˌlɪkwɪˈdeɪʃən/ N *(Fin, Jur)* liquidation *f* ; *[of debt]* remboursement *m* ◆ **to go into ~** déposer son bilan

**liquidator** /ˈlɪkwɪˌdeɪtəʳ/ N *(Jur)* = liquidateur *m*

**liquidity** /lɪˈkwɪdɪtɪ/ N *(Econ)* liquidité *f* ; *(Fin)* disponibilités *fpl* de trésorerie COMP ▷ **liquidity cushion** N *(Fin)* volant *m* de trésorerie

**liquidize** /ˈlɪkwɪdaɪz/ VT liquéfier ; *(Culin)* passer au mixer *or* mixeur

**liquidizer** /ˈlɪkwɪdaɪzəʳ/ N *(Brit Culin)* mixer *m*, mixeur *m*

**liquor** /ˈlɪkəʳ/ N **a** *(esp US)* *(= alcoholic drink)* boissons *fpl* alcoolisées ; *(= spirits)* spiritueux *m*, alcool *m* ◆ **to be the worse for ~** *(US)* être soûl *or* ivre ◆ **he can't hold his ~** il ne supporte pas l'alcool **b** *(Culin)* liquide *m* COMP ▷ **liquor license** N *(US)* licence *f* de débit de boissons ▷ **liquor store** N *(US)* magasin *m* de vins et spiritueux ; → LICENSING LAWS

► **liquor up** ‡ *(US)* VI se pinter ‡ VT SEP ◆ **to liquor sb up** faire trop boire qn, soûler * qn

**liquorice** /ˈlɪkərɪs/ *(Brit)* N *(Bot)* réglisse *f* ; *(= sweet)* réglisse *m* COMP ▷ **liquorice allsorts** NPL *(gen Brit)* bonbons *mpl* assortis au réglisse ▷ **liquorice root** N bois *m* de réglisse ▷ **liquorice stick** N bâton *m* de réglisse

**lira** /ˈlɪərə/ N (pl **lire** /ˈlɪərɪ/) lire *f*

**Lisbon** /ˈlɪzbən/ N Lisbonne

**lisle** /laɪl/ N (also **lisle thread**) fil *m* d'Écosse

**lisp** /lɪsp/ VI zézayer, zozoter * VT (also **lisp out**) dire en zézayant ◆ **"please don't say that," she ~ed coyly** "s'il vous plaît, ne dites pas cela", dit-elle en minaudant N zézaiement *m* ◆ **... she said with a ~** ... dit-elle en zézayant ◆ **to speak with** *or* **have a ~** zézayer, avoir un cheveu sur la langue *

**lissom(e)** /ˈlɪsəm/ ADJ souple, agile

**list**[1] /lɪst/ N liste *f* ; *(Comm)* catalogue *m* ◆ **your name isn't on the ~** votre nom ne figure pas sur la liste ◆ **you can take me off the ~** vous pouvez me rayer de la liste ◆ **you're (at the) top/bottom of the ~** *(lit)* vous êtes en tête/en fin de liste ◆ **that's at the top of my ~** je le ferai en priorité ; → **active, civil, danger**

VT **a** *(= make list of)* faire *or* dresser la liste de ; *(= write down)* inscrire ; *(= produce list of: Comput)* lister ; *(= enumerate)* énumérer ◆ **your name isn't ~ed** votre nom n'est pas inscrit, votre nom n'est pas sur la liste ◆ **it isn't ~ed** *(Comm)* cela ne figure pas au catalogue ◆ **"airgun" is ~ed under "air"** "airgun" se trouve sous "air" ◆ **the shares are ~ed at €15** *(St Ex)* les actions sont cotées 15 € ◆ **~ed on the Stock Exchange** *(St Ex)* coté en Bourse

**b** *(= categorize)* répertorier, classer ◆ **the deaths were ~ed as homicides** les décès ont été répertoriés *or* classés parmi les homicides ◆ **an airgun is ~ed as a weapon** les fusils à air comprimé sont classés parmi les armes

COMP ▷ **listed building** N *(Brit)* monument *m* classé *or* historique ▷ **listed company** N société *f* cotée en Bourse ▷ **listed securities** NPL *(St Ex)* valeurs *fpl* inscrites *or* admises à la cote officielle, valeurs *fpl* cotées en Bourse ▷ **list price** N *(Comm)* prix *m* catalogue

**list**[2] /lɪst/ VI *(= lean)* donner de la bande, gîter ◆ **the ship is ~ing badly** le bateau gîte dangereusement ◆ **to ~ to port** gîter *or* donner de la bande sur bâbord N inclinaison *f* ◆ **to have a ~** gîter ◆ **to have a ~ of 20°** gîter de 20°, donner 20° de gîte *or* de bande

**listen** /ˈlɪsn/ VI **a** écouter ◆ **~ to me** écoutemoi ; see also **b** ◆ **~! écoute !** ◆ **you never ~ to a word I say!** tu n'écoutes jamais ce que je dis ! ◆ **to ~ to the radio** écouter la radio ◆ **you are ~ing to the BBC** vous êtes à l'écoute de la BBC ◆ **to ~ for** *[+ voice, remark, sign]* guetter ; *[+ footsteps]* guetter le bruit de ◆ **~ for the telephone while I'm out** réponds au téléphone pendant mon absence ; → **half**

**b** *(= heed)* écouter ◆ **~ to your father** écoute ton père ◆ **~ to me!** *(as threat)* écoute-moi bien ! ◆ **~ *, I can't stop to talk now but ...** écoute, je n'ai pas le temps de parler tout de suite mais ... ◆ **he wouldn't ~ to reason** il n'a pas voulu entendre raison ◆ **when I asked him to stop, he would not ~** quand je lui ai demandé d'arrêter, il n'a rien voulu entendre

N ◆ **to have a ~** * écouter (*to sth* qch)

► **listen in** VI a (*Rad* †) être à l'écoute, écouter

b (*= eavesdrop*) écouter ◆ **to ~ in on sth** *or* **to sth** (*secretly*) écouter qch secrètement ◆ **I should like to ~ in to your discussion** j'aimerais assister à votre discussion

► **listen out for** VT FUS [*+ voice, remark, sign*] guetter ; [*+ footsteps*] guetter le bruit de

► **listen up** VI (*esp US*) écouter

**listenable** /ˈlɪsənəbl/ ADJ agréable à écouter

**listener** /ˈlɪsnəʳ/ N (*gen*) personne *f* qui écoute ; (*to speaker, radio etc*) auditeur *m*, -trice *f* ◆ **the ~s** l'auditoire *m*, le public ◆ **she's a good ~** elle sait écouter

**listening** /ˈlɪsnɪŋ/ N écoute *f* ◆ **good ~ is good parenting** il faut savoir écouter ses enfants ◆ **he did all the talking, I did all the ~** il a monopolisé la parole et moi, je me suis contenté d'écouter COMP ▷ **listening device** N dispositif *m* d'écoute ▷ **listening post** N (*Mil*) poste *m* d'écoute

**listeria** /lɪˈstɪərɪə/ N listeria *f*

**listeriosis** /lɪˌstɪərɪˈəʊsɪs/ N listériose *f*

**listing** /ˈlɪstɪŋ/ N (*gen, also Comput*) listage *m* ; (*St Ex*) inscription *f* à la cote officielle ◆ **the TV ~s** les programmes *mpl* de télévision COMP ▷ **listings magazine** N (*gen*) guide *m* des spectacles et distractions ; (*TV*) magazine *m* de télévision

**listless** /ˈlɪstlɪs/ ADJ (*= without energy*) sans énergie, mou (molle *f*) ◆ **to feel ~** se sentir sans énergie *or* ressort ◆ **the heat made him ~** la chaleur lui enlevait son énergie ◆ **a day of ~ trading on the world's stock markets** une journée morose sur les marchés financiers mondiaux

**listlessly** /ˈlɪstlɪslɪ/ ADV [*say, behave*] avec apathie

**listlessness** /ˈlɪstlɪsnɪs/ N manque *m* d'énergie

**lists** /lɪsts/ NPL (*Hist*) lice *f* ◆ **to enter the ~** (*lit, fig*) entrer en lice

**lit** /lɪt/ VB pt, ptp of **light¹** ADJ éclairé, illuminé ◆ **the street was very badly ~** la rue était très mal éclairée ◆ **~ up** * (*= drunk*) parti *, paf ‡ *inv*

**lit.¹** * /lɪt/ N a abbrev of **literature** b (abbrev of **literary**) littér. ◆ **lit crit** critique *f* littéraire

**lit.²** (abbrev of **literal(ly)**) lit.

**litany** /ˈlɪtənɪ/ N litanie *f* ◆ **the Litany** (*Rel*) les litanies

**litchi** /ˌlaɪˈtʃiː/ N ⇒ **lychee**

**lite** /laɪt/ * ADJ (*= low-fat*) allégé

**liter** /ˈliːtəʳ/ N (*US*) ⇒ **litre**

**literacy** /ˈlɪtərəsɪ/ N [*of person*] fait *m* de savoir lire et écrire ; [*of population*] degré *m* d'alphabétisation ◆ **his ~ was not in doubt** personne ne doutait qu'il savait lire et écrire ◆ **universal ~ is one of the principal aims** l'un des buts principaux est de donner à tous la capacité de lire et d'écrire ◆ **there is a high/low degree of ~ in that country** le degré d'alphabétisation est élevé/bas dans ce pays ◆ **many adults have problems with ~** de nombreux adultes ont du mal à lire et à écrire COMP ▷ **literacy campaign** N campagne *f* d'alphabétisation *or* contre l'illettrisme ▷ **literacy project**, **literacy scheme** N projet *m* d'alphabétisation ▷ **literacy test** N test *m* mesurant le niveau d'alphabétisation

**literal** /ˈlɪtərəl/ ADJ a (*= basic*) [*meaning*] littéral ◆ **in the ~ sense (of the word)** au sens propre du terme b (*= verbatim*) [*translation*] littéral, mot pour mot ; [*interpretation*] littéral ◆ **to be very ~ about sth** prendre qch au pied de la lettre ; see also **literal-minded** c (*= absolute*) **the ~ truth** l'entière *or* la pure vérité ◆ **it was a ~ fact** c'était un fait ◆ **the drought has meant ~ starvation for millions** la sécheresse a réduit littéralement à la famine des millions de gens COMP ▷ **literal-minded** ADJ prosaïque, sans imagination ▷ **literal-mindedness** N manque *m* d'imagination

**literally** /ˈlɪtərəlɪ/ ADV [*translate, believe, understand*] littéralement ◆ **to take sb/sth ~** prendre qn/qch au pied de la lettre ◆ **he interpreted the message ~** il a interprété le message au pied de la lettre *or* dans son sens littéral ◆ **I'm ~ * dumbstruck by the news** je suis littéralement * assommé par cette nouvelle

**literary** /ˈlɪtərərɪ/ ADJ littéraire ◆ **a ~ man** un lettré ◆ **~ types** * amateurs *mpl* de littérature COMP ▷ **literary agent** N agent *m* littéraire ▷ **literary critic** N critique *mf* littéraire ▷ **literary criticism** N critique *f* littéraire ▷ **literary editor** N rédacteur *m*, -trice *f* littéraire ▷ **literary theory** N théorie *f* littéraire

**literate** /ˈlɪtərɪt/ ADJ a (*= able to read etc*) qui sait lire et écrire ; (*= educated*) instruit ; (*= cultured*) cultivé ◆ **few of them are ~** peu d'entre eux savent lire et écrire ◆ **highly ~** très instruit *or* cultivé b (*fig = competent*) ◆ **to be economically/scientifically** *etc* **~** avoir des connaissances de base en économie/sciences *etc* ; → **computer**

**literati** /ˌlɪtəˈrɑːtiː/ NPL gens *mpl* de lettres, lettrés *mpl*

**literature** /ˈlɪtərɪtʃəʳ/ N (*NonC*) a (*= literary works*) littérature *f* ◆ **18th-century French ~** la littérature française du 18ᵉ siècle ◆ **the ~ of ornithology** la littérature *or* la bibliographie de l'ornithologie b (*= documentation*) documentation *f* ◆ **travel/educational ~** documentation *f* sur les voyages/pédagogiques ◆ **sales ~** brochures *fpl* publicitaires

**lithe** /laɪð/ ADJ [*person, body, movement*] souple, agile

**lithium** /ˈlɪθɪəm/ N lithium *m*

**litho** * /ˈlaɪθəʊ/ N (abbrev of **lithograph**) litho * *f*

**lithograph** /ˈlɪθəʊɡrɑːf/ N lithographie *f* (*estampe*) VT lithographier

**lithographer** /lɪˈθɒɡrəfəʳ/ N lithographe *mf*

**lithographic** /ˌlɪθəˈɡræfɪk/ ADJ lithographique

**lithography** /lɪˈθɒɡrəfɪ/ N (*NonC*) lithographie *f* (*procédé*)

**Lithuania** /ˌlɪθjʊˈeɪnɪə/ N Lituanie *f*

**Lithuanian** /ˌlɪθjʊˈeɪnɪən/ ADJ lituanien N a Lituanien(ne) *m(f)* b (*Ling*) lituanien *m*

**litigant** /ˈlɪtɪɡənt/ N (*Jur*) plaideur *m*, -euse *f*

**litigate** /ˈlɪtɪɡeɪt/ VI plaider VT mettre en litige, contester

**litigation** /ˌlɪtɪˈɡeɪʃən/ N litige *m*, procès *m*

**litigator** /ˈlɪtɪɡeɪtəʳ/ N (*Jur*) avocat-conseil *m*

**litigious** /lɪˈtɪdʒəs/ ADJ (*Jur*) litigieux ; [*person*] (*= given to litigation*) procédurier, chicaneur ; (*= argumentative etc*) chicanier

**litmus** /ˈlɪtməs/ N (*Chem*) tournesol *m* ◆ **~ (paper)** papier *m* de tournesol COMP ▷ **litmus test** N (*lit*) réaction *f* au (papier de) tournesol ; (*fig*) test *m* décisif

**litre, liter** (*US*) /ˈliːtəʳ/ N litre *m* ◆ **~ bottle** (bouteille *f* d'un) litre *m*

**litter** /ˈlɪtəʳ/ N a (*NonC*) (*= rubbish*) détritus *mpl* ; (*dirtier*) ordures *fpl* ; (*= papers*) vieux papiers *mpl* ; (*left after picnic etc*) papiers *mpl* gras ◆ **"litter"** (*on basket etc*) "papiers (SVP)" ◆ **"(leave) no litter"** (*on notice*) "prière de ne pas laisser de détritus"

b (*= untidy mass*) fouillis *m* ◆ **a ~ of papers** un fouillis *or* un fatras de papiers

c (*Zool = offspring*) portée *f*

d (*Agr = bedding*) litière *f*

e (*= stretcher*) civière *f* ; (*= couch*) litière *f*

f ◆ **cat ~** litière *f* (pour chats)

VT a [*person*] [*+ room*] mettre du désordre dans, mettre en désordre ; [*+ countryside*] laisser des détritus dans ◆ **he ~ed the floor with all his football gear** il a éparpillé ses affaires de football par terre

b (*gen pass*) [*rubbish, papers*] joncher (*with* de) ◆ **the floor was ~ed with paper** des papiers jonchaient le sol ◆ **glass from broken bottles ~ed the pavements, the pavements were ~ed with glass from broken bottles** les trottoirs étaient jonchés de tessons de bouteilles ◆ **~ed with mistakes** bourré de fautes ◆ **the desk was ~ed with books** le bureau était couvert *or* encombré de livres ◆ **the streets were ~ed with corpses** les rues étaient jonchées de cadavres ◆ **the road is ~ed with obstacles** cette route est parsemée d'obstacles ◆ **a field ~ed with mines** un champ truffé de mines

VI (*Zool*) mettre bas

COMP ▷ **litter basket**, **litter bin** N (*Brit*) poubelle *f* ▷ **litter box** N (*US*) ⇒ **litter tray** ▷ **litter tray** N (*esp Brit*) caisse *f* à litière

**litterbug** * /ˈlɪtəbʌɡ/, **litter-lout** * /ˈlɪtəlaʊt/ N (*pej*) *personne qui jette des détritus par terre* ◆ **~s should be fined** on devrait mettre à l'amende ces cochons * qui jettent des détritus n'importe où ◆ **all these ~s who foul up camp sites** tous ces cochons * qui jettent leurs détritus dans les campings

**little¹** /ˈlɪtl/ ADJ petit ◆ **a ~ present** un petit cadeau ◆ **a ~ cat** un petit chat ◆ **when I was ~** quand j'étais petit ◆ **she had a ~ girl yesterday** elle a eu une petite fille hier ◆ **here's a ~ something for yourself** * voilà un petit quelque chose * pour vous ◆ **a ~ old woman** une petite vieille ◆ **poor ~ thing!** pauvre petit(e) ! ◆ **she's a dear ~ thing** (*patronizing*) c'est une jolie petite fille ◆ **what an annoying ~ man!** ce qu'il est agaçant, ce type ! ◆ **the ~ ones** (*= children*) les petits *mpl* ◆ **the ~ woman** (*hum, gen patronizing = wife*) ma (*or* ta *etc*) petite femme * ◆ **it's always the ~ man who suffers** (*= small trader*) ce sont toujours les petits (commerçants) qui paient ◆ **he's quite a** *or* **the ~ gentleman!** qu'il est bien élevé ce petit ! ◆ **we went for a ~ holiday** nous sommes partis quelques jours (en vacances) ◆ **I'll pay you a ~ visit** je passerai rapidement te voir ◆ **who knows what's going on in his ~ mind** (*pej*) qui sait ce qui se passe dans son esprit ◆ **all his dirty ~ jokes** toutes ses plaisanteries cochonnes *

COMP ▷ **little auk** N (*Orn*) mergule *m* (nain) ▷ **little end** N (*Aut*) pied *m* de bielle ▷ **Little Englander** N (*Brit*) a (*Hist*) *Anglais opposé à l'expansion de l'empire britannique* b (*= chauvinistic*) Anglais(e) *m(f)* chauvin(e) et insulaire ; (*= anti-European*) Anglais(e) *m(f)* anti-européen(ne) ▷ **little finger** N petit doigt *m*, auriculaire *m* ▷ **little green men** * NPL (*hum = aliens*) petits hommes *mpl* verts, extraterrestres *mpl* ▷ **little hand** N [*of clock*] petite aiguille *f* ▷ **Little League** N (*US Sport*) *championnat de baseball pour les moins de 12 ans* ▷ **little owl** N (*Orn*) (chouette *f*) chevêche *f* ▷ **the little people** NPL (*Ir = fairies*) les fées *fpl*, les lutins *mpl* ▷ **little toe** N petit orteil *m*

## **little**[2] /ˈlɪtl/

compar **less,** superl **least**

1 ADJECTIVE
2 PRONOUN
3 ADVERB
4 SET STRUCTURES

### 1 - ADJECTIVE

[= not much] peu de ◆ **there is ~ hope of finding survivors** il y a peu d'espoir de retrouver des survivants ◆ **I have very ~ money** j'ai très peu d'argent ◆ **he gave me too ~ money** il m'a donné trop peu d'argent ◆ **I have ~ money left** il me reste peu d'argent, il ne me reste pas beaucoup d'argent ◆ **so ~ time** si peu de temps ◆ **I have ~ time for reading** je n'ai pas beaucoup *or* je n'ai guère le temps de lire ◆ **with no ~ trouble/difficulty/satisfaction** avec beaucoup de mal/difficulté/satisfaction

♦ **a little ...** *(= some)* un peu de ... ◆ **I have a ~ money left** il me reste un peu d'argent ◆ **would you like a ~ milk in your tea?** voulez-vous une goutte de lait dans votre thé ? ◆ **a ~ bit (of)** un peu (de) ◆ **we're having a ~ (bit of) trouble** nous avons un petit problème *or* quelques difficultés

### 2 - PRONOUN

**a** [= not much] peu, pas grand-chose ◆ **he reads ~** il lit peu ◆ **so ~ of what he says is true** il y a si peu de vrai dans ce qu'il dit ◆ **he lost weight because he ate so ~** il a perdu du poids parce qu'il mangeait très peu ◆ **so ~ of the population is literate** une proportion si infime de la population est alphabétisée, la population est si peu alphabétisée ◆ **I know too ~ about him to have an opinion** je le connais trop mal pour me former une opinion ◆ **there was ~ anyone could do** il n'y avait pas grand-chose à faire ◆ **he did ~ to help** il n'a pas fait grand-chose pour aider ◆ **he did very ~** il n'a vraiment pas fait grand-chose ◆ **he had ~ to say** il n'avait pas grand-chose à dire ◆ **I had ~ to do with it** je n'ai pas eu grand-chose à voir là-dedans ◆ **that has very ~ to do with it!** ça n'a pas grand-chose à voir ! ◆ **however ~ you give, we'll be grateful** même si vous ne donnez pas grand-chose, nous vous serons reconnaissants ◆ **I see ~ of her nowadays** je ne la vois plus beaucoup ◆ **he had ~ or nothing to say about it** il n'avait pratiquement rien à dire là-dessus

**b** [= small amount] ◆ **the ~ I have seen is excellent** le peu que j'en ai vu est excellent ◆ **I did what ~ I could** j'ai fait ce que j'ai pu ◆ **every ~ helps** *(= gift)* tous les dons sont les bienvenus ◆ **it's all I can do – every ~ helps!** c'est tout ce que je peux faire – c'est toujours ça !

♦ **a little** *(= a certain amount)* un peu ◆ **give me a ~** donne-m'en un peu ◆ **I'd like a ~ of everything** je voudrais un peu de tout ◆ **I know a ~ about stamp collecting** je m'y connais un peu en philatélie ◆ **they'll have to wait a ~** *(= a certain time)* ils vont devoir attendre un moment ◆ **after/for a ~ (time** *or* **while)** au bout d'un/pendant un moment

### 3 - adverb

**a** [= hardly, scarcely, not much] ◆ **they spoke very ~ on the way home** ils n'ont pas dit grand-chose sur le chemin du retour ◆ **it's ~ better now he's rewritten it** ça n'est pas beaucoup *or* ça n'est guère mieux maintenant qu'il l'a récrit ◆ **it's ~ short of folly** ça frise la folie ◆ **~ more than a month ago** il y a à peine plus d'un mois ◆ **a ~-known work by Corelli** un morceau peu connu de Corelli ◆ **his work is ~ performed these days** on ne joue plus beaucoup ses œuvres aujourd'hui ◆ **however ~ you like it you'll have to go** même si ça ne te plaît pas, il va falloir que tu y ailles ◆ **~ as I like him, I must admit that...** bien que je ne l'aime pas beaucoup, je dois admettre que...

♦ **a little ...** *(= slightly, somewhat)* un peu ... ◆ **she is a ~ tired** elle est un peu fatiguée ◆ **a ~ too big** un peu trop grand ◆ **a ~ more** un peu plus, encore un peu ◆ **a ~ less** un peu moins ◆ **a ~ more slowly** un peu plus lentement ◆ **a ~ later** un peu plus tard ◆ **a ~ more/less cream** un peu plus de/moins de crème ◆ **he was not a ~ surprised** *(frm or hum)* il a été pour le moins surpris ◆ **he spoke a ~ harshly** il a eu des propos un peu trop durs ◆ **she reacted a ~ unreasonably** elle ne s'est pas montrée très raisonnable

**b** [= not at all] **he ~ imagined that ...** il était loin de s'imaginer que ... ◆ **~ did he think that ...** il était loin de se douter que ...

**c** [= rarely] rarement, peu souvent ◆ **I see him/it happens very ~** je le vois/cela arrive très rarement *or* très peu souvent ◆ **I watch television very ~ nowadays** je ne regarde plus beaucoup *or* plus très souvent la télévision

### 4 - SET STRUCTURES

♦ **as little as** ◆ **as ~ as possible** le moins possible ◆ **you could get one for as ~ as $20** on peut en trouver un pour (seulement) 20 dollars ◆ **you can eat well for as ~ as 8 euros** on peut bien manger pour 8 euros ◆ **I like him as ~ as you do** je ne l'aime pas plus que toi ◆ **as ~ as I like him, I must admit that ...** bien que je ne l'aime pas beaucoup, je dois admettre que ...

♦ **little by little** petit à petit, peu à peu

♦ **to make little of sth** *(= accomplish easily)* faire qch sans aucun mal ; *(= play down)* minimiser qch ; *(= underestimate)* sous-estimer qch ◆ **the sailors made ~ of loading the huge boxes** les marins chargeaient les énormes caisses sans aucun mal ◆ **it's hard work, but the scouts make ~ of it** c'est dur mais les scouts ne s'arrêtent pas à ça ◆ **government spokesmen have made ~ of the latest setback** les porte-parole du gouvernement ont minimisé les implications de ce dernier revers ◆ **we've made ~ of the link between women's health and work** nous avons sous-estimé le lien entre la santé et le travail des femmes ◆ **he made ~ of his opportunities** *(= fail to exploit)* il n'a pas tiré parti des possibilités qu'il avait

♦ **to say little for sb/sth** *(= reflect badly on)* ◆ **it says (very) ~ for him** cela n'est pas vraiment à son honneur ◆ **it says ~ for his honesty** cela en dit long sur son honnêteté *(iro)*

---

**littleness** /ˈlɪtlnɪs/ **N** petitesse *f*

**littoral** /ˈlɪtərəl/ **ADJ, N** littoral *m*

**liturgical** /lɪˈtɜːdʒɪkəl/ **ADJ** liturgique

**liturgy** /ˈlɪtədʒɪ/ **N** liturgie *f*

**livable** /ˈlɪvəbl/ **ADJ** *[climate, life]* supportable ; *[pain]* supportable, tolérable ; *[house]* habitable ◆ **this house is not ~ (in)** * cette maison est inhabitable ◆ **he is/is not ~ (with)** * il est facile à vivre/insupportable *or* invivable * ◆ **her life is not ~** elle mène une vie impossible *or* insupportable

**live**[1] /lɪv/ **VI** **a** *(= be alive)* vivre ; *(= survive)* survivre ; *(after illness, accident)* s'en sortir ◆ **she has only six months to ~** il ne lui reste plus que six mois à vivre ◆ **she'll never ~ to see it** elle ne vivra pas assez longtemps pour le voir ◆ **the doctor said she would ~** le docteur a dit qu'elle s'en sortirait ◆ **nothing could ~ in such a hostile environment** rien ne pourrait survivre dans un environnement si hostile ◆ **he didn't ~ long after his wife died** il n'a pas survécu longtemps à sa femme ◆ **he won't ~ long** *(gen)* il n'en a plus pour longtemps ; *[young person]* il ne fera pas de vieux os ◆ **as long as I ~ I shall never leave you** je ne te quitterai pas tant que je vivrai ◆ **I shall remember it as long as I ~** je m'en souviendrai jusqu'à mon dernier jour ◆ **he was still living when his daughter got married** il était encore en vie quand sa fille s'est mariée ◆ **are your parents still living?** vous avez encore vos parents ? ◆ **while his uncle ~d** du vivant de son oncle ◆ **to ~ to be 90** vivre jusqu'à (l'âge de) 90 ans ◆ **you'll ~ to be a hundred** vous serez centenaire ◆ **you'll ~!** * *(hum, iro)* tu n'en mourras pas !

♦ **to live for sb** *or* **sth** ne vivre que pour qn *or* qch ◆ **she ~s for her children/her work** elle ne vit que pour ses enfants/son travail ◆ **he is living for the day when he will see his son again** il ne vit que pour le jour où il reverra son fils ◆ **he just ~d for football** il ne vivait que pour le football, il n'y avait que le football dans sa vie ◆ **I've got nothing left to ~ for** je n'ai plus de raison de vivre

♦ **to live with sth** *[+ illness, grief]* vivre avec qch ◆ **people living with HIV and AIDS** ceux qui vivent avec la séropositivité et le sida ◆ **he will have to ~ with that awful memory all his life** il lui faudra vivre avec cet horrible souvenir jusqu'à la fin de ses jours ◆ **it's unjust and we can't ~ with that** c'est injuste et nous ne pouvons pas le tolérer *or* l'accepter ◆ **you must learn to ~ with it** il faut que tu t'y fasses *or* que tu t'en accommodes *subj* ◆ **OK, I can ~ with that** *(= it's not a problem)* d'accord, je ferai avec ◆ **if you can ~ with that** si ça ne te dérange pas

**b** *(fig = live on)* ◆ **her voice will ~ with me forever** je garderai toujours le souvenir de sa voix ◆ **this night will ~ in history** cette nuit fera date (dans l'histoire)

**c** *(= have lifestyle)* vivre ◆ **to ~ honestly** vivre honnêtement, mener une vie honnête ◆ **to ~ in luxury** vivre dans le luxe ◆ **to ~ like a king** *or* **a lord** mener grand train ◆ **to ~ by an ideal/a principle** *etc* vivre en accord avec un idéal/un principe *etc* ◆ **to ~ in fear/terror (of)** vivre dans la peur/la terreur (de) ◆ **you** *or* **we ~ and learn** on apprend à tout âge ◆ **~ and let ~** *(Prov)* il faut se montrer tolérant ◆ **let's ~ a little!** * il faut profiter de la vie ! ◆ **if you haven't been to London you haven't ~d!** * si tu n'as pas vu Londres, tu n'as rien vu ! ◆ **you haven't ~d until you've used their new software** * leur nouveau logiciel, c'est vraiment quelque chose ; → **hand, hope, style, well**[2]

**d** *(= earn one's living)* gagner sa vie ◆ **to ~ by journalism** gagner sa vie en tant que *or* comme journaliste ◆ **to ~ by buying and selling used cars** gagner sa vie en achetant et vendant des voitures d'occasion

**e** *(= reside)* habiter, vivre ◆ **where do you ~?** où habitez-vous ? ◆ **to ~ in London** habiter (à) Londres, vivre à Londres ◆ **to ~ in a flat** habiter un appartement ◆ **she ~s in Station Road** elle habite (dans) Station Road ◆ **this is a nice place to ~** il fait bon vivre ici ◆ **he ~s with his mother** il vit *or* habite avec sa mère ; *(in her house)* il vit chez sa mère ◆ **he's living with Ann** *(as man and wife)* il vit avec Ann ◆ **he's not an easy person to ~ with** il n'est pas facile à vivre ◆ **a house fit for a queen to ~ in** une maison princière ; see also **fit**[1], **unfit** ◆ **to ~ under occupation** être occupé ; → **sin**

**VT** vivre, mener ◆ **to ~ a life of luxury/crime** vivre dans le luxe/le crime ◆ **to ~ a healthy life** mener une vie saine ◆ **to ~ a life of ease** avoir une vie facile ◆ **to ~ life to the full**

vivre pleinement sa vie, profiter au maximum de la vie ◆ **he has ~d and breathed football since he was seven** il ne vit que pour le football depuis qu'il a sept ans ◆ **to ~ a lie** vivre dans le mensonge ◆ **to ~ the part** *(Theat, fig)* entrer dans la peau du personnage ; → **life**

**COMP** ▷ **lived-in** **ADJ** *(lit = inhabited) [house, flat etc]* habité ; *(fig = well-worn) [+ face]* marqué par le temps ▷ **live-in** **ADJ** *(gen) [housekeeper etc]* à demeure ◆ **~-in lover** petit(e) ami(e) *m(f)* avec qui l'on vit ◆ **~-in partner** compagnon *m*, compagne *f*

► **live down** **VT SEP** *[+ disgrace, scandal]* faire oublier (avec le temps) ◆ **you'll never ~ it down!** jamais tu ne feras oublier ça !

► **live in** **VI** *[servant]* être logé et nourri ; *[student, doctor]* être interne

**ADJ** ◆ **lived-in** → **live**[1]

**ADJ** ◆ **live-in** → **live**[1]

► **live off** **VT FUS** **a** *[+ fruit, rice]* vivre de, se nourrir de ◆ **to ~ off the land** vivre des ressources naturelles

**b** *(= depend financially on) [+ person]* vivre aux dépens *or* aux crochets de

► **live on** **VI** *[person]* continuer à vivre ; *[tradition, memory]* rester, survivre

**VT FUS** **a** *(= feed on) [+ fruit, rice]* vivre de, se nourrir de ◆ **you can't ~ on air** * on ne vit pas de l'air du temps ◆ **she absolutely ~s on chocolate** * elle se nourrit exclusivement de chocolat ◆ **to ~ on hope** vivre d'espérance

**b** *(= subsist on)* ◆ **to live on $10,000 a year** vivre avec 10 000 dollars par an ◆ **we have just enough to ~ on** nous avons juste de quoi vivre ◆ **what does he ~ on?** de quoi vit-il ?, qu'est-ce qu'il a pour vivre ? ◆ **to ~ on one's salary** vivre de son salaire ◆ **to ~ on one's capital** vivre de *or* manger son capital ◆ **to ~ on borrowed time** être en sursis *(fig)*

**c** *(= depend financially on) [+ person]* vivre aux dépens *or* aux crochets de

► **live out** **VI** *[servant]* ne pas être logé ; *[student, doctor]* être externe

**VT SEP** passer ◆ **she won't ~ the year out** elle ne passera pas l'année ◆ **he ~d out the war in the country** il a passé la durée de la guerre à la campagne

**VT FUS** *(frm) [+ one's destiny]* accomplir, réaliser ; *[+ one's beliefs]* mettre en pratique, vivre en accord avec

► **live through** **VT FUS** **a** *(= experience)* vivre, voir ◆ **she has ~d through two world wars** elle a vu deux guerres mondiales ◆ **the difficult years he has ~d through** les années difficiles qu'il a vécues

**b** *(= survive)* supporter ◆ **he can't ~ through the winter** il ne passera pas l'hiver ◆ **I couldn't ~ through another day like that** je ne pourrais pas supporter *or* passer une deuxième journée comme ça

► **live together** **VI** *(as man and wife)* vivre ensemble ; *(as flatmates)* partager un appartement

► **live up** **VT SEP** ◆ **to live it up** * *(= live in luxury)* mener la grande vie ; *(= have fun)* faire la fête

► **live up to** **VT FUS** **a** *(= be true to) [+ one's principles]* vivre en accord avec, vivre selon ; *[+ one's promises]* être fidèle à, respecter

**b** *(= be equal to)* être *or* se montrer à la hauteur de ; *(= be worthy of)* répondre à, se montrer digne de ◆ **to ~ up to sb's expectations** être *or* se montrer à la hauteur des espérances de qn ◆ **the holiday didn't ~ up to expectations** les vacances n'ont pas été ce qu'on avait espéré ◆ **sales have not ~d up to expectations this year** les ventes ont été décevantes cette année ◆ **his brother's success will give him something to ~ up to** la réussite de son frère lui servira de modèle

**live**[2] /laɪv/ **ADJ** **a** *[person, animal]* vivant, en vie ; *(fig)* dynamique ◆ **a ~ birth** une naissance viable ◆ **~ bait** *(Fishing)* vif *m (appât)* ◆ **a real ~ spaceman** un astronaute en chair et en os

**b** *(Rad, TV)* (transmis *or* diffusé) en direct ◆ **the programme was ~** cette émission était (transmise *or* diffusée) en direct ◆ **performed before a ~ audience** joué en public ◆ **they're a great ~ act** ils font un excellent numéro sur scène ◆ **a CD featuring ~ recordings from her New York concert** un CD avec des morceaux du concert qu'elle a donné à New York ◆ **"recorded live"** "enregistré en public"

**c** *[coal]* ardent ; *[ammunition, shell, cartridge]* de combat ; *(= unexploded)* non explosé

**d** *(Elec)* **that's ~!** c'est branché ! ◆ **the switch/hair-dryer was ~** l'interrupteur/le séchoir à cheveux était mal isolé (et dangereux) ; see also **comp**

**ADV** *(Rad, TV)* en direct ◆ **to play ~** *(= on stage)* jouer sur scène ◆ **it was broadcast ~** c'était (transmis *or* diffusé) en direct ◆ **the match is brought to you ~ from ...** le match vous est transmis en direct depuis ... ◆ **here, ~ from New York, is our reporter Guy Pugh** voici, en direct de New York, notre envoyé spécial Guy Pugh ◆ **to go ~** *(Brit)* prendre l'antenne

**COMP** ▷ **live rail** **N** *(Elec)* rail *m* conducteur ▷ **live wire** **N** *(Elec)* fil *m* sous tension ◆ **he's a (real) ~ wire** * il a un dynamisme fou ▷ **live yoghurt** **N** yaourt *m* fermenté

**liveable** /ˈlɪvəbl/ **ADJ** ⇒ **livable**

**livelihood** /ˈlaɪvlɪhʊd/ **N** *(NonC)* moyens *mpl* d'existence, gagne-pain *m inv* ◆ **to earn a** *or* **one's ~** gagner sa vie ◆ **his ~ depends on ...** son gagne-pain dépend de ... ◆ **their principal ~ is tourism/rice** leur principale source de revenu est le tourisme/la culture du riz

**liveliness** /ˈlaɪvlɪnɪs/ **N** **a** *(= lively nature) [of person, animal, mind, language]* vivacité *f*, vitalité *f* ; *[of eyes]* éclat *m* ; *[of voice]* enjouement *m* **b** *(= lively mood) [of party, bar, street, debate]* animation *f* ; *[of person]* entrain *m* ; *[of song, tune]* gaieté *f*

**livelong** /ˈlɪvlɒŋ/ **ADJ** *(liter)* ◆ **all the ~ day** tout au long du jour *(liter)*, toute la journée

**lively** /ˈlaɪvlɪ/ **ADJ** **a** *(by nature) [person, animal, personality]* vif, plein de vitalité ; *[mind, imagination]* vif ◆ **she took a ~ interest in everything** elle manifestait un vif intérêt pour tout **b** *(in mood) [party, bar, street, atmosphere, debate]* animé ; *[person]* plein d'entrain ; *[description, language, style]* vivant ; *[song, tune]* entraînant, gai ◆ **the meeting promises to be a ~ affair** la réunion va sûrement être mouvementée ◆ **things were getting quite ~** *(hum)* ça commençait à chauffer * ◆ **at a ~ pace** *or* **speed** à vive allure **c** * ◆ **to look ~** se remuer * ◆ **come on, look ~!** allez, remue-toi ! *

**liven** /ˈlaɪvn/ **VT** ◆ **to ~ up** *[+ person]* égayer ; *[+ evening, discussion, party etc]* animer ◆ **a bit of paint should ~ the room up** un peu de peinture égayerait la pièce **VI** ◆ **to ~ up** s'animer ◆ **things are beginning to ~ up** ça commence à s'animer

**liver** /ˈlɪvə^r/ **N** *(Anat, Culin)* foie *m* ; → **lily** **COMP** ▷ **liver complaint** **N** problème *m* de foie ▷ **liver fluke** **N** *(Vet)* douve *f* du foie ▷ **liver paste** **N** ≈ pâté *m* de foie ▷ **liver pâté** **N** pâté *m* de foie ▷ **liver salts** **NPL** ≈ Alka-Seltzer ® *m* ▷ **liver sausage** **N** saucisse *f* au pâté de foie ▷ **liver spot** **N** *(Med)* tache *f* brune *or* de vieillesse

**liveried** /ˈlɪvərɪd/ **ADJ** en livrée

**liverish** /ˈlɪvərɪʃ/ **ADJ** **a** *(= bilious)* qui a mal au foie **b** *(= irritable)* de mauvais poil *, grincheux

**Liverpudlian** /ˌlɪvəˈpʌdlɪən/ **N** ◆ **he's a ~** il est de Liverpool **ADJ** de Liverpool

**liverwort** /ˈlɪvəwɜːt/ **N** *(Bot)* hépatique *f*, herbe *f* de la Trinité

**liverwurst** /ˈlɪvəwɜːst/ **N** *(esp US)* ⇒ **liver sausage** ; → **liver**

**livery** /ˈlɪvərɪ/ **N** **a** *[of servant]* livrée *f* **b** *[of company, product, train]* couleurs *fpl* **c** ◆ **to keep a horse at ~** avoir un cheval en pension *or* en garde **COMP** ▷ **livery company** **N** *(Brit)* corporation *f* londonienne ▷ **livery man** **N** (pl **livery men**) *(in London)* membre *m* d'une corporation ; *(†† = retainer)* serviteur *m* ▷ **livery stable** **N** *(boarding)* pension *f* pour chevaux ; *(hiring out)* écurie *f* de louage

**lives** /laɪvz/ **NPL** of **life**

**livestock** /ˈlaɪvstɒk/ **N** *(NonC)* animaux *mpl* d'élevage

**livid** /ˈlɪvɪd/ **ADJ** **a** *(* = furious) [person, expression, glare]* furieux (*at* *or* *about sth* à propos de qch) ◆ **to be ~ at** *or* **about having to do sth** être furieux de devoir faire qch ◆ **to be ~ that ...** être furieux que ... **b** *(= purple) [bruise, scar]* violet ; *[shade, hue]* livide *(liter)* ; *[sky]* plombé, de plomb ◆ **~ red** rouge plombé **c** *(liter = pale, greyish) [face]* livide, blême ◆ **to be ~ with rage (at sth)** être livide *or* blême de colère (contre qch)

**living** /ˈlɪvɪŋ/ **ADJ** *[person]* vivant, en vie ; *[language, example, faith]* vivant ; *[water]* vif ◆ **~ or dead** mort ou vif ◆ **the (world's) greatest ~ pianist** le plus grand pianiste vivant ◆ **a ~ death** un enfer, un calvaire ◆ **"the Living Desert"** "le désert vivant" ◆ **the ~ rock** le roc ◆ **carved out of the ~ rock** taillé à même le *or* dans le roc ◆ **~ fossil** fossile *m* vivant ◆ **a ~ skeleton** *(fig)* un cadavre ambulant ◆ **in** *or* **within ~ memory** de mémoire d'homme ; → **daylight, image, proof, soul**

**N** **a** *(= livelihood)* vie *f* ◆ **to earn** *or* **make a ~ by painting portraits/as an artist** gagner sa vie en peignant des portraits/en tant qu'artiste ◆ **to work for one's ~** travailler pour gagner sa vie ◆ **what does he do for a ~?** que fait-il dans la vie ? ◆ **he thinks the world owes him a ~** il croit que tout lui est dû ; → **cost**

**b** *(NonC = way of life)* vie *f* ◆ **gracious ~** vie *f* élégante *or* raffinée ◆ **healthy ~** vie *f* saine ◆ **~ was not easy in those days** la vie n'était pas facile en ce temps-là ; → **loose, standard**

**c** *(Brit Rel)* cure *f*, bénéfice *m*

**NPL** **the living** les vivants *mpl* ; → **land**

**COMP** ▷ **living conditions** **NPL** conditions *fpl* de vie ▷ **the living dead** **NPL** *(Occultism)* les morts *mpl* vivants ; *(fig)* les morts *mpl* en sursis ▷ **living expenses** **NPL** frais *mpl* de subsistance ▷ **living quarters** **NPL** quartiers *mpl*, logement(s) *m(pl)* ▷ **living room** **N** salon *m*, salle *f* de séjour ▷ **living space** **N** espace *m* vital ▷ **living standards** **NPL** niveau *m* de vie ▷ **living wage** **N** ◆ **they were asking for a ~ wage** ils demandaient un salaire décent ◆ **£50 a week isn't a ~ wage** on ne peut pas vivre avec 50 livres par semaine ▷ **living will** **N** testament *m* de vie

**Livorno** /lɪˈvɔːnəʊ/ **N** Livourne

**Livy** /ˈlɪvɪ/ **N** Tite-Live *m*

**Lizard** /ˈlɪzəd/ **N** *(Brit Geog)* ◆ **the ~** le cap Lizard

**lizard** /ˈlɪzəd/ **N** lézard *m* ; (also **lizardskin**) (peau *f* de) lézard *m* **COMP** *[bag etc]* en lézard

**llama** /ˈlɑːmə/ N lama *m (Zool)*

**LLB** /ˌelelˈbiː/ N (abbrev of **Legum Baccalaureus**) *(= Bachelor of Laws)* ≈ licence *f* de droit

**LLD** /ˌelelˈdiː/ N (abbrev of **Legum Doctor**) *(= Doctor of Laws)* ≈ doctorat *m* de droit

**LM** /ˈelˈem/ N (abbrev of **lunar module**) → **lunar**

**LMS** /ˌelemˈes/ N (abbrev of **local management of schools**) → **local**

**LMT** /ˌelemˈtiː/ *(US)* (abbrev of **local mean time**) heure *f* locale

**LNG** /ˌelenˈdʒiː/ N (abbrev of **liquefied natural gas**) GNL *m*

**lo** /ləʊ/ EXCL *(liter or hum)* regardez ! ◆ **... when ~ and behold, in he walked!** ... et c'est alors qu'il est entré ! ◆ **~ and behold the result!** et voilà le résultat !

**loach** /ləʊtʃ/ N loche *f* (de rivière)

**load** /ləʊd/ N a *(= cargo, weight) [of person, animal, washing machine]* charge *f* ; *[of lorry]* chargement *m*, charge *f* ; *[of ship]* cargaison *f* ; *(= weight)* (gros) poids *m* ; *(= pressure)* poids *m*, pression *f* ◆ **he was carrying a heavy ~** il était lourdement chargé ◆ **the ~ slipped off the lorry** le chargement *or* la charge a glissé du camion ◆ **the lorry had a full ~** le camion avait un chargement complet ◆ **the ship had a full ~** le navire avait une cargaison complète ◆ **under (full) ~** chargé (à plein) ◆ **I had three ~s of coal (delivered) last autumn** on m'a livré trois fois du charbon l'automne dernier ◆ **I put another ~ in the washing machine** j'ai mis une autre charge de linge dans la machine à laver ◆ **he was buckling under the ~ of his rucksack** il pliait sous le poids de son sac à dos

b *(fig) (= burden)* fardeau *m*, charge *f* ; *(= mental strain)* poids *m* ◆ **supporting his brother's family was a heavy ~ for him** c'était pour lui une lourde charge (que) de faire vivre la famille de son frère ◆ **he finds his new responsibilities a heavy ~** il trouve ses nouvelles responsabilités pesantes *or* lourdes ◆ **to take a ~ off sb's mind** débarrasser qn de ce qui lui pèse *(fig)* ◆ **that's a ~ off my mind!** c'est un poids en moins !, quel soulagement ! ; → **busload, payload, shed², work**

c *(Constr, Elec, Tech, also of firearm)* charge *f*

d * ◆ **a ~ of** un tas de, des masses de * ◆ **~s of** des tas de *, des masses de * ◆ **that's a ~ of rubbish!** tout ça c'est de la blague ! * ◆ **we've got ~s of time** on a tout notre temps, on a largement le temps ◆ **he's got ~s of money** il est plein de fric * ◆ **we've got ~s (of them) at home** nous en avons des tas * *or* des tonnes * à la maison ◆ **there were ~s of people there** il y avait des tas de gens * ◆ **get a ~ of this!** ‡ *(= look)* vise ‡ un peu ça !, regarde voir ! * ; *(= listen)* écoute un peu ça !, écoute voir ! *

VT a *[+ lorry, ship, washing machine etc]* charger *(with* de) ; *[+ person]* charger ; *(= overwhelm)* accabler ◆ **the branch was ~ed (down) with pears** la branche était chargée de poires, la branche ployait sous les poires ◆ **she was ~ed (down) with shopping** elle pliait sous le poids de ses achats ◆ **his pockets were ~ed with sweets and toys** ses poches étaient bourrées de bonbons et de jouets ◆ **they arrived ~ed (down) with presents for us** ils sont arrivés chargés de cadeaux pour nous ◆ **to ~ sb (down) with gifts** couvrir qn de cadeaux ◆ **to ~ sb with honours** combler *or* couvrir qn d'honneurs ◆ **we are ~ed (down) with debts** nous sommes couverts *or* criblés de dettes ◆ **~ed (down) with cares** accablé de soucis ◆ **a heart ~ed (down) with sorrow** un cœur lourd *or* accablé de chagrin ◆ **the whole business is ~ed with problems** toute cette affaire présente d'énormes difficultés

b *(= take on cargo of)* **to ~ coal/grain** *etc [ship etc]* charger du charbon/du grain *etc* ◆ **to be ~ed for bear** * *(US: = eager)* être gonflé à bloc *

c *(= refill) [+ gun, camera, computer, file, disk]* charger *(with* de, avec)

d *(= weight) [+ cane etc]* plomber ; *[+ dice]* piper ◆ **to ~ the dice against sb** défavoriser qn ◆ **his lack of experience ~s the dice against him** son manque d'expérience joue contre lui ; see also **loaded**

e *[+ insurance premium]* majorer

VI *[lorry, ship, camera, gun] (also Comput)* se charger

COMP ▷ **load-bearing** ADJ *(Constr) [beam, structure]* porteur ▷ **load factor** N *(Elec)* facteur *m* d'utilisation ; *(Aviat)* coefficient *m* de remplissage ▷ **load line** N *(Naut)* ligne *f* de charge ▷ **load-shedding** N *(Elec)* délestage *m*

► **load down** VT SEP charger *(with* de) → **load vt a**

► **load up** VI *[ship, lorry]* se charger ; *[person]* charger, ramasser son chargement ◆ **to ~ up with sth** charger qch ◆ **to ~ up with** *or* **on** ‡ *(US fig) [+ food, drink]* se bourrer de *

VT SEP *[+ truck, animal, person]* charger *(with* de, avec)

**...load** /ləʊd/ N *(in compounds)* → **carload, planeload**

**loaded** /ˈləʊdɪd/ ADJ a *(= full) [lorry, shelf, gun, camera]* chargé *(with sth* de qch) ◆ **she was ~ (down) with parcels** elle avait les bras chargés de colis ◆ **to be ~ for bear** *(US)* être prêt à intervenir ◆ **~ software** *(Comput)* logiciel *m* chargé ; see also **load** b *(= rich)* ◆ **to be ~** ‡ (with money) être friqué *, être plein aux as * c (‡ *= drunk)* bourré * ; *(through drugs)* défoncé * d *(= tendentious) [word, term, statement]* lourd de sens ◆ **that's a ~ question!** c'est une question tendancieuse ! e *(= weighted) [cane etc]* plombé ; *[dice]* pipé ◆ **the dice were ~** *(lit, fig)* les dés étaient pipés ◆ **the dice were ~ against him** il avait peu de chances de réussir ◆ **the dice were ~ in his favour** tout jouait en sa faveur ◆ **the situation is ~ in our favour** les faits jouent en notre faveur f *(US Baseball) [bases]* occupé

**loader** /ˈləʊdəʳ/ N *(= person, instrument)* chargeur *m* ; *(Constr)* chargeuse *f* ; → **low¹**

**loading** /ˈləʊdɪŋ/ N chargement *m* ◆ **"no loading or unloading"** *(street sign)* "interdiction de charger et de décharger" COMP ▷ **loading bay** N aire *f* de chargement

**loadstar** /ˈləʊdstɑːʳ/ N ⇒ **lodestar**

**loadstone** /ˈləʊdstəʊn/ N ⇒ **lodestone**

**loaf¹** /ləʊf/ N (pl **loaves**) a (also **loaf of bread**) pain *m* ; *(= round loaf)* pain *m* rond, miche *f* de pain ◆ **half a ~ is better than no bread** *(Prov)* faute de grives on mange des merles *(Prov)* ◆ **use your ~!** ‡ *(Brit)* réfléchis un peu !, fais marcher tes méninges ! * ; → **cottage, sandwich, slice** b ◆ **sugar ~** pain *m* de sucre ; → **meat** COMP ▷ **loaf pan** N *(US)* ⇒ **loaf tin** ▷ **loaf sugar** N sucre *m* en pain ▷ **loaf tin** N moule *m* à pain

**loaf²** /ləʊf/ VI (also **loaf about, loaf around**) traîner, fainéanter

**loafer** /ˈləʊfəʳ/ N a *(= person)* flemmard(e) * *m(f)*, tire-au-flanc * *m inv* b *(= shoe)* mocassin *m*

**loam** /ləʊm/ N *(NonC)* a *(= soil)* terreau *m* b *(for moulds)* terre *f* de moulage

**loamy** /ˈləʊmɪ/ ADJ *[soil]* riche en terreau

**loan** /ləʊn/ N a *(= money) (lent)* prêt *m* ; *(borrowed)* emprunt *m* ◆ **to take out a ~** contracter un emprunt ◆ **can I ask you for a ~?** pouvez-vous m'accorder un prêt ? ◆ **~s and deposits** *(Banking)* emplois *mpl* et ressources *fpl* ; → **raise**

b prêt *m* ◆ **I asked Barbara for the ~ of her car** j'ai demandé à Barbara de me prêter sa voiture ◆ **may I have the ~ of your lawnmower?** pouvez-vous me prêter votre tondeuse à gazon ? ◆ **I can give you the ~ of it for a few days** je peux vous le prêter pour quelques jours ◆ **he had offered the ~ of his villa at Cavalaire** il avait offert de prêter sa villa à Cavalaire

♦ **on loan** ◆ **this picture is on ~ from the city museum** ce tableau est prêté par le *or* est un prêt du musée municipal ◆ **I have a car on ~ from the company** la compagnie me prête une voiture *or* met une voiture à ma disposition ◆ **my assistant is on ~ to another department at the moment** mon assistant est détaché dans un autre service en ce moment ◆ **the book is out on ~** *(in library)* le livre est sorti ◆ **I have this book out on ~ from the library** j'ai emprunté ce livre à la bibliothèque

VT prêter *(sth to sb* qch à qn)

COMP ▷ **loan agreement** N *(Fin)* convention *f* de prêt ▷ **loan capital** N capital *m* d'emprunt ▷ **loan collection** N *(Art etc)* collection *f* de tableaux (*or* d'objets *etc*) en prêt ▷ **loan investment** N *(Fin)* investissement *m* sous forme de prêt ▷ **loan office** N bureau *m* de prêt ▷ **loan officer** N *[of bank]* gestionnaire *mf* de crédit ▷ **loan shark** * N *(pej)* usurier *m*, -ière *f* ▷ **loan translation** N *(Ling)* calque *m* ▷ **loan word** N *(Ling)* (mot *m* d')emprunt *m*

**loath** /ləʊθ/ ADJ *(frm)* ◆ **to be (very) ~ to do sth** répugner à faire qch ◆ **he was ~ to see her again** il n'était pas du tout disposé à la revoir ◆ **I am ~ to add to your difficulties but ...** je ne voudrais surtout pas ajouter à vos difficultés mais ... ◆ **nothing ~** très volontiers

**loathe** /ləʊð/ LANGUAGE IN USE 7.3 VT *[+ person]* détester, haïr ; *[+ thing]* avoir en horreur ◆ **to ~ doing sth** avoir horreur de faire qch ◆ **he ~s being criticized** il a horreur d'être critiqué

**loathing** /ˈləʊðɪŋ/ N *(NonC)* dégoût *m*, répugnance *f* ◆ **he/it fills me with ~** il/cela me répugne *or* dégoûte

**loathsome** /ˈləʊðsəm/ ADJ détestable

**loathsomeness** /ˈləʊðsəmnɪs/ N caractère *m* répugnant, nature *f* détestable *or* écœurante

**loaves** /ləʊvz/ NPL of **loaf**

**lob** /lɒb/ VT *[+ stone etc]* lancer (haut *or* en chandelle) ◆ **to ~ a ball** *(Tennis)* faire un lob, lober ◆ **he ~bed the book (over) to me** il m'a lancé *or* balancé * le livre ◆ **to ~ the goalkeeper** *(Ftbl)* lober le gardien de but VI *(Tennis)* lober, faire un lob N *(Tennis)* lob *m*

**lobby** /ˈlɒbɪ/ N a *(= entrance hall) [of hotel]* hall *m* ; *(smaller)* vestibule *m*, entrée *f* ; *[of private house]* vestibule *m*, entrée *f* ; *[of theatre]* foyer *m* (des spectateurs) b *(Brit Parl) (where MPs meet public)* hall *m (de la Chambre des communes où les députés rencontrent le public)*, ≈ salle *f* des pas perdus ; *(where MPs vote:* also **division lobby**) vestibule *m (où les députés se répartissent pour voter)* c *(Pol = pressure group)* groupe *m* de pression, lobby *m* ◆ **the anti-vivisection ~** le groupe de pression *or* le lobby antivivisection VT *(Parl, also gen) [+ person]* faire pression sur ; *(esp US) [+ proposal, cause]* faire pression en faveur de, soutenir activement VI *(Pol)* ◆ **to ~ for sth** faire pression pour obtenir qch

COMP ▷ **lobby correspondent** N *(Brit Press)* journaliste *mf* parlementaire

**lobbyer** /ˈlɒbɪəʳ/ N *(US)* ⇒ **lobbyist**

**lobbying** /ˈlɒbɪɪŋ/ N *(Pol)* lobbying *m*

**lobbyism** /ˈlɒbɪɪzəm/ N *(US)* ⇒ **lobbying**

**lobbyist** /ˈlɒbɪɪst/ N *(Pol)* lobbyiste *mf*

**lobe** /ləʊb/ N lobe *m*

**lobelia** /ləʊˈbiːlɪə/ N lobélie *f*

**lobotomize** /ləʊˈbɒtəmaɪz/ VT lobotomiser

**lobotomy** /ləʊˈbɒtəmɪ/ N lobotomie *f*

**lobster** /ˈlɒbstəʳ/ N (pl **lobsters** *or* **lobster**) homard *m* COMP ▷ **lobster nets** NPL filets *mpl* à homards ▷ **lobster pot** N casier *m* à homards

**lobule** /ˈlɒbjuːl/ N lobule *m*

**local** /ˈləʊkəl/ ADJ *[custom, saying, weather forecast, newspaper, currency, train, branch, fog]* local ; *[shops, library]* du *or* de quartier ; *[wine, speciality]* du pays, local ; *(Med) [pain]* localisé ◆ **he's a ~ man** il est du pays *or* du coin * ◆ **the ~ doctor** *(gen)* le médecin le plus proche ; *(in town)* le médecin du quartier ◆ **what is the ~ situation?** *(here)* quelle est la situation ici ? ; *(there)* quelle est la situation là-bas ? ◆ **it adds a bit of ~ colour** ça met un peu de couleur locale ◆ **of ~ interest** d'intérêt local ◆ **a ~ call** *(Telec)* une communication locale ◆ **~ management of schools** *(Brit)* gestion *f* des établissements scolaires par les administrations locales

N a *(* = person)* personne *f* du pays *or* du coin * ◆ **the ~s** les gens du pays *or* du coin * ◆ **he's one of the ~s** il est du pays *or* du coin *

b *(Brit * = pub)* café *m* du coin, bistro(t) * *m* du coin ◆ **my ~** le café du coin, le pub où je vais

c *(US Rail)* (train *m*) omnibus *m*

d * ⇒ **local anaesthetic**

e *(US = trade union branch)* section *f* syndicale

COMP ▷ **local anaesthetic** N anesthésie *f* locale ▷ **local area network** N *(Comput)* réseau *m* local ▷ **local authority** N autorité *f* locale ADJ des autorités locales ▷ **local education authority** N *autorité locale chargée de l'enseignement* ▷ **local government** N administration *f* locale ◆ **~ government elections** élections *fpl* municipales ▷ **local government officer, local government official** N ≈ fonctionnaire *mf* (de l'administration locale) ▷ **local radio** N radio *f* locale ◆ **she works in ~ radio** elle travaille dans une radio locale ▷ **local time** N heure *f* locale

**locale** /ləʊˈkɑːl/ N endroit *m*

**locality** /ləʊˈkælɪtɪ/ N a *(= neighbourhood)* environs *mpl*, voisinage *m* ; *(= district)* région *f* ◆ **in the ~** dans les environs, dans la région ◆ **in the immediate ~ of** tout près de b *(= place, position)* lieu *m* ◆ **the ~ of the murder** le lieu du meurtre ; → **bump**

**localization** /ˌləʊkəlaɪˈzeɪʃən/ N localisation *f*

**localize** /ˈləʊkəlaɪz/ VT localiser ◆ **~d pain** douleur *f* localisée

**locally** /ˈləʊkəlɪ/ ADV *(gen)* localement ◆ **to live ~** habiter dans le coin ◆ **both nationally and ~** à l'échelon tant national que local ◆ **to be available ~** être disponible sur place ◆ **to produce/buy sth ~** produire/acheter qch sur place ◆ **~ grown** cultivé localement ◆ **we deliver free ~** nous livrons gratuitement dans les environs ◆ **this is Cirencester, known ~ as "Ciren"** c'est Cirencester, que l'on appelle ici "Ciren" ◆ **an ugly concrete building known ~ as "the Gulag"** un bâtiment en béton très laid que les gens du coin surnomment "le goulag"

**locate** /ləʊˈkeɪt/ VT a *(= find) [+ place, person]* repérer, trouver ; *[+ noise, leak, cause]* localiser ◆ **I can't ~ the school on this map** je n'arrive pas à repérer *or* à trouver l'école sur cette carte ◆ **have you ~d the briefcase I left yesterday?** avez-vous retrouvé la serviette que j'ai oubliée hier ? ◆ **the doctors have ~d the cause of the pain/the source of the infection** les médecins ont localisé la cause de la douleur/la source de l'infection

b *(= situate) [+ factory, school etc]* situer ◆ **they decided to ~ the factory in Manchester** ils ont décidé d'implanter *or* de construire l'usine à Manchester ◆ **where is the hospital to be ~d?** où va-t-on construire l'hôpital ? ◆ **the college is ~d in London** le collège est situé *or* se trouve à Londres

c *(= assume to be)* situer, placer ◆ **many scholars ~ the Garden of Eden there** c'est là que de nombreux érudits situent *or* placent le Paradis terrestre

d *(US = have place to live)* ◆ **to be ~d** être installé

VI *(US *)* s'installer

**location** /ləʊˈkeɪʃən/ N a *(= position)* emplacement *m* ◆ **a hotel set in a beautiful ~** un hôtel situé dans un endroit magnifique ◆ **what's your ~?** où vous trouvez-vous ?

b *(Cine)* extérieur *m* ◆ **to film in foreign ~s** tourner en extérieur à l'étranger

◆ **on location** en décor naturel, en extérieur

c *(NonC = finding) [of person, object]* repérage *m*

COMP *(Cine) [scene, shot]* en extérieur

> ⚠ **location** *is not translated by the French word* **location**, *which means 'rental'.*

**locative** /ˈlɒkətɪv/ ADJ, N locatif *m*

**loch** /lɒx/ N *(Scot)* lac *m*, loch *m* ◆ **Loch Lomond** le loch Lomond ; → **sea**

**loci** /ˈləʊsaɪ/ NPL of **locus**

**lock¹** /lɒk/ N a *[of door, box etc]* serrure *f* ; *(on steering wheel, bicycle, motorbike)* antivol *m*

◆ **under lock and key** *[possessions]* sous clé ; *[prisoner]* sous les verrous ◆ **to put/keep sth under ~ and key** mettre/garder qch sous clé ◆ **to put sb under ~ and key** enfermer qn à clé ; *[prisoner]* mettre qn sous les verrous ◆ **to keep sb under ~ and key** garder qn enfermé à clé ; *[prisoner]* garder qn sous les verrous

b *[of gun]* (*also* **safety lock**) cran *m* de sûreté ; (*also* **gunlock**) percuteur *m*

◆ **lock, stock and barrel** en bloc ◆ **he sold the factory ~, stock and barrel** il a vendu l'usine en bloc ◆ **they rejected the proposals ~, stock and barrel** ils ont rejeté les suggestions en bloc *or* toutes les suggestions sans exception ◆ **I'll be moving my family, ~, stock and barrel** ma famille et moi allons déménager avec tout notre fourbi *

c *(Comput)* verrouillage *m*

d *[of canal]* écluse *f* ; → **airlock**

e *(Wrestling)* immobilisation *f* ◆ **to hold sb in a ~** immobiliser qn

f *(Aut)* rayon *m* de braquage ◆ **this car has a good ~** cette voiture braque bien *or* a un bon rayon de braquage ◆ **3.5 turns from ~ to ~** 3,5 tours d'une butée à l'autre

g *(Rugby:* also **lock forward**) (avant *m* de) deuxième ligne *f*

VT a *(= fasten) [+ door, suitcase, car, safe]* fermer à clé, verrouiller ◆ **behind ~ed doors** à huis clos ◆ **to ~ the stable door after the horse has bolted** *(fig)* prendre ses précautions trop tard ◆ **to ~ horns** *(lit) [animals]* se mettre à lutter cornes contre cornes ; *(fig)* se disputer ◆ **to ~ horns with sb** avoir une prise de bec avec qn

b *[+ person]* enfermer (*in* dans) ◆ **he got ~ed in the bathroom** il s'est trouvé enfermé dans la salle de bains

c *(= prevent use of) [+ mechanism]* bloquer ; *(Comput)* verrouiller ◆ **he ~ed the steering wheel on his car** il a bloqué la direction de sa voiture ◆ **to ~ the wheels** *(Aut: by braking)* bloquer les roues

d *(= grip, also fig) [+ person]* étreindre, serrer ◆ **she was ~ed in his arms** elle était serrée dans ses bras ◆ **they were ~ed in a close embrace** ils étaient unis dans une étreinte passionnée ◆ **the two armies were ~ed in combat** les deux armées étaient aux prises

VI a *[door]* fermer à clé

b *[wheel, elbow, knee]* se bloquer

COMP ▷ **lock gate** N porte *f* d'écluse ▷ **lock keeper** N éclusier *m*, -ière *f* ▷ **lock-up** N *(Brit = garage)* box *m* ; *(Brit = shop)* boutique *f (sans logement)* ; *(US * = prison)* prison *f*, lieu *m* de détention provisoire ; *(* = cell)* cellule *f* provisoire

► **lock away** VT SEP *[+ object, jewels]* mettre sous clé ; *[+ criminal]* mettre sous les verrous ; *[+ mental patient etc]* enfermer

► **lock in** VT SEP a *[+ person, dog]* enfermer (à l'intérieur) ◆ **to ~ o.s. in** s'enfermer (à l'intérieur)

b *(Fin) [+ assets, loans]* engager (à plus d'un an)

► **lock on** VI *[spacecraft]* s'arrimer (*to* à) ◆ **to ~ on to sth** *[radar]* capter qch

► **lock out** VT SEP a *[+ person] (deliberately)* mettre à la porte ; *(by mistake)* enfermer dehors, laisser dehors (sans clé) ◆ **to find o.s. ~ed out** *(by mistake)* se trouver enfermé dehors, se retrouver à la porte ; *(as punishment)* se trouver mis à la porte ◆ **to ~ o.s. out** s'enfermer dehors ◆ **to ~ o.s. out of one's car** fermer la voiture en laissant les clés à l'intérieur

b *(Ind) [+ workers]* fermer l'usine à, lockouter

► **lock up** VI fermer (toutes les portes) à clé ◆ **will you ~ up when you leave?** voulez-vous tout fermer en partant ? ◆ **to ~ up for the night** tout fermer pour la nuit

VT SEP a *[+ object, jewels]* enfermer, mettre sous clé ; *[+ house]* fermer (à clé) ; *[+ criminal]* mettre sous les verrous *or* en prison ; *[+ mental patient etc]* enfermer ◆ **you ought to be ~ed up!** * on devrait t'enfermer !, il faut te faire soigner !

b *[+ capital, funds]* immobiliser, bloquer (*in* dans)

N ◆ **lock-up** → **lock¹**

**lock²** /lɒk/ N *[of hair]* mèche *f* ; *(= ringlet)* boucle *f* ◆ **his ~s** sa chevelure, ses cheveux *mpl* ◆ **her curly ~s** ses boucles *fpl*

**lockaway** /ˈlɒkəˌweɪ/ N *(Fin)* titre *m* à long terme

**locker** /ˈlɒkəʳ/ N casier *m (fermant à clé)* ◆ **the left-luggage ~s** la consigne (automatique) COMP ▷ **locker-room** N vestiaire *m* ADJ *(fig) [joke etc]* de corps de garde, paillard

**locket** /ˈlɒkɪt/ N médaillon *m (bijou)*

**locking** /ˈlɒkɪŋ/ ADJ *[door, container, cupboard]* qui ferme à clé, verrouillable ◆ **~ petrol cap**

*(Aut)* bouchon *m* antivol *(pour réservoir)* **N** *(gen, Comput)* verrouillage *m* ; *(Aut) [of door]* verrouillage *m*, condamnation *f* ; → **central**

**lockjaw** /ˈlɒkdʒɔː/ **N** *(Med)* tétanos *m*

**locknut** /ˈlɒknʌt/ **N** *(= washer)* contre-écrou *m* ; *(self-locking)* écrou *m* autobloquant

**lockout** /ˈlɒkaʊt/ **N** *(Ind)* lock-out *m inv*

**locksmith** /ˈlɒksmɪθ/ **N** serrurier *m*

**loco**[1] ‡ /ˈləʊkəʊ/ **ADJ** *(esp US)* dingue *

**loco**[2] * /ˈləʊkəʊ/ **N** (abbrev of **locomotive**) loco † *f*, locomotive *f*

**locomotion** /ˌləʊkəˈməʊʃən/ **N** locomotion *f*

**locomotive** /ˌləʊkəˈməʊtɪv/ **N** *(Rail)* locomotive *f* **ADJ** *[engine, power]* locomotif ; *[muscle]* locomoteur (-trice *f*) **COMP** ▷ **locomotive driver**, **locomotive engineer** **N** mécanicien *m* ▷ **locomotive shed** **N** hangar *m* à locomotives ▷ **locomotive workshop** **N** *(= factory)* usine *f* de construction de locomotives ; *(for repairs)* atelier *m* de réparation de locomotives

**locoweed** /ˌləʊkəʊˈwiːd/ **N** *(Bot) sorte d'astragale*

**locum** /ˈləʊkəm/ **N** (also **locum tenens** : *esp Brit*) suppléant(e) *m(f) (de prêtre ou de médecin etc)*

**locus** /ˈlɒkəs/ **N** (pl **loci**) lieu *m*, point *m* ; *(Math)* lieu *m* géométrique

**locust** /ˈləʊkəst/ **N** locuste *f*, sauterelle *f* **COMP** ▷ **locust bean** **N** caroube *f* ▷ **locust tree** **N** caroubier *m*

**locution** /ləˈkjuːʃən/ **N** locution *f*

**lode** /ləʊd/ **N** *(Miner)* filon *m*, veine *f*

**lodestar** /ˈləʊdstɑːʳ/ **N** a *(Astron)* étoile *f* polaire b *(fig)* principe *m* directeur

**lodestone** /ˈləʊdstəʊn/ **N** magnétite *f*, aimant *m* naturel

**lodge** /lɒdʒ/ **N** *(= small house in grounds)* maison *f* or pavillon *m* de gardien ; *(= porter's room in building)* loge *f* ; *(Freemasonry)* loge *f* ; *(US Ind)* section *f* syndicale ; *[of beaver]* abri *m*, gîte *m* ; → **hunting** **VT** a *[+ person]* loger, héberger b *[+ bullet]* loger c *(Admin, Jur)* *(= leave) [+ money]* déposer ; *[+ statement, report]* présenter (*with sb* à qn) déposer (*with sb* chez qn) ◆ **to ~ an appeal** *(Jur)* interjeter appel, se pourvoir en cassation ◆ **to ~ a complaint against** *(Jur)* porter plainte contre ◆ **documents ~d by the parties** *(Jur)* pièces *fpl* versées aux débats par les parties **VI** *[person]* être logé, être en pension (*with* chez) ; *[bullet]* se loger

**lodger** /ˈlɒdʒəʳ/ **N** *(Brit) (room only)* locataire *mf* ; *(room and meals)* pensionnaire *mf* ◆ **to take (in) ~s** *(room only)* louer des chambres ; *(room and meals)* prendre des pensionnaires

**lodging** /ˈlɒdʒɪŋ/ **N** *(NonC = accommodation)* logement *m*, hébergement *m* ◆ **they gave us a night's ~** ils nous ont logés or hébergés une nuit ; → **board** **NPL** **lodgings** *(= room)* chambre *f* ; *(= flatlet)* logement *m* ◆ **he took ~s with Mrs Smith** † *(with meals)* il a pris pension chez Mme Smith ; *(without meals)* il a pris une chambre or un logement chez Mme Smith ◆ **he's in ~s** il vit en meublé or en garni † ◆ **to look for ~s** *(room)* chercher une chambre meublée ; *(flatlet)* chercher un logement meublé ; *(with meals)* chercher à prendre pension ◆ **we took him back to his ~s** nous l'avons ramené chez lui **COMP** ▷ **lodging house** **N** pension *f*

**loess** /ˈləʊɪs/ **N** lœss *m*

**loft** /lɒft/ **N** a *[of house, stable, barn]* grenier *m* ; → **hayloft, pigeon** b *[of church, hall]* galerie *f* ; → **organ** c *(= converted living space)* loft *m* **VT** a *(Golf) [+ ball]* lancer en chandelle b *(= send very high)* lancer très haut **COMP** ▷ **loft conversion** **N** *(Brit)* *(= accommodation)* grenier *m* aménagé ; *(NonC = process, activity)* aménagement *m* de grenier

**loftily** /ˈlɒftɪlɪ/ **ADV** *[say, declare, look at]* avec hauteur ◆ **his ~ dismissive attitude** son attitude hautaine et dédaigneuse ◆ **to be ~ indifferent to sb/sth** être d'une indifférence hautaine vis-à-vis de qn/qch

**loftiness** /ˈlɒftɪnɪs/ **N** a *(= great height)* hauteur *f* b *(fig = nobility)* noblesse *f* c *(pej = haughtiness)* hauteur *f*

**lofty** /ˈlɒftɪ/ **ADJ** a *(= high) [building, ceiling, mountain]* haut ; *[room]* haut de plafond ◆ **to rise to a ~ position in government** atteindre un poste élevé au gouvernement b *(= noble) [aim, ideal, idea]* noble c *(pej = haughty)* hautain d *(= elevated) [style, rhetoric]* élevé, noble

**log**[1] /lɒg/ **N** a *(= felled tree trunk)* rondin *m* ; *(for fire)* bûche *f* ; → **sleep**

b *(Naut = device)* loch *m*

c *(= book) (Aviat, Naut)* journal *m* de bord ; *[of lorry driver etc]* carnet *m* de route ; *(gen)* registre *m* ; *(Comput)* fichier *m* compte-rendu ◆ **to keep the ~** tenir le journal de bord ◆ **to write up the ~** rédiger le journal de bord

**VT** a *[+ trees]* tronçonner, débiter or tailler en rondins

b *(= record) (gen)* noter, consigner ; *(Aviat, Naut:* also **log up**) inscrire au journal de bord ◆ **details of the crime are ~ged in the computer** les données concernant le crime sont entrées dans l'ordinateur

c *(speed)* ◆ **the ship was ~ging 18 knots** le navire filait 18 nœuds ◆ **the plane was ~ging 300mph** l'avion volait à 500 km/h

d *(= clock up)* (also **log up**) **he has ~ged 5,000 hours' flying time** il a à son actif or il compte 5 000 heures de vol ◆ **sailors often ~ 5,000 sea miles in a year** les marins font souvent 5 000 milles marins par an ◆ **I ~ged eight hours' work each day** j'ai travaillé huit heures par jour

**COMP** ▷ **log cabin** **N** cabane *f* en rondins ▷ **log file** **N** fichier *m* compte-rendu ▷ **log fire** **N** feu *m* de bois ▷ **log jam** **N** *(lit)* train *m* de flottage bloqué ; *(fig)* impasse *f* *(fig)* ▷ **log-rolling** **N** *(Sport) sport de bûcheron, consistant à faire tourner avec les pieds, sans tomber, un tronc d'arbre flottant ; (fig pej) échange de concessions ou de faveurs*

► **log in** *(Comput)* ⇒ **log on**

► **log off** *(Comput)* **VI** sortir

**VT SEP** déconnecter

► **log on** *(Comput)* **VI** entrer

**VT SEP** connecter, faire entrer dans le système

► **log out** *(Comput)* ⇒ **log off**

► **log up** **VT SEP** → **log**[1] **vt b, d**

**log**[2] /lɒg/ **N** *(Math)* (abbrev of **logarithm**) log * *m* ◆ **~ tables** tables *fpl* de logarithmes

**loganberry** /ˈləʊgənbərɪ/ **N** framboise *f* de Logan

**logarithm** /ˈlɒgərɪθəm/ **N** logarithme *m*

**logbook** /ˈlɒgbʊk/ **N** a *(Aviat, Naut etc)* ⇒ **log**[1] **noun c** b *(Brit Aut)* ≃ carte *f* grise

**loge** /ləʊʒ/ **N** *(Theat)* loge *f*

**logger** /ˈlɒgəʳ/ **N** *(US)* bûcheron *m*

**loggerheads** /ˈlɒgəhedz/ **NPL** ◆ **to be at ~ (with)** être en désaccord or à couteaux tirés (avec)

**loggia** /ˈlɒdʒɪə/ **N** (pl **loggias** or **loggie** /ˈlɒdʒe/) loggia *f*

**logging** /ˈlɒgɪŋ/ **N** exploitation *f* du bois

**logic** /ˈlɒdʒɪk/ **N** logique *f* ◆ **I can't see the ~ of it** ça ne me paraît pas rationnel ◆ **to chop ~** *(Brit fig)* discutailler *(pej)*, ergoter (*with sb* avec qn) **COMP** ▷ **logic-chopping** **N** *(Brit fig)* ergoterie *f*, ergotage *m* ▷ **logic circuit** **N** *(Comput)* circuit *m* logique

**logical** /ˈlɒdʒɪkəl/ **ADJ** logique ◆ **capable of ~ thinking** capable de penser logiquement **COMP** ▷ **logical positivism** **N** positivisme *m* logique, logicopositivisme *m* ▷ **logical positivist** **N** logicopositiviste *mf*

**logically** /ˈlɒdʒɪkəlɪ/ **ADV** *[possible, consistent]* logiquement ; *[consider, examine, discuss]* rationnellement ◆ **it follows ~ (from this) that ...** il s'ensuit logiquement que ... ◆ **the keyboard is laid out ~** le clavier est logiquement conçu or conçu avec logique ◆ **~, I should have taken this into consideration** logiquement, j'aurais dû en tenir compte

**logician** /lɒˈdʒɪʃən/ **N** logicien(ne) *m(f)*

**logistic** /lɒˈdʒɪstɪk/ **ADJ** logistique **NPL** **logistics** logistique *f*

**logistical** /lɒˈdʒɪstɪkəl/ **ADJ** logistique

**logistically** /lɒˈdʒɪstɪkəlɪ/ **ADV** sur le plan logistique

**logo** /ˈləʊgəʊ/ **N** logo *m*

**logy** * /ˈləʊgɪ/ **ADJ** *(US)* apathique, léthargique

**loin** /lɔɪn/ **N** *(Culin: gen)* filet *m* ; *[of veal, venison]* longe *f* ; *[of beef]* aloyau *m* **NPL** **loins** a *(= lower back)* reins *mpl*, lombes *mpl* b *(= groin)* aine *f* ; *(euph) (= genitals)* bas-ventre *m (euph)* ; → **gird** **COMP** ▷ **loin chop** **N** *(Culin)* côte *f* première

**loincloth** /ˈlɔɪnklɒθ/ **N** pagne *m (d'étoffe)*

**Loire** /lwɑr/ **N** Loire *f* ◆ **the ~ Valley** la vallée de la Loire ; *(between Orléans and Tours)* le Val de Loire

**loiter** /ˈlɔɪtəʳ/ **VI** a (also **loiter about** *= stand around*) traîner ; *(suspiciously)* rôder b *(Jur)* **to ~ with intent** ≃ commettre un délit d'intention ◆ **to be charged with ~ing with intent** être accusé d'un délit d'intention

**loll** /lɒl/ **VI** *[person]* se prélasser ; *[head]* pendre

► **loll about**, **loll around** **VI** fainéanter, flâner

► **loll back** **VI** *[person]* se prélasser ; *[head]* pendre en arrière ◆ **to ~ back in an armchair** se prélasser dans un fauteuil

► **loll out** 1 **VI** *[tongue]* pendre

2 **VT SEP** *[+ tongue]* laisser pendre

**lollapalooza** ‡ /ˌlɒləpəˈluːzəʳ/, **lollapaloosa** ‡ /ˌlɒləpəˈluːsəʳ/ **N** *(US) (amazing)* truc * *m* génial ; *(large)* truc *m* maous *

**Lollards** /ˈlɒlədz/ **NPL** *(Hist)* Lollards *mpl*

**lollipop** /ˈlɒlɪpɒp/ **N** sucette *f (bonbon)* **COMP** ▷ **lollipop lady** *, **lollipop man** * (pl **lollipop men**) **N** *(Brit) personne chargée d'aider les écoliers à traverser la rue*

**Lollipop Lady, Lollipop Man**

On appelle respectivement **lollipop lady** et **lollipop man** une femme ou un homme placé à proximité d'une école et chargé d'aider les écoliers à traverser la rue. Vêtues d'un manteau blanc ou jaune fluorescent, ces personnes arrêtent la circulation à l'aide d'un grand panneau rond indiquant "stop" et qui rappelle par sa forme les sucettes appelées "lollipops".

**lollop** /ˈlɒləp/ **VI** *[animal]* galoper ; *[person]* courir gauchement or à grandes enjambées maladroites ◆ **to ~ in/out** entrer/sortir *etc* à grandes enjambées maladroites

**lolly** /ˈlɒlɪ/ **N** *(Brit)* a * sucette *f* ; → **ice** b *(NonC: ‡ = money)* fric ‡ *m*, pognon ‡ *m*

**lollygag** ‡ /ˈlɒlɪgæg/ **VI** *(US)* **a** *(= waste time)* glander ‡ **b** *(= kiss and cuddle)* se peloter ‡

**Lombard** /ˈlɒmbəd/ **N** Lombard(e) *m(f)* **ADJ** lombard

**Lombardy** /ˈlɒmbədɪ/ **N** Lombardie *f* **COMP** ▷ **Lombardy poplar N** peuplier *m* d'Italie

**London** /ˈlʌndən/ **N** Londres **COMP** *[life]* londonien, à Londres ; *[person, accent, street]* londonien, de Londres ; *[taxi]* londonien ▷ **London Bridge N** pont *m* de Londres ▷ **London pride N** *(Bot)* saxifrage *f* ombreuse, désespoir *m* des peintres

**Londoner** /ˈlʌndənəʳ/ **N** Londonien(ne) *m(f)*

**lone** /ləʊn/ **ADJ** *[gunman]* isolé ; *[piper, rider]* solitaire ; *[survivor]* unique ◆ **a ~ figure** une silhouette solitaire ◆ **to fight a ~ battle for sth** être seul à se battre pour qch ◆ **she was a ~ voice** elle était la seule à être de cet avis **COMP** ▷ **lone father N** père *m* célibataire ▷ **lone mother N** mère *f* célibataire ▷ **lone parent N** *père ou mère qui élève seul ses enfants* ▷ **lone-parent family N** *(Brit)* famille *f* monoparentale ▷ **the lone star state N** *(US)* le Texas ▷ **lone wolf N** ◆ **he's a ~ wolf** c'est un (loup) solitaire

**loneliness** /ˈləʊnlɪnɪs/ **N** *[of person, atmosphere, life]* solitude *f* ; *[of house, road] (= isolated position)* isolement *m*

**lonely** /ˈləʊnlɪ/ **ADJ** *[person, time, life, journey, job]* solitaire ; *[village, house]* isolé ; *[road]* peu fréquenté ◆ **it's ~ at the top** le pouvoir isole ◆ **to feel ~** se sentir seul ◆ **you might find London a ~ place** il se peut que vous vous sentiez seul *or* que vous souffriez de solitude à Londres **NPL** ◆ **the ~** les personnes *fpl* seules **COMP** ▷ **lonely hearts ad** * **N** petite annonce *f* de rencontre ▷ **lonely hearts club** * **N** club *m* de rencontres (pour personnes seules) ▷ **lonely hearts column** * **N** petites annonces *fpl* de rencontres

**loner** /ˈləʊnəʳ/ **N** solitaire *mf*

**lonesome** /ˈləʊnsəm/ **ADJ** *(esp US)* ⇒ **lonely N** ◆ **all on my** (*or* **your** *etc*) **~** * tout seul, toute seule

## long¹ /lɒŋ/

| | |
|---|---|
| 1 ADJECTIVE | 3 NOUN |
| 2 ADVERB | 4 COMPOUNDS |

### 1 - ADJECTIVE

**a** [in size] *[dress, hair, rope, distance, journey, book etc]* long (longue *f*) ◆ **the wall is 10 metres ~** le mur fait *or* a 10 mètres de long ◆ **a wall 10 metres ~** un mur de 10 mètres de long ◆ **how ~ is the swimming pool?** quelle est la longueur de la piscine ? ◆ **to get ~er** *[queue]* s'allonger ; *[hair]* pousser ◆ **the document is ~ on generalities and short on practicalities** le document fait une large place aux généralités et ne donne pas beaucoup de détails pratiques ◆ **the cooking wasn't exactly ~ on imagination** * la cuisine n'était pas très originale ◆ **to have a ~ arm** *(fig)* avoir le bras long ◆ **they were eventually caught by the ~ arm of the law** ils ont fini par être rattrapés par la justice ◆ **a string of degrees as ~ as your arm** * *(= masses of degrees)* des diplômes à n'en plus finir ◆ **to have a ~ face** *(fig)* avoir la mine allongée, faire triste mine ◆ **to make** *or* **pull a ~ face** faire la grimace ◆ **to be ~ in the leg** *(of person)* avoir de longues jambes ; *(of trousers)* être trop long ◆ **he's getting a bit ~ in the tooth** * il n'est plus tout jeune, il n'est plus de la première jeunesse ◆ **not by a ~ chalk** *or* **shot** * loin de là ◆ **it's a ~ shot but we might be lucky** *(fig)* c'est très risqué mais nous aurons peut-être de la chance ◆ **it was just a ~ shot** *(fig)* il y avait peu de chances pour que cela réussisse ; see also **compounds**

**b** [in distance] ◆ **it's a ~ way** c'est loin ◆ **it's a ~ way to the shops** les magasins sont loin ◆ **we walked a ~ way** nous avons beaucoup marché ◆ **it was a ~ 3 miles to the nearest pub** le pub le plus proche était à 5 bons kilomètres

**c** [in time] *[visit, wait, weekend, look, film]* long (longue *f*) ; *[delay]* important ◆ **I find the days very ~** je trouve les jours bien longs ◆ **the days are getting ~er** les jours rallongent ◆ **to be six months ~** durer six mois ◆ **at ~ last** enfin ◆ **he took a ~ drink of water** il a bu beaucoup d'eau ; see also **compounds** ◆ **it will be a ~ job** ça va prendre du temps ◆ **to have a ~ memory** ne pas oublier vite ◆ **in the ~ run** à la longue ◆ **in the ~ term** à long terme ; see also **long-term** ◆ **~ time no see!** ‡ tiens, un revenant ! *, ça fait une paye ! * ◆ **to take the ~ view** penser à l'avenir ◆ **he's not ~ for this world** * il n'en a plus pour longtemps ◆ **the reply was not ~ in coming** la réponse n'a pas tardé à venir

◆ **a long time** longtemps ◆ **a ~ time ago** il y a longtemps ◆ **that was a ~, ~ time ago** il y a bien longtemps de cela ◆ **what a ~ time you've been!** tu en as mis du temps ! * ◆ **it will be a ~ time before I see her again** je ne la reverrai pas de si tôt *or* pas avant longtemps ◆ **it will be remembered for a ~ time to come** on s'en souviendra longtemps ◆ **it'll be a ~ time before I do that again!** je ne recommencerai pas de si tôt ! ◆ **for a ~ time I had to stay in bed** j'ai dû longtemps garder le lit ◆ **have you been studying English for a ~ time?** il y a longtemps que vous étudiez l'anglais ? ◆ **it's a ~ time since I last saw him** ça fait longtemps que je ne l'ai pas vu ◆ **he has not been seen for a ~ time** on ne l'a pas vu depuis longtemps, cela fait longtemps qu'on ne l'a pas vu ◆ **for a ~ time now he has been unable to work** voilà longtemps qu'il est dans l'incapacité de travailler ◆ **you took a ~ time to get here** *or* **getting here** tu as mis longtemps pour *or* à venir ◆ **it takes a ~ time for the drug to act** ce médicament met du temps à agir ◆ **it took a ~ time for the truth to be accepted** les gens ont mis très longtemps à accepter la vérité

**d** [Ling] *[vowel]* long (longue *f*)

### 2 - ADVERB

**a** [= a long time] longtemps ◆ **they didn't stay ~** ils ne sont pas restés longtemps ◆ **he didn't live ~ after that** il n'a pas survécu longtemps ◆ **he hasn't been gone ~** il n'y a pas longtemps qu'il est parti ◆ **it didn't take him ~ to realize that ...** il n'a pas mis longtemps à se rendre compte que ... ◆ **are you going away for ~?** vous partez pour longtemps ? ◆ **not for ~** pas pour longtemps ◆ **not for much ~er** plus pour très longtemps ◆ **will you be ~?** tu en as pour longtemps ? ◆ **I won't be ~** je n'en ai pas pour longtemps ◆ **don't be ~** dépêche-toi ◆ **he hasn't ~ to live** il n'en a plus pour longtemps ◆ **women live ~er than men** les femmes vivent plus longtemps que les hommes ◆ **this method has ~ been used in industry** cette méthode est employée depuis longtemps dans l'industrie ◆ **have you been here/been waiting ~?** vous êtes ici/vous attendez depuis longtemps ?, il y a longtemps que vous êtes ici/que vous attendez ? ◆ **these are ~-needed changes** ce sont des changements qui s'imposent depuis longtemps ◆ **his ~-awaited reply** sa réponse (si) longtemps attendue ◆ **I have ~ wished to say ...** il y a longtemps que je souhaite dire ... ◆ **~ may this situation continue** espérons que cela continuera ◆ **~ live the King!** vive le roi ! ◆ **I only had ~ enough to buy a paper** je n'ai eu que le temps d'acheter un journal ◆ **six months at (the) ~est** six mois au plus ◆ **so ~!** * à bientôt !

**b** [= through] ◆ **all night ~** toute la nuit ◆ **all summer ~** tout l'été ◆ **his whole life ~** toute sa vie

**c** [set structures]

◆ **before long** *(+ future)* sous peu, dans peu de temps ; *(+ past)* peu après

◆ **how long ?** *(in time)* ◆ **how ~ will you be?** ça va te demander combien de temps ?, tu vas mettre combien de temps ? ◆ **how ~ did they stay?** combien de temps sont-ils restés ? ◆ **how ~ is it since you saw him?** cela fait combien de temps que tu ne l'as pas vu ? ◆ **how ~ are the holidays?** les vacances durent combien de temps ?

> In the following **depuis** + present/imperfect translates English perfect/pluperfect continuous.

◆ **how ~ have you been learning Greek?** depuis combien de temps apprenez-vous le grec ? ◆ **how ~ had you been living in Paris?** depuis combien de temps viviez-vous à Paris ?, cela faisait combien de temps que vous viviez à Paris ?

◆ **long ago** il y a longtemps ◆ **how ~ ago was it?** il y a combien de temps de ça ? ◆ **as ~ ago as 1930** déjà en 1930 ◆ **of ~ ago** d'il y a longtemps ◆ **not ~ ago** il n'y a pas longtemps, il y a peu de temps ◆ **he arrived not ~ ago** il n'y a pas longtemps qu'il est arrivé, il vient d'arriver

◆ **long after** longtemps après ◆ **~ after he died** longtemps après sa mort ◆ **he died ~ after his wife** il est mort longtemps après sa femme

◆ **long before** ◆ **~ before the war** bien avant la guerre ◆ **~ before his wife's death** bien avant la mort de sa femme, bien avant que sa femme ne meure ◆ **his wife had died ~ before** sa femme était morte depuis longtemps, il y avait longtemps que sa femme était morte ◆ **you should have done it ~ before now** vous auriez dû le faire il y a longtemps ◆ **not ~ before the war** peu (de temps) avant la guerre ◆ **not ~ before his wife died** peu (de temps) avant la mort de sa femme, peu avant que sa femme ne meure ◆ **she had died not ~ before** elle était morte peu de temps avant *or* auparavant

◆ **long since** ◆ **it's not ~ since he died** ◆ **he died not ~ since** * il est mort il y a peu *or* il n'y a pas longtemps ◆ **~ since** il y a longtemps ◆ **he thought of friends ~ since dead** il a pensé à des amis morts depuis longtemps

◆ **any/no/a little longer** ◆ **I can't stay any ~er** je ne peux pas rester plus longtemps ◆ **she no ~er wishes to do it** elle ne veut plus le faire ◆ **he is no ~er living there** il n'y habite plus ◆ **wait a little ~er** attendez encore un peu

◆ **as long as** *(relating to time)* ◆ **as ~ as necessary** le temps qu'il faudra ◆ **stay (for) as ~ as you like** restez autant que *or* aussi longtemps que vous voulez ◆ **as** *or* **so ~ as this crisis lasts** tant que durera cette crise ◆ **as** *or* **so ~ as the war lasted** tant que dura la guerre

◆ **as** *or* **so long as** *(conditional)* à condition que + *subj* ◆ **you can borrow it as ~ as** *or* **so ~ as John doesn't mind** vous pouvez l'emprunter à condition que John n'y voie pas d'inconvénient

### 3 - NOUN

**a** ◆ **the ~ and the short of it is that ...** le fin mot de l'histoire, c'est que ...

b [= syllable, beat] longue *f*

4 - COMPOUNDS

▹ **long-acting** ADJ *[drug]* à effet lent et à action longue ▹ **long-chain** ADJ *(Chem)* à chaîne longue ▹ **long-dated** ADJ *(Fin)* à longue échéance ▹ **long-distance** ADJ *[race, runner]* de fond ◆ **~-distance call** *(Telec)* appel *m* (à) longue distance ◆ **~-distance flight** vol *m* long-courrier ◆ **~-distance lorry driver** *(Brit)* routier *m* ◆ **~-distance skier** fondeur *m*, -euse *f* ADV ◆ **to call sb ~-distance** appeler qn à longue distance ▹ **long division** N *(Math)* division *f* écrite complète *(avec indication des restes partiels)* ▹ **long-drawn-out** ADJ interminable, qui n'en finit pas ▹ **long drink** N long drink *m* ▹ **long-eared** ADJ aux longues oreilles ▹ **long-established** ADJ *[business, company]* qui existe depuis longtemps ; *[habit]* vieux (vieille *f*) ▹ **long fin tuna**, **long fin tunny** N thon *m* blanc ▹ **long-forgotten** ADJ oublié depuis longtemps ▹ **long-grain rice** N riz *m* long ▹ **long green** * N *(US = money)* argent *m*, fric * *m* ▹ **long-haired** ADJ *[person]* aux cheveux longs ; *[animal]* à longs poils ▹ **long-haul** N transport *m* à longue distance ◆ **~-haul airline/flight** ligne *f*/vol *m* long-courrier ▹ **long-headed** ADJ *(fig)* avisé, perspicace, prévoyant ▹ **long johns** * NPL caleçon *m* long ▹ **long jump** N *(Sport)* saut *m* en longueur ▹ **long jumper** N sauteur *m*, -euse *f* en longueur ▹ **long-lasting** ADJ durable ◆ **to be longer-lasting** *or* **more ~-lasting** durer plus longtemps ▹ **long-legged** ADJ *[person, horse]* aux jambes longues ; *[other animal, insect]* à longues pattes ▹ **long-life** ADJ *[milk]* longue conservation ; *[batteries]* longue durée ▹ **long-limbed** ADJ aux membres longs ▹ **long list** N première liste *f*, liste *f* préliminaire ▹ **long-lived** ADJ d'une grande longévité ◆ **women are longer-lived** *or* **more ~-lived than men** les femmes vivent plus longtemps que les hommes ▹ **long-lost** ADJ *[person]* perdu de vue depuis longtemps ; *[thing]* perdu depuis longtemps ▹ **long-nosed** ADJ au nez long ▹ **long play** N *(US)* ⇒ **long-playing record** ▹ **long-playing record** N 33 tours *m inv* ▹ **long-range** ADJ *[missile, rocket, gun]* à longue portée ; *[planning etc]* à long terme ◆ **~-range plane** *(Mil)* avion *m* à grand rayon d'action ; *(civil)* long-courrier *m* ◆ **~-range weather forecast** prévisions *fpl* météorologiques à long terme ▹ **long-running** ADJ *[play]* qui tient l'affiche depuis longtemps ; *[TV programme]* qui est diffusé depuis longtemps ◆ **~-running series** *(TV)* série-fleuve *f* ; *[dispute]* qui dure depuis longtemps ▹ **long shot** N *(Cine)* plan *m* général *or* d'ensemble ; see also **adjective a** ▹ **long-sighted** ADJ *(Brit)* *(lit)* hypermétrope ; *(in old age)* presbyte ; *(fig)* *[person]* prévoyant, qui voit loin ; *[decision]* pris avec prévoyance ; *[attitude]* prévoyant ▹ **long-sightedness** N *(lit)* hypermétropie *f* ; *(in old age)* presbytie *f* ; *(fig)* prévoyance *f* ▹ **long-sleeved** ADJ à manches longues ▹ **long-standing** ADJ de longue date ◆ **~-standing links** des liens de longue date ◆ **their ~-standing dispute** le conflit qui les oppose depuis longtemps ◆ **the city's ~-standing policy** la politique déjà ancienne de la ville ▹ **long-stay car park** N parking *m* *or* parc *m* de stationnement de longue durée ▹ **long stop** N *(fig)* garde-fou *m* ▹ **long-suffering** ADJ très patient, d'une patience à toute épreuve ▹ **long-tailed** ADJ à longue queue ◆ **~-tailed tit** mésange *f* à longue queue ▹ **long-term** ADJ → **long-term** ▹ **long-time** ADJ de longue date, vieux (vieille *f*) ▹ **long trousers** NPL *(as opposed to shorts)* pantalon *m* ◆ **when I was old enough to wear ~ trousers** quand j'ai passé l'âge des culottes courtes ▹ **the long vacation**, **the long vac** * N *(Brit Univ)* les grandes vacances *fpl* ▹ **long wave** N *(Rad)* grandes ondes *fpl* ◆ **on (the) ~ wave** sur les grandes ondes ▹ **long-wearing** ADJ *(US)* solide, résistant ▹ **long-winded** ADJ *[person]* intarissable, prolixe ; *[speech]* interminable ▹ **long-windedly** ADV intarissablement ▹ **long-windedness** N prolixité *f*

**long²** /lɒŋ/ VI ◆ **to ~ to do sth** *(= hope to)* avoir très envie de faire qch ; *(= dream of)* rêver de faire qch ◆ **I'm ~ing to meet her** j'ai très envie de la rencontrer ◆ **to ~ for sth** *(= hope for)* avoir très envie de qch ; *(= dream of)* rêver de qch ◆ **the ~ed-for baby** le bébé tant attendu ◆ **to ~ for sb to do sth** mourir d'envie que qn fasse qch ◆ **she ~ed for her friends** ses amis lui manquaient beaucoup *or* terriblement

**longboat** /ˈlɒŋbəʊt/ N (grande) chaloupe *f*

**longbow** /ˈlɒŋbəʊ/ N arc *m* (anglais)

**longevity** /lɒnˈdʒevɪtɪ/ N longévité *f*

**longhair** * /ˈlɒŋhɛəʳ/ N *(US)* intello * *m*

**longhand** /ˈlɒŋhænd/ N écriture *f* normale *or* courante ◆ **in ~** *(not shorthand)* en clair ; *(not typed)* à la main ADJ en clair

**longhorn cattle** /ˈlɒŋhɔːnˈkætl/ N *(NonC)* bovins *mpl* longhorn *inv or* à longues cornes

**longing** /ˈlɒŋɪŋ/ N a *(= urge)* désir *m*, envie *f* *(for sth* de qch) ; *(= craving)* *(for food etc)* envie *f* ◆ **to have a sudden ~ to do sth** avoir un désir soudain *or* une envie soudaine de faire qch b *(= nostalgia)* nostalgie *f* ◆ **his ~ for the happy days of his childhood** la nostalgie qu'il avait des jours heureux de son enfance ADJ *[look, glance]* *(for sth)* plein d'envie ; *(for sb)* plein de désir

**longingly** /ˈlɒŋɪŋlɪ/ ADV ◆ **to look ~ at sb** regarder qn d'un air enamouré ◆ **to look ~ at sth** regarder qch avec convoitise, dévorer qch des yeux ◆ **to think ~ of sb** penser amoureusement à qn ◆ **to think ~ of sth** penser avec envie à qch

**longish** /ˈlɒŋɪʃ/ ADJ *[hair, period, distance]* assez long (longue *f*) ; *[book, play]* assez long (longue *f*), longuet * *(slightly pej)* ◆ **(for) a ~ time** assez longtemps

**longitude** /ˈlɒŋgɪtjuːd/ N longitude *f* ◆ **at a ~ of 48°** par 48° de longitude

**longitudinal** /ˌlɒŋgɪˈtjuːdɪnl/ ADJ longitudinal

**longitudinally** /ˌlɒŋgɪˈtjuːdɪnəlɪ/ ADV longitudinalement

**longlist** /ˈlɒŋlɪst/ VT ◆ **to be ~ed** figurer sur une première liste de sélection

**longship** /ˈlɒŋʃɪp/ N *(Vikings)* drakkar *m*

**longshoreman** /ˈlɒŋʃɔːmən/ N (pl **-men**) *(US)* débardeur *m*, docker *m*

**longshoring** /ˈlɒŋʃɔːrɪŋ/ N *(US)* débardage *m*

**long-term** /ˈlɒŋˈtɜːm/ ADJ *[loan, policy, investment, effects, solution, view, interests, future]* à long terme ; *[resident]* de longue durée ◆ **~ political prisoners** prisonniers politiques de longue durée ◆ **no amount of aid will solve the long term problems of the people** quelle que soit l'aide fournie, elle ne résoudra pas les problèmes persistants des gens ◆ **the side-effects of long term injections of growth hormone** les effets secondaires des injections d'hormone de croissance sur une longue période ◆ **a ~ project** un projet de longue haleine ◆ **I'm looking for a ~ relationship** je recherche une relation qui dure *or* durable ◆ **he's in a ~ relationship** *(going out with sb)* il sort avec la même personne depuis longtemps ; *(living with)* il vit avec la même personne depuis longtemps ◆ **they're in a ~ relationship** *(going out)* ils sortent ensemble depuis longtemps ; *(living together)* ils vivent ensemble depuis longtemps

COMP ▹ **long-term care** N prise *f* en charge de longue durée ▹ **long-term car park** N parc *m* de stationnement *(avec forfait à la journée/à la semaine etc)* ▹ **long-term health care** N ⇒ **long-term care** ▹ **long-term memory** N mémoire *f* à long terme ▹ **the long-term unemployed** NPL les chômeurs *mpl* de longue durée ; see also **long¹**

**longways** /ˈlɒŋweɪz/ ADV en longueur, en long ◆ **~ on** dans le sens de la longueur

**loo** * /luː/ N *(Brit)* toilettes *fpl*, W.-C. *mpl* ◆ **he's in the ~** il est au petit coin * *or* aux toilettes

**loofah** /ˈluːfəʳ/ N luffa *m*, loofa *m*

## look /lʊk/

LANGUAGE IN USE 16.2

| | |
|---|---|
| 1 NOUN | 4 TRANSITIVE VERB |
| 2 PLURAL NOUN | 5 COMPOUNDS |
| 3 INTRANSITIVE VERB | 6 PHRASAL VERBS |

1 - NOUN

a [at sth, sb] ◆ **do you want a ~?** tu veux regarder *or* jeter un coup d'œil ? ◆ **and now for a quick ~ at the papers** et maintenant, les grands titres de vos journaux

◆ **to have/take + a look** ◆ **let me have a ~** *(= may I)* fais voir ; *(= I'm going to)* je vais voir ◆ **let me have another ~** *(= may I)* je peux regarder encore une fois ? ◆ **to have** *or* **take a ~ at sth** regarder qch, jeter un coup d'œil à qch ◆ **take** *or* **have a ~ at this!** regarde-moi ça !, regarde ! ◆ **to take another** *or* **a second ~ at sth** examiner qch de plus près ◆ **to take a good ~ at sth** bien regarder qch ◆ **to take a good ~ at sb** regarder qn avec attention ◆ **take a good ~!** regarde bien ! ◆ **to take a long ~ at sb** regarder longuement qn, bien regarder qn ◆ **to take a long hard ~ at sth** *(fig)* examiner qch de près ◆ **to take a long (hard) ~ at o.s.** *(fig)* faire son autocritique ◆ **to have a ~ round the house** visiter la maison ◆ **I just want to have a ~ round** *(in town)* je veux simplement faire un tour ; *(in a shop)* est-ce que je peux regarder ? ◆ **have a ~ through the telescope** regarde dans le télescope

b [= expression] regard *m* ◆ **an inquiring ~** un regard interrogateur ◆ **with a nasty ~ in his eye** avec un regard méchant ◆ **he gave me a furious ~** il m'a jeté un regard furieux, il m'a regardé d'un air furieux ◆ **we got some very odd ~s** les gens nous ont regardé d'un drôle d'air ◆ **I told her what I thought and if ~s could kill *, I'd be dead** je lui ai dit ce que je pensais et elle m'a fusillé *or* foudroyé du regard ; see also **black, dirty, long¹**

c [= search] ◆ **to have a ~ for sth** chercher qch ◆ **have another ~!** cherche bien ! ◆ **I've had a good ~ for it already** je l'ai déjà cherché partout

d [= appearance] air *m* ◆ **there was a sad ~ about him** il avait l'air plutôt triste ◆ **I like the ~ of her** * je trouve qu'elle a l'air sympathique *or* qu'elle a une bonne tête * ◆ **I don't like the ~(s) of him** * il a une tête qui ne me revient pas * ◆ **he had the ~ of a sailor (about him)** il avait l'air d'un marin ◆ **she has a ~ of her mother (about her)** elle a quelque chose de sa mère ◆ **by the ~(s) of him** * à le voir ◆ **by the ~(s) of it** *or* **things** * de toute évidence ♦ **you can't go by ~s** il ne faut pas se fier aux apparences *(Prov)* ♦ **I don't like the ~ of this at all** * ça ne me dit rien qui vaille

**e** [Fashion = style] look *m* ♦ **I need a new ~** il faut que je change *subj* de look

2 - PLURAL NOUN

**looks** * beauté *f* ♦ **~s aren't everything** la beauté n'est pas tout ♦ **she has kept her ~s** elle est restée belle ♦ **she's losing her ~s** elle n'est plus aussi belle qu'autrefois, sa beauté se fane

3 - INTRANSITIVE VERB

**a** [= see, glance] regarder ♦ **~ over there!** regarde là-bas ! ♦ **~!** regarde ! ♦ **just ~!** regarde un peu ! ♦ **~ and see if he's still there** regarde s'il est encore là ♦ **~ what a mess you've made!** regarde le gâchis que tu as fait ! ♦ **~ who's here!** * regarde qui est là ! ♦ **let me ~** *(= may I)* fais voir ; *(= I'm going to)* je vais voir ♦ **to ~ the other way** *(lit = avert one's eyes)* détourner le regard ; *(fig)* fermer les yeux *(fig)* ♦ **~ before you leap** *(Prov)* il faut réfléchir avant d'agir

♦ **to look** *+ adverb/preposition* ♦ **he ~ed around him for an ashtray** il a cherché un cendrier des yeux ♦ **to ~ down one's nose at sb** * regarder qn de haut ♦ **she ~s down her nose at * romantic novels** elle méprise les romans à l'eau de rose ♦ **to ~ down the list** parcourir la liste ♦ **~ here *, we must discuss it first** écoutez, il faut d'abord en discuter ♦ **~ here *, that isn't what I said!** dites donc, ce n'est pas (du tout) ce que j'ai dit ! ♦ **she ~ed into his eyes** *(gen)* elle l'a regardé droit dans les yeux ; *(romantically)* elle a plongé son regard dans le sien ♦ **(you must) ~ on the bright side (of life)** il faut être optimiste, il faut voir le bon côté des choses ♦ **to ~ over sb's shoulder** *(lit)* regarder par-dessus l'épaule de qn ; *(fig)* être constamment sur le dos de qn, surveiller qn constamment ♦ **to be ~ing over one's shoulder** *(fig)* être sur ses gardes ♦ **he ~ed right through me** * *(fig)* il a fait comme s'il ne me voyait pas

**b** [= face] *[building]* donner ♦ **the house ~s east** la maison donne à l'est ♦ **the house ~s onto the main street** la maison donne sur la rue principale

**c** [= search] chercher ♦ **you should have ~ed more carefully** tu aurais dû chercher un peu mieux ♦ **you can't have ~ed far** tu n'as pas dû beaucoup chercher

**d** [= seem] avoir l'air ♦ **he doesn't ~ himself, he's not ~ing himself** il n'a pas l'air dans son assiette, il n'a pas l'air en forme ♦ **he ~s about 40** il doit avoir la quarantaine ♦ **he ~s about 75 kilos/1 metre 80** il doit faire environ 75 kilos/1 mètre 80 ♦ **she's tired and she ~s it** elle est fatiguée et ça se voit ♦ **he's 50 and he ~s it** il a 50 ans et il les fait ♦ **how did she ~?** *(health)* elle avait l'air en forme ? ; *(on hearing news)* quelle tête elle a fait ? ♦ **how do I ~?** comment me trouves-tu ? ♦ **how does it ~ to you?** qu'en pensez-vous ?

♦ **to look as if** ♦ **try to ~ as if you're glad to see them!** essaie d'avoir l'air content de les voir ! ♦ **it ~s as if it's going to snow** on dirait qu'il va neiger ♦ **it ~s as if he isn't coming, it doesn't ~ as if he's coming** on dirait qu'il ne va pas venir ♦ **it ~s to me as if he isn't coming, it doesn't ~ to me as if he's coming** j'ai l'impression qu'il ne va pas venir

♦ **to look** *+ adjective/noun* ♦ **she ~s her age** elle fait son âge ♦ **~ alive** *or* **lively!** * remue-toi ! * ♦ **it will ~ bad** ça va faire mauvais effet ♦ **she ~s her best in blue** c'est le bleu qui lui va le mieux ♦ **you must ~ your best for this interview** il faut que tu présentes bien pour cet entretien ♦ **he just does it to ~ big** * il fait ça uniquement pour se donner de l'importance ♦ **they made me ~ foolish** *or* **a fool** ils m'ont ridiculisé ♦ **he ~s good in uniform** l'uniforme lui va bien ♦ **that dress ~s good** *or* **well on her** cette robe lui va bien ♦ **that hat/necklace ~s good on you** ce chapeau/collier te va bien ♦ **that pie ~s good** cette tarte a l'air bonne ♦ **how are you getting on with your autobiography? – it's ~ing good** comment avance ton autobiographie ? – elle avance bien ♦ **it ~s good on paper** c'est très bien en théorie *or* sur le papier ♦ **that story ~s interesting** cette histoire a l'air intéressante *or* semble intéressante ♦ **that hairstyle makes her ~ old** cette coiffure la vieillit ♦ **it makes him ~ ten years older/younger** ça le vieillit/rajeunit de dix ans ♦ **he ~s older than that** il a l'air plus âgé que ça ♦ **to ~ the part** *(fig)* avoir le physique *or* avoir la tête de l'emploi * ♦ **how pretty you ~!** comme vous êtes jolie ! ♦ **it ~s promising** c'est prometteur ♦ **it doesn't ~ right** il y a quelque chose qui ne va pas ♦ **it ~s all right to me** ça m'a l'air d'aller ♦ **to make sb ~ small** *(fig)* rabaisser qn, diminuer qn ♦ **she ~s tired** elle a l'air fatigué(e) ♦ **you ~** *or* **you're ~ing well** vous avez bonne mine ♦ **she doesn't ~ well** elle n'a pas bonne mine, elle a mauvaise mine

♦ **to look like** *(= be in appearance)* ♦ **what does he ~ like?** comment est-il ? ♦ **you can see what the house used to ~ like** on voit comment était la maison ♦ **he ~s like his father** *(= resemble)* il ressemble à son père ♦ **the picture doesn't ~ like him at all** on ne le reconnaît pas du tout sur cette photo ♦ **he ~s like a soldier** il a l'air d'un soldat ♦ **she ~ed like nothing on earth** (*‡*, *pej ill, depressed)* elle avait une tête épouvantable ♦ **it ~s like salt** *(= seem)* on dirait du sel ♦ **this ~s to me like the right shop** cela m'a l'air d'être le bon magasin ♦ **it ~s like rain** * on dirait qu'il va pleuvoir ♦ **the rain doesn't ~ like stopping** la pluie n'a pas l'air de (vouloir) s'arrêter ♦ **it certainly ~s like it** ça m'en a tout l'air ♦ **the evening ~ed like being interesting** la soirée promettait d'être intéressante

4 - TRANSITIVE VERB

**a** [= look at] regarder ♦ **to ~ sb in the face** *or* **in the eye(s)** regarder qn en face *or* dans les yeux ♦ **I could never ~ him in the face** *or* **in the eye(s) again** *(fig)* je ne pourrais plus le regarder en face ♦ **to ~ sb up and down** toiser qn

**b** [= pay attention to] regarder, faire attention à ♦ **~ where you're going!** regarde où tu vas ! ♦ **~ what you've done now!** regarde ce que tu as fait !

5 - COMPOUNDS

▷ **look-alike** * **N** sosie *m* ♦ **a Churchill ~-alike** un sosie de Churchill ▷ **looked-for** **ADJ** *[result]* attendu, prévu ; *[effect]* escompté, recherché ▷ **look-in** * **N** *(= visit)* ♦ **to give sb a ~-in** passer voir qn, faire une visite éclair *or* un saut chez qn ♦ **with such competition we won't get a ~-in** *(Brit = chance)* avec de tels concurrents nous n'avons pas la moindre chance ♦ **our team didn't have** *or* **get a ~-in** notre équipe n'a jamais eu le moindre espoir *or* la moindre chance de gagner ▷ **looking-glass** † **N** glace *f*, miroir *m* ▷ **look-out** **N** → **look-out** ▷ **look-see** *‡* **N** ♦ **to have** *or* **to take a ~-see** jeter un coup d'œil, jeter un œil * ▷ **look-up** *(Comput)* **N** consultation *f* **ADJ** *[list etc]* à consulter

6 - PHRASAL VERBS

► **look about** **VI** regarder autour de soi ♦ **to ~ about for sb/sth** chercher qn/qch (des yeux)

► **look after** **VT FUS** **a** *(= take care of)* *[+ invalid, animal, plant]* s'occuper de ; *[+ one's possessions]* prendre soin de ; *[+ finances]* gérer ♦ **she doesn't ~ after herself properly** elle se néglige ♦ **~ after yourself!** * prends soin de toi !, fais bien attention à toi ! * ♦ **she's quite old enough to ~ after herself** elle est assez grande pour se débrouiller * toute seule ♦ **he certainly ~s after his car** il bichonne sa voiture ♦ **we're well ~ed after here** on s'occupe bien de nous ici, on nous soigne ici

**b** *(= mind)* *[+ child]* garder, s'occuper de ; *[+ shop, business]* s'occuper de ; *[+ luggage, house]* *(= watch over)* surveiller ; *(= keep temporarily)* garder (*sth for sb* qch pour qn) ♦ **to ~ after one's own interests** protéger ses propres intérêts

► **look ahead** **VI** *(= in front)* regarder devant soi ; *(= to future)* penser à l'avenir ♦ **I'm ~ing ahead at what might happen** j'essaie d'imaginer ce qui pourrait se passer

► **look around** **VI** ⇒ **look about**

► **look at** **VT FUS** **a** *(= observe)* *[+ person, object]* regarder ♦ **to ~ hard at** *[+ person]* dévisager ; *[+ thing]* regarder *or* examiner de très près ♦ **just ~ at this mess!** regarde un peu ce fouillis ! ♦ **just ~ at you!** * regarde de quoi tu as l'air !, regarde-toi ! ♦ **to ~ at him you would never think (that) ...** à le voir, on n'imaginerait pas que ... ♦ **it isn't much to ~ at *, it's nothing to ~ at** * ça ne paie pas de mine

**b** *(= consider)* *[+ situation, problem]* examiner ♦ **let's ~ at the facts** considérons *or* examinons les faits ♦ **they wouldn't ~ at my proposal** ils n'ont même pas pris ma proposition en considération, ils ont d'emblée rejeté ma proposition ♦ **he now ~ed at her with new respect** il commença à la considérer avec respect ♦ **that's one way of ~ing at it** c'est un point de vue, mais pas le mien ♦ **it depends (on) how you ~ at it** tout dépend comment on voit *or* envisage la chose ♦ **just ~ at him now!** *(what's become of him)* regarde où il en est aujourd'hui !

**c** *(= check)* vérifier ; *(= see to)* s'occuper de ♦ **will you ~ at the carburettor?** pourriez-vous vérifier le carburateur ? ♦ **I'll ~ at it tomorrow** je m'en occuperai demain

**d** ( * *= have in prospect)* **you're ~ing at a minimum of £65** ça va vous coûter 65 livres au minimum ♦ **they are ~ing at savings of £3m** il s'agit d'économies qui pourraient atteindre 3 millions de livres

► **look away** **VI** *(lit)* détourner les yeux *or* le regard (*from* de) ; *(fig)* fermer les yeux

► **look back** **VI** **a** *(lit)* regarder derrière soi ♦ **she ~ed back at Marie and smiled** elle se retourna pour regarder Marie et lui sourit

**b** *(fig: in memory)* revenir sur le passé ♦ **after that he never ~ed back** * après, ça n'a fait qu'aller de mieux en mieux pour lui ♦ **there's no point ~ing back** ça ne sert à rien de revenir sur le passé ♦ **~ing back, I'm surprised I didn't suspect anything** rétrospectivement *or* avec le recul, je suis étonné de n'avoir rien soupçonné ♦ **to ~ back on** *or* **at** *or* **over sth** *(= remember, evaluate)* repenser à qch ♦ **when they ~ back on** *or* **at this match ...** lorsqu'ils repenseront à ce match ... ♦ **we can ~ back on** *or* **over 20 years**

**of happy marriage** nous avons derrière nous 20 ans de bonheur conjugal

► **look behind** VI regarder en arrière

► **look down** VI baisser les yeux ◆ **to ~ down at the ground** regarder par terre ◆ **don't ~ down or you'll fall** ne regarde pas en bas, sinon tu vas tomber ◆ **he ~ed down at** *or* **on the town from the hilltop** il a regardé la ville du haut de la colline

► **look down on** VT FUS a *(= despise)* mépriser ◆ **to ~ down on sb** regarder qn de haut, mépriser qn

b *(= overlook)* dominer ◆ **the castle ~s down on the valley** le château domine la vallée

► **look for** VT FUS a *(= seek) [+ object, work]* chercher ◆ **to be ~ing for trouble** * chercher les ennuis

b *(= expect) [+ praise, reward]* attendre, espérer

► **look forward to** VT FUS *[+ event, meal, trip, holiday]* attendre avec impatience ◆ **I'm ~ing forward to seeing them** j'ai hâte de les voir ◆ **I ~ forward to meeting you on the 5th** *(frm)* je vous verrai donc le 5 ◆ **~ing forward to hearing from you** *(in letter)* en espérant avoir bientôt de vos nouvelles, dans l'attente de votre réponse *(frm)* ◆ **I ~ forward to the day when ...** j'attends avec impatience le jour où ... ◆ **are you ~ing forward to your birthday?** tu attends ton anniversaire avec impatience ? ◆ **we'd been ~ing forward to it for weeks** on attendait ça depuis des semaines ◆ **I'm really ~ing forward to it** je m'en fais déjà une fête, je m'en réjouis à l'avance ◆ **they are ~ing forward to an increase in sales** ils anticipent une augmentation des ventes

► **look in** VI a *(lit)* regarder à l'intérieur ◆ **to ~ in at the window** regarder par la fenêtre

b *(* = pay visit)* passer ◆ **we ~ed in at Robert's** nous sommes passés chez Robert, nous avons fait un saut chez Robert ◆ **to ~ in on sb** passer voir qn ◆ **the doctor will ~ in again tomorrow** le docteur repassera demain

► **look into** VT FUS *(= examine) [+ possibility, problem, situation]* examiner, étudier ◆ **they are going to ~ into other possibilities** ils vont examiner d'autres solutions ◆ **there's obviously been a mistake. I'll ~ into it** il y a dû y avoir une erreur. Je vais m'en occuper ◆ **we must ~ into what happened to the money** il va falloir que nous enquêtions pour voir ce qu'est devenu cet argent

► **look on**

1 VI regarder (faire) ◆ **they just ~ed on while the raiders escaped** quand les bandits se sont enfuis, ils se sont contentés de regarder ◆ **he wrote the letter while I ~ed on** il a écrit la lettre tandis que je le regardais faire

2 VT FUS considérer ◆ **many ~ on him as a hero** beaucoup le considèrent comme un héros ◆ **to ~ kindly (up)on sth/sb** *(frm)* approuver qch/qn ◆ **I do not ~ on the matter in that way** *(frm)* je ne vois *or* n'envisage pas la chose de cette façon(-là)

► **look out**

1 VI a *(lit = look outside)* regarder dehors ◆ **to ~ out of the window** regarder par la fenêtre

b *(= take care)* faire attention, prendre garde ◆ **I told you to ~ out!** je t'avais bien dit de faire attention ! ◆ **~ out!** attention !

2 VT SEP *(Brit) (= look for)* chercher ; *(= find)* trouver ◆ **I'll ~ out some old magazines** je vais essayer de trouver *or* vais chercher des vieux magazines ◆ **I've ~ed out the minutes of the meeting** j'ai trouvé le procès-verbal de la réunion

► **look out for** VT FUS a *(= look for)* chercher, être à la recherche de ; *(= watch out for) [+ sth good]* essayer de repérer ; *[+ danger]* se méfier de, faire attention à ◆ **~ out for special deals** soyez à l'affût des bonnes affaires ◆ **~ out for ice on the road** méfiez-vous du *or* faites attention au verglas

b *(* = look after) [+ person]* s'occuper de ◆ **to ~ out for oneself** se débrouiller tout seul ◆ **we ~ out for each other** on se tient les coudes

► **look over** VT SEP *[+ document, list]* parcourir ; *[+ goods, produce]* inspecter ; *[+ town, building]* visiter ; *[+ person] (quickly)* jeter un coup d'œil à ; *(slowly)* regarder de la tête aux pieds, toiser

► **look round**

1 VI a *(= glance about)* regarder (autour de soi) ◆ **we're just ~ing round** *(in shop)* on regarde

b *(= search)* chercher ◆ **I ~ed round for you after the concert** je vous ai cherché après le concert ◆ **I'm ~ing round for an assistant** je cherche un assistant, je suis à la recherche d'un assistant

c *(= look back)* se retourner ◆ **I ~ed round to see where he was** je me suis retourné pour voir où il était ◆ **don't ~ round!** ne vous retournez pas !

2 VT FUS *[+ town, factory]* visiter, faire le tour de

► **look through** VT FUS a *(= scan) [+ mail]* regarder ; *(thoroughly) [+ papers, book]* examiner ; *(briefly) [+ papers]* parcourir ; *[+ book]* parcourir, feuilleter

b *(= revise) [+ lesson]* réviser, repasser ; *(= reread) [+ notes]* relire

c *(= ignore)* ◆ **he just looked right through me** * il a fait comme s'il ne me voyait pas

► **look to** VT FUS a *(= seek help from)* se tourner vers ◆ **many sufferers ~ to alternative therapies** de nombreux malades se tournent vers les médecines parallèles ◆ **I ~ to you for help** je compte sur votre aide

b *(= think of)* penser à ◆ **to ~ to the future** penser à l'avenir

c *(= seek to)* chercher à ◆ **they are ~ing to make a profit** ils cherchent à réaliser un bénéfice

► **look up**

1 VI a *(= glance upwards)* regarder en haut ; *(from reading etc)* lever les yeux

b *(* = improve) [prospects, weather]* s'améliorer ; *[business]* reprendre ◆ **things are ~ing up** ça va mieux, ça s'améliore ◆ **oil shares are ~ing up** les actions pétrolières remontent *or* sont en hausse

2 VT SEP a *(* = seek out) [+ person]* passer voir ◆ **~ me up the next time you are in London** venez *or* passez me voir la prochaine fois que vous serez à Londres

b *(in reference book) [+ name, word]* chercher ◆ **to ~ up a word in the dictionary** chercher un mot dans le dictionnaire ◆ **you'll have to ~ that one up** *[+ word]* il va falloir que tu cherches *subj* dans le dictionnaire

3 VT FUS *[+ reference book]* consulter, chercher dans *or* vérifier dans

► **look upon** VT FUS ⇒ **look on vt fus**

► **look up to** VT FUS *(= admire)* admirer

**looker** /ˈlʊkəʳ/ N * ◆ **she's a (real) ~** c'est une belle plante *, elle est vraiment canon * ◆ **he's a (real) ~** c'est un beau mec * COMP ▷ **looker-on** N badaud(e) *m(f)*

**-looking** /ˈlʊkɪŋ/ ADJ *(in compounds)* ◆ **ugly-looking** laid (d'aspect) ◆ **sinister-looking** à l'air sinistre ; → **good**

**look-out** /ˈlʊkaʊt/ N a *(= observation)* surveillance *f*, guet *m* ◆ **to keep a ~, to be on the ~** faire le guet, guetter ◆ **to keep a** *or* **be on the ~ for sb/sth** guetter qn/qch ◆ **to be on the ~ for bargains** être à l'affût des bonnes affaires ◆ **to be on the ~ for danger** être sur ses gardes ◆ **to be on ~ (duty)** *(Mil)* être au guet ; *(Naut)* être en vigie ; → **sharp**

b *(= observer) (gen)* guetteur *m* ; *(Mil)* homme *m* de guet, guetteur *m* ; *(Naut)* homme *m* de veille *or* de vigie, vigie *f*

c *(= observation post) (gen, Mil)* poste *m* de guet ; *(Naut)* vigie *f*

d *(esp Brit: * = outlook)* perspective *f* ◆ **it's a poor ~ for cotton** les perspectives pour le coton ne sont pas brillantes ◆ **it's a grim ~ for people like us** la situation *or* ça s'annonce mal pour les gens comme nous ◆ **that's your ~!** cela vous regarde !, c'est votre affaire !

COMP *[tower]* d'observation ▷ **look-out post** N *(Mil)* poste *m* de guet *or* d'observation

**loom¹** /luːm/ VI (also **loom up** *= appear) [building, mountain]* apparaître indistinctement, se dessiner ; *[figure, ship]* surgir ; *(fig) [danger, crisis]* menacer ; *[event]* être imminent ◆ **the ship ~ed (up) out of the mist** le navire a surgi de *or* dans la brume ◆ **the dark mountains ~ed (up) in front of us** les sombres montagnes sont apparues *or* se sont dressées menaçantes devant nous ◆ **the possibility of defeat ~ed (up) before him** la possibilité de la défaite s'est présentée à son esprit ◆ **a recession is ~ing in the United States** une récession menace sérieusement les États-Unis ◆ **the threat of war ~s ahead** la guerre menace d'éclater ◆ **the threat of an epidemic ~ed large in their minds** la menace d'une épidémie était au premier plan de leurs préoccupations ◆ **the exams are ~ing large** les examens sont dangereusement proches

**loom²** /luːm/ N *(Tex: for weaving)* métier *m* à tisser

**loon** /luːn/ N a *(* = fool)* imbécile *m*, idiot *m* b *(US Orn)* plongeon *m* arctique, huard *m* *or* huart *m*

**loon pants** /ˈluːnpænts/, **loons** /luːnz/ NPL *pantalon moulant à taille basse et pattes d'éléphant*

**loony** ⁑ /ˈluːnɪ/ N timbré(e) * *m(f)*, cinglé(e) * *m(f)* ADJ timbré *, cinglé * COMP ▷ **loony bin** N maison *f* de fous, asile *m* ◆ **in the ~ bin** chez les fous ▷ **loony left** * *(Brit Pol: pej)* N ◆ **the ~ left** *l'aile extrémiste du parti travailliste* ADJ *de l'aile extrémiste du parti travailliste*

**loop** /luːp/ N a *(in string, ribbon, writing)* boucle *f* ; *(in river)* méandre *m*, boucle *f* ◆ **the string has a ~ in it** la ficelle fait une boucle ◆ **to put a ~ in sth** faire une boucle à qch ◆ **to knock** *or* **throw sb for a ~** * *(esp US)* sidérer * qn ◆ **to be in/out of the ~** * être/ne pas être au courant ◆ **keep me in the ~** * tiens-moi au courant

b *(Elec)* circuit *m* fermé ; *(Comput)* boucle *f* ; *(Rail:* also **loop line**) voie *f* d'évitement ; *(by motorway etc)* bretelle *f*

c *(Med)* **the ~** *(= contraceptive)* le stérilet

d *(= curtain fastener)* embrasse *f*

VT *[+ string etc]* faire une boucle à, boucler ◆ **he ~ed the rope round the post** il a passé la corde autour du poteau ◆ **to ~ the loop** *(Aviat)* faire un looping, boucler la boucle

VI former une boucle

► **loop back** VI *[road, river]* former une boucle ; *(Comput)* se reboucler

VT SEP (also **loop up**) *[+ curtain]* retenir *or* relever avec une embrasse

**loophole** /ˈluːphəʊl/ N *(in law, regulations)* faille *f*, lacune *f*; *(Archit)* meurtrière *f* ◆ **a ~ in the law** une faille *or* une lacune de la législation, un vide juridique ◆ **they're going to change the rules and close the ~** ils vont changer le règlement et combler la faille *or* lacune ◆ **we must try to find a ~** *(fig)* il faut que nous trouvions une échappatoire *or* une porte de sortie *

**loopy** * /ˈluːpɪ/ ADJ cinglé * ◆ **to go ~** perdre les pédales *

**loose** /luːs/ ADJ a *(= not tied up)* *[animal]* *(= free)* en liberté; *(= escaped)* échappé; *(= freed)* lâché; *[hair]* dénoué, flottant; *(= not attached)* *[page from book]* détaché ◆ **~ chippings** *(on roadway)* gravillons *mpl* ◆ **write it on a ~ sheet of paper** écrivez-le sur une feuille volante; *(to pupil)* écrivez-le sur une (feuille de) copie ◆ **the ~ end of a rope** le bout libre d'une corde ◆ **to let** *or* **set** *or* **turn an animal ~** libérer *or* lâcher un animal ◆ **to tear (o.s.) ~** se dégager ◆ **to tear sth ~** détacher qch (en déchirant)

◆ **to be coming** *or* **getting** *or* **working loose** *[knot]* se desserrer, se défaire; *[screw]* se desserrer, avoir du jeu; *[stone, brick]* branler; *[tooth]* branler, bouger; *[page]* se détacher; *[hair]* se dénouer, se défaire

◆ **to cut loose** *(= liberate oneself)* se laisser aller; *(Naut)* couper les amarres ◆ **you need to cut ~ and just relax** il faut que tu te laisses aller et que tu te détendes un peu ◆ **she feels she has cut ~ from Japanese culture** elle sent qu'elle a pris de la distance par rapport à la culture japonaise ◆ **he cut ~ (from his family)** il a coupé les ponts (avec sa famille)

◆ **to get loose** *[animal]* s'échapper

◆ **to have come loose** *[page]* s'être détaché; *[hair]* s'être dénoué; *[knot]* s'être défait; *[screw]* s'être desserré; *[stone, brick]* branler; *[tooth]* branler, bouger

◆ **to let + loose on** ◆ **to let the dogs ~ on sb** lâcher les chiens sur qn ◆ **we can't let him ~ on that class** on ne peut pas le lâcher dans cette classe; → **break, hell**

b *(= not firmly in place)* *[screw]* desserré, qui a du jeu; *[stone, brick]* branlant; *[tooth]* qui branle, qui bouge; *[knot, shoelace]* qui se défait, desserré ◆ **one of your buttons is very ~** l'un de tes boutons va tomber *or* se découd ◆ **a ~ connection** *(Elec)* un mauvais contact ◆ **the reins hung ~** les rênes n'étaient pas tenues *or* tendues, les rênes étaient sur le cou ◆ **hang** *or* **stay ~!** * relax! *; → **screw**

c *(= not pre-packed)* *[biscuits, carrots etc]* en vrac; *[butter, cheese]* à la coupe ◆ **the potatoes were ~ in the bottom of the basket** les pommes de terre étaient à même au fond du panier ◆ **just put them ~ into the basket** mettez-les à même *or* tels quels dans le panier

d *(= not tight)* *[skin]* flasque, mou (molle *f*); *[coat, dress]* *(= not close-fitting)* ample, vague; *(= not tight enough)* lâche, large; *[collar]* lâche ◆ **these trousers are too ~ round the waist** ce pantalon est trop large *or* lâche à la taille ◆ **~ clothes are better for summer wear** l'été il vaut mieux porter des vêtements amples *or* pas trop ajustés ◆ **the rope round the dog's neck was quite ~** la corde passée au cou du chien était toute lâche ◆ **a ~ weave** un tissu lâche; see also **comp** ◆ **he's got a ~ tongue** il ne sait pas tenir sa langue ◆ **his bowels are ~** ses intestins sont relâchés; → **play**

e *(= not strict)* *[discipline]* relâché; *[organization]* peu structuré; *[translation]* approximatif, assez libre; *[style]* lâche, relâché; *(= vague)* *[reasoning, thinking]* imprécis; *[association, link]* vague ◆ **a ~ interpretation of the rules** une interprétation peu rigoureuse du règlement ◆ **a ~ coalition of left-wing forces** une coalition informelle de mouvements de gauche ◆ **there is a ~ connection between the two theories** il y a un vague lien entre les deux théories

f *(pej)* *(= dissolute)* *[woman]* facile, de mœurs légères; *[morals]* relâché, douteux ◆ **~ living** vie *f* dissolue *or* de débauche ◆ **~ talk** *(= careless)* propos *mpl* inconsidérés

g *(= available)* *[funds]* disponible, liquide

h *(= not compact)* *[soil]* meuble ◆ **~ scrum** *(Rugby)* mêlée *f* ouverte

N *(of prisoner)* ◆ **on the ~** * en cavale ◆ **there was a crowd of kids on the ~ * in the town** il y avait une bande de jeunes qui traînait dans les rues sans trop savoir quoi faire ◆ **a gang of hooligans on the ~** * une bande de voyous déchaînés ◆ **in the ~** *(Rugby)* dans la mêlée ouverte

VT a *(= undo)* défaire; *(= untie)* délier, dénouer; *[+ screw etc]* desserrer; *(= free)* *[+ animal]* lâcher; *[+ prisoner]* relâcher, mettre en liberté ◆ **to ~ a boat (from its moorings)** démarrer une embarcation, larguer les amarres ◆ **they ~d the dogs on him** ils ont lâché les chiens après *or* sur lui

b (also **loose off**) *[+ gun]* décharger (*on or at sb* sur qn); *[+ arrow]* tirer (*on or at sb* sur qn); *[+ violence etc]* déclencher (*on* contre) ◆ **to ~ (off) a volley of abuse at sb** *(fig)* déverser un torrent *or* lâcher une bordée d'injures sur qn

COMP ▷ **loose box** N *(Brit: for horses)* box *m* ▷ **loose cannon** * N franc-tireur *m* ▷ **loose change** N petite *or* menue monnaie *f* ▷ **loose covers** NPL *(Brit: of furniture)* housses *fpl* ▷ **loose end** N détail *m* inexpliqué ◆ **there are some ~ ends in the plot** il y a des détails inexpliqués dans le scénario ◆ **to tie up (the) ~ ends** *(fig)* régler les détails qui restent ◆ **to be at a ~ end** ne pas trop savoir quoi faire, ne pas savoir quoi faire de sa peau * ▷ **loose-fitting** ADJ ample, vague ▷ **loose-leaf** ADJ à feuilles volantes, à feuilles *or* feuillets mobiles ▷ **loose-leaf binder** N classeur *m* (à feuilles mobiles) ▷ **loose-leafed** ADJ ⇒ **loose-leaf** ▷ **loose-limbed** ADJ agile ▷ **loose-weave** ADJ *[material]* lâche; *[curtains]* en tissu lâche

► **loose off** VI *(= shoot)* tirer (*at sb* sur qn)

VT SEP ⇒ **loose vt b**

**loosely** /ˈluːslɪ/ ADV a *(= not tightly)* *[hold]* sans serrer; *[tie]* lâchement ◆ **stand with your arms hanging ~ by your sides** tenez-vous debout, les bras relâchés le long du corps ◆ **a ~ woven mesh** des mailles lâches b *(= imprecisely, not strictly)* *[translated]* librement; *[connected]* vaguement ◆ **~ defined** mal défini ◆ **~ organized** peu structuré ◆ **~ knit** *[association, grouping]* peu structuré ◆ **a character ~ based on Janis Joplin** un personnage librement inspiré de Janis Joplin ◆ **~ speaking** grosso modo ◆ **that word is ~ used to mean ...** on emploie couramment ce mot pour dire ... COMP ▷ **loosely-knit** ADJ aux mailles lâches

**loosen** /ˈluːsn/ VT a *(= slacken)* *[+ screw, belt, knot]* desserrer; *[+ rope]* détendre, relâcher; *(= untie)* *[+ knot, shoelace]* défaire; *(fig)* *[+ emotional ties]* distendre; *[+ laws, restrictions]* assouplir ◆ **first ~ the part then remove it gently** il faut d'abord dégager la pièce puis l'enlever doucement ◆ **to ~ one's grip (on sth)** *(lit)* desserrer sa prise *or* son étreinte (sur qch); *(fig = be less strict with)* perdre son emprise (sur qch) ◆ **to ~ sb's tongue** délier la langue à qn

b *(Agr)* *[+ soil]* rendre meuble, ameublir ◆ **to ~ the bowels** *(Med)* relâcher les intestins

VI *[fastening]* se défaire; *[screw]* se desserrer, jouer; *[knot]* *(= slacken)* se desserrer; *(= come undone)* se défaire; *[rope]* se détendre

► **loosen up** VI a *(= limber up)* faire des exercices d'assouplissement; *(before race etc)* s'échauffer

b *(= become less shy)* se dégeler, perdre sa timidité

c *(= become less strict with)* **to ~ up on sb** * se montrer plus coulant * *or* moins strict envers qn

VT SEP ◆ **to loosen up one's muscles** faire des exercices d'assouplissement; *(before race etc)* s'échauffer

**looseness** /ˈluːsnɪs/ N a *(= immorality)* *[of behaviour]* immoralité *f*; *[of morals]* relâchement *m* b *[of translation]* imprécision *f*; *[of style]* manque *m* de rigueur *or* de précision c *[of soil]* ameublissement *m* ◆ **~ of the bowels** *(Med)* relâchement *m* des intestins *or* intestinal

**loot** /luːt/ N a *(= plunder)* butin *m* b * *(fig)* *(= prizes, gifts etc)* butin *m*; *(= money)* pognon * *m*, fric * *m* VT *[+ town]* piller, mettre à sac; *[+ shop, goods]* piller VI ◆ **to go ~ing** se livrer au pillage

**looter** /ˈluːtəʳ/ N pillard *m*

**looting** /ˈluːtɪŋ/ N pillage *m*

**lop** /lɒp/ VT *[+ tree]* tailler; *[+ branch]* couper

► **lop off** VT SEP *[+ branch, piece]* couper; *[+ head]* trancher

**lope** /ləʊp/ VI courir en bondissant ◆ **to ~ along/in/out** *etc* avancer/entrer/sortir *etc* en bondissant

**lop-eared** /ˈlɒpˌɪəd/ ADJ aux oreilles pendantes

**lopsided** /ˈlɒpˈsaɪdɪd/ ADJ a *(= not straight)* de travers, de guingois *; *[smile]* de travers; *(= asymmetric)* disproportionné b *(fig = unequal)* *[contest etc]* inégal

**loquacious** /ləˈkweɪʃəs/ ADJ loquace, bavard

**loquacity** /ləˈkwæsɪtɪ/ N loquacité *f*, volubilité *f*

**lord** /lɔːd/ N a seigneur *m* ◆ **~ of the manor** châtelain *m* ◆ **~ and master** *(hum)* seigneur *m* et maître *m* *(hum)* ◆ **Lord (John) Russel** *(Brit)* lord (John) Russel ◆ **the (House of) Lords** la Chambre des lords ◆ **my Lord Bishop of Tooting** (Monseigneur) l'évêque de Tooting ◆ **my Lord** Monsieur le baron (*or* comte *etc*); *(to judge)* Monsieur le Juge; *(to bishop)* Monseigneur, Excellence; → **law, live[1], sea**

b *(Rel)* **the Lord** le Seigneur ◆ **Our Lord** Notre Seigneur ◆ **the Lord Jesus** le Seigneur Jésus ◆ **the Lord's supper** l'Eucharistie *f*, la sainte Cène ◆ **the Lord's prayer** le Notre-Père ◆ **the Lord's day** le jour du Seigneur

c *(in exclamations)* **good Lord!** * mon Dieu!, bon sang! * ◆ **oh Lord!** * Seigneur!, zut! * ◆ **Lord knows** * **(what/who** *etc*) Dieu sait (quoi/qui *etc*)

VT * ◆ **to ~ it** vivre en grand seigneur, mener la grande vie ◆ **to ~ it over sb** traiter qn avec arrogance *or* de haut

COMP ▷ **Lord Advocate** N *(Scot Jur)* ≃ procureur *m* de la République ▷ **Lord Chamberlain** N *(Brit)* grand chambellan *m* ▷ **Lord Chancellor** N ⇒ **Lord High Chancellor** ▷ **Lord Chief Justice (of England)** N *(Jur)* président *m* de la Haute Cour de justice ▷ **Lord High Chancellor** N *(Jur, Parl)* grand chancelier *m* d'Angleterre ▷ **Lord High Commissioner** N *représentant de la Couronne à l'Assemblée générale de l'église d'Écosse* ▷ **Lord Justice of Appeal** N *(Jur)* juge *m* à la cour d'appel ▷ **Lord Lieuten-**

**ant** N *représentant de la Couronne dans un comté* ▷ **Lord Mayor** N lord-maire *m (titre du maire des principales villes anglaises et galloises)* ; *voir aussi* **mayor** ▷ **Lord of Appeal (in Ordinary)** N *(Jur)* juge *m* de la Cour de cassation *(siégeant à la Chambre des lords)* ▷ **Lord President of the Council** N *(Parl)* président *m* du Conseil privé de la reine ▷ **Lord Privy Seal** N *(Parl)* lord *m* du Sceau privé ▷ **Lord Provost** N *titre du maire des principales villes écossaises* ▷ **lords-and-ladies** N *(Bot)* pied-de-veau *m* ▷ **Lord spiritual** N *(Brit Parl) membre ecclésiastique de la Chambre des lords* ▷ **Lord temporal** N *(Brit Parl) membre laïque de la Chambre des lords*

**lordliness** /ˈlɔːdlɪnɪs/ N *(frm)* a *(pej = haughtiness)* morgue *f (liter)* b *(= dignity) [of person, bearing]* dignité *f* ; *(= impressiveness) [of mansion, palace]* magnificence *f*

**lordly** /ˈlɔːdlɪ/ ADJ *(frm)* a *(pej = haughty) [person, expression, sneer]* hautain, arrogant ; *[behaviour, indifference]* souverain b *(= dignified) [person]* noble, digne ; *[bearing]* noble, majestueux c *(= impressive) [mansion, palace]* seigneurial

**lordship** /ˈlɔːdʃɪp/ N *(= rights, property)* seigneurie *f* ; *(= power)* autorité *f* (*over* sur) ◆ **your Lordship** Monsieur le comte (*or* le baron etc) ; *(to judge)* Monsieur le Juge ; *(to bishop)* Monseigneur, Excellence

**lore** /lɔːʳ/ N *(NonC)* a *(= traditions)* tradition(s) *f(pl)*, coutumes *fpl*, usages *mpl* ; → **folklore** b *(= knowledge: gen in compounds)* ◆ **his bird/wood ~** sa (grande) connaissance des oiseaux/de la vie dans les forêts

**Lorenzo** /ləˈrenzəʊ/ N ◆ **~ the Magnificent** Laurent *m* le Magnifique

**lorgnette** /lɔːˈnjet/ N *(= eyeglasses)* face-à-main *m* ; *(= opera glasses)* lorgnette *f*, jumelles *fpl* de spectacle

**Lorraine** /lɒˈreɪn/ N Lorraine *f* ◆ **Cross of ~** croix *f* de Lorraine

**lorry** /ˈlɒrɪ/ *(Brit)* N camion *m*, poids *m* lourd ◆ **to transport sth by ~** transporter qch par camion, camionner qch ◆ **it fell off the back of a ~** * *(Brit)* ça sort pas d'un magasin *, c'est de la fauche * ; → **articulate** COMP ▷ **lorry driver** N camionneur *m*, conducteur *m* de poids lourd ; *(long-distance)* routier *m* ▷ **lorry load** N chargement *m* (de camion)

**Los Angeles** /lɒsˈændʒɪˌliːz/ N Los Angeles

**lose** /luːz/ (pret, ptp **lost**) VT a *(= mislay, fail to find) [+ object]* perdre ◆ **I lost him in the crowd** je l'ai perdu dans la foule ◆ **you've lost me there** * je ne vous suis plus, je n'y suis plus

◆ **to get lost** ◆ **he got lost in the wood** il s'est perdu *or* égaré dans la forêt ◆ **some of our boxes got lost in the move** nous avons perdu quelques cartons pendant le déménagement ◆ **to get lost in the post** être égaré par la poste ◆ **get lost!** ‡ *(= go away)* barre-toi ! ‡ ; *(= forget it)* va te faire voir ! ‡

b *(= not win) [+ game, match, money, bet]* perdre ◆ **how much did you ~?** *(in gambling etc)* combien avez-vous perdu ?

c *(= be deprived of) [+ person, money, possessions, job, one's sight, limb, enthusiasm]* perdre ◆ **he lost $1,000 on that deal** il a perdu 1 000 dollars dans cette affaire ◆ **7,000 jobs lost** 7 000 suppressions *fpl* d'emploi ◆ **they lost 100 planes in one battle** ils ont perdu 100 avions en une seule bataille ◆ **he's lost his licence** *[driver]* on lui a retiré *or* il s'est fait retirer son permis de conduire ◆ **I lost my father when I was ten** j'ai perdu mon père à l'âge de dix ans ◆ **to ~ a patient** *[doctor]* perdre un malade ◆ **100 men were lost** 100 hommes ont perdu la vie, 100 hommes ont péri *(liter)* ◆ **to be lost at sea** *[person]* être perdu en mer, périr *(liter)* en mer ◆ **the ship was lost with all hands** le navire a disparu *or* a sombré corps et biens ◆ **to ~ one's life** perdre la vie ◆ **20 lives were lost in the explosion** 20 personnes ont trouvé la mort *or* ont péri *(liter)* dans l'explosion ◆ **to ~ one's breath** s'essouffler ◆ **to have lost one's breath** être hors d'haleine, être à bout de souffle ◆ **he didn't ~ any sleep over it** il n'en a pas perdu le sommeil pour autant, ça ne l'a pas empêché de dormir ◆ **don't ~ any sleep over it!** ne vous en faites pas !, dormez sur vos deux oreilles ! ◆ **to ~ one's voice** *(because of a cold)* avoir une extinction de voix ◆ **to have lost one's voice** avoir une extinction de voix, être aphone ◆ **she's lost her figure** elle a perdu sa ligne ◆ **she's losing her looks** elle n'est plus aussi belle qu'autrefois, sa beauté se fane ◆ **to ~ interest in sth** se désintéresser de qch ◆ **to ~ the use of an arm** perdre l'usage d'un bras ◆ **the poem ~s a lot in translation** la traduction n'a pas su rendre les subtilités de ce poème ◆ **you've got nothing to ~ (by it)** tu n'as rien à perdre ◆ **you've got nothing to ~ by helping him** tu n'as rien à perdre à l'aider ◆ **he's lost it** * *(= doesn't know what he's doing)* il déraille * ; *(= has lost his touch)* il n'est plus à la hauteur; see also **lost** ; → **balance, consciousness, cool, heart**

d *(= miss, waste) [+ opportunity]* manquer, perdre ◆ **what he said was lost in the applause** ses paroles se sont perdues dans les applaudissements ◆ **this was not lost on him** cela ne lui a pas échappé ◆ **there's no time to ~** *or* **to be lost** il n'y a pas de temps à perdre ◆ **there's not a minute to ~** il n'y a pas une minute à perdre

e *[watch, clock]* ◆ **to ~ ten minutes a day** retarder de dix minutes par jour

f *(= get rid of) [+ unwanted object]* renoncer à, se débarrasser de ; *(= shake off) [+ competitors, pursuers]* distancer, semer ◆ **to ~ weight** perdre du poids, maigrir ◆ **I lost 2 kilos** j'ai maigri de *or* j'ai perdu 2 kilos ◆ **they had to ~ 100 workers** ils ont dû licencier 100 employés ◆ **he managed to ~ the detective who was following him** il a réussi à semer le détective qui le suivait ◆ **try to ~ him * before you come to see us** essaie de le semer avant de venir nous voir

g *(= cause to lose)* faire perdre, coûter ◆ **that will ~ you your job** cela va vous faire perdre *or* vous coûter votre place ◆ **that lost us the war/the match** cela nous a fait perdre la guerre/le match

VI a *[player, team]* perdre ◆ **they lost 6-1** *(Ftbl etc)* ils ont perdu *or* ils se sont fait battre 6 à 1 ◆ **they lost to the new team** ils se sont fait battre par la nouvelle équipe ◆ **our team is losing today** notre équipe est en train de perdre aujourd'hui

b *(fig)* **he lost on the deal** il a été perdant dans l'affaire ◆ **you can't ~!** * tu n'as rien à perdre (mais tout à gagner) ◆ **it ~s in translation** cela perd à la traduction ◆ **the story did not ~ in the telling** l'histoire n'a rien perdu à être racontée

c *[watch, clock]* retarder

► **lose out** VI être perdant ◆ **to ~ out on a deal** être perdant dans une affaire ◆ **he lost out on it** il y a été perdant

**loser** /ˈluːzəʳ/ N a *(Sport etc)* perdant(e) *m(f)* ◆ **good/bad ~** bon/mauvais joueur *m*, bonne/mauvaise joueuse *f* ◆ **to come off the ~** être perdant ◆ **he is the ~ by it** il y perd b *(* pej)* loser * *or* looser * *m* ◆ **he's a born ~** c'est un loser * *or* looser * ; → **back**

**losing** /ˈluːzɪŋ/ ADJ *[team, party, candidate]* perdant ◆ **(to fight) a ~ battle** *(fig)* (livrer) une bataille perdue d'avance ◆ **to be on the ~ side** être du côté des perdants ◆ **(to be on) a ~ streak** * (être dans) une période de déveine * ◆ **to be on a ~ wicket** * *(Brit fig)* ne pas être en veine * NPL **losings** *(= money losses)* pertes *fpl*

**loss** /lɒs/ LANGUAGE IN USE 24.4

N a *(gen)* perte *f* ◆ **a ~ of confidence/control/interest** une perte de confiance/de contrôle/d'intérêt ◆ **the ~ of a limb/one's eyesight** la perte d'un membre/de la vue ◆ **our sadness at the ~ of a loved one** notre tristesse après la perte d'un être aimé ◆ **after the ~ of his wife, he ...** après avoir perdu sa femme, il ... ◆ **it was a comfort to her in her great ~** c'était un réconfort pour elle dans son grand malheur *or* sa grande épreuve ◆ **his death was a great ~ to the company** sa mort a été *or* a représenté une grande perte pour la société ◆ **he's no great ~** * ce n'est pas une grande *or* une grosse perte ◆ **to feel a sense of ~** éprouver un sentiment de vide ◆ **~es amounting to $2 million** des pertes qui s'élèvent (*or* s'élevaient *etc*) à 2 millions de dollars ◆ **to suffer heavy ~es** subir des pertes importantes *or* de lourdes pertes ◆ **enemy ~es were high** *(Mil)* l'ennemi avait subi de lourdes pertes ◆ **Conservative ~es in the North** *(Pol: in election)* les sièges perdus par les conservateurs dans le nord ◆ **to sell at a ~** *[salesman]* vendre à perte ; *[goods]* se vendre à perte ◆ **to cut one's ~es** faire la part du feu, sauver les meubles *

◆ **to be at a loss** être perplexe *or* embarrassé ◆ **to be at a ~ to explain sth** être incapable d'expliquer qch, être embarrassé pour expliquer qch ◆ **we are at a ~ to know why he did it** nous ne savons absolument pas pourquoi il l'a fait ◆ **to be at a ~ for words** chercher *or* ne pas trouver ses mots ◆ **he's never at a ~ for words** il a toujours quelque chose à dire

b **~ of appetite, appetite ~** perte *f* d'appétit ◆ **~ of blood, blood ~** perte *f* de sang ; *(more serious)* hémorragie *f* ◆ **hair ~** perte *f* de cheveux ◆ **weight ~, ~ of weight** perte *f* de poids ◆ **there was great ~ of life** il y a eu beaucoup de victimes *or* de nombreuses victimes ◆ **the coup succeeded without ~ of life** le coup (d'État) a réussi sans faire de victimes ◆ **~ of heat, heat ~** perte *f* de chaleur ◆ **~ of earnings** *or* **income** perte *f* de revenus ◆ **job ~es** suppressions *fpl* d'emploi ◆ **the factory closed with the ~ of 300 jobs** l'usine a fermé et 300 emplois ont été supprimés ◆ **without ~ of time** sans perte *or* sans perdre de temps ◆ **to suffer a ~ of face** perdre la face ; → **dead, profit**

COMP ▷ **loss adjuster** N *(Brit Insurance)* expert *m* en sinistres ▷ **loss leader** N *(Comm)* article *m* pilote *(vendu à perte pour attirer les clients)* ▷ **loss maker** N *(Comm) (= product)* article *m* vendu à perte ; *(= firm)* entreprise *f* en déficit chronique ▷ **loss-making** ADJ *(Comm) [product]* vendu à perte ; *[firm]* déficitaire ▷ **loss ratio** N *(Insurance)* ratio *m* sinistres-pertes

**lost** /lɒst/ VB pt, ptp of **lose**

ADJ a *(= mislaid, not found)* perdu, égaré ◆ **several ~ children were reported** on a signalé plusieurs cas d'enfants qui s'étaient perdus *or* égarés ◆ **the ~ sheep** *(Rel)* la brebis égarée

b *(= bewildered, uncomprehending)* perdu ◆ **it was too difficult for me, I was ~** c'était trop compliqué pour moi, j'étais perdu ◆ **after his death I felt ~** après sa mort j'étais complètement perdu *or* désorienté ◆ **he had a ~ look in his eyes** *or* **a ~ expression on his face** il avait l'air complètement perdu *or* désorienté ◆ **to be ~ for words** chercher *or* ne pas trouver ses mots c *(= gone, disappeared, departed) [person, job, limb, enthusiasm, interest]* perdu ◆ **to give sb/sth up for ~** considérer qn/qch comme perdu ◆ **the ~ generation** la génération perdue ◆ **songs that reminded him of his ~ youth** des chansons qui lui rappelaient sa jeunesse passée ◆ **a mother mourning for her ~ child** une mère pleurant son enfant (disparu) ◆ **he was ~ to British science forever** ses dons ont été perdus à jamais pour la science britannique ◆ **to regain one's ~ confidence** retrouver confiance en soi

d *(= beyond hope)* ◆ **~ cause** cause *f* perdue ◆ **a ~ soul** *(Rel fig)* une âme en peine ◆ **all is not ~!** tout n'est pas perdu ! ◆ **he is ~ to all finer feelings** tous les sentiments délicats le dépassent

e *(= wasted) [+ opportunity]* manqué, perdu ◆ **my advice was ~ on him** il n'a pas écouté mes conseils, mes conseils ont été en pure perte ◆ **modern music is ~ on me** *(= don't understand it)* je ne comprends rien à la musique moderne ; *(= don't enjoy it)* la musique moderne me laisse froid ◆ **the remark was ~ on him** il n'a pas compris la remarque ◆ **to make up for ~ time** rattraper le temps perdu

f *(= absorbed)* perdu, plongé (*in* dans) absorbé (*in* par) ◆ **to be ~ in one's reading** être plongé dans sa lecture, être absorbé par sa lecture ◆ **he was ~ in thought** il était perdu dans *or* absorbé par ses pensées ◆ **she is ~ to the world** * elle est ailleurs, plus rien n'existe pour elle

COMP ▷ **lost and found** N *(US)* ⇒ **lost property** ▷ **lost-and-found columns** NPL *(Press)* (page *f* des) objets *mpl* perdus et trouvés ▷ **lost-and-found department** N *(US)* ⇒ **lost property office** ▷ **lost property** N objets *mpl* trouvés ▷ **lost property office** N (bureau *m* des) objets *mpl* trouvés

**Lot** /lɒt/ N *(Bible)* Lot(h) *m*

**lot¹** /lɒt/ N ◆ **a ~** *(= a great deal)* beaucoup ◆ **I'd give a ~ to know ...** je donnerais cher pour savoir ... ◆ **there wasn't a ~ we could do/say** nous ne pouvions pas faire/dire grand-chose ◆ **a ~ of** beaucoup de ◆ **a ~ of time/money** beaucoup de temps/d'argent ◆ **there were a ~ of people** il y avait beaucoup de monde ◆ **a ~ of people think that ...** beaucoup de gens pensent que ... ◆ **quite a ~ of** *[of people, cars]* un assez grand nombre de, pas mal de ; *[of honey, cream]* une assez grande quantité de, pas mal de ◆ **such a ~ of ...** tellement de ..., tant de ... ◆ **what a ~!** quelle quantité ! ◆ **what a ~ of people!** que de monde *or* de gens ! ◆ **what a ~ of time you take to get dressed!** tu en mets du temps à t'habiller ! ◆ **we don't go out a ~** nous ne sortons pas beaucoup *or* pas souvent ◆ **we see a ~ of her** nous la voyons souvent *or* beaucoup ◆ **things have changed quite a ~** les choses ont beaucoup *or* pas mal changé ◆ **he cries such a ~** il pleure tellement ◆ **he's a ~ better** il va beaucoup *or* bien mieux ◆ **that's a ~ better** c'est beaucoup *or* bien mieux ◆ **a ~ you care!** * *(iro)* comme si ça te faisait quelque chose ! ◆ **thanks a ~!** * merci beaucoup ! ; *(iro)* merci (bien) ! *(iro)* ; → **awful, fat**

NPL **lots** * *(= plenty)* beaucoup, des tas * ◆ **~s of** beaucoup de, plein de * ◆ **~s and ~s (of)** *[of people, cars]* des tas * (de) ; *[of flowers]* des masses * (de) ; *[of butter, honey]* des tonnes * (de) ◆ **I've got ~s** j'en ai plein * ◆ **there's ~s (of it)** il y en a plein * ◆ **there were ~s (of them)** il y en avait plein * ◆ **~s better/bigger/easier** bien mieux/plus grand/plus facile

**lot²** /lɒt/ N a *(= destiny)* sort *m*, lot *m* *(liter)* ◆ **the hardships that are the ~ of the poor** la dure vie qui est lot des pauvres ◆ **it is the common ~** *(liter)* c'est le sort *or* le lot commun ◆ **she is content with her ~** elle est contente de son sort ◆ **a woman's/soldier's ~ is not always a happy one** ce n'est pas toujours facile d'être une femme/d'être soldat ◆ **her ~ (in life) had not been a happy one** elle n'avait pas eu une vie heureuse ◆ **it was not his ~ to make a fortune** il n'était pas destiné à faire fortune, le sort n'a pas voulu qu'il fasse fortune ◆ **it fell to my ~ to break the news to her** il m'incomba de *or* il me revint de lui annoncer la nouvelle ◆ **to improve one's ~** améliorer sa condition ◆ **to throw in** *or* **cast in one's ~ with sb** partager (volontairement) le sort de qn, unir sa destinée à celle de qn

b *(= random selection)* tirage *m* au sort, sort *m* ◆ **by ~** par tirage au sort ◆ **to draw** *or* **cast ~s** tirer au sort

c *(= batch) [of goods]* lot *m* ; *[of shares]* paquet *m* ◆ **there was only one ~ of recruits still to arrive** il ne manquait plus qu'un lot de recrues ◆ **~ no. 69 is an antique table** *(at auction)* le lot no. 69 est une table ancienne ◆ **are you coming, you ~?** * bon vous venez, vous autres ? * ◆ **us ~** ‡ **should stick together** il faut qu'on se serre *subj* les coudes ◆ **he's a bad ~** * il ne vaut pas cher * ◆ **you rotten ~!** * vous êtes vaches ! ‡ ; → **job**

d *(noun phrase)* ◆ **the ~** * *(= everything)* (le) tout ; *(= everyone)* tous *mpl*, toutes *fpl* ◆ **that's the ~** c'est tout, tout y est ◆ **here are some apples, take the (whole) ~** voici des pommes, prends-les toutes ◆ **here's some money, just take the ~** voici de l'argent, prends tout ◆ **the (whole) ~ cost me £1** ça m'a coûté une livre en tout ◆ **big ones, little ones, the ~!** les grands, les petits, tous ! ◆ **the ~ of you** vous tous ◆ **they went off, the whole ~ of them** ils sont tous partis, ils sont partis tous tant qu'ils étaient

e *(esp US) (= plot of land)* lot *m* (de terrain), parcelle *f* ; *(= film studio)* enceinte *f* des studios ◆ **building ~** terrain *m* à bâtir ◆ **vacant** *or* **empty ~** terrain *m* disponible ; → **parking** ◆ **all over the ~** * *(US) (= everywhere)* partout ; *(= in confusion)* en désordre, bordélique *

**loth** /ləʊθ/ ADJ ⇒ **loath**

**Lothario** /ləʊ'θɑːrɪ,əʊ/ N *(liter or hum)* don Juan *m*

**lotion** /'ləʊʃən/ N lotion *f* ; → **hand**

**lotos** /'ləʊtəs/ N ⇒ **lotus**

**lottery** /'lɒtərɪ/ N *(lit, fig)* loterie *f* ◆ **~ ticket** billet *m* de loterie

**lotto** /'lɒtəʊ/ N loto *m*

**lotus** /'ləʊtəs/ N lotus *m* COMP ▷ **lotus-eater** N *(Myth)* mangeur *m*, -euse *f* de lotus, lotophage *m* ▷ **lotus position** N *(Yoga)* position *f* du lotus

**louche** /luːʃ/ ADJ *[person, place]* louche

**loud** /laʊd/ ADJ a *(= noisy) [voice]* fort, sonore ; *[laugh]* bruyant, sonore ; *[noise, cry]* grand ; *[music]* fort, bruyant ; *[thunder]* fracassant ; *[protests]* vigoureux ; *(pej) [behaviour]* tapageur ◆ **the orchestra is too ~** l'orchestre joue trop fort ◆ **the music is too ~** la musique est trop bruyante ◆ **in a ~ voice** d'une voix forte ◆ **... he said in a ~ whisper** ... chuchota-t-il bruyamment ◆ **this remark was greeted by ~ applause** un tonnerre d'applaudissements a accueilli cette remarque ◆ **to be ~ in one's support/condemnation of sth** soutenir/condamner qch avec force *or* virulence ◆ **~ pedal** *(Mus)* pédale *f* forte

b *(pej = gaudy) [colour]* voyant, criard ; *[clothes]* voyant, tapageur

ADV *[speak etc]* fort, haut ◆ **turn the radio up a little ~er** mets la radio un peu plus fort, augmente le volume (de la radio)

◆ **loud and clear** ◆ **I am reading** *or* **receiving you ~ and clear** je vous reçois cinq sur cinq ◆ **the president's message was received ~ and clear** *(fig)* le message du président a été reçu cinq sur cinq ◆ **we could hear it ~ and clear** nous l'entendions clairement

◆ **out loud** tout haut ◆ **to laugh out ~** rire tout haut

COMP ▷ **loud-mouth** * N *(pej)* grande gueule ‡ *f* ▷ **loud-mouthed** ADJ *(pej)* braillard, fort en gueule *

**loudhailer** /,laʊd'heɪlə^r^/ N *(Brit)* porte-voix *m inv*, mégaphone *m*

**loudly** /'laʊdlɪ/ ADV a *(= noisily, in a loud voice) [say]* d'une voix forte ; *[talk, speak, shout]* fort ; *[laugh, clear one's throat, knock, applaud, quarrel, complain]* bruyamment ; *[proclaim]* haut et fort b *(fig = vociferously) [complain, protest]* vigoureusement c *(pej = garishly) [dress]* d'une façon voyante *or* tapageuse

**loudness** /'laʊdnɪs/ N *[of voice, tone, music, thunder]* force *f* ; *[of applause]* bruit *m* ; *[of protests]* vigueur *f*

**loudspeaker** /,laʊd'spiːkə^r^/ N *(for PA system, musical instruments)* haut-parleur *m*, enceinte *f* ; *[of stereo]* baffle *m*, enceinte *f*

**lough** /lɒx/ N *(Ir)* lac *m* ◆ **Lough Corrib** le lough Corrib

**Louis** /'luːɪ/ N Louis *m* ◆ **~ XIV** Louis XIV

**louis** /'luːɪ/ N *(pl inv)* louis *m* (d'or)

**Louisiana** /luː,iːzɪ'ænə/ N Louisiane *f* ◆ **in ~** en Louisiane

**lounge** /laʊndʒ/ N *(esp Brit) [of house, hotel]* salon *m* ; → **airport, arrival, departure, sun, television** VI *(= recline) (on bed, chair)* se prélasser ; *(pej) (= sprawl)* être allongé paresseusement ◆ **to ~ against a wall** s'appuyer paresseusement contre un mur COMP ▷ **lounge bar** N *[of pub]* ≈ salon *m* ; *[of hotel]* ≃ bar *m* ▷ **lounge jacket** N *(US)* veste *f* d'intérieur *or* d'appartement ▷ **lounge lizard** † * N *(pej)* salonnard *m (pej)* ▷ **lounge suit** N *(Brit)* complet(-veston) *m* ; *(US)* tenue *f* d'intérieur (de femme) ◆ **"lounge suit"** *(Brit: on invitation)* "tenue de ville"

► **lounge about, lounge around** VI paresser, flâner, flemmarder *

► **lounge back** VI ◆ **to lounge back in a chair** se prélasser dans un fauteuil

**lounger** /'laʊndʒə^r^/ N a *(= bed)* lit *m* de plage b *(pej = person)* fainéant(e) *m(f)*, flemmard(e) * *m(f)*

**louse** /laʊs/ N (pl **lice**) a *(= insect)* pou *m* b *(‡ pej = person)* salaud ‡ *m*, (peau *f* de) vache ‡ *f* *("louse" dans ce sens est utilisé au singulier seulement)*

► **louse up** ‡ VT SEP *[+ deal, event]* bousiller *, foutre en l'air ‡

**lousy** /'laʊzɪ/ ADJ a *(* = terrible) [car, day, weather]* pourri * ; *[idea, film, book, pay]* nul, minable ; *[food]* infect, dégueulasse ‡ ; *[headache]* fichu * *before n* ; *[mood]* massacrant ◆ **to be a ~ secretary/teacher** être nul en tant que secrétaire/professeur ◆ **she's a ~ driver** elle conduit comme un pied * ◆ **to be ~ in bed, to be a ~ lover** être nul au lit ◆ **to be ~ at sth** être nul en qch ◆ **she's been having a ~ time lately** la vie n'est pas drôle pour elle en ce moment ◆ **we had a ~ time on holiday** nos vacances ont été un vrai cauchemar ◆ **to be ~ to sb** être infect avec qn

b *(*: expressing displeasure)* malheureux ◆ **10 ~ pounds!** 10 malheureuses livres ! ◆ **a ~ trick** une vacherie * ◆ **you can keep your job, I don't want it!** votre boulot minable *or* votre boulot de merde ‡, je n'en veux pas !

c *(= ill)* ◆ **to feel ~** * être mal fichu *

d (esp US: * = teeming) ◆ **this place is ~ with cops** c'est infesté de flics * ici ◆ **he is ~ with money** il est bourré de fric *

e (= infested with lice) [person, blanket] pouilleux

**lout** /laʊt/ N rustre m, butor m ; → **litterbug**

**loutish** /ˈlaʊtɪʃ/ ADJ [manners] de rustre, de butor ◆ **his ~ behaviour** la grossièreté de sa conduite

**louvre, louver** (US) /ˈluːvəʳ/ N (in roof) lucarne f ; (on window) persienne f, jalousie f

**louvred door, louvered door** (US) /ˈluːvəddɔːʳ/ N porte f à claire-voie

**lovable** /ˈlʌvəbl/ ADJ [person] très sympathique ; [child, animal] adorable

**love** /lʌv/ LANGUAGE IN USE 21.2

N a (for person) amour m (of de, pour ; for pour) ; (for country, music, horses) amour m (of de ; for pour) ; (stronger) passion f (of de ; for pour) ◆ **her ~ for or of her children** son amour pour ses enfants, l'amour qu'elle porte (or portait etc) à ses enfants ◆ **her children's ~ (for her)** l'amour que lui portent (or portaient etc) ses enfants ◆ **he did it out of ~ for his children** il l'a fait par amour pour ses enfants ◆ **I feel no ~ for or towards him any longer** je n'éprouve plus d'amour pour lui ◆ **it was ~ at first sight** ça a été le coup de foudre ◆ **there's no ~ lost between them** ils ne peuvent pas se sentir * ◆ **I won't do it for ~ nor money** je ne le ferai pour rien au monde ◆ **it wasn't to be had for ~ nor money** c'était introuvable, on ne pouvait se le procurer à aucun prix ; → **brotherly, labour, lady**

◆ **for + love** ◆ **don't give me any money, I'm doing it for ~** ne me donnez pas d'argent, je le fais gratuitement or pour l'amour de l'art ◆ **to marry for ~** faire un mariage d'amour ◆ **for ~ of her son** par amour pour son fils ◆ **for the ~ of God** pour l'amour de Dieu ◆ **he studies history for the ~ of it** il étudie l'histoire pour son or le plaisir

◆ **to fall in love** tomber amoureux ◆ **we fell madly in ~** nous sommes tombés amoureux fous l'un de l'autre

◆ **to fall in love with sb or sth** tomber amoureux de qn or qch ◆ **I immediately fell in ~ with him** je suis tout de suite tombée amoureuse de lui ◆ **I fell in ~ with the cinema** je suis tombé amoureux du cinéma

◆ **to be in love** être amoureux ◆ **she's in ~** elle est amoureuse ◆ **we were madly in ~ for two years** nous nous sommes aimés passionnément pendant deux ans ◆ **they are in ~** ils s'aiment ◆ **my mother has always been in ~ with France** ma mère a toujours été amoureuse de la France

◆ **to make love** faire l'amour (with avec ; to à)

b (in formulae: in letter) **(with) ~ (from) Jim** affectueusement, Jim ◆ **all my ~, Jim** bises, Jim ◆ **give her my ~** dis-lui bien des choses de ma part ; (stronger) embrasse-la pour moi ◆ **~ and kisses** bisous mpl, grosses bises fpl ◆ **he sends (you) his ~** il t'envoie ses amitiés ; (stronger) il t'embrasse

c (= object of affections) [of thing, object] passion f ; [of person] amour m ◆ **the theatre was her great ~** le théâtre était sa grande passion ◆ **he's a little ~!** * il est adorable ! ◆ **his first ~ was football** sa première passion a été le football ◆ **he thought of his first ~** il pensait à son premier amour ◆ **he/she is the ~ of my life** c'est l'homme/la femme de ma vie ◆ **football is the ~ of her life** le football est sa grande passion

d (Brit *: term of address: in shop etc, to man) monsieur ; (to woman) ma jolie * ; (to child) mon petit, ma petite ◆ **(my) ~** (to man) mon chéri ; (to woman) ma chérie

e (Tennis etc) rien m, zéro m ◆ **~ 30** rien à 30, zéro 30

VT a (= feel affection for) [+ partner, spouse, child] aimer ; [+ relative, friend] aimer (beaucoup) ◆ **he didn't just like her, he ~d her** il ne l'aimait pas d'amitié, mais d'amour ◆ **they ~ each other** ils s'aiment ◆ **~ me, ~ my dog** (Prov) qui m'aime aime mon chien ◆ **I must ~ you and leave you** * malheureusement, il faut que je vous quitte ◆ **~ thy neighbour as thyself** (Bible) tu aimeras ton prochain comme toi-même ◆ **she ~s me, she ~s me not** (counting etc) elle m'aime, un peu, beaucoup, passionnément, à la folie, pas du tout

b (= appreciate, enjoy) [+ music, food, activity, place] aimer (beaucoup) ; (stronger) adorer ◆ **to ~ to do or doing sth** aimer (beaucoup) or adorer faire qch ◆ **he ~s reading/knitting/photography** il est passionné de lecture/tricot/photographie, il aime or adore lire/tricoter/la photographie ◆ **she ~s singing/swimming** elle aime or adore chanter/nager ◆ **I'd ~ to come** j'aimerais beaucoup venir, je serais enchanté or ravi de venir ◆ **I'd ~ to!** (in answer to question) avec plaisir ! ◆ **I'd ~ to but unfortunately ...** j'aimerais bien, malheureusement ... ◆ **I ~ the way she smiles** j'adore son sourire ◆ **I ~ the way he leaves us to do all the work!** (iro) il nous laisse tout le travail, vraiment j'apprécie (iro) ◆ **she's going to ~ you!** (iro) elle va te bénir ! (iro) ◆ **she's going to ~ that!** (iro) elle va être ravie ! (iro)

COMP ▷ **love affair** N (lit) liaison f (amoureuse) ; (fig) passion f (with pour) ▷ **love apple** † N (= tomato) pomme f d'amour † ▷ **love child** * N enfant mf de l'amour, enfant mf illégitime or naturel(le) ▷ **loved ones** NPL êtres mpl chers ◆ **my ~d ones** les êtres qui me sont chers ▷ **love feast** N (among early Christians) agape f ; (= banquet) banquet m ; (iro) agapes fpl ▷ **love game** N (Tennis) jeu m blanc ▷ **love handles** * NPL poignées fpl d'amour * ▷ **love-hate relationship** N rapport m amour-haine ◆ **they have a ~-hate relationship** ils s'aiment et se détestent à la fois ▷ **love-in-a-mist** N (Bot) nigelle f de Damas ▷ **love-knot** N lacs mpl d'amour ▷ **love letter** N lettre f d'amour, billet m doux (often hum) ▷ **love life** * N ◆ **how's your ~ life (these days)?** comment vont les amours ? ◆ **his ~ life is bothering him** il a des problèmes de cœur or sentimentaux ▷ **love match** N mariage m d'amour ▷ **love nest** * N nid m d'amoureux or d'amour ▷ **love scene** N scène f d'amour ▷ **love seat** N causeuse f (siège) ▷ **love story** N histoire f d'amour ▷ **love-stricken** ADJ ⇒ **lovestruck** ▷ **love token** N gage m d'amour ▷ **love triangle** N triangle m amoureux

**lovebirds** /ˈlʌvbɜːdz/ NPL a (Orn) perruches fpl inséparables b (fig = lovers) tourtereaux mpl

**lovebite** /ˈlʌvbaɪt/ N suçon m

**-loved** /lʌvd/ ADJ (in compounds) ◆ **much-loved** adoré ◆ **best-loved** préféré

**loveless** /ˈlʌvlɪs/ ADJ [life, family, marriage] sans amour ; [person] (= unloved) qui manque d'affection ; (= unloving) incapable d'aimer

**loveliness** /ˈlʌvlɪnɪs/ N beauté f, charme m

**lovelorn** /ˈlʌv,lɔːn/ ADJ († or hum) qui languit d'amour

**lovely** /ˈlʌvlɪ/ ADJ a (= beautiful) [woman, place, clothes, flower] ravissant ; [baby, animal, picture, voice] beau (belle f) ◆ **you look ~** tu es ravissante ◆ **this dress looks ~ on you** cette robe te va à ravir

b (= pleasant) [person] charmant ; [day, weekend, flavour, meal, surprise] merveilleux ; [weather, holiday] beau (belle f), merveilleux ; [food, smell] délicieux ; [idea, suggestion] excellent ◆ **~!** formidable ! ◆ **thanks, that's ~** * (= fine) merci, c'est très bien comme ça ◆ **it's ~ to see you again** ça me fait bien plaisir de te revoir ◆ **it's been ~ seeing or to see you** j'ai été vraiment content de vous voir ◆ **we had a ~ time** nous nous sommes bien amusés ◆ **he made a ~ job of it** il a fait du bon travail ◆ **the water's ~ and warm** l'eau est bonne ◆ **it was ~ and hot outside** il faisait agréablement chaud dehors ◆ **we're ~ and early** * c'est bien, on est en avance

N (* = girl) belle fille f, beau brin m de fille, mignonne f ◆ **my ~** ma jolie, ma mignonne

**lovemaking** /ˈlʌv,meɪkɪŋ/ N (NonC) amour m, rapports mpl (sexuels) ◆ **after ~** après l'amour

**lover** /ˈlʌvəʳ/ N a amant m ; († = suitor) amoureux m ◆ **~s' vows** promesses fpl d'amoureux ◆ **they are ~s** ils ont une liaison, ils couchent * ensemble ◆ **they have been ~s for two years** leur liaison dure depuis deux ans ◆ **she took a ~** elle a pris un amant ◆ **Casanova was a great ~** Casanova fut un grand séducteur

b [of hobby, wine etc] amateur m ◆ **he's a ~ of good food** il est grand amateur de bonne cuisine, il aime beaucoup la bonne cuisine ◆ **he's a great ~ of Brahms or a great Brahms ~** c'est un fervent de Brahms, il aime beaucoup (la musique de) Brahms ◆ **art/theatre ~** amateur m d'art/de théâtre ◆ **music ~** amateur m de musique, mélomane mf ◆ **he's a nature ~** il aime la nature, c'est un amoureux de la nature ◆ **football ~s everywhere** tous les amateurs or passionnés de football

COMP ▷ **lover boy** * N (hum or iro = womanizer) don Juan m, tombeur * m ◆ **come on ~ boy!** allez, beau gosse ! *

**lovesick** /ˈlʌvsɪk/ ADJ amoureux, qui languit d'amour

**lovesong** /ˈlʌvsɒŋ/ N chanson f d'amour

**lovestruck** /ˈlʌvstrʌk/ ADJ éperdument amoureux

**lovey** * /ˈlʌvɪ/ N chéri(e) m(f) COMP ▷ **lovey-dovey** * ADJ (hum) (trop) tendre

**loving** /ˈlʌvɪŋ/ ADJ [person, child, couple, relationship] affectueux ; [marriage] heureux ; [wife, husband, parent] aimant ; [family] uni ; [kiss] tendre ; [smile] plein de tendresse ◆ **~ kindness** bonté f, charité f ◆ **with ~ care** avec le plus grand soin ◆ **"from your loving son, Martin"** "ton fils qui t'aime, Martin"

COMP ▷ **loving cup** N coupe f de l'amitié

**-loving** /ˈlʌvɪŋ/ ADJ (in compounds) ◆ **art-loving** qui aime l'art, qui est amateur d'art ◆ **money-loving** qui aime l'argent

**lovingly** /ˈlʌvɪŋlɪ/ ADV a [look at] (= with affection) tendrement, avec tendresse ; (= with love) amoureusement b (= carefully) [restored, maintained] avec amour

**low¹** /ləʊ/ ADJ a [wall, shelf, seat, ceiling, level, tide] bas (basse f) ◆ **a dress with a ~ neck** une robe décolletée ◆ **to make a ~ bow** saluer bien bas ◆ **~ cloud** (Met) nuages mpl bas ◆ **fog on ~ ground** brouillard m à basse altitude ◆ **the ~ ground near the sea** les basses terres fpl près de la mer ◆ **the house/town is on ~ ground** la maison/ville est bâtie dans une dépression ◆ **the river is very ~ just now** la rivière est très basse en ce moment ◆ **the sun is ~ in the sky** le soleil est bas dans le ciel or bas sur l'horizon ◆ **at ~ tide** à marée basse ◆ **~ water** marée f basse, basses eaux fpl ◆ **the ~ point** (fig) *[of sb's career]* le creux de la vague ;

b *[voice] (= soft)* bas (basse *f*) ; *(= deep)* bas (basse *f*), profond ; *(Mus) [note]* bas (basse *f*) ◆ **in a ~ voice** *(= softly)* à voix basse ; *(= in deep tones)* d'une voix basse *or* profonde ◆ **a ~ murmur** un murmure sourd *or* étouffé ◆ **they were talking in a ~ murmur** ils chuchotaient ◆ **he gave a ~ groan** il a gémi faiblement, il a poussé un faible gémissement ◆ **it's a bit ~** *[radio etc]* on n'entend pas, ce n'est pas assez fort ; see also **comp**

c *[wage, rate]* bas (basse *f*), faible ; *[price]* bas (basse *f*), modéré ◆ **people on ~ incomes** les gens à faibles revenus ◆ **at the ~est price** *(Comm)* au meilleur prix

d *[latitude, number, frequency]* bas (basse *f*) ; *(Scol) [mark]* bas (basse *f*), faible ; *(Chem, Phys) [density]* faible ; *[temperature]* bas (basse *f*), peu élevé ; *[speed]* petit *before n*, faible ; *[lights]* faible, bas (basse *f*) ; *[visibility]* mauvais, limité ◆ **in ~ gear** *(Aut)* en première ou en seconde (vitesse) ◆ **the temperature never falls below 20° at the ~est** la température ne tombe jamais en dessous de 20° ◆ **the temperature is in the ~ thirties** il fait entre 30 et 35 degrés ◆ **the fire is getting ~ /is ~** le feu baisse/est bas ◆ **at** *or* **on a ~ heat** *(Culin)* à feu doux ◆ **cook in a ~ oven** cuire au four à feu doux

e *[standard]* bas (basse *f*), faible ; *[quality]* inférieur (-eure *f*) ◆ **activity is at its ~est in the summer** c'est en été que l'activité est particulièrement réduite ◆ **people of ~ intelligence** les gens peu intelligents ◆ **to have a ~ opinion of sb** ne pas avoir bonne opinion de qn, avoir une piètre opinion de qn ◆ **to have a ~ opinion of sth** ne pas avoir bonne opinion de qch ◆ **their stock of soap was very ~** *(Comm etc)* leur stock de savon était presque épuisé ◆ **supplies are getting** *or* **running ~** les provisions diminuent ;

f ◆ **~ in fat** à faible teneur en matières grasses ◆ **~ in nitrogen** contenant peu d'azote ◆ **we're a bit ~ on petrol** nous n'avons plus beaucoup *or* il ne nous reste plus beaucoup d'essence ◆ **they were ~ on water** ils étaient à court d'eau ◆ **I'm ~ on funds** * je suis à court (d'argent)

g *(Cards)* **a ~ card** une basse carte ◆ **a ~ diamond** un petit carreau

h *(= feeble) [person]* faible, affaibli ; *[health]* mauvais ; *(= depressed)* déprimé ◆ **to be in ~ spirits, to be** *or* **feel ~** être déprimé, ne pas avoir le moral ◆ **the patient is very ~** le malade est bien bas ; see also **comp**

i *(Bio, Zool = primitive)* inférieur (-eure *f*), peu évolué ◆ **the ~ forms of life** les formes *fpl* de vie inférieures *or* les moins évoluées

j *(= humble) [rank, origin]* bas (basse *f*) ; *(= vulgar) [company, taste]* mauvais ; *[character]* grossier, bas (basse *f*) ; *[café etc]* de bas étage ; *(= shameful) [behaviour]* ignoble, odieux ◆ **the ~est of the ~** le dernier des derniers ◆ **that's a ~ trick** c'est un sale tour * ◆ **with ~ cunning** avec une ruse ignoble ; see also **comp, lower**[1]

ADV a *(= in low position) [aim, fly]* bas ◆ **to bow ~** saluer bien bas ◆ **a dress cut ~ in the back** une robe très décolletée dans le dos ◆ **she is rather ~ down in that chair** elle est bien bas dans ce fauteuil, elle est assise bien bas ◆ **~er down the wall/the page** plus bas sur le mur/la page ◆ **~er down the hill** plus bas sur la colline, en contrebas ◆ **the plane came down ~ over the town** l'avion est descendu et a survolé la ville à basse altitude ◆ **the plane flew ~ over the town** l'avion a survolé la ville à basse altitude ◆ **to fall** *or* **sink ~** tomber bien bas ◆ **I wouldn't stoop so ~ as to do that** je ne m'abaisserais pas à faire cela ; → **lay**[1], **lie**[1]

b *(= at low volume, intensity, cost)* ◆ **to turn the heating/lights/music/radio down ~** baisser le chauffage/la lumière/la musique/la radio ◆ **the fire was burning ~** le feu était bas ◆ **to speak ~** parler à voix basse *or* doucement ◆ **to sing ~** chanter bas ◆ **the song is pitched too ~ for me** le ton de cette chanson est trop bas pour moi ◆ **I can't get as ~ as that** *(in singing)* ma voix ne descend pas si bas ◆ **to buy ~** *(St Ex)* acheter quand le cours est bas ◆ **to play ~** *(Cards)* jouer une basse carte

N a *(Met)* dépression *f*

b *(Aut)* ◆ **in low** en première ou en seconde (vitesse)

c *(= low point: esp Fin)* minimum *m* ◆ **prices/temperatures have reached a new ~** *or* **an all-time ~** les prix/les températures ont atteint leur niveau le plus bas *or* n'ont jamais été aussi bas(ses) ◆ **the pound has sunk** *or* **fallen to a new ~** la livre a atteint son niveau le plus bas ◆ **this is really a new ~ in vulgarity** cela bat tous les records de vulgarité

COMP ▷ **low-alcohol** ADJ *[lager, wine, beer]* à faible teneur en alcool, peu alcoolisé ▷ **low-angle shot** N *(Phot)* contre-plongée *f* ▷ **low blow** N *(Boxing, fig)* coup *m* bas ▷ **low-budget** ADJ *[film, project]* à petit budget ; *[car etc]* pour les petits budgets ▷ **low-calorie**, **low-cal** * ADJ *[food, diet]* à basses calories, hypocalorique ▷ **Low Church** N *tendance évangéliste de l'Église anglicane* ▷ **low-cost** ADJ (à) bon marché, pas cher ◆ **~-cost housing** *(NonC)* habitations *fpl* à loyer modéré, HLM *mpl* ▷ **the Low Countries** NPL les Pays-Bas *mpl* ▷ **low-cut** ADJ *[dress etc]* décolleté ▷ **low-down** N → **low-down** ▷ **lowest common denominator** N *(Math)* plus petit dénominateur *m* commun ◆ **these papers pander to the ~est common denominator** ces journaux flattent les instincts les plus triviaux du public ▷ **lowest common multiple** N *(Math)* plus petit commun multiple *m* ▷ **low-fat** ADJ *[diet]* pauvre en matières grasses ; *[milk, cheese etc]* allégé ▷ **low flying** N *(NonC)* vol(s) *m(pl)* à basse altitude ▷ **low-flying** ADJ volant à basse altitude ▷ **low-frequency** ADJ *(Elec)* basse fréquence *inv* ▷ **Low German** N bas allemand *m* ▷ **low-grade** ADJ de qualité *or* de catégorie inférieure ▷ **low-heeled** ADJ à talon(s) plat(s), plat ▷ **low-impact** ADJ *[aerobics, exercise]* low-impact *inv* ▷ **low-key** ADJ discret (-ète *f*) ◆ **it was a ~-key operation** l'opération a été conduite de façon très discrète ◆ **to keep sth ~-key** faire qch de façon discrète ◆ **the wedding will be a ~-key affair** ce sera un mariage tout simple ◆ **he wanted to keep the meeting ~-key** il ne voulait pas faire toute une affaire de cette réunion ◆ **the ~-key approach to the incident taken by the prison authorities** l'approche prudente adoptée par les autorités carcérales à la suite de l'incident ▷ **Low Latin** N bas latin *m* ▷ **low-level** ADJ *(gen)* bas (basse *f*) ; *[job]* subalterne ; *[talks, discussions]* à bas niveau ◆ **~-level flying** vol *m or* navigation *f* à basse altitude ◆ **~-level language** *(Comput)* langage *m* de bas niveau ◆ **~-level waste** *(Nucl Phys)* déchets *mpl* de faible activité ▷ **low-loader** N *(Aut)* semi-remorque *f* à plateforme surbaissée ; *(Rail)* wagon *m* (de marchandises) à plateforme surbaissée ▷ **low-lying** ADJ à basse altitude ▷ **Low Mass** N *(Rel)* messe *f* basse ▷ **low-minded** ADJ vulgaire, grossier ▷ **low-necked** ADJ décolleté ▷ **low-paid** ADJ *[job]* mal payé, qui paie mal ; *[worker]* mal payé, qui ne gagne pas beaucoup ◆ **the ~-paid** les petits salaires *mpl*, les petits salariés *mpl* ; see also **lower**[1] ▷ **low-pitched** ADJ *[ball]* bas (basse *f*) ; *[sound]* bas (basse *f*), grave ▷ **low-powered** ADJ de faible puissance ▷ **low-pressure** ADJ à *or* de basse pression ▷ **low-priced** ADJ à bas prix, (à) bon marché *inv* ▷ **low-principled** ADJ sans grands principes ▷ **low-profile** ADJ *(gen)* discret (-ète *f*) ◆ **to keep a ~ profile** rester discret ◆ **the police deliberately kept a ~ profile** la police est volontairement restée discrète ◆ **~-profile tyre** *(Aut)* pneu *m* taille basse ▷ **low-quality** ADJ *[goods]* de qualité inférieure ▷ **low-rent** ADJ *(lit) [housing, flat]* à loyer modéré ; *(fig)* de bas étage ▷ **low-rise** ADJ *(Archit)* à *or* de hauteur limitée, bas (basse *f*) ▷ **low-scoring** ADJ *où peu de points ou buts sont marqués* ▷ **low season** N *(esp Brit)* basse *or* morte-saison *f* ADJ *[rates, holiday]* pendant la basse *or* morte-saison ▷ **low-slung** ADJ *[chair]* bas (basse *f*) ; *[sports car]* surbaissé ▷ **low-spirited** ADJ déprimé, démoralisé ▷ **low-start mortgage** N *(Brit) emprunt hypothécaire à faibles remboursements initiaux* ▷ **low-sulphur** ADJ *[diesel, petrol, fuel]* à faible teneur en soufre ▷ **Low Sunday** N dimanche *m* de Quasimodo ▷ **low-tar** ADJ *[cigarette]* à faible teneur en goudron ▷ **low-tech** ADJ *[machinery]* rudimentaire ; *[design]* sommaire ▷ **low-tension** ADJ à basse tension ▷ **low vowel** N *(Ling)* voyelle *f* basse ▷ **low-water mark** N *(lit)* laisse *f* de basse mer ◆ **their morale had reached ~-water mark** leur moral était on ne peut plus bas, ils avaient le moral à zéro * ◆ **sales had reached ~-water mark** les ventes n'avaient jamais été aussi mauvaises

**low**[2] /ləʊ/ VI *[cattle]* meugler, beugler, mugir

**lowborn** /ˈləʊbɔːn/ ADJ de basse extraction

**lowboy** /ˈləʊbɔɪ/ N *(US)* commode *f* basse

**lowbrow** * /ˈləʊbraʊ/ N *(= person)* personne *f* peu intellectuelle *or* sans prétentions intellectuelles ADJ *[person, book, film, programme]* sans prétentions intellectuelles

**low-down** * /ˈləʊdaʊn/ ADJ *(esp US pej) [person]* méprisable ◆ **a ~ trick** un sale tour N ◆ **to get the ~ on sb/sth** se renseigner sur qn/qch ◆ **to give sb the ~ on sth** mettre qn au courant *or* au parfum ‡ de qch

**lower**[1] /ˈləʊəʳ/ (compar of **low**[1]) ADJ inférieur (-eure *f*) ◆ **the ~ half of the body** le bas du corps ◆ **Annapurna is the ~ of the two** l'Annapurna est la moins haute (des deux) ◆ **the ~ shelf** l'étagère *f* du bas ; see also **low**[1] ; → **reach**

COMP ▷ **the lower abdomen** N le bas-ventre ▷ **the lower animals** NPL les animaux *mpl* inférieurs ▷ **the lower back** N le bas du dos ▷ **lower-back pain** N douleurs *fpl* lombaires ▷ **lower case** N *(Typ)* bas *m* de casse ◆ **in ~ case** en bas de casse ▷ **lower-case** ADJ minuscule ▷ **the lower chamber** N *(Parl)* la Chambre basse ▷ **lower class** N classes *fpl* inférieures, classe *f* populaire ◆ **~-class family** famille *f* prolétarienne *or* ouvrière ▷ **lower classes** NPL ⇒ **lower class** ▷ **lower court** N *(Jur)* instance *f* inférieure ▷ **lower deck** N *[of bus]* étage *m* inférieur ; *(Naut) (= part of ship)* pont *m* inférieur ◆ **the ~ deck** * *(= personnel)* les sous-officiers *mpl* et les matelots *mpl* ▷ **Lower Egypt** N Basse-Égypte *f* ▷ **the Lower House** N *(Parl) (gen)* la Chambre basse ; *(Brit)* la Chambre basse, la Chambre des communes ▷ **lower-income** ADJ *[group, family]* économiquement faible ▷ **lower jaw** N mâchoire *f* inférieure ▷ **the lower leg** N la partie inférieure de la jambe ▷ **lower limbs** NPL membres *mpl* inférieurs ▷ **lower lip** N lèvre *f* inférieure ▷ **the lower mammals** NPL les mammifères *mpl* inférieurs ▷ **lower middle class** N petite bourgeoisie *f*, (petite) classe *f* moyenne ◆ **a ~ middle-class family** une famille de la classe moyenne *or* de la petite bourgeoisie ◆ **a ~ middle-class background** un milieu petit bourgeois ▷ **the lower paid** NPL les personnes *fpl* à faible revenu ▷ **the lower ranks** NPL *(Mil)* les grades *mpl* inférieurs ; *(fig)* les rangs *mpl* inférieurs ▷ **the Lower Rhine** N le Bas-Rhin ▷ **Lower Saxony** N Basse-Saxe *f* ▷ **the lower school** N ≈ le collège ▷ **lower sixth (form)** N *(Brit Scol)* ≈ classe *f* de première ▷ **the lower vertebrates** NPL *(Zool)* les vertébrés *mpl* inférieurs ; see also **second**[1]

**lower**[2] /ˈləʊəʳ/ VT a *[+ blind, window, construction]* baisser, abaisser ; *[+ sail, flag]* abaisser, amener ; *[+ boat, lifeboat]* mettre à la mer ◆ **to ~ the boats** mettre les embarcations à la mer ◆ **to ~ sb/sth on a rope** (faire) descendre qn/descendre qch au bout d'une corde ◆ **to ~ one's guard** baisser sa garde ◆ **to ~ the boom on sb** *(fig)* serrer la vis* à qn

b *[+ pressure, heating, price, voice]* baisser ◆ **to ~ sb's resistance** *(Med)* diminuer la résistance de qn ◆ **to ~ sb's morale** démoraliser qn, saper le moral de qn ◆ **~ your voice!** baisse la voix !, (parle) moins fort ! ◆ **he ~ed his voice to a whisper** il a baissé la voix jusqu'à en chuchoter, il s'est mis à chuchoter ◆ **to ~ o.s. to do sth** s'abaisser à faire qch ◆ **I refuse to ~ myself** je refuse de m'abaisser *or* de m'avilir ainsi

VI *(lit)* baisser ; *[pressure, price etc]* baisser, diminuer

**lower**[3] /ˈlaʊəʳ/ VI *[sky]* se couvrir, s'assombrir ; *[clouds]* être menaçant ; *[person]* prendre un air sombre *or* menaçant ◆ **to ~ at sb** jeter un regard menaçant à qn, regarder qn de travers

**lowering**[1] /ˈləʊərɪŋ/ N a *[of window, flag]* abaissement *m* ; *[of boat]* mise *f* à la mer b *[of temperature]* baisse *f*, abaissement *m* ; *[of price, value]* baisse *f*, diminution *f* ; *[of pressure]* baisse *f* ; *(Med) [of resistance]* diminution *f* ◆ **the ~ of morale** la baisse du moral, la démoralisation ADJ abaissant, dégradant, humiliant

**lowering**[2] /ˈlaʊərɪŋ/ ADJ *[look, sky]* sombre, menaçant

**lowing** /ˈləʊɪŋ/ N *[of cattle]* meuglement *m*, beuglement *m*, mugissement *m*

**lowland** /ˈləʊlənd/ N plaine *f* ◆ **the Lowlands (of Scotland)** la Basse Écosse, les Basses-Terres *fpl* (d'Écosse) COMP *(in Scot) [town, people, culture]* de Basse-Écosse ▷ **Lowland Scots** N *(Ling)* ⇒ **Lallans n**

**lowlander** /ˈləʊləndəʳ/ N *(gen)* habitant(e) *m(f)* de la (*or* des) plaine(s) ◆ **Lowlander** *(in Scot)* habitant(e) *m(f) or* originaire *mf* de la Basse-Écosse

**lowlife** * /ˈləʊlaɪf/ ADJ *(esp US)* ◆ **his ~ friends** les voyous qu'il fréquente

**lowlights** /ˈləʊlaɪts/ NPL a *(Hairdressing)* mèches *fpl* sombres b *(hum)* ◆ **one of the ~ * of the sporting season** un des moments les moins glorieux de la saison sportive

**lowliness** /ˈləʊlɪnɪs/ N humilité *f*

**lowly** /ˈləʊlɪ/ ADJ humble

**lowness** /ˈləʊnɪs/ N *(in height)* manque *m* de hauteur ; *[of price, wages]* modicité *f* ; *[of temperature]* peu *m* d'élévation ◆ **the ~ of the ceiling made him stoop** la maison était si basse de plafond qu'il a dû se baisser

**lox** /lɒks/ N *(US)* saumon *m* fumé

**loyal** /ˈlɔɪəl/ ADJ *[friend, ally, supporter]* loyal, fidèle ; *[wife, customer, reader]* fidèle ; *[employee, servant]* fidèle, dévoué ◆ **he has a ~ following** il a des partisans fidèles ◆ **the Queen's ~ subjects** les loyaux sujets de la reine ◆ **the ~ toast** *(Brit)* le toast porté au souverain ◆ **to be/remain** *or* **stay ~ to sb/sth** être/rester fidèle à qn/qch

**loyalist** /ˈlɔɪəlɪst/ ADJ, N loyaliste *mf*

**loyally** /ˈlɔɪəlɪ/ ADV *[serve, support]* fidèlement ; *[say]* en toute loyauté

**loyalty** /ˈlɔɪəltɪ/ N *(to person)* loyauté *f* (to envers) ; *(to cause)* dévouement *m* (to à) ; *(to political party)* loyauté *f*, loyalisme *m* (to envers) ◆ **my first ~ is to my family** ma famille passe avant tout ◆ **to pledge one's ~ to sb/sth** promettre d'être loyal envers qn/d'être dévoué à qch ◆ **to decide where one's loyalties lie** choisir son camp ◆ **to suffer from** *or* **have divided loyalties** être partagé, se sentir écartelé ◆ **a man of fierce loyalties** un homme d'une loyauté farouche COMP ▷ **loyalty card** N *(Brit Comm)* carte *f* de fidélité

**lozenge** /ˈlɒzɪndʒ/ N a *(Med)* pastille *f* b *(Her, Math)* losange *m*

**LP** /elˈpiː/ N *(Mus)* (abbrev of **long-playing (record)**) → **long**[1]

**LPG** /elpiːˈdʒiː/ N (abbrev of **liquified petroleum gas**) GPL *m*

**LPN** /elpiːˈen/ N *(US Med)* (abbrev of **Licensed Practical Nurse**) → **license**

**LRAM** /elɑːreɪˈem/ N *(Brit)* (abbrev of **Licentiate of the Royal Academy of Music**) *diplôme d'un des Conservatoires de musique*

**LRCP** /elɑːsiːˈpiː/ N *(Brit)* (abbrev of **Licentiate of the Royal College of Physicians**) ≈ agrégation *f* de médecine

**LRCS** /elɑːsiːˈes/ N *(Brit)* (abbrev of **Licentiate of the Royal College of Surgeons**) ≈ agrégation *f* de médecine (opératoire)

**LRP** /ˌelɑːˈpiː/ N *(Aut)* (abbrev of **lead replacement petrol**) → **lead**[2]

**LSAT** /eleseɪˈtiː/ N *(US Univ)* (abbrev of **Law School Admission Test**) *examen d'entrée à une faculté de droit*

**LSD**[1] /elesˈdiː/ N *(Drugs)* (abbrev of **lysergic acid diethylamide**) LSD *m*

**LSD**[2] /elesˈdiː/ N *(Brit)* (abbrev of **librae, solidi, denarii**) *(= pounds, shillings and pence) ancien système monétaire britannique*

**LSE** /ˌelesˈiː/ N *(Brit)* a abbrev of **London School of Economics** b abbrev of **London Stock Exchange**

**LT** /elˈtiː/ *(Elec)* (abbrev of **low tension**) → **low**[1]

**Lt** (abbrev of **Lieutenant**) *(on envelope etc)* **~. J. Smith** Lieutenant J. Smith ◆ **~.-Col** (abbrev of **Lieutenant-Colonel**) → **lieutenant** ◆ **~.-Gen** (abbrev of **Lieutenant-General**) → **lieutenant**

**Ltd** *(Brit Comm etc)* (abbrev of **Limited (Liability)**) **Smith & Co. ~** Smith & Cie SA *or* Ltée *(Can)*

**lube** * /luːb/ N huile *f* de graissage VT graisser, lubrifier

**lubricant** /ˈluːbrɪkənt/ ADJ, N lubrifiant *m* ◆ **alcohol is a great (social) ~** l'alcool facilite beaucoup les contacts

**lubricate** /ˈluːbrɪkeɪt/ VT a *(lit)* lubrifier ; *(Aut)* graisser b *(fig = facilitate)* faciliter COMP ▷ **lubricating oil** N huile *f* (de graissage), lubrifiant *m*

**lubricated** ‡ /ˈluːbrɪkeɪtɪd/ ADJ *(hum = drunk)* paf ‡ *inv*, beurré ‡

**lubrication** /ˌluːbrɪˈkeɪʃən/ N lubrification *f* ; *(Aut)* graissage *m*

**lubricator** /ˈluːbrɪkeɪtəʳ/ N *(= person, device)* graisseur *m*

**lubricious** /luːˈbrɪʃəs/ ADJ *(frm = lewd)* lubrique

**lubricity** /luːˈbrɪsɪtɪ/ N *(frm = lewdness)* lubricité *f*

**lucerne** /luːˈsɜːn/ N *(esp Brit)* luzerne *f*

**lucid** /ˈluːsɪd/ ADJ a *(= clear) [style, explanation, account]* clair b *(= clear-headed) [person]* lucide ; *[moment, interval]* de lucidité c *(liter = bright) [air, light]* lucide † *(also liter)* COMP ▷ **lucid dream** N *(Psych)* rêve *m* lucide ▷ **lucid dreamer** N *(Psych)* rêveur *m*, -euse *f* lucide ▷ **lucid dreaming** N *(Psych)* rêverie *f* lucide

**lucidity** /luːˈsɪdɪtɪ/ N a *(= clarity) [of style, explanation, book]* clarté *f* b *(= clear-headedness) [of mind]* lucidité *f* c *(liter = brightness)* éclat *m*

**lucidly** /ˈluːsɪdlɪ/ ADV *[explain, write, argue]* clairement ; *[think]* lucidement, avec lucidité

**Lucifer** /ˈluːsɪfəʳ/ N Lucifer *m*

**luck** /lʌk/ LANGUAGE IN USE 23.5 N a *(= chance, fortune)* chance *f*, hasard *m* ◆ **good health is not simply a matter of ~** si l'on est en bonne santé, ce n'est pas simplement une question de hasard ◆ **it's the ~ of the draw** *(fig)* c'est une question de chance ◆ **(it's) just my ~!** * c'est bien ma chance *or* ma veine ! * ◆ **it was just his ~ * to meet the boss** il a eu la malchance *or* le malheur de rencontrer le patron ◆ **~ favoured him, ~ was with him, ~ was on his side** la chance lui souriait ◆ **as ~ would have it** comme par hasard ◆ **better ~ next time!** * ça ira mieux la prochaine fois ! ◆ **any ~?** * *(gen)* alors (ça a marché) ? * ; *(= did you find it?)* tu as trouvé ? ◆ **no ~?** * *(gen)* ça n'a pas marché ? ; *(= didn't you find it?)* tu n'as pas trouvé ?

◆ **good luck** chance *f* ◆ **by good ~ the first man I ran into was Dan** la chance a voulu que la première personne que je rencontre soit Dan ◆ **to have the good ~ to do sth** avoir la chance de faire qch

◆ **to be** *or* **bring good luck** porter bonheur ◆ **it's good ~ to see a black cat** cela porte bonheur de voir un chat noir ◆ **he brought me good ~** il m'a porté bonheur

◆ **good luck!** bonne chance ! ◆ **good ~ with your exams!** bonne chance pour tes examens !

◆ **bad luck** malchance *f*, malheur *m* ◆ **I had a lot of bad ~ at the start of the season** j'ai eu beaucoup de malchance *or* j'ai joué de malchance en début de saison ◆ **to have the bad ~ to do sth** avoir la malchance de faire qch

◆ **to be** *or* **bring bad luck** porter malheur ◆ **it's bad ~ to walk under a ladder** ça porte malheur de passer sous une échelle ◆ **she believed the colour green brought bad ~** elle croyait que le vert était une couleur qui portait malheur ◆ **it brought us nothing but bad ~** cela ne nous a vraiment pas porté chance

◆ **bad** *or* **hard** *or* **tough luck!** * pas de veine ! *

◆ **worse luck!** * malheureusement ! ◆ **she's not here, worse ~** elle n'est pas là, malheureusement

◆ **to push one's luck** * y aller fort, exagérer ◆ **I didn't dare push my ~ too far** je n'ai pas osé y aller trop fort ◆ **he's pushing his ~** il y va un peu fort, il exagère ◆ **don't push your ~!** n'exagère pas !

◆ **to be down on one's luck** * *(= be going through bad patch)* traverser une mauvaise passe ◆ **she seemed down on her ~** elle avait l'air de traverser une mauvaise passe ◆ **I seem to attract people who are down on their ~** j'ai l'impression que j'attire les gens à problèmes ; → **beginner, chance**

b *(= good fortune)* bonheur *m*, chance *f* ◆ **you're in ~, the doctor's still here** tu as de la veine * *or* du pot *, le docteur est encore là ◆ **it looks like your ~'s in tonight** c'est ta soirée, on dirait ◆ **you're out of ~** * ◆ **your ~'s out** * tu n'as pas de veine * *or* de pot * ◆ **that's a bit** *or* **a stroke of ~!** * quelle veine ! *, coup de pot ! * ◆ **he had the ~ to meet her in the street** il a eu la chance de la rencontrer dans la rue ◆ **here's (wishing you) ~!** bonne chance ! ◆ **no such ~!** * ç'aurait été trop beau !, penses-tu ! ◆ **with any ~ ...** avec un peu de chance *or* de veine * ... ◆ **to keep a horseshoe for ~** avoir un fer à cheval comme porte-bonheur ◆ **and the best of (British) ~!** * *(iro)* je vous (*or* leur *etc*) souhaite bien du plaisir ! * *(iro)* ◆ **he's got the ~ of the devil** *, **he's got the devil's own ~** * il a une veine de cocu *

► **luck out** * VI *(US)* avoir de la veine * *or* du pot *

**luckily** /ˈlʌkɪlɪ/ ADV heureusement ◆ **~ for me ...** heureusement pour moi ...

**luckless** /ˈlʌklɪs/ *(liter)* ADJ *[person, journey]* infortuné *(liter)* ; *[week, year]* d'infortune *(liter)*

**lucky** /ˈlʌkɪ/ ADJ **a** *[person] (= having luck) (always)* qui a de la chance, chanceux ; *(on one occasion)* qui a de la chance ◆ **we were ~ with the weather** on a eu de la chance avec le temps ◆ **he is ~ to be alive** il a de la chance d'être en vie ◆ **he's ~ that I didn't run him over** il a eu de la chance, j'aurais pu l'écraser ◆ **it was ~ that you got here in time** heureusement que vous êtes arrivé à temps ◆ **it was ~ for him that he got out of the way** heureusement (pour lui), il s'est écarté ◆ **to be ~ in life** avoir de la chance dans la vie ◆ **to be ~ in love** être heureux en amour ◆ **I'm ~ in having an excellent teacher** j'ai la chance d'avoir un excellent professeur ◆ **to count o.s. ~** s'estimer heureux ◆ **some people are born ~** il y a des gens qui ont de la chance ◆ **~ winner** heureux gagnant *m*, heureuse gagnante *f* ◆ **who's the ~ man/woman?** *(hum)* comment s'appelle l'heureux élu/l'heureuse élue ? ◆ **(you) ~ thing** * *or* **devil** * *or* **dog** *! veinard(e) ! * ◆ **he's a ~ thing** * *or* **devil** * *or* **dog** *! quel veinard ! * ◆ **~ (old) you!** * tu en as de la veine ! * ◆ **~ old Thomson!** * quel veinard *, ce Thomson ! ◆ **if you're ~** avec un peu de chance ◆ **you'll be ~!** ‡ *(= not likely)* tu peux toujours courir ! * ◆ **you'll be ~** * **if you get any breakfast** tu pourras t'estimer heureux si tu as un petit déjeuner ◆ **you'll be ~ to get $5 for that** tu auras du mal à en tirer 5 dollars ◆ **I should be so ~** ‡ tu parles ! *, ce serait trop beau ! * ◆ **to get ~** ‡ **(with sb)** *(= be allowed sex)* arriver à ses fins (avec qn) ; → **strike, third**

**b** *(= fortunate, resulting from luck) [coincidence, shot]* heureux ◆ **how ~!, that was ~!** quelle chance ! ◆ **to have a ~ escape** l'échapper belle, s'en tirer de justesse ◆ **a ~ chance** un coup de chance ◆ **a ~ break** * un coup de bol * ◆ **how did you know? – it was just a ~ guess** comment as-tu deviné ? – par hasard *or* j'ai dit ça au hasard ◆ **it's your ~ day** * c'est ton jour de chance

**c** *(= bringing luck) [number, horseshoe]* porte-bonheur *inv* ◆ **a ~ charm** un porte-bonheur ◆ **a ~ rabbit's foot** une patte de lapin porte-bonheur ; → **star**

COMP ▷ **lucky bag** N pochette-surprise *f* ▷ **lucky dip** N *(Brit: at fair)* ≃ pêche *f* à la ligne ; *(fig)* loterie *f (fig)*

**lucrative** /ˈluːkrətɪv/ ADJ lucratif

**lucre** /ˈluːkəʳ/ N **a** *(NonC: pej = gain)* lucre *m* **b** *( * hum = money:* also **filthy lucre**) fric * *m*

**Lucretia** /luːˈkriːʃɪə/ N Lucrèce *f*

**Lucretius** /luːˈkriːʃɪəs/ N Lucrèce *m*

**Lucy** /ˈluːsɪ/ N Lucie *f*

**Luddite** /ˈlʌdaɪt/ ADJ, N luddite *mf*

**ludic** /ˈluːdɪk/ ADJ *(liter)* ludique

**ludicrous** /ˈluːdɪkrəs/ ADJ ridicule

**ludicrously** /ˈluːdɪkrəslɪ/ ADV ridiculement

**ludo** /ˈluːdəʊ/ N *(Brit)* jeu *m* des petits chevaux

**luff** /lʌf/ *(Naut)* N aulof(f)ée *f* VI lofer, venir au lof

**luffa** /ˈlʌfə/ N *(US)* ⇒ **loofah**

**lug¹** /lʌg/ N **a** *(Constr)* tenon *m* ; *[of dish, saucepan etc]* oreille *f (d'une casserole etc)* **b** *(Brit* ‡ *= ear)* oreille *f*, portugaise ‡ *f* COMP ▷ **lug screw** N vis *f* sans tête

**lug²** * /lʌg/ VT traîner, tirer ◆ **to ~ sth up/down** monter/descendre qch en le traînant ◆ **to ~ sth out** traîner qch dehors ◆ **why are you ~ging that parcel around?** pourquoi est-ce que tu trimballes * ce paquet ? ◆ **they ~ged him off to the theatre** ils l'ont traîné *or* embarqué * au théâtre (malgré lui)

**luge** /luːʒ/ N luge *f* VI faire de la luge

**luggage** /ˈlʌgɪdʒ/ N *(NonC)* bagages *mpl* ◆ **~ in advance** *(Rail)* bagages *mpl* non accompagnés ; → **hand, left¹, piece** COMP ▷ **luggage boot** N *(Brit Aut)* coffre *m* ▷ **luggage carrier** N porte-bagages *m inv* ▷ **luggage handler** N *(at airport etc)* bagagiste *m* ▷ **luggage insurance** N assurance *f* bagages ▷ **luggage label** N étiquette *f* à bagages ▷ **luggage locker** N (casier *m* de) consigne *f* automatique ▷ **luggage rack** N *(Rail)* porte-bagages *m inv*, filet *m* ; *(Aut)* galerie *f* ▷ **luggage van** N *(esp Brit Rail)* fourgon *m* (à bagages)

**lugger** /ˈlʌgəʳ/ N lougre *m*

**lughole** ‡ /ˈlʌghəʊl/ N *(Brit = ear)* oreille *f*, portugaise ‡ *f*

**lugubrious** /lʊˈguːbrɪəs/ ADJ *(liter)* lugubre

**lugubriously** /lʊˈguːbrɪəslɪ/ ADV *(liter)* lugubrement

**lugworm** /ˈlʌgwɜːm/ N arénicole *f*

**Luke** /luːk/ N Luc *m*

**lukewarm** /ˈluːkwɔːm/ ADJ **a** *(in temperature)* tiède **b** *(= unenthusiastic) [response, reception, applause]* peu enthousiaste ◆ **to be ~ about sb/sth** ne pas être enthousiasmé par qn/qch ◆ **to be ~ about (doing) sth** ne pas être très chaud pour (faire) qch

**lull** /lʌl/ N *[of storm]* accalmie *f* ; *[of hostilities, shooting]* arrêt *m* ; *[of conversation]* arrêt *m*, pause *f* ◆ **it's just the ~ before the storm** *(fig)* c'est le calme avant la tempête VT *[+ person, fear]* apaiser, calmer ◆ **to ~ a child to sleep** endormir un enfant en le berçant ◆ **to be ~ed into a false sense of security** s'endormir dans une fausse sécurité

**lullaby** /ˈlʌləbaɪ/ N berceuse *f* ◆ **~ my baby** dors (mon) bébé, dors

**lulu** * /ˈluːluː/ N *(esp US)* ◆ **it's a ~!** c'est super ! * ; *(iro)* c'est pas de la tarte ! ‡

**lumbago** /lʌmˈbeɪgəʊ/ N lumbago *m*

**lumbar** /ˈlʌmbəʳ/ ADJ lombaire COMP ▷ **lumbar puncture** N ponction *f* lombaire

**lumber¹** /ˈlʌmbəʳ/ N *(NonC)* **a** *(= wood)* bois *m* de charpente **b** *( * = junk)* bric-à-brac *m inv* VT **a** *(Brit * = burden)* **to ~ sb with a task** refiler un boulot à qn * ◆ **she was ~ed with a bill for £90** elle s'est pris une facture de 90 livres ◆ **he got ~ed with the job of making the list** il s'est tapé * *or* farci * le boulot de dresser la liste ◆ **I got ~ed with the girl for the evening** j'ai dû me coltiner * *or* m'appuyer * la fille toute la soirée ◆ **now (that) we're ~ed with it ...** maintenant qu'on a ça sur les bras *or* qu'on nous a collé * ça ... **b** *(US Forestry) (= fell)* abattre ; *(= saw up)* débiter COMP ▷ **lumber jacket** N grosse veste *f* (de bûcheron) ▷ **lumber mill** N scierie *f* ▷ **lumber room** N *(Brit)* (cabinet *m* de) débarras *m* ▷ **lumber yard** N dépôt *m* de bois d'œuvre et de construction

**lumber²** /ˈlʌmbəʳ/ VI (also **lumber about, lumber along**) *[person, animal]* marcher pesamment ; *[vehicle]* rouler lentement ◆ **to ~ in/out** *etc [person]* entrer/sortir *etc* d'un pas pesant *or* lourd

**lumbering¹** /ˈlʌmbərɪŋ/ N *(US)* débit *m or* débitage *m or* tronçonnage *m* de bois

**lumbering²** /ˈlʌmbərɪŋ/ ADJ *[step]* lourd, pesant ; *[person]* mal dégrossi

**lumberjack** /ˈlʌmbədʒæk/ N bûcheron *m* COMP ▷ **lumberjack shirt** N *épaisse chemise à carreaux*

**lumberman** /ˈlʌmbəmən/ N (pl **-men**) ⇒ **lumberjack**

**luminary** /ˈluːmɪnərɪ/ N *(= person)* lumière *f*, sommité *f*

**luminescence** /ˌluːmɪˈnesns/ N luminescence *f*

**luminosity** /ˌluːmɪˈnɒsɪtɪ/ N luminosité *f*

**luminous** /ˈluːmɪnəs/ ADJ lumineux ◆ **my watch is ~** le cadran de ma montre est lumineux

**lumme** † ‡ /ˈlʌmɪ/ EXCL *(Brit)* ⇒ **lummy**

**lummox** /ˈlʌməks/ N *(US)* lourdaud(e) *m(f)*

**lummy** † ‡ /ˈlʌmɪ/ EXCL *(Brit)* ça alors !, sapristi ! *

**lump¹** /lʌmp/ N **a** *(= piece) (gen)* morceau *m* ; *(larger)* gros morceau *m*, masse *f* ; *[of metal, stone]* morceau *m*, masse *f* ; *[of coal, cheese, sugar]* morceau *m* ; *[of clay, earth]* motte *f* ; *(in sauce etc)* grumeau *m* ◆ **meteorites are ~s of rock** les météorites sont des amas rocheux

**b** *(cancerous)* grosseur *f* ; *(= swelling)* protubérance *f* ; *(from bump etc)* bosse *f* ◆ **to have a ~ in one's throat** *(fig)* avoir une boule dans la gorge, avoir la gorge serrée

**c** *( * pej = person)* lourdaud(e) *m(f)*, empoté(e) * *m(f)* ◆ **fat ~!** gros lourdaud !, espèce d'empoté(e) ! *

VT (also **lump together**) *[+ books, objects]* réunir, mettre en tas ; *[+ persons]* réunir ; *[+ subjects]* réunir, considérer en bloc

COMP ▷ **lump sugar** N sucre *m* en morceaux ▷ **lump sum** N *(Fin etc)* montant *m* forfaitaire ; *(= payment)* paiement *m* unique ◆ **he was working for a ~ sum** il travaillait à forfait ◆ **to pay a ~ sum** *(Insurance etc)* verser un capital

► **lump together** VT SEP réunir ; *(fig) [+ people, cases]* mettre dans la même catégorie *or* dans le même sac * *(pej)*, considérer en bloc ; see also **lump¹**

**lump²** * /lʌmp/ VT *(Brit = endure)* ◆ **(if you don't like it) you'll just have to ~ it** que ça te plaise ou pas, t'as pas le choix * ◆ **like it or ~ it** *, **you'll have to go** que tu le veuilles ou non *or* que ça te plaise ou non il faudra que tu y ailles

**lumpectomy** /lʌmˈpektəmɪ/ N ablation *f* d'une tumeur mammaire

**lumpen** /ˈlʌmpən/ ADJ *(esp Brit)* **a** *(liter = shapeless)* informe **b** *(= dull) [person]* terne

**lumpenproletariat** /ˌlʌmpənprəʊləˈtɛərɪət/ N sous-prolétariat *m*, lumpenprolétariat *m*

**lumpfish** /ˈlʌmpfɪʃ/ N (pl **lumpfish** *or* **lumpfishes**) lump *m*, lompe *m* ◆ **~ roe** œufs *mpl* de lump

**lumpish** /ˈlʌmpɪʃ/ ADJ **a** * *(= clumsy)* gauche, maladroit, pataud ; *(= stupid)* idiot, godiche * **b** *(= shapeless) [mass, piece]* informe

**lumpsucker** /ˈlʌmpˌsʌkəʳ/ N lump *m*, lompe *m*

**lumpy** /ˈlʌmpɪ/ ADJ *[mattress, bed]* plein de bosses ; *[gravy, sauce, mixture]* grumeleux, plein de grumeaux ; *[person, face, thighs]* plein de bourrelets ; *[surface, ground]* plein de bosses, inégal ◆ **to become** *or* **go ~** *[sauce]* faire des grumeaux

**lunacy** /ˈluːnəsɪ/ N *(Med)* aliénation *f* mentale, folie *f*, démence *f* ; *(Jur)* démence *f* ; *(fig)* folie *f*, démence *f* ◆ **that's sheer ~!** c'est de la pure folie !, c'est démentiel *or* de la démence !

**lunar** /ˈluːnəʳ/ ADJ *[month, rock, year]* lunaire ; *[eclipse]* de lune COMP ▷ **lunar landing** N *(Space)* alunissage *m* ▷ **lunar module** N *(Space)* module *m* lunaire ▷ **lunar orbit** N *(Space)* ◆ **in ~ orbit** en orbite lunaire *or* autour de la lune

**lunatic** /ˈluːnətɪk/ N *(Med)* aliéné(e) *m(f)* ; *(Jur)* dément(e) *m(f)* ; *(fig)* fou *m*, folle *f*, cinglé(e) * *m(f)* ◆ **he's a ~!** il est fou à lier !, il est cinglé ! * ADJ *(Med) [person] (also fig)* fou (folle *f*), dément ; *[idea, action]* absurde, extravagant, démentiel ◆ **~ asylum** asile *m* d'aliénés ◆ **the ~ fringe** les enragés * *mpl*, les extrémistes *mpl* fanatiques

**lunch** /lʌntʃ/ N déjeuner *m* ◆ **light/quick ~** déjeuner *m* léger/rapide ◆ **we're having pork for ~** nous avons du porc pour déjeuner *or* à midi ◆ **to have ~** déjeuner ◆ **he is at** *or* **out to ~** *(= away from office etc)* il est parti déjeuner ; *(Brit = having lunch)* il est en train de déjeuner ◆ **to be out to ~** ‡ *(fig, hum)* débloquer ‡ ◆ **come to** *or* **for ~ on Sunday** venez déjeuner dimanche ◆ **we had him to ~ yesterday** il est venu déjeuner (chez nous) hier ; → **school**[1], **working**

VI déjeuner ◆ **we ~ed on sandwiches** nous avons déjeuné de sandwiches, nous avons eu des sandwiches pour déjeuner ◆ **to ~ out** déjeuner à l'extérieur *or* en ville

COMP ▷ **lunch break** N pause *f* de midi, heure *f* du déjeuner ▷ **lunch hour** N ◆ **it's his ~ hour just now** c'est l'heure à laquelle il déjeune, c'est l'heure de son déjeuner ◆ **during one's ~ hour** à l'heure du déjeuner ; see also **lunchtime**

**lunchbox** /ˈlʌntʃbɒks/ N a *(= box)* boîte *f* à sandwichs b ‡ *(Brit: = genitals)* attributs *mpl* virils

**luncheon** /ˈlʌntʃən/ N *(frm)* déjeuner *m* COMP ▷ **luncheon basket** N panier-repas *m* ▷ **luncheon meat** N *viande de porc en conserve* ▷ **luncheon voucher** N *(in Brit)* chèque-repas *m*, ticket-repas *m*, ticket-restaurant *m*

**luncheonette** /ˌlʌntʃəˈnet/ N *(US)* ≃ snack-bar *m*

**lunchpail** /ˈlʌntʃpeɪl/ N *(US)* ⇒ **lunchbox**

**lunchtime** /ˈlʌntʃtaɪm/ N ◆ **it's his ~ just now** c'est l'heure à laquelle il déjeune, c'est l'heure de son déjeuner ◆ **it's ~** c'est l'heure de déjeuner ◆ **at ~** à l'heure du déjeuner

**lung** /lʌŋ/ N poumon *m* ◆ **at the top of one's ~s** à pleins poumons, à tue-tête ; → **iron** COMP *[disease, infection]* pulmonaire ▷ **lung cancer** N cancer *m* du poumon ▷ **lung specialist** N pneumologue *mf* ▷ **lung transplant** N greffe *f* du poumon

**lunge** /lʌndʒ/ N a *(= thrust)* (brusque) coup *m* *or* mouvement *m* en avant ; *(Fencing)* botte *f* b (also **lunge rein**) longe *f* VI a *(= move: also* **lunge forward***)* faire un mouvement brusque en avant ; *(Fencing)* se fendre b *(= attack)* ◆ **to ~ at sb** envoyer *or* assener un coup à qn ; *(Fencing)* porter *or* allonger une botte à qn VT *[+ horse]* mener à la longe

**lunula** /ˈluːnjʊlə/ N (pl **lunulae** /ˈluːnjʊˌliː/) *(Anat)* lunule *f*

**lupin** /ˈluːpɪn/ N lupin *m*

**lupus** /ˈluːpəs/ N *(Med)* lupus *m* ◆ **~ erythematosus** lupus *m* érythémateux

**lurch**[1] /lɜːtʃ/ N a *[of person]* écart *m* brusque, vacillement *m* ; *[of car, ship]* embardée *f* ◆ **to give a ~** *[car, ship]* faire une embardée ; *[person]* vaciller, tituber ◆ **my stomach gave a ~** *(from disgust, sickness)* j'ai eu un haut-le-cœur ◆ **my heart gave a ~** *(from misery)* mon cœur s'est serré ◆ **my heart** *or* **stomach gave a ~** *(from fear)* mon sang n'a fait qu'un tour b *(fig: Pol)* **the party's ~ to the right** le virage à droite du parti ◆ **they fear a ~ into recession** ils craignent que l'on ne sombre *subj* dans la récession

VI a *[person]* vaciller, tituber ; *[car, ship]* faire une embardée ◆ **to ~ in/out/along** *etc* *[person]* entrer/sortir/avancer *etc* en titubant ◆ **the car ~ed along** *or* **forwards** la voiture avançait en faisant des embardées ◆ **the ship ~ed from side to side** le bateau se mit à rouler violemment ◆ **he ~ed to his feet** il s'est levé en titubant ◆ **my stomach ~ed** *(from disgust, sickness)* j'ai eu un haut-le-cœur ◆ **my heart ~ed** *(from misery)* mon cœur s'est serré ◆ **my heart** *or* **stomach ~ed** *(from fear)* mon sang n'a fait qu'un tour

b *(fig)* **to ~ towards crisis/into turmoil** sombrer dans la crise/le chaos ◆ **the government ~es from one crisis to the next** le gouvernement navigue entre les écueils

**lurch**[2] /lɜːtʃ/ N ◆ **to leave sb in the ~** laisser qn en plan *

**lure** /ljʊəʳ/ N a *(NonC) (= charm) [of sea, travel etc]* attrait *m*, charme *m* ◆ **the ~ of money/drugs** *(fig = false attraction)* l'attrait *m* exercé par l'argent/la drogue ◆ **the ~ of profit** l'appât *m* du gain b *(Hunting = decoy)* leurre *m* VT tromper, attirer *or* persuader par la ruse ◆ **to ~ sb in/out** *etc* persuader qn par la ruse d'entrer/de sortir *etc* ◆ **clever advertising to ~ customers in** de la publicité accrocheuse pour faire entrer les clients ◆ **to ~ sb into a trap** attirer qn dans un piège ◆ **to ~ sb into a house** attirer qn dans une maison

► **lure away** VT SEP ◆ **to lure sb away from the house** éloigner qn *or* faire sortir qn de la maison par la ruse ◆ **to ~ customers away from one's competitors** attirer les clients de ses concurrents

► **lure on** VT SEP entraîner par la ruse, séduire

**lurex** /ˈlʊəreks/ N lurex *m*

**lurgy** ‡ /ˈlɜːgɪ/ N *(Brit hum)* ◆ **to have the (dreaded) ~** *(= cold, flu)* avoir la crève * ; *(= infectious illness)* avoir chopé * un microbe

**lurid** /ˈljʊərɪd/ ADJ a *(= graphic, sensational) [story]* horrible, cru ; *[image, photo]* horrible ; *[headlines]* à sensation ; *[scandal, rumour]* épouvantable ◆ **in ~ detail** avec un luxe de détails choquants ◆ **~ details of their relationship** les détails les plus scabreux de leur liaison b *(= garish) [colour]* criard ; *[shirt, skirt]* aux couleurs criardes c *(= glowing) [sky, sunset]* empourpré ; *[glow]* sanglant d *(liter = pallid) [light]* blafard

**luridly** /ˈljʊərɪdlɪ/ ADV *(= garishly) [lit]* de façon tapageuse ◆ **~ coloured** *(one colour)* criard ; *(two or more colours)* aux couleurs criardes

**lurk** /lɜːk/ VI *[person]* se cacher *(dans un but malveillant)*, se tapir ; *[danger]* menacer ; *[doubt]* persister ◆ **he was ~ing behind the bush** il se cachait *or* il était tapi derrière le buisson ◆ **there's someone ~ing (about) in the garden** quelqu'un rôde dans le jardin, il y a un rôdeur dans le jardin

**lurking** /ˈlɜːkɪŋ/ ADJ *[fear, doubt]* vague ◆ **a ~ idea** une idée de derrière la tête

**luscious** /ˈlʌʃəs/ ADJ a (* *= beautiful) [woman, blonde, lips]* pulpeux ; *[fabrics]* somptueux b *(= delicious) [food, wine]* succulent

**lush** /lʌʃ/ ADJ a *(= luxuriant) [field, vegetation]* luxuriant ; *[pasture]* riche ◆ **~ green meadows** de luxuriantes prairies *fpl* b *(= opulent) [hotel, surroundings, fabric]* luxueux c *(Mus) [harmonies, sound]* riche N (* *= alcoholic)* alcoolo * *m*, poivrot(e) * *m(f)*

**lushness** /ˈlʌʃnɪs/ N a *[of vegetation]* luxuriance *f* b *(= opulence)* luxe *m*

**lust** /lʌst/ N *(sexual)* désir *m* (sexuel) ; *(Rel = one of the seven sins)* luxure *f* ; *(for fame, power etc)* soif *f* (*for* de) ◆ **the ~ for life** la soif *or* la rage de vivre

► **lust after, lust for** VT FUS *[+ woman]* désirer, convoiter ; *[+ revenge, power]* avoir soif de ; *[+ riches]* convoiter

**luster** /ˈlʌstəʳ/ N *(US)* ⇒ **lustre**

**lustful** /ˈlʌstfʊl/ ADJ *(= lecherous)* lascif

**lustfully** /ˈlʌstfəlɪ/ ADV lascivement

**lustfulness** /ˈlʌstfʊlnɪs/ N lubricité *f*, lasciveté *f*

**lustily** /ˈlʌstɪlɪ/ ADV vigoureusement

**lustre, luster** *(US)* /ˈlʌstəʳ/ N *(= gloss)* lustre *m*, brillant *m* ; *(= substance)* lustre *m* ; *(fig) (= renown)* éclat *m* VT lustrer

**lustreless** /ˈlʌstəlɪs/ ADJ *(liter)* terne

**lustreware** /ˈlʌstəweəʳ/ N poterie *f* mordorée

**lustrous** /ˈlʌstrəs/ ADJ *(= shining) [material]* lustré, brillant ; *[eyes]* brillant ; *[pearls]* chatoyant ; *(fig) (= splendid)* splendide, magnifique

**lusty** /ˈlʌstɪ/ ADJ *(= healthy) [person, infant]* vigoureux, robuste ; *(= hearty) [cheer, voice]* vigoureux, vif

**lute** /luːt/ N luth *m*

**Lutetia** /luːˈtiːʃə/ N Lutèce *f*

**lutetium** /lʊˈtiːʃɪəm/ N lutécium *m*

**Luther** /ˈluːθəʳ/ N Luther *m*

**Lutheran** /ˈluːθərən/ N Luthérien(ne) *m(f)* ADJ luthérien

**Lutheranism** /ˈluːθərənɪzəm/ N luthéranisme *m*

**luv** * /lʌv/ *(Brit)* ⇒ **love**

**luvvie** ‡ /ˈlʌvɪ/ N *(Brit)* a *(term of address = darling)* chéri(e) *m(f)* b *(hum, gen pej = actor, actress)* acteur *m* (prétentieux), actrice *f* (prétentieuse)

**Luxemb(o)urg** /ˈlʌksəmbɜːg/ N Luxembourg *m* ◆ **in ~** au Luxembourg ◆ **the Grand Duchy of Luxemb(o)urg** le grand-duché de Luxembourg ◆ **the Luxemb(o)urg Embassy, the Embassy of Luxemb(o)urg** l'ambassade *f* du Luxembourg

**Luxemb(o)urger** /ˈlʌksəmbɜːgəʳ/ N Luxembourgeois(e) *m(f)*

**Luxor** /ˈlʌksɔːʳ/ N Louxor

**luxuriance** /lʌgˈzjʊərɪəns/ N a *[of foliage, garden]* luxuriance *f* ; *[of hair]* abondance *f* b *[of style, language]* exubérance *f*

**luxuriant** /lʌgˈzjʊərɪənt/ ADJ a *[foliage, leaves, garden, forest, plants]* luxuriant ; *[beard]* touffu ; *[hair, moustache]* abondant b *[style, imagery]* exubérant

**luxuriantly** /lʌgˈzjʊərɪəntlɪ/ ADV a *(= in profusion)* ◆ **to grow ~** *[flowers, hair]* pousser en abondance ; *[tropical vegetation]* pousser avec exubérance ◆ **his ~ silky beard** sa barbe épaisse et soyeuse b *(= richly)* ◆ **~ poetic writing** des écrits d'une poésie exubérante

**luxuriate** /lʌg'zjʊərɪeɪt/ VI a *(= revel)* **to ~ in sth** s'abandonner *or* se livrer avec délices à qch b *(= grow profusely)* pousser avec exubérance *or* à profusion

**luxurious** /lʌg'zjʊərɪəs/ ADJ a *(= comfortable) [hotel, surroundings]* luxueux, somptueux ; *[car, fabric, lifestyle]* luxueux ; *[tastes]* de luxe b *(= sensuous) [sigh, yawn]* voluptueux

**luxuriously** /lʌg'zjʊərɪəslɪ/ ADV a *(= comfortably) [furnished, appointed, decorated]* luxueusement ◆ **to live ~** vivre dans le luxe b *(= sensuously) [sigh, yawn, stretch]* voluptueusement

**luxuriousness** /lʌg'zjʊərɪəsnɪs/ N *[of hotel, car, surroundings]* luxe *m*

**luxury** /'lʌkʃərɪ/ N a *(NonC)* luxe *m* ◆ **to live in ~** vivre dans le luxe ; → **lap**[1] b *(= luxurious item)* luxe *m* ◆ **good bread is becoming a ~** le bon pain devient un (produit de) luxe ◆ **it's quite a ~ for me to go to the theatre** c'est du luxe pour moi que d'aller au théâtre ◆ **what a ~ to have** *or* **take a bath at last!** quel luxe de pouvoir enfin prendre un bain ! ADJ *[goods, article, item]* de luxe ; *[flat, hotel]* de grand luxe, de grand standing ◆ **a ~ car** une voiture de luxe

**LV** (abbrev of **luncheon voucher**) → **luncheon**

**LW** *(Rad)* (abbrev of **long wave**) GO *fpl*

**lycanthropy** /laɪ'kænθrəpɪ/ N lycanthropie *f*

**lyceum** /laɪ'siːəm/ N ≈ maison *f* de la culture

**lychee** /'laɪtʃiː/ N litchi *or* letchi *m*

**lychgate** /'lɪtʃgeɪt/ N ⇒ **lichgate**

**Lycra** ® /'laɪkrə/ N Lycra ® *m* COMP en Lycra

**lye** /laɪ/ N lessive *f (substance)*

**lying**[1] /'laɪɪŋ/ N *(NonC)* mensonge(s) *m(pl)* ◆ **~ will get you nowhere** ça ne te servira à rien de mentir ADJ *[person]* menteur ; *[statement, story]* mensonger ◆ **you ~ bastard!** *✻ sale menteur ! *

**lying**[2] /'laɪɪŋ/ N *[of body]* ◆ **~ in state** exposition *f* (solennelle) COMP ▷ **lying-in** † N (pl **lyings-in**) *(Med)* accouchement *m*, couches *fpl* ▷ **lying-in ward** N salle *f* de travail *or* d'accouchement

**lymph** /lɪmf/ N *(Anat)* lymphe *f* COMP ▷ **lymph gland** † N ⇒ **lymph node** ▷ **lymph node** N ganglion *m* lymphatique

**lymphatic** /lɪm'fætɪk/ ADJ lymphatique

**lymphocyte** /'lɪmfəʊ,saɪt/ N lymphocyte *m*

**lymphoid** /'lɪmfɔɪd/ ADJ lymphoïde

**lymphoma** /lɪm'fəʊmə/ N lymphome *m*

**lymphosarcoma** /,lɪmfəʊsɑː'kəʊmə/ N lymphosarcome *m*

**lynch** /lɪntʃ/ VT *(= hang)* exécuter sommairement *(par pendaison)* ; *(= kill)* lyncher COMP ▷ **lynch law** N loi *f* de Lynch ▷ **lynch mob** N lyncheurs *mpl*

**lynching** /'lɪntʃɪŋ/ N *(= action, result)* lynchage *m*

**lynchpin** /'lɪntʃpɪn/ N ⇒ **linchpin**

**lynx** /lɪŋks/ N (pl **lynxes** *or* **lynx**) lynx *m inv* COMP ▷ **lynx-eyed** ADJ aux yeux de lynx

**Lyons** /'laɪənz/ N Lyon

**lyophilize** /laɪ'ɒfɪ,laɪz/ VT lyophiliser

**lyre** /'laɪəʳ/ N lyre *f*

**lyrebird** /'laɪəbɜːd/ N oiseau-lyre *m*, ménure *m*

**lyric** /'lɪrɪk/ N a *(= poem)* poème *m* lyrique b *(= words of song)* **~(s)** paroles *fpl* ADJ *[poem, poet]* lyrique COMP ▷ **lyric writer** N parolier *m*, -ière *f*

**lyrical** /'lɪrɪkəl/ ADJ a *(Poetry)* lyrique b * → **wax**[2]

**lyrically** /'lɪrɪkəlɪ/ ADV *(= poetically) [speak, write, describe]* avec lyrisme ◆ **~ beautiful** d'une beauté lyrique

**lyricism** /'lɪrɪsɪzəm/ N lyrisme *m*

**lyricist** /'lɪrɪsɪst/ N *(= poet)* poète *m* lyrique ; *(= song-writer)* parolier *m*, -ière *f*

**lysergic** /laɪ'sɜːdʒɪk/ ADJ lysergique COMP ▷ **lysergic acid** N acide *m* lysergique

# M

**M, m** /em/ **N** a (= *letter*) M, m *m* ◆ **M for Mike, M for Mother** ≃ M comme Marie b (*Brit*) (abbrev of **motorway**) ◆ **on the M6** sur l'autoroute M6 c (abbrev of **million(s)**) → **million** d (abbrev of **medium**) moyen e (abbrev of **metre(s)**) m f (abbrev of **mile(s)**) → **mile**

**MA** /ˌem'eɪ/ a (*Univ*) (abbrev of **Master of Arts**) ◆ **to have an ~ in French** ≃ avoir une maîtrise de français ; → **master** ; → DEGREE b abbrev of **Massachusetts** c (*US*) (abbrev of **Military Academy**) → **military**

**ma** * /mɑː/ **N** maman *f* ◆ **Ma Smith** (*pej*) la mère Smith

**ma'am** /mæm/ **N** (abbrev of **madam**) (*gen: esp US*) Madame *f*, Mademoiselle *f* ; (*to royalty*) Madame *f*

**Maastricht Treaty** /'mɑːstrɪkt'triːtɪ/ **N** ◆ **the ~** le traité de Maastricht

**mac** /mæk/ **N** a (*Brit* *) (abbrev of **mackintosh**) imperméable *m*, imper * *m* b (*esp US* *: form of address*) **hurry up Mac!** hé ! dépêchez-vous ! ; (*to friend*) dépêche-toi mon vieux *or* mon pote ! *

**macabre** /mə'kɑːbrə/ **ADJ** macabre

**macadam** /mə'kædəm/ **N** macadam *m* ; → **tar**[1] **COMP** [*surface*] en macadam ; [*road*] macadamisé

**macadamize** /mə'kædəmaɪz/ **VT** macadamiser

**macaroni** /ˌmækə'rəʊnɪ/ **N** (pl **macaronis** *or* **macaronies**) macaroni(s) *m(pl)* **COMP** ▷ **macaroni cheese N** gratin *m* de macaroni(s)

**macaronic** /ˌmækə'rɒnɪk/ **ADJ** macaronique **N** vers *m* macaronique

**macaroon** /ˌmækə'ruːn/ **N** macaron *m*

**macaw** /mə'kɔː/ **N** ara *m*

**Mace** ® /meɪs/ **N** (= *gas*) gaz *m* incapacitant, mace *m* **VT** attaquer au gaz incapacitant *or* au mace

**mace**[1] /meɪs/ **N** (*NonC = spice*) macis *m*

**mace**[2] /meɪs/ **N** (= *weapon*) massue *f* ; (= *ceremonial staff*) masse *f*

**macebearer** /'meɪsbɛərə^r/ **N** massier *m*

**Macedonia** /ˌmæsɪ'dəʊnɪə/ **N** Macédoine *f*

**Macedonian** /ˌmæsɪ'dəʊnɪən/ **ADJ** macédonien **N** (= *person*) Macédonien(ne) *m(f)*

**macerate** /'mæsəreɪt/ **VTI** macérer

**Mach** /mæk/ **N** (*Aviat:* also **Mach number**) (nombre *m* de) Mach *m* ◆ **to fly at ~ 2** voler à Mach 2

**machete** /mə'ʃetɪ/ **N** machette *f*

**Machiavelli** /ˌmækɪə'velɪ/ **N** Machiavel *m*

**Machiavellian** /ˌmækɪə'velɪən/ **ADJ** machiavélique

**machination** /ˌmækɪ'neɪʃən/ **N** machination *f*, intrigue *f*, manœuvre *f*

**machine** /mə'ʃiːn/ **N** a (*gen, Tech, Theat*) machine *f* ◆ **adding/bread-making/cigarette-making** *etc* **~** machine *f* à calculer/à fabriquer du pain/à fabriquer des cigarettes *etc* ◆ **shredding ~** broyeur *m*, broyeuse *f* ◆ **milking ~** trayeuse *f* ◆ **by ~** à la machine ; → **flying, knitting, washing**

b (*fig*) machine *f* ◆ **the company is a real money-making ~** cette société est une vraie machine à fabriquer de l'argent ◆ **the military ~** la machine *or* l'appareil *m* militaire ◆ **publicity/propaganda ~** appareil *m* publicitaire/de propagande ◆ **the political ~** la machine *or* l'appareil *m* politique ◆ **the Democratic ~** (*US Pol*) la machine administrative *or* l'appareil *m* du parti démocrate ; → **party**

c (*pej = soulless person*) machine *f*, automate *m*

**VT** (*Tech*) façonner à la machine, usiner ; (*Sewing*) coudre à la machine, piquer (à la machine)

**COMP** (*gen*) de la machine, des machines ; (*Comput*) machine ▷ **machine age N** siècle *m* de la machine *or* des machines ▷ **machine-assisted translation N** traduction *f* assistée par ordinateur ▷ **machine code N** (*Comput*) code *m* machine ▷ **machine error N** erreur *f* technique ▷ **machine gun N** mitrailleuse *f* ▷ **machine-gun VT** mitrailler ▷ **machine gunner N** mitrailleur *m* ▷ **machine-gunning N** mitraillage *m* ▷ **machine intelligence N** intelligence *f* artificielle ▷ **machine language N** langage *m* machine ▷ **machine-made ADJ** fait à la machine ▷ **machine operator N** (*Ind*) opérateur *m*, -trice *f* (sur machines) ; (*Comput*) opérateur *m*, -trice *f* ▷ **machine-readable ADJ** (*Comput*) exploitable par un ordinateur ◆ **in ~-readable form** sous (une) forme exploitable par ordinateur ▷ **machine shop N** atelier *m* d'usinage ▷ **machine stitch N** point *m* (de piqûre) à la machine ▷ **machine-stitch VT** piquer à la machine ▷ **machine time N** temps *m* d'opération (d'une machine) ▷ **machine tool N** machine-outil *f* ◆ **~-tool operator** opérateur *m* sur machine-outil, usineur *m* ▷ **machine translation N** traduction *f* automatique ▷ **machine washable ADJ** lavable à la *or* en machine

**machinery** /mə'ʃiːnərɪ/ **N** (*NonC*) a (= *machines collectively*) machinerie *f*, machines *fpl* ; (= *parts of machine*) mécanisme *m*, rouages *mpl* ◆ **a piece of ~** un mécanisme ◆ **to get caught in the ~** être pris dans la machine ◆ **agricultural ~** machines *fpl* agricoles ◆ **electrical ~** appareils *mpl* électriques ◆ **industrial ~** équipements *mpl* industriels b (*fig*) **the ~ of government** l'appareil *m* étatique ◆ **the ~ to enforce this legislation simply doesn't exist** aucun dispositif d'application n'a été mis en place pour cette législation

**machinist** /mə'ʃiːnɪst/ **N** machiniste *mf*, opérateur *m*, -trice *f* (sur machine) ; (*on sewing, knitting machines*) mécanicienne *f*

**machismo** /mæ'tʃiːzməʊ/ **N** (*NonC*) machisme *m*, phallocratie *f*

**macho** /'mætʃəʊ/ **N** macho *m*, phallocrate *m* **ADJ** macho *inv*

**mackerel** /'mækrəl/ **N** (pl **mackerel** *or* **mackerels**) maquereau *m* **COMP** ▷ **mackerel sky N** ciel *m* pommelé

**Mackinaw** /'mækɪˌnɔː/ **N** (*US*) (also **Mackinaw coat**) grosse veste *f* de laine à carreaux ; (also **Mackinaw blanket**) grosse couverture *f* de laine à carreaux

**mackintosh** /'mækɪntɒʃ/ **N** imperméable *m*

**macramé** /mə'krɑːmɪ/ **N** macramé *m* **COMP** [*plant holder etc*] en macramé

**macro** /'mækrəʊ/ **N** (*Comput*) macro *f* **COMP** (*Phot*) ▷ **macro lens N** (*Phot*) objectif *m* macro

**macro...** /'mækrəʊ/ **PREF** macro... ◆ **macromolecule** macromolécule *f* ; → **macrobiotic**

**macrobiotic** /ˌmækrəʊbaɪ'ɒtɪk/ **ADJ** macrobiotique

**macrobiotics** /ˌmækrəʊbaɪ'ɒtɪks/ **N** (*NonC*) macrobiotique *f*

**macrocosm** /'mækrəʊkɒzəm/ **N** macrocosme *m*

**macroeconomics** /ˌmækrəʊˌiːkə'nɒmɪks/ **N** (*NonC*) macroéconomie *f*

**macro-instruction** /ˌmækrəʊɪn'strʌkʃən/ **N** macro-instruction *f*

**macrolinguistics** /ˌmækrəʊlɪŋ'gwɪstɪks/ **N** (*NonC*) macrolinguistique *f*

**macromarketing** /ˌmækrəʊ'mɑːkɪtɪŋ/ **N** macromarketing *m*

**macron** /'mækrɒn/ **N** macron *m*

**macrophotography** /ˌmækrəʊfə'tɒgrəfɪ/ **N** macrophotographie *f*

**macroscopic** /ˌmækrəˈskɒpɪk/ **ADJ** macroscopique

**MAD** /ˌemerˈdiː/ **N** *(US Mil)* (abbrev of **mutual(ly) assured destruction**) → **mutual**

**mad** /mæd/ **ADJ** **a** *[person] (= deranged)* fou (folle *f*) ; *(= rash, crazy)* fou (folle *f*), insensé ; *[hope, plan, idea]* insensé ; *[race, gallop]* effréné ; *[bull]* furieux ; *[dog]* enragé ◆ **to go ~** devenir fou ◆ **this is idealism gone ~** c'est de l'idéalisme qui dépasse les bornes ; *(stronger)* c'est de l'idéalisme qui vire à la folie ◆ **to drive sb ~** *(lit, fig)* rendre qn fou ; see also **b** ◆ **as ~ as a hatter** *or* **a March hare** * ◆ **(stark) raving ~** * ◆ **stark staring ~** * fou à lier ◆ **~ with grief** fou de chagrin ◆ **that was a ~ thing to do** il fallait être fou pour faire cela ◆ **you're ~ to think of it!** tu es fou d'y songer ! ◆ **are you ~?** * ça ne va pas ? * *(iro)* ◆ **you must be ~!** ça ne va pas, non ! * ◆ **you must be ~ to cycle in this weather!, you must be ~, cycling in this weather!** il faut vraiment que tu sois fou pour faire du vélo par ce temps !, tu es fou de faire du vélo par ce temps ! ◆ **we had a ~ dash for the bus** nous avons dû foncer * pour attraper le bus ◆ **I'm in a ~ rush** * je suis à la bourre *

◆ **like mad** * *(Brit = happy)* ◆ **to pedal/push** *etc* **like ~** pédaler/appuyer *etc* comme un fou ◆ **to run like ~** courir comme un fou *or* un dératé ◆ **to cry like ~** pleurer comme une Madeleine ◆ **to laugh like ~** rire comme une baleine * ◆ **the phone has been ringing like ~ all morning** le téléphone n'a pas arrêté de sonner ce matin ◆ **to work/shout like ~** travailler/crier comme un fou *or* un forcené ◆ **this plant grows like ~** cette plante pousse comme du chiendent

**b** *(esp US * = angry)* furieux ◆ **to be ~ at** *or* **with sb** être furieux contre qn ◆ **to get ~ at** *or* **with sb** s'emporter contre qn ◆ **don't get ~ at** *or* **with me!** ne te fâche pas contre moi ! ◆ **he was ~ at** *or* **with me for spilling the tea** il était furieux contre moi parce que j'avais renversé le thé ◆ **he was really ~ about my mistake** mon erreur l'a mis hors de lui ◆ **he makes me ~!** ce qu'il peut m'agacer *or* m'énerver ! ◆ **to drive sb ~** faire enrager qn, mettre qn en fureur ◆ **he's hopping** *or* **spitting ~** il est fou furieux ◆ **~ as a hornet** * *(US)* furibard *

**c** ( * *= enthusiastic:* also **mad keen**) ◆ **to go ~ on sth** devenir dingue * de qch ◆ **~ on** *or* **about sth** mordu * *or* dingue * de qch ◆ **to be ~ on** *or* **about sb** être fou de qn ◆ **I'm not ~ on** *or* **about him** je ne l'aime pas trop ◆ **to be ~ on** *or* **about swimming/football/computers, to be swimming-/football-/computer-~** être mordu * *or* dingue * de natation/de football/d'informatique ◆ **I'm not ~ about it** ça ne m'emballe pas *

**d** ( * *= excited)* ◆ **the audience went ~** la folie a gagné le public ◆ **the dog went ~ when he saw his master** le chien est devenu comme fou quand il a vu son maître ◆ **I went ~ and finished everything in an hour** sur un coup de tête *or* de folie, j'ai tout fini en une heure

**COMP** ▷ **mad cow disease** **N** maladie *f* de la vache folle ▷ **mad money** * **N** *(NonC: US)* ◆ **this is my ~ money** cet argent-là, c'est pour mes petits plaisirs

**Madagascan** /ˌmædəˈgæskən/ **ADJ** malgache **N** *(= person)* Malgache *mf*

**Madagascar** /ˌmædəˈgæskəʳ/ **N** *(= island)* Madagascar *f* ; *(= country)* Madagascar *m* ◆ **the Democratic Republic of ~** la République démocratique de Madagascar ◆ **in ~** à Madagascar

**madam** /ˈmædəm/ **N** (pl **madams** *or* **mesdames** /ˈmeɪdæm/) **a** madame *f* ; *(unmarried)* mademoiselle *f* ◆ **Dear Madam** *(in letters)* Madame, Mademoiselle ◆ **Madam Chairman** *(frm)* Madame la Présidente **b** *(Brit)* ◆ **she's a little ~** * c'est une petite pimbêche *or* mijaurée **c** *(= brothelkeeper)* sous-maîtresse *f*, tenancière *f* de maison close

**madcap** /ˈmædkæp/ **ADJ, N** écervelé(e) *m(f)*

**madden** /ˈmædn/ **VT** rendre fou ; *(= infuriate)* exaspérer ◆ **~ed by pain** fou de douleur

**maddening** /ˈmædnɪŋ/ **ADJ** exaspérant

**maddeningly** /ˈmædnɪŋlɪ/ **ADV** *[say, smile]* d'une façon exaspérante ◆ **to be ~ cautious/slow** être d'une prudence/lenteur exaspérante

**made** /meɪd/ **VB** pt, ptp of **make** **COMP** ▷ **made-to-measure** **ADJ** (fait) sur mesure ▷ **made-to-order** **ADJ** (fait) sur commande ▷ **made-up** **ADJ** **a** *(= invented) [story]* inventé, fabriqué ; *(pej)* faux (fausse *f*) ; *(with cosmetics) [face, eyes]* maquillé ; *[nails]* fait ◆ **she is too ~-up** elle est trop maquillée **b** * *(Brit = happy, delighted)* ravi

**-made** /meɪd/ **ADJ ENDING IN COMPS** ◆ **British/French-made** fabriqué en Grande-Bretagne/France

**Madeira** /məˈdɪərə/ **N** *(Geog)* (l'île *f* de) Madère *f* ; *(= wine)* (vin *m* de) madère *m* **COMP** ▷ **Madeira cake** **N** ≈ quatre-quarts *m* ▷ **Madeira sauce** **N** sauce *f* madère

**madhouse** * /ˈmædhaʊs/ **N** *(lit, fig)* maison *f* de fous

**Madison Avenue** /ˈmædɪsənˈævənjuː/ **N** *(US)* le monde de la publicité

**madly** /ˈmædlɪ/ **ADV** **a** *[scream, grin]* comme un fou ◆ **to be/fall ~ in love with sb** être/tomber éperdument amoureux de qn ◆ **to love sb ~** aimer qn à la folie ◆ **we were ~ rushing for the train** *(= furiously)* c'était la course pour attraper le train ◆ **I was ~ trying to open it** j'essayais désespérément de l'ouvrir **b** *[attractive, exciting]* follement ; *[irritating]* extrêmement ◆ **~ impatient** piaffant d'impatience ◆ **~ jealous** fou de jalousie

**madman** /ˈmædmən/ **N** (pl **-men**) fou *m*

**madness** /ˈmædnɪs/ **N** *(gen, Med)* folie *f* ; *(in animals = rabies)* rage *f* ; *(= rashness)* folie *f*, démence *f* ◆ **it is sheer ~ to say so** c'est de la pure folie *or* de la démence de le dire ◆ **what ~!** c'est de la pure folie !, il faut être fou !

**Madonna** /məˈdɒnə/ **N** *(Rel)* Madone *f* ; *(fig)* madone *f* **COMP** ▷ **Madonna lily** **N** lis *m* blanc

**Madras** /məˈdrɑːs/ **N** *(Geog)* Madras

**madras** /məˈdrɑːs/ **N** **a** *(Culin = curry) curry très épicé* ◆ **beef/chicken ~** *curry de bœuf/poulet très épicé* **b** *(Tex)* (also **madras cotton**) madras *m*

**Madrid** /məˈdrɪd/ **N** Madrid

**madrigal** /ˈmædrɪgəl/ **N** madrigal *m*

**madwoman** /ˈmædwʊmən/ **N** (pl **-women**) folle *f*

**maelstrom** /ˈmeɪlstrəʊm/ **N** *(lit, fig)* tourbillon *m*, maelström *m*

**maestro** /ˈmaɪstrəʊ/ **N** (pl **maestros** *or* **maestri** /ˈmaɪstrɪ/) maestro *m*

**Mae West** † * /ˌmeɪˈwest/ **N** gilet *m* de sauvetage (gonflable)

**MAFF** **N** *(Brit: formerly)* (abbrev of **Ministry of Agriculture, Fisheries and Food**) ministère *m* de l'Agriculture, de la Pêche et de l'Alimentation

**mafia** /ˈmæfɪə/ **N** *(lit, fig)* mafia *f* ◆ **it's a real ~** c'est une véritable mafia ◆ **a literary ~** une coterie littéraire

**mafioso** /ˌmæfɪˈəʊsəʊ/ **N** maf(f)ioso *m*

**mag** * /mæg/ **N** (abbrev of **magazine**) revue *f*, magazine *m*

**magazine** /ˌmægəˈziːn/ **N** **a** *(Press)* revue *f*, magazine *m* ; *(Rad, TV:* also **magazine programme**) magazine *m* **b** *(Mil = store)* magasin *m* (du corps) **c** *(in gun) (= compartment)* magasin *m* ; *(= cartridges)* chargeur *m* ; *(in slide projector etc)* magasin *m*

**Magellan** /məˈgelən/ **N** Magellan *m* ◆ **~ Strait** détroit *m* de Magellan

**magenta** /məˈdʒentə/ **N** magenta *m* **ADJ** magenta *inv*

**Maggie** /ˈmægɪ/ **N** (dim of **Margaret**) Maguy *f*

**Maggiore** /ˌmædʒɪˈɔːrɪ/ **N** ◆ **Lake ~** le lac Majeur

**maggot** /ˈmægət/ **N** ver *m*, asticot *m*

**maggoty** /ˈmægətɪ/ **ADJ** *[fruit]* véreux

**Maghreb** /ˈmʌgrəb/ **N** Maghreb *m*

**Magi** /ˈmeɪdʒaɪ/ **NPL** (rois *mpl*) mages *mpl*

**magic** /ˈmædʒɪk/ **N** *(NonC)* magie *f*, enchantement *m* ◆ **as if by ~, like ~** comme par enchantement *or* magie ◆ **the ~ of that moment** la magie de cet instant

**ADJ** **a** *(= supernatural)* magique, enchanté ; *(fig)* merveilleux, prodigieux ◆ **to say the ~ word** prononcer la formule magique ◆ **the Magic Flute** la Flûte enchantée

**b** *(esp Brit * = brilliant)* super *, génial *

**COMP** ▷ **magic bullet** **N** *(Med)* médicament *m* miracle ; *(US * = solution)* solution *f* miracle ▷ **magic carpet** **N** tapis *m* volant ▷ **magic circle** **N** cercle *m* magique ▷ **magic lantern** **N** lanterne *f* magique ▷ **magic mushroom** * **N** champignon *m* hallucinogène ▷ **magic realism** **N** *(Art, Literat)* réalisme *m* magique ▷ **magic spell** **N** sort *m* sortilège *m* ▷ **magic square** **N** carré *m* magique

► **magic away** **VT SEP** faire disparaître comme par enchantement

► **magic up** **VT SEP** faire apparaître comme par enchantement

**magical** /ˈmædʒɪkəl/ **ADJ** **a** *(= supernatural) [powers, properties]* magique **b** *(= wonderful) [story, tale, experience]* merveilleux ; *[place, moment]* magique **COMP** ▷ **magical mystery tour** **N** voyage *m* enchanté ▷ **magical realism** **N** ⇒ **magic realism** ; → **magic**

**magically** /ˈmædʒɪkəlɪ/ **ADV** *[disappear, transform, produce]* comme par magie *or* enchantement

**magician** /məˈdʒɪʃən/ **N** *(lit, fig)* magicien(ne) *m(f)* ; *(Theat etc)* illusionniste *mf*

**magisterial** /ˌmædʒɪsˈtɪərɪəl/ **ADJ** *(lit)* de magistrat ; *(fig)* magistral, formidable

**magisterially** /ˌmædʒɪsˈtɪərɪəlɪ/ **ADV** magistralement

**magistracy** /ˈmædʒɪstrəsɪ/ **N** *(NonC)* magistrature *f*

**magistrate** /ˈmædʒɪstreɪt/ **N** magistrat *m* ; *(dealing with minor crimes)* juge *mf* d'instance ◆ **~s' court** ≈ tribunal *m* d'instance

**magma** /ˈmægmə/ **N** (pl **magmas** *or* **magmata** /ˈmægmətə/) magma *m*

**Magna C(h)arta** /ˌmægnəˈkɑːtə/ **N** *(Brit Hist)* Grande Charte *f*

**magna cum laude** /ˈmægnəkʌmˈlaʊdeɪ/ **ADV** *(US Univ)* ◆ **to graduate ~** ≈ obtenir la mention très bien

**magnanimity** /ˌmægnəˈnɪmɪtɪ/ **N** magnanimité *f*

**magnanimous** /mægˈnænɪməs/ **ADJ** *[person, gesture]* magnanime (*to sb* envers qn) ◆ **to be ~ in victory** se montrer magnanime dans la victoire, être un vainqueur magnanime

**magnanimously** /mægˈnænɪməslɪ/ **ADV** magnanimement

**magnate** /ˈmæɡneɪt/ N magnat *m*, roi *m* ◆ **industrial/financial** ~ magnat *m* de l'industrie/de la finance ◆ **oil** ~ magnat *m or* roi *m* du pétrole

**magnesia** /mæɡˈniːʃə/ N magnésie *f* ; → **milk**

**magnesium** /mæɡˈniːzɪəm/ N magnésium *m*

**magnet** /ˈmæɡnɪt/ N *(lit, fig)* aimant *m* COMP ▷ **magnet school** N *(US) école, généralement située dans un quartier défavorisé, qui bénéficie d'avantages particuliers destinés à attirer des élèves d'autres quartiers*

**magnetic** /mæɡˈnetɪk/ ADJ *(lit, fig)* magnétique COMP ▷ **magnetic card reader** N lecteur *m* de cartes magnétiques ▷ **magnetic disk** N disque *m* magnétique ▷ **magnetic field** N champ *m* magnétique ▷ **magnetic needle** N aiguille *f* aimantée ▷ **magnetic north** N nord *m* magnétique ▷ **magnetic resonance imager** N imageur *m* à résonance magnétique ▷ **magnetic resonance imaging** N imagerie *f* par résonance magnétique ▷ **magnetic storm** N orage *m* magnétique ▷ **magnetic strip, magnetic stripe** N *(on credit card etc)* piste *f* magnétique ▷ **magnetic tape** N bande *f* magnétique

**magnetically** /mæɡˈnetɪkəlɪ/ ADV a *(Phys) [attach]* magnétiquement b *(fig)* ◆ **to be ~ drawn to sb/sth** être attiré par qn/qch comme par un aimant

**magnetism** /ˈmæɡnɪtɪzəm/ N *(lit, fig)* magnétisme *m*

**magnetize** /ˈmæɡnɪtaɪz/ VT *(lit)* aimanter, magnétiser ; *(fig)* magnétiser

**magneto** /mæɡˈniːtəʊ/ N magnéto *f*

**magneto...** /mæɡˈniːtəʊ/ PREF magnéto...

**magnetometer** /ˌmæɡnɪˈtɒmɪtəʳ/ N magnétomètre *m*

**magnetosphere** /mæɡˈniːtəʊˌsfɪəʳ/ N magnétosphère *f*

**Magnificat** /mæɡˈnɪfɪˌkæt/ N *(Rel)* Magnificat *m inv*

**magnification** /ˌmæɡnɪfɪˈkeɪʃən/ N a *(Opt)* grossissement *m* ◆ **under ~** au microscope b *(fig = amplification)* amplification *f* c *(Rel)* glorification *f* COMP ▷ **magnification factor** N coefficient *m* de grossissement

**magnificence** /mæɡˈnɪfɪsəns/ N magnificence *f*, splendeur *f*, somptuosité *f*

**magnificent** /mæɡˈnɪfɪsənt/ ADJ *(gen)* magnifique ; *[food, meal]* splendide

**magnificently** /mæɡˈnɪfɪsəntlɪ/ ADV magnifiquement

**magnify** /ˈmæɡnɪfaɪ/ VT a *[+ image]* grossir ; *[+ sound]* amplifier ; *[+ incident]* exagérer, grossir ◆ **to ~ sth four times** grossir qch quatre fois ◆ **a severe lack of information is ~ing their confusion** un grave manque d'information ajoute à leur confusion ◆ **adolescence is a time when all your insecurities are magnified** l'adolescence est une période où tous nos sentiments d'insécurité sont amplifiés ◆ **poverty magnifies the effects of disasters** la pauvreté amplifie les effets des catastrophes naturelles ◆ **signs of discontent are often magnified** les signes de mécontentement sont souvent exagérés ◆ **the dispute has been magnified out of all proportion** l'importance du conflit a été démesurément exagérée ◆ **companies that use bank loans to ~ their buying power** les sociétés qui ont recours aux prêts bancaires pour augmenter leur pouvoir d'achat

b *(Rel = praise)* glorifier

COMP ▷ **magnifying glass** N loupe *f*, verre *m* grossissant

**magnitude** /ˈmæɡnɪtjuːd/ N ampleur *f* ; *(Astron)* magnitude *f* ◆ **of the first ~** *(fig)* de première grandeur

**magnolia** /mæɡˈnəʊlɪə/ N a (also **magnolia tree**) magnolia *m*, magnolier *m* b *(= colour)* rose *m* pâle ADJ rose pâle *inv* COMP ▷ **the Magnolia State** N *(US)* le Mississippi

**magnox** /ˈmæɡnɒks/ N magnox *m* ◆ **~ reactor** réacteur *m* au magnox

**magnum** /ˈmæɡnəm/ N (pl **magnums**) magnum *m* COMP ▷ **magnum opus** N *(Art, Literat, fig)* œuvre *f* maîtresse

**magpie** /ˈmæɡpaɪ/ N a *(Orn)* pie *f* ◆ **to chatter like a ~** jacasser comme une pie, être un vrai moulin à paroles * b *(fig = collector)* **he's a real ~** c'est un collectionneur invétéré

**Magyar** /ˈmæɡjɑːʳ/ ADJ magyar N Magyar(e) *m(f)*

**maharaja(h)** /ˌmɑːhəˈrɑːdʒə/ N mahara(d)jah *m*

**maharanee, maharani** /ˌmɑːhəˈrɑːniː/ N maharani *f*

**maharishi** /ˌmɑːhɑːˈriːʃɪ/ N maharishi *m*

**mahatma** /məˈhɑːtmə/ N mahatma *m*

**mahjong(g)** /ˌmɑːˈdʒɒŋ/ N ma(h)-jong *m*

**mahogany** /məˈhɒɡənɪ/ N acajou *m* COMP *(= made of mahogany)* en acajou ; *(= mahogany-coloured)* acajou *inv*

**Mahomet** /məˈhɒmɪt/ N Mahomet *m*

**Mahometan** † /məˈhɒmɪtən/ ADJ mahométan N mahométan(e) *m(f)*

**Mahometanism** † /məˈhɒmɪtənɪzəm/ N mahométisme *m*

**mahout** /məˈhaʊt/ N cornac *m*

**maid** /meɪd/ N a *(= servant)* domestique *f* ; *(in hotel)* femme *f* de chambre ; → **barmaid, housemaid, lady** b †† *(= young girl)* jeune fille *f* ; *(= virgin)* vierge *f* ◆ **the Maid (of Orleans)** *(Hist)* la Pucelle (d'Orléans) ; → **old** COMP ▷ **maid-of-all-work** N bonne *f* à tout faire ▷ **maid of honour** N *(esp US)* demoiselle *f* d'honneur

**maiden** /ˈmeɪdn/ N *(liter) (= girl)* jeune fille *f* ; *(= virgin)* vierge *f* COMP *[flight, voyage]* premier *before n*, inaugural ▷ **maiden aunt** N tante *f* célibataire, tante *f* restée vieille fille *(pej)* ▷ **maiden lady** N († *or hum*) demoiselle *f* ▷ **maiden name** N nom *m* de jeune fille ▷ **maiden over** N *(Cricket) série de six balles où aucun point n'est marqué* ▷ **maiden speech** N *(Parl)* premier discours *m (d'un député etc)*

**maidenhair** /ˈmeɪdnhɛəʳ/ N *(Bot:* also **maidenhair fern**) capillaire *m*, cheveu-de-Vénus *m*

**maidenhead** /ˈmeɪdnhed/ N a *(Anat)* hymen *m* b *(= virginity)* virginité *f*

**maidenhood** /ˈmeɪdnhʊd/ N virginité *f*

**maidenly** /ˈmeɪdnlɪ/ ADJ de jeune fille, virginal, modeste

**maidservant** † /ˈmeɪdsɜːvənt/ N servante *f*

**mail**[1] /meɪl/ N a *(NonC = postal system)* poste *f* ◆ **by ~** par la poste

b *(NonC = letters)* courrier *m* ◆ **here's your ~** voici votre courrier

c *(Comput:* also **e-mail, electronic mail**) courrier *m* électronique, e-mail *m* ◆ **to send sb a ~** envoyer un message à qn (par courrier électronique), envoyer un courrier électronique *or* un e-mail à qn

VT a *(esp US = post)* envoyer *or* expédier (par la poste), poster

b *(Comput:* also **e-mail**) *[+ message, memo etc]* envoyer par courrier électronique ◆ **to ~ sb** envoyer un message à qn (par courrier électronique), envoyer un courrier électronique à qn (*about* à propos de)

COMP ▷ **mail bomb** N *(US)* colis *m* piégé ▷ **mail car** N *(US Rail)* wagon *m* postal ▷ **mail carrier** N *(US)* facteur *m*, préposé(e) *m(f)* ▷ **mail clerk** N (employé(e) *m(f)*) préposé(e) *m(f)* au courrier ▷ **mail coach** N *(Rail)* wagon-poste *m* ; *(horse-drawn)* malle-poste *f* ▷ **mailing list** N *(Comm)* liste *f* d'adresses ▷ **mail-merge** N *(Comput)* publipostage *m* ▷ **mail order** N vente *f* par correspondance ◆ **we got it by ~ order** nous l'avons acheté par correspondance ▷ **mail-order** ADJ ◆ **~-order catalogue** catalogue *m* de vente par correspondance ◆ **~-order firm, ~-order house** maison *f* de vente par correspondance ▷ **mail room** N *(esp US)* service *m* courrier ▷ **mail slot** N *(US)* fente *f* de la *or* d'une boîte aux lettres ▷ **mail train** N train *m* postal ▷ **mail truck** N *(US)* camionnette *f or* fourgon *m* des postes ▷ **mail van** N *(Brit) (Aut)* camionnette *f or* fourgon *m* des postes ; *(Rail)* wagon *m* postal

**mail**[2] /meɪl/ N *(NonC)* mailles *fpl* ◆ **coat of ~** cotte *f* de mailles ◆ **the ~ed fist** *(fig)* la manière forte ; → **chain**

**mailbag** /ˈmeɪlbæɡ/ N sac *m* postal

**mailboat** /ˈmeɪlbəʊt/ N paquebot(-poste) *m*

**mailbox** /ˈmeɪlbɒks/ N *(Comput, US Post)* boîte *f* aux lettres

**Mailgram** ® /ˈmeɪlɡræm/ N *(US)* télégramme *m (distribué avec le courrier)*

**mailing** /ˈmeɪlɪŋ/ N publipostage *m*, mailing *m* ◆ **~ list** fichier *m or* liste *f* d'adresses COMP ▷ **mailing address** N *(US)* adresse *f* postale

**mailman** /ˈmeɪlmæn/ N (pl **-men**) *(US)* facteur *m*, préposé *m*

**mailshot** /ˈmeɪlʃɒt/ N *(Brit)* mailing *m*, publipostage *m*

**maim** /meɪm/ VT estropier, mutiler ◆ **to be ~ed for life** être estropié pour la vie *or* à vie

**Main** /meɪn/ N *(= river)* Main *m*

**main** /meɪn/ ADJ a *[door, entrance, shop, feature, idea, objective]* principal ; *[pipe, beam]* maître (maîtresse *f*) ◆ **the ~ body of the army/the crowd** le gros de l'armée/de la foule ◆ **one of his ~ ideas was ...** une de ses principales idées *or* idées maîtresses consistait à ... ◆ **my ~ idea was to establish ...** mon idée directrice était d'établir ... ◆ **the ~ point of his speech** le point fondamental de son discours ◆ **the ~ point** *or* **object** *or* **objective of the meeting** l'objet principal de cette réunion ◆ **the ~ thing is to keep quiet** l'essentiel est de se taire ◆ **the ~ thing to remember is ...** ce qu'il ne faut surtout pas oublier c'est ... ◆ **to have an eye to the ~ chance** tirer profit de toutes les situations ◆ **one of the ~ tourist areas of Amsterdam** l'un des grands quartiers touristiques d'Amsterdam ◆ **my ~ concern is to protect the children** ma préoccupation première *or* essentielle est de protéger les enfants ; see also **comp** ; → **drag, eye, issue**

b ◆ **by ~ force** de vive force

N a *(= principal pipe, wire)* canalisation *f or* conduite *f* maîtresse ◆ **(electricity) ~** conducteur *m* principal ◆ **(gas) ~** *(in street)* conduite *f* principale ; *(in house)* conduite *f* de gaz ◆ **~ (sewer)** (égout *m*) collecteur *m* ◆ **(water) ~** *(in street or house)* conduite *f* d'eau de la ville ◆ **the water in this tap comes from the ~s** l'eau de ce robinet vient directement de la conduite ◆ **the ~s** *(Elec)* le secteur ◆ **connected to the ~s** branché sur (le) secteur ◆ **this radio works by battery or**

**from the ~s** ce poste de radio marche sur piles ou sur (le) secteur ◆ **to turn off the electricity/gas/water at the ~(s)** couper le courant/le gaz/l'eau au compteur

**b** *(set structure)*

◆ **in the main** dans l'ensemble, en général

**c** *(liter)* ◆ **the ~** *(= sea)* l'océan *m*, le (grand) large ; → **Spanish**

**COMP** ▷ **main beam** N *(Archit)* poutre *f* maîtresse ▷ **main bearing** N *(Aut etc)* palier *m* ▷ **main clause** N *(Gram)* proposition *f* principale ▷ **main course** N *(Culin)* plat *m* principal ▷ **main deck** N *(Naut)* pont *m* principal ▷ **main door (flat)** N *(Brit)* appartement *m* avec porte d'entrée particulière sur la rue ▷ **main line** N *(Rail)* grande ligne *f* ▷ **main man*** N (pl **main men**) *(US)* meilleur pote* *m* ▷ **main memory** N *(Comput)* mémoire *f* centrale ▷ **main office** N *(Comm etc)* bureau *m* principal ; *[of political party, newspaper, agency etc]* siège *m* (social) ▷ **main road** N grande route *f*, route *f* à grande circulation ◆ **the ~ road** la grand-route ◆ **it is one of the ~ roads into Edinburgh** c'est une des grandes voies d'accès à Édimbourg ▷ **main sheet** N *(Naut)* écoute *f* de (la) grand-voile ▷ **mains set** N *(radio, tape recorder etc)* appareil *m* fonctionnant sur secteur ▷ **mains supply** N ◆ **to be on the ~s supply** *(for electricity/gas/water)* être raccordé au réseau (de distribution) d'électricité/de gaz/d'eau ▷ **main street** N grand-rue *f*, rue *f* principale ▷ **mains water** N eau *f* de la ville

**mainbrace** /ˈmeɪnbreɪs/ N *(Naut)* bras *m* (de grand-vergue) ; → **splice**

**Maine** /meɪn/ N Maine *m* ◆ **in ~** dans le Maine

**mainframe** /ˈmeɪnfreɪm/ N (also **mainframe computer**) *(= central computer)* unité *f* centrale, processeur *m* central ; *(= large computer)* gros ordinateur *m*

**mainland** /ˈmeɪnlænd/ **N** continent *m* *(opposé à une île)* ◆ **the ~ of Greece, the Greek ~** la Grèce continentale ◆ **the Mainland** *(Brit) (not Northern Ireland)* la Grande-Bretagne *(l'Angleterre, l'Écosse et le pays de Galles)* ; *(not Hong Kong)* la Chine continentale **ADJ** /ˈmeɪnlənd/ continental ◆ **~ Greece** la Grèce continentale

**mainline** /ˈmeɪnlaɪn/ **ADJ** **a** *(= principal)* → **mainstream** **b** *[station, train]* de grande ligne **VI** *(* Drugs)* se shooter **VT** * *(= inject)* ◆ **to ~ heroin** se shooter* à l'héroïne

**mainliner*** /ˈmeɪnlaɪnəʳ/ N *(Drugs)* junkie *mf* qui se shoote*

**mainly** /ˈmeɪnlɪ/ ADV surtout, principalement ◆ **~ because** surtout parce que

**mainmast** /ˈmeɪnmɑːst/ N *(Naut)* grand mât *m*

**mainsail** /ˈmeɪnseɪl/ N *(Naut)* grand-voile *f*

**mainspring** /ˈmeɪnsprɪŋ/ N *[of clock etc]* ressort *m* principal ; *(fig)* mobile *m* principal

**mainstay** /ˈmeɪnsteɪ/ N *(Naut)* étai *m* (de grand mât) ; *(fig)* soutien *m*, point *m* d'appui ◆ **he was the ~ of the organization** c'était lui le pilier *or* le pivot de l'organisation

**mainstream** /ˈmeɪnstriːm/ **ADJ** *[political party, denomination]* grand, dominant ; *[media]* principal ; *[press]* traditionnel ; *[culture]* grand public *inv* ; *[film, music]* conventionnel, mainstream* ; *[audience]* moyen ◆ **fascism has never been part of ~ politics in Britain** le fascisme n'a jamais fait partie des grands courants politiques en Grande-Bretagne **N** *[of politics etc]* courant *m* dominant **VT** *(US Scol)* intégrer dans la vie scolaire normale

**mainstreaming** /ˈmeɪnstriːmɪŋ/ N *(US)* **a** *(Scol)* *intégration (d'enfants retardés ou surdoués) dans la vie scolaire normale* **b** *[of social group] fait de faire sortir (un groupe social) de la marginalité*

**maintain** /meɪnˈteɪn/ LANGUAGE IN USE 26.2

**VT** **a** *(= continue, keep up) [+ rate, level, order, progress, stability, sanctions, temperature, speed, value, standard, quality]* maintenir ; *[+ friendship, correspondence, diplomatic relations]* entretenir ; *[+ silence]* garder ; *[+ attitude, advantage]* conserver, garder ◆ **to ~ the status quo** maintenir le statu quo ◆ **to ~ sth at a constant temperature** maintenir qch à une température constante ◆ **to ~ radio silence** maintenir le silence radio ◆ **to ~ control** garder le contrôle ◆ **~ the pressure on the wound** continuez à comprimer la blessure ◆ **to ~ one's living standards** maintenir son niveau de vie ◆ **the government has failed to ~ standards of health care in this country** le gouvernement n'a pas réussi à maintenir la qualité des soins médicaux dans notre pays ◆ **pupils who manage to ~ their high standards throughout their school career** des élèves qui arrivent à rester parmi les meilleurs pendant toute leur scolarité ◆ **he ~ed his opposition to ...** il continua à s'opposer à ... ◆ **if the improvement is ~ed** si l'on (*or* s'il *etc*) continue à faire des progrès ◆ **products which help to ~ healthy skin and hair** des produits qui aident à garder une peau et des cheveux en bonne santé ◆ **to ~ one's weight (at the same level)** garder le même poids ◆ **he wants to ~ his weight at 150 pounds** il veut rester à 68 kilos

**b** *(= support, finance) [+ family, wife, child, army]* entretenir

**c** *(= assure upkeep of) [+ road, building, car, machine]* entretenir ; *[+ child]* élever ◆ **a husband should pay and ~ his wife** le mari devrait payer sa femme et subvenir à ses besoins

**d** *(= assert) [+ opinion, fact]* soutenir, maintenir ◆ **to ~ one's innocence** clamer son innocence ◆ **I ~ that ...** je soutiens *or* maintiens que ... ◆ **"I wasn't there," she ~ed** "je n'y étais pas", insista-t-elle ◆ **he ~ed the money was donated for humanitarian aid** il a maintenu que l'argent avait été donné à des fins d'aide humanitaire ◆ **"life doesn't have to be like this," she ~s** "on n'est pas forcé de vivre comme ça", maintient-elle

**COMP** ▷ **maintained school** N *(Brit)* école *f* publique

**maintenance** /ˈmeɪntɪnəns/ **N** *(NonC)* **a** *(= continuation, preservation) [of rate, level, order, progress, stability, sanctions, temperature, speed, value, standard, quality]* maintien *m*

**b** *(= upkeep) [of road, building, car, machine]* entretien *m*, maintenance *f (Tech)* ◆ **car ~** mécanique *f* (auto) ◆ **they are responsible for ~ on long haul flights** ils sont chargés de l'entretien *or* de la maintenance sur les vols long-courriers

**c** *(= financing) [of family, wife, child, army]* entretien *m* ◆ **parents are liable for the ~ of their children** les parents doivent subvenir aux besoins de leurs enfants

**d** *(Jur)* pension *f* alimentaire ◆ **he pays £50 per week ~** il verse une pension alimentaire de 50 livres par semaine ◆ **plans to make absent fathers pay ~ for their children** un projet visant à obliger les pères absents à payer la pension alimentaire de leurs enfants

**COMP** ▷ **maintenance allowance** N *[of student]* bourse *f* (d'études) ; *[of worker away from home]* indemnité *f* (pour frais) de déplacement ▷ **maintenance contract** N contrat *m* d'entretien ▷ **maintenance costs** NPL frais *mpl* d'entretien ▷ **maintenance crew** N équipe *f* d'entretien ▷ **maintenance grant** N ⇒ **maintenance allowance** ▷ **maintenance man** N (pl **maintenance men**) *(Tech etc)* employé *m* chargé de l'entretien ▷ **maintenance order** N *(Jur)* ordonnance *f* de versement de pension alimentaire

**maisonette** /ˌmeɪzəˈnet/ N *(esp Brit)* (appartement *m* en) duplex *m*

**maître d'hôtel** /ˌmetrədəʊˈtel/ N (pl **maîtres d'hôtel**) (also **maître d'**) maître *m* d'hôtel

**maize** /meɪz/ N *(Brit)* maïs *m* ◆ **~ field** champ *m* de maïs

**Maj.** (abbrev of **Major**) *(on envelope)* ◆ **~ J. Smith** Monsieur le Major J. Smith

**majestic** /məˈdʒestɪk/ ADJ majestueux

**majestically** /məˈdʒestɪkəlɪ/ ADV majestueusement

**majesty** /ˈmædʒɪstɪ/ N majesté *f* ◆ **His Majesty the King** Sa Majesté le Roi ◆ **Your Majesty** Votre Majesté ◆ **His *or* Her Majesty's Government** *(Brit)* le gouvernement britannique ◆ **on His *or* Her Majesty's service** *(Brit)* au service du gouvernement britannique ◆ **His *or* Her Majesty's Stationery Office** *(Brit)* ≃ l'Imprimerie *f* nationale ; → **ship**

**major** /ˈmeɪdʒəʳ/ **ADJ** majeur ◆ **of ~ importance** d'importance majeure ◆ **to play a ~ part in sth** jouer un rôle majeur dans qch ◆ **of ~ interest** d'intérêt majeur ◆ **the ~ factor in his decision to stay was ...** le facteur principal qui l'a poussé à rester est ... ◆ **a ~ operation** *(Med)* une grosse opération ◆ **~ repairs** grosses réparations *fpl*, gros travaux *mpl* ◆ **a ~ portion of funding comes from the trade unions** la majeure partie du financement provient des syndicats ◆ **~ road** route *f* principale ◆ **it was a ~ success** cela a eu un succès considérable ◆ **Smith Major** *(Brit Scol)* Smith aîné

**N** **a** *[of army and US Air Force]* commandant *m* ; *[of cavalry]* chef *m* d'escadron ; *[of infantry]* chef *m* de bataillon

**b** *(Jur)* majeur(e) *m(f)*

**c** *(US Univ)* matière *f* principale

**d** *(esp US Univ)* ◆ **music/psychology** *etc* **~** étudiant(e) *m(f)* en musique/psychologie *etc*

**VI** *(US Univ)* ◆ **to ~ in chemistry** se spécialiser en chimie

**COMP** ▷ **major-general** N *(Mil)* général *m* de division ; *(US Air Force)* général *m* de division aérienne ▷ **major key** N *(Mus)* ton *m* majeur ◆ **in the ~ key** en majeur ▷ **major league** N *(US Sport)* première division *f* ▷ **major suit** N *(Cards)* majeure *f*

**Majorca** /məˈjɔːkə/ N Majorque *f* ◆ **in ~** à Majorque

**Majorcan** /məˈjɔːkən/ **ADJ** majorquin **N** Majorquin(e) *m(f)*

**majordomo** /ˌmeɪdʒəˈdəʊməʊ/ N majordome *m*

**majorette** /ˌmeɪdʒəˈret/ N majorette *f*

**majority** /məˈdʒɒrɪtɪ/ **N** **a** *(= greater part)* majorité *f* ◆ **to be in the *or* a ~** être majoritaire *or* en majorité ◆ **elected by a ~ of nine** élu avec une majorité de neuf voix ◆ **a four-fifths ~** une majorité des quatre cinquièmes ◆ **in the ~ of cases** dans la majorité *or* la plupart des cas ◆ **the ~ of people think that ...** la plupart *or* la majorité des gens pensent que ... ◆ **the vast ~ of them believe ...** dans leur immense majorité ils croient ... ; → **silent** **b** *(in age)* majorité *f* ◆ **the age of ~** l'âge *m* de la majorité ◆ **to reach one's ~** atteindre sa majorité **COMP** *(Pol) [government, rule]* majoritaire ▷ **majority opinion** N *(US Jur)* arrêt *m* rendu à la majorité *(des votes des juges)* ▷ **majority verdict** N *(Jur)* verdict *m* majoritaire *or* rendu à la majorité

## **make** /meɪk/

vb : pret, ptp **made**

1 TRANSITIVE VERB 3 NOUN
2 INTRANSITIVE VERB 4 COMPOUNDS
5 PHRASAL VERBS

### 1 - TRANSITIVE VERB

When **make** is part of a set combination, eg **make a case, make an attempt, make a bow, make sure, make bold**, look up the other word.

**a** [= create, produce] *[+ bed, cake, clothes, coffee, fire, noise, remark, one's will]* faire ; *[+ shelter]* construire ; *[+ toys, tools, machines]* fabriquer, faire ◆ **I'm going to ~ a cake** je vais faire un gâteau ◆ **he made it himself** il l'a fait lui-même ◆ **two and two ~ four** deux et deux font *or* égalent quatre ◆ **how much does that ~ (altogether)?** combien ça fait (en tout) ? ◆ **that ~s the third time I've rung him** ça fait la troisième fois *or* trois fois que je l'appelle ◆ **to ~ a payment** effectuer un paiement ◆ **God made Man** Dieu a créé l'homme ◆ **he's as clever as they ~ 'em** * il est malin comme pas un*, il est malin comme tout*

♦ **to make the/a total** ◆ **I ~ the total 15 euros** selon mes calculs ça fait 15 € ◆ **that ~s a total of 18 points** ça fait 18 points en tout

♦ **to make sth into sth** transformer qch en qch

♦ **made** + *preposition* ◆ **they were made for each other** ils étaient faits l'un pour l'autre ◆ **her shoes weren't made for walking** elle n'avait pas les chaussures adaptées pour la marche ◆ **made in France** *(on label)* fabriqué en France, "made in France" ◆ **the frames are made of plastic** la monture est en plastique ◆ **to show what one is made of** montrer ce dont on est capable ◆ **this car wasn't made to carry eight people** cette voiture n'est pas faite pour transporter huit personnes

**b** [= earn] *[+ money] [person]* gagner, se faire ; *[company, firm]* réaliser un bénéfice net de ; *[product, deal]* rapporter ◆ **he ~s $400 a week** il gagne *or* se fait 400 dollars par semaine ◆ **how much do you ~?** combien gagnez-vous ? ◆ **how much do you stand to ~?** combien pensez-vous pouvoir gagner ? ◆ **the company made 1.4 million pounds last year** la société a réalisé un bénéfice net de 1,4 million de livres l'année dernière ◆ **the film made millions** le film a rapporté des millions ◆ **the deal made him $500** cette affaire lui a rapporté 500 dollars ◆ **what did you ~ by** *or* **on it?** combien est-ce que ça t'a rapporté ?

**c** [= score] marquer ◆ **Lara made a hundred** Lara a marqué cent points

**d** [= reach, attain] *[+ destination]* arriver à ; *(= catch) [+ train, plane]* attraper, avoir ◆ **will we ~ Paris before lunch?** est-ce que nous arriverons à Paris avant le déjeuner ? ◆ **we made good time** *(on foot)* nous avons bien marché ; *(in vehicle)* nous avons bien roulé ◆ **he made the list of ...** * son nom a figuré sur la liste de ...

**réussir à/arriver à** + infinitive are used in the following to translate **make** + noun:

◆ **do you think he'll ~ (it to) university?** croyez-vous qu'il arrivera à entrer à l'université ? ◆ **the novel made the bestseller list** le roman a réussi à se placer sur la liste des best-sellers ◆ **he made (it into) the first team** il a réussi à être sélectionné dans l'équipe première

**e** [= force] obliger, forcer ◆ **you can't ~ me!** tu ne peux pas m'y forcer *or* obliger ! ; see also **j**

**f** [= reckon] ◆ **how many do you ~ it ?** combien en comptes-tu ? ◆ **I ~ it 100km from here to Paris** d'après moi *or* selon moi il y a 100 km d'ici à Paris ◆ **what time do you ~ it?** quelle heure as-tu ?

**g** [= ensure success of] ◆ **the beautiful pictures ~ the book** ce livre doit beaucoup à ses magnifiques images ◆ **that film made her** ce film l'a consacrée ◆ **he was made for life** * son avenir était assuré ◆ **you're made!** * ton avenir est assuré, tu n'as pas de soucis à te faire pour ton avenir ! ◆ **he's got it made** * son avenir est assuré, il n'a pas à s'en faire pour son avenir ◆ **to ~ or break sb** assurer ou briser la carrière de qn ◆ **his visit made my day!** * sa visite m'a fait un plaisir fou ! * ◆ **go ahead, ~ my day!** * *(iro)* vas-y, qu'est-ce que tu attends ?

**h** [= be, constitute] faire ◆ **he'll ~ a good footballer** il fera un bon joueur de football ◆ **he'll ~ somebody a good husband** il fera un bon mari ◆ **to ~ a fourth** *(in game)* faire le quatrième ◆ **I made one of their group** je faisais partie de leur groupe ◆ **they ~ good cooking apples** ce sont *or* elles font de bonnes pommes à cuire ◆ **she made him a good wife** elle a été une bonne épouse pour lui ◆ **they ~ a handsome pair** ils forment un beau couple ◆ **these books ~ a set** ces livres forment une collection ◆ **the latest report doesn't ~ pleasant reading** le dernier compte-rendu n'est pas très réjouissant

**i** [Cards] ◆ **to ~ the cards** battre les cartes ◆ **to ~ a trick** faire un pli ◆ **he made ten and lost three (tricks)** il a fait dix plis et en a perdu trois ◆ **to bid and ~ three hearts** *(Bridge)* demander et faire trois cœurs ◆ **he managed to ~ his queen of diamonds** il a réussi à faire un pli avec sa dame de carreau

**j** [set structures]

♦ **to make sb do sth** *(= cause to)* faire faire qch à qn ; *(= force)* obliger *or* forcer qn à faire qch ◆ **to ~ o.s. do sth** s'obliger à faire qch ◆ **to ~ sb laugh** faire rire qn ◆ **what made you believe that ...?** qu'est-ce qui vous a fait croire que ... ? ◆ **the author ~s him die in the last chapter** l'auteur le fait mourir au dernier chapitre ◆ **I was made to wait for an hour** on m'a fait attendre une heure ◆ **they made him tell them the password** ils l'ont obligé *or* forcé à leur dire le mot de passe ◆ **I don't know what ~s him do it** je ne sais pas ce qui le pousse à faire ça

♦ **to make sb sth** *(= choose as)* ◆ **to ~ sb king** mettre qn sur le trône ◆ **he made John his assistant** il a fait de John son assistant ◆ **he made her his wife** il l'a épousée ◆ **this actor ~s the hero a tragic figure** cet acteur fait du héros un personnage tragique

♦ **to make + of** ◆ **what did you ~ of the film?** que penses-tu de ce film ? ◆ **what do you ~ of him?** qu'est-ce que tu penses de lui ? ◆ **I don't know what to ~ of it all** je ne sais pas quoi penser de tout ça ◆ **I can't ~ anything of this letter, I can ~ nothing of this letter** je ne comprends rien à cette lettre ◆ **to make sth of o.s.** *or* **of one's life** faire qch de sa vie

♦ **to make ...** + *adjective* ◆ **to ~ o.s. useful/ill** se rendre utile/malade ◆ **to ~ sb happy/unhappy** rendre qn heureux/malheureux ◆ **~ yourself comfortable** mettez-vous à l'aise

Look up other combinations, eg **to make sb thirsty, to make o.s. ridiculous**, at the adjective.

♦ **to make believe** *(= pretend)* faire semblant ; *(= imagine)* imaginer ◆ **he made believe he couldn't understand** il a fait semblant de ne pas comprendre ◆ **let's ~ believe we're on a desert island** imaginons que nous sommes sur une île déserte

♦ **to make do** *(= manage)* se débrouiller ◆ **I'll ~ do with what I've got** je vais me débrouiller avec ce que j'ai ◆ **she had to ~ do and mend for many years** elle a dû se débrouiller pendant des années avec ce qu'elle avait ◆ **he can't come, you'll have to ~ do with me** *(= be satisfied)* il ne peut pas venir, tu vas devoir te contenter de moi

♦ **to make it** *(= come)* venir ; *(= arrive)* arriver ; *(= succeed)* réussir, y parvenir, y arriver ◆ **sorry, I can't ~ it** désolé, je ne peux pas venir ◆ **he made it just in time** il est arrivé juste à temps ◆ **you've got the talent to ~ it** tu as tout pour réussir ◆ **he tried for months to get into the team and eventually made it** il a essayé pendant des mois d'intégrer l'équipe et a fini par y parvenir *or* y arriver ◆ **can you ~ it by 3 o'clock ?** est-ce que tu peux y être pour 3 heures ? ◆ **they're making it (together)** ‡ ils couchent* ensemble

♦ **to make it with sb** *(* = be accepted)* être accepté par qn ; *(‡ = have sex with)* s'envoyer ‡ *or* se taper ‡ qn ◆ **he'll never ~ it with them** * il ne réussira jamais à se faire accepter d'eux

♦ **to make it** + *time, date, amount* ◆ **let's ~ it 5 o'clock/$30** si on disait 5 heures/30 dollars ? ◆ **I'm coming tomorrow – okay, can you ~ it the afternoon?** je viendrai demain – d'accord, mais est-ce que tu peux venir dans l'après-midi ?

### 2 - INTRANSITIVE VERB

**a** [= act]

♦ **to make as if, to make like** * ◆ **he made as if to strike me** il fit mine de me frapper ◆ **she made as if to protest, then hesitated** elle parut sur le point de protester, puis hésita ◆ **he was making like he didn't have any money** il faisait mine de ne pas avoir d'argent

**b** [tide, flood] monter

### 3 - NOUN

**a** [Comm] *(= brand)* marque *f* ; *(= manufacture)* fabrication *f* ◆ **it's a good ~** c'est une bonne marque ◆ **the cars were mainly of French ~** les voitures étaient pour la plupart de fabrication française ◆ **what ~ of car do you drive?** qu'est-ce que vous avez comme (marque de) voiture ? [BUT] **these are our own ~** *(industrial products)* ceux-là sont fabriqués par nous ; *(confectionery, food)* ceux-là sont faits maison ◆ **it's my own ~** je l'ai fait moi-même

**b** [set structure]

♦ **to be on the make** * *(pej) [person] (= trying to make money)* chercher à se remplir les poches ; *(= trying to get power)* avoir une ambition dévorante ; *(US) [person, thing] (= to be successful)* avoir du succès ; *[tide] (= to be rising)* monter ◆ **some politicians are on the ~** certains hommes politiques cherchent à se remplir les poches ◆ **a brilliant young man on the ~** un jeune homme brillant à l'ambition dévorante ◆ **it's on the ~** ça a du succès ◆ **the tide is on the ~** la marée monte

### 4 - COMPOUNDS

▷ **make-believe** N ◆ **to play at ~-believe** jouer à faire semblant ◆ **the land of ~-believe** le pays des chimères ◆ **theatre is a world of ~-believe** le théâtre est un monde d'illusions ADJ ◆ **his story is pure ~-believe** son histoire est de l'invention pure *or* (de la) pure fantaisie ◆ **they were on a ~-believe island** ils faisaient semblant d'être sur une île ◆ **the child made a ~-believe boat out of the chair** l'enfant faisait de la chaise un bateau imaginaire ▷ **make-or-break** * ADJ décisif (*for sb/sth* pour qn/qch) ▷ **make-up** N → make-up

5 - PHRASAL VERBS

► **make after** VT FUS se lancer à la poursuite de ◆ **they made after him** ils se sont lancés à sa poursuite

► **make at** VT FUS se jeter sur ◆ **he made at me me with a knife** il s'est jeté sur moi avec un couteau

► **make away** VI ⇒ make off

► **make away with** VT FUS *(= murder)* supprimer ◆ **to ~ away with o.s.** se supprimer

► **make for** VT FUS a *(= go to)* ◆ **where are you making for?** où allez-vous ? ◆ **he made for the door** il se dirigea vers la porte ◆ **the ship is making for Cyprus** le navire fait route vers Chypre ◆ **to ~ for home** rentrer (chez soi) b *(= produce)* produire ; *(= contribute to)* contribuer à ◆ **controversy ~s for eye-catching headlines** toute controverse produit des gros titres accrocheurs ◆ **a good education system ~s for a successful economy** un bon système éducatif contribue à la prospérité de l'économie ◆ **happy parents ~ for a happy child** quand les parents sont heureux, l'enfant l'est aussi, à parents heureux, enfant heureux

► **make off** VI se tirer * ◆ **to ~ off with sth** se tirer * avec qch

► **make out** VI a (* *= manage)* se débrouiller ◆ **they're making out fairly well** ils se débrouillent assez bien ◆ **how are you making out?** comment ça marche ?, comment te débrouilles-tu ? ◆ **how are you making out with your research?** comment avancent tes recherches ? ◆ **the firm is making out all right** l'entreprise marche bien b *(US* ‡ *= have sex)* s'envoyer en l'air ‡ ◆ **to ~ out with sb** s'envoyer ‡ qn VT SEP a *(= draw up, write) [+ list, bill]* faire, dresser ; *[+ cheque]* libeller ; *[+ will]* faire, rédiger ◆ **cheques made out to ...** chèques *mpl* libellés à l'ordre *or* au nom de ... ◆ **who shall I ~ it out to?** je le fais à l'ordre de qui ?, c'est à quel ordre ? b *(= put forward)* ◆ **he made out a good case for not doing it** il a présenté de bons arguments pour ne pas le faire c *(= see, distinguish) [+ object, person]* discerner, distinguer ; *(= hear)* distinguer, comprendre ; *(= understand)* comprendre ; *(= decipher) [+ handwriting]* déchiffrer ◆ **I could just ~ out three figures in the distance** j'arrivais tout juste à discerner *or* distinguer trois silhouettes au loin ◆ **I can't ~ it out at all** je n'y comprends rien ◆ **how do you ~ that out?** qu'est-ce qui vous fait penser cela ? ◆ **I can't ~ out what he wants/why he is here** je n'arrive pas à comprendre ce qu'il veut/pourquoi il est ici d *(= claim, pretend)* prétendre (*that* que) ; *(= portray as)* présenter comme ◆ **he's not as stupid as he ~s out** il n'est pas aussi stupide qu'il le prétend ◆ **he isn't as rich as people ~ out** il n'est pas aussi riche que les gens le prétendent ◆ **the programme made her out to be naive** l'émission la présentait comme une femme naïve ◆ **the biography ~s her out to be ruthless** cette biographie la décrit comme une femme impitoyable ◆ **they made him out to be a fool** ils disaient que c'était un imbécile ◆ **he made out that he was a doctor** il se faisait passer pour (un) médecin

► **make over** VT SEP a *(= assign) [+ money, land]* céder, transférer (*to* à) b *(= remake) [+ garment, story]* reprendre ; *(= convert) [+ building]* convertir ◆ **she made the jacket over to fit her son** elle a repris la veste pour (qu'elle aille à) son fils

► **make up** VI a *(= become friends again)* se réconcilier, se rabibocher * b *(= apply cosmetics)* se maquiller ; *(Theat)* se maquiller ; *(heavily)* se grimer VT SEP a *(= invent) [+ story, excuse, explanation]* inventer, fabriquer ◆ **you're making it up!** tu l'inventes (de toutes pièces) ! b *(= put together) [+ packet, parcel]* faire ; *[+ dish, medicine, solution]* préparer ; *[+ garment]* assembler ; *[+ list]* faire, dresser ◆ **to ~ sth up into a bundle** faire un paquet de qch ◆ **to ~ up a book** *(Typ)* mettre un livre en pages ◆ **to ~ up a prescription** *(Pharm)* exécuter *or* préparer une ordonnance ◆ **she made up a bed for him on the sofa** elle lui a fait *or* préparé un lit sur le canapé ◆ **have you made up the beds?** as-tu fait les lits ? ◆ **customers' accounts are made up monthly** les relevés de compte des clients sont établis chaque mois ◆ **they sell material and also ~ up clothes** ils vendent du tissu et font aussi des vêtements ◆ **"customers' own material made up"** "travail à façon" c *(= counterbalance, replace) [+ loss, deficit]* combler, compenser ; *[+ sum of money, numbers, quantity, total]* compléter ◆ **to ~ up the difference** mettre la différence ◆ **they made up the number with five amateurs** ils ont complété l'équipe en faisant appel à cinq amateurs ◆ **he made it up to $100** il a complété les 100 dollars ◆ **to ~ up lost time** rattraper le temps perdu ◆ **to ~ up lost ground** regagner le terrain perdu ◆ **to ~ up ground on sb** gagner du terrain sur qn d *(= repay)* ◆ **to make sth up to sb, to make it up to sb for sth** revaloir qch à qn ◆ **I'll ~ it up to you I promise** je te revaudrai ça, je te le promets ◆ **I must ~ it up to him for my stupid mistake** je dois me faire pardonner auprès de lui pour mon erreur stupide e *(= settle) [+ dispute]* mettre fin à ; *[+ differences]* régler ◆ **to ~ up one's quarrel, to ~ it up** se réconcilier, se rabibocher * ◆ **let's ~ it up** faisons la paix f *(= apply cosmetics to) [+ person]* maquiller ; *(Theat)* maquiller ; *(heavily)* grimer ◆ **to ~ o.s. up, to ~ up one's face** se maquiller ; *(Theat)* se maquiller ; *(heavily)* se grimer ◆ **she was making up her eyes** elle se maquillait les yeux g *(= compose, form)* composer, constituer ; *(= represent)* constituer, représenter ◆ **the group was made up of six teachers** le groupe était composé *or* constitué de six professeurs ◆ **how many people ~ up the team?** combien y a-t-il de personnes dans l'équipe ? ◆ **they ~ up 6% of ...** ils représentent *or* constituent 6% de ...

► **make up for** VT FUS compenser ◆ **he has made up for last year's losses** il a comblé les pertes de l'année dernière ◆ **money can't ~ up for what we've suffered** l'argent ne peut compenser ce que nous avons souffert ◆ **he tried to ~ up for all the trouble he'd caused** il essaya de se faire pardonner les ennuis qu'il avait causés ◆ **he made up for all the mistakes he'd made** il s'est rattrapé pour toutes les erreurs qu'il avait commises ◆ **she said that nothing could ~ up for her husband's death** elle dit que rien ne la consolerait de la mort de son mari ◆ **to ~ up for lost time** rattraper le temps perdu

► **make up on** VT FUS *(= catch up with)* rattraper

► **make up to** * VT FUS *(= curry favour with)* passer de la pommade * à qn

---

**makefast** /ˈmeɪkfɑːst/ N *(US)* point *m* d'amarre

**makeover** /ˈmeɪkəʊvəʳ/ N *(lit, fig)* changement *m* de look *

**Maker** /ˈmeɪkəʳ/ N *(Rel)* ◆ **our ~** le Créateur ◆ **he's gone to meet his ~** *(hum)* il est allé ad patres *(hum)*

**-maker** /ˈmeɪkəʳ/ N *(in compounds)* a *(= manufacturer: gen)* fabricant(e) *m(f)* de ... ◆ **tyre/furniture-maker** fabricant *m* de pneus/de meubles ◆ **film-maker** cinéaste *mf* ; see also **watchmaker** b *(= machine)* ◆ **coffee-maker** cafetière *f* électrique ◆ **yoghurt-maker** yaourtière *f*

**makeshift** /ˈmeɪkʃɪft/ N expédient *m*, moyen *m* de fortune ADJ de fortune ◆ **~ shelters** des abris de fortune

**make-up** /ˈmeɪkʌp/ N a *(NonC = nature) [of object, group etc]* constitution *f* ; *[of person]* tempérament *m*, caractère *m* b *(NonC = cosmetics)* maquillage *m* ◆ **she wears too much ~** elle se maquille trop, elle est trop maquillée c *(US Scol etc: *)* examen *m* de rattrapage COMP ▷ **make-up artist** N maquilleur *m*, -euse *f* ▷ **make-up bag** N trousse *f* de maquillage ▷ **make-up base** N base *f* (de maquillage) ▷ **make-up case** N nécessaire *m* *or* boîte *f* de maquillage ▷ **make-up class** N *(US Scol)* cours *m* de rattrapage ▷ **make-up girl** N maquilleuse *f* ▷ **make-up man** N (pl **make-up men**) maquilleur *m* ▷ **make-up remover** N démaquillant *m*

**makeweight** /ˈmeɪkweɪt/ N a *(lit) (= weight, object)* tare *f* b *(fig = person)* bouche-trou *m*

**making** /ˈmeɪkɪŋ/ N a *(NonC) (Comm, gen)* fabrication *f* ; *[of dress]* façon *f*, confection *f* ; *[of machines]* fabrication *f*, construction *f* ; *[of food] (Ind: by machine)* fabrication *f* ◆ **rennet is used in the ~ of cheese** on utilise la présure dans la fabrication du fromage ◆ **bread-/cheese-/wine-** *etc* **~** fabrication *f* du pain/du fromage/du vin *etc* ◆ **she does her own wine-~** elle fait son vin elle-même ◆ **all his troubles are of his own ~** tous ses ennuis sont de sa faute ◆ **decision-~** prise *f* de décisions ◆ **he wrote a book on the ~ of the film** il a écrit un livre sur la genèse de ce film

◆ **in the making** ◆ **the film was three months in the ~** il a fallu trois mois pour faire ce film ◆ **a new system/society is in the ~** un nouveau système/une nouvelle société est en train de se créer ◆ **a compromise may be in the ~** il se peut que l'on soit sur le point d'arriver à un compromis ◆ **a genius/star in the ~** un génie/une star en herbe ◆ **a dictator/criminal in the ~** de la graine de dictateur/criminel ◆ **it's a disaster in the ~** ça risque de tourner au désastre ◆ **it's history in the ~** c'est l'histoire en train de se faire ◆ **it's still in the ~** *[product, film]* c'est encore en chantier

b *(= forming)* ◆ **it was the ~ of him** *(gen)* c'est ce qui a formé son caractère ; *(= made him successful)* son succès est parti de là

NPL **makings** éléments *mpl* essentiels ◆ **he has the ~s of a footballer** il a l'étoffe d'un footballeur ◆ **the situation has the ~s of a civil war** cette situation laisse présager une guerre civile ◆ **we have all the ~s of a great movie** il y a tous les ingrédients pour faire un grand film

**Malachi** /ˈmæləˌkaɪ/ N Malachie *m*

**malachite** /ˈmæləˌkaɪt/ N malachite *f*

**maladjusted** /ˌmæləˈdʒʌstɪd/ ADJ a *(Psych)* inadapté b *(Tech)* mal ajusté, mal réglé

**maladjustment** /ˌmæləˈdʒʌstmənt/ N a *(Psych)* inadaptation *f* b *(Tech)* mauvais ajustement *m*

**maladministration** /ˈmæləd,mɪnɪsˈtreɪʃən/ N mauvaise gestion *f*

**maladroit** /ˌmæləˈdrɔɪt/ ADJ *(frm)* inhabile, maladroit

**maladroitly** /ˌmælə'drɔɪtlɪ/ ADV *(frm)* maladroitement

**maladroitness** /ˌmælə'drɔɪtnɪs/ N *(frm)* maladresse *f*

**malady** /'mælədɪ/ N *(frm)* maladie *f*, mal *m*

**Malagasy** /'mælə'gɑːzɪ/ N a Malgache *mf* b *(Ling)* malgache *m* ADJ *(Hist)* malgache ◆ **the ~ Republic** la République malgache

**malaise** /mæ'leɪz/ N *(frm)* malaise *m*

**malapropism** /'mæləprɒpɪzəm/ N impropriété *f* (de langage)

**malaria** /mə'lɛərɪə/ N paludisme *m*, malaria *f*

**malarial** /mə'lɛərɪəl/ ADJ *[parasite]* du paludisme ; *[mosquito]* porteur de paludisme ; *[region]* impaludé ◆ **~ fever** paludisme *m*, malaria *f*

**malark(e)y** ‡ /mə'lɑːkɪ/ N *(NonC)* âneries *fpl*

**Malawi** /mə'lɑːwɪ/ N Malawi *m* ◆ **in ~** au Malawi

**Malawian** /mə'lɑːwɪən/ N Malawien(ne) *m(f)* ADJ malawien

**Malay** /mə'leɪ/ ADJ *[language, community, culture]* malais ◆ **the ~ mainland** la Malaisie continentale N a *(= person)* Malais(e) *m(f)* b *(Ling)* malais *m* COMP ▷ **the Malay Archipelago** N l'archipel *m* malais ▷ **the Malay Peninsula** N la péninsule malaise ▷ **Malay States** NPL *(Hist)* États *mpl* malais

**Malaya** /mə'leɪə/ N Malaisie *f* occidentale

**Malayan** /mə'leɪən/ ADJ, N ⇒ **Malay**

**Malaysia** /mə'leɪzɪə/ N Malaisie *f*, Malaysia *f*

**Malaysian** /mə'leɪzɪən/ ADJ malais N Malais(e) *m(f)*

**malcontent** /'mælkənˌtent/ ADJ, N mécontent(e) *m(f)*

**Maldives** /'mɔːldaɪvz/ NPL Maldives *fpl*

**male** /meɪl/ ADJ *(Anat, Bio, Tech etc)* mâle ; *(fig)* *(= manly)* mâle, viril (virile *f*) ◆ **~ child** enfant *m* mâle ◆ **the ~ sex** le sexe masculin ; → **chauvinist, menopause, model** N *(= animal)* mâle *m* ; *(= man)* homme *m* COMP ▷ **male bonding** N fraternisation *f* masculine ▷ **male-dominated** ADJ dominé par les hommes ▷ **male-voice choir** N chœur *m* d'hommes, chœur *m* de voix mâles

**malediction** /ˌmælɪ'dɪkʃən/ N malédiction *f*

**malefactor** /'mælɪfæktəʳ/ N malfaiteur *m*, -trice *f*

**maleness** /'meɪlnɪs/ N *(= being male)* fait *m* d'être mâle ; *(= masculinity)* masculinité *f*

**malevolence** /mə'levələns/ N malveillance *f* *(towards* envers*)*

**malevolent** /mə'levələnt/ ADJ malveillant

**malevolently** /mə'levələntlɪ/ ADV avec malveillance

**malformation** /ˌmælfɔː'meɪʃən/ N malformation *f*, difformité *f*

**malformed** /ˌmæl'fɔːmd/ ADJ *[baby]* malformé ◆ **to have a ~ heart/foot** avoir une malformation cardiaque/du pied

**malfunction** /ˌmæl'fʌŋkʃən/ N mauvais fonctionnement *m*, défaillance *f* VI mal fonctionner

**Mali** /'mɑːlɪ/ N Mali *m* ◆ **in ~** au Mali

**Malian** /'mɑːlɪən/ N Malien(ne) *m(f)* ADJ malien

**malice** /'mælɪs/ N méchanceté *f* ; *(stronger)* malveillance *f* ◆ **to bear sb ~** vouloir du mal à qn ◆ **a man without ~** un homme sans malice ◆ **with ~ aforethought** *(Jur)* avec préméditation, avec intention criminelle *or* délictueuse

**malicious** /mə'lɪʃəs/ ADJ *[person]* méchant ; *[talk, rumour, attack, phone call]* malveillant ; *[smile]* mauvais ◆ **~ gossip** médisances *fpl* ◆ **with ~ intent** avec l'intention de nuire COMP ▷ **malicious falsehood** N *(Jur)* diffamation *f* ▷ **malicious wounding** N *(Jur)* ≃ coups *mpl* et blessures *fpl* volontaires

> ⚠ **malicieux** *means 'mischievous', not* **malicious.**

**maliciously** /mə'lɪʃəslɪ/ ADV *[say, smile]* méchamment ; *(stronger)* avec malveillance ; *(Jur)* avec préméditation, avec intention criminelle

**malign** /mə'laɪn/ ADJ pernicieux VT calomnier, diffamer ◆ **you ~ me** vous me calomniez

**malignancy** /mə'lɪgnənsɪ/ N a malveillance *f*, malfaisance *f* b *(Med)* malignité *f*

**malignant** /mə'lɪgnənt/ ADJ a *(= malevolent)* *[influence, effect]* nocif ; *[plot, look, person]* malveillant b *(Med)* malin (-igne *f*)

**malignantly** /mə'lɪgnəntlɪ/ ADV *[speak, say]* avec malveillance

**malignity** /mə'lɪgnɪtɪ/ N ⇒ **malignancy**

**malinger** /mə'lɪŋgəʳ/ VI faire le (*or* la) malade

**malingerer** /mə'lɪŋgərəʳ/ N faux malade *m*, fausse malade *f* ; *(Admin, Mil etc)* simulateur *m*, -trice *f* ◆ **he's a ~** il se fait passer pour malade

**mall** /mɔːl, (US) mæl/ N a *(gen)* allée *f*, mail *m* b *(US = pedestrianized street)* rue *f* piétonnière ; (also **shopping mall**) centre *m* commercial COMP ▷ **mall rat** * N *jeune qui traîne dans les centres commerciaux*

**mallard** /'mæləd/ N (pl **mallard(s)**) (also **mallard duck**) colvert *m*

**malleability** /ˌmælɪə'bɪlɪtɪ/ N malléabilité *f*

**malleable** /'mælɪəbl/ ADJ a *(lit)* *[material]* malléable b *(fig)* *[person]* malléable, influençable

**mallet** /'mælɪt/ N maillet *m*

**malleus** /'mælɪəs/ N (pl **mallei** /'mælɪˌaɪ/) marteau *m*

**mallow** /'mæləʊ/ N *(Bot)* mauve *f* ; → **marshmallow**

**malnourished** /ˌmæl'nʌrɪʃt/ ADJ *[person]* qui souffre de malnutrition

**malnutrition** /ˌmælnjʊ'trɪʃən/ N malnutrition *f*

**malodorous** /mæl'əʊdərəs/ ADJ *(liter)* malodorant

**malpractice** /ˌmæl'præktɪs/ N *(= wrongdoing)* faute *f* professionnelle ; *(= neglect of duty)* négligence *f or* incurie *f* professionnelle COMP ▷ **malpractice suit** N *(US Jur)* procès *m* pour faute professionnelle ◆ **to bring a ~ suit against sb** poursuivre qn pour faute professionnelle

**malt** /mɔːlt/ N malt *m* VT malter COMP *[vinegar]* de malt ▷ **malt extract** N extrait *m* de malt ▷ **malt liquor** N *(US)* bière *f* ▷ **malt whisky** N (whisky *m*) pur malt *m*

**Malta** /'mɔːltə/ N *(island)* Malte *f* ; *(state)* Malte *m* ◆ **in ~** à Malte

**maltase** /'mɔːlteɪz/ N maltase *f*

**malted** /'mɔːltɪd/ ADJ malté COMP ▷ **malted barley** N orge *f* maltée ▷ **malted milk** N lait *m* malté

**Maltese** /ˌmɔːl'tiːz/ ADJ maltais ◆ **~ cross** croix *f* de Malte ◆ **~ fever** fièvre *f* de Malte N a *(pl inv)* Maltais(e) *m(f)* b *(Ling)* maltais *m* NPL **the Maltese** les Maltais *mpl*

**Malthus** /'mælθəs/ N Malthus *m*

**Malthusianism** /mæl'θjuːzɪəˌnɪzəm/ N malthusianisme *m*

**maltreat** /ˌmæl'triːt/ VT maltraiter, malmener

**maltreatment** /ˌmæl'triːtmənt/ N mauvais traitement *m* ◆ **sexual ~** sévices *mpl* sexuels

**mam** * /mæm/ N *(Brit dial)* maman *f* ◆ **my ~** maman

**mama** /mə'mɑː/ N *(esp US)* mère *f*, maman *f* ◆ **he's a mam(m)a's boy** *(pej)* c'est un fils à sa mère *(pej)*

**mamba** /'mæmbə/ N *(Zool)* mamba *m* ◆ **black/green ~** mamba *m* noir/vert

**mamma** /mə'mɑː/ N ⇒ **mama**

**mammal** /'mæməl/ N mammifère *m*

**mammalian** /mæ'meɪlɪən/ ADJ mammalien

**mammary** /'mæmərɪ/ ADJ mammaire COMP ▷ **mammary gland** N glande *f* mammaire

**mammogram** /'mæməgræm/ N *(Med)* mammographie *f*

**mammography** /mæ'mɒgrəfɪ/ N mammographie *f*

**Mammon** /'mæmən/ N le dieu Argent, Mammon *m*

**mammoth** /'mæməθ/ N mammouth *m* ADJ colossal

**mammy** /'mæmɪ/ N a *(* =mother)* maman *f* b *(US = Black nurse)* nourrice *f* noire

**Man** /mæn/ N ⇒ **Isle of Man**

**man** /mæn/ N (pl **men**) a *(gen)* homme *m* ; *(= servant)* domestique *m* ; *(in factory etc)* ouvrier *m* ; *(in office, shop etc)* employé *m* ; *(Sport = player)* joueur *m*, équipier *m* ; *(= husband)* homme *m* ◆ **men and women** les hommes *mpl* et les femmes *fpl* ◆ **he's a nice ~** c'est un homme sympathique ◆ **an old ~** un vieil homme, un vieillard ◆ **a blind ~** un aveugle ◆ **a medical ~** un docteur ◆ **a ~ of God** un homme de Dieu ◆ **I don't like the ~** je n'aime pas cet homme *or* ce type * ◆ **the ~'s an idiot** c'est un imbécile ◆ **that ~ Smith** ce (type *) Smith ◆ **the ~ Jones** † le dénommé *or* le nommé Jones ◆ **the ~ in the moon** *le visage que l'on peut imaginer en regardant la lune* ◆ **as one ~** *(= in unison)* comme un seul homme ◆ **as one ~ to another** d'homme à homme ◆ **they're communists to a ~** *or* **to the last ~** ils sont tous communistes sans exception ◆ **they perished to a ~** pas un seul d'entre eux n'a survécu ◆ **he's been with this firm ~ and boy for 30 years** cela fait 30 ans qu'il est entré tout jeune encore dans la maison ◆ **the employers and the men** les patrons *mpl* et les ouvriers *mpl* ◆ **~ and wife** mari *m* et femme *f* ◆ **to live as ~ and wife** vivre maritalement ◆ **her ~** * son homme * ◆ **my old ~** * *(= father)* mon paternel * ; *(= husband)* mon homme * ◆ **her young ~** † * son amoureux †, son futur *(hum)* ◆ **it will make a ~ of him** cela fera de lui un homme ◆ **be a ~!** sois un homme ! ◆ **he took it like a ~** il a pris ça vaillamment ◆ **he was ~ enough to apologize** il a eu le courage de s'excuser ◆ **he's his own ~ again** *(= not subordinate to anyone)* il est redevenu son propre maître ; *(= in control of his emotions etc)* il est de nouveau maître de lui ; → **best, estate, jack**
b *(Mil)* homme *m* (de troupe), soldat *m* ; *(Naut)* homme *m* (d'équipage), matelot *m* ◆ **officers and men** *(Aviat, Mil)* officiers *mpl* et soldats *mpl*, officiers *mpl* et hommes *mpl* de troupe ; *(Naut)* officiers *mpl* et matelots *mpl* ◆ **the corporal and his men** le caporal et ses hommes ◆ **they fought to the last ~** ils se sont battus jusqu'au dernier
c *(= sort, type)* ◆ **I'm not a drinking ~** je ne bois pas (beaucoup) ◆ **I'm not a gambling ~** je ne suis pas joueur ◆ **he's not a football ~** ce n'est pas un amateur de football ◆ **I'm a whisky ~ myself** personnellement, je préfère le whisky ◆ **a leg/tit *‡/bum ‡ ~** un homme attiré par les belles jambes/les

beaux nichons*/les belles fesses ◆ **he's a man's ~** c'est un homme qui est plus à l'aise avec les hommes ◆ **he's a Leeds ~** *(= native)* il est *or* vient de Leeds ; *(= football supporter)* c'est un supporter de Leeds ◆ **he's not the ~ to fail** il n'est pas homme à échouer ◆ **he's not the ~ for that** il n'est pas fait pour cela ◆ **he's the ~ for the job** c'est l'homme qu'il nous (*or* leur *etc*) faut ◆ **if you're looking for someone to help you, then I'm your ~** si vous cherchez quelqu'un pour vous aider, je suis votre homme ◆ **the ~ in the street** l'homme *m* de la rue, Monsieur Tout-le-monde ◆ **a ~ of the world** un homme d'expérience ◆ **a ~ about town** un homme du monde ◆ **the ~ of the hour** *or* **the moment** le héros du jour, l'homme *m* du moment ; → **destiny, idea, lady, letter, local, property**

**d** *(in compounds)* ◆ **the ice-cream ~** le marchand de glaces ◆ **the TV ~** l'installateur *m* (*or* le dépanneur) de télé ◆ **the gas ~** l'employé *m* du gaz ◆ **it's the green/red ~** *(Brit Aut)* le feu pour les piétons est au vert/au rouge ; → **repair**[1]

**e** *(= humanity in general)* ◆ **Man** l'homme *m* ◆ **that's no use** *or* **good to ~ (n)or beast** cela ne sert strictement à rien ◆ **Man proposes, God disposes** *(Prov)* l'homme propose et Dieu dispose *(Prov)*

**f** *(= person)* homme *m* ◆ **all men must die** tous les hommes sont mortels, nous sommes tous mortels ◆ **men say that ...** on dit que ..., certains disent que ... ◆ **any ~ would have done the same** n'importe qui aurait fait de même ◆ **no ~ could blame him** personne ne pouvait le lui reprocher ◆ **what else could a ~ do?** qu'est-ce qu'on aurait pu faire d'autre ?

**g** *(in direct address)* **hurry up, ~!** * dépêchez-vous !, magnez-vous donc ! * ; *(to friend etc)* magne-toi, mon vieux ! * ◆ **~ *, was I terrified!** quelle frousse * j'ai eue ! ◆ **look here young ~!** dites donc, jeune homme ! ◆ **(my) little ~!** mon grand ! ◆ **old ~** † * mon vieux * ◆ **my (good) ~** † mon brave † ◆ **good ~!** bravo !

**h** *(Chess)* pièce *f* ; *(Draughts)* pion *m*

**i** *(US)* ◆ **the Man** * *(= white man)* le blanc ; *(= boss)* le patron ; *(= police)* les flics * *mpl*

**VT** **a** *(= provide staff for)* assurer une permanence à ; *(= work at)* être de service à ◆ **they haven't enough staff to ~ the office every day** ils n'ont pas assez de personnel pour assurer une permanence au bureau tous les jours ◆ **who will ~ the enquiry desk?** qui sera de service au bureau des renseignements ? ◆ **the telephone is ~ned twelve hours per day** il y a une permanence téléphonique douze heures par jour

**b** *(Mil)* *[+ post]* être en faction à ; *[+ fortress]* être en garnison à ◆ **to ~ a ship** équiper un navire en personnel ◆ **the ship was ~ned mainly by Chinese** l'équipage était composé principalement de Chinois ◆ **the troops who ~ned the look-out posts** les troupes en faction au poste ◆ **the soldiers ~ning the fortress** les soldats qui étaient en garnison dans la forteresse ◆ **to ~ the boats** *(Naut)* armer les bateaux ◆ **to ~ the guns** *(Mil)* servir les canons ◆ **to ~ the pumps** armer les pompes ; see also **manned**

**COMP** ▷ **man-at-arms** **N** (pl **men-at-arms**) homme *m* d'armes, cuirassier *m* ▷ **man-child** **N** *(liter)* enfant *m* mâle ▷ **man-day** **N** *(Comm, Ind etc)* jour-homme *m*, jour *m* de travail ▷ **man-eater** **N** *(= animal)* mangeur *m* d'hommes ; *(= cannibal)* cannibale *m*, anthropophage *m* ; *(fig hum = woman)* dévoreuse *f* d'hommes, mante *f* religieuse ▷ **man-eating** **ADJ** *[animal]* mangeur d'hommes ; *[tribe etc]* anthropophage ▷ **man Friday** **N** *(in Robinson Crusoe)* Vendredi *m* ; *(fig)* *(= retainer)* fidèle serviteur *m* ; *(= assistant)* aide *m* de bureau ▷ **man-hater** **N** ◆ **to be a ~-hater** *[woman]* avoir les hommes en horreur ▷ **man-hour** **N** *(Comm, Ind etc)* heure-homme *f*, heure *f* de travail ▷ **man-made** **ADJ** *[fibre, fabric]* synthétique ; *[lake, barrier]* artificiel ▷ **man management** **N** ◆ **he's not very good at ~ management** il ne sait pas très bien diriger une équipe ◆ **~ management is an important skill** il faut savoir bien diriger une équipe ▷ **man-of-war, man-o'-war** **N** (pl **men-of-war**) *(Naut)* vaisseau *m* *or* navire *m* *or* bâtiment *m* de guerre ; → **Portuguese** ▷ **man-sized** * **ADJ** *(fig)* grand, de taille, de grande personne * ▷ **man-to-man** **ADJ, ADV** d'homme à homme ▷ **man-to-man marking** **N** *(Brit Ftbl)* marquage *m* individuel

**manacle** /ˈmænəkl/ **N** *(gen pl)* menottes *fpl* **VT** mettre les menottes à ◆ **~d** les menottes aux poignets

**manage** /ˈmænɪdʒ/ LANGUAGE IN USE 15.4, 16.4

**VT** **a** *(= direct)* *[+ business, estate, theatre, restaurant, hotel, shop, time, capital]* gérer ; *[+ institution, organization]* administrer, diriger ; *[+ football team, boxer etc]* être le manager de ; *[+ actor, singer etc]* être le manager *or* l'imprésario de ; *[+ farm]* exploiter

**b** *(= handle, deal with)* *[+ boat, vehicle]* manœuvrer, manier ; *[+ animal, person]* savoir s'y prendre avec ◆ **you ~d the situation very well** tu as très bien géré la situation

**c** *(= succeed, contrive)* ◆ **to ~ to do sth** réussir *or* arriver à faire qch ◆ **how did you ~ to do it?** comment as-tu réussi à le faire ?, comment y es-tu arrivé ? ◆ **how did you ~ not to spill it?** comment as-tu fait pour ne pas le renverser ? ◆ **he ~d not to get his feet wet** il a réussi à ne pas se mouiller les pieds ◆ **he ~d to annoy everybody** *(iro)* il a trouvé le moyen de mécontenter tout le monde ◆ **you'll ~ it next time!** tu réussiras *or* tu y arriveras la prochaine fois ! ◆ **will you come? – I can't ~ (it) just now** tu viendras ? — je ne peux pas pour l'instant

**d** *(= manage to do, pay, eat etc)* ◆ **how much will you give? – I can ~ 10 euros** combien allez-vous donner ? — je peux aller jusqu'à 10 € *or* je peux mettre 10 € ◆ **surely you could ~ another biscuit?** tu mangeras bien encore un autre biscuit ? ◆ **I couldn't ~ another thing!** * je n'en peux plus ! ◆ **can you ~ the suitcases?** pouvez-vous porter les valises ? ◆ **can you ~ 8 o'clock?** 8 heures, ça vous convient ? ◆ **can you ~ two more in the car?** peux-tu encore en prendre deux *or* as-tu de la place pour deux de plus dans la voiture ? ◆ **I ~d a smile/a few words of greeting** *etc* j'ai quand même réussi à sourire/à dire quelques mots de bienvenue *etc*

**VI** *(= succeed, get by)* se débrouiller ◆ **can you ~?** tu y arrives *or* arriveras ? ◆ **thanks, I can ~** merci, ça va ◆ **I can ~ without him** je peux me débrouiller sans lui ◆ **she ~s on her pension/on £60 a week** elle se débrouille avec seulement sa retraite/avec seulement 60 livres par semaine ◆ **how will you ~?** comment allez-vous faire *or* vous débrouiller ?

**COMP** ▷ **managed competition** **N** *(US Ind)* concurrence *f* réglementée *or* encadrée ▷ **managed economy** **N** économie *f* dirigée ▷ **managed forests** **NPL** forêts *fpl* gérées ▷ **managed funds** **NPL** *(Fin)* fonds *mpl* gérés ▷ **managed trade** **N** *(Ind)* commerce *m* dirigé

**manageable** /ˈmænɪdʒəbl/ **ADJ** *[size, amount, number, proportions]* raisonnable ; *[problem]* soluble ; *[task]* faisable ; *[person]* souple ; *[child, animal]* docile ; *[hair]* facile à coiffer ; *[vehicle, boat]* maniable ◆ **the situation is ~** la situation est gérable

**management** /ˈmænɪdʒmənt/ **N** **a** *(NonC = managing)* *[of company, estate, theatre]* gestion *f* ; *[of institution, organization]* administration *f*, direction *f* ; *[of farm]* exploitation *f* ◆ **his skilful ~ of his staff** l'habileté avec laquelle il dirige son personnel

**b** *(= people in charge)* *[of business, hotel, theatre etc]* direction *f* ◆ **by order of the ~** par ordre de la direction ◆ **the ~ and the workers** la direction et les travailleurs ◆ **~ and labour** *or* **unions** *(Ind)* les partenaires *mpl* sociaux ◆ **he's (one of the) ~ now** il fait partie des cadres (supérieurs) maintenant ◆ **"under new management"** "changement de propriétaire"

**COMP** ▷ **management accounting** **N** comptabilité *f* de gestion ▷ **management buyout** **N** rachat *m* d'une entreprise par ses cadres *or* sa direction ▷ **management chart** **N** organigramme *m* ▷ **management committee** **N** comité *m* de direction ▷ **management company** **N** société *f* de gestion ▷ **management consultancy** **N** *(= business)* cabinet *m* de conseil ; *(= advice)* conseil *m* en gestion d'entreprise ▷ **management consultant** **N** conseiller *m* en gestion (d'entreprise) ▷ **management information system** **N** système *m* intégré de gestion ▷ **management selection procedures** **NPL** (procédure *f* de) sélection *f* des cadres ▷ **management studies** **NPL** *(Educ)* (études *fpl* de) gestion *f* ▷ **management style** **N** mode *m* de gestion ▷ **management trainee** **N** cadre *m* stagiaire

**manager** /ˈmænɪdʒəʳ/ **N** *[of company, business]* directeur *m*, administrateur *m* ; *[of theatre, cinema]* directeur *m* ; *[of restaurant, hotel, shop]* gérant *m* ; *[of farm]* exploitant *m* ; *[of actor, singer, boxer etc]* manager *m* ; *[of sports team]* directeur *m* sportif ; *(Fin)* chef *m* de file ◆ **school ~** *(Brit)* ≈ membre *m* du conseil d'établissement ◆ **general ~** directeur *m* général ◆ **to be a good ~** être bon gestionnaire ; → **business, sale**

**manageress** /ˌmænɪdʒəˈres/ **N** *[of hotel, café, shop]* gérante *f* ; *[of theatre, cinema]* directrice *f*

**managerial** /ˌmænəˈdʒɪərɪəl/ **ADJ** *[responsibilities, staff]* d'encadrement ; *[job, position]* d'encadrement, de cadre ; *(Ftbl)* *[career]* de directeur sportif ◆ **the ~ class** les cadres *mpl* (supérieurs) ◆ **proven ~ skills** des compétences *fpl* confirmées en matière de gestion ◆ **his ~ style** son style de gestion ◆ **a ~ decision** une décision de la direction

**managership** /ˈmænɪdʒəʃɪp/ **N** directorat *m*

**managing** /ˈmænɪdʒɪŋ/ **ADJ** *(Brit = bossy)* autoritaire **COMP** ▷ **managing bank** **N** banque *f* chef de file ▷ **managing director** **N** *(Brit)* directeur *m* général, PDG *m* ▷ **managing editor** **N** directeur *m* de la rédaction

**manatee** /ˌmænəˈtiː/ **N** lamantin *m*

**Manchu** /mænˈtʃuː/ **N** **a** *(= person)* Mandchou(e) *m(f)* **b** *(Ling)* mandchou *m* **ADJ** mandchou

**Manchuria** /mænˈtʃʊərɪə/ **N** Mandchourie *f*

**Manchurian** /mænˈtʃʊərɪən/ **ADJ** mandchou **N** Mandchou(e) *m(f)*

**Mancunian** /mæŋˈkjuːnɪən/ **N** ◆ **he's a ~** il est de Manchester **ADJ** de Manchester

**mandala** /ˈmændələ/ **N** mandala *m*

**Mandarin** /ˈmændərɪn/ **N** (also **Mandarin Chinese**) Mandarin *m*

**mandarin** /ˈmændərɪn/ **N** **a** *(= person: lit, fig)* mandarin *m* **b** (also **mandarin orange**) mandarine *f* **c** (also **mandarin duck**) canard *m* mandarin

**mandate** /ˈmændeɪt/ N a (= authority) mandat *m* ◆ **they have no ~ to govern** ils n'ont pas le mandat du peuple ◆ **with such a small majority, how can the government claim to have a ~?** avec une majorité si infime, le gouvernement ne peut pas prétendre avoir reçu le mandat du peuple ◆ **the union has a ~ to …** le syndicat est mandaté pour … ◆ **the ICRC's ~ is to provide impartial assistance to victims of conflict** le CICR a pour mandat de fournir une assistance impartiale aux victimes de conflits
b (= country) pays *m* sous mandat ◆ **under French ~** sous mandat français
VT a (= give authority to) donner mandat (*sb to do sth* à qn de faire qch)
b (US) (= make obligatory) rendre obligatoire ; (= entail) [act, decision] entraîner, comporter
c (= place under mandate) [+ territory] mettre sous le mandat (*to* de)

**mandatory** /ˈmændətərɪ/ ADJ a (= obligatory) obligatoire (*for sb/sth* pour qn/qch) ◆ **to be ~ (for sb) to do sth** être obligatoire (pour qn) de faire qch ◆ **the ~ retirement age** l'âge *m* de la retraite obligatoire b (Jur = not discretionary) [life sentence, death penalty, ban, fine] automatique c (Pol) [state, functions] mandataire ◆ **to be a ~ power** être une puissance mandataire ◆ **to have ~ powers** avoir des pouvoirs conférés par mandat

**mandible** /ˈmændɪbl/ N [of bird, insect] mandibule *f* ; [of mammal, fish] mâchoire *f* (inférieure)

**mandolin(e)** /ˈmændəlɪn/ N mandoline *f*

**mandrake** /ˈmændreɪk/, **mandragora** /mænˈdrægərə/ N mandragore *f*

**mandrill** /ˈmændrɪl/ N mandrill *m*

**mane** /meɪn/ N (lit, fig) crinière *f*

**maneuver** etc /məˈnuːvəʳ/ (US) ⇒ **manoeuvre** etc

**manful** /ˈmænfʊl/ ADJ [attempt] vaillant

**manfully** /ˈmænfəlɪ/ ADV [struggle, battle, cope] vaillamment

**manga** /ˈmæŋgə/ N (pl **manga**) manga *m*

**manganese** /ˌmæŋgəˈniːz/ N manganèse *m*
COMP ▷ **manganese bronze** N bronze *m* au manganèse ▷ **manganese oxide** N oxyde *m* de manganèse ▷ **manganese steel** N acier *m* au manganèse

**mange** /meɪndʒ/ N gale *f*

**mangel(-wurzel)** /ˈmæŋgl(ˌwɜːzl)/ N betterave *f* fourragère

**manger** /ˈmeɪndʒəʳ/ N (Agr) mangeoire *f* ; (Rel) crèche *f* ; → **dog**

**mangetout** /ˈmɒnʒˈtuː/ N (pl inv) (also **mangetout pea**) mange-tout *m inv*

**mangle**[1] /ˈmæŋgl/ N (for wringing) essoreuse *f* à rouleaux ; (for smoothing) calandre *f* VT essorer, calandrer

**mangle**[2] /ˈmæŋgl/ VT (also **mangle up**) [+ object, body] déchirer, mutiler ; (fig) [+ text] mutiler ; [+ quotation] estropier ; [+ message] estropier, mutiler

**mango** /ˈmæŋgəʊ/ N (pl **mango(e)s**) (= fruit) mangue *f* ; (= tree) manguier *m* COMP ▷ **mango chutney** N condiment *m* à la mangue

**mangold(-wurzel)** /ˈmæŋgəld(ˌwɜːzl)/ N ⇒ **mangel(-wurzel)**

**mangosteen** /ˈmæŋgəˌstiːn/ N mangoustan *m*

**mangrove** /ˈmæŋgrəʊv/ N palétuvier *m*, manglier *m* COMP ▷ **mangrove swamp** N mangrove *f*

**mangy** /ˈmeɪndʒɪ/ ADJ a (= diseased) [animal] galeux b * (= shabby) [coat, wig, rug, blanket] miteux ◆ **what a ~ trick!** quel tour de cochon ! *

**manhandle** /ˈmænˌhændl/ VT (= treat roughly) malmener ; (esp Brit) (= move by hand) [+ goods etc] manutentionner

**Manhattan** /mænˈhætən/ N a (Geog) Manhattan b (= drink) manhattan *m* (cocktail de whisky et de vermouth doux)

**manhole** /ˈmænhəʊl/ N bouche *f* d'égout
COMP ▷ **manhole cover** N plaque *f* d'égout

**manhood** /ˈmænhʊd/ N a (= age, state) âge *m* d'homme, âge *m* viril ◆ **to reach ~** atteindre l'âge d'homme ◆ **during his early ~** quand il était jeune homme b (= manliness) virilité *f* ◆ **a threat to his ~** une menace pour sa virilité c (= men collectively) hommes *mpl* d (euph = penis) membre *m* viril

**manhunt** /ˈmænhʌnt/ N chasse *f* à l'homme

**mania** /ˈmeɪnɪə/ N (Psych, fig) manie *f* ◆ **persecution ~** manie *f* or folie *f* de la persécution ◆ **to have a ~ for (doing) sth** * avoir la manie de (faire) qch

**…mania** /ˈmeɪnɪə/ SUF …manie *f*

**maniac** /ˈmeɪnɪæk/ N (Psych) maniaque *mf* ; * fou *m*, folle *f* ; (Jur) dément(e) *m(f)* ◆ **a self-confessed golf ~** * un mordu * du golf, de son propre aveu ◆ **he drives like a ~** * il conduit comme un fou ◆ **he's a ~!** * il est fou à lier !, il est bon à enfermer ! ADJ (Psych) maniaque ; * fou (folle *f*) ; (Jur) dément

**maniacal** /məˈnaɪəkəl/ ADJ [person] maniaque ; [laughter] hystérique ; [expression, eyes] de fou (folle *f*)

**maniacally** /məˈnaɪəkəlɪ/ ADV [grin] comme un(e) dément(e) ◆ **he laughed ~** il a ri d'un rire hystérique

**manic** /ˈmænɪk/ ADJ (Psych) [person] maniaque ; (fig) [person] survolté * ; [activity, energy] frénétique ; [grin, smile] de dément(e) ; [laughter] hystérique COMP ▷ **manic depression** N psychose *f* maniacodépressive, cyclothymie *f* ▷ **manic-depressive** ADJ, N maniacodépressif *m*, -ive *f*, cyclothymique *mf*

**Manich(a)ean** /ˌmænɪˈkiːən/ ADJ, N manichéen(ne) *m(f)* ◆ **the Manich(a)ean heresy** l'hérésie *f* manichéenne

**Manich(a)eism** /ˈmænɪkiːˌɪzəm/ N (Hist, fig) manichéisme *m*

**manicure** /ˈmænɪˌkjʊəʳ/ N (= act) soin *m* des mains, manucure *f* ◆ **to have a ~** se faire faire les mains, se faire manucurer ◆ **to give sb a ~** faire les mains à qn, manucurer qn VT [+ person] faire les mains à, manucurer ; [+ sb's nails] faire ◆ **to ~ one's nails** se faire les ongles COMP ▷ **manicure case** N trousse *f* à ongles or de manucure ▷ **manicure scissors** NPL ciseaux *mpl* de manucure or à ongles ▷ **manicure set** N ⇒ **manicure case**

**manicured** /ˈmænɪkjʊəd/ ADJ [nails, hands] manucuré ; [person] aux mains manucurées ; (fig) [lawn, garden] impeccable

**manicurist** /ˈmænɪˌkjʊərɪst/ N manucure *mf*

**manifest** /ˈmænɪfest/ ADJ manifeste
VT manifester ◆ **the virus needs two weeks to ~ itself** il faut deux semaines avant que le virus ne se manifeste ◆ **he ~ed a pleasing personality on stage** sur scène il présentait une personnalité agréable ◆ **a problem ~ed itself** un problème s'est présenté
N (Aviat, Naut) manifeste *m*
COMP ▷ **Manifest Destiny** N (US Hist) destinée *f* manifeste

> **Manifest Destiny**
>
> Au 19e siècle, les Américains estimaient que les États-Unis avaient pour « destinée manifeste », voulue par Dieu, d'étendre leur territoire et leur influence à travers le continent nord-américain. Ce principe a servi à justifier l'avance des colons vers le Mexique ainsi que la guerre hispano-américaine de 1898, à l'issue de laquelle les États-Unis ont annexé Porto Rico et les Philippines. Rarement évoqué aujourd'hui, ce sentiment demeure sous-jacent chez beaucoup d'Américains qui trouvent naturelle la suprématie de leur pays en Amérique et sur le pourtour de l'océan Pacifique.

**manifestation** /ˌmænɪfesˈteɪʃən/ N manifestation *f*

**manifestly** /ˈmænɪfestlɪ/ ADV (frm) manifestement

**manifesto** /ˌmænɪˈfestəʊ/ N (pl **manifesto(e)s**) (Pol etc) manifeste *m*

**manifold** /ˈmænɪfəʊld/ ADJ (frm) [difficulties, benefits] multiple ; [effects] divers ; [shortcomings, duties] nombreux ; [collection] divers, varié ◆ **in ~ forms** sous diverses formes ◆ **~ wisdom** sagesse *f* infinie N (Aut etc) ◆ **inlet/exhaust ~** collecteur *m* or tubulure *f* d'admission/d'échappement

**manikin** /ˈmænɪkɪn/ N ⇒ **mannikin**

**Manila** /məˈnɪlə/ N Manille, Manila

**mani(l)la envelope** /məˌnɪləˈenvələʊp/ N enveloppe *f* en papier kraft

**mani(l)la paper** /məˌnɪləˈpeɪpəʳ/ N papier *m* kraft

**manioc** /ˈmænɪɒk/ N manioc *m*

**manipulate** /məˈnɪpjʊleɪt/ VT a [+ tool etc] manipuler ◆ **they use computers to ~ images** ils utilisent l'ordinateur pour manipuler des images b (pej) [+ facts, figures, accounts] tripoter, trafiquer * ; [+ events] agir sur ; [+ person] manipuler, manœuvrer ◆ **to ~ a situation** faire son jeu des circonstances ◆ **to ~ sb into doing sth** manipuler qn pour lui faire faire qch

**manipulation** /məˌnɪpjʊˈleɪʃən/ N (gen, Med) manipulation *f* ◆ **market ~** (Fin) manœuvre(s) *f(pl)* boursière(s)

**manipulative** /məˈnɪpjʊlətɪv/ ADJ a (pej = controlling) [person, behaviour, film, speech] manipulateur (-trice *f*) b (Physiotherapy) ◆ **~ therapy** or **treatment** (traitement *m* par) manipulations *fpl* ◆ **~ therapist** thérapeute *mf* qui soigne par manipulations

**manipulator** /məˈnɪpjʊleɪtəʳ/ N manipulateur *m*, -trice *f*

**Manitoba** /ˌmænɪˈtəʊbə/ N Manitoba *m* ◆ **in ~** dans le Manitoba

**mankind** /mænˈkaɪnd/ N (NonC) (= the human race) le genre humain, l'humanité *f* ; (= the male sex) les hommes *mpl*

**manky** * /ˈmæŋkɪ/ (Brit) ADJ cradingue *

**manlike** /ˈmænlaɪk/ ADJ [form, figure, qualities] humain ; (pej) [woman] hommasse (pej)

**manliness** /ˈmænlɪnɪs/ N virilité *f*, caractère *m* viril

**manly** /ˈmænlɪ/ ADJ [man, boy, chest, shoulders, sport] viril (virile *f*) ; [pride, virtue] mâle

**manna** /ˈmænə/ N manne *f* ◆ **~ from heaven** manne *f* tombée du ciel or providentielle

**manned** /mænd/ ADJ [spacecraft, flight] habité ; [mission] habité, humain ; see also **man**

**mannequin** /ˈmænɪkɪn/ N mannequin *m*

**manner** /ˈmænəʳ/ N a *(= mode, way)* manière *f*, façon *f* ◆ **the ~ in which he did it** la manière *or* façon dont il l'a fait ◆ **in such a ~ that ...** *(frm)* de telle sorte que ... *+ indic (actual result) or + subj (intended result)* ◆ **in this ~, after this ~** *(frm)* de cette manière *or* façon ◆ **in** *or* **after the ~ of Van Gogh** à la manière de Van Gogh ◆ **in the same ~, in like ~** *(frm)* de la même manière ◆ **in a (certain) ~** en quelque sorte ◆ **in such a ~ as to ...** de façon à ... ◆ **in a ~ of speaking** pour ainsi dire ◆ **it's a ~ of speaking** c'est une façon de parler ◆ **~ of payment** mode *m* de paiement ◆ **(as) to the ~ born** comme s'il (*or* elle *etc*) avait cela dans le sang

b *(= behaviour, attitude)* attitude *f*, comportement *m* ◆ **his ~ to his mother** son attitude envers sa mère, sa manière de se conduire avec sa mère ◆ **I don't like his ~** je n'aime pas son attitude ◆ **there's something odd about his ~** il y a quelque chose de bizarre dans son comportement

c *(= class, sort, type)* sorte *f*, genre *m* ◆ **all ~ of birds** toutes sortes d'oiseaux ◆ **no ~ of doubt** aucun doute ; → **means**

NPL **manners** a *(= social behaviour)* manières *fpl* ◆ **good ~s** bonnes manières *fpl*, savoir-vivre *m* ◆ **bad ~s** mauvaises manières *fpl* ◆ **it's good/bad ~s (to do that)** ça se fait/ne se fait pas (de faire ça) ◆ **he has no ~s, his ~s are terrible** il a de très mauvaises manières, il n'a aucun savoir-vivre ◆ **aren't you forgetting your ~s?** *(to child)* est-ce que c'est comme ça qu'on se tient ? ◆ **road ~s** politesse *f* au volant

b *(= social customs)* mœurs *fpl*, usages *mpl* ◆ **novel of ~s** roman *m* de mœurs ; → **comedy**

**mannered** /ˈmænəd/ ADJ a *(pej = affected) [voice, gesture, writing, painting]* maniéré ; *[style]* maniéré, précieux b *(= polite) [person]* bien élevé ; *[society]* civilisé ◆ **beautifully** *or* **impeccably ~** qui a des manières exquises

**-mannered** /ˈmænəd/ ADJ *(in compounds)* ◆ **rough-mannered** aux manières rudes ; → **bad, mild, well**[2]

**mannerism** /ˈmænərɪzəm/ N a *(= habit, trick of speech etc)* trait *m* particulier ; *(pej)* tic *m*, manie *f* b *(NonC: Art, Literat etc)* maniérisme *m*

**mannerist** /ˈmænərɪst/ ADJ, N maniériste *mf*

**mannerliness** /ˈmænəlɪnɪs/ N *(= civility)* savoir-vivre *m*

**mannerly** /ˈmænəlɪ/ ADJ bien élevé

**mannikin** /ˈmænɪkɪn/ N a *(Art, Dressmaking)* mannequin *m (objet)* b *(= dwarf etc)* homoncule *m*, nabot *m*

**manning** /ˈmænɪŋ/ N *(Mil)* armement *m* ; *(Ind)* effectifs *mpl* ◆ **~ levels** niveau *m* des effectifs

**mannish** /ˈmænɪʃ/ ADJ *[woman]* masculin, hommasse *(pej)* ; *[behaviour, clothes]* masculin ◆ **in a ~ way** comme un homme, d'une façon masculine

**mannishly** /ˈmænɪʃlɪ/ ADV *[dress]* comme un homme

**manoeuvrability, maneuverability** *(US)* /məˌnuːvrəˈbɪlɪtɪ/ N manœuvrabilité *f*, maniabilité *f*

**manoeuvrable, maneuverable** *(US)* /məˈnuːvrəbl/ ADJ *[car, ship]* maniable, manœuvrable

**manoeuvre, maneuver** *(US)* /məˈnuːvəʳ/ N *(all senses)* manœuvre *f* ◆ **to be on ~s** *(Mil etc)* faire des *or* être en manœuvres ◆ **it doesn't leave much room for ~** *(fig)* cela ne laisse pas une grande marge de manœuvre

VT *(all senses)* manœuvrer ◆ **to ~ sth out/in/through** *etc* faire sortir/entrer/traverser *etc* qch en manœuvrant ◆ **they ~d the gun into position** ils ont manœuvré le canon pour le mettre en position ◆ **he ~d the car through the gate** il a pu à force de manœuvres faire passer la voiture par le portail ◆ **to ~ sb into doing sth** manœuvrer qn pour qu'il fasse qch ◆ **the government tried to ~ itself into a stronger position** le gouvernement a essayé de manœuvrer pour renforcer ses positions

VI *(all senses)* manœuvrer

**manoeuvring** /məˈnuːvərɪŋ/ N *(NonC: pej = scheming)* magouille * *f*

**manometer** /mæˈnɒmɪtəʳ/ N manomètre *m*

**manor** /ˈmænəʳ/ N a (also **manor house**) manoir *m*, gentilhommière *f* b *(Hist = estate)* domaine *m* seigneurial ; → **lord** c *(Brit Police etc: *)* fief *m*

**manorial** /məˈnɔːrɪəl/ ADJ seigneurial

**manpower** /ˈmænˌpaʊəʳ/ N *(NonC)* a *(= workers available) (gen, Ind)* main-d'œuvre *f* ; *(Mil etc)* effectifs *mpl* ◆ **the shortage of skilled ~** la pénurie de main-d'œuvre qualifiée b *(= physical exertion)* force *f* physique COMP ▷ **Manpower Services Commission** N *(Brit: formerly)* ≃ Agence *f* nationale pour l'emploi

**mansard** /ˈmænsɑːd/ N (also **mansard roof**) mansarde *f*, comble *m* brisé

**manse** /mæns/ N presbytère *m (d'un pasteur presbytérien)*

**manservant** /ˈmænsɜːvənt/ N (pl **menservants** *or* **manservants**) valet *m* de chambre

**mansion** /ˈmænʃən/ N *(in town)* hôtel *m* particulier ; *(in country)* château *m*, manoir *m* COMP ▷ **the Mansion House** N *résidence officielle du Lord Mayor de Londres*

**manslaughter** /ˈmænslɔːtəʳ/ N *(Jur)* homicide *m* (involontaire *or* par imprudence)

**mansuetude** †† /ˈmænswɪtjuːd/ N mansuétude *f*, douceur *f*

**mantel** /ˈmæntl/ N a (also **mantelpiece, mantelshelf**) (dessus *m or* tablette *f* de) cheminée *f* b *(= structure round fireplace)* manteau *m*, chambranle *m* (de cheminée)

**mantes** /ˈmæntiːz/ NPL of **mantis**

**mantilla** /mænˈtɪlə/ N mantille *f*

**mantis** /ˈmæntɪs/ N (pl **mantises** *or* **mantes**) mante *f* ; → **praying**

**mantle** /ˈmæntl/ N a † *(= cloak)* cape *f* ; *[of lady]* mante †† *f* ◆ **~ of snow** *(liter)* manteau *m* de neige ◆ **since taking on the ~ of European City of Culture in 1990 Glasgow ...** depuis qu'elle a assumé, en 1990, le rôle de ville européenne de la culture, Glasgow ... ◆ **she has the intellectual form to take up the ~ of party leader** elle a les capacités intellectuelles nécessaires pour prendre la tête du parti b *[of gas lamp]* manchon *m* ; → **gas** c *(Geol: of earth)* manteau *m* VT *(liter)* (re)couvrir

**mantra** /ˈmæntrə/ N a *(lit)* mantra *m* b *(fig)* litanie *f*

**mantrap** /ˈmæntræp/ N piège *m* à hommes

**manual** /ˈmænjʊəl/ ADJ *[work, worker, lens, method, dexterity, gearbox]* manuel ; *[transmission, typewriter]* mécanique ; *[pump]* à main ◆ **~ labour** main-d'œuvre *f* ◆ **~ controls** commandes *fpl* manuelles N a *(= book)* manuel *m* b *[of organ]* clavier *m*

**manually** /ˈmænjʊəlɪ/ ADV à la main, manuellement ◆ **~ operated** à main, manuel

**manufacture** /ˌmænjʊˈfæktʃəʳ/ N *(NonC)* fabrication *f* ; *[of clothes]* confection *f* NPL **manufactures** produits *mpl* manufacturés VT *(Ind)* fabriquer ; *[+ clothes]* confectionner ; *(fig) [+ story, excuse]* fabriquer ◆ **~d goods** produits *mpl* manufacturés

**manufacturer** /ˌmænjʊˈfæktʃərəʳ/ N fabricant *m* COMP ▷ **manufacturers' recommended price** N prix *m* public

**manufacturing** /ˌmænjʊˈfæktʃərɪŋ/ N fabrication *f* COMP *[town, city, job, output, sector]* industriel ; *[industry]* de transformation ▷ **manufacturing base** N base *f* industrielle ▷ **manufacturing company** N manufacture *f* ▷ **manufacturing plant** N usine *f*

**manure** /məˈnjʊəʳ/ N *(NonC)* (also **farmyard manure**) fumier *m* ; (also **artificial manure**) engrais *m* ◆ **liquid ~** *(organic)* purin *m*, lisier *m* ; *(artificial)* engrais *m* liquide ; → **horse** VT *(with farmyard manure)* fumer ; *(with artificial manure)* répandre des engrais sur COMP ▷ **manure heap** N (tas *m* de) fumier *m*

**manuscript** /ˈmænjʊskrɪpt/ N manuscrit *m* ◆ **in ~** *(= not yet printed)* sous forme de manuscrit ; *(= handwritten)* écrit à la main ADJ manuscrit, écrit à la main

**Manx** /mæŋks/ ADJ de l'île de Man, mannois N *(Ling)* mannois *m* NPL **the Manx** les Mannois *mpl* COMP ▷ **Manx cat** N chat *m* de l'île de Man

**Manxman** /ˈmæŋksmən/ N (pl **-men**) Mannois *m*

**Manxwoman** /ˈmæŋkswʊmən/ N (pl **-women**) Mannoise *f*

**many** /ˈmenɪ/ ADJ, PRON (compar **more**, superl **most**) beaucoup (de), un grand nombre (de) ◆ **~ books** beaucoup de livres, un grand nombre de livres ◆ **very ~ books** un très grand nombre de livres, de très nombreux livres ◆ **~ of those books** un grand nombre de ces livres ◆ **~ of them** un grand nombre d'entre eux, beaucoup d'entre eux ◆ **a good ~ of those books** (un) bon nombre de ces livres ◆ **~ people** beaucoup de gens *or* de monde, bien des gens ◆ **~ came** beaucoup sont venus ◆ **~ believe that to be true** bien des gens croient que c'est vrai ◆ **the ~** *(liter)* la multitude, la foule ◆ **the ~ who admire him** le grand nombre de gens qui l'admirent ◆ **~ times** bien des fois ◆ **~ a time, ~'s the time *** maintes fois, souvent ◆ **I've lived here for ~ years** j'habite ici depuis des années ◆ **he lived there for ~ years** il vécut là de nombreuses années *or* de longues années ◆ **people of ~ kinds** des gens de toutes sortes ◆ **a good** *or* **great ~ things** beaucoup de choses ◆ **in ~ cases** dans bien des cas, dans de nombreux cas ◆ **~ a man would be grateful** il y en a plus d'un qui serait reconnaissant ◆ **a woman of ~ moods** une femme d'humeur changeante ◆ **a man of ~ parts** un homme qui a des talents très divers ◆ **~ happy returns (of the day)!** bon *or* joyeux anniversaire !

◆ **as many** ◆ **I have as ~ problems as you** j'ai autant de problèmes que vous ◆ **I have as ~ as you** j'en ai autant que vous ◆ **as ~ as wish to come** tous ceux qui désirent venir ◆ **as ~ as 100 people are expected** on attend jusqu'à 100 personnes ◆ **there were as ~ again outside the hall** il y en avait encore autant dehors que dans la salle

◆ **how many** ◆ **how ~ people?** combien de gens ? ◆ **how ~?** combien ? ◆ **how ~ there are!** qu'ils sont nombreux !

◆ **however many** ◆ **however ~ books you have** quel que soit le nombre de livres que vous ayez ◆ **however ~ there may be** quel que soit leur nombre

♦ **so many** ◆ **so ~ have said it** il y en a tant qui l'ont dit ◆ **I've got so ~ already (that ...)** j'en ai déjà tant (que ...) ◆ **there were so ~ (that ...)** il y en avait tant (que ...) ◆ **so ~ dresses** tant de robes ◆ **ever so ~ times** * je ne sais combien de fois, tant de fois ◆ **the people far below, like so ~ ants** les gens tout en bas comme autant de fourmis ◆ **he did not say that in so ~ words** il n'a pas dit cela explicitement

♦ **too many** trop ◆ **there were too ~** il y en avait trop ◆ **too ~ cakes** trop de gâteaux ◆ **three too ~** trois de trop ◆ **20 would not be too ~** il n'y en aurait pas trop de 20 ◆ **he's had one too ~** * *(drinks)* il a bu un coup de trop ◆ **I've got too ~ already** j'en ai déjà trop ◆ **there are too ~ of you** vous êtes trop nombreux ◆ **too ~ of these books** trop de ces livres ◆ **too ~ of us know that ...** nous sommes trop (nombreux) à savoir que ...

COMP ▷ **many-coloured, many-hued** ADJ *(liter)* multicolore ▷ **many-sided** ADJ *[object]* qui a de nombreux côtés ; *(fig) [person]* aux intérêts (*or* talents) variés *or* multiples ; *[problem]* complexe, qui a de nombreuses facettes

**Maoism** /'maʊɪzəm/ N maoïsme *m*

**Maoist** /'maʊɪst/ ADJ, N maoïste *mf*

**Maori** /'maʊrɪ/ ADJ maori N a *(= person)* Maori(e) *m(f)* b *(Ling)* maori *m*

**Mao (Tse Tung)** /'maʊ(tseɪ'tʊŋ)/ N Mao (Tsê-Tung) *m*

**map** /mæp/ N *(gen)* carte *f* ; *[of town, bus, tube, subway]* plan *m* ◆ **geological/historical/linguistic ~** carte *f* géologique/historique/linguistique ◆ **~ of Paris/the Underground** plan *m* de Paris/du métro ◆ **~ of France** carte *f* de la France ◆ **this will put Bishopbriggs on the ~** *(fig)* cela fera connaître Bishopbriggs ◆ **the whole town was wiped off the ~** la ville entière a été rayée de la carte ◆ **off the ~** * *(fig) (= unimportant)* perdu ; *(= distant)* à l'autre bout du monde ; → **relief**

VT *[+ country, district etc]* faire *or* dresser la carte (*or* le plan) de ; *[+ route]* tracer

COMP ▷ **map-reading** N lecture *f* des cartes

► **map out** VT SEP *[+ route, plans]* tracer ; *[+ book, essay]* établir les grandes lignes de ; *[+ one's time, career, day]* organiser ; *[+ strategy, plan]* élaborer ◆ **he hasn't yet ~ped out what he will do** il n'a pas encore de plan précis de ce qu'il va faire

**maple** /'meɪpl/ N érable *m* COMP ▷ **maple leaf** N (pl **maple leaves**) feuille *f* d'érable ▷ **maple sugar** N sucre *m* d'érable ▷ **maple syrup** N sirop *m* d'érable

**mapmaker** /'mæpmeɪkəʳ/ N cartographe *mf*

**mapmaking** /'mæpmeɪkɪŋ/ N cartographie *f*

**mapping** /'mæpɪŋ/ N *(Math)* application *f* ; *(Comput)* mappage *m* COMP ▷ **mapping pen** N plume *f* de dessinateur *or* à dessin

**mar** /mɑːʳ/ VT gâter, gâcher ◆ **to make or ~ sth** assurer le succès ou l'échec de qch

**Mar.** abbrev of **March**

**maracas** /mə'rækəz/ NPL maracas *mpl*

**maraschino** /,mærəs'kiːnəʊ/ N marasquin *m* COMP ▷ **maraschino cherry** N cerise *f* au marasquin

**Marathon** /'mærəθən/ N *(Geog, Hist)* Marathon

**marathon** /'mærəθən/ N *(Sport, fig)* marathon *m* ADJ a *(Sport) [runner]* de marathon b *(fig = very long)* marathon *inv* ◆ **a ~ session** une séance-marathon

**maraud** /mə'rɔːd/ VI marauder, être en maraude ◆ **to go ~ing** aller à la maraude

**marauder** /mə'rɔːdəʳ/ N maraudeur *m*, -euse *f*

**marauding** /mə'rɔːdɪŋ/ ADJ en maraude N maraude *f*

**marble** /'mɑːbl/ N a *(= stone, sculpture)* marbre *m* b *(= toy)* bille *f* ◆ **to play ~s** jouer aux billes ◆ **to lose one's ~s** * perdre la boule * ◆ **to pick up one's ~s and go home** * *(US)* reprendre ses billes VT marbrer COMP *[staircase, statue]* de *or* en marbre ; *[industry]* marbrier ▷ **marble cake** N gâteau *m* marbré ▷ **marble quarry** N marbrière *f*

**March** /mɑːtʃ/ N mars *m* ; → **mad** ; *for other phrases see* **September**

**march** /mɑːtʃ/ N a *(Mil etc)* marche *f* ◆ **on the ~** en marche ◆ **quick/slow ~** marche *f* rapide/lente ◆ **a day's ~** une journée de marche ◆ **a 10km ~, a ~ of 10km** une marche de 10 km ◆ **the ~ on Rome** la marche sur Rome ◆ **the ~ of time/progress** la marche du temps/progrès ; → **forced, route, steal**

b *(= demonstration)* manifestation *f* (*against* contre ; *for* pour)

c *(Mus)* marche *f* ; → **dead**

VI a *(Mil etc)* marcher au pas ◆ **the army ~ed in/out** l'armée entra/sortit (au pas) ◆ **to ~ into battle** marcher au combat ◆ **to ~ past** défiler ◆ **to ~ past sb** défiler devant qn ◆ **~!** marche ! ; → **forward, quick**

b *(gen)* **to ~ in/out/up** *etc (briskly)* entrer/sortir/monter *etc* d'un pas énergique ; *(angrily)* entrer/sortir/monter *etc* d'un air furieux ◆ **he ~ed up to me** il s'est approché de moi d'un air décidé ◆ **to ~ up and down the room** faire les cent pas dans la pièce, arpenter la pièce

c *(= demonstrate)* manifester (*against* contre ; *for* pour)

VT a *(Mil)* faire marcher (au pas) ◆ **to ~ troops in/out** *etc* faire entrer/faire sortir *etc* des troupes (au pas)

b *(fig)* **to ~ sb in/out/away** faire entrer/faire sortir/emmener qn tambour battant ◆ **to ~ sb off to prison** * embarquer qn en prison *

COMP ▷ **march-past** N *(Mil etc)* défilé *m*

**marcher** /'mɑːtʃəʳ/ N *(in demo etc)* manifestant(e) *m(f)*

**marches** /'mɑːtʃɪz/ NPL *(= border)* frontière *f* ; *(= borderlands)* marche *f*

**marching** /'mɑːtʃɪŋ/ N marche *f* COMP ▷ **marching band** N *(US)* orchestre *m* d'école (avec majorettes) ▷ **marching orders** NPL *(Mil)* feuille *f* de route ◆ **to give sb his ~ orders** * *(fig)* flanquer * qn à la porte, envoyer promener * qn ◆ **to get one's ~ orders** * *(fig)* se faire mettre à la porte ▷ **marching song** N chanson *f* de route

**marchioness** /'mɑːʃənɪs/ N marquise *f (personne)*

**Marco Polo** /'mɑːkəʊ'pəʊləʊ/ N Marco Polo *m*

**Marcus Aurelius** /'mɑːkəsɔː'riːlɪəs/ N Marc Aurèle *m*

**Mardi Gras** /'mɑːdɪgrɑː/ N mardi gras *m inv*, carnaval *m*

**mare** /mɛəʳ/ N jument *f* COMP ▷ **mare's nest** N ◆ **his discovery turned out to be a ~'s nest** sa découverte s'est révélée très décevante

**marg** * /mɑːdʒ/ N *(Brit)* abbrev of **margarine**

**Margaret** /'mɑːgərɪt/ N Marguerite *f*

**margarine** /,mɑːdʒə'riːn/ N margarine *f*

**margarita** /,mɑːgə'riːtə/ N margarita *f*

**marge** * /mɑːdʒ/ N *(Brit)* abbrev of **margarine**

**margin** /'mɑːdʒɪn/ N *[of book, page]* marge *f* ; *[of river, lake]* bord *m* ; *[of wood]* lisière *f* ; *(fig: Comm, Econ, gen)* marge *f* ◆ **notes in the ~** notes en marge *or* marginales ◆ **do not write in the ~** n'écrivez rien dans la marge ◆ **wide/narrow ~** *(Typ)* grande/petite marge *f* ◆ **to win by a wide/narrow ~** gagner de loin/de peu ◆ **elected by a narrow ~** élu de justesse *or* avec peu de voix de majorité ◆ **on the ~(s) of society** en marge de la société ◆ **to allow a ~ for...** laisser une marge pour ... ◆ **to allow for a ~ of error** prévoir une marge d'erreur ◆ **profit ~, ~ of profit** marge *f* (bénéficiaire) ◆ **~ of safety, safety ~** marge *f* de sécurité

**marginal** /'mɑːdʒɪnl/ ADJ a *(= unimportant) [importance, significance, role, writer, business]* marginal (*to sth* par rapport à qch) ; *[existence]* de marginal(e) ; *[issue]* insignifiant ; *[benefit]* minime ◆ **a ~ case** un cas limite ◆ **the effect will be ~** l'effet sera négligeable ◆ **this is a ~ improvement on October** ceci constitue une amélioration négligeable *or* minime par rapport au mois d'octobre ◆ **the role of the opposition party proved ~** le rôle du parti d'opposition s'est révélé minime *or* insignifiant

b *(Brit Parl) [seat, constituency]* très disputé

c *(Sociol) [people, groups]* marginal

d *(Agr) [land]* à faible rendement

e *(= written in margin) [comments, notes]* en marge, marginal

N *(Brit Parl)* siège *m* à faible majorité

> **Marginal Seat**
>
> En Grande-Bretagne, siège de député obtenu à une faible majorité et qui ne peut donc être considéré comme solidement acquis à un parti, contrairement au « safe seat » (siège sûr). Les circonscriptions à faible majorité appelées « marginal constituencies », intéressent particulièrement les médias en cas d'élection partielle, car elles constituent un bon baromètre de la popularité du parti au pouvoir.

**marginalize** /'mɑːdʒɪnəlaɪz/ VT marginaliser

**marginally** /'mɑːdʒɪnəlɪ/ ADV légèrement

**marguerita** /,mɑːgə'riːtə/ N ⇒ **margarita**

**marguerite** /,mɑːgə'riːt/ N marguerite *f*

**Maria** /mə'raɪə/ N Marie *f* ; → **black**

**marigold** /'mærɪgəʊld/ N *(Bot)* souci *m*

**marijuana, marihuana** /,mærɪ'hwɑːnə/ N marihuana *f or* marijuana *f*

**marimba** /mə'rɪmbə/ N marimba *m*

**marina** /mə'riːnə/ N marina *f*

**marinade** /,mærɪ'neɪd/ N marinade *f* VT /,mærɪneɪd/ mariner

**marinate** /'mærɪneɪt/ VT mariner

**marine** /mə'riːn/ ADJ *(= in the sea) [plant, animal]* marin ; *(= from the sea) [products]* de la mer ; *(= by the sea) [vegetation, forces]* maritime N a *(Naut)* **mercantile** *or* **merchant ~** marine *f* marchande b *(Mil)* fusilier *m* marin ; *(US)* marine *m* (américain) ◆ **the Marines** *(Brit)* ◆ **the Marine Corps** *(US)* les fusiliers *mpl* marins, les marines *mpl* ◆ **tell that to the ~s!** * † à d'autres ! * COMP ▷ **marine biologist** N océanographe *mf* biologiste ▷ **marine biology** N océanographie *f* biologique ▷ **marine engineer** N ingénieur *m* du génie maritime ▷ **marine engineering** N génie *m* maritime ▷ **marine insurance** N assurance *f* maritime ▷ **marine life** N vie *f* marine ▷ **marine science** N sciences *fpl* marines *or* de la mer ▷ **marine underwriter** N assureur *m* maritime

**mariner** /'mærɪnəʳ/ N *(liter)* marin *m* COMP ▷ **mariner's compass** N boussole *f*, compas *m* ; → **master**

**Mariolatry** /ˌmɛərɪˈɒlətrɪ/ N *(Rel: pej)* vénération *f* excessive de la Vierge

**Mariology** /ˌmɛərɪˈɒlədʒɪ/ N mariologie *f*

**marionette** /ˌmærɪəˈnet/ N marionnette *f*

**marital** /ˈmærɪtl/ ADJ a *(= relating to marriage)* conjugal ◆ **~ breakdown** rupture *f* des rapports conjugaux ◆ **to commit ~ rape** violer son épouse b *(= relating to husband)* marital COMP ▷ **marital relations** NPL rapports *mpl* conjugaux ▷ **marital status** N *(frm)* situation *f* de famille, état *m* civil

**maritime** /ˈmærɪtaɪm/ ADJ maritime COMP ▷ **maritime law** N droit *m* maritime ▷ **the Maritime Provinces** NPL *(in Canada)* les provinces *fpl* maritimes

**marjoram** /ˈmɑːdʒərəm/ N marjolaine *f*

**Mark** /mɑːk/ N Marc *m* ◆ **~ Antony** Marc-Antoine *m*

**mark¹** /mɑːk/ N *(= currency)* mark *m*

**mark²** /mɑːk/ N a *(= physical marking)* marque *f* ; *(= stain)* marque *f*, tache *f* ; *(= written symbol on paper, cloth etc)* signe *m* ; *(as signature)* marque *f*, croix *f* ; *(= footprint, animal track, tyre track etc)* empreinte *f* ; *(= marking on animal, bird)* tache *f* ◆ **that will leave a ~** *(gen)* cela laissera une marque ; *(= stain)* cela laissera une tache ◆ **to make one's ~** *(as signature)* faire une marque *or* une croix ; see also d ◆ **he was found without a ~ on his body** quand on l'a trouvé, son corps ne portait aucune trace de blessure ◆ **the ~s of violence were visible everywhere** on voyait partout des marques *or* traces de violence ◆ **the city still bears the ~s of occupation** la ville porte encore les marques *or* traces de son occupation ; see also c ; → **finger, punctuation**

b *(fig = sign)* signe *m* ◆ **a ~ of strength/success** un signe de force/de réussite (sociale) ◆ **the tendency to drink in secret is a ~ of addiction** la propension à boire en cachette est un signe d'alcoolisme ◆ **a ~ of shame** un objet de honte ◆ **as a ~ of protest/defiance** en signe de protestation/défi ◆ **as a ~ of respect** en signe de respect ◆ **as a ~ of my gratitude** en témoignage de ma gratitude ◆ **as a ~ of his confidence in/disapproval of ...** pour marquer sa confiance en/sa désapprobation de ...

c *(fig = hallmark)* marque *f* ◆ **it bears the ~(s) of genius** cela porte la marque du génie ◆ **the attack bore the ~s of a terrorist organization** cet attentat portait la marque d'une organisation terroriste ◆ **it is the ~ of a good teacher** c'est le signe d'un bon professeur ◆ **the ~ of a true teacher/architect is the ability to ...** on reconnaît le véritable professeur/architecte à sa capacité à ... ◆ **to react the way he did was the ~ of a true hero** il s'est montré *or* révélé un véritable héros en réagissant comme il l'a fait

d *(fig = lasting impression)* ◆ **to leave one's ~ on sth** laisser son empreinte sur qch ◆ **he has certainly made his ~** il s'est certainement imposé ◆ **he has certainly made a** *or* **his ~ in British politics** il a certainement marqué la politique britannique de son empreinte ◆ **to make one's ~ as a politician** s'imposer comme homme politique ◆ **to make one's ~ as a poet/writer** se faire un nom en tant que poète/qu'écrivain

e *(Scol)* *(= grade: in exam, essay, overall assessment)* note *f* ; *(= point)* point *m* ◆ **good/bad ~** bonne/mauvaise note *f* ◆ **she got a good ~** *or* **good ~s in French** elle a eu une bonne note en français ◆ **~s for effort/conduct** *etc* *(Brit)* note *f* d'application/de conduite *etc* ◆ **the ~ is out of 20** c'est une note sur 20 ◆ **you need 50 ~s to pass** il faut avoir 50 points pour être reçu ◆ **to fail by two ~s** échouer à deux points près ◆ **he got full ~s** *(Brit Scol)* il a eu dix sur dix (*or* vingt sur vingt *etc*) ◆ **he deserves full ~s** *(Brit fig)* il mérite vingt sur vingt ◆ **full ~s to him for achieving so much** *(Brit: fig)* on ne peut que le féliciter de tout ce qu'il a accompli ◆ **(I give him) full ~s for trying** c'est bien d'avoir essayé ◆ **full ~s for honesty** bravo pour l'honnêteté ◆ **there are no ~s* for guessing his name** *(hum)* il n'y a pas besoin d'être un génie pour savoir de qui je parle

f *(= target)* cible *f* ◆ **to hit the ~** *(lit)* faire mouche ; *(fig)* faire mouche, mettre dans le mille ◆ **to be right on the ~** *[comment, observation]* être très pertinent ◆ **she's normally right on the ~** d'habitude, ses observations sont très pertinentes ◆ **to miss the ~** *(lit)* manquer le but ◆ **to miss the ~, to be wide of the ~** *or* **off the ~** *or* **far from the ~** *(fig)* être loin de la vérité ◆ **it's way off the ~*** *[forecast, estimate]* c'est complètement à côté de la plaque* ◆ **to be an easy ~** *(pej)* être une cible facile ; → **overshoot, overstep**

g *(Sport)* ligne *f* de départ ; *(Rugby)* arrêt *m* de volée ◆ **on your ~s! get set! go!** à vos marques ! prêts ! partez ! ◆ **to get off the ~** *(lit, fig)* démarrer ◆ **to be quick off the ~** *(fig)* *(= quick on the uptake)* avoir l'esprit vif ; *(= quick in reacting)* avoir des réactions rapides ◆ **to be quick off the ~ in doing sth** *(fig)* ne pas perdre de temps pour faire qch ◆ **to be slow off the ~** *(fig)* être lent (à la détente*) ◆ **I don't feel up to the ~** *(fig)* je ne suis pas dans mon assiette, je ne suis pas en forme ◆ **he isn't up to the ~ for this job** *(fig)* il n'est pas à la hauteur de ce travail ◆ **his work isn't up to the ~, his work doesn't come up to the ~** *(fig)* son travail n'est pas satisfaisant, son travail laisse à désirer ◆ **this film came well up to the ~** *(fig)* ce film ne m'a pas déçu

h *(Econ = level, point)* barre *f* ◆ **the number of unemployed has reached the 2 million ~/fallen below the 2 million ~** le chiffre du chômage a atteint la barre des 2 millions/est descendu en dessous de la barre des 2 millions

i *(Comm = brand name)* marque *f*

j *(Mil, Tech = model, type)* série *f* ◆ **Concorde Mark 1** Concorde *m* première série

k *(= oven temperature)* **(gas) ~ 6** thermostat *m* 6

VT a *(= make a mark on)* marquer, mettre une marque à *or* sur ; *[+ paragraph, item, linen, suitcase]* marquer ; *(= stain)* tacher, marquer ◆ **I hope your dress isn't ~ed** j'espère que ta robe n'est pas tachée ◆ **to ~ the cards** *(lit)* marquer les cartes

b *[animal, bird]* ◆ **a bird ~ed with red** un oiseau tacheté de rouge

c *(fig = scar)* marquer ◆ **the accident ~ed him for life** l'accident l'a marqué pour la vie ◆ **suffering had ~ed him** la douleur l'avait marqué ◆ **his reign was ~ed by civil wars** son règne fut marqué par des guerres civiles

d *(= indicate)* marquer ; *[+ price etc]* marquer, indiquer ; *(St Ex)* coter ; *(Sport)* *[+ score]* marquer ◆ **this flag ~s the frontier** ce drapeau marque la frontière ◆ **they ~ed his grave with a cross** ils ont mis une croix sur sa tombe ◆ **it ~s a change of policy** cela indique un changement de politique ◆ **in order to ~ the occasion** pour marquer l'occasion ◆ **this ~s him as a future manager** ceci fait présager pour lui une carrière de cadre ◆ **to ~ time** *(Mil)* marquer le pas ; *(fig)* *(= wait)* faire du sur place, piétiner ; *(by choice, before doing sth)* attendre son heure ; → **X** ; see also **marked**

e *(Scol etc)* *[+ essay, exam]* corriger, noter ; *[+ candidate]* noter, donner une note à ◆ **to ~ sth right/wrong** marquer qch juste/faux

f *(= note, pay attention to)* bien écouter ◆ **(you) ~ my words!** crois-moi ! ; *(predicting)* tu verras ! ◆ **~ you, he may have been right** remarquez qu'il avait peut-être raison ◆ **~ him well** †† écoutez bien ce qu'il dit

g *(Sport)* *[+ opposing player]* marquer

VI se tacher

COMP ▷ **mark reader** N lecteur *m* optique ▷ **mark reading** N lecture *f* optique ▷ **mark scanner** N lecteur *m* de marques ▷ **mark scanning** N lecture *f* de marques ▷ **mark-up** N *(Comm)* *(= increase)* hausse *f*, majoration *f* de prix ; *(= profit margin)* bénéfice *m* ◆ **~-up on a bill** majoration *f* sur une facture ◆ **there's a 50% ~-up on this product** ils ont une marge *or* ils font un bénéfice de 50% sur ce produit

► **mark down** VT SEP a *(= write down)* inscrire, noter

b *(= reduce)* *[+ price]* baisser ; *[+ goods]* démarquer, baisser le prix de ◆ **all these items have been ~ed down for the sales** tous ces articles ont été démarqués pour les soldes ◆ **to be ~ed down** *(St Ex)* s'inscrire en baisse, reculer

c *(Scol)* *[+ exercise, pupil]* baisser la note de

d *(= single out)* *[+ person]* désigner, prévoir (*for* pour)

N ◆ **markdown** → **markdown**

► **mark off** VT SEP a *(= separate)* séparer, distinguer (*from* de)

b *(Surv etc = divide by boundary)* délimiter ; *[+ distance]* mesurer ; *[+ road, boundary]* tracer

c *[+ items on list etc]* cocher ◆ **he ~ed the names off as the people went in** il cochait les noms (sur la liste) à mesure que les gens entraient

► **mark out** VT SEP a *[+ zone etc]* délimiter, tracer les limites de ; *[+ field]* borner ; *[+ route, footpath]* baliser ; *(with stakes)* jalonner ◆ **to ~ out a tennis court** tracer les lignes d'un court de tennis ◆ **the route is ~ed out with flags** l'itinéraire est jalonné de drapeaux

b *(= single out)* désigner, distinguer ◆ **to ~ sb out for promotion** désigner qn pour l'avancement ◆ **he was ~ed out long ago for that job** il y a longtemps qu'on l'avait prévu pour ce poste ◆ **his red hair ~ed him out from the others** ses cheveux roux le distinguaient des autres

► **mark up** VT SEP a *(on board, wall etc)* *[+ price, score]* marquer

b *(Comm = put a price on)* indiquer *or* marquer le prix de ◆ **these items have not been ~ed up** le prix n'est pas marqué sur ces articles

c *(= increase)* *[+ price]* majorer ; *[+ goods]* majorer le prix de ◆ **all these chairs have been ~ed up** toutes ces chaises ont augmenté ◆ **to be ~ed up** s'inscrire en hausse, avancer

d *(Scol)* *[+ exercise, pupil]* surnoter, gonfler la note de

N ◆ **mark-up** → **mark²**

**markdown** /ˈmɑːkdaʊn/ N *(Comm)* remise *f*, réduction *f*

**marked** /mɑːkt/ ADJ a *(= noticeable)* *[improvement, increase, decline, change, effect]* sensible ; *[lack]* net ; *[preference, tendency, difference]* net, marqué ; *[reluctance]* vif, marqué ; *[contrast]* frappant ; *[bias]* manifeste ; *[accent]* prononcé ◆ **it is becoming more ~** cela s'accentue ◆ **in ~ contrast (to ...)** en contraste frappant (avec ...) b ◆ **to be a ~ man** être un homme marqué c *(= signposted)* *[path, trail]* balisé d *(Ling)* marqué ◆ **~ form** forme *f* marquée ◆ **to be ~ for number/gender** porter la marque du nombre/du genre e *(St Ex)* ◆ ~ **shares** actions *fpl* estampillées

**markedly** /ˈmɑːkɪdlɪ/ **ADV** *[improve, differ, contrast, change]* sensiblement ◆ **to be ~ better/worse** être nettement mieux/moins bien

**marker** /ˈmɑːkəʳ/ **N** a *(also* **marker pen***)* marqueur *m* indélébile ; *(for laundry etc)* marquoir *m* b *(= flag, stake)* marque *f*, jalon *m* ; *(= light etc)* balise *f* ◆ **to put** *or* **lay down a ~ for sth** *(fig)* révéler ses intentions pour qch c *(= bookmark)* signet *m* d *(Sport etc = person)* marqueur *m*, -euse *f* ◆ **to lose** *or* **shake off one's ~** *(Ftbl)* se démarquer e *(Scol = person)* correcteur *m*, -trice *f* f *(Tech: showing sth is present)* indicateur *m* (*for sth* de qch) g *(Ling)* marqueur *m*

**market** /ˈmɑːkɪt/ **N** a *(= trade, place)* marché *m* ◆ **to go to ~** aller au marché ◆ **the wholesale ~** le marché de gros ◆ **cattle ~** marché *m or* foire *f* aux bestiaux ◆ **the sugar ~, the ~ in sugar** le marché du sucre ◆ **the world coffee ~** le marché mondial du *or* des café(s) ◆ **free ~** marché *m* libre ◆ **a dull/lively ~** *(St Ex)* un marché lourd/actif ◆ **the ~ is rising/falling** *(St Ex)* les cours *mpl* sont en hausse/en baisse ◆ **the company intends to go to the ~** *(St Ex)* la société a l'intention d'entrer en Bourse ; → **black, buyer, common**

b *(fig)* marché *m* ◆ **home/overseas/world ~** marché *m* intérieur/d'outre-mer/mondial ◆ **to have a good ~ for sth** avoir une grosse demande pour qch ◆ **to find a ready ~ for sth** trouver facilement un marché *or* des débouchés pour qch ◆ **there is a ready ~ for small cars** les petites voitures se vendent bien ◆ **there's no ~ for pink socks** les chaussettes roses ne se vendent pas ◆ **this appeals to the French ~** cela plaît à la clientèle française, cela se vend bien en France ◆ **our competitors control 72% of the ~** nos concurrents contrôlent 72% du marché ◆ **to be in the ~ for sth** être acheteur de qch ◆ **to put sth/to be on the ~** mettre qch/être en vente *or* dans le commerce *or* sur le marché ◆ **to come on to the ~** arriver sur le marché ◆ **it's the dearest car on the ~** c'est la voiture la plus chère sur le marché ◆ **on the open ~** en vente libre ; → **flood**

**VT** *(= promote)* commercialiser ; *(= sell)* vendre ; *(= find outlet for)* trouver un *or* des débouché(s) pour

**VI** *(esp US:* also **to go marketing***)* aller faire des commissions

**COMP** ▷ **market analysis N** analyse *f* de marché ▷ **market cross N** croix *f* sur la place du marché ▷ **market day N** jour *m* de *or* du marché ; *(St Ex)* jour *m* de bourse ▷ **market-driven ADJ** *[innovation]* répondant *inv* à la demande du marché ▷ **market economy N** économie *f* de marché ▷ **market forces NPL** forces *fpl* du marché ▷ **market garden N** *(Brit)* jardin *m* maraîcher ▷ **market gardener N** *(Brit)* maraîcher *m*, -ère *f* ▷ **market gardening N** *(Brit)* culture *f* maraîchère ▷ **market leader N** *(= company, product)* leader *m* du marché ▷ **market opportunity N** créneau *m* ▷ **market place N** *(lit)* place *f* du marché ◆ **in the ~ place** *(lit)* au marché ; *(fig: Econ)* sur le marché ▷ **market price N** *(Comm)* prix *m* marchand *or* du marché ◆ **at ~ price** au cours, au prix courant ◆ **~ prices** *(St Ex)* cours *m* du marché ▷ **market rates NPL** taux *m* du cours libre ▷ **market research N** étude *f* de marché (*in* de) ◆ **to do some ~ research** faire une étude de marché ◆ **I work in ~ research** je travaille pour un consultant en études de marché *or* une société de marketing ◆ **~ research institute** *or* **organization** institut *m* de marketing ▷ **market researcher N** enquêteur *m*, -trice *f (qui fait des études de marché)* ▷ **market share N** part *f* du marché ▷ **market square N** place *f* du marché ▷ **market-test VT** tester sur le marché **N** test *m* de marché ▷ **market town N** *(Brit)* bourg *m* ▷ **market trader N** *(Brit)* commerçant(e) *m(f) (qui vend sur les marchés)* ▷ **market trends NPL** *(St Ex)* tendances *fpl* du marché ▷ **market value N** valeur *f* marchande

**marketability** /ˌmɑːkɪtəˈbɪlɪtɪ/ **N** possibilité *f* de commercialisation

**marketable** /ˈmɑːkɪtəbl/ **ADJ** a *[commodity, product, skill]* facilement commercialisable ; *(St Ex) [securities]* négociable ◆ **of ~ quality** d'une bonne qualité marchande b *(fig) [person]* coté

**marketeer** /ˌmɑːkəˈtɪəʳ/ **N** a → **black** b *(Brit Pol)* ◆ **(pro-)Marketeers** ceux qui sont en faveur du Marché commun ◆ **anti-Marketeers** ceux qui s'opposent au Marché commun

**marketing** /ˈmɑːkɪtɪŋ/ **N** a *[of product, goods]* commercialisation *f*, marketing *m* b *(= field of activity)* marketing *m*, mercatique *f* c *(= department)* service *m* du marketing, département *m* marketing **COMP** *[concept, plan]* de commercialisation ▷ **marketing arrangement N** accord *m* de commercialisation ▷ **marketing department N** service *m* du marketing, département *m* marketing ▷ **marketing intelligence N** informations *fpl* commerciales ▷ **marketing manager N** directeur *m*, -trice *f* du marketing ▷ **marketing mix N** marketing mix *m*, plan *m* de marchéage ▷ **marketing people NPL** ◆ **one of our ~ people** l'un de nos commerciaux ▷ **marketing strategy N** stratégie *f* marketing

**marking** /ˈmɑːkɪŋ/ **N** a *(NonC) [of animals, trees, goods]* marquage *m* b *(Brit Scol) (gen = correcting)* correction *f* (des copies) ; *(= giving of marks)* attribution *f* de notes, notation *f* ; *(= marks given)* notes *fpl* c *(also* **markings***) (on animal)* marques *fpl*, taches *fpl* ; *(on road)* signalisation *f* horizontale d *(Ftbl)* marquage *m* (d'un joueur) **COMP** ▷ **marking ink N** encre *f* indélébile ▷ **marking scheme N** barème *m*

**marksman** /ˈmɑːksmən/ **N** (pl **-men**) tireur *m* ; *(Police)* tireur *m* d'élite

**marksmanship** /ˈmɑːksmənʃɪp/ **N** adresse *f* au tir

**marl** /mɑːl/ *(Geol)* **N** marne *f* **VT** marner

**marlin** /ˈmɑːlɪn/ **N** a (pl **marlin** *or* **marlins**) *(= fish)* marlin *m*, makaire *m* b ⇒ **marline**

**marline** /ˈmɑːlɪn/ **N** *(Naut)* lusin *m* **COMP** ▷ **marlin(e) spike N** *(Naut)* épissoir *m*

**marly** /ˈmɑːlɪ/ **ADJ** marneux

**marmalade** /ˈmɑːməleɪd/ **N** confiture *f or* marmelade *f (d'agrumes)* **COMP** ▷ **marmalade orange N** orange *f* amère, bigarade *f*

**Marmara, Marmora** /ˈmɑːmərə/ **N** ◆ **the Sea of ~** la mer de Marmara

**marmoreal** /mɑːˈmɔːrɪəl/ **ADJ** *(liter)* marmoréen

**marmoset** /ˈmɑːməʊzet/ **N** ouistiti *m*

**marmot** /ˈmɑːmət/ **N** marmotte *f*

**maroon**[1] /məˈruːn/ **ADJ** *(= colour)* bordeaux *inv*

**maroon**[2] /məˈruːn/ **N** *(= distress signal)* fusée *f* de détresse

**maroon**[3] /məˈruːn/ **VT** *(lit) [+ castaway]* abandonner (sur une île *or* une côte déserte) ; *(fig) [sea, traffic, strike etc]* bloquer ◆ **to be ~ed** *(fig)* être abandonné *or* délaissé

**marque** /mɑːk/ **N** *(= brand)* marque *f*

**marquee** /mɑːˈkiː/ **N** a *(esp Brit) (= tent)* grande tente *f* ; *(in circus)* chapiteau *m* b *(= awning)* auvent *m* ; *(US) [of theatre, cinema]* marquise *f*, fronton *m*

**Marquesas Islands** /mɑːˈkeɪsæsˈaɪləndz/ **NPL** îles *fpl* Marquises

**marquess** /ˈmɑːkwɪs/ **N** marquis *m*

**marquetry** /ˈmɑːkɪtrɪ/ **N** marqueterie *f* **COMP** *[table etc]* de *or* en marqueterie

**marquis** /ˈmɑːkwɪs/ **N** ⇒ **marquess**

**Marrakesh, Marrakech** /məˈrækeʃ, mærəˈkeʃ/ **N** Marrakech

**marriage** /ˈmærɪdʒ/ LANGUAGE IN USE 24.3

**N** mariage *m* ; *(fig)* mariage *m*, alliance *f* ◆ **to give sb in ~** donner qn en mariage ◆ **to take sb in ~** † *(gen)* épouser qn ; *(in actual wording of service)* prendre qn comme époux (*or* épouse) ◆ **civil ~** mariage *m* civil ◆ **aunt by ~** tante *f* par alliance ◆ **they are related by ~** ils sont parents par alliance ; → **offer, shotgun**

**COMP** ▷ **marriage bed N** lit *m* conjugal ▷ **marriage bonds NPL** liens *mpl* conjugaux ▷ **marriage broker N** agent *m* matrimonial ▷ **marriage bureau N** agence *f* matrimoniale ▷ **marriage ceremony N** (cérémonie *f* de) mariage *m* ▷ **marriage certificate N** (extrait *m* d')acte *m* de mariage ▷ **marriage customs NPL** coutumes *fpl* matrimoniales ▷ **marriage guidance N** consultation *f* conjugale ▷ **marriage guidance counsellor N** conseiller *m*, -ère *f* conjugal(e) ▷ **marriage licence N** certificat *m* de publication des bans ▷ **marriage lines NPL** *(Brit)* ⇒ **marriage certificate** ~ **of convenience** mariage *m* de convenance ▷ **marriage partner N** conjoint(e) *m(f)* ▷ **marriage rate N** taux *m* de nuptialité ▷ **marriage settlement N** ≈ contrat *m* de mariage ▷ **marriage vows NPL** vœux *mpl* de mariage

**marriageable** † /ˈmærɪdʒəbl/ **ADJ** *[person]* mariable ◆ **of ~ age** en âge de se marier ◆ **he's very ~** c'est un très bon parti

**married** /ˈmærɪd/ **ADJ** a *(= wedded) [person, couple]* marié (*to* à, avec) ◆ **twice-~** marié deux fois ◆ **"just married"** "jeunes mariés" ◆ **the newly ~ couple** les (nouveaux) mariés *mpl* ◆ **he is a ~ man** c'est un homme marié ◆ **to be happily ~** être heureux en ménage ◆ **~ life** vie *f* conjugale ; see also **happily** b *(fig)* ◆ **to be ~ to one's job** *or* **work** ne vivre que pour son travail **COMP** ▷ **married name N** nom *m* de femme mariée ▷ **married quarters NPL** *(Mil)* quartiers *mpl* des personnes mariées ; → **marry**

**marrow** /ˈmærəʊ/ **N** a *[of bone]* moelle *f* ; *(fig)* essence *f* ◆ **to be chilled** *or* **frozen to the ~** être gelé jusqu'à la moelle des os b *(Brit = vegetable)* courge *f* ◆ **baby ~** courgette *f*

**marrowbone** /ˈmærəʊbəʊn/ **N** os *m* à moelle

**marrowfat** /ˈmærəʊfæt/ **N** *(also* **marrowfat pea***) pois de grande taille*

**marry** /ˈmærɪ/ LANGUAGE IN USE 24.3

**VT** a *(= take in marriage)* épouser, se marier avec ◆ **will you ~ me?** veux-tu *or* voulez-vous m'épouser ? ◆ **to get** *or* **be married** se marier ◆ **they've been married for ten years** ils sont mariés depuis dix ans ◆ **to ~ money** épouser une grosse fortune

b *(= give or join in marriage) [priest, parent]* marier ◆ **he has three daughters to ~ (off)** il a trois filles à marier ◆ **she married (off) her daughter to a lawyer** elle a marié sa fille avec *or* à un avocat

**VI** se marier ◆ **to ~ for money/love** faire un mariage d'argent/d'amour ◆ **to ~ into a family** s'allier à une famille par le mariage, s'apparenter à une famille ◆ **to ~**

**into money** épouser une grosse fortune ◆ **to ~ beneath o.s.** † se mésallier, faire une mésalliance ◆ **to ~ again** se remarier

**marry off** VT SEP *[parent etc]* marier ; → **marry vt b**

**marry up** VT SEP *[pattern etc]* faire coïncider

**Mars** /mɑːz/ N *(Myth)* Mars *m* ; *(Astron)* Mars *f*

**Marseillaise** /ˌmɑːsəˈleɪz/ N Marseillaise *f*

**Marseilles** /mɑːˈseɪlz/ N Marseille

**marsh** /mɑːʃ/ N marais *m*, marécage *m* ; → **salt** COMP ▷ **marsh fever** N paludisme *m*, fièvre *f* des marais ▷ **marsh gas** N gaz *m* des marais ▷ **marsh marigold** N renoncule *f* des marais ▷ **marsh warbler** N rousserolle *f*

**marshal** /ˈmɑːʃəl/ N a *(Mil etc)* maréchal *m* ◆ **Marshal of the Royal Air Force** *(Brit)* *maréchal de la RAF* ; → **air, field** b *(Brit: at demonstration, sports event etc)* membre *m* du service d'ordre c *(in US, in police/fire department)* ≃ capitaine *m* de gendarmerie/des pompiers ; *(= law officer)* marshal *m (magistrat et officier de police fédérale)* d *(in Brit: at Court etc)* chef *m* du protocole VT a *(Mil, Police) [+ troops, forces]* rassembler ; *[+ crowd, traffic]* canaliser ; *(Rail) [+ wagons]* trier ◆ **the police ~led the procession into the town** la police a fait entrer le cortège en bon ordre dans la ville b *(fig) [+ facts]* organiser ; *[+ evidence]* rassembler ; *[+ resources]* mobiliser ; *[+ support]* obtenir, rallier ◆ **to ~ one's thoughts** rassembler ses idées

**marshalling** /ˈmɑːʃəlɪŋ/ N a *[of crowd, demonstrators]* maintien *m* de l'ordre (of parmi) b *(Rail)* triage *m* COMP ▷ **marshalling yard** N gare *f or* centre *m* de triage

**marshland** /ˈmɑːʃlænd/ N région *f* marécageuse, marécage *m*

**marshmallow** /mɑːʃˈmæləʊ/ N a *(Bot)* guimauve *f* b *(= sweet)* marshmallow *m*

**marshy** /ˈmɑːʃɪ/ ADJ marécageux

**marsupial** /mɑːˈsuːpɪəl/ ADJ, N marsupial *m*

**mart** /mɑːt/ N *(esp US) (= trade centre)* centre *m* commercial ; *(= market)* marché *m* ; *(= auction room)* salle *f* des ventes ; → **property**

**marten** /ˈmɑːtɪn/ N (pl **martens** *or* **marten**) martre *f or* marte *f*

**Martha** /ˈmɑːθə/ N Marthe *f*

**martial** /ˈmɑːʃəl/ ADJ *[music]* militaire ; *[spirit]* guerrier ; *[behaviour]* martial ; → **court martial** COMP ▷ **martial art** N art *m* martial ▷ **martial artist** N expert *m* en arts martiaux ▷ **martial law** N loi *f* martiale ◆ **to be under ~ law** être soumis à la loi martiale ▷ **martial rule** N domination *f* militaire

**Martian** /ˈmɑːʃən/ N martien(ne) *m(f)* ADJ martien

**martin** /ˈmɑːtɪn/ N *(Orn)* ◆ **house ~** hirondelle *f* de fenêtre ◆ **sand ~** hirondelle *f* de rivage

**martinet** /ˌmɑːtɪˈnet/ N ◆ **to be a (real) ~** être impitoyable *or* intraitable en matière de discipline

**martingale** /ˈmɑːtɪŋgeɪl/ N *(Horse-riding, Gambling)* martingale *f*

**Martini** ® /mɑːˈtiːnɪ/ N Martini ® *m* ; *(US = cocktail)* Martini *m* américain ◆ **sweet ~** Martini *m* rouge

**Martinique** /ˌmɑːtɪˈniːk/ N Martinique *f* ◆ **in ~** à la Martinique, en Martinique

**Martinmas** /ˈmɑːtɪnməs/ N la Saint-Martin

**martyr** /ˈmɑːtəʳ/ N *(Rel, fig)* martyr(e) *m(f)* (to de) ◆ **a ~'s crown** la couronne du martyre ◆ **he is a ~ to migraine(s)** ses migraines lui font souffrir le martyre ◆ **don't be such a ~!** *, **stop acting like a ~!** arrête de jouer les martyrs ! VT *(Rel, fig)* martyriser

**martyrdom** /ˈmɑːtədəm/ N *(NonC) (Rel)* martyre *m* ; *(fig)* martyre *m*, calvaire *m*

**martyrize** /ˈmɑːtɪraɪz/ VT *(Rel, fig)* martyriser

**marvel** /ˈmɑːvəl/ N *(= thing)* merveille *f* ; *(= wonder)* prodige *m*, miracle *m* ◆ **the ~s of modern science** les prodiges *mpl* de la science moderne ◆ **plastics were hailed as a ~ of modern science** on a salué les matières plastiques comme un prodige de la science moderne ◆ **the cathedral is a ~ of Gothic architecture** la cathédrale est un joyau de l'architecture gothique ◆ **if he gets there it will be a ~** ce sera (un) miracle s'il y arrive ◆ **she's a ~** * c'est une perle ◆ **it's a ~ to me * how he does it** je ne sais vraiment pas comment il y arrive ◆ **it's a ~ to me * that ...** cela me paraît un miracle que ... *+ subj*, je n'en reviens pas que ... *+ subj* ◆ **it's a ~ that ...** c'est un miracle que ... *+ subj* ; → **work**

VI s'émerveiller, s'étonner (*at* de)

VT s'étonner (*that* de ce que *+ indic or + subj*)

**marvellous, marvelous** *(US)* /ˈmɑːvələs/ ADJ merveilleux ◆ **(isn't it) ~!** *(iro)* c'est vraiment extraordinaire ! *(iro)* ◆ **to have a ~ time** s'amuser énormément ◆ **it's ~ to see you** je suis si content de te voir

**marvellously, marvelously** *(US)* /ˈmɑːvələslɪ/ ADV merveilleusement

**Marxian** /ˈmɑːksɪən/ ADJ marxien

**Marxism** /ˈmɑːksɪzəm/ N marxisme *m* COMP ▷ **Marxism-Leninism** N marxisme-léninisme *m*

**Marxist** /ˈmɑːksɪst/ ADJ, N marxiste *mf* ◆ **with ~ tendencies** marxisant COMP ▷ **Marxist-Leninist** ADJ, N marxiste-léniniste *mf*

**Mary** /ˈmeərɪ/ N Marie *f* ◆ **~ Magdalene** Marie-Madeleine *f* ◆ **~ Queen of Scots, ~ Stuart** Marie Stuart(, reine d'Écosse) ◆ **~ Jane** * *(Drugs)* marie-jeanne * *f*, marijuana *f* ; → **bloody**

**Maryland** /ˈmeərɪlænd/ N Maryland *m* ◆ **in ~** dans le Maryland

**marzipan** /ˈmɑːzɪˌpæn/ N pâte *f* d'amandes, massepain *m* COMP *[sweet etc]* à la pâte d'amandes

**masc.** abbrev of **masculine**

**mascara** /mæsˈkɑːrə/ N mascara *m*

**mascaraed** /mæsˈkɑːrəd/ ADJ maquillé (au mascara)

**mascarpone** /ˌmæskəˈpəʊneɪ/ N mascarpone *m*

**mascot** /ˈmæskət/ N mascotte *f*

**masculine** /ˈmæskjʊlɪn/ ADJ masculin N *(Gram)* masculin *m* ◆ **in the ~** au masculin

**masculinist** /ˈmæskjʊlɪnɪst/, **masculist** /ˈmæskjʊlɪst/ ADJ masculin ; *(pej)* phallocrate, machiste

**masculinity** /ˌmæskjʊˈlɪnɪtɪ/ N masculinité *f*

**masculinize** /ˈmæskjʊlɪnaɪz/ VT masculiniser

**masculist** /ˈmæskjʊlɪst/ N ⇒ **masculinist**

**maser** /ˈmeɪzəʳ/ N maser *m*

**MASH** /mæʃ/ N *(US)* (abbrev of **mobile army surgical hospital**) unité *f* chirurgicale mobile de campagne COMP ▷ **MASH team** N équipe *f* chirurgicale mobile de campagne ▷ **MASH unit** N unité *f* chirurgicale mobile de campagne

**mash** /mæʃ/ N a *(= pulp)* pulpe *f* b *(Brit Culin * = potatoes)* purée *f* (de pommes de terre) ; → **banger** c *(Agr) (for pigs, hens etc)* pâtée *f* ; *(for horses)* mash *m* d *(Brewing)* pâte *f* VT a *(= crush)* (also **mash up**) écraser, broyer ; *(Culin) [+ potatoes, bananas]* faire une purée de ◆ **~ed potatoes** purée *f* (de pommes de terre) b *(= injure, damage)* écraser c *(Brewing)* brasser

**masher** /ˈmæʃəʳ/ N *(Tech)* broyeur *m* ; *(in kitchen)* presse-purée *m inv*

**mashie** /ˈmæʃɪ/ N *(Golf)* mashie *m*

**mask** /mɑːsk/ N *(gen)* masque *m* ; *(for eyes: in silk or velvet)* masque *m*, loup *m* ; *(Comput)* masque *m* de saisie ; → **death, gasmask, iron**

VT a *[+ person, face]* masquer b *(= hide) [+ object, truth, fact, differences]* masquer, cacher ; *[+ motives, pain]* cacher, dissimuler ; *[+ taste, smell]* masquer ◆ **to ~ sth from sb** *(fig)* cacher qch à qn VI *[surgeon etc]* se masquer

COMP ▷ **masked ball** N bal *m* masqué ▷ **masking tape** N ruban *m* de masquage

**masochism** /ˈmæsəʊkɪzəm/ N masochisme *m*

**masochist** /ˈmæsəʊkɪst/ N masochiste *mf*

**masochistic** /ˌmæsəʊˈkɪstɪk/ ADJ masochiste

**mason** /ˈmeɪsn/ N a *(= stoneworker)* maçon *m* ; → **monumental** b (also **freemason**) (franc-)maçon *m* COMP ▷ **the Mason-Dixon Line** N *(US Hist)* la ligne Mason-Dixon ▷ **Mason jar** N *(US)* bocal *m* à conserves (étanche)

> **Mason-Dixon Line**
>
> La **ligne Mason-Dixon** est la frontière symbolique (longue de 375 km) qui, au 18^e^ siècle, séparait le nord du sud des États-Unis, c'est-à-dire les États esclavagistes des États anti-esclavagistes. L'expression est encore utilisée de nos jours. De même, les chanteurs de musique country parlent souvent avec nostalgie de traverser la **ligne Mason-Dixon** pour évoquer leur désir de rentrer chez eux dans le Sud.

**masonic** /məˈsɒnɪk/ ADJ (franc-)maçonnique

**Masonite** ® /ˈmeɪsənaɪt/ N *(US)* aggloméré *m*

**masonry** /ˈmeɪsənrɪ/ N *(NonC)* a *(= stonework)* maçonnerie *f* b *(= freemasonry)* (franc-)maçonnerie *f*

**masque** /mɑːsk/ N *(Theat)* mascarade *f*, comédie-masque *f*

**masquerade** /ˌmæskəˈreɪd/ N *(lit, fig)* mascarade *f* VI ◆ **to ~ as ...** se faire passer pour ...

**mass**[1] /mæs/ N a *(NonC: Art, Phys)* masse *f*

b *[of matter, dough, rocks, air, snow, water etc]* masse *f* ◆ **a ~ of daisies** une multitude de pâquerettes ◆ **the garden was a (solid) ~ of colour** le jardin n'était qu'une profusion de couleurs ◆ **he was a ~ of bruises** il était couvert de bleus ◆ **in the ~** dans l'ensemble ◆ **the great ~ of people** la (grande) masse des gens, la (grande) majorité des gens

c *(= people)* ◆ **the ~(es)** les masses (populaires) ◆ **Shakespeare for the ~es** Shakespeare à l'usage des masses

NPL **masses** * ◆ **~es (of ...)** des masses * (de ...), des tas * (de ...) ◆ **I've got ~es** j'en ai plein *

ADJ a *(= en masse) [support, unemployment, opposition, destruction]* massif ; *[rally]* massif, de masse ; *[resignations, desertions, sackings]* en masse ; *[hysteria, hypnosis]* collectif ◆ **~ executions** exécutions *fpl* systématiques

b *(= for the masses) [culture, movement]* (also *Comput) [memory]* de masse ; *(= relating to the masses) [psychology, education]* des masses

VT ◆ **~ed bands/troops** fanfares *fpl*/troupes *fpl* regroupées

VI *[troops, people]* se masser ; *[clouds]* s'amonceler

COMP ▷ **mass cult** * N *(US)* culture *f* populaire *or* de masse ▷ **mass funeral** N obsèques *fpl* collectives ▷ **mass grave** N charnier *m* ▷ **mass mailing** N publipostage *m* ▷ **mass-market** ADJ grand public *inv* ▷ **mass marketing** N commercialisation *f* de masse ▷ **mass media** NPL (mass-)médias *mpl* ▷ **mass meeting** N grand rassemblement *m* ▷ **mass murder** N tuerie *f*, massacre *m* ▷ **mass murderer** N *(lit, fig)* boucher *m*, auteur *m* d'un massacre ▷ **mass noun** N *(Ling)* nom *m* massif ▷ **mass-produce** VT *(Ind)* fabriquer en série ▷ **mass production** N production *f or* fabrication *f* en série

**mass²** /mæs/ N *(Rel, Mus)* messe *f* ◆ **to say ~** dire la messe ◆ **to go to ~** aller à la messe ; → **black**

**Mass.** abbrev of **Massachusetts**

**Massachusetts** /ˌmæsəˈtʃuːsɪts/ N Massachusetts *m* ◆ **in ~** dans le Massachusetts

**massacre** /ˈmæsəkəʳ/ N *(lit, fig)* massacre *m* ◆ **a ~ on the roads** une hécatombe sur les routes VT *(lit, fig)* massacrer

**massage** /ˈmæsɑːʒ/ N massage *m* ; *(euph)* massage *m* thaïlandais VT masser ; *(fig) [+ figures]* manipuler COMP ▷ **massage glove** N gant *m* de crin ▷ **massage parlour** N institut *m* de massage (spécialisé)

**masseur** /mæˈsɜːʳ/ N masseur *m*

**masseuse** /mæˈsɜːz/ N masseuse *f*

**massicot** /ˈmæsɪkɒt/ N massicot *m*

**massif** /mæˈsiːf/ N massif *m* COMP ▷ **the Massif Central** N le Massif central

**massive** /ˈmæsɪv/ ADJ a *(= imposing, solid) [features, physique, building, furniture, rock face]* massif b *(= large-scale) [dose, explosion, increase]* massif ; *[majority]* écrasant ; *[heart attack, stroke]* foudroyant ◆ **on a ~ scale** à très grande échelle c *(* = huge) [suitcase, car, house etc]* énorme, gigantesque ◆ **he weighs in at a ~ 100 kilos** il fait le poids imposant de 100 kilos, c'est un colosse de 100 kilos

**massively** /ˈmæsɪvlɪ/ ADV *[invest, borrow, increase]* massivement ; *[reduce]* énormément ; *[successful, popular]* extrêmement ◆ **~ overloaded** beaucoup trop chargé ◆ **~ overweight** obèse

**massiveness** /ˈmæsɪvnɪs/ N a *[of building, features, dose, increase]* aspect *m or* caractère *m* massif ; *[of majority]* ampleur *f* b * *[of suitcase, car, house etc]* taille *f* gigantesque

**mast¹** /mɑːst/ N *(on ship, also flagpole)* mât *m* ; *(for radio)* pylône *m* ◆ **the ~s of a ship** la mâture d'un navire ◆ **to sail before the ~** *(Naut)* servir comme simple matelot

**mast²** /mɑːst/ N *(Bot)* → **beechmast**

**mastectomy** /mæˈstektəmɪ/ N mastectomie *f*

**-masted** /ˈmɑːstɪd/ ADJ *(in compounds)* ◆ **three-masted** à trois mâts

**master** /ˈmɑːstəʳ/ N a *[of household, institution, animal]* maître *m* ◆ **the ~ of the house** le maître de maison ◆ **to be ~ in one's own house** être maître chez soi ◆ **the ~ is not at home** † Monsieur n'est pas là ◆ **like ~ like man** *(Prov)* tel maître tel valet *(Prov)* ◆ **old ~s** *(Art = pictures)* tableaux *mpl* de maître ◆ **I am the ~ now** c'est moi qui commande *or* qui donne les ordres maintenant ◆ **he has met his ~** *(fig)* il a trouvé son maître ◆ **to be one's own ~** être son (propre) maître ◆ **to be ~ of o.s./of the situation** être maître de soi/de la situation ◆ **to be (the) ~ of one's destiny** *or* **fate** être maître de sa destinée ◆ **he is a ~ of the violin** c'est un virtuose du violon ◆ **the Master** *(Bible)* le Seigneur ; → **old, past**

b *(† : also* **schoolmaster***) (in secondary school)* professeur *m* ; *(in primary school)* instituteur *m*, maître *m* ◆ **music ~** *(in school)* professeur *m* de musique ; *(private tutor)* professeur *m or* maître *m* de musique ; → **fencing**

c *(Naut) [of ship]* capitaine *m* ; *[of liner]* (capitaine) commandant *m* ; *[of fishing boat]* patron *m*

d *(Univ)* **Master of Arts/Science** *etc* ≃ titulaire *mf* d'une maîtrise en lettres/sciences *etc* ; → DEGREE ◆ **a ~'s (degree)** ≃ une maîtrise ◆ **~'s essay** *or* **paper** *or* **thesis** *(US)* ≃ mémoire *m* (de maîtrise)

e *(Brit Univ) [of Oxbridge college etc]* ≃ directeur *m*, principal *m*

f *(Brit: title for boys)* monsieur *m*

g ⇒ **master tape, master disk**

h *(Golf)* **the (US) Masters** les Masters *mpl*

VT a *[+ person]* mater ; *[+ animal]* dompter ; *[+ emotion]* maîtriser ; *[+ difficulty, crisis, problem]* gérer, surmonter ; *[+ situation]* se rendre maître de

b *(= understand, learn) [+ theory]* saisir ; *[+ language, skill]* maîtriser ◆ **he has ~ed Greek** il connait *or* possède le grec à fond ◆ **he'll never ~ the violin** il ne saura jamais bien jouer du violon ◆ **he has ~ed the trumpet** il est devenu très bon trompettiste *or* un trompettiste accompli ◆ **it's so difficult that I'll never ~ it** c'est si difficile que je n'y parviendrai jamais

COMP *[beam]* maitre (maitresse *f*) ; *[control, cylinder, switch]* principal ▷ **master-at-arms** N (pl **masters-at-arms**) *(Naut)* capitaine *m* d'armes ▷ **master baker** N maître *m* boulanger ▷ **master bedroom** N chambre *f* principale ▷ **master builder** N entrepreneur *m* en bâtiment ▷ **master butcher** N maître *m* boucher ▷ **master card** N *(Cards, fig)* carte *f* maîtresse ▷ **master chief petty officer** N *(US Naut)* major *m* ▷ **master class** N cours *m* de (grand) maître ▷ **master copy** N original *m* ▷ **master cylinder** N *(Aut)* maitre cylindre *m* ▷ **master disk** N *(Comput)* disque *m* d'exploitation ▷ **master file** N *(Comput)* fichier *m* maitre *or* permanent ▷ **master hand** N *(= expert)* maître *m* ◆ **to be a ~ hand at (doing) sth** être passé maître dans l'art de (faire) qch ◆ **the work of a ~ hand** un travail exécuté de main de maître ▷ **master key** N passe-partout *m inv* ▷ **master mariner** N *(Naut) (foreign-going)* ≃ capitaine *m* au long cours ; *(home trade)* ≃ capitaine *m* de la marine marchande ▷ **master of ceremonies** N maître *m* des cérémonies ; *(TV etc)* animateur *m* ▷ **master of (fox)hounds** N grand veneur *m* ▷ **Master of the Rolls** N *(Brit Jur)* ≃ premier président *m* de la Cour de cassation ▷ **master plan** N schéma *m* directeur ▷ **master print** N *(Cine)* copie *f* étalon ▷ **master race** N race *f* supérieure ▷ **master sergeant** N *(US)* adjudant *m* ; *(US Aviat)* ≃ sergent-chef *m* ▷ **master stroke** N coup *m* magistral *or* de maître ▷ **master tape** N bande *f* mère

**MasterCard** ® /ˈmɑːstəkɑːd/ N MasterCard ® *f*

**masterful** /ˈmɑːstəfʊl/ ADJ a *(= dominant) [person]* à l'autorité naturelle b *(= skilful) [performance, job, display]* magistral ◆ **to be ~ at doing sth** réussir remarquablement à faire qch

**masterfully** /ˈmɑːstəfəlɪ/ ADV a *(= imperiously) [act, decide]* en maître ; *[speak, announce]* d'un ton décisif, sur un ton d'autorité b *(= expertly)* magistralement, de main de maître

**masterly** /ˈmɑːstəlɪ/ ADJ *[performance, analysis]* magistral ; *[actor, player, politician]* de grande classe ◆ **in ~ fashion** avec maestria ◆ **to say sth with ~ understatement** dire qch avec un art consommé de la litote

**mastermind** /ˈmɑːstəmaɪnd/ N *(= genius)* génie *m*, cerveau *m* ; *[of plan, crime etc]* cerveau *m* VT *[+ operation etc]* diriger, organiser

**masterpiece** /ˈmɑːstəpiːs/ N chef-d'œuvre *m*

**masterwork** /ˈmɑːstəwɜːk/ N chef-d'œuvre *m*

**mastery** /ˈmɑːstərɪ/ N *(gen)* maîtrise *f (of* de*)* ◆ **to gain ~ over** *[+ person]* avoir le dessus sur, l'emporter sur ; *[+ animal]* dompter ; *[+ nation, country]* s'assurer la domination de ; *[+ the seas]* s'assurer la maitrise de

**masthead** /ˈmɑːsthed/ N *[of ship]* tête *f* de mât ; *[of newspaper] (= title)* titre *m* ; *(= staff etc)* ours * *m (Press)*

**mastic** /ˈmæstɪk/ N *(= resin, adhesive)* mastic *m*

**masticate** /ˈmæstɪkeɪt/ VTI mastiquer, mâcher

**mastiff** /ˈmæstɪf/ N mastiff *m*

**mastitis** /mæˈstaɪtɪs/ N mastite *f*

**mastodon** /ˈmæstədɒn/ N mastodonte *m (lit)*

**mastoid** /ˈmæstɔɪd/ ADJ mastoïdien N *(= bone)* apophyse *f* mastoïde

**mastoiditis** /ˌmæstɔɪˈdaɪtɪs/ N mastoïdite *f*

**masturbate** /ˈmæstəbeɪt/ VI se masturber VT masturber

**masturbation** /ˌmæstəˈbeɪʃən/ N masturbation *f*

**masturbatory** /ˌmæstəˈbeɪtərɪ/ ADJ masturbatoire, masturbateur (-trice *f*)

**MAT** /ˌemeɪˈtiː/ N (abbrev of **machine-assisted translation**) TAO *f*

**mat¹** /mæt/ N a *(for floors etc)* (petit) tapis *m*, carpette *f* ; *[of straw etc]* natte *f* ; *(at door)* paillasson *m* ; *(in car, gymnasium)* tapis *m* ◆ **to have sb on the ~** * *(fig)* passer un savon à qn * ◆ **a ~ of hair** des cheveux emmêlés ◆ **to go to the ~ for sb/to do sth** *(US)* monter au créneau pour qn/pour faire qch → **rush²** b *(on table, heat-resistant)* dessous-de-plat *m inv* ; *(decorative)* set *m* (de table) *(embroidered linen)* napperon *m* ; → **drip, place** VI *(= become matted) [hair etc]* s'emmêler ; *[woollens]* (se) feutrer ; → **matted**

**mat²** /mæt/ ADJ ⇒ **matt(e)**

**matador** /ˈmætədɔːʳ/ N matador *m*

**match¹** /mætʃ/ N allumette *f* ◆ **box/book of ~es** boîte *f*/pochette *f* d'allumettes ◆ **have you got a ~?** avez-vous une allumette *or* du feu ? ◆ **to strike** *or* **light a ~** gratter *or* frotter *or* faire craquer une allumette ◆ **to put** *or* **set a ~ to sth** mettre le feu à qch ; → **safety**

**match²** /mætʃ/ N a *(Sport)* match *m* ; *(esp Brit) (= game)* partie *f* ◆ **to play a ~ against sb** disputer un match contre qn, jouer contre qn ◆ **international ~** match *m* international, rencontre *f* internationale ◆ **~ abandoned** match *m* suspendu ; → **away, home, return**

b *(= equal)* égal(e) *m(f)* ◆ **to meet one's ~ (in sb)** trouver à qui parler (avec qn), avoir affaire à forte partie (avec qn) ◆ **he's a ~ for anybody** il est de taille à faire face à n'importe qui ◆ **he's no ~ for Paul** il n'est pas de taille à lutter contre Paul, il ne fait pas le poids contre Paul ◆ **he was more than a ~ for Simon** Simon n'était pas à sa mesure *or* ne faisait pas le poids contre lui

c **to be a good ~** *[clothes, colours etc]* aller bien ensemble, s'assortir bien ◆ **I'm looking for a ~ for these curtains** je cherche quelque chose pour aller avec ces rideaux

d *(= comparison)* adéquation *f* ◆ **a poor ~ between our resources and our objectives** une mauvaise adéquation entre nos ressources et nos objectifs e *(† = marriage)* mariage *m* ◆ **he's a good ~ for her** c'est un bon parti (pour elle) ◆ **they're a good ~** ils sont bien assortis ; see also **love**

VT a *(= be equal to)* (also **match up to**) égaler, être l'égal de ◆ **his essay didn't ~ (up to) Jason's in originality** sa dissertation n'égalait pas *or* ne valait pas celle de Jason en originalité ◆ **she doesn't ~ (up to) her sister in intelligence** elle n'a pas l'intelligence de sa sœur ◆ **the result didn't ~ (up to) our hopes** le résultat a déçu nos espérances ◆ **he didn't ~ (up to) his father's expectations** il n'a pas été à la hauteur des espérances de son père

b *(= produce equal to)* **to ~ sb's offer/proposal** faire une offre/une proposition équivalente à celle de qn ◆ **I can ~ any offer** je peux offrir autant que n'importe qui ◆ **to ~ sb's price/terms** offrir le même prix/des conditions aussi favorables que qn ◆ **this is ~ed only by ...** cela n'a d'égal que ...

c *[clothes, colours etc] (intended as a set)* être assorti à ; *(a good match)* aller bien avec ◆ **his tie doesn't ~ his shirt** sa cravate ne va pas avec sa chemise

d (= *find similar piece etc to:* also **match up**) **can you ~ (up) this material?** *(exactly same)* avez-vous du tissu identique à celui-ci ? ; *(going well with)* avez-vous du tissu assorti à celui-ci ?

e *(= pair off)* **to ~ sb against sb** opposer qn à qn ◆ **she ~ed her wits against his strength** elle opposait son intelligence à sa force ◆ **evenly ~ed** de force égale ◆ **they are well ~ed** *[opponents]* ils sont de force égale ; *[married couple etc]* ils sont bien assortis

VI *[colours, materials]* être bien assortis, aller bien ensemble ; *[cups]* être appareillés ; *[gloves, socks]* faire la paire ; *[two identical objects]* se faire pendant ◆ **with (a) skirt to ~** avec (une) jupe assortie

COMP ▷ **match day** N *(Brit Sport)* jour *m* de match ▷ **match-fit** ADJ *(Brit Sport)* en état de jouer (un match) ▷ **match fitness** N *(Brit Sport)* ◆ **to regain ~ fitness** retrouver la forme pour jouer (un match) ▷ **match-fixing** N ◆ **there were allegations of ~-fixing** selon certains, le match aurait été truqué ▷ **match play** N *(Golf)* match-play *m* ▷ **match point** N *(Tennis)* balle *f* de match

► **match up** VI *[colours etc]* aller bien ensemble, être assortis

VT SEP ⇒ **match**[2] **vt d**

► **match up to** VT FUS ⇒ **match**[2] **vt a**

**matchbook** /ˈmætʃbʊk/ *(esp US)* N pochette *f* d'allumettes

**matchbox** /ˈmætʃbɒks/ N boîte *f* d'allumettes

**matching** /ˈmætʃɪŋ/ ADJ *[clothes, accessories, earrings, curtains]* assorti ◆ **he was dressed in a smart grey suit and ~ tie** il était vêtu d'un élégant costume gris avec une cravate assortie ◆ **her ~ blue sweater and skirt** son pull bleu et sa jupe assortie ◆ **a ~ pair** une paire

**matchless** /ˈmætʃlɪs/ ADJ *(liter)* sans égal

**matchmake** * /ˈmætʃmeɪk/ VI jouer les entremetteurs

**matchmaker** /ˈmætʃmeɪkəʳ/ N entremetteur *m*, -euse *f*, marieur * *m*, -euse * *f* ◆ **she is a great ~** elle aime jouer les entremetteuses

**matchstick** /ˈmætʃstɪk/ N allumette *f* COMP *(= thin) [limbs, body]* filiforme

**matchwood** /ˈmætʃwʊd/ N *(for matches)* bois *m* d'allumettes ◆ **to smash sth to ~** *(= debris)* réduire qch en miettes, pulvériser qch

**mate**[1] /meɪt/ N a *(at work)* camarade *mf* b * *(Brit = friend)* copain * *m*, copine * *f* ◆ **he's a good ~** c'est un bon copain ◆ **cheers ~!** ⁑ merci, mon vieux ! * ; → **classmate, playmate, workmate** c *(= assistant)* aide *mf* ◆ **plumber's ~** aide-plombier *m* d *[of animal]* mâle *m*, femelle *f* ; (* *hum) [of human] (= spouse etc)* compagnon *m*, compagne *f* e *(Brit Merchant Navy)* ≃ second *m* (capitaine *m*) ; *(US Naut)* maître *m* (dans la marine) ; → **first** VT accoupler (*with* à) VI s'accoupler (*with* à, avec)

**mate**[2] /meɪt/ *(Chess)* N mat *m* ; → **checkmate, stalemate** VT mettre échec et mat, mater

**material** /məˈtɪərɪəl/ ADJ *(esp Jur)* a *(= physical)* matériel ◆ **~ damage** dommage *m* matériel ◆ **~ evidence** preuves *fpl* matérielles

b *(= relevant)* pertinent (*to sth* pour qch) ◆ **~ information** informations *fpl* pertinentes ◆ **~ witness** témoin *m* de fait

N a *(= substance)* substance *f*, matière *f* ◆ **chemical/dangerous ~s** substances *fpl* or matières *fpl* chimiques/dangereuses ; → **waste**

b *(= cloth, fabric)* tissu *m* ◆ **dress ~** tissu *m* pour robes

c *(esp Ind = substances from which product is made)* matériau *m* ◆ **building ~s** matériaux *mpl* de construction ◆ **he's officer ~** il a l'étoffe d'un officier ◆ **he's not university ~** il n'est pas capable d'entreprendre des études supérieures ; → **raw**

d *(= necessary tools, supplies)* matériel *m* ◆ **the desk held all his writing ~s** le bureau contenait tout son matériel nécessaire pour écrire ◆ **have you got any writing ~s?** avez-vous de quoi écrire ? ◆ **reading ~** *(gen)* de quoi lire, de la lecture ; *(for studies)* des ouvrages *mpl* (et des articles *mpl*) à consulter ◆ **play ~s** le matériel de jeu ◆ **teaching** *or* **course ~(s)** *(Scol etc)* matériel *m* pédagogique

e *(NonC = facts, data)* matériaux *mpl* ◆ **they had all the ~ necessary for a biography** ils avaient tous les matériaux *or* toutes les données nécessaires pour une biographie ◆ **I had all the ~ I needed for my article** j'avais tout ce qu'il me fallait pour mon article ◆ **the amount of ~ to be examined** la quantité de matériaux *or* de documents à examiner ◆ **all the background ~** toute la documentation d'appui ◆ **reference ~** ouvrages *mpl* de référence

f *(NonC = sth written, composed etc)* **she writes her own ~** *[singer]* elle écrit ses propres chansons ; *[comic]* elle écrit ses propres sketches ◆ **an album of original ~** un album de titres inédits ◆ **she has written some very funny ~** elle a écrit des choses très amusantes ◆ **we cannot publish this ~** nous ne pouvons pas publier ce texte ◆ **in my version of the story, I added some new ~** dans ma version de l'histoire, j'ai ajouté des éléments nouveaux ◆ **publicity ~** *(Comm)* matériel *m* publicitaire *or* promotionnel ◆ **video ~** enregistrements *mpl* vidéo ◆ **30% of the programme was recorded ~** 30% de l'émission avait été préenregistrée

**materialism** /məˈtɪərɪəlɪzəm/ N matérialisme *m*

**materialist** /məˈtɪərɪəlɪst/ ADJ, N matérialiste *mf*

**materialistic** /məˌtɪərɪəˈlɪstɪk/ ADJ *(pej)* matérialiste

**materialize** /məˈtɪərɪəlaɪz/ VI a *(= take shape) [plan, wish]* se matérialiser, se réaliser ; *[offer, loan etc]* se concrétiser, se matérialiser ; *[idea]* prendre forme b *(= appear, happen)* ◆ **the promised cash didn't ~** l'argent promis ne s'est pas concrétisé *or* matérialisé ◆ **a rebellion by radicals failed to ~** il n'y a pas eu de rébellion des radicaux ◆ **none of the anticipated difficulties ~d** les difficultés auxquelles on s'attendait ne se sont pas présentées c *(Spiritualism etc)* prendre une forme matérielle, se matérialiser ◆ **Derek ~d at her side** *(hum)* Derek est soudain apparu à ses côtés VT matérialiser, concrétiser

**materially** /məˈtɪərɪəlɪ/ ADV matériellement

**maternal** /məˈtɜːnəl/ ADJ maternel ◆ **~ smoking can damage the unborn child** en fumant, les femmes enceintes risquent de compromettre la santé de leur bébé COMP ▷ **maternal death** N mort *f* en couches ▷ **maternal deprivation** N *(Psych)* dépression *f* anaclitique ▷ **maternal health care** N soins *mpl* aux jeunes mères ▷ **maternal instinct** N instinct *m* maternel

**maternity** /məˈtɜːnɪtɪ/ N maternité *f* COMP *[services etc]* obstétrique ; *[clothes]* de grossesse ▷ **maternity allowance, maternity benefit** N *(Brit)* allocation *f* de maternité ▷ **maternity dress** N robe *f* de grossesse ▷ **maternity home, maternity hospital** N maternité *f* ; *(private)* clinique *f* d'accouchement ▷ **maternity leave** N congé *m* de maternité ▷ **maternity pay** N *(Brit) indemnités versées pendant le congé de maternité* ▷ **maternity ward** N (service *m* de) maternité *f*

**matey** /ˈmeɪtɪ/ *(Brit)* ADJ * *[person]* copain * (copine * *f*) (*with sb* avec qn) ; *[tone]* copain-copain * *f inv* ; *[charm]* familier N *(as term of address)* ◆ **sorry, ~ !** ⁑ désolé, mon vieux ! *

**math** * /mæθ/ N *(US)* (abbrev of **mathematics**) math(s) * *fpl*

**mathematical** /ˌmæθəˈmætɪkəl/ ADJ *[formula, equation, model, calculations]* mathématique ; *[skills, ability]* en mathématiques ◆ **I'm not ~** * je ne suis pas un matheux *, je n'ai pas la bosse * des maths ◆ **I haven't got a ~ mind** je n'ai pas l'esprit mathématique ◆ **she was a ~ genius** c'était une mathématicienne de génie, c'était un génie en mathématiques

**mathematically** /ˌmæθəˈmætɪkəlɪ/ ADV *(gen)* mathématiquement ◆ **~ gifted** doué en mathématiques ◆ **~ precise** avec une précision mathématique ◆ **to be ~ inclined** *or* **minded** avoir l'esprit mathématique

**mathematician** /ˌmæθəməˈtɪʃən/ N mathématicien(ne) *m(f)*

**mathematics** /ˌmæθəˈmætɪks/ N *(NonC)* mathématiques *fpl* ◆ **I don't understand the ~ of it** je ne vois pas comment on arrive à ce chiffre *or* à ce résultat

**maths** * /mæθs/ N *(Brit)* (abbrev of **mathematics**) math(s) * *fpl*

**Matilda** /məˈtɪldə/ N Mathilde *f*

**matinée** /ˈmætɪneɪ/ N *(Theat)* matinée *f* COMP ▷ **matinée coat** N *(Brit)* veste *f* (de bébé) ▷ **matinée idol** N *(Theat)* idole *f* du public féminin ▷ **matinée jacket** N ⇒ **matinée coat**

**mating** /ˈmeɪtɪŋ/ N *[of animals]* accouplement *m* COMP ▷ **mating call** N appel *m* du mâle ▷ **mating season** N saison *f* des amours

**matins** /ˈmætɪnz/ N *(Rel)* matines *fpl*

**matri...** /ˈmeɪtrɪ/ PREF matri...

**matriarch** /ˈmeɪtrɪɑːk/ N matrone *f*, femme *f* chef de tribu *or* de famille

**matriarchal** /ˌmeɪtrɪˈɑːkl/ ADJ matriarcal

**matriarchy** /ˈmeɪtrɪɑːkɪ/ N matriarcat *m*

**matric** * /məˈtrɪk/ N *(Brit Scol: formerly)* abbrev of **matriculation noun b**

**matrices** /ˈmeɪtrɪsiːz/ NPL of **matrix**

**matricide** /ˈmeɪtrɪsaɪd/ N *(= crime)* matricide *m* ; *(= person)* matricide *mf*

**matriculate** /məˈtrɪkjʊleɪt/ VI a s'inscrire, se faire immatriculer b *(Brit Scol: formerly) être reçu à l'examen de "matriculation"*

**matriculation** /mə,trɪkjʊ'leɪʃən/ **N** **a** *(Univ)* inscription *f*, immatriculation *f* **b** *(Brit Scol: formerly) examen donnant droit à l'inscription universitaire* **COMP** *(Univ) [card, fee]* d'inscription

**matrimonial** /,mætrɪ'məʊnɪəl/ **ADJ** *(frm) [bed, problems]* matrimonial ; *[law]* sur le mariage ◆ **the ~ home** le domicile conjugal

**matrimony** /'mætrɪmənɪ/ **N** *(NonC)* mariage *m* ; → **holy**

**matrix** /'meɪtrɪks/ **N** (pl **matrixes** *or* **matrices**) matrice *f*

**matron** /'meɪtrən/ **N** **a** *(† = woman)* matrone † *f* **b** *(Med) [of hospital]* surveillante *f* générale ; *(in school)* infirmière *f* ; *[of orphanage, old people's home etc]* directrice *f* ◆ **yes ~** oui madame (*or* mademoiselle) **COMP** ▷ **matron of honour N** dame *f* d'honneur

**matronly** /'meɪtrənlɪ/ **ADJ** *[figure]* imposant ; *[manner, clothes]* de matrone ◆ **a ~ woman** une matrone

**matt(e)** /mæt/ **ADJ** mat **COMP** ▷ **matt emulsion N** peinture *f* mate ▷ **matt finish N** finition *f* mate ▷ **matt paint N** peinture *f* mate

**matted** /'mætɪd/ **ADJ** *[hair, beard, fur]* emmêlé ; *[fibres, wool]* feutré ◆ **to become ~** *[hair, beard, fur]* s'emmêler ; *[fibres, wool]* feutrer ◆ **~ together** emmêlé ◆ **~ with blood/mud** mêlé de sang/boue, collé par le sang/la boue

**matter** /'mætəʳ/ **LANGUAGE IN USE 7.5**

**N** **a** *(NonC) (= physical substance)* matière *f*, substance *f* ; *(Philos, Phys)* matière *f* ; *(Typ)* matière *f*, copie *f* ; *(Med) (= pus)* pus *m* ◆ **vegetable/inanimate ~** matière *f* végétale/inanimée ◆ **colouring ~** colorant *m* ◆ **advertising ~** publicité *f*, réclames *fpl* ; → **grey, mind, reading**

**b** *(NonC = content) [of book etc]* fond *m*, contenu *m* ◆ **~ and form** le fond et la forme ◆ **the ~ of his essay was good but the style poor** le contenu de sa dissertation était bon mais le style laissait à désirer

**c** *(= affair, concern)* affaire *f*, question *f* ◆ **the ~ in hand** l'affaire en question ◆ **the ~ is closed** l'affaire est close *or* classée ◆ **she placed the ~ in the hands of her solicitor** elle a remis l'affaire entre les mains de son avocat ◆ **it's a small ~** c'est un détail ◆ **in this ~** à cet égard ◆ **in the ~ of ...** en matière de ..., en ce qui concerne ... ◆ **he doesn't see this as a resigning ~** il n'y a pas là, selon lui, de quoi démissionner ◆ **this is no joking ~** c'est très sérieux ; → **laughing** ◆ **it will be no easy ~** cela ne sera pas une mince affaire ◆ **for that ~** d'ailleurs ◆ **there's the ~ of my expenses** il y a la question de mes frais ◆ **there's the small ~ of that £200 I lent you** il y a le petit problème des 200 livres que je vous ai prêtées ◆ **in all ~s of education** pour tout ce qui touche à *or* concerne l'éducation ◆ **it is a ~ of great concern** c'est extrêmement inquiétant ◆ **it's a ~ of habit** c'est une question *or* une affaire d'habitude ◆ **it took a ~ of days** cela a été l'affaire de quelques jours ◆ **in a ~ of ten minutes** en l'espace de dix minutes ◆ **it's a ~ of $200 or so** il s'agit de quelque 200 dollars ◆ **as a ~ of course** automatiquement ◆ **as a ~ of fact** à vrai dire, en fait ; see also **matter-of-fact** ◆ **it's a ~ of life and death** c'est une question de vie ou de mort ◆ **that's a ~ of opinion!** c'est discutable ! ◆ **it is only a ~ of time** ce n'est qu'une question de temps ◆ **it is only a ~ of time before the bridge collapses** le pont va s'écrouler, ce n'est qu'une question de temps

**d** *(= importance)* **no ~!** peu importe !, tant pis ! ◆ **what ~ (if ...)?** *(liter)* qu'importe (si ...) ? ◆ **(it is of) no ~ whether ...** *(liter)* peu importe si ... ◆ **it is (of) no great ~** c'est peu de chose, cela n'a pas grande importance ◆ **get one, no ~ how** débrouille-toi (comme tu peux) pour en trouver un ◆ **it must be done, no ~ how** cela doit être fait par n'importe quel moyen ◆ **ring me no ~ how late** téléphonez-moi même tard *or* à n'importe quelle heure ◆ **no ~ how you use it** peu importe comment vous l'utilisez ◆ **no ~ when he comes** quelle que soit l'heure à laquelle il arrive ◆ **no ~ how big it is** aussi grand qu'il soit ◆ **no ~ what he says** quoi qu'il dise ◆ **no ~ where/who** où/qui que ce soit

**e** *(NonC) (= difficulty, problem)* ◆ **what's the ~?** qu'est-ce qu'il y a ?, qu'y a-t-il ? ◆ **what's the ~ with him?** qu'est-ce qu'il a ?, qu'est-ce qui lui prend ? ◆ **what's the ~ with your hand?** qu'est-ce que vous avez à la main ? ◆ **what's the ~ with my hat?** qu'est-ce qu'il a, mon chapeau ? * ◆ **what's the ~ with trying to help him?** quel inconvénient *or* quelle objection y a-t-il à ce qu'on l'aide *subj* ? ◆ **is anything the ~?** quelque chose ne va pas ? ◆ **there's something the ~ with my arm** j'ai quelque chose au bras ◆ **there's something the ~ with the engine** il y a quelque chose qui ne va pas dans le moteur ◆ **as if nothing was the ~** comme si de rien n'était ◆ **nothing's the ~ *** il n'y a rien ◆ **there's nothing the ~ with me!** moi, je vais tout à fait bien ! ◆ **there's nothing the ~ with the car** la voiture marche très bien ◆ **there's nothing the ~ with that idea** il n'y a rien à redire à cette idée

**VI** importer (*to* à) ◆ **it doesn't ~** ça n'a pas d'importance, ça ne fait rien ◆ **it doesn't ~ whether ...** peu importe que ... + *subj*, cela ne fait rien si ..., peu importe si ... ◆ **it doesn't ~ who/where** *etc* peu importe qui/où *etc* ◆ **it ~s little** *(frm)* peu importe ◆ **what does it ~?** qu'est-ce que cela peut faire ? ◆ **what does it ~ to you (if ...)?** qu'est-ce que cela peut bien vous faire (si ...) ? ◆ **why should it ~ to me?** pourquoi est-ce que cela me ferait quelque chose ? ◆ **some things ~ more than others** il y a des choses qui importent plus que d'autres ◆ **nothing else ~s** le reste n'a aucune importance

**COMP** ▷ **matter-of-fact ADJ** → **matter-of-fact**

**Matterhorn** /'mætəhɔːn/ **N** ◆ **the ~** le Cervin

**matter-of-fact** /,mætərəv'fækt/ **ADJ** *[tone, voice]* neutre ; *[style]* prosaïque ; *[attitude, person]* terre à terre *or* terre-à-terre ; *[assessment, account]* neutre, qui se limite aux faits

**matter-of-factly** /,mætərəv'fæktlɪ/ **ADV** *[say, explain]* d'un ton neutre

**Matthew** /'mæθjuː/ **N** Matthieu *m*

**matting** /'mætɪŋ/ **N** *(NonC)* sparterie *f*, pièces *fpl* de natte ; → **rush²**

**mattins** /'mætɪnz/ **N** ⇒ **matins**

**mattock** /'mætək/ **N** pioche *f*

**mattress** /'mætrɪs/ **N** matelas *m* **COMP** ▷ **mattress cover N** alèse *f*

**maturation** /,mætjʊə'reɪʃən/ **N** maturation *f*

**mature** /mə'tjʊəʳ/ **ADJ** **a** *[person]* mûr ; *(euph = old)* d'âge mûr ◆ **she was ~ enough to take on these responsibilities** elle était assez mûre pour assumer ces responsabilités ◆ **he behaves like a ~ adult** il se comporte en adulte ◆ **he's got much more ~ since then** il a beaucoup mûri depuis

**b** *[age, reflection, plan]* mûr ; *[tree, democracy]* adulte ; *[market]* arrivé à maturité, mûr ; *[wine]* à maturité ; *[cheese]* affiné ; *[style, writing]* abouti ; *[cell]* mature

**VT** affiner

**VI** *[person]* *(psychologically)* mûrir ; *[child, animal]* se développer ; *[cheese]* s'affiner ; *[wine] (= reach maturity)* arriver à maturité ; *(Fin) [policy, pension plan]* venir à échéance

**COMP** ▷ **mature student N** *(Univ) (gen)* étudiant(e) *m(f)* plus âgé(e) que la moyenne ; *(Brit Admin)* étudiant(e) *m(f)* de plus de 26 ans *(ou de 21 ans dans certains cas)*

> ⚠ *The word* **mature** *exists in French, but 'mûr' is much commoner in everyday contexts.*

**maturely** /mə'tjʊəlɪ/ **ADV** *[think, behave]* en adulte

**maturity** /mə'tjʊərɪtɪ/ **N** maturité *f* ◆ **date of ~** *(Fin)* échéance *f*

**matzo** /'mɒtsə/ **N** pain *m* azyme **COMP** ▷ **matzo balls NPL** boulettes *fpl* de pain azyme ▷ **matzo cracker N** cracker *m* de pain azyme ▷ **matzo meal N** farine *f* de pain azyme

**maudlin** /'mɔːdlɪn/ **ADJ** larmoyant ◆ **to get ~ about sth** devenir excessivement sentimental à propos de qch

**maul** /mɔːl/ **VT** **a** *(= attack) [tiger etc]* mutiler, lacérer ; *(fatally)* déchiqueter **b** *(= manhandle)* malmener **c** *(* = paw at: sexually)* tripoter ◆ **stop ~ing me!** arrête de me tripoter ! **N** *(Rugby)* maul *m*

**mauling** /'mɔːlɪŋ/ **N** ◆ **to get a ~** *[player, team]* être battu à plate(s) couture(s) ; *[author, book]* être éreinté par la critique

**maulstick** /'mɔːlstɪk/ **N** appuie-main *m*

**maunder** /'mɔːndəʳ/ **VI** *(= talk)* divaguer ; *(= move)* errer ; *(= act)* agir de façon incohérente

**Maundy money** /'mɔːndɪ,mʌnɪ/ **N** *(Brit)* aumône *f* royale du jeudi saint

**Maundy Thursday** /,mɔːndɪ'θɜːzdɪ/ **N** le jeudi saint

**Mauritania** /,mɔːrɪ'teɪnɪə/ **N** Mauritanie *f*

**Mauritanian** /,mɔːrɪ'teɪnɪən/ **ADJ** mauritanien **N** Mauritanien(ne) *m(f)*

**Mauritian** /mə'rɪʃən/ **ADJ** *(gen)* mauricien ; *[ambassador, embassy]* de l'île Maurice **N** Mauricien(ne) *m(f)*

**Mauritius** /mə'rɪʃəs/ **N** (l'île *f*) Maurice *f* ◆ **in ~** à (l'île) Maurice

**mausoleum** /,mɔːsə'lɪəm/ **N** (pl **mausoleums** *or* **mausolea** /,mɔːsə'lɪə/) mausolée *m*

**mauve** /məʊv/ **ADJ, N** mauve *m*

**maverick** /'mævərɪk/ **N** **a** *(= unmarked calf)* veau *m* non marqué **b** *(fig = person)* franc-tireur *m (fig)*, indépendant(e) *m(f)* **ADJ** dissident, non-conformiste

**maw** /mɔː/ **N** *(= mouth: lit, fig)* gueule *f*

**mawkish** /'mɔːkɪʃ/ **ADJ** *(= sentimental)* mièvre

**mawkishness** /'mɔːkɪʃnɪs/ **N** *[of film, poem]* mièvrerie *f*

**max** /mæks/ (abbrev of **maximum**) **ADV** ◆ **a couple of weeks, ~** ✱ quinze jours, max * **N** max * *m* ◆ **to do sth to the ~** ✱ faire qch à fond

**maxi** * /'mæksɪ/ **N** *(= coat/skirt)* (manteau *m*/jupe *f*) maxi *m* **COMP** ▷ **maxi single N** disque *m* double durée

**maxilla** /mæk'sɪlə/ **N** (pl **maxillae** /mæk'sɪliː/) *(Anat)* maxillaire *m*

**maxillary** /mæk'sɪlərɪ/ **ADJ** *(Anat)* maxillaire

**maxim** /'mæksɪm/ **N** maxime *f*

**maxima** /'mæksɪmə/ **NPL** of **maximum**

**maximization** /,mæksɪmaɪ'zeɪʃən/ **N** maximalisation *f*, maximisation *f* ◆ **~ o**

**profits** maximalisation *or* maximisation *f* des bénéfices

**maximize** /'mæksɪmaɪz/ **VT** *(= increase)* porter *or* développer au maximum ; *[+ profits]* maximiser ◆ **to ~ the advantages of sth** exploiter au maximum les avantages de qch

**maximum** /'mæksɪməm/ **N** (pl **maximums** *or* **maxima**) maximum *m* ◆ **a ~ of $8** un maximum de 8 dollars, 8 livres au maximum ◆ **at the ~** au maximum ◆ **to the ~** au maximum, à fond **ADJ** maximum ◆ **~ prices** prix *mpl* maximums *or* maxima ◆ **~ security jail** *or* **prison** prison *f* de haute sécurité ; see also **security** ◆ **~ speed** *(Aut etc) (= highest permitted)* vitesse *f* limite, vitesse *f* maximale autorisée ; *(= highest possible)* plafond *m* ◆ **~ load** *(on truck)* charge *f* limite ◆ **~ temperatures** températures *fpl* maximales **ADV** (au) maximum ◆ **twice a week ~** deux fois par semaine (au) maximum

**May** /meɪ/ **N** mai *m* ◆ **the merry month of ~** *(liter)* le joli mois de mai ; see also **September** **COMP** ▷ **May beetle, May bug N** hanneton *m* ▷ **May Day N** le Premier Mai *(fête du Travail)* ▷ **May queen N** reine *f* de mai

**may¹** /meɪ/ **LANGUAGE IN USE 9.1** **MODAL AUX VB** **a** *(= might)*

> When **may** expresses present, past or future possibility, it is often translated by **peut-être**, with the appropriate tense of the French verb.

◆ **he ~ arrive late** il arrivera peut-être en retard, il pourrait arriver en retard ◆ **you ~ be making a big mistake** tu es peut-être en train de faire une grosse erreur ◆ **I ~ have left it behind** il se peut que je l'aie oublié, je l'ai peut-être oublié ◆ **a vegetarian diet ~ not provide enough iron** il se peut qu'un régime végétarien ne soit pas assez riche en fer ◆ **it ~ rain later** il se peut qu'il pleuve plus tard ◆ **be that as it ~** *(frm)* quoi qu'il en soit ◆ **that's as ~ be but ...** peut-être bien *or* c'est bien possible mais ...

♦ **may as well** ◆ **one ~ as well say £5 million** autant dire 5 millions de livres ◆ **I ~ as well tell you all about it** je ferais aussi bien de tout vous dire ◆ **you ~ as well leave now** vous feriez aussi bien de partir tout de suite ◆ **can I tell her? – you ~ as well** est-ce que je peux le lui dire ? — oui, pourquoi pas ?

♦ **may well** ◆ **this ~ well be his last chance** c'est peut-être bien sa dernière chance ◆ **that ~ well be so** c'est bien possible ◆ **one ~ well ask if this is a waste of money** on est en droit de se demander si c'est une dépense inutile

**b** *(= can)* pouvoir ◆ **the sleeping bag ~ be used as a bedcover** le sac de couchage peut servir de couvre-lit ◆ **you ~ go now** *(permission, also polite order)* vous pouvez partir ; *(to subordinate)* vous pouvez disposer ◆ **if I ~ say so** si je puis me permettre ◆ **as soon as ~ be** aussitôt que possible

♦ **may I ?** vous permettez ?

♦ **may I ... ?** ◆ **~ I interrupt for a moment?** je peux vous interrompre une seconde ? ◆ **~ I help you?** puis-je *or* est-ce que je peux vous aider ? ; *(in shop)* vous désirez (quelque chose) ? ◆ **~ I sit here?** vous permettez que je m'assoie ici ? ◆ **~ I have a word with you? – of course you ~** puis-je vous parler un instant ? — mais oui *or* bien sûr ◆ **~ I call? – no, you ~ not** puis-je passer vous voir ? — non

**c** *(in prayers, wishes)* **~ God bless you!** (que) Dieu vous bénisse ! ◆ **~ he rest in peace** qu'il repose *subj* en paix ◆ **much good ~ it do you!** *(iro)* grand bien vous fasse ! ◆ **O Lord, grant that we ~ always obey** Seigneur, accordenous de toujours obéir ◆ **in order that they ~ know** afin qu'ils sachent

**may²** /meɪ/ **N** *(= hawthorn)* aubépine *f* **COMP** ▷ **may blossom N** fleurs *fpl* d'aubépine ▷ **may tree N** *(Brit)* aubépine *f*

**Maya** /'maɪjə/ **NPL** ◆ **the ~** les Mayas *mpl*

**Mayan** /'maɪən/ *(in South America)* **ADJ** maya **N** **a** Maya *mf* **b** *(Ling)* maya *m*

**maybe** /'meɪbiː/ **LANGUAGE IN USE 15.3** **ADV** peut-être ◆ **~ he'll be there** peut-être qu'il sera là, il sera peut-être là ◆ **~, ~ not** peut-être que oui, peut-être que non ◆ **that's as ~** peut-être bien

**mayday** /'meɪdeɪ/ **N** SOS *m*

**Mayfair** /'meɪfɛəʳ/ **N** *(Brit)* Mayfair *(le quartier le plus chic de Londres)*

**mayfly** /'meɪflaɪ/ **N** éphémère *mf*

**mayhem** /'meɪhem/ **N** **a** *(Jur ††, also US)* mutilation *f* du corps humain **b** *(= havoc)* grabuge * *m* ; *(= destruction)* destruction *f*

**mayn't** /meɪnt/ ⇒ **may not** ; → **may¹**

**mayo** * /'meɪəʊ/ **N** *(US)* abbrev of **mayonnaise**

**mayonnaise** /ˌmeɪə'neɪz/ **N** mayonnaise *f*

**mayor** /mɛəʳ/ **N** maire *m*; *(in London)* maire *m* exécutif *(élu au suffrage universel)* ◆ **Mr/Madam Mayor** Monsieur/Madame le maire ; → **lord**

**mayoral** /'mɛərəl/ **ADJ** de (*or* du) maire ◆ **the ~ residence/limousine** *etc* la résidence/limousine *etc* du maire

**mayoralty** /'mɛərəltɪ/ **N** mandat *m* de maire

**mayoress** /'mɛəres/ **N** *(esp Brit)* **a** *(= female mayor)* maire *m* **b** *(= wife of mayor)* femme *f* du maire ; → **lady**

**maypole** /'meɪpəʊl/ **N** mât *m* enrubanné

**maze** /meɪz/ **N** labyrinthe *m*, dédale *m* ◆ **a ~ of little streets** un labyrinthe *or* un dédale de ruelles

**mazuma** ⁑ /mə'zuːmə/ **N** *(US = money)* fric ⁑ *m*, pognon ⁑ *m*

**mazurka** /mə'zɜːkə/ **N** mazurka *f*

**MB** /em'biː/ **N** **a** *(Comput)* (abbrev of **megabyte**) Mo **b** *(Brit Univ)* (abbrev of **Bachelor of Medicine**) *diplôme de médecine*

**MBA** /'embiː'eɪ/ **N** *(Univ)* (abbrev of **Master of Business Administration**) *mastère de gestion*

**MBBS, MBChB** *(Univ)* (abbrev of **Bachelor of Medicine and Surgery**) *diplôme de chirurgie*

**MBE** /ˌembiː'iː/ **N** *(Brit)* (abbrev of **Member of the Order of the British Empire**) *titre honorifique* ; → HONOURS LIST

**MBO** /ˌembiː'əʊ/ **N** *(Fin)* (abbrev of **management buyout**) RES *m*

**MC** /em'siː/ **N** **a** (abbrev of **Master of Ceremonies**) → **master** **b** *(US)* (abbrev of **Member of Congress**) → **member** **c** *(Brit Mil)* (abbrev of **Military Cross**) ≃ Croix *f* de la valeur militaire

**MCAT** /ˌemsiːeɪ'tiː/ **N** *(US Univ)* (abbrev of **Medical College Admissions Test**) → **medical**

**McCarthyism** /mə'kɑːθɪˌɪzəm/ **N** *(US Pol: gen pej)* maccarthysme *m*

**MCP** ⁑ /ˌemsiː'piː/ **N** (abbrev of **male chauvinist pig**) → **chauvinist**

**MD** /em'diː/ **N** **a** *(Univ)* (abbrev of **Doctor of Medicine**) → **medicine** **b** *(US)* **the ~** * le médecin **c** *(Brit)* (abbrev of **Managing Director**) PDG *m* **d** abbrev of **Maryland** **e** *(Mus)* (abbrev of **minidisc**) MD *m* **COMP** ▷ **MD-player N** lecteur *m* (de) MD

**Md.** abbrev of **Maryland**

**MDF** /ˌemdiː'ef/ **N** (abbrev of **medium-density fibreboard**) médium *m*, MDF *m*

**MDT** /ˌemdiː'tiː/ *(US)* (abbrev of **Mountain Daylight Time**) → **mountain**

**ME** /ˌem'iː/ **N** **a** *(Med)* (abbrev of **myalgic encephalomyelitis**) SFC *m*, syndrome *m* de fatigue chronique, encéphalomyélite *f* myalgique **b** abbrev of **Maine** **c** *(US)* (abbrev of **medical examiner**) médecin *m* légiste

**me¹** /miː/ **PERS PRON** **a** *(direct, unstressed)* me ; *(before vowel)* m' ; *(stressed)* moi ◆ **he can see ~** il me voit ◆ **he saw ~** il m'a vu ◆ **you don't like jazz? me, I love it** * tu n'aimes pas le jazz ? moi, j'adore **b** *(indirect)* me, moi ; *(before vowel)* m' ◆ **he gave ~ the book** il me donna *or* m'a donné le livre ◆ **give it to ~** donnez-le-moi ◆ **he was speaking to ~** il me parlait **c** *(after prep etc)* moi ◆ **without ~** sans moi ◆ **I'll take it with ~** je l'emporterai avec moi ◆ **it's ~** c'est moi ◆ **it's ~ he's speaking to** c'est à moi qu'il parle ◆ **you're smaller than ~** tu es plus petit que moi ◆ **if you were ~** à ma place ◆ **poor (little) ~!** * pauvre de moi ! ◆ **dear ~!** * mon Dieu !, oh là là ! *

**me²** /miː/ **N** *(Mus)* mi *m*

**Me.** abbrev of **Maine**

**mead¹** /miːd/ **N** *(= drink)* hydromel *m*

**mead²** /miːd/ **N** *(liter = meadow)* pré *m*, prairie *f*

**meadow** /'medəʊ/ **N** pré *m*, prairie *f* ; → **water**

**meadowlark** /'medəʊlɑːk/ **N** sturnelle *f*

**meadowsweet** /'medəʊswiːt/ **N** reine *f* des prés

**meagre, meager** *(US)* /'miːgəʳ/ **ADJ** maigre *before n* ◆ **he eked out a ~ existence (as a labourer)** il gagnait péniblement sa vie (en tant qu'ouvrier) ◆ **his salary is a ~ £350 a month** il gagne un salaire de misère : 350 livres par mois

**meal¹** /miːl/ **N** repas *m* ◆ **to have a ~** prendre un repas, manger ◆ **to have a good ~** bien manger ◆ **to have one ~ a day** manger une fois par jour ◆ **we had a ~ at the Sea Crest Hotel** nous avons déjeuné (*or* dîné) au Sea Crest Hotel ◆ **midday ~** déjeuner *m* ◆ **evening ~** dîner *m* ◆ **that was a lovely ~!** nous avons très bien déjeuné (*or* dîné) ! ◆ **he made a ~ of bread and cheese** il a déjeuné (*or* dîné) de pain et de fromage ◆ **to make a ~ of sth** * *(fig)* faire tout un plat de qch * ; → **square** **COMP** ▷ **meals on wheels NPL** *repas livrés à domicile aux personnes âgées ou handicapées* ▷ **meal ticket N** *(lit)* ticket-repas *m*, coupon-repas *m* ; *(* fig) (= job)* gagne-pain *m inv* ◆ **(don't forget) she's your ~ ticket** *(= person)* (n'oublie pas que) sans elle tu crèverais de faim

**meal²** /miːl/ **N** *(NonC = flour etc)* farine *f* *(d'avoine, de seigle, de maïs etc)* ; → **oatmeal, wheatmeal**

**mealie meal** /'miːlɪmiːl/ **N** *(in South Africa)* farine *f* de maïs

**mealies** /'miːlɪz/ **NPL** maïs *m*

**mealtime** /'miːltaɪm/ **N** heure *f* du repas ◆ **at ~s** aux heures des repas

**mealworm** /'miːlwɜːm/ **N** ver *m* de farine

**mealy** /'miːlɪ/ **ADJ** *[substance, mixture, texture, potato]* farineux ; *[complexion]* blême **COMP** ▷ **mealy-mouthed ADJ** ◆ **to be ~-mouthed** ne pas s'exprimer franchement, tourner autour du pot *

**mean¹** /miːn/ **LANGUAGE IN USE 26.3** (pret, ptp **meant**) **VT** **a** *(= signify)* vouloir dire, signifier ; *(= imply)* vouloir dire ◆ **what does "media" ~?, what is meant by "media"?** que veut dire *or* que signifie "media" ? ◆ **"homely" ~s something different in America** "homely" a un sens différent en Amérique ◆ **what do you ~ (by that)?** que voulez-vous dire (par là) ?, qu'entendez-vous par là ? ◆ **is he honest? – how** *or* **what do you ~, honest?** est-il honnête ? — que voulez-vous dire *or* qu'entendez-vous par "honnête" ?

◆ **see what I ~?** * tu vois ce que je veux dire ? ◆ **this is John, I ~ Jim** voici John, pardon (je veux dire) Jim ◆ **the name ~s nothing to me** ce nom ne me dit rien ◆ **the play didn't ~ a thing to her** la pièce n'avait aucun sens pour elle ◆ **what does this ~?** qu'est-ce que cela signifie *or* veut dire ? ◆ **it ~s he won't be coming** cela veut dire qu'il ne viendra pas ◆ **this ~s war** c'est la guerre à coup sûr ◆ **it ~s trouble** cela nous annonce des ennuis ◆ **it will ~ a lot of expense** cela entraînera beaucoup de dépenses ◆ **catching the train ~s getting up early** pour avoir ce train il faut se lever tôt ◆ **a pound ~s a lot to him** une livre représente une grosse somme pour lui ◆ **holidays don't ~ much to me** les vacances comptent peu pour moi ◆ **I can't tell you what your gift has meant to me!** je ne saurais vous dire à quel point votre cadeau m'a touché ! ◆ **don't I ~ anything to you at all?** je ne suis donc rien pour toi ? ◆ **you ~ everything to me, darling** tu es tout pour moi, mon amour ◆ **what it ~s to be free!** quelle belle chose que la liberté ! ◆ **money doesn't ~ happiness** l'argent ne fait pas le bonheur ◆ **you don't really ~ that?** *(= fully intend)* vous n'êtes pas sérieux ?, vous plaisantez ? ◆ **I really ~ it** je ne plaisante pas, je suis sérieux ◆ **he said it as if he meant it** il a dit cela d'un air sérieux *or* sans avoir l'air de plaisanter ◆ **I always ~ what I say** quand je dis quelque chose c'est que je le pense ◆ **I ~, it's not difficult** * *(as conversational filler)* après tout, ce n'est pas difficile ; → **know, world**

b *(= intend, purpose)* avoir l'intention (*to do sth* de faire qch), compter (*to do sth* faire qch) ; *(= intend, destine) [+ gift etc]* destiner (*for* à) ; *[+ remark]* adresser (*for* à) ◆ **I meant to come yesterday** j'avais l'intention de *or* je comptais venir hier ◆ **what does he ~ to do now?** qu'a-t-il l'intention de faire maintenant ?, que compte-t-il faire maintenant ? ◆ **I didn't ~ to break it** je n'ai pas fait exprès de le casser, je ne l'ai pas cassé exprès ◆ **I didn't ~ to!** je ne l'ai pas fait exprès ! ◆ **I touched it without ~ing to** je l'ai touché sans le vouloir ◆ **I ~ to succeed** j'ai bien l'intention de réussir ◆ **despite what he says I ~ to go** je partirai quoi qu'il dise ◆ **I ~ you to leave, I ~ for you to leave** *(US)* je veux que vous partiez *subj* ◆ **I'm sure he didn't ~ it** je suis sûr que ce n'était pas intentionnel *or* délibéré ◆ **he didn't ~ anything by it** il l'a fait (*or* dit) sans penser à mal ◆ **I meant it as a joke** j'ai dit (*or* fait) cela par plaisanterie *or* pour rire ◆ **we were meant to arrive at six** nous étions censés arriver *or* nous devions arriver à six heures ◆ **she ~s well** ce qu'elle fait (*or* dit *etc*) part d'un bon sentiment, elle est pleine de bonnes intentions ◆ **he looks as if he ~s trouble** * il a une mine qui n'annonce rien qui vaille *or* de bon ◆ **do you ~ me?** *(= are you speaking to me)* c'est à moi que vous parlez ? ; *(= are you speaking about me)* c'est de moi que vous parlez ? ◆ **he meant you when he said ...** c'est vous qu'il visait *or* c'est à vous qu'il faisait allusion lorsqu'il disait ... ◆ **I meant the book for Douglas** je destinais le livre à Douglas ◆ **that book is meant for children** ce livre est destiné aux enfants *or* s'adresse aux enfants ◆ **perhaps you're not meant to be a doctor** peut-être n'êtes-vous pas fait pour être médecin ◆ **it was meant to be** le destin en avait décidé ainsi ◆ **the poem is not ~t to be read silently** le poème n'est pas fait pour *or* n'est pas censé être lu silencieusement ◆ **this portrait is meant to be Anne** ce portrait est censé être celui d'Anne *or* représenter Anne ◆ **it's ~t to be like that** c'est fait exprès ; → **business, harm, offence**

c *(modal usage in passive)* **it's meant to be good** *(= considered to be)* on dit que c'est bien ; *(= supposed to be)* c'est censé être bien

**mean²** /miːn/ N *(= middle term)* milieu *m*, moyen terme *m* ; *(Math)* moyenne *f* ◆ **the golden** *or* **happy ~** le juste milieu ; → **geometric(al), means** ADJ *(= average) [distance, temperature, price]* moyen ◆ **~ life** *(Phys)* vie *f* moyenne

**mean³** /miːn/ ADJ a *(Brit = stingy)* avare, mesquin ◆ **~ with one's time/money** avare de son temps/argent ◆ **don't be so ~!** ne sois pas si radin ! *

b *(= unpleasant, unkind) [person, behaviour]* mesquin, méchant ◆ **a ~ trick** un sale tour, une crasse * ◆ **you ~ thing!** * chameau ! * ; *(to a child)* méchant ! ◆ **you were ~ to me** tu n'as vraiment pas été chic * *or* sympa * avec moi ◆ **that was ~ of them** c'était bien mesquin de leur part, ce n'était pas chic * de leur part ◆ **to feel ~ about sth** avoir un peu honte de qch, ne pas être très fier de qch

c *(US * = vicious) [horse, dog etc]* méchant, vicieux

d *(= inferior, poor) [appearance, existence]* misérable, minable ◆ **the ~est citizen** le dernier des citoyens ◆ **the ~est intelligence** l'esprit le plus borné ◆ **he is no ~ scholar** c'est un grand savant ◆ **he's no ~ singer** c'est un chanteur de talent ◆ **it was no ~ feat** cela a été un véritable exploit, ce n'a pas été un mince exploit ◆ **to have no ~ opinion of o.s.** avoir une (très) haute opinion de soi-même

e (* = *excellent)* super * ◆ **she plays a ~ game of tennis** elle joue super * bien au tennis

COMP ▷ **mean-spirited** ADJ mesquin ▷ **mean-spiritedness** N mesquinerie *f*

**meander** /mɪˈændəʳ/ VI a *[river]* faire des méandres, serpenter b *[person] (= aimlessly)* errer, vagabonder ; *(= leisurely)* flâner N méandre *m*

**meandering** /mɪˈændərɪŋ/ ADJ a *(= winding) [river, stream, road, path, route]* sinueux b *(pej = rambling) [speech, account, article]* plein de méandres

**meanie** * /ˈmiːnɪ/ N a *(Brit = stingy person)* radin(e) * *m(f)*, pingre *m* b *(US = unpleasant person)* sale type *m*, mégère *f*

**meaning** /ˈmiːnɪŋ/ N *[of word]* sens *m*, signification *f* ; *[of phrase, action]* signification *f* ; *(Ling)* signification *f* ◆ **with a double ~** à double sens ◆ **literal ~** sens *m* propre *or* littéral ◆ **what is the ~ of this word?** quel est le sens de ce mot ?, que signifie ce mot ? ◆ **he doesn't know the ~ of the word "fear"** il ne sait pas ce que le mot "peur" veut dire, il ignore le sens du mot "peur" ◆ **she doesn't know the ~ of love/kindness** elle ne sait pas ce qu'est l'amour/la gentillesse ◆ **what is the ~ of this?** *(in anger, disapproval etc)* qu'est-ce que cela signifie ? ◆ **within the ~ of this Act** *(Jur)* au sens de la présente loi ◆ **... if you get my ~** * ... vous voyez ce que je veux dire ? ◆ **look/gesture full of ~** regard *m*/geste *m* éloquent ◆ **his speech had ~ for many people** beaucoup de gens se sentaient concernés par son discours ◆ **"really?" he said with ~** son "vraiment ?" était éloquent

ADJ *[look etc]* éloquent, expressif ; → **well²**

**meaningful** /ˈmiːnɪŋfʊl/ ADJ a *(= worthwhile) [relationship, discussion, dialogue]* sérieux ; *[experience]* riche ; *[role]* important ; *[contribution]* important, significatif ◆ **a ~ life** une vie qui a (*or* avait) un sens b *(= comprehensible, not spurious) [response, results, statement, gesture]* significatif ; *[explanation]* sensé c *(= eloquent) [look, glance, smile]* éloquent d *(Ling) [phrase]* sémantique

**meaningfully** /ˈmiːnɪŋfʊlɪ/ ADV a *(= eloquently, pointedly) [say]* d'un ton qui en dit (*or* disait) long ◆ **he looked/smiled at her ~** il lui jeta un regard éloquent/fit un sourire qui en disait long b *(= usefully) [participate, spend time]* utilement c *(= comprehensibly) [explain]* clairement

**meaningless** /ˈmiːnɪŋlɪs/ ADJ a *(= without meaning) [words, song, action, gesture]* dénué de sens ; *[distinction]* insignifiant ◆ **to be ~ (to sb)** ne pas avoir de sens (pour qn), ne rien vouloir dire (pour qn) b *(= futile) [life, existence, victory]* futile, vain ; *[waste, suffering]* insensé

**meanly** /ˈmiːnlɪ/ ADV a *(= spitefully)* méchamment b *(= stingily)* mesquinement

**meanness** /ˈmiːnnɪs/ N a *(= stinginess) [of person]* avarice *f* b *(= unkindness) [of person]* méchanceté *f* ◆ **~ of spirit** mesquinerie *f* c *(US = viciousness) [of animal]* comportement *m* sauvage d *(= wretchedness) [of place]* misère *f*

**means** /miːnz/ N a *(= method, way)* moyen(s) *m(pl)* ◆ **to find the ~ to do sth** *or* **of doing sth** trouver le(s) moyen(s) de faire qch ◆ **to find (a) ~ of doing sth** trouver moyen de faire qch ◆ **the only ~ of contacting him is ...** le seul moyen de le joindre, c'est ... ◆ **there's no ~ of getting in** il n'y a pas moyen d'entrer ◆ **the ~ to an end** le moyen d'arriver à ses fins ◆ **by illegal/political/military ~** par des moyens illégaux/politiques/militaires ◆ **the ~ of salvation** *(Rel)* les voies *fpl* du salut ◆ **by some ~ or (an)other** d'une façon ou d'une autre ◆ **by this ~** de cette façon

♦ **by all means** ◆ **come in by all ~!** je vous en prie, entrez ! ◆ **by all ~!** *(= of course)* mais certainement !, bien sûr ! ◆ **read them if you like, by all ~** vous pouvez les lire si vous voulez ◆ **by all ~ consult your physician about this** vous pouvez en parler à votre médecin si vous voulez ◆ **by all manner of ~** par tous les moyens

♦ **by any means** ◆ **the military collapse is not imminent by any ~** la débâcle militaire est loin d'être imminente ◆ **I'm not a country person by any (manner of) ~** je ne suis vraiment pas attiré par la (vie à la) campagne ◆ **I don't think we're leading the field by any (manner of) ~** je suis loin de penser que nous sommes les leaders dans ce domaine

♦ **by no means** nullement, pas le moins du monde ◆ **she is by no ~ stupid** elle est loin d'être stupide ◆ **they were by no ~ the poorest residents of their neighbourhood** ils étaient loin d'être les plus pauvres de leur quartier

♦ **by means of ...** *(gen)* au moyen de ... ◆ **by ~ of a penknife/binoculars** au moyen d'un *or* à l'aide d'un canif/au moyen de *or* à l'aide de jumelles ◆ **by ~ of the telephone/a ballot** par le moyen du téléphone/d'un scrutin ◆ **he taught English by ~ of play** il enseignait l'anglais par le jeu *or* par le biais du jeu ◆ **by ~ of hard work** à force de travail

b *(= wealth)* moyens *mpl*, ressources *fpl* ◆ **he is a man of ~** il a une belle fortune *or* de gros moyens * ◆ **to live within/beyond one's ~** vivre selon ses moyens/au-dessus de ses moyens ◆ **to have private ~** avoir une fortune personnelle ◆ **slender ~** ressources *fpl* très modestes

COMP ▷ **means test** N *(Admin)* examen *m* des ressources *(d'une personne qui demande une aide pécuniaire)* ▷ **means-test** VT *(Admin)*

◆ **to ~-test sb** examiner les ressources de qn *(avant d'accorder certaines prestations sociales)* ◆ **the grant is not ~-tested** cette allocation ne dépend pas des ressources familiales (*or* personnelles)

**meant** /ment/ VB pt, ptp of **mean¹**

**meantime** /'miːntaɪm/, **meanwhile** /'miːnwaɪl/ ADV ◆ **(in the)** ~ en attendant, pendant ce temps, dans l'intervalle ◆ **for the** ~ en attendant

**meany** * /'miːnɪ/ N ⇒ **meanie**

**measles** /'miːzlz/ N rougeole *f* ; → **German**

**measly** * /'miːzlɪ/ ADJ misérable ◆ **a ~ £5!** 5 misérables livres !

**measurable** /'meʒərəbl/ ADJ mesurable

**measure** /'meʒəʳ/ **N** **a** *(= system, unit)* mesure *f* ; *(fig)* mesure *f* ; *[of alcohol]* dose *f* ◆ **to give good** *or* **full** ~ faire bonne mesure *or* bon poids ◆ **to give short** ~ voler *or* rogner sur la quantité ◆ **for good** ~ *(fig)* pour faire bonne mesure ◆ **suit made to** ~ complet *m* fait sur mesure ◆ **liquid** ~ mesure *f* de capacité pour les liquides ◆ **a pint** ~ ≃ une mesure d'un demi-litre ◆ **happiness beyond** ~ bonheur *m* sans bornes ◆ **in some** ~ dans une certaine mesure, jusqu'à un certain point ◆ **in great** *or* **large** ~ dans une large mesure, en grande partie ◆ **the audience laughed and cried in equal** ~ le public a ri autant qu'il a pleuré ◆ **to take the ~ of sth** *(fig)* évaluer qch ◆ **I've got his** ~ † je sais ce qu'il vaut ◆ **it had a ~ of success** cela a eu un certain succès

**b** *(sth for measuring) (= ruler)* règle *f* ; *(folding)* mètre *m* pliant ; *(= tape) (steel)* mètre *m* à ruban ; *(fabric)* centimètre *m* ; *(= jug, glass)* verre *m* gradué *or* mesureur ; *(= post)* toise *f* ◆ **to be the ~ of sth** *(fig)* donner la mesure de qch ◆ **this exam is just a ~ of how you're getting on** *(fig)* cet examen sert simplement à évaluer votre progression ; → **tape**

**c** *(= step)* mesure *f*, démarche *f* ; *(Parl) (= bill)* projet *m* de loi ; *(= act)* loi *f* ◆ **strong/drastic ~s** mesures *fpl* énergiques/draconiennes ◆ **precautionary/preventive ~s** mesures *fpl* de précaution/de prévention ◆ **temporary** *or* **interim ~s** mesures *fpl* temporaires *or* provisoires ◆ **to take ~s against** prendre des mesures contre ◆ **~s aimed at building confidence between states** des mesures *fpl* visant à créer un climat de confiance entre États

**d** *(Mus, Poetry etc)* mesure *f*

**VT** *(lit) [+ child, length, time]* mesurer ; *(fig) [+ strength, courage]* mesurer ; *[+ success, performance]* évaluer, juger ◆ **to ~ the height of sth** mesurer *or* prendre la hauteur de qch ◆ **to be ~d for a dress** faire prendre ses mesures pour une robe ◆ **what does it ~?** quelles sont ses dimensions ? ◆ **the room ~s 4 metres across** la pièce fait *or* mesure 4 mètres de large ◆ **the carpet ~s 3 metres by 2** le tapis fait *or* mesure 3 mètres sur 2 ◆ **to be ~d against** *(fig)* être comparé avec *or* à ◆ **to ~ one's strength against sb** se mesurer à qn ; see also **length**

**measure off** VT SEP *[+ lengths of fabric etc]* mesurer

▸ **measure out** VT SEP **a** *[+ ingredients, piece of ground]* mesurer

**b** *(= issue)* distribuer

▸ **measure up** VT SEP *[+ wood]* mesurer ; *[+ sb's intentions]* jauger ; *[+ person]* évaluer, jauger

**VI** *(fig) [person]* être à la hauteur

▸ **measure up to** VT FUS *[+ task]* être au niveau de, être à la hauteur de ; *[+ person]* être l'égal de

**measured** /'meʒəd/ ADJ **a** *[amount, dose, distance, time]* mesuré ◆ **over a ~ kilometre** sur un kilomètre exactement **b** *(= even, calm) [look, gaze]* posé ; *[pace, words, language, statement]* modéré, mesuré ◆ **to make a ~ response to sth** réagir de façon modérée à qch ◆ **with ~ steps** à pas comptés *or* mesurés ◆ **to speak in ~ tones** parler d'un ton mesuré

**measureless** /'meʒəlɪs/ ADJ *(liter)* incommensurable

**measurement** /'meʒəmənt/ N **a** *(= dimension: gen pl)* ◆ **~s** mesures *fpl*, dimensions *fpl* ; *[of piece of furniture etc]* encombrement *m* au sol ◆ **to take the ~s of a room** prendre les mesures d'une pièce ◆ **what are your ~s?** quelles sont vos mesures ? **b** *(NonC) (= activity)* mesurage *m* **c** *(Comm) [of freight]* cubage *m* ◆ **to pay by ~ for freight** payer la cargaison au cubage

**measuring** /'meʒərɪŋ/ **N** *(NonC)* mesurage *m*, mesure *f* **COMP** ▷ **measuring chain** N chaîne *f* d'arpenteur ▷ **measuring device** N appareil *m* de mesure *or* de contrôle ▷ **measuring glass** N verre *m* gradué *or* mesureur ▷ **measuring jug** N pot *m* gradué ▷ **measuring rod** N règle *f*, mètre *m* ▷ **measuring spoon** N cuiller *f* à mesurer ▷ **measuring tape** N *(fabric)* centimètre *m* ; *(steel)* mètre *m* (à) ruban

**meat** /miːt/ **N** **a** *(fresh)* viande *f* ; ( †† *= food)* nourriture *f*, aliment *m* ◆ **cold** ~ viande *f* froide ◆ **cold ~ platter** assiette *f* anglaise ◆ **~ and two veg** * *de la viande avec des pommes de terre et un légume* ◆ **remove the ~ from the bone** ôter la chair de l'os ◆ **~ and drink** *(lit)* de quoi manger et boire ◆ **this is ~ and drink to them** *(fig)* ils se régalent *(fig)* ◆ **that's my ~!** ‡ *(US)* ça me botte vachement ! ‡ ◆ **one man's ~ is another man's poison** *(Prov)* le malheur des uns fait le bonheur des autres *(Prov)*

**b** *(fig)* substance *f* ◆ **there's not much ~ in his book** son livre n'a pas beaucoup de substance

**COMP** ▷ **meat ax** N *(US)* ⇒ **meat axe** ▷ **meat axe** N couperet *m* ▷ **meat cleaver** N ⇒ **meat axe** ▷ **meat diet** N régime *m* carné ▷ **meat-eater** N *(= animal)* carnivore *m* ◆ **he's a big ~-eater** c'est un gros mangeur de viande ▷ **meat-eating** ADJ carnivore ▷ **meat extract** N concentré *m* de viande ▷ **meat grinder** N *(US)* hachoir *m* (à viande) ▷ **meat hook** N crochet *m* de boucherie, allonge *f* ▷ **meat loaf** N pain *m* de viande ▷ **meat market** N **a** *(for animals)* halle *f* aux viandes **b** (* *pej: for people)* lieu *m* de drague * ▷ **meat pie** N tourte *f* à la viande ▷ **meat products** NPL produits *mpl* à base de viande ▷ **meat safe** N *(Brit)* garde-manger *m inv*

**meatball** /'miːtbɔːl/ N boulette *f* de viande

**meathead** ‡ /'miːthed/ N *(US)* andouille ‡ *f*

**meatless** /'miːtlɪs/ ADJ sans viande

**meatpacker** /'miːtpækəʳ/ N *(US Comm)* ouvrier *m*, -ière *f* d'abattoir

**meatpacking** /'miːtpækɪŋ/ N *(US Comm)* abattage *m*

**meatus** /mɪ'eɪtəs/ N (pl **meatus** *or* **meatuses**) *(Anat)* conduit *m*, méat *m*

**meaty** /'miːtɪ/ ADJ **a** *(= like meat) [flavour]* de viande ; *[soup]* plein de viande ◆ **a ~ sauce** une sauce qui contient beaucoup de viande ◆ **to have a ~ texture** avoir la consistance de la viande ◆ **shark is a ~ fish** la chair du requin ressemble à de la viande **b** (* *= containing meat, meat-based) [diet]* carné ; *[sauce, stock]* à base de viande ◆ **nothing ~ for me, thanks** pas de viande pour moi, merci **c** *(= fleshy) [hands]* épais (-aisse *f*) ; *[arms, legs]* gros (grosse *f*) *before n* ; *[lips]* charnu **d** (* *= satisfying, chewy)* ◆ **~ chunks** gros morceaux *mpl* ◆ **a nice ~ steak** un bon steak bien épais ◆ **a ~ wine** un vin qui a du corps **e** (* *= substantial) [story, report, book]* où il y a de quoi lire ; *[role]* substantiel

**Mecca** /'mekə/ N *(Geog)* La Mecque ◆ **a ~ for Japanese tourists** la Mecque des touristes japonais

**Meccano** ® /mɪ'kɑːnəʊ/ N *(Brit)* Meccano ® *m*

**mechanic** /mɪ'kænɪk/ N mécanicien *m* ◆ **motor ~** mécanicien *m* garagiste

**mechanical** /mɪ'kænɪkəl/ **ADJ** **a** *[device, means, problem, process]* mécanique ◆ **a ~ failure** une panne (mécanique) **b** *(= mechanically minded)* ◆ **to be ~** avoir le sens de la mécanique **c** *(= unthinking) [behaviour, action, reply]* machinal, mécanique **d** *(= stilted) [style, painting]* qui manque de naturel ◆ **his dancing is ~** il danse d'une manière guindée **COMP** ▷ **mechanical digger** N pelleteuse *f*, pelle *f* mécanique ▷ **mechanical drawing** N dessin *m* à l'échelle ▷ **mechanical engineer** N ingénieur *m* mécanicien ▷ **mechanical engineering** N *(= theory)* mécanique *f* ; *(= practice)* construction *f* mécanique ▷ **mechanical shovel** N pelle *f* mécanique

**mechanically** /mɪ'kænɪkəlɪ/ **ADV** **a** *[operate, work, harvest]* mécaniquement ◆ **to be ~ minded** *or* **inclined** avoir le sens de la mécanique **b** *(= unthinkingly) [eat, drink, say, reply, shake hands]* machinalement, mécaniquement **COMP** ▷ **mechanically recovered meat** N viande *f* obtenue par désossement mécanique

**mechanics** /mɪ'kænɪks/ **N** *(NonC = science)* mécanique *f* **NPL** *(= technical aspect)* mécanisme *m*, processus *m* ; *(= mechanism, working parts)* mécanisme *m*, mécanique *f* ◆ **we'll discuss the ~ of organizing your accounts** nous discuterons de l'aspect pratique *or* des détails pratiques de votre comptabilité ◆ **the ~ of government** les mécanismes *mpl* du gouvernement

**mechanism** /'mekənɪzəm/ N *(all senses)* mécanisme *m* ◆ **defence ~** mécanisme *m* de défense ; → **safety**

**mechanistic** /,mekə'nɪstɪk/ ADJ mécaniste

**mechanization** /,mekənaɪ'zeɪʃən/ N mécanisation *f*

**mechanize** /'mekənaɪz/ VT *[+ process, production]* mécaniser ; *[+ army]* motoriser ◆ **~d industry** industrie *f* mécanisée

**MEd** /em'ed/ N *(Univ)* (abbrev of **Master of Education**) ≃ CAPES *m*

**Med** * /med/ N **a** (abbrev of **Mediterranean Sea**) ◆ **the ~** la Méditerranée **b** *(= region)* région *f* méditerranéenne

**med.** ADJ abbrev of **medium**

**medal** /'medl/ N *(Mil, Sport, gen)* médaille *f* ◆ **swimming/athletics ~** médaille *f* de natation/d'athlétisme ◆ **(Congressional) Medal of Honor** *(in US)* Médaille *f* d'honneur *(la plus haute décoration militaire)*

**medalist** /ˈmedəlɪst/ **N** *(US)* ⇒ **medallist**

**medallion** /mɪˈdæljən/ **N** *(gen, Archit)* médaillon *m*

**medallist, medalist** *(US)* /ˈmedəlɪst/ **N** ◆ **he's a gold/silver** ~ il a eu la médaille d'or/d'argent ◆ **the three ~s on the podium** les trois médaillés *mpl or* vainqueurs *mpl* sur le podium

**meddle** /ˈmedl/ **VI** **a** *(= interfere)* se mêler, s'occuper (*in* de), s'ingérer *(frm)* (*in* dans) ◆ **stop meddling!** cesse de t'occuper *or* de te mêler de ce qui ne te regarde pas! **b** *(= tamper)* toucher (*with* à)

**meddler** /ˈmedləʳ/ **N** **a** *(= busybody)* ◆ **he's a compulsive** ~ il faut toujours qu'il fourre son nez partout **b** *(touching things)* touche-à-tout *m inv*

**meddlesome** /ˈmedlsəm/, **meddling** /ˈmedlɪŋ/ **ADJ** *(pej) [person]* qui fourre son nez partout

**Medevac** /ˈmedɪˌvæk/ **N** *(= helicopter)* hélicoptère *m* sanitaire de l'armée

**media** /ˈmiːdɪə/ **NPL** of **medium** ◆ **the** ~ les médias *mpl* ◆ **the** ~ **is** *or* **are state-controlled** les médias sont étatisés ◆ **the** ~ **have welcomed her visit** les médias ont salué sa visite ◆ **they issued a statement to the** ~ **assembled outside** ils ont fait une déclaration à l'intention des journalistes qui attendaient à l'extérieur **COMP** *[attention, reaction]* des médias; *[event, coverage]* médiatique ▷ **media circus** * **N** *(pej = event)* cirque *m* médiatique ▷ **media man** **N** (pl **media men**) *(Press, Rad, TV)* journaliste *m*, reporter *m*; *(Advertising)* publicitaire *m* ▷ **media person** **N** *(Press, Rad, TV)* journaliste *mf*; *(Advertising)* publicitaire *mf* ▷ **media-shy** **ADJ** qui n'aime pas être interviewé ▷ **media star** **N** vedette *f* des médias ▷ **media studies** **NPL** *(Univ etc)* études *fpl* de communication

**mediaeval** *etc* /ˌmedɪˈiːvəl/ ⇒ **medieval**

**medial** /ˈmiːdɪəl/ **ADJ** **a** *(= middle) (gen)* médian; *(Phon)* médial, médian **b** *(= mid-point)* moyen **N** *(Phon)* médiane *f*

**median** /ˈmiːdɪən/ **ADJ** *(= mid value)* médian ◆ ~ **income** revenu *m* médian **N** **a** *(Math, Stat)* médiane *f* **b** *(US Aut)* (also **median strip**) terre-plein *m* central **COMP** ▷ **median nerve** **N** *(Anat)* nerf *m* médian ▷ **median strip** **N** *(US Aut)* terre-plein *m* central

**mediant** /ˈmiːdɪənt/ **N** médiante *f*

**mediate** /ˈmiːdɪeɪt/ **VI** servir d'intermédiaire (*between* entre; *in* dans) **VT** **a** *(= arbitrate) [+ peace, settlement]* obtenir par médiation; *[+ dispute]* arbitrer **b** *(frm, lit = change)* modifier (légèrement)

**mediating** /ˈmiːdɪeɪtɪŋ/ **ADJ** médiateur (-trice *f*)

**mediation** /ˌmiːdɪˈeɪʃən/ **N** médiation *f* ◆ **through the** ~ **of sb** par l'entremise *f* de qn

**mediator** /ˈmiːdɪeɪtəʳ/ **N** médiateur *m*, -trice *f*

**Medibank** /ˈmedɪbæŋk/ **N** *(Austral) Sécurité sociale australienne*

**medic** * /ˈmedɪk/ **N** (abbrev of **medical**) *(= student)* carabin * *m*; *(= doctor)* toubib * *m*

**Medicaid** /ˈmedɪˌkeɪd/ **N** *(US Med)* Medicaid *m*

> **Medicaid, Medicare**
>
> **Medicaid** est un organisme américain, administré conjointement par le gouvernement fédéral et par les États, qui prend en charge les traitements hospitaliers et les soins médicaux des personnes de moins de 65 ans vivant en dessous du seuil de pauvreté officiel. Les critères pour bénéficier de ces soins gratuits varient selon les États.
>
> **Medicare** est un régime d'assurance maladie, financé par le gouvernement fédéral, qui prend en charge une partie des coûts d'hospitalisation et de traitement des personnes âgées de plus de 65 ans, des insuffisants rénaux et de certains handicapés. Les bénéficiaires de ce régime paient une cotisation mensuelle et doivent se faire soigner dans certains hôpitaux et par certains médecins agréés. Il existe parallèlement une assurance complémentaire privée appelée « Medigap ». Toute personne non couverte par **Medicare** ou **Medicaid** doit prendre en charge personnellement ses soins de santé par le biais d'une assurance maladie privée.

**medical** /ˈmedɪkəl/ **ADJ** *[subject, certificate, treatment]* médical

**N** (also **medical examination**) *(in hospital, school, army etc)* visite *f* médicale; *(private)* examen *m* médical

**COMP** ▷ **medical board** **N** commission *f* médicale, conseil *m* de santé; *(Mil)* conseil *m* de révision ▷ **medical care** **N** soins *mpl* médicaux ▷ **Medical College Admissions Test** **N** *(US Univ) examen d'entrée en faculté de médecine* ▷ **medical doctor** **N** docteur *m* en médecine ▷ **medical examination** **N** ⇒ **medical n** ▷ **medical examiner** **N** *(US Med)* médecin *m* légiste ▷ **medical history** **N** **a** *[of person] (= record)* dossier *m* médical; *(= background)* antécédents *mpl* médicaux **b** *(= history of medicine)* histoire *f* de la médecine ▷ **medical insurance** **N** assurance *f* maladie ▷ **medical jurisprudence** **N** médecine *f* légale ▷ **medical librarian** **N** *(US)* bibliothécaire *mf* médical(e) ▷ **medical man** * **N** (pl **medical men**) médecin *m* ▷ **medical officer** **N** *(Ind)* médecin *m* du travail; *(Mil)* médecin-major *m* (or -colonel *etc*) ▷ **Medical Officer of Health** **N** directeur *m* de la santé publique ▷ **medical practitioner** **N** médecin *m* (de médecine générale), généraliste *mf* ▷ **the medical profession** **N** *(= career)* la carrière médicale; *(= personnel)* le corps médical ▷ **the Medical Research Council** **N** *(Brit) organisme d'aide à la recherche médicale* ▷ **medical school** **N** *(Univ)* école *f or* faculté *f* de médecine ▷ **medical social worker** **N** *(Brit)* assistant(e) *m(f)* social(e) (dans un hôpital) ▷ **medical student** **N** étudiant(e) *m(f)* en médecine ▷ **medical studies** **NPL** études *fpl* de médecine *or* médicales ▷ **medical technician** **N** technicien(ne) *m(f)* de laboratoire ▷ **medical unit** **N** service *m* de médecine générale ▷ **medical ward** **N** salle *f* de médecine générale

**medically** /ˈmedɪkəlɪ/ **ADV** *[treat]* médicalement; *[prove, explain, recognize]* d'un point de vue médical ◆ **to examine sb** ~ faire subir un examen médical à qn ◆ **to be** ~ **fit for sth** être en état de faire qch ◆ **to be** ~ **qualified** être diplômé en médecine ◆ **to be** ~ **safe** être sans danger pour la santé ◆ **to be** ~ **trained** avoir suivi une formation médicale

**medicament** /meˈdɪkəmənt/ **N** médicament *m*

**Medicare** /ˈmedɪkeəʳ/ **N** *(US)* Medicare *m* → MEDICAID, MEDICARE

**medicate** /ˈmedɪkeɪt/ **VT** *[+ patient]* traiter avec des médicaments; *[+ substance]* ajouter une substance médicinale à

**medicated** /ˈmedɪkeɪtɪd/ **ADJ** *[soap]* médical; *[shampoo]* traitant ◆ ~ **sweet** pastille *f* médicamenteuse

**medication** /ˌmedɪˈkeɪʃən/ **N** médication *f*

**Medici** /ˈmedɪtʃɪ/ **NPL** Médicis *mpl*

**medicinal** /meˈdɪsɪnl/ **ADJ** *[plant, herb, value]* médicinal; *[property, quality]* thérapeutique ◆ ~ **drug** médicament *m* ◆ **for** ~ **purposes** ou **use** *(lit)* à des fins thérapeutiques ◆ **"medicinal use only"** "pour usage médical"

**medicinally** /meˈdɪsɪnəlɪ/ **ADV** *[use, prescribe]* comme médicament

**medicine** /ˈmedsn, ˈmedɪsn/ **N** **a** *(NonC = science)* médecine *f* ◆ **to study** ~ faire (sa) médecine ◆ **Doctor of Medicine** *(Univ)* docteur *m* en médecine; → **forensic** **b** *(= drug etc)* médicament *m* ◆ **it's a very good** ~ **for colds** c'est un remède souverain contre les rhumes ◆ **to take one's** ~ *(lit)* prendre son médicament; *(fig)* avaler la pilule ◆ **let's give him a taste** *or* **dose of his own** ~ on va lui rendre la monnaie de sa pièce; → **patent**

**COMP** ▷ **medicine ball** **N** médecine-ball *m* ▷ **medicine box** **N** pharmacie *f* (portative) ▷ **medicine cabinet** **N** (armoire *f* à) pharmacie *f* ▷ **medicine chest** **N** *(= box)* pharmacie *f* (portative); *(= cupboard)* (armoire *f* à) pharmacie *f* ▷ **medicine cupboard** **N** ⇒ **medicine cabinet** ▷ **medicine man** **N** (pl **medicine men**) sorcier *m*

**medico** * /ˈmedɪkəʊ/ **N** ⇒ **medic**

**medieval** /ˌmedɪˈiːvəl/ **ADJ** **a** *(Hist) [period, building, town, streets, art, architecture, manuscript]* médiéval; *[knight, lady, peasant]* du Moyen Âge; *[atmosphere, charm]* moyenâgeux ◆ ~ **Europe/England** l'Europe *f*/l'Angleterre *f* médiévale *or* du Moyen Âge ◆ ~ **German literature** la littérature allemande médiévale ◆ **in** ~ **times** à l'époque médiévale **b** *(pej = primitive) [plumbing, facilities]* moyenâgeux *(pej)* **COMP** ▷ **Medieval History** **N** histoire *f* médiévale ▷ **Medieval Latin** **N** latin *m* médiéval ▷ **Medieval studies** **NPL** études *fpl* médiévales

**medievalism** /ˌmedɪˈiːvəlɪzəm/ **N** médiévisme *m*

**medievalist** /ˌmedɪˈiːvəlɪst/ **N** médiéviste *mf*

**Medina** /meˈdiːnə/ **N** *(Geog, Rel)* Médine

**mediocre** /ˌmiːdɪˈəʊkəʳ/ **ADJ** médiocre

**mediocrity** /ˌmiːdɪˈɒkrɪtɪ/ **N** médiocrité *f*

**meditate** /ˈmedɪteɪt/ **VI** méditer (*on, about* sur), réfléchir (*on, about* à)

**meditation** /ˌmedɪˈteɪʃən/ **N** méditation *f* (*on, about* sur) ◆ **the fruit of long** ~ le fruit de longues méditations ◆ **~s** *(Literat, Rel etc)* méditations *fpl* (*on* sur)

**meditative** /ˈmedɪtətɪv/ **ADJ** *[person, mood, techniques, music]* méditatif; *[exercises, state]* de méditation ◆ **the** ~ **calm of churches** le calme des églises qui incite à la méditation

**meditatively** /ˈmedɪtətɪvlɪ/ **ADV** d'un air méditatif

**Mediterranean** /ˌmedɪtəˈreɪnɪən/ **ADJ** *[country, town, coast, culture, climate, diet, species]* méditerranéen; *[island]* de la Méditerranée; *[holiday]* au bord de la Méditerranée; *[cruise]* en Méditerranée ◆ **the** ~ **Sea** la mer Méditerranée ◆ ~ **people** les Méditerranéens *mpl* ◆ **the** ~ **type** le type méditerranéen **N** **a** ◆ **the** ~ *(= sea)* la Méditerranée; *(= region)* la région méditerranéenne **b** *(= person)* Méditerranéen *m*, -enne *f*

**medium** /ˈmiːdɪəm/ N (pl **media** or **mediums**) a *(Bio, Chem, gen) (= substance)* substance *f* ◆ **blood is the ~ in which oxygen is carried all over the body** le sang est la substance qui sert au transport de l'oxygène à travers le corps ◆ **water-based ~s like gouache and acrylics** les substances à base d'eau telles que la gouache et les peintures acryliques ; → **culture**
b *(= means of expression)* véhicule *m* ; *[of artist]* moyen *m* d'expression ; *(= branch of art)* discipline *f* ◆ **English is used as the ~ of instruction** l'anglais est utilisé comme véhicule de l'enseignement ◆ **he chose sculpture as his ~** il a choisi la sculpture comme moyen d'expression ◆ **video is his favourite ~** la vidéo est son moyen d'expression favori *or* sa discipline favorite ◆ **watercolour painting is a difficult ~** l'aquarelle est une technique difficile ◆ **through the ~ of the press** par voie de presse ◆ **advertising ~** support *m* publicitaire ◆ **television is the best ~ for this type of humour** c'est à la télévision que ce genre d'humour passe le mieux, la télévision est le meilleur véhicule pour ce genre d'humour
c *(= mid-point)* milieu *m* ◆ **the happy ~** le juste milieu
d (pl **mediums**) *(Spiritualism)* médium *m*
ADJ *(gen)* moyen ; *[pen]* à pointe moyenne ◆ **"medium"** *(on garment labels)* "moyen" ; see also **comp**
COMP ▷ **medium close shot** N *(Cine)* plan *m* américain ▷ **medium-dry** ADJ *[wine, sherry, cider]* demi-sec ▷ **medium-fine pen** N stylo *m* or feutre *m* à pointe moyenne ▷ **medium-priced** ADJ à prix moyen ▷ **medium range missile** N missile *m* à moyenne portée ▷ **medium rare** ADJ *(of steaks)* à point ▷ **medium-sized** ADJ de grandeur *or* de taille moyenne ▷ **medium-sweet** ADJ *[wine, sherry, cider]* demi-doux ▷ **medium-term** ADJ à moyen terme ▷ **medium-wave** ADJ *(Rad)* sur ondes moyennes ◆ **on ~ wave** sur les ondes moyennes

**mediumship** /ˈmiːdɪəmʃɪp/ N médiumnité *f*

**medlar** /ˈmedləʳ/ N *(= fruit)* nèfle *f* ; (also **medlar tree**) néflier *m*

**medley** /ˈmedlɪ/ N mélange *m* ; *(Mus)* pot-pourri *m* ◆ **400 metres ~** *(Sport)* le 4 x 100 mètres quatre nages

**medulla** /meˈdʌlə/ N (pl **medullas** or **medullae** /meˈdʌliː/) *(Anat)* moelle *f*

**Medusa** /mɪˈdjuːzə/ N Méduse *f*

**meek** /miːk/ ADJ *[person]* docile, bonasse *(pej)* ; *[voice]* doux (douce *f*) ◆ **~ and mild** doux et docile ◆ **as ~ as a lamb** doux comme un agneau NPL **the meek** *(Bible)* les débonnaires *mpl*

**meekly** /ˈmiːklɪ/ ADV *[listen, accept, sit, stand]* docilement ; *[say]* humblement

**meekness** /ˈmiːknɪs/ N humilité *f*

**meerschaum** /ˈmɪəʃəm/ N a *(NonC = clay)* écume *f* (de mer) b *(= pipe)* pipe *f* en écume (de mer)

**meet[1]** /miːt/ (pret, ptp **met**) VT a *[+ person] (by chance)* rencontrer, tomber sur ; *(coming in opposite direction)* croiser ; *(by arrangement)* retrouver ; *(= go to meet)* aller chercher ; *(= come to meet)* venir chercher ◆ **to arrange to ~ sb at 3 o'clock** donner rendez-vous à qn pour 3 heures ◆ **I am ~ing the chairman at the airport** je vais chercher le président à l'aéroport ◆ **I am being met at the airport** on doit venir me chercher à l'aéroport ◆ **I'll ~ you outside the cinema** je te *or* on se retrouve devant le cinéma ◆ **don't bother to ~ me** ne prenez pas la peine de venir me chercher ◆ **he went to ~ them** il est allé à leur rencontre, il est allé au-devant d'eux ◆ **she came down the steps to ~ me** elle a descendu les escaliers et est venue à ma rencontre, elle a descendu les escaliers pour venir à ma rencontre ◆ **candidates will be required to ~ the committee** les candidats devront se présenter devant les membres du comité ; → **halfway, match[2]**
b *[+ river, sea]* rencontrer ◆ **the bus for Aix ~s the 10 o'clock train** l'autobus d'Aix assure la correspondance avec le train de 10 heures ◆ **a car met his train at King's Cross** une voiture l'attendait à l'arrivée de son train en gare de King's Cross ◆ **I'm due back at 10 o'clock, can you be there to ~ my plane?** je reviens à 10 heures, peux-tu venir me chercher à l'aéroport ?
c *(= make acquaintance of)* rencontrer, faire la connaissance de ◆ **~ Mr Martin** je vous présente M. Martin ◆ **I am very pleased to ~ you** enchanté de faire votre connaissance ◆ **glad** *or* **pleased to ~ you!** enchanté !
d *(= encounter) [+ opponent, opposing team, obstacle]* rencontrer ; *(= face) [+ enemy, danger]* faire face à, affronter ; *(in duel)* se battre avec ◆ **he met his death** *or* **his end in 1880** il trouva la mort en 1880 ◆ **to ~ death calmly** affronter la mort avec calme *or* sérénité ; → **halfway**
e *(= satisfy, settle) [+ expenses, bill]* régler, payer ; *[+ responsibilities, debt]* faire face à, s'acquitter de ; *[+ deficit]* combler ; *[+ goal, aim]* atteindre ; *[+ demand, need, want]* satisfaire, répondre à ; *[+ condition, stipulation]* remplir ; *[+ charge, objection]* réfuter ; *(Comm) [+ orders]* satisfaire, assurer ◆ **to ~ the cost of sth** prendre en charge les frais de qch ◆ **he offered to ~ the full cost of the repairs** il a proposé de payer la totalité des réparations ◆ **to ~ payments** faire face à ses obligations financières ◆ **to ~ the payments on a washing machine** payer les traites d'une machine à laver ◆ **this ~s our requirements** cela correspond à nos besoins ◆ **it did not ~ our expectations** nous n'en avons pas été satisfaits
f *(seeing, hearing)* ◆ **the sound which met his ears** le bruit qui frappa ses oreilles ◆ **the sight which met my eye(s)** le spectacle qui s'offrit à mes yeux ◆ **I met his eye** mon regard rencontra le sien, nos regards se croisèrent ◆ **I dared not** *or* **couldn't ~ her eye** je n'osais pas la regarder en face ◆ **there's more to this than ~s the eye** *(sth suspicious)* on ne voit pas *or* on ne connaît pas les dessous de cette affaire ; *(more difficult than it seems)* c'est moins simple que cela n'en a l'air
VI a *[people] (by chance)* se rencontrer ; *(by arrangement)* se retrouver ; *(more than once)* se voir ; *(= become acquainted)* se rencontrer, faire connaissance ◆ **to ~ again** se revoir ◆ **until we ~ again!** au revoir !, à la prochaine fois ! ◆ **keep it until we ~ again** *or* **until we next ~** garde-le jusqu'à la prochaine fois ◆ **have you met before?** vous vous connaissez déjà ? ◆ **they arranged to ~ at 10 o'clock** ils se sont donné rendez-vous pour 10 heures
b *[Parliament etc]* se réunir, tenir séance ; *[committee, society etc]* se réunir ◆ **the class ~s in the art room** le cours a lieu dans la salle de dessin
c *[armies]* se rencontrer, s'affronter ; *[opposing teams]* se rencontrer
d *[lines, roads etc] (= join)* se rencontrer ; *(= cross)* se croiser ; *[rivers]* se rencontrer, confluer ◆ **our eyes met** nos regards se croisèrent ; → **end**
N a *(Brit Hunting)* rendez-vous *m* de chasse *(au renard)* ; *(= huntsmen collectively)* chasse *f*
b *(Sport etc)* meeting *m*
COMP ▷ **meet-and-greet** *(US)* VT accueillir, recevoir N réception *f*

► **meet up** VI *(by chance)* se rencontrer ; *(by arrangement)* se retrouver ◆ **to ~ up with sb** *(by chance)* rencontrer qn ; *(by arrangement)* retrouver qn ◆ **this road ~s up with the motorway** cette route rejoint l'autoroute

► **meet with** VT FUS a *[+ difficulties, resistance, obstacles]* rencontrer ; *[+ refusal, losses, storm, gale]* essuyer ; *[+ welcome, reception]* recevoir ◆ **he met with an accident** il lui est arrivé un accident ◆ **to ~ with failure** échouer ◆ **only 59 out of 238 applicants met with success** seuls 59 des 238 candidats ont vu leur demande acceptée ◆ **I'm delighted this approach has met with success** je suis ravi que cette approche ait été couronnée de succès ◆ **this suggestion was met with angry protests** de vives protestations ont accueilli cette suggestion ◆ **this met with no response** *(in writing)* il n'y a pas eu de réponse ; *(in person)* il (*or* elle) n'a pas réagi ◆ **we hope our offer ~s with your approval** *(frm)* nous espérons que notre proposition vous conviendra
b *(US) [+ person] (by chance)* rencontrer, tomber sur ; *(coming in opposite direction)* croiser ; *(by arrangement)* retrouver

**meet[2]** †† /miːt/ ADJ *(= fitting)* convenable, séant †

**meeting** /ˈmiːtɪŋ/ N a *(of group of people, political party, club etc)* réunion *f* ; *(large, formal)* assemblée *f* ; *(Pol, Sport)* meeting *m* ◆ **business ~** réunion *f* d'affaires *or* de travail ◆ **he's in a ~** il est en réunion ◆ **I've got ~s all afternoon** je suis pris par des réunions tout l'après-midi ◆ **to call a ~ of shareholders** convoquer les actionnaires ◆ **to call a ~ to discuss sth** convoquer une réunion pour débattre qch ◆ **to address a ~** prendre la parole à une réunion (*or* un meeting) ; → **annual, mass[1], open**
b *(between individuals)* rencontre *f* ; *(arranged)* rendez-vous *m* ; *(formal)* entrevue *f* ◆ **the minister had a ~ with the ambassador** le ministre s'est entretenu avec l'ambassadeur, le ministre a eu une entrevue avec l'ambassadeur ◆ **a ~ of minds** une entente profonde
c *(Quakers)* culte *m* ◆ **to go to ~** aller au culte
COMP ▷ **meeting house** N (also **Quakers' meeting house**) temple *m* (des Quakers) ▷ **meeting place** N lieu *m* de réunion

**meg** * /meg/ N (pl **meg** or **megs**) *(Comput = megabyte)* méga * *m* ; *(= megahertz)* mégahertz *m*

**mega** ‡ /ˈmegə/ ADJ hypergénial *

**mega...** /ˈmegə/ PREF méga... ◆ **megastar** mégastar *f*

**megabuck** * /ˈmegə,bʌk/ N a *(US = million dollars)* million *m* de dollars b *(fig)* **~s** des sommes astronomiques ◆ **it's worth ~s** ça vaut la peau des fesses *

**megabyte** /ˈmegə,baɪt/ N *(Comput)* méga-octet *m*, Mo *m*

**megacycle** /ˈmegə,saɪkl/ N mégacycle *m*

**megadeath** /ˈmegə,deθ/ N million *m* de morts

**megahertz** /ˈmegə,hɜːts/ N (pl **megahertz**) mégahertz *m*

**megalith** /ˈmegəlɪθ/ N mégalithe *m*

**megalithic** /,megəˈlɪθɪk/ ADJ mégalithique

**megalomania** /,megələʊˈmeɪnɪə/ N mégalomanie *f*

**megalomaniac** /,megələʊˈmeɪnɪæk/ ADJ, N mégalomane *mf*

**megalopolis** /,megəˈlɒpəlɪs/ N mégalopole *f*

**megaphone** /ˈmeɡəfəʊn/ N porte-voix *m inv*

**megaton** /ˈmeɡətʌn/ N mégatonne *f* ◆ **a five-~ bomb** une bombe de cinq mégatonnes

**megavolt** /ˈmeɡəvɒlt/ N mégavolt *m*

**megawatt** /ˈmeɡəwɒt/ N mégawatt *m*

**megillah**⁑ /məˈɡɪlə/ N *(US)* grand laïus *m*, longues explications *fpl* ◆ **the whole ~** tout le tremblement *

**meiosis** /maɪˈəʊsɪs/ N (pl **meioses** /maɪˈəʊˌsiːz/) a *(Bio)* méiose *f* b *(Literat)* litote *f*

**Mekong** /ˌmiːˈkɒŋ/ N Mékong *m* COMP ▷ **Mekong Delta** N delta *m* du Mékong

**melamine** /ˈmeləmiːn/ N mélamine *f* COMP *[cup, surface]* de *or* en mélamine ▷ **melamine-coated**, **melamine-faced** ADJ mélaminé

**melancholia** /ˌmelənˈkəʊlɪə/ N *(Psych)* mélancolie *f*

**melancholic** † /ˌmelənˈkɒlɪk/ ADJ *[person, nature, mood, song]* mélancolique ◆ **the ~ temperament** *(Med)* le tempérament mélancolique

**melancholically** /ˌmelənˈkɒlɪklɪ/ ADV mélancoliquement

**melancholy** /ˈmelənkəlɪ/ N *(NonC)* mélancolie *f* ADJ *[person, place, look, smile, thoughts, sound, song]* mélancolique ; *[news, event, duty]* triste ◆ **to be in a ~ mood** être d'humeur mélancolique ◆ **the ~ truth** la triste vérité

**Melanesia** /ˌmeləˈniːzɪə/ N Mélanésie *f*

**Melanesian** /ˌmeləˈniːzɪən/ ADJ mélanésien N a *(= person)* Mélanésien(ne) *m(f)* b *(Ling)* mélanésien *m*

**melange, mélange** /meɪˈlɑːnʒ/ N *(esp liter)* mélange *m*

**melanic** /məˈlænɪk/ ADJ mélanique

**melanin** /ˈmelənɪn/ N mélanine *f*

**melanism** /ˈmelənɪzəm/ N mélanisme *m*

**melanoma** /ˌmeləˈnəʊmə/ N (pl **melanomas** *or* **melanomata** /ˌmeləˈnəʊmətə/) *(Med)* mélanome *m*

**melatonin** /ˌmeləˈtəʊnɪn/ N mélatonine *f*

**Melba toast** /ˈmelbəˈtəʊst/ N *(Culin)* biscotte *f* très fine

**Melbourne** /ˈmelbən/ N Melbourne

**melee, mêlée** /ˈmeleɪ/ N mêlée *f*

**mellifluous** /meˈlɪflʊəs/ ADJ mélodieux

**mellow** /ˈmeləʊ/ ADJ a *(= soft, smooth) [light, colour, music, voice]* doux (douce *f*) ; *[brick, stone]* patiné ; *[wine, flavour, cheese, fruit]* moelleux ; *[brandy, whisky]* velouté b *(= genial, serene) [person]* serein c *(* = relaxed) [person, mood, feeling]* relax * *inv* VT *[+ wine]* rendre moelleux, donner du moelleux à ; *[+ voice, sound]* adoucir, rendre plus moelleux ; *[+ colour]* fondre, velouter ; *[+ person, character]* adoucir ◆ **the years have ~ed him** les angles de son caractère se sont arrondis avec l'âge, il s'est adouci *or* assagi avec les années VI *[fruit]* mûrir ; *[wine]* se velouter ; *[colour]* se velouter, se patiner ; *[voice]* prendre du moelleux, se velouter ; *[person, character]* s'adoucir

**mellowing** /ˈmeləʊɪŋ/ N *[of fruit, wine]* maturation *f* ; *[of voice, colours, person, attitude]* adoucissement *m* ADJ *[effect etc]* adoucissant

**mellowness** /ˈmeləʊnɪs/ N *[of light, colour, music, voice]* douceur *f* ; *[of wine, flavour, cheese, fruit]* moelleux *m* ; *[of brick, stone]* patine *f*

**melodic** /mɪˈlɒdɪk/ ADJ a *(= melodious) [music, song, voice]* mélodieux b *(Mus) [line, theme, structure, invention]* mélodique COMP ▷ **melodic minor (scale)** N *(Mus)* gamme *f* mineure mélodique

**melodically** /mɪˈlɒdɪkəlɪ/ ADV mélodiquement

**melodious** /mɪˈləʊdɪəs/ ADJ mélodieux

**melodiously** /mɪˈləʊdɪəslɪ/ ADV mélodieusement

**melodrama** /ˈmeləʊˌdrɑːmə/ N *(lit, fig)* mélodrame *m*

**melodramatic** /ˌmeləʊdrəˈmætɪk/ ADJ mélodramatique NPL **melodramatics** mélo * *m* ◆ **I've had enough of your ~s** j'en ai assez de ton cinéma *

**melodramatically** /ˌmeləʊdrəˈmætɪkəlɪ/ ADV d'une façon mélodramatique

**melody** /ˈmelədɪ/ N mélodie *f*

**melon** /ˈmelən/ N a *(Bot, Culin)* melon *m* ◆ **to cut a ~** * *(US fig)* se partager le gâteau ; → **watermelon** b ◆ **~s**⁑ *(= breasts)* roberts⁑ *mpl*

**melt** /melt/ VI a *[ice, butter, metal]* fondre ; *[solid in liquid]* fondre, se dissoudre ◆ **these cakes ~ in the mouth** ces pâtisseries fondent dans la bouche ◆ **he looks as if butter wouldn't ~ in his mouth** on lui donnerait le bon Dieu sans confession * ; see also **melting**

b *(fig) [colours, sounds]* se fondre, s'estomper (*into* dans) ; *[person]* se laisser attendrir ; *[anger]* tomber ; *[resolution, determination]* fléchir, fondre ◆ **to ~ into tears** fondre en larmes ◆ **her heart ~ed with pity** son cœur a fondu de pitié ◆ **night ~ed into day** la nuit a fait insensiblement place au jour ◆ **one colour ~ed into another** les couleurs se fondaient les unes dans les autres ◆ **the thief ~ed into the crowd** le voleur s'est fondu *or* a disparu dans la foule

c *(= be too hot)* **to be ~ing** * fondre, être en nage

VT *[+ ice, butter]* (faire) fondre ; *[+ metal]* fondre ◆ **to ~ sb's heart** attendrir *or* émouvoir (le cœur de) qn ◆ **~ed butter** *(Culin)* beurre *m* fondu ; see also **melting**

► **melt away** VI a *[ice etc]* fondre complètement, disparaître

b *(fig) [money, savings]* fondre ; *[anger]* se dissiper, tomber ; *[confidence]* disparaître ; *[fog]* se dissiper ; *[crowd]* se disperser ; *[person]* se volatiliser

► **melt down** VT SEP fondre ; *[+ scrap iron, coins]* remettre à la fonte

N ◆ **meltdown** → **meltdown**

**meltdown** /ˈmeltdaʊn/ N a *(Nucl Phys)* fusion *f (du cœur d'un réacteur nucléaire)* b *(fig) (= disaster)* effondrement *m*

**melting** /ˈmeltɪŋ/ ADJ *[snow]* fondant ; *(fig) [voice, look]* attendri ; *[words]* attendrissant N *[of snow]* fonte *f* ; *[of metal]* fusion *f*, fonte *f* COMP ▷ **melting point** N point *m* de fusion ▷ **melting pot** N *(fig)* melting-pot *m* ◆ **the country was a ~ pot of many nationalities** ce pays fut un melting-pot *or* fut un creuset ethnique ◆ **the scheme was back in the ~ pot again** *(Brit)* le projet a été remis en question une fois de plus ◆ **it's still all in the ~ pot** *(Brit)* c'est encore en pleine discussion *or* au stade des discussions

**member** /ˈmembəʳ/ N a *[of society, political party etc]* membre *m*, adhérent(e) *m(f)* ; *[of family, tribe]* membre *m* ◆ **"members only"** *(on notice etc)* "réservé aux adhérents" ◆ **a ~ of the audience** un membre de l'assistance ; *(= hearer)* un auditeur ; *(= spectator)* un spectateur ◆ **Member of Congress** *(US Pol)* membre *m* du Congrès, ≃ député *m* ◆ **a ~ of the congress** un(e) congressiste ◆ **they treated her like a ~ of the family** ils l'ont traitée comme si elle faisait partie de *or* était de la famille ◆ **Member of Parliament** *(Brit Pol)* ≃ député *m* ◆ **the Member (of Parliament) for Woodford** le député de Woodford ◆ **Member of the European Parliament** *(Brit)* député *m* européen ◆ **a ~ of the public** un particulier ◆ **~s of the public were not allowed in** le public n'était pas admis ◆ **a ~ of the staff, an ordinary ~ of the public** un(e) simple citoyen(e) ; *(of firm, organization)* un(e) employé(e) ◆ **a ~ of staff** *(Scol, Univ)* un professeur ; → **full, honorary, private**

b *(Anat, Bot, Math etc)* membre *m* ◆ **(male) ~** *(= penis)* membre *m* (viril)

COMP ▷ **member countries, member nations, member states** NPL États *mpl or* pays *mpl* membres

**membership** /ˈmembəʃɪp/ N a *(= position as member)* appartenance *f* ; *(= admission as member)* adhésion *f* ◆ **Britain's ~ of the EU** l'appartenance de la Grande-Bretagne à l'UE ◆ **when I applied for ~ of the club** quand j'ai fait ma demande d'adhésion au club ◆ **the application by Namibia for ~ of the United Nations** la demande d'adhésion de la Namibie aux Nations unies ◆ **he has given up his ~ of the party** il a rendu sa carte du parti ◆ **~ carries certain privileges** les membres jouissent de certains privilèges ◆ **temporary ~** (système *m* d') adhésion *f* provisoire ◆ **he was charged with ~ of the IRA** il a été accusé d'appartenir à l'IRA

b *(= number of members)* nombre *m* d'adhérents ◆ **organizations with huge ~s** des organismes qui ont un nombre d'adhérents énorme ◆ **this society has a ~ of over 800** cette société a plus de 800 membres

c *(= members)* membres *mpl*

COMP ▷ **membership card** N carte *f* d'adhérent *or* de membre ▷ **membership fee** N cotisation *f*, droits *mpl* d'inscription ▷ **membership qualifications** NPL conditions *fpl* d'adhésion

**membrane** /ˈmembreɪn/ N membrane *f*

**membranous** /memˈbreɪnəs/ ADJ membraneux

**memento** /məˈmentəʊ/ N (pl **mementos** *or* **mementoes**) *(= keepsake)* souvenir *m* ; *(= note, mark etc)* mémento *m* ; *(= scar)* souvenir *m* ◆ **as a ~ of** en souvenir de

**memo** /ˈmeməʊ/ N (abbrev of **memorandum**) note *f* (de service) COMP ▷ **memo pad** N bloc-notes *m*

**memoir** /ˈmemwɑːʳ/ N *(= essay)* mémoire *m*, étude *f* (*on* sur) ; *(= short biography)* notice *f* biographique ◆ **~s** *(autobiographical)* mémoires *mpl* ; *[of learned society]* actes *mpl*

**memorabilia** /ˌmemərəˈbɪlɪə/ N souvenirs *mpl (objets)*

**memorable** /ˈmemərəbl/ ADJ mémorable ◆ **one of his more ~ films** un de ses films dont on se souvient mieux

**memorably** /ˈmemərəblɪ/ ADV mémorablement

**memorandum** /ˌmeməˈrændəm/ N (pl **memorandums** *or* **memoranda** /ˌmeməˈrændə/) a *(= reminder, note)* note *f* ◆ **to make a ~ of sth** prendre note de qch, noter qch b *(= communication within company etc)* note *f* (de service) ◆ **he sent a ~ round about the drop in sales** il a fait circuler une note *or* il a fait passer une circulaire à propos de la baisse des ventes c *(Diplomacy)* mémorandum *m* d *(Jur)* sommaire *m* des articles (d'un contrat) ◆ **~ of agreement** protocole *m* d'accord

**memorial** /mɪˈmɔːrɪəl/ ADJ *[plaque]* commémoratif N a *(= sth serving as reminder)* **this scholarship is a ~ to John F. Kennedy** cette bourse d'études a été créée en mémoire de John F. Kennedy b *(= monument)* monument *m* (commémoratif), mémorial *m* ; *(over grave)* monument *m* (funéraire) ◆ **a ~ to the victims** un monument aux victimes c (also **war memorial**) monument *m* aux morts d *(Hist)* **~s** *(= chronicles)* chroniques *fpl*, mémoires *mpl*, mémorial *m* **e** *(Admin etc = petition)* pétition *f*, requête *f* (officielle) **COMP** ▷ **Memorial Day** N *(US)* le jour des morts au champ d'honneur *(dernier lundi de mai)* ▷ **memorial park** N *(US = cemetery)* cimetière *m* ▷ **memorial service** N ≃ messe *f* de souvenir

**memorialize** /mɪ'mɔːrɪəlaɪz/ VT commémorer

**memorize** /'meməraɪz/ VT *[+ facts, figures, names]* mémoriser, retenir ; *[+ poem, speech]* apprendre par cœur

**memory** /'memərɪ/ **N** **a** *(= faculty: also Comput)* mémoire *f* ◆ **to have a good/bad ~** avoir (une) bonne/mauvaise mémoire ◆ **to have a ~ for faces** avoir la mémoire des visages, être physionomiste *mf* ◆ **to play/quote from ~** jouer/citer de mémoire ◆ **to have a long ~** ne pas oublier facilement ◆ **to commit to ~** *[+ poem]* apprendre par cœur ; *[+ facts, figures]* mémoriser, retenir ◆ **to the best of my ~** autant que je m'en souvienne ◆ **loss of ~, ~ loss** perte *f* de mémoire ; *(Med)* amnésie *f* ◆ **additional** *or* **back-up ~** *(Comput)* mémoire *f* auxiliaire ; → **fresh, living**

**b** *(= recollection)* souvenir *m* ◆ **childhood memories** souvenirs *mpl* d'enfance ◆ **he had happy memories of his father** il avait de bons souvenirs de son père ◆ **"Memories of a country childhood"** "Souvenirs d'une enfance à la campagne" ◆ **the ~ of the accident remained with him all his life** il a conservé toute sa vie le souvenir de l'accident, le souvenir de l'accident est resté gravé dans sa mémoire toute sa vie ◆ **to keep sb's ~ alive** *or* **green** garder vivant le souvenir de qn, entretenir la mémoire de qn ◆ **in ~ of** en souvenir de, à la mémoire de ◆ **sacred to the ~ of** à la mémoire de ◆ **of blessed ~** de glorieuse mémoire

**COMP** ▷ **memory bank** N bloc *m* de mémoire ▷ **memory capacity** N *(Comput)* capacité *f* de mémoire ▷ **memory card** N *(Comput)* carte *f* d'extension mémoire ▷ **memory chip** N *(Comput)* puce *f* mémoire ▷ **memory lane** N *(fig)* ◆ **it was a trip down ~ lane** c'était un retour en arrière *or* un retour aux sources

**memsahib** /'mem,sɑːhɪb/ N Madame *f (aux Indes)*

**men** /men/ **NPL** of **man** ◆ **that'll separate the ~ from the boys** *(hum)* cela fera la différence (entre les hommes et les mauviettes*) **COMP** ▷ **men's room** N *(US)* toilettes *fpl* pour hommes

**menace** /'menɪs/ **N** menace *f* ◆ **he drives so badly he's a ~ to the public** il conduit si mal qu'il est un danger public ◆ **that child/dog/motorbike is a ~** * cet enfant/ce chien/cette moto est une plaie* ◆ **to demand money with ~s** *(Brit Jur)* extorquer de l'argent **VT** menacer

**menacing** /'menɪsɪŋ/ ADJ menaçant

**menacingly** /'menɪsɪŋlɪ/ ADV *[act]* d'un air menaçant ; *[say]* d'un ton menaçant

**ménage** /me'nɑːʒ/ N *(pej)* ménage *m* ◆ **~ à trois** ménage *m* à trois

**menagerie** /mɪ'nædʒərɪ/ N ménagerie *f*

**mend** /mend/ **VT** **a** *(= repair) [+ watch, wall, vehicle, shoes etc]* réparer ; *[+ clothes etc]* raccommoder ; *(= darn) [+ sock, stocking]* repriser ; *[+ laddered stocking]* remmailler ; → **fence** **b** *(fig) [+ marriage]* sauver ◆ **to ~ relations with sb** renouer de bonnes relations avec qn ◆ **that won't ~ matters** cela ne va pas arranger les choses ◆ **to ~ one's ways, to ~ one's manners** s'amender ; → **least** **VI** **a** *(= darn etc)* faire le raccommodage **b** * ⇒ **to be on the mend** **N** **a** *(on clothes)* raccommodage *m* ; *(= patch)* pièce *f* ; *(= darn)* reprise *f* **b** ◆ **to be on the ~** *[invalid]* être en voie de guérison, aller mieux ; *[business, sales]* reprendre, s'améliorer ; *[conditions, situation, weather]* s'améliorer

**mendacious** /men'deɪʃəs/ ADJ *(frm) [statement, report]* mensonger ; *[person]* menteur

**mendacity** /men'dæsɪtɪ/ N **a** *(NonC, habit)* fausseté *f*, habitude *f* de mentir ; *(tendency)* propension *f* au mensonge ; *[of report]* caractère *m* mensonger **b** *(= lie)* mensonge *m*

**mendelevium** /,mendɪ'liːvɪəm/ N mendélévium *m*

**Mendelian** /men'diːlɪən/ ADJ mendélien

**Mendelism** /'mendəlɪzəm/ N mendélisme *m*

**mendicancy** /'mendɪkənsɪ/ N mendicité *f*

**mendicant** /'mendɪkənt/ ADJ, N mendiant(e) *m(f)*

**mendicity** /men'dɪsɪtɪ/ N mendicité *f*

**mending** /'mendɪŋ/ N *(= act)* raccommodage *m* ; *(= clothes to be mended)* vêtements *mpl* à raccommoder ; → **invisible**

**Menelaus** /,menɪ'leɪəs/ N Ménélas *m*

**menfolk** /'menfəʊk/ NPL ◆ **the ~** les hommes *mpl*

**menhir** /'menhɪəʳ/ N menhir *m*

**menial** /'miːnɪəl/ **ADJ** *[person]* servile ; *[task]* de domestique, inférieur (-eure *f*) ; *[position]* subalterne **N** domestique *mf*, laquais *m (pej)*

**meninges** /mɪ'nɪndʒiːz/ NPL méninges *fpl*

**meningitis** /,menɪn'dʒaɪtɪs/ N méningite *f*

**meniscus** /mɪ'nɪskəs/ N (pl **meniscuses** *or* **menisci** /mɪ'nɪsaɪ/) ménisque *m*

**menopausal** /'menəʊpɔːzəl/ ADJ *[symptom]* de la ménopause ; *[woman]* ménopausée

**menopause** /'menəʊpɔːz/ N ménopause *f* ◆ **the male ~** l'andropause *f*

**Menorca** /mɪ'nɔːkə/ N Minorque *f* ◆ **in ~** à Minorque

**menorrhagia** /,menɔː'reɪdʒɪə/ N ménorragie *f*

**Mensa** /'mensə/ N Mensa *f (association de personnes ayant un QI supérieur à la moyenne)*

**mensch** * /menʃ/ N *(US) (= man)* type *m* vraiment bien ; *(= woman)* fille *f* vraiment bien ◆ **be a ~!** comporte-toi en adulte !

**menses** /'mensiːz/ NPL menstrues *fpl*

**Menshevik** /'menʃɪvɪk/ N, ADJ menchevik *m*

**menstrual** /'menstrʊəl/ **ADJ** menstruel **COMP** ▷ **menstrual cramps** NPL dysménorrhée *f*, règles *fpl* douloureuses ▷ **menstrual cycle** N cycle *m* (menstruel) ▷ **menstrual period** N règles *fpl*, menstruation *f*

**menstruate** /'menstrʊeɪt/ VI avoir ses règles

**menstruation** /,menstrʊ'eɪʃən/ N menstruation *f*

**mensuration** /,mensjʊə'reɪʃən/ N *(also Math)* mesurage *m*

**menswear** /'menzweəʳ/ N *(NonC: Comm) (= clothing)* habillement *m* masculin ; *(= department)* rayon *m* hommes

**mental** /'mentl/ **ADJ** **a** *(= not physical)* mental ◆ **I made a ~ note of her phone number** j'ai noté mentalement son numéro de téléphone ◆ **I made a ~ note to get petrol** je me suis dit que je devais faire le plein

**b** *(* = mad)* cinglé* ◆ **to go ~** perdre la boule*

**COMP** ▷ **mental age** N âge *m* mental ▷ **mental arithmetic** N calcul *m* mental ▷ **mental block** N blocage *m* (psychologique) ▷ **mental cruelty** N *(Jur)* cruauté *f* mentale ▷ **mental defective** N débile *mf* mental(e) ▷ **mental deficiency** N débilité *f* *or* déficience *f* mentale ▷ **mental disability, mental handicap** N handicap *m* mental ▷ **mental healing** N *(US Med)* thérapeutique *f* par la suggestion ▷ **mental health** N *(of person)* santé *f* mentale ; *(= activity, profession)* psychiatrie *f* ▷ **mental home** N clinique *f* psychiatrique ▷ **mental hospital** N hôpital *m* psychiatrique ▷ **mental illness** N maladie *f* mentale ▷ **mental institution** N institution *f* psychiatrique ▷ **mental patient** N malade *mf* mental(e) ▷ **mental powers** NPL facultés *fpl* intellectuelles ▷ **mental reservation** N restriction *f* mentale ▷ **mental retardation** N arriération *f* mentale ▷ **mental strain** N *(= tension)* tension *f* nerveuse ; *(= overwork)* surmenage *m* (intellectuel) ◆ **she's been under a great deal of ~ strain** ses nerfs ont été mis à rude épreuve

**mentality** /men'tælɪtɪ/ N mentalité *f*

**mentally** /'mentəlɪ/ ADV *[calculate, formulate]* mentalement ◆ **~ handicapped** handicapé mental ◆ **a ~ handicapped son/child** un fils/enfant handicapé mental ◆ **he is ~ handicapped** c'est un handicapé mental ◆ **~ ill** *or* **sick** malade mental ◆ **a ~ ill** *or* **sick person** un(e) malade mental(e) ◆ **the ~ ill** les malades *mpl* mentaux ◆ **~ retarded** † débile mental ◆ **~ subnormal** † débile léger ◆ **~ disturbed** *or* **disordered** *or* **unstable** *or* **unbalanced** déséquilibré ◆ **~ defective** *or* **deficient** † mentalement déficient

**mentee** /men'tiː/ N filleul(e) *m(f)*

**menthol** /'menθɒl/ **N** menthol *m* **COMP** ▷ **menthol cigarettes** NPL cigarettes *fpl* mentholées

**mentholated** /'menθəleɪtɪd/ ADJ mentholé

**mention** /'menʃən/ LANGUAGE IN USE 26.2

**VT** *(gen)* mentionner ; *[+ dates, figures]* citer ◆ **he ~ed to me that you were coming** il m'a dit que vous alliez venir ◆ **I'll ~ it to him** je lui en toucherai un mot, je le lui signalerai ◆ **I've never heard him ~ his father** je ne l'ai jamais entendu parler de son père ◆ **to ~ sb in one's will** coucher qn sur son testament ◆ **he didn't ~ the accident** il n'a pas fait mention de l'accident, il n'a pas soufflé mot de l'accident ◆ **just ~ my name** dites que c'est de ma part ◆ **he ~ed several names** il a cité plusieurs noms ◆ **without ~ing any names** sans nommer *or* citer personne ◆ **I ~ this fact only because ...** je relève ce fait uniquement parce que ... ◆ **they are too numerous to ~** ils sont trop nombreux pour qu'on les mentionne *subj* *or* cite *subj* tous ◆ **don't ~ it!** il n'y a pas de quoi !, je vous en prie ! ◆ **I need hardly ~ that ...** il va sans dire que ... ◆ **it is not worth ~ing** cela ne vaut pas la peine d'en parler ◆ **I have no jazz records worth ~ing** je n'ai pour ainsi dire pas de disques de jazz ; → **dispatch**

♦ **not to mention** sans parler de ◆ **a lot of time, not to ~ the expense and anxiety** beaucoup de temps, sans parler du coût et du stress

**N** mention *f* ◆ **to make ~ of sth** *(frm)* faire mention de qch, signaler qch ◆ **honourable ~** mention *f* honorable ◆ **it got a ~ in the news** on en a parlé *or* on l'a mentionné aux informations

**mentor** /'mentɔːʳ/ N ◆ **he has been my ~ and friend for 8 years** voilà 8 ans qu'il est mon guide *or* conseiller et mon ami ◆ **their spiritual ~** leur guide spirituel

**menu** /'menjuː/ **N** *(in restaurant etc)* menu *m* ; *(printed, written)* menu *m*, carte *f* ; *(Comput)* menu *m* ◆ **on the ~** au menu ; → **fixed** **COMP** ▷ **menu bar** N *(Comput)* barre *f* de menu ▷ **menu-driven** ADJ *(Comput)* dirigé *or* piloté par menu

**meow** /miː'aʊ/ N, VI ⇒ **miaow**

**MEP** /ˌemiːˈpiː/ N (Brit) (abbrev of **Member of the European Parliament**) → **member**

**Mephistopheles** /ˌmefɪsˈtɒfɪliːz/ N Méphistophélès *m*

**mephistophelian** /ˌmefɪstɒˈfiːlɪən/ ADJ méphistophélique

**mercantile** /ˈmɜːkəntaɪl/ ADJ a *[class, tradition, navy, vessel]* marchand ; *[affairs]* commercial ; *[nation]* commerçant ; *[firm, establishment, court]* de commerce b *(pej) [person, attitude]* mercantile COMP ▷ **mercantile law** N droit *m* commercial ▷ **mercantile marine** N *(Brit)* marine *f* marchande

**mercantilism** /ˈmɜːkəntɪlɪzəm/ N *(Econ, also pej)* mercantilisme *m*

**mercantilist** /ˈmɜːkəntɪlɪst/ ADJ, N *(Econ)* mercantiliste *m*

**Mercator** /mɜːˈkeɪtəʳ/ N ◆ ~ **projection** projection *f* de Mercator

**mercenary** /ˈmɜːsɪnərɪ/ ADJ a *(pej) [person, attitude]* intéressé, mercenaire b *(Mil)* mercenaire N *(Mil)* mercenaire *m*

**mercer** /ˈmɜːsəʳ/ N *(Brit)* marchand *m* de tissus

**merchandise** /ˈmɜːtʃəndaɪz/ N *(NonC)* marchandises *fpl* VI commercer, faire du commerce VT promouvoir la vente de

**merchandizer** /ˈmɜːtʃəndaɪzəʳ/ N spécialiste *mf* du marchandisage *or* merchandising

**merchandizing** /ˈmɜːtʃəndaɪzɪŋ/ N marchandisage *m*, merchandising *m*

**merchant** /ˈmɜːtʃənt/ N *(= trader, dealer)* négociant *m* ; *(= wholesaler)* marchand *m* en gros, grossiste *m* ; *(= retailer)* marchand *m* au détail, détaillant *m* ; *(= shopkeeper)* commerçant *m* ◆ **builders'/plumbers'** ~ fournisseur *m* de *or* en matériaux de construction/en sanitaires ◆ **timber/cloth/spice** ~ marchand *m* de bois/de tissu/d'épices ◆ **"The Merchant of Venice"** "le Marchand de Venise" ◆ **a doom-and-gloom** ~ * un oiseau de mauvais augure ◆ **a rip-off** ~ ‡ un arnaqueur * ; → **coal, speed, wine**

COMP ▷ **merchant bank** N *(Brit)* banque *f* d'affaires ▷ **merchant banker** N *(Brit)* banquier *m* d'affaires ▷ **merchant marine** N *(US)* ⇒ **merchant navy** ▷ **merchant navy** N *(Brit)* marine *f* marchande ▷ **merchant seaman** N (pl **merchant seamen**) marin *m* de la marine marchande ▷ **merchant ship** N navire *m* marchand *or* de commerce ▷ **merchant shipping** N *(NonC)* navires *mpl* marchands *or* de commerce ▷ **merchant vessel** N navire *m* marchand *or* de commerce

**merchantability** /ˌmɜːtʃəntəˈbɪlɪtɪ/ N *(Comm)* valeur *f* commerciale ; *(Jur)* qualité *f* loyale et marchande

**merchantable** /ˈmɜːtʃəntəbl/ ADJ a *(Comm)* commercialisable, vendable b *(Jur)* (also **of merchantable quality**) d'une bonne qualité marchande

**merchantman** /ˈmɜːtʃəntmən/ N (pl **-men**) *(Naut)* ⇒ **merchant ship** ; → **merchant**

**merciful** /ˈmɜːsɪfʊl/ ADJ a *(= compassionate) [person, judge, court]* clément (*to or towards sb* envers qn) ; *[God]* miséricordieux (*to or towards sb* envers qn) b *(= welcome)* ◆ **death came as a** ~ **release** la mort fut une délivrance ◆ **his death came with** ~ **suddenness** heureusement pour lui, la mort a été rapide

**mercifully** /ˈmɜːsɪfəlɪ/ ADV a *[judge, act] (person)* avec clémence ; *(God)* miséricordieusement b *(= fortunately)* ~ **it didn't rain** Dieu merci *or* par bonheur il n'a pas plu

**merciless** /ˈmɜːsɪlɪs/ ADJ *[person, attack, treatment]* impitoyable (*towards sb* envers qn) ; *[sun, heat, rain, scrutiny]* implacable ◆ **to be a** ~ **critic of sb/sth** critiquer qn/qch impitoyablement

**mercilessly** /ˈmɜːsɪlɪslɪ/ ADV *[behave, attack, treat, criticize]* impitoyablement, sans pitié ◆ **the sun beat down** ~ le soleil était implacable

**mercurial** /mɜːˈkjʊərɪəl/ ADJ a *(liter) (= changeable) [person, temperament, nature]* versatile, lunatique *(pej)* ; *[moods]* changeant ; *(= lively) [wit]* vif b *(Chem)* mercuriel

**mercury** /ˈmɜːkjʊrɪ/ N a *(Chem)* mercure *m* b ◆ **Mercury** *(Myth)* Mercure *m* ; *(Astron)* Mercure *f*

**mercy** /ˈmɜːsɪ/ N a *(gen)* miséricorde *f* ; *(= clemency)* clémence *f* ; *(= pity)* pitié *f* ◆ **God in his** ~ Dieu en sa miséricorde ◆ **to have** ~ **on sb, to show** ~ **to sb** † faire preuve de clémence envers qn, avoir pitié de qn ◆ **have** ~ **on me!** ayez pitié de moi ! ◆ **to beg for** ~ demander grâce ◆ **with a recommendation for** *or* **of** ~ *(Jur)* ≃ avec avis en faveur d'une commutation de peine ◆ **a cruelty without** ~ une cruauté impitoyable ◆ **he was beaten without** ~ il a été battu impitoyablement ◆ **no** ~ **was shown to them** ils furent impitoyablement traités *or* traités sans merci ◆ **to throw o.s. on sb's** ~ *(liter)* s'en remettre à la merci de qn ◆ **at the** ~ **of sb/the weather** *etc* à la merci de qn/du temps *etc* ◆ **to leave sb to the** ~ **of** *or* **to the tender mercies of ...** *(iro)* livrer qn à ..., abandonner qn à la merci de ... ◆ ~ **(me)!** † * Seigneur !, miséricorde ! ◆ **for** ~**'s sake!** † par pitié ! ; → **errand**

b *(= piece of good fortune)* **it's a** ~ **that ...** heureusement que ... *+ indic*, c'est une chance que ... *+ subj* ◆ **his death was a** ~ sa mort a été une délivrance

COMP *[flight, dash]* ◆ **a helicopter arrived for the** ~ **dash** *or* **flight to hospital** un hélicoptère est arrivé pour la transporter d'urgence à l'hôpital ▷ **mercy killing** N euthanasie *f*

**mere**[1] /mɪəʳ/ N étang *m*, (petit) lac *m*

**mere**[2] /mɪəʳ/ ADJ a *(= least, even)* simple *before n* ◆ **the** ~ **mention of sth** le simple fait de mentionner qch ◆ **the** ~ **existence of neo-Nazis is an outrage** le simple fait que les néonazis existent est un scandale, la simple existence des néonazis constitue un scandale ◆ **the** ~ **possibility of rain was enough to put him off** le fait qu'il risquait de pleuvoir a suffi à le décourager ◆ **the** ~ **sight of him makes me shiver** sa seule vue me fait frissonner, rien qu'à le voir je frissonne ◆ **the** ~**st suggestion of sth** *(= mention)* le simple fait d'évoquer qch ◆ **the** ~**st hint** *or* **suspicion of sth** le moindre soupçon de qch

b *(= simple, slight) [coincidence, formality]* simple *before n* ◆ **a** ~ **mortal** un(e) simple mortel(le) ◆ **he's a** ~ **clerk** c'est un simple employé de bureau ◆ **I was a** ~ **child when I married him** je n'étais qu'une enfant quand je l'ai épousé ◆ **by a** ~ **chance** par pur hasard ◆ **he's a** ~ **nobody** c'est un moins que rien ◆ **a** ~ **nothing** trois fois rien ◆ **they quarrelled over a** ~ **nothing** ils se sont disputés pour une vétille ◆ **his voice was the merest whisper** sa voix n'était qu'un murmure ◆ **it's a** ~ **kilometre away** ce n'est qu'à un kilomètre (de distance) ◆ **in a** ~ **17 minutes** en 17 minutes seulement ◆ **a** ~ **$45** 45 dollars seulement

**merely** /ˈmɪəlɪ/ ADV simplement ◆ **I** ~ **said that she was coming** j'ai tout simplement dit *or* je n'ai fait que dire qu'elle arrivait ◆ **he** ~ **nodded** il se contenta de faire un signe de tête ◆ **he's** ~ **a good friend** c'est un ami, c'est tout ◆ **I did it** ~ **to please her** je ne l'ai fait que pour lui faire plaisir ◆ ~ **to look at him makes me shiver** rien que de le regarder me fait frissonner ◆ **it's** ~ **a formality** c'est une simple formalité ◆ **it's not** ~ **dirty, it's filthy** ce n'est pas seulement sale, c'est dégoûtant

**meretricious** /ˌmerɪˈtrɪʃəs/ ADJ *(frm) [charm, attraction]* factice ; *[style]* ampoulé

**merge** /mɜːdʒ/ VI a *[colours, shapes]* se mêler (*into, with* à), se fondre (*into, with* dans) ; *[sounds]* se mêler (*into, with* à), se perdre (*into, with* dans) ; *[roads]* se rencontrer (*with* avec), se joindre (*with* à) ; *[river]* confluer (*with* avec) ◆ **to** ~ **into** *(also fig) [+ darkness, background etc]* se fondre dans ◆ **the colours** ~**d into one another** les couleurs se mélangeaient b *(Comm, Fin)* fusionner (*with* avec) VT a unifier ◆ **the states were** ~**d (into one) in 1976** ces États se sont unifiés en 1976, l'unification de ces États s'est réalisée en 1976 b *(Comm, Fin, Comput)* fusionner ◆ **the firms were** ~**d** les entreprises ont fusionné ◆ **they decided to** ~ **the companies into a single unit** ils décidèrent de fusionner les deux sociétés

**merger** /ˈmɜːdʒəʳ/ N *(Comm, Fin)* fusion *f*, fusionnement *m*

**meridian** /məˈrɪdɪən/ N *(Astron, Geog)* méridien *m* ; *(fig)* apogée *m*, zénith *m* ADJ méridien

**meridional** /məˈrɪdɪənl/ ADJ méridional N *(= person)* méridional(e) *m(f)*

**meringue** /məˈræŋ/ N meringue *f*

**merino** /məˈriːnəʊ/ N mérinos *m*

**merit** /ˈmerɪt/ LANGUAGE IN USE 13

N mérite *m*, valeur *f* ◆ **people of** ~ gens *mpl* de valeur *or* de mérite ◆ **a work of great** ~ un travail de grande valeur ◆ **the great** ~ **of this scheme** le grand mérite de ce projet ◆ **there is little** ~ **in continuing with this policy** il n'y a pas grand intérêt à poursuivre cette politique ◆ **he sees little** ~ **in ...** il ne voit pas vraiment l'intérêt de ... ◆ **to treat sb according to his** ~**s** traiter qn selon ses mérites ◆ **to judge sth on its own** ~**s** juger qch en fonction de ses mérites ◆ **to judge sb on their own** ~**s** juger qn selon ses mérites ◆ **to take** *or* **judge each case on its own** ~**s** décider au cas par cas ◆ **whatever its** ~**s, their work will never be used** quelle que soit leur validité, leurs travaux ne seront jamais utilisés ◆ **certificate of** ~ prix *m*

◆ **the merits of sth** *(= good points)* les avantages de qch ◆ **they have been persuaded of the** ~**s of these proposals** ils sont convaincus des avantages de ces propositions ◆ **they went into the** ~**s of the new plan** ils ont discuté le pour et le contre de ce nouveau projet

VT mériter ◆ **this** ~**s fuller discussion** ceci mérite plus ample discussion

COMP ▷ **merit list** N *(Scol etc)* tableau *m* d'honneur ◆ **to get one's name on the** ~ **list** être inscrit au tableau d'honneur ▷ **merit system** N *(US Admin)* système *m* de recrutement et de promotion par voie de concours

**meritocracy** /ˌmerɪˈtɒkrəsɪ/ N méritocratie *f*

**meritocrat** /ˈmerɪtəʊkræt/ N membre *m* de la méritocratie

**meritocratic** /ˌmerɪtəʊˈkrætɪk/ ADJ méritocratique

**meritorious** /ˌmerɪˈtɔːrɪəs/ ADJ *(frm) [performance, victory, work, deed]* méritoire ; *[person]* méritant ◆ **for** ~ **conduct** pour conduite exemplaire

**meritoriously** /ˌmerɪˈtɔːrɪəslɪ/ ADV d'une façon méritoire

**Merlin** /ˈmɜːlɪn/ N *(Myth)* Merlin *m* l'Enchanteur

**merlin** /ˈmɜːlɪn/ N *(Orn)* émerillon *m*

**mermaid** /ˈmɜːmeɪd/ N *(Myth)* sirène *f*

**merman** /ˈmɜːmæn/ N (pl **-men**) *(Myth)* triton *m*

**Merovingian** /ˌmerəʊˈvɪndʒɪən/ ADJ mérovingien N Mérovingien(ne) *m(f)*

**merrie** † /ˈmerɪ/ ◆ **Merrie England** l'Angleterre *f* du bon vieux temps

**merrily** /ˈmerɪlɪ/ ADV a *(= jovially) [laugh, say]* gaiement, joyeusement b *(= cheeringly) [burn, boil, bubble, ring]* gaiement c *(* = obliviously, inconsiderately)* gaiement ◆ **I was chattering away ~, without realizing that ...** je bavardais gaiement sans me rendre compte que ...

**merriment** /ˈmerɪmənt/ N *(NonC)* gaieté *or* gaîté *f*, joie *f*; *(= laughter)* hilarité *f* ◆ **this remark caused a lot of ~** cette remarque a provoqué l'hilarité générale

**merry** /ˈmerɪ/ LANGUAGE IN USE 23.2 ADJ a *(= cheerful) [laughter, mood, face, sound, tune]* joyeux; *[eyes]* rieur ◆ **Merry Christmas** Joyeux Noël ◆ **a Merry Christmas to all our readers** Joyeux Noël à tous nos lecteurs ◆ **Robin Hood and his ~ men** Robin des Bois et ses joyeux compagnons ◆ **to make ~** *(liter)* se divertir ; → **May, more** b *(pej, iro)* ◆ **to go on one's ~ way** poursuivre son petit bonhomme de chemin ◆ **to lead sb a ~ dance** † *(Brit)* donner du fil à retordre à qn ; → **hell** c *(Brit *: euph = tipsy)* éméché *, gris * ◆ **to get ~** être éméché * COMP ▷ **merry-go-round** N *(in fairground)* manège *m*; *(fig)* tourbillon *m*

**merrymaker** /ˈmerɪmeɪkəʳ/ N fêtard *m*

**merrymaking** /ˈmerɪmeɪkɪŋ/ N *(NonC)* réjouissances *fpl*

**mesa** /ˈmeɪsə/ N *(US)* mesa *f*, plateau *m*

**mescaline** /ˈmeskəlɪn/ N mescaline *f*

**mesh** /meʃ/ N a *[of net, sieve etc] (= space)* maille *f*; *(fig = network)* réseau *m*, rets *mpl*; *(= snare)* rets *mpl*, filets *mpl* ◆ **netting with a 5cm ~** filet *m* à mailles de 5 cm ◆ **~es** *(= threads)* mailles *fpl*; *[of spider's web]* fils *mpl*, toile *f* ◆ **a ~ of lies** un tissu de mensonges ◆ **caught in the ~es of the law** pris dans les mailles de la justice ◆ **the ~(es) of intrigue** le réseau d'intrigues ; → **micromesh stockings**
b *(NonC = fabric)* tissu *m* à mailles ◆ **nylon ~** tulle *m* de nylon ® ◆ **wire ~** treillis *m*, grillage *m*
c *[of gears etc]* engrenage *m* ◆ **in ~** en prise
VI *[wheels, gears]* s'engrener ; *[dates, plans]* concorder, cadrer ; *(fig) [two people, their characters etc]* avoir des affinités
VT *[+ fish etc]* prendre au filet
COMP ▷ **mesh bag** N filet *m* (à provisions) ▷ **mesh stockings** NPL *(non-run)* bas *mpl* indémaillables ; *(in cabaret, circus etc)* bas *mpl* résille

**meshug(g)a, meshuggah** /mɪˈʃʊgə/ ADJ *(US)* cinglé *, maboul ‡

**mesmeric** /mezˈmerɪk/ ADJ *(lit, fig)* hypnotique, magnétique

**mesmerism** /ˈmezmərɪzəm/ N mesmérisme *m*

**mesmerize** /ˈmezməraɪz/ VT *(lit, fig)* hypnotiser, magnétiser ; *[snake]* fasciner ◆ **I was ~d** *(fig)* je ne pouvais pas détourner mon regard, j'étais comme hypnotisé

**mesomorph** /ˈmesəʊˌmɔːf/ N mésomorphe *mf*

**meson** /ˈmiːzɒn/ N *(Phys)* méson *m*

**Mesopotamia** /ˌmesəpəˈteɪmɪə/ N Mésopotamie *f*

**Mesozoic** /ˌmesəʊˈzəʊɪk/ ADJ, N mésozoïque *m*

**mess** /mes/ N a *(= confusion of objects etc)* pagaille * *f*, pagaïe * *f*, fouillis *m* ; *(= dirt)* saleté *f* ; *(= muddle)* gâchis *m* ◆ **get this ~ cleared up at once!** range-moi ce fouillis tout de suite ! ◆ **the result is a political/legal etc ~** politiquement/juridiquement *etc* on aboutit à un vrai gâchis ◆ **a financial/an administrative ~** une pagaille * financière/administrative ◆ **what a ~ it all is!** quel gâchis ! ◆ **this page is a ~, rewrite it** cette page est un vrai torchon, recopiez-la ◆ **you look a ~, you're a ~** tu n'es pas présentable ◆ **he's a ~** * *(emotionally, psychologically)* il est complètement déboussolé * ; *(US) (= no use)* il n'est bon à rien ◆ **to get (o.s.) out of a ~** se sortir d'un mauvais pas, se dépatouiller * ◆ **to get sb out of a ~** sortir qn d'un mauvais pas
◆ **in a mess** ◆ **the house was in a terrible ~** *(= untidy)* la maison était dans un désordre épouvantable ; *(= dirty)* la maison était d'une saleté épouvantable ; *(after bombing etc)* la maison était dans un état épouvantable ◆ **the toys were in a ~** les jouets étaient en pagaille * *or* en désordre ◆ **they left everything in a ~** ils ont tout laissé en désordre ◆ **his face was in a dreadful ~** *(after fight, accident etc)* il avait le visage dans un état épouvantable ◆ **to be/get (o.s.) in a ~** *(fig = difficulties)* être/se mettre dans de beaux draps ◆ **his life is in a ~** sa vie est un vrai gâchis
◆ **to make a mess** ◆ **she made a ~ of her new skirt** *(= dirtied it)* elle a sali *or* tout taché sa jupe neuve ; *(= damaged it)* elle a déchiré sa jupe neuve ◆ **the dog has made a ~ of the flowerbeds** le chien a saccagé les plates-bandes ◆ **your boots have made an awful ~ on the carpet** tu as fait des saletés sur le tapis avec tes bottes ◆ **the cat has made a ~ in the kitchen** *(euph)* le chat a fait des saletés dans la cuisine ◆ **what a ~ they've made!** ils ont mis une de ces pagailles ! * ◆ **to make a ~ of one's life/career** gâcher sa vie/sa carrière ◆ **to make a ~ of things** * tout bousiller *, tout gâcher
b *(Mil) (= place)* mess *m*, cantine *f* ; *(Naut)* carré *m*, gamelle *f* ; *(= food)* ordinaire *m*, gamelle *f* ; *(= members collectively)* mess *m*
c *(= animal food)* pâtée *f* ; *(†† = dish)* mets *m*, plat *m* ◆ **a ~ of pottage** *(Bible)* un plat de lentilles
VT salir, souiller
VI *(Mil etc)* manger au mess, manger en commun (*with* avec) ◆ **no ~ing!** * *(fig)* sans blague ! *
COMP ▷ **mess deck** N *(Naut)* poste *m* d'équipage ▷ **mess dress, mess gear** * *(Brit)* N *(Mil etc)* tenue *f* de soirée ▷ **mess hall** N *(US)* ⇒ **mess room** ▷ **mess jacket** N *(Mil etc)* veston *m* de tenue de soirée ; *[of civilian waiter]* veste *f* courte ▷ **mess kit** N *(US)* gamelle *f* ; *(Brit *)* tenue *f* de soirée ▷ **mess mate** N *(Mil)* camarade *mf* de mess ▷ **mess room** N *(Mil)* mess *m* ; *(Naut)* carré *m* ▷ **mess tin** N *(Mil)* gamelle *f* ▷ **mess-up** * N gâchis *m*

► **mess about** * VI a *(= play in water, mud)* patouiller * ; *(= act the fool)* faire l'imbécile *or* le fou ◆ **we were ~ing about playing with paint** on faisait les fous en jouant avec de la peinture ◆ **stop ~ing about!** arrête tes bêtises ! ◆ **I love ~ing about in boats** *(= have fun)* j'aime (m'amuser à) faire du bateau
b *(= waste time)* gaspiller *or* perdre son temps ; *(= dawdle)* lambiner, lanterner ◆ **he was ~ing about with his friends** il traînait avec ses copains ◆ **what were you doing? – just ~ing about** que faisais-tu ? — rien de particulier *or* de spécial
VT SEP *(Brit = disturb, upset) [+ person]* créer des complications à, embêter * ; *[+ plans, arrangements]* chambarder *, chambouler * ◆ **stop ~ing me about** arrête de me traiter par-dessus la jambe * comme ça

► **mess about with** * VT FUS a *(= fiddle with) [+ pen etc]* s'amuser avec, tripoter
b *(= amuse o.s. with)* **they were ~ing about with a ball** ils s'amusaient à taper dans un ballon
c ⇒ **mess about vt sep**
d *(sexually)* peloter *

► **mess around** ⇒ **mess about**

► **mess around with** * VT FUS ⇒ **mess about with**

► **mess together** VI *(Mil etc)* manger ensemble au mess ; *(* gen)* faire popote * ensemble

► **mess up** VT SEP *[+ clothes]* salir, gâcher ; *[+ room]* mettre en désordre, semer la pagaille dans * ; *[+ hair]* ébouriffer ; *[+ task, situation, plans, life etc]* gâcher ◆ **to ~ sb's hair up** décoiffer qn ◆ **that's ~ed everything up!** ça a tout gâché ! ◆ **to ~ sb up** * *(fig) (psychologically)* perturber *or* traumatiser qn ; *(US = beat up)* abîmer le portrait de qn *
N ◆ **mess-up** * → **mess**

► **mess with** * VT FUS *[+ people]* se frotter à * ; *[+ drugs, drinks etc]* toucher à * ◆ **if you ~ with me ...** *(threatening)* si tu m'embêtes ...

**message** /ˈmesɪdʒ/ LANGUAGE IN USE 27.3
N a *(= communication)* message *m* ◆ **telephone ~** message *m* téléphonique ◆ **to leave a ~ (for sb)** laisser un message (pour *or* à qn) ◆ **would you give him this ~?** voudriez-vous lui transmettre ce message ? ◆ **I'll give him the ~** je lui ferai la commission ◆ **to send sb a ~** envoyer un message à qn ◆ **the President's ~ to Congress** le message du Président au Congrès ◆ **to send the wrong ~** être trompeur *or* ambigu ◆ **the jury's verdict sends out the wrong ~ to the community** le verdict du jury est susceptible d'être mal interprété par le public
b *(= meaning) [of prophet, writer, artist, book etc]* message *m* ◆ **to get the ~** * comprendre, saisir * ◆ **to get the** *or* **one's ~ across to sb** se faire comprendre de qn ◆ **I get the ~!** * (c'est) compris !, je pige ! *
c *(Scot = errand)* course *f*, commission *f* ◆ **to go on a ~ for sb** faire une course pour qn ◆ **to go for** *or* **get the ~s** faire les courses *or* les commissions
VI *(= send text messages)* envoyer des télémessages
COMP ▷ **message bag** N *(Scot)* sac *m* à provisions ▷ **message-boy** N garçon *m* de courses ▷ **message switching** N *(Comput)* commutation *f* des messages

**messaging** /ˈmesɪdʒɪŋ/ N *(Comput)* messagerie *f*

**messenger** /ˈmesɪndʒəʳ/ N messager *m*, -ère *f* ; *(in office)* commissionnaire *m*, coursier *m* ; *(in hotel etc)* chasseur *m*, coursier *m* ; *(Post)* (petit) télégraphiste *m* ; → **king** COMP ▷ **messenger boy** N garçon *m* de courses

**Messiah** /mɪˈsaɪə/ N Messie *m*

**messiah** /mɪˈsaɪə/ N messie *m*

**messianic** /ˌmesɪˈænɪk/ ADJ messianique

**messily** /ˈmesɪlɪ/ ADV *[play, eat, work]* salement, de manière peu soignée ◆ **my parents divorced very ~** le divorce de mes parents a été très pénible *or* difficile

**Messrs** /ˈmesəz/ NPL *(Brit)* (abbrev of **Messieurs**) MM., messieurs *mpl* ◆ **~ Smith & Co** MM. Smith & Cie

**messy** /ˈmesɪ/ ADJ a *(= producing mess) [person]* désordonné ; *[activity, job]* salissant ◆ **to be ~** *[animal]* salir ◆ **to be a ~ eater** manger salement b *(= dirty) [nappy]* sale c *(= untidy) [place, room, desk]* en désordre ; *[clothes]* négligé ; *[hair]* en bataille ; *[work, job]* bâclé ; *[handwriting]* peu soigné d *(= complicated, awkward) [situation, business, compromise]* embrouillé ; *[process]* délicat ; *[dispute, relation-*

*ship, love affair]* compliqué ◆ **he had been through a ~ divorce** son divorce a été difficile

**mestizo** /mɪˈstiːzəʊ/ N (pl **mestizos** or **mestizoes**) *(US)* métis(se) *m(f) (né d'un parent espagnol ou portugais et d'un parent indien)*

**Met** * /met/ N ◆ **the ~** a *(US)* (abbrev of **Metropolitan Opera Company**) *principal opéra de New York* b *(US)* (abbrev of **Metropolitan Museum of Art**) *principal musée d'art de New York* c *(Brit)* (abbrev of **Metropolitan Police**) → **metropolitan**

**met**[1] /met/ VB pt, ptp of **meet**[1]

**met**[2] /met/ ADJ *(Brit)* (abbrev of **meteorological**) météo *inv* COMP ▷ **the Met Office** N *(Brit)* ≃ la Météorologie nationale ▷ **met report** N bulletin *m* (de la) météo

**meta...** /ˈmetə/ PREF mét(a)...

**metabolic** /ˌmetəˈbɒlɪk/ ADJ *[process, activity]* métabolique ; *[disorder]* du métabolisme COMP ▷ **metabolic rate** N métabolisme *m* basal *or* de base

**metabolically** /ˌmetəˈbɒlɪklɪ/ ADV métaboliquement

**metabolism** /meˈtæbəlɪzəm/ N métabolisme *m*

**metabolize** /meˈtæbəlaɪz/ VT métaboliser

**metacarpal** /ˌmetəˈkɑːpl/ ADJ, N métacarpien *m*

**metacarpus** /ˌmetəˈkɑːpəs/ N (pl **metacarpi** /ˌmetəˈkɑːpaɪ/) métacarpe *m*

**metal** /ˈmetl/ N a *(Chem, Miner)* métal *m* b *(Brit) (for road)* empierrement *m*, cailloutis *m* ; *(for railway)* ballast *m* c ⇒ **mettle** VT a *(= cover with metal)* métalliser b *(Brit) [+ road]* empierrer, caillouter COMP de métal, en métal ▷ **metal detector** N détecteur *m* de métaux ▷ **metal fatigue** N fatigue *f* du métal ▷ **metal polish** N produit *m* d'entretien *(pour métaux)*

**metalanguage** /ˈmetəlæŋgwɪdʒ/ N *(Ling)* métalangue *f*, métalangage *m*

**metalinguistic** /ˌmetəlɪŋˈgwɪstɪk/ ADJ *(Ling)* métalinguistique

**metalinguistics** /ˌmetəlɪŋˈgwɪstɪks/ N *(NonC: Ling)* métalinguistique *f*

**metallic** /mɪˈtælɪk/ ADJ *[object, element, mineral, sound, colour, taste]* métallique ; *[paint, finish]* métallisé ; *[dish]* en métal ◆ **a ~ blue Ford** une Ford bleu métallisé

**metallurgic(al)** /ˌmetəˈlɜːdʒɪk(əl)/ ADJ métallurgique

**metallurgist** /meˈtælədʒɪst/ N métallurgiste *m*

**metallurgy** /meˈtælədʒɪ/ N métallurgie *f*

**metalwork** /ˈmetlwɜːk/ N *(NonC)* a *(= structure, articles)* ferronnerie *f* ; *[of car]* carrosserie *f* b *(= craft)* (also **metalworking**) travail *m* des métaux c *(Scol)* travail *m* des métaux

**metalworker** /ˈmetlwɜːkəʳ/ N ferronnier *m* ; *(Ind)* (ouvrier *m*) métallurgiste *m*

**metamorphic** /ˌmetəˈmɔːfɪk/ ADJ métamorphique

**metamorphism** /ˌmetəˈmɔːfɪzəm/ N a *(Geol)* métamorphisme *m* b *(= metamorphosis)* métamorphose *f*

**metamorphose** /ˌmetəˈmɔːfəʊz/ VT métamorphoser, transformer (*into* en) VI se métamorphoser (*into* en)

**metamorphosis** /ˌmetəˈmɔːfəsɪs/ N (pl **metamorphoses** /ˌmetəˈmɔːfəˌsiːz/) métamorphose *f*

**metamorphous** /ˌmetəˈmɔːfəs/ ADJ ⇒ **metamorphic**

**metaphor** /ˈmetəfəʳ/ N métaphore *f* ; → **mix, mixed**

**metaphorical** /ˌmetəˈfɒrɪkəl/ ADJ *[language]* métaphorique ◆ **to talk** *or* **speak in ~ terms** parler par métaphores ◆ **to express sth in ~ terms** exprimer qch en termes métaphoriques

**metaphorically** /ˌmetəˈfɒrɪkəlɪ/ ADV *[speak]* métaphoriquement ◆ **~ speaking** métaphoriquement

**metaphysical** /ˌmetəˈfɪzɪkəl/ ADJ métaphysique ◆ **the Metaphysical poets** les poètes *mpl* métaphysiques

**metaphysics** /ˌmetəˈfɪzɪks/ N *(NonC)* métaphysique *f*

**metastasis** /mɪˈtæstəsɪs/ N (pl **metastases** /mɪˈtæstəˌsiːz/) métastase *f*

**metatarsal** /ˌmetəˈtɑːsl/ ADJ, N métatarsien *m*

**metatarsus** /ˌmetəˈtɑːsəs/ N (pl **metatarsi** /ˌmetəˈtɑːsaɪ/) métatarse *m*

**metathesis** /meˈtæθəsɪs/ N (pl **metatheses** /meˈtæθəˌsiːz/) métathèse *f*

**metazoan** /ˌmetəˈzəʊən/ N, ADJ métazoaire *m*

**mete** /miːt/ VT ◆ **to ~ out** *[+ punishment]* infliger, donner ; *[+ reward]* décerner ◆ **to ~ out justice** rendre la justice

**meteor** /ˈmiːtɪəʳ/ N météore *m* COMP ▷ **meteor crater** N cratère *m* météorique ▷ **meteor shower** N averse *f* météorique

**meteoric** /ˌmiːtɪˈɒrɪk/ ADJ a *(= rapid) [career]* fulgurant ◆ **his ~ rise to power/to fame** sa fulgurante ascension au pouvoir/à la célébrité b *(Astron) [dust, impact]* météorique

**meteorite** /ˈmiːtɪəraɪt/ N météorite *m or f*

**meteorological** /ˌmiːtɪərəˈlɒdʒɪkəl/ ADJ *[conditions, data, station, centre]* météorologique COMP ▷ **the Meteorological Office** N *office météorologique britannique*, ≃ la Météorologie nationale

**meteorologically** /ˌmiːtɪərəˈlɒdʒɪklɪ/ ADV météorologiquement

**meteorologist** /ˌmiːtɪəˈrɒlədʒɪst/ N météorologiste *mf*, météorologue *mf*

**meteorology** /ˌmiːtɪəˈrɒlədʒɪ/ N météorologie *f*

**meter** /ˈmiːtəʳ/ N a *(gen = measuring device)* compteur *m* ◆ **electricity/gas/water ~** compteur *m* d'électricité/à gaz/à eau ◆ **to turn water/gas/electricity off at the ~** fermer l'eau/le gaz/l'électricité au compteur ; → **light**[1] b (also **parking meter**) parcmètre *m* c *(US)* ⇒ **metre** COMP ▷ **meter maid** * N *(Aut)* contractuelle *f* ▷ **meter reader** N releveur *m* de compteurs

**meterage** /ˈmiːtərɪdʒ/ N métrage *m*

**methadone** /ˈmeθəˌdəʊn/ N méthadone *f*

**methamphetamine** /ˌmeθæmˈfetəmiːn/ N méthamphétamine *f*

**methane** /ˈmiːθeɪn/ N (also **methane gas**) méthane *m*

**methanol** /ˈmeθənɒl/ N méthanol *m*

**methinks** /mɪˈθɪŋks/ (pret **methought**) VB *(†† or hum)* ce me semble

**method** /ˈmeθəd/ N a *(NonC = orderliness)* méthode *f*, ordre *m* ◆ **lack of ~** manque *m* de méthode ◆ **there's ~ in his madness** il n'est pas si fou qu'il en a l'air b *(= manner, fashion)* méthode *f* ◆ **his ~ of working** sa méthode de travail ◆ **there are several ~s of doing this** il a plusieurs méthodes pour faire cela ◆ **~ of assessment** *(Scol etc)* modalités *fpl* de contrôle ◆ **teaching ~s** la didactique c *(Cine, Theat)* **the Method** le système *or* la méthode de Stanislavski COMP ▷ **method acting** N *(Cine, Theat)* système *m or* méthode *f* de Stanislavski ▷ **method actor, method actress** N *(Cine, Theat)* adepte *mf* du système *or* de la méthode de Stanislavski

**methodical** /mɪˈθɒdɪkəl/ ADJ méthodique

**methodically** /mɪˈθɒdɪkəlɪ/ ADV méthodiquement

**Methodism** /ˈmeθədɪzəm/ N méthodisme *m*

**Methodist** /ˈmeθədɪst/ ADJ, N méthodiste *mf*

**methodological** /ˌmeθədəˈlɒdʒɪkəl/ ADJ méthodologique

**methodologically** /ˌmeθədəˈlɒdɪkəlɪ/ ADV méthodologiquement

**methodology** /ˌmeθəˈdɒlədʒɪ/ N méthodologie *f*

**methought** †† /mɪˈθɔːt/ VB pret of **methinks**

**meths** * /meθs/ *(Brit)* N abbrev of **methylated spirit(s)** COMP ▷ **meths drinker** N alcoolo * *mf (qui se soûle à l'alcool à brûler)*

**Methuselah** /məˈθuːzələ/ N *(Bible)* Mathusalem *m* ◆ **he's as old as ~** il est vieux comme Mathusalem

**methyl** /ˈmeθɪl/ N méthyle *m* ◆ **~ acetate/bromide/chloride** acétate *m*/bromure *m*/chlorure *m* de méthyle

**methylated spirit(s)** /ˈmeθɪleɪtɪdˈspɪrɪt(s)/ N(PL) alcool *m* à brûler *or* dénaturé

**methylene** /ˈmeθɪliːn/ N méthylène *m*

**meticulous** /mɪˈtɪkjʊləs/ ADJ méticuleux ◆ **to be ~ about sth** apporter un soin méticuleux à qch ◆ **~ attention to detail** souci *m* minutieux du détail

**meticulously** /mɪˈtɪkjʊləslɪ/ ADV méticuleusement ◆ **to be ~ clean** être d'une propreté méticuleuse ◆ **~ precise** d'une exactitude scrupuleuse

**meticulousness** /mɪˈtɪkjʊləsnɪs/ N soin *m* méticuleux

**métier** /ˈmeɪtɪeɪ/ N a *(= calling)* métier *m* b *(= strong point)* point *m* fort

**metonymy** /mɪˈtɒnɪmɪ/ N métonymie *f*

**metre** /ˈmiːtəʳ/ N *(Measure, Poetry)* mètre *m* ; *(Mus)* mesure *f*

**metric** /ˈmetrɪk/ ADJ *[measurement, weights and measures]* du système métrique ; *[equivalent, size]* dans le système métrique ◆ **Britain went ~ * in 1971** la Grande-Bretagne a adopté le système métrique en 1971 COMP ▷ **the metric system** N le système métrique ▷ **metric ton, metric tonne** N tonne *f*

**metrical** /ˈmetrɪkəl/ ADJ *(Literat, Mus)* métrique COMP ▷ **metrical psalm** N psaume *m* versifié

**metricate** /ˈmetrɪˌkeɪt/ VT convertir au système métrique

**metrication** /ˌmetrɪˈkeɪʃən/ N conversion *f* au *or* adoption *f* du système métrique

**metrics** /ˈmetrɪks/ N *(NonC)* métrique *f*

**metro** /ˈmetrəʊ/ N métro *m*

**metrological** /ˌmetrəˈlɒdʒɪkəl/ ADJ métrologique

**metrology** /mɪˈtrɒlədʒɪ/ N métrologie *f*

**metronome** /ˈmetrənəʊm/ N métronome *m*

**metronomic** /ˌmetrəˈnɒmɪk/ AD[J] métronomique

**metropolis** /mɪˈtrɒpəlɪs/ N (pl **metropolises**) métropole *f (ville)*

**metropolitan** /ˌmetrəˈpɒlɪtən/ ADJ *(Geog, Re[l])* métropolitain N *(Rel)* métropolitain *m* ; *(i[n] Orthodox Church)* métropolite *m* COMP ▷ **th[e] Metropolitan Police** N *(Brit)* la police d[e] Londres

**mettle** /ˈmetl/ N *[of person]* courage *m* ; *[o[f] horse]* fougue *f* ◆ **to be on one's ~** être prêt [à] donner le meilleur de soi-même ◆ **to prove** *or* **show one's ~** montrer de quoi on est capable, faire ses preuves ◆ **to test sb's ~** mettre qn à l'épreuve ◆ **to be a test of sb's ~** être un test pour qn

**mettlesome** /ˈmetlsəm/ ADJ ardent, fougueux

**mew** /mjuː/ N *[of cat etc]* (also **mewing**) miaulement *m* VI miauler

**mewl** /mjuːl/ VI vagir

**mews** /mjuːz/ *(Brit)* N a *(= small street)* ruelle *f*, venelle *f* b *(= stables)* écuries *fpl* COMP ▷ **mews flat** N *petit appartement aménagé dans une ancienne écurie, remise etc*

**Mexican** /ˈmeksɪkən/ ADJ *(gen)* mexicain ; *[ambassador, embassy]* du Mexique N Mexicain(e) *m(f)* COMP ▷ **Mexican jumping bean** N fève *f* sauteuse ▷ **Mexican standoff** N *(US fig)* impasse *f* ; *(Hist)* ▷ **the Mexican War** la guerre du Mexique ▷ **Mexican wave** N hola *f* *(vague déferlante produite dans un stade par les spectateurs qui se lèvent tour à tour)*

**Mexico** /ˈmeksɪkəʊ/ N Mexique *m* ◆ **in ~** au Mexique COMP ▷ **Mexico City** N Mexico

**mezcaline** /ˈmezkəlɪn/ N ⇒ **mescaline**

**mezzanine** /ˈmezəniːn/ N a *(= floor)* entresol *m* b *(Theat) (Brit)* dessous *m* de scène ; *(US)* mezzanine *f*, corbeille *f*

**mezzo(-soprano)** /ˈmetsəʊ(səˈprɑːnəʊ)/ N *(= voice)* mezzo-soprano *m* ; *(= singer)* mezzo(-soprano) *f*

**mezzotint** /ˈmetsəʊtɪnt/ N mezzo-tinto *m inv*

**MF** /emˈef/ N (abbrev of **medium frequency**) OM

**MFA** /ˌemefˈeɪ/ N *(US Univ)* (abbrev of **Master of Fine Arts**) *diplôme des beaux-arts*

**MFH** /ˌemefˈeɪtʃ/ N *(Brit)* (abbrev of **Master of Foxhounds**) → **master**

**mfrs.** *(Comm)* (abbrev of **manufacturers**) → **manufacturer**

**mg** N (abbrev of **milligram(s)**) mg

**Mgr** abbrev of **Monseigneur** *or* **Monsignor**

**mgr** abbrev of **manager**

**MHR** /ˌemeɪtʃˈɑː/ N *(in US)* (abbrev of **Member of the House of Representatives**) ≃ député *m*

**MHz** *(Rad etc)* (abbrev of **megahertz**) MHz

**MI** N a abbrev of **Michigan** b (abbrev of **machine intelligence**) IA *f*

**mi** /miː/ N *(Mus)* mi *m*

**MI5** /ˌemaɪˈfaɪv/ N *(Brit)* (abbrev of **Military Intelligence 5**) *service britannique chargé de la surveillance du territoire,* ≃ DST *f*

**MI6** /ˌemaɪˈsɪks/ N *(Brit)* (abbrev of **Military Intelligence 6**) *services britanniques d'espionnage et de contre-espionnage,* ≃ DGSE *f*

**MIA** /ˌemaɪˈeɪ/ *(Mil)* (abbrev of **missing in action**) → **missing**

**miaow** /miːˈaʊ/ N miaulement *m*, miaou *m* ◆ **~!** miaou ! VI miauler

**miasma** /mɪˈæzmə/ N (pl **miasmas** *or* **miasmata** /mɪˈæzmətə/) miasme *m*

**mica** /ˈmaɪkə/ N mica *m* COMP ▷ **mica-schist** N micaschiste *m*

**mice** /maɪs/ NPL of **mouse**

**Mich.** abbrev of **Michigan**

**Michael** /ˈmaɪkl/ N Michel *m*

**Michaelmas** /ˈmɪklməs/ N (also **Michaelmas Day**) la Saint-Michel COMP ▷ **Michaelmas daisy** N aster *m* d'automne ▷ **Michaelmas term** N *(Brit Jur, Univ)* trimestre *m* d'automne

**Michelangelo** /ˌmaɪkəlˈændʒɪləʊ/ N Michel-Ange *m*

**Michigan** /ˈmɪʃɪgən/ N Michigan *m* ◆ **in ~** dans le Michigan ◆ **Lake ~** le lac Michigan

**Mick** /mɪk/ N a dim of **Michael** b (✱ *pej*) Irlandais *m* c *(Brit)* **to take the ~** ✱ se moquer ◆ **to take the ~ out of sb** ✱ se payer la tête de qn

**Mickey** /ˈmɪkɪ/ N dim of **Michael** COMP ▷ **Mickey Finn** N boisson *f* droguée ▷ **Mickey Mouse** N *(= cartoon character)* Mickey *m* ADJ (✱ *pej:* also **mickey-mouse**) *[car, penknife, regulations]* à la noix✱ ; *[job, courses]* pas sérieux, enfantin ; *[degree]* sans valeur, à la noix✱

**mickey** /ˈmɪkɪ/ N *(Brit)* ◆ **to take the ~** ✱ **out of sb** se payer la tête de qn ◆ **he's always taking the ~** ✱ il n'arrête pas de se payer la tête des gens COMP ▷ **mickey finn** N ⇒ **Mickey Finn** ; → **Mickey** ▷ **mickey-mouse** ADJ → **Mickey**

**micra** /ˈmaɪkrə/ NPL of **micron**

**micro** ✱ /ˈmaɪkrəʊ/ N abbrev of **microcomputer**

**micro...** /ˈmaɪkrəʊ/ PREF micro...

**microanalysis** /ˌmaɪkrəʊəˈnælɪsɪs/ N microanalyse *f*

**microanalytical** /ˌmaɪkrəʊˌænəˈlɪtɪkl/ ADJ microanalytique

**microbe** /ˈmaɪkrəʊb/ N microbe *m*

**microbial** /maɪˈkrəʊbɪəl/, **microbian** /maɪˈkrəʊbɪən/, **microbic** /maɪˈkrəʊbɪk/ ADJ microbien

**microbiological** /ˌmaɪkrəʊbaɪəˈlɒdʒɪkəl/ ADJ microbiologique

**microbiologist** /ˌmaɪkrəʊbaɪˈɒlədʒɪst/ N microbiologiste *mf*

**microbiology** /ˌmaɪkrəʊbaɪˈɒlədʒɪ/ N microbiologie *f*

**micro-brewery, microbrewery** /ˈmaɪkrəʊˌbruːərɪ/ N microbrasserie *f*

**microbus** /ˈmaɪkrəʊˌbʌs/ N *(US Aut)* microbus *m*

**microcapsule** /ˈmaɪkrəʊˌkæpsjʊl/ N microcapsule *f*

**microcassette** /ˈmaɪkrəʊkəˈset/ N microcassette *f*

**microcephalic** /ˌmaɪkrəʊsɪˈfælɪk/ ADJ microcéphale

**microcephaly** /ˌmaɪkrəʊˈsefəlɪ/ N microcéphalie *f*

**microchip** /ˈmaɪkrəʊˌtʃɪp/ N puce *f* (électronique) VT *[+ dog, cat etc]* implanter *or* mettre une micropuce à

**microcircuit** /ˈmaɪkrəʊˌsɜːkɪt/ N microcircuit *m*

**microcircuitry** /ˈmaɪkrəʊˈsɜːkətrɪ/ N microcircuit *m*

**microclimate** /ˈmaɪkrəʊklaɪmɪt/ N microclimat *m*

**micrococcus** /ˌmaɪkrəʊˈkɒkəs/ N microcoque *m*

**microcomputer** /ˈmaɪkrəʊkəmˈpjuːtəʳ/ N micro-ordinateur *m*

**microcomputing** /ˈmaɪkrəʊkəmˈpjuːtɪŋ/ N micro-informatique *f*

**microcopy** /ˈmaɪkrəʊˌkɒpɪ/ N microcopie *f* VT microcopier

**microcosm** /ˈmaɪkrəʊˌkɒzəm/ N microcosme *m* ◆ **a ~ of ...** un microcosme de ... ◆ **in ~** en microcosme

**microcosmic** /ˈmaɪkrəʊˈkɒzmɪk/ ADJ microcosmique

**microcredit** /ˈmaɪkrəʊˌkredɪt/ N microcrédit *m*

**microcrystal** /ˌmaɪkrəʊˈkrɪstəl/ N microcristal *m*

**microcrystalline** /ˈmaɪkrəʊˈkrɪstəˌlaɪn/ ADJ microcristallin

**microculture** /ˈmaɪkrəʊˌkʌltʃəʳ/ N microculture *f*

**microdissection** /ˈmaɪkrəʊdɪˈsekʃən/ N microdissection *f*

**microdot** /ˈmaɪkrəʊˌdɒt/ N microcopie *f*

**microeconomic** /ˈmaɪkrəʊˌiːkəˈnɒmɪk/ ADJ microéconomique

**microeconomics** /ˈmaɪkrəʊˌiːkəˈnɒmɪks/ N *(NonC)* microéconomie *f*

**microelectrode** /ˈmaɪkrəʊɪˈlektrəʊd/ N microélectrode *f*

**microelectronic** /ˈmaɪkrəʊɪlekˈtrɒnɪk/ ADJ microélectronique

**microelectronically** /ˈmaɪkrəʊɪlekˈtrɒnɪklɪ/ ADV microélectroniquement

**microelectronics** /ˈmaɪkrəʊɪlekˈtrɒnɪks/ N *(NonC)* microélectronique *f*

**microenvironment** /ˈmaɪkrəʊɪnˈvaɪərənmənt/ N microenvironnement *m*

**microfauna** /ˈmaɪkrəʊˌfɔːnə/ N microfaune *f*

**microfibre** *(Brit)*, **microfiber** *(US)* /ˈmaɪkrəʊˌfaɪbəʳ/ N microfibre *f*

**microfiche** /ˈmaɪkrəʊˌfiːʃ/ N microfiche *f* COMP ▷ **microfiche reader** N microlecteur *m* (pour microfiches)

**microfilm** /ˈmaɪkrəʊˌfɪlm/ N microfilm *m* VT microfilmer COMP ▷ **microfilm reader** N microlecteur *m*

**microflora** /ˈmaɪkrəʊˌflɔːrə/ N microflore *f*

**microform** /ˈmaɪkrəʊˌfɔːm/ N microforme *f*

**microgram** /ˈmaɪkrəʊˌgræm/ N microgramme *m*

**micrographic** /ˌmaɪkrəʊˈgræfɪk/ ADJ micrographique

**micrographically** /ˌmaɪkrəʊˈgræfɪklɪ/ ADV micrographiquement

**micrographics** /ˌmaɪkrəʊˈgræfɪks/ N *(NonC)* micrographie *f*

**micrography** /maɪˈkrɒgrəfɪ/ N micrographie *f*

**microgravity** /ˈmaɪkrəʊˈgrævɪtɪ/ N *(Phys)* microgravité *f*

**microgroove** /ˈmaɪkrəʊˌgruːv/ N microsillon *m*

**microhabitat** /ˈmaɪkrəʊˈhæbɪtæt/ N microhabitat *m*

**microlight** /ˈmaɪkrəʊˌlaɪt/ N *(Aviat)* ULM *m*, ultra-léger-motorisé *m*

**microlinguistics** /ˈmaɪkrəʊlɪŋˈgwɪstɪks/ N *(NonC)* microlinguistique *f*

**microlitre, microliter** *(US)* /ˈmaɪkrəʊˈliːtəʳ/ N microlitre *m*

**micromesh stockings** /ˈmaɪkrəʊmeʃˈstɒkɪŋz/ NPL bas *mpl* superfins

**micrometeorite** /ˈmaɪkrəʊˈmiːtɪəˌraɪt/ N micrométéorite *f or m*

**micrometeorologist** /ˈmaɪkrəʊmiːtɪəˈrɒlədʒɪst/ N micrométéorologue *mf*

**micrometeorology** /ˈmaɪkrəʊmiːtɪəˈrɒlədʒɪ/ N micrométéorologie *f*

**micrometer** /maɪˈkrɒmɪtəʳ/ N a *(= instrument)* micromètre *m* b *(US = unit)* micromètre *m*

**micrometry** /maɪˈkrɒmɪtrɪ/ N micrométrie *f*

**microminiature** /ˌmaɪkrəʊˈmɪnɪtʃəʳ/ N microminiature *f*

**microminiaturization** /ˈmaɪkrəʊˌmɪnɪtʃəraɪˈzeɪʃən/ N microminiaturisation *f*

**microminiaturize** /ˈmaɪkrəʊˈmɪnɪtʃəraɪz/ VT microminiaturiser

**micron** /ˈmaɪkrɒn/ N (pl **microns** *or* **micra** /ˈmaɪkrə/) micron *m*

**microorganism** /ˈmaɪkrəʊˈɔːgəˌnɪzəm/ N micro-organisme *m*

**microphone** /ˈmaɪkrəˌfəʊn/ N microphone *m*

**microphotograph** /ˈmaɪkrəʊˈfəʊtəˌgrɑːf/ **N** microphotographie *f* **VT** microphotographier

**microphotographic** /ˈmaɪkrəʊˌfəʊtəˈgræfɪk/ **ADJ** microphotographique

**microphotography** /ˈmaɪkrəʊfəˈtɒgrəfɪ/ N microphotographie *f*

**microphotometer** /ˈmaɪkrəʊfəˈtɒmɪtə^r/ N microphotomètre *m*

**microphotometric** /ˈmaɪkrəʊfəʊtəˈmetrɪk/ ADJ microphotométrique

**microphotometry** /ˈmaɪkrəʊfəˈtɒmɪtrɪ/ N microphotométrie *f*

**microphysical** /ˈmaɪkrəʊˈfɪzɪkəl/ ADJ microphysique

**microphysicist** /ˈmaɪkrəʊˈfɪzɪsɪst/ N microphysicien(ne) *m(f)*

**microphysics** /ˈmaɪkrəʊˌfɪzɪks/ N *(NonC)* microphysique *f*

**microprism** /ˈmaɪkrəʊˌprɪzəm/ N microprisme *m*

**microprobe** /ˈmaɪkrəʊˌprəʊb/ N microsonde *f*

**microprocessor** /ˌmaɪkrəʊˈprəʊsesə^r/ N microprocesseur *m*

**microprogram** /ˈmaɪkrəʊˌprəʊgræm/ N microprogramme *m*

**microprogramming** /ˈmaɪkrəʊˌprəʊgræmɪŋ/ N *(Comput)* microprogrammation *f*

**microreader** /ˈmaɪkrəʊˌriːdə^r/ N lecteur *m* de microforme, microlecteur *m*

**microreproduction** /ˈmaɪkrəʊˌriːprəˈdʌkʃən/ N microreproduction *f*

**micro-scooter** /ˈmaɪkrəʊˌskuːtə^r/ N trottinette *f*

**microscope** /ˈmaɪkrəʊskəʊp/ N microscope *m* ◆ **under the** ~ au microscope

**microscopic** /ˌmaɪkrəˈskɒpɪk/ ADJ **a** *(= visible with, using microscope) [cell, fibre, particle, organism]* microscopique ; *[examination, analysis]* au microscope ◆ ~ **section** coupe *f* histologique **b** *(= minute) [amount]* minuscule ; *[writing]* microscopique, minuscule ◆ **to be** ~ **in size** être d'une taille microscopique *or* minuscule **c** *(= meticulous)* ◆ **with** ~ **care** avec un soin minutieux ◆ **with** ~ **precision** avec une précision minutieuse

**microscopical** /ˌmaɪkrəˈskɒpɪkəl/ ADJ ⇒ **microscopic**

**microscopically** /ˌmaɪkrəˈskɒpɪkəlɪ/ ADV **a** *(= with microscope) [examine, detect]* au microscope **b** *(= minutely)* ◆ ~ **small** microscopique

**microscopy** /maɪˈkrɒskəpɪ/ N microscopie *f*

**microsecond** /ˈmaɪkrəʊˌsekənd/ N microseconde *f*

**microstructural** /ˌmaɪkrəʊˈstrʌktʃərəl/ ADJ microstructurel

**microstructure** /ˈmaɪkrəʊˌstrʌktʃə^r/ N microstructure *f*

**microsurgery** /ˈmaɪkrəʊˌsɜːdʒərɪ/ N microchirurgie *f*

**microsurgical** /ˌmaɪkrəʊˈsɜːdʒɪkəl/ ADJ microchirurgical

**microtransmitter** /ˌmaɪkrəʊtrænzˈmɪtə^r/ N microémetteur *m*

**microvolt** /ˈmaɪkrəʊˌvəʊlt/ N microvolt *m*

**microwatt** /ˈmaɪkrəʊˌwɒt/ N microwatt *m*

**microwave** /ˈmaɪkrəʊˌweɪv/ **N** **a** *(Phys, Rad)* micro-onde *f* **b** (also **microwave oven**) (four *m* à) micro-ondes *m* **VT** faire cuire au micro-ondes **COMP** ▷ **microwave spectroscopy** N spectroscopie *f* à ondes courtes

**microwavable** /ˈmaɪkrəʊˌweɪvəbl/ ADJ qui peut être cuit au micro-ondes

**micturate** /ˈmɪktjʊəreɪt/ VI uriner

**micturition** /ˌmɪktjʊəˈrɪʃən/ N miction *f*

**mid**[1] /mɪd/ **PREF** ◆ ~ **May** la mi-mai ◆ **in** ~ **May** à la mi-mai, au milieu (du mois) de mai ◆ ~ **morning** au milieu de la matinée ◆ ~-**morning coffee break** pause-café *f* du matin ◆ **to take a** ~-**career break** interrompre sa carrière ◆ **in** ~ **course** à mi-course ◆ **in** ~ **ocean** en plein océan, au milieu de l'océan ◆ **in** ~ **Atlantic** en plein Atlantique, au milieu de l'Atlantique ◆ **a** ~-**Channel collision** une collision au milieu de la Manche ◆ **in** ~ **discussion** *etc* au beau milieu de la discussion *etc* ◆ **she's in her** ~ **forties** elle a dans les quarante-cinq ans ◆ **Mid Wales** *la région centrale du pays de Galles* ; → **midday, midstream, mid-term, mid-Victorian** **COMP** ▷ **mid heavyweight** N *(Wrestling)* lourd-léger *m*

**mid**[2] /mɪd/ PREP *(liter)* ⇒ **amid**

**midair** /ˌmɪdˈɛə^r/ **N** *(lit)* ◆ **in** ~ en plein ciel ◆ **to leave sth in** ~ laisser qch en suspens **ADJ** *[collision etc]* en plein ciel

**Midas** /ˈmaɪdəs/ N Midas *m* ◆ **to have the** ~ **touch** avoir le don de tout transformer en or

**mid-Atlantic** /ˌmɪdətˈlæntɪk/ ADJ *[accent]* mi-britannique, mi-américain

**midbrain** /ˈmɪdˌbreɪn/ N mésencéphale *m*

**midday** /ˌmɪdˈdeɪ/ **N** midi *m* ◆ **at** ~ à midi **COMP** /ˈmɪddeɪ/ *[sun, heat]* de midi

**midden** /ˈmɪdn/ N *(= dunghill)* fumier *m* ; *(= refuse-heap)* tas *m* d'ordures ◆ **this place is (like) a** ~! * c'est une vraie écurie *or* porcherie ici !, on se croirait dans une écurie *or* porcherie ici !

**middie** /ˈmɪdɪ/ N ⇒ **middy**

**middle** /ˈmɪdl/ **ADJ** *[chair, period etc]* du milieu ◆ **the** ~ **button of his jacket** le bouton du milieu de sa veste ◆ **she's in her** ~ **forties** elle a dans les quarante-cinq ans ◆ **the** ~ **way** *(fig)* *(= compromise)* la solution intermédiaire ; *(= happy medium)* le juste milieu ◆ **to take the** ~ **course** choisir le moyen terme *or* la solution intermédiaire ◆ **he was of (less than)** ~ **height** il était d'une taille (inférieure à la) moyenne ◆ **I'm the** ~ **child of three** * je suis la deuxième de trois enfants ◆ **the** ~ **fortnight in May** les deuxième et troisième semaines de mai ; see also **comp**

**N** **a** milieu *m* ◆ **in the** ~ **of the morning/year/century** au milieu de la matinée/de l'année/du siècle ◆ **in the** ~ **of the room** au milieu de la pièce ◆ **in the very** ~ **(of ...), right in the** ~ **(of ...)** au beau milieu (de ...) ◆ **to cut sth down the** ~ couper qch en deux ◆ **the bullet hit him in the** ~ **of his chest** le coup de feu l'a atteint en pleine poitrine ◆ **in the** ~ **of June** au milieu (du mois) de juin, à la mi-juin ◆ **by the** ~ **of the 19th century** vers le milieu du 19^e siècle ◆ **they are all due to leave by the** ~ **of next year** ils doivent tous partir d'ici le milieu de l'année prochaine ◆ **it's in the** ~ **of nowhere** * c'est dans un bled perdu * *or* en pleine brousse * ◆ **a village in the** ~ **of nowhere** * un petit trou perdu * ◆ **I was in the** ~ **of my work** j'étais en plein travail ◆ **I'm in the** ~ **of reading it** je suis justement en train de le lire ; → **split**

**b** ( * *= waist*) taille *f* ◆ **he wore it round his** ~ il le portait à la taille *or* autour de la taille ◆ **in the water up to his** ~ dans l'eau jusqu'à la taille

**COMP** ▷ **middle age** N ≈ la cinquantaine ◆ **he's reached** ~ **age** il a la cinquantaine ◆ **during his** ~ **age** lorsqu'il avait la cinquantaine ▷ **middle-aged** ADJ *[person]* d'âge moyen ; *[outlook, attitude]* vieux jeu *inv* ◆ **the** ~-**aged** les gens d'âge moyen ▷ **the Middle Ages** NPL le Moyen Âge *or* moyen âge ▷ **Middle America** N les Américains *mpl* moyens ▷ **middle C** N *(Mus)* do *m* du milieu du piano ▷ **middle class** N ◆ **the** ~ **class(es)** les classes *fpl* moyennes, la classe moyenne ▷ **middle-class** ADJ des classes moyennes ▷ **middle distance** N ◆ **in the** ~ **distance** *(Art etc)* au second plan ; *(gen)* à mi-distance ▷ **middle-distance race** *(Sport)* course *f* de demi-fond ▷ **middle-distance runner** N *(Sport)* coureur *m*, -euse de demi-fond ▷ **middle ear** N *(Anat)* oreille *f* moyenne ▷ **Middle East** N Moyen-Orient *m* ▷ **Middle Eastern** ADJ du Moyen-Orient ▷ **Middle England** N *(fig)* l'Angleterre moyenne ▷ **Middle English** N *(Ling)* moyen anglais *m* ▷ **middle finger** N majeur *m* médius *m* ▷ **Middle French** N *(Ling)* moyen français *m* ▷ **middle-grade manager** *(US)* cadre *m* moyen ▷ **middle ground** terrain *m* d'entente ▷ **Middle High German** N *(Ling)* moyen haut allemand *m* ▷ **the Middle Kingdom** N *(Hist) (of Egypt)* le Moyen Empire ; *(of China)* l'Empire *m* du Milieu ▷ **middle management** N *(NonC)* cadres *mpl* moyens ◆ **to be in** ~ **management** être cadre moyen ▷ **middle manager** N cadre *m* moyen ▷ **middle name** N deuxième prénom *m* ◆ **discretion is my** ~ **name** la discrétion est ma plus grande vertu *or* qualité ▷ **middle-of-the-road** ADJ *(fig) [politics, approach, group]* modéré, centriste ; *[solution]* moyen, du juste milieu ; *[music]* grand public *inv* ; *[fashion]* passe-partout *inv* ▷ **middle-of-the-roader** N modéré(e) *m(f)*, centriste *mf*, partisan(e) *m(f)* du juste milieu ▷ **middle school** N ≈ premier cycle *m* du secondaire ▷ **middle-sized** ADJ *[tree, building]* de grandeur moyenne ; *[parcel]* de grosseur moyenne ; *[person]* de taille moyenne ▷ **middle voice** N *(Ling)* voix moyenne ▷ **the Middle West** N *(US)* le Middle West, le Midwest

**middlebrow** * /ˈmɪdlbraʊ/ **N** personne sans grandes prétentions intellectuelles **ADJ** intellectuellement moyen

**middleman** /ˈmɪdlmæn/ N (pl **-men**) *(gen)* intermédiaire *m* ; *(Comm)* intermédiaire *m* revendeur *m* ◆ **to cut out the** ~ se passer d'intermédiaire

**middlemost** /ˈmɪdlməʊst/ ADJ ⇒ **midmost**

**middleweight** /ˈmɪdlweɪt/ *(Boxing)* **N** (poids *m*) moyen *m* **ADJ** *[championship, boxer]* de poids moyen

**middling** * /ˈmɪdlɪŋ/ **ADJ** *[performance, result]* moyen, passable ; *[success]* moyen ◆ **business is only** ~ les affaires vont comme ci comme ça *or* moyennement ◆ **how are you** – ~ comment ça va ? – couci-couça * → **fair**[1] **ADV** * assez, moyennement ◆ ~ **well** assez bien ◆ ~ **big** assez grand

**Middx** abbrev of **Middlesex**

**middy** * /ˈmɪdɪ/ N *(Naut)* (abbrev of **midshipman**) midship * *m*

**Mideast** /mɪdˈiːst/ *(US)* **N** ◆ **the** ~ le Moyen-Orient **ADJ** du Moyen-Orient

**midfield** /ˈmɪdˌfiːld/ N *(Ftbl = place, player)* milieu *m* de terrain

**midfielder** /mɪdˈfiːldə^r/ N *(Ftbl)* milieu *m* de terrain

**midge** /mɪdʒ/ N moucheron *m*

**midget** /ˈmɪdʒɪt/ **N** nain(e) *m(f)* ; *(fig)* puce **ADJ** minuscule

**MIDI** /ˈmɪdɪ/ (abbrev of **musical instrument digital interface**) **N** interface *f* MIDI **ADJ** MIDI *inv* **COMP** ▷ **MIDI system** N chaîne *f* (hi-fi) midi

**midi** /ˈmɪdɪ/ N *(= skirt)* jupe *f* mi-longue

**midland** /ˈmɪdlənd/ N (Brit Geog) ◆ **the Midlands** les Midlands *(les comtés du centre de l'Angleterre)* COMP du centre (du pays) ▷ **midland regions** NPL régions *fpl* centrales (de l'Angleterre)

**midlife** /ˈmɪd,laɪf/ ADJ de la cinquantaine ADV autour de la cinquantaine N ◆ **in ~** autour de la cinquantaine COMP ▷ **midlife crisis** N crise *f* de la cinquantaine

**midmost** /ˈmɪdməʊst/ ADJ le plus proche du milieu *or* centre

**midnight** /ˈmɪdnaɪt/ N minuit *m* ◆ **at ~** à minuit COMP de minuit ▷ **midnight blue** N bleu *m* nuit ▷ **midnight-blue** ADJ bleu nuit *inv* ▷ **midnight oil** N ◆ **to burn the ~ oil** travailler très tard dans la nuit ◆ **his essay smells of the ~ oil** * on dirait qu'il a passé la moitié de la nuit sur sa dissertation ▷ **midnight sun** N soleil *m* de minuit

**midpoint** /ˈmɪdpɔɪnt/ N milieu *m* ◆ **at ~** à mi-course, à mi-parcours

**mid-price** /,mɪdpraɪs/ ADJ milieu de gamme *inv*

**mid-range** /mɪdˈreɪndʒ/ ADJ (Comm) de milieu de gamme

**midriff** /ˈmɪdrɪf/ N *[of person]* ventre *m* ; *[of dress]* taille *f* ◆ **dress with a bare ~** robe *f* découpée à la taille, robe *f* (deux-pièces) laissant voir le ventre

**mid-sentence** /,mɪdˈsentəns/ N ◆ **in ~** au beau milieu d'une phrase

**midshipman** /ˈmɪdʃɪpmən/ N (pl **-men**) *(Naut)* midshipman *m*, ≃ enseigne *m* de vaisseau de deuxième classe, aspirant *m*

**midships** /ˈmɪdʃɪps/ ADV ⇒ **amidships**

**midsize** /ˈmɪd,saɪz/ ADJ de taille moyenne

**midst** /mɪdst/ N ◆ **in the ~ of** *(= in the middle of)* au milieu de ; *(= surrounded by)* entouré de ; *(= among)* parmi ; *(= during)* pendant, au milieu de ◆ **we are in the ~ of an economic crisis** nous sommes en pleine crise économique ◆ **he's in the ~ of revising for his exams** il est en plein dans ses révisions ◆ **in our ~** parmi nous ◆ **in the ~ of plenty** *(liter)* dans l'abondance ◆ **in the ~ of life** au milieu de la vie PREP *(liter)* ⇒ **amidst**

**midstream** /ˈmɪdˈstriːm/ N ◆ **in ~** *(lit)* au milieu du courant ; *(fig)* en plein milieu ; *(when speaking)* au beau milieu d'une phrase ◆ **to change course in ~** *(fig)* changer d'avis en cours de route *or* à mi-parcours ; *(Sport)* changer de tactique en milieu de match ; → **horse** ADV ⇒ **in midstream n**

**midsummer** /ˈmɪd,sʌməʳ/ N *(= height of summer)* milieu *m or* cœur *m* de l'été ; *(= solstice)* solstice *m* d'été ◆ **in ~** au cœur de l'été, en plein été ◆ **at ~** à la Saint-Jean COMP *[heat, weather, storm etc]* estival, de plein été ▷ **Midsummer Day** N la Saint-Jean ▷ **midsummer madness** N ◆ **it's ~ madness** c'est de la folie pure

**midterm** /ˈmɪdˈtɜːm/ N **a** le milieu du trimestre **b** (also **midterm holiday**) ≃ vacances *fpl* de (la) Toussaint (*or* de février *or* de Pentecôte) COMP ▷ **midterm elections** NPL ≃ élections *fpl* législatives *(intervenant au milieu du mandat présidentiel)* ▷ **midterm exams** NPL examens *mpl* de milieu de trimestre

**mid-term** /mɪdˈtɜːm/ ADJ ◆ **~ blues** *(Brit Pol)* *désenchantement de l'électorat en milieu de mandat*

**midtown** /ˈmɪdtaʊn/ (US) N centre-ville *m* ADJ du centre-ville

**mid-Victorian** /ˈmɪdvɪkˈtɔːrɪən/ ADJ (Brit) du milieu de l'époque victorienne

**midway** /,mɪdˈweɪ/ ADJ *[place]* (situé) à mi-chemin ADV *[stop, pause]* à mi-chemin, à mi-route ◆ **~ between** à mi-chemin entre N (US: in fair) emplacement *m* d'attractions foraines

**midweek** /,mɪdˈwiːk/ ADJ *[flight, performance, match]* en milieu de semaine ◆ **~ return (ticket)** *(Rail)* (billet *m*) aller et retour *m* en semaine *(meilleur marché)* ADV en milieu de semaine

**Midwest** /,mɪdˈwest/ N (in US) ◆ **the ~** le Middle West, le Midwest

**Midwestern** /,mɪdˈwestən/ ADJ du Middle West, du Midwest

**Midwesterner** /mɪdˈwestənəʳ/ N natif *m*, -ive *f or* habitant(e) *m(f)* du Middle West

**midwife** /ˈmɪdwaɪf/ N (pl **-wives**) sage-femme *f*, maïeuticien *m*

**midwifery** /ˈmɪdwɪfərɪ/ N (NonC = profession) profession *f* de sage-femme ◆ **she's studying ~** elle fait des études de sage-femme

**midwinter** /,mɪdˈwɪntəʳ/ N *(= heart of winter)* milieu *m or* fort *m* de l'hiver ; *(= solstice)* solstice *m* d'hiver ◆ **in ~** au cœur de l'hiver, en plein hiver ◆ **at ~** au solstice d'hiver COMP *[cold, snow, temperature]* hivernal, de plein hiver

**mien** /miːn/ N *(frm, liter)* contenance *f*, air *m*, mine *f*

**miff** * /mɪf/ N *(= quarrel)* fâcherie *f* ; *(= sulks)* bouderie *f* VT fâcher, mettre en boule * ◆ **to be ~ed about** *or* **at sth** être fâché *or* vexé de qch

**might**[1] /maɪt/ LANGUAGE IN USE 15.3

MODAL AUX VB **a**

> When **might** expresses present, past or future possibility, it is often translated by **peut-être**, with the appropriate tense of the French verb.

◆ **you ~ be right** tu as peut-être raison ◆ **he ~ still be alive** il est peut-être encore vivant ◆ **you ~ be making a big mistake** tu es peut-être en train de faire une grosse erreur ◆ **he ~ arrive late** il se peut qu'il arrive *subj* en retard, il arrivera peut-être en retard ◆ **I ~ have left it behind** il se peut que je l'aie oublié, je l'ai peut-être oublié ◆ **~ they have left already?** se peut-il qu'ils soient déjà partis ? ◆ **I heard what ~ have been an explosion** j'ai entendu ce qui était peut-être une explosion

> When **might** expresses a future possibility, the conditional of **pouvoir** can also be used.

◆ **the two countries ~ go to war** les deux pays pourraient entrer en guerre ◆ **you ~ regret it later** tu pourrais le regretter plus tard ◆ **I said that he ~ arrive late** j'ai dit qu'il arriverait peut-être en retard

♦ **might as well** ◆ **I ~ as well tell you all about it** je ferais aussi bien de tout vous dire ◆ **you ~ as well leave now** vous feriez aussi bien de partir tout de suite ◆ **we ~ as well not buy the paper, since no one reads it** je me demande bien pourquoi nous achetons le journal puisque personne ne le lit ◆ **they ~ (just) as well not have gone** ils auraient tout aussi bien pu ne pas y aller

♦ **might well** ◆ **why did he give her his credit card? – you ~ well ask!** mais pourquoi lui a-t-il donné sa carte de crédit ? – va savoir ! ◆ **one ~ well ask whether ...** on est en droit de se demander si ... ◆ **crime levels in other countries ~ well be higher** il se pourrait bien que le taux de criminalité soit plus élevé dans d'autres pays

**b** *(= could)*

> When **might** means 'could', and refers to the future, or the present, it is often translated by the conditional of **pouvoir**.

◆ **the sort of people who ~ be interested** le genre de personnes qui pourraient être intéressées ◆ **you ~ at least say thank you** tu pourrais au moins dire merci ◆ **you ~ give me a lift home if you've got time** tu pourrais peut-être me ramener si tu as le temps ◆ **~n't it be an idea to go and see him?** on ferait (*or* tu ferais *etc*) peut-être bien d'aller le voir ◆ **it might be an idea** c'est une idée

> When **might** indicates permission given in the past, it is often translated by a past tense of **pouvoir**.

◆ **he said I ~ leave** il a dit que je pouvais partir ◆ **he wrote to ask if he ~ stay with her for a week** il a écrit pour demander s'il pouvait loger chez elle pendant une semaine

♦ **you might ...** *(offering advice)* tu devrais *or* pourrais peut-être ... ◆ **you ~ try writing to him** tu devrais *or* pourrais peut-être essayer de lui écrire ◆ **you ~ want to consider other options** vous devriez *or* pourriez peut-être envisager d'autres options

♦ **might I ... ?** *(frm)* ◆ **~ I see it?** est-ce que je pourrais le voir ?, vous permettez que je le voie ? ◆ **~ I suggest that ...?** puis-je me permettre de suggérer que ... ?

♦ **might have** *(recriminatory)* ◆ **you ~ have told me you weren't coming!** tu aurais (tout de même) pu me prévenir que tu ne viendrais pas ! ◆ **you ~ have killed me!** tu aurais pu me tuer !

**c** *(= should)* **you ~ be more careful!** tu pourrais faire attention ! ◆ **I ~ have known** j'aurais dû m'en douter ◆ **she blushed, as well she ~!** elle a rougi, et pour cause !

**d** *(emphatic)* **and, I ~ add, it was entirely his fault** et j'ajouterais que c'était entièrement de sa faute ◆ **try as he ~, he couldn't do it** il a eu beau essayer, il n'y est pas arrivé ◆ **what ~ your name be?** et vous, comment vous appelez-vous ? ◆ **who ~ you be?** qui êtes-vous, sans indiscrétion ?

COMP ▷ **might-have-been** N ce qui aurait pu être, espoir *m* déçu ; *(= person)* raté(e) *m(f)*

**might**[2] /maɪt/ N (NonC) puissance *f*, force(s) *f(pl)* ◆ **~ is right** *(Prov)* la force prime le droit ◆ **with ~ and main, with all one's ~** de toutes ses forces

**mightily** /ˈmaɪtɪlɪ/ ADV **a** *(† = greatly)* considérablement ◆ **to deem sth ~ important** donner une importance considérable à qch **b** *(liter = powerfully)* *[strike, hit]* vigoureusement

**mightiness** /ˈmaɪtɪnɪs/ N puissance *f*, pouvoir *m*, grandeur *f*

**mightn't** /ˈmaɪtnt/ ⇒ **might not ;** → **may**[1]

**mighty** /ˈmaɪtɪ/ ADJ *(liter)* *[nation, king, river, effort, blow, bang]* puissant ; *[oak, redwood]* imposant, majestueux ; *[power]* formidable ◆ **the ~ ocean** le vaste océan ; → **high** ADV *(esp US *)* vachement * NPL **the mighty** les puissants *mpl* ◆ **how are the ~ fallen** *(Bible)* ils sont tombés les héros

**mignonette** /,mɪnjəˈnet/ N *(Bot)* réséda *m*

**migraine** /ˈmiːgreɪn/ N *(Med)* migraine *f* ◆ **it gives me a ~** ça me donne la migraine ◆ **to get** *or* **suffer from ~s** souffrir de migraines

**migrant** /ˈmaɪgrənt/ ADJ **a** *(Agr, Ind)* *[worker, labour]* *(gen)* itinérant ; *(= immigrant)* immigré ; *(= seasonal)* saisonnier ; *[family, child]* *(gen)* itinérant ; *(= nomadic)* nomade ; *(= immigrant)* d'immigrés **b** *(Zool)* migrateur (-trice *f*) N **a** *(= bird, animal)* migrateur *m* ; *(= person)* migrant(e) *m(f)* **b** (also **migrant worker**) *(gen)* travailleur *m* itinérant ; *(immigrant)* travailleur *m* immigré ; *(seasonal)* travailleur *m* saisonnier ; → **economic**

**migrate** /maɪˈgreɪt/ VI migrer VT faire migrer

**migration** /maɪˈgreɪʃən/ N migration *f*

**migratory** /maɪˈgreɪtərɪ/ ADJ a *(Zool) [bird, animal, fish, locust]* migrateur (-trice *f*) ; *[habits, movement, journey]* migratoire b *(Ind, Agr) [labour] (gen)* itinérant ; *(= immigrant)* immigré ; *(= seasonal)* saisonnier ; *[population] (gen)* itinérant ; *(= nomadic)* nomade ; *(= immigrant)* d'immigrés ◆ ~ **pressures** les pressions *fpl* qui obligent les gens à migrer

**mikado** /mɪˈkɑːdəʊ/ N mikado *m*

**Mike** /maɪk/ N a dim of **Michael** b **for the love of** ~ ‡ pour l'amour du ciel

**mike** * /maɪk/ N (abbrev of **microphone**) micro *m*

► **mike up** * VT SEP ◆ **to be miked up** porter un micro

**mil²** * /mɪl/ N abbrev of **million(s)**

**milady** † /mɪˈleɪdɪ/ N madame la comtesse *etc*

**Milan** /mɪˈlæn/ N Milan

**Milanese** /ˌmɪləˈniːz/ ADJ *(gen, also Culin)* milanais

**milch cow** /ˈmɪltʃkaʊ/ N a *(Agr †)* vache *f* laitière b *(fig)* vache *f* à lait

**mild** /maɪld/ ADJ *[climate, winter, voice, flavour, cheese, soap, shampoo]* doux (douce *f*) ; *[tobacco, reproach, punishment]* léger ; *[exercise, effect, protest]* modéré ; *[sauce]* peu épicé *or* relevé ; *[medicine]* bénin (-igne *f*), anodin ; *[illness]* bénin (-igne *f*) ◆ **it's** ~ **today** il fait doux aujourd'hui ◆ **a** ~ **spell** *(Met) (gen)* une période clémente ; *(after frost)* un redoux ◆ **he had a** ~ **form of polio** il a eu la poliomyélite sous une forme bénigne *or* atténuée ◆ **a** ~ **sedative** un sédatif léger ◆ **a** ~ **curry** *(Culin)* un curry pas trop fort *or* pimenté N *(Brit)* (also **mild ale**) *bière brune faiblement alcoolisée* COMP ▷ **mild-mannered** ADJ doux (douce *f*), d'un naturel doux

**mildew** /ˈmɪldjuː/ N *(NonC, gen)* moisissure *f* ; *(on wheat, roses etc)* rouille *f* ; *(on vine)* mildiou *m* VT *[+ plant]* piquer de rouille ; *[+ vine]* frapper de mildiou ; *[+ paper, cloth]* piquer (d'humidité) VI *[roses, wheat etc]* se rouiller ; *[vine]* devenir mildiousé, être attaqué par le mildiou ; *[paper, cloth]* se piquer

**mildewed** /ˈmɪlˌdjuːd/ ADJ *[carpet, mattress, wallpaper, wall, wood]* moisi ; *[cloth, paper]* piqué (par l'humidité) ; *[wheat, roses]* piqué de rouille ; *[vine]* mildiousé

**mildly** /ˈmaɪldlɪ/ ADV a *(= gently) [say, reply, ask]* doucement, avec douceur ◆ **to protest** ~ protester faiblement *or* timidement ◆ **that's putting it** ~ *(= euphemistically)* c'est le moins que l'on puisse dire ◆ **to call him naïve is putting it** ~ le qualifier de naïf est un euphémisme b *(= moderately) [interested, amusing]* modérément ; *[surprised, irritated, encouraging]* légèrement ◆ **to be** ~ **critical of sb/sth** critiquer légèrement qn/qch

**mildness** /ˈmaɪldnɪs/ N *[of person, manner, response, weather, soap]* douceur *f* ; *[of flavour, food, tobacco, cigarette]* légèreté *f* ; *[of punishment, sentence]* clémence *f* ; *(Med) [of illness]* bénignité *f*

**mile** /maɪl/ N a mile *m* (= *1 609,33 m*) ; (also **nautical mile**) mille *m* ◆ **a 50-**~ **journey** ≃ un trajet de 80 km ◆ **it's 12** ~**s to Manchester** ≃ il y a vingt kilomètres d'ici à Manchester ◆ **30** ~**s per gallon** *(Aut)* ≃ huit litres aux cent ◆ **50** ~**s per hour** ≃ 80 kilomètres à l'heure ◆ **there was nothing but sand for** ~**s and** ~**s** il n'y avait que du sable sur des kilomètres (et des kilomètres) ◆ **they live** ~**s away** ils habitent à cent lieues d'ici ◆ **we've walked (for)** ~**s!** on a marché pendant des kilomètres !, on a fait des kilomètres ! ; → IMPERIAL SYSTEM ◆ **not a million** ~**s from here** sans aller chercher bien loin ◆ **you could see/smell it a** ~ **off** ça se voyait/se sentait à un kilomètre ◆ **it sticks** *or* **stands out a** ~ * ça se voit comme le nez au milieu de la figure ◆ **you were** ~**s off (the) target** * *(lit)* vous n'étiez pas près de toucher la cible ; *(fig)* vous étiez bien loin du but ◆ **sorry, I was** ~**s away** * *(= day-dreaming)* désolé, j'étais ailleurs ◆ **the President is willing to go the extra** ~ **for peace** *or* **to achieve peace** le président est prêt à faire un effort supplémentaire pour ramener la paix

b ◆ ~**s** * *(= lots)* **she's** ~**s better than I am at maths** elle est bien plus calée que moi en maths * ◆ **he's** ~**s bigger than you** il est bien plus grand que toi

**mileage** /ˈmaɪlɪdʒ/ N a *(Aut etc = distance covered)* distance *f* *or* parcours *m* en miles, ≃ kilométrage *m* ◆ **the indicator showed a very low** ~ le compteur marquait peu de kilomètres ◆ **the car had a low** ~ la voiture avait peu roulé *or* avait peu de kilomètres ◆ **what** ~ **has this car done?** quel est le kilométrage de cette voiture ?, combien de kilomètres a cette voiture ? ◆ **most of our** ~ **is in and around town** nous roulons surtout en ville et dans les alentours

b *(Aut etc = miles per gallon or litre)* ≃ consommation *f* (de carburant) aux cent (km) ◆ **for a car of that size the** ~ **was very good** pour une voiture aussi puissante elle consommait peu ◆ **you'll get a better** ~ **from this car** vous consommerez moins (d'essence) avec cette voiture ; → **gas**

c ( * *fig = potential, profit)* ◆ **he got a lot of** ~ **out of it** *(of idea, story, event)* il en a tiré le maximum ◆ **there's still some** ~ **left in it** *(idea etc)* on peut encore en tirer quelque chose ◆ **he decided there was no** ~ **in provoking a row with his boss** il a décidé que cela ne servirait à rien de se disputer avec son patron

COMP ▷ **mileage allowance** N *(Admin etc)* ≃ indemnité *f* kilométrique ▷ **mileage indicator** N *(Aut)* ≃ compteur *m* kilométrique

**mileometer** /maɪˈlɒmɪtəʳ/ N ⇒ **milometer**

**milepost** /ˈmaɪlpəʊst/ N ≃ borne *f* kilométrique

**miler** * /ˈmaɪləʳ/ N *(= person, horse) athlète ou cheval qui court le mile*

**milestone** /ˈmaɪlstəʊn/ N *(lit)* borne *f* (milliaire), ≃ borne *f* kilométrique ; *(fig: in life, career etc)* jalon *m*, événement *m* marquant *or* déterminant

**milieu** /ˈmiːljɜː/ N (pl **milieus**) *(frm)* milieu *m* (social)

**militancy** /ˈmɪlɪtənsɪ/ N militantisme *m*

**militant** /ˈmɪlɪtənt/ ADJ militant N *(all senses)* militant(e) *m(f)* COMP ▷ **Militant Tendency** N *(Brit Pol) ex-faction trotskiste du parti travailliste britannique*

**militantly** /ˈmɪlɪtəntlɪ/ ADV *[act]* de façon militante ◆ **to be** ~ **opposed to sb/sth** s'opposer activement à qn/qch ◆ ~ **nationalist/Catholic** d'un nationalisme/catholicisme militant

**militarily** /ˌmɪlɪˈtərɪlɪ/ ADV *[significant, useful, sensitive, effective]* d'un point de vue militaire ; *[strong, powerful]* militairement ◆ **to intervene/respond** ~ intervenir/répondre militairement

**militarism** /ˈmɪlɪtərɪzəm/ N militarisme *m*

**militarist** /ˈmɪlɪtərɪst/ ADJ, N militariste *mf*

**militaristic** /ˌmɪlɪtəˈrɪstɪk/ ADJ *(pej)* militariste

**militarize** /ˈmɪlɪtəraɪz/ VT militariser

**military** /ˈmɪlɪtərɪ/ ADJ *[government, life, uniform]* militaire ; *[family]* de militaires ◆ **of** ~ **age** en âge de faire son service (militaire *or* national) NPL **the military** l'armée *f*, le(s) militaire(s) *m(pl)* COMP ▷ **military academy** N *(US)* école *f* (spéciale) militaire ▷ **military attaché** N attaché *m* militaire ▷ **military band** N musique *f* militaire ▷ **military industrial complex** N complexe *m* militaro-industriel ▷ **military police** N police militaire ▷ **military policeman** N agent *m* de la police militaire ▷ **military service** N service *m* (militaire *or* national) ◆ **to do one's** ~ **service** faire son service (militaire *or* national) ▷ **military superiority** N supériorité *f* militaire ▷ **military training** N préparation *f* militaire

**militate** /ˈmɪlɪteɪt/ VI militer *(against* contre ; *for, in favour of* pour) ◆ **his attitude** ~**s against him** son attitude le dessert *or* joue contre lui

**militia** /mɪˈlɪʃə/ COLLECTIVE N *(gen)* milice(s) *f(pl)* ◆ **the** ~ *(US)* la réserve (territoriale) ; → **state**

**militiaman** /mɪˈlɪʃəmən/ N (pl **-men**) milicien *m*

**milk** /mɪlk/ N *(also Cosmetics)* lait *m* ◆ **coconut** ~ lait *m* de coco ◆ **moisturising** ~ lait *m* hydratant ◆ **the** ~ **of human kindness** le lait de la tendresse humaine ◆ **a land flowing with** ~ **and honey** un pays de cocagne ◆ **he came home with the** ~ * *(hum)* il est rentré avec le jour *or* à potron-minet * ◆ **he dismissed the report as** ~ **and water** il a déclaré que le rapport n'était ni fait ni à faire ; → **cleansing, condense, cry, skim**

VT a *[+ cow]* traire

b *(fig = rob)* dépouiller (*of* de), exploiter ◆ **his son** ~**ed him of all his savings** son fils l'a dépouillé de toutes ses économies ◆ **it** ~**ed (him of) his strength** cela a sapé *or* miné sa force ◆ **to** ~ **sb of ideas/information** soutirer des idées/des renseignements à qn ◆ **to** ~ **sb dry** exploiter qn à fond, épuiser les forces créatrices de qn

c *[performer]* ◆ **to** ~ **the applause** tout faire pour que les gens continuent d'applaudir

VI ◆ **to go** ~**ing** (s'en) aller traire ses vaches

COMP ▷ **milk-and-water** ADJ *(fig pej)* à la manque * ▷ **milk bar** N milk-bar *m* ▷ **milk can** N pot *m* à lait ; *(larger)* bidon *m* à lait ▷ **milk chocolate** N chocolat *m* au lait ▷ **milk churn** N bidon *m* à lait ▷ **milk diet** N régime *m* lacté ▷ **milk duct** N *(Anat)* canal *m* galactophore ▷ **milk fever** N fièvre lactée ▷ **milk float** N *(Brit)* voiture *f* de laitier ▷ **milk gland** N *(Anat)* glande galactogène ▷ **milk jug** N (petit) pot *m* à lait ▷ **milk of magnesia** N lait *m* de magnésie, magnésie *f* hydratée ▷ **milk pan** N petite casserole *f* pour le lait ▷ **milk powder** N lait *m* en poudre ▷ **milk products** NPL produits *mpl* laitiers ▷ **milk pudding** N entremets *m* au lait ▷ **milk round** N *(Brit)* tournée *f* (du laitier) ; *(Brit Univ* * *) tournée de recrutement dans les universités* ◆ **to do a** ~ **round** *[child etc]* livrer le lait ▷ **milk run** * N *(Aviat)* vol *m* sans accroc ▷ **milk saucepan** N petite casserole *f* pour le lait ▷ **milk shake** N milk-shake *m* ▷ **milk stout** N *(Brit)* bière *f* brune douce ▷ **milk tooth** N dent *f* de lait ▷ **the milk train** N *(fig hum)* le tout premier train (du matin) ▷ **milk-white** ADJ *(liter)* d'une blancheur de lait, blanc (blanche *f*) comme le *or* du lait, laiteux

**milking** /ˈmɪlkɪŋ/ N traite *f* ◆ **to do the** ~ traire les vaches COMP *[pail, stool]* à traire ▷ **milking machine** N trayeuse *f* (mécanique) ▷ **milking time** N heure *f* de la traite

**milkmaid** /ˈmɪlkmeɪd/ N trayeuse *f (personne)*

**milkman** /ˈmɪlkmən/ N (pl **-men**) laitier *m*

**milksop** * /ˈmɪlksɒp/ N chiffe *f* molle * *(fig)*, lavette * *f (fig)*, mollusque * *m (fig)*

**milkweed** /ˈmɪlkwiːd/ **N** *(Bot)* laiteron *m*

**milky** /ˈmɪlkɪ/ **ADJ** **a** *(in colour) [liquid, mist, haze, blue, green]* laiteux ; *[eyes]* plein d'opacités blanchâtres **b** *(Culin) [drink]* à base de lait ; *[coffee, tea]* avec beaucoup de lait **COMP** ▷ **the Milky Way N** la Voie lactée ▷ **milky-white ADJ** *[skin, sap]* d'un blanc laiteux

**mill** /mɪl/ **N** **a** *(also* **windmill** *or* **water mill***)* moulin *m* ; *(Ind: for grain)* minoterie *f* ; *(small: for coffee etc)* moulin *m* ◆ **pepper-~** moulin *m* à poivre ◆ **to go through the ~** *(fig)* passer par de dures épreuves, en voir de dures* ◆ **to put sb through the ~** *(fig)* mettre qn à l'épreuve, en faire voir de dures à qn* ; → **coffee, run, windmill**

**b** *(= factory: gen)* usine *f*, fabrique *f* ; *(also* **spinning mill***)* filature *f* ; *(also* **weaving mill***)* tissage *m* ; *(also* **steel mill***)* aciérie *f* ◆ **paper ~** (usine *f* de) papeterie *f* ◆ **cotton ~** filature *f* de coton ; → **sawmill**

**VT** **a** *[+ flour, coffee, pepper]* moudre

**b** *(Tech) [+ screw, nut]* moleter ; *[+ wheel, edge of coin]* créneler ◆ **~ed edge** *[of coin]* tranche *f* cannelée

**VI** ◆ **to ~ round sth** *[crowd etc]* grouiller autour de qch

**COMP** ▷ **mill girl N** *(Ind)* ouvrière *f* des filatures (*or* des tissages *or* des aciéries) ▷ **mill owner N** *(Ind)* industriel *m* (du textile) ▷ **mill race N** bief *m* d'amont *or* de moulin ▷ **mill stream N** courant *m* du bief ▷ **mill wheel N** roue *f* de moulin ▷ **mill worker N** *(Ind)* ouvrier *m*, -ière *f* des filatures (*or* des tissages *or* des aciéries)

► **mill about, mill around VI** *[crowd]* grouiller, fourmiller ; *[cattle etc]* tourner sur place *or* en rond

**millboard** /ˈmɪlbɔːd/ **N** carton *m* pâte

**millenarian** /ˌmɪləˈneərɪən/ **ADJ, N** millénariste *mf*

**millenary** /mɪˈlenərɪ/, **millennial** /mɪˈlenɪəl/ **ADJ, N** millénaire *m*

**millennium** /mɪˈlenɪəm/ **N** (pl **millenniums** *or* **millennia** /mɪˈlenɪə/) millénaire *m* ◆ **the ~** *(Rel, also fig)* le millénium **COMP** ▷ **the millennium bug N** *(Comput)* le bogue de l'an 2000 ▷ **the Millennium Dome N** *(Brit)* le Dôme du millénaire

**millepede** /ˈmɪlɪpiːd/ **N** ⇒ **millipede**

**miller** /ˈmɪləʳ/ **N** meunier *m* ; *(Ind: large-scale)* minotier *m*

**millet** /ˈmɪlɪt/ **N** *(NonC)* millet *m*

**millhand** /ˈmɪlhænd/ **N** *(Ind)* ⇒ **mill worker** ; → **mill**

**milli...** /ˈmɪlɪ/ **PREF** milli...

**milliard** /ˈmɪlɪɑːd/ **N** *(Brit)* milliard *m*

**millibar** /ˈmɪlɪbɑːʳ/ **N** millibar *m*

**milligram(me)** /ˈmɪlɪɡræm/ **N** milligramme *m*

**millilitre, milliliter** *(US)* /ˈmɪlɪˌliːtəʳ/ **N** millilitre *m*

**millimetre, millimeter** *(US)* /ˈmɪlɪˌmiːtəʳ/ **N** millimètre *m*

**milliner** /ˈmɪlɪnəʳ/ **N** modiste *f*, chapelier *m*, -ière *f*

**millinery** /ˈmɪlɪnərɪ/ **N** *(NonC)* chapellerie *f* féminine

**milling** /ˈmɪlɪŋ/ **N** *(NonC) [of flour etc]* mouture *f* ; *[of screw etc]* moletage *m* ; *[of coin]* crénelage *m* **ADJ** *[crowd, people]* grouillant

**million** /ˈmɪljən/ **N** million *m* ◆ **a ~ men** un million d'hommes ◆ **he's one in a ~*** c'est la crème des hommes *or* la perle des hommes ◆ **it's a chance** *etc* **in a ~** c'est une occasion *etc* unique ◆ **~s of ...*** des milliers de ... ◆ **thanks a ~!*** merci mille fois ! ◆ **to feel (like) a ~ dollars** *or (esp US)* **bucks*** se sentir dans une forme époustouflante* ◆ **she looked (like) a ~ dollars** *or (esp US)* **bucks in her new outfit*** elle était absolument superbe dans sa nouvelle tenue

**millionaire** /ˌmɪljəˈneəʳ/ **N** millionnaire *m*, ≃ milliardaire *m*

**millionairess** /ˌmɪljəˈneərɪs/ **N** millionnaire *f*

**millionth** /ˈmɪljənθ/ **ADJ** millionième **N** millionième *mf* ; *(= fraction)* millionième *m*

**millipede** /ˈmɪlɪpiːd/ **N** mille-pattes *m inv*

**millisecond** /ˈmɪlɪˌsekənd/ **N** milliseconde *f*

**millpond** /ˈmɪlpɒnd/ **N** bief *m or* retenue *f* d'un moulin ◆ **the sea was like a ~** c'était une mer d'huile

**Mills bomb** /ˈmɪlzˌbɒm/ **N** grenade *f* à main

**millstone** /ˈmɪlstəʊn/ **N** *(lit)* meule *f* ◆ **it's a ~ round his neck** c'est un boulet qu'il traîne avec lui

**millwright** /ˈmɪlraɪt/ **N** constructeur *m or* installateur *m* de moulins

**milometer** /maɪˈlɒmɪtəʳ/ **N** *(Brit)* compteur *m* de miles, ≃ compteur *m* kilométrique

**milord** /mɪˈlɔːd/ **N** milord *m*

**milt** /mɪlt/ **N** laitance *f*, laite *f*

**mime** /maɪm/ **N** **a** *(= skill, classical play)* mime *m* ; *(= modern play)* mimodrame *m* ; *(fig) (= gestures etc)* mimique *f* **b** *(= actor)* mime *m* **VTI** mimer ◆ **to ~ to a tape** *(= sing etc)* chanter *etc* en play-back **COMP** ▷ **mime artist N** mime *mf*

**mimeo** /ˈmɪmɪəʊ/ (abbrev of **mimeograph**) **N** ronéo ® *f* **VT** ronéoter*

**Mimeograph ®** /ˈmɪmɪəɡrɑːf/ **N** *(= machine)* ronéo ® *f* ; *(= copy)* polycopié *m* **VT** ◆ **mimeograph** ronéotyper, ronéoter*

**mimetic** /mɪˈmetɪk/ **ADJ** mimétique

**mimic** /ˈmɪmɪk/ **N** imitateur *m*, -trice *f* **ADJ** **a** *(= imitating)* imitateur (-trice *f*) **b** *(= sham)* factice, simulé **VT** *(= copy)* imiter ; *(= burlesque)* imiter, singer ◆ **computers that ~ human intelligence** des ordinateurs qui cherchent à reproduire l'intelligence humaine

**mimicry** /ˈmɪmɪkrɪ/ **N** *(NonC)* imitation *f* ; *(Zool)* mimétisme *m*

**mimosa** /mɪˈməʊzə/ **N** **a** *(= tree)* mimosa *m* **b** *(US = cocktail)* mimosa *m (champagne-jus d'orange)*

**Min.** *(Brit)* abbrev of **Ministry**

**min.** **a** (abbrev of **minute**[1]) min. **b** (abbrev of **minimum**) min.

**mina** /ˈmaɪnə/ **N** ⇒ **mynah**

**minaret** /ˈmɪnəret/ **N** minaret *m*

**minatory** /ˈmɪnətərɪ/ **ADJ** *(frm) [silence, place]* menaçant

**mince** /mɪns/ **N** *(Brit Culin)* bifteck *m* haché, hachis *m* de viande **VT** **a** *[+ meat, vegetables]* hacher ◆ **~d beef** bœuf *m* haché **b** *(fig)* **he didn't ~ (his) words** il n'a pas mâché ses mots, il n'y est pas allé par quatre chemins ◆ **never one to ~ words, he ...** n'ayant pas l'habitude de mâcher ses mots, il ... **VI** *(in talking)* parler du bout des lèvres ; *(in walking)* marcher en minaudant ◆ **to ~ in/out** entrer/sortir en minaudant **COMP** ▷ **mince pie N** *(Culin)* tartelette *f* de Noël (aux fruits secs)

► **mince up VT SEP** *(Culin etc)* hacher

**mincemeat** /ˈmɪnsmiːt/ **N** *(Culin)* hachis *de fruits secs, de pommes et de graisse* ; *(US)* ⇒ **mince n** ◆ **to make ~ of** *(fig) [+ opponent, enemy]* battre à plate(s) couture(s)*, pulvériser ; *[+ theories, arguments]* pulvériser

**mincer** /ˈmɪnsəʳ/ **N** hachoir *m (appareil)*

**mincing** /ˈmɪnsɪŋ/ **ADJ** *(pej) [steps, gait, voice]* affecté **COMP** ▷ **mincing machine N** hachoir *m*

**mincingly** /ˈmɪnsɪŋlɪ/ **ADV** *(pej) [say, walk]* en minaudant

## mind /maɪnd/

**LANGUAGE IN USE 4, 7.5, 8.2, 9.1**

| | |
|---|---|
| 1 NOUN | 3 INTRANSITIVE VERB |
| 2 TRANSITIVE VERB | 4 COMPOUNDS |
| 5 PHRASAL VERB | |

### 1 - NOUN

**a** [= brain] esprit *m* ◆ **a logical/an analytical/a creative ~** un esprit logique/d'analyse/créateur *or* créatif ◆ **he is one of the great ~s of the century** c'est un des grands esprits de son siècle ◆ **great ~s think alike** *(Prov)* les grands esprits se rencontrent ◆ **he has the ~ of a five-year-old** il a cinq ans d'âge mental ◆ **~ over matter** victoire de l'esprit sur la matière ◆ **his ~ went blank** il a eu un trou *or* un passage à vide ◆ **his ~ is going** il n'a plus toute sa tête ◆ **at the back of my ~ I had the feeling that ...** je sentais confusément que ... ◆ **of sound ~** sain d'esprit ◆ **to be of unsound ~** ne plus avoir toutes ses facultés (mentales) ◆ **that's a load** *or* **a weight off my ~*** c'est un gros souci de moins, cela m'ôte un poids ◆ **what's on your ~?** qu'est-ce qui vous préoccupe *or* vous tracasse ? ◆ **it came (in)to** *or* **entered my ~ that ...** il m'est venu à l'esprit que ..., l'idée m'est venue que ... ◆ **to come** *or* **spring to ~** venir à l'esprit ◆ **she wanted to get into the ~ of this woman** elle voulait se mettre dans la peau de cette femme ◆ **I can't get it out of my ~** je ne peux pas m'empêcher d'y penser ◆ **I can't get him/her out of my ~** je ne peux pas m'empêcher de penser à lui/elle ◆ **you can put that right out of your ~!** tu peux faire une croix dessus ! ◆ **try to put it out of your ~** essayez de ne plus y penser ◆ **to let one's ~ run on sth** se laisser aller à penser à qch ◆ **to read** *or* **see into sb's ~** lire dans les pensées de qn ◆ **to set** *or* **put sb's ~ at ease** *or* **rest** rassurer qn ◆ **it's all in the ~** tout ça, c'est dans la tête* ◆ **nobody in their right ~ would do that** aucun être sensé ne ferait cela

◆ **in mind** ◆ **to bear sth in ~** *(= take account of)* tenir compte de qch ; *(= remember)* ne pas oublier qch ◆ **bear it in ~!** songez-y bien ! ◆ **I'll bear you in ~** je songerai *or* penserai à vous ◆ **to keep sth in ~** ne pas oublier qch ◆ **we must keep in ~ that ...** n'oublions pas que ... ◆ **have you (got) anything particular in ~?** avez-vous quelque chose de particulier en tête ? ◆ **do you have somebody in ~ for the job?** vous avez quelqu'un en vue pour ce poste ? ◆ **to have (it) in ~ to do sth** penser faire qch ◆ **that puts me in ~ of ...** cela me rappelle ...

◆ **in one's mind** ◆ **I'm not clear in my own ~ about it** je ne sais pas qu'en penser moi-même ◆ **to be easy in one's ~ (about sth)** avoir l'esprit tranquille (à propos de qch) ◆ **to be uneasy in one's ~ (about sth)** être inquiet (au sujet de qch) ◆ **to be in one's right ~** avoir toute sa raison *or* sa tête ◆ **in one's ~'s eye** en imagination

◆ **out of one's mind** ◆ **to be out of one's ~*** **(with worry/jealousy)** être fou (d'inquiétude/de jalousie) ◆ **to go out of one's ~ with worry/jealousy** devenir fou d'inquiétude/de jalousie ◆ **he's out of his ~!** il est complètement fou ! ◆ **you must be out of your ~!** tu es complètement fou !, ça ne va pas ! * ◆ **he went out of his ~** il a perdu la tête *or* la raison

**b** [= attention, concentration] ◆ **to have one's ~ on sth** être préoccupé par qch ◆ **to have one's ~ on something else** avoir la tête ailleurs ◆ **to let one's ~ wander** relâcher son attention ◆ **it went quite** *or* **right** *or* **clean** * **out of my ~** ça m'est complètement sorti de la tête * ◆ **to bring one's ~ to bear on sth** porter *or* concentrer son attention sur qch ◆ **to give one's ~ to sth** bien réfléchir à qch ◆ **I haven't had time to give my ~ to it** je n'ai pas eu le temps de bien y réfléchir ◆ **he can't give his whole ~ to his work** il n'arrive pas à se concentrer sur son travail ◆ **to keep one's ~ on sth** se concentrer sur qch ◆ **to put** *or* **set one's ~ to a problem** s'attaquer à un problème ◆ **you can do it if you put** *or* **set your ~ to it** tu peux le faire si tu le veux vraiment ◆ **this will take her ~ off her troubles** cela lui changera les idées

**c** [= opinion] avis *m*, idée *f* ◆ **to my ~** à mon avis ◆ **to have a closed ~ (on** *or* **about sth)** avoir des idées *or* opinions arrêtées (sur *or* au sujet de qch) ◆ **to have a ~ of one's own** *[person]* avoir ses idées ; *[machine]* avoir des caprices ◆ **they were of one ~** *or* **like ~** *or* **the same ~** ils étaient d'accord *or* du même avis ◆ **I'm still of the same ~** je n'ai pas changé d'avis ◆ **they thought with one ~** ils étaient unanimes ◆ **to know one's own ~** savoir ce que l'on veut

♦ **to make up one's mind** ◆ **we can't make up our ~s about the house** nous ne savons pas quelle décision prendre pour la maison ◆ **I can't make up my ~ about him** je ne sais pas vraiment que penser de lui ◆ **have you made your ~ up?** avez-vous pris votre décision ? ◆ **to make up one's ~ to do sth** décider de faire qch

**d** [= inclination, intention] **you can do it if you have a ~ (to)** vous pouvez le faire si vous en avez envie ◆ **I have no ~ to offend him** † je n'ai aucune envie de l'offenser ◆ **I've a good ~ to do it** * j'ai bien envie de le faire ◆ **I've a good ~ to tell him everything!** * j'ai bien envie de tout lui dire ! ◆ **I've half a ~ to do it** * j'ai presque envie de le faire ◆ **nothing is further from my ~!** (bien) loin de moi cette pensée ! ◆ **nothing was further from my ~ than going to see her** je n'avais nullement l'intention d'aller la voir ◆ **I was of a ~ to go and see him** j'avais l'intention d'aller le voir ◆ **to set one's ~ on doing sth** avoir fermement l'intention de faire qch

♦ **in two minds** ◆ **to be in two ~s about doing sth** hésiter à faire qch ◆ **I'm in two ~s about it** j'hésite, je me tâte *

**e** [= memory] **to stick in sb's ~** rester gravé dans la mémoire de qn ◆ **to bring** *or* **call sth to ~** rappeler qch ◆ **to pass out of ~** *(liter)* tomber dans l'oubli

2 - TRANSITIVE VERB

**a** [= pay attention to] faire *or* prêter attention à ; *(= beware of)* prendre garde à ; *(US = listen to)* écouter ◆ **~ what you're doing!** (fais) attention à ce que tu fais ! ◆ **~ you don't fall!** prenez garde de ne pas tomber ! ◆ **~ what I say!** écoute bien ce que je te dis !, fais bien attention à ce que je te dis ! ◆ **~ the step!** attention à la marche ! ◆ **~ your head!** attention à votre tête ! ◆ **~ your backs!** * gare à vous !, dégagez ! * ◆ **~ yourself!, ~ your eye!** ‡ prends garde !, fais gaffe ! ‡ ◆ **~ your language/your manners!** surveille ton langage/tes manières ! ◆ **~ how you go** * prends bien soin de toi ◆ **don't ~ him!** ne t'occupe pas de lui !, ne fais pas attention à lui ! ◆ **don't ~ me!** * *(iro)* ne vous gênez surtout pas (pour moi) ! * *(iro)*

**b** [= dislike, object to] **I don't ~ ironing/travelling alone** ça ne me dérange pas de faire le repassage/de voyager seul ◆ **I don't ~ wet weather** la pluie ne me dérange pas ◆ **I don't ~ him but she's awful!** * lui, passe encore *or* lui, ça va, mais elle, je la trouve vraiment horrible ! ◆ **I wouldn't ~ a cup of coffee** * une tasse de café ne serait pas de refus *, je prendrais bien une tasse de café ◆ **if you don't ~ my** *(frm)* *or* **me saying (so)** si je puis me permettre ◆ **I don't ~ telling you** *, **I was shocked** inutile de dire que j'ai été vraiment choqué ◆ **I don't ~ going with you** je veux bien vous accompagner ◆ **cigarette? – I don't ~ if I do** une cigarette ? – ce n'est pas de refus ! *

♦ **would you mind** + *gerund* ◆ **would you ~ opening the door?** cela vous ennuierait d'ouvrir la porte ? ◆ **would you ~ coming with me?** cela vous dérangerait de m'accompagner ? ; *(abruptly)* suivez-moi, s'il vous plaît

**c** [= care] ◆ **I don't ~ what people say** je me moque du qu'en-dira-t-on ◆ **I don't ~ where we go** peu importe où nous allons

**d** [= take charge of] *[+ children, animals]* garder ; *[+ shop, business]* garder, tenir ◆ **to ~ the shop** * *or* **the store** * *(US)* *(fig)* veiller au grain

**e** [dial] **I ~ the day when ...** *(= remember)* je me rappelle le jour où ...

3 - INTRANSITIVE VERB

**a** [= object] **if you don't ~** si cela ne vous fait rien ◆ **if you don't ~!** *(iro indignantly)* non, mais ! ◆ **do you ~ if I take this book? – I don't ~ at all** ça ne vous ennuie pas que je prenne ce livre ? – mais non, je vous en prie ◆ **I'm sure they won't ~ if you don't come** je suis sûre qu'ils ne seront pas trop contrariés si tu ne viens pas

**b** [= care] ◆ **which do you want? – I don't ~** lequel voulez-vous ? – ça m'est égal

♦ **never + mind** *(= don't worry)* ne t'en fais pas !, ne t'inquiète pas ! ; *(= it makes no odds)* ça ne fait rien !, peu importe ! ◆ **never ~ that now!** *(soothingly)* n'y pense plus ! ; *(irritably)* ça peut très bien attendre ! ◆ **he can't walk, never ~** * **run** il ne peut pas marcher, encore moins courir ◆ **never you ~!** * ça ne te regarde pas !, ce ne sont pas tes oignons ! *

**c** [= be sure] ◆ **~ you tell her!** n'oubliez pas de le lui dire ! ◆ **~ and come to see us!** * n'oublie pas de venir nous voir ! ◆ **be there at ten, ~** * sois là à 10 heures sans faute

♦ **mind you** * ◆ **~ you, I didn't know he was going to Paris** remarquez, je ne savais pas qu'il allait à Paris ◆ **~ you, it won't be easy** mais ce ne sera pas facile pour autant ◆ **~ you, he could be right, he could be right, ~ you** peut-être qu'il a raison après tout ◆ **I got substantial damages. It took two years, ~ you** je me suis fait largement dédommager mais ça a quand même pris deux ans

4 - COMPOUNDS

▷ **mind-altering** ADJ *[drug, substance]* psychotrope ▷ **mind-bender** * N *(US)* révélation *f* ▷ **mind-bending** *, **mind-blowing** * ADJ *[drug]* hallucinogène ; *[experience, news, scene]* hallucinant ▷ **mind-boggling** * ADJ époustouflant *, ahurissant ▷ **mind-expanding** ADJ *[drug etc]* hallucinogène ▷ **mind game** N manœuvre *f* psychologique ◆ **to play ~ games with sb** chercher à manœuvrer qn psychologiquement ▷ **mind-numbing** * ADJ ennuyeux à mourir ▷ **mind-numbingly** * ADV ◆ **~-numbingly boring** ennuyeux à mourir ◆ **~-numbingly simple** d'une simplicité enfantine ◆ **~-numbingly banal** d'une banalité affligeante ▷ **mind reader** N *(lit)* télépathe *mf* ◆ **he's a ~ reader!** il lit dans la pensée des gens ! ◆ **I'm not a ~ reader!** * je ne suis pas devin ! * ▷ **mind reading** N télépathie *f* ▷ **mind-set** N mentalité *f*

5 - PHRASAL VERB

► **mind out** * VI faire attention, faire gaffe * ◆ **~ out!** attention ! ◆ **~ out of the way!** ôtez-vous de là !, dégagez ! * ◆ **~ out or you'll break it** fais attention de ne pas le casser

**minded** /ˈmaɪndɪd/ ADJ *(frm)* ◆ **if you are so ~** si le cœur vous en dit ◆ **to be ~ to do sth** être disposé à faire qch

**-minded** /ˈmaɪndɪd/ ADJ *(in compounds)* **a** *(describing mental faculties)* qui est ... d'esprit ◆ **feeble-minded** faible d'esprit ; → **high, strong-minded** **b** *(describing interests)* qui s'intéresse à ... ◆ **business-minded** qui a le sens des affaires ◆ **he's become very ecology-minded** il est devenu très sensible aux problèmes écologiques ◆ **an industrially-minded nation** une nation tournée vers l'industrie ◆ **a romantically-minded girl** une jeune fille aux idées romantiques ; → **family, like**

**minder** /ˈmaɪndəʳ/ N **a** *(Brit:* also **baby-minder, child-minder)** gardienne *f* **b** *(* = bodyguard etc)* ange *m* gardien *(fig)*

**mindful** /ˈmaɪndfʊl/ ADJ *(frm)* ◆ **to be ~ of sth** être attentif à qch ◆ **to be ~ that ...** être attentif au fait que ... ◆ **I am ever ~ of how much I am indebted to you** je n'oublie pas à quel point je vous suis obligé ◆ **be ~ of what I said** songez à ce que j'ai dit

**mindless** /ˈmaɪndlɪs/ ADJ **a** *(Brit = senseless)* *[violence, brutality, vandalism, killing]* gratuit **b** *(= stupid)* *[work, routine, film, entertainment]* bêtifiant ; *[person]* stupide ◆ **a ~ idiot** un(e) idiot(e) fini(e) **c** *(frm = unmindful)* ◆ **to be ~ of sth** être oublieux *or* insouciant de qch

**mine¹** /maɪn/ POSS PRON le mien, la mienne, les miens *mpl*, les miennes *fpl* ◆ **that book is ~** ce livre m'appartient *or* est à moi ◆ **this poem is ~** ce poème est de moi ◆ **will you be ~?** † voulez-vous m'épouser ? ◆ **the house became ~** la maison est devenue (la) mienne ◆ **no it's ~** non, c'est à moi *or* le mien ◆ **which dress do you prefer, hers or ~?** quelle robe préférez-vous, la sienne ou la mienne ? ◆ **what is ~ is yours** ce qui est à moi est à toi, ce qui m'appartient t'appartient ◆ **it is not ~ to decide** *(frm)* ce n'est pas à moi de décider, il ne m'appartient pas de décider ◆ **~ is a specialized department** le service où je suis est spécialisé

♦ **... of mine** ◆ **no advice of ~ could prevent him** aucun conseil de ma part ne pouvait l'empêcher ◆ **a friend of ~** un de mes amis, un ami à moi ◆ **I think that cousin of ~ * is responsible** je pense que c'est mon cousin qui est responsable ◆ **it's no fault of ~** ce n'est pas (de) ma faute

POSS ADJ †† mon, ma, mes ; → **host¹**

**mine²** /maɪn/ N **a** *(Min)* mine *f* ◆ **coalmine** mine *f* de charbon ◆ **to go down the ~(s)** travailler *or* descendre à la mine ◆ **to work a ~** exploiter une mine

**b** *(fig = rich source)* ◆ **a (real) ~ of information** une véritable mine de renseignements, une source inépuisable de renseignements ◆ **she's a ~ of celebrity gossip** elle connaît tous les potins sur les célébrités

**c** *(Mil, Naut = bomb)* mine *f* ◆ **to lay a ~** mouiller *or* poser une mine ◆ **to clear a beach of ~s** déminer une plage ; → **landmine**

VT **a** *(Min)* *[+ coal, ore]* extraire

**b** *(Mil, Naut etc)* *[+ sea, beach]* miner, semer de mines ; *[+ ship, tank]* miner

VI exploiter un gisement ◆ **to ~ for coal** extraire du charbon, exploiter une mine (de charbon)

COMP ▷ **mine-clearing** N *(Mil, Naut)* déminage *m* ▷ **mine detector** N *(Mil)* détecteur *m* de mines ▷ **mine disposal** N *(Mil, Naut)* déminage *m* ▷ **mine-sweeping** N *(Mil, Naut)* dragage *m* de mines, déminage *m*

**minefield** /ˈmaɪnfiːld/ N a *(Mil, Naut)* champ *m* de mines b *(fig = problematic area)* **it's a legal/political ~** c'est un terrain politiquement/juridiquement miné

**minehunter** /ˈmaɪnhʌntəʳ/ N *(Mil, Naut)* chasseur *m* de mines

**minelayer** /ˈmaɪnleɪəʳ/ N *(Mil, Naut)* mouilleur *m* de mines

**minelaying** /ˈmaɪnleɪɪŋ/ N *(Mil, Naut)* mouillage *m* de mines

**miner** /ˈmaɪnəʳ/ N mineur *m* ◆ **the ~s' strike** la grève des mineurs ◆ **~'s lamp** lampe *f* de mineur

**mineral** /ˈmɪnərəl/ N *(Geol)* minéral *m* NPL **minerals** *(Brit = soft drinks)* boissons *fpl* gazeuses ADJ minéral COMP ▷ **mineral deposits** NPL gisements *mpl* miniers ▷ **the mineral kingdom** N le règne minéral ▷ **mineral oil** N *(Brit)* huile *f* minérale ; *(US)* huile *f* de paraffine ▷ **mineral rights** NPL droits *mpl* miniers ▷ **mineral water** N eau *f* minérale

**mineralogical** /ˌmɪnərəˈlɒdʒɪkl/ ADJ minéralogique

**mineralogist** /ˌmɪnəˈrælədʒɪst/ N minéralogiste *mf*

**mineralogy** /ˌmɪnəˈrælədʒɪ/ N minéralogie *f*

**Minerva** /mɪˈnɜːvə/ N Minerve *f*

**mineshaft** /ˈmaɪnʃɑːft/ N puits *m* de mine

**minestrone** /ˌmɪnɪˈstrəʊnɪ/ N minestrone *m*

**minesweeper** /ˈmaɪnswiːpəʳ/ N *(Mil, Naut)* dragueur *m* de mines

**minging** ‡ /ˈmɪŋɪŋ/ ADJ horrible

**mingle** /ˈmɪŋgl/ VT mêler, mélanger (*with* avec) VI *(= mix)* se mêler, se mélanger ; *(at party etc)* se mêler aux invités *or* à la fête ; *(= become indistinguishable)* se confondre (*with* avec) ◆ **to ~ with the crowd** se mêler à la foule ◆ **he ~s with all sorts of people** il fraye avec toutes sortes de gens ◆ **guests ate and ~d** les invités ont mangé et ont discuté les uns avec les autres ◆ **she ~d for a while and then sat down with her husband** elle s'est mêlée aux autres invités pour discuter puis s'est assise avec son mari

**mingy** * /ˈmɪndʒɪ/ ADJ *(Brit)* a *(= mean) [person]* radin * (*about sth* en ce qui concerne qch) b *(= measly) [amount]* misérable

**Mini** ® /ˈmɪnɪ/ N *(= car)* Mini (Cooper) ® *f*

**mini** /ˈmɪnɪ/ N *(= fashion)* mini *f* ADJ ◆ **~ system** *(= hi-fi)* chaîne *f* (hi-fi) mini

**mini...** /ˈmɪnɪ/ PREF mini... ◆ **he's a kind of mini-dictator** * c'est une sorte de minidictateur

**miniature** /ˈmɪnɪtʃəʳ/ N a *(Art)* miniature *f* ◆ **in ~** *(lit, fig)* en miniature b *(of whisky etc)* mignonnette *f* ADJ *[rose, railway, car, camera, version]* miniature ; *[dog, tree]* nain ◆ **~ submarine** sous-marin *m* de poche ◆ **~ bottle of whisky** mignonnette *f* de whisky COMP ▷ **miniature golf** N minigolf *m* ▷ **miniature poodle** N caniche *m* nain

**miniaturist** /ˈmɪnɪtʃərɪst/ N miniaturiste *mf*

**miniaturization** /ˌmɪnɪtʃəraɪˈzeɪʃən/ N miniaturisation *f*

**miniaturize** /ˈmɪnɪtʃəraɪz/ VT miniaturiser

**minibar** /ˈmɪnɪbɑːʳ/ N *(= fridge)* minibar *m*

**mini-boom** /ˈmɪnɪbuːm/ N miniboom *m*

**mini-break** /ˈmɪnɪbreɪk/ N petit voyage *m*, mini-séjour *m*

**minibudget** /ˈmɪnɪˌbʌdʒɪt/ N *(Pol)* collectif *m* budgétaire

**minibus** /ˈmɪnɪˌbʌs/ N minibus *m* ◆ **by ~** en minibus

**minicab** /ˈmɪnɪˌkæb/ N *(Brit)* taxi *m (qu'il faut commander par téléphone)* ◆ **by ~** en taxi

**minicalculator** † /ˈmɪnɪˈkælkjʊˌleɪtəʳ/ N calculette *f*, calculatrice *f* de poche

**minicam** /ˈmɪnɪkæm/ N minicam *f*

**minicar** /ˈmɪnɪˌkɑːʳ/ N toute petite voiture *f*

**minicomputer** /ˈmɪnɪkəmˈpjuːtəʳ/ N mini-ordinateur *m*

**mini-course** /ˈmɪnɪˌkɔːs/ N *(US Scol)* cours *m* extrascolaire

**minidisc** /ˈmɪnɪdɪsk/ N *(= system, disc)* MiniDisc *m* COMP ▷ **minidisc player** N lecteur *m* de MiniDisc

**minidress** /ˈmɪnɪˌdres/ N minirobe *f*

**minim** /ˈmɪnɪm/ N a *(Brit Mus)* blanche *f* b *(Measure = 0.5ml)* ≃ goutte *f* COMP ▷ **minim rest** N demi-pause *f*

**minima** /ˈmɪnɪmə/ NPL of **minimum**

**minimal** /ˈmɪnɪml/ ADJ *[risk, role, resources, effect, change]* minime ; *[level, requirements]* minimal, minimum ◆ **the money saved is ~** la somme d'argent économisée est minime ◆ **~ publicity/disruption** un minimum de publicité/perturbation ◆ **a ~ amount of effort** un minimum d'effort, un effort minime ◆ **to have ~ impact on sth** n'avoir qu'un très faible impact sur qch ◆ **damage was ~** les dégâts étaient minimes ◆ **~ loss of life** des pertes minimums en vies humaines ◆ **at ~ cost** pour un coût minimum ◆ **with ~ effort** avec un minimum d'effort COMP ▷ **minimal art** N art *m* minimal ▷ **minimal free form** N *(Ling)* forme *f* libre minimale ▷ **minimal pair** N *(Ling)* paire *f* minimale

**minimalism** /ˈmɪnɪməlɪzəm/ N *(Art etc)* minimalisme *m*

**minimalist** /ˈmɪnɪməlɪst/ ADJ, N *(Art etc)* minimaliste *mf*

**minimally** /ˈmɪnɪməlɪ/ ADV à peine

**minimarket** /ˈmɪnɪˌmɑːkɪt/, **minimart** /ˈmɪnɪˌmɑːt/ N supérette *f*

**minimize** /ˈmɪnɪmaɪz/ VT a *(= reduce to minimum) [+ amount, risk, losses]* réduire au minimum b *(= play down) [+ risk, losses, sb's contribution, help]* minimiser

**minimum** /ˈmɪnɪməm/ N (pl **minimums** *or* **minima**) minimum *m* ◆ **a ~ of $100** un minimum de 100 dollars ◆ **$100 (at the) ~** au moins 100 dollars ◆ **to do the ~** faire le minimum ◆ **to reduce to a** *or* **the ~** réduire au minimum ◆ **keep interruptions to a** *or* **the ~** limitez les interruptions autant que possible ◆ **to keep costs to a ~** maintenir les coûts au plus bas ◆ **with a ~ of common-sense one could ...** avec un minimum de bon sens on pourrait ...

ADJ minimum *f inv*, minimal ◆ **with ~ effort** avec un minimum d'effort ◆ **at ~ cost** pour un coût minimum

COMP ▷ **minimum iron fabric** N tissu *m* ne demandant qu'un repassage minimum ▷ **minimum lending rate** N *(Econ)* taux *m* de base bancaire ▷ **minimum security prison** N *(esp US)* établissement *m* pénitentiaire à régime assoupli *or* souple ▷ **minimum wage** N *(Econ, Ind)* salaire *m* minimum, ≃ SMIC *m*

**mining** /ˈmaɪnɪŋ/ N *(NonC)* a *(Min)* exploitation *f* minière b *(Mil, Naut)* pose *f or* mouillage *m* de mines COMP *[village, company, industry, rights]* minier ; *[family]* de mineurs ▷ **mining area** N région *f* (d'industrie) minière ▷ **mining engineer** N ingénieur *m* des mines ▷ **mining engineering** N génie *m* minier ◆ **to study ~ engineering** ≃ faire des études à l'école des Mines

**minion** /ˈmɪnjən/ N *(lit = servant)* laquais *m* ; *(fig, hum)* sous-fifre * *m* ◆ **she delegated the job to one of her ~s** elle a donné ce travail à l'un de ses sous-fifres *

**minipill** /ˈmɪnɪpɪl/ N minipilule *f*

**miniscule** /ˈmɪnɪˌskjuːl/ ADJ ⇒ **minuscule**

**miniseries** /ˈmɪnɪsɪərɪz/ N *(TV)* minifeuilleton *m*

**mini-ski** /ˈmɪnɪˌskiː/ N *(Ski)* miniski *m*

**miniskirt** /ˈmɪnɪˌskɜːt/ N minijupe *f*

**minister** /ˈmɪnɪstəʳ/ N a *(Brit Govt)* ministre *m* b *(Rel:* also **minister of religion***)* pasteur *m*, ministre *m* VI ◆ **to ~ to sb's needs** pourvoir aux besoins de qn ◆ **to ~ to sb** secourir qn ◆ **to ~ to a parish** *(Rel)* desservir une paroisse COMP ▷ **ministering angel** N *(fig)* ange *m* de bonté ▷ **Minister for Education and Employment** N *(Brit)* ministre *mf* de l'Éducation et de l'Emploi ▷ **Minister of Health** N ministre *m* de la Santé ▷ **Minister of State** N *(Brit Govt)* ≃ secrétaire *m* d'État ; *(gen)* ministre *m* ▷ **minister plenipotentiary** N ministre *m* plénipotentiaire ▷ **minister resident** N ministre *m* résident ; → **defence, foreign**

**ministerial** /ˌmɪnɪsˈtɪərɪəl/ ADJ a *(Govt) [meeting, team, reshuffle, approval, decision]* ministériel ; *[post, career, duties]* de ministre ; *[resignation]* d'un ministre ◆ **the ~ benches** le banc des ministres ◆ **a ~ colleague** un(e) collègue ministre ◆ **the rules governing ~ conduct** le règlement régissant la conduite des ministres ◆ **at ~ level** à niveau ministériel ◆ **to hold ~ office** occuper des fonctions ministérielles b *(Rel)* ◆ **his ~ duties** les obligations de son ministère ◆ **a ~ friend of his in Glasgow** un de ses amis, ministre du culte à Glasgow

**ministration** /ˌmɪnɪsˈtreɪʃən/ N a ◆ **~s** *(= services, help)* soins *mpl* b *(Rel)* ministère *m*

**ministry** /ˈmɪnɪstrɪ/ N a *(= government department)* ministère *m* ◆ **Ministry of Health/Defence** ministère *m* de la Santé/Défense ◆ **to form a ~** *(Parl)* former un ministère *or* un gouvernement ◆ **the coalition ~ lasted two years** le ministère de coalition a duré deux ans b *(= period of office)* ministère *m* c *(= clergy)* **the ~** le saint ministère ◆ **to go into** *or* **enter the ~** devenir *or* se faire pasteur *or* ministre

**minium** /ˈmɪnɪəm/ N minium *m*

**miniver** /ˈmɪnɪvəʳ/ N menu-vair *m*

**mink** /mɪŋk/ N (pl **mink** *or* **minks**) *(= animal, fur)* vison *m* COMP *[coat etc]* de vison

**minke** /ˈmɪŋkɪ/ N ◆ **~ (whale)** baleine *f* minke

**Minn.** abbrev of **Minnesota**

**minneola** /ˌmɪnɪˈəʊlə/ N minnéola *m*

**Minnesota** /ˌmɪnɪˈsəʊtə/ N Minnesota *m* ◆ **in ~** dans le Minnesota

**minnow** /ˈmɪnəʊ/ N a *(Zool)* vairon *m* ; *(= any small fish)* fretin *m* b *(fig = unimportant person)* menu fretin *m pl inv*

**Minoan** /mɪˈnəʊən/ ADJ minoen

**minor** /ˈmaɪnəʳ/ ADJ *[change, consideration, defect] (also Jur, Mus, Philos, Rel)* mineur (-eure *f*) ; *[detail, expenses, repairs]* petit, menu ; *[importance, interest, position, role]* secondaire, mineur ◆ **~ poet** poète *m* mineur ◆ **~ problem/worry** problème *m*/souci *m* mineur ◆ **G ~** *(Mus)* sol mineur ◆ **~ key** *(Mus)* ton *m* mineur ◆ **in the ~ key** *(Mus)* en mineur ◆ **~ offence** *(Jur)* ≃ délit *m* mineur ◆ **~ operation** *(Med)* opération *f* bénigne ◆ **to play a ~ part** *(Theat,* *fig)* jouer un rôle accessoire *or* un petit rôle ◆ ~ **planet** petite planète *f*, astéroïde *m* ◆ ~ **suit** *(Cards)* (couleur *f*) mineure *f* ◆ **Smith** ~ *(Brit Scol)* Smith junior **N** a *(Jur)* mineur(e) *m(f)* b *(US Univ)* matière *f* secondaire **VI** *(US Univ)* ◆ **to ~ in chemistry** étudier la chimie comme matière secondaire *or* sous-dominante

**Minorca** /mɪˈnɔːkə/ **N** Minorque *f* ◆ **in ~** à Minorque

**minority** /maɪˈnɒrɪtɪ/ **N** *(also Jur)* minorité *f* ◆ **in a** *or* **the ~** en minorité ◆ **you are in a ~ of one** *(hum)* vous êtes le seul à penser ainsi, personne ne partage vos vues *or* votre opinion ◆ **the reforms will affect only a small ~ of the population** les réformes ne toucheront qu'une petite minorité de la population **COMP** *[party, opinion, government]* minoritaire ▷ **minority president** **N** *(US Pol) président n'ayant pas la majorité absolue au Congrès* ▷ **minority programme** **N** *(Rad, TV)* émission *f* destinée à un public restreint ▷ **minority report** **N** *(Admin)* rapport *m* soumis par un groupe minoritaire

**Minos** /ˈmaɪnɒs/ **N** Minos *m*

**Minotaur** /ˈmaɪnətɔːʳ/ **N** Minotaure *m*

**minster** /ˈmɪnstəʳ/ **N** cathédrale *f* ; *[of monastery]* église *f* abbatiale ◆ **York Minster** cathédrale *f* d'York

**minstrel** /ˈmɪnstrəl/ **N** *(Hist etc)* ménestrel *m* **COMP** ▷ **minstrel gallery** **N** *(Archit)* tribune *f* des musiciens ▷ **minstrel show** **N** *(Theat)* spectacle *m* de chanteurs et musiciens blancs déguisés en noirs

**minstrelsy** /ˈmɪnstrəlsɪ/ **N** *(NonC)* *(= art)* art *m* du ménestrel *or* trouvère *or* troubadour ; *(= songs)* chants *mpl*

**mint**[1] /mɪnt/ **N** a *(also Brit:* also **Royal Mint***)* Monnaie *f*, hôtel *m* de la Monnaie b *(fig = large sum)* une *or* des somme(s) folle(s) ◆ **to make a ~ (of money)** faire fortune ◆ **he made a ~ in oil** * il a fait fortune dans le pétrole **VT** *[+ coins]* battre ; *[+ gold]* monnayer (*into* pour obtenir) ; *(fig)* *[+ word, expression]* forger, inventer ◆ **he ~s money** * il fait des affaires d'or, il ramasse l'argent à la pelle **COMP** ▷ **mint condition** **N** ◆ **in ~ condition** à l'état (de) neuf, en parfaite condition ▷ **mint stamp** **N** *(Philat)* timbre *m* non oblitéré

**mint**[2] /mɪnt/ **N** *(Bot, Culin)* menthe *f* ; *(= sweet)* bonbon *m* à la menthe **COMP** *[chocolate, sauce]* à la menthe ▷ **mint julep** **N** *(US)* whisky *m etc* glacé à la menthe ▷ **mint sauce** **N** sauce *f* à la menthe ▷ **mint tea** **N** *(= herbal tea)* infusion *f* de menthe ; *(= tea with mint)* thé *m* à la menthe

**-minted** /ˈmɪntɪd/ **ADJ** *(in compounds)* ◆ **newly-minted** *[coin]* tout neuf

**minuet** /ˌmɪnjʊˈet/ **N** menuet *m*

**minus** /ˈmaɪnəs/ **PREP** a *(Math)* moins ◆ **five ~ three equals two** cinq moins trois égale(nt) deux ◆ **A/B ~** *(Scol)* ≃ A/B moins
b *(* = without)* sans, avec ... en *or* de moins ◆ **he arrived ~ his coat** il est arrivé sans son manteau ◆ **they found his wallet ~ the money** ils ont retrouvé son portefeuille mais sans l'argent ◆ **~ a finger** avec un doigt en *or* de moins
**N** *(Math)* *(= sign)* moins *m* ; *(= amount)* quantité *f* négative ◆ **the ~es** *(fig: of situation etc)* les inconvénients *mpl* ◆ **the ~es far outweigh any possible gain** les inconvénients l'emportent largement sur les avantages éventuels ◆ **the plusses and ~es were about equal** les avantages et les inconvénients s'équilibraient plus ou moins
**COMP** ▷ **minus quantity** **N** *(Math)* quantité *f* négative ; *(* fig)* quantité *f* négligeable ▷ **minus sign** **N** *(Math)* (signe *m*) moins *m*

**minuscule** /ˈmɪnəˌskjuːl/ **ADJ** minuscule

**minute**[1] /ˈmɪnɪt/ **N** a *(fig, of time)* minute *f* ◆ **it is 23 ~s past 2** il est 2 heures 23 (minutes) ◆ **at 4 o'clock to the ~** à 4 heures pile *or* tapant(es) ◆ **we got the train without a ~ to spare** une minute de plus et nous manquions le train ◆ **I'll do it in a ~** je le ferai dans une minute ◆ **I'll do it the ~ he comes** je le ferai dès qu'il arrivera ◆ **do it this ~!** * fais-le tout de suite *or* à la minute ! ◆ **he went out this (very) ~** * il vient tout juste de sortir ◆ **I've just this ~ heard of it** * je viens de l'apprendre à la minute ◆ **at any ~** à tout moment, d'une minute *or* d'un instant à l'autre ◆ **any ~ now** * d'une minute à l'autre ◆ **at the last ~** à la dernière minute ◆ **to leave things till the last ~** tout faire à la dernière minute ◆ **I'll just be a ~, I shan't be a ~** * j'en ai pour deux secondes ◆ **it won't take five ~s** ce sera fait en un rien de temps ◆ **I'm not suggesting for a ~ that he's lying** loin de moi l'idée qu'il ment ◆ **one ~ he's there, the next he's gone** une minute il est là, la minute d'après il est parti ◆ **one ~ you say you love me, the next you're threatening to leave** tu dis que tu m'aimes et deux minutes plus tard tu menaces de me quitter ◆ **it's a few ~s' walk from the station** c'est tout près de la gare, c'est à quelques minutes à pied de la gare ◆ **wait a ~, just a ~** attendez une minute *or* un instant *or* un moment ; *(indignantly)* minute ! ◆ **half a ~!** † une petite minute ! ◆ **there's one born every ~!** * il faut vraiment le faire ! *
b *(Geog, Math = part of degree)* minute *f*
c *(= official record)* compte rendu *m*, procès-verbal *m* ; *(Comm etc)* *(= memorandum)* note *f* ◆ **to take the ~s of a meeting** rédiger le procès-verbal *or* le compte rendu d'une réunion ◆ **who will take the ~s?** qui se charge du compte rendu ?
**VT** a *(= note etc)* *[+ fact, detail]* prendre note de ; *[+ meeting]* rédiger le compte rendu de, dresser le procès-verbal de
b *(= send minute to)* *[+ person]* faire passer une note à (*about* au sujet de)
**COMP** ▷ **minute book** **N** *(Admin, Comm etc)* registre *m* des délibérations ▷ **minute hand** **N** *[of clock etc]* grande aiguille *f* ▷ **minute steak** **N** *(Culin)* entrecôte *f* minute

**minute**[2] /maɪˈnjuːt/ **ADJ** *(= tiny)* *[object, amount, variation, trace]* minuscule ; *(= detailed)* *[examination, analysis]* minutieux ◆ **in ~** *or* **the ~st detail** jusque dans les moindres *or* plus infimes détails

**minutely** /maɪˈnjuːtlɪ/ **ADV** a *(= in detail)* *[examine, describe]* minutieusement, dans les moindres détails ◆ **a ~ detailed account** un compte rendu extrêmement détaillé *or* circonstancié b *(= slightly)* *[move, change, differ]* très légèrement ◆ **anything ~ resembling a fish** quelque chose ayant très vaguement l'apparence d'un poisson c *(= very small)* *[write, fold]* en tout petit

**minutiae** /mɪˈnjuːʃiː/ **NPL** menus détails *mpl*

**minx** /mɪŋks/ **N** (petite) espiègle *f*

**Miocene** /ˈmaɪəˌsiːn/ **ADJ, N** miocène *m*

**MIPS, mips** /mɪps/ **N** (abbrev of **millions of instructions per second**) MIPS

**miracle** /ˈmɪrəkl/ **N** miracle *m* ◆ **by a ~, by some ~** par miracle ◆ **it is a ~ of ingenuity** c'est un miracle *or* une merveille d'ingéniosité ◆ **it is a ~ that ...** c'est miracle que ... + *subj* ◆ **it will be a ~ if ...** ce sera (un) miracle si ... **COMP** ▷ **miracle cure, miracle drug** **N** remède *m* miracle ▷ **miracle-man** **N** (pl **miracle-men**) faiseur *m* de miracles ▷ **miracle play** **N** *(Rel, Theat)* miracle *m* ▷ **miracle worker** **N** *(fig)* ◆ **I'm not a ~ worker!** * je ne sais pas faire de miracles !

**miraculous** /mɪˈrækjʊləs/ **ADJ** *(Rel, fig)* miraculeux ◆ **to make a ~ escape** en réchapper miraculeusement ◆ **to make a ~ recovery** guérir miraculeusement ◆ **to be little** *or* **nothing short of ~** être tout bonnement miraculeux

**miraculously** /mɪˈrækjʊləslɪ/ **ADV** a *(= as if by miracle)* *[survive, escape, transform]* miraculeusement, par miracle ◆ **to be ~ intact/unharmed** être miraculeusement intact/indemne ◆ **~ the baby appeared to be unhurt** par miracle, il semblait que le bébé était indemne b *(= extremely)* *[beautiful]* merveilleusement

**mirage** /ˈmɪrɑːʒ/ **N** *(lit, fig)* mirage *m*

**MIRAS** /ˈmaɪræs/ **N** *(Brit Fin)* (abbrev of **mortgage interest relief at source**) *exonération fiscale à la source sur les intérêts d'emprunts hypothécaires*

**mire** /ˈmaɪəʳ/ **N** *(liter)* *(= mud)* fange *f* *(liter)* ; *(= swampy ground)* bourbier *m* ◆ **to drag sb's name through the ~** traîner (le nom de) qn dans la fange *or* la boue

**mired** /ˈmaɪəd/ **ADJ** *(esp liter)* a *(= dirtied)* ◆ **~ in mud** *[vehicle]* embourbé ; *[road]* recouvert de boue b *(= involved)* ◆ **~ in debt** endetté jusqu'au cou ◆ **~ in scandal** fortement compromis dans un scandale

**mirror** /ˈmɪrəʳ/ **N** miroir *m*, glace *f* ; *(Aut)* rétroviseur *m* ; *(fig)* miroir *m* ◆ **hand ~** miroir *m* à main ◆ **pocket ~** miroir *m* de poche ◆ **to look at o.s. in the ~** se regarder dans le miroir *or* dans la glace ◆ **it holds a ~ (up) to ...** *(fig)* cela reflète ... **VT** *(lit, fig)* refléter ◆ **to be ~ed in** *or* **by sth** se refléter dans qch **COMP** ▷ **mirror image** **N** image *f* inversée ▷ **mirror site** **N** *(Comput)* site *m* miroir ▷ **mirror writing** **N** écriture *f* en miroir

**mirth** /mɜːθ/ **N** *(NonC)* hilarité *f* ◆ **this remark caused some ~** cette remarque a déclenché une certaine hilarité

**mirthful** /ˈmɜːθfʊl/ **ADJ** *(liter)* gai, joyeux

**mirthless** /ˈmɜːθlɪs/ **ADJ** sans joie

**mirthlessly** /mɜːθlɪslɪ/ **ADV** sans joie

**MIRV** /mɜːv/ (abbrev of **Multiple Independently Targeted Re-entry Vehicle**) MIRV *m*

**miry** /ˈmaɪərɪ/ **ADJ** *(liter)* fangeux *(liter)*, bourbeux

**MIS** /ˌemaɪˈes/ **N** (abbrev of **management information system**) SIG *m*

**misadventure** /ˌmɪsədˈventʃəʳ/ **N** mésaventure *f* ; *(less serious)* contretemps *m* ◆ **death by ~** *(Jur)* mort *f* accidentelle

**misalignment** /mɪsəˈlaɪnmənt/ **N** mauvais alignement *m* ◆ **the dollar ~** le mauvais alignement du dollar

**misalliance** /ˌmɪsəˈlaɪəns/ **N** mésalliance *f*

**misanthrope** /ˈmɪzənθrəʊp/ **N** misanthrope *mf*

**misanthropic** /ˌmɪzənˈθrɒpɪk/ **ADJ** *[person]* misanthrope ; *[feeling, mood, view]* de misanthrope

**misanthropist** /mɪˈzænθrəpɪst/ **N** misanthrope *mf*

**misanthropy** /mɪˈzænθrəpɪ/ **N** misanthropie *f*

**misapplication** /ˌmɪsæplɪˈkeɪʃən/ **N** *[of knowledge]* usage *m* impropre ; *[of funds]* détournement *m*

**misapply** /ˈmɪsəˈplaɪ/ **VT** *[+ discovery, knowledge]* mal employer, mal appliquer ; *[+ abilities, intelligence]* mal employer ; *[+ money, funds]* détourner

**misapprehend** /ˈmɪsˌæprɪˈhend/ **VT** mal comprendre, se faire une idée fausse de *or* sur

**misapprehension** /ˈmɪsˌæprɪˈhenʃən/ N malentendu *m*, méprise *f* ◆ **there seems to be some ~** il semble y avoir malentendu *or* méprise

**misappropriate** /ˈmɪsəˈprəʊprɪeɪt/ VT *[+ money, funds]* détourner

**misappropriation** /ˈmɪsəˌprəʊprɪˈeɪʃən/ N détournement *m*

**misbegotten** /ˈmɪsbɪˈgɒtn/ ADJ a *(lit: liter)* illégitime, bâtard b *(fig = misguided) [plan, scheme]* mal conçu, malencontreux

**misbehave** /ˈmɪsbɪˈheɪv/ VI se conduire mal ; *[child]* ne pas être sage, se tenir mal

**misbehaviour, misbehavior** *(US)* /ˈmɪsbɪˈheɪvjəʳ/ N *[of person, child]* mauvaise conduite *f* ; *(stronger)* inconduite *f*

**misbelief** /ˈmɪsbɪˈliːf/ N *(Rel)* croyance *f* fausse

**misbeliever** /ˈmɪsbɪˈliːvəʳ/ N *(Rel)* mécréant(e) *m(f)*

**misc.** ADJ (abbrev of **miscellaneous**) divers

**miscalculate** /ˈmɪsˈkælkjʊleɪt/ VT mal calculer VI *(fig)* se tromper

**miscalculation** /ˈmɪsˌkælkjʊˈleɪʃən/ N *(lit, fig)* erreur *f* de calcul, mauvais calcul *m*

**miscall** /ˈmɪsˈkɔːl/ VT mal nommer, appeler à tort

**miscarriage** /ˈmɪsˈkærɪdʒ/ N a *[of plan etc]* insuccès *m*, échec *m* ; *[of letter, goods]* perte *f* ◆ **~ of justice** erreur *f* judiciaire b *(Med)* fausse couche *f* ◆ **to have a ~** faire une fausse couche

**miscarry** /ˌmɪsˈkærɪ/ VI a *[plan, scheme]* échouer, avorter ; *[letter, goods]* s'égarer, ne pas arriver à destination b *(Med)* faire une fausse couche

**miscast** /ˈmɪsˈkɑːst/ (pret, ptp **miscast**) VT *(Cine, Theat etc)* ◆ **the play has been ~** la distribution est mauvaise ◆ **he was ~** on n'aurait pas dû lui donner *or* attribuer ce rôle

**miscegenation** /ˌmɪsɪdʒɪˈneɪʃən/ N croisement *m* entre races *(humaines)*

**miscellaneous** /ˌmɪsɪˈleɪnɪəs/ ADJ *[people, objects, writings, costs]* divers ; *[collection]* hétéroclite ◆ **categorized** *or* **classified as "miscellaneous"** classé "divers" ◆ **"miscellaneous"** *(on agenda)* "divers" COMP ▷ **miscellaneous expenses** NPL frais *mpl* divers ▷ **miscellaneous items** NPL *(Comm)* articles *mpl* divers ; *(Press)* faits *mpl* divers

**miscellany** /mɪˈselənɪ/ N *[of objects etc]* collection *f* hétéroclite ; *(Literat)* sélection *f*, anthologie *f* ; *(Rad, TV)* sélection *f*, choix *m* ◆ **miscellanies** *(Literat)* miscellanées *fpl*, (volume *m* de) mélanges *mpl*

**mischance** /ˌmɪsˈtʃɑːns/ N mésaventure *f*, malchance *f* ◆ **by (a) ~** par malheur

**mischief** /ˈmɪstʃɪf/ N a *(NonC) (= roguishness)* malice *f*, espièglerie *f* ; *(= naughtiness)* sottises *fpl*, polissonnerie *f* ; *(= maliciousness)* méchanceté *f* ◆ **he's up to (some) ~** *[child]* il (nous) prépare une sottise ; *[adult] (in fun)* il (nous) prépare une farce *or* niche ; *(from malice)* il médite un mauvais tour *or* coup ◆ **he's always up to some ~** il trouve toujours une sottise *or* niche à faire ◆ **to get into ~** *[child only]* faire des sottises, faire des siennes ◆ **to keep sb out of ~** empêcher qn de faire des sottises *or* des bêtises, garder qn sur le droit chemin *(hum)* ◆ **the children managed to keep out of ~** les enfants sont arrivés à ne pas faire de sottises, les enfants ont même été sages ◆ **he means ~** *[child]* il va sûrement faire une sottise ; *[adult] (in fun)* il va sûrement faire une farce ; *(from malice)* il est mal intentionné ◆ **out of sheer ~** *(for fun)* par pure espièglerie ; *(from malice)* par pure méchanceté ◆ **full of ~** espiègle, plein de malice ◆ **bubbling over with ~** pétillant de malice ◆ **to make ~ (for sb)** créer des ennuis (à qn) ◆ **to make ~ between two people** semer la zizanie *or* la discorde entre deux personnes b *(* = child)* polisson(ne) *m(f)*, petit(e) vilain(e) *m(f)* c *(= injury, damage)* mal *m* ; *(to ship, building etc)* dommage *m*, dégât(s) *m(pl)* ◆ **to do sb a ~** * faire mal à qn ◆ **to do o.s. a ~** se faire mal COMP ▷ **mischief-maker** N semeur *m*, -euse *f* de discorde, faiseur *m*, -euse *f* d'histoires ; *(esp gossip)* mauvaise langue *f*

**mischievous** /ˈmɪstʃɪvəs/ ADJ a *(= impish) [person, nature, smile, glance]* malicieux ; *(= naughty) [child, trick]* vilain ; *[kitten, behaviour]* espiègle b *(= malicious) [person, behaviour, attempt, suggestion, rumour]* malveillant

**mischievously** /ˈmɪstʃɪvəslɪ/ ADV a *(= impishly) [say, smile]* malicieusement ; *(= naughtily) [behave]* mal b *(= maliciously) [suggest, claim, attempt]* avec malveillance

**mischievousness** /ˈmɪstʃɪvəsnɪs/ N *(= roguishness)* malice *f*, espièglerie *f* ; *(= naughtiness)* polissonnerie *f*

**misconceive** /ˈmɪskənˈsiːv/ VT mal comprendre, mal interpréter VI se tromper, se méprendre (*of* sur)

**misconceived** /ˌmɪskənˈsiːvd/ ADJ *[policy, plan, approach]* peu judicieux ; *[idea]* faux (fausse *f*), erroné

**misconception** /ˈmɪskənˈsepʃən/ N a *(= wrong idea/opinion)* idée *f*/opinion *f* fausse *or* erronée b *(= misunderstanding)* malentendu *m*, méprise *f*

**misconduct** /ˌmɪsˈkɒndʌkt/ N a *(= bad behaviour)* mauvaise conduite *f* ; *(Jur: sexual)* adultère *m* ; *(Sport)* mauvaise conduite *f* ◆ **to be sacked for ~** être licencié pour faute professionnelle ◆ **gross ~** faute *f* (professionnelle) grave ◆ **professional ~** faute *f* professionnelle ◆ **allegations of police ~** des allégations *fpl* selon lesquelles la police aurait commis des abus b *(= bad management) [of business etc]* mauvaise administration *f or* gestion *f* VT /ˌmɪskənˈdʌkt/ *[+ business]* mal diriger, mal gérer ◆ **to ~ o.s.** † se conduire mal

**misconstruction** /ˈmɪskənˈstrʌkʃən/ N *(= misinterpretation)* fausse interprétation *f* ◆ **words open to ~** mots qui prêtent à méprise *or* contresens

**misconstrue** /ˈmɪskənˈstruː/ VT *[+ acts, words]* mal interpréter

**miscount** /ˈmɪsˈkaʊnt/ N *(gen)* mécompte *m* ; *(Pol: during election)* erreur *f* de comptage *or* dans le décompte des voix VTI mal compter

**miscreant** /ˈmɪskrɪənt/ N *(frm)* scélérat(e) *m(f)*, gredin(e) *m(f)*

**misdeal** /ˈmɪsˈdiːl/ (vb : pret, ptp **misdealt**) *(Cards)* N maldonne *f* VTI ◆ **to ~ (the cards)** faire maldonne

**misdeed** /ˈmɪsˈdiːd/ N méfait *m*, mauvaise action *f* ; *(stronger)* crime *m*

**misdemeanour, misdemeanor** *(US)* /ˌmɪsdɪˈmiːnəʳ/ N a *(= misdeed)* incartade *f*, écart *m* de conduite ; *(more serious)* méfait *m* b *(Jur) (Brit)* infraction *f*, contravention *f* ; *(US)* délit *m*

**misdescribe** /ˌmɪsdɪˈskraɪb/ VT *[+ goods for sale]* décrire de façon mensongère

**misdiagnose** /ˈmɪsdaɪəgnəʊz/ VT a *(Med) [+ illness]* faire une erreur de diagnostic au sujet de ; *[+ patient]* faire une erreur de diagnostic sur b *(= analyse wrongly) [+ problem, situation]* faire une erreur d'analyse quant à

**misdiagnosis** /ˌmɪsdaɪəgˈnəʊsɪs/ N (pl **misdiagnoses** /ˌmɪsdaɪəgˈnəʊsiːz/) a *(Med) [of illness]* erreur *f* de diagnostic b *(= wrong analysis) [of problem, situation]* erreur *f* d'analyse

**misdirect** /ˈmɪsdɪˈrekt/ VT *[+ letter etc]* mal acheminer ; *[+ person]* mal renseigner ; *[+ blow, efforts]* mal diriger, mal orienter ; *[+ operation, scheme]* mener mal ◆ **to ~ the jury** *(Jur)* mal instruire le jury

**misdirection** /ˈmɪsdɪˈrekʃən/ N *[of letter etc]* erreur *f* d'acheminement ; *[of blow, efforts]* mauvaise orientation *f* ; *[of operation, scheme]* mauvaise conduite *f*

**miser** /ˈmaɪzəʳ/ N avare *mf*, grippe-sou *m*

**miserable** /ˈmɪzərəbl/ ADJ a *(= unhappy) [person, face, look, experience]* malheureux ◆ **to feel ~** *(= unhappy)* ne pas avoir le moral ; *(= unwell)* être mal en point ◆ **to make sb's life ~, to make life ~ for sb** *[person]* mener la vie dure à qn ; *[illness]* gâcher la vie à qn ◆ **don't look so ~!** ne fais pas cette tête ! ◆ **she's been having a ~ time recently** la vie n'est pas drôle pour elle en ce moment ◆ **we had a ~ time on holiday** nos vacances ont été un vrai cauchemar b ◆ **~ weather** * *(= awful)* un temps affreux, un très sale temps ; *(= depressing, overcast)* un temps maussade c *(= wretched, abject) [person, place, conditions, life, existence]* misérable ; *[sight]* lamentable, déplorable ; *[failure]* lamentable d *(= paltry) [number, amount]* dérisoire ; *[offer]* minable ; *[salary]* dérisoire, de misère ; *[meal]* piteux ; *[gift]* miteux ◆ **a ~ 10 euros** la somme dérisoire de 10 euros

**miserably** /ˈmɪzərəblɪ/ ADV a *(= unhappily) [say, look, smile, nod]* d'un air malheureux ◆ **a ~ unhappy family** une famille des plus misérables et malheureuses ◆ **it was ~ cold and wet** il faisait désagréablement froid et humide b *(= wretchedly, horribly) [live]* misérablement ; *[perform, fail]* lamentablement ◆ **a ~ low wage** un salaire de misère ◆ **they played ~** ils ont été minables, ils ont joué d'une façon minable

**misère** /mɪˈzɛəʳ/ N *(Cards)* misère *f*

**miserliness** /ˈmaɪzəlɪnɪs/ N avarice *f*

**miserly** /ˈmaɪzəlɪ/ ADJ a *(= mean) [person]* avare (*with sth* de qch) b *(= parsimonious) [sum, amount, offer]* dérisoire ◆ **a ~ 8 dollars** 8 malheureux dollars

**misery** /ˈmɪzərɪ/ N a *(= unhappiness)* tristesse *f*, douleur *f* ; *(= suffering)* souffrances *fpl*, supplice *m* ; *(= wretchedness)* misère *f*, détresse *f* ◆ **the miseries of mankind** la misère de l'homme ◆ **a life of ~** une vie de misère ◆ **to make sb's life a ~** *[person]* mener la vie dure à qn ; *[illness]* gâcher la vie de qn ◆ **to put an animal out of its ~** achever un animal ◆ **put him out of his ~ * and tell him the results** abrégez son supplice et donnez-lui les résultats b *(Brit * = gloomy person) (child)* pleurnicheur *m*, -euse *f* ; *(adult)* grincheux *m*, -euse *f*, rabat-joie *m inv* ◆ **what a ~ you are!** ce que tu peux être grincheux *or* rabat-joie ! COMP ▷ **misery-guts** N râleur * *m*, -euse * *f*, rabat-joie *m inv*

**misfire** /ˈmɪsˈfaɪəʳ/ VI *[gun]* faire long feu, rater ; *[plan]* rater, foirer * ; *[joke]* tomber à plat ; *[car engine]* avoir des ratés

**misfit** /ˈmɪsfɪt/ N a *(Dress)* vêtement *m* mal réussi *or* qui ne va pas bien b *(fig = person)* inadapté(e) *m(f)* ◆ **he's always been a ~ here** il ne s'est jamais intégré ici, il n'a jamais su s'adapter ici ; → **social**

**misfortune** /mɪsˈfɔːtʃən/ N *(single event)* malheur *m* ; *(NonC = bad luck)* malchance *f*, infortune *f (liter)* ◆ **~s never come singly** un malheur n'arrive jamais seul ◆ **~ dogs his footsteps** *(liter)* il joue de malchance ◆ **he'd**

**had more than his fair share of** ~ il avait eu plus que sa part de malheur ◆ **companion in** ~ compagnon *m or* compagne *f* d'infortune ◆ **it is his** ~ **that he is deaf** pour son malheur il est sourd ◆ **I had the** ~ **to meet him** par malheur *or* par malchance je l'ai rencontré ◆ **that's your** ~**!** tant pis pour toi !

**misgiving** /mɪsˈgɪvɪŋ/ **N** *(= worries)* inquiétude *f* ; *(= doubts)* doutes *mpl* ◆ **to have ~s about sb/sth** avoir des doutes au sujet de qn/qch ◆ **her son is already having ~s about religion** son fils se pose déjà des questions sur la religion ◆ **not without some ~(s)** non sans hésitation

**misgovern** /ˈmɪsˈgʌvən/ **VTI** mal gouverner, mal administrer

**misgovernment** /ˈmɪsˈgʌvənmənt/ **N** mauvaise gestion *f*

**misguided** /ˈmɪsˈgaɪdɪd/ **ADJ** *[person]* dans l'erreur ; *[attempt]* peu judicieux ; *[patriotism, idealism]* fourvoyé ; *[belief, view, policy]* erroné ◆ **to be ~ in sth/in doing sth** faire erreur en ce qui concerne qch/en faisant qch ◆ **it would be ~ to do that** ce serait une erreur de faire cela

**misguidedly** /ˈmɪsˈgaɪdɪdlɪ/ **ADV** malencontreusement, peu judicieusement, à mauvais escient

**mishandle** /ˈmɪsˈhændl/ **VT** a *(= treat roughly) [+ object]* manier *or* manipuler sans précaution b *(= mismanage) [+ person]* mal prendre, mal s'y prendre avec ; *[+ problem]* mal traiter, mal aborder ◆ **he ~d the whole situation** il a mal géré l'ensemble de la situation

**mishap** /ˈmɪshæp/ **N** mésaventure *f* ◆ **slight** ~ contretemps *m*, anicroche *f* ◆ **without** ~ sans encombre ◆ **he had a** ~ il lui est arrivé une (petite) mésaventure

**mishear** /ˈmɪsˈhɪəʳ/ (pret, ptp **misheard** /ˈmɪsˈhɜːd/) **VT** mal entendre

**mishit** /ˈmɪsˈhɪt/ **N** coup *m* manqué **VT** *[+ ball]* mal jouer

**mishmash** * /ˈmɪʃmæʃ/ **N** méli-mélo * *m*

**misinform** /ˈmɪsɪnˈfɔːm/ **VT** mal renseigner

**misinformation** /ˌmɪsɪnfəˈmeɪʃən/ **N** désinformation *f*

**misinterpret** /ˈmɪsɪnˈtɜːprɪt/ **VT** mal interpréter, prendre à contresens

**misinterpretation** /ˈmɪsɪnˌtɜːprɪˈteɪʃən/ **N** interprétation *f* erronée (*of* de), contresens *m* ◆ **open to** ~ qui prête à confusion

**misjudge** /ˈmɪsˈdʒʌdʒ/ **VT** *[+ amount, numbers, time]* mal évaluer ; *(= underestimate)* sous-estimer ; *[+ person]* méjuger, se méprendre sur le compte de

**misjudg(e)ment** /ˌmɪsˈdʒʌdʒmənt/ **N** *[of person, situation, mood, attitude]* appréciation *f* erronée ; *[of time, distance, speed, amount]* mauvaise évaluation *f* ◆ **the government's economic misjudg(e)ments** les erreurs de jugement du gouvernement en matière d'économie

**miskick** /ˌmɪsˈkɪk/ **VT** ◆ **to ~ the ball** rater son coup de pied **N** coup *m* de pied raté

**mislay** /ˌmɪsˈleɪ/ (pret, ptp **mislaid**) **VT** égarer

**mislead** /ˌmɪsˈliːd/ (pret, ptp **misled**) **VT** *(accidentally)* induire en erreur, tromper ; *(deliberately)* tromper, fourvoyer

**misleading** /ˌmɪsˈliːdɪŋ/ **ADJ** *[information, report, statement]* trompeur ◆ ~ **advertising** publicité *f* mensongère ◆ **it would be ~ to suggest that ...** il serait trompeur de suggérer que ...

**misleadingly** /ˌmɪsˈliːdɪŋlɪ/ **ADV** *[describe]* de façon trompeuse

**misled** /ˌmɪsˈlɛd/ **VB** pt, ptp of **mislead**

**mislike** † /mɪsˈlaɪk/ **VT** ne pas aimer, détester

**mismanage** /ˈmɪsˈmænɪdʒ/ **VT** *[+ business, estate, shop]* mal gérer, gérer en dépit du bon sens ; *[+ institution, organization]* mal administrer ◆ **the whole situation has been ~d** l'affaire a été mal gérée d'un bout à l'autre

**mismanagement** /ˈmɪsˈmænɪdʒmənt/ **N** mauvaise gestion *f or* administration *f*

**mismatch** /mɪsˈmætʃ/ **N** *[of objects]* disparité *f* ; *[of colours, styles]* dissonance *f*

**mismatched** /mɪsˈmætʃt/ **ADJ** *[people, things]* mal assortis

**misname** /ˈmɪsˈneɪm/ **VT** donner un nom inexact *or* impropre à, mal nommer

**misnomer** /ˈmɪsˈnəʊməʳ/ **N** terme *m* impropre ◆ **that is a ~** c'est un terme qui ne convient guère

**misogamist** /mɪˈsɒgəmɪst/ **N** misogame *mf*

**misogamy** /mɪˈsɒgəmɪ/ **N** misogamie *f*

**misogynist** /mɪˈsɒdʒɪnɪst/ **N** misogyne *mf* **ADJ** *(= misogynistic)* misogyne

**misogynistic** /mɪˌsɒdʒɪˈnɪstɪk/ **ADJ** misogyne

**misogyny** /mɪˈsɒdʒɪnɪ/ **N** misogynie *f*

**misplace** /ˈmɪsˈpleɪs/ **VT** a *[+ object, word]* mal placer, ne pas mettre où il faudrait ; *[+ affection, trust]* mal placer b *(= lose)* égarer

**misplaced** /ˈmɪsˈpleɪst/ **ADJ** *[remark, humour]* déplacé

**misprint** /ˈmɪsprɪnt/ **N** faute *f* d'impression *or* typographique, coquille *f* **VT** /ˌmɪsˈprɪnt/ imprimer mal *or* incorrectement

**mispronounce** /ˈmɪsprəˈnaʊns/ **VT** prononcer de travers, écorcher

**mispronunciation** /ˈmɪsprəˌnʌnsɪˈeɪʃən/ **N** prononciation *f* incorrecte (*of* de), faute(s) *f(pl)* de prononciation

**misquotation** /ˈmɪskwəʊˈteɪʃən/ **N** citation *f* inexacte

**misquote** /ˈmɪsˈkwəʊt/ **VT** citer faussement *or* inexactement ◆ **he was ~d in the press** la presse a déformé ses propos ◆ **he was ~d as having said ...** on lui a incorrectement fait dire que ... ◆ **he said that he had been ~d** il a dit qu'on avait déformé ses propos

**misread** /ˈmɪsˈriːd/ (pret, ptp **misread** /ˈmɪsˈred/) **VT** a *(lit) [+ word]* mal lire ◆ **he misread "bat" as "rat"** il s'est trompé et a lu "rat" au lieu de "bat" b *(fig = misinterpret) [+ sb's reply, signs etc]* mal interpréter, se tromper sur ◆ **he misread the statements as promises of ...** il s'est mépris sur les déclarations en y voyant des promesses de ..., il a vu à tort dans ces déclarations des promesses de ... ◆ **he misread the whole situation** il a interprété la situation de façon tout à fait incorrecte

**misremember** /mɪsrɪˈmembəʳ/ **VT** *(esp US: frm)* se tromper (dans son souvenir) sur

**misrepresent** /ˈmɪsˌreprɪˈzent/ **VT** *[+ facts]* dénaturer, déformer ; *[+ person]* présenter sous un faux jour, donner une impression incorrecte de ◆ **he was ~ed in the press** *(= wrongly portrayed)* la presse a donné de lui une image inexacte ; *(= misquoted)* la presse a déformé ses propos

**misrepresentation** /ˈmɪsˌreprɪzenˈteɪʃən/ **N** déformation *f*, présentation *f* déformée ◆ **their ~ of the facts ...** le fait qu'ils aient déformé les faits ... ◆ **the programme is guilty of bias and ~** l'émission véhicule des préjugés et déforme la réalité

**misrule** /ˈmɪsˈruːl/ **N** a *(= bad government)* mauvaise administration *f* b *(= disorder)* désordre *m*, anarchie *f* **VT** gouverner mal

**miss**[1] /mɪs/ **N** a *(= shot etc)* coup *m* manqué *or* raté ; *( * = omission)* manque *m*, lacune * *f* ; *( * = mistake)* erreur *f*, faute *f* ◆ **a ~ is as good as a mile** *(Prov)* rater c'est rater (même de justesse) ; → **hit, near**

◆ **to give sth a miss** * se passer de qch ◆ **to give a concert/a lecture/the Louvre a ~** * se passer d'aller à un concert/à une conférence/au Louvre ◆ **I'll give the wine a ~ this evening** * je me passerai de vin ce soir ◆ **I'll give my evening class a ~ this week** * tant pis pour mon cours du soir cette semaine ◆ **oh give it a ~!** * ça suffit !, arrête !

b *(= failure)* four *m*, bide * *m* ◆ **they voted the record a ~** * le disque a été jugé minable *

**VT** a *(= fail to hit) [+ target, goal]* manquer ◆ **the shot just ~ed me** la balle m'a manqué de justesse *or* d'un cheveu ◆ **the plane just ~ed the tower** l'avion a failli toucher la tour

b *(= fail to find, catch, use etc) [+ vocation, opportunity, appointment, train, person to be met, cue, road, turning]* manquer, rater ; *[+ house, thing looked out for, solution]* ne pas trouver, ne pas voir ; *[+ meal]* sauter ; *[+ class, lecture]* manquer ◆ **you haven't ~ed much!** *(iro)* vous n'avez pas manqué *or* perdu grand-chose ! ◆ **we ~ed the tide** nous avons manqué la marée ◆ **you ~ed your vocation** vous avez raté votre vocation ◆ **to ~ the boat** * *or* **the bus** * louper le coche * ◆ **to ~ one's cue** *(Theat)* manquer sa réplique ; *(fig)* rater l'occasion, manquer le coche * ◆ **to ~ one's footing** glisser ◆ **she doesn't ~ much** *or* **a trick** * rien ne lui échappe ◆ **to ~ one's way** perdre son chemin, s'égarer ◆ **you can't ~ our house** vous trouverez tout de suite notre maison ◆ **you mustn't ~ (seeing) this film** ne manquez pas (de voir) *or* ne ratez pas ce film, c'est un film à ne pas manquer *or* rater ◆ **don't ~ the Louvre** ne manquez pas d'aller au Louvre ◆ **if we go that way we'll ~ Bourges** si nous prenons cette route nous ne verrons pas Bourges ◆ **I ~ed him at the station by five minutes** je l'ai manqué *or* raté de cinq minutes à la gare ◆ **to ~ a payment (on sth)** sauter un versement (pour qch) ◆ **I've never ~ed a payment on my mortgage** je n'ai jamais sauté de versement pour mon emprunt immobilier

c *[+ remark, joke, meaning] (= not hear)* manquer, ne pas entendre ; *(= not understand)* ne pas comprendre, ne pas saisir ◆ **I ~ed what you said** je n'ai pas entendu ce que vous avez dit ◆ **I ~ed that** je n'ai pas entendu, je n'ai pas compris ◆ **I ~ed the point of that joke** je n'ai pas compris ce que ça avait de drôle, je n'ai pas saisi l'astuce ◆ **you've ~ed the whole point!** vous n'avez rien compris !, vous avez laissé passer l'essentiel !

d *(= escape, avoid) [+ accident, bad weather]* échapper à ◆ **he narrowly ~ed being killed** il a manqué *or* il a bien failli se (faire) tuer

e *(= long for) [+ person]* regretter (l'absence de) ◆ **I do ~ Paris** Paris me manque beaucoup ◆ **we ~ you very much** nous regrettons beaucoup ton absence, tu nous manques beaucoup ◆ **are you ~ing me?** est-ce que je te manque ? ◆ **they're ~ing one another** ils se manquent l'un à l'autre ◆ **he will be greatly ~ed** on le regrettera beaucoup ◆ **he won't be ~ed** personne ne le regrettera, bon débarras ◆ **I ~ the old trams** je regrette les vieux trams ◆ **I ~ the sunshine/the freedom** le soleil/la liberté me manque ◆ **I ~ going to concerts** les concerts me manquent

f *(= notice loss of) [+ money, valuables]* remarquer l'absence *or* la disparition de ◆ **I suddenly noticed I was ~ing my wallet** tout d'un coup je me suis aperçu que je n'avais plus mon portefeuille ◆ **I'm ~ing 8 dollars** * il me manque 8 dollars ◆ **here's your hat back – I hadn't even ~ed it!** je vous rends votre chapeau – je ne m'étais même pas aperçu *or* n'avais même pas remarqué que je ne l'avais plus ! ◆ **you can keep that pen, I won't ~ it** vous pouvez garder ce stylo, je n'en aurai pas besoin

**VI** *[shot, person]* manquer son coup, rater ◆ **you can't ~!** *(fig)* vous ne pouvez pas ne pas réussir ! ; see also **missing**

▸ **miss out** **VT SEP** *(esp Brit)* **a** *(accidentally)* *[+ name, word, line of verse, page]* sauter, oublier ; *(in distributing sth)* *[+ person]* sauter, oublier

**b** *(on purpose)* *[+ course at meal]* ne pas prendre, sauter ; *[+ name on list]* omettre ; *[+ word, line of verse, page]* laisser de côté, sauter ; *[+ concert, lecture, museum]* ne pas aller à ; *(in distributing sth)* *[+ person]* omettre

**VI** *(= lose out)* ◆ **I feel my children ~ out because we don't have much money** j'ai l'impression que mes enfants sont désavantagés parce que nous n'avons pas beaucoup d'argent ◆ **I feel I ~ed out by not having my father around when I was growing up** j'ai le sentiment que l'absence de mon père pendant mon enfance m'a privé de quelque chose d'important

▸ **miss out on** * **VT FUS** **a** *(= fail to benefit from)* *[+ opportunity, bargain]* rater, louper * ; *[+ one's share]* ne pas recevoir, perdre ◆ **he ~ed out on several good deals** il a raté *or* loupé * plusieurs bonnes affaires

**b** *(= come off badly)* **he ~ed out on the deal** il n'a pas obtenu tout ce qu'il aurait pu de l'affaire ◆ **make sure you don't ~ out on anything** vérifie que tu reçois ton dû

**miss²** /mɪs/ **N** **a** Mademoiselle *f* ◆ **Miss Smith** Mademoiselle Smith, Mlle Smith ◆ **the Misses Smith** † les demoiselles *fpl* Smith ; *(on letter)* Mesdemoiselles Smith ◆ **Dear Miss Smith** *(in letter)* Chère Mademoiselle ◆ **yes Miss Smith** oui, Mademoiselle ◆ **yes, ~** * oui, Mademoiselle ◆ **Miss France 2000** Miss France 2000 **b** † * petite *or* jeune fille *f* ◆ **the modern ~** la jeune fille moderne ◆ **she's a cheeky little ~** c'est une petite effrontée

**Miss.** abbrev of **Mississippi**

**missal** /ˈmɪsəl/ **N** missel *m*

**mis-sell** /mɪsˈsel/ (pt, pp **mis-sold**) **VT** ◆ **to ~ pensions** vendre des contrats de retraite lésant les souscripteurs *or* des contrats de retraite inadaptés ◆ **to be mis-sold a pension** souscrire un contrat de retraite inadapté

**mis-selling** /mɪsˈselɪŋ/ **N** ◆ **the ~ of pensions** la vente de contrats de retraite lésant les souscripteurs *or* de contrats de retraite inadaptés

**misshapen** /ˈmɪsˈʃeɪpən/ **ADJ** difforme

**missile** /ˈmɪsaɪl/ **N** *(Mil)* missile *m* ; *(= stone etc thrown)* projectile *m* ; → **ballistic, ground¹, guided** **COMP** ▷ **missile base** **N** base *f* de missiles (*or* fusées) ▷ **missile launcher** **N** lance-missiles *m inv*

**missing** /ˈmɪsɪŋ/ **ADJ** **a** *(= lost)* ◆ **to be ~** *[person, object]* avoir disparu (*from sth* de qch) ◆ **to go ~** disparaître ◆ **there is one plate ~, one plate has gone** *or* **is ~** il manque une assiette ◆ **~ luggage** bagages *mpl* égarés

**b** *(= lacking)* ◆ **to be ~** *[person, object, details, information]* manquer (*from sth* à qch) ◆ **two pieces are ~** il manque deux pièces ◆ **how many are ~?** combien en manque-t-il ? ◆ **there's nothing ~** il ne manque rien, tout y est ◆ **there's a button ~ on** *or* **from my jacket** il manque un bouton à ma veste ◆ **he had a tooth ~** il lui manquait une dent, il avait une dent en moins ◆ **fill in the ~ words** trouvez les mots manquants *or* qui manquent

**c** *(Mil, Aviat, Naut)* *[serviceman, fisherman, plane]* porté disparu ◆ **~ in action** **ADJ** porté disparu **N** soldat *m etc* porté disparu ◆ **~ (and) presumed dead, ~ believed killed** *or* **presumed dead, reported ~** porté disparu ◆ **one of our aircraft is ~** un de nos avions n'est pas rentré

**COMP** ▷ **the missing link** **N** *(Anthropology, Zool)* le chaînon manquant ; *(detail)* l'élément *m* manquant ▷ **missing person** **N** personne *f* disparue ◆ **~ persons file** fichier *m* des personnes disparues ▷ **Missing Persons** * **N** *(US)* ⇒ **Missing Persons Bureau** ▷ **Missing Persons Bureau** **N** *service de police enquêtant sur les personnes disparues*

**mission** /ˈmɪʃən/ **N** *(all senses)* mission *f* ◆ **foreign ~s** *(Rel)* missions *fpl* étrangères ◆ **to send sb on a ~ to sb** envoyer qn en mission auprès de qn ◆ **his ~ in life is to help others** il s'est donné pour mission d'aider autrui ; → **trade** **COMP** ▷ **mission control** **N** *(Space etc)* centre *m* de contrôle ▷ **mission controller** **N** ingénieur *m* du centre de contrôle ▷ **mission statement** **N** *(Comm, Ind)* cahier *m* des charges

**missionary** /ˈmɪʃənrɪ/ **N** missionnaire *mf* **COMP** *[work, duties]* missionnaire ; *[society]* de missionnaires ▷ **missionary position** **N** *(sex)* position *f* du missionnaire

**missis** ‡ /ˈmɪsɪz/ **N** ◆ **the/my ~** *(= wife)* la/ma bourgeoise ‡ ◆ **the ~** *(= boss)* la patronne ‡ ◆ **hey ~!** eh, Madame ! *

**Mississippi** /ˌmɪsɪˈsɪpɪ/ **N** *(= state, river)* Mississippi *m* ◆ **in ~** dans le Mississippi ◆ **the ~ Delta** le delta du Mississippi

**missive** /ˈmɪsɪv/ **N** missive *f*

**Missouri** /mɪˈzʊərɪ/ **N** *(= state, river)* Missouri *m* ◆ **in ~** dans le Missouri ◆ **I'm from ~** * *(US fig)* je veux des preuves

**misspell** /ˈmɪsˈspel/ (pret, ptp **misspelled** *or* **misspelt**) **VT** mal écrire, mal orthographier

**misspelling** /ˈmɪsˈspelɪŋ/ **N** **a** *(= mistake)* faute *f* d'orthographe **b** *(= mistakes)* fautes *fpl* d'orthographe

**misspend** /ˈmɪsˈspend/ (pret, ptp **misspent**) **VT** *[+ money]* dépenser à mauvais escient, gaspiller ; *[+ time, strength, talents]* mal employer, gaspiller

**misspent** /ˌmɪsˈspent/ **VB** pret, ptp of **misspend** **ADJ** ◆ **~ youth** folle jeunesse *f*

**misstate** /ˈmɪsˈsteɪt/ **VT** rapporter incorrectement

**misstatement** /ˈmɪsˈsteɪtmənt/ **N** rapport *m* inexact

**missus** ‡ /ˈmɪsɪz/ **N** ⇒ **missis**

**missy** † * /ˈmɪsɪ/ **N** ma petite demoiselle *

**mist** /mɪst/ **N** *(Met)* brume *f* ; *(on glass)* buée *f* ; *(before eyes)* brouillard *m* ; *[of perfume, dust etc]* nuage *m* ; *[of ignorance, tears]* voile *m* ◆ **morning/sea ~** brume *f* matinale/de mer ◆ **lost in the ~s of time** *(fig liter)* perdu dans la nuit des temps ; → **Scotch** **VT** (also **mist over, mist up**) *[+ mirror, windscreen, eyes]* embuer **VI** (also **mist over, mist up**) *[scene, landscape, view]* se couvrir de brume, devenir brumeux ; *[mirror, windscreen, eyes]* s'embuer

**mistakable** /mɪsˈteɪkəbl/ **ADJ** facile à confondre (*with, for* avec)

**mistake** /mɪsˈteɪk/ LANGUAGE IN USE 26.3 (vb : pret **mistook**, ptp **mistaken**)

**N** *(= error)* *(in judgment, calculation, procedure)* erreur *f* ; *(in spelling, typing etc)* faute *f* ; *(= misunderstanding)* méprise *f* ◆ **there must be** *or* **let there be no ~ about it** qu'on ne s'y méprenne pas *or* ne s'y trompe *subj* pas ◆ **it was a ~ to do that** c'était une erreur de faire cela ◆ **turning down that job was the biggest ~ of his life** en refusant ce poste il a fait la plus grosse erreur *or* bêtise de sa vie ◆ **my ~ was to do ...** *or* **in doing ...** mon erreur a été de faire ... ◆ **my ~!** c'est (de) ma faute !, mea culpa ! ◆ **there must be some ~** il doit y avoir erreur ◆ **I took his keys in ~ for mine** j'ai pris ses clés par erreur *or* en croyant prendre les miennes ◆ **they arrested him in ~ for his brother** ils l'ont pris pour son frère *or* l'ont confondu avec son frère et l'ont arrêté ◆ **that's a surprise and no ~!** pour une surprise c'est une surprise ! ◆ **by ~** par erreur

◆ **to make + mistake(s)** faire une erreur *or* une faute ; *(= misunderstand)* se tromper ◆ **you're making a big ~** tu fais une grave *or* lourde erreur ◆ **she doesn't want her daughters to make the same ~s she did** elle ne veut pas que ses filles fassent les mêmes erreurs qu'elle ◆ **to make the ~ of thinking/doing sth** faire l'erreur de penser/faire qch ◆ **to make a ~ in a calculation** faire une erreur de calcul ◆ **to make a ~ in a dictation** faire une faute dans une dictée ◆ **I made a ~ about the book/about him** je me suis trompé sur le livre/sur son compte ◆ **I made a ~ about** *or* **over the dates** je me suis trompé de dates ◆ **I made a ~ about the** *or* **over which road to take** je me suis trompé de route ◆ **make no ~ about it** ne vous y trompez pas

**VT** *[+ meaning]* mal comprendre, mal interpréter ; *[+ intentions]* se méprendre sur ; *[+ time, road]* se tromper de ◆ **to ~ A for B** prendre A pour B, confondre A avec B

◆ **no mistaking** ◆ **there's no mistaking her voice** il est impossible de ne pas reconnaître sa voix ◆ **there's no mistaking that ...** il est indubitable que ... ◆ **there's no mistaking it, he ...** il ne faut pas s'y tromper, il ... ; see also **mistaken**

**mistaken** /mɪsˈteɪkən/ LANGUAGE IN USE 12.1

**VB** ptp of **mistake**

**ADJ** **a** *(= wrong)* ◆ **to be ~ (about sb/sth)** se tromper (à propos de qn/qch) ◆ **to be ~ in thinking that ...** se tromper en croyant que ... ◆ **I knew I wasn't ~!** je savais bien que je ne me trompais pas ! ◆ **unless I'm (very much) ~, if I'm not (very much) ~** si je ne me trompe, sauf erreur de ma part ◆ **if they think that, then they are very much ~** si c'est ce qu'ils croient, eh bien ils se trompent lourdement ◆ **that's just where you're ~!** c'est là que vous vous trompez ! ◆ **you couldn't be more ~!** vous vous trompez du tout au tout !

**b** *(= erroneous)* *[belief, idea, opinion, conclusion]* erroné ◆ **to do sth in the ~ belief that ...** faire qch en croyant à tort que ... ◆ **to be under** *or* **have the ~ impression that ...** avoir l'impression fausse que ... ; → **identity**

**mistakenly** /mɪsˈteɪkənlɪ/ **ADV** **a** *(= wrongly)* *[believe, think, assume]* à tort **b** *(= accidentally)* *[kill, attack]* par erreur

**mister** /ˈmɪstəʳ/ **N** **a** *(gen shortened to Mr)* monsieur *m* ◆ **Mr Smith** Monsieur Smith, M. Smith ◆ **yes Mr Smith** oui, Monsieur ◆ **Mr Chairman** monsieur le président ◆ **Mister Big** * *(fig)* le caïd ‡, le gros bonnet * ◆ **Mister Right** * *(fig)* l'homme idéal *or* de ses (*or* mes etc) rêves **b** **hey ~!** ‡ eh, Monsieur ! *

**mistime** /ˈmɪsˈtaɪm/ **VT** *[+ act, blow, kick]* mal calculer ◆ **~d remark** remarque *f* inopportune ◆ **he ~d it** il a choisi le mauvais moment ◆ **he ~d his entrance** *[actor]* il a raté son entrée ◆ **to ~ one's arrival** *(= arrive inopportunely)* arriver au mauvais moment ; *(= miscalculate time)* se tromper sur *or* mal calculer son (heure d')arrivée

**mistiming** /ˌmɪsˈtaɪmɪŋ/ **N** ♦ **the ~ of his arrival** son arrivée malencontreuse ♦ **the ~ of the announcement** le moment mal choisi de cette annonce

**mistiness** /ˈmɪstɪnɪs/ **N** *[of morning etc]* bruine *f*, état *m* brumeux ; *(on mirror, window pane)* buée *f*

**mistlethrush** /ˈmɪslθrʌʃ/ **N** draine *f* or drenne *f*

**mistletoe** /ˈmɪsltəʊ/ **N** *(NonC)* gui *m*

**mistook** /mɪsˈtʊk/ **VB** pt of **mistake**

**mistranslate** /ˈmɪstrænzˈleɪt/ **VT** mal traduire, faire un (or des) contresens en traduisant

**mistranslation** /ˈmɪstrænzˈleɪʃən/ **N** **a** erreur *f* de traduction, contresens *m* **b** *(NonC) [of text etc]* mauvaise traduction *f*, traduction *f* inexacte

**mistreat** /ˌmɪsˈtriːt/ **VT** maltraiter

**mistreatment** /ˌmɪsˈtriːtmənt/ **N** mauvais traitement *m*

**mistress** /ˈmɪstrɪs/ **N** **a** *(= lover)* maîtresse *f* ; *(†† = sweetheart)* amante † *f* **b** *[of household, institution etc]* maîtresse *f* ♦ **is your** or **the ~ at home?** † *(to servant)* Madame est-elle là ? ♦ **to be one's own ~** être sa propre maîtresse, être indépendante **c** *(Brit † = teacher) (in primary school)* maîtresse *f*, institutrice *f* ; *(in secondary school)* professeur *m* ♦ **the English ~** le professeur d'anglais **d** *(††: term of address)* madame *f*

**mistrial** /ˌmɪsˈtraɪəl/ **N** *(Brit, US Jur)* procès *m* entaché d'un vice de procédure ; *(US)* procès *m* ajourné pour défaut d'unanimité dans le jury

**mistrust** /ˈmɪsˈtrʌst/ **N** méfiance *f*, défiance *f* (*of* à l'égard de) **VT** *[+ person, sb's motives, suggestion]* se méfier de, se défier de *(liter)* ; *[+ abilities]* douter de, ne pas avoir confiance en

**mistrustful** /mɪsˈtrʌstfʊl/ **ADJ** *[person, look, glance]* méfiant ♦ **to be ~ of sb/sth** se méfier de qn/qch

**mistrustfully** /mɪsˈtrʌstfəlɪ/ **ADV** avec méfiance ; *[look, say]* d'un air méfiant

**misty** /ˈmɪstɪ/ **ADJ** *[weather]* brumeux ; *[day]* de brume, brumeux ; *[mirror, windowpane]* embué ; *(fig) [eyes, look]* embrumé, embué ; *(fig) [outline, recollection, idea]* nébuleux, flou ♦ **~ blue/grey/green** bleu/gris/vert vaporeux or fondu **COMP** ▷ **misty-eyed** **ADJ** *(= near tears)* qui a les yeux embués de larmes ; *(= sentimental)* qui a la larme à l'œil

**misunderstand** /ˈmɪsʌndəˈstænd/ (pret, ptp **misunderstood**) **VT** *[+ words, action, reason]* mal comprendre, comprendre de travers ♦ **you ~ me** vous m'avez mal compris ♦ **she was misunderstood all her life** toute sa vie elle est restée incomprise or méconnue

**misunderstanding** /ˈmɪsʌndəˈstændɪŋ/ **N** malentendu *m*, méprise *f* ♦ **there must be some ~** il doit y avoir méprise or une erreur ♦ **they had a slight ~** *(= disagreement)* il y a eu un léger malentendu entre eux

**misunderstood** /ˈmɪsʌndəˈstʊd/ **VB** pt, ptp of **misunderstand**

**misuse** /ˈmɪsˈjuːs/ **N** *[of power, authority]* abus *m* ; *[of word, tool]* usage *m* impropre or abusif ; *[of money, resources, energies, one's time]* mauvais emploi *m* ♦ **~ of funds** *(Jur)* détournement *m* de fonds **VT** /ˈmɪsˈjuːz/ *[+ power, authority]* abuser de ; *[+ word]* employer improprement or abusivement ; *[+ tool, money, resources, energies, one's time]* mal employer ; *[+ funds]* détourner

**MIT** /ˌemaɪˈtiː/ **N** *(US Univ)* abbrev of **Massachusetts Institute of Technology**

**mite** /maɪt/ **N** **a** *(= ancient coin)* denier *m* ; *(as contribution)* obole *f* ♦ **the widow's ~** le denier de la veuve ♦ **he gave his ~ to the collection** il a apporté son obole à la souscription **b** *(= small amount)* ♦ **there's not a ~ of bread left** il ne reste plus une miette de pain ♦ **not a ~ of truth** pas une parcelle or un atome de vérité ♦ **a ~ of consolation** une toute petite consolation ♦ **well, just a ~ then** bon, mais alors un tout petit peu seulement ♦ **we were a ~ surprised** * nous avons été un tantinet or un rien surpris **c** *(= small child)* petit(e) *m(f)* ♦ **poor little ~** (le) pauvre petit **d** *(Zool)* mite *f* ♦ **cheese ~** mite *f* du fromage

**miter** /ˈmaɪtəʳ/ *(US)* ⇒ **mitre**

**Mithraic** /mɪθˈreɪɪk/ **ADJ** mithriaque

**Mithras** /ˈmɪθræs/ **N** Mithra *m*

**mitigate** /ˈmɪtɪgeɪt/ **VT** *[+ punishment, sentence, suffering, sorrow]* alléger, atténuer ; *[+ effect, evil]* atténuer **COMP** ▷ **mitigating circumstances** **NPL** circonstances *fpl* atténuantes

**mitigation** /ˌmɪtɪˈgeɪʃən/ **N** **a** *(Jur) [of sentence]* réduction *f*, allègement *m* **b** *(= excuse for crime, behaviour)* circonstances *fpl* atténuantes (*for* pour) ♦ **in ~** en guise de circonstances atténuantes ♦ **to tender a plea in ~** plaider les circonstances atténuantes **c** *(= alleviation) [of problem, illness, suffering]* atténuation *f* ; *[of situation]* apaisement *m*

**mitral** /ˈmaɪtrəl/ **ADJ** mitral ♦ **~ valve** valvule *f* mitrale

**mitre, miter** *(US)* /ˈmaɪtəʳ/ **N** *(Rel)* mitre *f* ; *(Carpentry)* onglet *m* **VT** *(Carpentry) (= join) [+ frame etc]* assembler à or en onglet ; *(= cut) [+ corner, end]* tailler à onglet **COMP** ▷ **mitre box** **N** *(Carpentry)* boîte *f* à onglets ▷ **mitre joint** **N** (assemblage *m* à) onglet *m*

**mitt** /mɪt/ **N** **a** ⇒ **mitten** **b** *(Baseball:* also **catcher's mitt**) gant *m* de baseball **c** (* = *hand)* patte * *f*, paluche * *f*

**mitten** /ˈmɪtn/ **N** *(with cut-off fingers)* mitaine *f* ; *(with no separate fingers)* moufle *f* ; *(Boxing *)* gant *m*, mitaine * *f*

**mix** /mɪks/ **N** **a** *(= combination) [of styles, types, cultures, emotions]* mélange *m* ♦ **a ~ of modern and traditional styles** un mélange de styles modernes et traditionnels ♦ **the company's product ~** les différents articles produits par l'entreprise ♦ **a real ~ of people** toutes sortes de gens ♦ **schools which have an ethnic or religious ~** des écoles qui ont des élèves d'origines ethniques ou religieuses variées ♦ **the broad racial ~ in this country** le melting-pot or le brassage des races dans ce pays ♦ **the candidate with the correct ~ of skills for this job** le candidat possédant la diversité des compétences requises pour cet emploi ♦ **pupils study a broad ~ of subjects at this school** les élèves étudient des matières diverses dans cette école ♦ **a ~ of plants including roses and lavender** un assortiment de plantes comprenant (notamment) des roses et des lavandes ♦ **shirt in a linen and cotton ~** chemise *f* en mélange lin et coton ♦ **a wool ~ pullover** un pull-over en laine mélangée **b** *(Culin etc)* ♦ **(packet) cake/bread/pizza ~** préparation *f* pour gâteau/pain/pizza ♦ **cement ~** mortier *m* **c** *(Mus) (= track)* version *f* mixée ; *(= mixing process)* mixage *m*

**VT** **a** *[+ liquids, ingredients, colours]* mélanger (*with* avec, à) ; *[+ small objects]* mêler, mélanger (*with* avec, à) ; *[+ metals]* allier, amalgamer ; *[+ cement, mortar]* malaxer, préparer ; *[+ cake, sauce]* préparer, faire ; *[+ salad]* remuer, retourner ♦ **to ~ one thing with another** mélanger une chose à or avec une autre ♦ **to ~ sth to a smooth paste** (bien) mélanger qch pour obtenir une pâte homogène ♦ **~ the eggs into the sugar** incorporez les œufs au sucre ♦ **he ~ed the drinks** il a préparé les boissons ♦ **can I ~ you a drink?** je vous sers un verre ? ♦ **never ~ your drinks!** évitez toujours les mélanges ♦ **to ~ business and** or **with pleasure** mélanger le travail et l'agrément, joindre l'utile à l'agréable ♦ **to ~ one's metaphors** faire des métaphores incohérentes ♦ **to ~ and match** mélanger différents types de **b** *(Mus) [+ track, album]* mixer **c** *(Brit fig)* **to ~ it** * *(= cause trouble)* causer des ennuis ; *(= quarrel, fight)* se bagarrer *

**VI** **a** *[liquids, ingredients, colours]* se mélanger ♦ **oil and water don't ~** *(lit)* l'huile et l'eau ne se mélangent pas ; *(fig)* l'eau et le feu ne se marient pas ♦ **these colours just don't ~** ces couleurs ne s'harmonisent pas or ne vont pas bien ensemble ♦ **to ~ and match** faire des mélanges **b** *(socially)* ♦ **he ~es with all kinds of people** il fréquente toutes sortes de gens ♦ **he doesn't ~ well** il est peu sociable ♦ **children from different social backgrounds don't often ~** les enfants d'origines sociales différentes ne se fréquentent or ne se mélangent pas souvent ♦ **they don't ~ (with each other) socially** *[work colleagues]* ils ne se voient pas en dehors du bureau

**COMP** ▷ **mix-and-match** **ADJ** composite ▷ **mix-up** **N** *(= confusion)* confusion *f* ; *(= trouble)* démêlé *m* ♦ **there was a ~-up over tickets** il y a eu confusion en ce qui concerne les billets ♦ **we got in a ~-up over the dates** nous nous sommes embrouillés dans les dates ♦ **he got into a ~-up with the police** il a eu un démêlé avec la police

► **mix in** **VI** ♦ **he doesn't want to mix in** il préfère rester à l'écart ♦ **you must try to ~ in** il faut essayer de vous mêler un peu aux autres

**VT SEP** ♦ **mix in the eggs with ...** incorporez les œufs à ... ♦ **the producer used archive news footage ~ed in with interviews** le producteur a combiné documents d'archives et interviews

► **mix round** **VT SEP** mélanger, remuer

► **mix together** **VT SEP** mélanger, amalgamer

► **mix up** **VT SEP** **a** *(= prepare) [+ drink, medicine]* préparer **b** *(= put in disorder) [+ documents, garments]* mêler, mélanger **c** *(= confuse) [+ two objects, two people]* confondre ♦ **he ~ed her up with Jane** il l'a confondue avec Jane **d** ♦ **to mix sb up in sth** impliquer qn dans qch ♦ **to be/get ~ed up in an affair** être/se trouver mêlé à une affaire ♦ **don't get ~ed up in it!** restez à l'écart ! ♦ **he is/he has got ~ed up with a lot of criminals** il fréquente/il s'est mis à fréquenter un tas de malfaiteurs * ♦ **to ~ it up** * *(US) (= cause trouble)* causer des ennuis ; *(= quarrel, fight)* se bagarrer * **e** *(= muddle) [+ person]* embrouiller ♦ **to be ~ed up** *[person]* être (tout) désorienté or déboussolé * ; *[account, facts]* être embrouillé or confus ♦ **I'm all ~ed up about it** je ne sais plus où j'en suis, je ne m'y reconnais plus ♦ **you've got me all ~ed up** vous m'avez embrouillé

**N** ♦ **mix-up** → **mix**

**ADJ** ♦ **mixed-up** → **mixed**

**mixed** /mɪkst/ **ADJ** **a** *(gen) [school, education, bathing]* mixte ; *[neighbourhood]* mélangé, hétérogène ; *[vegetables, herbs, biscuits]* assorti ♦ **a man/woman of ~ blood** un/une sang-mêlé ♦ **in ~ company** en présence d'hommes et de femmes ♦ **you shouldn't**

**swear in ~ company** tu ne devrais pas jurer devant des dames ◆ **~ nuts** noix *fpl* et noisettes *fpl* assorties ◆ **to be of ~ parentage** être issu d'un mariage mixte

b *(= varying) [reviews, emotions, messages, signals]* contradictoire ; *[results, reaction]* inégal ; *[weather]* inégal, variable ; *[success, reception]* mitigé ; *[year]* avec des hauts et des bas ◆ **she had ~ feelings about it** elle était partagée à ce sujet ◆ **to have had ~ fortunes** avoir connu un sort inégal ◆ **to have ~ motives** ne pas être complètement désintéressé

COMP ▷ **mixed ability** N *(Scol)* ◆ **a class of ~ ability** une classe sans groupes de niveau ◆ **~-ability group** classe *f* sans groupes de niveau ◆ **~-ability teaching** enseignement *m* sans groupes de niveau ▷ **mixed bag** N ◆ **to be a ~ bag (of sth)** être un mélange (de qch) ◆ **the students are a bit of a ~ bag** il y a un peu de tout parmi les étudiants ◆ **it's very much a ~ bag of activities** c'est un pot-pourri d'activités, c'est tout un mélange d'activités ▷ **mixed blessing** N ◆ **to be a ~ blessing** avoir du bon et du mauvais ◆ **children can be a ~ blessing!** les enfants, ça peut avoir du bon et du mauvais ! ▷ **mixed bunch** N ◆ **a ~ bunch** *[of people]* un groupe hétérogène *or* disparate ; *[of products]* un ensemble hétéroclite ; *[of flowers]* un bouquet composé ▷ **mixed doubles** NPL *(Sport)* double *m* mixte ▷ **mixed economy** N *(Pol, Econ)* économie *f* mixte ▷ **mixed farm** N exploitation *f* en polyculture et élevage ▷ **mixed farming** N polyculture *f* et élevage *m* ▷ **mixed grill** N *(Brit)* assortiment *m* de grillades, mixed-grill *m* ▷ **mixed marriage** N mariage *m* mixte ▷ **mixed media** ADJ multimédia ▷ **mixed metaphor** N mélange *m* de métaphores ▷ **mixed race** N ◆ **to be of ~ race** être métis (-isse *f*) ◆ **people of ~ race** des métis ▷ **mixed-race** ADJ *[couple, neighbourhood]* mixte ; *[child]* métis (-isse *f*) ◆ **a ~-race marriage** un mariage interracial ▷ **mixed spice** N mélange *m* d'épices ▷ **mixed-up** ADJ *[person]* désorienté, déboussolé * ; *[report etc]* embrouillé, confus ◆ **he's a ~-up kid** * c'est un gosse * qui a des problèmes

**mixer** /ˈmɪksəʳ/ N a *(Culin)* **hand ~** batteur *m* à main ◆ **electric ~** batteur *m* électrique, mixer *or* mixeur *m* b *[of cement, mortar etc]* malaxeur *m* ; *[of industrial liquids]* agitateur *m* c *(Cine etc:* also **sound mixer**) *(= person)* ingénieur *m* du son ; *(= machine)* mélangeur *m* de signaux, mixeur *m* d *(socially)* ◆ **he's a good ~** il est très sociable *or* liant e *(US = social gathering)* soirée-rencontre *f*, réunion-rencontre *f* f *(= drink)* boisson *f* gazeuse *(servant à couper un alcool)* COMP ▷ **mixer tap** N *(Brit)* (robinet *m*) mélangeur *m*

**mixing** /ˈmɪksɪŋ/ N a *(gen) [of ingredients, substances, sexes, generations, races]* mélange *m* ; *[of cocktails, cake, sauce]* préparation *f* ; *[of cement, mortar]* malaxage *m* ◆ **the ~ of charcoal with clay** le mélange de charbon de bois et d'argile ◆ **the ~ of the eggs into the flour** l'incorporation *f* des œufs dans la farine ◆ **colour ~** mélange *m* de couleurs b *(Cine, Audio, Video)* mixage *m* ◆ **audio ~** mixage *m* audio COMP ▷ **mixing bowl** N *(Culin)* saladier *m* (de cuisine) ▷ **mixing faucet** N *(US)* (robinet *m*) mélangeur *m*

**mixture** /ˈmɪkstʃəʳ/ N a *(= combination) [of colours, flavours, ingredients, styles, types, reasons, emotions]* mélange *m* ◆ **they spoke in a ~ of French, Italian and English** ils parlaient un mélange de français, d'italien et d'anglais ◆ **the family is an odd ~** cette famille est un mélange bizarre *or* curieux ◆ **a ~ of people** toutes sortes de gens ◆ **the course offers a ~ of subjects** le cours propose des matières diverses ◆ **it's just the ~ as before** *(fig)* c'est toujours la même chose, il n'y a rien de nouveau b *(Med)* préparation *f*, mixture *f* ; *(Culin: for cake, dough, batter etc)* mélange *m* ◆ **fold the eggs into the cheese ~** incorporez les œufs dans le mélange à base de fromage ; → **cough**

**miz(z)en** /ˈmɪzn/ N *(Naut)* artimon *m*

**miz(z)enmast** /ˈmɪznmɑːst/ N *(Naut)* mât *m* d'artimon

**mizzle** * /ˈmɪzl/ *(dial)* VI bruiner N bruine *f*

**mk** (abbrev of **mark**) DM *m*

**ml** N (abbrev of **millilitre(s)**) ml

**MLA** /ˌemelˈeɪ/ N (pl **MLAs**) *(Brit Pol)* (abbrev of **Member of the Legislative Assembly**) député *m*

**MLitt** /ˈemˈlɪt/ N (abbrev of **Master of Literature** *or* **Master of Letters**) ≈ doctorat *m* de troisième cycle

**MLR** /ˌemelˈɑːʳ/ N (abbrev of **minimum lending rate**) → **minimum**

**MLS** /ˌemelˈes/ N *(US Univ)* (abbrev of **Master of Library Science**) *diplôme supérieur de bibliothécaire*

**M'lud** /məˈlʌd/ N *(Brit Jur)* (abbrev of **My Lord**) Monsieur le Juge

**mm¹** /əm/ EXCL mmm !

**mm²** (abbrev of **millimetre(s)**) mm

**MMC** /ˌememˈsiː/ N (abbrev of **Monopolies and Mergers Commission**) → **monopoly**

**MME** /ˌememˈiː/ N *(US Univ)* a abbrev of **Master of Mechanical Engineering** b abbrev of **Master of Mining Engineering**

**MMR** /ˌememˈɑːʳ/ N (abbrev of **measles, mumps, rubella**) ROR *m* COMP ▷ **MMR vaccine** vaccin *m* ROR

**MMS** /ememˈes/ N (abbrev of **multimedia messaging service**) MMS *m*

**MN** /emˈen/ N a *(Brit)* (abbrev of **Merchant Navy**) → **merchant** b abbrev of **Minnesota**

**mnemonic** /nɪˈmɒnɪk/ ADJ, N mnémotechnique *f*, mnémonique *f*

**mnemonics** /nɪˈmɒnɪks/ N *(NonC)* mnémotechnique *f*

**MO** /emˈəʊ/ N a (abbrev of **medical officer**) → **medical** b abbrev of **Missouri** c *(esp US *)* (abbrev of **modus operandi**) méthode *f*, truc * *m*

**Mo.** abbrev of **Missouri**

**mo'** * /məʊ/ N (abbrev of **moment**) moment *m*, instant *m* ◆ **half** *or* **just a ~!** un instant ! ; *(interrupting)* minute ! *

**m.o.** /ˈemˈəʊ/ N (abbrev of **money order**) → **money**

**moan** /məʊn/ N *(= groan)* gémissement *m*, plainte *f* ◆ **I'm fed up with all your ~s** * *(= complaint)* j'en ai marre de tes récriminations *or* de t'entendre râler * ◆ **one of my biggest ~s is that ...** une des choses qui me fait le plus râler *, c'est que ... VI *(= groan)* gémir, geindre ; *[wind etc]* gémir ; *(* = complain)* récriminer, râler * VT dire en gémissant ◆ **they ~ that they're underpaid** ils se plaignent d'être sous-payés

**moaner** * /ˈməʊnəʳ/ N rouspéteur * *m*, -euse * *f*, râleur * *m*, -euse * *f*

**moaning** /ˈməʊnɪŋ/ N gémissements *mpl*, plainte(s) *f(pl)* ; *(* = complaints)* plaintes *fpl*, récriminations *fpl* ADJ gémissant ; *(* = complaining)* rouspéteur *, râleur *

**moat** /məʊt/ N douves *fpl*, fossés *mpl*

**moated** /ˈməʊtɪd/ ADJ *[castle etc]* entouré de douves *or* de fossés

**mob** /mɒb/ N a *(= crowd)* foule *f* ◆ **they went in a ~ to the town hall** ils se rendirent en foule *or* en masse à la mairie ◆ **the embassy was set on fire by the ~** la foule a incendié l'ambassade ◆ **an angry ~** une foule en colère b *(* = group)* bande *f*, clique *f (pej)* ◆ **Paul and his ~** Paul et sa bande, Paul et sa clique *(pej)* c *(= gang) [of criminals, bandits etc]* gang *m* d *(= Mafia)* ◆ **the Mob** * la Maf(f)ia e *(pej)* ◆ **the ~** *(= the common people)* la populace VT *[+ person] (= surround)* se presser en foule autour de ; *(= attack)* assaillir ; *[+ place]* assiéger ◆ **the shops were ~bed** * les magasins étaient pris d'assaut * COMP ▷ **mob-handed** * ADV en force ▷ **mob hysteria** N hystérie *f* collective ▷ **mob oratory** N éloquence *f* démagogique ▷ **mob rule** N *(pej)* la loi de la populace *or* de la rue ▷ **mob violence** N violence *f* collective

**mobcap** /ˈmɒbkæp/ N charlotte *f (bonnet)*

**mobile** /ˈməʊbaɪl/ ADJ *(gen, also Sociol)* mobile ◆ **I'm not ~ this week** * *(fig)* je ne suis pas motorisé * cette semaine ; → **shop, upwardly mobile** N a (also **mobile phone**) portable *m* b *(Art, toy)* mobile *m* COMP ▷ **mobile canteen** N (cuisine *f*) roulante *f* ▷ **mobile data system** N système *m* de données mobile ▷ **mobile home** N mobile home *m* ▷ **mobile library** N bibliobus *m* ▷ **mobile phone** N (téléphone *m*) portable *m* ▷ **mobile police unit** N unité *f* mobile de police ▷ **mobile studio** N *(Rad, TV)* car *m* de reportage

**mobility** /məʊˈbɪlɪtɪ/ N mobilité *f* COMP ▷ **mobility allowance** N allocation *f* *or* indemnité *f* de transport *(pour handicapés)* ; → **upward**

**mobilization** /ˌməʊbɪlaɪˈzeɪʃən/ N *(all senses)* mobilisation *f*

**mobilize** /ˈməʊbɪlaɪz/ VTI *(gen, also Mil)* mobiliser ◆ **to ~ sb into doing sth** mobiliser qn pour faire qch ◆ **they were ~d into a group which ...** on les a mobilisés pour constituer un groupe qui ...

**mobster** /ˈmɒbstəʳ/ N membre *m* du milieu, truand *m*

**moccasin** /ˈmɒkəsɪn/ N mocassin *m*

**mocha** /ˈmɒkə/ N moka *m*

**mock** /mɒk/ N ◆ **to make a ~ of sth/sb** tourner qch/qn en ridicule NPL **mocks** * *(Brit Scol)* examens *mpl* blancs ADJ a *(= imitation) [leather etc]* faux (fausse *f*) *before n*, imitation *inv before n*, simili- *inv* b *(= pretended) [anger, modesty]* simulé, feint ◆ **a ~ battle/trial** un simulacre de bataille/de procès c *(Literat)* burlesque ; see also **comp** VT a *(= ridicule)* ridiculiser ; *(= scoff at)* se moquer de, railler ; *(= mimic, burlesque)* singer, parodier b *(liter = defy) [+ sb's plans, attempts]* narguer VI se moquer (*at* de) COMP ▷ **mock examination** N examen *m* blanc ▷ **mock-heroic** ADJ *(gen)* burlesque ; *(Literat)* héroï-comique, burlesque ▷ **mock orange** N *(Bot)* seringa(t) *m* ▷ **mock-serious** ADJ à demi sérieux ▷ **mock turtle soup** N consommé *m* à la tête de veau ▷ **mock-up** N maquette *f*

► **mock up** VT SEP faire la maquette de N ◆ **mock-up** → **mock**

**mocker** /ˈmɒkəʳ/ N moqueur *m*, -euse *f*

**mockers** ‡ /ˈmɒkəz/ NPL ◆ **to put the ~ on sth** ficher qch en l'air ‡

**mockery** /ˈmɒkərɪ/ N a *(= mocking)* moquerie *f*, raillerie *f* ; *(= person, thing)* sujet *m* de moquerie *or* de raillerie, objet *m* de risée ◆ **to make a ~ of sb/sth** tourner qn/qch en dérision, bafouer qn/qch ◆ **he had to put up with a lot of ~** il a dû endurer beaucoup de railleries *or* de persiflages b *(= travesty)* ◆ **it is a ~ of justice** c'est une parodie de justice ◆ **a ~ of a trial** une parodie *or* une caricature de procès ◆ **what a ~ it was!** c'était grotesque !

**mocking** /ˈmɒkɪŋ/ N *(NonC)* moquerie *f*, raillerie *f* ADJ *(gen)* moqueur, railleur ; *(maliciously)* narquois

**mockingbird** /ˈmɒkɪŋˌbɜːd/ N oiseau *m* moqueur

**mockingly** /ˈmɒkɪŋlɪ/ ADV *[say] (gen)* d'un ton moqueur *or* railleur ; *(= maliciously)* d'un ton narquois ; *[smile] (gen)* d'une façon moqueuse ; *(= maliciously)* d'une façon narquoise

**MOD** /ˌeməʊˈdiː/ N *(Brit)* (abbrev of **Ministry of Defence**) → **defence**

**mod**[1] /mɒd/ (abbrev of **modern**) ADJ *(Brit)* ◆ **~ cons** * ⇒ **modern conveniences ;** → **modern** NPL **mods** mods * *mpl*

**mod**[2] /mɒd/ N *(Scot)* concours *m* de musique et de poésie *(en gaélique)*

**modal** /ˈməʊdl/ ADJ *(Ling, Mus etc)* modal ◆ **~ auxiliary** *or* **verb** auxiliaire *m* modal

**modality** /məʊˈdælɪtɪ/ N modalité *f*

**mode** /məʊd/ N a *(= way, manner)* mode *m*, façon *f*, manière *f* ◆ **~ of life** façon *f* *or* manière *f* de vivre, mode *m* de vie b *(Comput, Ling, Mus, Philos etc)* mode *m* ◆ **in interactive** *etc* **~** *(Comput)* en mode conversationnel *etc*

**model** /ˈmɒdl/ N a *(= small-scale representation) [of boat etc]* modèle *m* (réduit) ; *(Archit, Tech, Town Planning etc)* maquette *f* ; → **scale**[1]

b *(= standard, example)* modèle *m*, exemple *m* ◆ **he was a ~ of discretion** c'était un modèle de discrétion ◆ **on the ~ of** sur le modèle de, à l'image de ◆ **to take sb/sth as one's ~** prendre modèle *or* exemple sur qn/qch ◆ **to hold sb out** *or* **up as a ~** citer *or* donner qn en exemple

c *(= person) (Art, Phot, Sculp etc)* modèle *m* ; *(Fashion)* mannequin *m* ◆ **male ~** mannequin *m* masculin

d *(Comm)* modèle *m* ◆ **the latest ~s** *(= garments, hats)* les derniers modèles *mpl* ◆ **a 1998 ~** *(Aut)* un modèle 1998 ◆ **sports ~** *(Aut)* modèle *m* sport ◆ **four-door ~** *(Aut)* version *f* quatre portes ◆ **factory ~** modèle *m* de fabrique

e *(Ling)* modèle *m*

ADJ a *(= exemplary, designed as model)* modèle

b *(= miniature) [railway, theatre, village]* miniature ◆ **~ aeroplane/boat/train** maquette *f* d'avion/de bateau/de train, modèle *m* réduit d'avion/de bateau/de train ◆ **~ car** modèle *m* réduit de voiture

VT a *(= make model of)* modeler (*in* en)

b *(= base)* ◆ **to ~ sth on sth** modeler qch sur qch ◆ **to ~ o.s. on sb** se modeler sur qn, prendre modèle *or* exemple sur qn

c *(Fashion)* **to ~ clothes** être mannequin, présenter les modèles de collection ◆ **she was ~ling swimwear** elle présentait les modèles de maillots de bain

d *(= describe, map out) [+ system, process]* modéliser

VI *(Art, Phot, Sculp)* poser (*for* pour) ; *(Fashion)* être mannequin (*for* chez)

**modeller, modeler** *(US)* /ˈmɒdləʳ/ N modeleur *m*, -euse *f*

**modelling, modeling** *(US)* /ˈmɒdlɪŋ/ N a *(Art etc)* modelage *m* ; *(= model making)* modélisme *m* ◆ **she does ~** *(fashion)* elle travaille comme mannequin ; *(for artist)* elle travaille comme modèle b *[of system, process]* modélisation *f* COMP ▷ **modelling clay** N pâte *f* à modeler

**modem** /ˈməʊdem/ N modem *m*

**Modena** /ˈmɔːdena/ N Modène

**moderate** /ˈmɒdərɪt/ ADJ a *(also Pol = not extreme) [person, behaviour, views, demands]* modéré ; *[language, terms]* mesuré ◆ **he was ~ in his demands** ses exigences étaient raisonnables *or* n'avaient rien d'excessif ◆ **to be a ~ drinker** boire modérément ◆ **to take ~ exercise** faire de l'exercice avec modération

b *(= average, middling) [size]* moyen, modéré ; *[amount, appetite, speed]* modéré ; *[improvement, reduction, success, benefit]* léger ; *[price]* modéré, raisonnable ◆ **over a ~ heat** *(Culin)* à *or* sur feu moyen ◆ **in a ~ oven** à four moyen

c *[climate]* tempéré

N *(esp Pol)* modéré(e) *m(f)*

VT /ˈmɒdəreɪt/ a *(= restrain, diminish)* modérer ◆ **moderating influence** influence *f* modératrice

b *(= preside over)* présider

VI *[storm, wind etc]* se modérer, se calmer

COMP /ˈmɒdərɪt/ ▷ **moderate-sized** ADJ de grandeur *or* de grosseur *or* de taille moyenne

**moderately** /ˈmɒdərɪtlɪ/ ADV a *[wealthy, pleased, expensive, difficult]* relativement, moyennement ◆ **to make a ~ good attempt to do sth** essayer tant bien que mal de faire qch ◆ **~ priced** d'un prix raisonnable ◆ **~ quickly** assez *or* relativement vite ◆ **to be ~ successful** réussir moyennement ◆ **she did ~ well in her exams** elle s'en est relativement bien tirée à ses examens b *[increase, decline]* quelque peu ◆ **the dollar has gained ~ against the yen** le dollar a enregistré une hausse modérée par rapport au yen c *[act]* avec modération ; *[eat, drink]* modérément, avec modération ◆ **to exercise ~** faire de l'exercice avec modération

**moderation** /ˌmɒdəˈreɪʃən/ N *(NonC)* modération *f*, mesure *f* ◆ **in ~** *[eat, drink, exercise]* avec modération, modérément ◆ **it's all right in ~** c'est très bien à petites doses *or* à condition de ne pas en abuser ◆ **with ~** avec mesure *or* modération ◆ **to advise ~ in drinking** conseiller la modération en matière de consommation d'alcool, conseiller de boire modérément *or* avec modération

**moderator** /ˈmɒdəreɪtəʳ/ N a *(Rel)* **Moderator** président *m (de l'Assemblée générale de l'Église presbytérienne)* b *(in assembly, council, discussion)* président(e) *m(f)* c *(Brit Univ = examiner)* examinateur *m*, -trice *f* d *(Phys, Tech)* modérateur *m*

**modern** /ˈmɒdən/ ADJ moderne ◆ **house with all ~ conveniences** maison *f* tout confort ◆ **it has all ~ conveniences** il y a tout le confort (moderne) ◆ **~ languages** langues *fpl* vivantes ◆ **in ~ times** dans les temps modernes, à l'époque moderne ◆ **~-day** des temps modernes N *(= artist, poet etc)* moderne *mf*

**modernism** /ˈmɒdənɪzəm/ N a *(NonC: Art, Rel)* modernisme *m* b *(= word)* néologisme *m*

**modernist** /ˈmɒdənɪst/ ADJ, N moderniste *mf*

**modernistic** /ˌmɒdəˈnɪstɪk/ ADJ *[building, room, architecture, design]* moderniste

**modernity** /mɒˈdɜːnɪtɪ/ N modernité *f*

**modernization** /ˌmɒdənaɪˈzeɪʃən/ N modernisation *f*

**modernize** /ˈmɒdənaɪz/ VT moderniser VI se moderniser

**modest** /ˈmɒdɪst/ ADJ a *(= not boastful) [person]* modeste ◆ **to be ~ about sth** être modeste à propos de qch ◆ **to be ~ about one's achievements** ne pas se faire gloire de ses réussites *or* exploits b *(= small, unostentatious) [amount, size, house, income, proposal, ambition]* modeste ◆ **his ~ beginnings/origins** ses modestes débuts/origines ◆ **a family of ~ means** une famille aux moyens modestes ◆ **he was ~ in his demands** ses exigences étaient modestes ◆ **on a ~ scale** à une échelle modeste ◆ **the book was a ~ success** le livre a eu un succès modeste c *(= decorous) [person]* pudique ; *[clothes]* décent

**modestly** /ˈmɒdɪstlɪ/ ADV a *(= in moderation) [gamble]* avec modération ; *[drink]* modérément, avec modération ◆ **to live ~** vivre simplement ◆ **~ furnished** modestement meublé ◆ **~ priced** d'un prix raisonnable ◆ **~ sized** de taille modeste ◆ **his ~ successful paintings** ses tableaux au succès modeste b *(= not boastfully) [talk, smile]* modestement, avec modestie c *(= decorously) [behave]* pudiquement ; *[dress]* avec pudeur

**modesty** /ˈmɒdɪstɪ/ N a *(gen)* modestie *f* ; († *= chasteness)* pudeur *f*, modestie *f* ◆ **false ~** fausse modestie *f* ◆ **may I say with all due ~ ...** soit dit en toute modestie... b *[of request etc]* modération *f* ; *[of sum of money, price]* modicité *f*

**modicum** /ˈmɒdɪkəm/ N ◆ **a ~ of ...** un minimum de ...

**modifiable** /ˈmɒdɪfaɪəbl/ ADJ modifiable

**modification** /ˌmɒdɪfɪˈkeɪʃən/ N modification *f* (*to, in* à) ◆ **to make ~s (in** *or* **to)** faire *or* apporter des modifications (à)

**modifier** /ˈmɒdɪfaɪəʳ/ N modificateur *m* ; *(Gram)* modificatif *m*

**modify** /ˈmɒdɪfaɪ/ VT a *(= change) [+ plans, design]* modifier, apporter des modifications à ; *[+ customs, society]* transformer, modifier ; *(Gram)* modifier b *(= make less strong)* modérer ◆ **he'll have to ~ his demands** il faudra qu'il modère *subj* ses exigences ◆ **he modified his statement** il modéra les termes de sa déclaration

**modifying** /ˈmɒdɪfaɪɪŋ/ N modification *f* ADJ *[note, term]* modificatif *(also Gram)* ; *[factor]* modifiant

**modish** /ˈməʊdɪʃ/ ADJ à la mode

**modishly** /ˈməʊdɪʃlɪ/ ADV à la mode

**modiste** /məʊˈdiːst/ N modiste *f*

**Mods** * /mɒdz/ N *(at Oxford university)* (abbrev of **moderations**) *premier examen du cursus universitaire*

**modular** /ˈmɒdjʊləʳ/ ADJ a *(Constr)* modulaire b *(esp Brit Univ) [course, programme, curriculum]* par modules *or* unités de valeur ◆ **the course is ~ in structure** l'enseignement est organisé en modules *or* unités de valeur ◆ **a six-week ~ course** une unité de valeur *or* un module de six semaines ◆ **~ degree** licence *f (par modules ou unités de valeur)*

**modulate** /ˈmɒdjʊleɪt/ VT *(all senses)* moduler VI *(Mus)* moduler

**modulation** /ˌmɒdjʊˈleɪʃən/ N modulation *f* ◆ **amplitude ~** modulation *f* d'amplitude ◆ **frequency ~** modulation *f* de fréquence

**module** /ˈmɒdjuːl/ N *(gen)* module *m* ; *(esp Brit Univ)* module *m*, ≃ unité *f* de valeur, UV *f* ◆ **~ learning** *(US)* enseignement *m* par groupes de niveaux ; → **lunar**

**modulus** /ˈmɒdjʊləs/ N (pl **moduli** /ˈmɒdjʊˌlaɪ/) *(Math, Phys)* module *m*, coefficient *m*

**modus** /ˈməʊdəs/ N ◆ **~ operandi** modus operandi *m inv* ◆ **~ vivendi** *(between people)* modus vivendi *m inv* ; *(= way of life)* mode *m* de vie

**Mogadishu** /mɒgəˈdɪʃuː/ N *(Geog)* Mogadiscio

**moggie** *, **moggy** * /ˈmɒgɪ/ N *(Brit = cat)* minou * *m*

**Mogul** /ˈməʊgəl/ ADJ mog(h)ol N Mog(h)ol *m*

**mogul** /ˈməʊgəl/ N a *(fig = powerful person)* nabab *m* ◆ **a ~ of the film industry** un nabab du cinéma b *(Ski)* bosse *f*

**MOH** /ˌeməʊ'eɪtʃ/ N *(Brit)* (abbrev of **Medical Officer of Health**) → **medical**

**mohair** /'məʊheəʳ/ N mohair *m* COMP en *or* de mohair

**Mohammed** /məʊ'hæmed/ N Mohammed *m*, Mahomet *m*

**Mohammedan** † /məʊ'hæmɪdən/ ADJ mahométan N mahométan(e) *m(f)*

**Mohammedanism** † /məʊ'hæmɪdənɪzəm/ N mahométisme *m*

**Mohican** /'məʊhɪkən/ N (pl **Mohicans** *or* **Mohican**) (also **Mohican Indian**) Mohican *mf* ◆ **mohican (hairdo)** iroquoise *f*

**moire** /mwɑː/ N moire *f*

**moiré** /'mwɑːreɪ/ ADJ, N moiré(e) *m(f)*

**moist** /mɔɪst/ ADJ *[air, atmosphere, heat, skin] (gen)* humide ; *(unpleasantly)* moite ; *[place, climate, soil, eyes]* humide ; *[cake, texture]* moelleux ◆ **a plant which likes ~ conditions** une plante qui aime l'humidité ◆ **~ with tears** mouillé de larmes

**moisten** /'mɔɪsn/ VT humecter, mouiller légèrement ; *(Culin)* mouiller légèrement ◆ **to ~ one's lips** s'humecter les lèvres VI devenir humide *or* moite

**moistness** /'mɔɪstnɪs/ N *[of air, atmosphere, heat, skin] (gen)* humidité *f* ; *(unpleasant)* moiteur *f* ; *[of soil]* humidité *f* ; *[of cake, texture]* moelleux *m* ◆ **she tried to hide the ~ in her eyes** elle essaya de cacher ses yeux embués de larmes

**moisture** /'mɔɪstʃəʳ/ N humidité *f* ; *(on glass etc)* buée *f*

**moisturize** /'mɔɪstʃəraɪz/ VT *[+ skin]* hydrater ; *[+ air, atmosphere]* humidifier

**moisturizer** /'mɔɪstʃəraɪzəʳ/ N crème *f* hydratante, lait *m* hydratant

**mojahedin** /ˌmɒdʒe'hediːn/ NPL ⇒ **mujaheddin**

**moke** ⁑ /məʊk/ N *(Brit)* bourricot *m*, baudet *m*

**molar** /'məʊləʳ/ N *(= tooth)* molaire *f* ADJ *(Dentistry, Phys)* molaire

**molasses** /məʊ'læsɪz/ N *(NonC)* mélasse *f* ◆ **to be as slow as ~ in winter** * *(US)* être lent comme une tortue

**mold** /məʊld/ *(US)* ⇒ **mould**

**Moldavia** /mɒl'deɪvɪə/ N *(formerly)* Moldavie *f*

**Moldavian** /mɒl'deɪvɪən/ *(formerly)* N Moldave *mf* ADJ moldave

**Moldova** /mɒl'dəʊvə/ N Moldova *f*

**Moldovan** /mɒl'dəʊvən/ ADJ moldave N Moldave *mf*

**mole¹** /məʊl/ N taupe *f* *(also fig)* COMP ▷ **mole-catcher** N taupier *m*

**mole²** /məʊl/ N *(on skin)* grain *m* de beauté

**mole³** /məʊl/ N *(= breakwater)* môle *m*, digue *f*

**molecular** /məʊ'lekjʊləʳ/ ADJ *[structure]* moléculaire COMP ▷ **molecular biologist** N biologiste *mf* moléculaire ▷ **molecular biology** N biologie *f* moléculaire ▷ **molecular geneticist** N chercheur *m* en génétique moléculaire ▷ **molecular genetics** N *(NonC)* génétique *f* moléculaire

**molecule** /'mɒlɪkjuːl/ N molécule *f*

**molehill** /'məʊlhɪl/ N taupinière *f* ; → **mountain**

**moleskin** /'məʊlskɪn/ N *(lit)* (peau *f* de) taupe *f* ; *(Brit Tex)* moleskine *f* ADJ *(lit)* de *or* en (peau de) taupe ; *(Brit Tex)* de *or* en moleskine

**molest** /məʊ'lest/ VT *(= attack)* attaquer ; *(Jur: sexually)* attenter à la pudeur de ; *[dog]* s'attaquer à ; *( † = trouble)* importuner, harceler

**molestation** /ˌməʊles'teɪʃən/ N a *(Jur)* brutalités *fpl* ◆ **child ~** maltraitance *f* à enfant ◆ **sexual ~** agression *f* sexuelle b *( † = annoyance)* importunité † *f* ◆ **I was allowed to work without hindrance or ~** on m'a laissé travailler sans me gêner ni m'importuner

**molester** /məʊ'lestəʳ/ N satyre *m*

**Moley** /'məʊlɪ/ → **holy**

**moll** * /mɒl/ N *(pej)* nana ⁑ *f (de gangster)*

**mollify** /'mɒlɪfaɪ/ VT apaiser, calmer ◆ **~ing remarks** propos *mpl* lénifiants

**mollusc, mollusk** *(US)* /'mɒləsk/ N mollusque *m*

**mollycoddle** /'mɒlɪkɒdl/ VT *(gen)* élever dans du coton, chouchouter * ; *[+ pupil]* materner

**mollycoddling** /'mɒlɪkɒdlɪŋ/ N *(pej)* chouchoutage *m*, maternage *m*

**Molotov** /'mɒlətɒf/ N ◆ **~ cocktail** cocktail *m* Molotov

**molt** /məʊlt/ *(US)* ⇒ **moult**

**molten** /'məʊltən/ ADJ en fusion

**Molucca** /məʊ'lʌkə/ N ◆ **the ~ Islands** *or* **the ~s** les Moluques *fpl*

**Moluccan** /məʊ'lʌkən/ N → **south**

**molybdenum** /mɒ'lɪbdɪnəm/ N molybdène *m*

**mom** * /mɒm/ N *(US)* maman *f* ◆ **~ and pop store** * petite boutique *f* familiale, petit commerce *m*

**moment** /'məʊmənt/ N a moment *m*, instant *m* ◆ **man of the ~** homme *m* du moment ◆ **wait a ~!, just a ~!, one ~!** (attendez) un instant *or* une minute ! ; *(objecting to sth)* minute !, pas si vite ! * ◆ **I shan't be a ~, I'll just** *or* **only be a ~** j'en ai pour un instant ◆ **a ~ ago** il y a un instant ◆ **a ~ later** un instant plus tard ◆ **that very ~** à cet instant *or* ce moment précis ◆ **the ~ he arrives** dès *or* aussitôt qu'il arrivera ◆ **the ~ he arrived** dès *or* aussitôt qu'il arriva, dès son arrivée ◆ **do it this ~!** fais-le à l'instant *or* tout de suite ! ◆ **I've just this ~ heard of it** je viens de l'apprendre à l'instant (même) ◆ **it won't take a ~** c'est l'affaire d'un instant ◆ **at the (present) ~, at this ~ in time** en ce moment (même), à l'heure qu'il est ◆ **any ~ now** d'une minute à l'autre ◆ **at that ~** à ce moment(-là) ◆ **(at) any ~** d'un moment *or* instant à l'autre ◆ **at every ~** à chaque instant, à tout moment ◆ **at the right ~** au bon moment, à point nommé ◆ **at the last ~** au dernier moment ◆ **to leave things till the last ~** attendre le dernier moment ◆ **for a ~** un instant ◆ **for a brief ~** l'espace d'un instant ◆ **not for a ~!** jamais de la vie ! ◆ **I don't think for a** *or* **one ~ (that) he believed my story** je ne crois *or* pense pas un (seul) instant qu'il ait cru mon histoire ◆ **for the ~** pour le moment ◆ **that's enough for the ~** ça suffit pour le moment ◆ **from the ~ I saw him** dès l'instant où je l'ai vu ◆ **from that ~** dès ce moment, dès cet instant ◆ **she changes her mind from one ~ to the next** elle n'arrête pas de changer d'avis ◆ **I'll come in a ~** j'arrive dans un instant ◆ **it was all over in a ~** ça n'a duré qu'un instant ◆ **the ~ of truth** la minute *or* l'heure *f* de vérité ◆ **he has his ~s** *(fig)* il a ses bons côtés ◆ **it has its ~s** *(of film)* il y a de bons moments ; *(of book)* il y a de bons passages ; *(of essay)* il y a de bonnes choses ◆ **the psychological ~** le moment psychologique ; → **spur**
b *( † = importance)* importance *f* ◆ **of little ~** de peu d'importance ◆ **of (great) ~** de grande *or* haute importance
c *(Tech)* moment *m* ◆ **~ of inertia** moment *m* d'inertie

**momentarily** /'məʊməntərɪlɪ/ ADV a *(= temporarily) [distracted, blinded]* momentanément ◆ **I had ~ forgotten** j'avais momentanément oublié ◆ **to be ~ lost for words** ne pas savoir quoi dire pendant un moment ◆ **to pause ~** s'arrêter un instant b *(US = shortly)* dans un instant

**momentary** /'məʊməntərɪ/ ADJ *[lapse, lull, weakness, silence]* momentané ; *[feeling, relief, panic, hesitation]* passager ◆ **I caught a ~ glimpse of him** je l'ai entrevu rapidement *or* l'espace d'un instant ◆ **a ~ lapse of concentration** un moment d'inattention ◆ **she experienced a ~ loss of confidence** elle perdit momentanément confiance

**momentous** /məʊ'mentəs/ ADJ *[event, occasion, day]* de grande importance ; *[decision, change]* capital

**momentousness** /məʊ'mentəsnɪs/ N *(NonC)* importance *f* capitale, portée *f*

**momentum** /məʊ'mentəm/ N (pl **momentums** *or* **momenta** /məʊ'mentə/) *(gen)* vitesse *f* (acquise) ; *(Phys etc)* moment *m (des quantités de mouvement)*; *[of political movement etc]* dynamisme *m* ◆ **to gain** *or* **gather ~** *[spacecraft, car etc]* prendre de la vitesse ; *(fig)* gagner du terrain ◆ **to lose ~** *(Aut, Space etc, also fig)* être en perte de vitesse ◆ **to have ~** *[politician, party etc]* avoir le vent en poupe ◆ **the Bush ~** la dynamique *or* l'effet *m* Bush

**momma** * /'mɒmə/ N *(US)* ⇒ **mom**

**mommy** * /'mɒmɪ/ N *(US)* ⇒ **mom**

**Mon.** abbrev of **Monday**

**Monacan** /mɒ'nɑːkən/ ADJ monégasque N Monégasque *mf*

**Monaco** /'mɒnəkəʊ/ N Monaco *m* ◆ **in ~** à Monaco

**monad** /'mɒnæd/ N *(Chem, Philos)* monade *f*

**Mona Lisa** /ˈməʊnə'liːzə/ N ◆ **the ~** la Joconde

**monarch** /'mɒnək/ N *(lit, fig)* monarque *m*

**monarchic(al)** /mɒ'nɑːkɪk(əl)/ ADJ monarchique

**monarchism** /'mɒnəkɪzəm/ N monarchisme *m*

**monarchist** /'mɒnəkɪst/ ADJ, N monarchiste *mf*

**monarchy** /'mɒnəkɪ/ N monarchie *f*

**monastery** /'mɒnəstərɪ/ N monastère *m*

**monastic** /mə'næstɪk/ ADJ a *(Rel) [life]* monacal, monastique ; *[community, building, vows]* monastique b *(= austere) [life, existence]* monacal ; *[room]* austère

**monasticism** /mə'næstɪsɪzəm/ N monachisme *m*

**monaural** /ˌmɒn'ɔːrəl/ ADJ *[instrument]* monophonique, monaural ; *[hearing]* monauriculaire

**Monday** /'mʌndɪ/ N lundi *m* ; → **Easter, Whit** ; for other phrases see **Saturday** COMP ▷ **Monday-morning** ADJ *(fig)* ◆ **that ~-morning feeling** la déprime * du lundi matin ◆ **~-morning quarterback** * *(US fig)* spécialiste *mf* du je-vous-l'avais-bien-dit

**Monegasque** /mɒnə'gæsk/ ADJ monégasque N Monégasque *mf*

**monetarism** /'mʌnɪtərɪzəm/ N monétarisme *m*

**monetarist** /'mʌnɪtərɪst/ ADJ, N monétariste *mf*

**monetary** /'mʌnɪtərɪ/ ADJ *[cooperation, policy, control, value]* monétaire ; *[gain]* financier ◆ **economic and ~ union** union *f* économique et monétaire ◆ **~ school** école *f* monétaire *or* monétariste ; → **international**

**money** /'mʌnɪ/ N a *(NonC)* argent *m* ; *(Fin)* monnaie *f* ◆ **French/Swedish ~** argent *m* français/suédois ◆ **paper ~** papier-monnaie *m*, monnaie *f* de papier *(often pej)* ◆ **to make ~** *[person]* gagner de l'argent ; *[business* *etc]* rapporter, être lucratif ; see also **noun b** ◆ **he made his ~ by dealing in cotton** il s'est enrichi avec le coton ◆ **the government's answer to the problem has been to throw ~ at it** le gouvernement n'a pas trouvé d'autre solution pour résoudre le problème que d'y injecter de l'argent ◆ **to come into ~** *(by inheritance)* hériter (d'une somme d'argent) ; *(gen)* recevoir une somme d'argent ◆ **I paid** *or* **gave good ~ for it** ça m'a coûté de l'argent ◆ **he's earning good ~** il gagne bien sa vie ; see also **noun b** ◆ **he's earning big ~** il gagne gros ◆ **that's big ~** c'est une grosse somme ◆ **the deal involves big ~** de grosses sommes sont en jeu dans cette transaction ; see also **noun b** ◆ **he gets his ~ on Fridays** il touche son argent *or* sa paie le vendredi, il est payé le vendredi ◆ **when do I get my ~?** quand est-ce que j'aurai mon argent ? ◆ **to get one's ~'s worth** *(lit, fig)* en avoir pour son argent ◆ **to get one's ~ back** se faire rembourser ; *(with difficulty)* récupérer son argent ◆ **I want my ~ back!** remboursez ! ◆ **to put ~ into sth** placer son argent dans qch ◆ **is there ~ in it?** est-ce que ça rapporte ?, est-ce que c'est lucratif ? ◆ **it was ~ well spent** j'ai (*or* nous avons *etc*) fait une bonne affaire ; → **coin, counterfeit, ready**

**b** *(phrases)* ◆ **it's a bargain for the ~ !** à ce prix-là c'est une occasion ! ◆ **that's the one for my ~!** c'est juste ce qu'il me faut ! ◆ **that's the team for my ~** je serais prêt à parier pour cette équipe ◆ **for my ~ we should do it now** à mon avis nous devrions le faire maintenant ◆ **it's ~ for jam** * *or* **old rope** * *(Brit)* c'est de l'argent vite gagné *or* gagné sans peine, c'est être payé à ne rien faire ◆ **he's made of ~** * ◆ **he's rolling in ~** * ◆ **he has pots of ~** * il est cousu d'or, il roule sur l'or * ◆ **he's got ~ to burn** il a de l'argent à ne savoir qu'en faire *or* à jeter par la fenêtre ◆ **we're in the ~ now!** * nous roulons sur l'or * maintenant ◆ **he's in the big ~** * il récolte un fric fou ‡ ◆ **~ makes ~** *(Prov)* l'argent attire l'argent ◆ **~ is the root of all evil** *(Prov)* l'argent est la racine de tous les maux ◆ **~ talks** *(Prov)* l'argent est roi ◆ **~ doesn't grow on trees** l'argent ne tombe pas du ciel ◆ **to put one's ~ where one's mouth is** joindre l'acte à la parole *(en déboursant une somme d'argent)* ◆ **to throw** *or* **send good ~ after bad** dépenser de l'argent pour rien ◆ **bad ~ drives out good** les capitaux douteux font fuir les investissements sains ◆ **your ~ or your life!** la bourse ou la vie ! ◆ **~ runs through his fingers like water, he spends ~ like water** l'argent lui fond dans les mains ◆ **it's ~ from home** * *(US fig)* c'est du tout cuit * ◆ **his analysis was right on the ~** *(US)* son analyse était tout à fait juste ; → **even²**

**c** *(Jur)* **~s, monies** sommes *fpl* d'argent ◆ **~s paid out** versements *mpl* ◆ **~s received** recettes *fpl*, rentrées *fpl* ◆ **public ~s** deniers *mpl* publics

**COMP** *[difficulties, problems, questions]* d'argent, financier ▷ **money belt N** ceinture-portefeuille *f* ▷ **money expert N** expert *m* en matières financières ▷ **money laundering N** blanchiment *m* d'argent ▷ **money-loser N** affaire *f* non rentable *or* qui perd de l'argent ▷ **money market N** *(Econ)* marché *m* monétaire ▷ **money matters NPL** questions *fpl* d'argent *or* financières ▷ **money order N** *(US)* mandat *m* postal, mandat-poste *m* ▷ **money spider** * **N** araignée *f* porte-bonheur *inv* ▷ **money spinner** * **N** *(Brit)* mine *f* d'or *(fig)* ▷ **money-spinning** * **ADJ** *(Brit)* *[idea]* qui peut rapporter de l'or ▷ **money supply N** *(Econ)* masse *f* monétaire

**moneybag** /ˈmʌnɪbæg/ **N** sac *m* d'argent ◆ **he's a ~s** ‡ il est plein aux as ‡

**moneybox** /ˈmʌnɪbɒks/ **N** tirelire *f*

**moneychanger** /ˈmʌnɪˌtʃeɪndʒəʳ/ **N** *(= person)* changeur *m* ; *(= change machine)* distributeur *m* de monnaie, monnayeur *m*

**moneyed** /ˈmʌnɪd/ **ADJ** riche, aisé ◆ **the ~ classes** les classes *fpl* possédantes, les nantis *mpl*

**moneygrubber** /ˈmʌnɪgrʌbəʳ/ **N** *(pej)* grippe-sou *m*

**moneygrubbing** /ˈmʌnɪgrʌbɪŋ/ **N** *(pej)* thésaurisation *f*, rapacité *f* **ADJ** rapace, grippe-sou *inv*

**moneylender** /ˈmʌnɪlendəʳ/ **N** prêteur *m*, -euse *f* sur gages

**moneylending** /ˈmʌnɪlendɪŋ/ **N** prêt *m* à intérêt **ADJ** prêteur

**moneymaker** /ˈmʌnɪmeɪkəʳ/ **N** ◆ **to be a ~** *[scheme]* être une affaire lucrative ; *[person]* gagner beaucoup d'argent

**moneymaking** /ˈmʌnɪmeɪkɪŋ/ **N** acquisition *f* d'argent **ADJ** lucratif, qui rapporte

**moneyman** * /ˈmʌnɪmæn/ **N** (pl **-men**) *(US)* financier *m*

**moneywort** /ˈmʌnɪwɜːt/ **N** *(Bot)* souci *m* d'eau, lysimaque *f*

**...monger** /ˈmʌŋgəʳ/ **SUF** marchand *m* de... ; → **fishmonger, scandalmonger, warmonger**

**Mongol** /ˈmɒŋgəl/ **ADJ** *(Geog, Ling)* mongol **N** **a** Mongol(e) *m(f)* **b** *(Ling)* mongol *m*

**mongol** † /ˈmɒŋgəl/ **ADJ** *(= with/of Down's syndrome)* mongolien **N** *(= person with Down's syndrome)* mongolien(ne) *m(f)*

**Mongolia** /mɒŋˈgəʊlɪə/ **N** Mongolie *f*

**Mongolian** /mɒŋˈgəʊlɪən/ **N** Mongol(e) *m(f)* **ADJ** mongol ◆ **the ~ People's Republic** la République populaire de Mongolie

**mongolism** † /ˈmɒŋgəlɪzəm/ **N** *(= Down's syndrome)* mongolisme *m*

**Mongoloid** /ˈmɒŋgəˌlɔɪd/ **ADJ, N** ⇒ **Mongol adj, noun a, mongol n**

**mongoose** /ˈmɒŋguːs/ **N** (pl **mongooses**) mangouste *f*

**mongrel** /ˈmʌŋgrəl/ **N** *(= dog)* (chien *m*) bâtard *m* ; *(= animal, plant)* hybride *m*, métis(se) *m(f)* **ADJ** hybride, bâtard, (de race) indéfinissable

**monied** /ˈmʌnɪd/ **ADJ** ⇒ **moneyed**

**monies** /ˈmʌnɪz/ **NPL** of **money noun c**

**moniker** ‡ /ˈmɒnɪkəʳ/ **N** *(= name)* nom *m* ; *(= nickname)* surnom *m*

**monitor** /ˈmɒnɪtəʳ/ **N** **a** *(= device: Comput, Med, Tech, TV etc)* moniteur *m* ◆ **heart rate ~** moniteur *m* cardiaque **b** *(= person: Rad)* rédacteur *m*, -trice *f* d'un service d'écoute **c** *(Scol)* ≈ chef *m* de classe **d** *(= official)* observateur *m*, -trice *f* **VT** **a** *[+ person, pupil, work, progress, system]* suivre de près ; *[+ equipment etc]* contrôler (les performances de) ; *[+ machine]* contrôler ◆ **a nurse ~s the patient's progress** une infirmière suit de près *or* surveille l'évolution de l'état du malade ◆ **a machine ~s the patient's progress** une machine contrôle l'évolution de l'état du malade ◆ **to ~ the situation** surveiller l'évolution des choses ◆ **UN officials are ~ing the voting** les délégués de l'ONU surveillent le déroulement du scrutin **b** *(Rad)* *[+ foreign broadcasts, station]* être à l'écoute de

**monitoring** /ˈmɒnɪtərɪŋ/ **N** **a** *(gen, by person)* surveillance *f* ; *(by machine)* contrôle *m* ; *(Med, Tech)* monitorage *m* ; *(Univ, Scol)* contrôle *m* continu (des connaissances) **b** *(Rad)* (service *m* d')écoute *f*

**monitory** /ˈmɒnɪtərɪ/ **ADJ** monitoire, d'admonition

**monk** /mʌŋk/ **N** moine *m*, religieux *m*

**monkey** /ˈmʌŋkɪ/ **N** singe *m* ; *(= naughty child)* galopin(e) *m(f)*, polisson(ne) *m(f)* ; *(Brit ‡ = £500)* cinq cents livres ◆ **to make a ~ out of sb** tourner qn en ridicule ◆ **to have a ~ on one's back** * *(US Drugs)* être esclave de la drogue ◆ **I don't give a ~'s** ‡ *or* **a ~'s cuss** † ‡ **(about football)** *(Brit)* je n'en ai rien à foutre ‡ (du football) ◆ **as clever as a cartload** *or* **barrel (load) of ~s** † * *(Brit)* malin (-igne *f*) comme un singe

**COMP** ▷ **monkey bars NPL** *(for climbing on)* cage *f* à poules ▷ **monkey business** * **N** *(fig)* *(dishonest)* affaire *f* louche, combine(s) *f(pl)* ; *(mischievous)* singeries *fpl* ◆ **no ~ business now!** * pas de blagues ! * ▷ **monkey house N** cage *f* des singes, singerie *f* ▷ **monkey jacket N** *(Naut)* vareuse *f* ajustée ▷ **monkey nut N** *(Brit)* cacahouète *or* cacahuète *f* ▷ **monkey puzzle N** *(= tree)* araucaria *m* ▷ **monkey suit** * **N** *(esp US: pej)* costume *m* de pingouin *, smoking *m* ▷ **monkey tricks** * **NPL** *(fig)* *(dishonest)* manœuvres *fpl*, combine(s) *f(pl)* ; *(mischievous)* singeries *fpl* ◆ **no ~ tricks now!** * pas de blagues ! * ▷ **monkey wrench N** clé *f* anglaise *or* à molette ◆ **to throw a ~ wrench into the works** * *(US fig)* flanquer la pagaille *

► **monkey about** *, **monkey around** * **VI** **a** *(= waste time)* perdre son temps ◆ **stop ~ing about and get on with your work** cesse de perdre ton temps et fais ton travail **b** *(= play the fool)* faire l'idiot *or* l'imbécile ◆ **to ~ about with sth** tripoter qch, faire l'imbécile avec qch

**monkeyshines** * /ˈmʌŋkɪʃaɪnz/ **NPL** *(US)* pitreries *fpl*

**monkfish** /ˈmʌŋkfɪʃ/ **N** (pl **monkfish** *or* **monkfishes**) *(= angler fish)* lotte *f* ; *(= angel fish)* ange *m* de mer

**monkish** /ˈmʌŋkɪʃ/ **ADJ** de moine

**monkshood** /ˈmʌŋkshʊd/ **N** *(Bot)* aconit *m*

**mono** /ˈmɒnəʊ/ **ADJ** (abbrev of **monophonic**) mono *inv* **N** **a** ◆ **recorded in ~** enregistré en mono **b** (also **mono record**) disque *m* mono

**mono...** /ˈmɒnəʊ/ **PREF** mon(o)...

**monobasic** /mɒnəʊˈbeɪsɪk/ **ADJ** monobasique

**monochromatic** /mɒnəʊkrəʊˈmætɪk/ **ADJ** monochromatique

**monochrome** /ˈmɒnəkrəʊm/ **N** *(gen, also Art)* monochrome *m* ; *(Phot, TV)* noir *m* et blanc *m* ◆ **landscape in ~** paysage *m* en camaïeu **ADJ** *(gen)* monochrome ; *(Art)* en camaïeu ; *(Phot, TV)* en noir et blanc

**monocle** /ˈmɒnəkl/ **N** monocle *m*

**monocled** /ˈmɒnəkld/ **ADJ** qui porte un monocle

**monocoque** /ˈmɒnəkɒk/ **ADJ** monocoque **N** *(= car)* monocoque *f* ; *(= boat, bicycle)* monocoque *m*

**monocracy** /mɒˈnɒkrəsɪ/ **N** monocratie *f*

**monocrat** /ˈmɒnəkræt/ **N** monocrate *m*

**monocratic** /mɒnəˈkrætɪk/ **ADJ** monocratique

**monocular** /mɒˈnɒkjʊləʳ/ **ADJ** monoculaire

**monoculture** /ˈmɒnəʊkʌltʃəʳ/ **N** monoculture *f*

**monocyte** /ˈmɒnəʊsaɪt/ **N** monocyte *m*

**monody** /ˈmɒnədɪ/ **N** monodie *f*

**monogamist** /məˈnɒgəmɪst/ **N** monogame *mf*

**monogamous** /məˈnɒgəməs/ **ADJ** monogame

**monogamy** /məˈnɒgəmɪ/ **N** monogamie *f*

**monogenetic** /ˌmɒnəʊdʒɪˈnetɪk/ ADJ monogénétique

**monogram** /ˈmɒnəgræm/ **N** monogramme *m* **VT** marquer de son (*or* mon *etc*) monogramme *or* de son (*or* mon *etc*) chiffre

**monogrammed, monogramed** *(US)* /ˈmɒnəgræmd/ ADJ portant un (*or* son *etc*) monogramme, à son (*or* mon *etc*) chiffre

**monograph** /ˈmɒnəgræf/ N monographie *f*

**monogynous** /mɒˈnɒdʒɪnəs/ ADJ monogame

**monogyny** /mɒˈnɒdʒɪnɪ/ N monogamie *f*

**monohull** /ˈmɒnəʊhʌl/ N monocoque *m (Naut)*

**monokini** /ˈmɒnəʊkiːnɪ/ N monokini *m*

**monolingual** /ˌmɒnəʊˈlɪŋgwəl/ ADJ monolingue

**monolith** /ˈmɒnəlɪθ/ N **a** *(lit = stone)* monolithe *m* **b** *(fig = organization etc)* mastodonte *m*

**monolithic** /ˌmɒnəˈlɪθɪk/ ADJ *[system, structure, state, party]* monolithique ; *[building]* colossal ; *(Archeol)* monolithe

**monolog** /ˈmɒnəˌlɒg/ N *(US)* ⇒ **monologue**

**monologist** /ˈmɒnəˌlɒgɪst/ N monologueur *m*

**monologue, monolog** *(also US)* /ˈmɒnəlɒg/ N monologue *m*

**monomania** /ˌmɒnəʊˈmeɪnɪə/ N monomanie *f*

**monomaniac** /mɒnəʊˈmeɪnɪæk/ N, ADJ monomane *mf*, monomaniaque *mf*

**monometallism** /ˌmɒnəʊˈmetəlɪzəm/ N monométallisme *m*

**monometer** /mɒˈnɒmɪtəʳ/ N monomètre *m*

**monomial** /mɒˈnəʊmɪəl/ **N** monôme *m* **ADJ** de *or* en monôme

**monomorphic** /mɒnəʊˈmɔːfɪk/ ADJ monomorphe

**monomorphism** /mɒnəʊˈmɔːfɪzəm/ N monomorphisme *m*

**mononuclear** /mɒnəʊˈnjuːklɪəʳ/ ADJ mononucléaire

**mononucleosis** /ˌmɒnəʊnjuːklɪˈəʊsɪs/ N mononucléose *f*

**monophonic** /ˌmɒnəʊˈfɒnɪk/ ADJ monophonique, monaural

**monophony** /mɒˈnɒfənɪ/ N monophonie *f*

**monophthong** /ˈmɒnəfθɒŋ/ N monophthongue *f*

**monoplane** /ˈmɒnəʊpleɪn/ N monoplan *m*

**monopolist** /məˈnɒpəlɪst/ N monopoliste *mf*

**monopolistic** /mənɒpəˈlɪstɪk/ ADJ monopolistique

**monopolization** /mənɒpəlaɪˈzeɪʃən/ N monopolisation *f*

**monopolize** /məˈnɒpəlaɪz/ VT *(Comm)* monopoliser, avoir le monopole de ; *(fig)* monopoliser, accaparer

**monopoly** /məˈnɒpəlɪ/ **N** **a** monopole *m* (*of, in* de) **b** *(= game)* **Monopoly** ® Monopoly ® *m* **COMP** ▷ **Monopolies and Mergers Commission** N *(Brit)* Commission *f* d'enquête sur les monopoles Commission *f* de la concurrence ▷ **Monopoly money** * N *(NonC) (= large amount)* somme *f* mirobolante * ; *(pej) (= foreign currency)* ≃ monnaie *f* de singe

**monorail** /ˈmɒnəʊreɪl/ N monorail *m*

**monoski** /ˈmɒnəʊˌskiː/ N monoski *m*

**monosodium glutamate** /mɒnəʊˈsəʊdɪəm ˈgluːtəmeɪt/ N glutamate *m* (de sodium)

**monosyllabic** /ˈmɒnəʊsɪˈlæbɪk/ ADJ *[word, reply]* monosyllabique ◆ **she was** ~ elle ne s'exprimait que par monosyllabes ◆ **his English was fairly** ~ son anglais était plutôt rudimentaire

**monosyllable** /ˈmɒnəˌsɪləbl/ N monosyllabe *m* ◆ **to answer in ~s** répondre par monosyllabes

**monotheism** /ˈmɒnəʊˌθiːɪzəm/ N monothéisme *m*

**monotheist** /ˈmɒnəʊˌθiːɪst/ N monothéiste *mf*

**monotheistic** /ˌmɒnəʊθiːˈɪstɪk/ ADJ monothéiste

**monotone** /ˈmɒnətəʊn/ N *(= voice/tone etc)* voix *f*/ton *m etc* monocorde ◆ **to speak in a** ~ parler sur un ton monocorde

**monotonous** /məˈnɒtənəs/ ADJ monotone

**monotonously** /məˈnɒtənəslɪ/ ADV *[predictable]* de façon monotone ◆ **the rain dripped ~ from the trees** la pluie ruisselait des arbres avec monotonie ◆ **the sky was ~ grey** le ciel était d'un gris monotone

**monotony** /məˈnɒtənɪ/ N monotonie *f*

**monotype** /ˈmɒnəʊtaɪp/ N *(Art, Engraving)* monotype *m* ◆ **Monotype** ® *(Typ = machine)* Monotype ® *f*

**monoxide** /mɒˈnɒksaɪd/ N monoxyde *m*

**Monroe doctrine** /mənˈrəʊˈdɒktrɪn/ N doctrine *f* de Monroe

**monseigneur** /ˌmɒnsenˈjɜːʳ/ N monseigneur *m*

**monsignor** /mɒnˈsiːnjəʳ/ N (pl **monsignors** *or* **monsignori**) *(Rel)* monsignor *m*

**monsoon** /mɒnˈsuːn/ N mousson *f* ◆ **the ~s** la mousson ◆ **the ~ season** la mousson d'été

**mons pubis** /ˈmɒnzˈpjuːbɪs/ N (pl **montes pubis** /ˈmɒntiːzˈpjuːbɪs/) mont *m* de Vénus, pénil *m (chez l'homme)*

**monster** /ˈmɒnstəʳ/ **N** *(all senses)* monstre *m* **ADJ** * colossal, monstre *

**monstrance** /ˈmɒnstrəns/ N ostensoir *m*

**monstrosity** /mɒnˈstrɒsɪtɪ/ N *(= thing)* monstruosité *f* ; *(= person)* monstre *m*

**monstrous** /ˈmɒnstrəs/ ADJ monstrueux ◆ **it is ~ that ...** c'est monstrueux que ... + *subj*

**monstrously** /ˈmɒnstrəslɪ/ ADV monstrueusement

**mons veneris** /ˈmɒnzˈvenərɪs/ N (pl **montes veneris** /ˈmɒntiːzˈvenərɪs/) mont *m* de Vénus

**Mont.** abbrev of **Montana**

**montage** /mɒnˈtɑːʒ/ N *(Cine, Phot)* montage *m*

**Montana** /mɒnˈtænə/ N Montana *m* ◆ **in** ~ dans le Montana

**Mont Blanc** /mɔ̃blɑ̃/ N le mont Blanc

**monte** * /ˈmɒntɪ/ N ⇒ **monty**

**Monte Carlo** /ˈmɒntɪˈkɑːləʊ/ N Monte-Carlo

**Montenegrin** /ˌmɒntɪˈniːgrɪn/, **Montenegran** /ˌmɒntɪˈniːgrən/ **ADJ** monténégrin **N** Monténégrin(e) *m(f)*

**Montenegro** /ˌmɒntɪˈniːgrəʊ/ N Monténégro *m* ◆ **in** ~ au Monténégro

**Montezuma** /mɒntɪˈzuːmə/ N Montezuma *m*, Moctezuma II *m* ◆ **~'s revenge** * turista *f*

**month** /mʌnθ/ N mois *m* ◆ **it went on for ~s** *or* **for ~ after ~** cela a duré des mois (et des mois) ◆ **in the ~ of May** au mois de mai, en mai ◆ **to be paid by the ~** être payé au mois, être mensualisé ◆ **every ~** *[happen]* tous les mois ; *[pay]* mensuellement ◆ **~ by ~** de mois en mois ◆ **~ on ~** *(+ noun)* mensuel ◆ **output climbed by 0.3% ~ on ~ in March** en mars, la production a augmenté de 0,3% par rapport au mois précédent ◆ **which day of the ~ is it?** le combien sommes-nous ? ◆ **at the end of this ~** à la fin du *or* de ce mois ◆ **at the end of the current ~** *(Comm)* fin courant * ◆ **he owes his landlady two ~s' rent** il doit deux mois à sa propriétaire ◆ **six ~s pregnant** enceinte de six mois ◆ **he'll never do it in a ~ of Sundays** * il le fera la semaine des quatre jeudis * *or* à la saint-glinglin * ; → **calendar, lunar**

**monthly** /ˈmʌnθlɪ/ **ADJ** mensuel ◆ **on a ~ basis** *[pay]* par mensualités *[happen, do sth]* tous les mois ◆ **~ payment** *or* **instalment** mensualité *f* ◆ **~ period** *(Med)* règles *fpl* ◆ **~ ticket** carte *f* (d'abonnement) mensuelle **N** *(Press)* mensuel *m* **ADV** *[publish]* mensuellement ; *[pay]* au mois ; *[happen]* tous les mois ◆ **~ paid staff** employés *mpl* mensualisés

**Montreal** /ˌmɒntrɪˈɔːl/ N Montréal

**monty** * /ˈmɒntɪ/ N *(Brit)* ◆ **the full ~** la totale *

**monument** /ˈmɒnjʊmənt/ N *(all senses)* monument *m* (*to, of* à) ◆ **Monty Python films are a ~ to British eccentricity** les films de Monty Python sont un monument d'excentricité britannique

**monumental** /ˌmɒnjʊˈmentl/ **ADJ** **a** *(= huge)* *[object, task, achievement, blunder]* monumental ; *[effort, success]* prodigieux ◆ **on a ~ scale** *[build]* sur une très grande *or* une vaste échelle ◆ **he was stupid on a ~ scale** il était d'une bêtise monumentale **b** *(to do with monuments)* funéraire **COMP** ▷ **monumental mason** N marbrier *m (funéraire)*

**monumentally** /ˌmɒnjʊˈmentəlɪ/ ADV *[dull, boring]* prodigieusement ◆ **~ important** d'une importance capitale *or* monumentale ◆ **it was ~ successful** ça a eu un succès foudroyant

**moo** /muː/ **N** meuglement *m* ◆ **~!** meuh ! ◆ **silly ~** ‡ pauvre cloche * *f* **VI** meugler **COMP** ▷ **moo-cow** N *(baby talk)* meuh-meuh *f (baby talk)*

**mooch** * /muːtʃ/ **VT** *(US)* ◆ **to ~ sth from sb** *(= cadge)* taper qn de qch * **VI** ◆ **to ~ in/out** *etc* entrer/sortir *etc* en traînant

► **mooch about** ‡, **mooch around** ‡ VI traînasser, flemmarder *

**mood** /muːd/ **N** **a** humeur *f* ◆ **to be in a good/bad ~** être de bonne/mauvaise humeur, être de bon/mauvais poil * ◆ **to be in a ~** être de mauvaise humeur ◆ **to be in an ugly ~** *[person]* être d'une humeur massacrante *or* exécrable ; *[crowd]* être menaçant ◆ **to be in a forgiving ~** être en veine de générosité *or* d'indulgence ◆ **that depends on his ~** cela dépend de son humeur ◆ **he's in one of his ~s** il est encore mal luné ◆ **she has ~s** elle a des sautes d'humeur, elle est lunatique ◆ **the ~ of the meeting** l'état d'esprit de l'assemblée ◆ **they misread the ~ of the electorate** ils ont mal interprété l'état d'esprit des électeurs ◆ **the government is in tune with the ~ of the people** le gouvernement est en phase avec la population ◆ **the political ~ in the country** le climat politique du pays ◆ **she set the ~ with music and candlelight** elle a créé une ambiance avec de la musique et des bougies ◆ **as the ~ takes him** selon son humeur, comme ça lui chante *

◆ **in the mood** ◆ **I'm in the ~ for a dance** j'ai envie de danser ◆ **I'm not in the ~ for laughing** je ne suis pas d'humeur à rire, je n'ai aucune envie de rire ◆ **are you in the ~ for chess?** une partie d'échecs, ça vous dit * ? ◆ **he plays well when he's in the ~** quand il veut *or* quand ça lui chante * il joue bien ◆ **I'm not in the ~** ça ne me dit rien

◆ **in no mood** ◆ **I'm in no ~ to listen to him** je ne suis pas d'humeur à l'écouter ◆ **they were in no ~ for compromise** ils n'étaient nullement disposés à faire des compromis

**b** *(Ling, Mus)* mode *m*

**COMP** ▷ **mood disorder** N *(Psych)* trouble *m* de l'humeur ▷ **mood music** N musique *f* d'ambiance ▷ **mood swing** N saute *f* d'humeur

**moodily** /ˈmuːdɪlɪ/ ADV *(= bad-temperedly) [reply]* d'un ton maussade, maussadement ; *(= gloomily) [stare at]* d'un air morose

**moodiness** /ˈmuːdɪnɪs/ N *(= sulkiness)* humeur *f* maussade ; *(= changeability)* humeur *f* changeante

**moody** /ˈmuːdɪ/ ADJ **a** *(= sulky) [person]* de mauvaise humeur (*with sb* avec qn) ◆ **Elvis's ~ looks** la beauté ténébreuse d'Elvis **b** *(= temperamental) [person]* d'humeur changeante, lunatique ◆ **to be ~** être lunatique **c** *(= atmospheric) [music, film, picture]* sombre

**moola(h)**‡ /ˈmuːlɑː/ N *(US = money)* pèze‡ *m*, fric‡ *m*

**moon** /muːn/ N lune *f* ◆ **there was no ~** c'était une nuit sans lune ◆ **there was a ~ that night** il y avait clair de lune cette nuit-là ◆ **when the ~ is full** à la pleine lune ◆ **by the light of the ~** à la clarté de la lune, au clair de lune ◆ **the ~s of Jupiter** les lunes de Jupiter ◆ **many ~s ago** *(hum)* il y a de cela bien longtemps ◆ **to ask for the ~** demander la lune ◆ **he's over the ~* (about it)** il est aux anges ; → **blue, half, land, man, new, shoot** VI (‡ *= exhibit buttocks*) montrer son cul**

**COMP** ▷ **moon buggy** N jeep® *f* lunaire ▷ **moon landing** N alunissage *m* ▷ **moon rock** N roche *f* lunaire ▷ **moon shot** N *(Space)* lancement *m* d'une fusée lunaire ▷ **moon walk** N marche *f* sur la lune

► **moon about**, **moon around** VI musarder en rêvassant

► **moon over** VT FUS ◆ **to moon over sb** soupirer pour qn

**moonbeam** /ˈmuːnbiːm/ N rayon *m* de lune

**moonboots** /ˈmuːnbuːts/ NPL après-skis *mpl*, moonboots *fpl*

**mooncraft** /ˈmuːnkrɑːft/ N *(Space)* module *m* lunaire

**moonfaced** /ˈmuːnfeɪst/ ADJ au visage rond

**Moonie** /ˈmuːnɪ/ N mooniste *mf*, adepte *mf* de la secte Moon

**moonless** /ˈmuːnlɪs/ ADJ sans lune

**moonlight** /ˈmuːnlaɪt/ N clair *m* de lune ◆ **by ~, in the ~** au clair de lune VI (* *= work extra*) travailler au noir **COMP** *[walk, encounter]* au clair de lune ▷ **moonlight flit** N *(Brit fig)* ◆ **to do a ~ flit** déménager à la cloche de bois ▷ **moonlight night** N nuit *f* de lune

**moonlighting*** /ˈmuːnlaɪtɪŋ/ N *(NonC)* travail *m* au noir

**moonlit** /ˈmuːnlɪt/ ADJ éclairé par la lune ◆ **a ~ night** une nuit de lune

**moonrise** /ˈmuːnraɪz/ N lever *m* de (la) lune

**moonscape** /ˈmuːnskeɪp/ N paysage *m* lunaire

**moonshine*** /ˈmuːnʃaɪn/ N *(fig = nonsense)* sornettes *fpl* ; *(US = illegal spirits)* alcool *m* de contrebande

**moonshiner** /ˈmuːnʃaɪnəʳ/ N *(US)* *(= distiller)* bouilleur *m* de cru clandestin ; *(= smuggler)* contrebandier *m* d'alcool

**moonshining** /ˈmuːnʃaɪnɪŋ/ N *(US)* distillation *f* clandestine

**moonship** /ˈmuːnʃɪp/ N *(Space)* module *m* lunaire

**moonstone** /ˈmuːnstəʊn/ N pierre *f* de lune

**moonstruck** /ˈmuːnstrʌk/ ADJ ◆ **he's ~** il n'a pas toute sa tête

**moony*** /ˈmuːnɪ/ ADJ dans la lune

**Moor** /mʊəʳ/ N Maure *m* or More *m*, Mauresque *f* or Moresque *f*

**moor¹** /mʊəʳ/ N *(esp Brit)* lande *f*

**moor²** /mʊəʳ/ VT *[+ ship]* amarrer VI mouiller

**moorhen** /ˈmʊəhen/ N poule *f* d'eau

**mooring** /ˈmʊərɪŋ/ N *(Naut)* *(= place)* mouillage *m* ; *(= ropes etc)* amarres *fpl* ◆ **at her ~s** sur ses amarres ◆ **~ buoy** coffre *m* (d'amarrage), bouée *f* de corps-mort

**Moorish** /ˈmʊərɪʃ/ ADJ *[person, culture, influence, invasion]* maure ; *[architecture]* mauresque

**moorland** /ˈmʊələnd/ N lande *f* ; *(boggy)* terrain *m* tourbeux

**moose** /muːs/ N *(pl inv, in Canada)* orignal *m* ; *(in Europe)* élan *m*

**moot** /muːt/ ADJ *[question]* discutable, controversé ◆ **it's a ~ point** c'est discutable VT *[+ question]* soulever, mettre sur le tapis ◆ **it has been ~ed that ...** on a suggéré que ... **COMP** ▷ **moot case** N *(Jur)* hypothèse *f* d'école ▷ **moot court** N *(US)* *tribunal fictif permettant aux étudiants de s'exercer*

**mop** /mɒp/ N **a** *(for floor)* balai *m* à franges ; *(for dishes)* lavette *f* (à vaisselle) ; *(Naut)* faubert *m* **b** (also **mop of hair**) tignasse *f* ◆ **~ of curls** crinière* *f* bouclée VT *[+ floor, surface]* essuyer ◆ **to ~ one's brow** s'éponger le front **COMP** ▷ **mopping-up operation**, **mop-up** N *(Mil)* (opération *f* de) nettoyage *m*

► **mop down** VT SEP passer un coup de balai à

► **mop up** VT SEP **a** *[+ liquid]* éponger ; *[+ floor, surface]* essuyer ◆ **she ~ped up the sauce with a piece of bread** elle a saucé son assiette avec un morceau de pain **b** *[+ profits]* rafler, absorber **c** *(Mil)* *[+ terrain]* nettoyer ; *[+ remnants of enemy]* éliminer ADJ ◆ **mop-ping-up** → **mop**

**mopboard** /ˈmɒpbɔːd/ N *(US)* plinthe *f*

**mope** /məʊp/ VI se morfondre, avoir le cafard* or des idées noires ◆ **she ~d about it all day** toute la journée elle a broyé du noir en y pensant

► **mope about**, **mope around** VI passer son temps à se morfondre, traîner son ennui

**moped** /ˈməʊped/ N *(esp Brit)* vélomoteur *m*, mobylette® *f*

**moppet*** /ˈmɒpɪt/ N chéri(e) *m(f)*

**moquette** /mɒˈket/ N moquette *f (étoffe)*

**MOR** ADJ *(Mus)* (abbrev of **middle-of-the-road**) grand public *inv*

**moraine** /mɒˈreɪn/ N moraine *f*

**moral** /ˈmɒrəl/ ADJ *(all senses)* moral ◆ **it is a ~ certainty** c'est une certitude morale ◆ **to be under** or **have a ~ obligation to do sth** être moralement obligé de faire qch, être dans l'obligation morale de faire qch ◆ **~ support** soutien *m* moral ◆ **I'm going along as ~ support for him** j'y vais pour le soutenir moralement ◆ **the Moral Majority** *(US Pol)* les néoconservateurs *mpl* (américains) ◆ **~ philosopher** moraliste *mf* ◆ **~ philosophy** la morale, l'éthique *f* ◆ **Moral Rearmament** *(Rel)* Réarmement *m* moral ◆ **to raise ~ standards** relever le niveau moral ◆ **~ standards are falling** le sens moral se perd ◆ **~ suasion** pression *f* morale ◆ **a ~ victory** une victoire morale

N *[of story]* morale *f* ◆ **to point the ~** tirer la morale

NPL **morals** *[of person, act, attitude]* moralité *f* ◆ **of loose ~s** de mœurs relâchées ◆ **he has no ~s** il est sans moralité

**morale** /mɒˈrɑːl/ N *(NonC)* moral *m* ◆ **high ~** bon moral *m* ◆ **his ~ was very low** il avait le moral très bas or à zéro ◆ **to raise sb's ~** remonter le moral à qn ◆ **to lower** or **undermine sb's ~** démoraliser qn **COMP** ▷ **morale booster** N ◆ **to be a ~ booster for sb** remonter le moral de qn ▷ **morale-boosting** ADJ qui regonfle le moral

**moralist** /ˈmɒrəlɪst/ N moraliste *mf*

**moralistic** /mɒrəˈlɪstɪk/ ADJ *(pej)* moralisateur (-trice *f*) *(pej)*

**morality** /məˈrælɪtɪ/ N **a** *(NonC)* *(= ethics)* morale *f* ◆ **an effort to preserve traditional ~** des efforts pour préserver la morale traditionnelle ◆ **they've got no ~** ils n'ont aucun sens moral **b** *(= value system)* morale *f* ◆ **you have the typical bourgeois ~** vous avez une morale typiquement bourgeoise **c** *(= rightness)* moralité *f* **d** *(Theat:* also **morality play**) moralité *f*

**moralize** /ˈmɒrəlaɪz/ VI moraliser (*about* sur) VT moraliser, faire la morale à

**moralizing** /ˈmɒrəlaɪzɪŋ/ ADJ moralisateur (-trice *f*) N leçons *fpl* de morale

**morally** /ˈmɒrəlɪ/ ADV **a** *(= ethically)* moralement ◆ **~ wrong** contraire à la morale ◆ **~ right** conforme à la morale ◆ **she was ~ right** elle avait raison d'un point de vue moral ◆ **~ the situation is a minefield** d'un point de vue moral la situation est épineuse **b** *(frm = virtually)* ◆ **~ certain** pratiquement sûr

**morass** /məˈræs/ N marais *m*, marécage *m* ◆ **a ~ of problems** des problèmes à ne plus s'y retrouver or à ne plus s'en sortir ◆ **a ~ of figures** un fatras de chiffres ◆ **a ~ of paperwork** de la paperasserie, un monceau de paperasserie

**moratorium** /ˌmɒrəˈtɔːrɪəm/ N (pl **moratoriums** or **moratoria** /ˌmɒrəˈtɔːrɪə/) moratoire *m*, moratorium *m*

**Moravia** /məˈreɪvɪə/ N Moravie *f*

**Moravian** /məˈreɪvɪən/ ADJ morave ◆ **the ~ Church** l'Église *f* morave N Morave *mf*

**moray eel** /mɒˈreɪˈiːl/ N murène *f*

**morbid** /ˈmɔːbɪd/ ADJ *(= ghoulish)* *[person, thoughts, interest]* morbide ; *[fear, dislike]* maladif ◆ **don't be so ~!** cesse donc de broyer du noir ! **COMP** ▷ **morbid anatomy** N anatomie *f* pathologique

**morbidity** /mɔːˈbɪdɪtɪ/ N *(also Med)* morbidité *f* **COMP** ▷ **morbidity rate** N taux *m* de morbidité

**morbidly** /ˈmɔːbɪdlɪ/ ADV ◆ **to be ~ curious about sb/sth** être animé d'une curiosité malsaine pour qn/qch ◆ **to be ~ fascinated by sb/sth** avoir une fascination malsaine pour qn/qch ◆ **to be ~ obsessed by sth** avoir la hantise de qch

**morbidness** /ˈmɔːbɪdnɪs/ N ⇒ **morbidity**

**mordacious** /mɔːˈdeɪʃəs/ ADJ mordant, caustique

**mordacity** /mɔːˈdæsɪtɪ/ N mordacité *f (liter)*, causticité *f*

**mordant** /ˈmɔːdənt/ ADJ *(frm)* mordant

**mordent** /ˈmɔːdənt/ N *(Mus)* ◆ **(lower) ~** mordant *m*, pincé *m* ◆ **upper** or **inverted ~** pincé *m* renversé

**more** /mɔːʳ/ LANGUAGE IN USE 5.1 (compar of **many, much**)

ADJ, PRON *(= greater in number or quantity)* plus (de), davantage (de) ; *(= additional)* encore (de) ; *(= other)* d'autres ◆ **many came but ~ stayed away** beaucoup de gens sont venus mais davantage or un plus grand nombre se sont abstenus ◆ **many ~** or **a lot ~ books/time** beaucoup plus de livres/de temps ◆ **I need a lot ~** il m'en faut beaucoup plus or bien davantage ◆ **I need a few ~ books** il me faut encore quelques livres *or* quelques livres de plus ◆ **some were talking and a few ~ were reading** il y en avait qui parlaient et d'autres qui lisaient ◆ **a little ~** un peu plus (de) ◆ **several ~ days** quelques jours de plus, encore quelques jours ◆ **I'd like (some) ~ meat** je voudrais encore de la viande ◆ **there's no ~ meat** il n'y a plus de viande ◆ **is there (any) ~ wine?** y a-t-il encore du vin ?, est-ce qu'il reste du vin ? ◆ **have some ~ ice cream** reprenez de la glace ◆ **has she any ~ children?** a-t-elle d'autres enfants ? ◆ **no ~ shouting!** assez de cris !, arrêtez de crier ! ◆ **I've got no ~, I haven't any ~** je n'en ai plus, il ne m'en reste plus ◆ **I've no ~ time** je n'ai plus le temps ◆ **I shan't say any ~, I shall say no ~** je n'en dirai pas davantage ; *(threat)* tenez-le-vous pour dit ◆ **have you heard any ~ about him?** avez-vous d'autres nouvelles de lui ? ◆ **I've got ~ like these** j'en ai d'autres comme ça ◆ **you couldn't ask for ~** on ne peut guère en demander plus *or* davantage ◆ **we must see ~ of her** il faut que nous la voyions *subj* davantage *or* plus souvent ◆ **I want to know ~ about it** je veux en savoir plus long, je veux en savoir davantage ◆ **there's ~ where that came from** ce n'est qu'un début ◆ **the ~ the merrier** plus on est de fous plus on rit *(Prov)* ◆ **and what's ~ ...** et qui plus est ... ◆ **his speech, of which ~ later, ...** son discours, sur lequel nous reviendrons, ... ◆ **let's say no ~ about it** n'en parlons plus ◆ **I shall have ~ to say about that** je reviendrai sur ce sujet (plus tard) ◆ **I've nothing ~ to say** je n'ai rien à ajouter ◆ **nothing ~** rien de plus ◆ **something ~** autre chose, quelque chose d'autre *or* de plus

♦ **more ... than** plus ... que ; *(before a number)* plus de ... que ◆ **I've got ~ money/books than you** j'ai plus d'argent/de livres que vous ◆ **he's got ~ than you** il en a plus que vous ◆ **~ people than seats** plus de gens que de places ◆ **~ people than usual/than we expected** plus de gens que de coutume/que prévu ◆ **it cost ~ than I expected** c'était plus cher que je ne pensais ◆ **~ than half the audience** plus de la moitié de l'assistance *or* des auditeurs ◆ **not ~ than a kilo** pas plus d'un kilo ◆ **~ than 20 came** plus de 20 personnes sont venues ◆ **no ~ than a dozen** une douzaine au plus ◆ **~ than enough** plus que suffisant, amplement *or* bien suffisant ◆ **he can't afford ~ than a small house** il ne peut se payer qu'une petite maison

**ADV** plus *[exercise, sleep etc]* plus, davantage ◆ **~ difficult** plus difficile ◆ **~ easily** plus facilement ◆ **~ and ~ difficult** de plus en plus difficile ◆ **even ~ difficult** encore plus difficile ◆ **you must rest ~** vous devez vous reposer davantage ◆ **he sleeps ~ and ~** il dort de plus en plus ; → **never**

♦ **more than** plus que ◆ **he talks ~ than I do** il parle plus *or* davantage que moi ◆ **she talks even ~ than he does** elle parle encore plus *or* davantage que lui ◆ **I like apples ~ than oranges** je préfère les pommes aux oranges ◆ **no *or* nothing ~ than ...** rien (de plus) que ... ◆ **not much ~ than ...** pas beaucoup plus que ... ◆ **it will ~ than cover the cost** cela couvrira largement *or* amplement les frais ◆ **the house is ~ than half built** la maison est plus qu'à moitié bâtie ◆ **I had ~ than kept my promise** j'avais fait plus que tenir ma promesse

♦ **more ... than** plus ... que ◆ **~ amused than annoyed** plus amusé que fâché ◆ **he was ~ frightened than hurt** il a eu plus de peur que de mal ◆ **each ~ beautiful than the next *or* the other** tous plus beaux les uns que les autres ◆ **it's ~ a short story than a novel** c'est une nouvelle plus qu'un roman ◆ **he's no ~ a duke than I am** il n'est pas plus duc que moi ◆ **he could no ~ pay me than fly in the air** * il ne pourrait pas plus me payer que devenir pape *

♦ **... any more** *(= any longer, again)* ◆ **I won't do it any ~** je ne le ferai plus ◆ **don't do it any ~!** ne recommence pas ! ◆ **he doesn't live here any ~** il n'habite plus ici ◆ **I can't stay any ~** je ne peux pas rester plus longtemps *or* davantage

♦ **more or less** plus ou moins

♦ **no more and no less** ni plus ni moins

♦ **neither more nor less (than ...)** ni plus ni moins (que ...)

♦ **no more ...** † *(= neither)* ◆ **I can't bear him! – no ~ can I!** je ne peux pas le souffrir ! – ni moi non plus ! ◆ **I shan't go there again! – no ~ you shall** je ne veux pas y retourner ! – c'est entendu

♦ **... no more** *(liter) (= no longer)* ◆ **we shall see him no ~** nous ne le reverrons jamais plus *or* plus jamais ◆ **he is no ~** il n'est plus

♦ **... only more so** * ◆ **he's like his father, only ~ so** *(= worse)* il est comme son père, mais en pire ◆ **it's like that in Canada, only ~ so** *(= better)* c'est comme ça au Canada, mais en mieux

♦ **once more** une fois de plus, encore une fois ◆ **only once ~** une dernière fois

♦ **the more ...** ◆ **the ~ you rest the quicker you'll get better** plus vous vous reposerez plus vous vous rétablirez rapidement ◆ **the ~ I think of it the ~ ashamed I feel** plus j'y pense plus j'ai honte ◆ **he is all the ~ happy** il est d'autant plus heureux (*as* que) ◆ **(all) the ~ so as *or* because ...** d'autant plus que ... ◆ **I love him all the ~ for it** je l'aime d'autant plus ◆ **she respected him all the ~ for his frankness** elle l'a respecté d'autant plus pour sa franchise

**moreish** * /ˈmɔːrɪʃ/ **ADJ** ◆ **these cakes are very ~** ces gâteaux ont un goût de revenez-y *

**moreover** /mɔːˈrəʊvəʳ/ LANGUAGE IN USE 26.2, 26.3 **ADV** *(frm)* de plus, en outre

**mores** /ˈmɔːreɪz/ **NPL** mœurs *fpl*

**morganatic** /ˌmɔːgəˈnætɪk/ **ADJ** morganatique

**morganatically** /ˌmɔːgəˈnætɪkəlɪ/ **ADV** morganatiquement

**morgue** /mɔːg/ **N** *(= mortuary)* morgue *f* ; *(*: of newspaper)* archives *fpl (d'un journal)*

**MORI** /ˈmɒrɪ/ **N** (abbrev of **Market and Opinion Research Institute**) ◆ **~ poll** sondage *m* d'opinion

**moribund** /ˈmɒrɪbʌnd/ **ADJ** *(frm: lit, fig)* moribond

**Mormon** /ˈmɔːmən/ **N** mormon(e) *m(f)* **ADJ** mormon

**Mormonism** /ˈmɔːmənɪzəm/ **N** mormonisme *m*

**morn** /mɔːn/ **N** *(liter) (= morning)* matin *m* ; *(= dawn)* aube *f*

**morning** /ˈmɔːnɪŋ/ **N** *(= point in time)* matin *m* ; *(= duration)* matinée *f* ◆ **on the ~ of 23 January** le 23 janvier au matin, le matin du 23 janvier ◆ **during (the course of) the ~** pendant la matinée ◆ **I was busy all ~** j'ai été occupé toute la matinée ◆ **good ~!** *(= hello)* bonjour ! ; *(† = goodbye)* au revoir ! ◆ **he came in the ~** il est arrivé dans la matinée ◆ **I'll do it in the ~** je le ferai le matin *or* dans la matinée ; *(= tomorrow)* je le ferai demain matin ◆ **it happened first thing in the ~** c'est arrivé tout au début de la matinée ◆ **I'll do it first thing in the ~** je le ferai demain à la première heure ◆ **at 7 (o'clock) in the ~** à 7 heures du matin ◆ **in the early ~** au (petit) matin ◆ **to get up very early in the ~** se lever de très bonne heure *or* très tôt le matin, se lever de bon *or* de grand matin ◆ **I work in the ~(s)** je travaille le matin ◆ **she's working ~s *or* she's on ~s * this week** elle travaille le matin, cette semaine ◆ **a ~'s work** une matinée de travail ◆ **she's got the ~ off (today)** elle a congé ce matin ◆ **I have a ~ off every week** j'ai un matin *or* une matinée (de) libre par semaine ◆ **what a beautiful ~!** quelle belle matinée ! ◆ **this ~** ce matin ◆ **tomorrow ~** demain matin ◆ **the ~ before** la veille au matin ◆ **yesterday ~** hier matin ◆ **the next *or* following ~, the ~ after** le lendemain matin ◆ **the ~ after (the night before)** * un lendemain de cuite * ◆ **every Sunday ~** tous les dimanches matin ◆ **one summer ~** (par) un matin d'été ; → **Monday**

**ADJ** *[walk, swim]* matinal, du matin ◆ **a ~ train** un train le matin *or* dans la matinée ◆ **the ~ train** le train du matin

**COMP** ▷ **morning-after pill N** *(= contraceptive)* pilule *f* du lendemain ▷ **morning coat N** jaquette *f* ▷ **morning coffee N** pause-café *f* (dans la matinée) ◆ **we have ~ coffee together** nous prenons un café ensemble le matin ▷ **morning dress N** jaquette *f* (et pantalon *m* rayé) ▷ **morning-glory N** *(= flower)* belle-de-jour *f* ▷ **morning paper N** journal *m* (du matin) ▷ **morning prayer(s) N(PL)** prière(s) *f(pl)* du matin ▷ **morning room** † **N** petit salon *m (conçu pour recevoir le soleil le matin)* ▷ **morning service N** office *m* du matin ▷ **morning sickness N** nausée *f* (du matin), nausées *fpl* matinales ▷ **morning star N** étoile *f* du matin ▷ **morning watch N** *(Naut)* premier quart *m* du jour

**Moroccan** /məˈrɒkən/ **ADJ** *(gen)* marocain ; *[ambassador, embassy]* du Maroc **N** Marocain(e) *m(f)*

**Morocco** /məˈrɒkəʊ/ **N** **a** Maroc *m* ◆ **in ~** au Maroc **b** ◆ **morocco (leather)** maroquin *m* ◆ **morocco-bound** relié en maroquin

**moron** /ˈmɔːrɒn/ **N** (* = *idiot)* crétin (e) *m(f)* * ; *(Med)* débile *m* léger, débile *f* légère

**moronic** /məˈrɒnɪk/ **ADJ** crétin *

**morose** /məˈrəʊs/ **ADJ** morose

**morosely** /məˈrəʊslɪ/ **ADV** *[look at]* d'un air morose ; *[say]* d'un ton morose

**morph**[1] /mɔːf/ **N** *(Ling)* morphe *m*

**morph**[2] * /mɔːf/ **VI** ◆ **to ~ into sth** se transformer en qch

**morpheme** /ˈmɔːfiːm/ **N** *(Ling)* morphème *m*

**morphemics** /mɔːˈfiːmɪks/ **N** *(NonC) (Ling)* morphématique *f*

**Morpheus** /ˈmɔːfɪəs/ **N** Morphée *m* ; → **arm**[1]

**morphia** /ˈmɔːfɪə/ **N** ⇒ **morphine**

**morphine** /ˈmɔːfiːn/ **N** morphine *f* **COMP** ▷ **morphine addict N** morphinomane *mf* ▷ **morphine addiction N** morphinomanie *f*

**morphing** /ˈmɔːfɪŋ/ **N** *(Cine, Comput)* morphing *m*

**morphological** /ˌmɔːfəˈlɒdʒɪkəl/ **ADJ** morphologique

**morphologically** /ˌmɔːfəˈlɒdʒɪkəlɪ/ **ADV** morphologiquement

**morphologist** /mɔːˈfɒlədʒɪst/ **N** morphologue *mf*

**morphology** /mɔːˈfɒlədʒɪ/ **N** morphologie *f*

**morphophonemics** /ˌmɔːfəʊfəʊˈniːmɪks/ **N** *(NonC)* morphophonémique *f*

**morphophonology** /ˌmɔːfəʊfəˈnɒlədʒɪ/ **N** morphophonologie *f*

**morphosyntax** /ˌmɔːfəʊˈsɪntæks/ **N** morphosyntaxe *f*

**morris** /ˈmɒrɪs/ **N** *(US)* ⇒ **morris dance COMP** ▷ **morris dance N** *danse folklorique anglaise* ▷ **morris dancer N** *danseur de "morris* *dance"* ▷ **morris dancing** N *danse folklorique anglaise* ▷ **morris men** NPL *danseurs de "morris dance"*

> **Morris Dancing**
>
> Le **Morris dancing** est une danse folklorique anglaise traditionnellement réservée aux hommes. Habillés tout en blanc et portant des clochettes, ils exécutent différentes figures avec des mouchoirs et de longs bâtons. Cette danse est très populaire dans les fêtes de village.

**morrow** /'mɒrəʊ/ N († *or liter*) *(= morning)* matin *m* ; *(= next day)* lendemain *m* ◆ **he said he would leave on the ~** il a dit qu'il partirait le lendemain

**Morse** /mɔːs/ N morse *m* COMP ▷ **Morse alphabet** N alphabet *m* morse ▷ **Morse Code** N morse *m* ▷ **Morse signals** NPL signaux *mpl* en morse

**morsel** /'mɔːsl/ N *(gen)* (petit) bout *m* ◆ **she ate only a ~ of fish** elle n'a mangé qu'une bouchée de poisson ◆ **choice ~** morceau *m* de choix

**mortadella** /,mɔːtə'delə/ N mortadelle *f*

**mortal** /'mɔːtl/ ADJ *[life, hatred, enemy, fear]* mortel ; *[injury]* mortel, fatal ◆ **~ combat** combat *m* à mort ◆ **~ remains** dépouille *f* mortelle ◆ **~ sin** péché *m* mortel ◆ **it's no ~ good to him** * cela ne lui sert strictement à rien N mortel(le) *m(f)*

**mortality** /mɔː'tælɪtɪ/ N mortalité *f* ◆ **infant ~** (taux *m* de) mortalité *f* infantile

**mortally** /'mɔːtəlɪ/ ADV *[wounded, offended]* mortellement ; *[embarrassed]* horriblement ◆ **~ ill** condamné ◆ **~ afraid** mort de peur

**mortar** /'mɔːtəʳ/ N *(Constr, Mil, Pharm)* mortier *m*

**mortarboard** /'mɔːtəbɔːd/ N *toque portée par les enseignants et les étudiants pendant la cérémonie de remise de diplômes universitaires*

**mortgage** /'mɔːgɪdʒ/ N *(in house buying etc)* emprunt *m* immobilier ; *(= second loan etc)* hypothèque *f* ◆ **to take out** *or* **raise a ~** contracter un emprunt immobilier *(on, for* pour), prendre une hypothèque ◆ **to pay off** *or* **clear a ~** rembourser un emprunt immobilier, purger une hypothèque ◆ **to carry a ~** être grevé d'une hypothèque VT *[+ house, one's future]* hypothéquer COMP ▷ **mortgage broker** N courtier *m* en prêts hypothécaires ▷ **mortgage payment** N remboursement *m* d'un emprunt immobilier ▷ **mortgage rate** N taux *m* d'emprunt hypothécaire ▷ **mortgage relief** N *(Brit) exonération fiscale sur les emprunts immobiliers*

**mortgageable** /'mɔːgədʒɪbl/ ADJ hypothécable

**mortgagee** /,mɔːgə'dʒiː/ N créancier *m*, -ière *f* hypothécaire

**mortgagor** /,mɔːgə'dʒɔːʳ/ N débiteur *m*, -trice *f* hypothécaire

**mortice** /'mɔːtɪs/ N ⇒ **mortise**

**mortician** /mɔː'tɪʃən/ N *(US)* entrepreneur *m* de pompes funèbres

**mortification** /,mɔːtɪfɪ'keɪʃən/ N *(gen)* grande honte *f* ; *(Rel)* mortification *f*

**mortified** /'mɔːtɪfaɪd/ ADJ ◆ **I was ~ to learn that ...** j'ai été morte de honte en apprenant que ...

**mortify** /'mɔːtɪfaɪ/ VT *(gen)* faire honte à, rendre honteux ; *(Rel)* mortifier ◆ **to ~ the flesh** se mortifier, mortifier sa chair

**mortifying** /'mɔːtɪfaɪɪŋ/ ADJ très gênant *(to sb* pour qn)

**mortise** /'mɔːtɪs/ N mortaise *f* VT mortaiser COMP ▷ **mortise and tenon joint** N assemblage *m* à tenon et mortaise ▷ **mortise lock** N serrure *f* encastrée

**mortuary** /'mɔːtjʊərɪ/ N morgue *f*, dépôt *m* mortuaire ADJ mortuaire

**Mosaic** /məʊ'zeɪɪk/ ADJ *(Bible Hist)* mosaïque, de Moïse

**mosaic** /məʊ'zeɪɪk/ N mosaïque *f* COMP en mosaïque

**Moscow** /'mɒskəʊ/ N Moscou ◆ **the ~ team** l'équipe *f* moscovite

**Moselle** /məʊ'zel/ N a *(Geog)* Moselle *f* b *(= wine)* (vin *m* de) Moselle *m*

**Moses** /'məʊzɪz/ N Moïse *m* ◆ **Holy ~!** * mince alors ! * COMP ▷ **Moses basket** N moïse *m*

**mosey** * /'məʊzɪ/ *(US)* VI ◆ **to ~ along** (se) baguenauder *, aller *or* marcher sans (trop) se presser ◆ **they ~ed over to Joe's** ils sont allés faire un tour chez Joe ◆ **I'll just ~ on down** je vais y aller doucement N ◆ **to have a ~ round somewhere** faire une balade * *or* un tour quelque part

**Moslem** /'mɒzləm/ N, ADJ ⇒ **Muslim**

**mosque** /mɒsk/ N mosquée *f*

**mosquito** /mɒs'kiːtəʊ/ N (pl **mosquito(e)s**) moustique *m* COMP ▷ **mosquito bite** N piqûre *f* de moustique ▷ **mosquito coil** N serpentin *m* antimoustique ▷ **mosquito net** N moustiquaire *f* ▷ **mosquito netting** N mousseline *f* or gaze *f* pour moustiquaire

**moss** /mɒs/ N mousse *f (Bot)* ; → **rolling** COMP ▷ **moss green** ADJ vert mousse *inv* N vert *m* mousse *inv* ▷ **moss rose** N rose *f* mousseuse ▷ **moss stitch** N *(Knitting)* point *m* de riz

**Mossad** /'mɒsæd/ N Mossad *m*

**mossback** * /'mɒsbæk/ N *(US fig)* conservateur *m* à tout crin

**mossy** /'mɒsɪ/ ADJ *[wall, stone]* moussu ◆ **~ green** ADJ vert mousse *inv* N vert *m* mousse

**most** /məʊst/ LANGUAGE IN USE 7.2 (superl of **many, much**)

ADJ, PRON a *(= greatest in amount, number)* le plus (de) ◆ **he earns (the) ~ money** c'est lui qui gagne le plus d'argent ◆ **I've got (the) ~ records** c'est moi qui ai le plus (grand nombre) de disques ◆ **(the) ~** le plus, le maximum ◆ **who has got (the) ~?** qui en a le plus ? ◆ **at (the) ~, at the very ~** au maximum, (tout) au plus ◆ **they're the ~!** * ils sont champions ! *

◆ **to make the most of** *[+ one's time]* ne pas perdre, bien employer ; *[+ opportunity, sunshine, sb's absence]* profiter (au maximum) de ; *[+ one's talents, business offer, money]* tirer le meilleur parti de ; *[+ one's resources, remaining food]* utiliser au mieux, faire durer ◆ **make the ~ of it!** profitez-en bien !, tâchez de bien en profiter ! ◆ **he certainly made the ~ of the story** il a vraiment exploité cette histoire à fond ◆ **to make the ~ of o.s.** se faire valoir, se mettre en valeur

b *(= largest part)* la plus grande partie (de), la majeure partie (de) ; *(= greatest number)* la majorité (de), la plupart (de) ◆ **~ (of the) people/books** *etc* la plupart *or* la majorité des gens/des livres *etc* ◆ **~ cars are bought on credit** la plupart *or* la majorité des voitures sont achetées à crédit ◆ **~ of the butter** presque tout le beurre ◆ **~ of the money** la plus grande *or* la majeure partie de l'argent, presque tout l'argent ◆ **~ of it** presque tout ◆ **~ of them** la plupart d'entre eux ◆ **~ of the day** la plus grande *or* la majeure partie de la journée ◆ **~ of the time** la plupart du temps ◆ **for the ~ part** pour la plupart, en général ◆ **in ~ cases** dans la plupart *or* la majorité des cas

ADV a *(forming superl of adjs and advs)* le plus ◆ **the ~ intelligent boy** le garçon le plus intelligent ◆ **the ~ beautiful woman of all** la plus belle femme *or* la femme la plus belle de toutes ◆ **~ easily** le plus facilement

b *[work, sleep etc]* le plus ◆ **he talked ~** c'est lui qui a le plus parlé *or* parlé le plus ◆ **what he wants ~ (of all)** ce qu'il veut par-dessus tout *or* avant tout ◆ **the book he wanted ~ (of all)** le livre qu'il voulait le plus *or* entre tous ◆ **that's what annoyed me ~ (of all)** c'est ce qui m'a contrarié le plus *or* par-dessus tout

c *(= very)* bien, très, fort ◆ **~ likely** très probablement ◆ **a ~ delightful day** une journée on ne peut plus agréable *or* des plus agréables ◆ **you are ~ kind** vous êtes (vraiment) très aimable ◆ **it's a ~ useful gadget** c'est un gadget des plus utiles *or* tout ce qu'il y a de plus utile ◆ **the Most High** le Très-Haut ◆ **Most Reverend** révérendissime

d *(US * = almost)* presque

**...most** /məʊst/ SUF le plus ◆ **northernmost** le plus au nord ; → **foremost, inmost**

**mostly** /'məʊstlɪ/ ADV a *(= chiefly)* principalement, surtout ◆ **he now works ~ in Hollywood** à présent, il travaille principalement *or* surtout à Hollywood ◆ **the human body is ~ water** le corps humain est presque entièrement composé d'eau ◆ **it is ~ a book about nature** c'est avant tout un livre sur la nature b *(= almost all)* pour la plupart ◆ **the men were ~ fairly young** les hommes étaient, pour la plupart, assez jeunes ◆ **more than one hundred people, ~ women** plus de cent personnes, pour la plupart des femmes c *(= usually)* en général ◆ **he ~ comes on Mondays** il vient en général le lundi

**MOT** /,eməʊ'tiː/ *(Brit)* N a abbrev of **Ministry of Transport** b *(Aut:* also **MOT test)** ≈ contrôle *m* technique ◆ **the car has passed/failed its ~ (test)** la voiture a obtenu/n'a pas obtenu le certificat de contrôle technique ◆ **the ~ (certificate) runs out in April** le certificat de contrôle technique expire en avril VT ◆ **to get one's car ~'d** faire passer sa voiture au contrôle technique ◆ **car for sale, ~'d till June** voiture à vendre, certificat de contrôle technique valable jusqu'en juin

**mote** /məʊt/ N atome *m* ; *[of dust]* grain *m* ◆ **the ~ in thy brother's eye** *(Bible)* la paille dans l'œil de ton frère

**motel** /məʊ'tel/ N motel *m*

**motet** /məʊ'tet/ N motet *m*

**moth** /mɒθ/ N papillon *m* de nuit, phalène *m or f* ; (also **clothes-moth)** mite *f* ◆ **to be attracted like a ~ to a flame** être irrésistiblement attiré COMP ▷ **moth-eaten** ADJ mangé par les mites, mité ; *(* fig)* mangé aux mites * ◆ **to become ~-eaten** se miter ▷ **moth-hole** N trou *m* de mite

**mothball** /'mɒθbɔːl/ N boule *f* de naphtaline ◆ **in ~s** * *(fig) [object]* au placard *(hum)* ; *[ship]* en réserve ◆ **to put sth in ~s** *(fig) [+ project]* mettre *or* remiser qch au placard VT *[+ ship]* mettre en réserve ; *[+ factory]* fermer provisoirement ; *(fig) [+ project]* mettre *or* remiser au placard

**mother** /'mʌðəʳ/ N a *(lit, fig)* mère *f* ◆ **yes, Mother** *(as form of address)* oui, mère ◆ **she was (like) a ~ to me** elle était une vraie mère pour moi ◆ **a ~ of three** une mère de trois enfants ◆ **~'s milk** lait *m* maternel ◆ **the Reverend Mother** *(Rel)* la Révérende Mère ◆ **she's her ~'s daughter** c'est (bien) la fille de sa mère ◆ **every ~'s son of them** * tous sans exception ◆ **shall I be ~?** (Brit hum = shall I serve) je fais le service or la mère de famille ? ; → **foster, housemother, necessity, single**

b * **the ~ of all battles** une bataille homérique or sans précédent ◆ **the ~ of all controversies/confrontations** une controverse/une confrontation homérique or sans précédent ◆ **the ~ of all traffic jams** un énorme bouchon

c († or liter) **old Mother Jones** la mère Jones ; see also **comp**

d (US ‡) ⇒ **motherfucker**

VT (= act as mother to) s'occuper de ; (= indulge, protect) dorloter, chouchouter ; (Psych) materner ; (†† = give birth to) donner naissance à ◆ **she always ~s her lodgers** c'est une vraie mère pour ses locataires ◆ **why do men so often want their girlfriends to ~ them?** pourquoi les hommes veulent-ils si souvent être maternés par leur petite amie ?

COMP ▷ **Mother Church** N ◆ **our Mother Church** notre sainte mère l'Église ▷ **mother country** N mère patrie f ▷ **mother craft** N (Space) vaisseau m amiral ▷ **Mother Earth** N notre mère f la Terre, la Terre mère ▷ **Mother Goose** N ma Mère l'Oye ▷ **mother hen** N mère f poule ▷ **mother-in-law** N (pl **mothers-in-law**) belle-mère f ▷ **mother love** N amour m maternel ▷ **mother-naked** ADJ nu comme un ver ▷ **Mother Nature** N Dame Nature f ▷ **Mother of God** N Marie, mère f de Dieu ▷ **mother-of-pearl** N nacre f (de perle) ▷ **mother-of-thousands** N (Bot) chlorophytum m ▷ **Mother's Day** N la fête des Mères ▷ **mother's help, mother's helper** (US) N aide f maternelle ▷ **mother ship** N (Naut) ravitailleur m ▷ **Mother Superior** N (pl **Mother Superiors** or **Mothers Superior**) (Rel) Mère f supérieure ▷ **mother-to-be** N (pl **mothers-to-be**) future maman f ▷ **mother tongue** N langue f maternelle ▷ **mother wit** N bon sens m inné

**motherboard** /ˈmʌðəbɔːd/ N (Comput) carte f mère

**mothercraft** /ˈmʌðəkrɑːft/ N puériculture f

**motherfucker** ⁑ /ˈmʌðəfʌkəʳ/ N (esp US) (= person) enfoiré(e) ⁑ m(f), enculé(e) ⁑ m(f) ; (= thing) saloperie ‡ f

**motherfucking** ⁑ /ˈmʌðəfʌkɪŋ/ ADJ (esp US) ◆ **that ~ car!** cette putain de bagnole ! ‡ ◆ **get your ~ ass in gear!** magne-toi le cul ! ⁑ ◆ **you ~ son-of-a-bitch!** espèce de fils de pute ! ⁑

**motherhood** /ˈmʌðəhʊd/ N maternité f

**mothering** /ˈmʌðərɪŋ/ N soins mpl maternels ; (fig) maternage m ◆ **he needs ~** il a besoin d'être materné COMP ▷ **Mothering Sunday** N (Brit) la fête des Mères

**motherland** /ˈmʌðəlænd/ N patrie f

**motherless** /ˈmʌðəlɪs/ ADJ sans mère

**motherly** /ˈmʌðəlɪ/ ADJ maternel

**mothproof** /ˈmɒθpruːf/ ADJ traité à l'antimite VT traiter à l'antimite

**motif** /məʊˈtiːf/ N (Art, Mus) motif m

**motion** /ˈməʊʃən/ N a (NonC) mouvement m, marche f ; (Mus) mouvement m ◆ **perpetual ~** mouvement m perpétuel ◆ **to be in ~** [vehicle] être en marche ; [machine] être en mouvement or en marche ◆ **to set in ~** [+ machine] mettre en mouvement or en marche ; [+ vehicle] mettre en marche ; (fig) [+ process etc] mettre en branle ◆ **to put or set the wheels in ~** (fig: of process etc) lancer le processus, mettre les choses en branle ◆ **the ~ of the car made him ill** le mouvement de la voiture l'a rendu malade

b (= gesture etc) mouvement m, geste m ◆ **he made a ~ to close the door** il a esquissé le geste d'aller fermer la porte ◆ **to go through the ~s of doing sth** (fig) (mechanically) faire qch machinalement or en ayant l'esprit ailleurs ; (insincerely) faire mine or semblant de faire qch

c (at meeting etc) motion f ; (Parl) proposition f ◆ **to propose a ~** proposer une motion ◆ **~ carried/rejected** motion f adoptée/rejetée ◆ **meeting convened of its own ~** (Admin, Jur) réunion f convoquée d'office

d (Brit: also **bowel motion**) selles fpl ◆ **to have or pass a ~** aller à la selle

e [of watch] mouvement m

VTI ◆ **to ~ (to) sb to do sth** faire signe à qn de faire qch ◆ **he ~ed me in/out/to a chair** il m'a fait signe d'entrer/de sortir/de m'asseoir

COMP ▷ **motion picture** N (esp US Cine) film m (de cinéma) ◆ **~-picture camera** caméra f ◆ **the ~-picture industry** l'industrie f cinématographique, le cinéma ▷ **motion sickness** N mal m des transports ▷ **motion study** N (Ind etc) étude f des cadences

**motionless** /ˈməʊʃənlɪs/ ADJ [person, body] immobile ◆ **to remain ~** rester immobile ◆ **to stand/sit/lie ~** rester debout/assis/étendu sans bouger

**motivate** /ˈməʊtɪveɪt/ VT [+ act, decision] motiver ; [+ person] pousser, inciter (to do sth à faire qch)

**motivated** /ˈməʊtɪveɪtɪd/ ADJ motivé (to do sth pour faire qch) ◆ **to keep sb ~** faire en sorte que qn reste subj motivé ◆ **highly ~** extrêmement motivé ◆ **he's not very politically ~** il ne s'intéresse pas beaucoup à la politique ◆ **the violence was racially ~** c'est le racisme qui a motivé les violences

**motivation** /ˌməʊtɪˈveɪʃən/ N a (= motive) mobile m ◆ **he did not tell them the true ~ for the killings** il ne leur a pas révélé le véritable mobile des assassinats ◆ **the primary ~ behind the deal was political** la raison principale de l'accord était politique ◆ **money is my ~** je fais ça pour l'argent b [of worker, student] motivation f ◆ **he lacks ~** il n'est pas assez motivé, il manque de motivation COMP ▷ **motivation research** N études fpl de motivation

**motivational research** /ˌməʊtɪˈveɪʃənəl rɪˈsɜːtʃ/ N ⇒ **motivation research** ; → **motivation**

**motive** /ˈməʊtɪv/ N a (= reason) intention f, raison f ; (= motivation) [of person] motivations fpl ; (for action) motifs mpl ; (Jur) mobile m ◆ **I did it from the best ~s** je l'ai fait avec les meilleures intentions or avec les motifs les plus louables ◆ **his ~ for saying that** la raison pour laquelle il a dit cela ◆ **what were his ~s?** quelles étaient ses motivations ? ◆ **what was the ~ for his behaviour?** quels étaient les motifs de sa conduite ? ◆ **he had no ~ for killing her** il n'avait aucune raison de la tuer ◆ **what was the ~ for the murder?** quel était le mobile du meurtre ? ◆ **the only suspect with a ~** le seul suspect à avoir un mobile ; → **profit, ulterior** b ⇒ **motif**

ADJ moteur (-trice f) ◆ **~ power** force f motrice

**motiveless** /ˈməʊtɪvlɪs/ ADJ [act, crime] immotivé, gratuit

**motley** /ˈmɒtlɪ/ ADJ a (pej = ill-assorted) [collection, assortment] disparate ◆ **what a ~ crew!** en voilà une belle équipe ! * b (= multicoloured) (also **motley coloured**) bariolé N (= garment) habit m bigarré (du bouffon)

**motocross** /ˈməʊtəkrɒs/ N moto-cross m

**motor** /ˈməʊtəʳ/ N a (= engine) moteur m

b (Brit *) voiture f, bagnole * f

ADJ [muscle, nerve] moteur (-trice f) ; see also **comp**

VI † aller en auto ◆ **to go ~ing** faire de l'auto ◆ **we ~ed downriver** (in boat) nous avons descendu la rivière en bateau à moteur

VT (Brit †) conduire en auto ◆ **to ~ sb away/back** etc emmener/ramener etc qn en auto

COMP [accident] de voiture ▷ **motor-assisted** ADJ à moteur ▷ **motor bus** † N autobus m ▷ **motor coach** N (Brit) car m ▷ **motor drive** N (Tech) entraînement m par moteur ▷ **motor-driven** ADJ à entraînement par moteur ▷ **motor home** N (US) camping-car m ▷ **motor industry** N industrie f automobile ▷ **motor inn** N (US) ⇒ **motor lodge** ▷ **motor insurance** N assurance-automobile f ▷ **motor launch** N (Naut) vedette f ▷ **motor lodge** N (US) motel m ▷ **motor lorry** N (Brit) ⇒ **motor truck** ▷ **motor mechanic** N mécanicien m garagiste ▷ **motor mower** N tondeuse f (à gazon) à moteur ▷ **motor neuron disease** N (Med) sclérose f latérale amyotrophique ▷ **motor oil** N huile f (de graissage) ▷ **motor racing** N (NonC) course f automobile ▷ **motor road** † N route f carrossable ▷ **motor scooter** N scooter m ▷ **motor ship** N ⇒ **motor vessel** ▷ **motor show** N exposition f de voitures ◆ **the Motor Show** (Brit) le Salon de l'automobile ▷ **motor torpedo boat** N vedette f lance-torpilles ▷ **the motor trade** N (le secteur de) l'automobile f ▷ **motor truck** N camion m (automobile) ▷ **motor vehicle** N véhicule m automobile ▷ **motor vessel** N (Naut) navire m à moteur (diesel), motorship m

**motorail** /ˈməʊtəreɪl/ N train m auto-couchettes

**motorbike** /ˈməʊtəbaɪk/ N moto f ◆ **~ gang** bande f de motards *

**motorboat** /ˈməʊtəbəʊt/ N canot m automobile, bateau m à moteur

**motorcade** /ˈməʊtəkeɪd/ N cortège m de voitures

**motorcar** /ˈməʊtəkɑːʳ/ N (Brit) automobile f, voiture f

**motorcycle** /ˈməʊtəsaɪkl/ N moto(cyclette) f COMP ▷ **motorcycle club** N club m de moto ▷ **motorcycle combination** N (motocyclette f à) side-car m ▷ **motorcycle engine** N moteur m de moto

**motorcycling** /ˈməʊtəsaɪklɪŋ/ N motocyclisme m

**motorcyclist** /ˈməʊtəsaɪklɪst/ N motocycliste mf

**-motored** /ˈməʊtəd/ ADJ (in compounds) ◆ **four-motored** quadrimoteur (-trice f)

**motoring** /ˈməʊtərɪŋ/ N promenades fpl en voiture COMP [accident] de voiture, d'auto ; [holiday] en voiture, en auto ▷ **motoring correspondent** N (Brit Press) chroniqueur m automobile ▷ **motoring magazine** N revue f automobile ▷ **motoring public** N automobilistes mpl ▷ **motoring school** N auto-école f

**motorist** /ˈməʊtərɪst/ N automobiliste mf

**motorization** /ˌməʊtəraɪˈzeɪʃən/ N motorisation f

**motorize** /ˈməʊtəraɪz/ VT (esp Mil) motoriser ◆ **~d bicycle or bike** * cyclomoteur m

**motorman** /ˈməʊtəmən/ N (pl **-men**) (US) conducteur m ; [of train] conducteur m, mécanicien m

**motormouth** ‡ /ˈməʊtəmaʊθ/ N moulin m à paroles *

**motorway** /ˈməʊtəweɪ/ *(Brit)* N autoroute *f* ; → ROADS COMP *[bridge, exit, junction]* d'autoroute ▷ **motorway restaurant** N restoroute *m* ®

**Motown** /ˈməʊtaʊn/ N *(US)* a Detroit b *(Mus)* Motown *m*

**mottle** /ˈmɒtl/ VT marbrer (*with* de)

**mottled** /ˈmɒtld/ ADJ *[leaf, skin, colour, porcelain]* marbré (*with sth* de qch) ; *[horse]* moucheté ; *[sky]* pommelé ; *[material]* chiné ◆ **~ complexion** teint *m* brouillé ◆ **~ blue and white** marbré de bleu et de blanc

**motto** /ˈmɒtəʊ/ N (pl **mottoes** *or* **mottos**) a *[of family, school etc]* devise *f* b *(in cracker) (= riddle)* devinette *f* ; *(= joke)* blague *f* c *(Mus)* **~ theme** leitmotiv *m*

**mould¹, mold¹** *(US)* /məʊld/ N *(Art, Culin, Metal, Tech etc) (= container, core, frame)* moule *m* ; *(= model for design)* modèle *m*, gabarit *m* ◆ **rice ~** *(Culin)* gâteau *m* de riz ◆ **to cast metal in a ~** couler *or* jeter du métal dans un moule ◆ **to cast a figure in a ~** jeter une figure en moule, mouler une figure ; *(fig)* ◆ **to break the ~** *(= reorganize)* rompre avec la tradition ◆ **they broke the ~ when they made him** il n'y a pas deux comme lui ◆ **cast in a heroic ~** de la trempe des héros ◆ **cast in the same ~** fait sur *or* coulé dans le même moule ◆ **men of his ~** des hommes de sa trempe *or* de son calibre * VT *(= cast) [+ metals]* fondre, mouler ; *[+ plaster, clay]* mouler ; *(= fashion) [+ figure etc]* modeler (*in, out of* en) ; *(fig) [+ sb's character, public opinion etc]* former, façonner

**mould², mold²** *(US)* /məʊld/ N *(= fungus)* moisissure *f* VI moisir

**mould³, mold³** *(US)* /məʊld/ N *(= soil)* humus *m*, terreau *m* ; → **leaf**

**moulder, molder** *(US)* /ˈməʊldəʳ/ VI *(gen)* moisir ; (also **moulder away**) *[building]* tomber en poussière, se désagréger ; (* *fig) [person, object]* moisir

**moulding, molding** *(US)* /ˈməʊldɪŋ/ N a *(Archit)* moulure *f* b *(Aut)* baguette *f* c *(Metal) (= object)* objet *m* moulé, moulage *m* ; *(= process) (gen)* moulage *m* ; *[of metal]* coulée *f* ; *[of statue]* coulage *m* d *(NonC = influencing) [of character, public opinion]* formation *f* COMP ▷ **moulding machine** N machine *f* à moulures ▷ **moulding process** N procédé *m* de moulage ▷ **moulding technique** N technique *f* de moulage

**mouldy, moldy** *(US)* /ˈməʊldɪ/ ADJ a *(= with mould) [food, mattress, wallpaper, clothes]* moisi ◆ **to go ~** moisir ◆ **to smell ~** sentir le moisi ◆ **to taste ~** avoir goût de moisi b *(Brit * = paltry)* minable ◆ **all he gave me was a ~ £5** il m'a juste refilé un malheureux billet de 5 livres

**moult, molt** *(US)* /məʊlt/ N mue *f* VI *[bird]* muer ; *[dog, cat]* perdre ses poils VT *[+ feathers, hair]* perdre

**mound** /maʊnd/ N a *[of earth] (natural)* monticule *m* ; *(artificial)* levée *f* de terre, remblai *m* ; *(Archeol)* (also **burial mound**) tumulus *m* b *(= pile)* tas *m*, monceau *m*

**mount** /maʊnt/ N a *(liter)* mont *m*, montagne *f* ◆ **Mount Carmel** le mont Carmel ◆ **the Mount of Olives** le mont des Oliviers ; → **sermon**

b *(= horse)* monture *f*

c *(= support) [of machine]* support *m* ; *[of jewel, lens, specimen]* monture *f* ; *[of microscope slide]* lame *f* ; *[of transparency]* cadre *m* ; *[of painting, photo]* carton *m* de montage ; *[of stamp in album]* charnière *f*

VT a *(frm: = climb on or up) [+ hill, stairs]* monter ; *(with effort)* gravir ; *[+ horse, ladder]* monter à ; *[+ cycle]* monter sur, enfourcher ; *[+ platform, throne]* monter sur ◆ **the car ~ed the pavement** la voiture est montée sur le trottoir

b *[male animal]* monter

c *[+ machine, specimen, jewel]* monter (*on, in* sur) ; *[+ map]* monter, entoiler ; *[+ picture, photo]* monter *or* coller sur un carton ; *[+ exhibit]* fixer sur un support ; *[+ gun]* mettre en position ◆ **to ~ stamps in an album** coller *or* mettre des timbres dans un album ◆ **~ing press** *(Phot)* colleuse *f*

d *(= stage, orchestrate) [+ play, demonstration, plot, campaign, rescue operation etc]* monter ◆ **to ~ guard** *(Mil)* monter la garde (*on* sur ; *over* auprès de) ◆ **to ~ an offensive** monter une attaque ◆ **she ~ed a challenge to the Prime Minister's leadership** elle s'est posée en successeur du Premier ministre, en contestant son autorité ◆ **she ~ed a title challenge to the reigning World Champion** elle a essayé de ravir son titre au champion du monde ◆ **they ~ed a legal challenge to the directive** ils ont essayé de contester cette directive devant les tribunaux

e *(= provide with horse)* monter ; → **mounted**

VI a *[prices, temperature]* monter, augmenter ; *[pressure, tension]* monter ; *[concern]* grandir, monter ; *[debts, losses]* augmenter ◆ **the death toll has ~ed to 8,000** le nombre de morts se monte maintenant à 8 000 ◆ **opposition to the treaty is ~ing** l'opposition au traité grandit *or* prend de l'ampleur ◆ **pressure is ~ing on him to resign** la pression s'accentue sur lui pour qu'il démissionne ◆ **evidence is ~ing that ...** il y a de plus en plus de raisons de penser que ... ◆ **speculation was ~ing that she was about to resign** on se perdait en conjectures sur sa démission éventuelle

b *(= get on horse)* se mettre en selle

► **mount up** VI *(= increase)* monter, s'élever ; *(= accumulate)* s'accumuler ◆ **it all ~s up** tout cela finit par chiffrer

**mountain** /ˈmaʊntɪn/ N montagne *f* ◆ **to go to/live in the ~s** aller à/habiter la montagne ◆ **to make a ~ out of a molehill** (se) faire une montagne d'une taupinière ◆ **beef/butter ~** *(Econ)* montagne *f* de bœuf/de beurre ◆ **debt ~** montagne *f* de dettes ◆ **faith can move ~s** la foi soulève des montagnes ◆ **we have a ~ to climb** *(esp Brit fig)* nous allons devoir soulever des montagnes ◆ **if Mohammed won't go to the ~, the ~ must come to Mohammed** si la montagne ne vient pas à Mahomet, Mahomet ira à la montagne ◆ **a ~ of** *(fig)* une montagne de ◆ **a ~ of dirty washing** un monceau de linge sale ◆ **a ~ of work** un travail fou *or* monstre COMP *[tribe, people]* montagnard ; *[animal, plant]* de(s) montagne(s) ; *[air]* de la montagne ; *[path, scenery, shoes, chalet]* de montagne ▷ **mountain ash** N sorbier *m* (des oiseleurs) ▷ **mountain bike** N VTT *m*, vélo *m* tout terrain ▷ **mountain cat** N puma *m*, couguar *m* ▷ **mountain chain** N chaîne *f* de montagnes ▷ **mountain climber** N grimpeur *m*, alpiniste *mf* ▷ **Mountain Daylight Time** N *(US)* heure *f* d'été des montagnes Rocheuses ▷ **mountain dew** * N whisky *m (en général illicitement distillé)* ▷ **mountain goat** N chèvre *f* de montagne ▷ **mountain guide** N *(Climbing)* guide *m* de montagne ▷ **mountain lion** N *(US)* ⇒ **mountain cat** ▷ **mountain pass** N col *m* ▷ **mountain range** N chaîne *f* de montagnes ▷ **mountain sickness** N mal *m* des montagnes ▷ **Mountain Standard Time** N *(US)* heure *f* d'hiver des montagnes Rocheuses ▷ **the Mountain State** N *(US)* la Virginie occidentale ▷ **Mountain Time** N *(US)* heure *f* des montagnes Rocheuses ▷ **mountain top** N sommet *m* de la (*or* d'une) montagne, cime *f*

**mountaineer** /ˌmaʊntɪˈnɪəʳ/ N alpiniste *mf* VI faire de l'alpinisme

**mountaineering** /ˌmaʊntɪˈnɪərɪŋ/ N alpinisme *m*

**mountainous** /ˈmaʊntɪnəs/ ADJ a *(= hilly)* montagneux b *(= immense)* colossal c *[seas]* démonté ; *[waves]* énorme

**mountainside** /ˈmaʊntɪnsaɪd/ N flanc *m* *or* versant *m* d'une (*or* de la) montagne

**mountebank** /ˈmaʊntɪbæŋk/ N charlatan *m*

**mounted** /ˈmaʊntɪd/ ADJ *[soldiers, troops]* à cheval COMP ▷ **mounted police** N police *f* montée ▷ **mounted policeman** N (pl **mounted policemen**) policier *m* à cheval

**Mountie** * /ˈmaʊntɪ/ N *(Can)* membre *m* de la police montée ◆ **the ~s** la police montée

**mounting** /ˈmaʊntɪŋ/ N ⇒ **mount vt c**

**mourn** /mɔːn/ VI pleurer ◆ **to ~ for sb** pleurer qn ◆ **to ~ for sth** pleurer la perte de qch VT *[+ person]* pleurer ; *(sth gone)* pleurer la perte de ; *(sth sad)* déplorer *(frm)* ◆ **he was still ~ing the loss of his son** il pleurait encore son fils ◆ **he is still ~ing the break-up of his relationship** il ne s'est pas encore remis de leur rupture

**mourner** /ˈmɔːnəʳ/ N parent(e) *m(f)* *or* ami(e) *m(f)* du défunt ◆ **the ~s** le convoi *or* le cortège funèbre ◆ **to be the chief ~** mener le deuil

**mournful** /ˈmɔːnfʊl/ ADJ *[person, face, voice, sound, music]* mélancolique ; *[howl]* lugubre ; *[occasion]* triste

**mournfully** /ˈmɔːnfəlɪ/ ADV mélancoliquement

**mournfulness** /ˈmɔːnfʊlnɪs/ N *[of person]* tristesse *f*, mélancolie *f*

**mourning** /ˈmɔːnɪŋ/ N deuil *m* ; *(= clothes)* vêtements *mpl* de deuil ◆ **in deep ~** en grand deuil ◆ **to be in ~ (for sb)** porter le deuil (de qn), être en deuil (de qn) ◆ **to go into/come out of ~** prendre/ quitter le deuil COMP ▷ **mourning band** N crêpe *m* ▷ **mourning clothes** NPL habits *mpl* de deuil

**mouse** /maʊs/ N (pl **mice**) a souris *f* ; *(fig)* timide *mf*, souris *f* ; → **fieldmouse** b *(Comput)* souris *f* ADJ *[hair]* châtain terne *inv* ◆ **~ brown** brun terne *inv* VI chasser les souris COMP ▷ **mouse mat, mouse pad** N *(Comput)* tapis *m* (pour souris)

**mousehole** /ˈmaʊshəʊl/ N trou *m* de souris

**mouser** /ˈmaʊsəʳ/ N souricier *m*

**mousetrap** /ˈmaʊstræp/ N souricière *f* ◆ **~ (cheese)** * *(pej)* fromage *m* ordinaire

**mousey** /ˈmaʊsɪ/ ADJ ⇒ **mousy**

**moussaka** /mʊˈsɑːkə/ N moussaka *f*

**mousse** /muːs/ N *(Culin)* mousse *f* ◆ **chocolate ~** mousse *f* au chocolat ◆ **(styling) ~** *(for hair)* mousse *f* coiffante *or* de coiffage

**moustache** /məsˈtɑːʃ/, **mustache** *(US)* /ˈmʌstæʃ/ N moustache(s) *f(pl)* ◆ **man with a ~** homme *m* moustachu *or* à moustache

**moustachio** /məsˈtɑːʃɪəʊ/ N moustache *f* à la gauloise

**moustachioed** /məsˈtɑːʃɪəʊd/ ADJ moustachu

**mousy** /ˈmaʊsɪ/ **ADJ** *(pej) (= nondescript) [person]* effacé ; *(= brownish) [hair]* châtain terne *inv* ◆ **~ brown** brun terne *inv*

**mouth** /maʊθ/ **N** (pl **mouths** /maʊðz/) **a** *[of person, horse, sheep, cow]* bouche *f* ; *[of dog, cat, lion, tiger, bear, snake, whale]* gueule *f* ◆ **to be taken by ~** *(Pharm)* à prendre par voie orale ◆ **with one's ~ wide open** la bouche grand ouverte ◆ **it makes my ~ water** *(lit, fig)* cela me met l'eau à la bouche ◆ **she didn't dare open her ~** elle n'a pas osé ouvrir la bouche ◆ **he never opened his ~ all evening** il n'a pas ouvert la bouche *or* il n'a pas desserré les dents de la soirée ◆ **he kept his ~ shut (about it)** il n'a pas soufflé mot ◆ **keep your ~ shut about this!** n'en parle à personne !, garde-le pour toi ! ◆ **shut your ~!** ‡ ferme-la ! ‡, boucle-la ! ‡ ◆ **to shut sb's ~ (for him)** * *(fig) (= silence)* clouer le bec à qn * ; *(= kill)* supprimer qn ◆ **he's a big ~** * c'est un fort en gueule ‡, c'est une grande gueule ‡ ◆ **(you've got a) big ~!** * tu ne pouvais pas la fermer ! * ◆ **me and my big ~!** * j'ai encore perdu une occasion de me taire ! ◆ **to speak** *or* **talk out of both sides of one's ~** *(US)* retourner sa veste sans arrêt ◆ **he's all ~** * *(Brit)* c'est un fort en gueule ‡ ◆ **watch your ~!** * sois poli !, surveille ton langage ! ; → **down[1], feed, heart, word**

**b** *[of river]* embouchure *f* ; *[of bag]* ouverture *f* ; *[of hole, cave, harbour]* entrée *f* ; *[of bottle]* goulot *m* ; *[of cannon, gun]* bouche *f*, gueule *f* ; *[of well]* trou *m* ; *[of volcano]* bouche *f* ; *[of letterbox]* ouverture *f*, fente *f*

**VT** /maʊð/ **a** *(soundlessly: gen)* articuler en silence ; *(during spoken voice-over)* faire semblant de prononcer ; *(during singing)* faire semblant de chanter ◆ **"go away!" she ~ed at him** "va-t-en !" lui dit-elle en remuant les lèvres silencieusement

**b** *(insincerely) [+ platitudes, slogans, rhetoric]* débiter ◆ **to ~ apologies/promises** se répandre en plates excuses/en fausses promesses

**COMP** ▷ **mouth organ N** *(esp Brit)* harmonica *m* ▷ **mouth-to-mouth (resuscitation) N** bouche-à-bouche *m inv* ▷ **mouth ulcer N** aphte *m* ▷ **mouth-watering ADJ** appétissant, alléchant

► **mouth off** * **VI** *(= talk boastfully)* en avoir plein la bouche * *(about* de) ; *(US) (= talk insolently)* dégoiser ‡

**-mouthed** /maʊðd/ **ADJ** *(in compounds)* ◆ **wide-mouthed** *[person]* qui a une grande bouche ; *[river]* à l'embouchure large ; *[cave]* avec une vaste entrée ; *[bottle]* au large goulot ; → **loud, mealy**

**mouthful** /ˈmaʊθfʊl/ **N** *[of food]* bouchée *f* ; *[of drink]* gorgée *f* ◆ **he swallowed it in one ~** *[+ food]* il n'en a fait qu'une bouchée ; *[+ drink]* il l'a avalé d'un trait ◆ **it's a real ~ of a name!** * quel nom à coucher dehors ! ◆ **you said a ~!** * *(fig)* c'est vraiment le cas de le dire ! ◆ **to give sb a ~** * *(fig)* passer un savon * à qn, enguirlander * qn

**mouthpiece** /ˈmaʊθpiːs/ **N** *[of wind instrument, brass instrument]* embouchoir *m* ; *[of recorder]* bec *m* ; *[of telephone]* microphone *m* ; *(fig = spokesman)* porte-parole *m inv*

**mouthwash** /ˈmaʊθwɒʃ/ **N** bain *m* de bouche ; *(for gargling)* gargarisme *m*

**mouthy** * /ˈmaʊθɪ/ **ADJ** ◆ **to be ~** être grande gueule ‡

**movable** /ˈmuːvəbl/ **ADJ** mobile ◆ **~ feast** *(Rel)* fête *f* mobile ◆ **it's a ~ feast** il n'y a pas de date fixe **NPL movables** *(Jur)* biens *mpl* meubles

## move /muːv/

| | |
|---|---|
| 1 NOUN | 2 TRANSITIVE VERB |
| 3 INTRANSITIVE VERB | 4 PHRASAL VERBS |

### 1 - NOUN

**a** = movement mouvement *m* ◆ **get a ~ on!** * remue-toi ! *, grouille-toi ! ‡

♦ **on the move** ◆ **to be on the ~** *[troops, army]* être en marche *or* en mouvement ◆ **he's on the ~ the whole time** *(= moving around)* il se déplace constamment, il est sans arrêt en déplacement ◆ **to be always on the ~** *[gipsies etc]* se déplacer continuellement, être sans cesse par monts et par vaux ; *[military or diplomatic personnel etc]* être toujours en déplacement ; *[child, animal]* ne pas tenir en place ; *(* = be busy)* ne jamais (s')arrêter ◆ **the circus is on the ~ again** le cirque a repris la route ◆ **the police were after him and he had to stay on the ~** recherché par la police, il était obligé de se déplacer constamment *or* de déménager constamment ◆ **it's a country on the ~** c'est un pays en marche

♦ **to make a move** *(= leave)* manifester l'intention de partir ; *(= act)* faire quelque chose, agir ◆ **it's time we made a ~** *(= that we left)* il est temps que nous partions ; *(= acted, did sth)* il est temps que nous fassions quelque chose ◆ **it was midnight and no one had made a ~** il était minuit et personne n'avait manifesté l'intention de partir ◆ **he made a ~ towards the door** il esquissa un mouvement vers la porte

**b** = change *(of house)* déménagement *m* ; *(of job)* changement *m* d'emploi ◆ **it's our third ~ in two years** c'est notre troisième déménagement en deux ans ◆ **it's time he had a ~** il a besoin de changer d'air *or* d'horizon

**c** Chess, Draughts etc *[of chessman etc]* coup *m* ; *(= player's turn)* tour *m* ; *(fig)* pas *m*, démarche *f*, manœuvre *f*, mesure *f* ◆ **knight's ~** marche *f* du cavalier ◆ **that was a silly ~** *(in game)* c'était un coup stupide ; *(fig)* c'était une démarche *or* une manœuvre stupide ◆ **it's your ~** (c'est) à vous de jouer ◆ **to have the first ~** jouer en premier ; *(Chess, Draughts)* avoir le trait ◆ **he knows every ~ in the game** *(fig)* il connaît toutes les astuces ◆ **his first ~ after his election was to announce ...** la première mesure qu'il a prise après son élection a été d'annoncer ... ◆ **what's our** *or* **the next ~?** et maintenant, qu'est-ce qu'on fait ? ◆ **let him make the first ~** laisse-lui faire les premiers pas ◆ **we must watch his every ~** il nous faut surveiller tous ses faits et gestes ◆ **there was a ~ to defeat the proposal** on a tenté de faire échec à la proposition

**d** Climbing *(= step etc)* pas *m* ; *(= section of pitch)* passage *m*

### 2 - TRANSITIVE VERB

**a** = change position of *[+ object, furniture]* déplacer ; *[+ limbs]* remuer ; *[+ troops, animals]* transporter ◆ **you've ~d the stick!** tu as bougé le bâton ! ◆ **he hadn't ~d his chair** il n'avait pas déplacé sa chaise *or* changé sa chaise de place ◆ **~ your chair nearer the fire** approchez votre chaise du feu ◆ **~ your books over here** mets tes livres par ici ◆ **can you ~ your fingers?** pouvez-vous remuer vos doigts ? ◆ **he ~d his family out of the war zone** il a évacué sa famille hors de la zone des conflits ◆ **they ~d the crowd off the grass** ils ont fait dégager la foule de la pelouse ◆ **~ your feet off the table** enlève tes pieds de la table ◆ **the wind ~s the leaves** le vent agite *or* fait remuer les feuilles ◆ **to ~ house** *(Brit)* déménager ◆ **to ~ one's job** changer d'emploi ◆ **his firm want to ~ him** son entreprise veut l'envoyer ailleurs ; *(Admin)* son entreprise veut le muter ◆ **he's asked to be ~d to London/to a different department** il a demandé à être muté à Londres/affecté à *or* muté dans un autre service ◆ **to ~ heaven and earth to do sth** remuer ciel et terre pour faire qch, se mettre en quatre pour faire qch ◆ **to ~ a piece** *(Chess)* jouer une pièce

**b** = change timing of **to ~ sth (forward/back)** *[+ event, date]* avancer/reculer qch

**c** = remove *[+ stain, mark]* enlever, faire partir

**d** Med ◆ **to ~ one's bowels** aller à la selle

**e** Comm *[+ stock]* écouler

**f** emotionally émouvoir, attendrir ◆ **she's easily ~d** elle est facilement émue *or* attendrie ◆ **this did not ~ him** ceci n'a pas réussi à l'émouvoir *or* à l'attendrir ◆ **to ~ sb to tears** émouvoir qn jusqu'aux larmes ◆ **to ~ sb to laughter** faire rire qn ◆ **to ~ sb to anger** mettre qn en colère ◆ **to ~ sb to pity** apitoyer qn

**g** = stimulate, persuade pousser, inciter *(sb to do sth* qn à faire qch) ◆ **I am ~d to ask why ...** je suis incité à demander pourquoi ... ◆ **if I feel ~d to do it, if the spirit ~s me** *(hum)* si le cœur m'en dit ◆ **he won't be ~d** il est inébranlable ◆ **even this did not ~ him** même ceci n'a pas réussi à l'ébranler

**h** Admin, Parl *etc* = propose proposer ◆ **to ~ a resolution** proposer une motion ◆ **to ~ that sth be done** proposer que qch soit fait ◆ **he ~d that the meeting be adjourned** il a proposé que la séance soit levée

### 3 - INTRANSITIVE VERB

**a** person, animal *(= stir)* bouger, remuer ; *(= go)* aller, se déplacer ; *[limb, lips, trees, leaves, curtains, door]* bouger, remuer ; *[clouds]* passer, avancer ; *[vehicle, ship, plane, procession]* aller, passer ; *[troops, army]* se déplacer ◆ **don't ~!** ne bougez pas ! ◆ **troops are moving near the frontier** il y a des mouvements de troupes près de la frontière ◆ **the procession ~d slowly out of sight** petit à petit la procession a disparu ◆ **I saw something moving over there** j'ai vu quelque chose bouger là-bas ◆ **keep moving!** *(to keep warm etc)* ne restez pas sans bouger ! ; *(= pass along etc)* circulez ! ◆ **to ~ freely** *[mechanical part]* jouer librement ; *[people, cars]* circuler aisément ; *[traffic]* être fluide ◆ **to keep the traffic moving** assurer la circulation ininterrompue des véhicules ◆ **the car in front isn't moving** la voiture devant nous est à l'arrêt ◆ **do not get out while the bus is moving** ne descendez pas de l'autobus en marche, attendez l'arrêt complet de l'autobus pour descendre ◆ **the coach was moving at 30km/h** le car faisait du 30 km/h *or* roulait à 30 (km) à l'heure ◆ **to ~ in high society** *(fig)* fréquenter la haute société ◆ **he was certainly moving!** il ne traînait pas ! ◆ **that horse can certainly ~** quand il s'agit de foncer ce cheval se défend ! * ◆ **you can't ~ for books in that room** * on ne peut plus se retourner dans cette pièce tellement il y a de livres

♦ **to move** *+ preposition* ◆ **they ~d rapidly across the lawn** ils ont traversé la pelouse rapidement ◆ **I'll not ~ from here** je ne bougerai pas d'ici ◆ **he has ~d into another class** il est passé dans une autre classe ◆ **let's ~ into the garden** passons dans le jardin ◆ **the car ~d round the corner** la voiture a tourné au coin de la rue ◆ **he ~d slowly towards the door** il se dirigea lentement vers la porte b = depart **it's time we were moving** il est temps que nous partions *subj*, il est temps de partir ◆ **let's ~!** partons !, en route !

c = move house *etc* *[person, family]* déménager ; *[office, shop, business]* être transféré ◆ **to ~ to a bigger house** emménager dans une maison plus grande ◆ **to ~ to the country** aller habiter (à) la campagne, aller s'installer à la campagne

d = progress *[plans, talks etc]* progresser, avancer ◆ **things are moving at last!** enfin ça avance *or* ça progresse ! ◆ **he got things moving** avec lui ça a bien démarré *or* c'est bien parti

e = act, take steps agir ◆ **the government won't ~ until ...** le gouvernement ne bougera pas *or* ne fera rien tant que ... ◆ **we must ~ first** nous devons prendre l'initiative ◆ **we'll have to ~ quickly if we want to avoid ...** il nous faudra agir sans tarder si nous voulons éviter ... ◆ **the committee ~d to stop the abuse** le comité a pris des mesures pour mettre fin aux abus

f in games *[player]* jouer ; *[chesspiece]* avancer, se déplacer ◆ **it's you to ~** (c'est) votre tour de jouer ◆ **white ~s** *(Chess)* les blancs jouent ◆ **the knight ~s like this** *(Chess)* le cavalier avance *or* se déplace comme cela

g Comm *[goods]* se vendre

4 - PHRASAL VERBS

► **move about** VI *(gen)* se déplacer ; *(= fidget)* remuer ; *(= travel)* voyager ◆ **he can ~ about only with difficulty** il ne se déplace qu'avec peine ◆ **stop moving about!** tiens-toi tranquille ! ◆ **we've ~d about a good deal** *(= change residence)* nous ne sommes jamais restés longtemps au même endroit, nous avons souvent déménagé VT SEP *[+ object, furniture, employee]* déplacer

► **move along** VI *[people or vehicles in line]* avancer, circuler ◆ **~ along there!** *(on bus)* avancez un peu, ne restez pas près des portes ! ; *(policeman)* circulez ! ◆ **can you ~ along a few places?** *(on bench etc)* pouvez-vous vous pousser un peu ? VT SEP *[+ crowd]* faire circuler, faire avancer ; *[+ animals]* faire avancer

► **move around** ⇒ **move about**

► **move away** VI a *(= depart)* partir, s'éloigner (*from* de) b *(= move house)* déménager ◆ **they've ~d away from here** ils n'habitent plus ici VT SEP *[+ person, object]* éloigner, écarter (*from* de)

► **move back** VI a *(= withdraw)* reculer b *(to original position)* *(= go back)* retourner ; *(= come back)* revenir ◆ **he ~d back to the desk** il retourna au bureau c *(= move house)* **they've ~d back to London** *(= gone back)* ils sont retournés habiter (à) Londres ; *(= come back)* ils sont revenus habiter (à) Londres VT SEP a *(backwards) [+ person, crowd, animals]* faire reculer ; *[+ troops]* replier ; *[+ object, furniture]* reculer b *(to original position) [+ person]* faire revenir *or* retourner ; *[+ object]* remettre ◆ **his firm ~d him back to London** *(= go back)* son entreprise l'a fait retourner à Londres ; *(= come back)* son entreprise l'a fait revenir à Londres ◆ **~ the table back to where it was before** remets la table là où elle était

► **move down** VI a *[person, object, lift]* descendre ◆ **he ~d down from the top floor** il est descendu du dernier étage ◆ **can you ~ down a few places?** *(on bench etc)* pouvez-vous vous pousser un peu ? b *(Sport: in league)* reculer VT SEP a *[+ person]* faire descendre ; *[+ object]* descendre b *(= demote) [+ pupil]* faire descendre (dans une classe inférieure) ; *[+ employee]* rétrograder

► **move forward** VI *[person, animal, vehicle]* avancer ; *[troops]* se porter en avant VT SEP *[+ person, vehicle]* faire avancer ; *[+ troops]* porter en avant ; *[+ object, chair]* avancer

► **move in** VI a *(= approach) [police etc]* avancer, intervenir b *(to a house)* emménager VT SEP *[+ person]* faire entrer ; *[+ furniture etc]* rentrer, mettre *or* remettre à l'intérieur ; *(on removal day)* installer

► **move in on** * VT FUS *(= advance on) (Mil etc)* marcher sur, avancer sur ; *[police]* faire une descente dans ; *(= attempt takeover of) [+ firm]* essayer de mettre la main sur ◆ **to ~ in on sb (for the night)** se faire héberger par qn (pour la nuit)

► **move off** VI *[person]* s'en aller, partir ; *[car]* démarrer ; *[train, army, procession]* s'ébranler, partir VT SEP *[+ object]* enlever

► **move on** VI *[person, vehicle]* avancer ; *(after stopping)* se remettre en route ; *[time]* passer, s'écouler ◆ **the gipsies ~d on to another site** les gitans sont allés s'installer plus loin ◆ **~ on (now) please!** *(policeman etc)* circulez s'il vous plaît ! ◆ **moving on now to ...** *(in discussion etc)* passons maintenant à ... VT SEP *[+ person, onlookers]* faire circuler ; *[+ clock]* avancer

► **move out** VI *(of house, office, room etc)* déménager ◆ **to ~ out of a flat** déménager d'un appartement, quitter un appartement VT SEP *[+ person, animal]* faire sortir ; *[+ troops]* retirer ; *[+ object, furniture]* sortir ; *(on removal day)* déménager

► **move over** VI s'écarter, se pousser ◆ **~ over!** pousse-toi ! ◆ **if he can't do the job he should ~ over and let someone else who can** *(in job)* s'il n'est pas capable de faire ce travail, il n'a qu'à céder la place à quelqu'un de plus compétent ◆ **to ~ over to sth new** *(= change over)* adopter qch de nouveau VT SEP *[+ object]* déplacer

► **move up** VI a *[person, flag etc]* monter ◆ **can you ~ up a few seats?** pouvez-vous vous pousser un peu *or* vous décaler de quelques sièges ? ◆ **I want to ~ up nearer the stage** je veux m'approcher de la scène b *[employee]* avoir de l'avancement ; *(Sport: in league)* progresser dans le classement ◆ **to ~ up a class** *[pupil]* passer dans la classe supérieure VT SEP a *[+ person]* faire monter ; *[+ object]* monter b *(= promote) [+ pupil]* faire passer dans une classe supérieure ; *[+ employee]* donner de l'avancement à

**moveable** /ˈmuːvəbl/ ADJ ⇒ **movable**

**movement** /ˈmuːvmənt/ N a *[of person, troops, army, population, vehicles, goods, capital]* mouvement *m* ; *(= gesture)* mouvement *m*, geste *m* ◆ **massage the skin using small circular ~s** massez la peau en faisant de petits mouvements circulaires ◆ **hand ~s** mouvements *mpl or* gestes *mpl* de la main ◆ **eye ~s** *(during sleep)* mouvements *mpl* oculaires ◆ **her eye ~s were furtive and suspicious** elle jetait des coups d'œil furtifs et soupçonneux ◆ **there was a ~ towards the exit** il y eut un mouvement vers la sortie, on se dirigea vers la sortie ◆ **the accident disrupted the ~ of traffic** l'accident a perturbé la circulation ◆ **the free ~ of labour, capital and goods** la libre circulation de la main-d'œuvre, des capitaux et des marchandises

b ◆ **~s** *(= comings and goings)* allées *fpl* et venues *fpl* ◆ **the police know very little about the suspect's ~s** la police ne sait pas grand-chose sur les allées et venues du suspect

c *(= action, impetus) [of prices, shares, market, situation]* mouvement *m* ◆ **an upward/downward ~ in the economy** une progression/régression économique ◆ **an upward/downward ~ in share prices** un mouvement *or* une tendance à la hausse/à la baisse du prix des actions ◆ **there has been little ~ in the political situation** la situation politique demeure à peu près inchangée ◆ **there has been some ~ towards fewer customs restrictions** il semble que l'on aille vers une réduction des restrictions douanières ◆ **a ~ towards multimedia products** un intérêt grandissant pour les produits multimédia

d *(Pol = group, party)* mouvement *m* ◆ **peace ~** mouvement *m* en faveur de la paix ◆ **separatist/resistance ~** mouvement *m* séparatiste/de résistance

e *(Mus) [of symphony, concerto etc]* mouvement *m* ◆ **in four ~s** en quatre mouvements

f *(= mechanism) [of machine, clock, watch etc]* mouvement *m*

g *(Med:* also **bowel movement**) selles *fpl* ◆ **to have a (bowel) ~** aller à la selle

**mover** /ˈmuːvəʳ/ N a *(Admin, Parl etc) [of motion]* motionnaire *mf*, auteur *m* d'une motion ; → **prime** b *(US = removal person)* déménageur *m* c ◆ **she's a lovely ~** * elle a une chouette façon de danser (*or* de marcher *etc*) * d ◆ **the ~s and shakers** * les personnages *mpl* influents

**movie** /ˈmuːvɪ/ *(esp US)* N film *m (de cinéma)* ◆ **the ~s** * le ciné * ◆ **to go to the ~s** * aller au ciné *

COMP ▷ **movie actor** N acteur *m* de cinéma ▷ **movie actress** N actrice *f* de cinéma ▷ **movie camera** N caméra *f* ▷ **movie-going** N la fréquentation des salles de cinéma ▷ **movie house** N cinéma *m (salle)* ▷ **the movie industry** N l'industrie *f* cinématographique, le cinéma ▷ **movie maker** N *(US)* cinéaste *mf* ▷ **movie rating** N *(US) système de classification des films* ▷ **movie star** N star *f or* vedette *f (de cinéma)* ▷ **movie theater** N *(US)* cinéma *m (salle)*

**Movie Rating, Film Rating**

En Grande-Bretagne, l'organisme chargé d'autoriser la diffusion des films et vidéos est le British Board of Classification. Le système de classification adopté est le suivant : « U » (Universal) : pour tous publics ; « PG » (Parental Guidance) : certaines scènes peuvent heurter les jeunes enfants ; « 12 », « 15 » ou « 18 » : interdiction aux moins de 12, 15 ou 18 ans ; « Restricted 18 » : pour adultes seulement, le film ne pouvant être diffusé que dans des salles disposant d'une licence spéciale.

Aux États-Unis, ces fonctions de contrôle sont assumées par la Motion Picture Association of America, et la classification est la suivante : « G » (General) : pour tous publics ; « PG » (Parental Guidance) : certaines scènes peuvent heurter la sensibilité des jeunes enfants ; « PG13 » : certaines scènes sont déconseillées aux moins de 13 ans ; « R » (Restricted) : toute personne de moins de 17 ans doit être accompagnée d'un adulte ; « NC-17 » ou « X » : strictement interdit aux moins de 17 ans.

**moviegoer** /ˈmuːvɪgəʊəʳ/ N *(gen)* amateur *m* de cinéma, cinéphile *mf* ◆ **I'm an occasional ~** je vais de temps en temps au cinéma

**movieland** * /ˈmuːvɪlænd/ N le (monde du) cinéma

**moving** /ˈmuːvɪŋ/ ADJ a *(= in motion) [vehicle, train]* en marche ; *[object, crowd]* en mouvement ; *[picture, image, graphics]* animé ◆ **~ part** *(in machine)* pièce *f* mobile ◆ **~ target** cible *f* mouvante *or* mobile ◆ **~ traffic** circulation *f* b *(emotionally) [sight, plea]* émouvant, touchant ; *[book, film, story, account]* émouvant ◆ **it was a deeply ~ moment** c'était un moment vraiment très émouvant **c** (= *motivating)* ◆ **he was the ~ force** *or* **spirit in the whole affair** il était l'âme de toute l'affaire **COMP** ▷ **moving belt** N tapis *m* roulant ▷ **the moving party** N *(Jur)* la partie demanderesse ▷ **moving pavement** N trottoir *m* roulant ▷ **moving picture** † N *(Cine)* film *m (de cinéma)* ▷ **moving sidewalk** N *(US)* trottoir *m* roulant ▷ **moving staircase** N escalier *m* mécanique *or* roulant ▷ **moving walkway** N trottoir *m* roulant

**movingly** /ˈmuːvɪŋlɪ/ ADV d'une manière émouvante *or* touchante

**mow** /məʊ/ (pret **mowed**, ptp **mowed** *or* **mown**) VT *[+ corn]* faucher ◆ **to ~ the lawn** tondre le gazon

**mow down** VT SEP *(fig) [+ people, troops]* faucher

**mower** /ˈməʊəʳ/ N **a** (= *machine: Agr)* faucheuse *f*; (also **lawnmower**) tondeuse *f* (à gazon); → **motor** **b** (= *person)* faucheur *m*, -euse *f*

**mowing** /ˈməʊɪŋ/ N *(Agr)* fauchage *m* ◆ **~ machine** *(Agr)* faucheuse *f*; *(in garden)* tondeuse *f* (à gazon)

**mown** /məʊn/ VB ptp of **mow**

**moxie** * /ˌmɒksɪ/ N *(US)* couilles *✱ *fpl*, cran *m*

**Mozambican** /ˌməʊzəmˈbiːkən/ **ADJ** mozambicain **N** Mozambicain(e) *m(f)*

**Mozambique** /ˌməʊzəmˈbiːk/ N Mozambique *m* in Mozambique, au Mozambique

**Mozart** /ˈməʊtsɑːt/ N Mozart *m*

**Mozartian** /məʊˈtsɑːtɪən/ ADJ mozartien

**mozzarella** /ˌmɒtsəˈrelə/ N (= *cheese)* mozzarella *f*

**MP** /emˈpiː/ N **a** *(Brit)* (abbrev of **Member of Parliament**) → **member** **b** (abbrev of **Military Police**) → **military** **c** *(Can)* (abbrev of **Mounted Police**) → **mounted**

**MP3** /ˌempiːˈθriː/ **N** mp3 *m* **COMP** ▷ **MP3-player** N lecteur *m* mp3

**mpg** /ˌempiːˈdʒiː/ N (abbrev of **miles per gallon**) → **mile**

**mph** /ˌempiːˈeɪtʃ/ N (abbrev of **miles per hour**) ≃ km/h

**MPhil** /ˌemˈfɪl/ N *(Univ)* (abbrev of **Master of Philosophy**) *diplôme de fin de deuxième cycle universitaire en lettres*, ≃ DEA *m*

**MPS** /ˌempiːˈes/ N *(Brit)* (abbrev of **Member of the Pharmaceutical Society**) *diplôme de pharmacie*

**MPV** /ˌempiːˈviː/ N (abbrev of **multipurpose vehicle**) → **multipurpose**

**Mr** /ˈmɪstəʳ/ N (pl **Messrs**) M., Monsieur ; → **mister**

**MRC** /ˌemɑːˈsiː/ N *(Brit)* (abbrev of **Medical Research Council**) → **medical**

**MRCP** /ˌemɑːsiːˈpiː/ N *(Brit)* (abbrev of **Member of the Royal College of Physicians**) *diplôme supérieur de médecine générale*

**MRCS** /ˌemɑːsiːˈes/ N *(Brit)* (abbrev of **Member of the Royal College of Surgeons**) *diplôme supérieur de chirurgie*

**MRCVS** /ˌemɑːsiːviːˈes/ N *(Brit)* (abbrev of **Member of the Royal College of Veterinary Surgeons**) *diplôme de médecine vétérinaire*

**MRI** /ˌemɑːrˈaɪ/ N (abbrev of **magnetic resonance imaging**) IRM *f*, imagerie *f* par résonance magnétique

**MRM** /ˌemɑːrˌem/ N (abbrev of **mechanically recovered meat**) → **mechanically**

**MRP** /ˌemɑːˈpiː/ N (abbrev of **manufacturers' recommended price**) → **manufacturer**

**Mrs** /ˈmɪsɪz/ **N** *(pl inv)* Mme **COMP** ▷ **Mrs Mop** * N *(Brit hum)* femme *f* de ménage

**MS** /ˌemˈes/ N **a** (also **ms**) abbrev of **manuscript** **b** (abbrev of **multiple sclerosis**) → **multiple** **c** abbrev of **Mississippi** **d** *(US Univ)* (abbrev of **Master of Science**) *maîtrise de sciences* ; → DEGREE

**Ms** /mɪz, məz/ N ≃ Mme

> **Ms**
>
> Ms est un titre utilisé à la place de « Mrs » (Mme) ou de « Miss » (Mlle) pour éviter la distinction traditionnelle entre femmes mariées et femmes non mariées. Il se veut ainsi l'équivalent du « Mr » (M.) pour les hommes. Souvent tourné en dérision à l'origine comme étant l'expression d'un féminisme exacerbé, ce titre est aujourd'hui couramment utilisé.

**MSA** /ˌemesˈeɪ/ N *(US Univ)* (abbrev of **Master of Science in Agriculture**) *diplôme d'ingénieur agronome*

**MSC** /ˌemesˈsiː/ N *(Brit: formerly)* (abbrev of **Manpower Services Commission**) → **manpower**

**MSc** /ˌemesˈsiː/ N *(Brit Univ)* (abbrev of **Master of Science**) ◆ **to have an ~ in Biology** avoir une maîtrise de biologie ; → **master** ; → DEGREE

**MSF** N *(Brit)* (abbrev of **Manufacturing, Science, Finance**) *syndicat*

**MSG** /ˈemesˈdʒiː/ N abbrev of **monosodium glutamate**

**Msgr** abbrev of **monsignor**

**MSP** /ˌemesˈpiː/ (pl **MSPs**) N *(Brit Pol)* (abbrev of **Member of the Scottish Parliament**) député *m* au Parlement écossais

**MSS, mss** NPL abbrev of **manuscripts**

**MST** /ˌemesˈtiː/ N *(US)* (abbrev of **Mountain Standard Time**) → **mountain**

**MT** /emˈtiː/ N **a** (abbrev of **machine translation**) → **machine** **b** abbrev of **Montana** **c** *(US)* (abbrev of **Mountain Time**) → **mountain**

**Mt** *(Geog)* (abbrev of **Mount**) Mt ◆ **~ Pelat** Mt Pelat ◆ **~ Everest** l'Everest *m*

**mth** abbrev of **month**

**MTV** /ˌemtiːˈviː/ N (abbrev of **music television**) MTV

## much /mʌtʃ/

compar **more**, superl **most**

1 PRONOUN 2 ADJECTIVE 3 ADVERB

### 1 - PRONOUN

**a** [= a great deal, a lot] ◆ **~ has happened since then** beaucoup de choses se sont passées depuis ◆ **~ will depend on the state of the economy** cela va dépendre en grande partie de l'état de l'économie ◆ **~ has been written about this phenomenon** on a écrit beaucoup de choses sur ce phénomène ◆ **we have ~ to be thankful for** nous avons tout lieu d'être reconnaissants ◆ **does it cost ~?** est-ce que ça coûte cher ? ◆ **is it worth ~?** est-ce que ça a de la valeur ?

◆ **much of** (= *a large part of)* une bonne partie de ◆ **~ of the town/night** une bonne partie de la ville/de la nuit ◆ **~ of what you say** une bonne partie de ce que vous dites

◆ **to make + much of sth** (= *emphasize)* faire grand cas de qch, attacher beaucoup d'importance à qch ◆ **he made ~ of the fact that ...** il a fait grand cas du fait que ..., il a attaché beaucoup d'importance au fait que ... ◆ **he made too ~ of it** il y attachait trop d'importance ◆ **I couldn't make ~ of what he was saying** (= *understand)* je n'ai pas bien compris *or* saisi ce qu'il disait

**b** [in negative sentences]

◆ **not ... much** (= *a small amount)* pas grand-chose, pas beaucoup

> When the sense is **not much of it**, **en** is required with ***pas beaucoup***, but not with ***pas grand-chose***.

◆ **I haven't got ~ left** il ne m'en reste pas beaucoup, il ne me reste pas grand-chose ◆ **what was stolen? – nothing ~** qu'est-ce qui a été volé ? – pas grand-chose ◆ **he hadn't ~ to say about it** il n'avait pas grand-chose à en dire ◆ **there's not ~ anyone can do about it** personne n'y peut grand-chose ◆ **I haven't heard ~ of him lately** je n'ai pas eu beaucoup de nouvelles de lui ces derniers temps ◆ **we don't see ~ of each other** nous ne nous voyons pas beaucoup BUT **he's/it's not ~ to look at** * il/ça ne paie pas de mine ◆ **it isn't up to ~** * ce n'est pas terrible * ◆ **she won but there wasn't ~ in it** elle a gagné mais de justesse

> Constructions with **valoir** are often used when assessing value or merit.

◆ **I don't think ~ of that film** à mon avis ce film ne vaut pas grand-chose, je ne trouve pas ce film très bon ◆ **there isn't ~ to choose between them** ils se valent plus ou moins ◆ **there isn't ~ in it** *(in choice, competition)* ça se vaut

### 2 - ADJECTIVE

beaucoup de ◆ **~ money** beaucoup d'argent ◆ **~ crime goes unreported** beaucoup de crimes ne sont pas signalés ◆ **he hasn't (very) ~ time** il n'a pas beaucoup de temps ◆ **~ "antique" furniture is not genuine** beaucoup de *or* bien des meubles dits "anciens" ne le sont pas ◆ **without ~ money** avec peu d'argent ; *(iro)* ◆ **and ~ good may it do you** grand bien t'en fasse ◆ **it's a bit ~!** * c'est un peu fort !

### 3 - ADVERB

**a** [= to a great degree] beaucoup ◆ **he hasn't changed ~** il n'a pas beaucoup changé ◆ **she doesn't go out ~** elle ne sort pas beaucoup *or* pas souvent ◆ **~ bigger** beaucoup plus grand ◆ **~ more easily** beaucoup plus facilement ◆ **~ the cleverest** de beaucoup *or* de loin le plus intelligent ◆ **it doesn't ~ matter** ça n'a pas grande importance ◆ **he ~ regrets that ...** *(frm)* il regrette beaucoup *or* vivement que ... ◆ **~ to my amazement** à ma grande stupéfaction

◆ **very much** ◆ **thank you very ~** merci beaucoup ◆ **I very ~ hope that ...** j'espère de tout cœur que ... ◆ **something was very ~ the matter** quelque chose n'allait pas du tout ◆ **this is very ~ the case** c'est tout à fait le cas

◆ **much +** *past participle* ◆ **the ~-improved program will be introduced next year** le logiciel, qui a subi de nombreuses améliorations, sera introduit l'année prochaine ◆ **they would lose ~-needed development funds** ils perdraient des fonds de développement dont ils ont le plus grand besoin ◆ **estate agents are ~ maligned** on dit beaucoup de mal des agents immobiliers ◆ **potatoes are a ~-maligned vegetable** la pomme de terre est un légume méconnu ◆ **he was ~ displeased** *(frm)* il était très mécontent

**b** [= more or less] ◆ **it's (very** *or* **pretty) ~ the same** c'est presque la même chose ◆ **the town is (pretty) ~ the same as it was ten years**

**ago** la ville n'a pas beaucoup changé en dix ans ◆ **they are (very** *or* **pretty) ~ of an age** ils sont à peu près du même âge

c set structures

◆ **as much** *(= that quantity)* ◆ **as ~ again** encore autant ◆ **twice as ~** deux fois plus *or* autant ◆ **half as ~ again** la moitié de plus ◆ **I thought as ~!** *(= that)* c'est bien ce que je pensais !, je m'y attendais ! ◆ **it was his fault, and he admitted as ~ later** c'était de sa faute et il l'a admis par la suite

◆ **as much ... as** *(in comparisons of equality)* ◆ **as ~ as possible** autant que possible ◆ **as ~ time as ...** autant de temps que ... ◆ **I've got as ~ as you** j'en ai autant que toi ◆ **I need it as ~ as you do** j'en ai autant besoin que toi ◆ **I love him as ~ as ever** je l'aime toujours autant ◆ **twice as ~ money as ...** deux fois plus d'argent que ... ◆ **I didn't enjoy it as ~ as all that** je ne l'ai pas aimé tant que ça ◆ **it's as ~ as he can do to stand up** c'est tout juste s'il peut se lever

◆ **as much as** + *amount* ◆ **you could pay as ~ as 60 euros for that** ça va chercher jusqu'à 60 euros ◆ **they hope to raise as ~ as $5 million** ils espèrent collecter près de *or* jusqu'à 5 millions de dollars

◆ **however much** ◆ **however ~ you protest ...** on a beau protester ... ◆ **however ~ you like him ...** quelle que soit votre affection pour lui, ...

◆ **how much** combien ◆ **how ~ does it cost?** combien ça coûte ? ◆ **how ~ money have you got?** combien d'argent as-tu ? ◆ **you know how ~ I wanted to go** tu sais à quel point je voulais y aller ◆ **I didn't realise how ~ she loved me** je ne me rendais pas compte à quel point elle m'aimait

◆ **much as** ◆ **~ as I like him, I don't trust him** ce n'est pas que je ne l'aime pas mais je ne lui fais pas confiance ◆ **~ as I dislike doing this, ...** bien que je n'aime pas du tout faire cela, ...

◆ **much less** *(= and even less)* ◆ **he couldn't understand the question, ~ less answer it** il ne pouvait pas comprendre la question et encore moins y répondre

◆ **much though** ◆ **~ though she loves them both** bien qu'elle les aime *subj* tous deux profondément

◆ **not much of a** * *(= not a great)* ◆ **he is not ~ of a writer** ce n'est pas un très bon écrivain, comme écrivain il y a mieux ◆ **I'm not ~ of a drinker** je ne bois pas beaucoup ◆ **it wasn't ~ of an evening** ce n'était pas une soirée très réussie

◆ **so much** *(= a lot)* tellement, tant ◆ **he'd drunk so ~ that ...** il avait tellement *or* tant bu que ... ◆ **so ~ of what he says is untrue** il y a tellement *or* tant de mensonges dans ce qu'il dit ◆ **so ~ pleasure** tant de plaisir ◆ **you spend so ~ of your time worrying that ...** tu passes tellement de temps à te faire du souci que ... ◆ **he beat me by so ~** il m'a battu de ça ◆ **do you want water in your whisky ? – about so ~** vous voulez de l'eau dans votre whisky ? – à peu près comme ça ◆ **so ~ so that ...** à tel point que ... ◆ **without so ~ as a word** sans même (dire) un mot

◆ **not so much ... as** ◆ **the problem is not so ~ one of money as of staff** il ne s'agit pas tant d'un problème d'argent que d'un problème de personnel ◆ **I think of her not so ~ as a doctor but as a friend** je la considère plus comme une amie que comme un médecin

◆ **so much for** ◆ **so ~ for the producers, what of the consumers?** nous avons examiné le cas des producteurs mais qu'en est-il des consommateurs ? ◆ **so ~ for his help!** c'est ça qu'il appelle aider ! ◆ **so ~ for his promises!** voilà ce que valaient ses promesses ! ◆ **so ~ for that!** tant pis !

◆ **so much the** + *comparative* ◆ **so ~ the better !** tant mieux ! ◆ **that leaves so ~ the less to do** c'est toujours ça de moins à faire

◆ **this/that much** ◆ **this ~?** (ça ira) comme ça ? ◆ **it's that ~ too long** c'est trop long de ça ◆ **he was at least this ~ taller than me** il était plus grand que moi d'au moins ça ◆ **I can't carry this ~** je ne peux pas porter (tout) ceci ◆ **I know this ~** je sais tout au moins ceci ◆ **this ~ we do know: ...** tout au moins nous savons ceci : ... ◆ **he has left, this ~ we do know** il est parti, ça nous le savons déjà ◆ **this ~ is certain ...** un point est acquis ... ◆ **this ~ is true** il y a ceci de vrai

◆ **too much** trop ◆ **I've eaten too ~** j'ai trop mangé ◆ **he talks too ~** il parle trop ◆ **$500 is too ~** 500 dollars, c'est trop ◆ **that was too ~ for me** c'en était trop pour moi ◆ **too ~ sugar** trop de sucre ◆ **that's too ~!** *(lit)* c'est trop ! ; *(protesting)* (ça) c'est trop fort ! ◆ **too ~!** * c'est dingue * ! ◆ **he was too ~ for his opponent** il était trop fort pour son adversaire ◆ **the stress was too ~ for me** je n'arrivais plus à supporter le stress ; *(disapproving)* ◆ **that film was really too ~** *or* **a bit ~ for me** j'ai trouvé que le film dépassait vraiment *or* un peu les bornes

---

**muchness** * /ˈmʌtʃnɪs/ **N** ◆ **they're much of a ~** c'est blanc bonnet et bonnet blanc

**mucilage** /ˈmjuːsɪlɪdʒ/ **N** mucilage *m*

**mucilaginous** /ˌmjuːsɪˈlædʒɪnəs/ **ADJ** mucilagineux

**muck** /mʌk/ **N** **a** *(= dirt)* saletés *fpl* ; *(= mud)* boue *f*, gadoue *f* ◆ **where there's ~ there's brass** *(Prov)* * l'argent n'a pas d'odeur ; → **lady**

**b** *(= excrement) [of dog]* crotte *f* ; *[of horse]* crottin *m* ; *[of cow]* bouse *f* ; *[of bird]* fiente *f* ; *(= manure)* fumier *m*

**c** *(fig: describing food, film, book, conversation etc)* saleté(s) *f(pl)*, cochonnerie(s) * *f(pl)*

**d** *(= bungle)* ◆ **to make a ~ * of sth** saloper * qch

COMP ▷ **muck heap N** tas *m* de fumier *or* d'ordures ▷ **muck-up** ‡ **N** *(= bungle)* gâchis *m*

► **muck about** *, **muck around** * *(Brit)* **VI** **a** *(= spend time aimlessly)* perdre son temps ◆ **stop ~ing about and get on with your work** cesse de perdre ton temps et fais ton travail

**b** *(= potter around)* ◆ **he enjoys mucking about in the garden** il aime bricoler dans le jardin

**c** *(= play the fool)* faire l'idiot *or* l'imbécile ◆ **to ~ about with sth** *(= fiddle with)* jouer avec qch, tripoter qch

**VT SEP** *[+ person]* traiter par-dessus la jambe *

► **muck in** ‡ **VI** *(Brit) (= share money etc)* faire bourse commune (*with* avec) ◆ **to ~ in with sb** *(= share room)* crécher * avec qn ◆ **everyone ~s in here** tout le monde met la main à la pâte * ici

► **muck out VT SEP** *(Brit) [+ stable]* nettoyer, curer

► **muck up** * *(Brit)* **VT SEP** **a** *(= ruin) [+ task]* saloper * ; *[+ plans, deal]* chambouler * ; *[+ life]* gâcher ; *[+ mechanism]* bousiller * ◆ **he's really ~ed things up!** il a vraiment tout flanqué par terre ! *

**b** *(= make untidy) [+ room]* semer la pagaille * dans ; *[+ hair]* emmêler ; *[+ hairstyle]* abîmer ; *(= make dirty) [+ room, clothes]* salir

**N** ◆ **muck-up** → **muck**

**muckiness** /ˈmʌkɪnɪs/ **N** saleté *f*, malpropreté *f*

**muckraker** /ˈmʌkreɪkəʳ/ **N** *(fig)* fouineur *r*-euse *f* *(qui déterre des scandales)*, fouill merde * *mf*

**muckraking** /ˈmʌkreɪkɪŋ/ **N** mise *f* au jour d scandales

**mucky** * /ˈmʌkɪ/ **ADJ** *(Brit)* **a** *(= dirty) [perso animal, place, object]* boueux ; *[job]* crasseu ◆ **to get ~** se salir ◆ **to get sth ~** salir qc ◆ **keep your ~ paws off!** *(hum)* touche pa avec tes pattes sales ! ◆ **you ~ pup!** *(hun* petit(e) cochon(ne) ! **b** *(= smutty) [boo magazine, film]* cochon **c** *(= unpleasan [weather]* sale

**mucous** /ˈmjuːkəs/ **ADJ** muqueux ◆ **~ mem brane** (membrane *f*) muqueuse *f*

**mucus** /ˈmjuːkəs/ **N** mucus *m*, mucosités *fpl*

**mud** /mʌd/ **N** boue *f* ; *(in river, sea)* boue *f*, vas *f* ; *(in swamp)* boue *f*, bourbe *f* ◆ **car stuck i the ~** voiture *f* embourbée ◆ **to drag sb' (good) name through the ~** *or* **drag sb throug the ~** calomnier qn ◆ **to throw** *or* **sling ~ at s** *(fig)* couvrir qn de boue ◆ **~ sticks** *(esp Brit)* est difficile de se laver de tout soupço ◆ **here's ~ in your eye!** * *(hum)* à la tienn Étienne ! * *(hum)* ; → **clear, name, stick** COMP ▷ **mud-caked ADJ** tout crotté ▷ **mud flap** *(Aut: gen)* pare-boue *m inv* ; *[of truck]* bavett *f* ▷ **mud flat(s) N(PL)** laisse *f* de vase ▷ **mu hut N** hutte *f* de terre ▷ **mud pie N** pâté *r (de sable, de terre)* ▷ **mud-slinging N** *(NonC* médisance *f*, dénigrement *m* ▷ **mud wres tling N** catch *m* dans la boue *(généralemen féminin)*

**mudbank** /ˈmʌdbæŋk/ **N** banc *m* de vase

**mudbath** /ˈmʌdbæθ/ **N** bain *m* de boue

**muddle** /ˈmʌdl/ **N** *(= disorder)* désordre *m* *(= tangle of objects)* fouillis *m* ; *(fig)* confusio *f* ◆ **the ~ of notebooks and papers on her des** le fouillis de bloc-notes et de papiers su son bureau ◆ **her office was a ~ of files an papers** il y avait un vrai fouillis de dossier et de papiers dans son bureau ◆ **there' been a ~ over the seats** il y a eu confusio en ce qui concerne les places ◆ **a lega financial/bureaucratic ~** un imbroglio juridi que/financier/bureaucratique ◆ **what a ~** *(= disorder)* quel fouillis ! ; *(= mix-up)* quell confusion !, quelle pagaille ! * ◆ **to be in a ~** *[room, books, clothes]* être en désordre, êtr sens dessus dessous ; *[person]* ne plus s'y retrouver (*over sth* dans qch) ; *[ideas]* êtr embrouillé *or* confus ; *[plans, arrangements* être confus *or* incertain ◆ **to get into a ~** *[person]* s'embrouiller (*over sth* dans qch, au sujet de qch) ; *[ideas]* s'embrouiller ◆ **th files have got into a real ~** les dossiers son sens dessus dessous

**VT** (also **muddle up**) **a** ◆ **to ~ (up) A and o with B** confondre A avec B

**b** *(= perplex) [+ person]* embrouiller ; *[+ sb' ideas]* brouiller, embrouiller ◆ **to be ~d (up** être embrouillé ◆ **I got rather ~d by he explanation** son explication m'a plutôt em brouillé ◆ **to get ~d (up)** *[person, ideas]* s'em brouiller ; see also **muddled**

**c** *[+ facts, story, details]* brouiller, em brouiller ; see also **muddled**

COMP ▷ **muddle-headed ADJ** *[person]* aux idées confuses, brouillon ; *[plan, ideas* confus ▷ **muddle-up N** confusion *f*, em brouillamini * *m*

► **muddle along VI** se débrouiller tant bien que mal

► **muddle on VI** se débrouiller tant bien que mal

► **muddle through VI** se tirer d'affaire *or* s'en sortir tant bien que mal ◆ **I expect we'll ~ through** je suppose que nous nous en sortirons d'une façon ou d'une autre

► **muddle up VT SEP** ⇒ **muddle vt**

N ◆ **muddle-up** → **muddle**

**uddled** /ˈmʌdəld/ ADJ *[message, effort, attempt, situation, storyline]* confus

**uddler** /ˈmʌdləʳ/ N esprit *m* brouillon *(personne)*

**uddy** /ˈmʌdɪ/ ADJ a *(= dirty) [clothes, object]* boueux, couvert de boue ; *[person]* couvert de boue b *(= dull) [colour]* terne ; *[skin, complexion]* terreux ; *[liquid]* trouble ◆ ~ **brown** brun terne *inv* c *(= confused) [ideas, thinking]* confus VT *[+ hands, clothes, shoes]* crotter, salir ; *[+ road]* rendre boueux ; *[+ water, river]* troubler ◆ **to ~ the waters** *(fig)* brouiller les pistes

**udguard** /ˈmʌdgɑːd/ N *(Brit) [of car etc]* pare-boue *m inv* ; *[of bicycle]* garde-boue *m inv*

**udlark** † /ˈmʌdlɑːk/ N gamin(e) *m(f)* des rues

**udpack** /ˈmʌdpæk/ N masque *m* (de beauté) à l'argile

**udslide** /ˈmʌdslaɪd/ N coulée *f* de boue

**uesli** /ˈmjuːzlɪ/ N muesli *m*

**uezzin** /muːˈezɪn/ N muezzin *m*

**uff** /mʌf/ N *(Dress, Tech)* manchon *m* VT * rater, louper * ; *(Sport) [+ ball, shot]* rater, louper * ; *[+ chance, opportunity]* rater, laisser passer ◆ **to ~ one's lines** *(Theat)* se tromper dans son texte ◆ **to ~ it** * rater son coup VI * rater son coup

**uffin** /ˈmʌfɪn/ N *(Brit)* muffin *m (petit pain rond et plat)*; *(US) petit gâteau au chocolat ou aux fruits*

**uffle** /ˈmʌfl/ VT a *[+ sound, noise]* assourdir, étouffer ; *[+ noisy thing, bell, drum]* assourdir ◆ **to ~ the oars** assourdir les avirons ◆ **in a ~d voice** d'une voix sourde *or* étouffée b (also **muffle up**) *(= wrap up) [+ object]* envelopper ; *[+ person]* emmitoufler ◆ **to ~ o.s. (up)** s'emmitoufler ◆ **he was all ~d up** il était emmitouflé des pieds à la tête

▸ **muffle up** VI s'emmitoufler VT SEP ⇒ **muffle b**

**uffler** /ˈmʌfləʳ/ N a *(= scarf)* cache-nez *m inv*, cache-col *m inv* b *(US Aut)* silencieux *m*

**ufti** /ˈmʌftɪ/ N a *(Brit *)* tenue *f* civile ◆ **in ~** en civil, en pékin * *(Mil)* b *(Muslim)* mufti *or* muphti *m*

**nug** /mʌg/ N a *(= cup)* tasse *f* (américaine), grande tasse *f* ; *(= glass: for beer etc)* chope *f* ◆ **a ~ of coffee** *(= amount)* un grand café b *(‡ = face)* bouille * *f*, bille ‡ *f* ◆ **ugly ~** sale gueule *f* c *(Brit ‡ = fool)* andouille ‡ *f*, poire * *f* ◆ **what sort of a ~ do you take me for?** tu me prends pour une andouille ? ‡ ◆ **they're looking for a ~ to help** ils cherchent une bonne poire * pour aider ◆ **it's a ~'s game** c'est un piège à con ‡ VT *(= assault)* agresser VI * a *(= pull faces)* faire des grimaces b *(= overact, act up)* charger son rôle COMP ▹ **mug shot** * N *(Police)* photo *f* d'identité judiciaire ; *(gen)* photo *f* d'identité

▸ **mug up** VT SEP a *(Brit = swot up)* bûcher *, potasser * b *(US)* **to ~ it up** ‡ faire des grimaces VI *(Brit)* ◆ **to ~ up for an exam** bûcher * pour un examen

**mugger** /ˈmʌgəʳ/ N agresseur *m*

**mugging** /ˈmʌgɪŋ/ N a *(= assault)* agression *f* b *(= overacting)* jeu *m* forcé

**muggins** ‡ /ˈmʌgɪnz/ N *(Brit)* idiot(e) *m(f)*, niais(e) *m(f)* ◆ ~ **had to pay for it** *(= oneself)* c'est encore ma pomme ‡ qui a payé

**muggy** /ˈmʌgɪ/ ADJ *[weather, air, heat]* lourd ; *[climate]* chaud et humide ; *[summer, day, evening]* lourd, chaud et humide ◆ **it's very ~ today** il fait très lourd aujourd'hui

**mugwump** /ˈmʌgwʌmp/ N *(US Pol)* non-inscrit *m*, indépendant *m*

**mujaheddin, mujahedeen** /ˌmuːdʒəhəˈdiːn/ NPL ◆ **the ~** les moudjahiddin *mpl*

**mulatto** /mjuːˈlætəʊ/ N (pl **mulattos** *or* **mulattoes**) mulâtre(sse) *m(f)* ADJ mulâtre *f inv*

**mulberry** /ˈmʌlbərɪ/ N *(= fruit)* mûre *f* ; (also **mulberry tree**) mûrier *m*

**mulch** /mʌltʃ/ N paillis *m*, mulch *m* VT pailler, couvrir

**mulct** /mʌlkt/ N *(= fine)* amende *f* VT a *(= fine)* frapper d'une amende b *(by fraud etc)* ◆ **to ~ sb of sth, to ~ sth from sb** extorquer qch à qn

**mule**[1] /mjuːl/ N a mulet *m* ; *(female)* mule *f* ; *(fig) (= person)* mule *f* ◆ **obstinate** *or* **stubborn as a ~** têtu comme une mule *or* un mulet b *(Spinning)* renvideur *m* c *(Drugs * = courier)* fourmi * *f* COMP ▹ **mule driver, mule skinner** * *(US)* N muletier *m*, -ière *f* ▹ **mule track** N chemin *m* muletier

**mule**[2] /mjuːl/ N *(= slipper)* mule *f*

**muleteer** /ˌmjuːlɪˈtɪəʳ/ N muletier *m*, -ière *f*

**mulish** /ˈmjuːlɪʃ/ ADJ *(pej) [person]* têtu ; *[look]* buté, têtu ; *[attitude]* buté

**mulishness** /ˈmjuːlɪʃnɪs/ N entêtement *m*

**mull** /mʌl/ VT *[+ wine, ale]* chauffer et épicer ; see also **mulled**

▸ **mull over** VT SEP retourner dans sa tête

**mullah** /ˈmʌlə/ N mollah *m*

**mulled** /mʌld/ ADJ ◆ **(a glass of) ~ wine** (un) vin chaud

**mullet** /ˈmʌlɪt/ N ◆ **grey ~** mulet *m* ◆ **red ~** rouget *m*

**mulligan stew** ‡ /ˈmʌlɪgən stjuː/ N *(US)* ragoût *m* grossier

**mulligatawny** /ˌmʌlɪgəˈtɔːnɪ/ N soupe *f* au curry

**mullion** /ˈmʌlɪən/ N meneau *m* ◆ **~ed window** fenêtre *f* à meneaux

**multi...** /ˈmʌltɪ/ PREF multi... ◆ **multi-family accommodation** *(often translated by "plusieurs")* résidence *f* pour *or* destinée à plusieurs familles ◆ **multi-journey ticket** abonnement *m* (pour un nombre déterminé de trajets) ◆ **multi-person vehicle** véhicule *m* pour plusieurs personnes ◆ **multistage rocket** fusée *f* à plusieurs étages

**multi-access** /ˌmʌltɪˈækses/ N *(Comput)* multivoie *f* ◆ ~ **system** système *m* à multivoie

**multicellular** /ˌmʌltɪˈseljʊləʳ/ ADJ multicellulaire

**multichannel** /ˌmʌltɪˈtʃænl/ ADJ ◆ ~ **TV** télévision *f* à canaux multiples

**multicoloured, multicolored** *(US)* /ˈmʌltɪˌkʌləd/ ADJ multicolore

**multicultural** /ˌmʌltɪˈkʌltʃərəl/ ADJ multiculturel, pluriculturel

**multiculturalism** /ˌmʌltɪˈkʌltʃərəlɪzəm/ N multiculturalisme *m*, pluriculturalisme *m*

**multidimensional** /ˌmʌltɪdaɪˈmenʃənl/ ADJ multidimensionnel

**multidirectional** /ˌmʌltɪdɪˈrekʃənl/ ADJ multidirectionnel

**multidisciplinary** /ˌmʌltɪˈdɪsɪplɪnərɪ/ ADJ pluridisciplinaire, multidisciplinaire ◆ ~ **system** pluridisciplinarité *f*

**multifaceted** /ˌmʌltɪˈfæsɪtɪd/ ADJ *(fig)* qui présente de nombreux aspects, à multiples facettes

**multifarious** /ˌmʌltɪˈfeərɪəs/ ADJ *(frm)* multiple

**multiflora** /ˌmʌltɪˈflɔːrə/ ADJ *[rose etc]* multiflore

**multiform** /ˈmʌltɪfɔːm/ ADJ multiforme

**multi-function** /ˈmʌltɪˈfʌŋkʃən/ ADJ multifonctionnel, polyvalent

**multigym** /ˈmʌltɪˌdʒɪm/ N banc *m* de musculation

**multihull** /ˈmʌltɪhʌl/ N multicoque *m*

**multilateral** /ˌmʌltɪˈlætərəl/ ADJ multilatéral

**multilateralist** /ˌmʌltɪˈlætərəlɪst/ *(Pol)* ADJ en faveur des accords multilatéraux sur le désarmement nucléaire N partisan(e) *m(f)* des accords multilatéraux sur le désarmement nucléaire

**multi-level** /ˈmʌltɪˈlevl/ ADJ *(US)* à plusieurs niveaux

**multilingual** /ˌmʌltɪˈlɪŋgwəl/ ADJ *[person]* polyglotte ; *[society, country, dictionary]* multilingue, plurilingue ; *[pamphlet, announcement, sign]* en plusieurs langues

**multilingualism** /ˌmʌltɪˈlɪŋgwəlɪzəm/ N multilinguisme *m*, plurilinguisme *m*

**multimedia** /ˈmʌltɪˈmiːdɪə/ ADJ *[product, system, market, CD]* multimédia *f inv*

**multimillion** /ˈmʌltɪˈmɪljən/ ADJ ◆ **a ~ pound deal** une affaire qui vaut plusieurs millions de livres ◆ **a ~ dollar investment** un investissement de plusieurs millions de dollars

**multimillionaire** /ˌmʌltɪˌmɪljəˈnɛəʳ/ N multimillionnaire *mf*, multimilliardaire *mf*

**multi-nation** /ˈmʌltɪˈneɪʃən/ ADJ *[treaty, agreement]* multinational

**multinational** /ˌmʌltɪˈnæʃənl/ N multinationale *f* ADJ multinational

**multipack** /ˈmʌltɪpæk/ N pack *m*

**multiparous** /mʌlˈtɪpərəs/ ADJ multipare

**multipartite** /ˌmʌltɪˈpɑːtaɪt/ ADJ divisé en plusieurs parties

**multiparty** /ˌmʌltɪˈpɑːtɪ/ ADJ *(Pol)* pluripartite

**multiple** /ˈmʌltɪpl/ N *(Math)* multiple *m* ; → **low**[1] ADJ multiple ◆ ~ **crash** *or* **pileup** *(Aut)* carambolage *m* COMP ▹ **multiple choice** N *(Scol, Univ)* (also **multiple-choice exam** *or* **test**) QCM *m*, questionnaire *m* à choix multiple ; (also **multiple-choice question**) question *f* à choix multiple ▹ **multiple-entry visa** N *visa autorisant à entrer plusieurs fois dans un pays* ▹ **multiple exposure** N *(Phot)* exposition *f* multiple ▹ **multiple ownership** N multipropriété *f* ▹ **multiple personality** N *(Psych)* dédoublement *m* de la personnalité ▹ **multiple-risk insurance** N assurance *f* multirisque ▹ **multiple sclerosis** N *(Med)* sclérose *f* en plaques ▹ **multiple store** N *(Brit)* grand magasin *m* à succursales multiples

**multiplex** /ˈmʌltɪpleks/ ADJ multiplex ◆ ~ **cinema** complexe *m* multisalle N multiplex *m* ; *(Cine)* complexe *m* multisalle VT communiquer en multiplex

**multiplexer** /ˈmʌltɪpleksəʳ/ N multiplexeur *m*

**multiplexing** /ˈmʌltɪpleksɪŋ/ N multiplexage *m*

**multipliable** /ˈmʌltɪˌplaɪəbl/, **multiplicable** /ˈmʌltɪˌplɪkəbl/ ADJ multipliable

**multiplicand** /ˌmʌltɪplɪˈkænd/ N multiplicande *m*

**multiplication** /ˌmʌltɪplɪˈkeɪʃən/ N multiplication *f* COMP ▹ **multiplication sign** N signe *m* de multiplication ▹ **multiplication tables** NPL tables *fpl* de multiplication

**multiplicative** /ˈmʌltɪplɪˌkeɪtɪv/ ADJ *(Math, Gram)* multiplicatif

**multiplicity** /ˌmʌltɪˈplɪsɪtɪ/ N multiplicité *f*

**multiplier** /ˈmʌltɪplaɪəʳ/ **N** multiplicateur *m* **COMP** ▷ **multiplier effect N** effet *m* multiplicateur

**multiply** /ˈmʌltɪplaɪ/ **VT** multiplier (*by* par) **VI** se multiplier

**multiplying** /ˈmʌltɪplaɪɪŋ/ **ADJ** multiplicateur (-trice *f*), multiplicatif

**multipolar** /ˈmʌltɪˈpəʊləʳ/ **ADJ** multipolaire

**multiprocessing** /ˌmʌltɪˈprəʊsesɪŋ/ **N** *(Comput)* multitraitement *m*

**multiprocessor** /ˌmʌltɪˈprəʊsesəʳ/ **N** *(Comput)* multiprocesseur *m*

**multiprogramming** /ˌmʌltɪˈprəʊgræmɪŋ/ **N** *(Comput)* multiprogrammation *f*

**multipurpose** /ˌmʌltɪˈpɜːpəs/ **ADJ** polyvalent, à usages multiples **COMP** ▷ **multipurpose vehicle N** *(= off-roader)* tout-terrain *m*; *(= people-carrier)* monospace *m*

**multiracial** /ˌmʌltɪˈreɪʃəl/ **ADJ** multiracial

**multirisk** /ˌmʌltɪˈrɪsk/ **ADJ** *(Insurance)* multirisque

**multisensory** /ˌmʌltɪˈsensərɪ/ **ADJ** multisensoriel

**multistandard** /ˌmʌltɪˈstændəd/ **ADJ** *(TV)* *[set, video etc]* multistandard *inv*

**multistorey** /ˌmʌltɪˈstɔːrɪ/, **multistoreyed, multistoried** *(US)* /ˌmʌltɪˈstɔːrɪd/ **ADJ** à étages ◆ ~ **car park** parking *m* à étages *or* à niveaux multiples

**multitasking, multi-tasking** /ˌmʌltɪˈtɑːskɪŋ/ **N** *(Comput)* traitement *m* multitâche; *(by person)* capacité *f* à mener plusieurs tâches de front

**multitrack** /ˌmʌltɪˈtræk/ **ADJ** à plusieurs pistes

**multitude** /ˈmʌltɪtjuːd/ **N** multitude *f* ◆ **the** ~ la multitude, la foule ◆ **for a** ~ **of reasons** pour une multitude *or* une foule de raisons ◆ **that covers** *or* **hides a** ~ **of sins** c'est un véritable cache-misère

**multitudinous** /ˌmʌltɪˈtjuːdɪnəs/ **ADJ** innombrable

**multiuser** /ˌmʌltɪˈjuːzəʳ/ **ADJ** *(Comput)* ◆ ~ **system configuration** *f* multiposte

**multivalence** /ˌmʌltɪˈveɪləns/ **N** polyvalence *f*

**multivalent** /ˌmʌltɪˈveɪlənt/ **ADJ** polyvalent

**multivitamin** /ˌmʌltɪˈvɪtəmɪn/ **N** complexe *m* vitaminé ◆ ~ **tablet** comprimé *m* de multivitamines

**mum**[1] * /mʌm/ **N** *(Brit = mother)* maman *f*, mère *f* ◆ **hello** ~! bonjour, maman ! ◆ **she's a teacher and her** ~**'s a doctor** elle est enseignante et sa mère est médecin

**mum**[2] /mʌm/ **ADJ** ◆ **to keep** ~ **(about sth)** ne pas piper mot (de qch), ne pas souffler mot (de qch) ◆ ~**'s the word!** motus !, bouche cousue !

**mum**[3] * /mʌm/ **N** (abbrev of **chrysanthemum**) ◆ ~**s** chrysanthèmes *mpl*

**mumble** /ˈmʌmbl/ **VI** marmotter ◆ **stop mumbling!** arrête de marmotter *or* de parler entre tes dents ! **VT** marmonner, marmotter ◆ **to** ~ **one's words** manger ses mots ◆ **to** ~ **an answer** répondre entre ses dents, marmonner une réponse ◆ **to** ~ **that...** marmonner que... **N** marmonnement *m*, marmottement *m* ◆ **... he said in a** ~ ... dit-il entre ses dents

**mumbo jumbo** /ˌmʌmbəʊˈdʒʌmbəʊ/ **N** *(= nonsense)* baragouin * *m*, charabia * *m*; *(= pretentious words)* jargon *m* obscur ; *(= pretentious ceremony etc)* tralala * *m*, salamalecs * *mpl*

**mummer** /ˈmʌməʳ/ **N** *(Theat)* mime *mf*

**mummery** /ˈmʌmərɪ/ **N** *(Theat, fig)* momerie *f*

**mummification** /ˌmʌmɪfɪˈkeɪʃən/ **N** momification *f*

**mummify** /ˈmʌmɪfaɪ/ **VT** momifier

**mummy**[1] /ˈmʌmɪ/ **N** *(= embalmed)* momie *f*

**mummy**[2] * /ˈmʌmɪ/ **N** *(Brit = mother)* maman *f* ◆ ~**'s boy** *(pej)* fils *m* à sa maman *

**mump** /mʌmp/ **VI** grogner, grommeler

**mumps** /mʌmps/ **N** *(NonC)* oreillons *mpl*

**munch** /mʌntʃ/ **VTI** *(gen)* croquer ; *(= chew noisily)* mastiquer bruyamment ◆ **to** ~ **(away) on** *or* **at sth** dévorer qch à belles dents

**Münchhausen's syndrome** /ˈmʌntʃaʊzənzˈsɪndrəʊm/ **N** *(Med)* syndrome *m* de Münchhausen

**munchies** ‡ /ˈmʌntʃɪz/ **NPL** **a** *(= snack)* quelque chose à grignoter **b** ◆ **to have the** ~ *(= be hungry)* avoir un creux

**munchkin** * /ˌmʌntʃkɪn/ **N** *(esp US = small person, child)* lilliputien *m*

**mundane** /ˌmʌnˈdeɪn/ **ADJ** *[matter, issue, problem, object]* banal ; *[task]* courant ; *[explanation, concern]* terre-à-terre ◆ **on a more** ~ **level** au niveau pratique

**mung bean** /ˈmʌŋbiːn/ **N** haricot *m* mung

**Munich** /ˈmjuːnɪk/ **N** Munich

**municipal** /mjuːˈnɪsɪpəl/ **ADJ** municipal **COMP** ▷ **municipal court N** *(US Jur)* *tribunal local de première instance*

**municipality** /mjuːˌnɪsɪˈpælɪtɪ/ **N** municipalité *f*

**munificence** /mjuːˈnɪfɪsns/ **N** munificence *f*

**munificent** /mjuːˈnɪfɪsnt/ **ADJ** *(frm)* munificent *(liter)*

**muniments** /ˈmjuːnɪmənts/ **NPL** *(Jur)* titres *mpl* *(concernant la propriété d'un bien-fonds)*

**munitions** /mjuːˈnɪʃənz/ **NPL** munitions *fpl* **COMP** ▷ **munitions dump N** dépôt *m* de munitions ▷ **munitions factory N** fabrique *f* de munitions

**muon** /ˈmjuːɒn/ **N** *(Phys)* muon *m*

**mural** /ˈmjʊərəl/ **ADJ** mural **N** peinture *f* murale ; *(in Modern Art)* mural *m*

**murder** /ˈmɜːdəʳ/ **N** **a** *(gen)* meurtre *m* ; *(Jur)* meurtre *m* ; *(premeditated)* assassinat *m* ◆ **four** ~**s in one week** quatre meurtres en une semaine ◆ ~**!** au meurtre !, à l'assassin ! ◆ ~ **will out** *(Prov)* tôt ou tard la vérité se fait jour ◆ **he was screaming** *or* **shouting blue** ~ * il criait comme un putois *or* comme si on l'écorchait ◆ **she lets the children get away with** ~ * elle passe tout aux enfants ◆ **they get away with** ~ * ils peuvent tout se permettre

**b** * **the noise/heat in here is** ~ le bruit/la chaleur ici est infernal(e) ◆ **the exam was** ~ l'examen était épouvantable *or* coton * ◆ **did you have a good holiday? – no, it was** ~ avez-vous passé de bonnes vacances ? – non, c'était l'enfer ◆ **the roads were** ~ les routes étaient un cauchemar

**VT** *[+ person]* assassiner ; *(fig)* *[+ song, music, language]* massacrer ; *[+ opponent, team]* battre à plates coutures, écraser ◆ **the** ~**ed man** *(or* **woman** *etc)* la victime

**COMP** ▷ **murder case N** *(Jur)* procès *m* pour meurtre ; *(Police)* affaire *f* de meurtre ▷ **murder hunt N** chasse *f* à l'homme pour retrouver le *(or* un) meurtrier ▷ **Murder Squad N** *(Police)* ≈ brigade *f* criminelle (de la police judiciaire) ▷ **murder trial N** ≈ procès *m* pour homicide ▷ **murder weapon N** arme *f* du crime

**murderer** /ˈmɜːdərəʳ/ **N** meurtrier *m*, assassin *m*

**murderess** /ˈmɜːdərɪs/ **N** meurtrière *f*

**murderous** /ˈmɜːdərəs/ **ADJ** **a** *(= homicida[l])* meurtrier ◆ **a** ~**-looking individual** un ind[ividu] à tête d'assassin **b** *(* = awful)* *[hea[t]]* effroyable

**murk** /mɜːk/, **murkiness** /ˈmɜːkɪnɪs/ **N** obscurité *f*

**murky** /ˈmɜːkɪ/ **ADJ** *[room, street, day, sky]* som[bre] ; *[fog, night, darkness]* épais (épaisse *f*) ; *[water, depths]* trouble ; *[colour]* terne, te[ne]reux ◆ ~ **brown/green** brun *inv*/vert *inv* sa[le] ◆ **the room was** ~ **with smoke** la pièce éta[it] obscurcie par la fumée ◆ **his** ~ **past** so[n] passé trouble ◆ **the** ~ **world of the arms trad[e]** le monde trouble des trafiquants d'arme[s]

**murmur** /ˈmɜːməʳ/ **N** **a** *[of voice(s)]* murmur[e] *m* ; *[of bees, traffic etc]* bourdonnement *m* ; *(f[ig] = protest)* murmure *m* ◆ **there wasn't a** ~ **i[n] the classroom** il n'y avait pas un murmur[e] dans la classe ◆ **to speak in a** ~ parler [à] voix basse, chuchoter ◆ **a** ~ **of conversatio[n]** un bourdonnement de voix ◆ **there were** ~**s of disagreement** il y eut des murmures d[e] désapprobation ◆ **he agreed without a** ~ [il] accepta sans murmure **b** *(Med)* ◆ **a heart** [~] un souffle au cœur **VT** murmurer **V[I]** *[person, stream]* murmurer ; *(= complain)* mu[r]murer *(against, about* contre)

**murmuring** /ˈmɜːmərɪŋ/ **N** *[of people, strea[m] (also fig)* *[of protests]* murmures *mpl* ; *[of be[es] etc]* bourdonnement *m* **ADJ** *[stream]* murmu[rant], qui murmure

**Murphy** /ˈmɜːfɪ/ **N** *(US, Ir * = potato)* pomme de terre **COMP** ▷ **Murphy bed N** *(US)* lit [...] escamotable ▷ **Murphy's law N** *(hum)* loi de l'emmerdement ‡ maximum

**MusBac N** (abbrev of **Bachelor of Music**) *diplôm[e] d'études musicales*

**muscat** /ˈmʌskət/ **N** **a** (also **muscat grape**) (raisin *m*) muscat *m* **b** *(= wine)* (vin *m*) muscat *m*

**muscatel** /ˌmʌskəˈtel/ **N** *(= grape, wine)* musca[t] *m*

**muscle** /ˈmʌsl/ **N** **a** *(Anat)* muscle *m* ◆ **h[e] didn't move a** ~ il n'a pas levé *or* remué l[e] petit doigt *(to help etc* pour aider *etc)* *(= didn't flinch)* il n'a pas bronché, il n'a pa[s] sourcillé ◆ **put some** ~ **into it** * *(= energy)* vas-y avec un peu plus de nerf * *or* d[e] force **b** *(= power)* pouvoir *m* effectif, im[pact] *m* ◆ **political** ~ pouvoir *m* politique effectif, moyens *mpl* politiques ◆ **this unio[n] hasn't much** ~ ce syndicat n'a pas beau[coup] d'impact *or* de poids **COMP** ▷ **muscle bound ADJ** *(lit)* aux muscles hypertrophiés *(fig)* raide

► **muscle in** * **VI** **a** *(Brit: into group etc)* interve[nir], s'immiscer ◆ **to** ~ **(one's way) in on** [a] **group/a discussion** essayer de s'impose[r] dans un groupe/une discussion ◆ **sto[p] muscling in!** occupe-toi de tes oignons ! * **b** *(US = force one's way inside)* entrer violemment

**muscleman** /ˈmʌslmæn/ **N** (pl **-men**) *(= stron[g] man)* hercule *m* ; *(= gangster etc)* homme *m* d[e] main, sbire *m*

**muscl(e)y** /ˈmʌslɪ/ **ADJ** musclé

**Muscovite** /ˈmʌskəvaɪt/ **ADJ** moscovite **N** Moscovite *mf*

**muscular** /ˈmʌskjʊləʳ/ **ADJ** **a** *(= brawny)* musclé ◆ **to be of** ~ **build** être musclé **b** *(Med, Physiol)* musculaire **COMP** ▷ **muscular dystrophy N** dystrophie *f* musculaire, myopathie *f* musculaire progressive

**musculature** /ˈmʌskjʊlətjʊəʳ/ **N** musculature *[f]*

**MusDoc N** (abbrev of **Doctor of Music**) ≈ doctorat *m* de musique

**muse** /mjuːz/ **VI** méditer *(on, about, over* sur), songer, réfléchir *(on, about, over* à) **VT** ◆ **"they might accept," he** ~**d** *(= said)* "il se pourrait qu'ils acceptent", dit-il d'un ton songeur [;]

*(= thought)* "il se pourrait qu'ils acceptent", songeait-il **N** *(Myth, fig:* also **Muse**) muse *f*

**museum** /mjuːˈzɪəm/ **N** musée *m* **COMP** ▷ **museum piece N** *(lit, fig)* pièce *f* de musée

**mush¹** /mʌʃ/ **N** *(NonC)* bouillie *f*; *(fig)* sentimentalité *f* de guimauve *or* à l'eau de rose

**mush²** * /mʊʃ/ **N** *(Brit)* **a** *(= face)* tronche * *f* **b** *(= person)* ◆ **hey, ~ !** hé, machin ! *

**mushroom** /ˈmʌʃrʊm/ **N** champignon *m* (comestible) ◆ **to spring up** *or* **sprout like ~s** pousser comme des champignons

**VI** **a** *(= grow quickly) [town]* pousser comme un champignon ; *[sales, debts, investment]* augmenter rapidement ; *[market]* connaître une expansion rapide ; *[population]* connaître une croissance rapide ◆ **this small town ~ed into a large city** cette petite ville a poussé comme un champignon ◆ **the dispute ~ed into a serious political crisis** le contentieux a pris de l'ampleur et s'est vite transformé en une grave crise politique ◆ **unemployment has ~ed** le chômage monte en flèche ◆ **his debts have ~ed into thousands of dollars** ses dettes se montent maintenant à des milliers de dollars

**b** *(= appear, spring up)* apparaître un peu partout ; *(= multiply)* proliférer, se multiplier ◆ **voluntary groups have ~ed in recent years** les groupes de bénévoles se sont multipliés ces dernières années

**c** *(= gather mushrooms)* ◆ **to go ~ing** aller aux champignons

**COMP** *[soup, omelette]* aux champignons ; *[flavour]* de champignons ; *(= colour) [carpet etc]* beige rosé *inv* ▷ **mushroom cloud N** champignon *m* atomique ▷ **mushroom growth N** poussée *f* soudaine ▷ **mushroom town N** ville *f* champignon *inv*

**mushrooming** /ˈmʌʃrʊmɪŋ/ **N** **a** *(= picking mushrooms)* cueillette *f* des champignons ; → **mushroom vi c** **b** *(fig = growth) [of town etc]* poussée *f* rapide ; *[of sales, debts, investment]* montée *f* en flèche ; *[of market]* expansion *f or* essor *m* rapide ◆ **the ~ of new shopping centres in the suburbs** *(= proliferation)* la prolifération des centres commerciaux en périphérie des villes **ADJ** *(= fast-growing) [unemployment]* qui monte en flèche ; *[problem]* de plus en plus présent ; *[number]* croissant ; *[growth]* très rapide ; *[population]* qui connaît une croissance rapide

**mushy** /ˈmʌʃɪ/ **ADJ** **a** *(= soft) [vegetables, fish]* en bouillie ; *[fruit]* blet ; *[snow]* à demi fondu ◆ **to become** *or* **get** *or* **go ~** se ramollir **b** *(pej = sentimental) [film, book, sentimentality]* à l'eau de rose **COMP** ▷ **mushy peas NPL** *(Brit)* purée *f* de petits pois

**music** /ˈmjuːzɪk/ **N** *(all senses)* musique *f* ◆ **to set to ~** mettre en musique ◆ **it was ~ to his ears** c'était doux à son oreille ◆ **the Faculty of Music** *(Univ)* la faculté de musique ; → **ear¹, face, pop²** **COMP** *[teacher, lesson, exam]* de musique ▷ **music box N** boîte *f* à musique ▷ **music case N** porte-musique *m inv* ▷ **music centre N** *(= equipment)* chaîne *f* (stéréo) ; *(= shop)* magasin *m* de hi-fi ▷ **music critic N** *(Press)* critique *m* musical ▷ **music director N** directeur *m* musical ▷ **music festival N** festival *m* de musique ▷ **music hall** *(Brit)* **N** music-hall *m* **ADJ** de music-hall ▷ **music lover N** mélomane *mf* ▷ **music paper N** papier *m* à musique ▷ **music stand N** pupitre *m* à musique ▷ **music stool N** tabouret *m (de musicien)* ▷ **music video N** *(for single)* vidéoclip *m* ; *(for album)* série *f* de vidéoclips ; *(for concert)* concert *m* en vidéo

**musical** /ˈmjuːzɪkəl/ **ADJ** *(lit, fig) [voice, sound, criticism, studies]* musical ; *[family, person]* musicien ◆ **he comes from a ~ family** ils sont très musiciens dans sa famille ◆ **she's very ~** *(= gifted)* elle est musicienne, elle est très douée pour la musique ; *(= fond of it)* elle est mélomane **N** *(Cine, Theat)* comédie *f* musicale **COMP** ▷ **musical box N** boîte *f* à musique ▷ **musical chairs NPL** chaises *fpl* musicales ◆ **they were playing at ~ chairs** *(fig)* ils changeaient tout le temps de place ▷ **musical comedy N** comédie *f* musicale, opérette *f* ▷ **musical director N** directeur *m* musical ▷ **musical evening N** soirée *f* musicale ▷ **musical instrument N** instrument *m* de musique

**musically** /ˈmjuːzɪkəlɪ/ **ADV** musicalement ; *[develop]* du point de vue musical ; *(melodiously)* ◆ **she laughed ~** elle a eu un rire mélodieux ◆ **I'm ~ trained** j'ai pris des leçons de musique ◆ **there's a lot going on ~ in London** il se passe beaucoup de choses d'un point de vue musical à Londres ◆ **~ (speaking) this piece is beautiful** musicalement parlant, ce morceau est magnifique

**musician** /mjuːˈzɪʃən/ **N** musicien(ne) *m(f)*

**musicianship** /mjuːˈzɪʃənʃɪp/ **N** maestria *f* (de musicien), sens *m* de la musique

**musicologist** /ˌmjuːzɪˈkɒlədʒɪst/ **N** musicologue *mf*

**musicology** /ˌmjuːzɪˈkɒlədʒɪ/ **N** musicologie *f*

**musing** /ˈmjuːzɪŋ/ **ADJ** songeur, pensif **N** songerie *f* ◆ **idle ~s** rêvasseries *fpl*

**musingly** /ˈmjuːzɪŋlɪ/ **ADV** d'un air songeur, pensivement

**musk** /mʌsk/ **N** musc *m* **COMP** ▷ **musk ox N** bœuf *m* musqué ▷ **musk rose N** rose *f* muscade

**muskeg** /ˈmʌskeg/ **N** *(US = bog)* tourbière *f*

**musket** /ˈmʌskɪt/ **N** mousquet *m*

**musketeer** /ˌmʌskɪˈtɪəʳ/ **N** mousquetaire *m* ◆ **the Three Musketeers** les Trois Mousquetaires

**musketry** /ˈmʌskɪtrɪ/ **N** tir *m* (au fusil *etc*) **COMP** *[range, training]* de tir (au fusil *etc*)

**muskmelon** /ˈmʌskmelən/ **N** cantaloup *m*

**muskrat** /ˈmʌskræt/ **N** rat *m* musqué, ondatra *m*

**musky** /ˈmʌskɪ/ **ADJ** musqué

**Muslim** /ˈmʊzlɪm/ **N** (pl **Muslims** *or* **Muslim**) musulman(e) *m(f)* ; → **black** **ADJ** musulman

**muslin** /ˈmʌzlɪn/ **N** mousseline *f* **COMP** de *or* en mousseline

**muso** * /ˈmjuːzəʊ/ **N** *(= musician)* musicien(ne) *m(f)* **ADJ** musical

**musquash** /ˈmʌskwɒʃ/ **N** *(= animal)* rat *m* musqué, ondatra *m* ; *(= fur)* rat *m* d'Amérique, ondatra *m* **COMP** *[coat]* d'ondatra

**muss** * /mʌs/ **VT** (also **muss up**) *[+ dress, clothes]* chiffonner, froisser ◆ **to ~ sb's hair** décoiffer qn

**mussel** /ˈmʌsl/ **N** moule *f* ◆ **~ bed** parc *m* à moules, moulière *f*

**must¹** /mʌst/ LANGUAGE IN USE 10, 15.2

**MODAL AUX VB** **a** *(obligation)*

> When **must** expresses obligation, it is translated either by the impersonal expression **il faut que**, followed by the subjunctive, or by **devoir**, followed by the infinitive.

◆ **I ~ be going** il faut que j'y aille ◆ **I ~ phone my mother** il faut que j'appelle ma mère ◆ **I ~ see him!** il faut absolument que je le voie ! ◆ **you ~ get your brakes checked** tu dois absolument faire vérifier tes freins, il faut absolument que tu fasses vérifier tes freins ◆ **you ~ hand in your work on time** tu dois rendre ton travail à temps, il faut que tu rendes ton travail à temps ◆ **why ~ you always be so pessimistic?** pourquoi faut-il toujours que tu sois si pessimiste ? ◆ **this is what ~ be done now** voici ce qu'il faut faire maintenant ◆ **how long ~ I continue with the tablets?** pendant combien de temps dois-je continuer à prendre les comprimés ? ◆ **I ~ ask you not to touch that** *(frm)* je dois vous prier *or* je vous prie de ne pas toucher à cela ◆ **you ~ know that ...** *(frm: = I must tell you)* il faut que vous sachiez que ...

♦ **must not** *(= should not)* ◆ **we ~ not repeat the mistakes of the 20th century** nous devons éviter de reproduire les erreurs commises au 20ᵉ siècle ◆ **you ~ not forget this** n'oubliez pas ceci ◆ **patients ~ not be put at risk** il ne faut pas mettre en danger la santé des patients ◆ **"the windows must not be opened"** *(on notice)* "défense d'ouvrir les fenêtres"

♦ **it must be** + *past participle* ◆ **it ~ be noted that not all officers obeyed orders** notez que tous les officiers n'ont pas obéi aux ordres ◆ **it ~ be remembered that this is a serious disease** il ne faut pas oublier qu'il s'agit d'une maladie grave ◆ **it ~ not be forgotten that ...** il ne faut pas oublier que ...

♦ **if I** (*or* **you** *or* **we**) **must** s'il le faut, si c'est nécessaire ◆ **(well), if I ~** eh bien, s'il le faut vraiment *or* si c'est vraiment nécessaire ◆ **we'll handle them by ourselves if we ~** nous nous occuperons d'eux tout seuls s'il le faut *or* si c'est nécessaire ◆ **kill me if you ~, not him** si vous devez tuer quelqu'un, tuez-moi, pas lui

♦ **if you must know** si tu tiens vraiment à le savoir, si tu veux vraiment le savoir ◆ **I've been to Jan's for dinner, if you ~ know** je suis allé dîner chez Jan, si tu tiens vraiment à le savoir *or* si tu veux vraiment le savoir

♦ **I must say** *or* **admit** je dois avouer ◆ **this came as a surprise, I ~ say** je dois avouer que cela m'a surpris ◆ **I ~ admit I'm envious** je dois avouer que je suis jaloux ◆ **I ~ say, he's very irritating** il est vraiment très agaçant ◆ **it took a long time, I ~ say!** ça a pris drôlement longtemps ! ◆ **well, you've got a nerve, I ~ say!** eh bien, tu es drôlement culotté !

**b** *(invitations, suggestions)*

> When **you must** is used to make invitations and suggestions more forceful, the imperative may be used in French.

◆ **you ~ come and have dinner some time** venez dîner à la maison un de ces jours ◆ **you ~ be very careful** faites bien attention ◆ **you ~ stop being so negative** ne sois pas si négatif

♦ **you mustn't** *(= don't)* ◆ **you mustn't touch it** n'y touche pas ◆ **you mustn't forget to send her a card** n'oublie pas de lui envoyer une carte

**c** *(indicating certainty)* **he ~ be wrong** il doit se tromper, il se trompe certainement ◆ **you ~ know my aunt** vous devez connaître ma tante, vous connaissez sans doute ma tante ◆ **that ~ be Paul** ça doit être Paul ◆ **he ~ be regretting it, mustn't he?** il le regrette sûrement ◆ **he ~ be clever, mustn't he?** il faut croire qu'il est intelligent, non ? ◆ **he ~ be mad!** il est fou, ma parole ! ◆ **you ~ be joking!** vous plaisantez !

> When **must** indicates certainty in the past, it is translated by the imperfect of **devoir**.

◆ **I thought he ~ be really old** je me suis dit qu'il devait être très vieux ◆ **he said there ~ be some mistake** il a dit qu'il devait y avoir une erreur

♦ **must have made/had/been** *etc*

> The perfect tense of **devoir** + infinitive is generally used to translate **must have** + past participle.

♦ **I ~ have made a mistake** j'ai dû me tromper ♦ **you ~ have had some idea of the situation** tu as dû te rendre compte de la situation ♦ **was he disappointed? – he ~ have been!** est-ce qu'il a été déçu ? – sûrement ! ♦ **I realized she ~ have heard what we'd said** j'ai compris qu'elle avait dû nous entendre

N * chose *f* indispensable, must * *m* ♦ **a ~ for all housewives!** un must * pour toutes les ménagères !, indispensable pour toutes les ménagères ! ♦ **this concert is a ~ for all Barry Manilow fans** ce concert est un must * pour tous les fans de Barry Manilow ♦ **this book is a ~** c'est un livre à lire absolument ♦ **a car is a ~ in the country** une voiture est absolument indispensable à la campagne

**must²** /mʌst/ N *[of fruit]* moût *m*

**must-** * /mʌst/ PREF ♦ **a ~see movie** un film à ne pas manquer ♦ **Machu Picchu is a ~see for any visitor to Peru** le Machu Picchu est LE site à visiter au Pérou ♦ **a ~read** un livre à lire absolument ♦ **the ~have fashion item of the season** le must * de la saison ♦ **it was a ~win match** c'était un match qu'ils devaient gagner

**mustache** /ˈmʌstæʃ/ N (US) ⇒ **moustache**

**mustang** /ˈmʌstæŋ/ N mustang *m*

**mustard** /ˈmʌstəd/ N *(Bot, Culin)* moutarde *f* ♦ **to cut the ~** ‡ faire le poids, être à la hauteur ; → **keen¹** ADJ moutarde COMP ▷ **mustard and cress** N *salade de cresson alénois et de pousses de moutarde blanche* ▷ **mustard bath** N bain *m* sinapisé *or* à la moutarde ▷ **mustard gas** N ypérite *f*, gaz *m* moutarde ▷ **mustard plaster** N sinapisme *m*, cataplasme *m* sinapisé ▷ **mustard pot** N moutardier *m*, pot *m* à moutarde ▷ **mustard powder** N farine *f* de moutarde

**muster** /ˈmʌstəʳ/ N *(= gathering)* assemblée *f* ; *(Mil, Naut:* also **muster roll)** rassemblement *m* ; *(= roll-call)* appel *m* ♦ **to pass ~** *(fig)* (pouvoir) passer, être acceptable VT a *(= assemble, collect) [+ helpers, number, sum]* réunir ; (also **muster up**) *[+ strength, courage, energy]* rassembler ♦ **I couldn't ~ (up) enough energy to protest** je n'ai pas trouvé l'énergie de protester ♦ **they could only ~ five volunteers** ils n'ont trouvé que cinq volontaires ♦ **the club can only ~ 20 members** le club ne compte que 20 membres b *(= call roll of)* battre le rappel de VI *(= gather, assemble)* se réunir, se rassembler COMP ▷ **muster station** N *(on ship)* point *m* de rassemblement

**mustiness** /ˈmʌstɪnɪs/ N *(= stale taste)* goût *m* de moisi ; *(= stale smell)* odeur *f* de renfermé ; *(= damp smell)* odeur *f* de moisi

**mustn't** /ˈmʌsnt/ ⇒ **must not** ; → **must**

**musty** /ˈmʌstɪ/ ADJ a *[taste]* de moisi ; *[smell] (= stale)* de renfermé ; *(= damp)* de moisi ; *[book, clothes]* moisi ♦ **to grow ~** moisir ♦ **to smell ~** *[room]* sentir le renfermé ; *[book, clothes]* avoir une odeur de moisi b *(= hackneyed) [ideas, methods]* suranné

**mutability** /ˌmjuːtəˈbɪlɪtɪ/ N mutabilité *f*

**mutable** /ˈmjuːtəbl/ ADJ sujet à mutation ; *[virus, gene]* mutable ; *(Ling)* sujet à la mutation

**mutagen** /ˈmjuːtədʒən/ N mutagène *m*

**mutagenic** /ˌmjuːtəˈdʒenɪk/ ADJ mutagène

**mutant** /ˈmjuːtənt/ ADJ, N mutant (e) *m(f)*

**mutate** /mjuːˈteɪt/ VI a *(lit = undergo mutation)* subir une mutation b *(fig = change)* se transformer *(into sth* en qch) VT faire subir une mutation à

**mutation** /mjuːˈteɪʃən/ N *(gen, Ling)* mutation *f*

**mutatis mutandis** /muːˈtɑːtɪsmuːˈtændɪs/ ADV mutatis mutandis

**mute** /mjuːt/ ADJ a *[person, reproach]* muet ; *[consent]* tacite ♦ **~ with admiration, in ~ admiration** muet d'admiration ♦ **he turned to her in ~ appeal** il lui lança un regard suppliant ♦ **to be** *or* **bear ~ testimony** *or* **witness to sth** être un témoin silencieux *or* muet de qch b *(Ling)* **H ~** H muet ♦ **~ "e"** "e" muet N a *(Med † = deaf person)* muet(te) *m(f)* ; → **deaf** b *(Mus)* sourdine *f* VT a *(Mus) [+ trumpet, violin etc]* mettre la sourdine à b *[+ sound]* assourdir, rendre moins sonore ; *[+ colour]* adoucir, atténuer c *[+ feelings, emotions, enthusiasm]* tempérer, modérer ♦ **to ~ one's criticism of sth** tempérer *or* modérer ses critiques de qch COMP ▷ **mute swan** N cygne *m* tuberculé *or* muet

**muted** /ˈmjuːtɪd/ ADJ *[voice, sound]* sourd, assourdi ; *[colour]* sourd ; *(Mus) [violin]* en sourdine ; *[criticism, protest, feelings, enthusiasm]* tempéré

**mutilate** /ˈmjuːtɪleɪt/ VT *[+ person, limb]* mutiler, estropier ; *[+ object]* mutiler, dégrader ; *(fig) [+ text]* mutiler, tronquer

**mutilation** /ˌmjuːtɪˈleɪʃən/ N mutilation *f*

**mutineer** /ˌmjuːtɪˈnɪəʳ/ N *(Mil, Naut)* mutiné *m*, mutin *m*

**mutinous** /ˈmjuːtɪnəs/ ADJ *[crew, soldiers]* prêt à se mutiner, mutin ; *[workers, prisoners]* rebelle ; *[feelings]* de rébellion ; *[attitude, mood]* rebelle ; *[look]* de défi ♦ **the children were already fairly ~** les enfants regimbaient déjà

**mutiny** /ˈmjuːtɪnɪ/ N *(Mil, Naut)* mutinerie *f* ; *(fig)* révolte *f* VI se mutiner ; *(fig)* se révolter

**mutt** ‡ /mʌt/ N a *(= fool)* corniaud * *m*, crétin(e) * *m(f)* b *(= dog)* clebs * *m*, corniaud *m*

**mutter** /ˈmʌtəʳ/ N marmonnement *m* ; *(= grumbling)* grommellement *m*

VT *[+ word, excuse, threat, prayer]* marmonner, marmotter ; *[+ curses, obscenities]* marmonner, grommeler ♦ **"no", he ~ed** "non" marmonna-t-il *or* dit-il entre ses dents ♦ **he ~ed something to himself** il a marmonné *or* marmotté quelque chose entre ses dents ♦ **a ~ed conversation** une conversation à voix basse ♦ **to ~ that** marmonner que

VI marmonner, murmurer ; *(= grumble)* grommeler, grogner ♦ **to ~ to oneself** *(talking)* marmonner *or* marmotter entre ses dents ; *(complaining)* grommeler entre ses dents ♦ **she was ~ing about the bad weather** elle maugréait contre le mauvais temps ♦ **to ~ about doing sth** parler de faire qch ♦ **the man who dared to say what others only ~ed about** l'homme qui osait dire tout haut ce que les autres pensaient tout bas

**muttering** /ˈmʌtərɪŋ/ N grommellement *m*

**mutton** /ˈmʌtn/ N *(Culin)* mouton *m* ♦ **leg of ~** gigot *m* ♦ **shoulder of ~** épaule *f* de mouton ♦ **she's ~ dressed (up) as lamb** * elle s'habille trop jeune pour son âge ; → **dead, leg** COMP ▷ **mutton chop** N côtelette *f* de mouton ▷ **mutton chops** * NPL *(= whiskers)* favoris *mpl (bien fournis)*, rouflaquettes *fpl*

**muttonhead** ‡ /ˈmʌtnhed/ N cornichon * *m*

**mutual** /ˈmjuːtjʊəl/ ADJ a *(= reciprocal) [support, hatred, respect, need, destruction]* mutuel ♦ **~ aid** entraide *f*, aide *f* mutuelle ♦ **I didn't like him and the feeling was ~** je ne l'aimais pas et c'était réciproque b *(= common) [interest, friend]* commun ♦ **it is to our ~ benefit** *or* **advantage** c'est dans notre intérêt commun ♦ **by ~ consent** par consentement mutuel COMP ▷ **mutual assured destruction** N *(US Mil)* destruction *f* mutuelle assurée ▷ **mutual fund (company)** N (US) société *f* d'investissement *(de type SICAV)* ▷ **mutual insurance (company)** N mutuelle *f* ▷ **mutual masturbation** N masturbation *f* mutuelle ▷ **mutual society** N mutuelle *f*

**mutuality** /ˌmjuːtjʊˈælɪtɪ/ N mutualité *f*

**mutually** /ˈmjuːtjʊəlɪ/ ADV *[convenient, acceptable, beneficial]* mutuellement ♦ **a ~ agreed goal** un objectif convenu ♦ **~ contradictory** contradictoire ♦ **the two things are not ~ exclusive** ces deux choses ne sont pas incompatibles COMP ▷ **mutually assured destruction** N ⇒ **mutual assured destruction** → **mutual**

**Muzak** ® /ˈmjuːzæk/ N musique *f* (d'ambiance) enregistrée

**muzzle** /ˈmʌzl/ N a *[of dog, fox etc]* museau *m* ; *[of gun]* bouche *f*, gueule *f* b *(= anti-biting device)* muselière *f* ; *(fig)* muselière *f*, bâillon *m* VT *[+ dog]* museler ; *(fig)* museler, bâillonner COMP ▷ **muzzle loader** N arme *f* qu'on charge par le canon ▷ **muzzle velocity** N vitesse *f* initiale

**muzzy** /ˈmʌzɪ/ ADJ *(Brit)* a *(= groggy, confused) [brain]* brouillé ; *[feeling]* de confusion ; *[ideas]* confus, nébuleux ♦ **to be** *or* **feel ~** *[person]* avoir le cerveau brouillé b *(= blurred) [TV picture]* flou ; *[outline]* estompé, flou

**MVP** N *(US Sport)* (abbrev of **most valuable player**) *(= person)* meilleur joueur *m*, meilleure joueuse *f* ; *(= title)* titre *m* de meilleur joueur

**MW** N a *(Rad)* (abbrev of **medium wave**) PO b *(Elec)* (abbrev of **megawatt(s)**) MW

**my** /maɪ/ POSS ADJ mon, ma, mes ♦ **~ book** mon livre ♦ **~ table** ma table ♦ **~ friend** mon ami(e) ♦ **~ clothes** mes vêtements ♦ **MY book** mon livre à moi ♦ **I've broken ~ leg** je me suis cassé la jambe EXCL ♦ **(oh) ~ !** * ♦ **~, ~ !** * ça, par exemple !

**myalgia** /maɪˈældʒə/ N myalgie *f*

**myalgic encephalomyelitis** /maɪˈældʒɪkenˌsefələʊmaɪəˈlaɪtɪs/ N *(Med)* encéphalomyélite *f* myalgique

**Myanmar** /ˈmaɪænmɑːʳ/ N Myanmar *m* ♦ **in ~** au Myanmar

**mycology** /maɪˈkɒlədʒɪ/ N mycologie *f*

**mycosis** /maɪˈkəʊsɪs/ N mycose *f*

**mynah** /ˈmaɪnə/ N (also **mynah bird**) mainate *m*

**myocardial infarction** /ˈmaɪəʊˌkɑːdɪəl ɪnˈfɑːkʃən/ N infarctus *m* du myocarde

**myopia** /maɪˈəʊpɪə/ N myopie *f*

**myopic** /maɪˈɒpɪk/ ADJ *(Opt)* myope ; *(fig) [attitude]* peu prévoyant, à courte vue ♦ **this is a somewhat ~ view** c'est une vision à court terme

**myriad** /ˈmɪrɪəd/ N myriade *f* ♦ **a ~ of** une myriade de ADJ *(liter)* innombrable, sans nombre

**myrmidon** /ˈmɜːmɪdən/ N *(pej hum)* sbire *m*

**myrrh** /mɜːʳ/ N myrrhe *f*

**myrtle** /ˈmɜːtl/ N myrte *m*

**myself** /maɪˈself/ PERS PRON *(reflexive: direct and indirect)* me ; *(emphatic)* moi-même ; *(after prep)* moi ♦ **I've hurt ~** je me suis blessé ♦ **I said to ~** je me suis dit ♦ **I spoke to him ~** je lui ai parlé moi-même ♦ **people like ~** des gens comme moi ♦ **I've kept one for ~** j'en ai gardé un pour moi ♦ **he asked me for a photo of ~** il m'a demandé une photo de moi ♦ **I told him ~** je le lui ai dit moi-même ♦ **I'm not ~ today** je ne suis pas dans mon assiette aujourd'hui

♦ **(all) by myself** tout seul

**mysterious** /mɪsˈtɪərɪəs/ ADJ *[person, object, disappearance, illness, power]* mystérieux ; *[smile]* mystérieux, énigmatique ◆ **why are you being so ~?** pourquoi tous ces mystères ? ◆ **God moves in ~ ways** les voies du Seigneur sont impénétrables

**mysteriously** /mɪsˈtɪərɪəslɪ/ ADV mystérieusement

**mystery** /ˈmɪstərɪ/ N a *(gen, Rel)* mystère *m* ◆ **there's no ~ about it** ça n'a rien de mystérieux ◆ **it's a ~ to me how he did it** je n'arrive pas à comprendre comment il l'a fait ◆ **to make a great ~ of sth** faire grand mystère de qch b *(Theat:* also **mystery play)** mystère *m* c *(Literat:* also **mystery story)** roman *m* à énigmes COMP *[ship, man]* mystérieux ▷ **mystery play** N *(Theat)* mystère *m* ▷ **mystery tour** N *(in coach etc)* voyage *m* surprise *(dont on ne connaît pas la destination)*

**mystic** /ˈmɪstɪk/ ADJ *(Rel)* mystique ; *[power]* occulte ; *[rite]* ésotérique ; *[truth]* surnaturel ; *[formula]* magique N mystique *mf*

**mystical** /ˈmɪstɪkəl/ ADJ mystique

**mysticism** /ˈmɪstɪsɪzəm/ N mysticisme *m*

**mystification** /ˌmɪstɪfɪˈkeɪʃən/ N a *(= bewilderment)* perplexité *f* b *[of issue, subject]* mystification *f*

**mystify** /ˈmɪstɪfaɪ/ VT rendre *or* laisser perplexe ; *(= deliberately deceive)* mystifier

**mystique** /mɪsˈtiːk/ N mystique *f*

**myth** /mɪθ/ N *(lit, fig)* mythe *m*

**mythic** /ˈmɪθɪk/ ADJ *[figure, symbol, status]* mythique ; *[proportions]* fabuleux

**mythical** /ˈmɪθɪkəl/ ADJ *[beast, creature, figure]* mythique ; *[world]* fictif, mythique

**mythological** /ˌmɪθəˈlɒdʒɪkəl/ ADJ mythologique

**mythology** /mɪˈθɒlədʒɪ/ N mythologie *f*

**myxomatosis** /ˌmɪksəʊməˈtəʊsɪs/ N myxomatose *f*

# N

**N, n** /en/ **N** a *(= letter)* N, n *m* ◆ **N for Nancy** ≃ N comme Noémie b *(Math)* **to the nth (power)** à la puissance n ◆ **to the nth degree** *(fig)* à la puissance mille ◆ **I told him for the nth time * to stop talking** je lui ai dit pour la énième fois de se taire ◆ **there are n ways of doing it** il y a mille *or* des tas de * façons de le faire c (abbrev of **north**) N d *(Elec)* (abbrev of **neutral**) N

**'n'** ⁑ /ən/ **CONJ** ⇒ **and**

**n/a** a (abbrev of **not applicable**) ne s'applique pas b *(Banking)* (abbrev of **no account**) pas de compte

**NAACP** /eneɪˌeɪsiːˈpiː/ **N** *(US)* (abbrev of **National Association for the Advancement of Colored People**) *organisation de défense des droits civiques des Noirs*

**NAAFI** /ˈnæfɪ/ **N** *(Brit Mil)* (abbrev of **Navy, Army and Air Force Institute**) coopérative *f* militaire

**nab** * /næb/ **VT** a *(= catch in wrongdoing)* pincer *, choper ⁑ b *(= catch to speak to etc)* attraper, coincer * c *(= take)* *[+ sb's pen, chair]* piquer *

**nabob** /ˈneɪbɒb/ **N** *(lit, fig)* nabab *m*

**nacelle** /næˈsel/ **N** *(Aviat)* nacelle *f*

**nacho** /ˈnɑːtʃəʊ/ **N** (pl **nachos**) *(Culin)* nacho *m*

**nacre** /ˈneɪkəʳ/ **N** nacre *f*

**nacred** /ˈneɪkəd/, **nacreous** /ˈneɪkrɪəs/ **ADJ** nacré

**nada** * /ˈnɑːdə/ **PRON** *(US)* rien

**Naderism** /ˈneɪdərɪzəm/ **N** consumérisme *m*, défense *f* du consommateur

**nadir** /ˈneɪdɪəʳ/ **N** *(Astron)* nadir *m* ; *(fig)* point *m* le plus bas ◆ **in the ~ of despair** dans le plus profond désespoir ◆ **his fortunes reached their ~ when ...** il atteignit le comble de l'infortune quand ...

**naevus, nevus** *(US)* /ˈniːvəs/ **N** (pl **naevi,** *(US)* **nevi** /ˈniːvaɪ/) nævus *m*

**naff** ⁑ /næf/ *(Brit)* **ADJ** tarte *, ringard *

► **naff off** ⁑ **VI** foutre le camp ⁑

**naffing** ⁑ /ˈnæfɪŋ/ **ADJ** *(Brit)* foutu ⁑

**NAFTA** /ˈnæftə/ **N** (abbrev of **North American Free Trade Agreement**) ALENA *f*

**nag¹** /næg/ **VT** (also **nag at**) *[person]* harceler, asticoter * ; *[worries]* harceler, accabler ; *[doubt]* harceler, assaillir ; *[anxiety]* tenailler ◆ **he was ~ging (at) me to tidy my room** il me harcelait *or* m'asticotait * pour que je range *subj* ma chambre ◆ **to ~ sb into doing sth** harceler *or* asticoter * qn jusqu'à ce qu'il fasse qch ◆ **to ~ sb about sth** embêter * qn avec qch ◆ **to ~ sb to do sth** *or* **about doing sth** harceler *or* asticoter * qn pour qu'il fasse qch ◆ **she ~ged him about never being home** elle lui reprochait de ne jamais être à la maison ◆ **his conscience was ~ging (at) him** sa conscience le travaillait ◆ **~ged by doubts** rongé par le doute

**VI** *[person]* *(= scold)* ne pas arrêter de faire des remarques ; *[pain, doubts]* être harcelant ◆ **to ~ at sb** ⇒ **vt**

**N** ◆ **he's a dreadful ~** * *(scolding)* il n'arrête pas de faire des remarques ; *(pestering)* il n'arrête pas de nous (*or* le *etc*) harceler

**nag²** * /næg/ **N** *(= horse)* cheval *m* ; *(pej)* canasson * *m* *(pej)*

**Nagasaki** /ˌnɑːgəˈsɑːkɪ/ **N** Nagasaki

**nagger** /ˈnægəʳ/ **N** ⇒ **nag¹ n**

**nagging** /ˈnægɪŋ/ **ADJ** a *[doubt, feeling, fear, worry, question]* persistant ; *[pain]* tenace b *[voice]* insistant ◆ **she lost patience with her ~ mother** les remarques continuelles de sa mère lui ont fait perdre patience **N** *(NonC)* remarques *fpl* continuelles

**NAHT** /ˌeneɪeɪtʃˈtiː/ **N** *(Brit)* (abbrev of **National Association of Head Teachers**) *association nationale des chefs d'établissements*

**Nahum** /ˈneɪhəm/ **N** Nahum *m*

**naiad** /ˈnaɪæd/ **N** (pl **naiads** *or* **naiades** /ˈnaɪədiːz/) naïade *f*

**nail** /neɪl/ **N** a *(Anat)* ongle *m* ; → **bite, fingernail, toenail, tooth**

b *(Tech)* clou *m* ◆ **to pay on the ~** payer rubis sur l'ongle ◆ **to demand cash on the ~** demander à être payé rubis sur l'ongle ◆ **that decision was a** *or* **another ~ in his coffin** cette décision a été un nouveau coup dur pour lui ◆ **to be as hard** *or* **tough as ~s** *(= resilient)* être coriace ; *(towards other people)* être impitoyable ; → **bed, hit**

**VT** a *(= fix with nails)* clouer ◆ **to ~ the lid on(to) a crate** clouer le couvercle d'une caisse ◆ **to be ~ed to the spot** *or* **ground** rester cloué sur place ◆ **to ~ one's colours to the mast** proclamer une fois pour toutes sa position ◆ **the Prime Minister has ~ed his colours firmly to the European mast** le Premier ministre a proclamé une fois pour toutes qu'il était pro-européen ◆ **it's like trying to ~ Jell-O ® to the wall** * *(US)* autant essayer de vider la mer avec une petite cuiller

b *(= put nails into)* clouter ◆ **~ed shoes** chaussures *fpl* cloutées

c * *(= catch in crime etc)* *[+ person]* pincer *, choper * ; *(= expose)* *[+ lie]* démasquer ; *[+ rumour]* démentir

d *( * = hit with shot etc)* descendre *, abattre

**COMP** ▷ **nail-biting N** habitude *f* de se ronger les ongles **ADJ** *[film]* à suspense, angoissant ; *[finish, match]* serré ▷ **nail bomb N** ≃ bombe *f* de fabrication artisanale ▷ **nail clippers NPL** coupe-ongles *m inv*, pince *f* à ongles ▷ **nail enamel N** *(US)* ⇒ **nail lacquer** ▷ **nail lacquer, nail polish N** vernis *m* à ongles ▷ **nail polish remover N** dissolvant *m* ▷ **nail scissors NPL** ciseaux *mpl* à ongles ▷ **nail varnish N** *(Brit)* ⇒ **nail polish** ▷ **nail varnish remover N** *(Brit)* ⇒ **nail polish remover**

► **nail down VT SEP** a *[+ lid]* clouer

b *(fig)* *[+ hesitating person]* obtenir une décision de ; *[+ agreement, policy]* établir, arrêter ◆ **I ~ed him down to coming at 6 o'clock** je l'ai réduit *or* contraint à accepter de venir à 6 heures

► **nail up VT SEP** a *[+ picture etc]* fixer par des clous

b *[+ door, window]* condamner (en clouant)

c *[+ box, crate]* clouer ◆ **to ~ up goods in a crate** empaqueter des marchandises dans une caisse clouée

**nailbrush** /ˈneɪlbrʌʃ/ **N** brosse *f* à ongles

**nailfile** /ˈneɪlfaɪl/ **N** lime *f* à ongles

**Nairobi** /naɪˈrəʊbɪ/ **N** Nairobi

**naïve, naive** /naɪˈiːv/ **ADJ** a *(pej = unrealistic)* *[person, belief, optimism]* naïf (naïve *f*) ◆ **politically ~** naïf sur le plan politique ◆ **it is ~ to think that ...** il faut être naïf pour croire que ... b *(= innocent)* *[person, charm]* ingénu c *(Art)* *[painting, style]* naïf (naïve *f*)

**naïvely, naively** /naɪˈiːvlɪ/ **ADV** *[think, assume, expect, believe]* naïvement ◆ **to be ~ idealistic** être d'un idéalisme naïf

**naïveté, naiveté** /naɪˈiːvteɪ/, **naivety** /naɪˈiːvɪtɪ/ **N** naïveté *f*, ingénuité *f*

**naked** /ˈneɪkɪd/ **ADJ** a *[person, body, flesh, animal, light bulb, sword]* nu ; *[wire]* dénudé ◆ **to go ~** être (tout) nu ◆ **to sunbathe ~** se bronzer (tout) nu, faire du bronzage intégral ◆ **~ to the waist** torse nu ◆ **~ except for his socks** tout nu à part ses chaussettes, avec ses chaussettes pour seul vêtement ◆ **to feel ~ without sth** se sentir nu sans qch ◆ **(as) ~ as the day he/she was born** nu/nue comme un ver, en costume d'Adam/d'Ève ◆ **to see sth with the ~ eye** voir qch à l'œil nu ◆ **visible/invisible to the ~ eye** visible/invisible à l'œil nu ◆ **a ~ flame** une flamme (nue) ; → **stark,**

**strip** b *(= pure) [hatred]* non déguisé ; *[greed]* éhonté ; *[attempt]* flagrant ; *[ambition, aggression]* pur ; *[facts]* brut ◆ **the ~ truth** la vérité toute nue c *(liter = defenceless) [person]* sans défense

**nakedly** /ˈneɪkɪdlɪ/ ADV ouvertement ◆ **he was ~ ambitious** il ne cachait pas son ambition

**nakedness** /ˈneɪkɪdnɪs/ N nudité *f*

**namby-pamby** * /ˈnæmbɪˈpæmbɪ/ *(pej)* N gnangnan * *mf* ADJ gnangnan * *inv*

**name** /neɪm/ N a nom *m* ◆ **what's your ~?** comment vous appelez-vous ?, quel est votre nom ? ◆ **my ~ is Robert** je m'appelle Robert, mon nom est Robert ◆ **his real ~ is Piers Knight** il s'appelle Piers Knight de son vrai nom, son vrai nom est Piers Knight ◆ **what ~ are they giving the child?** comment vont-ils appeler l'enfant ? ◆ **they married to give the child a ~** ils se sont mariés pour que l'enfant soit légitime ◆ **what ~ shall I say?** *(on telephone)* c'est de la part de qui ? ; *(announcing arrival)* qui dois-je annoncer ? ◆ **please fill in your ~ and address** prière d'inscrire vos nom, prénom et adresse ◆ **to take sb's ~ and address** noter le nom et l'adresse *or* les coordonnées de qn ◆ **to put one's ~ down for a job** poser sa candidature à un poste ◆ **to put one's ~ down for a competition/for a class** s'inscrire à un concours/à un cours ◆ **we've put our ~ down for a council house** on a fait une demande pour avoir un logement social ◆ **to have one's ~ taken** *(Sport)* recevoir un avertissement ◆ **to name ~s** donner des noms ◆ **to name** *or* **mention no ~s, naming** *or* **mentioning no ~s** pour ne nommer personne ◆ **without mentioning any ~s** sans nommer *or* citer personne ◆ **that's the ~ of the game** *(= that's what matters)* c'est ce qui compte ; *(= that's how it is)* c'est comme ça ◆ **I'll do it or my ~'s not Robert Smith!** * je le ferai, foi de Robert Smith ! ; → **first, know, maiden, pet**[1]

◆ **by + name** ◆ **to refer to sb by ~** désigner qn par son nom ◆ **this man, Smith by ~** *or* **by the ~ of Smith** cet homme, qui répond au nom de Smith ◆ **he goes by the ~ of ...** il est connu sous le nom de ... ◆ **we know him by the ~ of ...** on le connaît sous le nom de ... ◆ **to go by the ~ of ...** se faire appeler ...

◆ **in + name** ◆ **in ~ only** *or* **alone** de nom seulement ◆ **to exist in ~ only** *or* **in ~ alone** n'exister que de nom ; *[power, rights]* être nominal ◆ **a marriage in ~ only** un mariage qui n'en est pas un ◆ **he is king in ~ only** il n'est roi que de nom, il n'a de roi que le nom ◆ **she's the boss in all but ~** elle est le patron sans en avoir le titre

◆ **in the name of ...** *(lit, fig)* au nom de ... ◆ **terrible crimes were committed in the ~ of patriotism** des crimes atroces ont été commis au nom du patriotisme ◆ **in God's ~** pour l'amour du ciel *or* de Dieu ◆ **in the king's ~** au nom du roi, de par le roi ◆ **what in Heaven's** * *or* **God's** * **~ are you doing?** mais qu'est-ce que tu fais, pour l'amour du ciel ? ◆ **what in Heaven's** * *or* **God's** * **~ does that mean?** mais qu'est-ce que ça peut bien vouloir dire ?

◆ **to one's name** ◆ **she has five bestsellers/gold medals to her ~** elle a cinq best-sellers/médailles d'or à son actif ◆ **she only has one pair of shoes to her ~** elle n'a qu'une seule paire de chaussures ◆ **I haven't a penny to my ~** * je n'ai pas un sou, je suis sans le sou

◆ **under the name of** sous le nom de ◆ **the drug is sold under the ~ of ...** le médicament est vendu sous le nom de ... ◆ **he goes under the ~ of Steve Jones** il se fait appeler Steve Jones ◆ **he writes under the ~ of John Smith** il écrit sous le pseudonyme de John Smith

b *(= reputation)* réputation *f*, renom *m* ◆ **he has a ~ for honesty** il est réputé honnête, il a la réputation d'être honnête ◆ **he has a ~ for stubbornness** il a la réputation d'être têtu ◆ **to protect one's (good) ~** protéger sa réputation ◆ **this firm has a good ~** cette maison a (une) bonne réputation ◆ **to have a bad ~** avoir (une) mauvaise réputation ◆ **to get a bad ~** se faire une mauvaise réputation ◆ **my ~ is mud** * **in this place** je ne suis pas en odeur de sainteté ici, je suis grillé * ici ◆ **if I do that my ~ will be mud** * **in the office** si je fais ça, c'en est fini de ma réputation *or* je suis grillé * au bureau ; → **dog, vain**

◆ **to make + name** ◆ **this book made his ~** ce livre l'a rendu célèbre ◆ **to make a ~ for o.s. (as)** se faire une réputation *or* un nom (comme *or* en tant que) ◆ **he made his ~ as a singer** il s'est fait un nom en tant que chanteur

c *(= famous person)* **all the great** *or* **big ~s were there** toutes les célébrités étaient là ◆ **he's one of the big ~s in show business** c'est un des grands noms du show-business

d *(= insult)* **to call sb ~s** injurier qn, traiter qn de tous les noms ◆ **he called me ~s!** il m'a traité de tous les noms ! ◆ **~s can't hurt me** les injures ne me touchent pas

e *(Fin)* (also **Lloyd's name**) *membre de la Lloyd's*

VT a *(= call by a name, give a name to)* nommer, appeler ; *[+ ship]* baptiser ; *[+ comet, star, mountain]* donner un nom à ◆ **a person ~d Smith** un(e) nommé(e) Smith ◆ **the child was ~d Isobel** on a appelé l'enfant Isobel ◆ **to ~ a child after** *or* **for sb** donner à un enfant le nom de qn ◆ **the child was ~d after his father** l'enfant a reçu le nom de son père ◆ **they ~d him Winston after Churchill** ils l'ont appelé Winston en souvenir de Churchill ◆ **tell me how plants are ~d** expliquez-moi l'appellation des plantes

b *(= give name of)* nommer ; *(= list)* nommer, citer ; *(= fix) [+ date, price]* fixer ◆ **he was ~d for the chairmanship** son nom a été avancé pour la présidence ◆ **he ~d his son (as) his heir** il a désigné son fils comme héritier ◆ **he refused to ~ his accomplices** il a refusé de nommer ses complices *or* de révéler les noms de ses complices ◆ **my collaborators are ~d in the preface** mes collaborateurs sont mentionnés dans l'avant-propos ◆ **~ the presidents** donnez le nom des présidents, nommez les présidents ◆ **~ the chief works of Shakespeare** citez les principaux ouvrages de Shakespeare ◆ **~ your price** fixez votre prix ◆ **to ~ the day** *(for wedding)* fixer la date du mariage ◆ **you ~ it, they have it!** * *[shop]* ils ont tous les produits possibles et imaginables ; *[family]* ils ont tous les gadgets ◆ **he was ~d as chairman** il a été nommé président ◆ **he has been ~d as the leader of the expedition** on l'a désigné pour diriger l'expédition ◆ **he was ~d as the thief** on a dit que c'était lui le voleur ◆ **they have been ~d as witnesses** ils ont été cités comme témoins ◆ **to ~ and shame sb** * désigner qn du doigt *(fig)*

COMP ▷ **name-calling** N injures *fpl* ▷ **name-check** → **name-check** ▷ **name day** N fête *f* ▷ **name-drop** VI émailler sa conversation de noms de gens en vue ▷ **name-dropper** * N ◆ **he's a dreadful ~-dropper** il émaille toujours sa conversation de noms de gens en vue, à l'entendre il connaît la terre entière ▷ **name-dropping** * N ◆ **there was so much ~-dropping in his speech** son discours était truffé de noms de gens en vue ▷ **name part** N *(Theat)* rôle-titre *m* ▷ **name tape** N marque *f (sur du linge ou des vêtements)*

**name-check** /ˈneɪmtʃek/ N mention *f* ◆ **to get a ~** être nommément cité VT citer nommément

**-named** /neɪmd/ ADJ *(in compounds)* ◆ **the first-named** le premier, la première ◆ **the last-named** ce dernier, cette dernière

**nameless** /ˈneɪmlɪs/ ADJ a *(= unnamed) [person, grave]* anonyme ; *[baby, town, island]* sans nom ◆ **to remain ~** *(= anonymous)* garder l'anonymat ◆ **a certain person, who shall be** *or* **remain ~** une certaine personne, que je ne nommerai pas b *(= indefinable) [terror, sensation, emotion]* indéfinissable ; *(= unmentionable) [vice, crime]* innommable

**namely** /ˈneɪmlɪ/ ADV à savoir ◆ **two of them, ~ Emma and Harry** deux d'entre eux, (à savoir) Emma et Harry ◆ **~ that ...** à savoir que ...

**nameplate** /ˈneɪmpleɪt/ N *(on door etc)* plaque *f* ; *(on manufactured goods)* plaque *f* du fabricant *or* du constructeur

**namesake** /ˈneɪmseɪk/ N homonyme *m*

**Namibia** /nɑːˈmɪbɪə/ N Namibie *f*

**Namibian** /nɑːˈmɪbɪən/ ADJ namibien N Namibien(ne) *m(f)*

**nan**[1] /nɑːn/ N (also **nan bread**) nan *m (pain indien)*

**nan**[2] * /næn/, **nana** * /ˈnænə/ N *(Brit = grandmother)* mamie *f*, mémé *f*

**nance** ‡ /næns/, **nancy** ‡ /ˈnænsɪ/, **nancy-boy** ‡ /ˈnænsɪbɔɪ/ N *(Brit pej)* tante ‡ *f (pej)*, tapette ‡ *f (pej)*

**nandrolone** /ˈnændrələʊn/ N nandrolone *f*

**nankeen** /nænˈkiːn/ N *(Tex)* nankin *m*

**nanny** /ˈnænɪ/ N a *(= live-in carer)* bonne *f* d'enfants, nurse *f* ; *(= daytime carer)* garde *f* d'enfants, nourrice *f* ◆ **yes ~** oui nounou *(baby talk)* b *(* = grandmother)* mamie *f*, mémé *f* COMP ▷ **nanny-goat** N chèvre *f*, bique * *f* ▷ **nanny state** N *(esp Brit)* État-providence *m*

**nannying** /ˈnænɪɪŋ/ N a *(= job)* garde *f* d'enfants b *(pej = mollycoddling)* maternage *m* (excessif)

**nano...** /ˈnænəʊ/ PREF nano...

**nanometre** /ˈnænəʊˌmiːtəʳ/ N nanomètre *m*

**nanotechnology** /ˌnænəʊtekˈnɒlədʒɪ/ N nanotechnologie *f*

**Naomi** /ˈneɪəmɪ/ N Noémie *f*

**nap**[1] /næp/ N *(= sleep)* petit somme *m* ◆ **afternoon ~** sieste *f* ◆ **to have** *or* **take a ~** faire un petit somme ; *(after lunch)* faire la sieste VI faire un (petit) somme, sommeiller ◆ **to catch sb ~ping** *(fig) (= unawares)* prendre qn à l'improviste *or* au dépourvu ; *(= in error etc)* surprendre qn en défaut

**nap**[2] /næp/ N *(Tex)* poil *m* ◆ **cloth that has lost its ~** tissu *m* râpé *or* élimé ◆ **with/without ~** *(on sewing pattern)* avec/sans sens

**nap**[3] /næp/ N *(Cards)* ≈ manille *f* aux enchères

**nap**[4] /næp/ VT *(Brit Racing)* ◆ **to ~ the winner** donner le cheval gagnant

**napalm** /ˈneɪpɑːm/ N napalm *m* VT attaquer au napalm COMP ▷ **napalm bomb** N bombe *f* au napalm ▷ **napalm bombing** N bombardement *m* au napalm

**nape** /neɪp/ N (also **nape of the neck**) nuque *f*

**naphtha** /ˈnæfθə/ N *(gen)* naphte *m* ◆ **petroleum ~** naphta *m*

**naphthalene** /ˈnæfθəliːn/ N naphtaline *f*

**napkin** /ˈnæpkɪn/ N a serviette *f* (de table) b *(Brit* †*: for babies)* couche *f* COMP ▷ **napkin ring** N rond *m* de serviette

**Naples** /ˈneɪplz/ N Naples

**Napoleon** /nə'pəʊlıən/ N a Napoléon *m* b (= coin) **napoleon** napoléon *m* c (US) **napoleon** (= pastry) millefeuille *m*

**Napoleonic** /nə,pəʊlı'ɒnık/ ADJ napoléonien

**napper** † * /'næpə^r/ N (= head) caboche * *f*

**nappy** /'næpı/ (Brit) N couche *f* COMP ▷ **nappy liner** N protège-couche *m* ▷ **nappy rash** N érythème *m* (fessier) (Med frm) ◆ **to have ~ rash** (gen) avoir les fesses rouges

**narc** * /nɑːk/ N (US) (abbrev of **narcotics agent**) agent *m* de la brigade des stupéfiants, stup * *m*

**narcissi** /nɑː'sısaı/ NPL of **narcissus**

**narcissism** /nɑː'sısızəm/ N narcissisme *m*

**narcissist** /'nɑːsı,sıst/ N narcissique *mf*

**narcissistic** /,nɑːsı'sıstık/ ADJ [person] narcissique COMP ▷ **narcissistic personality disorder** N (Psych) névrose *f* narcissique

**narcissus** /nɑː'sısəs/ N (pl **narcissi** or **narcissuses**) a (= flower) narcisse *m* b ◆ **Narcissus** Narcisse *m*

**narco-** /'nɑːkəʊ/ PREF narco-

**narcolepsy** /'nɑːkəʊlepsı/ N narcolepsie *f*

**narcosis** /nɑː'kəʊsıs/ N narcose *f*

**narco-terrorism** /,nɑːkəʊ'terə,rızəm/ N narcoterrorisme *m*

**narcotic** /nɑː'kɒtık/ ADJ a (Med) [effect] narcotique ◆ **~ drug** narcotique *m* b (esp US Drugs) [industry] des stupéfiants N a (Med) narcotique *m* b (esp US Drugs) stupéfiant *m* COMP ▷ **narcotics agent** N agent *m* de la brigade des stupéfiants ▷ **narcotics charge** N ◆ **to be on a ~s charge** être mis en examen pour une affaire de stupéfiants ▷ **Narcotics Squad** N brigade *f* des stupéfiants

**narcotism** /'nɑːkə,tızəm/ N narcotisme *m*

**narcotize** /'nɑːkətaız/ VT donner or administrer un narcotique à, narcotiser

**nark** * /nɑːk/ VT a (Brit = infuriate) ficher en boule *, foutre en rogne *; see also **narked** b ◆ **to ~ it** arrêter (de faire qch) ◆ **~ it!** suffit ! *, écrase ! * VI (Brit = inform police) moucharder * N a (Brit: also **copper's nark**) indic * *m*, mouchard * *m* b (US) ⇒ **narc**

**narked** * /nɑːkt/ ADJ de mauvais poil * ◆ **to get ~** se mettre or se foutre * en rogne * (about à propos de)

**narky** * /'nɑːkı/ ADJ (Brit) grognon(ne), mal embouché ; (on one occasion) de mauvais poil *, en rogne *

**narrate** /nə'reıt/ VT raconter, narrer (liter) ◆ **~d by Richard Briers** narrateur : Richard Briers

**narration** /nə'reıʃən/ N narration *f* ◆ **a film about dolphins, with ~ by Jacques Cousteau** un film sur les dauphins avec un commentaire de Jacques Cousteau

**narrative** /'nærətıv/ N a (= story, account) récit *m*, narration *f* b (NonC) narration *f* ◆ **he has a gift for ~** il est doué pour la narration ADJ [poem, painting, structure, style] narratif ; [skill] de conteur ◆ **Jane Austen's ~ voice** le ton narratif de Jane Austen

**narrator** /nə'reıtə^r/ N narrateur *m*, -trice *f* ; (Mus) récitant(e) *m(f)*

**narrow** /'nærəʊ/ ADJ a [road, path, passage, stream, garment, limits] étroit ; [valley] étroit, encaissé ◆ **within a ~ compass** dans d'étroites limites, dans un champ restreint

b [mind] étroit, borné ; [majority] faible, petit ; [advantage] petit ◆ **his outlook is too ~** ses vues sont trop étroites ◆ **in the ~est sense (of the word)** au sens le plus restreint (du terme) ◆ **a ~ victory** une victoire remportée de justesse ◆ **to have a ~ escape** s'en tirer de justesse, l'échapper belle ◆ **that was a ~ shave** * or **squeak!** * on l'a échappé belle !, il était moins une ! * ◆ **~ vowel** (Ling) voyelle *f* tendue

NPL **narrows** passage *m* étroit ; [of harbour] passe *f*, goulet *m* ; [of river] pertuis *m*, étranglement *m*

VI a [road, path, river, valley] se rétrécir ◆ **his eyes ~ed** il plissa les yeux

b (fig) [majority] s'amenuiser, se rétrécir ◆ **the search has now ~ed (down) to Soho** les recherches se concentrent maintenant sur Soho ◆ **the choice has ~ed (down) to five candidates** il ne reste maintenant que cinq candidats en lice ◆ **the field of inquiry has ~ed (down) to five people** ils concentrent maintenant leurs recherches sur cinq personnes ◆ **his outlook has ~ed considerably since then** son horizon s'est beaucoup restreint or rétréci depuis ◆ **Britain's trade deficit ~ed a little last month** le déficit commercial de la Grande-Bretagne s'est légèrement réduit le mois dernier ◆ **the gap between Labour and the Conservatives is ~ing** l'écart entre les travaillistes et les conservateurs se réduit ◆ **"road narrows"** "chaussée rétrécie"

VT a (= make narrower) [+ road, piece of land] rétrécir, réduire la largeur de ; [+ skirt] rétrécir, resserrer ◆ **with ~ed eyes** en plissant les yeux

b (fig) [+ choice] réduire, restreindre ; [+ ideas] rétrécir ; [+ differences] réduire ◆ **they decided to ~ the focus of their investigation** ils ont décidé de restreindre le champ de leur enquête ◆ **to ~ the field (down)** restreindre le champ ◆ **they are hoping to ~ the gap between rich and poor nations** ils espèrent réduire l'écart entre pays riches et pays pauvres

COMP ▷ **narrow boat** N (Brit) péniche *f* ▷ **narrow-gauge line, narrow-gauge track** N (Rail) voie *f* étroite ▷ **narrow-minded** ADJ [person] à l'esprit étroit, borné ; [ideas, outlook] étroit, borné ▷ **narrow-mindedness** N étroitesse *f* d'esprit ▷ **narrow-shouldered** ADJ étroit de carrure

► **narrow down** VI a [road, path, valley] se rétrécir

b (fig) ⇒ **narrow vt b**

VT SEP [+ choice] réduire, restreindre ; [+ meaning, interpretation] restreindre, limiter ; see also **narrow vt**

**narrowcasting** /'nærəʊ,kæstıŋ/ N (Telec, TV) câblodistribution *f* (sur une zone réduite)

**narrowing** /'nærəʊıŋ/ N (NonC) (lit) rétrécissement *m* ; (fig) (= reduction) réduction *f*

**narrowly** /'nærəʊlı/ ADV a (= barely) [escape, avoid, defeat] de justesse ; [miss, fail] de peu b [defined] (= strictly) rigoureusement ; (= restrictively) d'une manière restrictive ; [technical, vocational] strictement ◆ **a ~ based curriculum** un programme d'enseignement restreint ◆ **to focus too ~ on sth** trop se focaliser sur qch ◆ **to interpret a rule ~** interpréter une règle de manière restrictive, donner une interprétation restrictive d'une règle c (= closely) [look at, watch] de près

**narrowness** /'nærəʊnıs/ N étroitesse *f*

**narwhal** /'nɑːwəl/ N narval *m*

**NAS** /enerˈes/ N (US) (abbrev of **National Academy of Sciences**) *académie des sciences*

**NASA** /'næsə/ N (US) (abbrev of **National Aeronautics and Space Administration**) NASA *f*

**nasal** /'neızəl/ ADJ (Anat) nasal ; (Ling) [sound, vowel, pronunciation] nasal ; [accent] nasillard ◆ **to speak in a ~ voice** parler du nez, nasiller N (Ling) nasale *f*

**nasality** /neı'zælıtı/ N nasalité *f*

**nasalization** /,neızəlaı'zeıʃən/ N nasalisation *f*

**nasalize** /'neızəlaız/ VT nasaliser

**nasally** /'neızəlı/ ADV [whine, complain] d'une voix nasillarde ◆ **to speak ~** nasiller

**nascent** /'næsnt/ ADJ a (frm = developing) [democracy, science, industry] naissant b (Chem) naissant

**Nassau** /'næsɔː/ N (Bahamas) Nassau

**nastily** /'nɑːstılı/ ADV a (= spitefully) [say, laugh] méchamment b (= badly) [injured] gravement ◆ **to cough ~** avoir une vilaine toux ◆ **her marriage ended rather ~** son mariage s'est mal terminé

**nastiness** /'nɑːstınıs/ N a [of person, behaviour, remark] méchanceté *f* b (= trouble) troubles *mpl* ◆ **the recent ~ in the West Bank** les récents troubles en Cisjordanie

**nasturtium** /nəs'tɜːʃəm/ N (Bot) capucine *f* ◆ **climbing/dwarf ~** capucine *f* grimpante/naine

**nasty** /'nɑːstı/ ADJ a (= unkind, spiteful) [person, remark, joke] méchant ◆ **to get** or **turn ~** [person] devenir méchant ◆ **to be ~ to sb** être méchant avec qn ◆ **to be ~ about sb/sth** dire du mal de qn/qch ◆ **she never said a ~ word about anybody** elle n'a jamais dit de mal de personne ◆ **a ~ little man** un type * désagréable ◆ **he's/she's a ~ piece of work** c'est un sale type */une sale bonne femme * ◆ **to have a ~ look in one's eye** avoir une lueur mauvaise dans le regard ◆ **to have a ~ temper** avoir un sale caractère ◆ **to have a ~ mind** toujours voir le mal partout ◆ **a ~ trick** un sale tour

b (= unpleasant) [habit, rumour] vilain ; [bend, corner] dangereux ; [smell, taste, moment] mauvais before *n*, désagréable ; [feeling, situation, experience] désagréable ; [problem] épineux ; [weather] affreux, vilain ; [book, story] ignoble ; [life] dur ◆ **a ~ business** une sale affaire ◆ **a ~ job** un sale travail ◆ **what a ~ mess!** (lit) quel pagaille épouvantable ! ; (fig) quel gâchis ! ◆ **a ~ shock** or **surprise** une mauvaise surprise ◆ **to turn ~** [situation] mal tourner ; [weather] se gâter ◆ **events took a ~ turn** les choses ont mal tourné ◆ **to smell ~** sentir mauvais, avoir une mauvaise odeur ◆ **to taste ~** avoir un goût désagréable ; see also **taste** ◆ **he had a ~ time of it!** (short spell) il a passé un mauvais quart d'heure ! ; (longer period) il a traversé une période très éprouvante !

c (= serious) [accident, disease] grave ; [fall, wound] vilain, mauvais ◆ **a ~ cold** un gros rhume ◆ **a ~ bout of flu** une mauvaise grippe ◆ **a ~ case of food poisoning** une grave intoxication alimentaire

NPL **nasties** * (= nasty things) saletés *fpl*, saloperies * *fpl* ; → **video**

**NAS/UWT** /ener'es,juːdʌbljuˈtiː/ (Brit) (abbrev of **National Association of Schoolmasters/Union of Women Teachers**) *syndicat*

**Nat** * /næt/ N (= nationalist) nationaliste *mf*

**Natal** /nə'tæl/ N Natal *m* ◆ **in ~** au Natal

**natal** /'neıtl/ ADJ natal ◆ **~ day** (liter) jour *m* de (la) naissance ; → **antenatal, postnatal**

**natality** /nə'tælıtı/ N natalité *f*

**natch** * /nætʃ/ EXCL (abbrev of **naturally**) naturellement

**NATFHE** /,enerˈtiː,efeıtʃ'iː/ N (Brit) (abbrev of **National Association of Teachers in Further and Higher Education**) *syndicat*

**nation** /'neıʃən/ N nation *f* ◆ **the French ~** la nation française ◆ **people of all ~s** des gens de toutes les nationalités ◆ **the voice of the ~** la voix de la nation or du peuple ◆ **in the service of the ~** au service de la nation ◆ **the whole ~ watched while he did it** il l'a fait sous les yeux de la nation tout entière ; → **league¹, united** COMP ▷ **nation-state** N État-nation *m*

**national** /ˈnæʃənl/ ADJ national ◆ **on a ~ scale** à l'échelon national ◆ **they won 20% of the ~ vote** ils ont obtenu 20% des voix à l'échelle nationale

N a *(= person)* ressortissant(e) *m(f)* ◆ **he's a French ~** il est de nationalité française, c'est un ressortissant français ◆ **foreign ~s** ressortissants *mpl* étrangers

b *(Brit Racing)* **the (Grand) National** le Grand National *(course d'obstacles qui se tient annuellement à Liverpool)*

c (also **national newspaper**) quotidien *m* national

COMP ▷ **National Aeronautics and Space Administration** N *(US Admin)* Agence *f* nationale de l'aéronautique et de l'espace ▷ **national anthem** N hymne *m* national ▷ **National Assembly** N Assemblée *f* nationale ▷ **National Assistance** N *(Brit Admin: formerly)* ≃ Sécurité *f* sociale ▷ **national bank** N *(US)* banque *f* fédérale ▷ **national costume** N ⇒ **national dress** ▷ **National Criminal Intelligence Service** N *(Brit)* services *mpl* de renseignements ▷ **National Curriculum** N *(Brit)* programme *m* d'enseignement obligatoire ▷ **national debt** N dette *f* publique *or* nationale ▷ **national dress** N costume *m* national *or* du pays ▷ **National Economic Development Council** N *(Brit: formerly)* ≃ Agence *f* nationale d'information économique ▷ **National Enterprise Board** N *(Brit)* ≃ Institut *m* de développement industriel ▷ **National Executive Committee** N bureau *m* exécutif *or* national ▷ **National Extension College** N *(Brit Scol)* ≃ Centre *m* national d'enseignement par correspondance ▷ **national flag** N drapeau *m* national ; *(Naut)* pavillon *m* national ▷ **National Foundation of the Arts and the Humanities** N *(US)* ≃ ministère *m* de la Culture ▷ **National Front** N *(Brit Pol) parti britannique d'extrême droite* ▷ **national government** N *(= not local)* gouvernement *m* (central) ; *(= coalition)* gouvernement *m* de coalition ▷ **national grid** N *(Brit Elec)* réseau *m* national ▷ **National Guard** N *(US)* garde *f* nationale *(milice de volontaires intervenant en cas de catastrophe naturelle et pouvant prêter main forte à l'armée en cas de crise)* ▷ **National Guardsman** N (pl **National Guardsmen**) *(US)* membre *m* de la garde nationale ; see also **National Guard** ▷ **National Health** N ◆ **I got it on the National Health** * ≃ je l'ai eu par la Sécurité sociale, ça m'a été remboursé par la Sécurité sociale ▷ **National Health Service** N *(Brit)* ≃ Sécurité *f* sociale ; → NHS, NATIONAL INSURANCE ▷ **national holiday** N fête *f* nationale ▷ **National Hunt racing** N *(NonC: Brit)* courses *fpl* d'obstacles ▷ **national income** N revenu *m* national ▷ **National Insurance** N *(Brit)* ≃ Sécurité *f* sociale ▷ **National Insurance benefits** NPL *(Brit)* ≃ prestations *fpl* de la Sécurité sociale ▷ **National Insurance contributions** NPL *(Brit)* ≃ cotisations *fpl* de Sécurité sociale ▷ **National Insurance number** N *(Brit)* ≃ numéro *m* de Sécurité sociale ▷ **National Labor Relations Board** N *(US Admin) commission d'arbitrage du ministère du travail* ▷ **National League** N *(US Sport) l'une des deux principales divisions de base-ball aux États-Unis* ▷ **National Liberation Front** N Front *m* de libération nationale ▷ **the National Lottery** N *(Brit)* ≃ la Loterie nationale ▷ **national monument** N monument *m* national ▷ **national park** N parc *m* national ▷ **National Rifle Association** N *(US) organisation américaine militant pour le droit du port d'armes* ; → GUN CONTROL ▷ **National Safety Council** N *(Brit)* Protection *f* civile ▷ **National Savings** N *(Brit)* épargne *f* nationale ▷ **National Savings Bank** N *(Brit)* ≃ Caisse *f* nationale d'épargne ▷ **National Savings Certificate** N *(Brit)* bon *m* d'épargne ▷ **National Security Council** N *(US Pol)* Conseil *m* national de sécurité ▷ **national service** N *(Brit Mil)* service *m* national *or* militaire ◆ **to do one's ~ service** faire son service national *or* militaire ▷ **national serviceman** N (pl **national servicemen**) *(Brit Mil)* appelé *m*, conscrit *m* ▷ **National Socialism** N national-socialisme *m* ▷ **national status** N nationalité *f* ▷ **National Trust** N *(Brit)* ≃ Caisse *f* nationale des monuments historiques et des sites

> **National Curriculum**
>
> Le **National Curriculum** est le programme d'enseignement obligatoire pour tous les élèves des écoles en Angleterre, au pays de Galles et en Irlande du Nord. Il comprend les matières suivantes : anglais, mathématiques, sciences, technologie, histoire, géographie, musique, art, éducation physique et une langue vivante étrangère (et le gallois dans les écoles du pays de Galles). Tous les établissements primaires et secondaires doivent proposer un enseignement religieux, et les écoles secondaires une éducation sexuelle, mais les parents sont libres, s'ils le veulent, d'en dispenser leurs enfants.

> **National Insurance**
>
> La **National Insurance** est le régime de sécurité sociale britannique auquel cotisent les salariés, leurs employeurs et les travailleurs indépendants. Une partie de ces contributions finance l'assurance maladie (National Health Service), mais l'essentiel sert à payer les pensions de retraite, l'assurance chômage et les allocations de veuvage, d'invalidité et de maternité. Pour avoir droit à ces dernières prestations, il faut avoir cotisé à la **National Insurance** pendant un certain nombre d'années. → NHS

**nationalism** /ˈnæʃnəlɪzəm/ N nationalisme *m* ; → **Scottish**

**nationalist** /ˈnæʃnəlɪst/ ADJ nationaliste ◆ **Nationalist China** la Chine nationaliste N nationaliste *mf* → **Scottish**

**nationalistic** /ˌnæʃnəˈlɪstɪk/ ADJ *(esp pej)* nationaliste

**nationality** /ˌnæʃəˈnælɪtɪ/ N nationalité *f* ; → **dual**

**nationalization** /ˌnæʃnəlaɪˈzeɪʃən/ N a *(Ind, Pol)* nationalisation *f* b *[of person]* ⇒ **naturalization a**

**nationalize** /ˈnæʃnəlaɪz/ VT a *(Ind, Pol)* nationaliser b *[+ person]* ⇒ **naturalize vt a**

**nationally** /ˈnæʃnəlɪ/ ADV *[distribute, make available]* dans l'ensemble du pays ; *[broadcast]* sur l'ensemble du pays ; *[organize]* à l'échelon national ◆ **a ~ recognized qualification** une qualification reconnue dans tout le pays

**nationhood** /ˈneɪʃənhʊd/ N *(= existence as a nation)* statut *m* de nation ; *(= national identity)* identité *f* nationale ◆ **to achieve ~** accéder au statut de nation ◆ **a strong sense of ~** un sentiment très fort d'identité nationale ◆ **the idea of Macedonian ~** l'idée d'une nation macédonienne

**nationwide** /ˈneɪʃənwaɪd/ ADJ *[strike, protest etc]* à l'échelle nationale, national ADV à l'échelle nationale ◆ **there was a ~ search for the killers** on a organisé une chasse à l'homme dans tout le pays pour retrouver les assassins

**native** /ˈneɪtɪv/ ADJ a *(= original) [country, town]* natal ; *[language]* maternel ◆ **~ land** pays *m* natal, patrie *f* ◆ **French ~ speaker** personne *f* de langue maternelle française, francophone *mf* ◆ **you should ask a ~ speaker** *(Ling)* il faudrait demander à un locuteur natif ◆ **~ son** *(fig)* enfant *m* du pays ; → **informant**

b *(= innate) [charm, talent, ability]* inné, naturel ◆ **~ wit** bon sens *m* inné

c *(= indigenous) [plant, animal]* indigène ; *[product, resources] (= of country)* du pays ; *(= of region)* de la région ◆ **plant/animal ~ to ...** plante *f*/animal *m* originaire de ...

d *(= of the natives) [customs, costume]* du pays ; *[matters, rights, knowledge]* du pays, des autochtones ◆ **Minister of Native Affairs** ministre *m* chargé des Affaires indigènes ◆ **Ministry of Native Affairs** ministère *m* des Affaires indigènes ◆ **~ labour** main-d'œuvre *f* indigène ◆ **~ quarter** quartier *m* indigène ◆ **to go ~** * adopter le mode de vie indigène

N a *(= person)* autochtone *mf* ; *(esp of colony)* indigène *mf* ◆ **a ~ of the country** un(e) autochtone ◆ **a ~ of France** un(e) Français(e) de naissance ◆ **he is a ~ of Bourges** il est originaire de *or* natif de Bourges ◆ **she speaks French like a ~** elle parle français comme si c'était sa langue maternelle ◆ **the ~s** *(hum or pej)* les autochtones *mpl* les indigènes *mpl*

b *(Bot, Zool)* indigène *mf* ◆ **this plant/animal is a ~ of Australia** cette plante/cet animal est originaire d'Australie

COMP ▷ **Native American** N Indien(ne) *m(f)* d'Amérique, Amérindien(ne) *m(f)* ADJ amérindien ▷ **native-born** ADJ de souche ◆ **he's a ~-born Scot** il est écossais de souche

> **Native American**
>
> Aux États-Unis, l'expression **Native Americans** désigne les populations autochtones, par opposition aux Américains d'origine européenne, africaine ou asiatique. On peut aussi parler d'« American Indian » (Indien d'Amérique), mais l'on évite les dénominations « Red Indian » ou « redskin » (Peau-Rouge), considérées comme méprisantes ou insultantes.

**nativism** /ˈneɪtɪˌvɪzəm/ N *(US)* hostilité *f* aux immigrants

**nativity** /nəˈtɪvɪtɪ/ N a *(Rel)* **Nativity** Nativité *f* b *(Astrol)* horoscope *m* COMP ▷ **nativity play** N pièce *f* représentant la Nativité

**NATO** /ˈneɪtəʊ/ N (abbrev of **North Atlantic Treaty Organization**) OTAN *f*

**Nats** * /ˈnæts/ NPL *(Pol)* nationalistes *mpl*

**NATSOPA** /ˌnætˈsəʊpə/ N *(Brit)* (abbrev of **National Society of Operative Printers, Graphical and Media Personnel**) *syndicat*

**natter** * /ˈnætəʳ/ *(Brit)* VI *(= chat)* causer, bavarder ; *(= chatter)* bavarder, jacasser ◆ **we ~ed (away) for hours** nous avons bavardé pendant des heures ◆ **she does ~!** elle n'arrête pas de jacasser ! N a *(= chat)* causerie *f*, causette * *f* ◆ **we had a good ~** nous avons bien bavardé, nous avons taillé une bonne bavette * b *(= chatterbox)* moulin *m* à paroles *

**natterer** * /ˈnætərəʳ/ N ⇒ **natter noun b**

**natty** * /ˈnætɪ/ ADJ a *(= smart) [person]* chic *inv* ◆ **to be a ~ dresser** être toujours bien sapé * ◆ **to look ~** être très chic b *(= handy) [gadget]* pratique

**natural** /ˈnætʃrəl/ ADJ a *(= normal)* naturel, normal ◆ **it's only ~** c'est tout naturel, c'est bien normal ◆ **it seems quite ~ to me** ça me semble tout à fait naturel *or* normal ◆ **there's a perfectly ~ explanation for the sound** le bruit s'explique tout à fait naturellement ◆ **it is ~ for this animal to hibernate** il est dans la nature de cet animal d'hiberner, il est naturel *or* normal que cet animal hiberne *subj* ◆ **it is ~ for you to think ..., it is ~ that you should think ...** il est naturel *or* normal que vous pensiez *subj* ... ◆ **~ break** *(in television programme)* interruption *f* normale ◆ **death from ~ causes** *(Jur)* mort *f* naturelle ◆ **to die of** *or* **from ~ causes** *(Jur)* mourir de mort naturelle ◆ **to die a ~ death** mourir de sa belle mort ◆ **for (the rest of) his ~ life** *(Jur)* à vie ◆ **~ size** grandeur *f* nature

b *(= of or from nature)* naturel ◆ **~ resources** ressources *fpl* naturelles ◆ **her hair is a ~ blonde** ses cheveux sont naturellement blonds

c *(= inborn)* inné, naturel ◆ **to have a ~ talent for** être naturellement doué pour, avoir un don (inné) pour ◆ **he's a ~** *or* *(US)* **~-born painter** c'est un peintre né

d *(= unaffected) [person, manner]* simple, naturel

e *(Mus)* naturel ◆ **B ~** si *m* naturel ◆ **~ horn** cor *m* d'harmonie ◆ **~ key** ton *m* naturel ◆ **~ trumpet** trompette *f* naturelle

f *(= biological) [parents, child]* biologique

g *(†† = illegitimate) [child]* naturel

ADV * ◆ **playing the piano comes ~ to her** elle est naturellement douée pour le piano ◆ **try to act ~!** essaie d'avoir l'air naturel !, fais comme si de rien n'était !

N a *(Mus) (= sign)* bécarre *m* ; *(= note)* note *f* naturelle

b *(* = ideal)* **he's a ~ for this part** il est fait pour ce rôle ◆ **did you hear her play the piano? she's a ~!** est-ce que vous l'avez entendue jouer ? c'est une pianiste née ! ◆ **it's a ~** *(US)* ça coule de source

c *(†† = simpleton)* idiot(e) *m(f)* (de naissance), demeuré(e) *m(f)*

COMP ▷ **natural-born** ADJ ◆ **he's not a ~-born orator** ce n'est pas un orateur-né ▷ **natural (child)birth** N accouchement *m* sans douleur ▷ **natural disaster** N catastrophe *f* naturelle ▷ **natural gas** N gaz *m* naturel ▷ **natural history** N histoire *f* naturelle ▷ **natural justice** N *(NonC)* principes *mpl* élémentaires du droit ▷ **natural language** N langage *m* naturel ▷ **natural language processing** N *(Comput)* traitement *m* automatique de la langue, traitement *m* de la langue naturelle ▷ **natural law** N loi *f* naturelle *or* de la nature ▷ **natural logarithm** N logarithme *m* népérien *or* naturel ▷ **natural monopoly** N *(Econ)* monopole *m* naturel ▷ **natural number** N *(Math)* nombre *m* naturel ▷ **natural philosopher** N physicien(ne) *m(f)* ▷ **natural philosophy** N physique *f* ▷ **natural science** N *(NonC)* sciences *fpl* naturelles ▷ **natural selection** N sélection *f* naturelle ▷ **natural theology** N théologie *f* naturelle, théodicée *f* ▷ **natural wastage** N *(Ind)* départs *mpl* naturels ◆ **to reduce the staff by ~ wastage** *(esp Brit)* réduire le personnel par départs naturels

**naturalism** /ˈnætʃrəlɪzəm/ N naturalisme *m*

**naturalist** /ˈnætʃrəlɪst/ ADJ, N naturaliste *mf*

**naturalistic** /ˌnætʃrəˈlɪstɪk/ ADJ *(Art, Literat) [artist, writer, novel, painting]* naturaliste ◆ **a ~ environment** *(= simulating nature)* un environnement qui reproduit les conditions naturelles

**naturalization** /ˌnætʃrəlaɪˈzeɪʃən/ N a *[of person]* naturalisation *f* b *[of plant, animal]* acclimatation *f* COMP ▷ **naturalization papers** NPL *(Brit)* déclaration *f* de naturalisation

**naturalize** /ˈnætʃrəlaɪz/ VT a *[+ person]* naturaliser ◆ **to be ~d** se faire naturaliser b *[+ animal, plant]* acclimater ; *[+ word, sport]* naturaliser VI *[plant, animal]* s'acclimater

**naturally** /ˈnætʃrəlɪ/ ADV a *(= as is normal) [happen, develop, follow from, lead to, give birth]* naturellement ; *[die]* de mort naturelle

b *(= of course)* naturellement ◆ **~, I understand your feelings** naturellement, je comprends vos sentiments ◆ **~, I'll do all I can to help you** je ferai naturellement tout mon possible pour vous aider, il va de soi que je ferai tout mon possible pour vous aider ◆ **~ enough** bien naturellement

c *(= unaffectedly) [behave, talk, smile]* avec naturel, naturellement

d *(= by nature) [cautious, cheerful, lazy]* de nature ◆ **her hair is ~ blond** c'est une vraie blonde ◆ **her hair is ~ curly** elle frise naturellement ◆ **a ~ optimistic person** un(e) optimiste né(e) ◆ **to do what comes ~ (to one)** faire ce qui (vous) semble naturel ◆ **caution comes ~ to him** il est prudent de nature ◆ **cynicism doesn't come ~ to her** elle n'est pas du genre cynique ◆ **playing the piano comes ~ to her** elle a un don (inné) pour le piano

**naturalness** /ˈnætʃrəlnɪs/ N naturel *m*

**nature** /ˈneɪtʃəʳ/ N a *(NonC:* also **Nature***)* nature *f* ◆ **he loves ~** il aime la nature ◆ **in ~** dans la nature ◆ **~ versus nurture** l'inné *m* et l'acquis *m* ◆ **let ~ take its course** laissez faire la nature ◆ **a freak of ~** un caprice de la nature ◆ **to paint from ~** peindre d'après nature ◆ **against ~** contre nature ◆ **~ abhors a vacuum** la nature a horreur du vide ◆ **in a state of ~** *(hum)* à l'état naturel, dans le costume d'Adam * ◆ **to go back** *or* **return to ~** *[person]* retourner à la nature ; *[land]* retourner à la nature *or* l'état sauvage ◆ **a return to ~** *[of garden, land]* un retour à la nature *or* l'état sauvage ; *[of person]* un retour à la nature ; → **law, mother**

b *(= character) [of person, animal]* nature *f*, naturel *m* ◆ **by ~** de nature, par tempérament ; see also **c** ◆ **he has a nice ~** c'est quelqu'un de très gentil ◆ **it is in the ~ of human beings to contradict themselves** la contradiction est le propre de l'homme ◆ **it is in the ~ of young people to want to travel** il est naturel de vouloir voyager quand on est jeune ◆ **it is not in his ~ to lie** il n'est pas de nature à mentir, il n'est pas dans sa nature de mentir ◆ **that's very much in his ~** c'est tout à fait dans sa nature ◆ **the ~ of the soil** la nature du sol ◆ **it is in the ~ of things** c'est dans l'ordre des choses, c'est dans la nature des choses ◆ **the true ~ of things** l'essence des choses ◆ **in the ~ of this case it is clear that ...** vu la nature de ce cas il est clair que ... ◆ **cash is, by its (very) ~, easy to steal** l'argent est, par nature *or* de par sa nature, facile à voler ◆ **that's the ~ of the beast** *(fig)* ça fait partie (des règles) du jeu ; → **better[1], good, human, second[1]**

c *(= type, sort)* nature *f*, genre *m* ◆ **things of this ~** ce genre de chose ◆ **I will have nothing to do with anything of that ~** je refuse d'être mêlé à ce genre de chose ◆ **his comment was in the ~ of a compliment** sa remarque était en quelque sorte un compliment ◆ **something in the ~ of an apology** une sorte d'excuse, une vague excuse ◆ **ceremonies of a religious/solemn** *etc* **~** cérémonies *fpl* religieuses/solennelles *etc*

COMP ▷ **nature conservancy** N protection *f* de la nature ▷ **Nature Conservancy Board** N *(Brit)* ≃ Direction *f* générale de la protection de la nature et de l'environnement ▷ **nature cure** N *(NonC: Med)* naturopathie *f* ▷ **nature lover** N amoureux *m*, -euse *f* de la nature ▷ **nature reserve** N réserve *f* naturelle ▷ **nature study** N histoire *f* naturelle ; *(Scol)* sciences *fpl* naturelles ▷ **nature trail** N sentier *m* de découverte de la nature ▷ **nature worship** N adoration *f* de la nature

**-natured** /ˈneɪtʃəd/ ADJ *(in compounds)* de nature ◆ **jealous-natured** jaloux de nature, d'un naturel jaloux ; → **good, ill**

**naturism** /ˈneɪtʃərɪzəm/ N *(esp Brit)* naturisme *m*

**naturist** /ˈneɪtʃərɪst/ N *(esp Brit)* naturiste *mf*

**naturopath** /ˈneɪtʃərəˌpæθ/ N naturopathe *mf*

**naturopathy** /ˌneɪtʃəˈrɒpəθɪ/ N naturopathie *f*

**naught** /nɔːt/ N a *(esp Brit Math)* zéro *m* ◆ **~s and crosses** *(Brit)* ≃ morpion *m (jeu)* b *(† or liter = nothing)* rien *m* ◆ **to bring sth to ~** faire échouer qch, faire avorter qch ◆ **to come to ~** échouer, n'aboutir à rien ◆ **to care ~ for, to set at ~** ne faire aucun cas de, ne tenir aucun compte de

**naughtily** /ˈnɔːtɪlɪ/ ADV a *[say, remark]* avec malice ◆ **to behave ~** se conduire mal ; *[child]* être vilain b *(= suggestively)* d'une manière osée

**naughtiness** /ˈnɔːtɪnɪs/ N a *[of child etc]* désobéissance *f*, mauvaise conduite *f* ◆ **it was just a young boy's natural ~** il était désobéissant, comme tous les enfants de son âge b *(= suggestiveness) [of story, joke, play]* grivoiserie *f* ◆ **a writer who shocked the bourgeoisie with his sexual ~** un écrivain qui a choqué la bourgeoisie avec ses grivoiseries

**naughty** /ˈnɔːtɪ/ ADJ a *(= badly behaved)* ◆ **a ~ boy/girl** un vilain garçon/une vilaine (petite) fille ◆ **(you) ~ boy/girl!** vilain/vilaine ! ◆ **he's ~** c'est un vilain garçon ◆ **girls, you're being very ~** les filles, vous êtes très vilaines ◆ **that was a ~ thing to do!** c'est vilain d'avoir fait ça ! b *(esp Brit hum = slightly immoral) [person]* culotté * ◆ **it was ~ of us, but it solved the problem** on n'aurait peut-être pas dû, mais ça a résolu le problème * ◆ **a wonderfully ~ chocolate cake** un gâteau au chocolat à se mettre à genoux devant * c *(Brit = suggestive) [joke]* grivois, leste ; *[book, magazine, story]* osé COMP ▷ **naughty bits** NPL *(euph = genitals)* parties *fpl* intimes ▷ **the Naughty Nineties** NPL *(Brit)* ≃ la Belle Époque ▷ **naughty word** N *(esp baby talk)* vilain mot *m*

**nausea** /ˈnɔːsɪə/ N *(lit)* nausée *f* ; *(fig)* dégoût *m*, écœurement *m* ◆ **she looked at the plate with a feeling of ~** l'assiette de nourriture lui soulevait le cœur

**nauseate** /ˈnɔːsɪeɪt/ VT *(lit, fig)* écœurer

**nauseating** /ˈnɔːsɪeɪtɪŋ/ ADJ *(lit, fig)* écœurant

**nauseatingly** /ˈnɔːsɪeɪtɪŋlɪ/ ADV d'une façon dégoûtante *or* écœurante ◆ **she was ~ beautiful/thin** elle était d'une beauté/minceur écœurante

**nauseous** /ˈnɔːsɪəs/ ADJ a *(= queasy)* ◆ **to be** *or* **feel ~ (at the sight/thought of sth)** avoir la nausée (à la vue/pensée de qch) ◆ **to make sb (feel) ~** donner la nausée à qn b *(= nauseating) [smell]* écœurant

**nautical** /ˈnɔːtɪkəl/ ADJ *[chart]* nautique, marin ; *[theme, look, feel]* marin ; *[term]* de marine ; *[uniform]* de marin ; *[book]* sur la navigation maritime ◆ **he's a ~ man** c'est un marin COMP ▷ **nautical almanac** N almanach *m* marin ▷ **nautical mile** N mille *m* marin *or* nautique

**nautilus** /ˈnɔːtɪləs/ N (pl **nautiluses** *or* **nautili** /ˈnɔːtɪ,laɪ/) *(Zool)* nautile *m*

**Navaho** /ˈnævəhəʊ/ N (also **Navaho Indian**) Navaho *or* Navajo *mf*

**naval** /ˈneɪvəl/ ADJ *[battle, blockade, operation, unit]* naval ; *[affairs, matters]* de la marine ; *[commander]* de marine ◆ **~ forces** forces *fpl* navales ◆ **to have a ~ presence in a region** avoir des forces navales dans une région ◆ **~ warfare** combats *mpl* navals COMP ▷ **naval air station** N station *f* aéronavale ▷ **naval architect** N architecte *m(f)* naval(e) ▷ **naval architecture** N architecture *f* navale ▷ **naval aviation** N aéronavale *f* ▷ **naval barracks** NPL caserne *f* maritime ▷ **naval base** N base *f* navale ▷ **naval college** N école *f* navale ▷ **naval dockyard** N arsenal *m* (maritime) ▷ **naval hospital** N hôpital *m* maritime ▷ **naval officer** N officier *m* de marine ▷ **naval station** N ⇒ **naval base** ▷ **naval stores** NPL entrepôts *mpl* maritimes

**Navarre** /nəˈvɑːʳ/ N Navarre *f*

**nave**[1] /neɪv/ N *[of church]* nef *f*

**nave**[2] /neɪv/ N *[of wheel]* moyeu *m* COMP ▷ **nave plate** N *(Aut)* enjoliveur *m*

**navel** /ˈneɪvəl/ N *(Anat)* nombril *m* COMP ▷ **navel-gazing** N *(pej)* nombrilisme * *m* ▷ **navel orange** N (orange *f*) navel *f inv*

**navigable** /ˈnævɪgəbl/ ADJ *[river, canal, channel]* navigable ; *[missile, balloon, airship]* dirigeable

**navigate** /ˈnævɪgeɪt/ VI naviguer ◆ **you drive, I'll ~** *(in car)* tu prends le volant, moi je lis la carte (*or* le plan) ◆ **the Government is trying to ~ through its present difficulties** le gouvernement essaie actuellement de naviguer entre les écueils VT a *(= plot course of)* **to ~ a ship (***or* **a plane)** naviguer b *(= steer) [+ boat]* être à la barre de ; *[+ aircraft]* piloter ; *[+ missile]* diriger ◆ **he ~d the ship through the dangerous channel** il a dirigé le navire dans ce dangereux chenal c *(= sail) [+ seas, ocean]* naviguer sur d *(fig)* ◆ **he ~d his way through to the bar** il s'est frayé un chemin jusqu'au bar ◆ **he ~d the maze of back streets** il a réussi à retrouver son chemin dans le dédale des petites rues

**navigation** /,nævɪˈgeɪʃən/ N navigation *f* ; → **coastal** COMP ▷ **navigation laws** NPL code *m* maritime ▷ **navigation lights** NPL feux *mpl* de bord

**navigational** /,nævɪˈgeɪʃənəl/ ADJ *[instrument, techniques]* de navigation ◆ **it is a ~ hazard** c'est un danger pour la navigation

**navigator** /ˈnævɪgeɪtəʳ/ N a *(Aviat, Naut)* navigateur *m* ; *(Aut)* copilote *mf* ◆ **I'm a useless ~** *(Aut)* je suis incapable de lire une carte b *(= sailor-explorer)* navigateur *m*, marin *m*

**navvy** /ˈnævɪ/ N *(Brit)* terrassier *m*

**navy** /ˈneɪvɪ/ N a marine *f* (militaire *or* de guerre) ◆ **he's in the ~** il est dans la marine ◆ **Department of the Navy, Navy Department** *(US)* ministère *m* de la Marine ◆ **Secretary for the Navy** *(US)* ministre *m* de la Marine ◆ **to serve in the ~** servir dans la marine ; → **merchant, royal** b *(= colour)* ⇒ **navy-blue** ADJ ⇒ **navy-blue** COMP ▷ **navy bean** N *(US)* haricot *m* blanc ▷ **navy-blue** N, ADJ bleu marine *m inv* ▷ **Navy Register** N *(US)* liste *f* navale ▷ **navy yard** N *(US)* arsenal *m* (maritime)

**nay** /neɪ/ († *or liter*) PARTICLE non ◆ **do not say me ~** ne me dites pas non ; → **yea** ADV ou plutôt ◆ **surprised, ~ astonished** surpris, ou plutôt abasourdi

**naysayer** /ˈneɪseɪəʳ/ N *(US)* opposant(e) *m(f)* systématique

**Nazareth** /ˈnæzərɪθ/ N Nazareth

**Nazi** /ˈnɑːtsɪ/ N Nazi(e) *m(f)* ADJ nazi

**Nazism** /ˈnɑːtsɪzəm/ N nazisme *m*

**NB** /enˈbiː/ (abbrev of **nota bene**) NB

**NBA** /,enbiːˈeɪ/ N a *(US)* (abbrev of **National Basketball Association**) *association nationale de basket-ball* b *(Brit)* (abbrev of **Net Book Agreement**) → **net**[2]

**NBC** /,enbiːˈsiː/ N *(US)* (abbrev of **National Broadcasting Company**) NBC *f (chaîne de télévision américaine)*

**NC** a *(Comm etc)* (abbrev of **no charge**) gratuit b abbrev of **North Carolina**

**NCB** /,ensiːˈbiː/ N *(Brit: formerly)* (abbrev of **National Coal Board**) Charbonnages *mpl* de Grande-Bretagne

**NCCL** /,ensiːsiːˈel/ N *(Brit Hist)* (abbrev of **National Council for Civil Liberties**) ≈ ligue *f* des droits de l'homme

**NCIS** /ˈensɪs/ N *(Brit)* (abbrev of **National Criminal Intelligence Service**) → **national**

**NCO** /,ensiːˈəʊ/ N *(Mil)* (abbrev of **non-commissioned officer**) sous-officier *m*

**ND** abbrev of **North Dakota**

**NDP** /,endiːˈpiː/ N (abbrev of **net domestic product**) → **net**[2]

**NE** a (abbrev of **north-east**) N-E b abbrev of **Nebraska**

**Neanderthal** /nɪˈændətɑːl/ N a *(lit: Geog)* Neandertal *or* Néanderthal *m* b *(fig) (= unreconstructed male)* primaire *m (pej)*, primate * *m (pej)* ; *(= brute)* brute *f* épaisse ADJ a *(= primitive) [age, times]* de Neandertal *or* de Néanderthal ; *[skeleton, grave]* de l'époque de Neandertal *or* de Néanderthal b *(pej = primitive) [person, attitude, approach]* primitif *(pej)* ; *[system, method]* primitif, archaïque c *(hum = brutish) [person]* fruste ; *[grunt]* de sauvage ; *[appearance]* d'homme des cavernes COMP ▷ **Neanderthal man** N (pl **Neanderthal men**) homme *m* de Neandertal *or* de Néanderthal

**neap** /niːp/ N (also **neaptide**) marée *f* de morte-eau COMP ▷ **neap season** N (also **neaptide season**) époque *f* des mortes-eaux

**Neapolitan** /nɪəˈpɒlɪtən/ ADJ napolitain ◆ **a ~ ice (cream)** une tranche napolitaine N Napolitain(e) *m(f)*

**near** /nɪəʳ/ ADV a *(in space)* tout près, à proximité ; *(in time)* près, proche ◆ **he lives quite ~** il habite tout près ◆ **~ at hand** *[object]* à portée de (la) main ; *[event]* tout proche ◆ **the shops are ~ at hand** les magasins sont tout près ◆ **to draw** *or* **come ~ (to)** s'approcher (de) ◆ **to draw** *or* **bring sth ~er** rapprocher qch ◆ **it was drawing** *or* **getting ~ to Christmas, Christmas was drawing** *or* **getting ~** Noël approchait ◆ **the ~er it gets to the election, the more they look like losing** plus les élections approchent, plus leur défaite semble certaine ◆ **it was ~ to 6 o'clock** il était près de *or* presque 6 heures ◆ **~ to where I had seen him** près de l'endroit où je l'avais vu ◆ **she was ~ to tears** elle était au bord des larmes ◆ **so ~ and yet so far!** on était pourtant si près du but !

b (also **nearly :** *in degree*) presque; → **nowhere**

c *(= close)* **as ~ as I can judge** pour autant que je puisse en juger ◆ **you won't get any ~er than that to what you want** vous ne trouverez pas mieux ◆ **that's ~ enough** * ça pourra aller ◆ **there were 60 people, ~ enough** * il y avait 60 personnes à peu près *or* grosso modo ◆ **as ~ as dammit** * ou presque, ou c'est tout comme *

d *(Naut)* près du vent, en serrant le vent ◆ **as ~ as she can** au plus près

PREP a *(in space)* près de, auprès de ; *(in time)* près de, vers ◆ **~ here/there** près d'ici/de là ◆ **~ the church** près de l'église ◆ **he was standing ~ the table** il se tenait près de la table ◆ **regions ~ the Equator** les régions *fpl* près de *or* avoisinant l'équateur ◆ **stay ~ me** restez près de moi ◆ **don't come ~ me** ne vous approchez pas de moi ◆ **the sun was ~ to setting** le soleil était près *or* sur le point de se coucher ◆ **the passage is ~ the end of the book** le passage se trouve vers la fin du livre ◆ **her birthday is ~ mine** son anniversaire est proche du mien ◆ **he won't go ~ anything illegal** il ne se risquera jamais à faire quoi que ce soit d'illégal

b *(= on the point of)* près de, sur le point de ◆ **~ tears** au bord des larmes ◆ **~ death** près de *or* sur le point de mourir

c *(= on the same level, in the same degree)* au niveau de, près de ◆ **to be ~ sth** se rapprocher de qch ; *(fig)* ressembler à qch ◆ **French is ~er Latin than English is** le français ressemble plus au latin *or* est plus près du latin que l'anglais ◆ **it's the same thing or ~ it** c'est la même chose ou presque ◆ **it was of a quality as ~ perfection as makes no difference** c'était d'une qualité proche de la perfection ◆ **nobody comes anywhere ~ him at swimming** personne ne lui arrive à la cheville en natation ◆ **that's ~er it, that's ~er the thing** * voilà qui est mieux ; → **nowhere**

ADJ a *(= close in space) [building, town, tree]* proche, voisin ; *[neighbour]* proche ◆ **these glasses make things look ~er** ces lunettes rapprochent les objets ◆ **to the ~est decimal place** *(Math)* à la plus proche décimale près ◆ **to the ~est pound** à une livre près ◆ **the ~est route** l'itinéraire le plus court *or* le plus direct ; see also **comp**

b *(= close in time)* proche, prochain ◆ **the hour is ~ (when ...)** l'heure est proche (où ...) ◆ **in the ~ future** dans un proche avenir, dans un avenir prochain ◆ **these events are still very ~** ces événements sont encore très proches *or* très rapprochés de nous

c *(fig) [relative]* proche ; *[race, contest, result]* serré ◆ **my ~est and dearest** * les êtres qui me sont chers ◆ **the ~est equivalent** ce qui s'en rapproche le plus ◆ **his ~est rival/challenger** son plus dangereux rival/challenger ◆ **that was a ~ thing** *(gen)* il s'en est fallu de peu *or* d'un cheveu ; *[of shot]* c'est passé très près ◆ **it was a ~ thing** *(of election, race result)* ça a été très juste ◆ **the translation is fairly ~** la traduction est assez fidèle ◆ **that's the ~est thing to a compliment** ça pourrait passer pour un compliment, de sa *etc* part c'est un compliment

d ⇒ **nearside**

e *(* = mean)* radin *, pingre

VT *[+ place]* approcher de ; *[+ person]* approcher, s'approcher de ◆ **to be ~ing one's goal** toucher au but ◆ **my book is ~ing completion** mon livre est près d'être achevé ◆ **the book is ~ing publication** la date de publication du livre approche ◆ **the country is ~ing disaster** le pays est au bord de la catastrophe ◆ **to be ~ing one's end** *(= dying)* toucher à *or* être près de sa fin

COMP ▷ **near beer** N *(US)* bière *f* légère ▷ **near-death experience** N état *m* de mort imminente ▷ **the Near East** N le Proche-Orient ▷ **near gold** N similor *m* ▷ **near letter quality** N qualité *f* pseudo-courrier ADJ de qualité pseudo-courrier ▷ **near miss** N *(in plane, ship)* quasi-collision *f* ; *(in shooting)* tir *m* très près du but ; *(in football)* tir *m* raté de peu ◆ **we had a ~ miss with that truck** on a frôlé l'accident *or* on l'a échappé belle avec ce camion ◆ **that was a ~ miss** *or* **a ~ thing** *(gen)* il s'en est fallu de peu *or* d'un cheveu ; *[of shot]* c'est passé très près ◆ **he made up for his ~ miss the previous day with a stunning victory** il a compensé par une victoire éclatante le fait qu'il l'avait manquée de très peu la veille ▷ **near money** N *(Fin)* quasi-monnaie *f* ▷ **near-nudity** N nudité *f* presque totale, quasi-nudité *f* ▷ **near-sighted** ADJ *(esp US)* ◆ **to be ~-sighted** être myope, avoir la vue basse ▷ **near-sightedness** N *(esp US)* myopie *f* ▷ **near silk** N soie *f* artificielle

**nearby** /ˌnɪəˈbaɪ/ ADV tout près, à proximité ADJ voisin ◆ **the house is ~** la maison est tout près ◆ **a ~ house** une maison voisine

**nearly** /ˈnɪəlɪ/ ADV a *(= almost)* presque ◆ **it's ~ complete** c'est presque terminé ◆ **~ black** presque noir ◆ **I've ~ finished** j'ai presque fini ◆ **we are ~ there** nous sommes presque arrivés ◆ **it's ~ 2 o'clock** il est près de *or* presque 2 heures ◆ **it's ~ time to go** il est presque l'heure de partir ◆ **she is ~ 60** elle a près de 60 ans, elle va sur ses 60 ans ◆ **their marks are ~ the same** leurs notes sont à peu près les mêmes ◆ **~ all my money** presque tout mon argent, la presque totalité de mon argent ◆ **he ~ laughed** il a failli rire ◆ **I very ~ lost my place** j'ai bien failli perdre ma place ◆ **she was ~ crying** elle était sur le point de pleurer, elle était au bord des larmes ◆ **it's the same or very ~ so** c'est la même chose ou presque

b ◆ **not ~** loin de ◆ **she is not ~ so old as you** elle est loin d'être aussi âgée que vous ◆ **that's not ~ enough** c'est loin d'être suffisant ◆ **it's not ~ good enough** c'est loin d'être satisfaisant

c *(= closely)* près, de près ◆ **this concerns me very ~** cela me touche de très près

COMP ▷ **nearly-new** ADJ *[clothes]* d'occasion *(en bon état)* ▷ **nearly-new shop** N *(Brit)* magasin *m* d'articles d'occasion

**nearness** /ˈnɪənɪs/ N a *(in time, place)* proximité *f* ; *[of relationship]* intimité *f* ; *[of translation]* fidélité *f* ; *[of resemblance]* exactitude *f* b *(* = meanness)* parcimonie *f*, radinerie * *f*

**nearside** /ˈnɪəˌsaɪd/ *(Aut, Horse-riding etc)* N *(in Britain)* côté *m* gauche ; *(in France, US etc)* côté *m* droit ADJ *(in Brit)* de gauche ; *(in France, US etc)* de droite

**neat** /niːt/ ADJ a *(= ordered) [house, room, desk]* bien rangé ; *[garden]* bien entretenu ; *[hair]* bien coiffé ; *[handwriting, clothes, notes, work, appearance, sewing, stitches]* soigné ◆ **everything was ~ and tidy** tout était bien rangé ◆ **she put her clothes in a ~ pile** elle a soigneusement empilé ses vêtements ◆ **in ~ rows** en rangées régulières ◆ **a ~ hairstyle** une coiffure nette ◆ **a ~ little suit** un petit tailleur bien coupé ◆ **she is very ~ in her dress** elle est toujours impeccable *or* tirée à quatre épingles ◆ **he is a ~ worker** il est soigneux dans son travail

b *(= trim) [waist, waistline, ankles]* fin ; *[legs]* bien fait ◆ **she has a ~ figure** elle est bien faite ◆ **a ~ little car** une jolie petite voiture

c *(= skilful and effective) [solution]* ingénieux ; *[plan]* habile, ingénieux ; *[division, category]* net, bien défini ; *[explanation] (= clever)* astucieux ; *(= devious)* habile ; *[phrase]* bien tourné ◆ **to make a ~ job of sth** bien faire qch, réussir qch

d *(US * = good) [car, apartment, idea]* super * ◆ **he's a really ~ guy** c'est un mec super * ◆ **it would be ~ to do that** ce serait chouette * (de faire ça)

e *(= undiluted) [whisky, brandy, vodka]* sec (sèche *f*), sans eau

**neaten** /ˈniːtn/ VT *[+ dress]* ajuster ; *[+ desk]* ranger ◆ **to ~ one's hair** se recoiffer

**'neath** /niːθ/ PREP *(liter)* ⇒ **beneath prep**

**neatly** /ˈniːtlɪ/ ADV a *(= carefully) [write, type, dress, fold]* soigneusement ◆ **to put sth away ~** ranger qch soigneusement *or* avec soin b *(= skilfully) [summarize]* habilement ◆ **he avoided the question very ~** il a éludé la question très habilement ◆ **as you so ~ put it** comme vous le dites si bien ◆ **a ~ turned sentence** une phrase bien tournée *or* joliment tournée ◆ **you got out of that very ~** vous vous en êtes très habilement tiré c *(= conveniently) [fit, work out]* parfaitement

**neatness** /ˈniːtnɪs/ N a *(= tidiness) [of person, clothes, house]* netteté *f*, belle ordonnance *f* ; *[of garden, sewing]* aspect *m* soigné ◆ **the ~ of her work/appearance** son travail/sa tenue soigné(e), le soin qu'elle apporte à son travail/à sa tenue b *[of ankles]* finesse *f* ; *[of figure]* sveltesse *f* c *(= skilfulness)* adresse *f*, habileté *f*

**NEB** /ˌeniːbiː/ N a *(Brit)* (abbrev of **National Enterprise Board**) → **national** b (abbrev of **New English Bible**) → **new comp**

**nebbish** ‡ /ˈnebɪʃ/ ADJ *(US)* empoté * ◆ **your ~ brother** ton empoté de frère N ballot * *m*, empoté(e) *m(f)*

**Nebraska** /nɪˈbræskə/ N Nebraska *m* ◆ **in ~** dans le Nebraska

**Nebuchadnezzar** /ˌnebjʊkədˈnezəʳ/ N Nabuchodonosor *m*

**nebula** /ˈnebjʊlə/ N (pl **nebulas** *or* **nebulae** /ˈnebjʊliː/) nébuleuse *f*

**nebulizer** /ˈnebjʊlaɪzəʳ/ N *(Med)* nébuliseur *m*

**nebulous** /ˈnebjʊləs/ ADJ *(= vague) [notion, concept]* nébuleux, vague ; *(Astron)* nébuleux

**NEC** /ˌeniːˈsiː/ N (abbrev of **National Executive Committee**) → **national**

**necessarily** /ˈnesɪsərɪlɪ/ LANGUAGE IN USE 16.1 ADV a *(= automatically)* ◆ **not ~** pas forcément ◆ **this is not ~ the case** ce n'est pas forcément le cas ◆ **you don't ~ have to believe it** vous n'êtes pas forcé *or* obligé de le croire ◆ **he was lying, of course – not ~** bien entendu, il mentait – pas forcément b *(= inevitably) [slow, short]* forcément, nécessairement ◆ **at this stage the plan ~ lacks detail** à ce stade, le plan n'est forcément pas très détaillé

**necessary** /ˈnesɪsərɪ/ LANGUAGE IN USE 10.3 ADJ a *(= required) [skill, arrangements]* nécessaire, requis (*to, for sth* à qch) ◆ **all the qualifications ~ for this job** toutes les qualifications requises pour ce poste ◆ **if ~** le cas échéant, si nécessaire ◆ **when** *or* **where ~** lorsque c'est nécessaire ◆ **to do more than is ~** en faire plus qu'il n'est nécessaire ◆ **to do no more than is strictly ~** ne faire que le strict nécessaire ◆ **to do whatever is** *or* **everything ~ (for)** faire le nécessaire (pour) ◆ **to make it ~ for sb to do sth** mettre qn dans la nécessité de faire qch ◆ **it is ~ to do this** il est nécessaire de le faire ◆ **it is ~ for him to do this** il est nécessaire qu'il le fasse ◆ **it is ~ that ...** il est nécessaire que ... + *subj*

b *(= inevitable) [consequence]* inéluctable ; *[corollary]* nécessaire ; *[result]* inévitable ◆ **there is no ~ connection between ...** il n'y a pas nécessairement de rapport entre ... ◆ **a ~ evil** un mal nécessaire

N a ◆ **to do the ~** * faire le nécessaire b *(= money)* ◆ **the ~** * le fric ‡ c *(Jur)* ◆ **necessaries** *(= necessities)* les choses *fpl* nécessaires

**necessitate** /nɪˈsesɪteɪt/ VT nécessiter, rendre nécessaire ◆ **the situation ~d his immediate return** la situation l'a obligé à revenir immédiatement, la situation a nécessité son retour immédiat ◆ **the situation ~s our abandoning the plan** la situation exige que nous abandonnions le projet

**necessitous** /nɪˈsesɪtəs/ ADJ *(frm)* nécessiteux ◆ **in ~ circumstances** dans le besoin, dans la nécessité

**necessity** /nɪˈsesɪtɪ/ N a *(NonC) (= compelling circumstances)* nécessité *f* ; *(= need, compulsion)* besoin *m*, nécessité *f* ◆ **the ~ of doing sth** le besoin *or* la nécessité de faire qch ◆ **she realized the ~ of going to see him** elle a compris qu'il était nécessaire d'aller le voir *or* qu'il fallait aller le voir ◆ **she questioned the ~ of buying a brand new car** elle mettait en doute la nécessité d'acheter une voiture neuve ◆ **she regretted the ~ of making him redundant** elle regrettait d'avoir à le licencier ◆ **is there any ~?** est-ce nécessaire ? ◆ **there's no ~ for tears/apologies** il n'est pas nécessaire de pleurer/s'excuser ◆ **there is no ~ for you to do that** il n'est pas nécessaire que vous fassiez cela ◆ **from** *or* **out of ~** par nécessité, par la force des choses ◆ **of ~** par nécessité ◆ **to be born of ~** être dicté par les circonstances ◆ **to be under the ~ of doing sth** *(frm)* être dans la nécessité *or* dans l'obligation de faire qch ◆ **a case of absolute ~** un cas de force majeure ◆ **in case of ~** au besoin, en cas de besoin ◆ **~ knows no law** *(Prov)* nécessité fait loi *(Prov)* ◆ **~ is the mother of invention** *(Prov)* la nécessité rend ingénieux, nécessité est mère d'invention † ; → **virtue**

b *(NonC = poverty)* besoin *m*, nécessité † *f*

c *(= necessary object etc)* chose *f* indispensable ◆ **a dishwasher is a ~ nowadays** un lave-vaisselle est indispensable de nos jours, de nos jours, il est indispensable d'avoir un lave-vaisselle ◆ **a basic ~** *(= product)* un produit de première nécessité ◆ **water is a basic ~ of life** l'eau est indispensable à la vie ◆ **a political/economic ~** un impératif politique/économique ; → **bare**

**neck** /nek/ N a cou *m* ; *[of horse, cow, swan]* encolure *f* ◆ **to have a sore ~** avoir mal au cou ◆ **to fling one's arms round sb's ~, to fall on sb's ~** *(liter)* se jeter *or* sauter au cou de qn ◆ **to win by a ~** *(Racing)* gagner d'une encolure ◆ **I don't want (to have) him (hanging) round my ~** * je ne veux pas l'avoir sur le dos ◆ **to risk one's ~** risquer sa vie *or* sa peau * ◆ **he's up to his ~ in it** * *(in crime, plot, conspiracy)* il est mouillé jusqu'au cou * ◆ **to be up to one's ~ in work** * être débordé (de travail) ◆ **he's up to his ~ in debt** * il est endetté jusqu'au cou ◆ **he's up to his ~ in drug dealing** * il est mouillé jusqu'au cou dans des affaires de trafic de stupéfiants ◆ **the government is up to its ~ in new allegations of corruption** * le gouvernement a fort à faire avec ces nouvelles allégations de corruption ◆ **he got it in the ~** ‡ *(= got told off)* il en a pris pour son grade * ; *(= got beaten up)* il a dérouillé ‡ ; *(= got killed)* il s'est fait descendre * ◆ **to stick one's ~ out** * se mouiller * ◆ **to throw sb out ~ and crop** jeter qn dehors avec violence ◆ **it's ~ or nothing** * *(Brit)* il faut jouer *or* risquer le tout pour le tout ; → **breakneck, breathe, pain, save**[1]**, stiff**

b *(Culin)* ◆ **~ of mutton** collet *m or* collier *m* de mouton ◆ **~ of beef** collier *m* de bœuf ◆ **best end of ~** côtelettes *fpl* premières c *[of dress, shirt etc]* encolure *f* ◆ **high** ~ col *m* montant ◆ **square** ~ col *m* carré ◆ **a dress with a low** ~ une robe décolletée ◆ **a shirt with a 38cm** ~ une chemise qui fait 38 cm d'encolure *or* de tour de cou ; → **polo, roll**

d *[of bottle]* goulot *m* ; *[of vase]* col *m* ; *[of tooth, screw]* collet *m* ; *[of land]* isthme *m* ; *[of guitar, violin]* manche *m* ; *[of uterus, bladder]* col *m* ◆ **in our** *or* **this** ~ **of the woods** par ici ◆ **she's from your** ~ **of the woods** elle vient du même coin que vous ; → **bottleneck**

e *(Brit * = impertinence)* toupet * *m*, culot * *m*

**VI** *(esp US *)* *[couple]* se peloter * ◆ **to** ~ **with sb** peloter * qn

**VT** * *(= drink)* s'enfiler *

**COMP** ▷ **neck and neck** ADJ à égalité

**neckband** /ˈnekbænd/ N *(= part of garment)* col *m* ; *(= choker)* tour *m* de cou

**-necked** /nekt/ ADJ *(in compounds)* → **low¹, round, stiff**

**neckerchief** /ˈnekətʃiːf/ N *(= scarf)* foulard *m*, tour *m* de cou ; *(on dress)* fichu *m*

**necking** * /ˈnekɪŋ/ N *(esp US)* pelotage * *m*

**necklace** /ˈneklɪs/ **N** collier *m* ; *(long)* sautoir *m* ◆ **ruby/pearl** ~ collier *m* de rubis/de perles ◆ **diamond** ~ collier *m or* rivière *f* de diamants **VT** *(* = kill with burning tyre)* faire subir le supplice du collier à **COMP** ▷ **necklace killing** N supplice *m* du collier

**necklacing** /ˈneklɪsɪŋ/ N ⇒ **necklace killing** ; → **necklace**

**necklet** /ˈneklɪt/ N collier *m*

**neckline** /ˈneklaɪn/ N encolure *f*

**neckshot** /ˈnekʃɒt/ N ≈ balle *f* dans la nuque

**necktie** /ˈnektaɪ/ N *(esp US)* cravate *f*

**necrological** /ˌnekrəʊˈlɒdʒɪkəl/ ADJ nécrologique

**necrologist** /neˈkrɒlədʒɪst/ N nécrologue *m*

**necrology** /neˈkrɒlədʒɪ/ N nécrologie *f*

**necromancer** /ˈnekrəʊmænsəʳ/ N nécromancien(ne) *m(f)*

**necromancy** /ˈnekrəʊmænsɪ/ N nécromancie *f*

**necrophile** /ˈnekrəʊˌfaɪl/ N nécrophile *mf*

**necrophilia** /ˌnekrəʊˈfɪlɪə/ N nécrophilie *f*

**necrophiliac** /ˌnekrəʊˈfɪlɪˌæk/ N nécrophile *mf*

**necrophilic** /ˌnekrəʊˈfɪlɪk/ ADJ nécrophile

**necrophilism** /neˈkrɒfɪlɪzəm/ N ⇒ **necrophilia**

**necrophobe** /ˈnekrəʊˌfəʊb/ N nécrophobe *mf*

**necrophobia** /ˌnekrəʊˈfəʊbɪə/ N nécrophobie *f*

**necrophobic** /ˌnekrəʊˈfəʊbɪk/ ADJ nécrophobe

**necropolis** /neˈkrɒpəlɪs/ N (pl **necropolises** *or* **necropoleis** /neˈkrɒpəˌleɪs/) nécropole *f*

**necrosis** /neˈkrəʊsɪs/ N nécrose *f*

**necrotising fasciitis, necrotizing fasciitis** *(US)* /ˈnekrəʊtaɪzɪŋfæʃɪˈaɪtɪs/ N *(Med)* fasciite *f* nécrosante *or* gangreneuse

**nectar** /ˈnektəʳ/ N nectar *m*

**nectarine** /ˈnektərɪn/ N *(= fruit)* brugnon *m*, nectarine *f* ; *(= tree)* brugnonier *m*

**ned** ‡ /ned/ N *(esp Scot)* voyou *m*

**NEDC** /ˌeniːdiːˈsiː/ N *(Brit: formerly)* (abbrev of **National Economic Development Council**) → **national**

**Neddy** * /ˈnedɪ/ N *(Brit: formerly)* (abbrev of **National Economic Development Council**) → **national**

**née** /neɪ/ ADJ née ◆ **Mrs Gautier,** ~ **Buchanan** Mme Gautier, née Buchanan

**need** /niːd/ LANGUAGE IN USE 10.2

**N** a *(NonC = necessity, obligation)* besoin *m* ◆ **in case of** ~ en cas de besoin ◆ **I can't see the** ~ **for it** je n'en vois pas la nécessité

◆ **if need be** si besoin est, s'il le faut

◆ **no need** ◆ **there's no** ~ **to hurry** il n'y a pas besoin *or* lieu de se dépêcher ◆ **no** ~ **to rush!** il n'y a pas le feu ! ◆ **no** ~ **to worry!** inutile de s'inquiéter ! ◆ **no** ~ **to tell him** pas besoin de lui dire ◆ **to have no** ~ **to do sth** ne pas avoir besoin de faire qch ◆ **there's no** ~ **for you to come, you have no** ~ **to come** vous n'êtes pas obligé de venir ◆ **should I call him? – no, there's no** ~ dois-je l'appeler ? – non, ce n'est pas la peine

b *(NonC) (= want, lack, poverty)* besoin *m* ◆ **there is much** ~ **of food** il y a un grand besoin de vivres ◆ **when the** ~ **arises** quand le besoin se présente *or* s'en fait sentir ◆ **your** ~ **is greater than mine** vous êtes plus dans le besoin que moi ; *(* hum)* vous en avez plus besoin que moi ; → **serve**

◆ **to be in need of, to have need of** avoir besoin de ◆ **to be badly** *or* **greatly in** ~ **of** avoir grand besoin de ◆ **I'm in** ~ **of a drink** j'ai besoin de prendre un verre ◆ **the house is in** ~ **of repainting** la maison a besoin d'être repeinte ◆ **those most in** ~ **of help** ceux qui ont le plus besoin d'aide ◆ **I have no** ~ **of advice** je n'ai pas besoin de conseils

c *(NonC) (= misfortune)* adversité *f*, difficulté *f* ; *(= poverty)* besoin *m* ◆ **in times of** ~ aux heures *or* aux moments difficiles ◆ **do not fail me in my hour of** ~ ne m'abandonnez pas dans l'adversité

◆ **in need** ◆ **to be in** ~ être dans le besoin ; → **friend**

d *(= thing needed)* besoin *m* ◆ **to supply sb's** ~**s** subvenir aux besoins de qn ◆ **his** ~**s are few** il a peu de besoins ◆ **give me a list of your** ~**s** donnez-moi une liste de ce dont vous avez besoin *or* de ce qu'il vous faut ◆ **the greatest** ~**s of industry** ce dont l'industrie a le plus besoin

**VT** a *(= require) [person, thing]* avoir besoin de ◆ **they** ~ **one another** ils ont besoin l'un de l'autre ◆ **I** ~ **money** j'ai besoin d'argent, il me faut de l'argent ◆ **I** ~ **more money** il me faut plus d'argent ◆ **I** ~ **it** j'en ai besoin ◆ **do you** ~ **more time?** avez-vous besoin qu'on vous accorde *subj* plus de *or* davantage de temps ? ◆ **have you got all that you** ~**?** vous avez tout ce qu'il vous faut ? ◆ **it's just what I** ~**ed** c'est tout à fait ce qu'il me fallait ◆ **I** ~ **two more to complete the series** il m'en faut encore deux pour compléter la série ◆ **he** ~**ed no second invitation** il n'a pas eu besoin qu'on lui répète *subj* l'invitation ◆ **the house** ~**s repainting** *or* **to be repainted** la maison a besoin d'être repeinte ◆ **her hair** ~**s brushing** *or* **to be brushed** ses cheveux ont besoin d'un coup de brosse ◆ **a visa is** ~**ed** il faut un visa ◆ **a much** ~**ed holiday** des vacances dont on a (*or* j'ai *etc*) grand besoin ◆ **I gave it a much** ~**ed wash** je l'ai lavé, ce dont il avait grand besoin ◆ **it** ~**ed a war to alter that** il a fallu une guerre pour changer ça ◆ **it** *or* **he doesn't** ~ **me to tell him** il n'a pas besoin que je le lui dise ◆ **she** ~**s watching** *or* **to be watched** elle a besoin d'être surveillée ◆ **he** ~**s to have everything explained to him in detail** il faut tout lui expliquer en détail ◆ **you will hardly** ~ **to be reminded that ...** vous n'avez sûrement pas besoin qu'on (*or* que je *etc*) vous rappelle *subj* que ... ◆ **you only** ~**ed to ask** tu n'avais qu'à demander ◆ **who** ~**s it?** * *(fig)* on s'en fiche ! * ◆ **who** ~**s politicians (anyway)?** * *(fig)* (de toutes façons) les hommes politiques, à quoi ça sert * *or* qu'est-ce qu'on en a à faire ? * ; → **hole**

b *(= demand)* demander ◆ **this book** ~**s careful reading** ce livre demande à être lu attentivement *or* nécessite une lecture attentive ◆ **this coat** ~**s to be cleaned regularly** ce manteau doit être nettoyé régulièrement ◆ **this plant** ~**s care** il faut prendre soin de cette plante ◆ **the situation** ~**s detailed consideration** la situation doit être considérée dans le détail ◆ **this will** ~ **some explaining** il va falloir fournir de sérieuses explications là-dessus

**MODAL AUX VB** a *(indicating obligation)* ~ **he go?, does he** ~ **to go?** a-t-il besoin *or* est-il obligé d'y aller ?, faut-il qu'il y aille ? ◆ **you needn't wait** vous n'avez pas besoin *or* vous n'êtes pas obligé d'attendre ◆ **you needn't bother to write to me** ce n'est pas la peine *or* ne vous donnez pas la peine de m'écrire ◆ **I told her she needn't reply** *or* **she didn't** ~ **to reply** je lui ai dit qu'elle n'était pas obligée *or* forcée de répondre ◆ **we needn't have hurried** ce n'était pas la peine de nous presser ◆ ~ **I finish the book now?** faut-il que je termine *subj* le livre maintenant ? ◆ ~ **we go into all this now?** est-il nécessaire de *or* faut-il discuter de tout cela maintenant ? ◆ **I** ~ **hardly say that ...** je n'ai guère besoin de dire que ..., inutile de dire que ... ◆ ~ **I say more?** ai-je besoin d'en dire plus (long) ? ◆ **you needn't say any more** inutile d'en dire plus ◆ **no one** ~ **go** *or* ~**s to go hungry nowadays** de nos jours personne ne devrait souffrir de la faim ◆ **why** ~ **you always remind me of that?, why do you always** ~ **to remind me of that?** pourquoi faut-il toujours que tu me rappelles *subj* cela ?

b *(indicating logical necessity)* ~ **that be true?** est-ce nécessairement vrai ? ◆ **that needn't be the case** ce n'est pas nécessairement *or* forcément le cas ◆ **it** ~ **not follow that they are all affected** il ne s'ensuit pas nécessairement *or* forcément qu'ils soient tous affectés

**COMP** ▷ **need-to-know** ADJ ◆ **to access information on a** ~**-to-know basis** avoir accès à des renseignements de manière ponctuelle

**needful** /ˈniːdfʊl/ **ADJ** nécessaire ◆ **to do what is** ~ faire ce qui est nécessaire, faire le nécessaire ◆ **as much as is** ~ autant qu'il en faut **N** ◆ **to do the** ~ * faire ce qu'il faut

**neediness** /ˈniːdɪnɪs/ N indigence *f*

**needle** /ˈniːdl/ **N** a aiguille *f* ◆ **knitting/darning** *etc* ~ aiguille *f* à tricoter/à repriser *etc* ◆ **record-player** ~ pointe *f* de lecture, saphir *m* ◆ **gramophone** ~ aiguille *f* de phonographe ◆ **pine** ~ *(Bot)* aiguille *f* de pin ◆ **it's like looking for a** ~ **in a haystack** autant chercher une aiguille dans une botte de foin ◆ **to be on the** ~ ‡ *(Drugs)* se shooter ‡ ; → **pin, sharp**

b *(Brit *)* **he gives me the** ~ *(= teases me)* il me charrie ‡ ; *(= annoys me)* il me tape sur les nerfs * *or* sur le système * ◆ **to get the** ~ se ficher en boule ‡

**VT** a * *(= annoy)* asticoter, agacer ; *(= sting)* piquer *or* toucher au vif ; *(= nag)* harceler ◆ **she was** ~**d into replying sharply** touchée au vif *or* agacée elle a répondu avec brusquerie

b *(US)* **to** ~ **a drink** ‡ corser une boisson

**COMP** ▷ **needle book**, **needle case** N porte-aiguilles *m inv* ▷ **needle exchange** N *(= needle swapping)* échange *m* de seringues ; *(= place)* centre *m* d'échange de seringues ▷ **needle match** N *(Brit Sport)* règlement *m* de comptes ▷ **needle-sharp** ADJ *(fig) (= alert)* malin (-igne *f*) comme un singe ; *(= penetrating)* perspicace

**needlecord** /ˈniːdlkɔːd/ N velours *m* milleraies

**needlecraft** /ˈniːdlkrɑːft/ N travaux *mpl* d'aiguille

**needlepoint** /ˈniːdlpɔɪnt/ N tapisserie *f* (à l'aiguille)

**needless** /ˈniːdlɪs/ ADJ *[death, suffering, sacrifice, repetition]* inutile ; *[cruelty, destruction]* gratuit ; *[expense, risk]* inutile, superflu ; *[remark, sarcasm, rudeness]* déplacé ◆ **~ to say, ...** inutile de dire que ..., il va sans dire que ...

**needlessly** /ˈniːdlɪslɪ/ ADV *[repeat, prolong]* inutilement ; *[die]* en vain ; *[suffer]* pour rien ◆ **you're worrying quite ~** vous vous inquiétez sans raison ◆ **he was ~ rude** il a été d'une impolitesse tout à fait déplacée

**needlessness** /ˈniːdlɪsnɪs/ N inutilité *f* ; *[of remark]* inopportunité *f*

**needlestick** /ˈniːdlstɪk/ N ◆ **~ injury** blessure *f* causée par une seringue

**needlewoman** /ˈniːdlwʊmən/ N (pl **-women**) ◆ **she is a good ~** elle est douée pour les travaux d'aiguille

**needlework** /ˈniːdlwɜːk/ N *(gen)* travaux *mpl* d'aiguille ; *(= mending etc) (also Scol)* couture *f* ◆ **bring your ~ with you** apportez votre ouvrage

**needn't** /ˈniːdnt/ ⇒ **need not ;** → **need modal aux vb**

**needs** /niːdz/ ADV *(liter)* ◆ **I must ~ leave tomorrow** il me faut absolument partir demain, je dois de toute nécessité partir demain ◆ **if ~ must** s'il le faut absolument, si c'est absolument nécessaire ◆ **~ must when the devil drives** *(Prov)* nécessité fait loi *(Prov)*

**needy** /ˈniːdɪ/ ADJ *[person]* indigent, dans le besoin ; *[area]* sinistré ◆ **he's very ~ at the moment** *(emotionally)* il a besoin de beaucoup d'attention en ce moment NPL **the needy** les nécessiteux *mpl*

**neep** /niːp/ N *(Scot)* rutabaga *m*

**ne'er** /nɛəʳ/ ADV *(liter)* ⇒ **never adv** COMP ▷ **ne'er-do-well** N bon(ne) *m(f)* or propre *mf* à rien ADJ bon or propre à rien

**ne'ertheless** /ˈneəðəles/ ADV *(liter)* ⇒ **nevertheless**

**nefarious** /nɪˈfɛərɪəs/ ADJ *(frm)* vil (vile *f*) *(liter)*

**nefariousness** /nɪˈfɛərɪəsnɪs/ N *(frm)* scélératesse *f*

**neg.** (abbrev of **negative**) nég.

**negate** /nɪˈgeɪt/ VT *(frm)* *(= nullify)* annuler ; *(= deny truth of)* nier la vérité de ; *(= deny existence of)* nier (l'existence de) ◆ **this ~d all the good that we had achieved** cela a réduit à rien tout le bien que nous avions fait

**negation** /nɪˈgeɪʃən/ N *(all senses)* négation *f*

**negative** /ˈnegətɪv/ ADJ *(gen, Elec, Ling, Phys etc)* négatif (*about sb/sth* à l'égard de qn/qch) ; *(= harmful) [effect, influence]* néfaste ◆ **he's a very ~ person** c'est quelqu'un de très négatif

N a réponse *f* négative ◆ **his answer was a curt ~** il a répondu par un non fort sec ◆ **the answer was in the ~** la réponse était négative ◆ **to answer in the ~** répondre négativement or par la négative, faire une réponse négative ◆ **"negative"** *(as answer, gen)* "négatif" ; *(computer voice)* "réponse négative"

b *(Ling)* négation *f* ◆ **double ~** double négation *f* ◆ **two ~s make a positive** deux négations équivalent à une affirmation ◆ **in(to) the ~** à la forme négative

c *(Phot)* négatif *m*, cliché *m*

d *(Elec)* (pôle *m*) négatif *m*

VT a *(= veto) [+ plan]* rejeter, repousser ◆ **the amendment was ~d** l'amendement fut repoussé

b *(= contradict, refute) [+ statement]* contredire, réfuter

c *(= nullify) [+ effect]* neutraliser

COMP ▷ **negative campaigning** N *(NonC: Pol)* campagne *f* négative ▷ **negative charge** N *(Phys)* charge *f* négative ▷ **negative equity** N moins-value *f* ▷ **negative feedback** N *(NonC)* a *(= criticism)* réactions *fpl* négatives ◆ **to give sb/get ~ feedback (about sb/sth)** faire part à qn de ses/recevoir des réactions négatives (au sujet de qn/qch) b *(Elec)* contre-réaction *f* ▷ **negative income tax** N impôt *m* négatif ▷ **negative number** N nombre *m* négatif ▷ **negative particle** N *(Ling)* particule *f* négative ▷ **negative pole** N *(Phys)* pôle *m* négatif ▷ **negative sign** N *(Math)* signe *m* moins ▷ **negative tax** N ⇒ **negative income tax**

**negatively** /ˈnegətɪvlɪ/ ADV *[respond]* négativement ; *[affect]* d'une manière défavorable ◆ **to look at things ~** voir les choses de façon négative

**Negev Desert** /ˈnegevˈdezət/ N désert *m* du Néguev

**neglect** /nɪˈglekt/ VT *[+ person, animal]* négliger, délaisser ; *[+ garden, house, car, machinery]* ne pas entretenir ; *[+ rule, law]* ne tenir aucun compte de, ne faire aucun cas de ; *[+ duty, obligation, promise]* manquer à ; *[+ business, work, hobby]* négliger ; *[+ opportunity]* laisser passer ; *[+ one's health]* négliger ; *[+ advice]* ne tenir aucun compte de, ne faire aucun cas de *(frm)* ◆ **to ~ o.s.** or **one's appearance** se négliger ◆ **to ~ to do sth** négliger or omettre de faire qch ; see also **neglected**

N *(NonC) [of duty]* manquement *m* (*of* à) ; *[of work]* manque *m* d'intérêt *m* (*of* pour) ; *[of building]* manque *m* d'entretien ◆ **~ of one's appearance** manque *m* de soin apporté à son apparence ◆ **his ~ of his promise** son manquement à sa promesse, le fait de ne pas tenir sa promesse ◆ **his ~ of his children** la façon dont il a négligé or délaissé ses enfants ◆ **his ~ of his house/garden/car** le fait qu'il ne s'occupe pas de sa maison/de son jardin/de sa voiture ◆ **the garden was in a state of ~** le jardin était mal tenu or était à l'abandon ◆ **after years of ~, the building is being renovated** après être resté des années à l'abandon, l'immeuble est en train d'être rénové

**neglected** /nɪˈglektɪd/ ADJ a *(= uncared-for) [person, district]* délaissé ; *[house, garden]* mal entretenu ; *[appearance]* négligé b *(= forgotten) [play]* méconnu, ignoré ◆ **a ~ area of scientific research** un domaine négligé de la recherche scientifique

**neglectful** /nɪˈglektfʊl/ ADJ négligent ◆ **to be ~ of sth** négliger qch

**neglectfully** /nɪˈglektfəlɪ/ ADV avec négligence

**négligé, negligee, negligée** /ˈneglɪʒeɪ/ N négligé *m*, déshabillé *m*

**negligence** /ˈneglɪdʒəns/ N *(NonC)* négligence *f*, manque *m* de soins or de précautions ◆ **through ~** par négligence ◆ **sin of ~** *(Rel)* faute *f* or péché *m* d'omission ; → **contributory**

**negligent** /ˈneglɪdʒənt/ ADJ a *(= careless)* négligent ◆ **he was ~ in his work** il a fait preuve de négligence dans son travail ◆ **to be ~ in doing sth** faire preuve de négligence en faisant qch ◆ **to be ~ of sth** négliger qch b *(= nonchalant)* nonchalant COMP ▷ **negligent homicide** N *(US)* ≃ homicide *m* involontaire

**negligently** /ˈneglɪdʒəntlɪ/ ADV a *(= carelessly)* ◆ **to behave ~** faire preuve de négligence b *(= nonchalantly, offhandedly)* négligemment ◆ **... she answered ~** ... répondit-elle négligemment

**negligible** /ˈneglɪdʒəbl/ ADJ *[amount, effect]* négligeable ; *[risk, impact]* négligeable, insignifiant ; *[support, cost]* insignifiant

**negotiable** /nɪˈgəʊʃɪəbl/ ADJ a *(esp Fin) [price, salary]* à débattre ; *[rates, conditions, contract, bonds]* négociable ◆ **not ~** non négociable b *(= passable) [road, valley]* praticable ; *[mountain, obstacle]* franchissable ; *[river]* *(= can be sailed)* navigable ; *(= can be crossed)* franchissable COMP ▷ **negotiable securities** NPL fonds *mpl* négociables

**negotiant** /nɪˈgəʊʃɪənt/ N négociateur *m*, -trice *f*

**negotiate** /nɪˈgəʊʃɪeɪt/ VT a *[+ sale, loan, settlement, salary]* négocier b *[+ obstacle, hill]* franchir ; *[+ river]* *(= sail on)* naviguer ; *(= cross)* franchir, traverser ; *[+ rapids, falls]* franchir ; *[+ bend in road]* prendre, négocier ; *[+ difficulty]* surmonter, franchir c *[+ bill, cheque, bond]* négocier VI négocier, traiter (*with sb for sth* avec qn pour obtenir qch) ◆ **they are negotiating for more pay** ils sont en pourparler(s) or ils ont entamé des négociations pour obtenir des augmentations

**negotiation** /nɪˌgəʊʃɪˈeɪʃən/ N *(= discussion)* négociation *f* ◆ **to begin ~s with** engager or entamer des négociations or des pourparlers avec ◆ **to be in ~ with** être en pourparlers avec ◆ **the deal is under ~** l'affaire est en cours de négociation ◆ **~s are proceeding** des négociations or des pourparlers sont en cours ◆ **to solve sth by ~** résoudre qch par la négociation

**negotiator** /nɪˈgəʊʃɪeɪtəʳ/ N négociateur *m*, -trice *f*

**Negress** /ˈniːgres/ N Noire *f*

**Negro** /ˈniːgrəʊ/ ADJ noir ; *(Anthropology)* négroïde ; → **spiritual** N (pl **Negroes**) Noir *m*

**Negroid** /ˈniːgrɔɪd/ ADJ négroïde

**Nehemiah** /ˌniːɪˈmaɪə/ N Néhémie *m*

**neigh** /neɪ/ VI hennir N hennissement *m*

**neighbour, neighbor** *(US)* /ˈneɪbəʳ/ N voisin(e) *m(f)* ; *(Bible etc)* prochain(e) *m(f)* ◆ **she is my ~** c'est ma voisine ◆ **she is a good ~** c'est une bonne voisine ◆ **Good Neighbor Policy** *(US Pol)* politique *f* de bon voisinage ◆ **Britain's nearest ~ is France** la France est la plus proche voisine de la Grande-Bretagne ; → **next door** VI *(US)* ◆ **to neighbor with sb** se montrer bon voisin envers qn COMP ▷ **neighbor states** NPL *(US)* États *mpl* voisins

**neighbourhood, neighborhood** *(US)* /ˈneɪbəhʊd/ N *(= district)* quartier *m* ; *(= area nearby)* voisinage *m*, environs *mpl* ◆ **all the children of the ~** tous les enfants du voisinage or du quartier ◆ **it's not a nice ~** c'est un quartier plutôt mal famé ◆ **the whole ~ knows him** tout le quartier le connaît ◆ **is there a cinema in your ~?** y a-t-il un cinéma près de chez vous ? ◆ **in the ~ of the church** dans le voisinage de l'église, du côté de l'église ◆ **(something) in the ~ of $100** dans les 100 dollars, environ 100 dollars ◆ **anyone in the ~ of the crime** toute personne se trouvant dans les parages du crime

ADJ *[doctor, shops]* du quartier ; *[café]* du coin ◆ **our/your friendly ~ dentist** *(fig, often iro)* le gentil dentiste de notre/votre quartier

COMP ▷ **neighbourhood TV** N télévision *f* locale ▷ **neighbourhood watch** N *système de surveillance assuré par les habitants d'un quartier*

**neighbouring, neighboring** *(US)* /ˈneɪbərɪŋ/ ADJ *[country, area, building]* voisin, avoisinant ; *[state, town]* voisin ◆ **in ~ Italy** dans l'Italie voisine

**neighbourliness, neighborliness** *(US)* /ˈneɪbəlɪnɪs/ **N** ◆ **(good) ~** rapports *mpl* de bon voisinage

**neighbourly, neighborly** *(US)* /ˈneɪbəlɪ/ **ADJ** *[person]* aimable (*to sb* avec qn), amical ; *[feeling]* amical ; *[behaviour, gesture]* de bon voisin ◆ **they are ~ people** ils sont bons voisins ◆ **~ relations** rapports *mpl* de bon voisinage ◆ **to behave in a ~ way** se conduire en bon voisin ◆ **that's very ~ of you** c'est très aimable (de votre part)

**neighing** /ˈneɪɪŋ/ **N** hennissement(s) *m(pl)* **ADJ** hennissant

**neither** /ˈnaɪðəʳ, ˈniːðəʳ/ **ADV** ni ◆ **~ ... nor** ni ... ni *+ ne before vb* ◆ **~ good nor bad** ni bon ni mauvais ◆ **I've seen ~ him nor her** je ne les ai vus ni l'un ni l'autre ◆ **he can ~ read nor write** il ne sait ni lire ni écrire ◆ **the house has ~ water nor electricity** la maison n'a ni eau ni électricité ◆ **~ you nor I know** ni vous ni moi ne (le) savons ◆ **he ~ knows nor cares** il n'en sait rien et ça lui est égal

♦ **neither here nor there** ◆ **that's ~ here nor there** ce n'est pas la question ◆ **the fact that she needed the money is ~ here nor there, it's still stealing** peu importe qu'elle ait eu besoin de cet argent, il n'en reste pas moins que c'est du vol ◆ **an extra couple of miles is ~ here nor there** on n'en est pas à deux ou trois kilomètres près

**CONJ** **a** **if you don't go, ~ shall I** si tu n'y vas pas je n'irai pas non plus ◆ **I'm not going – ~ am I** je n'y vais pas – moi non plus ◆ **he didn't do it – ~ did his brother** il ne l'a pas fait – son frère non plus

**b** *(liter = moreover ... not)* d'ailleurs ... ne ... pas ◆ **I can't go, ~ do I want to** je ne peux pas y aller et d'ailleurs je n'en ai pas envie

**ADJ** ◆ **~ story is true** ni l'une ni l'autre des deux histoires n'est vraie, aucune des deux histoires n'est vraie ◆ **~ candidate got the job** les candidats n'ont eu le poste ni l'un ni l'autre ◆ **in ~ way** ni d'une manière ni de l'autre ◆ **in ~ case** ni dans un cas ni dans l'autre

**PRON** aucun(e) *m(f)*, ni l'un(e) ni l'autre *+ ne before vb* ◆ **~ of them knows** ni l'un ni l'autre ne le sait, ils ne le savent ni l'un ni l'autre ◆ **I know ~ of them** je ne (les) connais ni l'un ni l'autre ◆ **which (of the two) do you prefer? – ~** lequel (des deux) préférez-vous ? – ni l'un ni l'autre

**Nelly** /ˈnelɪ/ **N** (dim of **Helen, Ellen**) Hélène *f*, Éléonore *f* ◆ **not on your ~!** ‡ jamais de la vie !

**nelson** /ˈnelsən/ **N** *(Wrestling)* ◆ **full ~** nelson *m* ◆ **half-~** clef *f* au cou ◆ **to put a half-~ on sb** * *(fig)* attraper qn *(pour l'empêcher de faire qch)*

**nematode** /ˈnemətəʊd/ **N** (also **nematode worm**) nématode *m*

**nem. con.** (abbrev of **nemine contradicente**) *(= no one contradicting)* à l'unanimité

**nemesia** /nɪˈmiːʒə/ **N** némésia *m (fleur)*

**Nemesis** /ˈnemɪsɪs/ **N** (pl **Nemeses**) **a** *(Myth)* Némésis *f* **b** (also **nemesis**) némésis *f*, instrument *m* de vengeance ◆ **it's ~** c'est un juste retour des choses ◆ **she's my ~** *(esp US)* je suis vaincu d'avance avec elle

**neo...** /ˈniːəʊ/ **PREF** néo...

**Neocene** /ˈniːəˌsiːn/ **N** néogène *m*

**neoclassical** /ˌniːəʊˈklæsɪkəl/ **ADJ** néoclassique

**neoclassicism** /ˌniːəʊˈklæsɪˌsɪzəm/ **N** néoclassicisme *m*

**neocolonial** /ˌniːəʊkəˈləʊnɪəl/ **ADJ** néocolonial

**neocolonialism** /ˌniːəʊkəˈləʊnɪəlɪzəm/ **N** néocolonialisme *m*

**neodymium** /ˌniːəʊˈdɪmɪəm/ **N** néodyme *m*

**neofascism** /ˌniːəʊˈfæʃɪzəm/ **N** néofascisme *m*

**neofascist** /ˌniːəʊˈfæʃɪst/ **ADJ, N** néofasciste *mf*

**Neogene** /ˈniːəˌdʒiːn/ **N** néogène *m*

**neolith** /ˈniːəlɪθ/ **N** *(Archeol)* pierre *f* polie

**neolithic** /ˌniːəʊˈlɪθɪk/ **ADJ** *[site, tomb]* néolithique ; *[person]* du néolithique **COMP** ▷ **the Neolithic Age, the Neolithic Period** **N** le néolithique

**neological** /ˌnɪəˈlɒdʒɪkəl/ **ADJ** néologique

**neologism** /nɪˈɒlədʒɪzəm/ **N** néologisme *m*

**neologize** /nɪˈɒlədʒaɪz/ **VI** faire un (*or* des) néologisme(s)

**neology** /nɪˈɒlədʒɪ/ **N** ⇒ **neologism**

**neomycin** /ˌniːəʊˈmaɪsɪn/ **N** néomycine *f*

**neon** /ˈniːɒn/ **N** (gaz *m*) néon *m* **COMP** *[lamp, lighting]* au néon ▷ **neon sign** **N** enseigne *f* (lumineuse) au néon

**neonatal** /ˌniːəʊˈneɪtəl/ **ADJ** néonatal ◆ **~ care** soins *mpl* néonatals ◆ **~ unit** service *m* de nouveaux-nés *or* de néonatalité

**neonate** /ˈniːəʊˌneɪt/ **N** *(frm)* nouveau-né *m*

**neonazi** /ˌniːəʊˈnɑːtsɪ/ **ADJ, N** néonazi(e) *m(f)*

**neophyte** /ˈniːəʊˌfaɪt/ **N** néophyte *mf*

**neoplasm** /ˈniːəʊˌplæzəm/ **N** néoplasme *m*

**Neo-Platonic, neoplatonic** /ˌniːəʊpləˈtɒnɪk/ **ADJ** néoplatonicien

**Neo-Platonism, neoplatonism** /ˌniːəʊˈpleɪtəˌnɪzəm/ **N** néoplatonisme *m*

**Neo-Platonist, neoplatonist** /ˌniːəʊˈpleɪtəˌnɪst/ **N** néoplatonicien(ne) *m(f)*

**Neozoic** /ˌniːəʊˈzəʊɪk/ **ADJ** néozoïque

**Nepal** /nɪˈpɔːl/ **N** Népal *m* ◆ **in ~** au Népal

**Nepalese** /ˌnepɔːˈliːz/, **Nepali** /nɪˈpɔːlɪ/ **ADJ** népalais **N** **a** *(pl inv)* Népalais(e) *m(f)* **b** *(Ling)* népalais *m*

**nephew** /ˈnefjuː/ **N** neveu *m*

**nephralgia** /nɪˈfrældʒɪə/ **N** néphralgie *f*

**nephrectomy** /nɪˈfrektəmɪ/ **N** néphrectomie *f*

**nephritic** /neˈfrɪtɪk/ **ADJ** néphrétique

**nephritis** /neˈfraɪtɪs/ **N** néphrite *f*

**nephrology** /nɪˈfrɒlədʒɪ/ **N** néphrologie *f*

**nephrosis** /nɪˈfrəʊsɪs/ **N** néphrose *f*

**nephrotomy** /nɪˈfrɒtəmɪ/ **N** néphrotomie *f*

**nepotism** /ˈnepətɪzəm/ **N** népotisme *m*

**Neptune** /ˈneptjuːn/ **N** *(Myth)* Neptune *m* ; *(Astron)* Neptune *f*

**neptunium** /nepˈtjuːnɪəm/ **N** neptunium *m*

**nerd** ‡ /nɜːd/ **N** **a** *(= pathetic person)* pauvre mec * *m*, ringard * *m* **b** *(= enthusiast)* ◆ **a computer/science ~** un fou d'informatique/de sciences

**nerdish** ‡ /ˈnɜːdɪʃ/, **nerdy** ‡ /ˈnɜːdɪ/ **ADJ** ringard *

**nereid** /ˈnɪərɪɪd/ **N** *(Myth, Zool)* néréide *f*

**Nero** /ˈnɪərəʊ/ **N** Néron *m*

**nerve** /nɜːv/ **N** **a** *(Anat, Dentistry)* nerf *m* ; *(Bot)* nervure *f* ◆ **to kill the ~ of a tooth** dévitaliser une dent ◆ **his speech touched** *or* **struck a (raw) ~** son discours a touché un point sensible

**b** *(NonC: fig)* sang-froid *m* ◆ **it was a test of ~ and stamina for the competitors** le sang-froid et l'endurance des concurrents furent mis à l'épreuve ◆ **to hold** *or* **keep one's ~** garder son sang-froid ◆ **he held his ~ to win the race** *(Sport)* il a gardé son sang-froid et il a gagné la course ◆ **he never got his ~ back** *or* **never regained his ~** il n'a jamais repris confiance en lui ◆ **I haven't the ~ to do that** je n'ai pas le courage *or* le cran * de faire ça ◆ **did you tell him? – I didn't/wouldn't have the ~!** le lui as-tu dit ? – je n'en ai pas eu/je n'en aurais pas le courage ! ◆ **his ~ failed him, he lost his ~** le courage lui a manqué, il s'est dégonflé *

**c** *(* = cheek)* toupet * *m*, culot * *m* ◆ **you've got a ~!** tu es gonflé ! *, tu as du culot * *or* du toupet * ! ◆ **you've got a bloody ‡ ~!** *(Brit)* tu charries ! ‡ ◆ **what a ~!, of all the ~!, the ~ of it!** quel toupet ! *, quel culot ! * ◆ **he had the ~ to say that ...** il a eu le toupet * *or* le culot * de dire que ...

**NPL** **nerves** *(fig = nervousness)* nerfs *mpl*, nervosité *f* ◆ **her ~s are bad, she suffers from ~s** elle a les nerfs fragiles ◆ **to have a fit** *or* **an attack of ~s** *(before performance, exam etc)* avoir le trac * ◆ **it's only ~s** c'est de la nervosité ◆ **to be all ~s, to be a bundle of ~s** être un paquet de nerfs ◆ **he was in a state of ~s, his ~s were on edge** il était sur les nerfs, il avait les nerfs tendus *or* à vif ◆ **he/the noise gets on my ~s** il/ce bruit me tape sur les nerfs * *or* sur le système * ◆ **to live on one's ~s** vivre sur les nerfs ◆ **to have ~s of steel** avoir les nerfs solides *or* des nerfs d'acier ◆ **war of ~s** guerre *f* des nerfs ; → **strain**[1]

**VT** ◆ **to ~ o.s. to do sth** prendre son courage à deux mains *or* s'armer de courage pour faire qch ◆ **I can't ~ myself to do it** je n'ai pas le courage de le faire

**COMP** ▷ **nerve agent** **N** substance *f* neurotoxique ▷ **nerve cell** **N** cellule *f* nerveuse ▷ **nerve centre** **N** *(Anat)* centre *m* nerveux ; *(fig)* centre *m* d'opérations *(fig)* ▷ **nerve ending** **N** terminaison *f* nerveuse ▷ **nerve gas** **N** gaz *m* neurotoxique ▷ **nerve-racking** **ADJ** angoissant, très éprouvant pour les nerfs ▷ **nerve specialist** **N** neurologue *mf* ▷ **nerve-wracking** **ADJ** ⇒ **nerve-racking**

**nerveless** /ˈnɜːvlɪs/ **ADJ** **a** *(= weak) [fingers, hands]* inerte ◆ **the dagger fell from his ~ grasp** sa main inerte a lâché le poignard **b** *(= brave)* intrépide ; *(= calm, collected)* impassible **c** *(pej = cowardly)* lâche, dégonflé * ◆ **he's ~** c'est un dégonflé * **d** *(Anat)* peu innervé ; *(Bot)* sans nervures

**nervelessness** /ˈnɜːvlɪsnɪs/ **N** *(fig)* **a** *(= calmness)* sang-froid *m* **b** *(= cowardice)* lâcheté *f*

**nerviness** * /ˈnɜːvɪnɪs/ **N** **a** nervosité *f* **b** *(US = cheek)* culot * *m*, toupet * *m*

**nervous** /ˈnɜːvəs/ **ADJ** **a** *[person] (= tense)* nerveux, tendu ; *(by nature)* nerveux ◆ **to be ~ about sth** appréhender qch ◆ **I was ~ about him** *or* **on his account** j'étais inquiet pour lui ◆ **to be ~ of sth** appréhender qch ◆ **to be ~ of** *or* **about doing sth** hésiter à faire qch ◆ **don't be ~, it'll be all right** ne t'inquiète pas, tout se passera bien ◆ **people of a ~ disposition** les personnes sensibles ◆ **to feel ~** être nerveux ; *(before performance, exam etc)* avoir le trac * ◆ **he makes me (feel) ~** il m'intimide

**b** *(Med) [disorder, tension]* nerveux ◆ **on the verge of ~ collapse** au bord de la dépression nerveuse

**COMP** ▷ **nervous breakdown** **N** dépression *f* nerveuse ◆ **to have a ~ breakdown** avoir *or* faire une dépression nerveuse ▷ **nervous energy** **N** vitalité *f*, énergie *f* ▷ **nervous exhaustion** **N** fatigue *f* nerveuse ; *(serious)* surmenage *m* ▷ **nervous Nellie** ‡ **N** *(esp US)* timoré(e) *m(f)*, trouillard(e) ‡ *m(f)* ▷ **nervous system** **N** système *m* nerveux ▷ **nervous wreck** * **N** ◆ **to be a ~ wreck** être à bout de nerfs ◆ **to turn sb into** *or* **make sb a ~ wreck** pousser qn à bout

**nervously** /ˈnɜːvəslɪ/ **ADV** nerveusement

**nervousness** /ˈnɜːvəsnɪs/ **N** nervosité *f*

**nervy** * /ˈnɜːvɪ/ ADJ a *(= nervous)* nerveux ◆ **to be in a ~ state** avoir les nerfs à vif b *(US = cheeky)* ◆ **to be ~** avoir du toupet * *or* du culot *

**...ness** /nɪs/ SUF ◆ **greatness** grandeur *f* ◆ **selfishness** égoïsme *m* ◆ **weariness** lassitude *f*

**nest** /nest/ N a *[of birds, mice, turtles, ants etc]* nid *m* ; *(= contents)* nichée *f* ◆ **to leave** *or* **fly the ~** *(lit, fig)* quitter le nid ; → **hornet, love** b *(fig)* nid *m* ◆ **~ of spies/machine guns** nid *m* d'espions/de mitrailleuses c *[of boxes etc]* jeu *m* ◆ **~ of tables** tables *fpl* gigognes VI a *[bird etc]* (se) nicher, faire son nid b ◆ **to go (bird) ~ing** aller dénicher les oiseaux *or* les œufs c *[boxes etc]* s'emboîter COMP ▷ **nest egg** N *(= money)* pécule *m*

**nested** /ˈnestɪd/ ADJ a *[tables]* gigognes b *(Gram)* emboîté

**nesting** /ˈnestɪŋ/ N a *[of birds]* nidification *f* ◆ **~ box** nichoir *m* ; *(gen: for hens)* pondoir *m* b *(Gram)* emboîtement *m*

**nestle** /ˈnesl/ VI *[person]* se blottir, se pelotonner *(up to, against* contre) ; *[house etc]* se nicher ◆ **to ~ down in bed** se pelotonner dans son lit ◆ **to ~ against sb's shoulder** se blottir contre l'épaule de qn ◆ **a house nestling among the trees** une maison nichée parmi les arbres *or* blottie dans la verdure

**nestling** /ˈnesflɪŋ/ N oisillon *m*

**net[1]** /net/ N a *(gen, Ftbl, Tennis etc)* filet *m* ◆ **to come up to the ~** *(Tennis)* monter au filet ◆ **the ball's in the ~!** *(Ftbl etc)* c'est un but !

b *(fig)* filet *m* ◆ **to slip through the ~** passer à travers les mailles du filet ◆ **to be caught in the ~** être pris au piège ◆ **to walk into the ~** donner *or* tomber dans le panneau ◆ **to cast one's ~ wider** élargir son horizon *or* ses perspectives ; → **butterfly, hairnet, mosquito, safety**

c *(NonC: Tex)* tulle *m*, voile *m*

d *(Internet)* ◆ **the Net** le Net

VT a *(= catch) [+ fish, game]* prendre au filet ◆ **the police ~ted several wanted men** un coup de filet de la police a permis d'arrêter plusieurs personnes recherchées

b *[+ river]* tendre des filets dans ; *[+ fruit bushes]* poser un filet sur

c *(Sport)* ◆ **to ~ the ball** envoyer la balle dans le filet ◆ **to ~ a goal** marquer un but

COMP ▷ **net cord** N *(Tennis)* bande *f* du filet ▷ **net curtains** NPL voilage *m* ; *(half-length)* brise-bise *m inv* ▷ **net fishing** N pêche *f* au filet ▷ **net play** N *(Tennis etc)* jeu *m* au filet ▷ **Net surfer** N *(Comput)* internaute *mf*

**net[2]** /net/ ADJ a *[income, assets, worth, price, loss]* net ◆ **the price is $15 ~** le prix net est de 15 dollars ◆ **"terms strictly net"** "prix nets" b *[result, effect]* final VT *[business deal etc]* rapporter *or* produire net ; *[person]* gagner *or* toucher net COMP ▷ **the Net Book Agreement** N *(Brit: formerly) accord de maintien des prix publics des livres (entre les éditeurs et les librairies)* ▷ **net domestic product** N produit *m* intérieur net ▷ **net national product** N produit *m* national net ▷ **net present value** N valeur *f* actuelle nette ▷ **net profit** N bénéfice *m* net ▷ **net realizable value** N valeur *f* nette réalisable ▷ **net weight** N poids *m* net

**netball** /ˈnetbɔːl/ N *(Brit)* netball *m*

**nethead** * /ˈnethed/ N accro *mf* du Net

**nether** †† /ˈneðəʳ/ ADJ ◆ **~ lip** lèvre *f* inférieure ◆ **~ garments** *(also hum)* sous-vêtements *mpl* ◆ **the ~ regions** *(= Hell)* les enfers *mpl* ; *(hum euph = genitals)* les parties *fpl* intimes ◆ **the ~ regions of the company** *(hum)* les coulisses *fpl* de l'entreprise ◆ **the ~ world** les enfers *mpl*

**Netherlander** /ˈneðəˌlændəʳ/ N Néerlandais(e) *m(f)*

**Netherlands** /ˈneðələndz/ NPL ◆ **the ~** les Pays-Bas *mpl* ◆ **in the ~** aux Pays-Bas ADJ néerlandais

**nethermost** †† /ˈneðəməʊst/ ADJ le plus bas, le plus profond

**netiquette** /ˈnetɪket/ N netiquette *f*

**netspeak** /ˈnetspiːk/ N jargon *m* du Net

**netsurfer** /ˈnetsɜːfəʳ/ N surfeur *m* -euse *f*

**netsurfing** /ˈnetsɜːfɪŋ/ N surfing *m*

**nett** /net/ ADJ, VT ⇒ **net²**

**netting** /ˈnetɪŋ/ N *(NonC)* a *(= nets)* filets *mpl* ; *(= mesh)* mailles *fpl* ; *(for fence etc)* treillis *m* métallique ; *(Tex)* voile *m*, tulle *m (pour rideaux)* ; → **mosquito, wire** b *(= net-making)* fabrication *f* de filets c *(= action: Fishing)* pêche *f* au filet

**nettle** /ˈnetl/ N *(Bot)* ortie *f* ◆ **stinging ~** ortie *f* brûlante *or* romaine ◆ **dead ~** ortie *f* blanche ◆ **to grasp the ~** *(Brit)* prendre le taureau par les cornes VT *(fig)* agacer, irriter ◆ **he was ~d into replying sharply** agacé, il a répondu avec brusquerie COMP ▷ **nettle sting** N piqûre *f* d'ortie

**nettlerash** /ˈnetlræʃ/ N urticaire *f*

**nettlesome** /ˈnetlsəm/ ADJ *(= annoying)* irritant ; *(= touchy)* susceptible

**network** /ˈnetwɜːk/ N *(gen, also Comput, Elec, Rad, TV)* réseau *m* ◆ **rail ~** réseau *m* ferré *or* ferroviaire *or* de chemin de fer ◆ **road ~** réseau *m or* système *m* routier ◆ **a ~ of narrow streets** un lacis *(liter) or* enchevêtrement de ruelles ◆ **~ of veins** réseau *m or* lacis *m* de veines ◆ **a ~ of spies/contacts/salesmen** un réseau d'espions/de relations/de représentants ◆ **the programme went out over the whole ~** *(Rad, TV)* le programme a été diffusé sur l'ensemble du réseau ◆ **the ~s** *(TV)* les chaînes *fpl* ; → **old**

VT *(Rad, TV)* diffuser sur l'ensemble du réseau ; *(Comput)* interconnecter

VI a *(= form business contacts)* prendre des contacts ◆ **these parties are a good opportunity to ~** ces soirées permettent de prendre des contacts

b *(= work as a network)* travailler en réseau

COMP ▷ **Network Standard** N *(US Ling)* américain *m* standard ; → ENGLISH

**networking** /ˈnetˌwɜːkɪŋ/ N a *(= making contacts)* établissement *m* d'un réseau de relations ◆ **these seminars make ~ very easy** ces séminaires facilitent les prises de contact b *(= working as part of network)* travail *m* en réseau ◆ **~ software** logiciels *mpl* de gestion de réseau

**neural** /ˈnjʊərəl/ ADJ *[tube]* neural ; *[system]* nerveux COMP ▷ **neural cell** N cellule *f* nerveuse, neurone *m* ▷ **neural network** N *(Comput)* réseau *m* neuronal

**neuralgia** /njʊˈrældʒə/ N névralgie *f*

**neuralgic** /njʊˈrældʒɪk/ ADJ névralgique

**neurasthenia** /ˌnjʊərəsˈθiːnɪə/ N neurasthénie *f*

**neurasthenic** /ˌnjʊərəsˈθenɪk/ ADJ, N neurasthénique *mf*

**neuritis** /njʊəˈraɪtɪs/ N névrite *f*

**neuro...** /ˈnjʊərəʊ/ PREF neuro..., névro...

**neurogenic** /ˌnjʊərəʊˈdʒenɪk/ ADJ neurogène

**neurolinguistic programming** /ˈnjʊərəʊlɪŋˈgwɪstɪkˈprəʊgræmɪŋ/ N programmation *f* neurolinguistique

**neurological** /ˌnjʊərəˈlɒdʒɪkəl/ ADJ *[disease, disorder, damage]* neurologique ◆ **~ surgeon** neurochirurgien *m* ◆ **~ department** (service *m* de) neurologie *f*

**neurologist** /njʊəˈrɒlədʒɪst/ N neurologue *mf*

**neurology** /njʊəˈrɒlədʒɪ/ N neurologie *f*

**neuroma** /njʊˈrəʊmə/ N (pl **neuromas** or **neuromata** /njʊˈrəʊmətə/) névrome *m*, neurome *m*

**neuromuscular** /ˌnjʊərəʊˈmʌskjʊləʳ/ ADJ neuromusculaire

**neuron** /ˈnjʊərɒn/, **neurone** /ˈnjʊərəʊn/ N neurone *m*

**neuropath** /ˈnjʊərəpæθ/ N névropathe *mf*

**neuropathic** /ˌnjʊərəˈpæθɪk/ ADJ névropathique

**neuropathology** /ˌnjʊərəʊpəˈθɒlədʒɪ/ N neuropathologie *f*

**neuropathy** /njʊˈrɒpəθɪ/ N névropathie *f*

**neurophysiological** /ˌnjʊərəʊˌfɪzɪəˈlɒdʒɪkəl/ ADJ neurophysiologique

**neurophysiologist** /ˌnjʊərəʊˌfɪzɪˈɒlədʒɪst/ N neurophysiologiste *mf*

**neurophysiology** /ˌnjʊərəʊˌfɪzɪˈɒlədʒɪ/ N neurophysiologie *f*

**neuropsychiatric** /ˌnjʊərəʊˌsaɪkɪˈætrɪk/ ADJ neuropsychiatrique

**neuropsychiatrist** /ˌnjʊərəʊsaɪˈkaɪətrɪst/ N neuropsychiatre *mf*

**neuropsychiatry** /ˌnjʊərəʊsaɪˈkaɪətrɪ/ N neuropsychiatrie *f*

**neurosis** /njʊˈrəʊsɪs/ N (pl **neuroses** /njʊˈrəʊsiːz/) *(Psych, fig)* névrose *f*

**neurosurgeon** /ˌnjʊərəʊˈsɜːdʒən/ N neurochirurgien(ne) *m(f)*

**neurosurgery** /ˌnjʊərəʊˈsɜːdʒərɪ/ N neurochirurgie *f*

**neurosurgical** /ˌnjʊərəʊˈsɜːdʒɪkəl/ ADJ neurochirurgique

**neurotic** /njʊˈrɒtɪk/ ADJ a *(Psych) [person]* névrosé ; *[behaviour, personality, disorder]* névrotique b *(pej = unreasonably anxious) [person]* parano * ; *[obsession]* maladif ◆ **he's getting ~ about the whole business** toute cette histoire le rend complètement parano * N *(Psych)* névrosé(e) *m(f)* ; *(fig pej)* parano * *mf*

**neurotically** /njʊˈrɒtɪkəlɪ/ ADV de façon obsessionnelle, jusqu'à la névrose

**neuroticism** /njʊˈrɒtɪsɪzəm/ N tendances *fpl* à la névrose

**neurotomy** /njʊˈrɒtəmɪ/ N neurotomie *f*

**neurotransmitter** /ˌnjʊərəʊtrænzˈmɪtəʳ/ N neurotransmetteur *m*

**neurovascular** /ˈnjʊrəʊˈvæskʊləʳ/ ADJ neurovasculaire

**neuter** /ˈnjuːtəʳ/ ADJ a *(gen)* neutre b *(= castrated)* châtré N a *(Gram)* neutre *m* ◆ **in the ~** au neutre b *(Zool)* animal *m* châtré VT a *(Vet)* châtrer b *(esp Brit fig = render ineffective)* neutraliser

**neutral** /ˈnjuːtrəl/ ADJ neutre ◆ **let's meet on ~ territory** rencontrons-nous en terrain neutre ◆ **let's try to find some ~ ground** essayons de trouver un terrain d'entente ◆ **~ policy** politique *f* neutraliste *or* de neutralité N a *(Pol)* habitant(e) *m(f)* d'un pays neutre b *(Aut)* point *m* mort ◆ **in ~** au point mort

**neutralism** /ˈnjuːtrəlɪzəm/ N neutralisme *m*

**neutralist** /ˈnjuːtrəlɪst/ ADJ, N neutraliste *mf*

**neutrality** /njuːˈtrælɪtɪ/ N *(gen, Chem, Pol etc)* neutralité *f* ; → **armed**

**neutralization** /ˌnjuːtrəlaɪˈzeɪʃən/ N neutralisation *f*

**neutralize** /ˈnjuːtrəlaɪz/ **VT** *(also Chem)* neutraliser

**neutrino** /njuːˈtriːnəʊ/ **N** neutrino *m*

**neutron** /ˈnjuːtrɒn/ **1** **N** neutron *m* **2** **COMP** ▷ **neutron bomb** **N** bombe *f* à neutrons ▷ **neutron number** **N** nombre *m* de neutrons ▷ **neutron star** **N** étoile *f* à neutrons

**Nevada** /nɪˈvɑːdə/ **N** Nevada *m* ◆ **in ~** dans le Nevada

**never** /ˈnevəʳ/ **ADV** **a** ne ... jamais ◆ **I ~ eat fish** je ne mange jamais de poisson ◆ **I have ~ seen him** je ne l'ai jamais vu ◆ **he will ~ come back** il ne reviendra jamais *or* plus (jamais) ◆ **~ more** *(liter)* (ne ...) plus jamais, (ne ...) jamais plus ◆ **~ in all my life** jamais de ma vie ◆ **I ~ heard such a thing!** je n'ai jamais entendu une chose pareille !

◆ **never (...) again** ◆ **~ say that again** ne répète jamais ça ◆ **you must ~ ever come here again** tu ne dois jamais plus revenir ici ◆ **we shall ~ see her again** on ne la reverra (plus) jamais ◆ **~ again!** plus jamais !, jamais plus !

◆ **never (...) before** ◆ **I'd ~ seen him before** je ne l'avais jamais vu auparavant ◆ **~ before had there been such a disaster** jamais on n'avait connu tel désastre

◆ **never yet** ◆ **I have ~ yet been able to find ...** je n'ai encore jamais pu trouver ..., jusqu'ici je n'ai jamais pu trouver ...

**b** *(emphatic)* **that will ~ do!** c'est inadmissible ! ◆ **I ~ slept a wink** je n'ai pas fermé l'œil ◆ **he ~ so much as smiled** il n'a pas même souri ◆ **he ~ said a word, he said ~ a word** *(liter)* il n'a pas pipé mot ◆ **~ a one** pas un seul ◆ **~ was a child more loved** jamais enfant ne fut plus aimé ◆ **(surely) you've ~ left it behind!** * ne me dites pas que vous l'avez oublié ! ◆ **I've left it behind! – ~!** je l'ai oublié ! – ça n'est pas vrai *or* pas possible ! ◆ **well I ~ (did)!** * ça par exemple ! *, ça alors ! * ◆ **~ fear!** n'ayez pas peur !, soyez tranquille ! ; → **mind**

**COMP** ▷ **never-ending** **ADJ** interminable ▷ **never-failing** **ADJ** *[method]* infaillible ; *[source, spring]* inépuisable, intarissable ▷ **never-never** * **N** *(Austral = outback) régions désertiques d'Australie* ; *(Brit)* ◆ **to buy on the never-never** acheter à crédit *or* à tempérament ▷ **never-never land** **N** pays *m* imaginaire ▷ **never-outs** **NPL** *(Comm)* articles *mpl* toujours en stock ▷ **never-to-be-forgotten** **ADJ** inoubliable, qu'on n'oubliera jamais

**nevermore** /ˈnevəmɔːʳ/ **ADV** ne ... plus jamais, ne ... jamais plus ◆ **~!** jamais plus !, plus jamais !

**nevertheless** /ˌnevəðəˈles/ **LANGUAGE IN USE 26.2, 26.3** **ADV** néanmoins ◆ **it wasn't my fault. Nevertheless, I felt guilty** ce n'était pas ma faute ; néanmoins *or* cependant, je me suis senti coupable ◆ **it is ~ true that ...** cependant, il est vrai que ..., il est néanmoins vrai que ... ◆ **I shall go ~** j'irai néanmoins *or* malgré tout ◆ **he is ~ my brother** il n'en reste pas moins mon frère ◆ **she has had no news, (yet) ~ she goes on hoping** elle n'a pas eu de nouvelles, et pourtant *or* et malgré tout elle continue d'espérer

**nevus** /ˈniːvəs/ **N** *(US)* ⇒ **naevus**

**new** /njuː/ **ADJ** **a** *(= not previously known etc)* nouveau (nouvelle *f*), nouvel *m before vowel* ; *(also* **brand-new***)* neuf (neuve *f*) ◆ **I've got a ~ car** *(= different)* j'ai une nouvelle *or* une autre voiture ; *(= brand-new)* j'ai une voiture neuve ◆ **he has written a ~ book/article** il a écrit un nouveau livre/un nouvel article ◆ **this is Juliette's ~ book** c'est le nouveau *or* dernier livre de Juliette ◆ **~ carrots** carottes *fpl* de primeur *or* nouvelles ◆ **there are several ~ plays on in London** on donne plusieurs nouvelles pièces à Londres ◆ **it's the ~ fashion** c'est la dernière *or* la nouvelle mode *f* ◆ **a ~ theory/invention** une nouvelle théorie/invention ◆ **the ~ moon** la nouvelle lune ◆ **there's a ~ moon tonight** c'est la nouvelle lune ce soir ◆ **I need a ~ notebook** il me faut un nouveau carnet *or* un carnet neuf ◆ **don't get your ~ shoes wet** ne mouille pas tes chaussures neuves ◆ **dressed in ~ clothes** vêtu *or* habillé de neuf ◆ **as good as ~** comme neuf, à l'état de neuf ◆ **he made the bike as good as ~** il a remis le vélo à neuf ◆ **"as new"** "état neuf" ◆ **I don't like all these ~ paintings** je n'aime pas tous ces tableaux modernes ◆ **I've got several ~ ideas** j'ai plusieurs idées nouvelles *or* neuves ◆ **this idea is not ~** ce n'est pas une idée nouvelle *or* neuve ◆ **the ~ nations** les pays *mpl* neufs ◆ **this is a completely ~ subject** c'est un sujet tout à fait neuf ◆ **this sort of work is ~ to me** ce genre de travail est (quelque chose de) nouveau pour moi ◆ **a ~ deal** *(Pol etc)* une nouvelle donne ◆ **the ~ diplomacy** la nouvelle diplomatie ◆ **~ style** nouveau style *m* ; see also **comp** ◆ **the New Left** *(Pol)* la nouvelle gauche ◆ **the ~ rich** les nouveaux riches *mpl*

**b** *(= recently arrived)* **he came ~ to the firm last year** il est arrivé (dans l'entreprise) l'an dernier ◆ **I'm ~ to this kind of work** je n'ai jamais fait ce genre de travail, je suis novice dans ce genre de travail ◆ **he's ~ to the trade** il est nouveau dans le métier ◆ **he's quite ~ to the town** il est tout nouvellement arrivé dans la ville ◆ **she's ~ to this game** * elle fait ses premières armes ◆ **the ~ people at number five** les gens qui viennent d'emménager au numéro cinq ◆ **~ recruit** nouvelle recrue *f*, bleu * *m* ◆ **the ~ students** les nouveaux *mpl*, les nouvelles *fpl* ◆ **a ~ boy** *(Scol)* un nouveau ◆ **a ~ girl** *(Scol)* une nouvelle ◆ **she's ~, poor thing** elle est nouvelle, la pauvre ◆ **are you ~ here?** *(gen)* vous venez d'arriver ici ? ; *(in school, firm etc)* vous êtes nouveau ici ?

**c** *(= different)* **bring me a ~ glass, this one is dirty** apportez-moi un autre verre, celui-ci est sale ◆ **there was a ~ waiter today** il y avait un autre *or* un nouveau serveur aujourd'hui ◆ **he's a ~ man since he remarried** il est transformé *or* c'est un autre homme depuis qu'il s'est remarié ; see also **comp** ◆ **there's nothing ~ under the sun** *(Prov)* il n'y a rien de nouveau sous le soleil *(Prov)* ◆ **that's nothing ~!** ce *or* ça n'est pas nouveau !, il n'y a rien de neuf là-dedans ! ◆ **that's a ~ one on me!** * première nouvelle ! *, on en apprend tous les jours ! *(iro)* ◆ **that's something ~!** ça c'est nouveau ! ◆ **what's ~?** * quoi de neuf ? * ; see also **comp** ; → **brand, broom, leaf, split**

**d** *(= fresh) [bread]* frais (fraîche *f*) ; *[milk]* frais (fraîche *f*), fraîchement trait ; *[cheese]* frais (fraîche *f*), pas (encore) fait ; *[wine]* nouveau (nouvelle *f*), nouvel *m before vowel*

**ADV** *(gen in compounds)* nouvellement ◆ **he's ~ out of college** il est frais émoulu du collège, il sort tout juste du collège ; → **comp**

**COMP** ▷ **New Age** **N** New Age *m* **ADJ** New Age *inv* ▷ **New Ager** * **N** adepte *mf* du New Age ▷ **New Age travellers** **NPL** voyageurs *mpl* New Age *(personnes vivant en marge de la société, selon un mode de vie nomade)* ▷ **New Amsterdam** **N** La Nouvelle-Amsterdam ▷ **New Brunswick** **N** Nouveau-Brunswick *m* ▷ **New Caledonia** **N** Nouvelle-Calédonie *f* ▷ **New Caledonian** **N** Néo-Calédonien(ne) *m(f)* ▷ **New Delhi** **N** New Delhi ▷ **New England** **N** Nouvelle-Angleterre *f* ▷ **New Englander** **N** habitant(e) *m(f)* de la Nouvelle-Angleterre ▷ **New English Bible** **N** *traduction moderne de la Bible en anglais* ▷ **new face** **N** nouveau visage *m* ▷ **new-fangled** **ADJ** *(pej)* ultramoderne ▷ **new-found** **ADJ** *[happiness etc]* de fraîche date ▷ **New Guinea** **N** Nouvelle-Guinée *f* ▷ **New Hampshire** **N** New Hampshire *m* ◆ **in New Hampshire** dans le New Hampshire ▷ **the New Hebrides** **NPL** les Nouvelles-Hébrides *fpl* ▷ **New Jersey** **N** New Jersey *m* ◆ **in New Jersey** dans le New Jersey ▷ **New Jerusalem** **N** la Nouvelle Jérusalem ▷ **New Labour** **N SG** *(Brit Pol)* le New Labour ▷ **New Lad** * **N** *(Brit)* macho *m* nouvelle manière ▷ **new-laid egg** **N** œuf *m* du jour *or* tout frais (pondu) ▷ **New Latin** **N** latin *m* moderne ▷ **new look** **N** new-look *m* ▷ **new-look** **ADJ** new-look *inv* ▷ **New Man** **N** *(Brit)* ≃ homme *m* moderne *(qui partage les tâches ménagères, s'occupe des enfants etc)* ▷ **new maths** **N** mathématiques *fpl or* maths * *fpl* modernes ▷ **New Mexico** **N** Nouveau-Mexique *m* ▷ **new-mown** **ADJ** *[grass]* frais coupé ; *[hay]* frais fauché ▷ **New Orleans** **N** La Nouvelle-Orléans ◆ **in New Orleans** à La Nouvelle-Orléans ▷ **new potato** **N** pomme *f* (de terre) nouvelle ▷ **new product development** **N** *(Comm)* développement *m* de nouveaux produits ▷ **New Scotland Yard** **N** Scotland Yard *m* ▷ **New South Wales** **N** Nouvelle-Galles du Sud *f* ▷ **new-speak** **N** *(Pol)* langue *f* de bois ; *(Literat)* novlangue *f* ▷ **the new-style calendar** **N** le nouveau calendrier, le calendrier grégorien ▷ **New Testament** **N** Nouveau Testament *m* ▷ **new town** **N** *(Brit)* ville *f* nouvelle ▷ **New Wave** **ADJ** *[film]* de la nouvelle vague ; *[music]* New Wave *inv* **N** *(Cine)* nouvelle vague *f* ; *(Mus)* New Wave *f* ▷ **the New World** **N** le Nouveau Monde ◆ **the New World Symphony, the Symphony from the New World** *(Mus)* la Symphonie du Nouveau Monde ▷ **New Year** **N** → **New Year** ▷ **New Year's** * **N** *(US)* ⇒ **New Year's Day, New Year's Eve** ; → **New Year** ▷ **New York** **N** *(= state)* (l'État *m* de) New York *m* ; *(= city)* New York ◆ **in New York (State)** dans l'État de New York **ADJ** new-yorkais ▷ **New Yorker** **N** New-Yorkais(e) *m(f)* ▷ **New Zealand** **N** Nouvelle-Zélande *f* **ADJ** néo-zélandais ▷ **New Zealander** **N** Néo-Zélandais(e) *m(f)*

**newbie** * /ˈnjuːbɪ/ **N** nouveau *m*, nouvelle *f* ; *(Internet)* newbie *m*

**newborn** /ˈnjuːbɔːn/ **ADJ** **a** *(lit) [child, animal]* nouveau-né ◆ **a ~ babe** un(e) nouveau-né(e) *m(f)* **b** *(fig) [nation, organization]* tout jeune **NPL** **the newborn** les nouveaux-nés *mpl* **N** nouveau-né(e) *m(f)* ; → **innocent**

**newcomer** /ˈnjuːkʌməʳ/ **N** nouveau venu *m*, nouvelle venue *f* ◆ **they are ~s to this town** ils viennent d'arriver dans cette ville

**newel** /ˈnjuːəl/ **N** noyau *m* (d'escalier)

**Newfoundland** /ˈnjuːfəndlənd/ **1** **N** Terre-Neuve *f* **2** **ADJ** terre-neuvien ◆ **~ fisherman** terre-neuvas *m* **3** **COMP** ▷ **Newfoundland dog** **N** chien *m* de Terre-Neuve, terre-neuve *m inv*

**Newfoundlander** /njuːˈfaʊndləndəʳ/ **N** habitant(e) *m(f)* de Terre-Neuve, Terre-Neuvien(ne) *m(f)*

**newish** /ˈnjuːɪʃ/ **ADJ** assez neuf (neuve *f*)

**newly** /ˈnjuːlɪ/ **ADV** nouvellement ◆ **the ~-elected members** les membres nouvellement élus ◆ **her ~-awakened curiosity** sa curiosité récemment éveillée ◆ **~ arrived** récemment arrivé ◆ **~ rich** nouveau riche ◆ **~ shaved** rasé de frais ◆ **a ~-dug grave** une tombe fraîchement creusée *or* ouverte ◆ **a ~-formed friendship** une amitié de fraîche date ◆ **his ~-found happiness** son bonheur tout neuf ◆ **~-made wine** vin *m* qu'on vient de faire ◆ **her ~-made friends** ses nouveaux amis ◆ **when I was ~ married** quand j'étais jeune marié COMP ▷ **newly industrialized country**, **newly industrializing country** N nouveau pays *m* industrialisé, pays *m* nouvellement industrialisé ▷ **newly-weds** NPL jeunes mariés *mpl*

**newness** /ˈnjuːnɪs/ N *[of fashion, ideas etc]* nouveauté *f* ; *[of clothes etc]* état *m* (de) neuf ; *[of bread]* fraîcheur *f* ; *[of cheese]* manque *m* de maturité ; *[of wine]* jeunesse *f*

**news** /njuːz/ N *(NonC)* a nouvelle(s) *f(pl)* ◆ **a piece** *or* **an item of ~** *(gen)* une nouvelle ; *(Press)* une information ◆ **have you heard the ~?** tu es au courant ? ◆ **have you heard the ~ about Paul?** vous savez ce qui est arrivé à Paul ? ◆ **have you any ~ of him?** *(= heard from him)* avez-vous de ses nouvelles ? ◆ **I have no ~ of her** je ne sais pas ce qu'elle est devenue ◆ **do let me have your ~** surtout donnez-moi de vos nouvelles ◆ **what's your ~?** quoi de neuf *or* de nouveau (chez vous) ? ◆ **is there any ~?** y a-t-il du nouveau ? ◆ **I've got ~ for you!** j'ai du nouveau à vous annoncer ! ◆ **this is ~ to me!** * première nouvelle ! *, on en apprend tous les jours ! *(iro)* ◆ **it will be ~ to him * that we are here** ça va le surprendre de nous savoir ici ◆ **good ~** bonnes nouvelles *fpl* ◆ **bad** *or* **sad ~** mauvaises *or* tristes nouvelles *fpl* ◆ **he's/it's bad ~** * on a toujours des ennuis avec lui/ça ◆ **she/it made ~** on a parlé d'elle/on en a parlé dans le journal ◆ **bad ~ travels fast** les malheurs s'apprennent vite ◆ **no ~ is good ~!** *(Prov)* pas de nouvelles, bonnes nouvelles ! ◆ **when the ~ broke** quand on a su la nouvelle ◆ **"dog bites man" isn't ~** "un homme mordu par un chien" n'est pas (ce qu'on peut appeler) une nouvelle ◆ **he's in the ~ again** *(fig)* le voilà qui refait parler de lui ; → **break**

b *(Press, Rad)* informations *fpl* ; *(TV)* informations *fpl*, journal *m* télévisé ◆ **official ~** communiqué *m* officiel ◆ **financial/sporting etc ~** chronique *f or* rubrique *f* financière/sportive *etc* ◆ **"news in brief"** *(Press)* "nouvelles brèves"

COMP ▷ **news agency** N agence *f* de presse ▷ **news analyst** N *(US Rad, TV)* commentateur *m* ▷ **news blackout** N black-out *m* ▷ **news broadcast**, **news bulletin** N (bulletin *m* d')informations *fpl*, journal *m* télévisé ▷ **news conference** N conférence *f* de presse ▷ **news desk** N service *m* des informations ▷ **news editor** N rédacteur *m* ▷ **news film** N film *m* d'actualités ▷ **news flash** N flash *m* (d'information) ▷ **news gathering** N *(NonC)* collecte *f* des informations ▷ **news headlines** NPL titres *mpl* de l'actualité ▷ **news item** N *(Press etc)* information *f* ▷ **news magazine** N magazine *m* d'actualités ▷ **news photographer** N reporter *m* photographe ▷ **news pictures** NPL reportage *m* photographique ▷ **news release** N *(esp US)* communiqué *m* de presse ▷ **news service** N agence *f* de presse ▷ **news sheet** N feuille *f* d'informations ▷ **news stand** N kiosque *m* (à journaux) ▷ **news theatre** N cinéma *m or* salle *f* d'actualités ▷ **news value** N ◆ **to have ~ value** présenter un intérêt pour le public ▷ **news weekly** N hebdomadaire *m* d'actualités

**newsagent** /ˈnjuːzˌeɪdʒənt/ N *(Brit)* marchand(e) *m(f)* de *or* dépositaire *mf* de journaux COMP ▷ **newsagent's (shop)** N *(Brit)* maison *f* de la presse

**newsboy** /ˈnjuːzbɔɪ/ N vendeur *m or* crieur *m* de journaux

**newsbreak** /ˈnjuːzbreɪk/ N *(US)* nouvelle *f* digne d'intérêt

**newscast** /ˈnjuːzkɑːst/ N *(US)* (bulletin *m* d')informations *fpl*

**newscaster** /ˈnjuːzkɑːstəʳ/ N *(Rad, TV)* présentateur *m*, -trice *f* (de journal télévisé)

**newsclip** /ˈnjuːzklɪp/ N *(US Press)* coupure *f* de journal

**newsdealer** /ˈnjuːzdiːləʳ/ N *(US)* ⇒ **newsagent**

**newsgroup** /ˈnjuːzgruːp/ N *(on Internet)* forum *m* de discussion

**newshound** /ˈnjuːzhaʊnd/, **newshawk** /ˈnjuːzhɔːk/ N reporter *m* ◆ **there was a crowd of ~s around him** *(pej)* il était aux prises avec une meute de journalistes

**newsletter** /ˈnjuːzletəʳ/ N bulletin *m* *(d'une entreprise)*

**newsmaker** /ˈnjuːzmeɪkəʳ/ N *(US)* *(= event)* sujet *m* d'actualité ; *(= person)* vedette *f* de l'actualité

**newsman** /ˈnjuːzmən/ N (pl **-men**) journaliste *m*

**newsmonger** /ˈnjuːzmʌŋgəʳ/ N *(pej)* pipelette * *f*, commère *f*

**newspaper** /ˈnjuːzˌpeɪpəʳ/ N journal *m* ◆ **daily ~** quotidien *m* ◆ **weekly ~** hebdomadaire *m* ◆ **he works for** *or* **on a ~** il travaille pour un journal COMP ▷ **newspaper advertising** N publicité-presse *f* ▷ **newspaper clipping**, **newspaper cutting** N coupure *f* de journal *or* de presse ▷ **newspaper office** N (bureaux *mpl* de la) rédaction *f* ▷ **newspaper photographer** N reporter *m* photographe ▷ **newspaper report** N reportage *m*

**newspaperman** /ˈnjuːzˌpeɪpəmæn/ N (pl **-men**) journaliste *m*

**newspaperwoman** /ˈnjuːzˌpeɪpəwʊmən/ N (pl **-women**) journaliste *f*

**newsprint** /ˈnjuːzprɪnt/ N *(NonC)* *(= paper)* papier *m* (journal) ; *(= ink)* encre *f* d'imprimerie

**newsreader** /ˈnjuːzriːdəʳ/ N *(Brit Rad, TV)* présentateur *m*, -trice *f* (de journal télévisé)

**newsreel** /ˈnjuːzriːl/ N actualités *fpl* (filmées)

**newsroom** /ˈnjuːzrʊm/ N salle *f* de rédaction

**newsvendor** /ˈnjuːzvendəʳ/ N vendeur *m* de journaux

**newsworthy** /ˈnjuːzwɜːðɪ/ ADJ ◆ **to be ~** valoir la peine d'être publié

**newsy** * /ˈnjuːzɪ/ ADJ *(= full of news)* *[letter]* plein de nouvelles

**newt** /njuːt/ N triton *m*

**newton** /ˈnjuːtən/ N *(Phys)* newton *m*

**Newtonian** /njuːˈtəʊnɪən/ ADJ newtonien

**New Year** /ˈnjuːˈjɪəʳ/ LANGUAGE IN USE 23.2 N nouvel an *m*, nouvelle année *f* ◆ **to bring in** *or* **see in the ~** réveillonner (à la Saint-Sylvestre), fêter le nouvel an ◆ **Happy ~!** bonne année ! ◆ **to wish sb a happy ~** souhaiter une *or* la bonne année à qn COMP ▷ **New Year gift** N étrennes *fpl* ▷ **New Year resolution** N bonne résolution *f* (de nouvel an) ▷ **New Year's Day** N jour *m or* premier *m* de l'an, nouvel an *m* ▷ **New Year's Eve** N la Saint-Sylvestre ▷ **New Year's Honours List** N *(Brit)* ⇒ **Honours List** ; → **honour**

**next** /nekst/ ADJ a *(in time, in future)* prochain ; *(in past)* suivant ◆ **come back ~ week/month** revenez la semaine prochaine/le mois prochain ◆ **he came back the ~ week** il est revenu la semaine suivante *or* d'après ◆ **he came back the ~ day** il est revenu le lendemain *or* le jour suivant ◆ **the ~ day but one** le surlendemain ◆ **during the ~ five days he did not go out** il n'est pas sorti pendant les cinq jours qui ont suivi ◆ **I will finish this in the ~ five days** je finirai ceci dans les cinq jours qui viennent *or* à venir ◆ **the ~ morning** le lendemain matin ◆ **(the) ~ time I see him** la prochaine fois que je le verrai ◆ **the ~ time I saw him** la première fois où *or* que je l'ai revu, quand je l'ai revu ◆ **I'll come back ~ week and the ~ again** je reviendrai la semaine prochaine et la suivante ◆ **this time ~ week** d'ici huit jours ◆ **the ~ moment** l'instant d'après ◆ **from one moment to the ~** d'un moment à l'autre ◆ **the year after ~** dans deux ans ◆ **~ Wednesday, Wednesday ~** * mercredi prochain ◆ **~ March** en mars prochain ◆ **~ year** l'année prochaine, l'an prochain

b *(in series, list etc)* *(= following)* *[page, case]* suivant ; *(= which is to come)* prochain ◆ **he got off at the ~ stop** il est descendu à l'arrêt suivant ◆ **you get off at the ~ stop** vous descendez au prochain arrêt ◆ **who's ~?** à qui le tour ?, c'est à qui ? ◆ **you're ~** c'est votre tour, c'est à vous (maintenant) ◆ **~ please!** au suivant ! ◆ **I was the ~ person** *or* **I was ~ to speak** ce fut ensuite à mon tour de parler ; see also **noun a** ◆ **I'll ask the very ~ person I see** je vais demander à la première personne que je verrai ◆ **in the ~ place** ensuite ◆ **on the ~ page** à la page suivante ◆ **"continued in the next column"** "voir colonne ci-contre" ◆ **the ~ thing to do is ...** la première chose à faire maintenant est de ... ◆ **he saw that the ~ thing to do was ...** il a vu que ce qu'il devait faire ensuite (c')était ... ◆ **(the) ~ thing I knew, he had gone** * et tout d'un coup, il a disparu ◆ **I'll try the ~ size up** je vais essayer la taille au-dessus ◆ **the ~ size down** la taille au-dessous

c *(= immediately adjacent)* *[house, street, room]* d'à côté

ADV *(in time)* ensuite, après ◆ **~ we had lunch** ensuite *or* après nous avons déjeuné ◆ **what shall we do ~?** qu'allons-nous faire maintenant ? ◆ **when you ~ come to see us** la prochaine fois que vous viendrez nous voir ◆ **when I ~ saw him, when ~ I saw him** *(frm)* quand je l'ai revu (la fois suivante) ◆ **when shall we meet ~?** quand nous reverrons-nous ? ◆ **a new dress! what(ever) ~?** une nouvelle robe ! et puis quoi encore ?

♦ **next** + *superlative* ◆ **the ~ best thing would be to speak to his brother** à défaut le mieux serait de parler à son frère ◆ **she's my ~ best friend** à part une autre c'est ma meilleure amie ◆ **this is my ~ oldest daughter after Marie** c'est la plus âgée de mes filles après Marie ◆ **she's the ~ youngest** elle suit (par ordre d'âge) ◆ **who's the ~ tallest (boy)?** qui est le plus grand après ?

♦ **next to** *(= beside)* à côté de ; *(= almost)* presque ◆ **his room is ~ to mine** sa chambre est à côté de la mienne ◆ **the church stands ~ to the school** l'église est à côté de l'école ◆ **he was sitting ~ to me** il était assis à côté de moi ◆ **to wear wool ~ to the skin** porter de la laine à même la peau ◆ **the thing ~ to my heart** la chose qui me tient le plus à cœur ◆ **~ to France, what country do you like best?** après la France, quel est votre pays préféré ? ◆ **to get ~ to sb** * *(US)* se mettre bien * avec qn ◆ **the ~ to last row** l'avant-dernier *or* le pénultième rang ◆ **he was ~ to last** il était avant-dernier ◆ **~ to nothing** * presque rien ◆ **I got it for ~ to nothing** * je l'ai payé trois fois rien ◆ **~ to nobody** * presque personne ◆ **there's ~ to no news** * il n'y a presque rien de neuf ◆ **the ~ to top/bottom shelf** le deuxième rayon (en partant) du haut/du bas

PREP *(Brit †)* à côté de

N prochain(e) *m(f)* ◆ **the ~ to speak is Paul** c'est Paul qui parle ensuite, c'est Paul qui est le prochain à parler ◆ **the ~ to arrive was Robert** c'est Robert qui est arrivé ensuite *or* le suivant ◆ **I hope my ~ * will be a boy** *(= baby)* j'espère que mon prochain (enfant) sera un garçon ◆ **to be continued in our** ~ *(= edition)* suite au prochain numéro

COMP ▷ **next door** N, ADV → next door ▷ **next of kin** N *(on forms etc)* "nom et prénom de votre plus proche parent" ◆ **who is your ~ of kin?** qui est votre plus proche parent ? ◆ **the police will inform the ~ of kin** la police préviendra la famille

**next door** /ˈneksˈdɔːʳ/ N la maison (*or* l'appartement *etc*) d'à côté ◆ **it's the man from ~** c'est le monsieur d'à côté *or* qui habite à côté

ADV a *(= in or to next house, room) [live, go]* à côté ◆ **she lived ~ to me** elle habitait à côté de chez moi ◆ **we live ~ to each other** nous sommes voisins ◆ **he has the room ~ to me at the hotel** il a la chambre à côté de la mienne à l'hôtel ◆ **the house ~** la maison d'à côté ◆ **the boy/girl ~** *(lit)* le garçon/la fille d'à côté ◆ **he's the boy ~ type** *(fig)* c'est quelqu'un de très simple ◆ **she married the boy ~** *(fig)* elle s'est mariée avec un bon gars * ◆ **at the table ~** * à la table d'à côté

b *(* fig = almost)* ◆ **that is ~ to madness** cela frise la folie ◆ **if he isn't mad he's ~ to it** s'il n'est pas fou il s'en faut de peu *or* c'est tout comme * ◆ **we were ~ to being ruined** nous avons été au bord de la ruine, nous avons frôlé la ruine

ADJ ◆ **next-door** *[neighbour, building, room, table]* d'à côté

**nexus** /ˈneksəs/ N *(pl inv) (= connection)* lien *m* ; *(= series of connections)* liaison *f*

**NF** /enˈef/ N *(Brit Pol)* (abbrev of **National Front**) → **national**

**n/f** *(Banking)* (abbrev of **no funds**) défaut *m* de provision

**NFL** /enefˈel/ N *(US)* (abbrev of **National Football League**) Fédération *f* américaine de football

**NFU** /ˌenefˈjuː/ N *(Brit)* (abbrev of **National Farmers' Union**) *syndicat*

**NG** /enˈdʒiː/ N *(US)* (abbrev of **National Guard**) → **national**

**NGA** /ˌendʒiːˈeɪ/ N *(Brit: formerly)* (abbrev of **National Graphical Association**) *ancien syndicat*

**NGO** /ˌendʒiːˈəʊ/ N (abbrev of **non-governmental organization**) ONG *f*

**NH** abbrev of **New Hampshire**

**NHL** /ˌeneɪtʃˈel/ N *(US)* (abbrev of **National Hockey League**) Fédération *f* américaine de hockey sur glace

**NHS** /ˌeneɪtʃˈes/ N *(Brit)* (abbrev of **National Health Service**) ≈ Sécurité *f* sociale

> **NHS**
>
> Le **National Health Service**, ou **NHS**, est la branche maladie du régime de sécurité sociale, qui, depuis 1948, assure des soins médicaux gratuits à toute personne résidant en Grande-Bretagne. Le **NHS** est essentiellement financé par l'impôt, mais aussi par les charges et les cotisations sociales et, enfin, par la quote-part à la charge de l'assuré sur les médicaments prescrits. Les soins dentaires ne sont pas gratuits. → PRESCRIPTION CHARGE

**NI** a (abbrev of **Northern Ireland**) → **northern** b *(Brit)* (abbrev of **National Insurance**) → **national**

**niacin** /ˈnaɪəsɪn/ N acide *m* nicotinique

**Niagara** /naɪˈægrə/ N Niagara *m* COMP ▷ **Niagara Falls** NPL les chutes *fpl* du Niagara

**nib** /nɪb/ N a *[of pen]* (bec *m* de) plume *f* ◆ **fine ~** plume *f* fine *or* à bec fin ◆ **broad ~** grosse plume *f*, plume *f* à gros bec b *[of tool]* pointe *f*

**-nibbed** /nɪbd/ ADJ *(in compounds)* ◆ **fine-nibbed** à plume fine ◆ **gold-nibbed** à plume en or

**nibble** /ˈnɪbl/ VTI *[person] [+ food]* grignoter ; *[+ pen, finger, ear]* mordiller ; *[sheep, goats etc]* brouter ; *[fish]* mordre, mordiller ◆ **to ~ (at) one's food** chipoter ◆ **she was nibbling (at) some chocolate** elle grignotait un morceau de chocolat ◆ **he was nibbling (at) her ear** il lui mordillait l'oreille ◆ **she ~d (on) her pencil** elle mordillait son crayon ◆ **to ~ at an offer** se montrer tenté par une offre N a *(Fishing)* touche *f* b *(= snack)* ◆ **I feel like a ~** * je grignoterais bien quelque chose NPL **nibbles** amuse-gueule(s) *m(pl)*

**niblick** /ˈnɪblɪk/ N *(Golf)* niblick *m*

**nibs** /nɪbz/ N *(hum)* ◆ **his ~** ‡ Son Altesse *(iro)*, sézigue *

**NIC** /ˌenaɪˈsiː/ N a (abbrev of **newly industrialized** *or* **industrializing country**) NPI *m* b *(Brit)* (abbrev of **National Insurance Contribution**) → **national**

**nicad** /ˈnaɪkæd/ ADJ *[battery]* NiCad *inv*

**NICAM** /ˈnaɪkæm/ (abbrev of **near-instantaneous companded audio multiplex**) NICAM

**Nicaragua** /ˌnɪkəˈrægjʊə/ N Nicaragua *m*

**Nicaraguan** /ˌnɪkəˈrægjʊən/ ADJ nicaraguayen N Nicaraguayen(ne) *m(f)*

**nice** /naɪs/ ADJ a *(= pleasant, likeable) [person]* sympathique ; *[place, manners]* agréable ; *[view]* beau (belle *f*) ; *[holiday]* beau (belle *f*), agréable ; *[smell, taste]* bon, agréable ; *[meal, idea]* bon ; *[dress, face, voice, smile, ring, photo]* joli ; *[car] (to look at)* beau (belle *f*) ; *(to drive)* bon ◆ **he seems like a ~ person** il a l'air sympathique ◆ **it's ~ here** on est bien ici ◆ **to smell ~** sentir bon ◆ **to taste ~** avoir bon goût ◆ **you look very ~** tu es très bien ◆ **you look ~ in that dress** cette robe te va bien ◆ **a ~ little house** une jolie petite maison ◆ **it would be ~ if ...** ce serait bien si ... ◆ **it would be ~ to know what they intend to do** j'aimerais bien savoir ce qu'ils ont l'intention de faire ◆ **(it's) ~ to see you** ça fait plaisir de vous voir ◆ **(it's been) ~ meeting you** *or* **to have met you** ça m'a fait plaisir de faire votre connaissance ◆ **~ to meet you!** * enchanté ! ◆ **a ~ cup of coffee** un bon petit café ◆ **~ one!** * *(Brit)*, **~ work!** * *(lit)* bien joué ! * ; *(also iro)* bravo ! ◆ **have a ~ day!** bonne journée ! ◆ **we had a ~ evening** nous avons passé une bonne soirée *or* une soirée agréable ◆ **did you have a ~ time at the party?** vous vous êtes bien amusés à la soirée ?

b *(= kind, friendly) [person]* gentil (*to sb* avec qn), aimable (*to sb* envers qn) ◆ **he was perfectly ~ about it** il a bien pris la chose ◆ **that wasn't ~ of you** ce n'était pas gentil à vous *or* de votre part ◆ **it's ~ of you to do that** c'est gentil à vous de faire cela ◆ **to say ~ things about sb/sth** dire du bien de qn/sur qch ◆ **to be as ~ as pie * (to sb)** être gentil comme tout (avec qn) ◆ **to be as ~ as pie * about sth** très bien prendre qch ◆ **no more Mr Nice Guy!** * *(hum)* finis les ronds de jambe !

c *(often iro = respectable, refined) [person, behaviour, expression, book, film]* convenable, comme il faut ◆ **not ~** peu convenable, pas comme il faut ◆ **that's not ~!** ça ne se fait pas ! ◆ **~ girls don't do that** les filles bien élevées ne font pas ce genre de chose

d *(= fine) [weather, day]* beau (belle *f*) ◆ **~ weather we're having!** * beau temps, n'est-ce pas ?

e *(*: used as intensifier)* **a ~ bright colour** une belle couleur vive ◆ **to have a ~ cold drink** boire quelque chose de bien frais ◆ **he gets ~ long holidays** il a la chance d'avoir de longues vacances ◆ **we had a ~ long chat** nous avons bien bavardé

◆ **nice and ...** ◆ **to get up ~ and early** se lever de bonne heure ◆ **we'll take it ~ and easy** on va y aller doucement ◆ **it's so ~ and peaceful here** c'est tellement paisible ici ◆ **I like my coffee ~ and sweet** j'aime mon café bien sucré ◆ **it's ~ and warm outside** il fait bon dehors

f *(iro)* joli ◆ **you're in a ~ mess** vous voilà dans un joli pétrin * *or* dans de beaux draps ◆ **here's a ~ state of affairs!** c'est du joli ! ◆ **that's a ~ way to talk!** c'est sympa * ce que tu dis ! *(iro)* ◆ **you're so stupid! – oh that's ~!** ce que tu peux être stupide ! – merci pour le compliment ! ◆ **~ friends you've got!** ils sont bien, tes amis !

g *(frm = subtle, fastidious) [distinction, judgement, point]* subtil ◆ **he has a ~ taste in wine** il est difficile en ce qui concerne le vin ◆ **she's not very ~ in her methods** elle n'a pas beaucoup de scrupules quant à ses méthodes

COMP ▷ **nice-looking** ADJ joli, beau (belle *f*) ◆ **he's ~-looking** il est joli *or* beau garçon

**nicely** /ˈnaɪslɪ/ ADV a *(= well) [manage, function, work, progress]* bien ◆ **to dress ~** être bien habillé ◆ **~ done** bien fait ◆ **that will do ~!** * c'est parfait ! ◆ **to be doing very ~ (for oneself)** * s'en sortir très bien ◆ **to be coming along ~** * bien se présenter ◆ **to be ~ placed to do sth** être bien placé pour faire qch b *(= politely) [eat, thank]* poliment ; *[ask]* gentiment, poliment ◆ **a ~ behaved child** un enfant bien élevé c *(frm = subtly) [differentiated]* subtilement

**Nicene** /ˈnaɪsiːn/ ADJ ◆ **the ~ Creed** le Credo *or* le symbole de Nicée

**niceness** /ˈnaɪsnɪs/ N a *(= pleasantness) [of person]* gentillesse *f*, amabilité *f* ; *[of place, thing]* agrément *m*, caractère *m* agréable b *(frm = subtlety)* délicatesse *f* ; *[of distinction, point, taste etc]* subtilité *f*

**nicety** /ˈnaɪsɪtɪ/ N a *(of one's judgement)* justesse *f*, précision *f* ◆ **to a ~** à la perfection b ◆ **niceties** *(= subtleties, fine details) [of system, process, legislation, diplomacy]* subtilités *fpl* ; *(= refinements) [of clothes, fashion etc]* raffinements *mpl* ◆ **legal/diplomatic niceties** subtilités *fpl* légales/diplomatiques ◆ **social niceties** mondanités *fpl* ◆ **the niceties of dinner party conversation** les mondanités qui s'échangent lors des dîners

**niche** /niːʃ/ N *(gen)* niche *f* ; *(Comm)* créneau *m* ◆ **to find one's ~ (in life)** trouver sa voie (dans la vie) COMP ▷ **niche marketing** N *(Comm)* marketing *m* du créneau

**Nicholas** /ˈnɪkələs/ N Nicolas *m*

**Nick** /nɪk/ N a dim of **Nicholas** b ◆ **Old ~** * le diable, le malin

**nick** /nɪk/ N a *(in wood)* encoche *f* ; *(in blade, dish)* ébréchure *f* ; *(on face, skin)* (petite) coupure *f* ◆ **in the ~ of time** juste à temps

b *(Brit* ‡)* taule * *f* ; *(= police station)* poste *m* de police ◆ **to be in the ~** être en taule *

c *(Brit * = condition)* état *m*, condition *f* ◆ **in good ~** en bon état ◆ **in bad ~** en mauvais état, nase ‡ ◆ **his car's in better ~ than mine** sa voiture est en meilleur état que la mienne

VT a *[+ plank, stick]* faire une *or* des encoche(s) sur ; *[+ blade, dish]* ébrécher ; *[+ cards]* biseauter ◆ **he ~ed his chin while shaving** il s'est fait une (petite) coupure au menton en se rasant

**b** *(Brit ‡ = arrest)* pincer *, choper * ◆ **to get ~ed** se faire pincer * *or* choper * ◆ **to ~ sb for sth** pincer * qn pour qch ◆ **all right mate, you're ~ed!** allez, mon gars, tu es fait ! *

**c** *(Brit ‡ = steal)* piquer *, faucher *

**d** *(US)* ◆ **how much did they ~ you for that suit ?** ‡ tu t'es fait avoir * de combien pour *or* sur ce costume ?

**nickel** /ˈnɪkl/ **N** **a** *(NonC = metal)* nickel *m* **b** *(in Can, US = coin)* pièce *f* de cinq cents **VT** nickeler **COMP** ▷ **nickel-and-dime** * **ADJ** *(US = cheap and nasty)* de camelote, au rabais ▷ **nickel-in-the-slot machine** † **N** *(US)* machine *f* à sous ▷ **nickel-plated** **ADJ** nickelé ▷ **nickel-plating** **N** nickelage *m* ▷ **nickel silver** **N** argentan *m*, maillechort *m*

**nickelodeon** /ˌnɪkəˈləʊdɪən/ **N** *(US)* *(= cinema)* cinéma *m* à cinq sous ; *(= jukebox)* juke-box *m*

**nicker** /ˈnɪkəʳ/ **VI** **a** *[horse]* hennir doucement **b** *(= snigger)* ricaner **N** *(pl inv: Brit* ‡*)* livre *f*

**nickname** /ˈnɪkneɪm/ **N** surnom *m* ; *(esp humorous or malicious)* sobriquet *m* ; *(= short form of name)* diminutif *m* **VT** surnommer, donner un sobriquet à ◆ **John, ~d "Taffy"** John, surnommé "Taffy" ◆ **they ~d their teacher "Goggles"** ils ont surnommé leur professeur "Goggles", ils ont donné à leur professeur le sobriquet de "Goggles"

**Nicodemus** /ˌnɪkəˈdiːməs/ **N** Nicodème *m*

**Nicosia** /nɪkəˈsiːə/ **N** Nicosie

**nicotiana** /nɪˌkəʊʃɪˈɑːnə/ **N** nicotiana *m*

**nicotine** /ˈnɪkətiːn/ **N** nicotine *f* **COMP** ▷ **nicotine patch** **N** patch *m* de nicotine, timbre *m* à la nicotine *or* antitabac ▷ **nicotine poisoning** **N** nicotinisme *m* ▷ **nicotine-stained** **ADJ** jauni *or* taché de nicotine

**nicotinic** /nɪkəˈtɪnɪk/ **ADJ** ◆ **~ acid** acide *m* nicotinique

**nicotinism** /ˈnɪkətiːˌnɪzəm/ **N** nicotinisme *m*, tabagisme *m*

**niece** /niːs/ **N** nièce *f*

**Nielsen rating** /ˈniːlsənreɪtɪŋ/ **N** *(TV)* ≈ audimat ® *m*

**Nietzschean** /ˈniːtʃɪən/ **ADJ** nietzschéen

**niff** ‡ /nɪf/ **N** *(Brit)* puanteur *f* ◆ **what a ~!** ce que ça cocotte ‡ *or* (s)chlingue ‡ !

**niffy** * /ˈnɪfɪ/ **ADJ** *(Brit)* puant ◆ **it's ~ in here** ça cocotte ‡ *or* (s)chlingue ‡ ici !

**nifty** * /ˈnɪftɪ/ **ADJ** **a** *(= excellent) [person, place, idea, gadget, car]* chouette * **b** *(= skilful) [player]* habile ◆ **he's pretty ~ with a screwdriver** il manie drôlement bien le tournevis **c** *(= quick)* ◆ **you'd better be ~ about it !** tu as intérêt à te magner ! * **d** *(= stylish) [outfit]* coquet, chic *inv*

**Niger** /ˈnaɪdʒəʳ/ **N** *(= country, river)* Niger *m* ◆ **in ~** au Niger **COMP** nigérien ; *[embassy, capital]* du Niger

**Nigeria** /naɪˈdʒɪərɪə/ **N** Nigeria *m* ◆ **in ~** au Nigeria

**Nigerian** /naɪˈdʒɪərɪən/ **N** Nigérian(e) *m(f)* **ADJ** *(gen)* nigérian ; *[ambassador, embassy]* du Nigeria

**Nigerien** /niːˈʒeərɪən/ **N** Nigérien(enne) *m(f)* **ADJ** *(gen)* nigérien ; *[ambassador, embassy]* du Niger

**niggardliness** /ˈnɪgədlɪnɪs/ **N** avarice *f*, pingrerie *f*

**niggardly** /ˈnɪgədlɪ/ **ADJ** *[person]* pingre, avare ; *[amount, portion]* mesquin, piètre ; *[salary]* piètre ◆ **a ~ £50** 50 malheureuses livres **ADV** chichement, mesquinement

**nigger** *‡ /ˈnɪgəʳ/ **N** *(pej)* nègre *m*, négresse *f* ◆ **there's a ~ in the woodpile** il se trame quelque chose ◆ **to be the ~ in the woodpile** *(Brit)* faire le trouble-fête **COMP** ▷ **nigger brown** † **ADJ** *(Brit)* tête-de-nègre *inv*

**niggle** /ˈnɪgl/ **VI** *[person]* *(= go into detail)* couper les cheveux en quatre ; *(= find fault)* trouver toujours à redire **VT** ◆ **his conscience was niggling him** sa conscience le travaillait **N** *(= doubt, query)* ◆ **your report is excellent, I just have one little ~** * votre rapport est excellent, j'ai juste une petite remarque

**niggling** /ˈnɪglɪŋ/ **ADJ** *(= trivial but annoying) [doubt, suspicion]* obsédant ; *(= finicky) [person]* tatillon ; *(= petty) [details]* insignifiant ◆ **a ~ injury** une vieille blessure qui se réveille de temps en temps ◆ **a ~ little pain** une petite douleur tenace ◆ **I've got a ~ worry about it** il y a quelque chose qui me tracasse (là-dedans) **N** *(NonC)* chicanerie *f*

**nigh** /naɪ/ **ADV** *(liter)* ⇒ **near**

**night** /naɪt/ **N** **a** *(= night-time)* nuit *f* ◆ **~ after ~** des nuits durant ◆ **~ and day** nuit et jour ◆ **all ~ (long)** toute la nuit ◆ **to sit up all ~ talking** passer la nuit (entière) à bavarder ◆ **at ~, in the ~** la nuit ◆ **by ~, in the ~** de nuit ◆ **during the ~, in the ~** pendant la nuit ◆ **far into the ~** jusqu'à une heure avancée de la nuit, (très) tard dans la nuit ◆ **to spend the ~ (with sb)** passer la nuit (avec qn) ◆ **to have a good/bad ~** bien/mal dormir, passer une bonne/mauvaise nuit ◆ **I've had several bad ~s in a row** j'ai mal dormi plusieurs nuits de suite ◆ **he needs a good ~'s sleep** il a besoin d'une bonne nuit de sommeil ◆ **a ~'s lodging** un toit *or* un gîte pour la nuit ◆ **he's on ~s this week** il est de nuit cette semaine ◆ **to work ~s** travailler de nuit ; *(US)* ◆ **I can't sleep (at) ~s** je ne peux pas dormir la nuit ; → **Arabian, early, goodnight**

**b** *(= evening)* soir *m* ◆ **6 o'clock at ~** 6 heures du soir ◆ **to have a ~ out** sortir le soir ◆ **a ~ at the opera** une soirée à l'opéra ◆ **to make a ~ of it** * prolonger la soirée ◆ **I've had too many late ~s** je me suis couché tard trop souvent ◆ **she's used to late ~s** elle a l'habitude de se coucher tard

**c** *(specifying)* **last ~** *(= night-time)* la nuit dernière, cette nuit ; *(= evening)* hier soir ◆ **tomorrow ~** demain soir ◆ **the ~ before** la veille au soir ◆ **the ~ before last** avant-hier soir *m* ◆ **Monday ~** *(= evening)* lundi soir ; *(= night-time)* dans la nuit de lundi à mardi

**d** *(NonC = darkness)* nuit *f* ◆ **~ is falling** la nuit *or* le soir tombe ◆ **he went out into the ~** il partit dans la nuit ◆ **he's afraid of the ~** il a peur du noir ◆ **a creature of the ~** *(lit, fig)* une créature de la nuit

**e** *(Theat)* soirée *f*, représentation *f* ◆ **the last three ~s of ...** les trois dernières (représentations) de ... ◆ **Mozart ~** soirée *f* (consacrée à) Mozart ; → **first**

**COMP** *[clothes, flight]* de nuit ▷ **night-bird** **N** *(lit)* oiseau *m* de nuit, nocturne *m* ; *(fig)* couche-tard *mf inv*, noctambule *mf (hum)* ▷ **night-blind** **ADJ** héméralope ▷ **night blindness** **N** héméralopie *f* ▷ **night editor** **N** *(Press)* secrétaire *mf* de rédaction de nuit ▷ **night-fighter** **N** *(Aviat)* chasseur *m* de nuit ▷ **night letter** **N** *(US) télégramme à tarif réduit, livré le lendemain matin* ▷ **night light** **N** *(child's)* veilleuse *f* ; *(Naut)* feu *m* de position ▷ **night-night** * **EXCL** *(= goodnight)* bonne nuit ▷ **night nurse** **N** infirmier *m*, -ière *f* de nuit ▷ **night owl** * **N** *(fig)* couche-tard *mf inv*, noctambule *mf (hum)* ▷ **night porter** **N** gardien *m* de nuit, concierge *mf* de service la nuit ▷ **night safe** **N** coffre *m* de nuit ▷ **night school** **N** cours *mpl* du soir ▷ **night shelter** **N** asile *m* de nuit ▷ **night shift** **N** *(= workers)* équipe *f* de nuit ; *(= work)* poste *m* de nuit ◆ **to be** *or* **to work on (the) ~ shift** être (au poste) de nuit ▷ **the night sky** **N** *(gen)* le ciel la nuit ; *(liter)* la voûte céleste ▷ **night soil** † **N** selles *fpl* (nocturnes) ▷ **night stand** **N** *(US)* table *f* de nuit ▷ **night stick** **N** *(US Police)* matraque *f* (d'agent de police) ▷ **night storage heater** **N** radiateur *m* par accumulation *(fonctionnant au tarif de nuit)* ▷ **night storage heating** **N** chauffage *m* par accumulation *(fonctionnant au tarif de nuit)* ▷ **night table** **N** table *f* de nuit ▷ **night-time** **N** *(NonC)* nuit *f* ◆ **at ~-time** la nuit ◆ **in the ~-time** pendant la nuit, de nuit ▷ **night vision** **N** vision *f* nocturne ▷ **night-vision** **ADJ** *[equipment, goggles]* pour la vision nocturne ▷ **night watch** **N** *(= activity, period of time)* veille *f or* garde *f* de nuit ; *(= group of guards)* équipe *f* des veilleurs *or* gardiens de nuit ; *(= one man)* ⇒ **night watchman** ▷ **night watchman** **N** *(pl* **night watchmen***)* veilleur *m or* gardien *m* de nuit ▷ **night work** **N** travail *m* de nuit ; see also **black, deadly, woody**

**nightcap** /ˈnaɪtkæp/ **N** **a** *(= hat)* bonnet *m* de nuit **b** *(= drink)* boisson *f (généralement alcoolisée, prise avant le coucher)* ◆ **would you like a ~?** voulez-vous boire quelque chose avant d'aller vous coucher ?

**nightclothes** /ˈnaɪtkləʊðz/ **NPL** vêtements *mpl* de nuit

**nightclub** /ˈnaɪtklʌb/ **N** boîte *f* de nuit, nightclub *m*

**nightclubber** /ˈnaɪtklʌbəʳ/ **N** ◆ **he's a real ~** il adore sortir en boîte

**nightclubbing** /ˈnaɪtklʌbɪŋ/ **N** sorties *fpl* en boîte (de nuit) ◆ **to go ~** sortir en boîte

**nightdress** /ˈnaɪtdres/ **N** *(esp Brit)* chemise *f* de nuit

**nightfall** /ˈnaɪtfɔːl/ **N** tombée *f* du jour *or* de la nuit ◆ **at ~** à la tombée du jour, à la nuit tombante

**nightgown** /ˈnaɪtgaʊn/ **N** chemise *f* de nuit

**nighthawk** /ˈnaɪthɔːk/ **N** **a** *(= bird)* engoulevent *m* (d'Amérique) **b** *(US fig = person)* couche-tard *mf inv*, noctambule *mf (hum)*

**nightie** * /ˈnaɪtɪ/ **N** chemise *f* de nuit

**nightingale** /ˈnaɪtɪŋgeɪl/ **N** rossignol *m*

**nightjar** /ˈnaɪtdʒɑːʳ/ **N** engoulevent *m* (d'Europe)

**nightlife** /ˈnaɪtlaɪf/ **N** vie *f* nocturne ◆ **the Parisian/Roman ~** la vie nocturne à Paris/Rome

**nightlong** /ˈnaɪtlɒŋ/ **ADJ** *(gen)* de toute une nuit ; *[festivities, vigil]* qui dure toute la nuit

**nightly** /ˈnaɪtlɪ/ **ADJ** ◆ **muggings are a ~ occurrence** les agressions nocturnes sont devenues quotidiennes ◆ **~ performance** *(Theat)* représentation *f* tous les soirs **ADV** *(= every evening)* tous les soirs ; *(= every night)* toutes les nuits ◆ **performances ~** *(Theat)* représentations *fpl* tous les soirs

**nightmare** /ˈnaɪtmɛəʳ/ **N** *(lit, fig)* cauchemar *m* ◆ **what a ~!** * quel cauchemar ! ◆ **to be sb's worst ~** être la pire hantise de qn **COMP** ▷ **nightmare scenario** **N** scénario *m* catastrophe

**nightmarish** /ˈnaɪtmɛərɪʃ/ **ADJ** de cauchemar, cauchemardesque

**nightshade** /ˈnaɪtʃeɪd/ **N** *(Bot)* ◆ **the ~ family** les solanacées *fpl* ; → **deadly, woody**

**nightshirt** /ˈnaɪtʃɜːt/ **N** chemise *f* de nuit

**nightspot** * /ˈnaɪtspɒt/ **N** ⇒ **nightclub**

**nightwear** /ˈnaɪtwɛəʳ/ **N** *(NonC)* vêtements *mpl* de nuit

**nihilism** /ˈnaɪɪlɪzəm/ **N** nihilisme *m*

**nihilist** /ˈnaɪɪlɪst/ **N** nihiliste *mf*

**nihilistic** /ˌnaɪɪˈlɪstɪk/ **ADJ** nihiliste

**Nikkei index** /nɪˌkeɪˈɪndeks/, **Nikkei average** /nɪˌkeɪˈævərɪdʒ/ N *(Fin)* indice *m* Nikkei

**nil** /nɪl/ N *(Sport)* zéro ; → ZERO *(in form-filling etc)* néant ◆ **my morale was ~** j'avais le moral à zéro * ◆ **his motivation was ~** il n'était pas du tout motivé ◆ **"nil by mouth"** *(in hospital)* "à jeun"

**Nile** /naɪl/ N Nil *m* ◆ **the ~ Delta/Valley** le Delta/la Vallée du Nil ◆ **~ cruise** croisière *f* sur le Nil ◆ **the Battle of the ~** *(Hist)* la bataille d'Aboukir

**nimbi** /ˈnɪmbaɪ/ NPL of **nimbus**

**nimble** /ˈnɪmbl/ ADJ *[person, fingers, feet]* agile ; *[mind]* vif ; *[car]* maniable COMP ▷ **nimble-fingered** ADJ aux doigts agiles ▷ **nimble-footed** ADJ au pied léger ▷ **nimble-minded, nimble-witted** ADJ à l'esprit vif

**nimbleness** /ˈnɪmblnɪs/ N *[of person, fingers, limbs etc]* agilité *f* ; *[of mind]* vivacité *f*

**nimbly** /ˈnɪmblɪ/ ADV *[move, jump]* lestement

**nimbostratus** /ˌnɪmbəʊˈstreɪtəs/ N (pl **nimbostrati** /ˌnɪmbəʊˈstreɪtaɪ/) nimbostratus *m*

**nimbus** /ˈnɪmbəs/ N (pl **nimbi** *or* **nimbuses**) a *(= halo)* nimbe *m* b *(= cloud)* nimbus *m*

**Nimby** * /ˈnɪmbɪ/ N (abbrev of **not in my back yard**) riverain(e) *m(f)* contestataire *(s'opposant à toute installation gênante près de chez lui)*

**nincompoop** † * /ˈnɪŋkəmpuːp/ N cornichon * *m*, gourde * *f*

**nine** /naɪn/ ADJ neuf *inv* ◆ **~ times out of ten** neuf fois sur dix ◆ **cats have ~ lives** un chat retombe toujours sur ses pattes ◆ **he's got ~ lives** *(hum) [person]* un ange gardien veille sur lui N neuf *m inv* ◆ **dressed (up) to the ~s** * sur son trente et un ; *for other phrases see* **six** PRON neuf ◆ **there are ~** il y en a neuf COMP ▷ **nine-day wonder** N merveille *f* d'un jour ▷ **Nine-Eleven, 9-11** N le 11 septembre ▷ **nine-hole** ADJ ◆ **~-hole golf course** (parcours *m* de) neuf trous ▷ **nine-nine-nine** N *le numéro des urgences, en Grande-Bretagne* ◆ **to call** *or* **ring** *or* **dial 999** appeler les urgences ▷ **nine-to-five** * ADJ ◆ **~-to-five job** travail *m* de bureau ◆ **he's got a ~-to-five mentality** *or* **attitude** il a une mentalité de fonctionnaire

**ninepins** /ˈnaɪnpɪnz/ NPL (jeu *m* de) quilles *fpl* ◆ **they went down like ~** ils sont tombés comme des mouches

**nineteen** /ˈnaɪnˈtiːn/ ADJ dix-neuf *inv* N dix-neuf *m inv* ◆ **he talks ~ to the dozen** * *(Brit)* c'est un vrai moulin à paroles ◆ **they were talking ~ to the dozen** * ils jacassaient à qui mieux mieux ; *for other phrases see* **six** PRON dix-neuf ◆ **there are ~** il y en a dix-neuf

**nineteenth** /ˈnaɪnˈtiːnθ/ ADJ dix-neuvième ◆ **the ~ (hole)** *(Golf hum)* le bar, la buvette N dix-neuvième *mf* ; *(= fraction)* dix-neuvième *m* ; *for phrases see* **sixth**

**ninetieth** /ˈnaɪntɪɪθ/ ADJ quatre-vingt-dixième N quatre-vingt-dixième *mf* ; *(= fraction)* quatre-vingt-dixième *m* ; *for phrases see* **sixth**

**ninety** /ˈnaɪntɪ/ ADJ quatre-vingt-dix *inv* N quatre-vingt-dix *m inv* ◆ **~-one** quatre-vingt-onze ◆ **~-nine** quatre-vingt-dix-neuf ◆ **~-nine times out of a hundred** quatre-vingt dix-neuf fois sur cent ◆ **to be in one's nineties** être nonagénaire, avoir passé quatre-vingt-dix ans ◆ **"say ninety-nine!"** *(at doctor's)* ≃ "dites trente-trois !" ; → **naughty ;** *for other phrases see* **sixty** PRON quatre-vingt-dix ◆ **there are ~** il y en a quatre-vingt-dix

**ninny** * /ˈnɪnɪ/ N cornichon * *m*, serin(e) * *m(f)*, gourde * *f*

**ninth** /naɪnθ/ ADJ neuvième N neuvième *mf* ; *(= fraction)* neuvième *m* ; *for phrases see* **sixth**

**niobium** /naɪˈəʊbɪəm/ N niobium *m*

**Nip** *‡/nɪp/ N *(pej)* Nippon *m*, -on(n)e *f*, Jap * *m* *(pej)*

**nip**[1] /nɪp/ N *(= pinch)* pinçon *m* ; *(= bite)* morsure *f* ◆ **the dog gave him a ~** le chien lui a donné un (petit) coup de dent ◆ **there's a ~ in the air today** *(= chill)* il fait frisquet aujourd'hui

VT *(= pinch)* pincer ; *(= bite)* donner un (petit) coup de dent à ; *[cold, frost] [+ plants]* brûler ; *(= prune) [+ bud, shoot]* pincer ; *(fig) [+ plan, ambition]* faire échec à ◆ **the cold air ~ped our faces** l'air froid nous piquait *or* pinçait le *or* au visage ◆ **to ~ sth in the bud** faire avorter qch, tuer *or* écraser qch dans l'œuf

VI a *(Brit *)* **to ~ up/down/out** monter/descendre/sortir en courant ◆ **he ~ped into the café** il a fait un saut au café

b *(= bite)* **the dog ~ped at his feet** le chien lui a mordillé le pied

COMP ▷ **nip and tuck** * ADV *(= neck and neck)* **it was ~ and tuck** *[race]* la course a été serrée, ils sont arrivés dans un mouchoir de poche N *(= plastic surgery)* lifting *m*

► **nip along** * VI *(Brit) [person]* aller d'un bon pas ; *[car]* filer ◆ **~ along to Anne's house** cours vite *or* fais un saut chez Anne

► **nip in** * VI *(Brit)* entrer en courant, entrer un instant ◆ **I've just ~ped in for a minute** je ne fais qu'entrer et sortir ◆ **to ~ in and out of the traffic** se faufiler entre les voitures

VT SEP *(Sewing)* faire une (or des) pince(s) à ◆ **dress ~ped in at the waist** robe *f* pincée à la taille

► **nip off** VI *(Brit *)* filer *, se sauver *

VT SEP *[+ bud, shoot]* pincer ; *[+ top of sth]* couper

**nip**[2] /nɪp/ N *(= drink)* goutte *f*, petit verre *m* ◆ **to take a ~** boire une goutte *or* un petit verre ◆ **have a ~ of whisky!** une goutte de whisky ?

**nipper** /ˈnɪpəʳ/ N a *(Brit *)* gosse * *mf*, mioche * *mf* b *(= tool)* ◆ **(pair of) ~s** pince *f*, tenaille(s) *f(pl)* c *(Zool)* pince *f*

**nipple** /ˈnɪpl/ N a *(Anat)* mamelon *m*, bout *m* de sein b *[of baby's bottle]* tétine *f* ; *(Geog)* mamelon *m* c *(for grease etc)* graisseur *m*

**Nippon** /ˈnɪpɒn/ N *(= Japan)* Japon *m*

**Nipponese** /ˌnɪpəˈniːz/ ADJ nippon (-on(n)e *f*) N Nippon *m*, -on(n)e *f*

**nippy** * /ˈnɪpɪ/ ADJ a *(= chilly) [weather, wind]* frisquet ◆ **it's a bit ~ today** il fait frisquet aujourd'hui ◆ **a ~ autumn day** une fraîche journée d'automne b *(Brit = brisk) [person]* rapide ◆ **a ~ little car** une petite voiture rapide et nerveuse c *(US = piquant) [cheese, flavour]* piquant

**NIREX** /ˈnaɪreks/ (abbrev of **Nuclear Industry Radioactive Waste Executive**) → **nuclear**

**nirvana** /nɪəˈvɑːnə/ N nirvana *m*

**Nisei** /ˈniːseɪ/ N (pl **Nisei** *or* **Niseis**) *(US) Américain né d'immigrants japonais*

**nisi** /ˈnaɪsaɪ/ ADJ → **decree**

**Nissen hut** /ˈnɪsn̩ˌhʌt/ N hutte *f* préfabriquée *(en tôle, en forme de tunnel)*

**nit** /nɪt/ N a *(= louse-egg)* lente *f* b *(Brit ‡ = fool)* crétin(e) * *m(f)* COMP ▷ **nit-pick** * VI ◆ **he's always ~-picking** il est très tatillon ▷ **nit-picker** * N tatillon *m*, -onne *f*

**nite** * /naɪt/ N ⇒ **night**

**niter** /ˈnaɪtəʳ/ N *(US)* ⇒ **nitre**

**nitrate** /ˈnaɪtreɪt/ N nitrate *m*

**nitration** /naɪˈtreɪʃən/ N nitration *f*

**nitre, niter** *(US)* /ˈnaɪtəʳ/ N nitre *m*, salpêtre *m*

**nitric** /ˈnaɪtrɪk/ ADJ nitrique COMP ▷ **nitric acid** N acide *m* nitrique ▷ **nitric oxide** N oxyde *m* nitrique

**nitrite** /ˈnaɪtraɪt/ N nitrite *m*

**nitro** * /ˈnaɪtrəʊ/ N abbrev of **nitroglycerin(e)**

**nitro...** /ˈnaɪtrəʊ/ PREF nitro...

**nitrogen** /ˈnaɪtrədʒən/ N azote *m* COMP ▷ **nitrogen cycle** N cycle *m* de l'azote ▷ **nitrogen dioxide** N dioxyde *m* d'azote ▷ **nitrogen gas** N (gaz *m*) azote *m*

**nitrogenous** /naɪˈtrɒdʒɪnəs/ ADJ azoté

**nitroglycerin(e)** /ˈnaɪtrəʊˈglɪsəriːn/ N nitroglycérine *f*

**nitrous** /ˈnaɪtrəs/ ADJ nitreux, d'azote COMP ▷ **nitrous acid** N acide *m* nitreux ▷ **nitrous oxide** N oxyde *m* d'azote

**nitty-gritty** * /ˈnɪtɪˈgrɪtɪ/ N ◆ **to get down to the ~** passer aux choses sérieuses ◆ **the ~ of life** *(= hard facts)* la dure réalité ◆ **the ~ of motherhood** (les difficultés de) la vie quotidienne d'une mère de famille ◆ **the ~ of everyday politics** la dure réalité quotidienne de la vie politique ADJ *[details]* pratique ; *[problems]* concret

**nitwit** ‡ /ˈnɪtwɪt/ N crétin(e) *m(f)*

**nix** ‡ /nɪks/ N *(esp US = nothing)* que dalle ‡ VT *(US)* mettre son veto à

**nixie mail** * /ˈnɪksɪmeɪl/ N *(US) courrier difficile à faire parvenir en raison d'une adresse illisible, incomplète etc*

**NJ** abbrev of **New Jersey**

**NLF** /ˈenelˈef/ N (abbrev of **National Liberation Front**) FLN *m*

**NLP** /ˌenelˈpiː/ N (abbrev of **neurolinguistic programming**) PNL *f*

**NLQ** /ˌenelˈkjuː/ (abbrev of **near letter quality**) → **near**

**NM, N Mex** abbrev of **New Mexico**

**NMR** /ˌenemˈɑːʳ/ N (abbrev of **nuclear magnetic resonance**) RMN *f*

**no** /nəʊ/ PARTICLE non ◆ **oh ~!** *(denying)* mais non ! ; *(disappointed)* oh non ! ◆ **to say/answer ~** dire/répondre non ◆ **the answer is ~** la réponse est non *or* négative ◆ **I won't take ~ for an answer** * j'insiste ◆ **I wouldn't do it, no not for $1,000** je ne le ferais pas, même pas pour 1 000 dollars ◆ **~ to nuclear power!** non au nucléaire ! ; see also **say**

N (pl **noes**) non *m inv* ◆ **the noes have it** les non l'emportent, les voix contre l'emportent ◆ **there were seven noes** il y avait sept non *or* sept voix contre ; → **ay**

ADJ a *(= not any)* pas de *used with ne*, aucun *used with ne* ◆ **she had ~ coat** elle n'avait pas de manteau ◆ **I have ~ idea** je n'ai aucune idée ◆ **I have ~ more money** je n'ai plus d'argent ◆ **~ man could do more** *(liter)* aucun homme ne pourrait faire davantage ◆ **~ one man could do it** aucun homme ne pourrait le faire (à lui) seul ◆ **~ two men would agree on this** il n'y a pas deux hommes qui seraient d'accord là-dessus ◆ **~ two are alike** il n'y en a pas deux pareils ◆ **~ sensible man would have done that** un homme sensé n'aurait pas fait ça, aucun homme sensé n'aurait fait ça ◆ **~ Frenchman would say that** aucun Français ne dirait ça, un Français ne dirait jamais ça ◆ **there's ~ whisky like Scotch whisky** il n'y a pas de meilleur whisky que le whisky écossais ◆ **there's ~ Catholic like a converted Catholic** il n'y a pas plus catholique qu'un catholique converti ◆ **it's of ~ interest** ça n'a aucun intérêt, c'est sans intérêt ◆ **a man of ~ intelligence** un homme sans intelligence, un homme dénué d'intelligence ◆ **~ win ~ fee** *(US) le client ne paie les honoraires que s'il a gain de cause* ◆ **~ way!** *, **~ go!** * pas question ! *; see also **comp** ♦ **it's ~ good waiting for him** cela ne sert à rien *or* ce n'est pas la peine de l'attendre ♦ **it's ~ wonder (that ...)** (ce n'est) pas étonnant (que ... *+ subj or* si ... *+ indic*) ♦ **~ wonder!** * pas étonnant ! *

b *(emphatic)* ♦ **by ~ means** pas du tout, absolument pas ♦ **he's ~ friend of mine** il n'est pas de mes amis ♦ **he's ~ genius** ce n'est certes pas un génie, il n'a rien d'un génie ♦ **this is ~ place for children** ce n'est pas un endroit pour les enfants ♦ **in ~ time (at all)** en un rien de temps ♦ **it's ~ small matter** *(frm)* ce n'est pas rien ♦ **headache or ~ headache, you'll have to do it** * migraine ou pas (migraine), tu vas devoir le faire ♦ **theirs is ~ easy task** ils n'ont pas la tâche facile, leur tâche n'est pas facile ♦ **there's ~ such thing** cela n'existe pas ; → **end, mistake**

c *(forbidding)* **~ smoking** défense de fumer ♦ **~ entry** entrée *f* interdite, défense d'entrer ♦ **~ parking** stationnement *m* interdit ♦ **~ surrender!** on ne se rend pas ! ♦ **no nonsense!** pas d'histoires !, pas de blagues ! * ; see also **comp**

d *(with gerund)* **there's ~ saying** *or* **knowing what he'll do next** impossible de dire ce qu'il fera après ♦ **there's ~ pleasing him** (quoi qu'on fasse) il n'est jamais satisfait

ADV a non ♦ **whether he comes or ~** qu'il vienne ou non ♦ **hungry or ~, you'll eat your soup** que tu aies faim ou non, tu vas manger ta soupe

b *(with compar)* ne ... pas ♦ **the patient is ~ better** le malade ne va pas mieux ♦ **I can go ~ further** je ne peux pas aller plus loin, je n'en peux plus ♦ **I can bear it ~ longer** je ne peux plus le supporter, je n'en peux plus ♦ **she took ~ less than four weeks to do it** il lui a fallu pas moins de quatre semaines pour le faire ♦ **he returned with a bottle of champagne, ~ less!** il est revenu avec une bouteille de champagne, excusez du peu ! * ♦ **~ sooner said than done** aussitôt dit aussitôt fait

COMP ▷ **no-account** * ADJ, N *(US)* bon(ne) *m(f)* à rien ▷ **no ball** N *(Cricket)* balle *f* nulle ▷ **no-brainer** N *(esp US: pej) (= person)* débile *mf* ; *(= film, book)* nullité *f* ♦ **it's a no-brainer** *(= obvious)* c'est une évidence, ça tombe sous le sens ▷ **no-claim(s) bonus** N *(Insurance)* bonus *m* ▷ **no-fault divorce** N *(Jur)* ≈ divorce *m* par consentement mutuel *(sans torts prononcés)* ▷ **no-fault insurance** N *(esp US Jur)* assurance *f* automobile à remboursement automatique ▷ **no-fly zone** N zone *f* d'exclusion aérienne ▷ **no-frills** ADJ avec service (réduit au strict) minimum *or* simplifié ▷ **no-go** ADJ ♦ **it's no-go** * ça ne marche pas ♦ **~-go area** zone *f* interdite ▷ **no-good** * ADJ nul (nulle *f*), propre *or* bon à rien N propre *mf* à rien ▷ **no-holds-barred** ADJ *(lit, fig)* où tous les coups sont permis ; see also **hold** ▷ **no-hoper** * N raté(e) *m(f)*, nullard(e) * *m(f)*, zéro * *m* ▷ **no jump** N *(Sport)* saut *m* annulé ▷ **no-knock raid** N *(US)* perquisition-surprise *f* ▷ **no-man's-land** N *(Mil)* no man's land *m* ; *(= wasteland)* terrain *m* vague ; *(= indefinite area)* zone *f* mal définie ▷ **no-no** * N ♦ **it's a no-no** *(= forbidden)* ça ne se fait pas ; *(= impossible)* c'est impossible ▷ **no-nonsense** ADJ *[approach, attitude]* raisonnable, plein de bon sens ▷ **no one** N ⇒ **nobody pron** ▷ **no place** * ADV *(esp US)* ⇒ **nowhere** ▷ **no sale** N *(Comm)* non-vente *f* ▷ **no-score draw** N *(Brit Ftbl)* match *m* nul sans but marqué ▷ **no-show** N *(esp US: on plane/at show etc)* passager *m*/spectateur *m etc* qui ne se présente pas ▷ **no throw** N *(Sport)* lancer *m* annulé ▷ **no-trump(s)** N sans-atout *m inv* ♦ **to call no-trump(s)** annoncer sans-atout ♦ **three tricks in no-trump(s)** trois sans-atout ▷ **no-win situation** N situation *f* inextricable

**no.** (abbrev of **number**) n°

**Noah** /ˈnəʊə/ N Noé *m* ♦ **~'s ark** l'arche *f* de Noé

**nob**[1] † * /nɒb/ N *(esp Brit)* aristo * *mf*, richard(e) * *m(f)* *(pej)* ♦ **the ~s** (les gens de) la haute *, les rupins * *mpl*

**nob**[2] * /nɒb/ N *(= head)* caboche * *f*, fiole * *f*

**nobble** * /ˈnɒbl/ VT *(Brit)* a *(= corrupt) [+ person, jury etc] (by bribery)* acheter, soudoyer ; *(by intimidation)* intimider b *(Racing) [+ horse, dog]* droguer *(pour l'empêcher de gagner)* c *(= thwart) [+ plan etc]* contrecarrer d *(= obtain dishonestly) [+ votes etc]* acheter e *(= catch) [+ wrongdoer]* pincer *, choper * ♦ **the reporters ~d him as he left his hotel** les reporters l'ont happé *or* lui ont mis la main dessus au moment où il quittait son hôtel

**Nobel** /nəʊˈbel/ N ♦ **~ prize** prix *m* Nobel ♦ **~ prizewinner** *or* **laureate** (lauréat(e) *m(f)* du) prix *m* Nobel

**nobelium** /nəʊˈbiːlɪəm/ N nobélium *m*

**nobility** /nəʊˈbɪlɪtɪ/ N *(NonC)* a *(= nobles)* (haute) noblesse *f* b *(= quality)* noblesse *f* ♦ **~ of mind** grandeur *f* d'âme, magnanimité *f*

**noble** /ˈnəʊbl/ ADJ a *(= aristocratic, admirable) [person, family, cause, attempt, sentiment]* noble ; *[wine]* grand, noble ; *[brandy]* grand ; *[monument, edifice]* majestueux, imposant ♦ **to be of ~ birth** être de naissance noble ♦ **the ~ art** le noble art, la boxe ; see also **comp** b *(* = unselfish)* généreux, magnanime ♦ **I was very ~ and gave her my share** dans un geste magnanime je lui ai donné ma part, je lui ai généreusement donné ma part ♦ **it's very ~ of you to give up your day off to help** c'est très généreux de ta part de te priver de ton jour de congé pour aider c *(Chem) [metal]* noble ; see also **comp** N noble *mf*

COMP ▷ **noble gas** N gaz *m* noble ▷ **noble-minded** ADJ magnanime, généreux ▷ **noble savage** N bon sauvage *m*

**nobleman** /ˈnəʊblmən/ N (pl **-men**) noble *m*, aristocrate *m*

**nobleness** /ˈnəʊblnɪs/ N *[of person, birth]* noblesse *f* ; *[of spirit, action etc]* noblesse *f*, magnanimité *f*, générosité *f* ; *[of animal, statue etc]* belles proportions *fpl*, noblesse *f* de proportions ; *[of building etc]* majesté *f* ♦ **~ of mind** grandeur *f* d'âme, magnanimité *f*

**noblewoman** /ˈnəʊblwʊmən/ N (pl **-women**) aristocrate *f*, noble *f*

**nobly** /ˈnəʊblɪ/ ADV a *(= aristocratically, admirably) [behave]* noblement ♦ **~ born** de naissance noble b *(* = selflessly) [volunteer, offer]* généreusement ♦ **he ~ did the washing up** généreux, il a fait la vaisselle c *(= imposingly) [stand, rise]* majestueusement

**nobody** /ˈnəʊbədɪ/ PRON personne *+ ne before vb* ♦ **I saw ~** je n'ai vu personne ♦ **~ knows** personne *or* nul ne le sait ♦ **~ spoke to me** personne ne m'a parlé ♦ **who saw him? – ~** qui l'a vu ? – personne ♦ **~ knows better than I** personne ne sait mieux que moi ♦ **~ (that was) there will ever forget ...** personne parmi ceux qui étaient là n'oubliera jamais ... ♦ **it is ~'s business** cela ne regarde personne ♦ **it's ~'s business what I do, what I do is ~'s business** ce que je fais ne regarde personne ♦ **like ~'s business** * *[run etc]* à toutes jambes, comme un dératé * ; *[work etc]* d'arrache-pied, sans désemparer ♦ **he's ~'s fool** il n'est pas né d'hier, c'est loin d'être un imbécile ; → **else**

N moins que rien *mf inv*, rien du tout *m* ♦ **he's a mere ~, he's just a ~** c'est un moins que rien *or* un rien du tout ♦ **they are nobodies** ce sont des moins que rien *or* des riens du tout ♦ **I worked with him when he was ~** j'ai travaillé avec lui alors qu'il était encore inconnu

**nocturnal** /nɒkˈtɜːnl/ ADJ *[animal, activity, habits]* nocturne ; *[raid]* de nuit COMP ▷ **nocturnal emission** † N *(Med)* pollutions *fpl* nocturnes

**nocturne** /ˈnɒktɜːn/ N *(Mus)* nocturne *m*

**nod** /nɒd/ N a signe *m* (affirmatif) *or* inclination *f* de (la) tête ♦ **he gave me a ~** *(gen)* il m'a fait un signe de (la) tête ; *(in greeting)* il m'a salué de la tête ; *(signifying "yes")* il m'a fait signe que oui de la tête ♦ **he rose with a ~ of agreement** il s'est levé, signifiant son accord d'un signe de (la) tête ♦ **to answer with a ~** répondre d'un signe de (la) tête ♦ **to get the ~** * *[project etc]* avoir le feu vert ♦ **on the ~** * *(Brit) [pass, approve]* sans discussion, d'un commun accord ♦ **to give sb the ~** *(lit)* faire un signe de tête à qn ; *(= give approval)* accepter qn ; *(= give permission)* donner le feu vert à qn ♦ **a ~ and a wink** * un clin d'œil entendu ♦ **to give sb a ~ and a wink** * faire un clin d'œil entendu à qn ♦ **a ~ is as good as a wink (to a blind horse)** *(Prov)* l'allusion est claire

b ♦ **Land of Nod** → **land**

VI a *(= move head)* faire un signe de (la) tête, incliner la tête ; *(as sign of assent)* hocher la tête, faire signe que oui ♦ **to ~ to sb** faire un signe de tête à qn ; *(in greeting)* saluer qn d'un signe de tête, saluer qn de la tête ♦ **"does it work?" he asked, ~ding at the piano** "est-ce qu'il marche ?" demanda-t-il, montrant le piano d'un signe de (la) tête ♦ **he ~ded to me to go** de la tête il m'a fait signe de m'en aller ♦ **we're on ~ding terms, we have a ~ding acquaintance** nous nous disons bonjour, nous nous saluons ♦ **he has a ~ding acquaintance with German/Montaigne** il connaît vaguement l'allemand/Montaigne

b *(= doze)* sommeiller, somnoler ♦ **he was ~ding over a book** il dodelinait de la tête *or* il somnolait sur un livre ♦ **to catch sb ~ding** *(fig)* prendre qn en défaut

c *[flowers, plumes]* se balancer, danser

VT ♦ **to ~ one's head** *(= move head down)* faire un signe de (la) tête, incliner la tête ; *(as sign of assent)* faire un signe de tête affirmatif ♦ **to ~ one's agreement/approval** manifester son assentiment/son approbation par un *or* d'un signe de tête ♦ **to ~ assent** faire signe que oui ♦ **they ~ded goodnight to Jane** ils ont dit bonsoir à Jane d'un signe de tête ♦ **Taylor leapt up to ~ the ball home** *(Ftbl)* Taylor a bondi pour marquer un but de la tête

► **nod off** * VI s'endormir ♦ **I ~ded off for a moment** je me suis endormi un instant

**nodal** /ˈnəʊdl/ ADJ nodal

**noddle** † * /ˈnɒdl/ N *(= head)* caboche * *f*, fiole * *f*

**Noddy** /ˈnɒdɪ/ N *(= children's character)* Oui-Oui *m*

**node** /nəʊd/ N *(gen)* nœud *m* ; *(Bot)* nœud *m*, nodosité *f* ; *(Anat)* nodus *m*, nodosité *f* ♦ **remote/network ~** *(Comput)* nœud *m* distant/de réseau ; → **lymph**

**nodular** /ˈnɒdjʊləʳ/ ADJ nodulaire

**nodule** /ˈnɒdjuːl/ N *(Anat, Bot, Geol)* nodule *m*

**Noel** /nəʊˈel/ N Noël *m*

**noggin** /ˈnɒgɪn/ N a *(= container)* (petit) pot *m* ; *(= amount)* quart *m* (de pinte) ♦ **let's have a ~** *(Brit = drink)* allons boire *or* prendre un pot b *(US * = head)* caboche * *f*, tête *f*

**nohow** * /ˈnəʊhaʊ/ ADV *(esp US = no way)* pas du tout

**noise** /nɔɪz/ N a *(= sound)* bruit *m* ◆ **I heard a small ~** j'ai entendu un petit bruit ◆ **the ~ of the traffic** le bruit de la circulation ◆ **to make a ~** faire du bruit ◆ **stop that ~!** arrêtez(-moi) tout ce bruit ! ◆ **~s in the ears** bourdonnements *mpl* (d'oreilles) ◆ **a hammering ~** un martèlement ◆ **a clanging ~** un bruit métallique ◆ **~s off** *(Theat)* bruits *mpl* dans les coulisses

b *(fig)* **to make reassuring/placatory ~s** tenir des propos rassurants/apaisants ◆ **to make (all) the right ~s** * se montrer complaisant ◆ **the book made a lot of ~ when it came out** le livre a fait beaucoup de bruit quand il est sorti ◆ **to make a lot of ~ about sth** * faire du tapage autour de qch ◆ **she made ~s * about wanting to go home early** elle a laissé entendre qu'elle voulait rentrer tôt ; → **big**

c *(NonC) (Rad, TV)* interférences *fpl*, parasites *mpl* ; *(on phone)* friture *f* ; *(Comput)* bruit *m*

VT *(frm)* ◆ **to ~ sth about** *or* **abroad** ébruiter qch

COMP ▷ **noise abatement** N lutte *f* antibruit ◆ **~-abatement campaign/society** campagne *f*/ligue *f* antibruit *or* pour la lutte contre le bruit ▷ **noise pollution** N nuisances *fpl* sonores ▷ **noise prevention** N mesure *f* antibruit *or* contre le bruit

**noiseless** /ˈnɔɪzlɪs/ ADJ *[person, machine]* silencieux

**noiselessly** /ˈnɔɪzlɪslɪ/ ADV sans bruit

**noiselessness** /ˈnɔɪzlɪsnɪs/ N silence *m*, absence *f* de bruit

**noisily** /ˈnɔɪzɪlɪ/ ADV bruyamment

**noisiness** /ˈnɔɪzɪnɪs/ N caractère *m* bruyant ; *[of child]* turbulence *f*

**noisome** /ˈnɔɪsəm/ ADJ *(liter)* a *(= malodorous) [smell, odour, vapours]* méphitique *(liter)* b *(= unpleasant) [person]* immonde ; *(= harmful) [environment]* néfaste

**noisy** /ˈnɔɪzɪ/ ADJ a *(= loud)* bruyant ◆ **to be ~** *[person, car]* être bruyant, faire beaucoup de bruit b *(= garish) [colour]* criard, voyant

**nomad** /ˈnəʊmæd/ N nomade *mf*

**nomadic** /nəʊˈmædɪk/ ADJ *(lit, fig)* nomade

**nomadism** /ˈnəʊmədɪzəm/ N nomadisme *m*

**nom de plume** † /ˈnɒmdəˈpluːm/ N (pl **noms de plume**) *(Literat)* pseudonyme *m*

**nomenclature** /nəʊˈmenklətʃəʳ/ N nomenclature *f*

**nomenklatura** /ˌnəʊmenkləˈtʊərə/ N *(Pol: formerly in Eastern Europe)* ◆ **the ~** la nomenklatura

**nominal** /ˈnɒmɪnl/ ADJ a *(= in name only) [agreement, power, rights, control, leader, value]* nominal ◆ **he's a ~ socialist/Christian** il n'a de socialiste/chrétien que le nom b *(= minimal) [fee, charge, sum]* minimal, insignifiant ; *[wage, salary, rent]* insignifiant ; *[fine, penalty]* symbolique ◆ **~ damages** *(Jur)* dommages-intérêts *mpl* symboliques c *(Gram) [clause]* nominal N *(Gram)* expression *f* nominale

**nominalism** /ˈnɒmɪnəlɪzəm/ N nominalisme *m*

**nominalist** /ˈnɒmɪnəlɪst/ N, ADJ nominaliste *mf*

**nominalization** /ˌnɒmɪnəlaɪˈzeɪʃən/ N *(Ling)* nominalisation *f*

**nominalize** /ˈnɒmɪnəlaɪz/ VT *(Ling)* nominaliser

**nominally** /ˈnɒmɪnəlɪ/ ADV *[independent]* théoriquement, en théorie ◆ **~ in charge** théoriquement responsable ◆ **~, they are on the same side, but ...** en principe, ils sont du même bord, mais ... ◆ **~ socialist/Christian** qui n'a de socialiste/chrétien que le nom

**nominate** /ˈnɒmɪneɪt/ VT a *(= appoint)* nommer, désigner ◆ **he was ~d chairman, he was ~d to the chairmanship** il a été nommé président ◆ **~d and elected members of a committee** membres *mpl* désignés et membres élus d'un comité b *(= propose)* proposer, présenter ◆ **he was ~d for the presidency** il a été proposé comme candidat à la présidence ◆ **they ~d Mr Lambotte for mayor** ils ont proposé M. Lambotte comme candidat à la mairie ◆ **to ~ sb for an Oscar** proposer *or* nominer qn pour un Oscar

**nomination** /ˌnɒmɪˈneɪʃən/ N a *(= appointment)* nomination *f* (*to* à) b *(for job, political office etc)* proposition *f* de candidat ◆ **~s must be received by ...** toutes propositions de candidats doivent être reçues avant ... c *(Cine: for award)* nomination *f*

COMP ▷ **nomination paper** N *(Pol)* feuille *f* de candidature, nomination *f*

**nominative** /ˈnɒmɪnətɪv/ ADJ *(gen)* nominatif ; *[ending]* du nominatif N nominatif *m* ◆ **in the ~** au nominatif, au cas sujet

**nominator** /ˈnɒmɪneɪtəʳ/ N présentateur *m*

**nominee** /ˌnɒmɪˈniː/ N *(for post)* personne *f* désignée *or* nommée ; *(in election)* candidat(e) *m(f)* désigné(e) ; *(for annuity etc)* personne *f* dénommée ; *(St Ex)* mandataire *mf* ◆ **~ company** *(St Ex)* société *f* prête-nom

**non-** /nɒn/ PREF non- ◆ **strikers and ~strikers** grévistes *mpl* et non-grévistes *mpl* ◆ **believers and ~believers** ceux qui croient et ceux qui ne croient pas, (les) croyants *mpl* et (les) non-croyants *mpl*

COMP ▷ **non-absorbent** ADJ non absorbant ▷ **non-accidental injury** N *(NonC)* maltraitance *f* ▷ **non-accountable** ADJ non responsable ▷ **non-achievement** N échec *m* ▷ **non-achiever** N personne *f* qui ne réussit pas ▷ **non-addictive** ADJ qui ne crée pas de dépendance ▷ **non-affiliated** ADJ *[business]* non affilié ; *[industry]* non confédéré ▷ **non-aggression** N non-agression *f* ◆ **~aggression pact** *or* **treaty** pacte *m* de non-agression ▷ **non-alcoholic** ADJ non alcoolisé, sans alcool ▷ **non-aligned** ADJ *(Pol)* non aligné ▷ **non-alignment** N *(Pol)* non-alignement *m* ◆ **~alignment policy** politique *f* de non-alignement ▷ **non-appearance** N *(Jur)* non-comparution *f* ▷ **non-arrival** N non-arrivée *f* ▷ **non-assertive** ADJ qui manque d'assurance, qui ne se met pas en avant ▷ **non-attendance** N absence *f* ▷ **non-availability** N non-disponibilité *f* ▷ **non-believer** N *(Rel)* incroyant(e) *m(f)* ▷ **non-biological** ADJ sans enzymes ▷ **non-Catholic** ADJ, N non catholique *mf* ▷ **non-Christian** ADJ non chrétien ▷ **non-classified** ADJ qui n'est pas classé secret ▷ **non-collegiate** ADJ *[student]* qui n'appartient à aucun collège ◆ **~collegiate university** université *f* qui n'est pas divisée en collèges ▷ **non-com** * N (abbrev of **non-commissioned officer**) *(US Mil)* sous-off * *m* ▷ **non-communication** N manque *m* de communication ▷ **non-completion** N *[of work]* non-achèvement *m* ; *[of contract]* non-exécution *f* ▷ **non-compliance** N refus *m* d'obéissance (*with* à) ▷ **non compos mentis** ADJ qui n'a pas toute sa raison ▷ **non-contagious** ADJ non contagieux ▷ **non-contributory** ADJ ◆ **~contributory pension scheme** régime *m* de retraite sans retenues *or* cotisations ▷ **non-controversial** ADJ ⇒ **uncontroversial** ▷ **non-conventional** ADJ non conventionnel ▷ **non-cooperation** N refus *m* de coopérer, non-coopération *f* ▷ **non-cooperative** ADJ peu coopératif ▷ **non-crush(able)** ADJ infroissable ▷ **non-cumulative** ADJ non cumulatif ▷ **non-custodial** ADJ *(Jur)* ◆ **~custodial sentence** peine *f* non privative de liberté ▷ **non-dairy** ADJ qui n'est pas à base de lait ▷ **non-degradable** ADJ qui n'est pas biodégradable ▷ **non-democratic** ADJ non démocratique ▷ **non-denominational** ADJ œcuménique ▷ **non-drinker** N personne *f* qui ne boit pas d'alcool ▷ **non-drip** ADJ *[paint]* qui ne coule pas ▷ **non-driver** N *(Aut)* personne *f* qui n'a pas le permis de conduire ▷ **non-EU** ADJ *[citizens, passports]* des pays qui n'appartiennent pas à l'UE ; *[imports]* hors Union européenne ▷ **non-executive** ADJ non-exécutif N non-exécutif *m* ▷ **non-governmental organization** N organisation *f* non gouvernementale ▷ **non-greasy** ADJ *[ointment, lotion]* qui ne graisse pas ; *[skin, hair]* normal, qui n'est pas gras (grasse *f*) ▷ **non-hero** N antihéros *m* ▷ **non-interference** N non-intervention *f* ▷ **non-iron** ADJ qui ne nécessite aucun repassage ◆ **"non-iron"** *(on label)* "ne pas repasser" ▷ **non-Jew** N non-juif *m*, -ive *f* ▷ **non-Jewish** ADJ non juif ▷ **non-league** ADJ *(Brit Sport)* hors division ▷ **non-manual worker** N col *m* blanc ▷ **non-Muslim** ADJ non musulman N non-musulman(e) *m(f)* ▷ **non-negotiable** ADJ *(Comm)* non négociable ; *[decision etc]* qui n'est pas négociable ▷ **non-nuclear** ADJ *[weapon]* conventionnel ; *[country]* non nucléaire ▷ **non-nutritious** ADJ sans valeur nutritive ▷ **non-party** ADJ *(Pol) [vote, decision]* indépendant, neutre ▷ **non-penetrative** ADJ *[sex]* sans pénétration ▷ **non-person** N *(= stateless etc)* personne *f* sans identité juridique ▷ **non-practising** ADJ *[Christian, Muslim etc]* non pratiquant ▷ **non-productive** ADJ non productif ▷ **non-professional** ADJ *[player etc]* amateur ◆ **~professional conduct** manquement *m* aux devoirs de sa profession N *(Sport etc)* amateur *mf* ▷ **non-punitive** ADJ dont l'intention n'est pas de punir ▷ **non-racial** ADJ non racial ▷ **non-refillable** ADJ *[pen, bottle]* non rechargeable ▷ **non-reflective** ADJ *[glass]* non réfléchissant, antireflet *f inv* ▷ **non-religious** ADJ non croyant ▷ **non-resident** ADJ *(gen)* non résident ◆ **~resident course** stage *m* sans hébergement ◆ **~resident doctor** attaché(e) *m(f)* de consultations ◆ **~resident student** *(US Univ Admin) étudiant(e) d'une université d'État dont le domicile permanent est situé en dehors de cet État* N non-résident(e) *m(f)* ; *(Brit: in hotel)* client(e) *m(f)* de passage *(qui n'a pas de chambre)* ▷ **non-sexist** ADJ qui n'est pas sexiste, non sexiste ▷ **non-student** N non-étudiant(e) *m(f)* ▷ **non-threatening** ADJ qui n'est pas menaçant ▷ **non-traditional** ADJ non traditionnel ▷ **non-union** ADJ *(Ind) [company, organization]* qui n'emploie pas de personnel syndiqué ▷ **non-unionized** ADJ ⇒ **non-union** ▷ **non-white** N personne *f* de couleur ADJ de couleur

**nonacademic** /ˌnɒnækəˈdemɪk/ ADJ a *(= extra-curricular)* extrascolaire b *(= non-educational) [staff]* non enseignant ; *[career]* en dehors de l'enseignement c *(= not academically gifted) [child, pupil]* peu doué pour les études

**nonage** /ˈnəʊnɪdʒ/ N *(Jur)* minorité *f*

**nonagenarian** /ˌnɒnədʒɪˈnɛərɪən/ ADJ, N nonagénaire *mf*

**nonbreakable** /ˌnɒnˈbreɪkəbl/ ADJ incassable

**nonce** /nɒns/ N a ◆ **for the ~** pour la circonstance, pour l'occasion b ‡ pointeur * *m*

COMP ▷ **nonce-bashing** * N chasse *f* aux pointeurs *

**nonchalance** /ˈnɒnʃələns/ N nonchalance *f*

**nonchalant** /ˈnɒnʃələnt/ ADJ nonchalant ◆ **to be ~ about sth** prendre qch avec nonchalance

**nonchalantly** /ˈnɒnʃələntlɪ/ ADV nonchalamment, avec nonchalance

**noncombatant** /ˌnɒnˈkɒmbətənt/ ADJ, N non-combattant(e) *m(f)*

**noncombustible** /ˌnɒnkəmˈbʌstɪbl/ ADJ non combustible

**noncommercial** /ˌnɒnkəˈmɜːʃəl/ ADJ sans but lucratif

**noncommissioned** /ˈnɒnkəˈmɪʃənd/ ADJ *(Mil)* non breveté, sans brevet ◆ **~ officer** sous-officier *m*

**noncommittal** /ˈnɒnkəˈmɪtl/ ADJ *[person]* qui ne s'engage pas ; *[letter, statement]* qui n'engage à rien, évasif ; *[grunt]* évasif ; *[expression, attitude]* réservé ◆ **he gave a ~ answer** il fit une réponse évasive *or* qui ne l'engageait pas ◆ **I'll be very ~** je ne m'engagerai pas ◆ **he was very ~ about it** il ne s'est pas prononcé là-dessus

**noncommittally** /ˌnɒnkəˈmɪtəlɪ/ ADV *[say, answer]* évasivement, sans s'engager

**noncommunicant** /ˈnɒnkəˈmjuːnɪkənt/ ADJ, N *(Rel)* non-communiant(e) *m(f)*

**nonconductor** /ˈnɒnkənˈdʌktəʳ/ N *(Phys)* non-conducteur *m*, mauvais conducteur *m* ; *[of heat]* isolant *m*, calorifuge *m* ; *(Elec)* isolant *m*

**nonconformism** /ˈnɒnkənˈfɔːmɪzəm/ N non-conformisme *m*

**nonconformist** /ˈnɒnkənˈfɔːmɪst/ N non-conformiste *mf* ADJ non conformiste

**Nonconformity** /ˈnɒnkənˈfɔːmɪtɪ/ N *(Rel)* non-conformité *f*

**nondazzle** /ˈnɒnˈdæzl/ ADJ antiéblouissant

**nondescript** /ˈnɒndɪskrɪpt/ ADJ *[person, face, building]* quelconque ; *[appearance]* insignifiant, quelconque ; *[colour]* indéfinissable

**nondestructive** /ˈnɒndɪsˈtrʌktɪv/ ADJ *(Tech) [testing]* non destructeur (-trice *f*)

**nondetachable** /ˈnɒndɪˈtætʃəbl/ ADJ *[handle etc]* fixe, indémontable ; *[lining, hood]* non détachable

**nondirectional** /ˈnɒnˈdɪrekʃənl/ ADJ omnidirectionnel

**nondirective therapy** /ˈnɒndɪˌrektɪvˈθerəpɪ/ N *(Psych)* psychothérapie *f* non directive, non-directivisme *m*

**nondistinctive** /ˈnɒndɪsˈtɪŋktɪv/ ADJ *(Ling)* non distinctif

**none** /nʌn/ PRON **a**

> When **none** refers to a noun in the plural, it is generally translated by **aucun(e)**. The verb that follows is preceded by **ne**.

◆ **I tried four jackets on, but ~ fitted me** j'ai essayé quatre vestes, mais aucune ne m'allait ◆ **the police interviewed ten men, but ~ admitted seeing her** la police a interrogé dix hommes, mais aucun n'a avoué l'avoir vue

> Note the possible translations when **none** refers to an uncountable noun or a noun in the singular.

◆ **I looked for butter, but there was ~** j'ai cherché du beurre mais il n'y en avait pas ◆ **I asked her for an answer, but she gave ~** je lui ai demandé une réponse, mais elle n'en a pas donné ◆ **he tried to hire a car but there were ~ available** il a essayé de louer une voiture mais il n'y en avait pas de disponible ◆ **there's ~ left** il n'y en a plus, il n'en reste plus

◆ **none at all** ◆ **there was no evidence, ~ at all** il n'y avait aucune preuve, absolument aucune ◆ **we had no notice of it, ~ at all** nous n'en avons pas été prévenus à l'avance, absolument pas ◆ **is there any bread left? – ~ at all** y a-t-il encore du pain ? – pas une miette ◆ **I need money but have ~ at all** j'ai besoin d'argent mais je n'en ai pas du tout

◆ **none of**

> When **none of** is followed by a plural, it is generally translated **aucun(e) de**. The verb that follows is preceded by **ne**.

◆ **~ of these problems should affect us** aucun de ces problèmes ne devrait nous toucher ◆ **~ of the band members are well known** aucun des membres du groupe n'est célèbre ◆ **I want ~ of your excuses!** vos excuses ne m'intéressent pas !

> When **none of** is followed by an uncountable noun, the negative idea is expressed in various ways.

◆ **she did ~ of the work herself** elle n'a rien fait elle-même ◆ **~ of the food/aid arrived on time** la nourriture/l'aide n'est pas arrivée à temps, toute la nourriture/l'aide est arrivée en retard ◆ **~ of this milk was pasteurized/contained bacteria** ce lait n'était pas pasteurisé/ne contenait aucune bactérie ◆ **~ of this money** pas un centime de cet argent ◆ **~ of this land** pas un mètre carré *or* pas un pouce de ce terrain ◆ **~ of the evidence unequivocally shows that it is harmful** rien ne prouve clairement que c'est nocif ; → **business**

> When **none of** is followed by a pronoun, it is generally translated by **aucun(e) de**. When referring to people, it can be translated by **aucun(e) d'entre**. Note the use of **ne** before the verb.

◆ **~ of us** aucun de nous *or* d'entre nous, personne parmi nous ◆ **~ of us knew how to change a wheel** aucun de nous *or* d'entre nous ne savait changer une roue ◆ **~ of them saw him** aucun d'entre eux ne l'a vu ◆ **~ of you knew** aucun d'entre vous ne le savait ◆ **I checked the glasses and ~ of them were broken** j'ai vérifié les verres et aucun n'était cassé

◆ **none of it** ◆ **I read what he'd written but ~ of it made any sense** j'ai lu ce qu'il avait écrit mais c'était complètement incohérent ◆ **~ of it was true** tout était faux ◆ **we tried the wine but ~ of it was drinkable** nous avons goûté le vin mais pas une goutte n'était buvable ◆ **they promised financial aid, but so far ~ of it has arrived** ils ont promis une aide financière, mais jusqu'à maintenant pas un seul centime n'a été versé ◆ **I understood ~ of it** je n'y ai rien compris

◆ **none of this/that** rien de ceci/cela ◆ **~ of that!** pas de ça !

◆ **will have** *or* **is having** *etc* **none of** ◆ **he will have ~ of this kind of talk** il ne tolère pas ce genre de discours ◆ **he would have ~ of it** il ne voulait rien savoir ◆ **she was having ~ of that nonsense** elle refusait d'écouter ces sottises

**b** *(= nobody)* personne *+ne before vb* ◆ **I know, ~ better, that ...** je sais mieux que personne que ... ◆ **Dr. Harriman was a specialist, ~ better** le Docteur Harriman était un spécialiste, il n'y en avait pas de meilleur

◆ **none but** *(frm)* seul ◆ **~ but God will ever know what I suffered** seul Dieu saura jamais combien j'ai souffert ◆ **~ but Sarah came** seule Sarah est venue

◆ **none other** ◆ **it was Hillary Clinton, ~ other** c'était Hillary Clinton en personne ◆ **their guest was ~ other than the president himself** leur invité n'était autre que le président en personne ◆ **for this reason and ~ other** pour cette raison très exactement

**c** *(in form-filling)* néant *m*

ADV

◆ **none the ...** ◆ **he's ~ the worse for it** il ne s'en porte pas plus mal ◆ **she's looking ~ the worse for her ordeal** cette épreuve ne semble pas l'avoir trop marquée ◆ **I like him ~ the worse for it** je ne l'en aime pas moins pour cela ◆ **the house would be ~ the worse for a coat of paint** une couche de peinture ne ferait pas de mal à cette maison ◆ **he was ~ the wiser** il n'en savait pas plus pour autant, il n'était pas plus avancé

◆ **none too ...** ◆ **it's ~ too warm** il ne fait pas tellement chaud ◆ **and ~ too soon either!** et ce n'est pas trop tôt ! ◆ **I was ~ too sure that he would come** j'étais loin d'être sûr qu'il viendrait ◆ **she was ~ too happy about it** elle était loin d'être contente ◆ **he was ~ too pleased at being disturbed** ça ne l'a pas enchanté qu'on le dérange

**nonedible** /nɒˈnedɪbl/ ADJ non comestible

**nonentity** /nɒˈnentɪtɪ/ N personne *f* insignifiante *or* sans intérêt ◆ **he's a complete ~** c'est une nullité

**nonessential** /ˌnɒnɪˈsenʃl/ ADJ non essentiel, accessoire NPL **nonessentials** accessoires *mpl* ◆ **the ~s** l'accessoire *m*

**nonestablished** /ˌnɒnɪsˈtæblɪʃt/ ADJ *[church]* non établi

**nonesuch** /ˈnʌnsʌtʃ/ N ⇒ **nonsuch**

**nonet** /nɒˈnet/ N *(Mus)* nonet *m*

**nonetheless** /ˌnʌnðəˈles/ ADV ⇒ **nevertheless**

**nonevent** * /ˈnɒnɪˈvent/ N non-événement *m*

**nonexamination course** /ˌnɒnɪgˈzæmɪˈneɪʃənkɔːs/ N *(Scol etc)* études *fpl* non sanctionnées par un examen

**nonexecutive director** /ˌnɒnɪgˈzekjʊtɪvdɪˈrektəʳ/ N administrateur *m*

**nonexistence** /ˈnɒnɪgˈzɪstəns/ N non-existence *f*

**nonexistent** /ˈnɒnɪgˈzɪstənt/ ADJ inexistant

**nonexplosive** /ˈnɒnɪkˈspləʊsɪv/ ADJ *[gas]* non explosif

**nonfactual** /ˌnɒnˈfæktjʊəl/ ADJ qui n'est pas fondé sur des faits

**nonfat** /ˈnɒnfæt/ ADJ *[cooking, diet]* sans corps gras *or* matière grasse ; *[meat]* maigre

**nonfattening** /ˌnɒnˈfætnɪŋ/ ADJ qui ne fait pas grossir

**nonferrous** /ˌnɒnˈferəs/ ADJ non ferreux

**nonfiction** /ˌnɒnˈfɪkʃən/ N littérature *f* non romanesque ◆ **he only reads ~** il ne lit jamais de romans

**nonfinite** /ˌnɒnˈfaɪnaɪt/ ADJ ◆ **~ verb** verbe *m* au mode impersonnel ◆ **~ forms** modes *mpl* impersonnels

**nonflammable** /ˌnɒnˈflæməbl/ ADJ ⇒ **noninflammable**

**nonfulfilment** /ˌnɒnfʊlˈfɪlmənt/ N non-exécution *f*, inexécution *f*

**nonglare** /ˌnɒnˈglɛəʳ/ ADJ antiéblouissant

**nongovernmental** /ˌnɒngʌvənˈmentl/ ADJ non gouvernemental

**nongrammatical** /ˌnɒngrəˈmætɪkəl/ ADJ non grammatical

**non grata** * /ˌnɒnˈgrɑːtə/ ADJ ◆ **he felt rather ~** il avait l'impression d'être un intrus ; see also **persona**

**nonillion** /nəʊˈnɪljən/ N *(esp Brit* $= 10^{54}$*)* nonillion *m* ; *(esp US)* ($= 10^{30}$) quintillion *m*

**noninfectious** /ˌnɒnɪnˈfekʃəs/ ADJ non contagieux

**noninflammable** /ˌnɒnɪnˈflæməbl/ ADJ ininflammable

**nonintervention** /ˌnɒnɪntəˈvenʃən/ N *(Pol etc)* non-intervention *f*, laisser-faire *m*

**noninterventionist** /ˌnɒnɪntəˈvenʃənɪst/ ADJ non interventionniste N *(Pol etc)* non-interventionniste *mf*

**noninvolvement** /ˌnɒnɪnˈvɒlvmənt/ N *(in war, conflict)* non-engagement *m*, neutralité *f*; *(in negotiations etc)* non-participation *f*; *(Psych)* détachement *m*

**nonjudg(e)mental** /ˌnɒndʒʌdʒˈmentəl/ ADJ qui ne porte pas de jugement, neutre

**nonladdering** /ˌnɒnˈlædərɪŋ/ ADJ ⇒ **nonrun**

**nonlinear** /ˌnɒnˈlɪnɪəʳ/ ADJ non linéaire

**nonlinguistic** /ˌnɒnlɪŋˈgwɪstɪk/ ADJ *[communication etc]* non verbal

**nonliterate** /ˌnɒnˈlɪtərɪt/ ADJ *[tribe, culture]* sans écriture

**nonmalignant** /ˌnɒnməˈlɪgnənt/ ADJ *[tumour]* bénin (-igne *f*)

**nonmaterial** /ˈnɒnməˈtɪərɪəl/ ADJ immatériel

**nonmember** /ˌnɒnˈmembəʳ/ N *[of club etc]* personne *f* étrangère (au club *etc*) ◆ **open to ~s** ouvert au public

**nonmetal** /ˈnɒnmetl/ N *(Chem)* non-métal *m*, métalloïde *m*

**nonmetallic** /ˌnɒnmɪˈtælɪk/ ADJ *(= relating to nonmetals)* métalloïdique ; *(= not of metallic quality)* non métallique

**nonmilitant** /ˌnɒnˈmɪlɪtənt/ ADJ non militant

**nonmilitary** /ˌnɒnˈmɪlɪtərɪ/ ADJ non militaire

**nonobservance** /ˌnɒnəbˈzɜːvəns/ N *(gen)* non-observation *f*, inobservation *f*; *(Rel)* non-observance *f*

**non obst.** PREP (abbrev of **non obstante**) *(= notwithstanding)* nonobstant

**nonoperational** /ˌnɒnɒpəˈreɪʃənl/ ADJ non opérationnel

**nonpareil** /ˈnɒnpərəl/ *(liter)* N personne *f* or chose *f* sans pareille ADJ incomparable, sans égal

**nonpartisan** /ˈnɒnˌpɑːtɪˈzæn/ ADJ impartial

**nonpaying** /ˌnɒnˈpeɪɪŋ/ ADJ *[visitor etc]* qui ne paie pas, admis à titre gracieux

**nonpayment** /ˈnɒnˈpeɪmənt/ N non-paiement *m* (of de)

**nonplus** /ˈnɒnˈplʌs/ VT déconcerter, dérouter ◆ **I was utterly ~sed** j'étais complètement déconcerté *or* dérouté

**nonpolitical** /ˈnɒnpəˈlɪtɪkəl/ ADJ apolitique

**nonpolluting** /ˈnɒnpəˈluːtɪŋ/ ADJ non polluant

**nonprofitmaking** /ˈnɒnˈprɒfɪtmeɪkɪŋ/, **nonprofit** *(US)* /ˈnɒnˈprɒfɪt/ ADJ à but non lucratif

**nonproliferation** /ˈnɒnprəˌlɪfəˈreɪʃən/ N non-prolifération *f* ◆ **~ treaty** traité *m* de non-prolifération

**non-punitive** /ˈnɒnˈpjuːnɪtɪv/ ADJ dont l'intention n'est pas de punir

**nonreceipt** /ˈnɒnrɪˈsiːt/ N *[of letter etc]* non-réception *f*

**nonrecurring expenses** /ˈnɒnrɪˈkɜːrɪŋ ɪkˈspensɪz/ NPL dépenses *fpl* d'équipement

**nonreturnable** /ˈnɒnrɪˈtɜːnəbl/ ADJ *[bottle etc]* non consigné

**nonrun** /ˈnɒnrʌn/ ADJ indémaillable

**nonrunner** /ˈnɒnˈrʌnəʳ/ N non-partant *m*

**nonscheduled** /ˈnɒnˈʃedjuːld/ ADJ *[plane, flight]* spécial

**nonsectarian** /ˈnɒnsekˈtɛərɪən/ ADJ non confessionnel

**nonsegregated** /ˈnɒnˈsegrɪgeɪtɪd/ ADJ sans ségrégation

**nonsense** /ˈnɒnsəns/ N *(NonC)* absurdités *fpl*, idioties *fpl* ◆ **to talk ~** dire n'importe quoi ◆ **that's a piece of ~!** c'est une absurdité !, n'importe quoi ! ◆ **that's (a lot of) ~** tout ça ce sont des absurdités ◆ **but that's ~!** mais c'est absurde !, mais c'est n'importe quoi ! ◆ **oh, ~!** oh, ne dis pas n'importe quoi ! ◆ **I'm putting on weight – ~!** je grossis – penses-tu ! ◆ **all this ~ about them not being able to pay** toutes ces histoires idiotes comme quoi* *or* selon lesquelles ils seraient incapables de payer ◆ **it is ~ to say ...** il est absurde *or* idiot de dire ... ◆ **he will stand no ~ from anybody** il ne se laissera pas faire par qui que ce soit, il ne se laissera marcher sur les pieds par personne ◆ **he won't stand any ~ about that** il ne plaisante pas là-dessus ◆ **I've had enough of this ~!** j'en ai assez de ces histoires *or* idioties ! ◆ **stop this ~!, no more of your ~!** arrête tes idioties ! ◆ **there's no ~ about him** c'est un homme très carré ◆ **to knock the ~ out of sb*** ramener qn à la raison ◆ **to make (a) ~ of** *[+ project, efforts, pledge]* rendre inutile ; *[+ claim]* invalider ◆ **it is an economic ~ to...** c'est absolument absurde d'un point de vue économique que de... ; → **stuff**

COMP ▷ **nonsense verse** N vers *mpl* amphigouriques ▷ **nonsense word** N mot *m* inventé de toutes pièces

**nonsensical** /nɒnˈsensɪkəl/ ADJ *[idea, action]* absurde, dénué de sens ; *[person, attitude, rule, lyrics]* absurde

**nonsensically** /nɒnˈsensɪkəlɪ/ ADV absurdement

**non sequitur** /ˌnɒnˈsekwɪtəʳ/ N ◆ **it's a ~** ça manque de suite

**nonshrink** /ˈnɒnʃrɪŋk/ ADJ irrétrécissable

**nonsinkable** /ˈnɒnˈsɪŋkəbl/ ADJ insubmersible

**nonsked*** /ˈnɒnˈsked/ N *(US)* avion *m* spécial

**nonskid** /ˈnɒnˈskɪd/ ADJ antidérapant

**nonskilled** /ˈnɒnˈskɪld/ ADJ ⇒ **unskilled**

**nonslip** /ˈnɒnˈslɪp/ ADJ *[shoe sole, ski]* antidérapant

**nonsmoker** /ˈnɒnˈsməʊkəʳ/ N *(= person)* non-fumeur *m*, -euse *f*, personne *f* qui ne fume pas ◆ **he is a ~** il ne fume pas

**nonsmoking** /ˈnɒnˈsməʊkɪŋ/ ADJ *[flight, seat, compartment, area]* non-fumeurs *inv* ; *[office, restaurant]* où il est interdit de fumer ; *[person]* qui ne fume pas, non fumeur ◆ **the ~ population** ceux *mpl* qui ne fument pas, les non-fumeurs *mpl*

**nonsolvent** /ˈnɒnˈsɒlvənt/ ADJ *(Chem)* non dissolvant

**nonspecialist** /ˈnɒnˈspeʃəlɪst/ N *(gen)* non-spécialiste *mf* ; *(Med)* généraliste *mf* ADJ *[knowledge, dictionary]* général

**nonspecific** /ˈnɒnspəˈsɪfɪk/ ADJ a *(Med)* non spécifique b *(= imprecise)* général COMP ▷ **nonspecific urethritis** N *(Med)* urétrite *f*

**nonstandard** /ˈnɒnˈstændəd/ ADJ *(Ling)* non standard *inv*

**nonstarter** /ˈnɒnˈstɑːtəʳ/ N a *(= horse)* non-partant *m* b *(= person)* nullité *f* c *(= idea)* ◆ **it's a ~** c'est voué à l'échec

**nonstick** /ˈnɒnˈstɪk/ ADJ *[coating]* antiadhésif ; *[saucepan]* qui n'attache pas

**nonstop** /ˌnɒnˈstɒp/ ADJ *[flight]* sans escale ; *[train]* direct ; *[journey]* sans arrêt ; *[music]* ininterrompu ; *(Ski)* non-stop ◆ **the movie's two hours of ~ action** les deux heures d'action ininterrompue du film ADV *[talk, work, rain]* sans interruption, sans arrêt ; *(Ski)* non-stop ◆ **to fly ~ from London to Chicago** faire Londres-Chicago sans escale

**nonsuch** /ˈnʌnsʌtʃ/ N *(liter)* personne *f* or chose *f* sans pareille

**nonsuit** /ˈnɒnˈsuːt/ N *(Jur) (gen)* ordonnance *f* de non-lieu ; *(on the part of the plaintiff)* cessation *f* de poursuites, retrait *m* de plainte ◆ **to direct a ~** rendre une ordonnance de non-lieu VT † débouter ◆ **to be ~ed** être débouté (de sa demande)

**nonsupport** /ˈnɒnsəˈpɔːt/ N *(US Jur)* défaut *m* de pension alimentaire

**nonswimmer** /ˈnɒnˈswɪməʳ/ N personne *f* qui ne sait pas nager

**nontaxable** /ˈnɒnˈtæksəbl/ ADJ non imposable

**nonteaching staff** /ˌnɒnˈtiːtʃɪŋstɑːf/ N *(Scol etc)* personnel *m* non enseignant

**nontoxic** /ˈnɒnˈtɒksɪk/ ADJ non toxique

**nontransferable** /ˈnɒntrænsˈfɜːrəbl/ ADJ *[ticket]* non transmissible ; *[share]* nominatif ; *[pension]* non réversible

**nonverbal** /ˌnɒnˈvɜːbəl/ ADJ non verbal

**nonviable** /ˌnɒnˈvaɪəbl/ ADJ non viable

**nonviolence** /ˌnɒnˈvaɪələns/ N non-violence *f*

**nonviolent** /ˌnɒnˈvaɪələnt/ ADJ non violent

**nonvocational** /ˌnɒnvəʊˈkeɪʃənl/ ADJ *[courses]* non professionnel

**nonvoluntary** /ˌnɒnˈvɒləntərɪ/ ADJ *[work]* rémunéré

**nonvoter** /ˌnɒnˈvəʊtəʳ/ N *(US Pol)* abstentionniste *mf*

**nonvoting share** /ˌnɒnˈvəʊtɪŋʃɛəʳ/ N *(Fin)* action *f* sans droit de vote

**nonworker** /ˌnɒnˈwɜːkəʳ/ N personne *f* sans activité professionnelle

**nonworking** /ˌnɒnˈwɜːkɪŋ/ ADJ sans emploi, qui ne travaille pas

**nonwoven** /ˌnɒnˈwəʊvən/ ADJ non tissé

**noodle** /ˈnuːdl/ N a *(Culin)* ◆ **~s** nouilles *fpl* ◆ **~ soup** potage *m* au vermicelle b *(* = silly person)* nouille* *f*, nigaud(e) *m(f)* c *(US, Can ‡ = head)* caboche* *f*, tête *f*

**nook** /nʊk/ N *(= corner)* coin *m*, recoin *m* ; *(= remote spot)* retraite *f* ◆ **~s and crannies** coins *mpl* et recoins *mpl* ◆ **breakfast ~** coin-repas *m* ◆ **a shady ~** une retraite ombragée, un coin ombragé

**nookie‡**, **nooky‡** /ˈnʊkɪ/ N *(Brit: esp hum)* la fesse‡ ◆ **to have a bit of ~** avoir une partie de jambes en l'air‡

**noon** /nuːn/ N midi *m* ◆ **at/about ~** à/vers midi ; → **high**

**noonday** /ˈnuːndeɪ/, **noontide** †† /ˈnuːntaɪd/, **noontime** *(esp US)* /ˈnuːntaɪm/ N midi *m* ◆ **at the ~ of his fame** *(fig, liter)* à l'apogée de sa gloire ADJ de midi

**noose** /nuːs/ N nœud *m* coulant ; *(in animal trapping)* collet *m* ; *[of cowboy]* lasso *m* ; *[of hangman]* corde *f* ◆ **to put one's head in the ~, to put a ~ round one's neck** *(fig)* se jeter dans la gueule du loup VT a *[+ rope]* faire un nœud coulant à b *(in trapping)* prendre au collet ; *[cowboy]* prendre *or* attraper au lasso

**nope‡** /nəʊp/ PARTICLE non

**nor** /nɔːʳ/ CONJ a *(following "neither")* ni ◆ **neither you ~ I can do it** ni vous ni moi (nous) ne pouvons le faire ◆ **she neither eats ~ drinks** elle ne mange ni ne boit ◆ **neither here ~ elsewhere does he stop working** ici comme ailleurs il ne cesse pas de travailler ; → **neither**

b (= *and not*) **I don't know, ~ do I care** je ne sais pas et d'ailleurs je m'en moque ◆ **that's not funny, ~ is it true** ce n'est ni drôle ni vrai ◆ **that's not funny, ~ do I believe it's true** cela n'est pas drôle et je ne crois pas non plus que ce soit vrai ◆ **I shan't go and ~ will you** je n'irai pas et toi non plus ◆ **I don't like him – ~ do I** je ne l'aime pas – moi non plus ◆ **~ was this all** et ce n'était pas tout ◆ **~ will I deny that ...** et je ne nie pas non plus que ... + *subj* ◆ **~ was he disappointed** et il ne fut pas déçu non plus ; → **yet**

**nor'** /nɔːʳ/ ADJ (*Naut: in compounds*) ⇒ **north** ◆ **~east** *etc* ⇒ **north-east** ; → **north**

**noradrenalin(e)** /ˈnɔːrəˈdrenəlɪn, iːn/ N noradrénaline *f*

**Nordic** /ˈnɔːdɪk/ ADJ nordique COMP ▷ **Nordic skier** N skieur *m*, -euse *f* nordique ▷ **Nordic skiing** N ski *m* nordique

**norm** /nɔːm/ N norme *f* ◆ **to differ from the ~** s'écarter de la norme

**normal** /ˈnɔːməl/ ADJ a (*gen*) normal ; (= *usual*) habituel ◆ **traffic was ~ for a bank holiday weekend** la circulation était normale pour un long week-end ◆ **a higher than ~ risk of infection** un risque d'infection plus élevé que la normale ◆ **it's perfectly ~ to feel that way** il est tout à fait normal de ressentir cela ◆ **it was quite ~ for him to be late** c'était tout à fait dans ses habitudes d'arriver en retard ◆ **as ~** comme d'habitude ◆ **it's ~ practice to do that** il est normal de faire cela ◆ **to buy sth for half the ~ price** acheter qch à moitié prix ◆ **~ service will be resumed as soon as possible** (*TV*) nous vous prions de nous excuser pour cette interruption momentanée de l'image ◆ **the factory is back to ~ working** le travail a repris normalement à l'usine

b (*Math*) normal, perpendiculaire

c (*Chem*) neutre

N a normale *f* ◆ **above/below ~** au-dessus/en dessous de la normale ◆ **temperatures below ~** des températures au-dessous de la normale ◆ **to return** *or* **get back to ~** revenir à la normale

b (*Math*) normale *f*, perpendiculaire *f*

COMP ▷ **normal school** N (*US: formerly*) *institut universitaire de formation des maîtres*, ≃ école *f* normale

**normality** /nɔːˈmælɪtɪ/, **normalcy** (*esp US*) /ˈnɔːməlsɪ/ N normalité *f*

**normalization** /ˌnɔːməlaɪˈzeɪʃən/ N normalisation *f*

**normalize** /ˈnɔːməlaɪz/ VT normaliser, régulariser VI se normaliser, se régulariser

**normally** /ˈnɔːməlɪ/ ADV (= *usually*) généralement, d'habitude ; (= *as normal*) normalement ◆ **he ~ arrives at about 10 o'clock** d'habitude il arrive vers 10 heures ◆ **the trains are running ~** les trains circulent normalement

**Norman** /ˈnɔːmən/ ADJ normand ; (*Archit*) roman ◆ **the ~ Conquest** la conquête normande ◆ **~ French** (*Ling*) anglo-normand *m* N Normand(e) *m(f)*

**Normandy** /ˈnɔːməndɪ/ N Normandie *f* ; → **landing**[1]

**normative** /ˈnɔːmətɪv/ ADJ normatif

**Norse** /nɔːs/ ADJ (*Hist*) nordique, scandinave ◆ **~man** Scandinave *m* N (*Ling*) nordique *m*, norrois *m* ◆ **Old ~** vieux norrois *m*

**north** /nɔːθ/ N nord *m* ◆ **magnetic ~** Nord *m* *or* pôle *m* magnétique ◆ **to the ~ of ...** au nord de ... ◆ **house facing the ~** maison *f* exposée au nord ◆ **to veer to the ~, to go into the ~** [*wind*] tourner au nord, anordir (*Naut*) ◆ **the wind is in the ~** le vent est au nord ◆ **the wind is (coming** *or* **blowing) from the ~** le vent vient *or* souffle du nord ◆ **to live in the ~** habiter dans le Nord ◆ **in the ~ of Scotland** dans le nord de l'Écosse ◆ **the North** (*US Hist*) les États *mpl* antiesclavagistes *or* du Nord

ADJ [*side, coast, slope, end*] nord *inv* ; [*region, area*] septentrional (*frm*) ◆ **~ wind** vent *m* du nord ◆ **(in) ~ Wales/London** (dans) le nord du pays de Galles/de Londres ◆ **on the ~ side** du côté nord ◆ **studio with a ~ light** atelier *m* exposé au nord ◆ **a ~ aspect** une exposition au nord ◆ **room with a ~ aspect** pièce *f* exposée au nord ◆ **~ wall** mur *m* (exposé au) nord ◆ **~ transept/door** (*Archit*) transept *m*/portail *m* nord ; see also **comp**

ADV [*lie, be*] au nord (*of* de) ; [*go*] vers le nord, en direction du nord ◆ **further ~** plus au nord ◆ **~ of the island** au nord de l'île ◆ **the town lies ~ of the border** la ville est (située) au nord de la frontière ◆ **we drove ~ for 100km** nous avons roulé pendant 100 km en direction du nord *or* vers le nord ◆ **go ~ till you get to Oxford** allez en direction du nord *or* vers le nord jusqu'à Oxford ◆ **to sail due ~** aller droit vers le nord ; (*Naut*) avoir le cap au nord ◆ **~ by ~east** nord quart nord-est

COMP ▷ **North Africa** N Afrique *f* du Nord ▷ **North African** ADJ nord-africain, d'Afrique du Nord N Africain(e) *m(f)* du Nord, Nord-Africain(e) *m(f)* ▷ **North America** N Amérique *f* du Nord ▷ **North American** ADJ nord-américain, d'Amérique du Nord N Nord-Américain(e) *m(f)* ▷ **the North Atlantic** N l'Atlantique *m* nord ▷ **North Atlantic Drift** N dérive *f* nord-atlantique ▷ **North Atlantic Treaty Organization** N Organisation *f* du traité de l'Atlantique nord ▷ **North Carolina** N Caroline *f* du Nord ◆ **in North Carolina** en Caroline du Nord ▷ **the North Country** N (*Brit*) le Nord de l'Angleterre ▷ **north-country** ADJ du Nord (de l'Angleterre) ▷ **North Dakota** N Dakota *m* du Nord ◆ **in North Dakota** dans le Dakota du Nord ▷ **north-east** N nord-est *m* ADJ (du *or* au) nord-est *inv* ADV vers le nord-est ▷ **north-easter** N nordet *m* (*Naut*), vent *m* du nord-est ▷ **north-easterly** ADJ [*wind, direction*] du nord-est ; [*situation*] au nord-est ADV vers le nord-est ▷ **north-eastern** ADJ (du) nord-est *inv* ▷ **north-eastward(s)** ADV vers le nord-est ▷ **north-facing** ADJ exposé au nord ▷ **North Island** N (*of New Zealand*) l'île *f* du Nord (*de la Nouvelle-Zélande*) ▷ **North Korea** N Corée *f* du Nord ▷ **North Korean** ADJ nord-coréen N Nord-Coréen(ne) *m(f)* ▷ **north-north-east** N nord-nord-est *m* ADJ (du *or* au) nord-nord-est *inv* ADV vers le nord-nord-est ▷ **north-north-west** N nord-nord-ouest *m* ADJ (du *or* au) nord-nord-ouest *inv* ADV vers le nord-nord-ouest ▷ **North Pole** N pôle *m* Nord ▷ **North Sea** N mer *f* du Nord ▷ **North Sea gas** N (*Brit*) gaz *m* naturel de la mer du Nord ▷ **North Sea oil** N pétrole *m* de la mer du Nord ▷ **North Star** N étoile *f* polaire ▷ **North Vietnam** N Vietnam *m* du Nord ▷ **North Vietnamese** ADJ nord-vietnamien N Nord-Vietnamien(ne) *m(f)* ▷ **north-wall hammer** N (*Climbing*) marteau-piolet *m* ▷ **north-west** N nord-ouest *m* ADJ (du *or* au) nord-ouest *inv* ADV vers le nord-ouest ▷ **north-wester** N noroît *m* (*Naut*), vent *m* du nord-ouest ▷ **north-westerly** ADJ [*wind, direction*] du nord-ouest ; [*situation*] au nord-ouest ADV vers le nord-ouest ▷ **north-western** ADJ nord-ouest *inv*, du nord-ouest ▷ **North-West Frontier** N frontière *f* du Nord-Ouest ▷ **North-West Passage** N passage *m* du Nord-Ouest ▷ **north-westward(s)** ADV vers le nord-ouest

**Northants** /nɔːˈθænts/ abbrev of **Northamptonshire**

**northbound** /ˈnɔːθbaʊnd/ ADJ [*traffic*] en direction du nord ; [*vehicle*] qui va vers le nord [*carriageway*] nord *inv*

**Northd** abbrev of **Northumberland**

**northerly** /ˈnɔːðəlɪ/ ADJ [*wind*] du nord ; [*situation*] au nord ; [*direction*] vers le nord ◆ **~ latitudes** latitudes *fpl* boréales ◆ **~ aspect** exposition *f* au nord ◆ **in a ~ direction** en direction du nord, vers le nord ADV vers le nord

**northern** /ˈnɔːðən/ ADJ [*province, state, neighbour*] du nord ; [*border, suburbs*] nord *inv* ◆ **the ~ coast** le littoral nord *or* septentrional ◆ **house with a ~ outlook** maison *f* exposée au nord ◆ **~ wall** mur *m* exposé au nord ◆ **in ~ Spain** dans le nord de l'Espagne ◆ **~ hemisphere** hémisphère *m* nord *or* boréal ◆ **in the ~ town of Lille** à Lille, dans le nord COMP ▷ **Northern Ireland** N Irlande *f* du Nord ▷ **Northern Irish** ADJ d'Irlande du Nord NPL Irlandais *mpl* du Nord ▷ **northern lights** NPL aurore *f* boréale ▷ **the Northern Territory** N (*of Australia*) le Territoire du Nord

**northerner** /ˈnɔːðənəʳ/ N a homme *m* *or* femme *f* du Nord, habitant(e) *m(f)* du Nord ◆ **he is a ~** il vient du Nord ◆ **the ~s** les gens *mpl* du Nord, les septentrionaux *mpl* b (*US Hist*) Nordiste *mf*

**northernmost** /ˈnɔːðənməʊst/ ADJ le plus au nord, à l'extrême nord

**Northlands** /ˈnɔːθləndz/ NPL pays *mpl* du Nord

**Northman** /ˈnɔːθmən/ N (pl **-men**) (*Hist*) Viking *m*

**Northumb** abbrev of **Northumberland**

**Northumbria** /nɔːˈθʌmbrɪə/ N Northumbrie *f*

**Northumbrian** /nɔːˈθʌmbrɪən/ ADJ de Northumbrie N habitant(e) *m(f)* *or* natif *m*, -ive *f* de Northumbrie

**northward** /ˈnɔːθwəd/ ADJ au nord ADV (also **northwards**) vers le nord

**Northwest Territories** /ˌnɔːθwestˈterɪtərɪz/ NPL (*Can*) (Territoires *mpl* du) Nord-Ouest *m*

**Northwest Territory** /ˌnɔːθwestˈterɪtərɪ/ N (*US Hist*) Territoire *m* du Nord-Ouest

**Norway** /ˈnɔːweɪ/ N Norvège *f*

**Norwegian** /nɔːˈwiːdʒən/ ADJ (*gen*) norvégien ; [*ambassador, embassy*] de Norvège N a (= *person*) Norvégien(ne) *m(f)* b (*Ling*) norvégien *m*

**Nos, nos** (abbrev of **numbers**) n°

**nose** /nəʊz/ N a [*of person, animal*] nez *m* ; [*of dog, cat*] museau *m* ◆ **he has a nice ~** il a un joli nez ◆ **his ~ was bleeding** il saignait du nez ◆ **the horse won by a ~** le cheval a gagné d'une demi-tête ◆ **to speak through one's ~** nasiller, parler du nez

b (= *sense of smell*) odorat *m*, nez *m* ◆ **to have a good ~** avoir l'odorat *or* le nez fin

c (= *instinct*) ◆ **to have a (good) ~ for sth** savoir flairer qch ◆ **he's got a (good) ~ for a bargain/for danger/for a story** il sait flairer les bonnes affaires/le danger/les scoops

d [*of wine etc*] arôme *m*, bouquet *m*

e (*in phrases: fig*) ◆ **with one's ~ in the air** d'un air hautain ◆ **she's always got her ~ in a book** * elle a toujours le nez fourré dans un livre * ◆ **it was there under his very ~** *or* **right under his ~ all the time** c'était là juste *or* en plein sous son nez ◆ **she did it under his very ~** *or* **right under his ~** elle l'a fait à sa barbe *or* sous son nez ◆ **to look down one's ~ at sb/sth** prendre qn/qch de haut ◆ **he can't see beyond** *or* **further than (the end of)** his ~ il ne voit pas plus loin que le bout de son nez ◆ **to turn one's ~ up (at sth)** faire le dégoûté (devant qch) ◆ **to keep one's ~ out of sth** ne pas se mêler de qch ◆ **to poke** *or* **stick one's ~ into sth** mettre *or* fourrer * son nez dans qch ◆ **you'd better keep your ~ clean** * il vaut mieux que tu te tiennes à carreau * ◆ **to lead sb by the ~** mener qn par le bout du nez ◆ **it gets up my ~** * ça me pompe l'air *, ça me tape sur les nerfs * ; *(US)* ◆ **right on the ~** ‡ en plein dans le mille ; → **blow**[1], **end, follow, grindstone, joint, pay, rub, thumb**

**VT** a *(= smell)* flairer, renifler

b ◆ **a van ~d its way past** *or* **through** une camionnette est passée lentement

**VI** *[ship, vehicle]* avancer lentement

**COMP** ▷ **nose cone** **N** *[of missile]* ogive *f* ▷ **nose drops** **NPL** gouttes *fpl* nasales, gouttes *fpl* pour le nez ▷ **nose job** * **N** *(plastic surgery)* ◆ **to have a ~ job** se faire refaire le nez ▷ **nose ring** **N** anneau *m* de nez ▷ **nose wheel** **N** *(Aviat)* roue *f* avant du train d'atterrissage

► **nose about** *, **nose around** * **VI** fouiner *, fureter

► **nose at** **VT FUS** flairer, renifler

► **nose in** **VI** a *[car]* se glisser dans une file b * *[person]* s'immiscer *or* s'insinuer (dans un groupe)

► **nose out** **VI** *[car]* déboîter prudemment

**VT SEP** a *[dog]* flairer

b ◆ **to nose out a secret** découvrir *or* flairer un secret ◆ **to ~ sb out** dénicher *or* dépister qn

**nosebag** /ˈnəʊzbæg/ **N** musette *f*

**noseband** /ˈnəʊzbænd/ **N** *[of horse]* muserolle *f*

**nosebleed** /ˈnəʊzbliːd/ **N** saignement *m* de nez ◆ **to have a ~** saigner du nez

**-nosed** /nəʊzd/ **ADJ** *(in compounds)* au nez ... ◆ **red-nosed** au nez rouge ; → **long**[1], **snub**[2]

**nosedive** /ˈnəʊzdaɪv/ **N** a *(Aviat)* piqué *m* b *(fig) [of stocks, prices]* chute *f* libre, plongeon *m* ◆ **to take a ~** ⇒ **vi b** **VI** a *[plane]* descendre en piqué b *(fig) [stocks]* baisser rapidement ; *[prices, sales]* chuter ; *[career]* s'effondrer

**nosegay** /ˈnəʊzgeɪ/ **N** petit bouquet *m*

**nosepiece** /ˈnəʊzpiːs/ **N** *(on spectacles)* pont *m* ; *(on microscope)* porte-objectif *m*

**nosey** * /ˈnəʊzɪ/ **ADJ** fouineur *, curieux ◆ **to be ~** mettre *or* fourrer * son nez partout ◆ **don't be (so) ~!** mêlez-vous de vos affaires *or* de ce qui vous regarde ! ◆ **Nosey Parker** *(pej)* fouineur * *m*, -euse * *f*

**nosh** ‡ /nɒʃ/ **N** a *(Brit = food)* bouffe ‡ *f* ◆ **to have some ~** boulotter *, bouffer ‡ b *(US = snack)* casse-croûte *m* **VI** a *(Brit = eat)* boulotter *, bouffer ‡ b *(US = have a snack)* manger *or* grignoter entre les repas **COMP** ▷ **nosh-up** ‡ **N** *(Brit)* bouffe ‡ *f* ◆ **to have a ~-up** bouffer ‡, bâfrer ‡

**nosily** * /ˈnəʊzɪlɪ/ **ADV** indiscrètement

**nosiness** * /ˈnəʊzɪnɪs/ **N** curiosité *f*

**nosing** /ˈnəʊzɪŋ/ **N** *[of stair]* rebord *m*

**nosography** /nɒˈsɒgrəfɪ/ **N** nosographie *f*

**nosological** /ˌnɒsəˈlɒdʒɪkəl/ **ADJ** nosologique

**nosologist** /nɒˈsɒlədʒɪst/ **N** nosologiste *mf*

**nosology** /nɒˈsɒlədʒɪ/ **N** nosologie *f*

**nostalgia** /nɒsˈtældʒɪə/ **N** nostalgie *f*

**nostalgic** /nɒsˈtældʒɪk/ **ADJ** nostalgique ◆ **to be ~ for** *or* **about sth** avoir la nostalgie de qch

**nostalgically** /nɒˈstældʒɪkəlɪ/ **ADV** avec nostalgie

**Nostradamus** /ˌnɒstrəˈdɑːməs/ **N** Nostradamus *m*

**nostril** /ˈnɒstrəl/ **N** *[of person, dog etc]* narine *f* ; *[of horse etc]* naseau *m*

**nostrum** /ˈnɒstrəm/ **N** *(= patent medicine, also fig)* panacée *f*, remède *m* universel ; *(= quack medicine)* remède *m* de charlatan

**nosy** * /ˈnəʊzɪ/ **ADJ** ⇒ **nosey**

**not** /nɒt/ **ADV** a *(with vb)* ne ... pas ◆ **he is ~ here** il n'est pas ici ◆ **he has ~** *or* **hasn't come** il n'est pas venu ◆ **he will ~** *or* **won't stay** *(prediction)* il ne restera pas ; *(refusal)* il ne veut pas rester ◆ **is it ~?, isn't it?** non ?, n'est-ce pas ? ◆ **you have got it, haven't you?** vous l'avez (bien), non *or* n'est-ce pas ? ◆ **he told me ~ to come** il m'a dit de ne pas venir ◆ **~ wanting to be heard, he removed his shoes** ne voulant pas qu'on l'entende, il ôta ses chaussures ; → **mention**

◆ **not only ... but also ...** non seulement ... mais également ...

b *(as substitute for clause)* non ◆ **is he coming? – I believe ~** est-ce qu'il vient ? — je crois que non ◆ **it would appear ~** il semble que non ◆ **I am going whether he comes or ~** j'y vais qu'il vienne ou non

c *(elliptically)* **I wish it were ~ so** *(frm)* je voudrais bien qu'il en soit autrement ◆ **for the young and the ~ so young** pour les jeunes et les moins jeunes ◆ **big, ~ to say enormous** gros pour ne pas dire énorme ◆ **will he come? – as likely as ~** est-ce qu'il viendra ? — ça se peut ◆ **as likely as ~ he'll come** il y a une chance sur deux *or* il y a des chances (pour) qu'il vienne

◆ **not at all** pas du tout ◆ **are you cold? – ~ at all** avez-vous froid ? — pas du tout ◆ **thank you very much – ~ at all** merci beaucoup — je vous en prie *or* de rien *or* il n'y a pas de quoi

◆ **not in the least** pas du tout, nullement

◆ **not that ...** ◆ **~ that I care** non pas que cela me fasse quelque chose ◆ **~ that I know of** pas (autant) que je sache ◆ **~ that they haven't been useful** on ne peut pas dire qu'ils *or* ce n'est pas qu'ils n'aient pas été utiles

◆ **why not ?** pourquoi pas ?

d *(understatement)* **~ a few ...** bien des ..., pas mal de ... ◆ **~ without reason** non sans raison ◆ **~ without some regrets** non sans quelques regrets ◆ **I shall ~ be sorry to ...** je ne serai pas mécontent de ... ◆ **it is ~ unlikely that ...** il n'est pas du tout impossible que ... ◆ **a ~ inconsiderable number of ...** un nombre non négligeable de ...

e *(with pron etc)* **~ me** *or* *(frm)* **I!** moi pas !, pas moi ! ◆ **~ one book** pas un livre ◆ **~ one man knew** pas un (homme) ne savait ◆ **~ everyone can do that** tout le monde n'en est pas capable, ce n'est pas donné à tout le monde ◆ **~ any more** plus (maintenant) ◆ **~ yet** pas encore

f *(with adj)* non, pas ◆ **~ guilty** non coupable ◆ **~ negotiable** non négociable

**notability** /ˌnəʊtəˈbɪlɪtɪ/ **N** a *(NonC) [of quality]* prééminence *f* b *[of person]* notabilité *f*, notable *m*

**notable** /ˈnəʊtəbl/ **ADJ** *[designer, philosopher, example]* éminent ; *[fact]* notable, remarquable ; *[success]* remarquable ◆ **with a few ~ exceptions** à quelques notables exceptions près ◆ **to be ~ for sth** se distinguer par qch ◆ **it is ~ that ...** il est remarquable que ... + *subj* **N** notable *m*

**notably** /ˈnəʊtəblɪ/ LANGUAGE IN USE 26.2 **ADV** a *(= in particular)* notamment b *(= noticeably)* notablement ◆ **~, she failed to mention ...** il est significatif *or* intéressant qu'elle n'ait pas mentionné ...

**notarial** /nəʊˈtɛərɪəl/ **ADJ** *[seal]* notarial ; *[deed]* notarié ; *[style]* de notaire

**notarize** /ˈnəʊtəˌraɪz/ **VT** *(US) [notary]* authentifier, certifier conforme

**notary** /ˈnəʊtərɪ/ **N** (also **notary public**) notaire *m* ◆ **before a ~** par-devant notaire

**notate** /nəʊˈteɪt/ **VT** *(Mus)* noter, transcrire

**notation** /nəʊˈteɪʃən/ **N** *(Mus, Ling, Math)* notation *f*

**notch** /nɒtʃ/ **N** *(in wood, stick etc)* entaille *f*, encoche *f* ; *(in belt etc)* cran *m* ; *(in wheel, board etc)* dent *f*, cran *m* ; *(in saw)* dent *f* ; *(in blade)* ébréchure *f* ; *(US Geog)* défilé *m* ; *(Sewing)* cran *m* ◆ **he pulled his belt in one ~** il a resserré sa ceinture d'un cran **VT** *[+ stick etc]* encocher ; *[+ wheel etc]* cranter, denteler ; *[+ blade]* ébrécher ; *(Sewing) [+ seam]* cranter

► **notch together** **VT SEP** *(Carpentry)* assembler à entailles

► **notch up** **VT SEP** *[+ score, point, win, success]* marquer

**notchback** /ˈnɒtʃbæk/ **N** *(US = car)* tricorps *f*, trois-volumes *f*

**note** /nəʊt/ LANGUAGE IN USE 26.1, 26.2

**N** a *(= short record of facts, things to do etc)* note *f* ◆ **to take** *or* **make a ~ of sth** prendre qch en note, prendre note de qch ◆ **I must make a mental ~ to buy some more** il faut que je me souvienne d'en racheter ◆ **to take** *or* **make ~s** *[student, policeman, secretary etc]* prendre des notes ◆ **lecture ~s** notes *fpl* de cours ◆ **to speak from ~s** parler en consultant ses notes ◆ **to speak without ~s** parler sans notes *or* papiers ; → **compare**

b *(= short commentary)* note *f*, annotation *f* ◆ **author's ~** note *f* de l'auteur ◆ **translator's ~s** *(= footnotes etc)* remarques *fpl or* notes *fpl* du traducteur ; *(= foreword)* préface *f* du traducteur ◆ **"Notes on Molière"** "Notes sur Molière" ◆ **~s on a literary work** commentaire *m* sur un ouvrage littéraire ◆ **to put ~s into a text** annoter un texte

c *(= informal letter)* mot *m* ◆ **take a ~ to Mr Jones** *(to secretary)* je vais vous dicter un mot pour M. Jones ◆ **just a quick ~ to tell you ...** un petit mot à la hâte *or* en vitesse pour te dire ...

d *(Diplomacy)* note *f* ◆ **diplomatic ~** note *f* diplomatique, mémorandum *m* ◆ **official ~ from the government** note *f* officielle du gouvernement

e *(Mus)* note *f* ; *[of piano]* touche *f* ; *[of bird]* note *f* ◆ **to hold a ~** tenir *or* prolonger une note ◆ **to play a false ~, to sing a false ~** faire une fausse note

f *(fig = tone)* note *f* ◆ **on an optimistic/positive ~** sur une note optimiste/positive ◆ **on a personal/practical ~** d'un point de vue personnel/pratique ◆ **if I could add just a personal ~** si je peux me permettre une remarque personnelle ◆ **on a more positive ~ ...** pour continuer sur une note plus optimiste ... ◆ **peace talks ended on a high/a more positive ~** les pourparlers de paix se sont terminés sur une note optimiste/plus positive ◆ **on a more serious ~ ...** plus sérieusement *or* pour passer aux choses sérieuses ... ◆ **the talks began on a friendly ~** les négociations ont débuté sur une note amicale ◆ **his speech struck the right/wrong ~** son discours était bien dans la note/n'était pas dans la note ◆ **several speakers struck a pessimistic ~** plusieurs orateurs se sont montrés pessimistes

g *(= quality, implication)* note *f*, accent *m* ◆ **with a ~ of anxiety in his voice** avec une note d'anxiété dans la voix ◆ **his voice held a ~ of desperation** sa voix avait un accent de désespoir ◆ **a ~ of nostalgia** une note *or* touche nostalgique ◆ **a ~ of warning** un avertissement discret

**h** *(Brit:* also **banknote**) billet *m* (de banque) ◆ **ten-pound ~** billet *m* de dix livres (sterling)

**i** *(Comm) (= promise to pay)* effet *m*, billet *m* ; *(= voucher)* bon *m* ◆ **~ of hand** reconnaissance *f* (de dette) ◆ **~s payable** *(Fin)* effets *mpl* à payer ; → **advice, promissory note**

**j** *(NonC: frm = notability)* ◆ **a man of ~** un homme éminent *or* de marque ◆ **a family of ~** une famille éminente ◆ **all the people of ~** toutes les personnes importantes ◆ **nothing of ~** rien d'important

**k** *(NonC = notice)* **to take ~ of** prendre (bonne) note de, remarquer ◆ **take ~!** prenez bonne note ! ◆ **the critics took ~ of the book** les critiques ont remarqué le livre ◆ **they will take ~ of what you say** ils feront *or* prêteront attention à ce que vous dites ◆ **worthy of ~** *(frm)* remarquable, digne d'attention

**VT** **a** *(gen)* noter, prendre (bonne) note de *(frm)* ; *(Jur)* prendre acte de ◆ **to ~ a fact** *(gen)* prendre note d'un fait ; *(Jur)* prendre acte d'un fait ◆ **which fact is duly ~d** *(Jur)* dont acte ◆ **we have ~d your remarks** nous avons pris (bonne) note de vos remarques

**b** *(= notice)* constater ◆ **to ~ an error** constater une erreur ◆ **I ~ that ...** je constate que ... ◆ **~ that the matter is not yet closed** notez bien que l'affaire n'est pas encore close

**c** (also **note down**) noter ◆ **let me ~ it (down)** laissez-moi le noter ◆ **to ~ (down) sb's remarks** noter les remarques de qn ◆ **to ~ (down) an appointment in one's diary** noter un rendez-vous dans son agenda

**COMP** ▷ **note-case** N *(Brit)* portefeuille *m*, porte-billets *m inv* ▷ **note issue** N émission *f* fiduciaire

► **note down** VT SEP ⇒ **note vt c**

**notebook** /ˈnəʊtbʊk/ N **a** *(= notepad)* carnet *m*, calepin *m* ; *(Scol)* cahier *m* ; *(tear-off)* bloc-notes *m* **b** *(Comput:* also **notebook computer**) notebook *m*

**noted** /ˈnəʊtɪd/ ADJ *[historian, writer]* éminent, célèbre ; *[thing, fact]* célèbre ◆ **to be ~ for sth/for doing sth** être connu pour qch/pour avoir fait qch ◆ **a man not ~ for his generosity** *(iro)* un homme qui ne passe pas pour être particulièrement généreux

**notelet** /ˈnəʊtlɪt/ N carte-lettre *f*

**notepad** /ˈnəʊtpæd/ N bloc-notes *m*

**notepaper** /ˈnəʊtpeɪpəʳ/ N papier *m* à lettres

**noteworthiness** /ˈnəʊtwɜːðɪnɪs/ N importance *f*

**noteworthy** /ˈnəʊtwɜːðɪ/ ADJ *(frm)* remarquable, notable ◆ **it is ~ that ...** il convient de noter que ...

**nothing** /ˈnʌθɪŋ/ **N** **a** rien *m + ne before vb* ◆ **I saw ~** je n'ai rien vu ◆ **~ happened** il n'est rien arrivé, il ne s'est rien passé ◆ **to eat ~** ne rien manger ◆ **~ to eat/read** rien à manger/à lire ◆ **he's had ~ to eat yet** il n'a encore rien mangé ◆ **~ could be easier** rien de plus simple ◆ **~ pleases him** rien ne le satisfait, il n'est jamais content

**b** *(+ adj)* rien de ◆ **~ new/interesting** *etc* rien de nouveau/d'intéressant *etc*

**c** *(in phrases)*

> For set expressions such as **nothing doing**, **nothing else**, **nothing like** *etc*, look up the other word

**he's five foot ~** * il ne fait qu'un (petit) mètre cinquante deux ◆ **as if ~ had happened** comme si de rien n'était ◆ **I can do ~ (about it)** je n'y peux rien ◆ **he got ~ out of it** il n'en a rien retiré, il n'y a rien gagné ◆ **all his fame was as ~, all his fame counted for ~** toute sa gloire ne comptait pour rien ◆ **~ of the kind!** absolument pas !, (mais) pas du tout ! ◆ **don't apologize, it's ~** ne vous excusez pas, ce n'est rien ◆ **her secretarial skills are ~ compared with** *or* **to her sister's** elle est beaucoup moins bonne secrétaire que sa sœur ◆ **that is ~ to you** *(= it's easy for you)* pour vous ce n'est rien ◆ **£500 is ~ to her** 500 livres, c'est une bricole pour elle, elle n'en est pas à 500 livres près ◆ **she is** *or* **means ~ to him** elle n'est rien pour lui ◆ **it's** *or* **it means ~ to me whether he comes or not** il m'est indifférent qu'il vienne ou non ◆ **that's ~ to what is to come** ce n'est rien à côté de ce qui nous attend ◆ **I can make ~ of it** je n'y comprends rien ◆ **there's ~ to it** * c'est facile (comme tout *) ◆ **you get ~ for ~** on n'a rien pour rien ◆ **to come to ~** ne pas aboutir, ne rien donner, faire fiasco ◆ **to be reduced to ~** être réduit à néant ◆ **there is ~ to laugh at** il n'y a pas de quoi rire ◆ **I've got ~ to say** je n'ai rien à dire ◆ **he had ~ to say for himself** *(= no explanation)* il ne trouvait aucune excuse ; *(= no conversation)* il n'avait pas de conversation ◆ **in ~ flat** * *(= very quickly)* en un rien de temps, en cinq sec *

♦ **for nothing** *(= in vain)* en vain, inutilement ; *(= without payment)* pour rien, gratuitement ; *(= for no reason)* sans raison ◆ **he was working for ~** il travaillait gratuitement *or* sans se faire payer ◆ **I'm not Scottish for ~** * *(hum)* ce n'est pas pour rien que je suis écossais

♦ **nothing but** ◆ **he does ~ but eat** il ne fait que manger ◆ **he does ~ but complain** il ne fait que se plaindre, il n'arrête pas de se plaindre ◆ **I get ~ but complaints all day** je n'entends que des plaintes à longueur de journée

♦ **nothing for it** *(Brit)* ◆ **there's ~ for it but to go** il n'y a qu'à *or* il ne nous reste qu'à partir ◆ **there was nothing for it, he would have to tell her** rien à faire, il fallait qu'il le lui dise

♦ **nothing in ...** ◆ **there's ~ in it** *(= not interesting)* c'est sans intérêt ; *(= not true)* ce n'est absolument pas vrai ; *(= no difference)* c'est du pareil au même ; *(in contest = very close)* c'est très serré ◆ **there's ~ in these rumours** il n'y a rien de vrai *or* pas un grain de vérité dans ces rumeurs ◆ **there's ~ in it * for us** nous n'avons rien à y gagner ◆ **Oxford is leading, but there's ~ in it** Oxford est en tête, mais c'est très serré

♦ **nothing on** ◆ **to have ~ on** *(= be naked)* être nu ; *(= have no plans)* être libre ◆ **I have ~ on (for) this evening** je suis libre ce soir, je n'ai rien de prévu ce soir ◆ **the police have ~ on him** la police n'a rien pu retenir contre lui ◆ **he has ~ on her** * *(fig = isn't as good as)* il ne lui arrive pas à la cheville

♦ **nothing to do with** ◆ **that has ~ to do with us** nous n'avons rien à voir là-dedans ◆ **I've got ~ to do with it** je n'y suis pour rien ◆ **have ~ to do with it!** ne vous en mêlez pas ! ◆ **that has ~ to do with it** cela n'a rien à voir

♦ **to say nothing of ...** sans parler de ... ◆ **the tablecloth was ruined, to say ~ of my shirt** la nappe était fichue *, sans parler de ma chemise

**d** *(Math *)* zéro *m*

**e** *(NonC = nothingness)* néant *m*, rien *m*

**f** *(= person)* nullité *f* ; *(= thing)* vétille *f*, rien *m* ◆ **it's a mere ~ compared with what he spent last year** ça n'est rien en comparaison de ce qu'il a dépensé l'an dernier ◆ **he's a ~** c'est une nullité

**ADV** aucunement, nullement ◆ **~ less than** rien moins que ◆ **it was ~ like as big as we thought** c'était loin d'être aussi grand qu'on avait cru ◆ **~ daunted, he ...** nullement *or* aucunement découragé, il ..., sans se (laisser) démonter, il ... ; → **loath**

**ADJ** *(US * pej)* minable, de rien du tout

**nothingness** /ˈnʌθɪŋnɪs/ N *(NonC)* néant *m*

**notice** /ˈnəʊtɪs/ **N** **a** *(NonC) (= warning, intimation)* avis *m*, notification *f* ; *(Jur = official personal communication)* mise *f* en demeure ; *(= period)* délai *m* ; *(= end of work contract) (by employer)* congé *m* ; *(by employee)* démission *f* ◆ **I must have (some) ~ of what you intend to do** il faut que je sois prévenu *or* avisé à l'avance de ce que vous avez l'intention de faire ◆ **we require six days' ~** nous demandons un préavis de six jours ◆ **a week's ~** une semaine de préavis, un préavis d'une semaine ◆ **I must have at least a week's ~ if you want to ...** il faut me prévenir *or* m'avertir au moins une semaine à l'avance si vous voulez ... ◆ **we had no ~ (of it)** nous n'avons pas été prévenus à l'avance ◆ **advance** *or* **previous ~** préavis *m* ◆ **final ~** dernier avertissement *m* ◆ **to get one's ~** *(from job)* recevoir son congé, être licencié ◆ **to give ~ to** *[+ tenant]* donner congé à ; *[+ landlord etc]* donner un préavis de départ à ◆ **to give ~ that ...** faire savoir que ... ; *(Admin etc: officially)* donner acte que ... ◆ **to give ~ of sth** annoncer qch ◆ **~ is hereby given that ...** il est porté à la connaissance du public par la présente que ... ◆ **to give sb ~ of sth** avertir *or* prévenir qn de qch ; *(Admin etc: officially)* donner acte à qn de qch ◆ **to give sb ~ that ...** aviser qn que ..., faire savoir à qn que ... ◆ **he gave her ~ to ...** il l'a avisée qu'elle devait ... ◆ **to give sb ~ (of dismissal)** *[+ employee]* licencier qn, renvoyer qn ; *[+ servant etc]* donner son congé à qn, congédier qn ◆ **to give in** *or* **hand in one's ~** *[professional or office worker]* donner sa démission ; *[servant]* donner ses huit jours ◆ **to serve ~ on sb that ...** aviser qn que ..., faire savoir à qn que ...

**b** *(Jur)* ◆ **~ to appear** assignation *f* (à comparaître) ◆ **~ of calls** *(Jur, Fin)* (avis *m* d')appel *m* de fonds ◆ **~ to pay** avis *m* d'avoir à payer ◆ **~ to quit** *(to tenant etc)* congé *m* ◆ **~ of receipt** *(Comm)* avis *m* de réception ◆ **~ of termination** *(Jur)* avis *m* de clôture (d'une procédure)

**c** ◆ **at short ~** *(Fin)* à court terme ◆ **he rang me up at short ~** il m'a téléphoné à la dernière minute ◆ **you must be ready to leave at very short ~** il faut que vous soyez prêt à partir dans les plus brefs délais ◆ **I know it's short ~, but can I come this evening?** je sais que je préviens un peu tard, mais est-ce que je peux venir ce soir ? ◆ **at a moment's ~** sur-le-champ, immédiatement ◆ **at three days' ~** dans un délai de trois jours ◆ **he's under ~ (to leave)** *(from job)* il a reçu son congé ◆ **until further ~** jusqu'à nouvel ordre ◆ **without (previous) ~** *(Admin frm)* sans préavis, sans avis préalable ◆ **he was dismissed without (any) ~** il a été renvoyé sans préavis

**d** *(= announcement)* avis *m*, annonce *f* ; *(in newspaper) (= advert etc)* annonce *f* ; *(= short article)* entrefilet *m* ; *(= poster)* affiche *f*, placard *m* ; *(= sign)* pancarte *f*, écriteau *m* ◆ **birth/marriage/death ~** annonce *f* de naissance/mariage/décès ◆ **public ~** avis *m* au public ◆ **to put a ~ in the paper** mettre *or* faire insérer une annonce dans le journal ◆ **I saw a ~ in the paper about the concert** *(Press)* j'ai vu une annonce *or* un entrefilet dans le journal à propos du concert ◆ **the ~ says "keep out"** l'écriteau porte l'inscription "défense d'entrer" ◆ **the ~ of the meeting was published in ...** l'annonce de la réunion a été publiée dans ...

**e** *(= review) [of book, film, play etc]* compte rendu *m*, critique *f* ◆ **the book/film/play got**

**good ~s** le livre/le film/la pièce a eu de bonnes critiques

f (*= attention*) **it escaped his ~ that ...** il ne s'est pas aperçu que ... ◆ **nothing escapes their ~** rien ne leur échappe ◆ **to attract ~** se faire remarquer ; (*deliberately = show off*) s'afficher (*pej*) ◆ **it has attracted a lot of ~** cela a suscité un grand intérêt ◆ **to avoid ~** (essayer de) passer inaperçu ◆ **to bring sth to sb's ~** faire observer *or* remarquer qch à qn, porter qch à la connaissance de qn ◆ **it has come** *or* **it has been brought to my ~ that ...** (*frm*) il a été porté à ma connaissance que ..., on m'a signalé que ...

♦ **to take notice** ◆ **I wasn't taking much ~ at the time** je ne faisais pas très attention à ce moment-là ◆ **we should take ~ when things like this happen** de tels événements devraient nous interpeller ◆ **recent events have made the government sit up and take ~** les récents événements ont fait réagir le gouvernement ◆ **to take ~ of sb/sth** remarquer qn/qch ◆ **he got talking to me and started really taking ~ of me for the first time** il s'est mis à me parler et c'est là qu'il m'a vraiment remarqué pour la première fois ◆ **as for Henry, he took little ~ of me** quant à Henry, il ne faisait guère attention à moi *or* il ne me prêtait guère attention ◆ **a lot of ~ he takes of me!** * (*= he ignores my advice*) il ne fait absolument pas attention à ce que je lui dis !

♦ **to take no notice** ne pas faire attention ◆ **take no ~!** ne faites pas attention ! ◆ **to take no ~ of sb/sth** ne pas faire attention à qn/qch ◆ **he took no ~ of her** il n'a absolument pas fait attention à elle ◆ **he took no ~ of her remarks** il n'a absolument pas tenu compte de ses remarques ; (*iro*)

**VT** a (*= perceive*) s'apercevoir de, remarquer ; (*= heed*) faire attention à ◆ **I ~d a tear in his coat** j'ai remarqué un accroc dans son manteau ◆ **when he ~d me he called out to me** quand il m'a vu, il m'a appelé ◆ **to ~ a mistake** remarquer une faute, s'apercevoir d'une faute ◆ **without my noticing it** sans que je le remarque *subj or* que je m'en aperçoive ◆ **I'm afraid I didn't ~** malheureusement je n'ai pas remarqué ◆ **did you ~ what he said/when he arrived?** avez-vous remarqué ce qu'il a dit/à quelle heure il est arrivé ? ◆ **I never ~ such things** je ne remarque jamais ce genre de chose ◆ **I ~d her hesitating** j'ai remarqué *or* je me suis aperçu qu'elle hésitait ◆ **I ~ you have a new dress** je vois que vous avez une nouvelle robe ◆ **yes, so I've ~d!** je m'en suis aperçu !, j'ai remarqué !

b (*= review*) [*+ book, film, play*] faire le compte rendu *or* la critique de

**COMP** ▷ **notice board** **N** (*esp Brit*) (*printed or painted sign*) écriteau *m*, pancarte *f* ; (*for holding announcements*) panneau *m* d'affichage

> ⚠ *The French word **notice** means a short note in a book or leaflet.*

**noticeable** /ˈnəʊtɪsəbl/ LANGUAGE IN USE 26.3 **ADJ** [*effect, difference, improvement*] visible, sensible ; [*lack*] évident, sensible ◆ **it isn't really ~** ça ne se voit pas vraiment ◆ **to be ~ by one's absence** briller par son absence ◆ **it is noticeable that ...** (*= noteworthy*) on remarque que ... ; (*= easily visible*) on voit bien que ... ◆ **it is ~ that mature students generally get better marks** on remarque que les étudiants adultes ont généralement de meilleures notes ◆ **it was ~ that his hands were shaking** on voyait bien que ses mains tremblaient

**noticeably** /ˈnəʊtɪsəblɪ/ **ADV** [*better, worse, higher, lower*] nettement ◆ **to be ~ absent** briller par son absence ◆ **~ lacking** manquant visiblement ◆ **to improve ~** s'améliorer sensiblement ◆ **he shuddered ~** il frissonna de façon visible

♦ **most noticeably** (*= particularly*) notamment, en particulier ◆ **some industries, most ~ construction ...** certaines industries, notamment *or* en particulier le bâtiment ...

**notifiable** /ˈnəʊtɪfaɪəbl/ **ADJ** (*frm: Admin*) [*disease*] à déclarer obligatoirement ; [*offence*] à signaler ◆ **all changes of address are ~ immediately** tout changement d'adresse doit être signalé immédiatement aux autorités

**notification** /ˌnəʊtɪfɪˈkeɪʃən/ **N** (*NonC*) avis *m* ; (*Jur, Admin*) notification *f* ; [*of marriage, engagement*] annonce *f* ; [*of birth, death*] déclaration *f* ◆ **written ~** (*Press*) notification *f* écrite

**notify** /ˈnəʊtɪfaɪ/ **VT** ◆ **to ~ sth to sb** signaler *or* notifier qch à qn ◆ **to ~ sb of sth** aviser *or* avertir qn de qch ◆ **any change of address must be notified** tout changement d'adresse doit être signalé *or* notifié ◆ **you will be notified later of the result** on vous communiquera le résultat ultérieurement *or* plus tard

**notion** /ˈnəʊʃən/ **N** a (*= thought, project*) idée *f* ◆ **I've got a ~ for a play** j'ai l'idée d'une pièce ◆ **I hit (up)on the ~ of going to see her** tout à coup l'idée m'est venue d'aller la voir ◆ **the ~ never entered my head!** cette idée ne m'est jamais venue à l'esprit *or* ne m'a jamais effleuré ! ◆ **he got the ~ (into his head)** *or* **he somehow got hold of the ~ that she wouldn't help him** il s'est mis en tête (l'idée) qu'elle ne l'aiderait pas ◆ **where did you get the ~** *or* **what gave you the ~ that I couldn't come?** qu'est-ce qui t'a fait penser que je ne pourrais pas venir ? ◆ **to put ~s into sb's head** *, **to give sb ~s** * mettre *or* fourrer * des idées dans la tête de qn ◆ **that gave me the ~ of inviting her** c'est ce qui m'a donné l'idée de l'inviter ◆ **I'd had a few ~s about being a journalist** j'avais songé à devenir journaliste

b (*= opinion*) idée *f*, opinion *f* ; (*= way of thinking*) façon *f* de penser ◆ **he has some odd ~s** il a de drôles d'idées ◆ **she has some odd ~s about how to bring up children** elle a de drôles d'idées sur la façon d'élever les enfants ◆ **according to his ~** selon sa façon de penser ◆ **if that's your ~ of fun ...** si c'est ça que tu appelles t'amuser ... ◆ **it wasn't my ~ of a holiday** ce n'était pas ce que j'appelle des vacances

c (*= vague knowledge*) idée *f*, notion *f* ◆ **I've got some ~ of physics** j'ai quelques notions de physique ◆ **have you any ~ of what he meant to do?** avez-vous la moindre idée de ce qu'il voulait faire ? ◆ **I haven't the least** † *or* **slightest** *or* **foggiest** * **~** je n'en ai pas la moindre idée ◆ **I have a ~ that he was going to Paris** j'ai dans l'idée qu'il allait à Paris ◆ **I had no ~ they knew each other** je n'avais aucune idée *or* j'ignorais absolument qu'ils se connaissaient ◆ **he has no ~ of time** il n'a pas la notion du temps

**NPL** **notions** (*US = ribbons, thread etc*) (articles *mpl* de) mercerie *f*

**notional** /ˈnəʊʃənl/ **ADJ** a (*= hypothetical*) [*value, profit, amount*] théorique, hypothétique ; [*time, line*] imaginaire b (*Philos*) notionnel, conceptuel c (*Ling*) [*grammar*] notionnel ◆ **~ word** mot *m* plein d (*US = whimsical*) [*person*] capricieux, fantasque

**notionally** /ˈnəʊʃənəlɪ/ **ADV** (*= hypothetically*) théoriquement

**notoriety** /ˌnəʊtəˈraɪətɪ/ **N** a (*NonC*) (triste) notoriété *f*, triste réputation *f* b (*= person*) individu *m* au nom tristement célèbre

**notorious** /nəʊˈtɔːrɪəs/ **ADJ** [*criminal, liar, womaniser, meanness, brothel*] notoire ; [*crime, case*] célèbre ; [*person, prison*] tristement célèbre ◆ **the ~ Richard** le tristement célèbre Richard ◆ **to be ~ for one's meanness** être d'une mesquinerie notoire ◆ **to be ~ for one's racism** être bien connu pour ses idées racistes ◆ **he's ~ as a womanizer** c'est un coureur de jupons notoire ◆ **he's ~ for murdering his wife** il est tristement célèbre pour avoir assassiné sa femme ◆ **it is ~ that ...** il est notoire que ...

**notoriously** /nəʊˈtɔːrɪəslɪ/ **ADV** [*slow, unreliable, fickle*] notoirement ◆ **~ cruel/inefficient** d'une cruauté/incompétence notoire ◆ **it is ~ difficult to do that** chacun sait à quel point c'est difficile à faire

**Notts** abbrev of **Nottinghamshire**

**notwithstanding** /ˌnɒtwɪθˈstændɪŋ/ **PREP** malgré, en dépit de ; (*Jur*) nonobstant **ADV** néanmoins, malgré tout **CONJ** (*also* **notwithstanding that**) quoique + *subj*, bien que + *subj*

**nougat** /ˈnuːgɑː, ˈnʌgət/ **N** nougat *m*

**nought** /nɔːt/ **N** ⇒ **naught** ; → ZERO

**noun** /naʊn/ **N** nom *m*, substantif *m* **COMP** ▷ **noun clause** **N** proposition *f* ▷ **noun phrase** **N** syntagme *m* nominal

**nourish** /ˈnʌrɪʃ/ **VT** [*+ person*] nourrir (*with* de) ; [*+ leather etc*] entretenir ; (*fig*) [*+ hopes etc*] nourrir, entretenir ; → **ill, undernourish, well²**

**nourishing** /ˈnʌrɪʃɪŋ/ **ADJ** (*= nutritious*) [*food*] nourrissant, nutritif ; (*Cosmetics*) [*cream*] qui nourrit la peau

**nourishment** /ˈnʌrɪʃmənt/ **N** (*NonC = food*) nourriture *f*, aliments *mpl* ◆ **to take ~** (*frm*) se nourrir, s'alimenter ◆ **he has taken (some) ~** (*frm*) il s'est alimenté ◆ **sugar provides no real ~, there's no real ~ in sugar** le sucre n'est pas vraiment nourrissant

**nous** * /naʊs/ **N** (*NonC: Brit*) bon sens *m* ◆ **he's got a lot of ~** il a du plomb dans la cervelle *

**Nov.** abbrev of **November**

**nova** /ˈnəʊvə/ **N** (pl **novas** *or* **novae** /ˈnəʊviː/) nova *f*

**Nova Scotia** /ˈnəʊvəˈskəʊʃə/ **N** Nouvelle-Écosse *f*

**Nova Scotian** /ˈnəʊvəˈskəʊʃən/ **ADJ** néo-écossais **N** Néo-Écossais(e) *m(f)*

**novel** /ˈnɒvəl/ **N** (*Literat*) roman *m* **ADJ** original

**novelette** /ˌnɒvəˈlet/ **N** (*Literat*) nouvelle *f* ; (*trivial*) roman *m* de quatre sous (*pej*) ; (*= love story*) roman *m* à l'eau de rose

**novelist** /ˈnɒvəlɪst/ **N** romancier *m*, -ière *f*

**novella** /nəʊˈvelə/ **N** (pl **novellas** *or* **novelle** /nəʊˈveleɪ/) roman *m* court

**novelty** /ˈnɒvəltɪ/ **N** a (*NonC*) (*= newness*) nouveauté *f* ; (*= unusualness*) étrangeté *f* ◆ **once** *or* **when the ~ has worn off** une fois passé l'attrait de la nouveauté ◆ **the game sold well because of its ~ value** le jeu s'est bien vendu parce que c'était quelque chose de nouveau ◆ **it's fun at first, but it soon loses its ~ value** au début c'est amusant mais ça perd vite son attrait b (*= idea, thing*) innovation *f* ◆ **it was quite a ~** c'était assez nouveau c (*Comm*) gadget *m* **ADJ** fantaisie *inv* ◆ **a ~ keyring/mug** un porte-clés/une tasse fantaisie ◆ **~ cushions/jewellery** des coussins/des bijoux fantaisie

**November** /nəʊˈvembəʳ/ **N** novembre *m* ; *for phrases see* **September**

**novena** /nəʊˈviːnə/ **N** (pl **novenae** /nəʊˈviːniː/) neuvaine *f*

**novice** /ˈnɒvɪs/ **N** a (*= beginner*) novice *mf*, débutant(e) *m(f)* ◆ **to be a ~ at sth** être novice en qch ◆ **he's a ~ in politics, he's a**

**political** ~ c'est un novice *or* débutant en politique ◆ **he's no** ~ il n'est pas novice, il n'en est pas à son coup d'essai **b** *(Sport) (= person)* débutant(e) *m(f) (sportif qui n'a pas remporté de titre important)*; *(= racehorse) cheval qui n'a pas remporté suffisamment de courses* **c** *(Rel)* novice *mf* ADJ *[worker, writer etc]* novice, débutant

**noviciate, novitiate** /nəʊ'vɪʃɪɪt/ N **a** *(Rel) (= period)* (temps *m* du) noviciat *m* ; *(= place)* maison *f* des novices, noviciat *m* **b** *(fig)* noviciat *m*, apprentissage *m*

**Novocain(e)** ® /'nəʊvəʊkeɪn/ N novocaïne *f*

**NOW** /naʊ/ N *(in US)* (abbrev of **National Organization for Women**) *organisation féministe*

**now** /naʊ/ ADV **a** *(= at this time)* maintenant ; *(= these days, at the moment)* actuellement, en ce moment ; *(= at that time)* alors, à ce moment-là ◆ ~ **I'm ready** je suis prêt maintenant ◆ ~ **is the best time to go to Scotland** c'est maintenant le meilleur moment pour aller en Écosse ◆ **she's a widow** ~ elle est maintenant veuve ◆ **the couple, who** ~ **have three children ...** ce couple, qui a maintenant trois enfants ... ◆ **they won't be long** ~ ils ne vont plus tarder (maintenant) ◆ **what are you doing ~?** qu'est-ce que tu fais actuellement *or* en ce moment ? ◆ **strawberries are in season** ~ c'est la saison des fraises ◆ **he** ~ **understood why she had left him** alors il comprit *or* il comprit alors pourquoi elle l'avait quitté ◆ ~ **is the time to do it** c'est le moment de le faire ◆ **I'll do it (right)** ~ je vais le faire dès maintenant *or* à l'instant ◆ **I am doing it (right)** ~ je suis (justement) en train de le faire, je le fais à l'instant même ◆ ~ **for the question of your expenses** et maintenant en ce qui concerne la question de vos dépenses ◆ **how can I believe you ~?** comment puis-je te croire maintenant ? ◆ **(every)** ~ **and again, (every)** ~ **and then** de temps en temps, de temps à autre ◆ **it's** ~ **or never!** c'est le moment ou jamais !

◆ **even now** ◆ **even** ~ **there's time to change your mind** il est encore temps (maintenant) de changer d'avis ◆ **even** ~ **he doesn't believe me** il ne me croit toujours pas ◆ **people do that even** ~ les gens font ça encore aujourd'hui *or* maintenant ◆ **even** ~ **we are very short of money** encore actuellement *or* à l'heure actuelle nous avons très peu d'argent

**b** *(with prep)* **between** ~ **and next Tuesday** d'ici (à) mardi prochain ◆ **that will do for** ~ ça ira pour l'instant *or* pour le moment ◆ **till** ~, **until** ~, **up to** ~ *(= till this moment)* jusqu'à présent, jusqu'ici ; *(= till that moment)* jusque-là

◆ **before now** ◆ **you should have done that before** ~ vous auriez déjà dû l'avoir fait ◆ **before** ~ **people thought that ...** auparavant les gens pensaient que ... ◆ **you should have finished long before** ~ il y a longtemps que vous auriez dû avoir fini ◆ **long before** ~ **it was realized that ...** il y a longtemps déjà, on comprenait que ...

◆ **by now** ◆ **they should have arrived by** ~ ils devraient être déjà arrivés, ils devraient être arrivés à l'heure qu'il est ◆ **haven't you finished by ~?** vous n'avez toujours pas fini ?, vous n'avez pas encore fini ? ◆ **by** ~ **it was clear that ...** dès lors, il était évident que ...

◆ **from now** ◆ **(in) three weeks from** ~ dans trois semaines ◆ **from** ~ **until then** d'ici là ◆ **from** ~ **on(wards)** *(with present tense)* à partir de maintenant ; *(with future tense)* à partir de maintenant, dorénavant, désormais ; *(with past tense)* dès lors, dès ce moment-là

**c** *(showing alternation)* ~ **walking,** ~ **running** tantôt (en) marchant tantôt (en) courant ◆ ~ **here,** ~ **there** tantôt par ici tantôt par là

**d** *(without temporal implication)* ~! bon !, alors ! ◆ ~, ~! allons, allons ! ◆ ~, **Simon!** *(warning)* allons, Simon ! ◆ **come** ~! allons ! ◆ **well,** ~! eh bien ! ◆ ~ **then, let's start!** bon, commençons ! ◆ ~ **then, what's all this?** alors, qu'est-ce que c'est que ça ? ◆ ~, **they had been looking for him all morning** or, ils avaient passé toute la matinée à sa recherche ◆ ~, **he was a fisherman** or, il était pêcheur ◆ ~ **do be quiet for a minute** allons, taisez-vous une minute

CONJ maintenant que ◆ ~ **(that) you've seen him** maintenant que vous l'avez vu

ADJ **a** *(esp US = present)* actuel ◆ **the** ~ **president** le président actuel

**b** * *(= exciting and new) [clothes]* du dernier cri ; *(= interested in new things) [people]* branché *, dans le vent

N → **here**

**nowadays** /'naʊədeɪz/ ADV *(in contrast to past years)* de nos jours, aujourd'hui ; *(in contrast to recently)* ces jours-ci ◆ **rents are very high** ~ les loyers sont très élevés de nos jours ◆ **why don't we ever see Jim ~?** pourquoi ne voit-on plus jamais Jim ces jours-ci ?

**noway(s)** /'nəʊweɪ(z)/ ADV *(US) (after request for favour)* pas question ; *(= not at all)* pas du tout

**nowcast** /'naʊkɑːst/ N prévision *f* en temps réel

**nowhere** /'nəʊwɛəʳ/, **nowheres** * *(US)* /'nəʊwɛəz/ ADV **a** *(lit = no place)* nulle part ◆ **they have** ~ **to go** ils n'ont nulle part où aller ◆ **there was** ~ **to hide** il n'y avait aucun endroit où se cacher ◆ **from (out of)** ~ de nulle part ◆ **there's** ~ **I'd rather be** je me sens vraiment bien ici ◆ **there is** ~ **more romantic than Paris** il n'y a pas d'endroit plus romantique que Paris ◆ **it's** ~ **you know** ce n'est pas un endroit que tu connais ◆ **it's** ~ **you'll ever find it** tu n'arriveras jamais à le trouver ◆ **where are you going? –** ~ **special** *or* ~ **in particular** où vas-tu ? – nulle part ◆ **she was** ~ **to be found** elle était introuvable ◆ **he was** ~ **in sight** *or* ~ **to be seen** il avait disparu ; → **else, middle**

**b** *(fig)* ◆ **without him I would be** ~ sans lui, je ne serais arrivé à rien ◆ **to come** ~ * *(Sport)* n'arriver à rien ◆ **he came from** ~ **to take the lead from Coe** contre toute attente, il a dépassé Coe ◆ **he came from** ~ **to win the election** cet outsider a remporté l'élection ◆ **the enquiry was getting** ~ l'enquête piétinait ◆ **threatening me will get you** ~ vous n'obtiendrez rien en me menaçant ◆ **lying will get you** ~ ça ne te servira à rien de mentir ◆ **we're getting** *or* **this is getting us** ~ **(fast)** * ça ne nous mène à rien, on tourne en rond ◆ **to be going** ~ **(fast)** * *[person]* n'arriver à rien ; *[talks]* être dans l'impasse ◆ **to get** ~ **with sb** n'arriver à rien avec qn ◆ **a fiver goes** ~ **these days** on ne va pas loin avec un billet de cinq livres (*or* dollars) aujourd'hui

◆ **nowhere near** ◆ **his house is** ~ **near the church** sa maison n'est pas près de l'église du tout ◆ **you are** ~ **near the truth** vous êtes à mille lieues de la vérité ◆ **you're** ~ **near it!, you're** ~ **near right!** tu n'y es pas du tout ! ◆ **we're** ~ **near finding a cure** nous sommes loin d'avoir trouvé un traitement ◆ **she is** ~ **near as clever as he is** elle est nettement moins intelligente que lui ◆ **£10 is** ~ **near enough** 10 livres sont loin de suffire

**nowise** /'nəʊwaɪz/ ADV *(US)* ⇒ **noway(s)**

**nowt** /naʊt/ N *(Brit dial)* ⇒ **nothing**

**noxious** /'nɒkʃəs/ ADJ *(= toxic) [gas, substance]* nocif ; *(= unpleasant) [smell]* infect, nauséabond ; *(= repugnant) [attitude, behaviour]* odieux ; *[influence, habit]* nocif ◆ **to have a** ~ **effect on** avoir un effet nocif sur

**nozzle** /'nɒzl/ N **a** *[of hose etc]* ajutage *m*, jet *m* ; *[of syringe]* canule *f* ; *(for icing)* douille *f* ; *[of bellows]* bec *m* ; *[of vacuum cleaner]* suceur *m* ; *[of flamethrower]* ajutage *m* **b** *(‡ = nose)* pif ‡ *m*, blair ‡ *m*

**NPD** /,enpiː'diː/ N *(Comm)* (abbrev of **new product development**) → **new**

**NPV** /,enpiː'viː/ N *(Fin)* (abbrev of **net present value**) VAN *f*

**nr** PREP abbrev of **near**

**NRA** /,enɑːr'eɪ/ N **a** *(US)* (abbrev of **National Rifle Association**) → **national** **b** *(Brit)* (abbrev of **National Rivers Authority**) *administration nationale des cours d'eau*

**NRV** /,enɑː'viː/ N *(Fin)* (abbrev of **net realizable value**) → **net²**

**NS** abbrev of **Nova Scotia**

**n/s** N abbrev of **nonsmoker** ADJ abbrev of **nonsmoking**

**NSB** /,enes'biː/ N *(Brit)* (abbrev of **National Savings Bank**) → **national**

**NSC** /,enes'siː/ N **a** *(US Pol)* (abbrev of **National Security Council**) → **national** **b** *(Brit)* (abbrev of **National Safety Council**) → **national**

**NSPCC** /,enes,piː'siː'siː/ N *(Brit)* (abbrev of **National Society for the Prevention of Cruelty to Children**) *société pour la protection de l'enfance*

**NSU** /,enes'juː/ N *(Med)* (abbrev of **nonspecific urethritis**) → **nonspecific**

**NSW** *(Geog)* (abbrev of **New South Wales**) → **new**

**NT** **a** *(Bible)* (abbrev of **New Testament**) → **new** **b** *(Brit)* (abbrev of **National Trust**) → **national**

**nth** /enθ/ ADJ → **N b**

**NUAAW** N *(Brit)* (abbrev of **National Union of Agricultural and Allied Workers**) *syndicat*

**nuance** /'njuːɑːns/ N nuance *f* VT nuancer

**nub** /nʌb/ N *(= small lump)* petit morceau *m* ◆ **the** ~ **of the matter** *(fig)* l'essentiel *m* ◆ **to get to the** ~ **of the matter** entrer dans le vif du sujet

**Nubia** /'njuːbɪə/ N Nubie *f*

**Nubian** /'njuːbɪən/ ADJ nubien N Nubien(ne) *m(f)*

**nubile** /'njuːbaɪl/ ADJ *(frm or hum) [young woman]* nubile

**nubility** /njuː'bɪlɪtɪ/ N nubilité *f*

**nuclear** /'njuːklɪəʳ/ ADJ nucléaire ◆ **to go** ~ *[country]* acquérir l'arme nucléaire, se nucléariser ; *[conflict]* dégénérer en guerre nucléaire ; *(esp Brit *) [person]* piquer une crise *, exploser *

COMP ▷ **nuclear bomb** N bombe *f* atomique *or* nucléaire ▷ **nuclear capability** N capacité *f* nucléaire ▷ **nuclear deterrent** N force *f* de dissuasion nucléaire ▷ **nuclear disarmament** N désarmement *m* nucléaire ▷ **nuclear energy** N énergie *f* nucléaire ▷ **nuclear family** N *(Sociol)* famille *f* nucléaire ▷ **nuclear fission** N fission *f* nucléaire ▷ **nuclear-free** ADJ *[zone, world]* dénucléarisé ▷ **nuclear fuel** N combustible *m* nucléaire ▷ **nuclear fusion** N fusion *f* nucléaire ▷ **nuclear industry** N industrie *f* nucléaire ▷ **Nuclear Industry Radioactive Waste Executive** N *(Brit) organisme de décision en matière de politique concernant les déchets radioactifs* ▷ **nuclear magnetic resonance** N résonance *f* magnétique nucléaire ▷ **nuclear medicine** N médecine *f* nucléaire ▷ **the Nuclear Non-Proliferation Treaty** N le Traité de non-prolifération des armes nucléaires ▷ **nu-**

**clear physicist** N physicien(ne) *m(f)* nucléaire ▷ **nuclear physics** N physique *f* nucléaire ▷ **nuclear plant** N centrale *f* nucléaire ▷ **nuclear power** N puissance *f* nucléaire ▷ **nuclear-powered** ADJ (à propulsion) nucléaire ▷ **nuclear power station** N centrale *f* nucléaire ▷ **nuclear reaction** N réaction *f* nucléaire ▷ **nuclear reactor** N réacteur *m* nucléaire ▷ **nuclear reprocessing plant** N usine *f* de retraitement des déchets nucléaires ▷ **nuclear scientist** N chercheur *m* en physique nucléaire ▷ **nuclear submarine** N sous-marin *m* nucléaire ▷ **nuclear test** N essai *m* nucléaire ▷ **nuclear testing** N essais *mpl* nucléaires ▷ **nuclear umbrella** N parapluie *m* nucléaire ▷ **nuclear warhead** N ogive *f or* tête *f* nucléaire ▷ **nuclear waste** N déchets *mpl* nucléaires ▷ **nuclear weapon** N arme *f* nucléaire ▷ **nuclear winter** N hiver *m* nucléaire

**nuclei** /ˈnjuːklɪaɪ/ NPL of **nucleus**

**nucleic acid** /njuːˈkliːɪkˈæsɪd/ N acide *m* nucléique

**nucleo...** /ˈnjuːklɪəʊ/ PREF nucléo...

**nucleotide** /ˈnjuːklɪəˌtaɪd/ N nucléotide *m*

**nucleus** /ˈnjuːklɪəs/ N (pl **nuclei** *or* **nucleuses**) noyau *m*; *[of cell]* nucléus *m*, noyau *m* ◆ **atomic ~** noyau *m* atomique ◆ **the ~ of a library/university/crew** les principaux éléments *mpl* d'une bibliothèque/d'une université/d'un équipage ◆ **these three great footballers form the ~ of the side** ces trois grands footballeurs forment la base de l'équipe ◆ **this group could be the ~ of a future centrist party** ce groupe pourrait servir de base à un futur parti centriste

**nude** /njuːd/ ADJ *[person, body]* nu; *[photograph]* de nu ◆ **to bathe ~** se baigner nu ◆ **to sunbathe ~** bronzer nu ◆ **~ scene** *(Cine)* scène *f* déshabillée ◆ **~ figures** *or* **studies** *(Art)* nus *mpl* N a *(Art)* nu *m* ◆ **a Goya ~** un nu de Goya b ◆ **in the ~** nu

**nudge** /nʌdʒ/ VT a *(lit)* pousser du coude, donner un (petit) coup de coude à ◆ **she ~d him forward** elle l'a (légèrement) poussé en avant b *(fig = approach)* **she's nudging fifty** elle approche de la cinquantaine ◆ **the temperature was nudging 35°C** la température approchait *or* frôlait les 35° c *(= encourage)* encourager ◆ **to ~ sb into doing sth** amener qn à faire qch N *(lit)* coup *m* de coude; *(fig)* coup *m* de pouce ◆ **a ~ and a wink** *(fig)* un clin d'œil ◆ **she made me an offer I couldn't refuse, ~~~ wink-wink (say no more)!** ‡ elle m'a fait une proposition très intéressante, si vous voyez ce que je veux dire

► **nudge up** VT SEP *[+ prices]* donner un coup de pouce à

**nudie** * /ˈnjuːdɪ/ ADJ ◆ **~ calendar** calendrier *m* avec des photos de femmes nues ◆ **~ magazine** *(gen)* magazine *m* de charme; *(= pornographic)* revue *f* porno *

**nudism** /ˈnjuːdɪzəm/ N nudisme *m*

**nudist** /ˈnjuːdɪst/ ADJ, N nudiste *mf* COMP ▷ **nudist camp** N camp *m* de nudistes ▷ **nudist colony** N colonie *f* de nudistes

**nudity** /ˈnjuːdɪtɪ/ N nudité *f*

**nudnik** ‡ /ˈn(j)ʊdnɪk/ N *(US)* casse-pieds *mf inv*

**nugatory** /ˈnjuːgətərɪ/ ADJ *(frm) (= worthless)* futile, sans valeur; *(= trivial)* insignifiant; *(= ineffectual)* inefficace, inopérant; *(= not valid)* non valable

**nugget** /ˈnʌgɪt/ N pépite *f* ◆ **gold ~** pépite *f* d'or

**NUGMW** N *(Brit)* (abbrev of **National Union of General and Municipal Workers**) *syndicat*

**nuisance** /ˈnjuːsns/ N a *(= annoying thing or event)* ◆ **what a ~ he can't come** comme c'est ennuyeux *or* embêtant qu'il ne puisse pas venir ◆ **it's a ~ having to shave** c'est agaçant d'avoir à se raser ◆ **the ~ of having to shave each morning** la corvée de devoir se raser tous les matins ◆ **these weeds are a ~** ces mauvaises herbes sont une vraie plaie *, quel fléau, ces mauvaises herbes ◆ **these mosquitoes are a ~** ces moustiques sont un vrai fléau *or* une plaie * ◆ **what a ~!** c'est vraiment ennuyeux !, quelle barbe ! *

b *(= annoying person)* peste *f*, fléau *m* ◆ **that child is a ~** cet enfant est une peste *or* un fléau ◆ **what a ~ you are!** ce que tu peux être agaçant *or* casse-pieds * ! ◆ **he could be a bit of a ~ when he was drunk** il pouvait être un peu casse-pieds * quand il était ivre ◆ **you're being a ~** tu es agaçant ◆ **sorry to be a ~** désolé de vous déranger *or* importuner ◆ **to make a ~ of o.s.** embêter le monde *, être une peste *or* un fléau; → **public**

c *(Jur)* infraction *f* simple, dommage *m* simple; → **public**

COMP ▷ **nuisance call** N appel *m* anonyme ▷ **nuisance caller** N auteur *m* d'un appel anonyme ▷ **nuisance value** N ◆ **it has a certain ~ value** cela sert à gêner *or* embêter * le monde

**NUJ** /ˌenjuːˈdʒeɪ/ N *(Brit)* (abbrev of **National Union of Journalists**) *syndicat*

**nuke** * /njuːk/ VT *(= attack) [+ city]* lancer une bombe atomique sur; *[+ nation, enemy]* lancer une attaque nucléaire contre; *(= destroy)* détruire à l'arme atomique *or* nucléaire N a *(= weapon)* arme *f* atomique *or* nucléaire ◆ **"no nukes!"** * *(slogan)* "à bas les armes nucléaires !", "non au nucléaire !" b *(US = power station)* centrale *f* nucléaire

**null** /nʌl/ ADJ a *(Jur) [act, decree]* nul (nulle *f*), invalide; *[legacy]* caduc (-uque *f*) ◆ **~ and void** nul et non avenu ◆ **to render ~** annuler, frapper de nullité b *(= ineffectual) [person]* insignifiant; *[influence]* inexistant COMP ▷ **null hypothesis** N hypothèse *f* nulle

**nullification** /ˌnʌlɪfɪˈkeɪʃən/ N a infirmation *f*, invalidation *f* b *(US Hist)* invalidation *f* par un État d'une loi fédérale

**nullify** /ˈnʌlɪfaɪ/ VT infirmer, invalider

**nullity** /ˈnʌlɪtɪ/ N *(NonC: Jur) [of act, decree]* nullité *f*, invalidité *f*; *[of legacy]* caducité *f* COMP ▷ **nullity suit** N *(Jur)* demande *f* en nullité de mariage

**NUM** /ˌenjuːˈem/ N *(Brit)* (abbrev of **National Union of Mineworkers**) *syndicat*

**numb** /nʌm/ ADJ a *(= without sensation) [person, limb, face, lip]* engourdi ◆ **to go ~** s'engourdir ◆ **~ with cold** *[person, body]* transi, engourdi par le froid; *[face, hands, feet]* engourdi par le froid b *(= stunned) [person]* hébété ◆ **~ with disbelief** figé d'incrédulité ◆ **~ with fright** paralysé par la peur, transi *or* glacé de peur ◆ **~ with grief** muet de douleur ◆ **~ with shock** abasourdi par le choc VT engourdir; *(fig) [fear etc]* transir, glacer ◆ **~ed with grief** muet de douleur ◆ **~ed with fear** paralysé par la peur, transi *or* glacé de peur ◆ **it ~s the pain** cela endort la douleur

**number** /ˈnʌmbəʳ/ LANGUAGE IN USE 27

N a *(gen)* nombre *m*; *(= actual figure: when written etc)* chiffre *m* ◆ **even/odd/whole/cardinal/ordinal ~** nombre *m* pair/impair/entier/cardinal/ordinal ◆ **(the Book of) Numbers** *(Bible)* les Nombres *mpl* ◆ **to paint by ~s** peindre selon des indications chiffrées ◆ **to do sth by ~s** *or* **by the ~s** *(US) (fig)* faire qch mécaniquement *or* bêtement ◆ **to play the ~s** *or* **the ~s game** *or* **the ~s racket** * *(US Gambling)* faire des paris clandestins, jouer à une loterie clandestine; → **lucky, round**

b *(= quantity, amount)* nombre *m*, quantité *f* ◆ **a ~ of people** de nombreuses personnes ◆ **large ~s of people** un grand nombre de personnes ◆ **a great ~ of books/chairs** une grande quantité de livres/chaises ◆ **in a small ~ of cases** dans un petit nombre de cas ◆ **on a ~ of occasions** à plusieurs occasions, à maintes occasions ◆ **there were a ~ of faults in the machine** la machine avait un (certain) nombre de défauts ◆ **there are a ~ of things which ...** il y a un certain nombre de choses *or* pas mal * de choses qui ... ◆ **a fair ~** un assez grand nombre, un nombre assez important ◆ **boys and girls in equal ~s** garçons et filles en nombre égal ◆ **~s being equal ...** à nombre égal ... ◆ **ten in ~** au nombre de dix ◆ **they were ten in ~** ils étaient (au nombre de) dix ◆ **to the ~ of some 200** au nombre de 200 environ ◆ **few in ~, in small ~s** en petit nombre ◆ **many in ~, in large ~s** en grand nombre ◆ **in vast** *or* **huge ~s** en très grand nombre ◆ **to swell the ~ of ...** grossir le nombre de ... ◆ **he was brought in to swell the ~s** on l'a amené pour grossir l'effectif ◆ **without** *or* **beyond ~** innombrable, sans nombre ◆ **times without ~** à maintes reprises, mille et mille fois ◆ **any ~ can play** le nombre de joueurs est illimité ◆ **there were any ~ of * cards in the box** il y avait une quantité *or* un tas * de cartes dans la boîte ◆ **I've told you any ~ of * times** je te l'ai dit mille fois ◆ **they are found in ~s in Africa** on les trouve en grand nombre en Afrique ◆ **they came in their ~s** ils sont venus en grand nombre ◆ **there were flies in such ~s that ...** les mouches étaient en si grand nombre que ... ◆ **the power of ~s** le pouvoir du nombre ◆ **to win by force of ~s** *or* **by sheer ~s** l'emporter par le nombre *or* par la force du nombre ◆ **one of their ~** un d'entre eux ◆ **one of our ~** un des nôtres ◆ **he was of our ~** il était des nôtres, il était avec nous

c *(in series) (Telec)* numéro *m* ◆ **wrong ~** *(Telec)* faux numéro ◆ **to get a wrong ~** se tromper de numéro ◆ **that's the wrong ~** ce n'est pas le bon numéro ◆ **at ~ four** au (numéro) quatre ◆ **Number 10** *(Brit Pol)* 10 Downing Street *(résidence du Premier ministre)*; → Downing Street ◆ **reference ~** numéro *m* de référence ◆ **(registration) ~** *(Aut, Mil)* (numéro *m* d')immatriculation *f*, numéro *m* minéralogique ◆ **to take a car's ~** relever le numéro d'une voiture ◆ **I've got his ~!** * *(fig)* je l'ai repéré ! ◆ **their ~ came up** * ça a été leur tour d'y passer *, il a fallu qu'ils y passent * aussi ◆ **his ~'s up** * il est fichu *, son compte est bon ◆ **that bullet had his ~ on it!** * cette balle était pour lui ! ◆ **he only thinks of ~ one** * il ne pense qu'à lui *or* qu'à sa pomme * ◆ **to look after** *or* **take care of ~ one** * penser avant tout à soi ◆ **to be ~ one (in the charts)** *(Mus)* être numéro un (au hit-parade) ◆ **the ~ one English player** le meilleur *or* premier joueur anglais ◆ **he's the ~ one there** c'est lui qui dirige tout là-dedans ◆ **this is the ~ one issue at the moment** c'est le problème numéro un en ce moment ◆ **he's my ~ two** * il est mon second; → **opposite**

d *(= model, issue) [of manufactured goods, clothes, car]* modèle *m*; *[of newspaper, journal]* numéro *m* ◆ **the January ~** *(Press)* le numéro de janvier ◆ **this car's a nice little ~** * c'est une chouette * petite voiture ◆ **this wine is a nice little ~** * c'est un bon petit vin ◆ **a little ~ in black** *(= dress)* une petite robe noire (toute simple); → **back**

e *[of music hall, circus]* numéro *m*; *[of pianist, dance band]* morceau *m*; *[of singer]* chanson *f* ; *[of dancer]* danse *f* ◆ **there were several dance ~s on the programme** le programme comprenait plusieurs numéros de danse ◆ **my next ~ will be ...** *(singer)* je vais maintenant chanter ...

**f** *(NonC: Gram)* nombre *m* ◆ **~ is one of the basic concepts** le nombre est un des concepts de base ◆ **to agree in ~** s'accorder en nombre

**g** *(Mus)* rythme *m* ◆ **~s** *(Poetry)* vers *mpl*, poésie *f* ; *(Mus)* mesures *fpl*

**VT** **a** *(= give a number to)* numéroter ◆ **they are ~ed from one to ten** ils sont numérotés de un à dix ◆ **the houses are not ~ed** les maisons n'ont pas de numéro ◆ **~ed (bank) account** compte *m* (en banque) numéroté

**b** *(= include)* compter, comprendre ◆ **the library ~s 30,000 volumes** la bibliothèque compte *or* comporte 30 000 volumes ◆ **I ~ him among my friends** je le compte parmi mes amis ◆ **to be ~ed with the heroes** compter au nombre des *or* parmi les héros

**c** *(= amount to)* compter ◆ **the crew ~s 50 men** l'équipage compte 50 hommes ◆ **they ~ed 700** leur nombre s'élevait *or* se montait à 700, ils étaient au nombre de 700

**d** *(= count)* compter ◆ **his days were ~ed** ses jours étaient comptés ◆ **your chances of trying again are ~ed** il ne te reste plus beaucoup d'occasions de tenter ta chance ◆ **he was ~ing the hours till the attack began** il comptait les heures qui le séparaient de l'assaut

**VI** *(Mil etc:* also **number off***)* se numéroter ◆ **to ~ (off) from the right** se numéroter en partant de la droite

**COMP** ▷ **number-cruncher** * **N** *(= machine)* calculatrice *f* ◆ **he's the ~-cruncher** * c'est le comptable, c'est le préposé aux chiffres *(hum)* ▷ **number-crunching** * **N** calcul *m* ▷ **number plate N** *(Brit Aut)* plaque *f* minéralogique *or* d'immatriculation *or* de police ◆ **a car with French ~ plates** une voiture immatriculée en France ▷ **numbers game N** **a** *(US Gambling:* also **numbers racket***)* ⇒ **number noun a** **b** *(= focusing on numbers) usage trompeur de chiffres* ◆ **to play the ~s game** jouer sur les chiffres ▷ **number theory N** théorie *f* des nombres

**numbering** /ˈnʌmbərɪŋ/ **N** *(NonC) [of houses, seats etc]* numérotage *m* **COMP** ▷ **numbering machine N** machine *f* à numéroter

**numberless** /ˈnʌmbəlɪs/ **ADJ** *(liter)* innombrable

**numbhead** ‡ /ˈnʌmhed/ **N** *(US)* imbécile *mf*, gourde * *f*

**numbly** /ˈnʌmlɪ/ **ADV** *[say, look at]* d'un air hébété ; *[walk]* l'air hébété

**numbness** /ˈnʌmnɪs/ **N** *[of hand, finger, senses]* engourdissement *m* ; *[of mind]* torpeur *f*, engourdissement *m*

**numbskull** * /ˈnʌmskʌl/ **N** imbécile *mf*, gourde * *f*

**numerable** /ˈnjuːmərəbl/ **ADJ** nombrable, dénombrable

**numeracy** /ˈnjuːmərəsɪ/ **N** *(NonC)* notions *fpl* de calcul, capacités *fpl* au calcul

**numeral** /ˈnjuːmərəl/ **N** chiffre *m*, nombre *m* ◆ **Arabic/Roman ~** chiffre *m* arabe/romain **ADJ** numéral

**numerate** /ˈnjuːmərɪt/ **ADJ** *[child, graduate]* qui sait compter ◆ **he is barely ~** il sait à peine compter

**numeration** /ˌnjuːməˈreɪʃən/ **N** *(Math)* numération *f*

**numerator** /ˈnjuːməreɪtəʳ/ **N** *(Math)* numérateur *m* ; *(= instrument)* numéroteur *m*

**numerical** /njuːˈmerɪkəl/ **ADJ** *[value, data, superiority, strength]* numérique ; *[majority]* en nombre ◆ **in ~ order** dans l'ordre numérique

**numerically** /njuːˈmerɪkəlɪ/ **ADV** numériquement

**numeric keypad** /njuːˈmerɪkˈkiːpæd/ **N** pavé *m* numérique

**numerological** /ˌnjuːmərəˈlɒdʒɪkəl/ **ADJ** numérologique

**numerology** /ˌnjuːməˈrɒlədʒɪ/ **N** numérologie *f*

**numerous** /ˈnjuːmərəs/ **ADJ** nombreux

**numinous** /ˈnjuːmɪnəs/ **ADJ** *(liter) [power, symbol]* sacré

**numismatic** /ˌnjuːmɪzˈmætɪk/ **ADJ** numismatique

**numismatics** /ˌnjuːmɪzˈmætɪks/ **N** *(NonC)* numismatique *f*

**numismatist** /njuːˈmɪzmətɪst/ **N** numismate *mf*

**numpkin** ‡ /ˈnʌmpkɪn/, **numpty** ‡ /ˈnʌmptɪ/ **N** *(Brit)* tête *f* de linotte

**numskull** /ˈnʌmskʌl/ **N** ⇒ **numbskull**

**nun** /nʌn/ **N** religieuse *f*, bonne sœur * *f* ◆ **to become a ~** entrer en religion, prendre le voile

**Nunavut** /ˈnʊnəvʊt/ **N** Nunavut *m*

**nunciature** /ˈnʌnʃɪətjʊəʳ/ **N** nonciature *f*

**nuncio** /ˈnʌnʃɪəʊ/ **N** nonce *m* ; → **papal**

**nunnery** † /ˈnʌnərɪ/ **N** couvent *m*

**NUPE** /ˈnjuːpɪ/ **N** *(Brit: formerly)* (abbrev of **National Union of Public Employees**) *ancien syndicat*

**nuptial** /ˈnʌpʃəl/ *(liter or hum)* **ADJ** nuptial ◆ **the ~ day** le jour des noces **NPL nuptials** noce *f*

**NUR** /ˌenjuːˈɑːʳ/ **N** *(Brit: formerly)* (abbrev of **National Union of Railwaymen**) *ancien syndicat*

**nurd** ‡ /nɜːd/ **N** ⇒ **nerd**

**nurse** /nɜːs/ **N** **a** *(in hospital)* infirmier *m*, -ière *f* ; *(at home)* infirmier *m*, -ière *f*, garde-malade *f* ◆ **(male) ~** infirmier *m*, garde-malade *m* ◆ **~'s aide** *(US Med)* aide-soignant(e) *m(f)* ◆ **~s' station** *(US Med)* bureau *m* des infirmières ◆ **the ~s' strike** la grève du personnel soignant *or* des infirmiers ; → **night**

**b** *(† = children's nurse)* nurse *f*, bonne *f* d'enfants ◆ **yes ~** oui, nounou

**c** *(† :* also **wet-nurse***)* nourrice *f*

**VT** **a** *(Med) [+ person, illness, injury]* soigner ◆ **she ~d him through pneumonia** elle l'a soigné pendant sa pneumonie ◆ **she ~d him back to health** il a guéri grâce à ses soins ◆ **to ~ a cold** soigner un rhume

**b** *[+ baby] (= suckle)* nourrir, allaiter ; *(Brit) (= cradle in arms)* bercer (dans ses bras)

**c** *(fig) [+ hope, one's wrath etc]* nourrir, entretenir ; *[+ ambition]* nourrir ; *[+ plan, plot]* mijoter, couver ; *[+ horse, car engine]* ménager ; *[+ a fire]* entretenir ◆ **to ~ one's wounded pride** lécher ses plaies ◆ **to ~ a constituency** *(Brit Pol)* soigner les électeurs ◆ **Jane still ~s the pain of rejection** Jane souffre toujours d'avoir été rejetée ◆ **to ~ the business along** (essayer de) maintenir la compagnie à flot ◆ **to ~ a drink all evening** faire durer un verre toute la soirée

**nurseling** /ˈnɜːslɪŋ/ **N** ⇒ **nursling**

**nursemaid** /ˈnɜːsmeɪd/ **N** nurse *f*, bonne *f* d'enfants

**nursery** /ˈnɜːsərɪ/ **N** **a** *(= room)* nursery *f*, chambre *f* d'enfants ◆ **night ~** chambre *f* des enfants *or* d'enfants ; → **day** **b** *(= institution) (daytime only)* crèche *f*, garderie *f* ; *(daytime or residential)* pouponnière *f* **c** *(Agr)* pépinière *f* **d** *(fig)* pépinière *f* ◆ **a ~ of talent** une pépinière de talents **COMP** ▷ **nursery education N** enseignement *m* de l'école maternelle ▷ **nursery nurse N** puéricultrice *f* ▷ **nursery rhyme N** comptine *f* ▷ **nursery school N** *(state-run)* école *f* maternelle ; *(gen private)* jardin *m* d'enfants ◆ **~ school teacher** *(state-run)* professeur *m* d'école maternelle ; *(private)* jardinière *f* d'enfants ▷ **nursery slopes NPL** *(Brit Ski)* pentes *fpl or* pistes *fpl* pour débutants

**nurseryman** /ˈnɜːsərɪmən/ **N** (pl **-men**) pépiniériste *m*

**nursing** /ˈnɜːsɪŋ/ **ADJ** **a** ◆ **~ mother** mère *f* qui allaite ◆ **room for ~ mothers** salle *f* réservée aux mères qui allaitent

**b** ◆ **the ~ staff** *[of hospital]* le personnel soignant *or* infirmier ; *(all female)* les infirmières *fpl* ; *(male and female)* les infirmiers *mpl*

**N** **a** *(= profession of nurse)* profession *f* d'infirmière ; *(= care of invalids)* soins *mpl* ◆ **she's going in for ~** elle va être infirmière

**b** *(= suckling)* allaitement *m*

**COMP** ▷ **nursing auxiliary N** *(Brit)* aide-soignant(e) *m(f)* ▷ **nursing bottle N** *(US)* biberon *m* ▷ **nursing bra N** soutien-gorge *m* d'allaitement ▷ **nursing home N** *(esp Brit) (for medical, surgical cases)* clinique *f*, polyclinique *f* ; *(for mental cases, disabled etc)* maison *f* de santé ; *(for convalescence/rest cure)* maison *f* de convalescence/de repos ; *(for old people)* maison *f* de retraite ▷ **nursing officer N** *(Brit Med)* surveillant(e) *m(f)* général(e) ▷ **nursing orderly N** *(Brit Mil)* infirmier *m* (militaire) ▷ **nursing sister N** *(Brit Med)* infirmière *f* chef ▷ **nursing studies NPL** études *fpl* d'infirmière *or* d'infirmier

**nursling** /ˈnɜːslɪŋ/ **N** *(liter)* nourrisson *m*

**nurture** /ˈnɜːtʃəʳ/ **N** *(frm: lit, fig)* nourriture *f* ; → **nature** **VT** *(= rear)* élever, éduquer ; *(= feed)* nourrir (on de) ; ◆ **she ~s her plants** elle s'occupe bien de ses plantes ◆ **he ~d an ambition to take over the company** il nourrissait l'ambition de prendre le contrôle de l'entreprise ◆ **a nurturing mother** une mère très présente

**NUS** /ˌenjuːˈes/ **N** *(Brit)* **a** (abbrev of **National Union of Students**) *syndicat* **b** *(formerly)* (abbrev of **National Union of Seamen**) *ancien syndicat*

**NUT** /ˌenjuːˈtiː/ **N** *(Brit)* (abbrev of **National Union of Teachers**) *syndicat*

**nut** /nʌt/ **N** **a** *(Bot) (= hazelnut)* noisette *f* ; *(= walnut)* noix *f* ; *(= almond)* amande *f* ; *(Agr)* fruit *m* (sec) oléagineux, oléagineux *m* ◆ **this chocolate has got ~s in it** c'est du chocolat aux noisettes (*or* aux amandes *etc*) ◆ **a bag of mixed ~s** un sachet de noisettes, cacahouètes, amandes *etc* panachées ◆ **~s and raisins** mendiants *mpl* ◆ **he's a tough ~** c'est un dur à cuire * ◆ **that's a hard ~ to crack** * ce n'est pas un petit problème ◆ **he's a hard ~ to crack** * c'est un dur à cuire * ◆ **he can't paint for ~s** ‡ il peint comme un pied ‡ ; → **beechnut, nuts, pistachio**

**b** *(Tech)* écrou *m* ; *(Climbing)* coinceur *m* ◆ **the ~s and bolts of ...** *(fig)* les détails *mpl* pratiques de ... ; see also **comp**

**c** ◆ **(coal) ~s, ~ coal** noix *fpl*, tête(s)-de-moineau *f(pl) or* tête(s) de moineau *f(pl)* ◆ **anthracite ~s** noix *fpl or* tête(s)-de-moineau *f(pl)* d'anthracite

**d** *(Culin)* → **ginger**

**e** *(‡ = head)* caboche * *f* ◆ **use your ~!** réfléchis donc un peu !, creuse-toi un peu les méninges ! ‡ ◆ **to be off one's ~** être tombé sur la tête *, être cinglé * ◆ **you must be off your ~!** mais ça (ne) va pas ! *, mais tu es tombé sur la tête ! * ◆ **to go off**

**one's** ~ perdre la boule ‡ ◆ **to do one's** ~ *(Brit)* piquer une crise *

**f he's a real** ~ ‡ *(= mad person)* il est cinglé * *or* toqué *

**g** *(= enthusiast)* **a movie/football** ~ ‡ un(e) dingue * de cinéma/football

**h** * ◆ **~s!** des clous ! ‡ ◆ **~s to you!** va te faire fiche ! *

**i ~s** ** *(= testicles)* couilles ** *fpl*, roubignoles ** *fpl* ; see also **nuts**

**VT** ( * *Brit = headbutt)* ◆ **to** ~ **sb** donner un coup de tête *or* de boule * à qn

**COMP** *(Culin) [cutlet, rissoles, roast etc]* à base de cacahouètes (*or* noisettes *etc*) hachées ▷ **nut-brown ADJ** *[eyes]* noisette *inv* ; *[complexion]* brun ; *[hair]* châtain ▷ **nut chocolate N** chocolat *m* aux noisettes (*or* aux amandes *etc*) ▷ **nuts-and-bolts** * **ADJ** *(= practical)* avant tout pratique ◆ **~s-and-bolts education** enseignement *m* axé sur les matières fondamentales

**nutcase** ‡ /ˈnʌtkeɪs/ **N** dingue * *mf*, cinglé(e) * *m(f)* ◆ **he's a** ~ il est bon à enfermer *, il est dingue *

**nutcracker(s)** /ˈnʌtkrækə(z)/ **N(PL)** casse-noix *m inv*, casse-noisette(s) *m* ◆ **"The Nutcracker"** *(Mus)* "Casse-noisette" **COMP** ▷ **nutcracker chin N** menton *m* en galoche *or* en casse-noisette

**nuthatch** /ˈnʌthætʃ/ **N** *(Orn)* sittelle *f*, grimpereau *m*

**nuthouse** ‡ /ˈnʌthaʊs/ **N** asile *m* ◆ **he's in the** ~ il est à l'asile

**nutmeg** /ˈnʌtmeg/ **N** *(= nut)* (noix *f*) muscade *f* ; *(= tree)* muscadier *m* **COMP** ▷ **nutmeg-grater N** râpe *f* à muscade ▷ **the Nutmeg State N** *(US)* le Connecticut

**Nutrasweet** ® /ˈnjuːtrəswiːt/ **N** *(= artificial sweetener)* édulcorant *m* ; *(for tea, coffee)* sucrette ® *f*

**nutrient** /ˈnjuːtrɪənt/ **ADJ** nutritif **N** substance *f* nutritive, nutriment *m*

**nutriment** /ˈnjuːtrɪmənt/ **N** élément *m* nutritif, nutriment *m*

**nutrition** /njuːˈtrɪʃən/ **N** nutrition *f*, alimentation *f*

**nutritional** /njuːˈtrɪʃənl/ **ADJ** *[information, advice]* nutritionnel ; *[value, content, requirements, deficiencies]* nutritif

**nutritionist** /njuːˈtrɪʃənɪst/ **N** nutritionniste *mf*

**nutritious** /njuːˈtrɪʃəs/ **ADJ** nourrissant, nutritif

**nutritiousness** /njuːˈtrɪʃəsnɪs/ **N** caractère *m* nutritif

**nutritive** /ˈnjuːtrɪtɪv/ **ADJ** nutritif

**nuts** ‡ /nʌts/ **ADJ** dingue *, cinglé * ◆ **to go** ~ perdre la boule * ◆ **to be** ~ **about sb/sth** être dingue * de qn/qch ; see also **nut**

**nutshell** /ˈnʌtʃel/ **N** coquille *f* de noix *or* de noisette *etc* ◆ **in a** ~ ... en un mot ... ◆ **to put the matter in a** ~ résumer l'affaire en un mot

**nutter** ‡ /ˈnʌtəʳ/ **N** *(Brit)* cinglé(e) * *m(f)*, dingue * *mf*

**nutty** /ˈnʌtɪ/ **ADJ a** *(no generic term in French, with hazelnuts)* aux noisettes ; *(with almonds)* aux amandes ; *(with walnuts)* aux noix ; *[flavour, taste, smell]* de noisette *etc* **b** ( * *= mad) [idea]* dingue * ; *[person]* cinglé *, dingue * ◆ **to be (as)** ~ **as a fruitcake** *(hum)* être complètement dingue * ◆ **to be** ~ **about sb/sth** *(= enthusiastic)* être dingue * de qn/qch **COMP** ▷ **nutty professor** * **N** professeur Tournesol *m* ▷ **nutty slack N** *(Brit Min)* déclassés *mpl* des gros

**nuzzle** /ˈnʌzl/ **VI** *[pig]* fouiller du groin, fouiner ◆ **the dog ~d up to my leg** le chien est venu fourrer son nez contre ma jambe ◆ **she ~d up to me** elle est venue se blottir contre moi

**NV** abbrev of **Nevada**

**NVQ** /ˌenviːˈkjuː/ **N** (abbrev of **National Vocational Qualification**) ◆ **NVQ level 1** ≃ CAP *m* ◆ **NVQ level 3** ≃ BTS *m*

> **NVQ**
>
> Les **National Vocational Qualifications**, ou **NVQ**, sont un système de qualifications à la fois théoriques et pratiques destinées essentiellement aux personnes occupant déjà un emploi. Toutefois, certains établissements secondaires préparent à ces examens, en plus ou à la place des examens traditionnels (« GCSE » ou « A levels »). Ce système existe en Angleterre, au pays de Galles et en Irlande du Nord ; en Écosse, il existe une filière comparable qui porte le nom de « Scottish Vocational Qualifications » ou « SVQ ».

**NW** (abbrev of **north-west**) N-O

**NY** /enˈwaɪ/ **N** (abbrev of **New York**) → **new**

**Nyasaland** /nɪˈæsəˌlænd/ **N** Nyas(s)aland *m* ◆ **in** ~ au Nyas(s)aland

**NYC** /enwaɪˈsiː/ **N** abbrev of **New York City**

**nylon** /ˈnaɪlɒn/ **N** *(NonC)* nylon ® *m* **ADJ** *[stockings etc]* de *or* en nylon ® **NPL nylons** bas *mpl* (*or* collant *m*) de *or* en nylon ®

**nymph** /nɪmf/ **N** nymphe *f* ; *(also* **water nymph***)* naïade *f* ; *(also* **wood nymph***)* (hama)dryade *f* ; *(also* **sea nymph***)* néréide *f* ; *(also* **mountain nymph***)* oréade *f*

**nymphet** /nɪmˈfet/ **N** nymphette *f*

**nympho** ‡ /ˈnɪmfəʊ/ **ADJ, N** abbrev of **nymphomaniac**

**nymphomania** /ˌnɪmfəʊˈmeɪnɪə/ **N** nymphomanie *f*

**nymphomaniac** /ˌnɪmfəʊˈmeɪnɪæk/ **ADJ, N** nymphomane *f*

**NYSE** /ˈenwaɪesˈiː/ **N** *(US)* (abbrev of **New York Stock Exchange**) *Bourse de New York*

**NZ, N. Zeal** (abbrev of **New Zealand**) → **new**

# O

**O, o**[1] /əʊ/ **N** a (= *letter*) O, o *m* ◆ **O for Orange** ≃ O comme Oscar ; see also **OK**[2] b (= *number: Telec etc*) zéro *m* **COMP** ▷ **O Grade N** *(Scot Educ: formerly)* ≃ matière *f* présentée au brevet ◆ **to do an O Grade in French** ≃ passer l'épreuve de français au brevet ▷ **O level N** *(Brit Educ: formerly)* ≃ matière *f* présentée au brevet ◆ **to do an O level in French** ≃ passer l'épreuve de français au brevet ◆ **O levels** ≃ brevet *m* ▷ **O-shaped ADJ** en forme de O *or* de cercle

**o**[2] /əʊ/ **EXCL** *(liter)* ô

**o'** /əʊ/ **PREP** (abbrev of **of**) de ; → **o'clock**

**oaf** /əʊf/ **N** *(awkward)* balourd* *m* ; *(bad-mannered)* malotru(e) *m(f)*, mufle *m*

**oafish** /'əʊfɪʃ/ **ADJ** *(pej)* *[person]* mufle ; *[behaviour, remark]* de mufle

**oak** /əʊk/ **N** (= *wood, tree*) chêne *m* ◆ **light/dark ~** chêne *m* clair/foncé ◆ **great ~s from little acorns grow** *(Prov)* les petits ruisseaux font les grandes rivières *(Prov)* **COMP** (= *made of oak*) de *or* en (bois de) chêne ; (= *oak-coloured*) (couleur) chêne *inv* ▷ **oak-aged ADJ** vieilli en fûts de chêne ▷ **oak apple N** noix *f* de galle, galle *f* du chêne ▷ **oak leaf N** (= *tree leaf, salad*) feuille *f* de chêne ▷ **oak leaf cluster N** *(US)* ≃ barrette *f (portée sur le ruban d'une médaille)* ▷ **oak-panelled ADJ** lambrissé de chêne

**oaken** /'əʊkən/ **ADJ** *(liter)* de *or* en chêne

**oakum** /'əʊkəm/ **N** étoupe *f* ◆ **to pick ~** faire de l'étoupe

**oakwood** /'əʊkwʊd/ **N** a (= *forest*) chênaie *f*, forêt *f* de chênes b (*NonC* = *material*) (bois *m* de) chêne *m*

**O & M** /əʊənd'em/ (abbrev of **organization and methods**) → **organization**

**OAP** /,əʊeɪ'piː/ **N** *(Brit)* (abbrev of **old age pension** *or* **pensioner**) → **old**

**oar** /ɔːʳ/ **N** a *(gen)* rame *f* ; *(Sport)* aviron *m* ◆ **he always puts** *or* **sticks** * *or* **shoves** * **his ~ in** il faut toujours qu'il se mêle *subj* de tout *or* qu'il vienne mettre son grain de sel* ; → **rest, ship** b (= *person*) rameur *m*, -euse *f*

**-oared** /ɔːd/ **ADJ** *(in compounds)* ◆ **four-oared** à quatre avirons

**oarlock** /'ɔːlɒk/ **N** dame *f* (de nage), tolet *m*

**oarsman** /'ɔːzmən/ **N** (pl **-men**) rameur *m*, nageur *m* *(SPEC)*

**oarsmanship** /'ɔːzmənʃɪp/ **N** (= *art of rowing*) art *m* de ramer ; (= *skill as rower*) qualités *fpl* de rameur

**oarswoman** /'ɔːzwʊmən/ **N** (pl **-women**) rameuse *f*, nageuse *f (SPEC)*

**OAS** /,əʊeɪ'es/ **N** a *(US)* (abbrev of **Organization of American States**) OEA *f* b *(Hist: in Algeria)* (abbrev of **Organisation de l'armée secrète**) OAS *f*

**oasis** /əʊ'eɪsɪs/ **N** (pl **oases** /əʊ'eɪsiːz/) *(lit, fig)* oasis *f* ◆ **an ~ of peace** un havre *or* une oasis de paix

**oast** /əʊst/ **N** four *m* à (sécher le) houblon **COMP** ▷ **oast house N** sécherie *f or* séchoir *m* à houblon

**oat** /əʊt/ **NPL** (= *plant, food*) ◆ **~s** avoine *f NonC* ◆ **to get one's ~s** ‡ *(Brit)* tirer son coup ‡ ◆ **to feel one's ~s** * *(US)* (= *feel high-spirited*) avoir la pêche ; (= *feel important*) faire l'important ; → **rolled, wild**

**oatcake** /'əʊtkeɪk/ **N** biscuit *m or* galette *f* d'avoine

**oath** /əʊθ/ **N** (pl **oaths** /əʊðz/) a serment *m* ◆ **he took** *or* **swore an ~ promising to uphold the country's laws** il a fait le serment *or* il a juré de faire respecter les lois du pays ◆ **he took** *or* **swore an ~ of loyalty to the government** il a juré loyauté au gouvernement ◆ **he swore on his ~ that he had never been there** il jura n'y avoir jamais été *or* qu'il n'y avait jamais été ◆ **I'll take my ~ on it!** je vous le jure !

b *(Jur)* **to take the ~** prêter serment ◆ **on** *or* **under ~** sous serment ◆ **witness on** *or* **under ~** témoin *m* assermenté ◆ **to put sb on** *or* **under ~, to administer the ~ to sb** faire prêter serment à qn ◆ **to put sb on** *or* **under ~ to do sth** faire promettre à qn sous serment de faire qch ; → **allegiance**

c (= *bad language*) juron *m* ◆ **to let out** *or* **utter an ~** lâcher *or* pousser un juron

**COMP** ▷ **oath-taking N** *(Jur etc)* prestation *f* de serment

**oatmeal** /'əʊtmiːl/ **N** *(NonC)* (= *cereal*) flocons *mpl* d'avoine ; *(US)* (= *porridge*) bouillie *f* d'avoine, porridge *m* **COMP** *(in colour)* *[dress, fabric]* beige, grège

**OAU** /,əʊeɪ'juː/ **N** (abbrev of **Organization of African Unity**) OUA *f*

**OB N** *(Brit)* (abbrev of **outside broadcast**) → **outside**

**Obadiah** /,əʊbə'daɪə/ **N** Abdias *m*

**obbligato** /,ɒblɪ'gɑːtəʊ/ *(Mus)* **ADJ** obligé **N** (pl **obbligatos** *or* **obbligati** /,ɒblɪ'gɑːtiː/) partie *f* obligée

**obduracy** /'ɒbdjʊrəsɪ/ **N** *(frm)* a (*pej* = *stubbornness*) *[of person]* obstination *f*, entêtement *m* ◆ **the ~ of his behaviour** son comportement obstiné ◆ **the ~ of his silence** son silence obstiné b (= *difficulty*) *[of problem, situation]* insolubilité *f*

**obdurate** /'ɒbdjʊrɪt/ **ADJ** *(frm, pej)* *[person]* obstiné, entêté ◆ **her look of ~ stubbornness** son air obstiné et inflexible ◆ **to remain ~** s'obstiner, rester inflexible ◆ **they were ~ in their refusal** ils s'obstinaient dans leur refus

**obdurately** /'ɒbdjʊrɪtlɪ/ **ADV** *(frm)* (= *stubbornly*) obstinément, opiniâtrement ; (= *unyieldingly*)

**OBE** /,əʊbiː'iː/ **N** (abbrev of **Officer of the Order of the British Empire**) *titre honorifique* ; → HONOURS LIST

**obedience** /ə'biːdɪəns/ **N** *(NonC)* obéissance *f* (*to* à) ; *(Rel)* obédience *f* (*to* à) ◆ **in ~ to the law/his orders** conformément à la loi/ses ordres ◆ **to owe ~ to sb** *(frm)* devoir obéissance à qn ◆ **to command ~ (from)** savoir se faire obéir (de) ◆ **~ training** dressage *m* ; → **blind**

> ⚠ **obedience** *is rarely translated by the French word* **obédience**, *which usually means 'allegiance'.*

**obedient** /ə'biːdɪənt/ **ADJ** *[person, child]* obéissant ; *[dog]* obéissant, docile ◆ **to be ~ to sb** être obéissant avec qn, obéir à qn ◆ **to be ~ to sb's wishes** obéir aux désirs de qn ◆ **your ~ servant** † *(in letters)* votre très obéissant serviteur † *m*

**obediently** /ə'biːdɪəntlɪ/ **ADV** docilement

**obeisance** /əʊ'beɪsəns/ **N** *(frm)* a (*NonC* = *homage*) hommage *m* b (= *bow*) révérence *f*, salut *m* cérémonieux

**obelisk** /'ɒbɪlɪsk/ **N** *(Archit)* obélisque *m*

**obese** /əʊ'biːs/ **ADJ** obèse

**obeseness** /əʊ'biːsnɪs/, **obesity** /əʊ'biːsɪtɪ/ **N** obésité *f*

**obey** /ə'beɪ/ **VT** *[+ person, instinct, order]* obéir à ; *[+ the law]* se conformer à, obéir à ; *[+ instructions]* se conformer à, observer ; *(Jur)* *[+ summons, order]* obtempérer à ◆ **the plane's engine refused to ~ the computer's commands** le moteur de l'avion refusait de répondre aux commandes de l'ordinateur **VI** obéir

**obfuscate** /'ɒbfəskeɪt/ *(frm)* **VT** *[+ intentions, figures]* essayer de masquer ◆ **they are obfuscating the issue** ils cherchent des faux-fuyants, ils essaient de noyer le poisson **VI** chercher des faux-fuyants, chercher à noyer le poisson

**obfuscation** /ˌɒbfəˈskeɪʃən/ **N** *(= attempt to confuse)* faux-fuyants *mpl* ◆ **the deliberate ~ of their huge deficit** la tentative délibérée de masquer leur énorme déficit

**obit** * /ˈəʊbɪt/ **N** (abbrev of **obituary**) notice *f* nécrologique, nécrologie *f*

**obituarist** /əˈbɪtjʊərɪst/ **N** nécrologue *mf*

**obituary** /əˈbɪtjʊərɪ/ **N** (also **obituary notice**) notice *f* nécrologique, nécrologie *f* **COMP** *[announcement]* nécrologique ▷ **obituary column N** nécrologie *f*, rubrique *f* nécrologique

**object** /ˈɒbdʒɪkt/ LANGUAGE IN USE 26.1, 26.3

**N** a *(= thing in general)* objet *m*, chose *f* ; *(Comput)* objet *m* ◆ **what is this ~?** *(pej)* quelle est cette chose ? *(pej)*

b *(= focus)* ◆ ~ **of pity/ridicule** objet *m* de pitié/de risée ◆ **the ~ of one's love** l'objet *m* aimé

c *(= aim)* but *m* ; *(Philos)* objet *m* ◆ **he has no ~ in life** il n'a aucun but dans la vie ◆ **with this ~ (in view** *or* **in mind)** dans ce but, à cette fin ◆ **with the ~ of doing sth** dans le but de faire qch ◆ **with the sole ~ of doing sth** à seule fin *or* dans le seul but de faire qch ◆ **what ~ is there in** *or* **what's the ~ of doing that?** à quoi bon faire cela ? ; → **defeat**

d *(= obstacle)* ◆ **distance/money is no ~** la distance/l'argent n'est pas un problème

e *(Gram)* complément *m* (d'objet) ◆ **direct/indirect ~** complément *m* (d'objet) direct/indirect

f ◆ ~ **of virtu** objet *m* d'art, curiosité *f*

**VI** /əbˈdʒekt/ élever une objection (*to sb/sth* contre qn/qch) ◆ **I ~!** je proteste ! ◆ **I ~ most strongly!** je proteste catégoriquement *or* énergiquement ! ◆ **if you don't ~** si cela ne vous fait rien, si vous n'y voyez pas d'inconvénient *or* d'objection ◆ **he didn't ~ when ...** il n'a élevé *or* formulé aucune objection quand ... ◆ **I ~ to that remark** je proteste *or* je m'élève contre cette remarque ◆ **I ~ to your rudeness** votre grossièreté est inadmissible ◆ **he ~s to her drinking** cela l'ennuie qu'elle boive ◆ **do you ~ to my smoking?** cela vous ennuie que je fume *subj* ?, est-ce que cela vous gêne si je fume ? ◆ **she ~s to all this noise** elle se plaint de tout ce bruit ◆ **I don't ~ to helping you** je veux bien vous aider ◆ **to ~ to sb** élever des objections contre qn ◆ **I would ~ to Paul but not to Robert as chairman** je ne voudrais pas que Paul soit président mais je n'ai rien contre Robert ◆ **they ~ed to him because he was too young** ils lui ont objecté son jeune âge ◆ **to ~ to a witness** *(Jur)* récuser un témoin ◆ **I wouldn't ~ to a bite to eat** * je mangerais bien un morceau

**VT** /əbˈdʒekt/ ◆ **to ~ that ...** objecter que ..., faire valoir que ...

**COMP** ▷ **object clause N** *(Gram)* proposition *f* complément d'objet, complétive *f* d'objet ▷ **object database N** base *f* de données objet ▷ **object language N** *(Ling)* langage-objet *m* ▷ **object lesson N** *(fig)* ◆ **it was an ~ lesson in how not to drive a car** c'était une illustration de ce que l'on ne doit pas faire au volant ◆ **it was an ~ lesson in good manners** c'était une démonstration de bonnes manières ▷ **object-oriented ADJ** *[software, technology, programming]* orienté objet

**objection** /əbˈdʒekʃən/ LANGUAGE IN USE 9.1, 26.3

**N** objection *f* ◆ **I have no ~(s)** je n'ai pas d'objection, je ne m'y oppose pas ◆ **if you have no ~(s)** si cela ne vous fait rien, si vous n'y voyez pas d'inconvénient *or* d'objection ◆ **I have no ~ to him** je n'ai rien contre lui ◆ **I have a strong ~ to dogs in shops** je ne supporte pas les chiens dans les magasins ◆ **have you any ~ to my smoking?** cela ne vous ennuie pas que je fume *subj* ?, est-ce que cela vous gêne si je fume ? ◆ **I have no ~ to the idea/to his leaving** je ne vois pas d'objection *or* je ne m'oppose pas à cette idée/à ce qu'il parte ◆ **there is no ~ to our leaving** il n'y a pas d'obstacle *or* d'inconvénient à ce que nous partions *subj* ◆ **to make** *or* **raise an ~** soulever *or* formuler une objection ◆ **to make ~ to an argument** *(Jur)* récuser un argument ◆ **~!** *(Jur)* objection ! ; *(gen)* je proteste ! ◆ **~ overruled!** *(Jur)* objection rejetée !

**objectionable** /əbˈdʒekʃnəbl/ **ADJ** *[smell]* nauséabond ; *[behaviour, attitude]* répréhensible ; *[language]* choquant ; *[remark]* désobligeant ◆ **I find him thoroughly ~** il me déplaît souverainement ◆ **I find your tone highly ~** je trouve votre ton tout à fait désagréable ◆ **the language used in the programme was ~ to many viewers** le langage utilisé au cours de l'émission a choqué de nombreux téléspectateurs

**objective** /əbˈdʒektɪv/ **ADJ** a *(= impartial) [person, report, view]* objectif, impartial ; *[evidence, facts, criteria]* objectif ◆ **to take an ~ look at sth** examiner qch d'une manière objective ◆ **he is very ~ in his reporting** ses reportages sont très objectifs b *(Philos)* objectif c *(Gram) [pronoun]* complément d'objet ; *[genitive]* objectif ◆ **~ case** (cas *m*) accusatif *m*, cas *m* régime **N** a *(gen, also Phot)* objectif *m* ◆ **to reach** *or* **attain one's ~** atteindre le but qu'on s'était fixé *or* son objectif b *(Gram)* accusatif *m*

**objectively** /əbˈdʒektɪvlɪ/ **ADV** objectivement

**objectivism** /əbˈdʒektɪvɪzəm/ **N** objectivisme *m*

**objectivity** /ˌɒbdʒɪkˈtɪvɪtɪ/ **N** objectivité *f*, impartialité *f*

**objector** /əbˈdʒektəʳ/ **N** opposant(e) *m(f)* ◆ **the ~s to this scheme** les opposants au projet, les adversaires du projet ; → **conscientious**

**objet d'art** /ˈɒbʒeɪˈdɑː/ **N** (pl **objets d'art**) objet *m* d'art

**objet de vertu** /ˈɒbʒeɪdəˈvɜːtjuː/ **N** (pl **objets de vertu**) objet *m* d'art, curiosité *f*

**objurgate** /ˈɒbdʒɜːgeɪt/ **VT** *(frm)* réprimander ; *(stronger)* accabler de reproches

**objurgation** /ˌɒbdʒɜːˈgeɪʃən/ **N** *(frm)* objurgation *f*, réprimande *f*

**oblate** /ˈɒbleɪt/ **N** *(Rel)* oblat(e) *m(f)* **ADJ** *(Geom)* aplati aux pôles

**oblation** /əʊˈbleɪʃən/ **N** *(Rel)* (= *act)* oblation *f* ; (= *offering:* also **oblations**) oblats *mpl*

**obligate** /ˈɒblɪgeɪt/ **VT** obliger, contraindre (*sb to do sth* qn à faire qch) ◆ **to be ~d to do sth** être obligé de *or* contraint à faire qch

**obligation** /ˌɒblɪˈgeɪʃən/ **N** a *(= duty)* obligation *f* ◆ **to be under an ~ to do sth** être tenu de faire qch, être dans l'obligation de faire qch ◆ **I'm under no ~ to do it** rien ne m'oblige à le faire ◆ **to lay** *or* **put sb under an ~** créer une obligation à qn ◆ **to put** *or* **lay an ~ on sb to do sth** mettre qn dans l'obligation de faire qch ◆ **it is your ~ to see that ...** il vous incombe de veiller à ce que ... *+ subj* ◆ **"without obligation"** *(in advert)* "sans engagement" ◆ **"no obligation to buy"** *(in advert)* "aucune obligation d'achat" ; *(in shop)* "entrée libre"

b *(= commitment)* obligation *f*, engagement *m* ◆ **to meet one's ~s** respecter ses obligations *or* ses engagements ◆ **to fail to meet one's ~s** manquer à ses obligations *or* à ses engagements ◆ **to be under an ~ to sb** devoir de la reconnaissance à qn ◆ **to be under an ~ to sb for sth** être redevable à qn de qch

c *(= debt)* devoir *m*, dette *f* (de reconnaissance) ◆ **to repay an ~** acquitter une dette de reconnaissance

**obligatory** /ɒˈblɪgətərɪ/ LANGUAGE IN USE 10.1 **ADJ** a *(= compulsory) [attendance]* obligatoire ◆ **it is not ~ to attend** il n'est pas obligatoire d'y assister ◆ **it is ~ for you to attend** vous êtes dans l'obligation *or* vous êtes tenu d'y assister ◆ **to make it ~ for sb to do sth** obliger qn à faire qch b *(= customary) [smile, kiss]* de rigueur ◆ **she was wearing the ~ sweater and pearl necklace** elle portait le pull et le collier de perles de rigueur

**oblige** /əˈblaɪdʒ/ LANGUAGE IN USE 4, 10, 20.6

**VT** a *(= compel)* obliger (*sb to do sth* qn à faire qch) ◆ **to be ~d to do sth** être obligé de faire qch

b *(= do a favour to)* rendre service à, obliger *(liter)* ◆ **he did it to ~ us** il l'a fait pour nous rendre service ◆ **can you ~ me with a pen?** *(frm)* auriez-vous l'amabilité *or* l'obligeance de me prêter un stylo ? ◆ **he's always ready to ~ journalists with information** il est toujours prêt à communiquer des informations aux journalistes ◆ **to be ~d to sb for sth** *(Comm)* être reconnaissant *or* savoir gré à qn de qch ◆ **I am much ~d to you** je vous remercie infiniment ◆ **I would be ~d if you would read it to us** je vous serais reconnaissant de bien vouloir nous le lire ◆ **thanks, I'd be ~d** merci, ce serait très gentil (de votre part) ◆ **much ~d!** merci beaucoup !, merci mille fois ! ◆ **much ~d for your assistance!** merci beaucoup *or* merci mille fois de votre aide !

**VI** ◆ **she is always ready** *or* **willing to ~** elle est toujours prête à rendre service ◆ **anything to ~!** * à votre service ! ◆ **he asked for more time and they ~d by delaying their departure** il a demandé un délai et ils se sont pliés à ses désirs en retardant leur départ ◆ **we asked him the way and he ~d with directions** nous lui avons demandé notre chemin et il nous a très gentiment donné des indications ◆ **a prompt answer will ~** *(Comm †)* une réponse rapide nous obligerait

**obligee** /ˌɒblɪˈdʒiː/ **N** *(Jur)* obligataire *m*, créancier *m*

**obliging** /əˈblaɪdʒɪŋ/ **ADJ** obligeant, serviable ◆ **it is very ~ of them** c'est très gentil *or* aimable de leur part

**obligingly** /əˈblaɪdʒɪŋlɪ/ **ADV** obligeamment

**obligor** /ˌɒblɪˈgɔːʳ/ **N** *(Jur)* obligé *m*

**oblique** /əˈbliːk/ **ADJ** a *(= indirect) [approach, reference, criticism, warning]* indirect b *(= slanting) [line, plane, cut]* oblique ; *[look]* en biais, oblique ; *[view]* de biais ; *(Math) [angle] (= acute)* aigu(-guë *f*) ; *(= obtuse)* obtus ◆ **it lies at an ~ angle to the coastline** c'est en biais par rapport à la côte c *(Gram)* ◆ **~ case** cas *m* oblique **N** a *(Anat)* oblique *f* b *(Brit Typ:* also **oblique stroke**) trait *m* oblique, oblique *f*

**obliquely** /əˈbliːklɪ/ **ADV** a *(= indirectly) [refer to, answer, approach]* indirectement b *(= diagonally) [cut]* obliquement, en biais

**obliqueness** /əˈbliːknɪs/, **obliquity** /əˈblɪkwɪtɪ/ **N** a *[of approach, reference]* caractère *m* indirect b *[of line]* obliquité *f*

**obliterate** /əˈblɪtəreɪt/ **VT** a *(= destroy)* détruire, anéantir b *[+ writing etc] (= erase)* effacer, enlever ; *(= obscure)* rendre illisible ; *(by progressive wear)* oblitérer *(frm)* ; *(fig) [+ memory, impressions]* oblitérer *(frm)* ; *[+ the past]* faire table rase de c *(Post) [+ stamp]* oblitérer

**obliteration** /əˌblɪtəˈreɪʃən/ **N** a *(= destruction) [of person, object, country]* anéantissement *m* ; *[of rainforest]* destruction *f* b *(= erasure)* rature *f*, biffure *f*; *(fig) [of memory]* effacement *m*

**oblivion** /əˈblɪvɪən/ N (état *m* d')oubli *m* ◆ **to sink** *or* **fall into ~** tomber dans l'oubli

**oblivious** /əˈblɪvɪəs/ ADJ *(= unaware)* inconscient (*of or to sb/sth* de qn/qch); *(= forgetful)* oublieux (*of or to sb/sth* de qn/qch)

**oblong** /ˈɒblɒŋ/ ADJ *(= rectangular)* oblong (oblongue *f*); *(= elongated)* allongé ◆ **an ~ dish** un plat rectangulaire N rectangle *m*

**obloquy** /ˈɒbləkwɪ/ N opprobre *m*

**obnoxious** /əbˈnɒkʃəs/ ADJ *[person]* odieux; *[child, dog, behaviour]* odieux, détestable; *[smell]* nauséabond ◆ **stop being so ~!** arrête d'être odieux!

**obnoxiously** /əbˈnɒkʃəslɪ/ ADV odieusement

**o.b.o., OBO** /əʊbiːˈəʊ/ (abbrev of **or best offer**) à déb., à débattre; → **offer**

**oboe** /ˈəʊbəʊ/ N hautbois *m* COMP ▷ **oboe d'amore** N hautbois *m* d'amour

**oboist** /ˈəʊbəʊɪst/ N hautboïste *mf*

**obs** * /ɒbz/ N a abbrev of **obstetrics** b abbrev of **observation**

**obscene** /əbˈsiːn/ ADJ *[act, gesture, language, remark, phone call]* obscène; *[profit, salary]* indécent ◆ **it is ~ that discrimination of this sort can take place today** c'est une honte *or* un scandale qu'il puisse y avoir une telle discrimination de nos jours ◆ **they spend an ~ amount of money** ils dépensent des sommes scandaleuses COMP ▷ **obscene publication** N *(Jur)* publication *f* obscène ▷ **Obscene Publications Act** N *(Brit)* loi *f* sur les publications obscènes ▷ **Obscene Publications Squad** N *(Brit) brigade de répression des publications obscènes*

**obscenely** /əbˈsiːnlɪ/ ADV ◆ **to talk ~** dire des obscénités ◆ **~ rich** d'une richesse indécente ◆ **she earns ~ large amounts of money** elle gagne tellement d'argent que c'en est indécent ◆ **an ~ expensive house** une maison tellement chère que c'en est indécent

**obscenity** /əbˈsenɪtɪ/ N *(gen, also Jur)* obscénité *f*; *(= moral outrage)* infamie *f* ◆ **he was convicted on ~ charges** il a été condamné pour obscénité ◆ **the ~ laws** les lois *fpl* sur l'obscénité ◆ **~ trial** procès *m* pour obscénité

**obscurantism** /ˌɒbskjʊəˈræntɪzəm/ N obscurantisme *m*

**obscurantist** /ˌɒbskjʊəˈræntɪst/ ADJ, N obscurantiste *mf*

**obscure** /əbˈskjʊəʳ/ ADJ a *(= not straightforward, not obvious) [word, reference, reason, origins]* obscur b *(= not well-known) [writer, artist, book]* obscur, peu connu; *[village]* peu connu, perdu c *(= indistinct) [shape]* indistinct VT a *(= hide) [+ sun] (partly)* voiler; *(completely)* cacher; *[+ view]* cacher, masquer ◆ **his view was ~d by trees** les arbres lui cachaient la vue b *[+ argument, idea]* rendre obscur; *[+ truth]* masquer, cacher ◆ **to ~ the issue** embrouiller la question

**obscurely** /əbˈskjʊəlɪ/ ADV obscurément

**obscurity** /əbˈskjʊərɪtɪ/ N a *(= darkness)* obscurité *f*, ténèbres *fpl (liter)* b *(fig) [of argument, idea]* obscurité *f*

**obsequies** /ˈɒbsɪkwɪz/ NPL *(frm)* obsèques *fpl*, funérailles *fpl*

**obsequious** /əbˈsiːkwɪəs/ ADJ *(pej) [person, manner]* obséquieux, servile (*to sb* devant qn); *[smile]* obséquieux ◆ **their ~ treatment of the film star** leur obséquiosité *f* à l'égard de la vedette

**obsequiously** /əbˈsiːkwɪəslɪ/ ADV *(pej)* obséquieusement

**obsequiousness** /əbˈsiːkwɪəsnɪs/ N obséquiosité *f*, servilité *f*

**observable** /əbˈzɜːvəbl/ ADJ *[facts, phenomena, pattern]* observable; *[benefits, consequences, effect]* observable, visible ◆ **the ~ universe** *(Astron)* l'univers *m* observable

**observably** /əbˈzɜːvəblɪ/ ADV visiblement

**observance** /əbˈzɜːvəns/ N a *(NonC) [of rule, law]* observation *f*, respect *m*; *[of rite, custom, Sabbath]* observance *f*; *[of anniversary]* célébration *f* b *(= rite, ceremony)* observance *f* ◆ **religious ~s** observances *fpl* religieuses

**observant** /əbˈzɜːvənt/ ADJ *[person, eye]* observateur (-trice *f*)

**observation** /ˌɒbzəˈveɪʃən/ N a *(NonC)* observation *f* ◆ **~ of birds/bats** observation *f* des oiseaux/des chauves-souris ◆ **his powers of ~** ses facultés *fpl* d'observation ◆ **careful ~ of the movement of the planets** une observation attentive du mouvement des planètes ◆ **to keep sb under ~** *(Med)* garder qn en observation; *(Police)* surveiller qn ◆ **they kept the house under ~** ils surveillaient la maison ◆ **to be under ~** *(Med)* être en observation; *(Police)* être sous surveillance ◆ **he came under ~ when ...** *(Police)* on s'est mis à le surveiller quand ... ◆ **to take an ~** *(Astron)* faire une observation

b *(= remark)* observation *f*, remarque *f* ◆ **this book contains ~s about the causes of addictions** ce livre contient diverses observations *or* remarques sur les causes des dépendances ◆ **his ~s on "Hamlet"** ses réflexions *fpl* sur "Hamlet"

COMP ▷ **observation balloon** N ballon *m* d'observation ▷ **observation car** N *(Rail)* wagon *m or* voiture *f* panoramique ▷ **observation deck** N terrasse *f* panoramique ▷ **observation post** N *(Mil)* poste *m* d'observation, observatoire *m* ▷ **observation satellite** N satellite *m* d'observation ▷ **observation tower** N mirador *m*, tour *f* de guet ▷ **observation ward** N *(Med)* salle *f* d'observation

**observational** /ˌɒbzəˈveɪʃənl/ ADJ *(frm) [skills, faculties, test, device]* d'observation; *[evidence, data, study]* basé sur l'observation

**observatory** /əbˈzɜːvətrɪ/ N observatoire *m*

**observe** /əbˈzɜːv/ LANGUAGE IN USE 26.2, 26.3 VT a *(= obey) [+ rule, custom, ceasefire]* observer, respecter; *[+ silence]* garder ◆ **to ~ a minute's silence** observer une minute de silence ◆ **failure to ~ the law** *(Jur)* inobservation *f* de la loi

b *(= celebrate) [+ anniversary]* célébrer; *[+ the Sabbath]* observer ◆ **to ~ Christmas/May Day** fêter Noël/le premier mai

c *(= take note of)* observer, remarquer; *(= study)* observer ◆ **to ~ sth closely** observer qch attentivement, scruter qch ◆ **I'm only here to ~** je ne suis ici qu'en tant qu'observateur

d *(= say, remark)* (faire) remarquer, faire observer ◆ **he ~d that the weather was cold** il a fait observer *or* remarquer qu'il faisait froid ◆ **as I was about to ~ ...** comme j'allais le dire *or* le faire remarquer ... ◆ **I ~d to him that ...** je lui ai fait remarquer *or* observer que ... ◆ **"he's a handsome young man", she ~d** "c'est un beau jeune homme", remarqua-t-elle ◆ **... as Elliot ~d** ... comme l'a remarqué *or* relevé Elliot

**observer** /əbˈzɜːvəʳ/ N a *(= person watching)* observateur *m*, -trice *f*, spectateur *m*, -trice *f* ◆ **the ~ may note ...** les observateurs *or* spectateurs remarqueront ... ◆ **a casual ~ would have assumed they were friends** un simple observateur aurait pensé qu'ils étaient amis b *(= official: at meeting etc)* observateur *m*, -trice *f* ◆ **UN ~s will attend the conference** les observateurs de l'ONU assisteront à la conférence c *(Pol etc = analyst, commentator)* spécialiste *mf*, expert *m* ◆ **an ~ of Soviet politics** un spécialiste de la politique soviétique ◆ **political ~s believe that ...** les observateurs politiques pensent que ... COMP ▷ **observer force** N *(Mil)* force *f* d'observation ▷ **observer mission** N *(Mil)* mission *f* d'observation ▷ **observer team** N *(Mil)* groupe *m* d'observateurs

**obsess** /əbˈses/ VT obséder ◆ **~ed by** obsédé par VI ◆ **to ~ about** *or* **over sth** être obsédé par qch

**obsession** /əbˈseʃən/ N *(= state)* obsession *f*; *(= fixed idea)* obsession *f*, idée *f* fixe; *(of sth unpleasant)* hantise *f* ◆ **sport is an ~ with him** c'est un obsédé de sport ◆ **he has an ~ about cleanliness** c'est un obsédé de la propreté, il a l'obsession de la propreté ◆ **his ~ with her** la manière dont elle l'obsède ◆ **his ~ with death** *(= fascination)* son obsession de la mort; *(= fear)* sa hantise de la mort

**obsessional** /əbˈseʃənl/ ADJ *[behaviour, love, hatred]* obsessionnel ◆ **to be ~** *[person]* souffrir d'une obsession *or* d'obsessions ◆ **to be ~ about tidiness/cleanliness** *etc* être un maniaque de l'ordre/de la propreté *etc*

**obsessionally** /əbˈseʃənəlɪ/ ADV de façon obsessionnelle ◆ **~ tidy** obsédé par l'ordre, maniaque de l'ordre ◆ **to be ~ jealous of sb** éprouver une jalousie obsessionnelle vis-à-vis de qn

**obsessive** /əbˈsesɪv/ ADJ *[behaviour, need, desire, love, interest, secrecy]* obsessionnel; *[memory, thought]* obsédant ◆ **to be ~** *[person]* souffrir d'une obsession *or* d'obsessions ◆ **to be ~ about tidiness/cleanliness** *etc* être un maniaque de l'ordre/de la propreté *etc* ◆ **an ~ gambler** un(e) obsédé(e) du jeu ◆ **his ~ tidiness was driving her crazy** son obsession de l'ordre la rendait folle COMP ▷ **obsessive compulsive disorder** N *(Psych)* troubles *mpl* obsessionnels compulsifs

**obsessively** /əbˈsesɪvlɪ/ ADV *[work, love, hate]* de façon obsessionnelle ◆ **she is ~ tidy** c'est une maniaque de l'ordre ◆ **to be ~ in love with sb** aimer qn d'un amour obsessionnel ◆ **he's ~ worried about her** il se fait tellement de souci pour elle que ça tourne à l'obsession

**obsidian** /ɒbˈsɪdɪən/ N obsidienne *f*

**obsolescence** /ˌɒbsəˈlesns/ N a *[of machinery, goods, words]* obsolescence *f* ◆ **planned** *or* **built-in ~** *(Comm)* obsolescence *f* programmée b *(Bio)* atrophie *f*, myopathie *f* COMP ▷ **obsolescence clause** N *(Insurance)* clause *f* de vétusté

**obsolescent** /ˌɒbsəˈlesnt/ ADJ a *[machinery, weapon]* obsolescent; *[word]* désuet b *(Bio) [organ]* en voie d'atrophie

**obsolete** /ˈɒbsəliːt/ ADJ a *[weapon, equipment, machine]* obsolète; *[system, attitude, idea, process, practice]* dépassé; *[word]* obsolète, tombé en désuétude; *[law]* caduc (caduque *f*), tombé en désuétude b *(Bio)* atrophié

**obstacle** /ˈɒbstəkl/ N *(lit, fig)* obstacle *m* ◆ **to be an ~ to sth** être un obstacle à qch ◆ **overcrowding remains a serious ~ to improving living conditions** le surpeuplement reste un obstacle important à l'amélioration des conditions de vie ◆ **the main ~ in negotiations is ...** le principal obstacle dans les négociations est ... ◆ **to put an ~ in the way of sth/in sb's way** faire obstacle à qch/qn COMP ▷ **obstacle course** N parcours *m* du combattant ▷ **obstacle race** N *(Sport)* course *f* d'obstacles

**obstetric(al)** /ɒb'stetrɪk(əl)/ ADJ *[techniques etc]* obstétrical ; *[clinic]* obstétrique

**obstetrician** /ˌɒbstə'trɪʃən/ N obstétricien(ne) *m(f)*, (médecin *m*) accoucheur *m*

**obstetrics** /ɒb'stetrɪks/ N *(NonC)* obstétrique *f*

**obstinacy** /'ɒbstɪnəsɪ/ N *[of person]* obstination *f* (*in doing sth* à faire qch) ; *[of illness]* persistance *f* ; *[of resistance, refusal]* obstination *f*

**obstinate** /'ɒbstɪnɪt/ ADJ **a** *(= stubborn) [person, refusal, silence, resistance]* obstiné ◆ **to have an ~ streak** être du genre obstiné ◆ **he's very ~ about it** il n'en démord pas ◆ **she was ~ in her refusal** elle s'est obstinée dans son refus **b** *(= persistent) [weeds, stain, cough]* rebelle ; *[pain, illness]* persistant

**obstinately** /'ɒbstɪnɪtlɪ/ ADV *[refuse, insist, struggle]* obstinément ◆ **to be ~ uncooperative** refuser obstinément de coopérer ◆ **he was ~ silent** il restait obstinément silencieux ◆ **unemployment figures are remaining ~ high** le taux de chômage reste obstinément élevé ◆ **"no" he said ~** "non" répondit-il d'un air obstiné ◆ **he tried ~ to do it by himself** il s'est obstiné *or* entêté à le faire tout seul

**obstreperous** /əb'strepərəs/ ADJ *[person, behaviour]* tapageur ◆ **the crowd grew ~** la foule s'est mise à faire du tapage

**obstreperously** /əb'strepərəslɪ/ ADV *(= noisily)* bruyamment, tapageusement ; *(= rebelliously)* avec force protestations, en rouspétant *

**obstruct** /əb'strʌkt/ VT **a** *(= block) [+ road]* obstruer (*with* de) ; *[+ pipe]* engorger ; *(Med) [+ artery, windpipe]* obstruer ; *[+ view]* boucher, cacher **b** *(= halt) [+ traffic]* bloquer ; *[+ progress]* arrêter, enrayer **c** *(= hinder) [+ progress, traffic, plan]* entraver ; *[+ person]* gêner, entraver ; *(Sport) [+ player]* faire obstruction à ◆ **to ~ the course of justice** entraver le cours de la justice ◆ **to ~ (the passage of) a bill** *(Pol)* faire de l'obstruction parlementaire ◆ **to ~ a policeman in the execution of his duty** *(Jur)* gêner *or* entraver un agent de police dans l'exercice de ses fonctions
VI *(Sport)* faire de l'obstruction

**obstruction** /əb'strʌkʃən/ N **a** *(to plan, progress, view)* obstacle *m* ; *(in pipe)* bouchon *m* ; *(in artery, windpipe)* obstruction *f*, occlusion *f* ◆ **to remove an ~ from a chimney** enlever un objet qui obstrue une cheminée ◆ **the country's ~ of the UN inspection process** l'obstruction du pays au processus d'inspection de l'ONU ◆ **legal ~s** obstacles *mpl* juridiques ◆ **a bowel ~** une occlusion intestinale ◆ **an ~ of the Fallopian tubes** une obturation des trompes de Fallope ◆ **to cause an ~** *(Jur, gen)* encombrer *or* obstruer la voie publique ; *(to traffic)* bloquer la circulation ◆ **~ of justice** *(Jur)* entrave *f* à la justice ◆ **he was charged with ~ of the police in the course of their duties** il a été inculpé pour entrave à l'action de la police dans l'exercice de ses fonctions
**b** *(Sport)* obstruction *f*

**obstructionism** /əb'strʌkʃənɪzəm/ N obstructionnisme *m*

**obstructionist** /əb'strʌkʃənɪst/ ADJ, N obstructionniste *mf* ◆ **to adopt ~ tactics** faire de l'obstruction, pratiquer l'obstruction

**obstructive** /əb'strʌktɪv/ ADJ **a** *(= troublesome) [bureaucracy]* tracassier (-ière *f*) ◆ **he's intent on being ~** il fait de l'obstruction systématique **b** *(Parl) [person, behaviour, policy, tactics, measures]* obstructionniste **c** *(Med)* obstructif, obstruant

**obstructiveness** /əb'strʌktɪvnɪs/ N tendance *f* à dresser des obstacles *or* à faire obstacle

**obtain** /əb'teɪn/ VT *(gen)* obtenir ; *[+ goods]* procurer (*for sb* à qn) ; *(for o.s.)* se procurer ; *[+ information, job, money]* obtenir, (se) procurer ; *[+ votes]* obtenir, recueillir ; *[+ prize]* obtenir, remporter ; *(Fin) [+ shares]* acquérir ◆ **this gas is ~ed from coal** on obtient ce gaz à partir du charbon ◆ **these goods may be ~ed from any large store** on peut se procurer ces articles dans tous les grands magasins VI *(frm) [rule, custom etc]* avoir cours, être en vigueur ; *[fashion]* être en vogue ; *[method]* être courant

**obtainable** /əb'teɪnəbl/ ADJ *[product]* qu'on peut se procurer, disponible ◆ **the form is ~ from** *or* **at post offices** on peut se procurer ce formulaire dans les bureaux de poste

**obtrude** /əb'truːd/ *(frm)* VT imposer (*sth on sb* qch à qn) VI *[object]* gêner ; *[person]* s'imposer, imposer sa présence ◆ **the author's opinions do not ~** l'auteur n'impose pas ses opinions

**obtrusion** /əb'truːʒən/ N intrusion *f*

**obtrusive** /əb'truːsɪv/ ADJ *[person]* envahissant, qui s'impose ; *[object, building]* trop en évidence ; *[presence]* gênant, envahissant ; *[music, smell]* gênant, envahissant

**obtrusively** /əb'truːsɪvlɪ/ ADV *[leave, walk out]* ostensiblement ; *[stare]* de façon importune

**obtuse** /əb'tjuːs/ ADJ **a** *[person]* obtus ◆ **are you just being deliberately ~?** faites-vous exprès de ne pas comprendre ? **b** *(Math) [angle]* obtus

**obtuseness** /əb'tjuːsnɪs/ N stupidité *f*

**obverse** /'ɒbvɜːs/ N *[of coin]* face *f*, côté *m* face ; *[of statement, truth]* contrepartie *f*, contre-pied *m* ADJ **a** *[side of coin etc]* de face, qui fait face ; *(fig)* correspondant, faisant contrepartie **b** *(in shape) [leaf]* renversé, plus large au sommet qu'à la base

**obviate** /'ɒbvɪeɪt/ VT *[+ difficulty]* obvier à, parer à ; *[+ danger, objection]* prévenir ◆ **it ~s the need to buy new equipment** cela évite de devoir acheter du matériel neuf ◆ **this can ~ the need for surgical intervention** cela peut rendre inutile l'intervention chirurgicale

**obvious** /'ɒbvɪəs/ LANGUAGE IN USE 26.3
ADJ *[question, solution, danger, reason, disadvantage]* évident (*to sb* pour qn) ; *[good faith]* évident, incontestable ; *[remark]* prévisible ; *[lie]* flagrant ◆ **an ~ injustice** une injustice manifeste *or* patente ◆ **he was the ~ choice for the role** il était tout désigné pour ce rôle ◆ **~ statement** truisme *m*, lapalissade *f* ◆ **it's the ~ thing to do** c'est la chose à faire, cela s'impose ◆ **the ~ thing to do is to leave** la chose à faire c'est évidemment de partir ◆ **that's the ~ one to choose** c'est bien évidemment celui-là qu'il faut choisir ◆ **we mustn't be too ~ about it** il ne faut pas dévoiler notre jeu ◆ **it is ~ that...** il est évident que ... ◆ **he made it ~ that he didn't like it** il a bien fait comprendre qu'il n'aimait pas cela
N ◆ **you are merely stating the ~** c'est une lapalissade *or* un truisme, vous enfoncez une porte ouverte ◆ **to repeat the ~** répéter des évidences

**obviously** /'ɒbvɪəslɪ/ LANGUAGE IN USE 15.1 ADV *[angry, upset, happy, pregnant]* visiblement ◆ **it's ~ true that...** il est manifeste *or* notoire que ... ◆ **that's ~ true!** c'est la vérité ! ◆ **you're ~ not surprised** manifestement, tu n'es pas surpris ◆ **he was not ~ drunk** à le voir, on ne pouvait pas dire s'il était ivre ◆ **it wasn't ~ wrong** l'erreur ne sautait pas aux yeux ◆ **she ~ adores her sister** il est évident qu'elle adore sa sœur ◆ **~ I am delighted** je suis bien entendu ravi ◆ **~!** bien sûr !, évidemment ! ◆ **~ not!** apparemment non !

**OC** /'əʊ'siː/ N abbrev of **Officer Commanding**

**ocarina** /ˌɒkə'riːnə/ N ocarina *m*

**Occam** /'ɒkəm/ N Occam *m* ◆ **~'s razor** le rasoir d'Occam

**occasion** /ə'keɪʒən/ N **a** *(= particular time, date, occurrence etc)* occasion *f* ◆ **on the ~ of ...** à l'occasion de ... ◆ **(on) the first ~ (that) it happened** la première fois que cela s'est passé ◆ **on that ~** à cette occasion, cette fois-là ◆ **on several ~s** à plusieurs occasions *or* reprises ◆ **on rare ~s** en de rares occasions ◆ **on just such an ~** dans une occasion tout à fait semblable ◆ **on great ~s** dans les grandes occasions ◆ **on a previous** *or* **former ~** précédemment ◆ **I'll do it on the first possible ~** je le ferai à la première occasion (possible) *or* dès que l'occasion se présentera ◆ **on ~(s)** à l'occasion, quand l'occasion se présente (*or* se présentait *etc*) ◆ **should the ~ arise** le cas échéant ◆ **should the ~ so demand** si les circonstances l'exigent ◆ **as the ~ requires** selon le cas ◆ **he has had few ~s to speak Italian** il n'a pas eu souvent l'occasion de parler italien ◆ **he took (the) ~ to say ...** il en a profité pour dire ... ◆ **he was waiting for a suitable ~ to apologize** il attendait une occasion favorable pour *or* l'occasion de présenter ses excuses ◆ **this would be a good ~ to try it out** c'est l'occasion tout indiquée pour l'essayer ◆ **to rise to** *or* **be equal to the ~** être à la hauteur de la situation
**b** *(= event, function)* événement *m*, occasion *f* ◆ **a big ~** un grand événement, une grande occasion ◆ **it was quite an ~** c'était un véritable événement ◆ **it was an ~ to remember** c'était un événement mémorable ◆ **he has no sense of ~** il n'a pas le sens de la fête ◆ **flowers add to the sense of ~ at a wedding** pour un mariage, des fleurs ajoutent au caractère exceptionnel de l'événement ◆ **play/music written for the ~** pièce *f* spécialement écrite/musique *f* spécialement composée pour l'occasion
**c** *(= reason)* motif *m* ◆ **there is no ~ for alarm** *or* **to be alarmed** il n'y a pas lieu de s'alarmer, il n'y a pas de quoi s'inquiéter ◆ **there was no ~ for it** ce n'était pas nécessaire ◆ **I have no ~ for complaint** je n'ai pas motif à *or* sujet de me plaindre ◆ **you had no ~ to say that** vous n'aviez aucune raison de dire cela ◆ **I had ~ to reprimand him** *(frm)* j'ai eu l'occasion de *or* j'ai eu à le réprimander
**d** *(frm)* **to go about one's lawful ~s** vaquer à ses occupations
VT *(frm)* occasionner, causer

**occasional** /ə'keɪʒənl/ ADJ **a** *(= infrequent) [meeting, event]* qui a (*or* avait) lieu de temps en temps ; *[worker, use]* occasionnel ; *[rain, showers]* intermittent ; *[skirmish, gunshot]* sporadique ◆ **I have the ~ drink** je prends un verre de temps en temps ◆ **she made ~ visits to England** elle allait de temps en temps en Angleterre ◆ **they had passed an ~ car on the road** ils avaient croisé quelques rares voitures ◆ **~ series** *(TV)* émission *f* thématique *(non diffusée régulièrement)* **b** *(frm: Literat, Mus) [poem, essay, music]* de circonstance COMP ▷ **occasional table** N *(Brit)* table *f* d'appoint

**occasionally** /ə'keɪʒnəlɪ/ ADV *[do, say, think etc]* parfois, de temps en temps, à l'occasion ; *[rude, silly, angry etc]* parfois ◆ **(only) very ~** très rarement, exceptionnellement

**occident** /'ɒksɪdənt/ N *(liter)* occident *m*, couchant *m* ◆ **the Occident** l'Occident *m*

**occidental** /ˌɒksɪ'dentl/ ADJ *(liter)* occidental

**occipita** /ɒk'sɪpɪtə/ **NPL** of **occiput**

**occipital** /ɒk'sɪpɪtəl/ **ADJ** occipital

**occiput** /'ɒksɪpʌt/ **N** (pl **occiputs** *or* **occipita**) occiput *m*

**occlude** /ɒ'kluːd/ **VT** *(all senses)* occlure **VI** *(Dentistry)* s'emboîter **COMP** ▷ **occluded front N** *(Met)* front *m* occlus

**occlusion** /ɒ'kluːʒən/ **N** *(all senses)* occlusion *f*

**occlusive** /ɒ'kluːsɪv/ **ADJ** *(also Ling)* occlusif **N** *(Phon)* (consonne *f*) occlusive *f*

**occult** /ɒ'kʌlt/ **ADJ** occulte **N** ◆ **the** ~ le surnaturel ◆ **to study the** ~ étudier les sciences occultes

**occultism** /'ɒkəltɪzəm/ **N** occultisme *m*

**occultist** /ɒ'kʌltɪst/ **N** occultiste *mf*

**occupancy** /'ɒkjʊpənsɪ/ **N** *[of house, hotel, hospital]* occupation *f* ◆ ~ **rates** taux *mpl* d'occupation ◆ **they charge 275 euros for double (room)** ~ le prix de la chambre est de 275 euros pour deux personnes ◆ **supplements apply on single** ~ **bookings** un supplément est payable lorsque la réservation est pour une seule personne

**occupant** /'ɒkjʊpənt/ **N** *[of house]* occupant(e) *m(f)*, habitant(e) *m(f)* ; *(= tenant)* locataire *mf* ; *[of land, vehicle etc]* occupant(e) *m(f)* ; *[of job, post]* titulaire *mf*

**occupation** /ˌɒkjʊ'peɪʃən/ **N** **a** *(NonC)* *[of house etc]* occupation *f* ; *(Jur)* prise *f* de possession ◆ **unfit for** ~ impropre à l'habitation ◆ **the house is ready for** ~ la maison est prête à être habitée ◆ **we found them already in** ~ nous les avons trouvés déjà installés

**b** *(NonC: Mil, Pol)* occupation *f* ◆ **army of** ~ armée *f* d'occupation ◆ **under (military)** ~ sous occupation (militaire) ◆ **during the Occupation** pendant *or* sous l'Occupation

**c** *(= trade)* métier *m* ; *(= profession)* profession *f* ; *(= work)* emploi *m*, travail *m* ; *(= activity, pastime)* occupation *f*, passe-temps *m inv* ◆ **he is a plumber by** ~ il est plombier de son métier ◆ **he needs some** ~ **for his spare time** il lui faut une occupation *or* de quoi occuper ses loisirs ◆ **his only** ~ **was helping his father** sa seule occupation était *or* il avait pour seule occupation d'aider son père ◆ **parachuting is a dangerous** ~ le parachutisme est un passe-temps dangereux

**COMP** *[troops]* d'occupation

**occupational** /ˌɒkjʊ'peɪʃənl/ **ADJ** *[training, group]* professionnel ; *[disease, accident]* du travail ; *[safety]* au travail ; *[risk]* professionnel, du métier

**COMP** ▷ **occupational hazard N** *[of job]* risque *m* professionnel *or* du métier ; *[of skiing/sailing etc]* risque *m* encouru par ceux qui font du ski/de la voile *etc* ◆ **it's an** ~ **hazard of** *or* **in this job** c'est un des risques de ce métier ▷ **occupational health N** santé *f* du travail ◆ ~ **health service** *or* **department** service *m* de médecine du travail ▷ **occupational medicine N** médecine *f* du travail ▷ **occupational pension N** retraite *f* complémentaire ▷ **occupational psychologist N** psychologue *mf* du travail ▷ **occupational psychology N** psychologie *f* du travail ▷ **Occupational Safety and Health Administration N** *(US)* ≃ inspection *f* du travail ▷ **occupational therapist N** ergothérapeute *mf* ▷ **occupational therapy N** ergothérapie *f* ◆ ~ **therapy department** service *m* d'ergothérapie

**occupationally** /ˌɒkjʊ'peɪʃənəlɪ/ **ADV** *[acquired, received]* dans l'exercice de sa (*or* leur *etc*) profession ◆ **an** ~ **induced disease** une maladie professionnelle

**occupied** /'ɒkjʊpaɪd/ **ADJ** **a** *(= inhabited)* *[house]* habité

**b** *[toilet, room]* occupé ; *[seat, bed]* occupé, pris

**c** *(= busy, active)* occupé ◆ **to keep sb** ~ occuper qn ◆ **how do you keep** ~ **all day?** que faites-vous pour occuper vos journées ? ◆ **to keep one's mind** ~ s'occuper l'esprit ◆ **she was fully** ~ **packing up** elle était tout occupée à faire les bagages

◆ **to be occupied with** *(= doing)* être occupé à ◆ **I was** ~ **with other things** *(= doing)* j'étais occupé à autre chose ; *(= thinking about)* je pensais à autre chose ◆ **my mind was** ~ **with other matters** mon esprit était concentré sur autre chose ◆ **he was fully** ~ **with the children** les enfants l'accaparaient complètement

**d** *(Mil)* occupé ◆ **Nazi-**~ **Budapest** Budapest sous l'occupation nazie ; → **occupy**

**COMP** ▷ **the Occupied Territories NPL** *(in Middle East)* les territoires *mpl* occupés

**occupier** /'ɒkjʊpaɪəʳ/ **N** *[of house]* occupant(e) *m(f)*, habitant(e) *m(f)* ; *(= tenant)* locataire *mf* ; *[of land]* occupant(e) *m(f)* ; → **owner**

**occupy** /'ɒkjʊpaɪ/ **VT** **a** *(= inhabit)* *[+ house]* résider dans, habiter ; *(= fill)* *[+ post]* occuper **b** *[troops, demonstrators]* occuper ; → **occupied** **c** *(= take up)* *[+ attention, mind, person, time, space]* occuper ◆ **occupied with the thought of ...** absorbé par la pensée de ... ◆ **to be occupied in** *or* **with doing sth** être occupé à faire qch ◆ **to** ~ **o.s.** *or* **one's time (with** *or* **by doing sth)** s'occuper (à faire qch) ◆ **how do you** ~ **your time/your days?** comment occupez-vous votre temps/vos journées ?

**occur** /ə'kɜːʳ/ **VI** **a** *[event]* se produire, arriver ; *[word]* se rencontrer, se trouver ; *[difficulty, opportunity]* se présenter ; *[change]* s'opérer ; *[disease, error]* se produire, se rencontrer ; *[plant etc]* se trouver ◆ **if a vacancy** ~**s** au cas où un poste se libérerait ◆ **should a crisis/problem** ~ en cas de crise/de problème

**b** *(= come to mind)* se présenter *or* venir à l'esprit (*to sb* de qn) ◆ **an idea** ~**red to me** une idée m'est venue à l'esprit ◆ **it** ~**red to me that he might be wrong** l'idée m'a traversé l'esprit qu'il pouvait avoir tort ◆ **it** ~**red to me that we could ...** j'ai pensé *or* je me suis dit que nous pourrions ... ◆ **it didn't** ~ **to him to refuse** il n'a pas eu l'idée de refuser ◆ **the thought would never** ~ **to me** ça ne me viendrait jamais à l'idée *or* à l'esprit ◆ **did it never** ~ **to you to ask?** il ne t'est jamais venu à l'esprit de demander ?, tu n'as jamais eu l'idée de demander ?

**occurrence** /ə'kʌrəns/ **N** **a** *(= event)* événement *m*, circonstance *f* ◆ **an everyday** ~ un fait journalier ◆ **terrorist attacks have become a daily** ~ les attentats terroristes sont devenus une réalité quotidienne ◆ **this is a common/rare** ~ ceci arrive *or* se produit souvent/rarement ◆ **these attacks have become a regular/frequent** ~ ces attaques sont devenues courantes/fréquentes **b** fait *m* de se produire *or* d'arriver ◆ **chemicals which are used to prevent the** ~ **of algae** les produits chimiques utilisés pour empêcher l'apparition d'algues ◆ **the greatest** ~ **of heart disease is in those over 65** c'est chez les plus de 65 ans que l'on trouve *or* observe le plus grand nombre de cas de maladies cardiaques **c** *(Ling)* occurrence *f*

**ocean** /'əʊʃən/ **N** *(lit, fig)* océan *m* ◆ **the** ~ **deeps** les grands fonds *mpl* ◆ ~**s of** * énormément de * ◆ **it's a drop in the** ~ c'est une goutte d'eau dans la mer **COMP** *[climate, region]* océanique ; *[cruise]* sur l'océan ▷ **ocean bed N** fond(s) *m(pl)* sous-marin(s) ▷ **ocean-going ADJ** de haute mer ◆ ~**-going ship** navire *m* de haute mer ▷ **ocean liner N** paquebot *m* ▷ **the Ocean State N** *(US)* Rhode Island

**oceanarium** /ˌəʊʃə'nɛərɪəm/ **N** (pl **oceanariums** *or* **oceanaria** /ˌəʊʃə'nɛərɪə/) parc *m* océanographique

**Oceania** /ˌəʊʃɪ'eɪnɪə/ **N** Océanie *f*

**Oceanian** /ˌəʊʃɪ'eɪnɪən/ **ADJ** océanien **N** Océanien(ne) *m(f)*

**oceanic** /ˌəʊʃɪ'ænɪk/ **ADJ** océanique **COMP** ▷ **the oceanic feeling N** *(Psych)* le sentiment océanique ▷ **oceanic ridge N** dorsale *f* océanique ▷ **oceanic trench N** fosse *f* océanique

**oceanographer** /ˌəʊʃə'nɒgrəfəʳ/ **N** océanographe *mf*

**oceanographic** /ˌəʊʃənə'græfɪk/ **ADJ** océanographique

**oceanography** /ˌəʊʃə'nɒgrəfɪ/ **N** océanographie *f*

**ocelot** /'əʊsɪlɒt/ **N** ocelot *m*

**och** /ɒx/ **EXCL** *(Scot)* oh !

**ochre, ocher** *(US)* /'əʊkəʳ/ **N** *(= substance)* ocre *f* ; *(= colour)* ocre *m*

**ochreous** /'əʊkrɪəs/ **ADJ** ocreux

**o'clock** /ə'klɒk/ **ADV** ◆ **it is one** ~ il est une heure ◆ **it's 4** ~ **in the morning** il est 4 heures du matin ◆ **at 5** ~ à 5 heures ◆ **at exactly 9** ~ à 9 heures précises *or* justes ◆ **at 12** ~ *(= midday)* à midi ; *(= midnight)* à minuit ◆ **the 12** ~ **train** *(= midday) (gen)* le train de midi ; *(over loudspeaker)* le train de 12 heures ; *(= midnight) (gen)* le train de minuit ; *(over loudspeaker)* le train de 0 heure ◆ **the 6** ~ **(bus/train** *etc***)** le bus/train *etc* de 6 heures ◆ **the Nine O'Clock News** le journal de 21 heures ◆ **aircraft approaching at 5** ~ *(Aviat, Mil: direction)* avion à 5 heures ; → **five**

**OCR** /ˌəʊsiː'ɑːʳ/ **N** *(Comput)* (abbrev of **optical character reader, optical character recognition**) → **optical**

**Oct.** abbrev of **October**

**octagon** /'ɒktəgən/ **N** octogone *m*

**octagonal** /ɒk'tægənl/ **ADJ** octogonal

**octahedron** /'ɒktə'hiːdrən/ **N** (pl **octahedrons** *or* **octahedra** /'ɒktə'hiːdrə/) octaèdre *m*

**octal** /'ɒktəl/ **N, ADJ** *(Comput)* ◆ ~ **(notation)** octal *m*

**octane** /'ɒkteɪn/ **N** octane *m* ◆ **high-**~ **petrol** carburant *m* à indice d'octane élevé **COMP** d'octane ▷ **octane number, octane rating N** indice *m* d'octane

**octave** /'ɒktɪv/ **N** *(gen, Mus, Rel, Fencing)* octave *f* ; *(Poetry)* huitain *m*

**octavo** /ɒk'teɪvəʊ/ **N** (pl **octavos**) in-octavo *m*

**octet** /ɒk'tet/ **N** *(Mus)* octuor *m* ; *(Poetry)* huitain *m*

**octillion** /ɒk'tɪljən/ **N** *(Brit)* $10^{48}$ ; *(US)* $10^{27}$

**October** /ɒk'təʊbəʳ/ **N** octobre *m* ; *for phrases see* **September** **COMP** ▷ **the October Revolution N** *(Russian Hist)* la Révolution d'octobre

**octogenarian** /ˌɒktəʊdʒɪ'nɛərɪən/ **ADJ, N** octogénaire *mf*

**octopus** /'ɒktəpəs/ (pl **octopuses**) **N** *(Zool)* pieuvre *f* ; *(Culin)* poulpe *m* ; *(Brit Aut: for luggage etc)* pieuvre *f*, fixe-bagages *m inv* **COMP** *[organization]* ramifié, à ramifications (multiples)

**octoroon** /ˌɒktə'ruːn/ **N** octavon(ne) *m(f)*

**octosyllabic** /'ɒktəʊsɪ'læbɪk/ **ADJ** octosyllabique **N** octosyllabe *m*, vers *m* octosyllabique

**octosyllable** /'ɒktəʊ'sɪləbl/ **N** *(= line)* octosyllabe *m*, vers *m* octosyllabique ; *(= word)* mot *m* octosyllabique

**ocular** /'ɒkjʊləʳ/ **ADJ, N** oculaire *m*

**oculist** /ˈɒkjʊlɪst/ **N** oculiste *mf*

**OD*** /əʊˈdiː/ (abbrev of **overdose**) **N** *(lit)* surdose *f*, overdose *f* **VI** **a** *(lit, gen)* faire une overdose ; *(fatally)* mourir d'une surdose *or* d'une overdose ◆ **to ~ on sth** prendre une surdose de qch **b** *(fig, hum)* **to ~ on TV** *etc* faire une overdose de télé *etc* ◆ **to ~ on chocolate** forcer * sur le chocolat

**odalisque** /ˈəʊdəlɪsk/ **N** odalisque *f*

**odd** /ɒd/ **ADJ** **a** *(= strange)* bizarre, étrange ◆ **(how) ~!** bizarre !, étrange ! ◆ **how ~ that we should meet him** comme c'est étrange que nous l'ayons rencontré ◆ **what an ~ thing for him to do!** c'est bizarre qu'il ait fait cela ! ◆ **they have an ~ way of showing their gratitude** ils ont une drôle de façon de montrer leur reconnaissance ◆ **he says/does some very ~ things** il dit/fait de drôles de choses parfois ◆ **the ~ thing about it is ...** ce qui est bizarre *or* étrange à ce sujet c'est ... ◆ **he's got rather ~ lately** il est bizarre depuis quelque temps

**b** *(Math) [number]* impair

**c** *(= extra, left over)* qui reste(nt) ; *(from pair, set) [shoe, sock]* dépareillé ◆ **I've got it all but the ~ penny** il me manque un penny pour avoir le compte ◆ **£5 and some ~ pennies** 5 livres et quelques pennies ◆ **any ~ piece of wood** un morceau de bois quelconque ◆ **an ~ scrap of paper** un bout de papier ◆ **a few ~ bits of paper** deux ou trois bouts de papier ◆ **this is an ~ size that we don't stock** *(Brit)* c'est une taille peu courante que nous n'avons pas (en stock) ◆ **to be the ~ one over** être en surnombre ◆ **the ~ man out, the ~ one out** l'exception *f* ; see also **comp, odds**

**d** (* *= and a few more)* **sixty-~** soixante et quelques ◆ **forty-~ years** une quarantaine d'années, quarante et quelques années ◆ **£20-~** 20 et quelques livres, 20 livres et quelques

**e** *(= occasional, not regular)* **in ~ moments he ...** à ses moments perdus, il ... ◆ **at ~ times** de temps en temps ◆ **in ~ corners all over the house** dans les coins et recoins de la maison ◆ **~ jobs** travaux *mpl* divers, petits travaux *mpl* ; see also **comp** ◆ **I did a lot of ~ jobs before becoming an actor** j'ai fait beaucoup de petits boulots * *or* j'ai touché un peu à tout avant d'être acteur ◆ **to do ~ jobs about the house** *(= housework)* faire des travaux domestiques divers ; *(= do-it-yourself)* bricoler dans la maison ◆ **he does ~ jobs around the garden** il fait des petits travaux de jardinage ◆ **I've got one or two ~ jobs for you (to do)** j'ai deux ou trois choses *or* bricoles * à te faire faire ◆ **he has written the ~ article** il a écrit un ou deux articles ◆ **I get the ~ letter from him** de temps en temps je reçois une lettre de lui ◆ **tomorrow will be mainly sunny with the ~ shower** la journée de demain sera ensoleillée avec quelques averses éparses

**COMP** ▷ **odd-jobber, odd-job man** **N** homme *m* à tout faire ▷ **odd-looking** **ADJ** à l'air bizarre ▷ **odd lot** **N** *(St Ex)* lot *m* fractionné *(au nombre de titres inférieur à 100)*

**oddball*** /ˈɒdbɔːl/ **N** excentrique *mf* **ADJ** loufoque, excentrique ; *[humour]* loufoque

**oddbod*** /ˈɒdbɒd/ **N** ◆ **he's a bit of an ~** c'est un drôle d'oiseau *

**oddity** /ˈɒdɪtɪ/ **N** **a** *(= strangeness)* ⇒ **oddness** **b** *(= odd person)* personne *f* bizarre, excentrique *mf* ; *(= odd thing)* curiosité *f* ; *(= odd trait)* singularité *f* ◆ **he's a bit of an/a real ~** il est un peu/très spécial ◆ **one of the oddities of the situation** un des aspects insolites de la situation

**oddly** /ˈɒdlɪ/ **ADV** curieusement, bizarrement ◆ **they sound ~ like the Beatles** leur style ressemble curieusement à celui des Beatles ◆ **an ~ shaped room** une pièce aux formes bizarres ◆ **~ enough ...** chose curieuse ..., curieusement ... ◆ **it was ~ comforting** curieusement *or* bizarrement, c'était réconfortant ◆ **the group's drummer, the ~ named Foxtrot Tango, ...** le percussionniste du groupe, au nom bizarre de Foxtrot Tango, ... ◆ **the skinhead haircut sits ~ with the tweed suit** la coupe skinhead s'accommode mal du costume en tweed ◆ **his attitude sits ~ with his proclaimed liberalism** son attitude détonne par rapport au libéralisme qu'il affiche

**oddment** /ˈɒdmənt/ **N** *(Brit Comm)* fin *f* de série ; *(one of a pair or collection)* article *m* dépareillé ; *[of cloth]* coupon *m*

**oddness** /ˈɒdnɪs/ **N** *(NonC)* bizarrerie *f*, étrangeté *f*

**odds** /ɒdz/ **NPL** **a** *(Betting)* cote *f* ◆ **he gave him ~ of 5 to 1 (for Jupiter)** il lui a donné une cote de 5 contre 1 (sur Jupiter) ◆ **he gave him ~ of 5 to 1 that he would fail his exams** il lui a parié à 5 contre 1 qu'il échouerait à ses examens ◆ **I got good/short/long ~** on m'a donné une bonne/faible/forte cote ◆ **the ~ on *or* against a horse** la cote d'un cheval ◆ **the ~ are 7 to 2 against Lucifer** Lucifer est à 7 contre 2, la cote de Lucifer est de 7 contre 2 ◆ **the ~ are 6 to 4 on** la cote est à 4 contre 6 ◆ **the ~ are 6 to 4 against** la cote est à 6 contre 4 ◆ **what ~ will you give me?** quelle est votre cote ? ◆ **the ~ are 10 to 1 that he'll go** il y a 9 chances sur 10 (pour) qu'il y aille ◆ **I'll lay ~ that he gets it right** *or* **on him getting it right** je suis prêt à parier qu'il y arrivera ◆ **over the ~** *(Brit fig)* plus que nécessaire ◆ **I got £30 over the ~ for it** on me l'a payé 30 livres de plus que je ne demandais (*or* ne m'y attendais *etc*)

**b** *(fig = balance of advantage)* chances *fpl* (*for* pour ; *against* contre) avantage *m* ◆ **all the ~ are against you** vous n'avez pratiquement aucune chance d'y arriver, c'est pratiquement perdu d'avance ◆ **the ~ are against his *or* him coming** il est pratiquement certain qu'il ne viendra pas, il y a gros à parier qu'il ne viendra pas ◆ **the ~ against another attack are very high** une nouvelle attaque est hautement improbable ◆ **the ~ are on him coming *or* that he will come** il y a gros à parier qu'il viendra, il y a de fortes chances (pour) qu'il vienne ◆ **the ~ are even that he will come** il y a cinquante pour cent de chances qu'il vienne ◆ **by all the ~** *(= unquestionably)* sans aucun doute ; *(= judging from past experience)* à en juger par l'expérience, d'après ce que l'on sait

♦ **against + odds** ◆ **against all ~** contre toute attente ◆ **he won against all ~** contre toute attente, il a gagné ◆ **he managed to succeed against overwhelming ~ *or* against all the ~** il a réussi alors que tout était contre lui ◆ **to fight against heavy *or* great ~** avoir affaire à forte partie ◆ **they are struggling against heavy *or* great ~ to survive** ils doivent surmonter les pires obstacles pour survivre ◆ **he had to battle against heavy ~ to set up his own company** il a dû se battre contre vents et marées pour monter son entreprise ; → **stack**

**c** *(= difference)* **it makes no ~** cela n'a pas d'importance, ça ne fait rien * ◆ **it makes no ~ to me** ça m'est complètement égal, ça ne me fait rien ◆ **what's the ~?** * qu'est-ce que ça peut bien faire ?

**d** ◆ **to be at ~ (with sb over sth)** être en désaccord (avec qn sur qch) ◆ **to be at ~ with the world** *(= discontented)* en vouloir au monde entier ◆ **to be at ~ with o.s.** être mal dans sa peau ◆ **his pompous tone was at ~ with the vulgar language he used** son ton pompeux ne cadrait pas avec son langage vulgaire ◆ **to set two people at ~** brouiller deux personnes, semer la discorde entre deux personnes

**COMP** ▷ **odds and ends, odds and sods** * **NPL** *(gen)* des petites choses *fpl* qui restent ; *[of food]* restes *mpl* ◆ **there were a few ~ and ends lying about the house** quelques objets traînaient çà et là dans la maison ◆ **we still have a few ~ and ends to settle** *(fig)* il nous reste encore quelques points à régler ▷ **odds-on** **ADJ** *(Racing)* ◆ **~-on favourite** grand favori *m* ◆ **he's the ~-on favourite for the job** c'est le grand favori pour le poste ◆ **it's ~-on that he'll come** il y a toutes les chances qu'il vienne, il y a gros à parier qu'il viendra

**ode** /əʊd/ **N** ode *f* (*to* à ; *on* sur)

**odious** /ˈəʊdɪəs/ **ADJ** *[person]* détestable, odieux ; *[behaviour, crime]* odieux

**odiously** /ˈəʊdɪəslɪ/ **ADV** odieusement

**odiousness** /ˈəʊdɪəsnɪs/ **N** *[of person]* caractère *m* détestable *or* odieux ; *[of crime]* caractère *m* odieux

**odium** /ˈəʊdɪəm/ **N** *(NonC)* réprobation *f* générale, anathème *m*

**odometer** /ɒˈdɒmɪtə<sup>r</sup>/ **N** *(US)* odomètre *m*

**odont(o)...** /ɒˈdɒnt(əʊ)/ **PREF** odont(o)...

**odontological** /ɒˌdɒntəˈlɒdʒɪkəl/ **ADJ** odontologique

**odontologist** /ˌɒdɒnˈtɒlədʒɪst/ **N** odontologiste *mf*

**odontology** /ˌɒdɒnˈtɒlədʒɪ/ **N** odontologie *f*

**odor** /ˈəʊdə<sup>r</sup>/ **N** *(US)* ⇒ **odour**

**odoriferous** /ˌəʊdəˈrɪfərəs/ **ADJ** odoriférant, parfumé

**odorless** /ˈəʊdəlɪs/ **ADJ** *(US)* ⇒ **odourless**

**odorous** /ˈəʊdərəs/ **ADJ** *(liter)* *(gen)* odorant ; *(pleasantly)* parfumé

**odour, odor** *(US)* /ˈəʊdə<sup>r</sup>/ **N** odeur *f* ; *(pleasant)* odeur *f* (agréable), parfum *m* ; *(unpleasant)* (mauvaise) odeur *f* ; *(fig)* trace *f*, parfum *m* *(liter)* ◆ **to be in good/bad ~ with sb** *(fig)* être/ne pas être en faveur auprès de qn, être bien/mal vu de qn ◆ **~ of sanctity** odeur *f* de sainteté **COMP** ▷ **odour-free** **ADJ** inodore

**odourless, odorless** *(US)* /ˈəʊdəlɪs/ **ADJ** inodore

**Odysseus** /əˈdiːsɪəs/ **N** Ulysse *m*

**Odyssey** /ˈɒdɪsɪ/ **N** *(Myth)* Odyssée *f* ◆ **odyssey** *(gen)* odyssée *f*

**OE** **N** *(Ling)* (abbrev of **Old English**) → **old**

**OECD** /ˌəʊˌiːsiːˈdiː/ **N** (abbrev of **Organization for Economic Cooperation and Development**) OCDE *f*

**oecology** /ɪˈkɒlədʒɪ/ **N** ⇒ **ecology**

**oecumenical** /ˌiːkjʊˈmenɪkəl/ **ADJ** ⇒ **ecumenical**

**oedema** /ɪˈdiːmə/ **N** (pl **oedemata** /ɪˈdiːmətə/) *(Brit)* œdème *m*

**Oedipal** /ˈiːdɪpəl/ **ADJ** œdipien

**Oedipus** /ˈiːdɪpəs/ **N** Œdipe *m* **COMP** ▷ **Oedipus complex** **N** *(Psych)* complexe *m* d'Œdipe

**OEIC** /ɔɪk/ (pl **OEICs**) **N** *(Brit)* (abbrev of **open-ended investment company**) société *f* d'investissement à capital variable

**oenological** /ˌiːnəˈlɒdʒɪkəl/ **ADJ** œnologique

**oenologist** /iːˈnɒlədʒɪst/ **N** œnologue *mf*

**oenology** /iːˈnɒlədʒɪ/ **N** œnologie *f*

**o'er** /ˈəʊə<sup>r</sup>/ *(liter)* ⇒ **over**

**oesophagus** /iːˈsɒfəgəs/ **N** ⇒ **esophagus**

**oestrogen** /ˈiːstrəʊdʒən/ **N** œstrogène *m*

**oestrone** /ˈiːstrəʊn/ **N** œstrone *f*

**oestrous** /ˈiːstrəs/ **ADJ** œstral ◆ **~ cycle** cycle *m* œstral

**oestrus** /ˈiːstrəs/ **N** œstrus *m*

**œuvre** /ˈɜːvrə/ **N** œuvre *f*

**of** /ɒv,əv/ **PREP**

For expressions such as **free of**, **rid of**, **to taste of**, look up the other word.

**a** *(possession)* de ◆ **the wife ~ the doctor** la femme du médecin ◆ **a painting ~ the queen's** un tableau de la reine *or* qui appartient à la reine ◆ **a friend ~ ours** (l')un de nos amis, un ami à nous ◆ **that funny nose ~ hers** son drôle de nez, ce drôle de nez qu'elle a ◆ **the tip ~ it is broken** le bout en est cassé

**b** *(objective genitive)* de, pour ; *(subjective)* de ◆ **his love ~ his father** son amour pour son père, l'amour qu'il porte (*or* portait *etc*) à son père ◆ **love ~ money** amour de l'argent ◆ **a painting ~ the queen** un tableau de la reine *or* qui représente la reine ◆ **a leader ~ men** un meneur d'hommes ◆ **writer ~ legal articles** auteur *m* d'articles de droit

**c** *(partitive)* ◆ **the whole ~ the house** toute la maison ◆ **how much ~ this do you want?** combien *or* quelle quantité en voulez-vous ? ◆ **there were six ~ us** nous étions six ◆ **he asked the six ~ us to lunch** il nous a invités tous les six à déjeuner ◆ **~ the ten only one was absent** sur les dix un seul était absent ◆ **he is not one ~ us** il n'est pas des nôtres ◆ **the 2nd ~ June** le 2 juin ◆ **today ~ all days** ce jour entre tous ◆ **you ~ all people ought to know** vous devriez le savoir mieux que personne ◆ **he is the bravest ~ the brave** *(liter)* c'est un brave entre les braves ◆ **he drank ~ the wine** *(liter)* il but du vin

**d** *(concerning, in respect of)* de ◆ **what do you think ~ him?** que pensez-vous de lui ? ◆ **what ~ it?** et alors ?

**e** *(separation in space or time)* de ◆ **south ~ Paris** au sud de Paris ◆ **within a month/a kilometre ~ ...** à moins d'un mois/d'un kilomètre de ... ◆ **a quarter ~ six** *(US)* six heures moins le quart

**f** *(origin)* de ◆ **~ noble birth** de naissance noble ◆ **~ royal origin** d'origine royale ◆ **a book ~ Dante's** un livre de Dante

**g** *(cause)* de ◆ **to die ~ hunger** mourir de faim ◆ **because ~** à cause de ◆ **for fear ~** de peur de

**h** *(material)* de, en ◆ **dress (made) ~ wool** robe *f* en *or* de laine

**i** *(descriptive)* de ◆ **a man ~ courage** un homme courageux ◆ **a girl ~ ten** une petite fille de dix ans ◆ **a question ~ no importance** une question sans importance ◆ **the city ~ Paris** la ville de Paris ◆ **town ~ narrow streets** ville *f* aux rues étroites ◆ **fruit ~ his own growing** fruits *mpl* qu'il a cultivés lui-même ◆ **that idiot ~ a doctor** cet imbécile de docteur ◆ **he has a real palace ~ a house** c'est un véritable palais que sa maison

**j** *(agent etc)* de ◆ **beloved ~ all** bien-aimé de tous ◆ **it was nasty ~ him to say so** c'était méchant de sa part de dire cela

**k** *(in temporal phrases)* **~ late** depuis quelque temps ◆ **it was often fine of a morning** *(dial)* il faisait souvent beau le matin

**Ofcom** /ˈɒfkɒm/ **N** *(Brit)* (abbrev of **Office of Communications Regulation**) *organe de régulation des télécommunications*

## off /ɒf/

| | |
|---|---|
| 1 PREPOSITION | 4 NOUN |
| 2 ADVERB | 5 INTRANSITIVE VERB |
| 3 ADJECTIVE | 6 TRANSITIVE VERB |
| 7 COMPOUNDS | |

When **off** is the second element in a phrasal verb, eg **get off**, **keep off**, **take off**, look up the verb. When it is part of a set combination, eg **off duty/work**, **far off**, look up the other word.

### 1 - PREPOSITION

**a** = from de

**de + le = du**, **de + les = des**.

◆ **he fell/jumped ~ the wall** il est tombé/a sauté du mur ◆ **the orange fell ~ the table** l'orange est tombée de la table ◆ **he cut a piece ~ the steak and gave it to the dog** il a coupé un morceau du steak et l'a donné au chien ◆ **he was balancing on the wall and fell ~ it** il était en équilibre sur le mur et il est tombé

Note the French prepositions used in the following:

◆ **he took the book ~ the table** il a pris le livre sur la table ◆ **we ate ~ paper plates** nous avons mangé dans des assiettes en carton

**b** = missing from ◆ **there are two buttons ~ my coat** il manque deux boutons à mon manteau ◆ **the lid was ~ the tin** le couvercle n'était pas sur la boîte

**c** = away from de ◆ **the helicopter was just a few metres ~ the ground** l'hélicoptère n'était qu'à quelques mètres du sol ◆ **he ran towards the car and was 5 yards ~ it when ...** il a couru vers la voiture et n'en était plus qu'à 5 mètres lorsque ... ◆ **we want a house ~ the main road** nous cherchons une maison en retrait de la route principale

**d** = near près de ◆ **a flat just ~ the high street** un appartement près de la rue principale ◆ **it's ~ Baker Street** c'est une rue qui donne dans Baker Street, c'est dans une rue perpendiculaire à Baker Street ◆ **a street (leading) ~ the square** une rue qui part de la place

**e** Naut au large de ◆ **~ Portland Bill** au large de Portland Bill ◆ **it's ~ the coast of Brittany** c'est au large de la Bretagne

**f** * = not taking, avoiding ◆ **I'm ~ coffee at the moment** je ne bois pas de café en ce moment ◆ **I'm ~ smoking** je ne fume plus ◆ **he's ~ drugs** il ne touche plus à la drogue ; see also **go off**

### 2 - ADVERB

**a** = away ◆ **the house is 5km ~** la maison est à 5 km ◆ **the power station is visible from miles ~** la centrale électrique est visible à des kilomètres à la ronde ◆ **my holiday is a week ~** je suis en vacances dans une semaine

◆ **to be off** * *(= going)* partir ◆ **we're ~ to France today** nous partons pour la France aujourd'hui ◆ **they're ~!** *(Sport)* les voilà partis !, ils sont partis ! ◆ **Dave's not here, he's ~ fishing** Dave n'est pas ici, il est parti pêcher *or* il est allé à la pêche ◆ **I must be ~, it's time I was ~** il faut que je file * *or* me sauve * ◆ **be ~ with you !, ~ you go !** va-t-en !, file ! * ◆ **where are you ~ to ?** où allez-vous ? ◆ **I'm ~ fishing** je vais à la pêche ◆ **he's ~ on his favourite subject** le voilà lancé sur son sujet favori

**b** as holiday ◆ **to take a day ~** prendre un jour de congé ◆ **I've got this afternoon ~** je ne travaille pas cet après-midi ◆ **he gets two days ~ each week** il a deux jours de congé *or* de repos par semaine ◆ **he gets one week ~ a month** il a une semaine de congé par mois

**c** = removed ◆ **he had his coat ~** il avait enlevé son manteau ◆ **the lid was ~** le couvercle n'était pas mis ◆ **the handle is ~** *or* **has come ~** la poignée s'est détachée ◆ **there are two buttons ~** il manque deux boutons ◆ **~ with those socks!** enlève ces chaussettes ! ◆ **~ with his head!** qu'on lui coupe *subj* la tête !

**d** as reduction ◆ **10% ~** 10% de remise *or* de réduction ◆ **I'll give you 10% ~** je vais vous faire une remise *or* une réduction de 10%

**e** * : referring to time

◆ **off and on** par intermittence ◆ **I'm still working as a waitress ~ and on** je travaille toujours comme serveuse par intermittence *or* de temps à autre ◆ **they lived together ~ and on for six years** ils ont vécu six ans ensemble par intermittence

### 3 - ADJECTIVE

**a** = absent from work ◆ **he's ~ sick** il est malade *or* en congé de maladie ◆ **several teachers were ~ sick** plusieurs enseignants étaient malades ◆ **10% of the workforce were ~ sick** 10% des effectifs *or* du personnel étaient absents pour cause de maladie ◆ **he's been ~ for three weeks** cela fait trois semaines qu'il est absent

**b** = off duty ◆ **she's ~ at 4 o'clock today** elle termine à 4 heures aujourd'hui ◆ **he's ~ on Tuesdays** il n'est pas là le mardi, il ne travaille pas le mardi

**c** = not functioning, connected, flowing *[brake]* desserré ; *[machine, light]* éteint ; *[engine, gas at main, electricity, water]* coupé ; *[tap]* fermé ◆ **make sure the gas is ~** n'oubliez pas de fermer le gaz ◆ **the light/TV/radio is ~** la lumière/la télé/la radio est éteinte ◆ **the switch was in the ~ position** l'interrupteur était en position "arrêt" *or* n'était pas enclenché

**d** = cancelled *[meeting, trip, match]* annulé ◆ **the party is ~** la soirée est annulée ◆ **their engagement is ~** ils ont rompu leurs fiançailles ◆ **the lasagne is ~** *(in restaurant)* il n'y a plus de lasagnes

**e** Brit = bad *[fish, meat]* avarié ; *[milk]* tourné ; *[butter]* rance ; *[taste]* mauvais

**f** indicating wealth, possession ◆ **they are comfortably ~** ils sont aisés ◆ **they are badly ~ (financially)** ils sont dans la gêne ◆ **how are you ~ for time/money/bread?** tu as assez de temps/d'argent/de pain ?

**g** = not right

◆ **a bit off** * ◆ **it was a bit ~, him leaving like that** ce n'était pas très bien de sa part de partir comme ça ◆ **that's a bit ~!** ce n'est pas très sympa ! * ◆ **the timing seems a bit ~, seeing that an election is imminent** le moment est mal choisi étant donné l'imminence des élections

**h** Brit Sport ⇒ **offside adj a**

### 4 - NOUN

* = start ◆ **they're ready for the ~** ils sont prêts à partir ◆ **from the ~** dès le départ

### 5 - INTRANSITIVE VERB

*esp US* ‡ = leave ficher le camp *

6 - TRANSITIVE VERB

US ‡ = kill buter ‡, tuer

7 - COMPOUNDS

▷ **off air** ADV *(TV, Rad)* hors antenne ◆ **to go ~ air** *[broadcast]* rendre l'antenne ; *[station]* cesser d'émettre ◆ **to take sb ~ air** reprendre l'antenne à qn ◆ **to take sth ~ air** arrêter la diffusion de qch ▷ **off-air** ADJ *(TV, Rad)* hors antenne ▷ **off-balance-sheet reserve** N *(Fin)* réserve *f* hors bilan ▷ **off-beam** * ADJ *[statement, person]* à côté de la plaque * ▷ **off-Broadway** ADJ *(US Theat)* d'avant-garde, off ▷ **off-camera** ADJ *(TV, Cine)* hors champ ▷ **off-campus** ADJ *(Univ)* en dehors de l'université *or* du campus ▷ **off-centre** ADJ *(gen)* désaxé, décentré ; *[construction]* en porte-à-faux ; *(fig) [assessment etc]* pas tout à fait exact ▷ **off chance** N ◆ **I came on the ~ chance of seeing her** je suis venu avec l'espoir de la voir ◆ **he bought it on the ~ chance that it would come in useful** il l'a acheté pour le cas où cela pourrait servir ◆ **I did it on the ~ chance** * je l'ai fait à tout hasard *or* au cas où * ▷ **off-colour** ADJ *(Brit)* ◆ **he's ~-colour today** il est mal fichu * *or* il n'est pas dans son assiette * aujourd'hui ◆ **an ~-colour * story** une histoire osée *or* scabreuse ▷ **off day** N *(US) (= holiday)* jour *m* de congé ◆ **he was having an ~ day***(Brit)* il n'était pas en forme ce jour-là, ce n'était pas son jour ▷ **off-key** *(Mus)* ADJ faux (fausse *f*) ADV *[sing]* faux ▷ **off-label store** N *(US)* magasin *m* de (vêtements) dégriffés ▷ **off-licence** N *(Brit) (= shop)* magasin *m* de vins et spiritueux ; *(= permit)* licence *f (permettant la vente de boissons alcoolisées à emporter)* ▷ **off-limits** ADJ *(US Mil)* ◆ **~-limits to troops** interdit au personnel militaire ▷ **off-line** *(Comput)* ADJ autonome ADV ◆ **to go ~-line** *[computer]* se mettre en mode autonome ◆ **to put the printer ~-line** mettre l'imprimante en mode manuel ▷ **off-load** VT *[+ goods]* décharger, débarquer ; *[+ passengers]* débarquer ; *[+ task, responsibilities]* se décharger de (*on or onto sb* sur qn) ▷ **off-message** ADJ ◆ **he was ~-message** ses propos n'étaient pas dans la ligne ▷ **off-off-Broadway** ADJ *(US Theat)* résolument expérimental ; → OFF-BROADWAY ▷ **off-peak** ADJ → **off-peak** ▷ **off-piste** ADJ, ADV *(Ski)* hors-piste ▷ **off-putting** ADJ *[task]* rebutant ; *[food]* peu ragoûtant ; *[person, manner]* rébarbatif, peu engageant ▷ **off-road** ADJ *[driving, racing, cycling]* off-road *inv* ▷ **off-roader**, **off-road vehicle** N véhicule *m* tout terrain ▷ **off-roading** N tout-terrain *m* ▷ **off-sales** N *(Brit) (= sales)* vente *f* de boissons alcoolisées (à emporter) ; *(= shop)* ≃ marchand *m* de vins ; *(= counter)* comptoir *m* des vins et spiritueux ▷ **off screen** ADV *(Cine, TV)* dans le privé, hors écran ▷ **off-screen** ADJ *(Cine, TV)* hors écran ◆ **an ~-screen romance** une aventure sentimentale à la ville ▷ **off-season** ADJ hors saison N morte-saison *f* ◆ **in the ~-season** en morte-saison ▷ **off site** ADV à l'extérieur du site ▷ **off-site** ADJ hors site ▷ **off-street parking** N place *f* de parking ◆ **a flat with ~-street parking** un appartement avec une place de parking ▷ **off-the-cuff** ADJ *[remark]* impromptu ; *[speech]* impromptu, au pied levé ; see also **cuff** ▷ **off-the-job training** N → **job noun a** ▷ **off-the-peg**, **off-the-rack** *(US)* ADJ de confection ; see also **peg, rack**[1] ▷ **off-the-record** ADJ *(= unofficial)* officieux ; *(= confidential)* confidentiel ; see also **record** ▷ **off-the-shelf** ADJ *(Econ) [goods, item]* disponible dans le commerce ADV ◆ **to buy sth ~-the-shelf** acheter qch dans le commerce ; see also **shelf** ▷ **off-the-shoulder** ADJ *[dress]* sans bretelles ▷ **off-the-wall** * ADJ bizarre, dingue * ▷ **off-topic** * ADJ hors sujet *inv* ▷ **off-white** ADJ blanc cassé *inv* ▷ **off year** N *(US Pol) année sans élections importantes* ; see also **offbeat, offhand, offset, offshore**

### Off-Broadway

Dans le monde du théâtre new-yorkais, on qualifie de **off-Broadway** les pièces qui ne sont pas montées dans les grandes salles de Broadway. Le terme a d'abord été utilisé dans les années 1950 pour désigner les productions à petit budget d'auteurs d'avant-garde comme Tennessee Williams ou Edward Albee. Les salles **off-Broadway**, généralement assez petites, proposent des billets à des prix raisonnables. Aujourd'hui, les théâtres les plus à l'avant-garde sont appelés **off-off-Broadway**.

---

**offal** /ˈɒfəl/ N *(NonC)* a *(Culin)* abats *mpl (de boucherie)* b *(= refuse, rubbish)* ordures *fpl* ; *(= waste or by-product)* déchets *mpl*

**offbeat** /ˈɒfbiːt/ ADJ a *( * = unusual) [film, book, comedy, approach]* original ; *[person, behaviour, clothes]* excentrique ◆ **his ~ sense of humour** son sens de l'humour cocasse b *(Mus)* à temps faible N *(Mus)* temps *m* faible

**offcut** /ˈɒfkʌt/ N *[of fabric]* chute *f* ; *[of wood]* copeau *m* ; *[of meat, fish] (for human consumption)* parures *fpl* ; *(for animals)* déchets *mpl*

**offence, offense** *(US)* /əˈfens/ N a *(Jur)* délit *m* (*against* contre), infraction *f* (*against* à) ; *(Rel = sin)* offense *f*, péché *m* ◆ **it is an ~ to do that** *(Jur)* il est contraire à la loi *or* il est illégal de faire cela ◆ **first ~** premier délit *m* ◆ **further ~** récidive *f* ◆ **political ~** délit *m or* crime *m* politique ◆ **capital ~** crime *m* capital ◆ **to commit an ~** commettre un délit, commettre une infraction (à la loi) ◆ **~s against national security** atteintes *fpl* à la sécurité nationale ◆ **he was charged with four ~s of indecent assault** il a été inculpé de quatre attentats à la pudeur ◆ **~ against God** offense *f* faite à Dieu ◆ **an ~ against common decency** un outrage aux bonnes mœurs ◆ **it is an ~ to the eye** cela choque *or* offense la vue ; → **indictable**

b *(NonC = insult)* **to give** *or* **cause ~ to sb** froisser *or* offenser qn ◆ **to take ~ (at)** s'offenser (de), s'offusquer (de) ◆ **no ~ taken!** il n'y a pas de mal ! ◆ **no ~ meant** *or* **intended (but ...)!** je ne voulais pas vous offenser *or* froisser (mais ...) ! ◆ **no ~ to the Welsh, of course!** sans vouloir offenser les Gallois, bien sûr !

c *(NonC) (Mil: as opposed to defence)* attaque *f* ◆ **the ~** *(US Sport)* les attaquants *mpl* ; → **weapon**

**offend** /əˈfend/ VT *[+ person]* offenser ; *[+ ears, eyes]* offusquer, choquer ; *[+ reason]* choquer, heurter ◆ **to be** *or* **become ~ed (at)** s'offenser (de), s'offusquer (de) ◆ **she was ~ed by** *or* **at my remark** mon observation l'a offensée *or* vexée ◆ **you mustn't be ~ed** *or* **don't be ~ed if I say ...** sans vouloir vous offenser *or* vous vexer, je dois dire ... ◆ **it ~s my sense of justice** cela va à l'encontre de *or* cela choque mon sens de la justice

VI a *(gen)* choquer ◆ **scenes that may ~** des scènes qui peuvent choquer

b *(Jur)* commettre un délit *or* une infraction ◆ **girls are less likely to ~ than boys** les filles ont moins tendance que les garçons à commettre des délits *or* infractions

► **offend against** VT FUS *[+ law, rule]* enfreindre, violer ; *[+ good taste]* offenser ; *[+ common sense]* être une insulte *or* un outrage à ◆ **this bill ~s against good sense** ce projet de loi est une insulte au bon sens

**offender** /əˈfendəʳ/ N a *(= lawbreaker)* délinquant(e) *m(f)* ; *(against traffic regulations etc)* contrevenant(e) *m(f)* ◆ **first ~** *(Jur)* délinquant(e) *m(f)* primaire ◆ **previous ~** récidiviste *mf* ◆ **persistent** *or* **habitual ~** récidiviste *mf* ◆ **sex ~** délinquant *m* sexuel ◆ **young ~** jeune délinquant *m* ◆ **carbon dioxide is one of the main environmental ~s** le dioxyde de carbone est l'un des principaux responsables de la dégradation de l'environnement ◆ **small firms are the worst ~s when it comes to ...** les petites entreprises sont les plus coupables quand il s'agit de ... b *(= insulter)* offenseur *m* ; *(= aggressor)* agresseur *m*

**offending** /əˈfendɪŋ/ ADJ *(hum)* ◆ **the ~ word/object** *etc* le mot/l'objet *etc* incriminé

**offense** /əˈfens/ N *(US)* ⇒ **offence**

**offensive** /əˈfensɪv/ ADJ a *(= objectionable, insulting)* insultant ; *(= shocking)* choquant ; *(= disgusting)* repoussant ; *(= rude, unpleasant)* déplaisant ◆ **she has said some ~ things about the town** elle a tenu des propos insultants sur la ville ◆ **some people found the play horribly ~** certains ont trouvé la pièce terriblement choquante ◆ **~ language** propos *mpl* choquants, grossièretés *fpl* ◆ **these are terms I find deeply ~** ce sont des termes que je trouve absolument odieux ◆ **to be ~ to sb** *[person]* insulter *or* injurier qn ; *[joke]* choquer qn ; *[remark]* offenser qn ◆ **they found his behaviour very** *or* **deeply ~** sa conduite les a profondément indignés ◆ **an ~ smell** une odeur repoussante

b *(Mil, Sport) [action, tactics]* offensif ◆ **to take ~ action** passer à l'offensive

N *(Mil, Pol, Sport, Comm)* offensive *f* ◆ **to be on the ~** avoir pris l'offensive ◆ **to go on the ~** passer à l'offensive ◆ **to take the ~** prendre l'offensive ◆ **a sales/an advertising ~** une offensive commerciale/publicitaire ◆ **they mounted an ~ on the government** *(Pol)* ils ont lancé une offensive contre le gouvernement ◆ **a diplomatic ~** une offensive diplomatique ; → **peace**

COMP ▷ **offensive weapon** N *(Jur)* arme *f* offensive

**offensively** /əˈfensɪvlɪ/ ADV a *(= abusively) [behave]* de manière offensante ; *[shout]* de manière injurieuse ◆ **~ rude** d'une impolitesse outrageante ◆ **~ sexist** d'un sexisme offensant ◆ **an ~ anti-German article** un article injurieux contre les Allemands b *(= unpleasantly) [loud, bland]* désagréablement ◆ **to smell ~** sentir (très) mauvais c *(Mil, Sport) [use, deploy, play]* de manière offensive ◆ **to be good/poor ~** *(Sport)* être bon/mauvais en attaque

**offer** /ˈɒfəʳ/ LANGUAGE IN USE 19.5

N *(gen, Comm)* offre *f* (*of* de ; *for* pour ; *to do sth* de faire qch) proposition *f* (*of* de) ; *[of marriage]* demande *f* (en mariage) ◆ **to make a peace ~** faire une proposition *or* offre de paix ◆ **make me an ~!** faites-moi une proposition *or* offre ! ◆ **I'm open to ~s** je suis ouvert à toute proposition ◆ **it's my best ~** c'est mon dernier mot ◆ **~s over/around £90,000** offres *fpl* au-dessus/autour de 90 000 livres ◆ **he's had a good ~ for the house** on lui a fait une offre avantageuse *or* une proposition intéressante pour la maison ◆ **£50 or near(est)** *or* **best ~** *(in advertisement)* 50 livres à débattre ◆ **he made me an ~ I couldn't refuse** *(lit, fig)* il m'a fait une offre que je ne pouvais pas refuser ◆ **"this week's special offer"** "promotion de la semaine"

♦ **on + offer** *(= available)* disponible ♦ **this brand is on (special)** ~ cette marque est en promotion ♦ **"on offer this week"** "promotion de la semaine"

♦ **under offer** *(Brit)* ♦ **these premises are under** ~ ces locaux ont fait l'objet d'une offre d'achat

**VT** **a** *[+ job, gift, entertainment, food, friendship etc]* offrir *(to* à) ; *[+ help, money]* proposer *(to* à), offrir *(to* à) ; *[+ prayer]* faire *(to* à) ♦ **to ~ to do sth** offrir *or* proposer de faire qch ♦ **he ~ed me a sweet** il m'a offert un bonbon ♦ **she ~ed me her house for the holidays** elle m'a proposé sa maison pour les vacances ♦ **to ~ o.s. for a mission** être volontaire *or* se proposer pour exécuter une mission ♦ **to have a lot to** ~ avoir beaucoup à offrir ♦ **to ~ (sb) one's hand** tendre la main (à qn) ♦ **he ~ed her his hand in marriage** il lui a proposé le mariage ♦ **to ~ a sacrifice** *(Rel)* offrir un sacrifice, faire l'offrande d'un sacrifice ♦ **to ~ a prayer to God** prier Dieu ♦ **to ~ one's flank to the enemy** *(Mil)* présenter le flanc à l'ennemi

**b** *[+ apology, difficulty, opportunity, view, advantage]* offrir, présenter ; *[+ remark]* suggérer ; *[+ opinion]* émettre ; *[+ facilities, guarantee, protection]* offrir ; → **resistance**

**VI** *[opportunity]* s'offrir, se présenter

**COMP** ▷ **offer of cover** **N** *(Fin)* promesse *f* de garantie ▷ **offer price** **N** *(St Ex)* prix *m* d'émission

► **offer up** **VT SEP** *(liter) [+ prayers]* faire ; *[+ sacrifice]* offrir, faire l'offrande de

**offeree** /ɒfəˈriː/ **N** *(Jur, Fin)* destinataire *m* de l'offre

**offering** /ˈɒfərɪŋ/ **N** *(= act, thing offered)* offre *f* ; *(= suggestion)* suggestion *f* ; *(Rel)* offrande *f*, sacrifice *m* ; → **burnt, peace, thank**

**offeror** /ˈɒfərəʳ/ **N** *(Jur, Fin)* auteur *m* de l'offre, offrant *m*

**offertory** /ˈɒfətərɪ/ **N** *(Rel) (= part of service)* offertoire *m*, oblation *f* ; *(= collection)* quête *f* **COMP** ▷ **offertory box** **N** tronc *m*

**offhand** /ɒfˈhænd/ **ADJ** (also **offhanded**) **a** *(= casual) [person, manner]* désinvolte, sans-gêne *inv* ; *[tone]* désinvolte **b** *(= curt)* brusque **ADV** de but en blanc ♦ **I can't say** ~ je ne peux pas vous le dire comme ça * ♦ **do you happen to know ~?** est-ce que vous pouvez me le dire de but en blanc ? ♦ **do you know ~ whether ...?** est-ce que vous pouvez me dire de but en blanc *or* comme ça * si ... ?

**offhanded** /ɒfˈhændɪd/ **ADJ** ⇒ **offhand adj**

**offhandedly** /ɒfˈhændɪdlɪ/ **ADV** **a** *(= casually)* avec désinvolture **b** *(= curtly)* avec brusquerie

**offhandedness** /ɒfˈhændɪdnɪs/ **N** **a** *(= casualness)* désinvolture *f*, sans-gêne *m* **b** *(= curtness)* brusquerie *f*

**office** /ˈɒfɪs/ **N** **a** *(= place, room)* bureau *m* ; *(= part of organization)* service *m* ♦ **lawyer's** ~ étude *f* de notaire ♦ **doctor's** ~ *(US)* cabinet *m* (médical) ♦ **our London** ~ notre siège *or* notre bureau de Londres ♦ **the sales** ~ le service des ventes ♦ **he works in an** ~ il travaille dans un bureau, il est employé de bureau ♦ **the whole ~ went on strike** tous les gens du bureau ont fait grève, tout le bureau a fait grève ♦ **"usual offices"** *(esp Brit) [of house etc]* "sanitaires" ; → **box office, foreign, head, home, newspaper**

**b** *(= function)* fonction *f*, charge *f* ; *(= duty)* fonctions *fpl*, devoir *m* ♦ **it is my ~ to ensure ...** *(frm)* j'ai charge d'assurer ..., il m'incombe d'assurer ... ♦ **he performs the ~ of treasurer** il fait fonction de trésorier ♦ **to be in ~, to hold** ~ *[mayor, chairman]* être en fonction, occuper sa charge ; *[government, minister]* détenir *or* avoir un portefeuille ; *[political party]* être au pouvoir *or* au gouvernement ♦ **to take** *or* **come into** ~ *[chairman, mayor, government, minister]* entrer en fonction, prendre ses fonctions ; *[political party]* arriver au *or* prendre le pouvoir ♦ **he took ~ as prime minister in January** il est entré dans ses fonctions de premier ministre au mois de janvier ♦ **to be out of** ~ *[party, politician]* ne plus être au pouvoir ♦ **to go out of** ~ *[mayor, chairman, minister]* quitter ses fonctions ; *[political party, government]* perdre le pouvoir ♦ **to seek** ~ se présenter aux élections, se porter candidat ♦ **public** ~ fonctions *fpl* officielles ♦ **to be in** *or* **hold public** ~ occuper des fonctions officielles, être en fonction ♦ **to be disqualified from (holding) public** ~ être révoqué ; → **jack, sweep**

**c** ♦ **~s** offices *mpl* ♦ **through his good ~s** par ses bons offices ♦ **through the ~s of ...** par l'entremise de ... ♦ **to offer one's good ~s** *(frm)* offrir ses bons offices

**d** *(Rel)* office *m* ♦ **Office for the dead** office *m* funèbre *or* des morts ; → **divine¹**

**COMP** *[staff, furniture, work]* de bureau ▷ **office automation** **N** bureautique *f* ▷ **office bearer** **N** *[of club, society]* membre *m* du bureau *or* comité directeur ▷ **office block** **N** *(Brit)* immeuble *m* de bureaux ▷ **office boy** **N** garçon *m* de bureau ▷ **office building** **N** ⇒ **office block** ▷ **office holder** **N** ⇒ **office bearer** ▷ **office hours** **NPL** heures *fpl* de bureau ♦ **to work ~ hours** avoir des heures de bureau ▷ **office job** **N** ♦ **he's got an ~ job** il travaille dans un bureau ▷ **office junior** **N** employé(e) *m(f)* de bureau ▷ **office manager** **N** chef *m* de bureau ▷ **Office of Fair Trading** **N** ≈ Direction *f* générale de la concurrence, de la consommation et de la répression des fraudes ▷ **Office of Management and Budget** **N** *(US) organisme chargé de gérer les ministères et de préparer le budget* ▷ **office party** **N** fête *f* au bureau ▷ **office politics** **N** *(esp pej)* politique *f* interne ▷ **office space** **N** ♦ **"office space to let"** "bureaux à louer" ♦ **100m² of ~ space** 100 m² de bureaux ▷ **office worker** **N** employé(e) *m(f)* de bureau

**officer** /ˈɒfɪsəʳ/ **N** **a** *(Aviat, Mil, Naut)* officier *m* ; → **commission, man, petty**

**b** *(= official) [of company, institution, organization, club]* membre *m* du bureau *or* comité directeur ♦ **the Committee shall elect its ~s** *(Admin, Jur)* le comité désigne son bureau ♦ **duly authorized** ~ *(Jur)* représentant *m* dûment habilité ; → **local**

**c** ♦ **police** ~ policier *m* ♦ **~ of the law** fonctionnaire *m* de police ♦ **the ~ in charge of the inquiry** l'inspecteur chargé *or* le fonctionnaire de police chargé de l'enquête ♦ **yes** ~ *(to policeman)* oui, monsieur l'agent

**VT** *(Mil) (= command)* commander ; *(= provide with officers)* pourvoir d'officiers *or* de cadres

**COMP** ▷ **officer of the day** **N** *(Mil)* officier *m or* service *m* de jour ▷ **officer of the watch** **N** *(Naut)* officier *m* de quart ▷ **officers' mess** **N** mess *m* (des officiers) ▷ **Officers' Training Corps** **N** *(Brit Mil)* corps *m* volontaire de formation d'officiers

**official** /əˈfɪʃəl/ **ADJ** *(gen)* officiel ; *[uniform]* réglementaire ♦ **it's not yet** ~ ce n'est pas encore officiel ♦ **~ biography/biographer** biographie *f*/biographe *mf* officiel(le) ♦ **he learned of her death through ~ channels** il a appris sa mort par des sources officielles ♦ **to apply for sth through ~ channels** faire la demande de qch par les voies officielles ♦ **"for official use only"** "réservé à l'administration"

**N** *(gen, Sport etc = person in authority)* officiel *m* ; *[of civil service]* fonctionnaire *mf* ; *[of railways, post office etc]* employé(e) *m(f)* ♦ **the ~ in charge of ...** le (*or* la) responsable de ... ♦ **information/personnel** ~ responsable *mf* de l'information/du personnel ♦ **town hall** ~ employé(e) *m(f)* de mairie ♦ **local government** ~ ≃ fonctionnaire *mf* (de l'administration locale) ♦ **government** ~ fonctionnaire *mf* (de l'Administration) ♦ **an ~ of the Ministry** un représentant officiel du ministère ; → **elect**

**COMP** ▷ **Official Receiver** **N** *(Brit Fin)* administrateur *m* judiciaire ▷ **the Official Secrets Act** **N** *(Brit) loi relative aux secrets d'État*

**officialdom** /əˈfɪʃəldəm/ **N** *(NonC)* administration *f*, bureaucratie *f (also pej)*

**officialese** /əˌfɪʃəˈliːz/ **N** *(NonC: pej)* jargon *m* administratif

**officially** /əˈfɪʃəlɪ/ **ADV** **a** *(= formally)* officiellement, à titre officiel ♦ **"may be opened officially"** *(Post)* "peut être ouvert d'office" **b** *(= theoretically)* en principe ♦ ~, **she shares the flat with another girl** en principe, elle partage l'appartement avec une autre fille

**officiate** /əˈfɪʃɪeɪt/ **VI** *(= arbitrate: at competition, sports match etc)* arbitrer ; *(Rel)* officier ♦ **to ~ as** remplir *or* exercer les fonctions de ♦ **to ~ at** assister à titre officiel à ♦ **to ~ at a wedding** célébrer un mariage

**officious** /əˈfɪʃəs/ **ADJ** *(pej) [person, behaviour, manner]* trop zélé ♦ **to be** ~ être trop empressé, faire du zèle

**officiously** /əˈfɪʃəslɪ/ **ADV** *(pej)* avec un zèle excessif

**officiousness** /əˈfɪʃəsnɪs/ **N** *(pej)* excès *m* de zèle

**offing** /ˈɒfɪŋ/ **N** ♦ **in the** ~ *(Naut)* au large ; *(fig)* en perspective

**off-peak** /ɒfˈpiːk/ *(Brit)* **ADJ** *[period, time]* creux ; *[train, service, journey, electricity]* en période creuse ; *[telephone call]* à tarif réduit *(aux heures creuses)* ♦ **~ rates** *or* **charges** tarif *m* réduit *(aux heures creuses)* ♦ **~ hours** *(Comm, Transport etc)* heures *fpl* creuses ♦ **~ ticket** *(Rail etc)* billet *m* au tarif réduit heures creuses **ADV** *[travel, cost] (outside of rush hour)* en dehors des heures de pointe ; *(outside of holiday season)* en période creuse

**offprint** /ˈɒfprɪnt/ **N** *(Typo)* tirage *m or* tiré *m* à part ♦ **I'll send you an ~ of my article** je vous enverrai une copie de mon article

**offset** /ˈɒfset/ (vb : pret, ptp **offset**) **N** **a** *(= counterbalancing factor)* compensation *f* ♦ **as an ~ to sth** pour compenser qch

**b** *(Typ) (= process)* offset *m* ; *(= smudge etc)* maculage *m*

**c** *(Bot)* rejeton *m* ; *(in pipe etc)* coude *m*, courbure *f*

**VT** **a** *(= counteract, compensate for)* compenser ♦ **loans can be ~ against corporation tax** les emprunts peuvent venir en déduction de l'impôt sur les sociétés ♦ **the increase in pay costs was ~ by higher productivity** l'augmentation des coûts salariaux a été compensée par une amélioration de la productivité ♦ **they'll receive a large shipment of food to help ~ winter shortages** ils recevront une importante cargaison de nourriture pour compenser les pénuries de l'hiver

**b** *(= weigh up)* **to ~ one factor against another** mettre en balance deux facteurs

**c** *(Typ) (= print)* imprimer en offset ; *(= smudge)* maculer

**COMP** ▷ **offset lithography** **N** *(Typ)* ⇒ **offset printing** ▷ **offset paper** **N** papier *m* offset ▷ **offset press** **N** presse *f* offset ▷ **offset printing** **N** offset *m*

**offshoot** /ˈɒfʃuːt/ **N** **a** *[of plant, tree]* rejeton *m* **b** *[of organization]* ramification *f*, antenne *f* ; *[of company]* filiale *f* ; *[of scheme, discussion, action]* conséquence *f* ♦ **a firm with**

many ~s une société aux nombreuses ramifications ◆ **this group is an ~ of a charitable organization** ce groupe est une émanation d'une organisation caritative

**offshore** /ˈɒfʃɔːʳ/ ADJ a *(= out at sea) [rig, platform]* offshore *inv*; *[drilling, well]* en mer ◆ **Britain's ~ oil industry** l'industrie pétrolière offshore de la Grande-Bretagne ◆ **~ worker** ouvrier *m* travaillant sur une plateforme offshore b *(= near land) [reef, island]* proche du littoral; *[waters]* côtier, proche du littoral; *[fishing]* côtier c *(= from land) [wind, breeze]* de terre d *(Fin) [investment, fund, banking, account]* offshore *inv*, extraterritorial ◆ **~ orders** commandes *fpl* d'outre-mer ADV a *(= near coast) [lie, anchor, fish]* au large; *(nearer)* en vue des côtes ◆ **20 miles ~** à 20 milles de la côte b *(= away from coast) [sail]* vers le large c *(Fin)* ◆ **to invest ~** faire des investissements offshore *or* extraterritoriaux ◆ **to move one's operations ~** se délocaliser

**offside** /ˈɒfˈsaɪd/ N a *(Sport)* hors-jeu *m inv* b *(Aut) (in Brit)* côté *m* droit; *(in France, US etc)* côté *m* gauche ADJ a *(Sport)* **to be ~** être hors jeu ◆ **the ~ rule** la règle du hors-jeu b *(Aut) (in Brit)* de droite; *(in France, US etc)* de gauche

**offspring** /ˈɒfsprɪŋ/ N *(pl inv)* progéniture *f NonC*; *(fig)* fruit *m*, résultat *m* ◆ **how are your ~?** * comment va votre progéniture? *, comment vont vos rejetons? *

**offstage** /ˈɒfˈsteɪdʒ/ ADV en coulisse, dans les coulisses ◆ **~, she's a different personality altogether** dans la vie, elle a une personnalité complètement différente ADJ *[voices]* en coulisse, dans les coulisses ◆ **his ~ life** sa vie privée

**Ofgas** /ˈɒfgæs/ N *(Brit) organisme de contrôle des réseaux de distribution du gaz*

**Ofgem** /ˈɒfdʒem/ N *(Brit)* (abbrev of **Office of Gas and Electricity Markets**) *organe de régulation des compagnies de gaz et d'électricité*

**Oflot** /ˈɒflɒt/ N *(Brit) organisme de contrôle de la loterie nationale*

**Ofsted** /ˈɒfsted/ N *(Brit) organisme de contrôle des établissements scolaires*

**OFT** /ˌəʊefˈtiː/ N *(Brit)* (abbrev of **Office of Fair Trading**) ≈ DGCCRF *f*

**oft** /ɒft/ ADV *(liter)* maintes fois, souvent ◆ **many a time and ~** maintes et maintes fois

**oft-** /ɒft/ PREF ◆ **~repeated** souvent répété ◆ **~quoted** souvent cité ◆ **~times** †† souventes fois †

**Oftel** /ˈɒftel/ N *(Brit) organisme de contrôle des réseaux de télécommunication*

**often** /ˈɒfən, ˈɒftən/ ADV souvent ◆ **(all) too ~** trop souvent ◆ **it cannot be said too ~ that ...** on ne dira *or* répétera jamais assez que ... ◆ **once too ~** une fois de trop ◆ **every so ~** *(in time)* de temps en temps, de temps à autre; *(in spacing, distance)* çà et là ◆ **as ~ as he did it** chaque fois *or* toutes les fois qu'il l'a fait ◆ **as ~ as not, more ~ than not** la plupart du temps ◆ **how ~ have I warned you about him?** combien de fois t'ai-je dit de te méfier de lui? ◆ **how ~ do the boats leave?** les bateaux partent tous les combien? ◆ **how ~ she had asked herself that very question!** combien de fois elle s'était justement posé cette question!

**Ofwat** /ˈɒfwɒt/ N *(Brit) organisme de contrôle des réseaux de distribution d'eau*

**ogival** /əʊˈdʒaɪvəl/ ADJ ogival, en ogive

**ogive** /ˈəʊdʒaɪv/ N ogive *f (Archit)*

**ogle** * /ˈəʊgl/ VT reluquer *, lorgner

**ogre** /ˈəʊgəʳ/ N ogre *m*

**ogress** /ˈəʊgrɪs/ N ogresse *f*

**OH** abbrev of **Ohio**

**oh** /əʊ/ EXCL a oh!, ah! ◆ **~ dear!** oh là là!, (oh) mon Dieu! ◆ **~ what a waste of time!** ah, quelle perte de temps! ◆ **~ for some fresh air!** si seulement on pouvait avoir un peu d'air frais! ◆ **~ to be in France!** si seulement je pouvais être en France! ◆ **~ really?** ce n'est pas vrai! ◆ **he's going with her – ~ is he!** *(neutral)* il y va avec elle — tiens, tiens *or* ah bon!; *(surprise)* il y va avec elle — vraiment!; *(disapproval)* il y va avec elle — je vois! ◆ **~ no you don't! – ~ yes I do!** ah mais non! — ah mais si *or* oh que si! ◆ **~, just a minute ...** euh, une minute ... b *(cry of pain)* aïe!

**Ohio** /əʊˈhaɪəʊ/ N Ohio *m* ◆ **in ~** dans l'Ohio

**ohm** /əʊm/ N ohm *m*

**OHMS** /ˌəʊeɪtʃemˈes/ *(Brit)* (abbrev of **On His** *or* **Her Majesty's Service**) → **majesty**

**OHP** N (abbrev of **overhead projector**) → **overhead**

**oi** ‡ /ɔɪ/ EXCL *(Brit)* hé!

**oi(c)k** ‡ /ɔɪk/ N *(Brit)* péquenaud ‡ *m*

**oil** /ɔɪl/ N a *(NonC: Geol, Ind etc)* pétrole *m* ◆ **to find** *or* **strike ~** *(lit)* trouver du pétrole; *(fig)* trouver le filon ◆ **to pour ~ on troubled waters** ramener le calme; → **crude**

b *(Art)* huile *f* ◆ **painted in ~s** peint à l'huile ◆ **to paint in ~s** faire de la peinture à l'huile ◆ **an ~ by Picasso** une huile de Picasso

c *(Aut)* huile *f* ◆ **to check the ~** vérifier le niveau d'huile ◆ **to change the ~** faire la vidange

d *(Culin, Pharm etc)* huile *f* ◆ **fried in ~** frit à l'huile ◆ **~ and vinegar dressing** vinaigrette *f*; → **hair, palm², midnight**

e *(Austral)* **the good ~** ‡ la vérité vraie

VT *[+ machine]* graisser, lubrifier ◆ **to ~ the wheels** *or* **works** *(fig)* mettre de l'huile dans les rouages ◆ **to be well ~ed** ‡ *(= drunk)* être beurré ‡; see also **oiled**

COMP *[industry, shares]* pétrolier; *[prices, king, magnate, millionaire]* du pétrole ▷ **oil-based paint** N peinture *f* glycérophtalique *or* à l'huile ▷ **oil-burning** ADJ *[lamp]* à pétrole, à huile; *[stove] (paraffin)* à pétrole; *(fuel oil)* à mazout; *[boiler]* à mazout ▷ **oil change** N *(Aut)* vidange *f* ▷ **oil colour** N peinture *f* à l'huile ▷ **oil-cooled** ADJ à refroidissement par huile ▷ **oil deposits** NPL gisements *mpl* pétrolifères *or* de pétrole ▷ **oil drill** N trépan *m* ▷ **oil drum** N baril *m* de pétrole ▷ **oil filter** N *(Aut)* filtre *m* à huile ▷ **oil find** N *(Geol)* découverte *f* de pétrole ▷ **oil-fired** ADJ *[boiler]* à mazout; *[central heating]* au mazout ▷ **oil gauge** N jauge *f* de niveau d'huile ▷ **oil industry** N industrie *f* pétrolière, secteur *m* pétrolier ▷ **oil installation** N installation *f* pétrolière ▷ **oil lamp** N lampe *f* à huile *or* à pétrole ▷ **oil level** N *(Aut)* niveau *m* d'huile ▷ **oil men** NPL pétroliers *mpl* ▷ **oil of cloves** N essence *f* de girofle ▷ **oil paint** N peinture *f* à l'huile; *(Art)* couleur *f* à l'huile ▷ **oil painting** N *(= picture, occupation)* peinture *f* à l'huile ◆ **she's no ~ painting** * ce n'est vraiment pas une beauté ▷ **oil pipeline** N oléoduc *m*, pipeline *m* ▷ **oil platform** N plateforme *f* pétrolière ▷ **oil pollution** N pollution *f* due aux hydrocarbures ▷ **oil pressure** N pression *f* d'huile ▷ **oil producers, oil-producing countries** NPL pays *mpl* producteurs de pétrole ▷ **oil refinery** N raffinerie *f* (de pétrole) ▷ **oil rig** N *(on land)* derrick *m*; *(at sea)* plateforme *f* pétrolière ▷ **oil sheik** N émir *m* du pétrole ▷ **oil slick** N *(at sea)* nappe *f* de pétrole; *(on beach)* marée *f* noire ▷ **oil spill** N *(Naut, Road Transport etc)* déversement *m* accidentel de pétrole ▷ **oil storage tank** N *(Ind)* réservoir *m* de stockage de pétrole; *(for central heating)* cuve *f* à mazout ▷ **oil stove** N *(paraffin)* poêle *m* à pétrole; *(fuel oil)* poêle *m* à mazout ▷ **oil tank** N *(Ind)* réservoir *m* de pétrole; *(for central heating)* cuve *f* à mazout ▷ **oil tanker** N *(= ship)* pétrolier *m*, tanker *m*; *(= truck)* camion-citerne *m* (à pétrole) ▷ **oil terminal** N port *m* d'arrivée *or* de départ pour le pétrole ▷ **oil well** N puits *m* de pétrole

**oilcake** /ˈɔɪlkeɪk/ N tourteau *m (pour bétail)*

**oilcan** /ˈɔɪlkæn/ N *(for lubricating)* burette *f* d'huile *or* de graissage; *(for storage)* bidon *m* d'huile

**oilcloth** /ˈɔɪlklɒθ/ N toile *f* cirée

**oiled** /ɔɪld/ ADJ a *[cloth, paper]* huilé b (‡ = *drunk:* also **well oiled**) beurré ‡

**oiler** /ˈɔɪləʳ/ N *(= ship)* pétrolier *m*; *(= can)* burette *f* à huile *or* de graissage; *(= person)* graisseur *m* NPL **oilers** *(US = clothes)* ciré *m*

**oilfield** /ˈɔɪlfiːld/ N gisement *m* pétrolifère *or* de pétrole, champ *m* de pétrole

**oiliness** /ˈɔɪlɪnɪs/ N a *[of liquid, consistency, stain]* aspect *m* huileux; *[of cooking, food]* aspect *m* gras; *(= greasiness) [of skin, hair]* aspect *m* gras b *(pej) [of manners, tone etc]* onctuosité *f*

**oilpan** /ˈɔɪlpæn/ N *(US Aut)* carter *m*

**oilpaper** /ˈɔɪlpeɪpəʳ/ N papier *m* huilé

**oilskin** /ˈɔɪlskɪn/ N toile *f* cirée NPL **oilskins** *(Brit = clothes)* ciré *m* ADJ en toile cirée

**oilstone** /ˈɔɪlstəʊn/ N pierre *f* à aiguiser *(lubrifiée avec de l'huile)*

**oily** /ˈɔɪlɪ/ ADJ a *(= greasy) [skin, hair, food, cooking]* gras (grasse *f*); *[hands]* graisseux, gras (grasse *f*); *[rag, clothes]* graisseux; *[stain]* d'huile; *[liquid, consistency, substance, flavour]* huileux; *[road]* couvert d'huile; *[beach]* mazouté b *(pej = smarmy) [person, manner, voice, tone]* onctueux, mielleux COMP ▷ **oily fish** N *(Culin)* poisson *m* gras

**oink** /ɔɪŋk/ VI *[pig]* grogner N grognement *m*

**ointment** /ˈɔɪntmənt/ N onguent *m*, pommade *f*

**OJ** * /ˈəʊdʒeɪ/ N *(US)* (abbrev of **orange juice**) → **orange**

**OK¹** abbrev of **Oklahoma**

**OK²** * /ˈəʊˈkeɪ/ (vb: pret, ptp **OK'd**) EXCL d'accord!, OK * *or* O.K. *! ◆ **~, ~!** *(= don't fuss)* ça va, ça va! ◆ **~, the next subject on the agenda is ...** bon, le point suivant à l'ordre du jour est ...

ADJ a *(= agreed)* parfait, très bien; *(= in order)* en règle; *(on draft etc: as approval)* (lu et) approuvé ◆ **I'm coming too, ~?** je viens aussi, d'accord *or* OK *? ◆ **leave me alone, ~?** tu me laisses tranquille, compris * *or* OK *?

b *(= acceptable)* **it's ~ by me** *or* **with me!** (je suis) d'accord!, ça me va!, OK! * ◆ **is it ~ with you if I come too?** ça ne vous ennuie pas si je vous accompagne? ◆ **this car is ~ but I prefer the other one** cette voiture n'est pas mal mais je préfère l'autre

c *(= no problem)* **everything's ~** tout va bien ◆ **it's ~(, it's not your fault)** ce n'est pas grave, ce n'est pas de ta faute ◆ **can I help? – it's ~, I'm sure I'll manage** je peux vous aider? — ne vous en faites pas, ça va aller ◆ **thanks! – that's ~** merci! — de rien

d *(= undamaged, in good health)* **are you ~?** *(gen)* tu vas bien?; *(after accident)* tu n'as rien? ◆ **I'm ~** *(gen)* je vais bien, ça va (bien); *(after accident)* je n'ai rien ◆ **he's ~, he's only bruised** il n'a rien de grave, seulement quelques bleus ◆ **the car is ~** *(= undamaged)* la voiture est intacte *or* n'a rien; *(= repaired, functioning)* la voiture marche *or* est en bon état

**e** *(= likeable)* **he's ~, he's an ~ guy** c'est un type bien *

**f** *(= well provided for)* **another drink? – no thanks, I'm ~ (for now)** un autre verre ? – non merci, ça va (pour le moment) ♦ **are you ~ for cash/work** *etc***?** question argent/travail *etc*, ça va *or* tu n'as pas de problème ?

**ADV** *(recovering from illness, operation)* ♦ **she's doing ~** elle va bien ♦ **she's doing ~ (for herself)** *(socially, financially, in career)* elle se débrouille *or* se défend bien ♦ **we managed ~ for the first year** nous nous sommes bien débrouillés la première année

**VT** *[+ document, plan]* approuver ♦ **his doctor wouldn't ~ the trip** son docteur ne voulait pas donner son accord pour le voyage

**N** *(gen)* ♦ **to give the** *or* **one's ~** donner son accord (*to* à) ♦ **to give the** *or* **one's ~ to a plan** donner le feu vert à un projet ♦ **I'm free to start work as soon as I get the ~** je suis prêt à commencer à travailler dès que j'aurai reçu le feu vert

**okapi** /əʊ'kɑːpɪ/ **N** (pl **okapis** *or* **okapi**) okapi *m*

**okay** * /'əʊ'keɪ/ ⇒ **OK**[2]

**okey-doke(y)** ‡ /'əʊkɪ'dəʊk(ɪ)/ **EXCL** d'ac ! *, OK * !

**Okie** /'əʊkiː/ **N** *(US)* travailleur *m* agricole migrant

**Okla.** abbrev of **Oklahoma**

**Oklahoma** /əʊklə'həʊmə/ **N** Oklahoma *m* ♦ **in ~** dans l'Oklahoma

**okra** /'əʊkrə/ **N** gombo *m*, okra *m*

**ol'** * /əʊl/ **ADJ** *(esp US)* ⇒ **old**

**old** /əʊld/ **ADJ** **a** *(= aged, not young)* vieux (vieille *f*), vieil *m before vowel*, âgé ♦ **an ~ man** un vieil homme, un vieillard ♦ **an ~ lady** une vieille dame ♦ **an ~ woman** une vieille femme ♦ **he's a real ~ woman** il a des manies de petite vieille ♦ **a poor ~ man** un pauvre vieillard, un pauvre vieux ♦ **~ people, ~ folk** *, **~ folks** * les personnes *fpl* âgées ; *(disrespectful)* les vieux *mpl* ♦ **the ~er generation** la génération antérieure *or* précédente ♦ **~er people** les personnes *fpl* d'un certain âge ♦ **it will appeal to ~ and young (alike)** cela plaira aux vieux comme aux jeunes, cela plaira à tous les âges ♦ **to have an ~ head on young shoulders** être mûr pour son âge, faire preuve d'une maturité précoce ♦ **~ for his age** *or* **his years** mûr pour son âge ♦ **to be/grow ~ before one's time** être vieux/vieillir avant l'âge ♦ **to grow** *or* **get ~(er)** vieillir ♦ **he's getting ~** il vieillit ♦ **that dress is too ~ for you** cette robe te vieillit, cette robe fait trop vieux pour toi ♦ **~ Mr Smith** le vieux M. Smith ♦ **~ Smith** *, **~ man Smith** ‡ le vieux Smith, le (vieux) père Smith * ; see also **comp** ; → **fogey, Methuselah, ripe, salt**

**b** *(*: as term of affection)* **~ Paul here** ce bon vieux Paul ♦ **he's a good ~ dog** c'est un brave (vieux) chien ♦ **you ~ scoundrel!** sacré vieux ! ♦ **I say, ~ man** *or* **~ fellow** *or* **~ chap** *or* **~ boy** † dites donc, mon vieux * ♦ **my** *or* **the ~ man** ‡ *(= husband)* le patron * ; *(= father)* le *or* mon paternel ‡, le *or* mon vieux ‡ ♦ **my** *or* **the ~ woman** ‡ *or* **lady** ‡ *(= wife)* la patronne ‡, ma bourgeoise * ; *(= mother)* la *or* ma mater ‡, la *or* ma vieille ‡

**c** *(of specified age)* **how ~ are you?** quel âge as-tu ? ♦ **he is ten years ~** il a dix ans ♦ **at ten years ~** à (l'âge de) dix ans ♦ **a six-year-~ boy, a boy (of) six years ~** un garçon (âgé) de six ans ♦ **a three-year-~** *(= child)* un(e) enfant de trois ans ; *(= horse)* un cheval de trois ans ♦ **for 10 to 15-year-~s** *(gen)* destiné aux 10-15 ans ♦ **the firm is 80 years ~** la compagnie a 80 ans ♦ **too ~ for that sort of work** trop vieux *or* âgé pour ce genre de travail ♦ **I didn't know he was as ~ as that** je ne savais pas qu'il avait cet âge-là ♦ **if I live to be as ~ as that** si je vis jusqu'à cet âge-là ♦ **when you're ~er** *(to child)* quand tu seras plus grand ♦ **if I were ~er** si j'étais plus âgé ♦ **if I were ten years ~er** si j'avais dix ans de plus ♦ **he is ~er than you** il est plus âgé que toi ♦ **he's six years ~er than you** il a six ans de plus que toi ♦ **~er brother/son** frère *m*/fils *m* aîné ♦ **his ~est son** son fils aîné ♦ **she's the ~est** elle est *or* c'est elle la plus âgée, elle est l'aînée ♦ **he is ~ enough to dress himself** il est assez grand pour s'habiller tout seul ♦ **they are ~ enough to vote** ils sont en âge de voter ♦ **you're ~ enough to know better!** à ton âge tu devrais avoir plus de bon sens ! ♦ **she's ~ enough to be his mother!** elle a l'âge d'être sa mère !, elle pourrait être sa mère !

**d** *(= not new)* vieux (vieille *f*), vieil *m before vowel* ; *(with antique value)* ancien *after n* ; *(= of long standing)* vieux (vieille *f*), vieil *m before vowel* ♦ **an ~ building** un vieil immeuble, un immeuble ancien ♦ **~ wine** vin *m* vieux ♦ **the ~ adage** le vieil adage ♦ **that's an ~ one!** *[story, joke]* elle n'est pas nouvelle !, elle est connue ! ; *[trick etc]* ce n'est pas nouveau ! ♦ **the ~ part of Nice** le vieux Nice ♦ **we're ~ friends** nous sommes de vieux amis *or* des amis de longue date ♦ **an ~ family** une vieille famille, une famille de vieille souche ; see also **comp** ; → **Adam, brigade, hand, hill, lag**[3]**, school**[1]

**e** *(= former)* *[school, mayor, home]* ancien *before n* ♦ **~ boy** *(Brit Scol)* ancien élève *m* ; see also **comp** ♦ **~ girl** *(Brit Scol)* ancienne élève *f* ♦ **this is the ~ way of doing it** c'est comme ça que l'on faisait autrefois ♦ **~ campaigner** *(Mil)* vétéran *m* ♦ **in the ~ days** dans le temps, autrefois, jadis ♦ **they chatted about ~ times** ils ont causé du passé ♦ **just like ~ times!** comme au bon vieux temps ! ♦ **in the good ~ days** *or* **times** au bon vieux temps ♦ **those were the good ~ days** c'était le bon vieux temps; see also **comp** ; → **school**[1]**, soldier**

**f** *(*: as intensifier)* **any ~ how/where** *etc* n'importe comment/où *etc* ♦ **any ~ thing** n'importe quoi ♦ **we had a great ~ time** on s'est vraiment bien amusé ♦ **it's the same ~ story** c'est toujours la même histoire ♦ **it isn't (just) any ~ painting, it's a Rembrandt** ce n'est pas n'importe quel tableau, c'est un Rembrandt

**N** ♦ **(in days) of ~** autrefois, (au temps) jadis ♦ **the men of ~** les hommes *mpl* du temps jadis ♦ **I know him of ~** je le connais depuis longtemps

**NPL** **the old** les personnes *fpl* âgées

**COMP** ▷ **old age** **N** vieillesse *f* ♦ **in his ~ age** dans sa vieillesse, sur ses vieux jours ▷ **old age pension** **N** (pension *f* de) retraite *f* *(de la sécurité sociale)* ▷ **old age pensioner** **N** *(Brit)* retraité(e) *m(f)* ▷ **Old Bailey** **N** *(Brit Jur)* *cour d'assises de Londres* ▷ **(the) Old Bill** ‡ **N** *(Brit)* les poulets ‡ *mpl*, la rousse ‡ ▷ **the old boy network** * **N** *(Brit)* *le réseau de relations des anciens élèves des écoles privées* ♦ **he heard of it through the ~ boy network** il en a entendu parler par ses relations ▷ **the old country** **N** la mère patrie ▷ **the Old Dominion** **N** *(US)* la Virginie ▷ **Old English** **N** *(Ling)* vieil anglais *m* ▷ **Old English sheepdog** **N** bobtail *m* ▷ **old-established** **ADJ** ancien *after n*, établi (depuis longtemps) ▷ **old-fashioned** **ADJ** → **old-fashioned** ▷ **old folks' home** **N** ⇒ **old people's home** ▷ **Old French** **N** *(Ling)* ancien *or* vieux français *m* ▷ **Old Glory** **N** *(US)* la bannière étoilée *(drapeau des États-Unis)* ▷ **old gold** **ADJ** *(= colour)* vieil or *inv* ▷ **old guard** **N** → **guard** ▷ **old hat** **N** *(fig)* ♦ **that's ~ hat!** * c'est vieux !, c'est dépassé ! ▷ **old-line** **ADJ** *(Pol etc)* ultraconservateur (-trice *f*), ultratraditionaliste ▷ **old-looking** **ADJ** qui a l'air vieux ▷ **old maid** **N** *(pej)* vieille fille *f* ▷ **old-maidish** **ADJ** *(pej)* *[habits]* de vieille fille ♦ **she's very ~-maidish** elle fait très vieille fille ▷ **Old Man River** **N** *(US)* le Mississippi ▷ **old master** **N** *(Art)* *(= artist)* grand peintre *m*, grand maître *m* (de la peinture) ; *(= painting)* tableau *m* de maître ▷ **old money** **N** **a** *(= fortune)* vieilles fortunes *fpl* **b** *(= currency)* *ancien système monétaire* ♦ **in old money** *(fig)* selon l'ancien système ▷ **old people's home** **N** maison *f* de retraite ▷ **old school tie** **N** *(Brit)* *(lit)* cravate *f* aux couleurs de son ancienne école ; *(fig)* réseau *m* des relations ♦ **it's the ~ school tie** *(fig)* c'est l'art de faire marcher ses relations ▷ **the Old South** **N** *(US Hist)* le vieux Sud *(d'avant la guerre de Sécession)* ▷ **old stager** **N** vétéran *m*, vieux routier *m* ▷ **old-style** **ADJ** à l'ancienne (mode) ▷ **Old Testament** **N** Ancien Testament *m* ▷ **old-time** **ADJ** du temps jadis ; *(older)* ancien *before n* ♦ **~-time dancing** danses *fpl* d'autrefois ▷ **old-timer** * **N** *(US)* vieillard *m*, ancien *m* ; *(as term of address)* le vieux, l'ancien *m* ▷ **old wives' tale** **N** conte *m* de bonne femme ▷ **old-womanish** **ADJ** *(pej)* *[behaviour, remark]* de petite vieille ♦ **she's very ~-womanish** on dirait vraiment une petite vieille ▷ **the Old World** **N** le Vieux *or* l'Ancien Monde *m* ▷ **old-world** **ADJ** → **old-world**

**olde** †† /'əʊldɪ/ **ADJ** d'antan *(liter)*

**olden** /'əʊldən/ **ADJ** *(liter)* ♦ **~ days** *or* **times** le temps jadis ♦ **the quaint customs of ~ times** les curieuses coutumes d'antan ♦ **in (the) ~ days** dans le temps jadis ♦ **in ~ times** jadis, autrefois

**olde-worlde** /'əʊldɪ'wɜːldɪ/ **ADJ** *(hum or pej)* *(genuinely)* vieillot (-otte *f*) ; *(pseudo)* faussement ancien *after n*

**old-fashioned** /'əʊld'fæʃnd/ **ADJ** **a** *(= not modern)* démodé ; *(= traditional)* traditionnel ♦ **to look ~** faire vieux jeu ♦ **a good ~ love story** une bonne vieille histoire d'amour ♦ **she is a good ~ kind of teacher** c'est un professeur de la vieille école ♦ **good ~ discipline** la bonne (vieille) discipline d'autrefois ♦ **good ~ home cooking** la bonne (vieille) cuisine à l'ancienne **b** *(= not progressive)* *[person, attitude, ideas, values, virtues]* vieux jeu *inv*, dépassé **c** *(Brit = disapproving)* ♦ **to give sb an ~ look** † regarder qn de travers **N** *(US = cocktail)* old-fashioned *m* *(cocktail à base de whisky)*

**oldie** * /'əʊldɪ/ **N** *(= film, song)* vieux succès * *m* ; *(= person)* croulant(e) * *m(f)* ; *(= joke)* bonne vieille blague * *f* ; → **golden**

**oldish** /'əʊldɪʃ/ **ADJ** assez vieux (vieille *f*), assez vieil *m before vowel*

**oldster** * /'əʊldstə^r/ **N** *(US)* ancien *m*, vieillard *m*

**old-world** /'əʊld'wɜːld/ **ADJ** **a** *(= traditional)* *[charm, atmosphere]* suranné, désuet (-ète *f*) ; *[village, cottage]* de l'ancien temps ♦ **an ~ interior** un intérieur de style ancien ♦ **Stratford is very ~** Stratford est une ville au charme suranné **b** *(Geog)* *[country]* du vieux monde *or* continent

**OLE** /'əʊel'iː/ **N** *(Comput)* (abbrev of **object linking and embedding**) liaison *f* OLE

**ole** * /əʊl/ **ADJ** *(esp US: often hum)* ⇒ **old**

**oleaginous** /ˌəʊlɪ'ædʒɪnəs/ **ADJ** oléagineux

**oleander** /ˌəʊlɪ'ændə^r/ **N** laurier-rose *m*

**olefine** /'əʊlɪfiːn/ **N** oléfine *f*

**oleo** * /'əʊlɪəʊ/ **N** *(US)* abbrev of **oleomargarine**

**oleo...** /'əʊlɪəʊ/ **PREF** olé(i)..., olé(o)...

**oleomargarine** /'əʊlɪəʊ'mɑːdʒəriːn/ **N** *(US)* margarine *f*

**olfactory** /ɒl'fæktərɪ/ ADJ olfactif

**oligarchic(al)** /,ɒlɪ'gɑːkɪk(əl)/ ADJ oligarchique

**oligarchy** /'ɒlɪgɑːkɪ/ N oligarchie *f*

**Oligocene** /'ɒlɪgəʊsiːn/ ADJ, N oligocène *m*

**oligopoly** /,ɒlɪ'gɒpəlɪ/ N oligopole *m*

**olive** /'ɒlɪv/ N a olive *f* ; (also **olive tree**) olivier *m* ; (also **olive wood**) (bois *m* d')olivier *m* ; → **mount** b (= *colour*) (vert *m*) olive *m* ADJ (also **olive-coloured**) *[paint, cloth]* (vert) olive *inv* ; *[complexion, skin]* olivâtre COMP ▷ **olive branch** N *(fig)* ♦ **to hold out the ~ branch to sb** tendre à qn le rameau d'olivier ▷ **olive drab** *(US)* ADJ gris-vert (olive) *inv* N toile *f* de couleur gris-vert (olive) *(utilisée pour les uniformes de l'armée des USA)* ▷ **olive-green** ADJ (vert) olive *inv* N (vert *m*) olive *m* ▷ **olive grove** N olivaie *f* or oliveraie *f* ▷ **olive oil** N huile *f* d'olive

**Oliver** /'ɒlɪvə^r/ N Olivier *m*

**Olympia** /ə'lɪmpɪə/ N a *(in Greece)* Olympie b *(Brit) nom du palais des expositions de Londres*

**Olympiad** /əʊ'lɪmpɪæd/ N olympiade *f*

**Olympian** /əʊ'lɪmpɪən/ ADJ *(Myth, fig)* olympien N *(Myth)* dieu *m* de l'Olympe, Olympien *m* ; *(Sport)* athlète *mf* olympique

**Olympic** /əʊ'lɪmpɪk/ ADJ olympique NPL **the Olympics** les Jeux *mpl* olympiques COMP ▷ **the Olympic flame** N la flamme olympique ▷ **the Olympic Games** NPL les Jeux *mpl* olympiques ▷ **the Olympic torch** N le flambeau olympique

**Olympus** /əʊ'lɪmpəs/ N *(Geog, Myth:* also **Mount Olympus**) le mont Olympe, l'Olympe *m*

**OM** /əʊ'em/ *(Brit)* (abbrev of **Order of Merit**) → **order**

**Oman** /əʊ'mɑːn/ N ♦ **(the Sultanate of) ~** (le Sultanat d')Oman *m*

**Omani** /əʊ'mɑːnɪ/ N Omanais(e) *m(f)* ADJ omanais

**Omar Khayyám** /'əʊmɑːkaɪ'ɑːm/ N Omar Khayam *m*

**OMB** /'əʊem'biː/ N *(US)* (abbrev of **Office of Management and Budget**) *organisme chargé de gérer les ministères et de préparer le budget*

**ombudsman** /'ɒmbʊdzmən/ N (pl **-men**) médiateur *m*, ombudsman *m (Admin)*, protecteur *m* du citoyen *(Can)*

**omega** /'əʊmɪgə/ N oméga *m*

**omelet(te)** /'ɒmlɪt/ N omelette *f* ♦ **cheese ~(te)** omelette *f* au fromage ♦ **you can't make an ~(te) without breaking eggs** *(Prov)* on ne fait pas d'omelette sans casser des œufs *(Prov)*

**omen** /'əʊmən/ N présage *m*, augure *m* ♦ **it is a good ~ that ...** il est de bon augure *or* c'est un bon présage que ... + *subj* ♦ **of ill** *or* **bad ~** de mauvais augure *or* présage ; → **bird**

**omentum** /əʊ'mentəm/ N (pl **omenta** /əʊ'mentə/) épiploon *m* ♦ **lesser/greater ~** petit/grand épiploon *m*

**ominous** /'ɒmɪnəs/ ADJ *[sign, development, event]* de mauvais augure ; *[warning, tone, look, clouds]* menaçant ; *[sound]* sinistre, inquiétant ♦ **there was an ~ silence** il y eut un silence qui ne présageait rien de bon ♦ **to look/sound ~** ne rien présager de bon

**ominously** /'ɒmɪnəslɪ/ ADV *[say]* d'un ton sinistre ; *[loom, creak]* de façon sinistre *or* inquiétante ♦ **he was ~ quiet** son silence ne présageait rien de bon ♦ **this sounded ~ like a declaration of war** ceci ressemblait de façon inquiétante à une déclaration de guerre ♦ **the deadline was drawing ~ close** l'heure limite s'approchait de façon inquiétante ♦ **more ~, the government is talking of reprisals** fait plus inquiétant, le gouvernement parle de représailles

**omission** /əʊ'mɪʃən/ N (= *thing omitted*) omission *f*, lacune *f* ; *(Typ)* (= *words omitted*) bourdon *m* ; (= *act of omitting*) omission *f*, oubli *m* ♦ **it was an ~ on my part** c'est un oubli de ma part ; → **sin**

**omit** /əʊ'mɪt/ VT *(accidentally)* omettre, oublier (*to do sth* de faire qch) ; *(deliberately)* omettre, négliger (*to do sth* de faire qch) ♦ **to ~ any reference to sth** passer qch sous silence

**omni...** /'ɒmnɪ/ PREF omni...

**omnibus** /'ɒmnɪbəs/ N a († = *bus*) omnibus † *m* b ⇒ **omnibus edition** c (= *book*) recueil *m* ADJ *[device]* à usage multiple COMP ▷ **omnibus bill** N *(US Pol)* projet *m* de loi fourre-tout ▷ **omnibus edition** N *(Publishing)* gros recueil *m* ; *(Brit TV, Rad) récapitulation des épisodes de la semaine ou du mois*

**omnidirectional** /,ɒmnɪdɪ'rekʃənl/ ADJ omnidirectionnel

**omnipotence** /ɒm'nɪpətəns/ N omnipotence *f*, toute-puissance *f*

**omnipotent** /ɒm'nɪpətənt/ ADJ *[God, person, figure]* omnipotent ; *[power]* absolu N ♦ **the Omnipotent** le Tout-Puissant

**omnipresence** /'ɒmnɪ'prezəns/ N omniprésence *f*

**omnipresent** /'ɒmnɪ'prezənt/ ADJ omniprésent

**omniscience** /ɒm'nɪsɪəns/ N omniscience *f*

**omniscient** /ɒm'nɪsɪənt/ ADJ omniscient

**omnivore** /'ɒmnɪvɔː^r/ N omnivore *m*

**omnivorous** /ɒm'nɪvərəs/ ADJ *[animal, person, diet]* omnivore ; *(fig) [reader]* vorace

## on /ɒn/

| | |
|---|---|
| 1 ADVERB | 3 ADJECTIVE |
| 2 PREPOSITION | 4 COMPOUNDS |

### 1 - ADVERB

> When **on** is the second element in a phrasal verb, eg **have on**, **get on**, **go on**, look up the verb. When it is part of a set combination, such as **broadside on**, **farther on**, look up the other word.

a [= in place] ♦ **the lid is ~** le couvercle est mis ♦ **it was not ~ properly** ça avait été mal mis ♦ **~ with your pyjamas!** allez, mets ton pyjama !

b [in time expressions] ♦ **from that time ~** à partir de ce moment-là ♦ **it was well ~ in the night** il était tard dans la nuit ♦ **it was well ~ into September** septembre était déjà bien avancé ♦ **early ~ in the pregnancy** au début de la grossesse ♦ **the vital goal came late ~** le but décisif a été marqué en fin de partie

c [indicating continuation] ♦ **let's drive ~ a bit** continuons un peu *(en voiture)* ♦ **if you read ~, you'll see that ...** si tu continues (à lire), tu verras que ...

d [set structures]

♦ **on and off** * par intermittence ♦ **I'm still working as a waitress ~ and off** je travaille toujours comme serveuse, par intermittence *or* de temps à autre ♦ **they lived together ~ and off for six years** ils ont vécu six ans ensemble par intermittence

♦ **on and on** ♦ **they talked ~ and ~ for hours** ils n'ont pas arrêté de parler pendant des heures ♦ **the list goes ~ and ~** la liste n'en finit plus

♦ **to be on about sth** * ♦ **I don't know what you're ~ about** (= *talk*) qu'est-ce que tu racontes ? * ; see also **go on**

♦ **to be on at sb** * ♦ **he is always ~ at me** (= *nag*) il est toujours après moi *

♦ **to be on to sb** * (= *speak to*) parler à qn ♦ **he's been ~ to me about the broken window** il m'a parlé du carreau cassé ♦ **I've been ~ to him on the phone** je lui ai parlé *or* je l'ai eu au téléphone ; see also **get on to**

♦ **to be on to sb/sth** * (= *have found out about*) ♦ **the police are ~ to him** la police est sur sa piste ♦ **I'm ~ to something** je suis sur une piste intéressante ♦ **archeologists knew they were ~ to something big** les archéologues savaient qu'ils allaient faire une découverte importante ♦ **she's ~ to the fact that we met yesterday** elle a découvert *or* elle a su que nous nous étions vus hier ♦ **he's ~ to a good thing** il a trouvé le filon *

### 2 - PREPOSITION

> When **on** occurs in a set combination, eg **on the right**, **on occasion**, **on the dole**, **swear on**, **lecture on**, look up the other word.

a [indicating place, position] sur, à ♦ **~ the pavement** sur le trottoir ♦ **a house ~ the main road** une maison sur la route principale ♦ **he threw it ~ (to) the table** il l'a jeté sur la table ♦ **I have no money ~ me** je n'ai pas d'argent sur moi ♦ **he climbed (up) ~ (to) the wall** il a grimpé sur le mur ♦ **there was mould ~ the bathroom walls** il y avait de la moisissure sur les murs de la salle de bain ♦ **there were posters ~ the wall** il y avait des posters sur le mur *or* au mur ♦ **he hung his jacket ~ the hook** il a suspendu sa veste à la patère ♦ **what page are we ~?** à quelle page sommes-nous ? ♦ **she had sandals ~ her feet** elle avait des sandales aux pieds ♦ **the ring ~ her finger** la bague qu'elle avait au doigt ♦ **~ the other side of the road** de l'autre côté de la route

> **on it** and **on them**, (when **them** refers to things), are not translated by preposition + noun:

♦ **you can't wear that shirt, there's a stain ~ it** tu ne peux pas porter cette chemise, il y a une tache dessus ♦ **bottles with no labels ~ them** des bouteilles sans étiquette ♦ **envelopes with no stamps ~ them** des enveloppes non affranchies

b [with name of place] ♦ **~ the continent of Europe** sur le continent européen ♦ **~ an island** dans *or* sur une île ♦ **~ the island of ...** à *or* dans *or* sur l'île de ... ♦ **~ Malta** à Malte

c [with street names] dans ♦ **I live ~ Main Street** j'habite (dans) Main Street ♦ **a house ~ North Street** une maison dans North Street

d [= on board] dans ♦ **there were a lot of people ~ the train/bus/plane** il y avait beaucoup de monde dans le train/le bus/l'avion ♦ **~ the boat** dans *or* sur le bateau

♦ **to go/come on the train/bus** ♦ **I went ~ the train/bus** j'ai pris le train/le bus ♦ **he came ~ the train/bus** il est venu en train/bus

e [= at the time of]

♦ **on** + *noun* ♦ **~ my arrival home** à mon arrivée à la maison ♦ **~ the death of his son** à la mort de son fils ♦ **~ my refusal to go away** devant mon refus de partir

♦ **on** + *-ing* ♦ **~ hearing this** en entendant cela ♦ **~ completing the course, she got a job in an office** à la fin de son stage elle a trouvé un emploi dans un bureau

f [with day, date] ♦ **~ Sunday** dimanche ♦ **~ Sundays** le dimanche ♦ **~ 1 December** le 1^er^ décembre ♦ **~ the evening of 3 December** le 3 décembre au soir ♦ **~ or about the 20th** vers le 20 ◆ ~ **or before 9 November** le 9 novembre au plus tard ◆ ~ **and after the 20th** à partir *or* à dater du 20 ◆ ~ **Easter Day** le jour de Pâques

**g** [with number, score] avec ; *(phone number)* à ◆ **Smith is second ~ 21, but Jones is top ~ 23** Smith est second avec 21, mais Jones le bat avec 23 points ◆ **you can get me ~ 329 3065** tu peux m'appeler au 329 30 65

**h** [Rad, TV] à ; *(name of channel)* sur ◆ ~ **the radio/TV** à la radio/la télé * ◆ ~ **the BBC** à la BBC ◆ ~ **Radio 3/Channel 4** sur Radio 3/Channel 4 ◆ **you're ~ air** vous êtes en direct *or* à l'antenne

**i** [= earning, getting] ◆ **he's ~ $50,000 a year** il gagne 50 000 dollars par an ◆ **how much are you ~?** combien gagnez-vous ? ◆ **a student ~ a grant** un boursier *or* une boursière de l'enseignement supérieur

**j** [= taking, using] ◆ **I'm back ~ cigarettes** je me suis remis à fumer ◆ **to be ~ drugs** se droguer ◆ **he's ~ heroin** il se drogue à l'héroïne ◆ **to be ~ the pill** prendre la pilule ◆ **what is he ~?** ⁑ *(rhetorical question)* à quoi il carbure ? ⁑ ◆ **the doctor put her ~ antibiotics/Valium** ® le médecin l'a mise sous antibiotiques/Valium ®

**k** [= playing] ◆ **with Louis Armstrong ~ trumpet** avec Louis Armstrong à la trompette ◆ **he played it ~ the piano** il l'a joué au piano

**l** [= about, concerning] sur ◆ **a lecture/book ~ medical ethics** un cours/livre sur l'éthique médicale ◆ **an essay ~ this subject** une dissertation sur ce sujet ◆ **a decision ~ this project** une décision sur ce projet ◆ **we've read Jones ~ Marx** nous avons lu ce que Jones a écrit sur Marx ◆ **have you heard him ~ VAT ?** vous l'avez entendu parler de la TVA ? ◆ **while we're ~ the subject** pendant que nous y sommes

**m** [= doing] ◆ **he's ~ a course** il suit un cours ; *(away from office, home)* il fait un stage ◆ **he was away ~ an errand** il était parti faire une course ◆ **I'm ~ a new project** je travaille à *or* sur un nouveau projet

**n** [= at the expense of] ◆ **we had a drink ~ the house** nous avons bu un verre aux frais du patron *or* de la maison ◆ **this round's ~ me** c'est ma tournée ◆ **the tickets are ~ me** je paie les billets ◆ **it's ~ me** c'est moi qui paie

**o** [indicating membership] ◆ **to be ~ the team/committee** faire partie de l'équipe/du comité ◆ **he is ~ the "Evening News"** il travaille à l'"Evening News"

3 - ADJECTIVE

**a** [= functioning, operative] *[machine, engine]* en marche ; *[radio, TV, electrical apparatus, light]* allumé ; *[handbrake]* mis ; *[electricity]* branché ; *[water tap, gas tap, gas main]* ouvert ◆ **leave the tap ~** laisse le robinet ouvert ◆ **is the water ~?** est-ce que l'arrivée d'eau est ouverte ? ◆ **don't leave the lights ~!** ne laisse pas les lumières allumées ◆ **don't leave the lights ~ in the kitchen** ne laisse pas la lumière allumée dans la cuisine ◆ **the gas is still ~** le gaz est toujours allumé ◆ **are you sure the handbrake is ~?** est-ce que tu as bien mis le frein à main ? ◆ **the "on" switch** l'interrupteur *m* ◆ **the switch is in the "on" position** l'interrupteur est enclenché *or* en position "marche"

**b** [= taking place] ◆ **there's a marvellous match ~ at Wimbledon at the moment** il y a un très bon match à Wimbledon en ce moment ◆ **while the meeting was ~** pendant la réunion ◆ **is the party still ~?** est-ce que la fête a bien *or* toujours lieu ? ◆ **the search for a new Tory leader is ~ again** le Parti conservateur est de nouveau en quête d'un leader

**c** [= being performed, shown] ◆ **it's ~ in London** *[play]* ça se joue à Londres ; *[film]* ça passe à Londres ◆ **it's ~ for three nights** *[play]* il y a trois représentations ; *[film]* ça passe trois soirs de suite ◆ **it's still ~** *[play, film]* ça se joue encore, c'est encore à l'affiche ◆ **what's ~?** *(Theat, Cine)* qu'est-ce qu'on joue ? ; *(Rad, TV)* qu'est-ce qu'il y a à la radio/à la télé ? ◆ **"Eastenders"/Clive James is ~ tonight** *(Rad, TV)* il y a "Eastenders"/Clive James ce soir ◆ **you're ~ now!** *(Rad, TV, Theat)* à vous (maintenant) ! ◆ **you're ~ in five minutes** c'est à vous dans cinq minutes

**d** [= on duty] ◆ **I'm ~ every Saturday** je travaille tous les samedis ◆ **which doctor is ~ this morning?** qui est le médecin de garde ce matin ? ◆ **she's not ~ till 6 o'clock** elle n'arrive pas avant 6 heures

**e** [= available : in restaurant] ◆ **are the chops still ~ ?** il y a encore des côtelettes ?

**f** [indicating agreement] ◆ **you're ~ !** * d'accord ! ◆ **are you ~ for dinner over here tonight?** * est-ce que vous pouvez venir dîner ici ce soir ?

◆ **it's not on** * *(Brit)* *(= not acceptable)* c'est inadmissible ; *(= not feasible)* ce n'est pas concevable

◆ **you're not on !** * *(= no way!)* pas question !

4 - COMPOUNDS

▷ **on-campus** ADJ *(Univ)* sur le campus, à l'université ▷ **on-costs** NPL *(Brit Comm)* frais *mpl* généraux ▷ **on day** N * ◆ **he's having an ~ day today !** * c'est son jour aujourd'hui !, il est dans une forme olympique aujourd'hui ! ▷ **on-glide** N *(Phon)* catastase *f* ▷ **on-line** N ⇒ **online** ▷ **on-message** ADJ ◆ **she was ~-message** elle était dans la ligne ▷ **on-off** ADJ ◆ **~-off switch** interrupteur *m* marche-arrêt ◆ **it's an ~-off affair** * *[relationship, plan etc]* c'est une affaire qui évolue en dents de scie ▷ **on screen** ADV *(Cine, TV, Comput)* à l'écran ▷ **on-screen** ADJ *(Cine, TV, Comput)* à l'écran ◆ **their ~-screen romance** leur aventure sentimentale à l'écran ▷ **on-side** * ADJ ◆ **to keep sb ~-side** garder qn de son côté ; → **onside** ▷ **on-site** ADJ sur place ▷ **on-street parking** N stationnement *m* dans la rue ▷ **on-the-job** ADJ → **job noun a**

**onanism** /ˈəʊnənɪzəm/ N onanisme *m*

**ONC** /ˌəʊenˈsiː/ N *(Brit Educ)* (abbrev of **Ordinary National Certificate**) → **ordinary**

**once** /wʌns/ ADV **a** *(= on one occasion)* une fois ◆ **he walked away without looking back ~** il est parti sans regarder une seule fois en arrière ◆ **you ~ said you'd never do that** vous avez dit un jour que vous ne le feriez jamais ◆ **only ~, ~ only** une seule fois ; see also **comp** ◆ **he visited them only ~** il ne leur a rendu visite qu'une seule fois ◆ **~ or twice** une ou deux fois, une fois ou deux ◆ **more than ~** plus d'une fois ◆ **never ~, not ~** pas une seule fois ◆ **~ again, ~ more** encore une fois, une fois de plus ◆ **~ before** une fois déjà ◆ **~ a week** tous les huit jours, une fois par semaine ◆ **~ a month, ~ every month** une fois par mois ◆ **~ every fortnight/two days** une fois tous les quinze jours/tous les deux jours ◆ **~ in a while** *or* **way** (une fois) de temps en temps, de temps à autre ◆ **for ~** pour une fois ◆ **(just) this ~** juste pour cette fois-ci, (juste) pour une fois ◆ **~ and for all** une fois pour toutes ◆ **~ a thief, always a thief** qui a volé volera ◆ **~ a smoker, always a smoker** qui a été fumeur le restera toute sa vie

**b** *(= ever)* jamais ◆ **if ~ you begin to hesitate** si jamais vous commencez à hésiter

**c** *(= formerly)* autrefois ◆ **Texas was ~ ruled by Mexico** le Texas était autrefois gouverné par le Mexique ◆ **a ~ powerful nation** une nation autrefois *or* jadis puissante ◆ **~ upon a time there were three little pigs** *(in children's stories)* il était une fois trois petits cochons ◆ **~ upon a time you could be hanged for stealing a sheep** *(historically)* autrefois *or* jadis, on pouvait être pendu pour avoir volé un mouton

**d** *(set structure)*

◆ **at once** *(= immediately)* immédiatement *(= simultaneously)* en même temps ◆ **all at ~** *(= simultaneously)* tous (toutes *fpl*) en même temps *or* à la fois ; *(= suddenly)* tout à coup, soudain

CONJ une fois que ◆ **~ she'd seen him she left** l'ayant vu *or* après l'avoir vu *or* une fois qu'elle l'eut vu elle s'en alla ◆ **~ you give him the chance** si jamais on lui en donne l'occasion

COMP ▷ **once-only** ADJ ◆ **a ~-only offer** une offre unique ▷ **once-over** * N *(= quick look)* ◆ **to give sb the ~-over** jauger qn d'un coup d'œil ◆ **to give sth the ~-over** vérifier qch très rapidement, jeter un coup d'œil rapide à qch ◆ **I gave the room a quick ~-over with the duster** *(= quick clean)* j'ai donné *or* passé un coup (de chiffon) dans la pièce

**oncologist** /ɒŋˈkɒlədʒɪst/ N oncologiste *mf*, oncologue *mf*

**oncology** /ɒŋˈkɒlədʒɪ/ N oncologie *f*

**oncoming** /ˈɒnkʌmɪŋ/ ADJ *[traffic, vehicle]* venant en sens inverse ; *[headlights, troops]* qui approche (*or* approchait) ; *[winter, night]* qui arrive (*or* arrivait) ; *[danger]* imminent N *[of winter etc]* approche *f*, arrivée *f*

**OND** /ˌəʊenˈdiː/ N *(Brit Educ)* (abbrev of **Ordinary National Diploma**) → **ordinary**

**one** /wʌn/ ADJ **a** *(numerical)* un, une ◆ **~ woman out of** *or* **in two** une femme sur deux ◆ **~ or two people** une ou deux personnes ◆ **~ girl was pretty, the other was ugly** une des filles était jolie, l'autre était laide ◆ **~ hundred and twenty** cent vingt ◆ **God is ~** Dieu est un ◆ **that's ~ way of doing it** c'est une façon (entre autres) de le faire, on peut aussi le faire comme ça ◆ **she is ~ (year old)** elle a un an ◆ **it's ~ o'clock** il est une heure ◆ **for ~ thing I've got no money** d'abord *or* pour commencer je n'ai pas d'argent ◆ **as ~ man** comme un seul homme ◆ **as ~ woman** toutes ensemble ◆ **with ~ voice** d'une seule voix

**b** *(indefinite)* un, une ◆ **~ day** un jour ◆ **~ Sunday morning** un (certain) dimanche matin ◆ **~ hot summer afternoon she went ...** par un chaud après-midi d'été elle partit ... ◆ **~ moment she's laughing, the next she's in tears** elle passe facilement du rire aux larmes

**c** *(= sole)* un(e) seul(e), unique ◆ **the ~ man who could do it** le seul qui pourrait *or* puisse le faire ◆ **no ~ man could do it** un homme ne pourrait pas le faire (à lui) seul

◆ **one and only** ◆ **my ~ and only pleasure** mon seul et unique plaisir ◆ **the ~ and only Charlie Chaplin!** le seul, l'unique Charlot ! ◆ **my ~ and only** * *(= partner)* ma moitié * *f*

**d** *(= same)* (le/la) même ◆ **they all went in the ~ car** ils sont tous partis dans la même voiture ◆ **they are ~ person** ils sont une seule et même personne ◆ **art and life are ~** l'art et la vie ne font qu'un

◆ **one and the same** ◆ **the two methods are ~ and the same** les deux méthodes sont identiques ◆ **to him, scientific and religious knowledge are ~ and the same thing** selon lui, la connaissance scientifique et religieuse ne font qu'une ◆ **they turned out to be ~ and the same (person)** il s'est avéré qu'ils n'étaient qu'une seule et même personne

**N** **a** *(= numeral)* un(e) *m(f)* ◆ **~, two, three** un(e), deux, trois ◆ **twenty-~** vingt et un ◆ **there are three ~s in her phone number** il y a trois un dans son numéro de téléphone ◆ **~ of them** *(people)* l'un d'eux, l'une d'elles ; *(things)* (l')un(e) ◆ **any ~ of them** *(people)* n'importe lequel d'entre eux, n'importe laquelle d'entre elles ; *(things)* n'importe lequel, n'importe laquelle ◆ **chapter ~** chapitre *m* un ◆ **price of ~** *(Comm)* prix *m* à la pièce ◆ **these items are sold in ~s** ces articles se vendent à la pièce

**b** *(phrases)* **I for ~ don't believe it** pour ma part je ne le crois pas ◆ **who doesn't agree? – I for ~!** qui n'est pas d'accord ? – moi par exemple *or* pour commencer ! ◆ **never (a) ~** pas un (seul) ◆ **~ by ~** un à un, un par un ◆ **by** *or* **in ~s and twos** par petits groupes ◆ **~ after the other** l'un après l'autre ◆ **~ and all** tous tant qu'ils étaient, tous sans exception ◆ **it's all ~** c'est tout un ◆ **it's all ~ to me** cela m'est égal *or* indifférent ◆ **~ and sixpence** †† *(Brit)* un shilling et six pence ◆ **he's president and secretary (all) in ~** il est à la fois président et secrétaire ◆ **it's made all in ~** c'est fait d'une seule pièce *or* tout d'une pièce ◆ **to be** *or* **have/go** *or* **get ~ up (on sb)** * avoir/prendre l'avantage (sur qn) ; see also **comp** ◆ **to go ~ better than sb** faire mieux que qn ◆ **he's had ~ too many** * il a bu un coup de trop * ; → **last¹, number, road**

**PRON** **a** *(indefinite)* un(e) *m(f)* ◆ **would you like ~?** en voulez-vous (un) ? ◆ **have you got ~?** en avez-vous (un) ? ◆ **the problem is ~ of money** c'est une question d'argent ◆ **~ of these days** un de ces jours ◆ **he's ~ of my best friends** c'est un de mes meilleurs amis ◆ **she's ~ of the family** elle fait partie de la famille ◆ **he's ~ of us** il est des nôtres ◆ **the book is ~ which** *or* **that I've never read** c'est un livre que je n'ai jamais lu ◆ **he's a teacher and I want to be ~ too** il est professeur et je veux l'être aussi ◆ **every ~ of the boys/books** tous les garçons/les livres sans exception ◆ **you can't have ~ without the other** on ne peut avoir l'un sans l'autre ◆ **sit in ~ or other of the chairs** asseyez-vous sur l'une des chaises ; → **anyone, no, someone**

**b** *(specific)* **this ~** celui-ci, celle-ci ◆ **these ~s** ceux-ci, celles-ci ◆ **that ~** celui-là, celle-là ◆ **those ~s** ceux-là, celles-là ◆ **which ~?** lequel ?, laquelle ? ◆ **which ~s?** lesquels ?, lesquelles ? ◆ **which is the ~ you want?** lequel voulez-vous ? ◆ **the ~ who** *or* **that** celui qui, celle qui ◆ **the ~ whom** *or* **that** celui que, celle que ◆ **the ~ that** *or* **which is lying on the table** celui *or* celle qui se trouve sur la table ◆ **the ~ on the floor** celui *or* celle qui est par terre ◆ **here's my brother's ~** * voici celui *or* celle de mon frère ◆ **he's the ~ with brown hair** c'est celui qui a les cheveux bruns ◆ **he hit her ~ on the nose** * il lui a flanqué un coup sur le nez * ◆ **I want the red ~/the grey ~s** je veux le rouge/les gris ◆ **this grey ~ will do** ce gris-ci fera l'affaire ◆ **mine's a better ~** le mien *or* la mienne est meilleur(e) ◆ **you've taken the wrong ~** vous n'avez pas pris le bon ◆ **that's a difficult ~!** *(= question)* ça c'est difficile ! ; → **eye, quick**

**c** *(= person)* **they thought of the absent ~** ils ont pensé à l'absent ◆ **the little ~s** les petits *mpl* ◆ **my dearest ~** mon chéri, ma chérie ◆ **our dear ~s** ceux qui nous sont chers ◆ **~ John Smith** († *or frm*) un certain *or* un nommé John Smith ◆ **he's a clever ~** c'est un malin ◆ **to sing as ~** chanter en chœur ◆ **for ~ who claims to know the language, he ...** pour quelqu'un qui prétend connaître la langue, il ... ◆ **he looked like ~ who had seen a ghost** il avait l'air de quelqu'un qui aurait vu un fantôme ◆ **to ~ who can read between the lines ...** à celui qui sait lire entre les lignes ... ◆ **he's never** *or* **not ~ to agree to that sort of thing** il n'est pas de ceux qui acceptent ce genre de choses ◆ **he's a great ~ for chess** c'est un mordu * des échecs ◆ **I'm not ~** *or* **much of a ~** * **for sweets** je ne suis pas (grand) amateur de bonbons ◆ **you are a ~!** † * tu en as de bonnes ! * ; → **fine²**

**d** ◆ **~ another** ⇒ **each other ;** → **each**

**e** *(impersonal, subject)* on ; *(object)* vous ◆ **~ must try to remember** on doit *or* il faut se souvenir ◆ **it tires ~ too much** cela vous fatigue trop ◆ **~ likes to see one's friends happy** on aime voir ses amis heureux, on aime que ses amis soient heureux

**COMP** ▷ **one-...** ADJ d'un/une (seul(e)) ..., à un/une seul(e) ..., à ... unique ▷ **one-acter** *, **one-act play** N pièce *f* en un acte ▷ **one-arm bandit** N ⇒ **one-armed bandit** ▷ **one-armed** ADJ manchot(-ote *f*) ▷ **one-armed bandit** * N machine *f* à sous, ≃ jackpot *m* ▷ **one-day** ADJ *[seminar, course]* d'une journée ▷ **one-dimensional** ADJ *(Math)* unidimensionnel ; *(fig) [character]* d'une pièce, carré ; *[story]* simpliste ▷ **one-eyed** ADJ *[person]* borgne ; *[animal etc]* qui n'a qu'un œil ▷ **one-handed** ADJ *[person]* manchot(-ote *f*), qui a une (seule) main ; *[tool]* utilisable d'une (seule) main ADV d'une (seule) main ▷ **one-horse place** * N bled * *m*, trou * *m* ▷ **one-horse race** N *(fig)* ◆ **it's a ~-horse race** c'est couru d'avance ▷ **one-horse town** * N ⇒ **one-horse place** ▷ **one-legged** ADJ unijambiste ▷ **one-line message** N message *m* d'une (seule) ligne ▷ **one-liner** N *(= joke)* bon mot *m* ; (* *= letter*) note *f*, mot *m* ▷ **one-man** ADJ → **one-man** ▷ **one-night stand** N *(Theat)* soirée *f* or représentation *f* unique ; *(sex)* liaison *f* sans lendemain ▷ **one-off** * ADJ, N *(Brit)* → **one-off** ▷ **one-one, one-on-one** ADJ, ADV *(US)* ⇒ **one-to-one** ▷ **one-owner** ADJ *(Aut etc)* qui n'a eu qu'un propriétaire ▷ **one-parent family** N famille *f* monoparentale ▷ **one-party system** N *(Pol)* système *m* à parti unique ▷ **one-piece** *(Dress)* ADJ une pièce *inv*, d'une seule pièce N *(gen)* vêtement *m* une pièce ; *(also* **one-piece swimsuit***)* maillot *m* une pièce ▷ **one-reeler** N *(US Cine)* court-métrage *m*, film *m* d'une bobine ▷ **one-room(ed) apartment** N *(US)* ⇒ **one-room(ed) flat** ▷ **one-room(ed) flat** N *(Brit)* studio *m*, appartement *m* d'une pièce ▷ **one-shot** * ADJ, N *(US)* ⇒ **one-off** ▷ **one-sided** ADJ *[decision]* unilatéral ; *[contest, game]* inégal ; *[judgement, account]* partial ; *[bargain, contract]* inéquitable ▷ **one-sidedness** N *[of account, presentation]* partialité *f* ; *[of bargain]* caractère *m* inéquitable ▷ **one-size** ADJ taille unique *inv* ▷ **one-stop shop** N organe *m* unique (centralisé) ▷ **one-stop shopping** N *concentration des achats sur un seul point de vente* ▷ **one-time** ADJ ancien *before n* ▷ **one-to-one** → **one-to-one** ▷ **one-track** ADJ *(Rail)* à voie unique ◆ **to have a ~-track mind** n'avoir qu'une idée en tête ▷ **one-two** N **a** *(Boxing)* gauche-droite *m inv* **b** *(Ftbl)* une-deux *m inv* **c** *(in race) arrivée où le gagnant est suivi d'un coéquipier* ▷ **one-up** * VT *(US)* ◆ **to ~-up sb** marquer un point sur qn ▷ **one-upmanship** * N *(hum)* art *m* de faire mieux que les autres ▷ **one-way** ADJ *[street]* à sens unique ; *[traffic]* en sens unique ; *[transaction]* unilatéral ; *[bottle]* non consigné ; *(fig) [friendship, emotion etc]* non partagé ◆ **~-way mirror** miroir *m* ◆ **~-way trip** (voyage *m*) aller *m* ◆ **a ~-way ticket** un aller simple ◆ **it's a ~-way ticket to disaster** * c'est la catastrophe assurée ◆ **she knew the job was a ~-way ticket to nowhere** * elle savait que ce boulot * ne mènerait à rien ▷ **one-woman** ADJ *[business, office]* que fait marcher une seule femme ◆ **~-woman show** *(Art)* exposition *f* consacrée à une seule artiste ; *(Rad, Theat, TV)* one woman show *m* ◆ **he's a ~-woman man** c'est l'homme d'une seule femme

**one-man** /ˈwʌnˈmæn/ **ADJ** **a** *(= solo) [business, company]* individuel ; *[rule, government]* d'une seule personne **b** *(= designed, suitable for one) [canoe]* monoplace ; *[job]* pour une seule personne **c** *(= monogamous)* ◆ **a ~ woman** la femme d'un seul homme **COMP** ▷ **one-man band** N *(Mus)* homme-orchestre *m* ◆ **the company is a ~ band** * *(fig)* il (*or* elle) fait marcher l'affaire à lui (*or* elle) tout seul (*or* toute seule) ▷ **one-man show** N *(Rad, Theat, TV)* one man show *m* ; *(Art)* exposition *f* consacrée à un seul artiste ◆ **this company is a ~ show** * *(fig)* il (*or* elle) fait marcher l'affaire à lui (*or* elle) tout seul (*or* toute seule)

**oneness** /ˈwʌnnɪs/ N unité *f* ; *(= sameness)* identité *f* ; *(= agreement)* accord *m*, entente *f*

**one-off** * /ˈwʌnɒf/ *(Brit)* **ADJ** *[object, building, design, situation, show, concert]* unique ; *[meeting, incident]* qui ne se produit (*or* ne s'est produit) qu'une seule fois, exceptionnel ; *[fee]* forfaitaire ; *[grant, payment]* versé en une seule fois ◆ **it was not a ~ event** ça ne s'est pas produit qu'une seule fois, ça n'était pas exceptionnel **N** ◆ **it's a ~** c'est le seul (*or* la seule) ; *[event]* ça ne va pas se reproduire, c'est exceptionnel ; *[TV programme]* c'est une émission exceptionnelle

**onerous** /ˈɒnərəs/ **ADJ** *(frm) [duty, restrictions]* pénible ; *[task]* pénible, lourd ; *[responsibility]* lourd

> ⚠ **onéreux** *usually means 'expensive', not* **onerous**.

**oneself** /wʌnˈself/ **PRON** *(reflexive)* se, soi-même ; *(after prep)* soi(-même) ; *(emphatic)* soi-même ◆ **to hurt ~** se blesser ◆ **to speak to ~** se parler (à soi-même) ◆ **to be sure of ~** être sûr de soi(-même) ◆ **one must do it ~** il faut le faire soi-même ◆ **to have sth (all) to ~** avoir qch pour soi (tout) seul

♦ **(all) by oneself** (tout) seul

**one-to-one** /wʌntəˈwʌn/, **one-on-one** *(US)* /wʌnɒnˈwʌn/ **ADJ** **a** *(= involving two people) [conversation]* en tête-à-tête, seul à seul ; *[talks]* en tête-à-tête ; *[training, therapy, counselling]* individuel ◆ **on a ~ basis** *[discuss etc]* seul à seul, en tête-à-tête ◆ **to teach sb on a ~ basis** donner des leçons particulières à qn ◆ **she has a ~ relationship with her pupils** elle connaît bien chacun de ses élèves ◆ **to have a ~ meeting with sb** voir qn en tête-à-tête *or* seul à seul ◆ **a ~ session** *(gen)* une réunion seul à seul *or* en tête-à-tête ; *(Psych)* un face à face ◆ **~ tuition** leçons *fpl* particulières **b** *(= corresponding exactly) [correspondence]* biunivoque ; *[ratio, rate]* de un pour un **ADV** **a** *(= person-to-person) [talk, discuss]* seul à seul **b** *(= in exact correspondence) [convert]* au taux de un pour un

**ongoing** /ˈɒngəʊɪŋ/ **ADJ** *(gen) [debate, process, research]* en cours ; *[crisis, situation]* actuel ◆ **they have an ~ relationship** ils ont des relations suivies

**onion** /ˈʌnjən/ **N** oignon *m* ◆ **to know one's ~s** † * *(Brit)* connaître son affaire, s'y connaître ; → **cocktail, spring** **COMP** *[soup, pie]* à l'oignon ; *[stew]* aux oignons ▷ **onion dome** N *(Archit)* bulbe *m* ▷ **onion johnny** N vendeur *m* d'oignons (ambulant) ▷ **onion ring** N *(Culin)* rondelle *f* d'oignon en beignet ▷ **onion-shaped** ADJ bulbeux ▷ **onion skin** N pelure *f* d'oignon

**online, on-line** /ˈɒnlaɪn/ *(Comput)* **ADJ** *[business, person]* en ligne ◆ **to go on-line** se mettre en mode interactif ◆ **to put the**

**printer on-line** connecter l'imprimante ADV en ligne

**onlooker** /ˈɒnlʊkəʳ/ N ◆ **the ~s** *(gen)* les spectateurs *mpl*, l'assistance *f* ; *(after accident)* les badauds *mpl*

**only** /ˈəʊnlɪ/ ADJ seul, unique ◆ **~ child** enfant *mf* unique ◆ **you're the ~ one to think of that** vous êtes le seul à y avoir pensé, vous seul y avez pensé ◆ **I'm tired! – you're not the ~ one!** * je suis fatigué ! – vous n'êtes pas le seul *or* il n'y a pas que vous ! ◆ **it's the ~ one left** c'est le seul qui reste *subj* ◆ **he is not the ~ one here** il n'est pas le seul ici, il n'y a pas que lui ici ◆ **the ~ book he has** le seul livre qu'il ait ◆ **his ~ friend was his dog** son chien était son seul ami ◆ **his ~ answer was to sigh deeply** pour toute réponse il a poussé un profond soupir ◆ **your ~ hope is to find another one** votre unique espoir est d'en trouver un autre ◆ **the ~ thing is that it's too late** seulement *or* malheureusement il est trop tard ◆ **that's the ~ way to do it** c'est la seule façon de le faire, on ne peut pas le faire autrement ; → **one, pebble**

ADV a seulement, ne ... que ◆ **he's ~ ten** il n'a que dix ans ◆ **there are ~ two people who know that** il n'y a que deux personnes qui savent *or* sachent cela ◆ **~ Paul can come** Paul seul peut venir, il n'y a que Paul qui puisse venir ◆ **~ time will tell** c'est l'avenir qui le dira ◆ **I'm ~ the secretary** je ne suis que le secrétaire ◆ **a ticket for one person ~** un billet pour une seule personne ◆ **"ladies only"** "réservé aux dames" ◆ **he can ~ wait** il ne peut qu'attendre ◆ **God ~ knows!** Dieu seul le sait ! ◆ **I can ~ say how sorry I am** tout ce que je peux dire c'est combien je suis désolé ◆ **that ~ makes matters worse** cela ne fait qu'aggraver les choses ◆ **I will ~ say that ...** je me bornerai à dire *or* je dirai simplement que ... ◆ **it will ~ take a minute** ça ne prendra qu'une minute ◆ **I ~ looked at it** je n'ai fait que le regarder ◆ **you ~ have to ask** vous n'avez qu'à demander ◆ **~ think of the situation!** imaginez un peu la situation ! ◆ **~ to think of it** rien que d'y penser ◆ **it's ~ that I thought he might ...** c'est que je pensais qu'il pourrait ...

b *(phrases)* ◆ **he was ~ too pleased to come** il n'a été que trop content de venir, il ne demandait pas mieux que de venir ◆ **it's ~ too true** ce n'est que trop vrai ◆ **not ~ ... but also ...** non seulement ... mais aussi ... ◆ **not ~ does it look good, it also saves you money** non seulement c'est beau, mais en plus ça vous permet de faire des économies ◆ **~ yesterday** hier encore, pas plus tard qu'hier ◆ **it seems like ~ yesterday** il semble que c'était hier

◆ **only just** ◆ **he has ~ just arrived** il vient tout juste d'arriver ◆ **but I've ~ just bought it!** mais je viens seulement de l'acheter ! ◆ **I caught the train but ~ just** j'ai eu le train mais (c'était) de justesse

CONJ seulement, mais ◆ **I would buy it, ~ it's too dear** je l'achèterais bien, seulement *or* mais il est trop cher ◆ **he would come too, ~ he's ill** il viendrait bien aussi, si ce n'est qu'il est malade *or* seulement il est malade ◆ **if ~** si seulement ◆ **~ if** seulement si

**ONO** /əʊenˈəʊ/ (abbrev of **or near(est) offer**) à déb., à débattre ; see also **offer**

**onomasiology** /ˌɒnəʊˌmeɪsɪˈɒlədʒɪ/ N a *(Ling)* onomasiologie *f* b ⇒ **onomastics**

**onomastic** /ˌɒnəʊˈmæstɪk/ ADJ onomastique

**onomastics** /ɒnəˈmæstɪks/ N *(NonC)* onomastique *f*

**onomatopoeia** /ˌɒnəʊmætəʊˈpiːə/ N onomatopée *f*

**onomatopoeic** /ˌɒnəʊmætəʊˈpiːɪk/, **onomatopoetic** /ˌɒnəʊmætəʊpəʊˈetɪk/ ADJ onomatopéique

**onrush** /ˈɒnrʌʃ/ N *[of people]* ruée *f* ; *[of water]* torrent *m*

**onrushing** /ˈɒnˌrʌʃɪŋ/ ADJ *[vehicle]* qui arrive à toute allure ; *[water]* qui arrive à flots

**onset** /ˈɒnset/ N a *(= attack)* attaque *f*, assaut *m* b *(= beginning) [of illness, winter etc]* début *m*, commencement *m* ◆ **at the ~** d'emblée

**onshore** /ˈɒnˈʃɔːʳ/ ADJ a *(= towards land) [wind, breeze]* de mer, du large b *(= on, near land) [oilfield, facilities, job, work]* à terre ADV (also **on shore**) a *(= towards land)* ◆ **to wash up ~** être rejeté sur le rivage ◆ **the wind was blowing ~** le vent venait du large b *(= on land) [build, work]* à terre

**onside** /ɒnˈsaɪd/ ADJ *(Ftbl etc)* ◆ **to be ~** ne pas être hors jeu

**onslaught** /ˈɒnslɔːt/ N attaque *f* ◆ **their relentless ~ against the government's plans** leurs attaques implacables contre les projets du gouvernement ◆ **the constant ~ of adverts on TV** le matraquage publicitaire constant à la télé

**onstage** /ˈɒnsteɪdʒ/ *(Theat)* ADV en scène ADJ ◆ **her ~ presence** sa présence en scène

**Ont.** abbrev of **Ontario**

**Ontario** /ɒnˈtɛərɪəʊ/ N Ontario *m* ◆ **Lake ~** lac *m* Ontario

**onto** /ˈɒntʊ/ PREP ⇒ **on to** ; → **on adv d**

**ontogenesis** /ˌɒntəˈdʒenɪsɪs/ N ontogenèse *f*

**ontogeny** /ɒnˈtɒdʒənɪ/ N ontogénie *f*

**ontological** /ˌɒntəˈlɒdʒɪkəl/ ADJ ontologique

**ontology** /ɒnˈtɒlədʒɪ/ N ontologie *f*

**onus** /ˈəʊnəs/ N (pl **onuses**) *(= responsibility)* responsabilité *f* ; *(= duty)* charge *f* ◆ **the ~ of proof rests with him** la charge de la preuve lui incombe ◆ **the ~ is on him to do it** il lui incombe de le faire ◆ **the ~ is on the manufacturers** c'est la responsabilité des fabricants

**onward** /ˈɒnwəd/ ADJ a *(Transport, Comm)* ◆ **~ flight** *or* **connection** correspondance *f* ◆ **"British Airways would like to wish you a safe onward journey"** "British Airways vous souhaite de poursuivre agréablement votre voyage" ◆ **a flight to Mykonos, with an ~ boat journey to Paros** un vol jusqu'à Mykonos suivi d'une traversée en bateau jusqu'à Paros ◆ **goods delivered to Staverton for ~ movement by rail** des marchandises livrées à Staverton d'où elles seront transportées par chemin de fer b *(= developing)* ◆ **~ progress** avancée *f* ◆ **the ~ march of sth** la marche en avant de qch ADV *(esp Brit)* ⇒ **onwards**

**onwards** /ˈɒnwədz/ ADV a *(in direction)* ◆ **to continue** (or **walk** or **sail** *etc*) **~** avancer ◆ **to journey ~** poursuivre son voyage ◆ **~!** en avant ! b *(in development)* **to move ~** aller de l'avant ◆ **the plot moves breathlessly ~** l'intrigue se déroule à un rythme haletant c *(in time)* ◆ **from then ~, from that time ~** depuis, depuis lors ◆ **from now ~** désormais, dorénavant ◆ **from today ~** à partir d'aujourd'hui ◆ **from Saturday/September/1960 ~** à partir de samedi/septembre/1960

**onyx** /ˈɒnɪks/ N onyx *m* COMP en onyx, d'onyx

**oodles** * /ˈuːdlz/ NPL un tas *, des masses * *fpl* ◆ **~ of** un tas * de, des masses * de

**ooh** * /uː/ EXCL oh ! VI ◆ **to ~ and aah** pousser des oh ! et des ah !

**oohing** * /ˈuːɪŋ/ N ◆ **there was a lot of ~ and aahing** on entendait fuser des oh ! et des ah !

**oolite** /ˈəʊəlaɪt/ N oolithe *m*

**oolitic** /ˌəʊəˈlɪtɪk/ ADJ oolithique

**oompah** /ˈuːmpɑː/ N flonflon *m*

**oomph** * /ʊmf/ N *(= energy)* punch * *m*, dynamisme *m* ◆ **a pill designed to put the ~ back into your sex life** un médicament conçu pour redonner du tonus à votre vie sexuelle

**oophorectomy** /ˌəʊəfəˈrektəmɪ/ N ovariectomie *f*

**oophoritis** /ˌəʊəfəˈraɪtɪs/ N ovarite *f*

**oops** * /ʊps/ EXCL houp ! ◆ **~-a-daisy!** hop-là !

**oosphere** /ˈəʊəsfɪəʳ/ N oosphère *f*

**oospore** /ˈəʊəspɔːʳ/ N oospore *f*

**ooze** /uːz/ N vase *f*, limon *m* VI *[water, pus, walls etc]* suinter ; *[resin, gum]* exsuder ◆ **she was oozing with confidence** elle débordait d'assurance VT ◆ **his wounds ~d pus** le pus suintait de ses blessures ◆ **she was oozing charm/complacency** *(pej)* le charme/la suffisance lui sortait par tous les pores

► **ooze away** VI *[liquids]* s'en aller, suinter ; *[strength, courage, enthusiasm]* disparaître, se dérober ◆ **his strength** *etc* **was oozing away** ses forces *etc* l'abandonnaient

► **ooze out** VI *[liquids]* sortir, suinter

**op**[1] * /ɒp/ N *(Med, Mil)* abbrev of **operation noun b, c**

**op**[2] /ɒp/ ADJ *(in compounds)* ◆ **~ art** op art *m* ◆ **~ artist** artiste *mf* op art

**op.** (abbrev of **opus**) op

**opacity** /əʊˈpæsɪtɪ/ N *[of material]* opacité *f* ; *[of meaning etc]* obscurité *f*

**opal** /ˈəʊpəl/ N opale *f* COMP *[ring, necklace]* d'opale ; (also **opal-coloured**) opalin

**opalescence** /ˌəʊpəˈlesns/ N opalescence *f*

**opalescent** /ˌəʊpəˈlesnt/ ADJ *(liter) [light, sky, glass, colour]* opalescent *(liter)* ; *[eyes]* d'opale

**opaque** /əʊˈpeɪk/ ADJ *[glass, liquid, darkness, language]* opaque ; *[plan, intention]* obscur ◆ **~ black tights/stockings** collants *mpl*/bas *mpl* noirs opaques COMP ▷ **opaque projector** N *(US Opt)* épiscope *m*

**op. cit.** /ˈɒpˈsɪt/ (abbrev of **opere citato**) op. cit.

**OPEC** /ˈəʊpek/ N (abbrev of **Organization of Petroleum-Exporting Countries**) OPEP *f*

**Op-Ed** /ˈɒpˈed/ N, ADJ *(US Press)* (abbrev of **opposite editorial**) ◆ **~ (page)** *page contenant les chroniques et commentaires (en face des éditoriaux)*

**open** /ˈəʊpən/ ADJ a *(= not closed) [shop, road, door, box, bottle, book, shirt, grave, wound, eye]* ouvert ◆ **the shops are ~** les magasins sont ouverts ◆ **the house is not ~ to visitors** la maison n'est pas ouverte au public ◆ **to welcome sb/sth with ~ arms** accueillir qn/qch à bras ouverts ◆ **the door was slightly ~** la porte était entrouverte *or* entrebâillée ◆ **the window flew ~** la fenêtre s'ouvrit brusquement ◆ **he is an ~ book** c'est un homme transparent, on lit en lui comme dans un livre ouvert ; see also **comp** ; → **break, cut, eye, mouth, throw**

b *[river, water, canal]* ouvert à la navigation ; *[road]* dégagé ; *[pipe]* ouvert ; *[pores]* dilaté ◆ **the way to Paris lay ~** la route de Paris était libre ◆ **the ~ air** le plein air ◆ **in the ~ air** *[eat]* en plein air ; *[live, walk]* au grand air ; *[sleep]* à la belle étoile ; see also **comp** ◆ **the ~ sea** la haute mer, le large ◆ **on the ~ sea(s)** en haute mer, au large ◆ **in ~ country** en rase campagne ; *(outside of town)* à la campagne ◆ **when you reach ~ country** *or* **~ ground** *(Mil)* quand vous arriverez en rase campagne ◆ **patch of ~ ground** *(between trees)* clairière *f* ◆ **beyond the woods there were ~ fields** au-delà des bois, il y avait des champs ◆ **the speed permitted on the ~ road** la vitesse autorisée en dehors des agglomérations ◆ **an ~ space for public use** un espace vert à l'usage du public ◆ **the (wide) ~ spaces** les grands espaces *mpl* ◆ **~ view** *or* **aspect** vue *f* dégagée ◆ **have your bowels been ~ this morning?** est-ce que vous êtes allé à la selle ce matin ?

**c** *(= not enclosed) [car, carriage]* découvert ; *[boat]* non ponté ; *[drain, sewer]* à ciel ouvert ◆ **~ market** *(in town)* marché *m* en plein air ; see also **comp**

**d** *(= unrestricted) [meeting, trial, discussion]* public (-ique *f*) ; *[economy, city]* ouvert ◆ **in ~ court** *(Jur)* en audience publique ◆ **to keep ~ house** tenir table ouverte ◆ **we had an ~ invitation (to visit anytime)** on nous avait invités à venir quand nous voulions ◆ **~ tournament** *(Sport)* tournoi *m* open ◆ **jobs are advertised and filled by ~ competition** le recrutement se fait par voie de presse

**e** *(= exposed)* ouvert ◆ **(wide) ~ to the winds/the elements** ouvert à tous les vents/aux quatre vents

**f** *(fig: to advice, question etc)* ◆ **I'm ~ to advice** je suis ouvert à toutes les suggestions ◆ **it is ~ to doubt whether ...** on peut douter que ... + *subj* ◆ **it is ~ to question** *or* **debate if** *or* **whether ...** (il) reste à savoir si ... ; see also **abuse, attack, correction, criticism, lay[1], offer, persuasion**

**g** *(= available) [post, job]* vacant ◆ **this post is still ~** ce poste est encore vacant ◆ **the offer is still ~** cette proposition tient toujours ◆ **the number of jobs ~ to women is limited** le nombre de postes ouverts aux femmes *or* auxquels les femmes peuvent postuler est limité ◆ **membership is not ~ to women** l'adhésion n'est pas ouverte aux femmes, les femmes ne peuvent pas être membres ◆ **the course is not ~ to men** les hommes ne sont pas acceptés dans ce cours ◆ **it is ~ to you to refuse** libre à vous de refuser ◆ **several methods/choices were ~ to them** plusieurs méthodes/choix s'offraient *or* se présentaient à eux

**h** *(= frank) [person, character, face, manner, hostility]* ouvert ; *(= declared) [admiration, envy, attempt]* non dissimulé ◆ **in ~ revolt (against)** en rébellion ouverte (contre) ◆ **I'm going to be completely ~ with you** je vais être tout à fait franc avec vous ◆ **you're not being very ~ with me** tu me caches quelque chose

**i** *(= undecided)* ◆ **they left the matter ~** ils n'ont pas tranché la question, ils ont laissé la question en suspens ◆ **let's leave the date/arrangements ~** attendons avant de fixer une date/avant de prendre ces dispositions ◆ **to keep an ~ mind on sth** réserver son jugement *or* son opinion sur qch ◆ **I've got an ~ mind about it** je n'ai pas encore formé d'opinion à ce sujet ; see also **comp** ◆ **it's an ~ question whether he will come** (il) reste à voir s'il viendra ◆ **how effective those sanctions are is an ~ question** (il) reste à voir si ces sanctions seront vraiment efficaces ◆ **the legality of these sales is still an ~ question** la légalité de ces ventes n'a pas encore été clairement établie ; → **option**

**N** **a** *(outside)* ◆ **(out) in the ~** *(= out of doors)* dehors, en plein air ; *(= in the country)* au grand air ; *(= not secretly)* au grand jour ◆ **to sleep (out) in the ~** dormir à la belle étoile ◆ **why can't we do it out in the ~?** *(= not secretly)* pourquoi ne pouvons-nous pas le faire ouvertement ? ◆ **that swindle is now in the ~** cette escroquerie est maintenant sur la place publique ◆ **to come out into the ~** *[fact]* apparaître au grand jour ; *[scandal]* éclater au grand jour ◆ **to come out into the ~ about sth** *[person]* s'exprimer au grand jour sur qch ◆ **he came (out) into the ~ about what had been going on** il s'est exprimé au grand jour sur ce qui s'était passé ◆ **why don't you come into the ~ about it?** pourquoi ne le dites-vous pas ouvertement ? ◆ **to bring a dispute (out) into the ~** révéler des différends au grand jour

**b** *(Golf, Tennis)* **the Open** l'open *m*, le tournoi open ◆ **the French Open** (le tournoi de) Roland Garros ◆ **the California Open** l'Open *m* de Californie

**VT** **a** *(gen)* ouvrir ; *[+ pores]* dilater ; *[+ wound]* (r)ouvrir ; *[+ legs]* écarter ◆ **it ~s the way for new discoveries** cela ouvre la voie à de nouvelles découvertes ◆ **he ~ed his heart to me** il m'a ouvert son cœur ◆ **to ~ sb's mind (to sth)** ouvrir l'esprit de qn (à qch) ◆ **have you ~ed your bowels?** êtes-vous allé à la selle ? ◆ **to ~ wide** ouvrir grand ◆ **~ wide!** *(mouth)* ouvrez grand ! ◆ **to ~ slightly** *(door, window, eyes)* entrouvrir ◆ **to ~ again** rouvrir ; → **eye, mouth**

**b** *(= make) [+ road]* tracer ; *[+ hole]* percer ; *[+ gulf]* creuser ◆ **this ~ed a gulf between father and son** cela a creusé un fossé entre le père et le fils ◆ **he ~ed his way through the bushes** il s'est frayé un chemin à travers les buissons

**c** *(= begin, inaugurate, found) [+ meeting, debate, exhibition, trial]* ouvrir ; *[+ account, conversation]* commencer, entamer ; *[+ new building, institution]* inaugurer ; *[+ negotiations]* ouvrir, engager ◆ **he had ~ed the conversation by telling her that ...** il avait commencé par lui dire que ...

**d** *(Bridge)* **to ~ (with) two hearts** ouvrir de deux cœurs

**VI** **a** *[door, book, eyes, flower]* s'ouvrir ; *[shop, museum, bank]* ouvrir ; *[crack]* se former ◆ **the door ~ed** la porte s'est ouverte ◆ **the door ~ed slightly** la porte s'est entrouverte *or* s'est entrebâillée ◆ **to ~ again** *[door]* se rouvrir ; *[shops etc]* rouvrir ◆ **there's a door that ~s onto the garden** il y a une porte qui donne sur le jardin ◆ **the kitchen ~s into the dining room** la cuisine donne sur la salle à manger ◆ **the two rooms ~ into one another** les deux pièces communiquent

**b** *(= begin)* commencer ; *(Bridge)* ouvrir ◆ **to ~ with sth** *[debate, meeting, trial]* s'ouvrir sur qch, commencer par qch ; *[class, book, play]* commencer par qch ◆ **the trial ~ed with the testimony of the victim** le procès s'est ouvert sur *or* a commencé par le témoignage de la victime ◆ **he ~ed with a warning about inflation** il a commencé par lancer un avertissement sur l'inflation ◆ **the play/film ~s next week** la première (de la pièce/du film) a lieu la semaine prochaine

**COMP** ▷ **open-air** ADJ *[games, activities]* de plein air ; *[swimming pool]* découvert ; *[market, meeting]* en plein air, à ciel ouvert ◆ **~-air theatre** théâtre *m* en plein air ▷ **open-and-shut** ADJ *(fig)* ◆ **it's an ~-and-shut case** la solution est évidente *or* crève les yeux ▷ **open-cast** ADJ *(Brit Min)* à ciel ouvert ▷ **open cheque** N *(Brit Banking)* chèque *m* non barré ▷ **open circuit** N *(Elec)* circuit *m* ouvert ▷ **open-cut** ADJ *(US Min)* ⇒ **open-cast** ▷ **open day** N *(Brit)* journée *f* portes ouvertes ▷ **open door** *(Econ)* N politique *f* d'ouverture ADJ *[policy, approach etc]* d'ouverture ▷ **open-ended, open-end** *(US)* ADJ *[tube]* ouvert ; *[discussion, meeting]* sans limite de durée ; *[ticket]* sans réservation de retour ; *[contract]* à durée indéterminée ; *[question]* ouvert ; *[commitment]* inconditionnel ; → **OEIC** ▷ **open-eyed** ADJ *(lit)* les yeux ouverts ◆ **to be ~-eyed about sth** garder les yeux ouverts sur qch ▷ **open-faced sandwich** N *(US)* tartine *f* ▷ **open goal** N *(Ftbl)* but *m* dégarni ▷ **open government** N *(NonC)* politique *f* de transparence *(pratiquée par un gouvernement)* ▷ **open-handed** ADJ ◆ **to be ~-handed** être généreux, avoir le cœur sur la main ▷ **open-hearted** ADJ franc (franche *f*), sincère ▷ **open-heart surgery** N *(Med)* chirurgie *f* à cœur ouvert ▷ **open learning** N *(gen) enseignement universitaire à la carte, notamment par correspondance ; (= distance learning)* télé-enseignement *m* ▷ **open letter** N lettre *f* ouverte ▷ **open market** N *(Econ)* marché *m* libre ▷ **open marriage** N mariage *m* libre ▷ **open-minded** ADJ à l'esprit ouvert *or* large ◆ **to be very ~-minded** avoir l'esprit très ouvert ▷ **open-mindedness** N ouverture *f* d'esprit ▷ **open-mouthed** ADJ, ADV *(fig)* bouche bée *inv* ◆ **in ~-mouthed disbelief** *or* **amazement** bouche bée ◆ **in ~-mouthed admiration** béat d'admiration ▷ **open-necked** ADJ *(not buttoned up)* à col ouvert ; *(low-cut)* échancré ▷ **open pit** N *(US)* mine *f* à ciel ouvert ▷ **open-plan** ADJ *(Archit) [design]* qui élimine les cloisons ; *[house, school]* sans cloison ◆ **~-plan office** bureau *m* paysager ▷ **open primary** N *(US Pol) élection primaire ouverte aux non-inscrits d'un parti* ▷ **open prison** N prison *f* ouverte ▷ **open sandwich** N tartine *f* ▷ **open scholarship** N *(Scol etc) bourse décernée par un concours ouvert à tous* ▷ **open season** N *(Hunting)* saison *f* de la chasse ▷ **open secret** N secret *m* de Polichinelle ◆ **it's an ~ secret that ...** ce n'est un secret pour personne que ... ▷ **open shop** N *(Ind)* atelier *m* ouvert aux non-syndiqués ▷ **open station** N gare *f* avec libre accès aux quais ▷ **open string** N *(Mus)* corde *f* à vide ▷ **open ticket** N billet *m* open ▷ **open-top(ped)** ADJ *[bus]* à impériale découverte ; *[car]* découvert ▷ **the Open University** N *(Brit)* ≃ le Centre national d'enseignement par correspondance ◆ **an Open University course** un cours universitaire par correspondance ▷ **open verdict** N *(Jur)* verdict *m* constatant un décès sans cause déterminée ▷ **open vowel** N *(Ling)* voyelle *f* ouverte

► **open out** **VI** **a** *[view]* ◆ **soon a wonderful view opened out** bientôt une vue magnifique s'offrit à nous ◆ **as he left the town the countryside ~ed out** à la sortie de la ville, la campagne s'offrit à ses yeux

**b** *(= widen) [passage, tunnel, street]* s'élargir ◆ **to ~ out on to** déboucher sur

**c** *[person] (= become less shy)* s'ouvrir ; *[team, player etc]* s'affirmer

**VT SEP** ouvrir ; *[+ map, newspaper]* ouvrir, déplier

► **open up** **VI** **a** *[new shop, business]* s'ouvrir ; *[new career]* commencer ; *[opportunity]* se présenter

**b** *(= start shooting)* ouvrir le feu ◆ **they ~ed up with machine guns** ils ont ouvert le feu à la mitrailleuse

**c** *[flower]* s'ouvrir

**d** *(= confide)* s'ouvrir *(to sb* à qn) ◆ **I couldn't get him to ~ up at all** je ne suis pas arrivé à le faire parler ◆ **he finds it difficult to ~ up** il a de la peine à s'ouvrir *or* à se confier

**e** *(Sport) [match]* s'animer

**f** *(= develop) [gulf]* se creuser ; *[split]* se former ◆ **a gulf has ~ed up between the countries involved** un fossé s'est creusé entre les pays concernés

**VT SEP** **a** *[+ box, building, shop, wound, business, branch]* ouvrir ; *[+ map, newspaper]* ouvrir, déplier ◆ **to ~ up again** rouvrir

**b** *[+ oilfield, mine, road, area]* ouvrir ; *[+ possibilities]* offrir ; *[+ virgin country]* défricher ; *[+ blocked road]* dégager ; *[+ blocked pipe]* déboucher ◆ **they ~ed up the way for other women** elles ont ouvert la voie à d'autres femmes ◆ **they ~ed up new paths in trans-**

**plantation** ils ont ouvert de nouvelles voies en matière de transplantation ◆ **she ~ed up a lead of almost four minutes** elle était en tête avec près de quatre minutes d'avance ◆ **he decided to ~ up China for foreign investors** il décida d'ouvrir la Chine aux investisseurs étrangers

**Open University**

L'**Open University** est une université ouverte à tous et fonctionnant essentiellement sur le principe du téléenseignement : cours par correspondance et émissions de radio et de télévision diffusées par la BBC. Ces enseignements sont complétés par un suivi pédagogique et par des stages, qui se tiennent généralement en été.

**opener** /ˈəʊpnəʳ/ **N** a *(esp in compounds)* *personne ou dispositif qui ouvre* ; → **bottle, eye, tin** b *(Theat) (= artiste)* artiste *mf* en lever de rideau ; *(= act)* lever *m* de rideau c *(Bridge)* ouvreur *m* d *(fig)* **for ~s** * pour commencer, tout d'abord

**opening** /ˈəʊpnɪŋ/ **N** a ouverture *f* ; *(in wall)* brèche *f* ; *[of door, window]* embrasure *f* ; *(in trees)* trouée *f* ; *(in forest, roof)* percée *f* ; *(in clouds)* éclaircie *f* ; *[of tunnel]* entrée *f*

b *(= beginning) [of meeting, debate, play, speech]* ouverture *f* ; *[of negotiations]* ouverture *f*, amorce *f*

c *(NonC = act of opening) [of door, road, letter]* ouverture *f* ; *[of shooting, war]* déclenchement *m* ; *[of flower]* éclosion *f* ; *(Jur)* exposition *f* des faits ; *(Cards, Chess)* ouverture *f* ; *[of ceremony, exhibition]* inauguration *f* ◆ **the Opening of Parliament** *(Brit)* l'ouverture *f* de la session parlementaire

d *(= opportunity)* occasion *f* (*to do sth* de faire qch, pour faire qch) ; *(= trade outlet)* débouché *m* (*for* pour) ◆ **to give one's opponent/the enemy an ~** prêter le flanc à son adversaire/à l'ennemi

e *(= work: gen)* débouché *m* ; *(= specific job, or work in specific firm)* poste *m* ◆ **there are a lot of ~s in computing** il y a beaucoup de débouchés dans l'informatique ◆ **we have an ~ for an engineer** nous avons un poste (vacant) d'ingénieur ◆ **an ~ with Harper-Collins** un poste vacant chez Harper-Collins

**ADJ** *[ceremony, speech]* d'inauguration, inaugural ; *[remark]* préliminaire ; *(St Ex) [price]* d'ouverture ◆ **~ gambit** *(Chess)* gambit *m* ; *(fig)* manœuvre *f* or ruse *f* (stratégique) ◆ **his favourite ~ gambit is ...** *(in conversation)* sa remarque préférée pour entamer une conversation, c'est ... ◆ **~ hours** heures *fpl* d'ouverture ◆ **~ lines** *[of play]* premières répliques *fpl* ; *[of poem]* premiers vers *mpl* ◆ **~ night** *(Theat)* première *f* ; *[of festival etc]* soirée *f* d'ouverture ◆ **~ shot** *(in battle etc)* premier coup *m* de feu ; *(fig) [of campaign etc]* coup *m* d'envoi ◆ **~ time** *(Brit)* l'heure *f* d'ouverture des pubs

**openly** /ˈəʊpənlɪ/ **ADV** *[admit, acknowledge, talk about]* ouvertement ◆ **to be ~ critical of sb/sth** critiquer qn/qch ouvertement ◆ **she wept ~** elle n'a pas caché ses larmes ◆ **he is ~ gay** il ne cache pas son homosexualité

**openness** /ˈəʊpnnɪs/ **N** a *(= frankness)* franchise *f* ; *(= receptivity)* ouverture *f* d'esprit b *(Pol)* ouverture *f* ; *(= glasnost)* transparence *f* ◆ **a new policy of ~** une nouvelle politique d'ouverture ◆ **greater ~ in their financial activities** une plus grande transparence dans leurs opérations financières c *[of land, countryside]* aspect *m* découvert or exposé

**openwork** /ˈəʊpənwɜːk/ **N** *(Sewing)* jours *mpl* ; *(Archit)* claire-voie *f*, ajours *mpl* **COMP** *[stockings etc]* ajouré ; *(Archit)* à claire-voie

**opera** /ˈɒpərə/ **N** a opéra *m* ; → **comic, grand, light²** b pl of **opus** **COMP** ▷ **opera bouffe N** opéra *m* bouffe ▷ **opera company N** troupe *f* or compagnie *f* d'opéra ▷ **opera glasses NPL** jumelles *fpl* de théâtre ▷ **opera-goer N** amateur *m* d'opéra ▷ **opera hat N** (chapeau *m*) claque *m*, gibus *m* ▷ **opera house N** opéra *m* *(édifice)* ▷ **opera-lover N** amateur *m* d'opéra ▷ **opera singer N** chanteur *m*, -euse *f* d'opéra

**operable** /ˈɒpərəbl/ **ADJ** opérable

**operand** /ˈɒpərænd/ **N** opérande *m*

**operate** /ˈɒpəreɪt/ **VI** a *[machine, vehicle]* marcher, fonctionner ; *[system, sb's mind]* fonctionner ; *[law]* jouer ◆ **he believes that a conspiracy is operating to discredit his good name** il pense qu'il se trame un complot visant à le discréditer ◆ **several factors are operating to moderate wage rises** plusieurs facteurs jouent pour freiner les hausses de salaires

b *[drug, medicine, propaganda]* opérer, faire effet (*on, upon* sur)

c *[fleet, regiment, thief etc]* opérer ; *(St Ex)* faire des opérations (de bourse), spéculer ◆ **they can't ~ efficiently on so little money** le manque d'argent les empêche d'opérer or de procéder avec efficacité ◆ **this allowed commercial banks to ~ in the country** cela a permis aux banques commerciales d'opérer dans ce pays ◆ **troops were operating from bases along the border** les troupes opéraient or menaient leurs opérations à partir de bases le long de la frontière ◆ **I can't ~ under pressure** je ne peux pas travailler sous pression

d *(Med)* opérer ◆ **he was ~d on for appendicitis** il a été opéré de l'appendicite ◆ **he ~d for appendicitis** *[surgeon]* il l'a opéré de l'appendicite ◆ **to ~ on sb's eyes** opérer qn aux or des yeux, opérer les yeux de qn ◆ **he has still not been ~d on** il n'a pas encore été opéré

**VT** a *[person] [+ machine, tool]* utiliser ; *[+ vehicle]* utiliser, conduire ◆ **a machine ~d by electricity** une machine qui marche à l'électricité ◆ **the system that ~s the brakes** le système qui commande or actionne les freins

b *[+ business, factory]* diriger, gérer ; *[+ coalmine, oil well, canal, quarry]* exploiter, faire valoir ◆ **this airline ~s flights to over 30 countries** cette compagnie assure des liaisons avec plus de 30 pays

c *[+ system]* pratiquer ◆ **the government constantly ~d embargoes against them** le gouvernement les frappait constamment d'embargo

**operatic** /ˌɒpəˈrætɪk/ **ADJ** *[aria, role, piece of music]* d'opéra ; *[convention, version]* opératique ◆ **Verdi's Requiem is often criticised for being too ~** on reproche souvent au Requiem de Verdi d'être trop opératique ◆ **an ~ society** une association d'amateurs d'art lyrique **N** ◆ **(amateur) ~s** opéra *m* d'amateurs

**operating** /ˈɒpəreɪtɪŋ/ **ADJ** *(Comm, Ind) [cost, deficit, expenses etc]* d'exploitation **COMP** ▷ **operating cash N** trésorerie *f* d'exploitation ▷ **operating cycle N** cycle *m* d'exploitation ▷ **operating instructions NPL** mode *m* or notice *f* d'emploi ▷ **operating manual N** manuel *m* d'utilisation ▷ **operating profit N** bénéfice *m* d'exploitation ▷ **operating room N** *(US)* ⇒ **operating theatre** ▷ **operating system N** *(Comput)* système *m* d'exploitation ▷ **operating table N** *(Med)* table *f* d'opération ▷ **operating theatre N** *(Brit)* salle *f* d'opération

**operation** /ˌɒpəˈreɪʃən/ **N** a *(NonC) [of machine, vehicle]* marche *f*, fonctionnement *m* ; *[of mind, digestion]* fonctionnement *m* ; *[of drug etc]* action *f* (*on* sur) ; *[of business]* gestion *f* ; *[of mine, oil well, quarry, canal]* exploitation *f* ; *[of system]* application *f* ◆ **to be in ~** *[machine]* être en service ; *[business etc]* fonctionner ; *[mine etc]* être en exploitation ; *[law, system]* être en vigueur ◆ **in full ~** *[machine]* fonctionnant à plein (rendement) ; *[business, factory etc]* en pleine activité ; *[mine etc]* en pleine exploitation ◆ **to come into ~** *[law, system]* entrer en vigueur ; *[machine]* entrer en service ; *[business]* se mettre à fonctionner ◆ **to put into ~** *[machine]* mettre en service ; *[law]* mettre or faire entrer en vigueur ; *[plan]* mettre en application

b *(= enterprise, action: Comm, Fin, Ind, Math, Mil, Pol etc)* opération *f* ◆ **that was an expensive ~** l'opération a été coûteuse ◆ **rescue/security ~** opération de sauvetage/de sécurité ◆ **our ~s in Egypt** *(Comm, Ind) (trading company)* nos opérations or nos activités en Égypte ; *(oil, mining)* nos exploitations en Égypte ◆ **a multinational ~** *(= company)* une multinationale ◆ **rebuilding ~s began at once** les opérations de reconstruction ont commencé immédiatement ◆ **Operation Overlord** *(Mil)* opération *f* Overlord

c *(Med)* opération *f*, intervention *f* (chirurgicale) ◆ **to have an ~** se faire opérer (*for* de) ◆ **a lung/heart/kidney ~** une opération des poumons/du cœur/des reins ◆ **to perform an ~ on sb (for sth)** opérer qn (de qch)

**COMP** ▷ **operation code N** *(Comput)* code *m* d'opération ▷ **operations research N** recherche *f* opérationnelle ▷ **operations room N** *(Mil, Police)* centre *m* d'opérations

**operational** /ˌɒpəˈreɪʃənl/ **ADJ** *[staff, troops, vehicle, plan, system, service]* opérationnel ; *[machine]* en état de marche ; *[cost, expenses, profit]* d'exploitation ; *[problems]* de fonctionnement ◆ **to have ~ control** avoir le contrôle des opérations ◆ **at an ~ level** au niveau opérationnel ◆ **for ~ reasons** pour des raisons opérationnelles ◆ **on ~ duties** *(Police)* en service **COMP** ▷ **operational strategy N** *(Fin, Econ)* stratégie *f* d'intervention

**operative** /ˈɒpərətɪv/ **ADJ** a *(= functioning) [scheme, plan, system, service]* opérationnel ◆ **the ~ part of the text** *(Jur)* le dispositif b ◆ **the ~ word** le mot-clé ◆ **caution has been the ~ word since the killings** prudence est devenu le mot d'ordre depuis la tuerie c *(Med) [report]* d'opération ; *[risk]* opératoire **N** *(= worker)* ouvrier *m*, -ière *f* ; *(= machine operator)* opérateur *m*, -trice *f* ; *(= detective)* détective *m* (privé) ; *(= spy)* espion(ne) *m(f)* ; *(= secret agent)* agent *m* secret ; *(US Pol) (= campaign worker)* membre *m* de l'état-major *(d'un candidat)* ◆ **the steel ~s** la main-d'œuvre des aciéries

**operator** /ˈɒpəreɪtəʳ/ **N** a *(= person) [of machine, computer etc]* opérateur *m*, -trice *f* ; *(Cine)* opérateur *m*, -trice *f* (de prise de vues) ; *[of telephones]* téléphoniste *mf*, standardiste *mf* ; *[of business, factory]* dirigeant(e) *m(f)*, directeur *m*, -trice *f* ◆ **~s in this section of the industry** ceux qui travaillent dans ce secteur de l'industrie ◆ **he is a shrewd political ~** c'est un politicien habile ◆ **a big-time ~** *(= criminal)* un escroc d'envergure ; → **smooth, tour** b *(= company) (telecommunications, television)* opérateur *m* ◆ **cable (TV) ~** câblo-opérateur *m* ◆ **ferry/coach ~** compagnie *f* de ferries/d'autocars c *(Math)* opérateur *m*

**operetta** /ˌɒpəˈretə/ **N** opérette *f*

**ophthalmia** /ɒfˈθælmɪə/ **N** ophtalmie *f*

**ophthalmic** /ɒfˈθælmɪk/ **ADJ** *[clinic, hospital, surgery]* ophtalmologique ; *[surgeon]* ophtalmologue ; *[nerve, vein]* ophtalmique **COMP** ▷ **ophthalmic optician N** opticien(ne) *m(f)* optométriste ; *(prescribing)* oculiste *mf* ; *(dispensing)* opticien(ne) *m(f)*

**ophthalmologist** /ˌɒfθælˈmɒlədʒɪst/ **N** ophtalmologiste *mf*, ophtalmologue *mf*

**ophthalmology** /ˌɒfθælˈmɒlədʒɪ/ **N** ophtalmologie *f*

**ophthalmoscope** /ɒfˈθælməskəʊp/ **N** ophtalmoscope *m*

**ophthalmoscopy** /ˌɒfθælˈmɒskəpɪ/ **N** ophtalmoscopie *f*

**opiate** /ˈəʊpɪɪt/ **N** opiacé *m* ; *(fig)* soporifique *m* **ADJ** opiacé

**opine** /əʊˈpaɪn/ **VT** *(frm)* *(= think)* être d'avis (*that* que) ; *(= say)* émettre l'avis (*that* que)

**opinion** /əˈpɪnjən/ LANGUAGE IN USE 1.1, 2.1, 2.2, 6, 26.2

**N** *(= point of view)* avis *m*, opinion *f* ; *(= belief, judgement)* opinion *f* ; *(= professional advice)* avis *m* ◆ **in my ~** à mon avis, d'après moi ◆ **in the ~ of** d'après, selon ◆ **that's my ~ for what it's worth** c'est mon humble avis ◆ **it's a matter of ~ whether ...** c'est (une) affaire d'opinion pour ce qui est de savoir si ... ◆ **I'm entirely of your ~** je suis tout à fait de votre avis *or* opinion, je partage tout à fait votre opinion ◆ **to be of the ~ that ...** être d'avis que ..., estimer que ... ◆ **political ~s** opinions *fpl* politiques ◆ **she's in a position to influence ~** elle occupe une position d'influence ◆ **what is your ~ of this book?** quel est votre point de vue sur ce livre ? ◆ **her already favourable ~ of him** l'opinion favorable qu'elle avait déjà de lui ◆ **I haven't much of an ~ of him, I've got a low ~ of him** j'ai mauvaise opinion *or* une piètre opinion de lui ◆ **to take counsel's ~** *(Jur)* consulter un avocat ◆ **~ of the court** *(Jur)* jugement *m* rendu par le tribunal ; → **legal, public, second¹, strong**

**COMP** ▷ **opinion former, opinion maker N** meneur *m*, -euse *f or* leader *m* d'opinion ▷ **opinion poll N** sondage *m* d'opinion

**opinionated** /əˈpɪnjəneɪtɪd/ **ADJ** *(pej)* *[person]* qui a des opinions très arrêtées ◆ **you're so ~** tu as des opinions tellement arrêtées

**opium** /ˈəʊpɪəm/ **N** opium *m* **COMP** ▷ **opium addict N** opiomane *m* ▷ **opium den N** fumerie *f* d'opium

**opossum** /əˈpɒsəm/ **N** (pl **opossums** *or* **opossum**) opossum *m*, sarigue *f*

**opp.** abbrev of **opposite**

**opponent** /əˈpəʊnənt/ **N** *(Mil, Sport, in election)* adversaire *mf* ; *(in discussion, debate)* antagoniste *mf* ; *(of government, ideas etc)* adversaire *mf*, opposant(e) *m(f)* (*of* de) ◆ **he has always been an ~ of nationalization** il a toujours été contre les nationalisations, il s'est toujours opposé aux nationalisations ◆ **~s of the regime** les opposants *mpl* au régime

**opportune** /ˈɒpətjuːn/ **ADJ** *[action, remark]* à propos, opportun ◆ **to happen/arrive at an ~ time** *or* **moment (for sb/sth)** tomber/arriver au moment opportun (pour qn/qch) ◆ **you have come at an ~ moment** vous arrivez à point nommé, vous tombez bien

**opportunely** /ˈɒpətjuːnlɪ/ **ADV** opportunément, à propos

**opportuneness** /ˌɒpəˈtjuːnnɪs/ **N** opportunité *f*

**opportunism** /ˌɒpəˈtjuːnɪzəm/ **N** opportunisme *m*

**opportunist** /ˌɒpəˈtjuːnɪst/ **ADJ, N** opportuniste *mf*

**opportunistic** /ˌɒpətjuːˈnɪstɪk/ **ADJ** opportuniste

**opportunity** /ˌɒpəˈtjuːnɪtɪ/ **N** **a** *(= occasion, chance)* occasion *f* ◆ **a trip to London is a great ~ for shopping** un voyage à Londres est une excellente occasion de faire du shopping ◆ **to have the** *or* **an ~ to do** *or* **of doing sth** avoir l'occasion *or* la possibilité de faire qch ◆ **to take the ~ of doing** *or* **to do sth** profiter de l'occasion pour faire qch ◆ **you really missed your ~ there!** tu as vraiment laissé passer ta chance *or* l'occasion ! ◆ **at the first** *or* **earliest ~** à la première occasion, dès que l'occasion se présentera ◆ **when the ~ presents itself** *or* **arises** à l'occasion ◆ **if the ~ should present itself** *or* **arise** si l'occasion se présente ◆ **if you get the ~** si vous en avez l'occasion

**b** *(= possibility for action)* chance *f* ; *(in career etc)* perspective *f* d'avenir ◆ **equality of ~** égalité *f* des chances ◆ **to make the most of one's opportunities** profiter pleinement de ses chances ◆ **this job offers great opportunities** ce poste offre d'excellentes perspectives d'avenir ◆ **I want to see more opportunities for young people** je veux que les jeunes aient davantage de perspectives d'avenir ; → **equal, every**

**oppose** /əˈpəʊz/ **VT** **a** *[+ person, argument, opinion, decision, plan]* s'opposer à ; *[+ sb's will, desires, suggestion]* s'opposer à, faire opposition à ; *[+ motion, resolution]* *(Pol)* faire opposition à ; *(in debate)* parler contre ◆ **the government ~s a lifting of the embargo** le gouvernement s'oppose à une levée de l'embargo ◆ **the President ~s sending the refugees back** le président s'oppose au renvoi des réfugiés ◆ **he ~d it** il s'y est opposé **b** *(= set against)* opposer (*sth to sth else* qch à qch d'autre)

**opposed** /əˈpəʊzd/ LANGUAGE IN USE 8.3, 9.3, 12, 14

**ADJ** *[aims, attitudes, viewpoints]* opposé ◆ **to be ~ to sth** être opposé à qch ◆ **I'm ~ to your marrying him** je ne veux pas que tu l'épouses *subj* ◆ **as ~ to** par opposition à ◆ **as ~ to that, there is the question of ...** par contre, il y a la question de ...

**opposing** /əˈpəʊzɪŋ/ **ADJ** *[factions, forces, views]* opposé ; *(Jur)* adverse ◆ **to be on ~ sides** ne pas être du même bord ◆ **the ~ team** l'équipe *f* adverse ◆ **the ~ votes** les voix *fpl* contre

**opposite** /ˈɒpəzɪt/ **ADJ** *[house etc]* d'en face ; *[bank, side, end]* opposé, autre ; *[direction, pole]* opposé ; *(fig)* *[attitude, point of view]* opposé, contraire ◆ **"see map on opposite page"** "voir plan ci-contre" ◆ **the ~ sex** l'autre sexe *m* ◆ **we take the ~ view (to his)** nous pensons le contraire (de ce qu'il pense), notre opinion est diamétralement opposée (à la sienne) ◆ **his ~ number** son homologue *mf*

**ADV** (d')en face ◆ **the house ~** la maison d'en face ◆ **the house is immediately** *or* **directly ~** la maison est directement en face ◆ **~ to** en face de

**PREP** en face de ◆ **the house is ~ the church** la maison est en face de l'église ◆ **the house and the church are ~ one another** la maison et l'église sont en vis-à-vis ◆ **they sat ~ one another** ils étaient assis face à face *or* en vis-à-vis ◆ **they live ~ us** ils habitent en face de chez nous ◆ **to play ~ sb** *(Cine, Theat etc)* partager la vedette avec qn ◆ **~ Calais** *(Naut)* à la hauteur de Calais

**N** contraire *m*, inverse *m* ◆ **quite the ~!** bien au contraire ! ◆ **he told me just the ~** *or* **the exact ~** il m'a dit exactement l'inverse *or* le contraire ◆ **he says the ~ of everything I say** il prend le contre-pied de tout ce que je dis, il faut toujours qu'il me contredise ◆ **what's the ~ of white?** quel est le contraire de blanc ? ◆ **~s attract** les contraires s'attirent

**Opposition** /ˌɒpəˈzɪʃən/ *(Brit Pol)* **N** ◆ **the ~** l'opposition *f* ◆ **the leader of the ~** le chef de l'opposition **COMP** *[speaker, member, motion, party]* de l'opposition ▷ **the Opposition benches NPL** (les bancs *mpl* de) l'opposition *f*

**opposition** /ˌɒpəˈzɪʃən/ **N** **a** opposition *f* *(also Astron, Pol)* ◆ **his ~ to the scheme** son opposition au projet ◆ **in ~ (to)** en opposition (avec) ◆ **the party in ~** *(Pol)* le parti de l'opposition ◆ **to be in ~** *(Pol)* être dans l'opposition ◆ **the ~** *(in politics)* l'opposition *f* ; *(= opposing team)* l'adversaire *m* ; *(= business competitors)* la concurrence **b** *(Mil etc)* opposition *f*, résistance *f* ◆ **they put up** *or* **offered considerable ~** ils ont opposé une vive résistance ◆ **the army met with little or no ~** l'armée a rencontré peu sinon point de résistance **COMP** ▷ **opposition hold N** *(Climbing)* opposition *f*

**oppositionist** /ˌɒpəˈzɪʃənɪst/ **N** *(Pol)* opposant(e) *m(f)* (systématique)

**oppress** /əˈpres/ **VT** **a** *(Mil, Pol etc)* opprimer ◆ **the ~ed** les opprimés *mpl* **b** *[anxiety, heat etc]* oppresser, accabler

**oppression** /əˈpreʃən/ **N** *(all senses)* oppression *f*

**oppressive** /əˈpresɪv/ **ADJ** **a** *(Mil, Pol)* *[system, regime, law]* oppressif **b** *(= uncomfortable)* *[air, heat, silence, mood]* oppressant ; *[weather]* lourd ◆ **the little room was ~** on étouffait dans cette petite pièce

**oppressively** /əˈpresɪvlɪ/ **ADV** **a** *(Mil, Pol)* *[rule]* de manière oppressive **b** *(= uncomfortably)* ◆ **the room was ~ hot** on étouffait dans cette pièce ◆ **~ humid** d'une humidité oppressante ◆ **it's ~ hot today** il fait très lourd aujourd'hui ◆ **~ drab** *or* **grey** d'un gris sinistre

**oppressor** /əˈpresəʳ/ **N** oppresseur *m*

**opprobrious** /əˈprəʊbrɪəs/ **ADJ** *(frm)* chargé d'opprobre *(liter)*

**opprobrium** /əˈprəʊbrɪəm/ **N** opprobre *m*

**opt** /ɒpt/ **VI** ◆ **to ~ for sth** opter pour qch ◆ **to ~ to do sth** choisir de faire qch

► **opt in VI** choisir de participer (*to* à)

► **opt out VI** choisir de ne pas participer (*of* à) ; *[hospital, school]* *choisir l'autonomie par rapport aux autorités locales* ; *[dentist]* *choisir de ne plus être conventionné par la Sécurité sociale* ; *(Sociol)* s'évader de *or* rejeter la société (de consommation) ; *(Brit: pension)* choisir une caisse de retraite privée *(par opposition au système de la Sécurité sociale)* ◆ **he ~ed out of going** il a choisi de ne pas y aller ◆ **you can always ~ out** tu peux toujours te retirer *or* te récuser ; see also **opt-out**

**optative** /ˈɒptətɪv/ **ADJ, N** optatif *m*

**optic** /ˈɒptɪk/ **ADJ** optique **N** *(Brit: in bar)* bouchon *m* doseur **NPL** **optics** optique *f* **COMP** ▷ **optic nerve N** nerf *m* optique

**optical** /ˈɒptɪkəl/ **ADJ** *[microscope, telescope, system, glass, lens]* optique ; *[instrument]* d'optique, optique **COMP** ▷ **optical brightener N** agent *m* éclaircissant ▷ **optical character reader N** *(Comput)* lecteur *m* optique de caractères ▷ **optical character recognition N** reconnaissance *f* optique de caractères ▷ **optical computer N** ordinateur *m* optique ▷ **optical disc, optical disk N** disque *m* optique ▷ **optical fibre N** fibre *f* optique ▷ **optical illusion N** illusion *f* d'optique ▷ **optical scanner N** lecteur *m* optique ▷ **optical scanning** N lecture *f* optique

**optician** /ɒpˈtɪʃən/ N opticien(ne) *m(f)* ; *(prescribing)* oculiste *mf*

**optima** /ˈɒptɪmə/ NPL of **optimum**

**optimal** /ˈɒptɪml/ ADJ optimal

**optimism** /ˈɒptɪmɪzəm/ N optimisme *m*

**optimist** /ˈɒptɪmɪst/ N optimiste *mf*

**optimistic** /ˌɒptɪˈmɪstɪk/ ADJ optimiste (*about sth* quant à qch) ◆ **she was ~ of success** *or* **that she would succeed** elle avait bon espoir de réussir ◆ **to be cautiously ~** être d'un optimisme prudent

**optimistically** /ˌɒptɪˈmɪstɪklɪ/ ADV avec optimisme

**optimization** /ˌɒptɪmaɪˈzeɪʃən/ N optimisation *f*

**optimize** /ˈɒptɪmaɪz/ VT optimiser, optimaliser

**optimum** /ˈɒptɪməm/ ADJ *[level, number, time]* optimum, optimal ◆ **~ conditions** conditions *fpl* optimales ◆ **exercise three times a week for ~ health** faites de l'exercice trois fois par semaine pour être au mieux de votre forme N (pl **optimums** *or* **optima**) optimum *m*

**option** /ˈɒpʃən/ N a *(gen)* choix *m*, option *f* ◆ **I have no ~** je n'ai pas le choix ◆ **he had no ~ but to come** il n'a pas pu faire autrement que de venir ◆ **you have the ~ of remaining here** vous pouvez rester ici si vous voulez ◆ **the military ~** l'option *f* militaire ◆ **he left** *or* **kept his ~s open** *(fig)* il n'a pas voulu s'engager (irrévocablement) ◆ **to give sb the ~ of doing sth** donner à qn la possibilité de faire qch ◆ **children are given the ~ of learning French or German** les enfants peuvent choisir entre le français et l'allemand ◆ **borrowing more money is not an ~** emprunter plus n'est pas une option viable ◆ **doing nothing is not an ~** on ne peut pas ne rien faire

b *(Comm, Fin)* option *f* (*on* sur) ◆ **to take up the ~** lever l'option ◆ **at the ~ of the purchaser** au gré de l'acheteur ◆ **~ taker** *(Comm, Fin)* optant *m* ◆ **to have the ~ to do sth** avoir l'option de faire qch ◆ **(to have an) ~ to buy/acquire/sell** *(Comm, Fin)* (avoir une) option d'achat/d'acquisition/de vente ◆ **six months with/without the ~ of a fine** *(Jur)* six mois avec/sans substitution d'amende

c *(Brit Scol = subject/course etc)* (matière *f*/cours *m* etc à) option *f* ◆ **programme offering ~s** programme *m* optionnel

**optional** /ˈɒpʃənl/ ADJ *[course, subject] (Scol)* facultatif ; *(Univ)* en option ; *[accessories]* en option ◆ **a medical with ~ eye test** un contrôle médical avec examen de la vue en option ◆ **~ extra** option *f* ◆ **dress ~** tenue *f* de soirée facultative

**optometrist** /ɒpˈtɒmətrɪst/ N optométriste *mf*

**optometry** /ɒpˈtɒmətrɪ/ N optométrie *f*

**opt-out** /ˈɒptaʊt/ ADJ *(Brit) [school, hospital] qui a choisi l'autonomie par rapport aux autorités locales* N a *(Brit) [of school, hospital] choix d'autonomie par rapport aux autorités locales* b (*esp Brit:* also **opt-out clause**) *(Jur, Comm)* clause *f* de sortie ; *(from treaty)* clause *f* d'exemption

**opulence** /ˈɒpjʊləns/ N *[of person, lifestyle]* opulence *f* ; *[of palace]* somptuosité *f*, opulence *f* ; *[of room]* somptuosité *f*, richesse *f* ; *[of clothes, furnishings]* somptuosité *f* ; *[of material, voice]* richesse *f* ◆ **a life of ~** une vie opulente ◆ **the ~ of the production** *(Cine, Theat)* la somptuosité de la production

**opulent** /ˈɒpjʊlənt/ ADJ *[person, lifestyle]* opulent ; *[building, room, costume, film, production]* somptueux ◆ **silk curtains give the room an ~ feel** des rideaux de soie rendent la pièce plus somptueuse

**opulently** /ˈɒpjʊləntlɪ/ ADV *[furnish etc]* avec opulence ; *[live]* dans l'opulence

**opus** /ˈəʊpəs/ N (pl **opuses** *or* **opera**) opus *m* ; → **magnum**

**opuscule** /ɒˈpʌskjuːl/ N opuscule *m*

**OR** abbrev of **Oregon**

**or** /ɔːʳ/ CONJ ou ; *(with neg)* ni ◆ **red ~ black?** rouge ou noir ? ◆ **~ else** ou bien ◆ **do it ~ else!** * fais-le, sinon (tu vas voir) ! ◆ **without tears ~ sighs** sans larmes ni soupirs ◆ **he could not read ~ write** il ne savait ni lire ni écrire ◆ **an hour ~ so** environ une heure, à peu près une heure ◆ **botany, ~ the science of plants** la botanique, ou la science des plantes *or* autrement dit la science des plantes ; → **either**

**oracle** /ˈɒrəkl/ N *(Hist, fig)* oracle *m* ◆ **the government managed to work the ~ and be re-elected** le gouvernement a réussi l'exploit d'être réélu ◆ **she's the ~ on house buying** c'est une autorité en matière d'immobilier

**oracular** /ɒˈrækjʊləʳ/ ADJ *(frm) (= prophetic) [guidance, utterance]* prophétique ; *(= mysterious) [person, tone, pronouncement]* sibyllin ◆ **~ shrine** oracle *m*

**oral** /ˈɔːrəl/ ADJ a *[examination, teaching methods]* oral ; *[testimony, message, account]* oral, verbal b *(Anat) [cavity]* buccal, oral ; *(Pharm etc) [dose]* par voie orale N oral *m* COMP ▷ **oral examiner** N *(Scol etc)* examinateur *m*, -trice *f* à l'oral ▷ **oral history** N la tradition orale ▷ **oral hygiene** N hygiène *f* buccale *or* buccodentaire ▷ **oral hygienist** N hygiéniste *mf* dentaire ▷ **oral sex** N *(= fellatio)* fellation *f* ; *(= cunnilingus)* cunnilingus *m* ▷ **oral society** N société *f* à tradition orale ▷ **oral tradition** N la tradition orale ▷ **oral vowel** N *(Ling)* voyelle *f* orale

**orally** /ˈɔːrəlɪ/ ADV a *(= verbally) [express, promise, pass down]* oralement ; *[testify, communicate]* oralement, de vive voix b *(Med) [take, administer]* par voie orale c *(= with mouth)* ◆ **to stimulate sb ~** stimuler qn avec la bouche *or* par des caresses bucco-génitales

**orange** /ˈɒrɪndʒ/ N orange *f* ; (also **orange tree**) oranger *m* ; *(= colour)* orange *m*, orangé *m* ◆ **"oranges and lemons"** *chanson et jeu d'enfants* ◆ **Orange** *(Geog)* Orange ; → **blood**

ADJ a *(in colour) [dress, shirt, glow]* orange *inv* ◆ **bright ~** orange vif *inv*

b *(in taste) [drink, liqueur]* à l'orange ; *[flavour]* d'orange

COMP ▷ **orange blossom** N fleur(s) *f(pl)* d'oranger ▷ **orange box, orange crate** *(US)* N caisse *f* à oranges ▷ **Orange Day** N *(Ir)* le 12 juillet *(procession annuelle des Orangistes)* ▷ **orange flower water** N eau *f* de fleur d'oranger ▷ **Orange Free State** N État *m* libre d'Orange ▷ **orange grove** N orangeraie *f* ▷ **orange juice** N jus *m* d'orange ▷ **Orange march** *or* **parade** N *(Brit)* défilé *m* des Orangistes ▷ **orange marmalade** N confiture *f* d'oranges ▷ **the Orange Order** N *(Brit)* l'Ordre *m* d'Orange ▷ **orange peel** N *(gen)* peau *f* *or* écorce *f* d'orange ; *(Culin)* zeste *m* d'orange ◆ **~ peel effect** *(Med)* peau *f* d'orange ▷ **orange squash** N ≈ orangeade *f* ▷ **orange stick** N bâtonnet *m (pour manucure etc)* ▷ **orange tree** N oranger *m*

**orangeade** /ˈɒrɪndʒˈeɪd/ N soda *m* à l'orange

**Orangeman** /ˈɒrɪndʒmən/ N (pl **-men**) Orangiste *m*

**orangery** /ˈɒrɪndʒərɪ/ N orangerie *f*

**orangewood** /ˈɒrɪndʒwʊd/ N (bois *m* d')oranger *m*

**orangey** /ˈɒrɪndʒɪ/ ADJ *[colour]* orangé ; *[taste, flavour]* d'orange ◆ **~-red** rouge orangé *inv*

**orang-outang** /ɔːˌræŋuːˈtæŋ/, **orang-utan** /ɔːˌræŋuːˈtæn/ N orang-outan(g) *m*

**orate** /ɒˈreɪt/ VI discourir, faire un discours ; *(pej)* pérorer VT déclamer

**oration** /ɔːˈreɪʃən/ N discours *m* solennel ; → **funeral**

**orator** /ˈɒrətəʳ/ N orateur *m*, -trice *f*

**oratorical** /ˌɒrəˈtɒrɪkəl/ ADJ oratoire

**oratorio** /ˌɒrəˈtɔːrɪəʊ/ N (pl **oratorios**) oratorio *m*

**oratory¹** /ˈɒrətərɪ/ N *(= art)* art *m* oratoire ; *(= what is said)* éloquence *f*, rhétorique *f* ◆ **brilliant piece of ~** brillant discours *m*

**oratory²** /ˈɒrətərɪ/ N *(Rel)* oratoire *m*

**orb** /ɔːb/ N a *(= sphere)* globe *m*, sphère *f* ; *(in regalia)* globe *m* b *(liter = eye)* œil *m* c *(liter = celestial body)* orbe *m*

**orbit** /ˈɔːbɪt/ N *(Anat, Astron)* orbite *f* ◆ **to be in/go into/put into ~ (around)** être/entrer/mettre en *or* sur orbite (autour de) ◆ **countries within the communist ~** pays *mpl* dans l'orbite communiste VT graviter autour de, décrire une *or* des orbite(s) autour de VI orbiter, être *or* rester en *or* sur orbite (*round* autour de)

**orbital** /ˈɔːbɪtl/ ADJ a *(Brit) [road, motorway]* périphérique b *(Space)* orbital c *(Anat)* orbitaire

**orbiter** /ˈɔːbɪtəʳ/ N *(Space)* orbiteur *m*

**Orcadian** /ɔːˈkeɪdɪən/ ADJ des (îles) Orcades N habitant(e) *m(f)* des (îles) Orcades

**orchard** /ˈɔːtʃəd/ N verger *m* ◆ **cherry ~** champ *m* de cerisiers, cerisaie *f*

**orchestra** /ˈɔːkɪstrə/ N a *(Mus)* orchestre *m* ; → **leader, string** b *(US Theat)* (fauteuils *mpl* d')orchestre *m* COMP ▷ **orchestra pit** N *(Theat)* fosse *f* d'orchestre ▷ **orchestra stalls** NPL (fauteuils *mpl* d')orchestre *m*

**orchestral** /ɔːˈkestrəl/ ADJ *[music]* orchestral, d'orchestre ; *[playing]* de l'orchestre ; *[concert]* d'orchestre ; *[piece, work, arrangement]* pour orchestre ◆ **~ score** orchestration *f*

**orchestrate** /ˈɔːkɪstreɪt/ VT orchestrer

**orchestration** /ˌɔːkɪsˈtreɪʃən/ N orchestration *f*, instrumentation *f*

**orchid** /ˈɔːkɪd/ N orchidée *f* ◆ **wild ~** orchis *m*

**orchis** /ˈɔːkɪs/ N orchis *m*

**ordain** /ɔːˈdeɪn/ VT a *[God, fate]* décréter (*that* que) ; *[law]* décréter (*that* que), prescrire (*that* que + *subj*) ; *[judge]* ordonner (*that* que + *subj*) ◆ **it was ~ed that he should die young** il était destiné à mourir jeune, le sort *or* le destin a voulu qu'il meure jeune b *(Rel) [+ priest]* ordonner ◆ **he was ~ed (priest)** il a reçu l'ordination, il a été ordonné prêtre

**ordeal** /ɔːˈdiːl/ N a rude épreuve *f*, supplice *m* ◆ **they suffered terrible ~s** ils sont passés par *or* ils ont subi d'atroces épreuves ◆ **speaking in public was an ~ for him** il était au supplice quand il devait parler en public, parler en public le mettait au supplice ◆ **the painful ~ of the last eight months** l'épreuve pénible qu'ont été ces huit derniers mois ◆ **it was less of an ~ than expected** cela a été moins pénible que prévu b *(Hist Jur)* ordalie *f* ◆ **~ by fire** épreuve *f* du feu

## order /ˈɔːdəʳ/

LANGUAGE IN USE 20.3, 27.7

1 NOUN
2 TRANSITIVE VERB
3 INTRANSITIVE VERB
4 COMPOUNDS
5 PHRASAL VERBS

1 - NOUN

**a** [= disposition, sequence] ordre *m* ◆ **word ~** ordre *m* des mots ◆ **what ~ should these documents be in?** dans quel ordre faut-il classer ces documents ? ◆ **to be in ~** être en ordre ◆ **to put in(to) ~** mettre en ordre ◆ **the cards were out of ~** les cartes n'étaient pas en ordre ◆ **the files have got all out of ~** les dossiers sont sens dessus dessous ◆ **in ~ of merit/precedence** par ordre de mérite/préséance ◆ **"cast in order of appearance:"** *(Theat)* "avec par ordre d'entrée en scène :" ; *(Cine)* "avec par ordre d'apparition :" ◆ **he loves his boat and his family, in that ~** il aime son bateau et sa famille, dans cet ordre-là

**b** [NonC : also **good order**] ordre *m* ◆ **he's got no sense of ~** il n'a aucun (sens de l')ordre ◆ **in ~** *[room etc]* en ordre ; *[passport, documents]* en règle ◆ **to put one's room/one's affairs in ~** mettre de l'ordre dans sa chambre/ses affaires, mettre sa chambre/ses affaires en ordre ◆ **in short ~** *(US)* sans délai, tout de suite ◆ **to be in running** *or* **working ~** être en état de marche ◆ **in good ~** *(= in good condition)* en bon état ◆ **the machine is out of ~** la machine est en panne *or* détraquée * ◆ **"out of order"** *(on sign)* "hors service" ◆ **the line is out of ~** *(Telec)* la ligne est en dérangement

**c** [expressing purpose]

◆ **in order to** pour, afin de ◆ **I did it in ~ to clarify matters** je l'ai fait pour *or* afin de clarifier la situation

◆ **in order that** afin que *+ subj*, pour que *+ subj* ◆ **in ~ that there should be no misunderstanding** afin *or* pour qu'il n'y ait pas de malentendu, pour éviter tout malentendu

**d** [= correct procedure] *(Parl etc)* ordre *m* ◆ **~, ~!** silence ! ◆ **to call sb to ~** rappeler qn à l'ordre ◆ **he intervened on a point of ~** il a soulevé un point de procédure ◆ **"(on a) point of order, Mister Chairman ..."** "j'aimerais soulever un point de procédure ..." ◆ **to be in ~** *(gen) [action, request etc]* être dans les règles ◆ **that's quite in ~** je n'y vois aucune objection ◆ **is it in ~ to do that?** est-ce que ça se fait ? ◆ **would it be in ~ for me to speak to her?** pourrais-je lui parler ? ◆ **it's quite in ~ for him to do that** rien ne s'oppose à ce qu'il le fasse ◆ **reforms are clearly in ~** il est évident que des réformes s'imposent ◆ **a drink seems in ~** un verre s'impose ◆ **congratulations are surely in ~!** recevez toutes nos (*or* mes *etc*) félicitations ! ◆ **it seems a celebration is in ~!** on va devoir fêter ça ! ◆ **out of ~** * *[remark]* déplacé ◆ **that was well out of ~!** *, **you're way out of ~!** * ça se fait pas ! *

**e** [= peace, control] ordre *m* ◆ **to keep ~** *[police]* faire régner l'ordre, maintenir l'ordre ; *[teacher]* faire régner la discipline ◆ **she can't keep her class in ~** elle n'arrive pas à tenir sa classe ◆ **keep your dog in ~!** surveillez votre chien !

**f** [= category, class] *(Bio)* ordre *m* ; *(= social position)* classe *f* ; *(= kind)* ordre *m* ◆ **the lower/higher ~s** *(= social rank)* les classes *fpl* inférieures/supérieures ◆ **of a high ~** *(fig)* de premier ordre ◆ **~ of magnitude** ordre *m* de grandeur ◆ **something in the ~ of 500 euros, something of the ~ of 500 euros** *(Brit)*, **something on the ~ of 500 euros** *(US)* quelque chose de l'ordre de 500 euros ◆ **the present crisis is of a (very) different ~** la crise actuelle est d'un (tout) autre ordre

**g** [= the way things are] ordre *m* ◆ **it is in the ~ of things** c'est dans l'ordre des choses ◆ **the old ~ is changing** le monde change ◆ **a new world ~** un nouvel ordre mondial ◆ **a new social/political ~** un nouvel ordre social/politique ◆ **strikes were the ~ of the day** les grèves étaient à l'ordre du jour

**h** [Rel] ordre *m* ◆ **the Benedictine Order** l'ordre *m* des bénédictins ◆ **to be in/take (holy) ~s** être/entrer dans les ordres

**i** [= command] ordre *m*, consigne *f (Mil)* ◆ **to obey ~s** obéir aux ordres, observer *or* respecter la consigne *(Mil)* ◆ **~s are ~s** les ordres sont les ordres, la consigne c'est la consigne ◆ **that's an ~!** c'est un ordre ! ◆ **on the ~s of ...** sur l'ordre de ... ◆ **by ~ of ...** par ordre de ... ◆ **till further ~s** jusqu'à nouvel ordre ◆ **to give sb ~s to do sth** ordonner à qn de faire qch ◆ **he gave the ~ for it to be done** il a ordonné qu'on le fasse, il a donné l'ordre de le faire ◆ **you can't give me ~s!, I don't take ~s from you!** je ne suis pas à vos ordres !, ce n'est pas à vous de me donner des ordres ! ◆ **I don't take ~s from anyone** je n'ai d'ordres à recevoir de personne ◆ **to be under the ~s of** être sous les ordres de ◆ **to be under ~s to do sth** avoir (reçu l')ordre de faire qch ◆ **sorry, I'm under ~s** désolé, j'ai (reçu) des ordres ◆ **Order in Council** *(Brit Parl)* ordonnance *f* prise en Conseil privé, ≃ décret-loi *m*

**j** [Jur] ◆ **judge's ~** ordonnance *f* ◆ **~ of bankruptcy** déclaration *f* de faillite ◆ **~ of the Court** injonction *f* de la cour ◆ **deportation ~** arrêté *m* d'expulsion

**k** [Comm] commande *f* ◆ **made to ~** fait sur commande ◆ **to give an ~ to sb (for sth), to place an ~ with sb (for sth)** passer une commande (de qch) à qn ◆ **we have received your ~ for ...** nous avons bien reçu votre commande de ... ◆ **we have the shelves on ~ for you** vos étagères sont commandées ◆ **to do sth to ~** *(Comm, fig)* faire qch sur commande ◆ **can I take your order?** *(in restaurant)* vous avez choisi ?

**l** [= warrant, permit] permis *m* ◆ **~ to view** permis *m* de visiter

**m** [Fin] ◆ **pay to the ~ of ...** payer à l'ordre de ... ◆ **pay John Smith or ~** payez John Smith ou à son ordre

**n** [= portion] portion *f* ◆ **an ~ of French fries** une portion de frites

**o** [Archit] ordre *m*

2 - TRANSITIVE VERB

**a** [= command] ordonner à, donner l'ordre à ◆ **to ~ sb to do sth** ordonner à qn de faire qch, donner l'ordre à qn de faire qch ◆ **he ~ed that the army should advance** *(frm)* il a donné l'ordre à l'armée d'avancer ◆ **he was ~ed to be quiet** on lui a ordonné de se taire ◆ **to ~ sb in/out/up** *etc* ordonner à qn d'entrer/de sortir/de monter *etc* ◆ **to ~ a player off** renvoyer un joueur ◆ **to ~ a regiment abroad** envoyer un régiment à l'étranger ◆ **the regiment was ~ed to Berlin** le régiment a reçu l'ordre d'aller à Berlin

**b** [= ask for] *[+ goods, meal]* commander ; *[+ taxi]* faire venir ◆ **to ~ more wine** redemander du vin ◆ **I didn't ~ this!** ce n'est pas ce que j'ai commandé !

**c** [= put in sequence] classer, ranger ◆ **they are ~ed by date/size** ils sont classés *or* rangés dans l'ordre chronologique/par ordre de grandeur

**d** [= put in good order] *[+ one's affairs etc]* régler

3 - INTRANSITIVE VERB

[in restaurant etc] passer sa commande ◆ **are you ready to ~?** vous avez choisi ?

4 - COMPOUNDS

▷ **order book** N *(Comm, Ind)* carnet *m* de commandes ◆ **the company's ~ books were full** les carnets de commandes de l'entreprise étaient pleins ▷ **order form** N *(Comm)* bulletin *m or* bon *m* de commande ▷ **order mark** N *(Brit Scol)* avertissement *m* ▷ **the Order of Merit** N *(Brit)* l'ordre *m* du mérite ▷ **Order of Service** N *(Rel)* ordre *m* de cérémonie ▷ **the Order of the Bath** N *(Brit)* l'ordre *m* du Bain ▷ **the Order of the Garter** N *(Brit)* l'ordre *m* de la Jarretière ▷ **order paper** N *(Brit Parl)* ordre *m* du jour

5 - PHRASAL VERBS

► **order about, order around** VT SEP commander ◆ **he likes ~ing people about** il aime donner des ordres à tout le monde ◆ **I won't be ~ed about by him!** je ne suis pas à ses ordres !, je n'ai pas d'ordres à recevoir de lui !

---

**ordered** /ˈɔːdɪd/ ADJ (also **well ordered**) *[world, society, universe]* ordonné

**ordering** /ˈɔːdərɪŋ/ N *(Comm)* passation *f* de commandes

**orderliness** /ˈɔːdəlɪnɪs/ N *(NonC)* (habitudes *fpl* d')ordre *m*

**orderly** /ˈɔːdəlɪ/ ADJ *[person] (= tidy)* ordonné ; *(= methodical)* méthodique ; *(= disciplined)* discipliné ; *[mind, system]* méthodique ; *[life]* rangé, réglé ; *[room, queue]* ordonné ; *[row]* régulier ; *[school]* où règne la discipline ◆ **in an ~ fashion** *or* **manner** avec ordre N **a** *(Mil)* planton *m*, ordonnance *f* **b** *(Med)* garçon *m* de salle ; → **nursing** COMP ▷ **orderly officer** N *(Mil)* officier *m* de service ▷ **orderly room** N *(Mil)* salle *f* de rapport

**ordinal** /ˈɔːdɪnl/ ADJ *[number]* ordinal N (nombre *m*) ordinal *m*

**ordinance** /ˈɔːdɪnəns/ N ordonnance *f*, arrêté *m*

**ordinand** /ˈɔːdɪnænd/ N ordinand *m*

**ordinarily** /ˈɔːdnrɪlɪ/ ADV ◆ **more than ~ polite/honest** d'une politesse/honnêteté qui sort de l'ordinaire ◆ **the car would ~ cost more** cette voiture coûterait normalement plus ◆ **~, I would have disbelieved him** normalement, je ne l'aurais pas cru

**ordinary** /ˈɔːdnrɪ/ ADJ **a** *(= usual, day-to-day)* ordinaire, normal ◆ **it has 25 calories less than ~ ice cream** elle a 25 calories de moins que les glaces ordinaires ◆ **in ~ use** d'usage *or* d'emploi courant ◆ **my ~ grocer's** mon épicerie habituelle ◆ **the heat made ~ life impossible** la chaleur rendait impossible la routine habituelle ◆ **in the ~ way** † en temps normal, d'ordinaire

**b** *(= average, not outstanding) [person, day]* ordinaire, comme les autres ; *[intelligence, knowledge, reader etc]* moyen ◆ **a perfectly ~ Monday morning** un lundi matin comme les autres ◆ **mine was a fairly ~ childhood** j'ai eu une enfance normale *or* assez ordinaire ◆ **I'm just an ~ fellow** je suis un homme comme les autres ◆ **~ people** le commun des mortels ◆ **~ Germans** *etc* l'Allemand *m etc* moyen ◆ **it's not what you would call an ~ present** c'est vraiment un cadeau peu ordinaire *or* peu banal ◆ **it was no ~ bar** ce n'était pas un bar ordinaire *or* comme les autres ◆ **she's no ~ woman** ce n'est pas une femme ordinaire *or* comme les autres ◆ **this is no ~ novel, this is a masterpiece** ce n'est pas un roman comme les autres, c'est un chef-d'œuvre

c *(pej) [person, meal etc]* ordinaire, quelconque

N a ordinaire *m* ◆ **out of the ~** hors du commun, qui sort de l'ordinaire ◆ **above the ~** au-dessus du commun *or* de l'ordinaire

b *(Rel)* ◆ **the ~ of the mass** l'ordinaire *m* de la messe

COMP ▷ **ordinary degree** N *(Brit Univ)* ≃ licence *f* ▷ **Ordinary grade** N *(Scot)* ⇒ **Ordinary level** ▷ **Ordinary level** N *(Brit Educ: formerly) examen passé à l'âge de 16 ans dans le cadre des études secondaires* ▷ **Ordinary National Certificate** N *(Brit Educ)* ≃ brevet *m* de technicien ▷ **Ordinary National Diploma** N *(Brit Educ)* ≃ brevet *m* de technicien supérieur ▷ **ordinary seaman** N (pl **ordinary seamen**) *(Brit Navy)* matelot *m* non breveté ▷ **ordinary share** N *(St Ex)* action *f* ordinaire

**ordination** /ˌɔːdɪˈneɪʃən/ N *(Rel)* ordination *f*

**ordnance** /ˈɔːdnəns/ *(Mil)* N *(= guns)* (pièces *fpl* d')artillerie *f* ; *(= unit)* service *m* du matériel et des dépôts COMP ▷ **Ordnance Corps** N Service *m* du matériel ▷ **ordnance factory** N usine *f* d'artillerie ▷ **Ordnance Survey** N *(in Brit)* service *m* cartographique de l'État ◆ **Ordnance Survey map** ≃ carte *f* d'état-major

**Ordovician** /ˌɔːdəʊˈvɪʃɪən/ ADJ ordovicien

**ordure** /ˈɔːdjʊəʳ/ N ordure *f*

**ore** /ɔːʳ/ N minerai *m* ◆ **iron ~** minerai *m* de fer

**Ore(g).** abbrev of **Oregon**

**oregano** /ˌɒrɪˈgɑːnəʊ, (US) əˈregənəʊ/ N origan *m*

**Oregon** /ˈɒrɪgən/ N Oregon *m* ◆ **in ~** dans l'Oregon

**Oreo** ® /ˈɔːrɪəʊ/ N *(US)* a *(= food) gâteau sec au chocolat fourré à la vanille* b *(* = person)* Noir(e) *m(f)* qui imite les Blancs

**Orestes** /ɒˈrestiːz/ N Oreste *m*

**organ** /ˈɔːgən/ N a *(Mus)* orgue *m*, orgues *fpl* ◆ **grand ~** grandes orgues *fpl* ; → **barrel, mouth**

b *(Anat)* organe *m* ; *(= penis)* sexe *m* ◆ **vocal ~s, ~s of speech** organes *mpl* vocaux, appareil *m* vocal ◆ **reproductive** *or* **sex(ual) ~s** organes *mpl* génitaux *or* sexuels ◆ **the male ~** le sexe masculin

c *(fig = instrument)* organe *m* ◆ **the chief ~ of the administration** l'organe principal de l'administration

d *(Press = mouthpiece)* organe *m*, porte-parole *m inv*

COMP ▷ **organ bank** N *(Med)* banque *f* d'organes ▷ **organ-builder** N facteur *m* d'orgues ▷ **organ donor** N donneur *m*, -euse *f* d'organe(s) ▷ **organ-grinder** N joueur *m*, -euse *f* d'orgue de Barbarie ◆ **I want to talk to the ~-grinder, not the (~-grinder's) monkey** * *(pej)* je veux parler au responsable ▷ **organ loft** N tribune *f* d'orgue ▷ **organ pipe** N tuyau *m* d'orgue ▷ **organ screen** N jubé *m* ▷ **organ stop** N jeu *m* d'orgue ▷ **organ transplant** N greffe *f or* transplantation *f* d'organe

**organdie, organdy** *(US)* /ˈɔːgəndɪ/ N organdi *m* COMP en organdi, d'organdi

**organic** /ɔːˈgænɪk/ ADJ a *(Chem) [matter, waste, fertilizer, compound]* organique b *(Agr, Culin = non-chemical) [farm, farming, methods, produce, food]* biologique, bio * *inv* ; *[farmer]* biologique ; *[meat, poultry]* sans hormones ◆ **~ restaurant** restaurant *m* diététique c *(frm = integral) [society, state, community]* organique ; *[part]* fondamental ◆ **~ whole** tout *m* systématique ◆ **~ law** loi *f* organique d *(frm = gradual, natural) [growth, development]* organique COMP ▷ **organic chemistry** N chimie *f* organique ▷ **organic disease** N maladie *f* organique

**organically** /ɔːˈgænɪkəlɪ/ ADV a *(Agr, Culin = not chemically) [farm, grow, produce]* biologiquement, sans engrais chimiques ◆ **~ grown vegetables** légumes *mpl* biologiques ◆ **an ~ rich soil** un sol riche en composés organiques b *(= naturally) [develop, integrate]* naturellement c *(= physically) [weak]* physiquement

**organism** /ˈɔːgənɪzəm/ N organisme *m* *(Bio)*

**organist** /ˈɔːgənɪst/ N organiste *mf*

**organization** /ˌɔːgənaɪˈzeɪʃən/ N a *(= association)* organisation *f* ; *(= statutory body)* organisme *m*, organisation *f* ; *(= society)* organisation *f*, association *f* ◆ **youth ~** organisation *f or* organisme *m* de jeunesse ◆ **she belongs to several ~s** elle est membre de plusieurs organisations *or* associations ◆ **a charitable ~** une œuvre *or* une association de bienfaisance ; → **travel**

b *[of event, activity]* organisation *f* ◆ **his work lacks ~** son travail manque d'organisation ◆ **a project of this size takes a lot of ~** un projet de cette ampleur requiert une bonne organisation

COMP ▷ **organization and methods** N *(Comm, Admin)* organisation *f* scientifique du travail, OST *f* ▷ **organization chart** N organigramme *m* ▷ **organization expenses** NPL *(Fin)* frais *mpl* d'établissement ▷ **organization man** N (pl **organization men**) *(pej) cadre qui s'identifie complètement à son entreprise*

**organizational** /ˌɔːgənaɪˈzeɪʃənl/ ADJ *[skill, ability]* d'organisateur ; *[problems]* d'organisation, organisationnel ; *[support, goals, links, structure]* organisationnel ; *[experience]* de l'organisation ; *[framework]* structurel, organisationnel ◆ **~ change** *(Jur, Comm)* changement *m* structurel, modification *f* structurelle ◆ **at an ~ level** au niveau organisationnel *or* de l'organisation

**organize** /ˈɔːgənaɪz/ VT a *[+ meeting, scheme, course, visit, elections, strike, campaign, protest]* organiser ◆ **they ~d (it) for me to go to London** ils ont organisé mon départ pour Londres ◆ **I'll ~ something to eat for us** *, **I'll ~ us something to eat** * *(= buy food)* je vais prévoir quelque chose à manger pour nous ; *(= prepare food)* je vais nous préparer un petit quelque chose ◆ **can you ~ the food for us?** vous pouvez vous occuper de la nourriture ? ◆ **she's always organizing people** * elle veut toujours tout organiser ◆ **to ~ one's thoughts, to get one's thoughts ~d** mettre de l'ordre dans ses idées ◆ **to get (o.s.) ~d** s'organiser ; see also **organized** b *(Ind: into trade union)* syndiquer ; see also **organized** VI *(Ind)* se syndiquer

**organized** /ˈɔːgənaɪzd/ ADJ organisé COMP ▷ **organized chaos** * N *(hum)* désordre *m* organisé ▷ **organized crime** N crime *m* organisé ▷ **organized labour** N *(Ind)* main-d'œuvre *f* syndiquée ▷ **organized religion** N religion *f* en tant qu'institution

**organizer** /ˈɔːgənaɪzəʳ/ N a *[of event, activity]* organisateur *m*, -trice *f* ◆ **the ~s apologize for ...** les organisateurs vous prient de les excuser pour ... b ◆ **to be a good/bad ~** être un bon/mauvais organisateur c *(= diary)* ◆ **personal ~** Filofax ® *m*, organiseur *m* personnel ◆ **electronic ~** agenda *m* électronique

**organizing** /ˈɔːgənaɪzɪŋ/ N *[of event, activity etc]* organisation *f* ◆ **she loves ~** elle adore organiser ADJ *[group, committee]* (qui est) chargé de l'organisation

**organo...** /ˈɔːgənəʊ/ PREF organo...

**organophosphate** /ɔːˌgænəʊˈfɒsfeɪt/ N organophosphoré *m*

**organza** /ɔːˈgænzə/ N organza *m*

**orgasm** /ˈɔːgæzəm/ N orgasme *m* ◆ **to bring sb to ~** amener qn à l'orgasme ◆ **to achieve** *or* **reach ~** atteindre l'orgasme VI avoir un orgasme

**orgasmic** /ɔːˈgæzmɪk/ ADJ a *[person, state]* orgasmique b *(* = enjoyable) [experience, pleasure]* jouissif

**orgiastic** /ˌɔːdʒɪˈæstɪk/ ADJ orgiaque

**orgy** /ˈɔːdʒɪ/ N *(lit, fig)* orgie *f* ◆ **an ~ of killing/destruction** une orgie de tueries/destruction ◆ **a spending ~** des dépenses folles

**oriel** /ˈɔːrɪəl/ N (also **oriel window**) (fenêtre *f* en) oriel *m*

**orient** /ˈɔːrɪənt/ N *(liter)* orient *m*, levant *m* ◆ **the Orient** l'Orient VT *(lit, fig)* orienter ◆ **to ~ o.s.** s'orienter, se repérer ; see also **oriented**

**oriental** /ˌɔːrɪˈentəl/ ADJ *[peoples, civilization, design]* oriental ; *[carpet]* d'Orient N ◆ **Oriental** † Oriental(e) *m(f)*

**orientalist** /ˌɔːrɪˈentəlɪst/ N orientaliste *mf*

**orientate** /ˈɔːrɪənteɪt/ VT ⇒ **orient vt** ; see also **oriented**

**orientated** /ˈɔːrɪənteɪtɪd/ ADJ ⇒ **oriented**

**orientation** /ˌɔːrɪənˈteɪʃən/ N *(gen)* orientation *f* ◆ **the group's political ~** la tendance *or* l'orientation politique du groupe ◆ **~ week** *(US Univ)* semaine *f* d'accueil des étudiants

**oriented** /ˈɔːrɪəntɪd/ ADJ ◆ **~ to** *or* **towards** *(= giving priority to, influenced by)* axé sur ; *(= specially for needs of)* adapté aux besoins de ◆ **the film is ~ to the British audience** ce film s'adresse en premier lieu au public britannique ◆ **their policies are ~ to(wards) controlling inflation** leurs politiques ont pour objet de *or* visent à juguler l'inflation ◆ **a defence-~ budget** un budget axé sur la défense, un budget qui privilégie la défense ◆ **a strongly export-~ economy** une économie fortement axée sur l'exportation ◆ **industry-~ research** recherche *f* axée sur les besoins de l'industrie ◆ **user-/pupil- etc ~** adapté aux besoins de *or* spécialement conçu pour l'usager/l'élève *etc* ◆ **politically ~** orienté (politiquement) ◆ **he's not very family-~** il n'est pas très famille ◆ **it's still a very male-~ job** cela demeure un emploi essentiellement masculin

**orienteering** /ˌɔːrɪənˈtɪərɪŋ/ N *(Sport)* course *f* d'orientation

**orifice** /ˈɒrɪfɪs/ N orifice *m*

**origami** /ˌɒrɪˈgɑːmɪ/ N origami *m*

**origan** /ˈɒrɪgən/ N origan *m*

**origin** /ˈɒrɪdʒɪn/ N *(= parentage, source)* origine *f* ; *[of manufactured goods]* origine *f*, provenance *f* ◆ **the ~ of this lies in ...** l'origine en est ... ◆ **to have humble ~s, to be of humble ~** être d'origine modeste, avoir des origines modestes ◆ **his family's ~s are in France** sa famille est d'origine française *or* originaire de France ◆ **country of ~** pays *m* d'origine ◆ **to have its ~s in** *[problem]* provenir de ◆ **the idea has its ~s in medieval Europe** cette idée trouve sa source dans l'Europe du Moyen Âge ◆ **this fruit has its ~s in Asia** ce fruit est originaire d'Asie

**original** /əˈrɪdʒɪnl/ ADJ a *(= first, earliest) [meaning]* originel ; *[inhabitant, member]* premier ; *[purpose, suggestion]* initial, premier ; *[shape, colour]* primitif ; *[edition]* original, princeps *inv* ◆ **~ cost** *(Fin, Comm)* coût *m* d'acquisition ◆ **~ jurisdiction** *(US Jur)* juridiction *f* de première instance ◆ **~ sin** le péché originel b *(= not copied etc) [painting, idea, writer]* original; *[play]* inédit, original **c** *(= unconventional, innovative) [character, person]* original ◆ **he's an ~ thinker, he's got an ~ mind** c'est un esprit original **N** **a** *[of painting, language, document]* original *m* ◆ **to read Dante in the ~ (Italian)** lire Dante dans le texte **b** *(* = person)* original(e) *m(f)*, phénomène * *m*

**originality** /əˌrɪdʒɪˈnælɪtɪ/ **N** originalité *f*

**originally** /əˈrɪdʒənəlɪ/ **ADV** **a** *(= initially) [intend, plan]* au départ, à l'origine ◆ **he's ~ from Armenia** il est originaire d'Arménie ◆ **it was ~ a hit for Janis Joplin** au départ, c'était un succès de Janis Joplin **b** *(= unconventionally, innovatively) [dress]* de façon originale ◆ **to think ~** avoir des idées novatrices *or* originales

**originate** /əˈrɪdʒɪneɪt/ **VT** *[person]* être l'auteur de, être à l'origine de; *[event etc]* donner naissance à ◆ **originating bank** banque *f* émettrice **VI** ◆ **to ~ from** *[person]* être originaire de; *[goods]* provenir de ◆ **to ~ from sb** *[suggestion, idea]* émaner de qn ◆ **to ~ in** *[stream, custom etc]* prendre naissance *or* sa source dans

**origination fee** /əˌrɪdʒɪˈneɪʃənˈfiː/ **N** frais *mpl* de constitution de dossier

**originator** /əˈrɪdʒɪneɪtəʳ/ **N** auteur *m*, créateur *m*, -trice *f*; *[of plan etc]* initiateur *m*, -trice *f*

**Orinoco** /ˌɒrɪˈnəʊkəʊ/ **N** Orénoque *m*

**oriole** /ˈɔːrɪəʊl/ **N** loriot *m*; → **golden**

**Orion** /əˈraɪən/ **N** *(Astron)* Orion *f*; *(Myth)* Orion *m*

**Orkney** /ˈɔːknɪ/ **N** ◆ **the ~ Islands, the ~s** les Orcades *fpl*

**Orlon** ® /ˈɔːlɒn/ **N** orlon ® *m* **COMP** en orlon ®

**ormer** /ˈɔːməʳ/ **N** *(Zool)* ormeau *m*

**ormolu** /ˈɔːməʊluː/ **N** similor *m*, chrysocale *m* **COMP** en similor, en chrysocale

**ornament** /ˈɔːnəmənt/ **N** **a** *(on building, ceiling, dress etc)* ornement *m* **b** *(= ornamental object)* objet *m* décoratif, bibelot *m*; *(fig, liter = person, quality)* ornement *m (fig, liter)* ◆ **a row of ~s on the shelf** une rangée de bibelots sur l'étagère **c** *(NonC = ornamentation)* ornement *m* ◆ **rich in ~** richement orné **d** *(Mus)* ornement *m* **VT** /ˈɔːnəment/ *[+ style]* orner, embellir (*with* de); *[+ room, building, ceiling]* décorer, ornementer (*with* de); *[+ dress]* agrémenter, orner (*with* de)

**ornamental** /ˌɔːnəˈmentl/ **ADJ** **a** *(= decorative) [plant, shrub]* ornemental, décoratif; *[garden, pond, lake]* d'agrément; *[design]* décoratif **b** *(*: pej hum) [person, role]* décoratif *(pej)*

**ornamentation** /ˌɔːnəmenˈteɪʃən/ **N** *(NonC, gen)* ornementation *f*, décoration *f*; *(Mus)* ornements *mpl*

**ornate** /ɔːˈneɪt/ **ADJ** très orné

**ornately** /ɔːˈneɪtlɪ/ **ADV** *[carved, decorated]* richement

**ornery** * /ˈɔːnərɪ/ **ADJ** *(US) [person] (= bad-tempered)* désagréable; *(= nasty)* méchant; *(= stubborn)* entêté

**ornithological** /ˌɔːnɪθəˈlɒdʒɪkəl/ **ADJ** ornithologique

**ornithologist** /ˌɔːnɪˈθɒlədʒɪst/ **N** ornithologiste *mf*, ornithologue *mf*

**ornithology** /ˌɔːnɪˈθɒlədʒɪ/ **N** ornithologie *f*

**orogeny** /ɒˈrɒdʒɪnɪ/ **N** orogénie *f*, orogenèse *f*

**orphan** /ˈɔːfən/ **N** orphelin(e) *m(f)* **ADJ** orphelin **VT** ◆ **to be ~ed** devenir orphelin(e) ◆ **the children were ~ed by** *or* **in the accident** les enfants ont perdu leurs parents dans l'accident

**orphanage** /ˈɔːfənɪdʒ/ **N** orphelinat *m*

**Orpheus** /ˈɔːfjuːs/ **N** Orphée *m* ◆ **~ in the Underworld** *(Mus)* Orphée aux enfers

**Orphic** /ˈɔːfɪk/ **ADJ** orphique

**ortho...** /ˈɔːθəʊ/ **PREF** ortho...

**orthodontic** /ˌɔːθəʊˈdɒntɪk/ **ADJ** orthodontique

**orthodontics** /ˌɔːθəʊˈdɒntɪks/ **N** *(NonC)* orthodontie *f*

**orthodontist** /ˌɔːθəʊˈdɒntɪst/ **N** orthodontiste *mf*

**orthodox** /ˈɔːθədɒks/ **ADJ** *(gen, Rel) [person, view, method]* orthodoxe; *(Med) [doctor, practitioner]* exerçant la médecine traditionnelle; *[medicine]* traditionnel ◆ **~ Jews/Communists** juifs *mpl*/communistes *mpl* orthodoxes **COMP** ▷ **the Orthodox Church** **N** (also **the Eastern Orthodox Church**) les Églises *fpl* orthodoxes

**orthodoxy** /ˈɔːθədɒksɪ/ **N** orthodoxie *f*

**orthogonal** /ɔːˈθɒgənl/ **ADJ** orthogonal

**orthographic(al)** /ˌɔːθəˈgræfɪk(əl)/ **ADJ** orthographique

**orthography** /ɔːˈθɒgrəfɪ/ **N** orthographe *f*

**orthopaedic, orthopedic** *(US)* /ˌɔːθəʊˈpiːdɪk/ **ADJ** *[ward, shoes]* orthopédique; *[patient]* en traitement orthopédique **COMP** ▷ **orthopaedic bed** **N** *(specially firm)* lit *m* à sommier anatomique, lit *m* orthopédique ▷ **orthopaedic mattress** **N** sommier *m* anatomique ▷ **orthopaedic surgeon** **N** chirurgien *m* orthopédiste ▷ **orthopaedic surgery** **N** chirurgie *f* orthopédique

**orthopaedics, orthopedics** *(US)* /ˌɔːθəʊˈpiːdɪks/ **N** *(NonC)* orthopédie *f*

**orthopaedist, orthopedist** *(US)* /ˌɔːθəʊˈpiːdɪst/ **N** orthopédiste *mf*

**orthopaedy, orthopedy** *(US)* /ˈɔːθəʊpiːdɪ/ **N** ⇒ **orthopaedics**

**ortolan** /ˈɔːtələn/ **N** ortolan *m*

**Orwellian** /ɔːˈwelɪən/ **ADJ** *(Literat etc)* d'Orwell, orwellien

**oryx** /ˈɒrɪks/ **N** (pl **oryxes** *or* **oryx**) oryx *m*

**OS** /əʊˈes/ **a** *(Comput)* (abbrev of **operating system**) **b** *(Brit Navy)* (abbrev of **Ordinary Seaman**) → **ordinary** **c** *(Brit)* (abbrev of **Ordnance Survey**) → **ordnance** **d** abbrev of **outsize**

**os** /ɒs/ **N** *(Anat)* os *m* **COMP** ▷ **os coxae** **N** os *m* iliaque *or* coxal

**Oscar** /ˈɒskəʳ/ **N** *(Cine)* Oscar *m* ◆ **he won an ~ for best actor/for his last film** il a reçu l'Oscar du meilleur acteur/un Oscar pour son dernier film ◆ **to win an ~ nomination** être nominé aux Oscars, recevoir une nomination aux Oscars ◆ **~-winning** qui a reçu *or* remporté un Oscar (*or* des Oscars) ◆ **~-winner Gary Irons** Gary Irons, qui a reçu *or* remporté l'Oscar du meilleur acteur (*or* réalisateur *etc*) ◆ **his first film, his only ~-winner** son premier film, le seul à avoir reçu un Oscar *or* à avoir été oscarisé

**oscillate** /ˈɒsɪleɪt/ **VI** *(gen, Elec, Phys etc)* osciller; *(fig) [ideas, opinions]* fluctuer, varier; *[person]* osciller, balancer (*between* entre) **VT** faire osciller

**oscillation** /ˌɒsɪˈleɪʃən/ **N** oscillation *f*

**oscillator** /ˈɒsɪleɪtəʳ/ **N** oscillateur *m*

**oscillatory** /ˌɒsɪˈleɪtərɪ/ **ADJ** oscillatoire

**oscilloscope** /ɒˈsɪləskəʊp/ **N** oscilloscope *m*

**osculate** /ˈɒskjʊleɪt/ *(hum)* **VI** s'embrasser **VT** embrasser

**OSHA** /ˌəʊeseɪtʃˈeɪ/ **N** *(US)* (abbrev of **Occupational Safety and Health Administration**) → **occupational**

**osier** /ˈəʊʒəʳ/ **N** osier *m* **COMP** *[branch]* d'osier; *[basket]* en osier, d'osier

**Osiris** /əʊˈsaɪrɪs/ **N** Osiris *m*

**Oslo** /ˈɒzləʊ/ **N** Oslo

**osmium** /ˈɒzmɪəm/ **N** osmium *m*

**osmosis** /ɒzˈməʊsɪs/ **N** *(Phys, fig)* osmose *f* ◆ **by ~** *(lit, fig)* par osmose

**osmotic** /ɒzˈmɒtɪk/ **ADJ** osmotique

**osprey** /ˈɒspreɪ/ **N** *(Orn)* balbuzard *m* (pêcheur)

**osseous** /ˈɒsɪəs/ **ADJ** **a** *(Anat, Zool)* osseux **b** ⇒ **ossiferous**

**ossicle** /ˈɒsɪkl/ **N** osselet *m*

**ossiferous** /ɒˈsɪfərəs/ **ADJ** ossifère

**ossification** /ˌɒsɪfɪˈkeɪʃən/ **N** ossification *f*

**ossify** /ˈɒsɪfaɪ/ *(lit, fig)* **VT** ossifier **VI** s'ossifier

**ossuary** /ˈɒsjʊərɪ/ **N** ossuaire *m*

**Ostend** /ɒsˈtend/ **N** Ostende

**ostensible** /ɒsˈtensəbl/ **ADJ** *(frm)* avoué

**ostensibly** /ɒsˈtensəblɪ/ **ADV** *(frm) [independent, innocuous etc]* soi-disant ◆ **he was ~ a student** il était soi-disant étudiant ◆ **he went out, ~ to telephone** il est sorti, soi-disant pour téléphoner ◆ **the road is closed, ~ because of landslides** la route est barrée, soi-disant à cause d'éboulements

**ostensive** /ɒˈstensɪv/ **ADJ** **a** *(Ling etc)* ostensif **b** ⇒ **ostensible**

**ostentation** /ˌɒstenˈteɪʃən/ **N** *(NonC)* ostentation *f*

**ostentatious** /ˌɒstenˈteɪʃəs/ **ADJ** **a** *(pej = extravagant) [car, clothes]* tape-à-l'œil *inv*; *[surroundings]* prétentieux **b** *(pej = flamboyant) [person]* prétentieux; *[manner]* prétentieux, ostentatoire *(liter)* **c** *(= exaggerated) [gesture, dislike, concern, attempt]* exagéré, ostentatoire *(liter)*

**ostentatiously** /ˌɒstenˈteɪʃəslɪ/ **ADV** **a** *(pej = extravagantly) [decorate, live]* avec ostentation; *[dress]* de façon voyante **b** *(= exaggeratedly) [try, yawn]* avec ostentation ◆ **he looked ~ at his watch** il a regardé sa montre avec ostentation

**osteo...** /ˈɒstɪəʊ/ **PREF** ostéo...

**osteoarthritis** /ˈɒstɪəʊɑːˈθraɪtɪs/ **N** ostéoarthrite *f*

**osteoblast** /ˈɒstɪəʊblɑːst/ **N** ostéoblaste *m*

**osteogenesis** /ˌɒstɪəʊˈdʒenɪsɪs/ **N** ostéogenèse *f*, ostéogénie *f*

**osteology** /ˌɒstɪˈɒlədʒɪ/ **N** ostéologie *f*

**osteomalacia** /ˌɒstɪəʊməˈleɪʃɪə/ **N** ostéomalacie *f*

**osteomyelitis** /ˌɒstɪəʊmaɪˈlaɪtɪs/ **N** ostéomyélite *f*

**osteopath** /ˈɒstɪəpæθ/ **N** ostéopathe *mf*

**osteopathy** /ˌɒstɪˈɒpəθɪ/ **N** ostéopathie *f*

**osteophyte** /ˈɒstɪəfaɪt/ **N** ostéophyte *m*

**osteoplasty** /ˈɒstɪəplæstɪ/ **N** ostéoplastie *f*

**osteoporosis** /ˌɒstɪəʊpɔːˈrəʊsɪs/ **N** ostéoporose *f*

**osteotomy** /ˈɒstɪˈɒtəmɪ/ **N** ostéotomie *f*

**ostler** †† /ˈɒsləʳ/ **N** *(esp Brit)* valet *m* d'écurie

**ostracism** /ˈɒstrəsɪzəm/ **N** ostracisme *m*

**ostracize** /ˈɒstrəsaɪz/ **VT** ostraciser

**ostrich** /ˈɒstrɪtʃ/ **N** autruche *f*

**OT** /əʊˈtiː/ **a** *(Bible)* (abbrev of **Old Testament**) → **old** **b** *(Med)* (abbrev of **occupational therapy**) → **occupational**

**OTB** /ˌəʊtiːˈbiː/ **N** *(US)* (abbrev of **off-track betting**) ≃ PMU *m*

**OTC** /ˌəʊtiːˈsiː/ **N** *(Brit Mil)* (abbrev of **Officers' Training Corps**) → **officer** **ADJ** abbrev of **over-the-counter**

**OTE** /ˌəʊtiːˈiː/ **N** (abbrev of **on-target earnings**) → **target**

**other** /ˈʌðəʳ/ **ADJ** autre ◆ **the ~ one** l'autre *mf* ◆ **the ~ five** les cinq autres *mfpl* ◆ **~ people have done it** d'autres l'ont fait ◆ **~ people's property** la propriété d'autrui ◆ **it always happens to ~ people** ça arrive toujours aux autres ◆ **the ~ world** *(fig)* l'au-delà *m*, l'autre monde *m*; see also **otherworldly** ◆ **the ~ day/week** l'autre jour *m*/semaine *f* ◆ **come back some ~ time** revenez un autre jour ◆ **~ ranks** *(esp Brit: Mil)* ≃ sous-officiers *mpl* et soldats *mpl* ◆ **some writer or ~ said that ...** je ne sais quel écrivain a dit que ..., un écrivain, je ne sais plus lequel, a dit que ... ◆ **some fool or ~** un idiot quelconque ◆ **there must be some ~ way of doing it** on doit pouvoir le faire d'une autre manière; → **every, hand, time, word**

**PRON** autre *mf* ◆ **and these five ~s** et ces cinq autres ◆ **there are some ~s** il y en a d'autres ◆ **several ~s have mentioned it** plusieurs autres l'ont mentionné ◆ **one after the ~** l'un après l'autre ◆ **~s have spoken of him** il y en a d'autres qui ont parlé de lui ◆ **he doesn't like hurting ~s** il n'aime pas faire de mal aux autres *or* à autrui ◆ **some like flying, ~s prefer the train** les uns aiment prendre l'avion, les autres préfèrent le train ◆ **some do, ~s don't** il y en a qui le font, d'autres qui ne le font pas ◆ **one or ~ of them will come** il y en aura bien un qui viendra ◆ **somebody or ~ suggested that ...** je ne sais qui a suggéré que ..., quelqu'un, je ne sais qui, a suggéré que ... ◆ **they concentrated on one problem to the exclusion of all ~s** ils se sont concentrés sur un problème, à l'exclusion de tous les autres ◆ **you and no ~** vous et personne d'autre ◆ **no ~ than** nul autre que; → **each, none**

**ADV** **a** *(= otherwise)* autrement ◆ **he could not have acted ~ than he did** il n'aurait pas pu agir autrement ◆ **I wouldn't wish him ~ than he is** il est très bien comme il est ◆ **I've never seen her ~ than with her husband** je ne l'ai jamais vue (autrement) qu'avec son mari ◆ **I couldn't do ~ than come, I could do nothing ~ than come** *(frm)* je ne pouvais faire autrement que de venir, je ne pouvais pas ne pas venir

**b** ◆ **~ than ...** *(= apart from)* à part ... ◆ **~ than that, I said nothing** à part ça, je n'ai rien dit, je n'ai rien dit d'autre ◆ **no one ~ than a member of the family** nul autre qu'un membre de la famille; → **somehow**

**COMP** ▷ **other-directed** **ADJ** *(US Psych)* conformiste

**otherness** /ˈʌðənɪs/ **N** altérité *f*

**otherwise** /ˈʌðəwaɪz/ **ADV** **a** *(= in another way)* autrement ◆ **some people think ~** certaines personnes pensent autrement ◆ **I could not do ~** je ne pouvais faire autrement ◆ **it cannot be ~** il ne peut en être autrement ◆ **he was ~ engaged** il était occupé à (faire) autre chose ◆ **Montgomery ~ (known as) Monty** Montgomery alias Monty

◆ **or otherwise** *(= or not)* ◆ **any organization, political or ~** toute organisation, politique ou non ◆ **the success or ~ of the project** la réussite ou l'échec du projet

**b** *(= if this were not the case)* sinon, autrement ◆ **I do lots of sport, ~ I'd go mad** je fais beaucoup de sport, sinon *or* autrement je deviendrais fou

**c** *(in other respects)* par ailleurs ◆ **it was a violent end to an ~ peaceful demonstration** la manifestation, par ailleurs pacifique, s'est terminée dans la violence ◆ **the boat needed repainting, but ~ it was in good condition** le bateau avait besoin d'être repeint, mais sinon *or* autrement il était en bon état

**d** *(= something different)* **they say crime is on the increase, but a recent study suggests ~** ils prétendent que la criminalité augmente, mais une étude récente tend à prouver le contraire ◆ **take 60mg a day, unless ~ advised by a doctor** prendre 60 mg par jour, sauf avis médical contraire ◆ **all the translations are my own, unless ~ stated** toutes les traductions sont de moi, sauf mention contraire ◆ **until proved ~** jusqu'à preuve du contraire

**otherworldly** /ˌʌðəˈwɜːldlɪ/ **ADJ** *[attitude]* détaché des contingences; *[person]* détaché du monde

**otiose** /ˈəʊʃɪəʊs/ **ADJ** *(frm) (= idle)* oisif; *(= useless)* oiseux

**otitis** /əʊˈtaɪtɪs/ **N** otite *f*

**OTT** * /ˌəʊtiːˈtiː/ (abbrev of **over the top**) → **top**[1]

**Ottawa** /ˈɒtəwə/ **N** *(= city)* Ottawa; *(= river)* Ottawa *f*, Outaouais *m*

**otter** /ˈɒtəʳ/ **N** loutre *f*; → **sea**

**Otto** /ˈɒtəʊ/ **N** *(Hist)* Othon *m or* Otton *m*

**Ottoman** /ˈɒtəmən/ **ADJ** ottoman **N** Ottoman(e) *m(f)*

**ottoman** /ˈɒtəmən/ **N** (pl **ottomans**) ottomane *f*

**OU** /əʊˈjuː/ *(Brit Educ)* **a** (abbrev of **Open University**) → **open** **b** abbrev of **Oxford University**

**ouch** /aʊtʃ/ **EXCL** aïe!

**ought**[1] /ɔːt/ **LANGUAGE IN USE 1.1** (pret **ought**) **MODAL AUX VB** **a** *(indicating obligation, advisability, desirability)* **I ~ to do it** je devrais le faire, il faudrait *or* il faut que je le fasse ◆ **I really ~ to go and see him** je devrais bien aller le voir ◆ **he thought he ~ to tell you** il a pensé qu'il devait vous le dire ◆ **if they behave as they ~** s'ils se conduisent comme ils le doivent, s'ils se conduisent correctement ◆ **this ~ to have been finished long ago** cela aurait dû être terminé il y a longtemps ◆ **oughtn't you to have left by now?** est-ce que vous n'auriez pas dû déjà être parti?

**b** *(indicating probability)* **they ~ to be arriving soon** ils devraient bientôt arriver ◆ **he ~ to have got there by now I expect** je pense qu'il est arrivé *or* qu'il a dû arriver (à l'heure qu'il est) ◆ **that ~ to do** ça devrait aller ◆ **that ~ to be very enjoyable** cela devrait être très agréable

**ought**[2] /ɔːt/ **N** ⇒ **aught**

**Ouija ®, ouija** /ˈwiːdʒə/ **N** ◆ **~ board** oui-ja *m inv*

**ounce** /aʊns/ **N** **a** *(= measurement)* once *f* (= 28,35 grammes); *(fig) [of truth, malice, sense, strength etc]* once *f*, gramme *m* **b** *(Zool)* once *f*

**our** /ˈaʊəʳ/ **POSS ADJ** notre (nos *pl*) ◆ **~ book** notre livre *m* ◆ **~ table** notre table *f* ◆ **~ clothes** nos vêtements *mpl* ◆ **Our Father/Lady** *(Rel)* Notre Père *m*/Dame *f* ◆ **that's OUR car** *(emphatic)* c'est notre voiture à nous

**ours** /ˈaʊəz/ **POSS PRON** le nôtre, la nôtre, les nôtres ◆ **this car is ~** cette voiture est à nous *or* nous appartient *or* est la nôtre ◆ **your house is better than ~** votre maison est mieux que la nôtre ◆ **the house became ~** la maison est devenue la nôtre ◆ **it is not ~ to decide** *(frm)* ce n'est pas à nous de décider, il ne nous appartient pas de décider ◆ **~ is a specialized department** nous sommes un service spécialisé

◆ **of ours** ◆ **a friend of ~** un de nos amis (à nous), un ami à nous * ◆ **I think it's one of ~** je crois que c'est un des nôtres ◆ **it's no fault of ~** ce n'est pas de notre faute (à nous) ◆ **that car of ~** *(pej)* notre fichue * voiture ◆ **that stupid son of ~** *(pej)* notre idiot de fils ◆ **no advice of ~ could prevent him** aucun conseil de notre part ne pouvait l'empêcher

**ourself** /ˌaʊəˈself/ **PERS PRON** *(frm, liter: of royal or editorial "we")* nous-même

**ourselves** /ˌaʊəˈselvz/ **PERS PRON** *(reflexive: direct and indirect)* nous; *(emphatic)* nous-mêmes; *(after prep)* nous ◆ **we enjoyed ~** nous nous sommes bien amusés ◆ **we said to ~** nous nous sommes dit, on s'est dit * ◆ **we saw it ~** nous l'avons vu nous-mêmes ◆ **we've kept three for ~** nous nous en sommes réservé trois ◆ **people like ~** des gens comme nous ◆ **we were talking amongst ~** nous discutions entre nous ◆ **we had the beach to ~** on avait la plage pour nous

◆ **(all) by ourselves** tout seuls, toutes seules

**oust** /aʊst/ **VT** évincer *(sb from sth* qn de qch*)* ◆ **they ~ed him from the chairmanship** ils l'ont évincé de la présidence, ils l'ont forcé à démissionner ◆ **she soon ~ed him as the teenagers' idol** elle eut vite fait de lui prendre sa place d'idole des jeunes

## out /aʊt/

| | |
|---|---|
| 1 ADVERB | 4 NOUN |
| 2 ADJECTIVE | 5 TRANSITIVE VERB |
| 3 PREPOSITION | 6 COMPOUNDS |

When **out** is the second element in a phrasal verb, eg **get out, go out, speak out**, look up the verb. When **out** is part of a set combination, eg **day out, voyage out**, look up the noun.

### 1 - ADVERB

**a** [= outside] dehors ◆ **it's hot ~** il fait chaud dehors *or* à l'extérieur ◆ **~ you go!** sortez!, filez! *; *(above exit)* ◆ **"out"** "sortie"

**b** [person] ◆ **to be ~** *(= to have gone out)* être sorti; *(= to go out)* sortir ◆ **Paul is ~** Paul est sorti *or* n'est pas là ◆ **he's ~ a good deal** il sort beaucoup, il n'est pas souvent chez lui ◆ **he's ~ fishing** il est (parti) à la pêche

**out**, when followed by a preposition, is not usually translated.

◆ **he's ~ in the garden** il est dans le jardin ◆ **when he was ~ in Iran** lorsqu'il était en Iran ◆ **he's ~ to dinner** il est sorti dîner ◆ **he went ~ to China** il est parti en Chine; → **out of**

**c** [homosexual] ◆ **to be ~** * assumer publiquement son homosexualité

**d** [Tennis] ◆ **(the ball is) ~!** (la balle est) out!

**e** [tide] ◆ **when the tide is ~** à marée basse

**f** [expressing distance] ◆ **five days ~ from Liverpool** à cinq jours (de voyage) de Liverpool ◆ **the boat was 10 miles ~ (to sea)** le bateau était à 10 milles de la côte ◆ **their house is 10km ~ (of town)** leur maison est à 10 km de la ville ◆ **to be ~ at sea** être en mer

**g** [set structures]

◆ **to be out and about** ◆ **you should be ~ and about!** ne restez donc pas enfermé! ◆ **to be ~ and about again** être de nouveau sur pied

◆ **out here** ici ◆ **come in! – no, I like it ~ here** entrez! — non, je suis bien ici ◆ **she doesn't know how to get on with the people ~ here** elle a du mal à sympathiser avec les gens d'ici

◆ **out there** *(= in that place)* là; *(further away)* là-bas ◆ **look ~ there** regardez là-bas

◆ **out with it !** * vas-y, parle !

2 - ADJECTIVE

**a** = extinguished *[light, fire, gas]* éteint

**b** = available en vente ◆ **the video is ~ now** la vidéo est maintenant en vente ◆ **a new edition is ~ this month** une nouvelle édition sort ce mois-ci

**c** = unavailable : for lending, renting ◆ **that book is ~** ce livre est sorti ◆ **the video I wanted was ~** la cassette vidéo que je voulais était sortie

**d** = revealed ◆ **the secret is ~** le secret n'en est plus un

**e** = unconscious évanoui, sans connaissance ◆ **he was ~ for 30 seconds** il est resté évanoui *or* sans connaissance pendant 30 secondes

**f** = wrong, incorrect ◆ **their timing was five minutes ~** ils s'étaient trompés de cinq minutes ◆ **you were ~ by 20cm, you were 20cm ~** vous vous êtes trompé *or* vous avez fait une erreur de 20 cm ◆ **you're not far ~** tu ne te trompes pas de beaucoup, tu n'es pas tombé loin *

**g** = unacceptable *[idea, suggestion]* ◆ **that's right ~, I'm afraid** il n'en est malheureusement pas question

**h** = defeated *(in cards, games)* ◆ **you're ~** tu es éliminé ◆ **the socialists are ~** *(politically)* les socialistes sont battus

**i** = finished ◆ **before the month was ~** avant la fin du mois

**j** = striking ◆ **the steelworkers are ~ (on strike)** les ouvriers des aciéries sont en grève

**k** = unfashionable passé de mode, out *inv* ◆ **long skirts are ~** les jupes longues sont passées de mode *or* out ◆ **romance is making a comeback, reality is ~** les histoires d'amour font leur come-back, le réalisme est passé de mode *or* out

**l** in society *[girl]* **is your sister ~?** † est-ce que votre sœur a fait son entrée dans le monde ?

**m** flowers, sun, moon *etc* ◆ **the roses are ~** les rosiers sont en fleur(s) ◆ **the trees were ~** les arbres étaient verts ◆ **the sun was ~** le soleil brillait ◆ **the moon was ~** la lune s'était levée, il y avait clair de lune ◆ **the stars were ~** les étoiles brillaient

**n** set structures

◆ **to be out to do sth** * *(= seeking to do)* chercher à faire qch ◆ **they're just ~ to make a quick profit** ils ne cherchent qu'à se remplir les poches ◆ **they were ~ to get him** ils voulaient sa peau *

◆ **to be out for sth** * *(= seeking)* ◆ **he's ~ for all he can get** il cherche à profiter au maximum de la situation ◆ **she was just ~ for a good time** elle ne cherchait qu'à s'amuser

3 - PREPOSITION

◆ **out of**

When **out of** is part of a phrasal verb, eg **come out of**, **run out of**, look up the verb. When it is part of a set combination, eg **out of danger**, **out of the way**, **out of bounds**, look up the noun.

**a** = outside en dehors de, hors de ◆ **he lives ~ of town** il habite en dehors de la ville ◆ **the town was ~ of range of their missiles** la ville était hors d'atteinte de leurs missiles ◆ **the work was done ~ of house** le travail a été fait en externe

◆ **out of it** * *(= escaped from situation)* ◆ **I was glad to be ~ of it** j'étais bien content d'y avoir échappé ◆ **you're well ~ of it** tu n'as rien à regretter ◆ **I felt rather ~ of it at the party** *(= excluded)* je me sentais un peu exclu à cette fête ◆ **he's ~ of it** *(= drunk, drugged)* il est dans les vapes *

**b** expressing distance ◆ **they were 100km ~ of Paris** ils étaient à 100 km de Paris ◆ **it's 15km ~ of town** c'est à 15 km du centre-ville

**c** = absent from ◆ **the boss is ~ of town this week** le patron est en déplacement cette semaine ◆ **he's ~ of the office at the moment** il n'est pas au bureau actuellement

**d** = through par ◆ **~ of the window** par la fenêtre ◆ **he went ~ of the back door** il est sorti par la porte de derrière

**e** = from ◆ **only one chapter ~ of the novel** un seul chapitre du roman ◆ **a model made ~ of matchsticks** un modèle réduit construit avec des allumettes ◆ **this is just one chapter ~ of a long novel** ce n'est qu'un chapitre tiré d'un long roman ◆ **he had made the table ~ of a crate** il avait fabriqué la table avec une caisse ◆ **it was like something ~ of a nightmare** c'était cauchemardesque ◆ **he looked like something ~ of "Star Trek"** il semblait sorti tout droit de "Star Trek"

In the following **dans** describes the original position of the thing being moved:

◆ **to take sth ~ of a drawer** prendre qch dans un tiroir ◆ **to drink ~ of a glass** boire dans un verre ◆ **they ate ~ of the same plate** ils mangeaient dans la même assiette ◆ **he copied the poem ~ of a book** il a copié le poème dans un livre

**f** = because of par ◆ **~ of curiosity/necessity** par curiosité/nécessité

**g** = from among sur ◆ **in nine cases ~ of ten** dans neuf cas sur dix ◆ **one ~ of five smokers** un fumeur sur cinq

**h** = without ◆ **we are ~ of bread/money** nous n'avons plus de pain/d'argent ◆ **we were ~ of petrol** nous n'avions plus d'essence, nous étions en panne d'essence

**i** = sheltered from à l'abri de ◆ **~ of the wind** à l'abri du vent

**j** = eliminated from éliminé de ◆ **~ of the World Cup** éliminé de la coupe du monde

**k** Racing ◆ **Lexicon by Hercules ~ of Alphabet** Lexicon issu d'Hercule et d'Alphabet

4 - NOUN

**a** * = means of escape ◆ **this gives them an ~, a chance to change their minds** cela leur laisse une porte de sortie, une occasion de changer d'avis

◆ **to want out** ◆ **the cat wants ~** le chat veut sortir ◆ **he wants ~ but he doesn't know what he can do instead** il veut partir mais il ne sait pas trop ce qu'il pourrait faire d'autre ◆ **he wants ~ of his contract** il veut résilier son contrat

**b** US ◆ **on the ~s with sb** ‡ brouillé avec qn

5 - TRANSITIVE VERB

= expose as a homosexual révéler l'homosexualité de

6 - COMPOUNDS

▷ **out-and-out** ADJ *[lie]* pur et simple ; *[liar]* fieffé, fini ; *[cheat, fool, crook]* fini ; *[racist, fascist]* à tout crin ; *[winner]* incontestable ; *[success, victory, defeat]* total ▷ **out-and-outer** * N *(esp US)* jusqu'au-boutiste *mf* ▷ **out-front** * ADJ *(US = frank)* ouvert, droit ▷ **out-Herod** VT ◆ **to ~-Herod Herod** dépasser Hérode en cruauté ▷ **out-of-body experience** N expérience *f* de sortie de corps ▷ **out-of-bounds** ADJ *[place]* interdit ; *(US Ftbl) [ball]* sorti ▷ **out-of-court** ADJ *[settlement, agreement, damages]* à l'amiable ▷ **out-of-date** ADJ *[passport, ticket]* périmé ; *[custom]* suranné, désuet (-ète *f*) ; *[clothes]* démodé ; *[theory, concept]* périmé, démodé ; *[word]* vieilli ▷ **out-of-doors** ADV ⇒ **outdoors** ▷ **out-of-pocket expenses** NPL débours *mpl*, frais *mpl* ▷ **out-of-sight** ‡ ADJ *(US fig)* formidable, terrible * ▷ **out-of-state** ADJ *(US) [company, visitor, licence plate]* d'un autre État ▷ **out-of-the-body experience** N ⇒ **out-of-body experience** ▷ **out-of-the-ordinary** ADJ *[theory, approach, film, book]* insolite, qui sort de l'ordinaire ▷ **out-of-the-way** ADJ *(= remote) [spot]* isolé, perdu ; *(= unusual)* ⇒ **out-of-the-ordinary** ▷ **out-of-this-world** * ADJ *(fig)* sensationnel *, fantastique * ▷ **out-of-town** ADJ *[shopping centre, cinema]* en périphérie ▷ **out-of-towner** * N *(US)* étranger *m*, -ère *f* à la ville ▷ **out-of-work** ADJ au chômage ; *[actor]* sans engagement ▷ **out-there** * ADJ *(= weird)* bizarre ; *(= daring, experimental)* d'avant-garde ▷ **out-tray** N corbeille *f* de départ

---

**outa** ‡ /ˈaʊtə/ PREP *(esp US)* (abbrev of **out of**) ◆ **I'm ~ here** *(= I'm going)* moi, je me tire ‡ ◆ **get ~ here!** *(= go away)* fiche le camp ! * ; *(= you're joking)* tu me fais marcher ? * ◆ **that's ~ sight!** *(US) (= amazing)* c'est incroyable ! ; *(= great)* c'est génial ! *

**outage** /ˈaʊtɪdʒ/ N **a** *(= break in functioning)* interruption *f* de service ; *(Elec)* coupure *f* de courant **b** *(= amount removed: gen)* quantité *f* enlevée ; *(Cine = cut from film)* film *m (rejeté au montage)* ; *(= amount lost: gen)* quantité *f* perdue ; *(Comm: during transport)* déchet *m* de route *or* de freinte

**out-and-out** /ˈaʊtəndaʊt/ ADJ *[lie]* pur et simple ; *[liar]* fieffé, fini ; *[cheat, fool, crook]* fini ; *[racist, fascist]* à tout crin ; *[winner]* incontestable ; *[success, victory, defeat]* total

**out-and-outer** * /aʊtənˈdaʊtəʳ/ N *(esp US)* jusqu'au-boutiste *mf*

**outasite** ‡ /aʊtəˈsaɪt/ ADJ *(US = out of sight)* formidable, terrible *

**outback** /ˈaʊtbæk/ N **a** *(in Austral)* intérieur *m* du pays *(plus ou moins inculte)* **b** *(= back country)* campagne *f* isolée *or* presque déserte, cambrousse * *f*

**outbid** /aʊtˈbɪd/ (pret **outbid** *or* **outbade** /aʊtˈbeɪd/, ptp **outbidden** *or* **outbid**) VT enchérir sur VI surenchérir

**outbidding** /aʊtˈbɪdɪŋ/ N *(Fin)* surenchères *fpl*

**outboard** /ˈaʊtbɔːd/ ADJ, N ◆ **~ (motor)** (moteur *m*) hors-bord *m*

**outbound** /ˈaʊtbaʊnd/ ADJ *[passengers, train]* en partance

**outbox** /aʊtˈbɒks/ VT boxer mieux que

**outbreak** /ˈaʊtbreɪk/ N *[of war, fighting]* début *m*, déclenchement *m* ; *[of violence]* éruption *f* ; *[of emotion]* débordement *m* ; *[of fever, disease]* accès *m* ; *[of spots]* éruption *f*, poussée *f* ; *[of demonstrations]* vague *f* ; *[of revolt]* déclenchement *m* ◆ **at the ~ of the disease** lorsque la maladie se déclara ◆ **at the ~ of war** lorsque la guerre éclata ◆ **the ~ of hostilities** l'ouverture *f* des hostilités ◆ **there has been a renewed** *or* **fresh ~ of fighting** les combats ont repris

**outbuilding** /ˈaʊtbɪldɪŋ/ N dépendance *f* ; *(separate)* appentis *m*, remise *f* ◆ **the ~s** les communs *mpl*, les dépendances *fpl*

**outburst** /ˈaʊtbɜːst/ N *(gen)* emportement *m* ; *[of anger]* explosion *f*, accès *m* ; *[of violence]* éruption *f* ; *[of energy]* accès *m* ◆ **~ of laughter** grand éclat *m* de rire ◆ **he was ashamed of his ~** *(= anger)* il avait honte de s'être emporté ; *(emotional)* il avait honte d'avoir laissé libre cours à ses émotions ◆ **in an angry ~ she accused him of lying** elle s'est emportée et l'a accusé de mentir

**outcast** /'aʊtkɑːst/ N exclu(e) *m(f)*, paria *m* ◆ **their government's attitude has made them international ~s** l'attitude de leur gouvernement les a mis au ban de la communauté internationale ◆ **this has made him an ~ from his own family** à cause de cela, il a été rejeté par sa propre famille ◆ **social ~** exclu(e) *m(f)*, paria *m*

**outclass** /aʊt'klɑːs/ VT *(gen)* surclasser, surpasser ; *(Sport)* surclasser

**outcome** /'aʊtkʌm/ N *[of election, inquiry]* résultat *m* ; *[of trial, appeal, discussion]* issue *f* ◆ **studies to evaluate the ~ of psychotherapy** des études pour évaluer l'impact de la psychothérapie

**outcrop** /'aʊtkrɒp/ *(Geol)* N affleurement *m* VI /aʊt'krɒp/ affleurer

**outcry** /'aʊtkraɪ/ N *(= protest)* tollé *m* (général) ; *(= raised voices)* huées *fpl* ◆ **there was a general ~ against ...** un tollé général s'éleva contre ... ◆ **to raise an ~ about sth** crier haro sur qch, ameuter l'opinion sur qch

**outdated** /aʊt'deɪtɪd/ ADJ *[technology, equipment]* périmé ; *[clothes]* démodé ; *[method, system, concept, theory, idea, notion, practice]* dépassé, démodé ; *[custom]* suranné, désuet (-ète *f*)

**outdid** /aʊt'dɪd/ VB pt of **outdo**

**outdistance** /aʊt'dɪstəns/ VT distancer

**outdo** /aʊt'duː/ (pret **outdid**, ptp **outdone**) /aʊt'dʌn/ VT l'emporter sur (*sb in sth* qn en qch) ◆ **but he was not to be outdone** mais il refusait de s'avouer vaincu *or* battu ◆ **and I, not to be outdone, said that ...** et moi, pour ne pas être en reste, j'ai dit que ...

**outdoor** /'aʊtdɔːʳ/ ADJ *[activities, pursuits, sports, games]* de plein air ; *[work, swimming pool, tennis court]* en plein air ; *[toilet]* à l'extérieur ; *[market]* à ciel ouvert ; *[shoes]* de marche ◆ **~ clothing** *(Sport)* vêtements *mpl* sport *inv* ◆ **~ centre** centre *m* aéré ◆ **for ~ use** pour usage extérieur ◆ **to lead an ~ life** vivre au grand air ◆ **he likes the ~ life** il aime la vie au grand air *or* en plein air ◆ **~ living** vie *f* au grand air ◆ **she's the** *or* **an ~ type** elle aime le grand air et la nature

**outdoors** /'aʊt'dɔːz/ ADV (also **out-of-doors**) *[stay, play, exercise, bathe]* dehors ; *[live]* au grand air ; *[sleep]* dehors, à la belle étoile ◆ **to be ~** être dehors ◆ **to go ~** sortir ◆ **~, there are three heated swimming pools** il y a trois piscines chauffées à l'extérieur N ◆ **the great ~** le grand air ADJ ⇒ **outdoor**

**outer** /'aʊtəʳ/ ADJ *[layer, surface, skin, shell, wall, edge]* extérieur (-eure *f*) ; *[door]* qui donne sur l'extérieur ◆ **~ garments** vêtements *mpl* de dessus ◆ **~ harbour** avant-port *m* ◆ **the ~ suburbs** la grande banlieue ◆ **the ~ world** le monde extérieur ◆ **the ~ reaches of the solar system** les confins *mpl* du système solaire

COMP ▷ **Outer London** N grande banlieue *f* londonienne ▷ **Outer Mongolia** N Mongolie-Extérieure *f* ▷ **outer office** N *(= reception area)* réception *f* ▷ **outer space** N espace *m*

**outermost** /'aʊtəməʊst/ ADJ *[layer, rim]* extérieur (-eure *f*) ; *[edge]* extrême ◆ **the ~ planet** la planète la plus éloignée ◆ **the ~ suburbs** la grande banlieue ◆ **the ~ limits of ...** les extrémités *fpl* de ...

**outerwear** /'aʊtəwɛəʳ/ N *(NonC: US)* vêtements *mpl* d'extérieur *(pardessus, manteaux, vestes etc)*

**outface** /aʊt'feɪs/ VT *(= stare out)* dévisager ; *(fig)* faire perdre contenance à

**outfall** /'aʊtfɔːl/ N *[of river]* embouchure *f* ; *[of sewer]* déversoir *m*

**outfield** /'aʊtfiːld/ N *(Baseball, Cricket)* champ *m or* terrain *m* extérieur

**outfielder** /'aʊtfiːldəʳ/ N *(Baseball, Cricket)* joueur *m*, -euse *f* de champ *or* de terrain extérieur

**outfit** /'aʊtfɪt/ N a *(= set of clothes)* tenue *f* ◆ **did you see the ~ she was wearing?** *(in admiration)* avez-vous remarqué sa toilette ? ; *(pej)* avez-vous remarqué son accoutrement *or* comment elle était accoutrée ? ◆ **she's got a new spring ~** elle s'est achetée une nouvelle tenue pour le printemps ◆ **travelling/skiing ~** tenue *f* de voyage/de ski ◆ **cowboy ~** panoplie *f* de cowboy b *(= clothes and equipment)* équipement *m* ; *(= tools)* matériel *m*, outillage *m* ◆ **puncture repair ~** trousse *f* de réparation (de pneus) c (* *= company, organization)* boîte* *f* ; *(= pop group)* groupe *m* ; *(= sports team)* équipe *f* ◆ **I wouldn't want to work for that ~** je ne voudrais pas travailler pour cette boîte* VT *(esp US)* équiper

**outfitter** /'aʊtfɪtəʳ/ N a *(Brit)* ◆ **gents' ~** magasin *m* d'habillement *or* de confection pour hommes ◆ **sports ~'s** magasin *m* de sport b *(Can) (= shop)* ≃ magasin *m* de sport ; *(= expedition guide)* pourvoyeur *m (Can) (organisateur d'expéditions de chasse et de pêche)*

**outflank** /aʊt'flæŋk/ VT *(Mil)* déborder ; *(fig)* déjouer les manœuvres de

**outflow** /'aʊtfləʊ/ N *[of water]* écoulement *m*, débit *m* ; *[of emigrants etc]* exode *m* ; *[of capital]* exode *m*, sortie(s) *f(pl)*

**outfox** /aʊt'fɒks/ VT se montrer plus futé que

**out-front*** /aʊt'frʌnt/ ADJ *(US = frank)* ouvert, droit

**outgeneral** /aʊt'dʒenərəl/ VT *(Mil)* surpasser en tactique

**outgoing** /'aʊtgəʊɪŋ/ ADJ a *(= departing) [president, director, tenant]* sortant ; *[flight, mail]* en partance ; *[tide]* descendant ◆ **"outgoing calls only"** *(Telec)* "appels sortants uniquement" b *(= extrovert) [person, personality, nature]* extraverti NPL **outgoings** *(Brit)* dépenses *fpl*, débours *mpl*

**outgrow** /aʊt'grəʊ/ (pret **outgrew** /aʊt'gruː/) (ptp **outgrown** /aʊt'grəʊn/) VT a *[+ clothes]* devenir trop grand pour ◆ **we had ~n our old house** notre ancienne maison était devenue trop petite pour nous b *(fig) [hobby, sport, toy]* se désintéresser de (avec le temps) ; *[opinion, way of life]* abandonner (avec le temps) ◆ **we've ~n all that now** nous avons dépassé ce stade, nous n'en sommes plus là ◆ **to ~ one's friends** se détacher de ses amis

**outgrowth** /'aʊtgrəʊθ/ N *(Geol)* excroissance *f* ; *(fig)* développement *m*, conséquence *f*

**outguess** /aʊt'ges/ VT *(= outwit)* se montrer plus rapide que

**outgun** /aʊt'gʌn/ VT a *(= surpass in fire power)* avoir une puissance de feu supérieure à b *(= surpass in shooting)* tirer mieux que c (* *= outperform)* éclipser ◆ **the French team were completely ~ned by the Welsh** l'équipe française a été complètement écrasée par les Gallois

**out-Herod** /aʊt'herəd/ VT ◆ **to ~ Herod** dépasser Hérode en cruauté

**outhouse** /'aʊthaʊs/ N a appentis *m*, remise *f* ◆ **the ~s** *(gen)* les communs *mpl*, les dépendances *fpl* b *(US = outdoor lavatory)* cabinets *mpl* extérieurs

**outing** /'aʊtɪŋ/ N a *(= excursion)* sortie *f*, excursion *f* ◆ **the school ~** la sortie annuelle de l'école ◆ **the annual ~ to Blackpool** l'excursion *f* annuelle à Blackpool ◆ **let's go for an ~ tomorrow** faisons une sortie demain ◆ **to go for an ~ in the car** partir faire une randonnée *or* un tour en voiture ◆ **a birthday ~ to the theatre** une sortie au théâtre pour (fêter) un anniversaire b *(NonC* = exposing as homosexual) [of public figure]* révélation *f* de l'homosexualité

**outlandish** /aʊt'lændɪʃ/ ADJ *(pej) [clothes]* extravagant ; *[idea, claim]* saugrenu

**outlast** /aʊt'lɑːst/ VT survivre à

**outlaw** /'aʊtlɔː/ N hors-la-loi *m* VT *[+ person]* mettre hors la loi ; *[+ activity, organisation]* proscrire, déclarer illégal

**outlay** /'aʊtleɪ/ N *(= spending)* dépenses *fpl* *(= investment)* mise *f* de fonds ◆ **national ~ on education** dépenses *fpl* nationales pour l'éducation

**outlet** /'aʊtlet/ N a *(for water etc)* issue *f*, sortie *f* ; *(US Elec)* prise *f* de courant ; *[of lake]* dégorgeoir *m*, déversoir *m* ; *[of river, stream]* embouchure *f* ; *[of tunnel]* sortie *f* b *(fig) (for talents etc)* débouché *m* ; *(for energy, emotions)* exutoire *m* (*for* à) c *(Comm)* débouché *m* → **retail** COMP *(Tech) [pipe]* d'échappement, d'écoulement ; *[valve]* d'échappement ▷ **outlet point** N *[of pipe]* point *m* de sortie

**outline** /'aʊtlaɪn/ N a *(= profile, silhouette) [of object]* contour *m*, configuration *f* ; *[of building, tree etc]* profil *m*, silhouette *f* ; *[of face]* profil *m* ◆ **he drew the ~ of the house** il traça le contour de la maison ◆ **to draw sth in ~** dessiner qch au trait ◆ **rough ~** *(Art)* premier jet *m*, ébauche *f*

b *(= plan, summary)* plan *m* ; *(less exact)* esquisse *f*, idée *f* ◆ **~s** *(= main features)* grandes lignes *fpl*, grands traits *mpl* ◆ **rough ~ of an article** canevas *m* d'un article ◆ **to give the broad** *or* **main** *or* **general ~s of sth** décrire qch dans les grandes lignes ◆ **in broad ~ the plan is as follows** dans ses grandes lignes ou en gros, le plan est le suivant ◆ **I'll give you a quick ~ of what we mean to do** je vous donnerai un aperçu de ce que nous avons l'intention de faire ◆ **"Outlines of Botany"** *(as title)* "Éléments de botanique"

VT a *(= emphasize shape of)* tracer le contour de ◆ **she ~d her eyes with a dark pencil** elle a souligné *or* dessiné le contour de ses yeux avec un crayon noir ◆ **the mountain was ~d against the sky** la montagne se profilait ou se dessinait *or* se découpait sur le ciel

b *(= summarize) [+ theory, plan, idea]* exposer les grandes lignes de ; *[+ book, event]* faire un bref compte rendu de ; *[+ facts, details]* passer brièvement en revue ◆ **to ~ the situation** brosser un tableau *or* donner un aperçu de la situation

COMP ▷ **outline agreement** N accord-cadre *m* ▷ **outline drawing** N dessin *m* au trait ▷ **outline map** N tracé *m* des contours (d'un pays), carte *f* muette ▷ **outline planning permission** N *(Brit: for building)* avant-projet *m (valorisant le terrain)* ▷ **outline specifications** NPL *(Comm)* devis *m* préliminaire

**outlive** /aʊt'lɪv/ VT *(= survive) [+ person, era, war, winter]* survivre à ◆ **he ~d her by ten years** il lui a survécu dix ans ◆ **to have ~d one's usefulness** *[person, object, scheme]* avoir fait son temps

**outlook** /'aʊtlʊk/ N a *(= view)* vue *f* (*on, over* sur), perspective *f* (*on, over* de)

b *(fig) (= prospect)* perspective *f* (d'avenir), horizon *m (fig)* ◆ **the ~ for June is wet** on annonce *or* prévoit de la pluie pour juin ◆ **the economic ~** les perspectives *fpl or* les horizons *mpl* économiques ◆ **the ~ for the wheat crop is good** la récolte de blé s'annonce bonne ◆ **the ~ (for us) is rather rosy*** les choses se présentent *or* s'annoncent assez bien (pour nous) ◆ **it's a grim** *or* **bleak ~** l'horizon est sombre *or* bouché, les perspectives sont fort sombres c (*= point of view)* attitude *f* (*on* à l'égard de), point *m* de vue (*on* sur), conception *f* (*on* de) ◆ **he has a pessimistic ~** il voit les choses en noir ◆ **she has a practical ~** elle est très pragmatique ◆ **they are European in ~** ils sont tournés vers l'Europe

**outlying** /ˈaʊtlaɪɪŋ/ ADJ *[area]* écarté ◆ **the ~ villages/islands** les villages *mpl*/îles *fpl* les plus éloigné(e)s ◆ **the ~ suburbs** la grande banlieue

**outmanoeuvre, outmaneuver** *(US)* /ˌaʊtməˈnuːvəʳ/ VT *(Mil)* dominer en manœuvrant plus habilement ; *(fig)* déjouer les plans de ◆ **domestic car manufacturers are ~d by foreign competitors** les constructeurs automobiles du pays sont surclassés par leurs concurrents étrangers

**outmoded** /aʊtˈməʊdɪd/ ADJ *[attitude, clothes]* démodé ; *[concept, theory, system]* dépassé, démodé ; *[custom]* suranné, désuet (-ète *f*) ; *[equipment]* périmé ; *[industry]* obsolète

**outnumber** /aʊtˈnʌmbəʳ/ VT surpasser en nombre, être plus nombreux que ◆ **we were ~ed five to one** ils étaient cinq fois plus nombreux que nous

**out-of-town** /ˌaʊtəvˈtaʊn/ ADJ *[shopping centre, cinema]* en périphérie

**out-of-towner** * /ˌaʊtəvˈtaʊnəʳ/ N *(US)* étranger *m*, -ère *f* à la ville

**outpace** /aʊtˈpeɪs/ VT devancer, distancer

**outpatient** /ˈaʊtpeɪʃənt/ N malade *mf* en consultation externe ◆ **~s (department)** service *m* de consultation externe

**outperform** /ˌaʊtpəˈfɔːm/ VT *[person, machine, company]* être plus performant que ; *[product]* donner de meilleurs résultats ; *(Fin, St Ex) [shares etc]* réaliser mieux que ◆ **this car ~s its competitors on every score** cette voiture l'emporte sur ses concurrentes sur tous les plans

**outplacement** /ˈaʊtˌpleɪsmənt/ N outplacement *m (aide à la réinsertion professionnelle des cadres au chômage)*

**outplay** /aʊtˈpleɪ/ VT *(Sport)* dominer par son jeu

**outpoint** /aʊtˈpɔɪnt/ VT *(gen)* l'emporter sur ; *(in game)* avoir plus de points que

**outpost** /ˈaʊtpəʊst/ N *(Mil)* avant-poste *m* ; *[of firm, organization]* antenne *f* ; *(fig)* avant-poste *m*

**outpouring** /ˈaʊtpɔːrɪŋ/ N *[of emotion]* épanchement(s) *m(pl)*, effusion(s) *f(pl)* ◆ **this event triggered off an ~ of anger/support** cet événement a provoqué une vague de colère/soutien

**output** /ˈaʊtpʊt/ (vb : pret, ptp **output**) N a *[of factory, mine, oilfield, writer]* production *f* ; *(Agr) [of land]* rendement *m*, production *f* ; *[of machine, factory worker]* rendement *m* ◆ **~ fell/rose** le rendement *or* la production a diminué/augmenté ◆ **this factory has an ~ of 600 radios per day** cette usine débite 600 radios par jour ◆ **gross ~** *(Ind, Econ)* production *f* brute b *(Comput)* sortie *f*, restitution *f* ; (also **output data**) données *fpl* de sortie c *(Elec)* puissance *f* fournie *or* de sortie VT a *(Comput)* sortir ◆ **to ~ sth to a printer** imprimer qch b *[factory etc]* sortir, débiter VI *(Comput)* sortir les données *or* les informations ◆ **to ~ to a printer** imprimer COMP ▷ **output device** N *(Comput)* unité *f* périphérique de sortie

**outrage** /ˈaʊtreɪdʒ/ N a (*= act, event)* atrocité *f* ; *(during riot etc)* acte *m* de violence ; (*= public scandal)* scandale *m* ◆ **the prisoners suffered ~s at the hands of ...** les prisonniers ont été atrocement maltraités par ... ◆ **it's an ~ against humanity** c'est un crime contre l'humanité ◆ **an ~ against justice** un outrage à la justice ◆ **several ~s occurred** *or* **were committed in the course of the night** plusieurs actes de violence ont été commis au cours de la nuit ◆ **bomb ~** attentat *m* au plastic *or* à la bombe ◆ **it's an ~!** c'est un scandale !

b (*= emotion)* indignation *f* ◆ **sense of ~** sentiment *m* d'indignation ◆ **they expressed ~ at this desecration** ils ont exprimé leur indignation devant cette profanation ◆ **it caused public ~** cela a scandalisé l'opinion publique

VT /aʊtˈreɪdʒ/ *[+ morals, sense of decency]* outrager, faire outrage à

**outraged** /ˈaʊtreɪdʒd/ ADJ *[person]* outré (*about, at, by sth* de qch), indigné ; *[protest, letter, tone]* indigné ; *[dignity, pride]* offensé

**outrageous** /aʊtˈreɪdʒəs/ ADJ a (*= scandalous) [behaviour, act, conduct]* scandaleux ; *[prices]* exorbitant ◆ **that's ~!** c'est scandaleux ! ◆ **he's ~!** * il dépasse les bornes ! b (*= unconventional, flamboyant) [remark]* outrancier ; *[story, claim, clothes, idea]* extravagant ; *[sense of humour]* outré

**outrageously** /aʊtˈreɪdʒəslɪ/ ADV *[expensive, high, funny, exaggerated]* outrageusement ; *[behave]* effrontément ; *[dress]* de manière extravagante ◆ **to flirt/lie ~** flirter/mentir effrontément *or* de façon outrancière

**outrank** /aʊtˈræŋk/ VT *(Mil)* avoir un grade supérieur à

**outré** /ˈuːtreɪ/ ADJ outré, outrancier

**outreach** /ˈaʊtriːtʃ/ N *programme destiné à informer les personnes défavorisées de leurs droits et des aides dont elles peuvent bénéficier*, ≃ travail *m* de proximité COMP ▷ **outreach worker** N *travailleur social effectuant un travail d'information sur le terrain auprès des groupes défavorisés*, ≃ travailleur *m*, -euse *f* de proximité

**outrider** /ˈaʊtˌraɪdəʳ/ N *(on motorcycle)* motocycliste *mf*, motard * *m* ; *(on horseback)* cavalier *m* ◆ **there were four ~s** il y avait une escorte de quatre motocyclistes (*or* cavaliers *etc*)

**outrigger** /ˈaʊtˌrɪgəʳ/ N *(Naut)* outrigger *m*

**outright** /aʊtˈraɪt/ ADV a (*= openly) [say, tell]* carrément, tout net ; *[laugh]* franchement

b (*= completely) [win]* haut la main ; *[reject, refuse, deny]* catégoriquement ◆ **he won the prize ~** il a gagné le prix haut la main ◆ **to be owned ~ by sb** *(Comm)* appartenir entièrement *or* complètement à qn ◆ **to buy sth ~** (*= buy and pay immediately)* acheter qch au comptant ; (*= buy all of sth)* acheter qch en totalité

c (*= instantly)* ◆ **to be killed ~** être tué sur le coup

ADJ /ˈaʊtraɪt/ a (*= undisguised) [lie, fraud, selfishness, arrogance]* pur ; *[hostility]* franc (franche *f*) ; *[condemnation, denial, refusal, rejection]* catégorique ; *[support, supporter]* inconditionnel

b (*= absolute) [victory]* total, complet (-ète *f*) ; *[independence]* total ; *[majority, ban]* absolu ; *[winner]* incontesté ; *(Comm)* (*= full) [owner, ownership]* à part entière ; *[grant]* sans conditions ; *[sale, purchase]* (*= paying immediately)* au comptant ; (*= selling all of sth)* en totalité ◆ **to be an ~ opponent of sth** s'opposer catégoriquement à qch

**outrival** /ˌaʊtˈraɪvəl/ VT surpasser

**outrun** /aʊtˈrʌn/ (pret, ptp **outrun**) VT a *[+ opponent, pursuer]* distancer b *(fig) [+ resources, abilities]* excéder, dépasser

**outsell** /ˌaʊtˈsel/ VT *[company]* obtenir de meilleurs résultats que ; *[product]* mieux se vendre que

**outset** /ˈaʊtset/ N début *m*, commencement *m* ◆ **at the ~** au début ◆ **from the ~** dès le début

**outshine** /aʊtˈʃaɪn/ (pret, ptp **outshone** /aʊtˈʃɒn/) VT *(fig)* éclipser, surpasser

**outside** /ˈaʊtˈsaɪd/ ADV a *(gen)* à l'extérieur, dehors ◆ **~ in the corridor** dehors dans le couloir ◆ **the car was clean ~ but filthy inside** la voiture était propre à l'extérieur mais dégoûtante à l'intérieur ◆ **the difficulties of life ~ for ex-prisoners** les difficultés de la vie en liberté pour les anciens détenus ◆ **seen from ~** *(lit, fig)* vu du dehors *or* de l'extérieur

b (*= outdoors)* dehors ◆ **to go ~** sortir (dehors) ◆ **he left the car ~** il a laissé la voiture dans la rue ◆ **the scene was shot ~** *(Cine)* cette scène a été tournée en extérieur

PREP (also **outside of** *) a *[+ building]* (*= on the exterior of)* à l'extérieur de, hors de ; (*= in front of)* devant ◆ **store flammable substances ~ the house** conservez les produits inflammables à l'extérieur de *or* hors de la maison ◆ **the noise was coming from ~ the house** le bruit venait de dehors ◆ **a man was standing ~ the house** un homme se tenait devant la maison ◆ **the street ~ his house** la rue devant sa maison ◆ **a crowd had gathered ~ the building** une foule s'était rassemblée à l'extérieur du bâtiment *or* devant le bâtiment ◆ **they chose to live ~ London** ils ont choisi de vivre à l'extérieur de *or* hors de Londres ◆ **they have 45 shops, 38 ~ the UK** ils possèdent 45 magasins dont 38 à l'extérieur du Royaume-Uni *or* hors du Royaume-Uni ◆ **countries ~ Europe** pays *mpl* non européens ◆ **he was waiting ~ the door** il attendait à la porte ◆ **don't go ~ the garden** ne sors pas du jardin ◆ **the ball landed ~ the line** la balle a atterri de l'autre côté de la ligne ◆ **~ the harbour** au large du port ◆ **this fish can live for several hours ~ water** ce poisson peut vivre plusieurs heures hors de l'eau ◆ **women who work ~ the home** les femmes qui travaillent à l'extérieur ◆ **visitors from ~ the area** les visiteurs *mpl* étrangers à la région

b *(fig* = beyond, apart from)* en dehors de, hors de ◆ **investments ~ Europe** investissements *mpl* en dehors de l'Europe *or* hors d'Europe ◆ **their reluctance to get involved militarily ~ NATO** leur réticence à intervenir militairement en dehors du cadre *or* hors du cadre de l'OTAN ◆ **~ the festival proper** en dehors du *or* en marge du festival à proprement parler ◆ **~ office hours** en dehors des heures de bureau ◆ **it's ~ the normal range** ça ne fait pas partie de la gamme habituelle ◆ **that falls ~ the committee's terms of reference** ceci n'est pas du ressort de la commission ◆ **she doesn't see anyone ~ her immediate family** elle ne voit personne en dehors de ses proches parents ◆ **babies born ~ marriage** naissances *fpl* hors mariage, bébés *mpl* nés hors mariage ◆ **sex ~ marriage** relations *fpl* sexuelles hors (du) mariage ◆ **to marry ~ one's religion** se marier avec une personne d'une autre confession ◆ **to marry ~ the Church** (*= with non-Christian)* se marier avec un(e) non-chrétien(ne) ◆ **~ of selling the car, there seemed to be no solution** *(US)* à part vendre la voiture, il ne semblait pas y avoir de solution

N *[of house, car, object]* extérieur *m*, dehors *m* ; (*= appearance)* aspect *m* extérieur, apparence *f* ; *(fig) [of prison, convent etc]* (monde *m*) extérieur *m* ◆ **on the ~ of** sur l'extérieur de ; (*= beyond)* à l'extérieur de, hors de, en dehors de ◆ **he opened the door from the ~** il a ouvert la porte du dehors ◆ **there's no window on to the ~** aucune fenêtre ne donne sur l'extérieur ◆ **the box was dirty on the ~** la boîte était sale à l'extérieur ◆ **the ~ of the box was dirty** l'extérieur *or* le dehors de la boîte était sale ♦ ~ **in** ⇒ **inside out** ; → **inside** ♦ **to look at sth from the** ~ *(lit, fig)* regarder qch de l'extérieur *or* du dehors ♦ **(judging) from the** ~ à en juger par les apparences ♦ **he passed the car on the** ~ *(in Brit)* il a doublé la voiture sur la droite ; *(in US, Europe etc)* il a doublé la voiture sur la gauche ♦ **at the (very)** ~ *(= at most)* (tout) au plus, au maximum ♦ **life on the** ~ *[of prison]* la vie en liberté *or* à l'air libre

**ADJ** **a** *(= outdoor) [temperature, aerial, staircase]* extérieur (-eure *f*) ; *[toilet]* à l'extérieur ♦ ~ **swimming pool/running track** piscine *f*/piste *f* en plein air

**b** *(= outer) [wall, edge, measurements]* extérieur (-eure *f*) ♦ **the** ~ **lane** *(of road, in Brit)* la voie de droite ; *(in US, Europe etc)* la voie de gauche ; *(Sport)* la piste extérieure

**c** *(Telec)* ♦ ~ **call** appel *m* extérieur ♦ ~ **line** ligne *f* extérieure

**d** *(= from elsewhere) [world, community, influence]* extérieur (-eure *f*) ; *[consultant, investor]* externe ♦ ~ **examiner** *(Scol, Univ)* examinateur *m*, -trice *f* externe ♦ **to need** ~ **help** avoir besoin d'aide extérieure ♦ **without** ~ **help** sans aide extérieure ♦ **to get an** ~ **opinion** demander l'avis d'un tiers

**e** *(= beyond usual environment)* ♦ ~ **commitments** autres responsabilités *fpl* ♦ ~ **work** *(in addition to main job)* autre travail *m* ; *(outside the home)* travail *m* à l'extérieur ♦ ~ **interests** *(= hobbies)* passe-temps *mpl inv*

**f** *(= faint)* ♦ **there is an** ~ **chance** *or* **possibility that he will come** il y a une petite chance qu'il vienne ♦ **he has an** ~ **chance of a medal** il a une petite chance de remporter une médaille, il n'est pas impossible qu'il remporte *subj* une médaille

**COMP** ▷ **outside broadcast** **N** *(Rad, TV)* émission *f* réalisée en extérieur ▷ **outside broadcasting unit**, **outside broadcasting van** **N** *(Rad, TV)* car *m* de reportage ▷ **outside-left** **N** *(Ftbl)* ailier *m* gauche ▷ **outside-right** **N** *(Ftbl)* ailier *m* droit

**outsider** /'aʊt'saɪdəʳ/ **N** **a** *(= stranger)* étranger *m*, -ère *f* ♦ **we don't want some** ~ **coming in and telling us what to do** ce n'est pas quelqu'un de l'extérieur qui va nous dire ce qu'il faut faire ♦ **he is an** ~ *(pej)* il n'est pas des nôtres **b** *(= horse or person unlikely to win)* outsider *m*

**outsize** /'aʊtsaɪz/ **ADJ** **a** (also **outsized**) *(= exceptionally large) [spectacles, scissors, bed]* énorme ; *[photograph]* géant ; *[ego]* démesuré **b** *(Dress) [clothes]* grande taille *inv* ♦ ~ **shop** magasin *m* spécialisé dans les grandes tailles **c** *(Transport)* ♦ ~ **load** convoi *m* exceptionnel

**outskirts** /'aʊtskɜːts/ **NPL** *[of town]* périphérie *f*, banlieue *f* ; *[of forest]* orée *f*, lisière *f* ♦ **on the** ~ **of the city** à la périphérie de la ville

**outsmart** * /aʊt'smɑːt/ **VT** être *or* se montrer plus malin(-igne *f*) que

**outsource** /'aʊtsɔːs/ **VT** externaliser, sous-traiter

**outsourcing** /'aʊtsɔːsɪŋ/ **N** externalisation *f*, sous-traitance *f* ♦ **the** ~ **of components** l'externalisation de la fabrication de composants

**outspend** /aʊt'spend/ (pret, ptp **outspent** /aʊt'spend/) **VT** ♦ **to** ~ **sb** dépenser plus que qn

**outspoken** /aʊt'spəʊkən/ **ADJ** *[person, criticism, comment, answer]* franc (franche *f*) ; *[critic, opponent]* qui ne mâche pas ses mots ; *[attack]* cinglant ; *[views]* tranché ♦ **to be** ~ avoir son franc-parler, ne pas mâcher ses mots ♦ **she was** ~ **in her criticism of the party** elle a critiqué le parti avec véhémence

**outspokenly** /aʊt'spəʊkənlɪ/ **ADV** franchement, carrément

**outspokenness** /aʊt'spəʊkənnɪs/ **N** franc-parler *m*, franchise *f*

**outspread** /'aʊt'spred/ **ADJ** *[wings]* déployé ; *[fingers]* écarté ; *[arms]* grand ouvert

**outstanding** /aʊt'stændɪŋ/ **ADJ** **a** *(= exceptional) [person, work, service, talent, success, achievement]* remarquable, exceptionnel ; *[example, event]* remarquable ; *[importance]* exceptionnel ; *[feature]* dominant ; *[exception]* notable ♦ **an area of** ~ **natural beauty** *(in Brit)* une zone naturelle protégée **b** *(= remaining) [debt, balance, bill, account]* impayé ; *[loan]* non remboursé ; *[interest]* à échoir ; *[work]* en suspens, en souffrance ; *[issue, problem]* non résolu ♦ **a lot of work is still** ~ beaucoup de travail reste à faire ♦ ~ **amount** *(Fin, Comm)* montant *m* dû ♦ ~ **claims** *(Jur, Fin)* sinistres *mpl* en cours ♦ ~ **item** *(Banking)* suspens *m* ♦ ~ **share** *(Jur, Fin)* action *f* en circulation **N** *(Banking)* encours *m*

**outstandingly** /aʊt'stændɪŋlɪ/ **ADV** *[good, beautiful]* exceptionnellement ; *[play]* magnifiquement ♦ **to be** ~ **successful** réussir remarquablement ♦ ~ **well** exceptionnellement bien

**outstare** /,aʊt'stɛəʳ/ **VT** ⇒ **stare out**

**outstation** /'aʊtsteɪʃən/ **N** *(in remote area)* poste *m* éloigné ; *(Comput)* terminal *m*

**outstay** /aʊt'steɪ/ **VT** *[+ person]* rester plus longtemps que ♦ **I hope I haven't ~ed my welcome** j'espère que je n'ai pas abusé de votre hospitalité ♦ **I know when I've ~ed my welcome** je sais reconnaître quand je deviens indésirable

**outstretched** /'aʊtstretʃt/ **ADJ** *[arm, hand, leg]* tendu ; *[wings]* déployé

**outstrip** /aʊt'strɪp/ LANGUAGE IN USE 26.3 **VT** *(Sport, fig)* devancer (*in* en)

**outtake** /'aʊtteɪk/ **N** *(Cine, TV)* chute *f*

**outturn** /'aʊttɜːn/ **N** *(US) [of factory]* production *f* ; *[of machine, worker]* rendement *m*

**outvote** /aʊt'vəʊt/ **VT** *[+ person]* mettre en minorité, battre ♦ **his project was ~d** son projet a été mis en minorité

**outward** /'aʊtwəd/ **ADJ** **a** *(= from a place) [flight]* à l'aller ; *[ship, freight]* en partance ; *[movement]* vers l'extérieur ♦ **the** ~ **journey/voyage, the** ~ **leg of the trip** l'aller *m*, le voyage (d')aller **b** *(= external) [appearance, display, sign]* extérieur (-eure *f*) ; *[calm]* apparent ♦ **to make an** ~ **show of concern** faire mine de s'inquiéter ♦ **to all** ~ **appearances** selon toute apparence **ADV** **a** *(esp Brit)* ⇒ **outwards** **b** *(Naut)* ♦ ~ **bound (for/from)** en partance (pour/de) **COMP** ▷ **outward-looking** **ADJ** ouvert sur l'extérieur

**outwardly** /'aʊtwədlɪ/ **ADV** **a** *(= externally) [calm, unattractive]* extérieurement ; *[respectable]* apparemment ♦ ~ **he appeared calm and confident** extérieurement, il paraissait calme et confiant ♦ ~ **I showed not the faintest sign of anger** extérieurement, je n'ai pas donné le moindre signe de colère **b** *(in direction) [point, direct, curve]* vers l'extérieur

**outwards** /'aʊtwədz/ **ADV** *[move, spread, face, open]* vers l'extérieur ; *[look]* au loin ♦ **the journey/voyage** ~ l'aller *m*, le voyage (d')aller

**outweigh** /aʊt'weɪ/ **VT** *(= be more important than) (gen)* l'emporter sur ; *[figures, balance etc]* dépasser ; *(= compensate for)* compenser

**outwit** /aʊt'wɪt/ **VT** *(gen)* se montrer plus malin(-igne *f*) *or* spirituel(-le *f*) que ; *[+ pursuer]* dépister, semer *

**outwith** /,aʊt'wɪθ/ **PREP** *(Scot)* ⇒ **outside prep b**

**outwork** /'aʊtwɜːk/ **N** travail *m* (fait) à domicile

**outworker** /'aʊtwɜːkəʳ/ **N** travailleur *m*, -euse *f* à domicile, ouvrier *m*, -ière *f* à domicile

**outworn** /aʊt'wɔːn/ **ADJ** *[custom, superstition]* qui n'a plus cours ; *[idea, concept]* périmé

**ouzo** /'uːzəʊ/ **N** ouzo *m*

**ova** /'əʊvə/ **NPL** of **ovum**

**oval** /'əʊvəl/ **ADJ** oval **N** ovale *m* **COMP** ▷ **the Oval Office** **N** *(US Pol) (lit)* le bureau ovale *(bureau du président à la Maison-Blanche)* *(fig)* la présidence *(des États-Unis)*

**ovarian** /əʊ'vɛərɪən/ **ADJ** ovarien

**ovariectomy** /əʊ,vɛərɪ'ektəmɪ/ **N** ovariectomie *f*

**ovariotomy** /əʊ,vɛərɪ'ɒtəmɪ/ **N** ovariotomie *f*

**ovaritis** /əʊvə'raɪtɪs/ **N** ovarite *f*

**ovary** /'əʊvərɪ/ **N** *(Anat, Bot)* ovaire *m*

**ovate** /'əʊveɪt/ **ADJ** ové

**ovation** /əʊ'veɪʃən/ **N** ovation *f*, acclamations *fpl* ♦ **to give sb an** ~ ovationner qn, faire une ovation à qn ; → **standing**

**oven** /'ʌvn/ **N** *(Culin)* four *m* ; *(Tech)* four *m*, étuve *f* ♦ **in the** ~ *(Culin)* au four ♦ **in a hot** ~ à four vif *or* chaud ♦ **in a cool** *or* **slow** ~ à four doux ♦ **the room/the town was like an** ~ la pièce/la ville était une fournaise *or* une étuve ; → **Dutch, gas** **COMP** ▷ **oven cleaner** nettoyant *m* pour four ▷ **oven glove** **N** *(Brit)* gant *m* de cuisine, manique *f* ▷ **oven-ready** **ADJ** prêt à cuire

**ovenproof** /'ʌvnpruːf/ **ADJ** allant au four

**ovenware** /'ʌvnwɛəʳ/ **N** *(NonC)* plats *mpl* allant au four

## over /'əʊvəʳ/

| | |
|---|---|
| 1 ADVERB | 4 PREFIX |
| 2 ADJECTIVE | 5 NOUN |
| 3 PREPOSITION | 6 COMPOUNDS |

When **over** is the second element in a phrasal verb, eg **come over**, **go over**, **turn over**, look up the verb.

### 1 - ADVERB

**a** = above dessus ♦ **this one goes** ~ **and that one goes under** celui-ci passe dessus et celui-là dessous ♦ **where do you want it** ~ **under or** ~**?** où est-ce que tu veux le mettre, dessus ou dessous ?

**b** = here, there ♦ **I'll be** ~ **at 7 o'clock** je serai là à 7 heures ♦ **when you're next** ~ **this way** la prochaine fois que vous passerez par ici ♦ **they were** ~ **for the day** ils sont venus passer la journée

♦ **to have sb over** *(= invite)* inviter qn chez soi ♦ **I must have them** ~ **some time** il faut que je les invite *subj* chez moi un de ces jours ♦ **we had them** ~ **to dinner last week** il sont venus dîner chez nous la semaine dernière

**c** with preposition/adverb

When followed by a preposition or adverb, **over** is not usually translated.

♦ **they're** ~ **from Canada for the summer** ils sont venus du Canada pour passer ici l'été ♦ ~ **here** ici ♦ **they're** ~ **in France** ils sont en France ♦ ~ **there** là-bas ♦ **he drove us** ~ **to the other side of town** il nous a conduits de l'autre côté de la ville ♦ **and now** ~ **to our Birmingham studio** *(Rad, TV)* et nous passons maintenant l'antenne à notre studio de Birmingham

♦ **over against** contre ♦ ~ **against the wall** contre le mur ♦ **the issue of quality** ~ **against**

**economy** le problème de l'opposition entre les exigences de la qualité et les contraintes de l'économie

d [Telec] ◆ ~ **(to you) !** à vous ! ◆ ~ **and out!** terminé !

e [= more] plus ◆ **if it is 2 metres or ~, then ...** si ça fait 2 mètres ou plus, alors ... ◆ **those aged 65 and ~** les personnes âgées de 65 ans et plus ◆ **balances of £50,000 and ~** les comptes créditeurs de 50 000 livres et plus ◆ **children of eight and ~** les enfants de huit ans et plus, les enfants à partir de huit ans

f [= in succession] ◆ **he did it five times ~** il l'a fait cinq fois de suite

♦ **over and over (again)** ◆ **he played the same tune ~ and ~ (again)** il a joué le même air je ne sais combien de fois ◆ **I got bored doing the same thing ~ and ~ again** je m'ennuyais à refaire toujours la même chose ◆ **all directors make the same film ~ and ~ again** tous les réalisateurs ne font qu'un seul film, qu'ils déclinent à l'infini ◆ **they have fallen into this trap ~ and ~ again** ils sont tombés dans ce piège maintes et maintes fois *or* à maintes reprises

g [= remaining]

> Note the impersonal use of **il reste**:

◆ **if there is any meat (left) ~** s'il reste de la viande ◆ **there are three ~** il en reste trois ◆ **four into twenty-nine goes seven and one ~** vingt-neuf divisé par quatre font sept et il reste un [BUT] **there were two slices each and one ~** il y avait deux tranches pour chacun et une en plus ◆ **when they've paid the bills there's nothing ~ for luxuries** une fois qu'ils ont payé les factures, ils n'ont pas de quoi faire des folies

2 - ADJECTIVE

[= finished] ◆ **after the war was ~** après la guerre ◆ **when this is (all) ~** quand tout cela sera fini ◆ **when the exams/holidays are ~** après les examens/vacances, quand les examens/vacances seront fini(e)s ◆ **our troubles are ~** voilà la fin de nos ennuis

♦ **over and done with** fini et bien fini ◆ **I'll be glad when it's all ~ and done with** je serai content lorsque tout sera fini et bien fini ◆ **as far as we were concerned the incident was ~ and done with** pour nous, l'incident était clos ◆ **to get sth ~ and done with** en finir avec qch

3 - PREPOSITION

> When **over** occurs in a set combination, eg **over the phone**, **an advantage over**, look up the noun. When **over** is used with a verb such as **jump**, **trip**, **step**, look up the verb.

a [= on top of] sur ◆ **she put an apron on ~ her dress** elle a mis un tablier sur sa robe ◆ **I spilled coffee ~ it/them** j'ai renversé du café dessus

b [= above] au-dessus de ◆ **the water came ~ his knees** l'eau lui arrivait au-dessus du genou ◆ **he's ~ me in the firm** il est au-dessus de moi dans l'entreprise ◆ **a washbasin with a mirror ~ it** un lavabo surmonté d'une glace

c [= across] de l'autre côté de ◆ **it's just ~ the river** c'est juste de l'autre côté de la rivière ◆ **the noise came from ~ the wall** le bruit venait de l'autre côté du mur ◆ **the bridge ~ the river** le pont qui traverse la rivière ◆ **~ the road** *or* **way** en face ◆ **there is a café ~ the road** il y a un café en face ◆ **the house ~ the way** *or* **the road** la maison d'en face

d [= during] ◆ **~ the summer** pendant l'été ◆ **~ Christmas** pendant les fêtes de Noël ◆ **a fare which doesn't require a stay ~ Saturday night** un tarif qui n'impose pas de passer sur place la nuit du samedi ◆ **the meetings take place ~ several days** les réunions se déroulent sur plusieurs jours ◆ **~ a period of** sur une période de ◆ **~ the last few years** ces dernières années

e [= about] ◆ **they fell out ~ money** ils se sont brouillés pour une question d'argent ◆ **the two sides disagreed ~ how much should be spent** les deux côtés n'arrivaient pas à se mettre d'accord sur la somme à dépenser

f [= more than] plus de ◆ **they stayed for ~ three hours** ils sont restés plus de trois heures ◆ **she is ~ 60** elle a plus de 60 ans ◆ **(the) ~18s/-21s** les plus de 18/21 ans ◆ **women ~ 21** les femmes de plus de 21 ans ◆ **the boat is ~ 10 metres long** le bateau fait plus de 10 mètres de long ◆ **well ~ 200 people** bien plus de 200 personnes ◆ **all numbers ~ 20** tous les chiffres au-dessus de 20 ◆ **an increase of 5% ~ last year's total** une augmentation de 5% par rapport au total de l'année dernière

♦ **over and above** ◆ **this was ~ and above his normal duties** cela dépassait le cadre de ses fonctions *or* attributions ◆ **spending has gone up by 7% ~ and above inflation** les dépenses ont augmenté de 7%, hors inflation ◆ **~ and above the fact that ...** sans compter que ... ◆ **yes, but ~ and above that, we must ...** oui, mais en plus nous devons ...

g [= on] ◆ **I spent a lot of time ~ that report** j'ai passé beaucoup de temps sur ce rapport ◆ **he took hours ~ the preparations** il a consacré des heures à ces préparatifs

h [= while having] ◆ **they talked ~ a cup of coffee** ils ont bavardé autour d'une tasse de café ◆ **we met ~ a meal in the canteen** nous nous sommes vus autour d'un repas à la cantine

i [= recovered from]

♦ **to be over sth** *[+ illness, bad experience]* s'être remis de qch ◆ **I was heartbroken when she left but I'm ~ it now** j'ai eu le cœur brisé lorsqu'elle est partie mais je m'en suis remis ◆ **hoping you'll soon be ~ your cold** en espérant que tu te remettras vite de ton rhume ◆ **we're ~ the worst now** ça devrait aller mieux maintenant

4 - PREFIX

◆ **overabundant** surabondant ◆ **overabundance** surabondance *f* ; → **overachieve, overanxious, overmuch** *etc*

5 - NOUN

[Cricket] série *f* de six balles

6 - COMPOUNDS

▷ **over-age** ADJ trop âgé ▷ **over-egg** * VT *(Brit fig)* ◆ **to ~-egg the pudding** exagérer ▷ **over-the-counter** ADJ *[drugs, medicine]* vendu sans ordonnance, *[securities, transactions]* hors cote ▷ **over-the-counter market** N *(St Ex)* (marché *m*) hors cote *m* ; see also **counter**[1]

**overachieve** /ˌəʊvərəˈtʃiːv/ VI *[pupil, student]* réussir mieux que prévu ; *[executive]* être un bourreau de travail

**overachiever** /ˌəʊvərəˈtʃiːvəʳ/ N *(Educ)* élève ou étudiant(e) qui réussit mieux que prévu ; *(Comm)* bourreau *m* de travail

**overact** /əʊvərˈækt/ VI *(Theat)* en faire trop *

**overactive** /əʊvərˈæktɪv/ ADJ trop actif ; *[imagination]* débordant ◆ **to have an ~ thyroid** *(Med)* souffrir d'hyperthyroïdie *f*

**overage** /ˈəʊvərɪdʒ/ N *(US Comm)* excédent *m (de marchandises etc)*

**overall** /ˈəʊvərɔːl/ ADJ *[length, width, height, capacity, loss, gain]* total ; *[effect, impression]* d'ensemble ; *[improvement, increase, trend]* global ; *[study, survey]* global, d'ensemble ; *(Sport) [winner, leader, victory]* au classement général ◆ **no party holds ~ control of the council** aucun parti n'a la majorité absolue dans la municipalité ◆ **an ~ majority** une majorité absolue ◆ **a satisfactory ~ performance** une performance globalement satisfaisante ◆ **he has ~ responsibility** il a la responsabilité d'ensemble ◆ **~ measurements** *(Aut)* encombrement *m*, dimensions *fpl* hors tout ◆ **~ placings** *(Sport)* le classement général, le combiné ◆ **to be in ~ lead** *(Sport)* être en tête du classement général

ADV /ˌəʊvərˈɔːl/ *[view, survey]* en général ; *[measure]* d'un bout à l'autre, hors tout ; *[cost]* en tout ◆ **he came first ~** *(Sport)* il est arrivé premier au classement général ◆ **~, it was disappointing** dans l'ensemble, ça a été décevant

N /ˈəʊvərɔːl/ *(Brit: shirt-type)* blouse *f*

NPL **overalls** *[of mechanic etc]* bleu *m* (de travail) ; *(= dungarees)* salopette *f*

**overanxious** /əʊvərˈæŋkʃəs/ ADJ *(= worried)* trop inquiet (-ète *f*), trop anxieux ; *(= zealous)* trop zélé ◆ **~ parents** des parents *mpl* hyperanxieux ◆ **I'm not ~ to go** *(= not keen)* je n'ai pas trop *or* tellement envie d'y aller ; *(= not in a hurry)* je ne suis pas trop pressé d'y aller

**overarching** /ˈəʊvərˈɑːtʃɪŋ/ ADJ *[structure, framework, principle]* global ; *[question]* primordial

**overarm** /ˈəʊvərɑːm/ ADV, ADJ *(esp Brit)* par en dessus

**overate** /əʊvərˈeɪt/ VB pt of **overeat**

**overawe** /əʊvərˈɔː/ VT *[person]* intimider, impressionner, troubler ; *[sight etc]* impressionner

**overbade** /əʊvəˈbeɪd/ VB pt of **overbid**

**overbalance** /ˌəʊvəˈbæləns/ VI *[person]* perdre l'équilibre, basculer ; *[object]* se renverser, basculer VT *[+ object, boat]* (faire) basculer, renverser ; *[+ person]* faire perdre l'équilibre à

**overbearing** /əʊvəˈbɛərɪŋ/ ADJ *(pej)* dominateur (-trice *f*)

**overbid** /əʊvəˈbɪd/ (pret **overbid** *or* **overbade**, ptp **overbid** *or* **overbidden**) *(at auction)* VT enchérir sur VI surenchérir

**overblown** /əʊvəˈbləʊn/ ADJ *[flower]* trop ouvert ; *[woman]* plantureux ; *[style]* ampoulé

**overboard** /ˈəʊvəbɔːd/ ADV *[fall, jump]* par-dessus bord ◆ **man ~!** un homme à la mer ! ◆ **to throw sth ~** *(lit)* jeter qch par-dessus bord ; *(* fig)* ne faire aucun cas de qch ◆ **to go ~** * aller trop loin ◆ **to go ~ about sth** * s'emballer * pour qch ◆ **to go ~ about sb** * s'emballer * pour qn ◆ **don't go ~ with the sugar** * vas-y mollo * *or* doucement avec le sucre ; → **wash**

**overbold** /əʊvəˈbəʊld/ ADJ *[person, remark]* impudent ; *[action]* trop audacieux

**overbook** /əʊvəˈbʊk/ VTI *[hotel, airline]* surréserver, surbooker

**overbooking** /əʊvəˈbʊkɪŋ/ N *[of hotel, flight]* surréservation *f*, surbooking *m*

**overburden** /əʊvəˈbɜːdn/ VT *(lit)* surcharger ; *(fig)* surcharger, accabler (*with* de)

**overburdened** /əʊvəˈbɜːdnd/ ADJ *[person] (with work)* surchargé ; *(with problems)* accablé ;

*[system]* surchargé ◆ ~ **with** *or* **by sth** surchargé *or* accablé de qch

**overcame** /ˌəʊvəˈkeɪm/ **VB** pt of **overcome**

**overcapacity** /ˌauvakaˈpæsɪtɪ/ **N** surcapacité *f*

**overcast** /ˈəʊvəˌkɑːst/ (vb : pret, ptp **overcast**) **ADJ** *[sky]* couvert, sombre ; *[weather, conditions]* couvert ; *[day]* au temps couvert ◆ **it is** ~ le temps est couvert ◆ **it/the weather grew** ~ ça/le temps s'est couvert **N** *(Sewing:* also **overcast stitch**) point *m* de surjet **VT** /ˌəʊvəˈkɑːst/ *(Sewing)* surjeter

**overcautious** /əʊvəˈkɔːʃəs/ **ADJ** trop prudent, trop circonspect

**overcautiously** /əʊvəˈkɔːʃəslɪ/ **ADV** avec un excès de prudence *or* de circonspection

**overcautiousness** /əʊvəˈkɔːʃəsnɪs/ **N** excès *m* de prudence *or* de circonspection

**overcharge** /ˌəʊvəˈtʃɑːdʒ/ **VT** **a** ◆ **to** ~ **sb for sth** faire payer qch trop cher à qn, surfacturer qch à qn **b** *[+ electric circuit]* surcharger **VI** ◆ **he** ~**d for it** il le lui a *(or* il me l'a *etc)* fait payer trop cher

**overcoat** /ˈəʊvəkəʊt/ **N** pardessus *m* ◆ **wooden** ~ * *(hum)* costume *m* en sapin *

**overcome** /ˌəʊvəˈkʌm/ (pret **overcame**, ptp **overcome**) **VT** *[+ enemy]* vaincre, triompher de ; *[+ difficulty, obstacle, temptation]* surmonter ; *[+ one's rage, disgust, dislike etc]* maîtriser, dominer ; *[+ opposition]* triompher de ◆ **to be** ~ **by temptation/remorse/grief** succomber à la tentation/au remords/à la douleur ◆ **sleep overcame him** il a succombé au sommeil ◆ ~ **with fear** paralysé par la peur, transi de peur ◆ ~ **with cold** transi (de froid) ◆ **she was quite** ~ elle fut saisie, elle resta muette de saisissement **VI** ◆ **we shall** ~ **!** nous vaincrons !

**overcommit** /ˌəʊvəkəˈmɪt/ **VI** trop s'engager **VT** ◆ **to** ~ **o.s.** trop s'engager ◆ **to be** ~**ted** *(financially)* avoir des charges financières excessives ; *(= have too much work)* s'être engagé à faire trop de travail

**overcompensate** /əʊvəˈkɒmpənseɪt/ **VI** *(gen)* faire de la surcompensation ; *(Psych)* surcompenser *(for sth* qch)

**overcompensation** /ˌəʊvəˌkɒmpənˈseɪʃən/ **N** *(gen, Psych)* surcompensation *f*

**overcompress** /əʊvəkəmˈpres/ **VT** surcomprimer

**overconfidence** /əʊvəˈkɒnfɪdəns/ **N** *(= assurance)* suffisance *f*, présomption *f* ; *(= trust)* confiance *f* aveugle *(in* en)

**overconfident** /əʊvəˈkɒnfɪdənt/ **ADJ** *(= assured)* suffisant, présomptueux ; *(= trusting)* trop confiant *(in* en)

**overconsumption** /ˌəʊvəkənˈsʌmpʃən/ **N** *(Comm, Econ)* surconsommation *f*

**overcook** /əʊvəˈkʊk/ **VT** trop (faire) cuire

**overcritical** /əʊvəˈkrɪtɪkəl/ **ADJ** trop critique

**overcrowded** /əʊvəˈkraʊdɪd/ **ADJ** *[city, prison, house]* surpeuplé ; *[classroom]* surchargé ; *[train, bus, office]* bondé ◆ **they live in** ~ **conditions** ils vivent dans des conditions de surpeuplement

**overcrowding** /əʊvəˈkraʊdɪŋ/ **N** *(in housing, prison, town, district)* surpeuplement *m* ; *(in classroom)* effectif(s) *m(pl)* surchargé(s) ; *(in bus etc)* encombrement *m*

**overdependence** /ˌəʊvədɪˈpendəns/ **N** dépendance *f* excessive *(on* envers, à l'égard de)

**overdependent** /ˌəʊvədɪˈpendənt/ **ADJ** trop dépendant *(on* de)

**over-designed** /ˌəʊvədɪˈzaɪnd/ **ADJ** *(pej)* hypersophistiqué

**overdevelop** /ˌəʊvədɪˈveləp/ **VT** *(Econ)* surdévelopper

**overdeveloped** /əʊvədɪˈveləpt/ **ADJ** *(gen, Phot)* trop développé ; *(Econ)* surdéveloppé

**overdevelopment** /ˌəʊvədɪˈveləpmənt/ **N** *(Econ)* surdéveloppement *m*

**overdo** /ˌəʊvəˈduː/ (pret **overdid** /ˌəʊvəˈdɪd/) (ptp **overdone** /ˌəʊvəˈdʌn/) **VT** **a** *(= exaggerate)* *[+ attitude, accent, concern, interest]* exagérer ; *(= eat or drink to excess)* abuser de, forcer sur * ◆ **don't** ~ **the beer** ne bois pas trop de bière, ne force * pas sur la bière ◆ **she rather overdoes the perfume** elle force * un peu sur le parfum, elle y va un peu fort * avec le parfum ◆ **he rather overdoes the devoted husband bit** * il en rajoute * dans le rôle du mari dévoué ◆ **to** ~ **it, to** ~ **things** *(= push o.s. too hard)* s'épuiser ; *(= go too far) (in comments, description etc)* exagérer ◆ **he's overdone it a bit on the sunbed** il y a été un peu fort * avec les UV **b** *(= overcook)* trop cuire

**overdone** /ˌəʊvəˈdʌn/ **VB** ptp of **overdo** **ADJ** **a** *(= exaggerated)* excessif, outré **b** *(= overcooked)* trop cuit

**overdose** /ˈəʊvədəʊs/ **N** **a** *(lit)* surdose *f*, overdose *f* ◆ **to take an** ~ faire une overdose ◆ **to take an** ~ **of sth** prendre une surdose de qch ◆ **he died from an** ~ **(of heroin)** il est mort d'une overdose *or* d'une surdose (d'héroïne) **b** *(fig, hum)* overdose *f* ◆ **I had an** ~ **of TV last week** j'ai fait une overdose de télé la semaine dernière **VI** **a** *(lit) (gen)* faire une overdose ; *(fatally)* mourir d'une surdose *or* d'une overdose ◆ **to** ~ **on sth** prendre une surdose de qch **b** *(fig, hum)* ◆ **to** ~ **on TV** *etc* faire une overdose de télé *etc* ◆ **to** ~ **on chocolate** forcer * sur le chocolat

**overdraft** /ˈəʊvədrɑːft/ *(Banking)* **N** découvert *m* ◆ **I've got an** ~ mon compte est à découvert, j'ai un découvert à la banque **COMP** ▷ **overdraft facility** **N** découvert *m* autorisé, autorisation *f* de découvert ▷ **overdraft interest** **N** intérêts *mpl* débiteurs, agios *mpl*

**overdraw** /əʊvəˈdrɔː/ (pret **overdrew**, ptp **overdrawn**) *(Banking)* **VI** mettre son compte à découvert, dépasser son crédit **VT** *[+ one's account]* mettre à découvert

**overdrawn** /əʊvəˈdrɔːn/ **VB** ptp of **overdraw** **ADJ** *[person, account]* à découvert ◆ **I'm £500** ~**, my account is £500** ~ j'ai un découvert de 500 livres ◆ **I'm** ~**/my account is** ~ **by £500** je suis à découvert/mon compte est à découvert de 500 livres

**overdress** /ˈəʊvədres/ **N** robe-chasuble *f* **VI** /əʊvəˈdres/ (also **to be overdressed**) être trop habillé

**overdrew** /əʊvəˈdruː/ **VB** pt of **overdraw**

**overdrive** /ˈəʊvədraɪv/ **N** *(Aut)* (vitesse *f*) surmultipliée *f* ◆ **in** ~ en surmultipliée ◆ **to go into** ~ * *(fig)* mettre les bouchées doubles

**overdue** /ˌəʊvəˈdjuː/ **ADJ** *[train, bus]* en retard ; *[reform]* qui tarde (à être réalisé) ; *[acknowledgement, recognition, apology]* tardif ; *[account]* impayé, en souffrance ◆ ~ **payments** arriérés *mpl* ◆ **the plane is 20 minutes** ~ l'avion a 20 minutes de retard ◆ **that change is long** ~ ce changement se fait attendre depuis longtemps ◆ **she's (a week)** ~ *(menstrual period)* elle est en retard (d'une semaine) ; *(baby)* elle a dépassé le terme (d'une semaine), elle aurait déjà dû accoucher (il y a une semaine) ◆ **the baby is (a week)** ~ l'enfant aurait déjà dû naître (il y a une semaine) ◆ **my books are (a week)** ~ je suis en retard (d'une semaine) pour rendre mes livres

**overeager** /əʊvərˈiːgəʳ/ **ADJ** trop zélé, trop empressé ◆ **he was not** ~ **to leave** *(= not keen)* il n'avait pas une envie folle de partir ; *(= not in a hurry)* il n'était pas trop pressé de partir

**overeat** /əʊvərˈiːt/ (pret **overate**, ptp **overeaten**) **VI** *(on one occasion)* trop manger ; *(regularly)* trop manger, se suralimenter

**overeating** /əʊvərˈiːtɪŋ/ **N** excès *mpl* de table

**over-egg** * /əʊvərˈeg/ **VT** *(Brit fig)* ◆ **to** ~ **the pudding** exagérer

**overelaborate** /ˌəʊvərɪˈlæbərɪt/ **ADJ** *[design, plan]* trop compliqué ; *[style, excuse]* contourné ; *[dress]* trop recherché

**overemphasis** /ˌəʊvərˈemfəsɪs/ **N** ◆ **to put an** ~ **on sth** accorder trop d'importance à qch

**overemphasize** /əʊvərˈemfəsaɪz/ **VT** accorder trop d'importance à ◆ **the importance of education cannot be** ~**d** on n'insistera jamais assez sur *or* on ne soulignera jamais assez l'importance de l'éducation

**overemphatic** /ˌəʊvərɪmˈfætɪk/ **ADJ** trop catégorique

**overemployment** /ˌəʊvərɪmˈplɔɪmənt/ **N** suremploi *m*

**over-engineered** /ˌəʊvərendʒɪˈnɪəd/ **ADJ** *(pej)* inutilement compliqué

**overenthusiastic** /ˌəʊvərɪnˌθuːzɪˈæstɪk/ **ADJ** trop enthousiaste

**overenthusiastically** /ˌəʊvərɪnˌθuːzɪˈæstɪkəlɪ/ **ADV** avec trop d'enthousiasme

**overestimate** /əʊvərˈestɪmeɪt/ **VT** *[+ price, costs, importance]* surestimer ; *[+ strength]* trop présumer de ; *[+ danger]* exagérer

**overexcite** /əʊvərɪkˈsaɪt/ **VT** surexciter

**overexcited** /əʊvərɪkˈsaɪtɪd/ **ADJ** surexcité ◆ **to get** ~ se mettre dans un état de surexcitation, devenir surexcité ◆ **don't get** ~**!** ne vous excitez pas !

**overexcitement** /əʊvərɪkˈsaɪtmənt/ **N** surexcitation *f*

**overexert** /əʊvərɪgˈzɜːt/ **VT** ◆ **to** ~ **o.s.** se surmener, s'éreinter

**overexertion** /əʊvərɪgˈzɜːʃən/ **N** surmenage *m*

**overexpose** /əʊvərɪksˈpəʊz/ **VT** *(Phot)* surexposer

**overexposure** /əʊvərɪksˈpəʊʒəʳ/ **N** *(Phot, also fig)* surexposition *f*

**overextended** /əʊvərɪkˈstendɪd/ **ADJ** *[person]* qui a trop d'activités ; *[organization]* qui a trop diversifié ses activités

**overfamiliar** /əʊvəfəˈmɪljəʳ/ **ADJ** trop familier

**overfeed** /əʊvəˈfiːd/ **VT** (pret, ptp **overfed** /əʊvəˈfed/) suralimenter, donner trop à manger à ◆ **to be overfed** *(animal)* être trop nourri ; *(person)* trop manger **VI** se suralimenter, trop manger

**overfeeding** /əʊvəˈfiːdɪŋ/ **N** suralimentation *f*

**overfill** /əʊvəˈfɪl/ **VT** trop remplir

**overfish** /əʊvəˈfɪʃ/ **VT** surexploiter

**overfishing** /əʊvəˈfɪʃɪŋ/ **N** surpêche *f*

**overflew** /əʊvəˈfluː/ **VB** pt of **overfly**

**overflight** /ˈəʊvəflaɪt/ **N** *(authorized)* survol *m* de l'espace aérien ; *(unauthorized)* violation *f* de l'espace aérien

**overflow** /ˈəʊvəfləʊ/ **N** **a** *(= pipe, outlet) [of bath, sink etc]* trop-plein *m* ; *[of canal, reservoir etc]* déversoir *m*, dégorgeoir *m*

**b** *(= flooding)* inondation *f* ; *(= excess liquid)* débordement *m*, trop-plein *m*

**c** *(= excess) [of people, population]* excédent *m* ; *[of objects]* excédent *m*, surplus *m*

**VT** /ˌəʊvəˈfləʊ/ *[+ container]* déborder de ◆ **the river has** ~**ed its banks** la rivière a débordé *or* est sortie de son lit

**VI** /ˌəʊvəˈfləʊ/ **a** *[liquid, river etc]* déborder ◆ **the river ~ed into the fields** la rivière a inondé les champs
**b** *(fig) [people, objects]* déborder ◆ **the crowd ~ed into the next room** la foule a débordé dans la pièce voisine
**c** *[container]* déborder (*with* de) ; *[room, vehicle]* regorger (*with* de) ◆ **to be full to ~ing** *[cup, jug]* être plein à ras bords *or* à déborder ; *[room, vehicle]* être plein à craquer ◆ **to fill a cup to ~ing** remplir une tasse à ras bords
**d** *(fig = be full of)* déborder, regorger (*with* de), abonder (*with* en) ◆ **the town was ~ing with visitors** la ville regorgeait de visiteurs ◆ **his heart was ~ing with love** son cœur débordait d'amour ◆ **he was ~ing with optimism** il débordait d'optimisme ◆ **he ~ed with suggestions** il abondait en suggestions
**COMP** /ˈəʊvəˌfləʊ/ *[pipe]* d'écoulement

**overfly** /ˌəʊvəˈflaɪ/ (pret **overflew**, ptp **overflown** /ˌəʊvəˈfləʊn/) **VT** survoler

**overfond** /ˌəʊvəˈfɒnd/ **ADJ** ◆ **she is not ~ of ...** elle ne raffole pas de ...

**overfull** /ˌəʊvəˈfʊl/ **ADJ** trop plein (*of* de)

**overgenerous** /ˌəʊvəˈdʒenərəs/ **ADJ** *[person]* prodigue (*with* de) ; *[amount, helping]* excessif

**overground** /ˌəʊvəˈgraʊnd/ **ADJ** *(Transport)* à l'air libre

**overgrown** /ˈəʊvəˈgrəʊn/ **ADJ** ◆ **the path is ~ (with grass)** le chemin est envahi par l'herbe ◆ **~ with weeds** recouvert de mauvaises herbes ◆ **a wall ~ with ivy/moss** un mur recouvert *or* tapissé de lierre/de mousse ◆ **the garden is very ~** le jardin est une vraie forêt vierge *or* est complètement envahi (par la végétation) ◆ **he's just an ~ schoolboy** il se conduit comme un enfant

**overhand** /ˈəʊvəhænd/ *(US)* **ADV** **a** *(Sport etc) [throw, serve]* par en dessus **b** *(Sewing)* à points de surjet **VT** *(Sewing)* coudre à points de surjet

**overhang** /ˌəʊvəˈhæŋ/ (pret, ptp **overhung**) **VT** *[tree, branch, rocks, balcony]* surplomber ; *[mist, smoke]* planer sur ; *[danger etc]* menacer **VI** *[tree, branch, cliff, balcony]* être en surplomb **N** /ˈəʊvəˌhæŋ/ *[of cliff, rock, balcony, building]* surplomb *m*

**overhanging** /ˌəʊvəˈhæŋɪŋ/ **ADJ** *[rock, cliff, eaves]* en surplomb, en saillie ; *[tree, branch]* en surplomb

**overhastily** /ˌəʊvəˈheɪstɪlɪ/ **ADV** trop hâtivement, de façon trop précipitée

**overhasty** /ˌəʊvəˈheɪstɪ/ **ADJ** trop précipité *or* hâtif ◆ **to be ~ in doing sth** faire qch de façon trop précipitée ◆ **he was ~ in his condemnation of ...** il a été trop hâtif en condamnant ...

**overhaul** /ˈəʊvəhɔːl/ **N** *[of vehicle, machine]* révision *f* (complète) ; *[of ship]* radoub *m* ; *(fig) [of system, programme]* refonte *f*, remaniement *m* **VT** /ˌəʊvəˈhɔːl/ **a** *(= check, repair) [+ vehicle, machine]* réviser, remettre en état ; *[+ ship]* radouber ; *(fig) [+ system, programme]* remanier **b** *(= catch up with)* rattraper, gagner de vitesse ; *(= overtake)* dépasser

**overhead** /ˌəʊvəˈhed/ **ADV** *(= up above)* au-dessus (de nos *or* vos *etc* têtes) ; *(= in the sky)* dans le ciel ; *(= on the floor above)* (à l'étage) au-dessus, en haut **ADJ** /ˈəʊvəhed/ **a** *[wires, cables, railway]* aérien **b** *(Comm)* **~ charges** *or* **costs** *or* **expenses** frais *mpl* généraux **N** /ˈəʊvəhed/ *(US)* ⇒ **overheads** **NPL** **overheads** *(Brit)* frais *mpl* généraux **COMP** ▷ **overhead light** **N** plafonnier *m* ▷ **overhead lighting** **N** éclairage *m* au plafond ▷ **overhead projection** **N** rétroprojection *f* ▷ **overhead projector** **N** rétroprojecteur *m* ▷ **overhead valve** **N** *(Aut)* soupape *f* en tête

**overhear** /ˌəʊvəˈhɪəʳ/ (pret, ptp **overheard** /ˌəʊvəˈhɜːd/) **VT** surprendre, entendre (par hasard) ◆ **he was overheard to say that ...** on lui a entendu dire *or* on l'a surpris à dire que ... ◆ **I overheard your conversation** j'ai entendu ce que vous disiez, j'ai surpris votre conversation

**overheat** /ˌəʊvəˈhiːt/ **VT** surchauffer **VI** *(gen)* devenir surchauffé ; *[engine, brakes]* chauffer

**overheated** /ˌəʊvəˈhiːtɪd/ **ADJ** *[room]* surchauffé ; *[brakes, engine, computer]* qui chauffe ; *[economy, market]* en état de surchauffe ◆ **to get ~** *(lit) [person, animal]* avoir trop chaud ; *(fig) [person]* s'emporter

**overheating** /ˌəʊvəˈhiːtɪŋ/ **N** *(Econ)* surchauffe *f*

**overhung** /ˌəʊvəˈhʌŋ/ **VB** pt, ptp of **overhang**

**overimpressed** /ˌəʊvərɪmˈprest/ **N** ◆ **I'm not ~ with him** il ne m'impressionne pas vraiment ◆ **I'm not ~ with his work** je ne suis pas vraiment impressionné par son travail

**overindulge** /ˌəʊvərɪnˈdʌldʒ/ **VI** abuser (*in* de) ◆ **I rather ~d last night** j'ai un peu forcé * *or* abusé * hier soir, je me suis laissé aller à des excès hier soir **VT** *[+ person]* trop gâter, satisfaire tous les caprices de ; *[+ passion, appetite]* céder trop facilement à

**overindulgence** /ˌəʊvərɪnˈdʌldʒəns/ **N** indulgence *f* excessive (*of/towards sb* des/envers les caprices de qn), abus *m* (*in sth* de qch)

**overindulgent** /ˌəʊvərɪnˈdʌldʒənt/ **ADJ** trop indulgent (*to, towards* envers)

**overinvestment** /ˌəʊvərɪnˈvestmənt/ **N** *(Econ)* surinvestissement *m*

**overjoyed** /ˌəʊvəˈdʒɔɪd/ **ADJ** *[person]* ravi, enchanté ◆ **I can't say I'm ~** je ne peux pas dire que je sois enchanté ◆ **~ at** *or* **about** *or* **with sth** ravi *or* enchanté de qch ◆ **to be ~ to see sb** être ravi *or* enchanté de voir qn ◆ **to be ~ that ...** être ravi *or* enchanté que ... + *subj*

**overkill** /ˈəʊvəkɪl/ **N** **a** *(Mil)* surarmement *m* **b** *(fig)* **that was a bit of an ~!** * c'était un peu exagéré ! ◆ **such security measures may well be ~** de telles mesures de sécurité sont peut-être exagérées *or* excessives ◆ **her new fitness régime quickly reached ~** elle a vite dépassé la mesure avec son nouveau programme de mise en forme ◆ **every time I switch on the TV, there's football. It's ~** chaque fois que j'allume la télévision, il y a du football : trop, c'est trop ◆ **an ~ in negative propaganda** trop de propagande hostile

**overladen** /ˌəʊvəˈleɪdn/ **ADJ** *(gen, also Elec)* surchargé

**overlaid** /ˌəʊvəˈleɪd/ **VB** pt, ptp of **overlay**

**overland** /ˈəʊvəlænd/ **ADJ** par voie de terre (*to* pour aller à) ◆ **by an ~ route** par voie de terre **ADV** par voie de terre

**overlap** /ˈəʊvəlæp/ **N** empiètement *m*, chevauchement *m* ; *[of tiles]* chevauchement *m* **VI** /ˌəʊvəˈlæp/ (also **overlap each other**) se recouvrir partiellement ; *[teeth, boards, tiles]* se chevaucher ; *(fig)* se chevaucher ◆ **his work and ours ~** son travail et le nôtre se chevauchent *or* se recoupent ◆ **our holidays ~** nos vacances coïncident en partie *or* (se) chevauchent **VT** /ˌəʊvəˈlæp/ *[+ tiles, slates]* enchevaucher ; *[+ edges]* chevaucher, déborder de ; *(fig)* recouper ◆ **to ~ each other** → **vi**

**overlay** /ˌəʊvəˈleɪ/ (pret, ptp **overlaid** /ˌəʊvəˈleɪd/) **VT** (re)couvrir (*with* de) **N** /ˈəʊvəˌleɪ/ revêtement *m*

**overleaf** /ˈəʊvəliːf/ **ADV** au verso ◆ **see ~** voir au verso

**overlie** /ˌəʊvəˈlaɪ/ **VT** recouvrir

**overload** /ˈəʊvəˌləʊd/ **N** surcharge *f* **VT** /ˌəʊvəˈləʊd/ *[+ circuit, truck, animal]* surcharger (*with* de) ; *[+ engine]* surmener

**overlook** /ˌəʊvəˈlʊk/ **VT** **a** *(= have a view over) [house, balcony etc]* donner sur, avoir vue sur ; *[window, door]* s'ouvrir sur, donner sur ; *[castle etc]* dominer ◆ **our garden is not ~ed** personne n'a vue sur notre jardin **b** *(= accidentally miss) [+ fact, detail]* oublier, laisser échapper ; *[+ problem, difficulty]* oublier, négliger ◆ **I ~ed that** j'ai oublié cela, cela m'a échappé ◆ **it is easy to ~ the fact that ...** on oublie facilement que ... ◆ **this plant is so small that it is easily ~ed** cette plante est si petite qu'il est facile de ne pas la remarquer **c** *(= deliberately allow to pass, ignore) [+ mistake]* passer sur, fermer les yeux sur ◆ **we'll ~ it this time** nous passerons là-dessus cette fois-ci, nous fermerons les yeux (pour) cette fois **d** *(= supervise)* surveiller

**overlord** /ˈəʊvəlɔːd/ **N** *(Hist)* suzerain *m* ; *(= leader)* chef *m* suprême ◆ **the steel/coal** *etc* **~** *(fig)* le grand patron de la sidérurgie/des charbonnages *etc*

**overly** /ˈəʊvəlɪ/ **ADV** trop

**overmanned** /ˌəʊvəˈmænd/ **ADJ** en sureffectif

**overmanning** /ˌəʊvəˈmænɪŋ/ **N** sureffectif *m*, effectif *m* pléthorique

**overmuch** /ˌəʊvəˈmʌtʃ/ **ADV** excessivement, à l'excès ◆ **I don't like it ~** je ne l'aime pas trop **ADJ** excessif

**overnice** /ˌəʊvəˈnaɪs/ **ADJ** *[person]* trop pointilleux, trop scrupuleux ; *[distinction]* trop subtil

**overnight** /ˌəʊvəˈnaɪt/ **ADV** *(= during the night)* (pendant) la nuit ; *(= until next day)* jusqu'au lendemain ; *(fig = suddenly)* du jour au lendemain ◆ **to stay ~ with sb** passer la nuit chez qn ◆ **we drove ~** nous avons roulé de nuit ◆ **will it keep ~?** est-ce que cela se gardera jusqu'à demain ? ◆ **the town had changed ~** la ville avait changé du jour au lendemain **ADJ** /ˈəʊvəˌnaɪt/ *[stay]* d'une nuit ; *[journey]* de nuit ◆ **there had been an ~ change of plans** *(fig = sudden)* les plans avaient changé du jour au lendemain **N** nuitée *f* **COMP** ▷ **overnight bag** **N** nécessaire *m* de voyage

**overpaid** /ˌəʊvəˈpeɪd/ **VB** pt, ptp of **overpay**

**overpass** /ˈəʊvəpɑːs/ **N** *(US Aut) (gen)* pont *m* autoroutier ; *(at flyover)* autopont *m*

**overpay** /ˌəʊvəˈpeɪ/ (pret, ptp **overpaid**) **VT** *[+ person, job]* trop payer, surpayer ◆ **he was overpaid by $50** on lui a payé 50 dollars de trop

**overpayment** /ˌəʊvəˈpeɪmənt/ **N** **a** ◆ **~ (of wages)** surpaye *f*, rémunération *f* excessive **b** ◆ **~ (of tax)** trop-perçu *m* ◆ **refund of ~** remboursement *m* du trop-perçu

**overplay** /ˌəʊvəˈpleɪ/ **VT** *(fig)* ◆ **to ~ one's hand** aller trop loin

**overpopulated** /ˌəʊvəˈpɒpjʊleɪtɪd/ **ADJ** surpeuplé

**overpopulation** /ˌəʊvəpɒpjʊˈleɪʃən/ **N** surpopulation *f* (*in* dans), surpeuplement *m* (*of* de)

**overpower** /ˌəʊvəˈpaʊəʳ/ **VT** *(= defeat)* vaincre, subjuguer ; *(= subdue physically)* dominer, maîtriser ; *(fig) (= overwhelm)* accabler, terrasser

**overpowering** /ˌəʊvəˈpaʊərɪŋ/ ADJ *[desire, urge, need, strength]* irrésistible ; *[feeling]* irrépressible ; *[force]* impérieux ; *[smell, scent, flavour]* envahissant ; *[noise]* assourdissant ; *[heat]* accablant ; *[colour]* tapageur ; *[decoration]* oppressant ; *[person, manner]* dominateur (-trice *f*)

**overpraise** /ˌəʊvəˈpreɪz/ VT faire des éloges excessifs de

**overprescribe** /əʊvəprɪsˈkraɪb/ *(Pharm, Med)* VI prescrire trop de médicaments VT prescrire en trop grande quantité

**overprice** /əʊvəˈpraɪs/ VT *[+ goods]* vendre trop cher, demander un prix excessif pour

**overpriced** /əʊvəˈpraɪst/ ADJ excessivement cher

**overprint** /əʊvəˈprɪnt/ *(Typ)* VT surcharger ◆ **the price had been ~ed with the word "sale"** les mots "en solde" avaient été imprimés sur l'ancien prix N /ˈəʊvəprɪnt/ surcharge *f*

**overproduce** /əʊvəprəˈdjuːs/ VT *(Ind)* surproduire

**overproduction** /əʊvəprəˈdʌkʃən/ N *(Ind)* surproduction *f*

**overprotect** /əʊvəprəˈtekt/ VT *[+ child]* protéger excessivement, surprotéger

**overprotective** /əʊvəprəˈtektɪv/ ADJ protecteur (-trice *f*) à l'excès

**overqualified** /əʊvəˈkwɒlɪfaɪd/ ADJ trop qualifié

**overran** /əʊvəˈræn/ VB pt of **overrun**

**overrate** /əʊvəˈreɪt/ VT surévaluer, faire trop de cas de

**overrated** /əʊvəˈreɪtɪd/ ADJ surfait, qui ne mérite pas sa réputation

**overreach** /ˌəʊvəˈriːtʃ/ VT ◆ **to ~ o.s.** (vouloir) trop entreprendre VI *[person]* tendre le bras trop loin ; *(fig)* aller trop loin

**overreact** /ˌəʊvəriːˈækt/ VI *(gen, Psych)* réagir de manière exagérée *or* excessive ◆ **observers considered that the government had ~ed** les observateurs ont trouvé excessive la réaction gouvernementale ◆ **she's always ~ing** elle exagère toujours, elle dramatise toujours tout

**overreaction** /ˌəʊvəriːˈækʃən/ N réaction *f* exagérée *or* excessive *or* disproportionnée

**overreliance** /ˌəʊvərɪˈlaɪəns/ N *(= dependence)* dépendance *f* excessive (*on* vis-à-vis de) ; *(= trust)* confiance *f* excessive (*on* en)

**overrepresented** /ˌəʊvəreprɪˈzentɪd/ ADJ surreprésenté

**override** /ˌəʊvəˈraɪd/ (pret **overrode**, ptp **overridden** /ˌəʊvəˈrɪdn/) VT *[+ law, duty, sb's rights]* fouler aux pieds ; *[+ order, instructions]* outrepasser ; *[+ decision]* annuler, casser ; *[+ opinion, objection, protests, sb's wishes, claims]* passer outre à, ne pas tenir compte de ; *[+ person]* passer outre aux désirs de ◆ **this fact ~s all others** ce fait l'emporte sur tous les autres ◆ **this ~s what we decided before** ceci annule ce que nous avions décidé auparavant

**overrider** /ˈəʊvəraɪdəʳ/ N *(Aut: of bumper)* tampon *m* (de pare-chocs)

**overriding** /ˌəʊvəˈraɪdɪŋ/ ADJ *[need, consideration, objective, principle, issue]* primordial ; *[concern, impression, feeling]* premier ; *[factor]* prépondérant ; *(Jur) [act, clause]* dérogatoire ◆ **of ~ importance** d'une importance primordiale ◆ **his ~ desire was to leave as soon as possible** sa seule envie était de partir le plus vite possible

**overripe** /əʊvəˈraɪp/ ADJ *[fruit]* trop mûr, blet (blette *f*) ; *[cheese]* trop fait

**overrode** /ˌəʊvəˈrəʊd/ VB pt of **override**

**overrule** /ˌəʊvəˈruːl/ VT *[+ judgement, decision]* annuler, casser ; *[+ claim, objection]* rejeter ◆ **he was ~d by the chairman** la décision du président a prévalu contre lui ; → **objection**

**overrun** /ˌəʊvəˈrʌn/ (pret **overran**, ptp **overrun**) VT a *[rats, weeds]* envahir, infester ; *[troops, army]* se rendre maître de, occuper ◆ **the town is ~ by** *or* **with tourists** la ville est envahie par les touristes *or* de touristes b *[+ line, edge etc]* dépasser, aller au-delà de ◆ **to ~ a signal** *(Rail)* brûler un signal ◆ **the train overran the platform** le train s'est arrêté au-delà du quai c ◆ **to ~ one's time (by ten minutes)** *[speaker]* dépasser le temps alloué (de dix minutes) ; *[programme, concert etc]* dépasser l'heure prévue (de dix minutes) VI ◆ **to ~ (by ten minutes)** *[speaker]* dépasser le temps alloué (de dix minutes) ; *[programme, concert etc]* dépasser l'heure prévue (de dix minutes)

**oversaw** /əʊvəˈsɔː/ VB pt of **oversee**

**overscrupulous** /əʊvəˈskruːpjʊləs/ ADJ trop pointilleux, trop scrupuleux

**overseas** /ˈəʊvəˈsiːz/ ADV outre-mer ; *(= abroad)* à l'étranger ◆ **he's back from ~** il revient de l'étranger ◆ **visitors from ~** visiteurs *mpl* (venus) d'outre-mer, étrangers *mpl* ADJ *[colony, market]* d'outre-mer ; *[trade]* extérieur (-eure *f*) ; *[visitor]* (venu) d'outre-mer, étranger ; *[aid]* aux pays étrangers ◆ **he got an ~ posting** *(Admin, Ind etc)* il a été détaché à l'étranger *or* outre-mer ◆ **Minister/Ministry of Overseas Development** *(Brit)* ≃ ministre *m*/ministère *m* de la Coopération COMP ▷ **overseas cap** N *(US)* calot *m*, bonnet *m* de police

**oversee** /əʊvəˈsiː/ (pret **oversaw**, ptp **overseen**) VT surveiller

**overseer** /ˈəʊvəsiːəʳ/ N *(in factory, on roadworks etc)* contremaître *m*, chef *m* d'équipe ; *(in coalmine)* porion *m* ; *[of prisoners, slaves]* surveillant(e) *m(f)*

**oversell** /əʊvəˈsel/ (pret, ptp **oversold**) VT a *(lit)* ◆ **the match/show was oversold** on a vendu plus de billets qu'il n'y avait de places pour le match/le spectacle b *(fig)* faire trop valoir, mettre trop en avant

**oversensitive** /əʊvəˈsensɪtɪv/ ADJ trop sensible, trop susceptible

**oversew** /əʊvəˈsəʊ/ (pret **oversewed**, ptp **oversewed** *or* **oversewn**) VT coudre à points de surjet

**oversexed** /əʊvəˈsekst/ ADJ très porté sur le sexe *or* sur la chose

**overshadow** /əʊvəˈʃædəʊ/ VT *[leaves etc]* ombrager ; *[clouds]* obscurcir ; *[tree, building]* dominer ; *(fig) (= cloud, spoil) [+ person, period of time]* assombrir ; *(= eclipse) [+ person, sb's achievement]* éclipser ◆ **her childhood was ~ed by her mother's death** son enfance a été assombrie par la mort de sa mère

**overshoe** /ˈəʊvəʃuː/ N *(gen)* galoche *f* ; *(made of rubber)* caoutchouc *m*

**overshoot** /ˌəʊvəˈʃuːt/ (pret, ptp **overshot** /ˌəʊvəˈʃɒt/) VT dépasser, aller au-delà de ◆ **the plane overshot the runway** l'avion a dépassé la piste d'atterrissage ◆ **to ~ the mark** *(lit, fig)* dépasser le but

**oversight** /ˈəʊvəsaɪt/ N a *(= omission)* omission *f*, oubli *m* ◆ **by** *or* **through an ~** par mégarde, par inadvertance b *(= supervision)* surveillance *f* ◆ **under the ~ of** *(frm)* sous la surveillance de

**oversimplification** /ˌəʊvəˌsɪmplɪfɪˈkeɪʃən/ N simplification *f* excessive

**oversimplify** /əʊvəˈsɪmplɪfaɪ/ VT trop simplifier, simplifier à l'extrême

**oversize(d)** /əʊvəˈsaɪz(d)/ ADJ a *(= too big)* trop grand ; *(Scol) [class]* trop nombreux, pléthorique ; *[family]* trop nombreux b *(= huge)* gigantesque, énorme

**oversleep** /əʊvəˈsliːp/ (pret, ptp **overslept** /ˌəʊvəˈslept/) VI *(= wake up too late)* ne pas se réveiller à l'heure ; *(= sleep too long)* dormir trop ◆ **I overslept** *(= woke too late)* je me suis réveillé trop tard

**oversold** /əʊvəˈsəʊld/ VB pt, ptp of **oversell**

**overspend** /əʊvəˈspend/ (pret, ptp **overspent**) VT *[+ allowance, resources]* dépenser au-dessus de *or* au-delà de VI trop dépenser ◆ **to ~ by $10** dépenser 10 dollars de trop N dépassement *m* de budget

**overspending** /əʊvəˈspendɪŋ/ N *(gen)* dépenses *fpl* excessives ; *(Econ, Admin etc)* dépassements *mpl* de crédits, dépassements *mpl* budgétaires

**overspent** /əʊvəˈspent/ VB pt, ptp of **overspend**

**overspill** /ˈəʊvəspɪl/ *(Brit)* N excédent *m* de population ◆ **the London ~** l'excédent *m* de la population de Londres COMP ▷ **overspill town** N ville *f* satellite

**overstaffed** /əʊvəˈstɑːft/ ADJ en sureffectif

**overstaffing** /əʊvəˈstɑːfɪŋ/ N effectif *m* pléthorique, sureffectif *m*

**overstate** /əʊvəˈsteɪt/ VT exagérer

**overstatement** /əʊvəˈsteɪtmənt/ N exagération *f*

**overstay** /əʊvəˈsteɪ/ VT ◆ **to ~ one's leave** *(Mil)* excéder la durée fixée de sa permission ; *(gen)* excéder la durée fixée de son congé ◆ **I hope I haven't ~ed my welcome** j'espère que je n'ai pas abusé de votre hospitalité ◆ **I know when I've ~ed my welcome** je sais reconnaître quand je deviens indésirable

**oversteer** /ˌəʊvəˈstɪəʳ/ VI trop braquer

**overstep** /ˌəʊvəˈstep/ VT *[+ limits]* dépasser, outrepasser ◆ **to ~ one's authority** abuser de son autorité ; *(Pol)* outrepasser son mandat ◆ **to ~ the line** *or* **mark** *(fig)* exagérer *(fig)*, dépasser la mesure *or* les bornes

**overstocked** /əʊvəˈstɒkt/ ADJ *[pond, river]* surchargé de poissons ; *[farm]* qui a un excès de cheptel ; *[shop, market]* surapprovisionné

**overstrain** /əʊvəˈstreɪn/ VT *[+ person]* surmener ; *[+ heart]* fatiguer ; *[+ strength]* abuser de ; *[+ horse, metal]* forcer ; *[+ resources, reserves]* surexploiter ◆ **to ~ o.s.** se surmener

**overstretch** /əʊvəˈstretʃ/ VT a *(lit) [+ muscles, legs]* trop étirer b *(fig) [+ budget, finances]* grever ; *[+ resources]* surexploiter ; *[+ abilities]* trop pousser ◆ **to ~ o.s.** *(= do too much)* se surmener ; *(financially)* dépasser les limites de son budget VI *[person, muscles, legs]* s'étirer de trop

**overstretched** /əʊvəˈstretʃt/ ADJ *[person]* débordé ◆ **my budget is ~** mon budget est extrêmement serré

**overstrung** /əʊvəˈstrʌŋ/ ADJ *[piano]* à cordes croisées

**overstuffed** /əʊvəˈstʌft/ ADJ *[chair]* rembourré

**oversubscribed** /əʊvəsəbˈskraɪbd/ ADJ *(St Ex)* sursouscrit ◆ **this outing was ~** il y a eu trop d'inscriptions pour cette sortie

**overt** /əʊˈvɜːt/ ADJ *[hostility, interference]* manifeste ; *[criticism]* franc (franche *f*) ; *[discrimination, racism]* déclaré ; *[sexuality]* non réprimé ; *[message]* évident ◆ **~ and covert operations** *(Mil, Pol)* opérations *fpl* à découvert et secrètes

**overtake** /ˌəʊvəˈteɪk/ (pret **overtook**, ptp **overtaken**) VT a (= pass) *[+ car]* (Brit) doubler, dépasser ; *[+ competitor, runner]* devancer, dépasser

b (fig = take the lead over) *[+ competitor, rival]* devancer, dépasser ◆ **they have ~n Britain as the world's fifth largest economy** ils ont dépassé la Grande-Bretagne et sont devenus la cinquième puissance économique mondiale ◆ **lung cancer has ~n breast cancer as the main cause of death for women** le cancer des poumons a remplacé le cancer du sein comme principale cause de mortalité chez les femmes

c (fig = overwhelm) *[storm, night]* surprendre ◆ **the terrible fate that has ~n them** le terrible sort qui s'est abattu sur eux *or* qui les a frappés ◆ **~n by fear** frappé d'effroi ◆ **to be ~n by events** être dépassé par les événements ◆ **his fear was quickly ~n by anger** sa peur a vite cédé la place à la colère

VI (Brit Aut) doubler, dépasser ◆ **"no overtaking"** "interdiction de dépasser" ◆ **to ~ on the inside** dépasser *or* doubler du mauvais côté

**overtax** /əʊvəˈtæks/ VT a (Fin) surimposer b *[+ person]* surmener ◆ **to ~ one's strength** abuser de ses forces, se surmener ◆ **a singer who has ~ed his voice** un chanteur qui a trop poussé sa voix ◆ **such a project might ~ the skills of our workforce** un tel projet risque de mettre les compétences de notre main-d'œuvre à trop rude épreuve

**over-the-counter** /ˌəʊvəðəˈkaʊntəʳ/ ADJ a (Pharm) *[drugs, medicine]* vendu sans ordonnance ; see also **counter**[1] b (St Ex) *[securities, transactions]* hors cote COMP ▷ **over-the-counter market** N (St Ex) marché *m* hors cote, hors-cote *m*

**overthrow** /ˌəʊvəˈθrəʊ/ (pret **overthrew** /ˌəʊvəˈθruː/) (ptp **overthrown** /ˌəʊvəˈθrəʊn/) VT *[+ enemy, country, empire]* vaincre (définitivement) ; *[+ dictator, government, system]* renverser N /ˈəʊvəθrəʊ/ *[of enemy etc]* défaite *f* ; *[of empire, government, system]* chute *f*, renversement *m*

**overtime** /ˈəʊvətaɪm/ N a (at work) heures *fpl* supplémentaires ◆ **I am on ~, I'm doing** *or* **working ~** je fais des heures supplémentaires ◆ **£300 per week with ~** 300 livres par semaine heures supplémentaires comprises ◆ **to work ~** (lit) faire des heures supplémentaires ; (fig) mettre les bouchées doubles ◆ **his imagination was working ~** il s'était laissé emporter par son imagination b (US Sport) prolongation *f* COMP ▷ **overtime pay** N (rémunération *f* pour) heures *fpl* supplémentaires ▷ **overtime work(ing)** N heures *fpl* supplémentaires

**overtired** /əʊvəˈtaɪəd/ ADJ (gen) surmené ; *[baby, child]* énervé ◆ **don't get ~** ne te surmène pas, ne te fatigue pas trop

**overtly** /əʊˈvɜːtlɪ/ ADV *[political, sexual]* ouvertement

**overtone** /ˈəʊvətəʊn/ N a (Mus) harmonique *m or f* b (fig = hint) note *f*, accent *m* ◆ **there were ~s** *or* **there was an ~ of hostility in his voice** on sentait une note *or* des accents d'hostilité dans sa voix ◆ **to have political ~s** avoir des connotations *or* des sous-entendus politiques

**overtook** /ˌəʊvəˈtʊk/ VB pt of **overtake**

**overtrick** /ˈəʊvətrɪk/ N (Bridge) levée *f* de mieux

**overtrump** /əʊvəˈtrʌmp/ VT (Cards) surcouper

**overture** /ˈəʊvətjʊəʳ/ N a (Mus) ouverture *f* ◆ **the 1812 Overture** l'Ouverture *f* solennelle b (fig) ouverture *f*, avance *f* ◆ **to make ~s to sb** faire des ouvertures à qn ◆ **peace ~s** ouvertures *fpl* de paix ◆ **friendly ~s** avances *fpl* amicales

**overturn** /ˌəʊvəˈtɜːn/ VT a *[+ car, chair]* renverser ; *[+ boat]* faire chavirer *or* capoter b (fig) *[+ government, plans]* renverser ; *[+ decision, judgement]* annuler VI *[chair]* se renverser ; *[car, plane]* se retourner, capoter ; *[railway coach]* se retourner, verser ; *[boat]* chavirer, capoter

**overtype** /əʊvəˈtaɪp/ VT taper par-dessus

**overuse** /əʊvəˈjuːz/ VT *[+ object, product]* abuser de ◆ **the word is ~d** c'est un mot galvaudé

**overvalue** /əʊvəˈvæljuː/ VT (gen) surestimer ; (Econ) *[+ currency]* surévaluer

**overview** /ˈəʊvəvjuː/ N a (lit) vue *f* d'ensemble, panorama *m* b (fig) *[of situation etc]* vue *f* d'ensemble

**overweening** /ˌəʊvəˈwiːnɪŋ/ ADJ (frm) *[pride, arrogance, ambition, self-confidence, power]* démesuré ; *[person]* outrecuidant (liter) ; *[organization, bureaucracy]* présomptueux

**overweight** /ˌəʊvəˈweɪt/ ADJ ◆ **to be ~** *[person]* avoir des kilos en trop ◆ **to be 5 kilos ~** peser 5 kilos de trop ◆ **to be medically ~** avoir une surcharge pondérale ◆ **your luggage is ~** vous avez un excédent de bagages N /ˈəʊvəˌweɪt/ poids *m* en excès ; *[of person]* (gen) surpoids *m* ; (Med) surcharge *f* pondérale

**overwhelm** /ˌəʊvəˈwelm/ VT a (lit) *[flood, waves, sea]* *[+ land, person, ship]* submerger, engloutir ; *[earth, lava, avalanche]* engloutir, ensevelir ; *[+ one's enemy, opponent]* écraser

b (fig) *[emotions]* accabler, submerger ; *[misfortunes]* atterrer, accabler ; *[shame, praise, kindness]* confondre, rendre confus ; *[letters, phone calls]* submerger, inonder ◆ **to ~ sb with questions** accabler qn de questions ◆ **to ~ sb with favours** combler qn de faveurs ◆ **I am ~ed by his kindness** je suis tout confus de sa gentillesse ◆ **to be ~ed with work** être débordé *or* accablé de travail ◆ **we have been ~ed with offers of help** nous avons été submergés *or* inondés d'offres d'aide ◆ **Venice quite ~ed me** Venise m'a bouleversé ◆ **to be ~ed with joy** être au comble de la joie ◆ **to be ~ed with grief** être accablé (par la douleur) ◆ **to be ~ed with feelings of inadequacy** avoir le sentiment accablant de ne pas être à la hauteur

**overwhelming** /ˌəʊvəˈwelmɪŋ/ ADJ *[victory, majority, defeat]* écrasant ; *[desire, power, pressure]* irrésistible ; *[success]* énorme ; *[evidence, misfortune, sorrow, heat]* accablant ; *[bad news]* affligeant, atterrant ; *[good news]* extrêmement réjouissant ; *[welcome, reception]* extrêmement chaleureux ; *[response]* enthousiaste, qui dépasse toute espérance ◆ **to give ~ support for sb/sth** soutenir qn/qch sans réserves *or* à fond ◆ **one's ~ impression is that ...** l'impression dominante est que ... ◆ **an ~ vote in favour of the plan** une majorité écrasante en faveur du projet ◆ **he felt an ~ sense of relief** il a ressenti un immense soulagement ◆ **they won the competition despite ~ odds** ils ont remporté le concours alors que tout était contre eux ◆ **the odds against this happening are ~** tout laisse à penser que cela ne se fera pas ◆ **the ~ military superiority of the enemy** la supériorité militaire écrasante de l'ennemi ◆ **for fear of an ~ military response** par crainte d'une riposte militaire fulgurante

**overwhelmingly** /ˌəʊvəˈwelmɪŋlɪ/ ADV a (= overpoweringly) *[tired, anxious, lucky]* extraordinairement b (= predominantly) *[vote, approve, reject]* à une écrasante majorité ; *[white, male, positive, negative]* en très grande majorité

**overwinter** /ˌəʊvəˈwɪntəʳ/ VI *[person, animal, plant]* passer l'hiver VT *[+ animal, plant]* faire passer l'hiver à

**overwork** /ˌəʊvəˈwɜːk/ N surmenage *m* ◆ **to be ill from ~** être malade d'avoir trop travaillé *or* de s'être surmené VT a *[+ person]* surmener, surcharger de travail ; *[+ horse]* forcer ◆ **to ~ o.s.** se surmener b (= make too elaborate) *[+ speech]* trop travailler ◆ **to ~ one's written style** écrire dans un style trop affecté VI trop travailler, se surmener

**overwrite** /ˌəʊvəˈraɪt/ VT (Comput) écraser

**overwrought** /əʊvəˈrɔːt/ ADJ a (= upset) *[person]* à bout, sur les nerfs b (= overelaborate) *[poem, song]* tarabiscoté

**overzealous** /əʊvəˈzeləs/ ADJ trop zélé ◆ **to be ~** faire de l'excès de zèle, faire du zèle

**Ovid** /ˈɒvɪd/ N Ovide *m*

**oviduct** /ˈəʊvɪdʌkt/ N oviducte *m*

**oviform** /ˈəʊvɪfɔːm/ ADJ ovoïde

**ovine** /ˈəʊvaɪn/ ADJ ovin

**oviparous** /əʊˈvɪpərəs/ ADJ ovipare

**ovoid** /ˈəʊvɔɪd/ ADJ ovoïde N forme *f* ovoïde

**ovulate** /ˈɒvjuleɪt/ VI ovuler

**ovulation** /ˌɒvjʊˈleɪʃən/ N ovulation *f*

**ovule** /ˈɒvjuːl/ N (Bot, Zool) ovule *m*

**ovum** /ˈəʊvəm/ N (pl **ova**) (Bio) ovule *m*

**ow** /aʊ/ EXCL ⇒ **ouch**

**owe** /əʊ/ VT a *[+ money etc]* devoir (*to sb* à qn) ◆ **he ~s me £5** il me doit 5 livres ◆ **I'll ~ it to you** je vous le devrai ◆ **I still ~ him for the meal** je lui dois toujours le (prix du) repas ◆ **I ~ you a lunch** je vous dois un déjeuner

b (fig) *[+ respect, obedience, one's life]* devoir (*to sb* à qn) ◆ **to ~ sb a grudge** garder rancune à qn, en vouloir à qn (*for* de) ◆ **I ~ you thanks for your help** je tiens à vous remercier de m'avoir aidé *or* pour votre aide, je ne vous ai pas encore remercié de m'avoir aidé *or* pour votre aide ◆ **I ~ my family my grateful thanks for their understanding** je suis profondément reconnaissant à ma famille de sa compréhension ◆ **thanks! I ~ you one** * merci, je te revaudrai ça ! ◆ **you ~ him nothing** vous ne lui devez rien ◆ **he ~s his talent to his father** il tient son talent de son père ◆ **he ~s his failure to his own carelessness** il doit son échec à sa propre négligence ◆ **to what do I ~ the honour of ...?** (frm or hum) que me vaut l'honneur de ... ? ◆ **they ~ it to you that they succeeded** ils vous doivent leur succès *or* d'avoir réussi ◆ **I ~ it to him to do that** je lui dois bien de faire cela ◆ **you ~ it to yourself to make a success of it** vous vous devez de réussir

**owing** /ˈəʊɪŋ/ LANGUAGE IN USE 17.1 ADJ dû ◆ **the amount ~ on the house** ce qui reste dû sur le prix de la maison ◆ **a lot of money is ~ to me** on me doit beaucoup d'argent ◆ **the money still ~ to me** la somme qu'on me doit encore, la somme qui m'est redue (Comm) PREP ◆ **~ to** en raison de, à cause de

**owl** /aʊl/ N chouette *f* ; (with ear tufts) hibou *m* ◆ **a wise old ~** (fig = person) un vieux sage ; → **barn, tawny**

**owlet** /ˈaʊlɪt/ N chouette *f* ; (with ear tufts) jeune hibou *m*

**owlish** /ˈaʊlɪʃ/ **ADJ** *[man]* qui a l'air d'un hibou ; *[woman]* qui a l'air d'une chouette ; *(of appearance) [man]* de hibou ; *[woman]* de chouette ◆ **his ~ spectacles** ses lunettes qui lui donnent (*or* donnaient) l'air d'un hibou ◆ **he gave me an ~ stare** il m'a regardé fixement comme un hibou

**owlishly** /ˈaʊlɪʃlɪ/ **ADV** *[peer, stare]* avec des yeux de hibou

**own** /əʊn/ **ADJ** propre *before n* ◆ **his ~ car** sa (propre) voiture, sa voiture à lui ◆ **it's her ~ company** c'est sa (propre) société ◆ **this is my ~ book** ce livre est à moi, c'est mon livre ◆ **it's my very ~ book** c'est mon livre à moi ◆ **I saw it with my ~ eyes** je l'ai vu de mes propres yeux ◆ **but your ~ brother said so** mais c'est votre frère qui l'a dit ◆ **all my ~ work!** c'est moi qui ai fait tout le travail ! ◆ **it was his ~ idea** c'était son idée à lui ◆ **he's his ~ man** il est son propre maître ◆ **he is his ~ worst enemy** son pire ennemi, c'est lui-même ◆ **he does his ~ cooking** il fait la cuisine lui-même ◆ **the house has its ~ garage** la maison a son garage particulier ◆ **my ~ one** mon chéri, ma chérie ◆ **"own garden"** *(in house-selling)* "jardin privatif" ◆ **~ goal** *(Brit Ftbl)* but *m* contre son camp ◆ **he scored an ~ goal** *(Ftbl)* il a marqué un but contre son camp ; *(fig)* ça s'est retourné contre lui

♦ **to do one's own thing** * faire ce qu'on veut ◆ **the kids can do their ~ thing * while I'm at work** les enfants peuvent faire ce qu'ils veulent quand je suis au travail ◆ **a campaign for Europe to do its ~ thing * in matters of defence** une campagne en faveur de l'indépendance de l'Europe en matière de défense ; → **accord, sake**[1]**, sweet, thing**

**PRON** ◆ **that's my ~** c'est à moi ◆ **those are his ~** ceux-là sont à lui ◆ **my time is my ~** je suis libre de mon temps, je fais ce que je veux quand il me plaît ◆ **my time's not my ~** je n'ai pas une minute à moi ◆ **I'm so busy I can scarcely call my time my ~** je suis si occupé que je n'ai pas une minute à moi ◆ **I haven't a minute** *or* **a moment to call my ~** je n'ai pas une minute à moi ◆ **it's all my ~** c'est tout à moi ◆ **a style all his ~** un style bien à lui ◆ **it has a charm all (of) its ~** *or* **of its ~** cela possède un charme tout particulier *or* qui lui est propre, cela a un charme bien à soi ◆ **for reasons of his ~** pour des raisons personnelles *or* qui lui sont propres ◆ **a copy of your ~** votre propre exemplaire ◆ **can I have it for my very ~?** puis-je l'avoir pour moi tout seul ? ◆ **it's my very ~** c'est à moi tout seul ◆ **a house of your very ~** une maison bien à vous ◆ **she wants a room of her ~** elle veut sa propre chambre *or* sa chambre à elle ◆ **I have money of my ~** j'ai de l'argent à moi *or* des ressources personnelles ◆ **he gave me one of his ~** il m'a donné un des siens ◆ **Streep made the role her ~** ce rôle est définitivement associé à l'interprétation qu'en a donnée Streep ◆ **he's got nothing to call** *or* **nothing that he can call his ~** il n'a rien à lui ◆ **each to his ~** chacun ses goûts

♦ **on one's own** tout seul ◆ **did you do it (all) on your ~?** est-ce que vous l'avez fait tout seul ? ◆ **if I can get him on his ~** si je réussis à le voir seul à seul ◆ **you're on your ~ now!** à toi de jouer (maintenant) !

♦ **to come into one's own** ◆ **women began to come into their ~ politically** les femmes ont commencé à s'imposer en politique ◆ **I always thought I would come into my ~ in my thirties** j'ai toujours pensé que je m'épanouirais vers la trentaine ◆ **the tulips come into their ~ in May** les tulipes apparaissent dans toute leur splendeur en mai ◆ **the movie really comes into its ~ in the last half hour** le film devient véritablement excellent dans la dernière demi-heure ◆ **in heavy traffic a bicycle really comes into its ~** c'est quand il y a beaucoup de circulation que la bicyclette est vraiment utile

♦ **to get one's own back (on sb for sth)** prendre sa revanche (sur qn de qch) ◆ **he's trying to get his ~ back on me** il essaie de prendre sa revanche sur moi

♦ **to look after one's own** s'occuper des siens

**VT** **a** *(= possess)* posséder ◆ **who ~s this pen/house/paper?** à qui appartient ce stylo/cette maison/ce journal ? ◆ **he acts as if he ~s the place** * il se comporte comme en pays conquis

**b** *(frm = acknowledge)* reconnaître, avouer (*that* que) ◆ **I ~ it** je le reconnais, je l'avoue ◆ **he ~ed his mistake** il a reconnu *or* avoué son erreur ◆ **he ~ed himself defeated** il s'est avoué vaincu ◆ **he ~ed the child as his** il a reconnu l'enfant

**VI** *(frm)* ◆ **to ~ to a mistake** avouer *or* reconnaître avoir commis une erreur ◆ **he ~ed to debts of £750** il a avoué *or* reconnu avoir 750 livres de dettes ◆ **he ~ed to having done it** il a avoué l'avoir fait *or* qu'il l'avait fait

**COMP** ▷ **own-brand, own-label** **ADJ** *(Comm) [product]* vendu sous marque distributeur ◆ **their ~-brand** *or* **~-label peas** *etc* leur propre marque *f* de petits pois *etc* ◆ **this supermarket sells ~-brand goods** ce supermarché vend des produits sous sa propre marque **N** *(= make)* marque *f* (de *or* du) distributeur ◆ **buy supermarket ~ brands wherever possible** achetez, dans la mesure du possible, des produits portant la marque du distributeur

► **own up** **VI** avouer ◆ **to ~ up to sth** admettre qch ◆ **he ~ed up to having stolen it** il a avoué l'avoir volé *or* qu'il l'avait volé ◆ **come on, ~ up!** allons, avoue !

**owner** /ˈəʊnəʳ/ **N** *(gen)* propriétaire *mf* ; *(Jur: in house-building)* maître *m* d'ouvrage ◆ **he is the proud ~ of...** il est l'heureux propriétaire de ... ◆ **the ~ of car number ...** le propriétaire de la voiture immatriculée ... ◆ **as ~s of this dictionary know, ...** comme les possesseurs de ce dictionnaire le savent, ... ◆ **all dog ~s will agree that ...** tous ceux qui ont un chien conviendront que ... ◆ **who is the ~ of this book?** à qui appartient ce livre ? ◆ **at ~'s risk** *(Comm)* aux risques du client ; → **landowner** **COMP** ▷ **owner-driver** **N** conducteur *m* propriétaire ▷ **owner-occupied house** **N** maison *f* occupée par son propriétaire ▷ **owner-occupier** **N** *(Brit)* propriétaire *m* occupant

**ownerless** /ˈəʊnəlɪs/ **ADJ** sans propriétaire

**ownership** /ˈəʊnəʃɪp/ **N** possession *f* ◆ **"under new ownership"** *(Comm)* "changement de propriétaire" ◆ **under his ~ business was good** du temps où il était propriétaire, les affaires étaient bonnes ◆ **his ~ of the vehicle was not in dispute** on ne lui contestait pas la propriété du véhicule ◆ **to establish ~ of the estate** faire établir un droit de propriété sur le domaine

♦ **to take ownership of sth** *(= assume responsibility)* assumer la responsabilité de qch ◆ **students need to take ~ of their learning** les étudiants doivent assumer la responsabilité de leurs études

**ownsome** * /ˈəʊnsəm/, **owny-o** /ˈəʊnɪəʊ/ **N** *(hum)* ◆ **on one's ~** tout seul

**owt** /aʊt/ **N** *(Brit dial)* quelque chose

**ox** /ɒks/ (pl **oxen**) **N** bœuf *m* ◆ **as strong as an ~** fort comme un bœuf ◆ **he's a big ~** * *(pej)* c'est un gros balourd

**oxalic** /ɒkˈsælɪk/ **ADJ** oxalique

**oxblood** /ˈɒksblʌd/ **ADJ** *(in colour)* rouge sang *inv*

**oxbow** /ˈɒksbəʊ/ **N** *(in river)* méandre *m* **COMP** ▷ **oxbow lake** **N** bras *m* mort

**Oxbridge** /ˈɒksbrɪdʒ/ *(Brit)* **N** *l'université d'Oxford ou de Cambridge (ou les deux)* **COMP** *[education]* à l'université d'Oxford ou de Cambridge ; *[accent, attitude]* typique des universitaires *or* des anciens d'Oxford ou de Cambridge

> **Oxbridge**
>
> **Oxbridge** désigne collectivement les universités d'Oxford et de Cambridge, notamment lorsque l'on veut souligner le côté élitiste de ces deux prestigieuses institutions britanniques. En effet, beaucoup des étudiants de ces universités se retrouvent ensuite aux postes clés de la politique, de l'industrie et de la diplomatie.

**oxcart** /ˈɒkskɑːt/ **N** char *m* à bœufs

**oxen** /ˈɒksən/ **NPL** of **ox**

**oxeye daisy** /ˈɒksaɪˈdeɪzɪ/ **N** marguerite *f* *(Bot)*

**Oxfam** /ˈɒksfæm/ **N** *(Brit)* (abbrev of **Oxford Committee for Famine Relief**) *association caritative d'aide au tiers-monde*

> **Oxfam**
>
> **Oxfam**, acronyme de « Oxford Committee for Famine Relief » est une association caritative d'aide aux pays du tiers-monde ; elle cherche en particulier à y favoriser l'usage des technologies douces et l'utilisation des énergies renouvelables. Les magasins à l'enseigne d'**Oxfam** vendent des vêtements d'occasion et des objets artisanaux fabriqués dans les ateliers et coopératives gérés par l'association dans les pays du tiers-monde.

**Oxford** /ˈɒksfəd/ **N** Oxford **NPL** **Oxfords** *(= shoes)* oxfords *fpl* **COMP** ▷ **the Oxford Movement** **N** *(Brit Rel)* le Mouvement d'Oxford

**oxhide** /ˈɒkshaɪd/ **N** cuir *m* de bœuf

**oxidase** /ˈɒksɪdeɪs/ **N** oxydase *f*

**oxidation** /ˌɒksɪˈdeɪʃən/ **N** oxydation *f*

**oxide** /ˈɒksaɪd/ **N** oxyde *m*

**oxidize** /ˈɒksɪdaɪz/ **VT** oxyder **VI** s'oxyder

**Oxon** /ˈɒksən/ abbrev of **Oxfordshire**

**Oxon.** /ˈɒksən/ *(Brit)* (abbrev of **Oxoniensis**) d'Oxford

**Oxonian** /ɒkˈsəʊnɪən/ **ADJ** oxonien, oxfordien **N** Oxonien(ne) *m(f)*, Oxfordien(ne) *m(f)*

**oxtail** /ˈɒksteɪl/ **N** queue *f* de bœuf **COMP** ▷ **oxtail soup** **N** soupe *f* à la queue de bœuf

**oxter** /ˈɒkstəʳ/ **N** *(Scot)* aisselle *f*

**oxyacetylene** /ˈɒksɪəˈsetɪliːn/ **ADJ** oxyacétylénique **COMP** ▷ **oxyacetylene burner, oxyacetylene lamp, oxyacetylene torch** **N** chalumeau *m* oxyacétylénique ▷ **oxyacetylene welding** **N** soudure *f* (au chalumeau) oxyacétylénique

**oxygen** /ˈɒksɪdʒən/ **N** oxygène *m* **COMP** ▷ **oxygen bar** **N** *(US)* bar *m* à oxygène ▷ **oxygen bottle, oxygen cylinder** **N** bouteille *f* d'oxygène ▷ **oxygen mask** **N** masque *m* à oxygène ▷ **oxygen tank** **N** ballon *m* d'oxygène ▷ **oxygen tent** **N** tente *f* à oxygène

**oxygenate** /ˈɒksɪdʒəneɪt/ **VT** oxygéner

**oxygenation** /ˌɒksɪdʒəˈneɪʃən/ **N** oxygénation *f*

**oxymoron** /ˌɒksɪˈmɔːrɒn/ **N** (pl **oxymora** /ˌɒksɪˈmɔːrə/) oxymore *m*

**oyez** /əʊˈjez/ **EXCL** oyez ! *(cri du crieur public ou d'un huissier)*

**oyster** /ˈɔɪstəʳ/ **N** huître *f* ◆ **the world is his ~** le monde est à lui **COMP** *[industry]* ostréicole, huîtrier ; *[knife]* à huître ▷ **oyster bed N** banc *m* d'huîtres, huîtrière *f* ▷ **oyster cracker N** *(US Culin)* petit biscuit *m* salé ▷ **oyster farm N** établissement *m* ostréicole ▷ **oyster farming N** ostréiculture *f* ▷ **oyster mushroom N** pleurote *f* ▷ **oyster shell N** coquille *f* d'huître ▷ **oyster stew N** *(US Culin)* soupe *f* aux huîtres

**oystercatcher** /ˈɔɪstəkætʃəʳ/ **N** *(Orn)* huîtrier *m*

**Oz** ⁎ /ɒz/ abbrev of **Australia**

**oz** abbrev of **ounce(s)**

**ozone** /ˈəʊzəʊn/ **N** *(Chem)* ozone *m* **COMP** ▷ **ozone depletion N** diminution *f* de la couche d'ozone ▷ **ozone-friendly ADJ** qui préserve la couche d'ozone ▷ **ozone hole N** trou *m* d'ozone ▷ **ozone layer N** couche *f* d'ozone ▷ **ozone-safe ADJ** sans danger pour la couche d'ozone

**ozonosphere** /əʊˈzəʊnəˌsfɪəʳ/ **N** ozonosphère *f*

# P

**P¹, p** /piː/ **N** a *(= letter)* P, p *m* ◆ **to mind** *or* **watch one's Ps and Qs** * se surveiller ◆ **P for Peter** ≃ P comme Pierre

b (abbrev of **penny** *or* **pence**) penny *m*, pence *mpl* ◆ **10p** 10 pence

c (abbrev of **page**) p

**COMP** ▷ **P45** **N** *(Brit) attestation de fin de contrat de travail* ▷ **p and p** **N** (abbrev of **post(age) and packing**) → **post³**

> **P45**
>
> En Grande-Bretagne, le **P45** est l'attestation délivrée à tout employé à la fin de son contrat de travail ; elle indique la rémunération globale versée par l'employeur pendant la période considérée ainsi que les impôts et les cotisations sociales payés par l'employé. Le **P45** doit être présenté à tout nouvel employeur.
>
> L'expression « to get one's **P45** » s'utilise dans le sens propre ou figuré de « être licencié ». Ainsi, on pourra dire du sélectionneur d'une équipe sportive qu'il « risque de recevoir son **P45** » si ses joueurs ne sont pas à la hauteur lors d'un match important.

**P²** abbrev of **parking**

**P.** abbrev of **President, Prince**

**PA** /piːˈeɪ/ a (abbrev of **personal assistant**) → **personal** b (abbrev of **public-address system**) *(also* **PA system***)* (système *m* de) sonorisation *f*, sono * *f* ◆ **it was announced over the ~ that ...** on a annoncé par haut-parleur que ... c (abbrev of **Press Association**) *agence de presse britannique* d abbrev of **Pennsylvania**

**pa** * /pɑː/ **N** papa *m*

**Pa.** abbrev of **Pennsylvania**

**p.a.** (abbrev of **per annum**) par an

**pabulum** /ˈpæbjʊləm/ **N** a *(US = nonsense)* niaiseries *fpl* b *(rare = food)* aliment *m* semi-liquide

**PAC** **N** *(US)* (abbrev of **political action committee**) → **political**

**pace¹** /peɪs/ **N** a *(= measure)* pas *m* ◆ **20 ~s away, at 20 ~s** à 20 pas ◆ **to take two ~s forward** faire deux pas en avant

b *(= speed) [of movement] (walking)* pas *m* ; *(running)* allure *f* ; *(fig) [of action]* rythme *m* ◆ **to go at a quick** *or* **good** *or* **smart ~** *[walker]* aller d'un bon pas ; *[runner, cyclist]* aller à vive allure ◆ **to quicken one's ~** *[walker]* presser *or* hâter le pas ; *[runner, cyclist]* presser *or* accélérer l'allure ◆ **his ~ quickened as he reached his car** il pressa *or* hâta le pas en approchant de sa voiture ◆ **to go at a slow ~** *[walker]* marcher lentement *or* à pas lents ; *[runner, cyclist]* aller à (une) petite allure ◆ **their snail-like ~ in implementing the programme** leur extrême lenteur dans la mise en œuvre du programme ◆ **to force the ~** forcer l'allure *or* le pas ◆ **to do sth at one's own ~** faire qch à son rythme ◆ **he can't stand** *or* **stay the ~** il n'arrive pas à tenir le rythme ◆ **the ~ of life remains slow there** le rythme de vie y reste assez lent ◆ **the ~ of political change** le rythme auquel s'effectuent les réformes ◆ **to speed up the ~ of reform** accélérer le rythme des réformes

◆ **to set the pace** *(Sport)* mener le train, donner l'allure ; *(for meeting etc)* donner le ton

◆ **to gather pace** *(lit)* prendre de la vitesse ; *[campaign etc]* prendre de l'ampleur ; *[economic recovery]* s'accélérer ◆ **the recovery is gathering ~** la reprise s'accélère

◆ **to keep pace with** ◆ **to keep ~ with sb** *(lit)* aller à la même allure que qn ; *(fig)* suivre le rythme de qn ◆ **he can't keep ~ with things** il est dépassé par les événements ◆ **earnings have not kept ~ with inflation** les salaires n'ont pas suivi le rythme de l'inflation

◆ *possessive* + **paces** ◆ **to put a horse through its ~s** faire parader un cheval ◆ **to go through** *or* **show one's ~s** *(fig)* montrer ce dont on est capable ◆ **to put sb through his ~s** *(fig)* mettre qn à l'épreuve, demander à qn de montrer ce dont il est capable

**VI** marcher à pas mesurés ◆ **to ~ up and down** faire les cent pas, marcher de long en large ◆ **to ~ round a room** faire les cent pas dans une pièce, arpenter une pièce

**VT** a *[+ room, floor, street]* arpenter

b *(Sport) [+ runner]* régler l'allure de ◆ **to ~ o.s.** *(lit, fig)* se ménager, ménager ses forces

**COMP** ▷ **pace bowler** **N** *(Cricket) lanceur qui envoie des balles très rapides*

► **pace out** **VT SEP** *[+ distance]* mesurer en comptant ses pas

**pace²** /peɪs/ **PREP** *(frm)* n'en déplaise à ◆ **~ your advisers** n'en déplaise à vos conseillers

**-paced** /peɪst/ **ADJ** *(in compounds)* ◆ **fast-paced** au rythme rapide ◆ **well-paced** au rythme soutenu

**pacemaker** /ˈpeɪsˌmeɪkəʳ/ **N** a *(Med)* stimulateur *m* (cardiaque), pacemaker *m* b *(Spo... = person)* ◆ **to be (the) ~** mener le train

**pacer** /ˈpeɪsəʳ/ **N** *(US Sport)* meneur *m*, -euse (de train)

**pacesetter** /ˈpeɪsˌsetəʳ/ **N** a *(Athletics = person)* ◆ **to be (the) ~** mener le train b *(= leader)* leader *m* ◆ **Boeing is a ~ in the marketplac...** Boeing est l'un des leaders sur le march... ◆ **Manchester United have emerged as th... early-season Premiership ~s** Mancheste... United s'est imposé en tête du champion... nat en ce début de saison ◆ **Mongoli... seemed an unlikely candidate as the ~ fo... political change in Asia** la Mongolie ne sem... blait pas être le candidat le plus éviden... au titre de locomotive du changemen... politique en Asie

**pacey** /ˈpeɪsɪ/ **ADJ** *[production, style, book]* a... rythme enlevé

**pachyderm** /ˈpækɪdɜːm/ **N** pachyderme *m*

**pacific** /pəˈsɪfɪk/ **ADJ** *[intentions, disposition]* paci... fique *m* **N** ◆ **Pacific** ⇒ **Pacific Ocean** **COMP** ▷ **Pacific Daylight Time** **N** *(US)* heure *f* d'ét... du Pacifique ▷ **the Pacific Islands** **NPL** le... îles *fpl* du Pacifique ▷ **the Pacific Ocean** **N** le Pacifique, l'océan *m* Pacifique ▷ **th... Pacific Rim** **N** les pays *mpl* riverains d... Pacifique ▷ **Pacific Standard Time** **N** *(US...* heure *f* (normale) du Pacifique

**pacifically** /pəˈsɪfɪkəlɪ/ **ADV** *[say]* pour calme... les esprits

**pacification** /ˌpæsɪfɪˈkeɪʃən/ **N** *[of country, terri... tory, population]* pacification *f*

**pacifier** /ˈpæsɪfaɪəʳ/ **N** a *(US = baby's dummy...* tétine *f*, sucette *f* b *(= person)* pacificateu... *m*, -trice *f*

**pacifism** /ˈpæsɪfɪzəm/ **N** pacifisme *m*

**pacifist** /ˈpæsɪfɪst/ **ADJ, N** pacifiste *mf*

**pacifistic** /ˈpæsɪfɪstɪk/ **ADJ** pacifiste

**pacify** /ˈpæsɪfaɪ/ **VT** *[+ person, fears]* calmer, apaiser ; *[+ country, creditors]* pacifier

**pack** /pæk/ **N** a *(= packet) [of goods, cereal...* paquet *m* ; *[of cotton, wool]* balle *f* ; *[of pedlar...* ballot *m* ; *[of horse, mule]* charge *f* ; *(Mil...* paquetage *m* ; *(also* **backpack***)* sac *m* à dos ◆ **a ~ of cigarettes** *(= individual packet)* un pa... quet de cigarettes ; *(= carton)* une cartouche de cigarettes

b *(= group) [of hounds]* meute *f* ; *[of wolves, thieves]* bande *f* ; *[of brownies, cubs]* meute *f* *[of runners, cyclists]* peloton *m* ; *(Comm = set, lot)* pack *m*, lot *m* ◆ **the yoghurt is sold in ~s of four** le yaourt se vend par packs *or* lots de quatre (pots) ◆ **a four-/six-~ (of beer)** un pack de quatre/six bières ◆ **a ~ of lies** un tissu de mensonges ◆ **a ~ of fools** * un tas * *or* une bande * d'imbéciles ◆ **they're behaving like a ~ of kids!** ils se comportent comme de vrais gamins ! ◆ **to stay ahead of the ~** *(fig)* maintenir *or* conserver son avance

c *(esp Brit) [of cards]* jeu *m*

d *(Rugby) (= forwards)* pack *m* ; *(= scrum)* mêlée *f*

e *(Med)* **cold/wet ~** compresse *f* froide/humide

VT a *(= parcel up) (into box, container)* empaqueter, emballer ; *(into suitcase)* mettre dans une valise, emballer ◆ **to ~ one's things** faire ses bagages ◆ **~ fragile objects in newspaper** emballez les objets fragiles dans du papier journal ◆ **they come ~ed in dozens** ils sont conditionnés en paquets de douze ◆ **have you ~ed your toothbrush?** tu as mis ta brosse à dents dans ta valise ?

b *(= fill tightly) [+ trunk, box]* remplir (*with* de) ; *(fig) [+ mind, memory]* bourrer (*with* de) ◆ **to ~ one's case** *or* **suitcase** faire sa valise ◆ **to ~ one's bags** *(lit)* faire ses bagages *or* ses valises ; *(fig)* plier bagage, faire ses paquets *or* son balluchon * ◆ **they ~ed the hall to see him** *(fig)* ils se pressaient *or* se sont entassés dans la salle pour le voir ◆ **to ~ the house** *(Theat) [player, play]* faire salle comble ◆ **the book is ~ed with information and photos** le livre est bourré de renseignements et de photos ; see also **packed**

c *(= crush together) [+ earth, objects] [person]* tasser (*into* dans) ; *[machine]* damer (*into* dans) ; *(Ski) [+ snow]* damer ; *[+ people]* entasser (*into* dans) see also **packed**

d *(pej)* ◆ **to ~ a jury** composer un jury favorable ◆ **he had ~ed the committee with his own supporters** il avait noyauté le comité en y plaçant ses partisans

e *(= contain) [+ power etc]* **he ~s a lot of force in that small frame of his** tout menu qu'il soit, il a énormément de force ◆ **this machine ~s enough power to ...** cette machine a assez de puissance pour ... ◆ **he ~s a good punch, he ~s quite a wallop** * il a un sacré punch * ◆ **a film that still ~s real punch** * un film qui est toujours aussi fort ◆ **to ~ a gun** * *(US)* porter un revolver

VI a *(= do one's luggage)* faire ses bagages *or* sa valise ; → **send**

b *(= fit)* ◆ **these books ~ easily into that box** ces livres tiennent bien dans cette boîte

c *(= cram)* **they ~ed into the stadium to hear him** ils se sont entassés dans le stade pour l'écouter ◆ **the crowd ~ed round him** la foule se pressait autour de lui

COMP ▷ **pack animal** N bête *f* de somme ▷ **pack drill** N *(Mil)* marche *f* forcée avec paquetage ◆ **no names, no ~ drill, but ...** *(fig)* je ne veux citer personne, mais ... ▷ **pack ice** N *(NonC)* banquise *f*, pack *m* ▷ **pack trail** N sentier *m* muletier

► **pack away** VT SEP ranger

► **pack in** * VI *(fig = break down, stop working) [machine, car, watch etc]* tomber en panne, rendre l'âme *

VT SEP *(Brit) [+ person, job]* plaquer * ◆ **to ~ it all in** tout lâcher, tout plaquer * ◆ **~ it in!** *(Brit) (= stop doing sth)* laisse tomber ! * ; *(= stop talking)* écrase ! * ◆ **let's ~ it in for the day** *(Brit)* assez *or* on arrête pour aujourd'hui ◆ **it's ~ing them in** *(fig) [film, play etc]* ça attire les foules

► **pack off** * VT SEP *(= dismiss)* envoyer promener * ◆ **to ~ a child off to bed** expédier *or* envoyer un enfant au lit ◆ **they ~ed John off to London** ils ont expédié * John à Londres

► **pack up** VI a *(= do one's luggage)* faire sa valise *or* ses bagages ; *(moving house, business etc)* faire ses cartons

b *(* = give up and go) (permanently)* plier bagage ◆ **I think I'll ~ up and go home now** *(on one occasion)* bon, je crois que je vais m'arrêter là et rentrer chez moi

c *(Brit * = break down, stop working) [machine, car, watch etc]* tomber en panne, rendre l'âme *

VT SEP a *[+ object, book]* emballer, empaqueter ◆ **he ~ed up his bits and pieces** il a rassemblé ses affaires ◆ **she ~ed up her few belongings** elle a mis ses quelques affaires dans une valise (*or* dans un sac *etc*) ; → **bag**

b *(* = give up) [+ work, school]* laisser tomber * ◆ **~ it up now!** laisse tomber ! *, arrête !

**package** /ˈpækɪdʒ/ N a *(= parcel)* paquet *m*, colis *m*

b *(fig: group) (= items for sale)* marché *m* global ; *(= contract)* contrat *m* global ; *(= purchase)* achat *m* forfaitaire ; *(Comput)* progiciel *m* ◆ **a ~ of measures** *(Pol)* un train de mesures ◆ **an aid ~** un programme d'aide ◆ **a good financial ~ for those taking voluntary redundancy** une offre financière intéressante en cas de départ volontaire ◆ **payroll/inventory/management ~** *(Comput)* progiciel *m* de paie/de stock *or* inventaire/de gestion ◆ **the president wants his economic plan passed as a ~** le président veut que son plan économique soit accepté en bloc ◆ **the plan will be voted on as a ~** le plan sera soumis au vote en bloc

c ⇒ **package holiday**

VT *(Comm)* emballer ; *(fig)* présenter ◆ **how are they going to ~ the proposal?** comment vont-ils présenter cette proposition ?

COMP ▷ **package deal** N *(= agreement)* accord *m* global ; *(= contract)* contrat *m* global ; *(= purchase)* achat *m* forfaitaire ▷ **package holiday** N voyage *m* organisé ▷ **package policy** N *(Insurance)* police *f* multirisque ▷ **package store** N *(US)* magasin *m* de vins et spiritueux ; → LICENSING LAWS ▷ **package tour** N voyage *m* organisé

**packager** /ˈpækɪdʒəʳ/ N *(Publishing)* packager *or* packageur *m*

**packaging** /ˈpækɪdʒɪŋ/ N *(Comm) [of goods]* conditionnement *m* ; *(= wrapping materials)* emballage *m* ; *(Publishing)* packaging *m*

**packed** /pækt/ ADJ a *[room] (with people)* comble, bondé ; *(with furniture etc)* bourré (*with* de) ; *[bus]* bondé ; *(Brit:* also **packed out**) *[theatre, hall]* comble ◆ **the bus was ~ (with people)** le bus était bondé ◆ **the book is ~ full of information** le livre est bourré * de renseignements ◆ **the lecture was ~** il y avait foule à la conférence ◆ **to be ~ solid** *or* **tight** *(with people)* être plein à craquer *or* archiplein * ◆ **the car park was ~ solid** le parking était archiplein * b *(with luggage ready)* **I'm ~ and ready to leave** j'ai fait mes bagages et je suis prêt (à partir) c *(= compressed) [snow, soil]* tassé ◆ **the snow was ~ hard** la neige était bien tassée COMP ▷ **packed lunch** N *(Brit)* panier-repas *m*

**-packed** /pækt/ ADJ *(in compounds)* ◆ **a fun-packed holiday** des vacances *fpl* pleines de distractions ◆ **a thrill-packed evening** une soirée pleine de *or* riche en péripéties ; → **action**

**packer** /ˈpækəʳ/ N a *(= person)* emballeur *m*, -euse *f* b *(= device)* emballeuse *f*

**packet** /ˈpækɪt/ N a *(= parcel)* paquet *m* ; *(= paper bag)* pochette *f* ◆ **to earn a ~** * gagner des sommes folles ◆ **to cost a ~** * coûter une somme folle ◆ **that must have cost a ~!** * *(Brit)* cela a dû coûter les yeux de la tête ! b *[of sweets]* sachet *m* ; *[of cigarettes, seeds, biscuits, crisps, needles]* paquet *m* c *(Naut)* (also **packet boat**) paquebot *m*, malle *f* ◆ **the Dover ~** la malle de Douvres COMP ▷ **packet soup** N soupe *f* en sachet ▷ **packet switching** N *(Comput, Telec)* commutation *f* par paquets

**packhorse** /ˈpækhɔːs/ N cheval *m* de bât

**packing** /ˈpækɪŋ/ N a *[of parcel, goods etc]* emballage *m*, empaquetage *m* ◆ **to do one's ~** faire sa valise *or* ses bagages ◆ **meat ~** *(Comm)* conserverie *f* de viande *(industrie)* b *(= act of filling) [of space]* remplissage *m* c *(Tech) [of piston, joint]* garniture *f* d *(= padding)* (fournitures *fpl or* matériaux *mpl* pour) emballage *m* ; *(Tech)* (matière *f* pour) garnitures *fpl* COMP ▷ **packing case** N caisse *f* d'emballage ▷ **packing density** N *(Comput)* densité *f* d'implantation ▷ **packing house** N *(US)* entreprise *f* de conditionnement alimentaire

**packsaddle** /ˈpækˌsædl/ N bât *m*

**pact** /pækt/ N pacte *m* ◆ **France made a ~ with England** la France conclut *or* signa un pacte avec l'Angleterre ◆ **we made a ~ to share the profits** nous nous sommes mis d'accord pour partager les bénéfices

**pacy** /ˈpeɪsɪ/ ADJ ⇒ **pacey**

**pad** /pæd/ N a *(to prevent friction, damage)* coussinet *m* ; *(Tech)* tampon *m* (amortisseur)

b *(Ftbl)* protège-cheville *m inv* ; *(Hockey etc)* jambière *f* ; *(Fencing)* plastron *m*

c *(= block of paper)* bloc *m* ; (also **writing pad**) bloc *m* (de papier à lettres) ; (also **notepad**) bloc-notes *m* ; → **blot**

d *(for inking)* tampon *m* encreur

e *[of rabbit]* patte *f* ; *[of cat, dog]* coussinet *m*, pelote *f* plantaire ; *[of human fingers, toes]* pulpe *f* ◆ **a ~ of fat** un bourrelet de graisse

f *(Space)* (also **launch pad**) rampe *f* (de lancement)

g *[of water lily]* feuille *f* de nénuphar

h *(* = sanitary towel)* serviette *f* hygiénique

i *(* = flat)* piaule * *f*, appart * *m*

j *(US)* **to be on the ~** * *[policeman]* toucher des pots-de-vin, palper *

VI ◆ **to ~ along** *[person, animal]* marcher à pas de loup *or* à pas feutrés ◆ **to ~ about** aller et venir à pas de loup *or* à pas feutrés

VT a *[+ cushion, shoulders]* rembourrer ; *[+ clothing]* matelasser ; *[+ furniture, door]* matelasser, capitonner ◆ **~ your puppy's bed with something soft** garnissez le panier de votre chiot avec quelque chose de doux ◆ **to ~ with cotton wool** ouater

b *(Fin) [+ expenses]* gonfler

► **pad out** VT SEP a *[+ clothes, shoulders]* rembourrer

b *(fig) [+ meal]* rendre plus copieux (*with sth* en ajoutant qch) ; *[+ speech, essay]* étoffer ; *(pej)* délayer

**padded** /ˈpædɪd/ ADJ *[garment]* matelassé, ouatiné ; *[chair]* rembourré ; *[bedhead]* capitonné, matelassé ; *[envelope]* matelassé COMP ▷ **padded bra** N soutien-gorge *m* rembourré ▷ **padded cell** N cellule *f* capitonnée ▷ **padded shoulders** NPL épaules *fpl* rembourrées

**padding** /ˈpædɪŋ/ N a *(= action)* rembourrage *m* b *(= material)* bourre *f*, ouate *f* ; *(fig: in book, speech)* délayage *m*, remplissage *m* ◆ **there's too much ~ in this essay** il y a trop de remplissage *or* de délayage dans cette dissertation

**paddle** /ˈpædl/ N a *[of canoe]* pagaie *f* ; *[of waterwheel, paddle boat]* aube *f*, palette *f* ; *[of mixer, fan]* pale *f*, palette *f* b ◆ **to have** *or* **go for a ~** (aller) barboter *or* faire trempette c *(US = table tennis bat)* raquette *f* de ping-pong **VT** **a** ◆ **to ~ a canoe** faire avancer un canoë à la pagaie ◆ **to ~ one's own canoe** *(fig)* se débrouiller tout seul **b** *(US = spank)* donner une fessée à **VI** **a** *(in boat, canoe)* **to ~ up/down the river** remonter/descendre la rivière en pagayant *or* à la pagaie **b** *(= walk) (in water) [person]* barboter, faire trempette ; *[dog, duck]* barboter ; *(in mud)* patauger **COMP** ▷ **paddle boat, paddle steamer** *(Brit)* **N** bateau *m* à aubes *or* à roues ▷ **paddle wheel N** roue *f* à aubes *or* à palettes ▷ **paddling pool N** *(Brit)* pataugeoire *f*

► **paddle along VI** **a** *(in boat)* pagayer **b** *(= walk in water)* barboter, faire trempette

**paddock** /ˈpædək/ **N** enclos *m (pour chevaux)* ; *(Racing)* paddock *m*

**Paddy** /ˈpædɪ/ **N** **a** dim of **Patrick** **b** (* *esp pej)* *surnom des Irlandais*

**paddy¹** /ˈpædɪ/ **N** paddy *m*, riz *m* non décortiqué **COMP** ▷ **paddy field N** rizière *f*

**paddy²** * /ˈpædɪ/ **N** *(= anger)* rogne * *f* ◆ **to be in a ~** être en rogne *

**paddy waggon** * /ˈpædɪˌwægən/ **N** *(US)* panier *m* à salade *

**padlock** /ˈpædlɒk/ **N** *[of door, chain]* cadenas *m* ; *[of cycle]* antivol *m* **VT** *[+ door]* cadenasser ; *[+ cycle]* mettre un antivol à

**padre** /ˈpɑːdrɪ/ **N** **a** *(Mil, Naut etc)* aumônier *m* **b** (* *= clergyman) (Catholic)* curé *m*, prêtre *m* ; *(Protestant)* pasteur *m*

**Padua** /ˈpædʒʊə/ **N** Padoue

**paean** /ˈpiːən/ **N** péan *m* ◆ **~s of praise** des éloges *mpl* dithyrambiques ◆ **the film is a ~ to nature** ce film est un hymne à la nature

**paederast** /ˈpedəræst/ **N** ⇒ **pederast**

**paediatric** /ˌpiːdɪˈætrɪk/ **ADJ** *[department]* de pédiatrie ; *[illness, medicine, surgery]* infantile **COMP** ▷ **paediatric nurse N** infirmier *m*, -ière *f* en pédiatrie ▷ **paediatric nursing N** puériculture *f*

**paediatrician** /ˌpiːdɪəˈtrɪʃən/ **N** pédiatre *mf*

**paediatrics** /ˌpiːdɪˈætrɪks/ **N** *(NonC)* pédiatrie *f*

**paedophile** /ˈpiːdəʊfaɪl/ **N** pédophile *m* ◆ **~ ring** réseau *m* pédophile

**paedophilia** /ˌpiːdəʊˈfɪlɪə/ **N** pédophilie *f*

**paedophiliac** /ˌpiːdəʊˈfɪlɪæk/ **ADJ** pédophile

**paella** /paɪˈelə/ **N** paella *f*

**pagan** /ˈpeɪgən/ **ADJ, N** *(lit, fig)* païen(ne) *m(f)*

**paganism** /ˈpeɪgənɪzəm/ **N** paganisme *m*

**page¹** /peɪdʒ/ **N** *(lit, fig)* page *f* ◆ **on ~ 10** (à la) page 10 ◆ **continued on ~ 20** suite (en) page 20 ◆ **the sports ~s** *(in newspaper)* les pages *fpl* sportives ◆ **a magazine with ~ upon ~ of adverts** un magazine bourré de publicité ◆ **to be on the same ~** *(US = in agreement)* être d'accord

**VT** *[+ book]* paginer ; *[+ printed sheets]* mettre en pages

**COMP** ▷ **page break N** *(Comput)* saut *m* de page ▷ **page proofs NPL** *(Typ)* épreuves *fpl* en pages ▷ **page three N** *(Brit)* la page des pin up ▷ **page-turner N** livre *m* passionnant ◆ **her novel is a real ~-turner** son roman se lit d'une traite

> **Page Three**
>
> Depuis de nombreuses années, les lecteurs du journal « The Sun » – le quotidien populaire le plus vendu en Grande-Bretagne – découvrent en page trois la photo pleine page d'une jeune femme posant seins nus. Ce genre de pin up est appelée « **page three** girl », et l'expression **page three** s'est étendue aujourd'hui à toutes les photos de modèles aux seins nus publiées dans les tabloïdes.

**page²** /peɪdʒ/ **N** **a** (also **pageboy**) *(in hotel)* groom *m*, chasseur *m* ; *(at court)* page *m* **b** *(US: Congress)* jeune huissier *m* **c** *(US)* ⇒ **pageboy b** **VT** *(= call for) [+ person]* faire appeler ; *[person calling]* appeler ◆ **they're paging Mr Smith** on appelle M. Smith ◆ **paging Mr Smith!** on demande M. Smith !

**pageant** /ˈpædʒənt/ **N** *(historical)* spectacle *m or* reconstitution *f* historique ; *(fig)* spectacle *m* fastueux ◆ **Christmas ~** spectacle *m* de Noël

**pageantry** /ˈpædʒəntrɪ/ **N** apparat *m*, pompe *f*

**pageboy** /ˈpeɪdʒˌbɔɪ/ **N** **a** (also **pageboy hairstyle**) (coupe *f* au) carré *m* **b** *(Brit: at wedding)* garçon *m* d'honneur **c** ⇒ **page² noun a**

**pager** /ˈpeɪdʒəʳ/ **N** bip * *m*, Alphapage ® *m*

**paginate** /ˈpædʒɪneɪt/ **VT** paginer

**pagination** /ˌpædʒɪˈneɪʃən/ **N** pagination *f*

**paging** /ˈpeɪdʒɪŋ/ **N** *(Comput, also in book)* pagination *f*

**pagoda** /pəˈgəʊdə/ **N** pagode *f*

**pah** † /pɑː/ **EXCL** pouah !

**paid** /peɪd/ **VB** pt, ptp of **pay** **ADJ** *[staff, employee]* salarié ; *[work]* rémunéré, salarié ; *[holidays]* payé ◆ **to be in ~ employment** avoir un emploi rémunéré *or* salarié ◆ **highly ~** *[person, job]* très bien payé ◆ **~ gunman** tueur *m* à gages ◆ **a ~ hack** un nègre *(fig)* **COMP** ▷ **paid-in ADJ** *(Fin) [moneys]* encaissé ▷ **paid-up ADJ** ◆ **~-up member** membre *m* à jour de sa cotisation ◆ **fully/partly ~-up shares** actions *fpl* entièrement/non entièrement libérées ; see also **pay**

**pail** /peɪl/ **N** seau *m* ◆ **a ~** *or* **~ful of water** un seau d'eau

**paillasse** /ˈpælɪæs/ **N** paillasse *f*

**pain** /peɪn/ **N** **a** *(NonC, physical)* douleur *f*, souffrance *f* ; *(mental)* peine *f* ; *(stronger)* douleur *f*, souffrance *f* ◆ **to be in (great) ~** souffrir (beaucoup) ◆ **to cause ~ to** *(physically)* faire mal à, faire souffrir ; *(mentally)* faire de la peine à, peiner ◆ **a cry of ~** un cri de douleur ◆ **no ~, no gain** on n'a rien sans rien

**b** *(localized)* douleur *f* ◆ **I have a ~ in my shoulder** j'ai une douleur à l'épaule ◆ **chest ~** douleurs *fpl* dans la poitrine ◆ **stomach ~s** maux *mpl* d'estomac ◆ **he suffers from back ~** il a mal au dos ◆ **can you tell me where the ~ is?** pouvez-vous me dire où vous avez mal ?

**c** (* *= nuisance)* ◆ **to be a (real) ~** *[person, situation]* être enquiquinant * *or* embêtant * ◆ **he's a ~ in the neck** il est enquiquinant * *or* casse-pieds * ◆ **he's a ~ in the arse** * *(Brit) or* **the ass** * *(esp US)* c'est un emmerdeur * fini

**d** ◆ **~s** *(= trouble)* peine *f* ◆ **to take ~s** *or* **to be at ~s** *or* **to go to great ~s (not) to do sth** s'employer à (ne pas) faire qch ◆ **to take ~s over sth** se donner beaucoup de mal pour (faire) qch ◆ **to spare no ~s** ne pas ménager ses efforts (*to do sth* pour faire qch) ◆ **for one's ~s** pour sa peine, pour toute récompense

**e** *(†† = punishment)* peine *f*, punition *f* ◆ **on** *or* **under ~ of death** *(frm)* sous peine de mort

**VT** faire de la peine à, peiner ; *(stronger)* faire souffrir ◆ **it ~s him that she's unhappy** cela le peine *or* lui fait de la peine qu'elle soit malheureuse ◆ **it ~s me to think that he's unhappy** cela me fait de la peine de penser qu'il est malheureux

**COMP** ▷ **pain barrier N** *(Sport)* ◆ **to go through the ~ barrier** vaincre la douleur ▷ **pain clinic N** *service de consultation pour le traitement de la douleur* ▷ **pain control N** soulagement *m* de la douleur

**pained** /peɪnd/ **ADJ** *[smile, expression, voice]* peiné, froissé

**painful** /ˈpeɪnfʊl/ **ADJ** **a** *(= causing physical pain) [wound etc]* douloureux ◆ **my hand is ~** j'ai mal à la main **b** *(= distressing) [sight, duty]* pénible ◆ **it is ~ to see her now** maintenant elle fait peine à voir **c** *(= laborious) [climb, task]* pénible, difficile

**painfully** /ˈpeɪnfəlɪ/ **ADV** **a** *(= in pain) [throb]* douloureusement ; *[move, walk]* péniblement ◆ **~ swollen** enflé et douloureux **b** *(= laboriously) [write, climb]* péniblement, à grand-peine **c** *(= agonizingly) [learn, realize, understand]* de façon douloureuse ; *[shy, sensitive, thin, slow]* terriblement ◆ **my ignorance was ~ obvious** mon ignorance n'était que trop évidente ◆ **it was ~ clear that ...** il n'était que trop évident que ... ◆ **to be ~ aware of/that ...** être douloureusement conscient de/que ...

**painkiller** /ˈpeɪnˌkɪləʳ/ **N** calmant *m*, analgésique *m*

**painkilling** /ˈpeɪnˌkɪlɪŋ/ **ADJ** calmant, analgésique

**painless** /ˈpeɪnlɪs/ **ADJ** *[operation]* indolore, sans douleur ; *[experience]* indolore ◆ **a quick and ~ death** une mort rapide et sans souffrance ◆ **a ~ way of paying one's taxes** un moyen indolore de payer ses impôts ◆ **it's a ~ way of learning Chinese** de cette façon, on peut apprendre le chinois sans peine ◆ **the exam was fairly ~** * l'examen n'avait rien de bien méchant *

**painlessly** /ˈpeɪnlɪslɪ/ **ADV** *(lit = without pain)* sans douleur ; *(fig = without problems)* sans peine

**painstaking** /ˈpeɪnzˌteɪkɪŋ/ **ADJ** *[person, work]* minutieux, méticuleux

**painstakingly** /ˈpeɪnzˌteɪkɪŋlɪ/ **ADV** minutieusement, méticuleusement

**paint** /peɪnt/ **N** **a** *(NonC)* peinture *f* ; → **coat, wet**

**b** ◆ **~s** couleurs *fpl* ◆ **a box of ~s** une boîte de couleurs

**VT** **a** *[+ wall etc]* peindre ◆ **to ~ a wall red** peindre un mur en rouge ◆ **plates ~ed with flowers** des assiettes avec des motifs à fleurs ◆ **to ~ sth again** repeindre qch ◆ **to ~ one's nails** se vernir les ongles ◆ **to ~ one's face** *(gen, pej)* se peinturlurer le visage ◆ **they ~ed the children's faces** ils ont peint le visage des enfants ◆ **to ~ one's lips** se mettre du rouge à lèvres ◆ **to ~ the town red** faire la noce *, faire la bringue * ◆ **to ~ sb into a corner** pousser qn dans ses derniers retranchements ◆ **to ~ o.s. into a corner** se mettre dans une impasse

**b** *(Art) [+ picture, portrait]* peindre ◆ **to ~ the scenery** *(Theat)* brosser les décors ◆ **she ~ed a vivid picture of the moment she escaped** *(= described)* elle a décrit son évasion avec beaucoup de vivacité ◆ **he ~ed the situation in very black colours** il brossa un tableau très sombre de la situation

**c** *(Med) [+ throat, wound]* badigeonner

**VI** *(Art)* peindre, faire de la peinture ◆ **to ~ in oils** peindre à l'huile, faire de la peinture à l'huile ◆ **to ~ in watercolours** faire de l'aquarelle

**COMP** ▷ **paint gun** N pistolet *m* à peinture ▷ **paint remover** N décapant *m* (pour peinture) ▷ **paint roller** N rouleau *m* à peinture ▷ **paint spray** N pulvérisateur *m* (de peinture) ; *(Aut: for repairs)* bombe *f* de peinture *or* de laque ▷ **paint stripper** N *(= chemical)* décapant *m* ; *(= tool)* racloir *m*

► **paint in** VT SEP peindre

► **paint out** VT SEP faire disparaître sous une couche de peinture

► **paint over** VT SEP *[+ slogan, graffiti]* couvrir de peinture

**paintballing** /ˈpeɪnt,bɔːlɪŋ/ N *jeu guerrier où les projectiles sont des capsules de peinture*

**paintbox** /ˈpeɪntbɒks/ N boîte *f* de couleurs

**paintbrush** /ˈpeɪntbrʌʃ/ N pinceau *m*, brosse *f*

**painted** /ˈpeɪntɪd/ ADJ *[wall, furniture, room]* peint **COMP** ▷ **painted lady** N *(= butterfly)* belle-dame *f*, vanesse *f* ; *(pej)* (also **painted woman**) femme *f* trop fardée, cocotte* *f* *(pej)*

**painter**[1] /ˈpeɪntəʳ/ N **a** *(Art)* peintre *m* ; → **landscape, portrait** **b** (also **housepainter**) peintre *m* (en bâtiments) ◆ **~ and decorator** peintre *m* décorateur

**painter**[2] /ˈpeɪntəʳ/ N *(Naut)* amarre *f*

**painterly** /ˈpeɪntəlɪ/ ADJ *(lit) [talents, skill, eye]* de peintre ; *(fig) [film]* très pictural ; *[account]* pittoresque

**painting** /ˈpeɪntɪŋ/ N **a** *(NonC: lit, fig)* peinture *f* ◆ **~ in oils** peinture *f* à l'huile ◆ **to study ~** étudier la peinture **b** *(= picture)* tableau *m*, toile *f*

**paintpot** /ˈpeɪntpɒt/ N pot *m* de peinture *(lit)*

**paintwork** /ˈpeɪntwɜːk/ N *(NonC)* peinture *f*

**pair** /pɛəʳ/ N **a** *(= two) [of shoes, socks, scissors, earrings, eyes, spectacles]* paire *f* ◆ **these gloves make** *or* **are a ~** ces gants vont ensemble ◆ **these socks are not a ~** ces chaussettes sont dépareillées ◆ **a ~ of scissors** une paire de ciseaux ◆ **a ~ of pyjamas** un pyjama ◆ **a ~ of tweezers** une pince à épiler ◆ **I've only got one ~ of hands!** je ne peux pas tout faire à la fois ! ◆ **to be** *or* **have a safe ~ of hands** être fiable ◆ **she's got a great ~ of legs*** elle a de belles jambes ◆ **John won with a ~ of aces** John a gagné avec une paire d'as ◆ **the children were shown ~s of words** on a montré aux enfants des mots deux par deux ◆ **in ~s** *(= two together) [work etc]* à deux ; *(= by twos) [enter etc]* par deux

**b** *[of animals]* paire *f* ; *(= mated)* couple *m* ; → **carriage**

**c** *(= two people)* paire *f* ◆ **you two are a right ~!*** vous faites vraiment la paire tous les deux ! ◆ **~s of identical twins** paires *fpl* de vrais jumeaux

**d** *(Brit Parl) un de deux députés de partis opposés qui se sont entendus pour s'absenter lors d'un vote*

**VT** **a** *[+ socks]* appareiller

**b** *[+ animals]* accoupler, apparier ◆ **to be ~ed with/against sb** *(in competition etc)* avoir qn comme partenaire/comme adversaire

**VI** **a** *[gloves etc]* aller ensemble ◆ **to ~ with** aller avec

**b** *[animals]* s'accoupler, s'apparier

**COMP** ▷ **pair bond** N *(Zool etc)* (also **pair-bonding**) union *f* monogame ▷ **pairs champions** NPL champions *mpl* par couple ▷ **pairs championship** N championnat *m* en double ▷ **pairs skaters** NPL patineurs *mpl* par couple ▷ **pairs tournament** N tournoi *m* en double

► **pair off** VI **a** *[people]* s'arranger deux par deux ◆ **to ~ off with sb** se mettre avec qn

**b** *(Brit Parl) s'entendre avec un adversaire pour s'absenter lors d'un vote*

**VT SEP** mettre par paires ◆ **John was ~ed off with her at the dance** on lui a attribué John comme cavalier

► **pair up** VI *[people]* former un tandem, faire équipe ◆ **he ~ed up with his friend for the race** il a fait équipe avec son ami pour la course

**pairing** /ˈpɛərɪŋ/ N **a** *(= pair) [of footballers, rugby players, cricketers]* association *f* ; *[of tennis players]* équipe *f* de double ; *[of ice-skaters]* couple *m* ; *[of golfers]* camp *m* ◆ **the ~ of Laurel and Hardy** *(Cine, Theat)* le duo *or* le tandem Laurel et Hardy **b** *(NonC = action)* ◆ **the ~ of Dixon with Winterburn was a success** l'association Dixon-Winterburn a été un succès **c** *(Orn)* appariement *m*

**paisley** /ˈpeɪzlɪ/ N *(= fabric)* laine *f* à motif cachemire ; (*= design:* also **paisley pattern**) motif *m* *or* dessin *m* cachemire **COMP** ▷ **paisley shawl** N châle *m* (à motif) cachemire

**pajamas** /pəˈdʒɑːməz/ NPL *(US)* ⇒ **pyjama**

**pak choi** /pækˈtʃɔɪ/ N *(Culin)* pak-choï *m*

**Paki**** /ˈpækɪ/ *(Brit pej)* (abbrev of **Pakistani**) N Pakistanais(e) *m(f)* ADJ pakistanais(e) **COMP** ▷ **Paki-basher** N *personne qui participe à des attaques racistes contre des immigrés pakistanais* ▷ **Paki-bashing** N *attaques racistes contre des immigrés pakistanais*

**Pakistan** /ˌpɑːkɪsˈtɑːn/ N Pakistan *m* ◆ **in ~** au Pakistan

**Pakistani** /ˌpɑːkɪsˈtɑːnɪ/ ADJ pakistanais N Pakistanais(e) *m(f)*

**pakora** /pəˈkɔːrə/ N (pl **pakora** *or* **pakoras**) *(Culin)* pakora *m (petit beignet indien)*

**PAL** /pæl/ N *(TV)* (abbrev of **phase alternation line**) PAL *m*

**pal*** /pæl/ N copain* *m*, copine* *f* ; *(form of address)* mon vieux* ◆ **they're great ~s** ils sont très copains*, ce sont de grands copains* ◆ **be a ~!** sois sympa !*

► **pal up*** VI devenir copain(s)* (*or* copine(s)*) *(with* avec)

**palace** /ˈpælɪs/ N palais *m* ◆ **the Palace** *(= the Queen's entourage)* le Palais (de Buckingham) ◆ **bishop's ~** évêché *m*, palais *m* épiscopal ◆ **royal ~** palais *m* royal ◆ **presidential ~** palais *m* présidentiel **COMP** ▷ **palace revolution** N *(fig)* révolution *f* de palais

> ⚠ *In French,* **palace** *means 'luxury hotel'.*

**paladin** /ˈpælədɪn/ N paladin *m*

**palaeo...** /ˈpælɪəʊ/ PREF ⇒ **paleo...**

**Palaeozoic** /ˌpælɪəʊˈzəʊɪk/ ADJ, N *(Geol)* paléozoïque *m*

**palais** /ˈpæleɪ/ N (*Brit:* also **palais de danse** †) dancing *m*, salle *f* de danse *or* de bal

**palatable** /ˈpælətəbl/ ADJ *[food]* agréable au goût ; *(fig) [fact etc]* acceptable

**palatal** /ˈpælətl/ ADJ palatal ◆ **~ l** *(Ling)* l mouillé N palatale *f*

**palatalize** /ˈpælətəlaɪz/ VT palataliser, mouiller

**palate** /ˈpælɪt/ N *(Anat)* palais *m* ◆ **to have a discriminating ~** avoir le palais fin ◆ **too sweet for my ~** trop sucré à mon goût ; → **hard, soft**

**palatial** /pəˈleɪʃəl/ ADJ ◆ **the house is ~** la maison est un véritable palais ◆ **a ~ hotel** un palace ◆ **the ~ splendour of the building** la splendeur palatiale de cet édifice

**palatinate** /pəˈlætɪnɪt/ N palatinat *m*

**palaver** /pəˈlɑːvəʳ/ N **a** *(lit = discussion)* palabre *f* **b** *(* = fuss)* palabres *fpl* ◆ **what a ~!** quelle histoire pour si peu ! ◆ **to make a lot of ~ about** *or* **over sth** faire toute une histoire à propos de qch **VI** palabrer

**pale**[1] /peɪl/ ADJ *[face, person] (naturally)* pâle ; *(from sickness, fear)* blême ; *[colour]* pâle ; *[dawn, moonlight]* blafard ◆ **~ grey/pink** gris/rose pâle ◆ **to grow ~** *(gen)* pâlir ; *(from sickness, emotion)* blêmir, pâlir ◆ **he looked ~** il était pâle *or* blême ◆ **~ blue eyes** yeux *mpl* bleu pâle **VI** *[person] (gen, from shock, emotion)* pâlir ; *(from sickness)* blêmir ; *(from fear)* pâlir, blêmir ◆ **to ~ with fear** pâlir *or* blêmir de peur ◆ **it ~s in comparison with ..., it ~s into insignificance beside ...** cela paraît dérisoire par rapport *or* comparé à ... ◆ **her beauty ~d beside her mother's** sa beauté était éclipsée par celle de sa mère **COMP** ▷ **pale ale** N *(Brit)* pale-ale *f (sorte de bière blonde légère)* ▷ **pale-faced** ADJ *(= not tanned)* au teint pâle ; *(from sickness, fear etc)* pâle, blême ▷ **pale-skinned** ADJ à la peau claire

**pale**[2] /peɪl/ N *(= stake)* pieu *m* ◆ **to be beyond the ~** *[behaviour, ideas, beliefs]* être inadmissible *or* inacceptable ; *[person]* dépasser les bornes

**paleface** /ˈpeɪlfeɪs/ N Visage pâle *mf*

**paleness** /ˈpeɪlnɪs/ N pâleur *f*

**paleo...** /ˈpælɪəʊ/ PREF paléo...

**paleographer** /ˌpælɪˈɒgrəfəʳ/ N paléographe *mf*

**paleography** /ˌpælɪˈɒgrəfɪ/ N paléographie *f*

**paleolithic** /ˌpælɪəʊˈlɪθɪk/ ADJ paléolithique ◆ **the ~ age** le paléolithique

**paleontologist** /ˌpælɪɒnˈtɒlədʒɪst/ N paléontologue *mf*

**paleontology** /ˌpælɪɒnˈtɒlədʒɪ/ N paléontologie *f*

**Palermo** /pəˈlɜːməʊ/ N Palerme

**Palestine** /ˈpælɪstaɪn/ N Palestine *f*

**Palestinian** /ˌpæləsˈtɪnɪən/ ADJ palestinien N Palestinien(ne) *m(f)*

**palette** /ˈpælɪt/ N *(Art, Comput)* palette *f* **COMP** ▷ **palette knife** N (pl **palette knives**) *(Art)* couteau *m* (à palette) ; *(for cakes)* pelle *f* (à tarte) ; *(for cooking)* spatule *f*

**palfrey** /ˈpɔːlfrɪ/ N palefroi *m*

**palimony*** /ˈpælɪmənɪ/ N pension *f* alimentaire *(versée à un(e) ex-concubin(e))*

**palimpsest** /ˈpælɪmpsest/ N palimpseste *m*

**palindrome** /ˈpælɪndrəʊm/ N palindrome *m*

**paling** /ˈpeɪlɪŋ/ N *(= fence)* palissade *f* ; *(= stake)* palis *m*

**palisade** /ˌpælɪˈseɪd/ N **a** palissade *f* **b** *(US Geol)* ligne *f* de falaises abruptes

**pall**[1] /pɔːl/ VI perdre son charme (*on sb* pour qn) ◆ **the job was beginning to ~ for him** il commençait à se lasser de ce poste

**pall**[2] /pɔːl/ N drap *m* mortuaire ; *(Rel)* pallium *m* ; *(fig) [of smoke]* voile *m* ; *[of snow]* manteau *m* ; *(= depressing atmosphere)* atmosphère *f* lugubre ◆ **to cast a ~ over** *[+ event, celebration]* assombrir

**Palladian** /pəˈleɪdɪən/ ADJ *(Archit)* palladien

**palladium** /pəˈleɪdɪəm/ N palladium *m*

**pallbearer** /ˈpɔːlbɛərəʳ/ N ◆ **to be a ~** porter le cercueil

**pallet** /ˈpælɪt/ N **a** *(= mattress)* paillasse *f* ; *(= bed)* grabat *m* **b** *(for handling goods)* palette *f* c ⇒ **palette** COMP ▷ **pallet loader** N palettiseur *m* ▷ **pallet truck** N transpalette *m*

**palletization** /ˌpælɪtaɪˈzeɪʃən/ N palettisation *f*

**palletize** /ˈpælɪtaɪz/ VT palettiser

**palliasse** /ˈpælɪæs/ N ⇒ **paillasse**

**palliate** /ˈpælɪeɪt/ VT *(Med, fig)* pallier ◆ **palliating drugs** médicaments *mpl* palliatifs

**palliative** /ˈpælɪətɪv/ ADJ, N palliatif *m*

**pallid** /ˈpælɪd/ ADJ *[person, complexion]* pâle, blafard ; *[light]* blafard ; *(fig = insipid) [person, entertainment]* insipide

**pallidness** /ˈpælɪdnɪs/, **pallor** /ˈpæləʳ/ N pâleur *f* ; *[of face]* teint *m* blafard, pâleur *f*

**pally** * /ˈpælɪ/ ADJ (très) copain * (copine * *f*) (*with* avec)

**palm¹** /pɑːm/ N a *[of hand]* paume *f* ◆ **she placed the money in his ~** elle lui mit l'argent dans le creux de la main ◆ **to read sb's ~** lire *or* faire les lignes de la main à qn ◆ **to cross sb's ~ with silver** donner la pièce à qn ◆ **to have sb in the ~ of one's hand** faire de qn ce qu'on veut ◆ **he had the audience in the ~ of his hand** il avait le public dans sa poche * ◆ **to grease** *or* **oil sb's ~** graisser la patte * à qn VT *(= conceal)* cacher au creux de la main ; *(= pick up)* subtiliser, escamoter ◆ **to ~ sb sth, to ~ sth to sb** glisser qch *or* faire passer qch à qn

► **palm off** VT SEP *[+ sth worthless]* refiler * (*on, onto* à) ◆ **to ~ sb off** se débarrasser de qn ◆ **they ~ed the children off on me** ils m'ont refilé les enfants *

**palm²** /pɑːm/ N *(also* **palm tree***)* palmier *m* ; *(= branch)* palme *f* ; *(Rel)* rameau *m* ; *(Rel = straw cross)* rameaux *mpl* ◆ **to carry off the ~** remporter la palme COMP ▷ **palm court** ADJ *(Brit) [music, orchestra etc]* ≃ de thé dansant ▷ **palm grove** N palmeraie *f* ▷ **palm oil** N huile *f* de palme ▷ **Palm Sunday** N (dimanche *m* des) Rameaux *mpl*

**palmate** /ˈpælmeɪt/ ADJ *(Bot, Zool)* palmé

**palmcorder** /ˈpɑːmkɔːdəʳ/ N caméscope *m* de paume

**palmetto** /pælˈmetəʊ/ N (pl **palmettos** *or* **palmettoes**) palmier *m* nain COMP ▷ **the Palmetto State** N *(US)* la Caroline du Sud

**palmist** /ˈpɑːmɪst/ N chiromancien(ne) *m(f)*

**palmistry** /ˈpɑːmɪstrɪ/ N chiromancie *f*

**palmtop computer** /ˈpɑːmtɒpkəmˈpjuːtəʳ/ N ordinateur *m* de poche

**palmy** /ˈpɑːmɪ/ ADJ *(fig)* heureux ; *[era]* florissant, glorieux

**palomino** /ˌpæləˈmiːnəʊ/ N (pl **palominos**) alezan *m* doré à crins blancs

**palooka** ‡ /pəˈluːkə/ N *(US pej)* pauvre type * *m*, type * *m* fini

**palpable** /ˈpælpəbəl/ ADJ *(lit)* palpable ; *(fig) [tension, fear, unease, frustration, enthusiasm]* palpable ; *[error]* manifeste

**palpably** /ˈpælpəblɪ/ ADV manifestement, d'une façon évidente

**palpate** /ˈpælpeɪt/ VT *(Med)* palper

**palpitate** /ˈpælpɪteɪt/ VI palpiter

**palpitating** /ˈpælpɪteɪtɪŋ/ ADJ palpitant

**palpitation** /ˌpælpɪˈteɪʃən/ N palpitation *f* ◆ **to have ~s** avoir des palpitations

**palsied** † /ˈpɔːlzɪd/ ADJ *(Med) (= paralyzed)* paralysé, paralytique ; *(= trembling) (also fig)* tremblotant

**palsy** † /ˈpɔːlzɪ/ N *(Med) (= trembling)* paralysie *f* agitante ; *(= paralysis)* paralysie *f*

**palsy-walsy** ‡ /ˌpælzɪˈwælzɪ/ ADJ *(Brit)* ⇒ **pally**

**paltry** /ˈpɔːltrɪ/ ADJ a *(= tiny, insignificant) [amount]* misérable, dérisoire b *(= petty) [behaviour]* mesquin ; *[excuse]* piètre

**paludism** /ˈpæljʊdɪzəm/ N paludisme *m*

**pampas** /ˈpæmpəs/ NPL pampa(s) *f(pl)* COMP ▷ **pampas grass** N herbe *f* des pampas

**pamper** /ˈpæmpəʳ/ VT *[+ person, pet]* bichonner, dorloter ◆ **she ~s her husband with small gifts** elle bichonne *or* dorlote son mari en lui offrant de petits cadeaux ◆ **~ your skin with ...** offrez à votre peau ... ◆ **to ~ o.s.** se faire plaisir ◆ **she ~s herself with luxury beauty products** elle se bichonne avec des produits de beauté de luxe ◆ **go on, ~ yourself!** allez, faites-vous plaisir !

**pamphlet** /ˈpæmflɪt/ N brochure *f* ; *(Literat)* opuscule *m* ; *(= scurrilous tract)* pamphlet *m*

**pamphleteer** /ˌpæmflɪˈtɪəʳ/ N auteur *m* de brochures *or* d'opuscules ; *[of tracts]* pamphlétaire *mf*

**Pan** /pæn/ N Pan *m* COMP ▷ **Pan pipes** NPL flûte *f* de Pan

**pan¹** /pæn/ N a *(Culin)* casserole *f* ◆ **roasting ~** plat *m* à rôtir ; → **frying, pot¹** b *[of scales]* plateau *m* ; *[of lavatory]* cuvette *f* ; *(Miner)* batée *f* ◆ **to go down the ~** ‡ *(fig)* tomber à l'eau * ; → **brain, flash, salt** c *(US ‡ = face)* binette ‡ *f*, bille *f* (de clown) ‡ ; → **deadpan** VT a *[+ sand]* laver à la batée b *(* = criticize harshly) [+ film, book]* éreinter, démolir ◆ **his work was ~ned by his boss** son patron a descendu en flammes son travail VI ◆ **to ~ for gold** laver le sable aurifère *(à la batée)* COMP ▷ **pan-fry** VT *(Culin)* faire sauter ▷ **pan scrubber** N tampon *m* à récurer

► **pan out** * VI *(= turn out)* tourner, se passer ; *(= turn out well)* bien tourner, bien se goupiller * ◆ **it all ~ned out in the long run** ça s'est (bien) goupillé * en fin de compte ◆ **things didn't ~ out as he'd planned** les choses ne se sont pas goupillées * comme il l'avait prévu

**pan²** /pæn/ VI *[camera]* faire un panoramique, panoramiquer (*to* sur) ◆ **the camera ~ned across the lawn** la caméra a fait un panoramique *or* a panoramiqué sur le gazon VT ◆ **to ~ the camera** panoramiquer

**pan...** /pæn/ PREF pan...

**panacea** /ˌpænəˈsɪə/ N panacée *f*

**panache** /pəˈnæʃ/ N panache *m*

**Pan-African** /ˈpænˈæfrɪkən/ ADJ panafricain

**Pan-Africanism** /ˈpænˈæfrɪkənɪzəm/ N panafricanisme *m*

**Panama** /ˈpænəˌmɑː/ N a Panama *m* ◆ **in ~** au Panama b *(also* **Panama hat***)* panama *m* COMP ▷ **the Panama Canal** N le canal de Panama

**Panamanian** /ˌpænəˈmeɪnɪən/ ADJ panaméen N Panaméen(ne) *m(f)*

**Pan-American** /ˈpænəˈmerɪkən/ ADJ panaméricain COMP ▷ **Pan-American Highway** N route *f* panaméricaine ▷ **Pan-American Union** N Union *f* panaméricaine

**Pan-Americanism** /ˈpænəˈmerɪkənɪzəm/ N panaméricanisme *m*

**Pan-Asian** /ˈpænˈeɪʃən/ ADJ panasiatique

**Pan-Asianism** /ˈpænˈeɪʃənɪzəm/ N panasiatisme *m*

**pancake** /ˈpænkeɪk/ N a *(Culin)* crêpe *f* ; → **flat¹** b *(Aviat: also* **pancake landing***)* atterrissage *m* à plat c *(= make-up)* → **pancake make-up** VI *(Aviat)* se plaquer, atterrir à plat COMP ▷ **pancake coil** N *(Elec)* galette *f* ▷ **Pancake Day** N *(Brit)* mardi *m* gras ▷ **pancake make-up** N *(= powder compact)* maquillage *m* compact ; *(pej)* tartine *f* de maquillage ▷ **pancake roll** N *(Brit)* ≃ rouleau *m* de printemps ▷ **Pancake Tuesday** N ⇒ **Pancake Day**

**panchromatic** /ˈpænkrəʊˈmætɪk/ ADJ panchromatique

**pancreas** /ˈpæŋkrɪəs/ N pancréas *m*

**pancreatic** /ˌpæŋkrɪˈætɪk/ ADJ pancréatique

**panda** /ˈpændə/ N panda *m* COMP ▷ **panda car** N *(Brit)* voiture *f* pie *inv (de la police)*

**pandemic** /pænˈdemɪk/ ADJ universel N pandémie *f*

**pandemonium** /ˌpændɪˈməʊnɪəm/ N tohu-bohu *m*, chahut *m* (monstre) ◆ **it's sheer ~!** c'est un véritable charivari !, quel tohu-bohu ! ◆ **~ broke loose** il y eut un chahut monstre *or* un véritable tohu-bohu ◆ **scenes of ~** des scènes de désordre indescriptible

**pander** /ˈpændəʳ/ VI ◆ **to ~ to** *[+ person]* se prêter aux exigences de ; *[+ whims, desires]* se plier à ; *[+ tastes, weaknesses]* flatter

**p & h** /ˌpiːəndeɪtʃ/ N *(US)* (abbrev of **postage and handling**) port *m* et manutention *f*

**P & L** *(Comm)* (abbrev of **profit and loss**) → **profit**

**Pandora** /pænˈdɔːrə/ N Pandore *f* COMP ▷ **Pandora's box** N boîte *f* de Pandore

**p & p** /ˌpiːənd'piː/ N (abbrev of **postage and packing**) → **postage**

**pandrop** /ˈpændrɒp/ N grosse pastille *f* de menthe

**pane** /peɪn/ N vitre *f*, carreau *m*

**panegyric** /ˌpænɪˈdʒɪrɪk/ ADJ, N panégyrique *m*

**panel** /ˈpænəl/ N a *(in inquiry)* commission *f* d'enquête ; *(= committee)* comité *m* ; *[of negotiators etc]* table *f* ronde

b *(Rad, TV etc) (gen)* invités *mpl* ; *(for game)* jury *m* ◆ **a ~ of experts** un groupe d'experts, un panel (d'experts)

c *(Jur) (= list)* liste *f* (des jurés) ; *(= jury)* jury *m* ◆ **~ of examiners** *(Admin, Scol etc)* jury *m* (d'examinateurs)

d *(also* **interviewing panel***)* jury *m* d'entretien

e *[of door, wall]* panneau *m* ; *[of ceiling]* caisson *m*

f *(Aut, Aviat: also* **instrument panel***)* tableau *m* de bord

g *(Brit Med: formerly)* **to be on a doctor's ~** être inscrit sur le registre d'un médecin conventionné

h *(Dress)* pan *m*

VT *[+ surface]* plaquer ; *[+ room, wall]* recouvrir de panneaux *or* de boiseries, lambrisser ◆ **~led door** porte *f* à panneaux ◆ **oak-~led** lambrissé de chêne, garni de boiseries de chêne

COMP ▷ **panel-beater** N *(Aut)* carrossier *m*, tôlier *m* ▷ **panel-beating** N *(Aut)* tôlerie *f* ▷ **panel discussion** N *(Rad, TV etc)* débat *m*, table *f* ronde *(qui a lieu devant un public)* ▷ **panel doctor** N *(Brit: formerly)* médecin *m* conventionné ▷ **panel game** N *(Rad, TV)* jeu *m* radiophonique (*or* télévisé) *(avec des équipes d'invités)* ▷ **panel patient** N *(Brit: formerly)* malade *mf* assuré(e) social(e) ▷ **panel pin** N pointe *f*, clou *m* à tête homme ▷ **panel truck, panel van** N *(US Aut)* camionnette *f*

**panelling, paneling** *(US)* /ˈpænəlɪŋ/ N *(NonC)* panneaux *mpl*, lambris *m*, boiseries *fpl*

**panellist, panelist** *(US)* /ˈpænəlɪst/ N *(Rad, TV)* invité(e) *m(f) (d'une émission)*

**Pan-European** /ˈpænˌjʊərəˈpiːən/ ADJ paneuropéen

**pang** /pæŋ/ N serrement *m or* pincement *m* de cœur ◆ **a ~ of jealousy/regret** une pointe de jalousie/de regret ◆ **a ~ of conscience** un accès de mauvaise conscience, des remords *mpl* ◆ **he saw her go without a ~** il l'a vue partir sans regret, cela ne lui a fait ni chaud ni froid* de la voir partir ◆ **hunger ~s, ~s of hunger** tiraillements *mpl* d'estomac

**panhandle** /ˈpænhændl/ N a *(lit)* manche *m* (de casserole) b *(US = strip of land)* bande *f* de terre ◆ **the Texas ~** la partie septentrionale du Texas VI *(US ⁑ = beg)* faire la manche⁑ VT *(US ⁑ = beg from)* mendigoter⁑ auprès de COMP ▷ **the Panhandle State** N *(US)* la Virginie occidentale

**panhandler**⁑ /ˈpænhændləʳ/ N *(US = beggar)* mendiant(e) *m(f)*

**panic** /ˈpænɪk/ N *(NonC)* panique *f* ◆ **to throw a crowd into a ~** semer la panique dans une foule ◆ **to get into a ~** paniquer* ◆ **to throw sb into a ~** paniquer* qn ◆ **in a ~** complètement affolé *or* paniqué ◆ **we were in a mad ~** c'était la panique générale ◆ **to do sth in a ~** faire qch en catastrophe ◆ **(there's) no ~*, it can wait** pas de panique* *or* il n'y a pas le feu*, ça peut attendre

VI être pris de panique, paniquer* ◆ **she's ~king about the future of our relationship** elle est prise de panique *or* elle panique* quand elle pense à l'avenir de notre relation ◆ **industry is ~king about the recession** l'industrie panique* à cause de la récession ◆ **don't ~!*** pas d'affolement !, pas de panique !

VT *[+ crowd]* jeter *or* semer la panique dans ; *[+ person]* faire paniquer* ◆ **he was ~ked by his wife's strange behaviour** le comportement étrange de sa femme le faisait paniquer* ◆ **they were ~ked by the prospect of ...** ils étaient pris de panique *or* ils paniquaient* à la perspective de ... ◆ **she was ~ked into burning the letter** dans un moment d'affolement, elle brûla la lettre

COMP *[fear]* panique ; *[decision]* pris dans un moment de panique ▷ **panic attack** N crise *f* de panique ▷ **panic button*** N *(fig)* signal *m* d'alarme ◆ **to hit** *or* **push the ~ button** paniquer* ▷ **panic buying** N achats *mpl* de précaution ▷ **panic selling** N *(St Ex) vente d'actions sous l'effet de la panique* ▷ **panic stations*** NPL ◆ **it was ~ stations** ça a été la panique générale* ▷ **panic-stricken** ADJ *[person, crowd]* affolé, pris de panique ; *[look]* affolé

**panicky** /ˈpænɪkɪ/ ADJ *[report, newspaper]* alarmiste ; *[decision, action]* de panique ◆ **to feel ~** être pris de panique

**panjandrum** /pænˈdʒændrəm/ N grand ponte* *m*, grand manitou* *m*

**pannier** /ˈpænɪəʳ/ N panier *m*, corbeille *f* ; *[of pack animal]* panier *m* de bât ; *(on cycle, motorcycle:* also **pannier bag***)* sacoche *f*

**panoply** /ˈpænəplɪ/ N panoplie *f*

**panorama** /ˌpænəˈrɑːmə/ N panorama *m*

**panoramic** /ˌpænəˈræmɪk/ ADJ panoramique COMP ▷ **panoramic screen** N *(Cine)* écran *m* panoramique ▷ **panoramic view** N vue *f* panoramique

**pansy** /ˈpænzɪ/ N a *(Bot)* pensée *f* b *(⁑ pej = homosexual)* tante⁑ *f*, tapette⁑ *f*

**pant** /pænt/ VI *(= gasp) [person]* haleter ; *[animal]* battre du flanc, haleter ◆ **to ~ for breath** chercher (à reprendre) son souffle ◆ **the boy/the dog ~ed along after him** le garçon/le chien le suivait, essoufflé ◆ **he ~ed up the hill** il grimpa la colline en haletant VT *(*also **pant out***) [+ words, phrases]* dire d'une voix haletante, dire en haletant N halètement *m*

► **pant for**⁑ VT FUS ◆ **I'm panting for a drink/a cigarette** je meurs d'envie de boire un coup*/d'en griller une*

**pantaloon** /ˌpæntəˈluːn/ N a ◆ **(a pair of) ~s** une culotte b *(Theat)* **Pantaloon** Pantalon *m*

**pantechnicon** /pænˈteknɪkən/ N *(Brit) (= van)* grand camion *m* de déménagement ; *(= warehouse)* entrepôt *m (pour meubles)*

**pantheism** /ˈpænθiːˌɪzəm/ N panthéisme *m*

**pantheist** /ˈpænθiːˌɪst/ N panthéiste *mf*

**pantheistic** /ˌpænθiːˈɪstɪk/ ADJ panthéiste

**pantheon** /ˈpænθɪən/ N panthéon *m*

**panther** /ˈpænθəʳ/ N (pl **panthers** *or* **panther**) panthère *f* ; → **black**

**panties*** /ˈpæntɪz/ NPL slip *m (de femme)*

**pantihose** /ˈpæntɪhəʊz/ NPL *(esp US)* ◆ **(a pair of) ~** un collant, des collants *mpl*

**pantile** /ˈpænˌtaɪl/ N tuile *f* imbriquée

**panting** /ˈpæntɪŋ/ N essoufflement *m*, halètement *m*

**panto*** /ˈpæntəʊ/ N *(Brit Theat)* abbrev of **pantomime a**

**pantograph** /ˈpæntəgrɑːf/ N *(Rail, Tech)* pantographe *m*

**pantomime** /ˈpæntəmaɪm/ N a *(Brit Theat) (= show) spectacle de Noël pour enfants*

b *(= mime)* pantomime *f*, mime *m* ◆ **in ~** en mimant

c *(Brit fig pej = fuss)* pantomime *f*, comédie *f* ◆ **the whole thing was a ~** toute cette affaire n'était qu'une pantomime *or* une comédie ◆ **the government should abandon this ~ of secrecy** le gouvernement devrait abandonner cette comédie du secret

COMP ▷ **pantomime dame** N *(Brit) rôle travesti de femme dans un spectacle de Noël*

> **Pantomime**
>
> La **pantomime** ou **panto** est un spectacle de théâtre pour enfants monté au moment de Noël. Le sujet en est un conte de fées ou une histoire populaire (par ex. Cendrillon ou Aladin), généralement présenté sous la forme d'une comédie bouffonne avec des chansons, des costumes fantaisistes et des décors féeriques. Les acteurs font beaucoup appel à la participation du public. Les principaux rôles masculins et féminins sont souvent interprétés par des acteurs du sexe opposé.

**pantry** /ˈpæntrɪ/ N *(in hotel, mansion)* office *f* ; *(in house)* garde-manger *m inv*

**pants** /pænts/ NPL a *(Brit = underwear)* ◆ **(a pair of) ~** un slip ◆ **that's pure ~**⁑ c'est complètement nul* b *(esp US * = trousers)* ◆ **(a pair of) ~** (un) pantalon ◆ **short ~** culottes *fpl* courtes ◆ **long ~** pantalon *m* (long) ◆ **she's the one who wears the ~*** c'est elle qui porte la culotte* ◆ **to be caught with one's ~ down*** être pris au dépourvu ◆ **to bore the ~ off sb*** barber qn*, raser qn* ◆ **to charm the ~ off sb*** séduire qn ◆ **to beat the ~ off sb*** *(= defeat)* mettre une raclée* à qn

**pantsuit** /ˈpæntsuːt/ N *(esp US)* tailleur-pantalon *m*

**panty girdle** /ˈpæntɪˌgɜːdl/ N gaine-culotte *f*

**pantyhose** /ˈpæntɪhəʊz/ NPL ⇒ **pantihose**

**panty liner** /ˈpæntɪˌlaɪnəʳ/ N protège-slip *m*

**panzer** /ˈpænzəʳ/ N panzer *m* COMP ▷ **panzer division** N division *f* blindée (allemande)

**pap¹** /pæp/ N *(Culin)* bouillie *f* ; *(fig pej)* niaiseries *fpl*

**pap²** †† /pæp/ N *(= nipple)* mamelon *m*

**papa** /pəˈpɑː/ N père *m*

**papacy** /ˈpeɪpəsɪ/ N papauté *f*

**papadum** /ˈpæpədəm/ N poppadum *m*

**papal** /ˈpeɪpəl/ ADJ *[throne, mass, guards]* pontifical ; *[legate, election, visit]* du Pape COMP ▷ **papal bull** N bulle *f* papale ▷ **papal cross** N croix *f* papale ▷ **papal infallibility** N infaillibilité *f* pontificale ▷ **papal nuncio** N nonce *m* du Pape ▷ **Papal States** NPL États *mpl* pontificaux *or* de l'Église

**Papanicolaou smear** /ˌpæpəˈnɪkəluːsmɪəʳ/, **Papanicolaou test** /ˌpæpəˈnɪkəluːtest/ N ⇒ **Pap smear**

**paparazzo** /ˌpæpəˈrætsəʊ/ N (pl **paparazzi** /ˌpæpəˈrætsiː/) paparazzi *m inv*

**papaya** /pəˈpaɪə/ N *(= fruit)* papaye *f* ; *(= tree)* papayer *m*

**paper** /ˈpeɪpəʳ/ N a *(NonC)* papier *m* ; *(pej = piles of paper)* paperasses *fpl* ◆ **a piece of ~** *(= odd bit)* un bout *or* un morceau de papier ; *(= sheet)* une feuille de papier ◆ **he was asked to put his suggestions down on ~** on lui a demandé de mettre ses suggestions par écrit *or* sur papier ◆ **the project looks impressive enough on ~** sur le papier, le projet semble assez impressionnant ; → **brown, carbon, rice**

b (also **newspaper***)* journal *m* ◆ **to write for the ~s** faire du journalisme ◆ **it was in the ~s yesterday** c'était dans les journaux hier ◆ **I saw it in the ~** je l'ai vu dans le journal ; → **illustrate**

c *(Scol, Univ) (= set of exam questions)* épreuve *f* (écrite) ; *(= student's written answers)* copie *f* ◆ **a geography ~** une épreuve de géographie ◆ **she did a good ~ in French** elle a rendu une bonne copie de français

d *(= scholarly work) (printed)* article *m* ; *(spoken)* communication *f*, intervention *f* ; *(in seminar: by student etc)* exposé *m* ◆ **to write a ~ on** écrire un article sur

e *(= government publication)* livre *m* ; → **white, green**

f *(*also **wallpaper***)* papier *m* peint

g *(Comm)* effet *m* ◆ **commercial ~** effet *m* de commerce

h *(US * = money)* fric* *m*

NPL **papers** *(= documents)* papiers *mpl* ◆ **show me your (identity) ~s** montrez-moi vos papiers (d'identité) ◆ **call-up ~s** *(Mil)* ordre *m* d'appel ◆ **ship's ~s** papiers *mpl* de bord ◆ **voting ~s** bulletin *m* de vote

VT a *[+ room, walls]* tapisser ◆ **they ~ed the walls of the cafe with notices about ...** ils ont tapissé *or* complètement recouvert le mur du café d'affiches concernant ...

b *(US fig = fill theatre)* **to ~ the house*** remplir la salle d'invités

COMP *[doll, towel]* en papier, de papier ; *(fig pej) [diploma etc]* sans valeur, bidon⁑ *inv* ; *[profits]* sur le papier, théorique ▷ **paper bag** N sac *m* en papier ; *(small)* poche *f* de papier ◆ **they couldn't fight their way out of a ~ bag*** ils sont complètement nuls* ▷ **paper chain** N chaîne *f* en papier ▷ **paper chase** N jeu *m* de piste ▷ **paper cup** N gobelet *m* en carton ▷ **paper currency** N billets *mpl* (de banque) ▷ **paper dart** N avion *m* en papier ▷ **paper fastener** N attache *f* métallique *(à tête)*; *(= clip)* trombone *m* ▷ **paper handkerchief** N mouchoir *m* en papier ▷ **paper industry** N industrie *f* du papier ▷ **paper knife** N (pl **paper knives**) coupe-papier *m inv* ▷ **paper lantern** N lampion *m* ▷ **paper loss** N *(Fin)* perte *f* comptable ▷ **paper mill** N (usine *f* de) papeterie *f* ▷ **paper money** N papier-monnaie *m*, monnaie *f* fiduciaire ▷ **paper plate** N assiette *f* en carton ▷ **paper qualifications** NPL diplômes *mpl* ▷ **paper round**, **paper route** *(US)* N tournée *f* de distribution des journaux

▷ **paper shop** N *(Brit)* marchand *m* de journaux ▷ **paper-shredder** N broyeur *m (pour papiers)* ▷ **paper tape** N *(Comput)* bande *f* perforée, ruban *m* perforé ▷ **paper-thin** ADJ *[slice]* extrêmement fin ; *[wall]* fin comme du papier à cigarettes ◆ **to cut sth into ~-thin slices** émincer finement qch ▷ **paper tiger** N tigre *m* de papier ▷ **paper trail** N *(esp US)* traces *fpl* écrites

► **paper over** VT FUS *[+ crack in wall etc]* recouvrir de papier ; *(fig) [+ differences, disagreements]* passer sur ◆ **to ~ over the cracks** *(fig)* dissimuler les problèmes *or* les failles

**paperback** /ˈpeɪpəbæk/ N livre *m* broché ; *(smaller)* livre *m* de poche ◆ **it exists in ~** ça existe en (édition de) poche ADJ ◆ **~(ed) edition** édition *f* brochée ; *(smaller)* édition *f* de poche

**paperbound** /ˈpeɪpəbaʊnd/ ADJ ⇒ **paperbacked**

**paperboy** /ˈpeɪpəbɔɪ/ N *(delivering)* livreur *m* de journaux ; *(selling)* vendeur *m or* crieur *m* de journaux

**paperclip** /ˈpeɪpəklɪp/ N trombone *m* ; *(= bulldog clip)* pince *f*

**papergirl** /ˈpeɪpəgɜːl/ N *(delivering)* livreuse *f* de journaux ; *(selling)* vendeuse *f* de journaux

**paperhanger** /ˈpeɪpəˌhæŋəʳ/ N *(Brit = decorator)* tapissier-décorateur *m* ; *(US* ✱ *= crook)* passeur *m* de faux billets (*or* de chèques falsifiés)

**paperless** /ˈpeɪpəlɪs/ ADJ ◆ **the ~ office** le bureau informatisé *or* zéro papier

**paperweight** /ˈpeɪpəweɪt/ N presse-papiers *m inv*

**paperwork** /ˈpeɪpəwɜːk/ N *(gen)* tâches *fpl* administratives ; *(pej)* paperasserie *f* ◆ **we need two more people to deal with the ~** il nous faut deux personnes de plus pour s'occuper des tâches administratives ◆ **he brings home ~ every night** il rapporte du travail à la maison tous les soirs

**papery** /ˈpeɪpərɪ/ ADJ *(gen)* (fin) comme du papier ; *[skin]* parcheminé

**papier-mâché** /ˌpæpjeɪˈmæʃeɪ/ N papier *m* mâché

**papilla** /pəˈpɪlə/ N (pl **papillae** /pəˈpɪliː/) papille *f*

**papist** /ˈpeɪpɪst/ *(pej)* N papiste *mf (pej)* ADJ de(s) papiste(s) *(pej)*

**papistry** /ˈpeɪpɪstrɪ/ N *(pej)* papisme *m (pej)*

**papoose** /pəˈpuːs/ N a *(= baby)* bébé *m* amérindien b *(= baby sling)* sac *m* kangourou, porte-bébé *m*

**pappus** /ˈpæpəs/ N aigrette *f (Bot)*

**pappy** * /ˈpæpɪ/ N *(US dial)* papa *m*

**paprika** /ˈpæprɪkə/ N paprika *m*

**Pap smear** /ˈpæpsmɪəʳ/, **Pap test** /ˈpæptest/ N frottis *m* (vaginal)

**Papuan** /ˈpæpjʊən/ ADJ papou N a Papou(e) *m(f)* b *(Ling)* papou *m*

**Papua New Guinea** /ˈpæpjʊənjuːˌgɪnɪ/ N Papouasie-Nouvelle-Guinée *f* ADJ papou

**Papua-New-Guinean** /ˈpæpjʊənjuːˌgɪnɪən/ N Papou(e) *m(f)*

**papyrus** /pəˈpaɪərəs/ N (pl **papyruses** *or* **papyri** /pəˈpaɪəraɪ/) papyrus *m inv*

**par[1]** /pɑːʳ/ N a *(= equality of value)* égalité *f*, pair *m* ; *(Fin) [of currency]* pair *m* ◆ **to be on a ~ with** être comparable à ◆ **an environmental disaster on a ~ with Chernobyl** une catastrophe écologique comparable à celle de Tchernobyl ◆ **Glasgow is on a ~ with Liverpool for unemployment** Glasgow est comparable à Liverpool pour ce qui est du chômage ◆ **to put sb on a ~ with** *(= compare with)* comparer qn avec ; *(= consider as equal)* considérer qn comme l'égal de ; *(= make level with)* mettre qn sur le même plan que ◆ **above/below ~** *(Fin)* au-dessus/au-dessous du pair ◆ **at ~** *(Fin)* au pair

b *(= expected standard)* **his work isn't up to ~, his work is below** *or* **under ~** son travail est décevant ◆ **his guitar playing is well below ~** son jeu de guitare est vraiment décevant ◆ **a below ~ effort** une performance décevante ◆ **to feel below** *or* **under ~** *(fig)* ne pas se sentir en forme ◆ **that's ~ for the course** *(fig)* c'est typique, il fallait (*or* faut *etc*) s'y attendre ◆ **his behaviour was ~ for the course** il a eu un comportement typique ◆ **long hours are ~ for the course in that line of work** il faut s'attendre à faire de longues journées dans ce travail

c *(Golf)* par *m*, normale *f* du parcours ◆ **~ three** par trois ◆ **a ~ three (hole)** un par trois ◆ **four over ~** quatre coups au-dessus du par ◆ **he was five under ~ after the first round** il était cinq coups en dessous du par à la fin de la première partie ◆ **to break ~** être en dessous du par

COMP ▷ **par value** N *(Fin)* valeur *f* au pair

**par[2]** * /pɑːʳ/ N *(Press)* abbrev of **paragraph**

**para** * /ˈpærə/ N a abbrev of **paragraph noun** a b *(Brit Mil)* (abbrev of **paratrooper**) para * *m* ◆ **the ~s** les paras * *mpl* c *(Mil)* (abbrev of **parachutist**) **the ~s** les paras * *mpl* ◆ **he's in the ~s** il est para *

**para...** /ˈpærə/ PREF para...

**parable** /ˈpærəbl/ N parabole *f* ◆ **to speak in ~s** parler par paraboles

**parabola** /pəˈræbələ/ N parabole *f (Math)*

**parabolic** /ˌpærəˈbɒlɪk/ ADJ parabolique

**paraboloid** /pəˈræbəlɔɪd/ N paraboloïde *m*

**Paracelsus** /pærəˈselsəs/ N Paracelse *m*

**paracetamol** /pærəˈsiːtəmɒl/ N paracétamol *m*

**parachute** /ˈpærəʃuːt/ N parachute *m* VI descendre en parachute ◆ **to ~ behind enemy lines** se faire parachuter derrière les lignes ennemies ◆ **to go parachuting** *(Sport)* faire du parachutisme VT *[+ person, supplies]* parachuter ◆ **food supplies were ~d into the mountains** on a parachuté des vivres dans les montagnes COMP *[cords]* de parachute ▷ **parachute drop** N parachutage *m* ▷ **parachute jump** N saut *m* en parachute ▷ **parachute regiment** N régiment *m* de parachutistes

**parachutist** /ˈpærəʃuːtɪst/ N parachutiste *mf*

**Paraclete** /ˈpærəkliːt/ N ◆ **the ~** Le Paraclet

**parade** /pəˈreɪd/ N a *(gen, Mil) (= procession)* défilé *m* ; *(= ceremony)* parade *f*, revue *f* ◆ **to be on ~** *(Mil) (= drilling)* être à l'exercice ; *(for review)* défiler

b *(fig)* ◆ **~ of** *(= exhibition of) [+ wares, goods]* étalage *m* de ; *(= procession, series of) [+ people]* défilé *m* de ◆ **an endless ~ of advertisements** des publicités à n'en plus finir ◆ **the dockers' ~ of support for their union leader** *(gen)* la manifestation de soutien des dockers à leur leader syndical ; *(pej)* le soutien que les dockers font mine d'apporter au leader de leur syndicat

c *(esp Brit = road)* boulevard *m (souvent au bord de la mer)*

d (*Mil:* also **parade ground**) terrain *m* de manœuvres

VT *[+ troops]* faire défiler ; *(fig = display) [+ one's wealth, possessions]* faire étalage de, afficher ◆ **she never ~d her knowledge** elle ne faisait jamais étalage de ses connaissances ◆ **these reforms were ~d as progress** *(pej)* ces réformes ont été présentées comme un progrès

VI *(Mil)* défiler

► **parade about** *, **parade around** * VI se balader *, circuler * ◆ **don't ~ about with nothing on!** ne te promène pas *or* ne te balade * pas tout nu !

**paradigm** /ˈpærədaɪm/ N paradigme *m* COMP ▷ **paradigm shift** N révolution *f* conceptuelle

**paradigmatic** /ˌpærədɪgˈmætɪk/ ADJ paradigmatique

**paradisaic** /ˌpærədɪˈseɪɪk/, **paradisal** /ˌpærəˈdaɪsəl/ ADJ ⇒ **paradisiacal**

**paradise** /ˈpærədaɪs/ N paradis *m* ◆ **an earthly ~** *(fig)* un paradis terrestre ◆ **it's a nature-lover's** *etc* **~** c'est un paradis pour les amoureux de la nature *etc* ◆ **to go to ~** *(euph = die)* aller au ciel ; → **fool[1], bird**

**paradisiacal** /ˌpærədɪˈsaɪəkəl/ ADJ paradisiaque

**paradox** /ˈpærədɒks/ N paradoxe *m*

**paradoxical** /ˌpærəˈdɒksɪkəl/ ADJ paradoxal

**paradoxically** /ˌpærəˈdɒksɪkəlɪ/ ADV paradoxalement

**paraffin** /ˈpærəfɪn/ N *(Chem)* paraffine *f* ; *(Brit = fuel:* also **paraffin oil**) pétrole *m* (lampant) ◆ **liquid ~** *(Med)* huile *f* de paraffine COMP ▷ **paraffin heater** N poêle *m* à mazout *or* à pétrole ▷ **paraffin lamp** N lampe *f* à pétrole ▷ **paraffin wax** N paraffine *f*

**paraglide** /ˈpærəglaɪd/ VI faire du parapente

**paraglider** /ˈpærəˌglaɪdəʳ/ N a *(= person)* parapentiste *mf* b *(= object)* parapente *m*

**paragliding** /ˈpærəˌglaɪdɪŋ/ N *(NonC)* parapente *m*

**paragon** /ˈpærəgən/ N modèle *m*, parangon *m* ◆ **a ~ of virtue** un modèle *or* parangon de vertu

**paragraph** /ˈpærəgrɑːf/ N a paragraphe *m* ◆ **"new paragraph"** "à la ligne" ◆ **to begin a new ~** aller à la ligne b *(newspaper item)* entrefilet *m* VT diviser en paragraphes COMP ▷ **paragraph mark** N *(Typ)* pied *m* de mouche

**Paraguay** /ˈpærəgwaɪ/ N Paraguay *m* ◆ **in ~** au Paraguay

**Paraguayan** /ˌpærəˈgwaɪən/ ADJ paraguayen N Paraguayen(ne) *m(f)*

**parakeet** /ˈpærəkiːt/ N perruche *f* (ondulée)

**paralanguage** /ˈpærəˌlæŋgwɪdʒ/ N *(Ling)* paralangage *m*

**paralegal** /ˈpærəˌliːgəl/ N *(esp US)* N *auxiliaire juridique* ADJ *[secretary, assistant]* juridique

**paralinguistic** /ˈpærəˌlɪŋgwɪstɪk/ ADJ *(Ling)* paralinguistique

**parallactic** /ˌpærəˈlæktɪk/ ADJ parallactique

**parallax** /ˈpærəlæks/ N parallaxe *f*

**parallel** /ˈpærəlel/ ADJ a *(Geom, Math etc)* parallèle (*with, to* à) ◆ **the road runs ~ to the railway** la route est parallèle à la voie de chemin de fer

b *(fig) [situation, process, event, operation]* analogue ; *[development]* parallèle (*with, to* à) ; *[talks, negotiations]* en parallèle ◆ **a ~ universe** un univers parallèle ◆ **in a ~ step, they ...** de la même manière, ils ...

c *(Ski)* parallèle

ADV parallèlement (*to* à)

N a *(Geog)* parallèle *m* ◆ **the 22nd ~** le 22$^{e}$ parallèle

b *(Math)* (ligne *f*) parallèle *f*

c *(fig)* parallèle *m*, comparaison *f* ◆ **to draw a ~ between** établir *or* faire un parallèle *or* une comparaison entre ◆ **an event without ~ in the modern era** un événement sans précédent à l'époque moderne ◆ **this wooded landscape is almost without ~ (anywhere else)** ce paysage sylvestre est (pratiquement) unique ◆ **he/she is without ~** il/elle est sans pareil(le) ◆ **to happen** *etc* **in ~ with sth** arriver *etc* parallèlement à *or* en parallèle avec qch

VT *(Math)* être parallèle à ; *(fig) (= find equivalent to)* trouver un équivalent à ; *(= be equal to)* égaler ◆ **a superb performance that no-one (else) could ~** une magnifique performance que personne ne pourrait égaler ◆ **the increase in the number of smokers has been ~ed by an increase in lung cancers** l'augmentation du nombre des fumeurs s'est accompagnée d'une augmentation des cas de cancer du poumon ◆ **his success here has not been ~ed by recognition in his home country** le succès qu'il remporte ici n'a pas trouvé d'équivalent dans son pays d'origine

COMP ▷ **parallel bars** NPL barres *fpl* parallèles ▷ **parallel-park** VI *(Aut)* faire un créneau ▷ **parallel processing** N *(Comput)* traitement *m* en parallèle ▷ **parallel turn** N virage *m* parallèle

**parallelepiped** /ˌpærəˌleləˈpaɪped/ N parallélépipède *m*

**parallelism** /ˈpærəlelɪzəm/ N *(Math, fig)* parallélisme *m*

**parallelogram** /ˌpærəˈleləʊgræm/ N parallélogramme *m*

**Paralympic** /ˌpærəˈlɪmpɪk/ ADJ paralympique NPL **Paralympics** ⇒ **Paralympic Games** COMP ▷ **Paralympic Games** NPL Jeux *mpl* paralympiques

**paralysis** /pəˈræləsɪs/ N (pl **paralyses** /pəˈræləsiːz/) a *(Med)* paralysie *f* ; → **creeping, infantile** b *(fig) [of country, government, trade, talks]* paralysie *f* ; *[of traffic etc]* immobilisation *f* ◆ **political ~** immobilisme *m* politique

**paralytic** /ˌpærəˈlɪtɪk/ ADJ a *(Med)* paralytique b *(Brit* ‡ *= drunk)* ivre mort N paralytique *mf*

**paralyzation** /ˌpærəlaɪˈzeɪʃən/ N immobilisation *f*

**paralyze** /ˈpærəlaɪz/ VT a *(Med)* paralyser ◆ **his arm is ~d** il est paralysé du bras ◆ **~d from the waist/neck down** paralysé des membres inférieurs/des quatre membres b *(fig) [+ person, traffic, communications]* paralyser ◆ **~d with fear** paralysé *or* transi de peur ◆ **paralyzing cold** froid *m* paralysant ◆ **paralyzing fear/loneliness** peur *f*/solitude *f* pétrifiante ◆ **paralyzing shyness** timidité *f* maladive

**paramedic** /ˌpærəˈmedɪk/ N auxiliaire *mf* médical(e)

**paramedical** /ˌpærəˈmedɪkəl/ ADJ paramédical

**parament** /ˈpærəmənt/ N (pl **paraments** *or* **paramenta** /ˌpærəˈmentə/) parement *m*

**parameter** /pəˈræmɪtəʳ/ N a *(Math)* paramètre *m* b *(fig = criterion, principle)* critère *m*, paramètre *m* ◆ **to define** *or* **establish** *or* **set the ~s of** *or* **for sth** définir les critères *or* paramètres de qch ◆ **to fall within certain ~s** respecter certains critères ◆ **within the ~s of ...** dans les limites de ... ◆ **the technical ~s of the system** les caractéristiques techniques de ce système ◆ **the ~s of their energy policy** les orientations principales de leur politique énergétique

**parametric** /ˌpærəˈmetrɪk/ ADJ paramétrique

**paramilitary** /ˌpærəˈmɪlɪtərɪ/ ADJ *[organization, group, operation]* paramilitaire N *(= member)* membre *m* d'une force paramilitaire ◆ **the paramilitaries** les forces *fpl* paramilitaires NPL **the paramilitary** *(= organizations)* les forces *fpl* paramilitaires

**paramnesia** /ˌpæræmˈniːzɪə/ N paramnésie *f*

**paramount** /ˈpærəmaʊnt/ ADJ primordial ◆ **of ~ importance** d'une importance primordiale, de la plus haute importance ◆ **the interests of the child are ~** les intérêts de l'enfant sont primordiaux *or* passent avant tout

**paramour** /ˈpærəmʊəʳ/ N *(liter)* amant *m*, maîtresse *f*

**paranoia** /ˌpærəˈnɔɪə/ N paranoïa *f*

**paranoic** /ˌpærəˈnɔɪɪk/, **paranoiac** /ˌpærəˈnɔɪæk/ ADJ, N paranoïaque *mf*

**paranoid** /ˈpærənɔɪd/ ADJ a *(Psych)* paranoïde b (* *fig*) parano * N paranoïaque *mf*

**paranoidal** /ˌpærəˈnɔɪdl/ ADJ paranoïde

**paranormal** /ˌpærəˈnɔːməl/ ADJ paranormal N ◆ **the ~** les phénomènes *mpl* paranormaux

**parapet** /ˈpærəpɪt/ N a *[of bridge, roof etc]* parapet *m*, garde-fou *m* ◆ **to put** *or* **stick * one's head above the ~** se mouiller *, prendre un risque ◆ **to keep one's head below the ~** ne pas se mouiller *, ne pas prendre de risques b *(Mil)* parapet *m*

**paraph** /ˈpærəf/ N paraphe *m or* parafe *m*

**paraphernalia** /ˌpærəfəˈneɪlɪə/ N *(pl inv)* a *(= belongings: also for hobbies, sports etc)* attirail *m* b (* *= bits and pieces)* bazar * *m*

**paraphrase** /ˈpærəfreɪz/ N paraphrase *f* VT paraphraser

**paraphrastic** /ˌpærəˈfræstɪk/ ADJ paraphrastique

**paraplegia** /ˌpærəˈpliːdʒə/ N paraplégie *f*

**paraplegic** /ˌpærəˈpliːdʒɪk/ ADJ *(gen)* paraplégique ; *[games]* pour les paraplégiques N paraplégique *mf*

**paraprofessional** /ˌpærəprəˈfeʃənl/ ADJ, N paraprofessionnel(le) *mf*

**parapsychological** /ˌpærəsaɪkəˈlɒdʒɪkəl/ ADJ parapsychologique, parapsychique

**parapsychologist** /ˌpærəsaɪˈkɒlədʒɪst/ N parapsychologue *mf*

**parapsychology** /ˌpærəsaɪˈkɒlədʒɪ/ N parapsychologie *f*

**Paraquat** ® /ˈpærəkwɒt/ N paraquat ® *m*

**parasailing** /ˈpærəˌseɪlɪŋ/ N *(NonC)* parachutisme *m* ascensionnel

**parascending** /ˈpærəˌsendɪŋ/ *(Sport)* N parachutisme *m* ascensionnel ◆ **to go ~** faire du parachute ascensionnel

**parasite** /ˈpærəˌsaɪt/ N *(Bot, Zool, fig)* parasite *m*

**parasitic(al)** /ˌpærəˈsɪtɪk(əl)/ ADJ a *(lit, fig)* parasite *(on* de) b *(Med) [disease]* parasitaire

**parasiticidal** /ˌpærəˌsɪtɪˈsaɪdl/ ADJ parasiticide

**parasiticide** /ˌpærəˈsɪtɪsaɪd/ N parasiticide *m*

**parasitism** /ˈpærəsɪtɪzəm/ N parasitisme *m*

**parasitologist** /ˌpærəsaɪˈtɒlədʒɪst/ N parasitologue *mf*

**parasitology** /ˌpærəsɪˈtɒlədʒɪ/ N parasitologie *f*

**parasitosis** /ˌpærəsɪˈtəʊsɪs/ N parasitose *f*

**parasol** /ˈpærəˌsɒl/ N *(hand-held)* ombrelle *f* ; *(over table etc)* parasol *m*

**parasuicide** /ˌpærəˈsuɪsaɪd/ N faux suicide *m*

**parasympathetic** /ˌpærəsɪmpəˈθetɪk/ ADJ parasympathique COMP ▷ **parasympathetic nervous system** N système *m* parasympathique

**parataxis** /ˌpærəˈtæksɪs/ N parataxe *f*

**parathyroid** /ˌpærəˈθaɪrɔɪd/ ADJ parathyroïdien N (also **parathyroid gland**) parathyroïde *f*

**paratrooper** /ˈpærətruːpəʳ/ N parachutiste *mf (soldat)*

**paratroops** /ˈpærətruːps/ NPL (unités *fpl* de) parachutistes *mpl*

**paratyphoid** /ˈpærəˈtaɪfɔɪd/ ADJ paratyphique ◆ **~ fever** paratyphoïde *f* N paratyphoïde *f*

**parboil** /ˈpɑːbɔɪl/ VT *(Culin)* faire bouillir *or* faire cuire à demi

**parcel** /ˈpɑːsəl/ N a *(= package)* colis *m*, paquet *m* b *(= portion) [of land]* parcelle *f* ; *[of shares]* paquet *m* ; *[of goods]* lot *m* ; → **part** c *(esp Brit fig)* **a ~ of lies** un tas * *or* un tissu de mensonges ◆ **it's a ~ of nonsense** c'est des inepties ◆ **a ~ of fools** un tas * *or* une bande * d'idiots VT (also **parcel up**) *[+ object, purchases]* emballer, empaqueter COMP ▷ **parcel bomb** N colis *m* piégé ▷ **parcel net** N filet *m* à bagages ▷ **parcel post** N service *m* de colis postaux, service *m* de messageries ◆ **to send sth (by) ~ post** envoyer qch par colis postal ▷ **parcel shelf** N *(Aut)* plage *f* arrière ▷ **parcels office** N bureau *m* des messageries

► **parcel out** VT SEP *[+ money, jobs, privileges etc]* distribuer ; *[+ inheritance]* partager ; *[+ land]* lotir ; *[+ tasks, duties]* répartir

**parch** /pɑːtʃ/ VT *[+ crops, land]* dessécher, brûler

**parched** /pɑːtʃt/ ADJ *[lips, soil, plants]* desséché ◆ **I'm ~!** * je meurs de soif ! *

**parchment** /ˈpɑːtʃmənt/ N parchemin *m* ◆ **~ paper** papier-parchemin *m*

**pardner** * /ˈpɑːdnəʳ/ N *(US)* camarade *m* ◆ **so long, ~!** au revoir, mon pote ! *

**pardon** /ˈpɑːdən/ N a *(NonC)* pardon *m* ; → **beg**
b *(Rel)* indulgence *f*
c *(Jur)* ◆ **(free) ~** grâce *f* ◆ **letter of ~** lettre *f* de grâce ◆ **general ~** amnistie *f* ◆ **royal ~** grâce *f* royale ◆ **to grant sb a posthumous ~** réhabiliter la mémoire de qn

VT a *[+ mistake, person] (gen)* pardonner ; *(Rel)* absoudre ◆ **to ~ sb for sth** pardonner qch à qn ◆ **to ~ sb for doing sth** pardonner à qn d'avoir fait qch ◆ **~ me** *(apologizing for sth)* excusez-moi, désolé ; *(disagreeing politely)* excusez-moi ; *(interrupting)* excusez-moi, pardonnez-moi ◆ **~ me?** *(US)* comment ?, pardon ? ◆ **~ me for troubling you** excusez-moi de vous déranger ◆ **~ my asking, but ...** excusez-moi de vous poser cette question, mais ... ◆ **~ me for breathing/speaking/living!** * *(iro)* excuse-moi de respirer/de parler/de vivre ! ◆ **~ my French!** * *(hum: after swearing)* passez-moi *or* pardonnez-moi l'expression ! ◆ **if you'll ~ the expression** si vous me pardonnez l'expression
b *(Jur) [+ criminal]* gracier ; *(= grant amnesty to)* amnistier ; *(posthumously)* réhabiliter la mémoire de

EXCL *(apologizing)* pardon !, excusez-moi ! ◆ **~?** *(not hearing)* comment ?, pardon ?

**pardonable** /ˈpɑːdnəbl/ ADJ *[mistake]* pardonnable ; *(Jur)* graciable

**pardonably** /ˈpɑːdnəblɪ/ ADV de façon bien excusable *or* bien pardonnable

**pare** /peəʳ/ VT a *[+ fruit]* peler, éplucher ; *[+ nails]* rogner, couper b *(= reduce:* also **pare down**) *[+ expenses]* réduire

**parent** /ˈpeərənt/ N *(= father)* père *m* ; *(= mother)* mère *f* ◆ **his ~s** ses parents *mpl* ◆ **to be born of Scottish ~s** être né de parents écossais ◆ **the ~ birds/animals** les parents *mpl* de l'oiseau/l'animal COMP *[inter-*

*est, involvement etc]* parental, des parents ▷ **parent body** N organisme *m* de tutelle ▷ **parent company** N *(Comm, Fin)* maison *f* or société *f* mère ▷ **parent power** * N *(Scol)* influence *f* des parents d'élèves ▷ **parents' evening** N *(Scol)* réunion *f* d'information avec les parents (d'élèves) ▷ **parent-teacher association** N *(Scol)* association *f* de parents d'élèves et de professeurs ▷ **parent tree** N souche *f*

**parentage** /'pɛərəntɪdʒ/ N ◆ **of Scottish** ~ *(mother and father)* (né) de parents écossais ◆ **of unknown** ~ de parents inconnus ◆ **children of (racially) mixed** ~ les enfants issus de couples mixtes ◆ **there was some confusion about his** ~ on ne savait pas exactement qui étaient ses parents ◆ **genetic techniques that provide proof of** ~ des techniques génétiques qui permettent de prouver les liens de parenté

**parental** /pə'rentl/ ADJ *[choice]* des parents, parental ; *[involvement, cooperation, responsibility]* parental ; *[rights, attitudes]* des parents ◆ ~ **consent** consentement *m* des parents ◆ ~ **control** *or* **authority** autorité *f* parentale ◆ ~ **responsibility** la responsabilité des parents ◆ ~ **rights over a child** *(gen)* les droits *mpl* des parents sur leur enfant ; *(Jur)* la tutelle d'un enfant COMP ▷ **parental leave** N congé *m* parental

**parenthesis** /pə'renθɪsɪs/ N (pl **parentheses** /pə'renθɪsiːz/) parenthèse *f* ◆ **in** ~ *or* **parentheses** entre parenthèses

**parenthetic(al)** /,pærən'θetɪk(əl)/ ADJ entre parenthèses

**parenthetically** /,pærən'θetɪkəlɪ/ ADV entre parenthèses

**parenthood** /'pɛərənthʊd/ N condition *f* de parent(s), paternité *f* (*or* maternité *f*) ◆ **the joys of** ~ les joies *fpl* de la maternité (*or* paternité) ◆ **the responsibilities of** ~ les responsabilités *fpl* des parents *or* que l'on a quand on a des enfants ◆ **she doesn't feel ready for** ~ elle ne se sent pas mûre pour avoir des enfants

**parenting** /'pɛərəntɪŋ/ N éducation *f* des enfants ◆ ~ **is a full-time occupation** l'éducation d'un enfant *or* élever un enfant est un travail à plein temps ◆ **shared** ~ partage *m* de l'éducation des enfants

**parer** /'pɛərə^r/ N épluche-légumes *m inv*

**pariah** /pə'raɪə/ N paria *m*

**parietal** /pə'raɪɪtl/ ADJ pariétal N *(Anat)* pariétal *m* NPL **parietals** *(US Univ)* heures *fpl* de visite *(du sexe opposé dans les chambres d'étudiants)*

**paring** /'pɛərɪŋ/ N a ◆ ~**s** *[of fruit, vegetable]* épluchures *fpl*, pelures *fpl* ; *[of nails]* bouts *mpl* d'ongles ; *[of metal]* rognures *fpl* (de métal) cisaille *f* ◆ **potato** ~**s** épluchures *fpl* de pommes de terre b action *f* d'éplucher *or* de peler *etc* ◆ ~ **knife** couteau *m* à éplucher éplucheur *m* ; → **cheeseparing**

**pari passu** /'pærɪ'pæsuː/ ADV *(frm)* de pair

**Paris** /'pærɪs/ N Paris ◆ **the** ~ **Basin** *(Geog)* le Bassin parisien ; → **plaster** ADJ *[society, nightlife, metro etc]* parisien ◆ ~ **fashions** la mode de Paris, la mode parisienne ◆ ~ **people** les Parisiens *mpl*

**parish** /'pærɪʃ/ N *(Rel)* paroisse *f* ; *(Brit: civil)* commune *f* ; *(US: in Louisiana)* ≃ comté *m* COMP ▷ **parish church** N église *f* paroissiale ▷ **parish council** N ≈ conseil *m* municipal *(d'une petite commune rurale, en Angleterre)* ▷ **parish hall** N salle *f* paroissiale *or* municipale ▷ **parish priest** N *(Catholic)* curé *m* ; *(Protestant)* pasteur *m* ▷ **parish-pump** ADJ *(Brit pej)* *[subject]* d'intérêt purement local ; *[attitude]* borné ◆ ~**-pump mentality/politics/rivalries** esprit *m*/politique *f*/rivalités *fpl* de clocher ▷ **parish register** N registre *m* paroissial ▷ **parish school** † N école *f* communale

**parishioner** /pə'rɪʃənə^r/ N paroissien(ne) *m(f)*

**Parisian** /pə'rɪzɪən/ ADJ *[district, theatre, street]* parisien, de Paris ; *[habit, personality, society]* parisien ; *[life]* à Paris N Parisien(ne) *m(f)*

**parity** /'pærɪtɪ/ N a *[of rights, currencies]* parité *f* ; *(in arms race)* équilibre *m* ◆ **they want** ~ **with their colleagues in the private sector** ils veulent une parité des salaires et des conditions de travail avec leurs collègues du secteur privé b *(Fin)* parité *f* ◆ **at** ~ **(with)** à parité (avec) ◆ **exchange at** ~ change *m* au pair *or* à (la) parité c *(US Agr)* taux *m* de parité

**park** /pɑːk/ N a (= *public garden*) jardin *m* public, parc *m* ; (= *garden of country house*) parc *m* ; → **car, national, retail, safari**

b *(Brit Sport = field)* terrain *m*

VT a *[+ car etc]* garer ◆ **to** ~ **the car** garer la voiture, se garer ◆ **don't** ~ **the car in the street** ne laisse pas la voiture dans la rue ◆ **a line of** ~**ed cars** une rangée de voitures en stationnement ◆ **he was** ~**ed near the theatre** il était stationné *or* garé près du théâtre

b (* = *leave*) **to** ~ **a child with sb** laisser un enfant chez qn ◆ **I** ~**ed granddad in an armchair** j'ai installé pépé dans un fauteuil ◆ **she** ~**ed herself on the sofa/at our table** elle s'est installée sur le canapé/à notre table

VI stationner, se garer ◆ **I was** ~**ing when I caught sight of him** j'étais en train de me garer quand je l'aperçus ◆ **do not** ~ **here** ne stationnez pas ici

COMP ▷ **park-and-ride** N *stationnement en périphérie d'agglomération combiné à un système de transport en commun* ▷ **park bench** N banc *m* de parc ▷ **park keeper** N *(Brit)* gardien(ne) *m(f)* de parc ▷ **park ranger** N *(in national park)* gardien(ne) *m(f)* de parc national ; *(in forest)* garde *m* forestier ; *(in game reserve)* garde-chasse *m* ▷ **park-ride** N ⇒ **park-and-ride** ▷ **park warden** N ⇒ **park keeper**

**parka** /'pɑːkə/ N parka *f*

**parkin** /'pɑːkɪn/ N gâteau *m* à l'avoine et au gingembre

**parking** /'pɑːkɪŋ/ N stationnement *m* ◆ **"parking"** "parking", "stationnement autorisé" ◆ **"no parking"** "défense de stationner", "stationnement interdit" ◆ ~ **is very difficult** il est très difficile de trouver à se garer ◆ **there's plenty of** ~ **(space)** il y a de la place pour se garer COMP ▷ **parking attendant** N gardien *m* de parking, gardien *m* de parc de stationnement ▷ **parking bay** N emplacement *m (sur un parking)* ▷ **parking brake** N *(US)* frein *m* à main ▷ **parking garage** N *(US)* parking *m* (couvert) ▷ **parking lights** NPL *(US)* feux *mpl* de position ▷ **parking lot** N *(US)* parking *m*, parc *m* de stationnement ▷ **parking meter** N parcmètre *m* ▷ **parking place, parking space** N place *f* de stationnement ◆ **I couldn't find a** ~ **place** *or* **space** je n'ai pas pu trouver à me garer ▷ **parking ticket** N P.-V. * *m*, contravention *f*

**parkinsonism** /'pɑːkɪnsənɪzəm/ N parkinsonisme *m*

**Parkinson's (disease)** /'pɑːkɪnsənz(dɪ,ziːz)/ N maladie *f* de Parkinson

**Parkinson's law** /'pɑːkɪnsənzlɔː/ N loi *f* de Parkinson *(principe humoristique selon lequel toute tâche finit par occuper l'intégralité du temps qu'on a alloué à son accomplissement)*

**parkland** /'pɑːklænd/ N espace(s) *m(pl)* vert(s)

**parkway** /'pɑːkweɪ/ N *(US)* route *f* (à plusieurs voies) bordée d'espaces verts

**parky** * /'pɑːkɪ/ ADJ *(Brit)* ◆ **it's a bit** ~**!** il fait frisquet ! *

**parlance** /'pɑːləns/ N langage *m*, parler *m* ◆ **in common** ~ en langage courant ◆ **in medical/legal** ~ en langage médical/juridique

**parlay** /'pɑːlɪ/ *(US)* VT *(Betting)* réemployer *(les gains d'un précédent pari et le pari originel)* ; *(fig)* *[+ talent, inheritance]* faire fructifier VI *(fig)* faire fructifier de l'argent

**parley** /'pɑːlɪ/ N pourparlers *mpl* VI *(also Mil)* parlementer (*with* avec) ; *(more frm)* entrer *or* être en pourparlers (*with* avec)

**parliament** /'pɑːləmənt/ N a (= *institution, building*) parlement *m* ◆ **Parliament** *(Brit Hist)* Parlement *m* ◆ **the London** *or* **Westminster Parliament** le Parlement de Londres *or* Westminster ◆ **in Parliament** au Parlement ◆ **to go into** *or* **enter Parliament** entrer au Parlement ◆ **the Queen opened Parliament** la reine a ouvert la session parlementaire ; → **house, member** b (= *period between elections*) législature *f* ◆ **during the life of this** ~ au cours de cette législature

**parliamentarian** /,pɑːləmen'tɛərɪən/ N a *(Brit Parl = MP)* parlementaire *mf*, membre *m* du Parlement b *(Brit Hist)* parlementaire *mf* c *(US = expert)* spécialiste *mf* des procédures parlementaires ADJ *(Brit Hist)* parlementaire

**parliamentary** /,pɑːlə'mentərɪ/ ADJ *[debate, session, business, language, majority]* parlementaire ◆ ~ **candidate** candidat *m* au Parlement COMP ▷ **parliamentary agent** N agent *m* parlementaire ▷ **Parliamentary Commissioner** N *(Brit)* médiateur *m*, -trice *f* ▷ **parliamentary democracy** N démocratie *f* parlementaire ▷ **parliamentary election** N élections *fpl* législatives ▷ **parliamentary government** N *(NonC)* gouvernement *m* parlementaire ▷ **Parliamentary Labour Party** N *(Brit)* députés *mpl* du parti travailliste ▷ **parliamentary private secretary** N *(Brit)* *parlementaire attaché à un ministre assurant la liaison avec les autres parlementaires* ▷ **parliamentary privilege** N *(Brit)* immunité *f* parlementaire ▷ **parliamentary secretary** N *(Brit)* (parlementaire *mf* faisant fonction de) sous-secrétaire *mf* d'État

**parlour, parlor** *(US)* /'pɑːlə^r/ N († : *in house*) petit salon *m* ; *(in convent)* parloir *m* ; († : *in bar*) arrière-salle *f* ; → **beauty, funeral** COMP ▷ **parlor car** N *(US Rail)* pullman *m* ▷ **parlour game** N jeu *m* de société

**parlourmaid** /'pɑːləmeɪd/ N servante *f*

**parlous** /'pɑːləs/ ADJ *(frm)* alarmant

**Parma** /'pɑːmə/ N Parme COMP ▷ **Parma ham** N jambon *m* de Parme ▷ **Parma violet** N violette *f* de Parme

**Parmesan** /,pɑːmɪ'zæn/ N (also **Parmesan cheese**) parmesan *m*

**Parnassian** /pɑː'næsɪən/ ADJ parnassien

**Parnassus** /pɑː'næsəs/ N le Parnasse ◆ **(Mount)** ~ le mont Parnasse

**parochial** /pə'rəʊkɪəl/ ADJ *(Rel)* paroissial ; *(fig pej)* *[attitude, outlook]* de repli sur soi ◆ **they're very** ~ ils ont vraiment l'esprit de clocher, ils ne sont pas très ouverts sur le monde ◆ **Newcastle seemed** ~ **after his time in London** Newcastle lui semblait très provincial après son séjour à Londres COMP ▷ **parochial school** N *(US)* école *f* catholique

**parochialism** /pə'rəʊkɪəlɪzəm/ N esprit *m* de clocher

**parodist** /'pærədɪst/ N parodiste *mf*

**parody** /ˈpærədɪ/ N (*lit, fig*) parodie *f* VT parodier

**parole** /pəˈrəʊl/ N a (*Jur*) (*= period of release*) liberté *f* conditionnelle ; (*= act of release*) mise *f* en liberté conditionnelle ♦ **on ~** en liberté conditionnelle ♦ **to release sb on ~** mettre qn en liberté conditionnelle ♦ **to break ~** se rendre coupable d'un délit entraînant la révocation de la libération conditionnelle ♦ **ten years without ~** dix ans de prison sans possibilité de libération conditionnelle b (*Mil etc*) parole *f* d'honneur ♦ **on ~** sur parole c /pæˈrɒl/ (*Ling*) parole *f* VT [*+ prisoner*] mettre *or* placer en liberté conditionnelle COMP ▷ **parole board** N (*Brit*) *comité de probation et d'assistance aux prisonniers mis en liberté conditionnelle* ▷ **parole officer** N (*US*) contrôleur *m* judiciaire (*chargé de surveiller un prisonnier en liberté conditionnelle*)

**paroquet** /ˈpærəkɪt/ N ⇒ **parakeet**

**paroxysm** /ˈpærəksɪzəm/ N a (*Med*) paroxysme *m* b (*fig*) **a ~ of tears/laughter/rage** une crise de larmes/rire/colère ♦ **a ~ of coughing** une violente quinte de toux ♦ **in a ~ of grief/rage** au paroxysme de la douleur/de la colère ♦ **in a ~ of delight** dans un transport de joie ♦ **the news sent her into ~s of delight** la nouvelle l'a transportée de joie

**parquet** /ˈpɑːkeɪ/ N a (also **parquet flooring**) parquet *m* b (*US Theat*) parterre *m* VT parqueter

**parquetry** /ˈpɑːkɪtrɪ/ N parquetage *m*, parqueterie *f*

**parricidal** /ˈpærɪsaɪdl/ ADJ parricide

**parricide** /ˈpærɪsaɪd/ N a (*= act*) parricide *m* b (*= person*) parricide *mf*

**parrot** /ˈpærət/ N (*Orn, fig*) perroquet *m* ♦ **he was sick as a ~** ‡ (*Brit hum*) il en était malade * VT (*= repeat*) [*+ words, speech*] répéter comme un perroquet ; (*= copy*) [*+ behaviour, actions*] imiter servilement COMP ▷ **parrot cry** N (*pej*) slogan *m* ▷ **parrot disease** N psittacose *f* ▷ **parrot-fashion** ADV comme un perroquet ▷ **parrot fever** N ⇒ **parrot disease** ▷ **parrot fish** N (pl **parrot fish** *or* **fishes**) poisson *m* perroquet ▷ **parrot phrase** N ⇒ **parrot cry**

**parry** /ˈpærɪ/ VT [*+ blow, attack*] parer ; [*+ question*] éluder ; [*+ difficulty*] tourner, éviter VI parer ♦ **she parried with another insult** elle a riposté avec une autre insulte N (*Fencing*) parade *f*

**parse** /pɑːz/ VT faire l'analyse grammaticale de

**parsec** /ˈpɑːsek/ N parsec *m*

**Parsee** /ˈpɑːsiː/ ADJ, N parsi(e) *m(f)*

**parser** /ˈpɑːzəʳ/ N (*Comput*) analyseur *m* syntaxique

**parsimonious** /ˌpɑːsɪˈməʊnɪəs/ ADJ parcimonieux

**parsimoniously** /ˌpɑːsɪˈməʊnɪəslɪ/ ADV avec parcimonie, parcimonieusement

**parsimony** /ˈpɑːsɪmənɪ/ N parcimonie *f*

**parsing** /ˈpɑːzɪŋ/ N (*Ling, Scol*) analyse *f* grammaticale

**parsley** /ˈpɑːslɪ/ N persil *m* COMP ▷ **parsley sauce** N sauce *f* persillée

**parsnip** /ˈpɑːsnɪp/ N panais *m*

**parson** /ˈpɑːsn/ N (*= parish priest*) pasteur *m* COMP ▷ **parson's nose** * N (*Culin*) croupion *m* ▷ **Parsons table** N (*US*) table *f* (*en plastique*)

**parsonage** /ˈpɑːsənɪdʒ/ N presbytère *m*

**part** /pɑːt/ N a (*= section, division*) partie *f* ♦ **he spent ~ of his childhood in Wales** il a passé une partie de son enfance au pays de Galles ♦ **he lost ~ of his foot in the accident** il a perdu une partie de son pied lors de l'accident ♦ **~s of the play are good** il y a de bons passages dans la pièce ♦ **the funny ~ of it is that ...** le plus drôle dans l'histoire c'est que ... ♦ **~ of him wanted to call her, ~ of him wanted to forget about her** il était partagé entre le désir de l'appeler et l'envie de l'oublier ♦ **it's all ~ of growing up** c'est normal quand on grandit ♦ **to him, it's just ~ of the job** pour lui, ça fait partie du travail ♦ **respect is an important ~ of any relationship** le respect est un élément important de toute relation ♦ **an important ~ of her work is ...** une part importante de son travail consiste à ... ♦ **his Catholicism was an integral ~ of him** sa foi catholique faisait partie intégrante de lui-même ♦ **she never really felt like ~ of the team** elle n'a jamais vraiment eu l'impression de faire partie de l'équipe ♦ **to be ~ and parcel of sth** faire partie (intégrante) de qch ♦ **a penny is the hundredth ~ of a pound** le penny est le centième de la livre ♦ **a man of (many) ~s** (*liter*) (*= gifted*) un homme très doué ; (*= versatile*) un homme qui a plusieurs cordes à son arc ; → **moving, private**

♦ **for the most part** dans l'ensemble, en général

♦ **in part** en partie, partiellement ♦ **the delay was due in ~ to the postal strike** le retard était dû en partie à une grève de la poste

♦ **in parts** par endroits ♦ **the report was badly written and in ~s inaccurate** le rapport était mal écrit et par endroits inexact ♦ **the road was damaged in ~s** la route était endommagée par endroits ♦ **the film was good in ~s** il y avait de bons passages dans le film

b (*= episode, instalment*) [*of book, play*] partie *f* ; (*Publishing*) livraison *f*, fascicule *m* ; (*Press, Rad, TV: of serial*) épisode *m* ♦ **a six-~ serial, a serial in six ~s** un feuilleton en six épisodes

c (*in machine, car*) pièce *f* ♦ **you can't get the ~s for this model** on ne trouve pas de pièces pour ce modèle ♦ **moving ~s** pièces *fpl* mobiles ♦ **spare ~s** pièces *fpl* détachées, pièces *fpl* de rechange

d (*esp Culin = measure*) mesure *f* ♦ **three ~s water to one ~ milk** trois mesures d'eau pour une mesure de lait

e (*Gram*) **principal ~s** [*of verb*] temps *mpl* principaux ; → **comp**

f (*= share, involvement*) participation *f*, rôle *m* ; (*Cine, Theat*) rôle *m* ♦ **he was just right for the ~** (*Cine, Theat*) il était parfait pour ce rôle ♦ **we all have our ~ to play** nous avons tous notre rôle à jouer ♦ **he had a large ~ in the organization of ...** il a joué un grand rôle dans l'organisation de ... ♦ **she had some ~ in it** elle y était pour quelque chose ♦ **he had no ~ in it** il n'y était pour rien ♦ **I'll have** *or* **I want no ~ in it, I don't want any ~ of it** je ne veux pas m'en mêler ; → **act, play**

♦ **to take part (in sth)** participer (à qch) ♦ **those taking ~** les participants *mpl*

g (*= side, behalf*) parti *m*, part *f* ♦ **to take sb's ~** (*in quarrel*) prendre le parti de qn, prendre parti pour qn ♦ **for my ~** pour ma part, quant à moi ♦ **an error on the ~ of his secretary** une erreur de la part de sa secrétaire ♦ **to take sth in good ~** † prendre qch du bon côté

h (*Mus*) partie *f* ; [*of song, fugue*] voix *f* ; (*= sheet of music*) partition *f* ♦ **the violin ~** la partie de violon ♦ **the alto ~** la partie alto ♦ **two-~ song** chant *m* à deux voix

i (*= place*) ♦ **in foreign ~s** à l'étranger ♦ **in these ~s, in this ~ of the world** * dans le coin *, par ici ♦ **in my ~ of the world** * dans mon pays, chez moi

j (*US = parting*) (*in hair*) raie *f*

ADV (*= partly*) en partie ♦ **she is ~ French** elle a des origines françaises ♦ **the animal was ~ dog, ~ wolf** cet animal était moitié chien, moitié loup ♦ **this novel is ~ thriller, ~ ghost story** ce roman est à la fois un thriller et une histoire de fantômes ♦ **she was ~ fascinated, ~ horrified by the story** cette histoire provoqua chez elle un mélange de fascination et d'horreur

VT a [*+ crowd*] ouvrir un passage dans ; [*+ people, boxers*] séparer ; [*+ curtains*] ouvrir, écarter ; [*+ legs*] écarter ♦ **they were ~ed during the war years** ils sont restés séparés pendant la guerre

b ♦ **to ~ one's hair** se faire une raie ♦ **he ~s his hair at the side/in the centre, his hair is ~ed at the side/in the centre** il porte *or* a la raie sur le côté/au milieu

c ♦ **to ~ company with sb** (*= leave*) se séparer de qn, quitter qn ; (*= disagree*) ne plus être d'accord avec qn ♦ **they ~ed company** (*lit*) ils se séparèrent, ils se quittèrent ; (*fig*) ils se trouvèrent en désaccord ♦ **the trailer ~ed company with the car** (*hum*) la remorque a faussé compagnie à la voiture

VI (*gen*) a (*= take leave of each other*) se quitter ; (*= break up*) [*couple, boxers*] se séparer ; (*= open up*) [*crowd, lips, clouds, waters*] s'ouvrir ♦ **to ~ from sb** quitter qn ; (*permanently*) se séparer de qn ♦ **to ~ with** [*+ money*] débourser ; [*+ possessions*] se défaire de, renoncer à ; [*+ employee etc*] se séparer de ♦ **they ~ed friends, they ~ed amicably** (*lovers, friends*) ils se sont quittés bons amis ; (*business partners*) ils se sont séparés à l'amiable

b (*= break*) [*rope*] se rompre

COMP ▷ **part exchange** N (*Brit*) reprise *f* (en compte) ♦ **to take a car** *etc* **in ~ exchange** reprendre une voiture *etc* (en compte) ▷ **part of speech** N partie *f* du discours catégorie *f* grammaticale ♦ **what ~ of speech is "of"?** à quelle catégorie grammaticale est-ce que "of" appartient ? ▷ **part owner** N copropriétaire *mf* ▷ **part payment** N (*= exchange*) règlement *m* partiel ; (*= deposit*) arrhes *fpl* ▷ **part song** N chant *m* à plusieurs voix *or* polyphonique ▷ **parts per million** NPL parties *fpl* par million ▷ **part-time** → **part-time** ▷ **part-timer** N travailleur *m*, -euse *f or* employé(e) *m(f)* à temps partiel ▷ **part work** N (*Brit*) fascicule *m*

**partake** /pɑːˈteɪk/ (pret **partook**, ptp **partaken**) VI (*frm*) ♦ **to ~ in** prendre part à, participer à ♦ **to ~ of** [*+ meal, refreshment*] prendre ; (*fig*) tenir de, avoir quelque chose de

**parthenogenesis** /ˈpɑːθɪnəʊˈdʒenɪsɪs/ N parthénogenèse *f*

**parthenogenetic** /ˌpɑːθɪnəʊdʒɪˈnetɪk/ ADJ parthénogénétique

**parthenogenetically** /ˌpɑːθɪnəʊdʒɪˈnetɪkəlɪ/ ADV parthénogénétiquement

**Parthenon** /ˈpɑːθənɒn/ N Parthénon *m*

**Parthian** /ˈpɑːθɪən/ ADJ ♦ **~ shot** flèche *f* du Parthe

**partial** /ˈpɑːʃəl/ ADJ a (*= in part*) [*success, solution, explanation, withdrawal, eclipse, paralysis*] partiel b (*= biased*) [*person, viewpoint*] partial (*to, towards* envers), injuste c * ♦ **to be ~ to sth** avoir un faible pour qch, être porté sur qch ♦ **to be ~ to doing sth** aimer bien faire qch ♦ **she is not (too) ~ to being disturbed** elle n'aime pas trop qu'on la dérange

**partiality** /ˌpɑːʃɪˈælɪtɪ/ N a (*= bias*) partialité *f* (*for* pour ; *towards* envers) favoritisme *m* b (*= liking*) prédilection *f*, penchant *m*, faible *m* (*for* pour)

**partially** /ˈpɑːʃəlɪ/ ADV a (*= partly*) en partie *after vb* ♦ **~ hidden by the trees** caché en partie par les arbres ◆ **the driver was ~ responsible for the accident** le conducteur était en partie responsable de l'accident ◆ **he was only ~ successful** il n'a eu qu'un succès mitigé ◆ **~ clothed** à moitié nu ◆ **~, they were afraid of reprisals** une des raisons est qu'ils avaient peur des représailles ◆ **~ because he was embarrassed** en partie parce qu'il était gêné **b** *(= with bias)* avec partialité, partialement **COMP** ▷ **partially-sighted** ADJ ◆ **to be ~-sighted** être malvoyant ; → **disabled** ▷ **the partially-sighted** NPL les malvoyants *mpl*

**participant** /pɑːˈtɪsɪpənt/ N participant(e) *m(f)* (*in* à)

**participate** /pɑːˈtɪsɪpeɪt/ VI participer, prendre part (*in* à)

**participation** /pɑːˌtɪsɪˈpeɪʃən/ N participation *f* (*in* à)

**participative** /pɑːˈtɪsɪpətɪv/ ADJ *[management, democracy]* participatif

**participatory** /pɑːtɪsɪˈpeɪtərɪ/ ADJ *[approach, democracy]* participatif ◆ **fishing is the most popular ~ sport in the UK** la pêche est le sport le plus couramment pratiqué au Royaume-Uni

**participial** /ˌpɑːtɪˈsɪpɪəl/ ADJ participial

**participle** /ˈpɑːtɪsɪpl/ N participe *m* ◆ **past/present ~** participe *m* passé/présent

**particle** /ˈpɑːtɪkl/ **N** **a** *(= small piece) (gen, Phys)* particule *f* ; *(fig)* parcelle *f*, grain *m* ◆ **dust ~s, ~s of dust** grains *mpl* de poussière ◆ **food ~s** quantités *fpl* infimes de nourriture ◆ **subatomic ~** particule *f* subatomique ◆ **a ~ of truth/of sense** une parcelle de vérité/de bon sens ◆ **not a ~ of evidence** pas l'ombre d'une preuve, pas la moindre preuve **b** *(Ling)* particule *f* **COMP** ▷ **particle accelerator** N *(Phys)* accélérateur *m* de particules ▷ **particle board** N *(US)* panneau *m* de particules ▷ **particle physics** N physique *f* des particules élémentaires

**parti-coloured, parti-colored** *(US)* /ˈpɑːtɪˌkʌləd/ ADJ bariolé

**particular** /pəˈtɪkjʊləʳ/ **ADJ** **a** *(= specific, distinct)* particulier ◆ **in this ~ case** dans ce cas particulier *or* précis ◆ **there seemed to be no ~ reason for his outburst** son emportement passager ne semblait pas avoir de raison particulière ◆ **for no ~ reason** sans raison précise *or* bien définie ◆ **that ~ brand** cette marque-là ◆ **his ~ chair** son fauteuil à lui ◆ **her ~ type of humour** son genre particulier d'humour, son humour personnel ◆ **my ~ choice** mon choix personnel ◆ **the report moves from the ~ to the general** *(= specific)* le rapport va du particulier au général

♦ **in particular** en particulier ◆ **anything/anybody in ~** quelque chose/quelqu'un en particulier ◆ **nothing/nobody in ~** rien de/personne en particulier ◆ **are you looking for anything in ~?** *(in shop)* vous cherchez quelque chose en particulier ?

**b** *(= special)* particulier, spécial ◆ **nothing ~ happened** il ne s'est rien passé de particulier *or* spécial ◆ **he took ~ care over it** il y a mis un soin (tout) particulier ◆ **to be of ~ interest to sb** intéresser qn (tout) particulièrement ◆ **this is of ~ concern to us** ceci nous préoccupe tout particulièrement ◆ **to pay ~ attention to sth** faire bien *or* particulièrement attention à qch ◆ **a ~ friend of his** un de ses meilleurs amis, un de ses amis intimes ◆ **she didn't say anything ~** elle n'a rien dit de spécial

**c** *(= fussy)* exigeant ◆ **she is ~ about whom she talks to** elle ne parle pas à n'importe qui ◆ **he is ~ about his food** il est exigeant *or* difficile pour la nourriture, il ne mange pas n'importe quoi ◆ **which do you want? – I'm not ~** lequel voulez-vous ? — cela m'est égal *or* je n'ai pas de préférence

**d** *(† = exact, detailed) [account]* détaillé, circonstancié

**N** *(= detail)* détail *m* ◆ **in every ~** en tout point ◆ **he is wrong in one ~** il se trompe sur un point

**NPL** **particulars** *(= information)* détails *mpl*, renseignements *mpl* ; *(= description)* description *f* ; *[of person] (= description)* signalement *m* ; *(= name, address etc)* nom *m* et adresse *f*, coordonnées *fpl* ; *(for official document etc)* caractéristiques *fpl* signalétiques ◆ **full ~s** tous les détails, tous les renseignements ◆ **for further ~s apply to ...** pour de plus amples renseignements s'adresser à ...

**particularity** /pəˌtɪkjʊˈlærɪtɪ/ N particularité *f*

**particularize** /pəˈtɪkjʊləraɪz/ **VT** préciser, individualiser **VI** préciser

**particularly** /pəˈtɪkjʊləlɪ/ ADV **a** *(= especially) [good, bad, well, badly etc]* particulièrement ; *[specify, insist etc]* (tout) particulièrement ◆ **I ~ told you not to do that** je t'ai bien dit de ne pas faire cela, j'ai bien insisté pour que tu ne fasses pas cela ◆ **it's dangerous for children, ~ young ones** c'est dangereux pour les enfants, surtout *or* en particulier *or* notamment les tout jeunes ◆ **not ~** pas particulièrement **b** *(= very carefully)* méticuleusement, avec grand soin

**particulate** /pɑːˈtɪkjʊlət/ **ADJ** ◆ **~ emissions** émissions *fpl* de particules **NPL** **particulates** particules *fpl* dangereuses

**parting** /ˈpɑːtɪŋ/ **N** **a** séparation *f* ; *[of waters]* partage *m* ◆ **the ~ of the ways** *(lit, fig)* la croisée des chemins **b** *(Brit) [of hair]* raie *f* ; *[of mane]* épi *m* ◆ **to have a side/centre ~** porter *or* avoir la raie sur le côté/au milieu **ADJ** *[gift]* d'adieu ◆ **~ words** paroles *fpl* d'adieu ◆ **~ shot** *(fig)* pointe *f*, flèche *f* du Parthe *(liter)* ◆ **he paused to deliver a** *or* **his ~ shot** il s'est arrêté pour lancer une dernière pointe *or* la flèche du Parthe *(liter)*

**partisan** /ˌpɑːtɪˈzæn/ **N** *(= supporter, fighter)* partisan *m* **ADJ** *[politics, debate]* partisan ; *[warfare]* de partisans ◆ **~ spirit** *(Pol etc)* esprit *m* de parti

**partisanship** /ˌpɑːtɪˈzænʃɪp/ N esprit *m* de parti, partialité *f* ; *(= membership)* appartenance *f* à un parti

**partita** /pɑːˈtiːtə/ N (pl **partitas** *or* **partite** /pɑːˈtiːteɪ/) *(Mus)* partita *f*

**partition** /pɑːˈtɪʃən/ **N** **a** (also **partition wall**) cloison *f* ◆ **a glass ~** une cloison vitrée **b** *(= dividing) [of property]* division *f* ; *[of country]* partition *f*, partage *m* ; *[of estate]* morcellement *m* **VT** *[+ property]* diviser, partager ; *[+ country]* partager ; *[+ estate]* morceler ; *[+ room]* cloisonner

► **partition off** VT SEP *[+ room, part of room]* cloisonner

> ⚠ **partition** *is only translated by the French word* **partition** *when it means the division of a country into parts.*

**partitive** /ˈpɑːtɪtɪv/ ADJ, N partitif *m*

**partly** /ˈpɑːtlɪ/ ADV en partie ◆ **~ blue, ~ green** moitié bleu, moitié vert

**partner** /ˈpɑːtnəʳ/ **N** **a** *(gen)* partenaire *mf* ; *(in business partnership)* associé(e) *m(f)* ◆ **our European ~s** nos partenaires européens ◆ **~s in crime** complices *mpl* ; → **senior, sleeping, trading** **b** *(Sport)* partenaire *mf* ; *(= co-driver)* coéquipier *m*, -ière *f* ; *(Dancing)* cavalier *m*, -ière *f* ◆ **take your ~s for a waltz** choisissez vos partenaires pour la valse **c** *(in relationship)* compagnon *m*, compagne *f* ; *(Admin) (cohabiting)* concubin(e) *m(f)* ◆ **sexual ~** partenaire *mf* sexuel ◆ **bring your ~ along** venez avec votre conjoint **VT** *(in business)* être l'associé (de), s'associer à ; *(Motor Racing)* être le coéquipier de ; *(Dancing) (gen)* être le cavalier (*or* la cavalière) de ; *(in competitions)* être le (*or* la) partenaire de

**partnership** /ˈpɑːtnəʃɪp/ N *(gen)* association *f* ; *(= business)* ≃ société *f* en nom collectif ◆ **limited ~** (société *f* en) commandite *f* ◆ **to be in ~** être en association (*with* avec), être associé ◆ **to enter** *or* **go into ~** s'associer (*with* à, avec) ◆ **to take sb into ~** prendre qn comme associé ◆ **a doctors' ~** un cabinet de groupe *(médical)*, une association de médecins ; → **general, working**

**partook** /pɑːˈtʊk/ VB pret of **partake**

**partridge** /ˈpɑːtrɪdʒ/ N (pl **partridges** *or* **partridge**) perdrix *f* ; *(young bird, also Culin)* perdreau *m*

**part-time** /ˈpɑːtˈtaɪm/ **ADJ** **a** *[work, employment]* à temps partiel ; *(= half-time)* à mi-temps ◆ **to do ~ work, to have a ~ job** travailler à temps partiel *or* à mi-temps ◆ **on a ~ basis** à temps partiel **b** *[employee, staff, student]* à temps partiel **N** *(Ind)* ◆ **to be on ~** * être au chômage partiel **ADV** *[work, study]* à temps partiel

**parturition** /ˌpɑːtjʊəˈrɪʃən/ N parturition *f*

**partway** /ˌpɑːtˈweɪ/ ADV ◆ **~ along** (*or* **through** *or* **there**) à mi-chemin

**party** /ˈpɑːtɪ/ **N** **a** *(Pol etc)* parti *m* ◆ **political/Conservative/Labour ~** parti *m* politique/conservateur/travailliste

**b** *(= group) [of travellers]* groupe *m*, troupe * *f* ; *[of workmen]* équipe *f*, brigade *f* ; *(Mil)* détachement *m*, escouade *f* ; → **boarding, rescue, working**

**c** *(= celebration)* fête *f* ; *(in the evening)* soirée *f* ; *(formal)* réception *f* ◆ **to give** *or* **have** *or* **throw** * **a ~** organiser une fête, inviter des amis ; *(more formal gathering)* donner une réception *or* une soirée ◆ **birthday ~** fête *f* d'anniversaire ◆ **farewell ~** fête *f* d'adieu ◆ **retirement ~** cocktail *m* *or* pot *m* de départ ◆ **launch ~** lancement *m* ◆ **children's ~** goûter *m* d'enfants ◆ **private ~** réception *f* privée ◆ **what does he bring to the ~?** *(fig)* quelle contribution apporte-t-il ? ; → **bottle, Christmas, dinner, garden, tea**

**d** *(Jur etc)* partie *f* ◆ **all parties concerned** toutes les parties concernées, tous les intéressés ◆ **to be ~ to a suit** être en cause ◆ **to become a ~ to a contract** signer un contrat ◆ **injured ~, ~ aggrieved** partie *f* lésée, victime *f* ◆ **innocent ~** innocent(e) *m(f)* ◆ **I will not be (a) ~ to any dishonesty** je ne me ferai le (*or* la) complice d'aucune malhonnêteté ◆ **to be (a) ~ to a crime/to treachery** être complice d'un crime/d'une trahison ◆ **the government insists it will never become a ~ to this conflict** le gouvernement affirme catégoriquement qu'il ne prendra jamais part à ce conflit ◆ **they refused to be ~ to the negotiations** ils ont refusé de prendre part *or* participer aux négociations ; → **guilty, moving, prevailing, third**

**e** *(† *̣ hum = person)* individu *m*

**f** *(Telec)* correspondant *m* ◆ **your ~ is on the line** votre correspondant est en ligne

**VI** * faire la fête ◆ **let's ~!** faisons la fête ! ◆ **I'm not a great one for ~ing** * je ne suis pas fêtard(e) *

**COMP** *[politics, leader]* de parti, du parti ; *[disputes]* de partis ▷ **party animal** * N fêtard(e) * *m(f)* ▷ **party dress** N robe *f* habillée ; *(= evening dress)* robe *f* de soirée ▷ **party hat** N chapeau *m* de cotillon ▷ **party line** N *(Pol)* politique *f* or ligne *f* du parti ; *(Telec)* ligne *f* commune à plusieurs abonnés ◆ **to follow** *or* **toe the ~ line** *(Pol)* suivre la ligne du parti, être dans la ligne du parti ; see also **toe** ▷ **party list N** scrutin *m* de liste ▷ **party machine N** *(Pol)* machine *f or* administration *f* du parti ▷ **party manners** * **NPL** ◆ **his ~ manners were terrible** sa façon de se tenir en société était abominable ◆ **the children were on their ~ manners** les enfants se sont conduits de façon exemplaire ▷ **party piece** * **N** ◆ **to do one's ~ piece** faire son numéro * ▷ **party plan N** *(= system)* vente *f* par réunions ; *(= party)* réunion *f* de vente à domicile ▷ **party political ADJ** *(Rad, TV)* ◆ **~ political broadcast** *émission réservée à un parti politique* ◆ **this is not a ~ political question** cette question ne relève pas de la ligne du parti ▷ **party politics N** politique *f* de parti ; *(pej)* politique *f* politicienne ▷ **party pooper** * **N** rabat-joie *m inv*, trouble-fête *mf* ▷ **party popper N** serpentin *m* ▷ **party spirit N** *(Pol)* esprit *m* de parti ; *(= gaiety)* entrain *m* ▷ **party wall N** mur *m* mitoyen

**partygoer** /ˈpɑːtɪˌgəʊəʳ/ **N** *(gen)* habitué(e) *m(f)* des réceptions ; *(on specific occasion)* invité(e) *m(f)*

**PASCAL, Pascal** /pæsˈkæl/ **N** Pascal *m*

**paschal** /ˈpɑːskəl/ **ADJ** *(Rel)* pascal **COMP** ▷ **the Paschal Lamb N** l'agneau *m* pascal

**pasha** /ˈpæʃə/ **N** pacha *m*

**pashmina** /pæʃˈmiːnə/ **N** pashmina *m*

**pass** /pɑːs/ **N** **a** *(= permit) [of journalist, worker etc]* coupe-file *m*, laissez-passer *m inv* ; *(Rail etc)* carte *f* d'abonnement ; *(Theat)* billet *m* de faveur ; *(to museum etc)* laissez-passer *m* ; *(Naut)* lettre *f* de mer ; *(Mil etc) (= safe conduct)* sauf-conduit *m*

**b** *(in mountains)* col *m*, défilé *m* ; → **sell**

**c** *(in exam)* moyenne *f*, mention *f* passable ◆ **did you get a ~?** avez-vous eu la moyenne ?, avez-vous été reçu ? ◆ **to get a ~ in history** être reçu en histoire

**d** *( * = state)* **things have come to a pretty ~ when ...** il faut que les choses aillent bien mal pour que ... ◆ **things have reached such a ~ that ...** les choses en sont arrivées à un tel point que ...

**e** *(Ftbl etc)* passe *f* ; *(Fencing)* botte *f*, attaque *f*

**f** *(= sexual advance)* ◆ **to make a ~ * at sb** faire des avances * à qn

**VI** **a** *(= come, go)* passer *(through* par) ; *[procession]* défiler ; *(Aut) (= overtake)* dépasser, doubler ◆ **to let sb ~** laisser passer qn ◆ **to ~ behind/in front of** passer derrière/devant ◆ **the procession ~ed down the street** la procession a descendu la rue ◆ **to ~ out of sight** disparaître ◆ **letters ~ed between them** ils ont échangé des lettres ◆ **a knowing look ~ed between them** ils ont échangé un regard complice ◆ **the virus ~es easily from one person to another** le virus se transmet facilement d'une personne à l'autre ◆ **to ~ into history/legend** entrer dans l'histoire/la légende ◆ **the word has ~ed into the language** le mot est entré dans la langue

**b** *[time]* (se) passer, s'écouler ◆ **three hours/days/years had ~ed** trois heures/jours/années s'étaient écoulé(e)s ◆ **the afternoon ~ed pleasantly** l'après-midi a passé *or* s'est passé agréablement ◆ **how time ~es!** comme le temps passe ! ◆ **I'm very conscious of time ~ing** j'ai une conscience aiguë du temps qui passe

**c** *(esp Chem = change)* se transformer *(into* en)

**d** *(esp Jur = transfer)* passer, être transmis ◆ **the estate ~ed to my sister** la propriété est revenue à ma sœur ◆ **the land has now ~ed into private hands** le terrain appartient désormais à un propriétaire privé

**e** *(= go away) [pain, crisis]* passer ; *[danger]* disparaître ; *[memory]* s'effacer, disparaître ; *[storm]* cesser ◆ **to let an opportunity ~** laisser passer une occasion ◆ **the deadline ~ed this morning** le délai a expiré ce matin

**f** *(in exam)* être reçu *(in* en)

**g** *(= take place)* se passer, avoir lieu ◆ **all that ~ed between them** tout ce qui s'est passé entre eux ◆ **to bring sth to ~** *(liter)* accomplir qch, réaliser qch ◆ **it came to ~ that ...** *(liter)* il advint que ...

**h** *(= be accepted) [coins]* avoir cours ; *[behaviour]* convenir, être acceptable ; *[project]* passer ◆ **to ~ under the name of ...** être connu sous le nom de ... ◆ **he tried to ~ for a doctor** il a essayé de se faire passer pour (un) médecin ◆ **what ~es for** *or* **as law and order in this country** ce que l'on appelle l'ordre public dans ce pays ◆ **a cup of something that ~ed for coffee** une tasse d'un breuvage auquel ils donnaient le nom de café ◆ **she would ~ for 20** on lui donnerait 20 ans ◆ **will this do? – oh, it'll ~** * est-ce que ceci convient ? – oh, ça peut aller ◆ **let it ~!** * *(of insult)* laisse tomber ! * ◆ **that's not exactly right, but let it ~** ce n'est pas exactement ça, mais passons *or* ça ne fait rien ◆ **he let it ~** il l'a laissé passer, il ne l'a pas relevé ◆ **he couldn't let that ~** il ne pouvait pas laisser passer ça

**i** *(Cards)* passer ◆ **(I) ~!** *(in games)* (je) passe ! ; *(fig)* aucune idée ! ◆ **I'll have to ~ on that one** * *(fig = can't answer)* là je donne ma langue au chat ◆ **I'll ~ on that one** * *(= no thanks)* je m'en passerai ; *(in discussion)* je passe mon tour

**j** *(Sport)* faire une passe *(to* à) ◆ **to ~ forward/back** faire une passe avant/arrière

**VT** **a** *(= go past) [+ building, person]* passer devant ; *[+ barrier, frontier, customs]* passer ; *(in car = overtake)* dépasser, doubler ; *(Sport = go beyond)* dépasser ◆ **when you have ~ed the town hall ...** quand vous aurez dépassé la mairie ... ◆ **to ~ the finishing line** *(Sport)* passer la ligne d'arrivée ◆ **they ~ed each other on the way** ils se sont croisés en chemin ◆ **no word ~ed his lips** *(frm)* il ne souffla *or* ne dit pas un mot ◆ **no meat has ~ed my lips for 20 years** *(frm)* il y a 20 ans que je n'ai plus mangé de viande

**b** *(= get through) [+ exam]* être reçu à *or* admis à, réussir ◆ **the film ~ed the censors** le film a reçu le visa de la censure ; → **muster**

**c** *[+ time]* passer ◆ **just to ~ the time** pour passer le temps ◆ **to ~ the evening reading** passer la soirée à lire ; → **time**

**d** *(= hand over)* (faire) passer ◆ **please ~ the salt** faites passer le sel s'il vous plaît ◆ **to ~ a dish round the table** faire passer un plat autour de la table ◆ **~ me the box** passez-moi la boîte ◆ **to ~ sth down the line** faire passer qch (de main en main) ◆ **~ the word that it's time to go** faites passer la consigne que c'est l'heure de partir ◆ **we should ~ this information to the police** nous devrions passer *or* transmettre ces informations à la police ; → **buck**

**e** *(on phone)* passer

**f** *(= accept, allow) [+ candidate]* recevoir, admettre ; *(Parl) [+ bill]* voter, faire passer ◆ **the censors ~ed the film** le film a reçu le visa de censure ◆ **they didn't ~ him** *(Scol, Univ)* ils l'ont recalé ◆ **the doctor ~ed him fit for work** le docteur l'a déclaré apte à reprendre le travail ◆ **to ~ the proofs (for press)** *(Publishing)* donner le bon à tirer

**g** *(= utter)* **to ~ comment (on sth)** faire un commentaire (sur qch) ◆ **to ~ remarks about sb/sth** faire des observations sur qn/qch ; → **judg(e)ment, sentence**

**h** *(= move)* passer ◆ **he ~ed his hand over his brow** il s'est passé la main sur le front ◆ **he ~ed his handkerchief over his face** il a passé son mouchoir sur son visage ◆ **to ~ a rope through a ring** passer une corde dans un anneau ◆ **to ~ a cloth over a table** donner *or* passer un coup de chiffon sur une table ◆ **to ~ a knife through sth** enfoncer un couteau dans qch ◆ **to ~ sth through a sieve** *(Culin)* passer qch (au tamis) ◆ **to ~ in review** *(Mil, fig)* passer en revue

**i** *(Sport) [+ ball]* passer

**j** *[+ forged money]* (faire) passer, écouler ; *[+ stolen goods]* faire passer

**k** *(= surpass)* **to ~ comprehension** dépasser l'entendement ◆ **to ~ belief** être incroyable

**l** *(Med = excrete)* **to ~ water** uriner ◆ **to ~ blood** avoir du sang dans les urines ◆ **to ~ a stone** évacuer un calcul

**COMP** ▷ **pass degree N** *(Univ)* ≈ licence *f* obtenue sans mention ▷ **pass mark N** *(Scol, Univ)* moyenne *f* ◆ **to get a ~ mark** avoir la moyenne ▷ **pass-the-parcel N** ◆ **to play ~-the-parcel** ≈ jouer au furet ▷ **pass-through N** *(US)* passe-plat *m*

► **pass along VI** passer, circuler, passer son chemin

**VT SEP** **a** *(lit) [+ object, book etc]* faire passer (de main en main)

**b** ⇒ **pass on vt sep**

► **pass away VI** *(euph = die)* s'éteindre *(euph)*, décéder *(frm or euph)*

► **pass back VT SEP** *[+ object]* rendre, retourner ◆ **I will now ~ you back to the studio** *(Rad, TV)* je vais rendre l'antenne au studio

► **pass by VI** passer (à côté) ; *[procession]* défiler ◆ **I saw him ~ing by** je l'ai vu passer ◆ **to ~ by on the other side** *(fig = fail to help)* détourner les yeux

**VT SEP** ◆ **life has ~ed me by** je n'ai pas vraiment vécu ◆ **the war seemed to ~ them by** la guerre ne semblait pas les toucher ◆ **fashion just ~es him by** la mode le laisse froid

► **pass down VI** *[inheritance etc]* être transmis, revenir *(to* à)

**VT SEP** transmettre ◆ **to ~ sth down (in a family)** transmettre qch par héritage (dans une famille) ◆ **~ed down from father to son/from mother to daughter** transmis de père en fils/de mère en fille

► **pass in VT SEP** (faire) passer ◆ **she ~ed the parcel in through the window** elle a passé *or* fait passer le colis par la fenêtre

► **pass off VI** **a** *(= subside) [faintness, headache etc]* passer, se dissiper

**b** *(= take place) [events]* se passer, se dérouler ◆ **the demonstration ~ed off peacefully/without incident** la manifestation s'est déroulée pacifiquement/sans incident

**VT SEP** faire passer, faire prendre ◆ **to ~ someone off as someone else** faire passer une personne pour une autre ◆ **to ~ something off as something else** faire passer une chose pour une autre ◆ **to ~ o.s. off as a doctor** se faire passer pour (un) médecin ◆ **to ~ sth off on sb** repasser *or* refiler * qch à qn

► **pass on VI** **a** *(euph = die)* s'éteindre *(euph)*, décéder *(frm or euph)*

**b** *(= continue one's way)* passer son chemin, ne pas s'arrêter ◆ **to ~ on to a new subject** passer à un nouveau sujet

**VT SEP** *(= hand on) [+ object]* (faire) passer *(to* à) ; *[+ news]* faire circuler, faire savoir ; *[+ message]* transmettre ◆ **take it and ~ it on** prends et fais passer ◆ **to ~ on old clothes to sb** repasser de vieux vêtements à qn ◆ **you've ~ed your cold on to me** tu m'as passé ton rhume ◆ **to ~ on a tax to the consumer** répercuter un impôt sur le consommateur

► **pass out** VI **a** *(= faint)* s'évanouir, perdre connaissance, tomber dans les pommes *; *(from drink)* tomber ivre mort ; *(= fall asleep)* s'endormir comme une masse

**b** *(Brit = complete training) (Police)* finir son entraînement *(avec succès)*; *(Mil)* finir ses classes *(avec succès)*

VT SEP *[+ leaflets etc]* distribuer

► **pass over** VI *(euph) (= die)* ⇒ **pass away**

VT SEP *[+ person, event, matter] (= fail to mention)* ne pas mentionner ; *(= fail to take into consideration)* ne pas prendre en considération ◆ **the good work they have done is ~ed over in this article** le bon travail qu'ils ont fait n'est même pas mentionné dans cet article ◆ **to ~ sth over in silence** passer qch sous silence ◆ **he was ~ed over in favour of his brother** on lui a préféré son frère ◆ **they ~ed over Paul in favour of Robert** ils ont donné la préférence à Robert au détriment de Paul ◆ **she was ~ed over for promotion** on ne lui a pas accordé la promotion qu'elle attendait

VT FUS *(= ignore)* passer sous silence, ne pas relever

► **pass round** VT SEP *[+ bottle]* faire passer ; *[+ sweets, leaflets]* distribuer ◆ **to ~ the hat round** * *(fig)* faire la quête

► **pass through** VI passer ◆ **I can't stop, I'm only ~ing through** je ne peux pas rester, je ne fais que passer

VT FUS *[+ country, area, substance, net]* traverser ; *[+ hardships]* subir, endurer ◆ **this thread is too coarse to ~ through the needle** ce fil est trop gros pour passer dans l'aiguille

► **pass up** VT SEP **a** *(lit)* passer

**b** *(* = forego) [+ chance, opportunity]* laisser passer ◆ **she ~ed him up for promotion** elle ne lui a pas accordé la promotion qu'il attendait ◆ **he was ~ed up for the job** on a pris quelqu'un d'autre que lui pour cet emploi ◆ **she ~ed the film up for a rôle in a theatre play** elle a décliné un rôle dans ce film pour jouer dans une pièce de théâtre

> ⚠ *Don't use* **passer** *in the context 'to pass an exam'.*

**passable** /ˈpɑːsəbl/ ADJ **a** *(= tolerable)* passable, assez bon ◆ **he spoke ~ French** il parlait assez bien (le) français **b** *[road]* praticable, carrossable ; *[river]* franchissable

**passably** /ˈpɑːsəblɪ/ ADV assez ◆ **he spoke ~ good French** il parlait assez bien (le) français ◆ **she was doing ~ well at school** elle avait d'assez bons résultats à l'école

**passage** /ˈpæsɪdʒ/ N **a** *(= passing) (lit)* passage *m* ; *[of bill, law]* adoption *f* ; *(fig)* passage *m*, transition *f (from ... to* de ... à*)* ◆ **with the ~ of time he understood** avec le temps il finit par comprendre ◆ **her ~ through college** le temps qu'elle a passé à l'université ◆ **~ of** *or* **at arms** *(fig, liter)* passe *f* d'armes ; → **bird, rite, safe**

**b** *(Naut)* voyage *m*, traversée *f* ◆ **he worked his ~ to Australia** il a travaillé pour se payer la traversée *or* son voyage en Australie

**c** (= *way through:* also **passageway**) passage *m* ◆ **to force a ~ through sth** se frayer un passage *or* un chemin à travers qch ◆ **to leave a ~** laisser un passage, laisser le passage libre

**d** (also **passageway**) *(indoors)* couloir *m*, corridor *m* ; *(outdoors)* ruelle *f*, passage *m*

**e** *(Mus)* passage *m* ; *[of text]* passage *m* ◆ **selected ~s** *(Literat)* morceaux *mpl* choisis

**passageway** /ˈpæsɪdʒweɪ/ N ⇒ **passage c, d**

**passbook** /ˈpæsbʊk/ N *(= bank book)* livret *m* (bancaire)

**passé** /ˈpæseɪ/ ADJ *[play, book, person]* vieux jeu *inv*, démodé, dépassé * ; *[woman]* défraîchi, fané

**passel** /ˈpæsəl/ N *(US)* ◆ **a ~ of ...** une ribambelle de ..., un tas * de ...

**passenger** /ˈpæsndʒəʳ/ N *(in train)* voyageur *m*, -euse *f* ; *(in boat, plane, car)* passager *m*, -ère *f* ◆ **he's just a ~** *(fig pej)* il n'est vraiment qu'un poids mort

COMP ▷ **passenger car** N *(US)* ⇒ **passenger coach** ▷ **passenger cell** N *(Aut)* habitacle *m* ▷ **passenger coach** N *(Rail)* voiture *f* or wagon *m* de voyageurs ▷ **passenger door** N *[of car]* portière *f* avant côté passager ▷ **passenger enquiries** NPL *(Aviat, Rail:* also **passenger service enquiries**) renseignements *mpl* ▷ **passenger ferry** N ferry *m* ▷ **passenger jet** N avion *m* de ligne ▷ **passenger list** N *(Aviat, Naut)* liste *f* des passagers ▷ **passenger mile** N *(Aviat)* ≈ kilomètre-passager *m* ; *(Rail etc)* ≈ kilomètre-voyageur *m* ▷ **passenger seat** N *[of car] (in front)* siège *m* du passager ; *(in back)* siège *m* arrière ▷ **passenger ship** N navire *m* à passagers ▷ **passenger station** N *(Rail)* gare *f* de voyageurs ▷ **passenger train** N train *m* de voyageurs

**passe-partout** /ˈpæspɑːtuː/ N **a** *(= master key)* passe-partout *m inv (clé)*, passe *m* **b** *(Art)* **~ (frame)** (encadrement *m* en) sous-verre *m*

**passer-by** /ˈpɑːsəˈbaɪ/ N (pl **passers-by**) passant(e) *m(f)*

**passim** /ˈpæsɪm/ ADV passim

**passing** /ˈpɑːsɪŋ/ ADJ **a** *(= moving by) [person, car]* qui passe (*or* passait *etc*)

**b** *(= brief)* éphémère, passager ◆ **a ~ desire** un désir fugitif ◆ **a ~ interest in sth/sb** un intérêt éphémère pour qch/qn, un intérêt passager pour qch/qn ◆ **a ~ acquaintance** une vague connaissance ◆ **to have a ~ acquaintance with sb/sth** connaître vaguement qn/qch ◆ **a ~ remark** une remarque en passant ◆ **to bear only a ~ resemblance to sb/sth** ne ressembler que vaguement à qn/qch ◆ **to bear more than a ~ resemblance to sb/sth** ressembler beaucoup à qn/qch ◆ **with each** *or* **every ~ day** de jour en jour ◆ **with each** *or* **every ~ year** d'année en année, année après année

ADV *(†† or liter)* extrêmement ◆ **~ fair** de toute beauté

N **a** ◆ **with the ~ of time** avec le temps ◆ **in ~** en passant

**b** *[of train, car]* passage *m* ; *(in car = overtaking)* dépassement *m*

**c** *(euph = death)* mort *f*, trépas *m (liter)*

COMP ▷ **passing bell** N glas *m* ▷ **passing note** N *(Mus)* note *f* de passage ▷ **passing-out parade** N *(Mil)* défilé *m* de promotion ▷ **passing place** N *(in road)* aire *f* de croisement ▷ **passing shot** N *(Tennis)* passing-shot *m*, tir *m* passant

**passion** /ˈpæʃən/ N **a** *(= love)* passion *f* (for de) ◆ **to have a ~ for music** être passionné de musique, adorer la musique ◆ **I have a ~ for strong colours** j'adore les couleurs vives **b** *(= burst of anger)* colère *f* ; *(stronger)* rage *f* ◆ **fit of ~** accès *m* de rage ◆ **to be in a ~** être furieux ; → **fly³** **c** *(= strong emotion)* passion *f*, émotion *f* violente **d** *(Rel, Mus)* **Passion** Passion *f* ◆ **the St John/St Matthew Passion** la Passion selon saint Jean/saint Matthieu

COMP ▷ **passion fruit** N *(Bot)* fruit *m* de la passion, maracuja *m* ▷ **Passion play** N *(Rel)* mystère *m* de la Passion *(représentation théâtrale)* ▷ **Passion Sunday** N *(Rel)* dimanche *m* de la Passion ▷ **Passion Week** N *(Rel)* semaine *f* de la Passion

**passionate** /ˈpæʃənɪt/ ADJ *[person, plea, love, embrace]* passionné ; *[speech]* véhément

**passionately** /ˈpæʃənɪtlɪ/ ADV *[argue, kiss, make love]* avec passion ; *[believe]* passionnément ; *[convinced, concerned]* passionnément ; *[opposed]* farouchement ◆ **to be ~ fond of sth** adorer qch ◆ **to be ~ in love with sb** aimer passionnément qn ◆ **a ~-held opinion** une opinion défendue *or* soutenue avec passion

**passionflower** /ˈpæʃən,flaʊəʳ/ N *(Bot)* passiflore *f*, fleur *f* de la Passion

**passionless** /ˈpæʃənlɪs/ ADJ sans passion

**passive** /ˈpæsɪv/ ADJ **a** *[person] (= motionless)* passif, inerte ; *(= unresponsive)* passif, soumis ; *[role, attitude]* passif ◆ **his response was ~** il n'a pas vraiment réagi **b** *(Ling) [vocabulary, understanding]* passif **c** *(Gram) [tense, voice etc]* passif ; *[verb]* au passif N *(Gram)* passif *m* ◆ **in the ~** au passif COMP ▷ **passive balance of trade** N balance *f* commerciale déficitaire ▷ **passive disobedience** N *(Pol)* désobéissance *f* passive ▷ **passive resistance** N *(Pol)* résistance *f* passive ▷ **passive restraint** N *(Aut)* dispositif *m* de sécurité passive ▷ **passive smoker** N non-fumeur *m*, -euse *f* affecté(e) par le tabagisme passif ▷ **passive smoking** N tabagisme *m* passif

**passively** /ˈpæsɪvlɪ/ ADV passivement ; *(Gram)* au passif

**passiveness** /ˈpæsɪvnɪs/, **passivity** /pæˈsɪvɪtɪ/ N passivité *f*

**passkey** /ˈpɑːskiː/ N passe-partout *m inv*, passe * *m*

**Passover** /ˈpɑːsəʊvəʳ/ N pâque *f* (juive)

**passport** /ˈpɑːspɔːt/ N passeport *m* ◆ **a British/American/French** *etc* **~** un passeport britannique/américain/français *etc* ◆ **visitor's ~** *(Brit)* passeport *m* temporaire ◆ **~ to success** clé *f* de la réussite ◆ **the lottery could be your ~ to riches** la loterie pourrait vous ouvrir les portes de la fortune

COMP ▷ **passport control** N contrôle *m* des passeports ▷ **passport holder** N titulaire *mf* de passeport ◆ **are you a British ~ holder?** avez-vous un passeport britannique ? ▷ **passport office** N *(= building)* bureau *m* du contrôle des passeports ; *(= organization)* service *m* du contrôle des passeports

**password** /ˈpɑːswɜːd/ N *(also Comput)* mot *m* de passe

**past** /pɑːst/ N **a** passé *m* ◆ **in the ~** *(gen)* dans le passé ; *(longer ago)* autrefois ◆ **several times in the ~** plusieurs fois dans le passé ◆ **in the ~, many of these babies would have died** autrefois, beaucoup de ces bébés seraient morts ◆ **all the happy times in the ~** tous les moments heureux du passé ◆ **events in the recent ~ have demonstrated that ...** certains événements récents ont montré que ... ◆ **as in the ~** comme par le passé ◆ **she lives in the ~** elle vit dans le passé ◆ **it's a thing of the ~** cela appartient au passé ◆ **new vaccines could make these illnesses a thing of the ~** de nouveaux vaccins pourraient faire disparaître ces maladies ◆ **I thought you'd quarrelled? – that's a thing of the ~** *or* **that's all in the ~** je croyais que vous vous étiez disputés ? — c'est de l'histoire ancienne ◆ **we have to learn the lessons of the ~** il nous faut tirer les leçons du passé ◆ **do you know about his ~?** vous connaissez son passé ? ◆ **a woman with a ~** une femme au passé chargé

**b** *(Gram)* passé *m* ◆ **in the ~** au passé

ADJ a (gen) passé ◆ **for some time** ~ depuis quelque temps ◆ **in times** ~ autrefois, (au temps) jadis ◆ **in** ~ **centuries** pendant les siècles passés ◆ **the** ~ **week** la semaine dernière *or* passée ◆ **the** ~ **few days/years** ces derniers jours/dernières années ◆ **she's been out of work for the** ~ **three years** elle est au chômage depuis trois ans ◆ **all that is now** ~ tout cela c'est du passé ◆ **the time for recriminations is** ~ le temps des récriminations est révolu ◆ ~ **president** ancien président *m*

b *(Gram: gen)* passé ; *[verb]* au passé ; *[form, ending]* du passé

PREP a *(beyond in time)* plus de ◆ **it is** ~ **11 o'clock** il est plus de 11 heures, il est 11 heures passées ◆ **half** ~ **three** *(Brit)* trois heures et demie ◆ **(a) quarter** ~ **three** *(Brit)* trois heures et quart ◆ **at 20** ~ **three** *(Brit)* à 3 heures 20 ◆ **the train goes at five** ~ * *(Brit)* le train part à cinq * ◆ **she is** ~ **60** elle a plus de 60 ans, elle a 60 ans passés

b *(= beyond in space)* au delà de, plus loin que ◆ ~ **it** au delà, plus loin ◆ **just** ~ **the post office** un peu plus loin que la poste, juste après la poste ◆ **I think we've gone** ~ **it** *(= missed it)* je pense que nous l'avons dépassé ◆ **he stared straight** ~ **me** il a fait comme s'il ne me voyait pas

c *(= in front of)* devant ◆ **he goes** ~ **the house every day** tous les jours il passe devant la maison ◆ **he rushed** ~ **me** il est passé devant moi à toute allure ; *(= overtook me)* il m'a dépassé à toute allure

d *(= beyond limits of)* au delà de ◆ ~ **endurance** insupportable ◆ **it is** ~ **all understanding** cela dépasse l'entendement ◆ **I'm** ~ **caring** je ne m'en fais plus, j'ai cessé de m'en faire ◆ **he's** ~ **work** il n'est plus en état de travailler ◆ **I'm long** ~ **being surprised at anything he does** il y a longtemps que je ne m'étonne plus de ce qu'il peut (encore) inventer ◆ **he's a bit** ~ **it (now)** * il n'est plus dans la course * ◆ **that cake is** ~ **its best** ce gâteau n'est plus très frais ◆ **I wouldn't put it** ~ **her** * **to have done it** je la crois capable d'avoir fait ça ◆ **I wouldn't put it** ~ **him** cela ne m'étonnerait pas de lui

ADV

> When **past** is an element in a phrasal verb, eg **let past**, **run past**, **squeeze past**, look up the verb.

auprès, devant ◆ **to go** *or* **walk** ~ passer ; → **march**

COMP ▷ **past anterior** N passé *m* antérieur ▷ **past definite** N ⇒ **past historic** ▷ **past historic** N passé *m* simple ▷ **past master** N *(fig)* ◆ **to be a** ~ **master at** *or* **of sth** être expert en qch ◆ **to be a** ~ **master at doing sth** avoir l'art de faire qch ▷ **past participle** N participe *m* passé ▷ **past perfect** N plus-que-parfait *m* ▷ **past tense** N passé *m*, forme *f* passée ◆ **in the** ~ **tense** au passé

**pasta** /ˈpæstə/ N *(NonC: Culin)* pâtes *fpl*

**paste** /peɪst/ N a *(Culin = spread etc) (meat)* pâté *m* ; *(fish)* beurre *m*, mousse *f* ; *(vegetable, fruit)* purée *f* ◆ **mix the butter and flour into a** ~ travaillez le beurre et la farine pour en faire une pâte ◆ **liver** ~ pâté *m or* crème *f* de foie ◆ **tomato** ~ concentré *m or* purée *f* de tomate ◆ **garlic** ~ purée *f* d'ail ◆ **almond** ~ pâte *f* d'amandes

b *(= glue)* colle *f* ◆ **wallpaper** ~ colle *f* pour papier peint

c *(jewellery)* strass *m*

VT a coller ; *[+ wallpaper]* enduire de colle ◆ **to** ~ **photos into an album** coller des photos dans un album

b *(Comput)* coller, insérer ◆ **to** ~ **text into a document** insérer du texte dans un document

c ✱ *(= thrash)* flanquer une raclée à* ; *(= defeat)* flanquer une déculottée à* ; *(= criticize)* descendre en flammes *

COMP *[jewellery]* en strass ▷ **paste-up** N *(Comput)* collage *m* ; *(Typ)* montage *m*

► **paste up** VT SEP *[+ notice, list]* afficher ; *[+ photos etc]* coller ; *(Typ)* monter

N ◆ **paste-up** → **paste**

**pasteboard** /ˈpeɪstbɔːd/ N a *(= card)* carton *m* b *(US:* also **pastry board**) planche *f* à pâtisserie

**pastel** /ˈpæstəl/ N a *(= pencil)* (crayon *m*) pastel *m* b *(= drawing)* (dessin *m* au) pastel *m* c (also **pastel colour**) ton *m* pastel *inv*

**pastern** /ˈpæstən/ N paturon *m*

**pasteurization** /ˌpæstəraɪˈzeɪʃən/ N pasteurisation *f*

**pasteurize** /ˈpæstəraɪz/ VT pasteuriser

**pasteurized** /ˈpæstəraɪzd/ ADJ pasteurisé

**pastiche** /pæsˈtiːʃ/ N pastiche *m*

**pastille** /ˈpæstɪl/ N pastille *f*

**pastime** /ˈpɑːstaɪm/ N passe-temps *m inv*, divertissement *m*, distraction *f*

**pasting** ✱ /ˈpeɪstɪŋ/ N *(= thrashing)* raclée * *f* ; *(= defeat)* déculottée * *f* ◆ **to give sb a** ~ *(physically)* flanquer une raclée à qn* ; *(= defeat)* flanquer une déculottée à qn* ; *(= criticize)* descendre qn en flammes *

**pastor** /ˈpɑːstəʳ/ N pasteur *m*

**pastoral** /ˈpɑːstərəl/ ADJ a *(= rural)* pastoral, champêtre ; *(Agr)* de pâture ; *(Literat)* pastoral ; *(fig, liter)* bucolique, champêtre ◆ ~ **land** pâturages *mpl* b *(Rel)* pastoral ◆ ~ **letter** lettre *f* pastorale c *(Educ etc) [role, duties]* de conseiller ◆ **in a** ~ **capacity** dans un rôle de conseiller N *(Literat, Rel)* pastorale *f* COMP ▷ **pastoral care** N *(Educ)* tutorat *m*

**pastrami** /pəˈstrɑːmɪ/ N *bœuf fumé très épicé*

**pastry** /ˈpeɪstrɪ/ N a *(NonC)* pâte *f* ; → **puff, short** b *(= cake)* pâtisserie *f* COMP ▷ **pastry board** N planche *f* à pâtisserie ▷ **pastry brush** N pinceau *m* à pâtisserie ▷ **pastry case** N croûte *f* ◆ **in a** ~ **case** en croûte ▷ **pastry chef**, **pastry cook** N pâtissier *m*, -ière *f* ▷ **pastry cutter** N *(for cutting)* coupe-pâte *m inv* ; *(for shapes)* emporte-pièce *m*

**pasturage** /ˈpɑːstjʊrɪdʒ/ N pâturage *m*

**pasture** /ˈpɑːstʃəʳ/ N *(Agr)* pré *m*, pâturage *m* ◆ **to put out to** ~ *(lit)* mettre au pré *or* au pâturage ; *(fig)* mettre à la retraite ◆ **to move on to** ~**s new** changer d'horizon *or* d'air ◆ **to seek** ~**s new** chercher de nouveaux horizons, chercher à changer d'air *or* d'horizon ◆ **greener** ~**s** cieux *mpl* plus cléments VI paître VT faire paître, pacager COMP ▷ **pasture land** N herbage *m*, pâturage(s) *m(pl)*

**pasty**[1] /ˈpeɪstɪ/ ADJ pâteux ; *(pej) [face, complexion]* terreux ◆ ~**-faced** *(pej)* au teint terreux ◆ **you look a bit** ~ vous avez une mine de papier mâché

**pasty**[2] /ˈpæstɪ/ N *(Brit Culin)* ≈ petit pâté *m* en croûte *(contenant généralement de la viande, des oignons et des pommes de terre)*

**Pat** /pæt/ N a dim of **Patrick, Patricia** b *surnom des Irlandais*

**pat**[1] /pæt/ VT *[+ object]* tapoter, donner une tape à ; *[+ animal]* flatter ◆ **he** ~**ted my hand** il me tapota la main ◆ **to** ~ **one's stomach** se frotter le ventre ◆ **to** ~ **sb on the back** *(lit)* tapoter qn dans le dos ; *(fig)* complimenter qn, congratuler qn ◆ **to** ~ **o.s. on the back** s'envoyer des fleurs, s'applaudir N a *(= tap)* coup *m* léger, petite tape *f* ; *(on animal)* petite tape *f* ◆ **to give sb a** ~ **on the back** *(lit)* tapoter qn dans le dos ; *(fig)* complimenter qn, congratuler qn ◆ **give yourselves** *or* **you deserve a** ~ **on the back** vous pouvez être contents de vous *or* fiers ◆ **to give o.s. a** ~ **on the back** s'envoyer des fleurs, s'applaudir b (also **pat of butter**) *(individual)* plaquette *f* (individuelle) de beurre ; *(larger)* plaque *f* de beurre

► **pat down** VT SEP *(= search)* fouiller

**pat**[2] /pæt/ ADV a *(= exactly suitable)* à propos, à point ◆ **to answer** ~ *(= immediately)* répondre sur-le-champ ; *(= with repartee)* répondre du tac au tac ◆ **he had his explanation** ~ il avait son explication toute prête b *(= perfectly) [learn]* par cœur ◆ **to know sth off** ~ savoir qch sur le bout du doigt ◆ **she had all the answers off** ~ elle a pu répondre du tac au tac c *(= firm, unmoving) [remain]* inflexible ◆ **to stand** ~ * *(US)* ne rien faire, refuser de bouger ADJ *[example, answer, remark]* tout prêt

**Patagonia** /ˌpætəˈɡəʊnɪə/ N Patagonie *f*

**Patagonian** /ˌpætəˈɡəʊnɪən/ ADJ patagonien N Patagonien(ne) *m(f)*

**patch** /pætʃ/ N a *(for clothes)* pièce *f* ; *(for inner tube, airbed)* rustine ® *f* ; *(over eye)* cache *m* ; *(cosmetic: on face)* mouche *f* ; *(Med) (nicotine, HRT etc)* patch *m*, timbre *m*

b *(= small area) [of colour]* tache *f* ; *[of sky]* pan *m*, coin *m* ; *[of land]* parcelle *f* ; *[of vegetables]* carré *m* ; *[of ice]* plaque *f* ; *[of mist]* nappe *f* ; *[of water]* flaque *f* ; *(on dog's back etc)* tache *f* ◆ **a damp** ~ **on the wall/sheet** une tache d'humidité sur le mur/drap ◆ **he's got a bald** ~ il a le crâne un peu dégarni ◆ **a man with a bald** ~ un homme à la calvitie naissante *or* au crâne un peu dégarni

c *(fig)* ◆ **a bad** *or* **rough** *or* **sticky** * ~ un moment difficile, une mauvaise passe ◆ **to hit** *or* **strike a bad** ~ entrer dans une mauvaise passe ◆ **to go through a rough** ~ traverser une mauvaise passe ◆ **good in** ~**es** bon par moments ◆ **it isn't a** ~ **on ...** ça ne soutient pas la comparaison avec ... ◆ **he's not a** ~ **on our old boss** * il est loin de valoir notre ancien patron ; *(stronger)* il n'arrive pas à la cheville de notre ancien patron *

d *(Comput)* correction *f* (de programme)

e *(Brit* *) [of policeman, social worker etc]* secteur *m* ◆ **they're off my** ~ **now** ils ont quitté mon secteur

VT *[+ clothes]* rapiécer ; *[+ tyre]* réparer, poser une rustine ® à

COMP ▷ **patch pocket** N poche *f* appliquée *or* plaquée ▷ **patch test** N *(Med)* test *m* cutané

► **patch together** VT SEP *[+ garment]* rapiécer ; *(hum) [+ old car etc]* retaper * ◆ **a new government was hastily** ~**ed together** un gouvernement de fortune a été mis sur pied à la hâte

► **patch up** VT SEP *[+ clothes]* rapiécer ; *[+ machine]* rafistoler * ; * *[+ injured person]* rafistoler * ◆ **to** ~ **up a quarrel** se rabibocher *, se raccommoder * ◆ **they soon** ~**ed up their differences** ils se sont vite rabibochés * *or* raccommodés *

**patchwork** /ˈpætʃwɜːk/ N *(lit, fig)* patchwork *m* COMP *[quilt]* en patchwork ; *[landscape]* bigarré ; *(pej = lacking in unity)* fait de pièces et de morceaux, fait de bric et de broc

**patchy** /ˈpætʃɪ/ *(pej)* ADJ a *(lit)* ~ **fog made driving conditions hazardous** des nappes de brouillard rendaient la conduite difficile ◆ **bottle tans can make your skin look a** ~ **orange colour** les autobronzants peuvent parfois produire des taches orange sur la peau ◆ **brown,** ~ **grass** des touffes d'herbe brunes et clairsemées b *(fig)* inégal ◆ **the acting in this film is** ~ l'interprétation dans ce film est inégale ◆ **the**

**evidence is** ~ les preuves sont fragmentaires *or* incomplètes ◆ **transport is difficult, communications are** ~ les déplacements sont malaisés, les communications mauvaises

**pate** /peɪt/ N tête *f* ◆ **a bald** ~ un crâne chauve

**pâté** /'pæteɪ/ N *(NonC: Culin)* pâté *m*

**patella** /pə'telə/ N (pl **patellae** /pə'teliː/) rotule *f*

**paten** /'pætən/ N patène *f*

**patent** /'pætənt/ ADJ a *(frm = obvious) [fact, dishonesty]* patent, manifeste ◆ **it was a** ~ **impossibility** c'était manifestement impossible

b *[invention]* breveté ◆ ~ **medicine** spécialité *f* pharmaceutique

c (also **patent leather**) cuir *m* verni ◆ ~ **(leather) shoes** chaussures *fpl* vernies *or* en cuir verni

N *(= licence)* brevet *m* d'invention ; *(= invention)* invention *f* brevetée ◆ **to take out a** ~ **(on sth)** déposer un brevet (pour qch) ◆ **"patent(s) applied for"** "demande de brevet déposée" ◆ **"patent pending"** "brevet en cours d'homologation" ◆ **to come out of** *or (US)* **come off** ~ tomber dans le domaine public

VT faire breveter

COMP ▷ **patent agent** N *(Jur)* conseil *m* en propriété industrielle ▷ **Patent and Trademark Office** N *(US)* ⇒ **Patent Office** ▷ **patent attorney** N *(US)* ⇒ **patent agent** ▷ **patent engineer** N conseil *m* en brevets d'invention ▷ **patent holder** N détenteur *m*, -trice *f or* titulaire *mf* d'un brevet d'invention ▷ **patent leather** N → **adj c** ▷ **Patent Office** N *(Brit)* ≃ Institut *m* national de la propriété industrielle ▷ **patent right** N propriété *f* industrielle ▷ **Patent Rolls** NPL *(Brit)* registre *m* des brevets d'invention ▷ **patent still** N *alambic dans lequel la distillation est ininterrompue*

**patentable** /'peɪtəntəbl/ ADJ *(Jur etc)* brevetable

**patentee** /ˌpeɪtən'tiː/ N breveté(e) *m(f)*

**patently** /'peɪtəntlɪ/ ADV *(frm)* manifestement, de toute évidence ◆ ~ **obvious** tout à fait évident, absolument évident

**patentor** /'peɪtəntəʳ/ N *(Jur etc) personne ou organisme délivrant des brevets d'invention*

**pater** †* /'peɪtəʳ/ N *(esp Brit)* pater* *m*, paternel* *m*

**paterfamilias** /ˌpeɪtəfə'mɪlɪæs/ N (pl **patresfamilias** /ˌpɑːtreɪzfə'mɪlɪæs/) pater familias *m*

**paternal** /pə'tɜːnl/ ADJ paternel

**paternalism** /pə'tɜːnəlɪzəm/ N paternalisme *m*

**paternalist** /pə'tɜːnəlɪst/ ADJ paternaliste

**paternalistic** /pətɜːnə'lɪstɪk/ ADJ *(pej)* (trop) paternaliste

**paternalistically** /pətɜːnə'lɪstɪklɪ/ ADV *(pej)* de façon (trop) paternaliste

**paternally** /pə'tɜːnəlɪ/ ADV paternellement

**paternity** /pə'tɜːnɪtɪ/ N *(lit, fig)* paternité *f*

COMP ▷ **paternity leave** N congé *m* de paternité ▷ **paternity order** N *(Jur)* (ordonnance *f* de) reconnaissance *f* de paternité ▷ **paternity suit** N *(Jur)* action *f* en recherche de paternité ▷ **paternity test** N test *m* de paternité

**paternoster** /ˌpætə'nɒstəʳ/ N a *(Rel)* Pater *m* ◆ **the Paternoster** le Pater, le Notre Père b *(= elevator)* pater noster *m*

**path**¹ /pɑːθ/ N a (also **pathway**) *(in woods etc)* sentier *m*, chemin *m* ; *(in garden)* allée *f* ; (also **footpath :** beside road) sentier *m* (pour les piétons) ◆ **to clear a** ~ **through the woods** ouvrir un sentier *or* un chemin dans les bois ◆ **to beat a** ~ **to sb's door** accourir en foule chez qn ; → **primrose**

b *(= trajectory, route) [of river]* cours *m* ; *[of sun]* route *f* ; *[of bullet, missile, spacecraft, planet, hurricane]* trajectoire *f* ; *[of advancing person]* chemin *m* ◆ **to cross sb's** ~ se trouver sur le chemin de qn ◆ **our** ~**s have often crossed** nos chemins se sont souvent croisés ◆ **to destroy everything in one's** ~ *[person, storm etc]* tout détruire sur son chemin *or* son passage ◆ **he found his** ~ **barred** il trouva le chemin *or* le passage barré ◆ **he stepped off the kerb into the** ~ **of a car** il est descendu du trottoir au moment où une voiture arrivait

c *(fig = way)* voie *f* ◆ **she criticized the** ~ **the government was taking** elle a critiqué la voie suivie par le gouvernement ◆ **the** ~ **to success** la voie *or* le chemin du succès ◆ **the** ~ **towards peace/independence** la voie menant à la paix/l'indépendance ◆ **to break a new** ~ *(esp US)* montrer une voie nouvelle

COMP ▷ **path-breaking** ADJ *(esp US)* révolutionnaire ▷ **path name** N *(Comput)* nom *m* d'accès

**path**² * /pɑːθ/ N abbrev of **pathology** COMP ▷ **path lab** N laboratoire *m or* labo* *m* d'analyses

**Pathan** /pə'tɑːn/ ADJ pathan N Pathan(e) *m(f)*

**pathetic** /pə'θetɪk/ ADJ a *(= very sad) [sight, grief]* pitoyable, navrant ◆ **a** ~ **attempt** une tentative désespérée ◆ **it was** ~ **to see it** cela faisait peine à voir, c'était un spectacle navrant b *(* = feeble) [person, piece of work, performance]* pitoyable, minable c *(Literat)* **(the)** ~ **fallacy** l'anthropomorphisme *m*

**pathetically** /pə'θetɪklɪ/ ADV a *(= pitifully) [behave, moan, weep]* d'une façon pitoyable, pitoyablement ◆ ~ **thin/shy** d'une maigreur/timidité pitoyable ◆ **she was** ~ **glad to see him** elle était terriblement heureuse de le voir b *(pej = feebly)* lamentablement ◆ **I wimped out,** ~ je me suis lamentablement dégonflé*

**pathfinder** /'pɑːθˌfaɪndəʳ/ N *(gen)* pionnier *m*, -ière *f* ; *(Aviat)* avion *m* éclaireur

**pathogen** /'pæθədʒən/ N *(Med)* agent *m* pathogène

**pathogenic** /ˌpæθə'dʒenɪk/ ADJ pathogène

**pathological** /ˌpæθə'lɒdʒɪkəl/ ADJ pathologique

**pathologically** /ˌpæθə'lɒdʒɪkəlɪ/ ADV *[jealous, violent]* pathologiquement

**pathologist** /pə'θɒlədʒɪst/ N pathologiste *mf*

**pathology** /pə'θɒlədʒɪ/ N pathologie *f*

**pathos** /'peɪθɒs/ N pathétique *m* ◆ **the** ~ **of the situation** ce que la situation a (*or* avait *etc*) de pathétique, le pathétique de la situation ◆ **told with great** ~ raconté d'une façon très émouvante *or* très pathétique ◆ **a film full of** ~ un film très triste et émouvant

**pathway** /'pɑːθweɪ/ N a *(in woods etc)* sentier *m*, chemin *m* ; *(in garden)* allée *f* b *(fig)* voie *f* ◆ **diplomacy will smooth your** ~ **to success** un peu de diplomatie vous rendra les choses plus faciles sur la voie du succès ◆ **walking can be a good** ~ **to fitness** la marche peut être un bon moyen de garder la forme

**patience** /'peɪʃəns/ N a patience *f* ◆ **to have** ~ prendre patience, savoir patienter ◆ **she doesn't have much** ~ **with children** elle n'est pas très patiente *or* elle n'a pas beaucoup de patience avec les enfants ◆ **I have no** ~ **with these people** ces gens m'exaspèrent ◆ **to lose (one's)** ~ perdre patience (*with sb/sth* avec qn/qch), s'impatienter (*with sb/sth* contre qn/qch) ◆ **my** ~ **is wearing thin** ma patience a des limites ◆ **I am out of** ~**, my** ~ **is exhausted** ma patience est à bout, je suis à bout de patience ◆ **the** ~ **of Job** une patience d'ange ; → **possess, tax, try** b *(Brit Cards)* réussite *f* ◆ **to play** ~ faire des réussites

**patient** /'peɪʃənt/ ADJ patient (*with* avec) ◆ **(you must) be** ~**!** patientez !, (un peu de) patience ! * ◆ **I've been** ~ **long enough!** j'ai assez patienté *or* attendu !, ma patience a des limites ! N *(gen)* patient(e) *m(f)* ; *(post-operative)* opéré(e) *m(f)* ◆ **a doctor's** ~**s** *(undergoing treatment)* les patients *or* les malades d'un médecin ; *(on his/her list)* les clients *mpl* d'un médecin ◆ **psychiatric** ~ malade *mf* psychiatrique ◆ **cancer** ~ cancéreux *m*, -euse *f* ◆ **heart** ~ cardiaque *mf* ; → **in-outpatient**

**patiently** /'peɪʃəntlɪ/ ADV patiemment, avec patience

**patina** /'pætɪnə/ N a *(on surface)* patine *f* b *(= small amount)* vernis *m*, aura *f*

**patio** /'pætɪəʊ/ N patio *m* COMP ▷ **patio doors** NPL *(esp Brit)* portes-fenêtres *fpl (donnant sur un patio)*

**Patna** /'pætnə/ N Patna COMP ▷ **Patna rice** N *riz à grain long*

**patois** /'pætwɑː/ N (pl **patois**) patois *m*

**pat. pend.** (abbrev of **patent pending**) → **patent**

**patriarch** /'peɪtrɪɑːk/ N patriarche *m*

**patriarchal** /ˌpeɪtrɪ'ɑːkəl/ ADJ patriarcal

**patriarchy** /ˌpeɪtrɪ'ɑːkɪ/ N patriarcat *m*, gouvernement *m* patriarcal

**Patricia** /pə'trɪʃə/ N Patricia *f*

**patrician** /pə'trɪʃən/ ADJ, N patricien(ne) *m(f)*

**patricide** /'pætrɪsaɪd/ N *(= crime)* parricide *m* *(= person)* parricide *mf*

**Patrick** /'pætrɪk/ N Patrice *m*, Patrick *m*

**patrimony** /'pætrɪmənɪ/ N a patrimoine *m*, héritage *m* b *(Rel)* biens-fonds *mpl (d'une église)*

**patriot** /'peɪtrɪət/ N patriote *mf*

**patriotic** /ˌpætrɪ'ɒtɪk/ ADJ *[deed, speech]* patriotique ; *[person]* patriote COMP ▷ **the Patriotic Front** N *(Pol)* le Front patriote

**patriotically** /ˌpætrɪ'ɒtɪkəlɪ/ ADV patriotiquement, en patriote

**patriotism** /'pætrɪətɪzəm/ N patriotisme *m*

**patrol** /pə'trəʊl/ N a *(NonC)* patrouille *f* ◆ **to go on** ~ aller en patrouille, faire une ronde ◆ **to be on** ~ être de patrouille b *[of troops, police, scouts, guides etc]* patrouille *f* ; *(= ship, aircraft on patrol)* patrouilleur *m* ; *(= police officer)* agent *m* de police ; → **border, immigration, customs** VT *[police, troops etc] [+ district, town, streets]* patrouiller dans, faire une patrouille dans VI *[troops, police]* patrouiller, faire une patrouille ◆ **to** ~ **up and down** *(fig = walk about)* faire les cent pas COMP *[helicopter, vehicle]* de patrouille ▷ **patrol car** N *(Police)* voiture *f* de police ▷ **patrol leader** N *(Mil, scouts, guides)* chef *mf* de patrouille ▷ **patrol wagon** N *(US)* voiture *or* fourgon *m* cellulaire

**patrolboat** /pə'trəʊlbəʊt/ N *(Naut)* patrouilleur *m*

**patrolman** /pə'trəʊlmən/ N (pl **-men**) a *(US)* agent *m* de police ◆ **Patrolman Jim Sheppe** l'agent *m* Jim Sheppe b *(Aut)* agent *m* *(d'une société de dépannage)*

**patrolwoman** /pə'trəʊlˌwʊmən/ N (pl **-women**) *(US)* femme *f* agent de police ◆ **Patrol woman Jill Brown** l'agent *m* Jill Brown

**patron** /'peɪtrən/ N a *[of artist]* protecteur *m*, -trice *f* ; *[of a charity]* parrain *m*, marraine *f* b *(= customer) [of hotel, shop]* client(e) *m(f)* ◆ **our** ~**s** *(Comm)* notre clientèle *f* ; *(Theat)* notre public *m* ◆ **"parking for patrons only"**

"stationnement réservé à la clientèle" ◆ **"patrons are reminded that ..."** "nous rappelons à notre aimable clientèle que ..." c
⇒ **patron saint** COMP ▷ **patron of the arts** N protecteur *m*, -trice *f* des arts, mécène *m* ▷ **patron saint** N saint(e) patron(ne) *m(f)*

> ⚠ **patron** *is only translated by the French word* **patron** *in the expression 'patron saint'.*

**patronage** /ˈpætrənɪdʒ/ N a *(gen) (= support) [of artist etc]* patronage *m* ; *(= financial backing)* parrainage *m*, sponsoring *m* ◆ **under the ~ of ...** sous le patronage de ..., sous les auspices de ... ◆ **~ of the arts** mécénat *m*, protection *f* des arts b *(Rel)* droit *m* de disposer d'un bénéfice ; *(Pol)* droit *m* de présentation c *(Pol pej)* népotisme *m* ◆ **to give out ~ jobs** *(US)* nommer ses amis politiques à des postes de responsabilité, attribuer des postes aux petits copains *

**patroness** † /ˈpætrənes/ N *[of artist]* protectrice *f*

**patronize** /ˈpætrənaɪz/ VT a *(pej)* traiter avec condescendance b *(Comm) [+ shop, firm]* donner *or* accorder sa clientèle à, se fournir chez ; *[+ dress shop]* s'habiller chez ; *[+ bar, cinema, club]* fréquenter

**patronizing** /ˈpætrənaɪzɪŋ/ ADJ *[person]* condescendant ; *[look, tone, smile, manner]* condescendant, de condescendance

**patronizingly** /ˈpætrənaɪzɪŋlɪ/ ADV *[speak]* d'un ton condescendant, avec condescendance ; *[behave, bow, pat, laugh]* de façon condescendante ; *[smile]* d'un air condescendant

**patronymic** /ˌpætrəˈnɪmɪk/ N patronyme *m*, nom *m* patronymique ADJ patronymique

**patsy** ⁑ /ˈpætsɪ/ N *(US)* pigeon * *m*, gogo * *m*, victime *f*

**patter¹** /ˈpætəʳ/ N *[of comedian, conjurer]* bavardage *m*, baratin * *m* ; *[of salesman etc]* boniment *m*, baratin * *m* VI (also **patter away, patter on**) jacasser, baratiner *

**patter²** /ˈpætəʳ/ N *[of rain, hail]* crépitement *m*, bruit *m* ◆ **a ~ of footsteps** un petit bruit de pas pressés ◆ **we'll soon be hearing the ~ of tiny feet** *(hum)* on attend un heureux événement VI *[footsteps]* trottiner ; *[rain]* tambouriner (on contre) ; *[hail]* crépiter COMP ▷ **patter song** N *(Mus)* ≈ ritournelle *f*
▸ **patter about, patter around** VI trottiner çà et là

**pattern** /ˈpætən/ N a *(= design: on material, wallpaper etc)* dessin(s) *m(pl)*, motif *m* ◆ **a floral ~** un motif floral *or* à fleurs ◆ **a ~ of small dots on the page** un motif de petits points sur la page ◆ **the torches made ~s of light on the walls** la lumière des torches dessinait des formes sur les murs ◆ **the ~ on a tyre** les sculptures *fpl* d'un pneu
b *(= style)* style *m* ◆ **various ~s of cutlery** différents modèles de couverts ◆ **dresses of different ~s** des robes de styles différents
c *(Sewing:* also **paper pattern**) patron *m* ; (also **knitting pattern**) modèle *m*
d *(fig = model)* exemple *m*, modèle *m* ◆ **~ of living** *(fig)* mode *m* de vie ◆ **on the ~ of ...** sur le modèle de ... ◆ **this set a** *or* **the ~ for future meetings** cela a institué un modèle pour les réunions suivantes
e *(= standard, coherent behaviour etc)* **eating ~s** habitudes *fpl* alimentaires ◆ **behaviour ~s of teenagers** les types *mpl* de comportement chez les adolescents ◆ **my sleep(ing) ~s became very disturbed** mes habitudes de sommeil se sont trouvées très perturbées ◆ **his sleep(ing) ~s have returned to normal** il s'est remis à dormir comme avant ◆ **the earth's weather ~s** les tendances *fpl* climatiques de la terre ◆ **I began to notice a ~ in their behaviour/reactions** *etc* j'ai commencé à remarquer certaines constantes dans leur conduite/leurs réactions *etc* ◆ **to be part of a ~** faire partie d'un tout ◆ **it followed the usual ~** *[meeting, interview, crime, epidemic, drought, storm]* cela s'est passé selon le scénario habituel ; *[timetable, schedule]* cela suivait le schéma habituel ◆ **a clear ~ emerges from these statistics** un schéma très net ressort *or* se dégage de ces statistiques ◆ **the disease followed the same ~ everywhere** la maladie a présenté partout les mêmes caractéristiques ◆ **this week's violence follows a sadly familiar ~** les actes de violence de cette semaine suivent un scénario trop familier ◆ **these strikes/attacks all followed the same ~** ces grèves/attaques se sont toutes déroulées de la même manière ◆ **the ~ of trade** *(Econ)* la structure *or* la physionomie des échanges
f *(= sample) [of material etc]* échantillon *m*
g *(Ling)* modèle *m* ; *[of sentence]* structure *f* ◆ **on the ~ of ...** sur le modèle de ...
VT a *(= model)* modeler (on sur) ◆ **to ~ o.s. on sb** prendre modèle sur qn
b *(= decorate)* orner de motifs
COMP ▷ **pattern book** N *(material, wallpaper etc)* album *m* d'échantillons ; *(Sewing)* catalogue *m or* album *m* de patrons ▷ **pattern maker** N *(Metal)* modeleur *m*

**patterned** /ˈpætənd/ ADJ *[material, fabric, china]* à motifs

**patterning** /ˈpætənɪŋ/ N *(NonC)* a *(= markings) [of creature]* (motifs *mpl* de la) livrée *f* ◆ **the ~ of the bird's winter/summer plumage** la livrée de cet oiseau pendant l'hiver/l'été b *(Psych = conditioning)* conditionnement *m*

**patty** /ˈpætɪ/ N rondelle *f* (de viande hachée) COMP ▷ **patty pan** N petit moule *m* ▷ **patty shell** N croûte *f* feuilletée

**paucity** /ˈpɔːsɪtɪ/ N *[of crops, coal, oil]* pénurie *f* ; *[of money]* manque *m* ; *[of news, supplies, water]* disette *f* ; *[of ideas]* indigence *f*, disette *f*

**Paul** /pɔːl/ N Paul *m*

**Pauline¹** /ˈpɔːliːn/ N Pauline *f*

**Pauline²** /ˈpɔːlaɪn/ ADJ *(Rel = relating to St Paul)* paulinien

**paulownia** /pɔːˈləʊnɪə/ N paulownia *m*

**paunch** /pɔːntʃ/ N *[of person]* ventre *m*, panse *f*, bedaine * *f* ; *[of ruminants]* panse *f*

**paunchy** /ˈpɔːntʃɪ/ ADJ ventripotent

**pauper** /ˈpɔːpəʳ/ N indigent(e) *m(f)*, pauvre(sse) *m(f)* ◆ **~'s grave** fosse *f* commune

**pauperism** /ˈpɔːpərɪzəm/ N paupérisme *m*

**pause** /pɔːz/ N pause *f* ; *(Mus)* point *m* d'orgue ; *(Poetry)* césure *f* ◆ **to give sb ~ for thought, to give ~ to sb** *(frm)* faire hésiter qn, donner à réfléchir à qn ◆ **a ~ in the conversation** un petit *or* bref silence (dans la conversation) ◆ **after a ~, he added ...** il marqua une pause et ajouta ... ◆ **he continued speaking without a ~** il continua sur sa lancée *or* dans la foulée ◆ **there was a ~ for discussion/for refreshments** on s'arrêta pour discuter/pour prendre des rafraîchissements
VI a *(in work, activity)* marquer un temps d'arrêt ; *(for a rest)* faire une pause ◆ **to ~ for breath** s'arrêter pour reprendre haleine ◆ **they ~d for lunch** il ont fait une pause pour le déjeuner *or* une pause-déjeuner
b *(in speaking)* marquer une pause, marquer un temps d'arrêt ◆ **to ~ for thought** prendre le temps de réfléchir ◆ **without pausing to consider the consequences** sans prendre le temps de réfléchir aux conséquences
c *(= linger over)* s'arrêter (on sur)
VT ◆ **to ~ a video/tape** appuyer sur la touche "pause" d'un magnétoscope/magnétophone ◆ **can you ~ it there?** pouvez-vous appuyer sur la touche "pause" ?

**pavane** /pəˈvɑːn/ N pavane *f*

**pave** /peɪv/ VT *[+ street]* paver ; *[+ yard]* carreler, paver ◆ **~d with gold** pavé d'or ◆ **to ~ the way (for)** ouvrir la voie (à)

**pavement** /ˈpeɪvmənt/ N a *(Brit)* trottoir *m* b *(= road surface) (of stone, wood)* pavé *m*, pavage *m* ; *(stone slabs)* dallage *m* ; *(ornate)* pavement *m* c *(US = roadway)* chaussée *f*
COMP ▷ **pavement artist** N *(Brit)* artiste *mf* de rue ▷ **pavement café** N *(Brit)* café *m* avec terrasse *(sur le trottoir)*

**pavilion** /pəˈvɪlɪən/ N a *(= tent, building)* pavillon *m (tente, construction)* b *(Brit Sport)* pavillon *m* des vestiaires

**paving** /ˈpeɪvɪŋ/ N a *(material) (= stone)* pavé *m* ; *(= flagstones)* dalles *fpl* ; *(= tiles)* carreaux *mpl* b *(= paved ground)* pavage *m*, dallage *m*, carrelage *m* ; → **crazy** COMP ▷ **paving stone** N pavé *m*

**Pavlovian** /pævˈləʊvɪən/ ADJ pavlovien

**paw** /pɔː/ N a *[of animal]* patte *f* b (⁑ = *hand*) patte * *f* ◆ **keep your ~s off!** bas les pattes ! *
VT a (also **paw at**) *[animal]* donner un coup de patte à ◆ **to ~ the ground** *[horse]* piaffer b (⁑ *pej*) *[person]* tripoter * ; *(amorously)* tripoter *, peloter ⁑

**pawky** /ˈpɔːkɪ/ ADJ *(Scot)* narquois

**pawl** /pɔːl/ N cliquet *m*

**pawn¹** /pɔːn/ N a *(Chess)* pion *m* b *(fig)* **to be sb's ~** être le jouet de qn, se laisser manœuvrer par qn ◆ **he is a mere ~ (in the game)** il n'est qu'un pion sur l'échiquier

**pawn²** /pɔːn/ VT *[+ one's watch etc]* mettre en gage *or* au mont-de-piété N a *(= thing pledged)* gage *m*, nantissement *m* b *(NonC)* **in ~** en gage, au mont-de-piété ◆ **to get sth out of ~** dégager qch du mont-de-piété
COMP ▷ **pawn ticket** N reconnaissance *f* du mont-de-piété

**pawnbroker** /ˈpɔːnˌbrəʊkəʳ/ N prêteur *m*, -euse *f* sur gages ◆ **~'s** ⇒ **pawnshop**

**pawnshop** /ˈpɔːnʃɒp/ N bureau *m* de prêteur sur gages, mont-de-piété *m*

**pawpaw** /ˈpɔːpɔː/ N papaye *f*

**pax** /pæks/ EXCL *(Brit* † *: during game)* pouce ! N *(Rel)* paix *f* ◆ **Pax Romana** *(Hist)* pax *f* romana ◆ **Pax Americana/Britannica** *(Pol)* pax *f* americana/britannica

**pay** /peɪ/ (vb : pret, ptp **paid**) N *(gen)* salaire *m* ; *(esp of manual worker)* paie *or* paye *f* ; *[of sailor, soldier]* solde *f*, paie *f* ◆ **three weeks' ~** trois semaines de salaire *or* paie ◆ **to be on half/full ~** toucher la moitié/l'intégralité de son salaire *or* de sa paie ◆ **the ~'s not very good** ce n'est pas très bien payé ◆ **holidays with ~** congés *mpl* payés ◆ **time off without ~** congé *m* sans solde
◆ **in the pay of** *(pej)* à la solde de ◆ **he was killed by gunmen in the ~ of drug traffickers** il a été assassiné par des tueurs à la solde des trafiquants de drogue ; → **equal, half, holiday, take**
VT a *[+ person]* payer (*to do sth* à faire qch ; *for doing sth* pour faire qch) ; *[+ tradesman, bill, fee]* payer, régler ◆ **to ~ sb $20** payer qn 20 dollars ◆ **he paid them for the book/the ticket** il les a payés pour le livre/le billet ◆ **he paid them $20 for the book/the ticket** il leur a acheté le livre/le billet pour 20 dollars

◆ **he paid them $20 for the work** il les a payés 20 dollars pour ce travail ◆ **he paid me for my trouble** il m'a dédommagé de mes peines ◆ **I don't ~ you to ask questions** je ne vous paie pas pour poser des questions ◆ **we're not paid for that** on n'est pas payé pour cela, on n'est pas payé pour* ◆ **that's what you're paid for** c'est pour cela qu'on vous paie ◆ **I get paid on Fridays** je touche ma paie *or* mon salaire le vendredi ◆ **I am paid on a monthly basis** *or* **by the month** je suis payé au mois

**b** *[+ instalments, money]* payer ; *[+ deposit]* verser ; *[+ debt]* payer, rembourser ; *[+ loan]* rembourser ◆ **he paid $20 for the ticket** il a payé le billet 20 dollars ◆ **the company paid a high premium for Mr Peter's services** la société a payé cher pour obtenir les services de M. Peter ◆ **he paid a lot for his suit** son costume lui a coûté cher, il a payé son costume très cher ◆ **they ~ good wages** ils paient bien ◆ **to ~ cash (down)** payer comptant ◆ **to ~ money into an account** verser de l'argent sur un compte

**c** *(Fin) [+ interest]* rapporter ; *[+ dividend]* distribuer ◆ **shares that ~ 5%** des actions qui rapportent 5% ◆ **his generosity paid dividends** *(fig)* sa générosité a porté ses fruits ◆ **... but it paid him in the long run** ... mais il y a gagné en fin de compte ◆ **it would ~ you to be nice to him** vous gagneriez à être aimable avec lui ◆ **it won't ~ him to tell the truth** il ne gagnera rien à dire la vérité

**d** *(fig)* ◆ **he's paid his dues** *(for achievement)* il en a bavé* ; *(for crime, error)* il a payé sa dette *(fig)* ◆ **he's paid his debt to society** il a payé sa dette envers la société ◆ **the business is ~ing its way now** l'affaire couvre ses frais maintenant ◆ **he likes to ~ his (own) way** il préfère payer sa part *or* son écot ◆ **he who ~s the piper calls the tune** *(Prov)* celui qui paie a le droit de décider comment sera dépensé son argent

♦ **pay + price** ◆ **to ~ the price (for sth)** subir *or* payer les conséquences (de qch) ◆ **to ~ the price of fame/success** payer le prix de la célébrité/du succès ◆ **the city is still ~ing the price of war** la ville souffre encore des conséquences de la guerre ◆ **he has paid a high price to stay in power** il a payé très cher sa place au pouvoir

♦ **to put paid to** ◆ **the war put paid to her hopes of a musical career** avec la guerre, elle a dû abandonner tout espoir de faire carrière dans la musique ◆ **your findings have put paid to this theory** vos conclusions ont démenti cette théorie ◆ **I had my own business, but the recession put paid to that** j'avais ma propre entreprise, mais la récession s'est chargée de détruire tout cela ; see also **vi b**

**e** ◆ **to ~ sb a visit** rendre visite à qn ◆ **we paid a visit to Paris on our way south** nous avons fait un petit tour à Paris en descendant vers le sud ◆ **to ~ a visit** * *or* **a call** * *(euph)* aller au petit coin* ◆ **to ~ one's last respects to sb** rendre un dernier hommage à qn

**VI** **a** payer ◆ **his job ~s well** son travail paie bien ◆ **they ~ very poorly** ils paient très mal ◆ **"pay on entry"** *(on bus)* "paiement à l'entrée"

♦ **to pay for** *[+ person]* payer pour ; *[+ thing]* payer ◆ **I offered to ~ for my mother** j'ai proposé de payer pour ma mère ◆ **to ~ for the meal** payer le repas ◆ **you'll ~ for this!** *(fig)* vous (me) le payerez ! ◆ **I'll make him ~ for that** *(fig)* je lui ferai payer ça ◆ **he's had to ~ for it** *(fig) (for achievement)* il en a bavé* ◆ **he made a mistake and he's had to ~ for it** il a fait une erreur et il l'a payée cher ◆ **he paid dearly for it** *(fig)* il l'a payé cher ◆ **to ~ through the nose for sth** * *(fig)* payer le prix fort pour qch ◆ **we'll have to ~ through the nose for it** * *(fig)* ça va nous coûter les yeux de la tête* ; → **cash, instalment, nail**

**b** *(= be profitable) [business, deal]* rapporter, être rentable ◆ **does it ~?** est-ce que ça rapporte ?, c'est rentable ? ◆ **we need to sell 600 copies to make it ~** nous devons vendre 600 exemplaires pour rentrer dans nos frais *or* pour que ce soit rentable ◆ **crime doesn't ~** le crime ne paie pas ◆ **it ~s to advertise** la publicité rapporte ◆ **it always ~s to ask an expert's opinion** on a toujours intérêt à demander l'avis d'un expert ◆ **it doesn't ~ to be polite these days** on ne gagne rien à être *or* cela ne paie pas d'être poli de nos jours ◆ **it doesn't ~ to tell lies** cela ne sert à rien de mentir, on ne gagne rien à mentir

♦ **to pay for itself/themselves** être amorti *or* rentabilisé ◆ **insulation soon ~s for itself** l'isolation est vite rentabilisée *or* amortie

**COMP** *[dispute, negotiation]* salarial ▷ **pay-and-display** ADJ *(Brit) [car park]* à horodateur ▷ **pay as you earn** N retenue *f* à la source de l'impôt sur le revenu ▷ **pay-as-you-go** ADJ *[mobile phone]* à carte rechargeable N *(US Tax)* → **pay as you earn** ▷ **pay award** N augmentation *f* de salaire collective ▷ **pay bargaining** N *(NonC)* négociations *fpl* salariales ▷ **pay bed** N *(Brit)* lit *m* (d'hôpital) payant *(par opposition aux soins gratuits du système de Sécurité sociale britannique)* ▷ **Pay Board** N Commission *f* des salaires ▷ **pay-cable channel** N *(TV)* chaîne *f* câblée payante ▷ **pay check** N *(US)* ⇒ **pay cheque** ▷ **pay cheque** N *(Brit)* salaire *m*, paie *or* paye *f* ▷ **pay claim** N revendication *f* salariale ▷ **pay day** N jour *m* de paie ◆ **to have a big ~ day** *(Sport)* décrocher le gros lot ▷ **pay desk** N caisse *f* ; *(Theat)* caisse *f*, guichet *m* ▷ **pay dirt** * N *(Min)* filon *m* ◆ **to hit** *or* **strike ~ dirt** *(lit)* découvrir un filon ; *(fig)* trouver le filon ▷ **pay envelope** N *(US)* enveloppe *f* de paie ▷ **pay increase** N ⇒ **pay rise** ▷ **pay packet** N *(Brit)* enveloppe *f* de paie ; *(fig)* paie *f*, salaire *m* ▷ **pay-per-view** N pay per view *m*, télévision *f* à la carte ADJ ◆ **~-per-view television** le pay per view, la télévision à la carte ◆ **~-per-view channel** (chaîne *f* de) télévision *f* en pay per view *or* à la carte ◆ **~-per-view programme** émission *f* en pay per view *or* à la carte ◆ **on a ~-per-view basis** en pay per view, à la carte ▷ **pay phone** N téléphone *m* public ▷ **pay raise** N *(US)* ⇒ **pay rise** ▷ **pay rise** N *(Brit)* augmentation *f* de salaire ▷ **pay station** N *(US)* téléphone *m* public ▷ **pay structure** N *(Ind)* barème *m* des salaires ▷ **pay-TV** N télévision *f* payante

► **pay back** VT SEP **a** *[+ stolen money]* rendre, restituer ; *[+ loan]* rembourser ; *[+ person]* rembourser ◆ **I paid my brother back the £10 I owed him** j'ai remboursé à mon frère les 10 livres que je lui devais

**b** *(fig = get even with)* **to ~ sb back for doing sth** faire payer à qn qch qu'il a fait ◆ **I'll ~ you back for that!** je vous le revaudrai !

**N** ◆ **payback** → **payback**

► **pay down** VT SEP ◆ **he paid £10 down** *(as deposit)* il a versé un acompte de 10 livres ; *(whole amount in cash)* il a payé 10 livres comptant

► **pay in** VT SEP verser *(to* à*)* ◆ **to ~ in money at the bank** verser de l'argent sur son compte, créditer son compte (bancaire) ◆ **to ~ a sum in to an account** verser une somme sur un compte ◆ **to ~ in a cheque** déposer un chèque

► **pay off** VI *[risk, trick, scheme, work]* être payant ; *[decision]* être valable *or* payant ; *[perseverance, patience]* être récompensé ◆ **his patience paid off in the long run** finalement il a été récompensé de sa patience *or* sa patience a été récompensée

**VT SEP** **a** *[+ debts]* s'acquitter de, régler *[+ bill]* régler ; *[+ creditor, loan]* rembourser ◆ **to ~ sb off** *(= bribe)* donner des pots-de-vin à qn, acheter qn ◆ **to ~ off an old score** *(fig)* régler un vieux compte ◆ **to ~ off a grudge** *(fig)* satisfaire un désir de vengeance

**b** *(= discharge) [+ worker, staff]* licencier *[+ servant]* donner son compte à, congédier ; *(Naut) [+ crew]* débarquer

**N** ◆ **payoff** → **payoff**

► **pay out** VI *[fruit machine etc, insurance policy]* rembourser

**VT SEP** **a** *[+ rope]* laisser filer

**b** *[+ money] (= spend)* débourser, dépenser ◆ **they paid out a large sum of money on new equipment** ils ont dépensé beaucoup d'argent pour acheter de nouveaux équipements

► **pay up** VI payer ◆ **~ up!** payez !

**VT FUS** *[+ amount]* payer, verser ◆ **~ up what you owe me!** payez-moi *or* remboursez-moi ce que vous me devez ! ; → **paid**

**payable** /ˈpeɪəbəl/ ADJ *(= due, owed)* payable ◆ **~ in/over three months** payable dans/en trois mois ◆ **~ when due** *(Comm, Fin, Jur)* payable à l'échéance ◆ **~ to bearer/on demand/at sight** payable au porteur/sur présentation/à vue ◆ **to make a cheque ~ to sb** faire un chèque à l'ordre de qn ◆ **please make cheques ~ to ..., cheques should be made ~ to ...** les chèques doivent être libellés à l'ordre de ... ◆ **the interest ~ on the loan** les intérêts à payer sur le prêt

**payback** /ˈpeɪˌbæk/ N **a** *[of investment]* retour *m*, bénéfice *m* ; *[of debt]* remboursement *m* *(fig) (= benefit)* avantage *m* **b** *(= revenge)* revanche *f*

**PAYE** /ˌpiːeɪwaɪˈiː/ *(Brit)* (abbrev of **pay as you earn**) → **pay**

**payee** /peɪˈiː/ N *[of cheque]* bénéficiaire *mf* ; *[of postal order]* destinataire *mf*, bénéficiaire *mf*

**payer** /ˈpeɪəʳ/ N payeur *m*, -euse *f* ; *[of cheque]* tireur *m*, -euse *f* ◆ **to be a bad ~** être un mauvais payeur ◆ **late ~s** personnes *fpl* qui paient avec du retard

**paying** /ˈpeɪɪŋ/ ADJ **a** *(= who pays)* payant ◆ **~ guest** pensionnaire *mf*, hôte *m* payant **b** *(= profitable) [business]* rémunérateur (-trice *f*), qui rapporte, rentable ; *[scheme, proposition]* rentable **N** *[of debt]* règlement *m*, acquittement *m* ; *[of creditor]* remboursement *m* ; *[of money]* paiement *m*, versement *m* **COMP** ▷ **paying-in book** N *(Banking)* carnet *m* de bordereaux de versement ▷ **paying-in slip** N *(Banking)* bordereau *m* de versement

**payload** /ˈpeɪləʊd/ N *(= cargo)* charge *f* ; *[of vehicle, boat, spacecraft]* charge *f* utile ; *(= explosive energy) [of warhead, bomb load]* puissance *f*

**paymaster** /ˈpeɪˌmɑːstəʳ/ N *(gen)* intendant *m*, caissier *m*, payeur *m* ; *(Naut)* commissaire *m* ; *(Mil)* trésorier *m* **COMP** ▷ **Paymaster General** N *(Brit) trésorier-payeur de l'Échiquier*

**payment** /ˈpeɪmənt/ LANGUAGE IN USE 20.6

**N** **a** *(= money) (gen)* paiement *m* ; *(to creditor)* remboursement *m* ; *(into account)* versement *m* ; *(= monthly repayment)* mensualité *f* ◆ **to make (a) ~** faire *or* effectuer un paiement ◆ **method of ~** mode *m* de paiement ◆ **$150, in monthly ~s of $10** 150 dollars payables en mensualités de 10 dollars ◆ **prompt/late ~** paiement *m* rapide/en retard ◆ **without ~** à titre gracieux ◆ **we demand ~ in full** nous exigeons le paiement intégral ◆ ~ **by instalments** paiement *m* par traites *or* à tempérament ◆ ~ **by results** prime *f* au rendement ◆ **on ~ of a supplement/a deposit/$50** moyennant un supplément/une caution/la somme de 50 dollars ◆ **the car will be yours on ~ of the balance** la voiture vous appartiendra une fois que vous aurez réglé le solde ◆ **as** *or* **in ~ for ...** en règlement *or* paiement de ... ◆ **as** *or* **in ~ for a debt** en règlement d'une dette ◆ **most major credit cards are accepted in ~** les principales cartes de crédit sont acceptées comme moyen de paiement ◆ **as** *or* **in ~ for your help** pour vous remercier de votre aide ; → **balance, down[1], easy, ex gratia, interest, kind, miss[1], mortgage, nonpayment, part, redundancy, stop**

b *(fig: for favour)* récompense *f* ◆ **those who fought alongside the conquistadors were granted land in ~** ceux qui combattaient aux côtés des conquistadors recevaient une terre en récompense ◆ **travelling minstrels provided entertainment and were given food and lodging in ~** les ménestrels offraient un spectacle et recevaient le gîte et le couvert en échange

COMP ▷ **payment card** N carte *f* de paiement ▷ **payment date** N date *f* de paiement ◆ **your first ~ date will be ...** la date de votre premier remboursement est le ... ▷ **payment system** N système *m* de paiement *or* de règlement ▷ **payment terms** NPL modalités *fpl* de paiement

**payoff** /ˈpeɪɒf/ N a *[of person]* remboursement *m* (total) ; *[of debt etc]* règlement *m* (total) ; *(* = reward)* récompense *f* ; *(* = bribe)* pot-de-vin *m* b *(* = outcome)* résultat *m* final ; *(= climax)* comble *m*, bouquet * *m* c *(= punch line)* chute *f*

**payola** * /peɪˈəʊlə/ N *(NonC: US)* pots-de-vin *mpl*

**payout** /ˈpeɪaʊt/ N *(in competition)* prix *m* ; *(from insurance)* dédommagement *m*

**payroll** /ˈpeɪrəʊl/ N *(Ind) (= list)* registre *m* du personnel ; *(= money)* masse *f* salariale ; *(= all the employees)* personnel *m*, effectifs *mpl* ◆ **the factory has 60 people on the ~** *or* **a ~ of 60** l'usine compte 60 employés *or* salariés ◆ **to be on a firm's ~** être employé par une société COMP ▷ **payroll tax** N taxe *f* sur les traitements et salaires

**payslip** /ˈpeɪslɪp/ N bulletin *m* de salaire

**PB** N *(Sport)* (abbrev of **personal best**) → **personal**

**PBS** /ˌpiːbiːˈes/ N *(US)* abbrev of **Public Broadcasting Service**

**PBX** /ˌpiːbiːˈeks/ N *(Brit Telec)* (abbrev of **private branch exchange**) PBX *m*, commutateur *m* privé

**PC** /piːˈsiː/ N a (abbrev of **personal computer**) PC *m* b (abbrev of **Police Constable**) → **police** ; see also **plod** c (abbrev of **Privy Councillor**) → **privy** ADJ (* abbrev of **politically correct**) → **politically**

**pc** /piːˈsiː/ N abbrev of **postcard**

**p.c.** (abbrev of **per cent**) → **per**

**p/c** N a (abbrev of **prices current**) prix *mpl* courants b (abbrev of **petty cash**) → **petty**

**PCB** /ˌpiːsiːˈbiː/ N a (abbrev of **polychlorinated biphenyl**) PCB *m* b (abbrev of **printed circuit board**) → **printed**

**PCI** /ˌpiːsiːˈaɪ/ N *(Comput)* (abbrev of **Peripheral Component Interconnect**) pci *m*

**pcm** ADV (abbrev of **per calendar month**) par mois ◆ **€500 ~** 500 €/m, 500 € par mois

**PCP** /ˌpiːsiːˈpiː/ N a ® *(Drugs)* (abbrev of **phencyclidine**) PCP ® *f*, phencyclidine *f* b *(Med)* abbrev of **pneumocystis carinii pneumonia**

**PD** /piːˈdiː/ N *(US)* (abbrev of **police department**) → **police**

**pd** (abbrev of **paid**) payé

**PDA** /piːdiːˈeɪ/ N (abbrev of **personal digital assistant**) PDA *m*, assistant *m* personnel (numérique)

**PDF** /ˌpiːdiːˈef/ N *(Comput)* (abbrev of **Portable Document Format**) pdf *m*

**pdq** * /ˌpiːdiːˈkjuː/ ADV (abbrev of **pretty damn quick**) en vitesse *

**PDSA** /ˌpiːdiːesˈeɪ/ N *(Brit)* (abbrev of **People's Dispensary for Sick Animals**) → **people**

**PDT** /ˌpiːdiːˈtiː/ *(US)* (abbrev of **Pacific Daylight Time**) → **pacific**

**PE** /piːˈiː/ N *(Scol)* (abbrev of **physical education**) → **physical**

**pea** /piː/ N *(Bot, Culin)* pois *m* ◆ **garden** *or* **green ~s** petits pois *mpl* ◆ **they are as like as two ~s (in a pod)** ils se ressemblent comme deux gouttes d'eau ; → **process[1], shell, split, sweet**

COMP ▷ **pea green** N vert *m inv* pomme ▷ **pea-green** ADJ vert pomme *inv* ▷ **pea jacket** N *(Naut)* caban *m* ▷ **pea soup** N soupe *f* aux pois ; *(from split peas)* soupe *f* aux pois cassés

**peace** /piːs/ N a *(NonC) (= not war)* paix *f* ; *(= treaty)* (traité *m* de) paix *f* ◆ **a lasting ~** une paix durable ◆ **after a long (period of) ~ war broke out** après une longue période de paix la guerre éclata ◆ **to be at ~** être en paix ◆ **to come in ~** venir en ami(s) ◆ **to live in** *or* **at ~ with ...** vivre en paix avec ... ◆ **to make ~** faire la paix ◆ **to make ~ with ...** signer *or* conclure la paix avec ... ◆ **to make (one's) ~ with sb** se réconcilier avec qn

b *(= calm)* paix *f*, tranquillité *f* ◆ **to be at ~ with oneself** avoir la conscience tranquille *or* en paix ◆ **to live at ~ with the world** avoir une vie paisible ◆ **to be at ~ with the world** ne pas avoir le moindre souci ◆ **~ of mind** tranquillité *f* d'esprit ◆ **to disturb sb's ~ of mind** troubler l'esprit de qn ◆ **leave him in ~** laisse-le tranquille, fiche-lui la paix * ◆ **to sleep in ~** dormir tranquille ◆ **he gives them no ~** il ne les laisse pas en paix ◆ **anything for the sake of ~ and quiet** n'importe quoi pour avoir la paix ◆ **I need a bit of ~ and quiet** j'ai besoin d'un peu de calme ◆ **to hold** *or* **keep one's ~** † garder le silence, se taire ; → **rest**

c *(Jur etc = civil order)* paix *f*, ordre *m* public ◆ **to disturb** *or* **break the ~** troubler l'ordre public ◆ **to keep the ~** *[citizen]* ne pas troubler l'ordre public ; *[police]* veiller à l'ordre public ; *(fig) (= stop disagreement)* maintenir le calme *or* la paix ; → **breach, justice**

COMP *(Pol) [poster, march, meeting, demonstration]* pour la paix ▷ **peace campaign** N campagne *f* pour la paix ; *(for nuclear disarmament)* campagne *f* pour le désarmement nucléaire ▷ **peace campaigner** N militant(e) *m(f)* pour la paix ; *(for nuclear disarmament)* militant(e) *m(f)* pour le désarmement nucléaire ▷ **peace conference** N conférence *f* de paix ▷ **Peace Corps** N *(US) organisation américaine de coopération et d'aide aux pays en développement* ▷ **peace dividend** N *économies sur le budget militaire réalisées depuis la fin d'une guerre et notamment de la guerre froide* ▷ **peace initiative** N initiative *f* de paix ▷ **peace lobby** N lobby *m* pour la paix ; *(for nuclear disarmament)* lobby *m* pour le désarmement nucléaire ▷ **peace-loving** ADJ pacifique ▷ **Peace Movement** N Mouvement *m* pour la paix ; *(for nuclear disarmament)* Mouvement *m* pour le désarmement nucléaire ▷ **peace offensive** N offensive *f* de paix ▷ **peace offering** N *(Rel = sacrifice)* offrande *f* propitiatoire ; *(fig)* cadeau *m* *or* gage *m* de réconciliation ▷ **peace pipe** N calumet *m* de la paix ▷ **the peace process** N le processus de paix ▷ **peace studies** NPL *(Educ)* études *fpl* sur la paix ▷ **peace talks** NPL pourparlers *mpl* de paix ▷ **peace treaty** N (traité *m* de) paix *f*

**peaceable** /ˈpiːsəbl/ ADJ *[people, folk]* pacifique ; *[person]* paisible ◆ **he proclaims himself to be a ~ family man** il se décrit comme un paisible père de famille

**peaceably** /ˈpiːsəblɪ/ ADV *[say, speak, agree]* pacifiquement ; *[gather, assemble, behave]* de manière pacifique

**peaceful** /ˈpiːsfʊl/ ADJ a *(= quiet) [, countryside, atmosphere, reign, period]* paisible ; *[life, place, sleep]* paisible, tranquille ; *[meeting]* calme b *(= not quarrelsome) [person, disposition, nation]* pacifique, paisible ; *(= non-violent) [demonstration]* non violent ; *[solution]* pacifique ◆ **~ coexistence** coexistence *f* pacifique ◆ **to do sth by** *or* **through ~ means** faire qch en utilisant des moyens pacifiques ◆ **the ~ uses of atomic energy** l'utilisation pacifique de l'énergie nucléaire ◆ **for ~ purposes** à des fins pacifiques

**peacefully** /ˈpiːsfəlɪ/ ADV *[demonstrate, disperse]* paisiblement, dans le calme ; *[live, sleep, lie]* paisiblement, tranquillement ; *[die]* paisiblement ◆ **the demonstration passed off ~** la manifestation s'est déroulée dans le calme *or* paisiblement

**peacefulness** /ˈpiːsfʊlnɪs/ N paix *f*, tranquillité *f*, calme *m*

**peacekeeper** /ˈpiːsˌkiːpəʳ/ N *(Mil)* soldat *m* de la paix

**peacekeeping** /ˈpiːsˌkiːpɪŋ/ N maintien *m* de la paix COMP *[operation, policy]* de maintien de la paix ▷ **peacekeeping force** N *(Mil)* force *f* de maintien de la paix

**peacemaker** /ˈpiːsˌmeɪkəʳ/ N pacificateur *m*, -trice *f*, conciliateur *m*, -trice *f* ; *(esp international politics)* artisan *m* de la paix

**peacemaking** /ˈpiːsˌmeɪkɪŋ/ N *(NonC)* négociations *fpl* de paix ADJ *[efforts]* de conciliation ; *[role]* de conciliateur ◆ **the ~ process** le processus de paix

**peacenik** * /ˈpiːsnɪk/ N *(pej)* pacifiste *mf*

**peacetime** /ˈpiːstaɪm/ N ◆ **in** *or* **during ~** en temps de paix ADJ en temps de paix

**peach[1]** /piːtʃ/ N a pêche *f* ; (also **peach tree**) pêcher *m* b (* = beauty) ◆ **she's a ~ !** elle est jolie comme un cœur ! * ◆ **that was a ~ of a shot!** *(Sport)* quel beau coup ! ◆ **what a ~ of a dress!** quel amour * de robe ! ADJ (couleur) pêche *inv* COMP ▷ **peach blossom** N fleur *f* de pêcher ▷ **peaches-and-cream complexion** N teint *m* de pêche ▷ **peach melba** N pêche *f* Melba ▷ **the Peach State** N *(US)* la Géorgie ▷ **peach stone** N noyau *m* de pêche

**peach** *[2] /piːtʃ/ VTI *(Prison)* ◆ **to ~ (on) sb** moucharder qn *

**peachy** /ˈpiːtʃɪ/ ADJ a *(in colour) [complexion]* de pêche b *(esp US: * = excellent)* super * ◆ **how's it going? – just ~!** ça va ? — ça roule !

**peacock** /ˈpiːkɒk/ N paon *m* COMP ▷ **peacock blue** N bleu *m* paon ▷ **peacock-blue** ADJ bleu paon *inv* ▷ **peacock butterfly** N paon *m* de jour ; → **proud**

**peahen** /ˈpiːhen/ N paonne *f*

**peak** /piːk/ N a *(= high point) [of career]* sommet *m*, apogée *m* ; *(on graph)* sommet *m* ◆ **the ~ of perfection** la perfection absolue ◆ **the economy has ~s and troughs** l'économie peut avoir des hauts et des bas ◆ **membership has fallen from a ~ of fifty thousand** le nombre d'adhérents est retombé après avoir atteint un niveau record de cinquante mille ◆ **at the ~ of his fame** à l'apogée *or* au sommet de sa gloire ◆ **discontent reached its ~** le mécontentement était à son comble ◆ **traffic reaches its ~ about 5 o'clock** l'heure de pointe (de la circulation) est vers 17 heures ◆ **at** *or* **in the ~ of condition** *or* **physical fitness** au meilleur *or* au mieux de sa forme

♦ **to be at + peak** ◆ **when the Empire was at its ~** quand l'Empire était à son apogée ◆ **when demand was at its ~** quand la demande était à son maximum ◆ **to be at the ~ of one's popularity** être au faîte de sa popularité

**b** *(= summit) [of mountain]* cime *f*, sommet *m* ; *(= mountain itself)* pic *m*

**c** *[of cap]* visière *f* ; → **off-peak, widow**

**VI** *[sales, demand etc]* atteindre son plus haut niveau ◆ **to ~ at 45%** atteindre 45% à son plus haut niveau

**COMP** ▷ **peak demand** N *(Comm)* demande *f* maximum *or* record *inv* ; *(Elec)* heures *fpl* de pointe *(de la consommation d'électricité)* ▷ **peak experience** N *(fig)* expérience *f* ineffable ▷ **peak hours** NPL *(for shops)* heures *fpl* d'affluence ; *(for traffic)* heures *fpl* d'affluence *or* de pointe ▷ **peak listening time** N *(Rad)* heures *fpl* de grande écoute ▷ **peak load** N *(Elec etc)* charge *f* maximum ▷ **peak period** N *(for shops, business)* période *f* de pointe ; *(for traffic)* période *f* d'affluence *or* de pointe ▷ **peak production** N *(Ind)* production *f* maximum ▷ **peak rate** N plein tarif *m* ▷ **peak season** N pleine saison *f* ▷ **peak time** N *(Brit) (TV)* prime time *m* ; *(Rad)* heure *f* de plus forte écoute ; *(Elec)* périodes *fpl* de pointe ; *(for traffic, train services)* heures *fpl* de pointe ▷ **peak-time** ADJ *(Brit) [programme] (TV)* de prime time ; *(Rad)* des heures de plus forte écoute ; *[electricity consumption, traffic, train services]* des périodes de pointe ▷ **peak traffic** N circulation *f* aux heures d'affluence *or* de pointe ▷ **peak viewing (time)** N *(TV)* heures *fpl* de grande écoute ▷ **peak year** N année *f* record *inv*

**peaked** /piːkt/ ADJ *[cap]* à visière ; *[roof]* pointu

**peaky** * /ˈpiːkɪ/ ADJ fatigué ◆ **to look ~** avoir mauvaise mine, avoir l'air mal fichu * ◆ **to feel ~** ne pas se sentir très en forme, se sentir mal fichu *

**peal** /piːl/ **N** ◆ **~ of bells** *(= sound)* sonnerie *f* de cloches, carillon *m* ; *(set)* carillon *m* ◆ **a ~ of thunder** un coup de tonnerre ◆ **the ~s of the organ** le ronflement de l'orgue ◆ **a ~ of laughter** un éclat de rire ◆ **to go (off) into ~s of laughter** rire aux éclats *or* à gorge déployée **VI** (also **peal out**) *[bells]* carillonner ; *[thunder]* gronder ; *[organ]* ronfler ; *[laughter]* éclater **VT** *[+ bells]* sonner (à toute volée)

**peanut** /ˈpiːnʌt/ **N** *(= nut)* cacahuète *f* ; *(= plant)* arachide *f* ◆ **to work for ~s** * travailler pour trois fois rien *or* des clopinettes ◆ **$300 is ~s for him** * pour lui 300 dollars représentent une bagatelle ◆ **if you pay ~s, you get monkeys** *(Prov)* * qui ne paie rien n'a que des bons à rien **COMP** ▷ **peanut butter** N beurre *m* de cacahuètes ▷ **peanut gallery** * N *(US)* poulailler * *m (dans un théâtre)* ▷ **peanut oil** N huile *f* d'arachide

**peapod** /ˈpiːpɒd/ N cosse *f* de pois

**pear** /pɛəʳ/ **N** poire *f* ; (also **pear tree**) poirier *m* ; → **prickly COMP** ▷ **pear-shaped** ADJ en forme de poire, piriforme ◆ **to be ~-shaped** * *[woman]* avoir de fortes hanches ◆ **things started to go ~-shaped** * les choses ont commencé à mal tourner

**pearl** /pɜːl/ **N** perle *f* ◆ **real/cultured ~s** perles *fpl* fines/de culture ◆ **~s of wisdom** *(liter or hum)* trésors *mpl* de sagesse ◆ **a ~ among women** *(liter)* la perle des femmes ◆ **to cast ~s before swine** *(liter)* jeter des perles aux pourceaux, donner de la confiture aux cochons * ◆ **it's (just) ~s before swine** * c'est (donner) de la confiture à des cochons * ; → **seed, string**

**VI** **a** *[water]* perler, former des gouttelettes

**b** *(= dive for pearls)* pêcher les perles

**COMP** ▷ **pearl barley** N orge *m* perlé ▷ **pearl button** N bouton *m* de nacre ▷ **pearl diver** N pêcheur *m*, -euse *f* de perles ▷ **pearl diving** N pêche *f* des perles ▷ **pearl grey** N gris *m* perle *inv* ▷ **pearl-grey** ADJ gris perle *inv* ▷ **pearl-handled** ADJ *[knife]* à manche de nacre ; *[revolver]* à crosse de nacre ▷ **pearl necklace** N collier *m* de perles ▷ **pearl oyster** N huître *f* perlière

**pearly** /ˈpɜːlɪ/ **ADJ** *(= made of pearl)* en *or* de nacre ; *(in colour)* nacré ◆ **~ teeth** dents *fpl* nacrées *or* de perle **COMP** ▷ **the Pearly Gates** NPL *(hum)* les portes *fpl* du Paradis ▷ **pearly king, pearly queen** N *(Brit) marchand(e) des quatre saisons de Londres qui porte des vêtements couverts de boutons de nacre* ▷ **pearly white** ADJ *(liter or hum) [teeth, skin]* d'un blanc éclatant

**peasant** /ˈpezənt/ **N** paysan(ne) *m(f)* ; *(pej)* paysan(ne) *m(f)*, péquenaud(e) * *m(f)*, rustre *m* ◆ **the ~s** *(Hist, Sociol)* la paysannerie, les paysans *mpl* ; *(Econ) (= small farmers)* les agriculteurs *mpl*, les ruraux *mpl* **ADJ** *[crafts, life]* rural, paysan ◆ **~ farmer** petit(e) exploitant(e) *m(f)* agricole ◆ **~ farming** petite exploitation *f* agricole

**peasantry** /ˈpezəntrɪ/ N ◆ **the ~** la paysannerie, les paysans *mpl* ; *(= countryfolk)* les campagnards *mpl*

**pease pudding** /ˌpiːzˈpʊdɪŋ/ N purée *f* de pois cassés

**peashooter** /ˈpiːʃuːtəʳ/ N *(lit, fig)* sarbacane *f*

**peasouper** * /ˌpiːˈsuːpəʳ/ N brouillard *m* à couper au couteau *, purée *f* de pois

**peat** /piːt/ **N** *(NonC)* tourbe *f* ; *(one piece)* motte *f* de tourbe ◆ **to dig** *or* **cut ~** extraire de la tourbe **COMP** ▷ **peat bog** N tourbière *f* ▷ **peat pot** N *(Hort)* pot *m* *or* godet *m* de tourbe

**peaty** /ˈpiːtɪ/ ADJ *[soil]* tourbeux ; *[smell, taste]* de tourbe

**pebble** /ˈpebl/ **N** **a** *(= stone)* caillou *m* ; *(on beach)* galet *m* ◆ **he's not the only ~ on the beach** il n'est pas unique au monde, il n'y a pas que lui **b** *(Opt)* lentille *f* en cristal de roche **COMP** ▷ **pebble glasses** * NPL gros carreaux * *mpl* de myope

**pebbledash** /ˈpebldæʃ/ **N** crépi *m* granité **VT** recouvrir d'un crépi granité, graniter *(SPEC)*

**pebbledashed** /ˈpebldæʃt/ ADJ *[wall, house]* recouvert d'un crépi granité

**pebbleweave (cloth)** /ˈpeblwiːv(ˌklɒθ)/ N *(Tex)* granité *m*

**pebbly** /ˈpeblɪ/ ADJ *[surface, road]* caillouteux ◆ **a ~ beach** une plage de galets

**pecan** /pɪˈkæn/ N *(= nut)* (noix *f*) pacane *f* ; *(= tree)* pacanier *m*

**peccadillo** /ˌpekəˈdɪləʊ/ N (pl **peccadillos** *or* **peccadilloes**) peccadille *f*, vétille *f*

**peccary** /ˈpekərɪ/ N (pl **peccary** *or* **peccaries**) pécari *m*

**peck¹** /pek/ **N** **a** *[of bird]* coup *m* de bec **b** *(= hasty kiss)* bise *f* ◆ **to give sb a ~ on the cheek** donner à qn une bise sur la joue **VT** *[bird] [+ object, ground]* becqueter, picoter ; *[+ food]* picorer ; *[+ person, attacker]* donner un coup de bec à ◆ **to ~ a hole in sth** faire un trou dans qch à (force de) coups de bec ◆ **the bird nearly ~ed his eyes out** l'oiseau a failli lui crever les yeux à coups de bec **VI** ◆ **to ~ at** *[bird] [+ object, ground]* becqueter, picoter *[+ food]* picorer ; *[+ person, attacker]* donner un coup de bec à ◆ **to ~ at one's food** *[person]* manger du bout des dents, chipoter * **COMP** ▷ **pecking order, peck order** *(US)* N *[of birds]* ordre *m* hiérarchique ; *(fig)* hiérarchie *f*, ordre *m* des préséances

**peck²** /pek/ N *(Measure)* picotin *m* ◆ **a ~ of troubles** bien des ennuis

**pecker** /ˈpekəʳ/ N **a** *(Brit)* **to keep one's ~ up** garder le moral **b** *(US* * *= penis)* quéquette * *f*

**peckish** * /ˈpekɪʃ/ ADJ ◆ **to be** *or* **feel ~** avoir un petit creux

**pecs** * /peks/ NPL pectoraux *mpl*

**pectin** /ˈpektɪn/ N pectine *f*

**pectoral** /ˈpektərəl/ **ADJ** pectoral **N** **a** ◆ **~s** *(= muscles)* pectoraux *mpl* **b** pectoral *m* *(ornement)*

**peculate** /ˈpekjʊleɪt/ VI détourner des fonds (publics)

**peculation** /ˌpekjʊˈleɪʃən/ N détournement *m* de fonds (publics), péculat *m*

**peculiar** /pɪˈkjuːlɪəʳ/ ADJ **a** *(= odd)* bizarre ◆ **to feel ~** se sentir bizarre

**b** *(frm = especial)* particulier, spécial ◆ **a matter of ~ importance** une question d'une importance particulière

**c** *(frm = particular)* particulier ◆ **the ~ properties of this drug** les propriétés particulières de ce médicament ◆ **the region has its ~ dialect** cette région a son dialecte particulier *or* son propre dialecte

♦ **peculiar to** particulier à, propre à ◆ **a phrase ~ to him** une expression qui lui est particulière *or* propre ◆ **an animal ~ to Africa** un animal qui n'existe qu'en Afrique ◆ **this problem is not ~ to the UK** ce problème n'est pas propre au Royaume-Uni

**peculiarity** /pɪˌkjʊlɪˈærɪtɪ/ N **a** *(= distinctive feature)* particularité *f*, trait *m* distinctif ◆ **it has the ~ of being ...** cela a *or* présente la particularité d'être ... **b** *(= oddity)* bizarrerie *f*, singularité *f (liter)* ◆ **she's got her little peculiarities** elle a ses petites manies

**peculiarly** /pɪˈkjuːlɪəlɪ/ ADV **a** *(= oddly)* étrangement, singulièrement **b** *(frm = uniquely)* particulièrement ◆ **a ~ British characteristic** une caractéristique propre aux Britanniques *or* typiquement britannique

**pecuniary** /pɪˈkjuːnɪərɪ/ ADJ *(frm)* pécuniaire, financier ◆ **~ difficulties** ennuis *mpl* d'argent, embarras *mpl* pécuniaires

**pedagogic(al)** /ˌpedəˈgɒdʒɪk(əl)/ ADJ pédagogique

**pedagogically** /ˌpedəˈgɒdʒɪkəlɪ/ ADV *(frm)* d'un point de vue pédagogique

**pedagogue** /ˈpedəgɒg/ N *(Hist, fig)* pédagogue *mf*

**pedagogy** /ˈpedəgɒgɪ/ N pédagogie *f*

**pedal** /ˈpedl/ **N** **a** *(= lever) [of car, bicycle, piano etc]* pédale *f* ◆ **to put the ~ to the floor** *or* **boards** *or* **metal** * *(Aut) (= accelerate fast)* mettre le pied au plancher * ; *(fig)* foncer dans le brouillard * ; → **clutch** **b** *(Mus)* basse *f* continue **VI** *[cyclist]* pédaler ◆ **he ~led through the town** il a traversé la ville à bicyclette *or* à vélo ; → **soft** **VT** *[+ machine, cycle]* appuyer sur la *or* les pédale(s) de ◆ **Gavin ~led the three miles to the restaurant** Gavin a fait les trois miles jusqu'au restaurant à bicyclette *or* à vélo **COMP** ▷ **pedal bin** N poubelle *f* à pédale ▷ **pedal**

**cycle** N bicyclette *f* à pédales ▷ **pedal cyclist** N cycliste *mf* ▷ **pedal pushers** NPL (pantalon *m*) corsaire *m*

**pedalboat** /ˈpedlbəʊt/ N pédalo ® *m*

**pedalcar** /ˈpedlkɑːʳ/ N voiture *f* à pédales

**pedalo** /ˈpedələʊ/ N (pl **pedalos** *or* **pedaloes**) pédalo ® *m*

**pedant** /ˈpedənt/ N pédant(e) *m(f)*

**pedantic** /pɪˈdæntɪk/ ADJ *[person, approach]* pointilleux (-euse *f*) ◆ **my aunt in her ~ way worked out the exact cost** ma tante, pointilleuse comme toujours, calcula le coût exact ◆ **a ~ lecture** un exposé aride ◆ **don't be so ~!** arrête de pinailler !

> ⚠ *The French word* **pédant** *refers not to a pedantic person but to someone who shows off their knowledge.*

**pedantically** /pɪˈdæntɪkəlɪ/ ADV ◆ **Guy ~ raised points of grammar** Guy, pointilleux, soulevait des points de grammaire

**pedantry** /ˈpedəntrɪ/ N ◆ **he rises above narrow academic ~** son approche se situe au-delà de celle, pointilleuse et bornée, des universitaires

**peddle** /ˈpedl/ VI faire du colportage VT *[+ goods]* colporter ; *(fig pej) [+ gossip]* colporter, répandre ; *[+ ideas]* propager ; *[+ drugs]* faire le trafic de

**peddler** /ˈpedləʳ/ N **a** *(esp US)* ⇒ **pedlar** **b** *[of drugs]* revendeur *m*, -euse *f*

**pederast** /ˈpedəræst/ N pédéraste *m*

**pederasty** /ˈpedəræstɪ/ N pédérastie *f*

**pedestal** /ˈpedɪstl/ N piédestal *m*, socle *m* ; *(fig)* piédestal *m* ◆ **to put** *or* **set sb on a ~** mettre qn sur un piédestal ◆ **to knock sb off their ~** faire descendre *or* faire tomber qn de son piédestal COMP ▷ **pedestal basin** N lavabo *m* sur colonne ▷ **pedestal desk** N bureau *m* ministre *inv* ▷ **pedestal table** N guéridon *m*

**pedestrian** /pɪˈdestrɪən/ N piéton *m* ADJ *(fig = prosaic)* dépourvu d'imagination ◆ **his more ~ colleagues** ses collègues, qui avaient moins d'imagination COMP ▷ **pedestrian crossing** N *(Brit)* passage *m* pour piétons, passage *m* clouté ▷ **pedestrian mall, pedestrian precinct** N *(Brit)* zone *f* piétonne ▷ **pedestrian traffic** N piétons *mpl* ◆ **~ traffic is increasing here** les piétons deviennent de plus en plus nombreux ici ◆ **"pedestrian traffic only"** "réservé aux piétons" ▷ **pedestrian zone** N *(US)* ⇒ **pedestrian precinct**

**pedestrianization** /pɪˌdestrɪənaɪˈzeɪʃən/ N transformation *f* en zone piétonne *or* piétonnière, création *f* de zone(s) piétonne(s) *or* piétonnière(s)

**pedestrianize** /pɪˈdestrɪəˌnaɪz/ VT *[+ area]* transformer en zone piétonne *or* piétonnière

**pediatric** /ˌpiːdɪˈætrɪk/ ADJ ⇒ **paediatric**

**pedicab** /ˈpedɪkæb/ N cyclopousse *m* (à deux places)

**pedicure** /ˈpedɪkjʊəʳ/ N pédicurie *f* ◆ **to have a ~** se faire soigner les pieds *(par un pédicure)*

**pedigree** /ˈpedɪgriː/ N **a** *(= lineage) [of animal]* pedigree *m* ; *[of person]* ascendance *f*, lignée *f* **b** *(= genealogy) [of person, animal]* arbre *m* généalogique **c** *(= document) [of dogs, horses etc]* pedigree *m* ; *[of person]* pièce *f* *or* document *m* généalogique COMP *[dog, cattle etc]* de (pure) race

**pediment** /ˈpedɪmənt/ N fronton *m*

**pedlar** /ˈpedləʳ/ N *(door to door)* colporteur *m* ; *(in street)* camelot *m*

**pedological** /ˌpiːdəˈlɒdʒɪkl/ ADJ pédologique

**pedologist** /pɪˈdɒlədʒɪst/ N pédologue *mf*

**pedology** /pɪˈdɒlədʒɪ/ N pédologie *f*

**pedometer** /pɪˈdɒmɪtəʳ/ N podomètre *m*

**pedophile** /ˈpiːdəʊfaɪl/ N ⇒ **paedophile**

**pee** * /piː/ VI pisser *, faire pipi * N pisse * *f*, pipi * *m*

**peek** /piːk/ N coup *m* d'œil (furtif) ◆ **to take a ~ at sb/sth** jeter un coup d'œil (furtif) à *or* sur qn/qch VI jeter un coup d'œil (furtif) (*at* sur, à) ◆ **no ~ing!** on ne regarde pas ! COMP ▷ **peek-a-boo** * EXCL coucou ! ▷ **peek-a-boo blouse** * N *(US)* corsage *m* semi-transparent

**peel** /piːl/ N *[of apple, potato]* pelure *f*, épluchure *f* ; *[of orange]* écorce *f*, peau *f* ; *(Culin)* zeste *m*

VT *[+ fruit]* peler, éplucher ; *[+ potato]* éplucher ; *[+ stick]* écorcer ; *[+ shrimps]* décortiquer, éplucher ◆ **to keep one's eyes ~ed** * faire attention, ouvrir l'œil * ◆ **keep your eyes ~ed * for a signpost!** ouvre l'œil * et tâche d'apercevoir un panneau !

VI *[fruit]* se peler ; *[paint]* s'écailler ; *[skin, part of body]* peler

► **peel away** VI *[skin]* peler ; *(Med)* se desquamer ; *[paint]* s'écailler ; *[wallpaper]* se décoller

VT SEP *[+ rind, skin]* peler ; *[+ film, covering]* détacher, décoller

► **peel back** VT SEP *[+ film, covering]* détacher, décoller

► **peel off** VI **a** ⇒ **peel away vi**

**b** *(= leave formation, group etc) [plane]* se détacher de la formation ; *[motorcyclists etc]* se détacher du groupe (*or* du cortège *etc*) en virant ◆ **to ~ off from** s'écarter de, se détacher en virant de

VT SEP **a** ⇒ **peel away vt sep**

**b** *( * fig) [+ garment]* enlever, ôter ◆ **to ~ off one's clothes** enlever ses vêtements, se déshabiller

**peeler** /ˈpiːləʳ/ N **a** *(= gadget)* (couteau-)éplucheur *m* ; *(electric)* éplucheur *m* électrique **b** *(Brit* †† *= policeman)* sergent *m* de ville

**peelie-wally** * /ˈpiːlɪˈwælɪ/ ADJ *(Scot)* chétif, souffreteux

**peeling** /ˈpiːlɪŋ/ N ◆ **~s** *[of fruit, vegetables]* pelures *fpl*, épluchures *fpl* ◆ **potato ~s** épluchures *fpl* de pommes de terre ADJ *[skin]* qui pèle ; *[wallpaper]* qui se décolle ; *[paint]* qui s'écaille

**peep**[1] /piːp/ N **a** *(= peek)* coup *m* d'œil, regard *m* furtif ◆ **have a ~!** jette un coup d'œil ! ◆ **to have** *or* **take a ~ at sth** jeter un coup d'œil à *or* sur qch, regarder qch furtivement *or* à la dérobée ◆ **she had a ~ at her present** elle a jeté un (petit) coup d'œil à son cadeau ◆ **to get** *or* **have a ~ at the exam papers** jeter un (petit) coup d'œil discret sur les sujets d'examen

**b** *[of gas]* veilleuse *f*, (toute) petite flamme *f* ◆ **a ~ of light showed through the curtains** un rayon de lumière filtrait entre les rideaux

VI jeter un coup d'œil, regarder furtivement ◆ **to ~ at sth** jeter un coup d'œil à qch, regarder qch furtivement ◆ **she ~ed into the box** elle a jeté un coup d'œil *or* elle a regardé furtivement à l'intérieur de la boîte ◆ **he was ~ing at us from behind a tree** il nous regardait furtivement *or* à la dérobée de derrière un arbre ◆ **to ~ over a wall** regarder furtivement par-dessus un mur, passer la tête par-dessus un mur ◆ **to ~ through a window** regarder furtivement *or* jeter un coup d'œil par la fenêtre

COMP ▷ **peep-bo** * EXCL coucou ! ▷ **Peeping Tom** N voyeur *m* ▷ **peep show** N *(= box)* visionneuse *f* ; *(= pictures)* vues *fpl* stéréoscopiques ; *(= event)* peep-show *m*

► **peep out** VI **a** *(= peek)* ◆ **she was peeping out from behind the curtains** elle passait le nez de derrière les rideaux ◆ **the sun ~ed out from behind the clouds** le soleil s'est montré entre les nuages

**b** *(= appear) [gun, petticoat etc]* dépasser (*from* de)

VT ◆ **she peeped her head out** elle a passé la tête

**peep**[2] /piːp/ N *[of bird]* pépiement *m*, piaulement *m* ; *[of mouse]* petit cri *m* aigu ◆ **one ~ out of you and I'll send you to bed!** * si tu ouvres la bouche je t'envoie te coucher ! ◆ **there wasn't a ~ of protest about this** il n'y a pas eu la moindre protestation à ce sujet VI *[bird]* pépier, piauler ; *[mouse]* pousser de petits cris aigus

**peepers** * /ˈpiːpəz/ NPL quinquets * *mpl*

**peephole** /ˈpiːphəʊl/ N *(gen)* trou *m* *(pour épier)* ; *(in front door etc)* judas *m*

**peeptoe** /ˈpiːptəʊ/ ADJ ◆ **~ sandal/shoe** sandale *f*/chaussure *f* à bout découpé

**peer**[1] /pɪəʳ/ VI *(= look)* ◆ **to ~ at sb** regarder qn ; *(inquiringly/doubtfully/anxiously)* regarder qn d'un air interrogateur/dubitatif/inquiet ; *(short-sightedly)* regarder qn avec des yeux de myope ◆ **to ~ at a book/photograph** scruter (du regard) un livre/une photographie ◆ **she ~ed into the room** elle regarda dans la pièce d'un air interrogateur *or* dubitatif *etc* ◆ **to ~ out of the window/over the wall** regarder par la fenêtre/par-dessus le mur d'un air interrogateur *etc* ◆ **to ~ into sb's face** regarder qn d'un air interrogateur *etc*, dévisager qn ◆ **she ~ed around over her spectacles** elle regarda autour d'elle par-dessus ses lunettes

**peer**[2] /pɪəʳ/ N **a** *(= social equal)* pair *m* ◆ **accepted by his ~s** accepté par ses pairs **b** *(liter: in achievement etc)* égal(e) *m(f)* ◆ **as a musician he has no ~** comme musicien il est hors pair *or* il n'a pas son pareil **c** (*= noble:* also **peer of the realm**) pair *m* (du royaume) ; → **hereditary, life** COMP ▷ **peer group** N *(Sociol)* pairs *mpl* ▷ **peer pressure** N pressions *fpl* exercées par l'entourage *or* par les autres

**peerage** /ˈpɪərɪdʒ/ N *(= rank)* pairie *f* ; *(collective = the peers)* pairs *mpl*, noblesse *f* ; *(= list of peers)* nobiliaire *m* ◆ **to inherit a ~** hériter d'une pairie ◆ **to be given a ~** être anobli ; → **life**

**peeress** /ˈpɪərɪs/ N pairesse *f*

**peerless** /ˈpɪəlɪs/ ADJ hors pair, sans pareil

**peeve** * /piːv/ VT mettre en rogne * N ◆ **pet ~** bête *f* noire *(fig)*

**peeved** * /piːvd/ ADJ irrité, en rogne *

**peevish** /ˈpiːvɪʃ/ ADJ grincheux, maussade ; *[child]* grognon, de mauvaise humeur

**peevishly** /ˈpiːvɪʃlɪ/ ADV d'un air maussade, avec (mauvaise) humeur

**peevishness** /ˈpiːvɪʃnɪs/ N maussaderie *f*, mauvaise humeur *f*

**peewee** * /ˈpiːwiː/ *(US)* ADJ minuscule N *(= child)* petit bout *m* de chou *, enfant *m* haut comme trois pommes *

**peewit** /ˈpiːwɪt/ N vanneau *m*

**peg** /peg/ N **a** *(wooden)* cheville *f* ; *(metal)* fiche *f* ; *(for coat, hat)* patère *f* ; *(= tent peg)* piquet *m* ; *(Climbing)* piton *m* ; *[of violin]* cheville *f* ; *[of cask]* fausset *m* ; *(Croquet)* piquet *m* ; *(Brit = clothes peg)* pince *f* à linge ◆ **to buy a dress off the ~** *(Brit)* acheter une robe de prêt-à-porter *or* de confection ◆ **I bought this off the ~** c'est du prêt-à-porter, j'ai acheté ça tout fait ; see also **off** ◆ **to take sb down a ~ or two** remettre qn à sa place, rabattre le caquet à qn ◆ **a ~ to hang a complaint on** *(fig)* un prétexte de plainte, un prétexte *or* une excuse pour se plaindre ; → **level, square**

**b** *(Brit)* **a ~ of whisky** un whisky-soda

**VT** **a** *(gen)* fixer à l'aide de fiches (*or* de piquets *etc*) ; *(Tech)* cheviller ◆ **to ~ a tent down** fixer une tente avec des piquets ◆ **to ~ clothes (out) on the line** étendre du linge sur la corde

**b** *(Econ)* *[+ prices, wages]* stabiliser, bloquer ◆ **to ~ prices to sth** lier les prix à qch ◆ **they ~ged their currencies to the dollar** ils ont fixé le cours de leurs monnaies par rapport au dollar

**c** *(US * = categorize)* ◆ **to have sb ~ged as an extremist/a delinquent** cataloguer qn comme extrémiste/délinquant

**d** *(Climbing)* pitonner

**COMP** ▷ **peg pants** NPL *(US)* ≃ pantalon *m* fuseau

► **peg away** * VI bosser *, bûcher * ◆ **he's ~ging away at his maths** il bosse * *or* bûche * ses maths

► **peg out** VI (‡ = *die*) casser sa pipe ‡, clamser ‡

**VT SEP** *[+ piece of land]* piqueter, délimiter ; see also **peg vt a**

**Pegasus** /ˈpegəsəs/ N Pégase *m*

**pegboard** /ˈpegbɔːd/ N *(Games)* plateau *m* perforé *(utilisé dans certains jeux)*

**pegleg** ‡ /ˈpegleg/ N jambe *f* de bois

**pejoration** /ˌpiːdʒəˈreɪʃən/ N péjoration *f*

**pejorative** /pɪˈdʒɒrətɪv/ ADJ péjoratif

**peke** * /piːk/ N abbrev of **pekin(g)ese**

**Pekin** /piːˈkɪn/, **Peking** /piːˈkɪŋ/ N Pékin

**COMP** ▷ **Peking duck** N canard *m* laqué

**Pekin(g)ese** /ˌpiːkɪˈniːz/ N *(pl inv = dog)* pékinois *m*

**Pekinologist** /ˌpiːkəˈnɒlədʒɪst/ N *(Pol)* sinologue *mf*

**pekoe** /ˈpiːkəʊ/ N (thé *m*) pekoe *m*

**pelagic** /pɪˈlædʒɪk/ ADJ pélagique

**pelargonium** /ˌpeləˈgəʊnɪəm/ N pélargonium *m*

**pelf** /pelf/ N *(pej)* lucre *m (pej)*, richesses *fpl*

**pelican** /ˈpelɪkən/ N pélican *m* **COMP** ▷ **pelican crossing** N *(Brit)* passage *m* pour piétons *(avec feux de circulation)*

**pellagra** /pəˈleɪgrə/ N pellagre *f*

**pellet** /ˈpelɪt/ N *[of paper, bread]* boulette *f* ; *(for gun)* (grain *m* de) plomb *m* ; *(Med)* pilule *f* ; *[of owl etc]* boulette *f* (de résidus regorgés) ; *[of chemicals]* pastille *f*

**pell-mell** /ˈpelˈmel/ ADV **a** *(= in a jumble) [throw, heap]* pêle-mêle ◆ **the puppies tumbled ~ into their basket** les chiots se sont précipités pêle-mêle dans leur panier **b** *(= full tilt) [run, dash, drive]* comme un fou ◆ **she ran ~ to the hospital** elle a couru comme une folle à l'hôpital

**pellucid** /peˈluːsɪd/ ADJ pellucide *(liter)*, transparent ; *(fig) [style]* clair, limpide ; *[mind]* lucide, clair

**pelmet** /ˈpelmɪt/ N *(esp Brit) (wooden)* lambrequin *m* ; *(cloth)* cantonnière *f*

**Peloponnese** /ˌpeləpəˈniːs/ N ◆ **the ~** le Péloponnèse

**Peloponnesian** /ˌpeləpəˈniːʃən/ ADJ péloponnésien ◆ **the ~ War** la guerre du Péloponnèse

**pelota** /pɪˈləʊtə/ N pelote *f* basque

**pelt**[1] /pelt/ **VT** bombarder (*with* de) ◆ **they were ~ed with stones/tomatoes** on les a bombardés de pierres/de tomates **VI** **a** **the rain is** *or* **it's ~ing down** *, **it's ~ing with rain** * il tombe des cordes *, il pleut à torrents *or* à seaux ◆ **~ing rain** pluie *f* battante **b** *(= run)* ◆ **to ~ down the street** descendre la rue à toutes jambes ◆ **she ~ed out of the house** elle est sortie de la maison en trombe *or* comme une flèche **N** ◆ **(at) full ~** à toute vitesse, à fond de train

**pelt**[2] /pelt/ N *(= skin)* peau *f* ; *(= fur)* fourrure *f*

**pelves** /ˈpelviːz/ NPL of **pelvis**

**pelvic** /ˈpelvɪk/ **ADJ** pelvien **COMP** ▷ **pelvic floor** N plancher *m* pelvien ▷ **pelvic girdle** N ceinture *f* pelvienne ▷ **pelvic inflammatory disease** N salpingite *f* aiguë, pelvipéritonite *f*

**pelvis** /ˈpelvɪs/ N (pl **pelvises** *or* **pelves**) bassin *m*, pelvis *m*

**pem(m)ican** /ˈpemɪkən/ N pemmican *m*

**pen**[1] /pen/ **N** stylo *m* ; *(= ball-point)* stylo *m* à bille ; *(= felt-tip)* (crayon *m*) feutre *m* ; *(= fountain-pen)* stylo *m* à plume ◆ **to put ~ to paper** prendre la plume, écrire ◆ **a new novel from the ~ of ...** un nouveau roman de ... ◆ **to live by one's ~** vivre de sa plume ; → **quill** **VT** *[+ letter]* écrire ; *[+ article]* rédiger **COMP** ▷ **pen-and-ink drawing** N dessin *m* à la plume ▷ **pen friend** N *(Brit)* correspondant(e) *m(f)* ▷ **pen name** N pseudonyme *m*, nom *m* de plume ▷ **pen nib** N plume *f (de stylo)* ▷ **pen pal** * N ⇒ **pen friend**

**pen**[2] /pen/ (vb : pret **penned**, ptp **penned** *or* **pent**) **N** *[of animals]* parc *m*, enclos *m* ; (also **playpen**) parc *m* (d'enfant) ; (also **submarine pen**) abri *m* de sous-marins **VT** (also **pen in, pen up**) *[+ animals]* parquer ; *[+ people]* enfermer, parquer *(pej)*

**pen**[3] /pen/ N *(= swan)* cygne *m* femelle

**pen**[4] ‡ /pen/ N *(US)* (abbrev of **penitentiary**) taule ‡ *f or* tôle ‡ *f*, trou ‡ *m*

**penal** /ˈpiːnl/ **ADJ** **a** *[law, clause, policy]* pénal ; *[offence]* punissable ◆ **~ reform** réforme *f* du système pénal **b** *(= harsh) [taxation]* très lourd ; *[rate of interest]* exorbitant **COMP** ▷ **penal code** N code *m* pénal ▷ **penal colony** N colonie *f* pénitentiaire ▷ **penal servitude** N *(Jur)* ◆ **~ servitude (for life)** travaux *mpl* forcés (à perpétuité) ▷ **penal settlement** N ⇒ **penal colony**

**penalization** /ˌpiːnəlaɪˈzeɪʃən/ N pénalisation *f*

**penalize** /ˈpiːnəlaɪz/ VT **a** *(= punish) [+ person]* pénaliser ; *[+ action, mistake]* réprimer ◆ **he was ~d for refusing (to ...)** il a été pénalisé pour avoir refusé (de ...) ◆ **to be ~d for a foul** *(Sport)* être pénalisé pour une faute **b** *(= work against)* pénaliser, défavoriser ◆ **a law that ~s single mothers** une loi qui pénalise *or* défavorise les mères célibataires ◆ **the rail strike ~s those who haven't got a car** la grève des chemins de fer pénalise ceux qui n'ont pas de voiture

**penalty** /ˈpenəltɪ/ **N** **a** *(= punishment)* peine *f* ; *(= fine)* pénalité *f*, amende *f* ; *(Sport)* pénalisation *f* ; *(Ftbl etc)* penalty *m* ◆ **the ~ for murder is death** le meurtre est passible de la peine de mort ◆ **"no smoking: maximum penalty £500"** "interdiction de fumer : jusqu'à 500 livres d'amende en cas d'infraction" ◆ **a five-point ~ for a wrong answer** *(in games)* cinq points de pénalité pour chaque erreur ◆ **on ~ of** sous peine de ◆ **under ~ of death** sous peine de mort ◆ **he has paid the ~ for neglecting his responsibilities** il n'a pas assumé ses responsabilités et en a subi les conséquences ◆ **he has paid the ~ for (his) success** il a payé la rançon du succès

**COMP** ▷ **penalty area, penalty box** N *(Ftbl)* surface *f* de réparation ▷ **penalty clause** N *(Jur)* clause *f* pénale ▷ **penalty corner** N *(Hockey)* corner *m* ▷ **penalty goal** N *(Rugby etc)* but *m* sur pénalité ▷ **penalty kick** N *(Ftbl)* penalty *m* ; *(Rugby)* coup *m* de pied de pénalité ▷ **penalty point** N *(Aut, Jur, Sport)* point *m* de pénalité ▷ **penalty shoot-out** N *(Ftbl)* (épreuve *f* des) tirs *mpl* au but ▷ **penalty spot** N *(Ftbl)* point *m* de penalty *or* de réparation

**penance** /ˈpenəns/ N *(Rel, fig)* pénitence *f* (*for* de, pour) ◆ **to give (sb) ~** *(Rel) [priest]* donner une pénitence (à qn) ◆ **to do ~ for sth** faire pénitence pour qch

**pence** /pens/ NPL of **penny**

**penchant** /ˈpɑ̃ːʃɑ̃ːŋ/ N penchant *m* (*for* pour), inclination *f* (*for* pour)

**pencil** /ˈpensl/ **N** **a** crayon *m* ◆ **to write/draw in ~** écrire/dessiner au crayon ◆ **a coloured ~** un crayon de couleur ; → **lead², propel**

**b** *(= thin beam)* ◆ **a ~ of light shone from his torch** sa lampe de poche projetait un pinceau lumineux

**VT** *[+ note]* crayonner, écrire au crayon

**COMP** *[note, line, mark]* au crayon ▷ **pencil box** N plumier *m* ▷ **pencil case** N trousse (d'écolier) ▷ **pencil drawing** N dessin *m* au crayon, crayonnage *m* ▷ **pencil pusher** * N *(US pej)* gratte-papier * *m*, rond-de-cuir * *m* ▷ **pencil rubber** N gomme *f* (à crayon) ▷ **pencil sharpener** N taille-crayon *m*

► **pencil in** VT SEP **a** *(lit) [+ note]* crayonner, écrire au crayon ◆ **to ~ in one's eyebrows** se faire les sourcils au crayon

**b** *(fig) [+ date, meeting]* fixer provisoirement ◆ **we had three dates pencilled in** nous avions fixé trois dates possibles, nous avions retenu provisoirement trois dates ◆ **I've pencilled you in for Thursday** j'ai marqué votre nom provisoirement pour jeudi

**pendant** /ˈpendənt/ N *(on necklace)* pendentif *m* ; *(= earring)* pendant *m* (d'oreille) ; *(= ceiling lamp)* lustre *m* ; *(on chandelier etc)* pendeloque *f*

**pendency** /ˈpendənsɪ/ N *(Jur)* ◆ **during the ~ of the action** en cours d'instance

**pending** /ˈpendɪŋ/ **ADJ** *[case, action]* pendant, en instance ; *[business, question]* en suspens, en souffrance ◆ **the ~ tray** le casier des affaires en souffrance ◆ **other matters ~ will be dealt with next week** les affaires en suspens seront réglées la semaine prochaine **PREP** dans l'attente de

**pendulous** /ˈpendjʊləs/ ADJ **a** *(= hanging) [lips, cheeks, nest]* pendant ; *[flowers]* pendant, qui retombe **b** *(= swinging) [movement]* de balancement, oscillant

**pendulum** /ˈpendjʊləm/ N **a** *(gen)* pendule *m* ; *[of clock]* balancier *m* ; see also **swing** **b** *(Climbing)* pendule *m*

**Penelope** /pəˈneləpɪ/ N Pénélope *f*

**peneplain, peneplane** /ˈpiːnɪpleɪn/ N pénéplaine *f*

**penes** /ˈpiːniːz/ NPL of **penis**

**penetrable** /ˈpenɪtrəbl/ ADJ pénétrable

**penetrate** /ˈpenɪtreɪt/ **VT** **a** *[+ area, region, territory]* pénétrer dans ◆ **rescue workers are penetrating this remote region** les sauveteurs pénètrent dans cette région isolée ◆ **to ~ enemy territory** pénétrer en *or* entrer en territoire ennemi ◆ **to ~ the enemy's defences/lines** pénétrer *or* percer les dé fenses ennemies/le front ennemi ◆ **the bullet ~d his heart** la balle lui a perforé le cœur ◆ **the knife ~d his heart** le couteau lui est entré dans le cœur ◆ **the car's lights ~d the darkness** les phares de la voiture perçaient l'obscurité ◆ **sunlight cannot ~ the thick foliage** la lumière du soleil ne peut pas passer à travers cette épaisse végétation ◆ **to ~ a mystery/sb's mind** pénétrer *or* comprendre un mystère/les pensées de qn ◆ **to ~ sb's disguise** percer le déguisement de qn ◆ **subversive elements have ~d the party** *(Pol)* des éléments subversifs se sont infiltrés dans le parti ◆ **they managed to ~ the foreign market** *(Comm)* ils ont réussi à pénétrer le marché étranger

b *(during sex)* pénétrer

VI ◆ **to ~ into** *[+ area, region, territory]* pénétrer dans ; *[light, water]* pénétrer (dans), filtrer dans ◆ **to ~ through** traverser ◆ **the noise ~d into the lobby** le bruit est parvenu *or* est arrivé jusque dans le hall

**penetrating** /ˈpenɪtreɪtɪŋ/ ADJ a *[wind, rain]* pénétrant ; *[cold]* pénétrant, mordant ; *[sound, voice, look]* pénétrant, perçant b *(= acute, discerning) [mind, remark]* pénétrant, perspicace ; *[person, assessment]* clairvoyant, perspicace

**penetratingly** /ˈpenɪtreɪtɪŋlɪ/ ADV a *(= piercingly) [speak, shriek]* d'une voix perçante b *(= acutely, discerningly) [assess, observe]* avec pénétration, avec perspicacité

**penetration** /ˌpenɪˈtreɪʃən/ N *(NonC)* pénétration *f*

**penetrative** /ˈpenɪtrətɪv/ ADJ pénétrant ◆ **~ sex** (relations *fpl* sexuelles avec) pénétration *f*

**penguin** /ˈpeŋgwɪn/ N *(Orn)* manchot *m*

**penholder** /ˈpenˌhəʊldəʳ/ N porte-plume *m*

**penicillin** /ˌpenɪˈsɪlɪn/ N pénicilline *f*

**penile** /ˈpiːnaɪl/ ADJ pénien

**peninsula** /pɪˈnɪnsjʊlə/ N péninsule *f*

**peninsular** /pɪˈnɪnsjʊləʳ/ ADJ péninsulaire COMP ▷ **the Peninsular War** N la guerre d'Espagne *(napoléonienne)*

**penis** /ˈpiːnɪs/ N (pl **penises** *or* **penes**) pénis *m* COMP ▷ **penis envy** N *(Psych)* envie *f* du pénis

**penitence** /ˈpenɪtəns/ N repentir *m*

**penitent** /ˈpenɪtənt/ ADJ repentant(e) *m(f)* N personne *f* repentante

**penitential** /ˌpenɪˈtenʃəl/ ADJ contrit ◆ **~ psalm** *(Rel)* psaume *m* de la pénitence *or* pénitentiel N *[code]* pénitentiel *m*

**penitentiary** /ˌpenɪˈtenʃərɪ/ N a *(US = prison:* also **state penitentiary***)* prison *f*, (maison *f*) centrale *f* b *(Rel) (= cleric)* pénitencier *m* ; *(= tribunal)* pénitencerie *f*

**penitently** /ˈpenɪtəntlɪ/ ADV d'un air *or* d'un ton contrit

**penknife** /ˈpennaɪf/ N (pl **-knives**) canif *m*

**penmanship** /ˈpenmənʃɪp/ N calligraphie *f*

**Penn., Penna.** *(US)* abbrev of **Pennsylvania**

**pennant** /ˈpenənt/ N *(Sport etc, also on car, bicycle)* fanion *m* ; *(Naut)* flamme *f*

**penniless** /ˈpenɪlɪs/ ADJ sans le sou, sans ressources ◆ **he's quite ~** il n'a pas le sou, il est sans le sou *or* sans ressources

**Pennine** /ˈpenaɪn/ N ◆ **the ~s, the ~ Range** les Pennines *fpl*, la chaîne Pennine

**pennon** /ˈpenən/ N flamme *f*, banderole *f* ; *(Naut)* flamme *f*

**penn'orth** † /ˈpenəθ/ N *(Brit)* ⇒ **pennyworth**

**Pennsylvania** /ˌpensɪlˈveɪnɪə/ N Pennsylvanie *f* ◆ **in ~** en Pennsylvanie COMP ▷ **Pennsylvania Dutch** NPL *(= people)* Allemands *mpl* de Pennsylvanie N *(= language) dialecte des Allemands de Pennsylvanie*

**penny** /ˈpenɪ/ N *(value)* (pl **pence**) *(coins)* (pl **pennies**) penny *m* ◆ **one old/new ~** un ancien/un nouveau penny ◆ **it costs 50 pence** cela coûte 50 pence ◆ **I have five pennies** j'ai cinq pennies, j'ai cinq pièces de un penny ◆ **one ~ in the pound** ≈ un centime l'euro ◆ **they're two** *or* **ten a ~** *(fig)* on en trouve partout ◆ **he hasn't a ~ to his name, he hasn't got two pennies to rub together** il est sans le sou, il n'a pas un sou vaillant ◆ **he didn't get a ~ (out of it)** il n'en a pas tiré un sou ◆ **I'll pay you back every ~** je te rembourserai ce que je te dois jusqu'au dernier sou ◆ **(a) ~ for your thoughts!** * à quoi penses-tu ? ◆ **the ~ dropped** * ça a fait tilt ! * ◆ **to count** *or* **watch the pennies** regarder à la dépense ◆ **he keeps turning up like a bad ~** pas moyen de se débarrasser de lui ◆ **a ~ saved is a ~ gained** *(Prov)* un sou est un sou ◆ **in for a ~ in for a pound** *(Prov)* (au point où on en est) autant faire les choses jusqu'au bout ◆ **look after the pennies and the pounds will look after themselves** *(Prov)* les petits ruisseaux font les grandes rivières *(Prov)* il n'y a pas de petites économies ; → **honest, pretty, spend, worth**

COMP *[book, pencil]* de quatre sous ▷ **penny-a-liner** * N pigiste *mf*, journaliste *mf* à la pige *or* à deux sous la ligne ▷ **penny arcade** N *(US)* salle *f* de jeux *(avec machines à sous)* ▷ **Penny Black** N *(Hist, Philat)* penny *m* noir *(premier timbre-poste britannique)* ▷ **penny dreadful** † * N *(Brit)* (pl **penny dreadfuls**) roman *m* à quatre sous, roman *m* à sensation ▷ **penny-farthing** N *(Brit)* vélocipède *m* ▷ **penny-in-the-slot machine** N *(for amusements)* machine *f* à sous ; *(for selling)* distributeur *m* automatique ▷ **penny loafer** N *(US)* mocassin *m* ▷ **penny-pincher** N pingre *mf*, radin(e) * *m(f)* ▷ **penny-pinching** N économies *fpl* de bouts de chandelle ADJ *[person]* pingre, radin * ▷ **penny whistle** N flûteau *m* ▷ **penny-wise** ADJ ◆ **to be ~-wise and pound-foolish** économiser un franc et en prodiguer mille

**pennyweight** /ˈpenɪweɪt/ N gramme *m* et demi

**pennyworth** /ˈpenəθ/ N ◆ **I want a ~ of sweets** je voudrais pour un penny de bonbons

**penologist** /piːˈnɒlədʒɪst/ N pénologue *mf*

**penology** /piːˈnɒlədʒɪ/ N pénologie *f*

**penpusher** /ˈpenˌpʊʃəʳ/ N *(esp Brit pej)* gratte-papier * *m*, rond-de-cuir * *m*

**penpushing** /ˈpenˌpʊʃɪŋ/ N *(esp Brit pej)* travail *m* de gratte-papier *

**pension** /ˈpenʃən/ N a *(= state payment)* pension *f* ◆ **(old age) ~** pension *f* de retraite ◆ **retirement ~** (pension *f* de) retraite *f* ◆ **war/widow's/disability ~** pension *f* de guerre/de veuve/d'invalidité ; → **eligible** b *(Ind: from company etc)* retraite *f* ◆ **to get a ~** toucher une retraite *or* une pension (de retraite) ◆ **it is possible to retire on a ~ at 55** il est possible de toucher une retraite à partir de 55 ans c *(= allowance: to artist, former servant etc)* pension *f* COMP ▷ **pension book** N ≈ titre *m* de pension ▷ **pension fund** N caisse *f* or fonds *m* de retraite, assurance *f* vieillesse ▷ **pension plan** N plan *m* de retraite ▷ **pension scheme** N régime *m* de retraite

► **pension off** VT SEP mettre à la retraite

**pensionable** /ˈpenʃnəbl/ ADJ ◆ **to be of ~ age** avoir atteint l'âge de la retraite ◆ **this is a ~ job** c'est un emploi qui donne droit à une retraite

**pensioner** /ˈpenʃənəʳ/ N *(also* **old age pensioner***)* retraité(e) *m(f)* ; *(any kind of pension)* pensionné(e) *m(f)* ; *(also* **war pensioner***)* militaire *m* retraité ; *(disabled)* invalide *m* de guerre

> ⚠ **pensioner** *is not translated by* **pensionnaire**, *which means 'boarder'.*

**pensive** /ˈpensɪv/ ADJ pensif, songeur

**pensively** /ˈpensɪvlɪ/ ADV pensivement, d'un air pensif

**pent** /pent/ VB ptp of **pen²** ADJ *(liter)* emprisonné COMP ▷ **pent-up** ADJ *[emotions, rage]* refoulé, réprimé ; *[energy]* refoulé, contenu ◆ **she was very ~-up** elle était sur les nerfs *or* très tendue

**pentacle** /ˈpentəkl/ N pentacle *m*

**Pentagon** /ˈpentəgən/ N *(US)* ◆ **the ~** le Pentagone

**pentagon** /ˈpentəgən/ N pentagone *m*

**pentagonal** /penˈtægənl/ ADJ pentagonal

**pentagram** /ˈpentəgræm/ N pentagramme *m*

**pentahedron** /ˌpentəˈhiːdrən/ N (pl **pentahedrons** *or* **pentahedra** /ˌpentəˈhiːdrə/) pentaèdre *m*

**pentameter** /penˈtæmɪtəʳ/ N pentamètre *m* ; → **iambic**

**Pentateuch** /ˈpentətjuːk/ N Pentateuque *m*

**pentathlete** /penˈtæθliːt/ N pentathlonien(ne) *m(f)*

**pentathlon** /penˈtæθlən/ N *(also* **modern pentathlon***)* pentathlon *m*

**pentatonic** /ˌpentəˈtɒnɪk/ ADJ pentatonique

**Pentecost** /ˈpentɪkɒst/ N Pentecôte *f*

**Pentecostal** /ˌpentɪˈkɒstl/ ADJ de (la) Pentecôte ; *[church, beliefs]* pentecôtiste

**Pentecostalism** /ˌpentɪˈkɒstlɪzəm/ N pentecôtisme *m*

**Pentecostalist** /ˌpentɪˈkɒstlɪst/ ADJ, N pentecôtiste *mf*

**penthouse** /ˈpenthaʊs/ N a *(also* **penthouse flat or apartment***)* appartement *m* de grand standing *(construit sur le toit d'un immeuble)* b *(Archit = lean-to)* auvent *m*, abri *m* extérieur ◆ **~ roof** appentis *m*, toit *m* en auvent

**penultimate** /pɪˈnʌltɪmɪt/ ADJ avant-dernier, pénultième N *(Ling)* pénultième *f*, avant-dernière syllabe *f*

**penumbra** /pɪˈnʌmbrə/ N (pl **penumbras** *or* **penumbrae** /pɪˈnʌmbriː/) *(Astron)* pénombre *f*

**penurious** /pɪˈnjʊərɪəs/ ADJ *(frm)* a *(= poor)* indigent, misérable b *(= mean)* parcimonieux, ladre

**penury** /ˈpenjʊrɪ/ N misère *f*, indigence *f* ◆ **in ~** dans la misère *or* l'indigence

**penwiper** /ˈpenˌwaɪpəʳ/ N essuie-plume *m inv*

**peon** /ˈpiːən/ N péon *m*

**peony (rose)** /ˈpɪənɪ(ˌrəʊz)/ N pivoine *f*

**people** /ˈpiːpl/ NPL a *(= persons)* gens *pl preceding adj gen fem*, personnes *fpl* ◆ **clever ~** les gens *mpl* intelligents ◆ **all these good ~** toutes ces bonnes gens, tous ces braves gens ◆ **old ~** les personnes *fpl* âgées ; *(less respectful)* les vieux *mpl* ◆ **young ~** les jeunes *mpl* ◆ **~ are more important than animals** les gens *or* les êtres humains sont plus importants que les animaux ◆ **a lot of ~** beaucoup de gens *or* de monde ◆ **what a lot of ~!** que de monde ! ◆ **the place was full of ~** il y avait beaucoup de monde, il y avait un monde fou * ◆ **she doesn't know many ~** elle ne connaît pas grand monde ◆ **sev-**

**eral ~ said ...** plusieurs personnes ont dit ... ◆ **some ~ might prefer to wait** il y a peut-être des gens qui préféreraient attendre, certains préféreraient peut-être attendre ◆ **how many ~?** combien de personnes ? ◆ **there were 120 ~ at the lecture** il y avait 120 personnes à la conférence ◆ **they're strange ~** ce sont de drôles de gens ◆ **why ask me of all ~?** pourquoi me le demander à moi ? ◆ **you of all ~ should know that** s'il y a quelqu'un qui devrait le savoir, c'est bien toi ◆ **what do you ~ * think?** qu'est-ce que vous en pensez, vous (tous) *or* vous autres ? ; → **little¹, other**

b *(in general)* **what will ~ think?** que vont penser les gens ?, que va-t-on penser ? ◆ **~ say ...** on dit ... ◆ **don't tell ~ about that!** n'allez pas raconter ça (aux gens) ! ◆ **~ get worried when they see that** on s'inquiète quand on voit cela, les gens s'inquiètent quand ils voient cela

c *(= inhabitants, natives) [of a country]* population *f* ; *[of district, town]* habitants *mpl*, population *f* ◆ **country ~** les gens *mpl* de la campagne ◆ **town ~** les habitants *mpl* des villes, les citadins *mpl* ◆ **Liverpool ~ are friendly** à Liverpool les gens sont gentils, les habitants de Liverpool sont gentils ◆ **the ~ of France** les Français *mpl* ◆ **the American ~** le peuple américain ◆ **English/French ~** les Anglais *mpl*/Français *mpl*

d *(Pol)* **the ~** le peuple ◆ **government by the ~** gouvernement *m* par le peuple ◆ **the will of the ~** la volonté du peuple *or* populaire ◆ **the ~'s princess** la princesse du peuple ◆ **~ of the Republic!** citoyens ! ◆ **the ~ at large** le grand public ◆ **the minister must tell the ~ the truth** le ministre doit dire la vérité au pays ◆ **a man of the ~** un homme du peuple ◆ **the ~'s army** l'armée *f* populaire ◆ **~'s democracy** démocratie *f* populaire ◆ **People's Democratic Republic (of ...)** *(in country's name)* République *f* populaire (de ...) ◆ **the ~'s war** la guerre du peuple ◆ **~'s park** *(US)* jardin *m* public ; → **common**

e *( * = family)* famille *f*, parents *mpl* ◆ **how are your ~?** comment va votre famille ?, comment ça va chez vous ? *

f *( * = employees, workers)* **the marketing ~** les gens *mpl* du marketing ◆ **the TV ~** les gens *mpl* de la télé ◆ **I'll get my ~ to look into it** je vais demander à mon personnel d'examiner cela

**N** *(sg = nation, race etc)* peuple *m*, nation *f*, race *f* ◆ **the Jewish ~** le peuple juif ◆ **the ~s of the East** les nations de l'Orient

**VT** peupler (*with* de)

**COMP** ▷ **people-carrier** **N** *(Brit = car)* monospace *m* ▷ **People's Dispensary for Sick Animals** **N** *(Brit) association qui dispense des soins vétérinaires gratuits* ▷ **people mover** **N** a *(= car)* monospace *m* b *(= escalator)* escalator *m* ; *(= moving pavement)* trottoir *m* roulant ▷ **people power** **N** action *f* citoyenne

**PEP** /pep/ **N** *(Brit Fin)* (abbrev of **personal equity plan**) ≃ CEA *m*

**pep** * /pep/ **N** *(NonC)* entrain *m*, punch * *m* ◆ **to be full of ~** avoir la pêche * *or* la frite *

**COMP** ▷ **pep pill** * **N** excitant *m*, stimulant *m* ▷ **pep rally** **N** *(US Scol) réunion des élèves (ou des étudiants) avant un match interscolaire, pour encourager leur équipe* ▷ **pep talk** * **N** discours *m* *or* paroles *fpl* d'encouragement

► **pep up** * **VI** *[person]* s'animer, être ragaillardi ; *[business, trade]* reprendre, remonter

**VT SEP** *[+ person]* remonter le moral à, ragaillardir ; *[+ one's social life, love life]* redonner du piment à ; *[+ party, conversation]* animer ; *[+ drink, plot]* corser

> **Pep Rally**
>
> Aux États-Unis, un **pep rally** est une réunion de lycéens ou d'étudiants qui souhaitent stimuler le moral de leur équipe sportive avant un match. La manifestation comprend des discours d'encouragement mais aussi un défilé de l'orchestre de l'école (ou de l'université) avec ses majorettes. Le terme est parfois utilisé pour les meetings politiques ou les séminaires d'entreprise ayant pour but de motiver les militants ou les employés.

**peplos, peplus** /ˈpepləs/ **N** (pl **peploses**) péplum *m*

**pepper** /ˈpepəʳ/ **N** a *(= spice)* poivre *m* ◆ **white/black ~** poivre *m* blanc/gris *or* noir b *(= vegetable)* poivron *m* ◆ **red/green ~** poivron *m* rouge/vert **VT** a *(Culin)* poivrer b *(fig)* **to ~ sb with shot** cribler qn de plombs ◆ **to ~ a speech with quotations** émailler *or* truffer un discours de citations ◆ **the minister was ~ed with questions** le ministre a été assailli *or* bombardé de questions **COMP** ▷ **pepper-and-salt** **ADJ** *[cloth]* chiné noir *inv* et blanc *inv* ; *[beard, hair]* poivre et sel *inv* ▷ **pepper gas** **N** gaz *m* poivre ▷ **pepper mill** **N** moulin *m* à poivre ▷ **pepper shaker** **N** ⇒ **pepperpot**

**peppercorn** /ˈpepəkɔːn/ **N** grain *m* de poivre **COMP** ▷ **peppercorn rent** **N** *(Brit)* loyer *m* très modique

**peppermint** /ˈpepəmɪnt/ **N** a *(= sweet)* pastille *f* de menthe b *(= plant)* menthe *f* poivrée **ADJ** (also **peppermint-flavoured**) à la menthe

**pepperoni** /ˌpepəˈrəʊnɪ/ **N** *saucisson sec de porc et de bœuf très poivré*

**pepperpot** /ˈpepəpɒt/ **N** poivrier *m*, poivrière *f*

**peppery** /ˈpepərɪ/ **ADJ** *[food, taste]* poivré ; *(fig) [person]* irascible, emporté ; *[speech]* irrité

**peppy** * /ˈpepɪ/ **ADJ** *(US) [person] (= energetic)* énergique ; *(= lively)* plein d'entrain ; *[car]* nerveux

**pepsin** /ˈpepsɪn/ **N** pepsine *f*

**peptic** /ˈpeptɪk/ **ADJ** digestif **COMP** ▷ **peptic ulcer** **N** *(Med)* ulcère *m* de l'estomac ◆ **he has a ~ ulcer** il a un ulcère à l'estomac

**peptone** /ˈpeptəʊn/ **N** peptone *f*

**per** /pɜːʳ/ **PREP** a par ◆ **~ head** par tête, par personne ◆ **~ head of population** par habitant ◆ **30 miles ~ gallon** ≃ 8 litres aux cent (km) ◆ **to drive at 100km ~ hour** rouler à 100 (km) à l'heure ◆ **she is paid 13 euros ~ hour** elle est payée 13 euros (de) l'heure ◆ **5 euros ~ kilo** 5 euros le kilo b *(Comm)* **~ post** par la poste ◆ **as ~ invoice** suivant facture ◆ **as ~ normal** * *or* **usual** * comme d'habitude ◆ **~ pro** *(Jur)* (abbrev of **per procurationem**) *(= by proxy)* p.p. **COMP** ▷ **per annum** **ADV** par an ▷ **per capita** **ADV** par personne ▷ **per capita income** **N** *(Econ)* revenu *m* par habitant ▷ **per cent** **ADV** pour cent ◆ **a ten ~ cent discount/increase** un rabais/une augmentation de dix pour cent ▷ **per day, per diem** **ADV** par jour ◆ **a ~ diem of 100 dollars** *(US)* une indemnité journalière de 100 dollars ▷ **per se** **ADV** en soi

**peradventure** /ˌpərədˈventʃəʳ/ **ADV** *(liter)* par hasard, d'aventure *(liter)*

**perambulate** /pəˈræmbjʊleɪt/ *(frm)* **VT** parcourir *(un terrain, surtout en vue de l'inspecter)* **VI** marcher, faire les cent pas

**perambulation** /pəˌræmbjʊˈleɪʃən/ **N** *(frm)* marche *f*, promenade(s) *f(pl)*, déambulation *f*

**perambulator** † /ˈpræmbjʊleɪtəʳ/ **N** *(Brit)* voiture *f* d'enfant, landau *m*

**perborate** /pəˈbɔːreɪt/ **N** perborate *m*

**perceive** /pəˈsiːv/ **VT** a *(= see, hear) [+ sound, light]* percevoir b *(= notice)* remarquer, apercevoir ; *(= realize)* s'apercevoir de ◆ **he ~d that ...** il a remarqué *or* s'est aperçu que ... c *(= view, regard) [+ person, situation]* percevoir ◆ **she was ~d as a threat** elle était perçue comme une menace ◆ **the things children ~ as being important** les choses que les enfants perçoivent comme étant importantes ◆ **they ~ themselves as rebels** ils se considèrent comme des rebelles d *(= understand) [+ implication, meaning]* percevoir, saisir

**perceived** /pəˈsiːvd/ **ADJ** ◆ **~ problems** ce que certains considèrent comme des problèmes ◆ **how would they tackle ~ problems of staff morale?** comment aborderaient-ils ce que certains considèrent comme des problèmes de motivation au sein du personnel ? ◆ **there are a lot of ~ problems as opposed to actual problems** il y a beaucoup de problèmes imaginaires par opposition aux problèmes réels ◆ **the ~ threat of nuclear weapons** la menace que constituent les armes nucléaires aux yeux des gens ◆ **the president's ~ failure to deal with these problems** le fait qu'aux yeux du public le président n'ait pas réussi à régler ces problèmes

**percent** /pəˈsent/ **ADV** → **per**

**percentage** /pəˈsentɪdʒ/ **N** a *(= proportion)* proportion *f* ; *(Math)* pourcentage *m* ◆ **the figure is expressed as a ~** le chiffre est exprimé *or* donné en pourcentage ◆ **a high ~ were girls** les filles représentaient un fort pourcentage, il y avait une forte proportion de filles ◆ **few foods have such a high ~ of protein** peu d'aliments contiennent autant de protéines b *( * = share, profit)* ◆ **to get a ~ on sth** recevoir *or* toucher un pourcentage sur qch ◆ **there's no ~ in getting angry with him** *(fig)* ça ne sert à rien de se mettre en colère contre lui **COMP** ▷ **percentage distribution** **N** *(Econ)* ventilation *f* en pourcentage ▷ **percentage point** **N** point *m* ◆ **ten ~ points** dix pour cent, dix points

**percentile** /pəˈsentaɪl/ **N** centile *m* ◆ **she is in the top earning ~** elle est dans la catégorie des hauts salaires ◆ **he's in the lowest 10th ~ for reading and writing** il est dans la tranche des 10% les moins bons en lecture et en écriture **COMP** ▷ **percentile ranking** **N** classement *m* par pourcentage

**perceptible** /pəˈseptəbl/ **ADJ** *[sound, movement]* perceptible ; *[difference, increase]* perceptible

**perceptibly** /pəˈseptɪblɪ/ **ADV** *(gen)* sensiblement ; *(= visibly)* visiblement ◆ **to improve ~** s'améliorer sensiblement ◆ **the weather was ~ warmer** il faisait sensiblement plus chaud ◆ **he brightened ~** il s'égaya visiblement

**perception** /pəˈsepʃən/ **N** a *(= impression, opinion)* **their ~ of foreigners** la façon dont ils voient les étrangers, l'image qu'ils ont des étrangers ◆ **the public's ~ of the police/the Conservative party** l'image *f* de la police/du parti conservateur ◆ **our ~ of the situation is that these problems are due to ...** d'après notre analyse de la situation, ces problèmes sont dus à ... ◆ **the President has been giving his ~ of the situation** le président a donné son analyse de la situation ◆ **consumers have a rather different ~ of the situation** les consommateurs se font une idée assez différente de la situation, les consommateurs voient la situation de façon assez différente ◆ **there is a popular ~ that she ...** beaucoup de gens croient qu'elle ...

b *(= insight)* perspicacité *f* ◆ **a person of extraordinary ~** une personne d'une extraordinaire perspicacité ◆ **his powers of ~** sa grande perspicacité

c *[of sound, sight etc] (also Psych)* perception *f* ◆ **visual ~** la perception visuelle ◆ **one's powers of ~ decrease with age** la faculté de perception diminue avec l'âge

d *(Jur) [of rents, taxes, profits]* perception *f*

> ⚠ *When it means 'impression' or 'insight'* **perception** *is not translated by the French word* **perception**.

**perceptive** /pəˈseptɪv/ ADJ a *(= perspicacious) [analysis, assessment]* pénétrant ; *[person]* perspicace ◆ **how very ~ of you!** vous êtes très perspicace ! b *[faculty]* percepteur (-trice *f*), de (la) perception

**perceptively** /pəˈseptɪvlɪ/ ADV avec perspicacité

**perceptiveness** /pəˈseptɪvnɪs/ N ⇒ **perception b**

**perceptual** /pəˈseptjʊəl/ ADJ *[capacity, system, process, error]* de perception ◆ **~ distortion** *(Med, Psych)* troubles *mpl* de la perception

**perch**[1] /pɜːtʃ/ N (pl **perch** *or* **perches**) *(= fish)* perche *f*

**perch**[2] /pɜːtʃ/ N a *[of bird]* perchoir *m*, juchoir *m* ◆ **to knock sb off his ~** * faire dégringoler qn de son perchoir * ◆ **to fall** *or* **drop** *or* **topple off one's ~** ‡ *(Brit hum = die)* casser sa pipe * b *(= measure)* perche *f* VI *[bird]* (se) percher ; *[person]* se percher, se jucher ◆ **she ~ed on the arm of my chair** elle se percha *or* se jucha sur le bras de mon fauteuil ◆ **the tower ~es on the edge of the cliff** la tour est perchée *or* juchée au bord de la falaise VT *[+ object, child, building etc]* percher, jucher

**perchance** /pəˈtʃɑːns/ ADV († † *or hum*) peut-être

**percipient** /pəˈsɪpɪənt/ ADJ *[faculty]* percepteur (-trice *f*) ; *[person]* fin, perspicace ; *[choice]* éclairé N personne *f* qui perçoit

**percolate** /ˈpɜːkəleɪt/ VT ◆ **to ~ the coffee** passer le café ◆ **~d coffee** café *m* fait dans une cafetière à pression VI *[coffee, water]* passer (*through* par) ◆ **the news ~d through from the front** la nouvelle a filtré du front ◆ **new fashions took a long time to ~ down** les modes mettaient longtemps à se propager

**percolation** /ˌpɜːkəˈleɪʃən/ N percolation *f*

**percolator** /ˈpɜːkəleɪtəʳ/ N cafetière *f* à pression ; *(in café)* percolateur *m* ◆ **electric ~** cafetière *f* électrique

**percussion** /pəˈkʌʃən/ N a *(= impact, noise)* percussion *f*, choc *m* b *(Mus)* percussion *f* ◆ **the ~ (section)** les percussions *fpl* COMP ▷ **percussion bullet** N balle *f* explosive ▷ **percussion cap** N capsule *f* fulminante ▷ **percussion drill** N perceuse *f* à percussion ▷ **percussion instrument** N *(Mus)* instrument *m* à percussion ▷ **percussion player** N percussionniste *mf*

**percussionist** /pəˈkʌʃənɪst/ N percussionniste *mf*

**percussive** /pəˈkʌsɪv/ ADJ percutant

**perdition** /pəˈdɪʃən/ N perdition *f*, ruine *f*, perte *f* ; *(Rel)* perdition *f*, damnation *f*

**peregrination** † /ˌperɪgrɪˈneɪʃən/ N *(frm)* pérégrination *f* ◆ **~s** voyage *m*, pérégrinations *fpl*

**peregrine falcon** /ˌperɪgrɪnˈfɔːlkən/ N faucon *m* pèlerin

**peremptorily** /pəˈremptərɪlɪ/ ADV *[speak]* d'un ton péremptoire ; *[behave, gesture]* de manière péremptoire, péremptoirement

**peremptory** /pəˈremptərɪ/ ADJ *[instruction, order]* péremptoire, formel ; *[argument]* décisif, sans réplique ; *[tone]* tranchant, péremptoire

**perennial** /pəˈrenɪəl/ ADJ a *(= long-lasting, enduring)* perpétuel, éternel ; *[problem]* éternel, chronique ◆ **a ~ shortage of teachers** un manque chronique d'enseignants ◆ **the piece has been a ~ favourite in orchestral repertoires** cette œuvre est l'une de celles qui reviennent le plus souvent dans le répertoire orchestral b *(Hort) [plant]* vivace, pluriannuel N *(Hort)* (plante *f*) vivace *f*, plante *f* pluriannuelle ; → **hardy**

**perennially** /pəˈrenɪəlɪ/ ADV *(= always)* perpétuellement, constamment ◆ **~ popular** éternellement populaire

**perestroika** /perəˈstrɔɪkə/ N perestroïka *f*

**perfect** /ˈpɜːfɪkt/ ADJ a *(= ideal)* parfait ◆ **no one is ~** personne n'est parfait, la perfection n'est pas de ce monde ◆ **she is ~ for the job** c'est la personne idéale pour le poste ◆ **in a ~ world** dans un monde parfait ◆ **she speaks ~ English** son anglais est parfait *or* impeccable ◆ **his Spanish is far from ~** son espagnol est loin d'être parfait ◆ **it was the ~ moment to speak to him about it** c'était le moment idéal pour lui en parler ◆ **I've got the ~ solution!** j'ai trouvé la solution idéale ! ; → **word**

b *(emphatic = complete)* véritable, parfait ◆ **he's a** *or* **the ~ gentleman** c'est le parfait gentleman ◆ **he's a ~ stranger** personne ne le connaît ◆ **he's a ~ stranger to me** il m'est complètement inconnu ◆ **I am a ~ stranger in this town** je ne connais absolument rien de cette ville ◆ **a ~ pest** un véritable fléau ◆ **a ~ fool** un parfait imbécile, un imbécile fini ◆ **I have a ~ right to be here** j'ai tout à fait le droit d'être ici ◆ **it makes ~ sense to me** cela me paraît tout à fait évident

N *(Gram)* parfait *m* ◆ **in the ~** au parfait

VT /pəˈfekt/ *[+ technique, skill, work of art]* parfaire ; *[+ methods]* mettre au point, perfectionner ; *[+ plan]* mettre au point ; *[+ product, design]* perfectionner ◆ **to ~ one's French** se perfectionner en français

COMP ▷ **perfect pitch** N *(Mus)* ◆ **to have ~ pitch** avoir l'oreille absolue ▷ **perfect tense** N *(Gram)* parfait *m*

**perfectibility** /pəˌfektɪˈbɪlɪtɪ/ N perfectibilité *f*

**perfectible** /pəˈfektɪbl/ ADJ perfectible

**perfection** /pəˈfekʃən/ N a *(= faultlessness)* perfection *f* ◆ **physical ~** perfection *f* physique ◆ **to ~** à la perfection b *(NonC = process of perfecting)* perfectionnement *m* ◆ **the ~ of production methods** le perfectionnement des méthodes de production

**perfectionism** /pəˈfekʃənɪzəm/ N perfectionnisme *m*

**perfectionist** /pəˈfekʃənɪst/ ADJ, N perfectionniste *mf*

**perfective** /pəˈfektɪv/ *(Gram)* ADJ perfectif N a *(= aspect)* aspect *m* perfectif b *(= verb)* verbe *m* perfectif

**perfectly** /ˈpɜːfɪktlɪ/ ADV a *(= to perfection)* parfaitement b *(= completely)* parfaitement, tout à fait ◆ **but it's a ~ good car!** mais il n'y a aucun problème avec cette voiture !, mais cette voiture marche parfaitement ! ◆ **you know ~ well!** tu le sais parfaitement bien ! ◆ **to be ~ honest, I hate classical music** pour être parfaitement *or* tout à fait honnête, je déteste la musique classique ◆ **it was ~ horrible** † c'était parfaitement horrible

**perfidious** /pɜːˈfɪdɪəs/ ADJ *(liter)* perfide, traître (traîtresse *f*) ◆ **~ Albion** la perfide Albion

**perfidiously** /pɜːˈfɪdɪəslɪ/ ADV *(liter)* perfidement, traîtreusement ; *[act]* en traître, perfidement

**perfidy** /ˈpɜːfɪdɪ/ N *(liter)* perfidie *f*

**perforate** /ˈpɜːfəreɪt/ VT *[+ paper, metal]* perforer, percer ; *[+ ticket]* perforer, poinçonner ◆ **~d tape** *(Comput)* bande *f* perforée ◆ **"tear along the perforated line"** "détachez suivant le pointillé"

**perforation** /ˌpɜːfəˈreɪʃən/ N perforation *f*

**perforce** † /pəˈfɔːs/ ADV *(frm)* nécessairement, forcément

**perform** /pəˈfɔːm/ VT a *[+ task]* exécuter, accomplir ; *[+ duty]* accomplir, s'acquitter de ; *[+ function]* remplir ; *[+ miracle]* accomplir ; *[+ rite, ceremony]* célébrer ; *[+ cunnilingus, fellatio]* pratiquer ; *(Jur) [+ contract]* exécuter ◆ **to ~ an operation** *(gen)* accomplir *or* exécuter une opération ; *(Med)* pratiquer une opération, opérer ◆ **to ~ an abortion** pratiquer un avortement

b *(Mus, Theat etc) [+ play, ballet, opera, symphony etc]* interpréter ◆ **to ~ a part** interpréter un rôle

VI a *[person]* se produire ; *[actor, musician]* jouer ; *[singer]* chanter ; *[dancer]* danser ; *[clown, acrobat, trained animal]* exécuter un *or* des numéro(s) ◆ **he's ~ing at the Vic tonight** *[actor]* il joue ce soir au Vic ◆ **to ~ on the violin** jouer du violon, exécuter un morceau au violon ◆ **he ~ed brilliantly as Hamlet** il a brillamment interprété Hamlet ◆ **when we ~ed in Edinburgh** *(Theat)* quand nous avons donné une *or* des représentation(s) à Édimbourg, quand nous avons joué à Édimbourg ◆ **the clowns ~ed well** les clowns ont bien exécuté leur numéro ; see also **performing**

b *[machine, vehicle]* marcher, fonctionner ◆ **the car is not ~ing properly** la voiture ne marche pas bien

c *(Econ)* **to ~ well/badly** *[economy, industry, factory]* avoir de bons/mauvais résultats ◆ **their shares are ~ing strongly** leurs actions se comportent très bien

**performance** /pəˈfɔːməns/ N a *(= session, show) (gen)* spectacle *m* ; *(Theat, Mus)* interprétation *f*, représentation *f* ; *(at circus, variety show)* séance *f* ◆ **"no performance tonight"** "ce soir relâche" ◆ **what a ~!** * *(= rigmarole)* quelle affaire !, quelle histoire ! * ; *(= fuss about nothing)* quel cinéma ! *

b *(= rendering) [of composition]* interprétation *f* ; *[of one's act]* numéro *m* ◆ **her ~ as** *or* **of Desdemona** son interprétation de Desdémone, son jeu dans le rôle de Desdémone ◆ **the pianist gave a splendid ~** le pianiste a joué de façon magnifique ◆ **Kingsley gives an Oscar-winning ~ as Gandhi** l'interprétation de Kingsley dans le rôle de Gandhi lui a valu un oscar

c *(= record, success) [of racehorse, athlete, team]* performance *f* ; *[of economy, business, factory]* résultats *mpl* ; *[of currency]* tenue *f* ; *(Comm) [of product]* comportement *m* ; *(Fin) [of investment]* rentabilité *f*, rendement *m* ◆ **their ~ in the election/in the exam/in maths** leurs résultats aux élections/à l'examen/en maths ◆ **his ~ in the debate** sa prestation lors du débat ◆ **economic/financial/academic ~** résultats *mpl* économiques/financiers/universitaires ◆ **drinking too much can affect**

**your sexual** ~ l'excès d'alcool peut affecter vos performances sexuelles ◆ **on past ~, an England victory seems unlikely** si l'on se réfère au passé *or* d'après ses résultats passés, l'Angleterre semble avoir peu de chances de gagner

d *[of engine, vehicle]* performance *f* ; → **high**

e *(NonC = carrying out) [of task, duty]* exécution *f* ; *[of miracle]* accomplissement *m* ; *[of ritual]* célébration *f* (*of* de) ◆ **in the ~ of my/his duties** dans l'exercice de mes/ses fonctions

f *(Ling)* performance *f*

COMP ▷ **performance anxiety** N trac *m* ▷ **performance art** N art *m* performance ▷ **performance artist** N performer *m (artiste pratiquant l'art performance)* ▷ **performance bond** N *(Ind)* garantie *f* de bonne fin *or* de bonne exécution ▷ **performance bonus** N *(Comm, Fin)* prime *f* de rendement ▷ **performance car** N voiture *f* à hautes performances ▷ **performance-enhancing drug** N dopant *m* ▷ **performance indicator** N indicateur *m* de performance ▷ **performance-related pay** N *(Econ)* salaire *m* au rendement

**performative** /pəˈfɔːmətɪv/ *(Ling)* ADJ, N ◆ ~ **(verb)** (verbe *m*) performatif *m*

**performer** /pəˈfɔːməʳ/ N *(Mus, Theat etc)* artiste *mf*, interprète *mf*

**performing** /pəˈfɔːmɪŋ/ ADJ ◆ **the ~ arts** les arts *mpl* du spectacle ◆ **~ artists** les gens *mpl* du spectacle ◆ **~ seals/dogs** phoques *mpl*/chiens *mpl* savants ◆ **~ flea** puce *f* savante

**perfume** /ˈpɜːfjuːm/ N parfum *m* VT /pəˈfjuːm/ parfumer

**perfumery** /pəˈfjuːmərɪ/ N parfumerie *f*

**perfunctorily** /pəˈfʌŋktərɪlɪ/ ADV *[smile]* d'un air indifférent ; *[kiss, thank]* sans conviction, sans enthousiasme ; *[answer, examine, check, deal with]* de façon superficielle ◆ **to glance at sth ~** jeter un coup d'œil indifférent à qch

**perfunctory** /pəˈfʌŋktərɪ/ ADJ *[nod, kiss, greeting]* indifférent ; *[effort, search]* superficiel ◆ **the medics made a ~ effort at resuscitation** les secouristes ont fait une tentative de réanimation pour la forme

**pergola** /ˈpɜːgələ/ N pergola *f*

**perhaps** /pəˈhæps, præps/ LANGUAGE IN USE 1, 2.2, 3.2, 15.3, 26.3 ADV peut-être ◆ **~ he is right** il a peut-être raison, peut-être qu'il a raison, peut-être a-t-il raison *(frm)* ◆ **coincidence? ~ (so)** coïncidence ? peut-être (que oui) ◆ **should he have resigned? ~ he should** aurait-il dû démissionner ? peut-être (que oui) ◆ **the worst prime minister of the century? ~ not, but ...** le pire Premier ministre du siècle ? peut-être pas *or* peut-être que non, mais ... ◆ **is there no hope left? ~ there is** n'y a-t-il plus d'espoir ? peut-être que si

**perianth** /ˈperiænθ/ N *(Bot)* périanthe *m*

**pericardium** /ˌperɪˈkɑːdɪəm/ N (pl **pericardia** /ˌperɪˈkɑːdɪə/) péricarde *m*

**pericarp** /ˈperɪkɑːp/ N *(Bot)* péricarpe *m*

**peridot** /ˈperɪdɒt/ N péridot *m*

**perigee** /ˈperɪdʒiː/ N périgée *m*

**periglacial** /ˌperɪˈgleɪʃəl/ ADJ périglaciaire

**peril** /ˈperɪl/ N *(esp liter)* péril *m*, danger *m* ◆ **he is in great ~** il court un grand péril ◆ **to be in ~ of annihilation** risquer d'être anéanti ◆ **he's in ~ of his life** sa vie est en danger ◆ **the cliff is in ~ of collapsing** la falaise risque de s'effondrer ◆ **at the ~ of** au péril de ◆ **at your ~** à vos risques et périls ◆ **insured ~** *(Insurance)* risque *m* assuré

**perilous** /ˈperɪləs/ ADJ périlleux

**perilously** /ˈperɪləslɪ/ ADV périlleusement ◆ **~ close** terriblement proche ◆ **to be/come ~ close to disaster/death** *etc* frôler *or* friser la catastrophe/la mort *etc* ◆ **I came ~ close to telling her everything** il s'en est fallu d'un cheveu que je ne lui dise tout

**perimeter** /pəˈrɪmɪtəʳ/ N périmètre *m* COMP ▷ **perimeter fence** N périmètre *m* enclos, clôture *f* d'enceinte

**perinatal** /ˌperɪˈneɪtl/ ADJ périnatal

**perinea** /ˌperɪˈniːə/ NPL of **perineum**

**perineal** /ˌperɪˈniːəl/ ADJ périnéal

**perineum** /ˌperɪˈniːəm/ N (pl **perinea**) périnée *m*

**period** /ˈpɪərɪəd/ N a *(= epoch)* période *f*, époque *f* ; *(Geol)* période *f* ; *(= stage: in career, development etc)* époque *f*, moment *m* ; *(= length of time)* période *f* ◆ **the classical ~** la période classique ◆ **costumes/furniture of the ~** costumes *mpl*/meubles *mpl* de l'époque ◆ **Picasso's blue ~** la période bleue de Picasso ◆ **the ~ from 1600 to 1750** la période entre 1600 et 1750 ◆ **the post-war ~** (la période de) l'après-guerre *m* ◆ **during the whole ~ of the negotiations** pendant toute la période *or* durée des négociations ◆ **at a later ~** à une époque ultérieure, plus tard ◆ **at that ~ in** *or* **of his life** à cette époque *or* à ce moment de sa vie ◆ **a ~ of social upheaval** une période *or* une époque de bouleversements sociaux ◆ **the magazine was forced to close down for a ~** le magazine a dû interrompre sa publication pendant quelque temps *or* un certain temps ◆ **the factory will be closed for an indefinite ~** l'usine sera fermée pour une durée indéterminée ◆ **after a short ~ in hospital** après un court séjour à l'hôpital ◆ **he had several ~s of illness** il a été malade à plusieurs reprises ◆ **the holiday ~** la période des vacances ◆ **bright/rainy ~s** *(Met)* périodes *fpl* ensoleillées/de pluie ◆ **in the ~ of a year** en l'espace d'une année ◆ **it must be done within a three-month ~** il faut le faire dans un délai de trois mois ; → **safe**

b *(Scol = lesson)* ≃ heure *f* ◆ **first ~** la première heure ◆ **a double ~ of French** ≃ deux heures de français

c *(US = full stop)* point *m* ◆ **I won't do it, ~** je ne veux pas le faire *or* je ne le ferai pas, un point c'est tout

d *(= menstruation)* règles *fpl*

e *(Phys, Math = reciprocal of frequency)* période *f*

COMP ▷ **period costume, period dress** N costume *m* d'époque ▷ **period furniture** N *(genuine)* meuble *m* d'époque ; *(copy)* meuble *m* de style ancien ▷ **period of revolution** *or* **rotation** N *(Astron)* période *f* de rotation ▷ **period pain(s)** NPL *(Med)* règles *fpl* douloureuses ▷ **period piece** N *(fig)* curiosité *f*

**periodic** /ˌpɪərɪˈɒdɪk/ ADJ périodique COMP ▷ **periodic table** N classification *f* périodique des éléments

**periodical** /ˌpɪərɪˈɒdɪkəl/ ADJ périodique N (journal *m*) périodique *m*, publication *f* périodique

**periodically** /ˌpɪərɪˈɒdɪkəlɪ/ ADV périodiquement

**periodicity** /ˌpɪərɪəˈdɪsɪtɪ/ N périodicité *f*

**periodontal** /perɪˈdɒntl/ ADJ parodontal

**periosteum** /ˌperɪˈɒstɪəm/ N (pl **periostea** /ˌperɪˈɒstɪə/) périoste *m*

**peripatetic** /ˌperɪpəˈtetɪk/ ADJ *(= itinerant)* ambulant ; *(Brit) [teacher]* qui exerce sur plusieurs établissements ; *(Philos)* péripatétique

**peripheral** /pəˈrɪfərəl/ ADJ *[activity, interest]* accessoire ; *[area]* périphérique ◆ **to be ~ to sth** *(= of minor importance to)* être accessoire par rapport à ◆ **science is ~ to that debate** l'aspect scientifique n'entre pas dans ce débat N *(Comput)* périphérique *m*

**periphery** /pəˈrɪfərɪ/ N périphérie *f* ◆ **on the ~** *[of subject]* en marge ; *[of area, place]* à la périphérie

**periphrasis** /pəˈrɪfrəsɪs/ N (pl **periphrases** /pəˈrɪfrəsiːz/) périphrase *f*, circonlocution *f*

**periscope** /ˈperɪskəʊp/ N périscope *m*

**perish** /ˈperɪʃ/ VI a *(liter = die)* périr, mourir (*from* de) ◆ **they ~ed in the attempt** ils y ont laissé la vie ◆ **~ the thought!** jamais de la vie !, loin de moi cette pensée ! ◆ **if, ~ the thought, you should die suddenly** si par malheur *or* si, Dieu nous en préserve, vous veniez à mourir subitement b *[rubber material, leather]* se détériorer, s'abîmer *[food]* se détériorer, s'abîmer VT *[+ rubber, food]* abîmer, détériorer

**perishable** /ˈperɪʃəbl/ ADJ périssable NPL **perishables** denrées *fpl* périssables

**perished** /ˈperɪʃt/ ADJ a *[rubber]* détérioré, abîmé b *(esp Brit = cold)* ◆ **to be ~** † * être frigorifié *, crever * de froid

**perisher** ‡ /ˈperɪʃəʳ/ N *(Brit)* enquiquineur * *m*, -euse * *f* ◆ **you little ~!** petite peste !

**perishing** /ˈperɪʃɪŋ/ ADJ a *(= very cold)* très froid ◆ **outside in the ~ cold** dehors dans le froid glacial *or* intense ◆ **it was ~ * (cold)** il faisait un froid de loup *or* de canard * ◆ **to be ~ *** *[person]* être frigorifié *, crever * de froid ; → **perish** b *(Brit* † ‡*)* sacré * *before n*, damné * *before n* ◆ **it's a ~ nuisance!** c'est vraiment enquiquinant ! *

**peristalsis** /ˌperɪˈstælsɪs/ N (pl **peristalses** /ˌperɪˈstælsiːz/) péristaltisme *m*

**peristyle** /ˈperɪstaɪl/ N péristyle *m*

**peritoneum** /ˌperɪtəˈniːəm/ N (pl **peritoneums** *or* **peritonea** /ˌperɪtəˈniːə/) péritoine *m*

**peritonitis** /ˌperɪtəˈnaɪtɪs/ N péritonite *f*

**periwig** /ˈperɪwɪg/ N *(Hist)* perruque *f*

**periwinkle** /ˈperɪˌwɪŋkl/ N *(Bot)* pervenche *f* ; *(Zool)* bigorneau *m*

**perjure** /ˈpɜːdʒəʳ/ VT ◆ **to ~ o.s.** se parjurer ; *(Jur)* faire un faux serment ◆ **~d evidence** *(Jur)* faux serment *m*, faux témoignage *m* (volontaire)

**perjurer** /ˈpɜːdʒərəʳ/ N parjure *mf*

**perjury** /ˈpɜːdʒərɪ/ N *(Jur)* faux serment *m* ◆ **to commit ~** se parjurer ; *(Jur)* faire un faux serment

**perk**[1] /pɜːk/ VI ◆ **to ~ up** *(= cheer up)* se ragaillardir ; *(after illness)* se remonter, se retaper * ; *(= show interest)* s'animer, dresser l'oreille ◆ **his ears ~ed up** *(lit, fig)* il a dressé l'oreille VT ◆ **to ~ sb up** ragaillardir qn, retaper qn * ◆ **she ~ed up her outfit with a bright scarf** elle a égayé sa tenue avec une écharpe de couleur vive

**perk**[2] * /pɜːk/ N (abbrev of **perquisite**) *(= benefit)* à-côté *m*, avantage *m* annexe ◆ **it's one of the ~s of the job** c'est l'un des avantages *or* des à-côtés du métier ◆ **one of the ~s of being a student is ...** l'un des avantages à être étudiant est ...

**perk**[3] * /pɜːk/ VI (abbrev of **percolate**) *[coffee]* passer

**perkily** /ˈpɜːkɪlɪ/ ADV *[speak]* d'un ton guilleret ; *[move]* vivement, avec vivacité ◆ **a bow pinned ~ to her cap** un nœud coquin attaché à son chapeau

**perkiness** * /ˈpɜːkɪnɪs/ N entrain *m*

**perky** * /ˈpɜːkɪ/ ADJ *(= cheerful)* guilleret, gai ; *(= lively)* plein d'entrain

**perm**[1] /pɜːm/ **N** *(esp Brit)* (abbrev of **permanent**) permanente *f* ◆ **to have a ~** se faire faire une permanente **VT** ◆ **to ~ sb's hair** faire une permanente à qn ◆ **to have one's hair ~ed** se faire faire une permanente

**perm**[2] * /pɜːm/ **N** abbrev of **permutation** **VTI** abbrev of **permutate**

**permafrost** /ˈpɜːməfrɒst/ **N** permafrost *m*, pergélisol *m*

**permanence** /ˈpɜːmənəns/ **N** permanence *f*

**permanency** /ˈpɜːmənənsɪ/ **N** a → **permanence** b *(job)* emploi *m* permanent, poste *m* fixe

**permanent** /ˈpɜːmənənt/ **ADJ** permanent ◆ **the five ~ members of the UN Security Council** les cinq membres permanents du Conseil de sécurité de l'ONU ◆ **the ban is intended to be ~** l'interdiction est censée être définitive ◆ **we cannot make any ~ arrangements** nous ne pouvons pas prendre de dispositions définitives ◆ **I'm not ~ here** je ne suis pas ici à titre définitif ◆ **~ address** résidence *f* or adresse *f* fixe ◆ **appointment to the ~ staff** nomination *f* à titre définitif ◆ **a ~ fixture** *(= feature, object)* une constante ◆ **a ~ fixture of government** une constante dans le gouvernement ◆ **he's a ~ fixture** * il fait partie des meubles * ◆ **he's no longer a ~ fixture * on the political scene** il n'est plus le personnage omniprésent *or* incontournable qu'il a été sur la scène politique

**N** *(US †: for hair)* permanente *f*

**COMP** ▷ **permanent-press ADJ** *[trousers]* à pli permanent ; *[skirt]* indéplissable ▷ **Permanent Secretary N** *(Brit Admin)* secrétaire *m* général (de ministère) ▷ **permanent wave** † **N** permanente *f* ▷ **permanent way N** *(Brit Rail)* voie *f* ferrée

**permanently** /ˈpɜːmənəntlɪ/ **ADV** a *[change, live]* définitivement ; *[damage]* de façon permanente b *[open, closed]* en permanence ; *[tired, angry, unhappy etc]* éternellement, constamment

**permanganate** /pɜːˈmæŋgənɪt/ **N** permanganate *m*

**permeability** /ˌpɜːmɪəˈbɪlɪtɪ/ **N** perméabilité *f*

**permeable** /ˈpɜːmɪəbl/ **ADJ** perméable, pénétrable

**permeate** /ˈpɜːmɪeɪt/ **VT** a *(= be prevalent in)* être omniprésent dans ◆ **bias against women ~s the legal system** la misogynie est omniprésente dans le système judiciaire ◆ **the melancholy which ~d all his work** la mélancolie omniprésente dans son œuvre

b *(= fill) [feeling, smell]* pénétrer dans *or* parmi, se répandre dans *or* parmi ; *[liquid]* pénétrer, filtrer à travers ◆ **to be ~d with** *or* **by** être empreint de ◆ **a feeling akin to euphoria began to ~ her being** un sentiment proche de l'euphorie commença à gagner tout son être

**VI** *(= spread)* se répandre, pénétrer ◆ **this shows how far drugs have ~d into our culture** ceci montre à quel point la drogue s'est répandue dans notre culture ◆ **the message has not ~d to the North Bridge offices** le message n'a pas gagné les bureaux de North Bridge ◆ **to ~ through** *[+ society, system]* se diffuser *or* se répandre dans ◆ **water will ~ through the concrete** l'eau s'infiltrera à travers le béton

**Permian** /ˈpɜːmɪən/ **N, ADJ** *(Geol)* permien *m*

**permissible** /pəˈmɪsɪbl/ LANGUAGE IN USE 9.4 **ADJ** *[action etc]* permis ; *[behaviour, attitude, level, limit]* acceptable ◆ **it is ~ to refuse** il est permis de refuser ◆ **would it be ~ to say that ...?** serait-il acceptable de dire que ... ? ◆ **the degree of ~ error is 2%** la marge d'erreur acceptable *or* tolérable est de 2%

**permission** /pəˈmɪʃən/ LANGUAGE IN USE 9.2 **N** permission *f* ; *(official)* autorisation *f* ◆ **without ~** sans permission, sans autorisation ◆ **with your ~** avec votre permission ◆ **"by kind permission of ..."** "avec l'aimable autorisation de ..." ◆ **no ~ is needed** il n'est pas nécessaire d'avoir une autorisation ◆ **he gave ~ for the body to be exhumed** il a autorisé l'exhumation du corps ◆ **she gave ~ for her daughter's marriage** elle a consenti au mariage de sa fille ◆ **she gave her daughter ~ to marry** elle a autorisé sa fille à se marier ◆ **~ is required in writing from the committee** il est nécessaire d'obtenir l'autorisation écrite du comité ◆ **who gave you ~ to do that?** qui vous a autorisé à *or* qui vous a permis de faire cela ? ◆ **you have my ~ to do that** je vous permets de *or* vous autorise à faire cela, je vous accorde la permission *or* l'autorisation de faire cela ◆ **you have my ~ to leave** je vous autorise à partir ◆ **to ask (sb's) ~ to do sth** demander (à qn) la permission *or* l'autorisation de faire qch ◆ **to ask ~ for sb to do sth** demander que qn ait la permission de faire qch

**permissive** /pəˈmɪsɪv/ **ADJ** *(= tolerant) [person, parent]* permissif ◆ **the ~ society** la société permissive

**permissively** /pəˈmɪsɪvlɪ/ **ADV** de façon permissive

**permissiveness** /pəˈmɪsɪvnɪs/ **N** permissivité *f*

**permit** /ˈpɜːmɪt/ **N** autorisation *f* écrite ; *(for specific activity)* permis *m* ; *(for entry)* laissez-passer *m inv* ; *(for goods at Customs)* passavant *m* ◆ **fishing ~** permis *m* de pêche ◆ **building ~** permis *m* de construire ◆ **you need a ~ to go into the laboratory** pour entrer dans le laboratoire il vous faut une autorisation écrite *or* un laissez-passer ; → **entry**

**VT** /pəˈmɪt/ *(gen)* permettre (*sb to do sth* à qn de faire qch), autoriser (*sb to do sth* qn à faire qch) ◆ **he was ~ted to leave** on lui a permis de partir, on l'a autorisé à partir ◆ **camping is ~ted here** il est permis de camper ici ◆ **is it ~ted to smoke?** est-il permis de fumer ? ◆ **it is not ~ted to smoke** il n'est pas permis *or* il est interdit de fumer ◆ **we could never ~ that to happen** nous ne pourrions jamais permettre que cela se produise, nous ne pourrions jamais laisser cela se produire ◆ **I won't ~ it** je ne le permettrai pas ◆ **her mother will never ~ the sale of the house** sa mère n'autorisera jamais la vente de la maison ◆ **her mother will not ~ her to sell the house** sa mère ne lui permet pas de *or* ne l'autorise pas à vendre la maison ◆ **the law ~s the sale of this substance** la loi autorise la vente de cette substance ◆ **the vent ~s the escape of gas** l'orifice permet l'échappement du gaz ◆ **~ me to help you** *(frm)* permettez-moi de vous aider ◆ **to ~ o.s. sth** *(frm)* se permettre qch

**VI** /pəˈmɪt/ permettre ◆ **weather ~ting, if the weather ~s** si le temps le permet ◆ **if time ~s** si j'ai (*or* nous avons *etc*) le temps ◆ **to ~ of sth** *(frm)* permettre qch ◆ **it does not ~ of doubt** *(frm)* cela ne permet pas le moindre doute

**permutate** /ˈpɜːmjʊteɪt/ **VTI** permuter

**permutation** /ˌpɜːmjʊˈteɪʃən/ **N** permutation *f*

**permute** /pəˈmjuːt/ **VT** permuter

**pernicious** /pɜːˈnɪʃəs/ **ADJ** *(gen, also Med)* pernicieux **COMP** ▷ **pernicious anaemia N** anémie *f* pernicieuse

**perniciously** /pɜːˈnɪʃəslɪ/ **ADV** pernicieusement

**pernickety** * /pəˈnɪkɪtɪ/ **ADJ** *(= fussy about)* pointilleux, formaliste ; *(= hard to please)* difficile ; *[job]* délicat, minutieux ◆ **he's very ~** il est très pointilleux, il cherche toujours la petite bête ◆ **he's very ~ about what he wears/about his food** il est très difficile pour ses vêtements/pour sa nourriture

**peroration** /ˌperəˈreɪʃən/ **N** péroraison *f*

**peroxide** /pəˈrɒksaɪd/ **N** *(Chem)* peroxyde *m* ; *(for hair)* eau *f* oxygénée ◆ **~ blonde** * blonde *f* décolorée *or* oxygénée * ; → **hydrogen**

**perpendicular** /ˌpɜːpənˈdɪkjʊləʳ/ **ADJ** *(also Archit, Math)* perpendiculaire (*to* à) ; *[cliff, slope]* à pic **N** perpendiculaire *f* ◆ **to be out of ~** être hors d'aplomb, sortir de la perpendiculaire **COMP** ▷ **perpendicular Gothic ADJ** *(Archit)* gothique *m* perpendiculaire anglais

**perpendicularly** /ˌpɜːpənˈdɪkjʊləlɪ/ **ADV** perpendiculairement

**perpetrate** /ˈpɜːpɪtreɪt/ **VT** *[+ crime]* perpétrer, commettre ; *[+ blunder, hoax]* faire

**perpetration** /ˌpɜːpɪˈtreɪʃən/ **N** perpétration *f*

**perpetrator** /ˈpɜːpɪtreɪtəʳ/ **N** auteur *m* ◆ **~ of a crime** auteur *m* d'un crime

**perpetual** /pəˈpetjʊəl/ **ADJ** *[movement, calendar, rain, sunshine, flower]* perpétuel ; *[nuisance, worry]* perpétuel, constant ; *[noise, questions, complaints]* perpétuel, continuel ; *[snows]* éternel ◆ **he's a ~ nuisance** il ne cesse d'embêter le monde

**perpetually** /pəˈpetjʊəlɪ/ **ADV** *[live]* perpétuellement ; *[complain]* continuellement, sans cesse ◆ **we were ~ at war with the other members** nous étions perpétuellement en guerre avec les autres membres

**perpetuate** /pəˈpetjʊeɪt/ **VT** perpétuer

**perpetuation** /pəˌpetjʊˈeɪʃən/ **N** perpétuation *f*

**perpetuity** /ˌpɜːpɪˈtjuːɪtɪ/ **N** perpétuité *f* ◆ **in** *or* **for ~** à perpétuité

**perplex** /pəˈpleks/ **VT** *(= puzzle)* plonger dans la perplexité, rendre perplexe

**perplexed** /pəˈplekst/ **ADJ** *[person]* embarrassé, perplexe ; *[tone, glance]* perplexe ◆ **to look ~** avoir l'air perplexe *or* embarrassé

**perplexedly** /pəˈpleksɪdlɪ/ **ADV** avec perplexité

**perplexing** /pəˈpleksɪŋ/ **ADJ** *[matter, question]* embarrassant, compliqué ; *[situation]* embarrassant, confus

**perplexity** /pəˈpleksɪtɪ/ **N** *(= puzzlement)* perplexité *f*

**perquisite** /ˈpɜːkwɪzɪt/ **N** *(frm)* avantage *m* annexe ; *(in money)* à-côté *m*, gratification *f*

**perry** /ˈperɪ/ **N** poiré *m*

**persecute** /ˈpɜːsɪkjuːt/ **VT** *(= harass, oppress) [+ minorities etc]* persécuter ; *(= annoy)* harceler (*with* de), tourmenter, persécuter

**persecution** /ˌpɜːsɪˈkjuːʃən/ **N** persécution *f* ◆ **to have a ~ complex** avoir la manie *or* le délire de la persécution

**persecutor** /ˈpɜːsɪkjuːtəʳ/ **N** persécuteur *m*, -trice *f*

**Persephone** /pəˈsefənɪ/ **N** Perséphone *f*

**Perseus** /ˈpɜːsjuːs/ **N** Persée *m*

**perseverance** /ˌpɜːsɪˈvɪərəns/ **N** persévérance *f*

**persevere** /ˌpɜːsɪˈvɪəʳ/ **VI** persévérer (*in sth* dans qch ; *at doing sth* à faire qch)

**persevering** /ˌpɜːsɪˈvɪərɪŋ/ **ADJ** persévérant

**perseveringly** /ˌpɜːsɪˈvɪərɪŋlɪ/ ADV avec persévérance

**Persia** /ˈpɜːʃə/ N Perse *f*

**Persian** /ˈpɜːʃən/ ADJ *(Antiq)* perse ; *(from 7th century onward)* persan N a *(= person)* Persan(e) *m(f)* ; *(Antiq)* Perse *mf* b *(Ling)* persan *m* COMP ▷ **Persian blinds** NPL persiennes *fpl* ▷ **Persian carpet** N tapis *m* de Perse ▷ **Persian cat** N chat *m* persan ▷ **Persian Gulf** N golfe *m* Persique ▷ **Persian lamb** N astrakan *m*, agneau *m* rasé

**persiflage** /ˌpɜːsɪˈflɑːʒ/ N persiflage *m*, ironie *f*, raillerie *f*

**persimmon** /pɜːˈsɪmən/ N *(= tree)* plaqueminier *m* de Virginie *or* du Japon, kaki *m* ; *(= fruit)* kaki *m*

**persist** /pəˈsɪst/ VI *[person]* persister, s'obstiner (*in sth* dans qch ; *in doing sth* à faire qch) ; *[pain, opinion]* persister

**persistence** /pəˈsɪstəns/, **persistency** /pəˈsɪstənsɪ/ N *(NonC) [of person] (= perseverance)* persévérance *f* ; *(= obstinacy)* obstination *f* ; *[of pain]* persistance *f* ◆ **as a reward for her ~** pour la récompenser de sa persévérance ◆ **his ~ in seeking out the truth** son obstination à rechercher la vérité

**persistent** /pəˈsɪstənt/ ADJ a *[person] (= persevering)* persévérant ; *(= obstinate)* obstiné b *(= continual) [smell, chemical substance]* persistant ; *[warnings, complaints, interruptions]* continuel, répété ; *[noise, nuisance]* continuel, incessant ; *[pain, fever, cough]* persistant, tenace ; *[fears, doubts]* continuel, tenace COMP ▷ **persistent offender** N *(Jur)* multirécidiviste *mf* ▷ **persistent vegetative state** N état *m* végétatif persistant *or* permanent

**persistently** /pəˈsɪstəntlɪ/ ADV a *(= determinedly, obstinately)* obstinément ◆ **those who ~ break the law** ceux qui persistent à enfreindre la loi b *(= constantly)* constamment ◆ **~ high unemployment** un taux de chômage qui demeure élevé

**persnickety** * /pəˈsnɪkɪtɪ/ ADJ *(US)* ⇒ **pernickety**

**person** /ˈpɜːsn/ N a personne *f*, individu *m (often pej)* ; *(Jur)* personne *f* ◆ **I know no such ~** *(= no one of that name)* je ne connais personne de ce nom ; *(= no one like that)* je ne connais personne de ce genre ◆ **I like him as a ~, but not as a politician** je l'aime bien en tant que personne mais pas comme homme politique ◆ **in ~** *[go, meet, appear, speak etc]* en personne ◆ **give it to him in ~** remettez-le-lui en mains propres ◆ **in the ~ of** dans *or* en la personne de ◆ **I'm not the kind of ~ to ...** je ne suis pas du genre à ... ◆ **I'm not much of a city ~** je n'aime pas beaucoup la ville ◆ **she likes dogs, but I'm more of a cat ~** elle aime les chiens mais personnellement je préfère les chats ◆ **a ~ to ~ call** *(Telec)* une communication (téléphonique) avec préavis ◆ **he had a knife concealed on** *or* **about his ~** *(Jur)* il avait un couteau caché sur lui ◆ **acting with ~ or ~s unknown** *(Jur)* (agissant) de concert *or* en complicité avec un ou des tiers non identifiés ; → **displace, private**

b *(Gram)* personne *f* ◆ **in the first ~ singular** à la première personne du singulier

**persona** /pɜːˈsəʊnə/ N (pl **personae**) a *(Literat, Psych etc)* personnage *m*, image *f* (publique) ◆ **James had adopted a new ~** James s'est créé un nouveau personnage *or* une nouvelle image ◆ **I'm able to project an extrovert, energetic ~** je peux donner l'image de quelqu'un d'extraverti et d'énergique b ◆ **~ grata/non grata** persona grata/non grata

**personable** /ˈpɜːsnəbl/ ADJ bien de sa personne

**personae** /pɜːˈsəʊniː/ NPL of **persona**

**personage** /ˈpɜːsnɪdʒ/ N *(Theat, gen)* personnage *m*

**personal** /ˈpɜːsnl/ ADJ *(= private) [opinion, matter]* personnel ; *(= individual) [style]* personnel, particulier ; *[liberty]* personnel, individuel ; *(= for one's own use) [luggage, belongings]* personnel ; *(= to do with the body) [habits]* intime ; *(= in person) [call, visit]* personnel ; *[application]* (fait) en personne ; *(Gram)* personnel ; *(= indiscreet) [remark, question]* indiscret (-ète *f*) ◆ **my ~ belief is ...** personnellement *or* pour ma part je crois ... ◆ **I have no ~ knowledge of this** personnellement je ne sais rien à ce sujet ◆ **a letter marked "personal"** une lettre marquée "personnel" ◆ **his ~ interests were at stake** ses intérêts personnels étaient en jeu ◆ **his ~ appearance leaves much to be desired** son apparence (personnelle) *or* sa tenue laisse beaucoup à désirer ◆ **to make a ~ appearance** apparaître en personne ◆ **I will give the matter my ~ attention** je m'occuperai personnellement de cette affaire ◆ **these children need the ~ attention of trained carers** ces enfants ont besoin d'éducateurs spécialisés qui s'occupent individuellement de chacun ◆ **the conversation/argument grew ~** la conversation/la discussion prit un ton *or* un tour personnel ◆ **don't be ~!** * ne sois pas si blessant ! ◆ **don't let's get ~!** * abstenons-nous d'allusions personnelles ! ◆ **his ~ life** sa vie privée ◆ **for ~ reasons** pour des raisons personnelles ◆ **the president believes his ~ safety is at risk** le président craint pour sa sécurité personnelle ◆ **to give sth the ~ touch** ajouter une note personnelle à qch

N *(US Press) (= article)* entrefilet *m* mondain ; *(= ad)* petite annonce *f* personnelle

COMP ▷ **personal accident insurance** N assurance *f* individuelle contre les accidents ▷ **personal ad** * N petite annonce *f* personnelle ▷ **personal allowance** N *(Tax)* abattement *m* personnel ▷ **personal assistant** N secrétaire *mf* particulier (-ière) ▷ **personal best** N *(Sport)* record *m* personnel ▷ **personal call** N *(Brit Telec) (= person to person)* communication *f* (téléphonique) avec préavis ; *(= private)* appel *m* personnel ▷ **personal chair** N *(Brit Univ)* ◆ **to have a ~ chair** être professeur à titre personnel ▷ **personal cleanliness** N hygiène *f* intime ▷ **personal column** N *(Press)* annonces *fpl* personnelles ▷ **personal computer** N ordinateur *m* individuel *or* personnel ▷ **personal details** NPL *(= name, address etc)* coordonnées * *fpl* ▷ **personal effects** NPL effets *mpl* personnels ▷ **personal estate** N *(Jur)* biens *mpl* personnels ▷ **personal friend** N ami(e) *m(f)* intime ▷ **personal growth** N *(Psych)* développement *m* personnel ▷ **personal hygiene** N ⇒ **personal cleanliness** ▷ **personal identification number** N code *m* personnel ▷ **personal insurance** N assurance *f* personnelle ▷ **personal loan** N *(Banking)* prêt *m* personnel ▷ **personal organizer** N *(= Filofax)* agenda *m* (personnel), Filofax ® *m* ; *(electronic)* agenda *m* électronique ▷ **personal pension plan** N plan *m* d'épargne retraite ▷ **personal pronoun** N *(Gram)* pronom *m* personnel ▷ **personal property** N ⇒ **personal estate** ▷ **personal space** N espace *m* vital ▷ **personal stationery** N papier *m* à lettres à en-tête personnel ▷ **personal stereo** N baladeur *m*, Walkman ® *m* ▷ **personal trainer** N entraîneur *m* personnel ▷ **personal tuition** N cours *mpl* particuliers (*in* de)

**personality** /ˌpɜːsəˈnælɪtɪ/ N a *(NonC: also Psych)* personnalité *f* ◆ **you must allow him to express his ~** il faut lui permettre d'exprimer sa personnalité ◆ **she has a pleasant/strong ~** elle a une personnalité sympathique/forte ◆ **he has a lot of ~** il a beaucoup de personnalité ◆ **cats all have their own personalities** les chats ont tous leur personnalité propre ◆ **the house seemed to have a ~ of its own** la maison semblait avoir une personnalité propre ; → **dual, split**

b *(= celebrity)* personnalité *f*, personnage *m* connu ◆ **a well-known television ~** une vedette de la télévision *or* du petit écran ◆ **it was more about personalities than about politics** *(election etc)* c'était plus une confrontation de personnalités que d'idées politiques

COMP *(gen, Psych) [problems]* de personnalité ▷ **personality cult** N culte *m* de la personnalité ▷ **personality disorder** N troubles *mpl* de la personnalité ▷ **personality test** N test *m* de personnalité, test *m* projectif *(SPEC)*

**personalize** /ˈpɜːsənəˌlaɪz/ VT personnaliser

**personalized** /ˈpɜːsənəˌlaɪzd/ ADJ personnalisé COMP ▷ **personalized number plate** N *(Brit)* plaque *f* d'immatriculation personnalisée ; → VANITY PLATE

**personally** /ˈpɜːsnəlɪ/ LANGUAGE IN USE 1.1, 6.2, 26.2 ADV personnellement ◆ **~ I disapprove of gambling** personnellement je désapprouve les jeux d'argent ◆ **I like him ~ but not as an employer** je l'apprécie en tant que personne, mais pas comme patron ◆ **that's something you would have to raise with the director ~** il faudrait en parler au directeur en personne ◆ **I spoke to him ~** je lui ai parlé en personne ◆ **to be ~ responsible** *or* **liable (for sth)** être personnellement responsable (de qch) ◆ **I hold you ~ responsible (for this)** je vous en tiens personnellement responsable ◆ **I'm sorry, I didn't mean it ~** excusez-moi, je ne vous visais pas personnellement ◆ **don't take it ~!** ne le prenez pas pour vous !

**personalty** /ˈpɜːsnltɪ/ N *(Jur)* biens *mpl* personnels

**personate** /ˈpɜːsəneɪt/ VT a *(Theat)* incarner (le rôle de) b *(= personify)* personnifier c *(Jur = impersonate)* se faire passer pour

**personification** /pɜːˌsɒnɪfɪˈkeɪʃən/ N *(all senses)* personnification *f* ◆ **she's the ~ of good taste** elle est la personnification *or* l'incarnation *f* du bon goût

**personify** /pɜːˈsɒnɪfaɪ/ VT personnifier ◆ **she's kindness personified** c'est la bonté personnifiée *or* en personne ◆ **he's fascism personified** il est le fascisme personnifié

**personnel** /ˌpɜːsəˈnel/ N personnel *m* COMP ▷ **personnel agency** N agence *f* pour l'emploi, bureau *m* de placement ▷ **personnel carrier** N *(Mil)* véhicule *m* de transport de troupes ▷ **personnel department** N service *m* du personnel ▷ **personnel management** N gestion *f* *or* direction *f* du personnel ▷ **personnel manager** N chef *mf* du (service du) personnel ▷ **personnel officer** N responsable *mf* (de la gestion) du personnel

**perspective** /pəˈspektɪv/ N a *(Archit, Art, Surv, gen)* perspective *f* ◆ **in/out of ~** en perspective/qui ne respecte pas la perspective

b *(fig = viewpoint)* point *m* de vue, perspective *f* ◆ **in a historical ~** dans une perspective *or* une optique historique ◆ **the reconstruction of history from a feminist ~** la reconstitution de l'histoire d'un point de vue féministe ◆ **the book is written from the ~ of a parent** le livre est écrit du point de vue d'un parent ◆ **to see things from a different ~** voir les choses d'un point de vue différent *or* sous un angle différent *or* sous un jour différent ◆ **you see things from a different ~ if you're the bride** on voit les choses différemment quand on est la mariée ◆ **a child's ~ of the world** l'image *f* que se fait un enfant du monde ◆ **let me put this case in (its proper) ~** je vais replacer cette affaire dans son contexte ◆ **let's keep this in ~** ne perdons pas *or* gardons le sens des proportions

**Perspex** ® /ˈpɜːspeks/ **N** *(esp Brit)* plexiglas ® *m*

**perspicacious** /ˌpɜːspɪˈkeɪʃəs/ **ADJ** *[person]* perspicace ; *[analysis]* pénétrant

**perspicacity** /ˌpɜːspɪˈkæsɪtɪ/ **N** perspicacité *f*, clairvoyance *f*

**perspicuity** /ˌpɜːspɪˈkjuːɪtɪ/ **N** **a** ⇒ **perspicacity** **b** *[of explanation, statement]* clarté *f*, netteté *f*

**perspicuous** /pəˈspɪkjʊəs/ **ADJ** clair, net

**perspiration** /ˌpɜːspəˈreɪʃən/ **N** transpiration *f* ◆ **bathed in** *or* **dripping with ~** en nage

**perspire** /pəsˈpaɪəʳ/ **VI** transpirer

**persuadable** * /pəˈsweɪdəbl/ **ADJ** qui peut être persuadé

**persuade** /pəˈsweɪd/ **VT** *(= urge)* persuader (*sb of sth* qn de qch ; *sb that* qn que) ; *(= convince)* convaincre (*sb of sth* qn de qch) ◆ **it doesn't take much to ~ him** il n'en faut pas beaucoup pour le persuader *or* le convaincre ◆ **I am (quite) ~d that he is wrong** *(frm)* je suis (tout à fait) persuadé qu'il a tort ◆ **I'm not ~d of the benefits of your approach** je ne suis pas convaincu des avantages de votre approche ◆ **to ~ sb to do sth** persuader qn de faire qch ◆ **to ~ sb not to do sth** persuader qn de ne pas faire qch, dissuader qn de faire qch ◆ **I wanted to help but they ~d me not to** je voulais aider mais on m'en a dissuadé ◆ **to ~ sb into doing sth** * persuader qn de faire qch ◆ **they ~d me that I ought to see him** ils m'ont persuadé que je devais le voir ◆ **to ~ o.s. that ...** se persuader que ... ◆ **to ~ sb of the need for sth** persuader qn de la nécessité de qch ◆ **she is easily ~d** elle se laisse facilement persuader *or* convaincre

**persuasion** /pəˈsweɪʒən/ **N** **a** *(NonC)* persuasion *f* ◆ **he needed a lot of ~** il a fallu beaucoup de persuasion pour le convaincre ◆ **I don't need much ~ to stop working** il n'en faut pas beaucoup pour me persuader de m'arrêter de travailler ◆ **he is open to ~** il est prêt à se laisser convaincre **b** *(= belief, conviction) (gen)* croyance *f* ; *(religious)* confession *f* ; *(political)* conviction *f* politique ◆ **people of all religious ~s** des gens de toutes les religions *or* confessions ◆ **people of all political ~s** des gens de tous horizons *or* de toutes tendances politiques ◆ **I am not of that ~ myself** personnellement je ne partage pas cette croyance

**persuasive** /pəˈsweɪsɪv/ **ADJ** *[person, voice]* persuasif ; *[evidence, argument]* convaincant

**persuasively** /pəˈsweɪsɪvlɪ/ **ADV** **a** *(= convincingly) [argue, write, speak]* de façon persuasive **b** *(= attempting to persuade)* ◆ **he smiled ~** il eut un sourire qui cherchait à convaincre ◆ **"oh go on, you know you want to", he said ~** "allons, tu sais que tu en as envie" dit-il en cherchant à le (*or* la) convaincre

**persuasiveness** /pəˈsweɪsɪvnɪs/ **N** pouvoir *m* *or* force *f* de persuasion

**pert** /pɜːt/ **ADJ** **a** *(= coquettish) [person]* coquin ◆ **a ~ little hat** un petit chapeau coquin **b** *(= neat, firm) [bottom, buttocks, breasts]* ferme ; *[nose]* mutin

**pertain** /pɜːˈteɪn/ **VI** **a** *(frm = relate)* **to ~ to** se rapporter à, se rattacher à ◆ **documents ~ing to the case** documents se rapportant à *or* relatifs à l'affaire **b** *(Jur etc) [land]* appartenir (*to* à)

**pertinacious** /ˌpɜːtɪˈneɪʃəs/ **ADJ** *(frm) (= stubborn)* entêté, obstiné ; *(in opinions etc)* opiniâtre

**pertinaciously** /ˌpɜːtɪˈneɪʃəslɪ/ **ADV** *(frm) [maintain position]* obstinément ; *[argue]* avec persistance

**pertinacity** /ˌpɜːtɪˈnæsɪtɪ/ **N** *(frm)* opiniâtreté *f*

**pertinence** /ˈpɜːtɪnəns/ **N** justesse *f*, à-propos *m*, pertinence *f* ; *(Ling)* pertinence *f*

**pertinent** /ˈpɜːtɪnənt/ **ADJ** pertinent ◆ **to be ~ to sth** se rapporter à qch

**pertinently** /ˈpɜːtɪnəntlɪ/ **ADV** *[say, add]* fort pertinemment, fort à propos ◆ **more ~ ...** ce qui est plus important, c'est que ...

**pertly** /ˈpɜːtlɪ/ **ADV** *(= cheekily)* avec effronterie, avec impertinence

**pertness** /ˈpɜːtnɪs/ **N** *(= cheek)* effronterie *f*, impertinence *f*

**perturb** /pəˈtɜːb/ **VT** perturber, inquiéter

**perturbation** /ˌpɜːtɜːˈbeɪʃən/ **N** *(frm)* perturbation *f*, agitation *f*

**perturbed** /pəˈtɜːbd/ **ADJ** perturbé, inquiet (-ète *f*) ◆ **I was ~ to hear that ...** j'ai appris avec inquiétude que ...

**perturbing** /pəˈtɜːbɪŋ/ **ADJ** troublant, inquiétant

**pertussis** /pəˈtʌsɪs/ **N** coqueluche *f*

**Peru** /pəˈruː/ **N** Pérou *m* ◆ **in ~** au Pérou

**Perugia** /pəˈruːdʒə/ **N** Pérouse

**perusal** /pəˈruːzəl/ **N** *(frm)* lecture *f* ; *(thorough)* lecture *f* attentive

**peruse** /pəˈruːz/ **VT** lire ; *(thoroughly)* lire attentivement

**Peruvian** /pəˈruːvɪən/ **ADJ** péruvien **N** Péruvien(ne) *m(f)*

**perv** *‡ /pɜːv/ **N** abbrev of **pervert**

**pervade** /pɜːˈveɪd/ **VT** *[smell]* se répandre dans ; *[influence]* s'étendre dans ; *[ideas]* s'insinuer dans, pénétrer dans ; *[gloom]* envahir ; *[problem]* sévir dans ◆ **this atmosphere ~s the whole book** tout le livre baigne dans cette atmosphère

**pervading** /pɜːˈveɪdɪŋ/ **ADJ** *[uncertainty, influence]* sous-jacent(e) ◆ **there is a ~ atmosphere of doom and gloom in the film** tout le film baigne dans une atmosphère sinistre ◆ **throughout the book there is a ~ sense of menace** tout au long du roman on ressent comme une menace sourde ◆ **the ~ feeling is that economic recovery is near** le sentiment général est que la reprise (économique) est proche ; see also **all**

**pervasive** /pɜːˈveɪsɪv/ **ADJ** *[smell, ideas]* pénétrant ; *[gloom]* envahissant ; *[influence]* omniprésent

**perverse** /pəˈvɜːs/ **ADJ** **a** *(= twisted) [pleasure, desire, humour]* pervers **b** *(= stubborn)* têtu, entêté ; *(= contrary)* contrariant ◆ **how ~ of him!** qu'il est contrariant ! ◆ **what ~ behaviour!** quel esprit de contradiction ! ◆ **it would be ~ to refuse** ce serait faire preuve d'esprit de contradiction que de refuser

**perversely** /pəˈvɜːslɪ/ **ADV** **a** *(= determinedly)* obstinément ; *(= in order to annoy)* par esprit de contradiction **b** *(= paradoxically)* paradoxalement ◆ **~ enjoyable/engaging/appropriate** paradoxalement agréable/engageant/approprié

**perverseness** /pəˈvɜːsnɪs/ **N** ⇒ **perversity**

**perversion** /pəˈvɜːʃən/ **N** *(also Psych)* perversion *f* ; *[of facts]* déformation *f*, travestissement *m* ◆ **sexual ~s** perversions *fpl* sexuelles ◆ **~ of a function** *(Med)* perversion *f* *or* altération *f* d'une fonction ◆ **a ~ of justice** *(gen)* un travestissement de la justice ; *(Jur)* un déni de justice ◆ **a ~ of the truth** un travestissement de la vérité

**perversity** /pəˈvɜːsɪtɪ/ **N** **a** *(= wickedness)* perversité *f*, méchanceté *f* **b** *(= stubbornness)* obstination *f*, entêtement *m* ; *(= contrariness)* caractère *m* contrariant, esprit *m* de contradiction

**pervert** /pəˈvɜːt/ **VT** *[+ person]* pervertir, dépraver ; *(Psych)* pervertir ; *(Rel)* détourner de ses croyances ; *[+ habits etc]* dénaturer, dépraver ; *[+ fact]* fausser, travestir ; *[+ sb's words]* dénaturer, déformer ; *[+ justice, truth]* travestir ◆ **to ~ the course of justice** entraver le cours de la justice **N** /ˈpɜːvɜːt/ *(Psych:* also **sexual pervert**) pervers *m* sexuel, pervertie *f* sexuelle

**perverted** /pəˈvɜːtɪd/ **ADJ** *(frm)* pervers

**pervious** /ˈpɜːvɪəs/ **ADJ** perméable, pénétrable ; *(fig)* accessible (*to* à)

**pervy** /ˈpɜːvɪ/ *‡ **ADJ** *(Brit)* pervers

**peseta** /pəˈsetə/ **N** peseta *f*

**pesky** * /ˈpeskɪ/ **ADJ** *(esp US)* sale * *before n*, empoisonnant *

**peso** /ˈpeɪsəʊ/ **N** peso *m*

**pessary** /ˈpesərɪ/ **N** pessaire *m*

**pessimism** /ˈpesɪmɪzəm/ **N** pessimisme *m*

**pessimist** /ˈpesɪmɪst/ **N** pessimiste *mf*

**pessimistic** /ˌpesɪˈmɪstɪk/ **ADJ** pessimiste (*about* au sujet de, sur) ◆ **I'm very ~ about it** je suis très pessimiste à ce sujet *or* là-dessus ◆ **they are ~ about making a profit** ils n'ont pas grand espoir de faire des bénéfices

**pessimistically** /ˌpesɪˈmɪstɪkəlɪ/ **ADV** avec pessimisme

**pest** /pest/ **N** **a** *(= insect)* insecte *m* nuisible ; *(= animal)* animal *m* nuisible *m* ; *(agricultural)* ennemi *m* des cultures ◆ **rabbits are classed as a ~ in Australia** en Australie le lapin est considéré comme un (animal) nuisible **b** *(* = person)* casse-pieds * *mf inv*, enquiquineur * *m*, -euse * *f* ◆ **you little ~!** que tu es enquiquinant ! * ; *(to girl)* espèce de petite peste ! ◆ **a sex ~** un vicieux *or* une vicieuse *(qui harcèle qn sexuellement)* **COMP** ▷ **pest control** **N** *[of insects]* désinsectisation *f*, lutte *f* contre les insectes ; *[of rats]* dératisation *f* ◆ **~ control officer** *(Admin)* préposé(e) *m(f)* à la lutte antiparasitaire

**pester** /ˈpestəʳ/ **VT** harceler ◆ **to ~ sb with questions** harceler qn de questions ◆ **she has been ~ing me for an answer** elle n'arrête pas de me réclamer une réponse ◆ **he ~ed me to go to the cinema with him** il n'a pas arrêté d'insister *or* il m'a cassé les pieds * pour que j'aille au cinéma avec lui ◆ **he ~ed me into going to the cinema with him** il n'a pas arrêté d'insister *or* il m'a cassé les pieds * pour que j'aille au cinéma avec lui, et j'ai fini par l'accompagner ◆ **he ~ed his father into lending him the car** à force d'insister auprès de son père, il a fini par se faire prêter la voiture ◆ **he ~s the life out of me** * il me casse les pieds * ◆ **stop ~ing me!** laisse-moi tranquille !, fiche-moi la paix ! * ◆ **stop ~ing me about your bike** fiche-moi la paix * avec ton vélo ◆ **is this man ~ing you?** est-ce que cet homme vous importune ?

**COMP** ▷ **pester power** **N** pouvoir *m* de harcèlement *(des enfants en matière de consommation)*

**pesticidal** /ˌpestɪˈsaɪdl/ **ADJ** pesticide

**pesticide** /ˈpestɪsaɪd/ **N** *(gen)* pesticide *m*

**pestiferous** /pesˈtɪfərəs/ **ADJ** ⇒ **pestilent**

**pestilence** /ˈpestɪləns/ **N** peste *f*

**pestilent** /ˈpestɪlənt/, **pestilential** /ˌpestɪˈlenʃəl/ **ADJ** **a** *(= causing disease)* pestilentiel ; *(= pernicious)* nuisible **b** *( * = annoying)* fichu * *before n*, sacré ‡ *before n*

**pestle** /ˈpesl/ **N** pilon *m*

**pesto** /ˈpestəʊ/ **N** pesto *m*

**pet¹** /pet/ **N** **a** *(= animal)* animal *m* domestique *or* de compagnie ◆ **do you have any ~s?** avez-vous des animaux domestiques ? ; *(said by or to child)* as-tu des animaux chez toi *or* à la maison ? ◆ **she keeps a goldfish as a ~** en fait d'animal elle a un poisson rouge ◆ **"no pets (allowed)"** "les animaux sont interdits"

**b** *( * = favourite)* chouchou(te) * *m(f)* ◆ **the teacher's ~** le chouchou * du professeur ◆ **to make a ~ of sb** chouchouter qn *

**c** *( *: term of affection)* **be a ~ and fetch my slippers** sois un chou * *or* sois gentil, va chercher mes chaussons ◆ **he's a real ~** c'est un chou *, il est adorable ◆ **come here ~** viens ici mon chou * *or* mon lapin *

**ADJ** **a** *[lion, snake]* apprivoisé ◆ **he's got a ~ rabbit/dog** il a un lapin/chien ◆ **Jean-François has a ~ alligator** Jean-François a un alligator comme animal de compagnie *or* un alligator apprivoisé

**b** *( * = favourite) [theory, project, charity, theme]* favori(te) *m(f)* ◆ **~ aversion** *or* **hate** bête *f* noire ◆ **it's his ~ subject** c'est sa marotte, c'est son dada * ◆ **once he gets onto his ~ subject ...** quand il enfourche son cheval de bataille *or* son dada * ...

**VT** *(= indulge)* chouchouter * ; *(= fondle)* câliner ; *( *: sexually)* caresser, peloter ‡

**VI** *( *: sexually)* se caresser, se peloter ‡

**COMP** ▷ **pet food** **N** aliments *mpl* pour animaux ▷ **pet name** **N** petit nom *m* (d'amitié) ▷ **pet passport** **N** passeport *m* pour animal domestique ▷ **pet shop** **N** boutique *f* d'animaux

**pet²** * /pet/ **N** ◆ **to be in a ~** être de mauvais poil *

**petal** /ˈpetl/ **N** pétale *m* ◆ **~-shaped** en forme de pétale

**petard** /pɪˈtɑːd/ **N** pétard *m* ; → **hoist**

**Pete** /piːt/ **N** **a** dim of **Peter** **b** ◆ **for ~'s sake !** * mais enfin !, bon sang ! *

**Peter** /ˈpiːtəʳ/ **N** Pierre *m* **COMP** ▷ **Peter's pence** **N** *(Rel)* denier *m* de saint Pierre ; → **blue, rob**

**peter¹** /ˈpiːtəʳ/ **VI** ◆ **to ~ out** *[supplies]* s'épuiser ; *[stream, conversation]* tarir ; *[plans]* tomber à l'eau ; *[story, plot, play, book]* tourner court ; *[fire, flame]* mourir ; *[road]* se perdre

**peter²** *‡ /ˈpiːtəʳ/ **N** *(US = penis)* bite *‡ *f*

**pethidine** /ˈpeθɪdiːn/ **N** *(Med)* péthédine *f*, mépéridine *f*

**petite** /pəˈtiːt/ **ADJ** *[woman]* menue

**petit-four** /ˈpetɪˈfɔːʳ/ **N** (pl **petits-fours**) petit-four *m*

**petition** /pəˈtɪʃən/ **N** **a** *(= list of signatures)* pétition *f* ◆ **to get up a ~ against/for sth** organiser une pétition contre/en faveur de qch

**b** *(= prayer)* prière *f* ; *(= request)* requête *f*, supplique *f*

**c** *(Jur)* requête *f*, pétition *f* ◆ **a ~ for divorce** une demande de divorce ◆ **a ~ for** *or* **in bankruptcy** une demande de mise en liquidation judiciaire ◆ **right of ~** droit *m* de pétition ; → **file²**

**VT** **a** *(= address petition to)* adresser une pétition à, pétitionner ◆ **they ~ed the king for the release of the prisoner** ils ont adressé une pétition au roi pour demander la libération du prisonnier

**b** *(frm = request)* implorer, prier *(sb to do sth* qn de faire qch)

**c** *(Jur)* **to ~ the court** adresser *or* présenter une pétition en justice

**VI** adresser une pétition, pétitionner ◆ **to ~ for divorce** *(Jur)* faire une demande de divorce ◆ **to ~ for bankruptcy** faire une demande de mise en liquidation judiciaire

**petitioner** /pəˈtɪʃnəʳ/ **N** pétitionnaire *mf* ; *(Jur)* requérant(e) *m(f)*, pétitionnaire *mf* ; *(in divorce)* demandeur *m*, -deresse *f* (en divorce)

**petit jury** /ˌpetɪˈdʒʊərɪ/ **N** *(US)* jury *m* (de jugement)

**petit mal** /pətiːˈmæl/ **N** *(NonC: Med)* petit mal *m*

**petits pois** /pətiːˈpwɑː/ **NPL** petits-pois *mpl*

**petnapping** * /ˈpetnæpɪŋ/ **N** *(US)* vol *m* d'animaux familiers *(pour les revendre aux laboratoires)*

**Petrarch** /ˈpetrɑːk/ **N** Pétrarque *m*

**petrel** /ˈpetrəl/ **N** pétrel *m* ; → **stormy**

**Petri dish** /ˈpiːtrɪdɪʃ/ **N** boîte *f* de Petri

**petrifaction** /ˌpetrɪˈfækʃən/ **N** *(lit, fig)* pétrification *f*

**petrified** /ˈpetrɪfaɪd/ **ADJ** **a** *(lit = turned to stone)* pétrifié **b** *(fig = terrified)* pétrifié *or* paralysé de peur ◆ **I was absolutely ~!** j'étais terrifié !, j'étais pétrifié de peur !

**petrify** /ˈpetrɪfaɪ/ **VT** **a** *(lit = turn to stone)* pétrifier **b** *(fig = terrify)* terrifier **VI** se pétrifier *(lit)*

**petro...** /ˈpetrəʊ/ **PREF** pétro...

**petrochemical** /ˌpetrəʊˈkemɪkəl/ **N** produit *m* pétrochimique **ADJ** pétrochimique

**petrocurrency** /ˈpetrəʊˌkʌrənsɪ/ **N** pétrodevise *f*

**petrodollar** /ˈpetrəʊˌdɒləʳ/ **N** pétrodollar *m*

**petrographic(al)** /ˌpetrəˈgræfɪk(əl)/ **ADJ** pétrographique

**petrography** /peˈtrɒgrəfɪ/ **N** pétrographie *f*

**petrol** /ˈpetrəl/ *(Brit)* **N** essence *f* ◆ **my car's very heavy on ~** ma voiture consomme beaucoup (d'essence) ◆ **this car runs on ~** cette voiture roule à l'essence ; → **star**

**COMP** ▷ **petrol bomb** **N** cocktail *m* Molotov ▷ **petrol can** **N** bidon *m* à essence ▷ **petrol cap** **N** ⇒ **petrol filler cap** ▷ **petrol-driven** **ADJ** à essence ▷ **petrol engine** **N** moteur *m* à essence ▷ **petrol filler cap** **N** bouchon *m* de réservoir d'essence ▷ **petrol gauge** **N** *(Aut)* jauge *f* d'essence ▷ **petrol pump** **N** *(on forecourt, in engine)* pompe *f* à essence ▷ **petrol rationing** **N** rationnement *m* de l'essence ▷ **petrol station** **N** station-service *f*, poste *m* d'essence ▷ **petrol tank** **N** réservoir *m* (d'essence) ▷ **petrol tanker** **N** *(= ship)* pétrolier *m*, tanker *m* ; *(= truck)* camion-citerne *m* *(transportant de l'essence)*

> ⚠ *The French word* **pétrole** *means 'oil', not* **petrol**.

**petroleum** /pɪˈtrəʊlɪəm/ **N** pétrole *m* ◆ **~ industry** industrie *f* pétrolière **COMP** ▷ **petroleum jelly** **N** Vaseline ® *f*

**petroliferous** /ˌpetrəˈlɪfərəs/ **ADJ** pétrolifère

**petrology** /peˈtrɒlədʒɪ/ **N** pétrologie *f*

**petticoat** /ˈpetɪkəʊt/ **N** *(= underskirt)* jupon *m* ; *(= slip)* combinaison *f*

**pettifogging** /ˈpetɪfɒgɪŋ/ **ADJ** *(= trifling) [details]* insignifiant ; *[objections]* chicanier

**pettily** /ˈpetɪlɪ/ **ADV** avec mesquinerie, de façon mesquine

**pettiness** /ˈpetɪnɪs/ **N** *(NonC)* **a** *(= small-mindedness) [of person, behaviour]* mesquinerie *f* **b** *(= triviality) [of detail, complaint]* insignifiance *f*

**petting** * /ˈpetɪŋ/ **N** *(NonC)* caresses *fpl* ◆ **heavy ~** pelotage * *m* ◆ **to indulge in heavy ~** se peloter * **COMP** ▷ **petting zoo** **N** *(esp US)* *zoo ou partie d'un zoo où sont réunis des animaux, souvent jeunes, que les enfants peuvent caresser*

**pettish** /ˈpetɪʃ/ **ADJ** *[person]* de mauvaise humeur, irritable ; *[remark]* maussade ; *[child]* grognon

**pettishly** /ˈpetɪʃlɪ/ **ADV** avec mauvaise humeur, d'un air *or* d'un ton maussade

**petty** /ˈpetɪ/ **ADJ** **a** *(= small-minded) [person, behaviour]* mesquin **b** *(= trivial) [detail, complaint]* insignifiant, sans importance ◆ **~ annoyances** désagréments *mpl* mineurs, tracasseries *fpl* ◆ **~ regulations** règlement *m* tracassier **c** *(Naut)* **~ officer** ≈ maître *m* ◆ **~ officer third class** *(US Navy)* quartier-maître *m* de première classe **COMP** ▷ **petty cash** **N** petite caisse *f*, caisse *f* de dépenses courantes ▷ **petty crime** **N** **a** *(NonC = illegal activities)* petite délinquance *f* **b** *(= illegal act)* délit *m* mineur ▷ **petty criminal** **N** petit malfaiteur *m*, malfaiteur *m* à la petite semaine ▷ **petty expenses** **NPL** menues dépenses *fpl* ▷ **petty larceny** **N** *(Jur)* larcin *m* ▷ **petty official** **N** fonctionnaire *mf* subalterne, petit fonctionnaire *m* ▷ **Petty Sessions** **NPL** *(Brit Jur)* sessions *fpl* des juges de paix

**petulance** /ˈpetjʊləns/ **N** mauvaise humeur *f*

**petulant** /ˈpetjʊlənt/ **ADJ** *(by nature)* irritable, irascible ; *(on one occasion)* irrité ; *[expression, gesture]* irrité ◆ **in a ~ mood** de mauvaise humeur ◆ **~ behaviour** irritabilité *f*, irascibilité *f* ; *(on one occasion)* mauvaise humeur *f*

**petulantly** /ˈpetjʊləntlɪ/ **ADV** avec humeur

**petunia** /pɪˈtjuːnɪə/ **N** pétunia *m*

**pew** /pjuː/ **N** *(Rel)* banc *m* (d'église) ◆ **take a ~** * *(hum)* prenez donc un siège

**pewter** /ˈpjuːtəʳ/ **N** étain *m* ◆ **to collect ~** collectionner les étains **COMP** *[pot etc]* en étain, d'étain

**peyote** /peɪˈəʊtɪ/ **N** peyotl *m*

**PFC** /ˌpiːefˈsiː/ **N** *(US Mil)* (abbrev of **Private First Class**) → **private**

**pfennig** /ˈfenɪg/ **N** pfennig *m*

**PFI** /ˌpiːefˈaɪ/ **N** (pl **PFIs**) *(Brit Pol)* (abbrev of **private finance initiative**) PFI *f*

**PFLP** /ˌpiːefelˈpiː/ **N** (abbrev of **Popular Front for the Liberation of Palestine**) FPLP *m*

**PG** /piːˈdʒiː/ **ABBR** *(Cine: film censor's rating)* (abbrev of **Parental Guidance**) *certaines scènes peuvent heurter la sensibilité des jeunes enfants* **N** (abbrev of **paying guest**) → **paying**

**PG 13** /ˌpiːdʒiːθɜːˈtiːn/ *(US Cine)* (abbrev of **Parental Guidance 13**) *interdit aux moins de 13 ans sans autorisation parentale*

**PGA** /ˌpiːdʒiːˈeɪ/ **N** (abbrev of **Professional Golfers' Association**) PGA *f*

**PGCE** /ˌpiːdʒiːsiːˈiː/ **N** *(Brit)* (abbrev of **Postgraduate Certificate in Education**) *diplôme d'aptitude à l'enseignement*

**PH** /piːˈeɪtʃ/ *(US Mil)* (abbrev of **Purple Heart**) → **purple**

**pH** /piːˈeɪtʃ/ **N** pH *m*

**Phaedra** /ˈfiːdrə/ **N** Phèdre *f*

**phaeton** /ˈfeɪtən/ **N** phaéton *m*

**phagocyte** /ˈfægəˌsaɪt/ **N** phagocyte *m*

**phagocytosis** /ˌfægəsaɪˈtəʊsɪs/ **N** phagocytose *f*

**phalangeal** /fəˈlændʒɪəl/ **ADJ** phalangien

**phalanx** /ˈfælæŋks/ N (pl **phalanges** /fæˈlændʒiːz/) (*gen, Mil, Hist, Anat*) phalange *f*

**phalarope** /ˈfæləˌrəʊp/ N phalarope *m*

**phalli** /ˈfælaɪ/ NPL of **phallus**

**phallic** /ˈfælɪk/ ADJ phallique COMP ▷ **phallic symbol** N symbole *m* phallique

**phallocentric** /ˌfæləˈsentrɪk/ ADJ phallocentrique

**phallus** /ˈfæləs/ N (pl **phalluses** *or* **phalli**) phallus *m*

**phantasm** /ˈfæntæzəm/ N fantasme *m*

**phantasmagoria** /ˌfæntæzməˈgɔːrɪə/ N fantasmagorie *f*

**phantasmagoric(al)** /ˌfæntæzməˈgɒrɪk(əl)/ ADJ fantasmagorique

**phantasmal** /fænˈtæzməl/ ADJ fantomatique

**phantasy** /ˈfæntəzɪ/ N ⇒ **fantasy**

**phantom** /ˈfæntəm/ N (*= ghost*) fantôme *m* ; (*= vision*) fantasme *m* ◆ **the ~ pencil thief strikes again!** (*hum*) le voleur de crayons masqué a encore frappé ! COMP ▷ **phantom pregnancy** N grossesse *f* nerveuse

**Pharaoh** /ˈfɛərəʊ/ N pharaon *m* ; (*as name*) Pharaon *m*

**Pharisaic(al)** /ˌfærɪˈseɪɪk(əl)/ ADJ pharisaïque

**Pharisee** /ˈfærɪsiː/ N pharisien(ne) *m(f)*

**pharmaceutical** /ˌfɑːməˈsjuːtɪkəl/ ADJ pharmaceutique NPL **pharmaceuticals** médicaments *mpl*, produits *mpl* pharmaceutiques

**pharmacist** /ˈfɑːməsɪst/ N (*= person*) pharmacien(ne) *m(f)* ; (*Brit*) (also **pharmacist's**) pharmacie *f*

**pharmacological** /ˌfɑːməkəˈlɒdʒɪkəl/ ADJ pharmacologique

**pharmacologist** /ˌfɑːməˈkɒlədʒɪst/ N pharmacologue *mf*

**pharmacology** /ˌfɑːməˈkɒlədʒɪ/ N pharmacologie *f*

**pharmacopoeia** /ˌfɑːməkəˈpiːə/ N pharmacopée *f*

**pharmacy** /ˈfɑːməsɪ/ N pharmacie *f*

**pharynges** /fæˈrɪndʒiːz/ NPL of **pharynx**

**pharyngitis** /ˌfærɪnˈdʒaɪtɪs/ N pharyngite *f*, angine *f* ◆ **to have ~** avoir une pharyngite

**pharynx** /ˈfærɪŋks/ N (pl **pharynxes** *or* **pharynges**) pharynx *m*

**phase** /feɪz/ N **a** (*= stage in process*) phase *f*, période *f* ◆ **a critical ~ in the negotiations** une phase *or* un stade critique des négociations ◆ **the first ~ of the work** la première tranche des travaux ◆ **the ~s of a disease** les phases *fpl* d'une maladie ◆ **the ~s of the moon** les phases *fpl* de la lune ◆ **every child goes through a difficult ~** tout enfant passe par une phase *or* une période difficile ◆ **a passing ~** (*gen*) un état passager ; (*= fad*) une passade ◆ **it's just a ~ he's going through** ça lui passera

**b** (*Astron, Chem, Elec, Phys etc*) phase *f* ◆ **in ~** (*Elec, fig*) en phase ◆ **out of ~** (*Elec, fig*) déphasé

VT [*+ innovations, developments*] introduire graduellement ; [*+ execution of plan*] procéder par étapes à ◆ **the modernization of the factory was ~d over three years** la modernisation de l'usine s'est effectuée en trois ans par étapes ◆ **the changes were ~d carefully so as to avoid unemployment** on a pris soin d'introduire les changements graduellement afin d'éviter le chômage ◆ **we must ~ the various processes so as to lose as little time as possible** nous devons arranger *or* organiser les diverses opérations de façon à perdre le moins de temps possible ◆ **~d changes** changements *mpl* organisés de façon progressive ◆ **a ~d withdrawal of troops** un retrait progressif des troupes

COMP ▷ **phase-out** N suppression *f* progressive

► **phase in** VT SEP [*+ new machinery, measures etc*] introduire progressivement *or* graduellement

► **phase out** VT SEP [*+ machinery*] retirer progressivement ; [*+ jobs*] supprimer graduellement ; [*+ techniques, differences*] éliminer progressivement

**phatic** /ˈfætɪk/ ADJ phatique

**PhD** /ˌpiːeɪtʃˈdiː/ N (*Univ*) (abbrev of **Doctor of Philosophy**) (*= qualification*) doctorat *m* ; (*= person*) ≃ titulaire *mf* d'un doctorat ◆ **to have a ~ in ...** avoir un doctorat de ...

**pheasant** /ˈfeznt/ N faisan *m* ◆ **cock ~** faisan *m* ◆ **hen ~** poule *f* faisane

**phencyclidine** /fenˈsɪklɪˌdiːn/ N phencyclidine *f*

**phenix** /ˈfiːnɪks/ N (*US*) ⇒ **phoenix**

**phenobarbitone** /ˈfiːnəʊˈbɑːbɪtəʊn/ N phénobarbital *m*

**phenol** /ˈfiːnɒl/ N phénol *m*

**phenomena** /fɪˈnɒmɪnə/ NPL of **phenomenon**

**phenomenal** /fɪˈnɒmɪnl/ ADJ (*lit, fig*) phénoménal

**phenomenally** /fɪˈnɒmɪnəlɪ/ ADV [*good, popular, well, quick etc*] phénoménalement ; [*rise, increase*] de façon phénoménale ◆ **she has been ~ successful** elle a eu un succès phénoménal

**phenomenological** /fənɒmənəˈlɒdʒɪkəl/ ADJ phénoménologique

**phenomenologist** /fənɒməˈnɒlədʒɪst/ N phénoménologue *mf*

**phenomenology** /fənɒməˈnɒlədʒɪ/ N phénoménologie *f*

**phenomenon** /fɪˈnɒmɪnən/ N (pl **phenomenons** *or* **phenomena**) (*lit, fig*) phénomène *m*

**pheromone** /ˈferəˌməʊn/ N phéromone *f*

**phew** /fjuː/ EXCL (*relief*) ouf ! ; (*heat*) pfff ! ; (*disgust*) pouah ! ; (*surprise*) oh !

**phial** /ˈfaɪəl/ N fiole *f*

**Phi Beta Kappa** /ˈfaɪˈbeɪtəˈkæpə/ N (*US Univ*) *association élitiste d'anciens étudiants très brillants, ou membre de cette association*

> **Phi Beta Kappa**
>
> Le **Phi Beta Kappa** est le club estudiantin le plus ancien et le plus prestigieux des États-Unis. Fondé en 1776, il est réservé aux étudiants les plus brillants et l'adhésion se fait par élection des membres au cours de la troisième ou de la quatrième année d'études universitaires. Le nom du club vient de l'expression grecque « philosophia biou kybernetes » (la philosophie est le timonier de la vie), qui lui sert de devise. Un membre du club est un **phi beta kappa**.

**Phil** abbrev of **Philadelphia**

**Philadelphia** /ˌfɪləˈdelfɪə/ N Philadelphie

**philander** /fɪˈlændəʳ/ VI courir après les femmes, faire la cour aux femmes

**philanderer** /fɪˈlændərəʳ/ N coureur *m* (de jupons), don Juan *m*

**philandering** /fɪˈlændərɪŋ/ N (*NonC*) flirts *mpl*, liaisons *fpl*

**philanthropic** /ˌfɪlənˈθrɒpɪk/ ADJ philanthropique

**philanthropist** /fɪˈlænθrəpɪst/ N philanthrope *mf*

**philanthropy** /fɪˈlænθrəpɪ/ N philanthropie *f*

**philatelic** /ˌfɪləˈtelɪk/ ADJ philatélique

**philatelist** /fɪˈlætəlɪst/ N philatéliste *mf*

**philately** /fɪˈlætəlɪ/ N philatélie *f*

**...phile** /faɪl/ SUF ...phile ◆ **francophile** ADJ, N francophile *mf*

**Philemon** /faɪˈliːmɒn/ N Philémon *m*

**philharmonic** /ˌfɪlɑːˈmɒnɪk/ ADJ philharmonique

**philhellene** /fɪlˈheliːn/ N, ADJ philhellène *mf*

**philhellenic** /ˌfɪlheˈliːnɪk/ ADJ philhellène

**philhellenism** /fɪlˈhelɪnɪzəm/ N philhellénisme *m*

**...philia** /ˈfɪlɪə/ SUF ...philie *f* ◆ **francophilia** francophilie *f*

**Philip** /ˈfɪlɪp/ N Philippe *m*

**Philippi** /ˈfɪlɪpaɪ/ N Philippes

**Philippians** /fɪˈlɪpɪəns/ NPL Philippiens *mpl*

**philippic** /fɪˈlɪpɪk/ N (*liter*) philippique *f*

**Philippine** /ˈfɪlɪpiːn/ NPL **Philippines** ⇒ **the Philippine Islands** COMP ▷ **the Philippine Islands** NPL Philippines *fpl*

**philistine** /ˈfɪlɪstaɪn/ ADJ **a** (*fig*) béotien **b** ◆ **Philistine** philistin N **a** (*Bible*) ◆ **Philistine** Philistin *m* **b** (*fig*) philistin *m*, béotien(ne) *m(f)*

**philistinism** /ˈfɪlɪstɪˌnɪzəm/ N philistinisme *m*

**Phillips** ® /ˈfɪlɪps/ COMP ◆ **~ screw** vis *f* cruciforme ◆ **~ screwdriver** tournevis *m* cruciforme

**philodendron** /ˌfɪləˈdendrən/ N (pl **philodendrons** *or* **philodendra** /ˌfɪləˈdendrə/) philodendron *m*

**philological** /ˌfɪləˈlɒdʒɪkəl/ ADJ philologique

**philologist** /fɪˈlɒlədʒɪst/ N philologue *mf*

**philology** /fɪˈlɒlədʒɪ/ N philologie *f*

**philosopher** /fɪˈlɒsəfəʳ/ N philosophe *mf* ◆ **he is something of a ~** (*fig*) il est du genre philosophe COMP ▷ **philosopher's stone** N pierre *f* philosophale

**philosophic(al)** /ˌfɪləˈsɒfɪk(əl)/ ADJ **a** (*= relating to philosophy*) [*subject, debate, discussion, tradition*] philosophique **b** (*= calm, resigned*) philosophe ◆ **in a ~(al) tone** d'un ton philosophe ◆ **to be ~(al) about sth** prendre qch avec philosophie

**philosophically** /ˌfɪləˈsɒfɪkəlɪ/ ADV **a** (*= with resignation*) avec philosophie **b** ◆ **important/disputable** *etc* philosophiquement important/discutable *etc*, important/discutable *etc* sur le plan philosophique ◆ **to be ~ inclined** *or* **minded** avoir l'esprit philosophique ◆ **he's ~ opposed to war** il est, par philosophie, opposé à la guerre

**philosophize** /fɪˈlɒsəfaɪz/ VI philosopher (*about, on* sur)

**philosophy** /fɪˈlɒsəfɪ/ N philosophie *f* ◆ **his ~ of life** sa philosophie, sa conception de la vie ◆ **our management ~** notre conception de la gestion ◆ **the best ~ is to change your food habits to a low-sugar diet** la meilleure solution est d'adopter un régime à faible teneur en sucres ◆ **he developed a ~ of health and safety ...** il a mis en place une politique centrée sur la sécurité des conditions de travail ... ; → **moral, natural**

**philtre, philter** (*US*) /ˈfɪltəʳ/ N philtre *m*

**phiz**‡ /fɪz/, **phizog**‡ /ˈfɪzɒg/ N (abbrev of **physiognomy**) binette‡ *f*, bouille‡ *f*

**phlebitis** /flɪˈbaɪtɪs/ N phlébite *f*

**phlebology** /flɪˈbɒlədʒɪ/ N phlébologie *f*

**phlebotomist** /flɪˈbɒtəmɪst/ N phlébotomiste *mf*

**phlebotomy** /flɪˈbɒtəmɪ/ N phlébotomie *f*

**phlegm** /flem/ N **a** *(= mucus)* mucosité *f* **b** *(= equanimity)* flegme *m*

**phlegmatic** /flegˈmætɪk/ ADJ flegmatique

**phlegmatically** /flegˈmætɪkəlɪ/ ADV flegmatiquement, avec flegme

**phlox** /flɒks/ N (pl **phlox** or **phloxes**) phlox *m inv*

**Phnom-Penh** /ˈnɒmˈpen/ N Phnom-Penh

**...phobe** /fəʊb/ SUF ...phobe ◆ **francophobe** ADJ, N francophobe *mf*

**phobia** /ˈfəʊbɪə/ N phobie *f* ◆ **I've got a ~ about ...** j'ai la phobie de ...

**...phobia** /ˈfəʊbɪə/ SUF ...phobie *f* ◆ **anglophobia** anglophobie *f*

**phobic** /ˈfəʊbɪk/ ADJ, N phobique *mf*

**phoenix, phenix** *(US)* /ˈfiːnɪks/ N phénix *m* ◆ **like a ~ from the ashes** comme le phénix qui renaît de ses cendres

**phonatory** /ˈfəʊnətərɪ/ ADJ phonateur (-trice *f*), phonatoire

**phone¹** /fəʊn/ LANGUAGE IN USE 27 (abbrev of **telephone**)

N **a** *(= telephone)* téléphone *m* ◆ **on** or **over the ~** *(gen)* au téléphone ◆ **by ~** par téléphone ◆ **to be on the ~** *(Brit) (= be a subscriber)* avoir le téléphone ; *(= be speaking)* être au téléphone ◆ **I've got Jill on the ~** j'ai Jill au téléphone *or* au bout du fil*

**b** *(Brit)* **to give sb a ~** * *(= phone call)* passer un coup de fil* à qn

VT (also **phone up**) téléphoner à, appeler, passer un coup de fil à*

VI téléphoner

COMP ▷ **phone bill** N facture *f* de téléphone ▷ **phone book** N annuaire *m* (de téléphone) ▷ **phone booth** N **a** *(in station, hotel etc)* téléphone *m* public **b** *(US: in street)* cabine *f* téléphonique ▷ **phone box** N *(Brit)* cabine *f* téléphonique ▷ **phone call** N coup *m* de téléphone *or* de fil*, appel *m* téléphonique ◆ **to make a ~ call** passer un coup de téléphone *or* de fil*, téléphoner ▷ **phone-in (programme)** N *(Brit) émission où les auditeurs ou téléspectateurs sont invités à intervenir par téléphone pour donner leur avis ou pour parler de leurs problèmes* ▷ **phone number** N numéro *m* de téléphone ▷ **phone tapping** N mise *f* sur écoutes téléphoniques

► **phone back** VT SEP *(returning call)* rappeler ; *(calling again)* rappeler, retéléphoner à VI *(= return call)* rappeler ; *(= call again)* rappeler, retéléphoner

► **phone in** VI téléphoner ◆ **to ~ in sick** appeler pour dire qu'on est malade VT SEP *[+ order]* passer par téléphone ; *[+ article]* dicter au téléphone

**phone²** /fəʊn/ N *(Ling)* phone *m*

**phonecard** /ˈfəʊnkɑːd/ N *(Brit Telec)* télécarte® *f*

**phoneme** /ˈfəʊniːm/ N phonème *m*

**phonemic** /fəʊˈniːmɪk/ ADJ phonémique

**phonemics** /fəʊˈniːmɪks/ N *(NonC)* phonémique *f*, phonématique *f*

**phonetic** /fəʊˈnetɪk/ ADJ phonétique COMP ▷ **phonetic alphabet** N alphabet *m* phonétique ▷ **phonetic law** N loi *f* phonétique

**phonetically** /fəʊˈnetɪkəlɪ/ ADV *[spell, learn]* phonétiquement ◆ **~ speaking** phonétiquement parlant

**phonetician** /ˌfəʊnɪˈtɪʃən/ N phonéticien(ne) *m(f)*

**phonetics** /fəʊˈnetɪks/ N *(NonC = subject, study)* phonétique *f* ◆ **articulatory/acoustic/auditory ~** phonétique *f* articulatoire/acoustique/auditoire NPL *(= symbols)* transcription *f* phonétique ◆ **the ~ are wrong** la transcription phonétique est fausse COMP *[teacher, student, exam, degree, textbook, laboratory]* de phonétique

**phoney** * /ˈfəʊnɪ/ *(esp US)* ADJ *[name]* faux (fausse *f*) ; *[jewels]* faux (fausse *f*), en toc ; *[emotion]* factice, simulé ; *[excuse, story, report]* bidon* *inv*, à la noix* ; *[person]* pas franc (franche *f*), poseur ◆ **this diamond is ~** ce diamant est faux ◆ **apparently he was a ~ doctor** il paraît que c'était un charlatan *or* un médecin marron ◆ **a ~ company** une société bidon* ◆ **it sounds ~** cela a l'air d'être de la frime* *or* de la blague* N (pl **phoneys**) *(= person)* charlatan *m*, poseur *m*, faux jeton* *m* ◆ **that diamond is a ~** ce diamant est faux COMP ▷ **the phoney war*** N *(Brit Hist: in 1939)* la drôle de guerre

**phonic** /ˈfɒnɪk/ ADJ phonique

**phono...** /ˈfəʊnəʊ/ PREF phono...

**phonograph** † /ˈfəʊnəgrɑːf/ N électrophone *m*, phonographe † *m*

**phonological** /ˌfəʊnəˈlɒdʒɪkəl/ ADJ phonologique

**phonologically** /ˌfəʊnəˈlɒdʒɪklɪ/ ADV phonologiquement

**phonologist** /fəˈnɒlədʒɪst/ N phonologue *mf*

**phonology** /fəʊˈnɒlədʒɪ/ N phonologie *f*

**phony** * /ˈfəʊnɪ/ ADJ, N ⇒ **phoney**

**phooey** * /ˈfuːɪ/ EXCL *(scorn)* peuh !, pfft !

**phosgene** /ˈfɒzdʒiːn/ N phosgène *m*

**phosphate** /ˈfɒsfeɪt/ N *(Chem)* phosphate *m* ◆ **~s** *(Agr)* phosphates *mpl*, engrais *mpl* phosphatés

**phosphene** /ˈfɒsfiːn/ N phosphène *m*

**phosphide** /ˈfɒsfaɪd/ N phosphure *m*

**phosphine** /ˈfɒsfiːn/ N phosphine *f*

**phosphoresce** /ˌfɒsfəˈres/ VI être phosphorescent

**phosphorescence** /ˌfɒsfəˈresns/ N phosphorescence *f*

**phosphorescent** /ˌfɒsfəˈresnt/ ADJ phosphorescent

**phosphoric** /fɒsˈfɒrɪk/ ADJ phosphorique

**phosphorous** /ˈfɒsfərəs/ ADJ phosphoreux

**phosphorus** /ˈfɒsfərəs/ N phosphore *m*

**photo** /ˈfəʊtəʊ/ N (pl **photos**) (abbrev of **photograph**) photo *f* ; see also **photograph** COMP ▷ **photo album** N album *m* de photos ▷ **photo booth** N photomaton® *m* ▷ **photo finish** N *(Sport)* photo-finish *m* ▷ **photo-offset** N *(Typ)* offset *m (processus)* ▷ **photo opportunity** N séance *f* photo *or* de photos *(pour la presse)* ◆ **it is a great ~ opportunity** il y a de bonnes photos à prendre ▷ **photo session** N séance *f* photo *or* de photos

**photo...** /ˈfəʊtəʊ/ PREF photo...

**photocall** /ˈfəʊtəʊˌkɒl/ N *(Brit Press)* séance *f* de photos pour la presse

**photocell** /ˈfəʊtəʊˌsel/ N photocellule *f*

**photochemical** /ˌfəʊtəʊˈkemɪkəl/ ADJ photochimique

**photochemistry** /ˌfəʊtəʊˈkemɪstrɪ/ N photochimie *f*

**photocompose** /ˌfəʊtəʊkəmˈpəʊz/ VT photocomposer

**photocomposer** /ˌfəʊtəʊkəmˈpəʊzəʳ/ N photocomposeuse *f*

**photocomposition** /ˌfəʊtəʊkɒmpəˈzɪʃən/ N photocomposition *f*

**photocopier** /ˈfəʊtəʊˌkɒpɪəʳ/ N photocopieur *m*, photocopieuse *f*

**photocopy** /ˈfəʊtəʊˌkɒpɪ/ N photocopie *f* VT photocopier

**photodisintegration** /ˌfəʊtəʊdɪˌsɪntɪˈgreɪʃən/ N photodissociation *f*

**photodisk** /ˈfəʊtəʊˌdɪsk/ N *(Comput)* photodisque *m*

**photoelectric(al)** /ˌfəʊtəʊɪˈlektrɪk(əl)/ ADJ photo-électrique ◆ **~(al) cell** cellule *f* photo-électrique

**photoelectricity** /ˌfəʊtəʊɪlekˈtrɪsɪtɪ/ N photoélectricité *f*

**photoelectron** /ˌfəʊtəʊɪˈlektrɒn/ N photoélectron *m*

**photoengrave** /ˌfəʊtəʊɪnˈgreɪv/ VT photograver

**photoengraving** /ˌfəʊtəʊɪnˈgreɪvɪŋ/ N photogravure *f*

**Photofit** ® /ˈfəʊtəʊˌfɪt/ N *(Brit:* also **Photofit picture**) portrait-robot *m*

**photoflash** /ˈfəʊtəʊˌflæʃ/ N flash *m*

**photoflood** /ˈfəʊtəʊˌflʌd/ N projecteur *m*

**photogenic** /ˌfəʊtəˈdʒenɪk/ ADJ photogénique

**photogeology** /ˌfəʊtəʊdʒɪˈɒlədʒɪ/ N photogéologie *f*

**photograph** /ˈfəʊtəgræf/ N photo *f*, photographie † *f* ◆ **to take a ~ of sb/sth** prendre une photo de qn/qch, prendre qn/qch en photo ◆ **he takes good ~s** il fait de bonnes photos ◆ **he takes a good ~** * *(= is photogenic)* il est photogénique, il est bien en photo* ◆ **in** or **on the ~** sur la photo ; → **aerial, colour** VT photographier, prendre en photo VI ◆ **to ~ well** être photogénique, être bien en photo* COMP ▷ **photograph album** N album *m* de photos *or* de photographies †

> ⚠ *In French, the word* **photographe** *means 'photographer', not* **photograph**.

**photographer** /fəˈtɒgrəfəʳ/ N *(also Press etc)* photographe *mf* ◆ **press ~** photographe *mf* de la presse, reporter *m* photographe ◆ **street ~** photostoppeur *m* ◆ **he's a keen ~** il est passionné de photo

**photographic** /ˌfəʊtəˈgræfɪk/ ADJ photographique ◆ **~ library** photothèque *f* COMP ▷ **photographic memory** N mémoire *f* photographique

**photographically** /ˌfəʊtəˈgræfɪkəlɪ/ ADV photographiquement

**photography** /fəˈtɒgrəfɪ/ N *(NonC)* photographie *f NonC* ; → **colour, trick**

**photogravure** /ˌfəʊtəʊgrəˈvjʊəʳ/ N photogravure *f*, héliogravure *f*

**photojournalism** /ˌfəʊtəʊˈdʒɜːnəlɪzəm/ N photojournalisme *m*, photoreportage *m*

**photojournalist** /ˌfəʊtəʊˈdʒɜːnəlɪst/ N photojournaliste *mf*, journaliste *mf* photographe

**photokinesis** /ˌfəʊtəʊkɪˈniːsɪs/ N photokinésie *f*

**photokinetic** /ˌfəʊtəʊkɪˈnetɪk/ ADJ photokinétique

**photolitho** /ˌfəʊtəʊˈlaɪθəʊ/ N abbrev of **photolithography**

**photolithograph** /ˌfəʊtəʊˈlɪθəˌɡrɑːf/ N gravure *f* photolithographique

**photolithography** /ˌfəʊtəʊlɪˈθɒɡrəfɪ/ N photolithographie *f*

**photolysis** /fəʊˈtɒlɪsɪs/ N photolyse *f*

**photomachine** /ˌfəʊtəʊməˈʃiːn/ N photomaton ® *m*

**photomap** /ˈfəʊtəʊˌmæp/ N photoplan *m*

**photomechanical** /ˌfəʊtəʊmɪˈkænɪkl/ ADJ photomécanique

**photometer** /fəʊˈtɒmɪtəʳ/ N photomètre *m*

**photometric** /ˌfəʊtəˈmetrɪk/ ADJ photométrique

**photometry** /fəʊˈtɒmɪtrɪ/ N photométrie *f*

**photomontage** /ˌfəʊtəʊmɒnˈtɑːʒ/ N photomontage *m*

**photomultiplier** /ˌfəʊtəʊˈmʌltɪˌplaɪəʳ/ N photomultiplicateur *m*

**photon** /ˈfəʊtɒn/ N photon *m*

**photoperiodic** /ˌfəʊtəʊˌpɪərɪˈɒdɪk/ ADJ photopériodique

**photoperiodism** /ˌfəʊtəʊˈpɪərɪədɪzəm/ N photopériodisme *m*

**photophobia** /ˌfəʊtəʊˈfəʊbɪə/ N photophobie *f*

**photorealism** /ˌfəʊtəʊˈrɪəˌlɪzəm/ N photoréalisme *m*

**photoreconnaissance** /ˌfəʊtəʊrɪˈkɒnɪsəns/ N reconnaissance *f* photographique

**photosensitive** /ˌfəʊtəʊˈsensɪtɪv/ ADJ photosensible

**photosensitivity** /ˌfəʊtəʊsensɪˈtɪvɪtɪ/ N photosensibilité *f*

**photosensitize** /ˌfəʊtəʊˈsensɪˌtaɪz/ VT photosensibiliser

**photosensor** /ˈfəʊtəʊˌsensəʳ/ N dispositif *m* photosensible

**photoset** /ˈfəʊtəʊˌset/ VT photocomposer

**Photostat** ® /ˈfəʊtəʊˌstæt/ **N** photostat *m* **VT** photocopier

**photosynthesis** /ˌfəʊtəʊˈsɪnθɪsɪs/ N photosynthèse *f*

**photosynthesize** /ˌfəʊtəʊˈsɪnθɪˌsaɪz/ VT photosynthétiser

**photosynthetic** /ˌfəʊtəʊsɪnˈθetɪk/ ADJ photosynthétique

**phototelegram** /ˌfəʊtəʊˈteleˌɡræm/ N phototélégramme *m*

**phototelegraphy** /ˌfəʊtəʊtɪˈleɡrəfɪ/ N phototélégraphie *f*

**phototropic** /ˌfəʊtəʊˈtrɒpɪk/ ADJ phototropique

**phototropism** /ˌfəʊtəʊˈtrɒpɪzəm/ N phototropisme *m*

**phototype** /ˈfəʊtəʊˌtaɪp/ N *(= process)* phototypie *f*

**phototypesetting** /ˌfəʊtəʊˈtaɪpˌsetɪŋ/ N *(US Typ)* photocomposition *f*

**phototypography** /ˌfəʊtəʊtaɪˈpɒɡrəfɪ/ N phototypographie *f*

**phrasal** /ˈfreɪzəl/ **ADJ** syntagmatique **COMP** ▷ **phrasal verb** N verbe *m* à particule

**phrase** /freɪz/ **N** a *(= saying)* expression *f* ◆ **as the ~ is** *or* **goes** comme on dit, selon l'expression consacrée ◆ **to use Mrs Thatcher's ~ ...** comme dirait Mme Thatcher ... ◆ **in Marx's famous ~ ...** pour reprendre la célèbre formule de Marx ... ◆ **that's exactly the ~ I'm looking for** voilà exactement l'expression que je cherche ; → **set, turn**

b *(Ling: gen)* locution *f* ; *(Gram)* syntagme *m* ◆ **noun/verb ~** syntagme *m* nominal/verbal

c *(Mus)* phrase *f*

**VT** a *[+ thought]* exprimer ; *[+ letter]* rédiger ◆ **a neatly ~d letter** une lettre bien tournée ◆ **can we ~ it differently?** peut-on exprimer *or* tourner cela différemment ? ◆ **she ~d her question carefully** elle a très soigneusement formulé sa question

b *(Mus)* phraser

**COMP** ▷ **phrase marker** N *(Ling)* marqueur *m* syntagmatique ▷ **phrase structure** N *(Ling)* structure *f* syntagmatique ADJ *[rule, grammar]* syntagmatique

**phrasebook** /ˈfreɪzbʊk/ N guide *m* de conversation

**phraseology** /ˌfreɪzɪˈɒlədʒɪ/ N phraséologie *f*

**phrasing** /ˈfreɪzɪŋ/ N a *[of ideas]* expression *f* ; *[of text]* formulation *f*, choix *m* des mots ◆ **the ~ is unfortunate** les termes sont mal choisis b *(Mus)* phrasé *m*

**phrenetic** /frɪˈnetɪk/ ADJ ⇒ **frenetic**

**phrenic** /ˈfrenɪk/ ADJ *(Anat)* phrénique

**phrenologist** /frɪˈnɒlədʒɪst/ N phrénologue *mf*, phrénologiste *mf*

**phrenology** /frɪˈnɒlədʒɪ/ N phrénologie *f*

**phthisis** /ˈθaɪsɪs/ N phtisie *f*

**phut** * /fʌt/ ADV ◆ **to go ~** *[machine, object]* péter *, rendre l'âme * ; *[scheme, plan]* tomber à l'eau

**phwoar** * /fwɔːʳ/ EXCL *(Brit)* mazette * !, wow * !

**phycology** /faɪˈkɒlədʒɪ/ N phycologie *f*

**phyla** /ˈfaɪlə/ NPL of **phylum**

**phylactery** /fɪˈlæktərɪ/ N phylactère *m*

**phylactic** /fɪˈlæktɪk/ ADJ phylactique

**phyletic** /faɪˈletɪk/ ADJ phylogénique

**phylloxera** /ˌfɪlɒkˈsɪərə/ N phylloxéra *m*

**phylogenesis** /ˌfaɪləʊˈdʒenɪsɪs/ N phylogenèse *f*

**phylogenetic** /ˌfaɪləʊdʒɪˈnetɪk/ ADJ phylogénique

**phylum** /ˈfaɪləm/ N (pl **phyla**) phylum *m*

**physic** †† /ˈfɪzɪk/ N médicament *m*

**physical** /ˈfɪzɪkəl/ **ADJ** a *(= of the body)* physique ◆ **~ contact** contact *m* physique ◆ **~ abuse** mauvais traitements *mpl* ◆ **he appeared to be in good ~ condition** il semblait être en bonne forme physique ◆ **~ strength** force *f* (physique) ◆ **~ violence** violences *fpl* ◆ **~ symptoms** symptômes *mpl* physiques ◆ **~ exertion** effort *m* physique ◆ **~ deformity** difformité *f* ◆ **~ disabilities** handicaps *mpl* physiques ◆ **~ frailty** constitution *f* frêle ◆ **~ closeness** contact *m* physique ◆ **~ cruelty** brutalité *f*, sévices *mpl* ◆ **it's a ~ impossibility for him to get there on time** il lui est physiquement *or* matériellement impossible d'arriver là-bas à l'heure

b *(= sexual) [love, relationship]* physique ◆ **~ attraction** attirance *f* physique ◆ **the attraction between them is ~** l'attirance qu'ils ont l'un pour l'autre est physique

c *[geography, properties]* physique ; *[world, universe, object]* matériel

d *(* = tactile) [person]* qui aime les contacts physiques

e *(= real)* physique ◆ **~ and ideological barriers** des barrières physiques et idéologiques ◆ **do you have any ~ evidence to support your story?** avez-vous des preuves matérielles de ce que vous avancez ?

**N** *(Med *)* examen *m* médical, bilan *m* de santé, check-up * *m inv* ◆ **to go for a ~** aller passer une visite médicale ◆ **she failed her ~** les résultats de sa visite médicale n'étaient pas assez bons

**COMP** ▷ **physical activity** N activité *f* physique ▷ **physical education** N *(Scol)* éducation *f* physique ▷ **physical examination** N examen *m* médical, bilan *m* de santé ▷ **physical exercise** N exercice *m* physique ▷ **physical fitness** N forme *f* physique ▷ **physical handicap** N handicap *m* physique ▷ **physical jerks** † * NPL *(Brit Scol)* exercices *mpl* d'assouplissement, gymnastique *f* ▷ **physical sciences** N sciences *fpl* physiques ▷ **physical therapist** N *(US Med)* physiothérapeute *mf*, kinésithérapeute *mf* ▷ **physical therapy** N *(US Med)* physiothérapie *f*, kinésithérapie *f* ◆ **to have ~ therapy** faire de la rééducation ▷ **physical training** † N *(Scol)* éducation *f* physique

**physicality** /fɪzɪˈkælɪtɪ/ N présence *f* physique

**physically** /ˈfɪzɪkəlɪ/ ADV *[restrain]* de force ; *[violent, attractive, demanding, separate]* physiquement ; *[possible, impossible]* matériellement ◆ **to be ~ fit** être en bonne forme physique ◆ **to be ~ capable/incapable of (doing) sth** être physiquement capable/incapable de faire qch ◆ **to be ~ sick** vomir ◆ **to feel ~ sick** avoir envie de vomir ◆ **he is ~ handicapped** *or* **disabled** *or* **challenged** c'est un handicapé physique, il a un handicap physique ◆ **to abuse sb ~** *[+ partner]* battre qn ; *[+ child]* maltraiter qn ◆ **she was abused ~ but not sexually** elle a été brutalisée mais pas violée

**physician** /fɪˈzɪʃən/ N médecin *m*

> ⚠ *The French word* **physicien** *means 'physicist'.*

**physicist** /ˈfɪzɪsɪst/ N physicien(ne) *m(f)* ◆ **experimental/theoretical ~** physicien(ne) *m(f)* de physique expérimentale/théorique ; → **atomic**

**physics** /ˈfɪzɪks/ N *(NonC)* physique *f* ◆ **experimental/theoretical ~** physique *f* expérimentale/théorique ; → **atomic, nuclear**

**physio** * /ˈfɪzɪəʊ/ N *(Brit)* a abbrev of **physiotherapy** b abbrev of **physiotherapist**

**physio...** /ˈfɪzɪəʊ/ PREF physio...

**physiognomy** /ˌfɪzɪˈɒnəmɪ/ N *(gen)* physionomie *f* ; *(* hum = face)* bobine * *f*, bouille * *f*

**physiological** /ˌfɪzɪəˈlɒdʒɪkəl/ ADJ physiologique

**physiologically** /ˌfɪzɪəˈlɒdʒɪkəlɪ/ ADV physiologiquement

**physiologist** /ˌfɪzɪˈɒlədʒɪst/ N physiologiste *mf*

**physiology** /ˌfɪzɪˈɒlədʒɪ/ N physiologie *f*

**physiotherapist** /ˌfɪzɪəˈθerəpɪst/ N physiothérapeute *mf*, ≃ kinésithérapeute *mf*

**physiotherapy** /ˌfɪzɪəˈθerəpɪ/ N physiothérapie *f*, ≃ kinésithérapie *f*

**physique** /fɪˈziːk/ N physique *m* ◆ **he has the ~ of a footballer** il est bâti comme un footballeur ◆ **he has a fine/poor ~** il est bien/mal bâti

**phytogeography** /ˌfaɪtəʊdʒɪˈɒɡrəfɪ/ N phytogéographie *f*

**phytology** /faɪˈtɒlədʒɪ/ N phytobiologie *f*

**phytopathology** /ˌfaɪtəʊpəˈθɒlədʒɪ/ N phytopathologie *f*

**phytoplankton** /ˌfaɪtəˈplæŋktən/ N phytoplancton *m*

**PI** /piːˈaɪ/ N (abbrev of **private investigator**) → **private**

**pi**[1] * /paɪ/ ADJ *(Brit pej)* (abbrev of **pious**) *[person]* satisfait de soi, suffisant ; *[expression]* suffisant, béat ; *(= sanctimonious)* bigot

**pi**[2] /paɪ/ N (pl **pis**) *(Math)* pi *m*

**pianissimo** /pɪəˈnɪsɪˌməʊ/ ADJ, ADV pianissimo

**pianist** /ˈpɪənɪst/ N pianiste *mf*

**piano** /ˈpjɑːnəʊ/ **N** (pl **pianos**) piano *m* ; → **baby, grand, upright** **ADV** *(Mus)* piano **COMP** ▷ **piano-accordion N** accordéon *m* à clavier ▷ **piano concerto N** concerto *m* pour piano ▷ **piano duet N** morceau *m* pour quatre mains ▷ **piano lesson N** leçon *f* de piano ▷ **piano music N** ♦ **I'd like some ~ music** je voudrais de la musique pour piano ♦ **I love ~ music** j'adore écouter de la musique pour piano, j'adore le piano ▷ **piano organ N** piano *m* mécanique ▷ **piano piece N** morceau *m* pour piano ▷ **piano stool N** tabouret *m* de piano ▷ **piano teacher N** professeur *m* de piano ▷ **piano tuner N** accordeur *m* (de piano)

**pianoforte** /ˌpjɑːnəʊˈfɔːtɪ/ **N** *(frm)* ⇒ **piano n**

**Pianola** ® /pɪəˈnəʊlə/ **N** piano *m* mécanique, Pianola ® *m*

**piazza** /pɪˈætsə/ **N** **a** *(= square)* place *f*, piazza *f* **b** *(US)* véranda *f*

**pibroch** /ˈpiːbrɒx/ **N** pibroch *m*

**pica** /ˈpaɪkə/ **N** *(Typ)* douze *m*, cicéro *m*

**picador** /ˈpɪkədɔːʳ/ **N** picador *m*

**Picardy** /ˈpɪkədɪ/ **N** Picardie *f*

**picaresque** /ˌpɪkəˈresk/ **ADJ** picaresque

**picayune** * /ˌpɪkəˈjuːn/ **ADJ** *(US)* insignifiant, mesquin

**piccalilli** /ˈpɪkəˌlɪlɪ/ **N** (espèce *f* de) pickles *mpl*

**piccaninny** /ˈpɪkəˌnɪnɪ/ **N** négrillon(ne) *m(f)*

**piccolo** /ˈpɪkələʊ/ **N** (pl **piccolos**) piccolo *m*

**pick** /pɪk/ **N** **a** *(= tool)* pioche *f*, pic *m* ; *(Climbing:* also **ice pick**) piolet *m* ; *[of mason]* smille *f* ; *[of miner]* pic *m* ; → **ice, toothpick**

**b** *(= choice)* choix *m* ♦ **to have one's ~ of sth** avoir le choix de qch ♦ **she could have had her ~ of any man in the room** aucun des hommes de l'assistance n'aurait pu lui résister, elle aurait pu jeter son dévolu sur n'importe quel homme dans l'assistance ♦ **children living closest to the school get first ~** * les enfants qui vivent le plus près de l'école sont prioritaires ♦ **squatters get first ~** * **of all these empty flats** les squatters ont la priorité pour choisir parmi tous ces appartements vides ♦ **to take one's ~** faire son choix ♦ **take your ~** choisissez, vous avez le choix

**c** *(= best)* meilleur ♦ **the ~ of the bunch** * *or* **the crop** le meilleur de tous

**VT** **a** *(= choose)* choisir ♦ **to ~ sb to do sth** choisir qn pour faire qch ♦ **~ a card, any card** choisissez une carte ♦ **to ~ (the) sides** *(Sport)* former *or* sélectionner les équipes ♦ **she was ~ed for England** *(Sport)* elle a été sélectionnée pour être dans l'équipe d'Angleterre ♦ **he ~ed the winner** *(Racing)* il a pronostiqué le (cheval) gagnant ♦ **I'm not very good at ~ing the winner** *(Racing)* je ne suis pas très doué pour choisir le gagnant ♦ **they certainly ~ed a winner in Colin Smith** *(fig)* avec Colin Smith ils ont vraiment tiré le bon numéro

**b** ♦ **to ~ one's way through/among** avancer avec précaution à travers/parmi ♦ **to ~ a fight** *(physical)* chercher la bagarre * ♦ **to ~ a fight** *or* **a quarrel with sb** chercher noise *or* querelle à qn

**c** *(= pluck)* *[+ fruit, flower]* cueillir ; *[+ mushrooms]* ramasser ♦ **"pick your own"** *(at fruit farm)* "cueillette à la ferme"

**d** *(= pick at, fiddle with)* *[+ spot, scab]* gratter, écorcher ♦ **to ~ one's nose** se mettre les doigts dans le nez, se curer le nez ♦ **to ~ a splinter from one's hand** s'enlever une écharde de la main ♦ **to ~ a bone** *(with teeth)* ronger un os ; *[bird]* nettoyer un os ; see also **bone** ♦ **to ~ one's teeth** se curer les dents ♦ **you've ~ed a hole in your jersey** à force de tirer sur un fil tu as fait un trou à ton pull ♦ **to ~ holes in an argument** relever les défauts *or* les failles d'un raisonnement ♦ **their lawyers ~ed holes in the evidence** leurs avocats ont relevé des failles dans le témoignage ♦ **to ~ sb's brains** * faire appel aux lumières de qn ♦ **I need to ~ your brains about something** * j'ai besoin de vos lumières à propos de quelque chose ♦ **to ~ a lock** crocheter une serrure ♦ **to ~ pockets** pratiquer le vol à la tire ♦ **I've had my pocket ~ed** on m'a fait les poches

**VI** **a** *(= choose)* choisir ; *(= be fussy)* faire la fine bouche ♦ **to ~ and choose** faire le (*or* la) difficile ♦ **I haven't got time to ~ and choose** je n'ai pas le temps de faire la fine bouche ♦ **you can afford to ~ and choose** tu peux te permettre de faire la fine bouche *or* de faire le difficile ♦ **you can ~ and choose from the menu** vous pouvez choisir ce que vous voulez dans le menu ♦ **consumers can ~ and choose from among the many telephone companies** les consommateurs peuvent choisir *or* ont le choix entre les nombreuses compagnies de téléphone

**b** *(= poke, fiddle)* ♦ **to ~ at one's food** manger du bout des dents, chipoter * ♦ **the bird ~ed at the bread** l'oiseau picorait le pain ♦ **don't ~!** *(at food)* ne chipote pas ! ; *(at spot, scab)* ne gratte pas ! ♦ **don't ~ at your spots!** ne gratte pas tes boutons !

**COMP** ▷ **pick-and-mix** ⇒ **pick 'n' mix** ▷ **pick-me-up** * **N** remontant *m* ▷ **pick 'n' mix** * **ADJ** *[approach, selection, collection]* hétéroclite ; *[morality, politics] qui réunit sélectivement des éléments hétéroclites* **VT** choisir **VI** faire son choix

► **pick at** * **VT FUS** *(US)* ⇒ **pick on a**

► **pick off** **VT SEP** **a** *[+ paint]* gratter, enlever ; *[+ flower, leaf]* cueillir, enlever

**b** *(= kill)* ♦ **he picked off the sentry** il a visé soigneusement et a abattu la sentinelle ♦ **he ~ed off the three sentries** il a abattu les trois sentinelles l'une après l'autre ♦ **the lions ~ off any stragglers** les lions éliminent les traînards

► **pick on** **VT FUS** **a** *( * = nag, harass)* harceler, s'en prendre à * ♦ **he's always ~ing on Robert** il s'en prend toujours à Robert *, c'est toujours après Robert qu'il en a * ♦ **~ on someone your own size!** ne t'en prends pas à un plus petit que toi !

**b** *(= choose)* choisir ; *(= single out)* choisir, désigner ♦ **why did they ~ on Venice for their holiday?** pourquoi ont-ils choisi Venise comme destination de vacances ? ♦ **the teacher ~ed on him to collect the books** le professeur le choisit *or* le désigna pour ramasser les livres ♦ **why ~ on me? All the rest did the same** pourquoi t'en (*or* s'en) prendre à moi ? Les autres ont fait la même chose

► **pick out** **VT SEP** **a** *(= choose)* choisir ♦ **~ out two or three you would like to keep** choisissez-en deux ou trois que vous aimeriez garder ♦ **she ~ed two apples out of the basket** elle choisit deux pommes dans le panier ♦ **he had already ~ed out his successor** il avait déjà choisi son successeur

**b** *(= distinguish)* repérer, distinguer ; *(in identification parade)* identifier ♦ **I couldn't ~ out anyone I knew in the crowd** je ne pouvais repérer *or* distinguer personne de ma connaissance dans la foule ♦ **can you ~ out the melody in this passage?** pouvez-vous repérer *or* distinguer la mélodie dans ce passage ? ♦ **can you ~ me out in this photo?** pouvez-vous me reconnaître sur cette photo ? ♦ **to ~ out a tune on the piano** *(= play)* retrouver un air au piano

**c** *(= highlight)* **to ~ out a colour** rehausser *or* mettre en valeur une couleur ♦ **letters ~ed out in gold on a black background** caractères rehaussés d'or sur fond noir ♦ **the bright light ~ed out all her grey hairs** la lumière crue faisait ressortir tous ses cheveux gris

► **pick over** **VT SEP** *(= examine, sort through)* *[+ fruit, lentils, rice]* trier ; *[+ events, details, evidence]* décortiquer ♦ **she was ~ing over the shirts in the sale** elle examinait les chemises en solde les unes après les autres ♦ **it's no good ~ing over the past** cela ne sert à rien de ressasser le passé

► **pick through** **VT FUS** ⇒ **pick over**

► **pick up** **VI** **a** *(= improve)* *[conditions, programme, weather]* s'améliorer ; *[prices, wages]* remonter ; *[trade, business]* reprendre ; *[invalid]* se rétablir, se remettre ♦ **business has ~ed up recently** les affaires ont repris récemment ♦ **his support has ~ed up recently** sa cote de popularité a remonté récemment ♦ **the market will ~ up soon** *(Comm, Fin)* le marché va bientôt remonter ♦ **things are ~ing up a bit** * ça commence à aller mieux

**b** *(= resume)* continuer, reprendre ♦ **to ~ up (from) where one had left off** reprendre là où on s'était arrêté ♦ **so, to ~ up where I left off, ...** alors je reprends là où je m'étais arrêté ...

♦ **to pick up on** ♦ **to ~ up on a point** *(= develop)* revenir sur un point ♦ **to ~ sb up on sth** *(= correct)* reprendre qn sur qch

**VT SEP** **a** *(= lift)* *[+ sth dropped, book, clothes etc]* ramasser ♦ **to ~ o.s. up** *(after fall)* se relever, se remettre debout ♦ **he ~ed up the child** *(gen)* il a pris l'enfant dans ses bras ; *(after fall)* il a relevé l'enfant ♦ **he ~ed up the phone and dialled a number** il a décroché (le téléphone) et a composé un numéro ♦ **~ up all your clothes before you go out!** ramasse tous tes vêtements avant de sortir ! ♦ **to ~ up the pieces** *(lit)* ramasser les morceaux ; *(fig)* recoller les morceaux ♦ **she's trying to ~ up the pieces of her career/her marriage** elle essaie de recoller les morceaux de sa carrière/de son couple ♦ **to ~ up the threads of one's life** se reprendre en main

**b** *(= collect)* (passer) prendre ♦ **can you ~ up my coat from the cleaners?** pourrais-tu (passer) prendre mon manteau chez le teinturier ? ♦ **I'll ~ up the books next week** je passerai prendre les livres la semaine prochaine

**c** *[+ passenger, hitch-hiker] (in bus, car etc)* prendre ; *(in taxi)* charger ♦ **I'll ~ you up at 6 o'clock** je passerai vous prendre à 6 heures, je viendrai vous chercher à 6 heures

**d** *[+ girl, boy]* ramasser *, lever * ♦ **he ~ed up a girl at the cinema** il a ramassé une fille au cinéma

**e** *(= buy, obtain)* dénicher ♦ **she ~ed up a secondhand car for just $800** elle a déniché une voiture d'occasion pour seulement 800 dollars ♦ **it's a book you can ~ up anywhere** c'est un livre que l'on peut trouver partout ♦ **to ~ up a bargain in the sales** trouver une bonne affaire dans les soldes

**f** *(= acquire, learn)* *[+ language, skill]* apprendre ; *[+ habit]* prendre ♦ **he ~ed up French very quickly** il n'a pas mis longtemps à apprendre le français ♦ **I've ~ed up a bit of German** j'ai appris quelques mots d'allemand ♦ **you'll soon ~ it up** tu t'y mettras rapidement, ça viendra vite ♦ **you'll soon ~ it up again** tu t'y remettras rapidement, ça reviendra vite ♦ **to ~ up an accent** prendre un accent ♦ **to ~ up bad habits** prendre de mauvaises habitudes ♦ **I ~ed up a bit of news about him today** j'ai appris quelque chose sur lui aujourd'hui ♦ **see what you**

**can ~ up about their export scheme** essayez d'avoir des renseignements *or* des tuyaux* sur leur plan d'exportations ◆ **our agents have ~ed up something about it** nos agents ont appris *or* découvert quelque chose là-dessus ◆ **the papers ~ed up the story** les journaux se sont emparés de l'affaire

g *(= detect) [security camera etc] [+ person, object, sound]* détecter ; *(Rad, Telec) [+ station, signal, programme, message]* capter ◆ **the dogs immediately ~ed up the scent** les chiens ont tout de suite détecté l'odeur ◆ **the cameras ~ed him up as he left the hall** en sortant du hall il est entré dans le champ des caméras

h *(= rescue)* recueillir ; *(from sea)* recueillir, repêcher ◆ **the helicopter/lifeboat ~ed up ten survivors** l'hélicoptère/le canot de sauvetage a recueilli dix survivants

i *(* = take in) [+ suspect]* interpeller, cueillir* ◆ **they ~ed him up for questioning** on l'a interpellé pour l'interroger

j *(= notice) [+ sb's error etc]* relever, ne pas laisser passer ◆ **he ~ed up ten misprints** il a relevé *or* repéré dix fautes d'impression ◆ **he ~ed up every mistake** il n'a pas laissé passer une seule erreur

k *(= reprimand)* faire une remarque à, reprendre ◆ **she ~ed me up for this mistake** elle m'a repris sur cette erreur

l *(= gain)* **to ~ up speed** *[car, boat]* prendre de la vitesse ◆ **he managed to ~ up a few points in the later events** *(Sport)* il a réussi à gagner *or* rattraper quelques points dans les épreuves suivantes ◆ **he ~ed up a reputation as a womanizer** il s'est fait une réputation de coureur de jupons

VT FUS * *(= earn)* gagner, toucher* ◆ **to ~ up the bill** *or* **tab** *(= pay)* payer la note *or* l'addition

N ◆ **pickup** → **pickup**

N ◆ **pick-me-up** * → **pick**

**pickaback** /ˈpɪkəbæk/ ⇒ **piggyback adv, adj, noun a**

**pickaninny** /ˈpɪkə,nɪnɪ/ N ⇒ **piccaninny**

**pickaxe, pickax** *(US)* /ˈpɪkæks/ N pic *m*, pioche *f*

**picker** /ˈpɪkəʳ/ N *(gen in compounds)* cueilleur *m*, -euse *f* ◆ **apple-~** cueilleur *m*, -euse *f* de pommes ; → **cherry**

**picket** /ˈpɪkɪt/ N a *(Ind, Pol) (during strike)* piquet *m* de grève ; *(at civil demonstrations)* piquet *m* (de manifestants) b *(Mil) (= group of soldiers)* détachement *m* (de soldats) ; *(= sentry)* factionnaire *m* ◆ **fire ~** piquet *m* d'incendie c *(= stake)* pieu *m*, piquet *m* VT a *(Ind, Pol)* **to ~ a factory** mettre un piquet de grève aux portes d'une usine ◆ **the demonstrators ~ed the embassy** les manifestants ont formé un cordon devant l'ambassade b *[+ field]* clôturer VI *[strikers]* organiser un piquet de grève COMP ▷ **picket duty** N *(Ind)* ◆ **to be on ~ duty** faire partie d'un piquet de grève ▷ **picket fence** N palissade *f* ▷ **picket line** N piquet *m* de grève ◆ **to cross a ~ line** traverser un piquet de grève

**picketing** /ˈpɪkɪtɪŋ/ N *(NonC)* piquets *mpl* de grève ◆ **there was no ~** il n'y a pas eu de piquet de grève ; → **secondary**

**picking** /ˈpɪkɪŋ/ N *[of object from group]* choix *m* ; *[of candidate, leader]* choix *m*, sélection *f* ; *[of fruit, vegetables]* cueillette *f* ; *[of lock]* crochetage *m* ; *(= careful choosing)* triage *m* NPL **pickings** a *(of food)* restes *mpl* b *(fig = profits etc)* **there are rich ~s to be had** ça pourrait rapporter gros ◆ **easy ~s for thieves** butin *m* facile pour des voleurs

**pickle** /ˈpɪkl/ N a *(NonC: Culin) (= brine)* saumure *f* ; *(= wine, spices)* marinade *f* ; *(= vinegar)* vinaigre *m* b **~(s)** pickles *mpl (petits légumes macérés dans du vinaigre)* c *(* = awkward situation)* ◆ **to be in a (pretty** *or* **fine) ~** être dans de beaux draps, être dans le pétrin ◆ **I'm in rather a ~** je suis plutôt dans le pétrin VT *(in brine)* conserver dans de la saumure ; *(in vinegar)* conserver dans du vinaigre COMP ▷ **pickling onions** NPL petits oignons *mpl*

**pickled** /ˈpɪkld/ ADJ a *[cucumber, herring, cabbage]* conservé *or* macéré dans du vinaigre b *(* = drunk)* bourré*, ivre

**picklock** /ˈpɪklɒk/ N a *(= key)* crochet *m*, rossignol *m* b *(= thief)* crocheteur *m*

**pickpocket** /ˈpɪk,pɒkɪt/ N pickpocket *m*, voleur *m*, -euse *f* à la tire

**pickup** /ˈpɪkʌp/ N a *[of record-player]* pick-up *m inv*, lecteur *m* b *(Aut = passenger)* passager *m*, -ère *f* ramassé(e) en route ◆ **the bus made three ~s** l'autobus s'est arrêté trois fois pour prendre des passagers c *(* = casual lover)* partenaire *mf* de rencontre d *(= collection)* **to make a ~** *[truck driver]* s'arrêter pour charger (des marchandises) ; *[drug runner, spy]* aller chercher de la marchandise ◆ **~ point** *(for people)* point *m* de rendez-vous ; *(for goods)* point de collecte e *(NonC: Aut = acceleration)* reprise(s) *f(pl)* f *(= recovery) (Med)* rétablissement *m* ; *(in trade etc)* reprise *f* (d'activité) g *(* : also* **pick-me-up)** remontant *m* h ⇒ **pickup truck** ADJ *(Sport) [game]* impromptu, improvisé ◆ **~ side** équipe *f* de fortune COMP ▷ **pickup truck, pickup van** N *(Brit)* camionnette *f* (découverte), pick-up *m*

**picky** * /ˈpɪkɪ/ ADJ difficile (à satisfaire)

**picnic** /ˈpɪknɪk/ (vb : pret, ptp **picnicked**) N pique-nique *m* ◆ **let's go on a ~** allons pique-niquer ◆ **it's no ~** * ce n'est pas une partie de plaisir, c'est pas de la tarte* ◆ **it's no ~ * bringing up children on your own** ce n'est pas une partie de plaisir d'élever seul des enfants VI pique-niquer, faire un pique-nique COMP ▷ **picnic basket** N panier *m* à pique-nique ▷ **picnic ham** N *(US)* ≃ jambonneau *m* ▷ **picnic hamper** N ⇒ **picnic basket**

**picnicker** /ˈpɪknɪkəʳ/ N pique-niqueur *m*, -euse *f*

**pics** * /pɪks/ NPL (abbrev of **pictures**) a *(= films)* ciné* *m* b *(= photos)* photos *fpl*

**Pict** /pɪkt/ N Picte *mf*

**Pictish** /ˈpɪktɪʃ/ ADJ picte

**pictogram** /ˈpɪktə,græm/ N pictogramme *m*

**pictograph** /ˈpɪktəgrɑːf/ N a *(= record, chart etc)* pictogramme *m* b *(Ling) (= symbol)* idéogramme *m* ; *(= writing)* idéographie *f*

**pictorial** /pɪkˈtɔːrɪəl/ ADJ *[magazine, calendar]* illustré ; *[record]* en images ; *[work]* pictural ; *[masterpiece]* pictural, de peinture N illustré *m*

**pictorially** /pɪkˈtɔːrɪəlɪ/ ADV en images, au moyen d'images, à l'aide d'images

**picture** /ˈpɪktʃəʳ/ N a *(gen)* image *f* ; *(= illustration)* image *f*, illustration *f* ; *(= photograph)* photo *f* ; *(TV)* image *f* ; *(= painting)* tableau *m*, peinture *f* ; *(= portrait)* portrait *m* ; *(= engraving)* gravure *f* ; *(= reproduction)* reproduction *f* ; *(= drawing)* dessin *m* ◆ **a ~ by David Hockney** un tableau de David Hockney ◆ **a ~ of David Hockney** un tableau de *or* représentant David Hockney, un portrait de David Hockney ◆ **a ~ of David Hockney's** *(= owned by him)* un tableau appartenant à David Hockney ◆ **~s made by reflections in the water** images *fpl* produites par les reflets sur l'eau ◆ **we have the sound but no ~** *(TV)* nous avons le son mais pas l'image ◆ **to paint/draw a ~** faire un tableau/un dessin ◆ **to paint/draw a ~ of sth** peindre/dessiner qch ◆ **every ~ tells a story** *(Prov)* chaque image raconte une histoire ◆ **a ~ is worth a thousand words** *(Prov)* une image en dit plus que de longs discours *(Prov)* → **pretty**

b *(fig = description) (spoken)* tableau *m* ; *(= mental image)* image *f*, représentation *f* ◆ **he gave us a ~ of the scenes at the front line** il nous brossa *or* nous fit un tableau de la situation au front ◆ **to paint a gloomy/optimistic ~ of sth** brosser un sombre tableau/un tableau optimiste de qch ◆ **eye witness accounts painted a ~ of anarchy** les récits des témoins oculaires (nous) ont donné l'image d'une situation anarchique ◆ **to form a ~ of sth** se faire une idée de qch ◆ **I have a clear ~ of him as he was when I saw him last** je le revois clairement *or* je me souviens très bien de lui tel qu'il était la dernière fois que je l'ai vu ◆ **I have no very clear ~ of the room** je ne me représente pas très bien la pièce ◆ **these figures give the general ~** ces chiffres donnent un tableau général de la situation ◆ **(do you) get the ~?** * tu vois le tableau ?*, tu piges ?* ◆ **OK, I get the ~** * ça va, j'ai compris *or* pigé* ◆ **to be/put sb/keep sb in the ~** être/mettre qn/tenir qn au courant ◆ **to be left out of the ~** être mis sur la touche *or* éliminé de la scène

c *(fig phrases)* **she was a ~ in her new dress** elle était ravissante dans sa nouvelle robe ◆ **the garden is (like) a ~ in June** le jardin est magnifique en juin ◆ **he is the** *or* **a ~ of health/happiness** il respire la santé/le bonheur ◆ **he is** *or* **looks the ~ of misery** c'est la tristesse incarnée ◆ **the other side of the ~** le revers de la médaille ◆ **his face was a ~!** * son expression en disait long !, si vous aviez vu sa tête !* ◆ **we should look at the big ~** il faudrait que nous regardions la situation dans son ensemble

d *(Cine)* film *m* ◆ **they made a ~ about it** on en a fait *or* tiré un film ◆ **to go to the ~s** † *(esp Brit)* aller au cinéma, aller voir un film ◆ **what's on at the ~s?** † *(esp Brit)* qu'est-ce qui passe *or* qu'est-ce qu'on donne au cinéma ? ; → **motion**

VT a *(= imagine)* s'imaginer, se représenter ◆ **I can just ~ the consequences** je m'imagine très bien les conséquences ◆ **can you ~ him as a father?** tu l'imagines père ? ◆ **I can't quite ~ it somehow** j'ai du mal à imaginer ça ◆ **~ yourself as a father/lying on the beach** imaginez-vous dans le rôle de père/étendu sur la plage

b *(= describe)* dépeindre, décrire

c *(by drawing etc)* représenter ◆ **the photo ~d her crossing the finishing line** la photo la représentait en train de franchir la ligne d'arrivée

COMP ▷ **picture book** N livre *m* d'images ▷ **picture card** N *(Cards)* figure *f* ▷ **picture desk** N *(Brit Press)* service *m* photo *(d'un journal)* ▷ **picture editor** N *(Press)* directeur *m*, -trice *f* du service photo *(d'un journal)* ▷ **picture frame** N cadre *m* ▷ **picture-framer** N encadreur *m*, -euse *f* ▷ **picture-framing** N encadrement *m* ▷ **picture gallery** N *(public)* musée *m* (de peinture) ; *(private)* galerie *f* (de peinture) ▷ **picture hat** N capeline *f* ▷ **picture house** † N cinéma *m* ▷ **picture-in-picture** N *(NonC: TV, Comput)* insertion *f* d'image ▷ **picture library** N photothèque *f* ▷ **picture messaging** N envoi *m* de photos par MMS ▷ **picture postcard** N carte *f* postale (illustrée) ▷ **picture rail** N cimaise *f* ▷ **picture show** N *(US †) (= cinema)* cinéma *m* ; *(= film)* film *m* ▷ **picture tube** N *(TV)* tube *m* cathodique ▷ **picture window** N fenêtre *f* panoramique ▷ **picture writing** N écriture *f* pictographique

**picturegoer** /ˈpɪktʃəˌgəʊəʳ/ N cinéphile *mf*, amateur *m* de cinéma

**picturesque** /ˌpɪktʃəˈresk/ ADJ pittoresque

**picturesquely** /ˌpɪktʃəˈreskli/ ADV pittoresquement ◆ **a cliff ~ known as the Black Ladders** une falaise surnommée de façon pittoresque les Échelles Noires

**picturesqueness** /ˌpɪktʃəˈresknɪs/ N pittoresque *m*

**PID** /ˌpiːaɪˈdiː/ N (abbrev of **pelvic inflammatory disease**) → **pelvic**

**piddle**‡ /ˈpɪdl/ VI faire pipi* N ◆ **to do a ~** faire un petit pipi*

**piddling*** /ˈpɪdlɪŋ/ ADJ *(= insignificant)* insignifiant, futile ; *(= small)* négligeable, de rien

**pidgin** /ˈpɪdʒɪn/ N a *(NonC)* (also **pidgin English**) pidgin-english *m* b *(Ling * = improvised language)* sabir *m* c *(fig pej = illiterate language)* charabia *m*, jargon *m* ◆ **~ English/French** mauvais anglais *m*/français *m* d * ⇒ **pigeon noun b**

**pie** /paɪ/ N *[of fruit, fish, meat with gravy etc]* tourte *f* ; *(with compact filling)* pâté *m* en croûte ◆ **apple ~** tourte *f* aux pommes ◆ **rabbit/chicken ~** tourte *f* au lapin/au poulet ◆ **pork ~** pâté *m* en croûte ◆ **it's (all) ~ in the sky*** ce sont des promesses en l'air *or* de belles promesses *(iro)* ◆ **they want a piece of the ~** *(fig)* ils veulent leur part du gâteau ◆ **Robert has a finger in the** *or* **that ~** *(gen)* il y a du Robert là-dessous, Robert y est pour quelque chose ; *(financially)* Robert a des intérêts là-dedans *or* dans cette affaire ◆ **he's got a finger in every ~** il se mêle de tout, il est mêlé à tout ◆ **that's ~ to him*** *(US)* pour lui, c'est du gâteau* ; → **humble, mud**

COMP ▷ **pie chart** N *(Math)* graphique *m* circulaire, camembert* *m* ▷ **pie dish** N plat *m* allant au four, terrine *f* ▷ **pie-eyed**‡ ADJ beurré‡, rond* ▷ **pie plate** N moule *m* à tarte, tourtière *f*

**piebald** /ˈpaɪbɔːld/ ADJ *[horse]* pie *inv* N cheval *m or* jument *f* pie

## piece /piːs/

1 NOUN 2 COMPOUNDS 3 PHRASAL VERB

### 1 - NOUN

a = bit, portion morceau *m* ; *[of cloth, chocolate, glass, paper]* morceau *m*, bout *m* ; *[of bread, cake]* morceau *m*, tranche *f* ; *[of wood]* bout *m*, morceau *m* ; *(large)* pièce *f* ; *[of ribbon, string]* bout *m* ; *(= broken or detached part)* morceau *m*, fragment *m* ; *(Comm, Ind = part)* pièce *f* ; *(= item, section, also Chess)* pièce *f* ; *(Draughts)* pion *m* ◆ **a ~ of silk/paper** *etc* un morceau de soie/de papier *etc* ◆ **a ~ of land** *(for agriculture)* une pièce *or* parcelle de terre ; *(for building)* un lotissement ◆ **a ~ of meat** un morceau *or* une pièce de viande ; *(left over)* un morceau *or* un bout de viande ◆ **I bought a nice ~ of beef** j'ai acheté un beau morceau de bœuf ◆ **a sizeable ~ of beef** une belle pièce de bœuf ◆ **I've got a ~ of grit in my eye** j'ai une poussière *or* une escarbille dans l'œil ◆ **a ~ of clothing** un vêtement ◆ **a ~ of fabric** un morceau de tissu ◆ **a ~ of fruit** *(= whole fruit)* un fruit ; *(= segment: of orange, grapefruit etc)* un quartier de fruit ◆ **a ~ of furniture** un meuble ◆ **a ~ of software** un logiciel ◆ **a 30-~ tea set** un service à thé de 30 pièces ◆ **three ~s of luggage** trois bagages ◆ **how many ~s of luggage have you got?** qu'est-ce que vous avez comme bagages ? ◆ **~ by ~** morceau par morceau ◆ **there's a ~ missing** *(of jigsaw, game)* il y a une pièce qui manque ◆ **to put** *or* **fit together the ~s of a mystery** résoudre un mystère en rassemblant les éléments

◆ **in one piece** ◆ **the vase is still in one ~** le vase ne s'est pas cassé *or* est intact ◆ **he had a nasty fall but he's still in one ~*** il a fait une mauvaise chute mais il est entier* *or* indemne ◆ **we got back in one ~*** nous sommes rentrés sains et saufs

◆ **(all) of a piece** ◆ **the back is (all) of a ~ with the seat** le dossier et le siège sont d'un seul tenant ◆ **this latest volume is all of a ~ with her earlier poetry** ce dernier volume est dans l'esprit de ses poèmes précédents

◆ **by the piece** *(Comm)* ◆ **sold by the ~** vendu à la pièce *or* au détail ◆ **paid by the ~** *(Ind)* payé à la pièce

◆ **in pieces** *(= broken)* en pièces, en morceaux ; *(= not yet assembled: furniture etc)* en pièces détachées

◆ **to come/fall/go** *etc* **to pieces** ◆ **it comes** *or* **takes to ~s** c'est démontable ◆ **it just came to ~s** c'est parti en morceaux *or* en pièces détachées *(hum)* ◆ **the chair comes to ~s if you unscrew the screws** la chaise se démonte si on desserre les vis ◆ **to cut sth to ~s** couper qch en morceaux ◆ **it fell to ~s** c'est tombé en morceaux ◆ **to take sth to ~s** démonter qch, désassembler qch ◆ **to smash sth to ~s** briser qch en mille morceaux, mettre qch en miettes ◆ **the boat was smashed to ~s** le bateau vola en éclats ◆ **to go to ~s*** *[person] (= collapse)* s'effondrer ; *(emotionally)* craquer* ; *[team etc]* se désintégrer ◆ **his confidence is shot to ~s*** il a perdu toute confiance en lui ◆ **the economy is shot to ~s*** l'économie est ruinée ; → **pull, tear**[1]

b with abstract nouns ◆ **a ~ of information** un renseignement ◆ **a ~ of advice** un conseil ◆ **a ~ of news** une nouvelle ◆ **a ~ of research** une recherche ◆ **a good ~ of work** du bon travail ◆ **he's a nasty ~ of work*** c'est un sale type* ◆ **it's a ~ of folly** c'est de la folie ◆ **a ~ of nonsense** une absurdité, une bêtise ◆ **what a ~ of nonsense!** quelle absurdité !, quelle bêtise ! ◆ **that was a ~ of luck!** c'était un coup de chance ! ◆ **to give sb a ~ of one's mind*** dire ses quatre vérités à qn, dire son fait à qn

c = musical passage morceau *m* ◆ **a piano ~, a ~ of piano music** un morceau pour piano ◆ **a ~ by Grieg** un morceau de Grieg ◆ **ten-~ band** *(= instrument, player)* orchestre *m* de dix exécutants

d = artwork, antique pièce *f*, objet *m* ◆ **this is an interesting ~** c'est un objet intéressant *or* une pièce intéressante ◆ **her latest ~ is a multimedia installation** son œuvre la plus récente est une installation multimédia

e = poem poème *m*, (pièce *f* de) vers *mpl* ; *(= passage, excerpt)* passage *m* ; *(= article)* article *m* ◆ **a ~ of poetry** un poème, une poésie, une pièce de vers *(liter)* ◆ **a good ~ of writing** un bon texte ◆ **read me a ~ out of "Ivanhoe"** lisez-moi un passage *or* un extrait d'"Ivanhoé" ◆ **there's a ~ in the newspaper about ...** il y a un article dans le journal sur ...

f Mil (also **piece of artillery**) pièce *f* (d'artillerie)

g ‡ = handgun calibre‡ *m*, flingue* *m* ◆ **he was packing a ~** il avait un calibre‡ *or* flingue*

h = coin pièce *f* ◆ **a 2-euro ~** une pièce de 2 euros ◆ **~ of eight** dollar *m* espagnol

i = girl ◆ **she's a nice ~**‡ c'est un beau brin de fille

### 2 - COMPOUNDS

▷ **piece rate** N *(Ind)* tarif *m* à la pièce ▷ **piece to camera** N *(TV, Cine)* ◆ **to do a ~ to camera** faire face à la caméra *(pour s'adresser directement au public)*

### 3 - PHRASAL VERB

► **piece together** VT SEP *[+ broken object]* rassembler ; *[+ jigsaw]* assembler ; *(fig) [+ story]* reconstituer ; *[+ facts]* rassembler, faire concorder ◆ **I managed to ~ together what had happened from what he said** à partir de ce qu'il a dit, j'ai réussi à reconstituer les événements

> ⚠ *Check what kind of piece it is before translating* **piece** *by the French word* **pièce**.

**piecemeal** /ˈpiːsmiːl/ ADV *(= bit by bit) [construct]* petit à petit, par morceaux ; *(= haphazardly)* sans (véritable) plan d'ensemble, au coup par coup ; *[tell, explain, recount]* par bribes ◆ **the railway system developed ~** le système ferroviaire s'est développé sans plan d'ensemble *or* au coup par coup ◆ **he tossed the books ~ into the box** il jeta les livres en vrac dans la caisse

ADJ *(= bit by bit)* en plusieurs étapes ; *(= haphazard)* au coup par coup ; *(= unstructured)* décousu ◆ **technology developed in a rapid and ~ fashion** la technologie s'est développée rapidement et au coup par coup ◆ **the castle was built in ~ fashion** le château a été construit en plusieurs étapes, le château date de plusieurs époques ◆ **the structure of the company has evolved in a ~ way** la structure de la société a évolué par étapes ◆ **he gave me a ~ description of it** il m'en a fait une description fragmentaire *or* décousue ◆ **a ~ argument** une argumentation décousue

**piecework** /ˈpiːswɜːk/ N travail *m* à la pièce ◆ **to be on ~, to do ~** travailler à la pièce

**pieceworker** /ˈpiːsˌwɜːkəʳ/ N ouvrier *m*, -ière *f* payé(e) à la pièce

**piecrust** /ˈpaɪkrʌst/ N croûte *f* de *or* pour pâté

**pied** /paɪd/ ADJ bariolé, bigarré ; *[animal]* pie *inv* COMP ▷ **the Pied Piper** N le joueur de flûte d'Hameln

**pied-à-terre** /ˌpjeɪdɑːˈtɛəʳ/ N (pl **pieds-à-terre** /ˌpjeɪdɑːˈtɛəʳ/) pied-à-terre *m inv*

**Piedmont** /ˈpiːdmɒnt/ N a *(Geog)* Piémont *m* b *(Geol)* **piedmont** piémont *m* ◆ **piedmont glacier** glacier *m* de piémont

**Piedmontese** /ˌpiːdmɒnˈtiːz/ ADJ *(Geog)* piémontais N a *(= person)* Piémontais(e) *m(f)* b *(Ling)* piémontais *m*

**pier** /pɪəʳ/ N a *(with amusements etc)* jetée *f* *(promenade)* ; *(= landing stage)* appontement *m*, embarcadère *m* ; *(= breakwater)* brise-lames *m* ; *(in airport)* jetée *f* d'embarquement (*or* de débarquement) b *(Archit)* *(= column)* pilier *m*, colonne *f* ; *[of bridge]* pile *f* ; *(= brickwork)* pied-droit *or* piédroit *m* COMP ▷ **pier glass** N (glace *f* de) trumeau *m*

**pierce** /pɪəs/ VT a *(= make hole in, go through)* percer, transpercer ◆ **the arrow ~d his armour** la flèche perça son armure ◆ **the bullet ~d his arm** la balle lui transperça le bras ◆ **to have** *or* **get one's ears/nose** *etc* **~d** se faire percer les oreilles/le nez *etc* ◆ **to have ~d ears** avoir les oreilles percées ◆ **~d earrings*, earrings for ~d ears** boucles *fpl* d'oreilles pour oreilles percées b *[sound, light]* percer ; *[cold, wind]* transpercer ◆ **the words ~d his heart** *(liter)* ces paroles lui percèrent le cœur

**piercing** /ˈpɪəsɪŋ/ ADJ *[sound, voice]* aigu (-guë *f*), perçant ; *[look]* perçant ; *[cold, wind]* glacial, pénétrant ◆ ~ **blue eyes** yeux *mpl* bleus perçants N (also **body piercing**) piercing *m* ◆ **to get a ~ (done)** se faire faire un piercing

**piercingly** /ˈpɪəsɪŋlɪ/ ADV *[scream]* d'une voix perçante ; *[look]* d'un œil perçant ◆ ~ **blue eyes** yeux *mpl* bleus perçants

**pierhead** /ˈpɪəhed/ N musoir *m*

**pierrot** /ˈpɪərəʊ/ N pierrot *m*

**pietism** /ˈpaɪɪˌtɪzəm/ N piétisme *m*

**pietist** /ˈpaɪɪtɪst/ ADJ, N piétiste *mf*

**piety** /ˈpaɪətɪ/ N piété *f* NPL **pieties** *(gen pej)* sermons *mpl* moralisateurs

**piezoelectric** /paɪˌiːzəʊɪˈlektrɪk/ ADJ piézoélectrique

**piezoelectricity** /paɪˌiːzəʊɪlekˈtrɪsɪtɪ/ N piézo-électricité *f*

**piezometer** /ˌpaɪɪˈzɒmɪtəʳ/ N piézomètre *m*

**piffle** † * /ˈpɪfl/ N balivernes *fpl*, fadaises *fpl*

**piffling** /ˈpɪflɪŋ/ ADJ *(= trivial)* futile, frivole ; *(= worthless)* insignifiant

**pig** /pɪg/ N a cochon *m*, porc *m* ◆ **they were living like ~s** ils vivaient comme des porcs *or* dans une (vraie) porcherie ◆ **it was a ~ * to do** c'était vachement * difficile à faire ◆ **to buy a ~ in a poke** acheter chat en poche ◆ **~s might fly!** * ce n'est pas demain la veille ! *, quand les poules auront des dents ! ◆ **to be as happy as a ~ in muck** * *or* **shit** *(Brit)* ** être dans son élément ◆ **he was as sick as a ~** * *(Brit)* il en était malade * ◆ **to make a ~'s ear** * **of sth** *(Brit)* cochonner qch * ◆ **in a ~'s eye!** ** *(US)* jamais de la vie !, mon œil ! * ; → **Guinea, suckling pig**

b (* *pej* = *person)* *(mean)* vache ** *f* ; *(dirty)* cochon(ne) * *m(f)* ; *(greedy)* goinfre *m* ◆ **to make a ~ of o.s.** manger comme un goinfre, se goinfrer *

c (** *pej = policeman)* flicard * *m*, poulet * *m* ◆ **the ~s** la flicaille **

VI *[sow]* mettre bas, cochonner

VT ◆ **to ~ o.s.** * se goinfrer (*on* de) ; ◆ **to ~ it** ** vivre comme un cochon * (*or* des cochons)

COMP ▷ **pig breeding** N élevage *m* porcin ▷ **pig farmer** N éleveur *m*, -euse *f* de porcs ▷ **pig-ignorant** ** ADJ d'une ignorance crasse ▷ **pig industry** N industrie *f* porcine ▷ **pig in the middle** N *(= game) jeu où deux enfants se lancent un ballon tandis qu'un troisième, placé au milieu, essaie de l'intercepter* ◆ **he's the ~ in the middle** *(fig)* il est impliqué dans des disputes qui ne le concernent pas ▷ **pig iron** N saumon *m* de fonte ▷ **Pig Latin** N ≈ javanais * *m* ▷ **pig meat** N charcuterie *f* ▷ **pig-swill** N pâtée *f* pour les porcs

► **pig out** * VI s'empiffrer * (*on* de)

**pigeon** /ˈpɪdʒən/ N a *(also Culin)* pigeon *m* ; → **carrier, clay, homing, woodpigeon** b * affaire *f* ◆ **that's not my ~** ça n'est pas mes oignons * COMP ▷ **pigeon-chested** ADJ à la poitrine bombée ▷ **pigeon fancier** N colombophile *mf* ▷ **pigeon house, pigeon loft** N pigeonnier *m* ▷ **pigeon post** N ◆ **by ~ post** par pigeon voyageur ▷ **pigeon shooting** N tir *m* aux pigeons ▷ **pigeon-toed** ADJ ◆ **to be ~-toed** avoir *or* marcher les pieds tournés en dedans

**pigeonhole** /ˈpɪdʒɪnˌhəʊl/ N *(in desk)* case *f*, casier *m* ; *(on wall etc)* casier *m* VT a *(= store away) [+ papers]* classer, ranger b *(= shelve) [+ project, problem]* enterrer provisoirement ◆ **to ~ a bill** *(US Pol)* enterrer un projet de loi c *(= classify) [+ person]* étiqueter, cataloguer (*as* comme)

**piggery** /ˈpɪgərɪ/ N porcherie *f*

**piggish** * /ˈpɪgɪʃ/ ADJ *(pej) (in manners)* sale, grossier ; *(= greedy)* goinfre ; *(= stubborn)* têtu

**piggy** /ˈpɪgɪ/ N *(baby talk)* cochon *m* ADJ *[eyes]* porcin, comme un cochon COMP ▷ **piggy in the middle** N ⇒ **pig in the middle** ; → **pig**

**piggyback** /ˈpɪgɪˌbæk/ ADV *[ride, be carried]* sur le dos ◆ **the space shuttle rides ~ on the rocket** la navette spatiale est transportée sur le dos de la fusée ADJ *[ride etc]* sur le dos N a ◆ **to give sb a ~** porter qn sur son dos ◆ **give me a ~, Daddy!** fais-moi faire un tour (à dada) sur ton dos, Papa ! b *(US Rail)* ferroutage *m* VT a *(= carry on one's back)* porter sur son dos b *(US Rail)* ferrouter c *(fig) [+ plan etc]* englober, couvrir VI *[plan, expenditure etc]* être couvert, être pris en charge

**piggybank** /ˈpɪgɪbæŋk/ N tirelire *f (surtout en forme de cochon)*

**pigheaded** /ˌpɪgˈhedɪd/ ADJ *(pej)* entêté, obstiné

**pigheadedly** /ˌpɪgˈhedɪdlɪ/ ADV *(pej)* obstinément, avec entêtement

**pigheadedness** /ˌpɪgˈhedɪdnɪs/ N *(pej)* entêtement *m*, obstination *f*

**piglet** /ˈpɪglɪt/ N porcelet *m*, petit cochon *m*

**pigman** /ˈpɪgmən/ N (pl **-men**) porcher *m*

**pigment** /ˈpɪgmənt/ N pigment *m*

**pigmentation** /ˌpɪgmənˈteɪʃən/ N pigmentation *f*

**pigmented** /pɪgˈmentɪd/ ADJ pigmenté

**pigmy** /ˈpɪgmɪ/ N, ADJ ⇒ **pygmy**

**pigpen** /ˈpɪgpen/ N *(US)* porcherie *f*

**pigskin** /ˈpɪgskɪn/ N a *(= leather)* peau *f* de porc b *(US Ftbl)* ballon *m (de football américain)* COMP *[briefcase, gloves, book-binding etc]* en (peau de) porc

**pigsty** /ˈpɪgstaɪ/ N *(lit, fig)* porcherie *f* ◆ **your room is like a ~!** ta chambre est une vraie porcherie !

**pigtail** /ˈpɪgteɪl/ N *[of hair]* natte *f* ◆ **to have** *or* **wear one's hair in ~s** porter des nattes

**pike**[1] /paɪk/ N *(= weapon)* pique *f*

**pike**[2] /paɪk/ N (pl **pike** *or* **pikes**) *(= fish)* brochet *m*

**pike**[3] /paɪk/ N a ⇒ **turnpike** b *(US)* ◆ **to come down the ~** faire son apparition

**pikeman** /ˈpaɪkmən/ N (pl **-men**) *(Hist)* piquier *m*

**pikeperch** /ˈpaɪkpɜːtʃ/ N (pl **pikeperch** *or* **pikeperches**) sandre *m*

**piker** ** /ˈpaɪkəʳ/ N *(US) (= small gambler)* thunard ** *m* ; *(= small speculator)* boursicoteur *m*, -euse *f* ; *(= stingy person)* pingre *mf* ; *(= contemptible person)* minable *mf*

**pikestaff** /ˈpaɪkstɑːf/ N → **plain**

**pilaf(f)** /ˈpɪlæf/ N pilaf *m*

**pilaster** /pɪˈlæstəʳ/ N pilastre *m*

**Pilate** /ˈpaɪlət/ N Pilate *m*

**Pilates** /pɪˈlɑːtiːz/ N Pilates *m*

**pilau** /pɪˈlaʊ/ N pilaf *m* COMP ▷ **pilau rice** N riz *m* pilaf

**pilchard** /ˈpɪltʃəd/ N pilchard *m*, sardine *f*

**pile**[1] /paɪl/ N a *(Constr etc)* pieu *m* de fondation ; *(in water)* pilotis *m* ; *[of bridge]* pile *f* b *(= pointed stake)* pieu *m* VT *[+ land]* enfoncer des pieux *or* des pilotis dans COMP ▷ **pile driver** N *(Constr)* sonnette *f*, hie *f*, mouton *m* ▷ **pile dwelling** N *(Hist)* maison *f* sur pilotis

**pile**[2] /paɪl/ N a *(= neat stack)* pile *f* ; *(= heap)* tas *m* ◆ **the linen was in a neat ~** le linge était rangé en une pile bien nette ◆ **his clothes lay in a ~** ses vêtements étaient en tas ◆ **the magazines were in an untidy ~** les magazines étaient entassés pêle-mêle ◆ **to make a ~ of books, to put books in a ~** empiler des livres, mettre des livres en tas *or* en pile ◆ **to be at the top/bottom of the ~** *(fig)* être en haut/en bas de l'échelle ◆ **companies at the bottom of the financial ~** *(fig)* des entreprises ayant très peu de poids d'un point de vue financier

b (* = *fortune)* fortune *f* ◆ **to make one's ~** faire son beurre *, faire fortune ◆ **he made a ~ on this deal** il a ramassé un joli paquet * avec cette affaire ◆ **~s of** *[+ butter, honey]* beaucoup de, des masses de * ; *[+ cars, flowers]* beaucoup de, un tas de * ◆ **to have/make a ~ of** *or* **~s of money** avoir/faire beaucoup d'argent *or* un argent fou

c *(Phys)* pile *f* ; → **atomic**

d *(liter or hum = imposing building)* édifice *m*

NPL **piles** *(Med)* hémorroïdes *fpl*

VT a *(= stack up)* empiler ◆ **he ~d the plates onto the tray** il a empilé les assiettes sur le plateau ◆ **he ~d the books (up) one on top of the other** il a empilé les livres les uns sur les autres ◆ **a table ~d up** *or* **high with books** une table couverte de piles de livres

b *(= pack in)* ◆ **he ~d the books into the box** il a empilé *or* entassé les livres dans la caisse ◆ **I ~d the children into the car** * j'ai entassé les enfants dans la voiture ◆ **to ~ coal on the fire, to ~ the fire up with coal** rajouter du charbon dans le feu

VI * ◆ **we all ~d into the car** nous nous sommes tous entassés *or* empilés * dans la voiture ◆ **we ~d off the train** nous sommes descendus du train en nous bousculant ◆ **they ~d through the door** ils sont entrés *or* sortis en se bousculant

► **pile in** * VI *[people]* s'entasser ◆ **the taxi arrived and we all ~d in** le taxi est arrivé et nous nous sommes tous entassés dedans * ◆ **~ in!** entassez-vous * là-dedans !

► **pile off** * VI *[people]* descendre en désordre

► **pile on** * VT SEP ◆ **to pile it on** exagérer, en rajouter * ◆ **he does tend to ~ it on** il faut toujours qu'il en rajoute *subj* ◆ **to ~ on the pressure** mettre toute la gomme * ◆ **to ~ on weight** *or* **the pounds** prendre kilo sur kilo, grossir

VI ◆ **the bus/train arrived and we all piled on** l'autobus/le train est arrivé et nous nous sommes tous entassés *or* empilés * dedans

► **pile out** * VI sortir en désordre *or* en se bousculant

► **pile up** VI a *(= accumulate) [snow, leaves]* s'amonceler ; *[work, bills, debts, problems, reasons]* s'accumuler ; *[letters, papers, rubbish]* s'entasser, s'accumuler ◆ **the evidence ~d up against him** les preuves s'amoncelaient *or* s'accumulaient contre lui

b (* = *crash)* **ten cars ~d up on the motorway** dix voitures se sont carambolées sur l'autoroute ◆ **the ship ~d up on the rocks** le bateau s'est fracassé sur les rochers

VT SEP a *(lit)* → **pile**[2] **vt a**

b *[+ evidence, reasons, debts, losses]* accumuler

c (* = *crash)* **he ~d up the car/the motorbike last night** hier soir il a bousillé * la voiture/la moto

N ◆ **pileup** → **pileup**

**pile**[3] /paɪl/ N *(Tex)* poils *mpl* ◆ **the ~ of a carpet** les poils *mpl* d'un tapis ◆ **a carpet with a deep ~** un tapis de haute laine

**pileup** /ˈpaɪlʌp/ N *(Aut)* carambolage *m* ◆ **there was a ten-car ~ on the motorway** dix voitures se sont carambolées sur l'autoroute

**pilfer** /ˈpɪlfəʳ/ VT chaparder * VI se livrer au chapardage *

**pilferage** /ˈpɪlfərɪdʒ/ N chapardage * *m*, coulage *m*

**pilferer** /ˈpɪlfərəʳ/ N chapardeur * *m*, -euse * *f*

**pilfering** /ˈpɪlfərɪŋ/ N chapardage * *m*

**pilgrim** /ˈpɪlgrɪm/ N pèlerin *m* ◆ **the ~s to Lourdes** les pèlerins de Lourdes ◆ **"Pilgrim's Progress"** "Le Voyage du Pèlerin" COMP ▷ **the Pilgrim Fathers** NPL *(Hist)* les (Pères *mpl*) pèlerins *mpl*

> **Pilgrim Fathers**
>
> Les « Pères pèlerins » sont un groupe de puritains qui quittèrent l'Angleterre en 1620 pour fuir les persécutions religieuses. Ayant traversé l'Atlantique à bord du « Mayflower », ils fondèrent New Plymouth en Nouvelle-Angleterre, dans ce qui est aujourd'hui le Massachusetts, et inaugurèrent ainsi le processus de colonisation anglaise de l'Amérique. Ces Pères pèlerins sont considérés comme les fondateurs des États-Unis, et l'on commémore chaque année, le jour de « Thanksgiving », la réussite de leur première récolte.
> → THANKSGIVING

**pilgrimage** /ˈpɪlgrɪmɪdʒ/ N pèlerinage *m* ◆ **to make** *or* **go on a ~** faire un pèlerinage

**piling** /ˈpaɪlɪŋ/ N *(NonC)*, **pilings** /ˈpaɪlɪŋz/ NPL *(for bridge)* piles *fpl* ; *(for building)* pilotis *m*

**pill** /pɪl/ N a *(Med, fig)* pilule *f* ◆ **to coat** *or* **sugar** *or* **sweeten the ~** *(fig)* dorer la pilule (*for sb* à qn) → **bitter** b (also **Pill, contraceptive pill**) pilule *f* ◆ **to be on the ~** prendre la pilule ◆ **to come off the ~** arrêter (de prendre) la pilule COMP ▷ **pill popper** * N *personne qui se gave de pilules*

**pillage** /ˈpɪlɪdʒ/ N pillage *m*, saccage *m* VT piller, saccager, mettre à sac VI se livrer au pillage *or* au saccage

**pillar** /ˈpɪləʳ/ N a *(Archit)* pilier *m*, colonne *f* ; *(Min, also Climbing)* pilier *m* ◆ **the Pillars of Hercules** *(Geog)* les Colonnes *fpl* d'Hercule ◆ **a ~ of salt** *(Bible)* une statue de sel ◆ **a ~ of smoke** une colonne de fumée ◆ **a ~ of water** une trombe d'eau ◆ **he was sent from ~ to post** on se le renvoyait de l'un à l'autre ◆ **after giving up his job he went from ~ to post until ...** après avoir quitté son emploi il a erré à droite et à gauche jusqu'au jour où ... b *(fig = mainstay)* pilier *m* ◆ **he was a ~ of the Church/the community** c'était un pilier de l'Église/de la communauté ◆ **he was a ~ of strength** il a vraiment été d'un grand soutien COMP ▷ **pillar-box** N *(Brit)* boîte *f* aux *or* à lettres *(publique)* ◆ **~-box red** rouge vif *m inv*

**pillbox** /ˈpɪlbɒks/ N *(Med)* boîte *f* à pilules ; *(Mil)* casemate *f*, blockhaus *m inv* ; *(= hat)* toque *f*

**pillion** /ˈpɪljən/ N *[of motorcycle]* siège *m* arrière, tansad *m* ; *[of horse]* selle *f* de derrière ◆ **~ passenger** passager *m*, -ère *f* de derrière ADV ◆ **to ride ~** *(on horse)* monter en croupe ; *(on motorcycle)* monter derrière

**pillock** ‡ /ˈpɪlək/ N *(Brit)* con ‡ *m*

**pillory** /ˈpɪlərɪ/ N pilori *m* VT *(Hist, fig)* mettre au pilori

**pillow** /ˈpɪləʊ/ N a oreiller *m* ◆ **a ~ of moss** un coussin de mousse b *(Tech:* also **lace pillow***)* carreau *m* (de dentellière) VT *[+ head]* reposer ◆ **she ~ed her head in her arms** elle a reposé sa tête sur ses bras COMP ▷ **pillow fight** N bataille *f* d'oreillers *or* de polochons * ▷ **pillow lace** N guipure *f* ▷ **pillow slip** N ⇒ **pillowcase**

**pillowcase** /ˈpɪləʊkeɪs/ N taie *f* d'oreiller

**pillowtalk** /ˈpɪləʊtɔːk/ N confidences *fpl* sur l'oreiller

**pilot** /ˈpaɪlət/ N a *(Aviat, Naut)* pilote *m* ◆ **airline/fighter ~** pilote *m* de ligne/de chasse ; → **automatic**
b *(Rad, TV)* (also **pilot episode**) pilote *m*
VT a *(Aviat, Naut)* piloter ◆ **she ~ed the country through the difficult postwar period** elle a guidé *or* dirigé le pays à travers les difficultés de l'après-guerre ◆ **to ~ a bill through the House** *(Parl)* assurer le passage d'un projet de loi
b *(= test) [programme, scheme]* tester
COMP ▷ **pilot boat** N bateau-pilote *m* ▷ **pilot film** N *(TV)* film-pilote *m* ▷ **pilot fish** N (pl **pilot fish** *or* **fishes**) poisson *m* pilote ▷ **pilot house** N poste *m* de pilotage ▷ **pilot jacket** N blouson *m* d'aviateur ▷ **pilot light** N veilleuse *f (de cuisinière, de chauffe-eau etc)* ▷ **pilot officer** N sous-lieutenant *m* (de l'armée de l'air) ▷ **pilot production** N *(Ind)* présérie *f* ▷ **pilot scheme** N projet *m* pilote, projet *m* expérimental ▷ **pilot study** N étude *f* pilote

**Pils** /pɪls, pɪlz/ N bière *f* Pils

**pimento** /pɪˈmentəʊ/ N (pl **pimentos**) piment *m*

**pimp** /pɪmp/ N souteneur *m*, maquereau ‡ *m*, marlou ‡ *m* VI être souteneur, faire le maquereau ‡

**pimpernel** /ˈpɪmpənel/ N mouron *m* ; → **scarlet**

**pimple** /ˈpɪmpl/ N bouton *m (Med)* ◆ **to come out in ~s** avoir une poussée de boutons

**pimply** /ˈpɪmplɪ/ ADJ *[face, person]* boutonneux

**PIN** /pɪn/ N (abbrev of **personal identification number**) ◆ **~ (number)** code *m* confidentiel *or* personnel

**pin** /pɪn/ N a *(Sewing: also for paper, hair, tie etc)* épingle *f* ; *(Brit:* also **drawing pin***)* punaise *f* ; *(= badge)* badge *m* ; *(= lapel badge)* pin *m* ; (also **hatpin**) épingle *f* à chapeau ◆ **(as) clean as a new ~** propre comme un sou neuf ◆ **the room was as neat as a new ~** la pièce était impeccable ◆ **you could have heard a ~ drop** on aurait entendu voler une mouche ◆ **I've got ~s and needles (in my foot)** j'ai des fourmis (au pied) ◆ **to be (sitting) on ~s and needles** *(US)* être sur des charbons ardents ◆ **for two ~s * I'd hand in my resignation** je suis à deux doigts de démissionner, il s'en faudrait d'un rien pour que je démissionne *subj* ; → **rolling, safety**
b *(Tech)* goupille *f*, goujon *m* ; *[of hand grenade]* goupille *f* ; *[of pulley]* essieu *m* ; *(Elec)* fiche *f or* broche *f* (de prise de courant) ; *(Med: in limb)* broche *f* ◆ **three-~ plug** *(Elec)* prise *f* à trois fiches *or* broches
c *(Bowling)* quille *f* ; *(Golf)* drapeau *m* de trou
NPL **pins** ‡ *(= legs)* guibol(l)es * *fpl*, quilles * *fpl* ◆ **he's not very steady on his ~s** il ne tient pas sur ses guibolles *
VT a *(= put pin in) [+ dress]* épingler ; *[+ papers] (together)* attacher avec une épingle ; *(to wall etc)* fixer avec une punaise ◆ **he ~ned the medal to his uniform** il a épinglé la médaille sur son uniforme ◆ **he ~ned the calendar on** *or* **to the wall** il a fixé le calendrier au mur (avec une punaise)
b *(= trap)* clouer ◆ **to ~ sb against a wall/tree** clouer qn contre un mur/arbre ◆ **to ~ sb to the floor/ground** clouer qn au plancher/sol ◆ **his arms were ~ned to his sides** il avait les bras collés au corps
c *(fig = attach)* **to ~ (all) one's hopes on sth/sb** mettre tous ses espoirs dans qch/en qn ◆ **you can't ~ it** *or* **the blame on me** * tu ne peux pas me mettre ça sur le dos ◆ **they tried to ~ the crime on him** * ils ont essayé de lui mettre le crime sur le dos *or* de lui faire endosser le crime
d *(Tech)* cheviller, goupiller
e *(US)* **to ~ a girl** * *(as sign of love) offrir à une jeune fille son insigne de confrérie en gage d'affection*
COMP ▷ **pin money** * N argent *m* de poche ▷ **pin table** N ⇒ **pinball machine ;** → **pinball**

► **pin back** VT SEP retenir (avec une épingle) ◆ **~ back your ears!** * ouvre grand les oreilles ! ◆ **she had her ears ~ned back** * **listening for the baby's crying** elle ouvrait grand les oreilles pour entendre le bébé pleurer ◆ **to ~ sb's ears back** * *(US) (= scold)* passer un savon * à qn ; *(= beat up)* ficher une raclée à qn

► **pin down** VT SEP a *(= secure)* attacher *or* fixer avec une épingle *or* une punaise
b *(= trap)* immobiliser, coincer ◆ **to be ~ned down by a fallen tree** être immobilisé par *ou* coincé sous un arbre tombé ◆ **the battalion had been ~ned down by guerillas** le bataillon avait été bloqué par des guérilleros
c *(fig)* ◆ **to pin sb down to a promise** obliger qn à tenir sa promesse ◆ **I couldn't ~ her down to a date** je n'ai pas réussi à lui faire fixer une date ◆ **see if you can ~ him down to naming a price** essaie de lui faire dire un prix
d *(= define) [+ problem]* définir précisément, mettre le doigt sur ; *[+ feeling, meaning, quality]* définir précisément ; *[+ facts]* déterminer exactement

► **pin on** VT SEP attacher avec une punaise *ou* une épingle, épingler

► **pin together** VT SEP épingler

► **pin up** VT SEP *[+ notice]* fixer (au mur) avec une punaise, punaiser, afficher ; *[+ hem]* épingler ; *[+ hair]* épingler, relever avec des épingles
N ◆ **pinup** ADJ → **pinup**

**piña colada** /ˌpiːnəkəˈlɑːdə/ N pinacolada *f*

**pinafore** /ˈpɪnəfɔːʳ/ N *(= apron)* tablier *m* ; *(= overall)* blouse *f (de travail)* ◆ **~ dress** robe *f* chasuble

**pinball** /ˈpɪnbɔːl/ N *(= game)* flipper *m* ◆ **~ machine** flipper *m*, billard *m* électrique

**pinboard** /ˈpɪnbɔːd/ N panneau *m* d'affichage

**pince-nez** /ˌpɪnsˈneɪz/ N *(pl inv)* pince-nez *m inv*

**pincer** /ˈpɪnsəʳ/ N a *[of crab]* pince *f* b *(= tool)* **~s** tenailles *fpl* COMP ▷ **pincer movement** N *(fig, Mil)* mouvement *m* de tenailles

**pinch** /pɪntʃ/ N a *(= action)* pincement *m* ; *(= mark)* pinçon *m* ◆ **to give sb a ~ (on the arm)** pincer qn (au bras) ◆ **we're feeling the ~ * (of the latest tax increases)** (à cause des dernières augmentations d'impôts) nous sommes juste *or* (financièrement) très serrés ◆ **if it comes to the ~ ...** si la situation devient critique ...
◆ **at a pinch, in a pinch** *(US)* à la limite, à la rigueur ◆ **it'll do at a ~** cela fera l'affaire à la rigueur *or* faute de mieux
b *(= small amount) [of salt]* pincée *f* ; *[of snuff]* prise *f* ◆ **you have to take his remarks with a ~ of salt** il ne faut pas prendre ses remarques pour argent comptant *or* au pied de la lettre
VT a *(= squeeze)* pincer ; *[shoes]* serrer ◆ **she ~ed me on the arm, she ~ed my arm** elle m'a pincé le bras *or* au bras
b *( * = steal)* piquer *, faucher * ◆ **I had my car ~ed** on m'a fauché * *or* piqué * ma voiture ◆ **he ~ed that idea from Shaw** il a chipé * *or* piqué * cette idée à Shaw ◆ **Robert ~ed John's girlfriend** Robert a piqué * sa petite amie à John

c (✱ = arrest) pincer * ◆ **to get ~ed** se faire pincer * ◆ **he got ~ed for speeding** il s'est fait pincer * pour excès de vitesse

VI a *[shoe]* être étroit, serrer

b ◆ **to ~ and scrape** rogner sur tout, se serrer la ceinture *

COMP ▷ **pinch-hit** VI → **pinch-hit**

► **pinch back**, **pinch off** VT SEP *[+ bud]* épincer, pincer

**pinchbeck** /ˈpɪntʃbek/ N a (= *metal*) chrysocale *m*, similor *m* b (= *sth sham*) toc *m* ADJ a *(lit)* en chrysocale, en similor b (= *sham*) en toc, de pacotille

**pinched** /ˈpɪntʃt/ ADJ a (= *drawn*) **to look ~** avoir les traits tirés ◆ **to look ~ with cold/with hunger** avoir l'air transi de froid/tenaillé par la faim b ◆ **~ for money/time** à court d'argent/de temps ◆ **~ for space** à l'étroit

**pinch-hit** /ˈpɪntʃhɪt/ VI *(US Baseball)* jouer en remplaçant ◆ **to ~ for sb** *(US fig)* assurer le remplacement de qn au pied levé

**pinch-hitter** /ˈpɪntʃˌhɪtəʳ/ N remplaçant *m*, substitut *m*

**pinchpenny** /ˈpɪntʃˌpenɪ/ ADJ grippe-sou

**pincushion** /ˈpɪnˌkʊʃən/ N pelote *f* à épingles

**Pindar** /ˈpɪndəʳ/ N Pindare *m*

**Pindaric** /pɪnˈdærɪk/ ADJ pindarique

**pindling** * /ˈpɪndlɪŋ/ ADJ *(US)* chétif, malingre

**pine¹** /paɪn/ N (also **pine tree**) pin *m* COMP ▷ **pine cone** N pomme *f* de pin ▷ **pine grove** N pinède *f* ▷ **pine kernel** N pigne *f*, pignon *m* ▷ **pine marten** N martre *f* ▷ **pine needle** N aiguille *f* de pin ▷ **pine nut** N ⇒ **pine kernel** ▷ **the Pine Tree State** N *(US)* le Maine

**pine²** /paɪn/ VI se languir *(for* de) ◆ **he's pining (for his girlfriend)** il se languit (de sa petite amie) ◆ **an exile pining for home** un exilé qui se languit de son pays *or* qui se languit, loin de son pays ◆ **after six months in London she began to ~ for home** après six mois passés à Londres elle commençait à avoir le mal du pays

► **pine away** VI languir, dépérir

**pineal body** /ˈpɪnɪəlˌbɒdɪ/, **pineal gland** /ˈpɪnɪəlglænd/ N glande *f* pinéale, épiphyse *f*

**pineapple** /ˈpaɪnˌæpl/ N ananas *m* COMP *[flavour, ice cream]* à l'ananas ▷ **pineapple juice** N jus *m* d'ananas

**pinewood** /ˈpaɪnwʊd/ N a (= *grove*) bois *m* de pins, pinède *f* b *(NonC = material)* pin *m*

**ping** /pɪŋ/ N bruit *m* métallique ; *[of bell, clock]* tintement *m* ; *(US Aut)* cliquettement *m* VI faire un bruit métallique ; *[bell, clock]* tinter ; *(US Aut)* cliqueter COMP ▷ **Ping-Pong** ® N ping-pong *m* ◆ **~-pong ball** balle *f* de ping-pong ◆ **~-pong player** pongiste *mf* joueur *m*, -euse *f* de ping-pong

**pinging** /ˈpɪŋɪŋ/ N *(US Aut)* cliquettement *m*

**pinhead** /ˈpɪnhed/ N a *(lit)* tête *f* d'épingle b (✱ *pej* = *idiot*) imbécile *mf*, andouille ✱ *f*

**pinhole** /ˈpɪnhəʊl/ N trou *m* d'épingle ; *(Phot)* sténopé *m*

**pinion¹** /ˈpɪnjən/ N *[of bird]* aileron *m* VT a *[+ person]* lier ◆ **to ~ sb's arms** (= *hold*) tenir les bras de qn ; (= *tie up*) lier les bras à qn ◆ **she ~ed his arms behind his back** (= *hold*) elle lui a tenu les bras derrière le dos ; (= *tie up*) elle lui a lié les bras derrière le dos ◆ **he was ~ed against the wall** *(by person)* il était plaqué contre le mur ; *(by object)* il était coincé contre le mur b *[+ bird]* rogner les ailes à

**pinion²** /ˈpɪnjən/ N *(Tech)* pignon *m* ; → **rack¹** COMP ▷ **pinion wheel** N roue *f* à pignon

**pink¹** /pɪŋk/ N a (= *colour*) rose *m* ; → **hunting, salmon**

b * ◆ **to be in the ~** se porter comme un charme ◆ **in the ~ of condition** en excellente *or* pleine forme

c *(Bot)* œillet *m*, mignardise *f*

ADJ a *[cheek, clothes, paper]* rose ◆ **the petals turn ~** les pétales rosissent ◆ **he turned ~ with embarrassment** il rougit de confusion ◆ **to be seeing ~ elephants** * voir des éléphants roses ; (*: = *homosexual*) gay *, homo * ; → **strike, tickle**

b *(Pol)* gauchisant

COMP ▷ **pink eye** N *(Med)* conjonctivite *f* aiguë contagieuse ▷ **pink gin** N cocktail *m* de gin et d'angustura ▷ **pink lady** N (= *cocktail*) *cocktail à base de gin, cognac, jus de citron et grenadine* ▷ **the pink pound** * N *le pouvoir d'achat de la communauté gay* ▷ **pink slip** * N *(US: terminating employment)* avis *m* de licenciement ▷ **pink-slip** * VT *(US = dismiss)* licencier ▷ **pink-slipped** * ADJ *(US = dismissed) [worker]* licencié

> **Pink Slip**
>
> Aux États-Unis, la « feuille rose » (**pink slip**) désigne familièrement l'avis de licenciement. Cette expression est en usage depuis les années 1920, où l'on glissait dans l'enveloppe de paie d'un employé licencié la copie carbone de couleur rose qui lui notifiait son renvoi. Elle s'utilise aussi comme verbe ou adjectif : ainsi, on dira « they **pink-slipped** him » (ils l'ont licencié), ou « a **pink-slipped** worker » (un ouvrier licencié).

**pink²** /pɪŋk/ VT a *(Sewing)* denteler b (= *put holes in*) perforer c (= *pierce*) percer COMP ▷ **pinking scissors**, **pinking shears** NPL ciseaux *mpl* à denteler

**pink³** /pɪŋk/ VI *(Brit) [car engine etc]* cliqueter

**pinkie** /ˈpɪŋkɪ/ N petit doigt *m*, auriculaire *m*

**pinking** /ˈpɪŋkɪŋ/ N *(Brit Aut)* cliquettement *m*

**pinkish** /ˈpɪŋkɪʃ/ ADJ a rosé, rosâtre ◆ **~ red/orange/grey** *etc* rouge/orange/gris *etc* tirant sur le rose ◆ **~ brown** brun rosâtre b *(Pol)* gauchisant

**pinko** * /ˈpɪŋkəʊ/ ADJ, N (pl **pinkos** *or* **pinkoes**) *(esp US Pol pej)* gauchisant(e) *m(f)*

**pinnace** /ˈpɪnɪs/ N chaloupe *f*

**pinnacle** /ˈpɪnəkl/ N *(Archit)* pinacle *m* ; (= *mountain peak*) pic *m*, cime *f* ; *(Climbing)* gendarme *m* ; *(fig)* apogée *m*, sommet *m*, pinacle *m* ◆ **the ~ of her career** l'apogée *or* le sommet de sa carrière

**pinny** * /ˈpɪnɪ/ N *(Brit)* (abbrev of **pinafore**) tablier *m*

**Pinocchio** /pɪˈnəʊkjəʊ/ N Pinocchio *m*

**pinochle** /ˈpiːnʌkəl/ N *(US)* (sorte *f* de) belote *f*

**pinpoint** /ˈpɪnpɔɪnt/ N *(lit)* pointe *f* d'épingle VT *[+ place]* localiser avec précision ; *[+ problem]* mettre le doigt sur

**pinprick** /ˈpɪnprɪk/ N piqûre *f* d'épingle ◆ **a ~ of light** un rai de lumière

**pinstripe** /ˈpɪnstraɪp/ N rayure *f* très fine ◆ **black material with a white ~** tissu *m* noir finement rayé de blanc ◆ **~ suit** costume *m* rayé

**pinstriped** /ˈpɪnstraɪpt/ ADJ à fines rayures

**pint** /paɪnt/ N a pinte *f*, ≃ demi-litre *m* *(Brit = 0,57 litre, US = 0,47 litre)* ; → IMPERIAL SYSTEM b *(Brit* * = *beer)* pinte *f* (de bière) ◆ **let's go for a ~** allons prendre un pot * ◆ **she had a few ~s** ≃ elle a bu quelques bières ◆ **he likes his ~** il aime son verre de bière COMP ▷ **pint-size(d)** * ADJ minuscule

**pinta** * /ˈpaɪntə/ N *(Brit)* (abbrev of **pint of milk**) ≃ demi-litre *m* de lait

**pinto** /ˈpɪntəʊ/ ADJ *[horse]* pie *inv* N cheval *m or* jument *f* pie COMP ▷ **pinto bean** N haricot *m* bicolore *(du sud-ouest des États-Unis)*

**pinup** * /ˈpɪnʌp/ N (= *girl*) pin up * *f* ; (= *photo*) photo *f* de pin up *

**pioneer** /ˌpaɪəˈnɪəʳ/ N *(gen)* pionnier *m*, -ière *f* ; (= *early settler*) pionnier *m*, -ière *f*, colon *m* ; *(Mil)* pionnier *m*, sapeur *m* ; (= *explorer*) explorateur *m*, -trice *f* ; *[of scheme, science, method]* pionnier *m*, -ière *f*, précurseur *m* ◆ **she was one of the ~s in this field** elle a été l'une des pionnières *or* l'un des précurseurs dans ce domaine ◆ **one of the ~s of aviation/scientific research** l'un des pionniers de l'aviation/de la recherche scientifique ◆ **a medical ~** un pionnier dans le domaine médical

VT ◆ **to ~ the study of sth** être l'un des premiers (*or* l'une des premières) à étudier qch ◆ **she ~ed research in this field** elle a été à l'avant-garde de la recherche *or* une pionnière de la recherche dans ce domaine ◆ **he ~ed the use of this drug** il a lancé l'usage de ce médicament ◆ **innovations being ~ed by the new universities** des innovations mises au point par les nouvelles universités ◆ **this battle strategy was ~ed by the Russians** cette stratégie militaire a été utilisée pour la première fois par les Russes ; see also **pioneering**

COMP *[research, study]* complètement nouveau (nouvelle *f*) ▷ **pioneer work** N *(NonC)* ◆ **he did ~ work in the development of ...** il a été le premier à développer ...

**pioneering** /ˌpaɪəˈnɪərɪŋ/ ADJ *[work]* novateur ; *[spirit]* pionnier ; *[approach]* original, novateur ◆ **America has always retained her ~ spirit** l'Amérique a toujours gardé son esprit pionnier ◆ **his ~ approach to architecture** son approche originale *or* novatrice de l'architecture ◆ **his life was saved by ~ brain surgery** il a été sauvé par une technique neurochirurgicale entièrement nouvelle ◆ **she was given part of a pig's heart, in a ~ operation** elle a reçu une partie d'un cœur de cochon lors d'une opération sans précédent

**pious** /ˈpaɪəs/ ADJ a (= *religious*) pieux b *(pej = sanctimonious)* hypocrite ◆ **a ~ hope** un vœu pieux ◆ **not ~ intentions, but real actions** pas de bonnes intentions, mais des actes

**piously** /ˈpaɪəslɪ/ ADV a (= *with piety*) avec piété, pieusement b (= *sanctimoniously*) d'un air sentencieux, avec componction

**pip¹** /pɪp/ N a *[of fruit]* pépin *m* b *[of card, dice]* point *m* c *(Brit Mil: on uniform)* ≃ galon *m* d *(Telec)* top *m* ◆ **the ~s** * le bip-bip * ◆ **put more money in when you hear the ~s** * introduisez des pièces supplémentaires quand vous entendrez le bip-bip ◆ **at the third ~ it will be 6.49 and 20 seconds** au troisième top il sera exactement 6 heures 49 minutes 20 secondes e *(on radar)* spot *m*

**pip²** /pɪp/ N *(Vet)* pépie *f* ◆ **he gives me the ~** † * *(Brit)* il me hérisse le poil *

**pip³** * /pɪp/ VT a (= *hit*) atteindre d'une balle b *(Brit)* **to be ~ped at** *or* **to the post** se faire coiffer au poteau ◆ **a woman ~ped him for the job/for second place** c'est une femme qui lui a soufflé * le poste/la seconde place, il s'est vu souffler * le poste/la seconde place par une femme

**pipe** /paɪp/ N a *(for water)* tuyau *m*, conduite *f* ; *(smaller)* tube *m* ; *(for gas)* tuyau *m* ◆ **to lay water ~s** poser des conduites d'eau *or* une canalisation d'eau ◆ **sewage** ~ égout *m* ; → **drainpipe, windpipe**

**b** *(for smoking)* pipe *f* ◆ **he smokes a** ~ il fume la pipe ◆ **he smoked a** ~ **before he left** il fuma une pipe avant de partir ◆ **to fill a** ~ bourrer une pipe ◆ **a ~(ful) of tobacco** une pipe de tabac ◆ **put that in your ~ and smoke it!** * si ça ne te plaît pas, c'est le même prix ! *, mets ça dans ta poche et ton mouchoir par-dessus ! ; → **peace**

**c** *(Mus)* pipeau *m*, chalumeau *m* ; *[of organ]* tuyau *m* ; *(boatswain's)* sifflet *m* ; *(also* **bagpipes***)* ◆ **~s** cornemuse *f* ; → **Pan**

**VT** **a** *(Agr, Comm etc) [+ liquid]* amener par tuyau *or* conduite *or* canalisation *etc* ◆ **water is ~d to the farm** l'eau est amenée jusqu'à la ferme par une canalisation ◆ **hot water is ~d to all the rooms** l'eau chaude est amenée par conduites dans toutes les pièces ◆ **to** ~ **oil across the desert** transporter du pétrole à travers le désert par pipeline *or* oléoduc ◆ **to** ~ **oil into a tank** verser *or* faire passer du pétrole dans un réservoir à l'aide d'un tuyau ◆ **to** ~ **music into a room** * *(hum)* passer de la musique dans une pièce

**b** *(Mus) [+ tune]* jouer (sur un pipeau *etc*) ; *(Naut) [+ order]* siffler ◆ **to** ~ **all hands on deck** rassembler l'équipage sur le pont (au son du sifflet) ◆ **to** ~ **sb in/out** saluer l'arrivée/le départ de qn (au son du sifflet) ◆ **the commander was ~d aboard** le commandant a reçu les honneurs du sifflet en montant à bord

**c** *(Sewing)* passepoiler, garnir d'un passepoil ◆ **~d with blue** passepoilé de bleu, garni d'un passepoil bleu

**d** *(Culin)* **to** ~ **cream onto a cake** décorer un gâteau avec de la crème chantilly (à l'aide d'une douille)

**e** *(= say)* dire d'une voix flûtée ; *(= sing)* chanter d'une voix flûtée ◆ **"it's for you", he ~d** "c'est pour toi" dit-il d'une voix flûtée

**VI** **a** *(Mus) (flute)* jouer du pipeau (*or* du chalumeau) ; *(bagpipes)* jouer de la cornemuse

**b** *(Naut)* donner un coup de sifflet

**COMP** ▷ **pipe bomb** **N** bombe *f* artisanale *(fabriquée à partir d'un morceau de tuyau)* ▷ **pipe cleaner** **N** cure-pipe *m* ▷ **piped music** **N** musique *f* d'ambiance enregistrée ▷ **pipe dream** **N** projet *m* chimérique ▷ **pipe organ** **N** grandes orgues *fpl* ▷ **pipe rack** **N** râtelier *m* à pipes ▷ **pipe smoker** **N** fumeur *m* de pipe ▷ **pipe tobacco** **N** tabac *m* à pipe

► **pipe down** * **VI** se taire ◆ ~ **down!** mets-la en sourdine ! *

► **pipe up** * **VI** se faire entendre

**pipeclay** /ˈpaɪpkleɪ/ **N** terre *f* de pipe

**pipefitter** /ˈpaɪpˌfɪtəʳ/ **N** tuyauteur *m*

**pipeline** /ˈpaɪplaɪn/ **N** pipeline *m* ; *(for oil)* oléoduc *m* ; *(for natural gas)* gazoduc *m* ; *(for milk)* lactoduc *m*

◆ **in the pipeline** *(= planned or about to happen)* prévu ; *(= begun or about to be completed)* en cours de réalisation ◆ **there are redundancies in the** ~ des licenciements sont prévus ◆ **they've got a pay increase in the** ~ il est prévu qu'ils reçoivent *or* ils doivent recevoir une augmentation de salaire ◆ **there's a new model in the** ~ un nouveau modèle est en cours de réalisation, on est en train de développer un nouveau modèle

**piper** /ˈpaɪpəʳ/ **N** **a** *(= flautist)* joueur *m*, -euse *f* de pipeau (*or* de chalumeau) **b** *(also* **bagpiper***)* joueur *m*, -euse *f* de cornemuse ; → **pay**

**pipette** /pɪˈpet/ **N** pipette *f*

**pipework** /ˈpaɪpwɜːk/ **N** *(NonC)* tuyauterie *f*

**piping** /ˈpaɪpɪŋ/ **N** *(NonC)* **a** *(in house)* tuyauterie *f*, canalisation *f* **b** *(Mus) (of flute)* son *m* du pipeau *or* du chalumeau ; *(of bagpipes)* son *m* de la cornemuse **c** *(Sewing)* passepoil *m* **d** *(on cake)* décorations *fpl* (appliquées) à la douille **ADJ** *[voice, tone]* flûté **ADV** ◆ ~ **hot** tout chaud, tout bouillant **COMP** ▷ **piping cord** **N** ganse *f*

**pipit** /ˈpɪpɪt/ **N** *(Orn)* pipit *m*

**pipkin** /ˈpɪpkɪn/ **N** poêlon *m* (en terre)

**pippin** /ˈpɪpɪn/ **N** (pomme *f*) reinette *f*

**pipsqueak** † /ˈpɪpskwiːk/ **N** foutriquet † *m*

**piquancy** /ˈpiːkənsɪ/ **N** *(flavour)* goût *m* piquant ; *[of story]* sel *m*, piquant *m*

**piquant** /ˈpiːkənt/ **ADJ** *[flavour, story]* piquant

**piquantly** /ˈpiːkəntlɪ/ **ADV** d'une manière piquante

**pique** /piːk/ **VT** **a** *[+ person]* froisser ; *(stronger)* piquer au vif **b** *[+ sb's curiosity, interest]* piquer, exciter **N** ressentiment *m*, dépit *m* ◆ **in a fit of** ~ dans un accès de dépit ◆ **to do sth out of** ~ faire qch par dépit

**piquet** /pɪˈket/ **N** piquet *m (jeu de cartes)*

**piracy** /ˈpaɪərəsɪ/ **N** *(NonC)* **a** piraterie *f* ◆ **a tale of** ~ une histoire de pirates **b** *(fig) [of book, film, tape, video]* piratage *m* ; *[of idea]* pillage *m*, vol *m* ; *(Comm)* contrefaçon *f* ◆ **video/computer/software** ~ piratage *m* vidéo/informatique/de logiciels

**piranha** /pɪˈrɑːnjə/ **N** piranha *m*

**pirate** /ˈpaɪərɪt/ **N** **a** *(Hist)* pirate *m*, corsaire *m*, flibustier *m* **b** *(Comm: gen)* contrefacteur *m* ; *[of book, tape, film, video]* pirate *m* ; *[of ideas]* voleur *m*, -euse *f* **VT** *[+ book, tape, film, video, software, product, invention, idea]* pirater **COMP** *[flag, ship]* de pirates ▷ **pirate copy** **N** copie *f* pirate ▷ **pirate radio** **N** radio *f* pirate

**pirated** /ˈpaɪərɪtɪd/ **ADJ** *[book, tape, film, video]* pirate ◆ ~ **edition** édition *f* pirate

**piratical** /paɪˈrætɪkəl/ **ADJ** *[band, family]* de pirates ; *[appearance]* de pirate

**pirating** /ˈpaɪərɪtɪŋ/ **N** piratage *m*

**pirouette** /ˌpɪrʊˈet/ **N** pirouette *f* **VI** faire la pirouette, pirouetter

**Pisa** /ˈpiːzə/ **N** Pise

**Piscean** /ˈpaɪsɪən/ **N** ◆ **to be a** ~ être Poisson(s)

**Pisces** /ˈpaɪsiːz/ **N** *(Astron)* Poissons *mpl* ◆ **I'm (a)** ~ *(Astrol)* je suis Poisson(s)

**piss** ‡ /pɪs/ **N** pisse ‡ *f* ◆ **it's** ~ **easy** *or* **a piece of** ~ *(Brit)* c'est fastoche ‡ ◆ **to go for** *or* **have** *or* **take a** ~ pisser un coup ‡ ◆ **to take the** ~ charrier ◆ **to take the** ~ **out of sb** *(Brit)* se foutre de la gueule de qn ‡* ◆ **he took the** ~ **out of my accent** *(Brit)* il s'est foutu ‡ de moi à cause de mon accent ◆ **to go out on the** ~ *(Brit = go drinking)* aller se soûler la gueule ‡ dans les bars

**VI** pisser ‡ ◆ **it's ~ing down** *or* **~ing with rain** *(Brit)* il pleut comme vache qui pisse *

**VT** ◆ **to** ~ **one's pants** *or* **o.s.** *(= urinate)* pisser ‡ dans sa culotte ◆ **to** ~ **o.s. (laughing)** *(Brit)* pisser de rire ‡

**COMP** ▷ **piss artist** ‡ **N** *(Brit)* soûlographe * *mf*, poivrot(e) * *m(f)* ▷ **piss easy** ‡ **ADJ** *(Brit)* → **n** ▷ **piss-poor** ‡ **ADJ** nullard *, minable * ▷ **piss-take** ‡ **N** mise *f* en boîte * ▷ **piss-up** ‡ **N** *(Brit)* soûlerie *f*, beuverie * *f* ◆ **he couldn't organize a ~-up in a brewery** *(Brit)* il est complètement nul *, c'est un vrai nullard *

► **piss about, piss around** ‡ **VI** *(Brit = waste time)* glandouiller ‡ ◆ **to** ~ **about with sth** déconner ‡ avec qch ◆ **to** ~ **about with sb** se foutre de la gueule de qn ‡*

**VT** *(Brit) [+ person]* se foutre de la gueule de ‡*

► **piss off** ‡ **VI** foutre le camp ‡ ◆ ~ **off!** fous(-moi) le camp ! ‡

**VT** *[person, situation] [+ person]* faire chier ‡ ◆ **she ~es me off sometimes** il y a des moments où elle me fait chier ‡ ◆ **I'm ~ed off** j'en ai ras le bol * *or* le cul ‡*

**pissed** ‡ /pɪst/ **ADJ** **a** *(Brit = drunk)* bituré ‡, bourré ‡ ◆ **to get** ~ se soûler la gueule ‡ ◆ ~ **as a newt** *or* **a fart,** ~ **out of one's mind** complètement bituré ‡ *or* bourré ‡ **b** *(US)* ⇒ **pissed off** ; → **piss off vt**

**pisser** ‡* /ˈpɪsəʳ/ **N** emmerdement ‡ *m*, merde ‡* *f*

**pisshead** ‡ /ˈpɪshed/ **N** *(Brit)* poivrot(e) * *m(f)*, soûlard(e) * *m(f)*

**pistachio** /pɪsˈtɑːʃɪəʊ/ **N** (pl **pistachios**) **a** *(= nut)* pistache *f* ; *(= tree)* pistachier *m* **b** *(= colour)* (vert *m*) pistache *inv* **COMP** ▷ **pistachio ice cream** **N** glace *f* à la pistache

**piste** /piːst/ **N** *(Ski)* piste *f* ◆ **off** ~ hors piste

**pisted** /ˈpiːstɪd/ **ADJ** *(Ski)* ◆ **it's well** ~ **down** c'est bien damé

**pistil** /ˈpɪstɪl/ **N** pistil *m*

**pistol** /ˈpɪstl/ **N** pistolet *m* ; (*Sport:* also **starter's pistol**) pistolet *m* (de starter) **COMP** ▷ **pistol point** **N** ◆ **at** ~ **point** sous la menace du pistolet ▷ **pistol shot** **N** coup *m* de pistolet ▷ **pistol-whip** **VT** frapper avec un pistolet

**piston** /ˈpɪstən/ **N** piston *m* **COMP** ▷ **piston engine** **N** moteur *m* à pistons ▷ **piston-engined** **ADJ** à moteur à pistons ▷ **piston pin** **N** *(US)* goupille *f* ▷ **piston ring** **N** segment *m* (de pistons) ▷ **piston rod** **N** tige *f* de piston

**pit[1]** /pɪt/ **N** **a** *(= large hole)* fosse *f*, trou *m* ; *(on moon's surface etc)* cratère *m*, dépression *f* ; *(also* **coalpit***)* mine *f*, puits *m* de mine ; *(as game trap etc)* trappe *f*, fosse *f* ; *(= quarry)* carrière *f* ; *(in garage)* fosse *f* ◆ **chalkpit** carrière *f* à chaux ◆ **to go down the** ~ *(Min) (gen)* descendre au fond de la mine ; *(= start work there)* aller travailler à la mine ◆ **he works in the ~s** il travaille à la mine, il est mineur (de fond)

**b** *(liter = hell)* ◆ **the** ~ l'enfer *m*

**c** *(= small depression) (in metal, glass)* petit trou *m* ; *(on face)* (petite) marque *f* *or* cicatrice *f*

**d** *[of stomach]* creux *m* ◆ **he felt sick to the** ~ **of his stomach** il en était malade * ; → **armpit**

**e** *(Brit Theat)* (fauteuils *mpl* d')orchestre *m* ; *(for cock fighting)* arène *f* ; *(US St Ex)* parquet *m* de la Bourse ◆ **the wheat** ~ *(US St Ex)* la Bourse du blé

**f** *(Motor Racing)* **the ~s** le stand de ravitaillement ◆ **it's the ~s!** ‡ c'est merdique ! ‡

**VT** **a** **to** ~ **sb against** *(= make opponent of)* opposer qn à ; *(= make enemy of)* dresser qn contre ◆ **to** ~ **o.s. against sb** se mesurer à qn ◆ **to** ~ **one's strength against sb** se mesurer à qn ◆ **to be ~ted against sb** avoir qn comme *or* pour adversaire ◆ **a debate which has seen Tory ~ted against Tory** un débat qui a divisé les conservateurs ◆ **one man ~ted against the universe** un homme seul contre l'univers ◆ **to** ~ **one's wits against** jouer au plus fin avec, se mesurer avec

**b** *[+ metal]* trouer, piqueter ; *[+ face, skin] (smallpox)* grêler ; *(acne)* marquer ◆ **a car ~ted with rust** une voiture piquée de rouille ◆ **his face was ~ted with smallpox/acne scars** son visage était grêlé (par la variole)/par l'acné ◆ **the ~ted surface of the glass** la surface piquetée du verre ◆ **a ~ted road surface** une route pleine de nids-de-poule

COMP ▷ **pit bull terrier** N pit-bull *m* ▷ **pit pony** N *(Min)* cheval *m* de mine ▷ **pit prop** N *(Min)* poteau *m or* étai *m* de mine ▷ **pit stop** N *(Motor Racing)* arrêt *m* au stand ▷ **pit worker** N *(Min)* mineur *m* de fond

**pit²** /pɪt/ N *(= fruit-stone)* noyau *m* VT dénoyauter ◆ **~ted prunes/cherries** pruneaux *mpl/* cerises *fpl* dénoyauté(e)s

**pita** /'pɪtə/, **pita bread** N *(US)* ⇒ **pitta**

**pitapat** /'pɪtə'pæt/ ADV ◆ **to go ~** *[feet]* trottiner ; *[heart]* palpiter, battre ; *[rain]* crépiter

**pitch¹** /pɪtʃ/ N a *(= throw)* acte *m* de lancer, lancement *m* ◆ **the ball went full ~ over the fence** le ballon a volé par-dessus la barrière

b *(= degree)* degré *m* ◆ **he had worked himself up to such a ~ of indignation that ...** il était parvenu à un tel degré d'indignation que ... ◆ **things have reached such a ~ that ...** les choses en sont arrivées à un point tel que ... ◆ **excitement was at fever ~** l'excitation était à son comble

c *(Mus) [of instrument, voice]* ton *m* ; *[of note, sound]* hauteur *f* ; *(Phon)* hauteur *f* ; → **concert, perfect**

d *(Brit Sport = ground)* terrain *m* ◆ **football/cricket** *etc* **~** terrain *m* de football/de cricket *etc*

e *(Brit) [of trader]* place *f* (habituelle) ; → **queer**

f *(= sales talk)* baratin* *m*, boniment *m* ◆ **to make a ~ for sth** *(= support) [+ plan, suggestion, sb's point of view]* préconiser qch ; → **sale**

g *[of roof]* degré *m* de pente

h *(= movement of boat)* tangage *m*

i *(Aviat, Naut) [of propeller]* pas *m* ◆ **variable ~ propeller** hélice *f* à pas variable

j *(Climbing)* longueur *f* (de corde)

VT a *(= throw) [+ ball] (also Baseball)* lancer ; *[+ object]* jeter, lancer ; *(Agr) [+ hay]* lancer avec une fourche ; *(= discard)* jeter ◆ **~ it over here!** * jette-le *or* lance-le par ici ! ◆ **to ~ sth over/through/under** *etc* lancer *or* jeter qch par-dessus/à travers/par-dessous *etc* ◆ **the horse ~ed him off** le cheval l'a jeté à bas *or* à terre ◆ **~ it!** * *(US)* balance-le ! * ◆ **the incident ~ed him into the political arena** cet incident l'a propulsé dans l'arène politique ◆ **this could ~ the government into confrontation with the unions** cela pourrait précipiter le gouvernement dans un conflit avec les syndicats

b *(Mus) [+ note]* donner ; *[+ melody]* donner le ton de *or* à ◆ **she can't ~ a note properly** elle ne sait pas trouver la note juste *(lit)* ◆ **I'll ~ you a note** je vous donne une note pour commencer ◆ **to ~ the voice higher/lower** hausser/baisser le ton de la voix ◆ **this song is ~ed too low** cette chanson est dans un ton trop bas ◆ **the prices of these cars are ~ed extremely competitively** le prix de ces voitures est très compétitif ◆ **to ~ one's aspirations too high** aspirer *or* viser trop haut, placer ses aspirations trop haut ◆ **it is ~ed in rather high-flown terms** c'est exprimé en des termes assez ronflants ◆ **the speech must be ~ed at the right level for the audience** le ton du discours doit être adapté au public ◆ **you're ~ing it a bit high!** *or* **strong!** tu exagères un peu !, tu y vas un peu fort ! ◆ **he ~ed me a story about having lost his wallet** * il m'a débité *or* m'a sorti* une histoire comme quoi il avait perdu son portefeuille

c *(= set up)* **to ~ a tent** dresser une tente ◆ **to ~ camp** établir un camp

d *(Comm etc: * = promote, propose) [+ product]* promouvoir, faire du battage pour ; *[+ plan, idea]* présenter ◆ **she ~ed the plan to business leaders** elle a présenté le plan à des chefs d'entreprise

VI a *(= fall)* tomber ; *(= be jerked)* être projeté ; *[ball]* rebondir, tomber ◆ **she slipped and ~ed forward** elle a glissé et est tombée le nez en avant *or* et a piqué du nez ◆ **he ~ed forward as the bus stopped** il a été projeté en avant quand l'autobus s'est arrêté ◆ **he ~ed head first into the lake** il est tombé la tête la première dans le lac ◆ **to ~ off a horse** tomber de cheval ◆ **the aircraft ~ed into the sea** l'avion a plongé dans la mer ◆ **he ~ed over (backwards)** il est tombé (à la renverse)

b *(Naut)* tanguer ◆ **the ship ~ed and tossed** le navire tanguait

c *(Baseball)* lancer la balle ◆ **he's in there ~ing** * *(US)* il est solide au poste

COMP ▷ **pitch-and-putt** N *(Golf)* pitch-and-putt *m (jeu de golf limité à deux clubs)* ▷ **pitch-and-toss** N *sorte de jeu de pile ou face* ▷ **pitch invasion** N *(Brit Sport)* invasion *f* du terrain ◆ **there was a ~ invasion** les spectateurs ont envahi le terrain ▷ **pitch pipe** N *(Mus)* diapason *m (en forme de sifflet)*

► **pitch in** * VI s'atteler *or* s'attaquer au boulot *, s'y coller * ◆ **they all ~ed in to help him** ils s'y sont tous mis *or* collés * pour l'aider ◆ **come on, ~ in all of you!** allez, mettez-vous-y *or* collez-vous-y * tous !

► **pitch into** * VT FUS a *(= attack)* tomber sur ; *(fig) (= criticize) [reviewer, critic, journalist] [+ author, work]* éreinter ◆ **the boss ~ed into me** le patron s'en est pris à moi *or* m'est tombé dessus *

b s'attaquer à ◆ **they ~ed into the work** ils se sont attaqués *or* collés * au travail ◆ **they ~ed into the meal** ils se sont attaqués au repas, ils y sont allés d'un bon coup de fourchette

► **pitch on** VT FUS arrêter son choix sur

► **pitch out** VT SEP *(= get rid of) [+ person]* expulser, éjecter *, vider * ; *[+ thing]* jeter, bazarder * ◆ **the car overturned and the driver was ~ed out** la voiture a fait un tonneau et le conducteur a été éjecté

► **pitch upon** VT FUS ⇒ **pitch on**

**pitch²** /pɪtʃ/ N *(= tar)* poix *f*, brai *m* ◆ **mineral ~** asphalte *m* minéral, bitume *m* ◆ **as black as ~** ⇒ **pitch-black** VT brayer, enduire de poix *or* de brai COMP ▷ **pitch-black** ADJ *(gen)* noir comme du charbon *or* comme de la suie ◆ **it's ~-black outside** il fait noir comme dans un four dehors ▷ **pitch blackness** N noir *m* absolu *or* complet ▷ **pitch-dark** ADJ ◆ **it's ~-dark** il fait noir comme dans un four ◆ **it's a ~-dark night** il fait nuit noire ▷ **pitch darkness** N ⇒ **pitch blackness** ▷ **pitch pine** N *(= wood)* pitchpin *m*

**pitchblende** /'pɪtʃblend/ N pechblende *f*

**pitched** /pɪtʃt/ ADJ ◆ **~ battle** *(Mil)* bataille *f* rangée ; *(fig)* véritable bataille *f* COMP ▷ **pitched roof** N toit *m* en pente

**pitcher¹** /'pɪtʃəʳ/ N *(esp US)* cruche *f* ; *(bigger)* broc *m* COMP ▷ **pitcher plant** N sarracéniale *f*

**pitcher²** /'pɪtʃəʳ/ N *(Baseball)* lanceur *m*

**pitchfork** /'pɪtʃfɔːk/ N fourche *f* (à foin) VT a *(Agr)* fourcher, lancer avec une fourche b * **I was ~ed into this** j'ai dû faire cela du jour au lendemain ◆ **he was ~ed into the job** il a été parachuté * à ce poste

**pitchman** * /'pɪtʃtmən/ N (pl **-men**) *(US) (= street seller)* camelot *m* ; *(TV)* présentateur *m* de produits

**piteous** /'pɪtɪəs/ ADJ *(esp liter)* pitoyable ◆ **a ~ sight** un spectacle pitoyable *or* à faire pitié

**piteously** /'pɪtɪəslɪ/ ADV *[say, complain]* d'un ton pitoyable, pitoyablement ; *[look at, weep]* d'un air pitoyable, pitoyablement ; *[howl, whine, meow]* d'une manière pitoyable, pitoyablement

**pitfall** /'pɪtfɔːl/ N a *(lit)* trappe *f*, piège *m* b *(fig)* piège *m*, embûche *f* ◆ **the ~s of English** les pièges de l'anglais ◆ **there are many ~s ahead** de nombreuses embûches nous (*or* les *etc*) guettent

**pith** /pɪθ/ N a *[of bone, plant]* moelle *f* ; *[of orange, grapefruit etc]* peau *f* blanche b *(fig) (= essence)* essence *f*, moelle *f (fig) (= force)* force *f*, vigueur *f* COMP ▷ **pith helmet** N casque *m* colonial

**pithead** /'pɪthed/ N *(Min)* carreau *m* de mine

**pithecanthropine** /ˌpɪθɪ'kænθrəʊˌpaɪn/ ADJ pithécanthropien N pithécanthrope *m*

**pithecanthropus** /ˌpɪθɪkæn'θrəʊpəs/ N (pl **pithecanthropi** /ˌpɪθɪkæn'θrəʊˌpaɪ/) pithécanthrope *m*

**pithiness** /'pɪθɪnɪs/ N *[of style]* vigueur *f*, concision *f*

**pithy** /'pɪθɪ/ ADJ *(= forceful)* nerveux, vigoureux ; *(= terse)* concis ; *(= pointed)* savoureux, piquant ◆ **a ~ saying** une remarque piquante

**pitiable** /'pɪtɪəbl/ ADJ *[hovel]* pitoyable ; *[income]* misérable, de misère ; *[appearance]* piteux, minable ; *[attempt]* piteux ◆ **a ~ situation** une situation pitoyable *or* navrante

**pitiably** /'pɪtɪəblɪ/ ADV ⇒ **pitifully**

**pitiful** /'pɪtɪfʊl/ ADJ a *(= touching) [appearance, sight, person]* pitoyable b *(= deplorable) [cowardice]* lamentable, déplorable ◆ **his ~ efforts to speak French** ses lamentables efforts pour parler français

**pitifully** /'pɪtɪfəlɪ/ ADV *[say, complain, weep]* d'un ton pitoyable, pitoyablement ; *[look at]* d'un air pitoyable, pitoyablement ; *[howl, whine, meow]* d'une manière pitoyable, pitoyablement ◆ **~ thin/poor/inadequate** d'une maigreur/pauvreté/insuffisance affligeante ◆ **a ~ bad play** une pièce lamentable ◆ **a ~ small army** une armée si petite qu'elle fait (*or* faisait *etc*) pitié

**pitiless** /'pɪtɪlɪs/ ADJ sans pitié, impitoyable

**pitilessly** /'pɪtɪlɪslɪ/ ADV impitoyablement, sans pitié

**pitman** /'pɪtmən/ N (pl **-men**) *(Brit)* mineur *m*

**piton** /'piːtɒn/ N *(Climbing)* piton *m*

**pitta** /'pɪtə/, **pitta bread** N pain *m* pitta

**pittance** /'pɪtəns/ N *(pej) (= sum)* somme *f* dérisoire ; *(= income)* maigre revenu *m* ; *(= wage)* salaire *m* de misère ◆ **she's living on a ~** elle n'a presque rien pour vivre ◆ **they're offering a mere ~** ils offrent un salaire de misère

**pitter-pat** /'pɪtə'pæt/ ADV ⇒ **pitapat**

**pitter-patter** /'pɪtə'pætəʳ/ ADV ⇒ **pitapat** N ⇒ **patter¹**

**pituitary** /pɪ'tjuːɪtərɪ/ ADJ pituitaire COMP ▷ **pituitary gland** N glande *f* pituitaire, hypophyse *f*

**pity** /'pɪtɪ/ LANGUAGE IN USE 14, 26.3

N a *(= mercy, compassion)* pitié *f* ◆ **for ~'s sake** par pitié, de grâce ◆ **to have ~ on sb** avoir pitié de qn ◆ **have ~ on him!** ayez pitié de lui ! ◆ **to take ~ on sb** avoir pitié de qn, prendre qn en pitié ◆ **to feel ~ for sb** avoir pitié de qn, s'apitoyer sur qn ◆ **to move sb to ~** exciter la compassion de qn, apitoyer qn ◆ **out of ~ (for him)** par pitié (pour lui)

b *(= misfortune)* dommage *m* ◆ **it is a (great) ~** c'est (bien) dommage ◆ **it's a ~ about the job** c'est dommage pour le travail ◆ **it would be a ~ if he lost** *or* **were to lose this job** cela serait dommage qu'il perde *or* s'il perdait ce travail ◆ **it is a thousand pities that ...** *(liter)* il est mille fois *or* extrêmement dommage que ... + *subj* ◆ **it's a ~ (that) you can't come** il est *or* quel dommage que vous ne puissiez (pas) venir ◆ **it would be a ~ to waste the opportunity** cela serait dommage de rater cette occasion ◆ **what a ~!** quel dommage ! ◆ **more's the ~!** c'est bien dommage ! ◆ **the ~ of it is that ...** le plus malheureux c'est que ...

**VT** *[+ person]* plaindre ; *[+ sb's fate, sb's situation]* s'apitoyer sur ◆ **you don't deserve to be pitied!** tu ne mérites pas que l'on te plaigne !

**pitying** /ˈpɪtɪɪŋ/ **ADJ** **a** *(= compassionate)* compatissant, plein de pitié **b** *(= contemptuous)* méprisant

**pityingly** /ˈpɪtɪɪŋlɪ/ **ADV** avec pitié

**Pius** /ˈpaɪəs/ **N** Pie *m*

**pivot** /ˈpɪvət/ **N** *(Mil, Tech)* pivot *m* ; *(fig)* centre *m* ◆ **their daughter was the ~ of their lives** leur vie tournait autour de leur fille ◆ **the ~ of his argument is that ...** son argument repose sur l'idée que ... **VT** *(= turn)* faire pivoter ; *(= mount on pivot)* monter sur pivot **VI** *(Tech)* pivoter, tourner ◆ **she ~ed round and round** elle tournoyait sans s'arrêter ◆ **he ~ed on his heel** il a tourné sur ses talons ◆ **his argument ~s on or around the fact that ...** son argument repose sur le fait que ... **COMP** ▷ **pivot joint N** diarthrose *f* rotatoire

**pivotal** /ˈpɪvətl/ **ADJ** essentiel, central **NPL** **pivotals** *(St Ex)* valeurs *fpl* essentielles *or* clés

**pix** * /pɪks/ **NPL** (abbrev of **pictures**) *(= films)* ciné * *m* ; *(= photos)* photos *fpl*

**pixel** /ˈpɪksəl/ **N** pixel *m*

**pixelate** /ˈpɪksəleɪt/ **VT** *(TV etc)* pixéliser

**pixie** /ˈpɪksɪ/ **N** lutin *m*, fée *f* **COMP** ▷ **pixie hat, pixie hood N** bonnet *m* pointu

**pixil(l)ated** * /ˈpɪksɪleɪtɪd/ **ADJ** farfelu

**pizza** /ˈpiːtsə/ **N** pizza *f* **COMP** ▷ **pizza base N** pizza *f* à garnir ▷ **pizza delivery service N** service *m* de livraison de pizzas (à domicile) ▷ **pizza oven N** four *m* à pizzas ▷ **pizza parlour N** pizzeria *or* pizzéria *f*

**piz(z)azz** * /pɪˈzæz/ **N** *(gen)* énergie *f*, vigueur *f* ; *(US: in car)* allure *f* ; *(pej) (= garishness)* tape-à-l'œil *m*

**pizzeria** /ˌpiːtsəˈriːə/ **N** pizzeria *or* pizzéria *f*

**pizzicato** /ˌpɪtsɪˈkɑːtəʊ/ **ADJ, ADV** pizzicato

**PJs** * /piːˈdʒeɪz/ **NPL** abbrev of **pyjamas**

**pkt** (abbrev of **packet**) paquet *m*

**Pl.** abbrev of **Place**

**placard** /ˈplækɑːd/ **N** *(gen)* affiche *f*, placard *m* ; *(at demo etc)* pancarte *f* **VT** *[+ wall]* placarder ; *[+ announcement]* afficher

**placate** /pləˈkeɪt/ **VT** calmer, apaiser

**placating** /pləˈkeɪtɪŋ/, **placatory** /pləˈkeɪtərɪ/ **ADJ** apaisant

## place /pleɪs/

| | |
|---|---|
| 1 NOUN | 3 INTRANSITIVE VERB |
| 2 TRANSITIVE VERB | 4 COMPOUNDS |

1 - NOUN

**a** [gen] endroit *m* ◆ **we came to a ~ where ...** nous sommes arrivés à un endroit où ... ◆ **this is no ~ for children** ce n'est pas un endroit pour les enfants ◆ **can't you put it a safer ~?** tu ne peux pas le mettre dans un endroit plus sûr ? ◆ **can you find a ~ for this bag?** pouvez-vous trouver un endroit où mettre ce sac ? ◆ **this isn't a very nice ~ for a picnic** ce n'est pas l'endroit idéal pour pique-niquer ◆ **from ~ to ~** d'un endroit à l'autre ◆ **the time and ~ of the crime** l'heure et le lieu du crime ◆ **I can't be in two ~s at once!** * je ne peux pas être partout à la fois !, je n'ai pas le don d'ubiquité ! ◆ **this is the ~** c'est ici ◆ **any ~ will do** n'importe où fera l'affaire ◆ **to find/lose one's ~ in a book** trouver/perdre sa page dans un livre

◆ **to take place** avoir lieu

◆ **any/some/no place** * *(US)* ◆ **I couldn't find it any ~** je ne l'ai trouvé nulle part ◆ **some ~** quelque part ◆ **it must be some ~ in the house** ça doit être quelque part dans la maison ◆ **some ~ else** quelque part ailleurs ◆ **the kids * have no ~ to go** les gosses * n'ont pas d'endroit *or* n'ont nulle part où aller

◆ **place of** + *noun (frm)* ◆ **~ of birth/residence/work** lieu *m* de naissance/de résidence/de travail ◆ **~ of refuge** refuge *m* ◆ **he is at his ~ of business** il est sur son lieu de travail ◆ **~ of worship** lieu *m* de culte ◆ **~ of articulation** *(Phon)* lieu *m or* point *m* d'articulation

**b** [= geographical location] endroit *m* ◆ **the train doesn't stop at that ~ any more** le train ne s'arrête plus à cet endroit *or* ne s'y arrête plus ◆ **the train doesn't stop at many ~s** le train ne fait pas beaucoup d'arrêts

A more specific word is often used to translate **place**:

◆ **it's a small ~** *(= village)* c'est un village ◆ **it's just a little country ~** ce n'est qu'un petit village de campagne ◆ **Venice is a lovely ~** Venise est une très belle ville *or* un endroit charmant ◆ **Brighton is a good ~ to live** Brighton est une ville où il fait bon vivre ◆ **we found some excellent ~s to eat** nous avons trouvé d'excellents restaurants

Note adjective + **place** translated by adjective alone:

◆ **the Atlantic coast is a fine ~ for yachting** la côte atlantique est parfaite pour la voile ◆ **the museum is a huge ~** le musée est immense ◆ **it's a small ~** c'est tout petit

◆ **to go places** * *(US = travel)* voyager, voir du pays ◆ **we like to go ~s at weekends** le week-end, nous aimons faire un tour *or* bouger * ◆ **he'll go ~s all right!** *(fig = make good)* il ira loin ! ◆ **he's going ~s** il fait son chemin ◆ **we're going ~s at last** *(= make progress)* nous avançons enfin

**c** [* = house] ◆ **we were at Anne's ~** nous étions chez Anne ◆ **come over to our ~** passez à la maison ◆ **your ~ or mine?** on va chez moi ou chez toi ? ◆ **he has a ~ in the country** il a une maison de campagne ◆ **his family is growing, he needs a bigger ~** sa famille s'agrandit, il lui faut quelque chose de plus grand ◆ **the house is a vast great ~** la maison est immense ◆ **his business is growing, he needs a bigger ~** son affaire s'agrandit, il lui faut quelque chose de plus grand *or* des locaux plus grands

**d** [= seat, space] place *f* ; *(laid at table)* couvert *m* ◆ **a car park with 200 ~s** un parking de 200 places ◆ **keep a ~ for me** gardez-moi une place ◆ **go back to your ~s** *(Scol)* retournez à *or* reprenez vos places ◆ **to lay** *or* **set an extra ~ (at table)** mettre un couvert supplémentaire

**e** [= position] place *f* ; *[of star, planet]* position *f* ◆ **put the book back in its ~** remets le livre à sa place ◆ **the key wasn't in its ~** la clé n'était pas à sa place ◆ **a ~ for everything and everything in its ~** une place pour chaque chose et chaque chose à sa place ◆ **(if I were) in your ~ ...** (si j'étais) à votre place ... ◆ **to keep/lose one's ~ in the queue** garder/perdre sa place dans la queue ◆ **to give ~ to ...** céder la place à ... ◆ **to go back** *or* **fall back into ~** se remettre en place ◆ **to take the ~ of sb/sth** prendre la place de qn/qch, remplacer qn/qch ◆ **to take** *or* **fill sb's ~** remplacer qn ; *(fig)* ◆ **to fall** *or* **fit** *or* **click into ~** *(= become clear)* devenir clair ◆ **the moment I changed jobs everything fell into ~** *(= turned out well)* il a suffit que je change de travail pour que tout s'arrange

**f** [in competition, hierarchy] ◆ **Paul won the race with Robert in second ~** Paul a gagné la course et Robert est arrivé deuxième ◆ **to back a horse for a ~** *(Racing)* jouer un cheval placé ◆ **Sweden took second ~ in the championships** la Suède s'est classée deuxième aux championnats ◆ **he took second ~ in history/in the history exam** il a été deuxième en histoire/à l'examen d'histoire ◆ **my personal life has had to take second ~ to my career** ma vie privée a dû passer après ma carrière ◆ **the team was in third ~** l'équipe était en troisième position ◆ **he has risen to second ~ in the opinion polls** il occupe maintenant la deuxième place dans les sondages ◆ **I know my ~** je sais rester à ma place ◆ **people in high ~s** les gens haut placés ◆ **to put sb in his ~** remettre qn à sa place

**g** [= job] poste *m*, place *f* ◆ **~s for 500 workers** des places *fpl or* des emplois *mpl* pour 500 ouvriers ◆ **we have a ~ for a receptionist** nous avons un poste de réceptionniste ◆ **we will try to find a ~ for him** on va essayer de lui trouver une place *or* un poste

**h** [in school] place *f* ◆ **a few private schools give free ~s** quelques écoles privées offrent des places gratuites ◆ **I've got a ~ to do sociology** *(Univ)* j'ai réussi à m'inscrire en sociologie ◆ **he's got a ~ in the first team** *(in team)* il a été admis dans l'équipe première

**i** [= role] ◆ **it's not your ~ to criticize** ce n'est pas à vous de critiquer, ce n'est pas votre rôle de critiquer

**j** [= room, scope] ◆ **there is no ~ for racism in the Party** le parti ne peut tolérer le racisme ◆ **there is a ~ for this sort of counselling** ce genre d'assistance aurait son utilité

**k** [set structures]

◆ **all over the place** * *(= everywhere)* partout ◆ **I've looked for him all over the ~** je l'ai cherché partout ◆ **his clothes were all over the ~** ses vêtements traînaient partout *or* étaient éparpillés un peu partout ◆ **he was careful and diligent, I was all over the ~** *(= confused)* il était soigneux et appliqué, moi j'étais complètement désorganisé

◆ **to be in place** *[object]* être à sa place ; *[measure, policy, elements]* être en place ; *[conditions]* être rassemblé ; *[law, legislation]* être en vigueur

◆ **in places** *(= here and there)* par endroits ◆ **the snow is very deep in ~s** la neige est très profonde par endroits

◆ **in place of** à la place de, au lieu de ◆ **Lewis came onto the field in ~ of Jenkins** Lewis est entré sur le terrain à la place de Jenkins

◆ **in the first place** *(= firstly)* tout d'abord, premièrement ◆ **in the first ~, it will be much cheaper** d'abord *or* premièrement, ça sera beaucoup moins cher ◆ **he shouldn't have been there in the first ~** *(= to start with)* et d'abord il n'aurait pas dû être là, il n'aurait même pas dû être là ◆ **the Latvians never agreed to join the Soviet Union in the first ~** d'ailleurs, les Lettons n'ont jamais voulu être rattachés à l'Union soviétique ◆ **we need to consider why so many people are in prison in the first ~** nous devons commencer par chercher à comprendre pourquoi tant de gens sont en prison ◆ **what brought you here in the first ~?** qu'est-ce qui vous a amené ici ?

◆ **in the second place** deuxièmement, ensuite ◆ **in the second ~, it's not worth the**

**money** ensuite *or* deuxièmement, c'est trop cher

◆ **out of place** *[object, remark]* déplacé ◆ **such remarks were out of ~ at a funeral** de telles remarques étaient déplacées lors d'un enterrement ◆ **dahlias look out of ~ in a formal garden** les dahlias détonnent *or* ne vont pas bien dans un jardin à la française ◆ **I feel rather out of ~ here** je ne me sens pas à ma place ici

2 - TRANSITIVE VERB

a [= put] mettre ◆ **she ~d a roll on each plate** elle a mis *or* posé un petit pain sur chaque assiette ◆ **to ~ an advertisement in the paper** mettre *or* passer une annonce dans le journal ◆ **events have ~d the president in a difficult position** les événements ont mis le président en mauvaise posture ◆ **to ~ confidence in sb/sth** placer sa confiance en qn/qch ◆ **to ~ a book with a publisher** faire accepter un livre par un éditeur

◆ **to be + placed** ◆ **the picture is ~d rather high up** le tableau est un peu trop haut ◆ **the house is well ~d** la maison est bien située ◆ **the shop is awkwardly ~d** le magasin est mal situé *or* mal placé ◆ **we are now well ~d to ...** nous sommes maintenant bien placés pour ... ◆ **we are better ~d than we were a month ago** notre situation est meilleure qu'il y a un mois ◆ **I am rather awkwardly ~d at the moment** je suis dans une position délicate en ce moment

b [= rank] *(in exam)* placer, classer ; *(in race)* placer ◆ **he wasn't ~d in the race** il n'a pas été placé dans la course ◆ **my horse wasn't ~d** mon cheval n'a pas été placé ◆ **to be ~d first/second** se classer *or* se placer premier/second ◆ **he ~s good health among his greatest assets** il considère sa (bonne) santé comme l'un de ses meilleurs atouts ◆ **our team is well ~d in the league** notre équipe est en bonne position *or* est bien classée ◆ **to ~ local interests above** *or* **before** *or* **over those of central government** faire passer les intérêts locaux avant ceux du pouvoir central

c [= classify] classer ◆ **the authorities have ~d the drug in Class A** les autorités ont classé cette drogue dans la catégorie A

d [= make] *[+ order, contract]* passer ; *[+ bet]* engager ◆ **thousands of people ~d bets with Ladbrokes** des milliers de personnes ont engagé des paris chez Ladbrokes ◆ **I'd like to ~ an overseas call** je voudrais téléphoner à l'étranger

e [= invest] *[+ money]* placer, investir

f [= find job for] trouver une place *or* un emploi pour ◆ **we have so far ~d 28 people in permanent jobs** jusqu'à présent nous avons réussi à trouver des emplois permanents à 28 personnes ◆ **the agency is trying to ~ him with a building firm** l'agence essaie de lui trouver une place *or* de le placer dans une entreprise de construction

g [= find home for] placer ◆ **older children are difficult to ~** il est difficile de placer les enfants plus âgés

h [= identify] situer ◆ **he looked familiar, but I couldn't immediately ~ him** sa tête me disait quelque chose mais je n'arrivais pas à le situer

3 - INTRANSITIVE VERB

[US Racing] être placé

4 - COMPOUNDS

▷ **place card** N *carte placée sur la table pour marquer la place des convives* ▷ **place kick** N *(Rugby)* coup *m* de pied placé ▷ **place mat** N set *m* (de table) ▷ **place-name** N nom *m* de lieu ◆ **~-names** *(as study, as group)* toponymie *f* ▷ **place setting** N couvert *m*

> ⚠ *Check what kind of place it is before translating* **place** *by the French word* **place**.

**placebo** /plə'siːbəʊ/ N (pl **placebos** *or* **placeboes**) *(Med, fig)* placebo *m* COMP ▷ **placebo effect** N *(Med, fig)* effet *m* placebo

**placeman** /'pleɪsmən/ N (pl **-men**) *(Brit: pej) fonctionnaire qui doit son poste à ses obédiences politiques et en tire profit*

**placement** /'pleɪsmənt/ N *(Fin)* placement *m*, investissement *m* ; *(Univ etc: during studies)* stage *m* COMP ▷ **placement office** N *(US Univ) (for career guidance)* centre *m* d'orientation ; *(for jobs)* bureau *m* de placement pour étudiants ▷ **placement test** N *(US Scol etc)* test *m* de niveau

**placenta** /plə'sentə/ N (pl **placentas** *or* **placentae** /plə'sentiː/) placenta *m*

**placer** /'pleɪsə^r/ N *(US Geol)* sable *m or* gravier *m* aurifère

**placid** /'plæsɪd/ ADJ *[person, smile]* placide, calme, serein ; *[waters]* tranquille, calme

**placidity** /plə'sɪdɪtɪ/ N placidité *f*, calme *m*, tranquillité *f*

**placidly** /'plæsɪdlɪ/ ADV avec placidité, placidement

**placing** /'pleɪsɪŋ/ N *[of money, funds]* placement *m*, investissement *m* ; *[of ball, players]* position *f*

**placings** /'pleɪsɪŋz/ NPL *(in competition)* classement *m*

**placket** /'plækɪt/ N double patte *f*

**plagal** /'pleɪgəl/ ADJ *(Mus)* plagal

**plagiarism** /'pleɪdʒjərɪzəm/ N plagiat *m*, démarquage *m*

**plagiarist** /'pleɪdʒjərɪst/ N plagiaire *mf*, démarqueur *m*, -euse *f*

**plagiarize** /'pleɪdʒjəraɪz/ VT plagier, démarquer

**plague** /pleɪg/ N a *(Med)* peste *f* ◆ **to avoid sb/sth like the ~** fuir qn/qch comme la peste ; → **bubonic**

b *(= epidemic)* épidémie *f*

c *(= scourge)* fléau *m* ; *(= annoying person)* plaie *f* ◆ **a ~ of rats/locusts/ants** une invasion de rats/de sauterelles/de fourmis ◆ **we're suffering from a ~ of car thefts at the moment** nous avons affaire à une vague de vols de voitures en ce moment ◆ **he's the ~ of my life!** il m'empoisonne la vie !

VT *[person, fear etc]* harceler ; *(stronger)* tourmenter ◆ **to ~ sb with questions** harceler qn de questions ◆ **they ~d me to tell them ...** ils m'ont cassé les pieds* pour que je leur dise ... ◆ **my illness has ~d me for 12 years** cette maladie m'a empoisonné la vie *or* m'a tourmenté pendant 12 ans ◆ **to be ~d by injury/kidney trouble** souffrir de blessures à répétition/de problèmes de reins chroniques ◆ **to be ~d by bad luck** jouer de malchance ◆ **~d by** *or* **with** *[+ doubts, fears, remorse]* rongé par ; *[+ nightmares]* hanté par ; *[+ mosquitoes]* tourmenté par

COMP ▷ **plague-ridden**, **plague-stricken** ADJ *[region, household]* frappé par la peste ; *[person]* pestiféré

**plaguey** (†† : *) /'pleɪgɪ/ ADJ fâcheux, assommant

**plaice** /pleɪs/ N (pl **plaice** *or* **plaices**) carrelet *m*, plie *f*

**plaid** /plæd/ N a *(NonC: esp US = cloth, pattern)* tissu *m* écossais b *(over shoulder)* plaid *m* ADJ (en tissu) écossais

**plain** /pleɪn/ ADJ a *(= obvious)* clair, évident ◆ **the path is quite ~** la voie est clairement tracée ◆ **in ~ view** à la vue de tous ◆ **the tower was in ~ view** on voyait parfaitement la tour ◆ **it must be ~ to everyone that ...** il doit être clair pour tout le monde que ..., il ne doit échapper à personne que ... ◆ **the facts are quite ~** les faits parlent d'eux-mêmes ◆ **it's as ~ as a pikestaff** *or* **as the nose on your face*** c'est clair comme le jour *or* comme de l'eau de roche ◆ **it is ~ from his comments that ...** ses remarques montrent clairement que ... ◆ **the reason for their success is ~ to see** la raison de leur succès est évidente ◆ **a ~ case of jealousy** un cas manifeste *or* évident de jalousie ◆ **I must make it ~ that ...** vous devez bien comprendre que ... ◆ **he made his feelings ~** il ne cacha pas ce qu'il ressentait *or* pensait ◆ **he made it quite ~ that he would never agree** il a bien fait comprendre qu'il n'accepterait jamais ◆ **to make sth ~ to sb** faire comprendre qch à qn

b *(= unambiguous)* clair, franc (franche *f*) ; *[statement, assessment]* clair ◆ **~ talk**, **~ speaking** *(gen)* propos *mpl* sans équivoque ◆ **I like ~ speaking** j'aime le franc-parler *or* la franchise ◆ **to be a ~ speaker** avoir son franc-parler ◆ **it's a ~ statement of fact** ce sont les faits, ni plus ni moins ◆ **to use ~ language** parler sans ambages ◆ **in ~ words** *or* **in ~ English, I think you made a mistake** je vous le dis *or* pour vous le dire carrément, je pense que vous vous êtes trompé ◆ **I explained it all in ~ words** *or* **in ~ English** j'ai tout expliqué très clairement ◆ **I gave him a ~ answer** je lui ai répondu carrément *or* sans détours *or* sans ambages ◆ **the ~ truth of the matter is (that) ...** à dire vrai ..., à la vérité ... ◆ **let me be quite ~ with you** je serai franc avec vous ◆ **do I make myself ~?** est-ce que je me fais bien comprendre ?

c *(= sheer, utter)* pur (et simple) ◆ **it's ~ folly** c'est de la pure folie

d *(= simple, unadorned) [dress, style, diet, food]* simple ; *(= in one colour) [fabric, suit, background, paper]* uni ; *[envelope]* ordinaire ◆ **~ white walls** murs *mpl* blancs unis ◆ **~ living** mode *m* de vie tout simple *or* sans luxe ◆ **I like good ~ cooking** j'aime la cuisine simple ◆ **don't worry about "Mr Furness-Gibbon", just call me "Simon"** ne vous embêtez pas avec "Monsieur Furness-Gibbon", appelez-moi "Simon" tout court ◆ **~ stitch** *(Knitting) (= one stitch)* maille *f* à l'endroit ; *(= technique)* point *m* mousse ◆ **one ~, one purl** *(Knitting)* une maille à l'endroit, une maille à l'envers ◆ **a row of ~, a ~ row** un rang à l'endroit ◆ **to send sth under ~ cover** envoyer qch sous pli discret ◆ **~ flour** farine *f (sans levure)* ◆ **~ yoghurt** yaourt *m* nature ◆ **~ chocolate** chocolat *m* à croquer ◆ **it's ~ sailing from now on** maintenant tout va marcher comme sur des roulettes

e *(= not pretty)* quelconque, ordinaire *(pej)* ◆ **she's very ~** elle n'a rien d'une beauté, elle est tout à fait quelconque ◆ **she's rather a ~ Jane*** ce n'est pas une beauté

ADV a *(= clearly)* ◆ **I can't put it ~er than this** je ne peux pas m'exprimer plus clairement que cela *or* en termes plus explicites

b *(* = simply)* tout bonnement ◆ **she's just ~ shy** elle est tout bonnement timide ◆ **it's (just) ~ wrong** c'est tout simplement faux ◆ **(just) ~ stupid** tout simplement idiot

N plaine *f* ◆ **the (Great) Plains** *(US)* les Prairies *fpl*, la Grande Prairie

COMP ▷ **plain clothes** NPL ◆ **in ~ clothes** en civil ▷ **plain-clothes** ADJ ◆ **a ~-clothes policeman** un policier en civil ◆ **~-clothes officers** *(Police)* personnel *m* en civil ▷ **plain-spoken** ADJ qui a son franc-parler, qui appelle les choses par leur nom

**plainchant** /ˈpleɪntʃɑːnt/ N plain-chant *m*

**plainly** /ˈpleɪnlɪ/ ADV a *(= obviously)* manifestement ◆ **there has ~ been a mistake** il y a manifestement erreur, il est clair qu'il y a erreur ◆ **~, these new techniques are a great improvement** à l'évidence, ces nouvelles techniques représentent un grand progrès b *(= unambiguously, distinctly) [speak, explain]* clairement ; *[see, hear]* distinctement ◆ **~ visible** bien visible c *(= simply) [dressed, furnished]* simplement, sans recherche

**plainness** /ˈpleɪnnɪs/ N a *(= simplicity) [of food, décor, dress, language]* simplicité *f*, sobriété *f* b *(= lack of beauty)* manque *m* de beauté

**plainsman** /ˈpleɪnzmən/ N (pl **-men**) habitant *m* de la plaine

**plainsong** /ˈpleɪnsɒŋ/ N ⇒ **plainchant**

**plaint** /pleɪnt/ N *(liter)* plainte *f*

**plaintiff** /ˈpleɪntɪf/ N *(Jur)* demandeur *m*, -deresse *f*, plaignant(e) *m(f)*

**plaintive** /ˈpleɪntɪv/ ADJ *[voice, cry, question, expression]* plaintif

**plaintively** /ˈpleɪntɪvlɪ/ ADV *[ask, say]* plaintivement, d'un ton plaintif ; *[howl, whine, meow]* plaintivement

**plait** /plæt/ N *(esp Brit) [of hair]* natte *f*, tresse *f* ◆ **she wears her hair in ~s** elle porte des tresses VT *(esp Brit) [+ hair, string]* natter, tresser ; *[+ basket, wicker]* tresser ; *[+ straw]* ourdir

**plan** /plæn/ LANGUAGE IN USE 8

N a *(= drawing, map) [of building, estate, district etc]* plan *m* ; → **seating**

b *(= project, intention)* plan *m*, projet *m* ◆ **her ~ for union reform** son plan *or* projet de réforme syndicale ◆ **~ of action** plan *m* d'action ◆ **~ of campaign** plan *m* de campagne ◆ **development ~** plan *m or* projet *m* de développement ◆ **to draw up a ~** dresser un plan ◆ **everything is going according to ~** tout se passe selon les prévisions *or* comme prévu ◆ **to make ~s** faire des projets ◆ **to upset** *or* **spoil sb's ~s** déranger les projets de qn ◆ **to change one's ~s** changer d'idée, prendre d'autres dispositions ◆ **the best ~ would be to leave tomorrow** le mieux serait de partir demain ◆ **the ~ is to come back here after the show** notre idée est *or* nous prévoyons de revenir ici après le spectacle ◆ **what ~s do you have for the holidays/for your retirement?** quels sont vos projets pour les vacances/pour votre retraite ? ◆ **I haven't any particular ~s** je n'ai aucun projet précis ◆ **have you got any ~s for tonight?** est-ce que vous avez prévu quelque chose pour ce soir ? ◆ **there are ~s to modernize the building** on projette de moderniser l'immeuble ◆ **the government said they had no ~s to increase taxes** le gouvernement a dit qu'il n'avait pas l'intention d'augmenter les impôts

VT a *[+ research, project, enterprise] (= devise and work out)* élaborer, préparer ; *(= devise and schedule)* planifier ◆ **to ~ the future of an industry** planifier l'avenir d'une industrie ; see also **planned** ; → **obsolescence**

b *(= make plans for) [+ house, estate, garden etc]* concevoir, dresser les plans de ; *[+ programme, holiday, journey, crime]* préparer à l'avance, organiser ; *[+ essay]* faire le plan de ; *(Mil) [+ campaign, attack]* organiser ◆ **who ~ned the house/garden?** qui a dressé les plans de la maison/du jardin ? ◆ **a well-~ned house** une maison bien conçue ◆ **to ~ one's day** organiser sa journée ◆ **they ~ned the attack together** ils ont concerté l'attaque ◆ **he has got it all ~ned** il a tout prévu, il a pensé à tout ◆ **that wasn't ~ned** cela n'était pas prévu ◆ **we shall go on as ~ned** nous continuerons comme prévu ◆ **couples can now ~ their families** les couples peuvent maintenant choisir quand avoir des enfants ; see also **planned**

c *(= intend) [+ visit, holiday]* projeter ◆ **to ~ to do sth, to ~ on doing sth** projeter de *or* avoir l'intention de faire qch ◆ **how long do you ~ to be away (for)?** combien de temps avez-vous l'intention de vous absenter *or* pensez-vous être absent ? ◆ **will you stay for a while? – I wasn't ~ning to** resterez-vous un peu ? – ce n'était pas dans mes intentions ◆ **she's ~ning a career in law** elle envisage une carrière de juriste

VI faire des projets ◆ **one has to ~ months ahead** il faut s'y prendre des mois à l'avance ◆ **we are ~ning for the future/the holidays** *etc* nous faisons des projets *or* nous prenons nos dispositions pour l'avenir/les vacances *etc* ◆ **we didn't ~ for** *or* **on such a large number of visitors** nous n'avions pas prévu un si grand nombre de visiteurs

► **plan on** VT FUS a *(= intend)* ◆ **to plan on (taking) a trip** avoir l'intention de partir en voyage ◆ **I'm ~ning on a hot bath and an early night** j'ai l'intention de prendre un bain bien chaud et d'aller me coucher tôt ◆ **to ~ on doing sth** avoir l'intention de faire qch, compter faire qch ◆ **she ~s on staying in London** elle a l'intention de *or* elle compte rester à Londres

b *(= foresee, reckon with)* prévoir ◆ **he hadn't ~ned on the bad weather** il n'avait pas prévu qu'il ferait mauvais temps ◆ **I hadn't ~ned on being paid for my help** je n'avais pas prévu d'être dédommagé, je n'escomptais pas être dédommagé

► **plan out** VT SEP préparer *or* organiser dans tous les détails

**planchette** /plɑːnˈʃet/ N planchette *f (spiritisme)*

**plane**[1] /pleɪn/ N (abbrev of **aeroplane** *or* **airplane**) avion *m* ◆ **by ~** par avion COMP ▷ **plane crash** N accident *m* d'avion ▷ **plane journey** N voyage *m* en avion ▷ **plane ticket** N billet *m* d'avion

**plane**[2] /pleɪn/ *(Carpentry)* N rabot *m* VT (also **plane down**) raboter

**plane**[3] /pleɪn/ N (also **plane tree**) platane *m*

**plane**[4] /pleɪn/ N *(Archit, Art, Math, fig)* plan *m* ◆ **horizontal ~** plan *m* horizontal ◆ **the physical/spiritual ~** le plan physique/spirituel ◆ **a higher ~ of consciousness** un niveau de conscience supérieur ◆ **he seems to exist on another ~ altogether** il semble vivre dans un autre monde *or* univers ADJ *(gen, Math)* plan ◆ **~ geometry** géométrie *f* plane

**plane**[5] /pleɪn/ VI *[bird, glider, boat]* planer ; *[car]* faire de l'aquaplanage

► **plane down** VI *[bird, glider]* descendre en vol plané

**planeload** /ˈpleɪnləʊd/ N ◆ **~s of tourists, tourists by the ~** des cargaisons *fpl* de touristes

**planet** /ˈplænɪt/ N planète *f* ◆ **the ~ Mars/Venus** la planète Mars/Vénus ◆ **what ~ is he/she on?** * sur quelle planète est-il/elle ?

**planetarium** /ˌplænɪˈtɛərɪəm/ N (pl **planetariums** *or* **planetaria** /ˌplænɪˈtɛərɪə/) planétarium *m*

**planetary** /ˈplænɪtərɪ/ ADJ planétaire

**planetology** /ˌplænɪˈtɒlədʒɪ/ N planétologie *f*

**plangent** /ˈplændʒənt/ ADJ *(liter)* retentissant

**planisphere** /ˈplænɪsfɪəʳ/ N *[of world]* planisphère *m* ; *[of stars]* planisphère *m* céleste

**plank** /plæŋk/ N planche *f* ; *(fig: of policy, argument)* article *m*, point *m* ◆ **to walk the ~** subir le supplice de la planche *(sur un bateau de pirates)* VT (*: also **plank down**) déposer brusquement, planter

**planking** /ˈplæŋkɪŋ/ N *(NonC)* planchéiage *m* ; *(Naut)* planches *fpl*, bordages *mpl*, revêtement *m*

**plankton** /ˈplæŋktən/ N *(NonC)* plancton *m*

**planned** /ˈplænd/ ADJ a *(Econ, Pol, Ind, Comm = organized)* planifié ◆ **~ economy** économie *f* planifiée ◆ **~ parenthood** planning *m* familial, contrôle *m or* régulation *f* des naissances ◆ **~ pregnancies** grossesses *fpl* programmées b *(= premeditated) [crime etc]* prémédité c *(= proposed, intended)* prévu

**planner** /ˈplænəʳ/ N a (also **town planner**) urbaniste *mf* b *(Econ)* planificateur *m*, -trice *f*

**planning** /ˈplænɪŋ/ N a *(= organizing)* planification *f* ◆ **forward ~** planification *f* à long terme ◆ **we must do some ~ for the holidays** on va devoir organiser nos vacances ◆ **financial ~** *(Comm, Admin)* gestion *f* prévisionnelle des dépenses b (also **town** *or* **urban planning**) urbanisme *m* ; → **family**, **town** COMP ▷ **planning board**, **planning committee** N *(Econ, Ind)* service *m or* bureau *m* de planification ; *(in local government)* ≈ service *m* de l'urbanisme ▷ **planning department** N service *m* de l'urbanisme ▷ **planning permission** N permis *m* de construire ▷ **planning stage** N ◆ **it's still at the ~ stage** c'est encore à l'état d'ébauche

**plant** /plɑːnt/ N a *(Bot)* plante *f*

b *(NonC: Ind, Tech) (= machinery, equipment)* matériel *m*, biens *mpl* d'équipement ; *(fixed)* installation *f* ; *(= equipment and buildings)* bâtiments *mpl* et matériel ◆ **the heating ~** l'installation *f* de chauffage ◆ **he had to hire the ~ to do it** il a dû louer le matériel *ou* l'équipement pour le faire ◆ **heavy ~** engins *mpl* ◆ **"heavy plant crossing"** "sortie d'engins"

c *(= factory)* usine *f*, fabrique *f* ◆ **a steel ~** une aciérie ; → **nuclear**

d *(Theat * = stooge)* acolyte *m*, complice *mf* ; *(= infiltrator, mole)* taupe * *f*, agent *m* infiltré

VT a *[+ seeds, plants, bulbs]* planter ; *[+ field etc]* planter (*with* en) ◆ **a field ~ed with wheat** un champ planté de *or* en blé

b *(= place) [+ flag, stick etc]* planter, enfoncer ; *[+ bomb]* poser ; *[+ spy, informer]* introduire ◆ **he ~ed his chair next to hers** il a planté sa chaise à côté de la sienne ◆ **to ~ a kiss on sb's cheek** planter un baiser sur la joue de qn ◆ **he ~ed his fist in my guts** il m'a planté son poing dans le ventre ◆ **to ~ o.s. in front of sb/sth** se planter devant qn/qch ◆ **to ~ an idea in sb's mind** mettre une idée dans la tête de qn ◆ **to ~ doubts in sb's mind** semer le doute dans l'esprit de qn ◆ **to ~ drugs/evidence on sb** dissimuler de la drogue/des preuves sur qn (pour l'incriminer) ◆ **the drugs were ~ed!** quelqu'un a dissimulé la drogue dans mes (*or* ses *etc*) affaires !

COMP ▷ **plant breeder** N phytogénéticien(ne) *m(f)* ▷ **plant food** N engrais *m* ▷ **plant-hire firm** N *(Ind, Tech)* entreprise *f* de location de matériel industriel ▷ **the plant kingdom** N *(Bot)* le règne végétal ▷ **plant life** N flore *f* ▷ **plant louse** N puceron *m* ▷ **plant pot** N pot *m* de fleurs

► **plant down** VT SEP planter, camper

► **plant out** VT SEP *[+ seedlings]* repiquer

**Plantagenet** /plænˈtædʒɪnɪt/ N Plantagenêt

**plantain** /ˈplæntɪn/ N a *(= plant)* plantain *m* b *(= fruit)* banane *f* plantain

**plantar** /ˈplæntəʳ/ ADJ plantaire

**plantation** /plæn'teɪʃən/ N *(all senses)* plantation *f* ◆ **coffee/rubber ~** plantation *f* de café/de caoutchouc

**planter** /'plɑːntəʳ/ N *(= person)* planteur *m* ; *(= machine)* planteuse *f* ; *(= plant pot)* pot *m* ; *(bigger, decorative)* jardinière *f* ◆ **coffee/rubber ~** planteur *m* de café/de caoutchouc

**planting** /'plɑːntɪŋ/ N plantations *fpl* ◆ **autumn ~** les plantations d'automne

**plaque** /plæk/ N **a** *(= plate)* plaque *f* **b** *(NonC: on teeth)* plaque *f* dentaire

**plash** /plæʃ/ **N** *[of waves]* clapotis *m*, clapotement *m* ; *[of object falling into water]* floc *m* **VI** clapoter, faire floc *or* flac

**plasm** /'plæzəm/ N protoplasme *m*

**plasma** /'plæzmə/ **N** plasma *m* ; → **blood** **COMP** ▷ **plasma screen** écran *m* plasma

**plaster** /'plɑːstəʳ/ **N** **a** *(Constr)* plâtre *m*

**b** *(Med: for broken bones)* plâtre *m* ◆ **he had his leg in ~** il avait la jambe dans le plâtre *or* la jambe plâtrée

**c** *(Brit Med:* also **adhesive** *or* **sticking plaster**) sparadrap *m* ◆ **a (piece of) ~** un pansement adhésif ; → **mustard**

**VT** **a** *(Constr, Med)* plâtrer

**b** *(fig = cover, stick)* couvrir *(with* de) ◆ **~ed with** couvert de ◆ **to ~ a wall with posters, to ~ posters over a wall** couvrir *or* tapisser un mur d'affiches ◆ **the story was ~ed * all over the front page/all over the newspapers** l'histoire s'étalait sur toute la première page/à la une de tous les journaux ◆ **his fringe was ~ed to his forehead** sa frange était plaquée sur son front ◆ **to ~ one's face with make-up** se maquiller outrageusement

**c** *(* = bash up)* tabasser *, battre comme plâtre *

**COMP** *[model, figure, moulding]* de *or* en plâtre ▷ **plaster cast** N *(Med)* plâtre *m* ; *(Sculp)* moule *m* (en plâtre) ▷ **plaster of Paris** N plâtre *m* à mouler ▷ **plaster work** N *(NonC: Constr)* plâtre(s) *m(pl)*

► **plaster down** VT ◆ **to plaster one's hair down** se plaquer les cheveux

► **plaster on** * VT SEP *[+ butter, hair cream, make-up etc]* étaler *or* mettre une couche épaisse de

► **plaster over, plaster up** VT SEP *[+ crack, hole]* boucher

**plasterboard** /'plɑːstəbɔːd/ N *(NonC)* Placoplâtre ® *m*

**plastered** /'plɑːstəd/ ADJ *(* = drunk)* beurré *, bourré * ◆ **to get ~** se soûler (la gueule *)

**plasterer** /'plɑːstərəʳ/ N plâtrier *m*

**plastering** /'plɑːstərɪŋ/ N *(Constr)* plâtrage *m*

**plastic** /'plæstɪk/ **N** **a** *(= substance)* plastique *m*, matière *f* plastique ◆ **~s** matières *fpl* plastiques

**b** *(NonC: * = credit cards)* cartes *fpl* de crédit

**ADJ** **a** *(= made of plastic) [toy, box, dish]* en (matière) plastique ; see also **comp**

**b** *(* : fig, pej) [food, coffee etc]* synthétique ◆ **actresses with ~ smiles** des actrices *fpl* aux sourires artificiels

**c** *(Art)* plastique ; *(= flexible)* plastique, malléable

**COMP** ▷ **plastic bag** N sac *m* en plastique ▷ **plastic bomb** N bombe *f* au plastic ◆ **~ bomb attack** attentat *m* au plastic, plasticage *m* ▷ **plastic bullet** N balle *f* de plastique ▷ **plastic explosive** N plastic *m* ▷ **plastic foam** N mousse *f* de plastique ▷ **plastic money** N carte(s) *f(pl)* de crédit ▷ **plastics industry** N industrie *f* (des) plastique(s) ▷ **plastic surgeon** N spécialiste *mf* de chirurgie esthétique ▷ **plastic surgery** N chirurgie *f* esthétique ▷ **plastic wrap** N *(US)* film *m* alimentaire

**plasticated** /'plæstɪ,keɪtɪd/ ADJ *(lit)* plastifié ; *(fig)* synthétique, artificiel

**Plasticine** ® /'plæstɪsiːn/ N *(NonC)* pâte *f* à modeler

**plasticity** /plæs'tɪsɪtɪ/ N plasticité *f*

**Plate** /pleɪt/ N ◆ **the River ~** le Rio de la Plata

**plate** /pleɪt/ **N** **a** *(Culin)* assiette *f* ; *(= platter)* plat *m* ; *(in church)* plateau *m* de quête ◆ **a ~ of soup/sandwiches** une assiette de soupe/de sandwichs ◆ **to clean** *or* **to clear one's ~** nettoyer son assiette ◆ **to hand** *or* **give sth to sb on a ~** * *(fig)* apporter qch à qn sur un plateau ◆ **to have a lot** *or* **enough on one's ~** * *(things to do)* avoir déjà beaucoup à faire ; *(problems)* avoir déjà beaucoup de problèmes ◆ **he's got too much on his ~ already** * *(fig)* il ne sait déjà plus où donner de la tête ; → **dinner, soup, tea**

**b** *(NonC, gold dishes)* orfèvrerie *f*, vaisselle *f* d'or ; *(silver dishes)* argenterie *f*, vaisselle *f* d'argent

**c** *(= flat metal)* plaque *f* ; *(= metal coating)* placage *m* ; *(= coated metal)* plaqué *m* ◆ **it's not silver, it's only ~** ce n'est pas de l'argent massif, ce n'est que du plaqué

**d** *(on wall, door, in battery, armour)* plaque *f* ; *(Aut:* also **pressure plate**) plateau *m* d'embrayage ; *(Aut:* also **number plate**) plaque *f* d'immatriculation, plaque *f* minéralogique ; → **clutch, hotplate, number**

**e** *(Geol)* (also **tectonic plate**) plaque *f*

**f** *(Phot)* plaque *f* ; *(Typ)* cliché *m* ; *(for engraving)* planche *f* ; *(= illustration: in book)* planche *f* ◆ **full-page ~** *(in book)* gravure *f* hors-texte, planche *f* ; → **fashion**

**g** *(Dentistry:* also **dental plate**) dentier *m* ; *(Med: repairing fracture etc)* broche *f*

**h** *(Racing = prize, race)* coupe *f*

**i** *(Sci: for microscope)* lamelle *f*

**VT** **a** *(gen: with metal)* plaquer ; *(with gold)* dorer ; *(with silver)* argenter ; *(with nickel)* nickeler ; → **armour**

**b** *[+ ship etc]* blinder

**COMP** ▷ **plate armour** N *(NonC)* blindage *m* ▷ **plate glass** N *(NonC)* verre *m* à vitre ▷ **plate-glass window** N baie *f* vitrée ▷ **plate rack** N *(for drying)* égouttoir *m* ; *(for storing)* range-assiettes *m inv* ▷ **plate tectonics** N *(NonC: Geol)* tectonique *f* des plaques ▷ **plate warmer** N chauffe-assiette(s) *m*

**plateau** /'plætəʊ/ **N** (pl **plateaus** *or* **plateaux** /'plætəʊz/) *(Geog)* plateau *m* ; *(fig)* palier *m* **VI** atteindre un palier, se stabiliser

**plateful** /'pleɪtfʊl/ N assiettée *f*, assiette *f*

**platelayer** /'pleɪt,leɪəʳ/ N *(Brit Rail)* poseur *m* de rails

**platelet** /'pleɪtlɪt/ N plaquette *f*

**platen** /'plætən/ N *[of printing press]* platine *f* ; *[of typewriter]* rouleau *m*

**platform** /'plætfɔːm/ **N** **a** *(on oil rig, bus, scales, in scaffolding etc)* plateforme *f* ; *(for band, in hall)* estrade *f* ; *(at meeting etc)* tribune *f* ; *(Rail)* quai *m* ◆ **~ (number) six** *(Rail)* quai *m* (numéro) six ◆ **he was on the ~ at the last meeting** il était sur l'estrade *or* il était à la tribune (d'honneur) lors de la dernière réunion ◆ **he campaigned on a socialist ~** il a adopté une plateforme socialiste pour sa campagne électorale ◆ **they campaigned on a ~ of national sovereignty** ils ont fait campagne sur le thème de la souveraineté de l'État ◆ **this gave him a ~ for his views** cela lui a fourni une tribune pour exprimer ses opinions ; → **diving**

**b** **~s** * *(= shoes)* ⇒ **platform shoes**

**COMP** ▷ **the platform party** N *(at meeting)* la tribune ▷ **platform scales** NPL (balance *f* à) bascule *f* ▷ **platform shoes, platform soles** * NPL chaussures *fpl* à semelles compensées ▷ **platform ticket** N *(Brit Rail)* billet *m* de quai

**plating** /'pleɪtɪŋ/ N **a** *(Metal)* placage *m* ◆ **tin-/copper-~** *etc* placage *m* (à l'étain/(au) cuivre *etc* ; → **chromium, silver** **b** *(Naut, Mil) [of ship]* bordé *m* ; *[of armoured vehicle]* blindage *m* ◆ **hull ~** bordé *m* ; → **armour**

**platinum** /'plætɪnəm/ **N** *(NonC)* platine *m* **COMP** *[jewellery]* en *or* de platine ▷ **platinum-blond** ADJ *[hair]* blond platiné *or* platine ; *[person]* (aux cheveux) blond platiné *or* platine ▷ **platinum blond(e)** N blond(e) *m(f)* platiné(e) *or* platine ▷ **platinum disc** N *(= award)* disque *m* de platine

**platitude** /'plætɪtjuːd/ N platitude *f*, lieu *m* commun

**platitudinize** /,plætɪ'tjuːdɪnaɪz/ VI débiter des platitudes *or* des lieux communs

**platitudinous** /,plætɪ'tjuːdɪnəs/ ADJ banal, d'une grande platitude, rebattu

**Plato** /'pleɪtəʊ/ N Platon *m*

**Platonic** /plə'tɒnɪk/ ADJ **a** *[philosophy]* platonicien **b** ◆ **platonic** *[relationship, love]* platonique

**Platonism** /'pleɪtənɪzəm/ N platonisme *m*

**Platonist** /'pleɪtənɪst/ ADJ, N platonicien(ne) *m(f)*

**platoon** /plə'tuːn/ **N** *(Mil)* section *f* ; *[of policemen, firemen etc]* peloton *m* **COMP** ▷ **platoon sergeant** N *(US Mil)* adjudant *m*

**platter** /'plætəʳ/ N **a** *(esp US = large dish)* plat *m* ◆ **on a (silver) ~** *(fig)* sur un plateau (d'argent) ◆ **she was handed it on a ~** *(fig)* on le lui a offert *or* apporté sur un plateau **b** *(= meal, course)* assiette *f* ◆ **seafood ~** assiette *f* de fruits de mer **c** *(US * = record)* disque *m*

**platypus** /'plætɪpəs/ N ornithorynque *m*

**plaudits** /'plɔːdɪts/ NPL applaudissements *mpl*, acclamations *fpl*, ovations *fpl*

**plausibility** /,plɔːzə'bɪlɪtɪ/ N *[of argument, excuse]* plausibilité *f* ; *[of person]* crédibilité *f* ◆ **her ~ as party leader** sa crédibilité en tant que chef du parti

**plausible** /'plɔːzəbl/ ADJ *[argument, excuse]* plausible, vraisemblable ; *[person]* convaincant

**plausibly** /'plɔːzəblɪ/ ADV de façon plausible

## play /pleɪ/

| | |
|---|---|
| 1 NOUN | 3 INTRANSITIVE VERB |
| 2 TRANSITIVE VERB | 4 COMPOUNDS |
| 5 PHRASAL VERBS | |

1 - NOUN

**a** [gen, Sport, fig] jeu *m* ◆ **there was some good ~ in the second half** on a assisté à du beau jeu pendant la deuxième mi-temps ◆ **that was a clever piece of ~** c'était finement *or* astucieusement joué ◆ **~ starts at 11 o'clock** le match commence à 11 heures ◆ **ball in ~** ballon *m* *or* balle *f* en jeu ◆ **ball out of ~** ballon *m* *or* balle *f* hors jeu ◆ **children learn through ~** les enfants apprennent par le jeu *or* en jouant ◆ **to say sth in ~** dire qch en plaisantant ◆ **the ~ of light on water** le jeu de la lumière sur l'eau

♦ **at play** *(children, animals)* en train de jouer ◆ **the different factors at ~** les divers facteurs qui entrent en jeu

♦ **to bring sth into play** mettre qch en œuvre
♦ **to call sth into play** faire entrer qch en jeu
♦ **to come into play** entrer en jeu
♦ **to make a play for sb** faire des avances à qn
♦ **to make a play for sth** s'efforcer d'obtenir qch

**b** [Tech, fig = movement] jeu *m* ♦ **there's too much ~ in the clutch** il y a trop de jeu dans l'embrayage ♦ **to give full** *or* **free ~ to one's imagination/emotions** donner libre cours à son imagination/à ses sentiments ♦ **the ~ of different forces** le jeu des différentes forces ♦ **the free ~ of market forces** le libre jeu du marché ♦ **the ~ of ideas in the film is fascinating** l'interaction *f* des idées dans ce film est fascinante

**c** [Theat] pièce *f* (de théâtre) ♦ **the ~s of Molière** les pièces *fpl* *or* le théâtre de Molière ♦ **radio ~** pièce *f* radiophonique ♦ **television ~** dramatique *f* ♦ **the ~ ends at 10.30** la pièce se termine à 22 h 30 ♦ **a ~ by Pinter, a Pinter ~** une pièce de Pinter ♦ **to be in a ~** *[actor]* jouer dans une pièce ♦ **the customs officers made (a) great ~ of examining our papers** *(Brit fig)* les douaniers ont examiné nos papiers en prenant un air important

2 - TRANSITIVE VERB

**a** [+ game, sport] jouer à ♦ **to ~ chess/bridge** jouer aux échecs/au bridge ♦ **to ~ football** jouer au football ♦ **will you ~ tennis with me?** voulez-vous faire une partie de tennis avec moi ? ♦ **to ~ a match against sb** disputer un match avec qn ♦ **the match will be ~ed on Saturday** le match aura lieu samedi ♦ **what position does she ~?** *(in hockey, football etc)* à quelle place joue-t-elle ? ♦ **to ~ centre-forward** *etc* jouer avant-centre *etc* ♦ **the boys were ~ing soldiers** les garçons jouaient aux soldats ♦ **the children were ~ing a game in the garden** les enfants jouaient dans le jardin ♦ **to ~ a game** *(board game etc)* jouer à un jeu ; *(of tennis etc)* faire une partie ; *(fig: trickery)* jouer *(fig)* ♦ **to ~ the ball** *(Ftbl)* jouer le ballon ♦ **to ~ ball with sb** *(fig)* coopérer avec qn ♦ **he won't ~ ball** *(fig)* il refuse de jouer le jeu ♦ **England will be ~ing Smith (in the team)** *(fig)* l'Angleterre a sélectionné Smith (pour jouer dans l'équipe)
♦ **to play the game** *(fig = play fair) (gen)* jouer le jeu ; *(in sports match, race etc)* jouer selon les règles
♦ **to play + games** *(fig)* se moquer du monde ♦ **don't ~ games with me!** ne vous moquez pas de moi ! ♦ **he accused me of ~ing games** il m'a accusé de me moquer du monde ♦ **he's just ~ing silly games** il n'est pas sérieux
♦ **to play the field** * papillonner ♦ **he gave up ~ing the field and married a year ago** il a cessé de papillonner et s'est marié il y a un an

**b** [+ opponent, opposing team] jouer contre ♦ **England are ~ing Scotland on Saturday** l'Angleterre joue contre *or* rencontre l'Écosse samedi ♦ **I'll ~ you for the drinks** jouons la tournée

**c** [= move] *[+ chess piece]* jouer ♦ **he ~ed the ball into the net** *(Tennis)* il a mis *or* envoyé la balle dans le filet

**d** [Cards] ♦ **to ~ cards** jouer aux cartes ♦ **to ~ a card** jouer une carte ♦ **to ~ hearts/trumps** jouer cœur/atout ♦ **he ~ed a heart** il a joué (un) cœur ♦ **to ~ one's best/last card** *(fig)* jouer sa meilleure/dernière carte ♦ **to ~ one's cards well** *or* **right** bien jouer ♦ **he ~ed his ace** *(lit)* il a joué son as ; *(fig)* il a joué sa carte maîtresse

**e** [St Ex] ♦ **to ~ the market** jouer à la Bourse

**f** [Theat etc] *[+ part]* jouer, interpréter ; *[+ play] [actors]* jouer ; *[director, producer, theatre]* présenter, donner ♦ **they ~ed it as a comedy** ils en ont donné une interprétation comique, ils l'ont joué comme une comédie ♦ **let's ~ it for laughs** * jouons-le en farce ♦ **we ~ed Brighton last week** nous avons joué à Brighton la semaine dernière ♦ **he ~ed (the part of) Macbeth** il a joué (le rôle de) Macbeth ♦ **what (part) did you ~ in "Macbeth"?** quel rôle jouiez-vous *or* interprétiez-vous dans "Macbeth" ? ♦ **he ~ed Macbeth as a well-meaning fool** il a fait de Macbeth un sot bien intentionné ♦ **to ~ one's part well** *(lit, fig)* bien jouer ♦ **he was only ~ing a part** il jouait la comédie ♦ **to ~ a part in sth** *[person]* prendre part à qch, contribuer à qch ; *[quality, object]* contribuer à qch ♦ **he ~ed no part in it** il n'y était pour rien ♦ **to ~ the peacemaker/the devoted husband** jouer les conciliateurs/les maris dévoués ♦ **to ~ it cautious** ne prendre aucun risque ♦ **to ~ it cool** * garder son sang-froid, ne pas s'énerver ♦ **to ~ (it) safe** ne prendre aucun risque ♦ **we could have ~ed it differently** nous aurions pu agir différemment

**g** [Mus] *[+ instrument]* jouer de ; *[+ note, tune, concerto]* jouer ; *[+ record, CD]* passer, jouer * ♦ **to ~ the piano/the clarinet** jouer du piano/de la clarinette ♦ **they were ~ing Beethoven** ils jouaient du Beethoven

**h** [= direct] *[+ hose, searchlight]* diriger (*on, onto* sur) ♦ **they ~ed the searchlights over the front of the building** ils ont promené les projecteurs sur la façade du bâtiment

3 - INTRANSITIVE VERB

**a** [gen, Cards, Sport etc] jouer ; *[lambs, puppies, kittens]* s'ébattre, folâtrer ♦ **it's you** *or* **your turn to ~** c'est votre tour (de jouer) ♦ **is Paul coming out to ~?** est-ce que Paul vient jouer ? ♦ **what are you doing? – just ~ing** que faites-vous ? — rien, on joue *or* s'amuse ♦ **to ~ fair** *(Sport etc)* jouer franc jeu, jouer selon les règles ; *(fig)* jouer le jeu, être loyal ; → **fast**[1], **hard, dirty**
♦ **play** *+ preposition* ♦ **England is ~ing against Scotland (in the semi-final)** l'Angleterre joue contre l'Écosse (en demi-finale) ♦ **to ~ at soldiers/chess/bridge** jouer aux soldats/aux échecs/au bridge ♦ **the little girl was ~ing at being a lady** la petite fille jouait à la dame ♦ **he just ~s at being a soldier** *(fig)* il ne prend pas au sérieux son métier de soldat ♦ **they're ~ing at happy families for the sake of the children** *(iro)* ils jouent les familles unies pour les enfants ♦ **what's he ~ing at?** * à quoi il joue ? ♦ **what do you think you're ~ing at!** * qu'est-ce que tu fabriques * ? ♦ **to ~ for money/matches** jouer de l'argent/des allumettes ♦ **he ~s for Manchester** il joue dans l'équipe de Manchester ♦ **to ~ for high stakes** *(lit, fig)* jouer gros (jeu) ♦ **to ~ for time** *(lit, fig)* essayer de gagner du temps ♦ **to ~ in defence/in goal** *(Sport)* jouer en défense/dans les buts ♦ **he ~ed into the trees** *(Golf = hit, shoot)* il a envoyé sa balle dans les arbres ♦ **she ~ed into the back of the net** *(Ftbl)* elle a envoyé le ballon au fond des filets ♦ **to ~ into sb's hands** *(fig)* faire le jeu de qn ♦ **to ~ to one's strengths** exploiter ses points forts ♦ **to ~ with** *[+ object, pencil, toy]* jouer avec ♦ **to ~ with o.s.** * *(euph)* se masturber ♦ **to ~ with fire/words** jouer avec le feu/les mots ♦ **how much time/money do we have to ~ with?** * combien de temps/d'argent avons-nous ? ♦ **it's not a question to be ~ed with** ce n'est pas une question qui se traite à la légère ♦ **he's not a man to be ~ed with** ce n'est pas un homme avec qui on plaisante ♦ **he's just ~ing with you** il te fait marcher ♦ **to ~ with an idea** caresser une idée

**b** [light, fountain] jouer (*on* sur) ♦ **a smile ~ed on** *or* **over his lips** un sourire s'ébauchait sur ses lèvres

**c** [Mus] *[person, organ, orchestra]* jouer ♦ **to ~ on the piano** jouer du piano ♦ **will you ~ for us?** *(= perform)* voulez-vous nous jouer quelque chose ? ; *(= accompany)* voulez-vous nous accompagner ? ♦ **there was music ~ing** il y avait de la musique ♦ **a record was ~ing in the background** *(as background music)* un disque passait en fond sonore

**d** [Theat, Cine = act] jouer ♦ **he ~ed in a film with Greta Garbo** il a joué dans un film avec Greta Garbo ♦ **we have ~ed all over the South** nous avons joué partout dans le Sud ♦ **the film now ~ing at the Odeon** le film qui passe actuellement à l'Odéon ♦ **to ~ dead** *(fig)* faire le mort

**e** [= be received] être accueilli ♦ **how will these policies ~?** comment cette politique sera-t-elle accueillie ?

4 - COMPOUNDS

▷ **play box** N coffre *m* à jouets ▷ **play-by-play** ADJ *[account etc] (Sport)* suivi ; *(fig)* circonstancié ▷ **play clothes** NPL vêtements *mpl* qui ne craignent rien *(pour jouer)* ▷ **Play-Doh** ® N pâte *f* à modeler, Play-Doh ® ▷ **play-off** N *(Sport) (after a tie)* ≈ match *m* de barrage *(départageant des concurrents à égalité)* ; *(US) (for championship)* match *m* de qualification (de coupe *or* de championnat) ▷ **play on words** N jeu *m* de mots, calembour *m* ▷ **play park** N terrain *m* de jeu ▷ **play reading** N lecture *f* d'une pièce de théâtre

5 - PHRASAL VERBS

► **play about** VI **a** *[children etc]* jouer, s'amuser
**b** *(= toy, fiddle)* jouer, s'amuser (*with* avec) ♦ **he was ~ing about with the gun when it went off** il s'amusait *or* jouait avec le fusil quand le coup est parti ♦ **stop ~ing about with that watch** arrête de tripoter cette montre, laisse cette montre tranquille ♦ **he's just ~ing about with you** * il te fait marcher, il se moque de toi

► **play along** VI *(fig)* ♦ **to play along with sb** entrer dans le jeu de qn
VT SEP *(fig)* ♦ **to ~ sb along** tenir qn en haleine

► **play around** VI **a** ♦ **to play around with an idea** retourner une idée dans sa tête
**b** *(* = sleep around)* coucher à droite et à gauche
**c** ⇒ **play about**

► **play back** VT SEP *[+ tape]* réécouter, repasser

► **play down** VT SEP *(= minimize importance of) [+ decision, effect]* minimiser ; *[+ situation, attitude]* dédramatiser ; *[+ opinion, dissent]* mettre une sourdine à ; *[+ language]* atténuer ; *[+ policy]* mettre en sourdine

► **play in** VT SEP **a** ♦ **to play o.s. in** *(esp Cricket)* s'habituer aux conditions de jeu ; *(fig)* s'acclimater
**b** ♦ **the band played the procession in** le défilé entra au son de la fanfare

► **play off** VT SEP **a** *[+ person]* ♦ **to play off A against B** jouer A contre B (pour en tirer profit)
**b** *(Sport)* **to ~ a match off** jouer la belle

► **play on** VT FUS *[+ sb's emotions, credulity, good nature]* jouer sur, miser sur ♦ **to ~ on words** jouer sur les mots ♦ **the noise began to ~ on her nerves** le bruit commençait à l'agacer *or* à lui taper sur les nerfs *

► **play out** VT SEP **a** ♦ **the band played the procession out** le cortège sortit au son de la fanfare b ◆ **to be played out** * *[person]* être éreinté * *or* vanné *; *[argument]* être périmé, avoir fait son temps

c *[+ fantasies, roles, scenes]* jouer

► **play over, play through** VT SEP *[+ piece of music]* jouer

► **play up** VI a *(Sport)* bien jouer ◆ ~ **up!** † allez-y !

b *(esp Brit * = give trouble)* **the engine is ~ing up** le moteur fait des siennes *or* ne tourne pas rond ◆ **his rheumatism/his leg is ~ing up** ses rhumatismes/sa jambe le tracasse(nt) ◆ **the children have been ~ing up all day** les enfants ont été insupportables *or* ont fait des leurs toute la journée

c *(= curry favour)* **to ~ up to sb** * chercher à se faire bien voir de qn, faire de la lèche à qn *

VT SEP a *(esp Brit: * = give trouble to)* ◆ **his rheumatism/his leg is playing him up** ses rhumatismes/sa jambe le tracasse(nt) ◆ **that boy ~s his father up** ce garçon en fait voir à son père

b *(= magnify importance of)* insister sur (l'importance de)

► **play upon** VT FUS ⇒ **play on**

**playact** /ˈpleɪækt/ VI *(lit)* jouer la comédie, faire du théâtre ; *(fig)* jouer la comédie, faire du cinéma *

**playacting** /ˈpleɪˌæktɪŋ/ N *(fig)* ◆ **it's only ~** c'est de la comédie *or* du cinéma *

**playactor** /ˈpleɪˌæktəʳ/ N *(fig)* ◆ **he's a ~** c'est un vrai comédien, il joue continuellement la comédie

**playback** /ˈpleɪbæk/ N *(Recording)* enregistrement *m* ; *(function)* (touche *f* de *or* position *f*) lecture *f*

**playbill** /ˈpleɪbɪl/ N affiche *f* (de théâtre) ◆ **Playbill** ® *(US Theat)* programme *m*

**playboy** /ˈpleɪbɔɪ/ N playboy *m*

**player** /ˈpleɪəʳ/ N a *(Sport)* joueur *m*, -euse *f* ◆ **football ~** joueur *m*, -euse *f* de football ◆ **he's a very good ~** il joue très bien, c'est un excellent joueur b *(Theat)* acteur *m*, -trice *f* c *(Mus)* musicien(ne) *m(f)*, exécutant(e) *m(f)* ◆ **flute ~** joueur *m*, -euse *f* de flûte, flûtiste *mf* ◆ **he's a good ~** c'est un bon musicien, il joue bien d *(esp Comm = party involved)* protagoniste *mf* ◆ **one of the main** *or* **major ~s in ...** un des principaux protagonistes de ... COMP ▷ **player piano** N piano *m* mécanique

**playfellow** † /ˈpleɪˌfeləʊ/ N ⇒ **playmate**

**playful** /ˈpleɪfʊl/ ADJ *[mood, tone, remark]* badin, enjoué ; *[person]* enjoué, taquin ; *[child, puppy, etc]* espiègle ◆ **he's only being ~** il fait ça pour s'amuser, c'est de l'espièglerie

**playfully** /ˈpleɪfəlɪ/ ADV *[nudge, tickle]* par jeu ; *[remark, say]* en plaisantant ; *[joke]* d'un ton taquin

**playfulness** /ˈpleɪfʊlnɪs/ N *(gen)* caractère *m* badin *or* enjoué ; *[of person]* enjouement *m* ; *[of child, puppy etc]* espièglerie *f*

**playgoer** /ˈpleɪˌgəʊəʳ/ N amateur *m* de théâtre ◆ **he is a regular ~** il va régulièrement au théâtre

**playground** /ˈpleɪgraʊnd/ N cour *f* de récréation ◆ **a millionaires' ~** un terrain de jeu pour milliardaires

**playgroup** /ˈpleɪgruːp/ N ≈ garderie *f*

**playhouse** /ˈpleɪhaʊs/ N a *(Theat)* théâtre *m* b *(for children)* maison *f* (pliante)

**playing** /ˈpleɪɪŋ/ N *(NonC)* a *(Sport)* jeu *m* ◆ **there was some good ~ in the second half** il y a eu du beau jeu à la deuxième mi-temps b *(Mus)* interprétation *f* ◆ **the orchestra's ~ of the symphony was uninspired** l'orchestre manquait d'inspiration dans l'interprétation de la symphonie ◆ **there was some fine ~ in the violin concerto** il y a eu des passages bien joués dans le concerto pour violon COMP ▷ **playing card** N carte *f* à jouer ▷ **playing field** N terrain *m* de jeu *or* de sport

**playlet** /ˈpleɪlət/ N courte pièce *f* (de théâtre)

**playlist** /ˈpleɪlɪst/ N *(Rad, Mus)* playlist *f*

**playmaker** /ˈpleɪˌmeɪkəʳ/ N *(Ftbl)* meneur *m*, -euse *f* de jeu

**playmate** /ˈpleɪmeɪt/ N camarade *mf* de jeu, (petit) copain *m*, (petite) copine *f*

**playpen** /ˈpleɪpen/ N parc *m (pour bébés)*

**playroom** /ˈpleɪrʊm/ N salle *f* de jeux

**playschool** /ˈpleɪskuːl/ N ⇒ **playgroup**

**playsuit** /ˈpleɪsuːt/ N ensemble *m* short

**plaything** /ˈpleɪθɪŋ/ N *(lit, fig)* jouet *m*

**playtime** /ˈpleɪtaɪm/ N *(Scol)* récréation *f*

**playwright** /ˈpleɪraɪt/ N dramaturge *m*, auteur *m* dramatique

**plaza** /ˈplɑːzə/ N a *(= public square)* place *f*, grand-place *f* b *(US) (= motorway services)* aire *f* de service *(sur une autoroute)*; *(= toll)* péage *m* (d'autoroute) c *(US: for parking etc)* aire *f* de stationnement

**PLC, plc** /ˌpiːelˈsiː/ N *(Brit)* (abbrev of **public limited company**) SARL *f* ◆ **Smith & Co. ~** Smith et Cie SARL

**plea** /pliː/ N a *(= entreaty)* appel *m* (*for* à), supplication *f* ◆ **to make a ~ for mercy** implorer la clémence

b *(Jur) (= allegation)* argument *m* (*that* selon lequel) ; *(= answer, defence)* défense *f* (*that* selon laquelle) ◆ **to put forward** *or* **make a ~ of self-defence** plaider la légitime défense ◆ **to enter a ~ of guilty/not guilty** plaider coupable/non coupable

c *(= excuse)* excuse *f* ◆ **on the ~ of ...** en alléguant ..., en invoquant ... ◆ **on the ~ that ...** en alléguant *or* en invoquant que ...

COMP ▷ **plea agreement**, **plea bargain** N *(Jur) accord entre le procureur et l'avocat de la défense pour revoir à la baisse les chefs d'inculpation* ▷ **plea-bargain** VI *(Jur) négocier pour parvenir à un accord en vue de revoir à la baisse les chefs d'inculpation* ▷ **plea bargaining** N *(Jur) négociations entre le procureur et l'avocat de la défense visant à revoir à la baisse les chefs d'inculpation*

**pleached** /pliːtʃd/ ADJ *[tree]* taillé

**plead** /pliːd/ (pret, ptp **pleaded** *or (esp US and Scot)* **pled**) VI a ◆ **to ~ with sb to do sth** supplier *or* implorer qn de faire qch ◆ **he ~ed for help** il a imploré *or* supplié qu'on l'aide *subj* ◆ **he ~ed with them for help** il a imploré leur aide ◆ **to ~ for mercy** implorer la clémence ◆ **he ~ed for mercy for his brother** il a imploré la clémence pour son frère ◆ **to ~ for a scheme/programme** *etc* plaider pour un projet/un programme *etc*

b *(Jur)* plaider (*for* pour, en faveur de ; *against* contre) ◆ **to ~ guilty/not guilty** plaider coupable/non coupable ◆ **how do you ~?** plaidez-vous coupable ou non coupable ?

VT a *(Jur etc = argue)* plaider ◆ **to ~ sb's case, to ~ sb's cause** *(Jur, fig)* plaider la cause de qn *(Jur, fig)*

b *(= give as excuse)* alléguer, invoquer ; *(Jur)* plaider ◆ **to ~ ignorance** alléguer *or* invoquer son ignorance ◆ **he ~ed poverty as a reason for ...** il a invoqué la pauvreté pour expliquer ... ◆ **to ~ insanity** *(Jur)* plaider la démence ; → **fifth**

**pleading** /ˈpliːdɪŋ/ N a *(NonC)* prières *fpl* (*for sb* en faveur de qn), intercession *f (liter)* b *(Jur)* plaidoirie *f*, plaidoyer *m* ◆ **~s** conclusions *fpl (des parties)* ADJ implorant, suppliant

**pleadingly** /ˈpliːdɪŋlɪ/ ADV *[say]* d'un ton suppliant ; *[look at]* d'un air suppliant

**pleasant** /ˈpleznt/ LANGUAGE IN USE 7.3 ADJ a *(= pleasing) [house, town, surroundings, voice]* agréable ; *[smell, taste]* agréable, bon ; *[weather, summer]* agréable, beau (belle *f*) ; *[surprise]* agréable, bon ◆ **they had a ~ time** ils se sont bien amusés ◆ **they spent a ~ afternoon** ils ont passé un après-midi très agréable ◆ **it's very ~ here** on est bien ici ◆ **Barcombe is a ~ place** Barcombe est un endroit agréable ◆ **~ dreams!** fais de beaux rêves ! b *(= polite, genial)* aimable ◆ **try and be a bit more ~ to your sister** essaie d'être un peu plus aimable avec ta sœur ◆ **he was very ~ to** *or* **with us** il s'est montré très aimable avec nous ◆ **he has a ~ manner** il est (d'un abord) charmant

**pleasantly** /ˈplezntlɪ/ ADV *[behave, smile, answer]* aimablement ◆ **to be ~ surprised** être agréablement surpris ◆ **the weather was ~ warm/cool** il faisait une chaleur/fraîcheur agréable

**pleasantness** /ˈplezntnɪs/ N *[of person, manner, welcome]* amabilité *f* ; *[of place, house]* agrément *m*, attrait *m*, charme *m*

**pleasantry** /ˈplezntrɪ/ N a *(= joke)* plaisanterie *f* b ◆ **pleasantries** *(= polite remarks)* civilités *fpl*, propos *mpl* aimables ◆ **to exchange pleasantries** échanger des civilités

**please** /pliːz/ LANGUAGE IN USE 4, 21.1

ADV s'il vous (*or* te) plaît ◆ **yes ~** oui, merci ◆ **would you like some cheese? – yes ~** voulez-vous du fromage ? – volontiers *or* oui, merci ◆ **~ come in, come in ~** entrez, je vous prie ◆ **~ be seated** *(frm)* veuillez vous asseoir *(frm)* ◆ **~ do not smoke** *(on notice)* prière de ne pas fumer ; *(spoken)* ne fumez pas s'il vous plaît, je vous prie de ne pas fumer ◆ **~ let me know if I can help you** ne manquez pas de me faire savoir si je peux vous aider ◆ **may I suggest something? – ~ do!** puis-je faire une suggestion ? – je vous en prie ! ◆ **shall I tell him? – ~ do!** je le lui dis ? – mais oui bien sûr *or* mais oui allez-y ! * ◆ **~!** *(entreating)* s'il vous plaît ! ; *(protesting)* (ah non !) je vous en prie *or* s'il vous plaît ! ◆ **~ don't!** ne faites pas ça s'il vous plaît ! ◆ **~ let him be all right** *(in prayer)* mon Dieu, faites qu'il ne lui soit rien arrivé

VI a *(frm = think fit)* **I shall do as I ~** je ferai comme il me plaira *or* comme je veux ◆ **do as you ~!** faites comme vous voulez *or* comme bon vous semble ! ◆ **as you ~!** comme vous voulez !, à votre guise ! ◆ **you may take as many as you ~** vous pouvez en prendre autant qu'il vous plaira ◆ **if you ~** *(= please)* s'il vous plaît ◆ **he wanted £50 if you ~!** *(iro)* il voulait 50 livres, rien que ça *or* s'il vous plaît !

b *(= satisfy, give pleasure)* plaire, faire plaisir ◆ **our aim is to ~** *(esp Comm)* nous ne cherchons qu'à satisfaire ◆ **he is very anxious to ~** il est très désireux de plaire ◆ **a gift that is sure to ~** un cadeau qui ne peut que faire plaisir *or* que plaire

VT a *(= give pleasure to)* plaire à, faire plaisir à ; *(= satisfy)* satisfaire, contenter ◆ **the gift ~d him** le cadeau lui a plu *or* lui a fait plaisir ◆ **I did it just to ~ you** je ne l'ai fait que pour te faire plaisir ◆ **that will ~ him** ça va lui faire plaisir, il va être content ◆ **he is easily ~d/hard to ~** il est facile/difficile à contenter *or* à satisfaire ◆ **there's no pleasing him** * il n'y a jamais moyen de le contenter *or* de le satisfaire ◆ **you can't ~ all (of) the people all (of) the**

**time** on ne saurait contenter tout le monde ♦ **music that ~s the ear** musique *f* plaisante à l'oreille *or* qui flatte l'oreille ♦ **it ~d him to** *or* **he was ~d to refuse permission** *(frm)* il a trouvé bon de ne pas consentir

**b** ♦ **to ~ oneself** faire comme on veut ♦ **~ yourself!** comme vous voulez !, à votre guise ! ♦ **you must ~ yourself whether you do it or not** c'est à vous de décider si vous voulez le faire ou non ♦ **~ God he comes!** *(liter)* plaise à Dieu qu'il vienne !

**pleased** /pliːzd/ ADJ content, heureux (*with* de) ♦ **as ~ as Punch** * heureux comme un roi, aux anges ♦ **he looked very ~ at the news** la nouvelle a eu l'air de lui faire grand plaisir ♦ **he was ~ to hear that ...** il a été heureux *or* content d'apprendre que ... ♦ **~ to meet you!** * enchanté ! ♦ **I am ~ that you can come** je suis heureux *or* content que vous puissiez venir ♦ **we are ~ to inform you that ...** *(frm)* nous avons le plaisir de *or* l'honneur de vous faire savoir que ... ♦ **to be ~ with o.s./sb/sth** *(more frm)* être content de soi/qn/qch ♦ **they were anything but ~ with the decision** la décision était loin de leur faire plaisir ; → **graciously**

**pleasing** /ˈpliːzɪŋ/ ADJ *[personality, climate]* agréable ♦ **he creates a ~ effect with this border of pot plants** il crée un joli effet avec cette bordure de pots de fleurs ♦ **it's ~ to see some people have a conscience** ça fait plaisir de voir qu'il y a des gens qui ont une conscience ♦ **she has made ~ progress this term** elle a fait des progrès satisfaisants ce trimestre ♦ **it was very ~ to him** cela lui a fait grand plaisir

**pleasingly** /ˈpliːzɪŋlɪ/ ADV agréablement ♦ **the interior design is ~ simple** la décoration (intérieure) est d'une simplicité agréable ♦ **~ furnished with natural materials** décoré avec bonheur de matériaux naturels

**pleasurable** /ˈpleʒərəbl/ ADJ (très) agréable

**pleasurably** /ˈpleʒərəblɪ/ ADV *(with vb)* avec plaisir ; *(with adj)* agréablement

**pleasure** /ˈpleʒəʳ/ LANGUAGE IN USE 3.2, 7.2, 11.3, 20.2, 25.1

**N** **a** *(NonC = enjoyment, satisfaction)* plaisir *m* ♦ **to do sth for ~** faire qch pour le plaisir ♦ **sexual ~** plaisir *m* (sexuel) ♦ **toys which can give children hours of ~** des jouets avec lesquels les enfants peuvent s'amuser pendant des heures ♦ **has he gone to Paris on business or for ~?** est-il allé à Paris pour affaires ou pour son plaisir ? ♦ **to get ~ from** *or* **out of doing sth** prendre plaisir à faire qch ♦ **he gets a lot of ~ out of his hobby** son passe-temps lui apporte beaucoup de plaisir ♦ **I no longer get much ~ from my work** mon travail ne me plaît plus vraiment ♦ **if it gives you any ~** si ça peut vous faire plaisir ♦ **it gave me much ~ to hear that ...** *(frm)* cela m'a fait grand plaisir d'apprendre que ... ♦ **to take great ~ in doing sth** prendre beaucoup de plaisir à faire qch ♦ **he finds** *or* **takes great ~ in reading/music** il prend beaucoup de plaisir à lire/écouter de la musique ♦ **she takes ~ in the simple things in life** elle apprécie les choses simples ♦ **they took great ~ in his success** ils se sont réjouis de son succès ♦ **it takes all the ~ out of it** ça vous gâche le plaisir ♦ **to listen/read/remember** *etc* **with ~** écouter/lire/se rappeler *etc* avec plaisir

**b** *(= source of enjoyment)* plaisir *m* ♦ **one of my greatest ~s** un de mes plus grands plaisirs, une de mes plus grandes joies ♦ **she has very few ~s in life** elle a très peu de plaisirs dans la vie ♦ **it's her only real ~ in life** c'est son seul véritable plaisir dans la vie ♦ **the film was a ~ to watch** j'ai eu beaucoup de plaisir à regarder ce film ♦ **the book was a ~ to read** c'était un plaisir que de lire ce livre ♦ **the children's singing was a ~ to hear** c'était un plaisir que d'écouter les enfants chanter ♦ **it's always a ~ talking to her** *or* **to talk to her, she's always a ~ to talk to** c'est toujours un plaisir (que) de parler avec elle ♦ **it's a ~ to work with him, he's a ~ to work with** c'est un plaisir (que) de travailler avec lui

**c** *(in polite phrases)* **it's a ~!, my ~!** *, **the ~ is mine!** je vous en prie ! ♦ **it's a ~ to see you again!** quel plaisir de vous revoir ! ♦ **it has been a ~ meeting you** *or* **to meet you** j'ai été enchanté de vous rencontrer ♦ **with ~** *(= willingly) [do, agree, help]* avec plaisir, volontiers ♦ **would you care to join us? – with ~!** voudriez-vous vous joindre à nous ? – avec plaisir *or* volontiers ! ♦ **would you mind helping me with this? – with ~!** pourriez-vous m'aider ? – avec plaisir *or* volontiers ! ♦ **may I have the ~?** *(frm: at dance)* voulez-vous m'accorder cette danse ? ♦ **may we have the ~ of your company at dinner?** *(frm)* voulez-vous nous faire le plaisir de dîner avec nous ? ♦ **I don't think I've had the ~** *(frm)* je ne crois pas que nous nous soyions déjà rencontrés ♦ **I have ~ in accepting ...** *(frm)* j'ai l'honneur d'accepter ... ♦ **it is my very great ~ to introduce to you ...** *(frm)* j'ai l'honneur de vous présenter ... ♦ **Mrs Torrance requests the ~ of Mr Simmonds's company at dinner** *(frm)* Mme Torrance prie M. Simmonds de lui faire l'honneur de venir dîner ♦ **Mr and Mrs Brewis request the ~ of your company at the marriage of their daughter Katherine** *(frm)* M. et Mme Brewis sont heureux de vous faire part du mariage de leur fille Katherine et vous prient d'assister à la bénédiction nuptiale

**d** *(NonC = will, desire)* bon plaisir *m*, volonté *f* ♦ **at ~** à volonté ♦ **at your ~** à votre gré ♦ **at** *or* **during His** *or* **Her Majesty's ~** *(Jur)* aussi longtemps qu'il plaira à Sa Majesté ♦ **we await your ~** *(Comm)* nous sommes à votre entière disposition

**VT** *[give sexual pleasure to]* faire jouir ♦ **to ~ o.s.** se masturber

**COMP** ▷ **pleasure boat** N bateau *m* de plaisance ▷ **pleasure craft** NPL bateaux *mpl* de plaisance ▷ **pleasure cruise** N croisière *f* ; *(short)* promenade *f* en mer *or* en bateau ▷ **pleasure-loving** ADJ qui aime le(s) plaisir(s) ▷ **the pleasure principle** N *(Psych)* le principe de plaisir ▷ **pleasure-seeker** N hédoniste *mf* ▷ **pleasure-seeking** ADJ hédoniste ▷ **pleasure steamer** N vapeur *m* de plaisance ▷ **pleasure trip** N excursion *f*

**pleat** /pliːt/ **N** pli *m* **VT** plisser

**pleb** * /pleb/ N *(Brit pej)* prolo *mf* * ♦ **the ~s** le peuple

**plebe** * /pliːb/ N *(US)* élève *mf* de première année *(d'une école militaire ou navale)*

**plebeian** /plɪˈbiːən/ ADJ, N plébéien(ne) *m(f)*

**plebiscite** /ˈplebɪsɪt/ N plébiscite *m* ♦ **to hold a ~** faire un plébiscite

**plectron** /ˈplektrən/, **plectrum** /ˈplektrəm/ N (pl **plectrons** *or* **plectra** /ˈplektrə/) plectre *m*

**pled** * /pled/ VB *(esp US and Scot)* pt, ptp of **plead**

**pledge** /pledʒ/ **N** **a** *(= security, token: also in pawnshop)* gage *m* ♦ **as a ~ of his love** en gage *or* témoignage de son amour

**b** *(= promise)* promesse *f*, engagement *m* ; *(= agreement)* pacte *m* ♦ **I give you this ~** je vous fais cette promesse ♦ **he made a ~ of secrecy** il a promis de *or* il s'est engagé à garder le secret ♦ **to be under a ~ of secrecy** avoir promis de ne rien dire ♦ **it was told me under a ~ of secrecy** on me l'a raconté contre la promesse de ne rien en dire ♦ **the government did not honour its ~ to cut taxes** le gouvernement n'a pas honoré son engagement *or* n'a pas tenu sa promesse de réduire les impôts ♦ **an election ~** une promesse électorale ♦ **a ~ on pay rises** un engagement concernant les augmentations de salaires ♦ **the countries signed a ~ to help each other** les pays ont signé un pacte d'aide mutuelle ♦ **to sign** *or* **take the ~** faire vœu de tempérance

**c** *(US Univ) (= promise)* *promesse d'entrer dans une confrérie ; (= student) étudiant(e) qui accomplit une période d'essai avant d'entrer dans une confrérie*

**d** *(= toast)* toast *m* (*to* à)

**COMP** ▷ **Pledge of Allegiance** N *(US)* Serment *m* d'allégeance

**VT** **a** *(= pawn)* engager, mettre en gage

**b** *(= promise) [+ one's help, support, allegiance]* promettre ♦ **to ~ (o.s.) to do sth** *(gen)* promettre de faire qch, s'engager à faire qch *(solemnly)* faire vœu de faire qch ♦ **to ~ sb to secrecy** faire promettre le secret à qn ♦ **he is ~d to secrecy** il a promis de garder le secret ♦ **to ~ one's word (that ...)** donner sa parole (que ...) ♦ **they ~d that there would be no tax increases** ils ont promis qu'il n'y aurait pas d'augmentation des impôts

**c** *(US Univ: into fraternity)* coopter ♦ **to be ~d to a fraternity** *accomplir une période d'essai avant d'entrer dans une confrérie*

**d** *(= toast)* boire à la santé de

> **Pledge of Allegiance**
>
> Le Serment d'allégeance (**Pledge of Allegiance**) date de 1892 ; il est prononcé chaque jour par les élèves des écoles primaires américaines, qui, debout devant le drapeau des États-Unis, la main sur le cœur, proclament : « Je jure allégeance au drapeau des États-Unis d'Amérique et à la république qu'il représente, une nation placée sous la protection de Dieu, indivisible et garantissant liberté et justice pour tous ».

**Pleiades** /ˈplaɪədiːz/ NPL Pléiades *fpl*

**Pleistocene** /ˈplaɪstəsiːn/ ADJ, N pléistocène *m*

**plena** /ˈpliːnə/ NPL of **plenum**

**plenary** /ˈpliːnərɪ/ **ADJ** *[power]* absolu ; *[assembly]* plénier ; *(Rel)* plénier ♦ **(in) ~ session** (en) séance plénière ♦ **~ meeting** réunion plénière, plenum *m* **N** (also **plenary session**) séance *f* plénière, plenum *m*

**plenipotentiary** /ˌplenɪpəˈtenʃərɪ/ ADJ, N plénipotentiaire *mf* ♦ **ambassador ~** ambassadeur *m* plénipotentiaire

**plenitude** /ˈplenɪtjuːd/ N *(liter)* plénitude *f*

**plenteous** /ˈplentɪəs/, **plentiful** /ˈplentɪfʊl/ ADJ *[harvest, food]* abondant ; *[meal, amount]* copieux ♦ **a ~ supply of** une abondance *or* une profusion de

**plentifully** /ˈplentɪfəlɪ/ ADV abondamment

**plenty** /ˈplentɪ/ **N** **a** *(NonC = abundance)* abondance *f* ♦ **it grows here in ~** cela pousse en abondance *or* à foison ici ♦ **he had friends in ~** il ne manquait pas d'amis ♦ **to live in ~** vivre dans l'abondance ♦ **land of ~** pays *m* de cocagne ; → **horn**

**b** ♦ **I've got ~** j'en ai bien assez ♦ **I've got ~ to do** j'ai largement de quoi m'occuper ♦ **~ of** (bien) assez de ♦ **he's got ~ of friends** il ne manque pas d'amis ♦ **he's got ~ of money** il n'est pas pauvre ♦ **ten is ~** dix suffisent (largement *or* amplement) ♦ **that's ~** ça suffit (amplement) ♦ **there's ~ to go on** *(clues etc)* nous avons toutes les données nécessaires pour le moment

ADJ (‡ or dial) ⇒ **plenty of** → **noun b**

ADV * assez ◆ **it's ~ big enough!** c'est bien assez grand ! ◆ **it sure rained ~!** (US) qu'est-ce qu'il est tombé ! *

**plenum** /'pli:nəm/ N (pl **plenums** or **plena**) plenum m, réunion f plénière

**pleonasm** /'pli:ənæzəm/ N pléonasme m

**pleonastic** /pli:ə'næstɪk/ ADJ pléonastique

**plethora** /'pleθərə/ N pléthore f, surabondance f (of de) ; (Med) pléthore f

**plethoric** /ple'θɒrɪk/ ADJ pléthorique

**pleura** /'plʊərə/ N (pl **pleurae** /'plʊəri:/) plèvre f

**pleurisy** /'plʊərɪsɪ/ N (NonC) pleurésie f ◆ **to have ~** avoir une pleurésie

**pleuritic** /plʊə'rɪtɪk/ ADJ pleurétique

**Plexiglas** ® /'pleksɪglɑ:s/ N (US) plexiglas ® m

**plexus** /'pleksəs/ N (pl **plexuses** or **plexus**) plexus m ; → **solar**

**pliability** /,plaɪə'bɪlɪtɪ/ N **a** [of material] flexibilité f **b** [of character, person] malléabilité f

**pliable** /'plaɪəbl/, **pliant** /'plaɪənt/ ADJ [material] flexible ; [character, person] malléable

**pliers** /'plaɪəz/ NPL (also **pair of pliers**) pince(s) f(pl), tenaille(s) f(pl)

**plight**[1] /plaɪt/ N situation f critique, état m critique ◆ **the country's economic ~** la crise or les difficultés fpl économique(s) du pays ◆ **in a sad** or **sorry ~** dans un triste état ◆ **what a dreadful ~ (to be in)!** quelles circonstances désespérées !, quelle situation lamentable !

**plight**[2] †† /plaɪt/ VT (liter) ◆ **to ~ one's word** engager sa parole ◆ **to ~ one's troth** (also hum) engager sa foi †, se fiancer

**plimsoll** /'plɪmsəl/ N (Brit) chausson m de gym(nastique) COMP ▷ **Plimsoll line**, **Plimsoll mark** N (Naut) ligne f de flottaison en charge

**plink** /plɪŋk/ (US) VI **a** (= sound) tinter **b** (= shoot) canarder * VT **a** (= sound) faire tinter **b** (= shoot at) canarder *

**plinth** /plɪnθ/ N [of column, pedestal] plinthe f ; [of statue, record player] socle m

**Pliny** /'plɪnɪ/ N Pline m

**Pliocene** /'plaɪəʊsi:n/ ADJ, N pliocène m

**PLO** /pi:el'əʊ/ N (abbrev of **Palestine Liberation Organization**) OLP f

**plod** /plɒd/ VI **a** (= trudge) (also **plod along**) avancer d'un pas lourd or pesant ◆ **to ~ in/out** etc entrer/sortir etc d'un pas lourd or pesant

**b** * **he was ~ding through his maths** il bûchait * ses maths ◆ **I'm ~ding through his book** je lis son livre mais c'est laborieux ◆ **I've already ~ded through 900 pages of this!** je me suis déjà tapé * 900 pages de ce pavé !

VT ◆ **we ~ded the streets for another hour** nous avons continué à errer dans la rue pendant une heure

N **a** (= trudge) ◆ **they went at a steady ~** ils marchaient pesamment, d'un pas égal ◆ **I heard the ~ of his footsteps behind me** j'entendais son pas lourd derrière moi

**b** (‡ = policeman) poulet * m ◆ **PC Plod**, **Policeman Plod** agent de police

► **plod along** VI → **plod vi a**

► **plod on** VI (lit) continuer or poursuivre son chemin ; (fig) persévérer or progresser (laborieusement)

**plodder** /'plɒdəʳ/ N travailleur m, -euse f assidu(e), bûcheur * m, -euse * f

**plodding** /'plɒdɪŋ/ ADJ [step] lourd, pesant ; [student, worker] bûcheur

**plonk** /plɒŋk/ N (esp Brit) **a** (= sound) plouf m, floc m **b** (* = cheap wine) vin m ordinaire, pinard ‡ m ADV (esp Brit) ◆ **it fell ~ in the middle of the table** * c'est tombé au beau milieu de la table VT (esp Brit *: also **plonk down**) poser (bruyamment) ◆ **he ~ed the book (down) on to the table** il a posé (bruyamment) or a flanqué * le livre sur la table ◆ **he ~ed himself (down) into the chair** il s'est laissé tomber dans le fauteuil

**plonker** ‡ /'plɒnkəʳ/ N (Brit) imbécile * mf, con ‡ m

**plop** /plɒp/ N ploc m, floc m ADV ◆ **it went ~ into the water** * c'est tombé dans l'eau (en faisant ploc or floc) VI [stone] faire ploc or floc ; [single drop] faire floc ; [raindrops] faire flic flac ◆ **to ~ down** * [person] s'asseoir lourdement, s'affaler VT ◆ **to ~ o.s. down** * [person] s'asseoir lourdement, s'affaler

**plosive** /'pləʊsɪv/ (Ling) ADJ occlusif N consonne f occlusive

**plot** /plɒt/ N **a** [of ground] (lot m de) terrain m, lotissement m ◆ **~ of grass** gazon m ◆ **building ~** terrain m à bâtir ◆ **the vegetable ~** le coin des légumes **b** (= plan, conspiracy) complot m, conspiration f (against contre ; to do sth pour faire qch) **c** (Literat, Theat) intrigue f, action f ◆ **the ~ thickens** (fig) l'affaire or ça se corse ! ◆ **to lose the ~** * perdre l'objectif de vue VT **a** (= mark out: also **plot out**) (Aviat, Naut etc) [+ course, route] déterminer ; [+ graph, curve, diagram] tracer point par point ; [+ progress, development] faire le graphique de ; [+ boundary, piece of land] relever ◆ **to ~ one's position on the map** (Naut) pointer la carte **b** [+ sb's death, ruin etc] comploter ◆ **to ~ to do sth** comploter de faire qch VI (= conspire) comploter, conspirer (against contre)

**plotless** /'plɒtlɪs/ ADJ (pej) [play, film etc] sans intrigue

**plotter**[1] /'plɒtəʳ/ N (= conspirator) conspirateur m, -trice f ; (against the government) conjuré(e) m(f)

**plotter**[2] /'plɒtəʳ/ N (Comput etc) traceur m (de courbes)

**plotting** /'plɒtɪŋ/ N (NonC) complots mpl, conspirations fpl COMP ▷ **plotting board**, **plotting table** N (Comput etc) table f traçante

**plotzed** ‡ /plɒtst/ ADJ (US = drunk) bourré ‡, ivre

**plough, plow** (US) /plaʊ/ N (Agr) charrue f ◆ **the Plough** (Astron) la Grande Ourse, le Grand Chariot ; → **snowplough**

VT (Agr) [+ field] labourer ; [+ furrow] creuser, tracer ◆ **to ~ a lonely furrow** (fig) travailler dans son coin ◆ **she didn't want to ~ the same furrow as her brother** elle ne voulait pas suivre la même voie que son frère ◆ **to ~ money into sth** investir gros dans qch ◆ **we've ~ed millions into this project** nous avons investi des millions dans ce projet ◆ **to ~ one's way** → **vi b**

VI **a** (Agr) labourer

**b** (fig: also **plough one's** or **its way**) **to ~ through the mud/snow** avancer péniblement dans la boue/la neige ◆ **the ship ~ed through the waves** le bateau fendait les flots ◆ **the lorry ~ed into the wall** le camion est allé se jeter contre le mur ◆ **the car ~ed through the fence** la voiture a défoncé la barrière ◆ **to ~ through a book** lire laborieusement un livre ◆ **he was ~ing through his maths** il bûchait * ses maths

**c** (Brit † * = fail an exam) [candidate] se faire recaler *, être recalé *

COMP ▷ **plough horse** N cheval m de labour or de trait

► **plough back** VT SEP [+ profits] réinvestir, reverser (into dans)

N ◆ **ploughing back** → **ploughing**

► **plough in** VT SEP **a** (also **plough under**) [+ crops, grass] recouvrir or enterrer en labourant

**b** [+ fertilizer] enfouir en labourant

► **plough up** VT SEP **a** [+ field, bushes, path, right of way] labourer

**b** (fig = churn up) **the tanks ~ed up the field** les tanks ont labouré or défoncé le champ

**ploughing** /'plaʊɪŋ/ N (NonC) labour m ; [of field etc] labourage m ◆ **the ~ back of profits** le réinvestissement des bénéfices

**ploughland** /'plaʊlænd/ N terre f de labour, terre f arable

**ploughman** /'plaʊmən/ N (pl **-men**) laboureur m COMP ▷ **ploughman's lunch** N (Brit Culin) assiette de fromage et de pickles

**ploughshare** /'plaʊʃɛəʳ/ N soc m (de charrue) ; → **sword**

**plover** /'plʌvəʳ/ N pluvier m

**plow** /plaʊ/ (US) ⇒ **plough**

**ploy** * /plɔɪ/ N stratagème m, truc * m (to do sth pour faire qch)

**PLP** /,pi:el'pi:/ N (Brit) (abbrev of **Parliamentary Labour Party**) → **parliamentary**

**PLR** /,pi:el'ɑ:ʳ/ N (Brit Admin) (abbrev of **public lending right**) → **public**

**pls** (abbrev of **please**) SVP

**pluck** /plʌk/ VT [+ fruit, flower] cueillir ; (Mus) [+ strings] pincer ; [+ guitar] pincer les cordes de ; (Culin) [+ bird] plumer ◆ **to ~ one's eyebrows** s'épiler les sourcils ◆ **it's an idea/example I ~ed out of the air** c'est une idée/un exemple qui m'est venu(e) comme ça N **a** (NonC: * = courage) courage m, cran * m **b** (NonC: Culin) fressure f **c** (= tug) petit coup m

► **pluck at** VT FUS ◆ **to pluck at sb's sleeve** tirer qn doucement par la manche

► **pluck off** VT SEP [+ feathers] arracher ; [+ fluff etc] détacher, enlever

► **pluck out** VT SEP (esp liter) arracher

► **pluck up** VT SEP **a** [+ weed] arracher, extirper **b** (= summon up) ◆ **to pluck up courage** prendre son courage à deux mains ◆ **he ~ed up (the) courage to tell her** il a (enfin) trouvé le courage de or il s'est (enfin) décidé à le lui dire

**pluckily** * /'plʌkɪlɪ/ ADV courageusement, avec cran *

**pluckiness** * /'plʌkɪnɪs/ N (NonC) courage m, cran * m

**plucky** * /'plʌkɪ/ ADJ courageux, qui a du cran *

**plug** /plʌg/ N **a** (for draining) [of bath, basin] bonde f, vidange f ; [of barrel] bonde f ; (to stop a leak) tampon m ; (= stopper) bouchon m ; (for fixing) cheville f ; (Geol: in volcano) culot m ◆ **a ~ of cotton wool** un tampon de coton ◆ **to put in/pull out the ~** mettre/enlever or ôter la bonde ◆ **to pull the ~** (in lavatory) * tirer la chasse d'eau ◆ **to pull the ~ on** ‡ (fig) [+ patient] débrancher ; [+ accomplice, wrongdoer] exposer ; [+ project etc] laisser tomber * ; → **earplugs**

**b** (Elec) (on flex, apparatus) prise f (de courant) (mâle) ; (* = socket: also **wall plug**) prise f (de courant) (femelle) ; [of switchboard] fiche f ; → **amp, fused, pin**

**c** (Aut: also **sparking plug**) bougie f

**d** (US: also **fire plug**) bouche f d'incendie

**e** (* = publicity) publicité f ◆ **to give sth/sb a ~, to put in a ~ for sth/sb** donner un coup de pouce (publicitaire) à qch/qn, faire de la publicité pour qch/qn

**f** *(of tobacco, for smoking)* carotte *f* ; *(for chewing)* chique *f*

**VT** **a** *(also* **plug up***) [+ hole, crack]* boucher, obturer ; *[+ barrel, jar]* boucher ; *[+ leak]* colmater ; *(on boat)* aveugler ; *[+ tooth]* obturer (*with* avec) ◆ **to ~ the gap in the tax laws** mettre fin aux échappatoires en matière de fiscalité ◆ **to ~ the drain on gold reserves** arrêter l'hémorragie *or* la fuite des réserves d'or

**b** ◆ **to ~ sth into a hole** enfoncer qch dans un trou ◆ **~ the TV into the wall** branchez le téléviseur (sur le secteur)

**c** *(* = publicize) (on one occasion)* faire de la réclame *or* de la publicité pour ; *(repeatedly)* matraquer *

**d** ⁑ *(= shoot)* flinguer ⁑, ficher * *or* flanquer * une balle dans la peau à ; *(= punch)* ficher * *or* flanquer * un coup de poing à

**COMP** ▷ **plug-and-play ADJ** *(Comput)* prêt à l'emploi ▷ **plug hat N** *(US)* (chapeau *m* en) tuyau *m* de poêle ▷ **plug-in ADJ** *(Elec)* qui se branche sur le secteur ▷ **plug-ugly * N** dur *m*, brute *f*

► **plug away * VI** bosser ⁑, travailler dur (*at doing sth* pour faire qch) ◆ **he was ~ging away at his maths** il bûchait * ses maths

► **plug in VT SEP** *[+ lead, apparatus]* brancher

**VI** se brancher ◆ **the TV ~s in over there** la télé se branche là-bas ◆ **does your radio ~ in?** est-ce que votre radio peut se brancher sur le secteur ?

**ADJ** ◆ **plug-in** → **plug**

► **plug into * VT FUS** *[+ ideas etc]* se brancher à l'écoute de *

► **plug up VT SEP** ⇒ **plug vt a**

**plughole** /ˈplʌghəʊl/ **N** trou *m* (d'écoulement *or* de vidange), bonde *f*, vidange *f* ◆ **it went down the ~** *(lit)* c'est tombé dans le trou (du lavabo *or* de l'évier *etc*) ; *(fig) [idea, project]* c'est tombé à l'eau

**plum** /plʌm/ **N** **a** *(= fruit)* prune *f* ; *(also* **plum tree***)* prunier *m* ◆ **to speak with** *or* **have a ~ in one's mouth *** *(Brit hum)* parler avec un accent snob **b** *(* fig) (= choice thing)* meilleur morceau *m (fig)*, meilleure part *f (fig) (= good job)* boulot * *m* en or **ADJ** **a** *(also* **plum-coloured***)* prune *inv*, lie-de-vin *inv* **b** *(* = best, choice)* de choix, le plus chouette * ◆ **he got the ~ job** c'est lui qui a décroché le meilleur travail *or* le travail le plus chouette * ◆ **he has a ~ job** il a un boulot * en or **COMP** ▷ **plum duff**, **plum pudding N** (plum-)pudding *m* ▷ **plum tomato N** *(Culin)* olivette *f*

**plumage** /ˈpluːmɪdʒ/ **N** plumage *m*

**plumb** /plʌm/ **N** plomb *m* ◆ **out of ~** hors d'aplomb

**ADJ** vertical

**ADV** **a** en plein, exactement ◆ **~ in the middle of** en plein milieu de, au beau milieu de

**b** *(esp US *)* complètement

**VT** **a** *(= descend to)* sonder ◆ **to ~ the depths** *(lit)* sonder les profondeurs ; *(fig)* toucher le fond ◆ **to ~ the depths of desperation/loneliness** toucher le fond du désespoir/de la solitude ◆ **to ~ the depths of stupidity/tastelessness/mediocrity** atteindre le comble de la stupidité/du mauvais goût/de la médiocrité ◆ **the film ~s the depths of sexism and racism** ce film est d'un sexisme et d'un racisme inimaginables ◆ **these terrorists have ~ed new depths** ces terroristes sont allés encore plus loin dans l'horreur ◆ **the pound ~ed new depths yesterday** *(St Ex)* la livre a atteint son niveau le plus bas hier

**b** *(= connect plumbing in) [+ sink, washing machine]* installer la plomberie de

► **plumb in VT SEP** *[+ sink, washing machine etc]* faire le raccordement de ; *[+ gas fire]* brancher

**plumbago** /plʌmˈbeɪgəʊ/ **N** (pl **plumbagos**) **a** *(= graphite)* plombagine *f* **b** *(Bot)* plumbago *m*

**plumber** /ˈplʌməʳ/ **N** **a** plombier *m* **b** *(US* ⁑*)* agent *m* de surveillance gouvernementale, plombier * *m* **COMP** ▷ **plumber's mate N** aide-plombier *m* ▷ **plumber's merchant N** grossiste *m* en plomberie

**plumbic** /ˈplʌmbɪk/ **ADJ** plombifère

**plumbing** /ˈplʌmɪŋ/ **N** *(= trade)* (travail *m* de) plomberie *f* ; *(= system)* plomberie *f*, tuyauterie *f*

**plumbline** /ˈplʌmlaɪn/ **N** *(Constr etc)* fil *m* à plomb ; *(Naut)* sonde *f*

**plumcake** /ˈplʌmkeɪk/ **N** (plum-)cake *m*

**plume** /pluːm/ **N** **a** *(= large feather)* (grande) plume *f* ; *(= cluster of feathers) (on bird)* plumes *fpl*, aigrette *f* ; *(on hat, helmet)* plumet *m*, aigrette *f* ; *(larger)* panache *m* ◆ **in borrowed ~s** portant des vêtements empruntés **b** *(fig) [of smoke, dust]* panache *m* ◆ **a ~ of water** un jet d'eau **VT** *[bird] [+ wing, feather]* lisser ◆ **the bird was pluming itself** l'oiseau se lissait les plumes ◆ **to ~ o.s. on sth** *(fig)* enorgueillir de qch

**plumed** /pluːmd/ **ADJ** *[bird]* à aigrette ; *[helmet]* à plumet

**plummet** /ˈplʌmɪt/ **VI** *[price, sales, popularity]* dégringoler, s'effondrer ; *[amount, weight, numbers]* baisser brusquement ; *[temperature]* baisser *or* descendre brusquement ; *[spirits, morale]* tomber à zéro ; *[aircraft, bird]* plonger **N** plomb *m*

**plummy** * /ˈplʌmɪ/ **ADJ** **a** *(Brit) [accent, voice]* snob **b** *(= colour)* prune *inv*, lie-de-vin *inv*

**plump**[1] /plʌmp/ **ADJ** *[person]* grassouillet, empâté ; *[baby, child, hand]* potelé ; *[cheek, face]* rebondi, plein ; *[lips]* charnu ; *[arm, leg, chicken]* dodu ; *[cushion]* rebondi, bien rembourré **VT** *(also* **plump up***) [+ pillow]* tapoter

► **plump out VI** devenir rondelet, grossir

**plump**[2] /plʌmp/ **VT** *(= drop)* laisser tomber lourdement, flanquer * **VI** tomber lourdement **ADV** **a** en plein, exactement ◆ **~ in the middle of** en plein milieu de, au beau milieu de **b** *(= in plain words)* carrément, sans mâcher ses mots

► **plump down VI** s'affaler **VT SEP** laisser tomber lourdement ◆ **to ~ o.s. down on the sofa** s'affaler sur le sofa

► **plump for * VT FUS** fixer son choix sur, se décider pour

**plumpness** /ˈplʌmpnɪs/ **N** *[of person]* rondeur *f*, embonpoint *m*

**plunder** /ˈplʌndəʳ/ **N** *(NonC) (= act)* pillage *m* ; *(= loot)* butin *m* **VT** piller

**plunderer** /ˈplʌndərəʳ/ **N** pillard *m*

**plundering** /ˈplʌndərɪŋ/ **N** *(NonC = act)* pillage *m* **ADJ** pillard

**plunge** /plʌndʒ/ **N** *[of bird, diver]* plongeon *m* ; *(= steep fall)* chute *f* ; *(fig = fall)* chute *f*, dégringolade * *f* ; *(Fin = rash investment)* spéculation *f* hasardeuse (*on* sur) ◆ **to take a ~** *[diver etc]* plonger ; *[bather]* faire un (petit) plongeon ; *[shares, prices etc]* chuter, dégringoler ◆ **his popularity has taken a ~** sa popularité a chuté ◆ **prices started a downward ~** les prix ont commencé à chuter *or* dégringoler ◆ **a ~ in the value of the pound** une chute de la valeur de la livre ◆ **to take the ~** *(fig)* se jeter à l'eau, sauter le pas

**VT** *[+ hand, knife, dagger] (gen)* plonger, enfoncer (*into* dans) ; *(into water)* plonger (*into* dans) ; *(fig)* plonger ◆ **they were ~d into war/darkness/despair** *etc* ils ont été plongés dans la guerre/l'obscurité/le désespoir *etc*

**VI** **a** *(= dive) [diver, goalkeeper, penguin, submarine]* plonger (*into* dans ; *from* de) ; *[ship]* piquer de l'avant *or* du nez

**b** *[road, cliff]* plonger (*into* dans) ◆ **the stream/road ~d down the mountainside** le ruisseau/la route dévalait le flanc de la colline

**c** *(= fall) [person]* tomber, faire une chute (*from* de) ; *[vehicle]* tomber (*from* de) ; *[prices etc]* chuter, dégringoler ◆ **he ~d to his death** il a fait une chute mortelle ◆ **he ~d over the cliff to his death** il s'est tué en tombant du haut de la falaise ◆ **the plane ~d to the ground/into the sea** l'avion s'est écrasé au sol/est tombé dans la mer ◆ **the car ~d over the cliff** la voiture est tombée de *or* a plongé par-dessus la falaise

**d** *(= rush, lurch)* ◆ **to ~ in/out/across** *etc* entrer/sortir/traverser *etc* précipitamment *or* à toute allure ◆ **he ~d into the crowd** il s'est jeté dans la foule ◆ **he ~d through the crowd** il s'est frayé un chemin à travers la foule ◆ **he ~d through the hedge** il a piqué brusquement *or* s'est jeté au travers de la haie ◆ **the truck ~d across the road** le camion a fait une embardée en travers de la route

**e** *(fig)* **to ~ into** *[+ debt, recession, turmoil]* sombrer dans ◆ **he ~d into the argument** il s'est lancé dans la discussion

**f** *(= plummet) [sales, prices, profits, currency]* chuter, dégringoler ; *[temperature]* tomber brusquement ◆ **sales have ~d by 24%** les ventes ont chuté de 24%

**g** ** (= gamble)* jouer gros jeu, flamber ; *(St Ex) (= speculate rashly)* spéculer imprudemment

**COMP** ▷ **plunge pool N** *(in sauna etc)* bassin *m*

► **plunge in VI** *[diver etc]* plonger ; *(fig: into work etc)* s'y mettre de grand cœur

**VT SEP** (y) plonger

**plunger** /ˈplʌndʒəʳ/ **N** **a** *(= piston)* piston *m* ; *(also* **sink plunger***) (for blocked pipe)* déboucheur *m* à ventouse *f* **b** *(= gambler)* flambeur *m* ; *(St Ex)* (spéculateur *m*) risque-tout *m inv*

**plunging** /ˈplʌndʒɪŋ/ **N** *(NonC = action)* plongement *m* ; *[of diver etc]* plongées *fpl* ; *[of boat]* tangage *m* **ADJ** ◆ **~ neckline** décolleté *m* plongeant

**plunk** /plʌŋk/ *(US)* ⇒ **plonk**

**pluperfect** /ˈpluːˈpɜːfɪkt/ **N** plus-que-parfait *m*

**plural** /ˈplʊərəl/ **ADJ** **a** *(Gram) [form, number, ending, person]* pluriel, du pluriel ; *[verb, noun]* au pluriel **b** *[vote]* plural **c** *[society]* pluriel, diversifié **N** *(Gram)* pluriel *m* ◆ **in the ~** au pluriel

**pluralism** /ˈplʊərəlɪzəm/ **N** *(Philos)* pluralisme *m* ; *(Rel)* cumul *m*

**pluralist** /ˈplʊərəlɪst/ **ADJ, N** pluraliste *mf*

**pluralistic** /ˌplʊərəˈlɪstɪk/ **ADJ** pluraliste

**plurality** /ˌplʊəˈrælɪtɪ/ **N** **a** *(= multitude, diversity)* pluralité *f* ; *[of benefices etc]* cumul *m* **b** *(US Pol)* majorité *f* relative ◆ **a ~ of 5,000 votes** une majorité de 5 000 voix

**plus** /plʌs/ **PREP** plus ◆ **three ~ four** trois plus *or* et quatre ◆ **... ~ what I've done already** ... plus ce que j'ai déjà fait ◆ **we are ~ five** *(Bridge etc)* nous menons par cinq points

**CONJ** * en plus, d'ailleurs ◆ **... ~ I don't like nightclubs** ... en plus *or* d'ailleurs, je n'aime pas les boîtes de nuit

**ADJ** a (*Elec, Math*) positif ◆ **on the ~ side (of the account)** (*lit*) à l'actif du compte ◆ **on the ~ side (of the account) we have his support** (*fig*) l'aspect positif, c'est que nous bénéficions de son soutien ◆ **a ~ factor** (*fig*) un atout

b ◆ **ten-~ hours a week** * un minimum de dix heures *or* plus de dix heures par semaine ◆ **A/B** *etc* ~ (*Scol*) A/B *etc* plus ◆ **we've sold 100** ~ * nous en avons vendu 100 et quelques *or* plus de 100

**N** a (*Math = sign*) (signe *m*) plus *m*

b (*= bonus, advantage*) avantage *m* additionnel, atout *m* ◆ **the ~es** (*of situation etc*) les côtés *mpl* positifs

**COMP** ▷ **plus fours NPL** culotte *f* de golf ▷ **plus sign N** (*Math*) signe *m* plus

**plush** /plʌʃ/ **N** (*Tex*) peluche *f* **ADJ** a (*= made of plush*) de *or* en peluche ; (*= plush-like*) pelucheux b (* *= sumptuous*) rupin *, somptueux

**plushly** /ˈplʌʃlɪ/ **ADV** somptueusement

**plushy** * /ˈplʌʃɪ/ **ADJ** rupin *, somptueux

**Plutarch** /ˈpluːtɑːk/ **N** Plutarque *m*

**Pluto** /ˈpluːtəʊ/ **N** (*Astron*) Pluton *f* ; (*Myth*) Pluton *m*

**plutocracy** /pluːˈtɒkrəsɪ/ **N** ploutocratie *f*

**plutocrat** /ˈpluːtəʊkræt/ **N** ploutocrate *m*

**plutocratic** /ˌpluːtəʊˈkrætɪk/ **ADJ** ploutocratique

**plutonium** /pluːˈtəʊnɪəm/ **N** plutonium *m*

**pluviometer** /ˌpluːvɪˈɒmɪtəʳ/ **N** pluviomètre *m*

**ply¹** /plaɪ/ **N** a [*of wood*] feuille *f*, épaisseur *f* ; [*of wool*] fil *m*, brin *m* ; [*of rope*] toron *m*, brin *m* b (*compound ending*) **four-~ rope** corde *f* quatre fils ◆ **four-~ wood** contreplaqué *m* quatre épaisseurs ◆ **three-~ (wool)** laine *f* trois fils ◆ **two-~ tissues/napkins** mouchoirs *mpl*/serviettes *fpl* (en papier) double épaisseur

**ply²** /plaɪ/ **VT** a [*+ needle, tool*] manier, jouer (habilement) de ; [*+ oar*] manier ; [*ship*] [*+ river, sea*] naviguer sur, voguer sur (*liter*) ◆ **they plied their oars with a will** ils faisaient force de rames ◆ **to ~ one's trade (as)** exercer son métier (de) b [*+ person*] ◆ **to ~ sb with questions** presser qn de questions ◆ **to ~ sb for information** demander continuellement des renseignements à qn ◆ **he plied them with drink** il ne cessait de remplir leur verre **VI** ◆ **to ~ between** [*ship, coach etc*] faire la navette entre ◆ **to ~ for hire** (*Jur*) [*taxi*] faire un service de taxi

**plywood** /ˈplaɪwʊd/ **N** contreplaqué *m*

**PM** /piːˈem/ **N** (*Brit*) (abbrev of **Prime Minister**) → **prime**

**pm** /piːˈem/ (abbrev of **post meridiem**) de l'après-midi ◆ **3pm** 3 heures de l'après-midi, 15 heures ◆ **10pm** 10 heures du soir, 22 heures

**PMG** /ˌpiːemˈdʒiː/ **N** a (*Brit*) (abbrev of **Paymaster General**) → **paymaster** b (abbrev of **Postmaster General**) → **postmaster**

**PMS** /ˌpiːemˈes/ **N** (abbrev of **premenstrual syndrome**) SPM *m*, syndrome *m* prémenstruel

**PMT** /ˌpiːemˈtiː/ **N** (abbrev of **premenstrual tension**) SPM *m*, syndrome *m* prémenstruel

**pneumatic** /njuːˈmætɪk/ **ADJ** pneumatique **COMP** ▷ **pneumatic drill N** marteau-piqueur *m* ▷ **pneumatic tyre N** pneu *m*

**pneumatically** /njuːˈmætɪkəlɪ/ **ADV** [*controlled, operated etc*] pneumatiquement

**pneumoconiosis** /ˌnjuːməʊˌkəʊnɪˈəʊsɪs/ **N** (*Med*) pneumoconiose *f*

**pneumocystis carinii pneumonia** /ˌnjuːməʊˈsɪstɪskəˈraɪnɪaɪnjuːˈməʊnɪə/ **N** pneumocystose *f*

**pneumonia** /njuːˈməʊnɪə/ **N** (*NonC*) pneumonie *f*

**pneumonologist** /ˌnjuːməˈnɒlədʒɪst/ **N** pneumologue *mf*

**pneumonology** /ˌnjuːməˈnɒlədʒɪ/ **N** pneumologie *f*

**PO** /piːˈəʊ/ **N** a (abbrev of **post office**) ~ **Box 24** BP *f* 24 b (abbrev of **Petty Officer**) → **petty** c (abbrev of **Pilot Officer**) → **pilot**

**Po** /pəʊ/ **N** (*= river*) Pô *m*

**po** * /pəʊ/ (*Brit*) **N** († *= potty*) pot *m* (de chambre) **COMP** ▷ **po-faced** * **ADJ** à l'air pincé

**p.o.** /piːˈəʊ/ (*Brit*) (abbrev of **postal order**) → **postal**

**POA** /ˌpiːəʊˈeɪ/ **N** (*Brit*) (abbrev of **Prison Officers' Association**) *syndicat*

**poach¹** /pəʊtʃ/ **VT** (*Culin*) pocher **COMP** ▷ **poached egg N** œuf *m* poché

**poach²** /pəʊtʃ/ **VT** [*+ game*] braconner, chasser illégalement ; [*+ fish*] braconner, pêcher illégalement ; (*fig*) [*+ employee*] débaucher **VI** braconner ◆ **to ~ for salmon** *etc* braconner du saumon *etc* ◆ **to ~ on sb's preserves** *or* **territory** (*lit, fig*) braconner sur les terres de qn ◆ **stop ~ing!** * (*fig*) (*in tennis*) arrête de me chiper la balle ! * ; (*in work*) arrête de marcher sur mes plates-bandes ! *

**poacher¹** /ˈpəʊtʃəʳ/ **N** (*for eggs*) pocheuse *f*

**poacher²** /ˈpəʊtʃəʳ/ **N** (*of game etc*) braconnier *m*

**poaching** /ˈpəʊtʃɪŋ/ **N** braconnage *m*

**pock** /pɒk/ **N** (*Med*) pustule *f* de petite vérole

**pocket** /ˈpɒkɪt/ **N** a (*in garment, suitcase, file, wallet etc*) poche *f* ◆ **with his hands in his ~s** les mains dans les poches ◆ **with (one's) ~s full of ...** les poches pleines de ... ◆ **in his trouser/jacket ~** dans la poche de son pantalon/sa veste ; → **back, breast, hip¹** ◆ **to go through sb's ~s** faire les poches à qn ◆ **to be in sb's ~** (*fig*) être à la solde de qn ◆ **to have sb in one's ~** avoir qn dans sa manche *or* dans sa poche ◆ **to live in each other's** *or* **one another's ~s** vivre les uns sur les autres ◆ **he has the game in his ~** il a le jeu dans sa poche

b (*fig = budget, finances*) **it's a drain on his ~** ça grève son budget ◆ **the deal put $500 in his ~** l'affaire lui a rapporté 500 dollars ◆ **that will hurt his ~** ça fera mal à son porte-monnaie ◆ **to line one's ~s** se remplir les poches ◆ **he is always putting his hand in his ~** il n'arrête pas de débourser ◆ **to pay for sth out of one's own ~** payer qch de sa poche ◆ **to have deep ~s** avoir de gros moyens ◆ **investors with deep ~s** les investisseurs *mpl* disposant de gros moyens

◆ **to be in pocket** avoir une marge de bénéfice

◆ **out of pocket** ◆ **to be out of ~** en être de sa poche ◆ **I could end up well out of ~** je pourrais en être sérieusement de ma poche ◆ **I was £50 out of ~** ça m'avait coûté 50 livres ◆ **it left me £50 out of ~** ça m'a coûté 50 livres ◆ **out-of-~** → **out**

c (*= small area*) [*of gas, fog*] poche *f* ; [*of land*] parcelle *f* ; (*Aviat:* also **air pocket**) trou *m* d'air ; (*Billiards etc*) blouse *f* ◆ **~ of infection** foyer *m* de contagion ◆ **~s of resistance** poches *fpl* de résistance ◆ **there are still some ~s of unemployment** il reste quelques petites zones de chômage

**VT** a (*lit, fig*) [*+ object, money, prize*] empocher

b (* *= steal*) empocher, barboter *

**COMP** [*flask, torch, dictionary, edition etc*] de poche ▷ **pocket battleship N** cuirassé *m* de poche ▷ **pocket billiards NPL** (*US*) billard *m* américain ▷ **pocket calculator N** calculatrice *f* de poche, calculette *f* ▷ **pocket-handkerchief N** mouchoir *m* de poche **ADJ** (*fig*) grand comme un mouchoir de poche ▷ **pocket-money N** argent *m* de poche ▷ **pocket-size(d) ADJ** (*lit*) de poche ; (*fig*) [*house, garden etc*] tout petit ▷ **pocket veto N** (*US Pol*) *veto implicite du Président qui ne signe pas un projet de loi dans les délais impartis*

**pocketbook** /ˈpɒkɪtbʊk/ **N** a (*US*) (*= wallet*) portefeuille *m* ; (*= handbag*) sac *m* à main b (*= notebook*) calepin *m*, carnet *m*

**pocketful** /ˈpɒkɪtfʊl/ **N** (pl **pocketfuls**) poche *f* pleine ◆ **with ~s of ...** les poches pleines de ...

**pocketknife** /ˈpɒkɪtnaɪf/ **N** (pl **-knives**) couteau *m* de poche, canif *m*

**pockmark** /ˈpɒkmɑːk/ **N** cicatrice *f* de variole

**pockmarked** /ˈpɒkmɑːkt/ **ADJ** [*face*] grêlé ; [*surface*] criblé de trous

**pod** /pɒd/ **N** [*of bean, pea etc*] cosse *f* ; (*Space*) nacelle *f* ◆ **in ~** * (*hum = pregnant*) en cloque *

**podgy** * /ˈpɒdʒɪ/ **ADJ** (*esp Brit*) grassouillet

**podia** /ˈpəʊdɪə/ **NPL** of **podium**

**podiatrist** /pɒˈdiːətrɪst/ **N** (*US*) pédicure *mf*, podologue *mf*

**podiatry** /pɒˈdiːətrɪ/ **N** (*US*) (*= science*) podologie *f* ; (*= treatment*) soins *mpl* du pied, traitement *m* des maladies du pied

**podium** /ˈpəʊdɪəm/ **N** (pl **podia**) podium *m*

**Podunk** /ˈpəʊdʌŋk/ **N** (*US*) petit village *m* perdu, ≃ Trifouilly-les-Oies

**POE** (abbrev of **port of embarkation**) → **port¹**

**poem** /ˈpəʊɪm/ **N** poème *m* ◆ **the ~s of Keats** les poèmes *mpl* de Keats

**poet** /ˈpəʊɪt/ **N** poète *m* **COMP** ▷ **poet laureate N** (pl **poets laureate**) poète *m* lauréat

**poetaster** /ˌpəʊɪˈtæstəʳ/ **N** mauvais poète *m*, rimailleur *m*

**poetess** /ˈpəʊɪtes/ **N** poétesse *f*

**poetic** /pəʊˈetɪk/ **ADJ** poétique ◆ **~ licence** licence *f* poétique ◆ **it's ~ justice** il y a une justice immanente

**poetical** /pəʊˈetɪkəl/ **ADJ** poétique

**poetically** /pəʊˈetɪkəlɪ/ **ADV** poétiquement

**poeticize** /pəʊˈetɪsaɪz/ **VT** poétiser

**poetics** /pəʊˈetɪks/ **NPL** poétique *f*

**poetry** /ˈpəʊɪtrɪ/ **N** (*NonC: lit, fig*) poésie *f* ◆ **the ~ of Keats** la poésie de Keats ◆ **he writes ~** il écrit des poèmes, il est poète **COMP** ▷ **poetry reading N** lecture *f* de poèmes

**pogo** /ˈpəʊgəʊ/ **N** pogo *m* **VI** (*Brit = dance*) pogoter, danser le pogo **COMP** ▷ **pogo stick N** échasse *f* sauteuse

**pogrom** /ˈpɒgrəm/ **N** pogrom *m* **VT** massacrer (au cours d'un pogrom)

**poignancy** /ˈpɔɪnjənsɪ/ **N** ◆ **the ~ of the lyrics** le caractère poignant des paroles ◆ **it was a moment of extraordinary ~** c'était un moment très poignant

**poignant** /ˈpɔɪnjənt/ **ADJ** (*= touching*) émouvant ◆ **a ~ love story** une histoire d'amour émouvante ◆ **he found the sight of her inexpressibly ~** le fait de la voir éveillait en lui une émotion indicible

> ⚠ **poignant** *is rarely translated by the French word* **poignant**, *which means 'harrowing'.*

**poignantly** /ˈpɔɪnjəntlɪ/ **ADV** *[describe, express, evoke]* d'une manière émouvante ◆ **I am reminded very ~ of this** je me souviens de ceci avec beaucoup d'émotion

**poinsettia** /pɔɪnˈsetɪə/ **N** poinsettia *m*

## point /pɔɪnt/

LANGUAGE IN USE 11.1, 26.1, 26.2, 26.3

| | |
|---|---|
| 1 NOUN | 4 INTRANSITIVE VERB |
| 2 PLURAL NOUN | 5 COMPOUNDS |
| 3 TRANSITIVE VERB | 6 PHRASAL VERBS |

### 1 - NOUN

**a** [= sharp end] *[of pencil, needle, knife, jaw]* pointe *f* ◆ **a knife with a sharp ~** un couteau très pointu ◆ **a star with five ~s** une étoile à cinq branches ◆ **a stag with ten ~s** un cerf (de) dix cors ◆ **to be** *or* **dance on ~s** *(Ballet)* faire les pointes ◆ **at the ~ of a gun** sous la menace d'un revolver ◆ **not to put too fine a ~ on it** *(= frankly)* pour être franc

**b** [= dot] *(Geom, Typ)* point *m* ; *(Math:* also **decimal point**) virgule *f* (décimale) ◆ **three ~ six** *(3.6)* trois virgule six *(3,6)* ◆ **eight-~ type** caractères *mpl* en corps huit ◆ **~ A** *(Geom)* le point A

**c** [on scale, in space, in time] point *m* ◆ **the highest ~ in the district** le point culminant de la région ◆ **at that ~ in the road** à cet endroit de la route ◆ **at the ~ where the road forks** là où la route bifurque ◆ **he had reached a ~ where he began to doubt whether ...** il en était arrivé à se demander si ... ◆ **to reach a low ~** *[morale]* être au plus bas ; *[production, reputation]* toucher le fond ◆ **this was the low ~ (of his career)** c'est à ce moment-là qu'il a touché le fond (dans sa carrière) ◆ **from that ~ onwards** à partir de ce moment ◆ **at this** *or* **that ~** *(in space)* là, à cet endroit ; *(in time)* à ce moment-là ◆ **at this ~ in time** à ce stade ◆ **the train stops at Slough, and all ~s west** le train s'arrête à Slough et dans toutes les gares à l'ouest de Slough ◆ **the (thirty-two) ~s of the compass** les points *mpl* de la boussole ◆ **from all ~s (of the compass)** de toutes parts, de tous côtés

♦ **point of** + *noun* ◆ **there was no ~ of contact between them** ils n'avaient aucun point commun ◆ **he was strict to the ~ of cruelty** il était sévère au point d'être cruel ◆ **on** *or* **at the ~ of death** à l'article de la mort ◆ **~ of departure** point *m* de départ ◆ **~ of entry (into a country)** point *m* d'arrivée (dans un pays) ◆ **he had reached the ~ of no return** il avait atteint le point de non-retour

♦ **the point of** + *-ing* ◆ **to be on the ~ of doing sth** être sur le point de faire qch ◆ **when it came to the ~ of paying, ...** quand il s'est agi de payer, ... ◆ **he had reached the ~ of resigning** il en était arrivé au point de donner sa démission

♦ **up to a point** jusqu'à un certain point, dans une certaine mesure

**d** [= unit] *(in score, on scale)* point *m* ; *(on thermometer)* degré *m* ◆ **on ~s** *(Boxing)* aux points ◆ **the cost-of-living index went up two ~s** l'indice du coût de la vie a augmenté de deux points ◆ **to rise** *or* **gain three ~s** *(St Ex)* augmenter de *or* gagner trois points

**e** [= idea, question] point *m* ◆ **on this ~ we are agreed** sur ce point *or* là-dessus nous sommes d'accord ◆ **on all ~s** en tous points ◆ **12-~ plan** plan *m* en 12 points ◆ **the main ~s to remember** les principaux points à retenir ◆ **~ by ~** point par point ; see also **compounds** ◆ **you have a ~ there!** c'est juste !, il y a du vrai dans ce que vous dites ! ◆ **to carry** *or* **gain** *or* **win one's ~** avoir gain de cause ◆ **he made the ~ that ...** il fit remarquer que ... ◆ **he made a good ~ when he said that ...** il a mis le doigt dessus lorsqu'il a dit que ... ◆ **I'd like to make a ~ if I may** j'aurais une remarque à faire si vous le permettez ◆ **you've made your ~!** *(= had your say)* vous avez dit ce que vous aviez à dire ! ; *(= convinced me)* vous m'avez convaincu ! ◆ **I take your ~** je vois ce que vous voulez dire ◆ **~ taken!** * d'accord(, je te le concède) !

♦ **point of** + *noun* ◆ **it's a ~ of detail** c'est un point de détail ◆ **it was a ~ of honour with him never to refuse** il se faisait un point d'honneur de ne jamais refuser, il mettait son point d'honneur à ne jamais refuser ◆ **~ of interest/of no importance** point *m* intéressant/sans importance ◆ **a ~ of law** un point de droit ◆ **on a ~ of principle** sur une question de principe ; → **order**

**f** [= important part, main idea] *[of argument etc]* objet *m* ; *[of joke]* astuce *f* ◆ **that's not the ~** il ne s'agit pas de ça, là n'est pas la question ◆ **that is hardly the ~, that is beside the ~** cela n'a rien à voir ◆ **the whole ~ was to do it today** tout l'intérêt était justement de le faire aujourd'hui ◆ **that's the (whole) ~!, that's just the ~!** justement ! ◆ **the ~ is that you had promised it for today!** le fait est que vous l'aviez promis pour aujourd'hui ! ◆ **to come to the ~** *[person]* en venir au fait ◆ **when it comes to the ~, they don't value education** au fond, ils n'accordent pas beaucoup d'importance à l'éducation ◆ **we're getting off the ~** nous nous éloignons du sujet ◆ **get** *or* **come to the ~!** venez-en à l'essentiel !, cessez de tourner autour du pot ! * ◆ **let's get back to the ~** revenons à nos moutons * ◆ **to keep** *or* **stick to the ~** ne pas s'éloigner du sujet

**g** [= meaning, purpose] ◆ **what was the ~ of his visit?** quel était le but *or* l'objet de sa visite ? ◆ **there's some** *or* **a ~ in it** ça a une utilité ◆ **a long story that seemed to have no ~ at all** une longue histoire sans rime ni raison ◆ **the ~ of this story is that ...** la morale de l'histoire, c'est que ... ◆ **(very much) to the ~** (très) pertinent ◆ **his remarks lack ~** ses remarques ne sont pas très pertinentes ◆ **the news gave ~ to his arguments** cette nouvelle a souligné la pertinence de ses arguments ◆ **to get** *or* **see the ~** comprendre ◆ **you get the ~?** vous saisissez ? * ◆ **to make a ~ of doing sth, to make it a ~ to do sth** ne pas manquer de faire qch

**h** [= use] ◆ **what's the ~?** à quoi bon ? ◆ **what's the ~ of** *or* **in waiting?** à quoi bon attendre ? ◆ **there's no ~ in waiting** ça ne sert à rien d'attendre ◆ **there's little ~ in saying ...** ça ne sert pas à grand-chose de dire ... ◆ **I don't see any ~ in doing that** je ne vois aucun intérêt à faire cela

**i** [= characteristic] caractéristique *f* ◆ **good ~s** qualités *fpl* ◆ **bad ~s** défauts *mpl* ◆ **it is not his strong ~** ce n'est pas son fort ◆ **he has his ~s** il a ses bons côtés ◆ **the ~s to look (out) for when buying a car** les choses *fpl* auxquelles il faut faire attention lorsqu'on achète une voiture

**j** [Geog] pointe *f*

**k** [Aut] vis *f* platinée

**l** [Brit Elec : also **power point**] prise *f* (de courant) *(femelle)*

### 2 - PLURAL NOUN

**points** *(Brit Rail)* aiguillage *m*, aiguilles *fpl*

### 3 - TRANSITIVE VERB

**a** [= aim, direct] *[+ telescope, hosepipe]* pointer, diriger (*at* sur) ◆ **to ~ a gun at sb** braquer un revolver sur qn ◆ **he ~ed his stick towards the house** il a indiqué la maison avec sa canne ◆ **~ your browser at ...** pointez votre navigateur sur ... ◆ **to ~ sb in the direction of** diriger qn vers ◆ **she ~ed him in the right direction** * elle lui a montré le chemin ◆ **he ~ed the boat towards the harbour** il a mis le cap sur le port ◆ **he ~ed the car towards Paris** il a tourné en direction de Paris ◆ **he ~ed his finger at me** il a pointé le doigt sur *or* vers moi

**b** [= mark, show]

♦ **to point the way** ◆ **the signs ~ the way to London** les panneaux indiquent la direction de Londres ◆ **it ~s the way to closer cooperation** cela montre la voie d'une plus grande coopération

**c** [Constr] *[+ wall]* jointoyer (*with* de)

**d** [= punctuate] ponctuer ; *[+ Hebrew, Arabic etc]* mettre les points-voyelles à ; *[+ psalm]* marquer de points

**e** [+ toes] pointer

### 4 - INTRANSITIVE VERB

**a** [person] montrer *or* indiquer du doigt ◆ **it's rude to ~** ce n'est pas poli de montrer du doigt ◆ **to ~ at** *or* **towards sth/sb** indiquer *or* désigner qch/qn du doigt ◆ **he ~ed at the house with his stick** il montra *or* indiqua la maison avec sa canne ◆ **I want to ~ to one or two facts** je veux attirer votre attention sur un ou deux faits ◆ **all the evidence ~s to him** *or* **to his guilt** tous les faits l'accusent ◆ **everything ~s to a brilliant career for him** tout indique qu'il aura une brillante carrière ◆ **it all ~s to the fact that ...** tout laisse à penser que ... ◆ **everything ~s to murder/suicide** tout laisse à penser qu'il s'agit d'un meurtre/d'un suicide ◆ **everything ~s that way** tout nous amène à cette conclusion

**b** [signpost] indiquer la direction (*towards* de) ; *[gun]* être braqué (*at* sur) ; *[vehicle etc]* être dirigé, être tourné (*towards* vers) ◆ **the needle is ~ing north** l'aiguille indique le nord ◆ **the little hand is ~ing to four** la petite aiguille indique quatre heures ◆ **the car isn't ~ing in the right direction** la voiture n'est pas tournée dans la bonne direction *or* dans le bon sens

**c** [dancer] faire des pointes

**d** [dog] tomber en arrêt

### 5 - COMPOUNDS

▷ **point-blank** **ADJ** → **point-blank** ▷ **point-by-point** **ADJ** méthodique ▷ **point duty** **N** *(Brit Police etc)* ◆ **to be on ~ duty** diriger la circulation ▷ **point of reference** **N** point *m* de référence ▷ **point of sale** **N** point *m* de vente ▷ **point-of-sale** **ADJ** ◆ **~-of-sale advertising** publicité *f* sur le lieu de vente, PLV *f* ◆ **~-of-sale material** matériel *m* PLV ◆ **~-of-sale terminal** terminal *m* point de vente ▷ **point of view** **N** point *m* de vue ◆ **from that/my ~ of view** de ce/mon point de vue ◆ **from the social ~ of view** du point de vue social ▷ **points decision** **N** *(Boxing)* décision *f* aux points ▷ **points failure** **N** panne *f* d'aiguillage ▷ **points system** **N** *(gen)* système *m* par points ; *(Aut)* permis *m* à points ▷ **points win** **N** victoire *f* aux points ▷ **point-to-point (race)** **N** *(Racing)* *steeple-chase champêtre réservé à des cavaliers amateurs*

### 6 - PHRASAL VERBS

► **point out** **VT SEP** **a** *(= show)* *[+ person, object, place]* montrer, indiquer

**b** *(= mention)* faire remarquer (*that* que) ◆ **to ~ sth out to sb** faire remarquer qch à qn, attirer l'attention de qn sur qch ◆ **he ~ed out to me that I was wrong** il m'a fait remarque que j'avais tort ◆ **I should ~ out that ...** je dois vous dire *or* signaler que ...

► **point up** VT SEP mettre en évidence, souligner

**point-blank** /ˈpɔɪntˈblæŋk/ ADJ *[shot]* à bout portant ; *(fig) [refusal]* net, catégorique ; *[request]* de but en blanc, à brûle-pourpoint ◆ **at** *or* **from ~ range** à bout portant ADV *[fire, shoot]* à bout portant ; *(fig) [refuse]* tout net, catégoriquement ; *[request, demand]* de but en blanc, à brûle-pourpoint

**pointed** /ˈpɔɪntɪd/ ADJ a *[knife, stick, pencil, roof, chin, nose, shoes]* pointu ; *[beard]* en pointe, pointu ; *(Archit) [window, arch]* en ogive ◆ **the ~ end** le bout pointu b *(fig) [remark, question, look]* lourd de sous-entendus

**pointedly** /ˈpɔɪntɪdlɪ/ ADV *[say]* d'un ton plein de sous-entendus ; *[behave, smile, ignore]* ostensiblement ◆ **she looked ~ at me** elle m'a lancé un regard qui en disait long

**pointer** /ˈpɔɪntəʳ/ N a *(= piece of advice)* conseil *m* ◆ **he gave me some ~s on what to do** il m'a donné quelques conseils (pratiques) sur la marche à suivre

b *(= clue, indication)* indice *m* ◆ **this is a sure ~ that something's amiss** ceci indique clairement que quelque chose ne va pas

◆ **to be a pointer to sth** annoncer qch ◆ **an incident which was a ~ to troubles to come** un incident qui annonçait des problèmes à venir ◆ **there is at present no ~ to the outcome** rien ne permet de prévoir l'issue pour le moment ◆ **the elections should be a ~ to the public mood** les élections devraient permettre de prendre le pouls de l'opinion

c *(= stick)* baguette *f* ; *(on scale) (= indicator)* index *m* ; *(= needle)* aiguille *f* ; *(on screen = arrow)* flèche *f* lumineuse

d *(= dog)* chien *m* d'arrêt

**pointillism** /ˈpwæntɪlɪzəm/ N pointillisme *m*

**pointing** /ˈpɔɪntɪŋ/ N *(Constr) (= work)* jointoiement *m* ; *(= cement)* joints *mpl*

**pointless** /ˈpɔɪntlɪs/ ADJ *[attempt, task, suffering]* inutile, vain ; *[murder, violence]* gratuit ; *[explanation, joke, story]* sans rime ni raison, qui ne rime à rien ◆ **it is ~ to complain** il ne sert à rien *or* il est inutile de se plaindre ◆ **it is ~ for him to leave, it is ~ him leaving** ça ne servirait à rien *or* il est inutile qu'il parte ◆ **life seemed ~ to her** la vie lui paraissait dénuée de sens ◆ **a ~ exercise** * une perte de temps

**pointlessly** /ˈpɔɪntlɪslɪ/ ADV *[try, work, suffer]* inutilement, en vain ; *[say, protest]* sans raison ; *[kill]* gratuitement, sans raison ; *[die]* pour rien ◆ **the film is ~ violent/obscure** la violence/complexité de ce film n'est pas justifiée

**pointlessness** /ˈpɔɪntlɪsnɪs/ N *[of activity, organization, sb's death]* absurdité *f* ; *[of existence]* futilité *f* ◆ **she stressed the ~ of protesting** elle a souligné à quel point il était inutile de protester

**pointsman** /ˈpɔɪntsmən/ N (pl **-men**) *(Rail)* aiguilleur *m*

**pointy** * /ˈpɔɪntɪ/ ADJ *[ears, hat, shoes]* pointu ; *[beard]* en pointe, pointu COMP ▷ **pointy-headed** ‡ ADJ *(US fig pej)* ◆ **a ~-headed intellectual** un intello * à lunettes ◆ **that ~-headed professor** ce professeur Tournesol

**poise** /pɔɪz/ N *(= balance)* équilibre *m* ; *(= carriage)* maintien *m* ; *[of head, body etc]* port *m* ; *(fig) (= composure etc)* calme *m*, sang-froid *m* ; *(= self-confidence)* (calme) assurance *f* ; *(= grace)* grâce *f* ◆ **a woman of great ~** une femme pleine de grâce *or* empreinte d'une tranquille assurance ◆ **he is young and lacks ~** il est jeune et manque d'assurance ◆ **to recover** *or* **regain one's ~** *(lit, fig)* retrouver son calme *or* son sang-froid VT *(= balance)* mettre en équilibre ; *(= hold balanced)* tenir en équilibre, maintenir en équilibre

**poised** /pɔɪzd/ ADJ a *(= balanced)* en équilibre ; *(= held, hanging)* suspendu immobile ; *(= hovering)* immobile *or* suspendu (en l'air) ◆ **the swimmers stood** *or* **were ~ at the edge of the pool** les nageurs étaient en position sur les plots de départ ◆ **~ on the brink of success/ruin** au bord de la réussite/la ruine ◆ **to be ~ between life and death** être entre la vie et la mort ◆ **the world was ~ between peace and war** le monde oscillait entre la paix et la guerre

b *(= ready)* prêt ◆ **the tiger was ~ (ready) to spring** le tigre se tenait prêt à bondir ◆ **powerful military forces, ~ for invasion** des forces armées puissantes, prêtes pour l'invasion ◆ **he was ~ to become champion** il allait devenir champion ◆ **a waitress approached, pencil and pad ~** une serveuse s'est approchée, armée de son bloc et de son crayon

c *(= self-possessed)* posé ◆ **she appeared ~ and calm** elle semblait calme et posée

**poison** /ˈpɔɪzn/ N *(lit, fig)* poison *m* ; *[of snake]* venin *m* ◆ **to take ~** s'empoisonner ◆ **to die of ~** mourir empoisonné ◆ **she's absolute ~** † c'est une vraie poison † ◆ **what's your ~?** * *(hum: offering drink)* à quoi tu carbures * ? ; → **hate, rat**

VT *[person] [+ person, food, well, arrow]* empoisonner ; *[chemicals] [+ air, water, land]* contaminer ◆ **to ~ o.s.** s'empoisonner ◆ **a ~ed foot/finger** *etc* un pied/doigt *etc* infecté ◆ **the drugs are ~ing his system** les drogues l'intoxiquent ◆ **eggs ~ed with salmonella** des œufs contaminés par la salmonelle ◆ **it is ~ing their friendship** cela empoisonne leur amitié ◆ **an atmosphere ~ed by cruelty** une atmosphère empoisonnée par la cruauté ◆ **a ~ed chalice** *(esp Brit fig)* un cadeau empoisonné ◆ **to ~ sb's mind** *(= corrupt)* corrompre qn ; *(= instil doubts)* faire douter qn ◆ **he ~ed her mind against her husband** il l'a montée contre son mari

COMP ▷ **poison fang** N crochet *m* venimeux *(d'un serpent)* ▷ **poison gas** N gaz *m* toxique *or* asphyxiant ▷ **poison gland** N glande *f* à venin ▷ **poison ivy** N *(Bot)* sumac *m* vénéneux ▷ **poison oak** N *(NonC: Bot)* sumac *m* vénéneux ▷ **poison-pen letter** N lettre *f* anonyme (de menace *or* d'insulte) ▷ **poison pill** N *(Fin)* pilule *f* empoisonnée *(prix prohibitif visant à empêcher une société extérieure de lancer une OPA)*

**poisoner** /ˈpɔɪznəʳ/ N empoisonneur *m*, -euse *f (lit)*

**poisoning** /ˈpɔɪznɪŋ/ N *(gen)* empoisonnement *m* ; *(accidental)* intoxication *f* ◆ **the cause of his death was ~** il est mort empoisonné ◆ **alcohol(ic) ~** empoisonnement *m* par l'alcool éthylisme *m* ◆ **arsenic(al) ~** empoisonnement *m* à l'arsenic ◆ **mercury ~** intoxication *f* par le mercure, hydrargyrisme *m* ; → **blood, food, lead², salmonella, self**

**poisonous** /ˈpɔɪznəs/ ADJ *[snake]* venimeux ; *[plant]* vénéneux ; *[gas, fumes, substance, algae]* toxique ; *(fig) [remark, allegation, comment, dispute]* pernicieux

**poke¹** /pəʊk/ N ( †† *or dial)* sac *m* ; → **pig**

**poke²** /pəʊk/ N a *(= push)* poussée *f* ; *(= jab)* (petit) coup *m (de canne, avec le doigt etc)* ; ( * *= punch)* coup *m* de poing ◆ **she gave him a little ~** elle lui a donné un petit coup ◆ **to give the fire a ~** tisonner le feu ◆ **to give sb a ~ in the ribs** enfoncer son doigt dans les côtes de qn ◆ **he gave the ground a ~ with his stick** il a tapoté le sol de sa canne ◆ **it's better than a ~ in the eye (with a sharp stick)** * c'est mieux que rien ◆ **to have a ~ around** * *(= rummage)* farfouiller * ◆ **to take a ~ at sb** * *(lit = punch)* donner un coup de poing à qn ; *(fig)* s'en prendre à qn ◆ **a ~ at sth** *(fig)* une pique contre qch

b **baise *f* ** ◆ **he'd like to give her a good ~** il aimerait bien la baiser **

VT a *(= jab with finger, stick etc)* pousser, donner un coup (de canne *or* avec le doigt) à ; ( * *= punch)* donner un coup de poing à ; *(= thrust) [+ stick, finger etc]* enfoncer (*into* dans ; *through* à travers) ; *[+ rag etc]* fourrer (*into* dans) ◆ **to ~ the fire** tisonner le feu ◆ **he ~d me with his umbrella** il m'a donné un petit coup avec la pointe de son parapluie ◆ **he ~d his finger in her eye** il lui a mis le doigt dans l'œil ◆ **to ~ a finger into sth** enfoncer le doigt dans qch ◆ **he ~d the ground with his stick** il a tapoté le sol de sa canne ◆ **he ~d me in the ribs** il m'a enfoncé son doigt dans les côtes ◆ **he ~d me one in the stomach** * *(US)* il m'a envoyé son poing dans l'estomac ◆ **he ~d his finger up his nose** il s'est fourré le doigt dans le nez ◆ **to ~ one's head out of the window** passer la tête hors de *or* par la fenêtre ◆ **to ~ a hole in sth (with one's finger/stick** *etc*) faire un trou dans qch *or* percer qch (avec le doigt/sa canne *etc*) ◆ **to ~ holes in an argument** trouver des failles dans une argumentation ; → **fun, nose**

b *(Brit* ** *= have sex with)* baiser **, tringler **

VI a (also **poke out**) *[elbows, stomach, stick]* sortir, dépasser (*from, through* de)

b (also **poke up**) dépasser

c (also **poke through**) dépasser

d ◆ **he ~d at me with his finger** il m'a touché du bout du doigt ◆ **he ~d at the suitcase with his stick** il poussa la valise avec sa canne ◆ **she ~d at her food with a fork** elle jouait avec sa nourriture du bout de sa fourchette ◆ **to ~ into sth** * *(fig)* fourrer son nez dans qch

► **poke about** *, **poke around** * VI farfouiller * ; *(pej)* fouiner ◆ **to ~ about in a drawer** farfouiller * *or* fourrager dans un tiroir ◆ **I spent the morning poking about in antique shops** j'ai passé la matinée à farfouiller * dans les magasins d'antiquités ◆ **I found him poking about among your cupboards** je l'ai pris à fouiner dans vos placards

► **poke in** VT SEP *[+ head]* passer (à l'intérieur) ; *[+ stick etc]* enfoncer ; *[+ rag]* fourrer ◆ **to ~ one's nose in** * *(fig)* fourrer son nez dans les affaires des autres, se mêler de ce qui ne vous regarde pas

► **poke out** VI a ⇒ **poke² vi a**

b *(= bulge) [stomach, chest, bottom]* être protubérant *or* proéminent

VT SEP a *(= stick out)* sortir ◆ **the tortoise ~d its head out** la tortue a sorti la tête

b *(= remove, dislodge)* faire partir, déloger ◆ **he ~d the ants out with a stick** il a délogé les fourmis avec un bâton ◆ **to ~ sb's eyes out** crever les yeux à qn

**poker¹** /ˈpəʊkəʳ/ N *(for fire etc)* tisonnier *m* ; → **stiff** COMP ▷ **poker work** N *(NonC) (= craft)* pyrogravure *f* ; *(= objects)* pyrogravures *fpl*

**poker²** /ˈpəʊkəʳ/ N *(Cards)* poker *m* COMP ▷ **poker dice** N a *(= single dice)* dé *m* de poker d'as b *(NonC = game)* poker *m* d'as ▷ **poker face** N visage *m* impassible ▷ **poker-faced** ADJ au visage impassible

**pokey** /ˈpəʊkɪ/ N *(US* ‡ *= jail)* trou * *m*, taule ‡ *f* ADJ ⇒ **poky**

**poky** /ˈpəʊkɪ/ ADJ *(pej)* *[house, room]* exigu (-guë *f*) et sombre

**pol** * /pɒl/ N *(US)* abbrev of **politician**

**Polack** *** /ˈpəʊlæk/ N *(pej)* Polaque *mf (pej)*, Polonais(e) *m(f)*

**Poland** /ˈpəʊlənd/ N Pologne *f*

**polar** /ˈpəʊləʳ/ ADJ *(Elec, Geog)* polaire ◆ ~ **explorers** explorateurs *mpl* polaires ◆ **they are ~ opposites** ils sont aux antipodes l'un de l'autre COMP ▷ **polar bear** N ours *m* blanc ▷ **Polar Circle** N cercle *m* polaire ▷ **polar distance** N distance *f* polaire ▷ **polar front** N front *m* polaire ▷ **polar lights** NPL aurore *f* polaire *or* boréale

**polarimeter** /ˌpəʊləˈrɪmɪtəʳ/ N polarimètre *m*

**polariscope** /pəʊˈlærɪskəʊp/ N polariscope *m*

**polarity** /pəʊˈlærɪtɪ/ N polarité *f*

**polarization** /ˌpəʊləraɪˈzeɪʃən/ N *(lit, fig)* polarisation *f*

**polarize** /ˈpəʊləraɪz/ VT *(lit, fig)* polariser

**Polaroid** ® /ˈpəʊlərɔɪd/ ADJ Polaroïd ® *inv* N *(also* **Polaroid camera***)* (appareil *m*) Polaroïd ® *m* ; *(also* **Polaroid print***)* photo *f* Polaroïd ®, Polaroïd ® *m* ◆ **~s** *(= sunglasses)* lunettes *fpl* de soleil (en) Polaroïd ®

**Pole** /pəʊl/ N Polonais(e) *m(f)*

**pole¹** /pəʊl/ N **a** *(= rod)* perche *f* ; *(fixed)* poteau *m*, mât *m* ; *(also* **flagpole, tent pole***)* mât *m* ; *(also* **telegraph pole***)* poteau *m* télégraphique ; *(also* **curtain pole***)* tringle *f* ; *(also* **barber's pole***)* enseigne *f* de coiffeur ; *(in fire station)* perche *f* ; *(for vaulting, punting)* perche *f* ◆ **to be up the ~** * *(= mistaken)* se gourer *, se planter * ; *(= mad)* dérailler * *(fig)* ◆ **to send** *or* **drive sb up the ~** * *(= mad)* rendre qn dingue * ; → **greasy, ski**

**b** *(Ski)* *(= ski stick)* bâton *m* ; *(marking run)* piquet *m*

VT *[+ punt etc]* faire avancer (à l'aide d'une perche)

COMP ▷ **pole dancer** N danseuse *f* de pole dancing ▷ **pole dancing** N pole dancing *m* *(danse érotique autour d'une barre de strip-tease)* ▷ **pole jump** N *(Sport)* saut *m* à la perche ▷ **pole jumper** N sauteur *m*, -euse *f* à la perche, perchiste *mf* ▷ **pole jumping** N *(NonC)* saut *m* à la perche ▷ **pole position** N *(Motor Racing)* pole position *f* ; *(fig)* pole position *f*, meilleure place *f* ◆ **in ~ position** *(Motor Racing)* en pole position ; *(fig)* en pole position, à la meilleure place ▷ **pole vault** N ⇒ **pole jump** ▷ **pole-vault** VI sauter à la perche ▷ **pole-vaulter** N ⇒ **pole jumper** ▷ **pole-vaulting** N ⇒ **pole jumping**

**pole²** /pəʊl/ N *(Elec, Geog)* pôle *m* ◆ **North/South Pole** pôle *m* Nord/Sud ◆ **from ~ to ~** d'un pôle à l'autre ◆ **negative/positive ~** pôle *m* négatif/positif ◆ **they are ~s apart** ils sont aux antipodes l'un de l'autre ◆ **at opposite ~s of sth** aux deux pôles de qch COMP ▷ **the Pole Star** N l'étoile *f* Polaire

**poleaxe, poleax** *(US)* /ˈpəʊlæks/ N *(= weapon)* hache *f* d'armes ; *[of butcher etc]* merlin *m* VT *[+ cattle etc]* abattre, assommer ; *(fig)* *[+ person]* terrasser

**polecat** /ˈpəʊlkæt/ N (pl **polecats** *or* **polecat**) putois *m* ◆ **lazy as a ~** fainéant

**pol. econ.** (abbrev of **political economy**) → **political**

**polemic** /pɒˈlemɪk/ ADJ polémique N *(= argument)* ◆ **a ~ against sth** un réquisitoire contre qch ◆ **a ~ for sth** un plaidoyer pour qch

**polemical** /pɒˈlemɪkəl/ ADJ polémique

**polemicist** /pɒˈlemɪsɪst/ N polémiste *mf*

**polemics** /pɒˈlemɪks/ N *(NonC)* arguments *mpl*

**polenta** /pəʊˈlentə/ N polenta *f*

**police** /pəˈliːs/ N *(NonC)* **a** *(= organization)* ≃ police *f*, gendarmerie *f* ◆ **the ~** *(collective)* la police, les gendarmes *mpl* ◆ **to join the ~** entrer dans la police, se faire policier *or* gendarme ◆ **he is in the ~** il est dans *or* de la police ◆ **one hundred ~** cent policiers *mpl or* gendarmes *mpl* ◆ **extra ~ were called in** on a fait venir des renforts de police ◆ **the ~ are looking for his car** la police recherche sa voiture ◆ **river/railway ~** police *f* fluviale/des chemins de fer ; → **mounted, transport**

**b** *(US Mil)* corvée *f* (militaire) de rangement et de nettoyage

VT **a** *(lit: with policemen)* *[+ place]* maintenir l'ordre dans ◆ **the demonstration was heavily ~d** d'importantes forces de police étaient présentes lors de la manifestation

**b** *[vigilantes, volunteers]* *[+ district, road]* faire la police dans ; *(Mil)* *[+ frontier, territory]* contrôler ; *(fig)* *[+ agreements, controls, cease-fires]* veiller à l'application de ; *[+ prices etc]* contrôler ◆ **the border is ~d by UN patrols** la frontière est sous la surveillance des patrouilles de l'ONU

**c** *(US = keep clean)* nettoyer

COMP *(gen)* de la police ; *[leave, vehicle, members]* de la police *or* de la gendarmerie ; *[campaign, control, inquiry]* policier, de la police *or* de la gendarmerie ; *[sergeant, inspector etc]* de police ; *[harassment]* par la police ▷ **police academy** N école *f* de police ▷ **police car** N voiture *f* de police ▷ **police chief** N *(Brit)* ≃ préfet *m* (de police) ; *(US)* ≃ (commissaire *m*) divisionnaire *m* ▷ **Police Complaints Board** N ≃ Inspection *f* générale des services ▷ **police constable** N → **constable** ▷ **police court** N tribunal *m* de police ▷ **police custody** N → **custody** ▷ **police department** N *(US)* service *m* de police ▷ **police dog** N *(Police)* chien *m* policier ; *(US)* *(= Alsatian)* berger *m* allemand ▷ **police escort** N escorte *f* policière ▷ **the police force** N la police, les gendarmes *mpl*, les forces *fpl* de l'ordre ◆ **member of the ~ force** policier *m* ◆ **to join the ~ force** entrer dans la police ▷ **police headquarters** NPL quartier *m* général de la police, siège *m* central ▷ **police intervention** N intervention *f* de la police ▷ **police marksman** N tireur *m* d'élite (de la police) ▷ **police office** N gendarmerie *f (bureaux)* ▷ **police officer** N policier *m*, fonctionnaire *mf* de la police ◆ **to become a ~ officer** entrer dans la police ▷ **police presence** N présence *f* policière ▷ **police protection** N protection *f* de la police ▷ **police record** N ◆ **to have a ~ record** avoir un casier judiciaire ◆ **he hasn't got a ~ record** il n'a pas de casier judiciaire, il a un casier judiciaire vierge ▷ **the police service** N la police ▷ **police state** N état *m* policier ▷ **police station** N poste *m or* commissariat *m* de police, gendarmerie *f* ▷ **police wagon** N *(US)* voiture *f or* fourgon *m* cellulaire ▷ **police work** N le métier de policier

**policeman** /pəˈliːsmən/ N (pl **-men**) *(in town)* agent *m* de police, gardien *m* de la paix ; *(in country)* gendarme *m* ◆ **to become a ~** entrer dans la police ◆ **I knew he was a ~** je savais qu'il était dans la police

**policewoman** /pəˈliːsˌwʊmən/ N (pl **-women**) femme *f* policier, femme *f* agent (de police)

**policing** /pəˈliːsɪŋ/ N *(by police)* maintien *m* de l'ordre ; *(by regulator)* contrôle *m*, réglementation *f* ◆ **the ~ of public places** la surveillance policière dans les endroits publics ◆ **he wants more ~ of pornography** il veut que la pornographie soit mieux contrôlée *or* réglementée

**policy¹** /ˈpɒlɪsɪ/ N **a** *(= aims, principles etc)* *(Pol)* politique *f* ; *[of newspaper, company, organization]* politique *f* ; *(= course of action)* conduite *f* ◆ **it's company ~** c'est la politique de l'entreprise *or* de la société ◆ **economic/foreign/social ~** politique *f* étrangère/économique/sociale ◆ **to follow a ~ of doing sth** avoir pour règle de faire qch ◆ **it is good/bad ~ to ...** c'est une bonne/mauvaise politique que de ... ◆ **the government's policies** la politique du gouvernement ◆ **official ~** politique *f* officielle ◆ **it has always been our ~ to deliver goods free** nous avons toujours eu pour règle de livrer les marchandises franco de port ◆ **it is our ~ to use recycled paper** nous avons pour principe d'utiliser du papier recyclé ◆ **my ~ has always been to wait and see** j'ai toujours eu pour principe de voir venir

◆ **as a matter of policy** par principe ◆ **as a matter of ~ we do not discuss individual cases** par principe, nous ne commentons pas les cas individuels, nous ne commentons pas les cas individuels, c'est une affaire de principe

◆ **the best policy** ◆ **complete frankness is the best ~** la franchise totale est la meilleure conduite à suivre *or* attitude à adopter ◆ **caution was the best ~** la prudence était la meilleure attitude à adopter ; → **honesty**

**b** *(NonC: † = prudence)* (bonne) politique *f* ◆ **it would not be ~ to refuse** il ne serait pas politique de refuser

COMP *(gen)* *[discussions etc]* de politique générale ▷ **policy committee** N comité *m* directeur ▷ **policy decision** N décision *f* de principe ▷ **policy document** N document *m* de politique générale ▷ **policy maker** N *(within organization, firm etc)* décideur *m* ; *(for political party etc)* responsable *mf* politique ▷ **policy-making** N prise *f* de décisions ADJ *[process]* de décision ; *[body, role]* décisionnaire ▷ **policy matter** N question *f* de politique générale *or* de principe ▷ **policy paper** N ⇒ **policy document** ▷ **policy statement** N déclaration *f* de principe ◆ **to make a ~ statement** faire une déclaration de principe ▷ **policy unit** N *(Brit Pol)* conseillers *mpl* politiques ▷ **policy wonk** * N *(esp US Pol)* conseiller *m*, -ère *f* politique

> ⚠ *The French word* **police** *can mean* **policy**, *but only in the sense 'insurance policy'.*

**policy²** /ˈpɒlɪsɪ/ N *(Insurance)* police *f* (d'assurance) ◆ **to take out a ~** souscrire une (police d')assurance

**policyholder** /ˈpɒlɪsɪˌhəʊldəʳ/ N assuré(e) *m(f)*

**polio** /ˈpəʊlɪəʊ/ N (abbrev of **poliomyelitis**) polio *f*

**poliomyelitis** /ˈpəʊlɪəʊmaɪəˈlaɪtɪs/ N poliomyélite *f*

**Polish** /ˈpəʊlɪʃ/ ADJ *(gen)* polonais ; *[ambassador, embassy]* de Pologne ; *[teacher, dictionary]* de polonais N *(Ling)* polonais *m*

**polish** /ˈpɒlɪʃ/ N **a** *(= substance)* *(for shoes)* cirage *m*, crème *f* (pour chaussures) ; *(for floor, furniture)* encaustique *f*, cire *f* ; *(for nails)* vernis *m* (à ongles) ◆ **metal ~** produit *m* d'entretien pour les métaux

**b** *(= act)* **to give sth a ~** faire briller qch ◆ **my shoes need a ~** mes chaussures ont besoin d'être cirées

**c** *(= shine)* poli *m* ◆ **high ~** lustre *m* ◆ **to put a ~ on sth** faire briller qch ◆ **the candlesticks were losing their ~** les chandeliers perdaient de leur éclat

**d** *(fig = refinement)* *[of person]* raffinement *m* ; *[of style, work, performance]* perfection *f*, élégance *f*

VT (also **polish up**) *[+ stones, glass]* polir ; *[+ shoes]* cirer ; *[+ floor, furniture]* cirer, astiquer ; *[+ car]* astiquer, briquer ; *[+ metal]* fourbir, astiquer ; *[+ leather]* lustrer ; *(fig) [+ person]* parfaire l'éducation de ; *[+ manners]* affiner ; *[+ style, language]* polir, châtier ◆ **to ~ (up) one's French** perfectionner *or* travailler son français ◆ **the style needs ~ing** le style aurait besoin d'être plus soigné ; see also **polished**

► **polish off** * VT SEP *[+ food, drink]* finir ; *[+ work, correspondence]* expédier ; *[+ competitor, enemy]* régler son compte à, en finir avec ◆ **he ~ed off the meal** il a tout mangé jusqu'à la dernière miette ◆ **he ~ed off his scotch** il a avalé son whisky d'un trait ◆ **he ~ed off all the scotch** il a sifflé * tout le whisky ◆ **she ~ed off the cheese** elle a englouti * tout le fromage

► **polish up** VT SEP ⇒ **polish vt**

**polished** /ˈpɒlɪʃt/ ADJ a (= *shiny*) *[surface]* poli, brillant ; *[floor, shoes]* ciré, brillant ; *[leather]* lustré ; *[silver, ornaments]* astiqué ; *[stone, glass]* poli b *(fig = refined) [person]* qui a de l'éducation *or* du savoir-vivre ; *[manners]* raffiné ; *[style]* poli, châtié ; *[performer]* accompli ; *[performance]* impeccable

**polisher** /ˈpɒlɪʃəʳ/ N (= *person)* polisseur *m*, -euse *f* ; *(= machine) (gen)* polissoir *m* ; *(for floors)* cireuse *f* ; *(for pebbles etc)* polisseuse *f*

**Politburo** /ˈpɒlɪtbjʊərəʊ/ N Politburo *m*

**polite** /pəˈlaɪt/ ADJ *[person, smile, request, refusal, applause]* poli ◆ **to be ~ to sb** être poli avec qn ◆ **when I said it was not his best work I was being ~** en disant que ce n'est pas sa meilleure œuvre j'ai été poli ◆ **be ~ about his car!** ne dis pas de mal de sa voiture ! ◆ **in ~ society** dans la bonne société ◆ **it is ~ to ask permission** il est poli de demander la permission ◆ **to make ~ conversation** échanger des politesses

**politely** /pəˈlaɪtlɪ/ ADV poliment ◆ **what he ~ called an "inaccuracy"** ce qu'il a appelé poliment une "inexactitude"

**politeness** /pəˈlaɪtnɪs/ N politesse *f* ◆ **to do sth out of ~** faire qch par politesse

**politic** /ˈpɒlɪtɪk/ ADJ *(frm)* politique *(liter)* ◆ **he thought** *or* **deemed it ~ to refuse** il a jugé politique de refuser ◆ **it would be ~ to tell him before someone else does** il serait diplomatique de le lui dire avant que quelqu'un d'autre ne le fasse ; → **body**

**political** /pəˈlɪtɪkəl/ ADJ a *(Pol)* politique ◆ **~ analyst** *or* **commentator** politologue *mf* ; → **party**

b *(fig = politicized)* **he was always very ~** il a toujours été très politisé ◆ **he's a ~ animal** il a la politique dans le sang

c *(= expedient, tactical)* **it was a ~ decision** c'était une décision tactique

COMP ▷ **political action committee** N *(US)* comité *m* de soutien *(d'un candidat)* ▷ **political asylum** N ◆ **to ask for ~ asylum** demander le droit d'asile (politique) ▷ **political convention** N *(US)* convention *f* politique ▷ **political correctness** N *(esp pej)* ◆ **our society's obsession with ~ correctness** l'obsession de notre société pour ce qui est politiquement correct ◆ **in this age of ~ correctness** * *(pej)* à l'heure de la pensée politiquement correcte, à l'heure du politiquement correct ; → POLITICALLY CORRECT ▷ **political economy** N économie *f* politique ▷ **political football** * N *(pej)* ◆ **the drug issue will continue to be a ~ football** la question de la drogue continuera à être une sorte de balle que tout le monde se renvoie dans le monde politique ◆ **he/this charter is being used as a ~ football** il/cette charte est le prétexte à des débats de politique politicienne ▷ **political geography** N géographie *f* politique ▷ **political prisoner** N prisonnier *m* politique ▷ **political science** N sciences *fpl* politiques ▷ **political scientist** N spécialiste *mf* des sciences politiques

**politically** /pəˈlɪtɪkəlɪ/ ADV d'un point de vue politique, politiquement ◆ **~ acceptable/expedient/sensitive** acceptable/opportun/délicat d'un point de vue politique, politiquement acceptable/opportun/délicat ◆ **~ stable** politiquement stable, stable d'un point de vue politique ◆ **~ motivated** ayant une motivation politique ◆ **~ aware** politisé ◆ **~ speaking** politiquement parlant

COMP ▷ **politically correct** ADJ politiquement correct ▷ **politically incorrect** ADJ qui n'est pas politiquement correct ◆ **his jokes are ~ incorrect but very funny** ses plaisanteries ne sont pas politiquement correctes mais elles sont très drôles ▷ **politically-minded, politically-orientated** ADJ politisé

> **Politically Correct**
>
> Une personne politiquement correcte (**politically correct**, ou **PC**) évite d'employer certains termes, jugés dégradants ou insultants, pour désigner les membres de minorités ou de groupes défavorisés tels que les minorités ethniques, les femmes, les handicapés ou les homosexuels. Ainsi est-on passé successivement de « Negroes » (terme qu'utilisait Martin Luther King) à « coloured people », puis à « Black people » ; de même dira-t-on d'un aveugle qu'il est malvoyant (« he's visually impaired »). Les adeptes de ce mouvement d'origine américaine estiment ainsi remettre en question les présupposés idéologiques de la civilisation occidentale. Aujourd'hui, cependant, l'expression **politically correct** est souvent utilisée de façon péjorative par les opposants à ces idées libérales.

**politician** /ˌpɒlɪˈtɪʃən/ N homme *m* politique, femme *f* politique

**politicization** /pəlɪtɪsaɪˈzeɪʃən/ N politisation *f*

**politicize** /pəˈlɪtɪsaɪz/ VT politiser

**politicking** /ˈpɒlɪtɪkɪŋ/ N *(pej)* politique *f* politicienne

**politico** * /pəˈlɪtɪkəʊ/ N (pl **politicos**) *(pej) (= politician)* politicard *m* ◆ **he's a real ~** *(= political person)* il est très politisé

**politico...** /pəˈlɪtɪkəʊ/ PREF politico...

**politics** /ˈpɒlɪtɪks/ N *(Pol)* politique *f* ◆ **to go into ~** se lancer dans la *or* entrer en politique ◆ **to be in ~** faire de la politique ◆ **to study ~** étudier les sciences politiques ◆ **to talk ~** parler politique ◆ **foreign ~** la politique étrangère ◆ **to play ~ (with education/the economy)** *(pej)* faire de la politique politicienne *(pej)* (en matière d'éducation/d'économie) ◆ **what they are doing is playing ~ with people's lives** ils jouent avec la vie des gens à des fins politiques ; → **office, party, sexual** NPL *(= political ideas)* opinions *fpl* politiques ◆ **what are your/his ~?** quelles sont vos/ses opinions politiques ? ◆ **the influence of socialist ideas on his ~** l'influence des idées socialistes sur ses opinions politiques

**polity** /ˈpɒlɪtɪ/ N *(= system of government)* régime *m*, administration *f* politique ; *(= government organization)* constitution *f* politique ; *(= the State)* État *m*

**polka** /ˈpɒlkə/ N (pl **polkas**) polka *f* COMP ▷ **polka dot** N pois *m* ▷ **polka-dot** ADJ ◆ **a ~-dot blouse** un chemisier à pois

**poll** /pəʊl/ N a *(= vote in general: gen pl)* vote *m* ; *(= voting at election)* scrutin *m* ; *(= election)* élection(s) *f(pl)* ; *(= list of voters)* liste *f* électorale ; *(= voting place)* bureau *m* de vote ; *(= votes cast)* voix *fpl*, suffrages *mpl* ◆ **the result of the ~s** le résultat de l'élection *or* du scrutin ◆ **on the eve of the ~s** à la veille de l'élection *or* du scrutin ◆ **to go to the ~s** aller aux urnes, aller voter ◆ **a crushing defeat at the ~s** une écrasante défaite aux élections ◆ **there was a 64% turnout at the ~s** 64% des inscrits ont voté, la participation électorale a été de (l'ordre de) 64% ◆ **the conservatives' highest ~ for ten years** le meilleur score des conservateurs en dix ans ◆ **he got 20% of the ~** il a obtenu 20% des suffrages exprimés ◆ **he achieved a ~ of 5,000 votes** il a obtenu 5 000 voix ; → **standing**

b *(= opinion survey)* sondage *m* ◆ **(public) opinion ~** sondage *m* d'opinion ◆ **to take** *or* **conduct a ~** effectuer un sondage (of auprès de) ◆ **to take a ~ of 3,000 people** effectuer un sondage auprès de 3 000 personnes ◆ **a telephone ~** un sondage téléphonique ◆ **a ~ of ~s** une analyse de sondages ; → **Gallup**

c *(†† = head)* chef † *m*

VT a *[+ votes]* obtenir ; *[+ people]* sonder l'opinion de, interroger ◆ **they ~ed the students to find out whether ...** ils ont sondé l'opinion des étudiants pour savoir si ... ◆ **40% of those ~ed supported the government** 40% des personnes interrogées étaient favorables au gouvernement

b *[+ cattle]* décorner ; *[+ tree]* étêter, écimer

VI ◆ **the nationalists ~ed well** les nationalistes ont obtenu un bon score

COMP ▷ **poll taker** N *(US)* sondeur *m* ▷ **poll tax** N *(gen)* capitation *f* ; *(Brit) (formerly)* ≃ impôts *mpl* locaux

**pollack** /ˈpɒlək/ N (pl **pollacks** *or* **pollack**) lieu *m* jaune

**pollard** /ˈpɒləd/ N *(= animal)* animal *m* sans cornes ; *(= tree)* têtard *m*, arbre *m* étêté *or* écimé VT *[+ animal]* décorner ; *[+ tree]* étêter, écimer

**pollen** /ˈpɒlən/ N pollen *m* COMP ▷ **pollen count** N taux *m* de pollen

**pollinate** /ˈpɒlɪneɪt/ VT féconder (avec du pollen)

**pollination** /ˌpɒlɪˈneɪʃən/ N pollinisation *f*, fécondation *f*

**pollinator** /ˈpɒlɪneɪtəʳ/ N *(Zool)* pollinisateur *m*, -trice *f*

**polling** /ˈpəʊlɪŋ/ N élections *fpl* ◆ **~ is on Thursday** les élections ont lieu jeudi, on vote jeudi ◆ **the ~ was extremely low** le taux de participation était extrêmement faible COMP ▷ **polling booth** N isoloir *m* ▷ **polling day** N jour *m* des élections ▷ **polling place** N *(US)* ⇒ **polling station** ▷ **polling station** N *(Brit)* bureau *m* de vote

**polliwog** /ˈpɒlɪwɒg/ N *(US Zool)* têtard *m*

**pollock** /ˈpɒlək/ N ⇒ **pollack**

**pollster** /ˈpəʊlstəʳ/ N sondeur *m*, enquêteur *m*, -euse *f*

**pollutant** /pəˈluːtənt/ N polluant *m*

**pollute** /pəˈluːt/ VT polluer ; *(fig)* contaminer ; *(= corrupt)* corrompre ; *(= desecrate)* profaner, polluer *(liter)* ◆ **the river was ~d with chemicals** la rivière était polluée par des produits chimiques

**polluter** /pəˈluːtəʳ/ N pollueur *m*, -euse *f* ◆ **the ~ pays** les pollueurs sont les payeurs

**pollution** /pəˈluːʃən/ N a *(lit, Chem etc)* pollution *f* ◆ **air/atmospheric/marine** ~ pollution *f* de l'air/atmosphérique/marine b *(fig = impurity, corruption)* souillure *f (liter)* ◆ **spiritual** ~ souillure *f (liter)* de l'esprit ; → **light¹, noise**

**Pollyanna** /ˌpɒlɪˈænə/ N optimiste *m(f)* béat(e)

**pollywog** /ˈpɒlɪwɒg/ N ⇒ **polliwog**

**polo** /ˈpəʊləʊ/ N polo *m* ; → **water** COMP ▷ **polo-neck** N col *m* roulé ADJ (also **polo-necked**) à col roulé ▷ **polo shirt** N polo *m*, chemise *f* polo ▷ **polo stick** N maillet *m* (de polo)

**polonaise** /ˌpɒləˈneɪz/ N *(Mus, Dancing)* polonaise *f*

**polonium** /pəˈləʊnɪəm/ N polonium *m*

**poltergeist** /ˈpɔːltəgaɪst/ N esprit *m* frappeur

**poltroon** † /pɒlˈtruːn/ N poltron *m*

**poly** * /ˈpɒlɪ/ N *(Brit Hist)* (abbrev of **polytechnic**) ≈ IUT *m* ADJ *(* Brit)* (abbrev of **polythene**) en polyéthylène COMP ▷ **poly bag** N *(= polythene bag)* sac *m* en plastique

**poly...** /ˈpɒlɪ/ PREF poly...

**polyandrous** /ˌpɒlɪˈændrəs/ ADJ polyandre

**polyandry** /ˈpɒlɪændrɪ/ N polyandrie *f*

**polyanthus** /ˌpɒlɪˈænθəs/ N primevère *f* (multiflore)

**polyarchy** /ˈpɒlɪˌɑːkɪ/ N polyarchie *f*

**polychlorinated biphenyl** /ˌpɒlɪˈklɔːrɪneɪtɪdbaɪˈfenəl/ N polychlorobiphényle *m*

**polychromatic** /ˌpɒlɪkrəʊˈmætɪk/ ADJ polychrome

**polychrome** /ˈpɒlɪkrəʊm/ ADJ polychrome N *(= statue)* statue *f* polychrome ; *(= picture)* tableau *m* polychrome

**polyclinic** /ˈpɒlɪklɪnɪk/ N polyclinique *f*

**polycotton** /ˈpɒlɪˈkɒtən/ N polyester *m* et coton *m*

**polyester** /ˌpɒlɪˈestəʳ/ N polyester *m* COMP de *or* en polyester

**polyethylene** /ˌpɒlɪˈeθəliːn/ N polyéthylène *m*, polythène *m*

**polygamist** /pɒˈlɪgəmɪst/ N polygame *mf*

**polygamous** /pɒˈlɪgəməs/ ADJ polygame

**polygamy** /pɒˈlɪgəmɪ/ N polygamie *f*

**polygenesis** /ˌpɒlɪˈdʒenɪsɪs/ N polygénisme *m*

**polygenetic** /ˌpɒlɪdʒɪˈnetɪk/ ADJ polygénétique

**polyglot** /ˈpɒlɪglɒt/ ADJ, N polyglotte *mf*

**polygon** /ˈpɒlɪgən/ N polygone *m*

**polygonal** /pɒˈlɪgənl/ ADJ polygonal

**polygraph** /ˈpɒlɪgrɑːf/ N détecteur *m* de mensonges

**polyhedra** /ˌpɒlɪˈhiːdrə/ NPL of **polyhedron**

**polyhedral** /ˌpɒlɪˈhiːdrəl/ ADJ polyédrique

**polyhedron** /ˌpɒlɪˈhiːdrən/ N (pl **polyhedrons** *or* **polyhedra**) polyèdre *m*

**polymath** /ˈpɒlɪmæθ/ N esprit *m* universel

**polymer** /ˈpɒlɪməʳ/ N polymère *m*

**polymerization** /ˈpɒlɪməraɪˈzeɪʃən/ N polymérisation *f*

**polymorphism** /ˌpɒlɪˈmɔːfɪzəm/ N polymorphisme *m*, polymorphie *f*

**polymorphous** /ˌpɒlɪˈmɔːfəs/ ADJ polymorphe

**Polynesia** /ˌpɒlɪˈniːzɪə/ N Polynésie *f*

**Polynesian** /ˌpɒlɪˈniːzɪən/ ADJ polynésien N a *(= person)* Polynésien(ne) *m(f)* b *(Ling)* polynésien *m*

**polynomial** /ˌpɒlɪˈnəʊmɪəl/ ADJ, N polynôme *m*

**polyp** /ˈpɒlɪp/ N *(Zool, Med)* polype *m*

**polyphase** /ˈpɒlɪfeɪz/ ADJ polyphase

**polyphonic** /ˌpɒlɪˈfɒnɪk/ ADJ polyphonique

**polyphony** /pəˈlɪfənɪ/ N polyphonie *f*

**polypi** /ˈpɒlɪpaɪ/ NPL of **polypus**

**polypropylene** /ˌpɒlɪˈprɒpɪliːn/ N polypropylène *m*

**polypus** /ˈpɒlɪpəs/ N (pl **polypi**) *(Med)* polype *m*

**polysemic** /ˌpɒlɪˈsiːmɪk/ ADJ polysémique

**polysemous** /pɒˈlɪsəməs/ ADJ polysémique

**polysemy** /pɒˈlɪsəmɪ/ N polysémie *f*

**polystyrene** /ˌpɒlɪˈstaɪriːn/ N *(esp Brit)* polystyrène *m* ◆ **expanded** ~ polystyrène *m* expansé COMP ▷ **polystyrene cement** N colle *f* polystyrène ▷ **polystyrene chips** NPL billes *fpl* (de) polystyrène

**polysyllabic** /ˈpɒlɪsɪˈlæbɪk/ ADJ polysyllabe, polysyllabique

**polysyllable** /ˈpɒlɪˌsɪləbl/ N polysyllabe *m*, mot *m* polysyllabique

**polytechnic** /ˌpɒlɪˈteknɪk/ N *(in Brit until 1992)* ≈ IUT *m*, Institut *m* universitaire de technologie

**polytheism** /ˈpɒlɪθiːɪzəm/ N polythéisme *m*

**polytheistic** /ˌpɒlɪθiːˈɪstɪk/ ADJ polythéiste

**polythene** /ˈpɒlɪθiːn/ *(Brit)* N polyéthylène *m*, polythène *m* COMP ▷ **polythene bag** N sachet *m* en plastique

**polyunsaturate** /ˌpɒlɪʌnˈsætʃʊrɪt/ N (acide *m* gras) polyinsaturé *m*

**polyunsaturated** /ˌpɒlɪʌnˈsætʃʊˌreɪtɪd/ ADJ polyinsaturé

**polyurethane** /ˌpɒlɪˈjʊərɪθeɪn/ N polyuréthane *m*

**polyvalent** /pəˈlɪvələnt/ ADJ polyvalent

**polyvinyl** /ˈpɒlɪvaɪnl/ N polyvinyle *m*

**pom** /pɒm/ N, ADJ ⇒ **pommy**

**pomade** /pəˈmɑːd/ N pommade *f* VT pommader

**pomander** /pəʊˈmændəʳ/ N *(china)* diffuseur *m* de parfum

**pomegranate** /ˈpɒməˌgrænɪt/ N *(= fruit)* grenade *f* ; *(= tree)* grenadier *m*

**pomelo** /ˈpɒmɪləʊ/ N (pl **pomelos**) pomélo *m*

**Pomeranian** /ˌpɒməˈreɪnɪən/ N *(= dog)* loulou *m* (de Poméranie)

**pommel** /ˈpʌml/ N pommeau *m* VT ⇒ **pummel** COMP ▷ **pommel horse** N cheval *m* d'arçons

**pommy** ‡ /ˈpɒmɪ/ *(Austral pej)* N Anglais(e) *m(f)*, rosbif *m (pej)* ADJ anglais

**pomp** /pɒmp/ N pompe *f*, faste *m*, apparat *m* ◆ ~ **and circumstance** grand apparat *m*, pompes *fpl (liter)* ◆ **with great** ~ en grande pompe

**Pompadour** /ˈpɒmpəˌdʊəʳ/ N *(US = hairstyle)* banane *f (coiffure)*

**Pompeii** /pɒmˈpeɪɪ/ N Pompéi

**Pompey** /ˈpɒmpɪ/ N Pompée *m*

**pompom** /ˈpɒmpɒm/ N a *(= bobble)* pompon *m* b *(Mil)* canon-mitrailleuse *m* (de DCA)

**pompon** /ˈpɒmpɒn/ N *(= bobble)* pompon *m* COMP ▷ **pompon dahlia** N *(Bot)* dahlia *m* pompon ▷ **pompon rose** N *(Bot)* rose *f* pompon

**pomposity** /pɒmˈpɒsɪtɪ/ N *(pej)* manières *fpl* pompeuses, air *m or* ton *m* pompeux, solennité *f*

**pompous** /ˈpɒmpəs/ ADJ *[person]* pontifiant ; *[remark, speech, tone]* pompeux, pontifiant ; *[style]* pompeux, ampoulé

**pompously** /ˈpɒmpəslɪ/ ADV *[speak]* sur un ton pompeux ; *[write]* dans un style pompeux ; *[behave]* pompeusement

**ponce** ‡ /pɒns/ *(Brit)* N a *(= pimp)* maquereau ‡ *m*, souteneur *m* b *(pej = homosexual)* pédé ‡ *m* VI faire le maquereau ‡, être souteneur

► **ponce about** ‡, **ponce around** ‡ VI *(pej)* se pavaner

**poncey** * /ˈpɒnsɪ/ ADJ *(Brit pej) [person]* affecté ; *[restaurant, school]* snob ; *[clothes]* de poseur

**poncho** /ˈpɒntʃəʊ/ N (pl **ponchos**) poncho *m*

**poncy** * /ˈpɒnsɪ/ ADJ → **poncey**

**pond** /pɒnd/ N étang *m* ; *(stagnant)* mare *f* ; *(artificial)* bassin *m* ◆ **the** ~ * *(= the Atlantic Ocean)* l'océan *m* atlantique ◆ **across the** ~ outre-atlantique ; → **big, millpond** COMP ▷ **pond life** N *(lit)* faune *f* et flore *f* des étangs ; *(fig)* * *(= person)* zéro *m* ; *(= group)* individus *mpl*

**ponder** /ˈpɒndəʳ/ VT réfléchir à *or* sur ◆ **I constantly ~ed this question** je réfléchissais constamment à cette question ◆ **I'm always ~ing how to improve it** je me demande tout le temps comment l'améliorer VI méditer (*over, on* sur), réfléchir (*over, on* à, sur)

**ponderable** /ˈpɒndərəbl/ ADJ pondérable

**ponderous** /ˈpɒndərəs/ ADJ *[movement, object]* lourd, pesant ; *[style, joke]* lourd ; *[speech, tone, voice]* pesant et solennel

**ponderously** /ˈpɒndərəslɪ/ ADV *[move]* pesamment, lourdement ; *[write]* avec lourdeur ; *[say, speak]* d'un ton solennel et pesant

**pondweed** /ˈpɒndwiːd/ N épi *m* d'eau, potamot *m*

**pone** /pəʊn/ N *(US)* pain *m* de maïs

**pong** * /pɒŋ/ *(Brit)* N mauvaise odeur *f* ; *(stronger)* puanteur *f* ◆ **what a** ~ **in here!** ça (s)chlingue * ici ! VI (s)chlinguer * ◆ **it** ~**s!** * pouah !, ça (s)chlingue ! *

**pons Varolii** /pɒnzvəˈrəʊlɪaɪ/ N pont *m* de Varole, protubérance *f* annulaire

**pontiff** /ˈpɒntɪf/ N *(Rel) (= dignitary)* pontife *m* ; *(= pope)* souverain *m* pontife, pontife *m* romain

**pontifical** /pɒnˈtɪfɪkəl/ ADJ *(Rel)* pontifical ; *(fig)* pontifiant

**pontificate** /pɒnˈtɪfɪkɪt/ N *(Rel)* pontificat *m* VI /pɒnˈtɪfɪkeɪt/ *(fig)* pontifier (*about* au sujet de, sur)

**Pontius Pilate** /ˈpɒnʃəsˈpaɪlət/ N Ponce Pilate *m*

**pontoon** /pɒnˈtuːn/ N a *(gen)* ponton *m* ; *(on aircraft)* flotteur *m* b *(Brit Cards)* vingt-et-un *m* COMP ▷ **pontoon bridge** N pont *m* flottant

**pony** /ˈpəʊnɪ/ N poney *m* ; *(Brit* ‡ *= £25)* 25 livres ; *(US Scol* ‡ *= crib)* traduc * *f*, corrigé *m (utilisé illicitement)* COMP ▷ **pony express** N *(US Hist)* messageries *fpl* rapides par relais de cavaliers ▷ **pony trekking** N randonnée *f* équestre *or* à cheval

**ponytail** /ˈpəʊnɪteɪl/ N queue *f* de cheval ◆ **to have** *or* **wear one's hair in a** ~ avoir une queue de cheval

**poo** * /puː/ *(Brit) (baby talk)* N caca * *m (baby talk)* ◆ **to do a** ~ faire caca * *(baby talk)* VI faire caca * *(baby talk)*

**pooch** ‡ /puːtʃ/ N cabot * *m*, clebs ‡ *m*

**poodle** /ˈpuːdl/ N caniche *m* ; *(fig = servile person)* chien *m*

**poof** /pʊf/ N *(Brit* ‡ *pej)* tante ‡ *f*, tapette ‡ *f* EXCL hop !

**poofter** ‡ /ˈpʊftəʳ/ N *(Brit pej)* ⇒ **poof**

**poofy** ‡ /ˈpʊfɪ/ ADJ *(Brit pej)* efféminé, du genre tapette ‡ ◆ **it's** ~ ça fait fille

**pooh** /puː/ EXCL bah !, peuh ! N ⇒ **poo** VI ⇒ **poo** COMP ▷ **pooh-pooh** VT ◆ **to pooh-pooh sth** faire fi de qch, dédaigner qch

**pool**[1] /puːl/ N a *(= puddle) [of water, rain]* flaque *f* (d'eau) ; *[of spilt liquid]* flaque *f* ; *(larger)* mare *f* ; *(fig) [of light from lamp, spot, flood]* rond *m* ; *[of sunlight]* flaque *f* ; *[of shadow]* zone *f* ◆ **lying in a ~ of blood** étendu dans une mare de sang ◆ **in a ~ of light** dans une flaque *or* un rond de lumière b *(= pond) (natural)* étang *m* ; *(artificial)* bassin *m*, pièce *f* d'eau ; *(in river)* plan *m* d'eau ; *(= water hole)* point *m* d'eau ; (also **swimming pool**) piscine *f* ; → **paddle** COMP ▷ **pool attendant** N surveillant(e) *m(f)* de baignade, maître *m* nageur

**pool**[2] /puːl/ N a *(Cards etc = stake)* poule *f*, cagnotte *f* ; *(gen = common fund)* cagnotte *f* b *(fig) (of things owned in common)* fonds *m* commun ; *(= reserve, source) [of ideas, experience, ability]* réservoir *m* ; *[of advisers, experts]* équipe *f* ◆ **a ~ of vehicles** un parc de voitures ◆ **typing ~** pool *m* de dactylos ◆ **~ of reporters** pool *m* de presse ◆ **a very good ~ of players/talent** *etc* un très bon réservoir de joueurs/talents *etc* ◆ **genetic ~** pool *m* génétique c *(Econ = consortium)* pool *m* ; *(US = monopoly trust)* trust *m* ◆ **the coal and steel ~** le pool charbon acier d *(= billiards)* billard *m* américain ◆ **to shoot** *or* **play ~** jouer au billard américain NPL **the pools** * *(Brit)* ⇒ **the football pools** ; → **football** VT *[+ money, resources, objects, knowledge, ideas]* mettre en commun ; *[+ efforts]* unir ; *[+ workers]* rassembler COMP ▷ **pool table** N billard *m (table)*

**poolroom** /ˈpuːlrʊm/ N *(Billiards)* (salle *f* de) billard *m*

**poop**[1] /puːp/ *(Naut)* N poupe *f* COMP ▷ **poop deck** N dunette *f*

**poop**[2] ⁑ /puːp/ N *(esp US = excrement)* crotte *f* COMP ▷ **poop scoop** N ramasse-crottes *m inv*

**poop**[3] * /puːp/ N *(US = information)* tuyau * *m*, bon renseignement *m*

**pooped** ⁑ /puːpt/ ADJ *(esp US = exhausted)* pompé ⁑, crevé *, à plat *

**pooper-scooper** * /ˈpuːpəˈskuːpəʳ/ N ramasse-crottes *m inv*

**poor** /pʊəʳ/ ADJ a *(= not rich) [person, family, nation]* pauvre ◆ **as ~ as a church-mouse** pauvre comme Job ◆ **to become ~er** s'appauvrir ◆ **he was a thousand pounds (the) ~er** il avait perdu mille livres ◆ **in ~ circumstances** dans le besoin, dans la gêne ◆ **soil that is ~ in zinc** *(fig = lacking)* un sol pauvre en zinc ; see also **comp** b *(= inferior) [amount, sales, harvest, output]* maigre, médiocre ; *[work, worker, soldier, film, result, performance, food, summer]* médiocre, piètre *before n* ; *[pay]* maigre, faible ; *[effort, ventilation]* insuffisant ; *[light]* faible ; *[sight]* faible, mauvais ; *[soil]* pauvre, peu productif ; *[quality]* médiocre ; *[housing]* insalubre ; *[hygiene, sanitation, visibility, conditions, management]* mauvais ◆ **"poor"** *(Scol etc: as mark)* "faible", "médiocre" ◆ **to be ~ at (doing) sth** ne pas être doué pour (faire) qch ◆ **clients who have had ~ service** les clients qui ont eu à se plaindre de l'insuffisance du service ◆ **he had a very ~ attendance record** il avait souvent été absent ◆ **he has a ~ chance of survival** il a peu de chances de survivre ◆ **to be in ~ health** ne pas être en bonne santé, être en mauvaise santé ◆ **to have ~ hearing** être dur d'oreille ◆ **he has a ~ memory** il a mauvaise mémoire ◆ **people with ~ circulation** les gens qui ont une mauvaise circulation ◆ **she had a ~ grasp of German** son allemand n'était pas très bon ◆ **he showed a ~ grasp of the facts** il a manifesté un manque de compréhension des faits ◆ **to have a ~ opinion of o.s.** avoir une mauvaise opinion de soi-même ◆ **a ~ substitute (for sth)** un piètre substitut (de qch) ◆ **a ~ imitation of sth** une pâle imitation de qch ◆ **this sparkling wine is just a ~ relation of champagne** ce vin pétillant n'est qu'une pâle imitation de champagne ◆ **I'm a ~ sailor** je n'ai pas le pied marin ◆ **he is a ~ traveller** il supporte mal les voyages ◆ **he's a ~ loser** il est mauvais perdant ; → **second**[1], **show** c *(= pitiable)* pauvre ◆ **~ little thing!** pauvre petit(e) ! ◆ **she's all alone, ~ woman** elle est toute seule, la pauvre ◆ **~ chap, he was killed in an air crash** le pauvre, il est mort dans un accident d'avion ◆ **~ things *, they look cold** les pauvres, ils ont l'air d'avoir froid ◆ **you ~ old thing!** * mon pauvre vieux !, ma pauvre vieille ! ◆ **~ little rich girl** *(iro)* pauvre petite fille *f* riche NPL **the poor** les pauvres *mpl* COMP ▷ **poor boy** N *(US Culin)* grand sandwich *m* mixte ▷ **poor law** N *(Hist)* ◆ **the ~ laws** les lois *fpl* sur l'assistance publique ▷ **poor-mouth** * VT *(US)* ◆ **to ~-mouth sb/sth** parler en termes désobligeants de qn/qch ▷ **poor-spirited** ADJ timoré, pusillanime ▷ **poor White** N *(esp pej)* petit Blanc *m*

**poorbox** /ˈpʊəbɒks/ N *(Rel)* tronc *m* des pauvres

**poorhouse** /ˈpʊəhaʊs/ N *(Hist)* hospice *m* (des pauvres)

**poorly** /ˈpʊəlɪ/ ADJ *(esp Brit: *)* souffrant, malade ◆ **the hospital described his condition as ~** les médecins ont déclaré que son état était préoccupant ADV *[live, dress]* pauvrement ; *[perform, eat, sell]* mal ◆ **~ lit/paid/designed** *etc* mal éclairé/payé/conçu *etc* ◆ **to be ~ off** être pauvre

**poorness** /ˈpʊənɪs/ N a *(= poverty)* pauvreté *f* b *(= poor quality)* mauvaise qualité *f*, médiocrité *f*

**POP** /ˌpiːəʊˈpiː/ N *(Comput)* (abbrev of **point of presence**) POP *m*

**pop**[1] /pɒp/ N a *(= sound) [of cork etc]* pan *m* ; *[of press stud etc]* bruit *m* sec ◆ **to go ~** *[cork]* sauter ; *[balloon]* éclater ; *[bulb, stud]* faire un (petit) bruit sec b *(NonC * = drink)* boisson *f* gazeuse ◆ **orange ~** orangeade *f* c *(= try)* ◆ **to have** *or* **take a ~ at (doing) sth** * s'essayer à (faire) qch d *(= criticize)* ◆ **to have** *or* **take a ~ at sb/sth** * s'en prendre à qn/qch e *(US)* ◆ **the drinks go for a dollar a ~** * les boissons sont à un dollar chaque *or* chacune VT a *[+ balloon]* crever ; *[+ cork]* faire sauter ; *[+ corn]* faire éclater ; *[+ press stud]* fermer ◆ **to ~ one's cork** prendre son pied * ◆ **to ~ one's clogs** *(Brit hum)* casser sa pipe * b *( * = put)* mettre ◆ **to ~ one's head round the door/out of the window** passer brusquement la tête par la porte/par la fenêtre ◆ **to ~ one's head in** passer la tête par la porte (*or* par la fenêtre *etc*) ◆ **to ~ sth into the oven** passer *or* mettre qch au four ◆ **he ~ped it into his mouth** il l'a fourré *or* l'a mis dans sa bouche ◆ **to ~ pills** se bourrer de médicaments ◆ **could you ~ this letter into the postbox?** tu peux mettre cette lettre à la boîte ? ◆ **to ~ the question** *(= propose)* faire sa demande (en mariage) c *(† ⁑ = pawn)* mettre au clou * VI a *[balloon]* éclater ; *[cork, stud, buttons]* sauter ◆ **my ears ~ped** mes oreilles se sont débouchées ◆ **his eyes ~ped** il a écarquillé les yeux, il a ouvert des yeux ronds *or* de grands yeux ◆ **his eyes were ~ping out of his head** les yeux lui sortaient de la tête, il avait les yeux exorbités ◆ **her eyes were ~ping with amazement** elle écarquillait les yeux (sous l'effet de la surprise), elle ouvrait des yeux comme des soucoupes b *( * = go)* **I ~ped over** (*or* **round** *or* **across** *or* **out) to the grocer's** j'ai fait un saut à l'épicerie ◆ **he ~ped into a café** il est entré dans un café en vitesse ◆ **a letter ~ped through his letterbox** une lettre est tombée dans sa boîte aux lettres COMP ▷ **pop quiz** N *(US Scol)* interrogation *f* (écrite) surprise ▷ **pop socks** NPL *(Brit)* mi-bas *mpl (fins)* ▷ **pop-up** N *(Comput)* pop-up *m*, fenêtre *f* pop-up ▷ **pop-up advertisement** N pop-up *m* publicitaire ▷ **pop-up book** N livre *m* animé ▷ **pop-up menu** N *(Comput)* menu *m (qui s'affiche à l'écran sur commande)* ▷ **pop-up toaster** N grille-pain *m inv* (à éjection automatique)

► **pop back** * VI revenir, retourner (en vitesse *or* pour un instant)

► **pop in** * VI entrer en passant, ne faire que passer ◆ **I ~ped in to say hullo to them** je suis entré (en passant) leur dire bonjour ◆ **she kept ~ping in and out** elle n'a pas cessé d'entrer et de sortir

► **pop off** VI a *( * = leave)* partir ◆ **they ~ped off to Spain for a few days** ils sont partis passer quelques jours en Espagne, ils ont filé * pour quelques jours en Espagne b *( ⁑ = die)* mourir (subitement), claquer ⁑ c *(US ⁑ = shout)* donner de la gueule ⁑

► **pop on** * VT SEP a *(= switch on)* allumer, mettre en marche ◆ **to ~ the kettle on** mettre de l'eau à chauffer b *[+ clothes, shirt etc]* enfiler

► **pop out** VI *[person]* sortir ; *[head]* émerger ; *[cork]* sauter

► **pop round** * VI passer, faire un saut ◆ **~ round anytime** passe n'importe quand ; see also **pop vi b**

► **pop up** VI *(from water, above wall etc)* surgir ◆ **he ~ped up unexpectedly in Tangier** * il a réapparu inopinément à Tanger

**pop**[2] /pɒp/ (abbrev of **popular**) N (musique *f*) pop *m* ◆ **to be top of the ~s** ≃ être en tête du Top 50 COMP *[music, song, singer, concert, group]* pop *inv* ▷ **pop art** N pop art *m* ▷ **pop psychology** N psychologie *f* de bazar ▷ **pop star** N pop star *f*

**pop**[3] * /pɒp/ N *(esp US)* papa *m* ◆ **yes ~(s)** *(to old man)* oui grand-père *, oui pépé *

**popcorn** /ˈpɒpkɔːn/ N pop-corn *m inv*

**pope** /pəʊp/ N pape *m* ◆ **Pope John Paul II** le pape Jean-Paul II ◆ **~ Joan** *(Cards)* le nain jaune

**popemobile** * /ˈpəʊpməbiːl/ N papamobile * *f*

**popery** /ˈpəʊpərɪ/ N *(pej)* papisme *m (pej)*

**popeyed** /ˌpɒpˈaɪd/ ADJ aux yeux exorbités

**popgun** /ˈpɒpgʌn/ N pistolet *m* à bouchon

**popinjay** † /ˈpɒpɪndʒeɪ/ N fat *m*, freluquet *m*

**popish** /ˈpəʊpɪʃ/ ADJ *(pej)* papiste *(pej)*

**poplar** /ˈpɒpləʳ/ N peuplier *m*

**poplin** /ˈpɒplɪn/ N popeline *f* COMP de *or* en popeline

**popover** /ˈpɒpˌəʊvəʳ/ N *(US Culin)* ≃ chausson *m*

**poppa** * /ˈpɒpə/ N *(US)* papa *m*

**poppadum** /ˈpɒpədəm/ N poppadum *m*

**popper** /ˈpɒpəʳ/ N a *(Brit * = press stud)* pression *f*, bouton-pression *m* b *(Drugs *)* popper *m*

**poppet** * /ˈpɒpɪt/ N *(Brit)* ◆ **yes, (my)** ~ oui, mon petit chou * ◆ **she's a (little)** ~ elle est à croquer, c'est un amour

**poppy** /ˈpɒpɪ/ N a *(= flower)* pavot *m* ; *(growing wild)* coquelicot *m* b *(Brit: commemorative buttonhole)* coquelicot *m* en papier *(vendu le jour de l'Armistice)* ADJ *(= colour)* ponceau *inv*
COMP ▹ **Poppy Day** *(Brit)* N ≈ l'Armistice *m* ▹ **poppy seed** N graine *f* de pavot

> **Poppy Day**
>
> **Poppy Day**, littéralement « la journée du coquelicot », désigne familièrement « Remembrance Day », c'est-à-dire la commémoration des armistices des deux Guerres mondiales, fixée en Grande-Bretagne au deuxième dimanche de novembre. Dans les jours qui précèdent, des coquelicots de papier sont vendus dans la rue au profit des associations caritatives d'aide aux anciens combattants et à leurs familles.
> → LEGION

**poppycock** † * /ˈpɒpɪkɒk/ N *(NonC)* balivernes *fpl*

**Popsicle** ® /ˈpɒpsɪkl/ N *(US)* glace *f* à l'eau *(à deux bâtonnets)*

**popsy** † ⁑ /ˈpɒpsɪ/ N *(Brit)* souris ⁑ *f*, fille *f*

**populace** /ˈpɒpjʊlɪs/ N population *f*, populace *f (pej)*

**popular** /ˈpɒpjʊləʳ/ ADJ a *(= well-liked) [person, decision, book, sport]* populaire ; *(= fashionable) [style, model, place]* prisé *(with* de), en vogue ; *[name]* en vogue ; *[habit, practice]* populaire, courant ◆ **these cameras are ~ among professionals** les professionnels utilisent beaucoup ces appareils photo ◆ **this is a very ~ colour** cette couleur se vend beaucoup ◆ **it is ~ to be patriotic** le patriotisme est à la mode *or* en vogue ◆ **it is never ~ to raise taxes** les augmentations d'impôts ne sont jamais populaires
◆ **to be popular with** être très apprécié de, avoir beaucoup de succès auprès de ◆ **a part of the capital ~ with tourists** un quartier de la capitale très apprécié des touristes ◆ **he remains very ~ with the American people** il reste très aimé des Américains, il jouit toujours d'une grande popularité auprès des Américains ◆ **he's ~ with his colleagues** ses collègues l'aiment beaucoup, il jouit d'une grande popularité auprès de ses collègues ◆ **he's ~ with the girls** il a du succès *or* il a la cote * auprès des filles ◆ **I'm not very ~ with the boss just now** * je ne suis pas très bien vu du patron *or* je n'ai pas la cote * auprès du patron en ce moment
b *(= of, for, by the people) [music, concert, myth, newspaper, art, appeal]* populaire ; *[lecture, journal]* de vulgarisation, grand public ; *[government, discontent]* populaire, du peuple ◆ **at ~ prices** à la portée de toutes les bourses ◆ **by ~ demand** *or* **request** à la demande générale ◆ **contrary to ~ belief** *or* **opinion** contrairement aux idées reçues ◆ **this decision does not reflect ~ opinion** cette décision ne reflète pas l'opinion publique ◆ **to win ~ support** obtenir le soutien de la population
COMP ▹ **popular culture** N culture *f* populaire ▹ **popular front** N *(Pol)* front *m* populaire ▹ **popular vote** N ◆ **Jackson won the ~ vote** Jackson a remporté l'élection au suffrage universel ◆ **fifty per cent of the ~ vote** cinquante pour cent des voix ◆ **he was elected with a huge ~ vote to the Congress** il a été élu au Congrès à une énorme majorité

**popularist** /ˈpɒpjʊlərɪst/ ADJ populaire, qui s'adresse au peuple

**popularity** /ˌpɒpjʊˈlærɪtɪ/ N popularité *f (with* auprès de ; *among* parmi) ◆ **to gain (in)** *or* **grow in ~** être de plus en plus populaire, acquérir une popularité de plus en plus grande ◆ **to decline in ~** être de moins en moins populaire, perdre de sa popularité ◆ **it enjoyed a certain ~** cela a joui d'une certaine popularité *or* faveur

**popularization** /ˈpɒpjʊləraɪˈzeɪʃən/ N a *(NonC) (= making prevalent)* popularisation *f* ; *(= making accessible)* vulgarisation *f* b *(= popularized work)* ouvrage *m* de vulgarisation

**popularize** /ˈpɒpjʊləraɪz/ VT *(= make prevalent) [+ sport, music, fashion, product]* populariser, rendre populaire ; *(= make accessible) [+ science, ideas]* vulgariser

**popularizer** /ˈpɒpjʊləraɪzəʳ/ N a *[of sport, fashion]* promoteur *m*, -trice *f* ◆ **Bruce Lee was a ~ of martial arts** Bruce Lee a popularisé les arts martiaux b *[of science, ideas]* vulgarisateur *m*, -trice *f*

**popularly** /ˈpɒpjʊləlɪ/ ADV ◆ **~ known as ...** communément connu *or* connu de tous sous le nom de ... ◆ **it is ~ supposed that ...** il est communément *or* généralement présumé que ..., on croit généralement que ... ◆ **he is ~ believed to be rich** il passe communément *or* généralement pour être riche ◆ **it's far more common than is ~ imagined** c'est bien plus fréquent qu'on ne l'imagine généralement ◆ **~ elected** démocratiquement élu

**populate** /ˈpɒpjʊleɪt/ VT peupler ◆ **densely/sparsely ~d** très/peu peuplé, à forte/faible densité de population ◆ **to be ~d with** être peuplé de

**population** /ˌpɒpjʊˈleɪʃən/ N population *f* ◆ **a fall/rise in (the) ~** une diminution/un accroissement de la population ◆ **the ~ of the town is 15,000** la population de la ville est de *or* la ville a une population de 15 000 habitants ◆ **the civilian ~** la population civile ◆ **the working ~** la population active
COMP *[increase]* de la population, démographique ▹ **population explosion** N explosion *f* démographique ▹ **population figures** NPL (chiffres *mpl* de la) démographie *f* ▹ **population planning** N planification *f* démographique

**populism** /ˈpɒpjʊlɪzəm/ N populisme *m*

**populist** /ˈpɒpjʊlɪst/ ADJ, N populiste *mf*

**populous** /ˈpɒpjʊləs/ ADJ populeux, très peuplé

**porcelain** /ˈpɔːsəlɪn/ N *(NonC = substance, objects)* porcelaine *f* ◆ **a piece of ~** une porcelaine COMP *[dish]* de *or* en porcelaine ; *[clay, glaze]* à porcelaine ▹ **porcelain ware** N *(NonC)* vaisselle *f* en *or* de porcelaine

**porch** /pɔːtʃ/ N *[of house, church]* porche *m* ; *[of hotel]* marquise *f* ; *(US)* (also **sun porch**) véranda *f*

**porcine** /ˈpɔːsaɪn/ ADJ *(frm)* porcin, de porc

**porcupine** /ˈpɔːkjʊpaɪn/ N porc-épic *m* ; → **prickly** COMP ▹ **porcupine fish** N (pl **porcupine fish** *or* **fishes**) poisson-globe *m*

**pore**[1] /pɔːʳ/ N *(in skin)* pore *m* ◆ **she oozes sexuality from every ~** la sensualité se dégage de toute sa personne

**pore**[2] /pɔːʳ/ VI ◆ **to ~ over** *[+ book]* être absorbé dans ; *[+ letter, map]* étudier de près ; *[+ problem]* méditer longuement ◆ **he was poring over the book** il était plongé dans *or* absorbé par le livre

**pork** /pɔːk/ *(Culin)* N porc *m* COMP *[chop etc]* de porc ▹ **pork barrel** * *(US Pol)* électoralisme *m (travaux publics ou programme de recherche etc entrepris à des fins électorales)* ADJ *[project etc]* électoraliste ▹ **pork butcher** N ≈ charcutier *m*, -ière ▹ **pork pie** N a pâté *m* en croûte b ⁑ ⇒ **porky n** ▹ **pork-pie hat** N (chapeau *m* en) feutre *m* rond ▹ **pork sausage** N saucisse *f* (de porc) ▹ **pork scratchings** NPL *amuse-gueules de couennes de porc frites*

**porker** /ˈpɔːkəʳ/ N porc *m* à l'engrais, goret *m*

**porky** /ˈpɔːkɪ/ ADJ (*: *pej*) gras (grasse), comme un porc, bouffi N (⁑ = *lie:* also **porky pie**) bobard * *m* ◆ **to tell porkies** raconter des bobards *

**porn** * /pɔːn/ N *(NonC)* (abbrev of **pornography**) porno * *m* ADJ *[magazine, video]* porno * ; *[actor]* de porno * ◆ **~ shop** sex shop *m* ; → **hard**, **soft**

**porno** * /ˈpɔːnəʊ/ ADJ *[magazine, video]* porno * ; *[actor]* de porno *

**pornographer** /pɔːˈnɒgrəfəʳ/ N pornographe *m*

**pornographic** /ˌpɔːnəˈgræfɪk/ ADJ pornographique

**pornography** /pɔːˈnɒgrəfɪ/ N pornographie *f*

**porosity** /pɔːˈrɒsɪtɪ/ N porosité *f*

**porous** /ˈpɔːrəs/ ADJ poreux, perméable

**porousness** /ˈpɔːrəsnɪs/ N porosité *f*

**porphyry** /ˈpɔːfɪrɪ/ N porphyre *m*

**porpoise** /ˈpɔːpəs/ N (pl **porpoise** *or* **porpoises**) marsouin *m*

**porridge** /ˈpɒrɪdʒ/ N a porridge *m*, bouillie *f* de flocons d'avoine ◆ **~ oats** flocons *mpl* d'avoine b *(Brit ⁑)* taule ⁑ *f* ◆ **to do ~** faire de la taule ⁑

**porringer** † /ˈpɒrɪndʒəʳ/ N bol *m*, écuelle *f*

**port**[1] /pɔːt/ N *(= harbour, town)* port *m* ◆ **~ of call** *(Naut)* (port *m* d')escale *f* ◆ **I've only one more ~ of call** *(fig)* il ne me reste plus qu'une course à faire ◆ **~ of dispatch** *or (US)* **shipment** port *m* d'expédition ◆ **~ of embarkation** port *m* d'embarquement ◆ **~ of entry** port *m* de débarquement *or* d'arrivée ◆ **naval/fishing ~** port *m* militaire/de pêche ◆ **to come into ~** entrer dans le port ◆ **they put into ~ at Dieppe** ils ont relâché dans le port de Dieppe ◆ **to make ~** *(Naut)* arriver au port ◆ **to run into ~** entrer au port ◆ **to leave ~** appareiller, lever l'ancre ◆ **a ~ in a storm** *(fig) (= person offering help)* une main secourable ; *(= refuge)* un havre de paix ◆ **the yen is the safest ~ in the current economic storm** le yen est la monnaie la plus sûre dans la crise économique actuelle ◆ **any ~ in a storm** nécessité fait loi *(Prov)* → **seaport, trading**
COMP *[facilities, security]* portuaire, du port ▹ **port authorities** NPL autorités *fpl* portuaires ▹ **port dues** NPL droits *mpl* de port

**port**[2] /pɔːt/ N a ⇒ **porthole** b *(Comput)* port *m*, porte *f* (d'accès), point *m* d'accès

**port**[3] /pɔːt/ *(Naut)* N (also **port side**) bâbord *m* ◆ **to ~** à bâbord ◆ **land to ~!** terre par bâbord ! ◆ **to put the rudder to ~** mettre la barre à bâbord ADJ *[guns, lights]* de bâbord VT ◆ **to ~ the helm** mettre la barre à bâbord

**port**[4] /pɔːt/ N *(= wine)* porto *m*

**portability** /pɔːtəˈbɪlɪtɪ/ N *(esp Comput)* portabilité *f* ; *(of software)* transférabilité *f*

**portable** /ˈpɔːtəbl/ ADJ *(gen)* portatif ; *[computer, telephone, television, software]* portable ◆ **a ~ language** *(Comput)* un langage de programmation portable ◆ **~ pension** pension *f* transférable N *(= computer)* portable *m* ; *(= tape recorder)* petit magnétophone *m* ; *(= television)* téléviseur *m* portable

**portage** /ˈpɔːtɪdʒ/ N *(= action, route)* portage *m* ; *(= cost)* frais *mpl* de portage

**Portakabin** ® /ˈpɔːtəkæbɪn/ N *(gen)* bâtiment *m* préfabriqué ; *(= extension to office etc)* petite annexe *f* préfabriquée ; *(= works office etc)* baraque *f* de chantier

**portal** /ˈpɔːtl/ N *(also Comput)* portail *m*

**Portaloo** ® /ˈpɔːtəluː/ N *(Brit)* toilettes *fpl* publiques provisoires

**portcullis** /pɔːtˈkʌlɪs/ N herse *f (de château fort)*

**portend** /pɔːˈtend/ VT *(liter)* présager, annoncer

**portent** /ˈpɔːtent/ N *(liter)* a *(= omen)* prodige *m*, présage *m* ◆ **of evil ~** de mauvais présage b *(= significance)* grande importance *f* ◆ **it's a day of ~** c'est un jour très important

**portentous** /pɔːˈtentəs/ ADJ *(liter) (= ominous)* de mauvais augure ; *(= marvellous)* prodigieux ; *(= grave)* solennel ; *(pej) (= pompous)* pompeux, pontifiant

**portentously** /pɔːˈtentəslɪ/ ADV *(liter) [say, announce] (pej = pompously)* pompeusement ; *(pej = ominously)* solennellement ◆ **the sky was ~ dark** le ciel noir ne présageait rien de bon

**porter** /ˈpɔːtəʳ/ N a *(for luggage: in station, hotel etc, on climb or expedition)* porteur *m* b *(US Rail = attendant)* employé(e) *m(f)* des wagons-lits c *(Brit = doorkeeper) [of private housing]* concierge *mf* ; *[of public building]* portier *m*, gardien(ne) *m(f)* ; *(Univ)* appariteur *m* d *[of hospital]* brancardier *m*, -ière *f* e *(= beer)* porter *m*, bière *f* brune COMP ▷ **porter's lodge** N loge *f* du portier

**porterage** /ˈpɔːtərɪdʒ/ N *(= act)* portage *m* ; *(= cost)* frais *mpl* de portage

**porterhouse** /ˈpɔːtəhaʊs/ N (also **porterhouse steak**) chateaubriand *m*

**portfolio** /pɔːtˈfəʊlɪəʊ/ N (pl **portfolios**) a *(Pol = object, post)* portefeuille *m* ◆ **minister without ~** ministre *m* sans portefeuille b *[of shares]* portefeuille *m* c *[of artist]* portfolio *m* ; *[of model]* book *m* d *(Comm = range)* gamme *f* COMP ▷ **portfolio manager** N portefeuilliste *mf*

**porthole** /ˈpɔːthəʊl/ N *(Aviat, Naut)* hublot *m* ; *(Naut: for guns, cargo)* sabord *m*

**portico** /ˈpɔːtɪkəʊ/ N (pl **porticoes** *or* **porticos**) portique *m*

**portion** /ˈpɔːʃən/ N *(= part, percentage)* portion *f*, partie *f* ; *[of train, ticket etc]* partie *f* ; *(= share)* portion *f*, (quote-)part *f* ; *[of estate, inheritance etc]* portion *f*, part *f* ; *(of food = helping)* portion *f* ; *(† : also* **marriage portion***)* dot *f* ; *(liter) (= fate)* sort *m*, destin *m* VT *(also* **portion out***)* répartir *(among, between* entre)

**portliness** /ˈpɔːtlɪnɪs/ N embonpoint *m*, corpulence *f*

**portly** /ˈpɔːtlɪ/ ADJ corpulent

**portmanteau** /pɔːtˈmæntəʊ/ N (pl **portmanteaus** *or* **portmanteaux** /pɔːtˈmæntəʊz/) grosse valise *f (de cuir)* COMP ▷ **portmanteau word** N *(Ling)* mot-valise *m*

**portrait** /ˈpɔːtrɪt/ N *(gen, Art)* portrait *m* ◆ **to paint sb's ~** peindre (le portrait de) qn COMP ▷ **portrait gallery** N galerie *f* de portraits ▷ **portrait lens** N *(Phot)* bonnette *f* ▷ **portrait mode** N *(Comput)* ◆ **to output sth in ~ mode** imprimer qch à la française *or* au format portrait ▷ **portrait painter** N portraitiste *mf* ▷ **portrait photographer** N photographe *mf* spécialisé(e) dans les portraits, portraitiste *mf* ▷ **portrait photography** N art *m* du portrait photographique ◆ **to do ~ photography** faire des portraits photographiques

**portraitist** /ˈpɔːtrɪtɪst/ N portraitiste *mf*

**portraiture** /ˈpɔːtrɪtʃəʳ/ N *(NonC) (= art)* art *m* du portrait ; *(= portrait)* portrait *m* ; *(NonC, collectively)* portraits *mpl*

**portray** /pɔːˈtreɪ/ VT *[painter]* peindre, faire le portrait de ; *[painting]* représenter ◆ **he ~ed him as an embittered man** *[painter]* il l'a peint sous les traits d'un homme aigri ; *[writer, speaker, actor]* il en a fait un homme aigri ◆ **the film ~ed him as a saint** le film le présentait comme un saint

**portrayal** /pɔːˈtreɪəl/ N *(in play, film, book)* évocation *f* ; *(by actor) [of character]* interprétation *f* ◆ **the novel is a hilarious ~ of Jewish life in the 1920s** ce roman dépeint *or* évoque d'une façon hilarante le monde juif des années 20

**Portugal** /ˈpɔːtjʊgəl/ N Portugal *m* ◆ **in ~** au Portugal

**Portuguese** /ˌpɔːtjʊˈgiːz/ ADJ *(gen)* portugais ; *[ambassador, embassy]* du Portugal ; *[teacher]* de portugais N a *(pl inv)* Portugais(e) *m(f)* b *(Ling)* portugais *m* NPL **the Portuguese** les Portugais *mpl* COMP ▷ **Portuguese man-of-war** N (pl **Portuguese men-of-war**) *(Zool)* galère *f*

**POS** /ˌpiːəʊˈes/ N (abbrev of **point of sale**) PLV *m*

**pose** /pəʊz/ N *(= body position) (gen, pej)* pose *f*, attitude *f* ; *(Art)* pose *f* ; *(fig)* pose *f* ◆ **to strike a ~** *(lit)* poser (pour la galerie) ; *(fig)* se composer une attitude ◆ **it's probably just a ~** ce n'est sans doute qu'une attitude VI *(Art, Phot)* poser *(for* pour ; *as* en) ; *(pej) (= attitudinize)* poser pour la galerie ◆ **to ~ as a doctor** se faire passer pour un docteur ◆ **to ~ nude** poser nu VT a *(= present) [+ problem, question]* poser ; *[+ difficulties]* poser, comporter ; *[+ threat, challenge]* constituer, représenter ; *(frm) (= state) [+ argument, claim, question]* formuler ; *[+ solution]* présenter ◆ **the danger ~d by nuclear weapons** le danger que constituent *or* représentent les armes nucléaires b *[+ artist's model]* faire prendre une pose à ; *[+ person]* faire poser COMP ▷ **posing pouch** N cache-sexe *m (pour homme)*

**Poseidon** /pɒˈsaɪdən/ N Poséidon *m*

**poser** /ˈpəʊzəʳ/ N a *(pej = person)* poseur *m*, -euse *f (pej)* b *(= problem, question)* question *f* difficile ◆ **that's a bit of a ~!** c'est un véritable casse-tête *or* une sacrée colle ! * ◆ **how he did it remains a ~** nul ne sait comment il y est arrivé

**poseur** /pəʊˈzɜːʳ/ N *(pej)* poseur *m*, -euse *f (pej)*

**posh** * /pɒʃ/ ADJ a *(= distinguished) [house, neighbourhood, hotel, car, clothes]* chic ; *[occasion]* select *inv or* sélect ◆ **a ~ London restaurant** un restaurant londonien très chic ◆ **he was looking very ~** il faisait très chic, il s'était mis sur son trente et un b *(pej) [person, accent]* snob *f inv* ; *[house, neighbourhood, school, car]* huppé ◆ **~ people** les snob(s) *mpl*, les gens *mpl* de la haute * ◆ **my ~ aunt** ma tante qui est très snob ◆ **a ~ wedding** un mariage chic *or* en grand tralala * ADV *(pej)* ◆ **to talk ~** ‡ parler comme les gens de la haute *

► **posh up** ‡ VT SEP *[+ house, room]* redonner un coup de jeune à * ◆ **to ~ o.s. up** se pomponner, se bichonner ◆ **he was all ~ed up** il était sur son trente et un, il était bien pomponné

**posidrive** /ˈpɒzɪˌdraɪv/ ADJ ◆ **~ screw/screwdriver** vis *f*/tournevis *m* cruciforme

**posit** /ˈpɒzɪt/ VT postuler, poser comme postulat

**position** /pəˈzɪʃən/ LANGUAGE IN USE 6.3, 12.3, 15.4, 19

N a *(physical) [of person, object]* position *f (also Geog, Math, Mil, Mus, Naut, Phys etc)*, place *f* ; *[of house, shop, town]* emplacement *m*, situation *f* ; *[of gun]* emplacement *m* ◆ **to change the ~ of sth** changer qch de place ◆ **to change (one's) ~** changer de position ◆ **to take up (one's) ~** prendre position *or* place ◆ **to be in a good ~** *[house]* être bien placé ; see also **noun d** ◆ **the enemy ~s** *(Mil etc)* les positions *fpl* de l'ennemi ◆ **what ~ do you play (in)?** *(Sport)* à quelle place jouez-vous ? ◆ **to jockey** *or* **jostle** *or* **manoeuvre for ~** *(lit, fig)* manœuvrer pour se placer avantageusement ◆ **"position closed"** *(in post office, bank)* "guichet fermé"

♦ **into position** en place, en position ◆ **troops are moving into ~** les troupes se mettent en place *or* en position ◆ **to push/slide sth into ~** mettre qch en place en le poussant/le faisant glisser ◆ **to get o.s. into ~** se placer ◆ **to lock into ~** verrouiller

♦ **in a ... position** *(physically)* ◆ **in a horizontal ~** en position horizontale ◆ **in an uncomfortable ~** dans une position incommode ◆ **in a sitting ~** en position assise

b *(in class, league)* position *f*, place *f* ; *(socially)* position *f*, condition *f* ◆ **he finished in third ~** il est arrivé en troisième position *or* à la troisième place ◆ **his ~ in society** sa position dans la société ◆ **a man in his ~ should not ...** un homme dans sa position *or* de sa condition ne devrait pas ... ; see also **noun d** ◆ **the priest she looked upon as a father figure abused his ~ of trust** le prêtre qu'elle considérait comme son père a abusé de sa confiance

c *(= job)* poste *m*, emploi *m* ◆ **top management ~s** les postes *mpl* de cadre supérieur ◆ **his ~ in (the) government** son poste *or* sa fonction dans le gouvernement ◆ **a high ~ in the Cabinet** une haute fonction au ministère ◆ **he's in a ~ of power** il occupe un poste d'influence ◆ **he is using his ~ of power for personal gain** il utilise son pouvoir à des fins personnelles

d *(= situation, circumstances)* situation *f*, place *f* ◆ **what would you do in my ~?** que feriez-vous à ma place ? ◆ **our ~ is desperate** notre situation est désespérée ◆ **the economic ~** la situation économique ◆ **to be in a good/bad ~** être dans une bonne/mauvaise situation ◆ **we were in an awkward ~** nous étions dans une situation délicate ◆ **put yourself in my ~** mettez-vous à ma place ◆ **a man in his ~ cannot expect mercy** un homme dans sa situation ne peut s'attendre à la clémence ; see also **noun b** ◆ **what's the ~ on deliveries/sales?** où en sont les livraisons/ventes ?

♦ **to be in a position to do sth** être en mesure de faire qch ◆ **the UN will be in a ~ to support relief efforts** les Nations unies seront en mesure de soutenir les opérations de secours ◆ **I was glad I'd been in a ~ to help** j'étais content d'avoir pu être utile ◆ **he's in a good/bad ~ to judge** il est bien/mal placé pour juger

♦ **to be in no position to do sth** ne pas être en mesure de faire qch ◆ **he's in no ~ to decide** il n'est pas en position *or* en mesure de décider ◆ **she's in no ~ to criticize** elle est mal placée pour critiquer

e *(= point of view, opinion)* position *f*, opinion *f* ◆ **you must make your ~ clear** vous devez dire franchement quelle est votre position ◆ **the Church's ~ on homosexuality** la position de l'Église face à *or* sur l'homosexualité ◆ **to take up a ~ on sth** prendre position sur qch ◆ **he took up the ~ that ...** il a adopté le point de vue selon lequel ... ◆ **he took a moderate ~ on most issues** il avait une position modérée sur la plupart des sujets ◆ **they were reluctant to state a clear ~ on the crisis** ils hésitaient à exposer clairement leur position sur la crise

**VT** **a** *(= adjust angle of)* *[+ light, microscope, camera]* positionner

**b** *(= put in place)* *[+ gun, chair, camera]* mettre en place, placer ; *[+ house, school]* situer, placer ; *[+ guards, policemen]* placer, poster ; *[+ army, ship]* mettre en position ; *(Marketing)* *[+ product]* positionner ◆ **he ~ed each item with great care** il a très soigneusement disposé chaque article ◆ **to ~ o.s.** se mettre, se placer ◆ **the company is well ~ed to sell a million cars this year** la société est bien placée pour vendre un million de voitures cette année ◆ **he ~ed his party as the defender of the constitution** il a présenté son parti comme le défenseur de la constitution

**c** *(= find position of)* déterminer la position de

**COMP** ▷ **position paper N** document *m* d'orientation

**positioning** /pə'zɪʃənɪŋ/ **N** *(Comm)* positionnement *m*

**positive** /'pɒzɪtɪv/ **ADJ** **a** *(= not negative: gen, Elec, Gram, Math, Phot, Typ)* positif ; *[test, result, reaction]* positif ; *(= affirmative: Ling etc)* affirmatif ; *(= constructive)* *[suggestion]* positif, concret (-ète *f*) ; *[attitude, criticism]* positif ; *[response]* favorable, positif ◆ **to take ~ action** prendre des mesures concrètes ◆ **we need some ~ thinking** soyons positifs ◆ **he's very ~ about it** il a une attitude très positive à ce sujet ◆ **she is a very ~ person** c'est quelqu'un de très positif

**b** *(= definite, indisputable)* *[order, rule, instruction]* catégorique, formel ; *[fact]* indéniable, irréfutable ; *[change, increase, improvement]* réel, tangible ◆ **~ proof, proof ~** preuve *f* formelle ◆ **there is ~ evidence that ...** il y a des preuves indéniables selon lesquelles ... ◆ **to make a ~ identification** *or* **ID on a body** formellement identifier un corps ◆ **~ progress has been made** un réel progrès *or* un progrès tangible a été fait ◆ **he has made a ~ contribution to the scheme** il a apporté une contribution effective au projet, il a contribué de manière effective au projet ◆ **it'll be a ~ pleasure to get rid of him!** ce sera un vrai *or* un véritable plaisir (que) de se débarrasser de lui ! ◆ **your room is a ~ disgrace** ta chambre est une véritable porcherie

**c** *(= sure, certain)* *[person]* sûr, certain (*about, on, of* de) ◆ **are you quite ~?** en êtes-vous bien sûr *or* certain ? ◆ **I'm absolutely ~ I put it back** je suis absolument sûr de l'avoir remis à sa place ◆ **... he said in a ~ tone of voice** ... dit-il d'un ton très assuré ◆ **I am ~ that I can mend it** je suis sûr de pouvoir le réparer

**N** *(Elec)* pôle *m* positif ; *(Gram)* affirmatif *m* ; *(Math)* nombre *m* positif, quantité *f* positive ; *(Phot)* épreuve *f* positive, positif *m* ◆ **in the ~** *(Ling)* à l'affirmatif ◆ **he replied in the ~** il a répondu par l'affirmative ◆ **the ~s far outweigh the negatives** les points positifs compensent largement les points négatifs

**ADV** *(Drugs, Sport)* ◆ **to test ~** subir un contrôle positif, être positif ◆ **he tested ~ for HIV** son test du sida était positif ◆ **to show ~** *[test]* se révéler positif ; *[person]* être positif ◆ **to think ~** être positif ◆ **think ~!** soyez positif !

**COMP** ▷ **positive discrimination N** *(Brit)* discrimination *f* positive ▷ **positive feedback N** *(Elec)* réaction *f* positive ; *(= praise)* réactions *fpl* positives ◆ **to give sb/get ~ feedback (about sb/sth)** faire part à qn/recevoir des réactions positives (sur qn/qch) ▷ **positive vetting N** enquête *f* de sécurité (*of sb* sur qn) ◆ **a policy of ~ vetting** une politique d'enquêtes de sécurité

**positively** /'pɒzɪtɪvlɪ/ **ADV** **a** *(= constructively, favourably)* *[act, contribute]* de façon positive, positivement ◆ **to think ~** être positif ◆ **to respond ~** *(in negotiations, to event etc)* réagir favorablement ◆ **to respond ~ to treatment/medication** *[patient]* bien réagir à un traitement/un médicament ◆ **to be ~ disposed to sb/sth** être bien disposé envers qn/qch

**b** *(= actively)* ◆ **I didn't object, in fact I ~ approved** je ne m'y suis pas opposé, j'étais même carrément d'accord ◆ **she never refused his advances, but she never ~ invited them either** elle n'a jamais repoussé ses avances mais elle ne les a jamais encouragées non plus ◆ **she doesn't mind being photographed, in fact she ~ loves it** cela ne la dérange pas qu'on la photographie, en fait, elle adore ça

**c** *(= absolutely, literally)* carrément ◆ **she's ~ obsessed** c'est carrément une obsession chez elle ◆ **this is ~ the worst thing that could happen** c'est vraiment la pire des choses qui pouvaient arriver ◆ **he was ~ rude to me** il a été carrément grossier avec moi ◆ **this is ~ the last time** cette fois, c'est vraiment la dernière ◆ **I ~ forbid it!** je l'interdis formellement ! ◆ **she ~ glowed with happiness** elle rayonnait littéralement de bonheur

**d** *(= definitely)* *[identify]* formellement ◆ **cholesterol has been ~ associated with heart disease** le cholestérol a été formellement associé aux maladies cardiovasculaires

**e** **he tested ~ for drugs/HIV, he was ~ tested for drugs/HIV** son test antidopage/du sida était positif

**f** *(Elec, Phys)* ◆ **~ charged** chargé positivement, à charge positive

**positivism** /'pɒzɪtɪvɪzəm/ **N** positivisme *m*

**positivist** /'pɒzɪtɪvɪst/ **ADJ, N** positiviste *mf*

**positron** /'pɒzɪtrɒn/ **N** positon *m*, positron *m*

**poss** * /pɒs/ **ADJ** (abbrev of **possible**) possible ◆ **as soon as ~** dès que possible

**posse** /'pɒsɪ/ **N** *(gen, fig hum)* petite troupe *f*, détachement *m*

**possess** /pə'zes/ **VT** **a** *(= own, have)* *[+ property, qualities]* posséder, avoir ; *[+ documents, money, proof]* posséder, être en possession de ◆ **all I ~** tout ce que je possède ◆ **she was accused of ~ing a firearm/drugs** *(illegally)* elle a été accusée de port d'armes prohibé/de détention illégale de stupéfiants ◆ **it ~es several advantages** cela présente plusieurs avantages ◆ **to ~ o.s. of sth** s'emparer de qch ◆ **to be ~ed of** *(frm)* posséder ◆ **to ~ one's soul in patience** *(liter)* s'armer de patience

**b** *[demon, rage]* posséder ; *(fig = obsess)* posséder, obséder ◆ **he was ~ed by the devil** il était possédé du démon ◆ **~ed with** *or* **by jealousy** obsédé *or* dévoré par la jalousie, en proie à la jalousie ◆ **I was ~ed by an irrational fear** j'étais en proie à une peur irraisonnée ◆ **like one ~ed** comme un(e) possédé(e) ◆ **like a man/woman ~ed** comme un(e) possédé(e) ◆ **what can have ~ed him to say that?** qu'est-ce qui lui a pris de dire ça ? *

**possession** /pə'zeʃən/ **N** **a** *(NonC = act, state)* possession *f* ; *(Jur = occupancy)* jouissance *f* ; *(illegal)* *[of drugs]* détention *f* illégale ◆ **illegal ~ of a firearm** port *m* d'arme prohibé ◆ **in ~ of** en possession de ◆ **to have ~ of** *(gen)* posséder ; *(Jur)* avoir la jouissance de ◆ **to have sth in one's ~** avoir qch en sa possession ◆ **to get ~ of sth** obtenir qch ; *(by force)* s'emparer de qch ; *(improperly)* s'approprier qch ◆ **to get ~ of the ball** *(Rugby)* s'emparer du ballon ◆ **to come into ~ of** entrer en possession de ◆ **to come into sb's ~** tomber en la possession de qn ◆ **he was in full ~ of all his faculties** il était en pleine possession de ses facultés, il avait le plein usage de ses facultés ◆ **according to the information in my ~** selon les renseignements dont je dispose ◆ **to take ~ of sth** prendre possession de qch ; *(improperly)* s'approprier qch ; *(= confiscate)* confisquer qch ◆ **to take ~** *(Jur)* prendre possession ◆ **to be in ~** *(Jur)* occuper les lieux ◆ **a house with vacant ~** *(Jur etc)* une maison avec jouissance immédiate ◆ **~ is nine points** *or* **tenths of the law** *(Prov)* ≃ (en fait de meubles) la possession vaut titre

**b** *(= object)* possession *f*, bien *m* ; *(= territory)* possession *f* ◆ **all his ~s** tous ses biens, tout ce qu'il possède ◆ **he had few ~s** il possédait très peu de choses

**COMP** ▷ **possession order N** *(Brit Jur)* *injonction autorisant le propriétaire d'un logement à en reprendre possession en expulsant les occupants*

**possessive** /pə'zesɪv/ **ADJ** **a** *[person, nature, attitude, love]* possessif ◆ **to be ~ about sth** ne pas vouloir partager qch ◆ **to be ~ towards** *or* **with sb** être possessif avec *or* à l'égard de qn ◆ **his mother is terribly ~** sa mère est très possessive, il a une mère abusive **b** *(Gram)* possessif **N** *(Gram)* ◆ **the ~** le possessif ◆ **in the ~** au possessif **COMP** ▷ **possessive adjective N** adjectif *m* possessif ▷ **possessive pronoun N** pronom *m* possessif

**possessively** /pə'zesɪvlɪ/ **ADV** d'une façon possessive

**possessiveness** /pə'zesɪvnɪs/ **N** *(NonC)* possessivité *f*

**possessor** /pə'zesə^r/ **N** possesseur *m* ; *(= owner)* propriétaire *mf* ◆ **to be the ~ of** être possesseur de, posséder ◆ **he was the proud ~ of ...** il était l'heureux propriétaire de ...

**possibility** /,pɒsə'bɪlɪtɪ/ LANGUAGE IN USE 19.1, 26.3

**N** **a** *(NonC)* possibilité *f* ◆ **within the bounds of ~** dans la limite du possible ◆ **not beyond the realms** *or* **bounds of ~** pas impossible ◆ **if by any ~ ...** si par impossible ..., si par hasard ... ◆ **there is some ~/not much ~ of success** il y a quelques chances/peu de chances que ça marche ◆ **there is no ~ of my leaving** il n'est pas possible que je parte

**b** *(= possible event)* possibilité *f*, éventualité *f* ◆ **to foresee all (the) possibilities** envisager toutes les possibilités *or* éventualités ◆ **there's a ~ that we might be wrong** il se peut *or* il est possible que nous nous trompions ◆ **it's a distinct ~** c'est bien possible ◆ **we must allow for the ~ that he may refuse** nous devons nous préparer à *or* nous devons envisager l'éventualité de son refus ◆ **he is a ~ for the job** c'est un candidat possible

**c** *(= promise, potential)* perspectives *fpl*, potentiel *m* ◆ **the firm saw good possibilities for expansion** la compagnie entrevoyait de bonnes perspectives d'expansion ◆ **the scheme/the job has real possibilities** c'est un projet/un emploi qui ouvre toutes sortes de perspectives ◆ **she agreed that the project had possibilities** elle a admis que le projet avait un certain potentiel

**possible** /'pɒsəbl/ LANGUAGE IN USE 12.2, 15.2, 15.3, 16.3, 26.3

ADJ a possible ; *[event, reaction, victory, loss]* possible, éventuel ◆ **it's just ~** ce n'est pas impossible ◆ **it's not ~!** ce n'est pas possible !, pas possible ! * ◆ **it is ~ that ...** il se peut que ... *+ subj*, il est possible que ... *+ subj* ◆ **it's just ~ that ...** il n'est pas impossible que ... *+ subj*, il y a une chance que ... *+ subj* ◆ **it's ~ to do so** il est possible de le faire, c'est faisable ◆ **it is ~ for us to measure his progress** il nous est possible de mesurer ses progrès ◆ **to make sth ~** rendre qch possible ◆ **he made it ~ for me to go to Spain** il a rendu possible mon voyage en Espagne ◆ **if (at all) ~** si possible ◆ **he visits her whenever ~** il va la voir aussi souvent que possible *or* chaque fois qu'il le peut ◆ **whenever** *or* **wherever ~, we try to find ...** dans la mesure du possible, nous essayons de trouver ... ◆ **at the worst ~ time** au pire moment ◆ **he chose the worst ~ job for a man with a heart condition** il a choisi le pire des emplois pour un cardiaque ◆ **the best ~ result** le meilleur résultat possible ◆ **one ~ result** un résultat possible *or* éventuel ◆ **what ~ interest can you have in it?** qu'est-ce qui peut bien vous intéresser là-dedans ? ◆ **what ~ motive could she have?** quels pouvaient bien être ses motifs ? ◆ **there is no ~ excuse for his behaviour** sa conduite n'a aucune excuse *or* est tout à fait inexcusable

♦ **as ... as possible** ◆ **as far as ~** dans la mesure du possible ◆ **as much as ~** autant que possible ◆ **he did as much as ~** il a fait tout ce qu'il pouvait ◆ **as soon as ~** dès que possible, aussitôt que possible ◆ **as quickly as ~** le plus vite possible

b *(= perhaps acceptable) [candidate, successor]* possible, acceptable ◆ **a ~ solution** une solution possible *or* à envisager ◆ **it is a ~ solution to the problem** ce pourrait être une manière de résoudre le problème

N a ◆ **the art of the ~** l'art *m* du possible

b * **a list of ~s for the job** une liste de personnes susceptibles d'être retenues pour ce poste ◆ **he's a ~ for the match on Saturday** c'est un joueur éventuel pour le match de samedi ◆ **the Possibles versus the Probables** *(Sport)* la sélection B contre la sélection A

**possibly** /ˈpɒsəblɪ/ LANGUAGE IN USE 4 ADV a *(with "can" etc)* **he did all he ~ could (to help them)** il a fait tout son possible (pour les aider) ◆ **I'll come if I ~ can** je ferai mon possible pour venir ◆ **I go as often as I ~ can** j'y vais aussi souvent que possible ◆ **I cannot ~ come** il m'est absolument impossible de venir ◆ **you can't ~ do that!** tu ne vas pas faire ça quand même ! ◆ **it can't ~ be true!** ce n'est pas possible !

b *(= perhaps)* peut-être ◆ **Belgian beer is ~ the finest in the world** la bière belge est peut-être la meilleure du monde ◆ **~ they've left already** ils sont peut-être déjà partis, il se peut qu'ils soient déjà partis ◆ **was he lying? (very** *or* **quite) ~** est-ce qu'il mentait ? c'est (tout à fait *or* très) possible ◆ **~ not** peut-être pas, peut-être que non

**possum** * /ˈpɒsəm/ N *(US)* (abbrev of **opossum**) opossum *m* ◆ **to play ~** * faire le mort

**POST** N (abbrev of **point-of-sale terminal**) → **point**

**post¹** /pəʊst/ N *(of wood, metal)* poteau *m* ; *(= stake)* pieu *m* ; *(for door etc: upright)* montant *m* ; (also **goal post**) poteau *m* (de but) ◆ **starting/finishing** *or* **winning ~** *(Sport)* poteau *m* de départ/d'arrivée ◆ **to be left at the ~** manquer le départ, rester sur la touche ◆ **to be beaten at the ~** *(Sport, fig)* être battu *or* coiffé sur le poteau ; → **deaf, gatepost, lamppost, pip³** VT a (also **post up**) *[+ notice, list]* afficher b *(= announce) [+ results]* annoncer ◆ **to be ~ed (as) missing** être porté disparu c ◆ **to ~ a wall with advertisements** poser *or* coller des affiches publicitaires sur un mur

**post²** /pəʊst/ LANGUAGE IN USE 19

N a *(Mil, gen)* poste *m* ◆ **at one's ~** à son poste ; → **forward, last¹**

b *(esp Can, US:* also **trading post***)* comptoir *m*

c *(= situation, job)* poste *m*, situation *f* ; *(in civil service, government etc)* poste *m* ◆ **a ~ as a manager** un poste *or* une situation de directeur ◆ **his ~ as head of the ruling party** son poste de dirigeant du parti au pouvoir ◆ **to be in ~** être en fonctions, occuper un poste ◆ **to hold a ~** occuper un poste

VT a *(Mil = position) [+ sentry, guard]* poster ◆ **they ~ed a man by the stairs** ils ont posté un homme près de l'escalier

b *(esp Brit = send, assign) (Mil)* poster *(to* à) ; *(Admin, Comm)* affecter, nommer *(to* à) ◆ **to ~ sb abroad/to Paris** envoyer qn à l'étranger/à Paris

c *(US Jur)* **to ~ bail** déposer une caution ◆ **to ~ the collateral required** fournir les garanties

COMP ▷ **post exchange** N *(US Mil)* magasin *m* de l'armée ▷ **post-holder** N détenteur *m*, -trice *f* du poste

**post³** /pəʊst/ *(esp Brit)* N a *(NonC)* poste *f* ; *(= letters)* courrier *m* ◆ **by ~** par la poste ◆ **by return (of) ~** par retour du courrier ◆ **by first-/second-class ~** ≃ tarif accéléré/normal ◆ **winners will be notified by ~** les gagnants seront avisés (personnellement) par courrier ◆ **your receipt is in the ~** votre reçu est déjà posté ◆ **I'll put it in the ~ today** je le posterai aujourd'hui ◆ **it went first ~ this morning** c'est parti ce matin par le premier courrier ◆ **to catch/miss the ~** avoir/manquer la levée ◆ **drop it in the ~ on your way** mettez-le à la boîte en route ◆ **the ~ was lifted** *or* **collected at 8 o'clock** la levée a eu lieu à 8 heures ◆ **has the ~ been** *or* **come yet?** le courrier est-il arrivé ?, le facteur est-il passé ? ◆ **the ~ is late** le courrier a du retard ◆ **is there any ~ for me?** est-ce que j'ai du courrier ?, y a-t-il une lettre pour moi ? ◆ **you'll get these through the ~** vous les recevrez par la poste ◆ **Minister/Ministry of Posts and Telecommunications** *(Brit)* ministre *m*/ministère *m* des Postes et (des) Télécommunications ; → **registered**

b *(Hist = riders etc)* poste *f* ; → **general**

VT a *(= send)* envoyer ; *(Brit) (= put in mailbox)* poster, mettre à la poste ; *(Comput)* envoyer (par voie électronique)

b *Accounts:* also **post up)** *[+ transaction]* inscrire ◆ **to ~ an entry to the ledger** passer une écriture dans le registre ◆ **to ~ (up) a ledger** tenir un registre à jour ◆ **to keep sb ~ed** tenir qn au courant

VI *(Hist = travel by stages)* voyager par la poste, prendre le courrier ; *(†† = hasten)* courir la poste ††, faire diligence †

COMP ▷ **post and packing** N *(= cost)* frais *mpl* de port et d'emballage ▷ **post chaise** N *(Hist)* chaise *f* de poste ▷ **post-free** ADJ (en) port payé ▷ **post horn** N *(Mus)* cornet *m* de poste *or* de postillon ▷ **post house** N *(Hist)* relais *m* de poste ▷ **Post-it** ®, **Post-it note** ® N Post-it ® *m inv* ▷ **post office** N → **post office** ▷ **post-paid** ADJ port payé

► **post on** VT SEP *[+ letter, parcel]* faire suivre

► **post up** VT SEP ⇒ **post³ vt b**

**post...** /pəʊst/ PREF post... ◆ **postglacial** postglaciaire ◆ **post-1950** ADJ postérieur (-eure *f*) à (l'année) 1950, d'après 1950 ADV après 1950 ; → **postdate, postimpressionism** *etc*

**postage** /ˈpəʊstɪdʒ/ N *(NonC)* tarifs *mpl* postaux *or* d'affranchissement ◆ **~: £2** *(in account etc)* frais *mpl* de port : 2 livres ◆ **~ due 20p** surtaxe 20 pence COMP ▷ **postage and packing** N *(Comm)* frais *mpl* de port et d'emballage ▷ **postage meter** N *(US)* machine *f* à affranchir (les lettres) ▷ **postage paid** ADJ port payé *inv* ▷ **postage rates** NPL tarifs *mpl* postaux ▷ **postage stamp** N timbre-poste *m* ◆ **what she knows about children would fit on the back of a ~ stamp** les enfants, elle n'y connaît rien

**postal** /ˈpəʊstəl/ ADJ a *[code, zone]* postal ; *[application]* par la poste ◆ **~ charges, ~ rates** tarifs *mpl* postaux ◆ **~ dispute** conflit *m* (des employés) des postes ◆ **~ district** district *m* postal ◆ **the ~ services** les services *mpl* postaux ◆ **two-tier ~ service** courrier *m* à deux vitesses ◆ **~ strike** grève *f* des employés des postes ◆ **~ worker** employé(e) *m(f)* des postes, postier *m*, -ière *f* b ‡ *(US) (= crazy)* **to go ~** péter les plombs * COMP ▷ **postal card** N *(US)* carte *f* postale ▷ **postal order** N *(Brit)* mandat *m* (postal) ◆ **a ~ order for €50** un mandat de 100 € ▷ **postal vote** N *(= paper)* bulletin *m* de vote par correspondance ; *(= system)* vote *m* par correspondance

**postbag** /ˈpəʊstbæg/ N *(Brit)* sac *m* postal ◆ **we've had a good ~ * on this** nous avons reçu beaucoup de courrier à ce sujet

**postbox** /ˈpəʊstbɒks/ N *(esp Brit)* boîte *f* à *or* aux lettres

**postcard** /ˈpəʊstkɑːd/ N carte *f* postale

**postcode** /ˈpəʊstkəʊd/ N *(Brit)* code *m* postal COMP ▷ **postcode prescribing** N *inégalité dans la disponibilité de certains médicaments selon le lieu où l'on habite*

**postcoital** /ˈpəʊstˈkɔɪtəl/ ADJ (d')après l'amour

**postdate** /ˌpəʊstˈdeɪt/ VT postdater

**postdoctoral** /ˌpəʊstˈdɒktərəl/ ADJ *(Univ) [research, studies]* post-doctoral ◆ **~ fellow** chercheur *m* qui a son doctorat ◆ **~ fellowship** poste *m* de chercheur (qui a son doctorat)

**poster** /ˈpəʊstəʳ/ N affiche *f* ; *(decorative)* poster *m* COMP ▷ **poster boy** *, **poster child** *, **poster girl** * N *(US)* incarnation *f* ▷ **poster paint** N gouache *f*

**poste restante** /ˌpəʊstˈrestɑ̃ːnt/ N, ADV *(esp Brit)* poste *f* restante

**posterior** /pɒsˈtɪərɪəʳ/ ADJ *(frm)* postérieur (-eure *f*) *(to* à) N *( * hum)* derrière *m*, postérieur * *m*

**posterity** /pɒsˈterɪtɪ/ N postérité *f* ◆ **to go down to** *or* **in ~ as sth/for sth** entrer dans la postérité en tant que qch/pour qch ◆ **for ~** pour la postérité

**postern** /ˈpɒstən/ N poterne *f*

**postfeminist** /ˌpəʊstˈfemɪnɪst/ ADJ, N postféministe *mf*

**postgrad** * /ˈpəʊstˈgræd/ N, ADJ abbrev of **postgraduate**

**postgraduate** /ˈpəʊstˈgrædjʊɪt/ ADJ *[studies, course, grant, diploma]* ≃ de troisième cycle (universitaire) N (also **postgraduate student**) étudiant(e) *m(f)* de troisième cycle

**posthaste** /ˌpəʊstˈheɪst/ ADV à toute allure

**posthumous** /ˈpɒstjʊməs/ ADJ posthume

**posthumously** /ˈpɒstjʊməslɪ/ ADV à titre posthume

**postiche** /pɒsˈtiːʃ/ N, ADJ postiche *m*

**postie** * /ˈpəʊstɪ/ N *(Austral, Brit dial)* facteur *m*, -trice *f*

**postil(l)ion** /pəsˈtɪlɪən/ N postillon *m*

**postimpressionism** /ˈpəʊstɪmˈpreʃənɪzəm/ N postimpressionnisme *m*

**postimpressionist** /ˈpəʊstɪmˈpreʃənɪst/ ADJ, N postimpressionniste *mf*

**postindustrial** /ˌpəʊstɪnˈdʌstrɪəl/ ADJ postindustriel

**posting** /ˈpəʊstɪŋ/ N a *(NonC = sending by post)* expédition *f or* envoi *m* par la poste b *(Brit) (= assignment)* mutation *f* ; *(Mil)* affectation *f* ◆ **I've been given an overseas ~ to Japan** j'ai été muté *or* affecté au Japon c *(Accounts = entry)* passation *f* COMP ▷ **posting error** N *(Accounts)* erreur *f* d'écriture

**postman** /ˈpəʊstmən/ N (pl **-men**) facteur *m*, préposé *m (Admin)* COMP ▷ **postman's knock** N *(= game)* ≈ le mariage chinois

**postmark** /ˈpəʊstmɑːk/ N oblitération *f*, cachet *m* de la poste ◆ **date as ~** le cachet de la poste faisant foi ; *(on letter)* pour la date, se référer au cachet de la poste ◆ **letter with a French ~** lettre *f* oblitérée en France ◆ **it is ~ed Paris** ça porte le cachet de Paris VT tamponner, timbrer

**postmaster** /ˈpəʊstˌmɑːstəʳ/ N receveur *m* des postes COMP ▷ **Postmaster General** N (pl **Postmasters General**) *(Brit)* ministre *m* des Postes et Télécommunications

**postmistress** /ˈpəʊstˌmɪstrɪs/ N receveuse *f* des postes

**postmodern** /ˌpəʊstˈmɒdən/ ADJ postmoderne

**postmodernism** /ˌpəʊstˈmɒdənɪzəm/ N postmodernisme *m*

**postmodernist** /ˌpəʊstˈmɒdənɪst/ ADJ, N postmoderniste *mf*

**post-mortem** /ˈpəʊstˈmɔːtəm/ ADJ ◆ **~ examination** autopsie *f* N *(Med, also fig)* autopsie *f* ◆ **to hold a ~** faire une autopsie ◆ **to hold** *or* **carry out a ~ on** *(lit)* faire l'autopsie de, autopsier ; *(fig)* disséquer, faire l'autopsie de

**postnatal** /ˈpəʊstˈneɪtl/ ADJ postnatal COMP ▷ **postnatal depression** N dépression *f* post-partum, bébé blues * *m* ▷ **postnatal ward** N (service *m*) maternité *f*

**post office** /ˈpəʊstˌɒfɪs/ N *(= place)* (bureau *m* de) poste *f* ; *(= organization)* administration *f* des postes, service *m* des postes ◆ **he works in the ~** il travaille à la poste ◆ **the main ~** la grande poste ◆ **Post Office Box No. 24** boîte postale nº 24 ◆ **Post Office Department** *(US)* ministère *m* des Postes et Télécommunications ◆ **he has £100 in ~ savings** *or* **in the Post Office Savings Bank** ≈ il a 100 livres sur son livret de caisse d'épargne (de la poste), il a 100 livres à la caisse d'épargne (de la poste) ◆ **~ worker** employé(e) *m(f)* des postes, postier *m*, -ière *f* ; → **general**

**post-op** * /ˈpəʊstɒp/ ADJ abbrev of **postoperative**

**postoperative** /ˈpəʊstˈɒprətɪv/ ADJ postopératoire

**postpartum** /ˌpəʊstˈpɑːtəm/ *(frm)* ADJ postnatal COMP ▷ **postpartum depression** N dépression *f* post-partum

**postpone** /pəʊstˈpəʊn/ VT remettre à plus tard, reporter (*for* de ; *until* à)

**postponement** /pəʊstˈpəʊnmənt/ N report *m*

**postposition** /ˈpəʊstpəˈzɪʃən/ N postposition *f*

**postpositive** /pəʊstˈpɒzɪtɪv/ ADJ postpositif N postposition *f*

**postprandial** /ˈpəʊstˈprændɪəl/ ADJ *(liter or hum)* (d')après le repas

**postproduction** /ˌpəʊstprəˈdʌkʃən/ N travail *m* postérieur à la production COMP *[cost etc]* qui suit la production

**postscript** /ˈpəʊsskrɪpt/ N *(to letter: abbr PS)* post-scriptum *m inv* ; *(to book)* postface *f* ◆ **to add sth as a ~** ajouter qch en post-scriptum ◆ **I'd like to add a ~ to what you have said** je voudrais ajouter un mot à ce que vous avez dit

**poststructuralism** /ˌpəʊstˈstrʌktʃərəlɪzəm/ N poststructuralisme *m*

**poststructuralist** /ˌpəʊstˈstrʌktʃərəlɪst/ ADJ, N poststructuraliste *mf*

**postsynchronization** /pəʊstˌsɪŋkrənaɪˈzeɪʃən/ N postsynchronisation *f*

**postsynchronize** /pəʊstˈsɪŋkrənaɪz/ VT postsynchroniser

**post-Tertiary** /ˌpəʊstˈtɜːʃərɪ/ ADJ *(Geol)* ◆ **~ period** ère *f* posttertiaire

**post-traumatic stress disorder** /ˌpəʊsttrɔːˈmætɪkˈstresdɪsˈɔːdəʳ/ N névrose *f* (post)traumatique

**postulant** /ˈpɒstjʊlənt/ N *(Rel)* postulant(e) *m(f)*

**postulate** /ˈpɒstjʊlɪt/ N postulat *m* VT /ˈpɒstjʊleɪt/ poser comme principe ; *(Philos)* postuler

**postural** /ˈpɒstjərəl/ ADJ postural

**posture** /ˈpɒstʃəʳ/ N posture *f*, position *f* ; *(fig)* attitude *f*, position *f* ◆ **his ~ is very poor** *or* **bad, he has poor ~** il se tient très mal ◆ **in the ~ of** à la manière de VI *(pej)* poser, prendre des poses

**posturing** /ˈpɒstjərɪŋ/ N pose *f*, affectation *f*

**postviral (fatigue) syndrome** /ˌpəʊstˈvaɪərəlfəˈtiːgˈsɪndrəʊm/ N séquelles *fpl* d'une infection virale

**postvocalic** /pəʊstvəʊˈkælɪk/ ADJ *(Phon)* postvocalique

**postwar** /ˈpəʊstˈwɔːʳ/ ADJ *[event]* de l'après-guerre ; *[government, structure]* d'après-guerre ◆ **~ credits** *(Brit Fin)* *crédits gouvernementaux résultant d'une réduction dans l'abattement fiscal pendant la seconde guerre mondiale* ◆ **the ~ period, the ~ years** l'après-guerre *m*

**postwoman** /ˈpəʊstˌwʊmən/ N (pl **-women**) factrice *f*, préposée *f (Admin)*

**posy** /ˈpəʊzɪ/ N petit bouquet *m* (de fleurs)

**pot¹** /pɒt/ N a *(for flowers, jam, dry goods etc)* pot *m* ; (†: *for beer)* chope *f* ; *(= piece of pottery)* poterie *f* ; *(for cooking)* marmite *f*, pot † *m* ; *(= saucepan)* casserole *f* ; (also **teapot**) théière *f* ; (also **coffeepot**) cafetière *f* ; *(= potful) [of stew]* marmite *f* ; *[of cream]* pot ; (also **chamberpot**) pot *m* (de chambre), vase *m* de nuit ◆ **jam ~** pot *m* à confiture ◆ **~ of jam** pot *m* de confiture ◆ **~s and pans** casseroles *fpl*, batterie *f* de cuisine ◆ **to wash the ~s** faire la vaisselle ◆ **... and one for the ~** *(making tea)* ... et une cuillerée pour la théière ◆ **it's the ~ calling the kettle black** *(Prov)* c'est la paille et la poutre ◆ **he can just keep the ~ boiling** *(fig)* il arrive tout juste à faire bouillir la marmite, il arrive à peine à joindre les deux bouts ◆ **keep the ~ boiling!** *(in game etc)* allez-y !, à votre tour ! ; → **flowerpot**

b (* *fig*) *(= prize)* coupe *f* ; *(= large stomach)* brioche * *f*, bedaine * *f* ; *(esp US = kitty)* cagnotte *f* ◆ **to have ~s of money** * avoir un argent fou, rouler sur l'or ◆ **to go/be to ~** * aller/être à vau-l'eau

c *(Billiards, Snooker)* **what a ~!** quel coup ! ◆ **if he sinks this ~ he's won** s'il met cette boule, il a gagné ◆ **to take a ~ at sb** * *(fig = criticize)* chercher des crosses à qn * ◆ **to take a ~ at goal** * *(Ftbl)* tirer au but

VT a *[+ plant, jam etc]* mettre en pot ; see also **potted**

b *(Billiards, Snooker)* mettre

c (* *= shoot) [+ duck, pheasant]* abattre, descendre *

VI a *(= make pottery)* faire de la poterie

b *(= shoot)* **to ~ at sth** * tirer qch, canarder qch

COMP ▷ **pot-bound** ADJ ◆ **this plant is ~-bound** cette plante est (trop) à l'étroit dans son pot ▷ **pot cheese** N *(US)* ≈ fromage *m* blanc (égoutté *or* maigre) ▷ **pot luck** N *(fig)* ◆ **to take ~ luck** *(gen)* s'en remettre au hasard ; *(at meal)* manger à la fortune du pot ▷ **pot plant** N *(Brit)* ⇒ **potted plant** → **potted** ▷ **pot roast** *(Culin)* N rôti *m* braisé, rôti *m* à la cocotte ▷ **pot-roast** VT faire braiser, faire cuire à la cocotte ▷ **pot scourer**, **pot scrubber** N tampon *m* à récurer ▷ **potting compost** N terreau *m* ▷ **potting shed** N abri *m* de jardin ▷ **pot-trained** ADJ *[child]* propre

**pot²** * /pɒt/ N *(= cannabis)* marijuana *f*, herbe *f* ; *(= hashish)* hasch * *m*

**potable** /ˈpəʊtəbl/ ADJ potable *(lit)*

**potash** /ˈpɒtæʃ/ N (carbonate *m* de) potasse

**potassium** /pəˈtæsɪəm/ N potassium *m* COMP de potassium

**potation** /pəʊˈteɪʃən/ N *(gen pl: frm)* libation *f*

**potato** /pəˈteɪtəʊ/ (pl **potatoes**) N pomme *f* de terre ◆ **is there any ~ left?** est-ce qu'il reste des pommes de terre ? ◆ **it's small ~es** * *(esp US)* c'est de la petite bière * ; → **fry², hot, mash, sweet** COMP *[field, salad, soup]* de pommes de terre ▷ **potato beetle** N doryphore *m* ▷ **potato blight** N maladie *f* des pommes de terre ▷ **potato bug** N ⇒ **potato beetle** ▷ **potato cake** N croquette *f* de pommes de terre ▷ **potato chips** NPL *(US)* ⇒ **potato crisps** ▷ **potato crisps** NPL *(Brit)* chips *fpl* ▷ **potato-masher** N presse-purée *m inv* ▷ **potato omelette** N omelette *f* aux pommes de terre *or* Parmentier ▷ **potato-peeler** N économe *m*, épluche-légumes *m inv* ▷ **potato topping** N ◆ **with a ~ topping** recouvert de pommes de terre au gratin

**potbellied** /ˌpɒtˈbelɪd/ ADJ *(from overeating)* ventru, bedonnant * ; *(from malnutrition)* au ventre ballonné ; *[vase, stove]* ventru, renflé

**potbelly** /ˌpɒtˈbelɪ/ N *(from overeating)* gros ventre *m*, bedaine * *f* ; *(from malnutrition)* ventre *m* ballonné

**potboiler** /ˈpɒtˌbɔɪləʳ/ N *(fig pej)* œuvre *f* alimentaire

**poteen** /pɒˈtiːn, pɒˈtʃiːn/ N whisky *m* (illicite)

**potency** /ˈpəʊtənsɪ/ N (pl **potencies** *or* **potences** /ˈpəʊtənsɪz/) a *[of remedy, drug, charm, argument]* puissance *f*, force *f* ; *[of drink]* forte teneur *f* en alcool b *[of male]* virilité *f*

**potent** /ˈpəʊtənt/ ADJ a *[remedy, drug, charm]* puissant ; *[drink]* fort ; *[argument, reason]* convaincant b *[male]* viril

**potentate** /ˈpəʊtənteɪt/ N potentat *m*

**potential** /pəʊˈtenʃəl/ ADJ potentiel ; *[leader, minister]* en puissance, potentiel ◆ **a ~ problem** un problème potentiel ◆ **a ~ rapist** un violeur potentiel *or* en puissance ◆ **he's a ~ Prime Minister** c'est un premier ministrable, c'est un Premier ministre potentiel

N *(NonC)* a *(Elec, Gram, Math, Phys etc)* potentiel *m* ◆ **military ~** potentiel *m* militaire ◆ **the destructive ~ of conventional weapons** le potentiel de destruction des armes conventionnelles

b *(= promise, possibilities)* potentiel *m*, possibilités *fpl* ◆ **they have recognized the ~ of wind power** ils ont reconnu le potentiel de l'énergie éolienne ◆ **he hasn't yet realized his full ~** il n'a pas encore donné toute sa mesure *or* réalisé tout son potentiel ◆ **our ~ for increasing production** nos possibilités d'augmenter la production, notre potentiel d'augmentation de la production ◆ **I was shocked by his ~ for violence** j'ai été

choqué de voir la violence dont il était capable
♦ **to have potential** avoir du potentiel ♦ **to have great ~** avoir beaucoup de potentiel ♦ **he's got ~ as a footballer** il a toutes les qualités requises pour devenir un bon footballeur, il a du potentiel en tant que footballeur ♦ **he's got ~ in maths** il a des aptitudes en maths ♦ **to have management ~** avoir les aptitudes requises pour devenir cadre supérieur
♦ **to have no potential for sth** *[person]* ne pas avoir les aptitudes requises pour qch ♦ **his book had no ~ for motion picture adaptation** son livre ne se prêtait pas à l'adaptation cinématographique
♦ **to have the potential to do sth** *[person]* être tout à fait capable de faire qch ♦ **the situation has the ~ to get out of hand** la situation pourrait facilement échapper à tout contrôle
♦ **the potential for** *[+ expansion, growth]* le potentiel de ; *[+ violence, disorder, unrest]* les possibilités *fpl* de ♦ **they believe this increases the ~ for miscalculation** ils pensent que cela augmente les possibilités d'erreur ♦ **the ~ for conflict is great** un conflit pourrait facilement éclater

**potentiality** /pəʊˌtenʃɪˈælɪtɪ/ **N** potentialité *f* ♦ **potentialities** ⇒ **potential noun b**

**potentially** /pəʊˈtenʃəlɪ/ **ADV** *[dangerous, lethal, carcinogenic, serious]* potentiellement ♦ **~ important/useful/lucrative** qui peut être *or* s'avérer important/utile/rentable ♦ **the sea level is rising, with ~ disastrous consequences** le niveau de la mer monte, ce qui pourrait avoir des conséquences désastreuses ♦ **it was a ~ violent confrontation** il s'agissait d'une confrontation qui pouvait prendre un tour violent *or* devenir violente ♦ **it's ~ a rich country** c'est un pays qui pourrait devenir riche ♦ **~, these problems are very serious** ces problèmes pourraient devenir très sérieux

**potful** /ˈpɒtfʊl/ **N** *[of rice, stew]* casserole *f* ; *[of jam]* pot *m*

**pothead** †* /ˈpɒthed/ **N** drogué(e) *m(f)* à la marijuana (*or* au hasch *)

**pother** * /ˈpɒðəʳ/ **N** *(NonC) (= fuss)* agitation *f* ; *(= noise)* vacarme *m*, tapage *m*

**potherbs** /ˈpɒthɜːbz/ **NPL** herbes *fpl* potagères

**pothole** /ˈpɒthəʊl/ **N** **a** *(in road)* nid-de-poule *m* **b** *(under ground)* caverne *f* ; *(larger)* grotte *f*

**potholed** /ˈpɒthəʊld/ **ADJ** plein de nids-de-poule

**potholer** /ˈpɒtˌhəʊləʳ/ **N** *(Brit)* spéléologue *mf*

**potholing** /ˈpɒtˌhəʊlɪŋ/ **N** *(Brit)* spéléologie *f*, spéléo * *f* ♦ **to go ~** faire de la spéléologie

**pothook** /ˈpɒthʊk/ **N** *(lit)* crémaillère *f* ; *(in handwriting)* boucle *f*

**pothunter** * /ˈpɒtˌhʌntəʳ/ **N** chasseur *m* acharné de trophées

**potion** /ˈpəʊʃən/ **N** *(= medicine)* potion *f* ; *(= magic drink)* philtre *m*, breuvage *m* magique ♦ **love ~** philtre *m* (d'amour)

**potlatch** /ˈpɒtˌlætʃ/ **N** *(US)* fête *f* où l'on échange des cadeaux

**potpie** /ˈpɒtpaɪ/ **N** *(US)* tourte *f* à la viande

**potpourri** /pəʊˈpʊrɪ/ **N** *[of flowers]* pot *m* pourri ; *(fig, Literat, Mus)* pot-pourri *m*

**potsherd** /ˈpɒtʃɜːd/ **N** *(Archeol)* tesson *m* (de poterie)

**potshot** * /ˈpɒtʃɒt/ **N** *(with gun, missile)* tir *m* au jugé ; *(fig) (= criticism)* attaque *f*, critique *f* ♦ **to take a ~ at sth** tirer sur qch au jugé

**potted** /ˈpɒtɪd/ **ADJ** **a** *(Culin)* ♦ **~ meat** *rillettes de viande* ♦ **~ shrimps** *crevettes conservées dans du beurre fondu* ♦ **~ plant** plante *f* verte, plante *f* d'appartement **b** * *(fig)* ♦ **a ~ version of "Ivanhoe"** un abrégé *or* une version abrégée d'"Ivanhoé" ♦ **he gave me a ~ lesson in car maintenance** il m'a donné un cours rapide sur l'entretien des voitures

**potter**[1] /ˈpɒtəʳ/ **VI** *(esp Brit)* mener sa petite vie tranquille, bricoler * ♦ **to ~ round the house** suivre son petit train-train * *or* faire des petits travaux dans la maison ♦ **to ~ round the shops** faire les magasins sans se presser

► **potter about VI** suivre son petit train-train *, bricoler *

► **potter along VI** aller son petit bonhomme de chemin, poursuivre sa route sans se presser ♦ **we ~ along** nous continuons notre train-train *

► **potter around VI** ⇒ **potter about**

**potter**[2] /ˈpɒtəʳ/ **N** potier *m*, -ière *f* **COMP** ▷ **potter's clay**, **potter's earth N** argile *f* *or* terre *f* à *or* de potier ▷ **potter's field N** *(US = cemetery)* cimetière *m* des pauvres ▷ **potter's wheel N** tour *m* de potier

**pottery** /ˈpɒtərɪ/ **N** **a** *(NonC) (= craft, occupation)* poterie *f* ; *(= objects)* poteries *fpl* ; *(glazed)* faïencerie *f NonC* ; *(= ceramics)* céramiques *fpl* ♦ **a piece of ~** une poterie ♦ **Etruscan ~** poterie(s) *f(pl)* étrusque(s) **b** *(= place)* poterie *f* ♦ **the Potteries** *(Brit Geog)* la région des Poteries *(dans le Staffordshire)* **COMP** *[jug, dish]* de *or* en terre ; *(ceramic)* de *or* en céramique ; *(glazed)* de *or* en faïence

**potty**[1] * /ˈpɒtɪ/ **N** pot *m* (de bébé) **COMP** ▷ **potty-train VT** apprendre la propreté ▷ **potty-trained ADJ** propre ▷ **potty-training N** apprentissage *m* de la propreté

**potty**[2] * /ˈpɒtɪ/ **ADJ** *(Brit)* **a** *[person]* toqué *, dingue * ; *[idea]* farfelu ♦ **to be ~ about sb/sth** être toqué * de qn/qch ♦ **to go ~** * perdre la boule * **b** *(slightly pej)* **a ~ little house** une maison de rien du tout

**pouch** /paʊtʃ/ **N** petit sac *m* ; *(for money)* bourse *f* ; *(for ammunition)* étui *m* ; *(for cartridges)* giberne *f* ; *(for tobacco)* blague *f* ; *(US Diplomacy)* valise *f* (diplomatique) ; *[of kangaroo etc]* poche *f* (ventrale) ; *(under eye)* poche *f*

**pouf(fe)** /puːf/ **N** **a** *(= stool)* pouf *m* **b** *(Brit* *) ⇒ **poof**

**poulterer** /ˈpəʊltərəʳ/ **N** marchand(e) *m(f)* de volailles, volailler *m*, -ère *f*

**poultice** /ˈpəʊltɪs/ **N** cataplasme *m* **VT** mettre un cataplasme à

**poultry** /ˈpəʊltrɪ/ **N** *(NonC)* volaille *f NonC*, volailles *fpl* **COMP** ▷ **poultry dealer N** volailler *m* ▷ **poultry farm N** élevage *m* de volaille(s) ▷ **poultry farmer N** volailleur *m*, -euse *f*, aviculteur *m*, -trice *f* ▷ **poultry farming N** *(NonC)* élevage *m* de volaille(s), aviculture *f*

**pounce** /paʊns/ **N** bond *m*, attaque *f* subite **VI** bondir, sauter ♦ **to ~ on** *(also fig) [+ prey etc]* bondir sur, sauter sur ; *[+ book, small object]* se précipiter sur ; *(fig) [+ idea, suggestion]* sauter sur

**pound**[1] /paʊnd/ **N** **a** *(= weight)* livre *f* (= 453,6 grammes) ♦ **sold by the ~** vendu à la livre ♦ **$3 a ~** 3 dollars la livre ♦ **to demand one's ~ of flesh** exiger son dû impitoyablement ; → IMPERIAL SYSTEM **b** *(= money)* livre *f* ♦ **~ sterling** livre *f* sterling ♦ **ten ~s sterling** dix livres *fpl* sterling ; → **penny** **COMP** ▷ **pound cake N** quatre-quarts *m inv* ▷ **pound coin N** pièce *f* d'une livre ▷ **pound note N** billet *m* d'une livre ▷ **pound sign N** **a** *(for sterling)* symbole *m* de la livre sterling **b** *(US = hash symbol)* dièse *f*

**pound**[2] /paʊnd/ **VT** *[+ drugs, spices, nuts, rice etc]* piler ; *[+ meat]* attendrir ; *[+ dough]* pétrir vigoureusement ; *[+ rocks]* concasser ; *[+ earth, paving slabs]* pilonner ; *[guns, bombs, shells]* pilonner ♦ **to ~ sth to a pulp** réduire *or* mettre qch en bouillie ♦ **to ~ sth to a powder** réduire qch en poudre ♦ **the ship was ~ed by huge waves** d'énormes vagues battaient contre le navire ♦ **to ~ sth with one's fists** marteler qch à coups de poing ♦ **he was ~ing the piano/typewriter** il tapait comme un sourd sur son piano/sa machine à écrire ♦ **to ~ the beat** *[policeman]* faire sa ronde ; *(fig = be ordinary policeman)* être simple agent

**VI** **a** *[heart]* battre fort ; *(with fear, excitement)* battre la chamade ; *[sea, waves]* battre (*on, against* contre) ♦ **he ~ed at** *or* **on the door** il martela la porte (à coups de poing), il frappa de grands coups à la porte ♦ **he ~ed on the table** il donna de grands coups sur la table, il frappa du poing sur la table ♦ **the drums were ~ing** les tambours battaient, on entendait battre le tambour

**b** *(= move heavily)* **to ~ in/out** *etc (heavily)* entrer/sortir *etc* à pas lourds ; *(at a run)* entrer/sortir *etc* en courant bruyamment ♦ **he was ~ing up and down his room** il arpentait sa chambre à pas lourds

► **pound away VI** ♦ **he was pounding away at the piano/at** *or* **on the typewriter** il a tapé comme un sourd sur son piano/sa machine à écrire

► **pound down VT SEP** *[+ drugs, spices, nuts]* piler ; *[+ rocks]* concasser ; *[+ earth, paving slabs]* pilonner ♦ **to ~ sth down to a pulp** réduire *or* mettre qch en bouillie

► **pound out VT SEP** ♦ **to pound out a tune on the piano** marteler un air au piano ♦ **to ~ out a letter on the typewriter** taper comme un sourd sur sa machine à écrire pour écrire une lettre

► **pound up VT SEP** *[+ drugs, spices, nuts]* piler ; *[+ rocks]* concasser ; *[+ earth, paving slabs]* pilonner

**pound**[3] /paʊnd/ **N** *(for dogs, cars)* fourrière *f*

**poundage** /ˈpaʊndɪdʒ/ **N** **a** *(= tax/commission)* impôt *m*/commission *f* de tant par livre *(sterling ou de poids)* **b** *(= weight)* poids *m* (en livres)

**-pounder** /ˈpaʊndəʳ/ **N** *(in compounds)* ♦ **thirty-pounder** *(= gun)* pièce *f* *or* canon *m* de trente ♦ **seven-pounder** *(= baby/fish)* bébé *m*/poisson *m* de 3,2 kg

**pounding** /ˈpaʊndɪŋ/ **ADJ** *[heart] (gen)* battant à tout rompre ; *(with fear, excitement)* battant la chamade ; *[waves, surf]* d'une violence inouïe ♦ **he could hear the sound of ~ hooves/feet/drums/artillery** il entendait le martèlement des sabots/des talons/des tambours/de l'artillerie ♦ **with ~ heart** le cœur battant à tout rompre ♦ **a ~ headache** un violent mal de tête

**N** **a** *[of heart, waves, surf]* battement *m* ; *[of feet, hooves, drums]* martèlement *m* ; *[of guns]* pilonnage *m*, martèlement *m*

**b** *(esp Brit* *)* ♦ **to take a ~** *[person]* en prendre pour son grade ♦ **the city took a real ~ in the war/in the storm** la guerre/la tempête a fait des ravages dans cette ville ♦ **the forwards often take a ~ in the scrum** les avants prennent souvent des coups dans la mêlée ♦ **Manchester United took a real ~ from Liverpool** Manchester United s'est fait battre à plate couture par Liverpool *or* a pris une déculottée * contre Liverpool ♦ **the Socialists took a terrible ~ in the last election** les socialistes se sont fait battre à plate couture lors des dernières élections

◆ **the Conservatives have been taking a ~ from the press** les conservateurs se sont fait éreinter par la presse

**pour** /pɔːʳ/ VT [+ liquid] verser ◆ **she ~ed him a cup of tea** elle lui a versé *or* servi une tasse de thé ◆ **~ yourself some tea** servez-vous *or* versez-vous du thé ◆ **shall I ~ the tea?** je sers le thé ? ◆ **he ~ed me a drink** il m'a versé *or* servi à boire ◆ **she ~ed the salt into the salt cellar** elle a versé le sel dans la salière ◆ **she ~ed the water off the carrots** elle a vidé l'eau des carottes ◆ **to ~ metal/wax into a mould** couler du métal/de la cire ◆ **to ~ money into a scheme** investir énormément d'argent dans un projet ◆ **to ~ scorn on sb/sth** dénigrer qn/qch ◆ **she looked as if she had been ~ed into her dress** * elle semblait moulée dans sa robe ◆ **to ~ it on** * *(US fig)* y mettre le paquet *, foncer * ; → **oil**

VI a *[water, blood etc]* couler à flots (*from* de) ◆ **water came ~ing into the room** l'eau entra à flots dans la pièce ◆ **water was ~ing down the walls** l'eau ruisselait le long des murs ◆ **smoke was ~ing from the window** des nuages de fumée sortaient par la fenêtre ◆ **sunshine ~ed into the room** le soleil entrait à flots dans la pièce ◆ **the sweat ~ed off him** il ruisselait de sueur ◆ **goods are ~ing out of the factories** les usines déversent des quantités de marchandises

b ◆ **it is ~ing (with rain)** * il pleut à verse ◆ **it ~ed for four days** il n'a pas arrêté de pleuvoir à torrents pendant quatre jours ; → **rain**

c *[people, cars, animals]* affluer ◆ **to ~ in/out** entrer/sortir en grand nombre *or* en masse ◆ **refugees ~ed into the country** les réfugiés affluaient dans le pays ◆ **cars ~ed off the ferry** un flot de voitures sortait du ferry ◆ **complaints came ~ing in from all over the country** des plaintes affluaient de tout le pays

d *[jug, teapot]* verser ◆ **this teapot doesn't ~ very well** cette théière ne verse pas très bien

e *[person]* servir ◆ **shall I ~?** je vous sers ?

f *(US = act as hostess)* jouer le rôle de maîtresse de maison

► **pour away** VT SEP *[+ dregs etc]* vider

► **pour down** VI ◆ **the rain** *or* **it was pouring down** il pleuvait à verse *or* à torrents

► **pour forth** VT SEP ⇒ **pour out vt sep b**

► **pour in** VI *[water, sunshine, rain]* entrer (à flots) ; *[people]* affluer ; *[cars, animals]* arriver de toutes parts *or* en masse ◆ **complaints/letters ~ed in** il y a eu un déluge *or* une avalanche de réclamations/de lettres

VT SEP *[+ liquid]* verser ◆ **they ~ed in capital** ils y ont investi d'énormes capitaux

► **pour off** VT SEP *[+ liquid]* vider

► **pour out** VI *[water]* sortir à flots ; *[people, cars, animals]* sortir en masse ◆ **the words came ~ing out** ce fut une cascade *or* un flot de paroles

VT SEP a *[+ tea, coffee, drinks]* verser, servir (*for sb* à qn) ; *[+ dregs, unwanted liquid]* vider ◆ **the factory ~s out hundreds of cars a day** l'usine sort des centaines de voitures chaque jour

b *(fig) [+ anger, emotion]* donner libre cours à ; *[+ troubles]* épancher ; *[+ complaint]* déverser ◆ **to ~ out one's heart to sb** s'épancher avec *or* auprès de qn ◆ **he ~ed out his story to me** il m'a raconté *or* sorti * toute son histoire

**pouring** /ˈpɔːrɪŋ/ ADJ a (also **of pouring consistency**) *(sauce etc)* liquide b ◆ **(in) the ~ rain** (sous) la pluie torrentielle *or* battante

**pout** /paʊt/ N moue *f* ◆ **... she said with a ~** ... dit-elle en faisant la moue VI faire la moue VT ◆ **to ~ one's lips** faire la moue ◆ **"no" she ~ed** "non" dit-elle en faisant la moue

**poverty** /ˈpɒvətɪ/ N a *(lit)* pauvreté *f* ◆ **to live in ~** vivre dans le besoin *or* dans la gêne ◆ **to live in extreme ~** vivre dans une misère extrême b *(fig) [of ideas, information]* déficit *m* ◆ **~ of resources** insuffisance *f* de ressources COMP ▷ **poverty level, poverty line** N ◆ **below/above ~ level** *or* **the ~ line** au-dessous *or* en dessous du/au-dessus du seuil de pauvreté ▷ **poverty-stricken** ADJ *(lit) [person, family]* dans le dénuement ; *[district]* miséreux, misérable ; *[conditions]* misérable ◆ **I'm ~-stricken** *(= hard up)* je suis fauché * (comme les blés), je suis sans le sou ▷ **the poverty trap** N *(Brit) cercle vicieux auquel sont confrontés les bénéficiaires d'allocations de chômage ou d'insertion qui ne peuvent travailler, même de manière temporaire, sans perdre leurs droits*

**POW** /ˌpiːəʊˈdʌbljʊ/ N *(Mil)* (abbrev of **prisoner of war**) → **prisoner**

**pow** ‡ /paʊ/ EXCL bang *

**powder** /ˈpaʊdəʳ/ N a *(= particles)* poudre *f* ◆ **milk ~** *(Culin)* lait *m* en poudre ◆ **in the form of a ~, in ~ form** en poudre ◆ **to reduce sth to a ~** pulvériser qch, réduire qch en poudre ◆ **to keep one's ~ dry** *(fig)* être paré ◆ **to take a ~** ‡ *(US)* prendre la poudre d'escampette *, décamper * ; → **baking, face, talc**

b *(= fine snow)* poudreuse *f*

VT a *[+ chalk, rocks]* réduire en poudre, pulvériser ; *[+ milk, eggs]* réduire en poudre ◆ **~ed milk** lait *m* en poudre

b *[+ face, body]* poudrer ; *(Culin) [+ cake etc]* saupoudrer (*with* de) ◆ **to ~ one's nose** *(lit)* se mettre de la poudre ; *(* euph)* (aller) se refaire une beauté *(euph)* ◆ **trees ~ed with snow** arbres *mpl* saupoudrés de neige

COMP ▷ **powder blue** N bleu *m* pastel *inv* ▷ **powder-blue** ADJ bleu pastel *inv* ◆ **~-blue dress** robe *f* bleu pastel ▷ **powder burn** N brûlure *f* (superficielle) causée par la poudre ▷ **powder compact** N poudrier *m* ▷ **powdered sugar** N *(US)* sucre *m* glace ▷ **powder keg** N *(lit)* baril *m* de poudre ; *(fig)* poudrière *f* ◆ **the Prime Minister is sitting on a ~ keg** le Premier ministre est sur une poudrière ▷ **powder magazine** N poudrière *f* ▷ **powder puff** N houppette *f* ; *(big, fluffy)* houppe *f* ▷ **powder room** N *(euph)* toilettes *fpl* (pour dames)

**powdering** /ˈpaʊdərɪŋ/ N ◆ **a ~ of snow** une mince pellicule de neige ◆ **a ~ of sugar** un saupoudrage de sucre

**powdery** /ˈpaʊdərɪ/ ADJ a *(in consistency) [substance, snow]* poudreux ; *[stone]* friable b *(= covered with powder) [surface]* couvert de poudre

**power** /ˈpaʊəʳ/ N a *(= ability, capacity)* pouvoir *m*, capacité *f* ; *(= faculty)* faculté *f* ◆ **it is not (with)in my ~ to help you** il n'est pas en mon pouvoir de vous aider ◆ **he did everything or all in his ~ to help us** il a fait tout son possible *or* tout ce qui était en son pouvoir pour nous aider ◆ **it is quite beyond her ~ to save him** il n'est pas en son pouvoir de le sauver, elle est tout à fait impuissante à le sauver ◆ **the ~ of hearing/movement** la faculté d'entendre/de se mouvoir ◆ **he lost the ~ of speech** il a perdu (l'usage de) la parole ◆ **mental ~s** facultés *fpl* mentales ◆ **the body's recuperative ~** la puissance de récupération de l'organisme, la capacité régénératrice du corps ◆ **his ~s of resistance** sa capacité de résistance ◆ **his ~s of persuasion** son pouvoir *or* sa force de persuasion ◆ **his ~s of imagination/concentration** sa faculté d'imagination/de concentration ◆ **earning ~** (niveau *m* de) rémunération *f* ◆ **purchasing** *or* **spending ~** pouvoir *m* d'achat ; see also **noun c** ; → **height**

◆ **a power of** * ◆ **it did me a ~ of good** ça m'a fait un bien immense, ça m'a rudement * fait du bien ◆ **he made a ~ of money** il a gagné un argent fou

b *(= force) [of person, blow, sun, explosion]* puissance *f*, force *f* ; *(Ling: of grammar)* puissance *f* ◆ **the ~ of love/thought** la force de l'amour/de la pensée ◆ **sea/air ~** puissance *f* navale/aérienne ◆ **more ~ to your elbow!** tous mes vœux de réussite !

c *(= authority)* pouvoir *m* (*also Pol*), autorité *f* ◆ **the ~ of the President/the police/the army** l'autorité *f or* le pouvoir du Président/de la police/de l'armée ◆ **student/pupil** *etc* **~** le pouvoir des étudiants/lycéens *etc* ◆ **he has the ~ to act** il a le pouvoir d'agir ◆ **they have no ~ in economic matters** ils n'ont aucune autorité en matière économique ◆ **that does not fall within my ~(s), that is beyond** *or* **outside my ~(s)** ceci n'est pas *or* ne relève pas de ma compétence ◆ **he exceeded his ~s** il a outrepassé *or* excédé ses pouvoirs ◆ **at the height of his ~** à l'apogée de son pouvoir ◆ **to have the ~ of life and death over sb** avoir droit de vie et de mort sur qn ◆ **to have ~ over sb** avoir autorité sur qn ◆ **to have sb in one's ~** avoir qn en son pouvoir ◆ **to fall into sb's ~** tomber sous l'emprise de qn, tomber sous la coupe de qn ◆ **in ~** *(Pol)* au pouvoir ◆ **Labour was in ~ at the time** le parti travailliste était alors au pouvoir ◆ **to come to ~** accéder au pouvoir ; → **absolute, attorney, veto**

d *(fig)* ◆ **they are the real ~ in the government** ce sont eux qui détiennent le pouvoir réel dans le gouvernement ◆ **he is a ~ in the university** il est très influent à l'université ◆ **he is a ~ in the land** c'est un homme très puissant *or* très influent ◆ **the ~ behind the throne** l'éminence *f* grise, celui (*or* celle) qui tire les ficelles ◆ **the Church is no longer the ~ it was** l'Église n'est plus la puissance qu'elle était ◆ **the ~s that be** les autorités *fpl* constituées ; → **above, darkness, evil**

e *(= nation)* puissance *f* ◆ **the nuclear/world ~s** les puissances *fpl* nucléaires/mondiales ◆ **one of the great naval ~s** une des grandes puissances navales

f *[of engine, telescope etc]* puissance *f* ; *(Elec, Phys, Tech etc)* puissance *f*, force *f* ; *(= energy)* énergie *f* ; *(= output)* rendement *m* ; *(= electricity)* électricité *f*, courant *m* ◆ **nuclear ~** l'énergie *f* nucléaire ◆ **they cut off the ~** *(Elec)* ils ont coupé le courant ◆ **our consumption of ~ has risen** *(Elec)* notre consommation d'électricité a augmenté ◆ **a cheap source of ~** une source d'énergie bon marché ◆ **a low-~ microscope** un microscope de faible puissance ◆ **magnifying ~** grossissement *m* ◆ **engines at half ~** moteurs *mpl* à mi-régime ◆ **the ship returned to port under her own ~** le navire est rentré au port par ses propres moyens ◆ **microwave on full ~ for a minute** faites chauffer au micro-ondes à puissance maximale pendant une minute ; → **horsepower, wind**[1]

g *(Math)* puissance *f* ◆ **five to the ~ of three** cinq puissance trois ◆ **to the nth ~** (à la) puissance n

VT faire marcher, faire fonctionner ◆ **~ed by nuclear energy** qui marche *or* fonctionne à l'énergie nucléaire ◆ **~ed by jet engines** propulsé par des moteurs à réaction

COMP *[saw, loom, lathe]* mécanique ; *(Aut) [brakes]* assisté ; *(Ind) [strike, dispute]* des travailleurs des centrales électriques ▷ **power-assisted** ADJ *(Aut)* assisté ▷ **power base** N *(Pol)* réseau *m* d'influence, support *m* politique ▷ **power broker** N *(Pol)* éminence *f* grise ▷ **power cable** N *(Elec)* câble *m* électrique ▷ **power cut** N *(Brit Elec)* coupure *f* de courant ▷ **power dive** N *(Aviat)* descente *f* en piqué ▷ **power dressing** N *tenue élégante, sobre et sévère adoptée par certaines femmes cadres* ▷ **power-driven** ADJ à moteur ; *(Elec)* électrique ▷ **power elite** N élite *f* au pouvoir ▷ **power failure** N *(Elec)* panne *f* de courant ▷ **power game** N *(Brit)* lutte *f* pour le pouvoir, jeu *m* de pouvoir ▷ **power lifting** N *(Sport)* power-lifting *m* ▷ **power line** N *(Elec)* ligne *f* à haute tension ▷ **power lunch** N déjeuner *m* d'affaires ▷ **power pack** N *(Elec)* bloc *m* d'alimentation ▷ **power plant** N *(= building)* centrale *f* (électrique) ; *(in vehicle etc)* groupe *m* moteur ▷ **power play** N *(Ice Hockey)* attaque *f* en force ; *(fig) (= attack)* attaque *f* en force ; *(= struggle)* épreuve *f* de force ▷ **power point** N *(Brit Elec)* prise *f* de courant ▷ **power politics** N politique *f* de coercition ▷ **power sharing** N *(Pol)* le partage du pouvoir ▷ **power station** N *(Elec)* centrale *f* (électrique) ▷ **power steering** N *(Aut)* direction *f* assistée ▷ **power structure** N *(Pol) (= way power is held)* répartition *f* des pouvoirs ; *(= those with power)* détenteurs *mpl* du pouvoir ▷ **power struggle** N lutte *f* pour le pouvoir ▷ **power supply** N *(Elec)* alimentation *f* électrique ▷ **power surge** N *(Elec)* surtension *f*, survoltage *m* ▷ **power tool** N outil *m* électrique ▷ **power walking** N marche *f* sportive ▷ **power workers** NPL *(Ind)* travailleurs *mpl* des centrales électriques

▸ **power down** VT SEP *[+ computer]* éteindre

▸ **power up** VT SEP *[+ computer]* allumer

**powerboat** /ˈpaʊəbəʊt/ N hors-bord *m inv*, (bateau *m*) offshore *m* COMP ▷ **powerboat racing** N (course *f*) offshore *m*

**-powered** /ˈpaʊəd/ ADJ *(in compounds)* ♦ **nuclear-powered** qui marche *or* fonctionne à l'énergie nucléaire ; → **high**

**powerful** /ˈpaʊəfʊl/ ADJ *[engine, machine, computer]* puissant ; *[kick, blow]* fort, violent ; *[person, build, smell]* fort ; *[influence, effect]* profond ; *[description, portrayal, performance]* (très) fort ; *[argument]* convaincant ♦ **I find his argument very ~** je trouve son argument très convaincant ♦ **he gave a ~ performance as Hamlet** il a donné une interprétation très forte de Hamlet ♦ **a ~ earthquake** un violent tremblement de terre ♦ **a ~ lot of** * un tas de *, beaucoup de

**powerfully** /ˈpaʊəfəlɪ/ ADV *[hit, strike]* avec force ; *[affect]* fortement ; *[influence]* profondément ; *[erotic, evocative]* profondément ♦ **the room smelt ~ of cats** une forte odeur de chat régnait dans la pièce ♦ **to write ~** écrire dans un style puissant *or* incisif ♦ **to argue ~ (for new legislation)** avancer des arguments percutants (en faveur d'une nouvelle législation) ♦ **~ built** solidement charpenté, qui a une forte carrure ♦ **~ addictive** à fort effet d'accoutumance

**powerhouse** /ˈpaʊəhaʊs/ N a *(lit)* centrale *f* électrique b *(fig)* personne *f* (or groupe *m*) très dynamique ♦ **a ~ of new ideas** une mine d'idées nouvelles

**powerless** /ˈpaʊəlɪs/ ADJ impuissant *(against* contre) ♦ **the government is ~ in the face of recession** le gouvernement est impuissant face à la récession ♦ **he is ~ to help you** il ne peut rien faire pour vous aider, il est impuissant à vous aider

**powerlessly** /ˈpaʊəlɪslɪ/ ADV ♦ **I looked on ~** j'ai assisté au spectacle, impuissant *or* sans pouvoir rien faire

**powerlessness** /ˈpaʊəlɪsnɪs/ N impuissance *f*

**powwow** /ˈpaʊwaʊ/ N assemblée *f (des Indiens d'Amérique)* ; *(* fig)* tête-à-tête *m inv* VI *(* fig)* s'entretenir, palabrer *(pej)*

**pox** /pɒks/ N *(† : gen)* variole *f*, petite vérole *f* ♦ **the ~** * *(= syphilis)* la vérole * ♦ **a ~ on ...!** † maudit soit ... ! ; → **chickenpox, cowpox**

**poxy** ‡ /ˈpɒksɪ/ ADJ *(Brit)* merdique ‡

**pp**[1] /ˌpiːˈpiː/ (abbrev of **per procurationem**) *(= by proxy)* PREP p.p. VT ♦ **to pp a letter (for sb)** signer une lettre pour qn

**pp**[2] a (abbrev of **parcel post**) → **parcel** b (abbrev of **post-paid**) → **post**[3]

**PPE** /ˈpiːˌpiːˈiː/ N *(Univ)* (abbrev of **philosophy, politics and economics**) philosophie, sciences politiques et économie *fpl*

**ppm** (abbrev of **parts per million**) → **part**

**PPS** /ˈpiːˌpiːˈes/ N a *(Brit Parl)* (abbrev of **Parliamentary Private Secretary**) → **parliamentary** b (abbrev of **post postscriptum**) PPS *m*

**PPV** /ˌpiːpiːˈviː/ N (abbrev of **pay-per-view**) PPV *m*

**PQ** *(Can Post)* abbrev of **Province of Quebec**

**PR**[1] /piːˈɑːr/ N (abbrev of **public relations**) → **public**

**PR**[2] abbrev of **Puerto Rico**

**PR**[3] /piːˈɑːr/ N (abbrev of **proportional representation**) RP *f*

**Pr.** abbrev of **Prince**

**practicability** /ˌpræktɪkəˈbɪlɪtɪ/ N *[of scheme, plan]* faisabilité *f* ; *[of suggestion, idea]* possibilité *f* d'être mis en pratique

**practicable** /ˈpræktɪkəbl/ ADJ *[task, plan]* faisable, réalisable ; *[idea]* qui peut être mis en pratique

**practical** /ˈpræktɪkəl/ ADJ a *(= concrete, not theoretical) [suggestion]* concret (-ète *f*) ♦ **a ~ way of ...** un moyen concret de ... ♦ **to be of no ~ use** n'avoir aucun intérêt pratique ♦ **for (all) ~ purposes** en pratique ♦ **to become ~** *[scheme, idea etc]* devenir réalisable b *(= down-to-earth) [person]* pratique, pragmatique ♦ **to be ~** avoir le sens pratique *or* le sens des réalités c *(= functional, appropriate) [clothes, shoes, gadget]* pratique d *(= near)* ♦ **it's a ~ certainty** c'est une quasi-certitude N *(= exam)* épreuve *f* pratique ; *(= lesson)* travaux *mpl* pratiques COMP ▷ **practical joke** N farce *f* ▷ **practical joker** N farceur *m*, -euse *f* ▷ **practical nurse** N *(US)* infirmier *m*, -ière *f* auxiliaire aide-soignant(e) *m(f)*

**practicality** /ˌpræktɪˈkælɪtɪ/ N *(NonC) [of person]* sens *m or* esprit *m* pratique ; *[of suggestion]* aspect *m* pratique ♦ **I doubt the ~ of this scheme** je doute de la faisabilité de ce projet, je doute que ce projet soit réalisable (d'un point de vue pratique) ♦ **they are worried about the ~ of building the system** ils craignent que ce système ne soit pas réalisable sur le plan pratique NPL **practicalities** détails *mpl* pratiques

**practically** /ˈpræktɪklɪ/ ADV a *(= almost)* pratiquement b *(= from a practical point of view)* pratiquement, d'un point de vue pratique ♦ **~ speaking** *(= in practice)* pour parler concrètement, en pratique c *(= in a practical way) [say, ask, suggest]* avec pragmatisme ; *[help]* sur le plan *or* d'un point de vue pratique ♦ **let's think ~** soyons pratiques, faisons preuve de sens pratique ♦ **he's very ~ minded, he thinks very ~** il a vraiment l'esprit *or* le sens pratique

**practicalness** /ˈpræktɪkəlnɪs/ N ⇒ **practicality n**

**practice** /ˈpræktɪs/ N a *(= way of behaving)* pratique *f* ♦ **such ~s as arbitrary arrest and torture** des pratiques telles que les arrestations arbitraires et la torture ♦ **this ~ is illegal in other countries** cette pratique est illégale dans d'autres pays ♦ **to make a ~ of doing sth, to make it a ~ to do sth** avoir l'habitude *or* se faire une habitude de faire qch ♦ **it is not my ~ to do so** il n'est pas dans mes habitudes de faire ainsi ♦ **it's normal** *or* **standard** *or* **common ~ to ...** il est d'usage de ... ♦ **that's common ~** c'est courant ♦ **as is common ~, as is the ~** comme il est d'usage ♦ **best ~** meilleures pratiques *fpl* ; → **restrictive, sharp**

b *(= exercises)* exercices *mpl* ; *(= training)* entraînement *m* ; *(= experience)* expérience *f* ; *(= rehearsal)* répétition *f* ♦ **I need more ~** je manque d'entraînement, je ne me suis pas assez exercé ♦ **he does six hours' piano ~ a day** il s'exerce au piano six heures par jour, il fait six heures de piano par jour ♦ **she's had lots of ~** elle a de l'expérience ♦ **it takes years of ~** il faut de longues années d'expérience ♦ **with ~** avec de l'entraînement ♦ **~ makes perfect** *(Prov)* c'est en forgeant qu'on devient forgeron *(Prov)* → **target**

♦ **out of practice** rouillé *(fig)*

c *(NonC: as opposed to theory)* pratique *f* ♦ **a gap between theory and ~** un fossé entre la théorie et la pratique

♦ **in practice** dans la pratique

♦ **to put sth into practice** mettre qch en pratique ♦ **he then had an opportunity to put his ideas into ~** il eut alors l'occasion de mettre ses idées en pratique

d *(= profession: of law, medicine etc)* exercice *m* ; *(= business, clients)* clientèle *f*, cabinet *m* ♦ **to go into ~** *or* **to set up in ~ as a doctor/lawyer** s'installer *or* s'établir docteur/avocat ♦ **he is in ~ in Valence** il exerce à Valence ♦ **he has a large ~** il a une nombreuse clientèle, il a un cabinet important ; → **general**

VTI *(US)* ⇒ **practise**

COMP *[flight, run]* d'entraînement ▷ **practice exam** N examen *m* blanc ▷ **practice teacher** N *(US Scol)* professeur *m* stagiaire ; *(in primary school)* instituteur *m*, -trice *f* stagiaire ▷ **practice test** N ⇒ **practice exam**

> ⚠ *Check what kind of practice it is before translating* **practice** *by* **pratique**.

**practise, practice** *(US)* /ˈpræktɪs/ VT a *(= put into practice) [+ restraint, kindness, charity, technique, meditation, one's religion]* pratiquer ; *[+ method]* employer, appliquer ♦ **to ~ torture on sb** faire subir *or* infliger des tortures à qn ♦ **to ~ cruelty on sb** faire preuve de cruauté envers *or* à l'égard de qn ♦ **to ~ what one preaches** prêcher par l'exemple *or* d'exemple ♦ **to ~ medicine/law** exercer la médecine *or* la profession de médecin/la profession d'avocat

b *(= exercise in) [+ sport]* s'entraîner à ; *[+ violin etc]* s'exercer à, travailler ; *[+ song, chorus, recitation]* travailler ♦ **she was practising her scales** elle faisait ses gammes ♦ **I need to ~ my backhand** j'ai besoin de travailler mon revers ♦ **to ~ doing sth** s'entraîner *or* s'exercer à faire qch ♦ **I'm going to ~ my German on him** je vais m'exercer à parler allemand avec lui ; see also **practised**

VI a *(Mus)* s'exercer ; *(Sport)* s'entraîner ; *[beginner]* faire des exercices ♦ **to ~ on the piano** s'exercer au piano, travailler le piano ♦ **he ~s for two hours every day** il fait deux heures d'entraînement *or* d'exercices par jour

b *[doctor, lawyer]* exercer ♦ **to ~ as a doctor/lawyer** exercer la médecine *or* la profession de médecin/la profession d'avocat

**practised, practiced** *(US)* /ˈpræktɪst/ ADJ *[teacher, nurse, soldier]* expérimenté, chevronné ; *[eye, ear]* exercé ; *[movement]* expert ; *[performance]* accompli

**practising, practicing** *(US)* /ˈpræktɪsɪŋ/ ADJ *[doctor]* exerçant ; *[lawyer]* en exercice ; *[architect]* en activité ; *[Catholic, Buddhist]* pratiquant ◆ **a ~ Christian** un (chrétien) pratiquant ◆ **he's a ~ homosexual** c'est un homosexuel actif

**practitioner** /prækˈtɪʃənəʳ/ N *(of an art)* praticien(ne) *m(f)* ; (*Med:* also **medical practitioner**) médecin *m* ; → **general**

**praesidium** /prɪˈsɪdɪəm/ N présidium *m*

**praetorian, pretorian** *(US)* /prɪˈtɔːrɪən/ ADJ prétorien COMP ▷ **praetorian guard** N *(Hist, fig)* garde *f* prétorienne

**pragmatic** /prægˈmætɪk/ ADJ *(gen, Philos)* pragmatique

**pragmatical** /prægˈmætɪkl/ ADJ pragmatique

**pragmatically** /prægˈmætɪklɪ/ ADV avec pragmatisme, d'une manière pragmatique

**pragmatics** /prægˈmætɪks/ N *(NonC)* pragmatique *f*

**pragmatism** /ˈprægmətɪzəm/ N pragmatisme *m*

**pragmatist** /ˈprægmətɪst/ ADJ, N pragmatiste *mf*

**Prague** /prɑːg/ N Prague

**prairie** /ˈprɛərɪ/ N plaine *f* (herbeuse) ◆ **the ~(s)** *(US)* la Grande Prairie, les Prairies *fpl*
COMP ▷ **prairie chicken** N *(US Zool)* cupidon *m* (des prairies), tétras cupidon *m* ▷ **prairie cocktail** N *(US)* ⇒ **prairie oyster** ▷ **prairie dog** N chien *m* de prairie ▷ **prairie oyster** N *(US)* œuf *m* cru assaisonné et bu dans de l'alcool *(remède contre la gueule de bois)* ▷ **Prairie Provinces** NPL *(Can)* Provinces *fpl* des Prairies ▷ **prairie schooner** N *(US)* grand chariot *m* bâché (des pionniers américains) ▷ **the Prairie State** N *(US)* l'Illinois *m* ▷ **prairie wolf** N *(US)* coyote *m*

**praise** /preɪz/ N a éloge(s) *m(pl)*, louange(s) *f(pl)* ◆ **in ~ of** à la louange de ◆ **to speak** (*or* **write** *etc*) **in ~ of sb/sth** faire l'éloge de qn/qch ◆ **it is beyond ~** c'est au-dessus de tout éloge ◆ **to be full of ~ for sb/sth** ne pas tarir d'éloges sur qn/qch ◆ **to give ~** être élogieux ◆ **I have nothing but ~ for what he has done** je ne peux que le louer de ce qu'il a fait ◆ **I have nothing but ~ for him** je n'ai qu'à me louer *or* me féliciter de lui ◆ **all ~ to him for speaking out!** il a dit ce qu'il pensait et je lui tire mon chapeau ! ◆ **he was loud** *or* **warm in his ~(s) of ...** il n'a pas tari d'éloges sur ..., il a chanté les louanges de ... ; → **sing**
b *(Rel)* **a hymn of ~** un cantique ◆ **~ be to God!** Dieu soit loué ! ◆ **~ be!** * Dieu merci !
VT a *[+ person, action, sb's courage etc]* faire l'éloge de, louer ◆ **to ~ sb for sth/for doing sth** louer qn pour qch/d'avoir fait qch ◆ **to ~ sb to the skies** porter qn aux nues ◆ **to ~ the virtues of sb/sth** vanter les mérites de qn/qch
b *(Rel)* louer, glorifier ◆ **~ God!** Dieu soit loué !

**praiseworthiness** /ˈpreɪzˌwɜːðɪnɪs/ N mérite *m*

**praiseworthy** /ˈpreɪzˌwɜːðɪ/ ADJ *[person]* digne d'éloges ; *[effort, attempt]* digne d'éloges, louable

**praline** /ˈprɑːliːn/ N *(nutty)* praline *f* ; *(= almond)* dragée *f*

**pram** /præm/ N *(Brit)* voiture *f* d'enfant, landau *m* ◆ **~ park** emplacement *m* réservé aux voitures d'enfants

**prance** /prɑːns/ VI *[horse, child]* caracoler ; *[dancer]* cabrioler ◆ **the horse was prancing about** le cheval caracolait ◆ **she was prancing * around** *or* **about with nothing on** elle se baladait * toute nue ◆ **to ~ in/out** *etc [horse]* entrer/sortir *etc* en caracolant ; *[person] (gaily)* entrer/sortir *etc* allégrement ; *(arrogantly)* entrer/sortir *etc* en se pavanant

**prang** †* /præŋ/ VT *(Brit) (= crash) [+ plane, car]* bousiller * ; *[+ bomb]* pilonner

**prank** /præŋk/ N *(= joke)* farce *f*, niche † *f* ◆ **a childish ~** une gaminerie ◆ **schoolboy ~** farce *f* d'écolier ◆ **to play a ~ on sb** faire une farce *or* une niche † à qn

**prankster** † /ˈpræŋkstəʳ/ N farceur *m*, -euse *f*

**praseodymium** /ˌpreɪzɪəʊˈdɪmɪəm/ N praséodyme *m*

**prat** ‡ /præt/ N *(Brit)* con ‡ *m*, conne ‡ *f*

**prate** /preɪt/ VI jaser, babiller *(pej)* ◆ **to ~ on about sth** parler à n'en plus finir de qch

**pratfall** ‡ /ˈprætˌfɔːl/ N *(US)* chute *f* sur le derrière

**prattle** /ˈprætl/ VI *[one person]* jaser, babiller *(pej)* ; *[several people]* papoter, jacasser ; *[child]* babiller, gazouiller ◆ **to ~ on about sth** parler à n'en plus finir de qch ◆ **he ~s on and on** c'est un vrai moulin à paroles N *[of one person]* bavardage *m*, babillage *m (pej)* ; *[of several people]* jacasserie *f*, papotage *m* ; *[of child]* babil *m*, babillage *m*

**prawn** /prɔːn/ N *(esp Brit)* crevette *f* rose, bouquet *m* ; → **Dublin** COMP ▷ **prawn cocktail** N cocktail *m* de crevettes ▷ **prawn cracker** N beignet *m* de crevettes

**pray** /preɪ/ VI prier ◆ **they ~ed to God to help them** ils prièrent Dieu de les secourir ◆ **he ~ed to be released from his suffering** il pria le ciel de mettre fin à ses souffrances ◆ **to ~ for sb/sb's soul** prier pour qn/l'âme de qn ◆ **he ~ed for forgiveness** il pria Dieu de lui pardonner ◆ **to ~ for rain** prier pour qu'il pleuve ◆ **to ~ for guidance** demander conseil à Dieu ◆ **we're ~ing for fine weather** nous prions pour qu'il fasse beau
VT a († , *liter = request*) prier (*sb to do sth* qn de faire qch)
b *(Rel)* prier (*that* pour que + *subj*) ◆ **they ~ed God to help him** ils prièrent Dieu de venir en aide ◆ **~ God he'll recover** prions Dieu qu'il guérisse
ADV †† ◆ **~ be seated** veuillez vous asseoir, asseyez-vous je vous prie ◆ **what good is that, ~?** *(iro)* à quoi cela peut-il bien servir, je vous le demande ?

**prayer** /prɛəʳ/ N a *(Rel)* prière *f* ◆ **to be at ~** *or* **at one's ~s** être en prière ◆ **family ~s** prières *fpl* en famille ◆ **he was kneeling in ~** il priait à genoux ◆ **to say one's ~s** faire sa prière ◆ **they said a ~ for him** ils ont dit une prière pour lui, ils ont prié pour lui ◆ **~s** *(as service)* office *m* ◆ **he will lead us in ~, he will lead our ~s** il va diriger nos prières ◆ **he didn't have a ~** * il n'avait pas la moindre chance ; → **common, evening, lord**
b *(= desire, wish)* vœu *m*, souhait *m*
COMP ▷ **prayer beads** NPL chapelet *m* ▷ **prayer book** N livre *m* de prières ◆ **the Prayer Book** le rituel de l'Église anglicane ▷ **prayer mat** N tapis *m* de prière ▷ **prayer meeting** N réunion *f* de prière ▷ **prayer rug** N tapis *m* de prière ▷ **prayer shawl** N *(in Judaism)* taleth *m* ▷ **prayer wheel** N moulin *m* à prières

**praying** /ˈpreɪɪŋ/ N *(NonC)* prière(s) *f(pl)* ADJ en prière COMP ▷ **praying mantis** N mante *f* religieuse

**pre...** /priː/ PREF pré... ◆ **preglacial** préglaciaire ◆ **pre-1950** ADJ antérieur (-eure *f*) à (l'année) 1950, d'avant 1950 ADV avant 1950 ; → **predate, pre-record**

**preach** /priːtʃ/ VI *(Rel)* prêcher *(also fig pej)* évangéliser ; *(in church)* prêcher ◆ **to ~ to sb** prêcher qn ◆ **to ~ to** *or* **at sb** *(fig pej)* prêche *or* sermonner qn ◆ **don't ~!** pas de morale s'il te plaît ! ◆ **you're ~ing to the converte** vous prêchez un converti ; → **practise** V *[+ religion, the Gospel, crusade, doctrine]* prêcher ; *(fig) [+ patience]* préconiser, prôner *[+ advantage]* prôner ◆ **to ~ a sermon** prêcher, faire un sermon ◆ **to ~ that ...** procla mer que ...

**preacher** /ˈpriːtʃəʳ/ N prédicateur *m* ; *(US = clergyman)* pasteur *m*

**preachify** * /ˈpriːtʃɪfaɪ/ VI *(pej)* prêcher, faire la morale

**preaching** /ˈpriːtʃɪŋ/ N *(NonC)* prédication *f* sermon *m* ; *(fig pej)* prêchi-prêcha * *m* in *(pej)*

**preachy** * /ˈpriːtʃɪ/ ADJ *(pej)* prêcheur, sermonneur

**preamble** /priːˈæmbl/ N préambule *m* ; *(i book)* préface *f*

**preamplifier** /ˌpriːˈæmplɪfaɪəʳ/ préamplificateur *m*, préampli * *m*

**prearrange** /ˈpriːəˈreɪndʒ/ VT arranger *or* or ganiser à l'avance

**prebend** /ˈprebənd/ N prébende *f*

**prebendary** /ˈprebəndərɪ/ N prébendier *m*

**precancerous** /ˈprɪˈkænsərəs/ AD précancéreux

**precarious** /prɪˈkeərɪəs/ ADJ *(= uncertain) [situa tion, position]* précaire ; *(= unsteady) [ladde etc]* mal assuré, en équilibre instable ◆ **tha stepladder looks a bit ~** cet escabeau n'a pas l'air très stable

**precariously** /prɪˈkeərɪəslɪ/ ADV *[cling, hang lean]* d'une manière précaire *or* instable ◆ **~ perched** *or* **balanced** en équilibre pré caire ◆ **to cling ~ to life** s'accrocher dése pérément à la vie ◆ **to live ~** *(= in danger o poverty)* vivre dans la précarité ; *(= live fo the moment)* vivre au jour le jour

**precast** /ˈpriːˈkɑːst/ ADJ *(Theat, Cine) [play, film* dont les rôles sont distribués d'avanc COMP ▷ **precast concrete** N béton *m* précon traint

**precaution** /prɪˈkɔːʃən/ N précaution *(against* contre) ◆ **as a ~** par précaution ◆ **t take ~s** *(also euph)* prendre ses précaution ◆ **to take the ~ of doing sth** prendre l précaution de faire qch ◆ **fire ~s** mesure *fpl* de sécurité contre les incendie ◆ **safety** *or* **security ~s** mesures *fpl* de sécu rité

**precautionary** /prɪˈkɔːʃənərɪ/ ADJ de précau tion, préventif ◆ **as a ~ measure** par mesur de précaution ◆ **to take ~ measures** prendr des mesures de précaution

**precede** /prɪˈsiːd/ VT *(in space, time)* précéder *(in rank)* avoir la préséance sur ◆ **the wee preceding his death** la semaine qui a pré cédé sa mort, la semaine avant sa mort

**precedence** /ˈpresɪdəns/ N *(in rank)* préséanc *f* ; *(in importance)* priorité *f* ◆ **to have** *or* **take ~ over sb** avoir la préséance *or* le pas sur q ◆ **this question must take ~ over all others** c problème doit passer avant tous le autres *or* doit avoir la priorité sur tous le autres ◆ **to give ~ to sth** donner *or* accorde la priorité à qch

**precedent** /ˈpresɪdənt/ N précédent *m* ◆ **with out ~** sans précédent ◆ **to act as** *or* **form a ~** constituer un précédent ◆ **to set** *or* **estab lish** *or* **create a ~** créer un précédent ◆ **t break with ~** rompre avec la tradition

**preceding** /prɪˈsiːdɪŋ/ ADJ précédent ◆ **the ~ day** le jour précédent, la veille

**precentor** /prɪˈsentəʳ/ N premier chantre *m* maître *m* de chapelle

**precept** /'pri:sept/ N précepte *m*

**preceptor** /prɪ'septəʳ/ N précepteur *m*, -trice *f*

**precession** /prɪ'seʃən/ N précession *f* COMP ▷ **precession of the equinoxes** N *(Astron)* précession *f* des équinoxes

**pre-Christian** /pri:'krɪstʃən/ ADJ préchrétien

**precinct** /'pri:sɪŋkt/ N a *(round cathedral)* enceinte *f*; *(= boundary)* pourtour *m* ◆ **within the ~s of ...** *(fig)* dans les limites de ... ◆ **the ~s** *(= neighbourhood)* les alentours *mpl*, les environs *mpl*; → **pedestrian, shopping** b *(US Police)* circonscription *f* administrative; *(US Pol)* circonscription *f* électorale, arrondissement *m* COMP ▷ **precinct captain** N *(US) (Pol)* responsable *mf* politique de quartier; *(Police)* commissaire *m* (de police) de quartier ▷ **precinct cop*** N *(US)* flic* *m* de quartier ▷ **precinct police** N *(US)* police *f* de quartier ▷ **precinct station** N *(US Police)* poste *m* de police de quartier, commissariat *m* de quartier ▷ **precinct worker** N *(US Pol) militant(e) politique à l'échelon du quartier*

**preciosity** /,preʃɪ'ɒsɪtɪ/ N préciosité *f*

**precious** /'preʃəs/ ADJ a *[person, moment]* précieux; *[object, book, possession]* précieux, de valeur; *(* iro)* chéri, cher ◆ **don't waste ~ time arguing** ne perds pas un temps précieux à discuter ◆ **this book is very ~ to me** ce livre a une très grande valeur pour moi, je tiens énormément à ce livre ◆ **the child is very ~ to him** il tient énormément à cet enfant ◆ **your ~ son*** *(iro)* ton fils chéri, ton cher fils ◆ **your ~ car** *(iro)* ta voiture chérie, ta chère voiture ◆ **your ~ career** *(iro)* ta chère carrière b *[style, language]* précieux, affecté ADV * ◆ **~ few, ~ little** fort *or* bien peu N ◆ **(my) ~!** † mon trésor! COMP ▷ **precious metal** N métal *m* précieux ▷ **precious stone** N pierre *f* précieuse

**precipice** /'presɪpɪs/ N *(gen)* à-pic *m inv* ◆ **to fall over a ~** tomber dans un précipice

**precipitance** /prɪ'sɪpɪtəns/, **precipitancy** /prɪ'sɪpɪtənsɪ/ N précipitation *f*

**precipitant** /prɪ'sɪpɪtənt/ ADJ *(frm)* ⇒ **precipitate adj** N *(Chem)* précipitant *m*

**precipitate** /prɪ'sɪpɪteɪt/ VT a *(frm) (= hasten) [+ event, crisis]* hâter, précipiter; *(= hurl) [+ person]* précipiter *(into* dans) b *(Chem)* précipiter; *(Met)* condenser VI *(Chem)* (se) précipiter; *(Met)* se condenser N *(Chem)* précipité *m* ADJ /prɪ'sɪpɪtɪt/ *(frm)* irréfléchi, hâtif

**precipitately** /prɪ'sɪpɪtɪtlɪ/ ADV *(frm)* précipitamment

**precipitation** /prɪ,sɪpɪ'teɪʃən/ N précipitation *f (also Chem, Met)*

**precipitous** /prɪ'sɪpɪtəs/ ADJ *(frm)* a escarpé, abrupt b ⇒ **precipitate adj**

**precipitously** /prɪ'sɪpɪtəslɪ/ ADV *(frm)* à pic, abruptement

**précis** /'preɪsi:/ N (pl inv /'preɪsi:z/) résumé *m*, précis *m* VT faire un résumé *or* précis de

**precise** /prɪ'saɪs/ ADJ a *[details, instructions, description]* précis; *[measurement, meaning, account, nature, location]* précis, exact ◆ **be (more) ~!** soyez (plus) précis! ◆ **the ~ amount of energy they need** la quantité exacte d'énergie dont ils ont besoin ◆ **at that ~ moment** à ce moment précis *or* même

◆ **to be precise** pour être exact *or* précis ◆ **there were eight to be ~** il y en avait huit pour être exact *or* précis ◆ **I have to be up early, 4am to be ~** il faut que je me lève tôt, à 4 heures du matin pour être exact *or* précis

b *(= meticulous) [movement]* précis; *[person, manner]* méticuleux, minutieux; *(pej = overprecise)* pointilleux, maniaque ◆ **in that ~ voice of hers** de son ton si net ◆ **she speaks very ~ English** elle parle un anglais très correct

**precisely** /prɪ'saɪslɪ/ LANGUAGE IN USE 26.3 ADV *[explain, describe]* de façon précise; *[measure, define]* avec précision; *[speak, enunciate]* d'une voix très nette ◆ **10 o'clock ~, ~ 10 o'clock** 10 heures précises *or* sonnantes ◆ **~ nine minutes** exactement *or* très précisément neuf minutes ◆ **hormones, or more ~, progesterone** des hormones, ou plus précisément *or* exactement de la progestérone ◆ **~ what does that mean?** qu'est-ce que cela veut dire exactement *or* au juste? ◆ **he said ~ nothing** il n'a absolument rien dit ◆ **~!** précisément! ◆ **I didn't feel the pain, ~ because I was so cold** justement, c'est parce que j'avais si froid que je ne sentais pas la douleur ◆ **that is ~ the problem** c'est bien là le problème

**preciseness** /prɪ'saɪsnɪs/ N ⇒ **precision n**

**precision** /prɪ'sɪʒən/ N précision *f* ◆ **with deadly/military/clinical ~** avec une précision implacable/militaire/chirurgicale COMP *[tool]* de précision ▷ **precision bombing** N bombardement *m* de précision ▷ **precision engineering** N mécanique *f* de précision ▷ **precision instrument** N instrument *m* de précision ▷ **precision-made** ADJ de haute précision

**preclude** /prɪ'klu:d/ VT *[+ doubt]* écarter, dissiper; *[+ misunderstanding]* prévenir; *[+ possibility]* exclure ◆ **to be ~d from doing sth** être empêché de faire qch ◆ **to ~ sth happening** empêcher que qch n'arrive *subj* ◆ **that ~s his leaving** cela l'empêche de partir

**precocious** /prɪ'kəʊʃəs/ ADJ *(gen, pej)* précoce ◆ **a ~ brat*** un petit prodige ◆ **at a ~ age** à un âge précoce

**precociously** /prɪ'kəʊʃəslɪ/ ADV ◆ **~ mature** d'une maturité précoce ◆ **a ~ talented/brilliant player** un joueur au talent/génie précoce ◆ **"mummy, it's frankly horrifying", he said ~** "franchement maman, c'est l'horreur" dit-il avec une précocité étonnante

**precociousness** /prɪ'kəʊʃəsnɪs/, **precocity** /prə'kɒsɪtɪ/ N précocité *f*

**precognition** /,pri:kɒg'nɪʃən/ N préconnaissance *f*

**precombustion** /'pri:kəm'bʌstʃən/ N précombustion *f*

**preconceived** /'pri:kən'si:vd/ ADJ ◆ **~ notion** *or* **idea** idée *f* préconçue

**preconception** /'pri:kən'sepʃən/ N idée *f* préconçue

**preconcerted** /'pri:kən'sɜ:tɪd/ ADJ concerté d'avance

**precondition** /'pri:kən'dɪʃən/ N condition *f* préalable VT ◆ **to ~ sb to do sth** conditionner qn pour qu'il fasse qch

**precook** /'pri:'ku:k/ VT faire cuire à l'avance

**precooked** /'pri:'ku:kt/ ADJ précuit

**precool** /'pri:'ku:l/ VT refroidir d'avance

**precursor** /pri:'kɜ:səʳ/ N *(= person, thing)* précurseur *m*; *(= event)* annonce *f*, signe *m* avant-coureur

**precursory** /prɪ'kɜ:sərɪ/ ADJ *[remark]* préliminaire; *[taste, glimpse]* annonciateur (-trice *f*)

**predaceous, predacious** /prɪ'deɪʃəs/ ADJ ⇒ **predatory**

**predate** /pri:'deɪt/ VT a *(= put earlier date on) [+ cheque, document]* antidater b *(= come before in time) [+ event]* précéder, avoir lieu avant; *[+ document]* être antérieur à, précéder

**predator** /'predətəʳ/ N prédateur *m*, rapace *m*

**predatory** /'predətərɪ/ ADJ *[animal, bird, insect]* de proie, prédateur (-trice *f*), rapace; *[habits]* de prédateur(s); *[person]* rapace; *[armies]* pillard; *[look]* vorace, avide ◆ **~ pricing** *(Comm)* politique *f* de prix déloyale

**predecease** /'pri:dɪ'si:s/ VT prédécéder

**predecessor** /'pri:dɪsesəʳ/ N prédécesseur *m*

**predestination** /pri:,destɪ'neɪʃən/ N prédestination *f*

**predestine** /pri:'destɪn/ VT *(also Rel)* prédestiner (*to* à; *to do sth* à faire qch)

**predetermination** /'pri:dɪ,tɜ:mɪ'neɪʃən/ N détermination *f* antérieure; *(Philos, Rel)* prédétermination *f*

**predetermine** /'pri:dɪ'tɜ:mɪn/ VT déterminer d'avance; *(Philos, Rel)* prédéterminer ◆ **soon it will be possible to ~ the sex of your children** il sera bientôt possible de déterminer d'avance le sexe de vos enfants

**predeterminer** /,pri:dɪ'tɜ:mɪnəʳ/ N *(Gram)* prédéterminant *m*, préarticle *m*

**predicable** /'predɪkəbl/ ADJ, N *(Philos)* prédicable *m*

**predicament** /prɪ'dɪkəmənt/ N situation *f* difficile *or* fâcheuse ◆ **I'm in a real ~!** je suis dans une situation très difficile

**predicate** /'predɪkeɪt/ VT a *(= affirm: gen, Philos)* affirmer (*that* que) b *(= imply) [+ existence of sth etc]* impliquer, supposer c *(= base) [+ statement, belief, argument]* baser, fonder (*on, upon* sur) ◆ **this is ~d on the fact that ...** ceci est fondé *or* basé sur le fait que ... N /'predɪkɪt/ *(Gram)* prédicat *m*; *(Philos)* prédicat *m*, attribut *m* ADJ /'predɪkɪt/ *(Gram)* prédicatif; *(Philos)* attributif

**predicative** /prɪ'dɪkətɪv/ ADJ *(Gram)* prédicatif

**predicatively** /prɪ'dɪkətɪvlɪ/ ADV *(Gram)* en tant que prédicat

**predict** /prɪ'dɪkt/ VT prédire

**predictability** /prɪdɪktə'bɪlɪtɪ/ N prévisibilité *f*

**predictable** /prɪ'dɪktəbl/ ADJ *[behaviour]* prévisible; *[person, book]* sans surprise ◆ **his reaction was ~** sa réaction était prévisible

**predictably** /prɪ'dɪktəblɪ/ ADV *[behave, say, react]* d'une manière prévisible ◆ **his father was ~ furious, ~, his father was furious** comme on pouvait s'y attendre *or* comme on pouvait le prévoir, son père était furieux

**prediction** /prɪ'dɪkʃən/ N *(= forecast)* prévision *f*; *[of soothsayer]* prédiction *f*

**predictive** /prɪ'dɪktɪv/ ADJ prophétique

**predictor** /prɪ'dɪktəʳ/ N indice *m*

**predigested** /,pri:daɪ'dʒestɪd/ ADJ prédigéré

**predilection** /,pri:dɪ'lekʃən/ N prédilection *f*

**predispose** /'pri:dɪs'pəʊz/ VT prédisposer (*to or towards sth* à qch; *to do(ing) sth* à faire qch)

**predisposition** /'pri:,dɪspə'zɪʃən/ N prédisposition *f* (*to* à)

**predominance** /prɪ'dɒmɪnəns/ N prédominance *f*

**predominant** /prɪ'dɒmɪnənt/ ADJ prédominant

**predominantly** /prɪ'dɒmɪnəntlɪ/ ADV principalement, essentiellement ◆ **they are ~ French** ce sont principalement *or* essentiellement des Français ◆ **acne is ~ a teenage problem** l'acné est principalement *or* essentiellement un problème d'adolescent

**predominate** /prɪ'dɒmɪneɪt/ VI prédominer (*over* sur), prévaloir

**predominately** /prɪˈdɒmɪneɪtlɪ/ ADV ⇒ **predominantly**

**preemie** */ˈpriːmɪ/ N (US Med) prématuré(e) *m(f)*

**pre-eminence** /priːˈemɪnəns/ N prééminence *f*

**pre-eminent** /priːˈemɪnənt/ ADJ prééminent

**pre-eminently** /priːˈemɪnəntlɪ/ ADV avant tout, essentiellement

**pre-empt** /priːˈempt/ VT a (= *anticipate*) [+ *sb's decision, action*] anticiper, devancer b (= *prevent*) prévenir ♦ **you can ~ pain by taking a painkiller** vous pouvez prévenir la douleur en prenant un calmant ♦ **the government ~ed a threatened strike** le gouvernement a pris les devants pour empêcher la grève annoncée c [+ *painting, land*] acquérir par (droit de) préemption

**pre-emption** /priːˈempʃən/ N (Fin) (droit *m* de) préemption *f*; (Mil) opérations *fpl* préventives

**pre-emptive** /priːˈemptɪv/ ADJ [*right*] de préemption; [*attack, strike*] préventif ♦ **~ bid** (Bridge) (demande *f* de) barrage *m*

**preen** /priːn/ VT [+ *feathers, tail*] lisser ♦ **the bird was ~ing itself** l'oiseau se lissait les plumes ♦ **she was ~ing herself in front of the mirror** elle se pomponnait complaisamment devant la glace ♦ **to ~ o.s. on sth/on doing sth** (*liter*) s'enorgueillir de qch/de faire qch VI [*bird*] se lisser les plumes; [*person*] se pomponner

**pre-establish** /ˈpriːɪsˈtæblɪʃ/ VT préétablir

**pre-exist** /ˈpriːɪgˈzɪst/ VI préexister VT préexister à

**pre-existence** /ˈpriːɪgˈzɪstəns/ N préexistence *f*

**pre-existent** /ˈpriːɪgˈzɪstənt/, **pre-existing** /ˈpriːɪgˈzɪstɪŋ/ ADJ préexistant

**prefab** * /ˈpriːfæb/ N (abbrev of **prefabricated building**) préfabriqué *m*

**prefabricate** /ˌpriːˈfæbrɪkeɪt/ VT préfabriquer

**preface** /ˈprefɪs/ N (*to book*) préface *f*, avant-propos *m inv*; (*to speech*) introduction *f*, préambule *m* VT [+ *book*] faire précéder (*by* de) ♦ **he ~d this by saying ...** en avant-propos il a dit ..., il a commencé par dire ... ♦ **he ~d his speech by saying ...** en guise d'introduction à son discours, il a dit ... ♦ **he had the irritating habit of prefacing his sentences with ...** il avait la manie agaçante de commencer toutes ses phrases par ...

**prefaded** /ˌpriːˈfeɪdɪd/ ADJ [*jeans etc*] délavé

**prefatory** /ˈprefətərɪ/ ADJ [*remarks*] préliminaire; [*page*] liminaire

**prefect** /ˈpriːfekt/ N (*French Admin*) préfet *m*; (*Brit Scol*) *élève des grandes classes chargé(e) de la discipline*

**prefecture** /ˈpriːfektjʊəʳ/ N préfecture *f*

**prefer** /prɪˈfɜːʳ/ LANGUAGE IN USE 5.2, 7.4 VT a préférer ♦ **to ~ A to B** préférer A à B, aimer mieux A que B ♦ **I ~ bridge to chess** je préfère le bridge aux échecs ♦ **to ~ doing sth** *or* **to do sth** aimer mieux *or* préférer faire qch ♦ **children ~ watching television to reading books** les enfants préfèrent la télévision à la lecture *or* aiment mieux regarder la télévision que lire ♦ **would you ~ me to drive?** préférerais-tu que je prenne le volant ? ♦ **I'd ~ that you didn't come to New York with me** je préférerais que tu ne viennes pas à New York avec moi, j'aimerais mieux que tu ne viennes pas à New York avec moi ♦ **I would ~ not to (do it)** je préférerais *or* j'aimerais mieux ne pas le faire ♦ **she ~red not to give her name** elle a préféré ne pas donner son nom ♦ **I much ~ Scotland** je préfère de beaucoup l'Écosse, j'aime beaucoup mieux l'Écosse ♦ **~red stock** (*US Fin*) ⇒ **preference shares**; → **preference** b (*Jur*) [+ *charge*] porter; [+ *action*] intenter; [+ *request*] formuler; [+ *petition*] adresser; [+ *argument, reason*] présenter ♦ **to ~ a complaint against sb** déposer une plainte *or* porter plainte contre qn c (*esp Rel = promote*) élever (*to* à)

**preferable** /ˈprefərəbl/ LANGUAGE IN USE 1.1 ADJ préférable (*to sth* à qch) ♦ **it is ~ to use vegetable oil for cooking** il est préférable de cuisiner à l'huile végétale ♦ **any death is ~ to being drowned** il n'y a pas pire mort que la noyade

**preferably** /ˈprefərəblɪ/ ADV de préférence

**preference** /ˈprefərəns/ LANGUAGE IN USE 7.5 N (= *liking*) préférence *f* (*for* pour); (= *priority: also Econ*) priorité *f* (*over* sur), préférence *f* ♦ **what is your ~?** que préférez-vous ? ♦ **in ~ to sth** de préférence à qch, plutôt que qch ♦ **in ~ to doing sth** plutôt que de faire qch ♦ **to give A ~ (over B)** accorder *or* donner la préférence à A (plutôt qu'à B) ♦ **I have no strong ~** je n'ai pas vraiment de préférence ♦ **by ~** de préférence COMP ▷ **preference shares** NPL (*Brit Fin*) actions *fpl* privilégiées *or* de priorité ▷ **preference stock** N ⇒ **preference shares**

**preferential** /ˌprefəˈrenʃəl/ ADJ [*tariff, terms*] préférentiel; [*treatment*] de faveur; [*trade, ballot, voting*] préférentiel

**preferentially** /ˌprefəˈrenʃəlɪ/ ADV (= *by preference*) de préférence ♦ **no-one should be treated ~** personne ne devrait bénéficier d'un traitement préférentiel *or* de faveur

**preferment** /prɪˈfɜːmənt/ N (*esp Rel*) avancement *m*, élévation *f* (*to* à)

**prefiguration** /ˌpriːfɪgəˈreɪʃən/ N préfiguration *f*

**prefigure** /priːˈfɪgəʳ/ VT (= *foreshadow*) préfigurer; (= *imagine*) se figurer d'avance

**prefix** /ˈpriːfɪks/ N [*of word*] préfixe *m*; [*of phone number*] indicatif *m* VT préfixer

**preflight** /ˈpriːˈflaɪt/ ADJ d'avant le décollage

**preform** /ˈpriːˈfɔːm/ VT préformer

**preformation** /ˈpriːfɔːˈmeɪʃən/ N préformation *f*

**prefrontal** /ˌpriːˈfrʌntl/ ADJ préfrontal

**preggers** †* /ˈpregəz/ ADJ (*Brit*) ♦ **to be ~** (= *pregnant*) attendre un gosse *

**pregnancy** /ˈpregnənsɪ/ N [*of woman*] grossesse *f*; [*of animal*] gestation *f*; see also **phantom, unwanted** COMP ▷ **pregnancy test** N test *m* de grossesse

**pregnant** /ˈpregnənt/ ADJ [*woman*] enceinte; [*animal*] pleine; (*fig*) [*pause, silence*] lourd de sens; [*idea*] fécond ♦ **to fall ~** tomber enceinte ♦ **three months ~** enceinte de trois mois ♦ **to be ~ by sb** être enceinte de qn ♦ **while she was ~ with Marie** alors qu'elle était enceinte de sa fille Marie ♦ **you can't be half ~** (*hum*) il y a des choses que l'on ne peut pas faire à moitié ♦ **~ with meaning** lourd de sens

**preheat** /ˈpriːˈhiːt/ VT préchauffer ♦ **~ed oven** four *m* préchauffé ♦ **~ the oven to ...** préchauffer le four à ...

**prehensile** /prɪˈhensaɪl/ ADJ préhensile

**prehistoric** /ˈpriːhɪsˈtɒrɪk/ ADJ préhistorique

**prehistory** /ˈpriːˈhɪstərɪ/ N préhistoire *f*

**pre-ignition** /ˈpriːɪgˈnɪʃən/ N autoallumage *m*

**pre-industrial** /priːɪnˈdʌstrɪəl/ ADJ préindustriel

**prejudge** /ˈpriːˈdʒʌdʒ/ VT [+ *question*] préjuger de; [+ *person*] juger d'avance

**prejudice** /ˈpredʒʊdɪs/ N a préjugé *m*; (*NonC*) préjugés *mpl* ♦ **racial ~** préjugés *mpl* raciaux ♦ **to have a ~ against/in favour of sb/sth** avoir un préjugé contre/en faveur de qn/qch ♦ **he is quite without ~ in this matter** il est sans parti pris dans cette affaire b (*esp Jur = detriment*) préjudice *m* ♦ **to the ~ of** au préjudice de ♦ **without ~ (to)** sans préjudice (de) VT a [+ *person*] influencer (*against* contre; *in favour of* en faveur de) see also **prejudiced** b (*also Jur*) [+ *claim, chance*] porter préjudice à

> ⚠ **prejudice** *is only translated by the French word* **préjudice** *when it means 'detriment'.*

**prejudiced** /ˈpredʒʊdɪst/ ADJ [*person*] plein de préjugés; [*idea, opinion*] préconçu, partial ♦ **he was even more ~ than Harold** il avait encore plus de préjugés qu'Harold ♦ **to be ~ against sb/sth** avoir des préjugés contre qn/qch ♦ **to be racially ~** avoir des préjugés raciaux

**prejudicial** /ˌpredʒʊˈdɪʃəl/ ADJ préjudiciable, nuisible (*to* à) ♦ **to be ~ to** nuire à

**prelacy** /ˈpreləsɪ/ N (= *office*) prélature *f*; (= *prelates collectively*) prélats *mpl*

**prelate** /ˈprelɪt/ N prélat *m*

**pre-law** /ˌpriːˈlɔː/ N (*US Univ*: also **pre-law program**) enseignement *m* préparatoire aux études de droit

**prelim** * /ˈpriːlɪm/ N (abbrev of **preliminary**) (*Univ*) examen *m* préliminaire; (*Sport*) (épreuve *f*) éliminatoire *f*

**preliminary** /prɪˈlɪmɪnərɪ/ ADJ [*exam, inquiry, report, remark*] préliminaire; [*stage*] premier, initial ♦ **~ estimate** (*Constr etc*) devis *m* estimatif ♦ **~ hearing** (*Brit Jur*) audience *f* préliminaire N préliminaire *m* ♦ **the preliminaries** les préliminaires *mpl* ♦ **as a ~** en guise de préliminaire, au préalable COMP ▷ **Preliminary Scholastic Aptitude Test** N (*US Scol, Univ*) *test déterminant l'aptitude d'un candidat à présenter l'examen d'entrée à l'université*

**prelude** /ˈpreljuːd/ N (*gen, Mus*) prélude *m* (*to* de) VT préluder à

**premarital** /ˈpriːˈmærɪtl/ ADJ avant le mariage ♦ **~ contract** contrat *m* de mariage

**premature** /ˈpremətʃʊəʳ/ ADJ [*decision etc*] prématuré; [*birth*] prématuré, avant terme; [*senility, menopause, labour*] précoce ♦ **~ baby** (enfant *mf*) prématuré(e) *m(f)*, enfant *m* né(e) avant terme ♦ **you are a little ~** (*fig*) vous anticipez un peu

**prematurely** /ˈpremətʃʊəlɪ/ ADV (*gen*) prématurément; [*be born, give birth*] avant terme ♦ **his career was ~ ended by an arm injury** une blessure au bras a prématurément mis fin à sa carrière ♦ **~ bald/menopausal** atteint(e) de calvitie/ménopause précoce ♦ **~ old** *or* **aged** prématurément vieilli ♦ **he's ~ middle-aged** il a vieilli avant l'âge

**pre-med** * /priːˈmed/ N a (*Brit*) abbrev of **premedication** b (*US*) ⇒ **pre-med program** ADJ (*US*) (abbrev of **premedical**) ♦ **~ program** enseignement *m* préparatoire aux études de médecine ♦ **~ student** étudiant(e) *m(f)* en année préparatoire de médecine

**premedication** /ˌpriːmedɪˈkeɪʃən/ N prémédication *f*

**premeditate** /priːˈmedɪteɪt/ VT préméditer

**premeditation** /priːˌmedɪˈteɪʃən/ N préméditation *f*

**premenstrual** /priːˈmenstrʊəl/ ADJ prémenstruel COMP ▷ **premenstrual syn-**

drome, **premenstrual tension** N syndrome *m* prémenstruel

**premier** /ˈpremɪəʳ/ ADJ premier N *(Pol) (= Prime Minister)* Premier ministre *m*; *(= President)* chef *m* de l'État COMP ▷ **Premier Division** N *(Ftbl: in Scot)* première division *f* d'Écosse ▷ **Premier League** N *(Ftbl: in England and Wales)* première division *f* d'Angleterre et du pays de Galles

**premiere** /ˈpremɪɛəʳ/ *(Cine, Theat)* N première *f* ◆ **the film has just received its London ~** la première londonienne du film vient d'avoir lieu VT donner la première de ◆ **the film was ~d in Paris** la première du film a eu lieu à Paris VI ◆ **the movie ~d in May 1998** la première du film a eu lieu en mai 1998

**premiership** /ˈpremɪəʃɪp/ N *(Pol) [of Prime Minister]* fonction *f* de Premier ministre; *[of President]* fonction *f* de chef d'État; *(Ftbl, Rugby)* championnat *m* de première division ◆ **during his ~** *(of Prime Minister)* sous son ministère, pendant qu'il était Premier ministre; *(of President)* pendant qu'il était chef de l'État ◆ **he staked his claim for the ~** il revendiquait le poste de Premier ministre *or* de chef d'État

**premise** /ˈpremɪs/ N *(gen, Philos = hypothesis)* prémisse *f* ◆ **on the ~ that ...** en partant du principe que ..., si l'on pose en principe que ... NPL **premises** *(= property)* locaux *mpl*, lieux *mpl* ◆ **business ~s** locaux *mpl* commerciaux ◆ **on the ~s** sur les lieux, sur place ◆ **off the ~s** à l'extérieur, hors des lieux ◆ **to escort sb off the ~s** escorter *or* accompagner qn dehors ◆ **get off the ~s** videz *or* évacuez les lieux VT *(frm)* ◆ **to be ~d on ...** être fondé *or* basé sur ...

**premiss** /ˈpremɪs/ N ⇒ **premise noun a**

**premium** /ˈpriːmɪəm/ N a *(gen, Comm, Fin, Insurance)* prime *f*; *(Jur: paid on lease)* reprise *f* ◆ **to be sold at a ~** *(St Ex)* être vendu à prime ◆ **to set** *or* **put** *or* **place a (high) ~ on** *[+ person]* faire grand cas de; *[+ situation, event]* donner beaucoup d'importance à

◆ **to be at a premium** *(= scarce) [time, space]* être limité ◆ **if space is at a ~, choose adaptable furniture** si l'espace est limité, choisissez des meubles modulables

b *(US = gasoline)* super(carburant) *m*

ADJ *[goods, brand]* de qualité supérieure

COMP ▷ **premium bond** N *(Brit)* obligation *f* à prime, bon *m* à lots ▷ **premium fuel** N *(Brit)* super(carburant) *m* ▷ **premium gasoline** N *(US)* → **premium fuel** ▷ **premium price** N prix *m* fort ▷ **premium-rate** ADJ *(Brit Telec)* facturé au tarif fort *(pour renseignements, téléphone rose, etc)*

**premolar** /priːˈməʊləʳ/ N prémolaire *f*

**premonition** /ˌpreməˈnɪʃən/ N prémonition *f*, pressentiment *m* ◆ **to have a ~ that ...** avoir le pressentiment que ..., pressentir que ...

**premonitory** /prɪˈmɒnɪtərɪ/ ADJ prémonitoire, précurseur

**prenatal** /priːˈneɪtl/ ADJ prénatal

**prenuptial** /ˌpriːˈnʌpʃəl/ ADJ prénuptial COMP ▷ **prenuptial agreement** N contrat *m* de mariage

**preoccupation** /priːˌɒkjʊˈpeɪʃən/ N préoccupation *f* ◆ **keeping warm was his main ~** sa grande préoccupation *or* son souci majeur était de se protéger du froid ◆ **his ~ with money/with winning** son obsession *f* de l'argent/de gagner

**preoccupy** /priːˈɒkjʊpaɪ/ VT *[+ person, mind]* préoccuper ◆ **to be preoccupied** être préoccupé *(by, with* de*)*

**pre-op** * /ˈpriːˈɒp/ N prémédication *f*, médication *f* préopératoire

**preordain** /ˌpriːɔːˈdeɪn/ VT ordonner *or* régler d'avance; *(Philos, Rel)* préordonner

**preordained** /ˌpriːɔˈdeɪnd/ ADJ prédestiné

**prep** * /prep/ N (abbrev of **preparation**) a *(Scol) (= work)* devoirs *mpl*, préparation *f*; *(= period)* étude *f* (surveillée) b *(US Med)* préparation *f (d'un(e) malade)* VI *(US)* a ◆ **to ~ for sth** se préparer pour qch b *(US Scol)* entrer en classe préparatoire (pour l'université) VT *(US)* ◆ **to ~ o.s.** se préparer COMP ▷ **prep school** N *(Brit)* ⇒ **preparatory school**; → **preparatory**

**prepack** /ˈpriːˈpæk/, **prepackage** /ˈpriːˈpækɪdʒ/ VT *(Comm)* préconditionner

**prepaid** /ˈpriːˈpeɪd/ VB pt, ptp of **prepay** ADJ *(gen)* payé (d'avance) ◆ **a ~ phone** un téléphone à communications préchargées ◆ **carriage ~** *(Comm)* port payé ◆ **reply ~** réponse payée ◆ **~ expenses** *(Fin etc)* compte *m* de régularisation de l'actif ◆ **~ health care** *(in US)* médecine *f* prépayée

**preparation** /ˌprepəˈreɪʃən/ N a *(= act of preparing)* préparation *f*; *(Culin, Pharm etc = thing prepared)* préparation *f*

◆ **to be in preparation** *[book, film etc]* être en préparation ◆ **Latin is a good ~ for Greek** le latin prépare bien au grec, le latin est une bonne formation pour le grec

◆ **in preparation for** en vue de, en prévision de

◆ **preparations** *(= getting ready)* préparatifs *mpl* ◆ **the country's ~s for war** les préparatifs *mpl* de guerre du pays ◆ **to make ~s for sth** prendre ses dispositions pour qch, faire les préparatifs de qch ◆ **~s for the party are under way** les préparatifs de la soirée sont en cours

b *(NonC: Scol) (= work)* devoirs *mpl*, préparation *f*; *(= period)* étude *f*

**preparatory** /prɪˈpærətərɪ/ ADJ *[work]* préparatoire; *[measure, step]* préliminaire, préalable ◆ **~ to sth** préalablement à qch, en vue de qch ◆ **~ to doing sth** en vue de faire qch ◆ **he cleared his throat, ~ to speaking** il s'est éclairci la voix avant de parler

COMP ▷ **preparatory school** N *(Brit)* école *f* primaire privée; *(US)* école *f* secondaire privée

> **Preparatory School**
>
> En Grande-Bretagne, une **preparatory school**, ou **prep school**, est une école primaire, généralement non mixte, qui prépare les élèves à entrer dans un établissement secondaire privé. L'uniforme y est obligatoire et la discipline relativement stricte.
>
> Aux États-Unis, le terme désigne une école secondaire privée préparant les élèves aux études supérieures. Dans les deux cas, la clientèle de ces écoles est issue de milieux privilégiés. Le mot « preppy », utilisé comme substantif ou comme adjectif, désigne les élèves des **prep schools** américaines, ou leur style vestimentaire BCBG.

**prepare** /prɪˈpɛəʳ/ VT *[+ plan, speech, lesson, work, medicine, sauce]* préparer; *[+ meal, dish]* préparer, apprêter; *[+ surprise]* préparer, ménager *(for sb* à qn*)*; *[+ room, equipment]* préparer *(for* pour*)* ◆ **to ~ sb for an exam/an operation** préparer qn à un examen/pour une opération ◆ **to ~ sb for a shock/for bad news** préparer qn à un choc/à une mauvaise nouvelle ◆ **~ yourself for a shock!** prépare-toi à (recevoir) un choc!, tiens-toi bien! ◆ **to ~ o.s. for** ⇒ **to prepare for** → **vi** ◆ **to ~ the way/ground for sth** préparer la voie/le terrain pour qch; see also **prepared**

VI ◆ **to ~ for** *(= make arrangements) [+ journey, sb's arrival, event]* faire des préparatifs pour, prendre ses dispositions pour; *(= prepare o.s. for) [+ storm, flood, meeting, discussion]* se préparer pour; *[+ war]* se préparer à; *[+ examination]* préparer ◆ **to ~ to do sth** s'apprêter *or* se préparer à faire qch

**prepared** /prɪˈpɛəd/ LANGUAGE IN USE 3.1, 11.3 ADJ *[person, army, country]* prêt; *[statement, answer]* préparé à l'avance; *(Culin) [sauce, soup]* tout prêt ◆ **be ~!** soyez sur le qui-vive! ◆ **be ~ for bad news** préparez-vous à une mauvaise nouvelle ◆ **I am ~ for anything** *(= can cope with anything)* j'ai tout prévu, je suis paré; *(= won't be surprised at anything)* je m'attends à tout ◆ **to be ~ to do sth** être prêt *or* disposé à faire qch

**preparedness** /prɪˈpɛərɪdnɪs/ N a *(Mil)* capacité *f* de réaction ◆ **the city's ~ for war** la capacité de réaction de la ville en cas de guerre ◆ **I want Britain's disaster ~ to be very much better** je veux que la Grande-Bretagne soit beaucoup mieux préparée en cas de catastrophe b *(= willingness)* disposition *f* ◆ **their ~ to help countries affected by the famine** leur disposition à aider les pays touchés par la famine

**prepay** /ˈpriːˈpeɪ/ (pret, ptp **prepaid**) VT payer d'avance; see also **prepaid**

**prepayment** /ˈpriːˈpeɪmənt/ N paiement *m* d'avance

**preponderance** /prɪˈpɒndərəns/ N *(in numbers)* supériorité *f* numérique; *(in influence)* prépondérance *f (over* sur*)*

**preponderant** /prɪˈpɒndərənt/ ADJ *(in numbers)* numériquement supérieur; *(in influence)* prépondérant

**preponderantly** /prɪˈpɒndərəntlɪ/ ADV principalement, essentiellement

**preponderate** /prɪˈpɒndəreɪt/ VI *(in numbers)* être en supériorité numérique *(over* par rapport à*)*; *(in influence)* l'emporter *(over* sur*)*

**preposition** /ˌprepəˈzɪʃən/ N préposition *f*

**prepositional** /ˌprepəˈzɪʃənl/ ADJ *[phrase]* prépositif, prépositionnel; *[use]* prépositionnel

**prepositionally** /ˌprepəˈzɪʃənəlɪ/ ADV prépositivement

**prepossess** /ˌpriːpəˈzes/ VT *(= preoccupy)* préoccuper; *(= bias)* prévenir, influencer; *(= impress favourably)* impressionner favorablement

**prepossessing** /ˌpriːpəˈzesɪŋ/ ADJ *[person, appearance]* avenant

**preposterous** /prɪˈpɒstərəs/ ADJ ridicule, grotesque

**preposterously** /prɪˈpɒstərəslɪ/ ADV ridiculement

**preposterousness** /prɪˈpɒstərəsnɪs/ N *(NonC)* ridicule *m*, grotesque *m*

**preppie** *, **preppy** * /ˈprepɪ/ *(US)* ADJ bon chic bon genre *, BCBG * N élève *mf* d'une boîte * privée; → PREPARATORY SCHOOL

**preprandial** /ˌpriːˈprændɪəl/ ADJ *(frm or hum) [drink]* avant le repas

**preprepared** /ˌpriːprɪˈpɛəd/ ADJ tout prêt

**preproduction** /ˌpriːprəˈdʌkʃən/ N travail *m* antérieur à la production COMP ▷ **preproduction model** N prototype *m* ▷ **preproduction trial** N mise *f* à l'essai du prototype

**preprogrammed** /ˈpriːˈprəʊgræmd/ ADJ programmé à l'avance

**prepubescent** /ˌpriːpjuːˈbesənt/ ADJ prépubère

**prepuce** /ˈpriːpjuːs/ N prépuce *m*

**prequel** /ˈpriːkwəl/ N *film ou roman ayant pour thème des événements antérieurs à ceux d'un film ou d'un roman déjà sorti, la jeunesse ou l'enfance d'un héros célèbre par exemple*

**Pre-Raphaelite** /ˈpriːˈræfəlaɪt/ ADJ, N préraphaélite *mf*

**pre-record** /ˌpriːrɪˈkɔːd/ VT *[+ song, programme]* enregistrer à l'avance ◆ **~ed broadcast** émission *f* en différé ◆ **~ed cassette** cassette *f* préenregistrée

**prerelease showing** /ˌpriːrɪˈliːsˈʃəʊɪŋ/ N *(Cine)* avant-première *f*

**prerequisite** /ˈpriːˈrekwɪzɪt/ **N** **a** *(gen)* condition *f* préalable **b** *(US Univ) unité de valeur dont l'obtention est obligatoire pour pouvoir s'inscrire dans l'unité de valeur supérieure* **ADJ** nécessaire

**prerogative** /prɪˈrɒgətɪv/ N prérogative *f* ◆ **to exercise the Royal Prerogative** *(Brit)* faire acte de souverain

**Pres.** (abbrev of **president**) Pdt

**presage** /ˈpresɪdʒ/ *(frm)* **N** *(= omen)* présage *m* ; *(= foreboding)* pressentiment *m* **VT** présager, annoncer

**presbyopia** /ˌprezbrˈəʊpɪə/ N presbytie *f*

**Presbyterian** /ˌprezbɪˈtɪərɪən/ ADJ, N presbytérien(ne) *m(f)*

**Presbyterianism** /ˌprezbɪˈtɪərɪənɪzəm/ N presbytérianisme *m*

**presbytery** /ˈprezbɪtərɪ/ N *(= part of church)* chœur *m* ; *(= residence)* presbytère *m* ; *(= court)* consistoire *m*

**pre-school** /ˌpriːˈskuːl/ ADJ *[years, age]* préscolaire ; *[child]* d'âge préscolaire ◆ **~ education** enseignement *m* préscolaire ◆ **~ playgroup** ≃ garderie *f*

**preschooler** /ˈpriːskuːlə^r/ N *(US)* enfant *mf* d'âge préscolaire

**prescience** /ˈpresɪəns/ N prescience *f*

**prescient** /ˈpresɪənt/ ADJ prescient

**prescribe** /prɪsˈkraɪb/ VT *(gen, Admin, Jur, Med)* prescrire (*sth for sb* qch à qn) ◆ **the ~d dose/form/punishment** la dose/le formulaire/la punition prescrit(e) ◆ **~d books** œuvres *fpl* (inscrites) au programme ◆ **this diet is ~d in some cases** ce régime se prescrit dans certains cas ◆ **he ~d complete rest** il a prescrit *or* ordonné le repos absolu ◆ **what do you ~?** *(fig)* que me conseillez-vous ?, que me recommandez-vous ?

**prescription** /prɪsˈkrɪpʃən/ **N** **a** *(Med)* ordonnance *f*, prescription *f* médicale ◆ **to make out** *or* **write out a ~ for sb** faire une ordonnance pour qn ◆ **to make up** *or* *(US)* **fill a ~** exécuter une ordonnance ◆ **on ~** sur ordonnance ◆ **he gets free ~s** les médicaments qu'on lui prescrit sont intégralement pris en charge ◆ **without ~** sans ordonnance

**b** *(fig = proposal)* proposition *f* ◆ **this is not necessarily a ~ for a happy family life** cela ne garantit pas nécessairement une vie de famille heureuse

**COMP** *[medicine] (= made according to prescription)* prescrit ; *(= available only on prescription)* vendu sur ordonnance seulement ▷ **prescription charge** N *(Brit) montant forfaitaire payé sur les médicaments,* ≃ ticket *m* modérateur ▷ **prescription glasses**, **prescription spectacles** NPL lunettes *fpl* de vue

> **Prescription Charge**
>
> En Grande-Bretagne, les patients paient, à la façon du ticket modérateur en France, un montant forfaitaire sur tous les médicaments prescrits par un médecin : c'est la **prescription charge**, dont sont néanmoins exemptées certaines catégories de personnes : enfants, femmes enceintes, personnes âgées ou bénéficiaires de prestations sociales. → NHS

**prescriptive** /prɪsˈkrɪptɪv/ ADJ *(= giving precepts) (gen, Gram)* normatif ; *(= legalized by custom) [rights etc]* consacré par l'usage

**prescriptivism** /prɪˈskrɪptɪˌvɪzəm/ N *(Ling)* normativisme *m*

**pre-select** /ˌpriːsɪˈlekt/ VT présélectionner

**presell** /ˌpriːˈsel/ VT vendre à l'avance

**pre-seminal** /ˈpriːˈsemɪnəl/ ADJ *(Med)* pré-éjaculatoire ◆ **~ fluid** liquide *m* pré-éjaculatoire

**presence** /ˈprezns/ **N** **a** présence *f* ◆ **I felt comfortable in her ~** je me sentais à l'aise en sa présence ◆ **in the ~ of** en présence de ; *(Jur)* par-devant ◆ **your ~ is requested at ...** vous êtes prié d'assister à ... ◆ **they were admitted to the royal ~** *(liter, frm)* ils furent admis en présence du roi (*or* de la reine) ◆ **he certainly made his ~ felt** * sa présence n'est vraiment pas passée inaperçue ◆ **a ghostly ~** une présence surnaturelle ◆ **this country will maintain a ~ in North Africa** ce pays maintiendra une présence en Afrique du Nord ◆ **police ~** présence *f* policière ◆ **there was a heavy police ~ at the match** il y avait une forte présence policière au match

**b** *(= bearing etc)* présence *f* ◆ **to lack ~** manquer de présence ◆ **he has a good stage ~** il a de la présence (sur scène) ◆ **a man of noble ~** *(liter)* un homme de belle prestance *or* de belle allure

**COMP** ▷ **presence of mind** N présence *f* d'esprit

**present** /ˈpreznt/ **ADJ** **a** *(= in attendance, in existence)* présent ◆ **~ at** présent à ◆ **to be ~ at sth** être présent à qch, assister à qch ◆ **my husband was ~ at the birth** mon mari a assisté à l'accouchement ◆ **~ in** présent dans ◆ **who was ~?** qui était là ? ◆ **is there a doctor ~?** y a-t-il un docteur ici *or* dans l'assistance ? ◆ **those ~** les personnes *fpl* présentes, l'assistance *f* ◆ **~ company excepted** les personnes ici présentes exceptées, à l'exception des personnes ici présentes ◆ **all ~ and correct!** tous présents à l'appel !

**b** *(= existing now) [state, epoch, year, circumstances, techniques, residence, job]* présent *after n*, actuel ; *(= in question)* présent *before n*, en question ; *(Gram)* présent *after n* ◆ **her ~ husband** son mari actuel ◆ **the ~ writer believes that ...** l'auteur croit que ... ◆ **the ~ government** le gouvernement actuel ◆ **in the ~ day** aujourd'hui ; see also **comp** ◆ **at the ~ moment** *or* **time** actuellement, à présent ; *(more precisely)* en ce moment même ◆ **the ~ month** le mois courant, ce mois-ci ◆ **in the ~ case** dans le cas présent

**N** **a** *(also Gram)* présent *m* ◆ **the ~ simple** le présent simple ◆ **the ~ continuous** le présent continu *or* progressif ◆ **(there's) no time like the ~!** il ne faut jamais remettre au lendemain ce que l'on peut faire le jour même ! ◆ **up to the ~** jusqu'à présent

◆ **at present** *(= right now)* actuellement, en ce moment ; *(= for the time being)* pour le moment ◆ **at ~ children under 14 are not admitted** actuellement, les enfants de moins de 14 ans ne sont pas admis ◆ **that's all we know at ~** c'est tout ce que nous savons pour le moment *or* pour l'instant ◆ **as things are at ~** dans l'état actuel des choses

◆ **for the present** *(= at the moment)* pour le moment

◆ **in the present** *(gen)* dans le présent ; *(Gram)* au présent ◆ **to live in the ~** *(= not be hidebound)* vivre dans le présent ; *(= live from day to day)* vivre au jour le jour

**b** *(= gift)* cadeau *m* ◆ **it's for a ~** c'est pour offrir ◆ **she gave me the book as a ~** elle m'a offert le livre (en cadeau) ◆ **to make sb a ~ of sth** *(lit, fig)* faire cadeau *or* don de qch à qn ; → **birthday, Christmas**

**c** *(Jur)* **by these ~s** par les présentes

**VT** /prɪˈzent/ **a** ◆ **to ~ sb with sth, to ~ sth to sb** *(= give as gift)* offrir qch à qn, faire cadeau de qch à qn ; *(= hand over) [+ prize, medal]* remettre qch à qn ◆ **she ~ed him with a son** elle lui a donné un fils ◆ **we were ~ed with a fait accompli** nous nous sommes trouvés devant un fait accompli ◆ **to ~ arms** *(Mil)* présenter les armes ◆ **~ arms!** présentez armes !

**b** *[+ tickets, documents, credentials, one's compliments, apologies]* présenter (*to* à) ; *[+ plan, account, proposal, report, petition, information]* présenter, soumettre (*to* à) ; *[+ complaint]* déposer ; *[+ proof, evidence]* apporter, fournir ; *(Parl) [+ bill]* introduire, présenter ; *(Jur etc) [+ case]* exposer ◆ **to ~ o.s. at the desk/for an interview** se présenter au bureau/à un entretien ◆ **to ~ a cheque (for payment)** encaisser *or* présenter un chèque ◆ **how is the data ~ed?** comment les données sont-elles présentées ? ◆ **his report ~s the matter in another light** son rapport présente la question sous un autre jour, son rapport jette une lumière différente sur la question ◆ **to ~ o.s.** se présenter ◆ **how you ~ yourself is very important** la manière dont vous vous présentez est très importante

**c** *(= constitute, offer) [+ problem]* présenter, poser ; *[+ difficulties, features]* présenter ; *[+ opportunity]* donner ; *[+ challenge]* constituer ◆ **the bay ~s a magnificent sight** la baie présente un spectacle splendide ◆ **the opportunity ~ed itself** l'occasion s'est présentée ◆ **to ~ the appearance of sth** avoir *or* donner (toute) l'apparence de qch ◆ **the patrol ~ed an easy target** la patrouille offrait *or* constituait une cible facile ◆ **the Committee ~ed an easy target for criticism** le comité était une cible facile pour les critiques

**d** *[+ play, concert]* donner ; *[+ film, play, programme]* donner, passer ; *(= act as presenter of)* présenter ◆ **we are proud to ~ ...** *(Theat)* nous sommes heureux de vous présenter ... ◆ **"presenting Glenda Jackson as Lady Macbeth"** "avec Glenda Jackson dans le rôle de Lady Macbeth"

**e** *(frm = introduce)* présenter (*sb to sb* qn à qn) ◆ **may I ~ Miss Smith?** permettez-moi de vous présenter Mademoiselle Smith ◆ **to be ~ed (at Court)** *(Brit)* être présenté à la Cour

**VI** *(Med)* ◆ **he ~ed last month (here at the clinic)** *[patient]* il est venu nous consulter *or* il s'est présenté le mois passé (à la clinique) ◆ **she initially ~ed with headaches and insomnia** lorsqu'elle s'est présentée pour la première fois elle souffrait de maux de tête et d'insomnie ◆ **the patient ~s with lesions to the abdomen** ce patient présente des lésions à l'abdomen ◆ **he ~s as a chronic alcoholic** il présente tous les symptômes de l'alcoolisme chronique

**COMP** ▷ **present-day** ADJ d'aujourd'hui contemporain ▷ **present perfect** N *(Gram)* passé *m* composé

**presentable** /prɪˈzentəbl/ **ADJ** *[person, appearance, room]* présentable ; *[clothes]* présentable, mettable ◆ **go and make yourself (look)** ~ va t'arranger un peu ◆ **I'm not very** ~ je ne suis guère présentable, je ne peux guère me montrer

**presentably** /prɪˈzentəblɪ/ **ADV** de manière présentable

**presentation** /ˌprezənˈteɪʃən/ **N** **a** *(NonC = act or fact of presenting) [of plan, account, proposal, report, petition, evidence]* présentation *f*, soumission *f* ; *[of complaint]* déposition *f* ; *[of parliamentary bill]* présentation *f*, introduction *f* ; *[of cheque]* encaissement *m* ; *[of case]* exposition *f* ◆ **on** ~ **of this ticket** sur présentation de ce billet

**b** *(= packaging, way of presenting)* présentation *f* ◆ **the subject matter is good but the** ~ **is poor** le fond est bon mais la présentation laisse à désirer ◆ **it's just a problem of** ~ c'est une question de présentation ◆ **his** ~ **of the play** *(= the way he did it)* sa mise en scène de la pièce ◆ **a theatrical** ~ **of "Danton's Death"** une représentation théâtrale de "La mort de Danton"

**c** *(= introduction)* présentation *f* (*to* à)

**d** *(= ceremony)* remise *f* du cadeau (*or* de la médaille *etc*) ◆ **who made the** ~**?** qui a remis le cadeau (*or* la médaille *etc*) ? ◆ **to make a** ~ **of sth to sb** remettre qch à qn

**e** *(Univ, Comm etc = lecture, talk)* exposé *m* oral ◆ **a business** ~ une présentation commerciale

**COMP** ▷ **presentation box, presentation case** **N** *(Comm)* coffret *m* de luxe ▷ **presentation copy** **N** *[of book] (for inspection, review)* spécimen *m* (gratuit), exemplaire *m* envoyé à titre gracieux ; *(from author)* exemplaire *m* offert en hommage

**presentational** /ˌprezənˈteɪʃənl/ **ADJ** ◆ **for** ~ **reasons** pour des raisons de présentation

**presenter** /prɪˈzentəʳ/ **N** *(Brit Rad, TV)* présentateur *m*, -trice *f*, speaker(ine) *m(f)*

**presentiment** /prɪˈzentɪmənt/ **N** pressentiment *m*

**presently** /ˈprezntlɪ/ **ADV** **a** *(Brit) (= in a moment)* tout à l'heure ; *(= some time later)* peu de temps après, un peu plus tard **b** *(= currently)* actuellement, à présent

**presentment** /prɪˈzentmənt/ **N** *[of note, bill of exchange etc]* présentation *f* ; *(Jur)* déclaration *f* émanant du jury

**preservation** /ˌprezəˈveɪʃən/ **N** *(= protection, safeguarding)* sauvegarde *f*, préservation *f* ; *(= continuance, maintenance)* maintien *m* ◆ **in a good state of** ~ bien préservé, en bon état de conservation ◆ **the** ~ **of the monument is our first priority** notre priorité est de sauvegarder le monument ◆ **the** ~ **of peace in the Middle East** le maintien de la paix au Proche-Orient **COMP** ▷ **preservation order** **N** *(Brit Admin)* ◆ **to put a** ~ **order on a building** classer un édifice (monument historique) ▷ **preservation society** **N** *(Archit)* association *f* pour la sauvegarde et la conservation des sites et monuments

**preservationist** /ˌprezəˈveɪʃənɪst/ **N** *(esp US) [of historic buildings]* défenseur *m* du patrimoine historique ; *(environmental)* défenseur *m* de l'environnement

**preservative** /prɪˈzɜːvətɪv/ **N** *(Culin)* agent *m* de conservation, conservateur *m*

> ⚠ *Caution!* **préservatif** *means 'condom', not* **preservative**.

**preserve** /prɪˈzɜːv/ **VT** **a** *(= keep, maintain) [+ building, traditions, manuscript, eyesight, position]* conserver ; *[+ leather, wood]* entretenir ; *[+ memory]* conserver, garder ; *[+ dignity, sense of humour, reputation]* garder ; *[+ peace]* maintenir ; *[+ silence]* observer, garder ◆ **well-/badly-~d** en bon/mauvais état de conservation ◆ **she is very well-~d** *(hum)* elle est bien conservée ◆ **to** ~ **one's looks** conserver sa beauté ◆ **have you ~d the original?** avez-vous gardé *or* conservé l'original ?

**b** *(from harm etc)* préserver, garantir (*from* de), protéger (*from* contre) ◆ **may God** ~ **you!** † Dieu vous garde !, que Dieu vous protège ! ◆ **(heaven** *or* **the saints)** ~ **me from that!** † le ciel m'en préserve !

**c** *(Culin) [+ fruit etc]* conserver, mettre en conserve ◆ **~d** en conserve ◆ **~d food** *(in bottles, cans)* conserves *fpl* ; *(frozen)* produits *mpl* surgelés

**N** **a** *(Brit Culin) (= jam)* confiture *f* ; *(= chutney)* condiment *m* à base de fruits

**b** *(= bottled fruit/vegetables)* fruits *mpl*/légumes *mpl* en conserve

**c** *(Hunting)* réserve *f* ◆ **game** ~ chasse *f* gardée *or* interdite

**d** *(fig = prerogative)* chasse *f* gardée ◆ **that's his** ~ c'est sa chasse gardée, c'est son domaine particulier

**COMP** ▷ **preserving pan** **N** bassine *f* à confiture

**preserver** /prɪˈzɜːvəʳ/ **N** *(= person)* sauveur *m* ; → **life**

**preset** /ˈpriːˈset/ **VT** (pret, ptp **preset**) programmer

**preshrunk** /ˈpriːˈʃrʌŋk/ **ADJ** irrétrécissable

**preside** /prɪˈzaɪd/ **VI** présider ◆ **to** ~ **at** *or* **over a meeting** présider une réunion **COMP** ▷ **presiding officer** **N** *(Parl)* président(e) *m(f)* du parlement *(en Écosse, au pays de Galles et en Irlande du Nord)* ; *(at polling station)* président(e) *m(f)* du bureau de vote

**presidency** /ˈprezɪdənsɪ/ **N** présidence *f*

**president** /ˈprezɪdənt/ **N** *(Pol etc)* président *m* ; *(US Comm)* président-directeur *m* général, PDG *m* ; *(US Univ)* président *m* (d'université) *m* **COMP** ▷ **president-elect** **N** *titre que porte le président des États-Unis nouvellement élu (en novembre) jusqu'à son investiture (en janvier de l'année suivante)* ▷ **President of the Board of Trade** **N** *(Brit Parl)* ≈ ministre *m* du Commerce ▷ **Presidents' Day** **N** *(US) jour férié le troisième lundi de février, en souvenir des présidents Lincoln et Washington*

**presidential** /ˌprezɪˈdenʃəl/ **ADJ** **a** *(gen) [decision, suite etc]* présidentiel, du président ◆ ~ **elections** élection *f* présidentielle ◆ **his** ~ **hopes** l'espoir qu'il a de devenir président **b** *(= of one specific President) [staff, envoy, representative]* du Président ◆ ~ **adviser** *(US Pol)* conseiller *m* personnel du Président **c** *(= reminiscent of a president) [style, regime, politician]* présidentiel ◆ **the new Prime Minister is more** ~ **(in style) than his predecessors** le nouveau Premier ministre a un style plus présidentiel que ses prédécesseurs ◆ **a ~-style campaign** une campagne à l'américaine

**presidentially** /ˌprezɪˈdenʃəlɪ/ **ADV** en tant que président

**presidium** /prɪˈsɪdɪəm/ **N** ⇒ **praesidium**

**pre-soak** /ˈpriːˈsəʊk/ **VT** faire tremper

**press** /pres/ **N** **a** *(= apparatus) (for wine, olives, cheese etc)* pressoir *m* ; *(for gluing, moulding etc)* presse *f* ◆ **cider** ~ pressoir *m* à cidre ◆ **hydraulic** ~ presse *f* hydraulique ◆ **racket** ~ presse-raquette *m inv* ◆ **trouser** ~ presse *f* à pantalon

**b** *(Printing) (= machine:* also **printing press**) presse *f* (typographique) ; *(= place, publishing firm)* imprimerie *f* ◆ **rotary** ~ presse *f* rotative ◆ **to set the ~es rolling** mettre les presses en marche ◆ **to pass sth for** ~ *(Publishing)* donner le bon à tirer de qch ◆ **to go to** ~ *[book etc]* être mis sous presse ; *[newspaper]* aller à l'impression ◆ **correct at time of going to** ~ *(Publishing)* correct au moment de mettre sous presse

**c** *(= reporting, journalists collectively)* presse *f* ◆ **a free** ~ une presse libre ◆ **to get a good/bad** ~ avoir bonne/mauvaise presse ◆ **I saw it in the** ~ je l'ai lu dans la presse *or* dans les journaux ◆ **to advertise in the** ~ *(Comm)* faire de la publicité dans la presse *or* dans les journaux ; *(privately)* mettre une annonce dans les journaux ◆ **a member of the** ~ un(e) journaliste ◆ **the national** ~ la presse nationale ◆ **is (anyone from) the** ~ **present?** la presse est-elle représentée ? ◆ **the** ~ **reported that ...** la presse a relaté que ..., on a rapporté dans la presse que ...

**d** *(= pressure: with hand, instrument)* pression *f* ◆ **he gave his trousers a** ~ il a donné un coup de fer à son pantalon ; → **permanent**

**e** *(Weight Lifting)* développé *m*

**f** *(Ir, Scot = cupboard)* armoire *f*, placard *m*

**g** *(= pressure of people)* foule *f*, presse *f (liter)* ◆ **he lost his hat in the** ~ **to get out** il a perdu son chapeau dans la bousculade à la sortie

**VT** **a** *(= push) [+ button, switch, accelerator]* appuyer sur ; *(= squeeze) [+ sb's hand etc]* serrer, presser ◆ **he ~ed his fingertips together** il a pressé les extrémités de ses doigts les unes contre les autres ◆ **he ~ed his nose against the window** il a collé son nez à la fenêtre ◆ **to** ~ **the flesh** ⁎ *(US)* serrer une multitude de mains, prendre un bain de foule ◆ **he ~ed her to him** il la serra *or* pressa contre lui ◆ **as the crowd moved back he found himself ~ed (up) against a wall** au moment où la foule a reculé il s'est trouvé acculé *or* pressé contre un mur

**b** *(= crush) [+ grapes, olives, lemons, flowers]* presser

**c** *(= iron) [+ clothes etc]* repasser, donner un coup de fer à

**d** *(= make by pressing) [+ object, machine part]* mouler ; *[+ record, disk]* presser

**e** *(= pressure) (in battle, game)* presser, attaquer constamment ; *[pursuer]* talonner, serrer de près ; *[creditor]* poursuivre, harceler ◆ **to** ~ **sb to do sth** insister pour que qn fasse qch ◆ **I am really ~ed today** je suis débordé (de travail) aujourd'hui ◆ **to** ~ **sb for payment/an answer** presser qn de payer/de répondre ◆ **to be ~ed for time** être pressé ◆ **to be ~ed for money** être à court d'argent, manquer d'argent ◆ **he didn't need much ~ing** il ne s'est guère fait prier ◆ **to** ~ **a gift/money on sb** presser qn d'accepter *or* insister pour que qn accepte *subj* un cadeau/de l'argent, offrir avec insistance un cadeau/de l'argent à qn ◆ **to** ~ **one's suit** († *or hum*) faire sa demande (en mariage) ; → **hard**

**f** *(= press-gang: lit, Hist)* enrôler de force ◆ **to** ~ **sb into doing sth** forcer qn à faire qch ◆ **we were all ~ed into service** nous avons tous été mis à contribution ◆ **the church hall was ~ed into service as a school** la salle paroissiale a été réquisitionnée pour servir d'école ◆ **buildings that were ~ed into service to house the victims** des bâtiments qui ont été réquisitionnés pour accueillir les victimes

**g** *(= pursue, press home) [+ attack]* poursuivre ; *[+ advantage]* pousser ; *[+ claim, demand]* renouveler, insister sur ◆ **to** ~ **charges (against sb)** *(Jur)* porter plainte (contre qn) ◆ **I shan't** ~ **the point** je n'insisterai pas

**h** *(Weight Lifting)* soulever

VI a (= *exert pressure: with hand etc*) appuyer (*on* sur) ; *[weight, burden]* faire pression, peser (*on* sur) ; *[debts, troubles]* peser (*on sb* à qn) ◆ **time ~es!** le temps presse !, l'heure tourne ! ◆ **to ~ for sth** faire pression pour obtenir qch, demander instamment qch ◆ **they are ~ing to have the road diverted** ils font pression pour (obtenir) que la route soit déviée

b ◆ **he ~ed through the crowd** il s'est frayé un chemin dans la foule ◆ **he ~ed in/out** *etc* il est entré/sorti *etc* en jouant des coudes ◆ **they ~ed in/out** *etc* ils sont entrés/sortis *etc* en masse ◆ **crowds ~ed round him** une foule se pressait autour de lui

COMP *[campaign, card etc]* de presse ▷ **press agency** N agence *f* de presse ▷ **press agent** N agent *m* de publicité ▷ **the Press Association** N *agence de presse britannique* ▷ **press attaché** N attaché(e) *m(f)* de presse ▷ **press baron** N magnat *m* de la presse ▷ **press box** N tribune *f* de la presse ▷ **press button** N bouton(-poussoir) *m* ▷ **press clipping** N ⇒ **press cutting** ▷ **Press Complaints Commission** N *(in Brit)* *commission des plaintes contre la presse* ▷ **press conference** N conférence *f* de presse ▷ **press corps** N *(esp US)* la presse *(travaillant à un endroit donné)* ▷ **press cutting** N coupure *f* de presse *or* de journal ◆ **~ cutting agency** argus *m* de la presse ▷ **press gallery** N *(esp Parl)* tribune *f* de la presse ▷ **press-gang** N *(Hist)* racoleurs *mpl* VT *(fig)* ◆ **to ~-gang sb into doing sth** faire pression sur qn *or* forcer la main à qn pour qu'il fasse qch ▷ **press hold** N *(Climbing)* appui *m* ▷ **press kit** N dossier *m* de presse ▷ **press lord** N ⇒ **press baron** ▷ **press office** N service *m* de presse ▷ **press officer** N attaché(e) *m(f)* de presse ▷ **press pack** N presse *f* à scandale ; *(at event)* meute *f* de journalistes ▷ **press photographer** N photographe *mf* de (la) presse, reporter *m* photographe ▷ **press release** N communiqué *m* de presse ▷ **press report** N reportage *m* ▷ **press room** N salle *f* de presse ▷ **press run** N *(US)* tirage *m* (d'une revue *etc*) ▷ **press secretary** N *(US)* ◆ **the White House** *etc* **~ secretary** le porte-parole de la Maison-Blanche *etc* ▷ **press stud** N *(Brit)* bouton-pression *m*, pression *f* ▷ **press-up** N *(Brit Gym)* traction *f* ◆ **to do ~-ups** faire des pompes* ▷ **press view** N *(Cine)* avant-première *f*

► **press ahead** VI ⇒ **press on**

► **press back** VT SEP *[+ crowd, enemy]* refouler

► **press down** VI appuyer (*on* sur)
VT SEP *[+ knob, button, switch]* appuyer sur

► **press in** VT SEP *[+ panel etc]* enfoncer

► **press on** VI *(in work, journey etc)* continuer ◆ **~ on!** (= *don't give up*) persévérez !, n'abandonnez pas ! ◆ **(let's) ~ on regardless!*** continuons quand même ! ◆ **to ~ on with sth** continuer résolument (à faire) qch ◆ **they are ~ing on with the nuclear agreement** ils continuent à tout faire pour que l'accord nucléaire se réalise

► **press out** VT SEP *[+ juice, liquid]* exprimer

**pressing** /ˈpresɪŋ/ ADJ (= *urgent*) *[business, problem]* urgent ; *[danger, invitation]* pressant N *[of clothes]* repassage *m* ◆ **to send sth for ~** faire repasser qch

**pressman** /ˈpresmən/ N (pl **-men**) *(Brit)* journaliste *m*

**pressmark** /ˈpresmɑːk/ N *(Brit)* cote *f* *(d'un livre de bibliothèque)*

**pressure** /ˈpreʃəʳ/ N a (*gen, Met, Phys, Tech*) pression *f* ◆ **the boilers were running at full ~** la pression dans les chaudières était à son maximum ◆ **at high ~** à haute pression ◆ **to exert** *or* **put ~ on sth** exercer une pression sur qch, appuyer sur qch ◆ **a ~ of 2kg to the square cm** une pression de 2 kg par $cm^2$ ◆ **atmospheric ~** pression *f* atmosphérique ◆ **oil ~** pression *f* d'huile ; (*Aut:* also **tyre pressure**) pression *f* (de gonflage) ◆ **water ~** pression *f* de l'eau ; → **blood pressure**

b *(fig)* pression *f* ◆ **parental ~** la pression des parents ◆ **to put ~ on sb (to do sth), to bring ~ to bear on sb (to do sth)** faire pression *or* exercer une pression sur qn (pour qu'il fasse qch) ◆ **they're putting the ~ on now** ils commencent à mettre la pression ◆ **to use ~ to obtain a confession** user de contrainte pour obtenir une confession ◆ **the ~(s) of these events/of life today** la tension créée par ces événements/par la vie d'aujourd'hui ◆ **~ of work prevented him from going** le travail l'a empêché d'y aller, il n'a pas pu y aller parce qu'il avait trop de travail ◆ **the ~(s) of meeting deadlines** la contrainte des délais à respecter

♦ **under pressure** ◆ **he was acting under ~ when he said ...** il agissait sous la contrainte *or* il n'agissait pas de son plein gré quand il a dit ... ◆ **under ~ from his staff** sous la pression de son personnel ◆ **he has been under a lot of ~ recently** il a été sous pression* ces derniers temps ◆ **I work badly under ~** je travaille mal quand je suis sous pression* ◆ **I can't work well under such ~** je n'arrive pas à bien travailler quand je suis sous pression* à ce point

♦ **to come under pressure** subir des pressions ◆ **he's clearly come under ~ from hard-liners** il est clair qu'il a subi des pressions de la part des tenants de la ligne dure ◆ **the Prime Minister came under ~ to resign** on a fait pression sur le Premier ministre pour qu'il démissionne

VT ◆ **don't ~ me!** * ne me bouscule pas ! ◆ **to ~ sb to do sth** faire pression sur qn pour qu'il fasse qch ◆ **to ~ sb into doing sth** forcer qn à *or* contraindre qn à faire qch ◆ **to feel ~d into sth** *or* **to do sth** se sentir forcé de faire qch ◆ **do you feel ~d by your family to have a baby?** avez-vous le sentiment que votre famille fait pression sur vous pour que vous fassiez un enfant ? ◆ **don't feel ~d!** * ne te sens pas obligé !

COMP ▷ **pressure cabin** N *(Aviat)* cabine *f* pressurisée *or* sous pression ▷ **pressure-cook** VT cuire à la cocotte-minute ® ▷ **pressure cooker** N autocuiseur *m*, cocotte-minute ® *f* ▷ **pressure-feed** N alimentation *f* par pression ▷ **pressure gauge** N manomètre *m*, jauge *f* de pression ▷ **pressure group** N *(Pol etc)* groupe *m* de pression ▷ **pressure point** N *(Anat)* point *m* de compression digitale d'une artère ▷ **pressure suit** N *(Space etc)* scaphandre *m* pressurisé

**pressurization** /ˌpreʃəraɪˈzeɪʃən/ N pressurisation *f*, mise *f* en pression

**pressurize** /ˈpreʃəraɪz/ VT a *[+ cabin, spacesuit]* pressuriser b * *(fig)* ⇒ **pressure vt** COMP ▷ **pressurized cabin** N cabine *f* pressurisée *or* sous pression ▷ **pressurized water reactor** N réacteur *m* à eau sous pression

**pressy** *, **pressie** * /ˈprezɪ/ N *(Brit)* cadeau *m*

**Prestel** ® /ˈpresˌtel/ N ≈ Télétel ® *m*

**prestidigitation** /ˈprestɪˌdɪdʒɪˈteɪʃən/ N *(frm)* prestidigitation *f*

**prestige** /presˈtiːʒ/ N prestige *m* ADJ *[car, production, politics etc]* de prestige

**prestigious** /presˈtɪdʒəs/ ADJ prestigieux

**presto** /ˈprestəʊ/ ADV *(Mus, gen)* presto ◆ **hey ~!** le tour est joué ! ◆ **and hey ~! there he was** et abracadabra ! il était là

**prestressed** /ˈpriːˈstrest/ ADJ précontraint ◆ **~ concrete** (béton *m* armé) précontraint *m*

**presumable** /prɪˈzjuːməbl/ ADJ présumable

**presumably** /prɪˈzjuːməblɪ/ ADV (= *probably*) sans doute, vraisemblablement ◆ **~ the front door was locked?** je suppose que la porte d'entrée était fermée à clé ?

**presume** /prɪˈzjuːm/ VT a (= *suppose*) présumer *(also Jur)*, supposer (*that* que) ; *[+ sb's death]* présumer ◆ **to be ~d dead** être présumé mort ◆ **every man is ~d (to be) innocent** tout homme est présumé (être) innocent ◆ **he is ~d to be living in Spain** on présume *o*u suppose qu'il vit en Espagne ◆ **it may be ~d that ...** on peut présumer que ... ◆ **I ~ so** je (le) présume, je (le) suppose ◆ **I ~ not** je suppose que non ◆ **you are presuming rather a lot** vous faites pas mal de suppositions, vous présumez pas mal de choses

b (= *take liberty*) ◆ **to ~ to do sth** se permettre de faire qch

VI *(frm)* ◆ **you ~ too much!** vous êtes bien présomptueux ! ◆ **I hope I'm not presuming** je ne voudrais pas être impertinent *(when asking a favour)* je ne voudrais pas abuser de votre gentillesse ◆ **to ~ (up)on** abuser de

**presumption** /prɪˈzʌmpʃən/ N a (= *supposition*) présomption *f*, supposition *f* ◆ **the ~ is that ...** on présume que ..., on suppose que ... ◆ **there is a strong ~ that ...** tout porte à croire que ... b *(NonC: frm)* présomption *f* ◆ **if you'll excuse my ~** si vous me le permettez, si vous voulez bien pardonner mon audace

**presumptive** /prɪˈzʌmptɪv/ ADJ *[heir]* présomptif ; *(Jur) [evidence]* par présomption

**presumptuous** /prɪˈzʌmptjʊəs/ ADJ *[person, letter, question]* présomptueux, impertinent

**presumptuously** /prɪˈzʌmptjʊəslɪ/ ADV présomptueusement, avec présomption

**presumptuousness** /prɪˈzʌmptjʊəsnɪs/ N *(NonC)* ⇒ **presumption b**

**presuppose** /ˌpriːsəˈpəʊz/ VT présupposer (*that* que)

**presupposition** /ˌpriːsʌpəˈzɪʃən/ N présupposition *f*

**pre-tax** /ˌpriːˈtæks/ ADJ, ADV avant impôts

**pre-teen** /ˌpriːˈtiːn/ ADJ préadolescent N ◆ **the ~s** les 10 à 12 ans

**pretence, pretense** *(US)* /prɪˈtens/ N a (= *pretext*) prétexte *m*, excuse *f* ; (= *claim*) prétention *f* ; *(NonC)* (= *affectation*) prétention *f* ◆ **he makes no ~ to learning** il n'a pas la prétention d'être savant ◆ **under** *or* **on the ~ of (doing) sth** sous prétexte *or* sous couleur de (faire) qch ; → **false** b (= *make-believe*) ◆ **to make a ~ of doing sth** faire semblant *ou* feindre de faire qch ◆ **he made a ~ of friendship** il a feint l'amitié ◆ **it's all (a) ~** tout cela est pure comédie *or* une feinte ◆ **I'm tired of their ~ that all is well** je suis las de les voir faire comme si tout allait bien ◆ **his ~ of sympathy did not impress me** sa feinte sympathie m'a laissé froid, ses démonstrations de feinte sympathie m'ont laissé froid

**pretend** /prɪˈtend/ VT a (= *feign*) *[+ ignorance, concern, illness]* feindre, simuler ◆ **to ~ to do sth** faire semblant *or* faire mine de faire qch ◆ **he ~ed to be ill** il a fait semblant *o*u mine d'être malade ◆ **they ~ed to be soldiers** *(as subterfuge)* ils se sont fait passer pour des soldats ◆ **let's ~ we're soldiers** *(as game)* jouons aux soldats ◆ **he ~ed he/she was out** il a essayé de faire croire qu'il/qu'elle était sorti(e)

b *(frm = claim)* prétendre (*that* que) ◆ **I don't ~ to know everything about it** je ne prétends pas tout savoir là-dessus, je n'ai pas la prétention de tout savoir là-dessus

VI a *(= feign)* faire semblant ◆ **the children were playing at "let's pretend"** les enfants jouaient à faire semblant ◆ **he's not really ill, he's just ~ing** il n'est pas malade, il fait semblant ◆ **I was only ~ing!** *(for fun)* c'était pour rire !, je plaisantais ! ◆ **let's stop ~ing!** assez joué la comédie ! ◆ **let's not ~ to each other** ne nous jouons pas la comédie, soyons francs l'un avec l'autre

b *(frm = claim)* **to ~ to learning/infallibility** avoir la prétention d'être *or* prétendre être érudit/infaillible

ADJ * *[money, house etc]* pour (de) rire * ◆ **it's only ~!** c'est pour rire ! *

> ⚠ **prétendre** *is the equivalent of* **to pretend** *only when it means 'to claim'.*

**pretended** /prɪˈtendɪd/ ADJ *(frm)* prétendu, soi-disant *inv*

**pretender** /prɪˈtendəʳ/ N prétendant(e) *m(f)* ◆ **a ~ to the throne (of ...)** un prétendant au trône (de ...) ◆ **the Old Pretender** *(Brit Hist)* le Prétendant *(Jacques Francis Édouard Stuart)* ◆ **the Young Pretender** le (Jeune) Prétendant *(Charles Édouard Stuart)*

**pretense** /prɪˈtens/ N *(US)* ⇒ **pretence**

**pretension** /prɪˈtenʃən/ N a *(= claim: also pej)* prétention *f* (*to sth* à qch) ◆ **this work has serious literary ~s** cette œuvre peut à juste titre prétendre à *or* cette œuvre a droit à la reconnaissance littéraire ◆ **he has social ~s** *(pej)* il a des prétentions sociales b *(NonC = pretentiousness)* prétention *f*

**pretentious** /prɪˈtenʃəs/ ADJ prétentieux

**pretentiously** /prɪˈtenʃəslɪ/ ADV prétentieusement

**pretentiousness** /prɪˈtenʃəsnɪs/ N *(NonC)* prétention *f*

**preterite** /ˈpretərɪt/ N prétérit *m*, passé *m* simple

**pre-term** /ˌpriːˈtɜːm/ ADJ *[baby]* prématuré ADV prématurément, avant terme

**preternatural** /ˌpriːtəˈnætʃrəl/ ADJ surnaturel

**preternaturally** /ˌpriːtəˈnætʃrəlɪ/ ADV *(frm)* surnaturellement

**pretext** /ˈpriːtekst/ N prétexte *m* ◆ **under** *or* **on the ~ of (doing) sth** sous prétexte de (faire) qch

**pretorian** /prɪˈtɔːrɪən/ ADJ *(US)* ⇒ **praetorian**

**pre-trial** /ˌpriːˈtreɪəl/ ADJ *(Jur)* avant procès

**prettify** /ˈprɪtɪfaɪ/ VT *[+ dress]* enjoliver ; *[+ house, garden]* essayer d'embellir

**prettily** /ˈprɪtɪlɪ/ ADV *[arrange, decorate]* joliment ; *[smile, blush]* de façon charmante

**prettiness** /ˈprɪtɪnɪs/ N *[of person, place]* charme *m*

**pretty** /ˈprɪtɪ/ ADJ a *(= attractive) [child, flower, music etc]* joli *before n* ◆ **as ~ as a picture** *[person]* joli comme un cœur, joli à croquer ; *[garden etc]* ravissant ◆ **she's not just a ~ face** * elle n'a pas seulement un joli minois, elle a d'autres atouts que son joli visage ◆ **it wasn't a ~ sight** ce n'était pas beau à voir ◆ **~ Polly!** *(to parrot)* bonjour Jacquot !

b *(iro = fine)* joli, beau (belle *f*) ◆ **that's a ~ state of affairs!** c'est du joli ! ◆ **you've made a ~ mess of it!** vous avez fait là de la jolie besogne !

c *(* = considerable) [sum, price]* joli, coquet ◆ **it will cost a ~ penny** cela coûtera une jolie somme

ADV *(* = fairly)* assez ◆ **it's ~ cold** il fait assez froid, il ne fait pas chaud ◆ **how's it going? – ~ well!** ça va bien ? – pas mal ! ◆ **we've ~ well finished** nous avons presque *or* pratiquement fini ◆ **it's ~ much the same thing** c'est à peu près *or* pratiquement la même chose ◆ **~ damn quick** ‡ illico (presto) * ◆ **you'd have to be ~ damn good** ‡ **to get a job like that** il faut être drôlement * *or* sacrément * bon pour trouver un travail comme celui-là ◆ **he's ~ nearly better** il est presque *or* pratiquement guéri ◆ **to have a ~ good** *or* **fair idea of sth** avoir sa petite idée sur qch ; → **sit**

COMP ▷ **pretty-pretty** * ADJ un peu trop joli

► **pretty up** * VT SEP ⇒ **prettify**

**pretzel** /ˈpretsl/ N bretzel *m*

**prevail** /prɪˈveɪl/ VI a *(= triumph)* l'emporter (*over* sur) ◆ **let us hope that commonsense will ~** espérons que le bon sens finira par l'emporter *or* s'imposer ◆ **fortunately justice ~ed** heureusement, la justice l'a emporté

b *(= exist) [situation, chaos]* régner ◆ **a similar situation ~s in America** une situation semblable règne en Amérique ◆ **the situation which now ~s** la situation actuelle ◆ **the hostile atmosphere that ~ed in relations between young blacks and the police** l'hostilité qui présidait aux relations entre les jeunes Noirs et la police ◆ **he found a different attitude ~ed** il s'aperçut que les attitudes étaient différentes ◆ **state control of industry which had ~ed since the 1930s** le contrôle de l'industrie par l'État, en vigueur depuis les années 1930

c *(= gain victory)* l'emporter ◆ **I hope he will ~ over the rebels** j'espère qu'il l'emportera sur les rebelles ◆ **he appears to have the votes he needs to ~** il semble avoir les voix nécessaires pour l'emporter

d *(frm)* ◆ **to ~ (up)on sb to do sth** réussir à persuader qn de faire qch ◆ **they ~ed on him to honour his contract** ils ont réussi à le persuader d'honorer son contrat ◆ **can I ~ on you to delay your departure?** comment puis-je vous persuader de retarder votre départ ?

**prevailing** /prɪˈveɪlɪŋ/ ADJ a *[wind]* dominant b *(= widespread) [belief, opinion, attitude]* courant, répandu c *(= current) [conditions, situation, customs] (today)* actuel ; *(at that time)* à l'époque ; *[style, taste, prices] (today)* actuel, du jour ; *(at that time)* de l'époque, du jour ◆ **~ market rate** *(Econ)* cours *m* du marché d *(Jur)* **the ~ party** la partie gagnante

**prevalence** /ˈprevələns/ N *(= predominance, currency) [of illness]* fréquence *f* ; *[of belief, opinion, attitude]* prédominance *f*, fréquence *f* ; *[of conditions, situation, customs]* caractère *m* généralisé ; *[of fashion, style]* popularité *f*, vogue *f* ◆ **I'm surprised by the ~ of that idea** je suis surpris que cette idée soit si répandue

**prevalent** /ˈprevələnt/ ADJ a *(= widespread) [belief, opinion, attitude]* courant, répandu ; *[illness]* répandu ◆ **smoking became increasingly ~** il devenait de plus en plus courant de fumer b *(= current) [conditions, customs] (today)* actuel ; *(at that time)* à l'époque ; *[style, taste] (today)* actuel, du jour ; *(at that time)* de l'époque, du jour

**prevaricate** /prɪˈværɪkeɪt/ VI tergiverser

**prevarication** /prɪˌværɪˈkeɪʃən/ N faux-fuyant(s) *m(pl)*

**prevent** /prɪˈvent/ VT empêcher (*sb from doing sth, sb's doing sth* qn de faire qch) ; *[+ event, action]* empêcher ; *[+ illness]* prévenir ; *[+ accident, fire, war]* empêcher, éviter ◆ **nothing could ~ him (from doing it)** rien ne pouvait l'en empêcher ◆ **she couldn't ~ his death** elle n'a pu empêcher qu'il ne meure *or* l'empêcher de mourir ◆ **I couldn't ~ the door from closing** je n'ai pas pu empêcher la porte de se fermer *or* éviter que la porte ne se ferme *subj*

**preventable** /prɪˈventəbl/ ADJ évitable

**preventative** /prɪˈventətɪv/ ADJ préventif

**prevention** /prɪˈvenʃən/ N *(NonC)* prévention *f* ◆ **~ is better than cure** *(Prov)* mieux vaut prévenir que guérir ◆ **Society for the Prevention of Cruelty to Animals** Société *f* protectrice des animaux ; → **accident, fire**

**preventive** /prɪˈventɪv/ ADJ *[medicine, measures]* préventif ◆ **~ detention** *(Jur)* (forte) peine *f* de prison N *(= measure)* mesure *f* préventive (*against* contre) ; *(= medicine)* médicament *m* préventif (*against* contre)

**preverbal** /ˌpriːˈvɜːbəl/ ADJ préverbal

**preview** /ˈpriːvjuː/ N *[of film, exhibition]* avant-première *f* ; *(= art exhibition)* vernissage *m* ◆ **to give sb a ~ of sth** *(fig)* donner à qn un aperçu de qch ◆ **for a ~ of today's main events over now to Jack Smith** *(Rad, TV)* et maintenant pour un tour d'horizon des principaux événements de la journée je passe l'antenne à Jack Smith

**previous** /ˈpriːvɪəs/ ADJ a *(gen) (= immediately before)* précédent ; *(= sometime before)* antérieur (-eure *f*) ◆ **have you made any ~ applications?** avez-vous déjà fait des demandes ? ◆ **the car has had two ~ owners** la voiture a déjà eu deux propriétaires, c'est une voiture de troisième main ◆ **the ~ letter** la précédente lettre, la lettre précédente ◆ **a ~ letter** une lettre précédente *or* antérieure ◆ **the ~ week** la semaine précédente ◆ **the ~ year** l'année *f* précédente ◆ **the ~ day** la veille ◆ **the ~ evening** la veille au soir ◆ **in a ~ life** dans une vie antérieure ◆ **on ~ occasions** précédemment, auparavant ◆ **I have a ~ engagement** je suis déjà pris ◆ **to have no ~ convictions** *(Jur)* avoir un casier judiciaire vierge ◆ **he has three ~ convictions** *(Jur)* il a déjà eu trois condamnations ◆ **"no previous experience necessary"** *(Comm)* "débutants acceptés", "aucune expérience (préalable) exigée" ◆ **~ to** antérieur à

b *(frm = hasty)* prématuré ◆ **this seems somewhat ~** ceci semble quelque peu prématuré ◆ **you have been rather ~ in inviting him** votre invitation est quelque peu prématurée, vous avez été bien pressé de l'inviter

ADV a *(= previously)* ◆ **three months ~** * trois mois auparavant *or* plus tôt

b *(frm)* ◆ **~ to ~ to (his) leaving he ...** avant de partir *or* avant son départ il ... ◆ **~ to his leaving we ...** avant son départ *or* avant qu'il ne parte nous ...

**previously** /ˈpriːvɪəslɪ/ ADV auparavant ◆ **three months ~** trois mois auparavant *or* plus tôt ◆ **~ unknown** jusque-là inconnu ◆ **~ unreleased** *or* **unpublished** jusque-là inédit

**prewar** /ˈpriːˈwɔːʳ/ ADJ d'avant-guerre ADV avant-guerre

**prewash** /ˈpriːwɒʃ/ N prélavage *m*

**prex** * /preks/, **prexie** *, **prexy** * /ˈpreksɪ/ N *(US Univ)* président *m* (d'université)

**prey** /preɪ/ N *(lit, fig)* proie *f* ◆ **bird of ~** oiseau *m* de proie, rapace *m* ◆ **to be a ~ to** *[+ nightmares, illnesses]* être en proie à ◆ **to fall (a) ~ to** devenir la proie de VI ◆ **to ~ on** *[animal etc]* faire sa proie/sa victime de ; *[person]* s'attaquer continuellement à ; *[fear, anxiety]* ronger, miner ◆ **something is ~ing on her mind** il y a quelque chose qui la tourmente *or* la travaille *

**prezzie** ‡ /ˈprezɪ/ N *(= present)* cadeau *m*

**Priam** /ˈpraɪəm/ N Priam *m*

**price** /praɪs/ N a *(Comm etc) (= cost)* prix *m* *(also fig) (= estimate)* devis *m* ; *(St Ex)* cours *m* ◆ **he got a good ~ (for it)** il (en) a obtenu un bon prix ◆ **he gave me a good ~ (on it)** il m'a fait un prix ◆ **a special ~ of $100 per night** un tarif spécial de 100 dollars la nuit ◆ **book your tickets in advance at the special ~ of £4** achetez vos billets à l'avance au tarif préférentiel de 4 livres ◆ **order any three videos for a special ~ of only £29.99** commandez trois cassettes vidéo au choix pour le prix promotionnel de 29,99 livres ◆ **we pay top ~s for gold and silver** nous achetons l'or et l'argent au prix fort ◆ **ask him for a ~ for putting in a new window** demandez-lui un devis pour poser *or* combien ça coûterait de poser une nouvelle fenêtre ◆ **that's my ~, take it or leave it** c'est mon dernier prix, c'est à prendre ou à laisser ◆ **he'll do it for a ~** il le fera si on y met le prix ◆ **to put a ~ on sth** fixer le prix de qch ; see also **noun d** ◆ **the ~ is right** *(fair price)* c'est un prix correct ; *(= right for me)* le prix me convient ◆ **to go up** *or* **rise in ~** augmenter ◆ **to drop** *or* **fall in ~** baisser ◆ **their products range in ~ from $12 to $48** le prix de leurs articles va de 12 à 48 dollars ◆ **the ~ in dollars/sterling, the dollar/sterling ~** le prix en dollars/livres sterling ◆ **to make a ~** *(St Ex)* fixer un cours ◆ **market ~** *(St Ex)* cours *m* du marché

**b** *(fig)* **every man has his ~** tout homme peut être acheté ◆ **there's a ~ on his head, he has got a ~ on his head** sa tête a été mise à prix ◆ **to put a ~ on sb's head** mettre à prix la tête de qn ◆ **he paid a high** *or* **big ~ for his success** il a payé cher *or* chèrement son succès ◆ **it's a high** *or* **big ~ to pay for it** c'est un bien grand prix à payer ◆ **it's a small ~ to pay for it** c'est un bien faible prix à payer ; → **cheap, closing, reduced**

**c** ◆ **at any ~ I wouldn't buy it at any ~** je ne l'achèterais à aucun prix ◆ **I wouldn't help him at any ~!** je ne l'aiderais à aucun prix ! ◆ **they want peace at any ~** ils veulent la paix coûte que coûte *or* à tout prix ◆ **will you do it? – not at any ~!** vous allez le faire ? – pour rien au monde *or* pas question ! ◆ **you can get it but at a ~!** vous pouvez l'avoir mais cela vous coûtera cher ! ◆ **he's famous now but at what a ~!** il est célèbre maintenant mais à quel prix !

**d** *(= value)* prix *m*, valeur *f* ◆ **to put a ~ on a jewel/picture** évaluer un bijou/un tableau ◆ **you can't put a ~ on friendship/honesty** l'honnêteté/l'amitié n'a pas de prix ◆ **I cannot put a ~ on his friendship** son amitié n'a pas de prix (pour moi), je ne saurais dire combien j'apprécie son amitié ◆ **he sets** *or* **puts a high ~ on loyalty** il attache beaucoup de valeur *or* un grand prix à la loyauté ◆ **what ~ * all his promises now?** *(fig)* que valent toutes ses promesses maintenant ? ◆ **beyond ~, without ~** *(liter)* qui n'a pas de prix, sans prix

**e** *(Betting = odds)* cote *f* ◆ **what ~ are they giving on Black Beauty?** quelle est la cote de Black Beauty ? ◆ **what ~ he'll change his mind?** * vous pariez combien qu'il va changer d'avis ?

**VT** *(= fix price of)* fixer le prix de ; *(= mark price on)* marquer le prix de ; *(= ask price of)* demander le prix de, s'informer du prix de ; *(fig = estimate value of)* évaluer ◆ **it is ~d at £10** ça coûte 10 livres, ça se vend 10 livres ◆ **shares were ~d at 50 pence** les actions étaient cotées 50 pence ◆ **tickets ~d (at) £20** billets *mpl* vendus 20 livres ◆ **Japanese gas is ~d high** *(St Ex)* le gaz japonais est coté très cher

**COMP** *[control, index]* des prix ; *[reduction, rise]* de(s) prix ▷ **price bracket N** ⇒ **price range** ▷ **Price Commission** † **N** *(Brit)* ≃ Direction *f* générale de la concurrence et de la consommation ▷ **price competitiveness N** compétitivité-prix *f* ▷ **price cut N** réduction *f*, rabais *m* ▷ **price cutting N** réduction(s) *f(pl)* de prix ▷ **price-earnings ratio N** *(St Ex)* rapport *m* cours-bénéfices, taux *m or* coefficient *m* de capitalisation (des résultats) ▷ **price escalation N** flambée *f* des prix ◆ **~ escalation clause** *(Jur)* clause *f* de révision des prix ▷ **price-fixing N** *(by government)* contrôle *m* des prix ; *(pej: by firms)* entente *f* (illicite) sur les prix ▷ **price freeze N** blocage *m* des prix ▷ **price inflation N** inflation *f* des coûts ▷ **price limit N** ◆ **to put a ~ limit on sth** fixer le prix maximum de qch ◆ **my ~ limit is $400** je ne vais pas au-dessus de 400 dollars ▷ **price list N** tarif *m*, prix *m* courant ▷ **price maintenance N** *(gen)* vente *f* à prix imposé ; *[of manufacturer]* fixation *f* des prix ▷ **price range N** éventail *m or* gamme *f* de prix ◆ **within my ~ range** dans mes prix ◆ **in the medium ~ range** d'un prix modéré, dans les prix moyens ▷ **price-rigging N** *(pej: by firms)* entente *f* (illicite) sur les prix ▷ **price ring N** cartel *m* des prix ▷ **prices and incomes policy N** politique *f* des prix et des revenus ▷ **prices index N** *(Brit)* indice *m* des prix ▷ **price support N** *(US Econ)* (politique *f* de) soutien *m* des prix ▷ **price tag N** *(lit)* étiquette *f* ; *(fig = cost)* prix *m*, coût *m* ◆ **it's got a heavy ~ tag** le prix est très élevé, ça coûte cher ◆ **what's the ~ tag on that house?** quel prix demandent-ils pour cette maison ? ▷ **price ticket N** étiquette *f* ▷ **price variation clause N** *(Jur)* clause *f* de révision des prix ▷ **price war N** guerre *f* des prix

► **price down VT SEP** *(Comm) (= reduce price of)* réduire le prix de, solder ; *(= mark lower price on)* inscrire un prix réduit sur

► **price out VT SEP** ◆ **to price one's goods out of the market** perdre un marché en voulant demander des prix trop élevés ◆ **Japanese products have ~d ours out of the market** nos produits ne peuvent plus soutenir la concurrence des prix japonais ◆ **the French have ~d us out of that market** les bas prix pratiqués par les Français nous ont chassés de ce marché ◆ **the workers are in danger of pricing themselves out of the market** les ouvriers risquent de devenir trop chers sur le marché de l'emploi

► **price up VT SEP** *(Comm) (= raise price of)* augmenter ; *(= mark higher price on)* inscrire un prix plus élevé sur

**-priced** /praɪst/ **ADJ** *(in compounds)* ◆ **high-priced** coûteux, cher ; → **low¹**

**priceless** /ˈpraɪslɪs/ **ADJ** **a** *[picture, jewel]* qui n'a pas de prix, inestimable ; *[friendship, contribution, gift]* inestimable, très précieux **b** *(* = amusing)* impayable *

**pricey** * /ˈpraɪsɪ/ **ADJ** cher, chérot * *m only*

**pricing** /ˈpraɪsɪŋ/ **N** *(= setting price)* détermination *f or* fixation *f* des prix ; *(for service)* tarification *f* ; *[of stock]* évaluation *f* ◆ **~ policy** *or* **strategy** politique *f* des prix

**prick** /prɪk/ **N** **a** *(= act, sensation, mark)* piqûre *f* ◆ **to give sth a ~** piquer qch ◆ **the ~s of conscience** les aiguillons *mpl* de la conscience, le remords ; → **kick**

**b** *(*‚* = penis)* bite *‚* or bitte *‚* *f*

**c** *(*‚* = person)* con *‚* *m*

**VT** **a** *[person, thorn, pin, hypodermic]* piquer ; *[+ balloon, blister]* crever ; *[+ name on list etc]* piquer, pointer ◆ **she ~ed her finger with a pin** elle s'est piqué le doigt avec une épingle ◆ **she ~ed herself on the thorns** elle s'est piquée avec les épines ◆ **to ~ a hole in sth** faire un trou d'épingle (*or* d'aiguille *etc*) dans qch ◆ **his conscience was ~ing him** il avait mauvaise conscience, il n'avait pas la conscience tranquille

**b** ◆ **to ~ (up) one's ears** *[animal]* dresser les oreilles ; *[person] (fig)* dresser *or* tendre l'oreille

**VI** **a** *[thorn etc]* piquer ◆ **his conscience was ~ing** il avait mauvaise conscience

**b** *(= tingle)* ◆ **my eyes are ~ing** les yeux me cuisent

**COMP** ▷ **prick-tease** *‚* **N** *(pej = woman)* allumeuse * *f* **VI** *[woman]* faire l'allumeuse * **VT** allumer *

► **prick out VT SEP** **a** *(= plant) [+ seedlings]* repiquer

**b** *(with pin etc) [+ outline, design]* piquer, tracer en piquant

► **prick up VI** *(lit)* ◆ **the dog's ears ~ed up** le chien a dressé l'oreille ◆ **his ears ~ed up** *(fig)* il a dressé l'oreille

**VT SEP** ⇒ **prick vt b**

**pricking** /ˈprɪkɪŋ/ **N** picotement *m*, sensation *f* cuisante ◆ **~s of conscience** remords *m(pl)*

**prickle** /ˈprɪkl/ **N** **a** *(= spine) [of plant]* épine *f*, piquant *m* ; *[of hedgehog etc]* piquant *m* **b** *(= pricking sensation: on skin etc)* picotement *m*, sensation *f* cuisante **VT** piquer **VI** *[skin, fingers etc]* fourmiller, picoter

**prickly** /ˈprɪklɪ/ **ADJ** **a** *(= spiky) [plant]* épineux ; *[animal]* armé de piquants ◆ **his beard was ~** sa barbe piquait ◆ **my arm feels ~** j'ai des fourmis *or* des fourmillements dans le bras **b** *(fig) (= irritable) [person]* ombrageux, irritable ; *(= delicate) [subject]* épineux, délicat ◆ **he is as ~ as a porcupine** c'est un vrai hérisson **COMP** ▷ **prickly heat N** fièvre *f* miliaire ▷ **prickly pear N** *(= fruit)* figue *f* de Barbarie ; *(= tree)* figuier *m* de Barbarie

**pride** /praɪd/ **N** **a** *(NonC) (= self-respect)* fierté *f*, amour-propre *m* ; *(= satisfaction)* fierté *f* ; *(pej = arrogance)* orgueil *m* ◆ **his ~ was hurt** il était blessé dans son orgueil *or* dans son amour-propre ◆ **he has too much ~ to ask for help** il est trop fier pour demander de l'aide ◆ **she has no ~** elle n'a pas d'amour-propre ◆ **the sin of ~** le péché d'orgueil ◆ **false ~** vanité *f* ◆ **~ comes** *or* **goes before a fall** *(Prov)* l'orgueil précède la chute ◆ **her son's success is a great source of ~ to her** elle s'enorgueillit *or* elle est très fière du succès de son fils ◆ **her ~ in her family** la fierté qu'elle tire de sa famille ◆ **he spoke of them with ~** il parla d'eux avec fierté ◆ **to take** *or* **have (a) ~ in** *[+ children, achievements]* être très fier de ; *[+ house, car etc]* prendre (grand) soin de ◆ **she takes (a) ~ in her appearance** elle prend soin de sa personne ◆ **to take (a) ~ in doing sth** mettre sa fierté à faire qch ◆ **to take** *or* **have ~ of place** avoir la place d'honneur

**b** *(= object of pride)* fierté *f* ◆ **she is her father's ~ and joy** elle est la fierté de son père

**c** *(Zool = group) [of lions]* troupe *f*

**VT** ◆ **to ~ o.s. (up)on (doing) sth** être fier *or* s'enorgueillir de (faire) qch

**priest** /priːst/ **N** *(Christian, pagan)* prêtre *m* ; *(= parish priest)* curé *m* ; → **assistant, high**

**COMP** ▷ **priest-ridden ADJ** *(pej)* dominé par le clergé, sous la tutelle des curés *(pej)*

**priestess** /ˈpriːstɪs/ **N** prêtresse *f*

**priesthood** /ˈpriːsthʊd/ **N** *(= function)* prêtrise *f*, sacerdoce *m* ; *(= priests collectively)* clergé *m* ◆ **to enter the ~** se faire prêtre, entrer dans les ordres

**priestly** /ˈpriːstlɪ/ **ADJ** sacerdotal, de prêtre

**prig** /prɪg/ **N** donneur *m*, -euse *f* de leçons ◆ **what a ~ she is!** ce qu'elle est donneuse de leçons ! ◆ **don't be such a ~!** ne fais pas le petit saint (*or* la petite sainte) !

**priggish** /ˈprɪgɪʃ/ **ADJ** moralisateur (-trice *f*)

**priggishness** /ˈprɪgɪʃnɪs/ **N** *(NonC)* attitude moralisatrice

**prim** /prɪm/ **ADJ** **a** *(pej) [person] (= prudish:* also **prim and proper**) collet monté *inv*, guindé *[manner, smile, look, expression]* guindé ; *[dress, hat]* très correct, très convenable ; *[house, garden]* trop coquet *or* net *or* impeccable **b** *(= demure)* très convenable, comme il faut

**prima ballerina** /ˈpriːməˌbæləˈriːnə/ **N** (pl **prima ballerina** *or* **prima ballerinas**) danseuse *f* étoile

**primacy** /ˈpraɪməsɪ/ **N** *(= supremacy)* primauté *f* ; *(Rel)* primatie *f*

**prima donna** /ˈpriːməˈdɒnə/ **N** (pl **prima donna** *or* **prima donnas**) *(lit)* prima donna *f inv* ◆ **she's a real ~** *(fig)* elle est capricieuse, elle joue les divas

**primaeval** /praɪˈmiːvəl/ **ADJ** *(Brit)* ⇒ **primeval**

**prima facie** /ˈpraɪməˈfeɪʃɪ/ *(frm)* **ADV** à première vue, de prime abord **ADJ** *(Jur)* recevable, bien fondé ; *(gen)* légitime (à première vue) ◆ **to have a ~ case** *(Jur)* avoir une affaire recevable ; *(gen)* avoir raison à première vue ◆ **~ evidence** *(Jur)* commencement *m* de preuve ◆ **there are ~ reasons why ...** on peut a priori raisonnablement expliquer pourquoi ...

**primal** /ˈpraɪməl/ **ADJ** **a** *(= first in time, primeval)* primitif, des premiers âges ◆ **~ scream** *(Psych)* cri *m* primal **b** *(= first in importance, primordial)* principal, primordial

**primarily** /ˈpraɪmərɪlɪ/ **ADV** *(= chiefly)* essentiellement, surtout

**primary** /ˈpraɪmərɪ/ **ADJ** **a** *(= first: Astron, Chem, Econ, Elec, Geol, Med etc)* primaire

**b** *(= basic) [reason, cause]* principal ; *[concern, aim]* principal, premier *before n* ◆ **of ~ importance** d'une importance primordiale, de la plus haute importance ◆ **the ~ meaning of a word** le sens premier d'un mot

**N** *(= school)* école *f* primaire ; *(= colour)* couleur *f* fondamentale ; *(= feather)* rémige *f* ; *(Elec)* enroulement *m* primaire ; *(US Pol)* primaire *f*

**COMP** ▷ **primary cause** **N** *(Philos)* cause *f* première ▷ **primary colour** **N** couleur *f* fondamentale *or* primaire ▷ **primary education** **N** enseignement *m* primaire ▷ **primary election** **N** *(US Pol)* élection *f* primaire ▷ **primary feather** **N** *(Zool)* rémige *f* ▷ **primary health care** **N** soins *mpl* de santé primaires ▷ **primary industries** **NPL** *(Econ)* le secteur primaire ▷ **primary producer** **N** *(Econ)* producteur *m* du secteur primaire ▷ **primary producing country** **N** *(Econ)* pays *m* de production primaire ▷ **primary product** **N** *(Econ)* produit *m* primaire *or* de base ▷ **primary school** **N** *(esp Brit)* école *f* primaire ▷ **primary schoolteacher** **N** *(esp Brit)* instituteur *m*, -trice *f* ▷ **primary stress** **N** *(Phon)* accent *m* principal ▷ **primary teacher** **N** ⇒ **primary schoolteacher** ▷ **primary tense** **N** *(Gram)* temps *m* primitif ▷ **primary winding** **N** *(Elec)* enroulement *m* primaire

**primate** /ˈpraɪmɪt/ **N** **a** *(Rel)* primat *m* **b** /ˈpraɪmeɪt/ *(Zool)* primate *m*

**prime** /praɪm/ **ADJ** **a** *(= principal) [reason etc]* primordial, principal ; *[concern, aim]* principal, premier *before n* ◆ **a ~ factor in ...** un facteur primordial *or* fondamental dans ... ; see also **comp** ◆ **of ~ importance** d'une importance primordiale, de la plus haute importance

**b** *(= excellent, superior) [advantage]* de premier ordre ; *[site]* exceptionnel ; *(= best) [meat]* de premier choix ◆ **in ~ condition** *[animal, athlete]* en parfaite condition ◆ **~ cut** *(Culin)* morceau *m* de premier choix ◆ **a ~ example of what to avoid** un excellent exemple de ce qu'il faut éviter ◆ **of ~ quality** de première qualité ◆ **~ ribs** côtes *fpl* premières

**c** *(Math)* ◆ **7 is ~** 7 est un nombre premier

**N** **a** *(= peak)* ◆ **when the Renaissance was in its ~** quand la Renaissance était à son apogée, aux plus beaux jours de la Renaissance ◆ **in the ~ of life, in one's ~** dans *or* à la fleur de l'âge ◆ **he is past his ~** il est sur le retour ◆ **this grapefruit is past its ~** * *(hum)* ce pamplemousse n'est plus de la première fraîcheur, ce pamplemousse a vu des jours meilleurs *(hum)*

**b** *(Math)* (also **prime number**) nombre *m* premier

**c** *(Rel)* prime *f*

**VT** **a** *[+ gun, pump]* amorcer ◆ **to ~ the pump** *(fig)* renflouer une entreprise *or* une affaire ◆ **to ~ sb with drink** faire boire qn (tant et plus) ◆ **he was well ~d (with drink)** il avait bu plus que de raison

**b** *[+ surface for painting]* apprêter

**c** *(fig) [+ person]* mettre au fait, mettre au courant ◆ **they ~d him about what he should say** ils lui ont bien fait répéter ce qu'il avait à dire ◆ **he was ~d to say that** ils lui ont fait la leçon pour qu'il dise cela ◆ **she came well ~d for the interview** elle est arrivée à l'entrevue tout à fait préparée

**COMP** ▷ **prime bill** **N** *(Econ, Fin)* effet *m* de premier ordre ▷ **prime cost** **N** *(Comm, Econ)* prix *m* de revient, prix *m* coûtant ▷ **prime factor** **N** *(Math)* facteur *m* premier, diviseur *m* premier ▷ **prime meridian** **N** *(Geog)* premier méridien *m* ▷ **prime minister** **N** Premier ministre *m* ▷ **prime ministerial** **ADJ** du Premier ministre ▷ **prime ministership**, **prime ministry** **N** ministère *m*, fonctions *fpl* de Premier ministre ▷ **prime mover** **N** *(Phys, Tech)* force *f* motrice ; *(Philos)* premier moteur *m*, cause *f* première ; *(fig = person)* instigateur *m*, -trice *f* ▷ **prime number** **N** nombre *m* premier ▷ **prime rate** **N** *(Econ, Fin)* taux *m* préférentiel *or* de base ▷ **prime time** **N** *(Rad, TV)* prime time *m*, heure(s) *f(pl)* de grande écoute **ADJ** *[programme, audience etc]* aux heures de grande écoute

**primer** /ˈpraɪməʳ/ **N** **a** *(= textbook)* premier livre *m*, livre *m* élémentaire **b** *(= reading book)* abécédaire *m* **c** *(= paint)* apprêt *m*

**primeval, primaeval** *(Brit)* /praɪˈmiːvəl/ **ADJ** primitif ◆ **~ forest** forêt *f* primitive

**priming** /ˈpraɪmɪŋ/ **N** **a** *[of pump]* amorçage *m* ; *[of gun]* amorce *f* **b** *(Painting) (= substance)* couche *f* d'apprêt ; *(= action)* apprêt *m*

**primitive** /ˈprɪmɪtɪv/ **ADJ, N** *(all senses)* primitif *m*

**primitivism** /ˈprɪmɪtɪˌvɪzəm/ **N** primitivisme *m*

**primly** /ˈprɪmlɪ/ **ADV** **a** *(= demurely)* bien sagement ◆ **to be ~ dressed** être habillé très comme il faut, être tiré à quatre épingles **b** *(pej = priggishly) [say]* d'un ton guindé, d'un air bégueule ; *[behave]* d'une manière guindée

**primness** /ˈprɪmnɪs/ **N** **a** *(= demureness) [of person]* façons *fpl* très correctes *or* très convenables ; *[of appearance, attire]* aspect *m* très comme il faut *or* très convenable **b** *(= prudishness) [of person]* façons *fpl* guindées *or* compassées, air *m* collet monté

**primogeniture** /ˌpraɪməʊˈdʒenɪtʃəʳ/ **N** *(Jur etc)* primogéniture *f*

**primordial** /praɪˈmɔːdɪəl/ **ADJ** primordial

**primp** /prɪmp/ **VI** se pomponner, se bichonner **VT** pomponner, bichonner

**primrose** /ˈprɪmrəʊz/ **N** *(Bot)* primevère *f (jaune)* ◆ **the ~ path** le chemin *or* la voie de la facilité **ADJ** (also **primrose yellow**) jaune pâle *inv*, jaune primevère *inv*

**primula** /ˈprɪmjʊlə/ **N** *(Bot)* primevère *f (espèce)*

**Primus** ® /ˈpraɪməs/ **N** *(esp Brit)* (also **Primus stove**) réchaud *m* de camping (à pétrole), Primus ® *m*

**prince** /prɪns/ **N** **a** prince *m (also fig)* ◆ **Prince Charles** le prince Charles ◆ **the Prince of Wales** le prince de Galles ◆ **~ consort** prince *m* consort ◆ **~ regent** prince *m* régent ◆ **Prince Charming** le prince charmant ◆ **the Prince of Darkness** le prince des ténèbres *or* des démons ◆ **the ~s of this world** les princes *mpl* de la terre, les grands *mpl* de ce monde **b** *(US fig = fine man)* chic type * *m* **COMP** ▷ **Prince Edward Island** **N** l'île *f* du Prince-Édouard

**princeling** /ˈprɪnslɪŋ/ **N** principicule *m*

**princely** /ˈprɪnslɪ/ **ADJ** *(lit, fig)* princier ◆ **the ~ sum of ...** la somme rondelette de ..., la coquette somme de ...

**princess** /prɪnˈses/ **N** princesse *f* ◆ **Princess Anne** la princesse Anne ◆ **Princess Royal** Princesse Royale *(titre donné parfois à la fille aînée du monarque)*

**principal** /ˈprɪnsɪpəl/ **ADJ** principal ◆ **~ boy** *(Brit Theat)* jeune héros *m (rôle tenu par une actrice dans les spectacles de Noël)* ◆ **~ clause** *(Gram)* (proposition *f*) principale *f* ◆ **~ parts of a verb** *(Gram)* temps *mpl* primitifs d'un verbe ◆ **~ horn/violin** *(Mus)* premier cor *m*/violon *m* ◆ **~ nursing officer** *(Brit)* ≃ surveillant(e) *m(f)* général(e) *(dans un hôpital)*

**N** **a** *(Scol etc: gen)* chef *m* d'établissement ; *[of lycée]* proviseur *m* ; *[of college]* principal(e) *m(f)*

**b** *(in orchestra)* chef *m* de pupitre ; *(Theat)* vedette *f*

**c** *(Fin, Jur = person employing agent, lawyer etc)* mandant *m*, commettant *m* ; *(Jur = chief perpetrator of a crime)* auteur *m* (d'un crime), principal *m* responsable ◆ **~ and agent** *(Jur, Fin)* commettant *m* et agent *m*

**d** *(Fin = capital sum)* principal *m*, capital *m* ◆ **~ and interest** principal *m or* capital *m* et intérêts *mpl*

**principality** /ˌprɪnsɪˈpælɪtɪ/ **N** principauté *f* ◆ **the Principality** *(= Wales)* le pays de Galles

**principally** /ˈprɪnsɪpəlɪ/ **ADV** principalement

**principle** /ˈprɪnsəpl/ **N** *(all senses)* principe *m* ◆ **to go back to first ~s** repartir sur de bonnes bases ◆ **in ~** en principe ◆ **on ~, as a matter of ~** par principe ◆ **I make it a ~ never to lend money, it's against my ~s to lend money** j'ai pour principe de ne jamais prêter d'argent ◆ **that would be totally against my ~s** cela irait à l'encontre de tous mes principes ◆ **for the ~ of the thing** * pour le principe ◆ **he is a man of ~(s), he has high ~s** c'est un homme qui a des principes ◆ **all these machines work on the same ~** toutes ces machines marchent sur *or* selon le même principe

**principled** /ˈprɪnsəpld/ **ADJ** *[person]* qui a des principes ; *[behaviour]* réglé par des principes

**-principled** /ˈprɪnsəpld/ **ADJ** *(in compounds)* → **high, low**[1]

**prink** /prɪŋk/ **VI, VT** ⇒ **primp**

**print** /prɪnt/ **N** **a** *(= mark) [of hand, foot, tyre etc]* empreinte *f* ; *(= finger print)* empreinte *f* (digitale) ◆ **a thumb/paw** *etc* **~** l'empreinte *f* d'un pouce/d'une patte *etc* ◆ **to take sb's ~s** *(Police etc)* prendre les empreintes de qn ; → **fingerprint, footprint**

**b** *(NonC: Typ) (= actual letters)* caractères *mpl* ; *(= printed material)* texte *m* imprimé ◆ **in small/large ~** en petits/gros caractères ◆ **read the small** *or* **fine ~ before you sign** lisez toutes les clauses avant de signer ◆ **the ~ is poor** les caractères ne sont pas nets ◆ **it**

was there in cold ~! c'était là noir sur blanc ! ◆ **out of ~** *[book]* épuisé ◆ **in ~** disponible (en librairie) ◆ **"books in print"** "livres en librairie", "catalogue courant" ◆ **he wants to see himself in ~** il veut être publié ◆ **to rush into ~** se hâter *or* s'empresser de publier ◆ **don't let that get into ~** n'allez pas imprimer *or* publier cela

**c** *(= etching, woodcut etc)* estampe *f*, gravure *f* ; *(= reproduction)* tirage *m* ; *(Phot)* tirage *m*, épreuve *f* ; *[of cinema film]* copie *f* ; *(Tex) (= material, design)* imprimé *m* ; *(= printed dress)* robe *f* imprimée ◆ **to make a ~ from a negative** *(Phot)* faire un tirage à partir d'un négatif, tirer une épreuve d'un cliché ◆ **a cotton ~** une cotonnade imprimée ; → **blueprint**

**ADJ** *[dress etc]* en (tissu) imprimé

**VT** **a** *(Typ, Comput)* imprimer ; *(= publish)* imprimer, publier ◆ **~ed in England** imprimé en Angleterre ◆ **the book is being ~ed just now** le livre est sous presse *or* à l'impression en ce moment ◆ **100 copies were ~ed** il a été tiré *or* imprimé à 100 exemplaires ◆ **they didn't dare ~ it** ils n'ont pas osé l'imprimer *or* le publier ◆ **to ~ money** *(lit)* imprimer des billets ◆ **it's a licence to ~ money** *(fig: Econ)* c'est une affaire extrêmement rentable *or* qui rapporte gros* ◆ **the memory of that day is indelibly ~ed on his memory** le souvenir de ce jour est imprimé à jamais dans sa mémoire ; see also **printed**

**b** *(Tex)* imprimer ; *(Phot)* tirer

**c** *(= write in block letters)* écrire en capitales *or* en caractères d'imprimerie ◆ **~ it in block capitals** écrivez-le en lettres majuscules

**VI** **a** *[machine]* imprimer ; *[document]* être imprimé ◆ **the book is ~ing now** le livre est à l'impression *or* sous presse en ce moment ◆ **"your document is printing"** *(Comput)* "l'impression de votre document est en cours" ◆ **"printing"** "impression en cours"

**b** *(on form)* **"please print"** "écrivez en capitales"

**COMP** ▷ **print journalism** N journalisme *m* de presse écrite ▷ **print media** N presse *f* écrite ▷ **print reporter** N *(US)* journaliste *mf* de la presse écrite ▷ **print run** N *(Publishing)* tirage *m* ▷ **print shop** N *(Typ)* imprimerie *f* ; *(= art shop)* boutique *f* d'art *(spécialisée dans la vente de reproductions, affiches etc)* ▷ **print unions** NPL *(Ind)* syndicats *mpl* des typographes

► **print off** VT SEP *(Comput, Typ)* tirer, imprimer ; *(Phot)* tirer

► **print out** *(Comput)* VT SEP imprimer

**printable** /'prɪntəbl/ ADJ *(lit)* imprimable ; *(= publishable)* publiable ◆ **what he said is just not ~** * *(hum)* ce qu'il a dit est franchement impubliable, il ne serait pas convenable de répéter ce qu'il a dit

**printed** /'prɪntɪd/ ADJ imprimé ◆ **~ matter, ~ papers** imprimés *mpl* ◆ **the ~ word** tout ce qui est imprimé, la chose imprimée ◆ **~ circuit (board)** *(Elec)* circuit *m* imprimé

**printer** /'prɪntəʳ/ **N** **a** imprimeur *m* ; *(= typographer)* typographe *mf*, imprimeur *m* ◆ **the text has gone to the ~** le texte est chez l'imprimeur **b** *(Comput)* imprimante *f* **c** *(Phot)* tireuse *f* **COMP** ▷ **printer's devil** N apprenti *m* imprimeur ▷ **printer's error** N faute *f* d'impression, coquille *f* ▷ **printer's ink** N encre *f* d'imprimerie ▷ **printer's mark** N marque *f* de l'imprimeur ▷ **printer's reader** N correcteur *m*, -trice *f* (d'épreuves)

**printing** /'prɪntɪŋ/ **N** *(Press, Tex, Typ)* impression *f* ; *(Phot)* tirage *m* ; *(= block writing)* écriture *f* en caractères d'imprimerie

**COMP** ▷ **printing frame** N *(Phot)* châssis-presse *m* ▷ **printing house** N imprimerie *f* ▷ **printing ink** N encre *f* d'imprimerie ▷ **printing office** N imprimerie *f* ▷ **printing press** N presse *f* typographique ▷ **printing works** N imprimerie *f (atelier)*

**printmaker** /'prɪnt‚meɪkəʳ/ N graveur *m*

**printmaking** /'prɪnt‚meɪkɪŋ/ N *(NonC)* gravure *f (de planches de reproduction)*

**printout** /'prɪntaʊt/ N *(Comput)* sortie *f* sur imprimante, sortie *f* papier ◆ **to do a ~ of sth** imprimer qch

**prion** /'praɪəʊn/ N prion *m*

**prior** /'praɪəʳ/ **ADJ** précédent, antérieur (-eure *f*) ; *[consent]* préalable ◆ **~ to** antérieur à ◆ **without ~ notice** sans préavis, sans avertissement préalable ◆ **to have a ~ claim to sth** avoir droit à qch par priorité ◆ **~ restraint** *(US Jur)* interdiction *f* judiciaire **ADV** ◆ **~ to** antérieurement à, préalablement à, avant ◆ **~ to (his) leaving he ...** avant de partir *or* avant son départ, il ... ◆ **~ to his leaving we ...** avant son départ *or* avant qu'il ne parte, nous ... **N** *(Rel)* prieur *m*

**prioress** /'praɪərɪs/ N prieure *f*

**prioritize** /praɪ'ɒrɪtaɪz/ **VT** *(= give priority to)* donner la priorité à **VI** *(= establish priorities)* établir la liste des priorités, identifier ses priorités

**priority** /praɪ'ɒrɪtɪ/ **N** priorité *f* ◆ **to have** *or* **take ~ (over)** avoir la priorité (sur) ◆ **housing must be given first** *or* **top ~** on doit donner la priorité absolue au logement ◆ **schools were low on the list of priorities** *or* **the ~ list** les écoles venaient loin sur la liste des priorités *or* étaient loin de venir en priorité ◆ **you must get your priorities right** vous devez décider de ce qui compte le plus pour vous ◆ **to give sb (a) high/low ~** donner/ne pas donner la priorité à qn ◆ **it is a high/low ~** c'est/ce n'est pas une priorité **COMP** ▷ **priority case** N affaire *f* prioritaire ▷ **priority share** N *(St Ex)* action *f* prioritaire

**priory** /'praɪərɪ/ N prieuré *m*

**prise** /praɪz/ VT *(Brit)* ◆ **to ~ open a box** ouvrir une boîte en faisant levier, forcer une boîte ◆ **to ~ the lid off a box** forcer le couvercle d'une boîte ◆ **I ~d him out of his chair** je l'ai enfin fait décoller* de sa chaise ◆ **to ~ a secret out of sb** arracher un secret à qn

► **prise off** VT SEP enlever en faisant levier

► **prise up** VT SEP soulever en faisant levier

**prism** /'prɪzəm/ N prisme *m* ◆ **through the ~ of time/memory** à travers le prisme du temps/de la mémoire ; → **prune**[1]

**prismatic** /prɪz'mætɪk/ ADJ *[surface, shape, colour]* prismatique *(also fig)* ◆ **~ compass** boussole *f* topographique à prismes

**prison** /'prɪzn/ **N** *(= place)* prison *f* ; *(= imprisonment)* prison *f*, réclusion *f* ◆ **he is in ~** il est en prison, il fait de la prison ◆ **to put sb in ~** mettre qn en prison, emprisonner qn ◆ **to send sb to ~** condamner qn à la prison ◆ **to send sb to ~ for five years** condamner qn à cinq ans de prison ◆ **he was in ~ for five years** il a fait cinq ans de prison

**COMP** *[food, life, conditions]* dans la (*or* les) prison(s) ; *[system]* carcéral, pénitentiaire ; *[organization, colony]* pénitentiaire ▷ **prison authorities** NPL administration *f* pénitentiaire ▷ **prison camp** N camp *m* de prisonniers ▷ **prison farm** N *ferme dépendant d'une maison d'arrêt* ▷ **prison governor** N directeur *m*, -trice *f* de prison ▷ **prison guard** N *(US)* gardien(ne) *m(f)* *or* surveillant(e) *m(f)* (de prison) ▷ **prison officer** N gardien(ne) *m(f)* *or* surveillant(e) *m(f)* (de prison) ▷ **prison population** N populatio[n] *f* carcérale ▷ **prison riot** N mutinerie *f (dans une prison)* ▷ **prison van** N voiture cellulaire ▷ **prison visitor** N visiteur *m*, -euse *f* de prison ▷ **prison yard** N cour *f*, préau *m* de prison

**prisoner** /'prɪznəʳ/ N *(gen)* prisonnier *m*, -ière *f* ; *(in jail)* détenu(e) *m(f)*, prisonnier *m*, -ière *f* ◆ **~ of conscience** détenu(e) *m(f)* *or* prisonnier *m*, -ière *f* politique ◆ **~ of war** prisonnier *m*, -ière *f* de guerre ◆ **~ at the bar** *(Ju[r])* accusé(e) *m(f)*, inculpé(e) *m(f)* ◆ **he was take[n] ~ (by the enemy)** il a été fait prisonnie[r] (par l'ennemi) ◆ **to hold sb ~** détenir q[n], garder qn en captivité ◆ **to take no ~s** *(fi[g])* ne pas faire de quartier

**prissy** * /'prɪsɪ/ ADJ *(= prudish)* bégueule ; *(= e[f]feminate)* efféminé ; *(= fussy)* pointilleux

**pristine** /'prɪstaɪn/ ADJ **a** *(= unspoiled)* parfa[it], virginal ◆ **in ~ condition** en parfait état **b** *(= original)* original, d'origine

**prithee** †† /'prɪðiː/ EXCL je vous prie

**privacy** /'prɪvəsɪ/ **N** intimité *f* ◆ **in ~** en tou[te] intimité ◆ **in the ~ of your own home** dan[s] l'intimité de votre foyer, tranquilleme[nt] chez vous ◆ **his desire for ~** son désir d'êt[re] seul, son désir de solitude ; *[of public figu[re] etc]* son désir de préserver sa vie priv[ée] ◆ **lack of ~** promiscuité *f*, impossibilité *f* d[e] s'isoler ◆ **there is no ~ in these flats** imposs[i]ble de s'isoler *or* on ne peut avoir aucun[e] vie privée dans ces appartements ◆ **every[] one needs some ~** tout le monde a beso[in] de pouvoir s'isoler de temps en temp[s] → **invasion** **COMP** ▷ **Privacy Act** N *(Jur)* loi *f* s[ur] la protection de la vie privée

**private** /'praɪvɪt/ **ADJ** **a** *(= not open to publ[ic])* *[conversation, meeting, interview, party, lan[d], property, road]* privé ; *[gardens]* privatif ; *[le[t]ter]* personnel ◆ **~ agreement** *(Jur)* accord à l'amiable ◆ **they have a ~ agreement [to] help each other** ils ont convenu (entre eu[x]) de s'aider mutuellement, ils se sont ente[n]dus *or* se sont mis d'accord pour s'aide[r] mutuellement ◆ **"private fishing"** "pêche r[é]servée *or* gardée" ◆ **~ performance** *(The[at] etc)* représentation *f* à guichets *or* bureau[x] fermés ◆ **~ room** *(in hotel etc)* salon *m* r[é]servé ; see also **adj b** ◆ **~ showing** *[of fil[m]]* séance *f* privée ◆ **a ~ wedding** un maria[ge] célébré dans l'intimité ◆ **this matter [is] strictly ~** cette affaire est strictemen[t] confidentielle ◆ **I have ~ information that** je sais de source privée que ... ◆ **a ~ pla[ce]** un coin retiré, un petit coin tranquil[le] ◆ **it's not very ~ here** ce n'est pas tr[ès] tranquille ici ◆ **let's go somewhere more [~]** allons dans un endroit plus tranquil[le] ◆ **he's a very ~ person** *(gen)* c'est un homm[e] très secret *or* qui ne se confie pas ; *(pub[lic] figure etc)* il tient à préserver sa vie priv[ée] ◆ **"private"** *(on door etc)* "privé", "interdit a[u] public" ; *(on envelope)* "personnel"

◆ **in private** ⇒ **privately a, b**

**b** *(= personal, domestic) [house, lesson, roo[m]]* particulier ; *(= personal) [car, bank accoun[t]]* personnel ; *[plane, army]* privé ◆ **a ~ hou[se]** une maison particulière ◆ **a room with [~] bath(room)** une chambre avec salle d[e] bain particulière ◆ **he has a ~ income, he ha[s] ~ means** il a une fortune personnelle ◆ **a [~] citizen** un simple citoyen ◆ **in his ~ capaci[ty]** à titre personnel ◆ **for (his) ~ use** pour s[on] usage personnel ◆ **in (his) ~ life** dans sa v[ie] privée, dans le privé ◆ **the ~ life of Hen[ry] VIII** la vie privée d'Henri VIII ◆ **it's a [~] matter** *or* **affair** c'est une affaire privée ◆ **[it] is my ~ opinion that ...** pour ma part [je] pense que ... ◆ **for ~ reasons** pour des ra[i]sons personnelles ◆ **in his ~ thoughts** da[ns] ses pensées secrètes *or* intimes ◆ **~ pu[...]**

élève *mf* en leçons particulières ◆ ~ **tutor** *(for full education)* précepteur *m*, -trice *f* ; *(for one subject)* répétiteur *m*, -trice *f* ◆ **he's got a ~ teacher** *or* **tutor for maths** il prend des leçons particulières en maths, il a un répétiteur en maths ◆ ~ **tuition** leçons *fpl* particulières

**c** *(= outside public sector) [company, institution]* privé ; *[clinic, hospital, nursing home]* privé, non conventionné ◆ ~ **pension (scheme)** (plan *m* de) retraite *f* complémentaire ◆ ~ **health insurance** assurance *f* maladie privée ◆ ~ **patient** *(Brit)* patient(e) *m(f)* consultant en clientèle privée ◆ **his ~ patients** *(Brit)* sa clientèle privée ◆ ~ **treatment** ≃ traitement *m* non remboursé ◆ **to be in ~ practice** ≃ être médecin non conventionné

**d** *(Mil)* ~ **soldier** simple soldat *m*, soldat *m* de deuxième classe

**N** *(Mil)* (simple) soldat *m*, soldat *m* de deuxième classe ◆ **Private Martin** le soldat Martin ◆ **Private Martin!** soldat Martin ! ◆ ~ **first class** *(US)* ≃ caporal *m*

**NPL privates** *(*, euph)* parties *fpl* intimes

**COMP** ▷ **private branch exchange N** *(Brit Telec)* commutateur *m* privé ▷ **private detective N** détective *m* privé ▷ **private dick** * **N** ⇒ **private eye** ▷ **private enterprise N** *(Econ)* entreprise *f* privée ▷ **private eye** * **N** privé * *m* ▷ **private finance initiative N** *(Brit)* initiative *f* de financement privé ▷ **private hearing N** *(Admin, Jur)* audience *f* à huis clos ▷ **private hotel N** pension *f* de famille ▷ **private investigator N** ⇒ **private detective** ▷ **private joke N** plaisanterie *f* pour initiés ▷ **private member N** *(Parl)* simple député *m* ▷ **private member's bill N** *(Parl)* proposition *f* de loi *(émanant d'un simple député)* ▷ **private parts** * **NPL** *(euph)* parties *fpl* intimes ▷ **private property N** propriété *f* privée ▷ **private prosecution N** *(Jur) poursuites pénales engagées par la partie civile* ▷ **private school N** école *f* privée, ≃ école *f* libre ▷ **private secretary N** secrétaire *m* particulier, secrétaire *f* particulière ▷ **the private sector N** *(Econ, Ind)* le secteur privé ▷ **private study N** *(Brit Scol)* étude *f* ▷ **private view, private viewing N** *(Art etc)* vernissage *m*

**privateer** /ˌpraɪvəˈtɪəʳ/ **N** *(= man, ship)* corsaire *m*

**privately** /ˈpraɪvɪtlɪ/ **ADV** **a** *(= in private)* en privé ◆ **may I speak to you ~?** puis-je vous parler en privé *or* vous dire un mot seul à seul ? ◆ **he told me ~ that ...** il m'a dit en privé que ... ◆ **the committee sat ~** le comité s'est réuni en séance privée *or* à huis clos

**b** *(= secretly, internally)* en *or* dans son (*or* mon *etc*) for intérieur, intérieurement ◆ **~, he was against the scheme** dans son for intérieur *or* intérieurement, il était opposé au projet

**c** *(= as private individual) [write, apply, object]* à titre personnel *or* privé ◆ **I bought/sold my car ~, not through a garage** j'ai acheté/vendu ma voiture à un particulier, pas à un garage

**d** *(= not through the state)* ◆ ~ **owned** privé ◆ ~ **controlled** sous contrôle privé ◆ **she is having the operation ~** *(private hospital)* elle se fait opérer dans un hôpital privé ; *(private surgeon)* elle se fait opérer par un chirurgien non conventionné ◆ **to be ~ educated** faire (*or* avoir fait) ses études dans une école privée (*or* des écoles privées)

**privation** /praɪˈveɪʃən/ **N** privation *f*

**privative** /ˈprɪvətɪv/ **ADJ, N** *(also Ling)* privatif *m*

**privatization** /ˌpraɪvətaɪˈzeɪʃən/ **N** *(Econ)* privatisation *f*

**privatize** /ˈpraɪvəˌtaɪz/ **VT** *(Econ)* privatiser

**privet** /ˈprɪvɪt/ **N** troène *m* **COMP** ▷ **privet hedge N** haie *f* de troènes

**privilege** /ˈprɪvɪlɪdʒ/ **N** privilège *m* ; *(NonC: Parl etc)* prérogative *f*, immunité *f* ◆ **to have the ~ of doing sth** avoir le privilège *or* jouir du privilège de faire qch ◆ **I hate ~** je déteste les privilèges **VT** **a** *(= favour)* privilégier **b** ◆ **to be ~d to do sth** avoir le privilège de faire qch ◆ **I was ~d to meet him once** j'ai eu le privilège de le rencontrer une fois

**privileged** /ˈprɪvɪlɪdʒd/ **ADJ** *[person, group, situation, position]* privilégié ◆ **a ~ few** quelques privilégiés *mpl* ◆ **the ~ few** les privilégiés *mpl* ◆ ~ **information** renseignements *mpl* confidentiels *(obtenus dans l'exercice de ses fonctions)* ; → **underprivileged**

**privily** †† /ˈprɪvɪlɪ/ **ADV** en secret

**privy** /ˈprɪvɪ/ **ADJ** *(†† or Jur)* privé, secret (-ète *f*) ◆ ~ **to** au courant de, dans le secret de **N** † cabinets *mpl*, W.-C. *mpl* **COMP** ▷ **Privy Council N** *(Brit) conseil privé du souverain britannique* ▷ **Privy Councillor N** *(Brit) membre du conseil privé du souverain britannique* ▷ **Privy Purse N** cassette *f* royale ▷ **Privy Seal N** Petit Sceau *m*

**prize**[1] /praɪz/ **N** **a** *(gen, Scol, fig)* prix *m* ; *(in lottery)* lot *m* ◆ **to win first ~** *(Scol etc)* remporter le premier prix (*in* de) ; *(in lottery)* gagner le gros lot ◆ **there's a ~ for the best costume** il y a un prix pour le meilleur costume ◆ **no ~s for guessing ...** * vous n'aurez aucun mal à deviner ..., il n'est pas difficile de deviner ... ◆ **the Nobel Prize** le prix Nobel ; → **cash**

**b** *(Naut)* prise *f* de navire (*or* de cargaison)

**ADJ** **a** *(= prize-winning)* primé, qui a remporté un prix ◆ **a ~ sheep** un mouton primé ◆ **he grows ~ onions** il cultive des oignons pour les concours agricoles

**b** *(fig) (= outstanding)* ◆ **a ~ example of official stupidity** un parfait exemple de la bêtise des milieux officiels ◆ **what a ~ fool he'd been** * il s'était conduit comme un parfait imbécile

**VT** attacher beaucoup de prix à, tenir beaucoup à ◆ **to ~ sth very highly** attacher énormément de prix à qch ◆ **his most ~d possession was his car** la chose à laquelle il attachait le plus de prix *or* il tenait le plus était sa voiture ◆ **gold is ~d for its beauty/its electrical conductivity** l'or est recherché *or* (très) apprécié pour sa beauté/sa conductivité ◆ **lead soldiers are (greatly) ~d by collectors** les soldats de plomb sont très appréciés des collectionneurs *or* très prisés par les collectionneurs

**COMP** ▷ **prize day N** *(Scol)* (jour *m* de la) distribution *f* des prix ▷ **prize draw N** tombola *f* ▷ **prize fight N** *(Boxing)* combat *m* professionnel ▷ **prize fighter N** boxeur *m* professionnel ▷ **prize fighting N** boxe *f* professionnelle ▷ **prize-giving N** *(Scol etc)* distribution *f* des prix ▷ **prize list N** palmarès *m*, liste *f* des lauréats *or* des gagnants ▷ **prize money N** *(NonC, gen, Sport)* prix *m* (en argent) ; *(Naut)* part *f* de prise ▷ **prize ring N** *(Boxing)* ring *m (pour la boxe professionnelle)*

**prize**[2] /praɪz/ ⇒ **prise**

**prizewinner** /ˈpraɪzˌwɪnəʳ/ **N** *(Scol, gen)* lauréat(e) *m(f)* ; *(in lottery)* gagnant(e) *m(f)*

**prizewinning** /ˈpraɪzˌwɪnɪŋ/ **ADJ** *[essay, novel, entry etc]* primé, lauréat ; *[ticket]* gagnant

**PRO N** (abbrev of **public relations officer**) → **public**

**pro**[1] /prəʊ/ **PREP** * pour ◆ **are you ~ (or anti) the idea?** êtes-vous pour (ou contre) l'idée ? **ADV** * pour ◆ **he's very ~** il est tout à fait pour **N** **a** *(= advantage)* ◆ **the ~s and the cons** le pour et le contre **b** *(= supporter)* **the ~s and the antis** les pour et les contre

**pro**[2] * /prəʊ/ **N** **a** (abbrev of **professional**) *(Sport etc)* pro *mf* ◆ **you can see he's a ~** *(fig)* on voit bien qu'on a affaire à un professionnel, on dirait qu'il a fait ça toute sa vie **b** *(= prostitute)* professionnelle *f* **COMP** ▷ **pro-am ADJ** *(Golf)* (abbrev of **professional-amateur**) pro-am ◆ **~-am tournament** tournoi *m* pro-am ▷ **pro-celeb** * **ADJ** ⇒ **pro-celebrity** ▷ **pro-celebrity ADJ** ◆ **~-celebrity tournament** *tournoi opposant des célébrités à des joueurs professionnels*

**pro-** /prəʊ/ **PREF** **a** *(= in favour of)* pro ... ◆ **~French/European** profrançais/proeuropéen ◆ **~Europe** proeuropéen ◆ **he was ~Hitler** il était hitlérien, il était partisan d'Hitler ◆ **they were ~Moscow** ils étaient prosoviétiques **b** *(= acting for)* **pro ...** pro-, vice- ; → **proconsul**

**pro-abortion** /ˌprəʊəˈbɔːʃən/ **ADJ** en faveur de l'avortement

**pro-abortionist** /ˌprəʊəˈbɔːʃənɪst/ **N** partisan(e) *m(f)* de l'avortement

**proactive** /ˌprəʊˈæktɪv/ **ADJ** ◆ **to be ~** faire preuve d'initiative

**probabilistic** /ˌprɒbəbəˈlɪstɪk/ **ADJ** probabiliste

**probability** /ˌprɒbəˈbɪlɪtɪ/ **N** probabilité *f* ◆ **the ~ of sth** *(of an undesirable event)* les risques *mpl* de qch ; *(of a desirable event)* les chances *fpl* de qch ◆ **the ~ of sth happening** la probabilité que qch arrive ; *(desirable event)* les chances *fpl* que qch arrive ◆ **in all ~** selon toute probabilité ◆ **the ~ is that ...** il est très probable que ... + *indic*, il y a de grandes chances pour que ... + *subj* ◆ **there is little ~ that ...** il est peu probable que ... + *subj*

**probable** /ˈprɒbəbl/ **ADJ** **a** *(= likely) [reason, success, event, election]* probable ◆ **it is ~ that he will succeed** il est probable qu'il réussira ◆ **it is not/hardly ~ that ...** il est improbable/peu probable que ... + *subj* **b** *(= credible)* vraisemblable ◆ **his explanation did not sound very ~** son explication ne m'a pas paru très vraisemblable **N** ◆ **he is a ~** * **for the match** il y a de fortes chances qu'il fasse partie des joueurs sélectionnés pour le match ; → **possible**

**probably** /ˈprɒbəblɪ/ LANGUAGE IN USE 15.2, 16.2, 26.3 **ADV** probablement ◆ **most ~** très probablement ◆ **~ not** probablement pas

**probate** /ˈprəʊbɪt/ *(Jur)* **N** homologation *f (d'un testament)* ◆ **to value sth for ~** évaluer *or* expertiser qch pour l'homologation d'un testament ◆ **to grant/take out ~ of a will** homologuer/faire homologuer un testament **VT** *(US) [+ will]* homologuer **COMP** ▷ **probate court N** tribunal *m* des successions

**probation** /prəˈbeɪʃən/ **N** **a** *(Jur)* ≃ mise *f* à l'épreuve ; *(for minors)* mise *f* en liberté surveillée ◆ **to be on ~** ≃ être en sursis avec mise à l'épreuve *or* en liberté surveillée ◆ **to put sb on ~** mettre qn en sursis avec mise à l'épreuve *or* en liberté surveillée **b** *(= trial period)* ◆ **he is on ~** *[employee]* il a été engagé à l'essai ; *(Rel)* il est novice ; *(US Educ)* il a été pris (*or* repris) à l'essai ◆ **a semester on ~** *(US Educ)* un semestre à l'essai, un semestre probatoire **COMP** ▷ **probation officer N** *(Jur)* contrôleur *m* judiciaire

**probationary** /prəˈbeɪʃnərɪ/ **ADJ** *(gen)* d'essai ; *(Jur)* de sursis, avec mise à l'épreuve ; *(Rel)* de probation, de noviciat ◆ ~ **year** année *f* probatoire ◆ **for a ~ period** pendant une période d'essai ◆ **a ~ period of three months** une période probatoire de trois mois

**probationer** /prəˈbeɪʃnəʳ/ **N** *(in business, factory etc)* employé(e) *m(f)* engagé(e) à l'essai ; *(Brit*

*Police)* stagiaire *mf* ; *(Rel)* novice *mf* ; *(Jur)* ≃ condamné(e) *m(f)* sursitaire avec mise à l'épreuve ; *(= minor)* ≃ délinquant(e) *m(f)* en liberté surveillée

**probe** /prəʊb/ **N** **a** *(gen, Med, Dentistry, Space)* sonde *f* ; *(Zool)* trompe *f* ◆ **Venus ~** *(Space)* sonde *f* spatiale à destination de Vénus

**b** *(fig = investigation)* enquête *f* (*into* sur), investigation *f* (*into* de)

**VT** **a** *(lit) (= explore) [+ hole, crack]* explorer, examiner ; *(Med)* sonder ; *(Space)* explorer ◆ **he ~d the ground with his stick** il fouilla la terre de sa canne

**b** *(fig = inquire into) [+ sb's subconscious]* sonder ; *[+ past]* explorer ; *[+ private life]* chercher à découvrir ; *[+ causes, sb's death]* chercher à éclaircir ; *[+ mystery]* approfondir ; *[+ sb's activities]* enquêter sur

**c** *(= inquire)* ◆ **"why did you say that?" ~d Dennis** "pourquoi avez-vous dit cela ?" s'enquit Dennis

**VI** *(gen, Med etc)* faire un examen avec une sonde, faire un sondage ; *(fig = inquire)* faire des recherches ◆ **to ~ for sth** *(gen, Med)* chercher à localiser *or* à découvrir qch ; *(fig: by investigation)* rechercher qch ◆ **the police should have ~d more deeply** la police aurait dû pousser plus loin ses investigations ◆ **to ~ into sth** ⇒ **to probe sth** → **vt b**

**probing** /ˈprəʊbɪŋ/ **ADJ** **a** *[instrument]* pour sonder **b** *(fig) [question, study]* pénétrant ; *[interrogation]* serré ; *[look]* inquisiteur (-trice *f*) **N** *(NonC, gen, Med)* sondage *m* ; *(fig = investigations)* investigations *fpl* (*into* de)

**probity** /ˈprəʊbɪtɪ/ **N** probité *f*

**problem** /ˈprɒbləm/ LANGUAGE IN USE 26.1

**N** **a** *(= difficulty)* problème *m* ◆ **the housing ~** le problème *or* la crise du logement ◆ **he is a great ~ to his mother** il pose de gros problèmes à sa mère ◆ **we've got ~s with the car** nous avons des ennuis avec la voiture ◆ **he's got a drink ~** il boit, il est porté sur la boisson ◆ **it's not my ~** ça ne me concerne pas ◆ **that's YOUR ~!** ça c'est ton problème ! ◆ **that's no ~ (to him)** ça ne (lui) pose pas de problème ◆ **no ~!** * pas de problème ! * ◆ **~ solved!** * (ça y est,) c'est réglé ! ◆ **what's the ~?** qu'est-ce qui ne va pas ?, quel est le problème ? ◆ **hey, what's your ~?** ‡ t'as un problème ou quoi ? * ◆ **I had no ~ in getting the money, it was no ~ to get the money** je n'ai eu aucun mal à obtenir l'argent

**b** *( * = objection)* **I have no ~ with that** j'y vois pas de problème * ◆ **my ~ (with that) is that ...** ce qui me chiffonne *or* me gêne, c'est que ... ◆ **do you have a ~ (with that)?** il y a quelque chose qui te gêne ?

**c** *(Math etc = exercise)* problème *m*

**ADJ** **a** *(= causing problems) [situation]* difficile ; *[family, group]* qui pose des problèmes ; *[child]* caractériel, difficile ◆ **~ cases** *(Sociol)* des cas *mpl* sociaux

**b** *(Literat etc) [novel, play]* à thèse

**COMP** ▷ **problem-free** **ADJ** sans problème ▷ **problem page** **N** *(Press)* courrier *m* du cœur ▷ **problem-solving** **N** résolution *f* de problèmes **ADJ** *[technique, abilities]* de résolution de problèmes

**problematic(al)** /ˌprɒblɪˈmætɪk(l)/ **ADJ** problématique

**pro bono** /prəʊˈbəʊnəʊ/ *(US Jur)* **ADJ** bénévole **ADV** bénévolement

**proboscis** /prəʊˈbɒsɪs/ **N** (pl **proboscises** *or* **probocides** /prəʊˈbɒsɪˌdiːz/) *(Zool)* trompe *f* ; *(hum) (= nose)* appendice *m (hum)*

**procedural** /prəˈsiːdjʊrəl/ **ADJ** *(Admin, Insurance, Jur etc)* de procédure **N** (also **police procedural**) *(= novel)* (roman *m*) policier *m* ; *(= film)* film *m* policier

**procedure** /prəˈsiːdʒəʳ/ **N** procédure *f* ◆ **what is the ~?** quelle est la procédure à suivre ?, comment doit-on procéder ? ◆ **the correct** *or* **normal ~ is to apply to ...** pour suivre la procédure normale il faut s'adresser à ... ◆ **order of ~** *(Admin, Jur etc)* règles *fpl* de procédure

**proceed** /prəˈsiːd/ **VI** **a** *(frm, lit = move along)* avancer ◆ **he was ~ing along the road** il avançait sur la route ◆ **"proceed with caution"** *(on foot)* "avancer avec prudence" ; *(in vehicle)* "rouler au pas"

**b** *(frm = go on)* continuer ◆ **please ~!** veuillez continuer *or* poursuivre ◆ **to ~ on one's way** poursuivre son chemin *or* sa route ◆ **they then ~ed to London** ils se sont ensuite rendus à Londres ◆ **let us ~ to the next item** passons à la question suivante ◆ **before we ~ any further** *(lit, fig)* avant d'aller plus loin

◆ **to proceed to do sth** se mettre à faire qch, entreprendre de faire qch ◆ **the police stopped the car and (then) ~ed to search it** les policiers arrêtèrent la voiture et entreprirent ensuite de la fouiller

◆ **to proceed with sth** ◆ **~ with your work** continuez *or* poursuivez votre travail ◆ **they ~ed with their plan** ils ont donné suite à leur projet ◆ **they did not ~ with the charges against him** *(Jur)* ils ont abandonné les poursuites (engagées) contre lui

**c** *(fig = act, operate)* procéder, agir ◆ **you must ~ cautiously** il faut procéder *or* agir avec prudence ◆ **I am not sure how to ~** je ne sais pas très bien comment procéder *or* m'y prendre ◆ **it is all ~ing according to plan** tout se passe comme prévu ◆ **the discussions are ~ing normally** les discussions se poursuivent normalement ◆ **everything is ~ing well** les choses suivent leur cours de manière satisfaisante ◆ **to ~ from the assumption** *or* **premise that ...** *[person, idea]* partir du principe que ...

**d** *(= originate)* ◆ **to ~ from** venir de, provenir de ; *(fig)* relever de

**e** *(Jur)* ◆ **to ~ against sb** engager des poursuites contre qn

**VT** continuer ◆ **"well" she ~ed** "eh bien" continua-t-elle

**N** → **proceeds**

**proceeding** /prəˈsiːdɪŋ/ **N** *(= course of action)* façon *f or* manière *f* d'agir *or* de procéder

**NPL** **proceedings** **a** *(= manoeuvres)* opérations *fpl* ; *(= ceremony)* cérémonie *f* ; *(= meeting)* séance *f*, réunion *f* ; *(= discussions)* débats *mpl* ◆ **the ~s begin at 7 o'clock** la réunion *or* la séance commencera à 19 heures ◆ **the secretary recorded the ~s** le secrétaire a enregistré les débats ◆ **the ~s of parliament** la séance du Parlement ◆ **the main business of the ~s was to elect a new chairman** l'objectif principal de la séance *or* réunion était d'élire un nouveau président

**b** *(esp Jur = measures)* mesures *fpl* ◆ **legal ~s** procès *m* ◆ **to take ~s** prendre des mesures (*in order to do sth* pour faire qch ; *against sb* contre qn) ◆ **to take (legal) ~s against sb** *(Jur)* engager des poursuites contre qn, intenter un procès à qn ◆ **disciplinary ~s are to be taken against two senior police officers** des mesures disciplinaires vont être prises à l'encontre de deux officiers de police supérieurs ◆ **criminal ~s against the former Prime Minister** des poursuites judiciaires contre l'ancien Premier ministre ◆ **the company has entered bankruptcy ~s** la société a entrepris une procédure de faillite ◆ **to start extradition ~s against sb** entreprendre une procédure d'extradition à l'encontre de qn ; → **commence, divorce, institute**

**c** *(= records)* compte *m* rendu, rapport ◆ **it was published in the Society's ~s** cela été publié dans les actes de la Socié ◆ **Proceedings of the Historical Society** *(as tit* Actes *mpl* de la Société d'histoire

**proceeds** /ˈprəʊsiːdz/ **NPL** montant *m* des r cettes ◆ **~ of insurance** *(Jur, Fin)* indemnité versée par la compagnie ◆ **the ~ of th arms sales** le produit de la vente d'armes

**process**[1] /ˈprəʊses/ **N** **a** *(Chem, Bio, Ling, Soc etc)* processus *m* ; *(fig, Admin, Jur)* procédu *f* ◆ **the ~ of digestion/growing up** *etc* le pr cessus de la digestion/de la croissance e ◆ **a natural/chemical ~** un processus nat rel/chimique ◆ **the thawing/preserving** *etc* le processus de décongélation/de conse vation *etc* ◆ **the building ~** la constructic ◆ **the best way to proceed is by a ~ of elimin tion** la meilleure solution est de procéd par élimination ◆ **the ageing ~** le (proce sus de) vieillissement ◆ **the legal/admini trative ~ takes a year** la procédure juric que/administrative prend un an ◆ **the ~ of the law** le processus de la justice ◆ **it's slow** *or* **long ~** *(Chem etc)* c'est un processu lent ; *(fig)* ça prend du temps ◆ **he supe vised the whole ~** il a supervisé l'opératic du début à la fin

◆ **in the process** ◆ **to be in the ~ of moderniz tion/negotiation/construction** être en cou de modernisation/négociation/constru tion ◆ **to be in the ~ of moving/changing** ét en train de déménager/changer ◆ **in the of cleaning the picture, they discovered ...** a cours du nettoyage du tableau *or* penda qu'ils nettoyaient le tableau ils ont déco vert ... ◆ **she tried to help, and ruined ever thing in the ~** elle a essayé d'aider mais, faisant *or* du coup *, elle a tout gâché ◆ **h saved the girl, but injured himself in the ~** il sauvé la petite fille mais, ce faisant *or* c coup *, il s'est blessé

**b** *(= specific method)* procédé *m*, méthode ◆ **the Bessemer ~** le procédé Bessemer ◆ **h has devised a ~ for controlling weeds** il a m au point un procédé *or* une méthode pou venir à bout des mauvaises herbes ◆ **work sth out by ~ of elimination** résoud qch en procédant par élimination ; see al **elimination**

**c** *(Jur) (= action)* procès *m* ; *(= summons)* cit tion *f* à comparaître ◆ **to bring a ~ again sb** intenter un procès à qn ◆ **to serve a ~ o sb** signifier une citation à qn ; → **serve**

**d** *(Anat, Bot, Zool)* excroissance *f*, protub rance *f*

**VT** *[+ raw materials, food]* traiter, transfo mer ; *[+ seeds, waste]* traiter ; *[+ film]* dév lopper ; *[+ information, data]* traiter ; *[+ cor puter tape]* faire passer en machine ; *[+ a application, papers, records]* s'occuper de ◆ **th material will be ~ed into plastic pellets** le m tériau sera transformé en pastilles c plastique ◆ **your application will take s weeks to ~** l'examen de votre candidatur prendra six semaines ◆ **they ~ 10,000 form per day** 10 000 formulaires passent chaqu jour entre leurs mains ◆ **in order to ~ yo order** *(Comm)* afin de donner suite à votr commande

**COMP** ▷ **process control** **N** *(Ind)* régulation des processus industriels ▷ **process i dustry** **N** industrie *f* de transformatio ▷ **process printing** **N** quadrichromie ▷ **process-server** **N** *(Jur)* ≃ huissier *m* c justice

**process**[2] /prəˈses/ **VI** *(Brit = go in procession)* dé ler, avancer en cortège ; *(Rel)* aller e procession

**processed** /ˈprəʊsest/ **ADJ** *[food]* traité **COMP** **processed cheese** **N** *(for spreading)* fromag *m* fondu ; *(in slices)* fromage reconstitué *tranches* ▷ **processed peas** NPL petits pois *mpl* en boîte

**processing** /ˈprəʊsesɪŋ/ N (NonC) *[of food, radioactive waste, application, papers, records]* traitement *m* ; *[of raw materials]* traitement *m*, transformation *f* ; *(Phot) [of film etc]* développement *m* ◆ **advances in information ~** les progrès réalisés dans le traitement de l'information ◆ **America sent cotton to England for ~** l'Amérique envoyait du coton en Angleterre pour le faire traiter ; → **data, food, word** COMP ▷ **processing unit** N *(Comput)* unité *f* de traitement

**procession** /prəˈseʃən/ N *[of people, cars]* cortège *m*, défilé *m* ; *(Rel)* procession *f* ◆ **to walk in (a) ~** défiler, aller en cortège *or* en procession ; → **funeral**

**processional** /prəˈseʃənl/ *(Rel)* ADJ processionnel N hymne *m* processionnel

**processor** /ˈprəʊsesəʳ/ N a *(Comput)* processeur *m* ; → **data, word** b ⇒ **food processor ;** → **food**

**pro-choice** /ˌprəʊˈtʃɔɪs/ ADJ en faveur de l'avortement

**pro-choicer** * /ˌprəʊˈtʃɔɪsəʳ/ N partisan(e) *m(f)* de l'avortement

**proclaim** /prəˈkleɪm/ VT a *(= announce)* proclamer, déclarer (*that* que) ; *[+ holiday]* instituer ; *[+ one's independence, innocence]* proclamer ; *[+ war, one's love]* déclarer ; *[+ edict]* promulguer ◆ **to ~ sb king** proclamer qn roi ◆ **to ~ a state of emergency** décréter l'état d'urgence, proclamer l'état d'urgence ◆ **to ~ peace** annoncer le rétablissement de la paix b *(= reveal, demonstrate)* démontrer, révéler ◆ **his tone ~ed his confidence** le ton de sa voix démontrait *or* révélait sa confiance ◆ **their expressions ~ed their guilt** la culpabilité se lisait sur leurs visages

**proclamation** /ˌprɒkləˈmeɪʃən/ N proclamation *f*

**proclivity** /prəˈklɪvɪtɪ/ N *(frm)* propension *f*, inclination *f* (*to sth* à qch ; *to do sth* à faire qch)

**proconsul** /ˈprəʊˈkɒnsəl/ N proconsul *m*

**procrastinate** /prəʊˈkræstɪneɪt/ VI atermoyer, tergiverser

**procrastination** /prəʊˌkræstɪˈneɪʃən/ N (NonC) atermoiements *mpl*, tergiversations *fpl*

**procrastinator** /prəʊˌkræstɪˈneɪtəʳ/ N personne *f* qui remet tout au lendemain

**procreate** /ˈprəʊkrɪeɪt/ VI se reproduire VT procréer, engendrer

**procreation** /ˌprəʊkrɪˈeɪʃən/ N procréation *f*

**Procrustean** /prəʊˈkrʌstɪən/ ADJ de Procuste

**proctor** /ˈprɒktəʳ/ N a *(Jur etc)* fondé *m* de pouvoir b *(Univ) (Oxford, Cambridge)* responsable *mf* de la discipline ; *(US) (= invigilator)* surveillant(e) *m(f)* (à un examen)

**procurable** /prəˈkjʊərəbl/ ADJ que l'on peut se procurer ◆ **it is easily ~** on peut se le procurer facilement

**procuration** /ˌprɒkjʊˈreɪʃən/ N a *(= act of procuring)* obtention *f*, acquisition *f* b *(Jur = authority)* procuration *f* c *(= crime)* proxénétisme *m*

**procurator** /ˈprɒkjʊreɪtəʳ/ N *(Jur)* fondé *m* de pouvoir COMP ▷ **Procurator Fiscal** N *(Scot Jur)* ≃ procureur *m* (de la République)

**procure** /prəˈkjʊəʳ/ VT a *(= obtain for o.s.)* se procurer, obtenir ; *[+ sb's release etc]* obtenir ◆ **to ~ sth for sb, to ~ sb sth** procurer qch à qn, faire obtenir qch à qn ◆ **to ~ sb's death** † faire assassiner qn b *(Jur) [+ prostitute etc]* offrir les services de, procurer VI *(Jur)* faire du proxénétisme

**procurement** /prəˈkjʊəmənt/ N *(gen)* obtention *f* ; *(Comm, Admin, Ind)* approvisionnement *m* ; *(Mil)* acquisition *f* de matériel militaire COMP ▷ **procurement department** N *(Comm, Ind)* service *m* des achats *or* de l'approvisionnement

**procurer** /prəˈkjʊərəʳ/ N *(Jur)* entremetteur *m*, proxénète *m*

**procuress** /prəˈkjʊərɪs/ N *(Jur)* entremetteuse *f*, proxénète *f*

**procuring** /prəˈkjʊərɪŋ/ N a *[of goods, objects]* obtention *f* b *(Jur)* proxénétisme *m*

**Prod** ‡ /prɒd/, **Proddie** ‡ /ˈprɒdɪ/ N *(Brit pej)* protestant(e) *m(f)*, parpaillot(e) * *m(f)*

**prod** /prɒd/ N *(= push)* poussée *f* ; *(= jab)* (petit) coup *m (de canne, avec le doigt etc)* ◆ **to give sb a ~** pousser qn doucement (du doigt *or* du pied *or* avec la pointe d'un bâton *etc*) ; *(fig)* pousser qn ◆ **he needs a ~ from time to time** *(fig)* il a besoin d'être poussé *or* qu'on le secoue * *subj* un peu de temps en temps VT pousser doucement ◆ **to ~ sb** pousser qn doucement (du doigt *or* du pied *or* avec la pointe d'un bâton *etc*) ; *(fig)* pousser qn ◆ **she ~ded the jellyfish with a stick** elle a poussé la méduse avec la pointe d'un bâton ◆ **to ~ sb to do sth** *or* **into doing sth** pousser *or* inciter qn à faire qch ◆ **he needs ~ding** il a besoin d'être poussé *or* qu'on le secoue * *subj* VI ◆ **to ~ at sb/sth** ⇒ **to prod sb/sth** → **vt**

**prodigal** /ˈprɒdɪgəl/ ADJ prodigue (*of* de) ◆ **the ~ (son)** *(Bible)* le fils prodigue ; *(fig)* l'enfant *m* prodigue

**prodigality** /ˌprɒdɪˈgælɪtɪ/ N prodigalité *f*

**prodigally** /ˈprɒdɪgəlɪ/ ADV avec prodigalité

**prodigious** /prəˈdɪdʒəs/ ADJ *(frm)* prodigieux, extraordinaire

**prodigiously** /prəˈdɪdʒəslɪ/ ADV *(frm)* prodigieusement

**prodigy** /ˈprɒdɪdʒɪ/ N prodige *m*, merveille *f* ◆ **child ~, infant ~** enfant *mf* prodige ◆ **a ~ of learning** un puits de science

**produce** /prəˈdjuːs/ VT a *(= make, yield, manufacture) [+ milk, oil, coal, ore, crops]* produire ; *[+ cars, radios]* produire, fabriquer ; *[writer, artist, musician etc]* produire ; *(Fin) [+ interest, profit]* rapporter ; *[+ offspring] [animal]* produire, donner naissance à ; *[woman]* donner naissance à ◆ **his shares ~ a yield of 7%** *(Fin)* ses actions rapportent 7% ◆ **that investment ~s no return** cet investissement ne rapporte rien ◆ **Scotland ~s whisky** l'Écosse produit du whisky *or* est un pays producteur de whisky ◆ **coal ~s electricity** le charbon produit *or* donne de l'électricité ◆ **these magazines are ~d by the same firm** ces revues sont éditées par la même maison ◆ **he ~d a masterpiece** il a produit un chef-d'œuvre ◆ **well-~d** *[+ book]* bien présenté ; *[+ goods]* bien fait ; see also **vt d** ◆ **he has ~d a new single** il a sorti un nouveau single

b *(= bring out, show) [+ gift, handkerchief, gun]* sortir (*from* de) ; *[+ ticket, documents etc]* présenter ; *[+ witness]* produire ; *[+ proof]* fournir, apporter ◆ **he suddenly ~d a large parcel** il a soudain sorti un gros paquet ◆ **I can't ~ $100 just like that!** je ne peux pas trouver 100 dollars comme ça ! ◆ **he ~d a sudden burst of energy** il a eu un sursaut d'énergie

c *(= cause) [+ famine, deaths]* causer, provoquer ; *[+ dispute, bitterness]* provoquer, causer ; *[+ results]* produire, donner ; *[+ impression]* faire, donner ; *[+ pleasure, interest]* susciter ; *(Elec) [+ current]* engendrer ; *[+ spark]* faire jaillir ◆ **it ~d a burning sensation in my finger** cela a provoqué une sensation de brûlure dans mon doigt

d *(Theat)* mettre en scène ; *(Cine)* produire ; *(Rad) [+ play]* mettre en ondes ; *[+ programme]* réaliser ; *(TV) [+ play, film]* mettre en scène ; *[+ programme]* réaliser ◆ **well ~d** bien monté

e *(Geom) [+ line, plane] (= extend)* prolonger, continuer

VI a *[mine, oil well, factory]* produire ; *[land, trees, cows]* produire, rendre

b *(Theat)* assurer la mise en scène ; *(Cine)* assurer la production *(d'un film)* ; *(Rad, TV)* assurer la réalisation d'une émission

N /ˈprɒdjuːs/ *(NonC = food)* produits *mpl (d'alimentation)* ◆ **agricultural/garden/foreign ~** produits *mpl* agricoles/maraîchers/étrangers ◆ **"produce of France"** "produit français", "produit de France" ◆ **"produce of more than one country"** "produit de différents pays" ◆ **we eat mostly our own ~** nous mangeons surtout nos propres produits *or* ce que nous produisons nous-mêmes

**producer** /prəˈdjuːsəʳ/ N a *(Agr, Ind etc)* producteur *m*, -trice *f* b *(Theat, Cine, Mus)* producteur *m*, -trice *f* ; *(Rad, TV)* réalisateur *m*, -trice *f*, metteur *m* en ondes COMP ▷ **producer gas** N gaz *m* fourni par gazogène ▷ **producer goods** NPL *(Econ)* biens *mpl* de production

**-producing** /prəˈdjuːsɪŋ/ ADJ *(in compounds)* producteur (-trice *f*) de ... ◆ **oil-producing** producteur (-trice *f*) de pétrole ◆ **one of the coal-producing countries** un des pays producteurs de charbon

**product** /ˈprɒdʌkt/ N a *(Comm, Ind etc)* produit *m* ; *(fig)* produit *m*, résultat *m* ◆ **food ~s** produits *mpl* alimentaires, denrées *fpl* (alimentaires) ◆ **it is the ~ of his imagination** c'est le fruit de son imagination ◆ **she is the ~ of a broken home** elle est le résultat d'un foyer désuni ◆ **a public-school ~** un (pur) produit des public schools ; → **finished, gross, waste** b *(Math)* produit *m* COMP ▷ **product acceptance** N mesure *f* du succès d'un produit auprès des consommateurs ▷ **product liability** N responsabilité *f* du fabricant ▷ **product line** N ⇒ **product range** ▷ **product manager** N *(Comm)* chef *m* de produit ▷ **product placement** N *(Cine, Comm)* placement *m* de produit(s) ▷ **product range** N gamme *f or* ligne *f* de produits

**production** /prəˈdʌkʃən/ N a *(NonC: Ind, Bio etc = manufacturing)* production *f* ◆ **to put sth into ~** entreprendre la production de qch ◆ **to take sth out of ~** retirer qch de la production ◆ **the factory is in full ~** l'usine tourne à plein rendement ◆ **car/oil** *etc* **~ has risen recently** la production automobile/pétrolière *etc* a récemment augmenté ◆ **industrial/agricultural ~ fell by 1.7% last month** la production industrielle/agricole a baissé de 1,7% le mois dernier ◆ **we hope to go into ~ soon** nous espérons commencer la production bientôt ◆ **the new model goes into ~ soon** on commencera bientôt la fabrication du nouveau modèle

b *(NonC = act of showing)* présentation *f* ◆ **on ~ of this ticket** sur présentation de ce billet

c *(NonC = activity) (Theat)* mise *f* en scène ; *(Cine, Mus, Rad, TV)* production *f* ◆ **film ~** la production cinématographique ◆ **TV ~** la production *or* création télévisuelle ◆ **he was writing plays for ~ at the Blackfriars Theatre** il écrivait des pièces pour les monter au "Blackfriars Theatre"

d *(= work produced) (Theat, Mus)* représentation *f*, mise *f* en scène ; *(Cine, Rad, TV)* production *f* ◆ **a theatrical** *or* **stage ~** une pièce de théâtre ◆ **a new ~ of "Macbeth"** une nouvelle mise en scène de "Macbeth" ◆ **"Macbeth": a new ~ by ...** "Macbeth" : une nouvelle mise en scène de ... ◆ **the Theatre Royal's ~ of "Cats" ran for three years** "Cats" s'est joué pendant trois ans au "Theatre Royal"

COMP ▷ **production company** N *(Cine, TV, Video)* société *f* de production ▷ **production costs** NPL coûts *mpl* de production ▷ **production department** N *(Publishing)* service *m* fabrication ▷ **production line** N *(Ind)* chaîne *f* de fabrication ◆ **he works on the ~ line** il travaille à la chaîne ◆ **~ line work** travail *m* à la chaîne ▷ **production manager** N directeur *m* de (la) production ▷ **production number** N *(Theat, Cine)* numéro *m* de production ▷ **production run** N *(Ind)* série *f* ▷ **production values** NPL *(Cine)* ◆ **a film with high ~ values** un film à gros budget

**productive** /prəˈdʌktɪv/ ADJ *[land, imagination]* fertile, fécond ; *[meeting, discussion, work]* fructueux, productif ; *(Econ) [employment, labour]* productif ; *(Ling)* productif ◆ **to be ~ of sth** produire qch, engendrer qch, être générateur de qch ◆ **I've had a very ~ day** j'ai eu une journée très fructueuse, j'ai bien travaillé aujourd'hui ◆ **~ life of an asset** *(Fin)* vie *f* utile d'un bien

**productively** /prəˈdʌktɪvlɪ/ ADV de manière fructueuse *or* productive

**productivity** /ˌprɒdʌkˈtɪvɪtɪ/ N *(NonC: Econ, Ind)* productivité *f* COMP *[fall, increase]* de (la) productivité ▷ **productivity agreement** N *(Brit)* accord *m* de productivité ▷ **productivity bonus** N prime *f* à la productivité

**prof.** /prɒf/ N *(Univ)* (abbrev of **professor**) professeur *m* ◆ **Prof. C. Smith** *(on envelope)* Monsieur C. Smith ADJ abbrev of **professional**

**profanation** /ˌprɒfəˈneɪʃən/ N profanation *f*

**profane** /prəˈfeɪn/ ADJ a *(= secular, lay) [music etc]* profane b *(pej = blasphemous) [language etc]* impie, sacrilège ; → **sacred** VT profaner

**profanity** /prəˈfænɪtɪ/ N a *(= oath)* juron *m*, blasphème *m* ◆ **he uttered a torrent of profanities** il a proféré un torrent d'injures b *(NonC) [of language etc]* caractère *m* profane

**profess** /prəˈfes/ VT a *(= claim)* prétendre (*that* que) ◆ **to ~ ignorance of sth** prétendre ne rien savoir sur qch ◆ **to ~ knowledge of sth** prétendre connaître qch ◆ **he ~es to know all about it** il prétend tout savoir sur ce sujet ◆ **I don't ~ to be an expert** je ne prétends pas être expert en la matière ◆ **why do organisations ~ that they care?** pourquoi les sociétés prétendent-elles se sentir concernées ? ◆ **"I don't know," he replied, ~ing innocence** "Je ne sais pas," dit-il, feignant l'innocence ◆ **their ~ed support for traditional family values** leur prétendu attachement aux valeurs familiales traditionnelles

b *(= declare)* déclarer (*that* que) ; *[+ faith, religion]* professer ; *(publicly)* professer, faire profession de ; *[+ an opinion, respect, hatred]* professer ◆ **to ~ concern at sth** exprimer son inquiétude devant qch, se déclarer inquiet de qch ◆ **he ~ed himself satisfied** il s'est déclaré satisfait ◆ **he ~ed to be content with the arrangement** il s'est déclaré satisfait de cet arrangement

c *(frm = have as one's profession)* **to ~ law/ medicine** exercer la profession d'avocat/de médecin

**professed** /prəˈfest/ ADJ *[atheist, communist etc]* déclaré ; *(Rel) [monk, nun]* profès (-esse *f*) ◆ **a ~ indifference to any form of Christianity** une indifférence affichée à toute forme de christianisme

**professedly** /prəˈfesɪdlɪ/ ADV de son (*or* leur *etc*) propre aveu, d'après lui (*or* eux *etc*) ; *(= allegedly)* soi-disant, prétendument

**profession** /prəˈfeʃən/ N a *(= calling)* profession *f* ; *(= body of people)* (membres *mpl* d'une) profession *f* ◆ **by ~** de son (*or* mon *etc*) métier *or* état ◆ **the medical ~** *(= calling)* la profession de médecin, la médecine ; *(= doctors collectively)* le corps médical, les médecins *mpl* ◆ **the ~s** les professions *fpl* libérales ◆ **the oldest ~** *(euph)* le plus vieux métier du monde ; → **learned** b *(= declaration)* profession *f*, déclaration *f* ◆ **~ of faith** profession *f* de foi ◆ **to make one's ~** *[monk, nun]* faire sa profession, prononcer ses vœux

**professional** /prəˈfeʃənl/ ADJ a *[skill, organization, training, etiquette]* professionnel ◆ **to be a ~ person** *[doctor, lawyer etc]* exercer une profession libérale ; *[other white-collar worker]* avoir une situation ◆ **the ~ classes** les (membres *mpl* des) professions *fpl* libérales ◆ **to take ~ advice** *(medical/legal)* consulter un médecin/un avocat ; *(on practical problem)* consulter un professionnel *or* un homme de métier ◆ **it is not ~ practice to do so** faire cela est contraire à l'usage professionnel

b *(= by profession) [writer, politician]* professionnel, de profession ; *[footballer, tennis player]* professionnel ; *[diplomat, soldier]* de carrière ; *(fig = of high standard) [play, piece of work]* de haute qualité, excellent ◆ **~ football/tennis** *etc* football *m*/tennis *m etc* professionnel ◆ **to turn** *or* **go ~** *(Sport)* passer professionnel ◆ **to have a very ~ attitude to one's work** prendre son travail très au sérieux ◆ **it is well up to ~ standards** c'est d'un niveau de professionnel

N *(all senses)* professionnel *m*, -elle *f* ◆ **a health ~** un professionnel de la santé ◆ **£40,000 is not excessive for a highly-skilled ~** 40 000 livres n'ont rien d'excessif pour un cadre hautement qualifié

COMP ▷ **professional army** N armée *f* de métier ▷ **professional foul** N *(Ftbl)* faute *f* délibérée ▷ **Professional Golfers' Association** N PGA *f (association de golfeurs professionnels)* ▷ **professional school** N *(US) (Univ = faculty)* faculté *f* de droit *or* de médecine ; *(= business school)* grande école *f* commerciale

**professionalism** /prəˈfeʃnəlɪzəm/ N *[of writer, actor etc]* professionnalisme *m* ; *(Sport)* professionnalisme *m* ; *[of play, piece of work]* excellence *f*, haute qualité *f*

**professionally** /prəˈfeʃnəlɪ/ ADV a *(= vocationally)* professionnellement ◆ **he sings/dances** *etc* **~** il est chanteur/danseur *etc* professionnel ◆ **to be ~ qualified** avoir une qualification professionnelle ◆ **I know him only ~** je n'ai que des rapports de travail avec lui ◆ **she is known ~ as Julia Wills** dans la profession *or* le métier, elle est connue sous le nom de Julia Wills ◆ **speaking ~, I have to tell you that ...** d'un point de vue professionnel, je dois vous dire que ... ◆ **it was a difficult time both personally and ~** ce fut une période difficile sur le plan aussi bien personnel que professionnel ◆ **the boat was ~ built** le bateau a été construit par des professionnels ◆ **the play was ~ produced** la mise en scène (de la pièce) était l'œuvre d'un professionnel

b *(= expertly)* de manière professionnelle

c *(= according to professional standards)* en professionnel(le), de manière professionnelle ◆ **he claims he acted ~ and responsibly throughout** il affirme qu'il s'est toujours comporté de manière professionnelle et responsable

**professor** /prəˈfesəʳ/ N a *(Univ)* professeur *m* (titulaire d'une chaire) ◆ **~ of French, French ~** professeur *m* (titulaire de la chaire) de français ◆ **good morning, Professor Smith** bonjour Monsieur Smith, bonjour Monsieur (le professeur) ◆ **Dear Professor Smith** *(in letters)* monsieur, Cher Monsieur *(less frm)* ; *(if known to writer)* Cher Professeur ◆ **Professor C. Smith** *(on envelope)* Monsieur C. Smith ; → **assistant** b *(US* ‡*: iro)* maestro *m*, maître *m*

**professorial** /ˌprɒfəˈsɔːrɪəl/ ADJ professoral

**professorship** /prəˈfesəʃɪp/ N chaire *f* (*of* de) ◆ **he has a ~** il est titulaire d'une chaire

**proffer** /ˈprɒfəʳ/ VT *[+ object, arm]* offrir, tendre ; *[+ a remark, suggestion]* faire ; *[+ one's thanks, apologies]* offrir, présenter ◆ **to ~ one's hand to sb** tendre la main à qn

**proficiency** /prəˈfɪʃənsɪ/ N (grande) compétence *f* (*in* en) ◆ **Cambridge Certificate of Proficiency** *diplôme d'anglais langue étrangère*

**proficient** /prəˈfɪʃənt/ ADJ (très) compétent (*in* en)

**profile** /ˈprəʊfaɪl/ N a *[of head, building, hill etc]* profil *m (also Archit)* ; *(fig = description) [of person]* portrait *m* ; *[of situation etc]* profil *m*, esquisse *f* ◆ **in ~** de profil ◆ **genetic ~** profil *m* génétique ◆ **psychological ~** profil *m* psychologique ◆ **he has the right ~ for the job** il a le profil qui convient pour ce poste

◆ **high profile** ◆ **to maintain a high ~** *(in media etc)* garder la vedette ; *(= be seen on streets etc)* être très en évidence ◆ **troops have been maintaining a high ~ in the capital** les troupes sont très en évidence dans la capitale ◆ **the foundation already has a high ~** la fondation est déjà très en vue ◆ **Egypt will be given a much higher ~ in the upcoming peace talks** l'Égypte prendra une place bien plus importante dans les négociations de paix prochaines ◆ **football is a high ~ business** le foot est un domaine très médiatisé

◆ **low profile** ◆ **to keep** *or* **take a low ~** essayer de ne pas (trop) se faire remarquer, adopter une attitude discrète ◆ **the party had a low ~ in this constituency** le parti n'était pas très représenté dans cette circonscription

◆ **to raise + profile** ◆ **to raise one's profile** améliorer son image ◆ **his main task will be to raise the ~ of the party** sa principale tâche sera d'améliorer l'image du parti

b *(= graph or table)* profil *m*

VT a *(= show in profile)* profiler *(also Archit)*

b *(gen) (= describe) [+ person]* brosser *or* dresser le portrait de ; *[+ situation]* établir le profil de, tracer une esquisse de ; *(Police) [+ suspect]* établir le profil psychologique de

**profit** /ˈprɒfɪt/ N *(Comm)* profit *m*, bénéfice *m* ; *(fig)* profit *m*, avantage *m* ◆ **~ and loss** profits *mpl* et pertes *fpl* ; see also **comp** ◆ **gross/net ~** bénéfice *m* brut/net ◆ **to make** *or* **turn a ~** faire un bénéfice *or* des bénéfices ◆ **to make a ~ of $100** faire un bénéfice de 100 dollars (*on sth* sur qch) ◆ **to sell sth at a ~** vendre qch à profit ◆ **to show** *or* **yield a ~** rapporter (un bénéfice) ◆ **there's not much ~ in doing that** *(lit, fig)* on ne gagne pas grand-chose à faire cela ◆ **with ~s policy** *(Insurance)* police *f* (d'assurance) avec participation aux bénéfices ◆ **with ~** *(fig)* avec profit, avec fruit ◆ **to turn sth to ~** *(fig)* mettre à profit qch, tirer parti de qch

VI *(fig)* tirer un profit *or* un avantage ◆ **to ~ by** *or* **from sth** tirer avantage *or* profit de qch, bien profiter de qch ◆ **I can't see how he hopes to ~ (by it)** je ne vois pas ce qu'il espère en retirer *or* y gagner

VT *(†† or liter)* profiter à ◆ **it will ~ him nothing** cela ne lui profitera en rien

COMP ▷ **profit and loss account** N *(Accounts)* compte *m* de profits et pertes, compte *m* de résultat ▷ **profit-making** ADJ rentable ◆ **a ~-making/non-~-making organization** une organisation à but lucratif/non lucratif ▷ **profit margin** N marge *f* bénéficiaire

▷ **profit motive** N recherche *f* du profit ▷ **profit-seeking** ADJ à but lucratif ▷ **profit sharing** N *(Ind)* participation *f or* intéressement *m* aux bénéfices ▷ **profit-sharing scheme** N système *m* de participation *or* d'intéressement aux bénéfices ▷ **profit squeeze** N compression *f* des bénéfices ▷ **profit taking** N *(St Ex)* prise *f* de bénéfices ▷ **profit warning** N *(Comm)* profit warning *m*, *annonce d'une baisse des prévisions par rapport aux résultats escomptés*

**profitability** /ˌprɒfɪtəˈbɪlɪtɪ/ N *(lit, fig)* rentabilité *f* COMP ▷ **profitability study** N *(Comm)* étude *f* de rentabilité

**profitable** /ˈprɒfɪtəbl/ ADJ *(Comm etc) [deal, sale, investment]* rentable, lucratif ; *[company]* bénéficiaire, rentable ; *(fig) [scheme, agreement, contract]* rentable ; *[meeting, discussion, visit]* fructueux, payant *(fig)*, profitable, fructueux ◆ **we don't stock them any more as they were not** ~ nous ne les stockons plus parce qu'ils n'étaient pas rentables ◆ **it was a very** ~ **half-hour** cela a été une demi-heure très fructueuse *or* profitable ◆ **you would find it** ~ **to read this** vous trouveriez la lecture de ceci utile *or* profitable

**profitably** /ˈprɒfɪtəblɪ/ ADV **a** *(lit) [sell]* à profit ◆ **the company is now trading** ~ cette société enregistre à présent des bénéfices, cette société est à présent bénéficiaire **b** *(fig = usefully)* utilement, de manière utile ◆ **the same technology could be** ~ **employed finding alternative sources of energy** on pourrait employer utilement cette même technologie pour trouver d'autres sources d'énergie ◆ **there was little I could** ~ **do** je ne pouvais pas faire grand-chose d'utile

**profiteer** /ˌprɒfɪˈtɪəʳ/ N profiteur *m*, mercanti *m* VI faire des bénéfices excessifs

**profiteering** /ˌprɒfɪˈtɪərɪŋ/ N *(pej)* réalisation *f* de bénéfices excessifs

**profitless** /ˈprɒfɪtlɪs/ ADJ *(lit) [company, factory]* qui n'est pas rentable ; *[shares]* qui ne rapporte rien ; *[year]* improductif ; *(fig)* infructueux

**profitlessly** /ˈprɒfɪtlɪslɪ/ ADV *(lit)* sans dégager de bénéfices ; *(fig)* d'une manière infructueuse

**profligacy** /ˈprɒflɪɡəsɪ/ N *(frm) (= debauchery)* débauche *f*, libertinage *m* ; *(= extravagance)* extrême prodigalité *f*

**profligate** /ˈprɒflɪɡɪt/ *(frm)* ADJ *(= debauched) [person, behaviour]* débauché, libertin, dissolu ; *[life]* de débauche, de libertinage ; *(= extravagant)* extrêmement prodigue N débauché(e) *m(f)*, libertin(e) *m(f)*

**pro-form** /ˈprəʊˌfɔːm/ N *(Ling)* proforme *f*

**pro forma** /ˈprəʊˈfɔːmə/ ADJ pro forma *inv* N *(also* **pro forma invoice***)* facture *f* pro forma ; *(also* **pro forma letter***)* (formule *f* de) lettre *f* toute faite ADV selon les règles

**profound** /prəˈfaʊnd/ ADJ *(all senses)* profond

**profoundly** /prəˈfaʊndlɪ/ ADV *[different, moving, undemocratic etc]* profondément ; *[deaf]* totalement, complètement

**profundity** /prəˈfʌndɪtɪ/ N **a** *(NonC)* profondeur *f* **b** *(= profound remark)* remarque *f* profonde

**profuse** /prəˈfjuːs/ ADJ *[vegetation, bleeding]* abondant ; *[thanks, praise, apologies]* profus, multiple ◆ ~ **in ...** prodigue de ... ◆ **to be** ~ **in one's thanks/excuses** se confondre en remerciements/excuses

**profusely** /prəˈfjuːslɪ/ ADV *[bleed, sweat]* abondamment ; *[grow]* à profusion, en abondance ◆ **to apologize** ~ se confondre *or* se répandre en excuses ◆ **to thank sb** ~ remercier qn avec effusion

**profusion** /prəˈfjuːʒən/ N profusion *f*, abondance *f* (*of* de) ◆ **in** ~ à profusion, à foison

**prog.** * /prɒɡ/ N *(Brit TV etc)* (abbrev of **programme**) émission *f*, programme *m*

**progenitor** /prəʊˈdʒenɪtəʳ/ N *(lit)* ancêtre *m* ; *(fig)* auteur *m*

**progeny** /ˈprɒdʒɪnɪ/ N *(= offspring)* progéniture *f* ; *(= descendants)* lignée *f*, descendants *mpl*

**progesterone** /prəʊˈdʒestəˌrəʊn/ N progestérone *f*

**prognathous** /prɒɡˈneɪθəs/ ADJ prognathe

**prognosis** /prɒɡˈnəʊsɪs/ N (pl **prognoses** /prɒɡˈnəʊsiːz/) pronostic *m*

**prognostic** /prɒɡˈnɒstɪk/ N *(frm)* présage *m*, signe *m* avant-coureur

**prognosticate** /prɒɡˈnɒstɪkeɪt/ VT pronostiquer VI faire des pronostics

**prognostication** /prɒɡˌnɒstɪˈkeɪʃən/ N pronostic *m*

**program** /ˈprəʊɡræm/ N **a** *(Comput)* programme *m* **b** *(US)* ⇒ **programme noun a** VI *(Comput)* établir un (*or* des) programme(s) VT **a** *(Comput)* programmer ◆ **to** ~ **sth to do sth** programmer qch de façon à faire qch **b** *(US)* ⇒ **programme vt a** COMP *(Comput) [specification, costs]* du *or* d'un programme

**programmable, programable** *(US)* /ˈprəʊɡræməbl/ ADJ *(Comput)* programmable

**programmatic** /ˌprəʊɡrəˈmætɪk/ ADJ programmatique

**programme** *(Brit)*, **program** *(esp US)* /ˈprəʊɡræm/ N **a** *(most senses)* programme *m* ; *(Rad, TV = broadcast)* émission *f* (*on* sur ; *about* au sujet de) ; *[of course]* emploi *m* du temps ; *(= station) (Rad)* poste *m* ; *(TV)* chaîne *f* ◆ **what's the** ~ **for today?** *(during course etc)* quel est l'emploi du temps aujourd'hui ? ; *(fig)* qu'est-ce qu'on fait aujourd'hui ? ◆ **in the** ~ **for the day** au programme de la journée ◆ **what's on the** ~**?** qu'est-ce qu'il y a au programme ? ◆ **details of the morning's** ~**s** *(Rad, TV)* le programme de la matinée ; → **detoxi(fi)cation, request**

**b** *(Comput)* ⇒ **program**

VT **a** *[+ washing machine, video etc]* programmer (*to do sth* pour faire qch) ; *(fig) [+ person]* conditionner ◆ **our bodies are** ~**d to fight disease** notre corps est programmé pour combattre la maladie ◆ **we are genetically** ~**d for motherhood** nous sommes génétiquement programmées pour être mères ◆ ~**d learning** enseignement *m* programmé

**b** *(Comput)* ⇒ **program**

COMP ▷ **programme editor** N *(Rad, TV)* éditorialiste *mf* ▷ **programme-maker** N *(TV, Rad)* réalisateur *m*, -trice *f* ▷ **programme music** N *(NonC)* musique *f* à programme ▷ **programme notes** NPL *(Mus, Theat)* commentaires *mpl* sur le programme ▷ **programme seller** N *(Theat)* vendeur *m*, -euse *f* de programmes

**programmer, programer** *(US)* /ˈprəʊɡræməʳ/ N *(= person:* also **computer programmer***)* programmeur *m*, -euse *f* ; *(= device)* programmateur *m*

**programming** /ˈprəʊɡræmɪŋ/ N **a** *(also* **computer programming***)* programmation *f* **b** *(TV, Rad)* programmation *f* COMP *[error, language etc]* de programmation

**progress** /ˈprəʊɡres/ N **a** *(NonC: lit, fig)* progrès *m(pl)* ◆ **in the name of** ~ au nom du progrès ◆ **you can't stop** ~ on n'arrête pas le progrès ◆ ~ **was slow** les choses n'avançaient pas vite ◆ **she kept me abreast of the** ~ **by phone** elle m'a tenu au courant de la progression par téléphone ◆ **the** ~ **of events** le cours des événements

◆ **to make + progress** ◆ **we made slow** ~ **through the mud** nous avons avancé lentement dans la boue ◆ **we are making good** ~ **in our search for a solution** nos travaux pour trouver une solution progressent de manière satisfaisante ◆ **medical research continues to make** ~ **in the fight against cancer** la recherche médicale continue de progresser *or* d'avancer dans la lutte contre le cancer ◆ **we have made little/no** ~ nous n'avons guère fait de progrès/fait aucun progrès ◆ **they made little** ~ **towards agreement** ils n'ont pas beaucoup progressé *or* avancé dans leur recherche d'un terrain d'entente ◆ **he is making** ~ *[student etc]* il fait des progrès, il est en progrès ; *[patient]* son état (de santé) s'améliore

◆ **in progress** ◆ **the meeting is in** ~ la réunion est en cours *or* a déjà commencé ◆ **while the meeting was in** ~ pendant la réunion ◆ **the work in** ~ les travaux en cours ◆ **"silence: exam in progress"** "silence : examen" ◆ **to be in full** ~ battre son plein

**b** *(†† = journey)* voyage *m* ; → **pilgrim**

VI /prəˈɡres/ *(lit, fig)* aller, avancer (*towards* vers) ; *[student etc]* faire des progrès, progresser ; *[patient]* aller mieux ; *[search, investigations, researches, studies etc]* progresser, avancer ◆ **he started off sketching and then** ~**ed to painting** il a commencé par des croquis puis il a évolué vers la peinture ◆ **she** ~**ed to a senior position** elle a accédé à un poste à responsabilités ◆ **matters are** ~**ing slowly** les choses progressent lentement ◆ **as the game** ~**ed** à mesure que la partie se déroulait ◆ **while the discussions were** ~**ing** pendant que les discussions se déroulaient ◆ **he checked how his new staff were** ~**ing** il a regardé comment s'en sortaient les nouvelles recrues ◆ **his disease** ~**ed quickly** sa maladie faisait de rapides progrès, sa maladie progressait rapidement ◆ **as the evening** ~**ed ...** à mesure que la soirée avançait ..., au fil de la soirée ... ◆ **life became harder as the war** ~**ed** la vie devenait de plus en plus difficile à mesure que l'on s'enfonçait dans la guerre

VT *(= advance)* faire progresser

COMP ▷ **progress board** N tableau *m* de planning ▷ **progress chaser** N responsable *mf* du suivi (d'un projet) ▷ **progress chasing** N suivi *m* (d'un projet) ▷ **progress payment** N *(Fin)* acompte *m (versé au prorata de l'avancement des travaux)* ▷ **progress report** N *(gen)* compte *m* rendu (*on* de) ; *(Med)* bulletin *m* de santé ; *(Scol)* bulletin *m* scolaire ; *(Admin)* état *m* périodique, rapport *m* sur l'avancement des travaux ◆ **to make a** ~ **report on** *(gen)* rendre compte de l'évolution de ; *(Scol: on pupil)* rendre compte des progrès de ; *(Med: on patient)* rendre compte de l'évolution de l'état de santé de ; *(Admin)* dresser un état périodique de

**progression** /prəˈɡreʃən/ N *(gen, Math)* progression *f* ◆ **by arithmetical/geometrical** ~ selon une progression arithmétique/géométrique ◆ **it's a logical** ~ c'est une suite logique

**progressive** /prəˈɡresɪv/ ADJ **a** *[movement, taxation, disease, improvement]* progressif ; *[idea, party, person, outlook]* progressiste *(also Pol)* ; *[age]* de *or* du progrès ◆ **in** ~ **stages** par degrés, par étapes **b** *(Gram, Phon)* progressif N **a** *(Pol etc)* progressiste *mf* **b** *(Gram)* temps *m* progressif COMP ▷ **progressive education** N éducation *f* nouvelle

**progressively** /prəˈɡresɪvlɪ/ ADV progressivement ◆ **to get** *or* **grow** *or* **become** ~ **harder/easier** devenir de plus en plus difficile/facile ◆ **the weather was getting** ~ **worse** le temps allait en empirant ◆ **his**

**health is getting ~ better** sa santé s'améliore de jour en jour

**progressiveness** /prəˈgresɪvnɪs/ N progressivité *f*

**progressivity** /ˌprəʊgreˈsɪvɪtɪ/ N progressivité *f*

**prohibit** /prəˈhɪbɪt/ VT **a** *(= forbid)* interdire, défendre (*sb from doing sth* à qn de faire qch) ; *(Admin, Jur etc) [+ weapons, drugs, swearing]* prohiber ◆ **smoking ~ed** défense de fumer ◆ **feeding the animals is ~ed** il est interdit *or* défendu de donner à manger aux animaux ◆ **pedestrians are ~ed from using this bridge** il est interdit aux piétons d'utiliser ce pont, l'usage de ce pont est interdit aux piétons **b** *(= prevent)* empêcher (*sb from doing sth* qn de faire qch) ◆ **my health ~s me from swimming** mon état de santé m'interdit de nager, la natation m'est interdite pour des raisons de santé

COMP ▷ **prohibited substance** N substance *f* prohibée

**prohibition** /ˌprəʊɪˈbɪʃən/ N **a** *[of weapons, drugs, swearing etc]* interdiction *f*, prohibition *f* ◆ **there was a strict ~ on speaking Welsh** il était strictement interdit de parler gallois **b** *(US Hist)* ◆ **Prohibition** la prohibition ◆ **during Prohibition** pendant la prohibition COMP *(US Hist:* also **Prohibition**) *[laws, party]* prohibitionniste

**prohibitionism** /ˌprəʊɪˈbɪʃənɪzəm/ N prohibitionnisme *m*

**prohibitionist** /ˌprəʊɪˈbɪʃənɪst/ ADJ, N prohibitionniste *mf*

**prohibitive** /prəˈhɪbɪtɪv/ ADJ *[price, tax, laws]* prohibitif

**prohibitively** /prəˈhɪbɪtɪvlɪ/ ADV ◆ **~ expensive** à un prix prohibitif ◆ **internal flights are ~ expensive** le prix des vols intérieurs est prohibitif

**prohibitory** /prəˈhɪbɪtərɪ/ ADJ prohibitif

**project** /ˈprɒdʒekt/ N **a** *(= plan, scheme)* projet *m* (*to do sth, for doing sth* pour faire qch) ; *(= undertaking)* opération *f*, entreprise *f* ; *(Constr)* grands travaux *mpl* ◆ **they are studying the ~ for the new road** ils étudient le projet de construction de la nouvelle route ◆ **the whole ~ will cost 20 million** l'opération *or* le projet coûtera 20 millions en tout

**b** *(= study)* étude *f* (*on* de) ; *(Scol)* dossier *m* (*on* sur) ; *(Univ)* mémoire *m* (*on* sur)

**c** (*US:* also **housing project**) cité *f*, lotissement *m* ◆ **they live in the ~s** ils habitent dans une cité

VT /prəˈdʒekt/ **a** *(gen, Psych, Math)* projeter ◆ **to ~ o.s.** *(Psych)* se projeter ◆ **he ~ed his feelings of guilt on his wife** il projetait son sentiment de culpabilité sur sa femme ◆ **she ~ed an image of innocence** elle projetait *or* présentait l'image de l'innocence même ◆ **in view of the ~ed contract** étant donné le projet de contrat ◆ **to ~ quantities/costs** *etc* **from sth** prévoir la quantité/le coût *etc* à partir de qch

**b** *(= propel) [+ object]* propulser ◆ **to ~ one's voice** projeter sa voix

**c** *(= cause to jut out) [+ part of building etc]* projeter en avant

VI /prəˈdʒekt/ **a** *(= jut out)* faire saillie, saillir ◆ **to ~ over sth** surplomber qch ◆ **to ~ into sth** s'avancer (en saillie) dans qch

**b** *(= show personality)* **how does he ~?** quelle image de lui-même présente-t-il *or* projette-t-il ?

**c** *[actor, singer, speaker]* projeter sa (*or* leur *etc*) voix ◆ **his voice ~s very well** sa voix porte vraiment bien

COMP *[budget]* de l'opération ; *[staff]* travaillant sur le projet ▷ **project leader**, **project manager** N *(gen)* chef *m* de projet ; *(Constr)* maître *m* d'œuvre

> ⚠ **project** *is not translated by* **projet** *when it means schoolwork, or a housing project.*

**projectile** /prəˈdʒektaɪl/ N projectile *m*

**projecting** /prəˈdʒektɪŋ/ ADJ *[construction]* saillant, en saillie ; *[tooth]* qui avance

**projection** /prəˈdʒekʃən/ N **a** *(gen)* projection *f* ; *[of rocket]* propulsion *f* ; *(from opinion polls, sample votes etc)* prévisions *fpl* par extrapolation, projections *fpl* **b** *(= overhang)* saillie *f*, ressaut *m* COMP ▷ **projection booth**, **projection room** N *(Cine)* cabine *f* de projection

**projectionist** /prəˈdʒekʃənɪst/ N projectionniste *mf*

**projective** /prəˈdʒektɪv/ ADJ projectif

**projector** /prəˈdʒektəʳ/ N *(Cine etc)* projecteur *m*

**prolactin** /prəʊˈlæktɪn/ N prolactine *f*

**prolapse** /ˈprəʊlæps/ *(Med)* N *(gen)* descente *f* d'organe, ptose *f*, prolapsus *m* ; *[of womb]* descente *f* de matrice *or* de l'utérus VI descendre ◆ **a ~d uterus** un utérus prolabé, un prolapsus (de l'utérus)

**prole** ‡ /prəʊl/ ADJ, N *(esp Brit: pej)* (abbrev of **proletarian**) prolo ‡ *m*

**proletarian** /ˌprəʊləˈteərɪən/ N prolétaire *mf* ADJ *[class, party]* prolétarien ; *[life, ways, mentality]* de prolétaire

**proletarianize** /ˌprəʊləˈteərɪənaɪz/ VT prolétariser

**proletariat** /ˌprəʊləˈteərɪət/ N prolétariat *m*

**pro-life** /ˌprəʊˈlaɪf/ ADJ contre l'avortement ◆ **the ~ lobby** les adversaires *mpl* de l'avortement

**pro-lifer** * /ˌprəʊˈlaɪfəʳ/ N adversaire *mf* de l'avortement

**proliferate** /prəˈlɪfəreɪt/ VI proliférer

**proliferation** /prəˌlɪfəˈreɪʃən/ N *(gen, Mil)* prolifération *f*

**proliferous** /prəˈlɪfərəs/ ADJ prolifère

**prolific** /prəˈlɪfɪk/ ADJ prolifique

**prolix** /ˈprəʊlɪks/ ADJ *(frm)* prolixe

**prolixity** /prəʊˈlɪksɪtɪ/ N *(frm)* prolixité *f*

**prologue** /ˈprəʊlɒg/ N *(Literat etc)* prologue *m* (*to* de) ; *(fig)* prologue *m* (*to* à)

**prolong** /prəˈlɒŋ/ VT prolonger ◆ **I won't ~ the agony** *(fig)* je vais abréger tes souffrances

**prolongation** /ˌprəʊlɒŋˈgeɪʃən/ N *(in space)* prolongement *m* ; *(in time)* prolongation *f*

**prolonged** /prəˈlɒŋd/ ADJ prolongé ; *[period]* long (longue *f*) ◆ **~ leave of absence** congé *m* prolongé *or* de longue durée ◆ **~ sick leave** congé *m* de longue maladie ◆ **after a ~ absence** après une longue absence *or* une absence prolongée

**PROM** N *(Comput)* (abbrev of **Programmable Read Only Memory**) PROM *f*, mémoire *f* morte programmable

**prom** * /prɒm/ N (abbrev of **promenade**) **a** *(Brit: by sea)* promenade *f*, front *m* de mer

**b** *(Brit)* **~s** *série de concerts de musique classique*

**c** *(US)* bal *m* d'étudiants (*or* de lycéens)

> **Prom**
>
> En Grande-Bretagne, les **proms** (pour « promenade concerts ») sont des concerts de musique classique où une grande partie du public est debout. Les **proms** les plus célèbres sont ceux organisés chaque été au Royal Albert Hall à Londres. Le dernier concert de la saison, appelé « Last Night of the **Proms** », est une grande manifestation mondaine, au cours de laquelle sont interprétés notamment des chants patriotiques.
> Aux États-Unis, le **prom** est un grand bal organisé dans un lycée ou une université. Le « senior **prom** » des classes de terminale est une soirée particulièrement importante, à laquelle les élèves se rendent en tenue de soirée accompagnés de leur cavalier ou cavalière.

**promenade** /ˌprɒmɪˈnɑːd/ N **a** *(= walk)* promenade *f* **b** *(= place) (by sea)* promenade front *m* de mer ; *(in park etc)* avenue *f* ; *(in theatre, hall etc)* promenoir *m* **c** *(US)* → **prom** **c** VI *(frm = walk)* se promener VT *(frm) [person]* promener ; *[+ avenue]* se promener le lon de COMP ▷ **Promenade Concerts** N → **prom b** ▷ **promenade deck** N *(Naut)* pont *m* promenade

**promenader** * /ˌprɒmɪˈnɑːdəʳ/ N *(Brit Mu* auditeur *m*, -trice *f* d'un "promenad concert" ; → **promenade**

**Promethean** /prəˈmiːθɪən/ ADJ prométhéen

**Prometheus** /prəˈmiːθjuːs/ N Prométhée *m*

**promethium** /prəˈmiːθɪəm/ N prométhéum *m*

**prominence** /ˈprɒmɪnəns/ N **a** *(lit) [of ridge, structure, nose, feature]* caractère *m* proéminent, proéminence *f (frm)* ; *[of cheekbones]* aspect *m* saillant ; *[of pattern, markings]* aspect *m* frappant ◆ **the ~ of his teeth** ses dents en avant

**b** *(fig)* importance *f* ◆ **to give ~ to st** accorder de l'importance à qch ◆ **to com** *or* **rise (in)to ~** *[person]* venir occuper le devant de la scène ; *[phenomenon]* prendr de l'importance ◆ **Gough shot to ~ last yea** Gough a été propulsé sur le devant de l scène l'année dernière ◆ **to achieve national/international ~** venir occuper le devant de la scène nationale/international ◆ **his sudden rise to ~** sa célébrité soudain ◆ **since the rise to ~ of the environment movement** depuis que le mouvement éco logique a pris de l'importance ◆ **to bring s (in)to ~** placer qn sur le devant de la scèn ◆ **to bring sth (in)to ~** attirer l'attention su qch ◆ **to be in a position of ~** *(= clearly visible)* être bien en évidence ; *(= important)* occu per une place importante ◆ **a position of** *(= important role)* un poste important

**c** *(frm = protuberance)* proéminence *f*, relie *m* ; *(Anat)* protubérance *f*

**prominent** /ˈprɒmɪnənt/ ADJ *[ridge, structure, nose]* proéminent ; *[cheekbones]* saillant *[tooth]* qui avance ; *(fig = striking) [pattern, markings]* frappant ; *[feature]* marquant ; *(fig = outstanding) [person]* important, éminen *before n* ◆ **he is a ~ member of ...** c'est u membre important de ..., c'est un éminen membre de ... ◆ **she is ~ in London literar circles** elle est très en vue dans les cercle littéraires londoniens ◆ **he was very ~ in ... he played a ~ part in ...** il a joué un rôl important dans ... ◆ **to put sth in a ~ positio** mettre qch bien en vue *or* en valeur ◆ **h occupies a ~ position in ...** *(fig)* il occupe un position importante *or* en vue dans ...

**prominently** /ˈprɒmɪnəntlɪ/ ADV *[displayed, placed, set]* bien en évidence, bien en vue ◆ **the murder was ~ reported in the press** ce meurtre a fait l'objet de nombreux articles dans la presse ◆ **to figure** *or* **feature ~ (in sth)** occuper une place importante (dans qch) ◆ **his name figured** *or* **feature ~ in the case** on a beaucoup entendu parler de lui dans cette affaire, son nom revenait souvent dans cette affaire

**promiscuity** /ˌprɒmɪsˈkjuːɪtɪ/ N **a** *(pej: sexual)* promiscuité *f* sexuelle **b** *(gen)* promiscuité *f*

**promiscuous** /prəˈmɪskjʊəs/ ADJ **a** *(pej: in sexual matters) [person]* de mœurs faciles *or* légères ; *[conduct]* immoral, très libre ◆ **he/she is very ~** il/elle change sans arrêt de partenaire, il/elle couche avec n'importe qui **b** *(= disorderly, mixed) [collection, heap]* confus

**promiscuously** /prəˈmɪskjʊəslɪ/ ADV **a** *(pej) [behave]* immoralement **b** *[heap, collect]* confusément

**promiscuousness** /prəˈmɪskjʊəsnɪs/ N ⇒ **promiscuity**

**promise** /ˈprɒmɪs/ **N** **a** *(= undertaking)* promesse *f* ◆ **~ of marriage** promesse *f* de mariage ◆ **under (a** *or* **the) ~ of** sous promesse de ◆ **to make sb a ~** faire une promesse à qn (*to do sth* de faire qch) ◆ **is that a ~?** c'est promis ? ◆ **to keep one's ~** tenir sa promesse ◆ **to hold sb to his ~** faire tenir sa promesse à qn, obliger qn à tenir sa promesse ◆ **~s, ~s!** *(dismissively)* oh, on dit ça, on dit ça ! ◆ **to be on a ~** * être sur un coup *

**b** *(= hope, prospect)* promesse(s) *f(pl)*, espérance(s) *f(pl)* ◆ **a young man of great ~** un jeune homme très prometteur, un jeune homme qui promet ◆ **he shows great ~** c'est quelqu'un qui promet, c'est quelqu'un de très prometteur ◆ **it holds out a ~ of peace** cela promet *or* fait espérer la paix

**VT** **a** promettre (*sth to sb* qch à qn ; *sb to do sth* à qn de faire qch ; *that* que) ◆ **I ~ you!** je vous le promets ! ◆ **"I will help you" she ~d** "je vous aiderai" promit-elle ◆ **I can't ~ anything** je ne peux rien (vous) promettre ◆ **to ~ sb the earth** *or* **the moon** promettre monts et merveilles à qn, promettre la lune à qn ◆ **to ~ o.s. (to do) sth** se promettre (de faire) qch

**b** *(= give outlook of)* promettre, annoncer ◆ **they've ~d us rain for tomorrow** on nous a promis *or* annoncé de la pluie pour demain ◆ **it ~d to be another scorching day** une nouvelle journée très chaude s'annonçait, la journée promettait encore d'être très chaude ◆ **this ~s to be difficult** ça promet d'être *or* ça s'annonce difficile

**c** *(= assure)* assurer ◆ **he did say so, I ~ you** il l'a vraiment dit, je vous assure

**VI** **a** *(= pledge)* promettre ◆ **I ~!** je vous le promets ! ◆ **(will you) ~?** (c'est) promis ?, juré ? ◆ **I can't ~ but I'll do my best** je ne (vous) promets rien mais je ferai de mon mieux

**b** *(in outlook)* **to ~ well** *[situation, event]* être plein de promesses, être prometteur ; *[crop, business]* s'annoncer bien ; *[first book]* promettre, être prometteur ◆ **this doesn't ~ well** ce n'est guère prometteur, ça ne s'annonce pas bien

**promised** /ˈprɒmɪst/ ADJ promis ◆ **the Promised Land** la Terre Promise

**promising** /ˈprɒmɪsɪŋ/ ADJ **a** *(= encouraging) [situation, sign]* prometteur ; *(Comm) [market]* porteur ◆ **the future is ~** l'avenir s'annonce bien ◆ **that's ~** c'est prometteur ; *(iro)* ça promet ! *(iro)* ◆ **it doesn't look very ~** ça ne semble guère prometteur, ça ne se présente *or* s'annonce pas bien **b** *(= full of promise) [person]* prometteur ◆ **we have two ~ candidates** nous avons deux candidats prometteurs ◆ **he is a ~ pianist** c'est un pianiste d'avenir

**promisingly** /ˈprɒmɪsɪŋlɪ/ ADV d'une façon prometteuse ◆ **it began quite ~** tout s'annonçait bien, c'était bien parti ◆ **it's going quite ~** c'est prometteur, ça marche bien

**promissory note** /ˈprɒmɪsərɪˌnəʊt/ N billet *m* à ordre

**promo** * /ˈprəʊməʊ/ N (pl **promos**) **a** *(Comm = promotional material)* matériel *m* promotionnel **b** *(US Comm)* (abbrev of **promotion**) promotion *f*

**promontory** /ˈprɒməntrɪ/ N promontoire *m*

**promote** /prəˈməʊt/ VT **a** *[+ person]* promouvoir (*to* à) ◆ **to be ~d** être promu, monter en grade ◆ **he was ~d (to) colonel** *or* **to the rank of colonel** il a été promu (au grade de) colonel ◆ **they've been ~d to the first division** *(Ftbl etc)* ils sont montés en première division

**b** *(= encourage, publicize) [+ plan, product, firm, campaign, cooperation]* promouvoir ; *[+ trade]* promouvoir, encourager ; *[+ cause, idea, language]* défendre ; *(Parl) [+ bill]* présenter ◆ **the government's efforts to ~ economic cooperation** les efforts du gouvernement pour promouvoir la coopération économique ◆ **you don't have to sacrifice the environment to ~ economic growth** il n'est pas nécessaire de sacrifier l'environnement pour encourager *or* favoriser la croissance économique ◆ **our society actively ~s alcoholism** notre société encourage l'alcoolisme

**promoter** /prəˈməʊtəʳ/ N *[of sport]* organisateur *m*, -trice *f* ; *(Comm) [of product]* promoteur *m* de vente ; *[of business, company]* fondateur *m*, -trice *f* ; *(Mus)* agent *m*, impresario *m* ◆ **he was a great ~ of American music** *(= popularizer)* il a beaucoup contribué à faire connaître la musique américaine ◆ **Germany sees itself as a ~ of peace** l'Allemagne se considère comme le défenseur de la paix

**promotion** /prəˈməʊʃən/ **N** **a** *(in job etc)* promotion *f*, avancement *m* ◆ **to get ~** être promu, avoir une promotion

**b** *(Sport: to higher division)* accession *f*, passage *m* ◆ **the ~ of Westerhill Wanderers to the first division** l'accession *or* le passage de l'équipe des Westerhill Wanderers en première division

**c** *(Comm)* promotion *f*

**d** *(US Scol)* passage *m* de classe

**e** *(NonC = encouragement, publicity) [of plan, product, firm, campaign]* promotion *f* ; *[of cause, idea]* défense *f* ; *(Parl) [of bill]* présentation *f* ◆ **their priority is the ~ of healthy eating habits/economic cooperation** ils ont pour priorité d'encourager les gens à se nourrir sainement/de promouvoir la coopération économique ◆ **she devoted her life to the ~ of the Breton language** elle a consacré sa vie à la défense de la langue bretonne

**COMP** ▷ **promotion board** N comité *m* de promotion ▷ **promotion campaign** N campagne *f* publicitaire ▷ **promotion prospects** NPL possibilités *fpl* de promotion *or* d'avancement ▷ **promotions director, promotions manager** N directeur *m*, -trice *f* des promotions

**promotional** /prəˈməʊʃənl/ ADJ *(Comm)* promotionnel, publicitaire

**prompt** /prɒmpt/ **ADJ** **a** *(= speedy) [action]* rapide, prompt ; *[delivery, reply, service]* rapide ◆ **~ payment** paiement *m* rapide ; *(Comm)* paiement *m* dans les délais ◆ **they were ~ to offer their services** ils ont été prompts à offrir leurs services, ils ont offert leurs services sans tarder

**b** *(= punctual)* ponctuel, à l'heure

**ADV** ponctuellement ◆ **at 6 o'clock ~** à 6 heures pile *or* tapantes *or* sonnantes ◆ **I want it on 6 May ~** je le veux le 6 mai sans faute *or* au plus tard

**VT** **a** *[+ person]* pousser, inciter (*to do sth* à faire qch) ; *[+ protest, reaction]* provoquer, susciter ◆ **I felt ~ed to protest** cela m'a incité à protester, je me suis senti obligé de protester ◆ **he was ~ed by a desire to see justice done** il était animé *or* poussé par un désir de voir la justice triompher ◆ **it ~s the thought that ...** cela incite à penser que ..., cela vous fait penser que ... ◆ **to ~ a great deal of interest** susciter beaucoup d'intérêt ◆ **a feeling of regret ~ed by the sight of ...** un sentiment de regret provoqué *or* suscité par la vue de ...

**b** *(Theat)* souffler à

**N** **a** *(Theat)* **to give sb a ~** souffler une réplique à qn

**b** *(Comput)* (message *m* de) guidage *m* ◆ **at the ~** à l'apparition du message de guidage

**COMP** ▷ **prompt box** N *(Theat)* trou *m* du souffleur ▷ **prompt side** N *(Theat) (Brit)* côté *m* cour ; *(US)* côté *m* jardin ◆ **off ~ side** *(Brit)* côté jardin ; *(US)* côté cour

**prompter** /ˈprɒmptəʳ/ N *(Theat)* souffleur *m*, -euse *f*

**prompting** /ˈprɒmptɪŋ/ N incitation *f* ◆ **he did it at my ~** il l'a fait à mon instigation ◆ **he did it without (any) ~** il l'a fait de son propre chef

**promptitude** /ˈprɒmptɪtjuːd/ N *(frm)* **a** *(= speed)* promptitude *f*, empressement *m* (*in doing sth* à faire qch) **b** *(= punctuality)* ponctualité *f*

**promptly** /ˈprɒmptlɪ/ ADV **a** *(= without delay)* rapidement ◆ **to pay ~** payer dans les délais **b** *(= punctually)* à l'heure ◆ **he arrived ~ at three** il est arrivé à trois heures précises **c** *(= thereupon)* aussitôt, aussi sec * ◆ **she sat down and ~ fell asleep** elle s'est assise et s'est aussitôt endormie

**promptness** /ˈprɒmptnɪs/ N ⇒ **promptitude**

**promulgate** /ˈprɒməlgeɪt/ VT *(frm) [+ law, decree, constitution]* promulguer ; *[+ idea, doctrine, creed]* répandre, disséminer

**promulgation** /ˌprɒməlˈgeɪʃən/ N *(frm) [of law, decree, constitution]* promulgation *f* ; *[of idea, doctrine, creed]* diffusion *f*, dissémination *f*

**prone** /prəʊn/ ADJ **a** *(= liable)* enclin, sujet (*to sth* à qch ; *to do sth* à faire qch) ; ◆ **to be injury/accident ~** avoir tendance à se blesser/à avoir des accidents **b** *(= face down)* (couché) sur le ventre, étendu face contre terre

**proneness** /ˈprəʊnnɪs/ N tendance *f*, prédisposition *f* (*to sth* à qch ; *to do sth* à faire qch)

**prong** /prɒŋ/ N **a** *[of fork]* dent *f* ; *[of antler]* pointe *f* **b** *[of policy, strategy]* front *m*

**pronged** /prɒŋd/ ADJ à dents

**-pronged** /prɒŋd/ ADJ *(in compounds)* ◆ **three-pronged** *[fork]* à trois dents ; *(Mil etc) [attack, advance]* sur trois fronts, triple

**pronominal** /prəʊˈnɒmɪnl/ ADJ pronominal

**pronoun** /ˈprəʊnaʊn/ N pronom *m*

**pronounce** /prəˈnaʊns/ **VT** **a** *[+ letter, word]* prononcer ◆ **how is it ~d?** comment ça se prononce ? ◆ **the "k" in "knee" is not ~d** on ne prononce pas le "k" dans "knee", le "k" dans "knee" est muet

**b** *(= declare)* déclarer, prononcer (*that* que) ◆ **to ~ sentence** *(Jur)* prononcer la sentence ◆ **they ~d him unfit to drive** ils l'ont déclaré inapte à conduire ◆ **he was ~d dead** ils l'ont déclaré mort ◆ **he ~d himself in favour of the suggestion** il s'est prononcé *or* il s'est déclaré en faveur de la suggestion ◆ **"I'm not going!" she ~d (to them)** "je n'y vais pas !" (leur) déclara-t-elle ◆ **"I now pronounce you man and wife"** "je vous déclare unis par les liens du mariage"

VI se prononcer (*on* sur ; *for* en faveur de ; *against* contre) ; *(Jur)* prononcer (*for* en faveur de ; *against* contre) rendre un arrêt

**pronounceable** /prəˈnaʊnsəbl/ ADJ prononçable

**pronounced** /prəˈnaʊnst/ ADJ prononcé, marqué

**pronouncement** /prəˈnaʊnsmənt/ N déclaration *f*

**pronto** * /ˈprɒntəʊ/ ADV illico *

**pronunciation** /prəˌnʌnsɪˈeɪʃən/ N prononciation *f*

**proof** /pruːf/ N a *(= evidence: gen, Jur, Math etc)* preuve *f* ◆ **by way of ~** en guise de preuve, pour preuve ◆ **as (a) ~ of, in ~ of** pour preuve de ◆ **I've got ~ that he did it** j'ai la preuve *or* je peux prouver qu'il l'a fait ◆ **it is ~ that he is honest** c'est la preuve qu'il est honnête ◆ **he showed** *or* **gave ~ of great courage** il a fait preuve *or* il a témoigné de beaucoup de courage ◆ **to be living ~ of sth** être la preuve vivante de qch ◆ **to be living ~ that ...** être la preuve vivante que ... ◆ **the burden of ~ lies with the prosecution** *(Jur)* la charge de la preuve incombe au ministère public ; → **positive**

b *(= test)* épreuve *f* ◆ **to put sth/sb to the ~** mettre qch/qn à l'épreuve, éprouver qch/qn ◆ **the ~ of the pudding is in the eating** *(Prov)* c'est à l'usage que l'on peut juger de la qualité d'une chose

c *[of book, pamphlet, engraving, photograph]* épreuve *f* ◆ **to read** *or* **correct the ~s** corriger les épreuves ◆ **to pass the ~s** donner le bon à tirer ; → **galley, page**[1]

d *(of alcohol)* teneur *f* en alcool ◆ **this whisky is 70° ~** ≃ ce whisky titre 40° d'alcool ◆ **under/over ~** moins de/plus de la teneur normale *or* exigée en alcool

ADJ ◆ **~ against** *[bullets, time, wear, erosion]* à l'épreuve de ; *[temptation, suggestion]* insensible à

VT a *[+ fabric, anorak, tent]* imperméabiliser

b *(Typ etc)* corriger les épreuves de

COMP ▷ **proof of identity** N *(NonC)* papiers *mpl or* pièce(s) *f(pl)* d'identité ▷ **proof of postage** N justificatif *m* d'expédition ▷ **proof of purchase** N justificatif *m* d'achat ▷ **proof sheets** NPL épreuves *fpl* ▷ **proof spirit** N *(Brit)* alcool *m* à 57° ; *(US)* alcool *m* à 60° ▷ **proof stage** N ◆ **at ~ stage** au stade des épreuves

**...proof** /pruːf/ ADJ *(in compounds)* à l'épreuve de ; → **bulletproof, foolproof**

**proofread** /ˈpruːfriːd/ VT corriger les épreuves de

**proofreader** /ˈpruːfˌriːdəʳ/ N correcteur *m*, -trice *f* d'épreuves *or* d'imprimerie

**proofreading** /ˈpruːfˌriːdɪŋ/ N correction *f* des épreuves

**prop**[1] /prɒp/ N a support *m* ; *(for wall, in mine, tunnel etc)* étai *m* ; *(for clothes-line)* perche *f* ; *(for vines, hops etc)* échalas *m* ; *(for beans, peas)* rame *f* ; *(for seedlings)* tuteur *m* ; *(fig)* soutien *m*, appui *m* (*to, for* de) ◆ **his presence was a great ~ to her morale** elle trouvait beaucoup de réconfort dans sa présence, sa présence lui était d'un grand réconfort (moral) ◆ **do you ever use alcohol as a ~?** vous arrive-t-il de boire (de l'alcool) pour vous donner du courage ?

b *(Rugby)* **~ (forward)** pilier *m*

VT a (also **prop up**) *(= lean) [+ ladder, cycle]* appuyer (*against* contre) ; *(= support, shore up) [+ tunnel, wall, building]* étayer ; *[+ clothes-line, lid]* caler ; *[+ vine, hops]* échalasser ; *[+ beans, peas]* mettre une rame à ; *[+ seedlings]* mettre un tuteur à ; *(fig) [+ régime]* maintenir ; *[+ business, company]* soutenir, renflouer ; *[+ organization]* soutenir, patronner ; *(Fin) [+ the pound]* venir au secours de ◆ **to ~ o.s. (up) against** se caler contre, s'adosser à

b ◆ **he ~ped the door open with a book** il a maintenu la porte ouverte avec un livre

**prop**[2] /prɒp/ N *(Theat)* (abbrev of **property**) accessoire *m*

**prop**[3] * /prɒp/ N *(Aviat)* ⇒ **propeller** COMP ▷ **prop shaft** * N ⇒ **propeller shaft** ; → **propeller**

**prop.** *(Comm)* abbrev of **proprietor**

**propaganda** /ˌprɒpəˈgændə/ N propagande *f* COMP *[leaflet, campaign]* de propagande

**propagandist** /ˌprɒpəˈgændɪst/ ADJ, N propagandiste *mf*

**propagandize** /ˌprɒpəˈgændaɪz/ VI faire de la propagande VT *[+ doctrine]* faire de la propagande pour ; *[+ person]* soumettre à la propagande, faire de la propagande à

**propagate** /ˈprɒpəgeɪt/ *(lit, fig)* VT propager VI se propager

**propagation** /ˌprɒpəˈgeɪʃən/ N propagation *f*

**propagator** /ˈprɒpəgeɪtəʳ/ N *(for plants)* germoir *m*

**propane** /ˈprəʊpeɪn/ N propane *m*

**propel** /prəˈpel/ VT a *[+ vehicle, boat, machine]* propulser, faire avancer b *(= push)* pousser ◆ **to ~ sth/sb along** faire avancer qch/qn (en le poussant) ◆ **they ~led him into the room** ils l'ont poussé dans la pièce ; *(more violently)* ils l'ont propulsé dans la pièce COMP ▷ **propelling pencil** N *(Brit)* portemine *m*

**propellant** /prəˈpelənt/ N *[of rocket]* propergol *m*, combustible *m* (pour fusée) ; *[of aerosol]* propulseur *m*

**propellent** /prəˈpelənt/ ADJ propulseur, propulsif N ⇒ **propellant**

**propeller** /prəˈpeləʳ/ N *[of plane, ship]* hélice *f* COMP ▷ **propeller shaft** N *(Aut)* arbre *m* de transmission ; *(Aviat, Naut)* arbre *m* d'hélice

**propensity** /prəˈpensɪtɪ/ N propension *f*, tendance *f* (naturelle) (*to, towards, for* à ; *to do sth, for doing sth* à faire qch)

**proper** /ˈprɒpəʳ/ ADJ a *(= suitable)* convenable, adéquat ; *(= correct)* correct ; *(= appropriate)* approprié ◆ **you'll have to put the lid on the ~ way** il faut que vous mettiez *subj* le couvercle comme il faut ◆ **you'll have to apply for it in the ~ way** il faudra faire votre demande dans les règles ◆ **the ~ dress for the occasion** la tenue de rigueur pour l'occasion ◆ **the ~ spelling** l'orthographe *f* correcte ◆ **in the ~ sense of the word** au sens propre du mot ◆ **if you had come at the ~ time** si vous étiez venu à la bonne heure *or* à l'heure dite ◆ **the staff were not given ~ training** le personnel n'a pas reçu une formation appropriée *or* adéquate ◆ **I regret not having had a ~ education** je regrette de ne pas avoir eu une véritable éducation *or* suivi de véritables études ◆ **you must go through the ~ channels** *(Admin etc)* vous devez passer par la filière officielle ◆ **the ~ reply would have been "no"** la réponse qui aurait convenu c'est "non" ◆ **to make a ~ job of sth** bien réussir qch *(also iro)* ◆ **to do the ~ thing by sb** bien agir *or* agir honorablement envers qn ◆ **do as you think ~** faites ce qui vous semble bon, faites comme bon vous semblera ◆ **if you think it ~ to do so** si vous jugez convenable d'agir ainsi ◆ **in a manner ~ to his position** ainsi que l'exigeait sa position ◆ **the qualities which are ~ to this substance** les qualités propres à *or* typiques de cette substance ; → **right**

b *(= authentic)* véritable ; *(after n) (= strictly speaking)* proprement dit, même ◆ **he's not a ~ electrician** ce n'est pas un véritable électricien ◆ **I've never had a ~ job** je n'ai jamais eu un vrai *or* véritable travail ◆ **I'm not a ~ Londoner** *or* **a Londoner ~** je ne suis pas à proprement parler londonien ◆ **outside Paris ~** en dehors de Paris même *or* de Paris proprement dit

c *(= seemly) [person]* comme il faut *, convenable ; *[book, behaviour]* convenable, correct ◆ **it isn't ~ to do that** cela ne se fait pas ◆ **I don't think it would be ~ for me to comment** je ne pense pas qu'il serait convenable que je fasse des commentaires ; → **prim**

d *(* † = real, total)* **he's a ~ fool** c'est un imbécile fini ◆ **I felt a ~ idiot** je me suis senti vraiment idiot ◆ **he's a ~ gentleman** c'est un monsieur très comme il faut *, c'est un vrai gentleman ◆ **he made a ~ mess of it** il (en) a fait un beau gâchis ◆ **it's a ~ mess in there!** c'est la pagaille complète * là-dedans !

ADV a ‡ *[behave, talk]* comme il faut

b *(dial)* vraiment, très ◆ **he did it ~ quick** il l'a fait vraiment très vite ◆ **it's ~ cruel!** qu'est-ce que c'est cruel ! * ◆ **he's ~ poorly** il n'est vraiment pas bien, il est vraiment malade

N *(Rel)* (also **Proper**) propre *m*

COMP ▷ **proper fraction** N *(Math)* fraction *f* inférieure à l'unité ▷ **proper name, proper noun** N *(Gram)* nom *m* propre ▷ **proper psalm** N *(Rel)* psaume *m* du jour

**properly** /ˈprɒpəlɪ/ LANGUAGE IN USE 26.3 ADV a *(= correctly) [eat, behave, dress]* correctement ; *(= in a seemly way)* convenablement, comme il faut ◆ **he didn't do it ~** il ne l'a pas fait comme il le fallait ◆ **~ speaking** à proprement parler ◆ **he very ~ refused** il a refusé à juste titre b *(* = completely)* vraiment, drôlement * ◆ **to be ~ ashamed** avoir vraiment *or* drôlement * honte ◆ **we were ~ beaten** nous avons été battus à plate(s) couture(s)

**propertied** /ˈprɒpətɪd/ ADJ possédant

**property** /ˈprɒpətɪ/ N a *(NonC = possessions)* objets *mpl*, biens *mpl* ◆ **is this your ~?** est-ce que cela vous appartient ?, est-ce à vous ? ◆ **it is the ~ of ...** cela appartient à ..., c'est la propriété de ... ◆ **personal ~ must not be left in the cloakroom** il ne faut pas laisser d'effets personnels dans le vestiaire ◆ **personal ~** *(Jur)* biens *mpl* personnels *or* mobiliers ◆ **government/company ~** propriété *f* du gouvernement/de l'entreprise ◆ **it is common ~** *(lit)* c'est la propriété de tous, ce sont des biens communs ◆ **it is common ~ that ...** *(fig)* chacun sait que ..., il est de notoriété publique que ... ◆ **a man/woman of ~** un homme/une femme qui a du bien *or* des biens ; → **lost, real**

b *(NonC = estate)* propriété *f* ; *(= lands)* terres *fpl* ; *(= buildings)* biens *mpl* immobiliers ◆ **he has** *or* **owns ~ in Ireland** il a des terres (*or* des biens immobiliers) en Irlande, il est propriétaire en Irlande ◆ **get off my ~** décampez de ma propriété *or* de mes terres

c *(= house etc)* propriété *f* ◆ **a fine ~ with views over the lake** une belle propriété avec vue sur le lac

d *(Chem, Phys etc = quality)* propriété *f* ◆ **this plant has healing properties** cette plante a des propriétés *or* des vertus thérapeutiques

**e** *(Theat)* accessoire *m*

**COMP** ▷ **property centre N** *(Brit)* ≃ agence *f* immobilière ▷ **property developer N** promoteur *m* immobilier ▷ **property insurance N** assurance *f* sur le capital immobilier ▷ **property law N** droit *m* immobilier ▷ **property man N** (pl **property men**) *(Theat)* accessoiriste *m* ▷ **property market**, **property mart N** marché *m* immobilier ▷ **property mistress N** *(Theat)* accessoiriste *f* ▷ **property owner N** propriétaire *m* foncier ▷ **property settlement N** *(US Jur)* répartition *f* des biens (en cas de divorce) ▷ **property speculation N** spéculation *f* immobilière ▷ **property speculator N** spéculateur *m* immobilier ▷ **property tax N** impôt *m* foncier

**prophecy** /ˈprɒfɪsɪ/ **N** prophétie *f*

**prophesy** /ˈprɒfɪsaɪ/ **VT** prédire (*that* que) ; *[+ event]* prédire, prophétiser **VI** prophétiser, faire des prophéties

**prophet** /ˈprɒfɪt/ **N** prophète *m* ◆ **the Prophet Samuel** *etc* le prophète Samuel *etc* ◆ **The Prophets** *(Bible)* les (livres des) Prophètes ◆ **a ~ of doom** *(fig)* un prophète de malheur

**prophetess** /ˈprɒfɪtɪs/ **N** prophétesse *f*

**prophetic(al)** /prəˈfetɪk(əl)/ **ADJ** prophétique

**prophetically** /prəˈfetɪkəlɪ/ **ADV** *[say, write]* prophétiquement ◆ **"sooner than you think", he commented ~** "plus tôt que tu ne le penses", dit-il prophétiquement

**prophylactic** /ˌprɒfɪˈlæktɪk/ **ADJ** prophylactique **N** prophylactique *m* ; *(= contraceptive)* préservatif *m*

**prophylaxis** /ˌprɒfɪˈlæksɪs/ **N** prophylaxie *f*

**propinquity** /prəˈpɪŋkwɪtɪ/ **N** *(frm)* *(in time, space)* proximité *f* ; *(in relationship)* parenté *f* proche, consanguinité *f* ; *[of ideas etc]* ressemblance *f*, affinité *f*

**propitiate** /prəˈpɪʃɪeɪt/ **VT** *[+ person, the gods]* se concilier

**propitiation** /prəˌpɪʃɪˈeɪʃən/ **N** propitiation *f*

**propitiatory** /prəˈpɪʃɪətərɪ/ **ADJ** propitiatoire

**propitious** /prəˈpɪʃəs/ **ADJ** propice, favorable (*to* à)

**propitiously** /prəˈpɪʃəslɪ/ **ADV** d'une manière propice, favorablement

**proponent** /prəˈpəʊnənt/ **N** partisan(e) *m(f)*, adepte *mf* (*of* de)

**proportion** /prəˈpɔːʃən/ **N** **a** proportion *f* ◆ **the ~ of men to women** la proportion *or* le pourcentage d'hommes par rapport aux femmes ◆ **he has no sense of ~** il n'a pas le sens des proportions

◆ **in + proportion** ◆ **add milk in ~ to the weight of flour** ajoutez du lait proportionnellement au poids de la farine ◆ **her weight is not in ~ to her height** son poids n'est pas proportionné à sa taille ◆ **contributions in ~ to one's earnings** contributions au prorata de *or* en proportion de ses revenus ◆ **in ~ to what she earns, what she gives is enormous** en proportion de ce qu'elle gagne, ce qu'elle donne est énorme ◆ **in due ~** selon une proportion équitable *or* une juste proportion ◆ **to be in direct/inverse ~ to sth** être directement/inversement proportionnel à qch ◆ **to see sth in ~** *(fig)* relativiser qch ◆ **let's get things in ~** ne dramatisons pas ◆ **in ~ as ...** à mesure que ... ◆ **in ~ with ...** proportionnellement à ...

◆ **out of (all) proportion** hors de (toute) proportion ◆ **out of ~ to** hors de proportion avec, disproportionné à *or* avec ◆ **he's got it out of ~** *[artist]* il n'a pas respecté les proportions, c'est mal proportionné ; *(fig)* il a exagéré, c'est hors de proportion

**b** *(= part)* part *f*, partie *f* ◆ **in equal ~s** à parts égales ◆ **a certain ~ of the staff** une certaine partie *or* un certain pourcentage du personnel ◆ **what ~ is rented?** quel est le pourcentage de ce qui est loué ? ◆ **a high ~ of women** une proportion élevée de femmes

**NPL proportions** *(= size)* proportions *fpl*, dimensions *fpl*

**VT** proportionner (*to* à) ◆ **well-~ed** bien proportionné

**proportional** /prəˈpɔːʃənl/ **ADJ** proportionnel, proportionné (*to* à) **COMP** ▷ **proportional representation N** *(Pol)* représentation *f* proportionnelle

**proportionality** /prəˌpɔːʃəˈnælɪtɪ/ **N** *(frm)* proportionnalité *f* ◆ **there is a need for ~ in sentencing** il faut que la peine soit proportionnée à la gravité du crime

**proportionally** /prəˈpɔːʃnəlɪ/ **ADV** proportionnellement ◆ **men have ~ larger feet than women** proportionnellement, les hommes ont les pieds plus grands que les femmes

**proportionate** **ADJ** /prəˈpɔːʃənɪt/ ⇒ **proportional adj** **VT** /prəˈpɔːʃəˌneɪt/ ⇒ **proportion vt**

**proportionately** /prəˈpɔːʃnɪtlɪ/ **ADV** ⇒ **proportionally**

**proposal** /prəˈpəʊzl/ **N** **a** *(= offer)* proposition *f*, offre *f* ; *[of marriage]* demande *f* en mariage, offre *f* de mariage **b** *(= plan)* projet *m*, plan *m* (*for sth* de *or* pour qch ; *to do sth* pour faire qch) ; *(= suggestion)* proposition *f*, suggestion *f* (*to do sth* de faire qch) ◆ **~s for the amendment of this treaty** *(Jur)* projet *m* tendant à la révision du présent traité

**propose** /prəˈpəʊz/ **VT** **a** *(= suggest)* proposer, suggérer (*sth to sb* qch à qn ; *doing sth* de faire qch ; *that* que + *subj*) ; *[+ measures, plan, motion, course, candidate]* proposer ; *[+ toast]* porter ; *[+ candidate]* proposer ◆ **to ~ sb's health** porter un toast à la santé de qn ◆ **to ~ marriage to sb** faire sa demande à qn, demander qn en mariage ◆ **he ~d Smith as** *or* **for chairman** il a proposé Smith pour la présidence **b** *(= have in mind)* **to ~ to do sth** *or* **doing sth** se proposer *or* avoir l'intention de faire qch, penser *or* compter faire qch **VI** *(= offer marriage)* faire une demande en mariage (*to sb* à qn)

**proposed** /prəˈpəʊzd/ **ADJ** proposé ◆ **your ~ solution** la solution que vous avez proposée ◆ **a ~ nature reserve/housing scheme** un projet de réserve naturelle/de cité

**proposer** /prəˈpəʊzə^r/ **N** *(Admin, Parl etc)* auteur *m* de la proposition ; *(for club membership etc)* parrain *m*, marraine *f*

**proposition** /ˌprɒpəˈzɪʃən/ **N** **a** *(gen, Comm, Math, Philos etc = statement, offer)* proposition *f* **b** *(= affair, enterprise)* **that's quite another ~** *or* **a different ~** ça c'est une tout autre affaire ◆ **the journey alone is quite a ~** *or* **is a big ~** le voyage n'est déjà pas une mince affaire *or* une partie de plaisir ◆ **it's a tough ~** c'est ardu, ça présente de grandes difficultés ◆ **he's a tough ~** * il est coriace, il n'est pas commode ; → **economic, paying** **c** *(pej: immoral)* proposition *f* malhonnête **VT** faire des propositions (malhonnêtes) à

**propound** /prəˈpaʊnd/ **VT** *(= put up)* *[+ theory, idea]* avancer, proposer ; *[+ problem, question]* poser ; *(= explain, develop)* *[+ programme]* exposer

**proprietary** /prəˈpraɪətərɪ/ **ADJ** **a** *(Comm)* *[article]* de marque déposée **b** *[duties etc]* de propriétaire **c** *(= possessive, protective)* *[behaviour, attitude]* possessif **COMP** ▷ **proprietary brand N** (produit *m* de) marque *f* déposée ▷ **proprietary colony N** *(US Hist)* colonie accordée par la Couronne à une personne en pleine propriété ▷ **proprietary medicine N** spécialité *f* pharmaceutique ▷ **proprietary name N** marque *f* déposée ▷ **proprietary rights NPL** droit *m* de propriété

**proprietor** /prəˈpraɪətə^r/ **N** propriétaire *m*

**proprietorial** /prəˌpraɪəˈtɔːrɪəl/ **ADJ** *[rights, duties]* de propriétaire ; *[behaviour, attitude]* possessif

**proprietorship** /prəˈpraɪətəʃɪp/ **N** *(= right)* droit *m* de propriété ◆ **under his ~** quand il en était (*or* sera) le propriétaire, lui (étant) propriétaire

**proprietress** /prəˈpraɪətrɪs/, **proprietrix** /prəˈpraɪətrɪks/ **N** propriétaire *f*

**propriety** /prəˈpraɪətɪ/ **N** **a** *(= decency)* **proprieties** bienséances *fpl*, convenances *fpl* ◆ **to observe the proprieties** respecter *or* observer les bienséances *or* les convenances **b** *(NonC = appropriateness, correctness etc)* *[of phrase, expression]* justesse *f*, correction *f* ◆ **~ of behaviour** *or* **conduct** comportement *m* bienséant

**propulsion** /prəˈpʌlʃən/ **N** propulsion *f*

**propulsive** /prəˈpʌlsɪv/ **ADJ** *[energy]* propulsif ; *[music, rhythm]* entraînant

**pro rata** /ˈprəʊˈrɑːtə/ **ADV** au prorata ◆ **salary £20,000 ~** salaire au prorata du temps de travail (20 000 livres pour un plein temps) **ADJ** proportionnel

**prorate** /ˈprəʊreɪt/ **VT** *(US)* distribuer au prorata

**prorogation** /ˌprəʊrəˈgeɪʃən/ **N** prorogation *f*

**prorogue** /prəˈrəʊg/ **VT** *(esp Parl)* proroger

**prosaic** /prəʊˈzeɪɪk/ **ADJ** *(= banal)* prosaïque *(liter)*, commun

**prosaically** /prəʊˈzeɪɪkəlɪ/ **ADV** prosaïquement *(liter)*, communément ◆ **more ~ known as ...** plus communément connu sous le nom de ...

**proscenium** /prəʊˈsiːnɪəm/ **N** (pl **prosceniums** *or* **proscenia** /prəʊˈsiːnɪə/) proscenium *m*, avant-scène *f* **COMP** ▷ **proscenium arch N** *(Theat)* arc *m* de scène

**proscribe** /prəʊˈskraɪb/ **VT** proscrire

**proscription** /prəʊˈskrɪpʃən/ **N** proscription *f*

**prose** /prəʊz/ **N** **a** *(NonC: Literat)* prose *f* ◆ **in ~** en prose **b** *(Scol, Univ:* also **prose translation**) thème *m* **COMP** *[poem, comedy]* en prose ▷ **prose writer N** prosateur *m*

**prosecute** /ˈprɒsɪkjuːt/ **VT** **a** *(Jur)* poursuivre (en justice), engager des poursuites (judiciaires) contre ◆ **he was ~d for speeding** il a été poursuivi pour excès de vitesse ; → **trespasser** **b** *(frm = carry on)* *[+ enquiry, research, war]* poursuivre **VI** **a** *(= take legal action)* engager des poursuites judiciaires ◆ **"we always prosecute"** "tout délit donnera lieu à des poursuites" **b** *[lawyer]* **Mr Paul Lambotte, prosecuting, pointed out that ...** M^e Paul Lambotte, représentant la partie plaignante, a fait remarquer que ... ; *(in higher court)* M^e Paul Lambotte, représentant le ministère public *or* l'accusation, a fait remarquer que ... ; see also **prosecuting**

**prosecuting** /ˈprɒsɪkjuːtɪŋ/ **ADJ** *(Jur)* ◆ **to appear as ~ counsel** représenter le ministère public **COMP** ▷ **prosecuting attorney N** avocat *m* général

**prosecution** /ˌprɒsɪˈkjuːʃən/ **N** **a** *(Jur = act of prosecuting)* poursuites *fpl* (judiciaires) ◆ **to bring a ~ against sb** engager des poursuites (judiciaires) contre qn ◆ **to take out a private ~ (against sb)** engager des poursuites (contre qn) à titre privé ◆ **there have been seven ~s in the last three years** il y a eu sept actions en justice au cours des trois dernières années ; → **crown, director**

b *(Jur = side)* ◆ **the ~** *(in civil case)* la partie plaignante ; *(in criminal case)* l'accusation *f* ◆ **witness for the ~** témoin *m* à charge ◆ **to give evidence for the ~** être témoin à charge ◆ **to appear as counsel for the ~** *(in civil case)* représenter la partie plaignante ; *(in criminal case)* représenter le ministère public *or* l'accusation ◆ **Giles Harrison, for the ~, told the jury that ...** *(in civil case)* Giles Harrison, représentant la partie plaignante, a déclaré au jury que ... ; *(in criminal case)* Giles Harrison, représentant le ministère public *or* l'accusation, a déclaré au jury que ...

c *(frm = furtherance) [of enquiry, research, war]* poursuite *f* ◆ **in the ~ of my duties** dans l'exercice de mes fonctions

**prosecutor** /ˈprɒsɪkjuːtəʳ/ N plaignant *m* ; (also **public prosecutor**) procureur *m* (de la République), ministère *m* public

**proselyte** /ˈprɒsɪlaɪt/ N prosélyte *mf* VTI (US) ⇒ **proselytize**

**proselytism** /ˈprɒsɪlɪtɪzəm/ N prosélytisme *m*

**proselytize** /ˈprɒsɪlɪtaɪz/ VI faire du prosélytisme VT *[+ person]* convertir, faire un(e) prosélyte de

**prosodic** /prəˈsɒdɪk/ ADJ prosodique ◆ **~ feature** *(Phon)* trait *m* prosodique

**prosody** /ˈprɒsədɪ/ N prosodie *f*

**prospect** /ˈprɒspekt/ N a *(= view)* vue *f*, perspective *f* (*of, from* de) ; *(fig) (= outlook)* perspective *f* ; *(= future)* (perspectives *fpl* d')avenir *m* ; *(= hope)* espoir *m* ◆ **this ~ cheered him up** cette perspective l'a réjoui ◆ **what are his ~s?** quelles sont ses perspectives d'avenir ? ◆ **he has good ~s** il a de l'avenir ◆ **he has no ~s** il n'a aucun avenir ◆ **the job has no ~s** c'est un emploi sans avenir ◆ **to improve one's career ~s** améliorer ses chances de promotion *or* d'avancement

♦ **in prospect** ◆ **to have sth in ~** avoir qch en perspective *or* en vue ◆ **the events in ~** les événements *mpl* en perspective

♦ **prospects for** ◆ **the ~s for the harvest are good/poor** la récolte s'annonce bien/mal ◆ **future ~s for the steel industry** les perspectives d'avenir de la sidérurgie

♦ **prospect of** ◆ **there is little ~ of his coming** il y a peu de chances *or* d'espoir (pour) qu'il vienne ◆ **he has little ~ of succeeding** il a peu de chances de réussir, il y a peu de chances qu'il réussisse ◆ **there is no ~ of that** rien ne laisse prévoir cela ◆ **there is every ~ of success/of succeeding** tout laisse prévoir le succès/qu'on réussira ◆ **to face the ~ of** faire face à la perspective de ◆ **"good prospects of promotion"** "réelles perspectives d'évolution" ◆ **the job offered the ~ of foreign travel** l'emploi offrait la possibilité de voyager à l'étranger

b *(= likely person, thing: for marriage)* parti *m* ◆ **he is a good ~ for the England team** c'est un bon espoir pour l'équipe anglaise ◆ **he seems quite a good ~** il semble prometteur ◆ **this product is an exciting ~ for the European market** ce produit ouvre des perspectives passionnantes en ce qui concerne le marché européen ◆ **their offer/the deal seemed quite a good ~** leur proposition/l'affaire semblait prometteuse

VI /prəˈspekt/ prospecter ◆ **to ~ for gold** *etc* prospecter pour trouver de l'or *etc*, chercher de l'or *etc*

VT /prəˈspekt/ *[+ land, district]* prospecter

**prospecting** /prəˈspektɪŋ/ N *(Min etc)* prospection *f*

**prospective** /prəˈspektɪv/ ADJ *[son-in-law, home, legislation]* futur *before n* ; *[journey]* en perspective ; *[customer]* éventuel, potentiel ◆ **a ~ employee** un candidat à un emploi ◆ **his ~ employers** ceux qui devaient l'employer

**prospector** /prəˈspektəʳ/ N prospecteur *m*, -trice *f* ◆ **gold ~** chercheur *m* d'or

**prospectus** /prəˈspektəs/ N brochure *f*, prospectus *m*

**prosper** /ˈprɒspəʳ/ VI *[person]* prospérer ; *[company, enterprise]* prospérer, réussir VT *(†, liter)* favoriser, faire prospérer

**prosperity** /prɒsˈperɪtɪ/ N *(NonC)* prospérité *f*

**prosperous** /ˈprɒspərəs/ ADJ *[person, city, business]* prospère, florissant ; *[period, years]* prospère ; *[undertaking]* prospère, qui réussit ; *[look, appearance]* prospère, de prospérité ; *(liter) [wind]* favorable

**prosperously** /ˈprɒspərəslɪ/ ADV de manière prospère *or* florissante

**prostaglandin** /ˌprɒstəˈglændɪn/ N prostaglandine *f*

**prostate** /ˈprɒsteɪt/ N (also **prostate gland**) prostate *f* ◆ **to have a ~ operation** se faire opérer de la prostate

**prosthesis** /prɒsˈθiːsɪs/ N (pl **prostheses** /prɒsˈθiːsiːz/) prosthèse *or* prothèse *f*

**prosthetic** /prɒsˈθetɪk/ ADJ prosthétique *or* prothétique

**prosthodontics** /ˌprɒsθəˈdɒntɪks/ N prothèse *f* dentaire

**prosthodontist** /ˈprɒsθəˈdɒntɪst/ N prothésiste *mf* dentaire

**prostitute** /ˈprɒstɪtjuːt/ N prostituée *f* ◆ **male ~** prostitué *m* VT *(lit, fig)* prostituer ◆ **to ~ o.s.** se prostituer

**prostitution** /ˌprɒstɪˈtjuːʃən/ N *(NonC) (lit)* prostitution *f* ; *(fig)* perversion *f*

**prostrate** /ˈprɒstreɪt/ ADJ *(lit)* à plat ventre ; *(in respect, submission)* prosterné ; *(in exhaustion)* prostré ; *(fig: nervously, mentally)* prostré, accablé VT /prɒsˈtreɪt/ a ◆ **to ~ o.s.** se prosterner b *(fig)* accabler ◆ **the news ~d him** la nouvelle l'a accablé *or* abattu ◆ **~d with grief/by the heat** accablé de chagrin/par la chaleur

**prostration** /prɒsˈtreɪʃən/ N *(= act)* prosternation *f*, prosternement *m* ; *(Rel)* prostration *f* ; *(fig = nervous exhaustion)* prostration *f* ◆ **in a state of ~** prostré

**prosy** /ˈprəʊzɪ/ ADJ ennuyeux, insipide

**prot** * /prɒt/ N *(pej)* abbrev of **Protestant**

**protactinium** /ˌprəʊtækˈtɪnɪəm/ N protactinium *m*

**protagonist** /prəʊˈtægənɪst/ N protagoniste *mf*

**Protagoras** /prəʊˈtægəræs/ N Protagoras *m*

**protean** /ˈprəʊtɪən/ ADJ changeant, inconstant

**protect** /prəˈtekt/ VT *[+ person, property, country, plants]* protéger (*from* de ; *against* contre) ; *[+ interests, rights]* sauvegarder ; *(Econ) [+ industry]* protéger ◆ **the tigress fought to ~ her cubs** la tigresse s'est battue pour défendre ses petits ◆ **don't lie to ~ your brother** ne cherche pas à protéger ton frère en mentant COMP ▷ **protected species** N espèce *f* protégée

**protection** /prəˈtekʃən/ N a *(also Econ, Ind) [of person, property, country, plants]* protection *f* (*from or against sth* contre qch) ; *[of interests, rights]* sauvegarde *f* ◆ **he wore a helmet for ~ against rock falls** il portait un casque pour se protéger des *or* contre les chutes de pierres ◆ **the grease offers** *or* **affords some ~ against the cold** la graisse offre une certaine protection contre le froid

b *(Insurance)* garantie *f* (*against sth* contre qch), couverture *f* (*against sth* en cas de qch)

c *(gen pl = safeguard)* mesure *f* de protection ◆ **benefits and ~s for employees** avantages *mpl* et garanties *fpl or* mesures *fpl* de protection pour les employés

d *(in protection racket)* protection *f* ◆ **he pays 200 dollars a week (for** *or* **as) ~** il achète sa tranquillité 200 dollars par semaine ; see also **police**

e *(= barrier contraception)* protection *f* ◆ **they didn't use any ~** ils n'ont pas utilisé de protection

COMP ▷ **protection factor** N *[of sun cream]* indice *m* de protection ▷ **protection money** N ◆ **he pays 200 dollars a week ~ money** il achète sa tranquillité 200 dollars par semaine ◆ **he pays ~ money to Big Joe** il verse de l'argent à Big Joe pour qu'on le laisse *subj* en paix ▷ **protection racket** N racket *m* ◆ **he's running a ~ racket** il est à la tête d'un racket, il extorque de l'argent par intimidation

**protectionism** /prəˈtekʃənɪzəm/ N a *(Econ)* protectionnisme *m* b *(US) [of wildlife]* protection *f* de l'environnement

**protectionist** /prəˈtekʃənɪst/ ADJ a *(Econ)* protectionniste b *(US: of wildlife) [measure etc]* pour la défense de l'environnement N a *(Econ)* protectionniste *mf* b *(US: of wildlife)* défenseur *m* de l'environnement

**protective** /prəˈtektɪv/ ADJ *[layer, attitude, gesture]* protecteur (-trice *f*), de protection ; *[clothing, covering]* de protection ; *(Econ) [tariff, duty, system]* protecteur (-trice *f*) ◆ **~ colouring** *or* **coloration** *(Zool)* mimétisme *m*, homochromie *f* COMP ▷ **protective custody** N *(Jur)* détention *f* provisoire *(comme mesure de protection)*

**protectively** /prəˈtektɪvlɪ/ ADV ◆ **he put his arm ~ around Julie's shoulders** il a passé un bras protecteur autour des épaules de Julie ◆ **she stepped ~ in front of him** elle se mit devant lui pour le protéger ◆ **he crossed his forearms ~ over his face** il croisa les avant-bras sur son visage pour se protéger

**protectiveness** /prəˈtektɪvnɪs/ N attitude *f* protectrice

**protector** /prəˈtektəʳ/ N *(= person)* protecteur *m* ; *(= object, device)* dispositif *m* de protection ◆ **the (Lord) Protector** *(Brit Hist)* le Protecteur

**protectorate** /prəˈtektərɪt/ N protectorat *m* *(also Brit Hist)*

**protectress** /prəˈtektrɪs/ N protectrice *f*

**protégé** /ˈprəʊtɪʒeɪ, ˈprɒtɪʒeɪ/ N protégé *m*

**protégée** /ˈprəʊtɪʒeɪ, ˈprɒtɪʒeɪ/ N protégée *f*

**protein** /ˈprəʊtiːn/ N protéine *f* COMP *[intake, deficiency]* de protéines ; *[foods, diet]* riche en protéines ▷ **protein content** N teneur *f* en protéines

**pro tem** /ˈprəʊˈtem/, **pro tempore** † /ˈprəʊˈtempərɪ/ ADV temporairement ; *(in jobs)* par intérim ◆ **he's replacing the chairman ~** il remplace le président à titre temporaire ADJ temporaire ◆ **on a ~ basis** temporairement ◆ **the ~ chairman** le président par intérim, le président intérimaire

**protest** /ˈprəʊtest/ LANGUAGE IN USE 14, 26.3

N a *(gen)* protestation *f* (*against* contre ; *about* à propos de) ; *(= demonstration)* manifestation *f* ◆ **to do sth under ~** faire qch en protestant *or* contre son gré ◆ **to make a ~** protester, élever une protestation (*against* contre) ◆ **in ~** en signe de protestation (*against* contre) ◆ **without ~** sans protester ◆ **to stage a ~** organiser une manifestation

**b** *(Fin, Jur: in case of dishonour of a bill)* protêt *m*

**VT** /prəˈtest/ **a** *(= declare, affirm)* protester (*that* que) ; *[+ loyalty]* protester de ◆ **"I didn't do it" he ~ed** "ce n'est pas moi" protesta-t-il ; see also **innocence**

**b** *(US)* protester contre

**VI** /prəˈtest/ protester, élever une *or* des protestation(s) (*against* contre ; *about* à propos de ; *to sb* auprès de qn)

**COMP** *(Pol etc)* *[meeting]* de protestation ▷ **protest demonstration**, **protest march** **N** manifestation *f* ▷ **protest vote** **N** vote *m* de protestation

**Protestant** /ˈprɒtɪstənt/ **ADJ, N** protestant(e) *m(f)* ◆ **~ ethic** morale *f* protestante

**Protestantism** /ˈprɒtɪstəntɪzəm/ **N** protestantisme *m*

**protestation** /ˌprɒtesˈteɪʃən/ **N** protestation *f*

**protester** /prəˈtestəʳ/ **N** protestataire *mf* ; *(on march, in demonstration)* manifestant(e) *m(f)*

**proto...** /ˈprəʊtəʊ/ **PREF** proto...

**protocol** /ˈprəʊtəkɒl/ **N** *(also Comput)* protocole *m*

**proton** /ˈprəʊtɒn/ **N** proton *m*

**protoplasm** /ˈprəʊtəʊplæzəm/ **N** protoplasme *m*, protoplasma *m*

**prototype** /ˈprəʊtəʊtaɪp/ **N** prototype *m* ◆ **a ~ aircraft** le prototype d'un avion

**prototypical** /ˌprəʊtəʊˈtɪpɪkəl/ **ADJ** par excellence ◆ **he's a ~ socialist** c'est l'archétype du socialiste

**protozoan, protozoon** /ˌprəʊtəˈzəʊən/ **N** (pl **protozoa** /ˌprəʊtəˈzəʊə/) *(Bio)* protozoaire *m*

**protract** /prəˈtrækt/ **VT** prolonger, faire durer

**protracted** /prəˈtræktɪd/ **ADJ** prolongé, très long (longue *f*) ◆ **the struggle would be bitter and ~** la lutte serait longue et féroce

**protraction** /prəˈtrækʃən/ **N** prolongation *f*

**protractor** /prəˈtræktəʳ/ **N** *(Geom)* rapporteur *m*

**protrude** /prəˈtruːd/ **VI** *[stick, gutter, rock, shelf]* dépasser, faire saillie ; *[teeth]* avancer ; *[eyes]* être globuleux **VT** faire dépasser

**protruding** /prəˈtruːdɪŋ/ **ADJ** *[teeth]* qui avance ; *[eyes]* globuleux ; *[chin]* saillant ; *[shelf, rock]* en saillie

**protrusion** /prəˈtruːʒən/ **N** saillie *f*, avancée *f*

**protrusive** /prəˈtruːsɪv/ **ADJ** *(frm)* ⇒ **protruding**

**protuberance** /prəˈtjuːbərəns/ **N** *(frm)* protubérance *f*

**protuberant** /prəˈtjuːbərənt/ **ADJ** *(frm)* protubérant

**proud** /praʊd/ **ADJ** **a** *[person]* fier (*of sb/sth* de qn/qch ; *that* que + *subj* ; *to do sth* de faire qch) ; *(= arrogant)* arrogant, orgueilleux ◆ **the ~ father/owner** l'heureux père *m*/propriétaire *m* ◆ **that's nothing to be ~ of!** il n'y a pas de quoi être fier ! ◆ **I'm not very ~ of myself** je ne suis pas très fier de moi ◆ **as ~ as a peacock** fier comme Artaban ; *(pej)* fier comme un paon ◆ **it was a ~ day for us when ...** nous avons été remplis de fierté *or* très fiers le jour où ... ; → **possessor**

**b** ◆ **my ~est possession** ce dont je suis le plus fier ◆ **to do o.s. ~** * ne se priver de rien ◆ **to do sb ~** * *(= entertain etc)* se mettre en frais pour qn, recevoir qn comme un roi (*or* une reine) ; *(= honour)* faire beaucoup d'honneur à qn

**c** *(frm = splendid)* *[building, ship]* imposant, majestueux ; *[stallion]* fier

**d** *(Brit)* **to stand ~ of sth** † faire saillie sur qch

**proudly** /ˈpraʊdlɪ/ **ADV** fièrement

**provable** /ˈpruːvəbl/ **ADJ** démontrable, prouvable

**prove** /pruːv/ LANGUAGE IN USE 26.1

**VT** **a** *(= give proof of)* prouver *(also Jur)* ; *(= show)* prouver, démontrer ◆ **that ~s his innocence** *or* **him innocent** *or* **that he is innocent** cela prouve son innocence *or* qu'il est innocent ◆ **you can't ~ anything against me** vous n'avez aucune preuve contre moi ◆ **that ~d that she did it** cela prouvait bien *or* c'était bien la preuve qu'elle l'avait fait ◆ **he ~d that she did it** il a prouvé *or* démontré qu'elle l'avait (bien) fait ◆ **he managed to ~ it against her** il a réussi à prouver qu'elle l'avait fait *or* qu'elle était coupable ◆ **he couldn't ~ anything against her** il n'a rien pu prouver contre elle ◆ **the theory remains to be ~d** il reste à prouver *or* démontrer cette théorie, cette théorie n'est pas encore prouvée ◆ **whether he was right remains to be ~d** reste à prouver *or* encore faut-il prouver qu'il avait raison ◆ **he was ~d right** il s'est avéré qu'il avait raison, les faits lui ont donné raison ◆ **it all goes to ~ that ...** tout cela montre bien *or* prouve que ... ◆ **to ~ one's point** prouver ce que l'on avance (*or* a avancé *etc*) ◆ **to ~ a point** *(= show one is right)* montrer que l'on a raison ; *(= show one is capable)* montrer qu'on en est capable ◆ **can you ~ it?** pouvez-vous le prouver ? ◆ **that ~s it!** c'est la preuve ! ◆ **he ~d himself innocent** il a prouvé son innocence ◆ **he ~d himself useful** il s'est révélé *or* montré utile ; see also **proven**

**b** *(= test)* mettre à l'épreuve ; *[+ will]* homologuer ◆ **to ~ o.s.** faire ses preuves

**c** *(Culin)* *[+ dough]* laisser lever

**d** *(Jur, Fin)* **to ~ a debt** produire une dette (à la faillite)

**VI** **a** *[person]* se révéler ; *[fact, object]* s'avérer, se révéler ◆ **he ~d (to be) incapable of helping us** il s'est montré *or* révélé incapable de nous aider ◆ **the information ~d (to be) correct** les renseignements se sont avérés *or* révélés justes ◆ **the mistake ~d (to be) costly** l'erreur s'est avérée *or* révélée coûteuse ◆ **it ~d very useful** cela a été *or* *(more frm)* s'est révélé très utile ◆ **the exhibition ~d (to be) a success** l'exposition a été une réussite ◆ **if it ~s otherwise** s'il en est autrement *or* différemment

**b** *(Culin)* *[dough]* lever

**COMP** ▷ **proving ground** **N** terrain *m* d'essai, lieu *m* d'expérimentation

**proven** /ˈpruːvən, ˈprəʊvən/ **VB** ptp of **prove** **ADJ** *[formula, method]* qui a fait ses preuves ; *[abilities]* indubitable ◆ **a ~ track record** une expérience confirmée ◆ **verdict of not ~** *(Scot Jur)* (ordonnance *f* de) non-lieu *m* *(en l'absence de charges suffisantes)* ◆ **the case was not ~** il y a eu ordonnance de non-lieu

**provenance** /ˈprɒvɪnəns/ **N** provenance *f*

**Provençal** /ˌprɒvɑ̃ːnˈsɑːl/ **ADJ** provençal **N** **a** Provençal(e) *m(f)* **b** *(Ling)* provençal *m*

**Provence** /prɒˈvɑ̃ːns/ **N** Provence *f* ◆ **in ~** en Provence

**provender** † /ˈprɒvɪndəʳ/ **N** fourrage *m*, provende *f*

**proverb** /ˈprɒvɜːb/ **N** proverbe *m* ◆ **(the Book of) Proverbs** *(Bible)* le livre des Proverbes

**proverbial** /prəˈvɜːbɪəl/ **ADJ** proverbial ◆ **it's like the ~ needle in a haystack** comme on dit, c'est chercher une aiguille dans une botte de foin

**proverbially** /prəˈvɜːbɪəlɪ/ **ADV** *[say]* proverbialement ◆ **prevention is ~ better than cure** comme le dit le proverbe, mieux vaut prévenir que guérir ◆ **British food is ~ bad** * la mauvaise qualité de la nourriture en Grande-Bretagne est proverbiale *or* bien connue

**provide** /prəˈvaɪd/ **VT** **a** *(= supply)* fournir (*sb with sth, sth for sb* qch à qn) ; *(= equip)* munir, pourvoir (*sb with sth* qn de qch) ◆ **to ~ o.s. with sth** se procurer qch ◆ **I will ~ food for everyone** c'est moi qui fournirai la nourriture pour tout le monde ◆ **he ~d the school with a new library** il a pourvu l'école d'une nouvelle bibliothèque ◆ **candidates must ~ their own pencils** les candidats doivent apporter leurs crayons ◆ **can you ~ a substitute?** pouvez-vous trouver un remplaçant ? ◆ **it ~s accommodation for five families** on peut loger cinq familles ◆ **the field ~s plenty of space for a car park** le champ offre suffisamment d'espace pour le stationnement des voitures ◆ **I am already ~d with all I need** je suis déjà bien pourvu, j'ai déjà tout ce qu'il me faut ◆ **the car is ~d with a radio** la voiture est équipée d'une radio

**b** *[legislation, treaty etc]* stipuler, prévoir (*that* que) ◆ **unless otherwise ~d** sauf dispositions contraires

**VI** **a** *(esp financially)* **to ~ for** *(gen)* pourvoir *or* subvenir aux besoins de ; *(family)* entretenir ; *(in the future)* assurer l'avenir de ◆ **I'll see you well ~d for** je ferai le nécessaire pour que vous ne manquiez *subj* de rien ◆ **the Lord will ~** Dieu y pourvoira

**b** *(= make arrangements)* **to ~ for sth** prévoir qch ; *[treaty, legislation]* prévoir *or* stipuler qch ◆ **they hadn't ~d for such a lot of spectators** le nombre de spectateurs les a pris au dépourvu ◆ **he had ~d for any eventuality** il avait paré à toute éventualité ◆ **to ~ against** se prémunir contre, prendre ses précautions contre

**provided** /prəˈvaɪdɪd/ **CONJ** ◆ **~ (that)** à condition que + *subj*, à condition de + *infin* ◆ **you can go ~ it doesn't rain** tu peux y aller à condition qu'il ne pleuve pas ◆ **you can go ~ you pass your exam** tu peux y aller à condition de réussir ton examen ◆ **~ you always keep it closed** à condition de le garder toujours bien fermé ◆ **~ always that ...** *(Admin, Jur)* sous réserve que ... + *subj*

**providence** /ˈprɒvɪdəns/ **N** **a** *(Rel etc)* providence *f* ◆ **Providence** la Providence **b** († *= foresight)* prévoyance *f*, prudence *f*

**provident** /ˈprɒvɪdənt/ **ADJ** *[person]* prévoyant, prudent ; *(Brit)* *[fund, society]* de prévoyance

**providential** /ˌprɒvɪˈdenʃəl/ **ADJ** *(frm)* providentiel

**providentially** /ˌprɒvɪˈdenʃəlɪ/ **ADV** *(frm)* providentiellement ◆ **~, he had brought a torch with him** par un heureux hasard, il avait apporté une lampe de poche

**providently** /ˈprɒvɪdəntlɪ/ **ADV** *(frm)* avec prévoyance, prudemment

**provider** /prəˈvaɪdəʳ/ **N** pourvoyeur *m*, -euse *f* ; *(Comm)* fournisseur *m*, -euse *f* ◆ **~s of care** *(Social Work)* dispensateurs *mpl* de soins ◆ **she is the family's sole ~** elle est seule à subvenir aux besoins de la famille

**providing** /prəˈvaɪdɪŋ/ **CONJ** ⇒ **provided**

**province** /ˈprɒvɪns/ **N** **a** province *f* **b** *(fig)* domaine *m*, compétence *f* *(esp Admin)* ◆ **that is not my ~, it is not within my ~** cela n'est pas de mon ressort *or* ne relève pas de ma compétence ◆ **his particular ~ is housing** le logement est son domaine *or* sa spécialité **c** *(Rel)* archevêché *m* **NPL** **the provinces** la province ◆ **in the ~s** en province

**provincial** /prəˈvɪnʃəl/ **ADJ** *(gen, also pej)* provincial, de province ◆ **~ branch** *(Comm)* branche *f* *or* agence *f* régionale **N** provincial(e) *m(f)*

**provincialism** /prəˈvɪnʃəlɪzəm/ **N** *(pej)* provincialisme *m*

**provirus** /ˈprəʊˌvaɪrəs/ N provirus *m*

**provision** /prəˈvɪʒən/ N a (= *supply*) provision *f* ◆ **to lay in** *or* **get in a ~ of coal** faire provision de charbon

b (*NonC* = *supplying*) [*of food*] fourniture *f*, approvisionnement *m* ; [*of equipment*] fourniture *f* ; [*of housing, education*] offre *f* ◆ **~ of food to the soldiers** approvisionnement *m* des soldats en nourriture ◆ **~ of capital** (*Fin*) apport *m or* fourniture *f* de capitaux ◆ **~ of services** prestation *f* de services ◆ **to make ~ for** [+ *one's family, dependents etc*] pourvoir aux besoins de, assurer l'avenir de ; [+ *journey, siege, famine*] prendre des dispositions *or* des précautions pour

c (*Admin*) (= *funding*) financement *m* (*of, for* de) ; (= *funds*) fonds *mpl*

d (*Admin, Jur etc* = *stipulation*) disposition *f*, clause *f* ◆ **according to the ~s of the treaty** selon les dispositions du traité ◆ **it falls within the ~s of this law** cela tombe sous le coup de cette loi, c'est un cas prévu par cette loi ◆ **~ to the contrary** clause *f* contraire ◆ **there is no ~ for this in the rules, the rules make no ~ for this** le règlement ne prévoit pas cela

NPL **provisions** (= *food etc*) provisions *fpl* ◆ **to get ~s in** faire des provisions

VT approvisionner, ravitailler (*with* en)

COMP ▷ **provision merchant** N marchand *m* de comestibles

**provisional** /prəˈvɪʒənl/ ADJ [*government*] provisoire ; [*arrangement, agreement, acceptance*] à titre conditionnel ; (*Admin*) [*appointment*] à titre provisoire ; (*Jur*) provisionnel N (*Pol: in Ireland*) ◆ **the Provisionals** (les membres *mpl* de) l'IRA *f* provisoire COMP ▷ **provisional driving licence** N (*Brit*) permis *m* de conduire provisoire (*obligatoire pour l'élève conducteur*) ; → DRIVING LICENCE ▷ **the Provisional IRA** N l'IRA *f* provisoire

**provisionally** /prəˈvɪʒnəlɪ/ ADV provisoirement

**proviso** /prəˈvaɪzəʊ/ N (pl **provisos** *or* **provisoes**) stipulation *f*, condition *f* ; (*Jur*) clause *f* restrictive, condition *f* formelle ◆ **with the ~ that ...** à condition que ... + *subj*

**provisory** /prəˈvaɪzərɪ/ ADJ ⇒ **provisional adj**

**Provo** * /ˈprɒvəʊ/ N (*Pol: in Ireland*) ◆ **the ~s** (les membres *mpl* de) l'IRA *f* provisoire

**provocateur** /prəvɒkəˈtɜːʳ/ N poil *m* à gratter

**provocation** /ˌprɒvəˈkeɪʃən/ N provocation *f* ◆ **under ~** (*Chem, Bio*) en réponse à une provocation

**provocative** /prəˈvɒkətɪv/ ADJ a (= *aggressive*) [*gesture, remark*] provocant, provocateur (-trice *f*) ◆ **now you're trying to be ~** là vous essayez de me (*or* le *etc*) provoquer, là vous me (*or* lui *etc*) cherchez querelle b (= *thought-provoking*) [*book, title, talk*] qui force à réagir, qui ne laisse pas indifférent c (= *seductive*) [*woman, movement, smile*] provocant

**provocatively** /prəˈvɒkətɪvlɪ/ ADV (= *challengingly, suggestively*) [*say, ask, look, behave*] de manière provocante ◆ **~ entitled ...** portant le titre provocateur de ... ◆ **~ dressed** habillé de manière provocante

**provoke** /prəˈvəʊk/ VT a (= *rouse*) [+ *person*] provoquer ; [+ *war, dispute, revolt*] provoquer, faire naître ; [+ *reply*] provoquer, susciter ◆ **to ~ sb to do sth** *or* **into doing sth** inciter qn à faire qch ◆ **it ~d them to action** cela les a incités à agir b ◆ **to ~ sb (to anger), to ~ sb's anger** provoquer qn

**provoking** /prəˈvəʊkɪŋ/ ADJ (= *annoying*) contrariant, agaçant ; (= *thought-provoking*) provocateur (-trice *f*) ; → **thought**

**provost** /ˈprɒvəst/ N (*Brit Univ*) président *m* ; (*US Univ*) ≃ doyen *m* ; (*Scot*) maire *m* ; (*Rel*) doyen *m* ; → **lord** COMP ▷ **provost court** N (*Mil*) tribunal *m* prévôtal ▷ **provost guard** N prévôté *f* ▷ **provost marshal** N prévôt *m*

**prow** /praʊ/ N proue *f*

**prowess** /ˈpraʊɪs/ N prouesse *f*

**prowl** /praʊl/ VI (also **prowl about, prowl around**) rôder VT [+ *streets etc*] arpenter N ◆ **to be on the ~** rôder COMP ▷ **prowl car** N (*US Police*) voiture *f* de police

**prowler** /ˈpraʊləʳ/ N rôdeur *m*, -euse *f*

**prowling** /ˈpraʊlɪŋ/ ADJ rôdeur ; [*taxi*] en maraude

**proximity** /prɒkˈsɪmɪtɪ/ N proximité *f* ◆ **in ~ to, in the ~ of** à proximité de ◆ **the shops are in close ~** les magasins sont à deux pas COMP ▷ **proximity fuse** N fusée *f* de proximité ▷ **proximity talks** NPL pourparlers *mpl* de proximité

**proximo** /ˈprɒksɪməʊ/ ADV (*Comm*) (du mois) prochain

**proxy** /ˈprɒksɪ/ N (= *power*) procuration *f* ; (= *person*) fondé(e) *m(f)* de pouvoir, mandataire *mf* ◆ **by ~** par procuration COMP ▷ **proxy conflict** N (*Mil euph*) conflit *m* par personnes interposées ▷ **proxy vote** N vote *m* par procuration

**Prozac** ® /ˈprəʊzæk/ N Prozac ® *m*

**PRP** /ˌpiːɑːˈpiː/ N (abbrev of **performance-related pay**) → **performance**

**PRS** /ˌpiːɑːrˈes/ N (abbrev of **Performing Rights Society**) ≃ SACEM *f*

**prude** /pruːd/ N prude *f*, bégueule *f* ◆ **he's a ~** il est pudibond

**prudence** /ˈpruːdəns/ N prudence *f*, circonspection *f*

**prudent** /ˈpruːdənt/ ADJ prudent, circonspect ◆ **it would be ~ to leave** il serait prudent de partir

**prudential** /pru(ː)ˈdenʃəl/ ADJ prudent

**prudently** /ˈpruːdəntlɪ/ ADV prudemment, avec prudence

**prudery** /ˈpruːdərɪ/ N pruderie *f*, pudibonderie *f*

**prudish** /ˈpruːdɪʃ/ ADJ pudibond, bégueule *

**prudishness** /ˈpruːdɪʃnɪs/ N ⇒ **prudery**

**prune¹** /pruːn/ N (= *fruit*) pruneau *m* ; (*‡ pej* = *person*) repoussoir *m* ◆ **~s and prisms** (*fig*) afféterie *f*, préciosité *f*

> ⚠ *In French,* **prune** *means 'plum', not* **prune**.

**prune²** /pruːn/ VT (*to promote growth*) [+ *tree, bush*] tailler ; (= *thin out*) élaguer, émonder ; (*fig:* also **prune down**) [+ *article, essay*] élaguer, faire des coupures dans

► **prune away** VT SEP [+ *branches*] élaguer ; (*fig*) [+ *paragraph, words*] élaguer

**pruning** /ˈpruːnɪŋ/ N a (*lit*) [*of tree, bush*] (*to promote growth*) taille *f* ; (*to remove unwanted branches, dead wood etc*) élagage *m*, émondage *m* b (*fig*) [*of article, essay*] élagage *m* COMP ▷ **pruning hook** N émondoir *m*, ébranchoir *m* ▷ **pruning knife** N (pl **pruning knives**) serpette *f* ▷ **pruning shears** NPL (= *secateurs*) cisailles *fpl*, coupe-branches *m* ; (= *hedge shears*) taille-haies *m*, cisailles *fpl* à haies

**prurience** /ˈprʊərɪəns/ N (*frm*) lascivité *f*, luxure *f*

**prurient** /ˈprʊərɪənt/ ADJ (*frm*) lascif

**Prussia** /ˈprʌʃə/ N Prusse *f*

**Prussian** /ˈprʌʃən/ ADJ prussien ◆ **~ blue** bleu *m* de Prusse N Prussien(ne) *m(f)*

**prussic acid** /ˌprʌsɪkˈæsɪd/ N acide *m* prussique

**pry¹** /praɪ/ VI mettre son nez dans les affaires des autres, s'occuper de ce qui ne vous regarde pas ◆ **I don't want to ~ but ...** je ne veux pas être indiscret (-ète *f*) mais ... ◆ **stop ~ing!** occupez-vous de ce qui vous regarde ! ◆ **to ~ into sb's secrets** chercher à découvrir les secrets de qn

**pry²** /praɪ/ VT (*US*) ⇒ **prise**

**prying** /ˈpraɪɪŋ/ ADJ fureteur, indiscret (-ète *f*) ◆ **to keep sth safe from ~ eyes** mettre qch à l'abri des regards indiscrets

**PS** /piːˈes/ N a (abbrev of **postscript**) P.-S. *or* PS *m* b (abbrev of **private secretary**) → **private**

**psalm** /sɑːm/ N psaume *m* ◆ **(the Book of) Psalms** (*Bible*) le livre des Psaumes

**psalmist** /ˈsɑːmɪst/ N psalmiste *m*

**psalmody** /ˈsælmədɪ/ N psalmodie *f*

**psalter** /ˈsɔːltəʳ/ N psautier *m*

**PSAT** /ˌpiːeseɪˈtiː/ N (*US Scol, Univ*) (abbrev of **Preliminary Scholastic Aptitude Test**) → **preliminary**

**PSBR** /ˌpiːesbiːˈɑːʳ/ N (*Econ*) (abbrev of **public sector borrowing requirement**) → **public**

**psephologist** /seˈfɒlədʒɪst/ N spécialiste *mf* des élections

**psephology** /səˈfɒlədʒɪ/ N étude *f* des élections

**pseud** * /sjuːd/ (*Brit*) N bêcheur * *m*, -euse * *f* ADJ qui manque de sincérité, artificiel

**pseudo** * /ˈsjuːdəʊ/ ADJ insincère, faux (fausse *f*)

**pseudo-** /ˈsjuːdəʊ/ PREF pseudo- ◆ **~antique** pseudoantique ◆ **~autobiography** pseudoautobiographie *f* ◆ **~apologetically** sous couleur de s'excuser

**pseudonym** /ˈsjuːdənɪm/ N pseudonyme *m*

**pseudonymous** /sjuːˈdɒnɪməs/ ADJ pseudonyme

**pshaw** /pʃɔː/ EXCL peuh !

**psi¹** /piːesˈaɪ/ N (abbrev of **pounds per square inch**) ≃ kg/cm³

**psi²** /piːesˈaɪ/ N (*NonC* = *psychic phenomena*) phénomènes *mpl* parapsychiques *or* paranormaux

**psittacosis** /ˌpsɪtəˈkəʊsɪs/ N psittacose *f*

**psoriasis** /sɒˈraɪəsɪs/ N psoriasis *m*

**psst** /pst/ EXCL psitt, pst, hep

**PST** /ˌpiːesˈtiː/ (*US*) (abbrev of **Pacific Standard Time**) → **pacific**

**PSV** /ˌpiesˈviː/ N (*Aut*) (abbrev of **public service vehicle**) → **public**

**psych** * /saɪk/ VT (abbrev of **psychoanalyse**) a (= *guess, anticipate*) [+ *sb's reactions etc*] deviner prévoir

b (= *make uneasy:* also **psych out**) intimider déconcerter (volontairement) ◆ **tha doesn't ~ me (out)** ça ne me panique * pas

c (= *prepare psychologically:* also **psych up** préparer (mentalement) (*for sth* à *or* pou qch ; *to do sth* pour faire qch) ◆ **to get o.s ~ed up for sth** se préparer (mentalement) qch ◆ **he was all ~ed up to start, when ...** était gonflé à bloc *, tout prêt à commen cer, quand ...

N (*US*) a (abbrev of **psychology**) psycho * *f*

b abbrev of **psychiatry**

► **psych out** * VI (= *break down*) craquer *

VT SEP a (= *cause to break down*) faire cra quer *

b → **psych b**

c (*US* = *analyse, work out*) piger ‡, comprendr (*that* que) ; [+ *situation etc*] analyser, con prendre ◆ **to ~ sb out** voir clair dans le jeu de qn ◆ **I ~ed it all out for myself** je m'y suis retrouvé tout seul

► **psych up** * VT SEP → **psych c**

**psyche** /ˈsaɪkɪ/ N psychisme *m*, psyché *f*

**psychedelia** /ˌsaɪkəˈdeliə/ N *(NonC)* *(= objects)* objets *mpl* psychédéliques ; *(= atmosphere)* univers *m* psychédélique

**psychedelic** /ˌsaɪkəˈdelɪk/ ADJ psychédélique

**psychiatric** /ˌsaɪkɪˈætrɪk/ ADJ *[hospital, treatment, medicine]* psychiatrique ; *[disease]* mental

**psychiatrist** /saɪˈkaɪətrɪst/ N psychiatre *mf*

**psychiatry** /saɪˈkaɪətrɪ/ N psychiatrie *f*

**psychic** /ˈsaɪkɪk/ ADJ **a** *(= supernatural) [phenomenon, powers etc]* parapsychologique ; *[person]* télépathe ◆ **~ research** recherches *fpl* parapsychologiques ◆ **the ~ world** le monde du paranormal ◆ **I'm not ~!** * je ne suis pas devin ! **b** *(Psych)* psychique N médium *m*

**psychical** /ˈsaɪkɪkəl/ ADJ ⇒ **psychic adj**

**psycho** ‡ /ˈsaɪkəʊ/ abbrev of **psychopath, psychopathic, psychotic**

**psycho...** /ˈsaɪkəʊ/ PREF psych(o)...

**psychoactive** /ˌsaɪkəʊˈæktɪv/ ADJ *(Med)* psychotrope

**psychoanalysis** /ˌsaɪkəʊəˈnælɪsɪs/ N psychanalyse *f*

**psychoanalyst** /ˌsaɪkəʊˈænəlɪst/ N psychanalyste *mf*

**psychoanalytic(al)** /ˈsaɪkəʊˌænəˈlɪtɪk(əl)/ ADJ psychanalytique

**psychoanalyze** /ˌsaɪkəʊˈænəlaɪz/ VT psychanalyser

**psychobabble** * /ˈsaɪkəʊˌbæbəl/ N *(NonC)* jargon *m* de psy *

**psychodrama** /ˈsaɪkəʊdrɑːmə/ N psychodrame *m*

**psychodynamic** /ˌsaɪkəʊdaɪˈnæmɪk/ ADJ psychodynamique N *(NonC)* ◆ **~s** psychodynamisme *m*

**psychokinesis** /ˌsaɪkəʊkɪˈniːsɪs/ N psychocinèse *f*, psychokinésie *f*

**psychokinetic** /ˌsaɪkəʊkɪˈnetɪk/ ADJ psychocinétique

**psycholinguistic** /ˈsaɪkəʊlɪŋˈgwɪstɪk/ ADJ psycholinguistique N *(NonC)* ◆ **~s** psycholinguistique *f*

**psychological** /ˌsaɪkəˈlɒdʒɪkəl/ ADJ *[method, study, state, moment, warfare]* psychologique ◆ **it's only ~** * c'est psychologique

**psychologically** /ˌsaɪkəˈlɒdʒɪkəlɪ/ ADV *[important, damaging, disturbed etc]* psychologiquement ◆ **~, he's very strong** psychologiquement, il est très fort ◆ **to be ~ prepared for sth** être psychologiquement prêt pour qch ◆ **~ speaking** d'un point de vue psychologique

**psychologist** /saɪˈkɒlədʒɪst/ N psychologue *mf* ; → **child, industrial**

**psychology** /saɪˈkɒlədʒɪ/ N psychologie *f* ◆ **the ~ of his opponent** la psychologie de son adversaire ; → **child**

**psychometric** /ˈsaɪkəʊˈmetrɪk/ ADJ psychométrique

**psychometrics** /ˌsaɪkəʊˈmetrɪks/ N *(NonC)* psychométrie *f*

**psychometry** /saɪˈkɒmɪtrɪ/ N psychométrie *f*

**psychomotor** /ˈsaɪkəʊˈməʊtəʳ/ ADJ psychomoteur (-trice *f*)

**psychoneurosis** /ˈsaɪkəʊnjʊəˈrəʊsɪs/ N (pl **psychoneuroses** /ˈsaɪkəʊnjʊəˈrəʊsiːz/) psychonévrose *f*

**psychoneurotic** /ˈsaɪkəʊnjʊəˈrɒtɪk/ ADJ psychonévrotique

**psychopath** /ˈsaɪkəʊpæθ/ N psychopathe *mf*

**psychopathic** /ˌsaɪkəʊˈpæθɪk/ ADJ *[person]* psychopathe ; *[condition]* psychopathique

**psychopathology** /ˈsaɪkəʊpəˈθɒlədʒɪ/ N psychopathologie *f*

**psychopharmacological** /ˈsaɪkəʊfɑːməkəˈlɒdʒɪkəl/ ADJ psychopharmacologique

**psychopharmacology** /ˈsaɪkəʊfɑːməˈkɒlədʒɪ/ N psychopharmacologie *f*

**psychophysical** /ˈsaɪkəʊˈfɪzɪkəl/ ADJ psychophysique

**psychophysics** /ˈsaɪkəʊˈfɪzɪks/ N *(NonC)* psychophysique *f*

**psychophysiological** /ˈsaɪkəʊˌfɪzɪəˈlɒdʒɪkəl/ ADJ psychophysiologique

**psychophysiology** /ˈsaɪkəʊfɪzɪˈɒlədʒɪ/ N psychophysiologie *f*

**psychoses** /saɪˈkəʊsiːz/ NPL of **psychosis**

**psychosexual** /ˌsaɪkəʊˈseksjʊəl/ ADJ psychosexuel

**psychosis** /saɪˈkəʊsɪs/ N (pl **psychoses**) psychose *f*

**psychosocial** /ˈsaɪkəʊˈsəʊʃəl/ ADJ psychosocial

**psychosomatic** /ˈsaɪkəʊsəʊˈmætɪk/ ADJ psychosomatique

**psychosurgery** /ˈsaɪkəʊˈsɜːdʒərɪ/ N psychochirurgie *f*

**psychotherapist** /ˈsaɪkəʊˈθerəpɪst/ N psychothérapeute *mf*

**psychotherapy** /ˈsaɪkəʊˈθerəpɪ/ N psychothérapie *f*

**psychotic** /saɪˈkɒtɪk/ ADJ, N psychotique *mf*

**psychotropic** /ˌsaɪkəʊˈtrɒpɪk/ ADJ *[drug]* psychotrope

**PT** † /piːˈtiː/ N *(Scol)* (abbrev of **physical training**) → **physical**

**pt** abbrev of **part(s), pint(s), point(s)**

**PTA** /ˌpiːtiːˈeɪ/ N **a** *(Scol)* (abbrev of **Parent-Teacher Association**) → **parent** **b** *(Brit)* (abbrev of **Prevention of Terrorism Act**) *loi antiterroriste*

**ptarmigan** /ˈtɑːmɪgən/ N (pl **ptarmigans** *or* **ptarmigan**) lagopède *m* des Alpes

**Pte** *(Mil)* (abbrev of **Private**) **~ J. Smith** *(on envelope)* le soldat J. Smith

**pterodactyl** /ˌterəʊˈdæktɪl/ N ptérodactyle *m*

**PTO** (abbrev of **please turn over**) TSVP

**Ptolemaic** /ˌtɒləˈmeɪɪk/ ADJ ptolémaïque

**Ptolemy** /ˈtɒləmɪ/ N Ptolémée *m*

**ptomaine** /ˈtəʊmeɪn/ N ptomaïne *f* ◆ **~ poisoning** intoxication *f* alimentaire

**ptosis** /ˈtəʊsɪs/ N (pl **ptoses** /ˈtəʊsiːz/) ptose *f*

**PTSD** /ˌpiːtiːesˈdiː/ N abbrev of **post-traumatic stress disorder**

**ptyalin** /ˈtaɪəlɪn/ N ptyaline *f*

**pub** /pʌb/ *(Brit)* (abbrev of **public house**) N ≈ café *m* ; *(in British or Irish context)* pub *m*

COMP ▷ **pub-crawl** * N, VI ◆ **to go on a ~-crawl, to go ~-crawling** faire la tournée des bars *or* des bistrots * *or* des pubs ▷ **pub food, pub grub** * N cuisine *f* *or* nourriture *f* de bistrot * ▷ **pub lunch** N repas *m* de bistrot * ◆ **to go for a ~ lunch** aller manger au bistrot *

**Pub**

Les **pubs** jouent un rôle essentiel dans la vie sociale britannique. Traditionnellement, l'accès au **pub** est interdit aux moins de 18 ans, mais certains établissements ont un espace réservé (ou une terrasse en jardin) pour les familles. En Angleterre et au pays de Galles, les **pubs** sont généralement ouverts de 11 heures à 23 heures alors qu'en Écosse et en Irlande, les horaires d'ouverture sont plus flexibles. Certains **pubs** appartiennent à des brasseries et ne vendent que leurs propres marques de bière ; d'autres, les « free houses », appartiennent à des propriétaires privés et offrent, de ce fait, un plus grand choix de bières.

**pub.** (abbrev of **published**) publié

**pubertal** /ˈpjuːbətəl/ ADJ pubère

**puberty** /ˈpjuːbətɪ/ N puberté *f*

**pubes**[1] /ˈpjuːbiːz/ NPL of **pubis**

**pubes**[2] ‡ /pjuːbz/ NPL *(= pubic hair)* poils *mpl* du pubis, toison *f*

**pubescence** /pjuːˈbesəns/ N pubescence *f*

**pubescent** /pjuːˈbesənt/ ADJ pubescent

**pubic** /ˈpjuːbɪk/ ADJ *[region etc]* pubien COMP ▷ **pubic hair** N poils *mpl* pubiens *or* du pubis ▷ **pubic lice** NPL morpions *mpl*

**pubis** /ˈpjuːbɪs/ N (pl **pubes**) pubis *m*

**public** /ˈpʌblɪk/ ADJ **a** *(gen: Admin, Econ, Fin etc)* public (-ique *f*) ; *(= owned by the nation) [enterprise etc]* nationalisé, étatisé ◆ **in the ~ domain** *(copyright)* dans le domaine public ◆ **to go ~** *(Fin) [company]* s'introduire en Bourse ; see also **comp**

**b** *(= of, for, by everyone) [meeting, park, indignation]* public (-ique *f*) ◆ **"this is a public announcement: would passengers ..."** "votre attention s'il vous plaît : les passagers sont priés de ..." ◆ **to be in the ~ eye** être très en vue ◆ **to disappear from the ~ eye** disparaître des feux de l'actualité ◆ **he's a ~ figure** c'est quelqu'un qui est très en vue, c'est une personnalité très connue ◆ **it is a matter of ~ interest** c'est une question d'intérêt public *or* général ◆ **he has the ~ interest at heart** il a à cœur l'intérêt *or* le bien public ◆ **a man in ~ life** un homme public ◆ **to go into ~ life** se consacrer aux affaires publiques ◆ **to be active in ~ life** prendre une part active aux affaires publiques ◆ **he's really a ~ nuisance** * c'est une calamité publique *, il empoisonne le monde * ◆ **there was a ~ protest against ...** il y a eu de nombreux mouvements de protestation contre ... ; see also **adj c** ◆ **the house has two ~ rooms and three bedrooms** *(Scot)* la maison a cinq pièces dont trois chambres ◆ **she is a good ~ speaker** elle parle bien en public ◆ **~ speakers know that ...** les personnes amenées à parler fréquemment en public savent que ... ; → **image**

**c** *(= open to everyone, not secret)* public (-ique *f*) ◆ **to make sth ~** rendre qch public, publier qch, porter qch à la connaissance du public ◆ **it was all quite ~** cela n'avait rien de secret, c'était tout à fait officiel ◆ **he made a ~ protest** il a protesté publiquement ◆ **his ~ support of the strikers** son appui déclaré *or* ouvert aux grévistes ◆ **let's go over there, it's too ~ here** allons là-bas, il y a trop de monde ici

N public *m* ◆ **the ~'s confidence in the government** la confiance des gens dans le gouvernement ◆ **the reading/sporting ~** les amateurs *mpl* de lecture/de sport ◆ **the**

**French/English** ~ les Français *mpl*/Anglais *mpl* ◆ **the American voting** ~ les électeurs *mpl* américains ◆ **the great British** ~ *(hum)* les sujets *mpl* de Sa (Gracieuse) Majesté ◆ **the house is open to the** ~ la maison est ouverte au public ◆ **he couldn't disappoint his** ~ *(= audience)* il ne pouvait pas décevoir son public ; → **general**

◆ **in public** en public

COMP ▷ **public access television** N *(US TV)* chaînes *fpl* câblées non commerciales ▷ **public-address system** N (système *m* de) sonorisation *f* ▷ **public affairs** NPL affaires *fpl* publiques ▷ **public analyst** N analyste *mf* d'État *or* officiel(le) ▷ **public assistance** † N *(NonC)* assistance *f* publique ▷ **public bar** N *(Brit)* bar *m* ▷ **public building** N édifice *m* public ▷ **public company** N société *f* anonyme par actions ▷ **public convenience** N *(Brit Admin)* toilettes *fpl* publiques ▷ **public corporation** N *(Brit)* entreprise *f* nationale ▷ **the public debt** N *(Econ)* la dette publique ▷ **public defender** N *(US Jur)* avocat *m* de l'assistance judiciaire ▷ **public enemy** N ennemi *m* public ◆ ~ **enemy number one** * *(fig)* ennemi *m* public numéro un ▷ **public examination** N *(Scol etc)* examen *m* national ▷ **public footpath** N *(Brit Admin)* passage *m* public pour piétons, sentier *m* public ▷ **public gallery** N *(in parliament, courtroom)* tribune *f* réservée au public ▷ **public health** N santé *f or* hygiène *f* publique ▷ **Public Health Service** N *(US)* ≃ Direction *f* des affaires sanitaires et sociales ▷ **public holiday** N jour *m* férié, fête *f* légale ▷ **public house** N *(Brit)* pub *m* ▷ **public housing** N *(US)* logements *mpl* sociaux, ≃ HLM *fpl* ▷ **public housing project** N *(US)* cité *f* HLM ▷ **public lavatory** N toilettes *fpl* publiques ▷ **public law** N droit *m* public ▷ **public lending right** N *(Brit Admin) droits dédommageant un auteur pour le prêt de ses ouvrages en bibliothèque* ▷ **public library** N bibliothèque *f* municipale ▷ **public limited company** N *(Brit)* ≃ société *f* à responsabilité limitée ▷ **public medicine** N *(US)* ⇒ **public health** ▷ **public money** N *(Econ)* deniers *mpl* publics ▷ **public opinion** N opinion *f* publique ▷ **public opinion poll** N sondage *m* d'opinion publique ▷ **public ownership** N *(Econ)* ◆ **under** ~ **ownership** nationalisé, étatisé ◆ **to take sth into** ~ **ownership** nationaliser qch, étatiser qch ▷ **public property** N *(NonC = land etc)* biens *mpl* publics, propriété *f* publique ◆ **to treat sb as** ~ **property** ne pas avoir d'égards pour la vie privée de qn ▷ **Public Prosecutor** N *(Jur)* ≃ procureur *m* (de la République), ministère *m* public ▷ **Public Prosecutor's Office** N *(Jur)* parquet *m* ▷ **the public purse** N *(Econ)* le trésor public ▷ **Public Record Office** N *(Brit)* ≃ Archives *fpl* nationales ▷ **public relations** NPL relations *fpl* publiques ◆ ~ **relations officer** responsable *mf* de relations publiques ◆ **it's just a** ~ **relations exercise** il *etc* a fait ça uniquement dans le but de se faire bien voir ▷ **public school** N *(Brit = private school)* public school *f*, collège *m* secondaire privé ; *(US) (= state school)* école *f* secondaire publique ▷ **public schoolboy**, **public schoolgirl** N *(Brit)* élève *mf* d'une public school ▷ **the public sector** N *(Econ)* le secteur public ▷ **public sector borrowing** N emprunts *mpl* d'État ▷ **public sector borrowing requirement** N besoins *mpl* de financement du secteur public ▷ **public servant** N fonctionnaire *mf* ▷ **public service** N service *m* public ▷ **public service corporation** N *(US)* service *m* public non nationalisé ▷ **public service vehicle** N *(Brit Admin)* véhicule *m* de transport en commun ▷ **public speaking** N art *m* oratoire ▷ **public spending** N *(NonC)* dépenses *fpl* publiques ▷ **public spirit** N civisme *m*, sens *m* civique ▷ **public-spirited** ADJ ◆ **to be ~-spirited** faire preuve de civisme ▷ **public television** N *(US)* télévision *f* éducative (non commerciale) ▷ **public transport** N *(NonC)* transports *mpl* en commun, transports *mpl* publics ▷ **public utility** N *(= company)* entreprise *f* de service public ; *(= service)* service *m* public ▷ **public welfare** N assistance *f* publique ▷ **public works** NPL travaux *mpl* publics

> **Public Access Television**
>
> Aux États-Unis, **public access television** désigne les chaînes câblées non commerciales produites par des associations locales et autres institutions à but non lucratif. Le principe est de permettre aux communautés locales de s'exprimer et d'éviter que les chaînes câblées ne deviennent des monopoles. Selon la loi de 1984 sur la télévision câblée (Cable Act), une communauté locale peut exiger du propriétaire d'une chaîne câblée qu'il lui réserve une **public access television** et mette à sa disposition le studio, le matériel d'enregistrement et le personnel technique nécessaires.

**publican** /ˈpʌblɪkən/ N a *(Brit = pub manager)* patron(ne) *m(f)* de bistrot b *(Bible = taxman)* publicain *m*

**publication** /ˌpʌblɪˈkeɪʃən/ N a *(NonC = act of publishing) [of book etc]* publication *f* ; *(Jur) [of banns]* publication *f* ; *[of decree]* promulgation *f*, publication *f* ◆ **after the** ~ **of the book** après la publication *or* la parution du livre ◆ **this is not for** ~ ceci doit rester entre nous b *(= published work)* publication *f*

COMP ▷ **publication date** N date *f* de parution *or* de publication

**publicist** /ˈpʌblɪsɪst/ N *(Jur)* spécialiste *mf* de droit public international ; *(Press)* journaliste *mf* ; *(Advertising)* (agent *m*) publicitaire *m*, agent *m* de publicité

**publicity** /pʌbˈlɪsɪtɪ/ N *(NonC)* publicité *f* (for pour) ◆ **can you give us some** ~ **for the concert?** pouvez-vous nous faire de la publicité pour le concert ? ◆ **adverse** ~ contre-publicité *f* ◆ **I keep getting** ~ **about the society's meetings** je reçois tout le temps des circulaires concernant les réunions de la société ◆ **I've seen some of their** ~ j'ai vu des exemples de leur publicité

COMP ▷ **publicity agency** N agence *f* publicitaire *or* de publicité ▷ **publicity agent** N (agent *m*) publicitaire *m*, agent *m* de publicité ▷ **publicity campaign** N campagne *f* d'information ; *(= advertising)* campagne *f* de publicité ▷ **publicity stunt** * N coup *m* de pub *

**publicize** /ˈpʌblɪsaɪz/ VT a *(= make public)* rendre public, publier ◆ **I don't** ~ **the fact, but ...** je ne le crie pas sur les toits, mais ... ◆ **well-~d** dont on parle beaucoup (*or* dont on a beaucoup parlé *etc*) ; see also **b** b *(= advertise)* faire de la publicité pour ◆ **well-~d** annoncé à grand renfort de publicité

**publicly** /ˈpʌblɪklɪ/ ADV a *(= in public)* publiquement, en public ◆ **to be** ~ **accountable** devoir répondre de ses actes devant l'opinion b *(Econ)* **~-owned** d'État, du secteur public ◆ ~ **funded** financé par l'État

COMP ▷ **publicly-quoted company** N société *f* anonyme cotée en Bourse

**publish** /ˈpʌblɪʃ/ VT a *[+ news]* publier, faire connaître ◆ **to** ~ **the banns** *(Jur, Rel)* publier les bans b *[+ book]* publier ; *[+ periodical]* faire paraître ; *[+ author]* éditer ◆ **to be ~ed** *[book, author]* être publié ◆ **"to be published"** "à paraître" ◆ **"just published"** "vient de paraître" ◆ **"published monthly"** "paraît tous les mois" VI publier

**publisher** /ˈpʌblɪʃəʳ/ N éditeur *m*, -trice *f*

**publishing** /ˈpʌblɪʃɪŋ/ N *[of book etc]* publication *f* ◆ **he's** *or* **he works in** ~ il travaille dans l'édition

COMP ▷ **publishing house** N maison *f* d'édition

**puce** /pjuːs/ ADJ puce *inv*

**puck**[1] /pʌk/ N *(= elf)* lutin *m*, farfadet *m*

**puck**[2] /pʌk/ N *(Ice Hockey)* palet *m*

**pucker** /ˈpʌkəʳ/ VI (also **pucker up**) *[face, feature, forehead]* se plisser ; *(Sewing)* goder ◆ **she ~ed up, waiting for his kiss** elle avança les lèvres, attendant son baiser VT a *(Sewing)* froncer b (also **pucker up**) *[+ lips]* avancer ◆ **to** ~ **(up) one's brow** *or* **forehead** plisser son front N *(Sewing)* faux pli *m*

**puckish** /ˈpʌkɪʃ/ ADJ *(liter)* de lutin, malicieux

**pud** ‡ /pʊd/ N *(Brit)* abbrev of **pudding**

**pudding** /ˈpʊdɪŋ/ N a *(= cooked dessert)* **steamed** ~ pudding *m* ◆ **apple** ~ dessert *m* aux pommes ◆ **rice** ~ riz *m* au lait ; → **milk, proof** b *(Brit = dessert course in meal)* dessert *m* ◆ **what's for** ~**?** qu'y a-t-il comme dessert ? c *(= cooked meat etc dish)* ◆ **steak-and-kidney** ~ pain *m* de viande et de rognons à la vapeur d *(= cooked sausage)* **black/white** ~ boudin *m* noir/blanc e *(* pej = fat person)* patapouf * *mf*

COMP ▷ **pudding basin** N *(Brit)* jatte *f (dans laquelle on fait cuire le pudding)* ▷ **pudding-face** ‡ N *(fig pej)* (face *f* de) lune * *f* ▷ **pudding-head** ‡ N *(fig pej)* empoté(e) * *m(f)*, andouille * *f* ▷ **pudding rice** N *(Culin)* riz *m* à grains ronds

**puddingstone** /ˈpʊdɪŋstəʊn/ N *(Geol)* poudingue *m*, conglomérat *m*

**puddle** /ˈpʌdl/ N flaque *f* VI former une flaque

**pudenda** /puːˈdendə/ NPL parties *fpl* génitales

**pudgy** /ˈpʌdʒɪ/ ADJ ⇒ **podgy**

**pueblo** /ˈpwebləʊ/ N (pl **pueblos**) *(in US) village indien du sud-ouest des États-Unis*

COMP ▷ **the Pueblo Indians** NPL les (Indiens *mpl*) Pueblos *mpl*

**puerile** /ˈpjʊəraɪl/ ADJ puéril (puérile *f*)

**puerility** /pjʊəˈrɪlɪtɪ/ N puérilité *f*

**puerperal** /pju(ː)ˈɜːpərəl/ ADJ puerpéral ◆ ~ **fever** fièvre *f* puerpérale

**Puerto Rican** /ˈpwɜːtəʊˈriːkən/ ADJ portoricain N Portoricain(e) *m(f)*

**Puerto Rico** /ˈpwɜːtəʊˈriːkəʊ/ N Porto Rico

**puff** /pʌf/ N a *[of air]* bouffée *f*, souffle *m* ; *(from mouth)* souffle *m* ; *[of wind, smoke]* bouffée *f* ; *(sound of engine)* teuf-teuf *m* ◆ **he blew out the candles with one** ~ il a éteint les bougies d'un seul souffle ◆ **our hopes vanished in a** ~ **of smoke** nos espoirs se sont évanouis *or* s'en sont allés en fumée ◆ **to be out of** ~ * être à bout de souffle, être essoufflé ◆ **to get one's** ~ * **back** reprendre son souffle, reprendre haleine ◆ **he took a** ~ **at his pipe/cigarette** il a tiré une bouffée de sa pipe/cigarette ◆ **just time for a quick** ~**!** * juste le temps de griller une clope * *or* d'en griller une * !

b (also **powder puff**) houppe *f* ; *(small)* houppette *f* ; *(in dress)* bouillon *m* ; *(= pastry)* feuilleté *m* ◆ **jam** ~ feuilleté *m* à la confiture

c *(Press, Rad, TV * = advertisement)* réclame *f NonC*, boniment *m NonC* ; *(= written article)* papier *m* ◆ **a** ~ **about his new book** un papier sur son nouveau livre

**VI** *(= blow)* souffler ; *(= pant)* haleter ; *[wind]* souffler ◆ **smoke was ~ing from the ship's funnel** des bouffées de fumée sortaient de la cheminée du navire ◆ **he was ~ing hard** *or* **~ing and panting** il soufflait comme un phoque *or* un bœuf ◆ **to ~ (away) at** *or* **on one's pipe/cigarette** tirer des bouffées de sa pipe/cigarette ◆ **the doctor came ~ing in** le docteur entra en haletant ◆ **to ~ in/out** *etc [train]* entrer/sortir *etc* en envoyant des bouffées de fumée ; see also **puffed**

**VT** **a** **to ~ (out) smoke** *[person, chimney, engine, boat]* envoyer des bouffées de fumée ◆ **stop ~ing smoke into my face** arrête de m'envoyer ta fumée dans la figure ◆ **he ~ed his pipe** il tirait des bouffées de sa pipe

**b** (also **puff out**) *[+ sails etc]* gonfler ◆ **to ~ (out) one's cheeks** gonfler ses joues ◆ **to ~ out one's chest** gonfler *or* bomber sa poitrine ◆ **the bird ~ed out** *or* **up its feathers** l'oiseau a hérissé ses plumes ◆ **his eyes are ~ed (up)** il a les yeux gonflés *or* bouffis

**c** (* *= praise:* also **puff up**) faire mousser *, faire du battage autour de

**COMP** ▷ **puff adder** N vipère *f* heurtante ▷ **puffed rice** N riz *m* soufflé ▷ **puffed sleeves** NPL ⇒ **puff sleeves** ; → **puff** ▷ **puff paste** N *(US)* ⇒ **puff pastry** ▷ **puff pastry** N pâte *f* feuilletée ▷ **puff-puff** * N *(baby talk = train)* teuf-teuf * *m (baby talk)* ▷ **puff sleeves** NPL manches *fpl* bouffantes

▸ **puff along** VI *[person]* se déplacer en haletant ; *[steam train, ship]* avancer en haletant

▸ **puff away** VI → **puff vi**

▸ **puff out** **VI** *[sails etc]* se gonfler ; see also **puff vi**

**VT SEP** → **puff vt**

▸ **puff up** **VI** *[sails etc]* se gonfler ; *[eye, face]* enfler

**VT SEP** *(= inflate)* gonfler ◆ **to be ~ed up (with pride)** *(fig)* être bouffi d'orgueil ; see also **puff vt**

**puffball** /ˈpʌfbɔːl/ N vesse-de-loup *f*

**puffed** * /pʌft/ ADJ (= *breathless:* also **puffed out**) à bout de souffle

**puffer** /ˈpʌfəʳ/ N **a** (also **puffer fish**) poisson-globe *m* **b** (* *= train)* train *m* à vapeur **c** *(Med* * *= inhaler)* inhalateur *m* **d** (* *= smoker)* fumeur *m*, -euse *f*

**puffery** /ˈpʌfərɪ/ N *(pej)* battage *m* (publicitaire)

**puffin** /ˈpʌfɪn/ N macareux *m*, perroquet *m* de mer

**puffiness** /ˈpʌfɪnɪs/ N *[of eye, face]* gonflement *m*, bouffissure *f*

**puffy** /ˈpʌfɪ/ ADJ *[eye, face]* gonflé, bouffi ; *[cloud]* cotonneux

**pug** /pʌg/ **N** *(= dog)* carlin *m* **COMP** ▷ **pug nose** N nez *m* retroussé ▷ **pug-nosed** ADJ au nez retroussé

**pugilism** /ˈpjuːdʒɪlɪzəm/ N boxe *f*

**pugilist** † /ˈpjuːdʒɪlɪst/ N pugiliste *m*, boxeur *m*

**pugnacious** /pʌgˈneɪʃəs/ ADJ pugnace, querelleur

**pugnaciously** /pʌgˈneɪʃəslɪ/ ADV avec pugnacité, d'un ton querelleur

**pugnacity** /pʌgˈnæsɪtɪ/ N pugnacité *f*

**puke** ‡ /pjuːk/ **VI** (also **puke up**) dégueuler ‡, dégobiller ‡ ◆ **it makes you ~** *(fig)* c'est à faire vomir, c'est dégueulasse ‡ **VT** (also **puke up**) dégueuler ‡ **N** **a** *(= vomit)* dégueulis ‡ *m* **b** *(US pej = person)* salaud ‡ *m*

▸ **puke up** ‡ ⇒ **puke vi, vt**

**pukka** * /ˈpʌkə/ ADJ *(Brit)* **a** *(= genuine)* vrai, véritable ; *(= excellent)* de premier ordre **b** *(= socially superior)* snob *inv*

**pulchritude** /ˈpʌlkrɪtjuːd/ N *(liter or hum)* vénusté *f (liter)*

**pulchritudinous** /ˌpʌlkrɪˈtjuːdɪnəs/ ADJ *(liter or hum)* bien tourné †, beau (belle *f*)

**Pulitzer prize** /ˈpʊlɪtsəˌpraɪz/ N *(US)* prix *m* Pulitzer

> **Pulitzer Prize**
>
> Aux États-Unis, les prix Pulitzer sont des récompenses prestigieuses décernées chaque année aux personnes jugées les plus méritantes dans les domaines du journalisme, de la littérature ou de la musique. Il existe treize catégories en journalisme (enquête, articles de fond, etc) et six en littérature. Ces prix ont été créés et financés par le journaliste et propriétaire de journaux Joseph Pulitzer (1847-1911).

**pull** /pʊl/ **N** **a** *(= act, effect)* traction *f* ; *[of moon]* attraction *f* ; *(= attraction: magnetic, fig)* (force *f* d')attraction *f*, magnétisme *m* ◆ **one more ~ and we'll have it up** encore un coup et on l'aura ◆ **I felt a ~ at my sleeve** j'ai senti quelqu'un qui tirait ma manche ◆ **to give sth a ~, to give a ~ on** *or* **at sth** tirer (sur) qch ◆ **he's got ~** * *(fig)* il a le bras long ◆ **the ~ of the current** la force du courant ◆ **the ~ of family ties** *(fig)* la force des liens familiaux ◆ **the ~ of the South/the sea** *etc (fig)* l'attraction *f* or l'appel *m* du Sud/de la mer *etc* ◆ **to be on the ~** ‡ *(fig)* draguer * ◆ **to have a ~ over sb** *(fig = have a hold over)* avoir barre sur qn ◆ **it was a long ~ to the shore** *(Rowing)* il a fallu ramer longtemps pour arriver jusqu'au rivage ◆ **it was a long (hard) ~ up the hill** la montée était longue (et raide) pour arriver en haut de la colline ◆ **to have (some) ~ with sb** *(= influence)* avoir de l'influence auprès de qn ; → **leg**

**b** *(= swig, puff: at bottle, glass, drink)* gorgée *f* ◆ **he took a ~ at the bottle** il a bu une gorgée à même la bouteille ◆ **he took a ~ at his beer** il a bu une gorgée de bière ◆ **he took a long ~ at his cigarette/pipe** il a tiré longuement sur sa cigarette/pipe

**c** *(= handle)* poignée *f* ; *(= cord)* cordon *m* ; → **bell**[1]

**d** *(Typ)* épreuve *f*

**e** *(Golf)* coup *m* hooké

**VT** **a** *(= draw) [+ cart, carriage, coach, caravan, curtains]* tirer ◆ **she ~ed her jacket around her shoulders** elle ramena sa veste autour de ses épaules ◆ **to ~ a door open** ouvrir une porte (en la tirant) ◆ **he ~ed the box over to the window** il a traîné la caisse jusqu'à la fenêtre ◆ **to ~ a door shut** tirer une porte derrière soi ◆ **~ your chair closer to the table** approchez votre chaise de la table ◆ **he ~ed her towards him** il l'attira vers lui ◆ **to ~ sb clear of** *[+ wreckage, rubble]* dégager qn de ; *[+ water, mud]* retirer qn de

**b** *(= tug) [+ bell, rope, thread]* tirer ; *[+ trigger]* presser ; *[+ oars]* manier ◆ **to ~ to pieces** *or* **to bits** *(lit)* [+ toy, box etc] mettre en pièces *or* en morceaux, démolir ; *[+ daisy]* effeuiller ; (* *fig) [+ argument, scheme, play, film]* démolir * ; * *[+ person]* éreinter ◆ **to ~ sb's hair** tirer les cheveux à qn ◆ **~ the other one (it's got bells on)!** ‡ à d'autres !, mon œil ! * ◆ **to ~ a horse** *(Racing)* retenir un cheval ◆ **to ~ one's punches** *(Boxing, also fig)* ménager son adversaire ◆ **he didn't ~ any punches** il n'y est pas allé de main morte, il n'a pas pris de gants ◆ **to ~ one's weight** *(fig)* faire sa part du travail, fournir sa part d'effort ; → **leg, string, wire**

**c** *(= draw out) [+ tooth]* arracher, extraire ; *[+ cork, stopper]* ôter, retirer ; *[+ gun, knife]* sortir ; *[+ flowers]* cueillir ; *[+ weeds]* arracher, extirper ; *[+ beer]* tirer ; *(Culin) [+ chicken]* vider ◆ **he ~ed a gun on me** il a sorti un revolver et l'a braqué sur moi ◆ **he's ~ing pints * somewhere in London** il est barman quelque part à Londres ◆ **to ~ trumps** * *(Cards)* faire tomber les atouts ◆ **to ~ rank on sb** *(fig)* en imposer hiérarchiquement à qn

**d** *(= strain, tear) [+ muscle, tendon, ligament]* se déchirer

**e** *(Typ)* tirer

**f** *(Golf etc) [+ ball]* hooker ◆ **to ~ a shot** hooker

**g** (* *= cancel) [+ TV programme]* annuler

**h** (* *= make, do)* faire, commettre ◆ **the gang ~ed several bank raids/several burglaries last month** le gang a fait *or* commis plusieurs hold-up de banques/plusieurs cambriolages le mois dernier ◆ **to ~ a trick on sb** jouer un mauvais tour à qn ; → **face, fast**[1]**, long**[1]

**i** (* *fig = attract) [+ public]* attirer ; *[+ votes]* ramasser

**j** *(Brit* ‡ *= get off with)* lever ‡

**VI** **a** *(= tug)* tirer (*at, on* sur) ◆ **stop ~ing!** arrêtez de tirer ! ◆ **he ~ed at her sleeve** il lui tira la manche, il la tira par la manche ◆ **the car/the steering is ~ing to the left** la voiture/la direction porte à gauche ◆ **the brakes ~ to the left** quand on freine la voiture porte à gauche *or* est déportée sur la gauche ◆ **to ~ for sb** * *(fig)* appuyer qn ; see also **vi b**

**b** *(= move)* **the train ~ed into/out of the station** le train est entré en gare/est sorti de la gare ◆ **he soon ~ed clear of the traffic** il eut vite fait de laisser le gros de la circulation derrière lui ◆ **to ~ sharply to the left** *[car, driver]* virer brusquement à gauche ; see also **vi a** ◆ **the car isn't ~ing very well** la voiture manque de reprises

**c** *(= swig, puff)* ◆ **he ~ed at his beer** il a bu une gorgée de bière ◆ **to ~ at a cigarette/pipe** *etc* tirer sur une cigarette/pipe *etc*

**d** *(= row)* ramer (*for* vers)

**e** (‡ *Brit) (= get off with sb)* emballer *

**COMP** ▷ **pull-back** N *(Mil)* repli *m* ▷ **pull-down** ADJ *[bed]* rabattable, escamotable ◆ **~-down seat** strapontin *m* ▷ **pull-down menu** N *(Comput)* menu *m* déroulant ▷ **pull-in** N *(Brit) (= lay-by)* parking *m* ; *(= café)* café *m* de bord de route, routier *m* ▷ **pull-off** N *(US)* parking *m* ▷ **pull-out** N, ADJ → **pull-out** ▷ **pull-ring, pull-tab** N *(on can)* anneau *m*, bague *f* ▷ **pull-up** N *(Brit: by roadside)* ⇒ **pull-in** *(Gym)* traction *f (sur barre etc)*

▸ **pull about** VT SEP **a** *[+ wheeled object etc]* tirer derrière soi

**b** *(= handle roughly) [+ object]* tirailler ; *[+ person]* malmener

▸ **pull ahead** VI *(in race, election etc)* prendre la tête ◆ **he began to ~ ahead of his pursuers** il a commencé à prendre de l'avance sur *or* à distancer ses poursuivants

▸ **pull along** VT SEP *[+ wheeled object etc]* tirer derrière *or* après soi ◆ **to ~ o.s. along** se traîner

▸ **pull apart** **VI** ◆ **this box pulls apart** cette boîte est démontable *or* se démonte

**VT SEP** **a** *(= pull to pieces)* démonter ; *(= break)* mettre en pièces *or* en morceaux ◆ **the police ~ed the whole house apart looking for drugs** * la police a mis la maison sens dessus dessous en cherchant de la drogue ◆ **his parents' rows were ~ing him apart**

les disputes de ses parents le déchiraient ◆ **nationalism was threatening to ~ the country apart** le nationalisme menaçait de déchirer le pays

b *(= separate)* *[+ dogs, adversaries]* séparer ; *[+ sheets of paper etc]* détacher, séparer

c *(fig = criticize)* *[+ play, performance]* éreinter ; *[+ argument, suggestion]* démolir

► **pull around** VT SEP ⇒ **pull about**

► **pull away** VI *[vehicle, ship]* démarrer ; *[train]* démarrer, s'ébranler ◆ **he ~ed away from the kerb** il s'est éloigné du trottoir ◆ **he began to ~ away from his pursuers** il a commencé à prendre de l'avance sur *or* à distancer ses poursuivants ◆ **she suddenly ~ed away from him** elle se dégagea soudain de son étreinte

VT SEP *(= withdraw)* retirer brusquement *(from sb* à qn) ; *(= snatch)* ôter, arracher *(from sb* à qn, des mains de qn) ◆ **he ~ed the child away from the fire** il a éloigné *or* écarté l'enfant du feu

► **pull back** VI *(Mil, gen, fig = withdraw)* se retirer

VT SEP a *(= withdraw)* *[+ object]* retirer *(from* de) ; *[+ person]* tirer en arrière *(from* loin de) ; *(Mil)* retirer, ramener à *or* vers l'arrière ◆ **to ~ back the curtains** ouvrir les rideaux

b *[+ lever]* tirer (sur)

► **pull down** VT SEP a *[+ blind]* baisser, descendre ◆ **he ~ed his opponent down (to the ground)** il a mis à terre son adversaire ◆ **he ~ed his hat down over his eyes** il ramena *or* rabattit son chapeau sur ses yeux ◆ **~ your skirt down over your knees** ramène *or* tire ta jupe sur tes genoux ◆ **she slipped and ~ed everything down off the shelf with her** elle a glissé et entraîné dans sa chute tout ce qui était sur l'étagère

b *(= demolish)* *[+ building]* démolir, abattre ; *[+ tree]* abattre ◆ **the whole street has been ~ed down** la rue a été complètement démolie ◆ **to ~ down the government** renverser le gouvernement

c *(= weaken, reduce)* affaiblir, abattre ◆ **that bout of flu ~ed him down quite a lot** cette grippe l'a considérablement affaibli ◆ **his geography marks ~ed him down** ses notes de géographie ont fait baisser sa moyenne

► **pull in** VI *(Aut etc)* *(= arrive)* arriver ; *(= enter)* entrer ; *(= stop)* s'arrêter ◆ **when the train ~ed in (at the station)** quand le train est entré en gare

VT SEP a *[+ rope, fishing line]* ramener ◆ **to ~ sb in** *(into room, car)* faire entrer qn, tirer qn à l'intérieur ; *(into pool etc)* faire piquer une tête dans l'eau à qn ◆ **~ your chair in (to the table)** rentre ta chaise (sous la table) ◆ **~ your stomach in!** rentre le ventre ! ◆ **the film is certainly ~ing people in** il est certain que ce film attire les foules ; → **belt, horn**

b *(* = pick up)* **the police ~ed him in for questioning** la police l'a appréhendé pour l'interroger

c *(= restrain)* *[+ horse]* retenir

d *(* = earn)* *[person]* gagner ; *[business, shop etc]* rapporter

N ◆ **pull-in** → **pull**

► **pull off** VT SEP a *(= remove)* *[+ handle, lid, cloth]* enlever, ôter ; *[+ gloves, shoes, coat, hat]* enlever, ôter

b *(Aut)* ◆ **he pulled the car off the road** *or* **onto the verge** il a arrêté la voiture sur le bord de la route

c *(fig)* *[+ plan, aim]* réaliser ; *[+ deal]* mener à bien, conclure ; *[+ attack, hoax]* réussir ◆ **he didn't manage to ~ it off** il n'a pas réussi son coup

VI a *(= start)* *[car, bus etc]* démarrer, partir

b ◆ **to pull off the road** *[vehicle, driver]* quitter la route

N ◆ **pull-off** → **pull**

► **pull on** VI ◆ **the cover pulls on** la housse s'enfile

VT SEP *[+ gloves, coat, cover]* mettre, enfiler ; *[+ shoes, hat]* mettre

► **pull out** VI a *(= leave)* *[train]* s'ébranler, démarrer ; *[car, bus, ship]* démarrer, partir

b *(= withdraw)* *(lit, fig)* se retirer *(of* de) ◆ **to ~ out of a dive** *(Aviat)* se redresser ◆ **he ~ed out of the deal at the last minute** il a tiré son épingle du jeu *or* il s'est retiré à la dernière minute

c *(Aut)* déboîter, sortir de la file ◆ **he ~ed out to overtake the truck** il a déboîté pour doubler le camion

d ◆ **the drawers pull out easily** les tiroirs coulissent bien ◆ **the table ~s out to seat eight** avec la rallonge huit personnes peuvent s'asseoir à la table ◆ **the centre pages ~ out** les pages du milieu sont détachables *or* se détachent

VT SEP a *(= extract, remove)* *[+ nail, hair, page]* arracher ; *[+ splinter]* enlever ; *[+ cork, stopper]* ôter, retirer ; *[+ tooth]* arracher, extraire ; *[+ weeds]* arracher, extirper ; *[+ gun, knife, cigarette lighter]* sortir ◆ **he ~ed a rabbit out of his hat** il a sorti *or* tiré un lapin de son chapeau ◆ **to ~ sb out of a room** faire sortir qn d'une pièce ◆ **they ~ed him out of the wreckage alive** ils l'ont tiré *or* sorti vivant des débris ; → **finger, stop**

b *(= withdraw)* *[+ troops, police etc]* retirer *(of* de) ◆ **the union has ~ed all the workers out on strike** tous les ouvriers ont répondu à la consigne de grève donnée par le syndicat

c *(* fig = produce)* *[+ reason, argument]* sortir * ◆ **he ~ed out one last trick** *(fig)* il a usé d'un dernier stratagème

► **pull over** VI *(Aut)* ◆ **he ~ed over (to one side) to let the ambulance past** il s'est rangé *or* garé sur le côté pour laisser passer l'ambulance

VT SEP a ◆ **he pulled the box over to the window** il a traîné la caisse jusqu'à la fenêtre ◆ **she ~ed the chair over and stood on it** elle a tiré la chaise à elle pour grimper dessus ◆ **they ~ed him over to the door** ils l'ont entraîné jusqu'à la porte

b *(* = stop)* *[+ motorist, car]* contraindre à s'arrêter

c ◆ **they climbed the wall and pulled him over** ils ont grimpé sur le mur et l'ont hissé de l'autre côté

d *(= topple)* **the vandals ~ed the gatepost over** les vandales ont renversé *or* fait tomber le montant du portail ◆ **he ~ed the bookcase over on top of himself** il a entraîné la bibliothèque dans sa chute

► **pull round** VI *[unconscious person]* revenir à soi, reprendre conscience ; *[sick person]* s'en sortir

VT SEP a *[+ chair etc]* faire pivoter, tourner ◆ **he ~ed me round to face him** il m'a fait me retourner pour me forcer à lui faire face

b *[+ unconscious person]* ramener à la conscience

► **pull through** VI *(from illness)* s'en tirer, s'en sortir ; *(from difficulties)* s'en sortir, s'en tirer

VT SEP *[+ rope etc]* *(gen)* faire passer ; *(Climbing)* rappeler

VT FUS *[+ illness]* réchapper à ; *[+ difficulties, crisis]* se sortir de

► **pull together** VI a *(on rope etc)* tirer ensemble *or* simultanément ; *(on oars)* ramer simultanément *or* à l'unisson

b *(fig = cooperate)* (s'entendre pour) faire un effort

VT SEP a *(= join)* *[+ rope ends etc]* joindre ◆ **let me now ~ together the threads of my argument** je vais maintenant faire la synthèse de mes arguments ◆ **data exists but it needs ~ing together** les données existent mais il faut les rassembler

b * ◆ **to ~ o.s. together** se reprendre, se ressaisir ◆ **~ yourself together!** ressaisis-toi !, reprends-toi !

► **pull up** VI a *(= stop)* *[vehicle]* s'arrêter, stopper ; *[athlete, horse]* s'arrêter (net)

b *(= draw level with)* **he ~ed up with the leaders** il a rattrapé *or* rejoint ceux qui menaient

VT SEP a *(= raise)* *[+ object]* remonter ; *(= haul up)* hisser ; *[+ stockings]* remonter, tirer ; *[+ chair]* approcher ◆ **when the bucket was full he ~ed it up** une fois le seau plein il l'a remonté ◆ **he leaned down from the wall and ~ed the child up** il s'est penché du haut du mur et a hissé l'enfant jusqu'à lui ◆ **he ~ed me up out of the armchair** il m'a tiré *or* fait sortir du fauteuil ◆ **your geography mark has ~ed you up** votre note de géographie vous a remonté * ; → **sock**[1]

b *(= bring close)* **~ up a chair!** prends une chaise !

c *[+ tree etc]* arracher, déraciner ; *[+ weed]* arracher, extirper ◆ **to ~ up one's roots** se déraciner

d *(= halt)* *[+ vehicle]* arrêter, stopper ; *[+ horse]* arrêter ◆ **the chairman ~ed the speaker up (short)** le président a coupé la parole à *or* a interrompu l'orateur ◆ **he ~ed himself up (short)** il s'arrêta net *or* pile ◆ **the police ~ed him up for speeding** la police l'a arrêté pour excès de vitesse ◆ **the headmaster ~ed him up for using bad language** il a été repris *or* réprimandé par le directeur pour avoir été grossier

N ◆ **pull-up** → **pull**

**pullet** /ˈpʊlɪt/ N jeune poule *f*, poulette *f*

**pulley** /ˈpʊlɪ/ N a *(= block)* poulie *f* b *(Scot: for clothes-drying)* séchoir *m* à linge (suspendu)

**Pullman** ® /ˈpʊlmən/ N (pl **Pullmans**) *(Brit Rail:* also **Pullman carriage**) pullman *m*, voiture-salon *f*, wagon-salon *m* ; *(US = sleeper:* also **Pullman car**) voiture-lit *f*, wagon-lit *m* *(= train)* (also **Pullman train**) train *m* Pullman

**pull-out** /ˈpʊlaʊt/ N a *(in magazine etc)* supplément *m* détachable b *[of troops]* retrait *m*

ADJ *[magazine section]* détachable ; *[table leaf, shelf]* rétractable ◆ **~ bed** meuble-lit *m*

**pullover** /ˈpʊl,əʊvəʳ/ N *(esp Brit)* pull *m*, pullover *m*

**pullulate** /ˈpʌljʊleɪt/ VI *(frm)* pulluler

**pully** * /ˈpʊlɪ/ N *(Brit)* (abbrev of **pullover**) pull *m*

**pulmonary** /ˈpʌlmənərɪ/ ADJ pulmonaire

**pulp** /pʌlp/ N a *(= paste)* pulpe *f* ; *(= part of fruit)* pulpe *f*, chair *f* ; *(for paper)* pâte *f* à papier, pulpe *f* (à papier) ◆ **to reduce** *or* **crush to a ~** *[+ wood]* réduire en pâte *or* en pulpe ; *[+ fruit]* réduire en purée ◆ **his arm was crushed to a ~** il a eu le bras complètement écrasé ◆ **to beat sb to a ~** passer qn à tabac *, tabasser * qn ; → **pound**[2] b *(pej = literature)* littérature *f* de gare ◆ **~ fiction/novel** romans *mpl*/roman *m* de gare ◆ **~ magazine** magazine *m* à sensation, torchon * *m* VT *[+ wood, linen]* réduire en pâte *or* en pulpe ; *[+ fruit]* réduire en purée ; *[+ book]* mettre au pilon, pilonner ; *[+ money, documents]* détruire *(par broyage)*

COMP ▷ **pulp cavity** N *(in tooth)* cavité pulpaire

**pulpit** /ˈpʊlpɪt/ N chaire *f* *(Rel)*

**pulpy** /ˈpʌlpɪ/ ADJ a (= *soft*) *[fruit]* charnu, pulpeux ; *[consistency]* pâteux ; *(Bio) [tissue]* pulpeux b (* = *trashy*) *[novel, literature]* de gare *(pej)*

**pulsar** /ˈpʌlsɑːʳ/ N pulsar *m*

**pulsate** /pʌlˈseɪt/ VI *[heart, vein]* palpiter ; *[blood]* battre ; *[music]* vibrer ◆ **the pulsating rhythm of the drums** le battement rythmique des tambours

**pulsating** /pʌlˈseɪtɪŋ/ ADJ *[heart, vein]* palpitant ; *[music]* vibrant ; *(fig = exciting)* palpitant

**pulsation** /pʌlˈseɪʃən/ N *[of heart]* battement *m*, pulsation *f* ; *(Elec, Phys)* pulsation *f*

**pulse¹** /pʌls/ N *(Med)* pouls *m* ; *(Elec, Phys, Rad)* vibration *f* ; *[of radar]* impulsion *f* ; *(fig) [of drums etc]* battement *m* rythmique ; *[of emotion]* frémissement *m*, palpitation *f* ◆ **to take sb's ~** *(also fig)* prendre le pouls de qn ◆ **to have** *or* **keep one's finger on the ~** être à l'écoute de ce qui se passe VI *[heart]* battre fort ; *[blood]* battre ; *[sound]* vibrer ◆ **it sent the blood pulsing through his veins** cela lui fouetta le sang ◆ **the life pulsing in a great city** la vie qui palpite au cœur d'une grande ville COMP ▷ **pulse rate** N *(Med)* pouls *m*

**pulse²** /pʌls/ N *(Bot)* légume *m* à gousse ; *(Culin) (dried)* légume *m* sec

**pulsebeat** /ˈpʌlsbiːt/ N *(Med, Mus)* pulsation *f*

**pulverization** /ˌpʌlvəraɪˈzeɪʃən/ N pulvérisation *f*

**pulverize** /ˈpʌlvəraɪz/ VT *(lit, fig)* pulvériser

**puma** /ˈpjuːmə/ N puma *m*

**pumice** /ˈpʌmɪs/ N (also **pumice stone**) pierre *f* ponce

**pummel** /ˈpʌml/ VT *(in fight)* bourrer *or* rouer de coups ; *(in massage)* pétrir

**pummelling** /ˈpʌməlɪŋ/ N *(in fight)* volée *f* de coups ; *(in massage)* pétrissage *m* ◆ **to take a ~** *(lit)* se faire rouer de coups ; *(Sport = be beaten)* se faire battre à plate(s) couture(s) ; *(= be criticized/attacked)* se faire violemment critiquer/attaquer

**pump¹** /pʌmp/ N *(all senses)* pompe *f* ; → **parish, petrol, prime**

VT a **to ~ water into sth** pomper de l'eau dans qch ◆ **to ~ water out of sth** pomper l'eau de qch ◆ **they ~ed the remaining oil out of the ship** ils ont pompé le pétrole qui restait dans le navire ◆ **they ~ed the tank dry** ils ont vidé *or* asséché le réservoir (à la pompe) ◆ **to ~ air into sth** gonfler qch ◆ **the water is ~ed up to the house** l'eau est amenée jusqu'à la maison au moyen d'une pompe ◆ **the heart ~s the blood round the body** le cœur fait circuler le sang dans le corps ◆ **to ~ oil through a pipe** faire passer *or* faire couler du pétrole dans un pipeline (à l'aide d'une pompe) ◆ **to ~ sb's stomach** *(Med)* faire un lavage d'estomac à qn ◆ **to ~ iron** * *(Sport)* faire de l'haltérophilie ◆ **to ~ sb full of drugs** * bourrer qn de calmants * ◆ **to ~ bullets into sb** * cribler qn de balles ; → **lead²** ◆ **they ~ed money into the project** * ils ont injecté de l'argent dans le projet ◆ **he ~ed facts into their heads** il leur bourrait * la tête de faits précis

b (* = *question*) **to ~ sb for sth** essayer de soutirer qch à qn ◆ **they'll try to ~ you (for information)** ils essayeront de vous faire parler *or* de vous tirer les vers * du nez

c *[+ accelerator, brake]* appuyer plusieurs fois sur ; *[+ handle etc]* lever et abaisser

VI *[pump, machine, person]* pomper ; *[heart]* battre fort ◆ **blood ~ed from the artery** le sang coulait à flots de l'artère ◆ **the oil was ~ing along the pipeline** le pétrole coulait dans le pipeline ◆ **the piston was ~ing up and down** le piston montait et descendait régulièrement

COMP ▷ **pump-action** ADJ *[shotgun]* à pompe ▷ **pump attendant** N *(Brit)* pompiste *mf* ▷ **pump house, pumping station** N station *f* d'épuisement *or* de pompage ▷ **pump prices** NPL ◆ **a rise in ~ prices** *[of petrol]* une hausse (des prix) à la pompe ▷ **pump priming** N *(Econ)* mesures *fpl* de relance de l'économie ▷ **pump room** N buvette *f (où l'on prend les eaux dans une station thermale)* ▷ **pump-water** N eau *f* de la pompe

► **pump away** VI *[heart]* battre la chamade ◆ **he was ~ing away on the lever** il faisait fonctionner *or* actionnait le levier

► **pump in** VT SEP *[+ water, oil, gas etc]* refouler (à l'aide d'une pompe) ◆ **~ some more air in** donnez plus d'air

► **pump out** VI *[blood, oil]* couler à flots (of de)

VT SEP a *[+ water, oil, gas etc]* pomper, aspirer (à l'aide d'une pompe)

b (* = *produce*) pondre en masse * ◆ **this station ~s out pop music 24 hours a day** *(TV, Rad)* cette station balance * de la musique pop 24 heures par jour

► **pump up** VT SEP *[+ tyre, airbed]* gonfler ; see also **pump vt a**

**pump²** /pʌmp/ N *(esp Brit = sports shoe)* chausson *m* de gym(nastique) ; *(US = court shoe)* escarpin *m*

**pumpernickel** /ˈpʌmpənɪkl/ N pumpernickel *m*, pain *m* de seigle noir

**pumpkin** /ˈpʌmpkɪn/ N citrouille *f* ; *(bigger)* potiron *m* ; *[of Cinderella]* citrouille *f* ◆ **~ pie** tarte *f* à la citrouille

**pun** /pʌn/ N calembour *m*, jeu *m* de mots VI faire un *or* des calembour(s), faire un *or* des jeu(x) de mots ◆ **"foot and mouth is a big problem, in fact it's a pig * of a problem" he ~ned** "la fièvre aphteuse est un problème très sérieux, c'est même vachement * sérieux" dit-il en voulant faire un jeu de mots

**Punch** /pʌntʃ/ N Polichinelle *m* ◆ **~ and Judy show** (théâtre *m* de) guignol *m* ; → **pleased**

**punch¹** /pʌntʃ/ N a (= *blow*) coup *m* de poing ◆ **to give sb a ~ (on the nose)** donner un coup de poing (sur le nez) à qn ◆ **he's got a good ~** *(Boxing)* il a du punch ◆ **to ride with the ~es** *(esp US)* encaisser * ; → **pack, pull, rabbit**

b *(NonC = punchiness)* punch * *m* ◆ **a phrase with more ~** une expression plus frappante *or* plus incisive ◆ **we need a presentation with some ~ to it** il nous faut une présentation énergique *or* vigoureuse ◆ **a film with no ~ to it** un film qui manque de punch *

c (= *tool*) *(for tickets)* poinçonneuse *f* ; *(for holes in paper)* perforateur *m* ; *(for metalworking)* poinçonneuse *f*, emporte-pièce *m inv* ; *(for stamping design)* étampe *f* ; *(smaller)* poinçon *m* ; *(for driving in nails)* chasse-clou *m*

VT a *(with fist) [+ person]* donner un coup de poing à ; *[+ ball, door]* frapper d'un coup de poing ◆ **to ~ sb's nose/face, to ~ sb in the nose/face** donner un coup de poing sur le nez/dans la figure de qn ◆ **to ~ sb in the stomach/in the kidneys/on the jaw** donner un coup de poing dans le ventre/les reins/la mâchoire à qn ◆ **to ~ the air** lever le poing en signe de victoire ◆ **he ~ed his fist through the glass** il a passé son poing à travers la vitre, il a brisé la vitre d'un coup de poing ◆ **the goalkeeper ~ed the ball over the bar** d'un coup de poing le gardien de but a envoyé le ballon par-dessus la barre ◆ **he ~ed his way through** il s'est ouvert un chemin à (force de) coups de poing *or* en frappant à droite et à gauche

b *(US)* **to ~ cattle** conduire le bétail (à l'aiguillon)

c *(with tool) [+ paper]* poinçonner, perforer ; *[+ ticket] (by hand)* poinçonner ; *(automatically)* composter ; *[+ computer cards]* perforer ; *[+ metal]* poinçonner, découper à l'emporte-pièce ; *[+ design]* estamper ; *[+ nails]* enfoncer profondément (au chasse-clou) ◆ **to ~ a hole in sth** faire un trou dans qch ◆ **to ~ the time clock, to ~ one's card** † *(Ind)* pointer

d *(with finger) [+ button]* taper sur

VI frapper (dur), cogner ◆ **he ~es well** *(Boxing)* il sait frapper ◆ **to ~ above one's weight** *(fig)* jouer dans la cour des grands

COMP ▷ **punch bag** N *(Brit) (Sport)* sac *m* de sable ; *(fig)* souffre-douleur *m inv* ◆ **to use sb as a ~ bag** faire de qn son souffre-douleur, se servir de qn comme d'un punching-ball ▷ **punch card** N carte *f* perforée ◆ **~ card system** système *m* à cartes perforées ▷ **punch-drunk** ADJ *(Boxing)* groggy, sonné * ; *(fig)* abruti ▷ **punching bag** N *(US)* ⇒ **punch bag** ▷ **punching ball** N ⇒ **punchball** ▷ **punch line** N *[of joke etc]* chute *f*, conclusion *f* (comique) ; *[of speech etc]* mot *m* de la fin ▷ **punch operator** N *(Comput)* mécanographe *mf* ▷ **punch tape** N *(Comput)* bande *f* perforée ▷ **punch-up** * N bagarre *f* ◆ **to have a ~-up** *(Brit)* se bagarrer *

► **punch in** VI † *(Ind: on time clock)* pointer (en arrivant)

VT SEP a *[+ door, lid etc]* ouvrir d'un coup de poing ◆ **to ~ sb's face** *or* **head in** ‡ casser la gueule à qn ‡

b (= *key in*) *[+ code number etc]* taper

► **punch out** VI † *(Ind: on time clock)* pointer (en partant)

VT SEP *[+ hole]* faire au poinçon *or* à la poinçonneuse ; *[+ machine parts]* découper à l'emporte-pièce ; *[+ design]* estamper

**punch²** /pʌntʃ/ N (= *drink*) punch *m* COMP ▷ **punch bowl** N bol *m* à punch

**punchball** /ˈpʌntʃbɔːl/ N a *(Brit)* punching-ball *m* b *(US) variante simplifiée du baseball, qui se joue sans batte*

**punchy** * /ˈpʌntʃɪ/ ADJ a (= *forceful*) *[person]* qui a du punch *, dynamique ; *[remark, reply]* incisif, mordant b ⇒ **punch-drunk** ; → **punch¹**

**punctilio** /pʌŋkˈtɪlɪəʊ/ N (pl **punctilios**) *(NonC: frm) (= formality)* formalisme *m* ; *(= point of etiquette)* point *m or* détail *m* d'étiquette

**punctilious** /pʌŋkˈtɪlɪəs/ ADJ scrupuleux

**punctiliously** /pʌŋkˈtɪlɪəslɪ/ ADV scrupuleusement

**punctual** /ˈpʌŋktjʊəl/ ADJ *[person, train]* à l'heure ; *[payment]* ponctuel ◆ **he is always ~** il est très ponctuel, il est toujours à l'heure ◆ **be ~** soyez *or* arrivez à l'heure

**punctuality** /ˌpʌŋktjʊˈælɪtɪ/ N *[of person]* ponctualité *f*, exactitude *f* ; *[of train]* ponctualité *f*

**punctually** /ˈpʌŋktjʊəlɪ/ ADV ponctuellement

**punctuate** /ˈpʌŋktjʊeɪt/ VT *(lit, fig)* ponctuer (*with* de)

**punctuation** /ˌpʌŋktjʊˈeɪʃən/ N ponctuation *f* ◆ **~ mark** signe *m* de ponctuation

**puncture** /ˈpʌŋktʃəʳ/ N *(in tyre)* crevaison *f* ; *(in skin, paper, leather)* piqûre *f* ; *(Med)* ponction *f* ◆ **I've got a ~** *(Aut etc)* j'ai (un pneu) crevé ◆ **they had a ~ outside Limoges** ils ont crevé près de Limoges VT *[+ tyre, balloon]* crever ; *[+ skin, leather, paper]* piquer ; *(Med) [+ abscess]* percer, ouvrir ◆ **the bullet ~d his**

**skull** la balle lui a transpercé le crâne ◆ **his pride had been ~d** sa fierté en avait pris un coup VI *[tyre etc]* crever COMP ▷ **puncture repair kit** N trousse f à outils pour crevaisons ▷ **puncture wound** N perforation f

**pundit** /ˈpʌndɪt/ N expert m, pontife m

**pungency** /ˈpʌndʒənsɪ/ N *[of smell, taste]* âcreté f ; *[of sauce]* goût m piquant or relevé ; *[of remark, criticism]* mordant m, causticité f

**pungent** /ˈpʌndʒənt/ ADJ *[fumes, smoke]* âcre ; *[smell, taste]* âcre, piquant ; *[sauce]* piquant, relevé ; *[remark, criticism, satire]* mordant, caustique

**pungently** /ˈpʌndʒəntlɪ/ ADV *[remark]* d'un ton mordant or caustique ; *[criticize]* de façon mordante or caustique ◆ ~ **flavoured** (au goût) relevé

**Punic** /ˈpjuːnɪk/ ADJ punique ◆ **the ~ Wars** *(Hist)* les guerres puniques

**punish** /ˈpʌnɪʃ/ VT a *[+ person]* punir (*for sth* de qch ; *for doing sth* pour avoir fait qch) ; *[+ theft, fault]* punir ◆ **he was ~ed by having to clean it all up** pour le punir on lui a fait tout nettoyer, pour sa punition il a dû tout nettoyer b *(fig)* *[+ opponent in fight, boxer, opposing team]* malmener ; *[+ engine]* fatiguer ◆ **the jockey really ~ed his horse** le jockey a vraiment forcé or fatigué son cheval

**punishable** /ˈpʌnɪʃəbl/ ADJ *[offence]* punissable ◆ ~ **by death/imprisonment** passible de la peine de mort/d'une peine de prison

**punishing** /ˈpʌnɪʃɪŋ/ N (= *act*) punition f ◆ **to take a ~** *(fig)* *[boxer, opponent, opposing team]* se faire malmener ADJ *[speed, heat, game, work]* épuisant, exténuant

**punishment** /ˈpʌnɪʃmənt/ N *(gen)* punition f ; *(solemn)* châtiment m ; *(formal: against employee, student etc)* sanctions fpl ◆ **as a ~ (for)** en punition (de) ◆ **he took his ~ bravely** or **like a man** il a subi sa punition sans se plaindre ◆ **to make the ~ fit the crime** adapter le châtiment au crime, proportionner la peine au délit ◆ **to take a lot of ~** *(fig)* *[boxer, opponent in fight]* encaisser* ; *[opposing team]* se faire malmener ; → **capital, corporal²** COMP ▷ **punishment beating** N action f punitive

**punitive** /ˈpjuːnɪtɪv/ ADJ *[expedition, measure]* punitif ◆ **a ~ bombing raid** un raid aérien de représailles COMP ▷ **punitive damages** NPL *(Jur)* dommages-intérêts mpl dissuasifs *(très élevés)* ▷ **punitive taxation** N *(NonC)* fiscalité f dissuasive

**Punjab** /pʌnˈdʒɑːb/ N Pendjab m

**Punjabi** /pʌnˈdʒɑːbɪ/ ADJ pendjabi N a (= *person*) Pendjabi mf b *(Ling)* pendjabi m

**punk** /pʌŋk/ N a (= *music*) punk m b (= *musician, fan*) punk mf c *(US* ‡ *= ruffian)* voyou* m ADJ a *[band, music, style]* punk inv ◆ ~ **rock** punk rock m ◆ ~ **rocker** punk mf b *(US* ‡ *= ill)* mal foutu‡

**punnet** /ˈpʌnɪt/ N *(Brit)* barquette f

**punster** /ˈpʌnstəʳ/ N personne f qui fait des calembours

**punt¹** /pʌnt/ N (= *boat*) barque f à fond plat VT *[+ boat]* faire avancer à la perche ; *[+ goods]* transporter en bachot VI ◆ **to go ~ing** faire un tour de rivière, aller se promener en bachot

**punt²** /pʌnt/ *(Ftbl, Rugby)* VT *[+ ball]* envoyer d'un coup de volée N coup m de volée

**punt³** /pʌnt/ VI *(Brit = bet)* parier

**punt⁴** /pʌnt/ N livre f irlandaise

**punter** /ˈpʌntəʳ/ N a *(Brit) (Racing)* turfiste mf, parieur m, -euse f ; *(in casino)* joueur m, -euse f b (* = *customer)* client(e) m(f) ; *[of prostitute]* micheton* m ; *(St Ex)* boursicoteur m, -euse f ◆ **the ~(s)** *(Brit = customer, member of public)* le public, la clientèle ◆ **your average ~** Monsieur Tout-le-monde

**puny** /ˈpjuːnɪ/ ADJ *[person, animal]* chétif, malingre ; *[effort]* faible, piteux

**pup** /pʌp/ N a (= *dog*) chiot m, jeune chien(ne) m(f) ; (= *seal*) bébé m phoque, jeune phoque m ◆ **to sell sb a ~** * rouler* qn ◆ **to be sold a ~** * se faire rouler or avoir* b († * *pej*) (= *frivolous youth*) freluquet† m ; (= *inexperienced youth*) blanc-bec m VI mettre bas COMP ▷ **pup tent** N tente f à deux places

**pupa** /ˈpjuːpə/ N (pl **pupae** /ˈpjuːpiː/) chrysalide f, pupe f

**pupate** /ˈpjuːpeɪt/ VI devenir chrysalide or pupe

**pupil¹** /ˈpjuːpl/ N *(Scol etc)* élève mf COMP ▷ **pupil nurse** N *(Brit)* élève mf infirmier (-ière) *(qui suit une formation courte)* ▷ **pupil power** N pouvoir m des élèves ▷ **pupil teacher** N professeur m stagiaire

**pupil²** /ˈpjuːpl/ N *[of eye]* pupille f

**puppet** /ˈpʌpɪt/ N a *(lit)* marionnette f ; (= *flat cutout*) pantin m b *(fig = pawn)* pantin m ◆ **he was like a ~ on a string** ce n'était qu'un pantin ; → **glove** COMP *[theatre, play]* de marionnettes ; *(fig, esp Pol) [state, leader, cabinet]* fantoche ▷ **puppet show** N (spectacle m de) marionnettes fpl

**puppeteer** /pʌpɪˈtɪəʳ/ N montreur m, -euse f de marionnettes, marionnettiste mf

**puppetry** /ˈpʌpɪtrɪ/ N art m des marionnettes

**puppy** /ˈpʌpɪ/ N ⇒ **pup n** COMP ▷ **puppy farm** N centre m d'élevage de chiots de race ▷ **puppy fat*** N rondeurs fpl d'adolescent(e) ▷ **puppy love*** N premier amour m (d'adolescent)

**purblind** /ˈpɜːblaɪnd/ ADJ *(liter)* a (= *blind*) aveugle ; (= *poorly sighted*) qui voit très mal, qui a une vue très faible b *(fig = stupid)* aveugle

**purchase** /ˈpɜːtʃɪs/ N a *(Comm etc)* achat m ◆ **to make a ~** faire un achat b (= *grip, hold*) prise f ◆ **the wheels can't get enough ~ on this surface** les roues n'ont pas assez de prise sur cette surface ◆ **I can't get enough ~ on this rock** je n'arrive pas à trouver assez de prise sur ce rocher VT acheter (*sth from sb* qch à qn ; *sth for sb* qch pour or à qn) COMP ▷ **purchase ledger** N grand livre m des achats ▷ **purchase money, purchase price** N prix m d'achat ▷ **purchase tax** N *(Brit)* taxe f à l'achat

**purchaser** /ˈpɜːtʃɪsəʳ/ N acheteur m, -euse f

**purchasing** /ˈpɜːtʃɪsɪŋ/ N *(Ind, Comm etc)* achat m COMP ▷ **purchasing department** N service m (des) achats ▷ **purchasing officer** N *(Ind, Comm etc)* responsable mf des achats ▷ **purchasing power** N pouvoir m d'achat

**purdah** /ˈpɜːdə/ N *(Rel)* purdah m ◆ **to live in ~** vivre cloîtré ◆ **the President is in ~** le Président garde un profil bas

**pure** /pjʊəʳ/ ADJ *(gen)* pur ◆ **as ~ as the driven snow** innocent comme l'enfant qui vient de naître ◆ ~ **in heart** *(Bible)* au cœur pur ◆ ~ **science** science f pure ◆ ~ **line** *(Genetics)* hérédité f pure ◆ ~ **alcohol** alcool m absolu ◆ **a ~ wool suit** un complet pure laine ◆ ~ **and simple** pur et simple ◆ **it was ~ hypocrisy** c'était de la pure hypocrisie or de l'hypocrisie pure COMP ▷ **pure-hearted** ADJ (au cœur) pur ▷ **pure-minded** ADJ pur (d'esprit) ▷ **pure new wool** N laine f vierge ▷ **pure vowel** N *(Phon)* voyelle f pure

**purebred** /ˈpjʊəbred/ ADJ de race N animal m de race ; (= *horse*) pur-sang m inv

**purée** /ˈpjʊəreɪ/ N purée f ◆ **tomato ~** purée f de tomates VT réduire en purée

**purely** /ˈpjʊəlɪ/ ADV *(with adj)* purement ◆ ~ **and simply** purement et simplement

**pureness** /ˈpjʊənɪs/ N *(NonC)* pureté f

**purgation** /pɜːˈgeɪʃən/ N *(Rel)* purgation f, purification f ; *(Pol)* purge f, épuration f ; *(Med)* purge f

**purgative** /ˈpɜːgətɪv/ ADJ, N purgatif m

**purgatory** /ˈpɜːgətərɪ/ N *(lit, fig)* purgatoire m ◆ **it was ~** *(fig)* c'était un vrai purgatoire or supplice ◆ **it was ~ for me** j'étais au supplice

**purge** /pɜːdʒ/ N (= *act*) *(gen, Med)* purge f ; *(Pol)* purge f, épuration f ; (= *medicament*) purge f, purgatif m ◆ **the (political) ~s which followed the revolution** les purges politiques qui ont or l'épuration politique qui a suivi la révolution ◆ **a ~ of the dissidents** une purge des dissidents VT a *(gen)* purger (*of* de) ; *(Med) [+ person, body]* purger ; *(Pol) [+ state, nation, party]* purger (*of* de) ; *[+ traitors, bad elements]* éliminer ; *[+ sins]* purger, expier b *(Jur) [+ person]* disculper (*of* de) ; *[+ accusation]* se disculper de ◆ **to ~ an offence** purger une peine ◆ **to ~ one's contempt (of Congress)** *(US)* purger sa contumace

**purification** /ˌpjʊərɪfɪˈkeɪʃən/ N a *[of air, waste water, metal etc]* épuration f ; *[of drinking water]* filtrage m b *(Rel etc) [of person]* purification f

**purifier** /ˈpjʊərɪfaɪəʳ/ N épurateur m, purificateur m ◆ **air ~** purificateur m d'air ; → **water**

**purify** /ˈpjʊərɪfaɪ/ VT *[+ substance]* épurer, purifier ; *[+ person]* purifier

**Purim** /ˈpʊərɪm/ N *(Rel)* Pourim m

**purism** /ˈpjʊərɪzəm/ N purisme m

**purist** /ˈpjʊərɪst/ ADJ, N puriste mf

**puritan** /ˈpjʊərɪtən/ ADJ, N puritain(e) m(f)

**puritanical** /ˌpjʊərɪˈtænɪkəl/ ADJ puritain, de puritain

**puritanism** /ˈpjʊərɪtənɪzəm/ N puritanisme m

**purity** /ˈpjʊərɪtɪ/ N pureté f

**purl** /pɜːl/ *(Knitting)* N (also **purl stitch**) (= *one stitch*) maille f à l'envers ◆ **a row of ~** un rang à l'envers ; → **plain** ADJ à l'envers VT tricoter à l'envers ; → **knit**

**purlieus** /ˈpɜːljuːz/ NPL *(frm)* alentours mpl, abords mpl, environs mpl

**purloin** /pɜːˈlɔɪn/ VT dérober

**purple** /ˈpɜːpl/ ADJ *(bluish)* violet ; *(reddish)* pourpre ; *(lighter)* mauve ◆ **to go ~ (in the face)** devenir cramoisi or pourpre ◆ ~ **passage** or **patch** *(Literat)* morceau m de bravoure N (= *colour*) *(bluish)* violet m ; *(reddish)* pourpre m ◆ **the ~** *(Rel)* la pourpre COMP ▷ **Purple Heart** N *(US Mil) décoration attribuée aux blessés de guerre* ▷ **purple heart*** N *(Drugs)* pilule f du bonheur‡

**purplish** /ˈpɜːplɪʃ/ ADJ violacé, qui tire sur le violet

**purport** /ˈpɜːpət/ *(frm)* N (= *meaning*) signification f VT /pɜːˈpɔːt/ ◆ **to ~ to be sth/sb** *[person]* se présenter comme étant qch/qn ◆ **to ~ to be objective** *[book, film, statement etc]* se vouloir objectif ◆ **he ~s to represent the views of the people** il prétend représenter l'opinion du (grand) public ◆ **a man ~ing to come from the Ministry** un homme qui se prétend (or prétendait) envoyé par le ministère ◆ **a document ~ing to come** or **be from the French embassy** un document censé émaner de l'ambassade de France

◆ **a book ~ing to be written for children** un livre censé s'adresser aux enfants

**purportedly** /pɛːˈpɔːtədlɪ/ ADV *(frm)* soi-disant ◆ **~ written by ...** censé avoir été écrit par ..., qui aurait été écrit par ...

**purpose** /ˈpɜːpəs/ LANGUAGE IN USE 18.4

N *(= aim, intention)* but *m*, objet *m* ◆ **what was the ~ of the meeting?** quel était le but *or* l'objet de cette réunion ? ◆ **a man with a ~ (in life)** un homme qui a un but *or* un objectif (dans la vie) ◆ **an interview is a conversation with a ~** une interview est une conversation qui a un but *or* un objectif ◆ **my ~ in doing this is ...** la raison pour laquelle je fais ceci est ... ◆ **to achieve one's ~** parvenir à ses fins ◆ **with the ~ of ...** dans le but *or* l'intention de ... ◆ **his activities seem to lack ~** il semble agir sans but précis ◆ **to have a sense of ~** être motivé *or* déterminé ◆ **he has no sense of ~** il n'a pas de but dans la vie ◆ **regular attendance at classes can help provide you with a sense of ~** l'assiduité aux cours peut contribuer à vous motiver *or* à vous donner une motivation ; → **infirm, strength**

♦ **for + purposes** ◆ **it is adequate for the ~** cela fait l'affaire ◆ **for the ~ of doing sth** dans le but *or* l'intention de faire qch ◆ **the flat is perfect for my ~s** l'appartement est parfait pour ce que je veux faire ◆ **for my ~s, these terms are merely convenient labels** en ce qui me concerne, ces termes ne sont que des étiquettes bien pratiques ◆ **for the ~s of the meeting** pour (les besoins de) cette réunion ◆ **for the ~s of this Act** *(Jur)* aux fins de la présente loi ◆ **for this ~** à cet effet, à cette fin

♦ **to + purpose** ◆ **to good ~** utilement ◆ **the money will be used to good ~** l'argent sera bien *or* utilement employé ◆ **to no (good) ~** en vain, inutilement ◆ **he was wearing himself out to no ~** il s'épuisait en vain *or* inutilement ◆ **taxes have remained high to no good ~** les impôts sont restés élevés mais cela n'a servi à rien ◆ **to no ~ at all** en pure perte ◆ **to the ~** *(= relevant)* à propos, pertinent ◆ **more to the ~ is his next point** son argument suivant est plus à propos *or* plus pertinent ◆ **not to the ~** hors de propos ◆ **these questions were not to the ~** ces questions étaient hors de propos

♦ **on purpose** exprès, délibérément ◆ **he did it on ~** il l'a fait exprès *or* délibérément ◆ **he did it on ~ to annoy me** il l'a fait exprès pour me contrarier

VT *(frm)* ◆ **to ~ to do sth** se proposer de faire qch

COMP ▷ **purpose-built** ADJ spécialement construit *or* conçu

**purposeful** /ˈpɜːpəsfʊl/ ADJ *(= determined) [person]* résolu, déterminé ; *[gesture, look]* résolu, décidé, déterminé ; *(= intentional) [act]* intentionnel

**purposefully** /ˈpɜːpəsfəlɪ/ ADV ◆ **he strode ~ across the paddock to his car** il traversa l'enclos d'un pas décidé en direction de sa voiture ◆ **she rose ~ from her chair** elle se leva d'un air décidé

**purposefulness** /ˈpɜːpəsfʊlnɪs/ N détermination *f* ◆ **there was an atmosphere of ~** il y avait une certaine détermination dans l'air ◆ **there's a ~ to her life now** elle a désormais un but dans la vie

**purposeless** /ˈpɜːpəslɪs/ ADJ *[character]* indécis, irrésolu ; *[act]* sans but *or* objet (précis) ◆ **I felt ~** je ne savais pas quoi faire

**purposely** /ˈpɜːpəslɪ/ ADV exprès, à dessein *(frm)*, de propos délibéré *(frm)* ◆ **he made a ~ vague statement** il a fait exprès de faire une déclaration peu précise ◆ **the government's statement was ~ vague** la déclaration du gouvernement a été délibérément vague *or* a été vague à dessein

**purposive** /ˈpɜːpəsɪv/ ADJ *(frm)* calculé

**purr** /pɜːʳ/ VI *[cat]* ronronner, faire ronron ; *[person, engine, car]* ronronner VT roucouler ◆ **"sit down, darling", she ~ed** "assieds-toi, chéri", roucoula-t-elle N *[of cat]* ronronnement *m*, ronron *m* ; *[of engine, car]* ronronnement *m*

**purring** /ˈpɜːrɪŋ/ N ⇒ **purr n**

**purse** /pɜːs/ N a *(Brit) (for coins)* porte-monnaie *m inv*, bourse *f* ; *(= wallet)* portefeuille *m* ◆ **it's beyond my ~** c'est trop cher pour moi, c'est au-dessus de mes moyens ; → **public** b *(US = handbag)* sac *m* à main c *(= prize: esp Sport)* prix *m*, récompense *f* VT ◆ **to ~ (up) one's lips** faire la moue, pincer les lèvres COMP ▷ **purse-proud** ADJ fier de sa fortune ▷ **purse snatcher** * N *(US)* voleur *m*, -euse *f* à la tire ▷ **purse strings** NPL *(fig)* ◆ **to hold/tighten the ~ strings** tenir/serrer les cordons de la bourse

**purser** /ˈpɜːsəʳ/ N *(Naut)* commissaire *m* (du bord)

**pursuance** /pəˈsjuːəns/ N *(frm)* exécution *f* ◆ **in ~ of** dans l'exécution de

**pursuant** /pəˈsjuːənt/ ADJ *(frm)* ◆ **~ to** *(= following on)* suivant ; *(= in accordance with)* conformément à

**pursue** /pəˈsjuː/ VT a *(= carry on) [+ studies, career, plan, theme, inquiry]* poursuivre ; *[+ profession]* exercer ; *[+ course of action]* suivre ; *[+ policy]* mener ◆ **to ~ one's own interests** faire ce à quoi on s'intéresse ◆ **to ~ one's interest in art** s'adonner à sa passion pour l'art b *(= search for) [+ happiness]* rechercher ; *[+ success, fame, objective]* poursuivre c *[+ matter]* suivre, approfondir ◆ **to ~ the matter** approfondir la question ◆ **to ~ a case** *(Jur)* poursuivre une affaire d *(= chase after) [+ person, animal]* poursuivre, pourchasser ; *[+ vehicle]* poursuivre ◆ **his eyes ~d me round the room** il me suivait du regard à travers la pièce ◆ **he is ~d by misfortune** *(liter)* la malchance le poursuit ◆ **he won't stop pursuing her** il n'arrête pas de la poursuivre de ses assiduités

**pursuer** /pəˈsjuːəʳ/ N poursuivant(e) *m(f)*

**pursuit** /pəˈsjuːt/ N a *(= search) [of pleasure, happiness]* recherche *f*, poursuite *f* ; *[of excellence, wealth]* poursuite *f* ; *[of truth, peace, power]* recherche *f* ◆ **in ~ of** à la recherche de b *(= chase: also Cycling, Skating)* poursuite *f* ◆ **(to go) in ~ of sb/sth** (se mettre) à la poursuite de qn/qch ◆ **he escaped with two policemen in hot ~** il s'est enfui avec deux agents à ses trousses c *(= occupation)* activité *f* ; *(= pastime)* passe-temps *m inv* ◆ **scientific ~s** travaux *mpl or* recherches *fpl* scientifiques COMP ▷ **pursuit plane** N chasseur *m*, avion *m* de chasse

**purulence** /ˈpjʊərʊləns/ N purulence *f*

**purulent** /ˈpjʊərʊlənt/ ADJ purulent

**purvey** /pəˈveɪ/ VT *(Comm etc)* fournir (*sth to sb* qch à qn), approvisionner (*sth to sb* qn en qch)

**purveyance** /pəˈveɪəns/ N *(Comm etc)* approvisionnement *m*, fourniture *f* de provisions

**purveyor** /pəˈveɪəʳ/ N *(Comm etc)* fournisseur *m*, -euse *f*, approvisionneur *m*, -euse *f* (*of sth* en qch ; *to sb* de qn)

**purview** /ˈpɜːvjuː/ N *(frm) [of act, bill]* articles *mpl* ; *[of the law]* domaine *m*, limites *fpl* ; *[of inquiry]* champ *m*, limites *fpl* ; *[of committee]* capacité *f*, compétence *f* ; *[of book, film]* limites *fpl*, portée *f*

**pus** /pʌs/ N pus *m*

## push /pʊʃ/

| | |
|---|---|
| 1 NOUN | 3 INTRANSITIVE VERB |
| 2 TRANSITIVE VERB | 4 COMPOUNDS |
| 5 PHRASAL VERBS | |

### 1 - NOUN

a *(= shove)* poussée *f* ◆ **to give sb/sth a ~** pousser qn/qch ◆ **the car needs a ~** il faut pousser la voiture ◆ **with one ~** en poussant une seule fois ◆ **there was a great ~ as the crowd emerged** quand la foule est sortie, il y a eu une grande bousculade

b *(Brit * = dismissal)* ◆ **to give sb the ~** *[employer]* virer qn * ; *[boyfriend, girlfriend]* plaquer qn * ◆ **he got the ~** *(from employer)* il s'est fait virer * ; *(from girlfriend)* il s'est fait plaquer *

c *(Mil, Pol = advance)* poussée *f*, avance *f* ◆ **they made a ~ to the coast** ils ont fait une poussée *or* ils ont avancé jusqu'à la côte

d *(fig) (= effort)* gros effort *m*, coup *m* de collier ; *(= campaign)* campagne *f* ◆ **they made a ~ to get everything finished in time** ils ont fait un gros effort *or* ils ont donné un coup de collier pour tout terminer à temps ◆ **they were having a ~ on sales** *or* **a sales ~** ils avaient organisé une campagne de promotion des ventes ◆ **we're having a ~ for more teachers** nous menons une campagne pour une augmentation du nombre d'enseignants ◆ **when it comes to the ~** * au moment critique *or* crucial ◆ **when ~ comes to shove** * le moment venu

♦ **at a push** * ◆ **the table seats three at a ~** il y a de la place pour trois maximum autour de la table ◆ **at a ~, he will concede that he's a bit bored by it all** si on insiste, il admet que tout cela l'ennuie un peu

### 2 - TRANSITIVE VERB

a *(lit) [+ car, pram, barrow, door, person]* pousser ; *[+ knob, button]* appuyer sur ; *[+ stick, finger etc]* enfoncer (*into* dans ; *between* entre) ; *[+ rag etc]* fourrer (*into* dans) ◆ **don't ~ me!** ne (me) poussez pas !

♦ **to push** + *preposition/adverb* ◆ **to ~ sb in/out/up** *etc* faire entrer/sortir/monter *etc* qn en le poussant ◆ **to ~ sb against a wall** pousser qn contre un mur ◆ **bulldozers ~ed the snow aside** des bulldozers déblayaient la neige ◆ **he ~ed him down the stairs** il l'a poussé et l'a fait tomber dans l'escalier ◆ **to ~ sb into a room** pousser qn dans une pièce ◆ **he ~ed the book into my hand** il m'a fourré * le livre dans la main ◆ **they ~ed me off the pavement** ils m'ont poussé et m'ont forcé à descendre du trottoir ◆ **he ~ed the cat off the table** il a poussé le chat et l'a forcé à descendre de la table ◆ **she ~ed the books off the table** elle a poussé les livres et les a fait tomber de la table ◆ **they ~ed the car off the cliff** ils ont poussé la voiture dans le précipice, ils ont poussé la voiture et l'ont fait tomber de la falaise ◆ **they ~ed the car off the road** ils ont poussé la voiture sur le bas-côté ◆ **to ~ a door open** ouvrir une porte en la poussant, pousser une porte (pour l'ouvrir) ◆ **they ~ed him out of the car** ils l'ont poussé hors de la voiture ◆ **to ~ sb/sth out of the way** écarter qn/qch en le poussant ◆ **it ~ed the matter right out of my mind** cela m'a fait complètement oublier cette affaire ◆ **to ~ a door shut** fermer une porte en la poussant, pousser une porte (pour la fermer) ◆ **he ~ed his head through the window** il a passé la tête par la fenêtre ◆ **to ~ one's way through a crowd** se frayer *or* s'ouvrir un chemin dans la foule ◆ **he ~ed the bill**

**through Parliament** il a réussi à faire voter le projet de loi ◆ **he ~ed the thought to the back of his mind** il a repoussé *or* écarté cette pensée ◆ **he ~ed the box under the table** il a poussé la boîte sous la table

♦ **to be pushing** + *age* * ◆ **he must be ~ing * 60** il ne doit pas avoir loin de 60 ans, il doit friser la soixantaine

**b** fig = press, advance *[+ one's views]* mettre en avant ; *[+ claim]* présenter avec insistance ; *[+ plan, method, solution]* essayer d'imposer ; *[+ product]* pousser la vente de ; *[+ candidate etc]* essayer de placer ; *[+ business]* développer en priorité

**c** fig = go too far with ◆ **that's ~ing it a bit !** * *(indignantly)* c'est un peu fort ! ; *(not much time etc)* c'est un peu juste !

**d** fig *(= put pressure on)* pousser ; *(= harass)* importuner, harceler ◆ **don't ~ him too hard** *or* **too far** n'insistez pas trop, ne le poussez pas à bout ◆ **they ~ed him to the limits of his endurance** on l'a poussé jusqu'à la limite de ses forces ◆ **to ~ sb to do sth** pousser qn à faire qch, insister pour que qn fasse qch ◆ **to ~ sb for payment/for an answer** presser qn de payer/de répondre ◆ **to ~ sb into doing sth** forcer *or* obliger qn à faire qch ◆ **I was ~ed into it** on m'y a poussé *or* forcé ◆ **he was ~ed into teaching** on l'a poussé à devenir professeur *or* à faire de l'enseignement ◆ **to ~ o.s. hard** exiger beaucoup de soi-même ◆ **he ~es himself too hard** il se surmène

**e** US Golf **to ~ the ball** couper *or* faire dévier la balle

3 - INTRANSITIVE VERB

**a** = press pousser ; *(on bell)* appuyer *(on* sur) ◆ **you ~ and I'll pull** poussez et moi je vais tirer ◆ **"push"** *(on door)* "poussez" ; *(on bell)* "appuyez", "sonnez" ◆ **to ~ for better conditions/higher wages** *etc (fig)* faire pression pour obtenir de meilleures conditions/ une augmentation de salaire *etc*

**b** = move **they ~ed into/out of the room** ils sont entrés dans la pièce/sortis de la pièce en se frayant un passage ◆ **he ~ed past me** il m'a dépassé en me bousculant ◆ **she ~ed through the crowd** elle s'est frayé *or* ouvert un chemin dans la foule

**c** Mil **to ~ into enemy territory** *(= advance)* avancer en territoire ennemi

4 - COMPOUNDS

▷ **push-bike** * N *(Brit)* vélo *m* ▷ **push-button** N, ADJ → **push-button** ▷ **push-pull circuit** N *(Elec)* push-pull *m inv* ▷ **push rod** N *(Aut)* tige *f* de culbuteur ▷ **push-start** N, VT ◆ **to give a car a ~-start, to ~-start a car** faire démarrer une voiture en la poussant, pousser une voiture pour la faire démarrer ▷ **push-up** N *(US Gym)* traction *f*, pompe * *f* ◆ **to do ~-ups** faire des tractions *or* des pompes *

5 - PHRASAL VERBS

► **push about** VT SEP ⇒ **push around**

► **push ahead** VI *(= make progress)* avancer à grands pas ◆ **the government intends to ~ ahead with its reform programme** le gouvernement a l'intention d'avancer dans son programme de réformes

► **push along** VI **a** *(* = leave)* filer *, se sauver *

**b** *(Aut etc = move quickly)* rouler bon train

VT SEP *[+ person, cart, chair]* pousser ; *(fig = hasten) [+ work]* activer, accélérer

► **push around** VT SEP **a** *[+ cart, toy]* pousser de-ci de-là, pousser à droite et à gauche

**b** *( * fig = bully)* bousculer *

► **push aside** VT SEP *[+ person, chair]* écarter (brusquement) ; *(fig) [+ objection, suggestion]* écarter, rejeter

► **push away** VT SEP *[+ person, chair, one's plate, sb's hand]* repousser ; *[+ gift]* repousser, rejeter

► **push back** VT SEP *[+ cover, blankets, lock of hair]* rejeter *or* repousser (en arrière) ; *[+ curtains]* repousser ; *[+ person, crowd, enemy]* repousser, faire reculer ; *(fig) [+ desire, impulse]* réprimer

► **push down** VI appuyer *(on* sur)

VT SEP **a** *[+ switch, lever]* abaisser ; *[+ knob, button]* appuyer sur ; *[+ pin, stick]* enfoncer ; *(= knock over) [+ fence, barrier, person]* renverser ◆ **he ~ed the tile down off the roof** il a poussé la tuile et l'a fait tomber du toit, il a fait tomber la tuile du toit en la poussant ◆ **he ~ed his clothes down into the suitcase** il a fourré ses vêtements dans la valise

**b** *(fig = reduce) [+ prices, inflation, value]* faire baisser

► **push forward** VI avancer

♦ **to push forward with sth** avancer dans qch ◆ **they are eager to ~ forward with reform** ils tiennent à avancer dans les réformes

VT SEP *[+ person, box etc]* pousser en avant, faire avancer ◆ **to ~ one's way forward** se frayer *or* s'ouvrir un chemin ◆ **he ~ed himself forward** il s'est frayé *or* ouvert un chemin ; *(fig)* il s'est mis en avant, il s'est fait valoir

► **push in** VI s'introduire de force ; *(fig = interfere)* intervenir ◆ **he's always ~ing in where he's not wanted** il se mêle toujours de *or* il intervient toujours dans ce qui ne le regarde pas

VT SEP **a** *[+ stick, pin, finger]* enfoncer ; *[+ rag]* fourrer dedans ; *[+ person]* pousser dedans ; *[+ knob, button]* appuyer sur ◆ **they opened the door and ~ed him in** ils ouvrirent la porte et le poussèrent à l'intérieur ◆ **they took him to the pond and ~ed him in** ils l'ont amené à l'étang et l'ont poussé dedans

**b** *(= break) [+ window, door, sides of box]* enfoncer

**c** ◆ **to push one's way in** s'introduire de force

► **push off** VI **a** *(Naut)* pousser au large

**b** *(* = leave)* filer *, se sauver * ◆ **I must ~ off now** il faut que je file * *subj or* que je me sauve * *subj* ◆ **~ off!** fichez le camp ! *, filez ! *

**c** ◆ **the top just pushes off** il suffit de pousser le haut pour l'enlever

VT SEP → **push vt a**

► **push on** VI *(in journey)* pousser *(to* jusqu'à), continuer son chemin ; *(in work)* continuer, persévérer ◆ **to ~ on with sth** continuer (à faire) qch

VT SEP **a** *[+ lid, cover]* placer (en appuyant)

**b** *(fig = incite)* pousser, inciter *(to do sth* à faire qch)

► **push out** VI *[roots, branches]* pousser ; *[shoots]* pointer, sortir

VT SEP **a** *[+ person, object]* pousser dehors ; *[+ stopper]* faire sortir (en poussant) ; *(fig) [+ employee, office holder]* évincer, se débarrasser de ◆ **to ~ the boat out** *(lit)* pousser au large ; *(fig)* faire la fête

**b** *(Bot) [+ roots, shoots]* produire

**c** *(* = produce) [+ information, products etc]* débiter

**d** ◆ **to push one's way out** se frayer *or* s'ouvrir un chemin (à travers la foule)

► **push over** VT SEP **a** *(= pass) [+ object]* pousser *(to sb* vers qn)

**b** *(= cause to fall off: over cliff, bridge etc)* pousser, faire tomber

**c** *(= cause to topple) [+ chair, vase, person]* renverser, faire tomber

**d** ◆ **to push one's way over to sb** se frayer *or* s'ouvrir un chemin vers qn

► **push through** VI se frayer *or* s'ouvrir un chemin

VT SEP **a** *[+ stick, hand etc]* enfoncer, (faire) passer

**b** *(fig) [+ deal, business]* conclure à la hâte ; *[+ decision]* faire accepter à la hâte ; *(Parl) [+ bill]* réussir à faire voter

**c** ◆ **push one's way through** se frayer *or* s'ouvrir un chemin

► **push to** VT SEP *[+ door]* fermer (en poussant), pousser pour fermer

► **push up** VT SEP **a** *[+ stick, hand, lever, switch]* (re)lever ; *[+ spectacles]* relever ◆ **he's ~ing up (the) daisies** * *(hum = dead)* il mange les pissenlits par la racine *

**b** *(fig = increase) [+ numbers, taxes, sales, speed]* augmenter ; *[+ prices, demand, sb's temperature, blood pressure]* faire monter ◆ **that ~es up the total to over 100** cela fait monter le total à plus de 100

**push-button** /ˈpʊʃˌbʌtn/ N bouton *m*, poussoir *m* ADJ *[machine etc]* à commande automatique ; *[telephone]* à touches ◆ **~ controls** commande *f* automatique ◆ **~ warfare** guerre *f* presse-bouton

**pushcart** /ˈpʊʃkɑːt/ N charrette *f* à bras

**pushchair** /ˈpʊʃtʃɛəʳ/ N *(Brit)* poussette *f*

**pushed** /pʊʃt/ ADJ * ◆ **to be ~ for money** être à court d'argent, être fauché * ◆ **I'm ~ for time** je n'ai pas le temps

**pusher** /ˈpʊʃəʳ/ N **a** (*: also **drug-pusher**) revendeur *m*, -euse *f* (de drogue), dealer * *m* **b** *(pej)* arriviste *mf* ; → **penpusher**

**pushfulness** * /ˈpʊʃfʊlnɪs/, **pushiness** * /ˈpʊʃɪnɪs/ N *(pej)* arrivisme *m*, excès *m* d'ambition ; *[of manner]* arrogance *f*

**pushing** /ˈpʊʃɪŋ/ N **a** *(lit)* cohue *f* ◆ **~ and shoving** bousculade *f* **b** *(fig = persuasion)* persuasion *f* ◆ **he agreed to do it, after a lot of ~** il a accepté (de le faire) après s'être fait beaucoup prier

**Pushkin** /ˈpʊʃkɪn/ N Pouchkine *m*

**pushover** * /ˈpʊʃəʊvəʳ/ N ◆ **it was a ~** c'était la facilité même, c'était un jeu d'enfant ◆ **he's a ~** il se laisse facilement faire ◆ **he's a ~ for blondes** il craque * dès qu'il voit une blonde

**pushpin** /ˈpʊʃpɪn/ N épingle *f* (à tête de couleur)

**pushy** * /ˈpʊʃɪ/ ADJ *(pej) [person]* arriviste, qui se fait valoir, qui se met trop en avant ; *[manner]* arrogant

**pusillanimity** /ˌpjuːsɪləˈnɪmɪtɪ/ N pusillanimité *f*

**pusillanimous** /ˌpjuːsɪˈlænɪməs/ ADJ pusillanime

**puss** * /pʊs/ N *(= cat)* minet(te) *m(f)*, minou *m* ◆ **~, ~!** *(to cat)* minet, minet !, minou, minou ! ◆ **Puss in Boots** le Chat Botté

**pussy** /ˈpʊsɪ/ N **a** *(* = cat)* minet(te) *m(f)*, minou *m*, chat(te) *m(f)* **b** *(**= female genitals)* chatte ** *f* **c** *(NonC: ** = intercourse)* baise ** *f*

COMP ▷ **pussy willow** N *(Bot)* saule *m* (blanc)

**pussycat** * /ˈpʊsɪkæt/ N *(= cat)* minet(te) *m(f)*, minou *m* ◆ **hi, ~!** *(US = sweetheart)* bonjour, mon chou * *or* mon ange ! ◆ **he's a real ~** *(= harmless)* il ne ferait pas de mal à une mouche *

**pussyfoot** * /ˈpʊsɪfʊt/ **VI** marcher à pas de loup ; *(fig)* ne pas se mouiller *, ménager la chèvre et le chou

**pussyfooting** * /ˈpʊsɪˌfʊtɪŋ/ **ADJ** *(fig)* *[person]* qui a peur de se mouiller * ; *[attitude]* timoré **N** (also **pussyfooting about** *or* **around**) tergiversations *fpl*

**pustule** /ˈpʌstjuːl/ **N** pustule *f*

## put /pʊt/

vb : pret, ptp **put**

LANGUAGE IN USE 26.2

| | |
|---|---|
| 1 TRANSITIVE VERB | 3 NOUN |
| 2 INTRANSITIVE VERB | 4 COMPOUNDS |
| 5 PHRASAL VERBS | |

### 1 - TRANSITIVE VERB

For set combinations consisting of **put** + noun, eg **put to use, put in danger/out of business/an end to**, look up the noun. For **put** + preposition/adverb combinations, see also phrasal verbs.

**a** [= place] mettre ◆ **~ it in the drawer** mettez-le dans le tiroir ◆ **to ~ sth in one's pocket** mettre qch dans sa poche ◆ **he ~ her into a taxi** il l'a mise dans un taxi ◆ **~ yourself in my place** mets-toi à ma place ◆ **I didn't know where to ~ myself!** * je ne savais plus où me mettre ! ◆ **to ~ an advertisement in the paper** mettre *or* passer une annonce dans le journal ◆ **he ~ the shell to her ear** il a mis le coquillage contre son oreille, il a porté le coquillage à son oreille ◆ **rather than ~ him in hospital he cared for him at home** il a préféré s'occuper de lui à la maison plutôt que de le mettre à l'hôpital ◆ **~ the book in its proper place** remets le livre à sa place ◆ **to ~ a bullet into sb** tirer sur qn, coller une balle dans la peau de qn * ; *(= give me your hand)* ◆ **~ it there !** * tope là !, affaire conclue !

♦ **to put + on** ◆ **to ~ a button on a shirt** mettre *or* coudre un bouton à une chemise ◆ **to ~ sb on a diet** mettre qn au régime ◆ **he ~ some more coal on the fire** il a remis *or* rajouté du charbon sur le feu ◆ **he ~ me on the train** il m'a accompagné au train ◆ **to ~ one's signature on sth** apposer sa signature sur qch, signer qch ◆ **to ~ sb on a committee** nommer qn à un comité ; see also **put on**

♦ **to put + over** ◆ **he ~ his hand over his mouth** il a mis sa main devant la bouche ◆ **he ~ his hand over her mouth** il a plaqué sa main sur sa bouche ◆ **he ~ his rucksack over the fence** il a passé son sac à dos par-dessus la barrière ◆ **someone has been ~ over him at the office** il a maintenant un chef au bureau ; see also **put over**

♦ **to put one over on** *or* **across sb** * *(= deceive)* pigeonner * qn embobiner * qn ◆ **he tried to ~ one over on** *or* **across me** il a essayé de me pigeonner * *or* de m'embobiner * ◆ **you'll never ~ one over on him** on ne la lui fait pas *

♦ **to put + round** ◆ **to ~ one's arms round sb** enlacer qn, prendre qn dans ses bras ◆ **he ~ his head round the door** il a passé la tête par la porte ; see also **put round**

♦ **to put + through** ◆ **he ~ his head through the window** il a mis son nez à la fenêtre ◆ **to ~ one's fist through a window** passer le poing à travers une vitre ◆ **to ~ one's pen through a word** rayer *or* barrer un mot ◆ **she ~ a bullet through his head** elle lui a tiré une balle dans la tête ; see also **put through**

**b** [= set] *[+ clock, watch]* mettre ◆ **to ~ a watch to the right time** mettre une montre à l'heure ◆ **I ~ him to work at once** je l'ai aussitôt mis au travail ◆ **they had to ~ four men on to this job** ils ont dû employer quatre hommes à ce travail *or* pour faire ce travail ◆ **she ~ my brother against me** elle a monté mon frère contre moi

**c** [= rank] placer ◆ **I ~ Joyce above Lawrence** je place Joyce au-dessus de Lawrence ◆ **I wouldn't ~ him among the greatest poets** je ne le placerais *or* classerais pas parmi les plus grands poètes ◆ **we should ~ happiness before** *or* **above money** on devrait faire passer le bonheur avant l'argent ◆ **he ~s good health among his greatest blessings** il estime que sa santé est l'un de ses meilleurs atouts

**d** [= express] dire ◆ **how shall I ~ it?** comment dire ?, comment dirais-je ? ◆ **I don't quite know how to ~ it** je ne sais pas trop comment le dire ◆ **try ~ting it another way** essayez de le dire d'une autre façon ◆ **let me ~ it this way: she's not exactly diplomatic** disons qu'elle n'a pas beaucoup de tact ◆ **how will you ~ it to him?** comment vas-tu lui présenter la chose ?, comment vas-tu le lui dire ? ◆ **as Shakespeare ~s it** comme le dit Shakespeare ◆ **as the president memorably ~ it** selon la célèbre formule du président ◆ **to ~ it bluntly** pour parler franc ◆ **as he would ~ it** pour employer sa formule *or* son expression ◆ **~ it so as not to offend her** présente la chose de façon à ne pas la blesser ◆ **some expressions are impossible to ~ into French** certaines expressions sont impossibles à traduire en français ◆ **to ~ into verse** mettre en vers

**e** [= suggest] ◆ **I ~ it to you that ...** n'est-il pas vrai que ... ? ◆ **it was ~ to me in no uncertain terms that I should resign** on m'a déclaré en termes très clairs que je devrais donner ma démission

**f** [= submit, expound] *[+ case, problem]* exposer, présenter ; *[+ opinion, suggestion]* présenter ; *[+ proposal]* soumettre ; *[+ question]* poser ◆ **he ~ the arguments for and against the project** il a présenté les arguments pour et contre le projet ◆ **he ~ his views very clearly** il a présenté *or* exposé très clairement sa position

**g** [= cause to be] mettre ◆ **to ~ sb in a good/bad mood** mettre qn de bonne/mauvaise humeur

**h** [= invest]

♦ **to put + into** ◆ **to ~ money into a company** placer *or* investir de l'argent dans une société ◆ **he ~ all his savings into the project** il a placé *or* mis toutes ses économies dans ce projet ◆ **he has ~ a lot into his marriage** il a fait beaucoup d'efforts pour que leur couple marche ◆ **I've ~ a lot of time and trouble into it** j'y ai consacré beaucoup de temps et d'efforts

**i** [= estimate]

♦ **to put + at** estimer, évaluer ◆ **they ~ the loss at $10,000** ils estiment *or* évaluent à 10 000 dollars la perte subie ◆ **the population was ~ at 50,000** on a évalué *or* estimé le nombre d'habitants à 50 000 ◆ **what would you ~ it at?** à combien l'estimez-vous *or* l'évaluez-vous ? [BUT] **I'd ~ her** *or* **her age at 50** je lui donnerais 50 ans

**j** [Sport] ◆ **to ~ the shot** *or* **the weight** lancer le poids

**k** [St Ex = offer to sell] *[+ stock, security]* se déclarer vendeur de

### 2 - INTRANSITIVE VERB

[Naut] ◆ **to ~ into port** mouiller, jeter l'ancre ◆ **the ship ~ into Southampton** le navire a mouillé *or* jeté l'ancre dans le port de Southampton ◆ **to ~ to sea** appareiller

### 3 - NOUN

[St Ex = premium] prime *f* pour livrer ◆ **~ (option)** option *f* de vente, put *m*

### 4 - COMPOUNDS

▷ **put-down** * **N** humiliation *f*, remarque *f* humiliante ▷ **put-in N** *(Rugby)* introduction *f* ▷ **put-on** * **N** *(= pretence)* comédie *f* ; *(= hoax)* mystification *f*, farce *f* **ADJ** *(= feigned)* affecté, feint ▷ **put option N** → **noun** ▷ **put-up job** * **N** coup *m* monté ▷ **put-upon** * **ADJ** ◆ **I feel ~-upon** je trouve qu'on profite de moi, je me sens exploité ◆ **she is ~-upon** on abuse de sa gentillesse ◆ **I won't be ~-upon any more!** je ne vais plus me laisser faire ! *or* me laisser marcher sur les pieds ! ▷ **put-you-up N** *(Brit)* canapé-lit *m*, divan *m*

### 5 - PHRASAL VERBS

► **put about**

**VI** *(Naut)* virer de bord

**VT SEP** **a** *(esp Brit)* *[+ rumour]* faire courir, faire circuler ◆ **he ~ it about that ...** il a fait courir *or* circuler le bruit que ...

**b** *(Naut)* **to ~ the ship about** virer de bord

**c** ◆ **to put o.s. about** * *[ambitious person]* se faire mousser *

► **put across VT SEP** *(= communicate)* *[+ ideas, intentions, desires]* faire comprendre, communiquer (*to sb* à qn) ◆ **to ~ sth across to sb** faire comprendre qch à qn ◆ **the play ~s the message across very well** la pièce arrive très bien à faire passer le message ◆ **he knows his stuff but he can't ~ it across** il connaît son sujet à fond mais il n'arrive pas à le faire comprendre aux autres ◆ **it all depends on how you ~ yourself across** tout dépend de la façon dont on se présente ◆ **she ~ the song across beautifully** elle a donné une très belle interprétation de cette chanson

► **put around VT SEP** ⇒ **put about vt sep a**

► **put aside VT SEP** **a** *[+ object]* mettre de côté ; *(= keep, save)* *[+ food, money]* mettre de côté, garder en réserve ◆ **he ~ aside the document to read later** il a mis le document de côté pour le lire plus tard ◆ **she ~ her book aside when I came in** elle a posé son livre quand je suis entré ◆ **I'll ~ one aside for you** *(Comm)* je vous en mettrai un de côté

**b** *[+ differences, disagreement, feeling]* mettre de côté

► **put away VT SEP** **a** ⇒ **put aside a**

**b** ⇒ **put aside b**

**c** *(= put in proper place)* *[+ clothes, toys, books]* ranger ◆ **to ~ the car away** rentrer la voiture, mettre la voiture au garage ◆ **~ that knife away!** *(to person with weapon)* pose *or* jette ce couteau !

**d** *(Sport)* *[+ ball]* mettre au fond des filets

**e** (* *= confine*) *(in prison)* enfermer, coffrer * ; *(in mental hospital)* enfermer

**f** (* *= consume*) *[+ food]* avaler ; *[+ drink]* siffler *

**g** *(US = beat)* battre

**h** ⇒ **put down vt sep i**

► **put back**

**VI** *(Naut)* ◆ **to put back to port** rentrer au port ◆ **they ~ back to Dieppe** ils sont rentrés *or* retournés à Dieppe

**VT SEP** **a** *(= replace)* remettre (à sa place *or* en place) ◆ **~ it back!** remets-le à sa place ! ◆ **~ it back on the shelf** remettez-le sur l'étagère b *(= retard)* *[+ development, progress]* retarder, freiner ; *[+ clock]* retarder ◆ **the disaster ~ the project back (by) ten years** ce désastre a retardé de dix ans la réalisation du projet ◆ **this will ~ us back ten years** cela nous fera perdre dix ans ; see also **clock**

c *(= postpone)* remettre (*to* à)

► **put by** VT SEP ⇒ **put aside** *a*

► **put down**

VI *[aircraft, pilot]* se poser, atterrir ; *(on carrier)* apponter

VT SEP a *[+ parcel, book, child]* poser ; *[+ passenger]* déposer, laisser ◆ **he ~ down a simple catch** *(Cricket)* il a relâché une balle pourtant facile ◆ **~ it down!** pose ça ! ◆ **she ~ her book down and stood up** elle posa son livre et se leva ◆ **I simply couldn't ~ that book down** j'ai dévoré ce livre ; → **foot, root**

b *[+ aircraft]* poser

c *[+ umbrella]* fermer

d *(= pay)* *[+ deposit]* verser (*on* pour) ◆ **he ~ down £500 on the car** il a versé 500 livres d'arrhes pour la voiture

e *[+ wine]* mettre en cave

f *(= suppress)* *[+ revolt, movement]* réprimer, juguler

g * *[+ person]* *(= criticize)* critiquer ; *(= denigrate)* dénigrer ◆ **my boyfriend keeps ~ting me down** mon copain n'arrête pas de me critiquer ◆ **it's a way of ~ting down minorities** c'est un moyen de dénigrer les minorités ◆ **you must stop ~ting yourself down** arrête donc de te déprécier

h *(= record)* noter ◆ **to ~ sth down in writing** *or* **on paper** mettre qch par écrit ◆ **~ it down on my account** *(Comm)* mettez-le sur mon compte ◆ **I've ~ you down as unemployed** j'ai mis que vous étiez chômeur ◆ **~ me down for £10** je donnerai 10 livres ◆ **I'll ~ you down for the next vacancy** je vais inscrire votre nom pour la prochaine place disponible ; → **name**

i *(Brit euph = have destroyed)* *[+ dog, cat]* faire piquer ; *[+ horse]* faire abattre

► **put down as** VT SEP *(= consider, assess)* considérer comme ◆ **he'll be ~ down as one of our best Prime Ministers** il passera à la postérité comme l'un de nos meilleurs premiers ministres ◆ **I had ~ him down as a complete fool** je l'avais catalogué comme un parfait imbécile, j'étais convaincu qu'il était complètement stupide ◆ **I would ~ her down as about forty** je lui donnerais la quarantaine

► **put down to** VT SEP *(= attribute)* mettre sur le compte ◆ **I ~ it down to his inexperience** je mets ça sur le compte de son manque d'expérience ◆ **the accident must be ~ down to negligence** l'accident doit être imputé à la négligence

► **put forth** VT SEP *(liter)* *[+ leaves, roots, shoots]* produire ; *[+ idea, suggestion, theory, proposal]* émettre ; *[+ programme, plan]* proposer ; *[+ effort]* fournir, déployer

► **put forward** VT SEP a *(= propose)* *[+ idea, suggestion, theory, proposal]* émettre ; *[+ argument]* avancer, présenter ; *[+ reason]* donner ; *[+ opinion]* exprimer, émettre ; *[+ plan]* proposer ◆ **he ~ his name forward as a candidate** il s'est porté candidat ◆ **he ~ himself forward for the job** il s'est porté candidat au poste, il a posé sa candidature au poste ◆ **he ~ forward (the name of) Harry Green for the job** il a proposé Harry Green pour ce poste

b *(= advance)* *[+ meeting, starting time, clock, schedule, programme]* avancer (*by* de ; *to, until* à)

► **put in**

VI *(Naut)* mouiller (*at* dans le port de)

VT SEP a *(into box, drawer, room)* mettre dans ; *[+ seeds]* semer ; *[+ plant]* planter ◆ **he ~ his head in at the window** il a passé la tête par la fenêtre ◆ **I've ~ the car in for repairs** j'ai donné la voiture à réparer ◆ **have you ~ in the camera?** *(= pack)* est-ce que tu as pris l'appareil photo ?

b *(= insert)* *[+ word, paragraph]* ajouter ; *[+ remark]* ajouter, glisser ; *(= include)* *[+ information]* inclure ◆ **have you ~ in why you are not going?** est-ce que vous avez expliqué pourquoi vous n'y allez pas ? ◆ **"but it's cold" he ~ in** "mais il fait froid" fit-il remarquer

c *(= submit)* ◆ **to put in a request for sth** faire une demande de qch ◆ **to ~ in a claim for damages** faire une demande d'indemnité ◆ **to ~ in a plea** *(Jur)* plaider ◆ **to ~ sb in for an exam** présenter qn à un examen ◆ **to ~ sb in for a scholarship** recommander qn pour une bourse ; → **put in for**

d *(= install)* *[+ political party]* élire ; *[+ person]* nommer ; *[+ central heating, double glazing]* faire installer

e *(= spend)* *[+ time]* passer ◆ **I've ~ in a lot of time on it** j'y ai passé *or* consacré beaucoup de temps ◆ **she ~s in an hour a day at the piano** elle fait une heure de piano par jour

f *(= work)* travailler ◆ **they ~ in at least 40 hours a week** ils travaillent plus de 40 heures par semaines ◆ **can you ~ in a few hours at the weekend?** pourrais-tu travailler quelques heures ce week-end ?

► **put in for** VT FUS *[+ job]* poser sa candidature à ; *[+ promotion, transfer, divorce]* faire une demande de, demander ; *[+ rise]* demander

► **put off**

VI *(Naut)* appareiller (*from* de)

VT SEP a *(= postpone)* *[+ departure, appointment, meeting]* retarder, repousser ; *[+ decision]* remettre à plus tard, différer ; *[+ visitor]* décommander ◆ **to ~ sth off for ten days/until January** remettre qch de dix jours/jusqu'à janvier ◆ **he is ~ting off the evil day** *or* **hour when he'll finally give up smoking** *(Brit)* il repousse indéfiniment le moment où il devra s'arrêter de fumer ◆ **I'm sorry to have to ~ you off** je suis désolé d'avoir à vous décommander ◆ **he ~ off writing the letter** il a décidé d'écrire cette lettre plus tard

b *(= discourage)* dissuader ; *(= repel)* dégoûter ◆ **the failure may ~ them off trying again** il est possible que cet échec les dissuade d'essayer à nouveau ◆ **his eccentricities ~ them off** ses petites manies les ont dégoûtés ◆ **the divorce figures don't seem to ~ people off marriage** les statistiques de divorce ne semblent pas dégoûter les gens du mariage ◆ **the country's reputation may ~ off tourists** la réputation du pays pourrait dissuader les touristes de s'y rendre ◆ **it certainly ~ me off going to Greece** cela m'a certainement ôté l'envie d'aller en Grèce

c *(= remove desire for)* ◆ **his remarks put me off my food** ses remarques m'ont coupé l'appétit

d *(= distract)* ◆ **talking in the audience ~ him off** les bavardages de l'auditoire le déconcentraient ◆ **it ~ her off revising for her exams** cela l'a distraite de son travail de révision pour ses examens ; → **scent, stroke**

e *(= fob off)* ◆ **he ~ her off with vague promises** il la faisait patienter avec de vagues promesses ◆ **you're not going to ~ me off with flattery** tu n'arriveras pas à m'amadouer en me flattant

f *[+ passenger]* déposer, débarquer

g *(= switch off)* *[+ light, gas, radio, TV, heater]* éteindre ◆ **he ~ off the lights one by one** il a éteint les lumières une à une

► **put on** VT SEP a *[+ clothes, hat, glasses, lotion]* mettre ; *[+ jumper, trousers, gloves, socks]* mettre, enfiler ◆ **to ~ on one's make-up** se maquiller

b *(= increase)* *[+ speed]* augmenter ◆ **to ~ on weight** prendre du poids, grossir ◆ **he ~ on 3 kilos** il a pris 3 kilos, il a grossi de 3 kilos ◆ **they ~ on another goal in the second half** ils ont marqué un autre but en deuxième mi-temps ◆ **the proposal could ~ 5p on a litre of petrol** cette proposition augmenterait le prix du litre d'essence de 5 pence

c *(= assume)* *[+ air]* prendre, se donner ; *[+ accent]* prendre ◆ **to ~ on an act, to ~ it on** *(= pretend)* faire semblant ◆ **she ~ on a show of enthusiasm** elle faisait semblant d'être enthousiaste ◆ **he's just ~ting it on** il fait semblant, c'est tout

d *(= deceive)* *[+ person]* faire marcher * ◆ **you're ~ting me on!** * tu me fais marcher ! *

e *(= organize)* *[+ concert, play, show]* organiser ; *[+ film]* projeter ; *[+ extra train, bus]* mettre en service ◆ **the party ~ on a convincing display of unity** le parti a donné une image d'unité assez convaincante

f *(Telec)* ◆ **~ me on to Mr Brown** passez-moi M. Brown ◆ **would you ~ on Mrs Smith?** pouvez-vous me passer Mme Smith ?

g *(= start functioning)* *[+ light, gas, radio, TV, heater]* allumer ; *[+ tape, CD, music]* mettre ◆ **to ~ the brakes on** freiner

h *(= begin to cook, heat)* ◆ **~ the kettle on** mets de l'eau à chauffer ◆ **I'll just ~ the potatoes on** je vais juste mettre les pommes de terre à cuire

i *(= advance)* *[+ clock]* avancer (*by* de)

j *[+ money, bet]* parier sur, miser sur ◆ **he ~ £10 on Black Beauty** il a parié *or* misé 10 livres sur Black Beauty ◆ **I wouldn't ~ money on it!** je n'en mettrais pas ma main au feu !

► **put onto, put on to** VT SEP ◆ **to ~ sb onto** *or* **on to sth** parler de qch à qn ◆ **Alice ~ us onto him** Alice nous a parlé de lui ◆ **a fellow journalist ~ me onto the story** c'est un collègue journaliste qui m'a mis sur l'affaire * ◆ **they ~ the police onto him** ils l'ont signalé à la police ◆ **can you ~ me onto a good dentist?** pourriez-vous m'indiquer un bon dentiste ? ◆ **Paul ~ us onto you** c'est Paul qui nous a dit de nous adresser à vous ◆ **what ~ you onto it?** qu'est-ce qui vous en a donné l'idée ?

► **put out**

VI *(Naut)* prendre le large ◆ **to ~ out to sea** prendre le large, quitter le port ◆ **to ~ out from Dieppe** quitter le port de Dieppe

VT SEP a *(= put outside)* *[+ rubbish]* sortir, mettre dehors ; *(= expel)* *[+ person]* expulser (*of* de) ; *[+ country, organization]* exclure (*of* de) ◆ **he ~ the rug out to dry** il a mis le tapis à sécher dehors ◆ **he ~ the cat out for the night** il a fait sortir le chat *or* il a mis le chat dehors pour la nuit ◆ **to ~ sb's eyes out** crever les yeux à qn ◆ **to ~ sth out of one's head** *or* **mind** ne plus penser à qch

b *(Naut)* *[+ boat]* mettre à l'eau *or* à la mer

c *(= stretch out, extend)* *[+ arm, leg]* allonger, étendre ; *[+ foot]* avancer ; *[+ tongue]* tirer (*at sb* à qn) ; *[+ leaves, shoots, roots]* produire ◆ **to ~ out one's hand** tendre la main ; *[traffic policeman]* tendre le bras ◆ **to ~ one's head out of the window** passer la tête par la fenêtre ◆ **the snail ~ out its horns** l'escargot a sorti ses cornes

d *(= lay out in order)* *[+ cards, clothes]* étaler ; *[+ chessmen]* disposer ; *[+ best china]* sortir e (= extinguish) [+ light, flames, gas, cigarette] éteindre ◆ **to ~ out fires** (fig) limiter les dégâts

f (= make unconscious) endormir

g (= annoy) contrarier (about par) ◆ **she looked very ~ out** elle avait l'air très contrariée ◆ **he was very ~ out at finding her there** il était très contrarié de la trouver là

h (= disconcert) déconcerter, dérouter (by par)

i (= inconvenience) déranger, gêner ◆ **I don't want to ~ you out** je ne voudrais pas vous déranger ◆ **don't ~ yourself out** ne vous dérangez pas ; (iro) surtout ne vous gênez pas ! ◆ **she really ~ herself out for us** elle s'est donné beaucoup de mal pour nous, elle s'est mise en quatre pour nous

j (= issue) [+ announcement, statement, report] publier ; [+ news] annoncer ; [+ appeal, warning] lancer ; [+ propaganda] faire ; [+ book, leaflet, edition] sortir, publier ; [+ album] sortir ◆ **the government will ~ out a statement about it** le gouvernement va faire une déclaration or va publier un communiqué à ce sujet

k (= broadcast) [+ programme] passer ; (= give out) [+ signal] émettre

l (= spend) dépenser

m ◆ **to ~ out to tender** [+ contract, service] mettre en adjudication

n (= exert) déployer, user de

o (= dislocate) [+ shoulder] se déboîter, se démettre ; [+ ankle, knee, back] se démettre

p (Sport = eliminate) [+ team, contestant] éliminer (of de) ; (Baseball) [+ ball] mettre hors jeu ◆ **a knee injury ~ him out of the first two games** une blessure au genou l'a empêché de jouer les deux premiers matchs

► **put over** VT SEP ⇒ **put across**

► **put round** VT SEP [+ rumour] faire courir, faire circuler

► **put through** VT SEP a (= make, complete) [+ reform, change] instituer, instaurer ; [+ deal] conclure ; [+ plan] mener à bien ; [+ motion, amendment] voter ; → **pace¹**

b (Telec = connect) [+ call] passer ; [+ caller] brancher, mettre en communication ◆ **I'm ~ting you through now** vous êtes en ligne, je vous mets en communication ◆ **~ me through to Mr Smith** passez-moi M. Smith

c (US) ◆ **to ~ sb through college** payer les études de qn

d (= make suffer) ◆ **to ~ sb through hell** mener la vie dure à qn ◆ **they really ~ him through it** * ils lui en ont fait voir de dures *, ils lui ont fait passer un mauvais quart d'heure ; → **put transitive verb a**

► **put together** VT SEP a (lit) mettre ensemble ◆ **don't ~ two hamsters together** ne mettez pas deux hamsters ensemble ◆ **don't ~ two hamsters together in one cage** ne mettez pas deux hamsters dans la même cage ◆ **he's worth more than the rest of the family ~ together** à lui tout seul il vaut plus que toute la famille réunie ◆ **it's more important than all the other factors ~ together** c'est plus important que tous les autres facteurs mis ensemble

b (= assemble) [+ table, bookcase] assembler, monter ; [+ book, story, account] composer ; [+ facts, what happened] reconstituer ; [+ team] monter, constituer ◆ **she ~ together an excellent meal** elle a improvisé un délicieux repas

c (= design, draw up) [+ agreement, plan, package] mettre au point

► **put up**

VI a (= stay) descendre (at dans) ◆ **to ~ up for the night at a hotel** passer la nuit dans un hôtel

b (Pol = offer o.s.) se porter candidat(e) (for à), se présenter comme candidat(e) (for à) ◆ **to ~ up for a constituency** (Parl) chercher à avoir l'investiture de son parti dans une circonscription électorale

VT SEP a (= raise) [+ hand] lever ; [+ flag, sail] hisser ; [+ tent] monter ; [+ collar, car window] remonter ; [+ umbrella] ouvrir ; [+ notice] mettre, afficher (on sur) ; [+ picture] mettre, accrocher (on sur) ; [+ building] construire, ériger ; [+ fence, barrier] ériger, dresser ◆ **to ~ a ladder up against a wall** poser une échelle contre un mur ; see also **back, foot**

b (= increase) [+ numbers, taxes, sales] augmenter ; [+ prices] faire monter ; [+ demand] accroître ; [+ sb's temperature, blood pressure] faire monter ◆ **that ~s up the total to over 1,000** cela fait monter le total à plus de 1 000

c (= offer) [+ proposal, case] présenter, soumettre ; [+ prayer] faire ; [+ resistance] opposer ◆ **to ~ sb up as a candidate for** proposer qn comme candidat à ◆ **to ~ up a struggle** or **a fight** se battre ◆ **he ~ up a real fight to keep you in your job** il s'est vraiment battu pour que tu conserves *subj* ton poste ◆ **the matter was ~ up to the board for a decision** l'affaire a été soumise au conseil d'administration qui prendra une décision ◆ **to ~ sth up for sale/auction** mettre qch en vente/ aux enchères ◆ **to ~ a child up for adoption** faire adopter un enfant ◆ **he was ~ up by his local branch** il a été présenté comme candidat par sa section locale ◆ **they ~ him up for the chairmanship** on l'a présenté or proposé comme candidat à la présidence ◆ **I'll ~ you up for the club** je vous proposerai comme membre du club

d (= provide) [+ money, funds] fournir (for pour) ; [+ reward] offrir ◆ **to ~ up money for a project** financer un projet, fournir les fonds pour un projet ◆ **how much can you ~ up?** combien pouvez-vous mettre ?

e (= preserve) [+ fruit] mettre en bocaux

f (= lodge) loger, héberger

► **put up to** VT SEP a (= incite) ◆ **to ~ sb up to doing sth** pousser or inciter qn à faire qch ◆ **someone must have ~ him up to it** quelqu'un a dû le pousser or l'inciter à le faire

b (= give information about) ◆ **to ~ sb up to sth** renseigner qn sur qch ◆ **he ~ her up to all the ways of avoiding tax** il l'a renseignée sur or lui a montré tous les moyens d'éviter de payer des impôts ◆ **a friend of mine ~ me up to it** c'est un ami qui m'en a donné l'idée

► **put up with** VT FUS tolérer, supporter ◆ **he has a lot to ~ up with** il a beaucoup de problèmes, il n'a pas la vie facile ◆ **it is difficult to ~ up with** c'est difficile à supporter, c'est difficilement supportable

**putative** /ˈpjuːtətɪv/ ADJ (frm) putatif

**putrefaction** /ˌpjuːtrɪˈfækʃən/ N putréfaction f

**putrefy** /ˈpjuːtrɪfaɪ/ VT putréfier VI se putréfier

**putrescence** /pjuːˈtresns/ N putrescence f

**putrescent** /pjuːˈtresnt/ ADJ putrescent, en voie de putréfaction

**putrid** /ˈpjuːtrɪd/ ADJ a (= rotting) putride, pourrissant b (‡ = awful) dégoûtant, dégueulasse ‡

**putsch** /pʊtʃ/ N putsch m, coup m d'État

**putt** /pʌt/ (Golf) N putt m, coup m roulé VTI putter

**puttee** /ˈpʌtiː/ N (pl **puttees** /ˈpʌtiːz/) bande f molletière

**putter¹** /ˈpʌtəʳ/ N (Golf) putter m

**putter²** /ˈpʌtəʳ/ VI (US) ⇒ **potter¹**

**putter³** /ˈpʌtəʳ/ VI [engine, car, boat etc] brouter

**putting** /ˈpʌtɪŋ/ N putting m COMP ▷ **putting green** N (= part of golf course) green m

**putty** /ˈpʌtɪ/ N mastic m (ciment) ◆ **she's (like) ~ in my hands** j'en fais ce que je veux VT mastiquer COMP ▷ **putty knife** N (pl **putty knives**) couteau m de vitrier

**putz** /pʌts/ N (US) a (* = person) couillon(ne) ‡ m(f) b (*‡ = penis) bitte *‡ f

**puzzle** /ˈpʌzl/ N a (= mystery) énigme f, mystère m ◆ **he's a real ~ to me** c'est une énigme vivante pour moi ◆ **it's a ~ to me how** or **that he got the job** je trouve curieux qu'il ait pu obtenir ce poste

b (= game) casse-tête m inv ; (= word game) rébus m ; (= crossword) mots mpl croisés ; (= jigsaw) puzzle m ; (= riddle) devinette f

VT rendre or laisser perplexe ◆ **that really ~d him** ça l'a vraiment rendu or laissé perplexe ◆ **it ~s me that ...** je trouve curieux que ... ◆ **to ~ one's head about sth** se creuser la tête au sujet de qch ; see also **puzzled**

VI ◆ **to ~ over** or **about** essayer de comprendre ◆ **I'm still puzzling over where he might have hidden it** j'en suis encore à me demander où il a bien pu le cacher

COMP ▷ **puzzle book** N livre m de jeux

► **puzzle out** VT SEP [+ problem] résoudre ; [+ mystery] éclaircir, élucider ; [+ writing] déchiffrer ; [+ answer, solution] trouver, découvrir ; [+ sb's actions, attitude] comprendre ◆ **I'm trying to ~ out why he did it** j'essaie de comprendre or découvrir pourquoi il l'a fait

**puzzled** /ˈpʌzld/ ADJ perplexe ◆ **they were ~ to find/see ...** ils n'en revenaient pas de trouver/voir ... ◆ **to be ~ that ...** ne pas arriver à comprendre pourquoi ... ◆ **I am ~ (to know) why** je n'arrive pas à comprendre pourquoi ◆ **he was ~ about what to say** il ne savait pas trop quoi dire ; see also **puzzle**

**puzzlement** /ˈpʌzlmənt/ N (NonC) perplexité f

**puzzler** /ˈpʌzləʳ/ N (gen) énigme f ; (= problem) question f difficile, casse-tête m inv

**puzzling** /ˈpʌzlɪŋ/ ADJ curieux

**PVC** /ˌpiːviːˈsiː/ N (Tex) (abbrev of **polyvinyl chloride**) PVC m

**PVS** /ˌpiːviːˈes/ N a abbrev of **postviral syndrome** b (abbrev of **persistent vegetative state**) → **persistent**

**Pvt.** (Mil) abbrev of **Private noun a**

**PW** /piːˈdʌbljuː/ N a (US Mil) (abbrev of **prisoner of war**) → **prisoner** b (Brit) abbrev of **policewoman**

**p.w.** (abbrev of **per week**) par semaine

**PWR** /piːˌdʌbljuːˈɑːʳ/ N (abbrev of **pressurized water reactor**) → **pressurize**

**PX** /piːˈeks/ N (US Mil) (abbrev of **post exchange**) → **post²**

**pygmy** /ˈpɪgmɪ/ N Pygmée mf ; (fig) pygmée m ADJ pygmée f inv ; [animal] nain

**pyjama** /pɪˈdʒɑːmə/ (Brit) NPL **pyjamas** pyjama m ◆ **a pair of ~s** un pyjama ◆ **in (one's) ~s** en pyjama COMP [jacket, trousers] de pyjama

**pylon** /ˈpaɪlən/ N pylône m

**pylori** /paɪˈlɔːraɪ/ NPL of **pylorus**

**pyloric** /paɪˈlɔːrɪk/ ADJ pylorique

**pylorus** /paɪˈlɔːrəs/ N (pl **pylori**) pylore m

**pyorrhea** /ˌpaɪəˈrɪə/ N pyorrhée f alvéolaire

**pyramid** /ˈpɪrəmɪd/ N pyramide f VT (US Fin) ◆ **to ~ winnings** spéculer en réinvestissant les bénéfices réalisés COMP ▷ **pyramid selling** N vente f pyramidale

**pyramidal** /pɪ'ræmɪdl/ **ADJ** pyramidal

**Pyramus** /'pɪrəməs/ **N** ◆ **~ and Thisbe** Pyrame *m* et Thisbé *f*

**pyre** /'paɪəʳ/ **N** bûcher *m* funéraire

**Pyrenean** /pɪrə'niːən/ **ADJ** pyrénéen, des Pyrénées

**Pyrenees** /pɪrə'niːz/ **NPL** Pyrénées *fpl*

**pyrethrum** /paɪ'riːθrəm/ **N** pyrèthre *m*

**pyretic** /paɪ'retɪk/ **ADJ** pyrétique

**Pyrex ®** /'paɪreks/ **N** pyrex ® *m* **COMP** *[dish]* en pyrex ®

**pyrexia** /paɪ'reksɪə/ **N** pyrexie *f*

**pyrexic** /paɪ'reksɪk/ **ADJ** pyrexique

**pyrites** /paɪ'raɪtiːz/ **N** (pl **pyrites**) pyrite *f* ◆ **iron ~** sulfure *m* de fer, fer *m* sulfuré

**pyritic** /paɪ'rɪtɪk/ **ADJ** pyriteux

**pyro...** /'paɪərəʊ/ **PREF** pyro...

**pyromania** /ˌpaɪrəʊ'meɪnɪə/ **N** pyromanie *f*

**pyromaniac** /ˌpaɪərəʊ'meɪnɪæk/ **N** pyromane *mf*, incendiaire *mf*

**pyrotechnic** /ˌpaɪərəʊ'teknɪk/ **ADJ** pyrotechnique ◆ **~ display** feu(x) *m(pl)* d'artifice **N** *(NonC: Phys)* ◆ **~s** pyrotechnie *f* ; *(pl: fig hum)* feux *mpl* d'artifice

**Pyrrhic** /'pɪrɪk/ **ADJ** ◆ **~ victory** victoire *f* à la Pyrrhus

**Pyrrhus** /'pɪrəs/ **N** Pyrrhus *m*

**Pythagoras** /paɪ'θægərəs/ **N** Pythagore *m*

**Pythagorean** /paɪˌθægə'rɪən/ **ADJ** *(gen)* pythagoricien ; *[number, letter]* pythagorique

**python** /'paɪθən/ **N** python *m*

**pyx** /pɪks/ **N** *(in church)* ciboire *m* ; *(for sick communions)* pyxide *f*

**pzazz** * /pə'zæz/ **N** *(US)* ⇒ **piz(z)azz**

# Q

**Q, q** /kjuː/ **N** *(= letter)* Q, q *m* ◆ **Q for Queen** ≈ Q comme Québec

**Q and A** /ˈkjuːəndˈeɪ/ **N** (abbrev of **questions and answers**) questions-réponses *fpl*

**qat** /kæt/ **N** ⇒ **khat**

**Qatar** /kæˈtɑːʳ/ **N** **a** *(= country)* Qatar *m* ◆ **in ~** au Qatar **b** *(= inhabitant)* Qatari(e) *m(f)* **ADJ** qatari

**QC** /ˌkjuːˈsiː/ **N** *(Brit Jur)* (abbrev of **Queen's Counsel**) → **counsel**

**QE2** /ˌkjuːiːˈtuː/ **N** *(Brit Naut)* (abbrev of **Queen Elizabeth II**) *paquebot*

**QED** /ˌkjuːiːˈdiː/ *(Math)* (abbrev of **quod erat demonstrandum**) CQFD

**qt** **N** abbrev of **quart(s)**

**q.t.** /kjuːˈtiː/ **N** (abbrev of **quiet**) ◆ **on the ~** * en douce *, en cachette

**Q-tip** ® /ˈkjuːtɪp/ **N** Coton-tige ® *m*

**qty** **N** abbrev of **quantity**

**qua** /kweɪ/ **ADV** ◆ **the actor ~ actor** l'acteur en tant que tel ◆ **religion ~ religion** la religion en tant que telle

**quack**[1] /kwæk/ **N** coin-coin *m inv (cri du canard)* **VI** faire coin-coin **COMP** ▷ **quack-quack** **N** *(baby talk)* coin-coin *m inv*

**quack**[2] * /kwæk/ **N** *(= imposter, bogus doctor)* charlatan *m* ; *(hum) (= doctor)* toubib * *m*

**quackery** /ˈkwækərɪ/ **N** *(NonC)* charlatanisme *m*

**quad**[1] /kwɒd/ **N** abbrev of **quadruplet, quadrangle** **NPL** **quads** * *(= muscles)* abbrev of **quadriceps** **COMP** ▷ **quad bike** **N** moto *f* à quatre roues motrices

**quad**[2] * /kwɒd/ **N** ⇒ **quod**

**quadr...** **PREF** ⇒ **quadri...**

**Quadragesima** /kwɒdrəˈdʒesɪmə/ **N** Quadragésime *f*

**quadrangle** /ˈkwɒdræŋgl/ **N** **a** *(Math)* quadrilatère *m* **b** *(= courtyard)* cour *f*

**quadrangular** /kwɒˈdræŋgjʊləʳ/ **ADJ** quadrangulaire

**quadrant** /ˈkwɒdrənt/ **N** *[of circle]* quadrant *m*, quart *m* de cercle

**quadraphonic** /ˌkwɒdrəˈfɒnɪk/ **ADJ** quadriphonique, tétraphonique ◆ **in ~ (sound)** en quadriphonie, en tétraphonie

**quadraphonics** /ˌkwɒdrəˈfɒnɪks/ **N** *(NonC)* quadriphonie *f*, tétraphonie *f*

**quadraphony** /kwɒdˈrɒfənɪ/ **N** ⇒ **quadraphonics**

**quadraplegic** /ˌkwɒdrəˈpliːdʒɪk/ **N, ADJ** tétraplégique *mf*

**quadrasonic** /ˌkwɒdrəˈsɒnɪk/ **ADJ** quadriphonique, tétraphonique

**quadrasonics** /ˌkwɒdrəˈsɒnɪks/ **N** *(NonC)* quadriphonie *f*, tétraphonie *f*

**quadrat** /ˈkwɒdrət/ **N** *(Typo)* cadrat *m*

**quadratic** /kwɒˈdrætɪk/ *(Math)* **ADJ** quadratique **COMP** ▷ **quadratic equation** **N** équation *f* quadratique *or* du second degré

**quadrature** /ˈkwɒdrətʃəʳ/ **N** quadrature *f*

**quadrennial** /ˌkwɒˈdrenɪəl/ **ADJ** quadriennal

**quadri...** /ˈkwɒdrɪ/ **PREF** quadri..., quadru...

**quadriceps** /ˈkwɒdrɪseps/ **N** (pl **quadricepses** *or* **quadriceps**) quadriceps *m*

**quadrilateral** /ˌkwɒdrɪˈlætərəl/ *(Math)* **ADJ** quadrilatère, quadrilatéral **N** quadrilatère *m*

**quadrilingual** /ˌkwɒdrɪˈlɪŋgwəl/ **ADJ** quadrilingue

**quadrille** /kwəˈdrɪl/ **N** *(Dancing)* quadrille *m*

**quadrillion** /kwɒˈdrɪljən/ **N** *(Brit)* quatrillion *m* ; *(US)* ancien quatrillion *m* ($10^{15}$)

**quadripartite** /ˌkwɒdrɪˈpɑːtaɪt/ **ADJ** quadriparti (-tie *or* -tite *f*)

**quadriplegia** /ˌkwɒdrɪˈpliːdʒɪə/ **N** tétraplégie *f*, quadriplégie *f*

**quadriplegic** /ˌkwɒdrɪˈpliːdʒɪk/ **ADJ, N** tétraplégique *mf*, quadriplégique *mf*

**quadroon** /kwɒˈdruːn/ **N** quarteron(ne) *m(f)*

**quadrophonic** /ˌkwɒdrəˈfɒnɪk/ **ADJ** ⇒ **quadraphonic**

**quadruped** /ˈkwɒdrʊped/ **ADJ, N** quadrupède *m*

**quadruple** /ˈkwɒdrʊpl/ **ADJ, N** quadruple *m* **VTI** /kwɒˈdruːpl/ quadrupler

**quadruplet** /kwɒˈdruːplɪt/ **N** quadruplé(e) *m(f)*

**quadruplicate** /kwɒˈdruːplɪkɪt/ **ADJ** quadruple **N** ◆ **in ~** en quatre exemplaires

**quads** /kwɒdz/ **NPL** *(= quadriceps)* quadriceps *mpl* ; *(= quadruplets)* quadruplés *mpl*

**quaff** /kwɒf/ **VT** *(†† or hum) (= drink)* avaler

**quaffable** /ˈkwɒfəbl/ **ADJ** ◆ **a ~ wine** un vin qui se laisse boire

**quag** /kwæg/ **N** ⇒ **quagmire**

**quagga** /ˈkwægə/ **N** (pl **quaggas** *or* **quagga**) couagga *m*

**quagmire** /ˈkwægmaɪəʳ/ **N** *(lit, fig)* bourbier *m*

**quahaug, quahog** /ˈkwɑːhɒg/ **N** *(US)* clam *m*

**quail**[1] /kweɪl/ **VI** *[person]* trembler *(before* devant) ◆ **I ~ed at the thought of having to organize everything** je tremblais à l'idée de devoir tout organiser ◆ **his heart ~ed** son courage vacilla

**quail**[2] /kweɪl/ **N** (pl **quail** *or* **quails**) *(= bird)* caille *f*

**quaint** /kweɪnt/ **ADJ** **a** *(= picturesque) [place]* pittoresque ; *[person]* original ◆ **a ~ little village** un petit village pittoresque *or* qui a du cachet **b** *(= old-fashioned) [custom, tradition, word, notion]* désuet (-ète *f*) ; *(pej)* vieillot ◆ **how ~!** comme c'est curieux !

**quaintly** /ˈkweɪntlɪ/ **ADV** *(= strangely)* curieusement ◆ **~ old-fashioned** d'un charme désuet ◆ **a pub ~ called** *or* **named "The Dew Drop"** un pub qui porte le nom désuet de "La Goutte de Rosée"

**quaintness** /ˈkweɪntnɪs/ **N** **a** *[of place, object] (= picturesqueness)* pittoresque *m* ; *(= old-fashionedness)* charme *m* désuet, charme *m* vieillot **b** *(= peculiarity) [of custom, word, idea, question]* côté *m or* aspect *m* curieux

**quake** /kweɪk/ **VI** *[earth, person]* trembler ◆ **I was quaking (in my boots *)** je tremblais comme une feuille ◆ **to ~ with fear** trembler de peur **N** (abbrev of **earthquake**) tremblement *m* de terre, séisme *m*

**Quaker** /ˈkweɪkəʳ/ **N** quaker(esse) *m(f)* **COMP** *[community, school]* de quakers ; *[person, family]* quaker *f inv* ; *[beliefs]* des quakers ▷ **Quaker meeting** **N** réunion *f* de quakers ▷ **Quaker meeting house** **N** église *f* de quakers

**Quakerism** /ˈkweɪkərɪzəm/ **N** quakerisme *m*

**qualification** /ˌkwɒlɪfɪˈkeɪʃən/ **N** **a** *(= ability)* compétence *f (for* en ; *to do sth* pour faire qch) aptitude *f (for* à), capacité *f (to do sth* pour faire qch) ◆ **I doubt his ~ to teach English** je doute qu'il ait les compétences *or* les capacités requises pour enseigner l'anglais ◆ **we have never questioned his ~ for the job** nous n'avons jamais mis en doute son aptitude à occuper ce poste

**b** *(= degree, diploma)* diplôme *m*, titre *m (in* de) ◆ **his only ~ for the job was his experience in similar work** seule son expérience dans des domaines similaires le qualifiait pour ce travail ◆ **what are your ~s?** *(= skill, degrees, experience)* quelle est votre formation ? ; *(also* **paper qualifications***)* qu'est-ce que vous avez comme diplômes *or* qualifications professionnelles ? ◆ **he has a lot of experience but no paper ~s** *or* **formal ~s** il a beaucoup d'expérience mais il n'a aucun diplôme *or* il n'a aucun titre *or* il n'a pas de qualifications professionnelles ◆ **I have no teaching ~(s)** je n'ai pas le(s) diplôme(s) requis pour enseigner

c *(= limitation)* réserve *f*, restriction *f* ◆ **to accept a plan with ~(s)** accepter un projet avec des réserves *or* avec des restrictions ◆ **without ~(s)** sans réserves *or* restrictions

d *(= graduation)* ◆ **my first job after ~ (as a vet)** mon premier emploi après que j'ai obtenu mon diplôme (de vétérinaire)

e *(gen, Gram: qualifying)* qualification *f*

**qualified** /ˈkwɒlɪfaɪd/ ADJ a *(= trained, suitable) [person, staff, craftsman, player, pilot]* qualifié ; *[engineer, doctor, nurse, teacher, accountant]* diplômé ◆ **suitably ~ candidates** les candidats ayant les qualifications requises ◆ **~ for a job** qualifié pour un poste *or* un travail ◆ **he was well ~ for the post of president** il avait les qualités requises pour être président ◆ **~ to do sth** qualifié pour faire qch, habilité à faire qch *(frm)* ◆ **he is ~ to teach** il a les qualifications requises pour enseigner ◆ **they are not ~ to vote** ils ne sont pas habilités à voter ◆ **he is well ~ to captain the team** il est tout à fait qualifié pour être le capitaine de l'équipe ◆ **I'm not ~ to speak for her** je ne suis pas habilité à parler en son nom ◆ **I don't feel ~ to judge** je ne me sens pas en mesure d'en juger

b *(= limited) [praise, support, approval]* mitigé ; *[acceptance]* conditionnel ◆ **a ~ success** une demi-réussite ◆ **a ~ yes** un oui mitigé, un oui mais ◆ **a ~ majority** une majorité qualifiée

**qualifier** /ˈkwɒlɪfaɪəʳ/ N *(Gram)* qualificatif *m*, qualificateur *m* ; *(Sport) (= team)* équipe *f* qualifiée ; *(= person)* athlète *mf* qualifié(e)

**qualify** /ˈkwɒlɪfaɪ/ LANGUAGE IN USE 26.3

VT a *(= make competent)* **to ~ sb to do sth/for sth** *(gen)* qualifier qn pour faire qch/pour qch ; *[experience]* donner à qn les compétences *or* qualités requises pour faire/pour qch ; *[degree, diploma]* donner à qn les diplômes *or* titres requis pour faire/pour qch ; *[trade diploma, certificates]* donner à qn les qualifications professionnelles nécessaires pour faire/pour qch ◆ **to ~ sb to do sth** *(Jur)* habiliter qn à faire qch ◆ **that doesn't ~ him to speak on it** cela ne lui donne pas qualité pour en parler

b *(= modify) [+ approval, support, praise]* mettre des réserves à ; *[+ statement, opinion]* nuancer ◆ **to ~ one's acceptance of sth** accepter qch sous réserve *or* sous condition ◆ **I think you should ~ that remark** je pense que vous devriez nuancer cette remarque

c *(= describe)* qualifier *(as* de) ; *(Gram)* qualifier

VI a *(= obtain qualifications)* obtenir son diplôme (*or* son brevet *etc*) (*in* en) ◆ **to ~ as a doctor/a nurse/an engineer** obtenir son diplôme de médecin/d'infirmière/d'ingénieur ◆ **he has qualified as a teacher** il a obtenu son diplôme de professeur ◆ **while he was ~ing as an architect** pendant qu'il faisait des études d'architecture ◆ **to ~ for the final** *(Sport)* se qualifier pour la finale

b *(= fulfil requirements)* **to ~ for a job** avoir les compétences requises pour un poste ◆ **does he ~?** est-ce qu'il remplit les conditions requises ? ◆ **to ~ as a refugee** avoir droit au statut de réfugié ◆ **to ~ as a member** remplir les conditions d'adhésion ◆ **does this country still ~ as a superpower?** peut-on encore considérer ce pays comme une superpuissance ? ◆ **it doesn't ~ as art** cela ne mérite pas le nom d'art

**qualifying** /ˈkwɒlɪfaɪɪŋ/ ADJ a *[mark]* de passage, qui permet de passer ; *[examination]* d'entrée ; *[score]* qui permet de se qualifier ◆ **~ period** *(gen)* période *f* d'attente ; *(Jur)* période *f* probatoire ◆ **~ heat** *(Sport)* éliminatoire *f* ◆ **~ round** série *f* éliminatoire ◆ **~ shares** *(St Ex)* actions *fpl* de garantie b *(Gram)* qualificatif

**qualitative** /ˈkwɒlɪtətɪv/ ADJ qualitatif

**qualitatively** /ˈkwɒlɪtətɪvlɪ/ ADV qualitativement

**quality** /ˈkwɒlɪtɪ/ N a *(= nature, kind)* qualité *f* ◆ **of the best ~** de première qualité, de premier ordre *or* choix ◆ **of good** *or* **high ~** de bonne qualité, de qualité supérieure ◆ **of poor** *or* **bad** *or* **low ~** de mauvaise qualité, de qualité inférieure ◆ **the ~ of life** la qualité de la vie

b *(NonC = goodness)* qualité *f* ◆ **guarantee of ~** garantie *f* de qualité ◆ **it's ~ rather than quantity that counts** c'est la qualité qui compte plus que la quantité ◆ **this wine has ~** ce vin a de la qualité *or* est de qualité ◆ **he has real ~** il a de la classe

c *(= attribute)* qualité *f* ◆ **natural qualities** qualités *fpl* naturelles ◆ **one of his (good) qualities** une de ses qualités ◆ **one of his bad qualities** un de ses défauts ◆ **he has many artistic qualities** il a beaucoup de qualités *or* de dons *mpl* artistiques

d *[of voice, sound]* qualité *f*, timbre *m*

e *(† or hum = high rank)* qualité † *f*

COMP *[car, film, product]* de qualité ▷ **quality control** N contrôle *m* de qualité ▷ **quality controller** N *(Ind)* contrôleur *m*, -euse *f* de la qualité ▷ **quality papers** NPL *(Press)* presse *f* de qualité ▷ **quality time** N moments *mpl* de qualité ◆ **I don't work on Fridays, which means I get more ~ time with my son** je ne travaille pas le vendredi, ce qui me permet de passer plus de bons moments avec mon fils

**qualm** /kwɑːm/ N a *(= scruple)* doute *m*, scrupule *m* ; *(= misgiving)* appréhension *f*, inquiétude *f* ◆ **~s of conscience** scrupules *mpl* de conscience ◆ **he did it without a ~** il l'a fait sans le moindre scrupule ◆ **I would feel no ~s about doing that** je n'aurais pas le moindre scrupule à faire cela ◆ **I had some ~s about his future** j'avais quelques inquiétudes sur *or* pour son avenir b *(= nausea)* nausée *f*

**quandary** /ˈkwɒndərɪ/ N dilemme *m* ◆ **to be in a ~** être pris dans un dilemme ◆ **he was in a ~ about** *or* **as to** *or* **over what to do** il était pris dans un dilemme et ne savait pas quoi faire ◆ **that got him out of a ~** ça l'a sorti d'un dilemme

**quango** /ˈkwæŋɡəʊ/ N *(Brit)* (abbrev of **quasi-autonomous nongovernmental organization**) organisation *f* non gouvernementale quasi autonome

> **Quango**
>
> Cet acronyme de « quasi-autonomous nongovernmental organization » désigne des organismes mis en place par le gouvernement britannique dans les années 70 mais qui ne relèvent d'aucun ministère : c'est le cas par exemple de la Commission pour l'égalité des chances (Equal Opportunities Commission) ou de la Commission pour les relations interraciales (Commission for Racial Equality). Certaines de ces organisations disposent d'un pouvoir de décision, d'autres ont un rôle purement consultatif. → EOC, EEOC

**quanta** /ˈkwɒntə/ NPL of **quantum**

**quantifiable** /ˌkwɒntɪˈfaɪəbl/ ADJ quantifiable

**quantifier** /ˈkwɒntɪfaɪəʳ/ N *(Ling, Philos, Math)* quantificateur *m*

**quantify** /ˈkwɒntɪfaɪ/ VT quantifier

**quantitative** /ˈkwɒntɪtətɪv/ ADJ *(gen)* quantitatif ; *(Ling, Poetry)* de quantité

**quantitatively** /ˈkwɒntɪtətɪvlɪ/ ADV quantitativement

**quantity** /ˈkwɒntɪtɪ/ N quantité *f* ◆ **a small ~ of rice** une petite quantité de riz ◆ **what ~ do you want?** quelle quantité (en) voulez-vous ? ◆ **in ~** en (grande) quantité ◆ **in large quantities** en grandes quantités ◆ **a ~ of, any ~ of, quantities of** une quantité de, (des) quantités de, un grand nombre de ; → **quality, unknown** COMP *(Comm) [production]* sur une grande échelle, en série ▷ **quantity mark** N *(Ling, Poetry)* signe *m* de quantité ▷ **quantity surveying** N *(NonC: Brit)* métrage *m* ▷ **quantity surveyor** N *(Brit)* métreur *m* (vérificateur)

**quantum** /ˈkwɒntəm/ (pl **quanta**) N quantum *m* COMP ▷ **quantum leap** N *(fig)* bond *m* prodigieux ; *(forwards)* bond *m* en avant ◆ **to take** *or* **make a ~ leap** faire un bond (en avant) prodigieux ▷ **quantum mechanics** N *(NonC)* mécanique *f* quantique ▷ **quantum number** N nombre *m* quantique ▷ **quantum theory** N théorie *f* quantique *or* des quanta

**quarantine** /ˈkwɒrəntiːn/ N quarantaine *f* *(pour raisons sanitaires)* ◆ **in ~** en quarantaine VT mettre en quarantaine COMP *[regulations, period]* de quarantaine

**quark** /kwɑːk/ N a *(Phys)* quark *m* b *(Culin)* fromage *m* blanc

**quarrel** /ˈkwɒrəl/ N *(= dispute)* querelle *f*, dispute *f* ; *(more intellectual)* différend *m* ; *(= breach)* brouille *f* ◆ **I had a ~ with him yesterday** je me suis disputé *or* querellé avec lui hier ◆ **they've had a ~** *(= argued)* ils se sont disputés *or* querellés ; *(= fallen out)* ils se sont brouillés ◆ **the ~ between the professor and his assistant** la querelle entre le professeur et son assistant ; *(longer: more frm)* la querelle qui oppose (*or* opposait *etc*) le professeur à son assistant ◆ **to start a ~** provoquer *or* susciter une querelle *or* dispute ◆ **to pick a ~ with sb, to try to start a ~ with sb** chercher querelle à qn ◆ **I have no ~ with you** je n'ai rien contre vous ◆ **he had no ~ with what we had done** il n'avait rien à redire à ce que nous avions fait

VI *(= have a dispute)* se quereller, se disputer (*with sb* avec qn ; *about, over* à propos de) ; *(= break off friendship)* se brouiller (*with sb* avec qn) ◆ **I cannot ~ with that** je n'ai rien à redire à cela ◆ **what he ~s with is …** ce contre quoi il s'insurge c'est …

**quarrelling, quarreling** *(US)* /ˈkwɒrəlɪŋ/ N *(NonC)* disputes *fpl*, querelles *fpl* ; *(petty)* chamailleries * *fpl* ADJ qui se disputent

**quarrelsome** /ˈkwɒrəlsəm/ ADJ querelleur

**quarrier** /ˈkwɒrɪəʳ/ N (ouvrier *m*) carrier *m*

**quarry**[1] /ˈkwɒrɪ/ N carrière *f* ; → **marble** VT a *[+ stone]* extraire b *[+ hillside]* exploiter *(en carrière)* VI exploiter une carrière ◆ **they are ~ing for marble** ils exploitent une carrière de marbre COMP ▷ **quarry tile** N carreau *m* ▷ **quarry-tiled floor** N sol *m* carrelé

► **quarry out** VT SEP *[+ block, stone]* extraire

**quarry**[2] /ˈkwɒrɪ/ N *[of animal, bird]* proie *f* ; *(Hunting = game)* gibier *m* ◆ **the detectives lost their ~** les policiers ont perdu la trace de celui qu'ils pourchassaient

**quarryman** /ˈkwɒrɪmən/ N (pl **-men**) (ouvrier *m*) carrier *m*

**quart** /kwɔːt/ N *(= measure)* ≈ litre *m* *(Brit = 1,136 litre, US = 0,946 litre)* ◆ **it's like trying to**

put a ~ into a pint pot autant essayer de vider la mer avec une petite cuiller

**quarter** /ˈkwɔːtəʳ/ **N** a (= *fourth part*) quart *m* ♦ **to divide sth into ~s** diviser qch en quatre (parties égales) *or* en (quatre) quartiers ♦ **a ~ (of a pound) of tea** un quart (de livre) de thé ♦ **a ~ full/empty** au quart plein/vide ♦ **it's a ~ gone already** il y en a déjà un quart de parti ♦ **a ~ as big as** quatre fois moins grand que ♦ **I bought it for a ~ of the price** *or* **for ~ the price** je l'ai acheté au quart du prix *or* pour le quart de son prix

b (*in expressions of time*) quart *m* (d'heure) ♦ **a ~ of an hour** un quart d'heure ♦ **a ~ to seven, a ~ of seven** (*US*) sept heures moins le quart *or* moins un quart ♦ **a ~ past six, a ~ after six** (*US*) six heures un quart *or* et quart ♦ **to drive with one's hands at a ~ to three** (*on steering wheel*) conduire avec les mains à neuf heures et quart ♦ **it wasn't the ~ yet** il n'était pas encore le quart ♦ **the clock strikes the ~s** l'horloge sonne les quarts

c (= *specific fourth parts*) [*of year*] trimestre *m* ; (*US and Can money*) quart *m* de dollar, vingt-cinq cents *mpl* ; (*Brit weight*) = 28 livres (= 12,7 kg) ; (*US weight*) = 25 livres (= 11,34 kg) ; (*Her*) quartier *m* ; [*of beef, apple*] quartier *m* ; [*of moon*] quartier *m* ♦ **to pay by the ~** payer tous les trois mois *or* par trimestre ♦ **a ~'s rent** un terme (de loyer) ; → **forequarters, hindquarters**

d (= *compass point*) point *m* cardinal ♦ **on the port/starboard ~** (*Naut*) par la hanche de bâbord/tribord ♦ **from all ~s** de toutes parts, de tous côtés ♦ **you must report that to the proper ~** (*frm*) vous devez signaler cela à qui de droit ♦ **in responsible ~s** dans les milieux autorisés

e (= *part of town*) quartier *m* ♦ **the Latin ~** le quartier latin

f (*NonC: liter* = *mercy*) quartier *m* (*liter*), grâce *f* ♦ **to give/cry ~** faire/demander quartier ♦ **to give no ~** ne pas faire de quartier

**NPL quarters** (= *lodgings*) résidence *f*, domicile *m* ; (*Mil*) quartiers *mpl* ; (*temporary*) cantonnement *m* ♦ **they are living in very cramped ~s** ils sont logés très à l'étroit ; → **married**

**VT** a (= *divide into four*) diviser en quatre (parts égales), diviser en (quatre) quartiers ; [+ *traitor's body*] écarteler ; (*Her*) écarteler ; → **hang**

b (= *lodge*) (*Mil*) [+ *troops*] caserner ; (*temporarily*) cantonner ; (*gen*) loger (on chez)

c **to ~ the ground** [*dogs*] quêter ♦ **to ~ a town in search of sb** [*police*] quadriller une ville à la recherche de qn

**ADJ** quart de ♦ **the ~ part of** le quart de ♦ **a ~ share in sth** (une part d')un quart de qch ; see also **comp**

**COMP** ▷ **quarter day N** (*Fin, Jur*) (jour *m* du) terme *m* ▷ **quarter-deck N** (*Naut*) plage *f* arrière ; [*of sailing ship*] gaillard *m* d'arrière ▷ **quarter final N** (*Sport*) quart *m* de finale ▷ **quarter-finalist N** (*Sport*) quart de finaliste *mf* ▷ **quarter-hour N** (*period of time*) quart *m* d'heure ♦ **on the ~-hour** (*division of clock face*) tous les quarts d'heure ▷ **quarter light N** (*Brit Aut*) déflecteur *m* ▷ **quarter mile N** (*Sport*) (course *f* d'un) quart *m* de mille ▷ **quarter note N** (*US Mus*) noire *f* ▷ **quarter pound N** quart *m* de livre ▷ **quarter-pound ADJ** d'un quart de livre ▷ **quarter-pounder N** (*Culin*) *hamburger contenant un steak haché d'environ 100 grammes* ▷ **quarter sessions NPL** (*Jur*) (= *sessions*) ≈ assises *fpl* trimestrielles (de tribunal de grande instance) ; (= *court*) ≈ tribunal *m* de grande instance (*jusqu'en 1972*) ▷ **quarter turn N** quart *m* de tour ▷ **quarter window N** (*US Aut*) déflecteur *m*

**quarterback** /ˈkwɔːtəbæk/ (*US*) **N** (*Ftbl*) stratège *m* (*souvent en position d'arrière*), quarter-back *m*, quart-arrière *m* (*Can*) **VT** a (*Ftbl*) jouer quarter-back *or* quart-arrière (*Can*) dans b (*fig*) déterminer la stratégie de **VI** (*Ftbl*) jouer quarter-back *or* quart-arrière (*Can*)

**quartering** /ˈkwɔːtərɪŋ/ **N** (*NonC*) a (= *splitting into quarters*) division *f* en quatre ; (*Her*) écartelure *f* b (*Mil* = *lodging*) cantonnement *m*

**quarterly** /ˈkwɔːtəlɪ/ **ADJ** trimestriel **N** (= *periodical*) publication *f* trimestrielle **ADV** tous les trois mois

**quartermaster** /ˈkwɔːtəˌmɑːstəʳ/ **N** a (*Mil*) intendant *m* militaire de troisième classe b (*Naut*) maître *m* de manœuvre **COMP** ▷ **quartermaster general N** (*Mil*) intendant *m* général d'armée de première classe ▷ **quartermaster sergeant N** (*Mil*) intendant *m* militaire adjoint

**quartet(te)** /kwɔːˈtet/ **N** [*of classical music players*] quatuor *m* ; [*of jazz players*] quartette *m* ; (*hum* = *four people*) quatuor * *m*

**quarto** /ˈkwɔːtəʊ/ **N** in-quarto *m* **ADJ** [*paper*] in-quarto *inv*

**quartz** /ˈkwɔːts/ **N** quartz *m* **COMP** de *or* en quartz ▷ **quartz clock N** pendule *f* à quartz ▷ **quartz crystal N** cristal *m* de quartz ▷ **quartz(-iodine) lamp N** lampe *f* à iode ▷ **quartz watch N** montre *f* à quartz

**quartzite** /ˈkwɔːtsaɪt/ **N** quartzite *m*

**quasar** /ˈkweɪzɑːʳ/ **N** quasar *m*

**quash** /kwɒʃ/ **VT** [+ *decision, verdict, judgement*] casser, annuler ; [+ *rebellion*] réprimer, étouffer ; [+ *proposal, suggestion*] rejeter

**quasi-** /ˈkweɪzaɪ/ **PREF** (+ *n*) quasi- ; (+ *adj*) quasi, presque ♦ **~marriage** quasi-mariage *m* ♦ **~religious** quasi *or* presque religieux

**quatercentenary** /ˌkwætəsenˈtiːnərɪ/ **N** quatre-centième anniversaire *m*

**quaternary** /kwəˈtɜːnərɪ/ **ADJ** (*Chem, Geol, Math*) quaternaire **N** (= *set of four*) ensemble *m* de quatre ; (= *number four*) quatre *m* ♦ **the Quaternary** (*Geol*) le quaternaire

**quatrain** /ˈkwɒtreɪn/ **N** quatrain *m*

**quaver** /ˈkweɪvəʳ/ **N** a (*esp Brit Mus* = *note*) croche *f* b (= *voice tremor*) tremblement *m*, chevrotement *m* **VI** [*voice*] chevroter, trembloter ; [*person*] chevroter, parler d'une voix chevrotante *or* tremblotante **VT** (*also* **quaver out**) chevroter **COMP** ▷ **quaver rest N** (*esp Brit Mus*) demi-soupir *m*

**quavering** /ˈkweɪvərɪŋ/ **ADJ** chevrotant, tremblotant **N** tremblotement *m*

**quaveringly** /ˈkweɪvərɪŋlɪ/ **ADV** d'une voix chevrotante *or* tremblotante, avec des tremblements dans la voix

**quavery** /ˈkweɪvərɪ/ **ADJ** ⇒ **quavering adj**

**quay** /kiː/ **N** (*Naut etc*) quai *m* ♦ **on the ~** sur le quai ♦ **along the ~** le long du quai

**quayside** /ˈkiːsaɪd/ **N** quai *m* ; (= *whole area*) quais *mpl* ♦ **the ship drew up along the ~** le navire est arrivé à quai

**queasiness** /ˈkwiːzɪnɪs/ **N** (*NonC*) nausée *f*, malaise *m*

**queasy** /ˈkwiːzɪ/ **ADJ** a (= *nauseous*) ♦ **he was ~, he felt ~** il avait mal au cœur, il avait la nausée ♦ **it makes me (feel) ~** ça me donne mal au cœur, ça me donne la nausée ♦ **his stomach was ~** il avait l'estomac barbouillé b (= *uncomfortable*) mal à l'aise ♦ **I had a ~ feeling about the whole thing** tout ça me mettait mal à l'aise ♦ **to feel ~ (about sth)** se sentir mal à l'aise (à propos de qch)

**Quebec** /kwɪˈbek/ **N** a (= *city*) Québec b (= *province*) Québec *m* ♦ **in ~** au Québec **ADJ** québécois ♦ **~ French** (*Ling*) québécois *m*

**Quebec(k)er** /kwɪˈbekəʳ/ **N** Québécois(e) *m(f)*

**Quebecois** /kebeˈkwɑː/ **N** (*pl inv* = *person*) Québécois(e) *m(f)*

**queen** /kwiːn/ **N** a (*also fig*) reine *f* ♦ **Queen Elizabeth** la reine Élisabeth ♦ **she was ~ to George III** elle était l'épouse de Georges III ♦ **Queen Anne's dead!** * (*iro*) ce n'est pas une nouvelle !, tu ne nous apprends rien ! ; see also **comp** ♦ **~ of the ball** reine *f* du bal ; → **beauty, Mary, May**

b (= *ant, bee, wasp*) reine *f*

c (*Chess*) dame *f*, reine *f*

d (*Cards*) dame *f*

e (‡ *pej* = *homosexual*) folle‡ *f*, tante‡ *f*

**VT** a * **to ~ it** faire la grande dame ♦ **to ~ it over sb** prendre des airs d'impératrice avec qn

b (*Chess*) [+ *pawn*] damer

**COMP** ▷ **Queen Anne ADJ** [*furniture*] de l'époque de la reine Anne (*début 18^e^*) ▷ **queen bee N** reine *f* des abeilles ♦ **she's the ~ bee** * c'est elle qui commande ▷ **queen consort N** reine *f* (*épouse du roi*) ▷ **queen dowager N** reine *f* douairière ▷ **Queen Mother N** reine *f* mère ▷ **Queen's Bench N** (*Brit Jur*) cour *f* supérieure de justice ▷ **Queen's Counsel N** (*Jur*) avocat *m* de la Couronne ▷ **Queen's evidence N** (*Jur*) ♦ **to turn Queen's evidence** témoigner contre ses complices ▷ **the Queen's highway N** la voie publique ▷ **queen-size bed N** *grand lit double* ▷ **Queen's Messenger N** courrier *m* diplomatique ▷ **Queen's speech N** (*Brit*) discours *m* de la reine

> **Queen's Speech, King's Speech**
>
> Chaque année, au moment de la rentrée parlementaire, le monarque britannique prononce une allocution devant les deux chambres du Parlement : c'est le discours de la reine (**Queen's speech**) ou du roi (**King's speech**), qui est diffusé à la télévision et à la radio. Ce discours est rédigé par le gouvernement, qui y expose son programme pour l'année à venir ainsi que les lois qu'il désire proposer. Conformément à la tradition, le souverain utilise l'expression « mon gouvernement ».

**queencake** /ˈkwiːnkeɪk/ **N** *petit gâteau aux raisins secs*

**queenly** /ˈkwiːnlɪ/ **ADJ** [*woman*] au port de reine ; [*behaviour*] de reine

**Queensland** /ˈkwiːnzlənd/ **N** Queensland *m* ♦ **in ~** dans le Queensland

**queer** /kwɪəʳ/ **ADJ** a (= *strange*) étrange, bizarre ; (= *suspicious*) louche, suspect ♦ **there's something ~ going on** il se passe quelque chose de louche ♦ **there's something ~ about the way he always has money** c'est louche qu'il ait toujours de l'argent ♦ **a ~ fellow** *or* **fish** * un curieux personnage *or* bonhomme ♦ **a ~ customer** * un drôle d'individu *or* de type * ♦ **~ in the head** * (*pej*) toqué * ♦ **to be in Queer Street** * (*Brit*) être dans une mauvaise passe

b († ‡ = *homosexual*) (*gen pej*) [*man*] pédé‡ (*pej*) ; (*used by some homosexuals*) [*culture, politics, cinema*] gay *inv* ♦ **he's/she's ~** (*pej*) c'est un pédé‡/une gouine‡ (*pej*)

c (*Brit* † = *unwell*) ♦ **to feel ~** se sentir tout chose ♦ **to come over ~** avoir un malaise

d (*US*) ♦ **to be ~ for sth** * être dingue * de qch

**N** († ‡ *pej* = *homosexual, male*) pédé‡ *m*, pédale‡ *f* ; (= *female*) gouine‡ *f*

**VT** gâter, abîmer ♦ **to ~ sb's pitch** *(Brit)* couper l'herbe sous les pieds à *or* de qn

**COMP** ▷ **queer-bashing**‡ **N** chasse *f* aux pédés‡, agressions *fpl* contre les homosexuels ▷ **queer-looking ADJ** ♦ **he was a ~-looking man** il avait une drôle d'allure ▷ **queer-sounding ADJ** ♦ **it was a ~-sounding name** c'était un nom bizarre

**queerly** /ˈkwɪəlɪ/ **ADV** bizarrement

**queerness** /ˈkwɪənɪs/ **N** **a** (= *strangeness*) étrangeté *f*, bizarrerie *f* **b** (= *homosexuality*) homosexualité *f*

**quell** /kwel/ **VT** *[+ rebellion, rage, anxieties]* réprimer, étouffer ♦ **she ~ed him with a glance** elle l'a fait rentrer sous terre d'un regard, elle l'a foudroyé du regard

**quench** /kwentʃ/ **VT** *[+ flames, fire]* éteindre ; *[+ steel]* tremper ; *[+ hope, desire]* réprimer, étouffer ; *[+ enthusiasm]* refroidir ♦ **to ~ one's thirst** se désaltérer

**quenchless** /ˈkwentʃlɪs/ **ADJ** *(liter)* inextinguible

**quern** /kwɜːn/ **N** moulin *m* à bras *(pour le grain)*

**querulous** /ˈkwerʊləs/ **ADJ** grincheux

**querulously** /ˈkwerʊləslɪ/ **ADV** d'un ton grincheux

**query** /ˈkwɪərɪ/ **N** **a** (= *question*) question *f* ; (= *doubt*) doute *m* ♦ **readers' queries** questions *fpl* des lecteurs ♦ **this raises a ~ about the viability of the scheme** cela met en question la viabilité de ce projet **b** *(Gram* = *question mark)* point *m* d'interrogation **c** *(Comput)* interrogation *f* **VT** **a** *[+ statement, motive, evidence]* mettre en doute *or* en question ♦ **I ~ that!** je me permets d'en douter ! ♦ **to ~ whether ...** demander si ..., chercher à savoir si ... **b** (= *write "?" against) [+ part of text]* marquer d'un point d'interrogation **COMP** ▷ **query language N** *(Comput)* langage *m* d'interrogation

**quest** /kwest/ *(liter)* **N** quête *f (liter)* (*for* de) ♦ **in ~ of** en quête de ♦ **his ~ for peace** sa quête de la paix **VI** ♦ **to ~ for sth** être en quête de qch

**questing** /ˈkwestɪŋ/ **ADJ** *[hand]* chercheur ; *[look, voice]* interrogateur (-trice *f*)

**question** /ˈkwestʃən/ **LANGUAGE IN USE 8.3, 9.3, 12, 16.1, 16.3, 26**

**N** **a** (= *thing asked*) question *f* ♦ **to ask sb a ~, to put a ~ to sb, to put down a ~ for sb** *(Parl)* poser une question à qn ♦ **what a ~ to ask!** quelle question !, belle question ! *(iro)* ♦ **(that's a) good ~!** (c'est une) bonne question ! ♦ **indirect** *or* **oblique ~** *(Gram)* interrogation *f* indirecte ♦ **to put sth to the ~** soumettre qch au vote ; → **leading**[1], **pop**[1], **sixty**

**b** *(NonC* = *doubt)* doute *m* ♦ **there is no ~ about it** cela ne fait aucun doute ♦ **there's no ~ that this is better** une chose est sûre, ceci est mieux ♦ **there's some ~ as to whether this is true** il n'est pas certain que ce soit vrai ♦ **to accept/obey without ~** accepter/obéir sans poser de questions ♦ **her loyalty is beyond ~** sa loyauté ne fait pas l'ombre d'un doute ♦ **she is without ~ one of the greatest writers of her generation** elle est sans conteste l'un des plus grands écrivains de sa génération ; → **bring**

**c** (= *matter, subject*) question *f* ♦ **that's the ~!** là est la question !, c'est là (toute) la question ! ♦ **that's not the ~** là n'est pas la question, il ne s'agit pas de cela ♦ **that's another ~ altogether** ça c'est une tout autre affaire ♦ **there's some/no ~ of closing the shop** il est/il n'est pas question de fermer *or* qu'on ferme *subj* le magasin ♦ **there's no ~ of that** il n'en est pas question, c'est hors de question ♦ **the ~ is how many** la question c'est de savoir combien, il s'agit de savoir combien ; *(in concluding)* reste à savoir combien ♦ **the ~ is to decide ...** il s'agit de décider ... ; *(in concluding)* reste à décider ... ♦ **the German ~** la question allemande, le problème allemand ♦ **it is a ~ of sincerity** c'est une question de sincérité ♦ **it's (all) a ~ of what you want to do eventually** tout dépend de ce que tu veux faire en fin de compte ♦ **it's an open ~** la question reste posée *or* ouverte ♦ **it's an open ~ whether ...** il reste à savoir si ..., personne ne sait si ... ♦ **success is merely a ~ of time** le succès n'est qu'une affaire *or* qu'une question de temps ; → **burning, time**

♦ **in question** en question ♦ **the person in ~** la personne en question *or* dont il s'agit

♦ **out of the question** hors de question ♦ **that is out of the ~** il n'en est pas question, c'est hors de question

♦ **to call sth into question** remettre qch en question

**VT** **a** interroger, questionner (*on* sur ; *about* au sujet de, à propos de) ; *(Police)* interroger ♦ **we ~ed him closely to find out whether ...** nous l'avons soumis à un interrogatoire pour savoir si ... ♦ **I will not be ~ed about it** je refuse d'être l'objet de questions à ce sujet

**b** *[+ motive, account, sb's honesty]* mettre en doute *or* en question ; *[+ claim]* contester ♦ **to ~ whether ...** douter que ... + *subj*

**COMP** ▷ **question mark N** point *m* d'interrogation ♦ **there is a ~ mark over whether he meant to do it** on ne sait pas au juste s'il avait l'intention de le faire ♦ **a big ~ mark hangs over his future** l'incertitude plane sur son avenir ▷ **question tag N** fin *f* de phrase interrogative ▷ **question time N** *(Brit Parl)* questions *fpl* écrites ou orales *(adressées par des parlementaires au gouvernement)*

**questionable** /ˈkwestʃənəbl/ **ADJ** *[quality, taste]* douteux ; *[value]* douteux, discutable ; *[statement, figures]* discutable ; *[motive, behaviour, practice, deal]* suspect ♦ **it is ~ whether ...** il est douteux que ... + *subj*

**questioner** /ˈkwestʃənəʳ/ **N** personne *f* qui interroge ♦ **she looked at her ~** elle regarda la personne qui l'interrogeait

**questioning** /ˈkwestʃənɪŋ/ **N** interrogation *f* **ADJ** **a** (= *curious) [nature]* curieux ♦ **to have a ~ mind** être curieux de nature **b** (= *querying) [look, expression]* interrogateur (-trice *f*)

**questioningly** /ˈkwestʃənɪŋlɪ/ **ADV** d'un air interrogateur

**questionmaster** /ˈkwestʃən,mɑːstəʳ/ **N** meneur *m*, -euse *f* de jeu ; *(Rad, TV)* animateur *m*, -trice *f*

**questionnaire** /,kwestʃəˈneəʳ/ **N** questionnaire *m*

**queue** /kjuː/ **N** **a** *(Brit) [of people]* queue *f*, file *f* (d'attente) ; *[of cars]* file *f* ♦ **to stand in a ~, to form a ~** faire la queue ♦ **go to the end of the ~!** prenez la queue ! ♦ **he joined the theatre ~** il s'est joint aux personnes qui faisaient la queue au théâtre ♦ **ticket ~** queue *f* devant les guichets ; → **jump** **b** *(Comput)* file *f* d'attente **VI** *(Brit:* also **queue up**) *[people, cars]* faire la queue (*for* pour) ♦ **we ~d (up) for an hour** nous avons fait une heure de queue ♦ **people are queuing up to ...** *(Brit fig)* les gens se battent pour ... **COMP** ▷ **queue-jump VI** *(Brit)* passer avant son tour, ne pas attendre son tour ▷ **queue-jumper N** *(Brit)* resquilleur *m*, -euse *f (qui passe avant son tour)* ▷ **queue-jumping N** *(Brit)* resquille *f (pour passer avant son tour)*

**quibble** /ˈkwɪbl/ **N** chicane *f*, argutie *f* ♦ **that's just a ~** c'est couper les cheveux en quatre * **VI** chicaner, ergoter (*over* sur)

**quibbler** /ˈkwɪbləʳ/ **N** chicaneur *m*, -euse *f*, chicanier *m*, -ière *f*, ergoteur *m*, -euse *f*

**quibbling** /ˈkwɪblɪŋ/ **ADJ** *[person]* ergoteur, chicaneur, chicanier ; *[argument]* captieux, spécieux ; *[objection]* spécieux **N** *(NonC)* chicanerie *f*

**quiche** /kiːʃ/ **N** quiche *f*

**quick** /kwɪk/ **ADJ** **a** (= *rapid) [pulse, train, movement, route, decision, method]* rapide ; *[recovery, answer]* prompt ♦ **be ~!** dépêche-toi ! ♦ **try to be ~er next time** essaie de faire plus vite la prochaine fois ♦ **at a ~ pace** d'un pas vif *or* rapide, d'un bon pas ♦ **~ march!** *(Mil)* en avant, marche ! ♦ **I had a ~ chat with her** *or* **a few ~ words with her** j'ai échangé quelques mots (rapides) avec elle ♦ **going cheap for a ~ sale** sacrifié pour vente rapide ♦ **we had a ~ meal** nous avons mangé en vitesse *or* sur le pouce * ♦ **to have a ~ one** (* = *drink*) prendre un pot * en vitesse ; (‡ = *sex*) tirer un coup en vitesse‡ ♦ **it's ~er by train** c'est plus rapide *or* ça va plus vite par le train ♦ **he's a ~ worker** il travaille vite ; (* *iro*) il ne perd pas de temps *(iro)*, il va vite en besogne *(iro)* ; → **double, draw**

**b** (= *lively) [mind]* vif ; *[child]* vif, éveillé ♦ **he's too ~ for me** il est trop rapide pour moi, il va trop vite pour moi ♦ **he has a ~ eye for mistakes** il repère vite les fautes ♦ **to have a ~ ear** avoir l'oreille fine ♦ **to have a ~ wit** avoir la repartie facile *or* de la repartie see also **comp** ♦ **he was ~ to see that ...** il a tout de suite vu *or* remarqué que ... ♦ **she was ~ to point out that ...** elle n'a pas manqué de faire remarquer que ... ♦ **to be ~ to take offence** être prompt à s'offenser, s'offenser pour un rien ♦ **to have a ~ temper** s'emporter facilement, être soupe au lait * ; see also **comp** ♦ **to be ~ to anger** *(liter)* avoir la tête chaude, être prompt à s'emporter ♦ **he is ~ at figures** il calcule vite

**N** **a** *(Anat)* vif *m* ♦ **to bite one's nails to the ~** se ronger les ongles jusqu'au sang ♦ **to cut** *or* **sting sb to the ~** piquer *or* blesser qn au vif

**b** (††, *liter*) **the ~ and the dead** les vivants *mpl* et les morts *mpl*

**ADV** (= *quickly*) ♦ **~, over here!** vite, par ici ! ♦ **as ~ as lightning** *or* **as a flash** avec la rapidité de l'éclair ; *for other phrases see* **quickly**

**COMP** ▷ **quick-acting ADJ** *[drug etc]* qui agit rapidement ▷ **quick-assembly furniture N** *(NonC)* meubles *mpl* en kit ▷ **quick assets NPL** *(Fin)* actif *m* disponible à court terme ▷ **quick-change artist N** *(Theat)* spécialiste *mf* des transformations rapides ▷ **quick-drying ADJ** *[paint, concrete]* qui sèche rapidement ▷ **quick-fire ADJ** ♦ **a series of ~-fire questions** un feu roulant de questions ♦ **to shoot ~-fire questions at sb** mitrailler qn de questions ▷ **quick-firing ADJ** *(Mil)* à tir rapide ▷ **quick fix N** *(pej)* solution *f* de fortune ♦ **there is no ~ fix to the country's economic problems** il n'y a pas de solution miracle aux problèmes économiques du pays ▷ **quick-freeze VT** surgeler ▷ **quick money N** *(NonC: Fin)* capital *m* investi réalisable sur demande ▷ **quick-setting ADJ** *[cement]* à prise rapide ; *[jelly]* qui prend facilement ▷ **quick-tempered ADJ** ♦ **to be ~-tempered** s'emporter facilement, être soupe au lait * *inv* ▷ **quick time N** *(US Mil)* marche *f* normale *(120 pas/minute)* ▷ **quick-witted ADJ** à l'esprit vif *or* délié ; *(in answering)* qui a la repartie facile *or* de la repartie

**quicken** /ˈkwɪkən/ **VT** **a** *(lit)* accélérer, presser ♦ **to ~ the tempo** *(Mus)* presser l'allure *or* la cadence ; → **pace¹** b *(fig)* *[+ feelings, imagination]* exciter, stimuler ; *[+ appetite]* stimuler, aiguiser **VI** a *[pace, movement]* s'accélérer, devenir *or* se faire plus rapide b *[hope]* se ranimer c *[foetus]* remuer

**quickie** * /ˈkwɪkɪ/ **N** chose *f* faite en vitesse *or* à la hâte ; *(= question)* question *f* rapide ; (*‡* *= sex)* coup *m* rapide * ; *(Cine)* court-métrage *m* vite fait ◆ **have you got time for a ~?** *(= drink)* tu as le temps de prendre un verre vite fait ? * **COMP** ▷ **quickie divorce N** divorce *m* rapide

**quicklime** /ˈkwɪklaɪm/ **N** chaux *f* vive

**quickly** /ˈkwɪklɪ/ **ADV** a *(= with great speed)* *[speak, work]* vite ◆ **~!** vite !, dépêchez-vous ! ◆ **as ~ as possible** aussi vite que possible, au plus vite ◆ **as ~ as I can** aussi vite que je peux b *(= in short time)* *[die, embrace]* rapidement ; *(= without delay)* *[arrive, answer, react]* sans tarder ◆ **the police were ~ on the scene** la police est arrivée rapidement *or* sans tarder sur les lieux

**quickness** /ˈkwɪknɪs/ **N** vitesse *f*, rapidité *f* ; *[of intelligence, sight, gesture]* vivacité *f* ; *[of mind]* promptitude *f*, vivacité *f* ; *[of pulse]* rapidité *f* ; *[of hearing]* finesse *f* ◆ **~ of temper** promptitude *f* à s'emporter ◆ **~ of wit** vivacité *f* d'esprit

**quicksand(s)** /ˈkwɪksænd(z)/ **N(PL)** sables *mpl* mouvants ◆ **to get stuck in ~(s)** s'enliser

**quickset hedge** /ˈkwɪksetˈhedʒ/ **N** haie *f* vive ; *(= hawthorn)* haie *f* d'aubépine

**quicksilver** /ˈkwɪksɪlvəʳ/ **N** vif-argent *m*, mercure *m* **ADJ** *[movements, changes]* brusque, subit

**quickstep** /ˈkwɪkstep/ **N** *(Dancing)* fox-trot *m*

**quickthorn** /ˈkwɪkθɔːn/ **N** aubépine *f*

**quid¹** *‡* /kwɪd/ **N** *(pl inv: Brit = pound)* livre *f* *(sterling)* ◆ **to be ~s in** *(= to have money)* être en fonds

**quid²** /kwɪd/ **N** *[of tobacco]* chique *f*

**quiddity** /ˈkwɪdɪtɪ/ **N** *(Philos)* quiddité *f*

**quid pro quo** /ˈkwɪdprəʊˈkwəʊ/ **N** (pl **quid pro quos**) contrepartie *f* ◆ **there must be a ~** il faut qu'il y ait une contrepartie ◆ **it's a ~ (for)** c'est en contrepartie (de), c'est à titre de réciprocité (pour)

**quiescence** /kwaɪˈesns/ **N** *(frm)* *[of person]* inactivité *f* ; *[of plant]* dormance *f* ; *[of volcano]* sommeil *m*

**quiescent** /kwɪˈesnt/ **ADJ** *(frm)* *[person]* *(= passive)* passif ; *(= quiet)* tranquille ; *[symptoms, disease, problem]* latent ; *[volcano]* endormi ◆ **in a ~ state** à l'état latent

**quiet** /ˈkwaɪət/ **ADJ** a *(= not loud)* *[voice]* bas (basse *f*) ; *[music]* doux (douce *f*) ; *[sound]* léger ◆ **she spoke in ~ tones** elle parlait doucement ◆ **... she said with a ~ laugh** ... dit-elle avec un petit rire ; see also **adj e**

b *(= not noisy, not busy)* *[street, room, village, neighbour]* tranquille ◆ **isn't it ~!** quel calme ! ◆ **try to be a little ~er** essayez de ne pas faire autant de bruit ◆ **this town is too ~ for me** cette ville est trop endormie pour moi ◆ **business is ~** les affaires sont calmes ◆ **the market was ~** *(St Ex)* la Bourse était calme

c *(= silent)* ◆ **to be ~** *[person]* être silencieux ◆ **you're very ~ today** tu ne dis rien *or* pas grand-chose aujourd'hui ◆ **be ~!, keep ~!** taisez-vous !, silence ! ◆ **to keep** *or* **stay ~** garder le silence, ne pas piper mot ◆ **that book should keep him ~ for a while** avec ce livre, il devrait se tenir tranquille un moment ◆ **it was ~ as the grave** il y avait un silence de mort ◆ **to be ~ as a mouse** ne faire aucun bruit

d *(= placid)* *[person]* calme ; *[child]* calme, doux (douce *f*) ; *[dog, horse]* docile ◆ **my daughter is a very ~ girl** ma fille est d'un tempérament très calme ◆ **~ as a lamb** très calme

e *(= discreet)* *[dinner]* intime ; *[funeral, ceremony]* dans l'intimité ; *[despair]* silencieux ; *[irony]* voilé, discret (-ète *f*) ; *[optimism, diplomacy]* discret (-ète *f*) ◆ **the wedding was very ~** le mariage a été célébré dans l'intimité ◆ **they had a ~ laugh over it** ils en ont ri sous cape ◆ **... he said with a ~ smile** ... dit-il avec un petit sourire ◆ **with ~ humour** avec une pointe d'humour ◆ **he had a ~ dig at his brother** il a lancé une petite pique à son frère ◆ **to have a ~ word with sb** parler en particulier avec qn ◆ **to keep ~ about sth, to keep sth ~** ne pas ébruiter qch ◆ **keep it ~** gardez-le pour vous

f *(= untroubled)* *[night]* paisible ; *[life]* paisible, tranquille ◆ **we had a ~ time on holiday** on a passé des vacances tranquilles *or* relax * ◆ **he went to sleep with a ~ mind** il s'endormit l'esprit tranquille ◆ **all ~** *(Mil or hum)* rien à signaler, RAS * ◆ **all ~ on the western front** à l'ouest rien de nouveau

g *(= muted)* *[colours, clothes]* sobre, discret (-ète *f*) ; *[decoration, style]* sobre

**N** *(NonC)* a *(= silence)* silence *m*, tranquillité *f* ◆ **in the ~ of the night** dans le silence de la nuit ◆ **let's have complete ~ for a few minutes** faisons silence complet pendant quelques minutes

♦ **on the quiet** * en cachette, en douce * ◆ **to do sth on the ~** faire qch en cachette *or* en dessous ◆ **she had a drink on the ~** elle a pris un verre en douce * *or* en suisse ◆ **he told me on the ~** il me l'a dit en confidence

b *(= peace)* calme *m* ◆ **there was a period of ~ after the fighting** il y a eu une accalmie après les combats ; → **peace**

**VT** *(US)* ⇒ **quieten**

► **quiet down VI, VT SEP** ⇒ **quieten down**

**quieten** /ˈkwaɪətn/ **VT** *(esp Brit)* *[+ person, crowd, horse, suspicion]* calmer, apaiser ; *[+ fear]* calmer, dissiper ; *[+ pain]* calmer ; *[+ conscience]* tranquilliser, apaiser

► **quieten down** 1 **VI** *(= make less noise)* se calmer ; *(fig)* *(after unruly youth)* se ranger ◆ **their children have ~ed down a lot** leurs enfants se sont beaucoup assagis *or* calmés

2 **VT SEP** *[+ person, dog, horse]* calmer, apaiser

**quietism** /ˈkwaɪɪtɪzəm/ **N** quiétisme *m*

**quietist** /ˈkwaɪɪtɪst/ **ADJ, N** quiétiste *mf*

**quietly** /ˈkwaɪətlɪ/ **ADV** a *(= not loudly)* *[say, speak, sing]* doucement b *(= silently)* sans bruit c *(= discreetly)* discrètement ◆ **~ dressed** habillé simplement *or* discrètement ◆ **I'm ~ confident about the future** je suis confiant en *or* dans l'avenir d *(= without fuss)* *[get married, be buried]* en toute simplicité ; *[read, sit]* tranquillement ◆ **she lives ~ in a cottage in Suffolk** elle mène une vie tranquille *or* paisible dans un cottage du Suffolk ◆ **he was made to resign ~** on l'a forcé à démissionner sans faire de vagues e *(Police = voluntarily)* *[go]* de son plein gré ◆ **are you going to come ~?** allez-vous nous suivre de votre plein gré ?

**quietness** /ˈkwaɪətnɪs/ **N** *(= silence)* silence *m* ; *(= stillness, peacefulness)* calme *m*, tranquillité *f* ; *(= gentleness)* douceur *f*

**quietude** /ˈkwaɪətjuːd/ **N** quiétude *f*

**quietus** /kwaɪˈiːtəs/ **N** (pl **quietuses**) *(Jur)* quittance *f* ; *(fig)* *(= release)* coup *m* de grâce *(lit, fig)* *(= death)* mort *f*

**quiff** /kwɪf/ **N** *(Brit:* also **quiff of hair**) *(on forehead)* mèche *f* ; *(on top of head)* épi *m* ; *(on baby's head)* coque *f*

**quill** /kwɪl/ **N** *(= feather)* penne *f* ; *(= part of feather)* tuyau *m* de plume ; (also **quill-pen**) plume *f* d'oie ; *[of porcupine]* piquant *m*

**quilt** /kwɪlt/ **N** *(= bed cover)* édredon *m* (piqué), courtepointe *f* ; *(= duvet)* (also **continental quilt**) couette *f* **VT** *[+ eiderdown, cover]* matelasser, ouater et piquer ; *[+ dressing gown]* matelasser, ouatiner ; *[+ furniture, bedhead]* capitonner

**quilted** /ˈkwɪltɪd/ **ADJ** *[jacket, dressing gown]* matelassé, ouatiné ; *[bedspread]* matelassé ; *[bedhead]* capitonné

**quilting** /ˈkwɪltɪŋ/ **N** *(NonC)* *(= process)* ouatage *m*, capitonnage *m* ; *(= material)* ouate *f*, matelassé *m*, ouatine *f*, capitonnage *m*

**quim** *‡* /kwɪm/ **N** *(Brit)* chatte *‡ *f*

**quin** /kwɪn/ **N** *(Brit)* abbrev of **quintuplet**

**quince** /kwɪns/ **N** *(= fruit)* coing *m* ; *(= tree)* cognassier *m* **COMP** *[jam]* de coings

**quincentenary** /ˌkwɪnsenˈtiːnərɪ/ **N** cinquecentième anniversaire *m*

**quinine** /kwɪˈniːn/ **N** quinine *f*

**Quinquagesima** /ˌkwɪŋkwəˈdʒesɪmə/ **N** Quinquagésime *f*

**quinquennial** /kwɪŋˈkwenɪəl/ **ADJ** quinquennal

**quinsy** /ˈkwɪnzɪ/ **N** *(Med ††)* amygdalite *f* purulente

**quintessence** /kwɪnˈtesns/ **N** quintessence *f*

**quintessential** /ˌkwɪntɪˈsenʃəl/ **ADJ** par excellence ◆ **he is the ~ English composer** c'est le compositeur anglais par excellence ◆ **a ~ example of sth** un parfait exemple de qch

**quintet(te)** /kwɪnˈtet/ **N** quintette *m*

**quintillion** /kwɪnˈtɪljən/ **N** (pl **quintillions** *or* **quintillion**) *(Brit)* quintillion *m* ; *(US, Can)* $10^{18}$

**quintuple** /ˈkwɪntjʊpl/ **ADJ, N** quintuple *m* **VTI** /kwɪnˈtjuːpl/ quintupler

**quintuplet** /kwɪnˈtjuːplɪt/ **N** quintuplé(e) *m(f)*

**quip** /kwɪp/ **N** quolibet *m* **VI** railler, lancer des pointes **VT** ◆ **"never on a Sunday" she ~ped** "jamais le dimanche" dit-elle avec esprit

**quire** /ˈkwaɪəʳ/ **N** a *(Bookbinding = part of book)* cahier *m* (d'un livre) *(quatre feuilles)* ◆ **book in ~s** livre *m* en feuilles (détachées) *or* en cahiers b *[of paper]* ≃ main *f (de papier)*

**quirk** /kwɜːk/ **N** a bizarrerie *f*, excentricité *f* ◆ **it's just one of his ~s** c'est encore une de ses excentricités ◆ **by a ~ of fate** par un caprice du destin ◆ **by some ~ of nature/of circumstance** par une bizarrerie de la nature/de(s) circonstance(s) b *(= flourish)* *(Art, Mus)* arabesque *f* ; *(in signature)* paraphe *or* parafe *m* ; *(in handwriting)* fioriture *f*

**quirky** /ˈkwɜːkɪ/ **ADJ** *[humour, behaviour, style]* original, décalé ; *[person]* excentrique

**quirt** /kwɜːt/ *(US)* **N** cravache *f* (tressée) **VT** cravacher

**quisling** /ˈkwɪzlɪŋ/ **N** collaborateur *m*, -trice *f* *(pej)*, collabo * *mf*

**quit** /kwɪt/ (pret, ptp **quit** *or* **quitted**) **VT** a *(= leave)* *[+ place, premises]* quitter, s'en aller de ; *[+ person]* quitter, laisser ◆ **to ~ school** *(esp US)* quitter l'école ◆ **to ~ one's job** *(esp US)* quitter son emploi b *(esp US = stop)* **to ~ doing sth** arrêter de faire qch ◆ **to ~ hold** lâcher prise ◆ **to ~ hold of sth** lâcher qch ◆ **to ~ work** cesser le travail ◆ **~ fooling!** arrête de faire l'idiot ! c *(Comput)* *[+ file window]* quitter **VI** a *(esp US)* *(= give up: in game)* se rendre ; *(= accept defeat)* abandonner la partie, renoncer ; *(= resign)* démissionner ◆ **I ~!** j'arrête !, j'abandonne ! ◆ **he ~s too easily** il se laisse décourager *or* il abandonne la partie trop facilement b

*(= leave)* ◆ **to give a tenant notice to** ~ donner congé à un locataire **c** *(Comput)* sortir, quitter **ADJ** ◆ ~ **of** débarrassé de

**quite** /kwaɪt/ **ADV** **a** *(= to some degree, moderately)* plutôt, assez ◆ **they're** ~ **friendly** ils sont assez *or* plutôt sympathiques ◆ **it was** ~ **dark for 6 o'clock** il faisait plutôt sombre pour 6 heures ◆ **your essay was** ~ **good** votre dissertation n'était pas mal *inv or* pas mauvaise du tout ◆ **I** ~ **like this painting** j'aime assez ce tableau ◆ **we waited** ~ **a time** *or* ~ **some time** on a attendu un bon bout de temps *

◆ **quite a** + *adjective* ◆ **we waited** ~ **a long time** on a attendu un bon bout de temps * ◆ **he is** ~ **a good singer** c'est un assez bon chanteur ◆ **they've got** ~ **a big flat** ils ont un appartement assez grand

◆ **quite a few/a lot** ◆ ~ **a few people** un bon *or* assez grand nombre de gens, pas mal de gens * ◆ ~ **a lot of paper** une assez grande quantité de papier, pas mal de papier * ◆ **he cried** ~ **a lot** il a pas mal pleuré * ◆ **there's** ~ **a lot left** il en reste une certaine quantité (*or* un certain nombre), il en reste pas mal *

**b** *(= entirely)* tout à fait ◆ **he was** ~ **right** il avait bien raison *or* tout à fait raison ◆ ~ **new** tout (à fait) neuf ◆ **he was** ~ **alone** il était tout seul ◆ **he's** ~ **mad** il est complètement fou ◆ **it is** ~ **lovely** c'est vraiment magnifique ◆ ~ **(so)!** exactement ! ◆ **Pete is** ~ **the artist/gentleman** Pete est un vrai artiste/gentleman ◆ **I** ~ **agree with you** je suis entièrement *or* tout à fait de votre avis ◆ **he** ~ **realizes that he must go** il se rend parfaitement compte qu'il doit partir ◆ **I** ~ **understand** je comprends tout à fait *or* très bien ◆ **I can** ~ **believe it** je le crois volontiers *or* sans difficulté, je n'ai aucun mal à le croire ◆ **that's** ~ **enough!** ça suffit comme ça ! ◆ **that's** ~ **enough for me** j'en ai vraiment assez ◆ **it was** ~ **something** * c'était vraiment quelque chose * ◆ **that's** ~ **another matter** c'est une tout autre affaire ◆ **it's difficult to know** ~ **how much to spend** il est difficile de savoir exactement ce qu'on doit dépenser ; → **contrary, opposite, reverse**

◆ **quite a ...** *(expressing admiration)* ◆ **he's** ~ **a guy** * c'est quelqu'un de vraiment bien * *or* c'est un type vraiment bien * ◆ **she's** ~ **a character** c'est un vrai personnage ◆ **that's** ~ **a car!** ça, c'est de la voiture ! * ◆ **she was** ~ **a beauty** c'était une véritable beauté

◆ **not quite** pas tout à fait ◆ **nearly, but not** ~ presque, mais pas tout à fait ◆ **it wasn't** ~ **what I wanted** ce n'était pas exactement *or* tout à fait ce que je voulais ◆ **not** ~ **as many as last week** pas tout à fait autant que la semaine dernière ◆ **I don't** ~ **know** je ne sais pas bien *or* trop ◆ **I don't** ~ **see what he means** je ne vois pas tout à fait *or* pas trop ce qu'il veut dire

**quits** * /kwɪts/ **ADJ** ◆ **to be** ~ **(with sb)** être quitte (envers qn) ◆ **to call it** ~ s'en tenir là

**quittance** /ˈkwɪtəns/ **N** *(Fin etc)* quittance *f*

**quitter** * /ˈkwɪtəʳ/ **N** *(pej)* velléitaire *mf* ◆ **he's no** ~ il n'est pas du genre à baisser les bras

**quiver**[1] /ˈkwɪvəʳ/ **VI** *[person]* frémir, frissonner (*with* de) ; *[voice]* trembler, trembloter ; *[leaves]* frémir, frissonner ; *[flame]* vaciller ; *[wings]* battre, palpiter ; *[lips]* trembler, frémir ; *[eyelids]* battre ; *[flesh, heart]* frémir, palpiter ; *[violin]* frémir **N** *[of lips, voice, hand]* tremblement *m* ◆ **a** ~ **of fear** un frisson de terreur

**quiver**[2] /ˈkwɪvəʳ/ **N** *(for arrows)* carquois *m*

**qui vive** /kiːˈviːv/ **N** ◆ **on the** ~ sur le qui-vive

**Quixote** /ˈkwɪksət/ **N** ◆ **Don** ~ don Quichotte *m*

**quixotic** /kwɪkˈsɒtɪk/ **ADJ** *[person, mission, quest, venture]* chimérique

**quixotically** /kwɪkˈsɒtɪkəlɪ/ **ADV** ◆ **to behave** ~ jouer les don Quichotte ◆ **he volunteered** ~ **to go himself** chevaleresque, il offrit d'y aller lui-même

**quixotism** /ˈkwɪksətɪzəm/, **quixotry** /ˈkwɪksətrɪ/ **N** donquichottisme *m*

**quiz** /kwɪz/ **N** (pl **quizzes**) **a** *(Rad, TV)* quiz(z) *m*, jeu-concours *m* (radiophonique *or* télévisé) ; *(in magazine etc)* série *f* de questions ; *(= puzzle)* devinette *f* **b** *(US Scol)* interrogation *f* rapide *(orale ou écrite)* **VT** **a** *(gen)* interroger, presser de questions (*about* au sujet de) **b** *(US Scol)* interroger rapidement **COMP** ▷ **quiz kid** * **N** *(US)* enfant *mf* prodige ▷ **quiz programme** **N** jeu *m* (radiophonique *or* télévisé), quiz *m*

**quizmaster** /ˈkwɪzmɑːstəʳ/ **N** meneur *m*, -euse *f* de jeu ; *(Rad, TV)* animateur *m*, -trice *f*

**quizzical** /ˈkwɪzɪkəl/ **ADJ** *[smile, expression, look]* interrogateur (-trice *f*), interrogatif ◆ **she raised a** ~ **eyebrow** elle a levé un sourcil interrogateur

**quizzically** /ˈkwɪzɪkəlɪ/ **ADV** *[look at]* d'un air interrogateur *or* interrogatif

**quod** ‡ /kwɒd/ **N** *(Brit)* taule ‡ *f* ◆ **to be in** ~ être en taule ‡

**quoin** /kwɔɪn/ **N** *(= angle)* coin *m or* angle *m* d'un mur ; *(= stone)* pierre *f* d'angle

**quoit** /kɔɪt/ **N** palet *m* ◆ ~**s** *(= game)* jeu *m* du palet ◆ **to play** ~**s** jouer au palet

**quondam** /ˈkwɒndæm/ **ADJ** *(liter)* ancien *before n*, d'autrefois

**Quonset hut** ® /ˈkwɒnsɪtˈhʌt/ **N** *(US)* baraque *f or* hutte *f* préfabriquée *(en tôle, cylindrique)*

**quorate** /ˈkwɔːreɪt/ **ADJ** *(Brit Admin)* qui a le quorum, où le quorum est atteint

**Quorn** ® /kwɔːn/ **N** *substitut de viande à b*
*protéines végétales*

**quorum** /ˈkwɔːrəm/ **N** quorum *m* ◆ **to mak**
atteindre le quorum ◆ **we have not go**
nous n'avons pas de quorum, le quo
n'est pas atteint

**quota** /ˈkwəʊtə/ **N** **a** *(= share)* quote-pa
part *f* **b** *(= permitted amount) [of im*
*immigrants]* quota *m*, contingent *m* **CO**
**quota system** **N** système *m* de quotas

**quotable** /ˈkwəʊtəbl/ **ADJ** **a** *(= which one*
*quote)* que l'on peut (*or* puisse) c
*(= worth quoting)* digne d'être cité, b
citer **b** *(St Ex) [securities]* cotable

**quotation** /kwəʊˈteɪʃən/ **N** **a** *(= passage*
citation *f* (*from* de) **b** *(St Ex)* cours *m*, co
*(Comm = estimate)* devis *m* (estimatif) **C**
**quotation marks** **NPL** guillemets *mpl* ◆
**marks** entre guillemets ◆ **to open/close**
**marks** ouvrir/fermer les guillemets

**quote** /kwəʊt/ **VT** **a** *[+ author, poem, fact,*
citer ; *[+ words]* rapporter, citer ; *[+ refe*
*number etc]* rappeler ◆ **to** ~ **Shelley**
Shelley ◆ **to** ~ **sb as an example** cit
donner qn en exemple ◆ **you can** ~ **m**
**that** vous pouvez rapporter mes pa
◆ **don't** ~ **me on that** ne me citez pas
**was** ~**d as saying that ...** il aurait dit
◆ **she said the text was, and I** ~**, "full of**
**takes", she said the text was,** ~**, unquote**
**of mistakes"** elle m'a dit que le texte
je cite, "plein de fautes" ◆ **can you** ~ **(**
**recent instance of this?** pouvez-vous (
citer un exemple récent ? ◆ **when ord**
**please** ~ **this number** *(Comm)* pour toute
mande prière de rappeler ce numér

**b** *(Comm) [+ price]* indiquer ; *(St Ex) [+*
coter (*at* à) ◆ **this was the best price he**
~ **us** c'est le meilleur prix qu'il a pu
faire *or* proposer ◆ **she** ~**d me £500 fo**
**job** elle m'a fait un devis de 500 l
pour ces travaux ◆ ~**d company** *(S*
société *f* cotée en Bourse

**VI** **a** *(Literat etc)* faire des citations ◆
**from the Bible** citer la Bible

**b** *(Comm)* **to** ~ **for a job** établir *or* fair
devis pour un travail

**N** **a** *(= quotation)* citation *f* (*from* de)

**b** *(= short statement: to journalist etc)* déc
tion *f*, commentaire *m*

**c** *(Comm: * = estimate)* devis *m*

**NPL** **quotes** * *(Gram)* guillemets *mpl* ◆
entre guillemets

**quoth** /kwəʊθ/ **DEFECTIVE VB** *(†† or hum)* ◆ **...**
... fit-il, ... dit-il

**quotidian** /kwəʊˈtɪdɪən/ **ADJ** *(frm)* quotidie

**quotient** /ˈkwəʊʃənt/ **N** *(esp Math)* quotie
→ **intelligence**

**qv** (abbrev of **quod vide**) q.v., voir ce mot

**QWERTY, qwerty** /ˈkwɜːtɪ/ **ADJ** ◆ ~ **keyb**
clavier *m* QWERTY

# R

**R, r** /ɑːʳ/ N a *(= letter)* R, r *m* ◆ **the three R's** * *la lecture, l'écriture et l'arithmétique* ◆ **R for Robert, R for Roger** *(US)* ≃ R comme Robert b *(US Cine)* (abbrev of **Restricted**) interdit aux moins de 17 ans c (abbrev of **right**) droite *f* d *(Geog)* abbrev of **river** e (abbrev of **Réaumur**) R f *(Brit)* (abbrev of **Rex, Regina**) **George R** le roi Georges ◆ **Elizabeth R** la reine Élisabeth g *(US)* (abbrev of **Republican**) républicain

**®** (abbrev of **registered trademark**) ®

**RA** /ɑːˈreɪ/ N *(Brit)* (abbrev of **Royal Academy**) *membre de l'Académie royale*

**RAAF** /ˌɑːreɪeɪˈef/ N abbrev of **Royal Australian Air Force**

**Rabat** /rəˈbɑːt/ N Rabat

**rabbet** /ˈræbɪt/ N feuillure *f*, rainure *f*

**rabbi** /ˈræbaɪ/ N rabbin *m* ◆ **Rabbi Schulman** le rabbin Schulman ; → **chief**

**Rabbinic** /rəˈbɪnɪk/ N *(Ling = medieval Hebrew)* hébreu *m* rabbinique

**rabbinic(al)** /rəˈbɪnɪk(əl)/ ADJ rabbinique

**rabbit** /ˈræbɪt/ N lapin *m* ◆ **doe** ~ lapine *f* ◆ **wild** ~ lapin *m* de garenne ◆ ~ **food** * herbe *f* à lapins * ◆ **like a ~ caught in the headlights** tétanisé ◆ **to pull a ~ out of the** *or* **one's hat** *(fig)* sortir un lapin de son chapeau ; → **Welsh** VI a *(= shoot rabbits)* **to go ~ing** chasser le lapin b *(Brit *:* also **rabbit on, go rabbiting on**) ne pas cesser de parler ◆ **to ~ on about sth** ne pas cesser de parler de qch, s'étendre à n'en plus finir sur qch COMP ▷ **rabbit burrow**, **rabbit hole** N terrier *m* (de lapin) ▷ **rabbit hutch** N clapier *m*, cabane *f* *or* cage *f* à lapins ▷ **rabbit punch** N *(Boxing etc)* coup *m* du lapin ▷ **rabbit warren** N *(lit)* garenne *f* ; *(fig) (= streets, corridors)* labyrinthe *m*

**rabble** /ˈræbl/ N *(= disorderly crowd)* cohue *f* ; *(pej = lower classes)* ◆ **the** ~ la populace *(pej)* COMP ▷ **rabble-rouser** N *(pej)* fomentateur *m*, -trice *f* de troubles, agitateur *m*, -trice *f* ▷ **rabble-rousing** *(pej)* N incitation *f* à la révolte *or* à la violence ADJ qui incite à la révolte *or* à la violence, qui cherche à soulever les masses

**Rabelaisian** /ˌræbəˈleɪzɪən/ ADJ *(Literat)* rabelaisien

**rabid** /ˈræbɪd/ ADJ a *(Med) [animal]* qui a la rage, enragé ; *[person]* atteint de la rage b *(pej = fanatical) [nationalist, extremism, hysteria]* fanatique ; *[hatred]* farouche, féroce

**rabidly** /ˈræbɪdlɪ/ ADV farouchement, fanatiquement

**rabies** /ˈreɪbiːz/ N rage *f* *(Med)* COMP *[virus]* rabique, de la rage ; *[injection, precautions, laws]* contre la rage, antirabique

**RAC** /ˌɑːreɪˈsiː/ N *(Brit)* (abbrev of **Royal Automobile Club**) *société de dépannage*

**raccoon** /rəˈkuːn/ N raton *m* laveur COMP en (fourrure de) raton (laveur)

**race¹** /reɪs/ N a *(Sport, fig)* course *f* ◆ **the 100 metres** ~ le 100 mètres, la course de 100 mètres ◆ **horse** ~ course *f* de chevaux ◆ **cycle** ~ course *f* cycliste ◆ **the ~s** *(Racing)* les courses *fpl* (de chevaux) ◆ **to ride a** ~ *[jockey]* monter dans une course ◆ ~ **against time** *or* **the clock** *(lit, fig)* course *f* contre la montre ◆ **the ~ for** *or* **to the White House** la course à la Maison-Blanche ◆ **the ~ to find a cure for cancer** la course pour trouver un traitement contre le cancer ◆ **the ~ is on to build a prototype** c'est la course pour construire un prototype ; → **arm², long¹, relay**

b *(= swift current) (in sea)* raz *m* ; *(in stream)* courant *m* fort ; → **mill**

c *(liter) [of sun, moon]* cours *m*

VT a *[+ person]* faire la course avec ◆ **I'll ~ you to school!** le premier à l'école a gagné ! ◆ **he ~d the train in his car** il faisait la course avec le train dans sa voiture

b *(= cause to speed) [+ car]* lancer (à fond) ◆ **to ~ the engine** *(Aut)* emballer le moteur

c *(Sport) [+ horse, dog]* faire courir ◆ **to ~ pigeons** faire des courses de pigeon ◆ **Schumacher ~s Ferraris** Schumacher court sur Ferrari

VI a *(= compete)* e*[racing driver, athlete, jockey etc]* courir, faire la course ◆ **to ~ against sb** faire la course avec qn ◆ **we'll have to ~ against time** *or* **the clock** ça va être une course contre la montre ◆ **he ~s at Cheltenham every week** *[horse owner]* il fait courir un cheval (*or* des chevaux) à Cheltenham toutes les semaines

b *(= rush) [person]* aller *or* courir à toute allure *or* à toute vitesse ◆ **to ~ in/out/across** *etc* entrer/sortir/traverser *etc* à toute allure ◆ **to ~ after sb** courir après qn, essayer de rattraper qn ◆ **to ~ for a taxi** courir pour avoir un taxi ◆ **to ~ for the door** se précipiter vers la porte ◆ **to ~ to the station** courir à la gare, foncer jusqu'à la gare ◆ **to ~ to the telephone** se précipiter vers le téléphone ◆ **to ~ along** filer (à toute allure) ◆ **he ~d down the street** il a descendu la rue à toute vitesse ◆ **he ~d through his work** il a fait son travail à toute vitesse ◆ **we are racing towards complete economic collapse** nous nous précipitons vers un effondrement total de l'économie

c *[engine]* s'emballer ; *[pulse]* être très rapide ◆ **memories of the past ~d through her mind** les souvenirs du passé se sont mis à défiler dans son esprit ◆ **thoughts ~d around in her head** les pensées se bousculaient dans sa tête ◆ **her mind was racing** elle réfléchissait à toute vitesse ◆ **my heart began to ~ with fear** mon cœur s'est mis à battre la chamade

COMP ▷ **race card** N programme *m* (des courses) ▷ **race meeting** N *(Brit)* courses *fpl*

**race²** /reɪs/ N *(= species: lit, fig)* race *f* ◆ **the human** ~ le genre humain COMP *[hatred, prejudice]* racial ▷ **race hate** N haine *f* raciale ▷ **race-hate** ADJ *[attack, crime]* racial ◆ **~-hate campaign** campagne *f* d'incitation à la haine raciale ▷ **race relations** NPL relations *fpl* interraciales ; *(Brit)* ◆ **the Race Relations Board** *commission pour les relations interraciales* ; → QUANGO ▷ **race riot** N émeute(s) *f(pl)* raciale(s)

**racecourse** /ˈreɪskɔːs/ N *(esp Brit)* champ *m* de courses, hippodrome *m*

**racegoer** /ˈreɪsgəʊəʳ/ N *(Brit)* turfiste *mf*

**racehorse** /ˈreɪshɔːs/ N cheval *m* de course

**raceme** /ˈræsiːm/ N racème *m (rare)*, grappe *f*

**racer** /ˈreɪsəʳ/ N *(= person)* coureur *m*, -euse *f* ; *(= car, yacht)* racer *m* ; *(= horse)* cheval *m* de course ; *(= cycle)* vélo *m* de course

**racetrack** /ˈreɪstræk/ N *(US)* champ *m* de courses ; *(Brit)* piste *f*

**raceway** /ˈreɪsweɪ/ N *(US: for horses, cars)* piste *f*

**Rachel** /ˈreɪtʃəl/ N Rachel *f*

**rachitic** /ræˈkɪtɪk/ ADJ rachitique

**rachitis** /rəˈkaɪtɪs/ N *(Med)* rachitisme *m*

**Rachmanism** /ˈrækməˌnɪzəm/ N *(Brit)* *intimidation de locataires par des propriétaires sans scrupule*

**racial** /ˈreɪʃəl/ ADJ *[harmony, identity, purity]* racial ; *[attack, prejudice, stereotype, violence]* racial, raciste ; *[inequality]* entre les races ◆ **to vote along ~ lines** voter selon des critères raciaux COMP ▷ **racial discrimination** N discrimination *f* raciale ▷ **racial harassment** N harcèlement *m* raciste ▷ **racial minority** N minorité *f* raciale ▷ **racial segregation** N ségrégation *f* raciale

**racialism** † /ˈreɪʃəlɪzəm/ N *(esp Brit)* racisme *m*

**racialist** † /ˈreɪʃəlɪst/ ADJ, N *(esp Brit)* raciste *mf*

**racially** /ˈreɪʃəlɪ/ ADV *[sensitive, diverse, divided, pure, superior]* d'un point de vue racial ◆ **~ mixed marriages** les mariages mixtes *or* interraciaux ◆ **a ~ motivated attack** une agression raciste ◆ **to be ~ prejudiced** avoir des préjugés raciaux ◆ **to be ~ abused** être victime d'insultes racistes ◆ **the schools are ~ segregated** les écoles pratiquent la ségrégation raciale ◆ **the schools were ~ integrated** les écoles pratiquaient l'intégration raciale

**racily** /ˈreɪsɪlɪ/ ADV *[write] (= in risqué style)* lestement ; *(= in lively style)* avec verve

**raciness** /ˈreɪsɪnɪs/ N *[of story, style]* caractère *m* leste ; *[of joke]* grivoiserie *f*

**racing** /ˈreɪsɪŋ/ **N** courses *fpl* ; (also **horse-racing**) courses *fpl* de chevaux, hippisme *m* ◆ **motor ~** course *f* automobile ◆ **I'm not a ~ man** je ne suis pas amateur de courses ◆ **the ~ world** le monde des courses **COMP** *[calendar, stables]* de(s) courses ▷ **racing bicycle** N bicyclette *f* de course ▷ **racing bike** N vélo *m* de course ▷ **racing car** N voiture *f* de course ▷ **racing certainty** N *(Brit fig)* certitude *f* absolue ▷ **racing colours** NPL couleurs *fpl* d'une écurie *(portées par le jockey)* ▷ **racing cyclist** N coureur *m*, -euse *f* cycliste ▷ **racing driver** N coureur *m*, -euse *f* automobile, pilote *m* de courses ▷ **racing pigeon** N pigeon *m* voyageur de compétition ▷ **racing yacht** N racer *m*, yacht *m* de course

**racism** /ˈreɪsɪzəm/ N racisme *m*

**racist** /ˈreɪsɪst/ ADJ, N raciste *mf*

**rack¹** /ræk/ **N** **a** *(for bottles, documents)* casier *m* ; *(for luggage)* porte-bagages *m inv* ; *(for dishes)* égouttoir *m* ; *(for hanging tools/ties etc)* porte-outils/-cravates *etc m* ; *(for vegetables)* bac(s) *m(pl)* à légumes ; *(for fodder, rifles, pipes)* râtelier *m* ◆ **off the ~** *(US)* en confection, en prêt-à-porter ; → **bicycle, hatrack, luggage, toast**

**b** *(Hist) (torture)* chevalet *m* ◆ **to put sb on the ~** *(lit)* infliger *or* faire subir à qn le supplice du chevalet ; *(fig)* mettre qn au supplice ◆ **we had the opposition on the ~** nous tenions l'opposition à la gorge

**VT** *(Hist) (torture)* faire subir le supplice du chevalet à ; *(fig) [pain]* torturer, tourmenter ◆ **~ed by remorse** tenaillé par le remords ◆ **~ed by doubt** assailli de doutes ◆ **to ~ one's brains** se creuser la tête *or* la cervelle *

**COMP** ▷ **rack and pinion** N *(Tech)* crémaillère *f* ▷ **rack (and pinion) railway** N chemin *m* de fer à crémaillère ▷ **rack rent** N loyer *m* exorbitant

► **rack up** VT FUS *[+ profits, losses, sales, wins]* accumuler ◆ **to ~ up an impressive score** réaliser un score impressionnant

**rack²** /ræk/ N ◆ **to go to ~ and ruin** *[building]* tomber en ruine ; *[business, economy]* aller à vau-l'eau ; *[person, country]* aller à la ruine

**racket¹** /ˈrækɪt/ **N** *(Sport)* raquette *f* **NPL rackets** *(= game)* (jeu *m* de) paume *f* **COMP** ▷ **racket press** N presse-raquette *m inv*, presse *f*

**racket²** /ˈrækɪt/ **N** **a** *(= noise) [of people]* tapage *m*, boucan * *m* ; *[of machine]* vacarme *m* ◆ **to make a ~** *[people]* faire du tapage *or* du boucan * ; *[machine]* faire du vacarme **b** *(= organized crime)* trafic *m* ; *(= dishonest scheme)* escroquerie *f* ◆ **an extortion ~** un racket ◆ **the drugs/stolen car ~** le trafic de drogue/des voitures volées ◆ **he's in on the ~** * *(fig)* il est dans le coup * ◆ **what's your ~?** * *(fig = job etc)* qu'est-ce que vous faites dans la vie ? ◆ **teaching isn't really my ~** * l'enseignement n'est pas vraiment mon truc * **VI** † *(= make a noise)* faire du tapage *or* du boucan * ; (also **racket about, racket around**) *(= lead a hectic social life)* faire la bombe * *or* la bringue ‡

**racketeer** /ˌrækɪˈtɪəʳ/ N racketter *m*, racketteur *m* ◆ **drugs ~** trafiquant *m* de drogue

**racketeering** /ˌrækɪˈtɪərɪŋ/ N *(NonC)* racket *m* ◆ **drugs ~** trafic *m* de drogue

**racking** /ˈrækɪŋ/ ADJ *[pain, sobs]* déchirant ; *[cough]* convulsif

**raconteur** /ˌrækɒnˈtɜːʳ/ N conteur *m*, -euse *f*

**racoon** /rəˈkuːn/ N ⇒ **raccoon**

**racquet** /ˈrækɪt/ N ⇒ **racket¹**

**racquetball** /ˈrækɪtˌbɔːl/ N *(NonC)* racket-ball *m*

**racy** /ˈreɪsɪ/ ADJ **a** *(= risqué) [story, book, film, language]* leste **b** *(= lively) [style of writing, speaking]* plein de verve

**RADA** /ˈrɑːdə/ N *(in Brit)* (abbrev of **Royal Academy of Dramatic Art**) ≈ Conservatoire *m* d'art dramatique

**radar** /ˈreɪdɑːʳ/ **N** radar *m* ◆ **by ~** au radar **COMP** *[antenna, echo, screen, station]* radar *inv* ▷ **radar astronomy** N radarastronomie *f* ▷ **radar beacon** N radiophare *m* pour radar ▷ **radar operator** N radariste *mf* ▷ **radar scanner** N *(= antenna)* antenne *f* radar *inv* ▷ **radar sensor** N détecteur *m* (radar *inv*) ▷ **radar trap** N *(Aut Police)* contrôle *m* radar *inv* ◆ **to get caught in a ~ trap** se faire piéger par un radar

**raddle** /ˈrædl/ **N** ocre *f* rouge **VT** *[+ sheep]* marquer (à l'ocre)

**raddled** /ˈrædld/ ADJ *[face]* marqué, aux traits accusés, fripé ; *[person]* au visage marqué, aux traits accusés

**radial** /ˈreɪdɪəl/ **ADJ** *[streets] (also Med)* radial ; *[pattern]* en étoile **N** (also **radial tyre**) pneu *m* à carcasse radiale **COMP** ▷ **radial engine** N moteur *m* en étoile ▷ **radial road** N radiale *f* ▷ **radial tyre** N pneu *m* à carcasse radiale

**radially** /ˈreɪdɪəlɪ/ ADV *[arrange, extend]* en étoile

**radiance** /ˈreɪdɪəns/, **radiancy** /ˈreɪdɪənsɪ/ N *[of sun, lights etc]* éclat *m* ; *[of face, personality, beauty]* éclat *m*, rayonnement *m*

**radiant** /ˈreɪdɪənt/ **ADJ** *[person, smile, beauty, sunshine]* radieux ; *[optimism]* rayonnant ; *[complexion, colour]* éclatant ◆ **~ with joy/health** rayonnant de joie/de santé ◆ **to look ~** être radieux **N** *(Phys)* point *m* radiant ; *(Math)* radian *m* ; *(Astron)* (point *m*) radiant *m* **COMP** ▷ **radiant energy** N *(Phys)* énergie *f* rayonnante ▷ **radiant heat** N *(Phys)* chaleur *f* radiante *or* rayonnante ▷ **radiant heater** N radiateur *m* à foyer rayonnant ▷ **radiant heating** N chauffage *m* par rayonnement

**radiantly** /ˈreɪdɪəntlɪ/ ADV *[smile, say]* d'un air radieux ; *[shine]* d'un vif éclat ◆ **to be ~ happy** être rayonnant de bonheur ◆ **~ beautiful** à la beauté radieuse

**radiate** /ˈreɪdɪeɪt/ **VI** *(= emit rays)* irradier, rayonner *(liter)* ; *(= emit heat)* rayonner ; *(Phys)* irradier ; *(fig) [lines, roads]* rayonner (*from* de), partir du même centre **VT** *[+ heat] (Tech)* émettre ; *(gen)* répandre ◆ **to ~ happiness** être rayonnant *or* rayonner de bonheur ◆ **he ~s enthusiasm** il respire l'enthousiasme

**radiation** /ˌreɪdɪˈeɪʃən/ **N** *[of light]* rayonnement *m*, rayons *mpl* ; *[of heat]* rayonnement *m* ; *(= radioactivity)* radiations *fpl* ◆ **the ozone layer protects us from ultra violet ~ from the sun** la couche d'ozone nous protège du rayonnement ultraviolet *or* des rayons ultraviolets du soleil **COMP** ▷ **radiation exposure** N irradiation *f* ▷ **radiation levels** NPL niveaux *mpl* de radiation ▷ **radiation sickness** N mal *m* des rayons ▷ **radiation treatment** N *(Med)* radiothérapie *f*

**radiator** /ˈreɪdɪeɪtəʳ/ **N** *(also Aut)* radiateur *m* **COMP** ▷ **radiator cap** N *(Aut)* bouchon *m* de radiateur ▷ **radiator grill(e)** N *(Aut)* calandre *f*

**radical** /ˈrædɪkəl/ ADJ, N *(gen, Pol, Ling, Bot, Math)* radical *m*

**radicalism** /ˈrædɪkəlɪzəm/ N radicalisme *m*

**radicalize** /ˈrædɪkəlaɪz/ VT radicaliser

**radically** /ˈrædɪkəlɪ/ ADV *[differ, change, affect, improve, reduce]* radicalement, de façon radicale ◆ **~ different** radicalement différent ◆ **there's something ~ wrong with this approach** il y a quelque chose qui ne va pas du tout avec cette méthode

**radicchio** /ræˈdiːkɪəʊ/ N (pl **radicchios**) trévise *f*

**radices** /ˈreɪdɪsiːz/ NPL of **radix**

**radicle** /ˈrædɪkl/ N *(Bot)* radicule *f*, radicelle *f* ; *(Chem)* radical *m*

**radii** /ˈreɪdɪaɪ/ NPL of **radius**

**radio** /ˈreɪdɪəʊ/ **N** **a** (also **radio set**) radio *f* ◆ **on the ~** à la radio ◆ **he has got a ~** il a un poste de radio, il a la radio ◆ **to put the ~ on/off** allumer/éteindre la radio *or* le poste ; → **transistor**

**b** *(NonC: Telec)* radio *m* ◆ **to send a message by ~** envoyer un (message) radio ◆ **they communicated by ~** ils communiquaient par radio

**VT** *[+ person]* appeler *or* joindre par radio ; *[+ information]* communiquer par radio ◆ **to ~ a message** envoyer un (message) radio

**VI** ◆ **to ~ for help** appeler au secours par radio

**COMP** *[talk, programme]* de radio ▷ **radio alarm (clock)** N radio-réveil *m* ▷ **radio amateur** N radioamateur *m* ▷ **radio announcer** N speaker(ine) *m(f)* ▷ **radio astronomy** N radioastronomie *f* ▷ **radio beacon** N *(Aviat, Naut)* radiophare *m*, radiobalise *f* ▷ **radio beam** N faisceau *m* radio *inv* ▷ **radio broadcast** N émission *f* de radio *or* radiophonique ▷ **radio buoy** N ⇒ **radio sono-buoy** ▷ **radio cab** N radio-taxi *m* ▷ **radio car** N voiture *f* radio *inv* ▷ **radio cassette (recorder)** N *(esp Brit)* radiocassette *m* ▷ **radio compass** N radiocompas *m* ▷ **radio contact** N radiocommunication *f* ▷ **radio control** N radiocommande *f* ▷ **radio-controlled** ADJ radiocommandé ▷ **radio direction finding** N radiogoniométrie *f* ▷ **radio engineer** N ingénieur *m* radio *inv* ▷ **radio frequency** N radiofréquence *f* ▷ **radio galaxy** N radiogalaxie *f* ▷ **radio ham** * N radioamateur *m* ▷ **radio link** N liaison *f* radio *inv* ▷ **radio mast** N mât *m* d'antenne, pylône *m* ▷ **radio operator** N opérateur *m* (radio *inv*), radio *m* ▷ **radio play** N pièce *f* radiophonique, audiodrame *m* ▷ **radio programme** N émission *f* de radio *or* radiophonique ▷ **radio receiver** N récepteur *m* de radio ▷ **radio set** N poste *m* (de radio), radio *f* ▷ **radio silence** N silence *m* radio *inv* ◆ **to maintain ~ silence** garder le silence radio ▷ **radio sono-buoy** N bouée *f* sonore ▷ **radio source, radio star** N radiosource *f* ▷ **radio station** N *(= broadcasting organization)* station *f* de radio ; *(= installation)* poste *m* émetteur ▷ **radio taxi** N radio-taxi *m* ▷ **radio telescope** N radiotélescope *m* ▷ **radio valve** N valve *f*, tube *m* à vide ▷ **radio van** N *(Rad, TV)* studio *m* mobile (de radiodiffusion *or* d'enregistrement) ▷ **radio wave** N onde *f* hertzienne

**radioactive** /ˌreɪdɪəʊˈæktɪv/ ADJ radioactif ◆ **~ waste** déchets *mpl* radioactifs

**radioactivity** /ˌreɪdɪəʊæk'tɪvɪtɪ/ N radioactivité *f*

**radiobiology** /ˌreɪdɪəʊbaɪ'ɒlədʒɪ/ N radiobiologie *f*

**radiocarbon** /ˌreɪdɪəʊ'kɑːbən/ N radiocarbone *m*, carbone *m* COMP ▷ **radiocarbon dating** N datation *f* au carbone 14

**radiochemistry** /ˌreɪdɪəʊ'kemɪstrɪ/ N radiochimie *f*

**radiocommunication** /ˌreɪdɪəʊkəˌmjuːnɪ'keɪʃən/ N contact(s) *m(pl)* radio *inv*

**radioelement** /ˌreɪdɪəʊ'elɪmənt/ N radioélément *m*

**radiogram** /'reɪdɪəʊgræm/ N a († = *message*) radiogramme *m*, radio *m* b (*Brit* = *apparatus*) combiné *m* (*avec radio et pick-up*)

**radiograph** /'reɪdɪəʊgrɑːf/ N radio *f*, radiographie *f*

**radiographer** /ˌreɪdɪ'ɒgrəfəʳ/ N radiologue *mf* (*technicien*)

**radiography** /ˌreɪdɪ'ɒgrəfɪ/ N radiographie *f*, radio *f*

**radioisotope** /ˌreɪdɪəʊ'aɪsətəʊp/ N radio-isotope *m*

**radiological** /ˌreɪdɪə'lɒdʒɪkəl/ ADJ radiologique

**radiologist** /ˌreɪdɪ'ɒlədʒɪst/ N radiologue *mf* (*médecin*)

**radiology** /ˌreɪdɪ'ɒlədʒɪ/ N radiologie *f*

**radiolysis** /ˌreɪdɪ'ɒlɪsɪs/ N radiolyse *f*

**radiometer** /ˌreɪdɪ'ɒmɪtəʳ/ N radiomètre *m*

**radiopager** /ˌreɪdɪəʊ'peɪdʒəʳ/ N bip * *m*, pager *m*

**radiopaging** /ˌreɪdɪəʊ'peɪdʒɪŋ/ N (service *m* de) radiomessagerie *f*

**radioscopy** /ˌreɪdɪ'ɒskəpɪ/ N radioscopie *f*

**radiotelegraph** /ˌreɪdɪəʊ'telɪgrɑːf/ N radiotélégramme *m*, radiogramme *m*

**radiotelegraphy** /ˌreɪdɪəʊtɪ'legrəfɪ/ N radiotélégraphie *f*

**radiotelephone** /ˌreɪdɪəʊ'telɪfəʊn/ N radiotéléphone *m*

**radiotelephony** /ˌreɪdɪəʊtɪ'lefənɪ/ N radiotéléphonie *f*

**radiotherapist** /ˌreɪdɪəʊ'θerəpɪst/ N radiothérapeute *mf*

**radiotherapy** /ˌreɪdɪəʊ'θerəpɪ/ N radiothérapie *f* ◆ **to have ~ (treatment)** subir une radiothérapie

**radish** /'rædɪʃ/ N radis *m*

**radium** /'reɪdɪəm/ N radium *m* COMP ▷ **radium therapy**, **radium treatment** N (*Med*) radiumthérapie *f*, curiethérapie *f*

**radius** /'reɪdɪəs/ N (pl **radiuses** or **radii**) (*Math, fig*) rayon *m* ; (*Anat*) radius *m* ◆ **within a 6km ~ of Paris** dans un rayon de 6 km autour de Paris

**radix** /'reɪdɪks/ N (pl **radixes** or **radices**) (*Math*) base *f* ; (*Ling*) radical *m*

**radon** /'reɪdɒn/ N (also **radon gas**) radon *m*

**RAF** /ˌɑːreɪ'ef/ N (*Brit*) (abbrev of **Royal Air Force**) RAF *f*

**raffia** /'ræfɪə/ N raphia *m* COMP en raphia

**raffish** /'ræfɪʃ/ ADJ [*charm, appearance, air, behaviour*] canaille ; [*person*] à l'air canaille ; [*place*] louche ◆ **to cut a ~ figure** avoir l'air canaille

**raffle** /'ræfl/ N tombola *f* VT mettre en tombola COMP ▷ **raffle ticket** N billet *m* de tombola

**raft** /rɑːft/ N a (*flat structure*) radeau *m* ; (*logs*) train *m* de flottage ; → **life** b (*fig*) **a ~ of ...** un tas de ...

**rafter** /'rɑːftəʳ/ N (*Archit*) chevron *m*

**rafting** /'rɑːftɪŋ/ N rafting *m* ◆ **to go ~** faire du rafting

**rag¹** /ræg/ N a lambeau *m*, loque *f* ; (*for wiping etc*) chiffon *m* ◆ **to feel like a wet ~** * (*emotionally*) se sentir vidé *or* mou comme une chiffe ; (*physically*) se sentir ramollo * *inv* ◆ **~s** (*for paper-making*) chiffons *mpl*, peilles *fpl* ; (= *old clothes*) guenilles *fpl*, haillons *mpl* ◆ **his clothes were in ~s** ses vêtements étaient en lambeaux *or* tombaient en loques ◆ **to be (dressed) in ~s** être vêtu de guenilles *or* de haillons, être déguenillé ◆ **in ~s and tatters** tout en loques ◆ **to go from ~s to riches** passer de la misère à la richesse ◆ **to lose one's ~** ‡ se mettre en rogne *, se foutre en rogne ‡ ; → **glad, red**

b (* *pej* = *newspaper*) torchon * *m*, feuille *f* de chou *

c (‡ = *sanitary towel*) serviette *f* hygiénique ◆ **to be on the ~** avoir ses ragnagnas *

d (*Mus*) ragtime *m*

COMP ▷ **rag-and-bone man** N (pl **rag-and-bone men**) (*Brit*) chiffonnier *m* ▷ **rag doll** N poupée *f* de chiffon ▷ **rag rug** N carpette *f* faite de chutes de tissu ▷ **the rag trade** * N la confection

**rag²** * /ræg/ (*Brit*) N (= *joke*) farce *f*, blague * *f* ◆ **for a ~** par plaisanterie, pour s'amuser, pour blaguer * VT † (= *tease*) taquiner, mettre en boîte * ; (= *play trick on*) faire une blague * à ; (*Scol*) [+ *teacher*] chahuter COMP ▷ **rag week** N (*Univ*) *semaine où les étudiants organisent des attractions au profit d'œuvres de bienfaisance*

**raga** /'rɑːgə/ N raga *m inv*

**ragamuffin** /'rægəˌmʌfɪn/ N (= *urchin*) galopin * *m* ; (= *ragged fellow*) va-nu-pieds *mf inv*

**ragbag** /'rægbæg/ N a (*lit*) sac *m* à chiffons b (*Brit fig*) **a ~ of ...** un groupe hétéroclite de ...

**rage** /reɪdʒ/ N rage *f*, fureur *f* ; [*of sea*] furie *f* ◆ **he was shaking with ~** il tremblait de rage ◆ **to be in a ~** être furieux *or* en fureur *or* en rage ◆ **to put sb into a ~** mettre qn en rage *or* en fureur ◆ **to fly into a ~** entrer en fureur, se mettre en rage, sortir de ses gonds ◆ **he shot her in a fit of ~** il lui a tiré dessus dans un accès de fureur *or* rage ◆ **golf/trolley ~** comportement *m* agressif sur un parcours de golf/dans un supermarché ◆ **computer ~** *comportement d'une personne excédée par son ordinateur* ◆ **to be (all) the ~** faire fureur ; → **air**

VI [*person*] être furieux (*against* contre), rager * ; [*battle, fire*] faire rage ; [*sea*] être démonté, être en furie ; [*storm*] se déchaîner, faire rage ; [*wind*] être déchaîné ◆ **"you shouldn't have done that" she ~d** "tu n'aurais pas dû faire ça", dit-elle, furieuse ◆ **the fire ~d through the city** l'incendie s'est propagé dans la ville avec une violence inouïe ◆ **she ~d at her fate** elle était furieuse de ce qui lui arrivait ◆ **he ~d about the unfairness of this rule** l'injustice de cette règle le révoltait ◆ **the fierce arguments raging over the future of the hospital** les féroces controverses sur l'avenir de l'hôpital

**ragga** /'rægə/ N (*Mus*) raga(muffin) *m*

**ragged** /'rægɪd/ ADJ a (= *in tatters*) [*person*] déguenillé, en haillons ; [*clothes*] en lambeaux, en loques ; [*cuff*] effiloché b (= *uneven*) [*edge, rock*] déchiqueté ; [*hole*] aux bords déchiquetés *or* irréguliers ; [*line, beard*] irrégulier ; [*cloud*] effiloché ◆ **on the ~ edge** * (*US* = *anxious*) au bord de la crise de nerfs ◆ **to run sb ~** * éreinter *or* épuiser qn ◆ **to run o.s. ~** * s'épuiser c (= *disorganized*) [*performance*] inégal ◆ **the orchestra sounded rather ~ in places** l'orchestre a donné une prestation assez inégale COMP ▷ **ragged robin** N (*Bot*) fleur *f* de coucou

**raggedly** /'rægɪdlɪ/ ADV a (= *in rags*) ◆ **~ dressed** déguenillé, en haillons b (= *unevenly*) ◆ **they marched ~ up and down** ils ont défilé en désordre ◆ **the orchestra played ~** la prestation de l'orchestre a été assez inégale

**raggle-taggle** /ˌrægl'tægl/ ADJ [*gipsy*] dépenaillé ; [*army, group*] disparate

**raging** /'reɪdʒɪŋ/ ADJ [*pain*] atroce ; [*storm, wind, torrent*] déchaîné ; [*sea*] déchaîné, démonté ; [*fire*] violent ; [*inflation*] galopant ; [*debate*] houleux ; [*feminist, nationalist, nationalism*] fanatique ◆ **a ~ inferno** un immense brasier ◆ **to be in a ~ temper, to be ~ mad** * être dans une colère noire ◆ **~ temperature** *or* **fever** fièvre *f* de cheval ◆ **he had a ~ thirst** il mourait de soif ◆ **~ toothache** rage *f* de dents ◆ **a ~ success** un succès prodigieux N [*of person*] rage *f*, fureur *f* ; [*of elements*] déchaînement *m* ◆ **the ~ of the sea** la mer en furie

**raglan** /'ræglən/ ADJ, N raglan *m inv*

**ragman** /'rægmæn/ N (pl **-men**) chiffonnier *m*

**ragout** /'rægu:/ N ragoût *m*

**ragtag** /'rægˌtæg/ N ◆ **~ and bobtail** racaille *f*, populace *f*

**ragtime** /'rægtaɪm/ N ragtime *m*

**ragtop** ‡ /'rægtɒp/ N (*US Aut*) décapotable *f*

**ragweed** /'rægwiːd/ N ambroisie *f*

**ragwort** /'rægwɜːt/ N jacobée *f*

**rah** * /rɑː/ (*US*) EXCL hourra !, bravo ! COMP ▷ **rah-rah** * ADJ enthousiaste, exubérant

**raid** /reɪd/ N (*Mil*) raid *m*, incursion *f* ; (*by police*) descente *f* (de police) ; (*with arrests*) rafle *f* ; (*by bandits*) razzia *f* ; (*Brit: by thieves*) hold-up *m inv* ; (*Fin*) raid *m*, tentative *f* de prise de contrôle ◆ **air ~** raid *m* (aérien), bombardement *m* aérien ◆ **bank ~** (*Brit*) hold-up *m inv or* braquage * *m* d'une banque VT a (*Mil*) faire une incursion *or* un raid dans ; (*Aviat*) bombarder, faire un raid sur ; [*police*] faire une descente *or* une rafle dans ; [*bandits*] razzier ; (*Brit*) [*thieves*] faire un hold-up à, braquer * b (*fig*) [+ *orchard*] marauder dans ; (*hum*) [+ *cashbox, piggybank*] puiser dans ; (*hum*) [+ *larder, fridge*] dévaliser, faire une descente dans * ; (*Fin*) lancer une tentative de prise de contrôle de

**raider** /'reɪdəʳ/ N (= *thief*) braqueur * *m* ; (= *ship*) navire *m* qui accomplit un raid, raider *m* ; (= *plane*) bombardier *m* ; (*Fin*) raider *m*

**raiding** /'reɪdɪŋ/ N (*Mil*) raids *mpl* ; [*of police*] raids *mpl*, descentes *fpl* COMP ▷ **raiding party** N groupe *m* d'attaque

**rail¹** /reɪl/ N a (= *bar*) [*of bridge, quay*] garde-fou *m* ; [*of boat*] bastingage *m*, rambarde *f* ; [*of balcony, terrace*] balustrade *f* ; (= *handrail: on wall*) main *f* courante ; (= *banister*) rampe *f* ; (*for carpet, curtains, spotlights etc*) tringle *f* ◆ **the horse was close to the ~s** (*Racing*) le cheval tenait la corde ◆ **~s** (= *fence*) grille *f*, barrière *f* ; → **altar, towel**

b (*for train, tram*) rail *m* ◆ **to travel by ~** voyager en train ◆ **to send by ~** envoyer par (le) train *or* par chemin de fer ◆ **to go off the ~s** (*lit*) [*train etc*] dérailler ; (*fig*) [*person*] (= *err*) s'écarter du droit chemin ; (= *be confused*) être déboussolé * ◆ **to keep sb on the ~s** maintenir qn sur le droit chemin ; → **live²**

COMP [*ticket*] de train, de chemin de fer ; [*journey*] en train, en chemin de fer ; [*dispute*] des employés des chemins de fer ▷ **rail strike** N grève *f* des employés des chemins de fer ▷ **rail traffic** N trafic *m* ferroviaire ▷ **rail transport** N transport *m* ferroviaire

► **rail in** VT SEP clôturer, entourer d'une clôture *or* d'une barrière

► **rail off** VT SEP fermer au moyen d'une clôture *or* d'une barrière

**rail²** /reɪl/ VI *(frm)* ◆ **to ~ at** *or* **against sb** se répandre en injures contre qn

**railcar** /ˈreɪlkɑːʳ/ N autorail *m*

**railcard** /ˈreɪlkɑːd/ N carte *f* de chemin de fer ◆ **family ~** ≃ carte *f* couple-famille ◆ **Senior Citizen ~** carte *f* vermeil ◆ **student ~** carte *f* de train tarif étudiant ◆ **young person's ~** carte *f* de train tarif jeune

**railhead** /ˈreɪlhed/ N tête *f* de ligne

**railing** /ˈreɪlɪŋ/ N a *(= rail) [of bridge, quay]* garde-fou *m* ; *[of balcony, terrace]* balustrade *f* ; *(on stairs)* rampe *f* ; *(on wall)* main *f* courante b *(= part of fence)* barreau *m* ; *(= fence:* also **railings**) grille *f*

**raillery** /ˈreɪlərɪ/ N taquinerie *f*, badinage *m*

**railroad** /ˈreɪlrəʊd/ N *(US)* ⇒ **railway** VT a *(US)* expédier par chemin de fer *or* par rail b *( * = force)* **to ~ a bill** faire voter un projet de loi (après un débat sommaire) ◆ **to ~ sb into doing sth** forcer qn à faire qch sans qu'il ait le temps de réfléchir *or* de faire ouf *

**railway** /ˈreɪlweɪ/ N a *(Brit) (= system)* chemin *m* de fer ; *(= track)* voie *f* ferrée ; → **aerial, elevated, scenic, underground** b *(US: for trams etc)* rails *mpl* COMP *[bridge, ticket]* de chemin de fer ▷ **railway carriage** N voiture *f*, wagon *m* ▷ **railway engine** N locomotive *f* ▷ **railway guide** N indicateur *m* des chemins de fer ▷ **railway journey** N voyage *m* en train *or* en chemin de fer ▷ **railway line** N ligne *f* de chemin de fer ; *(= track)* voie *f* ferrée ▷ **railway network** N réseau *m* ferroviaire ▷ **railway porter** N porteur *m* ▷ **railway station** N gare *f* ; *(small)* station *f* de chemin de fer ▷ **railway timetable** N horaire *m* des chemins de fer ▷ **railway workers** NPL employés *mpl* des chemins de fer, cheminots *mpl* ▷ **railway yard** N dépôt *m* (d'une gare)

**railwayman** /ˈreɪlweɪmən/ N (pl **-men**) *(Brit)* cheminot *m*

**railworkers** /ˈreɪlwɜːkəz/ NPL employés *mpl* des chemins de fer, cheminots *mpl*

**raiment** /ˈreɪmənt/ N *(liter)* vêtements *mpl*

**rain** /reɪn/ N a *(Met)* pluie *f* ◆ **it looks like ~** le temps est à la pluie ◆ **in the ~** sous la pluie ◆ **heavy/light ~** pluie *f* battante/fine ◆ **the ~'s on** * *(Scot)* ça pleut * ◆ **(come) ~ (hail) or shine** *(lit)* par tous les temps, qu'il pleuve ou qu'il vente ; *(fig)* quoi qu'il arrive ◆ **the ~s** la saison des pluies ; → **right**

b *(fig) [of arrows, blows, bullets]* pluie *f*

VT *[+ blows]* faire pleuvoir

VI pleuvoir ◆ **it is ~ing** il pleut ◆ **it is ~ing heavily** il pleut à verse ◆ **it's ~ing cats and dogs** *, **it's ~ing buckets** * il pleut des cordes * ◆ **to ~ on sb's parade** * mettre des bâtons dans les roues de qn ◆ **it never ~s but it pours** *(Prov)* un malheur n'arrive jamais seul *(Prov)*

COMP ▷ **rain belt** N zone *f* des pluies ▷ **rain check** * N *(US)* billet *m* pour un autre match (*or* pour un autre spectacle) ◆ **to give sb a ~ check** *(US fig)* inviter qn une autre fois (à la place) ◆ **I'll take a ~ check (on that)** *(esp US fig)* ça sera pour une autre fois ▷ **rain cloud** N nuage *m* chargé de pluie ▷ **rain dance** N danse *f* de la pluie ▷ **rain gauge** N pluviomètre *m* ▷ **rain hood** N capuche *f* en plastique

► **rain down** VI *[bullets, stones etc]* pleuvoir

► **rain off, rain out** *(US)* VT SEP ◆ **the match was rained off** *or* **out** le match a été annulé (*or* abandonné) à cause de la pluie

**rainbow** /ˈreɪnbəʊ/ N arc-en-ciel *m* ◆ **of all colours of the ~** de toutes les couleurs de l'arc-en-ciel ◆ **to look for the pot** *or* **crock of gold at the end of the ~** poursuivre un rêve impossible NPL **Rainbows** *(Brit = Brownies)* fillettes scoutes COMP ▷ **rainbow coalition** N *(Pol)* coalition *f* hétéroclite ▷ **rainbow trout** N truite *f* arc-en-ciel ▷ **rainbow wrasse** N girelle *f*

**raincoat** /ˈreɪnkəʊt/ N imperméable *m*, imper * *m*

**raindrop** /ˈreɪndrɒp/ N goutte *f* de pluie

**rainfall** /ˈreɪnfɔːl/ N *(= shower)* chute *f* de pluie ; *(= amount)* pluviosité *f*, pluviométrie *f*

**rainforest** /ˈreɪnfɒrɪst/ N (also **tropical rainforest**) forêt *f* pluviale COMP *[plant, species, conservation, destruction]* de la forêt tropicale (humide)

**rainless** /ˈreɪnlɪs/ ADJ sec (sèche *f*), sans pluie

**rainmaker** /ˈreɪnmeɪkəʳ/ N faiseur *m*, -euse *f* de pluie

**rainmaking** /ˈreɪnmeɪkɪŋ/ ADJ *[ceremony etc]* destiné à faire venir la pluie

**rainout** /ˈreɪnaʊt/ N *(US Sport)* match annulé pour cause de pluie

**rainproof** /ˈreɪnpruːf/ ADJ imperméable VT imperméabiliser

**rainstick** /ˈreɪnstɪk/ N bâton *m* de pluie

**rainstorm** /ˈreɪnstɔːm/ N pluie *f* torrentielle, trombes *fpl* d'eau

**rainswept** /ˈreɪnswept/ ADJ *[place]* balayé par la pluie

**rainwater** /ˈreɪnwɔːtəʳ/ N eau *f* de pluie

**rainwear** /ˈreɪnwɛəʳ/ N *(NonC: Comm)* vêtements *mpl* de pluie

**rainy** /ˈreɪnɪ/ ADJ *[place]* pluvieux ◆ **the ~ season** la saison des pluies ◆ **a ~ day** une journée pluvieuse *or* de pluie ◆ **to put something away** *or* **save something for a ~ day** garder une poire pour la soif

**raise** /reɪz/ LANGUAGE IN USE 26.1

VT a *(= lift, cause to rise) [+ arm, leg, eyes]* lever ; *[+ object, weight]* lever, soulever ; *[+ dust]* soulever ◆ **to ~ a blind** (re)lever un store ◆ **to ~ the curtain** *(Theat)* lever le rideau ◆ **to ~ one's eyebrows** *(lit)* hausser les sourcils ◆ **they ~d their eyebrows when they heard ...** *(in surprise)* ils ont eu une expression perplexe *or* l'étonnement s'est lu sur leur visage quand ils ont entendu ... ◆ **that will make him ~ his eyebrows** *(fig)* cela le fera tiquer ◆ **he didn't ~ an eyebrow** il n'a pas sourcillé *or* tiqué ◆ **she ~d a few eyebrows with her saucy jokes** elle a provoqué quelques froncements de sourcils avec ses plaisanteries grivoises ◆ **to ~ one's hat to sb** donner un coup de chapeau à qn ; *(fig)* tirer son chapeau à qn * ◆ **to ~ one's glass to sb** lever son verre à qn, boire à la santé de qn ◆ **to ~ one's hand to sb** lever la main sur qn ◆ **to ~ one's fist to sb** menacer qn du poing ◆ **to ~ sb from the dead** ressusciter qn (d'entre les morts) ◆ **to ~ one's voice** *(= speak louder)* hausser la voix ; *(= get angry)* élever la voix, hausser le ton ◆ **don't ~ your voice to me!** ne hausse pas le ton quand tu me parles ! ◆ **not a voice was ~d in protest** personne n'a élevé la voix pour protester ◆ **to ~ sb's spirits** remonter le moral de qn ◆ **to ~ sb's hopes** donner à espérer à qn ◆ **he ~d the people to revolt** il souleva le peuple ◆ **to ~ the roof** * *(fig)* faire un boucan monstre * ; *(in protest)* rouspéter ferme * ◆ **to ~ the level of the ground** rehausser le niveau du sol ◆ **to ~ a sunken ship** *(Naut)* renflouer un navire coulé ; → **tone**

b *(= increase) [+ salary]* augmenter, relever *(Admin)* ; *[+ price]* majorer, augmenter ; *[+ standard, level]* élever ; *[+ age limit]* reculer ; *[+ temperature]* faire monter ◆ **to ~ the school-leaving age** prolonger la scolarité obligatoire

c *(= build, erect) [+ monument]* élever, ériger ; *[+ building]* édifier, bâtir

d *(= produce) [+ spirit]* évoquer ; *[+ ghosts]* faire apparaître ; *[+ problems, difficulties]* soulever, provoquer ; *[+ doubts]* faire naître ◆ **to ~ a blister** provoquer une ampoule ◆ **to ~ a laugh** provoquer le rire, faire rire ◆ **to ~ a cheer** *(oneself)* crier "hourra" ; *(in others)* faire jaillir des hourras ◆ **to ~ difficulties** soulever *or* faire des difficultés ◆ **to ~ a smile** *(oneself)* ébaucher un sourire ; *(in others)* faire sourire, donner à sourire ◆ **to ~ suspicion in sb's mind** faire naître des soupçons dans l'esprit de qn ◆ **to ~ Cain** * *or* **hell** ⁑ *(= make a noise)* faire un éclat *or* du boucan * ; *(= make a fuss)* faire une scène de tous les diables *

e *(= bring to notice) [+ question, issue]* soulever ; *[+ objection, protest]* élever

f *(= grow, breed) [+ animals, children, family]* élever ; *[+ corn, wheat]* cultiver, faire pousser

g *(= get together) [+ army, taxes]* lever ; *[+ money]* se procurer ◆ **to ~ funds for sth** *(gen)* réunir *or* rassembler *or* se procurer les fonds pour qch ; *[professional fundraiser]* collecter des fonds pour qch ; *(Fin, Econ)* mobiliser des fonds pour qch ◆ **to ~ a loan** *[government etc]* lancer *or* émettre un emprunt ; *[person]* emprunter ◆ **to ~ money on sth** emprunter de l'argent sur qch ◆ **I can't ~ the $500 I need** je n'arrive pas à me procurer les 500 dollars dont j'ai besoin ; → **mortgage**

h *(= end) [+ siege, embargo]* lever

i *(Cards)* faire une mise supérieure à ; *(Bridge)* faire une annonce supérieure à ◆ **I'll ~ you six/$10** je fais une relance *or* je relance de six/10 dollars ; → **bid**

j *(= contact: on radio etc)* contacter

N a *(US, also Brit * = pay rise)* augmentation *f* (de salaire)

b *(Cards)* relance *f*, mise *f* supérieure ; *(Bridge)* annonce *f* supérieure, enchère *f*

COMP ▷ **raising agent** N *(Culin)* poudre *f* à lever

► **raise up** VT SEP lever, soulever ◆ **he ~d himself up on his elbow** il s'est soulevé sur son coude

**raiser** /ˈreɪzəʳ/ N a *(Agr)* éleveur *m* ◆ **cattle-/sheep-~** éleveur *m* de bétail/de moutons b *(in compounds)* → **fire, fund**

**raisin** /ˈreɪzən/ N raisin *m* sec COMP ▷ **raisin bread** N pain *m* aux raisins secs

**raj** /rɑːdʒ/ N ◆ **the (British) Raj** l'empire *m* britannique des Indes

**rajah** /ˈrɑːdʒə/ N raja(h) *or* radja(h) *m*

**rake¹** /reɪk/ N *(for gardener, croupier)* râteau *m* ; *(for grate)* râble *m*, ringard *m*

VT a *[+ garden, leaves]* ratisser ; *[+ hay]* râteler ◆ **to ~ a fire** tisonner un feu ◆ **to ~ the stones off the lawn** enlever les cailloux de la pelouse (à l'aide d'un râteau) ◆ **to ~ dead leaves into a pile** ratisser les feuilles mortes et en faire un tas ◆ **to ~ through one's memory** fouiller dans sa mémoire *or* dans ses souvenirs

b *(= sweep)* **his glance ~d the crowd** il a parcouru la foule du regard ◆ **enemy searchlights ~d the sea** les projecteurs ennemis balayaient la mer ◆ **the car was ~d with bullets** la voiture a été criblée de balles

**VI** *(fig = search)* ◆ **to ~ among** *or* **through** fouiller dans ◆ **to ~ through dustbins** faire les poubelles

**COMP** ▷ **rake-off** * **N** *(pej)* pourcentage *m* ◆ **he gets a ~-off on each sale** il prélève son pourcentage sur chaque vente

► **rake in** * **VT SEP** *[+ money]* amasser ◆ **he's just raking it in!** il remue le fric à la pelle ! ‡

► **rake out** **VT SEP** ◆ **to rake out a fire** éteindre un feu en faisant tomber la braise

► **rake over** **VT SEP** *[+ flower bed]* ratisser ; *(fig) [+ memories, past]* remuer ◆ **to ~ over the coals** *or* **ashes** *(esp Brit fig)* remuer le passé

► **rake up** **VT SEP** *[+ fire]* attiser ; *[+ leaves]* ramasser avec un râteau, ratisser ; *(fig) [+ grievance]* rappeler ◆ **to ~ up the past** remuer le passé ◆ **to ~ up sb's past** fouiller dans le passé de qn

**rake²** † /reɪk/ **N** *(= person)* roué † *m*, débauché *m*, coureur *m*

**rake³** /reɪk/ **N** *(= slope) (Naut) [of mast]* quête *f* ; *(Theat) [of stage]* pente *f* ; *(Aut) [of seat]* inclinaison *f* **VI** *(Naut)* être incliné ; *(Theat)* être en pente

**raked** /reɪkt/ **ADJ** *[stage]* en pente

**rakish¹** /ˈreɪkɪʃ/ **ADJ** **a** *(† = dissolute) [person, appearance, moustache]* canaille ◆ **to look ~** avoir l'air canaille **b** *(= jaunty)* ◆ **worn at a ~ angle** porté de travers pour se donner un air désinvolte

**rakish²** /ˈreɪkɪʃ/ **ADJ** *(Naut)* élancé, à la ligne élancée

**rakishly** /ˈreɪkɪʃlɪ/ **ADV** **a** *(† = dissolutely) [behave]* en débauché **b** *(= jauntily)* ◆ **a hat cocked ~ over one eye** un chapeau porté de travers pour se donner un air désinvolte ◆ **he wore a ~-knotted cravat** sa façon de nouer son foulard lui donnait un air désinvolte

**rally¹** /ˈrælɪ/ **N** **a** *[of troops]* rassemblement *m*, ralliement *m* ; *[of people]* rassemblement *m* ; *(Pol)* rassemblement *m*, meeting *m* ; *(Aut)* rallye *m* ; *(Tennis)* échange *m* ◆ **youth/peace ~** rassemblement *m* de la jeunesse/en faveur de la paix ◆ **electoral ~** meeting *m* de campagne électorale

**b** *(in health)* amélioration *f*, mieux *m* ; *(St Ex)* reprise *f*

**VT** *[+ troops]* rassembler, rallier ; *[+ supporters]* rallier ; *[+ one's strength]* retrouver, reprendre ◆ **hoping to ~ opinion within the party** en espérant rallier à sa cause des membres du parti

**VI** *[troops, people]* se rallier ; *[sick person]* aller mieux, reprendre des forces *or* le dessus ◆ **to ~ to a movement/to the support of sb** *(fig)* se rallier à un mouvement/à la cause de qn ◆ **to go ~ing** *(Aut)* faire un *or* des rallye(s) ◆ **the market rallied** *(St Ex)* les cours ont repris

**COMP** ▷ **rally car** **N** voiture *f* de rallye ▷ **rally driver** **N** pilote *m* de rallye ▷ **rally driving** **N** rallye *m* ▷ **rallying call, rallying cry** **N** cri *m* de ralliement ▷ **rallying point** **N** point *m* de ralliement

► **rally round** **VI** *(fig)* venir en aide

**VT FUS** ◆ **during her husband's illness everyone rallied round her** pendant la maladie de son mari tout le monde est venu lui apporter son soutien

**rally²** /ˈrælɪ/ **VT** *(= tease)* taquiner, se moquer (gentiment) de

**rallycross** /ˈrælɪkrɒs/ **N** *(NonC)* rallye-cross *m*

**RAM** /ræm/ **N** *(Comput)* (abbrev of **random access memory**) RAM *f inv* **COMP** ▷ **RAM chip** **N** barrette *f* mémoire

**ram** /ræm/ **N** bélier *m (also Astron)* ; *(Tech)* hie *f*, dame *f* ; *[of pile driver]* mouton *m* ; *(for water)* bélier *m* hydraulique ; → **battering**

**VT** **a** *(= push down)* enfoncer *(avec force)* ; *(= pack down)* tasser *(into* dans*)* ◆ **he ~med a newspaper into the pipe** il a enfoncé un journal dans le tuyau ◆ **he ~med the clothes into the case** il a entassé les vêtements dans la valise ◆ **to ~ a charge home** *(Mil, Min)* refouler une charge ◆ **to ~ home an argument** *(fig)* enfoncer le clou ◆ **it is up to parents to ~ home the dangers to their children** c'est aux parents d'inculquer cette notion de danger à leurs enfants ◆ **to ~ sth down sb's throat** rebattre les oreilles à qn de qch ◆ **to ~ sth into sb's head** enfoncer qch dans la tête *or* dans le crâne de qn

**b** *(= crash into) (Naut)* heurter (de l'avant *or* par l'étrave) ; *(in battle)* éperonner ; *(Aut) (deliberately or accidentally) [+ another vehicle]* emboutir ; *[+ post, tree]* percuter (contre)

**COMP** ▷ **ram raid** **N** casse-bélier * *m (cambriolage éclair réalisé à l'aide d'une voiture lancée dans une vitrine)* ▷ **ram raider** **N** auteur *m* d'un casse-bélier * ▷ **ram raiding** **N** *pillage de magasins avec une voiture-bélier*

► **ram down** **VT SEP** *[+ earth]* tasser ; *(Tech)* damer ; *[+ piles]* enfoncer ◆ **his hat ~med down over his ears** le chapeau enfoncé jusqu'aux oreilles

► **ram in** **VT SEP** enfoncer

**Ramadan** /ˌræməˈdɑːn/ **N** ramadan *m* ◆ **in** *or* **at ~** pendant le ramadan ◆ **to observe ~** faire le ramadan

**ramble** /ˈræmbl/ **N** randonnée *f* (pédestre) ◆ **to go for a ~** faire une randonnée ◆ **to go on a ~** partir en randonnée **VI** **a** *(= wander about)* se promener au hasard ; (also **go rambling**) *(= go on hike)* partir en randonnée *f* (pédestre) **b** *(pej: in speech:* also **ramble on***)* parler pour ne rien dire ; *[old person]* radoter ◆ **he ~d on for half an hour** il a discouru *or* n'a cessé de discourir pendant une demi-heure

**rambler** /ˈræmbləʳ/ **N** **a** *(Brit = hiker)* randonneur *m*, -euse *f*, promeneur *m*, -euse *f* **b** (also **rambler rose**) rosier *m* grimpant

**rambling** /ˈræmblɪŋ/ **ADJ** **a** *(= extensive) [building]* construit de manière anarchique ; *[garden]* vaste et chaotique ; *[plant]* qui pousse en tous sens **b** *(pej = confused) [conversation, story, speech, letter]* sans queue ni tête ; *[person]* qui divague **N** **a** *(= incoherent speech)* divagations *fpl*, radotages *mpl* **b** *(= walking in country)* randonnée *f* (pédestre) ◆ **to go ~** partir en randonnée **COMP** ▷ **rambling club** **N** club *m* de randonnée ▷ **rambling rose** **N** *(Bot)* rosier *m* grimpant

**Ramboesque** * /ˌræmbəʊˈesk/ **ADJ** digne de Rambo

**rambunctious** /ræmˈbʌŋkʃəs/ **ADJ** *(US)* ⇒ **rumbustious**

**RAMC** /ˌɑːreɪemˈsiː/ **N** *(Brit)* (abbrev of **Royal Army Medical Corps**) *service de santé de l'armée britannique*

**ramekin** /ˈræmɪkɪn/ **N** ramequin *m*

**ramification** /ˌræmɪfɪˈkeɪʃən/ **N** *(= complexities, consequences)* ramification *f*

**ramify** /ˈræmɪfaɪ/ **VT** ramifier **VI** se ramifier

**ramjet** /ˈræmdʒet/ **N** *(Aviat)* statoréacteur *m*

**rammer** /ˈræməʳ/ **N** *(Tech)* dame *f*, hie *f* ; *[of cannon]* refouloir *m*

**ramp** /ræmp/ **N** rampe *f* ; *(in road: for speed control)* ralentisseur *m* ; *(in garage etc)* pont *m* de graissage ◆ **(approach** *or* **boarding) ~** *(Aviat)* passerelle *f* ◆ **hydraulic ~** *(in garage)* pont *m* élévateur ◆ **"ramp"** *(sign on road) (= speed bump)* "ralentisseur" ; *(= uneven road surface)* "chaussée déformée"

**rampage** /ˈræmpeɪdʒ/ **N** ◆ **to be** *or* **go on the ~** se déchaîner ; *(= looting etc)* tout saccager **VI** /ræmˈpeɪdʒ/ (also **rampage about, rampage around**) se déchaîner

**rampancy** /ˈræmpənsɪ/ **N** *[of plants]* exubérance *f* ; *(fig) [of evil etc]* déchaînement *m*

**rampant** /ˈræmpənt/ **ADJ** **a** *[vegetation]* luxuriant ; *[inflation]* galopant ; *[crime, disease, corruption]* endémique ◆ **to be** *or* **run ~** *(gen)* sévir ; *[person]* avoir la bride sur le cou **b** *(Her)* **a lion ~** un lion rampant

> ⚠ **rampant** *only corresponds to the French word* **rampant** *in the heraldic sense.*

**rampart** /ˈræmpɑːt/ **N** *(lit, fig)* rempart *m*

**rampike** /ˈræmpaɪk/ **N** *(US)* arbre *m* mort (debout)

**ramrod** /ˈræmrɒd/ **N** *[of gun]* baguette *f* ; *[of cannon]* refouloir *m* **COMP** ▷ **ramrod straight** **ADJ** raide *or* droit comme un piquet

**ramshackle** /ˈræmˌʃækl/ **ADJ** *[building]* délabré, branlant ; *[table]* branlant ; *[machine]* (tout) déglingué * ; *[system]* délabré ; *[alliance, coalition, collection]* fragile, précaire ◆ **a ~ old car** une vieille guimbarde

**RAN** /ˌɑːreɪˈen/ **N** abbrev of **Royal Australian Navy**

**ran** /ræn/ **VB** pt of **run**

**ranch** /rɑːntʃ/ **N** ranch *m* **COMP** ▷ **ranch hand** **N** ouvrier *m* agricole ▷ **ranch house, ranch-type house** **N** maison *f* style ranch ; → HOUSE

**rancher** /ˈrɑːntʃəʳ/ **N** *(US) (= owner)* propriétaire *mf* de ranch ; *(= employee)* cow-boy *m*

**ranching** /ˈrɑːntʃɪŋ/ **N** *(US)* élevage *m* en ranch

**rancid** /ˈrænsɪd/ **ADJ** rance ◆ **to go ~** rancir, devenir rance ◆ **to taste ~** avoir un goût de rance

**rancidity** /rænˈsɪdɪtɪ/, **rancidness** /ˈrænsɪdnɪs/ **N** rance *m*

**rancor** /ˈræŋkəʳ/ **N** *(US)* ⇒ **rancour**

**rancorous** /ˈræŋkərəs/ **ADJ** *(frm) [person]* rancunier ; *[argument]* plein de rancœur

**rancour, rancor** *(US)* /ˈræŋkəʳ/ **N** rancœur *f*, rancune *f*

**rand** /rænd/ **N** *(pl inv = monetary unit)* rand *m*

**R & B** /ˌɑːrənˈbiː/ **N** (abbrev of **rhythm and blues**) → **rhythm**

**R & D** /ˌɑːrənˈdiː/ **N** (abbrev of **research and development**) R&D *f*

**random** /ˈrændəm/ **ADJ** *[selection, sampling]* aléatoire ; *[attack, killings]* aveugle ◆ **~ bullet** balle *f* perdue ◆ **~ sample** échantillon *m* pris au hasard

◆ **at random** au hasard, à l'aveuglette *(pej)* ◆ **chosen at ~** choisi au hasard ◆ **to walk about at ~** se promener à l'aventure ◆ **to hit out at ~** lancer des coups à l'aveuglette

**COMP** ▷ **random access** **N** *(Comput)* accès *m* sélectif *or* aléatoire ▷ **random access memory** **N** *(Comput)* mémoire *f* vive ▷ **random number** **N** nombre *m* aléatoire

**randomization** /ˌrændəmaɪˈzeɪʃən/ **N** *(Stat)* randomisation *f*, hasardisation *f*

**randomize** /ˈrændəmaɪz/ **VT** *(Stat)* randomiser

**randomly** /ˈrændəmlɪ/ **ADV** au hasard, à l'aveuglette *(pej)*

**R & R** /ˌɑːrəndˈɑːʳ/ **N** *(US Mil)* (abbrev of **rest and recreation**) permission *f* ◆ **for a bit of ~** * pour se la couler douce *, pour se détendre

**randy** * /ˈrændɪ/ ADJ *(Brit) (= aroused)* excité ; *(by nature)* porté sur la chose ◆ **to make sb ~** exciter qn ◆ **to feel ~** être tout excité ◆ **he's a ~ sod** ‡ c'est un chaud lapin * ◆ **he's a ~ old devil** c'est un vieux cochon *

**ranee** /ˈrɑːniː/ N ⇒ **rani**

**rang** /ræŋ/ VB pt of **ring²**

**range** /reɪndʒ/ N a *(= extent between limits) [of temperature]* écarts *mpl*, variations *fpl* ; *[of prices]* fourchette *f* ; *[of salaries]* échelle *f* ; *[of musical instrument, voice]* étendue *f*, registre *m*

b *(= selection) [of colours, feelings, speeds, goods, patterns]* gamme *f* ◆ **available in a wide ~ of colours and patterns** disponible dans une vaste gamme de coloris et de motifs ◆ **there will be a wide ~ of subjects** il y aura un grand choix de sujets ◆ **they discussed a ~ of issues** ils ont parlé de sujets divers ◆ **a car/house at the lower end of the ~** *(Comm)* une voiture/maison bas de gamme ◆ **the ~ includes chests of drawers, tables and wardrobes** la gamme comporte des commodes, des tables et des armoires

c *(= scope, distance covered) [of telescope, gun, missile]* portée *f* ; *[of plane, ship, mooncraft]* rayon *m* d'action, autonomie *f* ◆ **at a ~ of ...** à une distance de ... ◆ **at long ~** à longue portée ◆ **to find the ~** *(Mil)* régler son tir ◆ **to be out of ~** *(lit, fig)* être hors de portée ◆ **within (firing) ~** à portée de tir ◆ **within my ~** *(fig)* à ma portée ◆ **~ of vision** champ *m* visuel ; → **free, long¹, shooting**

d *(= domain, sphere) [of activity]* champ *m*, rayon *m* ; *[of influence]* sphère *f* ; *[of knowledge]* étendue *f* ◆ **the ~ of his ideas is limited** le cercle de ses idées est restreint

e *[of mountains]* chaîne *f* ; *(= row)* rangée *f*, rang *m*

f *[of animal, plant]* habitat *m*, région *f*

g (also **shooting range**) *(Mil)* champ *m* de tir ; *(at fair)* stand *m* (de tir) ; → **rifle²**

h *(Surv)* direction *f*, alignement *m* ◆ **in ~ with** dans l'alignement *or* le prolongement de

i (also **kitchen range**) cuisinière *f (à l'ancienne)*

j *(US = grazing land)* prairie *f*, (grand) pâturage *m*

VT a *(= place in a row) [+ objects]* ranger ; *[+ troops]* aligner ◆ **books had been ~d on shelves on the walls** on avait rangé des livres sur des étagères, contre le mur ◆ **to ~ o.s. on the side of ...** *(fig)* se ranger du côté de ... ◆ **the prisoners were ~d along one wall of the cave** les prisonniers étaient alignés contre une paroi de la grotte ◆ **they ~d themselves along the pavement to see the procession** ils se sont postés le long du trottoir pour regarder le défilé ◆ **the boys ~d themselves in rows** les garçons se sont mis en rangs

b *(= classify)* ranger, classer (*among* parmi)

c *(= roam over)* parcourir ◆ **he ~d the whole country looking for ...** il a parcouru le pays à la recherche de ... ◆ **to ~ the seas** parcourir *or* sillonner les mers

d *(= direct) [+ gun, telescope]* braquer (*on* sur)

VI a *(= extend) [discussion, quest]* s'étendre (*from ... to* de ... à ; *over* sur) ; *[results, opinions]* aller (*from ... to* de ... à), varier (*from ... to* entre ... et) ◆ **the search ~d over the whole country** les recherches se sont étendues sur tout le pays ◆ **the numbers ~ from 10 to 20** les numéros vont de 10 à 20 ◆ **the temperature ~s from 18° to 24°** *or* **between 18° and 24°** la température varie entre 18° et 24° ◆ **researches ranging over a wide field** *(fig)* recherches qui embrassent un large domaine

b *(= roam)* errer, vagabonder ◆ **to ~ over the area** parcourir la région ◆ **animals ranging across the savannah** des animaux qui parcourent la savane

c ◆ **to ~ over** *[guns, missiles, shells]* avoir une portée de, porter à

**rangefinder** /ˈreɪndʒfaɪndəʳ/ N *(Mil, Naut, Phot)* télémètre *m*

**rangeland** /ˈreɪndʒlænd/ N *(US)* prairie *f*

**ranger** /ˈreɪndʒəʳ/ N a (also **forest ranger**) garde *m* forestier ; → **park** b *(US = mounted patrolman)* gendarme *m* à cheval ◆ **~s** *(US)* gendarmerie *f* à cheval COMP ▷ **Ranger (Guide)** N guide *f* aînée

**Rangoon** /ræŋˈguːn/ N Rangoon

**rangy** /ˈreɪndʒɪ/ ADJ grand et élancé, sans une once de graisse

**rani** /ˈrɑːniː/ N rani *f*

**rank¹** /ræŋk/ N a *(= row)* rang *m* ; *(Brit:* also **taxi rank**) station *f* de taxis ◆ **the taxi at the head of the ~** le taxi en tête de file ◆ **to break ~s** *[soldiers]* rompre les rangs ; *(fig) [splinter group]* faire bande à part ◆ **to serve in the ~s** servir dans les rangs ◆ **other ~s** *(Brit Mil)* les sous-officiers *mpl* et hommes *mpl* de troupe ◆ **the ~ and file** *(Mil)* les hommes de troupe ; *(fig)* la masse, le peuple ◆ **the ~ and file of the party** *(Pol)* la base du parti ◆ **the ~ and file workers** la base, les ouvriers *mpl* ◆ **to rise from the ~s** sortir du rang ◆ **they were drawn from the ~s of the unemployed** on les avait tirés des rangs des chômeurs ; → **close², reduce**

b *(Mil = grade)* grade *m*, rang *m* ◆ **to reach the ~ of general** atteindre le grade de général ; → **pull**

c *(= class, position)* rang *m* (social) ◆ **people of all ~s** gens *mpl* de toutes conditions ◆ **a person of ~** une personne de haut rang ◆ **a singer of the first ~** un chanteur de (tout) premier ordre ◆ **a second-~ painter** un peintre de seconde zone *or* de deuxième ordre

d *(Gram)* rang *m*

e *[of organ]* rang *m*

VT a *(= place)* classer ◆ **I ~ it as one of the best red wines** je le classe parmi les meilleurs vins rouges ◆ **I ~ Beethoven among the great** je compte Beethoven parmi les grands ◆ **to be ~ed high/low in class** *(US Scol)* avoir un bon/mauvais classement

b *(US Mil)* ⇒ **outrank**

VI compter ◆ **he ~s among my friends** il compte parmi mes amis ◆ **to ~ above/below sb** être supérieur (-eure *f*)/inférieur (-eure *f*) à qn ◆ **to ~ high among ...** occuper un rang élevé parmi ... ◆ **the British team only ~ed tenth on the medals table** l'équipe britannique n'était que dixième au tableau des médaillés ◆ **the country ~s as one of the poorest in the world** ce pays compte parmi les plus pauvres du monde ◆ **it ~s with the best films of the decade** il se classe parmi les meilleurs films de la décennie ; see also **ranking**

**rank²** /ræŋk/ ADJ a *(= absolute) [outsider, amateur]* parfait *before n* ; *[prejudice, treachery]* pur *before n* ; *[beginner]* pur, parfait ; *[injustice]* criant, flagrant ; *[insolence]* caractérisé b *(pej = pungent) [smell, breath, dustbin, drains]* fétide ; *[room]* nauséabond c *(= luxuriant) [vegetation, plants]* luxuriant ; *[weeds, grass]* touffu ◆ **the lawns were ~ with weeds** les pelouses étaient envahies par les mauvaises herbes

**ranker** /ˈræŋkəʳ/ N *(Mil) (= soldier)* simple soldat *m* ; *(= officer)* officier *m* sorti du rang

**ranking** /ˈræŋkɪŋ/ N classement *m* ◆ **he currently holds the number two ~ in world golf** il occupe actuellement la deuxième place au classement mondial de golf NPL **rankings** *(Sport)* classement *m* officiel ADJ a *(in hierarchy) (Mil, Admin)* ◆ **high-~** de haut rang *or* grade ◆ **low-~** de rang *or* grade inférieur ◆ **middle-~** de rang *or* grade intermédiaire ◆ **the ~ officer** *(Mil)* l'officier *m* responsable *or* le plus haut en grade b *(esp US = prominent)* le plus haut placé ◆ **the ~ member of the committee** le membre le plus haut placé du comité ◆ **the ~ American diplomat in Baghdad** le plus haut diplomate américain de Baghdad

**rankle** /ˈræŋkl/ VI rester sur le cœur (*with* à) ◆ **it ~d with him** il l'avait sur le cœur, ça lui était resté sur le cœur

**rankness** /ˈræŋknɪs/ N a *(= smell)* odeur *f* fétide ; *(= taste)* goût *m* rance b *[of plants etc]* exubérance *f*, luxuriance *f*

**rankshifted** /ˈræŋkʃɪftɪd/ ADJ *(Gram)* déplacé d'une catégorie à une autre

**ransack** /ˈrænsæk/ VT *(= pillage) [+ house, shop]* saccager, piller ; *[+ town, region]* mettre à sac ; *(= search) [+ room, luggage, drawer]* fouiller (à fond), mettre tout sens dessus dessous dans ; *[+ files, one's memory]* fouiller dans (*for* pour trouver)

**ransom** /ˈrænsəm/ N *(lit, fig)* rançon *f* ◆ **to hold sb to ~** mettre qn à rançon ; *(fig)* exercer un chantage sur qn ◆ **they are being held to ~** *(fig)* ils ont le couteau sur la gorge ; → **king** VT racheter

**rant** /rænt/ VI a *(pej) [orator etc]* déclamer (de façon exagérée) b (also **rant on**) divaguer ◆ **to ~ and rave** tempêter ◆ **to ~ (and rave) at sb** tempêter *or* fulminer contre qn N * *(= polemic)* diatribe *f* ◆ **she went into a long ~ about her job** elle s'est lancée dans une longue diatribe sur son travail

**ranting** /ˈræntɪŋ/ N tirade(s) *f(pl)* ADJ *[person]* qui vocifère ; *[style]* déclamatoire

**ranunculus** /rəˈnʌŋkjʊləs/ N (pl **ranunculuses** *or* **ranunculi** /rəˈnʌŋkjʊˌlaɪ/) renoncule *f*

**rap** /ræp/ N a *(= noise)* petit coup *m* sec ; *(= blow)* tape *f* ◆ **there was a ~ at the door** on a frappé bruyamment à la porte ◆ **to give sb a ~ on the knuckles** donner un coup sur les doigts à qn ; *(fig = rebuke)* taper sur les doigts de qn ◆ **I don't care a ~** * je m'en fiche * éperdument

b *(esp US* ‡*) (= criminal charge)* inculpation *f* ; *(= prison sentence)* condamnation *f* ◆ **to beat the ~** échapper à une condamnation ◆ **to hang a murder ~ on sb** faire endosser un meurtre à qn ◆ **to take the ~** * *(= blame)* se faire taper sur les doigts * ◆ **to get the ~ * for sth** *(US)* trinquer * *or* écoper * pour qch

c *(Mus)* rap *m*

d *(US* ‡ *= chat)* causette * *f*, conversation *f*

VT *[+ door]* frapper bruyamment à ; *[+ table]* frapper sur ◆ **to ~ sb's knuckles, to ~ sb over the knuckles** taper sur les doigts de qn ◆ **to get one's knuckles ~ped, to be ~ped over the knuckles** *(fig)* se faire taper sur les doigts

VI a *(= knock)* frapper, donner un coup sec ; *(fig) (= rebuke)* blâmer, réprouver

b *(esp US* ‡ *= chat)* tailler une bavette *, bavarder

c *(Mus)* rapper

COMP ▷ **rap artist** N rappeur *m*, -euse *f* ▷ **rap music** N musique *f* rap ▷ **rap session** * N *(US = chat)* discussion *f* à bâtons rompus ▷ **rap sheet** N *(US = police record)* casier *m* judiciaire

► **rap out** VT SEP a *(= say curtly)* dire brusquement ; *[+ oath]* lâcher ; *[+ order, retort]* lancer b *(Spiritualism) [+ message]* communiquer *or* annoncer au moyen de coups

**rapacious** /rəˈpeɪʃəs/ ADJ rapace

**rapaciously** /rəˈpeɪʃəslɪ/ ADV avec rapacité *or* avidité

**rapacity** /rəˈpæsɪtɪ/ N rapacité *f*, avidité *f*

**rape¹** /reɪp/ N *(also Jur)* viol *m* ; *(†† = abduction)* ravissement † *m*, rapt *m* VT violer COMP ▷ **rape crisis centre** N centre *m* d'aide aux victimes de viols

**rape²** /reɪp/ N *(Agr, Bot)* colza *m* COMP ▷ **rape oil** N huile *f* de colza ▷ **rape seed** N graine *f* de colza

**rape³** /reɪp/ N *(= grape pulp)* marc *m* de raisin ; *(= wine)* râpé *m*

**Raphael** /ˈræfeɪəl/ N Raphaël *m*

**rapid** /ˈræpɪd/ ADJ rapide NPL **rapids** *(in river)* rapides *mpl* ◆ **they ran the ~s** ils ont franchi les rapides COMP ▷ **rapid deployment force** N *(Mil)* ⇒ **rapid reaction force** ▷ **rapid eye movement** N mouvements *mpl* oculaires rapides *(pendant le sommeil paradoxal)* ; → **REM** ▷ **rapid eye movement sleep** N sommeil *m* paradoxal ▷ **rapid fire** N *(Mil)* tir *m* rapide ◆ **a hail of ~ fire** une pluie *or* une grêle de balles ◆ **~ fire of questions** feu *m* roulant de questions ▷ **rapid reaction force** N *(Mil)* force *f* d'intervention rapide ▷ **rapid transit (system)** N *(US)* métro *m*

**rapidity** /rəˈpɪdɪtɪ/ N rapidité *f*

**rapidly** /ˈræpɪdlɪ/ ADV rapidement

**rapier** /ˈreɪpɪəʳ/ N rapière *f* ADJ *[wit etc]* mordant COMP ▷ **rapier thrust** N *(lit)* coup *m* de pointe ; *(fig)* remarque *f* mordante

**rapine** /ˈræpaɪn/ N rapine *f*

**rapist** /ˈreɪpɪst/ N *(Jur)* violeur *m*

**rappel** /ræˈpel/ *(US)* VI descendre en rappel N (descente *f* en) rappel *m*

**rapper** /ˈræpəʳ/ N *(Mus)* rappeur *m*, -euse *f*

**rapping** /ˈræpɪŋ/ N *(NonC)* a *(= noise)* coups *mpl* secs et durs b *(Mus)* rap *m*

**rapport** /ræˈpɔːʳ/ N bonnes relations *fpl* (*with* avec ; *between* entre) ; ◆ **to establish a ~ with sb** établir une relation avec qn ◆ **I had a real ~ with my uncle** mon oncle et moi étions très complices *or* avions une relation très complice ◆ **in ~ with** en harmonie avec

> ⚠ *In French, the word* **rapport** *simply means 'relationship', and does not have the connotations* **rapport** *has in English.*

**rapprochement** /ræˈprɒʃmɑ̃ːŋ/ N rapprochement *m (fig)*

**rapscallion** † /ræpˈskæliən/ N vaurien *m*, mauvais garnement *m*

**rapt** /ræpt/ ADJ *[concentration, silence]* profond ; *[interest]* profond, intense ; *[person, expression]* captivé ◆ **~ in contemplation/in thought** plongé dans la contemplation/dans ses pensées ◆ **~ with wonder** émerveillé ◆ **~ with attention** captivé ◆ **she listened with ~ attention** elle écoutait, captivée

**raptor** /ˈræptəʳ/ N *(Orn)* rapace *m*

**rapture** /ˈræptʃəʳ/ N *(= delight)* ravissement *m*, enchantement *m* ◆ **to be in ~s over** *or* **about** *[+ object]* être ravi *or* enchanté de ; *[+ person]* être en extase devant ◆ **to go into ~s over** *or* **about sth/sb** s'extasier sur qch/qn

**rapturous** /ˈræptʃərəs/ ADJ *[applause]* frénétique ; *[reception]* enthousiaste ; *[welcome]* enthousiaste, délirant ; *(liter) [exclamation]* de ravissement, d'extase

**rapturously** /ˈræptʃərəslɪ/ ADV *[greet, listen]* avec ravissement ; *[applaud]* avec frénésie

**ra-ra skirt** /ˈrɑːrɑːˌskɜːt/ N jupe *f* à falbalas

**rare** /rɛəʳ/ ADJ a *(= uncommon, infrequent) (gen)* rare ; *[opportunity]* unique ◆ **on the ~ occasions when he spoke** les rares fois où il a parlé ◆ **with ~ exceptions** à de rares exceptions près ◆ **it is ~ for her to come** il est rare qu'elle vienne ◆ **to grow ~(r)** *[animals, plants]* se raréfier ; *[visits]* s'espacer ◆ **a man who remembers birthdays is a ~ bird indeed** un homme qui se souvient des anniversaires est un oiseau rare ◆ **to have a ~ old time** † * *(Brit)* s'amuser comme un fou *or* une folle * b *(Culin) [meat]* saignant ◆ **a very ~ steak** un bifteck bleu ; → **medium** c *(= rarefied) [atmosphere]* raréfié ◆ **to grow ~(r)** se raréfier COMP ▷ **rare earth** N *(Chem)* terre *f* rare

**rarebit** /ˈrɛəbɪt/ N → **Welsh**

**rarefaction** /ˌrɛərɪˈfækʃən/ N raréfaction *f*

**rarefied** /ˈrɛərɪfaɪd/ ADJ *(lit)* raréfié ; *(fig) (= isolated)* à part ; *(= insular)* très fermé ◆ **the ~ world of particle physics** le monde à part de la physique des particules ◆ **outside the rarified world of architecture** en dehors de l'univers très fermé de l'architecture ◆ **the ~ atmosphere of university** le milieu élitiste de l'université ◆ **to become ~** se raréfier

**rarefy** /ˈrɛərɪfaɪ/ VT raréfier VI se raréfier

**rarely** /ˈrɛəlɪ/ ADV rarement

**rareness** /ˈrɛənɪs/ N rareté *f*

**raring** * /ˈrɛərɪŋ/ ADJ ◆ **to be ~ to go** être très impatient de commencer, ronger son frein ◆ **to be ~ to do sth** être très impatient *or* brûler de faire qch

**rarity** /ˈrɛərɪtɪ/ N *(= scarcity)* rareté *f* ; *(= rare thing)* chose *f* rare ◆ **the ~ of such attacks** la rareté de telles attaques ◆ **rain is a ~ here** la pluie est rare ici COMP ▷ **rarity value** N ◆ **to have ~ value** avoir de la valeur de par sa rareté

**rascal** /ˈrɑːskəl/ N a *(= scamp)* polisson(ne) *m(f)*, fripon(ne) *m(f)* b *(† = scoundrel)* coquin *m*, vaurien *m*

**rascally** /ˈrɑːskəlɪ/ ADJ ◆ **a ~ lawyer/merchant** un gredin d'avocat/de marchand ◆ **a ~ trick** un tour pendable

**rash¹** /ræʃ/ N a *(Med: gen)* rougeur *f*, éruption *f* ; *(from food etc)* (plaques *fpl* d')urticaire *f* ; *(in measles etc)* éruption *f*, taches *fpl* rouges ◆ **to come out** *or* **break out in a ~** avoir une éruption ; → **heat, nettlerash** b *(fig) [of strikes, attacks etc]* éruption *f*

**rash²** /ræʃ/ ADJ *[person]* imprudent ; *[action, behaviour, words, decision, promise]* imprudent, irréfléchi ◆ **don't be ~!** sois prudent ! ◆ **don't do anything ~!** ne commets pas d'imprudences ! ◆ **in a ~ moment** dans un moment d'égarement ◆ **it was ~ of him to do that** il s'est montré très imprudent en faisant cela

**rasher** /ˈræʃəʳ/ N *(Brit)* (mince) tranche *f* (de bacon)

**rashly** /ˈræʃlɪ/ ADV *[behave, act, offer, promise]* imprudemment, sans réfléchir

**rashness** /ˈræʃnɪs/ N imprudence *f*

**rasp** /rɑːsp/ N *(= tool)* râpe *f* ; *(= noise)* grincement *m* VT a *(Tech)* râper b *(= speak:* also **rasp out**) dire *or* crier d'une voix râpeuse VI grincer

**raspberry** /ˈrɑːzbərɪ/ N *(= fruit)* framboise *f* ◆ **to blow a ~ *** faire pfft *(pour exprimer son mépris)* ◆ **to blow a ~ at sth** * descendre qch en flammes * ◆ **to get a ~ from** * se faire rabrouer *or* rembarrer par COMP *[ice cream, tart]* (à la) framboise *inv* ; *[jam]* de framboise ▷ **raspberry bush**, **raspberry cane** N framboisier *m*

**rasping** /ˈrɑːspɪŋ/ ADJ *[sound]* de râpe ; *[voice]* râpeux ; *[breath]* haletant N *(= sound)* grincement *m*

**Rasputin** /ræsˈpjuːtɪn/ N Raspoutine *m*

**raspy** /ˈrɑːspɪ/ ADJ ⇒ **rasping adj**

**Rasta** /ˈræstə/ N, ADJ (abbrev of **Rastafarian**) rasta *mf inv*

**Rastafarian** /ˌræstəˈfɛərɪən/ N, ADJ rastafari *mf inv*

**Rastafarianism** /ˌræstəˈfɛərɪənɪzəm/ N rastafarianisme *m*

**rat** /ræt/ N *(Zool)* rat *m* ; *(* pej = person)* dégueulasse * *m*, salaud ‡ *m* ; *(= informer)* mouchard(e) *m(f)* ; *(* = blackleg)* jaune *m* ; *(*: abandoning friends)* lâcheur * *m*, -euse * *f* ◆ **he's a dirty ~** * c'est un salaud ‡ *or* une ordure ‡ ◆ **you ~!** * espèce de dégueulasse ! ‡, espèce de salaud ! ‡ ◆ **~s!** † * *(Brit expressing irritation)* zut alors ! * ◆ **the ~s are leaving the sinking ship** *(fig)* les rats quittent le navire ; → **smell**

VI a ◆ **to go ~ting** faire la chasse aux rats b **to ~ on sb** * *(= inform on)* donner qn, balancer qn * ; *(= desert)* lâcher qn *

COMP ▷ **rat-arsed** *‡ ADJ *(Brit)* bituré ‡ ◆ **to get ~-arsed** se biturer ‡ ▷ **rat-catcher** N chasseur *m* de rats ▷ **rat-catching** N chasse *f* aux rats ; *(= extermination)* dératisation *f* ▷ **rat fink** ‡ N *(US)* salaud ‡ *m*, vache * *f* ▷ **rat poison** N mort-aux-rats *f inv* ▷ **rat race** N ambiance *f* de compétition acharnée ◆ **I decided I had to get out of the ~ race** j'ai décidé que je devais quitter cette vie de fou ▷ **rat run** * N *(Brit fig)* raccourci *m* ▷ **rats' tails** * NPL *(pej)* ◆ **her hair was in ~s' tails** des mèches de cheveux pendaient dans son cou ▷ **rat-trap** N piège *m* à rats, ratière *f*

**ratable** /ˈreɪtəbl/ ADJ ⇒ **rateable**

**rat-a-tat** /ˈrætəˈtæt/, **rat-a-tat-tat** /ˈrætəˌtætˈtæt/ N *(at door)* toc toc *m* ; *(of gunfire)* ta ta ta ta *m* ; *(on drum)* rantanplan *m*

**ratatouille** /ˌrætəˈtwiː/ N ratatouille *f*

**ratbag** ‡ /ˈrætbæg/ N peau *f* de vache *

**ratchet** /ˈrætʃɪt/ N *(= mechanism)* rochet *m* COMP ▷ **ratchet wheel** N roue *f* à rochet

► **ratchet up** VI, VT SEP *(esp US)* augmenter

**rate¹** /reɪt/ N a *(= ratio, proportion)* taux *m* ; *(= speed)* vitesse *f*, rythme *m* ◆ **birth/death ~** taux *m* de natalité/mortalité ◆ **the failure/success ~ for this exam is high** il y a un pourcentage élevé d'échecs/de réussites à cet examen ◆ **~ of consumption** taux *m* de consommation ◆ **~ of flow** *[of electricity, water]* débit *m* (moyen) ◆ **~ of climb** *(Aviat)* vitesse *f* ascensionnelle ◆ **at the ~ of 100 litres an hour** à raison de 100 litres par heure ◆ **to pay sb at the ~ of €10 per hour** payer qn à raison de 10 € de l'heure ◆ **at a ~ of ...** *(= speed)* à une vitesse de ... ◆ **at a great ~, at a ~ of knots** * à fond de train *, à toute allure ◆ **to go at a terrific ~** aller à un train d'enfer ◆ **the population is growing at an alarming ~** la population augmente à un rythme inquiétant ◆ **if you continue at this ~** si vous continuez à ce train-là *or* à ce rythme-là ◆ **at his ~ of working, he'll never finish** au rythme auquel il travaille, il n'aura jamais terminé ◆ **at the ~ you're going, you'll be dead before long** *(fig)* du train où vous allez, vous ne ferez pas de vieux os ◆ **at this ~, I'll never find a job** si ça continue comme ça, je ne trouverai jamais de travail ◆ **at any ~** en tout cas, de toute façon ◆ **at that ~** à ce compte-là, dans ce cas ; → **first-rate, pulse¹**

b *(Comm, Fin, Econ, Med)* taux *m* ; *(Fin)* cours *m* ; *(Telec, Post, Transport)* tarif *m* ◆ **~ of exchange** taux *m* de change, cours *m* du change ◆ ~ **of growth** *(Econ)* ◆ **growth** ~ taux *m* de croissance ◆ ~ **of interest/pay/taxation** taux *m* d'intérêt/de rémunération/d'imposition ◆ **postage/advertising** ~**s** tarifs *mpl* postaux/de publicité ◆ **insurance** ~**s** primes *fpl* d'assurance ◆ **there is a reduced** ~ **for children** les enfants bénéficient d'un tarif réduit *or* d'une réduction ◆ **basic salary** ~ traitement *m* de base ; → **basic**

NPL **rates** *(Brit Fin: formerly = municipal tax)* impôts *mpl* locaux ◆ ~**s and taxes** impôts *mpl* et contributions *fpl* ◆ **a penny on/off the** ~**s** une augmentation/réduction d'un pour cent des impôts locaux ; → **water**

VT a *(= estimate worth of, appraise) [+ object]* évaluer (*at* à) ; *(fig = consider)* considérer (*as* comme) ◆ **to** ~ **sb/sth highly** faire grand cas de qn/qch ◆ **how does he** ~ **that film?** que pense-t-il de ce film ? ◆ **how do you** ~ **yourself as an administrator?** comment vous évaluez-vous en tant qu'administrateur ? ◆ **I** ~ **him amongst my best pupils** je le considère comme un de mes meilleurs élèves, je le compte parmi mes meilleurs élèves ◆ **I really** ~ **him** * je le trouve vraiment très bon ◆ **I don't really** ~ **him** * je ne le trouve pas très bon ◆ **I don't** ~ **any of his family** * je n'ai pas une très haute opinion des membres de sa famille ◆ **how would you** ~ **your chances of getting a job?** quelles sont vos chances de trouver un emploi, à votre avis ?

b *(Local Govt: formerly)* établir le montant des impôts locaux sur

c *(= deserve)* mériter ◆ **I think he** ~**s a pass (mark)** je pense qu'il mérite la moyenne

VI ◆ **he hardly** ~**s as a strong leader** on ne le considère pas vraiment comme un chef qui a de la poigne ◆ **reading does not** ~ **highly among children as a hobby** la lecture n'est pas un passe-temps très prisé des enfants

COMP ▷ **rate-cap** VT *(Brit: formerly)* fixer un plafond aux impôts locaux de ▷ **rate-capping** N *(Brit: formerly)* plafonnement *m* des impôts locaux ▷ **rate collector** N *(Brit: formerly)* receveur *m* municipal ▷ **rate rebate** N *(Brit: formerly)* dégrèvement *m* (d'impôts locaux)

**rate²** /reɪt/ VT *(liter)* ⇒ **berate**

**rateable** /ˈreɪtəbl/ ADJ *[property]* imposable
COMP ▷ **rateable value** N *(Brit: formerly)* loyer *m* matriciel *(Admin)*, valeur *f* locative imposable

**ratepayer** /ˈreɪtpeɪəʳ/ N *(Brit: formerly)* contribuable *mf (payant les impôts locaux)*

**rather** /ˈrɑːðəʳ/ LANGUAGE IN USE 7.4 ADV a *(= for preference)* plutôt ◆ **I would** ~ **have the blue dress** je préférerais *or* j'aimerais mieux avoir la robe bleue ◆ **I would much** ~ ... je préférerais de beaucoup ... ◆ **I would** ~ **be happy than rich** j'aimerais mieux être heureux que riche ◆ **I would** ~ **wait here than go** je préférerais attendre ici plutôt que de partir ◆ **I would** ~ **you came yourself** je préférerais que vous veniez *(subj)* vous-même ◆ **do you mind if I smoke? – I'd** ~ **you didn't** est-ce que je peux fumer ? — j'aimerais mieux pas ◆ **I'd** ~ **not** je préfère pas *, j'aime mieux pas * ◆ **I'd** ~ **not go** j'aimerais mieux ne pas y aller ◆ **I'd** ~ **die!** plutôt mourir ! ◆ ~ **you than me** je ne t'envie pas, je n'irai pas te disputer la place *

◆ **rather than** ◆ ~ **than wait, he went away** plutôt que d'attendre, il est parti ◆ **I use the bike if I can** ~ **than the car** si je peux, je prends le vélo plutôt que la voiture ◆ **the problem was psychological** ~ **than physiological** le problème était moins physiologique que psychologique, le problème était psychologique et non physiologique ◆ **solid** ~ **than hollow** plein et non creux

b *(= more accurately)* plus exactement, plutôt ◆ **a car, or** ~ **an old banger** une voiture, ou plus exactement *or* ou plutôt une vieille guimbarde ◆ **he isn't on holiday, but** ~ **out of work** il n'est pas en vacances, mais bien plutôt au chômage

c *(= to a considerable degree)* plutôt ; *(= to some extent)* un peu ; *(= somewhat)* quelque peu ; *(= fairly)* assez ; *(= slightly)* légèrement ◆ **he's a** ~ **clever person, he's** ~ **a clever person** il est plutôt intelligent ◆ **he felt** ~ **better** il se sentait un peu mieux ◆ **he looked** ~ **silly** il a eu l'air plutôt stupide ◆ **it's** ~ **more difficult than you think** c'est un peu plus difficile que vous ne croyez ◆ **Latin is** ~ **too difficult for me** le latin est un peu trop difficile pour moi ◆ **it's** ~ **a pity** c'est plutôt dommage ◆ **his book is** ~ **good** son livre est plutôt bon ◆ **that costs** ~ **a lot** cela coûte assez cher ◆ **I** ~ **think he's wrong** je crois bien *or* j'ai l'impression qu'il a tort ◆ ~**!** † * *(esp Brit)* et comment ! *

**ratification** /ˌrætɪfɪˈkeɪʃən/ N ratification *f*

**ratify** /ˈrætɪfaɪ/ VT ratifier

**rating¹** /ˈreɪtɪŋ/ N a *(= assessment)* estimation *f*, évaluation *f* ◆ **the government's low** ~ **in the opinion polls** la mauvaise cote *or* la faiblesse du gouvernement dans les sondages b *(Brit Fin = tax on property)* montant *m* des impôts locaux c *(= placing)* classement *m* d *(Brit Naut) (= classification)* classe *f* ; *(= sailor)* marin *m*, matelot *m* ◆ **the** ~**s** les matelots et gradés *mpl* NPL **ratings** ◆ **the (audience** *or* **TV)** ~**s** l'indice *m* d'écoute, l'audimat ® *m* ◆ **to get good** ~**s** *[programme]* avoir un bon indice d'écoute ◆ **high/low** ~**s** forts/faibles indices *mpl* d'écoute ◆ **to boost** ~**s** faire grimper l'indice d'écoute *or* l'audimat ®

**rating²** /ˈreɪtɪŋ/ N réprimande *f*, semonce *f*

**ratio** /ˈreɪʃɪəʊ/ N proportion *f*, rapport *m* ◆ **in the** ~ **of 100 to 1** dans la proportion de 100 contre 1, dans le rapport de 100 contre *or* à 1 ◆ **inverse** *or* **indirect** ~ raison *f* inverse ◆ **in direct** ~ **to ...** en raison directe de ...

**ratiocinate** /ˌrætɪˈɒsɪneɪt/ VI *(frm)* raisonner, ratiociner *(pej)*

**ratiocination** /ˌrætɪɒsɪˈneɪʃən/ N *(frm)* raisonnement *m*, ratiocination *f (pej)*

**ration** /ˈræʃən/ N *(= allowance: of food, goods etc)* ration *f* ◆ **it's off the** ~ * ce n'est plus rationné ◆ ~**s** *(= food)* vivres *mpl* ◆ **to put sb on short** ~**s** réduire les rations de qn ; → **iron** VT *[+ goods, food, people]* rationner ◆ **he was** ~**ed to 1kg of meat** sa ration était de 1 kg de viande ◆ **motorists were** ~**ed to 30 litres of petrol a month** les automobilistes n'avaient droit qu'à 30 litres d'essence par mois COMP ▷ **ration book** N carnet *m* de rationnement ▷ **ration card** N carte *f or* ticket *m* de rationnement

► **ration out** VT SEP *[+ food etc]* rationner

**rational** /ˈræʃənl/ ADJ *[person, argument, behaviour]* raisonnable, sensé ; *[creature, being]* doué de raison ; *[action, thinking, explanation, decision] (also Math)* rationnel, logique ; *[activity]* rationnel, conforme à la raison ; *(Med) (= lucid)* lucide ◆ **that wasn't very** ~ **of him** il n'a pas agi de façon très logique *or* rationnelle

**rationale** /ˌræʃəˈnɑːl/ N *(= reasoning)* raisons *fpl* ; *(= statement)* exposé *m* raisonné ◆ **what is the** ~ **behind this decision?** quelles sont les raisons de cette décision ?

**rationalism** /ˈræʃnəlɪzəm/ N rationalisme *m*

**rationalist** /ˈræʃnəlɪst/ ADJ, N rationaliste *mf*

**rationalistic** /ˌræʃnəˈlɪstɪk/ ADJ rationaliste

**rationality** /ˌræʃəˈnælɪtɪ/ N rationalité *f*

**rationalization** /ˌræʃnəlaɪˈzeɪʃən/ rationalisation *f*

**rationalize** /ˈræʃnəlaɪz/ VT a *[+ event, co... etc]* (tenter de) trouver une explica... logique à ; *(Psych)* justifier *or* motiver a... coup b *(= organize efficiently) [+ industry, ...duction, problems]* rationaliser c *(Math)* ...dre rationnel VI *(Psych)* chercher une j... fication après coup

**rationally** /ˈræʃnəlɪ/ ADV *[think, behave, dis... speak]* rationnellement, de façon ra... nelle ◆ ~**, it should be possible** logiquem... ça devrait être possible

**rationing** /ˈræʃnɪŋ/ N rationnement *m* ◆ ... ~ rationnement *m* de l'alimentation

**ratline** /ˈrætlaɪn/ N *(Naut)* enfléchure *f*

**ratpack** /ˈrætpæk/ N *(gen)* jeunes loups *(= journalists)* paparazzi *mpl*

**rattan** /ræˈtæn/ N rotin *m* COMP de *or* en r...

**rat-tat-tat** /ˈrætəˈtæt/ N ⇒ **rat-a-tat**

**ratter** /ˈrætəʳ/ N *(= dog)* ratier *m*

**rattiness** * /ˈrætɪnɪs/ N *(= bad temper) (in gen...* caractère *m* grincheux ; *(on one occa...* mauvaise humeur *f*

**rattle** /ˈrætl/ N a *(= sound) [of vehicle]* bru... (de ferraille) ; *[of chains, typewriter]* cliq... *m* ; *[of door]* vibrations *fpl* ; *[of hailst... machine gun]* crépitement *m* ; *[of rattlesn...* sonnettes *fpl* ; (*Med:* also **death rattle**) râ...
b *(baby's, gen)* hochet *m* ; *(strung on p...* boulier *m* (de bébé) ; *[of sports fan]* crécel...
VI *[box, container, object]* faire du bruit ; *[... cles in box]* s'entrechoquer ; *[vehicle]* fair... bruit de ferraille ; *[bullets, hailstones]* cr... ter ; *[machinery]* cliqueter ; *[window]* t... bler ◆ **to** ~ **at the door** cogner à la p... ◆ **there is something rattling** il y a que... chose qui cogne ◆ **to** ~ **along/away** *[vehicle]* rouler/partir *etc* dans un bru... ferraille
VT a *[+ box]* agiter (avec bruit) ; *[+ ...* faire s'entrechoquer ; *[+ dice]* agiter, ... couer ; *[+ keys]* faire cliqueter ◆ **to** ~ ... **cage** * enquiquiner * qn
b *( * = alarm) [+ person]* déconcerter, éb... ler ◆ **to get** ~**d** perdre son sang-fr... paniquer * ◆ **don't get** ~**d!** pas de p... que ! *

► **rattle around** VI *(fig)* ◆ **I hate to think o... rattling around on her own in that big h...** ça me fait mal au cœur de l'imag... perdue dans cette grande maison

► **rattle away** VI ⇒ **rattle on**

► **rattle down** VI *[falling stones etc]* dégri... ler *or* tomber avec fracas

► **rattle off** VT SEP *[+ poem, speech, apo...* débiter à toute allure

► **rattle on** VI parler sans arrêt (*about st...* qch), jacasser

► **rattle through** VT FUS faire (*or* écrir... lire *etc*) à toute vitesse *or* au grand ga...

**rattler** * /ˈrætləʳ/ N *(esp US = rattlesnake)* serp... *m* à sonnette, crotale *m*

**rattlesnake** /ˈrætlsneɪk/ N serpent *m* à ... nette, crotale *m*

**rattletrap** * /ˈrætltræp/ N guimbarde *f*, ... cot * *m*

**rattling** /ˈrætlɪŋ/ N ⇒ **rattle noun a** ADJ *(= knocking)* bruyant ◆ **I heard a** ~ **noise** ... *chains, bottles]* j'ai entendu un clique... *(= knocking sound)* j'ai entendu quel... chose qui cognait b *(= fast)* ◆ **at a** ~ **pac... speed** * à toute *or* vive allure ADV *(esp ...* ◆ ~ **good** * sacrément * bon ◆ **a** ~ **g... yarn** * un récit rondement mené

**rattrap** /ˈrættræp/ N piège *m* à rats, ratiè...

**ratty** * /ˈrætɪ/ ADJ a *(Brit = bad-tempered)* grincheux ◆ **don't get ~ with me!** ne passe pas tes nerfs sur moi ! * b *(US = shabby) [person, coat]* miteux

**raucous** /ˈrɔːkəs/ ADJ *[laughter]* gros (grosse *f*) ; *[song]* bruyant ; *[party, evening]* bruyant, un peu trop animé ; *[person, crowd]* braillard *, tapageur ; *[bird cry]* rauque

**raucously** /ˈrɔːkəslɪ/ ADV *[laugh]* bruyamment ◆ **to shout ~** brailler *

**raucousness** /ˈrɔːkəsnɪs/ N *[of sound]* son *m* rauque

**raunch** ‡ /rɔːntʃ/ N *(US) [of story, film]* ambiance *f* torride ; *[of song]* paroles *fpl* torrides

**raunchy** * /ˈrɔːntʃɪ/ ADJ *[person, clothing]* sexy *inv* ; *[story, film]* torride ; *[song]* paillard, grivois

**ravage** /ˈrævɪdʒ/ VT *(= ruin)* ravager, dévaster ; *(= plunder)* ravager, piller ◆ **body ~d by disease** corps *m* ravagé par la maladie NPL **ravages** *[of war etc]* ravages *mpl*, dévastation *f* ◆ **the ~s of time** les ravages *mpl* du temps, l'outrage *m* des ans

**rave** /reɪv/ VI *(= be delirious)* délirer, divaguer ; *(= talk wildly)* divaguer, déraisonner ; *(= speak furiously)* s'emporter, tempêter *(at, against* contre) ; *(= speak enthusiastically)* s'extasier *(about, over* sur), parler avec enthousiasme *(about, over* de) → **rant** N *(Brit = Acid House party)* rave *f* COMP ▷ **rave culture** N *(NonC: Mus)* culture *f* rave ▷ **rave notice** *, **rave review** * N critique *f* dithyrambique ▷ **rave-up** ‡ N *(Brit = wild party)* ◆ **to have a ~-up** faire la foire * *or* la fête *

► **rave up** * VT SEP ◆ **to rave it up** faire la foire * *or* la fête * N ◆ **rave-up** ‡ → **rave**

**ravel** /ˈrævəl/ VT a *(= entangle: lit, fig)* emmêler, embrouiller, enchevêtrer b *(= disentangle)* ⇒ **ravel out vt sep** VI *(= become tangled)* s'embrouiller, s'enchevêtrer ; *(= fray)* s'effilocher

► **ravel out** VI s'effilocher VT SEP *[+ material]* effilocher ; *[+ threads]* démêler ; *[+ knitting]* défaire ; *(fig) [+ difficulty]* débrouiller ; *[+ plot]* dénouer

**raven** /ˈreɪvn/ N corbeau *m* COMP *(in colour)* noir comme (du) jais *or* comme l'ébène ▷ **raven-haired** ADJ aux cheveux de jais

**ravening** /ˈrævnɪŋ/ ADJ vorace, rapace

**Ravenna** /rəˈvenə/ N Ravenne

**ravenous** /ˈrævənəs/ ADJ *[animal]* vorace ; *[appetite]* vorace, féroce ; *[hunger]* de loup ◆ **I'm ~** * j'ai une faim de loup

**ravenously** /ˈrævənəslɪ/ ADV *[eat]* voracement, avec voracité ; *[look at]* d'un air vorace ◆ **to be ~ hungry** * avoir une faim de loup

**raver** * /ˈreɪvəʳ/ N *(Brit)* a *(gen)* noceur * *m*, -euse * *f*, fêtard(e) * *m(f)* b *(= person attending a rave)* raver * *m*

**ravine** /rəˈviːn/ N ravin *m*

**raving** /ˈreɪvɪŋ/ ADJ * ◆ **~ lunatic** fou *m* furieux, folle *f* furieuse ◆ **she's a ~ beauty** elle est d'une beauté éblouissante ; → **mad** N ◆ **~(s)** délire *m*, divagations *fpl*

**ravioli** /ˌrævɪˈəʊlɪ/ N ravioli *mpl*

**ravish** /ˈrævɪʃ/ VT a *(liter = delight)* ravir, transporter b *(†† or liter) (= rape)* violer ; *(= abduct)* ravir

**ravisher** /ˈrævɪʃəʳ/ N *(†† or liter)* ravisseur *m*

**ravishing** /ˈrævɪʃɪŋ/ ADJ *[woman]* ravissant ; *[man]* beau comme un dieu ; *[sight, beauty]* enchanteur (-teresse *f*) ; *[smile]* ravageur ◆ **to be ~ to look at** être un régal pour les yeux

**ravishingly** /ˈrævɪʃɪŋlɪ/ ADV ◆ **she is ~ beautiful** elle est d'une beauté éblouissante ◆ **the scenery is ~ beautiful** le paysage est magnifique ◆ **the film is ~ photographed** les prises de vue du film sont superbes

**ravishment** /ˈrævɪʃmənt/ N a *(liter = delight)* enchantement *m*, ravissement *m* b *(†† or liter) (= rape)* viol *m* ; *(= abduction)* ravissement † *m*, rapt *m*

**raw** /rɔː/ ADJ a *(= uncooked) [meat, fish, vegetables, egg]* cru

b *(= unprocessed) [cotton, rubber, sugar, data, facts]* brut ; *[cloth]* écru ; *[alcohol, spirits]* pur ; *[sewage]* non traité ◆ **~ colour** couleur *f* crue ◆ **~ edge** *(Sewing)* bord *m* coupé

c *(= basic) [emotion, ambition, energy, talent]* à l'état brut

d *(= sore) [hands, back, skin]* abîmé ; *[wound, nerves]* à vif ; *[throat]* très irrité ◆ **his wife's words touched a ~ nerve** les paroles de sa femme ont touché la corde sensible

e *(= inexperienced) [person]* sans expérience, inexpérimenté ; *[troops]* non aguerri ◆ **a ~ recruit** *(Mil)* un bleu

f *(= cold) [night, day, climate]* glacial ; *[wind]* âpre ; *[air]* vif

g *(= frank) [account]* sans complaisance ; *[story]* sans fard

h *(= bawdy) [humour]* cru, grossier

i *(* = unfair)* ◆ **he got a ~ deal** on ne lui a vraiment pas fait de cadeaux * ◆ **he's had a ~ deal from life** il n'a pas été gâté par la vie *

N ◆ **to touch sb on the ~** toucher *or* piquer qn au vif ◆ **life/nature in the ~** la vie/la nature telle qu'elle est ◆ **in the ~** * *(= naked)* nu, à poil *

COMP ▷ **raw material** N *(Ind, fig)* matière *f* première ▷ **raw score** N *(US Scol)* première approximation *f* de note ▷ **raw silk** N soie *f* grège

**rawboned** /ˈrɔːbəʊnd/ ADJ *[person]* maigre, décharné ; *[horse]* efflanqué

**rawhide** /ˈrɔːhaɪd/ N *(= whip)* fouet *m* à lanières ; *(= material)* cuir *m* brut *or* vert

**Rawlbolt** ® /ˈrɔːlbəʊlt/ N *cheville d'ancrage en métal*

**Rawlplug** ® /ˈrɔːlplʌg/ N *cheville en plastique*

**rawness** /ˈrɔːnɪs/ N a *(= lack of experience)* inexpérience *f* b *(= primitive nature)* ◆ **the ~ of the music** le caractère primitif de la musique c *(on skin)* écorchure *f* d *[of climate]* froid *m* humide ◆ **the ~ of the wind** l'âpreté *f* du vent

**ray**[1] /reɪ/ N *[of light, heat, sun]* rayon *m* ; *(fig)* rayon *m*, lueur *f* ◆ **a ~ of hope** une lueur d'espoir ; → **cathode, death, X-ray** COMP ▷ **ray gun** N fusil *m* à rayons laser

**ray**[2] /reɪ/ N *(= fish)* raie *f* ; → **stingray**

**ray**[3] /reɪ/ N *(Mus)* ré *m*

**rayon** /ˈreɪɒn/ N *(Tex)* rayonne *f*, soie *f* artificielle ADJ en rayonne

**raze** /reɪz/ VT raser ◆ **to ~ to the ground** *[+ town]* raser ; *[+ building]* raser, abattre à ras de terre

**razor** /ˈreɪzəʳ/ N rasoir *m* ◆ **electric ~** rasoir *m* électrique ◆ **on the ~'s edge** *(fig)* sur le fil du rasoir ; → **safety** COMP ▷ **razor blade** N lame *f* de rasoir ▷ **razor burn** N feu *m* du rasoir ▷ **razor clam** N *(US)* couteau *m* ▷ **razor cut** N *(Hairdressing)* coupe *f* au rasoir ▷ **razor-edged** ADJ *[knife etc]* tranchant comme un rasoir ; *(fig) [wit]* acéré ▷ **razor-sharp** ADJ *[knife etc]* tranchant comme un rasoir ; *(fig) [person, mind]* délié, vif ; *[wit]* acéré ▷ **razor shell** N *(Brit)* couteau *m* ▷ **razor-slashing** N taillades *fpl* à coup de rasoir ▷ **razor wire** N fil *m* de fer barbelé acéré

**razorbill** /ˈreɪzəbɪl/ N petit pingouin *m*

**razz** ‡ /ræz/ VT *(US)* mettre en boîte *

**razzle** * /ˈræzl/ N ◆ **to go (out) on the ~** (sortir) faire la bringue ‡ *or* la nouba ‡ COMP ▷ **razzle-dazzle** * N tape-à-l'œil *m inv*

**razzmatazz** * /ˈræzməˈtæz/ N a *(= glitter)* tape-à-l'œil *m inv* b *(= double talk)* propos *mpl* trompeurs

**RC** /ɑːˈsiː/ *(Rel)* (abbrev of **Roman Catholic**) → **Roman**

**RCAF** /ˌɑːsiːeɪˈef/ N abbrev of **Royal Canadian Air Force**

**RCMP** /ˌɑːsiːemˈpiː/ N (abbrev of **Royal Canadian Mounted Police**) → **royal**

**RCN** /ˌɑːsiːˈen/ N abbrev of **Royal Canadian Navy**

**Rd** abbrev of **Road**

**RDA** /ˌɑːdiːˈeɪ/ N (abbrev of **recommended daily allowance** *or* **amount**) AQR *mpl*

**RDC** /ˌɑːdiːˈsiː/ N *(Brit Local Govt)* (abbrev of **Rural District Council**) → **rural**

**RE** /ɑːrˈiː/ N a *(Brit Scol)* (abbrev of **religious education**) → **religious** b *(Brit Mil)* (abbrev of **Royal Engineers**) → **royal**

**re**[1] /reɪ/ N *(Mus)* ré *m*

**re**[2] /riː/ PREP a *(Admin, Comm etc = referring to)* concernant ◆ **re: household insurance** objet : assurance logement b *(Jur:* also **in re**) en l'affaire de

**re...** /riː/ PREF *(before consonant)* re..., ré... ; *(before vowel)* r..., ré... ◆ **to redo** refaire ◆ **to reheat** réchauffer ◆ **to reopen** rouvrir ◆ **to re-elect** réélire

**reach** /riːtʃ/ N a *(= accessibility)* portée *f*, atteinte *f* ◆ **within ~** à portée ◆ **out of ~** hors de portée *or* d'atteinte ◆ **within sb's ~** à (la) portée de qn ◆ **out of sb's ~** hors de (la) portée de qn ◆ **within arm's ~** à portée de la main ◆ **cars are within everyone's ~ nowadays** de nos jours les voitures sont à la portée de toutes les bourses *or* de tous ◆ **out of the children's ~** hors de (la) portée des enfants ◆ **I keep it within easy ~** *or* **within my ~** je le garde à portée de main *or* sous la main ◆ **within easy ~ of the sea** à proximité de la mer, proche de la mer ◆ **beyond the ~ of the law** à l'abri de la justice ◆ **this subject is beyond his ~** ce sujet le dépasse

b *(esp Boxing)* allonge *f* ◆ **he has a long ~** *(gen)* il peut allonger le bras loin ; *(Boxing)* il a une bonne allonge, il a de l'allonge

c *(= length) [of beach, river]* étendue *f* ; *[of canal]* bief *m* ◆ **further to the north, there are great ~es of forest** plus au nord, il y a de grandes étendues de forêt ◆ **the upper/lower ~es of the river** le cours supérieur/inférieur de la rivière

VT a *(= get as far as) [+ place, age, goal, limit, perfection]* atteindre ; *[+ agreement, understanding]* aboutir à, arriver à ; *[+ conclusion]* arriver à ; *[+ compromise, decision]* parvenir à ◆ **when we ~ed him he was dead** quand nous sommes arrivés auprès de lui, il était mort ◆ **to ~ the terrace you have to cross the garden** pour accéder à la terrasse, il faut traverser le jardin ◆ **I hope this letter ~es him** j'espère que cette lettre lui parviendra ◆ **the news ~ed us too late** nous avons appris *or* reçu la nouvelle trop tard ◆ **to ~ page 50** arriver *or* en être à la page 50 ◆ **not a sound ~ed our ears** aucun bruit ne parvenait à nos oreilles ◆ **he is tall enough to ~ the top shelf** il est assez grand pour atteindre l'étagère d'en haut ◆ **he ~es her shoulder** il lui arrive à l'épaule ◆ **her dress ~es the floor** sa robe descend jusqu'à terre ◆ **the cancer has ~ed her liver** le cancer a atteint le foie ◆ **you can ~ me at my hotel** vous pouvez me joindre à mon hôtel ◆ **we hope to ~ a wider audience** nous espérons toucher un public plus large b (= *get and give*) passer ◆ ~ **me (over) that book** passez-moi ce livre ◆ ~ **(over) the salt for Richard** passez le sel à Richard

c (*US Jur* = *suborn*) [+ *witness*] corrompre, suborner

VI a [*territory etc*] s'étendre ; [*voice, sound*] porter (*to* jusqu'à)

b (= *stretch out hand*: also **reach across, reach out, reach over**) tendre le bras ◆ **to ~ for sth** essayer de prendre qch, tendre le bras pour prendre qch ◆ **he ~ed into his pocket for his pencil** il mit la main dans sa poche pour prendre son crayon ◆ **to ~ for the stars** viser haut ◆ **~ for the sky!** * (*US*) haut les mains !

COMP ▷ **reach-me-down** N ◆ **it is a ~-me-down from my sister** c'est un vêtement que ma sœur m'a passé

► **reach back** VI (*fig*) remonter (*to* à) ◆ **to ~ back to Victorian times** remonter à l'époque victorienne

► **reach down** VI [*clothes, curtains etc*] descendre (*to* jusqu'à)

VT SEP (*from hook*) décrocher ; (*from shelf*) descendre ◆ **will you ~ me down the book?** voulez-vous me descendre le livre ?, voulez-vous me passer le livre qui est là-haut ?

► **reach out** VT SEP tendre ◆ **he ~ed out his hand for the cup** il a étendu le bras pour prendre la tasse

► **reach up** VI a lever le bras ◆ **he ~ed up to get the book from the shelf** il a levé le bras pour atteindre le livre sur le rayon

b monter ◆ **the flood water ~ed up to the windows** la crue (des eaux) est montée jusqu'aux fenêtres

**reachable** /ˈriːtʃəbl/ ADJ [*place, object*] accessible ◆ **he is ~ * at ...** on peut le joindre à ...

**react** /riːˈækt/ VI a (*gen*) réagir (*against* contre ; *on* sur ; *to* à) b (*Phys, Chem*) réagir (*with* avec)

**reaction** /riːˈækʃən/ LANGUAGE IN USE 6.1 N (*gen*) réaction *f* ◆ **the driver's ~s** les réflexes du conducteur ◆ **to have quick ~s** réagir vite ◆ **what was his ~ to your suggestion?** comment a-t-il réagi *or* quelle a été sa réaction à votre proposition ? ◆ **this decision was a ~ against violence** cette décision a été une manière de riposter à la violence ◆ **forces of ~** (*Pol*) forces *fpl* de la réaction, forces *fpl* réactionnaires ; → **chain** COMP ▷ **reaction engine** N moteur *m* à réaction ▷ **reaction time** N temps *m* de réaction

**reactionary** /riːˈækʃənrɪ/ ADJ, N réactionnaire *mf*

**reactivate** /riːˈæktɪveɪt/ VT réactiver

**reactivation** /riːˌæktɪˈveɪʃən/ N réactivation *f*

**reactive** /riːˈæktɪv/ ADJ (*gen, Chem, Phys*) réactif ; (*Psych*) réactionnel ◆ **to be too ~** ne pas prendre assez d'initiatives

**reactor** /riːˈæktəʳ/ N (*Chem, Elec, Phys*) réacteur *m* ; → **nuclear**

**read** /riːd/ (pret, ptp **read** /red/) VT a [+ *book, letter etc*] lire ; [+ *music, bad handwriting*] déchiffrer, lire ; [+ *hieroglyphs*] déchiffrer ; [+ *proofs*] corriger ◆ **to ~ sb sth, to ~ sth to sb** lire qch à qn ◆ **I read him to sleep** je lui ai fait la lecture jusqu'à ce qu'il s'endorme ◆ **I brought you something to ~** je vous ai apporté de la lecture ◆ **to ~ sb's lips** lire sur les lèvres de qn ◆ **~ my lips!** vous m'avez bien compris ? ◆ **to ~ the Riot Act** (*Jur*) ≃ faire les trois sommations ◆ **he read them the riot act** * (*fig*) il leur a remonté les bretelles * ◆ **to ~ sb a lesson** * faire la leçon à qn, sermonner qn ◆ **to take sth as read** (= *as self-evident*) considérer qch comme allant de soi ; (= *as agreed*) considérer qch comme convenu ◆ **they took the minutes as read** (*Admin*) ils sont passés à l'ordre du jour (sans revenir sur le procès-verbal de la dernière séance) ◆ **for "meet" ~ "met"** (*in errata*) au lieu de "meet" prière de lire "met" ◆ **read and approved** (*Jur: on document*) lu et approuvé ; → **well²**

b (= *interpret*) [+ *dream*] interpréter, expliquer ; (= *understand*) comprendre ◆ **to ~ sb's palm** lire les lignes de la main à qn ◆ **to ~ the tea leaves** *or* **the teacups** ≃ lire dans le marc de café ◆ **to ~ the wind** (*US fig*) flairer le vent ◆ **these words can be read in several ways** ces mots peuvent s'interpréter de plusieurs façons ◆ **to ~ between the lines** (*fig*) lire entre les lignes ◆ **to ~ something into a text** faire dire à un texte quelque chose qu'il ne dit pas, solliciter un texte ◆ **we mustn't ~ too much into this** nous ne devons pas y attacher trop d'importance ◆ **to ~ sb's thoughts** lire (dans) la pensée de qn ◆ **I can ~ him like a book** je sais *or* devine toujours ce qu'il pense ◆ **I read disappointment in his eyes** j'ai lu la déception dans ses yeux

c (*esp Brit Univ* = *study*) étudier, faire ◆ **to ~ medicine/law** faire (des études de) médecine/droit, faire sa médecine/son droit ◆ **he is ~ing English/geography** *etc* il fait de l'anglais/de la géographie *etc*

d [+ *thermometer, barometer etc*] lire ◆ **to ~ a meter** relever un compteur

e [*instruments*] marquer, indiquer ◆ **the thermometer ~s 37°** le thermomètre indique (une température de) 37°

f (*Telec*) recevoir ◆ **do you ~ me?** est-ce que vous me recevez ? ; (*fig*) vous me comprenez ? ; → **loud**

g (*Comput*) lire

VI a lire ◆ **he can ~ and write** il sait lire et écrire ◆ **she ~s well** elle lit bien, elle fait bien la lecture ; [*learner, beginner*] elle sait bien lire ◆ **he likes ~ing** il aime lire, il aime la lecture ◆ **to ~ aloud** lire à haute voix ◆ **to ~ to oneself** lire ◆ **do you like being read to?** aimez-vous qu'on vous fasse la lecture ? ◆ **I read about it in the paper** je l'ai lu *or* je l'ai vu dans le journal ◆ **I've read about him** j'ai lu quelque chose à son sujet

b ◆ **the letter ~s thus ...** voici ce que dit la lettre ..., voici comment la lettre est rédigée ... ◆ **the quotation ~s as follows ...** voici les termes exacts de la citation ... ◆ **this book ~s well/badly** ce livre se lit bien/mal ◆ **his article ~s like an official report** le style de son article fait penser à celui d'un rapport officiel, son article a l'allure d'un rapport officiel

c (*esp Univ* = *study*) étudier, faire des études ◆ **to ~ for an examination** préparer un examen ; → **bar¹**

N * lecture *f* ◆ **she enjoys a good ~** elle aime bouquiner *, elle aime bien la lecture ◆ **it's a good ~** ça se lit facilement, ça se laisse lire ◆ **to have a quiet/a little ~** lire *or* bouquiner * tranquillement/un peu

COMP ▷ **read head** N (*Comput*) tête *f* de lecture ▷ **read-only** ADJ (*Comput*) [*file*] à lecture seule ▷ **read-only memory** N mémoire *f* morte ▷ **read-out** (*Comput*) N (*on screen*) affichage *m* ; (*on paper*) sortie *f* papier *or* sur imprimante ▷ **read-write head** N (*Comput*) tête *f* de lecture-écriture ▷ **read-write memory** N (*Comput*) mémoire *f* lecture-écriture ▷ **read-write window** N (*Comput*) fenêtre *f* d'inscription-lecture

► **read back** VT SEP [+ *one's notes etc*] relire

► **read off** VT SEP a [+ *text*] (*without pause*) lire d'un trait ; (*at sight*) lire à livre ouvert

b [+ *instrument readings*] relever

► **read on** VI continuer à lire, poursuivre sa lecture ◆ **"now read on"** "suite du feuilleton"

► **read out** VT SEP a [+ *text*] lire à haute voix ; [+ *instrument readings*] relever à haute voix

b (*Comput*) extraire de la mémoire, sortir

N ◆ **read-out** → **read**

► **read over** VT SEP relire

► **read through** VT SEP (*rapidly*) parcourir ; (*thoroughly*) lire en entier *or* d'un bout à l'autre

► **read up** VT SEP étudier (à fond), potasser * ◆ **I must ~ up the Revolution** il faut que j'étudie (*subj*) *or* que je potasse * (*subj*) la Révolution

► **read up on** VT FUS ⇒ **read up**

**readability** /ˌriːdəˈbɪlɪtɪ/ N lisibilité *f*

**readable** /ˈriːdəbl/ ADJ a (= *interesting*) [*book, account, style*] agréable à lire ◆ **it's very ~** ça se lit facilement b (= *legible*) [*handwriting*] lisible ; see also **machine**

**readdress** /ˌriːəˈdres/ VT [+ *letter, parcel*] réadresser ; (= *forward*) faire suivre

**reader** /ˈriːdəʳ/ N a lecteur *m*, -trice *f* ◆ **publisher's ~** lecteur *m*, -trice *f* dans une maison d'édition ◆ **he's a great ~** il aime beaucoup lire, c'est un grand liseur ; → **lay⁴**, **proofreader** b (*Brit Univ*) ≃ chargé(e) *m(f)* d'enseignement ; (*US Univ*) directeur *m*, -trice *f* de thèse *or* d'études c (= *schoolbook*) (*to teach reading*) livre *m* de lecture ; (= *anthology*) recueil *m* de textes ◆ **first French ~** recueil *m* de textes français pour première année d ◆ **(microfiche) ~** lecteur *m* (de microfiche)

**readership** /ˈriːdəʃɪp/ N a [*of newspaper, magazine*] (= *number*) nombre *m* de lecteurs ; (= *type*) lectorat *m* ◆ **this paper has a big ~/a ~ of millions** ce journal a beaucoup de lecteurs/des millions de lecteurs ◆ **a magazine with a predominantly white, middle-class ~** un magazine dont le lectorat est en majorité blanc et de classe moyenne b (*Brit Univ*) ≃ poste *m* (*or* fonctions *fpl*) de chargé(e) d'enseignement ; (*US Univ*) fonctions *fpl* (*or* responsabilités *fpl*) de directeur *m*, -trice *f* de thèse *or* d'études

**readily** /ˈredɪlɪ/ ADV a (= *willingly*) [*accept, agree*] volontiers, de bon cœur ; [*admit*] volontiers b (= *easily*) [*understand*] facilement, aisément ◆ **~ accessible** [*place, data*] facilement accessible ◆ **to be ~ apparent** se voir (facilement) ◆ **exotic vegetables are ~ available these days** on trouve facilement des légumes exotiques de nos jours

**readiness** /ˈredɪnɪs/ N a (= *preparedness*) **to be (kept) in ~** être (tenu) prêt (*for* à, pour) b (= *willingness*) empressement *m*, bonne volonté *f* ◆ **his ~ to help us** son empressement à nous aider, l'empressement qu'il a montré à nous aider

**reading** /ˈriːdɪŋ/ N a (*NonC*) lecture *f* ; [*of proofs*] correction *f* ◆ **she likes ~** elle aime bien lire *or* la lecture ◆ **this book is** *or* **makes very interesting ~** ce livre est très intéressant (à lire) ◆ **I'd prefer some light ~** je préférerais qch de distrayant *or* de facile à lire

b (= *recital*) (séance *f* de) lecture *f* ; → **play**, **poetry**

c (= *interpretation*) interprétation *f*, explication *f* ◆ **my ~ of the sentence** mon explication *or* interprétation de cette phrase ◆ **his ~ of the part** (*Cine, Theat*) son interprétation du rôle

d (= *variant*) variante *f*, leçon *f*

e (*Elec, Med, Phys etc: from instrument*) **to take a ~** lire un instrument, relever les indications d'un instrument ◆ **the ~ is ...** l'instrument indique ...

f (Parl) [of bill] discussion *f*, lecture *f* ◆ **the House gave the bill its first ~** la Chambre a examiné le projet de loi en première lecture ◆ **the third ~ of the bill was debated** le projet de loi a été discuté en troisième lecture

g (NonC = knowledge) culture *f*, connaissances *fpl* ◆ **of wide ~** instruit, cultivé

COMP ▷ **reading age** N (Scol) ◆ **he has a ~ age of eight** il a le niveau de lecture d'un enfant de huit ans ◆ **she has a low/advanced ~ age** son niveau de lecture est bas/élevé pour son âge ◆ **child of ~ age** enfant *mf* en âge de lire ▷ **reading book** N livre *m* de lecture ▷ **reading desk** N pupitre *m* ; (Rel) lutrin *m* ▷ **reading glass** N loupe *f* ▷ **reading glasses** NPL lunettes *fpl* pour lire ▷ **reading knowledge** N ◆ **to have a ~ knowledge of Spanish** savoir lire l'espagnol ▷ **reading lamp, reading light** N (gen) lampe *f* de travail *or* de bureau ; (in train, plane etc) liseuse *f* ▷ **reading list** N bibliographie *f*, (liste *f* d')ouvrages *mpl* recommandés ▷ **reading matter** N ◆ **I've got some ~ matter** j'ai des choses à lire *or* de quoi lire ▷ **reading room** N salle *f* de lecture *or* de travail ▷ **reading speed** N vitesse *f* de lecture

**readjust** /ˌriːəˈdʒʌst/ VT [+ position of sth, salary] rectifier ; [+ clothes] rajuster ; [+ strategy, approach] modifier ; [+ one's life] réorganiser ; [+ instrument] régler (de nouveau) VI se réadapter (*to* à)

**readjustment** /ˌriːəˈdʒʌstmənt/ N réadaptation *f* ; [of salary] rajustement *or* réajustement *m* ◆ **a period of ~** une période de transition ◆ **the effects of economic ~** les effets de la réforme économique

**readvertise** /ˌriːˈædvətaɪz/ VT repasser une annonce pour

**ready** /ˈredɪ/ ADJ a (= prepared) [person, thing] prêt ; [answer, excuse] tout fait ◆ **to be ~ to do sth** être prêt à *or* pour faire qch ◆ **are you ~ to order?** (in restaurant) puis-je prendre votre commande ? ◆ **dinner is ~** le dîner est prêt ◆ **dinner's ~!** à table ! ◆ **your glasses will be ~ (for you) in a fortnight** vos lunettes seront prêtes dans quinze jours ◆ **the doctor's ~ for you now** le docteur est prêt à vous recevoir ◆ **everything is ~ for his visit** tout est prêt pour sa visite ◆ **~ for a challenge** préparé à un défi ◆ **~ for an emergency** prêt à intervenir en cas d'urgence ◆ **the troops were ~ for action** les troupes étaient prêtes à intervenir ◆ **~ for anything** prêt à tout ◆ **the contract will be ~ for signing tomorrow** le contrat sera prêt pour la signature demain ◆ **"flight 211 is now ready for boarding"** "vol 211, embarquement immédiat" ◆ **the wine is ~ for drinking** ce vin est bon à boire tout de suite ◆ **the crops are ~ for harvesting** c'est le moment de faire la récolte ◆ **~ for use** prêt à l'emploi ◆ **I'm ~ for him!** je l'attends de pied ferme ! ◆ **"now ready"** (Publishing) "vient de paraître" ◆ **~, steady** (Brit) *or* **set** (US), **go!** (Sport) à vos marques ! prêts ? partez ! ◆ **~ and waiting** fin prêt ◆ **~ when you are** quand tu veux ◆ **to be ~ with a joke/an excuse** avoir une plaisanterie/excuse toute prête *or* en réserve

◆ **get + ready** ◆ **to get (o.s.) ~ (for sth)** se préparer (pour qch) ◆ **get ~ for it!** tenez-vous prêt ! ; (before momentous news etc) tenez-vous bien ! ◆ **to get sb/sth ~ (for sth/to do sth)** préparer qn/qch (pour qch/pour faire qch) ◆ **to get ~ to do sth** s'apprêter à faire qch, se préparer à faire qch

◆ **make + ready** ◆ **to make ~ (for sth/to do sth)** se préparer (pour qch/à faire qch) ◆ **to make sth ~** préparer qch

b (Comm) ◆ **we have the goods you ordered ~ to hand** nous tenons à votre disposition les marchandises que vous avez commandées ◆ **~ money, ~ cash** (argent *m*) liquide *m* ◆ **to pay in ~ cash** payer en espèces ◆ **how much have you got in ~ money** *or* **~ cash?** combien avez-vous en liquide ?

c (= willing) ◆ **~ to do sth** prêt à faire qch ◆ **he is always ~ to help** il est toujours prêt à rendre service ◆ **I am quite ~ to see him** je suis tout à fait disposé à le voir ◆ **I'm ~, willing and able to do the job** je suis prêt à faire ce travail ◆ **to be only too ~ to do sth** n'être que trop disposé à faire qch

d (= needing) ◆ **I'm ~ for bed** j'irais bien me coucher ◆ **I'm ~ for a break/drink** je ferais bien une pause/prendrais bien un verre

e (= about to) ◆ **he was ~ to hit her** il était sur le point de la frapper ◆ **he was ~ to cry** il était au bord des larmes

f (= prompt) [wit] vif ; [reply] prompt ; [solution, explanation] tout fait ; [market] tout trouvé ; [availability] immédiat ◆ **don't be so ~ to criticize** ne soyez pas si prompt à critiquer ◆ **to have a ~ smile** sourire facilement ◆ **to have a ~ tongue** avoir la langue déliée, avoir la parole facile ◆ **a ~ supply of sth** une réserve de qch facilement accessible *or* à portée de main ◆ **to have a ~ sale** [goods] se vendre facilement, être de vente courante

g (Naut) **~ about!** pare à virer !

N a (Mil) **to come to the ~** apprêter l'arme ◆ **at the ~** (Mil) prêt à faire feu ; (Naut) paré à faire feu ; (fig) fin prêt

b **the ~** * *or* **readies** * (= money) le fric *

COMP ▷ **ready-cooked** ADJ [meal, dish] cuisiné ▷ **ready-cut** ADJ [shelves] prédécoupé ▷ **ready-furnished** ADJ tout meublé ▷ **ready-made** ADJ [curtains] tout fait ; [clothes] de confection, prêt à porter ; [solution, answer] tout prêt ◆ **~-made ideas** des idées banales *or* toutes faites ▷ **ready meal** N plat *m* cuisiné ▷ **ready-mix** N ◆ **~-mix for cakes/pancakes** *etc* préparation *f* instantanée pour gâteaux/crêpes *etc* ADJ ◆ **she made a ~-mix cake** elle a fait un gâteau à partir d'une préparation *or* d'un sachet ▷ **ready-mixed** ADJ [concrete] prêt à l'emploi ▷ **ready-prepared** ADJ [meal] tout préparé ▷ **ready reckoner** N barème *m* ▷ **ready-to-eat, ready-to-serve** ADJ cuisiné ▷ **ready-to-wear** ADJ prêt à porter N prêt-à-porter *m*

**reaffirm** /ˌriːəˈfɜːm/ VT réaffirmer

**reaffirmation** /ˌriːæfəˈmeɪʃən/ N réaffirmation *f*

**reafforestation** /ˈriːəˌfɒrɪsˈteɪʃən/, **reforestation** (US) /ˌriːfɒrɪsˈteɪʃən/ N reboisement *m*

**reagent** /riːˈeɪdʒənt/ N (Chem) réactif *m*

**real** /rɪəl/ ADJ a (gen) vrai *before n* ; (as opposed to apparent) véritable, vrai *before n* ; (Philos, Math) réel ◆ **the danger was very ~** le danger était très réel ◆ **she wanted to see the ~ Africa** elle voulait voir l'Afrique, la vraie ◆ **he is the ~ boss** c'est lui le véritable *or* vrai patron ◆ **my ~ home is in Paris** c'est à Paris que je me sens chez moi ◆ **to show ~ interest** se montrer vraiment intéressé ◆ **in ~ life** dans la réalité ◆ **in the ~ world** dans la réalité ◆ **in ~ terms** en termes réels ◆ **we have no ~ reason to suspect him** nous n'avons pas de véritable raison de le soupçonner ◆ **there was no ~ evidence that ...** il n'y avait pas de véritable preuve que ... ◆ **it came as no ~ surprise to him** ça n'a pas vraiment été une surprise pour lui ◆ **I'm in ~ trouble** j'ai de gros problèmes ◆ **I had ~ trouble getting them to leave** j'ai eu un mal fou à les faire partir ◆ **to make ~ money** * gagner des mille et des cents * ◆ **get ~!** * sois réaliste !, faut pas rêver ! * ◆ **it's the ~ McCoy** * c'est du vrai de vrai *

◆ **for real** * pour de vrai * ◆ **is this guy for ~?!** * il est incroyable, ce type * !

b (= not fake) [jewels] vrai *before n*, véritable ; [flowers] vrai *before n*, naturel ; [silk] naturel ; [leather, gold] véritable

◆ **the real thing** ◆ **it is a poor copy of the ~ thing** c'est une pâle copie de l'original ◆ **you're being recorded now – is this the ~ thing?** on vous enregistre – pour de bon ? ◆ **when you've tasted the ~ thing, this whisky ...** quand on a goûté du vrai whisky, celui-ci ... ◆ **climbing this hill isn't much when you've done the ~ thing** pour ceux qui ont fait de l'alpinisme, cette colline n'est rien du tout ◆ **this is love, the ~ thing** c'est l'amour avec un grand A ◆ **he's the ~ thing** (= real film star, lion-tamer etc) c'en est un vrai ; (* = he's great) il est super *

ADV (esp US *) vraiment ◆ **~ soon** très bientôt

N (Philos) ◆ **the ~** le réel

COMP ▷ **real ale** N (Brit) bière *f* traditionnelle ▷ **real estate** N (US Jur) immobilier *m* ◆ **to work in ~ estate** *or* **the ~ estate business** travailler dans l'immobilier ▷ **real-estate agent** N (US) agent *m* immobilier ▷ **real-estate developer** N (US) promoteur *m* immobilier ▷ **real-estate office** N (US) agence *f* immobilière ▷ **real-estate register** N (US) cadastre *m* ▷ **Real Presence** N (Rel) présence *f* réelle ▷ **real property** N (US Jur) biens *mpl* immobiliers ▷ **real tennis** N jeu *m* de paume ▷ **real time** N (Comput) temps *m* réel ▷ **real-time computer** N ordinateur *m* exploité en temps réel ▷ **real-time processing** N (Comput) traitement *m* immédiat ▷ **real-time system** N (Comput) système *m* temps réel

**realign** /ˌriːəˈlaɪn/ VT réaligner

**realism** /ˈrɪəlɪzəm/ N réalisme *m*

**realist** /ˈrɪəlɪst/ ADJ, N réaliste *mf*

**realistic** /rɪəˈlɪstɪk/ ADJ réaliste ◆ **we had no ~ chance of winning** nous n'avions aucune chance réelle de gagner ◆ **it is not ~ to expect that ...** nous ne pouvons pas raisonnablement espérer que ...

**realistically** /rɪəˈlɪstɪkəlɪ/ ADV [expect, hope for] d'une façon réaliste ; [think, depict] d'une façon réaliste, avec réalisme ; [possible] d'un point de vue réaliste ◆ **they are ~ priced** leur prix est réaliste ◆ **~, he had little chance of winning** soyons réalistes, il avait peu de chances de gagner

**reality** /rɪˈælɪtɪ/ LANGUAGE IN USE 26.3 N a réalité *f* ◆ **to bring sb back to ~** ramener qn à la réalité ◆ **the harsh ~ of war** la dure réalité de la guerre ◆ **in ~** en réalité, en fait b (= trueness to life) réalisme *m* COMP ▷ **reality check** N ◆ **take a ~ check!** sois réaliste ! ◆ **we need a ~ check** gardons les pieds sur terre ▷ **reality TV** N téléréalité *f*

**realizable** /ˈrɪəlaɪzəbl/ ADJ réalisable

**realization** /ˌrɪəlaɪˈzeɪʃən/ N a [of assets, hope, plan] réalisation *f* b (= awareness) prise *f* de conscience ◆ **he was hit by the sudden ~ that ...** il s'est subitement rendu compte que ...

**realize** /ˈrɪəlaɪz/ VT a (= become aware of) se rendre compte de ; (= understand) comprendre ◆ **does he ~ the problems?** se rend-il compte des problèmes ? ◆ **the committee ~s the gravity of the situation** le comité se rend compte de la gravité de la situation ◆ **he had not fully ~d that his illness was so serious** il ne s'était pas vraiment rendu compte de la gravité de sa maladie ◆ **I ~d it was raining** je me suis rendu compte qu'il pleuvait ◆ **I made her ~ that I was right** je lui ai bien fait comprendre que j'avais raison ◆ **this made me ~ how lucky I'd been** c'est là que je me suis rendu compte de la chance que j'avais eue ◆ **I ~ that ...** je me rends compte du fait que ... ◆ **yes, I ~ that!** oui, je sais bien !, oui, je m'en rends bien compte ! ◆ **I ~d how he had done it** j'ai compris comment *or* je me suis rendu compte de la façon dont il l'avait fait ◆ **I ~d why ...** j'ai compris pourquoi ... ◆ **I ~ it's too late, but ...** je sais bien qu'il est trop tard, mais ...

b *[+ ambition, hope, plan]* réaliser ◆ **to ~ one's (full) potential** réaliser son plein potentiel ◆ **my worst fears were ~d** mes pires craintes se sont réalisées

c *(Fin) [+ assets]* réaliser ; *[+ price]* atteindre ; *[+ interest]* rapporter ◆ **how much did your Rembrandt ~?, how much did you ~ on your Rembrandt?** combien votre Rembrandt vous a-t-il rapporté ?

**reallocate** /rɪ'ælǝʊkeɪt/ VT *[+ money, tasks]* réallouer, réaffecter ; *[+ time]* réallouer

**reallocation** /ˌriːælǝ'keɪʃǝn/ N *[of resources, land, time]* réaffectation *f*

**really** /'rɪǝlɪ/ ADV vraiment, réellement ◆ **I ~ don't know what to think** je ne sais vraiment pas quoi penser ◆ **he ~ is an idiot** c'est un véritable imbécile, il est vraiment idiot ◆ **it won't ~ last** ça ne durera guère ◆ **I don't REALLY like ...** je ne peux vraiment pas dire que j'aime ..., je n'aime guère ... ◆ **you ~ MUST visit Paris** il faut absolument que vous visitiez *(subj)* Paris EXCL *(in doubt)* vraiment ?, sans blague ! * ; *(in surprise)* c'est vrai ? ; (*in protest:* also **well really!**) vraiment !, ça alors ! ◆ **not ~!** pas vraiment ! ; *(in disbelief)* pas possible !

**realm** /relm/ N *(liter = kingdom)* royaume *m* ; *(fig)* domaine *m* ; → **coin**

**realpolitik** /reɪ'ɑːlpɒlɪtiːk/ N realpolitik *f*

**realtor** /'rɪǝltɔːʳ/ N *(US)* agent *m* immobilier

**realty** /'rɪǝltɪ/ N *(Jur)* biens *mpl* immobiliers *or* immeubles

**ream¹** /riːm/ N *[of paper]* ≈ rame *f* (de papier) ◆ **he always writes ~s** * *(fig)* il écrit toujours des volumes *or* toute une tartine *

**ream²** /riːm/ VT *(Tech)* fraiser

**reamer** /'riːmǝʳ/ N *(Tech)* fraise *f*

**reanimate** /ˌriː'ænɪmeɪt/ VT ranimer, raviver

**reanimation** /'riːˌænɪ'meɪʃǝn/ N *(Med)* réanimation *f*

**reap** /riːp/ VT *(Agr)* moissonner, faucher ; *(fig) [+ profit]* récolter, tirer ◆ **to ~ the fruit of one's labours** recueillir le fruit de son labeur ◆ **to ~ the benefits of one's kindness** être récompensé de sa bonté, récolter les fruits de sa bonté ◆ **to ~ what one has sown** *(fig)* récolter ce qu'on a semé ◆ **they left him to ~ the bitter harvest of his corruption** *(liter)* ils l'ont laissé payer le prix de sa corruption ; → **sow²** VI moissonner, faire la moisson

**reaper** /'riːpǝʳ/ N *(= person)* moissonneur *m*, -euse *f* ; *(= machine)* moissonneuse *f* ◆ **~ and binder** moissonneuse-lieuse *f* ◆ **the (Grim) Reaper** *(liter = death)* la Faucheuse

**reaping** /'riːpɪŋ/ N moisson *f* COMP ▷ **reaping hook** N faucille *f* ▷ **reaping machine** N moissonneuse *f*

**reappear** /ˌriːǝ'pɪǝʳ/ VI réapparaître, reparaître

**reappearance** /ˌriːǝ'pɪǝrǝns/ N réapparition *f*

**reappoint** /ˌriːǝ'pɔɪnt/ VT renommer (*to* à)

**reappointment** /ˌriːǝ'pɔɪntmǝnt/ N renouvellement *m* de nomination (*to* à)

**reapportion** /ˌriːǝ'pɔːʃǝn/ VT réassigner, répartir à nouveau ; *(US Pol)* redécouper, procéder à une révision du découpage électoral de VI *(US Pol)* subir un redécoupage électoral

**reapportionment** /ˌriːǝ'pɔːʃǝnmǝnt/ N *(US Pol)* redécoupage *m* électoral

**reappraisal** /ˌriːǝ'preɪzǝl/ N *[of situation, problem]* réévaluation *f*, réexamen *m* ; *[of author, film etc]* réévaluation *f*

**reappraise** /ˌriːǝ'preɪz/ VT réévaluer

**rear¹** /rɪǝʳ/ N a *(= back part)* arrière *m*, derrière *m* ; (* *= buttocks)* derrière * *m* ◆ **in** *or* **at the ~** à l'arrière ◆ **at the ~ of ...** derrière ..., à l'arrière de ... ◆ **from the ~, he looks like Chaplin** (vu) de dos, il ressemble à Charlot ◆ **from the ~ the car looks like ...** par l'arrière *or* vue de derrière la voiture ressemble à ...

b *(Mil)* arrière-garde *f*, arrières *mpl* ; *[of squad]* dernier rang *m* ; *[of column]* queue *f* ◆ **to attack an army in the ~** attaquer une armée à revers ◆ **to bring up the ~** *(Mil, gen)* fermer la marche

ADJ de derrière, arrière *inv*

COMP ▷ **rear admiral** N vice-amiral *m* ▷ **rear bumper** N pare-chocs *m* arrière *inv* ▷ **rear door** N *[of house]* porte *f* de derrière ; *[of car]* portière *f* arrière *inv* ▷ **rear-end** VT *(US Aut)* emboutir (l'arrière de) ▷ **rear-engined** ADJ *[car]* avec moteur *m* à l'arrière ▷ **rear gunner** N mitrailleur *m* arrière *inv* ▷ **rear-mounted** ADJ installé à l'arrière ▷ **rear projection** N *(Cine)* projection *f* par transparence ▷ **rear-view mirror** N *[of car]* rétroviseur *m* ▷ **rear wheel** N *[of car]* roue *f* arrière *inv or* de derrière ▷ **rear-wheel drive** N traction *f* arrière ▷ **rear window** N *[of car]* vitre *f* arrière *inv*

**rear²** /rɪǝʳ/ VT a *[+ animal, family]* élever ; *[+ plant]* faire pousser, cultiver b ◆ **to ~ one's head** relever *or* dresser la tête ◆ **the snake ~ed its head** le serpent s'est dressé ◆ **violence ~s its ugly head again** la violence fait sa réapparition (dans toute son horreur), on voit poindre à nouveau l'horrible violence c *(= set up) [+ monument]* dresser, ériger VI (also **rear up**) *[animal]* se cabrer ; *[mountain, snake]* se dresser

**rearguard** /'rɪǝgɑːd/ N *(Mil)* arrière-garde *f* COMP ▷ **rearguard action** N *(lit, fig)* combat *m* d'arrière-garde ◆ **to fight a ~ action** *(fig)* mener un combat d'arrière-garde

**rearm** /ˌriː'ɑːm/ VT réarmer VI se réarmer

**rearmament** /ˌriː'ɑːmǝmǝnt/ N réarmement *m*

**rearmost** /'rɪǝmǝʊst/ ADJ *[carriage]* dernier, de queue ; *[rank]* dernier

**rearrange** /ˌriːǝ'reɪndʒ/ VT réarranger

**rearrangement** /ˌriːǝ'reɪndʒmǝnt/ N réarrangement *m*, nouvel arrangement *m*

**rearward** /'rɪǝwǝd/ N arrière *m* ADJ *[part]* arrière *inv* ; *[position]* (situé) à l'arrière, de l'arrière ; *[movement]* en arrière ADV (also **rearwards**) vers l'arrière, par derrière

**reason** /'riːzn/ LANGUAGE IN USE 17.1, 26.3

N a *(= cause, justification) (for behaviour)* raison *f*, motif *m* ; *(for event)* raison *f*, cause *f* ◆ **~ for living** *or* **being** raison *f* d'être ◆ **the ~s are ...** les raisons en sont ... ◆ **the ~ for my lateness/the ~ why I am late is that ...** la raison de mon retard/pour laquelle je suis en retard, c'est que ... ◆ **my ~ for leaving, the ~ for my leaving** la raison de mon départ *or* pour laquelle je pars (*or* suis parti *etc*) ◆ **I want to know the ~ why** je veux savoir (le) pourquoi ◆ **and that's the ~ why** et voilà pourquoi, et voilà la raison ◆ **for no apparent ~** sans raison apparente ◆ **I have (good** *or* **every) ~ to believe that ...** j'ai (tout) lieu *or* j'ai de bonnes raisons de croire que ... ◆ **he doesn't trust her - with good ~!** il ne lui fait pas confiance, et il a b raison !, il ne lui fait pas confiance, pour cause ! ◆ **there is ~ to believe that h dead** il y a lieu de croire qu'il est m ◆ **for the simple ~ that ...** pour la simple bonne raison que ... ◆ **for the very ~ tha** précisément parce que ... ◆ **for that very** pour cette raison, pour cela même ◆ **no ~** sans raison, sans motif ◆ **for some (or another)** pour une raison ou pour u autre ◆ **for ~s best known to himself** pc des raisons qu'il est seul à connaît pour des raisons connues de lui seul ◆ **the more ~ for doing it** *or* **to do it** raison plus pour le faire ◆ **with ~** avec (jus raison, à juste titre ◆ **by ~ of** en raison à cause de ◆ **for personal/health** *etc* **~s** pc des raisons personnelles/de santé *etc*

b *(NonC = mental faculty)* raison *f* ◆ **to l one's ~** perdre la raison

c *(NonC = common sense)* raison *f*, bon se *m* ◆ **to see ~** entendre raison ◆ **to make see ~** raisonner qn, faire entendre rais à qn ◆ **he listened to ~** il s'est rendu à raison ◆ **he won't listen to ~** on ne peut p lui faire entendre raison ◆ **that stands t** cela va sans dire, cela va de soi ◆ **it stan to ~ that ...** il va sans dire que ... ◆ **I will anything in** *or* **within ~** je ferai tout ce q est raisonnablement possible de fair → **rhyme**

VI a *(= think logically)* raisonner

b *(= argue)* **to ~ with sb** raisonner avec ◆ **one can't ~ with her** il n'y a pas moyen lui faire entendre raison

VT *(= work out)* calculer (*that* que) ; *(= arg* soutenir (*that* que) ; ◆ **I ~ed that changing diet would lower my cholesterol level** je r suis dit que si je changeais mon alimen tion, mon taux de cholestérol diminuer ◆ **"listen," he ~ed, "I think Adam's up to good"** "écoute, dit-il, j'ai l'impressi qu'Adam trame quelque chose" ; see a **reasoned**

► **reason out** VT SEP *[+ problem]* résoudre ( raisonnant)

**reasonable** /'riːznǝbl/ ADJ a *[person, behavio decision, explanation, request, price, rate, off* raisonnable ◆ **to be ~ about sth** être raisc nable à propos de qch ◆ **within a ~ tir** dans un délai raisonnable ◆ **it is ~ suppose that ...** on peut raisonnableme supposer que ... b *[standard, results, ess* honnête ; *[distance]* appréciable ◆ **there is ~ chance that ...** il y a des chances *or* bonnes chances que ... + *subj* c *(Jur)* ◆ **doubt** doute *m* bien fondé ◆ **to prove gu beyond (a) ~ doubt** prouver la culpabili de l'accusé avec quasi-certitude ◆ **to use force** *(Jur)* faire un usage modéré de force ◆ **~ grounds for divorce** *(esp Jur)* d motifs *mpl* valables de divorcer

**reasonableness** /'riːznǝblnɪs/ N caractère *or* nature *f* raisonnable

**reasonably** /'riːznǝblɪ/ ADV a *(= sensibly) [b have]* d'une façon raisonnable ; *[say, expe* raisonnablement ◆ **~ priced** à un pı raisonnable *or* acceptable ◆ **one can ~ thi that ...** il est raisonnable de pens que ... b *(= fairly) [good, happy, easy, sure, sa* assez, relativement ◆ **to be ~ success** réussir assez *or* relativement bien

**reasoned** /'riːznd/ ADJ rationnel

**reasoning** /'riːznɪŋ/ N raisonnement *m* ◆ **s was not really convinced by this line of ~.** e n'était pas vraiment convaincue par raisonnement ADJ *[mind]* doué de raison

**reassemble** /ˌriːǝ'sembl/ VT *[+ people, troo* rassembler ; *[+ tool, machine]* reconstitu VI se rassembler ◆ **the committee ~s on**

**September** le comité se rassemblera le 5 septembre

**reassembly** /ˌriːəˈsemblɪ/ N *[of machine]* remontage *m*

**reassert** /ˌriːəˈsɜːt/ VT réaffirmer ◆ **to ~ o.s.** s'imposer à nouveau ◆ **the government's effort to ~ its control in the region** les efforts du gouvernement pour consolider son emprise sur la région ◆ **his sense of humour was beginning to ~ itself** il commençait à retrouver son sens de l'humour

**reassess** /ˌriːəˈses/ VT *[+ situation]* réexaminer ; *(for taxation) [+ person]* réviser la cote de ; *(Jur) [+ damages]* réévaluer

**reassessment** /ˌriːəˈsesmənt/ N *[of situation]* réexamen *m* ; *(for taxation) [of person]* réévaluation *f* (fiscale) ; *(Jur) (damages)* réévaluation *f*

**reassurance** /ˌriːəˈʃʊərəns/ N a *(emotional)* réconfort *m* b *(factual)* assurance *f*, garantie *f* ◆ **to seek ~ that ...** chercher à obtenir l'assurance *or* la garantie que ...

**reassure** /ˌriːəˈʃʊəʳ/ VT rassurer

**reassuring** /ˌriːəˈʃʊərɪŋ/ ADJ rassurant ◆ **it is ~ to know that ...** il est rassurant de savoir que ...

**reassuringly** /ˌriːəˈʃʊərɪŋlɪ/ ADV *[say]* d'un ton rassurant ; *[smile, nod, look at]* d'une manière rassurante ◆ **~ familiar** familier et rassurant ◆ **~ simple** d'une simplicité rassurante

**reawaken** /ˌriːəˈweɪkən/ VT *[+ person]* réveiller de nouveau ; *[+ interest]* réveiller de nouveau, faire renaître VI se réveiller de nouveau

**reawakening** /ˌriːəˈweɪknɪŋ/ N réveil *m* ; *[of ideas]* renouveau *m* ; *[of interest]* regain *m*

**Reb** *, **reb** * /reb/ N *(US)* soldat *m* confédéré

**rebarbative** /rɪˈbɑːbətɪv/ ADJ *(frm)* rébarbatif, rebutant

**rebate** /ˈriːbeɪt/ N *(= discount)* rabais *m*, remise *f* ; *(= money back)* remboursement *m* ; *(on tax, rates)* dégrèvement *m* ; *(on rent)* réduction *f* ; → **rate¹, rent¹, tax**

**Rebecca** /rɪˈbekə/ N Rébecca *f*

**rebel** /ˈrebl/ N *(also fig)* rebelle *mf*, insurgé *m* ; *(Pol)* dissident *m* ◆ **the ~s want another cut in interest rates** les dissidents réclament une nouvelle réduction des taux d'intérêt ADJ rebelle ; *(Pol)* dissident ◆ **~ forces in the region** les troupes rebelles présentes dans la région ◆ **~ MPs** les députés dissidents VI /rɪˈbel/ a *(gen: lit, fig)* se rebeller, se révolter (*against* contre) b *(fig)* ◆ **my feet ~led** mes pieds n'en pouvaient plus ◆ **at the sight of all that food, his stomach ~led** à la vue de toute cette nourriture, il a eu un haut-le-cœur

**rebellion** /rɪˈbeljən/ N rébellion *f*, révolte *f* ◆ **to rise in ~** se rebeller, se révolter

**rebellious** /rɪˈbeljəs/ ADJ *(Mil, fig)* rebelle

**rebelliously** /rɪˈbeljəslɪ/ ADV *[say]* avec révolte ; *[act]* de manière rebelle

**rebelliousness** /rɪˈbeljəsnɪs/ N esprit *m* de rébellion

**rebirth** /ˌriːˈbɜːθ/ N renaissance *f*

**rebirthing** /ˌriːˈbɜːθɪŋ/ N rebirth *m*

**reboot** /ˌriːˈbuːt/ VT *(Comput)* réinitialiser, relancer VI redémarrer

**rebore** /ˌriːˈbɔːʳ/ *(Tech)* VT réaléser N /ˈriːˌbɔːʳ/ réalésage *m* ◆ **this engine needs a ~** ce moteur a besoin d'être réalésé

**reborn** /ˌriːˈbɔːn/ ADJ ◆ **to be ~** *[person] (= reincarnated)* se réincarner (*as sth* en qch) ; *(= redeemed, saved)* renaître ; *[city]* renaître ; *[hatred]* se réveiller ; *[racism, fascism]* renaître, resurgir

**rebound** /rɪˈbaʊnd/ VI a *[ball]* rebondir (*against* sur) ◆ **she realised her trick had ~ed on her** elle s'était rendu compte que sa ruse s'était retournée contre elle b *(after setback)* reprendre du poil de la bête * N /ˈriːbaʊnd/ *[of ball]* rebond *m* ; *[of bullet]* ricochet *m* ; *[of sales, economy]* reprise *f* ; *(in prices)* remontée *f* (*in* de) ◆ **to hit a ball on the ~** frapper une balle après le premier rebond ◆ **to be on the ~ from a setback** *etc (fig) (= feeling effects)* être sous le coup d'un échec (*or* d'une déception *etc*) ; *(= recovering)* reprendre du poil de la bête * après un échec (*or* une déception *etc*) ◆ **she married him on the ~** * elle était encore sous le coup d'une déception (sentimentale) quand elle l'a épousé

**rebrand** /riːˈbrænd/ VT *(= change image of)* changer l'image de ; *(= change name of)* rebaptiser

**rebranding** /riːˈbrændɪŋ/ N *(Comm) [of company, product]* relookage * *m*

**rebroadcast** /ˌriːˈbrɔːdkɑːst/ N retransmission *f* VT retransmettre

**rebuff** /rɪˈbʌf/ N rebuffade *f* ◆ **to meet with a ~** essuyer une rebuffade VT *[+ person]* repousser, rabrouer ; *[+ offering, suggestion]* repousser

**rebuild** /ˌriːˈbɪld/ (pret, ptp **rebuilt**) VT rebâtir, reconstruire ; *(Med) [+ sb's face, nose]* refaire

**rebuilding** /ˌriːˈbɪldɪŋ/ N *(NonC)* reconstruction *f*

**rebuilt** /ˌriːˈbɪlt/ VB pt, ptp of **rebuild**

**rebuke** /rɪˈbjuːk/ N reproche *m*, réprimande *f* VT réprimander, faire des reproches à ◆ **to ~ sb for sth** reprocher qch à qn ◆ **to ~ sb for having done** reprocher à qn d'avoir fait

**rebus** /ˈriːbəs/ N (pl **rebuses**) rébus *m*

**rebut** /rɪˈbʌt/ VT réfuter

**rebuttal** /rɪˈbʌtl/ N réfutation *f*

**recalcitrance** /rɪˈkælsɪtrəns/ N caractère *m or* esprit *m* récalcitrant

**recalcitrant** /rɪˈkælsɪtrənt/ ADJ récalcitrant

**recalculate** /ˌriːˈkælkjʊleɪt/ VT *(gen)* recalculer ; *[+ risk, probability]* réévaluer

**recall** /rɪˈkɔːl/ LANGUAGE IN USE 5.3, 26.3

VT a *(= summon back) [+ ambassador]* rappeler ; *(Sport) [+ player]* rappeler, sélectionner de nouveau ; *[+ library book]* demander le retour de ; *(Comm) [+ faulty products] (already sold)* rappeler ; *(in shop)* retirer de la vente ; *(Fin) [+ capital]* faire rentrer ◆ **to ~ sb to life** *(lit, fig)* rappeler qn à la vie ◆ **to ~ Parliament** convoquer le Parlement (en session extraordinaire)

b *(= remember)* se rappeler (*that* que), se souvenir de ◆ **I cannot ~ meeting him** *or* **whether I met him** je ne me rappelle pas l'avoir rencontré ◆ **I ~ my mother telling me about it** je me souviens que *or* me rappelle que ma mère m'a parlé de ça ◆ **can you ~ how you felt at the time?** vous rappelez-vous ce que *or* vous souvenez-vous de ce que vous ressentiez à l'époque ? ◆ **as I ~** si mes souvenirs sont bons, si je me souviens bien ◆ **as far as I can ~** (pour) autant que je m'en souvienne, (pour) autant que je me rappelle *subj* ◆ **as you may** *or* **might ~** comme vous vous en souvenez peut-être

N rappel *m (also Mil)* ◆ **the company ordered the ~ of more than 900,000 cars** la société a demandé que 900 000 voitures soient renvoyées en usine ◆ **this book is on ~** *(in library)* on a demandé le retour de ce livre ◆ **they are demanding the ~ of parliament** ils demandent que le Parlement soit convoqué en session extraordinaire ◆ **lost beyond ~** *(fig)* perdu à tout jamais ◆ **to have total ~ of an incident** se souvenir d'un incident dans ses moindres détails

COMP ▷ **recall slip** N *[of library]* fiche *f* de rappel

**recant** /rɪˈkænt/ VT *[+ statement]* rétracter ; *[+ religious belief]* abjurer ◆ **to ~ one's opinion** se déjuger, changer d'avis VI se rétracter ; *(Rel)* abjurer

**recantation** /ˌriːkænˈteɪʃən/ N rétractation *f*, reniement *m* ; *(Rel)* abjuration *f*

**recap¹** * /ˈriːkæp/ N abbrev of **recapitulation** VTI /rɪˈkæp/ (abbrev of **recapitulate**) ◆ **well, to ~, ...** eh bien, en résumé ...

**recap²** /ˈriːkæp/ *(US)* N *(= tyre)* pneu *m* rechapé VT rechaper

**recapitalization** /ˌriːkæpɪtəlaɪˈzeɪʃən/ N plan *m* de recapitalisation

**recapitalize** /ˌriːˈkæpɪtəlaɪz/ VT recapitaliser

**recapitulate** /ˌriːkəˈpɪtjʊleɪt/ VT *[+ argument]* récapituler, faire le résumé de ; *[+ facts]* reprendre VI récapituler, faire un résumé

**recapitulation** /ˈriːkəˌpɪtjʊˈleɪʃən/ N récapitulation *f*

**recapture** /ˌriːˈkæptʃəʳ/ VT *[+ animal, prisoner]* reprendre, capturer ; *(esp Sport) [+ title]* reconquérir ; *[+ emotion, enthusiasm, form]* retrouver ; *[film, play, book] [+ atmosphere, period]* recréer ; *[+ vote]* récupérer N *[of town, territory]* reprise *f* ; *[of escapee]* arrestation *f*, capture *f* ; *[of escaped animal]* capture *f*

**recast** /ˌriːˈkɑːst/ VT a *(Metal)* refondre b *[+ play, film]* changer la distribution (des rôles) de ; *[+ actor]* donner un nouveau rôle à c *(= rewrite)* refondre, remanier N *(Metal)* refonte *f*

**recce** * /ˈrekɪ/ *(gen, Brit Mil)* abbrev of **reconnaissance, reconnoitre**

**recd** *(Comm)* (abbrev of **received**) reçu

**recede** /rɪˈsiːd/ VI a *[tide]* descendre ; *(fig) [coast, person, threat, danger]* s'éloigner ; *[memories, fear]* s'estomper ; *[hopes of rescue]* s'amenuiser ; *[lights]* s'évanouir (peu à peu) ◆ **the footsteps ~d** les pas se sont éloignés, le bruit des pas s'est estompé ◆ **to ~ into the distance** s'éloigner, disparaître dans le lointain ◆ **if untreated the gums ~** si les gencives ne sont pas traitées, les dents se déchaussent b *[chin, forehead]* être fuyant ◆ **his hair(line) is receding** son front se dégarnit c *[price]* baisser d *(frm)* ◆ **to ~ from** *[+ opinion, promise]* revenir sur

COMP ▷ **receding chin** N menton *m* fuyant ▷ **receding forehead** N front *m* fuyant ▷ **receding hairline** N front *m* dégarni ◆ **he has a receding hairline** son front se dégarnit

**receipt** /rɪˈsiːt/ N a *(NonC: esp Comm)* réception *f* ◆ **to acknowledge ~ of** accuser réception de ◆ **on ~ of** dès réception de ◆ **I am in ~ of ...** j'ai reçu ... ◆ **to pay on ~** payer à la réception b *(= paper) (for payment)* reçu *m*, récépissé *m* (*for* de) ; *(for parcel, letter)* accusé *m* de réception ; *(for object purchased)* ticket *m* de caisse ; *(for services)* reçu *m* ; *(for taxi)* fiche *f*, reçu *m* NPL **receipts** *(Comm, Fin = money taken)* recette(s) *f(pl)* ◆ **tax ~s** recettes *fpl* fiscales, rentrées *fpl* de l'impôt VT *[+ bill]* acquitter COMP ▷ **receipt book** N livre *m or* carnet *m* de quittances, quittancier *m*

**receivable** /rɪˈsiːvəbl/ ADJ recevable NPL **receivables** *(Fin)* créances *fpl* (recouvrables)

**receive** /rɪˈsiːv/ VT a *(= get) [+ letter, present, punch]* recevoir ; *[+ money, salary]* recevoir, toucher ; *[+ refusal, setback]* essuyer ; *(Jur) [+ stolen goods]* receler ; *[+ medical care]* recevoir ; *[+ medical treatment]* subir ◆ **to ~ two**

**years** *or* **two years' imprisonment** *(Jur)* être condamné à deux ans de prison ◆ **we ~d nothing but abuse** nous n'avons reçu que des insultes ◆ **we ~d your request yesterday** *(Comm)* votre demande nous est parvenue hier ◆ **~d with thanks** *(Comm)* pour acquit

b *(= welcome)* recevoir, accueillir ◆ **to ~ sb with open arms** recevoir qn à bras ouverts ◆ **his suggestion was well/not well ~d** sa suggestion a reçu un accueil favorable/défavorable ◆ **to be ~d into the Church** *(Rel)* être reçu dans l'Église

c *(Rad, TV) [+ transmission]* capter, recevoir ◆ **are you receiving me?** me recevez-vous ? ; → **loud**

VI a *(frm)* recevoir ◆ **the countess ~s on Mondays** Madame la comtesse reçoit le lundi

b *(Jur)* être coupable de recel

**received** /rɪ'siːvd/ ADJ *[opinion]* reçu ◆ **the ~ wisdom** l'opinion *f* la plus répandue COMP ▷ **Received Pronunciation** N *(Ling)* prononciation *f* standard *(de l'anglais)*; → ENGLISH

**receiver** /rɪ'siːvəʳ/ N a receveur *m*, -euse *f* ; *[of letter]* destinataire *mf* ; *[of goods]* consignataire *m*, réceptionnaire *mf* ; *(Jur) [of stolen property]* receleur *m*, -euse *f* b *(Fin, Jur)* ≈ administrateur *m* provisoire ◆ **official ~** *(in bankruptcy)* syndic *m* de faillite, administrateur *m* judiciaire ◆ **to call in the (official) ~** placer la société en règlement judiciaire c *[of telephone]* récepteur *m*, combiné *m* ◆ **to pick up** *or* **lift the ~** décrocher ◆ **to put down** *or* **replace the ~** raccrocher d *(= radio set)* (poste *m*) récepteur *m* COMP ▷ **receiver rest** N commutateur *m*

**receivership** /rɪ'siːvəʃɪp/ N *(Fin)* ◆ **in ~** en redressement judiciaire ◆ **the company has gone into ~** la société a été placée en redressement judiciaire

**receiving** /rɪ'siːvɪŋ/ ADJ récepteur (-trice *f*), de réception ◆ **he blew his top and I was on the ~ end** * il s'est mis dans une colère noire, et c'est moi qui ai écopé * *or* qui en ai fait les frais * ◆ **he was on the ~ end** * **of their abuse/hatred/violence** il a fait les frais * de leurs insultes/leur haine/leur violence N *[of stolen goods]* recel *m* COMP ▷ **receiving line** N *(US) rangée de personnes accueillant les invités à une réception* ▷ **receiving set** N *(Rad)* poste récepteur *m*

**recension** /rɪ'senʃən/ N a *(NonC)* révision *f* b *(= text)* texte *m* révisé

**recent** /'riːsnt/ ADJ *[event, change, invention, survey, history, winner]* récent ; *[acquaintance]* de fraîche date, nouveau (nouvelle *f*) ◆ **a ~ arrival** *(= person)* un nouveau venu, une nouvelle venue ◆ **his ~ arrival** *(= action)* son arrivée récente ◆ **in ~ years** ces dernières années ◆ **in the ~ past** ces derniers temps ◆ **his most ~ book** son tout dernier livre

**recently** /'riːsntlɪ/ ADV *(= not long ago)* récemment ; *(= lately)* dernièrement, récemment ◆ **as ~ as ...** pas plus tard que ... ◆ **until (quite) ~** jusqu'à ces derniers temps, il y a peu de temps encore

**receptacle** /rɪ'septəkl/ N récipient *m* ; *(fig)* réceptacle *m*

**reception** /rɪ'sepʃən/ N a *(NonC)* réception *f* b *(= ceremony)* réception *f* c *(= welcome)* réception *f*, accueil *m* ◆ **to get a favourable ~** être bien accueilli *or* reçu ◆ **to give sb a warm/chilly ~** faire un accueil chaleureux/froid à qn d *(Rad, TV)* réception *f* e *(Brit: in hotel)* réception *f* ◆ **at ~** à la réception COMP ▷ **reception area** N *(gen)* accueil *m* ; *[of hotel]* réception *f* ▷ **reception centre** N centre *m* d'accueil ▷ **reception class** N *(Brit Scol)* cours *m* préparatoire ▷ **reception clerk** N *(Brit)* réceptionniste *mf* ▷ **reception committee** N *(lit, fig)* comité *m* d'accueil ▷ **reception desk** N bureau *m* de réception ▷ **reception room** N *(in public building)* salle *f* de réception ; *(in private house)* pièce *f* commune, salon *m*

**receptionist** /rɪ'sepʃənɪst/ N réceptionniste *mf*

**receptive** /rɪ'septɪv/ ADJ *[person, mood]* réceptif *(to sth* à qch) ◆ **~ to new ideas** réceptif *or* ouvert aux nouvelles idées

**receptiveness** /rɪ'septɪvnɪs/, **receptivity** /ˌriːsep'tɪvɪtɪ/ N réceptivité *f*

**receptor** /rɪ'septəʳ/ N *(Physiol)* récepteur *m*

**recess** /rɪ'ses/ N a *(= holidays) (Jur)* vacances *fpl* (judiciaires) ; *(Parl)* vacances *fpl* (parlementaires) ◆ **in ~** *(Parl)* en vacances b *(= short break) (US Jur)* suspension *f* d'audience ; *(esp US Scol)* récréation *f* ◆ **the court is in ~** *(US Jur)* l'audience est suspendue c *(= alcove)* renfoncement *m* ; *[of bed]* alcôve *f* ; *[of door, window]* embrasure *f* ; *[of statue]* niche *f* d *(= secret place)* recoin *m* ; *(fig = depths)* recoin *m*, repli *m* ◆ **in the ~es of his mind** dans les recoins de son esprit VT *(= make an alcove in)* pratiquer un renfoncement dans ; *(= put in alcove) [+ bed etc]* mettre dans un renfoncement VI *(US Jur, Parl)* suspendre les séances, être en vacances COMP ▷ **recess appointment** N *(US Pol) nomination effectuée par le chef de l'exécutif pendant les vacances parlementaires*

**recessed** /'rɪsesd/ ADJ *[doorway, cupboard, shelves]* en retrait ; *[window]* en retrait, encastré ; *[lighting]* encastré

**recession** /rɪ'seʃən/ N a *(NonC)* recul *m*, régression *f* b *(Econ)* récession *f*

**recessional** /rɪ'seʃənl/ *(Rel)* N hymne *m* de sortie du clergé ADJ de sortie

**recessionary** /rɪ'seʃənərɪ/ ADJ de récession

**recessive** /rɪ'sesɪv/ ADJ rétrograde ; *(Genetics)* récessif

**recharge** /'riː'tʃɑːdʒ/ VT *[+ battery, gun]* recharger ◆ **to ~ one's batteries** *(fig)* recharger ses batteries * *or* ses accus * VI *[battery]* se recharger

**rechargeable** /rɪ'tʃɑːdʒəbl/ ADJ *[battery, torch]* rechargeable

**recherché** /rə'ʃɛəʃeɪ/ ADJ *(= special: whisky, wine, tea)* pour connaisseurs ; *(= unusual: topic, knowledge)* insolite

**recidivism** /rɪ'sɪdɪvɪzəm/ N récidive *f*

**recidivist** /rɪ'sɪdɪvɪst/ ADJ, N récidiviste *mf*

**recipe** /'resɪpɪ/ N a *(Culin, Pharm)* recette *f* b *(fig)* **~ for happiness** secret *m* du bonheur ◆ **what is your ~ for success?** quelle est votre recette pour réussir ? ◆ **lifting restrictions would be a ~ for disaster/anarchy/chaos** la levée des restrictions, c'est le meilleur moyen de s'attirer de gros ennuis/de tomber dans l'anarchie/de tomber dans le chaos COMP ▷ **recipe book** N livre *m* de cuisine *or* de recettes

**recipient** /rɪ'sɪpɪənt/ N *(gen)* personne *f* qui reçoit (or a reçu *etc*) ; *[of letter]* destinataire *mf* ; *[of cheque]* bénéficiaire *mf* ; *[of award, decoration]* récipiendaire *m* ; *(Jur)* donataire *mf* ; *(Med) [of donated organ]* receveur *m*, -euse *f*

**reciprocal** /rɪ'sɪprəkəl/ ADJ *(= mutual) [agreement]* réciproque, mutuel ; *[action, arrangement, feeling]* réciproque ; *(Math)* réciproque, inverse ; *(Gram)* réciproque ◆ **~ visits** des échanges *mpl* de visites N *(Math)* réciproque *f*

**reciprocally** /rɪ'sɪprəkəlɪ/ ADV réciproquement, mutuellement ; *(Math)* inversement

**reciprocate** /rɪ'sɪprəkeɪt/ VT a *[+ sm wishes]* rendre ; *[+ help]* donner *or* offrir retour ; *[+ kindness]* retourner b *(Tech)* d ner un mouvement alternatif à VI a ◆ **insulted me and I ~d** il m'a injurié, et je ai rendu la pareille ◆ **he called me a fool a I ~d** il m'a traité d'imbécile et je lui retourné le compliment b *(Tech)* avoir mouvement alternatif *or* de va-et-vi COMP ▷ **reciprocating device** N dispositi de va-et-vient ▷ **reciprocating engin** moteur *m* alternatif

**reciprocation** /rɪˌsɪprə'keɪʃən/ N a *[of h kindness]* échange *m* b *(Tech)* alternanc va-et-vient *m inv*

**reciprocity** /ˌresɪ'prɒsɪtɪ/ N réciprocité *f*

**recital** /rɪ'saɪtl/ N a *(= account)* récit *m* ; *details]* énumération *f* b *[of poetry]* réc tion *f*, récital *m* ; *[of music]* récital *m* **recitals** *(Jur: in contract)* préambule *m*

**recitation** /ˌresɪ'teɪʃən/ N récitation *f* ◆ **to g a poetry ~** dire des vers

**recitative** /ˌresɪtə'tiːv/ N récitatif *m*

**recite** /rɪ'saɪt/ VT a *[+ poetry]* réciter, clamer b *[+ facts]* exposer ; *[+ details]* é mérer VI réciter, déclamer

**reckless** /'reklɪs/ ADJ *[person, behaviour] (= he less)* insouciant ; *(= rash)* imprudent ; *[di gard]* irresponsable ◆ **with ~ abandon** av une désinvolture imprudente ◆ **~ of consequences** insouciant c conséquences COMP ▷ **reckless driver** conducteur *m*, -trice *f* imprudent ▷ **reckless driving** N conduite *f* imp dente ▷ **reckless endangerment** N *(US mise en danger d'autrui par imprudence*

**recklessly** /'reklɪslɪ/ ADV imprudemment

**recklessness** /'reklɪsnɪs/ N *[of person, beh iour] (= heedlessness)* insouciance *f* ; *(= ra ness)* imprudence *f* ; *[of driving]* impruden *f*

**reckon** /'rekən/ VT a *(= calculate) [+ time, nu bers, points]* compter ; *[+ cost, surface]* calcu b *(= judge)* considérer, estimer ◆ **I ~ h among my friends** je le compte parmi *or* nombre de mes amis ◆ **she is ~ed (to be beautiful woman** elle est considér comme une femme très belle ◆ **the price ~ed to be too high** on considère *or* estime prix trop élevé ◆ **her chances of survi cannot now be ~ed good** à l'heure actue on estime qu'elle a de faibles chances survivre ◆ **the number of victims was ~ed around 300** on a estimé le nombre victimes à environ 300 personnes

c *(* = think)* penser ◆ **what do you ~ one these houses would cost?** d'après vous *o* votre avis, combien coûte une mais comme celle-ci ? ◆ **I ~ we can start** je pen qu'on peut commencer ◆ **I ~ he must about forty** je lui donnerais la quarantai ◆ **about thirty, I ~** une trentaine, à mon a

VI a calculer, compter ◆ **~ing from tom row** en comptant à partir de demain, compter de demain

b *(fig)* **you can ~ on 30** tu peux compter s 30 ◆ **I was ~ing on doing that tomorr** j'avais prévu de faire *or* je pensais fai cela demain ◆ **I wasn't ~ing on having to that** je ne m'attendais pas à devoir fai cela ◆ **they ~ to sell most of them abroad** comptent en vendre la majorité à l'étra ger ◆ **you'll have to ~ with six more** il faud compter avec six de plus ◆ **she had not ~ on** *or* **with an objection from them** elle s'attendait pas à une objection de le part ◆ **he's a person to be ~ed with** c'est u personne avec laquelle il faut compt ◆ **if you insult him you'll have to ~ with t whole family** si vous l'insultez, vous aur affaire à toute la famille ◆ **he was ~i without his secretary** il avait compté sa sa secrétaire ◆ **he ~ed without the f**

**that ...** il n'avait pas prévu que ..., il n'avait pas tenu compte du fait que ...

▸ **reckon in** VT SEP prendre en compte

▸ **reckon up** VT SEP *(gen)* calculer ; *(= add)* ajouter, additionner

**reckoner** /ˈrekənəʳ/ N → **ready**

**reckoning** /ˈreknɪŋ/ N **a** *(Math etc) (= evaluation)* compte *m* ; *(= calculation)* calcul *m* ◆ **to be out in one's ~** s'être trompé dans ses calculs **b** *(Comm)* règlement *m* de compte(s) *(lit) [of hotel]* note *f* ; *[of restaurant]* addition *f* ◆ **the day of ~** *(Rel)* le jour du Jugement ◆ **the day of ~ can't be far away** *(fig)* un de ces jours ça va lui *(or nous etc)* retomber dessus **c** *(= judgement)* estimation *f* ◆ **to the best of my ~** (pour) autant que je puisse en juger ◆ **in your ~** d'après vous, à votre avis **d** *(Naut)* estime *f* ; → **dead**

**reclaim** /rɪˈkleɪm/ VT *[+ land] (gen)* reconquérir ; *(from forest, bush)* défricher ; *(with manure etc)* amender, bonifier ; *[+ by-product]* récupérer ; *(= demand back)* réclamer *(sth from sb* qch à qn) ; *[+ language, term]* récupérer ; *[+ title]* reprendre ; *[+ tax]* se faire rembourser ◆ **the land has been ~ed from the sea** la terre a été gagnée sur la mer ◆ **the land has been ~ed by the sea** les terres ont été reconquises par la mer ◆ **the land has been ~ed by the desert** les terres sont retournées à l'état de désert ◆ **a campaign to ~ the night** une campagne pour protester contre l'insécurité de la ville la nuit N ◆ **past** *or* **beyond ~** perdu à tout jamais ◆ **he is beyond ~** il ne se corrigera jamais

**reclaimable** /rɪˈkleɪməbl/ ADJ *[land]* amendable ; *[by-products]* récupérable

**reclamation** /ˌrekləˈmeɪʃən/ N **a** *(= conversion) [of land] (gen)* mise *f* en valeur ; *(from sea)* assèchement *m* ; *(from marsh)* assèchement *m*, assainissement *m* ; *(from forest, bush)* défrichement *m* ; *[of marshland]* assèchement *m*, assainissement *m* ; *[of desert]* reconquête *f* ; *[of mine]* reconversion *f* **b** *(= recovery)* récupération *f*

**reclassify** /ˌriːˈklæsɪfaɪ/ VT reclasser, reclassifier

**recline** /rɪˈklaɪn/ VT *[+ head, arm]* reposer, appuyer VI *[person]* être allongé, être étendu ◆ **she was reclining in the armchair** elle était allongée *or* étendue sur le fauteuil ◆ **reclining in his bath** étendu *or* allongé dans son bain ◆ **the seat ~s** le siège est inclinable, le dossier (du siège) est réglable

COMP ▹ **reclining chair** N chaise *f* longue ▹ **reclining seat** N *[of coach, plane, car]* siège *m* inclinable *or* à dossier réglable

**recluse** /rɪˈkluːs/ N reclus(e) *m(f)*, solitaire *mf*

**reclusive** /rɪˈkluːsɪv/ ADJ reclus

**recognition** /ˌrekəgˈnɪʃən/ N **a** *(gen, Pol = acknowledgement)* reconnaissance *f* ◆ **in ~ of ...** en reconnaissance de ...

**b** *(= fame etc)* **he seeks ~** il veut être reconnu ◆ **this brought him ~ at last** c'est ce qui lui a enfin permis d'être reconnu ◆ **his exploits have gained world-wide ~** ses exploits ont été reconnus dans le monde entier ◆ **to receive no ~** passer inaperçu

**c** *(= identification)* reconnaissance *f* ; *(Aviat)* identification *f* ◆ **he has changed beyond** *or* **out of all ~** il est devenu méconnaissable ◆ **he has changed it beyond** *or* **out of all ~** il l'a rendu méconnaissable ◆ **to improve beyond** *or* **out of (all) ~** s'améliorer jusqu'à en être méconnaissable

**d** *(Comput)* reconnaissance *f* ◆ **speech ~** reconnaissance *f* de la parole

**recognizable** /ˈrekəgnaɪzəbl/ ADJ reconnaissable ◆ **she was easily ~ by her walk** elle était facilement reconnaissable à sa démarche ◆ **it was instantly ~ to him** il l'a reconnu immédiatement ◆ **he was hardly ~ as the boy who ...** c'est à peine si l'on reconnaissait en lui le garçon qui ...

**recognizably** /ˌrekəgˈnaɪzəblɪ/ ADV ◆ **it is ~ different/better** on voit que c'est différent/meilleur ◆ **he was ~ a genius** on voyait bien que c'était un génie ◆ **it was ~ a woman's face** on reconnaissait bien un visage de femme

**recognizance** /rɪˈkɒgnɪzəns/ N *(esp US) (Jur)* engagement *m* ; *(= sum of money)* caution *f* (personnelle) ◆ **to enter into ~s (for sb)** se porter caution (pour qn) ◆ **bail in his own ~ of £1,000** mise *f* en liberté sous caution personnelle de 1 000 livres

**recognize** /ˈrekəgnaɪz/ LANGUAGE IN USE 15.1, 26.3 VT **a** *(gen)* reconnaître *(by* à ; *as* comme étant ; *that* que) ; ◆ **their independence was ~d by the Treaty of Berlin** leur indépendance a été reconnue par le traité de Berlin ◆ **I ~ my own shortcomings** je reconnais *or* j'admets que j'ai des défauts ◆ **the company ~d him as a very able engineer** la société a reconnu en lui un ingénieur très compétent ◆ **it is generally ~d that ...** il est communément admis que... **b** *(US) [chairman of meeting]* donner la parole à

**recognized** /ˈrekəgnaɪzd/ ADJ *(gen)* reconnu ; *(Comm)* attitré ◆ **a directory of ~ teachers** une liste de professeurs agréés ◆ **anyone who is not a member of a ~ organisation** toute personne non membre d'une organisation agréée *or* reconnue

**recoil** /rɪˈkɔɪl/ VI **a** *[person]* reculer, avoir un mouvement de recul *(from* devant) ◆ **to ~ in disgust** reculer de dégoût ◆ **to ~ from doing sth** reculer devant l'idée de faire qch, se refuser à faire qch **b** *[gun]* reculer ; *[spring]* se détendre ; *(fig) [actions etc]* retomber *(on* sur) N *[of gun]* recul *m* ; *[of spring]* détente *f* ; *(fig) (from disgusting sight)* dégoût *m (from* pour, de), horreur *f (from* de) ; *(from idea)* répugnance *f (from* pour)

**recollect** /ˌrekəˈlekt/ VT se rappeler, se souvenir de ◆ **to ~ o.s.** se recueillir VI se souvenir ◆ **as far as I (can) ~** autant que je m'en souvienne

**recollection** /ˌrekəˈlekʃən/ N souvenir *m* ◆ **to the best of my ~** autant que je m'en souvienne ◆ **his ~ of it is vague** il ne s'en souvient que vaguement ◆ **I have some ~ of it** j'en ai un vague souvenir ◆ **I have no ~ of it** je ne m'en souviens pas, je n'en ai aucun souvenir

**recommence** /ˌriːkəˈmens/ VTI recommencer *(doing sth* à faire qch)

**recommend** /ˌrekəˈmend/ LANGUAGE IN USE 19.4

VT **a** *(= speak well of)* recommander ◆ **to ~ sth/sb to sb** recommander qch/qn à qn ◆ **to ~ sb for a job** recommander qn pour un emploi ◆ **to come highly ~ed** être vivement recommandé

**b** *(= advise)* recommander, conseiller ◆ **to ~ doing sth** recommander de faire qch ◆ **to ~ against sth** déconseiller qch, se prononcer contre qch ◆ **what do you ~ for a sore throat?** que recommandez-vous pour guérir un mal de gorge ? ◆ **he was ~ed to accept** on lui a recommandé *or* conseillé d'accepter ◆ **I ~ that you should accept the offer** je vous conseille d'accepter la proposition ◆ **it is to be ~ed** c'est à conseiller ◆ **it is not to be ~ed** c'est à déconseiller

**c** *(= make acceptable)* ◆ **she has a lot to ~ her** elle a beaucoup de qualités en sa faveur, il y a beaucoup à dire en sa faveur ◆ **she has little to ~ her** elle n'a pas grand-chose pour elle ◆ **the apartment has little to ~ it** l'appartement est sans grand intérêt ◆ **this biography has much to ~ it** cette biographie est vraiment à recommander

**d** *(frm = commit) [+ child, one's soul]* recommander, confier *(to* à)

COMP ▹ **recommended daily allowance, recommended daily amount, recommended daily intake** N apport *m* quotidien *or* journalier recommandé ▹ **recommended reading** N *(NonC)* ouvrages *mpl* recommandés ▹ **recommended retail price** N *(Comm)* prix *m* conseillé

**recommendable** /ˌrekəˈmendəbl/ ADJ recommandable ◆ **it is not ~** c'est à déconseiller

**recommendation** /ˌrekemenˈdeɪʃən/ N recommandation *f* ◆ **on the ~ of ...** sur la recommandation de ...

**recommendatory** /ˌrekəˈmendətərɪ/ ADJ de recommandation

**recommittal** /ˌriːkəˈmɪtl/ N *(US Parl)* renvoi *m* en commission *(d'un projet de loi)*

**recompense** /ˈrekəmpens/ N **a** *(= reward)* récompense *f* ◆ **in ~ for** en récompense de **b** *(Jur: for damage)* dédommagement *m*, compensation *f* VT **a** *(= reward)* récompenser *(for* de) **b** *(Jur etc = repay) [+ person]* dédommager ; *[+ damage, loss]* compenser, réparer

**recompose** /ˌriːkəmˈpəʊz/ VT **a** *(= rewrite)* recomposer **b** *(= calm)* **to ~ o.s.** se ressaisir, retrouver son calme *or* son sang-froid

**reconcilable** /ˈrekənsaɪləbl/ ADJ *[ideas, opinions]* conciliable, compatible *(with* avec)

**reconcile** /ˈrekənsaɪl/ VT *[+ person]* réconcilier *(to* avec) ; *[+ two facts, ideas, demands]* concilier ◆ **is it possible to ~ these two perspectives?** est-il possible de concilier ces deux perspectives ? ◆ **they were ~d** ils se sont réconciliés ◆ **to ~ o.s. to sth** se résigner à qch, se faire à qch ◆ **to ~ sb to sth** faire accepter qch à qn

**reconciliation** /ˌrekənsɪlɪˈeɪʃən/ N *[of persons]* réconciliation *f* ; *[of opinions, principles]* conciliation *f*

**recondite** /rɪˈkɒndaɪt/ ADJ *(frm)* abscons *(frm)*

**recondition** /ˌriːkənˈdɪʃən/ VT remettre à neuf *or* en état ◆ **~ed engine** *(Aut)* moteur *m* refait à neuf *or* entièrement révisé ◆ **~ed fridge/vacuum cleaner** réfrigérateur *m*/aspirateur *m* remis en état

**reconnaissance** /rɪˈkɒnɪsəns/ N *(Aviat, Mil)* reconnaissance *f* COMP ▹ **reconnaissance flight** N vol *m* de reconnaissance ▹ **reconnaissance patrol** N patrouille *f* de reconnaissance

**reconnect** /ˌriːkəˈnekt/ VT *[+ electricity, gas, water]* rétablir ; *[+ phone]* remettre en service ; *[+ person, home]* rebrancher sur le réseau ◆ **he wants to ~ the Tories with contemporary realities** il veut remettre les conservateurs en prise avec les réalités actuelles VI se remettre en prise *(with* avec)

**reconnection** /ˌriːkəˈnekʃən/ N *[of electricity, telephone]* remise *f* en service COMP ▹ **reconnection fee** N *(Elec, Telec etc)* reprise *f* d'abonnement

**reconnoitre, reconnoiter** *(US)* /ˌrekəˈnɔɪtəʳ/ *(Aviat, Mil)* VT *[+ region]* reconnaître VI faire une reconnaissance

**reconnoitring** /ˌrekəˈnɔɪtərɪŋ/ N *(Aviat, Mil)* reconnaissance *f*

**reconquer** /ˌriːˈkɒŋkəʳ/ VT reconquérir

**reconquest** /ˌriːˈkɒŋkwest/ N reconquête *f*

**reconsider** /ˌriːkənˈsɪdəʳ/ VT *[+ decision, opinion]* reconsidérer, réexaminer ; *[+ judgement]* réviser ◆ **won't you ~ it?** est-ce que vous seriez prêt à reconsidérer la question ?

◆ **to ~ whether to resign** reconsidérer la possibilité de démissionner **VI** *(gen)* reconsidérer *or* réexaminer la question ; *(= change one's mind)* changer d'avis

**reconsideration** /ˈriːkənˌsɪdəˈreɪʃən/ **N** remise *f* en cause, nouvel examen *m*

**reconstitute** /ˌriːˈkɒnstɪtjuːt/ **VT** *(gen)* reconstituer ; *(Culin)* réhydrater

**reconstitution** /ˈriːˌkɒnstɪˈtjuːʃən/ **N** reconstitution *f*

**reconstruct** /ˌriːkənˈstrʌkt/ **VT** *[+ building]* reconstruire, rebâtir ; *[+ crime]* reconstituer ; *[+ policy, system]* reconstruire

**reconstruction** /ˌriːkənˈstrʌkʃən/ **N** *[of building, policy, system]* reconstruction *f* ; *[of crime]* reconstitution *f* ◆ **the Reconstruction** *(US Hist)* la Reconstruction de l'Union *(après 1865)*

**reconstructive surgery** /ˌriːkənˈstrʌktɪv ˈsɜːdʒərɪ/ **N** chirurgie *f* réparatrice

**reconvene** /ˌriːkənˈviːn/ **VT** reconvoquer **VI** *[committee, jury etc]* se réunir *or* s'assembler de nouveau ; *[meeting]* reprendre ◆ **we will ~ at 10 o'clock** la réunion (*or* l'audience *etc*) reprendra à 10 heures

**record** /rɪˈkɔːd/ LANGUAGE IN USE 27.3

**VT** a *(= register)* *[+ facts, story]* enregistrer ; *[+ protest, disapproval]* prendre acte de ; *[+ event etc]* *(in journal, log)* noter, consigner ; *(= describe)* décrire ◆ **to ~ the proceedings of a meeting** tenir le procès-verbal d'une assemblée ◆ **to ~ one's vote** *(Parl)* voter ◆ **his speech as ~ed in the newspapers ...** son discours, tel que le rapportent les journaux ... ◆ **history/the author ~s that ...** l'histoire/l'auteur rapporte que ... ◆ **it's not ~ed anywhere** ce n'est pas attesté ◆ **to ~ the population** recenser la population

b *[instrument, thermometer]* enregistrer, marquer

c *[+ speech, music]* enregistrer ◆ **to ~ sth on tape** enregistrer qch sur bande ◆ **to ~ sth on video** magnétoscoper qch ◆ **this is a ~ed message** *(Telec)* ceci est *or* vous écoutez un message enregistré ; → **tape**

**VI** enregistrer ◆ **he is ~ing at 5 o'clock** il enregistre à 5 heures ◆ **his voice does not ~ well** sa voix ne se prête pas bien à l'enregistrement

**N** /ˈrekɔːd/ a *(= account, report)* rapport *m*, récit *m* ; *(of attendance)* registre *m* ; *(of act, decision)* minute *f* ; *(of evidence, meeting)* procès-verbal *m* ; *(= official report)* rapport *m* officiel ; *(Jur)* enregistrement *m* ; *(= historical report)* document *m* ◆ **the society's ~s** les actes *mpl* de la société ◆ **(public) ~s** archives *fpl*, annales *fpl* ◆ **to make** *or* **keep a ~** noter, consigner ◆ **this statue is a ~ of a past civilization** cette statue est un témoin d'une civilisation passée ◆ **it is on ~ that ...** *(fig)* c'est un fait établi *or* il est établi que ... ◆ **there is no similar example on ~** aucun exemple semblable n'est attesté ◆ **to go/be on ~ as saying that ...** déclarer/avoir déclaré publiquement que ... ◆ **to put on ~** consigner, mentionner (par écrit) ◆ **the highest temperatures on ~** les plus fortes températures enregistrées ◆ **there is no ~ of his having said it** il n'est noté *or* consigné nulle part qu'il l'ait dit ◆ **there is no ~ of it in history** l'histoire n'en fait pas mention ◆ **to put** *or* **set the ~ straight** mettre les choses au clair, dissiper toute confusion possible ◆ **just to put** *or* **set the ~ straight, let me point out that ...** pour qu'il n'y ait aucune confusion possible, disons bien que ... ◆ **for the ~, they refuse ...** *(fig)* il faut noter *or* signaler qu'ils refusent ... ◆ **this is strictly off the ~** * ceci est à titre (purement) confidentiel *or* officieux, ceci doit rester strictement entre nous ◆ **the interview was off the ~** * l'interview n'était pas officielle ◆ **off the ~ *, he did come!** il est effectivement venu, mais que ceci reste entre nous *or* mais je ne vous ai rien dit ◆ **on the ~, he admitted that ...** *(Press etc)* dans ses déclarations officielles, il a reconnu que ...

b *(= case history)* dossier *m* ; *(= card)* fiche *f* ◆ **service ~** *(Mil)* états *mpl* de service ◆ **(police) ~** *(Jur)* casier *m* judiciaire ◆ **~ of previous convictions** dossier *m* du prévenu ◆ **he's got a clean ~, he hasn't got a ~** * *(Jur, Police)* il a un casier (judiciaire) vierge ◆ **he's got a long ~** il a un casier judiciaire chargé ◆ **France's splendid ~** les succès *mpl* glorieux de la France ◆ **his past ~** sa conduite passée ◆ **his war ~** son passé militaire ◆ **his attendance ~ is bad** *(Scol)* il a été souvent absent ◆ **to have a good ~ at school** avoir un bon dossier scolaire ◆ **this airline has a good safety ~** cette compagnie aérienne a une bonne tradition de sécurité ◆ **he left a splendid ~ of achievements** il avait à son compte de magnifiques réussites ; → **police, track**

c *(Comput)* article *m*

d *(= recording)* *[of voice etc]* enregistrement *m*

e *(Audio)* disque *m* ◆ **to make** *or* **cut a ~** graver un disque

f *(Sport, fig)* record *m* ◆ **to beat** *or* **break the ~** battre le record ◆ **to hold the ~** détenir le record ◆ **long-jump ~** record *m* du saut en longueur ; → **world**

g *[of seismograph etc]* courbe *f* enregistrée

**COMP** *[amount, attendance, result]* record *inv* ▷ **record breaker N** *(= person)* *(gen)* nouveau champion *or* nouvelle championne en titre ; *(Sport)* nouveau recordman *m*, nouvelle recordwoman *f* ; *(= achievement)* performance *f* qui établit un nouveau record ▷ **record-breaking ADJ** qui bat tous les records ▷ **record cabinet N** casier *m* à disques, discothèque *f* *(meuble)* ▷ **record card N** fiche *f* ▷ **record company N** maison *f* de disques ▷ **record dealer N** disquaire *mf* ▷ **record deck N** platine *f* disques ▷ **record holder N** détenteur *m*, -trice *f* du record ▷ **record library N** discothèque *f* *(collection)* ▷ **record player N** tourne-disque *m* ▷ **record producer N** producteur *m*, -trice *f* de disques ▷ **record time N** ◆ **to do sth in ~ time** faire qch en un temps record ▷ **record token N** chèque-cadeau *m* *(à échanger contre un disque)*, chèque-disque *m*

**recorded** /rɪˈkɔːdɪd/ **ADJ** a *[music, message]* enregistré ; *[programme]* préenregistré, transmis en différé b *(= noted)* *[fact, occurrence]* attesté, noté ; *[crime]* signalé ; *[history]* écrit **COMP** ▷ **recorded delivery N** *(Brit Post)* *(= service)* ≃ recommandé *m* *(avec accusé de réception)* ; *(= letter, parcel)* envoi *m* en recommandé ◆ **to send sth by ~ delivery** ≃ envoyer qch en recommandé

**recorder** /rɪˈkɔːdəʳ/ **N** a *[of official facts]* archiviste *mf* ; *(= registrar)* greffier *m* b *(Brit Jur)* ≃ avocat *m* nommé à la fonction de juge ; *(US Jur)* ≃ juge *m* suppléant c *[of sounds]* *(= apparatus)* appareil *m* enregistreur ; *(= tape recorder)* magnétophone *m* ; *(= cassette recorder)* magnétophone *m* à cassettes ; → **video** d *(= person)* artiste *mf* qui enregistre e *(Mus)* flûte *f* à bec ◆ **descant/treble/tenor/bass ~** flûte *f* à bec soprano/alto/ténor/basse

**recording** /rɪˈkɔːdɪŋ/ **N** *[of sound, facts]* enregistrement *m* ◆ **"this programme is a recording"** *(Rad)* "ce programme a été enregistré" **ADJ** *[artist]* qui enregistre ; *[apparatus]* enregistreur **COMP** ▷ **the Recording Angel N** *(Rel)* l'ange qui tient le grand livre des bienfaits et des méfaits ▷ **recording equipment N** matériel *m* d'enregistrement ▷ **recording session N** séance *f* d'enregistrement ▷ **recording studio N** studio *m* d'enregistrement ▷ **recording tape N** bande *f* ou ruban *m* magnétique ▷ **recording van N** *(Rad, TV)* car *m* de reportage

**recount** /rɪˈkaʊnt/ **VT** *(= relate)* raconter, narrer ◆ **to ~ how an accident happened** retracer les circonstances d'un accident

**re-count** /ˌriːˈkaʊnt/ **VT** recompter, compter de nouveau **N** /ˈriːkaʊnt/ *[of votes]* recomptage *m* *or* nouveau comptage *m* des voix

**recoup** /rɪˈkuːp/ **VT** a *(= make good)* *[+ losses]* récupérer ◆ **to ~ costs** *[person]* rentrer dans ses fonds ; *[earnings]* couvrir les frais ; *[course of action]* permettre de couvrir les frais b *(= reimburse)* dédommager *(for* de*)* ◆ **to ~ o.s.** se dédommager, se rattraper c *(Jur)* déduire, défalquer **VI** récupérer ses pertes

**recourse** /rɪˈkɔːs/ **N** recours *m* *(to* à*)* ◆ **to have ~ to ...** avoir recours à ..., recourir à ...

**recover** /rɪˈkʌvəʳ/ **VT** *[+ sth lost, one's appetite, reason, balance]* retrouver ; *[+ sth lent]* reprendre *(from sb* à qn*)*, récupérer ; *[+ lost territory]* regagner, reconquérir ; *[+ sth floating]* repêcher ; *[+ space capsule, wreck]* récupérer ; *(Ind etc)* *[+ materials]* récupérer ; *(Fin)* *[+ debt]* recouvrer, récupérer ; *[+ goods, property]* rentrer en possession de ◆ **to ~ one's breath** reprendre haleine *or* sa respiration ◆ **to ~ one's strength** reprendre des forces ◆ **to ~ consciousness** revenir à soi, reprendre connaissance ◆ **to ~ one's sight/health** retrouver *or* recouvrer la vue/la santé ◆ **to ~ land from the sea** conquérir du terrain sur la mer ◆ **to ~ lost ground** *(fig)* se rattraper ◆ **to ~ o.s.** *or* **one's composure** se ressaisir, se reprendre ◆ **to ~ expenses** rentrer dans ses frais, récupérer ses débours ◆ **to ~ one's losses** réparer ses pertes ◆ **to ~ damages** *(Jur)* obtenir des dommages-intérêts

**VI** a *(after shock, accident)* se remettre *(from* de*)* ; *(from illness)* guérir, se rétablir *(from* de*)* ; *(= regain consciousness)* revenir à soi, reprendre connaissance ; *(after error)* se ressaisir ; *[economy, currency]* se rétablir, se redresser ; *[stock market]* reprendre ; *[shares]* remonter ◆ **she has completely ~ed** elle est tout à fait rétablie

b *(Jur)* obtenir gain de cause ◆ **right to ~** droit *m* de reprise

**re-cover** /ˌriːˈkʌvəʳ/ **VT** recouvrir

**recoverable** /rɪˈkʌvərəbl/ **ADJ** *[goods, knowledge]* récupérable ; *[costs, debts]* recouvrable ; *[losses]* réparable

**recovered** /rɪˈkʌvəd/ **ADJ** *(after illness)* guéri, remis **COMP** ▷ **recovered memory N** *(Psych)* *(= thing remembered)* *souvenir d'une expérience traumatisante rappelé par psychothérapie* *(NonC)* *(= ability to remember)* *rappel d'expériences traumatisantes par psychothérapie*

**recovery** /rɪˈkʌvərɪ/ LANGUAGE IN USE 23.4

**N** a *(from illness)* guérison *f* *(from sth* de qch*)* ; *(from operation)* rétablissement *m* ◆ **he is making a good ~** *(gen)* il se remet bien ; *(from illness)* il est en bonne voie de guérison ; *(from operation)* il est en bonne voie de rétablissement ◆ **to make a full ~** *(from illness)* guérir complètement ; *(from operation)* se remettre complètement ◆ **he made a good ~ from his stroke** il s'est bien remis de son attaque ◆ **best wishes for a speedy ~** meilleurs vœux de prompt rétablissement ◆ **to be (well) on the road** *or* **way to ~** être en (bonne) voie de guérison ◆ **to be in ~** *(from alcohol, drug addiction)* être en cure de désintoxication ◆ **to be past ~** *[sick person]* être dans un état désespéré ; *[situation]* être sans remède, être irrémédiable ◆ **to make a ~** *(Sport)* se ressaisir b *(Fin, Econ) [of economy, market]* reprise *f*, redressement *m* ; *[of shares]* remontée *f* ◆ **a ~ in sales/in the housing market** une reprise des ventes/du marché de l'immobilier ◆ **to engineer the ~ of the economy** relancer l'économie ◆ **to be on the road to ~** être sur la voie de la reprise

c *(= retrieval) (gen)* récupération *f* ; *[of body] (from water)* repêchage *m* ◆ **a reward for the ~ of the Turner painting** une récompense à la personne qui permettra de retrouver *or* récupérer le tableau de Turner

d *(= regaining) [of memory, sight, health]* recouvrement *m* ; *[of consciousness, breath, strength]* reprise *f* ; *[of territory]* reconquête *f* ◆ **to bring about the ~ of sb's equanimity/reason/appetite** faire retrouver à qn sa sérénité/sa raison/son appétit

e *(Fin) [of expenses]* remboursement *m* ; *[of debt]* recouvrement *m* ; *[of losses]* réparation *f* ; *(Jur) [of damages]* obtention *f*

COMP ▷ **recovery operation** N opération *f* de récupération *(d'un vaisseau spatial etc)* ▷ **recovery position** N *(Med)* position *f* latérale de sécurité ◆ **to put sb in the ~ position** mettre qn en position latérale de sécurité ▷ **recovery room** N *(Med)* salle *f* de réveil ▷ **recovery ship** N *(Space, Naut)* navire *m* de récupération ▷ **recovery team** N *(Aviat, Naut)* équipe *f* de sauvetage ▷ **recovery vehicle** N *(Aut)* dépanneuse *f* ▷ **recovery vessel** N *(Space, Naut)* ⇒ **recovery ship**

**recreant** /ˈrekrɪənt/ ADJ, N *(liter)* lâche *mf*, traître(sse) *m(f)*

**recreate** /ˌriːkrɪˈeɪt/ VT recréer

**recreation** /ˌrekrɪˈeɪʃən/ N a loisir *m* ◆ **he listed his ~s as fishing and shooting** comme loisirs, il a donné la pêche et la chasse ◆ **for ~ I go fishing** je vais à la pêche pour me détendre b *(Scol)* récréation *f*, récré * *f*

COMP ▷ **recreation ground** N terrain *m* de jeux ▷ **recreation room** N *[of school, hospital etc]* salle *f* de récréation ; *(US) [of home]* salle *f* de jeux

**recreational** /ˌrekrɪˈeɪʃənəl/ ADJ *(gen)* pour les loisirs ◆ **~ facilities** équipements *mpl* de loisirs COMP ▷ **recreational drug** N drogue *f* euphorisante ▷ **recreational sex** N rapports *mpl* sexuels purement physiques ▷ **recreational therapist** N ludothérapeute *mf* ▷ **recreational therapy** N ludothérapie *f* ▷ **recreational vehicle** N *(US)* camping-car *m*, autocaravane *f*

**recreative** /ˈrekrɪˌeɪtɪv/ ADJ récréatif, divertissant

**recriminate** /rɪˈkrɪmɪneɪt/ VI récriminer *(against* contre)

**recrimination** /rɪˌkrɪmɪˈneɪʃən/ N récrimination *f*

**recriminatory** /rɪˈkrɪmɪnətərɪ/ ADJ *[argument]* récriminateur (-trice *f*), plein de récriminations ; *[shout]* de protestation ◆ **~ remark** récrimination *f*

**rec room** * /ˈrekrʊm/ N *(US)* (abbrev of **recreation room**) salle *f* de jeux

**recrudesce** /ˌriːkruːˈdes/ VI *(liter)* être en recrudescence

**recrudescence** /ˌriːkruːˈdesns/ N *(liter)* recrudescence *f*

**recrudescent** /ˌriːkruːˈdesnt/ ADJ *(liter)* recrudescent

**recruit** /rɪˈkruːt/ N *(Mil, fig)* recrue *f* ◆ **the party gained ~s from the middle classes** le parti faisait des recrues dans la bourgeoisie ; → **raw** VT *[+ member, soldier, staff]* recruter ◆ **the party was ~ed from the middle classes** le parti se recrutait dans la bourgeoisie ◆ **he ~ed me to help** il m'a embauché * pour aider

**recruiting** /rɪˈkruːtɪŋ/ N recrutement *m*

COMP ▷ **recruiting office** N *(Mil)* bureau *m* de recrutement ▷ **recruiting officer** N (officier *m*) recruteur *m*

**recruitment** /rɪˈkruːtmənt/ N recrutement *m*

COMP ▷ **recruitment agency** N agence *f* de recrutement ▷ **recruitment consultant** N conseil *m* en recrutement

**recta** /ˈrektə/ NPL of **rectum**

**rectal** /ˈrektəl/ ADJ rectal

**rectangle** /ˈrekˌtæŋgl/ N rectangle *m*

**rectangular** /rekˈtæŋgjʊləʳ/ ADJ rectangulaire

**rectifiable** /ˈrektɪfaɪəbl/ ADJ rectifiable

**rectification** /ˌrektɪfɪˈkeɪʃən/ N *(gen, Chem, Math)* rectification *f* ; *(Elec)* redressement *m*

**rectifier** /ˈrektɪfaɪəʳ/ N *(Elec)* redresseur *m*

**rectify** /ˈrektɪfaɪ/ VT a *[+ error]* rectifier, corriger ◆ **to ~ an omission** réparer une négligence *or* un oubli b *(Chem, Math)* rectifier c *(Elec)* redresser

**rectilineal** /ˌrektɪˈlɪnɪəl/, **rectilinear** /ˌrektɪˈlɪnɪəʳ/ ADJ rectiligne

**rectitude** /ˈrektɪtjuːd/ N rectitude *f*

**rector** /ˈrektəʳ/ N a *(Rel)* pasteur *m (anglican)* b *(Scot Scol)* proviseur *m* (de lycée) ; *(Univ)* ≃ recteur *m*

**rectorship** /ˈrektəʃɪp/ N *(Scot Scol)* provisorat *m* ; *(Univ)* ≃ rectorat *m*

**rectory** /ˈrektərɪ/ N presbytère *m (anglican)*

**rectum** /ˈrektəm/ N (pl **rectums** *or* **recta**) rectum *m*

**recumbent** /rɪˈkʌmbənt/ ADJ *(liter) [person]* allongé, étendu ◆ **~ figure** *(Art) (gen)* figure *f* couchée *or* allongée ; *(on tomb)* gisant *m* COMP ▷ **recumbent bicycle** N vélo *m* couché

**recuperate** /rɪˈkuːpəreɪt/ VI *(Med)* se rétablir, récupérer VT *[+ object]* récupérer ; *[+ losses]* réparer

**recuperation** /rɪˌkuːpəˈreɪʃən/ N *(Med)* rétablissement *m* ; *[of materials etc]* récupération *f*

**recuperative** /rɪˈkuːpərətɪv/ ADJ *[powers]* de récupération ; *[holiday, effect]* réparateur (-trice *f*)

**recur** /rɪˈkɜːʳ/ VI a *(= happen again) [error, event]* se reproduire ; *[idea, theme]* se retrouver, revenir ; *[illness, infection]* réapparaître ; *[opportunity, problem]* se représenter b *(= come to mind again)* revenir à la mémoire *(to sb* de qn) c *(Math)* se reproduire périodiquement

**recurrence** /rɪˈkʌrəns/ N *[of problem, event, idea, theme]* répétition *f* ; *[of headache, symptom]* réapparition *f* ; *[of opportunity, problem]* réapparition *f*, retour *m* ◆ **a ~ of the illness** un nouvel accès de la maladie, une rechute ◆ **let there be no ~ of this** que ceci ne se reproduise plus

**recurrent** /rɪˈkʌrənt/ ADJ a *(= recurring)* récurrent ◆ **~ nightmares** des cauchemars *mpl* récurrents ◆ **a ~ feature** un phénomène récurrent ◆ **~ bouts of tonsillitis** des angines *fpl* à répétition ◆ **~ miscarriages** des fausses couches *fpl* répétées ◆ **~ bouts of malaria** des crises *fpl* de paludisme intermittentes b *(Anat)* récurrent COMP ▷ **recurrent expenditure** N dépenses *fpl* courantes

**recurring** /rɪˈkɜːrɪŋ/ ADJ a ⇒ **recurrent** a b *(Math)* ◆ **3.3333 ~** 3,3 à l'infini ◆ **0.2727 ~** 0,27 périodique COMP ▷ **recurring decimal** N fraction *f* décimale récurrente *or* périodique

**recursion** /rɪˈkɜːʃən/ N *(Math, Gram)* récurrence *f*

**recursive** /rɪˈkɜːsɪv/ ADJ *(Gram)* récursif

**recursively** /rɪˈkɜːsɪvlɪ/ ADV de façon récursive

**recursiveness** /rɪˈkɜːsɪvnɪs/ N récursivité *f*

**recusant** /ˈrekjʊzənt/ ADJ *(Rel)* réfractaire

**recyclable** /ˌriːˈsaɪkləbl/ ADJ recyclable

**recycle** /ˌriːˈsaɪkl/ VT *(gen)* recycler ; *[+ waste, water]* retraiter ; *(Ind) [+ revenue]* réinvestir COMP ▷ **recycled paper** N papier *m* recyclé

**recycling** /ˌriːˈsaɪklɪŋ/ N recyclage *m* COMP ▷ **recycling plant** N *(gen)* usine *f* de recyclage ; *(for large-scale or toxic waste)* usine *f* de traitement des déchets ▷ **recycling scheme** N programme *m* de recyclage

**red** /red/ ADJ a *(in colour)* rouge ; *[hair]* roux (rousse *f*) ◆ **~ as a beetroot** *(Brit) or* **a beet** *(US)* rouge comme une tomate ◆ **to go as ~ as a beetroot** *(Brit) or* **a beet** *(US) (gen, from effort, sun, alcohol, embarrassment)* devenir rouge comme une tomate *or* une pivoine ; *(from anger)* devenir rouge de colère ◆ **he was rather ~ in the face** *(naturally)* il était rougeaud, il avait le teint rouge ◆ **her face was ~** *(gen, from anger, effort, sun, heat, alcohol)* elle avait le visage rouge ; *(= ashamed, embarrassed)* elle était rouge jusqu'aux oreilles ◆ **was I ~ in the face! *, was my face ~! *, did I have a ~ face! *** j'étais rouge jusqu'aux oreilles ! ◆ **he went ~ in the face** son visage est devenu tout rouge ◆ **~ with anger** rouge de colère ◆ **to go** *or* **turn ~ with embarrassment** rougir de confusion *or* d'embarras ◆ **nature ~ in tooth and claw** la nature impitoyable *or* sauvage ◆ **to go into ~ ink** * *(US) [company]* être dans le rouge ; *[individual]* se mettre à découvert ◆ **to bleed ~ ink** * *[business, company]* battre de l'aile ◆ **it's like a ~ rag to a bull** *(Brit)* c'est comme le rouge pour les taureaux ◆ **that is like a ~ rag to him** *(Brit)* il voit rouge quand on lui en parle (*or* quand on le lui montre *etc*) ◆ **to see ~** voir rouge ◆ **it's not worth a ~ cent** * *(US)* ça ne vaut pas un rond * ◆ **I didn't get a ~ cent!** *(US)* je n'ai pas touché un centime *or* un rond ! * ◆ **~ sky at night, shepherd's delight, ~ sky in the morning, shepherd's warning** *(Prov)* ciel rouge le soir, signe de beau temps, ciel rouge le matin, signe de mauvais temps ; see also **comp** ; → **blood, brick, man, paint**

b *(Pol* * *pej)* rouge ◆ **better ~ than dead** plutôt rouge que mort

N a *(= colour, wine)* rouge *m*

b *(Pol = person)* rouge *mf*, communiste *mf* ◆ **he sees ~s under the bed** il voit des communistes partout

c *(Billiards)* bille *f* rouge ; *(Roulette)* rouge *m*

d *(fig)* **to be in the ~** * être dans le rouge * ◆ **to get out of the ~** sortir du rouge * ◆ **to be £100 in the ~** avoir un découvert *or* un déficit de 100 livres

e *(US Hist = Indians)* **the Reds** les Peaux-Rouges *mpl*

COMP ▷ **red admiral (butterfly)** N vulcain *m* ▷ **red alert** N alerte *f* maximale *or* rouge ◆ **to be on ~ alert** *(Mil)* être en état d'alerte maximale ▷ **the Red Army** N l'Armée *f* rouge ▷ **Red Army Faction** N Fraction *f* armée rouge ▷ **red-blooded** ADJ vigoureux ▷ **red-brick** ADJ en briques rouges N *(Brit)* (also **red-brick university**) université *f* de fondation assez récente ▷ **the Red Brigades** NPL *(Pol)* les Brigades *fpl* rouges ▷ **red cabbage** N chou *m* rouge ▷ **red cap** N *(Brit Mil* *) policier *m* militaire ; *(US Rail)* porteur *m* ▷ **red card** N *(Ftbl)* carton *m* rouge ◆ **to be shown the ~ card** *(lit, fig)* recevoir un carton rouge ▷ **red-card** VT donner un carton rouge à ▷ **red carpet** N *(fig)* ◆ **to roll out the ~ carpet for sb** dérouler le tapis rouge pour recevoir qn, recevoir qn en grande pompe ▷ **red-carpet treatment** N **to give sb the ~-carpet treatment** recevoir qn en grande pompe ▷ **Red China** N Chine *f* rouge ▷ **Red Crescent** N Croissant-Rouge *m* ▷ **Red Cross (Society)** N Croix-Rouge *f* ▷ **red deer** N cerf *m* noble *or* élaphe ▷ **red duster** *, **red ensign** N *(Naut)* pavillon *m* de la marine marchande (britannique) ▷ **red-eye** N *(Phot)* (effet *m*) yeux *mpl* rouges ; *(US)* mauvais whisky *m* ; ( * = *night flight:* also **red-eye flight**) avion *m or* vol *m* de nuit ▷ **red-eyed** ADJ aux yeux rouges ▷ **red-faced** ADJ *(lit)* rougeaud, rubicond ; *(fig)* gêné, rouge de confusion ▷ **Red Flag** N drapeau *m* rouge ◆ **"The Red Flag"** *hymne du parti travailliste* ▷ **red flag** N *(= danger signal)* avertissement *m* ▷ **red giant** N *(Astron)* géante *f* rouge ▷ **red grouse** N grouse *f*, lagopède *m* d'Écosse ▷ **the Red Guard** N *(in former USSR)* la garde rouge ▷ **the Red Guards** NPL *(in China)* les gardes *mpl* rouges ▷ **red-haired** ADJ roux (rousse *f*) ▷ **red-handed** ADJ ◆ **to be caught ~-handed** être pris en flagrant délit *or* la main dans le sac ▷ **red hat** N *(Rel)* chapeau *m* de cardinal ▷ **red-headed** ADJ ⇒ **red-haired** ▷ **red heat** N ◆ **to raise iron to ~ heat** chauffer le fer au rouge ▷ **red herring** N *(lit)* hareng *m* saur ◆ **that's a ~ herring** c'est pour brouiller les pistes, c'est une diversion ▷ **red-hot** ADJ *(lit)* chauffé au rouge, brûlant ; *(fig = enthusiastic)* ardent, enthousiaste ; *(fig = up to the moment) [news, information]* de dernière minute ; *(fig = very popular)* excellent N *(US Culin *)* hot-dog *m* ▷ **Red Indian** N Peau-Rouge *mf* ▷ **red lead** N minium *m* ▷ **red-letter day** N jour *m* mémorable, jour *m* à marquer d'une pierre blanche ▷ **red light** N *(Aut)* feu *m* rouge ◆ **to go through the ~ light** passer au rouge, griller * *or* brûler un feu rouge ▷ **red-light district** N quartier *m* chaud *, quartier *m* des prostituées ▷ **red man** N (pl **red men**) *(US)* Indien *m (aux USA)* ◆ **it's the ~ man** *(Brit: at pedestrian crossing)* c'est rouge (pour les piétons) ▷ **red meat** N viande *f* rouge ▷ **red mist** * N ◆ **he saw the ~ mist** il a vu rouge * ▷ **red mullet** N rouget *m* barbet ▷ **Red Nose Day** N *journée de collecte d'argent pour les œuvres charitables, où certains portent un nez rouge en plastique* ▷ **red ochre** N *(Miner)* ocre *f* rouge ▷ **red pepper** N poivron *m* rouge ▷ **Red Riding Hood** N (also **Little Red Riding Hood**) le Petit Chaperon rouge ▷ **red salmon** N saumon *m* rouge ▷ **Red Sea** N *(Geog)* mer *f* Rouge ▷ **red sea bream** N daurade *f* (*or* dorade *f*) rose ▷ **red shank** N chevalier *m* gambette ▷ **red snapper** N vivaneau *m* ▷ **Red Square** N *(in Moscow)* la place Rouge ▷ **red squirrel** N écureuil *m* ▷ **red tape** N *(fig)* paperasserie *f*, bureaucratie *f* tatillonne ▷ **red wine** N vin *m* rouge

**redact** /rɪˈdækt/ VT *(frm) (= draw up)* rédiger ; *(= edit)* éditer

**redaction** /rɪˈdækʃən/ N *(frm) (= version)* rédaction *f* ; *(= editing)* édition *f*

**redbreast** /ˈredbrest/ N rouge-gorge *m*

**redcoat** /ˈredkəʊt/ N *(Hist)* soldat *m* anglais ; *(Brit) (in holiday camp)* animateur *m*, -trice *f*

**redcurrant** /redˈkʌrənt/ N groseille *f* (rouge)

**redden** /ˈredn/ VT rendre rouge, rougir VI *[person]* rougir ; *[foliage]* roussir, devenir roux

**reddish** /ˈredɪʃ/ ADJ *(gen)* tirant sur le rouge, rougeâtre *(pej)* ; *[hair]* tirant sur le roux, roussâtre *(pej)* ◆ **~-brown** *(gen)* d'un brun rouge, brun-rougeâtre *inv (pej)* ; *[hair]* d'un brun roux, brun-roussâtre *inv (pej)*

**redecorate** /ˌriːˈdekəreɪt/ VT *[+ room, house] (= repaint)* repeindre ; *(= redesign)* refaire la décoration de VI *(= repaint)* refaire les peintures ; *(= redesign)* refaire la décoration

**redecoration** /riːˌdekəˈreɪʃən/ N remise *f* à neuf des peintures, remplacement *m* des papiers peints

**redeem** /rɪˈdiːm/ VT *(= buy back)* racheter ; *(from pawn)* dégager ; *(Fin) [+ debt]* amortir, rembourser ; *[+ bill]* honorer ; *[+ mortgage]* purger ; *[+ insurance policy]* encaisser ; *(Comm) [+ coupon, token]* échanger (*for* contre) ; *(US) [+ banknote]* convertir en espèces ; *[+ promise]* tenir ; *[+ obligation]* s'acquitter de, satisfaire à ; *(Rel) [+ sinner]* racheter, rédimer *(frm)* ; *(= compensate for) [+ failing]* racheter, compenser ; *[+ fault]* réparer ◆ **to ~ o.s.** *or* **one's honour** se racheter ◆ **to ~ sb/sth from sth** sauver qn/qch de qch

**redeemable** /rɪˈdiːməbl/ ADJ *[voucher]* échangeable (*against sth* contre qch) ; *[bond, bill]* remboursable ; *[mortgage]* remboursable, amortissable ; *[debt]* amortissable ; *[insurance policy]* encaissable ; *(from pawn)* qui peut être dégagé ◆ **the vouchers are ~ on selected items** les bons sont à valoir sur l'achat de certains articles ◆ **the catalogue costs £5, ~ against a first order** le catalogue coûte 5 livres, remboursées à la première commande

**Redeemer** /rɪˈdiːməʳ/ N *(Rel)* Rédempteur *m*

**redeeming** /rɪˈdiːmɪŋ/ ADJ ◆ **to have some ~ features** avoir des qualités qui rachètent *or* compensent les défauts ◆ **I could not find a single ~ feature in this book** je n'ai pas trouvé la moindre qualité à ce livre ◆ **a book with no ~ qualities** un livre qu'aucune qualité ne vient sauver, un livre sans la moindre qualité pour racheter ses défauts ◆ **his one ~ quality is ...** la seule chose qui peut le racheter est ...

**redefine** /ˌriːdɪˈfaɪn/ VT *(gen)* redéfinir ◆ **to ~ the problem** modifier les données du problème

**redemption** /rɪˈdempʃən/ N a *(= salvation) (gen)* rédemption *f*, rachat *m* ; *(Rel)* rédemption *f* ◆ **the plants were crushed beyond ~** les plantes étaient tellement écrasées qu'elles étaient irrécupérables ◆ **to be beyond** *or* **past ~** *[person]* être définitivement perdu *(fig) [object]* être irréparable ; *[environment, plant]* être irrécupérable ; *[situation]* être irrémédiable b *(Fin) [of mortgage]* remboursement *m*, purge *f (SPEC)* ; *[of bond]* remboursement *m* ; *[of debt]* remboursement *m*, amortissement *m* ; *(from pawn)* dégagement *m* COMP ▷ **redemption value** N valeur *f* de remboursement

**redemptive** /rɪˈdemptɪv/ ADJ rédempteur (-trice *f*)

**redeploy** /ˌriːdɪˈplɔɪ/ VT *[+ troops]* redéployer ; *[+ workers, staff] (gen)* redéployer ; *(to new location)* réaffecter ; *(Econ) [+ sector etc]* redéployer

**redeployment** /ˌriːdɪˈplɔɪmənt/ N *[of troops, weapons, resources, funds]* redéploiement *m* (*(in)to sth* dans qch) ; *[of workers, staff] (gen)* redéploiement *m* (*to sth* dans qch) ; *(to new location)* réaffectation *f*

**redesign** /ˌriːdɪˈzaɪn/ VT reconcevoir

**redevelop** /ˌriːdɪˈveləp/ VT *[+ area]* rénover, réaménager

**redevelopment** /ˌriːdɪˈveləpmənt/ N *[of area]* rénovation *f*, réaménagement *m* COMP ▷ **redevelopment area** N zone *f* de rénovation *or* de réaménagement

**redhead** /ˈredhed/ N roux *m*, rousse *f*, rouquin(e) * *m(f)*

**redial** /ˌriːˈdaɪəl/ *(Telec)* VT recomposer VI recomposer le numéro COMP /ˈriːdaɪəl/ ▷ **redial button** N touche *f* bis ▷ **redial facility** N rappel *m* du dernier numéro composé

**redid** /ˌriːˈdɪd/ VB pt of **redo**

**redirect** /ˌriːdaɪˈrekt/ VT *[+ letter, parcel]* faire suivre, réadresser ; *[+ funds, resources]* réallouer ; *[+ traffic]* dévier ◆ **to ~ one's energies** réorienter *or* rediriger son énergie (*towards* vers)

**rediscover** /ˌriːdɪsˈkʌvəʳ/ VT redécouvrir

**redistribute** /ˌriːdɪsˈtrɪbjuːt/ VT redistribuer

**redistrict** /ˌriːˈdɪstrɪkt/ VT *(US Pol, Admin)* soumettre à un redécoupage électoral (*or* administratif) VI *(US Pol, Admin)* se soumettre à un redécoupage électoral (*or* administratif)

**redistricting** /ˌriːˈdɪstrɪktɪŋ/ N *(US Pol, Admin)* redécoupage *m* électoral (*or* administratif)

**redline** /ˈredlaɪn/ VT *(US Fin)* pratiquer une discrimination financière envers

**redneck** * /ˈrednek/ N *(esp US)* rustre *m*, péquenaud(e) * *m(f)*

**redness** /ˈrednɪs/ N rougeur *f* ; *[of hair]* rousseur *f*

**redo** /ˌriːˈduː/ (pret **redid**, ptp **redone**) VT refaire

**redolence** /ˈredəʊləns/ N *(liter)* parfum *m*, odeur *f* agréable

**redolent** /ˈredəʊlənt/ ADJ *(liter)* a *(= evocative)* ◆ **~ of sth** évocateur (-trice *f*) de qch ◆ **to be ~ of sth** évoquer qch b *(= smelling)* ◆ **to be ~ of sth** sentir qch ◆ **the air was ~ with the smell of freshly-baked bread** l'air embaumait le pain frais

**redone** /ˌriːˈdʌn/ VB ptp of **redo**

**redouble** /ˌriːˈdʌbl/ VT a redoubler ◆ **to ~ one's efforts** redoubler ses efforts *or* d'efforts b *(Bridge)* surcontrer VI redoubler N *(Bridge)* surcontre *m*

**redoubt** /rɪˈdaʊt/ N *(Mil)* redoute *f*

**redoubtable** /rɪˈdaʊtəbl/ ADJ redoutable, formidable

**redound** /rɪˈdaʊnd/ VI *(frm)* contribuer (*to* à) ◆ **to ~ upon** retomber sur ◆ **to ~ to sb's credit** être (tout) à l'honneur de qn

**redraft** /ˌriːˈdrɑːft/ VT rédiger de nouveau

**redress** /rɪˈdres/ VT *[+ situation]* redresser ; *[+ wrong, grievance]* réparer ◆ **to ~ the balance (between)** rétablir l'équilibre (entre) N réparation *f* (*for sth* pour qch) ◆ **~ against sb** recours *m* contre qn ◆ **~ of grievances** réparation *f* ◆ **to have no ~** n'avoir aucun recours ◆ **to seek ~** exiger *or* demander réparation

**redskin** /ˈredskɪn/ N Peau-Rouge *mf*

**redstart** /ˈredstɑːt/ N *(Orn)* rouge-queue *m*

**reduce** /rɪˈdjuːs/ VT a *(= lessen)* réduire (*to* à ; *by* de) diminuer ; *(= shorten)* raccourcir ; *(= weaken)* affaiblir ; *(= lower)* abaisser ; *[+ drawing, plan]* réduire ; *[+ expenses]* réduire, restreindre ; *[+ price]* baisser, diminuer ; *(Med) [+ swelling]* résorber, résoudre ; *[+ temperature]* faire descendre, abaisser ; *(Culin) [+ sauce]* faire réduire ; *(Ind) [+ output]* ralentir ; *(Mil etc: in rank)* rétrograder, réduire à un grade inférieur ◆ **to ~ sb to the ranks** *(Mil)* casser qn ◆ **to ~ unemployment** réduire le chômage ; *(gradually)* résorber le chômage ◆ **to ~ speed** *(in car)* diminuer la vitesse, ralentir ◆ **"reduce speed now"** "ralentir" ◆ **to ~ the age of retirement to 58**

ramener l'âge de la retraite à 58 ans ◆ **to ~ a prisoner's sentence** *(Jur)* réduire la peine d'un prisonnier

b *(Chem, Math, fig)* réduire (*to* en, à) ◆ **to ~ sth to a powder/to pieces/to ashes** réduire qch en poudre/en morceaux/en cendres ◆ **to ~ an argument to its simplest form** réduire un raisonnement à sa plus simple expression, simplifier un raisonnement au maximum ◆ **it has been ~d to nothing** cela a été réduit à zéro ◆ **he's ~d to a skeleton** il n'est plus qu'un squelette ambulant ◆ **to ~ sb to silence/obedience/despair** réduire qn au silence/à l'obéissance/au désespoir ◆ **to ~ sb to begging/to slavery** réduire qn à la mendicité/en esclavage ◆ **to be ~d to begging** être réduit *or* contraint à mendier ◆ **to ~ sb to submission** soumettre qn ◆ **to ~ sb to tears** faire pleurer qn ◆ **to ~ sth to writing** *(Admin, Jur)* consigner qch par écrit

VI *(esp US = slim)* maigrir ◆ **to be reducing** être au régime

**reduced** /rɪˈdjuːst/ ADJ *(gen)* réduit ◆ **to buy at a ~ price** *[+ ticket]* acheter à prix réduit ; *[+ goods]* acheter au rabais *or* en solde ◆ **to be ~** *(Comm)* être soldé *or* en solde ◆ **"reduced"** *(on ticket)* "prix réduit" ◆ **on a ~ scale** *[reproduce]* à échelle réduite ; *[act, plan]* sur une plus petite échelle ◆ **in ~ circumstances** *(frm)* dans la gêne COMP ▷ **reduced instruction set computer** N ordinateur *m* à jeu d'instructions réduit ▷ **reduced instruction set computing** N traitement *m* avec jeu d'instructions réduit

**reducer** /rɪˈdjuːsəʳ/ N *(= slimming device)* appareil *m* d'amaigrissement ; *(Phot)* réducteur *m*

**reducible** /rɪˈdjuːsəbl/ ADJ réductible

**reductio ad absurdum** /rɪˈdʌktɪəʊˌædəbˈsɜːdəm/ N réduction *f* à l'absurde

**reduction** /rɪˈdʌkʃən/ N a réduction *f* ; *(in length)* raccourcissement *m* ; *(in width)* diminution *f* ; *[of expenses, staff]* réduction *f*, compression *f* ; *[of prices, wages]* diminution *f*, baisse *f* ; *[of temperature]* baisse *f* ; *(Elec) [of voltage]* diminution *f* ; *(Jur) [of sentence]* réduction *f*, modération *f* ; *(Med) [of swelling]* résorption *f*, résolution *f* ; *(Phot)* réduction *f* ; *(Tech)* démultiplication *f* ◆ **to make a ~ on an article** *(Comm)* faire une remise sur un article ◆ **~ of taxes** dégrèvement *m* d'impôts ◆ **~ of speed** ralentissement *m* ◆ **~ in strength** *(Mil etc)* réduction *f or* diminution *f* des effectifs ◆ **~ in rank** rétrogradation *f* b *(Culin)* réduction *f*

**reductionism** /rɪˈdʌkʃəˌnɪzəm/ N a *(pej)* approche *f* réductrice b *(Philos)* réductionnisme *m*

**reductionist** /rɪˈdʌkʃənɪst/ ADJ a *(pej)* réducteur b *(Philos)* réductionniste N a *(pej)* personne *f* aux vues réductrices b *(Philos)* réductionniste *mf*

**reductive** /rɪˈdʌktɪv/ ADJ *(pej = simplistic)* réducteur (-trice *f*), simplificateur (-trice *f*)

**redundance** /rɪˈdʌndəns/ N ⇒ **redundancy**

**redundancy** /rɪˈdʌndənsɪ/ N a *(Brit Ind)* licenciement *m* (économique), mise *f* au *or* en chômage (pour raisons économiques) ◆ **it caused a lot of redundancies** cela a causé de nombreux licenciements *or* la mise au chômage de nombreux employés ◆ **he feared ~** il redoutait d'être licencié *or* mis au chômage ◆ **he went in the last round of redundancies** il a perdu son emploi lors de la dernière série de licenciements, il fait partie de la dernière charrette * ◆ **compulsory ~** licenciement *m* ◆ **voluntary ~** départ *m* volontaire b *(gen)* excès *m* c *(Literat)* redondance *f* COMP ▷ **redundancy money, redundancy payment** N *(Brit)* indemnité *f* de licenciement

**redundant** /rɪˈdʌndənt/ ADJ a *(Brit Ind)* licencié *or* au *or* en chômage (pour raisons économiques) ◆ **to make sb ~** licencier qn *or* mettre qn au chômage (pour raisons économiques) b *(= superfluous) [object, example, detail]* superflu ; *[building]* désaffecté ; *[word, term, information]* redondant ; *(Brit) [person]* en surnombre

**reduplicate** /rɪˈdjuːplɪkeɪt/ VT redoubler ; *(Ling)* rédupliquer ADJ /rɪˈdjuːplɪkɪt/ redoublé, rédupliqué

**reduplication** /rɪˌdjuːplɪˈkeɪʃən/ N redoublement *m* ; *(Ling)* réduplication *f*

**reduplicative** /rɪˈdjuːplɪkətɪv/ ADJ *(Ling)* réduplicatif

**redux** /rɪˈdʌks/ ADJ *(esp US)* nouvelle formule *inv*

**redwing** /ˈredwɪŋ/ N *(Orn)* mauvis *m*

**redwood** /ˈredwʊd/ N *(Bot)* séquoia *m*

**re-echo** /riːˈekəʊ/ VI retentir, résonner (de nouveau *or* plusieurs fois) VT répéter, renvoyer en écho

**reed** /riːd/ N *(Bot)* roseau *m* ; *[of wind instrument]* anche *f* ; *(liter = pipe)* chalumeau *m*, pipeau *m* ◆ **the ~s** *(Mus)* les instruments *mpl* à anche ; → **broken** COMP *[basket etc]* de *or* en roseau(x) ▷ **reed bed** N roselière *f* ▷ **reed bunting** N *(Orn)* bruant *m* des roseaux ▷ **reed instrument** N *(Mus)* instrument *m* à anche ▷ **reed stop** N *(Mus)* jeu *m* d'anches *or* à anches

**re-educate** /ˌriːˈedjʊkeɪt/ VT rééduquer

**re-education** /ˈriːˌedjʊˈkeɪʃən/ N rééducation *f*

**reedy** /ˈriːdɪ/ ADJ a *(Bot) [bank]* couvert de roseaux ; *[pond]* envahi par les roseaux b *(pej = high-pitched) [voice, sound, instrument]* aigu (-guë *f*)

**reef**[1] /riːf/ N a récif *m*, écueil *m* ; *(fig)* écueil *m* ◆ **coral ~** récif *m* de corail b *(Min)* filon *m*

**reef**[2] /riːf/ N *(Naut)* ris *m* VT *(Naut) [+ sail]* prendre un ris dans COMP ▷ **reef knot** N nœud *m* plat

**reefer** /ˈriːfəʳ/ N a *(= jacket)* caban *m* b ‡ *(= joint)* joint ‡ *m* c *(US* ‡ *= truck etc)* camion *m* (*or* wagon *m*) frigorifique

**reek** /riːk/ N puanteur *f*, relent *m* VI a *(= smell)* puer, empester ◆ **to ~ of sth** puer *or* empester qch b *(Scot) [chimney]* fumer

**reel** /riːl/ N a *[of thread, tape etc]* bobine *f* ; *(Fishing)* moulinet *m* ; *[of film] (Cine)* bande *f* ; *(Phot)* bobine *f*, rouleau *m* ; *(for cable, hose)* dévidoir *m* ; *(Tech)* dévidoir *m*, touret *m*, bobine *f* ; → **inertia**

b *(= dance)* reel *m*, quadrille *m* écossais

VT *(Tech) [+ thread]* bobiner

VI a *(gen)* chanceler ; *[drunkenly]* tituber ◆ **he lost his balance and ~ed back** il a perdu l'équilibre et il a reculé en chancelant *or* titubant ◆ **he went ~ing down the street** il a descendu la rue en chancelant *or* titubant ◆ **the blow made him ~** le coup l'a fait chanceler, il a chancelé sous le coup

b *(fig)* **my head is ~ing** la tête me tourne ◆ **the news made him *or* his mind ~** la nouvelle l'a ébranlé ◆ **I ~ed at the very thought** cette pensée m'a donné le vertige ◆ **I'm still ~ing from the shock of it** je ne me suis pas encore remis du choc ◆ **to leave sb ~ing** ébranler qn ◆ **the news left us ~ing with disbelief** la nouvelle nous a ébranlés et nous a laissés incrédules ◆ **the news sent markets ~ing** la nouvelle a (profondément) perturbé les marchés

COMP ▷ **reel holder** N porte-bobines *m inv* ▷ **reel-to-reel** ADJ à bobines

► **reel in** VT SEP *(Fishing, Naut)* ramener, remonter

► **reel off** VT SEP *[+ verses, list]* débiter ; *[+ thread]* dévider

► **reel up** VT SEP enrouler

**re-elect** /ˌriːɪˈlekt/ VT réélire

**re-election** /ˌriːɪˈlekʃən/ N *(Pol)* ◆ **to stand** *(Brit)* *or* **run for ~** se représenter (aux élections)

**re-embark** /ˌriːɪmˈbɑːk/ VTI rembarquer

**re-embarkation** /ˈriːˌembɑːˈkeɪʃən/ N rembarquement *m*

**re-emerge** /ˌriːɪˈmɜːdʒ/ VI *[object, swimmer]* resurgir ; *[facts]* ressortir

**re-employ** /ˌriːɪmˈplɔɪ/ VT réembaucher

**re-enact** /ˌriːɪˈnækt/ VT a *(Jur)* remettre en vigueur b *[+ scene, crime]* reconstituer, reproduire

**re-enactment** /ˌriːɪˈnæktmənt/ N *(Jur) [of law]* remise *f* en vigueur ; *[of crime]* reconstitution *f*

**re-engage** /ˌriːɪnˈgeɪdʒ/ VT *[+ employee]* rengager, réembaucher ◆ **to ~ the clutch** *(Aut)* rengréner, rengrener

**re-engagement** /ˌriːɪnˈgeɪdʒmənt/ N a *[of employee]* rengagement *m*, réengagement *m*, réemploi *m* b *(Aut) [of clutch]* rengrènement *m*

**re-engineer** /ˌriːendʒɪˈnɪəʳ/ VT *[+ machine]* redessiner, relooker * ; *[+ department, process, system]* redéfinir

**re-enlist** /ˌriːɪnˈlɪst/ VI se rengager VT rengager

**re-enter** /ˌriːˈentəʳ/ VI a rentrer b ◆ **to ~ for an exam** se représenter à *or* se réinscrire pour un examen VT rentrer dans ◆ **to ~ the Earth's atmosphere** *(Space)* rentrer dans l'atmosphère

**re-entry** /ˌriːˈentrɪ/ N *(gen, Space)* rentrée *f* ◆ **her ~ into politics** son retour à la politique COMP ▷ **re-entry permit** N permis *m* de rentrée *(dans un pays où l'on voyage avec un visa)* ▷ **re-entry point** N *(Space)* point *m* de rentrée

**re-erect** /ˌriːɪˈrekt/ VT *[+ building, bridge]* reconstruire ; *[+ scaffolding, toy]* remonter

**re-establish** /ˌriːɪsˈtæblɪʃ/ LANGUAGE IN USE 26.3 VT *[+ relations, links, order, stability, monarchy, service]* rétablir ; *[+ person]* réhabiliter ; *[+ custom]* restaurer ◆ **to ~ itself** *[species]* se réimplanter ◆ **to ~ o.s. (as)** *[person] (after failure, setback)* retrouver sa place (de) ◆ **the Conservatives are trying to ~ themselves in Scotland** les conservateurs essaient de retrouver leur place *or* de regagner du terrain en Écosse

**re-establishment** /ˌriːɪsˈtæblɪʃmənt/ N *[of relations, links, order, stability, monarchy, service]* rétablissement *m* ; *[of species]* réintroduction *f* ; *[of refugees]* réinstallation *f*

**re-evaluate** /ˌriːɪˈvæljʊeɪt/ VT réévaluer

**reeve**[1] /riːv/ N *(Hist)* premier magistrat *m* ; *(Can)* président *m* du conseil municipal

**reeve**[2] /riːv/ VT *(Naut) [+ rope]* passer dans un anneau *or* une poulie, capeler ; *[+ shoal]* passer au travers de

**re-examination** /ˈriːɪgˌzæmɪˈneɪʃən/ N nouvel examen *m* ; *(Jur: of witness)* nouvel interrogatoire *m*

**re-examine** /ˌriːɪgˈzæmɪn/ VT examiner de nouveau ; *(Jur) [+ witness]* interroger de nouveau

**re-export** /ˌriːɪkˈspɔːt/ VT réexporter N /ˌriːˈekspɔːt/ réexportation *f*

**ref**[1] *(Comm)* (abbrev of **with reference to**) → **reference**

**ref**[2] * /ref/ **N** *(Sport)* (abbrev of **referee**) arbitre *m*

**refection** /rɪˈfekʃən/ **N** *(frm)* *(= light meal)* collation *f*, repas *m* léger ; *(= refreshment)* rafraîchissements *mpl*

**refectory** /rɪˈfektərɪ/ **N** réfectoire *m* **COMP** ▷ **refectory table N** table *f* de réfectoire

**refer** /rɪˈfɜːʳ/ **VT** **a** *(= pass)* *[+ matter, question, file]* soumettre (*to* à) ◆ **the problem was ~red to the UN** le problème a été soumis *or* renvoyé à l'ONU ◆ **the dispute was ~red to arbitration** le litige a été soumis à l'arbitrage ◆ **it was ~red to us for (a) decision** on nous a demandé de prendre une décision là-dessus ◆ **I have to ~ it to my boss** je dois le soumettre à *or* en parler à mon patron ◆ **I ~red him to the manager** je lui ai dit de s'adresser au gérant, je l'ai renvoyé au directeur ◆ **the doctor ~red me to a specialist** le médecin m'a adressé à un spécialiste ◆ **the patient was ~red for tests** on a envoyé le patient subir des examens ◆ **to ~ sb to the article on …** renvoyer qn à l'article sur …, prier qn de se reporter *or* se référer à l'article sur … ◆ **"the reader is referred to page 10"** "prière de se reporter *or* se référer à la page 10" ◆ **to ~ a cheque to drawer** *(Banking)* refuser d'honorer un chèque

**b** *(Jur)* *[+ accused]* déférer

**c** *(Univ)* *[+ student]* refuser ◆ **his thesis has been ~red** on lui a demandé de revoir *or* de reprendre sa thèse

**d** *(liter, frm = attribute)* attribuer (*to* à)

**VI** **a** *(= allude) (directly)* parler (*to* de), faire référence (*to* à) ; *(indirectly)* faire allusion (*to* à) ◆ **I am not ~ring to you** je ne parle pas de vous ◆ **we shall not ~ to it again** nous n'en reparlerons pas, nous n'en parlerons plus ◆ **he never ~s to that evening** il ne parle jamais de ce soir-là ◆ **what can he be ~ring to?** de quoi parle-t-il ?, à quoi peut-il bien faire allusion ? ◆ **he ~red to her as his assistant** il l'a appelée son assistante ◆ **~ring to your letter** *(Comm)* (comme) suite *or* en réponse à votre lettre ◆ **~ to drawer** *(Banking)* voir le tireur

**b** *(= apply)* s'appliquer (*to* à) ◆ **does that remark ~ to me?** est-ce que cette remarque s'applique à moi ? ◆ **this ~s to you all** cela vous concerne tous

**c** *(= consult)* se reporter, se référer (*to sth* à qch) ◆ **to ~ to one's notes** consulter ses notes, se reporter *or* se référer à ses notes ◆ **"please refer to section 3"** "prière de se reporter *or* se référer à la section 3" ◆ **you must ~ to the original** vous devez vous reporter *or* vous référer à l'original

**COMP** ▷ **referred pain N** *(Med)* irradiation *f* douloureuse

► **refer back VT SEP** *[+ decision]* remettre (à plus tard), ajourner ◆ **to ~ sth back to sb** consulter qn sur *or* au sujet de qch

**referable** /rɪˈfɜːrəbl/ **ADJ** attribuable (*to* à)

**referee** /ˌrefəˈriː/ **N** **a** *(Ftbl etc, also fig)* arbitre *m* ; *(Tennis)* juge-arbitre *m* **b** *(Brit: giving a reference)* répondant(e) *m(f)* ◆ **to act as** *or* **be (a) ~ for sb** fournir des références *or* une attestation à qn ◆ **to give sb as a ~** donner qn en référence ◆ **may I give your name as a ~?** puis-je donner votre nom en référence ? **VT** *(Sport, fig)* arbitrer **VI** *(Sport, fig)* servir d'arbitre, être arbitre

**reference** /ˈrefrəns/ **LANGUAGE IN USE 19.1**

**N** **a** *(NonC)* référence *f* (*to* à) ; *[of question for judgement]* renvoi *m* ◆ **outside the ~ of** hors de la compétence de ◆ **keep these details for ~** gardez ces renseignements pour information ; → **future, term**

**b** *(= allusion) (direct)* mention *f* (*to* de) ; *(indirect)* allusion *f* (*to* à) ◆ **a ~ was made to his illness** on a fait allusion à *or* on a fait mention de sa maladie ◆ **in** *or* **with ~ to** quant à, en ce qui concerne ; *(Comm)* (comme) suite à ◆ **without ~ to** sans tenir compte de, sans égard pour

**c** *(= testimonial)* **~(s)** références *fpl* ◆ **to give sb a good** *or* **good ~s** fournir de bonnes références à qn ◆ **a banker's ~** des références bancaires ◆ **I've been asked for a ~ for him** on m'a demandé de fournir des renseignements sur lui

**d** ⇒ **referee noun b**

**e** *(in book, article = note redirecting reader)* renvoi *m*, référence *f* ; *(on map)* coordonnées *fpl* ; *(Comm: on letter)* référence *f* ◆ **please quote this ~** prière de rappeler cette référence ; → **cross**

**f** *(= connection)* rapport *m* (*to* avec) ◆ **this has no ~ to …** cela n'a aucun rapport avec …

**g** *(Ling)* référence *f*

**VT** **a** *[+ quotation]* référencer ; *[+ book]* fournir les références de

**b** *(= refer to)* faire référence à

**COMP** ▷ **reference book N** ouvrage *m* de référence ▷ **reference library N** bibliothèque *f* d'ouvrages de référence ▷ **reference mark N** renvoi *m* ▷ **reference number N** *(Comm)* numéro *m* de référence ▷ **reference point N** point *m* de référence ▷ **reference strip N** *(Phot)* bande *f* étalon

**referendum** /ˌrefəˈrendəm/ **N** (pl **referendums** *or* **referenda** /ˌrefəˈrendə/) référendum *m* ◆ **to hold a ~** organiser un référendum ◆ **a ~ will be held** un référendum aura lieu

**referent** /ˈrefərənt/ **N** référent *m*

**referential** /ˌrefəˈrenʃəl/ **ADJ** référentiel

**referral** /rɪˈfɜːrəl/ **N** **a** *(Med, Psych)* *(= act)* orientation *f* d'un patient *(vers des services spécialisés)* ; *(= person)* patient(e) *m(f)* *(orienté(e) vers des services spécialisés)* ◆ **ask your doctor for a ~ to a dermatologist** demandez à votre médecin de vous envoyer chez un dermatologue ◆ **letter of ~** *lettre par laquelle un médecin adresse un patient à un spécialiste* **b** *(Jur)* ◆ **the ~ of the case to the Appeal Courts** le renvoi de l'affaire en appel ◆ **the ~ of the case to the Director of Public Prosecutions** la soumission de l'affaire au procureur général **c** *(NonC: to higher authority)* ◆ **he sanctioned the deal without ~** il a approuvé le marché sans en référer à une autorité supérieure

**refill** /ˌriːˈfɪl/ **VT** *[+ glass, bottle]* remplir à nouveau ; *[+ pen, lighter]* recharger **N** /ˈriːfɪl/ *(gen)* recharge *f* ; *(= cartridge)* cartouche *f* ; *(for propelling pencil)* mine *f* de rechange ; *(for notebook)* feuilles *fpl* de rechange ◆ **would you like a ~?** *(for drink)* encore un verre (or une tasse) ?

**refinance** /riːˈfaɪnæns/ **VT** refinancer

**refine** /rɪˈfaɪn/ **VT** **a** *[+ ore]* affiner ; *[+ oil]* épurer ; *[+ crude oil, sugar]* raffiner **b** *(= improve)* *[+ language]* châtier ; *[+ manners]* réformer ; *[+ theory, technique, process, taste]* affiner ; *[+ model, engine]* perfectionner ; *[+ essay etc]* peaufiner * **VI** ◆ **to ~ upon sth** raffiner sur qch

**refined** /rɪˈfaɪnd/ **ADJ** **a** *(= processed)* *[food, ore]* traité ; *[sugar, oil]* raffiné ; *[flour]* bluté ; *[metal]* affiné ◆ **~ products** *(St Ex, Econ)* produits *mpl* raffinés **b** *(= genteel)* *[person, manners, taste]* raffiné **c** *(= sophisticated)* *[model, engine]* perfectionné

**refinement** /rɪˈfaɪnmənt/ **N** **a** *(NonC = refining)* *[of crude oil, sugar]* raffinage *m* ; *[of ore]* affinage *m* ; *[of oil]* épuration *f* **b** *(NonC)* *[of person]* raffinement *m*, délicatesse *f* ; *[of language, style]* raffinement *m* **c** *(= improvement: in technique, machine etc)* perfectionnement *m* (*in* de)

**refiner** /rɪˈfaɪnəʳ/ **N** *[of crude oil, sugar]* raffineur *m* ; *[of metals]* affineur *m* ; *[of oil]* épureur *m*

**refinery** /rɪˈfaɪnərɪ/ **N** *(for crude oil, sugar)* raffinerie *f* ; *(for metals)* affinerie *f*

**refit** /ˌriːˈfɪt/ **VT** *[+ ship etc] (also gen)* remettre en état ; *[+ factory]* équiper de nouveau, renouveler l'équipement de **VI** *[ship]* être remis en état **N** /ˈriːfɪt/ *[of ship]* remise *f* en état ; *[of factory]* nouvel équipement *m* **COMP** ▷ **refit yard N** chantier *m* de réarmement

**refitting** /ˌriːˈfɪtɪŋ/, **refitment** /ˌriːˈfɪtmənt/ **N** ⇒ **refit n**

**reflate** /ˌriːˈfleɪt/ **VT** *(Econ)* relancer

**reflation** /riːˈfleɪʃən/ **N** *(Econ)* relance *f*

**reflationary** /riːˈfleɪʃnərɪ/ **ADJ** *(Econ)* de relance

**reflect** /rɪˈflekt/ **VT** **a** *(= show)* refléter ; *[+ credit, discredit]* faire rejaillir, faire retomber ◆ **a price that ~s the real costs of production** un prix qui reflète les coûts de production réels ◆ **concern at the economic situation was ~ed in the government's budget** le budget du gouvernement traduisait une certaine inquiétude face à la situation économique ◆ **the many difficulties are ~ed in his report** son rapport rend compte des multiples difficultés

◆ **to reflect on** ◆ **this kind of behaviour ~s on the school** ce genre d'attitude rejaillit sur l'école ◆ **the affair did not ~ well on the company** ce scandale a terni l'image de la société

**b** *[+ light, image]* refléter ; *[mirror]* réfléchir ; *[+ heat, sound]* renvoyer ◆ **the moon is ~ed in the lake** la lune se reflète dans le lac ◆ **I saw him ~ed in the mirror** j'ai vu son image dans le miroir *or* réfléchie par le miroir ◆ **he saw himself ~ed in the mirror** le miroir a réfléchi *or* lui a renvoyé son image ◆ **he basked** *or* **bathed in the ~ed glory of his friend's success** il tirait gloire *or* fierté de la réussite de son ami

**c** *(= think)* ◆ **to ~ that …** se dire que …

**VI** **a** *(= meditate)* réfléchir (*on* à), méditer (*on* sur)

**b** ◆ **to ~ off** être réfléchi par

**COMP** ▷ **reflecting prism N** prisme réflecteur

► **reflect (up)on VT FUS** *(= affect)* *[+ person]* avoir des répercussions *or* des incidences sur la réputation de ; *[+ reputation]* avoir des répercussions *or* des incidences sur ◆ **to ~ well/badly (up)on sb** faire honneur à/nuire à la réputation de qn

**reflectingly** /rɪˈflektɪŋlɪ/ **ADV** ⇒ **reflectively**

**reflection** /rɪˈflekʃən/ **N** **a** *(NonC = reflecting)* *[of light, heat, sound]* réflexion *f* **b** *(= image: in mirror etc)* reflet *m*, image *f* ◆ **to see one's ~ in a mirror** voir son reflet dans un miroir ◆ **a pale ~ of former glory** un pâle reflet de la gloire passée **c** *(NonC = consideration)* réflexion *f* ◆ **on ~** (toute) réflexion faite, à la réflexion ◆ **on serious ~** après mûre réflexion ◆ **he did it without sufficient ~** il l'a fait sans avoir suffisamment réfléchi **d** *(= thoughts, comments)* ◆ **~s** réflexions *fpl* (*on, upon* sur) **e** *(= adverse criticism)* critique *f* (*on* de), réflexion *f* désobligeante (*on* sur) ; *(on sb's honour)* atteinte *f* (*on* à) ◆ **this is no ~ on …** cela ne porte pas atteinte à …

**reflective** /rɪˈflektɪv/ **ADJ** **a** *(= pensive)* *[person, expression] (by nature)* réfléchi ; *(on one occasion)* pensif ; *[powers]* de réflexion ◆ **to be in a ~ mood** être d'humeur pensive ◆ **it was a ~ occasion** ce fut une occasion propice à la méditation **b** *(= typical)* ◆ **to be ~ of sth** refléter qch **c** *[surface, material, clothing]* réfléchissant ; *[light]* réfléchi **d** *(Gram)* ⇒ **reflexive a**

**reflectively** /rɪˈflektɪvlɪ/ ADV *[look]* d'un air pensif ; *[say]* d'un ton pensif

**reflectiveness** /rɪˈflektɪvnɪs/ N caractère *m* réfléchi *or* pensif

**reflector** /rɪˈflektə$^{r}$/ N *(gen)* réflecteur *m* ; *[of car, bicycle]* réflecteur *m*, cataphote ® *m*

**reflex** /ˈriːfleks/ ADJ *(Physiol, Psych, fig)* réflexe ; *(Math) [angle]* rentrant ; *(Phys)* réfléchi ◆ **~ (camera)** *(Phot)* (appareil *m*) reflex *m* N réflexe *m* ; → **condition**

**reflexion** /rɪˈflekʃən/ N ⇒ **reflection**

**reflexive** /rɪˈfleksɪv/ ADJ **a** *(Gram)* réfléchi **b** *(= reactive)* ◆ **a ~ movement** un réflexe N *(Gram)* verbe *m* réfléchi COMP ▷ **reflexive pronoun** N pronom *m* réfléchi ▷ **reflexive verb** N verbe *m* (pronominal) réfléchi

**reflexively** /rɪˈfleksɪvlɪ/ ADV **a** *(Gram)* à la forme réfléchie **b** *(= instinctively) [move]* d'instinct

**reflexology** /ˌriːflekˈsɒlədʒɪ/ N réflexologie *f*

**refloat** /ˌriːˈfləʊt/ VT *[+ ship, business etc]* renflouer, remettre à flot VI être renfloué, être remis à flot

**reflux** /ˈriːflʌks/ N reflux *m*

**reforest** /riːˈfɒrɪst/ VT reboiser

**reforestation** /ˌriːfɒrɪsˈteɪʃən/ *(US)* N ⇒ **reafforestation**

**reform** /rɪˈfɔːm/ N réforme *f* ; → **land** VT *[+ law]* réformer ; *[+ institution, service]* réformer, faire des réformes dans ; *[+ conduct]* corriger ; *[+ person]* faire prendre de meilleures habitudes à ◆ **to ~ spelling** faire une réforme de *or* réformer l'orthographe VI *[person]* s'amender, se réformer † COMP *[measures etc]* de réforme ▷ **Reform Judaism** N judaïsme *m* non orthodoxe ▷ **the Reform Laws** NPL *(Brit Hist)* les lois *fpl* de réforme parlementaire ▷ **reform school** N *(US)* maison *f* de redressement

**re-form** /ˌriːˈfɔːm/ VT **a** *(= form again)* reformer, rendre sa première forme à ; *(Mil) [+ ranks]* reformer ; *[+ troops]* rallier, remettre en rangs **b** *(= give new form to)* donner une nouvelle forme à VI se reformer ; *(Mil)* se reformer, reprendre sa formation

**reformable** /rɪˈfɔːməbl/ ADJ réformable

**reformat** /ˌriːˈfɔːmæt/ VT *(Comput)* reformater

**reformation** /ˌrefəˈmeɪʃən/ N *(NonC) [of church, spelling, conduct]* réforme *f* ; *[of person]* assagissement *m*, retour *m* à une vie plus sage ◆ **the Reformation** *(Hist)* la Réforme, la Réformation

**reformative** /rɪˈfɔːmətɪv/ ADJ de réforme, réformateur (-trice *f*)

**reformatory** /rɪˈfɔːmətərɪ/ N *(Brit ††)* maison *f* de correction *or* de redressement ; *(US Jur)* centre *m* d'éducation surveillée

**reformed** /rɪˈfɔːmd/ ADJ **a** *[alcoholic]* ancien *before n* ; *[criminal]* repenti ; *[spelling]* réformé ◆ **he's a ~ character** il s'est rangé *or* assagi **b** *(Rel) [church]* réformé ; *[Jew]* non orthodoxe

**reformer** /rɪˈfɔːmə$^{r}$/ N réformateur *m*, -trice *f*

**reformist** /rɪˈfɔːmɪst/ ADJ, N réformiste *mf*

**reformulate** /riːˈfɔːmjʊˌleɪt/ VT reformuler

**refract** /rɪˈfrækt/ VT réfracter

**refracting** /rɪˈfræktɪŋ/ ADJ *(Phys)* réfringent COMP ▷ **refracting angle** N angle *m* de réfringence ▷ **refracting telescope** N lunette *f* d'approche

**refraction** /rɪˈfrækʃən/ N réfraction *f*

**refractive** /rɪˈfræktɪv/ ADJ réfractif, réfringent COMP ▷ **refractive index** N indice *m* de réfraction

**refractometer** /ˌriːfrækˈtɒmɪtə$^{r}$/ N réfractomètre *m*

**refractor** /rɪˈfræktə$^{r}$/ N **a** *(Phys)* milieu *m* réfringent, dispositif *m* de réfraction **b** *(= telescope)* lunette *f* d'approche

**refractory** /rɪˈfræktərɪ/ ADJ réfractaire

**refrain**[1] /rɪˈfreɪn/ VI se retenir, s'abstenir *(from doing sth* de faire qch) ◆ **he ~ed from comment** il s'est abstenu de tout commentaire ◆ **they ~ed from measures leading to ...** ils se sont abstenus de toute mesure menant à ... ◆ **please ~ from smoking** *(on notice)* prière de ne pas fumer ; *(spoken)* ayez l'obligeance de ne pas fumer

**refrain**[2] /rɪˈfreɪn/ N *(Mus, Poetry, fig)* refrain *m*

**refrangible** /rɪˈfrændʒəbl/ ADJ réfrangible

**refresh** /rɪˈfreʃ/ VT *[drink, bath]* rafraîchir ; *[food]* revigorer, redonner des forces à ; *[sleep, rest etc]* délasser, détendre ; *(Comput) [+ screen]* rafraîchir ◆ **to ~ o.s.** *(with drink)* se rafraîchir ; *(with food)* se restaurer ; *(with sleep)* se reposer, se délasser ◆ **to feel ~ed** se sentir revigoré ◆ **to ~ one's memory** se rafraîchir la mémoire ◆ **to ~ one's memory about sth** se remettre qch en mémoire ◆ **let me ~ your memory!** je vais vous rafraîchir la mémoire ! * ◆ **they must ~ and update their skills** ils doivent actualiser leurs connaissances

**refresher** /rɪˈfreʃə$^{r}$/ N **a** *(= drink etc)* boisson *f etc* pour se rafraîchir **b** *(Jur)* honoraires *mpl* supplémentaires COMP ▷ **refresher course** N stage *m or* cours *m* de remise à niveau

**refreshing** /rɪˈfreʃɪŋ/ ADJ *[honesty, idea, approach, drink, fruit, taste, bath]* rafraîchissant ; *[change, sight, news]* agréable ; *[sleep]* réparateur (-trice *f*) ◆ **it's ~ to see that ...** ça fait du bien de voir que ..., c'est agréable de voir que ...

**refreshingly** /rɪˈfreʃɪŋlɪ/ ADV *[different]* agréablement ◆ **~ honest/frank/new** d'une honnêteté/franchise/originalité qui fait plaisir à voir ◆ **~ cool** d'une fraîcheur vivifiante ◆ **a ~ dry wine** un vin sec et agréable

**refreshment** /rɪˈfreʃmənt/ N **a** *[of mind, body]* repos *m*, délassement *m* **b** *(= food, drink)* **(light) ~s** rafraîchissements *mpl* ◆ **~s** *(= place)* ⇒ **refreshment room** COMP ▷ **refreshment bar** N buvette *f* ▷ **refreshment room** N *(Rail)* buffet *m* ▷ **refreshment stall** N ⇒ **refreshment bar**

**refried beans** /ˌriːfraɪdˈbiːnz/ NPL *préparation mexicaine à base de haricots*

**refrigerant** /rɪˈfrɪdʒərənt/ ADJ, N réfrigérant *m* ; *(Med)* fébrifuge *m*

**refrigerate** /rɪˈfrɪdʒəreɪt/ VT réfrigérer ; *(in cold room etc)* frigorifier

**refrigeration** /rɪˌfrɪdʒəˈreɪʃən/ N réfrigération *f*, frigorification *f*

**refrigerator** /rɪˈfrɪdʒəreɪtə$^{r}$/ N *(= cabinet)* réfrigérateur *m*, frigidaire ® *m*, frigo * *m* ; *(= room)* chambre *f* frigorifique ; *(= apparatus)* condenseur *m* COMP *[truck etc]* frigorifique

**refrigeratory** /rɪˈfrɪdʒərətərɪ/ ADJ, N *(Chem)* réfrigérant *m*

**refringent** /rɪˈfrɪndʒənt/ ADJ réfringent

**refuel** /ˌriːˈfjʊəl/ VI se ravitailler en carburant *or* en combustible VT ravitailler

**refuelling, refueling** *(US)* /ˌriːˈfjʊəlɪŋ/ N ravitaillement *m* (en carburant *or* en combustible) COMP ▷ **refuelling stop** N *(Aviat)* escale *f* technique

**refuge** /ˈrefjuːdʒ/ N *(lit, fig)* refuge *m*, abri *m* *(from* contre) ; *(for climbers, pedestrians etc)* refuge *m* ◆ **place of ~** asile *m* ◆ **a ~ for battered women** un foyer pour femmes battues ◆ **to seek ~** chercher refuge *or* asile ◆ **they sought ~ from the fighting in the city** ils ont cherché un refuge pour échapper aux combats dans la ville ◆ **to seek ~ in silence** chercher refuge dans le silence ◆ **to take ~ in** *(lit, fig)* se réfugier dans ◆ **he took ~ in alcohol and drugs** il se réfugia dans l'alcool et la drogue ◆ **she found ~ in a book** elle a trouvé refuge dans un livre ◆ **God is my ~** Dieu est mon refuge

**refugee** /ˌrefjʊˈdʒiː/ N réfugié(e) *m(f)* COMP ▷ **refugee camp** N camp *m* de réfugiés ▷ **refugee status** N statut *m* de réfugié

**refulgence** /rɪˈfʌldʒəns/ N *(liter)* splendeur *f*, éclat *m*

**refulgent** /rɪˈfʌldʒənt/ ADJ *(liter)* resplendissant, éclatant

**refund** /rɪˈfʌnd/ VT **a** rembourser *(to sb* à qn) ◆ **to ~ sb's expenses** rembourser qn de ses frais *or* dépenses ◆ **to ~ postage** rembourser les frais de port **b** *(Fin) [+ excess payments]* ristourner N /ˈriːfʌnd/ remboursement *m* ; *(Fin)* ristourne *f* ◆ **tax ~** bonification *f* de trop-perçu ◆ **to get a ~** se faire rembourser

**refundable** /rɪˈfʌndəbl/ ADJ remboursable

**refurbish** /ˌriːˈfɜːbɪʃ/ VT *[+ building]* réaménager, remettre à neuf ; *[+ furniture]* remettre à neuf ; *[+ image]* moderniser

**refurbishment** /ˌriːˈfɜːbɪʃmənt/ N réaménagement *m*, remise *f* à neuf

**refurnish** /ˌriːˈfɜːnɪʃ/ VT remeubler

**refusal** /rɪˈfjuːzəl/ N refus *m* *(to do sth* de faire qch) ◆ **~ of justice** *(Jur)* déni *m* de justice ◆ **to get a ~, to meet with a ~** se heurter à *or* essuyer un refus ◆ **to give a flat ~** refuser net ◆ **three ~s** *(Horse-riding)* trois refus ◆ **to give *or* offer sb first ~ of sth** accorder à qn l'option sur qch ◆ **to have (the) first ~ of sth** recevoir la première offre de qch, avoir le droit de préemption sur qch

**refuse**[1] /rɪˈfjuːz/ LANGUAGE IN USE 8.3, 9.3, 12 VT *(gen)* refuser *(sb sth* qch à qn ; *to do sth* de faire qch) se refuser *(to do sth* à faire qch) ; *[+ offer, invitation]* refuser, décliner ; *[+ request]* rejeter, repousser ◆ **I absolutely ~ to do it** je me refuse catégoriquement à le faire ◆ **to be ~d** essuyer un refus ◆ **to be ~d sth** se voir refuser qch ◆ **they were ~d permission to leave** on leur a refusé *or* ils se sont vu refuser la permission de partir ◆ **she ~d him** elle l'a rejeté ◆ **she ~d his proposal** elle a rejeté son offre ◆ **to ~ a fence** *[horse]* refuser l'obstacle VI refuser, opposer un refus ; *[horse]* refuser l'obstacle

**refuse**[2] /ˈrefjuːs/ N détritus *mpl*, ordures *fpl* ; *(= industrial or food waste)* déchets *mpl* ◆ **household ~** ordures *fpl* ménagères ◆ **garden ~** détritus *mpl* de jardin COMP ▷ **refuse bin** N poubelle *f*, boîte *f* à ordures ▷ **refuse chute** N *(at dump)* dépotoir *m* ; *(in building)* vide-ordures *m inv* ▷ **refuse collection** N ramassage *m or* collecte *f* des ordures ▷ **refuse collector** N éboueur *m* ▷ **refuse destructor** N incinérateur *m* (d'ordures) ▷ **refuse disposal** N traitement *m* des ordures ménagères ▷ **refuse disposal service** N service *m* de voirie ▷ **refuse disposal unit** N broyeur *m* d'ordures ▷ **refuse dump** N *(public)* décharge *f* (publique), dépotoir *m* ; *(in garden)* monceau *m* de détritus ▷ **refuse lorry** N camion *m* des éboueurs

**refus(e)nik** /rɪˈfjuːznɪk/ N *(Pol)* refuznik *mf*

**refutable** /rɪˈfjuːtəbl/ ADJ réfutable

**refutation** /ˌrefjʊˈteɪʃən/ N réfutation *f*

**refute** /rɪˈfjuːt/ LANGUAGE IN USE 26.3 VT *(= disprove)* réfuter ; *(= deny)* nier ◆ **she was quick to ~ the accusation** elle a tout de suite nié cette accusation

**reg.** /redʒ/ N *(Brit *)* (abbrev of **registration number**) → **registration** ADJ (abbrev of **registered**) ◆ **~ no.** n°

**-reg** * /redʒ/ ADJ, N *(Brit)* (abbrev of **-registration**) ◆ **P-reg (car)** *voiture dont l'immatriculation commence ou finit par un P (la lettre indiquant l'année de mise en circulation)*

**regain** /rɪˈɡeɪn/ VT *[+ one's composure, balance, self-confidence]* retrouver ; *[+ sb's confidence]* regagner, reconquérir ; *[+ one's health, sight etc]* recouvrer ; *[+ title, initiative]* reprendre ; *[+ independence, territory]* reconquérir ; *(liter = arrive back at) [+ place]* regagner ◆ **to ~ one's strength** récupérer (ses forces), recouvrer ses forces ◆ **to ~ consciousness** revenir à soi, reprendre connaissance ◆ **to ~ lost time** regagner *or* rattraper le temps perdu ◆ **to ~ one's footing** reprendre pied ◆ **to ~ possession (of)** rentrer en possession (de)

**regal** /ˈriːɡəl/ ADJ *[suite, staircase, manner, bearing, gesture]* royal ; *[splendour, dignity]* majestueux ; *[disdain]* souverain

**regale** /rɪˈɡeɪl/ VT régaler *(sb with sth* qn de qch)

**regalia** /rɪˈɡeɪlɪə/ N *[of monarch]* prérogatives *fpl* royales ; *(= insignia)* insignes *mpl* royaux ; *[of Freemasons etc]* insignes *mpl* ◆ **she was in full ~** *(hum)* elle était dans ses plus beaux atours *or* en grand tralala *

**regally** /ˈriːɡəlɪ/ ADV *(lit, fig)* royalement

**regard** /rɪˈɡɑːd/ LANGUAGE IN USE 21.2

VT a *(= consider)* considérer (*as* comme) ; ◆ **he was ~ed as an outstanding prime minister** il était considéré comme un premier ministre d'exception ◆ **we ~ it as worth doing** à notre avis ça vaut la peine de le faire ◆ **we don't ~ it as necessary** nous ne le considérons pas comme nécessaire ◆ **I ~ him highly** je le tiens en grande estime ◆ **without ~ing his wishes** sans tenir compte de ses souhaits

◆ **to regard + with** ◆ **to ~ with favour** voir d'un bon œil ◆ **to ~ with loathing** détester, haïr ◆ **millions ~ed this prospect with horror** cette perspective faisait horreur à des millions de gens ◆ **displays of emotion are ~ed with suspicion** les démonstrations d'émotion sont vues d'un mauvais œil *or* sont mal vues

◆ **as regards ...** pour *or* en ce qui concerne ..., pour ce qui regarde ...

b *(liter) (= look at)* observer

N a *(= concern)* considération *f* ◆ **the economy was developed without ~ for the interests of farmers** on a développé l'économie sans aucune considération *or* aucun égard pour les intérêts des agriculteurs ◆ **to have ~ to sb/sth** tenir compte de qn/qch ◆ **to have** *or* **show little ~ for sb/sth** faire peu de cas de qn/qch ◆ **to have** *or* **show no ~ for sb/sth** ne faire aucun cas de qn/qch ◆ **out of ~ for sb/sth** par égard pour qn/qch ◆ **having ~ to sb/sth** si l'on tient compte de qn/qch

◆ **in this** *or* **that regard** à cet égard, sous ce rapport

◆ **with** *or* **in regard to** *(= concerning)* pour *or* en ce qui concerne, quant à

◆ **without regard to sth** *(= irrespective of)* sans distinction de qch

b *(NonC = esteem)* respect *m*, estime *f* ◆ **I have a very high ~ for him** j'ai beaucoup de respect *or* d'estime pour lui ◆ **he had a high ~ for Kemp's abilities** il pensait que Kemp était très capable ◆ **to hold sb/sth in high ~** tenir qn/qch en haute estime ◆ **to hold sb/sth in low ~** tenir qn/qch en piètre estime

c *(liter = look)* regard *m*

NPL **regards** *(in messages)* ◆ **give him my ~s** transmettez-lui mon bon *or* meilleur souvenir ◆ **Paul sends his kind ~s** Paul vous envoie son bon souvenir ◆ **(kindest) ~s** *(as letter-ending)* meilleurs souvenirs

> ⚠ **to regard** *is rarely translated by* **regarder**, *which usually means 'to look at'.*

**regardful** /rɪˈɡɑːdfʊl/ ADJ ◆ **~ of** *[feelings, duty]* attentif à ; *[interests]* soucieux de, soigneux de

**regarding** /rɪˈɡɑːdɪŋ/ PREP *(= with regard to)* pour *or* en ce qui concerne, quant à ◆ **information ~ sb/sth** des informations concernant qn/qch *or* relatives à qn/qch

**regardless** /rɪˈɡɑːdlɪs/ ADJ ◆ **~ of** *[sb's feelings, fate]* indifférent à ; *[future, danger]* insouciant de ; *[sb's troubles]* inattentif à ◆ **~ of the consequences** sans se soucier des conséquences ◆ **~ of expense** *or* **cost** quel que soit le prix ◆ **~ of rank** sans distinction de rang ◆ **~ of what the law says** indépendamment de ce que dit la loi ADV *[carry on]* quand même

**regatta** /rɪˈɡætə/ N *(one event)* régate *f* ; *(regular event)* régates *fpl* ◆ **to take part in a ~** régater, prendre part à une régate

**Regency** /ˈriːdʒənsɪ/ ADJ *[furniture, style]* style Regency *inv (anglaise)*

**regency** /ˈriːdʒənsɪ/ N régence *f*

**regenerate** /rɪˈdʒenəreɪt/ VT régénérer VI se régénérer ADJ /rɪˈdʒenərɪt/ *(frm)* régénéré

**regeneration** /rɪˌdʒenəˈreɪʃən/ N régénération *f*

**regenerative** /rɪˈdʒenərətɪv/ ADJ régénérateur (-trice *f*)

**regent** /ˈriːdʒənt/ N régent(e) *m(f)* ; *(US Univ)* membre *m* du conseil d'université ◆ **prince ~** prince régent

**reggae** /ˈreɡeɪ/ N reggae *m*

**regicide** /ˈredʒɪsaɪd/ N *(= person)* régicide *mf* ; *(= act)* régicide *m*

**régime, regime** *(US)* /reɪˈʒiːm/ N régime *m*

**regimen** /ˈredʒɪmen/ N *(Med: frm)* régime *m*

**regiment** /ˈredʒɪmənt/ N *(Mil, fig)* régiment *m* VT /ˈredʒɪment/ *(fig pej)* imposer une discipline trop stricte à, enrégimenter

**regimental** /ˌredʒɪˈmentl/ ADJ *[duties, insignia, car, tie]* régimentaire ; *[life, tradition, headquarters, commander]* du régiment ; *[system]* de régiments NPL **regimentals** *(Mil)* uniforme *m* ◆ **in full ~s** en grand uniforme, en grande tenue COMP ▷ **regimental band** N fanfare *f* du régiment ▷ **regimental sergeant major** N ≈ adjudant-chef *m*

**regimentation** /ˌredʒɪmenˈteɪʃən/ N *(pej)* discipline *f* excessive

**regimented** /ˈredʒɪmentɪd/ ADJ *(pej) [people, way of life, institution, society]* enrégimenté ; *[appearance]* trop strict

**region** /ˈriːdʒən/ N région *f* ◆ **the lower ~s** *(fig)* les enfers *mpl* ◆ **in the ~ of 5kg/10 euros** environ *or* dans les 5 kg/10 €, aux alentours de 5 kg/10 € NPL **the regions** *(Brit)* les provinces *fpl* ◆ **in the ~s** en province

**regional** /ˈriːdʒənl/ ADJ *(gen)* régional ◆ **on a ~ basis** sur le plan régional COMP ▷ **regional council** N *(Scot)* ≈ conseil *m* général ▷ **regional development** N *(Admin, Ind)* aménagement *m* régional

**regionalism** /ˈriːdʒənəlɪzəm/ N régionalisme *m*

**regionalist** /ˈriːdʒənəlɪst/ ADJ, N régionaliste *mf*

**register** /ˈredʒɪstəʳ/ N a *(gen)* registre *m* ; *(of members etc)* liste *f* ; *(Scol:* also **attendance register**) registre *m* d'absences ◆ **electoral ~** liste *f* électorale ◆ **~ of births, marriages and deaths** registre *m* d'état civil

b *(Tech = gauge of speed, numbers etc)* compteur *m*, enregistreur *m*

c *[of voice, organ etc]* registre *m*

d *(Ling)* registre *m* ◆ **it's the wrong ~** ce n'est pas le bon registre

e *(Typ)* registre *m*

f *(US = air vent)* registre *m*

g *(US = cash register)* caisse *f* (enregistreuse)

VT a *(= record formally) [+ fact, figure]* enregistrer ; *[+ birth, death, marriage]* déclarer ; *[+ vehicle]* (faire) immatriculer ◆ **to ~ a trademark** déposer une marque de fabrique ◆ **he ~ed his disapproval by refusing ...** il a manifesté sa désapprobation en refusant ... ◆ **to ~ a protest** protester ; see also **registered**

b *(= take note of) [+ fact]* enregistrer ; * *(= realize)* se rendre compte de, réaliser * ◆ **I ~ed the fact that he had gone** je me suis rendu compte *or* j'ai réalisé * qu'il était parti

c *(= indicate) [machine] [+ speed, quantity]* indiquer, marquer ; *[+ rainfall]* enregistrer ; *[+ temperature]* marquer ; *[face, expression] [+ happiness, sorrow]* exprimer, refléter ◆ **he ~ed** *or* **his face ~ed surprise** son visage *or* il a exprimé l'étonnement, il a paru étonné ◆ **he ~ed** *or* **his face ~ed no emotion** il n'a pas exprimé d'émotion, il n'a pas paru ému

d *(Post) [+ letter]* recommander ; *(Rail) [+ luggage]* (faire) enregistrer ◆ **to ~ one's luggage through to London** (faire) enregistrer ses bagages jusqu'à Londres ; see also **registered**

e *(Tech) [+ parts]* faire coïncider ; *(Typ)* mettre en registre

VI a *(on electoral list etc)* se faire inscrire, s'inscrire ; *(in hotel)* s'inscrire sur *or* signer le registre ◆ **to ~ with a doctor** se faire inscrire comme patient chez un médecin ◆ **to ~ with the police** se déclarer à la police ◆ **to ~ for military service** se faire recenser, se faire porter sur les tableaux de recensement ◆ **to ~ for a course/for French literature** s'inscrire à un cours/en littérature française

b *(Tech) [two parts of machine]* coïncider exactement ; *(Typ)* être en registre

c *(* = be understood)* être compris ◆ **it hasn't ~ed (with him)** cela ne lui est pas entré dans la tête, il n'a pas saisi ◆ **her death hadn't ~ed with him** il n'avait pas vraiment réalisé qu'elle était morte

COMP ▷ **register office** N *(Brit)* ⇒ **registry office** ; → **registry** ▷ **register ton** N *(Naut)* tonneau *m* de jauge

**registered** /ˈredʒɪstəd/ ADJ a *(= listed) [voter]* inscrit (sur les listes électorales) ; *[student]* inscrit ; *[drug addict]* inscrit *(pour une cure de désintoxication)* ; *[nursing home]* agréé ◆ **a ~ childminder** une nourrice agréée ◆ **~ to vote** inscrit sur les listes électorales ◆ **to be ~ (as) blind/disabled** ≈ être titulaire d'une carte de cécité/d'invalidité ◆ **a Greek-~ ship** un navire immatriculé en Grèce, un navire battant pavillon grec ◆ **a British-~ car** une voiture immatriculée en Grande-Bretagne ◆ **J-~ car** *(Brit) voiture dont l'immatriculation commence or finit par un J (la lettre indiquant l'année de mise en circulation)* ; → **state**

b *(Post) [letter, mail]* recommandé ; *(Rail) [luggage]* enregistré

**COMP** ▷ **registered charity** N ≃ association *f* caritative reconnue d'utilité publique ▷ **registered company** N société *f* inscrite au registre du commerce ▷ **Registered General Nurse** N *(Brit)* ≃ infirmier *m*, -ière *f* diplômé(e) ▷ **registered name** N nom *m* déposé ▷ **registered nurse** N *(US)* ≃ infirmier *m*, -ière *f* diplômé(e) d'État ▷ **registered office** N siège *m* social ▷ **registered post** N ◆ **by ~ post** par envoi recommandé ▷ **registered share** N *(St Ex)* action *f* nominative ▷ **registered shareholder** N *(St Ex)* ≃ actionnaire *mf* inscrit(e) ▷ **registered stocks** NPL *(St Ex)* actions *fpl or* valeurs *fpl* nominatives, titres *mpl* nominatifs ▷ **registered trademark** N marque *f* déposée

**registrar** /ˌredʒɪˈstrɑːʳ/ **N** a *(Brit Admin)* officier *m* de l'état civil ◆ **to be married by the ~** se marier civilement *or* à la mairie b *(Univ)* *(Brit)* secrétaire *mf* (général(e)) ; *(US)* chef *m* du service des inscriptions c *(Brit Med)* chef *m* de clinique d *(Jur) (in court)* greffier *m* ◆ **(companies')** ~ *(Fin)* conservateur *m* (du registre des sociétés) **COMP** ▷ **registrar's office** N bureau *m* de l'état civil

**registration** /ˌredʒɪˈstreɪʃən/ **N** a *(= listing) [of voters]* inscription *f* ; *[of dog]* déclaration *f* ; *[of trademark]* dépôt *m* ; *(Univ)* inscription *f* ◆ ~ **for VAT** assujettissement *m* à la TVA *(au-delà d'un certain chiffre d'affaires)* ◆ **J-~ car** *(Brit)* *voiture dont l'immatriculation commence ou finit par un J (la lettre indiquant l'année de mise en circulation)*

b *(Post) [of letter]* recommandation *f* ; *(Rail) [of luggage]* enregistrement *m*

c *(Brit Scol:* also **registration period**) appel *m*

**COMP** ▷ **registration document** N *(Brit Aut)* ≃ carte *f* grise ▷ **registration fee** N *(Post)* taxe *f* de recommandation ; *(Rail: for luggage)* frais *mpl* d'enregistrement ; *(Univ)* droits *mpl* d'inscription ▷ **registration number** N *(Brit Aut)* numéro *m* minéralogique *or* d'immatriculation ◆ **car (with) ~ number R971 VBW** voiture *f* immatriculée R971 VBW

**registry** /ˈredʒɪstrɪ/ **N** *(= act)* enregistrement *m*, inscription *f* ; *(= office) (gen)* bureau *m* de l'enregistrement ; *(Brit Admin)* bureau *m* de l'état civil ; *(Naut)* certificat *m* d'immatriculation ◆ **port of ~** *(Naut)* port *m* d'attache **COMP** ▷ **registry office** N *(Brit)* bureau *m* d'état civil ◆ **to get married in a ~ office** se marier civilement *or* à la mairie

**regius professor** /ˈriːdʒəsprəˈfesəʳ/ N *(Brit Univ)* professeur *m* *(titulaire d'une chaire de fondation royale)*

**regnal** /ˈregnl/ ADJ ◆ ~ **year** année *f* du règne

**regnant** /ˈregnənt/ ADJ régnant ◆ **queen ~** reine *f* régnante

**regorge** /rɪˈgɔːdʒ/ **VT** vomir, régurgiter **VI** refluer

**regress** /rɪˈgres/ **VI** a *(Bio, Psych, fig)* régresser *(to* au stade de), rétrograder b *(= move backwards)* retourner en arrière, reculer **N** /ˈriːgres/ ⇒ **regression**

**regression** /rɪˈgreʃən/ N *(lit)* retour *m* en arrière, recul *m* ; *(Bio, Psych, fig)* régression *f*

**regressive** /rɪˈgresɪv/ **ADJ** régressif **COMP** ▷ **regressive tax** N impôt *m* dégressif, taxe *f* dégressive

**regret** /rɪˈgret/ LANGUAGE IN USE 12.3, 14, 18.2, 20.4, 24.4, 25.1

**VT** regretter *(doing sth, to do sth* de faire qch ; *that* que *+ subj)* ; *[+ mistake, words, event]* regretter, être désolé *or* navré de ; *[+ one's youth, lost opportunity]* regretter ◆ **I ~ what I said** je regrette ce que j'ai dit ◆ **I ~ to say that ...** j'ai le regret de dire que ... ◆ **he is very ill, I ~ to say** il est très malade, hélas *or* je regrette de le dire ◆ **we ~ to hear that ...** nous sommes désolés d'apprendre que ... ◆ **we ~ that it was not possible to ...** *(gen)* nous sommes désolés de n'avoir pu ... ; *(Comm)* nous sommes au regret de vous informer qu'il n'a pas été possible de ... ◆ **it is to be ~ted that ...** il est regrettable que ... *+ subj* ◆ **you won't ~ it!** vous ne le regretterez pas ! ◆ **the President ~s he cannot see you today** le Président est au regret *or* exprime ses regrets de ne pouvoir vous recevoir aujourd'hui ◆ **he is much ~ted** on le regrette beaucoup

**N** regret *m* *(for* de) ◆ **much to my ~** à mon grand regret ◆ **I have no ~s** je ne regrette rien, je n'ai aucun regret ◆ **to do sth with ~** faire qch à regret *or* à contrecœur ◆ **to send (one's) ~s** envoyer ses excuses ◆ **please give her my ~s that I cannot come** dites-lui, s'il vous plaît, combien je regrette de ne pouvoir venir

**regretful** /rɪˈgretfʊl/ ADJ plein de regret ◆ **to be ~ about sth** regretter qch

**regretfully** /rɪˈgretfəlɪ/ ADV a *(= with regret) [say, decide, decline]* à regret b *(= unfortunately)* ◆ **~, nationalism is flourishing again** malheureusement, le nationalisme est en pleine recrudescence

**regrettable** /rɪˈgretəbl/ LANGUAGE IN USE 14, 26.3 ADJ regrettable, fâcheux ◆ **it is ~ that ...** il est regrettable que ... *(+ subj)*

**regrettably** /rɪˈgretəblɪ/ ADV *[poor, ignorant, true]* malheureusement, tristement ◆ **~ few people came** il est regrettable que si peu de gens soient venus ◆ **~, he refused** malheureusement, il a refusé

**regroup** /ˌriːˈgruːp/ **VT** regrouper **VI** se regrouper ; *(fig)* se ressaisir

**regrouping** /ˌriːˈgruːpɪŋ/ N regroupement *m*

**regs** * /regz/ NPL (abbrev of **regulations**) règlement *m*

**Regt.** abbrev of **Regiment**

**regular** /ˈregjʊləʳ/ **ADJ** a *(gen) [pulse, reminders, features, flight, order, meals]* régulier ◆ **on a ~ basis** régulièrement ◆ **as ~ as clockwork** *[person]* réglé comme une horloge ; *[occurrence]* très régulier ◆ **to be in** *or* **have ~ contact with sb/sth** avoir des contacts réguliers avec qn/qch ◆ **to be in ~ employment** avoir un emploi fixe ◆ **to take ~ exercise** faire régulièrement de l'exercice ◆ **a ~ feature of sth** un aspect courant de qch ◆ **to be a ~ feature on the menu** figurer régulièrement au menu ◆ **to be ~ in one's habits** être régulier dans ses habitudes ◆ **to keep ~ hours** mener une vie réglée, avoir des horaires très réguliers ◆ **at ~ intervals** à intervalles réguliers ◆ **to hold ~ meetings** se réunir régulièrement ◆ **life took on a ~ pattern** la vie a commencé à prendre un cours normal ◆ **to make ~ payments** effectuer des versements réguliers ◆ **to have a ~ place on the team** avoir régulièrement sa place dans l'équipe ◆ **to run ~ advertisements in the press** faire paraître régulièrement des publicités dans la presse ◆ **to make ~ trips to** se rendre régulièrement à ◆ **to be in ~ use** être régulièrement utilisé

b *(= even) [surface]* uni

c *(= habitual) [reader]* assidu, fidèle *before n* ; *[listener]* fidèle *before n* ◆ **to be a ~ listener to sth** écouter régulièrement qch ◆ **a ~ customer/visitor** un(e) habitué(e) ◆ **to be a ~ churchgoer** être pratiquant, aller régulièrement à l'église

d *(esp US = customary) [event]* habituel ; *[partner]* régulier ◆ **it's past his ~ bedtime** on a dépassé l'heure à laquelle il va habituellement se coucher ◆ **the ~ staff** le personnel permanent ◆ **our ~ cleaning woman** notre femme de ménage habituelle ◆ **my ~ dentist** mon dentiste habituel ◆ **my ~ doctor** mon médecin traitant

e *(esp US) (= ordinary)* ordinaire ; *(Comm) [size]* normal ; *[price]* normal, courant ◆ **I'm just a ~ guy** * *(US)* je ne suis qu'un type * comme un autre ◆ **he's a ~ guy** * *(US)* c'est un chic type * ◆ **would you like ~, large, or extra-large?** normal, grand ou super * ? ◆ **~ fries** portion *f* de frites normale ◆ **he's an acupuncturist, not a ~ doctor** ce n'est pas un médecin normal, c'est un acupuncteur ◆ **it is quite ~ to apply in person** il est tout à fait courant de faire sa demande en personne

f *(Mil) (= not conscripted) [army, troops]* régulier ; *[officer]* de l'armée régulière ; *(Police) [officer]* de carrière ◆ **~ soldier** soldat *m* de métier ◆ **the ~ police force** les forces *fpl* de police régulières *(par rapport aux forces auxiliaires et spéciales)*

g *(* = real)* véritable ◆ **this is turning into a ~ epidemic** ça tourne à l'épidémie

h *(Math, Gram, Rel)* régulier

i * *(in menstruation)* ◆ **I'm quite ~** mes règles sont assez régulières ; *(= not constipated)* ◆ **to be ~** aller régulièrement à la selle ◆ **to keep sb ~** permettre à qn d'aller régulièrement à la selle ◆ **~ bowel movements** selles *fpl* régulières

**N** a *(Mil)* soldat *m* de métier ; *(= police officer)* policier *m* (de métier)

b *(= habitual customer etc)* habitué(e) *m(f)*, bon(ne) client(e) *m(f)* ◆ **he's one of the ~s on that programme** *(Rad, TV)* il participe *or* prend part régulièrement à ce programme

c *(Rel)* régulier *m*, religieux *m*

d *(US = gas)* essence *f* (ordinaire), ordinaire *m*

**COMP** ▷ **regular gas(oline)** N *(US)* essence f, *(ordinaire)* ordinaire *m*

**regularity** /ˌregjʊˈlærɪtɪ/ N régularité *f*

**regularize** /ˈregjʊləraɪz/ VT régulariser

**regularly** /ˈregjʊləlɪ/ ADV régulièrement

**regulate** /ˈregjʊleɪt/ **VT** a *(= control systematically) [+ amount, flow]* régler ; *[+ expenditure]* régler, calculer ◆ **to ~ one's life by sth** se régler sur qch ◆ **a well-~d life** une vie bien réglée b *[+ machine]* régler, ajuster

**regulation** /ˌregjʊˈleɪʃən/ **N** a *(= rule)* règlement *m*, arrêté *m*

◆ **regulations** réglementation *f* ; *[of club, school]* règlement *m* ◆ **against (the) ~s** *[of club]* contraire au règlement ; → **fire, safety**

◆ **rules and regulations** règles *fpl* ◆ **these activities do not conform with diplomatic rules and ~s** ces activités ne sont pas conformes aux règles de la diplomatie

b *(= controlling)* réglementation *f* ◆ **free markets require tight ~** l'économie de marché nécessite une réglementation stricte

**ADJ** *[style, size, colour]* réglementaire ◆ **~ boots** brodequins *mpl* d'ordonnance

**regulative** /ˈregjʊlətɪv/ ADJ régulateur (-trice *f*)

**regulator** /ˈregjʊleɪtəʳ/ N *(= body)* organisme *m* de contrôle ; *(= person)* régulateur *m*, -trice *f* ; *(= instrument, mechanism)* régulateur *m* ◆ **acidity ~** correcteur *m* d'acidité

**regulatory** /ˌregjʊˈleɪtərɪ/ ADJ *[body, authority, system, role, changes]* de réglementation ; *[control, framework]* réglementaire ◆ **~ reform** réforme *f* de la réglementation

**Regulo** ® /ˈregjʊləʊ/ N ◆ **~ (mark) 6** thermostat 6

**regurgitate** /rɪˈgɜːdʒɪteɪt/ **VT** *[animal, bird, person]* régurgiter ; *[drainpipe etc]* dégorger **VI** refluer

**regurgitation** /rɪˌgɜːdʒɪˈteɪʃən/ N régurgitation *f*

**rehab** * /ˈriːhæb/ N (abbrev of **rehabilitation**) *[of disabled, ill person]* rééducation *f* ; *[of alcoholic, drug user] (= drying-out)* désintoxication *f* ; *(to everyday life)* réintégration *f*

**rehabilitate** /ˌriːəˈbɪlɪteɪt/ VT *[+ disabled, ill person]* rééduquer ; *[+ refugees]* réadapter ; *[+ demobilized troops]* réintégrer (dans la vie civile) ; *[+ ex-prisoner]* réinsérer ; *[+ drug user, alcoholic]* réhabiliter ; *[+ disgraced person, sb's memory]* réhabiliter

**rehabilitation** /ˈriːəˌbɪlɪˈteɪʃən/ N *[of disabled, ill person] (to everyday life)* rééducation *f* ; *(to work)* réadaptation *f* ; *[of ex-prisoner]* réinsertion *f* ; *[of refugee]* réadaptation *f* ; *[of drug user, alcoholic]* réhabilitation *f* ; *[of demobilized troops]* réintégration *f* (dans la vie civile) ; *[of area, building, disgraced person]* réhabilitation *f* COMP ▷ **rehabilitation centre** N *(for disabled, ill person)* centre *m* de réadaptation ; *(for drug user, alcoholic)* centre *m* de réhabilitation ; *(for prisoner)* centre *m* de réinsertion

**rehash** * /ˌriːˈhæʃ/ VT *[+ literary material etc]* remanier, réarranger N /ˈriːhæʃ/ resucée * *f*

**rehearsal** /rɪˈhɜːsəl/ N a *(Theat)* répétition *f* ; *(fig) (= preparation)* préparation *f* (*for sth* de qch) ◆ **this play is in ~** on répète cette pièce ; → **dress** b *(NonC) [of facts etc]* énumération *f*, récit *m* détaillé

**rehearse** /rɪˈhɜːs/ VT *(Theat)* répéter ; *(gen) [+ facts, grievances]* énumérer ◆ **to ~ what one is going to say** préparer ce qu'on va dire ◆ **well ~d** *[+ play]* répété avec soin ; *[+ actor]* qui a soigneusement répété son texte ; *(fig) [+ intervention, protest]* soigneusement étudié

**reheat** /ˌriːˈhiːt/ VT réchauffer

**re-home, rehome** /ˌriːˈhəʊm/ VT *[+ pet]* trouver qn pour adopter

**rehouse** /ˌriːˈhaʊz/ VT reloger

**reign** /reɪn/ N *(lit, fig)* règne *m* ◆ **in the ~ of** sous le règne de ◆ **the Reign of Terror** *(Hist)* la Terreur ◆ **~ of terror** *(fig)* régime *m* de terreur VI *(lit, fig)* régner (*over* sur) ◆ **silence ~s** le silence règne ◆ **to ~ supreme** *[monarch]* régner en *or* être le maître absolu ; *[champion]* être sans rival ; *[justice, peace]* régner en souverain(e)

**reigning** /ˈreɪnɪŋ/ ADJ *[monarch]* régnant ; *[champion]* en titre ; *(fig) [attitude]* actuel, dominant

**reiki** /ˈreɪkɪ/ N reiki *m*

**reimburse** /ˌriːɪmˈbɜːs/ VT rembourser (*sb for sth* qch à qn, qn de qch) ◆ **to ~ sb (for) his expenses** rembourser qn de ses dépenses

**reimbursement** /ˌriːɪmˈbɜːsmənt/ N remboursement *m*

**reimpose** /ˌriːɪmˈpəʊz/ VT réimposer

**rein** /reɪn/ N *(often pl: lit, fig)* rêne *f* ; *[of horse in harness]* guide *f* ◆ **~s** *[of child]* rênes *fpl* ◆ **to hold the ~s (of power)** *(lit, fig)* tenir les rênes (du pouvoir) ◆ **to keep a ~ on sb/sth** *(lit, fig)* tenir qn/qch en bride ◆ **to give (a) free ~ to** *(fig) [+ anger, passions, one's imagination]* donner libre cours à ◆ **to give sb free ~ (to do sth)** donner carte blanche à qn (pour faire qch)

► **rein back** 1 VT SEP *[+ horse]* faire reculer 2 VI reculer

► **rein in** 1 VI *(fig)* ralentir 2 VT SEP *[+ horse]* serrer la bride à, ramener au pas ; *(fig) [+ passions]* contenir, maîtriser

► **rein up** VI s'arrêter

**reincarnate** /ˌriːɪnˈkɑːneɪt/ VT réincarner ADJ /ˌriːɪnˈkɑːnɪt/ *(frm)* réincarné

**reincarnation** /ˌriːɪnkɑːˈneɪʃən/ N réincarnation *f*

**reindeer** /ˈreɪndɪəʳ/ N (pl **reindeer** *or* **reindeers**) renne *m*

**reinforce** /ˌriːɪnˈfɔːs/ VT renforcer ; *[+ one's demands etc]* appuyer COMP ▷ **reinforced concrete** N béton *m* armé

**reinforcement** /ˌriːɪnˈfɔːsmənt/ N a *(= action)* renforcement *m* ; *(= thing)* renfort *m* b *(Mil = action)* renforcement *m* ◆ **~s** *(also fig)* renforts *mpl* COMP *[troops, supplies]* de renfort

**reinsert** /ˌriːɪnˈsɜːt/ VT réinsérer

**reinstate** /ˌriːɪnˈsteɪt/ VT *[+ employee]* réintégrer, rétablir dans ses fonctions ; *[+ text]* rétablir (*in* dans)

**reinstatement** /ˌriːɪnˈsteɪtmənt/ N réintégration *f*, rétablissement *m*

**reinstitute** /ˌriːˈɪnstɪtjuːt/ VT rétablir

**reinstitution** /ˌriːɪnstɪˈtjuːʃən/ N rétablissement *m*

**reinsurance** /ˌriːɪnˈʃʊərəns/ N réassurance *f* ; *[of underwriter etc] (against possible losses)* contre-assurance *f*

**reinsure** /ˌriːɪnˈʃʊəʳ/ VT *[+ policy, contract]* réassurer, contracter une contre-assurance sur ; *[insurance company]* réassurer ◆ **to ~ o.s.** se réassurer, contracter une contre-assurance

**reintegrate** /ˌriːˈɪntɪgreɪt/ VT réintégrer

**reintegration** /ˌriːɪntɪˈgreɪʃən/ N réintégration *f*

**reintroduce** /ˌriːɪntrəˈdjuːs/ VT réintroduire

**reinvent** /ˌriːɪnˈvent/ VT a ◆ **to ~ the wheel** réinventer la roue b ◆ **to ~ o.s.** faire peau neuve ◆ **to ~ o.s. as sth** se métamorphoser en qch

**reinvention** /ˌriːɪnˈvenʃən/ N *[of person, thing]* réinvention *f*

**reinvest** /ˌriːɪnˈvest/ VT *(Fin)* réinvestir

**reinvestment** /ˌriːɪnˈvestmənt/ N *(Fin)* nouveau placement *m*, nouvel investissement *m*

**reinvigorate** /ˌriːɪnˈvɪgəreɪt/ VT revigorer

**reissue** /ˌriːˈɪʃjuː/ VT *[+ book]* donner une nouvelle édition de, rééditer ; *[+ film]* ressortir, redistribuer N *(= act) [of book]* réédition *f* ; *[of film]* redistribution *f* ◆ **it is a ~** *[book]* il a été réédité ; *[film]* il est ressorti

**reiterate** /riːˈɪtəreɪt/ VT *[+ statement, view]* réaffirmer ; *[+ promise, claim]* réitérer ◆ **he ~d his demand for more proof** il a redemandé de nouvelles preuves

**reiteration** /riːˌɪtəˈreɪʃən/ N réitération *f*, répétition *f*

**reiterative** /riːˈɪtərətɪv/ ADJ réitératif

**reject** /rɪˈdʒekt/ LANGUAGE IN USE 12.1 VT a *(gen)* rejeter, repousser ; *[+ damaged goods etc] [customer, shopkeeper]* refuser ; *[maker, producer]* mettre au rebut ; *[+ suitor]* repousser, éconduire ; *[+ candidate, manuscript]* refuser ; *[+ offer, proposal, application]* rejeter ; *[+ plea, advances]* repousser ; *[+ possibility]* rejeter, repousser ; *[+ coins] [machine]* refuser b *(Med) [body] [+ medication, transplant]* rejeter c *(Comput)* rejeter N /ˈriːdʒekt/ a *(Comm)* pièce *f or* article *m* de rebut ; → **export** b *(Comput)* rejet *m* COMP /ˈriːdʒekt/ *(Comm, Ind) [goods]* de rebut ▷ **reject shop** N boutique *f* d'articles de second choix

**rejection** /rɪˈdʒekʃən/ N rejet *m* *(also Med)* ◆ **the ~ of such initiatives** le rejet de telles initiatives ◆ **be prepared for many ~s before you land a job** préparez-vous à essuyer de nombreux refus avant d'obtenir un emploi COMP ▷ **rejection slip** N *(Publishing)* lettre *f* de refus

**rejig** * /riːˈdʒɪg/, **rejigger** * *(US)* /riːˈdʒɪgəʳ/ VT réorganiser, réarranger

**rejoice** /rɪˈdʒɔɪs/ VT réjouir ◆ **it ~d his heart to see ...** *(frm, liter)* il s'est félicité du fond du cœur de voir ... VI se réjouir (*at, over, in* de) ◆ **they ~d to see peace return to their country at last** ils se sont réjouis de voir enfin la paix revenir dans leur pays ◆ **he ~s in the name of Marmaduke** *(hum, iro)* il a le privilège de s'appeler Marmaduke *(iro)*

**rejoicing** /rɪˈdʒɔɪsɪŋ/ N a *(NonC)* réjouissance *f*, jubilation *f* b ◆ **~s** réjouissances *fpl*, fête *f*

**rejoin[1]** /ˌriːˈdʒɔɪn/ VT *[+ party, club]* adhérer à nouveau à ; *[+ person, army]* rejoindre ◆ **they ~ed the motorway at junction 15** ils ont rejoint l'autoroute à l'entrée n° 15 VI se rejoindre

**rejoin[2]** /rɪˈdʒɔɪn/ VI *(= reply)* répliquer, répondre

**rejoinder** /rɪˈdʒɔɪndəʳ/ N réplique *f*, repartie *f* ; *(Jur)* réplique *f*, réponse *f* à une réplique

**rejuvenate** /rɪˈdʒuːvɪneɪt/ VTI rajeunir

**rejuvenating** /rɪˈdʒuːvɪneɪtɪŋ/ ADJ rajeunissant

**rejuvenation** /rɪˌdʒuːvɪˈneɪʃən/ N rajeunissement *m*

**rekindle** /ˌriːˈkɪndl/ VT *[+ fire]* rallumer, attiser ; *(fig) [+ hope, enthusiasm, tensions, enmities]* ranimer, raviver VI se rallumer, se ranimer

**relapse** /rɪˈlæps/ N *(Med, fig)* rechute *f* ◆ **to have a ~** avoir *or* faire une rechute, rechuter VI *(gen)* retomber (*into* dans) ; *[ill person]* rechuter

**Relate** /rɪˈleɪt/ N *(Brit) centre de consultation conjugale*

**relate** /rɪˈleɪt/ VT a *(= recount) [+ story]* raconter, relater ; *[+ details]* rapporter ◆ **strange to ~ ...** chose curieuse (à dire) ...
b *(= associate)* établir un rapport entre, rapprocher ; *[+ breeds]* apparenter ; *(to a category)* rattacher, lier ◆ **it is often difficult to ~ the cause to the effect** il est souvent difficile d'établir un rapport de cause à effet *or* d'établir un lien entre la cause et l'effet
VI a *(= refer)* se rapporter, toucher (*to* à)
b *(Psych)* **to ~ to sb** *(= form relationship)* établir des rapports avec qn ; *(= maintain relationship)* entretenir des rapports avec qn ◆ **how do you ~ to your parents?** quels rapports entretenez-vous avec vos parents ? ◆ **he doesn't ~ to other people** il n'a pas le sens des contacts ◆ **women ~ more to this than men** les femmes sentent mieux cela que les hommes ◆ **I can ~ to that** * je comprends ça

**related** /rɪˈleɪtɪd/ ADJ a *(in family) [person]* parent ; *[animal, species, language]* apparenté (*to sth* à qch) ◆ **he is ~ to Jane** il est parent de Jane ◆ **she is ~ to us** elle est notre parente ◆ **they are ~ to each other** ils sont parents ◆ **he is ~ to the Royal family** c'est un parent de la famille royale ◆ **he is ~ by marriage to our great aunt/the Royal family** c'est un parent *or* il est parent par alliance de notre grand-tante/de la famille royale ◆ **they are closely/distantly ~** ce sont de proches parents/des parents éloignés ◆ **two closely ~ species/languages** deux espèces/langues très proches
b *(= connected) (Chem)* apparenté ; *(Philos)* connexe ; *(Mus)* relatif ◆ **to be ~ to sth** être lié à qch ◆ **food allergies and ~ problems** les allergies alimentaires et les problèmes qui y sont liés ◆ **cookware, cutlery, and ~ products** les ustensiles de cuisine, les couverts et les produits du même ordre

◆ **geometry and other ~ subjects** la géométrie et les sujets connexes *or* qui s'y rattachent ◆ **another ~ issue which this film deals with is ...** ce film aborde aussi un problème apparenté, à savoir ... ◆ **the two events are not ~** ces deux événements n'ont pas de rapport ◆ **two closely ~ questions** deux questions fort proches l'une de l'autre *or* étroitement liées ◆ **two distantly ~ questions** deux questions fort éloignées l'une de l'autre

**ADJ** ◆ **-related** *(in compounds)* qui est lié à ◆ **health-~ problems** problèmes *mpl* liés à la santé ◆ **earnings-~ pensions** retraites *fpl* ramenées au salaire

**relating** /rɪ'leɪtɪŋ/ **ADJ** ◆ **~ to** concernant, relatif à

**relation** /rɪ'leɪʃən/ **N** **a** *(family = person)* parent(e) *m(f)*; *(= kinship)* parenté *f* ◆ **I've got some ~s coming to dinner** j'ai de la famille à dîner ◆ **is he any ~ to you?** est-il de vos parents ? ◆ **he is no ~ (of mine** *or* **to me)** il n'est pas de ma famille, il n'y a aucun lien de parenté entre nous ◆ **what ~ is she to you?** quelle est sa parenté avec vous ?

**b** *(= relationship)* rapport *m*, relation *f* ◆ **to bear a ~ to** avoir rapport à ◆ **to bear no ~ to** n'avoir aucun rapport avec, être sans rapport avec ◆ **in** *or* **with ~ to** par rapport à, relativement à ◆ **~s** relations *fpl*, rapports *mpl* ; *(= personal ties)* rapports *mpl* ◆ **to have business ~s with** être en rapports *mpl* *or* relations *fpl* d'affaires avec ◆ **diplomatic/friendly/international ~s** relations *fpl* diplomatiques/d'amitié/internationales ◆ **~s are rather strained** les relations *or* les rapports sont assez tendu(e)s ◆ **sexual ~s** rapports *mpl* (sexuels) ; → **public**

**c** *(= telling)* *[of story]* récit *m*, relation *f* ; *[of details]* rapport *m*

**relational** /rɪ'leɪʃənl/ **ADJ** *(gen, Ling)* relationnel

**relationship** /rɪ'leɪʃənʃɪp/ **N** **a** *(= family ties)* liens *mpl* de parenté ◆ **what is your ~ to him?** quels sont les liens de parenté entre vous ?, quels sont vos liens de parenté avec lui ?

**b** *(= connection)* rapport *m* ; *(= relations)* relations *fpl*, rapports *mpl* ; *(= personal ties)* rapports *mpl* ◆ **to see a ~ between two events** voir un rapport *or* un lien entre deux événements ◆ **to have a ~ with sb** *(gen)* avoir des relations *or* être en relations avec qn ; *(sexual)* avoir une liaison avec qn ◆ **to be in a ~** avoir quelqu'un dans sa vie ◆ **he has a good ~ with his clients** il est en bons rapports avec ses clients ◆ **they have a good ~** ils s'entendent bien ◆ **friendly/business ~** relations *fpl* d'amitié/d'affaires ◆ **his ~ with his father was strained** ses rapports avec son père étaient tendus ◆ **the ~ between mother and child** les rapports entre la mère et l'enfant

**relative** /'relətɪv/ **ADJ** **a** *(= comparative)* *[safety, peace, comfort, luxury, weakness]* relatif ◆ **with ~ ease** avec une relative facilité ◆ **he is a ~ newcomer** c'est plus ou moins un nouveau venu ◆ **her ~ lack of experience** sa relative inexpérience ◆ **in ~ terms** en termes relatifs ◆ **petrol consumption is ~ to speed** la consommation d'essence est fonction de *or* relative à la vitesse ◆ **there is a shortage of labour ~ to demand** il y a une pénurie de main d'œuvre par rapport à la demande ◆ **all human values are ~** toutes les valeurs humaines sont relatives ◆ **it's all ~** tout est relatif

**b** *(= respective)* *[importance, merits, strengths]* respectif

**c** *(= relevant)* ◆ **~ to sth** relatif à qch, qui se rapporte à qch ◆ **the documents ~ to the problem** les documents relatifs au problème *or* qui se rapportent au problème

**d** *(Gram, Mus)* relatif

**N** **a** *(= person)* parent(e) *m(f)* ◆ **one of my ~s** un(e) parent(e) à moi, un membre de ma famille ◆ **all my ~s came** toute ma famille est venue

**b** *(Gram)* relatif *m*

**COMP** ▷ **relative clause N** *(Gram)* (proposition *f*) relative *f* ▷ **relative conjunction N** *(Gram)* conjonction *f* de subordination ▷ **relative major (key) N** *(Mus)* (ton *m*) majeur *m* relatif ▷ **relative minor (key) N** *(Mus)* (ton *m*) mineur *m* relatif ▷ **relative pronoun N** *(Gram)* pronom *m* relatif

**relatively** /'relətɪvlɪ/ **ADV** relativement ◆ **~ speaking** comparativement

**relativism** /'relətɪvɪzəm/ **N** relativisme *m*

**relativist** /'relətɪvɪst/ **ADJ, N** relativiste *mf*

**relativistic** /,relətɪ'vɪstɪk/ **ADJ** relativiste

**relativity** /,relə'tɪvɪtɪ/ **N** *(gen, Ling, Philos, Phys)* relativité *f* ◆ **theory of ~** théorie *f* de la relativité

**relativization** /,relətɪvaɪ'zeɪʃən/ **N** relativisation *f*

**relativize** /'relətɪvaɪz/ **VT** relativiser

**relaunch** /ri:'lɔ:ntʃ/ **VT** *[+ organization, scheme]* relancer **N** *[of organization, scheme]* nouveau lancement *m*

**relax** /rɪ'læks/ **VT** *[+ hold, grip]* relâcher, desserrer ; *(Med)* *[+ bowels]* relâcher ; *[+ muscles]* relâcher, décontracter ; *[+ discipline, attention, effort]* relâcher ; *[+ restrictions]* modérer ; *[+ measures, tariffs]* assouplir ; *[+ person, one's mind]* détendre, délasser ; see also **relaxed** **VI** **a** *(= rest)* se détendre, se relaxer ◆ **let's just ~!** *(* = calm down)* restons calmes !, du calme ! **b** *[hold, grip]* se relâcher, se desserrer ; *[muscles]* se relâcher, se décontracter

**relaxant** /rɪ'læksənt/ **N** décontractant *m* ◆ **muscle ~** décontractant *m* musculaire

**relaxation** /,ri:læk'seɪʃən/ **N** **a** *(NonC)* *[of muscles, discipline, attention]* relâchement *m* ; *[of mind]* détente *f*, relaxation *f* ; *[of body]* décontraction *f*, relaxation *f* ; *[of restrictions, measures, tariffs]* assouplissement *m* ◆ **measures of ~** *(Jur)* mesures *fpl* d'assouplissement **b** *(= recreation)* détente *f*, délassement *m* ; *(= rest)* repos *m* ◆ **you need some ~ after work** on a besoin d'une détente après le travail ◆ **books are her ~** pour se délasser *or* se détendre elle lit

**relaxed** /rɪ'lækst/ **ADJ** *[person, mood, discussion, attitude, approach, smile]* détendu, décontracté ; *[discipline, muscle]* relâché ◆ **to feel ~** se sentir détendu ◆ **I feel fairly ~ about it** * *(fig)* je ne m'en fais pas pour ça

**relaxing** /rɪ'læksɪŋ/ **ADJ** *[weekend, holiday, place]* reposant ; *[atmosphere]* reposant, relaxant ; *[music, massage]* relaxant ; *[bath]* relaxant, délassant ◆ **to have a ~ time** passer des moments reposants

**relay** /'ri:leɪ/ **N** **a** *[of horses, men etc]* relais *m* ◆ **to work in ~s** travailler par relais, se relayer **b** *(Rad, TV)* émission *f* relayée **c** *(Sport)* ⇒ **relay race** **d** *(Elec, Phys, Tech)* relais *m* **VT** *(Elec, Rad, TV etc)* *[+ programme]* relayer, retransmettre ; *[+ signal]* transmettre, retransmettre ; *[+ message, information]* relayer **COMP** ▷ **relay race N** course *f* de relais ▷ **relay station N** *(Rad, TV)* relais *m*

**re-lay** /,ri:'leɪ/ **VT** (pret, ptp **re-laid**) *[+ carpet]* reposer

**release** /rɪ'li:s/ **N** **a** *(NonC, from captivity, prison, custody, obligation, responsibility)* libération *f* ; *(from service)* dispense *f*, exemption *f* ; *(Comm: from customs, bond)* congé *m* ◆ **on his ~ from prison he ...** dès sa sortie de prison, il ... ◆ **the ~ of the prisoners by the allied forces** la libération des prisonniers par les forces alliées ◆ **death was a happy ~ for him** pour lui la mort a été une délivrance

**b** *(NonC: Comm)* *[of goods]* mise *f* en vente ; *[of news]* autorisation *f* de publier ; *[of film, record]* sortie *f* ; *[of book]* parution *f*, sortie *f* ◆ **this film is now on general ~** ce film n'est plus en exclusivité

**c** *(Comm = sth just brought out)* **new ~** *(= record, CD)* nouvel album *m* ; *(= film)* nouveau film *m* ; *(= book)* nouveauté *f* ; *(= video)* nouvelle vidéo *f* ◆ **their latest ~** leur dernier album (*or* film *etc*) ; → **press**

**d** *(NonC)* *[of bomb]* largage *m* ; *(Phot etc)* déclenchement *m* ; *[of steam]* échappement *m*

**e** (also **release switch/button**) touche *f* de déclenchement

**VT** **a** *(= set free)* *[+ person]* *(from prison)* libérer, relâcher *(from* de), élargir *(Jur)* ; *(from hospital)* autoriser à sortir *(from* de) ; *(from chains)* libérer *(from* de) ; *(from rubble, wreckage)* dégager *(from* de) ; *(from obligation, debt)* dégager, libérer *(from* de) ; *(from promise, vow)* relever *(from* de) ; *[+ captive animal]* relâcher ◆ **to ~ sb on bail** *(Jur)* mettre qn en liberté provisoire sous caution ◆ **death ~d him from pain** la mort mit fin à ses souffrances ◆ **his employer agreed to ~ him** son patron lui a permis de cesser son travail ◆ **can you ~ him for a few hours each week?** pouvez-vous le libérer quelques heures par semaine ?

**b** *(= let go)* *[+ object, sb's hand, pigeon]* lâcher ; *[+ bomb]* larguer, lâcher ; *(Chem)* *[+ gas]* dégager ; *[+ anger]* donner libre cours à ◆ **to ~ one's anger on sb** passer sa colère sur qn ◆ **to ~ one's hold** *or* **grip** lâcher prise ◆ **to ~ one's hold of** *or* **one's grip on sth** lâcher qch ◆ **humour is wonderful for releasing tension** l'humour est idéal pour libérer les tensions ◆ **massage helps to ~ the tension in your shoulders and neck** les massages aident à décrisper les épaules et le cou

**c** *(= issue)* *[+ book, record]* sortir, faire paraître ; *[+ film]* (faire) sortir ; *[+ goods]* mettre en vente ; *(= publish, announce)* *[+ news]* autoriser la publication de ; *[+ details of sth]* publier ◆ **to ~ a statement** publier un communiqué *(about* au sujet de)

**d** *(Jur)* *[+ property]* céder

**e** *[+ spring, clasp, catch]* faire jouer ; *(Phot)* *[+ shutter]* déclencher ; *[+ handbrake]* desserrer ◆ **to ~ the clutch** *(Aut)* débrayer

**COMP** *[switch, knob, catch etc]* de déclenchement *or* de sortie *etc* ▷ **release date N** *[of film, record]* date *f* de sortie ; *[of book]* date *f* de parution ; *[of prisoner]* date *f* de libération, date *f* de sortie ▷ **release print N** *(Cine)* copie *f* d'exploitation ▷ **release valve N** soupape *f* de sûreté

**relegate** /'relɪgeɪt/ **VT** **a** *(= demote)* *[+ person]* reléguer ; *(Sport)* *[+ team]* reléguer *(to* à, en), déclasser ◆ **to be ~d** *(Brit Ftbl)* descendre en seconde *etc* division ◆ **to ~ old furniture to the attic** reléguer de vieux meubles au grenier **b** *(= hand over)* *[+ matter, question]* renvoyer *(to* à), se décharger de *(to* sur)

**relegation** /,relɪ'geɪʃən/ **N** relégation *f* (*also Sport*) ; *[of matter, question]* renvoi *m* *(to* à)

**relent** /rɪ'lent/ **VI** s'adoucir, se laisser toucher, se laisser fléchir ; *(= reverse one's decision)* revenir sur une décision ; *(fig)* *[weather]* s'améliorer

**relentless** /rɪ'lentlɪs/ **ADJ** *[search, pursuit, noise, demands, attacks, criticism]* incessant ; *[pressure, energy, determination, pace, growth]* implacable ; *(iro)* *[optimism, cheerfulness]* incorrigible ; *[person]* implacable, impitoyable ◆ **to be ~ in doing sth** *or* **in one's efforts to do sth** ne pas relâcher ses efforts pour faire qch ◆ **the ~**

**march of technology** l'avancée *f* inexorable de la technologie

**relentlessly** /rɪˈlentlɪslɪ/ ADV a *(= tirelessly) [fight, pursue]* avec acharnement ; *[advance, march]* inexorablement ◆ **the sun beat down ~** le soleil était implacable b *(= unremittingly) [cheerful, happy, grim]* incurablement, incorrigiblement

**relet** /ˌriːˈlet/ VT relouer

**relevance** /ˈreləvəns/, **relevancy** /ˈreləvənsɪ/ N *[of question, remark, argument]* pertinence *f*, intérêt *m* ; *[of fact, information]* importance *f*, intérêt *m* ◆ **I don't see the ~ of your question/that remark (to the issue)** je ne vois pas l'intérêt de votre question/cette remarque ◆ **to be of particular ~ (to sb)** être particulièrement pertinent (pour qn) ◆ **a curriculum which is of ~ to all pupils** un programme qui intéresse tous les élèves ◆ **to have no ~ to sth** n'avoir aucun rapport avec qch ◆ **outdated concepts which have no ~ to the present day** des concepts démodés qui sont sans rapport avec la réalité d'aujourd'hui

**relevant** /ˈreləvənt/ ADJ a *(= pertinent) [information, fact, question, remark, argument]* pertinent ; *[law, regulation]* applicable (*to* à) ◆ **that is not ~** ce n'est pas pertinent ◆ **Molière's plays are still ~ today** les pièces de Molière sont toujours d'actualité ◆ **Ancient History may be fascinating but it's hardly ~ when it comes to finding a job** l'histoire ancienne est peut-être fascinante mais ne sert pas à grand-chose quand il s'agit de trouver du travail ◆ **the ~ year** *(Jur, Fin)* l'année *f* de référence ◆ **to be ~ to sth** *(gen)* être en rapport avec qch ◆ **questions that are ~ to management** des questions qui ont à voir *or* qui sont en rapport avec la gestion ◆ **poetry ~ to people's lives** une poésie dans laquelle les gens se reconnaissent ◆ **it's particularly ~ to people who have recently lost their jobs** c'est particulièrement utile pour les gens qui viennent de perdre leur emploi ◆ **to be ~ to sb/sth** *[law, regulation]* être applicable à qn/qch, concerner qn/qch
b *(= appropriate) [+ details, information]* voulu, nécessaire ; *[law, regulation]* qui convient ; *[official, authority]* compétent ◆ **make sure you enclose all the ~ certificates** n'oubliez pas de joindre tous les certificats nécessaires

**reliability** /rɪˌlaɪəˈbɪlɪtɪ/ N *[of person, character]* sérieux *m* ; *[of memory, description]* sûreté *f*, précision *f* ; *[of device, machine]* fiabilité *f*

**reliable** /rɪˈlaɪəbl/ ADJ *[person]* digne de confiance, sérieux ; *[account, report]* digne de foi, sérieux ; *[firm]* sérieux ; *[ally, source, information]* sûr ; *[machine, method, service, figures, guide, memory, description]* fiable ; *[evidence]* solide ◆ **he's very ~** on peut compter sur lui

**reliably** /rɪˈlaɪəblɪ/ ADV *[work, measure, date]* de manière fiable ◆ **I am ~ informed that ...** j'ai appris de source sûre que ...

**reliance** /rɪˈlaɪəns/ N *(= trust)* confiance *f* (*on* en) ; *(= dependence)* dépendance *f* (*on* de), besoin *m* (*on* de) ; ◆ **to place ~ on sb/sth** avoir confiance en qn/qch

**reliant** /rɪˈlaɪənt/ ADJ ◆ **to be ~ on sb (for sth)** être dépendant de qn (pour qch), dépendre de qn (pour qch) ◆ **to be ~ on sth** dépendre de qch ; → **self**

**relic** /ˈrelɪk/ N relique *f (also Rel)* ◆ **~s** *(= human remains)* dépouille *f* (mortelle) ; *[of past]* reliques *fpl*, vestiges *mpl*

**relict** †† /ˈrelɪkt/ N veuve *f*

**relief** /rɪˈliːf/ N a *(from pain, anxiety)* soulagement *m* ◆ **to bring ~ (to sb)** apporter *or* procurer du soulagement (à qn) ◆ **I felt great ~ when ...** j'ai éprouvé un grand *or* vif soulagement quand ... ◆ **he laughed with ~** il rit de soulagement ◆ **to my ~** à mon grand soulagement ◆ **that's a ~!** ouf ! je respire !, j'aime mieux ça ! ◆ **(to me) it was a ~ to find it** j'ai été soulagé de le retrouver ◆ **it's a ~ to get out of the office once in a while** ça fait du bien de sortir du bureau de temps en temps ; → **comic**
b *(= assistance)* secours *m*, aide *f* ◆ **to go to the ~ of ...** aller au secours de ... ◆ **to come to the ~ of ...** venir en aide à ... ◆ **to send ~ to ...** envoyer des secours à ...
c *(US Admin)* aides *fpl* sociales ◆ **to be on** *or* **getting ~** bénéficier d'aides sociales
d *(Mil) [of town]* libération *f* ; *[of guard]* relève *f*
e *(= substitute or extra workers)* relève *f*
f *(= exemption) (Jur)* exonération *f* ; *(fiscal)* dégrèvement *m*
g *(Art, Geog)* relief *m* ◆ **high/low ~** haut-/bas-relief ◆ **to stand out in (bold** *or* **sharp** *or* **clear) ~ against ...** se détacher sur ... ◆ **to bring** *or* **throw sth into ~** *(lit, fig)* mettre qch en relief, faire ressortir qch
COMP *[train, coach]* supplémentaire ; *[typist, clerk]* suppléant ▷ **relief agency** N organisation *f* humanitaire ▷ **relief fund** N caisse *f* de secours ▷ **relief map** N carte *f* en relief ▷ **relief organization** N *[of refugees, earthquakes etc]* organisation *f* humanitaire ▷ **relief road** N *(Brit)* itinéraire *m* de délestage ▷ **relief supplies** NPL secours *mpl* ▷ **relief troops** NPL relève *f*, troupes *fpl* de secours ▷ **relief valve** N soupape *f* de sûreté ▷ **relief work** N travail *m* humanitaire ▷ **relief worker** N représentant *m* d'un organisme humanitaire

**relieve** /rɪˈliːv/ VT a *[+ person]* soulager ◆ **to feel/look ~d** se sentir/avoir l'air soulagé ◆ **he was ~d to learn that ...** il a été soulagé d'apprendre que ... ◆ **to be ~d at sth** être soulagé par qch ◆ **to be ~d that ...** être soulagé que ... *+ subj* ◆ **to ~ sb of a burden** soulager qn d'un fardeau ◆ **to ~ sb of a coat/suitcase** débarrasser qn d'un manteau/d'une valise ◆ **to ~ sb of a duty** décharger qn d'une obligation ◆ **to ~ sb of a post, to ~ sb of a command** *(Mil)* relever qn de ses fonctions ◆ **a thief has ~d me of my purse** *(hum)* un voleur m'a soulagé de *or* délesté de mon porte-monnaie
b *(= mitigate) [+ anxiety, pain, stress, mental suffering]* soulager ; *[+ pressure]* diminuer ; *[+ fear, boredom]* dissiper ; *[+ poverty]* remédier à, pallier ◆ **to ~ sb's mind** tranquilliser (l'esprit de) qn ◆ **to ~ one's feelings** *(sorrow)* s'épancher ; *(anger)* décharger sa colère *or* sa bile ◆ **to ~ the symptoms of sth** soulager les symptômes de qch ◆ **to ~ a situation** remédier à une situation ◆ **the black of her dress was ~d by a white collar** un col blanc égayait sa robe noire ◆ **the new road ~s peak-hour congestion** la nouvelle route facilite la circulation aux heures de pointe ◆ **the new road ~s congestion in the town centre** la nouvelle route décongestionne le centre-ville ◆ **to ~ congestion** *(Med)* décongestionner ◆ **to ~ o.s.** *(euph)* se soulager, faire ses besoins *
c *(= help)* secourir, venir en aide à
d *(= take over from)* relayer ◆ **Paul will ~ you at six** Paul vous relayera à six heures ◆ **to ~ the guard** *(Mil)* relever la garde
e *(Mil) [+ town, fort, garrison]* libérer

**relievo** /rɪˈliːvəʊ/ N *(Art)* relief *m*

**religion** /rɪˈlɪdʒən/ N *(= belief)* religion *f* ; *(= form of worship)* culte *m* ; *(on form etc)* confession *f* ◆ **the Christian ~** la religion chrétienne ◆ **this new ~ already has many adherents** ce nouveau culte a déjà de nombreux adeptes ◆ **wars of ~** guerres *fpl* de religion ◆ **to make a ~ of doing sth** se faire une obligation (absolue) de faire qch ◆ **it's against my ~ (to do that)** *(lit)* c'est contraire à ma religion (de faire cela) ◆ **it's against my ~ to clean windows** * *(hum)* je ne fais jamais les vitres, c'est contraire à ma religion *(hum)* ◆ **to enter ~** entrer en religion ◆ **her name in ~** son nom de religion ◆ **to get ~** * *(hum)* découvrir Dieu

**religiosity** /rɪˌlɪdʒɪˈɒsɪtɪ/ N *(pej)* religiosité *f*

**religious** /rɪˈlɪdʒəs/ ADJ *[beliefs, practice, order, service, music, book, leader]* religieux ; *[freedom]* religieux, de religion ; *[person]* religieux, croyant ; *[war]* de religion ◆ **a ~ maniac** *or* **lunatic** * un fanatique religieux N *(pl inv)* religieux *m*, -ieuse *f* COMP ▷ **religious education** N *(Scol)* éducation *f* religieuse ▷ **religious instruction** N *(Scol)* instruction *f* religieuse

**religiously** /rɪˈlɪdʒəslɪ/ ADV a *(Rel)* ◆ **a ~ diverse country** un pays qui présente une grande diversité religieuse ◆ **~ minded people** gens *mpl* religieux ◆ **~ motivated** motivé par la religion b *(= conscientiously)* religieusement

**religiousness** /rɪˈlɪdʒəsnɪs/ N piété *f*, dévotion *f*

**reline** /ˌriːˈlaɪn/ VT *[+ coat, jacket]* mettre une nouvelle doublure à, redoubler ◆ **to ~ the brakes** *(Aut)* changer les garnitures de freins

**relinquish** /rɪˈlɪŋkwɪʃ/ VT a *(= give up) [+ hope, power]* abandonner ; *[+ plan, right]* renoncer à (*to sb* en faveur de qn) ; *[+ habit]* renoncer à ; *[+ post]* quitter, abandonner ; *[+ goods, property etc]* se dessaisir de, abandonner b *(= let go) [+ object]* lâcher ◆ **to ~ one's hold on sth** lâcher qch

**relinquishment** /rɪˈlɪŋkwɪʃmənt/ N abandon *m* (*of sth* de qch)

**reliquary** /ˈrelɪkwərɪ/ N reliquaire *m*

**relish** /ˈrelɪʃ/ N a *(= enjoyment)* goût *m* (*for* pour) ◆ **to do sth with (great) ~, to take ~ in doing sth** faire qch avec délectation ◆ **he ate with ~** il mangeait de bon appétit ◆ **he rubbed his hands with ~ at the prospect of ...** il se frotta les mains de plaisir à la perspective de ... b *(Culin) (= flavour)* goût *m*, saveur *f* ; *(= pickle: for hamburger etc)* achards *mpl* ; *(= seasoning)* condiment *m*, assaisonnement *m* ; *(= trace: of spices etc)* soupçon *m* ; *(fig = charm)* attrait *m*, charme *m* ◆ **it had lost all ~** *(fig)* cela avait perdu tout attrait VT *[+ food, wine]* savourer ◆ **to ~ doing sth** se délecter à faire qch, trouver du plaisir à faire qch ◆ **I don't ~ the idea** *or* **prospect** *or* **thought of getting up at five** l'idée de me lever à cinq heures ne me sourit guère *or* ne me dit rien

**relive** /ˌriːˈlɪv/ VT revivre

**reload** /ˌriːˈləʊd/ VT, VI recharger

**relocate** /ˌriːləʊˈkeɪt/ VT *(gen)* installer ailleurs ; *[+ company]* délocaliser ; *[+ worker] (in a new place)* transférer, muter ; *(in a new job)* reconvertir VI *(= move house)* déménager, s'installer ailleurs ; *[company]* se réimplanter ; *[worker] (in a new place)* changer de lieu de travail ; *(in a new job)* se reconvertir ◆ **to ~ to ...** déménager à ..., s'installer à ...

**relocation** /ˌriːləʊˈkeɪʃən/ N *(gen)* déménagement *m* ; *[of company]* délocalisation *f* ; *[of worker] (in a new place)* transfert *m*, mutation *f* ; *(in a new job)* reconversion *f* ; *[of household]* déménagement *m* COMP ▷ **relocation allowance** N prime *f* de relogement ▷ **relocation expenses** NPL *(paid to employee)* frais *mpl* de déménagement

**reluctance** /rɪˈlʌktəns/ N a répugnance *f* (*to do sth* à faire qch) ◆ **to do sth with ~** faire qch à regret *or* à contrecœur ◆ **to make a show of ~** se faire prier, se faire tirer l'oreille **b** *(Elec)* réluctance *f*

**reluctant** /rɪˈlʌktənt/ ADJ *[person, animal]* réticent (*to do sth* à faire qch) ; *[acceptance]* peu enthousiaste ; *[praise, consent, permission, response]* peu enthousiaste, donné à contrecœur ◆ **the ~ soldier** le soldat malgré lui ◆ **to give one's ~ approval to sth** donner son accord à qch avec réticence *or* à contrecœur ◆ **to take the ~ decision to do sth** prendre avec réticence *or* à contrecœur la décision de faire qch

**reluctantly** /rɪˈlʌktəntlɪ/ ADV à contrecœur

**rely** /rɪˈlaɪ/ VI ◆ **to ~ (up)on sb/sth** compter sur qn/qch ◆ **she relied on the trains being on time** elle comptait *or* tablait sur le fait que les trains seraient à l'heure ◆ **I ~ on him for my income** je dépends de lui pour mes revenus ◆ **you can ~ upon it** vous pouvez y compter ◆ **you can ~ on me not to say anything about it** vous pouvez compter sur moi pour ne pas en parler, comptez sur ma discrétion ◆ **she is not to be relied upon** on ne peut pas compter sur elle ◆ **he relies increasingly on his assistants** il se repose de plus en plus sur ses assistants ◆ **you mustn't ~ on other people for everything** il faut se prendre en charge ◆ **to ~ on sth** *(Jur)* invoquer qch

**REM** /rem/ N (abbrev of **rapid eye movement**) → **rapid**

**remain** /rɪˈmeɪn/ VI **a** *(= be left)* rester ◆ **much ~s to be done** il reste beaucoup à faire ◆ **nothing ~s to be said** il ne reste plus rien à dire ◆ **nothing ~s but to accept** il ne reste plus qu'à accepter ◆ **it ~s to be seen whether ...** reste à savoir si ... ◆ **that ~s to be seen** c'est ce que nous verrons, c'est ce qu'il reste à voir ◆ **the fact ~s that he is wrong** il n'en est pas moins vrai *or* toujours est-il qu'il a tort ◆ **take 2 from 4, 2 ~** 4 moins 2, il reste 2

**b** *(= stay)* rester, demeurer ◆ **to ~ faithful** demeurer *or* rester fidèle ◆ **~ seated** restez assis ◆ **to ~ out/in** *etc* rester (en) dehors/(en) dedans *etc* ◆ **to ~ up** rester levé ◆ **let the matter ~ as it is** laissez l'affaire comme cela ◆ **it ~s the same** ça ne change pas ◆ **to ~ silent** garder le silence ◆ **it ~s unsolved** ce n'est toujours pas résolu ◆ **if the weather ~s fine** si le temps se maintient (au beau) ◆ **I ~, yours faithfully** *(in letters)* je vous prie d'agréer *or* veuillez agréer l'expression de mes sentiments distingués

► **remain behind** VI rester

**remainder** /rɪˈmeɪndəʳ/ N **a** *(= sth left over)* reste *m* ; *(= remaining people)* autres *mfpl* ; *(Math)* reste *m* ; *(Jur)* usufruit *m* avec réversibilité ◆ **for the ~ of the week** pendant le reste *or* le restant de la semaine **b** ◆ **~s** *(Comm)* *(= books etc)* invendus *mpl* soldés, soldes *mpl* d'éditeur ; *(= clothes, articles)* fin(s) *f(pl)* de série VT *[+ books etc]* solder

**remaining** /rɪˈmeɪnɪŋ/ ADJ *[people, objects]* qui reste (*or* restait), restant ◆ **use up the ~ olives in the sauce** utiliser le reste des olives dans la sauce ◆ **she's one of his few ~ friends** elle fait partie des rares amis qui lui restent

**remains** /rɪˈmeɪnz/ NPL *[of meal]* restes *mpl* ; *[of fortune, army]* débris *mpl* ; *[of building]* vestiges *mpl*, ruines *fpl* ◆ **literary ~** œuvres *fpl* posthumes ◆ **his (mortal) ~** ses restes *mpl*, sa dépouille mortelle ◆ **human ~** restes *mpl* humains

**remake** /ˌriːˈmeɪk/ VT refaire ; *(Cine)* *[+ film]* faire un remake de N /ˈriːmeɪk/ *(Cine)* remake *m*

**remand** /rɪˈmɑːnd/ VT *(gen, Jur)* *[+ case, accused person]* déférer, renvoyer (*to* à) ◆ **to ~ sb to a higher court** *(Jur)* renvoyer qn à une instance supérieure ◆ **to ~ sb in custody** mettre qn en détention provisoire ◆ **to ~ sb on bail** mettre qn en liberté sous caution ◆ **case ~ed for a week** affaire *f* renvoyée à huitaine ; → **further** N renvoi *m* (à une autre audience) ◆ **to be on ~** *(= in custody)* être en détention provisoire ; *(= on bail)* être en liberté provisoire COMP ▷ **remand centre** N *(Brit)* centre *m* de détention provisoire ▷ **remand home** † N *(Brit)* ≃ maison *f* d'arrêt ▷ **remand prisoner** N personne *f* en détention provisoire ▷ **remand wing** N quartier *m* de détention provisoire

**remark** /rɪˈmɑːk/ N **a** *(= comment)* remarque *f* ◆ **to make** *or* **pass the ~ that ...** faire remarquer *or* observer que ... ◆ **I have a few ~s to make on that subject** j'ai quelques remarques à vous communiquer à ce sujet ◆ **to make** *or* **pass unkind ~s about sb/sth** faire des remarques désagréables sur qn/qch ◆ **~s were made about your absence** votre absence a fait l'objet de remarques **b** *(NonC)* ◆ **worthy of ~** digne d'attention, remarquable VT **a** *(= say)* (faire) remarquer, (faire) observer ◆ **"it's raining" he ~ed** "il pleut" observa-t-il **b** *(= notice)* remarquer, observer VI faire des remarques *or* des observations (*on* sur) ◆ **he ~ed on it to me** il m'en a fait l'observation *or* la remarque

**remarkable** /rɪˈmɑːkəbl/ ADJ remarquable (*for sth* par qch) ◆ **it is ~ that ...** il est remarquable que ... + *subj* ◆ **there's nothing ~ about that** cela n'a rien de remarquable ◆ **it is ~ how quickly children grow up** la vitesse à laquelle les enfants grandissent est incroyable, c'est incroyable ce que les enfants grandissent vite

**remarkably** /rɪˈmɑːkəblɪ/ ADV extrêmement ◆ **this has been a ~ difficult year for him** cette année a été extrêmement difficile pour lui ◆ **~, the factory had escaped the bombing** fait étonnant *or* par miracle, l'usine avait échappé aux bombardements

**remarriage** /ˌriːˈmærɪdʒ/ N remariage *m*

**remarry** /ˌriːˈmærɪ/ VI se remarier VT remarier

**remaster** /ˌriːˈmɑːstəʳ/ VT *[+ recording]* remixer ; → **digitally**

**rematch** /ˈriːˌmætʃ/ N *(gen)* match *m* retour ; *(Boxing)* deuxième combat *m* VT /ˌriːˈmætʃ/ opposer à nouveau

**remediable** /rɪˈmiːdɪəbl/ ADJ remédiable

**remedial** /rɪˈmiːdɪəl/ ADJ **a** *(Med)* *[treatment]* curatif ◆ **~ exercises** gymnastique *f* corrective **b** *(Educ)* *[class]* de rattrapage ◆ **~ education** soutien *m* scolaire ◆ **~ teaching** cours *mpl* de rattrapage *or* de soutien ◆ **~ help** soutien *m* ◆ **~ (course in) English** cours *mpl* de rattrapage *or* de soutien en anglais **c** *(= corrective)* *[work]* de réparation ◆ **~ action** *or* **measures** mesures *fpl* de redressement

**remedy** /ˈremədɪ/ N *(Med)* remède *m* (*for* contre *or* pour) ; *(fig)* solution *f*, remède *m* ; *(Jur)* recours *m* ◆ **the ~ lies in the hands of the government** c'est le gouvernement qui détient la solution ◆ **divorce is not a ~ for a marriage problem** le divorce n'est pas une solution aux problèmes conjugaux ◆ **the ~ for despair** le remède contre le désespoir ◆ **to seek ~** *(legal)* chercher à obtenir réparation ◆ **a natural ~** un remède naturel ◆ **beyond ~** sans remède VT *(Med)* remédier à ; *(fig)* remédier à, porter remède à ◆ **the situation cannot be remedied** la situation est sans remède

**remember** /rɪˈmembəʳ/ VT **a** *(= recall)* *[+ person, date, occasion]* se souvenir de, se rappeler ◆ **to ~ that ...** se rappeler que ... ◆ **I ~ doing it** je me rappelle l'avoir fait, je me souviens de l'avoir fait ◆ **I ~ed to do it** j'ai pensé à le faire, je n'ai pas oublié de le faire ◆ **I ~ when an egg cost one penny** je me souviens de l'époque où un œuf coûtait un penny ◆ **I cannot ~ your name** je ne me rappelle plus votre nom, je ne me souviens pas de votre nom ◆ **don't you ~ me?** *(face to face)* vous ne me reconnaissez pas ? ; *(phone)* vous ne vous souvenez pas de moi ? ◆ **I ~ your face** je me souviens de votre visage, je vous reconnais ◆ **I don't ~ a thing about it** je n'en ai pas le moindre souvenir, je ne me souviens de rien ◆ **I can never ~ phone numbers** je n'ai aucune mémoire pour les *or* je ne me souviens jamais des numéros de téléphone ◆ **let us ~ that ...** n'oublions pas que ... ◆ **a night/occasion to ~** une soirée/un moment mémorable *or* inoubliable ◆ **here's something to ~ him by** voici un souvenir de lui ◆ **he is ~ed as a fine violinist** il a laissé le souvenir d'un violoniste talentueux ◆ **she will be ~ed by millions (for her honesty/for supporting this cause)** des millions de gens se souviendront d'elle (pour son honnêteté/pour son soutien à cette cause) ◆ **I can't ~ the word at the moment** le mot m'échappe pour le moment ◆ **we can't always ~ everything** on ne peut pas toujours songer à tout ◆ **~ where you are!** ressaisissez-vous ! ◆ **to ~ o.s.** se reprendre ◆ **to ~ sb in one's prayers** ne pas oublier qn dans ses prières ◆ **that's worth ~ing** c'est bon à savoir

**b** *(= commemorate)* *[+ the fallen, a battle]* commémorer

**c** *(= give good wishes to)* rappeler (*to* au bon souvenir de) ◆ **~ me to your mother** rappelez-moi au bon souvenir de votre mère ◆ **he asked to be ~ed to you** il vous envoie son meilleur souvenir

**d** *(= give money or a present to)* ne pas oublier ◆ **to ~ sb in one's will** ne pas oublier qn dans son testament

VI se souvenir ◆ **I can't ~** je ne me souviens pas, je ne sais plus ◆ **as far as I ~** autant que je m'en souvienne ◆ **not as far as I ~** pas à ma connaissance, pas que je m'en souvienne ◆ **if I ~ right(ly)** si j'ai bonne mémoire, si je m'en *or* me souviens bien ◆ **the last time we had a party, if you ~, it took us days to clear up** la dernière fois que nous avons organisé une soirée, je te rappelle qu'il nous a fallu des jours pour tout ranger ◆ **he was, you ~, a great man** il était, comme vous le savez, un grand homme

**remembered** /rɪˈmembəd/ ADJ *(liter)* *[happiness etc]* inscrit dans la mémoire

**remembrance** /rɪˈmembrəns/ N *(= memory, thing remembered)* souvenir *m*, mémoire *f* ; *(= act of remembering, keepsake)* souvenir *m* ◆ **Remembrance Day** *(Brit)* ◆ **Remembrance Sunday** ≃ (le jour de) l'Armistice *m*, le 11 Novembre ; → POPPY DAY ◆ **in ~ of** en souvenir de ◆ **to the best of my ~** pour autant que je m'en souvienne ◆ **within the ~ of man** de mémoire d'homme ◆ **to have no ~ of sth** ne pas se souvenir de qch, n'avoir aucun souvenir de qch

**remind** /rɪˈmaɪnd/ LANGUAGE IN USE 5.1 VT rappeler (*sb of sth* qch à qn ; *sb that* à qn que) ◆ **you are ~ed that ...** nous vous rappelons que ... ◆ **to ~ sb to do sth** faire penser à qn à faire qch ◆ **must I ~ you (again)?** faut-il que je (vous) le redise *or* le rappelle *subj* encore une fois ? ◆ **she ~ed him of his mother** elle lui rappelait sa mère ◆ **that ~s me!** à propos !, j'y pense !

**reminder** /rɪˈmaɪndəʳ/ **N** *(= note, knot etc)* mémento *m*, pense-bête *m* ◆ **as a ~ that ...** pour (vous *or* lui *etc*) rappeler que ... ◆ **his presence was a ~ of ...** sa présence rappelait ... ◆ **a gentle ~** un rappel discret ◆ **give him a gentle ~** rappelez-le-lui discrètement ◆ **(letter of) ~** *(Comm)* lettre *f* de rappel

**COMP** ▷ **reminder call** **N** *(Telec)* mémo appel *m*

**reminisce** /ˌremɪˈnɪs/ **VI** évoquer *or* raconter ses souvenirs ◆ **to ~ about sth** évoquer qch

**reminiscence** /ˌremɪˈnɪsəns/ **N** réminiscence *f*

**reminiscent** /ˌremɪˈnɪsənt/ **ADJ** **a** *(= similar)* ◆ **to be ~ of sth** rappeler qch, faire penser à qch **b** *(= nostalgic) [person, mood, smile]* nostalgique

**reminiscently** /ˌremɪˈnɪsəntlɪ/ **ADV** ◆ **he smiled ~** il sourit à ce souvenir ◆ **he talked ~ of the war** il évoquait des souvenirs de la guerre

**remiss** /rɪˈmɪs/ **ADJ** *(frm)* négligent ◆ **he has been ~ in not finishing his work** il s'est rendu coupable de négligence en ne terminant pas son travail ◆ **that was very ~ of you** vous vous êtes montré très négligent ◆ **it would be ~ of me to do that** ce serait négligent de ma part que de faire cela

**remission** /rɪˈmɪʃən/ **N** *(gen, Med, Rel)* rémission *f* ; *(Jur)* remise *f* ◆ **the ~ of sins** la rémission des péchés ◆ **he earned three years' ~ (for good conduct)** *(Brit Jur)* on lui a accordé trois ans de remise de peine (pour bonne conduite) ◆ **~ from a debt** *(Jur)* remise *f* d'une dette ◆ **there can be no ~ of registration fees** il ne peut y avoir de dispense *or* d'exemption des droits d'inscription ◆ **to be in ~** *(Med) [disease, person]* être en rémission ◆ **to go into ~** *[disease, person]* entrer en rémission

**remissness** /rɪˈmɪsnɪs/ **N** négligence *f*

**remit**[1] /rɪˈmɪt/ LANGUAGE IN USE 20.6 **VT** **a** *(frm = send) [+ money]* envoyer, verser **b** *(Jur) [+ case]* renvoyer **c** *[+ sin]* pardonner, remettre ; *[+ fee, debt, penalty, punishment]* remettre ◆ **to have part of one's sentence ~ted** bénéficier d'une remise de peine ◆ **to ~ sb's sentence** faire bénéficier qn d'une remise de peine ◆ **the prisoner's sentence was ~ted** le détenu a reçu une remise de peine **VI** *(= become less)* diminuer

**remit**[2] /ˈriːmɪt/ **N** *(Brit)* domaine *m* de compétence, attributions *fpl* ◆ **their ~ covers terrorism and spying** leurs attributions comprennent *or* leur domaine de compétence comprend le terrorisme et l'espionnage ◆ **to have a ~ to do sth** avoir pour mission *or* tâche de faire qch ◆ **is it within your ~?** est-ce que cela relève de votre compétence ?, est-ce que cela entre dans vos attributions ?

**remittal** /rɪˈmɪtl/ **N** *(Jur)* renvoi *m* (à une instance inférieure)

**remittance** /rɪˈmɪtəns/ **N** **a** *(of money, gen)* versement *m* ; *(Banking, Econ, Fin)* remise *f* de fonds ; *(Comm etc = payment)* paiement *m*, règlement *m* ◆ **enclose your ~** joignez votre règlement **b** *(of documents)* remise *f* **COMP** ▷ **remittance advice** **N** *(Comm)* avis *m* de versement ▷ **remittance man** **N** (pl **remittance men**) *(US)* *résident étranger entretenu (par ses parents etc)*

**remittee** /remɪˈtiː/ **N** destinataire *mf* *(d'un envoi de fonds)*

**remittent** /rɪˈmɪtənt/ **ADJ** *(Med)* rémittent ; *(fig)* intermittent

**remitter** /rɪˈmɪtəʳ/ **N** **a** remetteur *m*, -euse *f* ; *[of money]* envoyeur *m*, -euse *f* ; *(Comm)* remettant *m* **b** *(Jur)* renvoi *m* (à une instance inférieure)

**remix** /ˈriːmɪks/ **N** *(Mus)* remix *m* **VT** /ˌriːˈmɪks/ *(Mus)* remixer

**remnant** /ˈremnənt/ **N** *(= anything remaining)* reste *m*, restant *m* ; *(= piece)* débris *m*, bout *m* ; *[of custom, splendour]* vestige *m* ; *[of food, fortune]* bribe *f*, débris *m* ; *[of cloth]* coupon *m* ◆ **~s** *(Comm)* soldes *mpl* (de fins de série) ◆ **the ~ of the army** ce qui restait (*or* reste) de l'armée **COMP** ▷ **remnant day** **N** *(Comm)* jour *m* de soldes ▷ **remnant sale** **N** solde *m* (de coupons *or* d'invendus *or* de fins de série)

**remodel** /ˌriːˈmɒdl/ **VT** *[+ building]* remanier ; *(fig) [+ society]* réorganiser ; *[+ constitution]* remanier

**remold** /ˌriːˈməʊld/ **VT, N** *(US)* ⇒ **remould**

**remonstrance** /rɪˈmɒnstrəns/ **N** **a** *(NonC)* remontrance *f* **b** *(= protest)* protestation *f* ; *(= reproof)* reproche *m*

**remonstrant** /rɪˈmɒnstrənt/ **ADJ** *[tone]* de remontrance, de protestation **N** protestataire *mf*

**remonstrate** /ˈremənstreɪt/ **VI** protester *(against* contre) ◆ **to ~ with sb about sth** faire des remontrances à qn au sujet de qch **VT** faire observer *or* remarquer *(avec l'idée de reproche ou de contradiction)* (*that* que)

**remorse** /rɪˈmɔːs/ **N** *(NonC)* remords *m* (*at* de ; *for* pour) ◆ **a feeling of ~** un remords ◆ **without ~** sans pitié

**remorseful** /rɪˈmɔːsfʊl/ **ADJ** plein de remords ◆ **he was not ~ (about** *or* **for)** il n'avait aucun remords (pour)

**remorsefully** /rɪˈmɔːsfəlɪ/ **ADV** avec remords ◆ **... he said ~** ... dit-il, plein de remords

**remorsefulness** /rɪˈmɔːsfʊlnɪs/ **N** *(NonC)* remords *m*

**remorseless** /rɪˈmɔːslɪs/ **ADJ** **a** *(= merciless) [person]* sans pitié, impitoyable **b** *(= relentless) [pressure]* implacable, impitoyable (*in sth* dans qch) ; *[ambition]* dévorant

**remorselessly** /rɪˈmɔːslɪslɪ/ **ADV** *(= mercilessly) [tease, pursue]* sans pitié, impitoyablement ; *(= relentlessly)* implacablement, impitoyablement

**remorselessness** /rɪˈmɔːslɪsnɪs/ **N** absence *f* *or* manque *m* de pitié *or* de remords

**remote** /rɪˈməʊt/ **ADJ** **a** *[place] (= distant)* éloigné, lointain ; *(= isolated)* isolé ; *[relative, ancestor, descendant]* éloigné, lointain *before n* ◆ **in ~ country districts** dans les régions rurales isolées ◆ **in a ~ spot** dans un lieu isolé ◆ **in the ~ past/future** dans un passé/avenir lointain ◆ **~ antiquity** la plus haute antiquité ◆ **a village ~ from the world** un village à l'écart du monde ◆ **a house ~ from a main road** une maison située loin *or* à l'écart des grands axes

**b** *(= distanced)* éloigné (*from sth* de qch) ◆ **what he said was rather ~ from the subject in hand** ce qu'il a dit n'avait pas beaucoup de rapport avec le sujet ◆ **subjects that seem ~ from our daily lives** des questions qui paraissent sans rapport avec notre vie quotidienne

**c** *(= slight) [hope]* mince *before n* ; *[resemblance, chance, possibility]* vague ; *[prospect]* lointain ; *[risk]* ténu ◆ **the odds of that happening are ~** il y a très peu de chances que cela se produise ◆ **I haven't the ~st idea** je n'en ai pas la moindre idée

**d** *(= aloof) [person]* distant

**e** *(= remote-controlled)* à distance ◆ **~ handset** télécommande *f*

**N** (also **remote control**) télécommande *f*

**COMP** ▷ **remote access** **N** *(Comput)* accès *m* à distance, téléconsultation *f* ▷ **remote control** **N** télécommande *f* ▷ **remote-controlled** **ADJ** télécommandé ▷ **remote job entry** **N** *(Comput)* télésoumission *f* de travaux ▷ **remote sensing** **N** télédétection *f*

**remotely** /rɪˈməʊtlɪ/ **ADV** **a** *(= vaguely)* **her cooking is not even ~ edible** sa cuisine est tout à fait immangeable ◆ **it isn't ~ possible that ...** il est absolument impossible que ... *+ subj* ◆ **he failed to say anything ~ interesting** il n'a rien dit d'un tant soit peu intéressant ◆ **I'm not ~ interested in art** l'art ne m'intéresse pas le moins du monde ◆ **it doesn't ~ resemble ...** cela ne ressemble en rien à ... ◆ **avoid saying anything ~ likely to upset him** évitez de dire quoi que ce soit qui puisse l'agacer ◆ **I've never seen anything ~ like it** jamais de ma vie je n'ai vu une chose pareille ◆ **the only person present even ~ connected with show business** la seule personne présente qui ait un rapport quelconque avec le monde du spectacle

**b** *(= distantly)* ◆ **to be ~ situated** être situé loin de tout, être isolé ◆ **we are ~ related** nous sommes (des) parents éloignés

**c** *(= aloofly) [say]* d'un ton distant ; *[behave]* d'un air distant

**d** *(= from a distance) [control, detonate]* à distance

**remoteness** /rɪˈməʊtnɪs/ **N** **a** *(in space)* éloignement *m*, isolement *m* ; *(in time)* éloignement *m* **b** *(= aloofness)* attitude *f* distante *or* réservée (*from sb* envers qn)

**remould, remold** *(US)* /ˌriːˈməʊld/ **VT** *(Tech)* remouler ; *[+ tyre]* rechaper ; *(fig) [+ sb's character]* corriger **N** /ˈriːməʊld/ *(= tyre)* pneu *m* rechapé

**remount** /ˌriːˈmaʊnt/ **VT** **a** *[+ horse]* remonter sur ; *[+ bicycle]* enfourcher de nouveau ; *[+ ladder]* grimper de nouveau sur **b** *[+ picture]* rentoiler ; *[+ photo]* faire un nouveau montage de **VI** remonter à cheval (*or* à bicyclette)

**removable** /rɪˈmuːvəbl/ **ADJ** amovible, détachable ◆ **a sofa/cushion with a ~ cover** un canapé/coussin déhoussable

**removal** /rɪˈmuːvəl/ **N** **a** *(= taking away)* enlèvement *m* ; *(esp Brit) [of furniture, household]* déménagement *m* ; *[of abuse, evil]* suppression *f* ; *[of pain]* soulagement *m* ; *(from a job) (= demotion)* déplacement *m* ; *(= sacking)* renvoi *m*, révocation *f* ; *(Med)* ablation *f* ◆ **stain ~** détachage *m* **b** († *: from house)* déménagement *m* ◆ **after our ~** après notre déménagement ◆ **our ~ to this house** notre emménagement *m* dans cette maison ◆ **our ~ from London** notre déménagement de Londres **COMP** ▷ **removal expenses** **NPL** *(Brit)* frais *mpl* de déménagement ▷ **removal man** **N** (pl **removal men**) déménageur *m* ▷ **removal van** **N** *(Brit)* voiture *f* *or* camion *m* *or* fourgon *m* de déménagement

**remove** /rɪˈmuːv/ **VT** *[+ object]* enlever (*from* de) ; *[+ clothes]* enlever, ôter ; *[+ furniture, lid]* enlever ; *[+ stain, graffiti]* enlever, faire partir ; *[+ paragraph, word, item on list, threat, tax]* supprimer ; *[+ objection]* réfuter ; *[+ difficulty, problem]* résoudre ; *(lit, fig) [+ obstacle]* écarter ; *[+ doubt]* chasser ; *[+ suspicion, fear]* dissiper ; *[+ employee]* destituer, révoquer ; *[+ official]* déplacer ; *(Med) [+ lung, kidney]* enlever ; *[+ tumour]* extirper, enlever ; *[+ splint, bandage]* enlever ◆ **he was ~d to the cells** on l'a emmené en cellule ◆ **to ~ sb to hospital** hospitaliser qn ◆ **to ~ a child from school** retirer un enfant de l'école ◆ **~ the prisoner!** *(Jur: in court)* faites sortir l'accusé ! ◆ **he ~d himself to another room** il s'est retiré dans une autre pièce ◆ **to ~ sb's name** rayer qn, radier qn ◆ **to ~ one's make-up** se démaquiller ◆ **make-up removing cream** lait *m* démaquillant ◆ **to ~ unwanted hair from**

**one's legs** s'épiler les jambes ◆ **to be far ~d from sth** *(fig)* être loin de qch ◆ **cousin once/twice ~d** cousin(e) *m(f)* au deuxième/troisième degré

VI † déménager, changer de domicile ◆ **to ~ to London** aller habiter à Londres, aller s'installer à Londres

N a *(in relationship)* degré *m* de parenté

b *(frm: fig)* **to be only a few ~s from ...** être tout proche de ... ◆ **this is but one ~ from disaster** nous frisons (*or* ils frisent *etc*) la catastrophe ◆ **it's a far ~ from ...** c'est loin d'être ...

**remover** /rɪˈmuːvəʳ/ N a *(= removal man)* déménageur *m* b *(= substance) (for varnish)* dissolvant *m*; *(for stains)* détachant *m* ◆ **paint ~** décapant *m* (pour peintures); → **cuticle, hair, make-up**

**remunerate** /rɪˈmjuːnəreɪt/ VT rémunérer

**remuneration** /rɪˌmjuːnəˈreɪʃən/ N rémunération *f* (*for* de)

**remunerative** /rɪˈmjuːnərətɪv/ ADJ *(frm) [scheme, investment]* rémunérateur (-trice *f*), lucratif; *[job, employment]* rémunéré

**Renaissance** /rɪˈneɪsɑːns/ *(Art, Hist)* N ◆ **the ~** la Renaissance COMP *[art, scholar]* de la Renaissance; *[style, palace]* Renaissance *inv* ▷ **Renaissance man** N (pl **Renaissance men**) homme *m* aux talents multiples

**renaissance** /rɪˈneɪsɑːns/ N renaissance *f*

**renal** /ˈriːnl/ ADJ rénal COMP ▷ **renal failure** N défaillance *f or* insuffisance *f* rénale

**rename** /ˌriːˈneɪm/ VT *[+ person, street, town]* rebaptiser *(fig) (Comput) [+ file]* renommer

**renascence** /rɪˈnæsns/ N ⇒ **renaissance**

**renascent** /rɪˈnæsnt/ ADJ renaissant

**rend** /rend/ (pret, ptp **rent**) VT *(liter) [+ cloth]* déchirer; *[+ armour]* fendre; *(fig)* déchirer, fendre ◆ **to ~ sth from ...** *(lit, fig)* arracher qch à *or* de ... ◆ **a country rent by civil war** un pays déchiré par la guerre civile ◆ **to ~ sb's heart** fendre le cœur à qn

**render** /ˈrendəʳ/ VT a *(frm = give) [+ service, homage, judgement]* rendre; *[+ help]* donner; *[+ explanation]* donner, fournir ◆ **~ unto Caesar the things which are Caesar's** il faut rendre à César ce qui est à César ◆ **to ~ thanks to sb** remercier qn ◆ **to ~ thanks to God** rendre grâce à Dieu ◆ **to ~ assistance (to sb)** prêter assistance *or* secours (à qn) ◆ **to ~ an account of sth** rendre compte de qch ◆ **for services ~ed** pour services rendus

b *(Comm) [+ account]* remettre, présenter

c *[+ music]* interpréter; *[+ text]* rendre, traduire (*into* en)

d *(= make)* rendre ◆ **his accident ~ed him helpless** son accident l'a rendu complètement infirme ◆ **the blow ~ed him unconscious** *or* **insensible** le coup lui a fait perdre connaissance

e *(Culin) [+ fat]* faire fondre

f *(Constr)* enduire (*with* de)

► **render down** VT SEP *[+ fat]* faire fondre

► **render up** VT SEP *(liter) [+ fortress]* rendre; *[+ prisoner, treasure]* livrer

**rendering** /ˈrendərɪŋ/ N a *[of music, poem]* interprétation *f*; *[of text, phrase]* traduction *f* (*into* en); ◆ **the film is a startling visual ~ of the biblical text** le film donne une interprétation visuelle étonnante du texte biblique b *(Constr)* enduit *m* COMP ▷ **rendering plant** N usine *f* de transformation de déchets animaux

**rendez-vous** /ˈrɒndɪvuː/ N (pl **rendez-vous** /ˈrɒndɪvuːz/) rendez-vous *m* ◆ **let's make a ~ for next week** prenons rendez-vous pour la semaine prochaine VI *(= meet)* se retrouver; *(= assemble)* se réunir ◆ **to ~ with sb** rejoindre qn ◆ **they ~ed with the patrol at dawn** *(Mil etc)* ils ont rejoint la patrouille à l'aube

**rendition** /renˈdɪʃən/ N ⇒ **rendering**

**reneague** /rɪˈniːg/ VI ⇒ **renege**

**renegade** /ˈrenɪgeɪd/ N renégat(e) *m(f)* ADJ *[forces, faction, person]* rebelle

**renege** /rɪˈneɪg/ VI manquer à sa parole; *(Cards)* faire une renonce ◆ **to ~ on a promise** manquer à sa promesse

**renegotiate** /ˌriːnɪˈgəʊʃɪeɪt/ LANGUAGE IN USE 19.5 VT renégocier

**renegue** /rɪˈneɪg/ VI ⇒ **renege**

**renew** /rɪˈnjuː/ VT *[+ appointment, attack, contract, passport, promise, one's strength]* renouveler; *[+ lease]* renouveler, reconduire; *[+ supplies]* remplacer, renouveler ◆ **to ~ negotiations/discussions** reprendre des négociations/discussions ◆ **to ~ one's subscription** renouveler son abonnement, se réabonner ◆ **to ~ one's acquaintance with sb** renouer connaissance avec qn; see also **renewed**

**renewable** /rɪˈnjuːəbl/ ADJ *[contract, resources, energy]* renouvelable NPL **renewables** énergies *fpl* renouvelables

**renewal** /rɪˈnjuːəl/ N a *(= resumption) [of hostilities]* reprise *f*; *[of society]* renouveau *m*; *[of attack]* renouvellement *m*; *[of interest, strength]* regain *m* b *(= improvement) [of city]* rénovation *f*; *[of district, area]* rénovation *f*, réhabilitation *f*; → **urban** c *(= revalidating) [of licence, visa, passport, policy]* renouvellement *m*; *[of contract, lease]* renouvellement *m* reconduction *f* ◆ **~ of subscription** réabonnement *m* d *(Rel)* renouveau *m*

**renewed** /rɪˈnjuːd/ ADJ ◆ **~ interest/hope/enthusiasm** un regain d'intérêt/d'espoir/d'enthousiasme ◆ **with ~ vigour** avec une vitalité accrue ◆ **~ fighting** une recrudescence des combats ◆ **he has come under ~ pressure to resign** on fait de nouveau pression sur lui pour qu'il démissionne ◆ **to make ~ efforts to do sth** renouveler ses efforts pour faire qch ◆ **to feel a ~ sense of well-being** se sentir revivre

**rennet** /ˈrenɪt/ N *(for junket)* présure *f*

**renounce** /rɪˈnaʊns/ VT *[+ liberty, opinions, ideas, title]* renoncer à; *[+ religion]* abjurer; *[+ right]* renoncer à, abandonner; *[+ treaty]* dénoncer; *[+ friend]* renier; *[+ cause, party]* renier, désavouer; *[+ principles]* répudier ◆ **to ~ the flesh** *(Rel)* renoncer à la *or* aux plaisirs de la chair VI *(Bridge)* défausser

**renouncement** /rɪˈnaʊnsmənt/ N ⇒ **renunciation**

**renovate** /ˈrenəʊveɪt/ VT *[+ clothes, house]* remettre à neuf, rénover; *[+ building, painting, statue]* restaurer

**renovation** /ˌrenəʊˈveɪʃən/ N a *(NonC = doing up) [of house, flat]* rénovation *f*, remise *f* à neuf; *(= restoration) [of historic building, painting, statue]* restauration *f* ◆ **to be in need of ~** être en mauvais état b *(to building)* ◆ **~s** travaux *mpl*

**renown** /rɪˈnaʊn/ N renommée *f*, renom *m* ◆ **a wine of ~** un vin renommé ◆ **a scholar of great** *or* **high ~** un érudit renommé *or* de renom

**renowned** /rɪˈnaʊnd/ ADJ *[artist, scientist]* renommé (*for sth* pour qch), célèbre (*for sth* pour qch); *[expert, place]* réputé (*for sth* pour qch), célèbre (*for sth* pour qch) ◆ **internationally ~ writers** des écrivains de renommée internationale ◆ **garlic is ~ as an antiseptic** l'ail est réputé pour ses vertus antiseptiques

**rent**[1] /rent/ N *[of house, room]* loyer *m*; *[of farm]* fermage *m*; *[of television etc]* (prix *m* de) location *f* ◆ **for ~** *(US)* à louer ◆ **quarter's ~** terme *m* ◆ **(one week) late** *or* **behind with one's ~** en retard (d'une semaine) sur son loyer ◆ **to pay a high/low ~ for sth** payer un gros/petit loyer pour qch

VT a *(= take for rent)* louer ◆ **we don't own it, we only ~ it** nous ne sommes pas propriétaires, mais locataires seulement ◆ **~ed accommodation/flat** *etc* logement *m*/appartement *m etc* en location ◆ **"rent-a-bike"** "location de vélos"

b (also **rent out**) louer, donner en location

COMP ▷ **rent-a-car** N *(= firm)* société *f* de location de voitures ▷ **rent-a-crowd** * N ⇒ **rent-a-mob** ▷ **rent allowance** N *(Brit)* indemnité *f or* allocation *f* (de) logement ▷ **rent-a-mob** * N *(Brit) (gen)* agitateurs *mpl* professionnels; *(= supporters: at meeting etc)* claque *f* ▷ **rent book** N *(for accommodation)* carnet *m* de quittances de loyer ▷ **rent boy** * N jeune prostitué *m* ▷ **rent collector** N personne *f* chargée d'encaisser les loyers ▷ **rent control** N encadrement *m* des loyers ▷ **rent-controlled** ADJ à loyer plafonné ▷ **rent-free** ADJ exempt de loyer, gratuit ADV sans payer de loyer ▷ **rent rebate** N réduction *f* de loyer ▷ **rent review** N *(Brit Admin)* réajustement *m* des loyers ▷ **rent strike** N grève *f* des loyers ◆ **to go on ~ strike, to stage a ~ strike** faire la grève des loyers

> *In French, the word* **rente** *means 'pension', 'allowance' or 'private income'.*

**rent**[2] /rent/ VB pt, ptp of **rend** N *(= tear) (in cloth)* déchirure *f*, accroc *m*; *(in rock)* fissure *f*; *(in clouds)* déchirure *f*, trouée *f*; *(in party etc)* rupture *f*, scission *f*

**rental** /ˈrentl/ N *(esp Brit)* a *(= amount paid) [of house, land]* (montant *m* du) loyer *m*; *(esp for holiday accommodation)* prix *m* de location; *[of television etc]* (prix *m* de) location *f*; *[of telephone]* abonnement *m*; *(= income from rents)* revenu *m* en loyers *or* fermages b *(= activity)* location *f* ◆ **car/bike ~** location *f* de voitures/vélos COMP ▷ **rental car** N voiture *f* de location ▷ **rental library** N *(US)* bibliothèque *f* de prêt *(payante)*

**renumber** /ˌriːˈnʌmbəʳ/ VT numéroter de nouveau, renuméroter

**renunciation** /rɪˌnʌnsɪˈeɪʃən/ N *(frm) [of violence, religion, citizenship, title, right, claim]* renonciation *f* (*of sth* à qch); *[of wife, husband, friend]* reniement *m* (*of sb* de qn); *[of cause, party]* reniement *m* (*of sth* de qch), désaveu *m* (*of sth* de qch); *[of treaty]* dénonciation *f* (*of sth* de qch); *[of principles] (also Jur)* répudiation *f* (*of sth* de qch)

**reoccupy** /ˌriːˈɒkjʊpaɪ/ VT réoccuper

**reopen** /ˌriːˈəʊpən/ VT *[+ box, door]* rouvrir; *[+ fight, battle, hostilities]* reprendre; *[+ debate, discussion]* rouvrir ◆ **to ~ a case** *(Jur)* rouvrir une affaire VI *[school]* reprendre; *[shop, theatre etc]* rouvrir; *[wound]* se rouvrir

**reopening** /ˌriːˈəʊpnɪŋ/ N réouverture *f*

**reorder** /ˌriːˈɔːdəʳ/ VT a *[+ goods, supplies]* commander de nouveau b *(= reorganize)* reclasser, réorganiser

**reorganization** /ˈriːˌɔːgənaɪˈzeɪʃən/ N réorganisation *f*

**reorganize** /ˌriːˈɔːgənaɪz/ VT réorganiser VI se réorganiser

**rep**[1] * /rep/ N abbrev of **repertory**

**rep**[2] /rep/ N *(Tex)* reps *m*

**rep**[3] * /rep/ N (abbrev of **representative**) a *(Comm)* représentant(e) *m(f)* (de commerce) b *(Admin, Pol = official)* porte-parole *m inv*

**Rep.** *(US Pol)* **a** abbrev of **Representative** **b** abbrev of **Republican**

**repackage** /ˌriːˈpækɪdʒ/ **VT** *[+ product]* reconditionner ; *[+ parcel]* remballer ; *(fig) [+ proposal, scheme]* reformuler

**repaid** /rɪˈpeɪd/ **VB** pt, ptp of **repay**

**repaint** /ˌriːˈpeɪnt/ **VT** repeindre

**repair¹** /rɪˈpɛəʳ/ **VT** *[+ tyre, shoes, chair]* réparer ; *[+ clothes]* réparer, raccommoder ; *[+ machine, watch]* réparer, arranger ; *[+ roof, road]* réparer, refaire ; *(Naut) [+ hull]* radouber ; *(fig) [+ error, wrong]* réparer, remédier à **N** **a** *(gen)* réparation *f* ; *[of clothes]* raccommodage *m* ; *[of shoes]* ressemelage *m* ; *[of roof, road]* réfection *f* ; *(Naut) [of hull]* radoub *m* ◆ **to be under ~** être en réparation ◆ **to be beyond ~** être irréparable ◆ **damaged** *or* **broken beyond ~** irréparable ◆ **closed for ~s** fermé pour cause de travaux **b** *(NonC = condition)* **to be in good/bad ~** être en bon/mauvais état ◆ **to keep sth in (good) ~** entretenir qch **COMP** ▷ **repair kit** **N** trousse *f* de réparation ▷ **repair man** **N** (pl **repair men**) réparateur *m* ▷ **repair outfit** **N** ⇒ **repair kit** ▷ **repair shop** **N** atelier *m* de réparations

**repair²** /rɪˈpɛəʳ/ **VI** *(liter)* ◆ **to ~ to** *(= go)* aller à, se rendre à ; *(= return)* retourner à

**repairable** /rɪˈpɛərəbl/ **ADJ** réparable

**repairer** /rɪˈpɛərəʳ/ **N** réparateur *m*, -trice *f* ; → **clock, shoe**

**repaper** /ˌriːˈpeɪpəʳ/ **VT** retapisser, refaire les papiers peints de

**reparable** /ˈrepərəbl/ **ADJ** réparable

**reparation** /ˌrepəˈreɪʃən/ **N** réparation *f* ◆ **to make ~s for sth** *(fig)* réparer qch *(une injure etc)*

**repartee** /ˌrepɑːˈtiː/ **N** *(NonC)* repartie *or* répartie *f*

**repast** /rɪˈpɑːst/ **N** *(liter)* repas *m*, banquet *m*

**repatriate** /riːˈpætrɪeɪt/ **VT** rapatrier **N** /riːˈpætrɪət/ rapatrié(e) *m(f)*

**repatriation** /riːˌpætrɪˈeɪʃən/ **N** rapatriement *m*

**repay** /riːˈpeɪ/ (pret, ptp **repaid**) **VT** **a** *(= pay back) [+ money]* rendre, rembourser ; *[+ person]* rembourser ; *[+ debt, obligation]* s'acquitter de ◆ **if you lend me the money, I'll ~ you on Saturday** si tu me prêtes l'argent, je te le rendrai *or* je te rembourserai samedi ◆ **to ~ sb's expenses** rembourser *or* indemniser qn de ses frais ◆ **how can I ever ~ you?** *(fig)* comment pourrais-je jamais vous remercier ? ◆ **and this is how they ~ me!** *(fig)* c'est comme ça qu'ils me remercient !

**b** *(= give in return)* récompenser ◆ **to ~ sb's kindness** payer de retour la gentillesse de qn, récompenser qn de sa gentillesse ◆ **he repaid their kindness by stealing their camera** *(iro)* il les a remerciés de leur gentillesse en leur volant leur appareil photo, en guise de remerciement, il leur a volé leur appareil photo ◆ **to be repaid for one's efforts** être récompensé de ses efforts

**repayable** /riːˈpeɪəbl/ **ADJ** remboursable ◆ **the loan is ~ at any time** le créancier peut exiger le remboursement de cette dette à tout moment ◆ **~ in ten monthly instalments** remboursable en dix mensualités ◆ **~ over ten years** remboursable sur dix ans

**repayment** /riːˈpeɪmənt/ **N** *[of money]* remboursement *m* ; *[of effort]* récompense *f* ◆ **~s can be spread over three years** les remboursements peuvent s'échelonner sur trois ans **COMP** ▷ **repayment mortgage** **N** *(Brit) emprunt logement sans capital différé* ▷ **repayment schedule** **N** *(Fin)* échéancier *m* de remboursement

**repeal** /rɪˈpiːl/ **VT** *[+ law]* abroger, annuler ; *[+ sentence]* annuler ; *[+ decree]* révoquer **N** abrogation *f*, annulation *f*, révocation *f*

**repeat** /rɪˈpiːt/ LANGUAGE IN USE 27.5

**VT** *(= say again)* répéter ; *[+ demand, promise]* réitérer ; *(Mus)* reprendre ; *(= recite) [+ poem etc]* réciter (par cœur) ; *(= do again) [+ action, attack]* répéter, renouveler ; *[+ pattern, motif]* répéter, reproduire ; *(Comm) [+ order]* renouveler ◆ **this offer will never be ~ed** *(Comm)* (c'est une) offre unique *or* exceptionnelle ◆ **you must not ~ what I tell you** il ne faut pas répéter ce que je vous dis ◆ **to ~ o.s.** se répéter

**VI** **a** répéter ◆ **I ~, it is impossible** je le répète, c'est impossible

**b** *(Math)* se reproduire périodiquement ◆ **0.054 ~ing** 0,054 périodique

**c** **radishes ~ on me** * les radis me donnent des renvois *

**N** répétition *f* ; *(Mus)* reprise *f* ; *(esp Brit Rad, TV)* reprise *f*, rediffusion *f*

**ADJ** *[business, customer]* ◆ **to get ~ business** réussir à fidéliser la clientèle ◆ **we give reductions to ~ customers** nous accordons des réductions à nos fidèles clients

**COMP** ▷ **repeat mark(s)** **N(PL)** *(Mus)* barre *f* de reprise, renvoi *m* ▷ **repeat offender** **N** *(Jur)* récidiviste *mf* ▷ **repeat order** **N** *(Brit Comm)* commande *f* renouvelée ▷ **repeat performance** **N** *(Theat)* deuxième représentation *f* ◆ **he gave a ~ performance** *(fig)* il a fait exactement la même chose ; *(pej)* il a fait la même comédie ▷ **repeat prescription** **N** *(Brit Med) renouvellement d'une ordonnance* ▷ **repeat sign** **N** *(Mus)* ⇒ **repeat mark(s)**

**repeated** /rɪˈpiːtɪd/ **ADJ** *[attacks, requests, warnings, criticism, efforts]* répété, renouvelé ◆ **after ~ attempts** après plusieurs tentatives ◆ **his plans have suffered ~ delays** ses projets ont subi une accumulation de retards

**repeatedly** /rɪˈpiːtɪdlɪ/ **ADV** à plusieurs reprises, sans cesse ◆ **he had been ~ kicked in the head** il avait reçu plusieurs coups de pied à la tête

**repeater** /rɪˈpiːtəʳ/ **N** **a** *(= gun/watch/alarm clock)* fusil *m*/montre *f*/réveil *m* à répétition **b** *(Math)* fraction *f* périodique **c** *(US Scol)* redoublant(e) *m(f)* ; *(US Jur)* récidiviste *mf* **COMP** ▷ **repeater loan** **N** *(Econ, Fin)* prêt-relais *m*

**repeating** /rɪˈpiːtɪŋ/ **ADJ** *[gun]* à répétition

**repeg** /ˌriːˈpeg/ **VT** *(Econ, Fin)* ne plus faire flotter, redonner une parité fixe à

**repel** /rɪˈpel/ **VT** *[+ enemy, sb's advances, magnetic pole]* repousser ; *(fig = disgust)* dégoûter, inspirer de la répulsion à ◆ **to be ~led by ...** *(fig)* être dégoûté par ..., éprouver de la répulsion pour ... **VI** *[magnets, magnetic poles]* se repousser

**repellant** /rɪˈpelənt/ **N** ⇒ **repellent n**

**repellent** /rɪˈpelənt/ **ADJ** *(frm) [person, animal, character, sight, smell]* repoussant, répugnant ; *[view, opinion]* abject ◆ **to be ~ to sb** *(lit, fig)* dégoûter qn ◆ **I find him ~** je le trouve répugnant, il me dégoûte ; → **water** **N** → **insect**

**repent** /rɪˈpent/ **VI** se repentir (*of* de) **VT** se repentir de, regretter

**repentance** /rɪˈpentəns/ **N** repentir *m*

**repentant** /rɪˈpentənt/ **ADJ** *[person, expression]* repentant ◆ **to be ~** *(= repent)* se repentir

**repercussion** /ˌriːpəˈkʌʃən/ **N** *[of sounds]* répercussion *f* ; *[of shock]* répercussion *f*, contrecoup *m* ; *(fig)* répercussion *f* ◆ **to have ~s on sth** se répercuter sur qch, avoir des répercussions sur qch ◆ **the ~s of this defeat** le contrecoup *or* les répercussions de cet échec ◆ **there will be no ~s** il n'y aura pas de répercussions ◆ **the ~ on prices of the rise in costs** la répercussion sur les prix de la hausse du coût

**repertoire** /ˈrepətwɑːʳ/ **N** *(Theat, fig)* répertoire *m*

**repertory** /ˈrepətərɪ/ **N** **a** *(Theat, fig)* ⇒ **repertoire** **b** (also **repertory theatre**) théâtre *m* de répertoire ◆ **to act in ~, to play ~** faire partie d'une troupe de répertoire ◆ **he did three years in ~** il a joué pendant trois ans dans un théâtre de répertoire **COMP** ▷ **repertory company** **N** compagnie *f or* troupe *f* (de théâtre) de répertoire

**repetition** /ˌrepɪˈtɪʃən/ **N** **a** *(= recurrence)* répétition *f* ◆ **I don't want a ~ of this!** que cela ne se reproduise pas ! ◆ **he didn't want a ~ of the scene with his mother** il ne voulait pas que cette scène avec sa mère se reproduise **b** *(NonC = duplication)* répétition *f* ◆ **to learn by ~** apprendre en répétant

**repetitious** /ˌrepɪˈtɪʃəs/ **ADJ** *(frm) [text, speech]* plein de répétitions *or* de redites ; *[drumming, job]* répétitif

**repetitive** /rɪˈpetɪtɪv/ **ADJ** *[writing]* plein de redites ; *[work, movements, rhythms]* répétitif **COMP** ▷ **repetitive strain injury** **N** *(Med)* troubles *mpl* musculo-squelettiques *(dus à une activité répétée)*, lésion *f* de surmenage

**rephrase** /ˌriːˈfreɪz/ **VT** reformuler ◆ **let me ~ that, I'll ~ that** je vais m'exprimer autrement

**repine** /rɪˈpaɪn/ **VI** se plaindre, murmurer

**replace** /rɪˈpleɪs/ **VT** **a** *(= put back)* remettre à sa place ◆ **to ~ the receiver** *(Telec)* raccrocher **b** *(= take the place of)* remplacer, tenir la place de **c** *(= provide substitute for)* remplacer (*by, with* par)

**replaceable** /rɪˈpleɪsəbl/ **ADJ** remplaçable

**replacement** /rɪˈpleɪsmənt/ **N** **a** *(NonC = putting back)* remise *f* en place, replacement *m* **b** *(NonC = substituting)* remplacement *m*, substitution *f* **c** *(= person)* remplaçant(e) *m(f)* ; *(= product)* produit *m* de remplacement **COMP** ▷ **replacement engine** **N** *(Aut)* moteur *m* de rechange ◆ **to fit a ~ engine** faire l'échange standard du moteur ▷ **replacement part** **N** *(Tech)* pièce *f* de rechange

**replant** /ˌriːˈplɑːnt/ **VT** replanter

**replay** /ˈriːpleɪ/ *(esp Brit) (Sport)* **N** ◆ **the ~ is on 15 October** le match sera rejoué le 15 octobre ; → **action, instant** **VT** /ˌriːˈpleɪ/ *[+ match]* rejouer ; *[+ cassette, video]* repasser

**replenish** /rɪˈplenɪʃ/ **VT** remplir de nouveau (*with* de) ◆ **to ~ one's supplies of sth** se réapprovisionner en qch

**replenishment** /rɪˈplenɪʃmənt/ **N** remplissage *m* ◆ **~ of supplies** réapprovisionnement *m*

**replete** /rɪˈpliːt/ **ADJ** **a** *(= full up) [person]* rassasié, repu **b** *(= fully supplied)* ◆ **~ with sth** rempli de qch, plein de qch

**repletion** /rɪˈpliːʃən/ **N** satiété *f*

**replica** /ˈreplɪkə/ **N** *(gen)* copie *f* exacte ; *[of painting]* réplique *f* ; *[of document]* fac-similé *m*

**replicate** /ˈreplɪˌkeɪt/ **VT** **a** *(= reproduce) (gen)* reproduire ; *(Bio)* se reproduire par mitose ou méiose **b** *(= fold back)* replier **ADJ** /ˈreplɪkɪt/ *[leaf etc]* replié

**replication** /ˌreplɪˈkeɪʃən/ **N** *(gen)* reproduction *f* ; *(Bio)* reproduction *f* par mitose

**reply** /rɪˈplaɪ/ LANGUAGE IN USE 20.2, 21.1, 27 **N** réponse *f* ; *(quick)* réplique *f* ; *(Jur)* réplique *f* ◆ **in ~ (to)** en réponse (à) ◆ **he made no ~** *(liter)* il n'a pas répondu **VTI** répondre ; *(quickly)* répliquer **COMP** ▷ **reply coupon** **N**

*(Post)* coupon-réponse *m* ▷ **reply-paid** ADJ préaffranchi

**repoint** /ˌriːˈpɔɪnt/ VT *[+ building etc]* rejointoyer

**repointing** /ˌriːˈpɔɪntɪŋ/ N rejointoiement *m*

**repo man** * /ˈriːpəʊˌmæn/ (pl **repo men**) N *(US)* ⇒ **repossession man ;** → **repossession**

**repopulate** /ˌriːˈpɒpjʊleɪt/ VT repeupler

**report** /rɪˈpɔːt/ LANGUAGE IN USE 26.3

N a *(= account, statement)* rapport *m* ; *[of speech]* compte rendu *m* ; *[of debate, meeting]* compte rendu *m*, procès-verbal *m* ; *(Press, Rad, TV)* reportage *m* (*on* sur) ; *(official)* rapport *m* (d'enquête) ; *(at regular intervals: on weather, sales, etc)* bulletin *m* ◆ **monthly ~** bulletin *m* mensuel ◆ **school ~** *(Brit)* bulletin *m* scolaire ◆ **to make a ~ on ...** faire un rapport sur ... ; *(Press, Rad, TV)* faire un reportage sur ... ◆ **annual ~** *(Comm)* rapport *m* annuel (de gestion) ◆ **chairman's ~** rapport *m* présidentiel ◆ **law ~s** *(Jur)* recueil *m* de jurisprudence *or* de droit ◆ **to make a ~ against ...** *(Jur)* dresser un procès-verbal à ... ; → **progress, weather**

b *(= rumour)* rumeur *f* ◆ **there is a ~ that ...** le bruit court que ..., on dit que ... ◆ **as ~ has it** selon les bruits qui courent, selon la rumeur publique ◆ **there are ~s of rioting** il y aurait (*or* il y aurait eu) des émeutes ◆ **the ~s of rioting have been proved** les rumeurs selon lesquelles il y aurait eu des émeutes se sont révélées fondées ◆ **I have heard a ~ that ...** j'ai entendu dire que ...

c *(† = repute) [of person]* réputation *f* ; *[of product]* renom *m*, renommée *f* ◆ **of good ~** de bonne réputation, dont on dit du bien ◆ **to know sth only by ~** ne savoir qch que par ouï-dire

d *(= explosion)* détonation *f*, explosion *f* ◆ **with a loud ~** avec une forte détonation

VT a *(= give account of)* rapporter, rendre compte de ; *(= bring to notice esp of authorities)* signaler ; *(Press, Rad, TV)* rapporter ◆ **to ~ a speech** faire le compte rendu d'un discours ◆ **to ~ one's findings** *[scientist etc]* rendre compte de l'état de ses recherches ; *[commission]* présenter ses conclusions ◆ **to ~ progress** rendre compte (des progrès) ◆ **only one paper ~ed his death** un seul journal a signalé *or* mentionné sa mort ◆ **the papers ~ed the crime as solved** les journaux ont présenté le crime comme résolu ◆ **our correspondent ~s from Rome that ...** notre correspondant à Rome nous apprend que ... ◆ **he is ~ed as having said ...** il aurait dit ... ◆ **it is ~ed that a prisoner has escaped, a prisoner is ~ed to have escaped** un détenu se serait évadé ◆ **to ~ a bill** *(Parl)* présenter un projet de loi ◆ **to move to ~ progress** *(Parl)* demander la clôture des débats

b *(= announce)* déclarer, annoncer ◆ **it is ~ed from the White House that ...** on annonce à la Maison-Blanche que ...

c *(= notify authorities of) [+ accident, crime, suspect]* signaler ; *[+ criminal, culprit]* dénoncer *(often pej)* ◆ **all accidents must be ~ed to the police** tous les accidents doivent être signalés à la police ◆ **to ~ a theft to the police** signaler un vol à la police ◆ **to ~ sb for bad behaviour** signaler qn pour mauvaise conduite ◆ **to ~ sb's bad behaviour** signaler la mauvaise conduite de qn ◆ **her colleague ~ed her to the boss out of jealousy** sa collègue l'a dénoncée au patron par jalousie

d *(Mil, Naut)* signaler ◆ **to ~ sb sick** signaler que qn est malade ◆ **~ed missing** porté manquant *or* disparu ◆ **nothing to ~** rien à signaler ◆ **to ~ one's position** signaler *or* donner sa position

VI a *(= announce o.s. ready)* se présenter ◆ **~ to the director on Monday** présentez-vous chez le directeur lundi ◆ **to ~ for duty** se présenter au travail, prendre son service

b *(Mil)* **to ~ to one's unit** rallier son unité ◆ **to ~ sick** se faire porter malade

c *(= give a report)* rendre compte (*on* de), faire un rapport (*on* sur) ; *(Press, Rad, TV)* faire un reportage (*on* sur) ◆ **the committee is ready to ~** le comité est prêt à faire son rapport ◆ **Michael Brown ~ing from Rome** *(Rad, TV)* de Rome, (le reportage de) Michael Brown

d *(Admin: in hierarchy)* **to ~ to** travailler sous l'autorité de ◆ **he ~s to the sales manager** il est sous les ordres (directs) du directeur des ventes ◆ **who do you ~ to?** qui est votre supérieur hiérarchique ?

COMP ▷ **report card** N *(Scol)* bulletin *m* scolaire ▷ **reported speech** N *(Gram)* style *m or* discours *m* indirect ▷ **report stage** N *(Brit Parl)* examen *d'un projet de loi avant la troisième lecture* ◆ **the bill has reached the ~ stage** le projet de loi vient de passer en commission

► **report back** VI a *(= return) (Mil etc)* rentrer au quartier ◆ **you must ~ back at 6 o'clock** *(gen)* il faut que vous soyez de retour à 6 heures

b *(= give report)* donner *or* présenter son rapport (*to* à) ◆ **the committee was asked to investigate the complaint and ~ back to the assembly** le comité a été chargé d'examiner la plainte et de faire un rapport à l'assemblée

> ⚠ *The noun* **report** *is not translated by the French word* **report***, one of whose meanings is 'postponement'.*

**reportage** /ˌrepɔːˈtɑːʒ/ N reportage *m*

**reportedly** /rɪˈpɔːtɪdlɪ/ ADV ◆ **he had ~ seen her** il l'aurait vue ◆ **~, several prisoners had escaped** plusieurs prisonniers se seraient échappés ◆ **he was shot dead, ~ by one of his own men** il a été abattu, et le meurtrier serait l'un de ses propres hommes

**reporter** /rɪˈpɔːtəʳ/ N a *(Press)* journaliste *mf* ; *(on the spot)* reporter *m* ; *(Rad, TV)* reporter *m* ◆ **special ~** envoyé(e) *m(f)* spécial(e) b *(Parl) (= stenographer)* sténographe *mf* ; *(Jur)* greffier *m* COMP ▷ **reporters' gallery** N *(Jur, Parl)* tribune *f* de la presse

**reporting** /rɪˈpɔːtɪŋ/ N *(NonC: Press, Rad, TV)* reportages *mpl* COMP ▷ **reporting restrictions** NPL *(Jur)* restrictions *fpl* imposées aux médias *(lors de la couverture d'un procès)*

**repose** /rɪˈpəʊz/ N *(= rest)* repos *m* ; *(= sleep)* sommeil *m* ; *(= peace)* repos *m*, tranquillité *f* ◆ **in ~** au repos VT *(frm) [+ confidence, trust]* mettre, placer (*in* en) ◆ **to ~ o.s.** *(= rest)* se reposer VI a *(= rest)* se reposer ; *[the dead]* reposer b *(= be based)* reposer, être fondé (*on* sur)

**reposition** /ˌriːpəˈzɪʃən/ VT repositionner

**repository** /riːˈpɒzɪtərɪ/ N *(gen, also Comm) (= warehouse)* dépôt *m*, entrepôt *m* ; *(fig) [of knowledge, experience, facts etc]* mine *f* ; *(= person)* dépositaire *mf (d'un secret etc)*

**repossess** /ˌriːpəˈzes/ VT reprendre possession de, rentrer en possession de

**repossession** /ˌriːpəˈzeʃən/ N reprise *f* de possession COMP ▷ **repossession man** * N *(US)* récupérateur * *m (huissier chargé de saisir un bien non payé)* ▷ **repossession order** N (avis *m* de) saisie *f*

**repot** /ˌriːˈpɒt/ VT rempoter

**repp** /rep/ N ⇒ **rep**$^2$

**reprehend** /ˌreprɪˈhend/ VT *[+ person]* réprimander ; *[+ action, behaviour]* blâmer, condamner

**reprehensible** /ˌreprɪˈhensɪbl/ ADJ répréhensible

**reprehensibly** /ˌreprɪˈhensɪblɪ/ ADV de manière répréhensible

**represent** /ˌreprɪˈzent/ VT a *(= stand for, symbolize)* représenter ◆ **a drawing ~ing prehistoric man** un dessin qui représente l'homme préhistorique ◆ **phonetic symbols ~ sounds** les symboles phonétiques représentent des sons ◆ **he ~s all that is best in his country's culture** il représente *or* personnifie le meilleur de la culture de son pays ◆ **£200 doesn't ~ a good salary these days** 200 livres ne représentent *or* ne constituent plus un bon salaire de nos jours

b *(= declare to be) [+ person, event]* représenter ; *[+ grievance, risk etc]* présenter (*as* comme étant) ◆ **he ~ed me to be a fool** *or* **as a fool** il m'a représenté *or* dépeint comme un imbécile ◆ **I am not what you ~ me to be** je ne suis pas tel que vous me décrivez *or* dépeignez ◆ **he ~s himself as a doctor** il se fait passer pour un médecin ◆ **it is exactly as ~ed in the advertisement** cela est exactement conforme à la description de l'annonce (publicitaire)

c *(= explain)* exposer, représenter *(liter)* ; *(= point out)* faire remarquer, signaler ◆ **can you ~ to him how much we need his help?** pouvez-vous lui faire comprendre à quel point nous avons besoin de son aide ?

d *(= act or speak for)* représenter *(also Parl)* ; *(Jur)* représenter (en justice), postuler pour ◆ **he ~s Warrington in Parliament** il représente Warrington au Parlement, c'est le député de Warrington ◆ **the delegation ~ed the mining industry** la délégation représentait l'industrie minière ◆ **he ~s their firm in London** il représente leur maison à Londres ◆ **to ~ one's country** *(esp Sport)* représenter son pays ◆ **many countries were ~ed at the ceremony** de nombreux pays étaient représentés à la cérémonie ◆ **women artists were well/strongly ~ed at the exhibition** les femmes artistes étaient bien/fortement représentées à l'exposition ◆ **I ~ Mr Thomas** je représente M. Thomas

e *(Theat) [+ character]* jouer (le rôle de) ; *[+ part]* jouer, interpréter

f *(Jur: in contracts etc)* déclarer

**re-present** /ˌriːprɪˈzent/ VT présenter de nouveau

**representation** /ˌreprɪzenˈteɪʃən/ N a *(Theat, gen)* représentation *f* ; *[of role]* interprétation *f* ◆ **proportional ~** *(Parl)* représentation *f* proportionnelle b *(= protest)* **~s** protestation *f* officielle ◆ **the ambassador made ~s to the government** l'ambassadeur a adressé une protestation officielle au gouvernement

**representational** /ˌreprɪzenˈteɪʃənl/ ADJ *(frm: Art)* figuratif ; *[model, system]* représentatif

**representative** /ˌreprɪˈzentətɪv/ ADJ *(also Govt)* représentatif (*of sth* de qch) N représentant(e) *m(f)* ; *(esp Brit Comm)* représentant *m* (de commerce) ; *(US Pol)* député *m* ; *(= spokesperson)* porte-parole *m inv* ; → **house**

**repress** /rɪˈpres/ VT *[+ revolt, sneeze, feelings, smile]* réprimer ; *(Psych)* refouler

**repressed** /rɪˈprest/ ADJ *[person, impulse]* refoulé ; *[feeling]* refoulé, réprimé

**repression** /rɪˈpreʃən/ N a *(political, social)* répression *f* b *(Psych) (voluntary)* répression *f* ; *(involuntary)* refoulement *m*

**repressive** /rɪˈpresɪv/ ADJ *[regime, law, policy, measures, action]* répressif ; *[forces]* de répression

**reprieve** /rɪˈpriːv/ N a *(Jur)* (lettres *fpl* de) grâce *f*, commutation *f* de la peine capitale ; *(= delay)* sursis *m* b *(fig = respite)* répit *m*, sursis *m* ◆ **they won a ~ for the house** ils ont obtenu un sursis pour la maison VT *(Jur)* accorder une commutation de la peine capitale à ; *(= delay)* surseoir à l'exécution de ; *(fig)* accorder un répit à ◆ **the building has been ~d for a while** le bâtiment bénéficie d'un sursis

**reprimand** /ˈreprɪmɑːnd/ N *(from parents, teachers)* réprimande *f* ; *(from employer)* blâme *m* VT réprimander, blâmer

**reprint** /ˌriːˈprɪnt/ VT *[+ book]* réimprimer ; *[+ article]* reproduire ◆ **this book is being ~ed** ce livre est en réimpression ◆ **newspapers worldwide had ~ed the story** les journaux du monde entier ont repris la nouvelle VI *[book]* être en réimpression N /ˈriːprɪnt/ *[of book]* réimpression *f* ◆ **cheap ~** réimpression *f* bon marché

**reprisal** /rɪˈpraɪzəl/ N ◆ **~s** représailles *fpl* ◆ **to take ~s** user de représailles ◆ **as a** *or* **in ~ for ...** en représailles à ... ◆ **by way of ~** par représailles

**reprise** /rɪˈpriːz/ N *(Mus)* reprise *f*

**repro*** /ˈriːprəʊ/ N abbrev of **reprographics, reprography** COMP (abbrev of **reproduction**) ◆ **~ furniture** copie(s) *f(pl)* de meuble(s) ancien(s)

**reproach** /rɪˈprəʊtʃ/ N a *(= rebuke)* reproche *m* ◆ **to heap ~es on sb** accabler qn de reproches ◆ **term of ~** parole *f* de reproche b *(NonC = discredit)* honte *f*, opprobre *m* ◆ **to be a ~ to ...** *(fig)* être la honte de ... ◆ **to bring ~ on ...** jeter le discrédit sur ..., discréditer ... ◆ **above** *or* **beyond ~** sans reproche(s), irréprochable VT faire des reproches à ◆ **to ~ sb for sth** reprocher qch à qn ◆ **to ~ sb for having done sth** reprocher à qn d'avoir fait qch ◆ **he has nothing to ~ himself with** il n'a rien à se reprocher

**reproachful** /rɪˈprəʊtʃfʊl/ ADJ *[look, tone]* réprobateur (-trice *f*) ; *[remark]* lourd de reproches ; *[eyes]* chargé de réprobation ◆ **he was ~** il avait une attitude pleine de reproches

**reproachfully** /rɪˈprəʊtʃfəlɪ/ ADV *[say]* sur un ton réprobateur *or* de reproche ; *[look at, shake one's head]* d'un air réprobateur

**reprobate** /ˈreprəʊbeɪt/ ADJ, N *(frm or hum)* dépravé(e) *m(f)* VT réprouver

**reprobation** /ˌreprəʊˈbeɪʃən/ N réprobation *f*

**reprocess** /ˌriːˈprəʊses/ VT retraiter

**reprocessing** /ˌriːˈprəʊsesɪŋ/ N retraitement *m* ; → **nuclear**

**reproduce** /ˌriːprəˈdjuːs/ VT reproduire VI se reproduire

**reproducible** /ˌriːprəˈdjuːsɪbl/ ADJ reproductible

**reproduction** /ˌriːprəˈdʌkʃən/ N *(gen, Art, Bio)* reproduction *f* ◆ **sound ~** reproduction *f* sonore ◆ **this picture is a ~** ce tableau est une reproduction COMP ▷ **reproduction furniture** N *(NonC)* copie(s) *f(pl)* de meuble(s) ancien(s)

**reproductive** /ˌriːprəˈdʌktɪv/ ADJ reproducteur (-trice *f*)

**reprographic** /ˌriːprəˈgræfɪk/ ADJ de reprographie

**reprographics** /ˌriːprəˈgræfɪks/, **reprography** /ˌrɪˈprɒgrəfɪ/ N reprographie *f*

**reproof** /rɪˈpruːf/ N reproche *m*, réprimande *f* ◆ **a tone of ~** un ton de reproche ◆ **in ~** en signe de désapprobation

**re-proof** /ˌriːˈpruːf/ VT *[+ garment]* réimperméabiliser

**reproval** /rɪˈpruːvəl/ N reproche *m*, blâme *m*

**reprove** /rɪˈpruːv/ VT *[+ person]* blâmer (*for* de), réprimander (*for* sur) ; *[+ action]* réprouver, condamner

**reproving** /rɪˈpruːvɪŋ/ ADJ *[look, shake of one's head, tone]* réprobateur (-trice *f*) ; *[letter]* de reproche(s)

**reprovingly** /rɪˈpruːvɪŋlɪ/ ADV d'un air *or* ton de reproche

**reptile** /ˈreptaɪl/ N *(lit, fig)* reptile *m* COMP ▷ **reptile house** N vivarium *m*

**reptilian** /repˈtɪlɪən/ ADJ *(Zool, fig, pej)* reptilien N reptile *m (also fig)*

**republic** /rɪˈpʌblɪk/ N république *f* ◆ **the Republic** *(US)* les États-Unis d'Amérique

**republican** /rɪˈpʌblɪkən/ ADJ, N républicain(e) *m(f)* COMP ▷ **Republican party** N *(Pol)* parti *m* républicain

**republicanism** /rɪˈpʌblɪkənɪzəm/ N *(gen)* républicanisme *m* ; *(US)* ◆ **Republicanism** politique *f* du parti républicain

**republication** /ˌriːpʌblɪˈkeɪʃən/ N *[of book]* réédition *f*, republication *f* ; *[of law, banns]* nouvelle publication *f*

**republish** /ˌriːˈpʌblɪʃ/ VT *[+ book]* rééditer ; *[+ banns]* publier de nouveau

**repudiate** /rɪˈpjuːdɪeɪt/ VT *[+ friend, ally]* renier, désavouer ; *[+ accusation]* récuser, repousser ; *[government etc] [+ debt, treaty, obligation]* refuser de respecter ; *[+ remarks]* désavouer ; *[+ agreement]* renier ◆ **to ~ one's wife** répudier sa femme ◆ **the group's refusal to ~ violence** le refus du groupe de renoncer à la violence ◆ **he called on the American government to ~ the vote** il a demandé au gouvernement américain de ne pas reconnaître les résultats du vote

**repudiation** /rɪˌpjuːdɪˈeɪʃən/ N *[of violence, doctrine, remarks]* condamnation *f* ; *[of charge, evidence]* rejet *m* ◆ **~ of a treaty/a debt** refus *m* de respecter un traité/d'honorer une dette

**repugnance** /rɪˈpʌgnəns/ N répugnance *f*, aversion *f* (*to* pour) ◆ **he shows ~ to accepting charity** il répugne à accepter la charité

**repugnant** /rɪˈpʌgnənt/ ADJ répugnant ◆ **to be ~ to sb** répugner à qn

**repulse** /rɪˈpʌls/ VT *(Mil)* repousser, refouler ; *(fig) [+ help, offer]* repousser, rejeter N *(Mil)* échec *m* ; *(fig)* refus *m*, rebuffade *f* ◆ **to meet with** *or* **suffer a ~** essuyer un refus *or* une rebuffade

**repulsion** /rɪˈpʌlʃən/ N *(also Phys)* répulsion *f*

**repulsive** /rɪˈpʌlsɪv/ ADJ *[person, behaviour, sight, idea]* repoussant ; *(Phys) [force]* répulsif ◆ **I found it ~ to think that ...** il me répugnait de penser que ...

**repulsively** /rɪˈpʌlsɪvlɪ/ ADV ◆ **~ ugly/large** *etc* d'une laideur/grosseur *etc* repoussante

**repulsiveness** /rɪˈpʌlsɪvnɪs/ N aspect *m or* caractère *m* repoussant

**repurchase** /ˌriːˈpɜːtʃɪs/ N rachat *m* VT racheter

**reputable** /ˈrepjʊtəbl/ ADJ *[person, company]* de bonne réputation ; *[brand, product]* réputé

**reputably** /ˈrepjʊtəblɪ/ ADV ◆ **to be ~ employed (as)** gagner honorablement sa vie (comme) ◆ **~ established in the business world** honorablement établi dans le monde des affaires

**reputation** /ˌrepjʊˈteɪʃən/ N réputation *f* ◆ **to have a good/bad ~** avoir (une) bonne/(une) mauvaise réputation ◆ **a good ~ as a singer** une bonne réputation de chanteur ◆ **to have a ~ for honesty** avoir la réputation d'être honnête, être réputé pour son honnêteté ◆ **to live up to one's ~** soutenir sa réputation ◆ **she was by ~ a good organizer** elle avait la réputation d'être une bonne organisatrice ◆ **to know sb by ~** connaître qn de réputation ◆ **your ~ has gone before you** votre réputation vous a précédé

**repute** /rɪˈpjuːt/ N réputation *f*, renom *m* ◆ **to know sb by ~** connaître qn de réputation ◆ **to be of good ~** avoir (une) bonne réputation ◆ **a restaurant of ~** un restaurant réputé *or* en renom ◆ **place of ill ~** endroit *m* mal famé ◆ **a house of ill ~** *(euph = brothel)* une maison close ◆ **to hold sb in high ~** avoir une très haute opinion de qn

**reputed** /rɪˈpjuːtɪd/ ADJ a *(= supposed) [love affair, author]* soi-disant ◆ **he bought the painting for a ~ $2,000,000** on dit qu'il a acheté le tableau 2 millions de dollars ◆ **the buildings were ~ to be haunted** ces bâtiments étaient réputés hantés ◆ **the story's ~ to be true** l'histoire est réputée authentique ◆ **he is ~ to have worked miracles** à ce qu'on dit, il aurait fait des miracles b *(= esteemed) [person, organization]* réputé c *(Jur)* ◆ **~ father** père *m* putatif

**reputedly** /rɪˈpjuːtɪdlɪ/ ADV à ce que l'on dit *+ cond* ◆ **events that ~ took place thousands of years ago** des événements qui, d'après ce qu'on dit, auraient eu lieu il y a des milliers d'années

**request** /rɪˈkwest/ LANGUAGE IN USE 4, 10.1, 20.2, 25.1

N a demande *f* ; *(official)* requête *f* ◆ **at sb's ~** sur *or* à la demande de qn ; *(official)* sur la requête de qn ◆ **by general** *or* **popular ~** à la demande générale ◆ **on** *or* **by ~** sur demande ◆ **to make a ~ for sth** faire une demande de qch ◆ **to make a ~ to sb for sth** demander qch à qn ◆ **to grant a ~** accéder à une demande *or* à une requête

b *(Rad)* disque *m* des auditeurs *or* demandé par un auditeur ◆ **to play a ~ for sb** passer un disque à l'intention de qn

VT demander ◆ **to ~ sth from sb** demander qch à qn ◆ **to ~ sb to do sth** demander à qn de faire qch, prier qn de faire qch ◆ **"you are requested not to smoke"** "prière de ne pas fumer" ◆ **as ~ed in your letter of ...** comme vous (nous) l'avez demandé dans votre lettre du ... ◆ **herewith, as ~ed, my cheque for £50** ci-joint, comme vous l'avez demandé, un chèque de 50 livres ◆ **it's all I ~ of you** c'est tout ce que je vous demande

COMP ▷ **request programme** N *(Rad)* programme *m* composé par les auditeurs ▷ **request stop** N *(Brit) [of bus]* arrêt *m* facultatif

**requiem** /ˈrekwɪem/ N requiem *m* COMP ▷ **requiem mass** N messe *f* de requiem

**require** /rɪˈkwaɪəʳ/ LANGUAGE IN USE 10.1, 20.2 VT a *(= need) [person]* avoir besoin de ; *[thing, action]* demander, requérir ◆ **I have all I ~** j'ai tout ce qu'il me faut *or* tout ce dont j'ai besoin ◆ **the journey will ~ three hours** le voyage prendra *or* demandera trois heures ◆ **it ~s great care** cela demande *or* requiert beaucoup de soin ◆ **this plant ~s frequent watering** cette plante doit être arrosée souvent ◆ **if ~d** au besoin, si besoin est ◆ **when (it is) ~d** quand il le faut ◆ **what qualifications are ~d?** quels sont les diplômes nécessaires *or* exigés ?

b *(= demand)* exiger ; *(= order)* exiger, réclamer ◆ **to ~ sb to do sth** exiger de qn qu'il fasse qch ◆ **you are ~d to present yourself here tomorrow** vous êtes prié de vous présenter ici demain ◆ **to ~ sth of sb** exiger qch de qn ◆ **as ~d by law** comme la loi l'exige ◆ **we ~ two references** nous exigeons deux références

**required** /rɪˈkwaɪəd/ ADJ *[conditions, amount]* requis ◆ **by the ~ date** en temps voulu ◆ **to meet the ~ standards** *[machine]* être conforme aux normes ; *[student]* avoir le niveau requis ◆ **in the ~ time** dans les délais prescrits COMP ▷ **required course** N *(US Scol)* matière *f* obligatoire ▷ **required reading** N *(Scol, Univ)* ouvrage(s) *m(pl)* au programme ◆ **his latest article is ~ reading for all those interested in the subject** *(fig)* tous ceux qui sont intéressés par ce sujet doivent absolument lire son dernier article

**requirement** /rɪˈkwaɪəmənt/ N **a** *(= need)* exigence *f*, besoin *m* ◆ **to meet sb's ~s** satisfaire aux exigences *or* aux besoins de qn ◆ **there isn't enough to meet the ~** il n'y en a pas assez pour satisfaire la demande **b** *(= condition)* condition *f* requise ◆ **to fit the ~s** remplir les conditions **c** *(US Univ)* cursus *m* obligatoire

**requisite** /ˈrekwɪzɪt/ *(frm)* N **a** *(= thing required)* chose *f* nécessaire *or* requise *(for* pour) ◆ **all the ~s** tout ce qui est nécessaire **b travel/toilet ~s** accessoires *mpl* de voyage/toilette ADJ requis

**requisition** /ˌrekwɪˈzɪʃən/ N demande *f* ; *(gen Mil)* réquisition *f* ◆ **to put in a ~ for ...** faire une demande de ... ◆ **to obtain sth by ~** *(Mil)* réquisitionner qch VT *(gen)* faire une demande de ; *(Mil)* réquisitionner

**requital** /rɪˈkwaɪtl/ N *(= repayment)* récompense *f* ; *(= revenge)* revanche *f*

**requite** /rɪˈkwaɪt/ VT **a ~d love** amour *m* partagé **b** *(frm = repay) [+ person, action]* récompenser, payer *(for* de) **c** *(frm = avenge) [+ action]* venger ; *[+ person]* se venger de

**reran** /ˌriːˈræn/ VB pt of **rerun**

**reread** /ˌriːˈriːd/ (pret, ptp **reread** /ˈriːˈred/) VT relire

**reredos** /ˈrɪədɒs/ N retable *m*

**reroof** /ˌriːˈruːf/ VT refaire la toiture de

**reroute** /ˌriːˈruːt/ VT *[+ train, coach]* changer l'itinéraire de, dérouter ◆ **our train was ~d through Leeds** on a fait faire à notre train un détour par Leeds, notre train a été dérouté sur Leeds

**rerun** /ˈriːrʌn/ (vb : pret **reran**, ptp **rerun**) N *[of film, tape]* reprise *f* ; *[of TV programme, series]* rediffusion *f* ◆ **the opposition has demanded a ~ of the elections** l'opposition a demandé que l'on organise de nouvelles élections ◆ **a ~ of the contest is almost certain** on va très certainement devoir recommencer l'épreuve ◆ **the result could have been a ~ of 1931** le résultat aurait pu être la répétition de ce qui s'est passé en 1931 VT /ˌriːˈrʌn/ *[+ film, tape]* passer de nouveau ; *[+ race]* courir de nouveau ◆ **to ~ an election** organiser de nouvelles élections ◆ **to ~ a program** *(Comput)* réexécuter un programme

**resale** /ˌriːˈseɪl/ N *(gen)* revente *f* ◆ **"not for resale"** *(on package etc)* "échantillon gratuit" COMP ▷ **resale price** N prix *m* à la revente ▷ **resale price maintenance** N prix *m* de vente imposé ▷ **resale value** N *[of car]* cote *f or* prix *m* à l'Argus ◆ **what's the ~ value?** *(gen)* ça se revend combien ? ; *(car)* elle est cotée combien à l'Argus ?

**resat** /ˌriːˈsæt/ VB pt, ptp of **resit**

**reschedule** /ˌriːˈʃedjuːl, (US) ˌriːˈskedjuːl/ VT *[+ meeting, visit]* changer l'heure (or la date) de ; *[+ train service etc]* changer l'horaire de ; *[+ repayments, debt]* rééchelonner ; *[+ plans, course]* changer le programme de ; *[+ TV programme]* reprogrammer

**rescind** /rɪˈsɪnd/ VT *[+ judgement]* rescinder, casser ; *[+ law]* abroger ; *[+ act]* révoquer ; *[+ contract]* résilier, dissoudre ; *[+ decision, agreement]* annuler

**rescission** /rɪˈsɪʒən/ N *[of law]* abrogation *f* ; *[of agreement]* annulation *f* ; *[of contract]* résiliation *f*

**rescript** /ˈriːskrɪpt/ N *(Hist, Rel)* rescrit *m*

**rescriptions** /rɪˈskrɪpʃənz/ NPL *(St Ex)* bons *mpl* du Trésor, emprunts *mpl* des collectivités publiques

**rescue** /ˈreskjuː/ N *(= help)* secours *mpl* ; *(= saving)* sauvetage *m* ; *(= freeing)* délivrance *f* ◆ **~ was difficult** le sauvetage a été difficile ◆ **~ came too late** les secours sont arrivés trop tard ◆ **to go to sb's ~** aller au secours *or* à la rescousse de qn ◆ **to come to sb's ~** venir en aide à qn *or* à la rescousse de qn ◆ **to the ~** à la rescousse ; → **air**

VT *(= save)* sauver, secourir ; *(= free)* délivrer *(from* de) ◆ **you ~d me from a difficult situation** vous m'avez tiré d'une situation difficile ◆ **the ~d were taken to hospital** les rescapés ont été emmenés à l'hôpital

COMP ▷ **rescue attempt** N tentative *f or* opération *f* de sauvetage ▷ **rescue operations** NPL opérations *fpl* de sauvetage ▷ **rescue party** N *(gen)* équipe *f* de secours ; *(Ski, Climbing)* colonne *f* de secours ▷ **rescue services** NPL services *mpl* de secours ▷ **rescue worker** N sauveteur *m*, secouriste *mf*

**rescuer** /ˈreskjʊəʳ/ N sauveteur *m*

**resealable** /ˌriːˈsiːləbl/ ADJ *[container]* refermable

**research** /rɪˈsɜːtʃ/ N recherche(s) *f(pl)* ◆ **a piece of ~** un travail de recherche ◆ **to do ~** faire des recherches *or* de la recherche ◆ **to carry out ~ into the effects of ...** faire des recherches sur les effets de ...

VI faire des recherches *(into, on* sur)

VT *[+ article, book etc]* faire des recherches pour *or* en vue de, se documenter sur ◆ **well-~ed** bien documenté

COMP ▷ **research and development** N *(Ind etc)* recherche *f* et développement *m*, recherche-développement *f* ▷ **research assistant**, **research associate** N *(Univ)* ≈ étudiant(e) *m(f)* en maîtrise *(ayant le statut de chercheur)* ▷ **research establishment** N centre *m* de recherches ▷ **research fellow** N *(Univ)* ≈ chercheur *m*, -euse *f* attaché(e) à l'université ; see also **researcher** ▷ **research fellowship** N *(Univ)* poste *m* de chercheur (-euse *f*) attaché(e) à l'université ▷ **research laboratory** N laboratoire *m* de recherches ▷ **research scientist** N chercheur *m*, -euse *f* ; see also **researcher** ▷ **research student** N *(Univ)* étudiant(e) *m(f)* qui fait de la recherche, étudiant(e) *m(f)* de doctorat *(ayant statut de chercheur)* ▷ **research work** N travail *m* de recherche, recherches *fpl* ▷ **research worker** N chercheur *m*, -euse *f* ; see also **researcher**

**researcher** /rɪˈsɜːtʃəʳ/ N chercheur *m*

**reseat** /ˌriːˈsiːt/ VT **a** *[+ person]* faire changer de place à ◆ **to ~ o.s.** se rasseoir **b** *[+ chair]* rempailler, refaire le siège de ; *[+ trousers]* mettre un fond à

**resection** /riːˈsekʃən/ N résection *f*

**reselect** /ˌriːsɪˈlekt/ VT *(Pol) [party]* accorder de nouveau son investiture à ◆ **to be ~ed** *[candidate]* recevoir de nouveau l'investiture de son parti

**reselection** /ˌriːsɪˈlekʃən/ N *(Pol)* investiture *f* renouvelée ◆ **to stand for ~** se porter candidat à l'investiture

**resell** /ˌriːˈsel/ (pret, ptp **resold**) VT revendre

**resemblance** /rɪˈzembləns/ N ressemblance *f* ◆ **to bear a strong/faint ~ (to)** avoir une grande/vague ressemblance (avec) ◆ **this bears no ~ to the facts** ceci n'a aucune ressemblance avec les faits ◆ **there's not the slightest ~ between them** il n'y a pas la moindre ressemblance entre eux, ils ne se ressemblent pas du tout

**resemble** /rɪˈzembl/ LANGUAGE IN USE 5.1 VT *[person]* ressembler à ; *[thing]* ressembler à, être semblable à ◆ **they ~ each other** ils se ressemblent

**resent** /rɪˈzent/ VT *[+ sb's reply, look, attitude]* être contrarié par ; *(stronger)* être indigné de ◆ **I ~ that!** je proteste ! ◆ **I ~ your tone** votre ton me déplaît fortement ◆ **he ~ed my promotion** il n'a jamais pu accepter *or* admettre ma promotion ◆ **he ~ed having lost his job/the fact that I married her** il n'acceptait pas la perte de son emploi/mon mariage avec elle, la perte de son emploi/mon mariage avec elle lui restait en travers de la gorge* ◆ **he really ~ed this** ça lui est resté en travers de la gorge* ◆ **he may ~ my being here** il n'appréciera peut-être pas ma présence

**resentful** /rɪˈzentfʊl/ ADJ *[person, reply, look]* plein de ressentiment ◆ **to be *or* feel ~ of *or* towards sb (for doing sth)** en vouloir à qn (d'avoir fait qch) ◆ **to be ~ of sb's success** mal accepter le succès de qn

**resentfully** /rɪˈzentfəlɪ/ ADV avec ressentiment

**resentment** /rɪˈzentmənt/ N ressentiment *m*

**reservation** /ˌrezəˈveɪʃən/ LANGUAGE IN USE 26.3 N **a** *(= restriction)* réserve *f* ; *(Jur)* réservation *f* ◆ **mental ~** restriction *f* mentale ◆ **without ~** sans réserve, sans arrière-pensée ◆ **with ~s** avec certaines réserves, sous réserve ◆ **to have ~s about ...** faire *or* émettre des réserves sur ... **b** *(= booking)* réservation *f* ◆ **to make a ~ at the hotel/on the boat** réserver *or* retenir une chambre à l'hôtel/une place sur le bateau ◆ **to have a ~** avoir une réservation **c** *(= area of land)* réserve *f* ; *(US)* réserve *f* (indienne) **d** *(Brit)* **(central) ~** *(on roadway)* bande *f* médiane **e** *(Rel)* **Reservation (of the Sacrament)** les Saintes Réserves *fpl* COMP ▷ **reservation desk** N *(in airport, hotels etc)* comptoir *m* des réservations

**reserve** /rɪˈzɜːv/ VT **a** *(= keep)* réserver, garder ◆ **to ~ one's strength** ménager *or* garder ses forces ; *(Sport)* se réserver ◆ **to ~ o.s. for ...** se réserver pour ... ◆ **to ~ the best wine for one's friends** réserver *or* garder le meilleur vin pour ses amis ◆ **to ~ judgement** réserver son jugement ◆ **to ~ the right to do sth** se réserver le droit de faire qch ◆ **to ~ a warm welcome for sb** ménager *or* réserver un accueil chaleureux à qn

**b** *(= book in advance) [+ room, seat]* réserver, retenir

N **a** *(= sth stored)* réserve *f*, stock *m* ◆ **to have great ~s of energy** avoir une grande réserve d'énergie ◆ **cash ~** réserve *f* en devises ◆ **gold ~s** réserves *fpl* d'or *or* en or ◆ **world ~s of pyrites** réserves *fpl* mondiales de pyrite ◆ **to keep *or* hold in ~** tenir en réserve

**b** *(= restriction)* réserve *f*, restriction *f* ◆ **without ~** sans réserve, sans restriction ◆ **with all ~ *or* all proper ~s** sous toutes réserves

**c** *(Brit:* also **reserve price**) prix *m* minimum

**d** *(= piece of land)* réserve *f* ; → **game¹**, **nature**

**e** *(NonC = attitude)* réserve *f*, retenue *f* ◆ **he treated me with some ~** il s'est tenu sur la réserve avec moi ◆ **to break through sb's ~** amener qn à se départir de sa réserve *or* retenue

**f** *(Mil)* **the Reserve** la réserve ◆ **the ~s** la réserve, les réservistes *mpl*

**g** *(Sport)* ◆ **the ~s** l'équipe *f* B

COMP *[currency, fund]* de réserve ▷ **reserve bank** N *(US)* banque *f* de réserve ▷ **reserve list** N *(Mil)* cadre *m* de réserve ▷ **reserve player** N *(esp Brit Sport)* remplaçant(e) *m(f)* ▷ **reserve price** N *(Brit)* prix *m* minimum ▷ **reserve tank** N (also **reserve petrol tank**) réservoir *m* (d'essence) de secours, nourrice *f* ▷ **reserve team** N *(Brit)* équipe *f* B

**reserved** /rɪˈzɜːvd/ ADJ *[person, behaviour, room, table, seat]* réservé ◆ **to be ~ about sth** se montrer réservé sur qch ; → **copyright, right**

**reservedly** /rɪˈzɜːvɪdlɪ/ ADV avec réserve, avec retenue

**reservist** /rɪˈzɜːvɪst/ N *(Mil)* réserviste *m*

**reservoir** /ˈrezəvwɑːʳ/ N *(lit, fig)* réservoir *m*

**reset** /ˌriːˈset/ (pret, ptp **reset**) VT a *[+ precious stone]* remonter b *[+ clock, watch]* mettre à l'heure ◆ **to ~ the alarm** remettre l'alarme c *(Comput)* redémarrer d *(Med)* *[+ limb]* remettre ◆ **to ~ a broken bone** réduire une fracture e *(Typ)* recomposer

COMP ▷ **reset button, reset switch** N *(Comput)* bouton *m* de redémarrage

**resettle** /ˌriːˈsetl/ VT *[+ refugees]* établir (ailleurs), relocaliser ; *[+ land]* repeupler VI s'établir (ailleurs)

**resettlement** /ˌriːˈsetlmənt/ N *[of land]* repeuplement *m* ; *[of people]* déplacement *m*, relocalisation *f* COMP ▷ **resettlement programme** N *programme visant à relocaliser une population dans une nouvelle région*

**reshape** /ˌriːˈʃeɪp/ VT *[+ dough, clay]* refaçonner, modeler de nouveau ; *[+ text, policy, society, system]* réorganiser

**reshuffle** /ˌriːˈʃʌfl/ VT a *[+ cards]* battre de nouveau b *(fig) [+ cabinet, board of directors]* remanier N a *(Cards)* **to have a ~** rebattre b *(in command etc)* remaniement *m* ; *(Pol)* ◆ **Cabinet ~** remaniement *m* ministériel

**reside** /rɪˈzaɪd/ VI *(lit, fig)* résider ◆ **the power ~s in** or **with the President** le pouvoir est entre les mains du Président

**residence** /ˈrezɪdəns/ N a *(frm = house)* résidence *f*, demeure *f* ◆ **the President's official ~** la résidence officielle du Président

b *(US)* (also **university residence, residence hall**) résidence *f* (universitaire)

c *(NonC = stay)* séjour *m*, résidence *f* ◆ **to take up ~ in the country** élire domicile or s'installer à la campagne ◆ **after five years' ~ in Britain** après avoir résidé en Grande-Bretagne pendant cinq ans ◆ **place/country of ~** *(Admin)* lieu *m*/pays *m* de résidence

◆ **in residence** *[monarch, governor etc]* en résidence ◆ **the students are now in ~** les étudiants sont maintenant rentrés ◆ **there is always a doctor in ~** il y a toujours un médecin à demeure

COMP ▷ **residence hall** N *(US Univ)* résidence *f* universitaire ▷ **residence permit** N *(Brit)* permis *m* or carte *f* de séjour

**residency** /ˈrezɪdənsɪ/ N *(gen)* résidence *f* officielle ; *(US Med)* internat *m* de deuxième et de troisième années ◆ **they've got a ~ at Steve's Bar** *(Mus = regular engagement)* ils jouent régulièrement au Steve's Bar

**resident** /ˈrezɪdənt/ N a habitant(e) *m(f)* ; *(in foreign country)* résident(e) *m(f)* ; *(in street)* riverain(e) *m(f)* ; *(in hostel)* pensionnaire *mf* ◆ **"parking for residents only"** "parking privé" ◆ **"residents only"** "interdit sauf aux riverains"

b *(US Med)* interne *mf* de deuxième et de troisième années

ADJ a *[landlord]* occupant ; *[chaplain, tutor, caretaker]* à demeure ; *[doctor, dramatist, DJ]* attitré ◆ **to be ~ abroad/in France** résider à l'étranger/en France ◆ **the ~ population** la population fixe ◆ **our ~ expert (on sth)** *(hum)* notre spécialiste (de qch)

b *(Zool) [animal]* non migrateur (-trice *f*)

COMP ▷ **resident head** N *(US Univ)* directeur *m*, -trice *f* d'une résidence universitaire ▷ **resident physician** N *(Med)* interne *mf* ▷ **residents' association** N association *f* de riverains ▷ **resident student** N *(US Univ)* *étudiant(e) d'une université d'État dont le domicile permanent est situé dans cet État*

**residential** /ˌrezɪˈdenʃəl/ ADJ a *(= not industrial) [area]* d'habitation ◆ **~ accommodation** logements *mpl* b *(= live-in) [post, job, course]* avec hébergement, résidentiel ; *[staff]* logé sur place COMP ▷ **residential care** N ◆ **to be in ~ care** être pris en charge en établissement spécialisé

**residua** /rɪˈzɪdjʊə/ NPL of **residuum**

**residual** /rɪˈzɪdjʊəl/ ADJ restant ; *(Chem)* résiduaire ; *[radiation, fault]* résiduel ◆ **the ~ powers of the British sovereign** les pouvoirs qui restent au souverain britannique N *(Chem)* résidu *m* ; *(Math)* reste *m* NPL **residuals** *(= royalties) droits versés aux acteurs et à l'auteur à l'occasion d'une rediffusion d'un programme télévisé ou d'un film* COMP ▷ **residual current** N courant *m* résiduel ▷ **residual current device** N disjoncteur *m* différentiel ▷ **residual heat** N chaleur *f* résiduelle ▷ **residual income** N revenu *m* net ▷ **residual unemployment** N chômage *m* résiduel

**residuary** /rɪˈzɪdjʊərɪ/ ADJ restant ; *(Chem)* résiduaire ◆ **~ estate** *(Jur)* montant *m* net d'une succession ◆ **~ legatee** *(Jur)* ≈ légataire *mf* universel(le)

**residue** /ˈrezɪdjuː/ N reste(s) *m(pl)* ; *(Chem)* résidu *m* ; *(Math)* reste *m* ; *(Jur)* reliquat *m*

**residuum** /rɪˈzɪdjʊəm/ N (pl **residua**) résidu *m*, reste *m*

**resign** /rɪˈzaɪn/ VT a *(= give up)* se démettre de ; *[+ one's job]* démissionner de ; *(= hand over)* céder *(to* à) ◆ **he ~ed the leadership to his colleague** il a cédé la direction à son collègue ◆ **to ~ one's commission** *(Mil etc)* démissionner *(se dit d'un officier)* b *(= accept)* **to ~ o.s. to (doing) sth** se résigner à (faire) qch VI démissionner, donner sa démission *(from* de)

**resignation** /ˌrezɪɡˈneɪʃən/ N a *(from job)* démission *f* ◆ **to tender one's ~** donner sa démission b *(mental state)* résignation *f* c *(NonC) [of a right]* abandon *m (of* de), renonciation *f (of* à)

> ⚠ **resignation** *is only translated by the French word* **résignation** *when it refers to a state of mind.*

**resigned** /rɪˈzaɪnd/ ADJ résigné ◆ **to be ~ to (doing) sth** s'être résigné à (faire) qch ◆ **to become ~ to (doing) sth** se résigner à (faire) qch

**resignedly** /rɪˈzaɪnɪdlɪ/ ADV *[say]* avec résignation, d'un ton résigné ; *[shrug, sigh]* avec résignation, d'un air résigné

**resilience** /rɪˈzɪlɪəns/ N *[of person, character]* résistance *f*, faculté *f* de récupération ; *[of rubber]* élasticité *f*

**resilient** /rɪˈzɪlɪənt/ ADJ *[object, material, currency, market]* résistant ◆ **he is very ~** *(physically)* il a beaucoup de résistance, il récupère bien ; *(mentally)* il a du ressort, il ne se laisse pas abattre

**resin** /ˈrezɪn/ N résine *f*

**resinous** /ˈrezɪnəs/ ADJ résineux

**resist** /rɪˈzɪst/ VT *[+ attack, arrest, person]* résister à, s'opposer à ; *[+ temptation]* résister à ; *[+ order]* refuser d'obéir or d'obtempérer à ; *[+ change]* s'opposer à ◆ **I couldn't ~ (eating) another cake** je n'ai pas pu résister à l'envie de or je n'ai pas pu m'empêcher de manger encore un gâteau ◆ **he ~s any advice** il s'oppose à or il est rebelle à tout conseil VI résister, offrir de la résistance

**resistance** /rɪˈzɪstəns/ N *(gen, Elec, Med, Mil, Phys)* résistance *f* ◆ **the Resistance** *(Hist)* la Résistance ◆ **to meet with ~** se heurter à une résistance ◆ **to offer ~ to sth** résister à qch ◆ **to put up** or **offer stiff ~ to sth** opposer une vive résistance à qch ◆ **he offered no ~** il n'opposa aucune résistance *(to* à) ◆ **his ~ was very low** *(Med)* il n'offrait presque plus de résistance ◆ **that's the line of least ~** c'est la solution de facilité ◆ **to take the line of least ~** choisir la solution de facilité ; → **passive** COMP ▷ **resistance fighter** N résistant(e) *m(f)* ▷ **resistance movement** N mouvement de résistance *m*

**resistant** /rɪˈzɪstənt/ ADJ *[person]* hostile *(to sth* à qch) ; *[virus, plant, material]* résistant *(to sth* à qch) ◆ **~ to penicillin** pénicillorésistant ; → **water**

**-resistant** /rɪˈzɪstənt/ ADJ *(in compounds)* ◆ **disease-resistant** *[plant]* résistant aux maladies ◆ **fire-resistant** *[paint, cloth]* ignifugé ◆ **heat-resistant** résistant à la chaleur

**resister** /rɪˈzɪstəʳ/ N réfractaire *m*

**resistor** /rɪˈzɪstəʳ/ N *(Elec)* résistance *f*

**resit** /ˌriːˈsɪt/ (pret, ptp **resat**) *(Brit)* VT se représenter à, repasser VI se présenter à la deuxième session N /ˈriːsɪt/ deuxième session *f (d'un examen)* ◆ **to have a ~ in law** devoir se représenter en droit ◆ **to fail one's ~s/one's ~ in chemistry** échouer une deuxième fois à ses examens/à son examen de chimie

**resite** /ˌriːˈsaɪt/ VT *[+ factory]* réimplanter, transférer

**resize** /ˌriːˈsaɪz/ VT *(Comput) [+ window]* redimensionner

**reskill** /riːˈskɪl/ VI se recycler VT recycler

**resold** /ˌriːˈsəʊld/ VB pt, ptp of **resell**

**resole** /ˌriːˈsəʊl/ VT ressemeler

**resolute** /ˈrezəluːt/ ADJ *[person]* résolu, déterminé ; *[opposition]* résolu ; *[refusal]* ferme ; *[faith]* solide ◆ **to take ~ action** agir avec résolution or détermination ◆ **to be ~ in doing sth** faire qch avec résolution or détermination ◆ **to be ~ in one's opposition to sth** s'opposer résolument à qch ◆ **to remain ~ in the fight against sb/sth** continuer résolument à se battre contre qn/qch

**resolutely** /ˈrezəluːtlɪ/ ADV *[resist, oppose, stride, stare]* résolument ; *[refuse]* fermement ◆ **the Government remains ~ committed to the fight against unemployment** le gouvernement poursuit résolument son combat contre le chômage

**resoluteness** /ˈrezəluːtnɪs/ N résolution *f*, détermination *f*

**resolution** /ˌrezəˈluːʃən/ N a *(= decision)* résolution *f* ◆ **to make a ~ to do sth** prendre la résolution de faire qch ◆ **good ~s** bonnes résolutions *fpl* ; → **New Year** b *(Admin, Pol)* résolution *f* ◆ **to make a ~** prendre une résolution ◆ **to adopt/reject a ~** adopter/rejeter une résolution c *(NonC = resoluteness)* fermeté *f*, résolution *f* ◆ **to show ~** faire preuve de fermeté, faire preuve de décision d *(NonC = solving) [of problem, puzzle]* résolution *f* e *(NonC: Chem, Med, Mus, Phot)* résolution *f (into* en)

**resolvable** /rɪˈzɒlvəbl/ ADJ résoluble

**resolve** /rɪˈzɒlv/ VT a *[+ problem, difficulty]* résoudre ; *[+ doubt]* dissiper
b *(= break up)* résoudre, réduire (*into* en) ◆ **to ~ sth into its elements** ramener *or* réduire qch à ses éléments ◆ **water ~s itself into steam** l'eau se résout *or* se transforme en vapeur ◆ **the meeting ~d itself into a committee** l'assemblée se constitua en commission
c *(Med, Mus)* résoudre
VI a *(= decide)* résoudre, décider (*to do sth* de faire qch), se résoudre, se décider (*to do sth* à faire qch) ◆ **to ~ (up)on sth** se résoudre à qch ◆ **to ~ that ...** décider que ... ◆ **it has been ~d that ...** il a été décidé que ...
b *(= break up)* se résoudre (*into* en) ◆ **the question ~s into four points** la question se divise en quatre points
N a *(NonC = resoluteness)* résolution *f*, fermeté *f* ◆ **to do sth with ~** faire qch avec détermination
b *(= decision)* résolution *f*, décision *f* ◆ **to make a ~ to do sth** prendre la résolution de faire qch, résoudre de faire qch

**resolved** /rɪˈzɒlvd/ ADJ résolu (*to do sth* à faire qch), décidé (*to do sth* à faire qch)

**resonance** /ˈrezənəns/ N *(gen, Mus, Phon, Phys)* résonance *f* ; *[of voice]* résonance *f*, sonorité *f*

**resonant** /ˈrezənənt/ ADJ a *(= sonorous, echoing) [voice, room]* sonore ; *[sound]* retentissant b *(= evocative)* ◆ **to be ~ of sth** rappeler qch ◆ **it is a place ~ with memories for him** c'est un endroit qui éveille en lui une foule de souvenirs ◆ **it was a place ~ with memories of him** c'est un endroit qui évoquait des souvenirs de lui

**resonate** /ˈrezəneɪt/ VI a *[sound]* résonner b ◆ **the room ~d with the sound of laughter** la pièce résonnait de rires c *(fig)* ◆ **that ~s with me** je suis tout à fait d'accord là-dessus

**resonator** /ˈrezəneɪtəʳ/ N résonateur *m*

**resorption** /rɪˈzɔːpʃən/ N résorption *f*

**resort** /rɪˈzɔːt/ N a *(= recourse)* recours *m* ◆ **without ~ to violence** sans recourir *or* avoir recours à la violence ◆ **as a last** *or* **final ~, in the last** *or* **final ~** en dernier ressort ◆ **it was/you were my last ~** c'était/tu étais mon dernier recours b *(= place)* lieu *m* de séjour *or* de vacances ◆ **coastal ~** plage *f* ◆ **seaside/summer ~** station *f* balnéaire/estivale ◆ **winter sports ~** station *f* de sports d'hiver ◆ **a ~ of thieves** *(fig liter)* un repaire de voleurs ; → **health, holiday** VI ◆ **to ~ to sth** avoir recours à qch, recourir à qch ◆ **to ~ to sb** avoir recours à qn ◆ **to ~ to doing sth** en venir à faire qch

**resound** /rɪˈzaʊnd/ VI retentir, résonner (*with* de) ◆ **his speech will ~ throughout France/history** son discours retentira dans toute la France/à travers l'histoire VT faire retentir *or* résonner

**resounding** /rɪˈzaʊndɪŋ/ ADJ a *(= loud) [thud, crack, crash, laugh]* sonore ; *[voice]* sonore, tonitruant ◆ **~ applause** un tonnerre d'applaudissements b *(= great) [triumph, victory, success]* retentissant ; *[defeat]* écrasant ◆ **a ~ silence** un silence pesant ◆ **a ~ no** un non catégorique

**resoundingly** /rɪˈzaʊndɪŋlɪ/ ADV a *(= loudly) [fall, crash]* bruyamment b *(= convincingly) [beat, defeat]* à plate(s) couture(s) ◆ **to be ~ successful** *[plan]* être couronné de succès ; *[person]* remporter un succès retentissant

**resource** /rɪˈsɔːs/ N a *(= wealth, supplies etc)* ressource *f* ◆ **financial/mineral/natural ~s** ressources *fpl* pécuniaires/en minerais/naturelles ◆ **~s of men and materials** ressources *fpl* en hommes et en matériel ◆ **the total ~s of a company** *(Fin)* l'ensemble des ressources d'une société ◆ **he has no ~s against boredom** il ne sait pas lutter *or* se défendre contre l'ennui ◆ **left to his own ~s** livré à ses propres ressources *or* à lui-même b *(Comput)* ressources *fpl* c *(= resort)* ressource *f* ◆ **you are my last ~** vous êtes ma dernière ressource *or* mon dernier espoir
COMP ▷ **resource centre** N *(Scol, Univ etc)* centre *m* de documentation

**resourced** /rɪˈsɔːst/ ADJ *(Brit)* ◆ **well ~** qui dispose de bonnes ressources ◆ **under-~** qui ne dispose pas des ressources nécessaires

**resourceful** /rɪˈsɔːsfʊl/ ADJ *[person]* plein de ressources, ingénieux

**resourcefully** /rɪˈsɔːsfəlɪ/ ADV d'une manière ingénieuse

**resourcefulness** /rɪˈsɔːsfʊlnɪs/ N *(NonC)* ingéniosité *f* ◆ **one's own inner ~** ses ressources *fpl* intérieures

**resourcing** /rɪˈsɔːsɪŋ/ N *(NonC = resources)* ressources *fpl*

**respect** /rɪˈspekt/ N a *(NonC = esteem)* respect *m* ◆ **to have ~ for** *[+ person]* avoir du respect pour, respecter ; *[+ the law, sb's intelligence]* respecter ◆ **I have the greatest ~ for him** j'ai infiniment de respect pour lui ◆ **to treat with ~** traiter avec respect ◆ **to be held in ~** être tenu en haute estime ◆ **he can command ~** il impose le respect, il sait se faire respecter ◆ **she has no ~ for other people's feelings** elle n'a aucune considération *or* aucun respect pour les sentiments d'autrui ◆ **out of ~ for ...** par respect *or* égard pour ... ◆ **with (due** *or* **the greatest) ~ I still think that ...** sans vouloir vous contredire *or* sauf votre respect je crois toujours que ... ◆ **without ~ of persons** *(frm)* sans acception de personne ◆ **without ~ to the consequences** sans tenir compte *or* se soucier des conséquences, sans s'arrêter aux conséquences
b *(= reference, aspect)*
♦ **in ... respect(s)** ◆ **in some ~s** à certains égards, sous certains rapports ◆ **in many ~s** à bien des égards ◆ **in this ~** à cet égard, sous ce rapport ◆ **in one ~** d'un certain côté ◆ **in other ~s** à d'autres égards ◆ **in what ~?** sous quel rapport ?, à quel égard ? ◆ **good in ~ of content** bon sous le rapport du contenu *or* quant au contenu
♦ **with respect to ...** pour *or* en ce qui concerne ..., quant à ..., relativement à ...
c **~s** *(= regards)* respects *mpl* ; *(man to woman)* hommages *mpl* ◆ **to pay one's ~s to sb** présenter ses respects à qn ◆ **give my ~s to ...** présentez mes respects (*or* mes hommages) à ... ◆ **to pay one's last ~s to sb** rendre un dernier hommage à qn
VT a *[+ person, customs, sb's wishes, opinions, grief, the law]* respecter ◆ **to ~ o.s.** se respecter
b *(frm)* ◆ **as ~s ...** quant à ..., en ce qui concerne ...

**respectability** /rɪˌspektəˈbɪlɪtɪ/ N respectabilité *f*

**respectable** /rɪˈspektəbl/ ADJ *[person, behaviour, motives, size, amount, piece of work]* respectable ; *[clothes]* convenable, comme il faut ◆ **young people from ~ homes** des jeunes gens venant de foyers respectables ◆ **he was outwardly ~ but ...** il avait l'apparence de la respectabilité mais ... ◆ **in ~ society** entre gens respectables ◆ **a ~ writer** un écrivain qui n'est pas sans talent ◆ **to finish a ~ second/third** finir honorablement deuxième/troisième ◆ **it is ~ to do sth** il est respectable de faire qch

**respectably** /rɪˈspektəblɪ/ ADV a *(= decently) [dress, behave]* convenablement, comme il faut ◆ **a ~ married man** un homme marié et respectable b *(= adequately)* ◆ **he finished ~ in fourth place** il a fini honorablement à la quatrième place

**respecter** /rɪˈspektəʳ/ N ◆ **death/the law is no ~ of persons** tout le monde est égal devant la mort/la loi ◆ **death is no ~ of wealth** les riches et les pauvres sont égaux devant la mort ◆ **he is no ~ of persons** il ne s'en laisse imposer par personne

**respectful** /rɪˈspektfʊl/ ADJ respectueux (*of sth* de qch ; *to(wards) sb* envers qn, à l'égard de qn)

**respectfully** /rɪˈspektfəlɪ/ ADV *[speak, bow, listen]* respectueusement, avec respect ; *[stand, wait, ask, suggest]* respectueusement ; *[treat]* avec respect ◆ **I would ~ disagree with Mr Brown** avec tout le respect que je lui dois, je suis en désaccord avec M. Brown ◆ **I remain ~ yours** *or* **yours ~** *(in letters)* je vous prie d'agréer l'expression de mes sentiments respectueux ; *(man to woman)* je vous prie d'agréer l'expression de mes très respectueux hommages

**respectfulness** /rɪˈspektfʊlnɪs/ N *[of person]* attitude *f* respectueuse ; *[of tone, manner]* caractère *m* respectueux

**respecting** /rɪˈspektɪŋ/ PREP concernant, relatif à

**respective** /rɪˈspektɪv/ ADJ respectif

**respectively** /rɪˈspektɪvlɪ/ ADV respectivement

**respiration** /ˌrespɪˈreɪʃən/ N *(Bot, Med)* respiration *f*

**respirator** /ˈrespəreɪtəʳ/ N *(Med)* respirateur *m* ; *(Mil)* masque *m* à gaz

**respiratory** /ˈrespərətərɪ/ ADJ respiratoire
COMP ▷ **respiratory arrest** N arrêt *m* respiratoire ▷ **respiratory failure** N insuffisance *f* or défaillance *f* respiratoire ▷ **respiratory system** N système *m* respiratoire ▷ **respiratory tract** N appareil *m* respiratoire

**respire** /rɪˈspaɪəʳ/ VTI respirer

**respite** /ˈrespaɪt/ N répit *m*, relâche *m* or *f* ; *(Jur)* sursis *m* ◆ **without (a) ~** sans répit, sans relâche
COMP ▷ **respite care** N ◆ **to provide ~ care** *héberger temporairement des personnes invalides pour soulager leurs proches*

**resplendence** /rɪˈsplendəns/ N splendeur *f*

**resplendent** /rɪˈsplendənt/ ADJ resplendissant ◆ **to look ~** être resplendissant ◆ **~ in a silk dress** resplendissant dans sa robe de soie ◆ **to be ~ with sth** resplendir de qch, être resplendissant de qch

**resplendently** /rɪˈsplendəntlɪ/ ADV splendidement

**respond** /rɪˈspɒnd/ VI a *(= reply)* répondre (*to* à ; *with* par) ; *(Rel)* chanter les répons ◆ **to ~ to a toast** répondre à un toast b *(= show reaction to)* répondre (*to* à) ◆ **brakes that ~ well** freins *mpl* qui répondent bien ◆ **car that ~s well to controls** voiture *f* qui a de bonnes réactions *or* qui répond bien aux commandes ◆ **the patient ~ed to treatment** le malade a bien réagi au traitement ◆ **the illness ~ed to treatment** le traitement a agi sur la maladie

**respondent** /rɪˈspɒndənt/ N a *(Jur)* défendeur *m*, -deresse *f* b *(in opinion poll etc)* personne *f* interrogée, sondé *m* ADJ qui répond *or* réagit (*to* à)

**response** /rɪˈspɒns/ N a *(lit, fig)* réponse *f* ; *(to treatment)* réaction *f* ◆ **in ~ to** en réponse à ◆ **in ~ to the radio appeal, the sum of £10,000 was raised** à la suite de *or* en réponse à l'appel radiodiffusé, on a re-

cueilli la somme de 10 000 livres ◆ **his only ~ was to nod** pour toute réponse, il a hoché la tête ◆ **we had hoped for a bigger ~ from the public** nous n'avons pas reçu du public la réponse escomptée b *(Rel)* répons *m*
COMP ▷ **response time** N *[of machine, person, police, ambulance etc]* temps *m* de réponse

**responsibility** /rɪˌspɒnsəˈbɪlɪtɪ/ LANGUAGE IN USE 18.3
N responsabilité *f* ◆ **to lay** *or* **put** *or* **place the ~ for sth on sb** tenir qn pour responsable de qch, faire porter la responsabilité de qch à qn ◆ **the report placed ~ for the accident on the company** le rapport a déclaré la société responsable de cet accident ◆ **to take ~ for sth** prendre *or* assumer la responsabilité de qch ◆ **"the company takes no responsibility for objects left here"** ≃ "la compagnie décline toute responsabilité pour les objets en dépôt" ◆ **to take on the ~** accepter *or* assumer la responsabilité ◆ **the group which claimed ~ for the attack** le groupe qui a revendiqué l'attentat ◆ **that's his ~** c'est à lui de s'en occuper ◆ **it's not my ~ to do that** ce n'est pas à moi de faire ça ◆ **on my own ~** sous ma responsabilité ◆ **he wants a position with more ~** il cherche un poste offrant plus de responsabilités ◆ **he has too many responsibilities** il a trop de responsabilités ◆ **it is a big ~ for him** c'est une lourde responsabilité pour lui
COMP ▷ **responsibility allowance, responsibility payment** N prime *f* de fonction

**responsible** /rɪˈspɒnsəbl/ ADJ a *(= trustworthy) [person, attitude, organization]* responsable
b *(= in charge)* responsable (*to sb* devant qn ; *for sb* de qn) ◆ **~ for sth** responsable de qch, chargé de qch ◆ **~ for doing sth** chargé de faire qch ◆ **who is ~ here?** qui est le responsable ici ?
c *(= the cause)* **she is ~ for the success of the project** c'est à elle que l'on doit le succès du projet ◆ **he was ~ for improving standards of service** c'est grâce à lui que le service s'est amélioré ◆ **who is ~ for breaking the window?** qui a cassé la vitre ? ◆ **CFCs are ~ for destroying the ozone layer** les CFC sont responsables de la destruction de la couche d'ozone ◆ **I demand to know who is ~ for this!** j'exige de savoir qui est responsable *or* de connaître le responsable ! ◆ **to hold sb ~ for sth** tenir qn responsable de qch
d *(= involving or demanding responsibility)* ◆ **a ~ job** un travail à responsabilité(s)

**responsibly** /rɪˈspɒnsəblɪ/ ADV avec sérieux, de façon responsable

**responsive** /rɪˈspɒnsɪv/ ADJ a *(= receptive) [audience, class, pupil]* réceptif ◆ **he wasn't very ~ when I spoke to him about it** quand je lui en ai parlé, il ne s'est pas montré très réceptif *or* il n'a pas beaucoup réagi b *(= ready to react) [person]* sensible, réceptif ◆ **to be ~ to sb's needs** être sensible *or* réceptif aux besoins de qn ◆ **to be ~ to criticism** être sensible à la critique ◆ **to be ~ to sb's request** accueillir favorablement la demande de quelqu'un c *(Med)* ◆ **to be ~ to antibiotics/treatment** réagir aux antibiotiques/au traitement d *(= easily controlled) [machine, car, steering]* sensible e *(= answering)* ◆ **to give a ~ smile/nod** faire un sourire/hocher la tête en guise de réponse

**responsiveness** /rɪˈspɒnsɪvnɪs/ N *(NonC = receptiveness)* capacité *f* de réaction ◆ **the government's ~ to social pressures** l'aptitude *f* du gouvernement à réagir aux pressions sociales

**respray** /ˌriːˈspreɪ/ VT *[+ car]* refaire la peinture de N /ˈriːspreɪ/ ◆ **the car needs a ~** il faut refaire la peinture de la voiture

**rest** /rest/ N a *(gen = relaxation etc)* repos *m* ◆ **a day of ~** un jour de repos ◆ **to need ~** avoir besoin de repos ◆ **to need a ~** avoir besoin de se reposer ◆ **to have a ~** se reposer ◆ **she took** *or* **had an hour's ~** elle s'est reposée pendant une heure ◆ **we had a couple of ~s during the walk** pendant la promenade nous nous sommes arrêtés deux fois pour nous reposer ◆ **no ~ for the wicked** pas de repos pour les braves ◆ **~ and recuperation** *(US Mil = leave)* permission *f* ◆ **take a ~!** reposez-vous ! ◆ **to have a good night's ~** passer une bonne nuit ◆ **to retire to ~** *(liter)* se retirer ◆ **at ~** au repos ◆ **to be at ~** *(= peaceful)* être tranquille *or* calme ; *(= immobile)* être au repos ; *(euph = dead)* reposer en paix ◆ **to lay to ~** *(lit)* porter en terre ◆ **to lay** *or* **put to ~** *(fig) [+ idea, notion]* enterrer ◆ **to set at ~** *[+ fears, doubts]* dissiper ◆ **to put** *or* **set sb's mind** *or* **heart at ~** tranquilliser qn, rassurer qn ◆ **you can set** *or* **put your mind at ~** tu peux être tranquille ◆ **to come to ~** *[ball, car etc]* s'arrêter, s'immobiliser ; *[bird, insect]* se poser ◆ **give it a ~!** * *(= change the subject)* change de disque ! * ; *(= stop working)* laisse tomber ! *
b *(= support for instrument, back, arm etc)* support *m*, appui *m* ; → **armrest, receiver**
c *(= remainder)* **the ~ of the money** le reste *or* ce qui reste de l'argent, l'argent qui reste ◆ **the ~ of the boys** les garçons qui restent, les autres garçons ◆ **I will take half of the money and you keep the ~** je prends la moitié de l'argent et tu gardes le reste *or* le restant ◆ **I will take this book and you keep the ~** je prends ce livre et tu gardes le reste ◆ **you go off and the ~ of us will wait here** pars, nous (autres) nous attendrons ici ◆ **he was as drunk as the ~ of them** il était aussi ivre que les autres ◆ **all the ~ of the money** tout ce qui reste de l'argent, tout l'argent qui reste ◆ **all the ~ of the books** tous les autres livres ◆ **and all the ~ (of it)** * et tout ça *, et tout ce qui s'ensuit ◆ **for the ~** quant au reste
d *(Mus)* pause *f* ; *(Poetry)* césure *f* ◆ **crotchet** *(Brit) or* **quarter-note** *(US)* **~** *(Mus)* soupir *m*
VI a *(= repose)* se reposer ; *[the dead]* reposer ◆ **she never ~s** elle ne se repose jamais ◆ **you must ~ for an hour** il faut vous reposer pendant une heure ◆ **he won't ~ till he finds out the truth** *(fig)* il n'aura de cesse qu'il ne découvre *subj* la vérité ◆ **to ~ easy** dormir sur ses deux oreilles ◆ **to ~ on one's oars** *(lit)* lever les avirons *or* les rames ; *(fig)* prendre un repos bien mérité ◆ **to ~ on one's laurels** se reposer *or* s'endormir sur ses lauriers ◆ **to be ~ing** *(euph) [actor]* se trouver sans engagement ◆ **may he ~ in peace** qu'il repose en paix ◆ **to let a field ~** *(Agr)* laisser reposer un champ, laisser un champ en jachère ◆ **"the defence/prosecution rests"** *(Jur) formule utilisée par les avocats pour conclure leur plaidoyer ou réquisitoire*
b *(= remain)* rester, demeurer ◆ **~ assured that ...** soyez certain *or* assuré que ... ◆ **he refused to let the matter ~** il refusait d'en rester là ◆ **they agreed to let the matter ~** ils ont convenu d'en rester là ◆ **the matter must not ~ there** l'affaire ne doit pas en rester là ◆ **and there the matter ~s for the moment** l'affaire en est là pour le moment ◆ **the authority ~s with him** c'est lui qui détient l'autorité ◆ **the decision ~s with him, it ~s with him to decide** la décision lui appartient, il lui appartient de décider ◆ **it doesn't ~ with me** cela ne dépend pas de moi
c *(= lean, be supported) [person]* s'appuyer (*on* sur ; *against* contre) ; *[ladder]* être appuyé (*on* sur ; *against* contre) ; *[roof etc]* reposer (*on* sur) ; *(fig) [argument, reputation, case]* reposer (*on* sur) ; *[eyes, gaze]* se poser, s'arrêter (*on* sur) ◆ **her elbows were ~ing on the table** ses coudes reposaient sur la table ◆ **a heavy responsibility ~s on him** *(fig)* il a une lourde responsabilité
VT a faire *or* laisser reposer, donner du repos à ◆ **to ~ o.s.** se reposer ◆ **I am quite ~ed** je me sens tout à fait reposé ◆ **to ~ the horses** laisser reposer les chevaux ◆ **God ~ his soul!** que Dieu ait son âme !, paix à son âme !
b *(Jur)* **to ~ one's case** conclure sa plaidoirie ◆ **I ~ my case!** *(hum)* CQFD !
c *(= lean)* poser, appuyer (*on* sur ; *against* contre) ; *(fig = base) [+ suspicions]* fonder (*on* sur) ◆ **to ~ one's hand on sb's shoulder** poser la main sur l'épaule de qn ◆ **to ~ one's elbows on the table** poser les coudes sur la table ◆ **to ~ a ladder against a wall** appuyer une échelle contre un mur
COMP ▷ **rest area** N aire *f* de repos ▷ **rest camp** N *(Mil)* cantonnement *m* ▷ **rest centre** N centre *m* d'accueil ▷ **rest cure** N cure *f* de repos ▷ **rest day** N jour *m* de repos ▷ **rest home, rest house** N maison *f* de repos ▷ **resting place** N *[of the dead]* dernière demeure *f* ▷ **rest room** N *(US)* toilettes *fpl* ▷ **rest stop** N *(US Aut) (= place)* aire *f* de repos ; *(= break in journey)* pause *f (pendant un trajet en voiture ou en bus)*

► **rest up** * VI se reposer

**restart** /ˌriːˈstɑːt/ VT *[+ work, activity, race]* reprendre, recommencer ; *[+ engine]* relancer, remettre en marche ; *[+ machine]* remettre en marche VI reprendre, recommencer ; *[engine, machine]* se remettre en marche N *(of race, career)* nouveau départ *m*

**restate** /ˌriːˈsteɪt/ VT *[+ argument, reasons, commitment, objection]* répéter ; *[+ opposition, view, one's position]* réaffirmer ; *[+ demand]* redemander ; *[+ problem]* énoncer de nouveau ; *[+ theory, case]* exposer de nouveau ◆ **he continued to ~ his opposition to violence** il a continué de réaffirmer son opposition à la violence

**restatement** /ˌriːˈsteɪtmənt/ N *(gen)* répétition *f* ; *[of plan, theory]* nouvel énoncé *m* ◆ **~ of the law** *(Jur)* réexposé *m* du droit ◆ **he denied that it was simply a ~ of existing government policy** il a nié qu'il s'agisse simplement d'une réaffirmation de la politique gouvernementale existante ◆ **his remarks amount to a ~ of the party's hardline position** ses remarques ne font que réaffirmer la position dure adoptée par le parti ◆ **his speech ended with a clear ~ of the party's demands** il a terminé son discours en réitérant clairement les exigences du parti

**restaurant** /ˈrestərɔ̃ːŋ/ N restaurant *m* COMP *[food, prices]* de restaurant ▷ **restaurant car** N *(Brit Rail)* wagon-restaurant *m*

**restaurateur** /ˌrestərəˈtɜːʳ/ N restaurateur *m*, -trice *f*

**restful** /ˈrestfʊl/ ADJ *[sleep]* (paisible et) réparateur (-trice *f*) ; *[atmosphere, lighting, colour, holiday]* reposant ; *[place]* paisible, tranquille ◆ **he's a very ~ person** c'est quelqu'un avec qui on se sent détendu

**restfully** /ˈrestfəlɪ/ ADV *[sleep]* paisiblement, tranquillement

**restitution** /ˌrestɪˈtjuːʃən/ N a *(NonC)* restitution *f* ◆ **to make ~ of sth** restituer qch ◆ **~ of conjugal rights** *(Jur)* ordre *m* de réintégration du domicile conjugal b *(= reparation)* réparation *f*

**restive** /ˈrestɪv/ ADJ a *(= restless) [horse]* rétif ; *[person]* agité ◆ **to grow ~** *[horse]* devenir rétif ; *[person]* s'agiter **b** *(= discontented) [group, crew]* agité, indocile ◆ **to grow ~** s'agiter, devenir difficile à contrôler

**restiveness** /ˈrestɪvnɪs/ **N** agitation *f* ; *[of horse]* rétivité *f*, nature *f* rétive

**restless** /ˈrestlɪs/ **ADJ** **a** *(= unsettled, fidgety) [person, mind, attitude]* agité ; *[child]* agité, remuant ; *[curiosity]* insatiable ◆ **to grow ~** *[person]* s'agiter ◆ **to be ~ (in one's sleep)** avoir un sommeil agité ◆ **to have** *or* **spend a ~ night** avoir une nuit agitée **b** *(= discontented) [group]* agité, indocile ◆ **to get** *or* **grow** *or* **become ~** s'agiter, devenir difficile à contrôler ◆ **the natives are ~** *(hum)* il y a de l'orage dans l'air, il y a de l'eau dans le gaz **c** *(liter = moving) [wind]* impétueux *(liter)* ; *[sea]* agité **COMP** ▷ **restless spirit N** *(lit, fig)* âme *f* errante

**restlessly** /ˈrestlɪslɪ/ **ADV** avec agitation, nerveusement ◆ **to walk ~ up and down** faire nerveusement les cent pas, tourner comme un lion *or* un ours en cage

**restlessness** /ˈrestlɪsnɪs/ **N** *[of person]* agitation *f* ; *[of manner]* agitation *f*, nervosité *f* ; *[of crowd]* impatience *f*

**restock** /ˌriːˈstɒk/ **VT** *[+ shop]* réapprovisionner ; *[+ freezer, shelves]* remplir ses étagères ; *[+ pond, river]* repeupler, empoissonner

**restoration** /ˌrestəˈreɪʃən/ **N** **a** *(NonC = return)* rétablissement *m* ; *(Jur) [of property]* restitution *f* ◆ **the Restoration** *(Brit Hist)* la Restauration *(de la monarchie en 1660)* ◆ **the ~ of diplomatic relations** le rétablissement des relations diplomatiques ◆ **I owe the ~ of my hearing to this new technique** j'ai retrouvé l'audition grâce à cette nouvelle technique **b** *[of text]* rétablissement *m* ; *[of monument, work of art]* restauration *f* **COMP** ▷ **Restoration comedy N** *(Brit Theat)* théâtre *m* de la Restauration anglaise

**restorative** /rɪˈstɔːrətɪv/ **ADJ, N** fortifiant *m*, reconstituant *m*

**restore** /rɪˈstɔːʳ/ **VT** **a** *(= give or bring back) [+ sth lost, borrowed, stolen]* rendre, restituer (*to* à) ; *[+ sb's sight etc]* rendre ; *(Jur) [+ rights, law etc]* rétablir ; *[+ confidence]* redonner (*to sb* à qn ; *in* dans) ; *[+ order, calm]* rétablir ◆ **to ~ sb's health** rétablir la santé de qn, rendre la santé à qn ◆ **~d to health** rétabli, guéri ◆ **to ~ sb to life** ramener qn à la vie ◆ **the brandy ~d my strength** *or* **me** le cognac m'a redonné des forces ◆ **he was ~d to them safe and sound** il leur a été rendu sain et sauf ◆ **to ~ a monarch to the throne** restaurer un monarque ◆ **to ~ sb to power** ramener qn au pouvoir **b** *(= repair) [+ building, painting, furniture etc]* restaurer ; *[+ leather goods]* rénover ; *[+ text]* restituer, rétablir ◆ **to ~ sth to its former condition** remettre qch en état

**restorer** /rɪˈstɔːrəʳ/ **N** *(Art etc)* restaurateur *m*, -trice *f* ; → **hair**

**restrain** /rɪˈstreɪn/ **VT** **a** *(= prevent: gen)* retenir ◆ **I was going to do it but he ~ed me** j'allais le faire mais il m'a retenu *or* m'en a empêché ◆ **to ~ sb from doing sth** empêcher qn de faire qch **b** *[+ dangerous person etc] (= overcome)* maîtriser ; *(= control)* contenir **c** *(= control) [+ one's anger, feelings etc]* réprimer, refréner ◆ **please ~ yourself!** je vous en prie dominez-vous ! **d** *(= restrict) [+ trade etc]* restreindre **COMP** ▷ **restraining order N** *(Jur)* injonction *f* de ne pas faire, ordonnance *f* restrictive

**restrained** /rɪˈstreɪnd/ **ADJ** *[person]* maître (maîtresse *f*) de soi ; *[tone, manner, response, reaction, performance, speech]* mesuré ; *[emotion]* contenu ; *[style, décor]* sobre ◆ **he was very ~ when he heard the news** quand il a appris la nouvelle, il est resté très maître de lui

**restraint** /rɪˈstreɪnt/ **N** **a** *(= restriction)* limitation *f* (*on sth* de qch), contrainte *f* ◆ **without ~** sans contrainte

**b** *(NonC = limiting)* frein *m*, contrôle *m* ◆ **price ~** contrôle *m* des prix ◆ **fiscal ~** contrôle *m* de la fiscalité ; → **wage**

**c** *(NonC = moderation) [of person, behaviour]* modération *f*, mesure *f* ; *[of style, speech]* retenue *f*, mesure *f* ◆ **his ~ was admirable** il se maîtrisait admirablement ◆ **sexual ~** modération *f* sexuelle ◆ **to exercise** *or* **show ~** faire preuve de modération *or* de retenue ◆ **to show a lack of ~** manquer de retenue ◆ **with/without ~** *[say]* avec/sans retenue ; *[act]* avec/sans retenue *or* modération ; → **self**

**d** *(= restraining device) (in prison, hospital)* entrave *f* ◆ **to be in ~s** être entravé *or* attaché ◆ **to put sb in ~s** *or (frm)* **under ~** entraver qn, attacher qn

**e** *(= safety device: in car etc) dispositif de sécurité, par exemple ceinture de sécurité, siège pour bébé* ◆ **head ~** appuie-tête *m*

**COMP** ▷ **restraint of trade N** *(Jur, Fin)* atteinte *f or* entraves *fpl* à la liberté du commerce

**restrict** /rɪˈstrɪkt/ **VT** restreindre, limiter (*to* à) ◆ **visiting is ~ed to one hour per day** les visites sont limitées à une heure par jour ◆ **to ~ sb's authority/freedom** restreindre *or* limiter l'autorité/la liberté de qn ◆ **access ~ed to members of staff** accès réservé au personnel, accès interdit aux personnes étrangères à l'établissement

**restricted** /rɪˈstrɪktɪd/ **ADJ** **a** *(= limited) [visibility]* réduit ; *[number, choice, group, circulation]* restreint, limité ; *[space, range, viewpoint, horizon]* restreint ; *[access] (= partial)* limité ; *(= forbidden to some people)* réservé ◆ **on a ~ diet** au régime **b** *(= hindered)* ◆ **to feel ~** *[person] (physically)* se sentir à l'étroit ; *(by clothes)* se sentir engoncé ; *(mentally)* avoir l'impression d'étouffer **c** *(= classified) [document, information]* confidentiel **COMP** ▷ **restricted area N** *(Admin, Mil = prohibited)* zone *f* interdite ; *(Brit Aut)* zone *f* à vitesse limitée ◆ **within a ~ area** *(= delimited)* dans une zone restreinte *or* limitée ▷ **restricted code N** *(Ling)* code *m* restreint

**restriction** /rɪˈstrɪkʃən/ **N** restriction *f*, limitation *f* ◆ **to place ~s on ...** imposer des restrictions à ... ◆ **speed ~** *(Aut)* limitation *f* de vitesse ◆ **price ~** *(Comm)* contrôle *m* de prix

**restrictive** /rɪˈstrɪktɪv/ **ADJ** **a** *(= limiting) [measures]* de restriction ; *[law, policy]* restrictif ; *[environment]* étouffant **b** *(= tight) [clothing]* qui gêne le mouvement **COMP** ▷ **restrictive clause N** *(Gram)* proposition *f* déterminative ▷ **restrictive practices NPL** *(Brit) (by trade unions)* pratiques *fpl* syndicales restrictives ; *(by manufacturers)* atteintes *fpl* à la libre concurrence ▷ **restrictive relative clause N** proposition *f* déterminative

**re-string** /ˌriːˈstrɪŋ/ (pret, ptp **re-strung** /ˌriːˈstrʌŋ/) **VT** *[+ pearls, necklace]* renfiler ; *(Mus) [+ violin]* remplacer les cordes de ; *(Sport) [+ racket]* recorder ; *[+ bow]* remplacer la corde de, remettre une corde à

**restructure** /ˌriːˈstrʌktʃəʳ/ **VT** restructurer **VI** se restructurer

**restructuring** /ˌriːˈstrʌktʃərɪŋ/ **N** restructuration *f*

**restyle** /ˌriːˈstaɪl/ **VT** *[+ product]* donner un nouveau look * à ◆ **to have one's hair ~d** changer de coiffure ◆ **to ~ sb's hair** changer la coiffure de qn

**result** /rɪˈzʌlt/ LANGUAGE IN USE 17, 26.3 **N** résultat *m* ◆ **to demand ~s** exiger des résultats ◆ **to get ~s** *[person]* obtenir de bons résultats ; *[action]* donner de bons résultats, aboutir ◆ **to get a ~** * *(Brit)* arriver à quelque chose * ◆ **as a ~ he failed** en conséquence il a échoué, résultat : il a échoué * ◆ **to be the ~ of sth** être la conséquence de qch, être dû à qch, résulter de qch ◆ **as a ~ of** *(gen)* à la suite de ; *(= directly because of: esp Admin)* par suite de ◆ **he died as a ~ of his injuries** il est décédé des suites de ses blessures ◆ **without ~** sans résultat *m* **VI** résulter (*from* de) ◆ **it ~s that ...** il s'ensuit que ...

► **result in VT FUS** *[+ higher/lower level, increased efficiency, changes, loss]* entraîner, conduire à ; *[+ damage, injury, death]* occasionner ; *[+ failure]* se solder par

**resultant** /rɪˈzʌltənt/ **ADJ** ◆ **victims of the war and the ~ famine** les victimes de la guerre et de la famine qui en a résulté *or* qui s'est ensuivie **N** *(Math)* résultante *f*

**resume** /rɪˈzjuːm/ **VT** *(= restart etc) [+ tale, account]* reprendre ; *[+ activity, discussions]* reprendre, recommencer ; *[+ relations]* renouer ◆ **to ~ work** reprendre le travail, se remettre au travail ◆ **to ~ one's journey** reprendre la route, continuer son voyage ◆ **I ~d digging the garden** je me suis remis à bêcher le jardin ◆ **"well" he ~d** "eh bien" reprit-il ◆ **to ~ one's seat** *(frm)* se rasseoir ◆ **to ~ possession of sth** *(frm)* reprendre possession de qch **VI** *[classes, work etc]* reprendre, recommencer

> ⚠ **résumer** *means 'to sum up', not* **to resume**.

**résumé** /ˈreɪzjuːmeɪ/ **N** résumé *m* ; *(US)* curriculum vitæ *m inv*

**resumption** /rɪˈzʌmpʃən/ **N** reprise *f* ; *[of diplomatic relations]* rétablissement *m*

**resurface** /ˌriːˈsɜːfɪs/ **VT** *[+ road]* refaire la surface de **VI** *[diver, submarine]* remonter à la *or* en surface, faire surface ; *(fig = reappear)* refaire surface ◆ **she ~d * after a year of mourning** elle a recommencé à sortir après un an de deuil

**resurgence** /rɪˈsɜːdʒəns/ **N** *(gen)* résurgence *f* ; *(Econ)* reprise *f*

**resurgent** /rɪˈsɜːdʒənt/ **ADJ** *[nationalism, fundamentalism]* renaissant, qui connaît un nouvel essor ; *(Econ) [spending]* en nette augmentation

**resurrect** /ˌrezəˈrekt/ **VT** *(Rel)* ressusciter ; *(fig) [+ fashion, ideas]* ressortir du placard ; *[+ career, debate]* reprendre ; *( * hum) [+ dress, chair etc]* remettre en service

**resurrection** /ˌrezəˈrekʃən/ **N** *(Rel, fig)* résurrection *f*

**resus** *, **Resus** * /ˈriːsʌs/ **N** abbrev of **resuscitation room** → **resuscitation**

**resuscitate** /rɪˈsʌsɪteɪt/ **VT** *(gen)* faire revivre ; *(Med)* réanimer

> ⚠ **ressusciter** *means 'to bring back to life', not* **to resuscitate**.

**resuscitation** /rɪˌsʌsɪˈteɪʃən/ **N** réanimation *f* **COMP** ▷ **resuscitation room N** salle *f* de réanimation

**resuscitator** /rɪˈsʌsɪteɪtəʳ/ **N** *(Med)* réanimateur *m*

**retail** /ˈriːteɪl/ **N** (vente *f* au) détail *m* **VT** vendre au détail ; *(fig) [+ gossip]* colporter, répandre **VI** *[goods]* se vendre (au détail) (*at* à) **ADV** ◆ **to buy/sell ~** acheter/vendre au détail **COMP** ▷ **retail banking N** *(Fin) opérations bancaires portant sur les comptes personnels* ▷ **retail business N** commerce *m* de détail ▷ **retail dealer N** détaillant(e) *m(f)* ▷ **retail outlet N** ◆ **they are looking for a ~ outlet for ...** ils cherchent un débouché pour ... ◆ **50 ~ outlets** 50 points *mpl* de vente

▷ **retail park** N *(Brit)* centre *m* commercial ▷ **retail price** N prix *m* de détail ◆ ~ **price index** ≈ indice *m* des prix de l'INSEE ▷ **retail shop** *(Brit)*, **retail store** *(US)* N magasin *m* de détail, détaillant *m* ▷ **retail therapy** ◆ **she indulged in a bit of ~ therapy in London** elle est allée faire un peu de shopping à Londres pour se remonter le moral ▷ **the retail trade** N *(= traders)* les détaillants *mpl* ; *(= selling)* la vente au détail

**retailer** /ˈriːteɪləʳ/ N détaillant(e) *m(f)*

**retain** /rɪˈteɪn/ VT a *(= keep)* conserver, garder ; *(= hold)* retenir, maintenir ; *[+ heat]* conserver ◆ **~ing wall** mur *m* de soutènement ◆ **to ~ control (of)** garder le contrôle (de) ◆ **~ed earnings** *(Fin)* bénéfices *mpl* non distribués b *(= remember)* garder en mémoire c *(= engage) [+ lawyer]* retenir, engager ◆ **~ing fee** ⇒ **retainer b**

**retainer** /rɪˈteɪnəʳ/ N a († , *liter = servant)* serviteur *m* b *(= fee)* acompte *m*, avance *f* sur honoraires ; *(to lawyer)* provision *f* ; *(= rent)* caution *f (versée à titre de loyer réduit par un locataire lors de son absence)* ◆ **to be on a ~** être sous contrat *(garantissant une disponibilité future)*

**retake** /ˈriːteɪk/ (vb : pret **retook**, ptp **retaken**) N a *(Cine)* nouvelle prise *f* (de vues) b *(= exam)* deuxième session *f (d'un examen)* ◆ **to fail one's (chemistry) ~s** échouer une deuxième fois à ses examens (de chimie) VT /ˌriːˈteɪk/ a reprendre ; *[+ prisoner]* reprendre, rattraper b *(Cine)* faire une nouvelle prise de c *[+ exam]* se représenter à, repasser

**retaliate** /rɪˈtælɪeɪt/ VI se venger *(against sb/sth* de qn/qch), user de représailles *(against sb* envers qn) ◆ **he ~d by breaking a window** pour se venger il a brisé une fenêtre ◆ **he ~d by pointing out that ...** il a riposté *or* rétorqué que ..., pour sa part il a fait observer que ... ◆ **to ~ (up)on sb** rendre la pareille à qn, user de représailles envers qn

**retaliation** /rɪˌtælɪˈeɪʃən/ N représailles *fpl* ◆ **in ~** par mesure de représailles ◆ **in ~ for ...** pour venger ..., pour se venger de ... ◆ **policy of ~** politique *f* de représailles

**retaliatory** /rɪˈtælɪətərɪ/ ADJ *(frm)* de représailles ◆ **~ measures** *(gen, Mil)* (mesures *fpl* de) représailles *fpl* ; *(Econ)* mesures *fpl* de rétorsion ◆ **a ~ blockade** un blocus en guise de représailles

**retard** /rɪˈtɑːd/ VT retarder N retard *m*

**retarded** /rɪˈtɑːdɪd/ ADJ (also **mentally retarded**) arriéré NPL **the retarded** (also **the mentally retarded**) les attardés *mpl* (mentaux) COMP ▷ **retarded acceleration** N *(Tech)* accélération *f* négative ▷ **retarded ignition** N *(Aut)* retard *m* à l'allumage

**retch** /retʃ/ VI avoir des haut-le-cœur N haut-le-cœur *m inv*

**retching** /ˈretʃɪŋ/ N haut-le-cœur *m inv*

**retd** abbrev of **retired**

**retell** /ˌriːˈtel/ (pret, ptp **retold**) VT raconter encore une fois

**retention** /rɪˈtenʃən/ N *(NonC) (= keeping)* maintien *m* ; *(Med)* rétention *f* ; *(= memory)* mémoire *f*

**retentive** /rɪˈtentɪv/ ADJ ◆ **a ~ memory** *or* **mind** une mémoire fidèle ; → **anal, anally**

**retentiveness** /rɪˈtentɪvnɪs/ N faculté *f* de retenir, mémoire *f*

**rethink** /ˌriːˈθɪŋk/ (pret, ptp **rethought** /ˌriːˈθɔːt/) VT repenser N /ˈriːθɪŋk/ ◆ **we'll have to have a ~** nous allons devoir y réfléchir encore un coup *

**reticence** /ˈretɪsəns/ N réticence *f*

**reticent** /ˈretɪsənt/ ADJ réservé ◆ **~ about sth** réticent à parler de qch ◆ **officials have been ~ about giving details of exactly what did happen** les responsables se sont montrés réticents *or* peu enclins à expliquer ce qui s'était passé exactement ◆ **she is very ~ about her past** elle n'aime pas parler de son passé

**reticently** /ˈretɪsəntlɪ/ ADV avec réticence, avec réserve

**reticle** /ˈretɪkl/ N *(Opt)* réticule *m*

**reticulate** /rɪˈtɪkjʊlɪt/, **reticulated** /rɪˈtɪkjʊleɪtɪd/ ADJ réticulé

**reticule** /ˈretɪkjuːl/ N a ⇒ **reticle** b *(= handbag)* réticule † *m*

**retina** /ˈretɪnə/ N (pl **retinas** *or* **retinae** /ˈretɪniː/) rétine *f*

**retinal** /ˈretɪnl/ ADJ rétinien

**retinue** /ˈretɪnjuː/ N escorte *f*

**retire** /rɪˈtaɪəʳ/ VI a *(= withdraw)* se retirer, partir ; *(Mil)* reculer, se replier ; *[jury]* se retirer ; *(Sport)* abandonner ◆ **to ~ from the room** quitter la pièce ◆ **to ~ to the lounge** se retirer au salon, passer au salon ◆ **to ~ hurt** *(Sport)* abandonner à la suite d'une blessure ◆ **to ~ into o.s.** rentrer en *or* se replier sur soi-même ◆ **to ~ from the world/from public life** se retirer du monde/de la vie publique b († *= go to bed)* (aller) se coucher c *(= give up one's work)* prendre sa retraite ◆ **to ~ from business** se retirer des affaires VT *[+ worker, employee]* mettre à la retraite ; *(Fin) [+ bond]* retirer de la circulation ◆ **to be compulsorily ~d** être mis à la retraite d'office

**retired** /rɪˈtaɪəd/ ADJ a *(= no longer working)* à la retraite ◆ **a ~ person** un(e) retraité(e) b *(= secluded) [life, spot]* retiré COMP ▷ **retired list** N *(Mil)* état *m* des mises à la retraite ▷ **retired pay** N pension *f* de retraite

**retiree** /rɪtaɪˈriː/ N *(US)* retraité(e) *m(f)*

**retirement** /rɪˈtaɪəmənt/ N a *(= stopping work)* retraite *f* ◆ **~ at 60** (mise *f* à la) retraite à 60 ans ◆ **to announce one's ~** annoncer que l'on prend sa retraite ◆ **to come out of ~** reprendre ses activités *or* une occupation *or* du service *(après avoir pris sa retraite)* ◆ **how will you spend your ~?** qu'est-ce que vous ferez quand vous aurez pris votre retraite ? ; → **early**

b *(= seclusion)* isolement *m*, solitude *f* ◆ **to live in ~** vivre retiré du monde

c *(Mil)* retraite *f*, repli *m* ; *(Sport)* abandon *m*

COMP ▷ **retirement age** N âge *m* de la retraite ▷ **retirement benefit** N prime *f or* indemnité *f* de départ en retraite ▷ **retirement community** N *(US)* communauté *f* de retraités ▷ **retirement home** N *(personal)* maison *f* pour sa retraite ; *(communal)* maison *f* de retraite ▷ **retirement pay** N retraite *f* ▷ **retirement pension** N (pension *f* de) retraite *f* ; *(Mil)* solde *f* de retraite ▷ **retirement relief** N *(Brit) exonération, dont bénéficient les retraités, sur les plus-values en capital* ; see also **pension**

**retiring** /rɪˈtaɪərɪŋ/ ADJ a *(= shy) [person]* réservé b *(= outgoing) [chairman, president]* sortant c *(= taking retirement)* qui part en retraite d ◆ **~ room** cabinet *m* particulier COMP ▷ **retiring age** N âge *m* de la retraite

**retold** /ˌriːˈtəʊld/ VB pt, ptp of **retell**

**retook** /ˌriːˈtʊk/ VB pt of **retake**

**retool** /ˌriːˈtuːl/ VT *[+ factory]* rééquiper ; *[+ machine]* renouveler VI se rééquiper

**retort** /rɪˈtɔːt/ N a *(= answer)* réplique *f*, riposte *f* b *(Chem)* cornue *f* VT répliquer *(that* que) ◆ **"not at all" he ~ed** "pas du tout" répliqua-t-il

**retouch** /ˌriːˈtʌtʃ/ VT *(Art, Phot)* retoucher

**retrace** /rɪˈtreɪs/ VT *[+ developments etc] (= research into)* reconstituer ; *(= give account of)* retracer ◆ **to ~ one's path** *or* **steps** revenir sur ses pas, rebrousser chemin

**retract** /rɪˈtrækt/ VT a *(= withdraw) [+ offer, evidence]* retirer ; *[+ statement]* rétracter, revenir sur b *(= draw back) [+ undercarriage, aerial]* rentrer ; *[+ claws]* rentrer, rétracter ; *[+ tentacles, snail's horns]* rétracter VI a *(= withdraw statement etc)* se rétracter b *(= draw back)* se rétracter ; *[undercarriage, blade, aerial]* rentrer

**retractable** /rɪˈtræktəbl/ ADJ *[undercarriage, aerial, roof]* escamotable ; *[blade]* rentrant ; *[claws, tentacles etc]* rétractile ; *[ball-point pen]* à pointe rétractable ◆ **~ tape measure** mètre *m* ruban (à enrouleur)

**retraction** /rɪˈtrækʃən/ N *[of statement, offer]* rétractation *f* ; *[of claws etc]* rétraction *f* ; *[of undercarriage]* escamotage *m*

**retrain** /ˌriːˈtreɪn/ VT recycler VI se recycler

**retraining** /ˌriːˈtreɪnɪŋ/ N recyclage *m*

**retransmit** /ˌriːtrænzˈmɪt/ VT réexpédier ; *(Phys, Rad, TV)* retransmettre

**retread** /ˌriːˈtred/ VT *[+ tyre]* rechaper N /ˈriːtred/ a *(= tyre)* pneu *m* rechapé b *(fig)* nouvelle mouture *f*

**retreat** /rɪˈtriːt/ N a *(also Mil)* retraite *f* ◆ **the army is in ~** l'armée bat en retraite ◆ **to sound the ~** battre la retraite ◆ **to make** *or* **beat a hasty ~** battre en retraite b *(St Ex: or currency)* repli *m* ◆ **the pound went into ~** la livre a cédé du terrain c *(= place: also Rel)* retraite *f* ◆ **to go on a ~** faire une retraite ◆ **a country ~** un endroit (*or* une maison etc) tranquille à la campagne VI *(Mil)* battre en retraite ; *(= withdraw)* se retirer *(from* de) ; *[flood, glacier]* reculer ; *[chin, forehead]* être fuyant ◆ **to ~ within o.s.** se replier sur soi-même ◆ **~ing** *[army, troops]* en retraite ◆ **to ~ from** *(fig) [+ promise, belief etc]* abandonner, se défaire de VT *(Chess)* ramener

**retrench** /rɪˈtrentʃ/ VI réduire ses dépenses VT restreindre, réduire

**retrenchment** /rɪˈtrentʃmənt/ N a *(= cutting back)* réduction *f* (des dépenses) b *(Mil)* retranchement *m*

**retrial** /ˌriːˈtraɪəl/ N *(Jur)* révision *f* de procès

**retribution** /ˌretrɪˈbjuːʃən/ N châtiment *m*

> ⚠ *The French word* **rétribution** *means 'payment', not* **retribution**.

**retributive** /rɪˈtrɪbjʊtɪv/ ADJ *(frm)* punitif

**retrievable** /rɪˈtriːvəbl/ ADJ *[object, material]* récupérable ; *[money]* recouvrable ; *[error, loss]* réparable ; *(Comput)* accessible

**retrieval** /rɪˈtriːvəl/ N a *(Comput)* extraction *f* ◆ **data ~** extraction *f* de données ; see also **information** b *(= recovery) [of object]* récupération *f* ; *[of money]* recouvrement *m* ; *[of memories]* rappel *m*

**retrieve** /rɪˈtriːv/ VT *(= recover) [+ object]* récupérer *(from* de) ; *[dog]* rapporter ; *(Fin)* recouvrer ; *(Comput)* retrouver ; *[+ information]* rechercher et extraire ; *[+ fortune, honour, position]* rétablir ; *(= set to rights) [+ error]* réparer ; *[+ situation]* redresser, sauver ; *(= rescue)* sauver, tirer *(from* de) ◆ **we shall ~ nothing from this disaster** *(lit, fig)* nous ne sauverons *or* récupérerons rien de ce désastre VI *[dog]* rapporter

**retriever** /rɪˈtriːvəʳ/ N retriever *m*, chien *m* d'arrêt

**retro** /ˈretrəʊ/ ADJ *[fashion, music]* rétro *inv*

**retro...** /ˈretrəʊ/ PREF rétro...

**retroactive** /ˌretrəʊˈæktɪv/ ADJ *(frm) [pay rise, legislation]* rétroactif ◆ **~ to 1 October** avec effet rétroactif au 1er octobre ◆ ~ **payment** *(on salary)* rappel *m*

**retroactively** /ˌretrəʊˈæktɪvlɪ/ ADV rétroactivement

**retroengine** /ˈretrəʊˌendʒɪn/ N rétrofusée *f*

**retrofit** /ˈretrəʊfɪt/ VT *(Tech) [+ machine, system]* modifier les équipements de ; *[+ building]* mettre aux normes

**retroflex(ed)** /ˈretrəʊfleks(t)/ ADJ *(Ling)* apical, rétroflexe

**retroflexion** /ˌretrəʊˈflekʃən/ N *(Med)* rétroflexion *f*

**retrograde** /ˈretrəʊgreɪd/ ADJ *(also Astron)* rétrograde VI rétrograder

**retrogress** /ˌretrəʊˈgres/ VI rétrograder

**retrogression** /ˌretrəʊˈgreʃən/ N régression *f*

**retrogressive** /ˌretrəʊˈgresɪv/ ADJ rétrograde ; *(Bio)* régressif

**retropack** /ˈretrəʊpæk/ N système *m* de rétrofusées

**retrorocket** /ˈretrəʊˌrɒkɪt/ N rétrofusée *f*

**retrospect** /ˈretrəʊspekt/ N examen *m* or coup *m* d'œil rétrospectif ◆ **in** ~ rétrospectivement

**retrospection** /ˌretrəʊˈspekʃən/ N examen *m* rétrospectif

**retrospective** /ˌretrəʊˈspektɪv/ ADJ *[survey, emotion]* rétrospectif ; *[pay rise, effect, legislation]* rétroactif ◆ ~ **exhibition** *(Art)* rétrospective *f* N *(Art)* rétrospective *f*

**retrospectively** /ˌretrəʊˈspektɪvlɪ/ ADV *(gen)* rétrospectivement ; *(Admin, Jur)* rétroactivement

**retrovirus** /ˈretrəʊˌvaɪərəs/ N rétrovirus *m*

**retry** /ˌriːˈtraɪ/ VT *(Jur)* juger de nouveau

**retune** /ˌriːˈtjuːn/ VI *(Rad) (= adjust tuning)* rajuster le réglage ; *(= change station/frequency)* changer de station/fréquence ◆ **to** ~ **to FM** passer sur FM VT *[+ musical instrument]* réaccorder ; *[+ engine]* modifier le réglage de ; *(Rad) [+ set]* régler N /ˈriːtjuːn/ *[of engine]* révision *f*

**return** /rɪˈtɜːn/ VI *[person, vehicle etc] (= come back)* revenir ; *(= go back)* retourner ; *[property]* retourner, revenir (*to* à) ; *[symptoms, doubts, fears]* réapparaître ◆ **to** ~ **home** rentrer ◆ **have they ~ed?** sont-ils revenus *or* rentrés ? ◆ **his good spirits ~ed** sa bonne humeur est revenue ◆ **to** ~ **to one's work** se remettre à *or* reprendre son travail ◆ **to** ~ **to school** rentrer (en classe) ◆ **to** ~ **to a subject/an idea** revenir à un sujet/une idée ◆ **to** ~ **to what we were talking about, he ...** pour en revenir à la question, il ... ◆ **to** ~ **to one's bad habits** reprendre ses mauvaises habitudes

VT a *(= give back) (gen)* rendre ; *[+ sth borrowed, stolen, lost]* rendre, restituer ; *(= bring back)* rapporter ; *[+ goods to shop]* rendre, rapporter ; *(= put back)* remettre ; *(= send back)* renvoyer, retourner ; *[+ ball, sound, light]* renvoyer ; *[+ compliment, salute, blow, visit]* rendre ; *[+ sb's love]* répondre à ◆ **to** ~ **money to sb** rembourser qn ◆ **he ~ed the $5 to him** il lui a remboursé les 5 dollars, il l'a remboursé des 5 dollars ◆ **to** ~ **a book to the library** rapporter *or* rendre un livre à la bibliothèque ◆ **to** ~ **a book to the shelf** remettre un livre sur le rayon ◆ **he ~ed it to his pocket** il l'a remis dans sa poche ◆ **to** ~ **a call** rappeler ◆ **"return to sender"** *(on letter)* "retour à l'envoyeur" ◆ **to** ~ **thanks** *(liter)* rendre grâce, remercier ◆ **to** ~ **the favour** renvoyer l'ascenseur * *(fig)*, rendre la pareille ◆ **to** ~ **sb's favour** rendre service à qn (en retour) ◆ **I hope to** ~ **your kindness** j'espère pouvoir vous rendre service en retour ◆ **his love was not ~ed** elle n'a pas répondu à son amour ◆ **to** ~ **good for evil** rendre le bien pour le mal ◆ **to** ~ **like for like** rendre la pareille ◆ **to** ~ **hearts** *(Bridge)* rejouer du cœur, renvoyer cœur ◆ **to** ~ **the ball** *(Tennis etc)* renvoyer la balle ◆ **backhand well ~ed by ...** revers bien repris par ... ; → **fire**

b *(= reply)* répondre, répliquer

c *(= declare) [+ income, details]* déclarer ◆ **to** ~ **a verdict** *(Jur)* rendre *or* prononcer un verdict ◆ **to** ~ **a verdict of guilty on sb** déclarer qn coupable ◆ **to** ~ **a verdict of murder** conclure au meurtre

d *(Fin) [+ profit, income]* rapporter, donner

e *(Parl) [+ candidate]* élire ◆ **he was ~ed by an overwhelming majority** il a été élu à *or* avec une très forte majorité

N a *(= coming, going back) [of person, illness, seasons]* retour *m* ◆ **on my** ~ à mon retour ◆ **my** ~ **home** mon retour ◆ **after their** ~ **to school** après la rentrée (des classes) ◆ **by** ~ **of post** par retour du courrier ◆ **a** ~ **to one's old habits** un retour à ses vieilles habitudes ◆ **many happy ~s (of the day)!** bon anniversaire ! ; → **point**

b *(= giving back)* retour *m* ; *(= sending back)* renvoi *m* ; *(= putting back)* remise *f* en place ; *[of sth lost, stolen, borrowed]* restitution *f* ; *[of money]* remboursement *m* ; → **sale**

c (*Brit:* also **return ticket**) aller et retour *m*, aller-retour *m* ◆ **two ~s to London** deux allers et retours pour Londres, deux allers-retours pour Londres

d *(= recompense)* récompense *f* (*for* de) ; *(from land, business, mine)* rendement *m*, rapport *m* ; *(from investments, shares)* rapport *m* ◆ **~s** *(= profits)* bénéfice *m*, profit *m* ; *(= receipts)* rentrées *fpl*, recettes *fpl* ◆ **small profits and quick ~s** de bas prix et un gros chiffre d'affaires ◆ ~ **on capital** *(Fin)* rapport *m* de capital ◆ ~ **on investments** rentabilité *f* des investissements ◆ **to get a poor** ~ **for one's kindness** être mal récompensé *or* mal payé de sa gentillesse

◆ **in return** en retour ◆ **they want something in** ~ ils veulent quelque chose en retour ◆ **in** ~ **for** en récompense de, en échange de

e *(= act of declaring) [of verdict]* déclaration *f* ; *[of election results]* proclamation *f* ; *(= report)* rapport *m*, relevé *m* ; *(= statistics)* statistique *f* ◆ **official ~s** statistiques *fpl* officielles ◆ **the population ~s show that ...** le recensement montre que ... ◆ **the election ~s** les résultats *mpl* de l'élection ◆ **tax** ~ (feuille *f* de) déclaration *f* de revenus *or* d'impôts

f *(Parl) [of candidate]* élection *f*

g *(Sport)* riposte *f* ; *(Tennis)* retour *m* ◆ ~ **of service** retour *m* de service

h *(Comput etc)* ~ **(key)** (touche *f*) "retour"

COMP ▷ **return fare** N *(Brit)* (prix *m*) aller-retour *m*, aller et retour *m* ▷ **return flight** N *(Brit) (= journey back)* vol *m* (de) retour ; *(= two-way journey)* vol *m* aller-retour ▷ **return half** N *[of ticket]* coupon *m* de retour ▷ **returning officer** N *(Pol)* président *m* du bureau de vote ▷ **return item** N *(Fin)* impayé *m* ▷ **return journey** N *(Brit)* (voyage *m or* trajet *m* de) retour *m* ▷ **return match** N *(Brit)* revanche *f*, match *m* retour ▷ **return stroke** N *(Tech)* mouvement *m* de retour ▷ **return ticket** N *(Brit)* (billet *m* d')aller (et) retour *m* ▷ **return visit** N → **return visit**

**returnable** /rɪˈtɜːnəbl/ ADJ *[bottle, container]* consigné ◆ ~ **deposit** caution *f*

**returnee** /rɪˌtɜːˈniː/ N *(Pol) personne qui retourne dans son pays après une longue absence*

**returner** /rɪˈtɜːnə^r/ N *(Ind) femme qui reprend le travail après avoir élevé ses enfants*

**return visit** /rɪˈtɜːnˈvɪzɪt/ N a *(= repeat visit)* deuxième *or* nouvelle visite *f* ; *(for check-up)* visite *f* de contrôle ◆ **to make** *or* **pay a** ~ *(= go back)* retourner ; *(= come back)* revenir ◆ **in 1979, the Pope made his first** ~ **to Poland** en 1979, le pape est retourné (*or* revenu) pour la première fois en Pologne ◆ **towards the end of his career he made a nostalgic** ~ **to Germany** vers la fin de sa carrière, il est retourné (*or* revenu) en Allemagne par nostalgie

b *(= returning sb's visit: to person who has visited you)* ◆ **it is hoped that a** ~ **by our German friends can be arranged** on espère que nos amis allemands pourront nous rendre visite à leur tour ◆ **the exchange went well and Moscow was invited to send an economist on a** ~ l'échange s'est bien passé et on a invité Moscou à envoyer à son tour un économiste

**retype** /ˌriːˈtaɪp/ VT retaper (à la machine)

**reunification** /ˌriːjuːnɪfɪˈkeɪʃən/ N réunification *f* ◆ **since German** ~ depuis la réunification allemande

**reunify** /ˌriːˈjuːnɪfaɪ/ VT réunifier

**reunion** /rɪˈjuːnjən/ N réunion *f*

**Réunion** /riːˈjuːnjən/ N ◆ ~ **(Island)** (l'île *f* de) la Réunion

**reunite** /ˌriːjuːˈnaɪt/ VT réunir ◆ **they were ~d at last** ils se sont enfin retrouvés VI se réunir

**re-up** * /ˌriːˈʌp/ VI *(US Mil)* rempiler *, se réengager

**re-usable** /ˌriːˈjuːzəbl/ ADJ réutilisable

**re-use** /ˌriːˈjuːz/ VT réutiliser

**rev** /rev/ N *(Aut)* (abbrev of **revolution**) tour *m* ◆ ~ **counter** compte-tours *m inv* ◆ **4,000 ~s per minute** 4 000 tours minute VT ⇒ **rev up vt sep a** VI ⇒ **rev up vi a**

► **rev up** * VI a *[engine]* s'emballer ; *[driver]* emballer le moteur b *(= prepare)* se préparer (*for* pour) VT SEP a *[+ engine]* emballer b *(fig) [+ production]* accélérer ◆ **to be ~ved up for sth** *(= eager)* être fin prêt pour qch

**Rev.** abbrev of **Reverend**

**revaluation** /ˌriːvæljʊˈeɪʃən/ N *(Fin)* réévaluation *f*

**revalue** /ˌriːˈvæljuː/ VT *(Fin)* réévaluer

**revamp** * /ˌriːˈvæmp/ VT *[+ company, department]* réorganiser ; *[+ house, room, object]* retaper *

**revanchism** /rɪˈvæntʃɪzəm/ N revanchisme *m*

**revanchist** /rɪˈvæntʃɪst/ N, ADJ revanchiste *mf*

**Revd** abbrev of **Reverend**

**reveal** /rɪˈviːl/ VT *(gen)* révéler ; *(= make visible) [+ hidden object etc]* découvrir, laisser voir ; *(= make known)* révéler (*that* que) ; *[+ truth, facts]* révéler, faire connaître ; *[+ corruption]* révéler, mettre à jour ◆ **I cannot** ~ **to you what he said** je ne peux pas vous révéler ce qu'il a dit ◆ **to** ~ **one's identity** se faire connaître, révéler son identité ◆ **he ~ed himself as being ...** il s'est révélé comme étant ... ◆ **his condition ~ed itself as (being) psychological in origin** ses problèmes se sont avérés avoir une cause psychologique ◆ **~ed religion** religion *f* révélée

**revealing** /rɪˈviːlɪŋ/ ADJ a *(= telling) [insight, glimpse, book, comment]* révélateur (-trice *f*) b *[dress, blouse etc] (gen)* suggestif ; *(= see-through)* transparent ; *(= low-cut)* très décolleté

**revealingly** /rɪˈviːlɪŋlɪ/ ADV ◆ ~**, most of his clients are women** il est révélateur que la plupart de ses clients soient des femmes ◆ **he** ~ **remarked that he'd never read the book in question** il a eu une remarque révélatrice lorsqu'il a dit qu'il n'avait jamais lu le livre en question

**reveille** /rɪˈvælɪ/ **N** *(Mil)* réveil *m* ; → **sound¹**

**revel** /ˈrevl/ **VI** **a** *(= make merry)* s'amuser, se divertir ; *(= carouse)* faire la fête **b** *(= delight)* se délecter (*in sth* de qch) ◆ **to ~ in doing sth** se délecter à faire qch, prendre grand plaisir à faire qch **NPL** **revels** *(= entertainment)* divertissements *mpl* ; *(= carousing)* festivités *fpl*

**revelation** /ˌrevəˈleɪʃən/ **N** révélation *f* ◆ **his criminal activities were a complete ~ to me** j'ignorais tout de ses activités criminelles ◆ **(the Book of) Revelation** *(Rel)* l'Apocalypse *f*

**revelatory** /ˌrevəˈleɪtərɪ/ **ADJ** révélateur (-trice *f*) ; → **self**

**reveller, reveler** *(US)* /ˈrevləʳ/ **N** fêtard *m*, joyeux convive *m* ◆ **the ~s** les gens *mpl* de la fête, les fêtards *mpl*

**revelry** /ˈrevlrɪ/ **N** *(NonC)* festivités *fpl*

**revenge** /rɪˈvendʒ/ **N** *(lit)* vengeance *f* ; *(fig, Sport etc)* revanche *f* ◆ **to take ~ on sb for sth** se venger de qch sur qn ◆ **to get one's ~** se venger ◆ **to do sth out of** *or* **in ~** faire qch par vengeance ◆ **in ~ he killed him** pour se venger il l'a tué **VT** *[+ insult, murder]* venger ◆ **to ~ o.s., to be ~d** *(gen)* se venger (*on sb* de qn ; *on sb for sth* de qch sur qn) ; *(in sport competition etc)* prendre sa revanche (*on sb* sur qn ; *for sth* de qch)

**revengeful** /rɪˈvendʒfʊl/ **ADJ** *[person]* vindicatif ; *[act]* vengeur (-geresse *f*)

**revengefully** /rɪˈvendʒfəlɪ/ **ADV** vindicativement

**revenger** /rɪˈvendʒəʳ/ **N** vengeur *m*, -geresse *f*

**revenue** /ˈrevənjuː/ **N** *[of state]* recettes *fpl* ; *[of individual]* revenu *m* ; → **inland** **COMP** ▷ **revenue man** † **N** (pl **revenue men**) douanier *m* ▷ **revenue officer** **N** agent *m* *or* employé(e) *m(f)* des douanes ▷ **revenue sharing** **N** *(US Econ) redistribution d'une partie des impôts fédéraux aux autorités locales* ▷ **revenue stamp** **N** timbre *m* fiscal

**reverb** * /rɪˈvɜːb/ **N** *(NonC = effect)* écho *m*

**reverberate** /rɪˈvɜːbəreɪt/ **VI** *[sound]* retentir, résonner, se répercuter ; *[room]* résonner (*with* de) ; *(fig) [protests etc]* se propager **VT** *[+ sound]* renvoyer, répercuter ; *[+ light]* réverbérer, réfléchir ; *[+ heat]* réverbérer

**reverberation** /rɪˌvɜːbəˈreɪʃən/ **N** *[of sound]* répercussion *f* ; *[of room]* résonance *f* ; *(fig = effect)* retentissements *mpl* ◆ **to send ~s around the world** *(fig)* avoir des répercussions dans le monde entier

**reverberator** /rɪˈvɜːbəreɪtəʳ/ **N** réflecteur *m*

**revere** /rɪˈvɪəʳ/ **VT** révérer, vénérer

**revered** /rɪˈvɪəd/ **ADJ** vénéré

**reverence** /ˈrevərəns/ **N** **a** *(= respect)* vénération *f* ◆ **to have ~ for sb, to hold sb in ~** révérer qn ◆ **to show** *or* **pay ~ to** rendre hommage à **b** ◆ **your Reverence** ≃ mon (révérend) père **VT** révérer

**reverend** /ˈrevərənd/ **ADJ** **a** *(Rel) (Anglican)* ◆ **the ~ gentleman** le révérend ◆ **the Reverend (Robert) Martin** *(in titles, Anglican)* le révérend (Robert) Martin ; *(Nonconformist)* le pasteur (Robert) Martin ◆ **yes, Reverend** * *(Anglican, Nonconformist)* oui, mon révérend ◆ **the Most Reverend** le Révérendissime ◆ **the Very** *or* **Right Reverend Robert Martin** *(Anglican)* le très révérend Robert Martin ◆ **Reverend Mother** révérende mère *f* **b** *(† = venerable)* vénérable **N** *(*: Protestant)* pasteur *m*

**reverent** /ˈrevərənt/ **ADJ** *(frm)* déférent

**reverential** /ˌrevəˈrenʃəl/ **ADJ** *(frm) [tone, attitude, respect]* révérencieux

**reverently** /ˈrevərəntlɪ/ **ADV** *(frm) [say]* révérencieusement, avec déférence ; *[speak, look at]* avec déférence

**reverie** /ˈrevərɪ/ **N** rêverie *f*

**revers** /rɪˈvɪəʳ/ **N** (pl **revers** /rɪˈvɪəz/) revers *m* *(d'un vêtement)*

**reversal** /rɪˈvɜːsəl/ **N** **a** *(= turning upside down) (also fig) [of policy, roles, trend]* renversement *m* ; *(= switching over of two objects)* interversion *f* ; *[of opinion, view etc]* revirement *m* ; *(Jur) [of judgement]* arrêt *m* d'annulation, réforme *f* **b** *(= failure)* revers *m*

**reverse** /rɪˈvɜːs/ LANGUAGE IN USE 27.6

**ADJ** *[process, situation, motion]* inverse ; *[effect]* inverse, contraire ◆ **in the ~ direction** en sens inverse ◆ **in ~ order** dans l'ordre inverse ◆ **~ side** *[of coin, medal]* revers *m* ; *[of sheet of paper]* verso *m* ; *[of cloth]* envers *m* ; *[of painting]* dos *m*

**N** **a** *(= opposite)* contraire *m* ◆ **quite the ~!** au contraire ! ◆ **it is quite the ~** c'est tout le contraire ◆ **he is the ~ of polite** il est tout sauf poli ◆ **in ~** *(fig)* dans l'ordre inverse ; see also **noun d**

**b** *(= back) [of coin, medal]* revers *m* ; *[of sheet of paper]* verso *m* ; *[of cloth]* envers *m* ; *[of painting]* dos *m*

**c** *(= setback, loss)* revers *m*, échec *m* ; *(= defeat)* revers *m*, défaite *f*

**d** *(Aut)* **in ~** en marche arrière ◆ **to put a car in ~** enclencher la marche arrière ◆ **to go into ~** *(fig) [process, one's fortunes etc]* renverser la vapeur

**VT** **a** *(= turn the other way round)* renverser, retourner ; *[+ garment]* retourner ; *[+ situation]* renverser, changer complètement ; *[+ photo, result]* inverser ◆ **to ~ the order of things** inverser l'ordre des choses ◆ **to ~ one's policy** faire volte-face *(fig)* ◆ **to ~ a procedure** procéder par ordre inverse ◆ **to ~ a decision** revenir sur une décision ◆ **to ~ a trend** renverser une tendance ◆ **to ~ the charges** *(Brit Telec)* téléphoner en PCV ◆ **to ~ the position(s) of two objects** intervertir *or* inverser deux objets

**b** *(= cause to move backwards) [+ moving belt]* renverser la direction *or* la marche de ; *[+ typewriter ribbon]* changer de sens ◆ **to ~ the engine** *(Tech)* faire machine arrière ◆ **to ~ one's car into the garage/down the hill** rentrer dans le garage/descendre la côte en marche arrière ◆ **he ~d the car into a tree** il a heurté un arbre en faisant une marche arrière ◆ **to ~ one's car across the road** faire une marche arrière en travers de la route

**c** *(Jur = annul) [+ decision, verdict]* réformer, annuler ; *[+ judgement]* réformer, déjuger ; *[+ sentence]* révoquer, casser

**VI** *(Brit) (= move backwards) [car]* faire marche arrière ; *[dancer]* renverser ◆ **to ~ into the garage/out of the driveway/down the hill** *(Aut)* rentrer dans le garage/sortir de l'allée/descendre la côte en marche arrière ◆ **to ~ into a tree** heurter un arbre en faisant une marche arrière ◆ **to ~ across the road** faire une marche arrière en travers de la route

**COMP** ▷ **reverse-charge call** **N** *(Brit Telec)* (appel *m* *or* communication *f* en) PCV *m* ▷ **reverse discrimination** **N** *(US)* discrimination *f* en faveur des minorités ▷ **reverse gear** **N** *(Aut)* marche *f* arrière ▷ **reverse racism** **N** *(US)* racisme *m* à l'envers ▷ **reverse turn** **N** *(Aut)* virage *m* en marche arrière ; *(Dancing)* renversement *m* ▷ **reversing light** **N** *(Brit Aut)* feu *m* de marche arrière, feu *m* de recul

► **reverse out** **VT FUS** *(Typ)* passer du noir au blanc

**reversibility** /rɪˌvɜːsɪˈbɪlɪtɪ/ **N** réversibilité *f*

**reversible** /rɪˈvɜːsəbl/ **ADJ** *[process, effect, operation, coat, jacket]* réversible ; *[decision]* révocable

**reversion** /rɪˈvɜːʃən/ **N** **a** *(= return to former state)* retour *m* (*to* à) ; *(Bio)* réversion *f* ◆ **~ to type** *(Bio)* réversion *f* au type primitif **b** *(Jur)* réversion *f*, droit *m* de retour **c** *(Phot)* inversion *f*

**reversionary** /rɪˈvɜːʃnərɪ/ **ADJ** **a** *(Jur)* de réversion, réversible **b** *(Bio)* atavique, régressif

**revert** /rɪˈvɜːt/ **VI** **a** *(= return)* revenir (*to* à) ; *(Jur)* revenir, retourner (*to* à) ; *[property]* faire retour (*to* à) ◆ **he has ~ed to smoking marijuana** il a recommencé à fumer de la marijuana ◆ **to ~ to the question** pour en revenir à la question ◆ **to ~ to type** *(Bio)* retourner *or* revenir au type primitif ◆ **he has ~ed to type** *(fig)* le naturel a repris le dessus **b** *(= become again)* **fields ~ing to woodland** des champs qui retournent à l'état de forêt

**review** /rɪˈvjuː/ **N** **a** *[of situation, events, the past]* examen *m*, bilan *m* ; *[of wages, prices, contracts]* révision *f* ; *(= printed etc report)* rapport *m* d'enquête ◆ **under ~** *[salaries, policy]* en cours de révision ◆ **the agreement comes up for ~** *or* **comes under ~ next year** l'accord doit être révisé l'année prochaine ◆ **I shall keep your case under ~** je suivrai votre cas de très près ◆ **he gave a ~ of recent developments in photography** il a passé en revue les progrès récents de la photographie

**b** *(Mil, Naut = inspection)* revue *f* ◆ **to hold a ~** passer une revue

**c** *(US Scol etc = revision)* révision *f*

**d** *(= critical article) [of book, film, play etc]* critique *f*, compte rendu *m* ◆ **~ copy** *[of book]* exemplaire *m* de service de presse

**e** *(= magazine)* revue *f*, périodique *m*

**VT** **a** *(= consider again) [+ the past]* passer en revue ; *[+ one's life]* passer en revue, faire le point sur ; *[+ progress]* faire le point sur ; *[+ options]* envisager ; *[+ procedures]* réviser ◆ **we shall ~ the situation next year** nous réexaminerons la situation l'année prochaine ◆ **the Supreme Court will ~ that decision** la Cour suprême réexaminera cette décision ◆ **to ~ the situation** réexaminer la situation

**b** *[+ troops]* passer en revue

**c** *(US Scol etc)* revoir, réviser

**d** *[+ book, play, film]* faire la critique de, donner *or* faire un compte rendu de

**COMP** ▷ **review board** **N** commission *f* d'évaluation ▷ **review body** **N** office *m* d'évaluation ▷ **reviewing stand** **N** tribune *f* des officiels ▷ **review panel** **N** ⇒ **review board**

**reviewer** /rɪˈvjuːəʳ/ **N** critique *mf* ◆ **book/film** *etc* **~** critique *mf* littéraire/de cinéma *etc*

**revile** /rɪˈvaɪl/ **VT** honnir *(liter)*, vilipender **VI** proférer des injures (*at, against* contre)

**revise** /rɪˈvaɪz/ **VT** **a** *(= change) [+ opinion, estimate]* réviser, modifier ◆ **to ~ sth upward(s)** réviser qch en hausse ◆ **to ~ sth downward(s)** réviser qch à la baisse **b** *(= update) [+ text, dictionary etc]* réviser ; *(= correct) [+ proof]* corriger, revoir ◆ **~d edition** édition *f* revue et corrigée ◆ **Revised Standard Version** *[of Bible] traduction anglaise de la bible de 1953* ◆ **Revised Version** *(Brit) [of Bible] traduction anglaise de la Bible de 1884* **c** *(Brit Scol)* revoir, réviser **VI** *(Brit Scol)* réviser ◆ **to ~ for exams** réviser *or* faire des révisions pour des examens ◆ **to start revising** commencer à réviser *or* (à faire) ses révisions **N** *(Typ)* (épreuve *f* de) mise *f* en pages, seconde épreuve *f*

**reviser** /rɪˈvaɪzəʳ/ **N** *[of text]* réviseur *m* ; *[of proof]* correcteur *m*, -trice *f*

**revision** /rɪˈvɪʒən/ N révision *f*

**revisionism** /rɪˈvɪʒənɪzəm/ N révisionnisme *m*

**revisionist** /rɪˈvɪʒənɪst/ ADJ, N révisionniste *mf*

**revisit** /ˌriːˈvɪzɪt/ VT a *(= study, discuss again) [+ issue]* réexaminer ; *[+ author, one's past]* revisiter ; *[+ book]* relire ; *[+ film]* revoir b *[+ place]* revisiter ; *[+ person]* retourner voir

**revitalization** /riːˌvaɪtəlaɪˈzeɪʃən/ N *[of area, industry etc]* revitalisation *f*

**revitalize** /ˌriːˈvaɪtəlaɪz/ VT *(gen)* redonner de la vitalité à, revitaliser ♦ **to ~ the economy** revitaliser l'économie

**revival** /rɪˈvaɪvəl/ N a *(= bringing back) [of custom, ceremony]* reprise *f* ; *[of interest]* renouveau *m*, regain *m* ; *[of movement]* retour *m* en force ; *(in sales)* reprise *f*, relance *f* ; *(Jur)* remise *f* en vigueur b *(Theat) [of play]* reprise *f* ; *(Rel) [of faith]* renouveau *m*, réveil *m* ♦ **~ meeting** réunion *f* pour le renouveau de la foi

**revivalism** /rɪˈvaɪvəlɪzəm/ N *(Rel)* revivalisme *m*

**revivalist** /rɪˈvaɪvəlɪst/ ADJ, N revivaliste *mf*

**revive** /rɪˈvaɪv/ VT a *[+ person] (from fainting)* ranimer ; *(from near death, esp Med)* réanimer ♦ **a glass of brandy will ~ you** un verre de cognac vous remontera *or* vous requinquera b *[+ fire, feeling, pain, memory]* ranimer, raviver ; *[+ conversation]* ranimer ; *[+ hope, interest]* faire renaître, raviver ; *[+ trade, business]* relancer, réactiver ; *[+ fashion]* remettre en vogue ; *[+ law]* remettre en vigueur ; *[+ custom, usage]* rétablir ; *[+ play]* reprendre ♦ **to ~ sb's spirits** remonter le moral à qn VI *[person]* reprendre connaissance ; *[hope, feelings]* renaître ; *[business, trade]* reprendre

**reviver** /rɪˈvaɪvəʳ/ N *(= drink)* remontant *m*

**revivify** /ˌriːˈvɪvɪfaɪ/ VT revivifier *(liter)*

**revocation** /ˌrevəˈkeɪʃən/ N *[of order, promise, edict]* révocation *f* ; *[of law, bill]* abrogation *f* ; *[of licence]* retrait *m* ; *[of decision]* annulation *f*

**revoke** /rɪˈvəʊk/ VT *[+ law]* rapporter, abroger ; *[+ order, edict]* révoquer ; *[+ promise]* revenir sur, révoquer ; *[+ decision]* revenir sur, annuler ; *[+ licence]* retirer VI *(Cards)* faire une (fausse) renonce N *(Cards)* (fausse) renonce *f*

**revolt** /rɪˈvəʊlt/ N révolte *f* ♦ **to break out in ~, to rise in ~** se révolter, se soulever ♦ **to be in ~ (against)** se révolter *or* être révolté (contre) ; → **stir**[1] VI a *(= rebel)* se révolter, se soulever (*against* contre) b *(= be disgusted)* se révolter (*at* contre), être dégoûté (*at* par) VT révolter, dégoûter ♦ **to be ~ed by sth/sb** être révolté *or* dégoûté par qch/qn

**revolting** /rɪˈvəʊltɪŋ/ ADJ a *(= repulsive, disgusting)* dégoûtant, répugnant b *(* = unpleasant) [weather, colour]* épouvantable ; *[dress]* affreux

**revoltingly** /rɪˈvəʊltɪŋlɪ/ ADV ♦ **~ dirty** d'une saleté révoltante *or* repoussante ♦ **~ ugly** d'une laideur repoussante

**revolution** /ˌrevəˈluːʃən/ N a *(= turn) [of planet]* révolution *f* ; *[of wheel]* révolution *f*, tour *m* b *(Pol etc = uprising)* révolution *f*, coup *m* d'État ; *(fig)* révolution *f* ♦ **the French Revolution** *(Hist)* la Révolution française ♦ **a ~ in farming methods** une révolution dans les méthodes d'exploitation agricole ♦ **Industrial/Agricultural Revolution** *(Hist)* Révolution *f* industrielle/agricole

**revolutionary** /ˌrevəˈluːʃnərɪ/ ADJ, N *(lit, fig)* révolutionnaire *mf*

**revolutionize** /ˌrevəˈluːʃənaɪz/ VT révolutionner, transformer radicalement

**revolve** /rɪˈvɒlv/ VT *(lit)* faire tourner ♦ **to ~ a problem in one's mind** tourner et retourner un problème dans son esprit VI tourner ♦ **to ~ on an axis/around the sun** tourner sur un axe/autour du soleil ♦ **the discussion ~d around two topics** la discussion tournait autour de deux sujets ♦ **everything ~s around him** tout dépend de lui

**revolver** /rɪˈvɒlvəʳ/ N revolver *m*

**revolving** /rɪˈvɒlvɪŋ/ ADJ *[chair, bookcase, stand]* pivotant ; *[stage]* tournant ; *(Astron)* en rotation, qui tourne ; *(Tech)* rotatif, à rotation ♦ **~ light** *(gen)* feu *m* tournant, feu *m* à éclats ; *(on police car etc)* gyrophare *m* COMP ▷ **revolving credit** N *(US)* crédit *m* documentaire renouvelable ▷ **revolving door** N tambour *m* ♦ **the ~ door of senior executives** *(fig)* la valse * des cadres supérieurs ♦ **the ~ door between government and the private sector** les chassés-croisés *mpl* de personnel entre le service public et le secteur privé ♦ **the ~ door of the justice system** le cercle vicieux du système judiciaire ▷ **revolving presidency** N présidence *f* tournante

**revue** /rɪˈvjuː/ N *(Theat) (satirical)* revue *f* ; *(spectacular)* revue *f*, spectacle *m* de music-hall ♦ **~ artist** artiste *mf* de music-hall

**revulsion** /rɪˈvʌlʃən/ N a *(= disgust)* écœurement *m*, répugnance *f* (*at* devant) b *(= sudden change)* revirement *m* ; *(= reaction)* réaction *f* (*against* contre)

**reward** /rɪˈwɔːd/ N récompense *f* ♦ **as a ~ for your honesty** en récompense de votre honnêteté ♦ **as (a) ~ for helping me** pour vous (*or* le *etc*) récompenser de m'avoir aidé ♦ **200 euros' ~** 200 € de récompense ♦ **to offer a ~** offrir une récompense ♦ **to reap the ~s** récolter les dividendes ♦ **high financial ~s** des avantages financiers conséquents VT récompenser (*for* de) ; *(with money)* récompenser, rémunérer (*for* de) ♦ **"finder will be rewarded"** "récompense à qui rapportera l'objet" ♦ **to ~ sb with a smile** remercier qn d'un sourire ♦ **to ~ attention/investigation** *(fig)* mériter de l'attention/des recherches

**rewarding** /rɪˈwɔːdɪŋ/ ADJ *(financially)* rémunérateur (-trice *f*) ; *(morally)* gratifiant ; *(mentally)* enrichissant ♦ **this is a very ~ book** c'est un livre très enrichissant ♦ **a ~ film** un film enrichissant ♦ **bringing up a child is exhausting but ~** élever un enfant est une occupation exténuante mais gratifiante

**rewind** /ˌriːˈwaɪnd/ (pret, ptp **rewound**) VT *(Tex)* rebobiner, rembobiner ; *[+ film, ribbon, tape]* rembobiner ; *[+ watch]* remonter

**rewinding** /ˌriːˈwaɪndɪŋ/ N *[of film, tape, video, thread]* rembobinage *m* ; *[of clock, watch]* remontage *m*

**rewire** /ˌriːˈwaɪəʳ/ VT ♦ **to ~ a house** refaire l'installation électrique d'une maison ♦ **the house needs rewiring** l'installation électrique de la maison doit être refaite

**reword** /ˌriːˈwɜːd/ VT *[+ paragraph, question]* reformuler ; *[+ idea]* exprimer en d'autres termes

**rework** /ˌriːˈwɜːk/ VT retravailler ♦ **~ the choreography a bit** retravaillez un peu la chorégraphie ♦ **they have thoroughly ~ed the show twice** ils ont remanié le spectacle en profondeur à deux reprises ♦ **she later ~ed the idea for her first book** elle a repris l'idée en la modifiant dans son premier roman ♦ **see if you can ~ your schedule** essayez de revoir votre emploi du temps

**rewound** /ˌriːˈwaʊnd/ VB pt, ptp of **rewind**

**rewritable** /ˌriːˈraɪtəbl/ ADJ *[CD, disk]* réinscriptible, réenregistrable

**rewrite** /ˌriːˈraɪt/ (pret **rewrote**, ptp **rewritten**) VT *(gen)* récrire ; *(= rework)* remanier ; *(= copy)* recopier N * remaniement *m* COMP ▷ **rewrite rule, rewriting rule** N *(Gram)* règle *f* de réécriture

**rewriter** /ˌriːˈraɪtəʳ/ N *(US Press)* rewriter *m*, rédacteur-réviseur *m*

**rewritten** /ˌriːˈrɪtn/ VB ptp of **rewrite**

**rewrote** /ˌriːˈrəʊt/ VB pt of **rewrite**

**Reykjavik** /ˈreɪkjəviːk/ N Reykjavik

**RGN** /ˌɑːdʒiːˈen/ N (abbrev of **Registered General Nurse**) → **registered**

**Rh** N (abbrev of **rhesus**) Rh COMP ▷ **Rh factor** N facteur *m* Rhésus

**rhapsodic** /ræpˈsɒdɪk/ ADJ *(Mus) [passage, style]* r(h)apsodique ; *(fig = lyrical) [account, description, verse]* dithyrambique

**rhapsodize** /ˈræpsədaɪz/ VI s'extasier (*over, about* sur)

**rhapsody** /ˈræpsədɪ/ N *(Mus)* r(h)apsodie *f* ; *(fig)* éloge *m* dithyrambique ♦ **she went into rhapsodies over** *or* **about her trip to Florence** elle a parlé de son voyage à Florence en termes dithyrambiques ♦ **"Rhapsody in Blue"** *(Mus)* "Rhapsodie en bleu"

**rhea** /ˈriːə/ N nandou *m*

**rheme** /riːm/ N rhème *m*

**Rhenish** /ˈrenɪʃ/ ADJ *[wine]* du Rhin

**rhenium** /ˈriːnɪəm/ N rhénium *m*

**rheostat** /ˈriːəʊstæt/ N rhéostat *m*

**rhesus** /ˈriːsəs/ N rhésus *m* COMP ▷ **rhesus baby** N enfant *mf* rhésus ▷ **rhesus factor** N facteur *m* Rhésus ▷ **rhesus monkey** N (singe *m*) rhésus *m* ▷ **rhesus negative** ADJ rhésus négatif ▷ **rhesus positive** ADJ rhésus positif

**rhetic** /ˈriːtɪk/ ADJ *(Ling)* rhétique

**rhetoric** /ˈretərɪk/ N rhétorique *f* ; *(pej)* discours *m* ; *(= art)* art *m* oratoire ♦ **the general's anti-Western ~** le discours anti-occidental du général

**rhetorical** /rɪˈtɒrɪkəl/ ADJ (de) rhétorique ; *[style]* ampoulé *(pej)* ♦ **~ question** question *f* de pure forme *or* purement rhétorique ♦ **he didn't answer her question, which had been ~ in any case** il n'a pas répondu à sa question, qui était de toute façon purement rhétorique

**rhetorically** /rɪˈtɒrɪkəlɪ/ ADV *[ask]* pour la forme ; *[speak, declaim]* en orateur

**rhetorician** /ˌretəˈrɪʃən/ N rhétoricien *m*, -ienne *f*, rhéteur *m (also pej)*

**rheumatic** /ruːˈmætɪk/ N *(= person)* rhumatisant(e) *m(f)* ADJ *[pain]* rhumatismal ; *[person]* rhumatisant, qui souffre de rhumatismes ; *[hands, fingers]* plein de rhumatismes COMP ▷ **rheumatic fever** N rhumatisme *m* articulaire aigu

**rheumaticky** * /ruːˈmætɪkɪ/ ADJ *[person]* rhumatisant ; *[hands, fingers]* plein de rhumatismes ; *[pain]* rhumatismal

**rheumatics** * /ruːˈmætɪks/ NPL rhumatismes *mpl*

**rheumatism** /ˈruːmətɪzəm/ N rhumatisme *m*

**rheumatoid** /ˈruːmətɔɪd/ ADJ ♦ **~ arthritis** polyarthrite *f* chronique évolutive, rhumatisme *m* chronique polyarticulaire

**rheumatologist** /ˌruːməˈtɒlədʒɪst/ N rhumatologue *mf*

**rheumatology** /ˌruːməˈtɒlədʒɪ/ N rhumatologie *f*

**rheumy** /ˈruːmɪ/ ADJ *(liter) [eyes]* chassieux *(frm)*

**Rhine** /raɪn/ N Rhin *m*

**Rhineland** /ˈraɪnlænd/ N ♦ **the ~** la Rhénanie

**rhinestone** /ˈraɪnstəʊn/ N diamant *m* fantaisie

**rhinitis** /raɪˈnaɪtɪs/ N *(Med)* rhinite *f*

**rhino** * /ˈraɪnəʊ/ N (pl **rhino** *or* **rhinoes**) abbrev of **rhinoceros**

**rhinoceros** /raɪˈnɒsərəs/ N (pl **rhinoceros** *or* **rhinoceroses**) rhinocéros *m*

**rhizome** /ˈraɪzəʊm/ N rhizome *m*

**Rhode Island** /ˈrəʊdˈaɪlənd/ N Rhode Island *m* ◆ **in ~** dans le Rhode Island

**Rhodes** /rəʊdz/ N *(Geog)* Rhodes *f* ◆ **in ~** à Rhodes

**Rhodesia** /rəʊˈdiːʒə/ N Rhodésie *f*

**Rhodesian** /rəʊˈdiːʒən/ ADJ rhodésien N Rhodésien *m*, -ienne *f*

**rhodium** /ˈrəʊdɪəm/ N rhodium *m*

**rhododendron** /ˌrəʊdəˈdendrən/ N rhododendron *m*

**rhomb** /rɒm/ N ⇒ **rhombus**

**rhombi** /ˈrɒmbaɪ/ NPL of **rhombus**

**rhombic** /ˈrɒmbɪk/ ADJ rhombique

**rhomboid** /ˈrɒmbɔɪd/ N rhomboïde *m* ADJ rhomboïdal

**rhombus** /ˈrɒmbəs/ N (pl **rhombuses** *or* **rhombi**) losange *m*, rhombe *m*

**Rhône** /rəʊn/ N Rhône *m*

**rhubarb** /ˈruːbɑːb/ N a *(Bot, Culin)* rhubarbe *f* b *(Theat)* **"rhubarb, rhubarb, rhubarb"** ≈ brouhaha *m (mot employé pour reconstituer un murmure de fond)* c *(US* * *= quarrel)* prise *f* de bec, éclats *mpl* de voix COMP *[jam]* de rhubarbe ; *[tart]* à la rhubarbe

**rhyme** /raɪm/ N a *(= identical sound)* rime *f* ◆ **for (the sake of) the ~** pour la rime ◆ **without ~ or reason** sans rime ni raison ◆ **there seems to be neither ~ nor reason to it** cela ne rime à rien, cela n'a ni rime ni raison b *(= poetry)* vers *mpl* ; *(= a poem)* poème *m* ◆ **in ~** en vers (rimés) ◆ **to put sth into ~** mettre qch en vers ; → **nursery** VT faire rimer (*with* avec) VI a *[word]* rimer (*with* avec) b *(pej = write verse)* faire de mauvais vers, rimailler *(pej)* COMP ▷ **rhyme scheme** N agencement *m* des rimes

**rhymed** /raɪmd/ ADJ rimé

**rhymer** /ˈraɪməʳ/, **rhymester** /ˈraɪmstəʳ/ N *(pej)* rimailleur *m*, -euse *f (pej)*

**rhyming** /ˈraɪmɪŋ/ ADJ qui rime COMP ▷ **rhyming couplet** N *strophe composée de deux vers qui riment* ▷ **rhyming dictionary** N dictionnaire *m* des rimes ▷ **rhyming game** N jeu *m* de rimes ▷ **rhyming slang** N *argot des Cockneys*

> **Rhyming Slang**
>
> L'"argot rimé" est une forme d'argot utilisée par les Cockneys ; il consiste à remplacer un mot par une expression qui rime avec ce mot : par exemple, on dira "apples and pears" pour "stairs". Cette forme de langage est parfois difficile à comprendre, surtout lorsque la rime est supprimée ; ainsi, à la place de "butcher's hook" (pour "look"), les Cockneys vont simplement dire "butcher's", par exemple dans "let's take a butcher's" (jetons un coup d'œil). Certaines expressions de ce **rhyming slang** sont passées dans la langue courante et sont comprises par tous les Britanniques ; pour "use your head" (réfléchis un peu), on entendra ainsi "use your loaf", "loaf" étant une réduction de "loaf of bread" (pour "head").

**rhythm** /ˈrɪðəm/ N rythme *m* ◆ **~ and blues** *(Mus)* rhythm and blues *m* COMP ▷ **rhythm guitar** N guitare *f* rythmique ▷ **rhythm method** N *[of contraception]* méthode *f* Ogino *or* des températures ▷ **rhythm section** N *(Mus)* section *f* rythmique

**rhythmic(al)** /ˈrɪðmɪk(əl)/ ADJ *[movement, beat]* rythmique ; *[music]* rythmé, cadencé

**rhythmically** /ˈrɪðmɪkəlɪ/ ADV de façon rythmique, en rythme

**RI** /ɑːrˈaɪ/ N a (abbrev of **religious instruction**) → **religious** b abbrev of **Rhode Island**

**rib** /rɪb/ N a *(Anat, Culin)* côte *f* ◆ **true/false ~** vraie/fausse côte *f* ; → **dig, floating, poke², stick** b *[of leaf, ceiling]* nervure *f* ; *[of ship]* membre *m*, membrure *f* ; *[of shell]* strie *f* ; *[of umbrella]* baleine *f* ; *[of knitting]* côte *f* VT *(* = tease)* taquiner, mettre en boîte * COMP ▷ **rib cage** N cage *f* thoracique ▷ **rib roast** N *(Culin)* côte *f* de bœuf ▷ **rib-tickler** * N blague * *f* ▷ **rib-tickling** * ADJ tordant *

**ribald** /ˈrɪbəld/ ADJ *[comment, joke]* grivois, égrillard ; *[laughter]* égrillard

**ribaldry** /ˈrɪbəldrɪ/ N *(NonC)* grivoiserie *f* ; *(= comments)* grivoiseries *fpl*

**riband** † /ˈrɪbənd/ N ⇒ **ribbon ;** → **blue**

**ribbed** /rɪbd/ ADJ *[cotton, sweater, socks]* à côtes ; *[shell]* strié ; *[ceiling]* à nervures

**ribbing** /ˈrɪbɪŋ/ N a *(NonC: Knitting)* côtes *fpl* b *(* = teasing)* **to give sb a ~** taquiner qn ◆ **to get a ~** se faire taquiner

**ribbon** /ˈrɪbən/ N a *[of dress, hair, typewriter, decoration]* ruban *m* ◆ **velvet ~** ruban *m* de velours ; → **bunch** b ◆ **in ~s** *(= in tatters)* en lambeaux ◆ **to tear sth to ~s** *(lit)* mettre qch en lambeaux ; *(fig) [+ play etc]* éreinter qch COMP ▷ **ribbon development** N *(NonC)* croissance *f* urbaine linéaire *(le long des grands axes routiers)*

**riboflavin** /ˌraɪbəʊˈfleɪvɪn/ N riboflavine *f*

**ribonucleic** /ˈraɪbəʊnjuːˈkliːɪk/ ADJ ◆ **~ acid** acide *m* ribonucléique

**rice** /raɪs/ N riz *m* COMP ▷ **rice bowl** N *(= bowl)* bol *m* à riz ; *(= region)* région *f* rizicole ▷ **rice growing** N riziculture *f* ▷ **rice-growing** ADJ rizicole, producteur (-trice *f*) de riz ▷ **rice paper** N papier *m* de riz ▷ **rice pudding** N riz *m* au lait ▷ **rice wine** N saké *m*

**ricefield** /ˈraɪsfiːld/ N rizière *f*

**ricer** /ˈraɪsəʳ/ N *(US Culin)* presse-purée *m inv*

**rich** /rɪtʃ/ ADJ a *(gen) [person, country, variety, life, soil, food, sound, colour]* riche ; *[smell]* riche, puissant ; *[tapestries]* riche, somptueux ; *[gift, clothes, banquet]* somptueux ; *[voice]* chaud, aux tonalités riches ; *[profit]* gros (grosse *f*) ; *[wine]* généreux ◆ **~ people** les riches *mpl* ◆ **~ and famous** riche et célèbre ◆ **to grow** *or* **get ~(er)** s'enrichir ◆ **to make sb ~** enrichir qn ◆ **to get ~ quick** *(*, gen pej)* s'enrichir rapidement ; see also **get** ◆ **to be (all) the ~er for sth** gagner beaucoup à faire qch ◆ **~ in minerals/vitamins/detail/history** *etc* riche en minéraux/vitamines/détails/histoire *etc* ◆ **the sauce was too ~ for me** j'ai trouvé la sauce écœurante ◆ **for ~er, for poorer** *(in marriage service)* ≈ pour le meilleur et pour le pire ; → **Croesus, picking** b *(= unreasonable)* ◆ **that's ~ !** * c'est un peu fort !, elle est bonne, celle-là !

c *(† = funny) [humour, tale]* savoureux

N ◆ **~es** richesse(s) *f(pl)*

NPL **the rich** les riches *mpl*

COMP ▷ **rich tea biscuit** N ≈ petit-beurre *m*

**-rich** /rɪtʃ/ ADJ *(in compounds)* ◆ **calcium-/protein-rich** riche en calcium/protéines ◆ **oil-rich** *[nation, region]* riche en pétrole

**Richard** /ˈrɪtʃəd/ N Richard *m* ◆ **~ (the) Lionheart** Richard *m* Cœur de Lion

**richly** /ˈrɪtʃlɪ/ ADV *[decorated, flavoured, scented, coloured]* richement ; *[dressed]* richement, somptueusement ; *[illustrated]* abondamment ; *[deserved]* largement ; *[rewarded]* généreusement ; *[satisfying]* profondément ◆ **to be ~ endowed with courage/talent** avoir du courage/talent à revendre ◆ **~ patterned** à riches motifs ◆ **a ~ rewarding experience** une expérience extrêmement enrichissante

**richness** /ˈrɪtʃnɪs/ N *[of person, life, culture, soil, voice, food, colour]* richesse *f* ; *[of tapestries]* richesse *f*, somptuosité *f* ; *[of gift, clothes, banquet]* somptuosité *f* ◆ **~ in oil/vitamins** richesse *f* en pétrole/vitamines

**Richter** /ˈrɪxtəʳ/ N ◆ **the ~ scale** l'échelle *f* de Richter

**rick¹** /rɪk/ N *(Agr)* meule *f* (de foin *etc*)

**rick²** /rɪk/ VT, N ⇒ **wrick**

**rickets** /ˈrɪkɪts/ N *(NonC)* rachitisme *m* ◆ **to have ~** être rachitique

**rickety** /ˈrɪkɪtɪ/ ADJ *(Med)* rachitique ; *(fig) [building, fence, stairs]* branlant ; *[furniture]* bancal ; *[vehicle]* bringuebalant

**rickey** /ˈrɪkɪ/ N *(US) cocktail au citron vert*

**rickrack** /ˈrɪkræk/ N *(NonC: US)* ganse *f* en zigzag

**rickshaw** /ˈrɪkʃɔː/ N *(pulled by man)* pousse(-pousse) *m inv* ; *(pulled by bicycle etc)* rickshaw *m*

**ricky-tick** * /ˈrɪkɪtɪk/ ADJ *(US)* démodé, vieillot

**ricochet** /ˈrɪkəʃeɪ/ N ricochet *m* VI ricocher

**ricotta** /rɪˈkɒtə/ N ricotte *f*

**rictus** /ˈrɪktəs/ N (pl **rictus** *or* **rictuses**) rictus *m*

**rid** /rɪd/ (pret, ptp **rid** *or* **ridded**) VT *(of pests, disease)* débarrasser ; *(of bandits etc)* délivrer (*of* de) ◆ **to be ~ of sb/sth** être débarrassé de qn/qch

◆ **to get rid of, to rid o.s. of** *(frm) [+ spots, cold, cough, fleas, possessions, rubbish]* se débarrasser de ; *[+ habit, illusion, desire, tendency]* perdre, se défaire de ; *[+ fears, doubts]* perdre ; *[+ unwanted goods]* se débarrasser de, se défaire de ; *[+ boyfriend, girlfriend]* laisser tomber *, se débarrasser de ◆ **to get ~ of one's debts** liquider *or* régler ses dettes ◆ **the body gets ~ of waste** l'organisme élimine les déchets

**riddance** /ˈrɪdəns/ N débarras *m* ◆ **good ~ (to bad rubbish)!** * bon débarras ! *

**ridden** /ˈrɪdn/ VB ptp of **ride** ADJ ◆ **~ by** tourmenté *or* hanté par ◆ **~ by fears** hanté par la peur ◆ **~ by remorse** tourmenté par le remords

**-ridden** /ˌrɪdn/ ADJ *(in compounds)* ◆ **disease-/guilt-/remorse-ridden** accablé par la maladie/la culpabilité/le remords ◆ **angst-/fear-ridden** tourmenté par l'angoisse/la peur ; → **debt, hag**

**riddle¹** /ˈrɪdl/ N crible *m*, claie *f* VT a *[+ coal, soil etc]* cribler, passer au crible ; *[+ stove]* agiter la grille de b *[+ person, target]* cribler ◆ **~d with holes/bullets** criblé de trous/balles ◆ **the council is ~d with corruption** la corruption règne au conseil ◆ **the committee is ~d with troublemakers** le comité grouille de provocateurs

**riddle²** /ˈrɪdl/ N *(= puzzle)* énigme *f*, devinette *f* ; *(= mystery)* énigme *f*, mystère *m* ◆ **to speak** *or* **talk in ~s** parler par énigmes ◆ **to ask sb a ~** poser une devinette à qn

**ride** /raɪd/ (vb : pret **rode**, ptp **ridden**) N a *(= outing)* promenade *f*, tour *m* ; *(= distance covered)* trajet *m* ◆ **he gave the child a ~ on his back** il a promené l'enfant sur son dos ◆ **to**

**go for a ~ in a car** faire un tour en voiture ◆ **he gave me a ~ into town in his car** il m'a emmené en ville dans sa voiture ◆ **it's my first ~ in a Rolls** c'est la première fois que je me promène *or* que je roule en Rolls ◆ **we went for a ~ in a train** nous avons fait un voyage en train ◆ **can I have a ~ on your bike?** est-ce que je peux emprunter ton vélo ? ◆ **to have a ~ in a helicopter** faire un tour en hélicoptère ◆ **we got a ~ in a taxi** nous avons pris un taxi ◆ **it was the taxi ~ they liked best** c'est le tour en taxi qu'ils ont préféré ◆ **bike ~** tour *m or* promenade *f* à vélo ◆ **car ~** tour *m* en voiture ◆ **coach ~** tour *m or* excursion *f* en car ◆ **it's a short taxi ~ to the airport** ce n'est pas loin en taxi jusqu'à l'aéroport ◆ **he has a long (car/bus) ~ to work** il a un long trajet (en voiture/en autobus) jusqu'à son lieu de travail ◆ **it's only a short ~ by bus/coach/train/car/taxi** il n'y en a pas pour longtemps *or* c'est tout près en bus/en car/en train/en voiture/en taxi ◆ **it's a 60p ~ from the station** le trajet depuis la gare coûte 60 pence ◆ **three ~s on the merry-go-round** trois tours de manège ◆ **to steal a ~** voyager sans billet *or* sans payer ◆ **I just came along for the ~** *(fig)* je suis venu pour voir ◆ **to take sb for a ~** *(in car etc)* emmener qn faire un tour ; *(fig)* *(= make fool of)* faire marcher qn*, mener qn en bateau* ; *(= swindle)* rouler qn*, posséder qn* ; *(US * euph = kill)* emmener qn faire un tour ; → **joyride, Valkyrie**

**b** *(on horseback)* promenade *f or* tour *m* à cheval ; *(= long journey)* chevauchée *f* ◆ **after a hard ~ across country** après une chevauchée pénible à travers la campagne

**c** *(at fairground)* tour *m* ◆ **a ~ on the roller-coaster** un tour de montagnes russes

**d** * *(fig)* ◆ **motherhood was no easy ~** la maternité n'était pas facile à assumer ◆ **he faces a rough ~ from the media** il risque de se faire malmener par les médias ◆ **he was given a rough ~ over his remarks about the homeless** on lui a fait payer ses remarques sur les SDF ◆ **the company has not had a smooth** *or* **an easy ~ lately** tout n'a pas été rose pour l'entreprise ces derniers temps, l'entreprise a eu sa part d'ennuis ces derniers temps

**e** *(= path for horses)* allée *f* cavalière

**f** *(Horse-riding = mount)* ◆ **Castilian Queen is a difficult ~** Castilian Queen est difficile à monter

**VI** **a** *(= ride a horse)* monter à cheval, faire du cheval ◆ **can you ~?** savez-vous monter à cheval ? ◆ **she ~s a lot** elle fait beaucoup d'équitation ◆ **he has ridden since childhood** il monte à cheval *or* il fait de l'équitation depuis son enfance ◆ **she learnt to ~ on Oscar** elle a appris à monter (à cheval) sur Oscar ◆ **to go riding** faire du cheval, monter à cheval ◆ **to ~ astride/sidesaddle** monter à califourchon/en amazone ◆ **he ~s well** il est bon cavalier ◆ **the jockey was riding just under 65 kilos** (en tenue) le jockey pesait un peu moins de 65 kilos ; → **hound**

**b** *(= go on horseback/by bicycle/by motorcycle)* aller à cheval/à bicyclette/à *or* en moto ◆ **to ~ down/away** *etc* descendre/s'éloigner *etc* à cheval (*or* à bicyclette *or* à *or* en moto *etc*) ◆ **he stopped then rode on** il s'est arrêté puis a repris sa route ◆ **they had ridden all day** ils avaient passé toute la journée à cheval *or* en selle ◆ **he rode to London** il est allé à Londres à cheval (*or* à bicyclette *etc*) ◆ **he was riding on a bicycle/a camel** il était à bicyclette/à dos de chameau ◆ **the child was riding on his father's back** le père portait l'enfant sur son dos ◆ **he was riding on his mother's shoulders** sa mère le portait sur ses épaules ◆ **the witch was riding on a broomstick** la sorcière était à cheval *or* à califourchon sur un balai ◆ **they were riding on a bus/in a car/in a train** ils étaient en autobus/en voiture/en train ◆ **they rode in a bus to ...** ils sont allés en bus à ... ◆ **she ~s to work on a bike** elle va au travail à bicyclette ◆ **the seagull ~s on the wind** *(fig liter)* la mouette est portée par le vent ◆ **the moon was riding high in the sky** la lune voguait haut dans le ciel ◆ **he's riding high** *(fig)* il a le vent en poupe ◆ **he was riding high in public opinion** il avait la cote (auprès du public) ◆ **he was riding high on his latest success** tout baignait* pour lui après son dernier succès ◆ **we'll just have to let the matter** *or* **to let things ~ for a while** nous allons devoir laisser l'affaire suivre son cours *or* laisser courir* pendant un certain temps ◆ **she had to let things ~** elle a dû laisser courir* ; → **anchor, fall, roughshod, punch[1], shank**

**c** **to ~ well** *[horse]* être une bonne monture

**d** *(Tech etc)* *(= overlap)* chevaucher ; *(= work out of place)* travailler

**VT** **a** ◆ **to ~ a horse** monter à cheval ◆ **have you ever ridden a horse?** êtes-vous déjà monté à cheval ? ◆ **I have never ridden Flash** je n'ai jamais monté Flash ◆ **he rode Cass at Newmarket** il montait Cass à Newmarket ◆ **he rode Buster into town** il a pris Buster pour aller en ville, il est allé en ville sur Buster ◆ **Jason will be ridden by J. Bean** Jason sera monté par J. Bean ◆ **he rode his horse straight at me** il a dirigé son cheval droit sur moi ◆ **he rode his horse up the stairs** il a fait monter l'escalier à son cheval ◆ **he rode his horse away/back** *etc* il est parti/revenu *etc* à cheval ◆ **to ~ two horses at the same time** *(Brit fig)* courir deux lièvres à la fois ◆ **he ~s his pony to school** il va à l'école à dos de poney ◆ **have you ever ridden a donkey/camel?** êtes-vous déjà monté à dos d'âne/de chameau ? ◆ **he was riding a donkey** il était à dos d'âne ◆ **he was riding a motorbike** il était à *or* en moto ◆ **he rode his motorbike to the station** il est allé à la gare à *or* en moto ◆ **I have never ridden a bike/a motorbike** je ne suis jamais monté à vélo/à moto ◆ **can I ~ your bike?** est-ce que je peux emprunter ton vélo ? ◆ **he was riding a bicycle** il était à bicyclette ◆ **he rode his cycle into town** il est allé en ville à bicyclette ◆ **he always ~s a bicycle** il va partout à *or* il se déplace toujours à bicyclette ◆ **witches ~ broomsticks** les sorcières chevauchent des balais ◆ **she was riding a broomstick** elle était à cheval *or* à califourchon sur un balai ◆ **they had ridden 10km** ils avaient fait 10 km à cheval (*or* à bicyclette *or* à *or* en moto *etc*) ◆ **they had ridden all the way** ils avaient fait tout le trajet à cheval (*or* à bicyclette *etc*) ◆ **he rode the country looking for ...** il a parcouru le pays à la recherche de ... ◆ **to ~ sb on a rail** *(US)* expulser qn de la ville *(en l'emmenant à califourchon sur un poteau)* ◆ **the birds rode the wind** *(fig)* les oiseaux se laissaient porter par le vent ◆ **the ship rode the waves** *(liter)* le bateau voguait sur les vagues ◆ **he's riding (on) a wave of personal popularity** il jouit d'une excellente cote de popularité ; see also **ride on** ; → **herd, race[1]**

**b** *(esp US * = nag etc)* être toujours sur le dos de*, ne pas ficher la paix à* *(about* au sujet de*)* ◆ **don't ~ him too hard** ne soyez pas trop dur avec lui

► **ride about, ride around** VI se déplacer *or* faire un tour (à cheval *or* à bicyclette *or* en voiture *etc*)

► **ride behind** VI *(on same horse)* monter en croupe ; *(on motorcycle)* monter derrière *or* en croupe ; *(in car)* être assis à l'arrière ; *(different horse, motorcycle, car)* être derrière

► **ride down** VT SEP **a** *(= trample)* renverser, piétiner

**b** *(= catch up with)* rattraper

► **ride on** VT FUS dépendre de ◆ **billions of dollars are riding on the outcome of the election** de l'issue des élections dépendent des milliards de dollars ◆ **his reputation's riding on the outcome of the trial** sa réputation dépend de l'issue du procès, c'est sa réputation qui est en jeu dans ce procès

► **ride out** VI sortir (à cheval *or* à bicyclette *etc*)

VT SEP *(fig)* surmonter ◆ **to ~ out the storm** *(Naut)* étaler la tempête ; *(fig)* surmonter la crise ◆ **to ~ out a difficult time** se tirer d'une *or* surmonter une mauvaise passe ◆ **the company managed to ~ out the depression** la société a réussi à survivre à la dépression

► **ride up** VI **a** *[horseman, cyclist etc]* arriver

**b** *[skirt, trousers]* remonter ◆ **her underskirt had ridden up (a)round her hips** son jupon lui était remonté sur les hanches

**rider** /ˈraɪdəʳ/ N **a** *(= person)* *[of horse]* cavalier *m*, -ière *f* ; *[of racehorse]* jockey *m* ; *[of circus horse]* écuyer *m*, -ère *f* ; *[of bicycle]* cycliste *mf* ; *[of motorcycle]* motocycliste *mf* ◆ **a good ~** un bon cavalier, une bonne cavalière ; → **dispatch, outrider** **b** *(= addition: to document)* annexe *f* ; *(to bill)* clause *f* additionnelle ; *(to insurance policy, jury's verdict)* avenant *m* ◆ **the committee added a ~ condemning ...** la commission ajouta une clause condamnant ...

**ridesharing** /ˈraɪdʃɛərɪŋ/ N *(US)* covoiturage *m*

**ridge** /rɪdʒ/ N **a** *(= top of a line of hills or mountains)* arête *f*, crête *f* ; *(= extended top of a hill)* faîte *m* ; *(= ledge on hillside)* corniche *f* ; *(= chain of hills, mountains)* chaîne *f* ; *(in sea = reef)* récif *m* **b** *(of roof, on nose)* arête *f* ; *(on sand)* ride *f* ; *(in ploughed land)* billon *m* ; *(on cliff, rock face)* strie *f* ◆ **a ~ of high pressure** *(Met)* une ligne de hautes pressions ◆ **~ and furrow (formation)** *(Agr)* crêtes *fpl* de labours ; → **alveolar** VT *[+ roof]* enfaîter ; *[+ earth]* billonner ; *[+ rock face]* strier ; *[+ sand]* rider COMP ▷ **ridge piece, ridge pole** N poutre *f* de faîte *m*, faîtage *m* ▷ **ridge tent** N tente *f* (à toit en arête) ▷ **ridge tile** N (tuile *f*) faîtière *f*, enfaîteau *m* ▷ **ridge way** N chemin *m or* route *f* de crête

**ridicule** /ˈrɪdɪkjuːl/ N raillerie *f*, ridicule *m* ◆ **to hold sb/sth up to ~** tourner qn/qch en ridicule *or* en dérision ◆ **to lay o.s. open to ~** s'exposer aux railleries ◆ **she's an object of ~** elle est un objet de risée VT ridiculiser, tourner en ridicule *or* en dérision

**ridiculous** /rɪˈdɪkjʊləs/ ADJ ridicule ◆ **she was made to look ~** elle a été ridiculisée ◆ **to make o.s. (look) ~** se rendre ridicule, se ridiculiser ◆ **to take things to ~ extremes** pousser les choses trop loin ◆ **to go to ~ lengths** trop en faire ◆ **to go to ~ lengths to do sth** se ridiculiser à force de faire qch ; → **sublime**

**ridiculously** /rɪˈdɪkjʊləslɪ/ ADV ridiculement ◆ **~, he blamed himself for the accident** il se sentait responsable de l'accident, ce qui est ridicule

**ridiculousness** /rɪˈdɪkjʊləsnɪs/ N ridicule *m*

**riding** /ˈraɪdɪŋ/ N (also **horse-riding**) équitation *f* ; *(= horsemanship)* monte *f* COMP ▷ **riding boots** NPL bottes *fpl* de cheval ▷ **riding breeches** NPL culotte *f* de cheval ▷ **riding crop** N ⇒ **riding whip** ▷ **riding habit** N habit *m or* tenue *f* d'amazone ▷ **riding jacket** N veste *f* de cheval *or* d'équitation ▷ **riding master** N professeur *m* d'équitation ▷ **riding school** N manège *m*, école *f* d'équitation ▷ **riding stable(s)** N(PL) centre *m* d'équitation, manège *m* ▷ **riding whip** N cravache *f*

**rife** /raɪf/ ADJ ◆ **to be ~** *[disease, racism, crime, unemployment]* sévir ◆ **rumours are/speculation is ~ (that)** les rumeurs/les spéculations vont bon train (comme quoi) ◆ **corruption is ~** la corruption est monnaie courante

♦ **rife with** ◆ **a city ~ with violence** une ville en proie à la violence, une ville où sévit la violence ◆ **the whole company is ~ with corruption/jealousy** la corruption/jalousie sévit dans toute l'entreprise ◆ **the media is ~ with rumours/speculation** les rumeurs/spéculations vont bon train dans les médias

**riff** /rɪf/ N *(Mus)* riff *m*

**riffle** /ˈrɪfl/ VT (also **riffle through**) *[+ pages, papers]* feuilleter rapidement, parcourir

**riffraff** /ˈrɪfˌræf/ N racaille *f*

**rifle¹** /ˈraɪfl/ VT *[+ town]* piller ; *[+ tomb]* violer ; *[+ drawer, till]* vider ; *[+ house]* dévaliser, vider ◆ **to ~ sb's pockets** faire les poches à qn ◆ **she ~d through the papers** elle feuilletait rapidement les documents

**rifle²** /ˈraɪfl/ N *(= gun)* fusil *m* (rayé) ; *(for hunting)* carabine *f* de chasse ◆ **the Rifles** *(Mil)* ≃ les chasseurs *mpl* à pied, (le régiment de) l'infanterie *f* légère COMP ▷ **rifle butt** N crosse *f* de fusil ▷ **rifle range** N *(outdoor)* champ *m* de tir ; *(indoor)* stand *m* de tir ◆ **within ~ range** à portée de fusil ▷ **rifle shot** N coup *m* de fusil ; *(= marksman)* tireur *m* ◆ **within ~ shot** à portée de fusil

**rifleman** /ˈraɪflmən/ N (pl **-men**) fusilier *m*

**rift** /rɪft/ N a *(lit)* fissure *f* ; *(deeper)* crevasse *f* ; *(in clouds)* trouée *f* b *(fig = disagreement)* désaccord *m* ; *(Pol) (in party)* division *f* ; *(in cabinet, group)* division *f*, désaccord *m* ◆ **this caused a ~ in their friendship** ceci a causé une faille dans leur amitié ◆ **the ~ between them was widening** ils s'éloignaient de plus en plus l'un de l'autre COMP ▷ **rift valley** N *(Geol)* graben *m*

**rig** /rɪg/ N a *(Naut)* gréement *m* b (also **oil rig**) *(on land)* derrick *m* ; *(at sea:* also **floating rig**) plateforme *f* (pétrolière) flottante c (* *= outfit:* also **rig out**) tenue *f*, accoutrement *m (pej)* d *(US = tractor-trailer)* semi-remorque *m* VT a *(Naut)* gréer b *(= fix dishonestly) [+ election, competition, game]* truquer ; *[+ prices]* fixer illégalement ◆ **it was ~ged** c'était un coup monté ◆ **to ~ the market** *(St Ex)* manipuler le marché, provoquer une hausse (*or* une baisse) factice dans les cours VI *(Naut)* être gréé

► **rig out** VT SEP *(= clothe)* habiller (*with* de ; *as* en)

► **rig up** VT *[+ boat]* gréer ; *(with mast)* mâter ; *[+ equipment]* monter, installer ; *(fig) (= make hastily)* faire avec des moyens de fortune *or* avec les moyens du bord ; *(= arrange)* arranger

**rigger** /ˈrɪgəʳ/ N a *(Naut)* gréeur *m* ; *(Aviat)* monteur-régleur *m* b *(St Ex)* agioteur *m*, manipulateur *m*

**rigging** /ˈrɪgɪŋ/ N a *(Naut) (= ropes etc)* gréement *m* ; *(= action)* gréage *m* b *(US = clothes)* vêtements *mpl*, fringues‡ *fpl* c (* *= dishonest interference) [of election, competition]* truquage *m* ; *[of prices]* fixation *f* illégale ; *(St Ex)* agiotage *m* manipulation *f*

## right /raɪt/

LANGUAGE IN USE 11, 13, 26.3

| | |
|---|---|
| 1 ADJECTIVE | 4 PLURAL NOUN |
| 2 ADVERB | 5 TRANSITIVE VERB |
| 3 NOUN | 6 COMPOUNDS |

### 1 - ADJECTIVE

a [= morally good] bien *inv* ◆ **it isn't ~ to lie, lying isn't ~** ce n'est pas bien de mentir ◆ **it's not ~, leaving her like this** ce n'est pas bien de la laisser comme ça ◆ **I have always tried to do what was ~** j'ai toujours essayé de bien agir ◆ **to do what is ~ by sb** agir pour le bien de qn ◆ **you were ~ to refuse** vous avez bien fait de *or* vous avez eu raison de refuser ◆ **he thought it ~ to warn me** il a cru *or* jugé bon de m'avertir ◆ **would it be ~ to tell him?** est-ce que ce serait une bonne chose de le lui dire ? ◆ **to do the ~ thing by sb** bien agir *or* agir honorablement envers qn

♦ **only right** ◆ **it seemed only ~ to give him the money** il paraissait normal de lui donner l'argent ◆ **it is only ~ for her to go** *or* **that she should go** il n'est que juste qu'elle y aille ◆ **it is only ~ to point out that ...** il faut néanmoins signaler que ... ◆ **that's only ~ and proper!** ce n'est que justice !, c'est bien le moins ! ◆ **it's only ~ and proper that ...** il n'est que juste que ... *(+ subj)*

b [= accurate] juste, exact ◆ **that's ~** c'est juste, c'est exact ◆ **that can't be ~!** ce n'est pas possible ! ◆ **is that ~?** *(checking)* c'est bien ça ? ; *(expressing surprise)* vraiment ? ◆ **the ~ time** *(by the clock)* l'heure exacte *or* juste ; see also **adjective c** ◆ **is the clock ~?** est-ce que la pendule est à l'heure ? ◆ **my guess was ~** j'avais deviné juste

♦ **to be right** *[person]* avoir raison ◆ **you're quite ~** vous avez parfaitement raison ◆ **how ~ you are!** * je suis entièrement d'accord avec vous !, et comment ! *

♦ **to get sth right** ◆ **I got all the answers ~** j'ai répondu juste à toutes les questions ◆ **to get one's sums ~** ne pas se tromper dans ses calculs ◆ **to get one's facts ~** ne pas se tromper ◆ **let's get it ~ this time!** cette fois-ci, il s'agit de ne pas nous tromper !

♦ **to put** *or* **set right** *[+ error]* corriger, rectifier ; *[+ situation]* redresser ; *[+ clock]* remettre à l'heure ; *[+ sth broken]* réparer, remettre en état ◆ **that can easily be put ~** on peut (facilement) arranger ça ◆ **I tried to put things ~ after their quarrel** j'ai essayé d'arranger les choses après leur dispute ◆ **the plumber came and put things ~** le plombier est venu et a fait les réparations nécessaires

♦ **to put** *or* **set sb right** *(= correct)* corriger qn ; *(= disabuse)* détromper qn ; *(= cure)* guérir qn ◆ **the medicine soon put** *or* **set him ~** ce médicament l'a vite guéri ◆ **put me ~ if I'm wrong** corrigez-moi si je me trompe

c [= correct] bon *(before n)* ◆ **the ~ answer** la bonne réponse ◆ **it is just the ~ size** c'est la bonne taille ◆ **on the ~ road** *(lit)* sur le bon chemin ◆ **is this the ~ road for Lyons?** est-ce que c'est bien la route de Lyon *or* la bonne route pour Lyon ? ◆ **on the ~ road, on the ~ track** *(fig)* sur la bonne voie ◆ **to come at the ~ time** arriver au bon moment, bien tomber ◆ **to do sth at the ~ time** faire qch au bon moment ◆ **the ~ word** le mot juste ◆ **she is on the ~ side of forty** elle n'a pas encore quarante ans ◆ **to get on the ~ side of sb** * s'attirer les bonnes grâces de qn ◆ **to know the ~ people** avoir des relations ◆ **your assumption was ~** tu avais vu juste

d [= best] meilleur (-eure *f*) ◆ **what's the ~ thing to do?** quelle est la meilleure chose à faire ? ◆ **I don't know what's the ~ thing to do** je ne sais pas ce qu'il faut faire *or* ce qu'il convient de faire ◆ **we will do what is ~ for the country** nous ferons ce qui est dans l'intérêt du pays ◆ **the ~ man for the job** l'homme de la situation, l'homme qu'il nous (*or* leur *etc*) faut

e [= necessary] ◆ **I haven't got the ~ papers with me** je n'ai pas les documents nécessaires sur moi ◆ **I didn't have the ~ books for the course** je n'avais pas les livres qu'il fallait pour ce cours

f [= proper] ◆ **to do sth the ~ way** faire qch comme il faut ◆ **that is the ~ way of looking at it** c'est bien ainsi qu'il faut aborder la question ◆ **she wasn't wearing the ~ clothes** *(socially inappropriate)* elle n'avait pas la tenue requise, elle n'était pas habillée comme il fallait ◆ **if you go hiking you must wear the ~ shoes** lorsque l'on fait de la randonnée, il faut porter des chaussures adaptées

g [= in proper state] *[person]* guéri, rétabli ; *[part of body]* guéri ◆ **David's ankle is still not ~** la cheville de David n'est pas encore guérie ◆ **I don't feel quite ~ today** je ne me sens pas très bien *or* pas dans mon assiette aujourd'hui ◆ **the brakes aren't ~** les freins ne fonctionnent pas bien, il y a quelque chose qui cloche dans les freins ◆ **to be in one's ~ mind** avoir toute sa raison ◆ **he's not ~ in the head** * il déraille * ◆ **to be as ~ as rain** *(Brit: after illness)* se porter comme un charme ; → **all right**

h [= real : esp Brit *] ◆ **it's a ~ mess in there** c'est la pagaille * complète là-dedans ◆ **I felt a ~ fool** je me suis senti complètement idiot ◆ **she gave them a ~ telling off** elle les a enguirlandés * quelque chose de bien

i [agreeing, confirming etc] **~!, ~ you are!** * d'accord !, entendu ! ◆ **~ on!**‡ *(approvingly)* c'est ça ! ◆ **~, who's next?** bon, c'est à qui le tour ? ◆ **(oh) ~!** * *(= I see)* ah, d'accord ! ◆ **she was the last to leave, ~?** elle est partie la dernière, c'est bien ça ? ◆ **too ~!** et comment !

♦ **right enough** ◆ **it was him ~ enough!** c'était bien lui, aucun doute là-dessus !

j [= opposite of left] droit ◆ **~ hand** main *f* droite ◆ **on my ~ hand you see the bridge** sur ma droite vous voyez le pont ◆ **it's a case of the ~ hand not knowing what the left hand's doing** il y a un manque total de communication et de coordination ; see also **compounds** ◆ **I'd give my ~ arm to know the truth** je donnerais n'importe quoi pour connaître la vérité

### 2 - ADVERB

a [= straight, directly] droit ◆ **~ ahead of you** droit devant vous ◆ **~ in front of you** sous vos yeux ◆ **the blow hit me ~ in the face** j'ai reçu le coup en pleine figure ◆ **~ behind you** *(gen)* juste derrière vous ◆ **you'll have the wind ~ behind you** vous aurez le vent dans le dos ◆ **public opinion would be ~ behind them** ils auraient l'opinion publique pour eux ◆ **go ~ on** continuez tout droit ◆ **I'll be ~ back** je reviens tout de suite

♦ **right away** *(= immediately)* tout de suite, sur-le-champ ; *(= at the first attempt)* du premier coup

♦ **right off** * du premier coup

b [= exactly] ◆ **~ then** sur-le-champ ◆ **I had to decide ~ then** j'ai dû décider sur-le-champ ◆ **~ now** *(= at the moment)* en ce moment ; *(= at once)* tout de suite ◆ **~ here** ici même ◆ **~ in the middle** au beau milieu, en plein milieu ◆ **~ at the start** au tout début ◆ **~ from the start** dès le début c [= completely, all the way] tout ◆ ~ **round the house** tout autour de la maison ◆ **to fall ~ to the bottom** tomber tout au fond ◆ ~ **(up) against the wall** tout contre le mur ◆ ~ **at the top of the mountain** tout en haut de la montagne ◆ ~ **at the back,** ~ **at the bottom** tout au fond ◆ **pierced ~ through** transpercé *or* percé de part en part ◆ **to turn ~ round** se retourner, faire volte-face ◆ **push it ~ in** enfoncez-le complètement ◆ **he's ~ up there** *(in race)* il est en tête

d [= correctly, well] bien ◆ **you haven't put the lid on ~** tu n'as pas bien mis le couvercle ◆ **if I remember ~** si je me souviens bien ◆ **to guess ~** deviner juste ◆ **to answer ~** répondre correctement, bien répondre ◆ **you did ~ to refuse** vous avez bien fait *or* eu raison de refuser ◆ **if everything goes ~** si tout va bien ◆ **nothing goes ~ for them** rien ne leur réussit ◆ **if I get you ~** * si je vous comprends bien

e [†, dial = very] très ◆ **she's doing ~ well** elle va très bien

f [= opposite of left] à droite ◆ **to look ~** regarder à droite ◆ **the party has now moved ~ of centre** le parti se situe maintenant à la droite du centre, c'est devenu un parti de centre droit ◆ **eyes ~!** *(Mil)* tête droite ! ◆ **~ about turn!** *(Mil)* demi-tour *m* (à) droite !

◆ **right and left** *(= on every side)* ◆ **to be cheated ~ and left** se faire avoir * par tout le monde ◆ **to owe money ~ and left** devoir de l'argent à tout le monde

◆ **right, left and centre** * *(= everywhere)* partout, de tous côtés

3 - NOUN

a [= moral] bien *m* ◆ **he doesn't know ~ from wrong** il ne sait pas discerner le bien du mal ◆ **to be in the ~** avoir raison, être dans le vrai ◆ **to know the ~s and wrongs of a question** connaître les tenants et les aboutissants d'une question

b [= entitlement] droit *m* ◆ **by ~** de droit ◆ **to have a ~ to sth** avoir droit à qch ◆ **to have a** *or* **the ~ to do sth** avoir le droit de faire qch ◆ **he has no ~ to sit here** il n'a pas le droit de s'asseoir ici ◆ **what ~ have you to say that?** de quel droit dites-vous cela ? ◆ **by what ~?** de quel droit ? ◆ **he has no ~ to the money** il n'a pas droit à cet argent ◆ **he is within his ~s** il est dans son droit ◆ **I know my ~s** je connais mes droits ◆ **to stand on** *or* **assert one's ~s** faire valoir ses droits ◆ **I won't stand on my ~ to do so** je ne ferai pas valoir mon droit à le faire ◆ **women's ~s** les droits *mpl* de la femme *or* des femmes ◆ **women's ~s movement** mouvement *m* pour les droits de la femme ◆ **~ of appeal** *(Jur)* droit *m* d'appel ; see also **plural noun**

◆ **by rights** en toute justice

◆ **in one's own right** ◆ **Taiwan wants membership in its own ~** Taïwan veut adhérer indépendamment ◆ **she's a poet in her own ~** elle est elle-même poète

c [= opposite of left] droite *f* ◆ **to drive on the ~** conduire à droite ◆ **to keep to the ~** tenir la *or* sa droite, serrer à droite ◆ **on my ~** à ma droite ◆ **on** *or* **to the ~ of the church** à droite de l'église ◆ **by the ~, march!** *(Mil)* à droite, droite ! ◆ **to take a ~** *(US)* tourner à droite ◆ **the Right** *(Pol)* la droite

d [Boxing] droite *f*

4 - PLURAL NOUN

**rights**

a [Comm] droits *mpl* ◆ **manufacturing/publication ~s** droits *mpl* de fabrication/publication ◆ **TV/film ~s** droits *mpl* d'adaptation pour la télévision/le cinéma ◆ **"all rights reserved"** "tous droits réservés" ◆ **to have the (sole) ~s of** *or* **to sth** avoir les droits (exclusifs) de qch

b [= proper state] ◆ **to put** *or* **set sth to ~s** mettre qch en ordre ◆ **to put the world** *or* **things to ~s** refaire le monde

c [set phrase] ◆ **to have sb bang** *or* **dead to ~s** * *(= have evidence against sb)* avoir coincé * qn ; *(= understand sb well)* avoir bien cerné qn

5 - TRANSITIVE VERB

a [= return to normal] *[+ car, ship]* redresser ◆ **the car ~ed itself** la voiture s'est redressée (toute seule) ◆ **the problem should ~ itself** le problème devrait s'arranger tout seul *or* se résoudre de lui-même

b [= make amends for] *[+ wrong]* redresser ; *[+ injustice]* réparer

6 - COMPOUNDS

▷ **right angle** N angle *m* droit ◆ **to be at ~ angles (to)** être perpendiculaire à ▷ **right-angled** ADJ à angle droit ▷ **right-angled triangle** N triangle *m* rectangle ▷ **right-click** *(Comput)* VI cliquer à droite VT cliquer à droite sur ▷ **right-hand** ADJ ◆ **~-hand drive car** voiture *f* avec (la) conduite à droite ◆ **his ~-hand man** son bras droit *(fig)* ◆ **the ~-hand side** le côté droit ▷ **right-handed** ADJ *[person]* droitier ; *[punch, throw]* du droit ; *[screw]* fileté à droite ; *[scissors, tin-opener etc]* pour droitiers ▷ **right-hander** N *(Motor Racing)* virage *m* à droite ; *(Boxing)* droite *f* ; *(= person)* droitier *m*, -ière *f* ▷ **right-ho** * EXCL ⇒ **righto** ▷ **Right Honourable** ADJ *(Brit)* le Très Honorable ▷ **right-minded** ADJ ⇒ **right-thinking** ▷ **right-of-centre** ADJ *(Pol)* (de) centre droit ▷ **right of way** N *(across property)* droit *m* de passage ; *(Aut) (= priority)* priorité *f* ◆ **it's his ~ of way** *(Aut)* c'est lui qui a la priorité ◆ **he has (the) ~ of way** il a la priorité ▷ **right-oh** EXCL ⇒ **righto** ▷ **right-on** * ADJ vertueux ▷ **rights issue** N *(St Ex)* émission *f* de droits de souscription ▷ **right-thinking** ADJ sensé ▷ **right-to-life** ADJ *[movement, group] (gen)* pour le droit à la vie ; *(anti-abortion)* antiavortement *inv* ▷ **right-to-lifer** N *(US)* adversaire *mf* de l'avortement ▷ **right triangle** N *(US)* ⇒ **right-angled triangle** ▷ **right whale** N *(Zool)* baleine *f* franche ▷ **right wing** N *(Sport)* ailier *m* droit ; *(Pol)* droite *f* ◆ **the ~ wing of the party** l'aile droite du parti ▷ **right-wing** ADJ *(Pol)* de droite ◆ **to be ~-wing** être de droite ▷ **right-winger** N *(Pol)* homme *m or* femme *f* de droite ; *(Sport)* ailier *m* droit

**righteous** /ˈraɪtʃəs/ ADJ a *(frm) (= virtuous)* vertueux ; *(= honest)* droit, intègre b *(= self-righteous: esp pej) [person, manner, tone, article]* moralisateur (-trice *f*) ; *[indignation, anger]* justifié ◆ **stop being so ~!** cesse de faire la morale ! ; → **self** NPL **the righteous** *(Bible)* les justes *mpl*

**righteously** /ˈraɪtʃəslɪ/ ADV vertueusement

**righteousness** /ˈraɪtʃəsnɪs/ N droiture *f*, vertu *f*

**rightful** /ˈraɪtfʊl/ ADJ *[owner, heir, inheritance, position, claim]* légitime ◆ **one day all minorities will take their ~ place in society** un jour, toutes les minorités obtiendront la place qui leur revient dans la société ◆ **~ claimant** ayant droit *m*

**rightfully** /ˈraɪtfəlɪ/ ADV légitimement ◆ **we demand only what is ~ ours** nous n'exigeons que ce qui nous appartient légitimement

**rightism** /ˈraɪtɪzəm/ N droitisme *m*, opinions *fpl* de droite

**rightist** /ˈraɪtɪst/ *(Pol)* N homme *m or* femme *f* de droite ADJ de droite

**rightly** /ˈraɪtlɪ/ LANGUAGE IN USE 13, 26.3 ADV a *(= correctly)* bien, avec raison ◆ **he ~ assumed that ...** il supposait avec raison que ... ◆ **she hoped she'd chosen ~** elle espérait qu'elle avait bien choisi *or* qu'elle avait fait le bon choix ◆ **I don't ~ know** * je ne sais pas très bien ◆ **it shouldn't ~ do that** cela ne devrait vraiment pas faire ça b *(= justifiably)* à juste titre ◆ **~ or wrongly** à tort ou à raison ◆ **~ so** à juste titre

**righto** * /ˌraɪtˈəʊ/ EXCL *(Brit)* d'accord, OK

**rightsizing** /ˈraɪtˌsaɪzɪŋ/ N *[of company]* dégraissage *m* des effectifs

**rightward(s)** /ˈraɪtwəd(z)/ ADJ, ADV à droite, vers la droite

**righty ho** * /ˌraɪtɪˈhəʊ/ EXCL *(Brit)* ⇒ **righto**

**rigid** /ˈrɪdʒɪd/ ADJ a *(lit) [material, structure]* rigide ; *[muscle]* raide ◆ **~ with fear** paralysé par la peur ◆ **~ with rage** *or* **anger** blême de colère ◆ **to be bored ~** * s'ennuyer à mourir ◆ **this kind of music bores me ~** * ce genre de musique m'ennuie à mourir b *[specifications, interpretation, principles, rule, discipline]* strict ; *[system, hierarchy, adherence, person, approach, attitude]* rigide ; *[control, censorship]* rigoureux

**rigidity** /rɪˈdʒɪdɪtɪ/ N a *(lit) [of material, structure]* rigidité *f* ; *[of muscle]* raideur *f* b *[of control, censorship, principles, rule, discipline]* rigueur *f* ; *[of specifications, interpretation, system, person, attitude]* rigidité *f*

**rigidly** /ˈrɪdʒɪdlɪ/ ADV a *(= stiffly) [stand, move, gesture]* avec raideur ◆ **~ constructed** construit de manière rigide ◆ **to stand ~ to attention** être figé dans un garde-à-vous impeccable ◆ **to sit ~ erect** *or* **upright** être assis droit comme un i b *(fig) [enforce, control, disciplined, organized etc]* rigoureusement ◆ **to stick ~ to sth** s'en tenir rigoureusement à qch ◆ **~ authoritarian/conformist/dogmatic** d'un autoritarisme/conformisme/dogmatisme rigide ◆ **nursing is still a ~ hierarchical profession** la profession d'infirmière reste très hiérarchisée

**rigmarole** /ˈrɪɡmərəʊl/ N comédie *f*, cinéma *m* ◆ **to go through the whole** *or* **same ~ again** recommencer le même cinéma *

**rigor** /ˈrɪɡə$^{r}$/ N *(US)* ⇒ **rigour**

**rigor mortis** /ˈrɪɡəˈmɔːtɪs/ N rigidité *f* cadavérique

**rigorous** /ˈrɪɡərəs/ ADJ *[examination, test, control, person]* rigoureux ◆ **he is ~ about quality** il est très strict sur la qualité ◆ **to be ~ in doing sth** faire qch rigoureusement

**rigorously** /ˈrɪɡərəslɪ/ ADV *[enforce, control, observe, define, test]* rigoureusement

**rigour, rigor** *(US)* /ˈrɪɡə$^{r}$/ N rigueur *f*

**rile** * /raɪl/ VT agacer, mettre en boule *

**Riley** /ˈraɪlɪ/ N *(Brit)* ◆ **to live the life of ~** * avoir *or* mener la belle vie

**rill** /rɪl/ N *(liter)* ruisselet *m*

**rim** /rɪm/ N *(gen)* bord *m* ; *[of wheel]* jante *f* ; *[of spectacles]* monture *f* ◆ **a ~ of dirt** *or* **a dirty ~ around the bath** une trace sale sur le bord de la baignoire VT border ; *[+ wheel]* janter, cercler

**rimaye** /rɪˈmeɪ/ N *(Climbing)* rimaye *f*

**rime**[1] † /raɪm/ ⇒ **rhyme**

**rime**[2] /raɪm/ N *(liter)* givre *m*

**rimless** /ˈrɪmlɪs/ ADJ *[spectacles]* sans monture

**rind** /raɪnd/ N *[of orange, lemon]* peau *f*, pelure *f* ; *(= grated zest)* zeste *m* ; *(= peel)* écorce *f* ; *(= peelings)* pelure *f* ; *[of cheese]* croûte *f* ; *[of bacon]* couenne *f* ◆ **melon ~** écorce *f* de melon

**ring**[1] /rɪŋ/ N a *(gen)* anneau *m* ; *(on finger)* anneau *m* ; *(with stone)* bague *f* ; *[of bishop]* anneau *m* ; *(on bird's foot)* bague *f* ; *(for napkin)* rond *m* ; *(for swimmer)* bouée *f* de natation ; *(for invalid to sit on)* rond *m* (pour malade) ; *[of piston]* segment *m* ; *[of turbine]* couronne *f* ♦ **diamond** ~ bague *f* de diamant(s) ♦ **wedding** ~ alliance *f*, anneau *m* de mariage ♦ **electric** ~ *(for cooking)* plaque *f* électrique ♦ **gas** ~ brûleur *m* (de cuisinière à gaz) ; → **earring, key, signet**

b *(= circle)* cercle *m*, rond *m* ; *[of people]* cercle *m* ; *[of smoke]* rond *m* ; *(in water)* rond *m* ; *(in tree trunk)* cercle *m* ; *(= round sun, moon)* auréole *f*, halo *m* ♦ **the ~s of Saturn** les anneaux *mpl* de Saturne ♦ **to have ~s round the eyes** avoir les yeux cernés *or* battus ♦ **to stand in a** ~ se tenir en cercle *or* en rond, former un cercle ♦ **to run ~s round sb** * dominer qn de la tête et des épaules

c *(= group) (gen, Pol)* coterie *f*, clique *f (pej)* ; *[of dealers]* groupe *m*, cartel *m* ; *[of gangsters]* bande *f*, gang *m* ; *[of spies]* réseau *m* ♦ **there is a ~ operating** *(at auction)* il y a un système d'enchères privées

d *(= enclosure) (at circus)* piste *f* ; *(at exhibition)* arène *f*, piste *f* ; *(Racing)* enceinte *f* des bookmakers ; *(Boxing)* ring *m* ♦ **the** ~ *(Boxing)* la boxe, le ring

VT *(= surround)* entourer ; *(with quoit, hoop)* jeter un anneau sur ; *(= circle) [+ item on list etc]* entourer d'un cercle ; *[+ bird, tree]* baguer ; *[+ bull]* mettre un anneau au nez de

COMP ▷ **ring-a-ring-a-roses** N *ronde enfantine* ▷ **ring binder** N classeur *m* à anneaux ▷ **ring exercise** N *(Gym)* exercice *m* aux anneaux ▷ **ring-fence** VT *[+ money]* allouer ♦ **to ~-fence a local authority** *obliger une municipalité à utiliser l'argent destiné à un usage particulier* ▷ **ring finger** N annulaire *m* ▷ **ring ouzel** N merle *m* à plastron ▷ **ring-pull** N *(Brit: on can)* anneau *m* (d'ouverture), bague *f* ♦ **~-pull can** boîte *f* avec anneau (d'ouverture) ▷ **ring road** N *(Brit)* rocade *f* ; *(motorway-type)* périphérique *m* ▷ **ring spanner** N clef *f* polygonale ▷ **ring-tailed** ADJ à queue zébrée

**ring**[2] /rɪŋ/ LANGUAGE IN USE 27.2, 27.5 (vb : pret **rang**, ptp **rung**)

N a *(= sound)* son *m* ; *[of bell]* sonnerie *f* ; *(lighter)* tintement *m* ; *[of electric bell]* retentissement *m* ; *[of coins]* tintement *m* ♦ **there was a ~ at the door** on a sonné à la porte ♦ **to hear a ~ at the door** entendre sonner à la porte ♦ **give two ~s for the maid** sonne deux coups *or* deux fois pour (appeler) la bonne ♦ **his voice had an angry ~ (to it)** il y avait un accent *or* une note de colère dans sa voix ♦ **that has the ~ of truth (to it)** ça sonne juste

b *(esp Brit * = phone call)* coup *m* de téléphone *or* de fil * ♦ **to give sb a** ~ donner *or* passer un coup de téléphone *or* de fil * à qn

c ♦ ~ **of bells** jeu *m* de cloches

VI a *[bell]* sonner, retentir ; *(lightly)* tinter ; *[alarm clock, telephone]* sonner ♦ **the bell rang** la cloche a sonné *or* tinté, la sonnette a retenti ♦ **the bell rang for dinner** la cloche a sonné le dîner ♦ **to ~ for sb** sonner qn ♦ **to ~ for sth** sonner pour demander qch ♦ **please ~ for attention** prière de sonner ♦ **to ~ for the lift** appeler l'ascenseur ♦ **to ~ at the door** sonner à la porte ♦ **you rang, sir?** Monsieur a sonné ?

b *(= telephone)* téléphoner

c *(= sound) [words]* retentir, résonner ; *[voice]* vibrer ; *[coin]* sonner, tinter ; *(= resound)* résonner, retentir ; *[ears]* tinter, bourdonner ♦ **the room rang with their shouts** la pièce résonnait de leurs cris ♦ **the town rang with his praises** la ville entière chantait ses louanges ♦ **the news set the town ~ing** toute la ville parlait de la nouvelle, dans toute la ville il n'était bruit que de la nouvelle † ♦ **his voice rang with emotion** sa voix vibrait d'émotion ♦ **his words still ~ in my ears** ses mots retentissent encore à mes oreilles

♦ **to ring hollow** *or* **false** sonner faux ♦ **these claims ~ hollow** *or* **false** ces affirmations *or* protestations sonnent faux

♦ **to ring true** *[statement]* avoir l'air sincère ♦ **her denial rang true** sa dénégation avait l'air sincère ♦ **the story didn't ~ true** l'histoire sonnait faux

VT a *(= sound: gen)* sonner ; *[+ coin]* faire sonner, faire tinter ♦ **to ~ the doorbell** sonner (à la porte) ♦ **to ~ the bell** *(lit)* sonner, donner un coup de sonnette ; *(handbell)* agiter la sonnette ; *( * fig = succeed)* décrocher la timbale *, réussir magnifiquement ♦ **they rang the church bells** *(gen)* ils ont fait sonner les cloches ; *[bell ringers]* ils ont sonné les cloches ♦ **his name ~s a bell** * son nom me dit quelque chose *or* me rappelle quelque chose ♦ **he/it ~s my bell** * *(US)* il/ça me botte * ♦ **to ~ the knell (of)** sonner le glas (de) ♦ **to ~ the hours** sonner les heures ♦ **to ~ the changes** *[bells]* carillonner *(en variant l'ordre des cloches)* ♦ **to do sth to ~ the changes** faire qch pour changer ♦ **to ~ the changes on an outfit/the menu** *etc* varier un ensemble/le menu *etc*

b *(Telec)* (also **ring up**) téléphoner à, donner *or* passer un coup de téléphone *or* de fil * à

COMP ▷ **ring tone** N sonnerie *f*

► **ring around** ⇒ **ring round**

► **ring back** VI, VT SEP *(Brit Telec)* rappeler

► **ring down** VT SEP *(Theat)* ♦ **to ring down the curtain** (faire) baisser le rideau ♦ **to ~ down the curtain on sth** marquer la fin de qch

► **ring in**

VI *(Brit = report by telephone)* téléphoner un reportage

VT SEP ♦ **to ring in the New Year** carillonner le Nouvel An

► **ring off** VI *(Brit Telec)* raccrocher

► **ring out** VI *[bell]* sonner ; *[voice]* résonner ; *[shot]* éclater, retentir

► **ring round** *(Brit)*

VI *(Telec)* donner des coups de téléphone

VT FUS ♦ **I'll ring round my friends** je vais appeler (tous) mes amis

► **ring up** VT SEP a *(Brit Telec)* donner un coup de téléphone *or* de fil * à

b *(Theat)* **to ~ up the curtain** frapper les trois coups, (sonner pour faire) lever le rideau ♦ **to ~ up the curtain on a new career** *etc* marquer le début d'une nouvelle carrière *etc*

c *(on cash register) [+ amount]* enregistrer ; *(fig) [+ profits, sales]* réaliser

**ringbolt** /ˈrɪŋbəʊlt/ N *(Tech)* piton *m* ; *(Naut)* anneau *m* (d'amarrage)

**ringdove** /ˈrɪŋdʌv/ N ramier *m*

**ringer** /ˈrɪŋəʳ/ N a (also **bell ringer**) sonneur *m*, carillonneur *m* b *(= lookalike)* sosie *m* ♦ **he is a dead ~ * for the President** c'est le sosie du président

**ringing** /ˈrɪŋɪŋ/ ADJ *[bell]* qui sonne *or* tinte ; *[voice, tone]* sonore ; *[endorsement]* vibrant ; *[declaration]* retentissant ♦ **in ~ tones** avec des accents vibrants N *[of bell]* sonnerie *f*, son *m* ; *(lighter)* tintement *m* ; *[of electric bell]* retentissement *m* ; *[of telephone]* sonnerie *f* ; *(in ears)* tintement *m*, bourdonnement *m*

COMP ▷ **ringing tone** N *(Brit Telec)* tonalité *f* d'appel

**ringleader** /ˈrɪŋliːdəʳ/ N chef *m*, meneur *m*

**ringlet** /ˈrɪŋlɪt/ N frisette *f* ; *(long)* anglaise *f*

**ringmaster** /ˈrɪŋmɑːstəʳ/ N ♦ **the** ~ ≃ Monsieur Loyal

**ringside** /ˈrɪŋsaɪd/ N ♦ **at the** ~ au premier rang ♦ **to have a ~ seat** *(fig)* être aux premières loges

**ringway** /ˈrɪŋweɪ/ N ⇒ **ring road** ; → **ring**[1]

**ringworm** /ˈrɪŋwɜːm/ N teigne *f*

**rink** /rɪŋk/ N *(for ice-hockey, ice-skating)* patinoire *f* ; *(for roller-skating)* skating *m*

**rinky-dink** * /ˈrɪŋkɪˈdɪŋk/ ADJ *(US) (old-fashioned; also small-time)* ringard * ; *(= poor quality)* de camelote * ; *(= broken down)* déglingué *, démoli

**rinse** /rɪns/ N a *(= act)* rinçage *m* ♦ **give the cup a** ~ rincez la tasse, passez la tasse sous le robinet b *(for hair)* rinçage *m* VT a *[+ clothes etc]* rincer ♦ **to ~ one's hands** se passer les mains à l'eau ♦ **to ~ the soap off one's hands** se rincer les mains b *(= colour with a rinse)* **to ~ one's hair** se faire un *or* des rinçage(s) ♦ **she ~d her hair black** elle s'est fait un rinçage noir

► **rinse out** VT SEP a *[+ hair tint, colour, dirt]* faire partir à l'eau b *[+ cup]* rincer ♦ **to ~ out one's mouth** se rincer la bouche

**Rio** /ˈriːəʊ/ N ♦ ~ **(de Janeiro)** Rio (de Janeiro) ♦ ~ **Grande** Rio Grande *m*

**riot** /ˈraɪət/ N a *(= uprising)* émeute *f* ; *(Jur)* actes *mpl* séditieux ♦ **the ~s against the régime** les émeutes *fpl* contre le régime

b *(fig)* **a ~ of colour(s)** une débauche de couleurs ♦ **a ~ of reds and blues** une profusion de rouges et de bleus ♦ **a ~ of flowers** une profusion de fleurs ♦ **he's a ~** * c'est un (type) rigolo * ♦ **she's a ~** * elle est rigolote * ♦ **the film is a ~** * *(= funny)* le film est tordant * ♦ **to run ~** *[people, imagination]* être déchaîné ; *[vegetation]* pousser dans tous les sens

VI faire une émeute ; *(Jur)* se livrer à des actes séditieux

COMP ▷ **Riot Act** N *(Hist)* loi *f* contre les attroupements séditieux ; see also **read** ▷ **riot control** N *(NonC)* répression *f* des émeutes ▷ **riot-control** ADJ antiémeute ▷ **riot gear** N *(NonC)* tenue *f* antiémeute ▷ **the riot police** N les unités *fpl* antiémeute ▷ **riot shield** N bouclier *m* antiémeute ▷ **the Riot Squad** N ⇒ **the riot police**

**rioter** /ˈraɪətəʳ/ N émeutier *m*, -ière *f* ; *(vandalizing)* casseur *m*

**rioting** /ˈraɪətɪŋ/ N *(NonC)* émeutes *fpl* ADJ *[mob, youths etc]* en émeute

**riotous** /ˈraɪətəs/ ADJ a *(= uproarious) [party, evening]* très animé ; *[performance, comedy, welcome]* délirant * ♦ **they had a ~ time** * ils se sont amusés comme des fous ♦ **she burst into ~ laughter** elle s'est mise à hurler de rire b *(= disorderly) [behaviour]* séditieux ; *[crowd]* déchaîné ♦ **to engage in ~ living** mener une vie dissipée *or* de débauche ♦ ~ **assembly** *(Jur)* attroupements *mpl* séditieux

**riotously** /ˈraɪətəslɪ/ ADV a *[behave, act] (= noisily)* de façon tapageuse ; *(Jur)* de façon séditieuse b ♦ **it was ~ funny** * c'était tordant *

**RIP** /ˌɑːraɪˈpiː/ (abbrev of **rest in peace**) R.I.P.

**rip** /rɪp/ N déchirure *f*

VT déchirer, fendre ♦ **to ~ open a letter** ouvrir une lettre en hâte, fendre une enveloppe ♦ **to ~ the buttons from a shirt** arracher les boutons d'une chemise

VI a *[cloth]* se déchirer, se fendre

b * **the fire/explosion ~ped through the house** l'incendie a fait rage à travers la maison/l'explosion a soufflé la maison de part en part ◆ **the jet ~ped through the sky** le jet a fendu le ciel ◆ **the car ~s along** la voiture roule à toute vitesse *or* roule à toute biture* ◆ **let her** *or* **it ~!** * *[boat, car]* appuie !, fonce ! * ◆ **to ~ into sb** *(= criticize, tell off)* descendre qn en flammes *

◆ **to let rip** * *(= let o.s. go)* se laisser aller * ; *(in anger)* éclater, exploser *(de colère etc)* ◆ **I need to really let ~ for once** j'ai besoin de me laisser vraiment aller pour une fois ◆ **he let ~ at me** il m'a passé un bon savon * ◆ **turn the guitars up full and let ~** mettez le volume des guitares au maximum et allez-y à fond ◆ **she let ~ with a string of four-letter words** elle a lâché un chapelet de jurons

◆ **to let sth rip** * ◆ **he will not let inflation ~** il ne laissera pas l'inflation s'emballer

COMP ▷ **rip-off** * N → **rip-off** ▷ **rip-roaring** * ADJ *(gen)* d'une gaieté bruyante, exubérant ; *[success]* monstre *

▸ **rip off** VT SEP **a** *(lit)* arracher (*from* de) **b** (* *= steal) [+ object, goods]* voler ; *(= defraud etc) [+ customer]* arnaquer *, filouter * ; *[+ employee]* exploiter ◆ **they're ~ping you off!** c'est du vol manifeste *or* de l'arnaque * !

N ◆ **rip-off** * → **rip-off**

▸ **rip out** VT SEP arracher

▸ **rip up** VT SEP déchirer

**riparian** /raɪˈpɛərɪən/ ADJ, N riverain(e) *m(f)*

**ripcord** /ˈrɪpkɔːd/ N poignée *f* d'ouverture

**ripe** /raɪp/ ADJ **a** *(lit) [fruit]* mûr ; *[cheese]* fait **b** *(fig = mature) [age, judgement]* mûr ◆ **to live to a ~ old age** vivre vieux *or* jusqu'à un âge avancé ◆ **to live to the ~ old age of 88** atteindre l'âge respectable de 88 ans ◆ **wait until the time is ~** attendez le moment opportun ◆ **the market is ~ for the picking** ce marché vous tend les bras * ◆ **the time is ~ to begin afresh** il est temps de tout reprendre à zéro ◆ **the time is ~ for revolution** le temps est venu de faire la révolution ◆ **conditions were ~ for an outbreak of cholera/a military uprising** toutes les conditions étaient réunies pour une épidémie de choléra/une insurrection armée **c** (* *= fetid) [smell]* fétide ◆ **he smelled rather ~** il ne sentait pas la rose **d** (* *= crude) [language, humour]* égrillard ; → **overripe**

**ripen** /ˈraɪpən/ VT (faire) mûrir VI mûrir ; *[cheese]* se faire

**ripeness** /ˈraɪpnɪs/ N maturité *f*

**rip-off** * /ˈrɪpɒf/ N **a** *(= swindle)* escroquerie *f* ◆ **it's a ~!** c'est du vol *or* de l'arnaque * ! **b** *(= copy)* imitation *f* COMP ▷ **rip-off artist** * N escroc *m*

**riposte** /rɪˈpɒst/ N *(Fencing: also fig)* riposte *f* VI riposter

**ripper** /ˈrɪpəʳ/ N *(= murderer)* éventreur *m* ◆ **Jack the Ripper** Jack l'éventreur

**ripping** † * /ˈrɪpɪŋ/ ADJ *(Brit)* épatant *, sensationnel *

**ripple** /ˈrɪpl/ N **a** *(= movement) [of water]* ride *f*, ondulation *f* ; *[of crops]* ondulation *f* **b** *(= noise) [of waves]* clapotis *m* ; *[of voices]* murmure(s) *m(pl)*, gazouillement *m* ; *[of laughter]* cascade *f* **c** *(= ice-cream)* **chocolate/raspberry ~** *glace à la vanille marbrée de glace au chocolat/à la framboise* VI *[water]* se rider ; *[crops, hair]* onduler ; *[waves]* clapoter VT *[+ water]* rider ; *[+ crops]* faire onduler COMP ▷ **ripple effect** N effets *mpl or* répercussions *fpl* en chaîne

**ripsaw** /ˈrɪpsɔː/ N scie *f* à refendre

**riptide** /ˈrɪptaɪd/ N contre-courant *m*, turbulence *f*

**RISC** /ˌɑːraɪesˈsiː/ N *(Comput)* **a** (abbrev of **reduced instruction set computer**) → **reduced** **b** (abbrev of **reduced instruction set computing**) → **reduced**

**rise** /raɪz/ (vb : pret **rose**, ptp **risen**) N **a** *[of theatre curtain, sun]* lever *m* ; *(Mus)* hausse *f* ; *(= increase) (in temperature)* élévation *f*, hausse *f* ; *(in pressure)* hausse *f* ; *[of tide]* flux *m*, flot *m* ; *[of river]* crue *f* ; *(Brit: in wages)* augmentation *f*, relèvement *m (Admin)* ; *(in prices)* hausse *f*, augmentation *f* ; *(in bank rate)* relèvement *m* ◆ **prices are on the ~** les prix sont en hausse ◆ **to ask for a ~** *(Brit) [employee]* demander une augmentation (de salaire) ◆ **there has been a ~ in the number of people looking for work** le nombre des demandeurs d'emploi a augmenté ◆ **his meteoric ~** son ascension *f* fulgurante ◆ **her ~ to power** son ascension *f* au pouvoir ◆ **his ~ to fame took 20 years** il a mis 20 ans à parvenir à la gloire *or* à devenir célèbre ◆ **the ~ of Bristol/the steel industry** l'essor *m* de Bristol/de l'industrie de l'acier ◆ **the ~ of the working classes** l'ascension du prolétariat ◆ **the ~ and fall of an empire** l'essor et la chute d'un empire, la grandeur et la décadence d'un empire ◆ **to get a ~ out of sb** *, **to take the ~ out of sb** * *(fig)* se payer la tête de qn *

**b** *(= small hill)* éminence *f*, hauteur *f* ; *(= slope)* côte *f*, pente *f*

**c** *(= origin) [of river]* source *f* ◆ **the river has** *or* **takes its ~ (in)** la rivière prend sa source *or* a son origine (dans)

◆ **to give rise to** *[+ problems, pain, symptoms]* causer, provoquer ; *[+ speculation, rumour]* donner lieu à, engendrer ; *[+ fear, suspicions, concern, anxiety]* susciter ; *[+ impression]* donner

VI **a** *(= get up) (from sitting, lying)* se lever, se mettre debout ; *(from bed)* se lever ; *(after falling)* se relever ◆ **he ~s early/late** il se lève tôt/tard ◆ **~ and shine!** allez, lève-toi !, debout, là-dedans ! * ◆ **he rose to go** il s'est levé pour partir ◆ **to ~ to one's feet** se mettre debout, se lever ◆ **to ~ on tiptoe** se mettre sur la pointe des pieds ◆ **to ~ from (the) table** se lever de table ◆ **he rose from his chair** il s'est levé de sa chaise ◆ **he rose from his sickbed to go and see her** il a quitté son lit pour aller la voir ◆ **to ~ from the dead** ressusciter (des morts) ◆ **the horse rose on its hind legs** le cheval s'est dressé (sur ses jambes de derrière) *or* s'est cabré

**b** *(= go up, ascend) [smoke, mist]* s'élever, monter ; *[balloon]* s'élever ; *[aircraft, lift]* monter ; *[theatre curtain, sun, moon, wind]* se lever ; *[dough, bread]* lever ; *[hair]* se dresser ; *[ground]* monter (en pente) ; *[voice]* monter, devenir plus aigu ; *[sea]* devenir houleux ; *[water, river, tide, blood pressure, temperature, exchange rate]* monter ; *[barometer]* remonter, être en hausse ; *[hopes, anger]* croître, grandir ; *[prices]* monter, augmenter ; *[cost of living]* augmenter, être en hausse ; *[stocks, shares]* monter, être en hausse ◆ **to ~ to the surface** *[swimmer, object, fish]* remonter à la *or* en surface ◆ **the fish are rising well** les poissons mordent bien ◆ **the mountain ~s to 3,000 metres** la montagne a une altitude de 3 000 mètres ◆ **the mountains rising before him** les montagnes qui se dressaient *or* s'élevaient devant lui ◆ **he won't ~ to any of your taunts** il ne réagira à aucune de vos piques ◆ **his eyebrows rose at the sight of her** quand il l'a vue il a levé les sourcils (d'étonnement) ◆ **the idea/image rose in his mind** l'idée/l'image s'est présentée à son esprit ◆ **great cheers rose from the audience** de nombreux hourras s'élevèrent de la foule ◆ **to ~ to the occasion** se montrer à la hauteur de la situation *or* des circonstances ◆ **I can't ~ to £50** je ne peux pas aller jusqu'à 50 livres ◆ **to ~ in price** augmenter (de prix) ◆ **to ~ above a certain temperature/a certain level** dépasser une température donnée/un niveau donné ◆ **her spirits rose** son moral a remonté ◆ **the colour rose to her cheeks** ses joues se sont empourprées, le rouge lui est monté aux joues ; → **bait, challenge, gorge**

**c** *(fig: in society, rank)* s'élever ◆ **to ~ in the world** réussir, faire son chemin dans le monde ◆ **to ~ from nothing** partir de rien ◆ **to ~ from the ranks** *(Mil)* sortir du rang ◆ **he rose to be President/a captain** il s'est élevé jusqu'à devenir Président/jusqu'au grade de capitaine ◆ **to ~ to fame** connaître la célébrité

**d** *(= adjourn) [assembly]* clore la session ; *[meeting]* lever la séance ◆ **the House rose at 2am** *(Parl)* l'Assemblée a levé la séance à 2 heures du matin ◆ **Parliament will ~ on Thursday next** les vacances parlementaires commenceront jeudi prochain

**e** *(= originate) [river]* prendre sa source *or* sa naissance (*in* dans)

**f** *(= rebel:* also **rise up**) se soulever, se révolter (*against* contre) ◆ **to ~ (up) in revolt** se révolter (*against* contre) ◆ **they rose (up) in anger and assassinated the tyrant** emportés par la colère ils se sont soulevés et ont assassiné le tyran ◆ **a feeling of inadequacy rose (up) within him** un sentiment de médiocrité montait en lui

**risen** /ˈrɪzn/ VB ptp of **rise** ADJ *(Rel)* ◆ **the ~ Christ** *or* **Lord** le Christ ressuscité

**riser** /ˈraɪzəʳ/ N **a** *(= person)* **to be an early ~** être lève-tôt *inv or* matinal ◆ **to be a late ~** être lève-tard *inv* **b** *[of stair]* contremarche *f*

**risibility** /ˌrɪzɪˈbɪlɪtɪ/ N *(frm)* caractère *m* drôle

**risible** /ˈrɪzɪbl/ ADJ *(frm)* risible

**rising** /ˈraɪzɪŋ/ N **a** *(= rebellion)* soulèvement *m*, insurrection *f*

**b** *(NonC) [of sun, star]* lever *m* ; *[of barometer]* hausse *f* ; *[of prices]* augmentation *f*, hausse *f* ; *[of river]* crue *f* ; *[of person from dead]* résurrection *f* ; *(Theat) [of curtain]* lever *m* ; *[of ground]* élévation *f* ◆ **the ~ and falling of the waves** le mouvement des vagues ◆ **the ~ and falling of the boat on the water** le mouvement du bateau qui danse sur les flots

**c** *[of Parliament, court]* ajournement *m*, clôture *f* de séance

ADJ **a** *[sun]* levant ; *[barometer, prices, temperature]* en hausse ; *[tide]* montant ; *[wind]* qui se lève ; *[tone]* qui monte ; *[anger, fury]* croissant ; *[ground]* qui monte en pente ◆ **the ~ sap** la sève ascendante *or* brute

**b** *(fig)* nouveau (nouvelle *f*) ◆ **a ~ young doctor** un jeune médecin d'avenir ◆ **the ~ generation** la nouvelle génération, les jeunes *mpl* ; see also **comp**

ADV * ◆ **she's ~ six** elle va sur ses six ans ◆ **the ~ fives** *(Brit Scol)* les enfants qui auront cinq ans dans l'année

COMP ▷ **rising damp** N humidité *f* (par capillarité) ▷ **rising star** N *(lit, fig)* étoile *f* montante

**risk** /rɪsk/ LANGUAGE IN USE 2.3

N **a** *(= possible danger)* risque *m* ◆ **to take** *or* **run ~s** courir des risques ◆ **to take** *or* **run the ~ of doing sth** courir le risque de faire qch ◆ **you're running the ~ of being arrested** *or* **of arrest** vous risquez de vous faire arrêter ◆ **that's a ~ you'll have to take** c'est un risque à courir ◆ **there's too much ~ involved** c'est trop risqué ◆ **it's not worth the ~** ça ne vaut pas la peine de courir un tel risque ◆ **there is no ~ of his coming** *or* **that he will come** il n'y a pas de risque qu'il vienne, il ne risque pas de venir ◆ **you do it at your own ~** vous le faites à vos risques et périls ◆ **goods sent at sender's ~** *(Comm)* envois *mpl* faits aux risques de l'expéditeur ◆ **at the ~**

**of seeming stupid** au risque de *or* quitte à paraître stupide ◆ **at the ~ of his life** au péril de sa vie ; → **occupational, owner**

♦ **at risk** *[person, life]* en danger ◆ **millions of lives are at ~** des millions de vies sont en danger ◆ **children at ~** les enfants *mpl* en danger ◆ **some jobs are at ~** des emplois risquent d'être supprimés *or* sont menacés

♦ **to put sth** *or* **sb at risk** mettre qch *or* qn en danger ◆ **they are putting people's lives at ~** ils mettent des vies en danger

**b** *(Insurance)* risque *m* ◆ **fire ~** risque *m* d'incendie ◆ **he is a bad accident ~** il présente des risques élevés d'accident ◆ **he is a bad ~** on court trop de risques avec lui

**VT** **a** *[+ life, career, future, reputation, savings]* risquer ◆ **you ~ falling** vous risquez de tomber ◆ **he ~ed life and limb to rescue the drowning child** il a risqué sa vie pour sauver l'enfant qui se noyait ; → **neck**

**b** *[+ battle, defeat, quarrel]* s'exposer aux risques de ; *[+ accident]* risquer d'avoir, courir le risque de ; *(= venture) [+ criticism, remark]* risquer, hasarder ◆ **she won't ~ coming today** elle ne se risquera pas à venir aujourd'hui ◆ **I'll ~ it** je vais risquer *or* tenter le coup * ◆ **I can't ~ it** je ne peux pas prendre un tel risque

**COMP** ▷ **risk capital** **N** capitaux *mpl* à risques ▷ **risk factor** **N** facteur *m* de risque ▷ **risk management** **N** gestion *f* des risques ▷ **risk-taking** **N** ◆ **he does not like ~-taking** il n'aime pas prendre de risques, il n'a pas le goût du risque

**riskily** /ˈrɪskɪlɪ/ **ADV** de manière risquée ◆ **~, he's decided to resign** il a décidé de démissionner, ce qui est risqué

**riskiness** /ˈrɪskɪnɪs/ **N** risques *mpl*, aléas *mpl*

**risky** /ˈrɪskɪ/ **ADJ** *[enterprise, deed]* risqué ; *[joke, story]* risqué, osé ◆ **it's ~, it's a ~ business** c'est risqué

**risotto** /rɪˈzɒtəʊ/ **N** risotto *m*

**risqué** /ˈriːskeɪ/ **ADJ** *[story, joke]* risqué, osé

**rissole** /ˈrɪsəʊl/ **N** *(Brit)* rissole *f*

**rite** /raɪt/ **N** rite *m* ◆ **funeral ~s** rites *mpl* funèbres ◆ **the Rite of Spring** *(Mus)* le Sacre du printemps ; → **last[1]** **COMP** ▷ **rite of passage** **N** rite *m* de passage ◆ **a ~(s)-of-passage novel** un roman d'initiation

**ritual** /ˈrɪtjʊəl/ **ADJ** rituel **N** rituel *m* ◆ **he went through the ~(s)** *(fig)* il a fait les gestes rituels, il s'est conformé aux rites ◆ **he went through the ~ of apologizing** il a fait les excuses rituelles, il s'est excusé comme de coutume

**ritualism** /ˈrɪtjʊəlɪzəm/ **N** ritualisme *m*

**ritualist** /ˈrɪtjʊəlɪst/ **ADJ, N** ritualiste *mf*

**ritualistic** /ˌrɪtjʊəˈlɪstɪk/ **ADJ** ritualiste

**ritualize** /ˈrɪtjʊəlaɪz/ **VT** ritualiser

**ritually** /ˈrɪtjʊəlɪ/ **ADV** rituellement

**ritzy** * /ˈrɪtsɪ/ **ADJ** luxueux

**rival** /ˈraɪvəl/ **N** rival(e) *m(f)* **ADJ** *[firm, enterprise]* rival, concurrent ; *[attraction]* rival ◆ **two ~ firms** deux entreprises rivales, deux concurrents **VT** *(gen)* rivaliser avec (*in* de) ; *(Comm)* être en concurrence avec ; *(= equal)* égaler (*in* en) ◆ **he can't ~ her in intelligence** pour ce qui est de l'intelligence, elle le domine de la tête et des épaules ◆ **his achievements ~ even yours** ses réussites sont presque égales aux vôtres

**rivalry** /ˈraɪvəlrɪ/ **N** rivalité *f* (*between* entre)

**rive** /raɪv/ (pret **rived**, ptp **riven**) /ˈrɪvən/ *(liter)* **VT** fendre **VI** se fendre ◆ **riven by** fendu par ; *(fig)* déchiré par

**river** /ˈrɪvəʳ/ **N** rivière *f* ; *(flowing into sea)* fleuve *m (also fig)* ◆ **down ~** en aval ◆ **up ~** en amont ◆ **the ~ Seine** *(Brit)* ◆ **the Seine ~** *(US)* la Seine ◆ **the accident has resulted in several ~s being polluted** à la suite de cet accident, plusieurs cours d'eau ont été pollués ◆ **~s of blood** *(fig)* des fleuves *mpl* de sang ; → **sell**

**COMP** *[police, port, system]* fluvial ▷ **river basin** **N** bassin *m* fluvial ▷ **river blindness** **N** *(Med)* cécité *f* des rivières, onchocercose *f* ▷ **river estuary** **N** estuaire *m* ▷ **river fish** **N** poisson *m* d'eau douce *or* de rivière ▷ **river fishing** **N** *(NonC)* pêche *f* fluviale *or* en eau douce ▷ **river head** **N** source *f* (de rivière *or* de fleuve) ▷ **river horse** * **N** hippopotame *m* ▷ **river lamprey** **N** lamproie *f* de rivière ▷ **river-mouth** **N** bouche *f* d'une rivière (*or* d'un fleuve), embouchure *f* ▷ **river traffic** **N** *(NonC)* trafic *m* fluvial, navigation *f* fluviale

**riverbank** /ˈrɪvəbæŋk/ **N** rive *f*, berge *f*

**riverbed** /ˈrɪvəbed/ **N** lit *m* de rivière *or* de fleuve

**riverboat** /ˈrɪvəbəʊt/ **N** embarcation *f* fluviale ◆ **a Mississippi ~** un bateau du Mississippi ◆ **by ~** en bateau

**riverine** /ˈrɪvəraɪn/ **ADJ** fluvial ; *[person]* riverain

**riverside** /ˈrɪvəsaɪd/ **N** bord *m* de l'eau (*or* de la rivière *or* du fleuve), rive *f* ◆ **by the ~** au bord de l'eau (*or* de la rivière *etc*) ◆ **along the ~** le long de la rivière (*or* du fleuve) **ADJ** (situé) au bord de la rivière *etc*

**rivet** /ˈrɪvɪt/ **N** rivet *m* **VT** *(Tech)* riveter, river ◆ **it ~ed our attention** ça nous a fascinés ◆ **~ed with fear** rivé *or* cloué sur place par la peur **COMP** ▷ **rivet joint** **N** rivetage *m*

**riveter** /ˈrɪvɪtəʳ/ **N** *(= person)* riveur *m* ; *(= machine)* riveuse *f*

**rivet(t)ing** /ˈrɪvɪtɪŋ/ **N** rivetage *m* **ADJ** *(= fascinating)* fascinant

**Riviera** /ˌrɪvɪˈɛərə/ **N** ◆ **the (French) ~** la Côte d'Azur ◆ **the Italian ~** la Riviera (italienne)

**rivulet** /ˈrɪvjʊlɪt/ **N** (petit) ruisseau *m*

**Riyadh** /rɪˈjɑːd/ **N** Riyad

**riyal** /rɪˈjɑːl/ **N** riyal *m*

**RL** **N** (abbrev of **Rugby League**) → **rugby**

**RM** /ɑːˈrem/ **N** *(Brit Mil)* (abbrev of **Royal Marines**) → **royal**

**RMT** /ˌɑːremˈtiː/ **N** *(Brit)* (abbrev of **National Union of Rail, Maritime and Transport Workers**) *syndicat*

**RN** **a** *(Brit Mil)* (abbrev of **Royal Navy**) → **royal** **b** *(US)* abbrev of **registered nurse**

**RNA** /ˌɑːrenˈeɪ/ **N** *(Med)* (abbrev of **ribonucleic acid**) ARN *m*

**RNAS** /ˌɑːreneɪˈes/ **N** *(Brit)* (abbrev of **Royal Naval Air Services**) *aéronavale britannique*

**RNLI** /ˌɑːreneˈlaɪ/ **N** *(Brit)* (abbrev of **Royal National Lifeboat Institution**) ≈ Société *f* nationale de sauvetage en mer

**RNR** /ˌɑːrenˈɑːʳ/ **N** *(Brit Mil)* (abbrev of **Royal Naval Reserve**) → **royal**

**RNZAF** abbrev of **Royal New Zealand Air Force**

**RNZN** abbrev of **Royal New Zealand Navy**

**roach[1]** /rəʊtʃ/ **N** (pl **roach** *or* **roaches**) *(= fish)* gardon *m*

**roach[2]** /rəʊtʃ/ **N** **a** *(esp US *)* (abbrev of **cockroach**) cafard *m*, blatte *f* **b** *(for joint, cigarette)* filtre *m* **COMP** ▷ **roach clip** **N** *(US: for joint)* *pince métallique servant à tenir un joint*

**road** /rəʊd/ **N** **a** *(gen)* route *f* ; *(minor)* chemin *m* ; *(in town)* rue *f* ; *(fig)* chemin *m*, voie *f* ◆ **trunk ~** (route *f*) nationale *f*, grande route *f* ◆ **country ~** route *f* de campagne, (route *f*) départementale *f* ◆ **"road up"** "attention travaux" ◆ **I prefer to travel by ~** je préfère voyager en voiture ◆ **to take (to) the ~** prendre la route, se mettre en route ◆ **is this the ~ to London** *or* **the London ~?** c'est (bien) la route de Londres ? ◆ **London Road** *(in towns)* rue *f* de Londres ◆ **you're on the right ~** vous êtes sur la bonne route ; *(fig)* vous êtes sur la bonne voie ◆ **the ~ to hell is paved with good intentions** *(Prov)* l'enfer est pavé de bonnes intentions *(Prov)* ◆ **somewhere along the ~ he changed his mind** *(fig)* il a changé d'avis à un moment donné *or* en cours de route * ◆ **you're in my ~** * vous me barrez le passage ◆ **(get) out of the ~!** * dégagez ! *, ôtez-vous de là ! ◆ **any ~** * *(dial)* de toute façon ◆ **to have one for the ~** * prendre un dernier verre avant de partir, boire le coup de l'étrier ◆ **to take the high/low ~** *(US fig)* se comporter de façon irréprochable/malhonnête ◆ **~s** *(Naut)* rade *f* ◆ **in Yarmouth ~s** en rade de Yarmouth → **arterial, end, hit, main, Rome**

♦ **across the road** ◆ **she lives across the ~ (from us)** elle habite en face de chez nous ◆ **just across the ~ is a bakery** il y a une boulangerie juste en face

♦ **off the road** ◆ **my car is off the ~ just now** ma voiture est au garage ◆ **the car went off the ~** la voiture a quitté la route

♦ **on the road** ◆ **I hope to get my car back on the ~ soon** j'espère que ma voiture sera bientôt en état (de rouler) ◆ **my car is (back) on the ~ again** ma voiture est à nouveau en état de marche ◆ **this vehicle shouldn't be on the ~** on ne devrait pas laisser circuler un véhicule dans cet état ◆ **he is a danger on the ~** (au volant) c'est un danger public ◆ **to be on the ~** *[salesman, theatre company]* être en tournée ◆ **we were on the ~ at 6 in the morning** nous étions sur la route à 6 heures du matin ◆ **we've been on the ~ since this morning** nous voyageons depuis ce matin ◆ **we were on the ~ to Paris** nous étions en route pour Paris ◆ **on the ~ to ruin/success** sur le chemin de la ruine/du succès ◆ **on-the-~ price, price on the ~** *(Brit: car sales)* prix *m* clés en mains

**b** *(US)* abbrev of **railroad**

**COMP** ▷ **road accident** **N** accident *m* de la route *or* de la circulation ▷ **road atlas** recueil *m* de cartes routières ▷ **road bike** **N** vélo *m* de route ▷ **road book** **N** guide *m* routier ▷ **road bridge** **N** pont *m* routier ▷ **road construction** **N** construction *f* routière *or* de routes ▷ **road fund licence** *(Brit)* vignette *f* (automobile) ▷ **road gang** *(US)* équipe *f* de forçats (employés à construire des routes) ▷ **road haulage** transports *mpl* routiers ▷ **road haulier** entrepreneur *m* de transports routiers ▷ **road hog** **N** chauffard * *m* ▷ **road hump** **N** ralentisseur *m* ▷ **road manager** **N** *(Mus)* organisateur *m*, -trice *f* de tournées ▷ **road map** **N** *(Aut)* carte *f* routière ; *(for future actions)* feuille *f* de route ◆ **~ map to peace** feuille de route pour la paix ▷ **road metal** **N** empierrement *m* ▷ **road movie** road movie *m* ▷ **road pricing** **N** *(Brit)* *système de péage* ▷ **road race** **N** course *f* sur route ▷ **road racer** **N** *(Cycling)* routier *m*, -ière *f* ▷ **road racing** **N** compétition *f* sur route ▷ **road rage** * **N** agressivité *f* au volant ▷ **road rider** **N** *(Cycling)* ⇒ **road racer** ▷ **road runner** **N** *(US = bird)* coucou *m* terrestre (du Sud-Ouest) ▷ **road safety** **N** sécurité *f* routière ▷ **road sense** **N** ◆ **he has no ~ sense** *[driver]* il n'a aucun sens de la conduite ; *[pedestrian]* il ne fait jamais attention à la circulation ◆ **to teach a child ~ sense** apprendre à un enfant à faire attention à la circulation ▷ **road show** N *(Theat)* spectacle *m* en tournée ; *(Rad, TV)* émission *f* itinérante ▷ **road sign** N panneau *m* indicateur *or* de signalisation ◆ **international ~ signs** signalisation *f* routière internationale ▷ **road stability** N *(Aut)* tenue *f* de route ▷ **road surveyor** N agent *m* des Ponts et Chaussées, agent *m* voyer ▷ **road sweeper** N *(= person)* balayeur *m*, -euse *f* ; *(= vehicle)* balayeuse *f* ▷ **road tax** N *(Brit)* taxe *f* sur les véhicules à moteur ◆ **~ tax disc** *(Brit)* vignette *f* (automobile) ▷ **road test** N essai *m* sur route ▷ **road-test** VT ◆ **they are ~-testing the car tomorrow** ils vont faire les essais sur route demain ▷ **road traffic** N *(NonC)* circulation *f* routière ▷ **road traffic accident** N accident *m* de la route ▷ **road transport** N transports *mpl* routiers ▷ **road-trials** NPL *(= road test)* essais *mpl* sur route ; *(= rally)* épreuves *fpl* sur route ▷ **road-user** N *(gen)* usager *m* de la route ◆ **~-user charges** taxation *f* des usagers de la route

> **Roads**
>
> Les Britanniques et les Américains n'utilisent pas les mêmes termes pour désigner les différents types de routes. En Grande-Bretagne, les routes nationales sont des "A-roads" ou "trunk roads", les routes secondaires des "B-roads". Dans la première catégorie, certaines sont des quatre voies séparées par un terre-plein central : elles portent alors le nom de "dual carriageways" (le terme américain équivalent est "divided highways"). Les autoroutes ("motorways") sont gratuites.
> Aux États-Unis, le terme générique pour une autoroute est "superhighway", mais l'on distingue les "interstate highways", qui vont d'un État à l'autre - certaines étant gratuites ("freeways"), les autres payantes ("toll roads" ou "turnpikes") - et les "expressways", qui sont les autoroutes urbaines ou périurbaines.

**oadbed** /ˈrəʊdbed/ N *(US)* *[of railroad]* ballast *m* ; *[of road]* empierrement *m*

**oadblock** /ˈrəʊdblɒk/ N barrage *m* routier

**oadholding** /ˈrəʊdhəʊldɪŋ/ N tenue *f* de route

**oadhouse** /ˈrəʊdhaʊs/ N *(US)* relais *m* routier

**oadie** * /ˈrəʊdɪ/ N *(Mus)* roadie * *m*

**oadkill** /ˈrəʊdkɪl/ N cadavre *m* d'animal *(tué sur la route)*

**oadmaking** /ˈrəʊdmeɪkɪŋ/ N *(NonC)* construction *f* routière *or* des routes

**oadman** /ˈrəʊdmən/ N (pl **-men**) cantonnier *m*

**oadmender** /ˈrəʊdmendəʳ/ N ⇒ **roadman**

**oadroller** /ˈrəʊdrəʊləʳ/ N rouleau *m* compresseur

**oadside** /ˈrəʊdsaɪd/ **N** *(gen)* bord *m* de la route ; *(= verge)* bas-côté *m*, accotement *m* ◆ **along** *or* **by the ~** au bord de la route **COMP** *[inn]* (situé) au bord de la route ▷ **roadside repairs** NPL *(professional)* dépannage *m* ; *(done alone)* réparations *fpl* de fortune

**oadstead** /ˈrəʊdsted/ N *(Naut)* rade *f*

**oadster** /ˈrəʊdstəʳ/ N *(= car)* roadster *m* ; *(= cycle)* bicyclette *f* routière

**oadway** /ˈrəʊdweɪ/ N chaussée *f* ; *(on bridge)* tablier *m*

**oadwork** /ˈrəʊdwɜːk/ **N** *(NonC: Sport)* jogging *m* sur route **NPL** **roadworks** travaux *mpl* (d'entretien des routes) ◆ **"roadworks ahead"** "attention travaux"

**roadworthy** /ˈrəʊdwɜːðɪ/ ADJ ◆ **a ~ car** une voiture conforme aux normes de sécurité

**roam** /rəʊm/ **VT** *[+ streets, countryside]* parcourir, errer dans *or* par ◆ **to ~ the (seven) seas** courir *or* écumer les mers, bourlinguer sur toutes les mers ◆ **to ~ the streets** traîner dans les rues **VI** errer ; *[thoughts]* vagabonder ◆ **the right to ~** *(Brit)* la liberté de se promener où on veut ◆ **to ~ about the house** errer dans la maison ◆ **to ~ about the world** parcourir le monde ◆ **to ~ about the streets** traîner dans les rues

► **roam about, roam around** VI *(= wander)* errer, vagabonder ; *(= travel)* bourlinguer *, rouler sa bosse *

**roamer** /ˈrəʊməʳ/ N vagabond *m*

**roaming** /ˈrəʊmɪŋ/ **ADJ** *[person]* errant, vagabond ; *[dog]* errant ; *[thoughts]* vagabond **N** **a** *(gen)* vagabondage *m* **b** *(Telec)* roaming *m*

**roan**[1] /rəʊn/ ADJ, N *(= horse)* rouan *m* ; → **strawberry**

**roan**[2] /rəʊn/ N *(= leather)* basane *f*

**roar** /rɔːʳ/ **VI** *[person, crowd]* hurler, pousser de grands cris ; *(with anger)* rugir ; *[lion, wind, sea]* rugir ; *[bull]* mugir, beugler ; *[thunder, guns, waterfall, storm, forest fire]* gronder ; *[engine, vehicle]* vrombir, ronfler ; *[fire in hearth]* ronfler ◆ **to ~ with pain** hurler de douleur ◆ **to ~ with laughter** rire à gorge déployée, hurler de rire ◆ **this will make you ~!** * tu vas hurler de rire !, tu vas rigoler ! * ◆ **the trucks ~ed past us** les camions nous ont dépassés dans un ronflement *or* hurlement de moteur ◆ **the car ~ed up the street** la voiture remonta la rue dans un ronflement *or* hurlement de moteur ◆ **he ~ed away on his motorbike** il est parti en faisant vrombir sa moto

**VT** **a** (also **roar out**) *[+ order, one's disapproval]* hurler ; *[+ song]* chanter à tue-tête

**b** *(Aut)* **to ~ the engine** * faire ronfler *or* faire vrombir le moteur

**N** *[of crowd]* clameur *f*, hurlement *m* ; *[of lion]* rugissement *m* ; *[of bull]* mugissement *m* ; *[of river, waterfall, traffic]* grondement *m* ; *[of engine]* vrombissement *m* ; *[of furnace]* ronflement *m* ◆ **~s of laughter** une explosion de rires ◆ **the ~s of the crowd** les clameurs *fpl* de la foule

**roaring** /ˈrɔːrɪŋ/ **ADJ** **a** *[lion, engine]* rugissant ; *[wind, sea]* mugissant ; *[traffic]* assourdissant ; *[crowd]* hurlant ; *[guns, waterfall, storm]* grondant ; *[forest fire]* ronflant ◆ **a ~ fire** *(in hearth)* une belle flambée **b** *(Brit * fig)* ◆ **a ~ success** un succès fou * ◆ **to be doing a ~ trade (in sth)** faire des affaires en or (en vendant qch) **ADV** *(Brit)* ◆ **~ drunk** * soûl comme une bourrique **N** *[of crowd]* hurlements *mpl*, clameur *f* ; *[of lion]* rugissement *m* ; *[of bull]* mugissement *m* ; *[of river, waterfall, traffic]* grondement *m* **COMP** ▷ **the Roaring Forties** NPL *(Geog)* les quarantièmes *mpl* rugissants ▷ **the Roaring Twenties** NPL *(= 1920s)* les années *fpl* folles

**roast** /rəʊst/ **N** **a** rôti *m* ◆ **~ of veal/pork** *etc* rôti *m* de veau/porc *etc* ◆ **~ of beef** rôti *m* de bœuf, rosbif *m* ◆ **a slice off the ~** une tranche de *or* du rôti **b** *(US = barbecue)* barbecue *m* **ADJ** *[pork, veal, chicken]* rôti ◆ **~ beef** rôti *m* de bœuf, rosbif *m* ◆ **~ potatoes** pommes *fpl* de terre rôties **VT** **a** *[+ meat]* (faire) rôtir ; *[+ chestnuts]* griller, rôtir ; *[+ coffee beans]* griller, torréfier ; *[+ minerals]* calciner, griller ◆ **to ~ o.s. by the fire** se rôtir au coin du feu **b** *(US ‡ = criticize)* éreinter **VI** *[meat]* rôtir ; see also **roasting**

**roaster** /ˈrəʊstəʳ/ N *(= device)* rôtissoire *f* ; *(= bird)* volaille *f* à rôtir

**roasting** /ˈrəʊstɪŋ/ **N** *(lit)* rôtissage *m* ◆ **to give sb a ~** ‡ sonner les cloches à qn * **ADJ** **a** *(* = hot)* *[day, weather]* torride ◆ **it's ~ in here** * on crève * (de chaleur) ici, on rôtit * ici ◆ **I'm ~!** * je crève * de chaleur ! **b** *(Culin)* *[chicken etc]* à rôtir **COMP** ▷ **roasting jack, roasting spit** N tournebroche *m*

**rob** /rɒb/ VT **a** *(= steal from)* *[+ person]* voler, dévaliser ; *[+ shop]* dévaliser ; *[+ orchard]* piller ◆ **to ~ sb of sth** *(purse etc)* voler qch à qn ; *(rights, privileges)* dépouiller *or* priver qn de qch ◆ **to ~ an orchard** piller un verger ◆ **to ~ the till** voler de l'argent dans la caisse ◆ **to ~ Peter to pay Paul** déshabiller Pierre pour habiller Paul ◆ **I've been ~bed of my watch** on m'a volé ma montre ◆ **I've been ~bed** j'ai été volé ◆ **the bank was ~bed** la banque a été dévalisée, il y a eu un vol à la banque ◆ **we were ~bed** * *(Sport)* on nous a volé la victoire ◆ **he has been ~bed of the pleasure of seeing her** il a été privé du plaisir de la voir ◆ **the shock ~bed him of speech** *(briefly)* le choc lui a fait perdre la parole ; *(long-term)* le choc lui a ôté l'usage de la parole **b** *(* = steal)* piquer *

**robber** /ˈrɒbəʳ/ **N** voleur *m*, -euse *f* ; *(= burglar)* cambrioleur *m* **COMP** ▷ **robber baron** N *(US Ind)* requin *m* de l'industrie *or* de la finance

**robbery** /ˈrɒbərɪ/ N vol *m* ◆ **~ with violence** *(Jur)* vol *m* avec voies de fait *or* coups et blessures ◆ **at that price it's sheer ~!** * à ce prix-là c'est du vol manifeste *or* de l'escroquerie ! ; → **armed, daylight, highway**

**robe** /rəʊb/ **N** **a** *(= loose garment)* robe *f* ; *(= ceremonial garment)* robe *f* de cérémonie ◆ **he was wearing his ~ of office** il portait la robe de sa charge ◆ **ceremonial ~s** vêtements *mpl* de cérémonie ◆ **christening ~** robe *f* de baptême ; → **coronation** **b** *(= dressing gown)* peignoir *m* ◆ **a towelling ~** un peignoir en éponge **c** *(US = rug)* couverture *f* **VT** revêtir (d'une robe) ; *(fig, liter)* parer, revêtir (*in* de) **VI** *[judge etc]* revêtir sa robe

**Robert** /ˈrɒbət/ N Robert *m*

**robin** /ˈrɒbɪn/ N **a** *(in Europe:* also **robin redbreast**) rouge-gorge *m* **b** *(in North America)* merle *m* américain ; → **round**

**robot** /ˈrəʊbɒt/ **N** robot *m* ; *(fig)* robot *m*, automate *m* **COMP** *[worker, guidance, pilot]* automatique, -robot ▷ **robot bomb** N bombe *f* volante ▷ **robot plane** N avion-robot *m*

**robotic** /rəʊˈbɒtɪk/ ADJ *[manner, movements]* d'automate, de robot

**robotics** /rəʊˈbɒtɪks/ N *(NonC)* robotique *f*

**robotization** /ˌrəʊbɒtaɪˈzeɪʃən/ N robotisation *f*

**robotize** /ˈrəʊbɒtaɪz/ VT robotiser

**robust** /rəʊˈbʌst/ ADJ **a** *(= strong)* *[person, appetite, economy]* robuste ; *[plant]* robuste, résistant ; *[material]* résistant ; *[object, structure, design]* solide ; *[economic growth]* soutenu ◆ **to have a ~ constitution** avoir une constitution robuste ◆ **to be in ~ health** avoir une santé robuste **b** *(= vigorous)* *[activity, attitude, speech]* énergique ; *[humour]* jovial ◆ **to put up** *or* **make a ~ defence of sb/sth** défendre vigoureusement *or* énergiquement qn/qch **c** *(= intense)* *[flavour, wine]* corsé, robuste

**robustly** /rəʊˈbʌstlɪ/ ADV **a** *(= strongly)* ◆ **~ built** *[person]* de robuste constitution ; *[object]* solide **b** *(= vigorously)* *[oppose, attack, defend]* vigoureusement, énergiquement ; *[reply]* avec vigueur ◆ **to campaign ~ (for/against sth)** mener une campagne vigoureuse *or* énergique (en faveur de/contre qch)

**robustness** /rəʊˈbʌstnɪs/ N robustesse *f*, vigueur *f*

**ROC** /ˌɑːrəʊˈsiː/ N (abbrev of **Republic of China**) (République *f*) de Chine *f*

**roc** /rɒk/ N roc(k) *m*

**rock¹** /rɒk/ VT a *(= swing to and fro) [+ child]* bercer ; *[+ cradle]* balancer ◆ **to ~ a child to sleep** endormir un enfant en le berçant ◆ **a boat ~ed by the waves** un bateau bercé par les vagues ; see also **vt b** ◆ **to ~ o.s. in a rocking chair** se balancer dans un rocking-chair

b *(= shake)* ébranler, secouer ; *[+ ship] [waves]* ballotter ; *[explosion]* ébranler ; *(fig * = startle)* ébranler, secouer ◆ **town ~ed by an earthquake** ville *f* ébranlée par un tremblement de terre ◆ **country ~ed by rioting** *etc* pays *m* ébranlé par des émeutes *etc* ◆ **to ~ the boat** * *(fig)* jouer les trouble-fête, semer le trouble *or* la perturbation ◆ **don't ~ the boat** * ne compromets pas les choses *(fig)*, ne fais pas l'empêcheur de danser en rond * ◆ **that bit of news will ~ her!** * cette nouvelle va la bouleverser *or* lui faire un choc !

VI a *(= sway gently) [cradle, hammock]* (se) balancer ; *[person, ship]* se balancer ◆ **he was ~ing back and forth** il se balançait d'avant en arrière

b *(= sway violently) [person]* chanceler ; *[building]* être ébranlé *or* secoué ◆ **the mast was ~ing in the wind** le mât oscillait dans le vent ◆ **the ground ~ed beneath our feet** le sol a tremblé sous nos pieds ◆ **they ~ed with laughter** * ils étaient écroulés *or* pliés de rire *

N (also **rock music**) rock *m* ; see also **glam, punk**

ADJ *(Mus) [ballet, musical etc]* rock *inv* ◆ **~ musician** rocker *m*

COMP ▷ **rock 'n' roll**, **rock-and-roll** N rock (and roll) *or* rock 'n' roll *m* ◆ **to do the ~-and-roll** danser le rock (and roll) ADJ rock *inv* ▷ **rock star** N *(Mus)* rock star *f*

**rock²** /rɒk/ N a *(NonC = substance) (any kind)* roche *f* ; *(hard)* roc *m* ; (also **rock face**) rocher *m*, paroi *f* rocheuse ◆ **caves hewn out of the ~** des cavernes *fpl* creusées dans la roche *or* le roc ◆ **hewn out of solid ~** creusé à même le roc, creusé dans le roc ◆ **built on ~** *(lit, fig)* bâti sur le roc ◆ **they were drilling into ~ and not clay** ils foraient la roche *or* le roc et non l'argile ◆ **porous/volcanic** *etc* **~** roche *f* poreuse/volcanique *etc* ◆ **the study of ~s** l'étude *f* des roches

b *(= large mass, huge boulder)* rocher *m*, roc *m* *(liter)* ; *(smaller)* roche *f* ◆ **these plants grow on ~s** ces plantes poussent sur les rochers *or* sur la roche ◆ **a huge ~ blocked their way** un énorme rocher leur bouchait le passage ◆ **fallen ~s** éboulis *mpl* ◆ **the Rock (of Gibraltar)** le rocher de Gibraltar ◆ **as solid as a ~** solide comme un roc ◆ **to be between a ~ and a hard place** être pris dans un dilemme

◆ **on the rocks** *[drink]* avec des glaçons ◆ **to be on the rocks** *[marriage]* être en difficulté ; *[business, economy]* être au bord de la faillite ◆ **to go on the rocks** *[ship]* s'échouer sur les rochers ; *[marriage]* échouer ; *[business, economy]* faire faillite

c *(US = stone)* caillou *m*

d ‡ *(= diamond)* diam * *m* ◆ **~s** *(= jewels)* quincaillerie * *f*

e *(Brit = sweet)* ≈ sucre *m* d'orge ◆ **Blackpool ~** *bâton de sucre d'orge marqué au nom de Blackpool*

f ◆ **to get one's ~s off** ‡ prendre son pied ‡

COMP ▷ **rock bass** N perche *f*, achigan *m* ▷ **rock bottom** N *(Geol)* fond *m* rocheux ◆ **this is ~ bottom** * *(fig)* c'est la fin de tout, c'est la catastrophe ◆ **her spirits reached ~ bottom** * elle avait le moral à zéro * ◆ **prices were at ~ bottom** les prix étaient au plus bas ▷ **rock-bottom** ADJ *(Comm)* ◆ **"rock-bottom prices"** "prix sacrifiés", "prix défiant toute concurrence" ▷ **rock bun**, **rock cake** N *(Brit)* rocher *m* *(Culin)* ▷ **rock candy** N *(US)* ≈ sucre *m* d'orge ▷ **rock carving** N sculpture *f* sur roc ▷ **rock-climber** N varappeur *m*, -euse *f*, rochassier *m*, -ière *f* ▷ **rock-climbing** N varappe *f*, escalade *f* ▷ **rock crystal** N cristal *m* de roche ▷ **rock dove** N *(Orn)* pigeon *m* biset ▷ **rock face** N paroi *f* rocheuse ▷ **rock fall** N chute *f* de pierres *or* de rochers ▷ **rock garden** N (jardin *m* de) rocaille *f* ▷ **rock-hard** ADJ *(lit)* dur comme la pierre ◆ **she's ~-hard** * *(= tough)* c'est une coriace ▷ **rock painting** N *(Art)* peinture *f* rupestre *or* pariétale ▷ **rock plant** N plante *f* alpestre *or* de rocaille ▷ **rock pool** N flaque *f* *or* flache *f* laissée par la marée *(en bord de mer)* ▷ **rock-ribbed** ADJ *(US)* inébranlable, à toute épreuve ▷ **rock rose** N hélianthème *m* ▷ **rock salmon** N *(Brit)* roussette *f* ▷ **rock salt** N sel *m* gemme ▷ **rock-solid** ADJ *(lit, fig)* solide comme un roc ▷ **rock-steady** ADJ *[hand, voice]* parfaitement ferme ; *[camera, gun, moving car]* parfaitement stable

**rockabilly** /ˈrɒkəbɪlɪ/ N *(Mus)* rockabilly *m*

**rocker** /ˈrɒkəʳ/ N a *[of cradle etc]* bascule *f* ; *(esp US = rocking chair)* rocking-chair *m*, berceuse *f* ◆ **to be off one's ~** ‡ être cinglé *, avoir une case en moins * ◆ **to go off one's ~** ‡ perdre la boule * b *(= person)* rockeur *m*, -euse *f*

**rockery** /ˈrɒkərɪ/ N (jardin *m* de) rocaille *f*

**rocket** /ˈrɒkɪt/ N a *(Mil)* fusée *f*, roquette *f* ; *(Aviat, also firework)* fusée *f* ◆ **to fire** *or* **send up a ~** lancer une fusée ◆ **distress ~** fusée *f* de détresse ◆ **space ~** fusée *f* interplanétaire ◆ **he's just had a ~** * **from the boss** *(Brit fig)* le patron vient de lui passer un savon * *or* de l'enguirlander *

b *(Culin)* roquette *f*

VI *[prices]* monter en flèche ◆ **he went ~ing * past my door** il est passé en trombe devant ma porte ◆ **to ~ to fame** devenir célèbre du jour au lendemain

COMP ▷ **rocket attack** N attaque *f* à la roquette ▷ **rocket base** N ⇒ **rocket range** ▷ **rocket fuel** N *(NonC)* propergol *m* ▷ **rocket gun** N fusil *m* lance-roquettes *inv* *or* lance-fusées *inv* ▷ **rocket launcher** N lance-roquettes *m inv*, lance-fusées *m inv* ▷ **rocket plane** N avion-fusée *m* ▷ **rocket-propelled** ADJ autopropulsé ▷ **rocket propulsion** N propulsion *f* par fusée, autopropulsion *f* ▷ **rocket range** N base *f* de lancement de missiles ◆ **within ~ range** à portée de missiles ▷ **rocket research** N recherches *fpl* aérospatiales ▷ **rocket science** N technologie *f* des fusées ◆ **it's not ~ science** ce n'est vraiment pas sorcier * ▷ **rocket scientist** N spécialiste *mf* des fusées ◆ **it doesn't take a ~ scientist to ...** pas besoin d'être un génie pour ... ▷ **rocket ship** N vaisseau *m* spatial ▷ **rocket technology** N technologie *f* des fusées

**rocketry** /ˈrɒkɪtrɪ/ N *(= science)* technologie *f* des fusées ; *(= rockets collectively)* (panoplie *f* de) fusées *fpl*

**rockfish** /ˈrɒkfɪʃ/ N (pl **rockfish** *or* **rockfishes**) rascasse *f*

**rocking** /ˈrɒkɪŋ/ N balancement *m*, ballottement *m* COMP ▷ **rocking chair** N rocking-chair *m*, berceuse *f* ▷ **rocking horse** N cheval *m* à bascule

**rockling** /ˈrɒklɪŋ/ N (pl **rockling** *or* **rocklings**) loche *f* de mer

**rocky¹** /ˈrɒkɪ/ ADJ a *(* = precarious) [marriage]* fragile, instable ; *[health]* précaire, chancelant ◆ **his finances are ~** sa situation financière est précaire ◆ **to be going through a ~ patch** traverser une période difficile b *(= unsteady) [table, chair]* branlant

**rocky²** /ˈrɒkɪ/ ADJ *(lit) [shore, mountain]* rocheux ; *[road, path]* rocailleux ◆ **I knew it would be a ~ road to recovery** je savais que mon rétablissement n'était pas du tout cuit * *or* que mon rétablissement serait long et difficile ◆ **on the ~ road to fame** sur le dur chemin de la gloire COMP ▷ **the Rocky Mountains** NPL (also **the Rockies**, *(Geog)* les (montagnes *fpl*) Rocheuses *fpl*

**rococo** /rəʊˈkəʊkəʊ/ N rococo *m* ADJ rococo *inv*

**rod** /rɒd/ N a *(wooden)* baguette *f* ; *(metallic)* tringle *f* ; *[of machinery]* tige *f* ; *(for punishment)* baguette *f*, canne *f* ; *(symbol of authority)* verge *f* ◆ **curtain/stair ~** tringle *f* à rideaux/d'escalier ◆ **to make a ~ for one's own back** donner des verges pour se faire battre *or* fouetter ◆ **to rule with a ~ of iron** *[+ country]* gouverner d'une main de fer *[+ person, family]* mener à la baguette *or* à la trique * ; → **black, connecting, piston, spare** b (also **fishing rod**) canne *f* (à pêche) ◆ **to fish with ~ and line** pêcher à la ligne c *(= measure)* perche *f* (= 5,03 m) d *[of eye]* bâtonnet *m* e *(US* ‡ *= gun)* flingue ‡ *m* f *(Aut* * *= hotrod)* hotrod *m*, voiture *f* gonflée g *(*‡ *= penis)* bite *‡ *f* COMP ▷ **rod bearing** N *(Tech)* manchon *m* de bielle

**rode** /rəʊd/ VB pt of **ride**

**rodent** /ˈrəʊdənt/ N rongeur *m* ADJ rongeur ◆ **~ cancer, ~ ulcer** *(Med)* cancer *m* de la peau

**rodeo** /ˈrəʊdɪəʊ/ N rodéo *m*

**rodomontade** /ˌrɒdəmɒnˈteɪd/ N rodomontade *f*

**roe¹** /rəʊ/ N (pl **roe** *or* **roes**) *(species:* also **roe deer**) chevreuil *m* COMP ▷ **roe buck** N chevreuil *m* mâle ▷ **roe deer** N *(female)* chevreuil *m* femelle chevrette *f*

**roe²** /rəʊ/ N *[of fish]* ◆ **hard ~** œufs *mpl* de poisson ◆ **soft ~** laitance *f* ◆ **herring ~** œufs *mpl* *or* laitance *f* de hareng

**roentgen** /ˈrɒntjən/ N Roentgen *or* Röntgen *m*

**rogation** /rəʊˈgeɪʃən/ *(Rel)* N *(gen pl)* rogations *fpl* COMP ▷ **Rogation Days** NPL *les trois jours qui précèdent l'Ascension* ▷ **Rogation Sunday** N dimanche *m* des Rogations

**rogatory** /ˈrɒgətərɪ/ ADJ *(Jur)* rogatoire ; → **letter**

**Roger** /ˈrɒdʒəʳ/ N Roger *m* ◆ **"roger!"** *(Telec)* "compris !" ; → **jolly**

**roger** *‡ /ˈrɒdʒəʳ/ VT tringler *‡

**rogue** /rəʊg/ N a *(= scoundrel)* voyou *m* *(= scamp)* coquin(e) *m(f)* ◆ **a loveable ~** un sympathique fripouille ◆ **you little ~!** petit coquin ! b *(Zool)* solitaire *m* ADJ *[elephant, lion, male]* solitaire ; *[gene]* aberrant ◆ **~ element** *(= maverick)* franc-tireur *m* ◆ **mysterious ~ programmes known as viruses** de mystérieux programmes incontrôlables connus sous le nom de virus ◆ **these one-time ~ states seeking respectability** ces États autrefois en marge et qui se cherchent aujourd'hui une respectabilité ◆ **~ cop** * flic * *m* solitaire COMP ▷ **rogues gallery** N *(Police)* photographies *fpl* de l'identité judiciaire *or* des sommiers ◆ **they look like a ~s' gallery** ils ont des têtes de repris de justice

**roguery** /ˈrəʊɡərɪ/ N *(= wickedness)* coquinerie *f*, malhonnêteté *f* ; *(= mischief)* espièglerie *f*

**roguish** /ˈrəʊɡɪʃ/ ADJ *(= mischievous) [person, smile, charm, humour]* malicieux ; *(= rascally) [person]* coquin

**roguishly** /ˈrəʊɡɪʃlɪ/ ADV *[smile, say]* malicieusement ◆ **he winked at me ~** il m'a fait un clin d'œil malicieux

**ROI** /ˌɑːrəʊˈaɪ/ N (abbrev of **Republic of Ireland**) République *f* d'Irlande

**roil** /ˈrɔɪl/ *(esp US)* VI *[water]* bouillonner VT *(fig)* perturber ◆ **to ~ the waters** semer le trouble

**roily** /ˈrɔɪlɪ/ ADJ *(esp US) [water, sea]* troublé, agité ; *(fig) [person]* exaspéré

**roister** /ˈrɔɪstəʳ/ VI s'amuser bruyamment

**roisterer** /ˈrɔɪstərəʳ/ N fêtard(e) * *m(f)*

**Roland** /ˈrəʊlənd/ N Roland *m* ◆ **a ~ for an Oliver** un prêté pour un rendu

**role, rôle** /rəʊl/ N *(Theat, fig)* rôle *m* ; → **leading**[1] COMP ▷ **role model** N modèle *m* ▷ **role play** N *(NonC)* jeu(x) *m(pl)* de rôle VT traiter sous forme de jeu de rôle ◆ **~-play one of the following situations** traitez l'une des situations suivantes sous forme de jeu de rôle VI faire des jeux de rôle ▷ **role reversal** N inversion *f* des rôles

**roll** /rəʊl/ N a *[of cloth, paper, netting, wire, hair etc]* rouleau *m* ; *[of banknotes]* liasse *f* ; *[of tobacco]* carotte *f* ; *[of butter]* coquille *f* ; *[of flesh, fat]* bourrelet *m* ◆ **~ of film** *(Phot)* (rouleau *m* de) pellicule *f*

b (also **bread roll**) petit pain *m* ; → **sausage, Swiss**

c *(= movement) [of ship]* roulis *m* ; *[of sea]* houle *f* ; *[of plane]* tonneau *m* ◆ **to walk with a ~** se balancer en marchant, avoir une démarche chaloupée ◆ **the ship gave a sudden ~** le bateau roula brusquement ◆ **the horse was having a ~ on the grass** le cheval se roulait dans l'herbe ◆ **to have a ~ in the hay with sb** * batifoler * dans l'herbe avec qn ; → **rock**[1]

d *(= sound) [of thunder, drums]* roulement *m* ; *[of organ]* ronflement *m*

e *(= list, register)* liste *f*, tableau *m* ; *(for court, ship's crew etc)* rôle *m* ◆ **class ~** *(Scol)* liste *f* (nominative) des élèves ◆ **we have 60 pupils on our ~(s)** nous avons 60 élèves inscrits ◆ **falling ~s** *(Scol)* diminutions *fpl* des effectifs ◆ **to call the ~** faire l'appel ◆ **~ of honour** *(Brit) (Mil)* noms *mpl* des combattants morts pour la patrie *or* tombés au champ d'honneur ; *(Scol)* tableau *m* d'honneur ◆ **to strike sb** *or* **sb's name off the ~s** *(Jur)* radier qn des listes *or* du tableau ; → **electoral**

f **to be on a ~** * *(= prospering)* avoir le vent en poupe

VI a *(= turn over)* rouler ◆ **to ~ over and over** *[object]* rouler sur soi-même ; *[person]* se rouler ◆ **the coin ~ed under the table** la pièce a roulé sous la table ◆ **stones ~ed down the hill** des pierres ont roulé *or* déboulé jusqu'au pied de la colline ◆ **the car ~ed down the hill** *(brakes off)* la voiture a descendu la pente toute seule ; *(over and over)* la voiture a dévalé la pente en faisant une série de tonneaux ◆ **the lorries ~ed through the streets** les camions roulaient dans les rues ◆ **his car ~ed to a stop** sa voiture s'arrêta doucement ◆ **to ~ headlong down a slope** dégringoler une pente ◆ **the children were ~ing down the slope** les enfants dévalaient la pente en roulant ◆ **tears were ~ing down her cheeks** les larmes coulaient sur ses joues ◆ **the waves were ~ing on to the beach** les vagues déferlaient sur la plage ◆ **the newspapers were ~ing off the presses** les journaux tombaient des rotatives ◆ **the wheels kept ~ing** les roues continuaient à tourner ◆ **heads will ~** il y aura des limogeages *, des têtes vont tomber ◆ **we were ~ing along at 100km/h** *(in car)* nous roulions à 100 (km) à l'heure ◆ **the horse ~ed in the mud** le cheval s'est roulé dans la boue ◆ **he's ~ing in money** * *or* **in it** * il roule sur l'or ◆ **they were ~ing in the aisles** * ils se tordaient de rire, ils se tenaient les côtes * ◆ **she is trainer and manager ~ed into one** elle est entraîneur et manager tout à la fois *or* en même temps ◆ **to ~ with the punches** encaisser les coups

b *[ship]* rouler ◆ **he ~ed from side to side as he walked** il se balançait en marchant ◆ **his eyes were ~ing** ses yeux roulaient, il roulait les yeux

c *[thunder]* gronder, rouler ; *[drums, words]* rouler ; *[voice]* retentir ; *[organ]* rendre un son grave et prolongé ; *[noises]* se répercuter

d *(= function, operate) [machine]* marcher, fonctionner ; *[film cameras]* tourner ◆ **cameras ~!** on tourne ! ◆ **to keep the show ~ing** * *(Theat)* s'arranger pour que le spectacle continue *subj* ◆ **you must keep the ball** *or* **things ~ing while I'm away** * arrangez-vous pour que ça tourne *subj* rond *or* pour que tout marche *subj* pendant mon absence

VT a *[+ barrel, hoop, ball]* faire rouler ; *[+ umbrella, cigarette]* rouler ; *[+ pastry, dough]* étendre *or* abaisser au rouleau ; *[+ metal]* laminer ; *[+ lawn]* rouler ; *[+ road]* cylindrer ◆ **to ~ one's eyes** rouler des yeux ◆ **to ~ one's r's** rouler les r ◆ **to ~ sth between one's fingers** rouler qch avec *or* entre ses doigts ◆ **to ~ string into a ball** enrouler de la ficelle en pelote ◆ **the hedgehog ~ed itself up into a ball** le hérisson s'est roulé en boule ◆ **he ~ed himself in a blanket** il s'est enroulé dans une couverture ◆ **they ~ed the car to the side of the road** ils ont poussé la voiture sur le bas-côté ; see also **rolled**

b *(US* * *= rob)* dévaliser

COMP ▷ **roll bar** N *(Aut)* arceau *m* de sécurité ▷ **roll call** N *(gen, Mil, Scol)* appel *m* ◆ **a ~ call of sporting giants** une belle brochette de sommités du sport ▷ **roll-collar** N *(Brit)* ⇒ **roll-neck** ▷ **roll film** N rouleau *m or* bobine *f* de pellicule photo(graphique) ▷ **roll-neck** N *(Brit) [of sweater]* col *m* roulé ADJ ◆ **~-neck(ed)** à col roulé ▷ **roll-on** N, ADJ → **roll-on** ▷ **roll-top desk** N bureau *m* à cylindre ▷ **roll-up** *, **roll-your-own** * N *(Brit)* cigarette *f* roulée

► **roll about** VI *[coins, marbles]* rouler çà et là ; *[ship]* rouler ; *[person, dog]* se rouler par terre

► **roll along** VI a *[ball, vehicle]* rouler

b *(* = arrive)* s'amener *, se pointer *

VT SEP *[+ ball]* faire rouler ; *[+ car]* pousser

► **roll around** VI ⇒ **roll about**

► **roll away** VI *[clouds, mist, vehicle]* s'éloigner ; *[ball]* rouler au loin ◆ **the ball ~ed away from me** le ballon a roulé loin de moi

VT SEP *[+ trolley, table]* pousser

► **roll back** VI *[object]* rouler en arrière ; *[eyes]* chavirer

VT SEP a *[+ object]* rouler en arrière ; *[+ carpet]* rouler ; *[+ sheet]* enlever (en roulant)

b *(= bring back)* ramener ◆ **if only we could ~ back the years** si seulement nous pouvions ramener le temps passé

c *(US = reduce)* réduire ◆ **to ~ back the State** diminuer le pouvoir de l'État

d *(= undo) [+ reform]* défaire

N ◆ **rollback** * → **rollback**

► **roll by** VI *[vehicle, procession]* passer ; *[clouds]* traverser le ciel, dériver dans le ciel ; *[time, years]* s'écouler, passer

► **roll down** VI *[ball, person]* rouler de haut en bas ; *[tears]* couler

VT SEP a *[+ cart]* descendre (en roulant)

b *(= wind down) [+ car window]* descendre, baisser

c *[+ socks, sleeves]* baisser ; *[+ stockings]* rouler

► **roll in** VI *[waves]* déferler ; * *[letters, contributions, suggestions]* affluer ; * *[person]* s'amener *, se pointer * ◆ **he ~ed in * half an hour late** il s'est amené * *or* pointé * avec une demi-heure de retard ◆ **the money keeps ~ing in** * l'argent continue à affluer

VT SEP *[+ barrel, trolley]* faire entrer (en roulant)

► **roll off** VI a *[vehicle, procession]* s'ébranler, se mettre en marche

b *(= fall off)* dégringoler

► **roll on** VI *[vehicle etc]* continuer de rouler ; *[time]* s'écouler ◆ **~ on the holidays!** * *(Brit)* vivement les vacances ! ◆ **~ on Tuesday!** * *(Brit)* vivement mardi !

VT SEP *[+ stockings]* enfiler

N ◆ **roll-on** → **roll-on**

◆ **roll-on-roll-off** *(Brit)* → **roll-on**

► **roll out** VT SEP a *[+ barrel, trolley]* rouler *or* pousser dehors

b *[+ sentence, verse]* débiter

c *[+ pastry]* étendre *or* abaisser au rouleau ; *[+ metal]* laminer

d *(= introduce) [+ system, offer]* introduire

N ◆ **roll-out** → **roll-out**

► **roll over** VI *[person, animal] (once)* se retourner (sur soi-même) ; *(several times* : also **roll over and over**) se rouler

VT SEP *[+ person, animal, object]* retourner

► **roll past** VI ⇒ **roll by**

► **roll up** VI a *[animal]* se rouler (*into* en)

b *(* = arrive)* arriver, s'amener * ◆ **~ up and see the show!** *(at fairground)* approchez, venez voir le spectacle !

VT SEP *[+ cloth, paper, map]* rouler ◆ **to ~ up one's sleeves** retrousser ses manches

N ◆ **roll-up** * → **roll**

**rollaway bed** /ˈrəʊləweɪˈbed/ N *(US)* lit *m* pliant (sur roulettes)

**rollback** /ˈrəʊlbæk/ N *(US) (gen)* réduction *f* ; *(Econ)* baisse *f* forcée des prix (sur ordre du gouvernement)

**rolled** /rəʊld/ ADJ a (also **rolled up**) *[carpet, newspaper, blanket, garment]* roulé, enroulé ; *[trousers, sleeves]* retroussé ; *[umbrella]* plié b *(Phon)* roulé COMP ▷ **rolled gold** N plaqué *m* or ▷ **rolled-gold** ADJ *[bracelet]* (en) plaqué or ▷ **rolled oats** NPL flocons *mpl* d'avoine ▷ **rolled-steel joist** N poutrelle *f* ▷ **rolled tobacco** N tabac *m* en carotte

**Roller** * /ˈrəʊləʳ/ N *(Brit)* Rolls *f*

**roller** /ˈrəʊləʳ/ N a *(gen)* rouleau *m* ; *(for pastry)* rouleau *m* à pâtisserie ; *(for roads)* rouleau *m* compresseur ; *(for lawn)* rouleau *m* de jardin ; *(for metal)* laminoir *m*, cylindre *m* lamineur ; *(in papermaking) (also Tex)* calandre *f*

b *(for painting and decorating)* rouleau *m* (à peinture) ; *(for inking)* rouleau *m* (encreur)

c *(for winding sth round)* rouleau *m* ; *[of blind]* enrouleur *m* ; *(for hair)* bigoudi *m*, rouleau *m* à mise en plis ◆ **to put one's hair in ~s** se mettre des bigoudis

d *(for moving things)* rouleau *m* ; *(= wheel)* roulette *f*, galet *m* ◆ **table on ~s** table *f* à roulettes

e *(part of harness)* surfaix *m*

f *(= wave)* lame *f* de houle

COMP ▷ **roller bandage** N bande *f* (roulée) ▷ **roller blade** N, VI ⇒ **rollerblade** ▷ **roller blind** N store *m* ▷ **roller coaster** N montagnes *fpl* russes ▷ **roller skate** N patin *m* à roulettes ▷ **roller-skate** VI faire du patin à roulettes ▷ **roller-skating** N patinage *m* à roulettes ▷ **roller towel** N rouleau *m* essuie-main(s)

**rollerball** /ˈrəʊlə,bɔːl/ N stylo *m* à bille

**Rollerblade ®** /ˈrəʊlə,bleɪd/ N roller *m* VI faire du roller

**rollerdrome** /ˈrəʊlə,drəʊm/ N *(US)* piste *f* de patin à roulettes

**rollick** * /ˈrɒlɪk/ VI *(also* **rollick about***)* s'amuser bruyamment

**rollicking** * /ˈrɒlɪkɪŋ/ ADJ *[person]* d'une gaieté exubérante, joyeux ; *[play, farce]* bouffon ; *[occasion]* (bruyant et) joyeux ◆ **to lead a ~ life** mener joyeuse vie *or* une vie de patachon * ◆ **to have a ~ time** s'amuser follement *or* comme des fous ◆ **it was a ~ party** nous nous sommes amusés comme des petits fous à la soirée N *(= telling off)* savon * *m* ◆ **to give sb a (real) ~** passer un (sacré *or* bon) savon à qn * ◆ **to get a (real) ~** recevoir un (sacré *or* bon) savon *

**rolling** /ˈrəʊlɪŋ/ ADJ a *(= undulating) [countryside, landscape]* vallonné ; *[hills, lawns]* onduleux

b *(= pitching) [ship]* qui roule ; *[sea]* houleux ◆ **~ waves** (vagues *fpl*) déferlantes *fpl*

c *(= swaying) [gait, walk]* chaloupé

d *(= ongoing) [contract]* révisable ; *[programme]* constamment remis à jour ◆ **~ news service** service *m* d'informations permanentes

ADV ◆ **to be ~ drunk** * être rond comme une queue de pelle *

COMP ▷ **rolling mill** N *(= factory)* laminerie *f*, usine *f* de laminage ; *(= machine)* laminoir *m* ▷ **rolling pin** N rouleau *m* à pâtisserie ▷ **rolling plan** N *(Fin)* plan *m* pluriannuel (révisable chaque année) ▷ **rolling stock** N *(Rail)* matériel *m* roulant ▷ **rolling stone** N **a ~ stone gathers no moss** *(Prov)* pierre qui roule n'amasse pas mousse *(Prov)* ◆ **he's a ~ stone** il mène une vie nomade ▷ **rolling targets** NPL *(US Econ)* objectifs *mpl* économiques révisables

**rollmop** /ˈrəʊlmɒp/ N *(Brit)* *(also* **rollmop herring***)* rollmops *m*

**roll-on** /ˈrəʊlɒn/ N *(= corset)* gaine *f* ADJ *[deodorant etc]* à bille COMP ▷ **roll-on-roll-off** N (manutention *f* par) roulage *m* ▷ **roll-on-roll-off ferry** N ferry *m* roulier *or* roll-on roll-off ▷ **roll-on-roll-off ship** N roulier *m*

**roll-out** /ˈrəʊlaʊt/ N *[of new technology, system]* lancement *m*

**rollover** /ˈrəʊləʊvəʳ/ N a *(NonC: Fin) [of loan, debt]* refinancement *m* b *(Brit: in lottery)* remise *f* en jeu du prix ADJ *(Brit: in lottery)* ◆ **it's a ~ week** le gros lot de la semaine précédente a été remis en jeu

**Rolodex ®** /ˈrəʊlədeks/ N fichier *m* Rolodex ®

**roly-poly** /ˈrəʊlɪˈpəʊlɪ/ ADJ * *[person, figure]* rondelet ; *[child]* potelé N a *(Brit:* also **roly-poly pudding***)* (gâteau *m*) roulé *m* à la confiture b *(* = plump child)* poupard *m*

**ROM** /rɒm/ N *(Comput)* (abbrev of **Read-Only-Memory**) → **read**

**Roma (gypsy)** /ˈrəʊmə(ˈdʒɪpsɪ)/ N Rom *mf inv*

**Romagna** /ˈromaɲa/ N Romagne *f*

**romaine** /rəʊˈmeɪn/ N *(US:* also **romaine lettuce***)* (laitue *f*) romaine *f*

**Roman** /ˈrəʊmən/ N a *(= person)* Romain(e) *m(f)* ◆ **the Epistle to the ~s** *(Bible)* l'épître *f* aux Romains b *(Typ)* romain *m* ADJ *(Archit, Geog, Hist, Rel, Typ)* romain ; → **holy** COMP ▷ **the Roman alphabet** N l'alphabet *m* romain ▷ **Roman arch** N voûte *f* (en) plein cintre, arc *m* plein cintre ▷ **the Roman calendar** N le calendrier romain ▷ **Roman candle** N chandelle *f* romaine ▷ **Roman Catholic** ADJ, N catholique *mf* (romain) ▷ **the Roman Catholic Church** N l'Église *f* catholique (romaine) ▷ **Roman Catholicism** N catholicisme *m* ▷ **the Roman Empire** N l'Empire *m* romain ▷ **Roman law** N droit *m* romain ▷ **Roman letters** NPL *(Typ)* caractères *mpl* romains ▷ **Roman nose** N nez *m* aquilin ▷ **Roman numeral** N chiffre *m* romain ▷ **the Roman Rite** N *(Rel)* le rite romain

> ⚠ *In French, the noun* **roman** *means 'novel'.*

**romance** /rəʊˈmæns/ N a *(= tale of chivalry)* roman *m* ; *(= love story/film)* roman *m*/film *m* sentimental ; *(Mus)* romance *f* ; *(= love affair)* idylle *f* ; *(= love)* amour *m* ; *(NonC = charm, attraction)* charme *m* ◆ **it's quite a ~** c'est un vrai roman ◆ **it's pure ~** *(fig = lies)* c'est de la pure invention, c'est du roman ◆ **their ~ lasted six months** leur idylle a duré six mois ◆ **he was her first ~** il était son premier amoureux *or* amour ◆ **they had a beautiful ~** ils ont vécu un beau roman (d'amour) ◆ **the ~ of the sea/of foreign lands** la poésie de la mer/des pays étrangers b *(Ling)* **Romance** roman *m* ADJ *(Ling)* ◆ **Romance** roman VI enjoliver, broder *(fig)* VT *(= woo)* faire la cour à, courtiser

**romancer** /rəʊˈmænsəʳ/ N conteur *m*, -euse *f* ◆ **he's a ~** *(fig)* il enjolive toujours tout

**Romanesque** /,rəʊməˈnesk/ ADJ *[architecture]* roman

**Romania** /rəʊˈmeɪnɪə/ N Roumanie *f*

**Romanian** /rəʊˈmeɪnɪən/ ADJ *(gen)* roumain ; *[ambassador, embassy]* de Roumanie N a Roumain(e) *m(f)* b *(Ling)* roumain *m*

**Romanic** /rəʊˈmænɪk/ ADJ *[language]* roman

**Romanize** /ˈrəʊmənaɪz/ VT *(Hist)* romaniser ; *(Rel)* convertir au catholicisme

**Romans(c)h** /rəʊˈmænʃ/ N romanche *m*

**romantic** /rəʊˈmæntɪk/ ADJ a *(= amorous) [relationship, interlude, assignation]* amoureux ; *[novel, film]* sentimental ; *[novelist, holiday, dinner]* romantique b *(= picturesque, glamorous) [appearance, landscape, castle]* romantique ◆ **a ~ figure like Lawrence of Arabia** un personnage romantique comme Lawrence d'Arabie c *(= unrealistic) [person]* romantique, sentimental ; *[idea, view, image]* romantique d *(Art, Literat, Mus)* ◆ **Romantic** romantique N romantique *mf*, sentimental(e) *m(f)* ; *(Art, Literat, Mus)* romantique *mf* COMP ▷ **romantic comedy** N comédie *f* sentimentale ▷ **romantic fiction** N *(NonC)* les romans *mpl* roses ▷ **romantic lead** N *(Cine, Theat)* jeune premier *m*, -ière *f* ▷ **romantic love** N amour *m* romantique ▷ **the Romantic Movement** N le Mouvement romantique, le romantisme

**romantically** /rəʊˈmæntɪkəlɪ/ ADV a *(= picturesquely, glamorously)* ◆ **the castle is ~ sited on a cliff top** le château occupe une situation très romantique au sommet d'une falaise ◆ **~ named ...** au nom romantique de ... b *(= amorously) [behave, kiss]* amoureusement ◆ **~ inclined** *or* **minded** romantique ◆ **to be ~ involved with sb** avoir une liaison avec qn ◆ **she has been ~ linked with the prince** on a parlé d'une idylle entre le prince et elle ◆ **~, things are looking up** sur le plan sentimental, les choses s'annoncent bien c *(= unrealistically) [talk, describe]* sentimentalement

**romanticism** /rəʊˈmæntɪsɪzəm/ N *(Art, Literat, Mus)* romantisme *m*

**romanticist** /rəʊˈmæntɪsɪst/ N *(Art, Literat, Mus)* romantique *mf*

**romanticize** /rəʊˈmæntɪsaɪz/ VTI romancer

**romanticized** /rəʊˈmæntɪsaɪzd/ ADJ *[idea, view, depiction]* très romantique

**Romany** /ˈrɒmənɪ/ N a Rom *mf inv*, tzigane *or* tsigane *mf* b *(Ling)* romani *m* ADJ *[person, society, culture, language]* rom *inv*, tzigane *or* tsigane ◆ **a ~ caravan** une roulotte de tziganes *or* tsiganes

**Rome** /rəʊm/ N Rome ◆ **when in ~ (do as the Romans do)** *(Prov)* à Rome il faut vivre comme les Romains ◆ **~ wasn't built in a day** *(Prov)* Paris *or* Rome ne s'est pas fait en un jour ◆ **all roads lead to ~** *(Prov)* tous les chemins mènent à Rome ◆ **the Church of ~** l'Église *f* (catholique) romaine ◆ **to go over to ~** *(Rel)* se convertir au catholicisme

**Romeo** /ˈrəʊmɪəʊ/ N Roméo *m*

**Romish** /ˈrəʊmɪʃ/ ADJ *(pej)* catholique

**romp** /rɒmp/ N a *(hum = sex)* ébats *mpl* amoureux b *(= energetic play)* jeux *mpl* bruyants, ébats *mpl* ◆ **the play was just a ~** la pièce n'était (guère) qu'une farce VI *[children, puppies]* jouer bruyamment, s'ébattre ◆ **the horse ~ed home** le cheval est arrivé dans un fauteuil * ◆ **to ~ through an exam** bien se débrouiller à un examen

**rompers** /ˈrɒmpəz/ NPL , **romper suit** /ˈrɒmpəsuːt/ N barboteuse *f*

**Romulus** /ˈrɒmjʊləs/ N ◆ **~ and Remus** Romulus *m* et Remus *m*

**Roncesvalles** /ˈrɒnsəvælz/ N Roncevaux

**rondeau** /ˈrɒndəʊ/ (pl **rondeaux** /ˈrɒndəʊz/), **rondel** /ˈrɒndl/ N *(Mus, Poetry)* rondeau *m*

**rondo** /ˈrɒndəʊ/ N *(Mus)* rondeau *m*

**Roneo ®** /ˈrəʊnɪəʊ/ VT polycopier, ronéoter

**rood** /ruːd/ N a *(Rel Archit)* crucifix *m* b *(Brit = measure)* quart *m* d'arpent COMP ▷ **rood screen** N jubé *m*

**roof** /ruːf/ N *[of building, car]* toit *m (also Climbing)* ; *[of cave, tunnel]* plafond *m* ; *(fig: of sky, branches)* voûte *f* ◆ **the ~ of the mouth** *(Anat)* la voûte du palais ◆ **without a ~ over one's head** sans abri *or* toit ◆ **a room in the ~** une chambre sous les combles *or* sous les toits ◆ **I couldn't live under her ~** je ne pourrais pas vivre chez elle ◆ **to live under the same ~ as sb** vivre sous le même toit que qn ◆ **under one ~** *(gen)* sous le même toit ; *(in shopping arcade, hypermarket etc)* réuni(s) au même endroit ◆ **to go through** *or* **to hit the ~** * *[person]* exploser, piquer une crise * ; *[price, claim]* crever le plafond ; → **flat¹, raise, sunshine**

VT *[+ house]* couvrir (d'un toit) ◆ **red-~ed** à toit rouge

COMP ▷ **roof garden** N jardin *m* sur le toit ▷ **roof light** N plafonnier *m* ▷ **roof rack** N *(esp Brit)* galerie *f* ▷ **roof terrace** N terrasse *f* sur le toit

► **roof in** VT SEP couvrir d'un toit

► **roof over** VT SEP recouvrir d'un toit

**roofer** /ˈruːfəʳ/ N couvreur *m*

**roofing** /ˈruːfɪŋ/ N a *(on house)* toiture *f*, couverture *f* b *(= act)* pose *f* de la toiture *or* de la couverture COMP ▷ **roofing felt** N couverture *f* bitumée *or* goudronnée

**roofless** /ˈruːflɪs/ ADJ sans toit

**rooftop** /ˈruːftɒp/ N toit *m* ◆ **to shout** *or* **proclaim sth from the ~s** *(fig)* crier qch sur tous les toits *(fig)*

**rook¹** /rʊk/ N *(Orn)* (corbeau *m*) freux *m* VT (*‡* = swindle) rouler (dans la farine) *, escroquer

**rook²** /rʊk/ N *(Chess)* tour *f*

**rookery** /ˈrʊkərɪ/ N colonie *f* de freux ; *[of seals, penguins]* colonie *f* ; *(fig pej = overcrowded slum)* taudis *m* surpeuplé

**rookie*** /ˈrʊkɪ/ N (US esp Mil) bleu * m

**room** /rʊm/ N a (in house) pièce f; (large) salle f; (= bedroom) chambre f; (= office, study) bureau m ; (in hotel) chambre f ◆ **~s to let** chambres fpl à louer ◆ **~ and board** pension f ◆ **his ~s** son appartement ◆ **come to my ~s for coffee** venez prendre le café chez moi ◆ **they live in ~s** ils habitent un meublé or un garni (pej) ; → **double, lecture, roof**

b (NonC = space) place f ◆ **is there ~?** y a-t-il de la place ? ◆ **there is ~ for two people** il y a de la place pour deux personnes ◆ **there's no ~** il n'y a pas de place ◆ **there's not enough** or **no ~ to swing a cat** * c'est grand comme un mouchoir de poche ◆ **to take up ~/too much ~** prendre de la place/trop de place ◆ **to make ~ for sb** faire une place pour qn ◆ **to make ~ for sth** faire de la place pour qch ◆ **there is still ~ for hope** il y a encore lieu d'espérer ◆ **there is little ~ for hope** il ne reste pas beaucoup d'espoir ◆ **there is no ~ for doubt** il n'y a pas de doute possible ◆ **there is ~ for improvement in your work** votre travail laisse à désirer

VI (US) partager une chambre (with avec) ; ◆ **to ~ with a landlady** louer une chambre meublée

COMP ▷ **room clerk** N (US) réceptionniste mf ▷ **room divider** N meuble m de séparation ▷ **rooming house** N (US) immeuble m (avec chambres à louer) ◆ **he lives in a ~ing house** il habite un meublé ▷ **rooming-in** N (in maternity wards) possibilité pour les accouchées de garder leur nouveau-né dans leur chambre ▷ **room service** N service m des chambres (d'hôtel), room-service m ◆ **ring for ~ service** appelez le garçon d'étage ▷ **room temperature** N température f ambiante ◆ **to bring a wine to ~ temperature** chambrer un vin ◆ **wine at ~ temperature** vin m chambré

**-roomed** /rʊmd/ ADJ (in compounds) ◆ **a six-roomed house** une maison de six pièces ◆ **a two-roomed flat** un deux-pièces

**roomer** /ˈrʊməʳ/ N (US) locataire mf

**roomette** /ruːˈmet/ N (US Rail) compartiment m individuel de wagons-lits

**roomful** /ˈrʊmfʊl/ N pleine salle f

**roominess** /ˈrʊmɪnɪs/ N dimensions fpl spacieuses

**roommate** /ˈrʊmmeɪt/ N camarade mf de chambre ; (US: sharing lodgings) personne f avec laquelle on partage un appartement

**roomy** /ˈrʊmɪ/ ADJ [flat, car] spacieux ; [bag] grand ; [garment] ample

**roost** /ruːst/ N perchoir m, juchoir m ; → **rule**

VI (= settle) se percher, se jucher ; (= sleep) jucher ◆ **all her little schemes are coming home to ~** toutes ses petites combines vont lui retomber dessus or se retourner contre elle

**rooster** /ˈruːstəʳ/ N (esp US) coq m

**root** /ruːt/ N a (gen, Bot, Math etc) racine f; (fig) [of trouble etc] origine f, cause f ◆ **to pull up** or **out by the ~s** déraciner, extirper ◆ **to take ~** (lit, fig) prendre racine ◆ **to pull up one's ~s** (fig) se déraciner ◆ **her ~s are in France** elle est restée française de cœur or d'esprit ◆ **she has no ~s** elle n'a pas de racines, c'est une déracinée ◆ **to put down ~s in a country** s'enraciner dans un pays ◆ **the ~ of the matter** la vraie raison ◆ **to get to the ~ of the problem** trouver la cause or aller au fond du problème ◆ **that is at the ~ of ...** cela est à l'origine de ... ◆ **what lies at the ~ of his attitude?** quelle est la raison fondamentale de son attitude ? ; → **cube, grass, square**

◆ **root and branch** ◆ **to change sth ~ and branch** modifier qch de fond en comble ◆ **to destroy sth ~ and branch** détruire qch complètement ◆ **a ~-and-branch reform** une réforme radicale

b (Ling) (gen) racine f; (Gram) [of verb] radical m ; [of non-verb] base f

c [of tooth] racine f ; [of tongue] base f

d (Mus) fondamentale f

VT (Bot) enraciner ◆ **a deeply ~ed belief** une croyance profondément enracinée ◆ **to be** or **stand ~ed to the spot** être cloué sur place

VI a [plants etc] s'enraciner, prendre racine

b [pigs] fouiller (avec le groin)

COMP ▷ **root beer** N (US) boisson gazeuse à base d'extraits végétaux ▷ **root canal** N [of tooth] canal m dentaire ▷ **root-canal therapy, root-canal work** N (Dentistry) dévitalisation f, pulpectomie f ▷ **root cause** N cause f première ▷ **root crops** NPL racines fpl comestibles ▷ **root ginger** N gingembre m frais ▷ **root sign** N (Math) radical m ▷ **roots music** N (= world music) world music f ; (= reggae) reggae m (des origines) ▷ **root vegetable** N racine f (comestible) ▷ **root word** N (Ling) mot m souche inv

► **root about** VI fouiller (among dans ; for sth pour trouver qch)

► **root among** VI fouiller dans

► **root around** VI ⇒ **root about**

► **root for** * VT FUS [+ team] encourager, applaudir

► **root out** VT SEP (fig) (= find) dénicher ; (= remove) extirper

► **root through** VI ⇒ **root among**

► **root up** VT SEP [+ plant] déraciner ; [pigs] déterrer ; (fig) extirper

**rootless** /ˈruːtlɪs/ ADJ (lit, fig) sans racine(s)

**rootstock** /ˈruːtstɒk/ N (Bot) rhizome m

**rope** /rəʊp/ N a (gen) corde f ; (Naut) cordage m ; [of bell] cordon m ◆ **to give sb more ~** (fig) lâcher la bride à qn ◆ **give him enough ~ and he'll hang himself** si on le laisse faire il se passera lui-même la corde au cou or il creusera sa propre tombe ◆ **the ~s** (Boxing etc) les cordes fpl ◆ **on the ~s** (Boxing) dans les cordes ; * (fig) [person] sur le flanc * ; [business] qui bat de l'aile * ◆ **to know the ~s** * (fig) connaître toutes les ficelles * ◆ **to show sb the ~s** * mettre qn au courant ◆ **to learn the ~s** * se mettre au courant ◆ **to be at the end of one's ~** (US) (= annoyed, impatient) être à bout de nerfs ; (= desperate) être sur le point de craquer ◆ **a ~ of pearls** un collier de perles ◆ **a ~ of onions** un chapelet d'oignons ◆ **a ~ of hair** une torsade de cheveux ; → **clothes, skipping, tightrope**

b (Climbing) corde f ; (people on rope) cordée f ◆ **a ~ of climbers** une cordée d'alpinistes ◆ **to put on the ~** s'encorder ◆ **there were three of them on the ~** ils formaient une cordée de trois

VT a [+ box, case] corder ◆ **to ~ sb to a tree** lier qn à un arbre ◆ **to ~ climbers (together)** encorder des alpinistes ◆ **~d party** (Climbing) cordée f

b (US = catch) [+ cattle] prendre au lasso

COMP ▷ **rope burn** N brûlure f (provoquée par une corde) ▷ **rope ladder** N échelle f de corde ▷ **rope-length** N (Climbing) longueur f de corde ▷ **rope maker** N cordier m ▷ **rope trick** N ◆ **Indian ~ trick** tour de prestidigitation réalisé avec une corde ▷ **roping-off** N (Climbing) rappel m

► **rope in** VT SEP [+ area] entourer de cordes, délimiter par une corde ◆ **to ~ sb in** * (fig) enrôler qn, embringuer qn * ◆ **he got himself ~d in** * **to help at the fête** il s'est laissé embringuer * pour aider à la fête ◆ **I don't want to get ~d in** * **for anything** je ne veux pas me laisser embringuer *

► **rope off** VT SEP (= section off) réserver par une corde ; (= block off) interdire l'accès de

► **rope up** (Climbing) VI s'encorder

VT SEP encorder ◆ **to be ~d up** être encordé

**ropedancer** /ˈrəʊpdɑːnsəʳ/, **ropewalker** /ˈrəʊpwɔːkəʳ/ N funambule mf, danseur m, -euse f de corde

**rop(e)y** /ˈrəʊpɪ/ ADJ a (Brit * = mediocre) pas terrible * b (Brit = ill) ◆ **to feel a bit rop(e)y** * être or se sentir patraque * c (= rope-like) [muscles, arm, neck] noueux

**RORO** N (abbrev of **roll-on-roll-off**) → **roll-on**

**rosary** /ˈrəʊzərɪ/ N a (Rel) chapelet m ; (= fifteen decades) rosaire m ◆ **to say the ~** dire or réciter son chapelet b (in garden) roseraie f

**rose**[1] /rəʊz/ VB pt of **rise**

**rose**[2] /rəʊz/ N a (= flower) rose f ; (also **rose-bush, rose tree**) rosier m ◆ **wild ~** églantine f ◆ **life isn't all ~s** la vie n'est pas rose tous les jours ◆ **it isn't all ~s** tout n'est pas rose ◆ **there is no ~ without a thorn** (Prov) il n'y a pas de roses sans épines ◆ **she's an English ~** elle est belle comme une fleur or fraîche comme une rose ◆ **that will put ~s back in your cheeks** cela va te rendre tes belles couleurs ◆ **under the ~** (fig liter) en confidence ◆ **the Wars of the Roses** (Brit Hist) la guerre des Deux-Roses ◆ **everything is coming up ~s** * tout marche comme sur des roulettes * ◆ **to come up smelling of ~s** * s'en sortir très bien ; → **bed, Christmas, rock**[2]

b [of hose, watering can] pomme f ; (on hat, shoe) rosette f ; [of pump] crépine f ; (on ceiling) rosace f (de plafond) ; → **compass**

c (= colour) rose m

ADJ rose

COMP [leaf, petal] de rose ▷ **rose-coloured** ADJ rose, couleur de rose inv ◆ **to see everything/life through ~-coloured spectacles** voir tout/la vie en rose ▷ **rose diamond** N (diamant m en) rose f ▷ **rose garden** N roseraie f ▷ **rose grower** N rosiériste mf ▷ **rose pink** ADJ rose, rosé ▷ **rose-red** ADJ vermeil ▷ **rose-tinted** ADJ ⇒ **rose-coloured** ▷ **rose water** N eau f de rose (lit) ▷ **rose window** N rosace f, rose f

**rosé** /ˈrəʊzeɪ/ N rosé m (vin)

**roseate** /ˈrəʊzɪɪt/ ADJ (liter) a (= pink) rose b (pej = rose-tinted) [picture, vision] idyllique

**rosebay** /ˈrəʊzbeɪ/ N laurier-rose m

**rosebed** /ˈrəʊzbed/ N parterre m or massif m de roses

**rosebowl** /ˈrəʊzbəʊl/ N coupe f à fleurs

**rosebud** /ˈrəʊzbʌd/ N bouton m de rose COMP ▷ **rosebud mouth** N bouche f en cerise

**rosebush** /ˈrəʊzbʊʃ/ N rosier m

**rosehip** /ˈrəʊzhɪp/ N cynorhodon m, gratte-cul m COMP ▷ **rosehip syrup** N sirop m d'églantine

**roselike** /ˈrəʊzlaɪk/ ADJ rosacé

**rosemary** /ˈrəʊzmərɪ/ N romarin m

**roseola** /rəʊˈzɪələ/ N roséole f

**rosette** /rəʊˈzet/ N (= ribbons etc) rosette f ; (Sport: as prize) cocarde f ; (Archit) rosace f

**rosewood** /ˈrəʊzwʊd/ N bois m de rose COMP en bois de rose

**Rosh Hashanah** /ˌrɒʃhəˈʃɑːnə/ N Rosh ha-Shana, Roch ha-Shana

**Rosicrucian** /ˌrəʊzɪˈkruːʃən/ ADJ, N rosicrucien(ne) *m(f)*

**rosin** /ˈrɒzɪn/ N colophane *f*

**RoSPA** /ˈrɒspə/ N *(Brit)* (abbrev of **Royal Society for the Prevention of Accidents**) *société pour la prévention des accidents*

**roster** /ˈrɒstəʳ/ N liste *f*, tableau *m* (de service) ; → **duty**

**rostrum** /ˈrɒstrəm/ N (pl **rostrums** *or* **rostra** /ˈrɒstrə/) tribune *f* ; *(Roman Hist)* rostres *mpl* ◆ **on the ~** à la tribune

**rosy** /ˈrəʊzɪ/ ADJ **a** *(= pink) [colour]* rosé ; *[face, cheeks, complexion, light]* rose **b** *(= optimistic) [view]* optimiste ◆ **the situation looks ~ (for her)** la situation se présente bien (pour elle) ◆ **things don't look very ~ for her** la situation n'est pas rose pour elle ◆ **his future looks ~** l'avenir se présente bien pour lui ◆ **the party seemed to have a ~ future ahead of it** l'avenir du parti était prometteur ◆ **to paint a ~ picture of sth** faire *or* brosser un tableau idyllique de qch

**rot** /rɒt/ N *(NonC)* **a** pourriture *f* ; *(Bot, Med)* carie *f* ◆ **he worked well at the beginning then the ~ set in** * au début il travaillait bien mais par la suite il a flanché * *or* les problèmes ont commencé ◆ **to stop the ~** redresser la situation ; → **dry b** *(esp Brit † * = nonsense)* balivernes *fpl* ◆ **to talk ~** dire *or* débiter des balivernes ◆ **that's utter ~, that's a lot of ~** ce ne sont que des balivernes VI pourrir ; *(fig) [person]* croupir ◆ **to ~ in jail** croupir en prison ◆ **let him ~!** * qu'il aille se faire pendre ! * VT (faire) pourrir

► **rot away** VI tomber en pourriture

**rota** /ˈrəʊtə/ N **a** *(esp Brit)* liste *f*, tableau *m* (de service) **b** *(Rel)* **Rota** rote *f*

**Rotarian** /rəʊˈtɛərɪən/ ADJ, N rotarien *m*

**rotary** /ˈrəʊtərɪ/ ADJ **a** *[tin-opener, dial, control, movement]* rotatif **b** ◆ **Rotary (Club)** Rotary Club *m* COMP ▷ **rotary clothes dryer** N séchoir *m* rotatif ▷ **rotary cultivator** N motoculteur *m* ▷ **rotary engine** N moteur *m* rotatif ▷ **rotary kiln** N four *m* rotatif ▷ **rotary (lawn)mower** N tondeuse *f* à lame rotative ▷ **rotary press** N rotative *f* ▷ **rotary printer** N tireuse *m* rotative ▷ **rotary printing press** N ⇒ **rotary press** ▷ **rotary shutter** N *(Phot)* obturateur *m* rotatif ▷ **rotary-wing aircraft** N aéronef *m* à voilure tournante

**rotate** /rəʊˈteɪt/ VT *(= revolve)* faire tourner ; *(on pivot)* faire pivoter ; *(= change round) [+ crops]* alterner ; *[two people] [+ work, jobs]* faire à tour de rôle VI tourner ; *(on pivot)* pivoter ; *[crops]* être alterné

**rotating** /rəʊˈteɪtɪŋ/ ADJ *(gen)* tournant ; *(= pivoting)* pivotant

**rotation** /rəʊˈteɪʃən/ N *(= turning)* rotation *f* ; *(= turn)* rotation *f*, tour *m* ◆ **in** *or* **by ~** à tour de rôle ◆ **~ of crops** assolement *m*, rotation *f* (des cultures)

**rotatory** /rəʊˈteɪtərɪ/ ADJ rotatoire

**Rotavator** ® /ˈrəʊtəveɪtəʳ/ N *(Brit)* ⇒ **Rotovator**

**rote** /rəʊt/ N ◆ **by ~** *[learn]* machinalement, sans essayer de comprendre ; *[recite]* comme un perroquet COMP ▷ **rote learning** N apprentissage *m* par cœur

**rotgut** ‡ /ˈrɒtgʌt/ N *(pej)* tord-boyaux ‡ *m inv*

**rotisserie** /rəʊˈtɪsərɪ/ N *(= grill or oven)* rôtissoire *f* ; *(= fitment)* tournebroche *m* ; *(= restaurant)* rôtisserie *f*

**rotogravure** /ˌrəʊtəʊgrəˈvjʊəʳ/ N rotogravure *f*

**rotor** /ˈrəʊtəʳ/ N *(Aviat, Elec)* rotor *m* COMP ▷ **rotor arm** N *(Aut)* rotor *m* ▷ **rotor blade** N pale *f* de rotor

**rotorcraft** /ˈrəʊtəkrɑːft/ N giravion *m*, hélicoptère *m*

**rototill** /ˈrəʊtəʊtɪl/ VT *(US)* labourer avec un motoculteur

**Rototiller** ® /ˈrəʊtəʊtɪləʳ/ N *(US)* motoculteur *m*

**rotovate** /ˈrəʊtəveɪt/ VT *(Brit)* labourer avec un motoculteur

**Rotovator** ® /ˈrəʊtəveɪtəʳ/ N *(Brit)* motoculteur *m*

**rotproof** /ˈrɒtpruːf/ ADJ imputrescible

**rotten** /ˈrɒtn/ ADJ **a** *(= decayed) [wood, vegetation, vegetable, egg]* pourri ; *[meat]* pourri, avarié ; *[fruit, tooth]* pourri, gâté

**b** *(= corrupt)* véreux, corrompu ◆ **~ to the core** pourri jusqu'à la moelle ; → **comp**

**c** *( * = useless)* nul *(at sth* en qch ; *at doing sth* pour faire qch)

**d** *( * = unpleasant)* ◆ **what ~ weather!** quel temps pourri ! * ◆ **what ~ luck!** quelle guigne ! *, quelle poisse ! * ◆ **we had a ~ time** on ne s'est pas marrés * ◆ **what a ~ trick!** quel sale tour ! * ◆ **that's a ~ thing to say/do!** c'est moche * de dire/faire ça ! ◆ **it's a ~ business** c'est une sale affaire ◆ **isn't it ~ about poor Anne?** pauvre Anne ! quel sale coup ! * ◆ **to feel/look ~** * *(= ill)* se sentir/avoir l'air mal fichu * ◆ **to feel ~ * (about doing sth)** *(= guilty)* se sentir minable * (de faire qch)

**e** *(*: expressing annoyance)* fichu *, sale * *before n* ◆ **you can keep your ~ bike** tu peux te le garder, ton sale vélo *

ADV * ◆ **to spoil sb ~** pourrir qn ◆ **to fancy sb ~** *(Brit)* être entiché de qn

COMP ▷ **rotten apple** N *(fig)* brebis *f* galeuse ◆ **one ~ apple spoils the (whole) barrel** *(Prov)* il ne faut qu'une brebis galeuse pour infecter le troupeau

**rottenness** /ˈrɒtnnɪs/ N (état *m* de) pourriture *f*

**rotter** † * /ˈrɒtəʳ/ N *(Brit)* sale type * *m*

**rotting** /ˈrɒtɪŋ/ ADJ en pourriture, qui pourrit

**Rottweiler** /ˈrɒtˌvaɪləʳ/ N Rottweiler *m*

**rotund** /rəʊˈtʌnd/ ADJ **a** *(= round) [person, body]* replet (-ète *f*), rondelet ; *[object, building]* arrondi ◆ **his ~ stomach** son ventre rebondi **b** *(= sonorous) [voice, tone]* sonore

**rotunda** /rəʊˈtʌndə/ N rotonde *f*

**rotundity** /rəʊˈtʌndɪtɪ/ N *[of person]* embonpoint *m* ; *(fig) [of style]* grandiloquence *f* ; *[of voice]* sonorité *f*

**rouble, ruble** *(US)* /ˈruːbl/ N rouble *m*

**roué** /ˈruːeɪ/ N roué *m*, débauché *m*

**rouge** /ruːʒ/ N rouge *m* (à joues) VT ◆ **to ~ one's cheeks** se farder les joues, se mettre du rouge aux joues

**rough** /rʌf/ ADJ **a** *(= not smooth) [skin, hands, cloth]* rêche ; *(harder)* rugueux ; *[bark]* rugueux ; *[ground, road, track]* raboteux ◆ **~ edges** aspérités *fpl* ◆ **the proposal still has some ~ edges** le projet n'est pas encore tout à fait au point ◆ **he'll be a good salesman once we knock off the ~ edges** il fera un bon vendeur lorsque nous l'aurons un peu dégrossi ◆ **to give sb the ~ side of one's tongue** * *(Brit)* passer un savon * à qn

**b** *(= harsh) [sound]* rude, âpre ; *[voice]* rude ; *[taste]* âpre ; *[wine]* grossier ◆ **to taste ~** avoir un goût âpre

**c** *(= unrefined) [person, speech, manners]* rude ; *[tone, voice]* brusque

**d** *( * = difficult) [life]* dur ◆ **to have a ~ time (of it)** en voir de rudes *or* de dures * ◆ **to give sb a ~ time** en faire voir de toutes les couleurs à qn * ◆ **it's ~ on him** c'est dur pour lui ◆ **don't be too ~ on him** ne sois pas trop dur avec lui ; → **ride**

**e** *(Brit * = ill)* ◆ **to feel ~** ne pas se sentir bien, être mal fichu * ◆ **you sound ~!** tu as l'air mal fichu !

**f** *(= violent) [person, game, treatment]* rude ; *[sex]* brutal ◆ **to be ~ with sb** *(physically)* malmener qn ; *(verbally)* être dur avec qn ◆ **a ~ customer** * un dur * ◆ **~ handling** rudoiement *m* ◆ **a ~ neighbourhood** un quartier difficile ◆ **~ play** *(Sport)* jeu *m* brutal ◆ **~ stuff** * brutalités *fpl* ◆ **no ~ stuff!** mollo ! *

**g** *(= stormy) [weather]* gros (grosse *f*) ; *[sea]* agité, mauvais ; *[crossing]* agité ◆ **it was very ~** la mer était très agitée *or* mauvaise

**h** *(= rudimentary) [shelter]* rudimentaire ; *[clothes]* grossier ; *(= approximate) [calculation, translation, estimate, description]* approximatif ; *[plan]* vague, approximatif ◆ **a ~ guess** une approximation ◆ **at a ~ estimate** *or* **guess** à vue de nez ◆ **can you give me a ~ idea (of) how long it will take?** à votre avis ça prendra combien de temps environ ? ◆ **I've got a ~ idea (of) what it looks like** je vois à peu près à quoi ça ressemble ◆ **as a ~ guide** à titre indicatif ◆ **he gave a ~ outline of the proposals** il a donné les grandes lignes des propositions ◆ **~ draft** brouillon *m* ◆ **~ sketch** croquis *m* ébauche *f*

**i** *(= uncultivated)* ◆ **~ pasture** prés *mpl* incultes ◆ **a piece of ~ ground** un terrain vague

ADV ◆ **to sleep ~** coucher sur la dure ◆ **to live ~** vivre à la dure ◆ **to play ~** *[child, sportsperson]* jouer de manière brutale ; *[gangster]* avoir des méthodes brutales ◆ **we can either keep it friendly, or we can play ~** soit on continue à l'amiable, soit on devient méchants ◆ **to cut up ~** * *(Brit) (angry)* se mettre en rogne * ; *(violent)* devenir violent

N **a** *(= ground)* terrain *m* accidenté ou rocailleux ; *(Golf)* rough *m* ◆ **to take the ~ with the smooth** *(fig)* prendre les choses comme elles viennent

**b** *(= draft)* brouillon *m*, premier jet *m* ◆ **to write sth out in ~** rédiger qch au brouillon ◆ **a diamond in the ~** *(US)* ⇒ **rough diamond**

**c** *( * = person)* voyou *m*

VT ◆ **to ~ it** * vivre à la dure

COMP ▷ **rough-and-ready** ADJ *[method]* fruste, rudimentaire ; *[work]* grossier, fait à la hâte ; *[installation, equipment]* rudimentaire, de fortune ; *[person]* fruste ▷ **rough-and-tumble** ADJ *[play, game]* désordonné ◆ **the ~-and-tumble atmosphere of ...** l'ambiance *f* de foire d'empoigne de ... N **a** *(= cut and thrust)* **he enjoys the ~-and-tumble of Washington** il aime l'ambiance mouvementée de Washington ◆ **the ~-and-tumble of political life** l'univers *m* mouvementé de la politique **b** *(= rough play)* jeux *mpl* désordonnés ▷ **rough diamond** N *(lit)* diamant *m* brut ◆ **he's a ~ diamond** *(Brit: fig)* sous ses dehors frustes, il a un cœur d'or ▷ **rough-dry** VT sécher sans repasser ▷ **rough-hewn** ADJ dégrossi, ébauché ▷ **rough justice** N justice *f* sommaire ▷ **rough paper** N *(NonC: Brit)* papier *m* de brouillon ▷ **rough puff pastry** N pâte feuilletée (simplifiée) ▷ **rough sleeper** N sans-abri *m* ▷ **rough-spoken** ADJ au langage grossier ▷ **rough trade** ‡ N *partenaire homosexuel des bas-fonds* ▷ **rough work** N *(NonC)* brouillon *m*

► **rough out** VT SEP *[+ plan, drawing]* ébaucher

► **rough up** VT SEP *[+ hair]* ébouriffer ◆ **to ~ sb up** * *(fig)* malmener qn ; *(stronger)* tabasser ⁑ qn

**oughage** /ˈrʌfɪdʒ/ N *(NonC)* fibres *fpl*

**roughcast** /ˈrʌfkɑːst/ ADJ, N crépi *m* VT crépir

**roughen** /ˈrʌfn/ VT rendre rude *or* rugueux VI devenir rude *or* rugueux

**roughhouse** * /ˈrʌfhaʊs/ N bagarre *f*

**roughly** /ˈrʌflɪ/ ADV **a** *(= violently) [pull, push, play]* brutalement ◆ **to treat sb/sth ~** malmener qn/qch

**b** *(= brusquely) [speak, answer, order]* durement

**c** *(= crudely) [make, sew, chop, slice]* grossièrement

**d** *(= approximately)* à peu près ◆ **~ comparable/equal** à peu près comparable/égal ◆ **it costs ~ 25 euros** ça coûte environ 25 € ◆ **~ half of the population** environ la moitié de la population ◆ **he was ~ the same age as me** il avait environ *or* à peu près le même âge que moi ◆ **tell me ~ what it's all about** dites-moi grosso modo *or* en gros de quoi il s'agit ◆ **he ~ outlined the proposals** il a donné les grandes lignes des propositions ◆ **to sketch sth ~** faire un croquis de qch ◆ **to fall ~ into two categories** se répartir approximativement en deux catégories ◆ **~ translated, the name means ...** traduit approximativement, ce nom veut dire ... ◆ **~ speaking** en gros, grosso modo

**oughneck** * /ˈrʌfnek/ N *(esp US)* voyou *m*, dur *m* à cuire *

**oughness** /ˈrʌfnɪs/ N *(NonC)* **a** *[of skin, hands, cloth]* rudesse *f* ; *[of ground, road, track]* mauvais état *m* ; *[of edges]* rugosité *f* **b** *(= harshness) [of sound, voice, taste, wine]* rudesse *f* **c** *(= lack of refinement) [of person, manners, speech]* rudesse *f* ; *[of tone, voice]* brusquerie *f* **d** *(= violence) [of person, game, treatment]* brutalité *f* ; *[of neighbourhood]* caractère *m* dangereux **e** *(= storminess) [of sea]* agitation *f* ◆ **the ~ of the weather** le mauvais temps **f** *(= rudimentary nature) [of shelter]* caractère *m* rudimentaire ; *[of clothes]* grossièreté *f* **g** *(= approximate nature) [of calculation, translation, estimate, description]* caractère *m* approximatif ; *[of plan]* manque *m* de détails

**oughrider** /ˌrʌfˈraɪdəʳ/ N dresseur *m*, -euse *f* *or* dompteur *m*, -euse *f* de chevaux

**oughshod** /ˈrʌfʃɒd/ ADV *(fig)* ◆ **to ride ~ over** *[+ objection, person]* faire peu de cas de

**oulette** /ruːˈlet/ N roulette *f* ; → **Russian**

COMP ▷ **roulette table** N table *f* de roulette ▷ **roulette wheel** N roulette *f*

**Roumania** /ruːˈmeɪnɪə/ N ⇒ **Rumania**

**Roumanian** /ruːˈmeɪnɪən/ ADJ, N ⇒ **Rumanian**

**ound** /raʊnd/

> When **round** is an element in a phrasal verb, eg **ask round**, **call round**, **rally round**, look up the verb.

ADV **a** *(= around)* autour ◆ **there was a wall right ~** il y avait un mur tout autour ◆ **he went ~ by the bridge** il a fait le détour *or* il est passé par le pont ◆ **you can't get through here, you'll have to go ~** vous ne pouvez pas passer par ici, il faut faire le tour ◆ **the long way ~** le chemin le plus long ◆ **it's a long way ~** ça fait un grand détour *or* un grand crochet ◆ **spring will soon be ~ again** le printemps reviendra bientôt ; → **gather round, look round**

◆ **all + round** ◆ **there was a wall all ~** il y avait un mur tout autour ◆ **this ought to make life much easier all ~** *(= for everybody)* cela devrait simplifier la vie de tout le monde ◆ **this called for drinks all ~** cela méritait une tournée générale ◆ **she ordered drinks all ~ to celebrate** elle a commandé une tournée générale pour fêter ça ◆ **taking things all ~, taken all ~** tout compte fait ◆ **all (the) year ~** pendant toute l'année

◆ **round and round** en rond ◆ **to go** (*or* **drive** *or* **ride**) **~ and ~** *(looking for sth)* tourner en rond ◆ **the idea was going ~ and ~ in his head** il tournait et retournait l'idée dans sa tête

**b** *(to sb's place)* ◆ **she ran ~ to her mother's** elle a couru chez sa mère ◆ **come ~ and see me** venez me voir ◆ **I asked him ~ for a drink** je l'ai invité à (passer) prendre un verre chez moi ◆ **I'll be ~ at 8 o'clock** je serai là à 8 heures

**c** *(set structure)*

◆ **round about** *(= approximately)* autour de, environ ◆ **~ about 7 o'clock** autour de 7 heures, vers (les) 7 heures ◆ **~ about £800** 800 livres environ

PREP **a** *(of place etc)* autour de ◆ **sitting ~ the table** assis autour de la table ◆ **sitting ~ the fire** assis au coin du feu *or* auprès du feu ◆ **all ~ the house** tout autour de la maison ◆ **the villages ~ Brighton** les villages *mpl* des environs *or* des alentours de Brighton ◆ **she knows everybody ~ about** elle connaît tout le monde dans le coin ◆ **the house is just ~ the corner** la maison est au coin de la rue *or* juste après le coin de la rue ; *(fig)* la maison est tout près ◆ **come and see me if you're ~ this way** viens me voir si tu passes par ici *or* si tu es dans le coin * ◆ **to go ~ a corner** tourner un coin ; *(driving)* prendre un virage ◆ **to go ~ an obstacle** contourner un obstacle ◆ **to look ~ a house** visiter une maison ◆ **to show sb ~ a town** faire visiter une ville à qn ◆ **they went ~ the castle** ils ont visité le château ◆ **they went ~ the cafés looking for ...** ils ont fait le tour des cafés à la recherche de ... ◆ **she's 75cm ~ the waist** elle fait 75 cm de tour de taille ◆ **put a blanket ~ him** enveloppez-le dans une couverture ; → **clock, world**

**b** *(esp Brit = approximately)* autour de, environ ◆ **~ 7 o'clock** autour de 7 heures, vers (les) 7 heures ◆ **~ £800** 800 livres environ

ADJ **a** *(= circular)* rond, circulaire ; *(= rounded)* rond, arrondi ◆ **to have ~ shoulders** avoir le dos rond *or* voûté ◆ **~ handwriting** écriture *f* ronde

**b** *(= complete)* **a ~ dozen** une douzaine tout rond ◆ **~ figure, ~ number** chiffre *m* rond ◆ **in ~ figures that will cost 20 million** cela coûtera 20 millions en chiffres ronds *or* pour donner un chiffre rond

**c** *(fig uses)* ◆ **in rich ~ tones** d'une voix riche et sonore ◆ **at a ~ pace** à vive allure ◆ **a (good) ~ sum** une somme rondelette *or* coquette * ◆ **he told me in ~ terms why ...** il m'a expliqué tout net pourquoi ... ; see also **comp**

N **a** *(= circle etc)* rond *m*, cercle *m* ; *(Brit)* *(= slice) [of bread, meat]* tranche *f* ◆ **a ~ of toast** un toast, une tranche de pain grillé

**b** *(esp Brit:* also **delivery round**) tournée *f* ◆ **to do** *or* **make one's ~(s)** *[watchman, policeman]* faire sa ronde *or* sa tournée ; *[postman, milkman]* faire sa tournée ; *[doctor]* faire ses visites ◆ **to do** *or* **make the ~s of ...** faire le tour de ... ◆ **to go** *or* **do the ~s** *[infection, a cold etc]* faire des ravages ; *[news, joke etc]* courir, circuler ◆ **the story is going the ~s that ...** le bruit court que ..., on raconte *or* on dit que ... ◆ **the story went the ~s of the club** l'histoire a fait le tour du club ◆ **this coat has gone the ~s of the family** * ce manteau a fait le tour de la famille ◆ **the daily ~** *(fig)* la routine quotidienne, le train-train quotidien ◆ **your life is just one long ~ of pleasures** tu ne penses qu'à t'amuser

**c** *[of cards, golf, competition, tournament]* partie *f* ; *(Boxing)* round *m*, reprise *f* ; *(Horse-riding)* tour *m* de piste, parcours *m* ; *[of election]* tour *m* ; *[of talks, discussions]* série *f* ◆ **to have a clear ~** *(Horse-riding)* faire un tour de piste *or* un parcours sans fautes ◆ **a new ~ of negotiations** une nouvelle série de négociations ; → **ammunition, applause, shot**

**d** *[of drinks]* tournée *f* ◆ **to pay for a ~ (of drinks)** payer une tournée * ◆ **it's my ~** c'est ma tournée *

**e** *(Mus)* canon *m* ; *(Dancing)* ronde *f*

**f** ◆ **in the ~** *(Sculp)* en ronde-bosse ; *(Theat)* en rond ; *(fig = taken as a whole)* globalement

VT **a** *(= make round)* arrondir

**b** *(Comput, Math) [+ figure]* arrondir

**c** *(= go round) [+ corner]* tourner ; *[+ bend]* prendre ; *(Naut) [+ cape]* doubler ; *[+ obstacle]* contourner

COMP ▷ **round arch** N *(Archit)* (arc *m* en) plein cintre *m*, arc *m* roman ▷ **round-cheeked** ADJ aux joues rondes, joufflu ▷ **round dance** N ronde *f* ▷ **round-eyed** ADJ *(lit)* aux yeux ronds ; *(with surprise)* avec des yeux ronds ▷ **round-faced** ADJ au visage rond ▷ **rounding error** N erreur *f* d'arrondi ▷ **round-necked pullover** N pull(-over) *m* ras du cou ▷ **round robin** N *(= petition)* pétition *f (où les signatures sont disposées en rond)* ; *(esp US Sport) tournoi où tous les joueurs se rencontrent* ▷ **round-shouldered** ADJ voûté ▷ **Round Table** N *(Myth)* Table *f* ronde ▷ **round-table** ADJ ◆ **~-table discussion** table *f* ronde ▷ **round-table discussion** N table *f* ronde ▷ **round-the-clock** ADJ 24 heures sur 24 ; see also **clock** ▷ **round trip** N aller *m* et retour ◆ **Concorde does three ~ trips a week** le Concorde effectue trois rotations *fpl* par semaine ▷ **round trip ticket** N billet *m* aller-retour

► **round down** VT SEP *[+ prices etc]* arrondir (au chiffre inférieur)

► **round off** VT SEP *[+ speech, list, series]* terminer ; *[+ sentence]* parachever ; *[+ debate, meeting]* mettre fin à, clore ; *[+ meal]* terminer, finir (*with* par) ◆ **and now, to ~ off, I must say ...** et maintenant, pour conclure *or* en dernier lieu, je dois dire ...

► **round on** VT FUS ⇒ **round upon**

► **round up** VT SEP **a** *(= bring together) [+ people]* rassembler, réunir ; *[+ cattle]* rassembler ; *[+ criminals]* ramasser *

**b** *[+ prices etc]* arrondir (au chiffre supérieur)

N ◆ **roundup** → **roundup**

► **round upon** VT FUS *(in words)* s'en prendre à ; *(in actions)* sauter sur, attaquer

**roundabout** /ˈraʊndəbaʊt/ ADJ *[route]* détourné, indirect ◆ **we came (by) a ~ way** nous avons fait un détour ◆ **by ~ means** par des moyens détournés ◆ **~ phrase** circonlocution *f* ◆ **what a ~ way of doing things!** quelle façon contournée *or* compliquée de faire les choses ! N *(Brit = merry-go-round)* manège *m* ; *(esp Brit = playground apparatus)* tourniquet *m* ; *(at road junction)* rond-point *m* (à sens giratoire) ; *(on traffic sign)* sens *m* giratoire ; → **swing**

**rounded** /ˈraʊndɪd/ ADJ **a** *(= curved) [shape, edge, hill]* arrondi ; *[face, breasts, hips, handwriting]* rond ; *[shoulders]* voûté ; *[spine]* courbé **b** *(= complete) [education]* complet (-ète *f*) et équilibré ; *[film, book]* étoffé ; *[wine, tone]* rond ; *[flavour]* plein ; *[person, character]* équilibré ; *[character in book]* étoffé ◆ **a ~ picture of the situation** une description complète et impartiale de la situation **c** *(Culin) [tablespoon]* gros (grosse *f*) **d** *(Phon) [vowel]* arrondi

**roundel** /ˈraʊndl/ N *(= decoration)* rond *m* ; *(= symbol, logo)* insigne *m* rond ; *(on warplane)* cocarde *f*

**roundelay** †† /ˈraʊndɪleɪ/ **N** *(Mus)* rondeau *m*

**rounder** /ˈraʊndəʳ/ **N** *(US)* fêtard * *m*, noceur * *m*

**rounders** /ˈraʊndəz/ **N** *(Brit) sorte de baseball*

**Roundhead** /ˈraʊndhed/ **N** *(Brit Hist)* Tête *f* ronde

**roundhouse** /ˈraʊndhaʊs/ **N** *(US Rail)* rotonde *f*

**roundly** /ˈraʊndlɪ/ **ADV** *[condemn, criticize]* sans ambages ; *[reject]* catégoriquement ; *[defeat]* à plate(s) couture(s)

**roundness** /ˈraʊndnɪs/ **N** rondeur *f*

**roundsman** /ˈraʊndzmən/ **N** (pl **-men**) *(Brit)* livreur *m* ◆ **milk ~** laitier *m*

**roundup** /ˈraʊndʌp/ **N** *[of cattle, people]* rassemblement *m* ; *[of criminals, suspects]* rafle *f* ; *(= meeting)* tour *m* d'horizon ; *(= news summary)* résumé *m* de l'actualité

**roundworm** /ˈraʊndwɜːm/ **N** ascaride *m*

**rouse** /raʊz/ **VT** *(= awaken)* réveiller, éveiller ; *(= stimulate)* activer, éveiller ; *[+ feeling]* exciter, stimuler ; *[+ admiration, interest]* susciter ; *[+ indignation]* provoquer, soulever ; *[+ suspicions]* éveiller ◆ **~ yourself!** secouez-vous ! * ◆ **to ~ the masses** soulever les masses ◆ **to ~ sb to action** inciter *or* pousser qn à agir ◆ **to ~ sb (to anger)** mettre qn en colère ◆ **he's a terrible man when he's ~d** il est redoutable quand il est en colère **VI** *(= waken)* se réveiller ; *(= become active)* sortir de sa torpeur

**rousing** /ˈraʊzɪŋ/ **ADJ** *[cheers, applause, chorus, reception]* enthousiaste ; *[speech]* enthousiasmant ; *[music]* entraînant

**roust** /raʊst/, **roust out** **VT** *(US) (= evict)* chasser ; *(= call out)* faire venir ◆ **to ~ sb out of bed/his home** arracher qn de son lit/de sa maison

**roustabout** /ˈraʊstəbaʊt/ **N** *(US)* débardeur *m* ; *(Austral)* manœuvre *m*

**rout¹** /raʊt/ **N** **a** *(Mil = defeat)* déroute *f*, débâcle *f* ◆ **to put to ~** mettre en déroute **b** *(†† = revels)* raout † *m*, fête *f* mondaine **c** *(Jur = mob)* attroupement *m* illégal **VT** *(= defeat)* mettre en déroute

**rout²** /raʊt/ **VI** (= *search:* also **rout about**) fouiller

► **rout out** **VT** *(= find)* dénicher ; *(= force out)* déloger ◆ **to ~ sb out of bed** tirer qn de son lit

**route** /ruːt/ **N** **a** *(gen, also of train, plane, ship etc)* itinéraire *m* ; *(Climbing)* itinéraire *m*, voie *f* ◆ **shipping/air ~s** routes *fpl* maritimes/aériennes ◆ **all ~s** *(Aut)* toutes directions ◆ **what ~ does the 39 bus take?** par où passe le 39 ?, quel est l'itinéraire du 39 ? ◆ **we're on a bus ~** nous sommes sur une ligne d'autobus ◆ **the ~ to the coast goes through ...** pour aller à la côte on passe par ... ◆ **I know a good ~ to London** je connais un bon itinéraire pour aller à Londres ◆ **en ~ (for)** en route (pour) ; → **sea, trade**

**b** /*often* raʊt/ *(Mil)* ordres *mpl* de marche, route *f* à suivre

**c** *(US)* /*often* raʊt/ *(= delivery round)* tournée *f* ◆ **he has a paper ~** il distribue des journaux

**d** *(US)* /*often* raʊt/ **Route 39** *(in highway names)* ≃ la nationale 39

**VT** *(= plan route of) [+ train, coach, bus]* fixer le parcours *or* l'itinéraire de ; *[+ phone call]* acheminer ◆ **to ~ a train through Leeds** faire passer un train par Leeds ◆ **my luggage was ~d through Amsterdam** mes bagages ont été expédiés via Amsterdam ◆ **they've ~d the train by Leeds** le train passe maintenant par Leeds

**COMP** ▷ **route map** **N** *(= road map)* carte *f* routière ; *(for ramblers)* topo * *m* ; *(for trains etc)* carte *f* du réseau ▷ **route march** **N** *(Mil)* marche *f* d'entraînement ▷ **route planner** **N** *(= map)* carte *f* routière ; *(= road atlas)* recueil *m* de cartes routières

> ⚠ *The commonest meaning of the French word* **route** *is 'road'. It only translates the English word* **route** *in a few contexts.*

**router** /ˈruːtəʳ/ **N** *(Comput)* routeur *m*

**routine** /ruːˈtiːn/ **N** **a** routine *f* ◆ **daily ~** *(gen)* occupations *fpl* journalières routine *f* quotidienne ; *(pej)* train-train *m inv* de la vie quotidienne ; *(Mil, Naut)* emploi *m* du temps ◆ **business** *or* **office ~** travail *m* courant du bureau ◆ **as a matter of ~** automatiquement, systématiquement

**b** *(Theat)* numéro *m* ◆ **dance ~** numéro *m* de danse ◆ **he gave me the old ~ * about his wife not understanding him** il m'a ressorti la vieille rengaine du mari incompris, il a mis le disque * du mari incompris

**ADJ** **a** *(= normal) [work, matter, check, maintenance, flight]* de routine ; *[procedure, questions]* de routine, d'usage ◆ **it was quite ~** c'était de la simple routine ◆ **on a ~ basis** de façon routinière ◆ **~ duties** obligations *fpl* courantes ◆ **to make ~ inquiries** mener une enquête de routine

**b** *(= predictable) [report, problem, banter]* banal

**routinely** /ruːˈtiːnlɪ/ **ADV** couramment ◆ **to be ~ tested** *[person]* passer un examen de routine ; *[blood]* être systématiquement examiné

**rove** /rəʊv/ **VI** errer, vagabonder ; *[eyes]* errer **VT** *[+ countryside]* parcourir, errer dans *or* sur ; *[+ streets]* errer dans, aller au hasard dans

**rover** /ˈrəʊvəʳ/ **N** vagabond(e) *m(f)*

**roving** /ˈrəʊvɪŋ/ **ADJ** *[reporter]* volant ; *[ambassador, musician]* itinérant ; *[gang]* errant ◆ **to have a ~ commission to do sth** avoir carte blanche *or* toute latitude pour faire qch ◆ **to have a ~ eye** être toujours à l'affût d'une aventure (amoureuse) **N** vagabondage *m*

**row¹** /rəʊ/ **N** *[of objects, people] (beside one another)* rang *m*, rangée *f* ; *(behind one another)* file *f*, ligne *f* ; *[of seeds, plants]* rayon *m*, rang *m* ; *[of houses, trees, figures]* rangée *f* ; *[of cars]* file *f* ; *(Knitting)* rang *m* ◆ **in the front ~** au premier rang ◆ **the front/second/back ~ (of the scrum)** *(Rugby)* la première/deuxième/troisième ligne (de mêlée) ◆ **a hard** *or* **long** *or* **tough ~ to hoe** une rude besogne ◆ **they were sitting in a ~** ils étaient assis en rang ◆ **four failures in a ~** quatre échecs d'affilée *or* de suite ◆ **in ~s** en rangs

**COMP** ▷ **row house** **N** *(US) maison qui fait partie d'une rangée de maisons identiques et contiguës* ; → HOUSE

**row²** /rəʊ/ **VT** *[+ boat]* faire avancer à la rame *or* à l'aviron ; *[+ person, object]* transporter en canot (*to* à) ◆ **to ~ sb across** faire traverser qn en canot ◆ **to ~ a race** faire une course d'aviron ; → **stroke** **VI** *(gen)* ramer ; *(Sport)* faire de l'aviron ◆ **he ~ed across the Atlantic** il a traversé l'Atlantique à la rame *or* à l'aviron ◆ **to go ~ing** *(for pleasure)* canoter, faire du canotage ; *(Sport)* faire de l'aviron ◆ **to ~ away** s'éloigner à la rame ◆ **to ~ back** *(lit)* revenir à la rame ; *(fig)* revenir en arrière ◆ **to ~ back on sth** *(fig)* revenir sur qch **N** promenade *f* en canot ◆ **to go for a ~** canoter, faire un tour en canot ◆ **it will be a hard ~ upstream** ce sera dur de remonter la rivière à la rame *or* à l'aviron

**row³** * /raʊ/ *(esp Brit)* **N** *(= noise)* vacarme *m*, boucan * *m* ; *(= quarrel)* dispute *f* ◆ **to make a ~** faire du vacarme *or* du boucan * ◆ **what a ~!** quel vacarme *or* boucan * ! ◆ **to have a ~ with sb** se disputer avec qn, s'engueuler ‡ avec qn ◆ **to give sb a ~** passer un savon à qn *, sonner les cloches à qn * ◆ **to get (into) a ~** se faire passer un savon * *or* sonner les cloches * **VI** se disputer, s'engueuler ‡ *(with* avec)

**rowan** /ˈraʊən/ **N** *(= tree)* sorbier *m* des oiseleurs ; *(= berry)* sorbe *f*

**rowboat** /ˈrəʊbəʊt/ **N** *(US)* canot *m* (à rames)

**rowdiness** /ˈraʊdɪnɪs/ **N** tapage *m*, chahut *m*

**rowdy** /ˈraʊdɪ/ **ADJ** *[person, behaviour]* chahuteur ; *[party]* un peu trop animé ; *[demonstration]* bruyant ◆ **~ scenes in Parliament** scènes *fpl* de chahut au parlement ◆ **to be ~** *[person]* chahuter **N** * bagarreur * *m*, voyou *m* ◆ **football rowdies** hooligans *mpl* (des matchs de football)

**rowdyism** /ˈraʊdɪɪzəm/ **N** tapage *m*, chahut *m*

**rower** /ˈrəʊəʳ/ **N** rameur *m*, -euse *f* ; *(in navy)* nageur *m*, -euse *f*

**rowing** /ˈrəʊɪŋ/ **N** *(for pleasure)* canotage *m* *(Sport)* aviron *m* ; *(in navy)* nage *f* **COMP** ▷ **rowing boat** **N** *(Brit)* canot *m* (à rames) ▷ **rowing club** **N** club *m* d'aviron ▷ **rowing machine** **N** rameur *m*

**rowlock** /ˈrɒlək/ **N** *(esp Brit)* dame *f* de nage, tolet *m*

**royal** /ˈrɔɪəl/ **ADJ** **a** *(lit, fig)* royal ◆ **the ~ household** la maison royale ◆ **~ occasion** *événement honoré de la présence d'un membre de la famille royale* ◆ **the ~ "we"** le pluriel de majesté ◆ **the ~ road to freedom/success** la voie royale de la liberté/du succès ◆ **to give sb a (right) ~ welcome** réserver à qn un accueil royal ◆ **he's a ~ pain in the backside** * c'est le roi des enquiquineurs * ; → **prerogative, princess**

**b** *[paper]* de format grand raisin ◆ **~ octavo** in-huit raisin

**N** * membre *m* de la famille royale ◆ **the ~s** la famille royale

**COMP** ▷ **the Royal Academy (of Arts)** **N** *(Brit)* l'Académie *f* royale des Beaux-Arts ▷ **the Royal Air Force** **N** *(Brit)* la Royal Air Force ▷ **royal assent** **N** *(Brit)* sanction *f* royale *(d'un projet de loi)* ◆ **to receive** *or* **be given ~ assent** être approuvé par le souverain ▷ **royal blue** **N** bleu roi *m inv* ▷ **royal-blue** **ADJ** bleu roi *inv* ▷ **the Royal Canadian Mounted Police** **N** la Gendarmerie royale canadienne ▷ **Royal Commission** **N** *(Brit)* commission *f* d'enquête parlementaire ▷ **royal correspondent** **N** *correspondant(e) chargé(e) des affaires royales* ▷ **the Royal Engineers** **NPL** *(Brit Mil)* le génie (militaire britannique) ▷ **royal family** **N** famille royale ▷ **royal flush** **N** *(Cards)* flush *m* royal ▷ **Royal Highness** **N** ◆ **Your/His Royal Highness** Votre/Son Altesse Royale ▷ **royal jelly** **N** gelée *f* royale ▷ **the Royal Mail** **N** *(Brit)* le service postal britannique ▷ **the Royal Marines** **NPL** *(Brit Mil)* l'infanterie *f* de marine ◆ **a Royal Marine** un soldat de l'infanterie de marine ▷ **the Royal Mint** **N** *(Brit)* l'hôtel *m* des Monnaies ▷ **the Royal Naval Reserve** **N** *(Brit Mil) le corps de réservistes de la marine* ▷ **the Royal Navy** **N** *(Brit Mil)* la marine nationale ▷ **royal pardon** **N** grâce *f* royale ▷ **the Royal Shakespeare Company** **N** *(Brit) troupe de théâtre spécialisée dans le répertoire shakespearien* ▷ **the Royal Society** **N** *(Brit)* ≃ l'Académie *f* des sciences ▷ **the Royal Society for the Prevention of Cruelty to Animals** **N** *(Brit)* → **RSPCA** ▷ **the Royal Ulster Constabulary** **N** *(Brit Police)* la police de l'Irlande du Nord ▷ **royal warrant** **N** *(Brit) autorisation qui reçoit un commerçant de fournir la famille royale*

**Royal Shakespeare Company**

La **Royal Shakespeare Company**, ou **RSC**, est une troupe de théâtre fondée en 1960 à Stratford-on-Avon, lieu de naissance de Shakespeare. Basée à Stratford et au Barbican à Londres, elle présente naturellement des pièces de Shakespeare mais aussi d'autres auteurs classiques ou contemporains. La **RSC** fait chaque année des tournées de six mois dans toute la Grande-Bretagne et elle a acquis une solide réputation internationale.

**royalism** /ˈrɔɪəlɪzəm/ N royalisme *m*

**royalist** /ˈrɔɪəlɪst/ ADJ, N royaliste *mf*

**royally** /ˈrɔɪəlɪ/ ADV **a** *(= lavishly) [entertain, treat]* royalement **b** *(* = completely)* ◆ **to get ~ drunk** se soûler à mort * ◆ **to be ~ pissed off (with sb)** ‡ en avoir sa claque * (de qn) ◆ **to have ~ screwed up** ‡ avoir merdé en beauté *‡

**royalty** /ˈrɔɪəltɪ/ N **a** *(= position, dignity, rank)* royauté *f* **b** *(= royal person)* membre *m* de la famille royale ; *(= royal persons)* (membres *mpl* de) la famille royale ◆ **when speaking to ~** quand on s'adresse à un membre de la famille royale **c** *(also* **royalties***) (from book)* royalties *fpl*, droits *mpl* d'auteur ; *(from oil well, patent)* royalties *fpl*

**rozzer** ‡ /ˈrɒzəʳ/ N *(Brit)* flic * *m*, poulet * *m*

**RP** /ˌɑːˈpiː/ N *(Ling)* (abbrev of **Received Pronunciation**) → **received** ; → ENGLISH

**RPI** /ˌɑːpiːˈaɪ/ N *(Brit)* (abbrev of **retail price index**) → **retail**

**rpm** /ˌɑːpiːˈem/ N **a** (abbrev of **revolutions per minute**) tr/min **b** *(Comm)* (abbrev of **resale price maintenance**) → **resale**

**RR** *(US)* abbrev of **railroad**

**RRP** /ˌɑːrɑːˈpiː/ N *(Comm)* (abbrev of **recommended retail price**) → **recommend**

**RSA** /ˌɑːresˈeɪ/ N **a** (abbrev of **Royal Society of Arts**) *organisme britannique habilité à conférer des diplômes* **b** (abbrev of **Royal Scottish Academy**) Académie *f* royale d'Écosse **c** (abbrev of **Republic of South Africa**) (République *f* d')Afrique *f* du Sud

**RSC** /ˌɑːresˈsiː/ N *(Brit)* (abbrev of **Royal Shakespeare Company**) → **royal**

**RSI** /ˌɑːresˈaɪ/ N (abbrev of **repetitive strain injury**) TMS *mpl*

**RSM** /ˌɑːresˈem/ N *(Mil)* (abbrev of **Regimental Sergeant Major**) → **regimental**

**RSPB** /ˌɑːrespiːˈbiː/ N *(Brit)* (abbrev of **Royal Society for the Protection of Birds**) *société britannique de protection des oiseaux*

**RSPCA** /ˌɑːrespiːsiːˈeɪ/ N *(Brit)* (abbrev of **Royal Society for the Prevention of Cruelty to Animals**) ≈ SPA *f*

**RSV** /ˌɑːresˈviː/ N (abbrev of **Revised Standard Version**) → **revise**

**RSVP** /ˌɑːresviːˈpiː/ (abbrev of **please reply**) RSVP

**RTA** /ˌɑːtiːˈeɪ/ N (abbrev of **road traffic accident**) → **road**

**Rt Hon.** *(Brit Pol)* (abbrev of **Right Honourable**) → **right**

**Rt Rev.** (abbrev of **Right Reverend**) → **reverend**

**RU** N (abbrev of **Rugby Union**) → **rugby**

**rub** /rʌb/ **N** **a** *(on thing)* frottement *m* ; *(on person)* friction *f* ; *(with duster etc)* coup *m* de chiffon *or* de torchon ◆ **to give sth a ~** *[+ furniture, shoes, silver]* donner un coup de chiffon *or* de torchon à qch ; *[+ sore place, one's arms]* frotter qch ◆ **to give sb a ~** frictionner qn

**b** *(= obstacle)* **there's the ~!** c'est là la difficulté !, voilà le hic ! * ◆ **the ~ is that ...** l'ennui *or* le hic *, c'est que ... ◆ **we didn't have the ~ of the green** *(esp Brit)* nous n'avons pas été vernis * *or* pas eu de chance

**c** *(= massage cream)* crème *f* de massage ; *(= massage oil)* huile *f* de massage

**VT** frotter ; *(= polish)* astiquer, frotter ; *(Art) [+ brass, inscription]* prendre un frottis de ◆ **~ yourself and you'll soon be dry** frictionne-toi *or* frotte-toi, tu seras bientôt sec ◆ **to ~ one's nose** se frotter le nez ◆ **to ~ sb's nose in sth** *(fig)* ne jamais laisser oublier qch à qn ◆ **to ~ one's hands (together)** se frotter les mains ◆ **to ~ one's hands with glee** *(esp Brit)* se frotter les mains ◆ **to ~ sth dry** sécher qch en le frottant ◆ **to ~ a hole in sth** faire un trou dans qch à force de frotter ◆ **to ~ sth through a sieve** passer qch au tamis ◆ **to ~ lotion into the skin** faire pénétrer de la lotion dans la peau ◆ **to ~ shoulders** *(Brit) or* **elbows** *(US)* **with all sorts of people** côtoyer toutes sortes de gens ◆ **to ~ sb the wrong way** *(US)* prendre qn à rebrousse-poil ; → **salt**

**VI** *[thing]* frotter (*against* contre) ; *[person, cat]* se frotter (*against* contre)

**COMP** ▷ **rub-down** N ◆ **to give a horse a ~-down** bouchonner un cheval ◆ **to give sb a ~-down** faire une friction à qn, frictionner qn ▷ **rub-up** N ◆ **to give sth a ~-up** frotter *or* astiquer qch

► **rub along** * VI *(Brit)* faire *or* poursuivre son petit bonhomme de chemin ◆ **to ~ along (together)** *[two people]* vivre *or* s'accorder tant bien que mal ◆ **he can ~ along in French, he knows enough French to ~ along with** il sait assez de français pour se tirer d'affaire tant bien que mal *or* pour se débrouiller

► **rub away** VT SEP *[+ mark]* faire disparaître (en frottant), effacer ◆ **she ~bed her tears away** elle a essuyé ses larmes

► **rub down** VT SEP *[+ horse]* bouchonner ; *[+ person]* frictionner (*with* avec) ; *[+ wall, paintwork] (= clean)* frotter, nettoyer du haut en bas ; *(= sandpaper)* poncer, polir

**N** ◆ **rub-down** → **rub**

► **rub in** VT SEP *[+ oil, liniment]* faire pénétrer en frottant ; *(fig) [+ idea]* insister sur ; *[+ lesson]* faire entrer (*to* à) ◆ **don't ~ it in!** * *(fig)* pas besoin de me le rappeler ! ◆ **he's always ~bing in how rich he is** il ne vous laisse jamais oublier à quel point il est riche

► **rub off** **VI** *[mark]* partir, s'en aller ; *[writing]* s'effacer, disparaître ◆ **the blue will ~ off on to your hands** tu vas avoir les mains toutes bleues ◆ **I hope some of his politeness will ~ off on to his brother** * j'espère qu'il passera un peu de sa politesse à son frère, j'espère que sa politesse déteindra un peu sur son frère

**VT SEP** *[+ writing on blackboard]* effacer ; *[+ dirt]* enlever en frottant

► **rub on** VT SEP *[+ cream, polish etc]* passer

► **rub out** **VI** *[mark, writing]* s'effacer, s'en aller ◆ **that ink won't ~ out** cette encre ne s'effacera pas

**VT SEP** *(= erase)* effacer ; *(* = kill)* descendre *, liquider *

► **rub up** **VI** ◆ **to ~ up against all sorts of people** côtoyer toutes sortes de gens

**VT SEP** *[+ vase, table]* frotter, astiquer ◆ **to ~ sb up the right way** savoir (comment) s'y prendre avec qn ◆ **to ~ sb up the wrong way** *(Brit)* prendre qn à rebrousse-poil ◆ **to ~ up one's French** *(* = revise)* dérouiller * son français

**N** ◆ **rub-up** → **rub**

**rubato** /ruːˈbɑːtəʊ/ N, ADV rubato *m*

**rubber¹** /ˈrʌbəʳ/ **N** **a** *(= material: no pl)* caoutchouc *m* ◆ **synthetic ~** caoutchouc *m* synthétique ◆ **to burn ~** * *(= start)* démarrer sur les chapeaux de roue ; *(= pass)* passer en trombe ; → **foam**

**b** *(Brit = eraser)* gomme *f*

**c** *(esp US* ‡ *= condom)* préservatif *m*, capote *f*

**NPL** **rubbers** *(= shoes)* caoutchoucs *mpl*

**ADJ** de *or* en caoutchouc ; see also **comp**

**COMP** ▷ **rubber band** N élastique *m* ▷ **rubber boots** NPL *(US)* bottes *fpl* de *or* en caoutchouc ▷ **rubber bullet** N balle *f* de *or* en caoutchouc ▷ **rubber cement** N dissolution *f* de caoutchouc ▷ **rubber cheque** * *(Brit)*, **rubber check** * *(US)* N chèque *m* en bois * *or* sans provision ▷ **rubber gloves** NPL gants *mpl* de *or* en caoutchouc ▷ **rubber plant** N caoutchouc *m (plante verte)* ▷ **rubber plantation** N plantation *f* d'hévéas ▷ **rubber ring** N *(for swimming)* bouée *f* (de natation) ; *(for sitting on)* rond *m* (pour malade) ▷ **rubber solution** N dissolution *f* ▷ **rubber stamp** N tampon *m* en caoutchouc ▷ **rubber-stamp** * VT *(lit)* tamponner ; *(fig)* approuver sans discussion ▷ **rubber tree** N arbre *m* à gomme, hévéa *m* ▷ **rubber-tyred** ADJ sur pneus

**rubber²** /ˈrʌbəʳ/ N *(Cards)* rob *m*, robre *m* ◆ **to play a ~** faire un robre *or* une partie ◆ **that's game and ~** *(Bridge)* c'est la partie

**rubberized** /ˈrʌbəraɪzd/ ADJ caoutchouté

**rubberneck** † ‡ /ˈrʌbənek/ *(US)* **N** *(= tourist)* touriste *mf* ; *(= onlooker)* badaud(e) *m(f)* **VI** faire le badaud

**rubbery** /ˈrʌbərɪ/ ADJ *[object, substance, skin, food]* caoutchouteux ; *[lips]* lippu ; *[legs]* en coton

**rubbing** /ˈrʌbɪŋ/ **N** *(= action)* frottement *m*, friction *f* ; *(Art)* frottis *m*, reproduction *f* par frottage ; → **brass** **COMP** ▷ **rubbing alcohol** N *(US)* alcool *m* à 90°

**rubbish** /ˈrʌbɪʃ/ **N** **a** *(= waste material)* détritus *mpl* ; *(Brit = household rubbish)* ordures *fpl*, immondices *fpl* ; *[of factory]* déchets *mpl* ; *[of building site]* décombres *mpl* ; *(pej = worthless things)* camelote * *f* ◆ **household ~** ordures *fpl* ménagères ◆ **garden ~** détritus *mpl* de jardin ◆ **this shop sells a lot of ~** ce magasin ne vend que de la camelote * ◆ **it's just ~** ça ne vaut rien ; see also **noun b**

**b** *(fig = nonsense)* bêtises *fpl* ◆ **to talk ~** dire des bêtises *or* des inepties ◆ **(what a lot of) ~!** * n'importe quoi ! * ◆ **this book is ~** ce livre ne vaut strictement rien ◆ **that's just ~** ça ne veut rien dire, ça n'a aucun sens ◆ **it is ~ to say that ...** c'est idiot de dire que ...

**ADJ** *(* = useless)* nul ◆ **I'm ~ at golf** je suis nul en golf

**VT** *(* = denigrate)* débiner *

**COMP** ▷ **rubbish bin** N *(Brit)* poubelle *f*, boîte *f* à ordures ▷ **rubbish chute** N *(at dump)* dépotoir *m* ; *(in building)* vide-ordures *m inv* ▷ **rubbish collection** N ramassage *m or* collecte *f* des ordures ▷ **rubbish dump**, **rubbish heap** N *(public)* décharge *f* publique, dépotoir *m* ; *(in garden)* monceau *m* de détritus

**rubbishy** * /ˈrʌbɪʃɪ/ ADJ *(esp Brit) [film, book, magazine]* nul, débile * ; *[goods]* de mauvaise qualité, qui ne vaut rien ◆ **this is ~ stuff** ça ne vaut rien

**rubble** /ˈrʌbl/ N *[of ruined house, bomb site, demolition site]* décombres *mpl* ; *(smaller pieces)* gravats *mpl* ; *(in road-building)* blocaille *f*, blocage *m* ◆ **the building was reduced to a heap of ~** il ne restait du bâtiment qu'un tas de décombres

**rube**‡ /ruːb/ N *(US)* péquenaud‡ *m*

**Rube Goldberg** /ˈruːbˈɡəʊldbɜːɡ/ N *(US)* ◆ **a ~ machine** un engin bricolé avec les moyens du bord

**rubella** /ruːˈbelə/ N rubéole *f*

**Ruben(s)esque** * /ˌruːbɪnˈ(z)esk/ ADJ *(= plump)* aux formes généreuses

**Rubicon** /ˈruːbɪkən/ N Rubicon *m* ◆ **to cross the ~** passer *or* franchir le Rubicon

**rubicund** /ˈruːbɪkənd/ ADJ *(liter)* rubicond

**rubidium** /ruːˈbɪdɪəm/ N rubidium *m*

**ruble** /ˈruːbl/ N *(US)* ⇒ **rouble**

**rubric** /ˈruːbrɪk/ N rubrique *f*

**ruby** /ˈruːbɪ/ N rubis *m* ; *(= colour)* couleur *f* rubis COMP *(= colour) [wine]* (de couleur) rubis *inv* ; *[lips]* vermeil ; *(= made of rubies) [necklace, ring]* de rubis ▷ **ruby grapefruit** N pomelo *m* rose ▷ **ruby wedding** N noces *fpl* de rubis

**RUC** /ˌɑːjuːˈsiː/ N *(Brit Police)* (abbrev of **Royal Ulster Constabulary**) → **royal**

**ruche** /ruːʃ/ N ruche *f*

**ruched** /ruːʃt/ ADJ ruché

**ruck**[1] /rʌk/ N *(Racing)* peloton *m* ; *(Rugby)* mêlée *f* ouverte *or* spontanée ; *(Brit = fight)* bagarre *f* ◆ **the (common) ~** *(fig)* les masses *fpl*, la foule, le peuple ◆ **to get out of the ~** se distinguer du commun des mortels

**ruck**[2] /rʌk/ N *(= crease)* faux pli *m*, godet *m*

► **ruck up** VI *[skirt, blouse]* remonter en faisant des plis

**ruckle** /ˈrʌkl/ N ⇒ **ruck**[2]

**rucksack** /ˈrʌksæk/ N *(esp Brit)* sac *m* à dos

**ruckus** * /ˈrʌkəs/ N (pl **ruckuses**) *(US)* grabuge * *m*

**ruction** * /ˈrʌkʃən/ N *(gen pl) (= rows)* disputes *fpl*, grabuge * *m* ; *(= riots)* troubles *mpl*, bagarres *fpl* ◆ **there'll be ~s if you break that glass** si tu casses ce verre tu vas te faire sonner les cloches * *or* il va y avoir du grabuge *

**rudder** /ˈrʌdəʳ/ N *(Aviat, Naut, fig)* gouvernail *m* ◆ **vertical/horizontal ~** *(Aviat)* gouvernail *m* de direction/de profondeur

**rudderless** /ˈrʌdəlɪs/ ADJ *[boat]* sans gouvernail ; *[government, country]* à la dérive

**ruddiness** /ˈrʌdɪnɪs/ N ◆ **the ~ of her complexion** son teint rose ; *(pej)* son teint rougeaud

**ruddy** /ˈrʌdɪ/ ADJ **a** *[face]* rose ; *(pej)* rougeaud ; *[complexion]* rose ; *(pej)* rougeaud, coloré ; *[sky, glow]* rougeoyant ◆ **her face had a ~ glow** elle avait les joues roses **b** *(Brit* † * *euph = bloody)* satané * ◆ **he's a ~ fool** c'est un imbécile fini ◆ **you're a ~ nuisance** tu me casses vraiment les pieds * ◆ **what the ~ hell are you doing?** mais qu'est-ce que tu fiches ? * ADV *(Brit* † * *euph = bloody)* bougrement † * ◆ **how could you be so ~ stupid?** comment as-tu pu être aussi bougrement † * idiot ?

**rude** /ruːd/ ADJ **a** *(= impolite) [person, behaviour, reply]* impoli (*to sb* avec qn ; *about sth* à propos de qch) ; *[remark]* impoli ◆ **he's always ~** c'est un grossier personnage ◆ **it's ~ to stare/to speak with your mouth full** c'est mal élevé de dévisager les gens/de parler la bouche pleine **b** *(= obscene) [noise]* incongru ; *[joke]* grossier ; *[story]* scabreux ; *[song]* grivois ; *[gesture]* obscène **c** *(= unexpected) [shock]* brutal ◆ **to have** *or* **get a ~ awakening** *(fig)* être brutalement rappelé à la réalité **d** *(liter = primitive) [shelter, table, implement]* rudimentaire **e** *(= vigorous) [health]* de fer ◆ **to be in ~ health** avoir une santé de fer COMP ▷ **rude word** N gros mot *m*

> ⚠ *In French,* **rude** *means 'rough' or 'tough'.*

**rudely** /ˈruːdlɪ/ ADV **a** *(= impolitely) [say]* impoliment ; *[push, interrupt]* impoliment, brutalement ◆ **before I was so ~ interrupted** avant qu'on ne m'interrompe aussi impoliment **b** *(= unexpectedly) [awaken]* en sursaut, brusquement ; *[shatter]* brutalement **c** *(liter = primitively) [carved, shaped]* grossièrement

**rudeness** /ˈruːdnɪs/ N **a** *(= impoliteness) [of person, behaviour, reply]* impolitesse *f* ; *[of remark]* impolitesse *f*, grossièreté *f* **b** *(= obscenity) [of joke]* grossièreté *f* ; *[of story]* côté *m* scabreux ; *[of song]* grivoiserie *f* ; *[of gesture]* obscénité *f* **c** *(= unexpectedness) [of shock]* brutalité *f*

**rudiment** /ˈruːdɪmənt/ N *(Anat)* rudiment *m* ◆ **~s** *(fig)* rudiments *mpl*, éléments *mpl*, notions *fpl* élémentaires

**rudimentary** /ˌruːdɪˈmentərɪ/ ADJ rudimentaire ◆ **I've only got ~ French** je n'ai que quelques rudiments de français, mon français est rudimentaire

**rue**[1] /ruː/ VT *(liter)* se repentir de, regretter amèrement ◆ **to ~ the day (when)** maudire le jour (où)

**rue**[2] /ruː/ N *(Bot)* rue *f*

**rueful** /ˈruːfʊl/ ADJ contrit

**ruefully** /ˈruːfəlɪ/ ADV *[say, admit]* avec regret ; *[smile]* d'un air contrit

**ruff**[1] /rʌf/ N **a** *(Dress)* collerette *f* ; *(Hist)* fraise *f* ; *[of bird, animal]* collier *m*, collerette *f* **b** *(Orn) (= sandpiper)* combattant *m* ; *(= pigeon)* pigeon *m* capucin

**ruff**[2] /rʌf/ *(Cards)* N action *f* de couper (avec un atout) VTI couper (avec un atout)

**ruffian** /ˈrʌfɪən/ N voyou *m*, brute *f* ◆ **you little ~!** * petit polisson !

**ruffianly** /ˈrʌfɪənlɪ/ ADJ *[person]* brutal ; *[behaviour]* de voyou, de brute ; *[looks, appearance]* de brigand, de voyou

**ruffle** /ˈrʌfl/ N *(on wrist)* manchette *f* (*en dentelle etc*) ; *(on chest)* jabot *m* ; *(round neck)* fraise *f* ; *(= ripple: on water)* ride *f*, ondulation *f* VT **a** *(= disturb) [+ hair, feathers]* ébouriffer ; *[+ surface, water]* agiter, rider ; *[+ one's clothes]* déranger, froisser ◆ **the bird ~d (up) its feathers** l'oiseau a hérissé ses plumes **b** *(fig) (= upset)* froisser ; *(= annoy)* contrarier, irriter ◆ **she wasn't at all ~d** elle était restée parfaitement calme ◆ **to ~ sb's feathers** froisser qn

**Rufflette** ® /rʌfˈlet/ N (also **Rufflette tape**) galon *m* fronceur, ruflette ® *f*

**rug** /rʌɡ/ N **a** *(for floor)* petit tapis *m* ; *(bedside)* descente *f* de lit, carpette *f* ; *(fireside)* carpette *f* ◆ **to pull the ~ out from under sb's feet, to pull the ~ from under sb** *(fig)* couper l'herbe sous le pied de qn **b** *(esp Brit = blanket)* couverture *f* ; *(in tartan)* plaid *m* ; → **travelling** **c** *(‡ = wig)* moumoute * *f*, postiche *m* COMP ▷ **rug rat** * N *(esp US = baby)* pitchoun(e) * *m(f)*, poupon *m*

**rugby** /ˈrʌɡbɪ/ N (also **rugby football**) rugby *m* COMP ▷ **rugby league** N (le) rugby à treize ▷ **rugby player** N rugbyman *m*, joueur *m* de rugby ▷ **rugby tackle** N plaquage *m* VT plaquer ▷ **rugby union** N (le) rugby à quinze

**rugged** /ˈrʌɡɪd/ ADJ **a** *(= rough) [terrain]* accidenté ; *[coastline, cliffs]* déchiqueté ; *[mountains]* aux contours déchiquetés ; *[landscape, beauty]* sauvage **b** *(= masculine) [man]* rude ; *[features]* rude, taillé à coups de serpe **c** *(= tough) [person, personality, character, manners]* rude ; *[individualism, independence, determination]* farouche ; *[resistance]* acharné ◆ **hi[ll] farmers are a ~ breed** les éleveurs des montagnes sont de solides gaillards **d** *(= du[rable]) [machine, construction, clothing]* solide

**ruggedness** /ˈrʌɡɪdnɪs/ N *[of landscape]* aspec[t] *m* sauvage ; *[of character, features]* rudesse *f*

**rugger** * /ˈrʌɡəʳ/ N *(Brit)* rugby *m*

**Ruhr** /rʊəʳ/ N Ruhr *f*

**ruin** /ˈruːɪn/ N **a** *(= destruction, cause of destruc[tion])* ruine *f* ◆ **the palace was going to ~ o[r] falling into ~** le palais tombait en ruine o[u] menaçait ruine ◆ **he was on the brink of ~, ~ stared him in the face** il était au bord de la ruine ◆ **the ~ of my hopes** la ruine *or* la faillite de mes espérances ◆ **drink was his ~** l'alcool a été sa perte ◆ **it will be the ~ o[f] him** ça sera sa ruine ◆ **you will be the ~ o[f] me** tu seras ma perte *or* ma ruine → **rack**[2] **b** *(gen pl = remains)* ruine(s) *f(pl)* ◆ **i[n] ~s** *(lit, fig)* en ruine ◆ **the castle is now a ~** le château est maintenant une ruine VT *[+ building, reputation, hopes, health, person]* rui[]ner ; *[+ clothes]* abîmer ; *[+ event, enjoyment]* gâter ◆ **he's going to ~ himself** il va se ruiner

**ruination** /ˌruːɪˈneɪʃən/ N ruine *f*, perte *f* ◆ **to be the ~ of** être la ruine de

**ruined** /ˈruːɪnd/ ADJ *[building, city]* en ruine ; *[economy]* délabré, en ruine ; *[person] (mor[ally])* perdu ; *(financially)* ruiné ; *[career]* ruiné

**ruinous** /ˈruːɪnəs/ ADJ **a** *(= expensive) [cost]* exorbitant ; *[expense]* exorbitant, ru[]ineux **b** *(= disastrous) [effects, consequences]* dévastateur (-trice *f*) ; *[war, policy]* désas[]treux ◆ **to be ~ for sb/sth** entraîner la ruine de qn/qch, ruiner qn/qch **c** *(liter = dilapi[dated]) [building]* délabré ◆ **to be in a ~ state** être délabré

**ruinously** /ˈruːɪnəslɪ/ ADV ◆ **~ expensive** rui[]neux ◆ **~ high interest rates** des taux *mp[l]* d'intérêt ruineux *or* exorbitants

**rule** /ruːl/ N **a** *(= guiding principle)* règle *f* *(= regulation)* règlement *m* ; *(Gram)* règle ◆ **the ~s of the game** la règle du jeu ◆ **schoo[l] ~s** règlement *m* intérieur de l'école (*or* du lycée *etc*) ◆ **it's against the ~s** c'est contraire à la règle *or* au règlement ◆ **running is against the ~s, it's against the ~s to run** il es[t] contraire à la règle *or* il n'est pas permis de courir ◆ **to play by the ~s** *(lit, fig)* joue[r] suivant *or* selon les règles, respecter les règles *(fig)* ◆ **to bend** *or* **stretch the ~s** faire une entorse au règlement ◆ **~s and regula[]tions** statuts *mpl* ◆ **standing ~** règlement *m* ◆ **it's a ~ that ...** il est de règle que ... *+ sub[j]* ◆ **~ of the road** *(Aut)* règle *f* générale de la circulation ; *(Naut)* règles *fpl* générales du trafic maritime ◆ **to do sth by ~** faire qch selon les règles ◆ **the ~ of three** *(Math)* la règle de trois ◆ **a rough ~ of thumb is that it is best to ...** en règle générale il vau[t] mieux ... ◆ **by ~ of thumb** à vue de ne[z] ◆ **golden ~** règle *f* d'or ; → **exception, work**

**b** *(= custom)* coutume *f*, habitude *f* ◆ **ties are the ~ in this hotel** les cravates sont de règle dans cet hôtel ◆ **bad weather is the ~ in winter** le mauvais temps est habituel o[u] normal en hiver ◆ **he makes it a ~ to get up early** il a pour règle de se lever tôt ◆ **to make tidiness a ~** faire de l'ordre une règle

◆ **as a rule** en règle générale

**c** *(NonC = authority)* autorité *f*, empire *m* ◆ **under British ~** sous l'autorité britannique ◆ **under a tyrant's ~** sous l'empire *or* la domination d'un tyran ◆ **majority ~, the ~ of the majority** *(Pol etc)* le gouvernement par la majorité ◆ **they will enforce the ~ of law** ils feront respecter la loi ; → **home**

d *(for measuring)* règle *f* (graduée) ◆ **a foot ~** une règle d'un pied ◆ **folding ~** mètre *m* pliant ; → **slide**

e *(Rel)* règle *f*

VT a *[+ country]* gouverner ; *(fig) [+ passions, emotion]* maîtriser ; *[+ person]* dominer, mener ◆ **to ~ the roost** faire la loi ◆ **he ~d the company for 30 years** il a dirigé la compagnie *or* il a été à la tête de la compagnie pendant 30 ans ◆ **to be ~d by jealousy** être mené *or* dominé par la jalousie ◆ **to ~ one's passions** maîtriser ses passions ◆ **he is ~d by his wife** il est dominé par sa femme ◆ **if you would only be ~d by what I say ...** si seulement tu voulais consentir à écouter mes conseils ... ◆ **I won't be ~d by what he wants** je ne veux pas me plier à ses volontés

b *[judge, umpire etc]* décider, déclarer (*that* que) ◆ **the judge ~d the defence out of order** *(Jur)* le juge a déclaré non recevables les paroles de l'avocat pour la défense ◆ **the judge ~d that the child should go to school** le juge a décidé que l'enfant irait à l'école

c *(= draw lines on) [+ paper]* régler, rayer ; *[+ line]* tirer à la règle ◆ **~d paper** papier *m* réglé *or* rayé

VI a *(= reign)* régner (*over* sur) ◆ **United ~ OK** *(in graffiti)* United vaincra

b ◆ **the prices ruling in Paris** les cours pratiqués à Paris

c *(Jur)* statuer (*against* contre ; *in favour of* en faveur de ; *on* sur)

COMP ▷ **the rule book** N le règlement ◆ **to do sth by the ~ book** *(fig)* faire qch dans les règles ◆ **to throw the ~ book at sb** * remettre qn à sa place, rembarrer qn *

► **rule in** VT SEP ◆ **he was ruling nothing in or out** il ne s'est pas avancé

► **rule off** VT *(Comm) [+ account]* clore, arrêter ◆ **to ~ off a column of figures** tirer une ligne sous une colonne de chiffres

► **rule out** VT SEP *[+ word, sentence]* barrer, rayer ; *(fig) [+ possibility, suggestion, date, person]* exclure, écarter ◆ **the age limit ~s him out** il est exclu du fait de la limite d'âge ◆ **murder can't be ~d out** il est impossible d'écarter *or* d'exclure l'hypothèse d'un meurtre ; → **rule in**

**ruler** /ˈruːləʳ/ N a *(= sovereign)* souverain(e) *m(f)* ; *(= political leader)* chef *m* (d'État) ◆ **the country's ~s** les dirigeants *mpl* du pays b *(for measuring)* règle *f*

**ruling** /ˈruːlɪŋ/ ADJ *[class, body]* dirigeant ; *[elite]* dirigeant, au pouvoir ; *[party]* au pouvoir ; *[principle]* souverain ; *[passion]* dominant ; *[price]* en vigueur N *(Admin, Jur)* décision *f*, jugement *m* ; *[of judge]* décision *f* ◆ **to give a ~** rendre un jugement

**rum**[1] /rʌm/ N rhum *m* COMP ▷ **rum-running** N contrebande *f* d'alcool ▷ **rum toddy** N grog *m*

**rum**[2] † * /rʌm/ ADJ *(Brit) [person, situation]* loufoque * ; *[idea]* loufoque *, biscornu *

**Rumania** /ruːˈmeɪnɪə/ N Roumanie *f*

**Rumanian** /ruːˈmeɪnɪən/ ADJ roumain N a *(= person)* Roumain(e) *m(f)* b *(Ling)* roumain *m*

**rumba** /ˈrʌmbə/ N rumba *f*

**rumble** /ˈrʌmbl/ N a *(= noise) [of thunder, cannon]* grondement *m* ; *[of train, lorry]* roulement *m*, grondement *m* ; *[of pipe, stomach]* gargouillement *m*, borborygme *m* b (‡ *= fight)* bagarre *f*, baston * *m or f* VI *[thunder, cannon]* gronder ; *[stomach, pipes]* gargouiller ◆ **to ~ past** *[vehicle]* passer avec fracas VT a *(Brit* ‡ *= see through) [+ swindle]* flairer, subodorer * ; *[+ trick]* piger * ; *[+ person]* voir venir ; *(= find out)* piger * (*what/why etc* ce que/pourquoi etc) ◆ **I soon ~d him** *or* **his game** *or* **what he was up to!** j'ai tout de suite pigé sa combine ! * b *(also* **rumble out***) [+ comments, remarks]* dire en grondant, grommeler COMP ▷ **rumble seat** N strapontin *m* ▷ **rumble strip** N *(on road)* bande *f* rugueuse

► **rumble on** VI *(Brit) [argument, controversy]* traîner en longueur

**rumbling** /ˈrʌmblɪŋ/ N *[of thunder]* grondement *m* ; *[of vehicle]* roulement *m*, grondement *m* ; *[of stomach, pipe]* gargouillement *m* ◆ **~s of discontent** murmures *mpl* de mécontentement ◆ **tummy ~s** * gargouillis *mpl*, borborygmes *mpl*

**rumbustious** /rʌmˈbʌstʃəs/ ADJ *(Brit)* exubérant

**ruminant** /ˈruːmɪnənt/ ADJ, N ruminant *m*

**ruminate** /ˈruːmɪneɪt/ VI ruminer ◆ **to ~ over** *or* **about** *or* **on sth** *(fig)* ruminer qch, retourner qch dans sa tête VT ruminer

**rumination** /ˌruːmɪˈneɪʃən/ N rumination *f*

**ruminative** /ˈruːmɪnətɪv/ ADJ *[person]* pensif ; *[mood]* méditatif, pensif

**ruminatively** /ˈruːmɪnətɪvlɪ/ ADV d'un air pensif, pensivement

**rummage** /ˈrʌmɪdʒ/ N a *(= action)* **to have a good ~ round** fouiller partout b *(US = jumble)* bric-à-brac *m* VI *(also* **rummage about, rummage around***)* farfouiller *, fouiller (*among, in* dans ; *for* pour trouver) COMP ▷ **rummage sale** N *(US)* vente *f* de charité *(de bric-à-brac)*

**rummy**[1] * /ˈrʌmɪ/ ADJ ⇒ **rum**[2] N *(US * = drunk)* poivrot * *m*

**rummy**[2] /ˈrʌmɪ/ N *(Cards)* rami *m*

**rumour, rumor** *(US)* /ˈruːməʳ/ N rumeur *f* (*that* selon laquelle) ◆ **there is a disturbing ~ (to the effect) that ...** il court un bruit inquiétant selon lequel ... ◆ **all these nasty ~s** toutes ces rumeurs pernicieuses ◆ **~ has it that ...** on dit que ..., le bruit court que ... ◆ **there is a ~ of war** le bruit court *or* on dit qu'il va y avoir la guerre ◆ **the ~ mill** la rumeur publique VT ◆ **it is ~ed that ...** on dit que ..., le bruit court que ... ◆ **he is ~ed to be in London** il serait à Londres, le bruit court qu'il est à Londres ◆ **he is ~ed to be rich** on le dit riche COMP ▷ **rumour-monger** N colporteur *m*, -euse *f* de rumeurs ▷ **rumour-mongering** N *(NonC)* commérages *mpl*, colportage *m* de rumeurs

**rump** /rʌmp/ N a *[of animal]* croupe *f* ; *[of fowl]* croupion *m* ; *(Culin)* culotte *f* (de bœuf) ; * *[of person]* derrière *m*, postérieur * *m* b *(esp Brit pej) [of group, organization]* derniers vestiges *mpl* ADJ *(Pol)* ◆ **a ~ party/opposition** *etc* un parti/une opposition *etc* croupion ◆ **~ Yugoslavia** ce qui reste de la Yougoslavie ◆ **the Rump Parliament** *(Brit Hist)* le Parlement croupion

**rumple** /ˈrʌmpl/ VT *[+ clothes, paper]* froisser ; *[+ hair]* ébouriffer

**rumpsteak** /ˈrʌmpsteɪk/ N rumsteck *m*

**rumpus** * /ˈrʌmpəs/ N (pl **rumpuses**) chahut *m* ; *(= noise)* tapage *m*, boucan * *m* ; *(= quarrel)* prise *f* de bec * ◆ **to make** *or* **kick up a ~** faire du chahut *or* du boucan * ◆ **to have a ~ with sb** se chamailler * avec qn, avoir une prise de bec * avec qn COMP ▷ **rumpus room** N *(esp US)* salle *f* de jeux

**rumpy-pumpy** * /ˈrʌmpɪˈpʌmpɪ/ N *(NonC)* partie *f* de jambes en l'air *

**rumrunner** /ˈrʌmrʌnəʳ/ N *(Hist) (= person)* contrebandier *m (d'alcool)* ; *(= ship)* bateau *m* servant à la contrebande d'alcool

## run /rʌn/

vb : pret **ran**, ptp **run**

| | |
|---|---|
| 1 NOUN | 4 TRANSITIVE VERB |
| 2 PLURAL NOUN | 5 COMPOUNDS |
| 3 INTRANSITIVE VERB | 6 PHRASAL VERBS |

### 1 - NOUN

a [= act of running] action *f* de courir, course *f* ◆ **to go for a ~** aller courir ◆ **to go for a 2-km ~** faire 2 km de course à pied ◆ **at a ~** en courant ◆ **to break into a ~** se mettre à courir ◆ **to make a ~ for it** se sauver, filer * ◆ **I'll give them a (good) ~ for their money!** ils vont voir à qui ils ont affaire ! ◆ **he's had a good ~** *(on sb's death)* il a bien profité de l'existence

b [= outing] tour *m* ◆ **to go for a ~ in the car** faire un tour en voiture ◆ **they went for a ~ in the country** ils ont fait un tour à la campagne ◆ **we had a pleasant ~ down** le voyage a été agréable

c [= distance travelled] trajet *m* ; *(= route)* ligne *f* ◆ **it's a 30-minute ~** il y a une demi-heure de trajet ◆ **it's a 30-minute bus ~** il y a une demi-heure de bus ◆ **it's a short car ~** le trajet n'est pas long en voiture ◆ **the boat no longer does that ~** le bateau ne fait plus cette traversée, ce service n'existe plus ◆ **the ferries on the Dover-Calais ~** les ferrys sur la ligne Douvres-Calais ◆ **the ships on the China ~** les paquebots qui font la Chine

d [= series] série *f* ; *(Cards)* séquence *f* ◆ **a ~ of misfortunes** une série de malheurs, une série noire ◆ **a ~ of bad luck** une période de malchance ◆ **she's having a ~ of luck** la chance lui sourit ◆ **a ~ on the red** *(Roulette)* une série à la rouge ◆ **the ~ of the cards** le hasard du jeu

e [Theat, TV = period of performance] ◆ **when the London ~ was over** une fois la saison à Londres *or* la série de représentations à Londres terminée ◆ **the play had a long ~** la pièce a tenu longtemps l'affiche ◆ **her new series begins a ~ on BBC1** sa nouvelle série d'émissions va bientôt passer sur BBC1

f [= great demand] *(Econ)* ruée *f* ◆ **there was a ~ on the pound** il y a eu une ruée sur la livre ◆ **a ~ on shares** *(St Ex)* une ruée sur les actions ◆ **there was a ~ on the banks** les guichets (des banques) ont été assiégés ◆ **there has been a ~ on sugar** les gens se sont précipités (dans les magasins) pour acheter du sucre, il y a une ruée sur le sucre

g [= use] ◆ **they have the ~ of the garden** ils ont la jouissance du jardin ◆ **they gave us the ~ of the garden** ils nous ont donné la jouissance du jardin

h [of tide] flux *m*

i [= trend] *[of market]* tendance *f* ; *[of events]* tournure *f* ◆ **the decisive goal arrived, against the ~ of play** le but décisif a été marqué contre le cours du jeu ◆ **against the ~ of the polls, he was re-elected** contrairement à la tendance indiquée par les sondages, il a été réélu

j [= type] ◆ **he was outside the common ~ of lawyers** ce n'était pas un avocat ordinaire ◆ **he didn't fit the usual ~ of petty criminals** il n'avait pas le profil du petit malfaiteur ordinaire ◆ **the usual ~ of problems** les problèmes *mpl* habituels

k [= track for sledging, skiing] piste *f* ◆ **ski ~** piste *f* de ski

l [= animal enclosure] enclos *m*

m [in tights] échelle *f*

n [Mus] roulade *f*

**o** [Printing] tirage *m* ◆ **a ~ of 5,000 copies** un tirage de 5 000 exemplaires

**p** [Cricket] course *f* ◆ **to make a ~** marquer une course

**q** [Mil = raid, mission] raid *m* (aérien) ◆ **a bombing ~** un bombardement

**r** [US Pol = bid for leadership] candidature *f* (*for* à)

**s** [set structures]

◆ **in the long run** à long terme ◆ **it will be more economical in the long ~** ce sera plus économique à long terme ◆ **things will sort themselves out in the long ~** les choses s'arrangeront avec le temps

◆ **in the short run** à court terme ◆ **the most effective policy in the short ~** les mesures les plus efficaces à court terme ◆ **no improvement is likely in the short ~** il y a peu de chances que la situation s'améliore à court terme *or* dans l'immédiat

◆ **on the run** ◆ **a criminal on the ~ (from the police)** un criminel recherché par la police ◆ **he is still on the ~** il court toujours, il est toujours en cavale * ◆ **he was on the ~ for several months** il n'a été repris qu'au bout de plusieurs mois ◆ **to have the enemy on the ~** mettre l'ennemi en fuite ◆ **to keep the enemy on the ~** harceler l'ennemi ◆ **I knew I had him on the ~** je savais que j'avais réussi à le mettre en mauvaise posture ◆ **she has so much to do she's always on the ~** * elle a tant à faire qu'elle est toujours en train de courir

2 - PLURAL NOUN

**runs** ⁑ ◆ **to have the ~s** avoir la courante * *or* la chiasse ⁑

3 - INTRANSITIVE VERB

**a** [gen] courir ; *(= hurry)* courir, se précipiter ◆ **don't ~ across the road** ne traverse pas la rue en courant ◆ **he's trying to ~ before he can walk***(Brit)* il essaie de brûler les étapes ◆ **to ~ behind sb** *(fig)* avoir du retard par rapport à qn ◆ **to ~ down/off** descendre/partir en courant ◆ **to ~ down a slope** dévaler une pente *or* descendre une pente en courant ◆ **to ~ for the bus** courir pour attraper le bus ◆ **he used to ~ for his school** il représentait son lycée dans les épreuves de course à pied ◆ **it ~s in the family** *[disease]* c'est héréditaire ; *[characteristic]* c'est de famille ◆ **my thoughts ran on Jenny** je pensais à Jenny ◆ **she came ~ning out** elle est sortie en courant ◆ **she ran over to her neighbour's** elle a couru *or* s'est précipitée chez son voisin ◆ **three men ran past him** trois hommes l'ont dépassé en courant ◆ **laughter ran round the room** le rire gagnait toute la salle ◆ **a rumour ran through the school** un bruit courait à l'école ◆ **this theme ~s through the whole Romantic movement** c'est un thème récurrent chez les romantiques ◆ **all sorts of thoughts were ~ning through my head** toutes sortes d'idées me venaient à l'esprit ◆ **that tune is ~ning through my head** cet air me trotte dans la tête ◆ **the rope ran through his fingers** la corde lui a filé entre les doigts ◆ **money simply ~s through his fingers** c'est un panier percé, l'argent lui file entre les doigts ◆ **she ran to meet him** elle a couru *or* s'est précipitée à sa rencontre ◆ **she ran to help him** elle a couru l'aider, elle a volé à son secours ; see also **phrasal verbs**

**b** [= flee] fuir, prendre la fuite ◆ **~ for it!** sauvez-vous !

**c** [drawer, curtains] coulisser ◆ **the drawer ~s smoothly** le tiroir coulisse facilement

**d** [= flow, leak] *[river, tears, tap, cheese]* couler ; *[sore, abscess]* suppurer ; *[colour]* déteindre ; *[dye, ink]* baver ◆ **to ~ into the sea** *[river]* se jeter dans la mer ◆ **the river ~s between wooded banks** la rivière coule entre des berges boisées ◆ **your bath is ~ning now** votre bain est en train de couler ◆ **to leave a tap ~ning** laisser un robinet ouvert ◆ **tears ran down her cheeks** les larmes coulaient sur ses joues ◆ **his eyes are ~ning** il a les yeux qui coulent *or* pleurent ◆ **his nose was ~ning** il avait le nez qui coulait ◆ **the milk ran all over the floor** le lait s'est répandu sur le sol ◆ **a heavy sea was ~ning** la mer était grosse ◆ **where the tide is ~ning strongly** là où les marées sont fortes

◆ **to run high** *[river]* être haut ; *[sea]* être gros ◆ **feelings were ~ning high** les passions étaient exacerbées ◆ **tension was ~ning high** l'atmosphère était très tendue

◆ **to run with** *(= be saturated)* ◆ **the floor was ~ning with water** le plancher était inondé ◆ **the walls were ~ning with moisture** les murs ruisselaient (d'humidité) ◆ **his face was ~ning with sweat** son visage ruisselait de sueur

**e** [words, text] ◆ **how does the last sentence ~ ?** quelle est la dernière phrase ? ◆ **so the story ~s** c'est ce que l'on raconte

**f** [Pol *etc* = stand] être candidat, se présenter ◆ **he isn't ~ning this time** il n'est pas candidat *or* il ne se présente pas cette fois-ci ◆ **he won't ~ again** il ne se représentera plus ◆ **to ~ for President** *or* **the Presidency** être candidat à la présidence

**g** [= be] ◆ **I'm ~ning a bit late** j'ai un peu de retard, je suis un peu en retard ◆ **to ~ wild** *[person]* être déchaîné ; *[animal]* courir en liberté ; *[plants, garden]* retourner à l'état sauvage

◆ **to run at** *[amount]* ◆ **inflation is ~ning at 3%** le taux d'inflation est de 3% ◆ **the deficit is now ~ning at 300 million dollars a year** le déficit est maintenant de 300 millions de dollars par an

**h** [= extend, continue] *[play]* être à l'affiche, se jouer ; *[film]* passer ; *[contract]* valoir, être valide ◆ **the play has been ~ning for a year** la pièce est à l'affiche *or* se joue depuis un an ◆ **this contract has ten months to ~** ce contrat expire dans dix mois *or* vaut (encore) pour dix mois ◆ **the two sentences to ~ concurrently/consecutively** *(Jur)* avec/sans confusion des deux peines ◆ **the programme ran for an extra ten minutes** *(Rad, TV)* l'émission a duré dix minutes de plus que prévu ◆ **the programme is ~ning to time** *(TV, Rad)* l'émission passera à l'heure prévue ◆ **the book has ~ into five editions** ce livre en est à sa cinquième édition

**i** [bus, train, coach, ferry] assurer le service ◆ **this train ~s between London and Manchester** ce train assure le service Londres-Manchester *or* entre Londres et Manchester ◆ **the buses ~ once an hour** les bus passent toutes les heures ◆ **the buses are ~ning early/late/to** *or* **on time** les bus sont en avance/en retard/à l'heure ◆ **there are no trains ~ning today** il n'y a pas de trains aujourd'hui ◆ **that train doesn't ~ on Sundays** ce train n'assure pas le service *or* n'est pas en service le dimanche

**j** [= function] *[machine]* marcher ; *[factory]* fonctionner, marcher ; *[wheel]* tourner ◆ **the car is ~ning smoothly** la voiture marche bien ◆ **you mustn't leave the engine ~ning** il ne faut pas laisser tourner le moteur ◆ **this car ~s on diesel** cette voiture marche au gazole ◆ **the radio ~s off the mains/off batteries** cette radio marche sur secteur/sur piles ◆ **things are ~ning smoothly** tout se passe bien

**k** [= pass] *[road, river etc]* passer (*through* à travers) ; *[mountain range]* s'étendre ◆ **the road ~s past our house** la route passe devant notre maison ◆ **the road ~s right into town** la route va jusqu'au centre-ville ◆ **the main road ~s north and south** la route principale va du nord au sud ◆ **he has a scar ~ning across his chest** il a une cicatrice en travers de la poitrine ◆ **a wall ~s round the garden** un mur entoure le jardin ◆ **the river ~s through the valley** la rivière coule dans la vallée ◆ **the roots ~ under the house** les racines passent sous la maison

**l** [= unravel] *[knitting]* se démailler ; *[tights]* filer

4 - TRANSITIVE VERB

**a** [gen] courir ◆ **he ran 2km non-stop** il a couru (pendant) 2 km sans s'arrêter ◆ **he ~s 15km every day** il fait 15 km de course à pied tous les jours ◆ **he ran the distance in under half an hour** il a couvert la distance en moins d'une demi-heure ◆ **to ~ the 100 metres** courir le 100 mètres ◆ **to ~ a race** participer à une (épreuve de) course ◆ **you ran a good race** vous avez fait une excellente course ◆ **the first race will be ~ at 2 o'clock** la première épreuve se courra à 2 heures ◆ **but if it really happened he'd ~ a mile** * mais si ça se produisait, il aurait vite fait de se débiner * ◆ **to ~ the streets** *[child, dog]* traîner dans les rues ◆ **to ~ a red** *or* **a stoplight***(US)* brûler *or* griller un feu rouge ◆ **they beat Wales and ran Scotland very close** ils ont battu le pays de Galles et ont bien failli battre l'Écosse ◆ **you're ~ning things a bit close** * *or* **fine** *! ça va être juste !, tu calcules un peu juste !

**b** [= chase, hunt] *[+ fox, deer]* chasser ; *(= make run) [+ person]* chasser ; *[+ animal]* poursuivre, pourchasser ; *(Sport) [+ horse]* faire courir ◆ **to ~ a horse in the Derby** engager *or* faire courir un cheval dans le Derby ◆ **the sheriff ran him out of town** le shérif l'a chassé de la ville ◆ **they ran him out of the house** ils l'ont chassé de la maison ◆ **to ~ sb into debt** endetter qn

**c** [Pol] *[+ candidate]* présenter ◆ **the party is ~ning 100 candidates this year** le parti présente 100 candidats (aux élections) cette année

**d** [= transport] *[+ person]* conduire ; *[+ goods]* transporter ◆ **to ~ sb into town** conduire qn en ville ◆ **he ran her home** il l'a ramenée chez elle ◆ **I'll ~ your luggage to the station** j'apporterai vos bagages à la gare

**e** [= smuggle] *[+ guns, whisky]* passer en contrebande ◆ **he was ~ning guns to the island** il faisait passer *or* il passait des fusils dans l'île en contrebande

**f** [= operate : *esp Brit*] *[+ machine]* faire marcher ; *(Comput) [+ program]* exécuter ◆ **to ~ a radio off the mains** faire marcher une radio sur secteur ◆ **it would be cheaper to ~ the heating system on gas** ce serait plus économique si le chauffage fonctionnait en gaz ◆ **I can't afford to ~ a car** je ne peux pas me permettre d'avoir une voiture ◆ **he ~s a Rolls** il a une Rolls ◆ **this car is very cheap to ~** cette voiture est très économique

**g** [= organize, manage] *[+ business, company, organization, school]* diriger, gérer ; *[+ mine]* gérer, administrer ; *[+ shop, hotel, club]* tenir ; *[+ newspaper]* être directeur de ; *[+ competition]* organiser ; *[+ public transport]* gérer ◆ **the company ~s extra buses at rush hours** la société met en service des bus supplémentaires aux heures de pointe ◆ **the school is ~ning courses for foreign students** le collège organise des cours pour les étudiants étrangers ◆ **to ~ a house** tenir une maison ◆ **I want to ~ my own life** je veux mener ma vie comme je l'entends ◆ **she's the one who really ~s everything** en réalité c'est elle qui dirige tout

h [= put, move] ◆ **he ran a line of stitches along the hem** il a fait une série de points le long de l'ourlet ◆ **to ~ a boat ashore** pousser un bateau sur le rivage ◆ **to ~ one's finger down a list** suivre une liste du doigt ◆ **to ~ the car into/out of the garage** rentrer la voiture au/sortir la voiture du garage ◆ **he ran the car into a tree** sa voiture est rentrée dans un arbre, il a percuté un arbre (avec sa voiture) ◆ **to ~ a pipe into a room** faire passer un tuyau dans une pièce ◆ **to ~ wires under the floorboards** faire passer des fils électriques sous le plancher ◆ **to ~ one's eye over a page** jeter un coup d'œil sur une page ◆ **he ran the vacuum cleaner over the carpet** il a passé l'aspirateur sur le tapis ◆ **to ~ one's hand over sth** passer la main sur qch ◆ **to ~ one's fingers over the piano keys** promener ses doigts sur le clavier ◆ **to ~ one's fingers through one's hair** se passer la main dans les cheveux

i [= publish] publier ◆ **the paper ran a series of articles on genetic engineering** le journal a publié une série d'articles sur les manipulations génétiques ◆ **the papers ran the story on the front page** les journaux ont publié l'article en première page, cette histoire a fait la une des journaux

j [= present] *[+ film]* présenter, donner ; *(Comm)* vendre ◆ **the supermarket is ~ning a new line in fresh pasta** le supermarché vend une nouvelle gamme de pâtes fraîches

k [= cause to flow] faire couler ◆ **to ~ water into a bath** faire couler de l'eau dans une baignoire ◆ **I'll ~ you a bath** je vais te faire couler un bain ◆ **he ~s his words together** il mange ses mots

5 - COMPOUNDS

▷ **run-around** * N ◆ **he gave me the ~-around** il s'est défilé * ▷ **run-down** ADJ *[person]* à plat *, mal fichu * ; *[building, area]* délabré ; *[factory]* en perte de vitesse ◆ **I feel a little ~-down** je ne me sens pas très bien ; see also **rundown** ▷ **run-in** N *(* = quarrel)* engueulade ‡ *f*, prise *f* de bec (*over* à propos de) ; *(= rehearsal)* répétition *f* ; *(= approach)* approche *f* ▷ **run-off** N *[of contest] (= second round)* deuxième tour ; *(= last round)* dernier tour ; *(Sport)* finale *f* (d'une course) ; *(Agr) [of pollutants]* infiltrations *fpl* ◆ **there was nothing to stop the ~-off of rainwater** rien ne pouvait empêcher le ruissellement pluvial *or* des eaux de pluie ▷ **run-of-the-mill** ADJ banal, ordinaire ▷ **run-on** ADJ *(Typ) [text]* composé sans alinéa ◆ **~-on line** enjambement *m* ▷ **run-resist** ADJ ⇒ **runproof** ▷ **run-through** N *(before test)* essai *m* ; *(Theat)* répétition *f* ▷ **run time** N *(Comput)* durée *f* d'exploitation ▷ **run-up** N a *(= time)* période *f* préparatoire (*to* à) ◆ **the ~-up to the launch of Channel 5** la période préparatoire au lancement de Channel 5 ◆ **he handled the ~-up to the general election** c'est lui qui s'est occupé des préparatifs des élections législatives ◆ **in the ~-up to the elections/to Christmas** à l'approche des élections/de Noël b *(US = increase)* augmentation *f* (*in* de) c *Sport* course *f* d'élan

6 - PHRASAL VERBS

► **run about** VI *(gen)* courir çà et là ; *(looking for sth, working etc)* courir dans tous les sens ◆ **the children were ~ning about all over the house** les enfants couraient partout dans la maison ◆ **she has been ~ning about * with him for several months** *(fig)* elle sort avec lui depuis plusieurs mois

► **run across** VI traverser en courant
VT FUS *(= meet) [+ person]* rencontrer par hasard, tomber sur ; *(= find) [+ object, quotation, reference]* trouver par hasard, tomber sur

► **run after** VT FUS courir après ◆ **he doesn't ~ after women** *(fig)* ce n'est pas un coureur ◆ **I'm not going to spend my days ~ning after you!** je ne suis pas ta bonne !

► **run against** VT FUS ◆ **the game was ~ning against them** ils étaient en train de perdre la partie ◆ **to ~ against sb** *(Pol)* se présenter contre qn

► **run along** VI courir ; *(= go away)* s'en aller ◆ **~ along!** sauvez-vous !, filez ! *

► **run around** VI ⇒ **run about**

► **run at** VT FUS *(= attack)* se jeter *or* se précipiter sur

► **run away** VI a partir en courant ; *(= flee) [person]* se sauver, s'enfuir ; *[horse]* s'emballer ◆ **to ~ away from home** faire une fugue ◆ **don't ~ away, I need your advice** ne te sauve pas, j'ai besoin d'un conseil ◆ **she ran away with another man** *(= elope)* elle est partie avec un autre homme ◆ **he ran away with the funds** *(= steal)* il est parti avec la caisse
b *[water]* s'écouler ◆ **he let the bath water ~ away** il a laissé la baignoire se vider
VT SEP *[+ water]* vider

► **run away with** VT FUS a *(= win easily) [+ race, match]* gagner haut la main ; *[+ prize]* remporter haut la main
b *(= use up) [+ funds, money, resources]* épuiser
c ◆ **you're letting your imagination ~ away with you** tu te laisses emporter par ton imagination ◆ **don't let your emotions ~ away with you** ne te laisse pas dominer par tes émotions ◆ **don't ~ away with the idea that ...** n'allez pas vous mettre dans la tête que ... ; see also **run away vi a**

► **run back** VI revenir *or* retourner en courant
VT SEP a *[+ person]* ramener (en voiture)
b *(= rewind) [+ tape, film]* rembobiner

► **run by** ⇒ **run past**

► **run down** VI a *[person]* descendre en courant
b *[watch etc]* s'arrêter *(faute d'être remonté)* ; *[battery]* se décharger
VT SEP a *(= knock over)* renverser ; *(= run over)* écraser
b *(Naut) [+ ship]* heurter *or* aborder par l'avant *or* par l'étrave ; *(in battle)* éperonner
c *(esp Brit = limit, reduce) [+ production]* diminuer ; *[+ factory]* diminuer la production de ◆ **they are ~ning down their DIY stores** ils vont réduire le nombre (*or* la taille) de leurs magasins de bricolage
d *(* = disparage)* critiquer, dire du mal de
e *(= pursue and capture) [+ criminal]* découvrir la cachette de ; *[+ stag etc]* mettre aux abois
f *[+ list, page]* parcourir

► **run in** VI entrer en courant ; *(* = call)* passer ◆ **I'll ~ in and see you tomorrow** * je passerai vous voir demain
VT SEP a *(Brit) [+ car]* roder ◆ **"running in, please pass"** "en rodage"
b *(* = arrest)* emmener au poste

► **run into** VT FUS a *(= meet)* rencontrer par hasard, tomber sur ◆ **to ~ into difficulties** *or* **trouble** se heurter à des difficultés ◆ **to ~ into danger** se trouver dans une situation dangereuse ◆ **to ~ into debt** s'endetter ◆ **we've ~ into a problem** il y a un problème
b *(= collide with)* rentrer dans ◆ **the car ran into a tree** la voiture est rentrée dans un arbre
c *(= merge)* ◆ **the colours are ~ning into each other** les couleurs déteignent les unes sur les autres ◆ **I was so tired, my words began to ~ into one another** j'étais si fatigué que je commençais à bredouiller
d *(= amount to)* s'élever à ◆ **the cost will ~ into thousands of pounds** le coût va s'élever *or* se chiffrer à des milliers de livres

► **run off** VI ⇒ **run away vi**
VT SEP a ⇒ **run away vt sep**
b *(Typ)* tirer ◆ **to ~ off 600 copies** tirer 600 exemplaires
c *(Sport)* ◆ **to ~ off the heats** *[runner]* disputer les éliminatoires

► **run on** VI a continuer de courir ; *(fig *: in talking)* parler sans arrêt ◆ **but here am I ~ning on, and you're in a hurry** mais je parle, je parle, alors que vous êtes pressé ◆ **it ran on for four hours** ça a duré quatre heures
b *[letters, words]* ne pas être séparés, être liés ; *[line of writing]* suivre sans alinéa ; *[verse]* enjamber ; *[time]* passer, s'écouler
VT SEP *[+ letters, words, sentences]* faire suivre sur la même ligne

► **run out** VI a *[person]* sortir en courant ; *[rope, chain]* se dérouler ; *[liquid]* couler ◆ **the pier ~s out into the sea** la jetée s'avance dans la mer
b *(= come to an end) [lease, contract]* expirer ; *[supplies]* être épuisé, venir à manquer ; *[period of time]* être écoulé, tirer à sa fin ◆ **my patience is ~ning out** ma patience est à bout, je suis à bout de patience ◆ **when the money ~s out** quand il n'y aura plus d'argent, quand l'argent sera épuisé ◆ **their luck ran out** la chance les a lâchés
VT SEP *[+ rope, chain]* laisser filer

► **run out of** VT FUS *[+ supplies, money]* venir à manquer de, être à court de ; *[+ patience]* être à bout de ◆ **we're ~ning out of time** il ne nous reste plus beaucoup de temps ◆ **we've ~ out of time** *(TV, Rad)* il est temps de rendre l'antenne, le temps qui nous était imparti est écoulé ◆ **to ~ out of petrol** *(Brit) or* **gas** *(US)* tomber en panne d'essence ◆ **to ~ out of gas** * *(US fig)* s'essouffler

► **run out on** * VT FUS *[+ person]* laisser tomber *

► **run over** VI a *(= overflow) [liquid, container]* déborder ◆ **the play ran over by ten minutes** *(Rad, TV etc)* la pièce a duré dix minutes de plus que prévu ◆ **we're ~ning over** *(Rad, TV etc)* nous avons pris du retard
b *(= go briefly)* passer ◆ **I'll ~ over tomorrow** je passerai demain ◆ **she ran over to her neighbours'** elle a fait un saut chez ses voisins
VT FUS a *(= recapitulate) [+ story, part in play]* revoir, reprendre ◆ **I'll ~ over your part with you** je vous ferai répéter votre rôle ◆ **let's just ~ over it again** reprenons cela encore une fois
b *(= reread) [+ notes]* parcourir
VT SEP *(in car etc) [+ person, animal]* écraser

► **run past** VI passer en courant
VT SEP * *[+ idea]* expliquer ◆ **could you ~ that past me again?** est-ce que tu pourrais m'expliquer ça encore une fois ?

► **run through** VI passer *or* traverser en courant
VT FUS a *(= use up) [+ fortune]* gaspiller
b *(= read quickly) [+ notes, text]* parcourir, jeter un coup d'œil sur
c *(= rehearse) [+ play]* répéter ; *[+ verse, movement]* reprendre ; *(= recapitulate)* récapituler, reprendre ◆ **let's ~ through the chorus**

**again** reprenons le refrain encore une fois ◆ **if I may just ~ through the principal points once more?** pourrais-je reprendre *or* récapituler les points principaux ?

**VT SEP** **a** ◆ **to ~ sb through (with a sword)** passer qn au fil de l'épée, transpercer qn d'un coup d'épée

**b** *(Comput)* *[+ data]* passer (en revue)

► **run to** **VT FUS** **a** *(= seek help from)* faire appel à ; *(= take refuge with)* se réfugier dans les bras de ◆ **as usual she ran to her parents** comme d'habitude elle a fait appel à papa et maman *or* elle est allée se réfugier dans les bras de *or* chez ses parents ◆ **I wouldn't go ~ning to the police** je ne me précipiterais pas au commissariat de police ◆ **go on then, ~ to mummy!** c'est ça, va te réfugier dans les jupes de ta mère !

**b** *(= afford)* ◆ **I can't ~ to a new car** je ne peux pas me payer une nouvelle voiture ◆ **the funds won't ~ to a meal in a restaurant** il n'y a pas assez d'argent pour un repas au restaurant

**c** *(= develop)* ◆ **to ~ to fat** grossir

**d** *(= amount to)* ◆ **the article ~s to several hundred pages** l'article fait plusieurs centaines de pages

► **run up** **VI** *(= climb quickly)* monter en courant ; *(= approach quickly)* s'approcher en courant ◆ **a man ran up and fired several shots** un homme est arrivé en courant et a tiré plusieurs coups de feu

**VT SEP** **a** ◆ **to ~ up a hill** monter une colline en courant

**b** *[+ flag]* hisser

**c** *[+ bills]* accumuler ◆ **to ~ up a debt** s'endetter (of de) ◆ **she's ~ up a huge bill at the garage** ça va lui coûter cher chez le garagiste

**d** *(* = make quickly)* *[+ garment]* faire *or* coudre rapidement ◆ **she can ~ up a dress in no time** elle peut faire *or* coudre une robe en un rien de temps

► **run up against** **VT FUS** *[+ problem, difficulty]* se heurter à

---

**runabout** /ˈrʌnəbaʊt/ **N** *(= car)* petite voiture *f* ; *(= boat)* runabout *m* **COMP** ▷ **runabout ticket** **N** *(Rail etc)* billet *m* circulaire

**runaway** /ˈrʌnəweɪ/ **N** *(gen)* fuyard *m*, fugitif *m*, -ive *f* ; *(= teenager, pupil etc)* fugueur *m*, -euse *f* **ADJ** *[slave, person]* fugitif ; *[horse]* emballé ; *[of car]* fou ( folle *f*) ◆ **~ wedding** mariage *m* clandestin ◆ **the ~ couple** le couple clandestin, les amants *mpl* ◆ **~ inflation** *(Fin)* inflation *f* galopante ◆ **~ success** *(fig)* succès *m* à tout casser *, succès *m* monstre * ◆ **he had a ~ victory** il a remporté la victoire haut la main

**rundown** /ˈrʌndaʊn/ **N** **a** *(= reduction: gen)* réduction *f*, diminution *f* ; *[of industry, organization]* réductions *fpl* de personnel ◆ **there will be a ~ of staff** il y aura une réduction de personnel ◆ **the ~ of key areas of the economy** la réduction de l'activité dans certains domaines-clés de l'économie **b** *(* = summary)* récapitulatif *m* ◆ **here's a ~ of the options** voici un récapitulatif des diverses possibilités ◆ **to give sb a ~ on sth** * mettre qn au courant *or* au parfum * de qch ◆ **give me a quick ~ on who is involved** dites-moi brièvement qui sont les participants

**rune** /ruːn/ **N** rune *f* ◆ **to read the ~s** *(Brit fig)* interpréter la situation ◆ **they read the ~s correctly** ils ont vu juste

**rung**[1] /rʌŋ/ **VB** ptp of **ring**[2]

**rung**[2] /rʌŋ/ **N** *[of ladder]* barreau *m*, échelon *m* ; *[of chair]* bâton *m*, barreau *m*

**runic** /ˈruːnɪk/ **ADJ** runique

**runnel** /ˈrʌnl/ **N** *(= brook)* ruisseau *m* ; *(= gutter)* rigole *f*

**runner** /ˈrʌnəʳ/ **N** **a** *(= athlete)* coureur *m* ; *(= horse)* partant *m* ; *(= messenger)* messager *m*, courrier *m* ; *(= smuggler)* contrebandier *m* ◆ **to do a ~** * déguerpir *, mettre les bouts * ◆ **Bow Street Runner** *(Brit Hist)* sergent *m* (de ville) ; → **blockade, gunrunner** **b** *(= sliding part)* *[of car seat, door etc]* glissière *f* ; *[of curtain]* suspendeur *m* ; *[of sledge]* patin *m* ; *[of skate]* lame *f* ; *[of turbine]* couronne *f* mobile ; *[of drawer]* coulisseau *m* **c** *(= hall carpet)* chemin *m* de couloir ; *(= stair carpet)* chemin *m* d'escalier ; (also **table-runner**) chemin *m* de table **d** *(Bot = plant)* coulant *m*, stolon *m* **COMP** ▷ **runner bean** **N** *(Brit)* haricot *m* grimpant *or* à rames ▷ **runner-up** **N** (pl **runners-up**) *(Scol, Sport etc)* *(coming second)* second(e) *m(f)* ◆ **~s-up will each receive ...** *(after first, second, third place)* les autres gagnants recevront chacun ...

**running** /ˈrʌnɪŋ/ **N** **a** *(= action: in race etc)* course *f* ◆ **to make the ~** *(Brit)* *(Sport)* faire le lièvre ; *(fig)* *(in work)* mener la course ; *(in relationship)* prendre l'initiative ◆ **to be in the ~** avoir des chances de réussir ◆ **to be out of the ~** * ne plus être dans la course ◆ **to be in the ~ for promotion/for the job** être sur les rangs pour obtenir de l'avancement/pour avoir le poste

**b** *(NonC = functioning)* *[of machine]* marche *f*, fonctionnement *m* ; *[of train]* marche *f*

**c** *(NonC: gen)* gestion *f* ; *[of competition]* organisation *f*

**d** *(NonC = smuggling)* contrebande *f* ; → **gun-running**

**ADJ** **a** *(= flowing)* *[tap]* ouvert ◆ **~ water, a ~ stream** un petit cours d'eau, un ruisseau ◆ **~ water** *(from tap)* eau *f* courante ◆ **~ water in every room** eau *f* courante dans toutes les chambres ◆ **hot and cold ~ water** eau *f* courante chaude et froide ◆ **to wash sth under hot/cold ~ water** laver qch sous le robinet d'eau chaude/froide ◆ **to have a ~ nose** avoir le nez qui coule ◆ **~ cold** *(Med)* rhume *m* de cerveau

**b** *(= continuous)* ◆ **to become a ~ joke between ...** devenir un inépuisable *or* perpétuel sujet de plaisanterie entre ... ◆ **a ~ argument** une vieille querelle ◆ **~ battle** *(lit)* *combat où l'un des adversaires bat en retraite* ; *(fig)* lutte *f* continuelle ◆ **to keep up a ~ battle (with sb)** mener un combat de harcèlement (contre qn) ◆ **~ sore** *(Med)* plaie *f* suppurante ; *(fig)* véritable plaie *f* ; → **long**[1]

**ADV** de suite ◆ **four days/times ~** quatre jours/fois de suite ◆ **(for) three years ~** pendant trois ans ◆ **for the third year ~** pour la troisième année consécutive

**COMP** ▷ **running account** **N** *(Fin)* compte *m* courant *(entre banques etc)* ◆ **to have** *or* **keep a ~ account with sb** être en compte avec qn ▷ **running board** **N** *[of car, train]* marchepied *m* ▷ **running bowline** **N** *(Naut)* laguis *m* ▷ **running commentary** **N** *(Rad, TV)* commentaire *m* suivi (*on sth* de qch) ◆ **she gave us a ~ commentary on what was happening** *(fig)* elle nous a fait un commentaire détaillé de ce qui se passait ▷ **running costs** **NPL** *(esp Brit)* *[of business]* frais *mpl* de fonctionnement *or* d'exploitation, dépenses *fpl* courantes ; *[of machine]* frais *mpl* d'entretien ◆ **the ~ costs of the car/the central heating are high** la voiture/le chauffage central revient cher ▷ **running fire** **N** *(Mil)* feu *m* roulant ▷ **running hand** **N** écriture *f* cursive ▷ **running head** **N** *(Typ)* ⇒ **running title** ▷ **running jump** **N** saut *m* avec élan ◆ **(go and) take a ~ jump!** * va te faire cuire un œuf ! * ▷ **running kick** **N** coup *m* de pied donné en courant ▷ **running knot** **N** nœud *m* coulant ▷ **running mate** **N** *(US Pol)* candidat(e) *m(f)* à la vice-présidence ▷ **running order** **N** *[of programme]* ordre *m* de passage ◆ **we reversed the ~ order** nous avons inversé l'ordre de passage

◆ **in running order** en état de marche ▷ **running repairs** **NPL** réparations *fpl* courantes ▷ **running shoe** **N** chaussure *f* de course ▷ **running stitch** **N** *(Sewing)* point *m* de devant ▷ **running tally** **N** ⇒ **running total** ▷ **running time** **N** *[of film]* durée *f* ▷ **running title** **N** *(Typ)* titre *m* courant ▷ **running total** **N** cumul *m*, total *m* cumulé ◆ **to keep a ~ total (of sth)** tenir un compte régulier (de qch) ▷ **running track** **N** *(Sport)* piste *f*

**runny** * /ˈrʌnɪ/ **ADJ** *[sauce, honey, consistency]* liquide ; *[omelette]* baveux ; *[eyes]* qui pleure ◆ **a ~ egg** *(boiled)* un œuf à la coque ; *(fried, poached)* un œuf dont le jaune est crémeux ◆ **to have a ~ nose** avoir le nez qui coule

**runproof** /ˈrʌnpruːf/ **ADJ** *[tights]* indémaillable ; *[mascara]* waterproof

**runt** /rʌnt/ **N** *(= animal)* avorton *m* ; *(pej)* *(= person)* nabot(e) *m(f)*, avorton *m* ◆ **a little ~ of a man** un bonhomme tout riquiqui *

**runway** /ˈrʌnweɪ/ **N** *(Aviat)* piste *f* ; *(Tech)* chemin *m* *or* piste *f* de roulement

**rupee** /ruːˈpiː/ **N** roupie *f*

**rupture** /ˈrʌptʃəʳ/ **N** *(lit, fig)* rupture *f* ; *(Med = hernia)* hernie *f* **VT** rompre ◆ **~d aneurism** *(Med)* rupture *f* d'anévrisme ◆ **to ~ o.s.** se donner une hernie **VI** se rompre

**rural** /ˈrʊərəl/ **ADJ** *[area, village, school, life, economy, poverty]* rural ; *[setting, landscape]* rural, champêtre *(liter)* ; *[household]* paysan ; *[policeman, services, crime]* en milieu rural ; *[postmaster, housing]* en zone rurale ; *[accent]* campagnard ◆ **~ England** l'Angleterre rurale ◆ **~ dean** *(Brit Rel)* doyen *m* rural ◆ **~ depopulation** exode *m* rural **COMP** ▷ **rural development** **N** développement *m* rural ▷ **rural district council** **N** *(Brit)* conseil *m* municipal rural ▷ **rural planning** **N** aménagement *m* rural

**ruse** /ruːz/ **N** ruse *f*, stratagème *m*

**rush**[1] /rʌʃ/ **N** **a** *(= rapid movement)* course précipitée, ruée *f* ; *[of crowd]* ruée *f* ; *(with jostling)* bousculade *f* ; *(Mil = attack)* bond *m*, assaut *m* ◆ **he was caught in the ~ for the door** il a été pris dans la ruée vers la porte ◆ **it got lost in the ~** ça s'est perdu dans la bousculade ◆ **to make a ~ at** se précipiter sur ◆ **there was a ~ for the empty seats** il y a eu une ruée vers les places libres, on s'est rué vers *or* sur les places libres ◆ **gold ~** ruée *f* vers l'or ◆ **there's a ~ on matches** *(Comm)* on se rue sur les allumettes ◆ **we have a ~ on in the office just now** c'est le coup de feu en ce moment au bureau ◆ **the Christmas ~** *(in shops)* la bousculade dans les magasins avant Noël ◆ **we've had a ~ of orders** on nous a submergés de commandes ◆ **a ~ of warm air** une bouffée d'air tiède ◆ **there was a ~ of water** l'eau a jailli ◆ **he had a ~ of blood to the head** il a eu un coup de sang

**b** *(= hurry)* hâte *f* ◆ **the ~ of city life** le rythme effréné de la vie urbaine ◆ **to be in a ~** être extrêmement pressé ◆ **I had a ~ to get here in time** j'ai dû me dépêcher pour arriver à l'heure ◆ **I did it in a ~** je l'ai fait à toute vitesse *or* en quatrième vitesse * ◆ **what's all the ~?** pourquoi est-ce que c'est si pressé ? ◆ **is there any ~ for this?** est-ce que c'est pressé ? *or* urgent ? ◆ **it all happened in a ~** tout est arrivé *or* tout s'est passé très vite

**c** *(Cine)* rush *m* (*pl inv*)

**d** *(Drugs* *)* flash * *m*

e *(US Univ: of fraternity etc)* campagne *f* de recrutement

VI *[person]* se précipiter ; *[car]* foncer ◆ **the train went ~ing into the tunnel** le train est entré à toute vitesse dans le tunnel ◆ **they ~ed to help her** ils se sont précipités pour l'aider ◆ **I ~ed to her side** je me suis précipité à ses côtés ◆ **they ~ed to her defence** ils se sont précipités pour la défendre ◆ **I'm ~ing to finish it** je me presse *or* je me dépêche pour le finir ◆ **to ~ through** *[+ book]* lire à la hâte *or* en diagonale ; *[+ meal]* prendre sur le pouce * ; *[+ museum]* visiter au pas de course ; *[+ town]* traverser à toute vitesse ; *[+ work]* expédier ◆ **to ~ in/out/back** *etc* entrer/sortir/rentrer *etc* précipitamment *or* à toute vitesse ; see also **rush in, rush out** ◆ **to ~ to the attack** se jeter *or* se ruer à l'attaque ◆ **to ~ to conclusions** tirer des conclusions hâtives ◆ **the blood ~ed to his face** le sang lui est monté au visage ◆ **memories ~ed into his mind** des souvenirs lui affluèrent à l'esprit ◆ **he ~ed into marriage** il s'est marié hâtivement *or* à la hâte ◆ **the wind ~ed through the stable** le vent s'engouffrait dans l'écurie ◆ **a torrent of water ~ed down the slope** un véritable torrent a dévalé la pente ; → **headlong**

VT a *(= cause to move quickly)* entraîner *or* pousser vivement ◆ **to ~ sb to hospital** transporter qn d'urgence à l'hôpital ◆ **they ~ed more troops to the front** ils ont envoyé *or* expédié d'urgence des troupes fraîches sur le front ◆ **they ~ed him out of the room** ils l'ont fait sortir précipitamment *or* en toute hâte de la pièce ◆ **I don't want to ~ you** je ne voudrais pas vous bousculer ◆ **don't ~ me!** laissez-moi le temps de souffler ! ◆ **to ~ sb off his feet** ne pas laisser à qn le temps de souffler ◆ **to ~ sb into a decision** forcer *or* obliger qn à prendre une décision à la hâte ◆ **to ~ sb into doing sth** forcer *or* obliger qn à faire qch à la hâte ◆ **they ~ed the bill through Parliament** ils ont fait voter la loi à la hâte ; see also **rushed**

b *(= take by storm: Mil) [+ town, position]* prendre d'assaut ; *[+ fence, barrier]* franchir (sur son élan) ◆ **her admirers ~ed the stage** ses admirateurs ont envahi la scène ◆ **the mob ~ed the line of policemen** la foule s'est élancée contre le cordon de police

c *(= do hurriedly) [+ job, task]* dépêcher ; *[+ order]* exécuter d'urgence ◆ **"please rush me three tickets"** *(Comm)* "envoyez-moi de toute urgence trois billets"

d ‡ *(= charge)* faire payer ; *(= swindle)* faire payer un prix exorbitant à, estamper * ◆ **how much were you ~ed for it?** combien on te l'a fait payer ? ◆ **you really were ~ed for that!** tu t'es vraiment fait estamper * pour ça !

e *(US Univ: of fraternity etc)* recruter

COMP ▷ **rush hour** N heures *fpl* de pointe *or* d'affluence ▷ **rush-hour traffic** N circulation *f* aux heures de pointe ▷ **rush job** N *(gen)* travail *m* urgent ◆ **that was a ~ job** *(= urgent)* c'était urgent ; *(pej) (= too rushed)* c'était fait à la va-vite * ▷ **rush order** N *(Comm)* commande *f* pressée *or* urgente

► **rush about, rush around** VI courir çà et là

► **rush at** VT FUS se jeter sur, se ruer sur ; *[+ enemy]* se ruer sur, fondre sur ◆ **don't ~ at the job, take it slowly** ne fais pas ça trop vite, prends ton temps

► **rush down** VI *[person]* descendre précipitamment ; *[stream]* dévaler

► **rush in** VI *(lit)* entrer précipitamment *or* à toute vitesse ; *(fig)* se précipiter (*to* pour) see also **rush¹ vi**

► **rush out** VI sortir précipitamment *or* à toute vitesse

VT SEP *(= produce quickly) [+ goods]* sortir rapidement ◆ **we'll ~ it out to you right away** *(= deliver)* nous vous le livrerons directement dans les plus brefs délais

► **rush through** VT SEP *(Comm) [+ order]* exécuter d'urgence ; *[+ goods, supplies]* envoyer *or* faire parvenir de toute urgence ◆ **they ~ed medical supplies through to him** on lui a fait parvenir des médicaments de toute urgence ; see also **rush¹ vi**

► **rush up** VI *(= arrive)* accourir

VT SEP *[+ help, reinforcements]* faire parvenir *or* (faire) envoyer d'urgence (*to* à)

**rush²** /rʌʃ/ N *(Bot)* jonc *m* ; *(for chair)* jonc *m*, paille *f* COMP ▷ **rush light** N chandelle *f* à mèche de jonc ▷ **rush mat** N natte *f* de jonc ▷ **rush matting** N *(NonC)* natte *f* de jonc

**rushed** /rʌʃt/ ADJ a *(= hurried) [meal]* expédié ; *[decision]* hâtif, précipité ; *[work]* fait à la va-vite * b *(= busy) [person]* débordé ◆ **to be ~ off one's feet** être (complètement) débordé ◆ **she was ~ off her feet trying to get everything ready** elle était complètement débordée avec tous les préparatifs

**rusk** /rʌsk/ N *(esp Brit)* biscotte *f*

**russet** /'rʌsɪt/ N a *(= colour)* couleur *f* feuille-morte *inv*, brun roux *inv* b *(= apple)* reinette *f* grise ADJ brun roux *inv*

**Russia** /'rʌʃə/ N Russie *f*

**Russian** /'rʌʃən/ ADJ *(gen)* russe ; *[ambassador, embassy]* de Russie ; *[teacher]* de russe N a Russe *mf* b *(Ling)* russe *m* COMP ▷ **Russian doll** N poupée *f* russe *or* gigogne ▷ **Russian dressing** N *(Culin)* sauce *f* rouge relevée *(pour la salade)* ▷ **the Russian Federation** N la Fédération de Russie ▷ **Russian Orthodox** ADJ *(Rel)* orthodoxe russe ▷ **Russian Orthodox Church** N Église *f* orthodoxe russe ▷ **Russian roulette** N roulette *f* russe ▷ **Russian salad** N salade *f* russe

**Russkie** *, **Russky** * /'rʌskɪ/ *(esp US † pej or hum)* N Rus(s)kof * *m inv*, Popov * *mf inv* ADJ russe

**Russo-** /'rʌsəʊ/ PREF russo- ◆ **~Japanese** russo-japonais

**rust** /rʌst/ N *(on metal, also Bot)* rouille *f* ; *(= colour)* couleur *f* rouille, roux *m* VT *(lit, fig)* rouiller VI *(lit, fig)* se rouiller COMP ▷ **the Rust Belt** N *(US)* la région industrielle des États-Unis ◆ **the Rust Belt states** les États *mpl* industriels américains ▷ **rust bucket** * N *(= car, boat)* tas *m* de rouille * ▷ **rust-coloured** ADJ (couleur) rouille *inv* ▷ **rust-resistant** ADJ ⇒ **rustproof adj**

► **rust in** VI *[screw]* se rouiller dans son trou

► **rust up** VI se rouiller

**rusted** /'rʌstɪd/ *(esp US)* ADJ rouillé

**rustic** /'rʌstɪk/ N campagnard(e) *m(f)*, paysan(ne) *m(f)* ADJ a *(= rural) [scene, charm, simplicity, appearance]* rustique, champêtre *(liter)* ; *[restaurant]* rustique ; *[novel]* pastoral b *(= roughly-made) [furniture]* rustique ; *[wall]* grossier c *(pej = crude)* frustre *(pej)*, grossier *(pej)*

**rusticate** /'rʌstɪkeɪt/ VI habiter la campagne VT *(Brit Univ)* exclure (temporairement)

**rusticity** /rʌs'tɪsɪtɪ/ N rusticité *f*

**rustiness** /'rʌstɪnɪs/ N rouillure *f*, rouille *f*

**rustle** /'rʌsl/ N *[of leaves]* bruissement *m* ; *[of silk, skirt]* bruissement *m*, froufrou *m* ; *[of paper]* froissement *m* VI *[leaves, wind]* bruire ; *[paper]* produire un froissement *or* un bruissement ; *[clothes, skirt]* faire froufrou ◆ **she ~d into the room** elle est entrée en froufroutant dans la pièce ◆ **something ~d in the cupboard** il y a eu un froissement *or* un bruissement dans le placard VT a *[+ leaves]* faire bruire ; *[+ paper]* froisser ; *[+ programme]* agiter avec un bruissement ; *[+ petticoat, skirt]* faire froufrouter b *(esp US = steal) [+ cattle]* voler

► **rustle up** * VT SEP se débrouiller * pour trouver (*or* faire), préparer (à la hâte) ◆ **can you ~ me up a cup of coffee?** tu pourrais me donner un café en vitesse ?

**rustler** /'rʌsləʳ/ N a *(esp US = cattle thief)* voleur *m* de bétail b *(US * = energetic person)* type * *m* énergique *or* expéditif

**rustling** /'rʌslɪŋ/ N a *(= cattle theft)* vol *m* de bétail b ⇒ **rustle n**

**rustproof** /'rʌstpruːf/ ADJ *[metal, alloy]* inoxydable, qui ne rouille pas ; *[paint, treatment]* antirouille *inv*, anticorrosion *inv* ; *[bodywork]* traité contre la rouille *or* la corrosion VT traiter contre la rouille *or* la corrosion

**rustproofing** /'rʌstpruːfɪŋ/ N traitement *m* antirouille *or* anticorrosion

**rusty** /'rʌstɪ/ ADJ a *(lit, fig)* rouillé ◆ **to go** *or* **get ~** *[metal]* rouiller ; *[person]* se rouiller ◆ **my English is pretty ~** mon anglais est un peu rouillé ◆ **his ~ typing skills** ses notions de dactylographie, qui ne datent pas d'hier ◆ **your skills are a little ~** vous avez un peu perdu la main ◆ **I'm very ~ on criminal law** il y a longtemps que je n'ai plus pratiqué le droit pénal b *(in colour)* (also **rusty brown**) brun roux *inv*

**rut¹** /rʌt/ *(Zool)* N rut *m* VI être en rut COMP ▷ **rutting season** N saison *f* du rut

**rut²** /rʌt/ N *(in track, path)* ornière *f* ; *(fig)* routine *f*, ornière *f* ◆ **to be (stuck) in** *or* **to get into a ~** *(fig) [person]* s'encroûter ; *[mind]* devenir routinier ◆ **to get out of the ~** sortir de l'ornière VT sillonner ◆ **~ted** *[road, path]* défoncé

**rutabaga** /ˌruːtə'beɪgə/ N *(US)* rutabaga *m*

**Ruth** /ruːθ/ N Ruth *f*

**ruthenium** /ruː'θiːnɪəm/ N ruthénium *m*

**ruthless** /'ruːθlɪs/ ADJ *[person]* impitoyable, sans pitié (*in sth* dans qch) ; *[treatment, determination, investigation, deed]* impitoyable ◆ **to be ~ in doing sth** faire qch impitoyablement

**ruthlessly** /'ruːθlɪslɪ/ ADV *[suppress, crush]* impitoyablement, sans pitié ◆ **~ efficient** d'une efficacité redoutable ◆ **she was a ~ ambitious woman** c'était une femme dont l'ambition n'épargnait rien ni personne

**ruthlessness** /'ruːθlɪsnɪs/ N caractère *m or* nature *f* impitoyable

**RV** /ɑː'viː/ N a *(Bible)* (abbrev of **Revised Version**) → **revise** b *(US)* (abbrev of **recreational vehicle**) camping-car *m* ◆ **~ park** terrain *m* pour camping-cars

**Rwanda** /rʊ'ændə/ N Rwanda *m* ◆ **in ~** au Rwanda

**Rwandan** /rʊ'ændən/ ADJ rwandais N Rwandais(e) *m(f)*

**rye** /raɪ/ N a *(= grain)* seigle *m* b *(US)* ⇒ **rye whisky, rye bread** COMP ▷ **rye bread** N pain *m* de seigle ▷ **rye whisky** N whisky *m* (de seigle)

**ryegrass** /'raɪgrɑːs/ N ray-grass *m inv*

# S

**S, s** /es/ N a *(= letter)* S, s *m* ◆ **S for sugar** ≃ S comme Suzanne b (abbrev of **south**) S c ◆ **S** *(Rel)* (abbrev of **Saint**) St(e) d ◆ **S** (abbrev of **small**) (taille *f*) S *m*

**SA** /es'eɪ/ N a (abbrev of **South Africa, South America, South Australia**) → **south** b (abbrev of **Salvation Army**) Armée *f* du Salut

**Saar** /zɑːʳ/ N *(= river, region)* ◆ **the ~** la Sarre

**sab** * /sæb/ N *(Brit) activiste cherchant à saboter les chasses à courre*

**sabbatarian** /ˌsæbəˈtɛərɪən/ N *(= Christian)* partisan *m* de l'observance stricte du dimanche ; *(= Jew)* personne *f* qui observe le sabbat ADJ *(= Jewish Rel)* de l'observance du sabbat

**Sabbath** /ˈsæbəθ/ N *(Jewish)* sabbat *m* ; *(Christian)* repos *m* dominical ; *(† = Sunday)* dimanche *m* ◆ **to keep** *or* **observe/break the ~** observer/ne pas observer le sabbat *or* le repos dominical ◆ **(witches') sabbath** sabbat *m*

**sabbatical** /səˈbætɪkəl/ N congé *m* sabbatique ◆ **to be on ~** être en congé sabbatique ◆ **to take a ~** prendre un congé sabbatique COMP ▷ **sabbatical leave** N congé *m* sabbatique ▷ **sabbatical term** N trois mois *mpl* de congé sabbatique ▷ **sabbatical year** N année *f* sabbatique

**sabbing** * /ˈsæbɪŋ/ N *(NonC: Brit)* (also **hunt-sabbing**) sabotage *m* des chasses à courre

**saber** /ˈseɪbəʳ/ N *(US)* ⇒ **sabre**

**sable** /ˈseɪbl/ N a *(Zool)* zibeline *f*, martre *f* b *(Her)* sable *m* COMP a *[fur]* de zibeline, de martre ; *[brush]* en poil de martre b *(liter = black)* noir

**sabotage** /ˈsæbətɑːʒ/ N *(NonC)* sabotage *m* ◆ **an act of ~** un sabotage VT *(lit, fig)* saboter

**saboteur** /ˌsæbəˈtɜːʳ/ N saboteur *m*, -euse *f*

**sabre, saber** *(US)* /ˈseɪbəʳ/ N sabre *m* COMP ▷ **sabre rattling** N *(esp Pol)* tentatives *fpl* d'intimidation ▷ **sabre-toothed tiger** N tigre *m* à dents de sabre

**sac** /sæk/ N *(Anat, Bio)* sac *m*

**saccharin** /ˈsækərɪn/ N *(US)* ⇒ **saccharine n**

**saccharine** /ˈsækəriːn/ ADJ a *(Culin) [product]* à la saccharine ; *[pill, flavour]* de saccharine b *(= sentimental) [story, ending]* mièvre ; *[ballad, melody]* sirupeux ; *[sweetness, smile]* mielleux ◆ **~ sentimentality** mièvrerie *f* N saccharine *f*

**sacerdotal** /ˌsæsəˈdəʊtl/ ADJ sacerdotal

**sachet** /ˈsæʃeɪ/ N sachet *m* ; *[of shampoo]* dosette *f*

**sack¹** /sæk/ N a *(= bag)* sac *m* ◆ **coal ~** sac *m* à charbon ◆ **~ of coal** sac *m* de charbon ◆ **a ~ of potatoes** un sac de pommes de terre ◆ **that dress makes her look like a ~ of potatoes** elle ressemble à un sac de pommes de terre dans cette robe ◆ **she flopped down on to the sofa like a ~ of potatoes** elle s'est affalée sur le canapé b *(* = dismissal)* **to give sb the ~** renvoyer qn, virer * qn ◆ **to get the ~** être renvoyé, se faire virer * ◆ **he got the ~ for stealing** il s'est fait virer * parce qu'il avait volé c *(esp US ⁑ = bed)* pieu ⁑ *m*, plumard ⁑ *m* ◆ **to hit the ~** aller se pieuter ⁑ ◆ **he's hot in the ~** c'est un bon coup ⁑ VT *(* = dismiss) [+ employee]* renvoyer, virer * COMP ▷ **sack dress** N robe *f* sac ▷ **sack race** N course *f* en sac

► **sack out** ⁑, **sack up** ⁑ VI *(US = go to bed)* aller se pieuter ⁑

**sack²** /sæk/ *(liter)* N *(= plundering)* sac *m*, pillage *m* VT *[+ town]* mettre à sac, piller

**sack³** /sæk/ N *(= wine)* vin *m* blanc sec

**sackbut** /ˈsækbʌt/ N *(Mus)* saquebute *f*

**sackcloth** /ˈsækklɒθ/ N grosse toile *f*, toile *f* à sac ◆ **~ and ashes** *(Rel)* le sac et la cendre ◆ **to be in ~ and ashes** *(fig)* être contrit

**sacking¹** /ˈsækɪŋ/ N a *(NonC: Tex)* grosse toile *f*, toile *f* à sac b *(= dismissal)* renvoi *m* ◆ **large scale ~s** renvois *mpl* massifs

**sacking²** /ˈsækɪŋ/ N *(= plundering)* sac *m*, pillage *m*

**sacra** /ˈsækrə/ NPL of **sacrum**

**sacral** /ˈseɪkrəl/ ADJ *(Anat)* sacré

**sacrament** /ˈsækrəmənt/ N sacrement *m* ◆ **to receive the ~s** communier ; → **blessed**

**sacramental** /ˌsækrəˈmentl/ ADJ sacramentel N sacramental *m*

**sacred** /ˈseɪkrɪd/ ADJ a *(= holy) [place, object, animal, symbol]* sacré *(to* pour) b *(= religious) [art, music, rite]* sacré, religieux ◆ **~ writings** livres *mpl* sacrés ◆ **~ and profane love** l'amour *m* sacré et l'amour *m* profane c *(= sacrosanct) [principle, duty, promise]* sacré *(to* pour) ◆ **~ to the memory of sb** consacré à la mémoire de qn ◆ **is nothing ~?** les gens ne respectent plus rien ! ◆ **to her nothing was ~** elle ne respectait rien (ni personne) COMP ▷ **sacred cow** N *(lit, fig)* vache *f* sacrée ▷ **the Sacred Heart** N le Sacré-Cœur ▷ **Sacred History** N Histoire *f* sainte

**sacredness** /ˈseɪkrɪdnɪs/ N caractère *m* sacré

**sacrifice** /ˈsækrɪfaɪs/ N *(all senses)* sacrifice *m* ◆ **the ~ of the mass** *(Rel)* le saint sacrifice (de la messe) ◆ **to make great ~s** *(fig)* faire *or* consentir de grands sacrifices *(for sb* pour qn ; *to do sth* pour faire qch) → **self** VT *(all senses)* sacrifier *(to* à) ◆ **to ~ o.s. for sb** se sacrifier pour qn ◆ **"cost £25: sacrifice for £5"** * *(in small ads)* "prix 25 livres : sacrifié à 5 livres"

**sacrificial** /ˌsækrɪˈfɪʃəl/ ADJ *[rite]* sacrificiel ; *[animal]* du sacrifice COMP ▷ **sacrificial lamb** N *(Bible)* agneau *m* pascal ; *(fig)* bouc *m* émissaire ▷ **sacrificial victim** N *(lit)* victime *f* du sacrifice ; *(fig)* victime *f* expiatoire

**sacrilege** /ˈsækrɪlɪdʒ/ N *(lit, fig)* sacrilège *m* ◆ **that would be ~** ce serait un sacrilège

**sacrilegious** /ˌsækrɪˈlɪdʒəs/ ADJ sacrilège ◆ **it would be ~ to do such a thing** ce serait (un) sacrilège de faire une chose pareille

**sacrist(an)** /ˈsækrɪst(ən)/ N sacristain(e) *m(f)*, sacristine *f*

**sacristy** /ˈsækrɪstɪ/ N sacristie *f*

**sacroiliac** /ˌseɪkrəʊˈɪlɪæk/ ADJ sacro-iliaque N articulation *f* sacro-iliaque

**sacrosanct** /ˈsækrəʊsæŋkt/ ADJ sacro-saint

**sacrum** /ˈsækrəm/ N (pl **sacra**) sacrum *m*

**SAD** /sæd/ N (abbrev of **seasonal affective disorder**) → **seasonal**

**sad** /sæd/ LANGUAGE IN USE 24.4

ADJ a *(= unhappy) [person, expression, eyes]* triste ; *[feeling]* de tristesse ◆ **to become ~** devenir triste ◆ **the more he thought about it, the ~der he became** plus il y pensait, plus ça le rendait triste ◆ **to make sb ~** attrister qn, rendre qn triste ◆ **it makes me ~ to think that ...** ça me rend triste *or* ça m'attriste de penser que ... ◆ **he eventually departed a ~der and (a) wiser man** finalement il partit, mûri par la dure leçon de l'expérience ◆ **I'm ~ that I/you won't be able to come** je suis désolé de ne pouvoir venir/que vous ne puissiez pas venir ◆ **I shall be ~ to leave** je serai désolé de partir ◆ **he was ~ to see her go** il était triste de la voir partir ◆ **(I'm) ~ to say he died five years ago** malheureusement, il est mort il y a cinq ans

b *(= saddening) [story, news, situation, duty, occasion]* triste ; *[loss]* douloureux ◆ **it's a ~ business** c'est une triste affaire ◆ **it's a ~ state of affairs** c'est un triste état de choses ◆ **the ~ fact** *or* **truth is that ...** la triste vérité est que ... ◆ **it's ~ that they can't agree** c'est désolant qu'ils n'arrivent pas à se mettre d'accord ◆ **it's ~ to see such expertise wasted** c'est désolant de voir ce talent gâché ◆ **~ to say, he died soon after** c'est triste à dire ou malheureusement, il est mort peu après c (* *pej* = *pathetic) [person]* minable *, pitoyable ◆ **that ~ little man** ce pauvre type

COMP ▷ **sad bastard** *‡* N pauvre con *‡* *m* ▷ **sad case** * N ◆ **he's a real ~ case** c'est vraiment un cas navrant ▷ **sad-eyed** ADJ aux yeux tristes ▷ **sad-faced** ADJ au visage triste ▷ **sad sack** * N *(US) (gen)* nullité *f* ; *(= soldier)* mauvais soldat *m*

**sadden** /ˈsædn/ VT attrister, rendre triste ◆ **it ~s me to hear that he has gone** je suis peiné d'apprendre qu'il est parti ◆ **it ~s me that ...** cela m'attriste que ... + *subj*

**saddening** /ˈsædnɪŋ/ ADJ attristant, triste ◆ **it is ~ to think that ...** c'est triste de penser que ...

**saddle** /ˈsædl/ N a *[of horse, cycle]* selle *f* ◆ **to be in the ~** *(= on horse)* être en selle ; *(= in power)* tenir les rênes ◆ **he leaped into the ~** il sauta en selle ; → **sidesaddle**

b *[of hill]* col *m*

c *(Culin)* ~ **of lamb** selle *f* d'agneau ◆ ~ **of hare** râble *m* de lièvre

VT a (also **saddle up**) *[+ horse]* seller

b (* *fig*) ◆ **to ~ sb with sth** *[person] [+ job, debts, responsibility]* refiler * qch à qn ◆ **I've been ~d with organizing the meeting** je me retrouve avec l'organisation de la réunion sur les bras ◆ **the war ~d the country with a huge debt** à cause de la guerre le pays s'est retrouvé lourdement endetté ◆ **we're ~d with it** nous voilà avec ça sur les bras ◆ **to ~ o.s. with sth** s'encombrer de qch

COMP ▷ **saddle-backed** ADJ *[horse]* ensellé ▷ **saddle horse** N cheval *m* de selle ▷ **saddle joint** N *(Culin: of mutton or lamb)* selle *f* ▷ **saddle shoes** NPL *(US) chaussures basses bicolores* ▷ **saddle-sore** ADJ meurtri à force d'être en selle ▷ **saddle-stitched** ADJ cousu à longs points

**saddlebag** /ˈsædlbæg/ N *[of horse]* sacoche *f* (de selle) ; *[of cycle]* sacoche *f* (de bicyclette)

**saddlebow** /ˈsædlbəʊ/ N pommeau *m* de selle

**saddlecloth** /ˈsædlklɒθ/ N tapis *m* de selle

**saddler** /ˈsædlə^r/ N sellier *m*

**saddlery** /ˈsædlərɪ/ N *(= articles, business)* sellerie *f*

**saddo** *‡* /ˈsædəʊ/ (pl **saddos** *or* **saddoes**) ADJ minable * N *(= person)* pauvre type *m* *‡*, minable * *mf*

**Sadducee** /ˈsædjʊsiː/ N Sad(d)ucéen(ne) *m(f)*

**sadism** /ˈseɪdɪzəm/ N sadisme *m*

**sadist** /ˈseɪdɪst/ ADJ, N sadique *mf*

**sadistic** /səˈdɪstɪk/ ADJ sadique

**sadistically** /səˈdɪstɪkəlɪ/ ADV sadiquement, avec sadisme

**sadly** /ˈsædlɪ/ ADV a *(= sorrowfully) [say, smile, look at, shake one's head]* tristement, avec tristesse b *(= woefully) [familiar, evident, neglected]* tristement ; *[disappointed]* profondément ◆ **to be ~ lacking in sth** manquer cruellement de qch ◆ **to be ~ in need of sth** avoir bien besoin de qch ◆ **to be ~ mistaken** se tromper lourdement ◆ **he will be ~ missed** il sera regretté de tous c *(= unfortunately)* malheureusement ◆ ~ **for sb/sth** malheureusement pour qn/qch ◆ **Jim, who ~ died in January ...** Jim, qui, à notre grande tristesse, est mort en janvier ...

**sadness** /ˈsædnɪs/ N *(NonC)* tristesse *f*, mélancolie *f*

**sadomasochism** /ˌseɪdəʊˈmæsəkɪzəm/ N sadomasochisme *m*

**sadomasochist** /ˌseɪdəʊˈmæsəkɪst/ N sadomasochiste *mf*

**sadomasochistic** /ˌseɪdəʊmæsəˈkɪstɪk/ ADJ sadomasochiste

**SAE, s.a.e.** /ˌeseɪˈiː/ N *(Brit)* a (abbrev of **stamped addressed envelope**) → **stamp** b (abbrev of **self-addressed envelope**) → **self**

**safari** /səˈfɑːrɪ/ N safari *m* ◆ **to be/go on (a) ~** faire/aller faire un safari COMP ▷ **safari hat** N chapeau *m* de brousse ▷ **safari jacket** N saharienne *f* ▷ **safari park** N *(Brit)* parc *m* animalier ; *(in Africa)* réserve *f* animalière ▷ **safari shirt** N saharienne *f* ▷ **safari suit** N ensemble *m* saharien

**safe** /seɪf/ ADJ a *(= not risky) [substance, toy]* sans danger ; *[nuclear reactor]* sûr, sans danger ; *[place, vehicle]* sûr ; *[ladder, structure]* solide ◆ **in a ~ place** en lieu sûr ◆ **a ~ anchorage** un bon mouillage ◆ **the ice isn't ~** la glace n'est pas solide ◆ **he's a ~ pair of hands** c'est quelqu'un de sûr ◆ **to be in ~ hands** être en de bonnes mains ◆ **is that dog ~?** ce chien n'est pas méchant ? ◆ **that dog isn't ~ with** *or* **around children** ce chien peut présenter un danger pour les enfants ◆ **he's ~ in jail** * **for the moment** pour le moment on est tranquille, il est en prison ◆ **the ~st thing (to do) would be to wait here** le plus sûr serait d'attendre ici ; → **house, play**

◆ **to make sth safe** ◆ **to make a bomb ~** désamorcer une bombe ◆ **to make a building ~** assurer la sécurité d'un bâtiment ◆ **to make a place ~ for sb/sth** éliminer tous les dangers qu'un endroit pourrait présenter pour qn/qch ◆ **to make it ~, the element is electrically insulated** pour plus de sécurité, l'élément est isolé

◆ **safe to ...** ◆ **the water is ~ to drink** on peut boire cette eau sans danger, l'eau est potable ◆ **this food is perfectly ~ to eat** la consommation de cet aliment ne présente aucun danger ◆ **it is ~ to say/assume that ...** on peut affirmer/supposer sans trop s'avancer que ... ◆ **is it ~ to come out?** est-ce qu'on peut sortir sans danger ? ◆ **is it ~ to use rat poison with children around?** n'est-ce pas dangereux d'utiliser de la mort-aux-rats là où il y a des enfants ? ◆ **they assured him that it was ~ to return** ils lui ont assuré qu'il pouvait revenir en toute sécurité ◆ **it might be ~r to wait** il serait peut-être plus prudent d'attendre ◆ **it's not ~ to go out after dark** il est dangereux de sortir la nuit

b *[choice, job]* sûr ; *[method]* sans risque ; *[limit, level]* raisonnable ◆ **keep your alcohol consumption (to) within ~ limits** buvez avec modération ◆ **a ~ margin** une marge de sécurité ◆ **to keep a ~ distance from sb/sth** *or* **between o.s. and sb/sth** *(gen)* se tenir à bonne distance de qn/qch ; *(Aut)* maintenir la distance de sécurité par rapport à qn/qch ◆ **to follow sb at a ~ distance** suivre qn à une distance respectueuse ◆ **(just) to be on the ~ side** * par précaution, pour plus de sûreté

c *(= successful, problem-free)* ◆ **to wish sb a ~ journey** souhaiter bon voyage à qn ◆ **(have a) ~ journey!** bon voyage ! ◆ **a ~ landing** un atterrissage réussi ◆ **he wrote to acknowledge the ~ arrival of the photographs** il a écrit pour dire que les photos étaient bien arrivées ◆ **to ensure the ~ delivery of supplies** veiller à ce que les vivres arrivent *subj* à bon port ◆ **let us pray for the ~ return of the troops** prions pour que nos troupes reviennent saines et sauves ◆ **to ensure the ~ return of the hostages** faire en sorte que les otages soient libérés sains et saufs ◆ **a reward for the ~ return of the stolen equipment** une récompense à qui rapportera en bon état l'équipement volé

d *(= likely to be right)* ◆ **it is a ~ assumption that ...** on peut dire sans trop s'avancer que ... ◆ **this was a pretty ~ guess** on ne s'avançait pas trop en supposant cela

◆ **a safe bet** *(safe choice)* un bon choix ◆ **the house wine is always a ~ bet** choisir la cuvée du patron, c'est sans risque ◆ **it is a ~ bet that ...** il y a toutes les chances pour que ... + *subj* ◆ **it's a ~ bet he'll win** il gagnera à coup sûr

e *(= not in danger) [person]* en sécurité ; *(= no longer in danger)* hors de danger ; *[object]* en sécurité ◆ **I don't feel very ~ on this ladder** je ne me sens pas très en sécurité sur cette échelle ◆ **I won't feel ~ until he is behind bars** je ne serai pas tranquille tant qu'il ne sera pas derrière les barreaux ◆ **I feel so ~ here with you** je me sens tellement en sécurité ici auprès de toi ◆ **he's ~ for re-election** il sera réélu à coup sûr ◆ **~ in the knowledge that ...** avec la certitude que ... ◆ ~ **and sound** sain et sauf ◆ **a ~ winner** *(Sport)* un gagnant certain *or* assuré ◆ **to be ~ with sb** être en sécurité avec qn ◆ **I'll keep it ~ for you** je vais vous le garder en lieu sûr ◆ **your reputation is ~** votre réputation ne craint rien ◆ **your secret is ~ (with me)** je ne le répéterai pas, (avec moi) votre secret ne risque rien ◆ **no girl is ~ with him** *(fig)* c'est un séducteur impénitent ◆ **better ~ than sorry** *(Prov)* deux précautions valent mieux qu'une *(Prov)*

◆ **to be safe from sth** être à l'abri de qch ◆ **the town is now ~ from attack** la ville est maintenant à l'abri de toute attaque ◆ **I'm ~ from him now** il ne peut plus me nuire *or* me faire de mal maintenant ◆ **to be ~ from being sued** ne pas risquer de procès ◆ **he's ~ from harm** il n'est pas en danger ◆ **to keep sb ~ from harm** protéger qn

N *(for money, valuables)* coffre-fort *m* ; → **meat**

COMP ▷ **safe area** N *(Pol)* zone *f* de sécurité ▷ **safe-blower** N perceur *m* de coffre-fort *(qui utilise des explosifs)* ▷ **safe-breaker** N perceur *m* de coffre-fort ▷ **safe-conduct** N *(Mil etc)* sauf-conduit *m* ▷ **safe-cracker** N ⇒ **safe-breaker** ▷ **safe deposit** N *(= vault)* chambre *f* forte, salle *f* des coffres ; (also **safe deposit box**) coffre(-fort) *m (à la banque)* ▷ **safe haven** N a *(Mil, Pol)* zone *f* de refuge b *(= refuge) (gen)* abri *m* sûr ; *(for terrorists, criminals)* repaire *m* ; *(for people in danger)* refuge *m* ◆ **to provide ~ haven for sb, to offer ~ haven to sb** offrir un abri sûr *or* un refuge à qn c *(fig = escape)* refuge *m* (*from* contre) ◆ **the idea of the family as a ~ haven from the brutal outside world** la famille perçue comme un refuge contre la brutalité du monde extérieur ◆ **the district was once a ~ haven from Manhattan's hustle and bustle** le quartier était autrefois à l'abri du tourbillon d'activité de Manhattan ▷ **safe house** N lieu *m* sûr ▷ **safe passage** N ◆ **to guarantee sb/sth (a) ~ passage to/from a country** assurer la protection de qn/qch à son entrée dans un pays/à sa sortie d'un pays ▷ **the safe period** * N *(Med)* la période sans danger ▷ **safe seat** N siège *m* sûr ; *(Brit Pol)* ◆ **it was a ~ Conservative seat** c'était un siège acquis au parti conservateur ; → MARGINAL SEAT ▷ **safe sex** N rapports *mpl* sexuels sans risque ; *(specifically with condom)* rapports *mpl* sexuels protégés

**safeguard** /ˈseɪfgɑːd/ VT sauvegarder, protéger (*against* contre) N sauvegarde *f*, garantie *f* (*against* contre) ◆ **as a ~ against** comme sauvegarde contre, pour éviter COMP ▷ **safeguard clause** N *(Jur)* clause *f* de sauvegarde

**safekeeping** /ˌseɪfˈkiːpɪŋ/ N ◆ **in ~** sous bonne garde, en sécurité ◆ **I gave it to him for ~, I put it in his ~** je le lui ai donné à garder ◆ **the key is in his ~** on lui a confié la clé

**safely** /ˈseɪflɪ/ ADV a *(= without risk)* sans risque *or* danger, en toute sécurité ◆ **you can walk about quite ~ in the town centre** vous pouvez vous promener sans risque *or* sans danger dans le centre-ville ◆ **most food can ~ be frozen for months** on peut congeler la plupart des aliments sans risque *or* sans danger pendant plusieurs mois ◆ **drive ~!** sois prudent ! ◆ **he was ~ tucked up in bed** il était en sécurité *or* bien au chaud dans son lit

b *(= without mishap) [return, land]* sans encombre ; *[arrive]* bien, à bon port ◆ **give me a ring to let me know you've got home ~** passe-moi un coup de fil pour que je sache que tu es bien rentré ◆ **the consignment reached us ~** nous avons bien reçu les marchandises

c *(= securely) [shut, locked, stowed]* bien ◆ **to put sth away ~** ranger qch en lieu sûr

d *(= well and truly)* **now that the election is ~ out of the way, the government can ...** maintenant que le gouvernement n'a plus à se soucier des élections, il peut ... ◆ **he's ~ through to the semi-final** il est arrivé sans encombre en demi-finale

e *(= confidently)* **one can ~ say that ...** on peut, sans risque de se tromper, affirmer que ... ◆ **I think I can ~ say that ...** je pense pouvoir dire sans trop m'avancer que ...

**safeness** /ˈseɪfnɪs/ N *(= freedom from danger)* sécurité *f* ; *[of construction, equipment]* solidité *f*

**safety** /ˈseɪftɪ/ N a *(= not being in danger)* sécurité *f* ◆ **his ~ must be our first consideration** sa sécurité doit être notre premier souci ◆ **for his (own) ~** pour sa (propre) sécurité ◆ **for ~'s sake** pour plus de sûreté, par mesure de sécurité ◆ **to ensure sb's ~** veiller sur *or* assurer la sécurité de qn ◆ **he sought ~ in flight** il chercha le salut dans la fuite ◆ **they went back to the ~ of the house** ils sont retournés se réfugier dans la maison ◆ **they watched from the ~ of the embassy** en lieu sûr *or* loin du danger dans l'ambassade, ils regardaient la scène ◆ **there is ~ in numbers** plus on est nombreux, moins il y a de danger ◆ **in a place of ~** en lieu sûr ◆ **in ~** en sécurité ◆ **he reached ~ at last** il fut enfin en sûreté *or* en sécurité ◆ **to play for ~** ne pas prendre de risques ◆ **~ first!** la sécurité d'abord ! ; see also **comp, road**

b *(= not presenting any danger) [of drug]* innocuité *f* ; *[of machine, power plant]* sécurité *f* ◆ **they are concerned about the ~ of the equipment** ils s'interrogent sur la sécurité du matériel

COMP ▷ **safety belt** N ceinture *f* de sécurité ▷ **safety blade** N lame *f* de sûreté ▷ **safety bolt** N verrou *m* de sûreté ▷ **safety catch** N cran *m* de sûreté ▷ **safety chain** N chaîne *f* de sûreté ▷ **safety curtain** N *(Theat)* rideau *m* de fer ▷ **safety-deposit box** N *(US)* coffre(-fort) *m* *(à la banque)* ▷ **safety device** N ⇒ **safety feature** ▷ **safety factor** N coefficient *m* de sécurité ▷ **safety feature** N dispositif *m* de sécurité ▷ **safety glass** N verre *m* securit ® *or* de sécurité ▷ **safety island** N *(US Aut)* refuge *m* ▷ **safety lamp** N lampe *f* de mineur ▷ **safety lock** N serrure *f* de sécurité ▷ **safety margin** N marge *f* de sécurité ▷ **safety match** N allumette *f* de sûreté *or* suédoise ▷ **safety measure** N mesure *f* de sécurité ◆ **as a ~ measure** pour plus de sûreté, par mesure de sécurité ▷ **safety mechanism** N dispositif *m* de sécurité ▷ **safety net** N *(lit)* filet *m* (de protection) ; *(fig)* filet *m* de sécurité ▷ **safety pin** N épingle *f* de nourrice ▷ **safety precaution** N mesure *f* de sécurité ▷ **safety razor** N rasoir *m* mécanique *or* de sûreté ▷ **safety regulations** NPL règles *fpl* de sécurité ▷ **safety screen** N écran *m* de sécurité ▷ **safety valve** N *(lit, fig)* soupape *f* de sûreté ▷ **safety zone** N *(US Aut)* refuge *m (pour piétons)*

**saffron** /ˈsæfrən/ N safran *m* ADJ *[colour, robe]* safran *inv* ; *[flavour]* safrané, de safran COMP ▷ **saffron-coloured** ADJ safran *inv* ▷ **saffron powder** N safran *m* ▷ **saffron rice** N riz *m* safrané *or* au safran ▷ **saffron strands**, **saffron threads** NPL pistils *mpl* de safran, stigmates *mpl* de safran ▷ **saffron yellow** ADJ jaune *inv* safran *inv*

**sag** /sæg/ VI *[roof, chair]* s'affaisser ; *[beam, floorboard]* s'arquer, fléchir ; *[cheeks, breasts, hemline]* pendre ; *[rope]* être détendu ; *[gate]* être affaissé ; *[prices]* fléchir, baisser N *[of prices, sales, credibility]* baisse *f* ; *[of roof]* affaissement *m* ◆ **the ~ in the market** la contraction du marché

**saga** /ˈsɑːgə/ N *(Literat)* saga *f* ; *(= film, story)* aventure *f* épique ; *(= novel)* roman-fleuve *m* ◆ **he told me the whole ~ of what had happened** il m'a raconté tout ce qui était arrivé *or* toutes les péripéties en long et en large ◆ **the hostage ~** la saga de la prise d'otages ◆ **the long-running ~ of education reform** le long feuilleton de la réforme du système scolaire

**sagacious** /səˈgeɪʃəs/ ADJ *(frm) [person, remark]* sagace ; *[choice]* judicieux

**sagaciously** /səˈgeɪʃəslɪ/ ADV *(frm)* avec sagacité

**sagaciousness** /səˈgeɪʃəsnɪs/, **sagacity** /səˈgæsɪtɪ/ N sagacité *f*

**sage¹** /seɪdʒ/ N *(Bot, Culin)* sauge *f* ◆ **~ and onion stuffing** farce *f* à l'oignon et à la sauge COMP ▷ **sage green** N, ADJ vert *m* cendré *inv*

**sage²** /seɪdʒ/ *(liter)* ADJ *[person, advice]* sage ◆ **~ words of warning** une sage mise en garde N sage *m*

**sagebrush** /ˈseɪdʒbrʌʃ/ N *(US)* armoise *f* ◆ **the Sagebrush State** le Nevada

**sagely** /ˈseɪdʒlɪ/ ADV *(= wisely) [say]* avec sagesse ; *(iro) (= importantly)* avec componction ◆ **to nod ~** opiner de la tête avec componction

**sagging** /ˈsægɪŋ/ ADJ a *(= drooping) [armchair, ceiling, beam]* affaissé ; *[rope]* détendu ; *[stomach]* qui s'affaisse ; *[breasts]* qui tombent, flasque ; *[cheeks, hemline]* pendant ; *[skin]* distendu b *(= flagging) [morale, spirits]* défaillant ; *[stock market, dollar]* mou (molle *f*) ◆ **to bolster one's ~ popularity** soutenir sa popularité en baisse ◆ **the president's ~ ratings** la cote de popularité en baisse du président

**saggy** * /ˈsægɪ/ ADJ *[mattress, sofa]* défoncé ; *[garment]* avachi ; *[bottom, breasts]* flasque

**Sagittarian** /ˌsædʒɪˈtɛərɪən/ N ◆ **to be (a) ~** être (du) Sagittaire ADJ *[person]* du Sagittaire ; *[character trait]* propre au Sagittaire

**Sagittarius** /ˌsædʒɪˈtɛərɪəs/ N *(Astron)* Sagittaire *m* ◆ **I'm (a) ~** *(Astrol)* je suis (du) Sagittaire

**sago** /ˈseɪgəʊ/ N sagou *m* COMP ▷ **sago palm** N sagoutier *m* ▷ **sago pudding** N sagou *m* au lait

**Sahara** /səˈhɑːrə/ N ◆ **the ~ (Desert)** le (désert du) Sahara

**sahib** /ˈsɑːhɪb/ N *(in India)* sahib *m* ◆ **yes, ~** oui, sahib ◆ **Smith Sahib** Monsieur Smith

**said** /sed/ VB pt, ptp of **say** ADJ *(frm, Jur)* ◆ **the ~ newspaper** ledit journal ◆ **the circulation of the ~ newspaper** le tirage dudit journal ◆ **the ~ letter** ladite lettre ◆ **the said Daphne** ladite Daphne

**Saigon** /saɪˈgɒn/ N Saïgon

**sail** /seɪl/ N a *[of boat]* voile *f* ; → **hoist, wind¹**
◆ **to set sail** *[boat]* prendre la mer ; *[person]* partir en bateau ◆ **to set ~ for** *[boat]* partir à destination de ◆ **he has set ~ for America** il est parti pour l'Amérique (en bateau) ◆ **he set ~ from Dover** il est parti de Douvres (en bateau)
◆ **under + sail** à la voile ◆ **under full ~** toutes voiles dehors

b *(= trip)* **to go for a ~** faire un tour en bateau *or* en mer ◆ **Spain is two days' ~ from here** l'Espagne est à deux jours de mer

c *[of windmill]* aile *f*

VI a *[boat]* ◆ **the steamer ~s at 6 o'clock** le vapeur prend la mer *or* part à 6 heures ◆ **the boat ~ed up/down the river** le bateau remonta/descendit la rivière ◆ **the ship ~ed into Cadiz** le bateau entra dans le port de Cadix ◆ **the ship ~ed away into the distance** le bateau s'éloigna ◆ **to ~ into harbour** entrer au port ◆ **the ship ~ed out of Southampton/round the cape** le bateau a quitté le port de Southampton/a doublé le cap ◆ **to ~ at 10 knots** filer 10 nœuds

b ◆ **he ~s** *or* **goes sailing every weekend** il fait du bateau *or* de la voile tous les week-ends ◆ **to ~ away/back** *etc* partir/revenir *etc* en bateau ◆ **we ~ at 6 o'clock** nous partons à 6 heures, le bateau part à 6 heures ◆ **we ~ed into Southampton** nous sommes entrés dans le port de Southampton ◆ **we ~ed for Australia** nous sommes partis pour l'Australie (en bateau) ◆ **to ~ round the world** faire le tour du monde en bateau ◆ **to ~ into the wind** avancer contre le vent ◆ **to ~ close to the wind** *(Naut)* naviguer au plus près ◆ **to ~ close** *or* **near to the wind** *(fig) (= take a risk)* jouer un jeu dangereux ; *(= nearly break law)* friser l'illégalité ; *(in jokes etc)* friser la vulgarité ◆ **to ~ under false colours** *(fig)* agir sous de faux prétextes

c *[swan etc]* glisser ◆ **clouds were ~ing across the sky** des nuages glissaient *or* couraient dans le ciel ◆ **she ~ed into the room** * elle est entrée dans la pièce d'un pas majestueux ◆ **the plate ~ed past my head and hit the door** l'assiette est passée à côté de ma tête et a heurté la porte

VT a *(liter)* ◆ **to ~ the seas** parcourir les mers ◆ **he ~ed the Atlantic last year** l'année dernière il a fait la traversée de *or* il a traversé l'Atlantique (en bateau)

b *[+ boat] (= manoeuvre)* manœuvrer ◆ **she ~ed her boat into the harbour** elle a manœuvré (son bateau) pour entrer dans le port ◆ **he ~ed his boat round the cape** il a doublé le cap ◆ **he ~s his own yacht** *(= owns it)* il a son propre yacht ; *(= captains it)* il barre ou pilote son yacht lui-même

COMP ▷ **sail maker** N voilier *m (personne)*

► **sail into** * VT FUS *(= scold)* ◆ **he really sailed into me** il m'a volé dans les plumes *

► **sail through** * VI réussir haut la main VT FUS ◆ **to sail through one's degree/one's driving test** avoir sa licence/son permis de conduire haut la main

**sailboard** /ˈseɪlbɔːd/ N planche *f* à voile

**sailboarder** /ˈseɪlˌbɔːdəʳ/ N véliplanchiste *mf*

**sailboarding** /ˈseɪlˌbɔːdɪŋ/ N planche *f* à voile ◆ **to go ~** faire de la planche à voile

**sailboat** /ˈseɪlbəʊt/ N *(US)* bateau *m* à voiles voilier *m*

**sailcloth** /ˈseɪlklɒθ/ N toile *f* à voile

**sailing** /ˈseɪlɪŋ/ N a *(NonC = activity, hobby, (dinghies etc)* navigation *f* à voile ; *(yachts)* navigation *f* de plaisance ◆ **a day's ~** une journée de voile *or* en mer ◆ **his hobby is ~** son passe-temps favori est la voile → **plain** b *(= departure)* départ *m* COMP ▷ **sailing boat** N *(Brit)* bateau *m* à voiles voilier *m* ▷ **sailing date** N date *f* de départ (d'un bateau) ▷ **sailing dinghy** N canot *m* à voiles, dériveur *m* ▷ **sailing orders** NPL instructions *fpl* de navigation ▷ **sailing ship** N grand voilier *m*, navire *m* à voiles

**sailor** /ˈseɪlə^r/ N *(gen)* marin *m*; *(before the mast)* matelot *m* ◆ **to be a good/bad ~** avoir/ne pas avoir le pied marin COMP ▷ **sailor hat** N chapeau *m* de marin ▷ **sailor suit** N costume *m* marin

**sailplane** /ˈseɪlpleɪn/ N planeur *m*

**sainfoin** /ˈsænfɔɪn/ N sainfoin *m*

**saint** /seɪnt/ N saint(e) *m(f)* ◆ **~'s day** fête *f* (de saint) ◆ **All Saints' (Day)** la Toussaint ◆ **he's no ~** * ce n'est pas un petit saint

COMP ▷ **Saint Bernard** N *(= dog)* saint-bernard *m* ▷ **Saint Helena** N *(Geog)* Sainte-Hélène *f* ◆ **on Saint Helena** à Sainte-Hélène ▷ **Saint John** N saint *m* Jean ▷ **Saint John's wort** N mille-pertuis *m or* millepertuis *m inv* ▷ **the Saint Lawrence** N le Saint-Laurent ◆ **the Saint Lawrence Seaway** la voie maritime du Saint-Laurent ▷ **saint-like** ADJ ⇒ **saintly** ▷ **Saint Lucia** N *(Geog)* Sainte-Lucie *f* ◆ **in Saint Lucia** à Sainte-Lucie ▷ **Saint Lucian** ADJ saint-lucien N Saint-Lucien(ne) *m(f)* ▷ **Saint Patrick's Day** N la Saint-Patrick ▷ **Saint Peter's Church** N (l'église *f*) Saint-Pierre ▷ **Saint Pierre and Miquelon** N *(Geog)* Saint-Pierre-et-Miquelon ▷ **Saint Vincent and the Grenadines** N *(Geog)* Saint-Vincent-et-Grenadines ▷ **Saint Vitus' dance** N *(Med)* danse *f* de Saint-Guy

**sainted** /ˈseɪntɪd/ ADJ *(† or hum)* ◆ **your ~ father** votre saint homme de père ◆ **my ~ aunt!** * *(esp Brit)* sacrebleu ! *

**sainthood** /ˈseɪnthʊd/ N sainteté *f*

**saintliness** /ˈseɪntlɪnɪs/ N sainteté *f*

**saintly** /ˈseɪntlɪ/ ADJ *[man, woman]* saint *before n*; *[quality, behaviour, generosity]* digne d'un saint; *[smile]* *(false)* angélique, de sainte nitouche ◆ **to be ~** *[person]* être un(e) saint(e)

**saithe** /seɪθ/ *(Brit)* N lieu noir *m*, colin *m*

**sake**[1] /seɪk/ N ◆ **for the ~ of sb** pour qn, par égard pour qn ◆ **for the ~ of your career/my health** pour ta carrière/ma santé ◆ **for God's ~** pour l'amour de Dieu ◆ **for my ~** pour moi, par égard pour moi ◆ **for your own ~** pour ton bien ◆ **for their ~(s)** pour eux ◆ **do it for both our ~s** fais-le (par égard) pour nous deux ◆ **to eat for the ~ of eating** manger pour (le plaisir de) manger ◆ **for old times' ~** en souvenir du passé ◆ **let's do it for old times' ~** faisons-le, en souvenir du passé ◆ **for argument's ~** à titre d'exemple ◆ **art for art's ~** l'art pour l'art ◆ **for the ~ of peace** pour avoir la paix; → **goodness, heaven, pity, safety**

♦ **for its own sake** ◆ **to acquire knowledge for its own ~** acquérir des connaissances pour le plaisir ◆ **pleasure for its own ~** le plaisir pour le plaisir ◆ **he loves money for its own ~** il aime l'argent pour l'argent

♦ **for the sake of it** pour le plaisir ◆ **I'm not making changes for the ~ of it** je ne fais pas des changements pour le plaisir (d'en faire) ◆ **you're being destructive just for the ~ of it** tu détruis pour (le plaisir de) détruire

**sake**[2], **saké**, **saki** /ˈsɑːkɪ/ N saké *m*

**Sakhalin (Island)** /ˈsækəliːn(ˌaɪlənd)/ N (l'île *f* de) Sakhaline *f*

**sal** /sæl/ N sel *m* COMP ▷ **sal ammoniac** N sel *m* ammoniac ▷ **sal volatile** N sel *m* volatil

**salaam** /səˈlɑːm/ N salutation *f* (à l'orientale) VI saluer (à l'orientale) EXCL salam

**salability** /ˌseɪləˈbɪlɪtɪ/ N *(US)* ⇒ **saleability**

**salable** /ˈseɪləbl/ ADJ *(US)* ⇒ **saleable**

**salacious** /səˈleɪʃəs/ ADJ *(frm)* salace, lubrique

**salaciousness** /səˈleɪʃəsnɪs/ N salacité *f*

**salad** /ˈsæləd/ N salade *f* ◆ **ham ~** jambon *m* accompagné de salade ◆ **tomato ~** salade *f* de tomates; → **fruit, potato** COMP ▷ **salad bar** N buffet *m* de crudités ▷ **salad bowl** N saladier *m* ▷ **salad cream** N *(Brit)* (sorte *f* de) mayonnaise *f (en bouteille etc)* ▷ **salad days** NPL années *fpl* de jeunesse et d'inexpérience ▷ **salad dish** N ⇒ **salad bowl** ▷ **salad dressing** N *(oil and vinegar)* vinaigrette *f*; *(made with egg)* mayonnaise *f* ▷ **salad oil** N huile *f* de table ▷ **salad servers** NPL couverts *mpl* à salade ▷ **salad shaker** N panier *m* à salade ▷ **salad spinner** N essoreuse *f* à salade

**salamander** /ˈsæləˌmændə^r/ N *(Myth, Zool)* salamandre *f*

**salami** /səˈlɑːmɪ/ N salami *m*

**salaried** /ˈsælərɪd/ ADJ *[employment, post]* salarié ◆ **a ~ employee** un(e) salarié(e)

**salary** /ˈsælərɪ/ LANGUAGE IN USE 19.2 N salaire *m* ◆ **he couldn't do that on his ~** il ne pourrait pas faire ça avec ce qu'il gagne *or* avec son salaire COMP ▷ **salary bracket** N fourchette *f* des salaires ▷ **salary earner** N personne *f* qui touche un salaire ▷ **salary range** N éventail *m* des salaires ▷ **salary scale** N échelle *f* des salaires

**salaryman** /ˈsælərɪmæn/ N (pl **-men**) employé *m* de bureau *(surtout au Japon)*

**sale** /seɪl/ N a *(= act)* vente *f* ◆ **we made a quick ~** la vente a été vite conclue ◆ **he finds a ready ~ for his vegetables** il n'a aucun mal à vendre ses légumes ◆ **on ~ or return, on a ~-or-return basis** avec possibilité de retour ◆ **~s are up/down** les ventes ont augmenté/baissé ◆ **she is in ~s** elle est *or* travaille dans la vente ◆ **~ by auction** vente *f* publique, vente *f* aux enchères; → **cash, quick**

♦ **for sale** à vendre ◆ **"not for sale"** "cet article n'est pas à vendre" ◆ **to put sth up for ~** mettre qch en vente ◆ **our house is up for ~** notre maison est à vendre *or* en vente

♦ **on sale** *(Brit)* en vente ◆ **on ~ at all good chemists** en vente dans toutes les bonnes pharmacies ◆ **to go on ~** être mis en vente

b *(= event: gen)* vente *f*; (also **auction sale**) vente *f* (aux enchères); (*Comm:* also **sales**) soldes *mpl* ◆ **the ~s are on** c'est la saison des soldes ◆ **the ~ begins** *or* **the ~s begin next week** les soldes commencent la semaine prochaine ◆ **this shop is having a ~ just now** il y a des soldes dans ce magasin en ce moment ◆ **to put sth in the ~** solder qch ◆ **in a ~** en solde ◆ **they are having a ~ in aid of the blind** on organise une vente (de charité) en faveur des aveugles; → **bring, clearance, jumble**

COMP ▷ **sale of produce** N vente *f* de produits ▷ **sale of work** N vente *f* de charité ▷ **sale price** N prix *m* soldé ▷ **sales assistant** N *(Brit)* vendeur *m*, -euse *f* ▷ **sales clerk** N *(US)* ⇒ **sales assistant** ▷ **sales conference** N réunion *f* de la force de vente ▷ **sales department** N service *m* des ventes ▷ **sales director** N directeur *m*, -trice *f or* chef *m* des ventes ▷ **sales drive** N campagne *f* de promotion des ventes ▷ **sales figures** NPL chiffres *mpl* de vente ▷ **sales force** N force *f* de vente ▷ **sales leaflet** N argumentaire *m* ▷ **sales manager** N directeur *m*, -trice *f* commercial(e) ▷ **sales office** N bureau *m* de vente ▷ **sales pitch** N baratin * *m* publicitaire, boniment *m* ▷ **sales promotion** N promotion *f* des ventes ▷ **sales rep** *, **sales representative** N représentant(e) *m(f)* (de commerce), VRP *m* ▷ **sales resistance** N réaction *f* défavorable (à la publicité), résistance *f* de l'acheteur ▷ **sales revenue** N chiffre *m* d'affaires ▷ **sales slip** N *(in shops)* ticket *m* (de caisse) ▷ **sales talk** * N baratin * *m* publicitaire, boniment *m* ▷ **sales target** N objectif *m* des ventes ▷ **sales tax** N taxe *f* à l'achat ▷ **sale value** N valeur *f* marchande ▷ **sales volume** N volume *m* des ventes

**saleability** /ˌseɪləˈbɪlɪtɪ/ N ◆ **establish the ~ of the property before you buy it** avant d'acheter la propriété, vérifiez si elle est facile à vendre

**saleable, salable** *(US)* /ˈseɪləbl/ ADJ *[object]* vendable; *[skill]* monnayable; *[artist]* dont les œuvres sont vendables ◆ **a highly ~ commodity** un produit qui se vend très bien ◆ **small cars are more ~ than big ones at the moment** les petites voitures se vendent mieux que les grosses en ce moment

**Salerno** /səˈlɜːnəʊ/ N Salerne

**saleroom** /ˈseɪlrʊm/ N *(Brit)* salle *f* des ventes

**salesgirl** /ˈseɪlzgɜːl/ N ⇒ **sales assistant**

**salesman** /ˈseɪlzmən/ N (pl **-men**) *(in shop)* vendeur *m*; *(= representative)* représentant *m* (de commerce), VRP *m* ◆ **he's a good ~** il sait vendre; see also **door**

**salesmanship** /ˈseɪlzmənʃɪp/ N art *m* de la vente

**salesperson** /ˈseɪlzpɜːsn/ N vendeur *m*, -euse *f*

**salesroom** /ˈseɪlzrʊm/ N *(US)* ⇒ **saleroom**

**saleswoman** /ˈseɪlzwʊmən/ N (pl **-women**) *(in shop)* vendeuse *f*; *(= representative)* représentante *f* (de commerce), VRP *m*

**salient** /ˈseɪlɪənt/ ADJ saillant ◆ **~ feature** aspect *m* fondamental ◆ **to make ~ points about sth** faire des remarques pertinentes à propos de qch

**salina** /səˈliːnə/ N a *(= marsh)* (marais *m*) salant *m*, salin *m*, saline *f*; *(= saltworks)* saline(s) *f(pl)*, raffinerie *f* de sel b *(= mine)* mine *f* de sel

**saline** /ˈseɪlaɪn/ ADJ salin N a ⇒ **salina a** b *(Chem, Med = solution)* solution *f* saline COMP ▷ **saline drip** N perfusion *f* de sérum physiologique *or* isotonique ▷ **saline solution** N *(Med, Chem: for contact lenses)* solution *f* saline

**salinity** /səˈlɪnɪtɪ/ N salinité *f*

**saliva** /səˈlaɪvə/ N salive *f*

**salivary** /ˈsælɪvərɪ/ ADJ salivaire

**salivate** /ˈsælɪveɪt/ VI saliver ◆ **to ~ over sth** *(fig)* se lécher les babines *or* saliver en pensant à qch

**salivation** /ˌsælɪˈveɪʃən/ N salivation *f*

**sallow**[1] /ˈsæləʊ/ ADJ *[complexion, face, skin]* cireux; *[person]* au teint cireux

**sallow**[2] /ˈsæləʊ/ N *(Bot)* saule *m*

**sallowness** /ˈsæləʊnɪs/ N teint *m* jaunâtre

**sally** /ˈsælɪ/ N a *(Mil)* sortie *f* b *(= flash of wit)* saillie *f*, boutade *f* ◆ **to make a ~** dire une boutade

► **sally forth, sally out** VI sortir gaiement

**Sally Army** * /ˌsælɪˈɑːmɪ/ N *(Brit)* (abbrev of **Salvation Army**) → **salvation**

**salmon** /ˈsæmən/ N (pl **salmons** *or* **salmon**) saumon *m*; → **rock**[2], **smoke** COMP ▷ **salmon farm** N élevage *m* de saumons ▷ **salmon fishing** N pêche *f* au saumon ▷ **salmon pink** N, ADJ (rose *m*) saumon *m inv* ▷ **salmon steak** N darne *f* de saumon ▷ **salmon trout** N truite *f* saumonée

**salmonella** /ˌsælməˈnelə/ **N** (pl **salmonellae** /ˌsælməˈneliː/) salmonelle *f* **COMP** ▷ **salmonella poisoning N** salmonellose *f*

**salmonellosis** /ˌsælmənеˈləʊsɪs/ **N** salmonellose *f*

**Salome** /səˈləʊmɪ/ **N** Salomé *f*

**salon** /ˈsælɒn/ **N** *(all senses)* salon *m* ; → **beauty, hair**

**saloon** /səˈluːn/ **N** **a** *(= large room)* salle *f*, salon *m* ; *(on ship)* salon *m* **b** *(Brit: also* **saloon bar***)* bar *m* ; *(US = bar)* bar *m*, saloon *m* **c** *(Brit = car)* berline *f* **COMP** ▷ **saloon bar N** *(Brit)* bar *m* ▷ **saloon car N** *(Brit Aut)* berline *f* ; *(US Rail)* voiture-salon *f*

**salsa** /ˈsɑːlsə/ **N** **a** *(Culin) sauce aux oignons, tomates et poivrons, spécialité portoricaine* **b** *(Mus)* salsa *f*

**salsify** /ˈsælsɪfɪ/ **N** salsifis *m*

**SALT** /sɔːlt/ **ABBR** abbrev of **Strategic Arms Limitation Talks** **COMP** ▷ **SALT negotiations NPL** négociations *fpl* SALT

**salt** /sɔːlt/ **N** *(NonC: Chem, Culin)* sel *m* ◆ **kitchen/table ~** sel *m* de cuisine/de table ◆ **there's too much ~ in the potatoes** les pommes de terre sont trop salées ◆ **I don't like ~ in my food** je n'aime pas manger salé ◆ **to rub ~ in(to) the wound** *(fig)* retourner le couteau dans la plaie ◆ **he's not worth his ~** il ne vaut pas grand-chose ◆ **any teacher/politician worth his ~** tout professeur/homme politique qui se respecte ◆ **to take sth with a pinch** *or* **grain of ~** ne pas prendre qch au pied de la lettre ◆ **the ~ of the earth** le sel de la terre ◆ **below the ~** † socialement inférieur (-eure *f*) ◆ **an old (sea) ~** un vieux loup de mer ; → **bath, smell**

**ADJ** **a** *(= salty) [taste]* salé ; *[air]* marin ◆ **to shed ~ tears** *(liter)* verser des larmes amères

**b** *(= salted) [fish, meat, porridge]* salé

**VT** *[+ meat, one's food]* saler

**COMP** ▷ **salt beef N** bœuf *m* salé ▷ **salt box N** *(US = house) maison à deux étages et à toit dissymétrique* ▷ **salt flat N** salant *m* ▷ **salt-free ADJ** sans sel ▷ **salt lake N** lac *m* salé ▷ **salt lick N** *(= block of salt)* pierre *f* à lécher ; *(= place)* salant *m* ▷ **salt marsh N** marais *m* salant ▷ **salt mine N** mine *f* de sel ◆ **back to the ~ mines!** * allez, il faut reprendre le collier ! * ▷ **salt pan N** puits *m* salant ▷ **salt pork N** porc *m* salé ▷ **salt shaker N** salière *f* ▷ **salt spoon N** cuiller *f* *or* cuillère *f* à sel ▷ **salt tax N** *(Hist)* gabelle *f* ▷ **salt water N** eau *f* salée

► **salt away VT SEP** *[+ meat]* saler ; *(fig) [+ money]* mettre à gauche *

► **salt down VT FUS** saler, conserver dans le sel

**saltcellar** /ˈsɔːltˌseləʳ/ **N** salière *f*

**saltine** /sɔːlˈtiːn/ **N** *(US = cracker)* petit biscuit *m* salé

**saltiness** /ˈsɔːltɪnɪs/ **N** *[of water]* salinité *f* ; *[of food]* goût *m* salé

**salting** /ˈsɔːltɪŋ/ **N** **a** *(= act of putting salt on)* salaison *f* **b** *(= place: esp Brit)* (marais *m*) salant *m*

**saltpetre, saltpeter** *(US)* /ˈsɔːltˌpiːtəʳ/ **N** salpêtre *m*

**saltwater** /ˈsɔːltwɔːtəʳ/ **ADJ** *[fish]* de mer

**saltworks** /ˈsɔːltwɜːks/ **N** *(NonC)* saline(s) *f(pl)*

**salty** /ˈsɔːltɪ/ **ADJ** **a** *(= containing salt) [food, water, taste]* salé ; *[soil]* salin ; *[deposit]* de sel **b** († *= risqué) [language, story]* salé

**salubrious** /səˈluːbrɪəs/ **ADJ** *(frm) (= healthy) [place]* salubre ; *[climate]* sain ◆ **it's not a very ~ district** c'est un quartier un peu malsain

**salubrity** /səˈluːbrɪtɪ/ **N** salubrité *f*

**saluki** /səˈluːkɪ/ **N** sloughi *m*

**salutary** /ˈsæljʊtərɪ/ **ADJ** salutaire

**salutation** /ˌsæljʊˈteɪʃən/ **N** salut *m* ; *(exaggerated)* salutation *f* ◆ **in ~** pour saluer

**salutatorian** /səˌluːtəˈtɔːrɪən/ **N** *(US Scol)* deuxième *mf* de la promotion *(qui prononce un discours de fin d'année)*

**salute** /səˈluːt/ **N** *(with hand)* salut *m* ; *(with guns)* salve *f* ◆ **military ~** salut *m* militaire ◆ **to give (sb) a ~** faire un salut (à qn) ◆ **to take the ~** passer les troupes en revue ◆ **to raise one's hand in ~** saluer de la main ; → **fire, gun** **VT** *(Mil etc)* saluer *(de la main)* ; *(fig = acclaim)* saluer *(as* comme*)* ◆ **to ~ the flag** saluer le drapeau ◆ **he ~d the historic achievement of the government** il a salué ce succès historique du gouvernement **VI** *(Mil etc)* faire un salut

**Salvador(i)an** /ˌsælvəˈdɔːr(ɪ)ən/ **ADJ** salvadorien **N** Salvadorien(ne) *m(f)*

**salvage** /ˈsælvɪdʒ/ **N** *(NonC)* **a** *(= saving) [of ship, cargo]* sauvetage *m* ; *(for re-use)* récupération *f* **b** *(= things saved from fire, wreck)* objets *mpl* récupérés ; *(= things for re-use)* objets *mpl* récupérables ◆ **to collect old newspapers for ~** récupérer les vieux journaux **c** *(= payment)* prime *f* *or* indemnité *f* de sauvetage

**VT** **a** *(= save)* sauver ; *[+ pride, reputation]* préserver ◆ **to ~ one's marriage** sauver son mariage ◆ **we'll have to ~ what we can from the situation** il nous faudra sauver ce que nous pourrons de la situation ◆ **she was lucky to (be able to) ~ her career** c'est tout juste si elle a pu sauver sa carrière **b** *[+ ship]* sauver, effectuer le sauvetage de ; *[+ material, cargo]* sauver *(from* de*)* **c** *[+ objects for re-use]* récupérer **COMP** *[operation, work, company, vessel]* de sauvetage

**salvation** /sælˈveɪʃən/ **N** *(Rel etc)* salut *m* ; *(economic)* relèvement *m* ◆ **work has been his ~** c'est le travail qui l'a sauvé, il a trouvé son salut dans le travail **COMP** ▷ **Salvation Army N** Armée *f* du Salut ◆ **Salvation Army band** fanfare *f* de l'Armée du Salut

**salvationist** /sælˈveɪʃənɪst/ **N** salutiste *mf*

**salve**[1] /sælv/ **N** *(lit, fig)* baume *m* **VT** *[+ pain]* soulager, apaiser ◆ **to ~ his conscience he ...** pour soulager sa conscience, il ...

**salve**[2] /sælv/ **VT** *(= salvage)* sauver

**salver** /ˈsælvəʳ/ **N** plateau *m (de métal)*

**salvia** /ˈsælvɪə/ **N** sauge *f* à fleurs rouges, salvia *f*

**salvo**[1] /ˈsælvəʊ/ **N** (pl **salvos** *or* **salvoes**) *(Mil)* salve *f* ; → **fire**

**salvo**[2] /ˈsælvəʊ/ **N** (pl **salvos**) *(Jur)* réserve *f*, réservation *f*

**salvor** /ˈsælvəʳ/ **N** sauveteur *m (en mer)*

**Salzburg** /ˈsæltsbɜːg/ **N** Salzbourg

**SAM** /sæm/ **N** *(Mil)* (abbrev of **surface-to-air missile**) SAM *m*

**Sam** /sæm/ **N** (dim of **Samuel**) → **uncle** **COMP** ▷ **Sam Browne (belt) N** *(Mil)* ceinturon *m* et baudrier *m* ; *(for cyclist)* bande *f* fluorescente

**Samaria** /səˈmɛərɪə/ **N** Samarie *f*

**Samaritan** /səˈmærɪtən/ **N** Samaritain(e) *m(f)* ◆ **the Good ~** *(Rel)* le bon Samaritain ◆ **he was a good ~** il faisait le bon Samaritain ◆ **Good ~ Laws** *(US) lois mettant un sauveteur à l'abri des poursuites judiciaires qui pourraient être engagées par le blessé* ◆ **the ~s** *(= organization)* ≈ SOS-Amitié **ADJ** samaritain

**samarium** /səˈmɛərɪəm/ **N** samarium *m*

**samba** /ˈsæmbə/ **N** samba *f*

**sambo** *✻ /ˈsæmbəʊ/ **N** *(pej)* noiraud(e) ✻ *m(f)*, moricaud(e) *✻ *m(f) (pej)*

**same** /seɪm/ LANGUAGE IN USE 5.3, 7.5, 26.2

**ADJ** même *(as* que*)* ◆ **to be the ~ age/shape** avoir le même âge/la même forme ◆ **the carpet was the ~ colour as the wall** la moquette était de la même couleur que le mur ◆ **we come from the ~ place** nous venons du même endroit ◆ **he reads the ~ paper as me** il lit le même journal que moi ◆ **is that the ~ man (that) I saw yesterday?** est-ce bien l'homme que j'ai vu hier ? ◆ **the ~ woman that spoke to me** la femme qui m'a parlé ◆ **the ~ girl as I saw yesterday** la fille que j'ai vue hier ◆ **but in the ~ breath he said ...** mais il a ajouté ... ◆ **the ~ day** le même jour ◆ **the very ~ day** le jour même ◆ **the ~ day as last year** le même jour que l'année dernière ◆ **that ~ day** ce même jour ◆ **~ difference!** * c'est du pareil au même ! * c'est kif-kif ! * ◆ **it's the ~ old rubbish on TV tonight** il y a les bêtises habituelles à la télé ce soir ◆ **I'm still the ~ person I was before** je n'ai pas changé ◆ **for the ~ reason** pour la même raison ◆ **it comes to the ~ thing** cela revient au même ◆ **we sat at the ~ table as usual** nous avons pris notre table habituelle ◆ **how are you? – ~ as usual!** * comment vas-tu ? – comme d'habitude ◆ **in the ~ way** de même ◆ **in the ~ way as** *or* **that ...** de la même façon que ... ; → **one, story**[1]**, token, way**

◆ **at the same time** ◆ **they both arrived at the ~ time** ils sont arrivés en même temps ◆ **don't all talk at the ~ time** ne parlez pas tous en même temps *or* à la fois ◆ **at the ~ time we must remember that ...** il ne faut cependant pas oublier que ... ◆ **at the very ~ time as ...** au moment même *or* précis où ...

**PRON** **a** ◆ **the ~** *(gen)* la même chose ; *(specific reference)* le *or* la même ; *(Jur = aforementioned)* le susdit, la susdite ◆ **we must all write the ~** il faut que nous écrivions tous la même chose ◆ **he left and I did the ~** il est parti et j'ai fait de même *or* j'en ai fait autant ◆ **I'll do the ~ for you** je te le revaudrai ◆ **she's much** *or* **about the ~** *(in health)* son état est inchangé ◆ **I still feel the ~ about you** mes sentiments à ton égard n'ont pas changé ◆ **it's not the ~ at all** ce n'est pas du tout la même chose, ce n'est pas du tout pareil ◆ **it's the ~ everywhere** c'est partout pareil ◆ **and the ~ to you!** *(good wishes)* à vous aussi !, vous de même ! ; *(as retort)* je te souhaite la pareille ! ◆ **you idiot! – ~ to you!** * idiot ! – toi-même ! ◆ **~ here!** * moi aussi ! ◆ **it's the ~ with us** (et) nous aussi

◆ **the same + as** ◆ **their house is the ~ as before** leur maison est la même qu'avant ◆ **the price is the ~ as last year** c'est le même prix que l'année dernière ◆ **do the ~ as your brother** fais comme ton frère ◆ **I don't feel the ~ about it as I did** maintenant je vois la chose différemment ◆ **it's not the ~ as before** ce n'est plus pareil, ce n'est plus comme avant

◆ **all the same, just the same** ◆ **it's all** *or* **just the ~ to me** cela m'est égal ◆ **thanks all** *or* **just the ~** merci tout de même *or* quand même * ◆ **all** *or* **just the ~, he refused** il a refusé quand même *or* tout de même n'empêche qu'il a refusé ◆ **things go on just the ~** *(= monotonously)* rien ne change ; *(= in spite of everything)* rien n'a changé, la vie continue (quand même) ◆ **I'll leave now if it's all the ~ to you** je pars maintenant, si ça ne te dérange pas

◆ **(the) same again** ◆ **I would do the ~ again** (si c'était à refaire,) je recommencerais ◆ **he'll never be the ~ again** *(after accident, bereavement)* il ne sera plus jamais le même ◆ **things can never be the ~ again** les choses ne seront plus jamais comme avant ◆ **(the) ~ again please** * *(in bar)* la même chose, s'il vous plaît, remettez-moi (*or* remettez-nous) ça *

b *(Comm: frm)* le *or* la même ◆ **"to repairing same, £20"** "réparation du même (*or* de la même), 20 livres"

COMP ▷ **same-day** ADJ *[delivery, service]* (garanti) le jour même *or* dans la journée ▷ **same-sex** ADJ *[relationship, marriage]* homosexuel

**ameness** /ˈseɪmnɪs/ N identité *f*, similitude *f* ; *(= monotony)* monotonie *f*, uniformité *f*

**amey** * /ˈseɪmɪ/ ADJ *(Brit)* répétitif ◆ **her songs are very ~** ses chansons se ressemblent toutes

**ami** /ˈsɑːmɪ/ N Sami *mf*

**amizdat** /ˌsæmizˈdæt/ N samizdat *m* ◆ **~ publication** samizdat *m*

**amoa** /səˈməʊə/ N les Samoa *fpl* ◆ **in ~** aux Samoa

**amoan** /səˈməʊən/ ADJ samoan N Samoan(e) *m(f)*

**amosa** /səˈməʊsə/ N (pl **samosas** *or* **samosa**) samosa *m*

**amovar** /ˌsæməʊˈvɑːʳ/ N samovar *m*

**ampan** /ˈsæmpæn/ N sampan(g) *m*

**amphire** /ˈsæmˌfaɪəʳ/ N criste-marine *f*

**ample** /ˈsɑːmpl/ N *(gen)* échantillon *m* ; *(Med)* *[of urine]* échantillon *m* ; *[of blood, tissue]* prélèvement *m* ◆ **as a ~** à titre d'échantillon ◆ **to take a ~** prélever un échantillon, faire un prélèvement *(also Geol)* ◆ **to take a blood ~** faire une prise *or* un prélèvement de sang (*from* à) ◆ **to choose from ~s** choisir sur échantillons ◆ **free ~** *(Comm)* échantillon *m* gratuit ◆ **a ~ of his poetry** un exemple de sa poésie ; → **random**

VT a *[+ food, wine]* goûter ; *(fig)* *[+ lifestyle]* goûter à

b *(Mus)* sampler

c *[+ opinion]* sonder ◆ **the newspaper has ~d public opinion on ...** le journal a fait un sondage sur ...

COMP ◆ **a ~ selection** un échantillon ◆ **a ~ sentence** un exemple de phrase ▷ **sample book** N *(Comm)* catalogue *m* d'échantillons ▷ **sample case** N *(used by salesperson)* valise *f* d'échantillons ▷ **sample letter** N lettre *f* modèle ▷ **sample section** N ◆ **a ~ section of the population** un échantillon représentatif de la population ▷ **sample survey** N enquête *f* par sondage

**ampler** /ˈsɑːmpləʳ/ N *(Sewing)* échantillon *m* de broderie ; *(Mus)* sampler *m*, échantillonneur *m*

**ampling** /ˈsɑːmplɪŋ/ N *(gen)* échantillonnage *m* ; *(Mus)* sampling *m* ◆ **~ technique** *(Comm etc)* technique *f* d'échantillonnage

**amson** /ˈsæmsn/ N Samson *m*

**amuel** /ˈsæmjʊəl/ N Samuel *m*

**amurai** /ˈsæmʊˌraɪ/ N *(pl inv)* samouraï *or* samurai *m* COMP ▷ **samurai bond** N *(Fin)* obligation *f* libellée en yens émise par des emprunteurs étrangers ▷ **samurai sword** N épée *f* de samouraï ▷ **samurai tradition** N tradition *f* samouraï ▷ **samurai warrior** N (guerrier *m*) samouraï *m*

**an Andreas** /sænænˈdreɪəs/ N ◆ **the ~ Fault** la faille de San Andreas

**anatorium** /ˌsænəˈtɔːrɪəm/ N (pl **sanatoriums** *or* **sanatoria** /ˌsænəˈtɔːrɪə/) *(Brit)* sanatorium *m* ; *(Scol)* infirmerie *f*

**ancho Panza** /ˌsæntʃəʊˈpænzə/ N Sancho Pança *m*

**ancta** /ˈsæŋktə/ NPL of **sanctum**

**anctification** /ˌsæŋktɪfɪˈkeɪʃən/ N sanctification *f*

**sanctify** /ˈsæŋktɪfaɪ/ VT sanctifier

**sanctimonious** /ˌsæŋktɪˈməʊnɪəs/ ADJ *[person, comment, speech]* moralisateur (-trice *f*)

**sanctimoniously** /ˌsæŋktɪˈməʊnɪəslɪ/ ADV d'une manière moralisatrice ; *[speak]* d'un ton moralisateur *or* prêcheur

**sanctimoniousness** /ˌsæŋktɪˈməʊnɪəsnɪs/ N *[of comment, speech]* ton *m* moralisateur ; *[of person]* attitude *f* moralisatrice

**sanction** /ˈsæŋkʃən/ N a *(NonC = authorization)* sanction *f*, approbation *f* ◆ **he gave it his ~** il a donné son approbation ◆ **with the ~ of sb** avec le consentement de qn b *(= enforcing measure)* sanction *f* ◆ **to impose economic ~s against** *or* **on ...** prendre des sanctions économiques contre ... ◆ **to lift the ~s on ...** lever les sanctions contre ... VT a *[+ law]* autoriser, approuver ◆ **to ~ the use of force** autoriser le recours à la force ◆ **I will not ~ such a thing** je ne peux pas approuver *or* sanctionner une chose pareille b *(= impose sanctions on)* prendre des sanctions contre COMP ▷ **sanctions-busting** N violation *f* de sanctions

> ⚠ *Be cautious about translating* **to sanction** *by* **sanctionner**, *which can mean 'to punish'.*

**sanctity** /ˈsæŋktɪtɪ/ N *[of person, behaviour]* sainteté *f* ; *[of oath, place]* caractère *m* sacré ; *[of property, marriage]* inviolabilité *f* ◆ **odour of ~** odeur *f* de sainteté

**sanctuary** /ˈsæŋktjʊərɪ/ N *(= holy place)* sanctuaire *m* ; *(= refuge)* asile *m* ; *(for wildlife)* réserve *f* ◆ **right of ~** droit *m* d'asile ◆ **to seek ~** chercher asile ◆ **to take ~** trouver asile, se réfugier ; → **bird**

**sanctum** /ˈsæŋktəm/ N (pl **sanctums** *or* **sancta**) a *(= holy place)* sanctuaire *m* b (* *= sb's study etc*) retraite *f*, tanière *f* ◆ **the (inner) ~** *(hum)* le saint des saints *(hum)*

**sand** /sænd/ N a sable *m* ◆ **a grain of ~** un grain de sable ◆ **~s** *[of beach]* plage *f* (de sable) ; *[of desert]* désert *m* (de sable) ◆ **this resort has miles and miles of golden ~(s)** cette station balnéaire a des kilomètres de plages de sable doré ◆ **to be built on ~** *[plan, agreement]* être construit sur du sable ◆ **the ~s of time** les grains *mpl* du sablier ◆ **the ~s (of time) are running out** les jours sont comptés

b *(US * = courage)* cran * *m*

VT a *[+ path]* sabler, couvrir de sable ; *(against ice)* sabler

b (also **sand down**) poncer

COMP ▷ **sand bar** N barre *f* *(de rivière)* ▷ **sand blind** ADJ *(US)* qui a mauvaise vue ▷ **sand castle** N château *m* de sable ▷ **sand desert** N désert *m* de sable ▷ **sand dollar** N *(US Zool)* oursin *m* plat ▷ **sand dune** N dune *f* (de sable) ▷ **sand eel** N anguille *f* de sable, lançon *m*, équille *f* ▷ **sand flea** N *(= beach flea)* puce *f* de mer ; *(tropical)* chique *f* ▷ **sand martin** N hirondelle *f* de rivage ▷ **sand trap** N *(US Golf)* bunker *m* ▷ **sand yacht** N char *m* à voile ▷ **sand-yachting** N ◆ **to go ~-yachting** faire du char à voile

**sandal** /ˈsændl/ N sandale *f*

**sandal(wood)** /ˈsændl(wʊd)/ N santal *m* COMP *[box, perfume]* de santal

**sandbag** /ˈsændbæg/ N sac *m* de sable *or* de terre VT a (* *= stun*) assommer b *[+ wall, door, dam]* renforcer avec des sacs de sable *or* de terre

**sandbank** /ˈsændbæŋk/ N banc *m* de sable

**sandblast** /ˈsændblɑːst/ N jet *m* de sable VT décaper à la sableuse

**sandblaster** /ˈsændˌblɑːstəʳ/ N sableuse *f*

**sandblasting** /ˈsændˌblɑːstɪŋ/ N décapage *m* à la sableuse ◆ **~ machine** sableuse *f*

**sandbox** /ˈsændbɒks/ N bac *m* à sable ; *(Rail)* sablière *f*

**sandboy** /ˈsændbɔɪ/ N ◆ **happy as a ~** heureux comme un poisson dans l'eau *or* comme un roi

**sander** /ˈsændəʳ/ N *(= tool)* ponceuse *f*

**sandfly** /ˈsændflaɪ/ N phlébotome *m* ; *(= biting midge)* simulie *f*

**sandglass** /ˈsændglɑːs/ N sablier *m*

**Sandhurst** /ˈsændhɜːst/ N *(Brit)* *école militaire*

**sanding** /ˈsændɪŋ/ N *[of road]* sablage *m* ; *(= sandpapering)* ponçage *m* au papier de verre

**S & L** /ˌesəndˈel/ N *(US Fin)* (abbrev of **savings and loan association**) → **saving**

**sandlot** /ˈsændlɒt/ *(US)* N terrain *m* vague N ▷ **sandlot baseball** N baseball *m* pratiqué dans les terrains vagues

**S & M** /ˌesəndˈem/ N abbrev of **sadomasochism** ADJ (abbrev of **sadomasochistic**) sado-maso *, SM *

**sandman** /ˈsændmæn/ N (pl **-men**) *(fig)* marchand *m* de sable

**sandpaper** /ˈsændˌpeɪpəʳ/ N papier *m* de verre VT (also **sandpaper down**) poncer

**sandpapering** /ˈsændˌpeɪpərɪŋ/ N ponçage *m*

**sandpile** /ˈsændpaɪl/ N *(US)* tas *m* de sable

**sandpiper** /ˈsændˌpaɪpəʳ/ N *(Orn)* bécasseau *m*, chevalier *m*

**sandpit** /ˈsændpɪt/ N *(esp Brit)* sablonnière *f*, carrière *f* de sable ; *(for children)* bac *m* à sable

**sandshoes** /ˈsændʃuːz/ NPL *(rubber-soled)* tennis *mpl or fpl* ; *(rope-soled)* espadrilles *fpl*

**sandstone** /ˈsændstəʊn/ N grès *m* COMP ▷ **sandstone quarry** N carrière *f* de grès, grésière *f*

**sandstorm** /ˈsændstɔːm/ N tempête *f* de sable

**sandwich** /ˈsænwɪdʒ/ N sandwich *m* ◆ **cheese ~** sandwich *m* au fromage ◆ **open ~** canapé *m* ◆ **he's the meat** *or* **filling in the ~** * *(Brit)* il est pris entre deux feux VT (also **sandwich in**) *[+ person, appointment]* intercaler ◆ **to be ~ed (between)** être pris en sandwich (entre) * ◆ **three pieces of wood, ~ed together** trois couches de bois superposées COMP ▷ **sandwich bar** N sandwicherie *f* ▷ **sandwich board** N panneau *m* publicitaire *(porté par un homme-sandwich)* ▷ **sandwich cake** N *(Brit Culin)* gâteau *m* fourré ▷ **sandwich course** N formation *f* en alternance ▷ **sandwich loaf** N pain *m* de mie ▷ **sandwich man** N (pl **sandwich men**) homme-sandwich *m*

**sandworm** /ˈsændwɜːm/ N arénicole *f*

**sandy** /ˈsændɪ/ ADJ a *(= covered with, containing sand)* *[soil, ground]* sablonneux ; *[beach]* de sable ; *[water, deposit]* sableux b *(= light-brown)* couleur (de) sable *inv* ; *[hair, moustache]* blond roux *inv*

**sane** /seɪn/ ADJ a *(Psych)* *[person]* sain d'esprit ; *[behaviour]* sain b *(= sensible)* *[system, policy, advice]* sensé ; *[person]* sensé, raisonnable

**sanely** /ˈseɪnlɪ/ ADV sainement, raisonnablement

**Sanforized** ® /ˈsænfəraɪzd/ ADJ irrétrécissable, qui ne rétrécit pas au lavage

**San Francisco** /ˌsænfrænˈsɪskəʊ/ N San Francisco

**sang** /sæŋ/ VB pt of **sing**

**sangfroid** /ˈsɑ̃ːŋˈfrwɑː/ N sang-froid *m inv*

**sangria** /sæŋ'gri:ə/ N sangria *f*

**sanguinary** /'sæŋgwɪnərɪ/ ADJ *(frm)* a *(= bloody) [battle, struggle]* sanglant ; *[violence]* sanguinaire b *(= bloodthirsty) [person]* sanguinaire

**sanguine** /'sæŋgwɪn/ ADJ a *(frm = optimistic) [person, view, temperament]* optimiste (about quant à) ◆ **of (a) ~ disposition** d'un naturel optimiste, porté à l'optimisme b *(liter) [complexion]* sanguin c *(Med Hist) [person, temperament]* sanguin

**sanguinely** /'sæŋgwɪnlɪ/ ADV avec optimisme

**sanguineous** /sæŋ'gwɪnɪəs/ ADJ sanguinolent

**sanitarium** /,sænɪ'tɛərɪəm/ N (pl **sanitariums** or **sanitaria** /,sænɪ'tɛərɪə/) *(esp US)* ⇒ **sanatorium**

**sanitary** /'sænɪtərɪ/ ADJ a *(= hygienic) [place]* hygiénique b *(= to do with hygiene) [conditions, system, services]* sanitaire ◆ **~ facilities** (installations *fpl*) sanitaires *mpl* ◆ **~ arrangements** dispositions *fpl* sanitaires COMP ▷ **sanitary engineer** N ingénieur *m* des services sanitaires ▷ **sanitary inspector** N inspecteur *m*, -trice *f* de la santé publique ▷ **sanitary napkin** N *(US)* ⇒ **sanitary towel** ▷ **sanitary protection** N *(NonC)* protections *fpl* périodiques ▷ **sanitary towel** N *(Brit)* serviette *f* hygiénique

**sanitation** /,sænɪ'teɪʃən/ N *(in house)* installations *fpl* sanitaires, sanitaires *mpl* ; *(in town)* système *m* sanitaire ; *(= science)* hygiène *f* publique COMP ▷ **sanitation man** N (pl **sanitation men**) *(US)* éboueur *m* (municipal)

**sanitize** /'sænɪtaɪz/ VT *(lit)* assainir, désinfecter ; *(fig)* assainir, expurger

**sanitized** /'sænɪtaɪzd/ ADJ *[account, view of events]* édulcoré, expurgé

**sanity** /'sænɪtɪ/ N *[of person]* santé *f* mentale ◆ **he was restored to ~** il a retrouvé sa raison ◆ **the voice of ~** la voix de la raison ◆ **fortunately ~ prevailed** heureusement le bon sens l'emporta ◆ **these measures may bring some ~ back into the housing market** ces mesures contribueront peut-être à modérer la folie qui s'est emparée du marché de l'immobilier

**sank** /sæŋk/ VB pt of **sink**[1]

**San Marinese** /,sæn,mærɪ'ni:z/ ADJ san-marinais N San-Marinais(e) *m(f)*

**San Marino** /,sænmə'ri:nəʊ/ N Saint-Marin ◆ **in ~** à Saint-Marin

**San Salvador** /,sæn'sælvədɔ:ʳ/ N San Salvador

**sansevieria** /,sænsɪ'vɪərɪə/ N sansevière *f*

**Sanskrit** /'sænskrɪt/ ADJ, N sanscrit *m*

**Santa** * /'sæntə/ N ⇒ **Santa Claus**

**Santa Claus** /,sæntə'klɔ:z/ N le père Noël

**Santiago** /,sæntɪ'ɑ:gəʊ/ N (also **Santiago de Chile**) Santiago (du Chili) ; (also **Santiago de Compostela**) Saint-Jacques-de-Compostelle

**Saone** /sɔ:n/ N Saône *f*

**sap**[1] /sæp/ N *(Bot)* sève *f*

**sap**[2] /sæp/ N *(Mil = trench)* sape *f* VT *[+ strength, confidence]* saper, miner

**sap**[3] ‡ /sæp/ N *(= fool)* cruche * *f*, andouille * *f*

**saphead** ‡ /'sæphed/ N *(US)* cruche * *f*, andouille * *f*

**sapless** /'sæplɪs/ ADJ *[plant]* sans sève

**sapling** /'sæplɪŋ/ N jeune arbre *m* ; *(fig liter)* jeune homme *m* ◆ **~s** boisage *m*

**sapper** /'sæpəʳ/ N *(Brit Mil)* soldat *m* du génie ◆ **the Sappers** * le génie

**sapphic** /'sæfɪk/ ADJ saphique

**sapphire** /'sæfaɪəʳ/ N *(= jewel, gramophone needle)* saphir *m* COMP *[ring]* de saphir(s) ; *[sky]* (also **sapphire blue**) de saphir

**sappy**[1] /'sæpɪ/ ADJ *[leaves]* plein de sève ; *[wood]* vert

**sappy**[2] ‡ /'sæpɪ/ ADJ *(= foolish)* cruche *

**saraband** /'særəbænd/ N sarabande *f*

**Saracen** /'særəsn/ ADJ sarrasin N Sarrasin(e) *m(f)*

**Saragossa** /,særə'gɒsə/ N Saragosse

**Sarah** /'sɛərə/ N Sara(h) *f*

**Saranwrap** ® /sə'rænræp/ N *(US)* film *m* alimentaire (transparent), Scellofrais ® *m*

**Saratoga** /,særə'təʊgə/ N Saratoga COMP ▷ **Saratoga trunk** N *(US)* grosse malle *f* à couvercle bombé

**sarcasm** /'sɑ:kæzəm/ N *(NonC)* sarcasme *m*, raillerie *f*

**sarcastic** /sɑ:'kæstɪk/ ADJ sarcastique

**sarcastically** /sɑ:'kæstɪkəlɪ/ ADV *[say]* d'un ton sarcastique

**sarcoma** /sɑ:'kəʊmə/ N (pl **sarcomas** or **sarcomata** /sɑ:'kəʊmətə/) *(Med)* sarcome *m*

**sarcomatosis** /sɑ:,kəʊmə'təʊsɪs/ N sarcomatose *f*

**sarcophagus** /sɑ:'kɒfəgəs/ N (pl **sarcophaguses** or **sarcophagi** /sɑ:'kɒfəgaɪ/) sarcophage *m*

**sardine** /sɑ:'di:n/ N sardine *f* ◆ **tinned** or *(US)* **canned ~s** sardines *fpl* en boîte or en conserve ◆ **packed like ~s** serrés comme des sardines

**Sardinia** /sɑ:'dɪnɪə/ N Sardaigne *f* ◆ **in ~** en Sardaigne

**Sardinian** /sɑ:'dɪnɪən/ ADJ sarde N a *(= person)* Sarde *mf* b *(Ling)* sarde *m*

**sardonic** /sɑ:'dɒnɪk/ ADJ sardonique

**sardonically** /sɑ:'dɒnɪkəlɪ/ ADV *[smile]* d'un air sardonique, sardoniquement ; *[say]* d'un ton sardonique, sardoniquement ◆ **to laugh ~** avoir un rire sardonique

**Sargasso Sea** /sɑ:'gæsəʊ,si:/ N mer *f* des Sargasses

**sarge** ‡ /sɑ:dʒ/ N (abbrev of **sergeant**) sergent *m*

**sari** /'sɑ:rɪ/ N sari *m*

**sarin** /'sɑ:rɪn/ N sarin *m*

**Sark** /sɑ:k/ N (île *f* de) Sercq

**sarky** ‡ /'sɑ:kɪ/ ADJ sarcastique

**sarnie** * /'sɑ:nɪ/ N *(Brit)* sandwich *m*

**sarong** /sə'rɒŋ/ N sarong *m*

**SARS** /sɑ:z/ N (abbrev of **severe acute respiratory syndrome**) SARS *m*, syndrome *m* respiratoire aigu sévère

**sarsaparilla** /,sɑ:səpə'rɪlə/ N *(= plant)* salsepareille *f* ; *(= drink)* boisson *f* à la salsepareille

**sartorial** /sɑ:'tɔ:rɪəl/ ADJ *(frm) [elegance, habits, matters]* vestimentaire ◆ **~ art** art *m* du tailleur

**sartorius** /sɑ:'tɔ:rɪəs/ N (pl **sartorii** /sɑ:'tɔ:rɪaɪ/) *(Anat)* muscle *m* couturier

**SAS** /,eseɪ'es/ N *(Brit Mil)* (abbrev of **Special Air Service**) ≃ GIGN *m*

**SASE** /,eseɪes'i:/ N *(US)* (abbrev of **self-addressed stamped envelope**) → **self**

**sash**[1] /sæʃ/ N *(on uniform)* écharpe *f* ; *(on dress)* large ceinture *f* à nœud

**sash**[2] /sæʃ/ N *[of window]* châssis *m* à guillotine COMP ▷ **sash cord** N corde *f (d'une fenêtre à guillotine)* ▷ **sash window** N fenêtre *f* à guillotine

**sashay** * /sæ'ʃeɪ/ VI *(= walk stylishly)* évoluer d'un pas léger, glisser

**sashimi** /'sæʃɪmɪ/ N sashimi *m*

**Sask.** abbrev of **Saskatchewan**

**Saskatchewan** /sæs'kætʃɪ,wən/ N *(= province)* Saskatchewan *m* ◆ **in ~** dans le Saskatchewan

**Sasquatch** /'sæskwætʃ/ N *animal hypothétique des forêts du nord-est des États-Unis et du Canada*

**sass** * /sæs/ *(US)* N toupet * *m*, culot * *m* V être insolent avec

**Sassenach** /'sæsənæx/ N *(Scot: gen pej) nom donné aux Anglais par les Écossais*, ≃ Angliche ‡ *mf*

**sassy** * /'sæsɪ/ ADJ *(US) (= cheeky)* insolent, impertinent

**SAT** /,eseɪ'ti:/ N *(US Educ)* (abbrev of **Scholastic Aptitude test**) examen *m* d'entrée à l'université

> **SAT**
>
> Aux États-Unis, les **SAT** (**Scholastic Aptitude Tests**) sont un examen national de fin d'enseignement secondaire, composé surtout de tests de logique permettant d'évaluer le raisonnement verbal et mathématique des élèves. La note maximale est de 1 600 points et la moyenne tourne généralement autour de 900 points. Les résultats obtenus à cet examen (**SAT** scores) sont adressés aux universités dans lesquelles le lycéen a fait une demande d'inscription, et celles-ci font leur sélection sur la base à la fois de ces notes et du dossier scolaire de l'élève. Il est possible de se présenter aux **SAT** autant de fois qu'on le désire.

**sat** /sæt/ VB pt, ptp of **sit**

**Sat.** abbrev of **Saturday**

**Satan** /'seɪtn/ N Satan *m* ; → **limb**

**satanic** /sə'tænɪk/ ADJ a *(Rel, Occultism) [ritual, cult, forces]* satanique b *(= evil) [reputation]* démoniaque COMP ▷ **satanic abuse** N *(NonC)* sévices *mpl* sexuels associés à des rites sataniques

**satanically** /sə'tænɪkəlɪ/ ADV d'une manière satanique

**Satanism** /'seɪtənɪzəm/ N satanisme *m*

**Satanist** /'seɪtənɪst/ N sataniste *mf* ADJ ⇒ **satanic**

**satay** /'sæteɪ/ N ◆ **chicken/pork ~** *petite brochette de poulet/porc accompagnée d'une sauce aux cacahuètes* COMP ▷ **satay sauce** N sauce aux cacahuètes, sauce *f* satay

**satchel** /'sætʃəl/ N cartable *m*

**Satcom** /'sæt,kɒm/ N centre *m* de communications par satellite

**sate** /seɪt/ VT ⇒ **satiate**

**sated** /'seɪtɪd/ ADJ ⇒ **satiated**

**sateen** /sæ'ti:n/ N satinette *f* COMP en satinette

**satellite** /'sætəlaɪt/ N a *(Astron, Space, Telec)* satellite *m* ◆ **artificial ~** satellite *m* artificiel satellite-relais *m* b *(Pol)* satellite *m* c *(US = dormitory town)* ville *f* satellite VT *(= transmit via satellite)* transmettre par satellite COMP *[town, country etc]* satellite ▷ **satellite broadcasting** N diffusion *f* par satellite ▷ **satellite dish** N antenne *f* parabolique ▷ **satellite link(-up)** N liaison *f* satellite ▷ **satellite nation** N *(Pol)* nation *f* satellite ▷ **satellite photograph** N photo *f* satellite ▷ **satellite telephone** N téléphone *m* (par) satellite ▷ **satellite television** N télévision *f* par satellite

**satiate** /'seɪʃɪeɪt/ VT *(lit)* assouvir, rassasier (*with* de) ; *(fig)* blaser (*with* par)

**satiated** /'seɪʃɪeɪtɪd/ ADJ *(with food)* repu, rassasié ; *(with pleasures)* comblé, blasé *(pej)*

**satiation** /,seɪʃɪ'eɪʃən/ N *(lit, fig)* assouvissement *m* ◆ **to ~ (point)** (jusqu')à satiété

**satiety** /sə'taɪətɪ/ N *(frm)* satiété *f*

**satin** /'sætɪn/ N satin *m* ; → **silk** COMP *[dress, slipper]* en *or* de satin ; *[paper, finish]* satiné ▷ **satin-smooth** ADJ satin ▷ **satin stitch** N plumetis *m*

**satinette** /,sætɪ'net/ N satinette *f* COMP en satinette

**satinwood** /'sætɪnwʊd/ N bois *m* de citronnier

**satire** /'sætaɪəʳ/ N satire *f* (*on* contre)

**satiric(al)** /sə'tɪrɪk(əl)/ ADJ satirique

**satirically** /sə'tɪrɪkəlɪ/ ADV d'une manière satirique

**satirist** /'sætərɪst/ N *(= writer)* satiriste *mf* ; *(= cartoonist)* caricaturiste *mf* ; *(in cabaret etc)* ≃ chansonnier *m* ◆ **he's TV's greatest ~** il n'a pas son pareil à la télévision pour la satire

**satirize** /'sætəraɪz/ VT faire la satire de

**satisfaction** /,sætɪs'fækʃən/ N **a** *(NonC = pleasure)* satisfaction *f* ◆ **to feel ~/great ~** éprouver de la satisfaction/une satisfaction profonde ◆ **his ~ at having completed his book** la satisfaction qu'il éprouvait d'avoir terminé son livre ◆ **he expressed his ~ at the results of the vote** il a exprimé sa satisfaction devant les résultats de l'élection ◆ **sexual ~** satisfaction *f* sexuelle ◆ **it gave us great ~ to hear that ...** nous avons appris avec beaucoup de satisfaction que ... ◆ **to my (great) ~ he ...** à ma grande satisfaction il ... ◆ **to everybody's ~** à la satisfaction de tous ◆ **has the repair been done to your ~?** est-ce que vous êtes satisfait de la réparation ? ◆ **his innocence has not been proved to my ~** on n'a pas réussi à me convaincre de son innocence ◆ **she would not give him the ~ of seeing how annoyed she was** elle ne voulait pas lui faire le plaisir de lui montrer à quel point elle était contrariée ; → **job**

**b** *(NonC) [of demand, need]* satisfaction *f* ; *[of wrong]* réparation *f*, dédommagement *m* ; *[of appetite]* assouvissement *m* ; *[of debt]* règlement *m*, acquittement *m* ◆ **to give/obtain ~** donner/obtenir satisfaction ◆ **I demand ~** † je demande réparation

**c** *(= satisfying experience)* satisfaction *f* ◆ **one of her greatest ~s comes from her work with children** son travail avec les enfants lui apporte l'une de ses plus grandes satisfactions

**satisfactorily** /,sætɪs'fæktərɪlɪ/ ADV de manière satisfaisante

**satisfactory** /,sætɪs'fæktərɪ/ ADJ satisfaisant ◆ **to bring sth to a ~ conclusion** mener qch à bon terme, conclure qch de manière satisfaisante ◆ **he's in a ~ condition** *(Med)* son état est satisfaisant ◆ **to make a ~ recovery** *(Med)* se rétablir *or* se remettre de manière satisfaisante ◆ **we are sorry it was not ~** *(in commercial letters)* nous regrettons que vous n'en soyez pas satisfait *or* que cela ne vous ait pas donné (entière) satisfaction

**satisfied** /'sætɪsfaɪd/ ADJ **a** *(= content) [person]* satisfait (*with* de ; *to do sth* de faire qch) ◆ **in a ~ voice** d'un ton satisfait ◆ **some people are never ~!** il y en a qui ne sont jamais contents ! ◆ **I'll stay then: (are you) ~?** *(angrily)* alors je reste : tu es content ? ◆ **you've made her cry: (are you) ~?** tu l'as fait pleurer : tu es content de toi *or* satisfait ? **b** *(= convinced) [person]* satisfait (*with* de), convaincu (*with* par) ◆ **I'm ~ that her death was accidental** je suis convaincu que sa mort a été accidentelle ◆ **I'm ~ that I'm right** je suis convaincu d'avoir raison ; see also **satisfy**

**satisfy** /'sætɪsfaɪ/ VT **a** *[+ person]* satisfaire, contenter ◆ **to ~ the examiners (in History)** *(Scol, Univ: frm)* être reçu (en histoire *or* à l'examen d'histoire) ; see also **satisfied** **b** *[+ hunger, need, want, creditor]* satisfaire ; *[+ condition]* satisfaire à, remplir ; *[+ objection]* répondre à ; *[+ debt, obligation]* s'acquitter de ; *(Comm) [+ demand]* satisfaire à **c** *(= convince)* convaincre, assurer (*sb that* qn que ; *of* de) ◆ **to ~ o.s. of sth** s'assurer de qch ◆ **I am satisfied that you have done your best** je suis convaincu *or* persuadé que vous avez fait de votre mieux VI donner satisfaction

**satisfying** /'sætɪsfaɪɪŋ/ ADJ *[life, relationship, work, career]* satisfaisant ; *[task, experience]* gratifiant ; *[food, meal]* substantiel

**satrap** /'sætrəp/ N satrape *m*

**satsuma** /,sæt'suːmə/ N satsuma *f*

**saturate** /'sætʃəreɪt/ VT saturer (*with* de) ◆ **to ~ the market** saturer le marché ◆ **my shoes are ~d** mes chaussures sont trempées COMP ▷ **saturated fat** N graisse *f* saturée

**saturation** /,sætʃə'reɪʃən/ N saturation *f* COMP ▷ **saturation bombing** N bombardement *m* intensif ▷ **saturation point** N point *m* de saturation ◆ **to reach ~ point** arriver à saturation

**Saturday** /'sætədɪ/ N samedi *m* ◆ **on ~** samedi ◆ **on ~s** le samedi ◆ **next ~, ~ next** samedi prochain *or* qui vient ◆ **last ~** samedi dernier ◆ **the first/last ~ of the month** le premier/dernier samedi du mois ◆ **every ~** tous les samedis, chaque samedi ◆ **every other ~, every second ~** un samedi sur deux ◆ **it is ~ today** nous sommes samedi aujourd'hui, on est samedi ◆ **~ 18 December** samedi 18 décembre ◆ **on ~ 23 January** le samedi 23 janvier ◆ **the ~ after next** samedi en huit ◆ **a week on ~, ~ week** samedi en huit ◆ **a fortnight on ~, ~ fortnight** samedi en quinze ◆ **a week/fortnight past on ~** il y a huit/quinze jours samedi dernier ◆ **the following ~** le samedi suivant ◆ **the ~ before last** l'autre samedi ◆ **~ morning** samedi matin ◆ **~ afternoon** samedi après-midi ◆ **~ evening** samedi soir ◆ **~ night** samedi soir ; *(overnight)* la nuit de samedi ◆ **~ closing** fermeture *f* le samedi ◆ **the ~ edition** *(Press)* l'édition *f* de *or* du samedi ◆ **~ night special** * *(US = gun)* revolver *m* bon marché ; → **holy**

**Saturn** /'sætən/ N *(Myth)* Saturne *m* ; *(Astron)* Saturne *f*

**Saturnalia** /,sætə'neɪlɪə/ N (pl **Saturnalia** *or* **Saturnalias**) saturnale(s) *f(pl)*

**saturnine** /'sætənaɪn/ ADJ *(liter) [man, face]* ténébreux ; *[features]* sombre

**satyr** /'sætəʳ/ N satyre *m*

**sauce** /sɔːs/ N **a** *(Culin)* sauce *f* ◆ **what's ~ for the goose is ~ for the gander** *(Prov)* ce qui est bon pour l'un l'est pour l'autre ; → **apple, mint², tomato, white** **b** († * *= impudence)* toupet * *m* ◆ **none of your ~!** *(to child)* petit(e) impertinent(e) ! ; *(to adult)* assez d'impertinence ! **c** *(US* ‡ *= drink)* **the ~** l'alcool *m* ◆ **to hit the ~, to be on the ~** picoler * COMP ▷ **sauce boat** N saucière *f*

**saucepan** /'sɔːspən/ N casserole *f* ; → **double**

**saucer** /'sɔːsəʳ/ N soucoupe *f*, sous-tasse *f* ◆ **~-eyed, with eyes like ~s** avec des yeux comme des soucoupes ; → **flying**

**saucily** * /'sɔːsɪlɪ/ ADV *[behave, speak]* avec impertinence, impertinemment ; *[dress]* avec coquetterie ; *[look]* d'un air coquin

**sauciness** * /'sɔːsɪnɪs/ N *(= cheekiness)* toupet * *m*, impertinence *f* ; *(= smartness)* coquetterie *f*

**saucy** * /'sɔːsɪ/ ADJ **a** *(= cheeky) [person]* impertinent (*with* avec) ; *[look]* coquin **b** *(esp Brit = suggestive) [joke, humour]* grivois ; *[postcard, photo]* osé ; *[clothes]* suggestif

**Saudi** /'saʊdɪ/ ADJ *(gen)* saoudien ; *[ambassador, embassy]* d'Arabie Saoudite ; *[capital]* de l'Arabie Saoudite N Saoudien(ne) *m(f)* COMP ▷ **Saudi Arabia** N Arabie *f* Saoudite ▷ **Saudi Arabian** ADJ saoudien N Saoudien(ne) *m(f)*

**sauerkraut** /'saʊəkraʊt/ N *(NonC)* choucroute *f*

**Saul** /sɔːl/ N Saül *m*

**sauna** /'sɔːnə/ N (also **sauna bath**) sauna *m* ◆ **at the ~** au sauna ◆ **in the ~** dans le sauna

**saunter** /'sɔːntəʳ/ VI flâner ◆ **to ~ in/out/away** *etc* entrer/sortir/s'éloigner *etc* d'un pas nonchalant N ◆ **to go for a ~** * faire une petite promenade *or* une balade *

**saurian** /'sɔːrɪən/ ADJ, N saurien *m*

**sausage** /'sɒsɪdʒ/ N saucisse *f* ; *(pre-cooked)* saucisson *m* ◆ **beef/pork ~** saucisse *f* de bœuf/de porc ◆ **not a ~** ‡ *(Brit)* rien, des clous ‡ ; → **cocktail, garlic, liver comp** COMP ▷ **sausage dog** * N teckel *m*, saucisson *m* à pattes * *(hum)* ▷ **sausage machine** N machine *f* à faire les saucisses ▷ **sausage meat** N chair *f* à saucisse ▷ **sausage roll** N *(esp Brit)* ≃ friand *m*

**sauté** /'səʊteɪ/ VT *[+ potatoes, meat]* faire sauter ADJ ◆ **~ potatoes** pommes *fpl* (de terre) sautées

**savage** /'sævɪdʒ/ ADJ **a** *(= violent, harsh) [person]* féroce, brutal ; *[animal, attack, criticism, look]* féroce ; *[blow]* brutal ; *[temper]* sauvage **b** *(= drastic)* ◆ **a ~ pay cut** une très forte réduction de salaire ◆ **~ cuts in the education budget** des coupes *fpl* claires dans le budget de l'éducation **c** († *= primitive) [tribe]* sauvage N sauvage *mf* VT *[animal]* attaquer férocement ; *[critics etc]* éreinter, attaquer violemment

**savagely** /'sævɪdʒlɪ/ ADV **a** *(= violently, harshly) [beat]* sauvagement ; *[criticize]* violemment, férocement ; *[say]* brutalement ; *[funny]* férocement ◆ **~ beautiful** d'une beauté sauvage ◆ **to attack sb/sth ~** *(lit)* attaquer qn/qch sauvagement ; *(fig)* attaquer qn/qch violemment **b** *(= drastically)* ◆ **the film has been ~ cut** *or* **edited** ce film a été monstrueusement coupé ◆ **to cut staff/a budget ~** faire des coupes claires dans un budget/parmi le personnel

**savageness** /'sævɪdʒnɪs/, **savagery** /'sævɪdʒrɪ/ N *(= cruelty)* sauvagerie *f*, brutalité *f*, férocité *f* ; *(= primitiveness)* barbarie *f*

**savanna(h)** /sə'vænə/ N savane *f*

**savant** /'sævənt/ N érudit(e) *m(f)*, homme *m* de science, lettré(e) *m(f)*

**save¹** /seɪv/ VT **a** *(= rescue) [+ person, animal, jewels, building, marriage]* sauver (*from* de) ◆ **surgeons could not ~ his leg** les chirurgiens n'ont pas pu sauver sa jambe ◆ **a campaign to ~ the hospital** une campagne pour le maintien *or* la survie de l'hôpital ◆ **we must ~ the planet for future generations** il faut préserver *or* sauvegarder la planète pour les générations à venir ◆ **to ~ the situation** sauver la situation ◆ **~ the whales/seals** *(as slogan)* sauvez les baleines/phoques ◆ **I couldn't do it to ~ my soul** je ne pourrais pas le faire, même si ma vie en dépendait ◆ **to ~ one's (own) skin** * *or* **neck** * *or* **hide** * sauver sa peau * ◆ **to ~ one's (own)**

**bacon** * (esp Brit) se tirer du pétrin ♦ **to ~ sb's bacon** or **neck** tirer qn d'affaire ♦ **to ~ sb's ass**** or **butt*** (US) sortir qn de la merde** ♦ **to be ~d by the bell** être sauvé par le gong ♦ **to ~ the day** sauver la mise ♦ **to ~ face** sauver la face ♦ **God ~ the Queen!** vive la reine ! ; → **wreckage**

♦ **to save sb's life** sauver la vie à or de qn ♦ **thanks, you ~d my life!** (fig) merci, tu m'as sauvé la vie ! ♦ **I couldn't do it to ~ my life** je ne pourrais pas le faire, même si ma vie en dépendait ♦ **she can't cook to ~ her life** * elle est nulle * en cuisine ♦ **he can't sing to ~ his life** * il chante comme un pied *

♦ **to save ... from** (= protect, prevent) ♦ **to ~ sb from death/drowning** sauver qn de la mort/de la noyade ♦ **to ~ sb from falling** empêcher qn de tomber ♦ **to ~ sb from himself** protéger qn de or contre lui-même ♦ **to ~ a building from demolition** sauver un bâtiment de la démolition, empêcher la démolition d'un bâtiment

b (Rel) [+ sinner] sauver, délivrer ♦ **to ~ one's soul** sauver son âme

c (also **save up**) [+ money] mettre de côté ; [+ food] mettre de côté, garder ♦ **he has money ~d** il a de l'argent de côté ♦ **I've ~d you a piece of cake** je t'ai gardé un morceau de gâteau ♦ **to ~ o.s. (up) for sth** se réserver pour qch ♦ **he ~d the last sweet for himself** il s'est gardé le dernier bonbon ♦ **I was saving the wine for later** je gardais le vin pour plus tard ♦ **to ~ sth till (the) last** garder qch pour la bonne bouche ♦ **to ~ the best for last** garder le meilleur pour la fin ♦ **to ~ (up) old newspapers for charity** garder les vieux journaux pour les bonnes œuvres ♦ **to ~ stamps/matchboxes** etc (= collect) collectionner les timbres/les boîtes d'allumettes etc ♦ **will you ~ me a place at your table?** me garderez-vous une place à votre table ?

d (= not spend, not use) [+ money, labour] économiser ; [+ time] (faire) gagner ; (= avoid) [+ difficulty etc] éviter (sb sth qch à qn) ♦ **you have ~d me a lot of trouble** vous m'avez évité bien des ennuis ♦ **to ~ time let's assume that ...** pour aller plus vite or pour gagner du temps admettons que ... + subj ♦ **this route will ~ you 10 miles** cet itinéraire vous fera gagner 16 kilomètres ♦ **going by plane will ~ you four hours (on the train journey)** vous gagnerez quatre heures en prenant l'avion (au lieu du train) ♦ **that will ~ my going** or **me from going** cela m'évitera d'y aller ♦ **think of all the money you'll ~** pensez à tout l'argent que vous économiserez or à toutes les économies que vous ferez ♦ **"save 10p on this packet"** "10 pence d'économie sur ce paquet" ♦ **you ~ £1 if you buy three packets** en achetant trois paquets vous économisez une livre ♦ **to ~ petrol** faire des économies d'essence, économiser l'essence ♦ **industry must be encouraged to ~ energy** il faut encourager l'industrie à faire des économies d'énergie ♦ **he's saving his strength** or **himself for tomorrow's race** il se ménage pour la course de demain ♦ **to ~ o.s. for sb** (euph, hum) se réserver pour qn ; → **penny, stitch**

e (Sport) **to ~ a goal/penalty** arrêter un but/penalty

f (Comput) sauvegarder

VI a (also **save up**) mettre (de l'argent) de côté, faire des économies ♦ **to ~ for the holidays/for a new bike** mettre de l'argent de côté pour les vacances/pour (acheter) un nouveau vélo

♦ **to save on sth** économiser sur qch, faire des économies sur qch

b (Sport) faire une parade

N a (Sport) parade f

b (Comput) sauvegarde f

► **save up** VI ⇒ **save**[1] **vi a**

VT SEP ⇒ **save**[1] **vt c**

**save**[2] /seɪv/ PREP (liter) ♦ **~ (for)** sauf, à l'exception de ♦ **~ that ...** sauf que ..., à ceci près que ...

**saveloy** /ˈsævəlɔɪ/ N cervelas m

**saver** /ˈseɪvəʳ/ N épargnant(e) m(f)

**Savile Row** /ˈsævɪlˈrəʊ/ N (Brit) rue de Londres où se trouvent les plus grands tailleurs COMP ▷ **a Savile Row suit** N un costume de Savile Row

**saving** /ˈseɪvɪŋ/ N a (= rescue) sauvetage m ; → **face, life**

b (Rel) [of sinner] salut m

c [of time, money] économie f ; (Banking) épargne f ♦ **we must make ~s** il faut économiser or faire des économies ♦ **this means a great ~ of time/petrol** etc cela représente une grande économie de temps/d'essence etc ♦ **a ~ of $12** une économie de 12 dollars ♦ **a considerable ~ in time and money** une économie considérable de temps et d'argent ♦ **the government is trying to encourage ~** le gouvernement cherche à encourager l'épargne

d (Comput) sauvegarde f

NPL **savings** économies fpl ♦ **small ~s** la petite épargne ♦ **to live on one's ~s** vivre de ses économies ; → **national, post office**

PREP † sauf ♦ **~ your presence** sauf votre respect

COMP ▷ **saving clause** N (Jur) clause f de sauvegarde ▷ **saving grace** N ♦ **the film's/John's only ~ grace is ...** la seule chose qui rachète or sauve le film/John est ... ▷ **savings account** N (Brit) compte m d'épargne ; (US) compte m de dépôt ▷ **savings and loan association** N (US) ≃ société f de crédit immobilier ▷ **savings bank** N caisse f d'épargne ▷ **savings stamp** N timbre-épargne m

**saviour** /ˈseɪvjəʳ/, **savior** (US) /ˈseɪvjəʳ/ N sauveur m ♦ **the Saviour** (Rel) le Sauveur ♦ **Our Saviour** Notre Sauveur

**savoir-faire** /ˈsævwɑːfɛəʳ/ N savoir-vivre m inv

**savor** /ˈseɪvəʳ/ (US) ⇒ **savour**

**savoriness** /ˈseɪvərɪnɪs/ N (US) ⇒ **savouriness**

**savorless** /ˈseɪvəlɪs/ ADJ (US) ⇒ **savourless**

**savory** /ˈseɪvərɪ/ N a (= herb) sarriette f b (US) ⇒ **savoury n** ADJ (US) ⇒ **savoury adj**

**savour, savor** (US) /ˈseɪvəʳ/ N (= flavour: lit, fig) saveur f VT [+ food, drink] savourer, déguster ; [+ triumph] savourer ♦ **to ~ every moment** savourer chaque instant or chaque moment ♦ **to ~ the delights of ...** goûter aux plaisirs de ... ♦ **he was ~ing the excitement of the competition** il était pris par la fièvre de la compétition VI a (lit, liter) ♦ **to ~ of sth** sentir qch b (fig) **to ~ of fascism/heresy** sentir le fascisme/l'hérésie, avoir des relents de fascisme/d'hérésie ♦ **she hated anything that ~ed of the supernatural** elle détestait tout ce qui avait trait au surnaturel

**savouriness, savoriness** (US) /ˈseɪvərɪnɪs/ N saveur f, succulence f

**savourless, savorless** (US) /ˈseɪvəlɪs/ ADJ sans saveur

**savoury, savory** (US) /ˈseɪvərɪ/ ADJ a (Brit = not sweet) [food, dish] salé (par opposition à sucré) ♦ **a ~ pie** une tourte b (= appetizing) [smell] appétissant ; [taste] savoureux c (= respectable) ♦ **not a very ~ subject** un sujet peu appétissant or peu ragoûtant ♦ **some not very ~ episodes in her past** des épisodes pas très reluisants de son passé ♦ **the main square is none too ~ at night** la place principale est assez mal fréquentée la nuit

♦ **one of the book's less ~ characters** l'un des personnages les moins recommandables du roman N (Culin) mets m non sucré ; (on toast) canapé m chaud

**Savoy** /səˈvɔɪ/ N Savoie f ADJ savoyard ♦ **~ cabbage** (Brit) chou m frisé de Milan

**Savoyard** /səˈvɔɪɑːd/ N Savoyard(e) m(f) ADJ savoyard

**savvy** /ˈsævɪ/ N * jugeote * f, bon sens m VI a (= know) **no ~** † * sais pas, moi * b († * = understand) piger *, comprendre ♦ **I can take care of myself, ~?** je me débrouille tout seul, tu piges ? * ADJ * calé *, futé

**saw**[1] /sɔː/ (vb : pret **sawed**, ptp **sawed** or **sawn**) N scie f ; → **circular** VT scier, débiter à la scie ♦ **to ~ wood** (*, US fig = sleep) roupiller * (= snore) ronfler ; see also **sawn** VI ♦ **to ~ through a plank/the bars of a cell** scier une planche/les barreaux d'une cellule COMP ▷ **saw edge** N lame f dentée ▷ **saw-edged knife** N (pl **saw-edged knives**) couteau-scie m

► **saw away** * VI (pej) ♦ **to saw away at the violin** racler du violon

► **saw off** VT SEP enlever à la scie ADJ ♦ **sawed-off** → **sawed** ADJ ♦ **sawn-off** → **sawn**

► **saw up** VT SEP débiter à la scie

**saw**[2] /sɔː/ N (= saying) dicton m

**saw**[3] /sɔː/ VB pt of **see**[1]

**sawbones** † * /ˈsɔːbəʊnz/ N (pej) chirurgien m charcutier * m (pej)

**sawbuck** /ˈsɔːbʌk/ N (US) (= sawhorse) chevalet m de scieur de bois ; * (= ten-dollar bill) billet m de dix dollars

**sawdust** /ˈsɔːdʌst/ N (NonC) sciure f (de bois)

**sawed** /sɔːd/ VB pt, ptp of **saw**[1] COMP ▷ **sawed-off** * ADJ (US pej = short) court sur pattes *, petit ▷ **sawed-off shotgun** N carabine f à canon scié

**sawfish** /ˈsɔːfɪʃ/ N (pl **sawfish** or **sawfishes**) poisson-scie m

**sawhorse** /ˈsɔːhɔːs/ N chevalet m de scieur de bois

**sawmill** /ˈsɔːmɪl/ N scierie f

**sawn** /sɔːn/ VB ptp of **saw**[1] ADJ scié ♦ **~ timber** bois m de sciage COMP ▷ **sawn-off shotgun** N (Brit) carabine f à canon scié

**sawyer** /ˈsɔːjəʳ/ N scieur m

**sax** * /sæks/ N (abbrev of **saxophone**) saxo * m

**saxhorn** /ˈsækshɔːn/ N saxhorn m

**saxifrage** /ˈsæksɪfrɪdʒ/ N saxifrage f

**Saxon** /ˈsæksn/ ADJ saxon N a (= person) Saxon(ne) m(f) b (Ling) saxon m

**Saxony** /ˈsæksənɪ/ N Saxe f

**saxophone** /ˈsæksəfəʊn/ N saxophone m

**saxophonist** /ˌsækˈsɒfənɪst/ N saxophoniste mf, saxo * m

**say** /seɪ/ LANGUAGE IN USE 6.2, 26.1, 26.2 (pret, ptp **said**)

VT a (= speak, utter, pronounce) dire (sth to sb qch à qn ; about au sujet de, à propos de) [+ lesson, poem] réciter ; [+ prayer] faire, dire ♦ **to ~ mass** (Rel) dire la messe ♦ **as I said yesterday** comme je l'ai dit hier ♦ **as I said in my letter/on the phone** comme je vous l'ai (or le lui ai etc) dit dans ma lettre/au téléphone ♦ **the Prime Minister said that ...** le Premier ministre a dit or a déclaré que ... ♦ **well said!** bien dit ! ♦ **something was said about it** on en a parlé, il en a été question ♦ **all of that can be said in two sentences** tout cela tient en deux phrases ♦ **~ after me ...** répétez après moi ... ♦ **so ~ing, he sat down** sur ces mots or sur ce, il s'assit ♦ **to ~ one's piece** dire ce qu'on a à dire ♦ **it's easier** o

**sooner said than done!** c'est plus facile à dire qu'à faire !, facile à dire ! ◆ **though I ~ it myself ..., though I ~s** ⁑ **it as shouldn't ...** ce n'est pas à moi de dire ça mais ... ; → **least, less, nothing, word**

◆ **not to say ...** ◆ **interesting, not to ~ encouraging** intéressant, pour ne pas dire encourageant ◆ **that's not to ~ that our relationship can't improve** cela ne veut pas dire que nos relations ne peuvent pas s'améliorer

◆ **to say sth again** redire qch ◆ **could you ~ that again?** pourriez-vous répéter (ce que vous venez de dire) ? ◆ **~ again?** * pardon ? ◆ **you can ~ that again!** * c'est le cas de le dire !

◆ **... to say for oneself** ◆ **she hasn't much to ~ for herself** elle n'a jamais grand-chose à dire ◆ **he always has a lot to ~ for himself** il parle toujours beaucoup, il a toujours quelque chose à dire ◆ **what have you (got) to ~ for yourself?** * qu'est-ce que tu as comme excuse ?

◆ **to say yes/no** dire oui/non ◆ **he ~s yes to everything** il dit oui à tout ◆ **to ~ yes/no to an invitation** accepter/refuser une invitation ◆ **your father said no** *(= said it wasn't/didn't etc)* ton père a dit que non ; *(= refused)* ton père a dit non *or* a refusé ◆ **I invited him but he said no** je l'ai invité (à venir) mais il a refusé ◆ **he just can't ~ no** il ne sait pas dire non ◆ **I wouldn't ~ no!** je ne dirait pas non !

◆ **when all is said and done** tout compte fait, au bout du compte

**b** *(direct speech)* **"yes" she said** "oui" dit-elle ◆ **"10 o'clock" he said to himself** "10 heures" se dit-il

**c** *(= state)* dire ◆ **it ~s in the rules (that), the rules ~ (that)** il est dit dans le règlement (que) ◆ **it ~s on the radio there's going to be snow** la radio annonce de la neige ◆ **it ~s here that you need a password** c'est écrit ici qu'on a besoin d'un mot de passe ◆ **it is said that ...** on dit que ... ◆ **he is said to be seriously ill** on dit qu'il est gravement malade

**d** *(= claim)* dire, prétendre ◆ **he got home at 6 so he ~s** il est rentré à 6 heures à ce qu'il dit *or* prétend ◆ **that's what you ~!, so you ~!** *(expressing doubt)* c'est ce que vous dites !, c'est vous qui le dites !

**e** *(giving instructions)* dire ◆ **he said to wait here** il a dit d'attendre ici ◆ **he said I was to give you this** il m'a dit de vous donner ceci

**f** *(expressing opinions, estimating)* dire ◆ **what will people ~?** qu'est-ce que les gens vont dire ? ◆ **he doesn't care what people ~** il se moque du qu'en-dira-t-on ◆ **you might as well ~ the earth is flat!** autant dire que la terre est plate ! ◆ **I ~ he should do it** je suis d'avis qu'il le fasse ◆ **I can't ~ I'm fond of anchovies** je ne peux pas dire que j'aime *subj* les anchois ◆ **to see him you would ~ he was ill** à le voir on dirait qu'il est malade ◆ **what would you ~ is the population of Paris?** à votre avis *or* d'après vous, combien y a-t-il d'habitants à Paris ? ◆ **I would ~ she's intelligent** je dirais qu'elle est intelligente ◆ **I would ~ she was 50** je dirais qu'elle a 50 ans, je lui donnerais 50 ans ◆ **would you really ~ so?** (le pensez-vous) vraiment ? ◆ **I'll ~ this *or* I'll ~ one thing for him, he's clever** je dirai ceci en sa faveur, il est intelligent ◆ **~ what you like *or* will (about him), he's not a bad guy** * tu peux dire ce que tu veux (de lui), ce n'est pas un mauvais bougre *

◆ **say + much/a lot** ◆ **that doesn't ~ much for him** ce n'est pas à son honneur ◆ **that doesn't ~ much for his intelligence** cela en dit long *(iro)* sur son intelligence ◆ **it ~s much *or* a lot for his courage that he stayed** le fait qu'il soit resté en dit long sur son courage ◆ **his clothes ~ a lot about him** ses vêtements en disent long sur lui *or* sa personnalité ◆ **that's ~ing a lot** * ce n'est pas peu dire ◆ **he's cleverer than his brother but that isn't ~ing much *or* a lot** * il est plus intelligent que son frère, mais ça ne veut rien dire

◆ **something to be said for ...** ◆ **there's something to be said for it** cela a du bon *or* des avantages ◆ **there's something to be said for being obstinate** cela peut avoir du bon *or* des avantages d'être têtu ◆ **he stuck to what he believes in and there's something to be said for that** il est resté fidèle à ses convictions et on ne peut pas lui en vouloir ◆ **there's something to be said for waiting** il y aurait peut-être intérêt à attendre, on ferait peut-être mieux d'attendre

**g** *(= imagine)* imaginer ◆ **~ someone left you a fortune, what would you do with it?** imaginons que vous héritiez d'une fortune, qu'en feriez-vous ? ◆ **(let's) ~ for argument's sake that ...** mettons à titre d'exemple que ... ; see also **vt f** ◆ **there's no ~ing what he'll do next** (il est) impossible de dire *or* on ne peut pas savoir ce qu'il va faire ensuite

**h** *(= admit)* dire, reconnaître ◆ **I must ~ (that) she's very pretty** je dois dire *or* reconnaître qu'elle est très jolie

**i** *(proposals)* ◆ **shall we ~ £5/Tuesday ?** disons *or* mettons 5 livres/mardi ? ◆ **what do you ~ to a cup of tea?** que diriez-vous d'une tasse de thé ? ◆ **what would you ~ to a round of golf?** si on faisait une partie de golf ? ◆ **what (do you) ~ we have some lunch?** que dirais-tu de déjeuner ? ◆ **what do you ~?** * qu'en dis-tu ?

**j** *(= register) [dial, gauge]* marquer, indiquer ◆ **my watch ~s 10 o'clock** ma montre marque *or* indique 10 heures ◆ **the thermometer ~s 30°** le thermomètre marque *or* indique 30°

**k** *(emphatic)* ◆ **you('ve) said it !** * tu l'as dit ! * ◆ **don't ~ it's broken!** * ne me dis pas que c'est cassé ! ◆ **enough said!** *, **'nuff said!** ⁑ (ça) suffit !, assez parlé ! ◆ **~ no more** *(= I understand)* ça va, j'ai compris ◆ **let's ~ no more about it!** n'en parlons plus ! ◆ **it goes without ~ing that ...** il va sans dire que ..., il va de soi que ... ◆ **is he right? – I should ~ he is *or* I should ~ so** *(expressing certainty)* est-ce qu'il a raison ? – et comment *or* pour avoir raison il a raison ! ; *(expressing doubt)* est-ce qu'il a raison ? – il me semble *or* je pense que oui ◆ **didn't I ~ so?** je l'avais bien dit, n'est-ce pas ? ◆ **and so ~ all of us!** * nous sommes tous d'accord là-dessus ◆ **I should ~ he is right!** il a bien raison, c'est moi qui vous le dis ! ; → **goodbye, nothing, thank**

**VI** dire ◆ **so to ~** pour ainsi dire ◆ **that is to ~** c'est-à-dire ◆ **it is (as) one *or* you might ~ a new method** c'est comme qui dirait * une nouvelle méthode ◆ **(I) ~!** * dites donc ! ◆ **you don't ~!** * *(iro)* sans blague ! * *(iro)*, pas possible ! *(iro)* ◆ **~** *, **what time is it?** *(US)* dites, quelle heure est-il ? ◆ **if there were, ~, 500 people** s'il y avait, mettons *or* disons, 500 personnes ◆ **~s you!** (⁑ *iro*) que tu dis ! * ◆ **~s who?** ⁑ ah oui ? *(iro)* ◆ **as they ~** comme on dit, comme dirait l'autre * ◆ **it seems rather rude, I must ~** cela ne me paraît guère poli, je l'avoue ◆ **well, I must ~!** *(expressing indignation)* ça alors ! * ◆ **I'll ~!** † ça, c'est sûr ! ◆ **it's not for me to ~** *(= not my responsibility)* ce n'est pas à moi de décider *or* de juger ; *(= not my place)* ce n'est pas à moi de le dire

**N** ◆ **to have a *or* one's ~** *(= say one's piece)* dire ce qu'on a à dire ◆ **to have a ~/no ~ in the matter** avoir/ne pas avoir voix au chapitre, avoir/ne pas avoir son mot à dire ◆ **let him have his ~!** laissez-le s'exprimer ! ◆ **I will have my ~!** je dirai ce que j'ai à dire ! ◆ **to have a ~ in selecting ...** avoir son mot à dire dans la sélection de ... ◆ **to have the final ~** être celui qui décide *or* qui prend les décisions ◆ **to have a strong ~ in sth** jouer un rôle déterminant dans qch

**COMP** ▷ **say-so** * **N** ◆ **on your ~-so** parce que vous le dites (*or* l'aviez dit *etc*) ◆ **on his ~-so** parce qu'il le dit (*or* l'a dit *etc*), sur ses dires ◆ **it's his ~-so** c'est lui qui décide, c'est à lui de dire

**saying** /ˈseɪɪŋ/ **N** dicton *m* ◆ **as the ~ goes** comme dit le proverbe, comme on dit ◆ **~s of the week** les mots *mpl* *or* les citations *fpl* de la semaine

**SBU** /ˌesbiːˈjuː/ **N** (abbrev of **strategic business unit**) → **strategic**

**SC** abbrev of **South Carolina**

**s/c** (abbrev of **self-contained**) → **self**

**scab** /skæb/ **N** **a** *[of wound]* croûte *f*, escarre *f* **b** (* *pej* = *strikebreaker*) jaune *m* *(pej)*, briseur *m* de grève **VI** **a** (also **scab over**) se cicatriser, former une croûte **b** (⁑ *pej* = *strikebreaker*) refuser de faire grève, faire le jaune

**scabbard** /ˈskæbəd/ **N** *[of dagger]* gaine *f* ; *[of sword]* fourreau *m*

**scabby** /ˈskæbɪ/ **ADJ** **a** *(= covered with scabs) [knees, hands, skin]* couvert de croûtes **b** *(= having scabies) [person, animal]* galeux, scabieux *(Med)* **c** *(Brit* ⁑ *= despicable) [person]* minable * ; *[behaviour]* dégueulasse ⁑

**scabies** /ˈskeɪbiːz/ **N** *(NonC: Med)* gale *f*

**scabious**[1] /ˈskeɪbɪəs/ **ADJ** *(Med)* scabieux

**scabious**[2] /ˈskeɪbɪəs/ **N** *(Bot)* scabieuse *f*

**scabrous** /ˈskeɪbrəs/ **ADJ** **a** *[question, topic]* scabreux, risqué **b** *(Bot, Zool)* rugueux

**scads** * /skædz/ **NPL** ◆ **~ of** beaucoup de, plein * de

**scaffold** /ˈskæfəld/ **N** **a** *(= gallows)* échafaud *m* **b** *(Constr)* échafaudage *m*

**scaffolding** /ˈskæfəldɪŋ/ **N** *(NonC)* *(= structure)* échafaudage *m* ; *(= material)* matériel *m* pour échafaudages

**scag** ⁑ /skæg/ **N** *(Drugs)* héro ⁑ *f*

**scalawag** * /ˈskæləwæg/ **N** *(US)* ⇒ **scallywag**

**scald** /skɔːld/ **VT** *[+ jar, teapot, tomatoes]* ébouillanter ; *(= sterilize)* stériliser ◆ **to ~ one's hand** s'ébouillanter la main ◆ **to ~ o.s.** s'ébouillanter ◆ **to ~ the milk** *(Culin)* chauffer le lait sans le faire bouillir ◆ **to run off *or* set off like a ~ed cat** *(Brit)* filer comme un zèbre, prendre ses jambes à son cou **N** brûlure *f* *(causée par un liquide bouillant)*

**scalding** /ˈskɔːldɪŋ/ **ADJ** **a** *(= hot) [water, steam, coffee, sun, tears]* brûlant ; *[heat]* torride ◆ **a bath of ~ water** un bain brûlant ◆ **I have a ~ pain when urinating** j'ai une sensation de brûlure quand j'urine **b** *(= severe) [criticism]* virulent **ADV** ◆ **~ hot** *[water, coffee, sun]* brûlant ; *[weather]* terriblement chaud ◆ **it is ~ hot today** il fait terriblement chaud aujourd'hui, il fait une chaleur torride aujourd'hui

**scale**[1] /skeɪl/ **N** **a** *[of thermometer, ruler]* graduation *f*, échelle *f* (graduée) ; *[of numbers]* série *f* ; *[of wages]* barème *m*, grille *f* ◆ **~ of charges** liste *f* des tarifs ◆ **social ~** échelle *f* sociale ; → **centigrade, Fahrenheit, sliding**

**b** *[of map, drawing]* échelle *f* ◆ **(drawn *or* true) to ~** à l'échelle ◆ **drawn to a ~ of ...** rapporté à l'échelle de ... ◆ **on a ~ of 1cm to 5km** à une échelle de 1 cm pour 5 km ◆ **this map is not**

**to** ~ les distances ne sont pas respectées sur cette carte

c *(= scope)* échelle *f* ; *(= size etc)* importance *f*, ampleur *f* ◆ **on a large/small** ~ sur une grande/petite échelle ◆ **on a national** ~ à l'échelle nationale, à l'échelon national ◆ **a disaster of** *or* **on this** ~ une catastrophe de cette importance *or* de cette ampleur ◆ **the** ~ **and intensity of the fighting** l'ampleur *f* et l'intensité *f* des combats ◆ **grand in** ~ *[plans, programme]* à grande échelle, de grande envergure

d *(Mus)* gamme *f* ◆ **the** ~ **of C** la gamme de do ◆ **to practise one's** ~**s** faire ses gammes

VT a *(= climb) [+ wall, mountain]* escalader

b *[+ map]* dessiner à l'échelle

COMP ▷ **scale drawing** N dessin *m* à l'échelle ▷ **scale model** N modèle *m* réduit ; → **full-scale**

► **scale back** VT SEP *(US)* ⇒ **scale down**

► **scale down** VT SEP *(gen)* réduire ; *[+ salary] (Scol) [+ marks]* réduire proportionnellement ; *[+ drawing]* réduire l'échelle de ; *[+ production]* réduire, baisser

► **scale up** VT SEP augmenter proportionnellement

**scale²** /skeɪl/ N → **scales** VTI peser COMP ▷ **scale maker** N fabricant *m* de balances ▷ **scale pan** N plateau *m* de balance

**scale³** /skeɪl/ N a *[of fish, reptile, rust]* écaille *f* ; *[of skin]* squame *f* ◆ **metal** ~ écaille *f* métallique ◆ **the** ~**s fell from his eyes** les écailles lui sont tombées des yeux b *(NonC, of water pipes, kettle)* tartre *m*, dépôt *m* calcaire ; *(of teeth)* tartre *m* VT a *[+ fish]* écailler b *[+ teeth, kettle]* détartrer

► **scale off** VI s'en aller en écailles, s'écailler

**scales** /skeɪlz/ NPL *(for weighing, gen: in kitchen, shop)* balance *f* ; *(in bathroom)* pèse-personne *m inv*, balance *f* ; *(for babies)* pèse-bébé *m inv* ; *(for luggage, heavy goods)* bascule *f* ; *(for letters)* pèse-lettre *m inv* ; *(manual, with weight on a rod)* balance *f* romaine ◆ **kitchen** *or* **household** ~ balance *f* de ménage ◆ **pair of** ~ balance *f* (à plateaux) ◆ **the Scales** *(Astrol, Astron)* la Balance ◆ **to turn the** ~ **at 80 kilos** peser 80 kilos ◆ **to tip the** ~ **(in sb's favour/against sb)** faire pencher la balance (en faveur/défaveur de qn) ; → **platform**

**scallion** /ˈskæljən/ N *(gen)* oignon *m* ; *(US = shallot)* échalote *f* ; *(US = leek)* poireau *m*

**scallop** /ˈskɒləp/ N a coquille *f* Saint-Jacques, pétoncle *m* b *(Sewing)* ~**s** festons *mpl* VT a ◆ ~**ed fish/lobster** coquille *f* de poisson/de homard b *[+ hem etc]* festonner ◆ ~**ed edge** *(Sewing)* bordure *f* festonnée *or* à festons ; *(Culin)* ◆ **to** ~ **(the edges of) a pie** canneler le bord d'une tourte COMP ▷ **scallop shell** N coquille *f*

**scallywag** * /ˈskælɪwæg/ N a *(= rascal)* petit(e) polisson(ne) *m(f)* b *(US Hist pej) Sudiste républicain favorable à l'émancipation des Noirs et considéré comme traître par les autres Sudistes*

**scalp** /skælp/ N cuir *m* chevelu ; *(= trophy)* scalp *m* VT a *[+ person]* scalper b *(US *) [+ tickets]* revendre *(au marché noir)* VI *(St Ex *)* boursicoter

**scalpel** /ˈskælpəl/ N *(Med)* scalpel *m* ; *(for paper etc)* cutter *m*

**scalper** * /ˈskælpəʳ/ N a *(St Ex)* spéculateur *m* sur la journée b *(= ticket tout)* vendeur *m*, -euse *f* de billets à la sauvette

**scaly** /ˈskeɪlɪ/ ADJ a *(= covered in scales) [creature, body]* écailleux, couvert d'écailles b *(= peeling) [skin]* qui pèle, qui se desquame *(Med)*, squameux *(Med)* ; *[paint]* écaillé, qui s'écaille c *(= having limescale deposits) [kettle, pipe]* entartré

**scam** * /skæm/ N arnaque* *f*, escroquerie *f* VI faire de la gratte * *or* des bénefs*

**scamp¹** * /skæmp/ N *(= child)* polisson(ne) *m(f)*, galopin * *m* ; *(= adult)* coquin(e) *m(f)*

**scamp²** /skæmp/ VT *[+ one's work etc]* bâcler *

**scamper** /ˈskæmpəʳ/ N galopade *f* ; *[of mice]* trottinement *m* VI *[children]* galoper ; *[mice]* trottiner ◆ **to** ~ **in/out** *etc [children]* entrer/sortir *etc* en gambadant

► **scamper about** VI *[children]* gambader ; *[mice]* trottiner çà et là

► **scamper away, scamper off** VI *[children, mice]* s'enfuir, détaler *

**scampi** /ˈskæmpɪ/ NPL langoustines *fpl* (frites), scampi *mpl*

**scan** /skæn/ VT a *(= examine closely) [+ horizon, sb's face]* scruter ; *[+ crowd]* scruter du regard ; *[+ newspaper]* lire attentivement *(for sth* pour y trouver qch) b *(= glance quickly over) [+ horizon]* promener son regard sur ; *[+ crowd]* parcourir des yeux ; *[+ newspaper]* parcourir rapidement, feuilleter c *(Comput)* scruter d *(TV, Radar)* balayer ; *(Med) [machine]* balayer ; *[person]* faire une scanographie de e *(Poetry)* scander VI se scander ◆ **this line does not** ~ ce vers est faux N a *(Rad, TV)* balayage *m* b *(Med) (= scanning)* scanographie *f*, tomodensitométrie *f* ; *(= picture)* scanner *m*, scanographie *f* ◆ **(ultra-sound)** ~ *(Med)* échographie *f* ◆ **to have a** ~ passer un scanner ; *(ultra-sound)* passer une échographie

**scandal** /ˈskændl/ N a *(= disgrace)* scandale *m* ; *(Jur)* diffamation *f* ◆ **we can't afford another** ~ nous ne pouvons pas nous permettre d'être impliqués dans un nouveau scandale ◆ **to cause a** ~ causer un scandale ◆ **the Webb** ~ le scandale Webb ◆ **a financial** ~ un scandale financier ◆ **it's a (real)** ~ c'est scandaleux, c'est une honte ◆ **it's a** ~ **that ...** c'est un scandale *or* une honte que ... + *subj* b *(NonC = gossip)* cancans *mpl*, ragots * *mpl* ◆ **there's a lot of** ~ **going around about him** il y a beaucoup de ragots * qui circulent sur son compte COMP ▷ **scandal sheet** * N *(pej)* journal *m* à scandale

**scandalize** /ˈskændəlaɪz/ VT scandaliser, indigner ◆ **I was** ~**d by their behaviour** j'ai été scandalisé par leur comportement

**scandalmonger** /ˈskændl,mʌŋgəʳ/ N mauvaise langue *f*, colporteur *m*, -euse *f* de ragots * ; *(US Press)* torchon * *m*

**scandalous** /ˈskændələs/ ADJ scandaleux ◆ **it's** ~ **that ...** c'est un scandale *or* une honte que ... + *subj*, c'est scandaleux que ... + *subj* ◆ **I think it's a** ~ **price to charge (for)** je trouve scandaleux qu'on demande ce prix-là (pour)

**scandalously** /ˈskændələslɪ/ ADV *[behave]* de façon scandaleuse ; *[expensive, rich, poor]* scandaleusement

**Scandinavia** /,skændɪˈneɪvɪə/ N Scandinavie *f*

**Scandinavian** /,skændɪˈneɪvɪən/ ADJ scandinave N Scandinave *mf*

**scandium** /ˈskændɪəm/ N scandium *m*

**scanner** /ˈskænəʳ/ N a *(Med)* (also **CAT scanner**) scanner *m*, tomodensitomètre *m* ; (also **ultra-sound scanner**) échographe *m* b *(Rad, Telec)* scanner *m* c *(Radar)* antenne *f* d *(Comput)* (also **optical scanner**) scanner *or* scanneur *m*

**scanning** /ˈskænɪŋ/ N *(electronic)* balayage *m* ; *(Med) (by ultrasound)* échographie *f* COMP ▷ **scanning device** N *(Telec)* organe *m* explorateur ; *(Med)* dispositif *m* de scanographie ▷ **scanning electron microscope** N microscope *m* électronique à balayage

**scansion** /ˈskænʃən/ N scansion *f*

**scant** /skænt/ ADJ a *(= insufficient) [reward]* (bien) maigre ; *[information]* (bien *or* très) insuffisant ◆ **to pay** ~ **attention to sth** ne guère prêter attention à qch ◆ **there is** ~ **evidence of the success they talk about** il n'y a guère de preuves du succès dont ils parlent ◆ **to receive** ~ **praise (from sb) (for sth)** recevoir des éloges parcimonieux (de qn) (pour qch) ◆ **to have** ~ **regard for sth** peu se soucier de qch ◆ **to show** ~ **respect for sth** ne pas manifester beaucoup de respect pour qch b *(= bare)* ◆ **it measures a** ~ **2cm** ça fait à peine 2 cm ◆ **a** ~ **two months later** à peine deux mois plus tard

**scantily** /ˈskæntɪlɪ/ ADV *[furnished]* chichement ◆ ~ **clad** *or* **dressed** en tenue légère ◆ ~ **clad in a light cotton blouse** légèrement vêtu d'un fin chemisier de coton ◆ **a** ~ **cut blouse** un chemisier très échancré

**scantiness** /ˈskæntɪnɪs/ N *(= insufficiency)* insuffisance *f*

**scanty** /ˈskæntɪ/ ADJ *[information]* maigre, sommaire ; *[evidence]* maigre ; *[news]* sommaire ; *[knowledge]* limité, sommaire ; *[swimsuit]* minuscule ; *[blouse]* échancré ◆ **a** ~ **income** de maigres revenus

**scapegoat** /ˈskeɪpgəʊt/ N bouc *m* émissaire VT ◆ **to** ~ **sb** faire de qn un bouc émissaire

**scapegrace** /ˈskeɪpgreɪs/ N coquin(e) *m(f)*, vaurien(ne) *m(f)*

**scapula** /ˈskæpjʊlə/ N (pl **scapulas** *or* **scapulae** /ˈskæpjʊliː/) omoplate *f*

**scapular** /ˈskæpjʊləʳ/ ADJ, N scapulaire *m*

**scar¹** /skɑːʳ/ N *(= mark: lit, fig)* cicatrice *f* ; *(from knife wound, esp on face)* balafre *f* ◆ **the quarrying left a** ~ **on the hillside** l'exploitation de la carrière a laissé une cicatrice sur *or* a mutilé le flanc de la colline ◆ **emotional** ~**s** cicatrices *fpl* psychologiques ◆ **the** ~**s of war** les cicatrices *fpl* de la guerre

VT marquer d'une cicatrice ; *(with knife)* balafrer ◆ **his face was** ~**red by smallpox** son visage était grêlé par la petite vérole ◆ **war-**~**red town** ville qui porte des cicatrices de la guerre ◆ **walls** ~**red by bullets** des murs portant des traces de balles ◆ **this is something that's going to** ~ **him forever** *(fig)* c'est quelque chose qui va le marquer profondément ◆ **she was** ~**red by the death of her parents** elle avait été profondément marquée par la mort de ses parents

COMP ▷ **scar tissue** N *(Med)* tissus *mpl* cicatrisés

**scar²** /skɑːʳ/ N *(= crag)* rocher *m* escarpé

**scarab** /ˈskærəb/ N *(= beetle, gem)* scarabée *m*

**scarce** /skɛəs/ ADJ *[food, water, money]* peu abondant, rare ; *[people, jobs]* rare, peu nombreux ; *[goods]* rare ; *[resources]* limité ◆ **to become** *or* **get** ~ commencer à manquer, se faire rare ◆ **to make o.s.** ~ * *(= leave)* s'éclipser * ADV † ⇒ **scarcely**

**scarcely** /ˈskɛəslɪ/ ADV à peine ◆ **they could** ~ **have imagined that ...** ils auraient à peine pu imaginer que ..., ils n'auraient guère pu imaginer que ... ◆ **the landscape has** ~ **altered** le paysage a à peine changé *or* n'a presque pas changé ◆ **I could** ~ **believe it** je pouvais à peine le croire ◆ **I** ~ **know what to say** je ne sais trop que dire ◆ **they were** ~ **ever apart** ils étaient presque toujours ensemble ◆ **he was** ~ **more than a boy** il sortait à peine *or* tout juste de l'enfance ◆ **it is** ~ **surprising that ...** il n'est guère surprenant que ... ◆ **with** ~ **a sound** pratiquement *or* presque sans faire de bruit

◆ **there was ~ a ripple on the sea** il n'y avait pratiquement aucune ride sur la mer ◆ **there was ~ a building left undamaged** il ne restait pratiquement aucun bâtiment intact ◆ **it could ~ have been a less promising start** ça aurait difficilement pu commencer plus mal ◆ **the press is ~ an advertisement for self-restraint** on ne peut guère dire que la presse soit un modèle de retenue ◆ **~ had the car stopped when the police surrounded it** à peine la voiture s'était-elle arrêtée que les policiers l'encerclèrent

**scarceness** /ˈskɛəsnɪs/ N ⇒ **scarcity**

**scarcity** /ˈskɛəsɪtɪ/ N *[of product, foodstuff]* rareté *f*, pénurie *f* ; *[of money]* manque *m* ◆ **there is a ~ of good artists today** il n'y a plus guère de bons artistes COMP ▷ **scarcity value** N valeur *f* de rareté

**scare** /skɛəʳ/ N a (* = *fright*) ◆ **to give sb a ~** faire peur à qn, ficher la frousse à qn * ◆ **what a ~ he gave me!** il m'a fait une de ces peurs *or* frousses ! *

b (= *rumour*) bruit *m* alarmant *or* alarmiste ◆ **to raise a ~** semer la panique, faire courir des bruits alarmants ◆ **the invasion ~** les bruits *mpl* alarmistes d'invasion ◆ **bomb/gas/typhoid ~** alerte *f* à la bombe/au gaz/à la typhoïde ◆ **food ~** alerte *f* à l'intoxication alimentaire ◆ **health ~** alerte *f* aux risques sanitaires ◆ **because of the war ~** à cause des rumeurs de guerre

VT effrayer, faire peur à ◆ **to ~ sb stiff** * *or* **out of their wits** * faire une peur bleue à qn, ficher la frousse * *or* la trouille * à qn ◆ **to ~ the life** *or* **wits out of sb** * faire une peur bleue à qn, ficher la frousse * *or* la trouille * à qn ; see also **scared** ; → **hell, shit**

VI s'effrayer ◆ **to ~ easily** avoir peur d'un rien

COMP *[headlines]* alarmiste ▷ **scare story** N rumeur *f* alarmiste

► **scare away, scare off** VT SEP ◆ **the dog/the price scared him away** le chien/le prix l'a fait fuir

► **scare up** * VT SEP *(US) [+ food, money]* arriver à trouver

**scarecrow** /ˈskɛəkrəʊ/ N *(lit, fig)* épouvantail *m*

**scared** /skɛəd/ ADJ effrayé ◆ **he was terribly ~** il était terrifié *or* épouvanté ◆ **to be running ~** * avoir la frousse * ◆ **to be ~ (of sb/sth)** avoir peur (de qn/qch) ◆ **to be ~ of doing sth** *or* **to do sth** avoir peur de faire qch ◆ **too ~ to move** trop effrayé pour bouger ◆ **to be ~ that ...** avoir peur que ... + *subj* ◆ **I'm ~ that he'll try to find me** j'ai peur qu'il n'essaie *subj* de me trouver ◆ **to be ~ to death** * être mort de frousse * *or* trouille * ◆ **he's ~ to death of women** * il a une peur bleue des femmes ◆ **to be ~ out of one's wits** * avoir une peur bleue ; → **stiff**

**scaredy** * /ˈskɛədɪ/ N *(baby talk)* ◆ **~ (cat)** trouillard(e) ‡ *m(f)*, poule *f* mouillée *

**scarehead** * /ˈskɛəhed/ N *(US Press)* manchette *f* à sensation

**scaremonger** /ˈskɛəˌmʌŋgəʳ/ N alarmiste *mf*, oiseau *m* de malheur

**scaremongering** /ˈskɛəˌmʌŋgərɪŋ/ N alarmisme *m*

**scarf**[1] /skɑːf/ N (pl **scarfs** *or* **scarves**) écharpe *f* ; *(square)* foulard *m* COMP ▷ **scarf-ring** N coulant *m* *or* anneau *m* pour foulard ; → **headscarf**

**scarf**[2] ‡ /skɑːf/ VT *(US:* also **scarf down**) engloutir, s'enfiler ‡

**Scarface** /ˈskɑːfeɪs/ N le Balafré

**scarify** /ˈskɛərɪfaɪ/ VT *(Agr, Med)* scarifier ; *(fig)* éreinter

**scarlatina** /ˌskɑːləˈtiːnə/ N scarlatine *f*

**scarlet** /ˈskɑːlɪt/ ADJ écarlate ◆ **to go** *or* **blush ~ (with shame/embarrassment)** devenir écarlate *or* cramoisi (de honte/de gêne) N écarlate *f* COMP ▷ **scarlet fever** N scarlatine *f* ▷ **scarlet pimpernel** N mouron *m* ▷ **scarlet runner (bean)** N haricot *m* grimpant ▷ **scarlet woman** † N (pl **scarlet women**) *(pej)* femme *f* de mauvaise vie

**scarp** /skɑːp/ N escarpement *m*

**scarper** ‡ /ˈskɑːpəʳ/ VI *(Brit)* ficher le camp *

**scarves** /skɑːvz/ NPL of **scarf**

**scary** * /ˈskɛərɪ/ ADJ *[person, monster]* effrayant ; *[moment, feeling]* effrayant, angoissant ; *[experience]* effrayant, angoissant, qui fiche la frousse * ; *[movie]* qui donne le frisson *or* la chair de poule ◆ **that's a ~ thought** c'est une idée qui fait peur

**scat**[1] ‡ /skæt/ EXCL allez ouste ! *

**scat**[2] /skæt/ N *(Jazz)* scat *m* *(style d'improvisation vocale)*

**scathing** /ˈskeɪðɪŋ/ ADJ *[person, remark, criticism]* cinglant (*about* au sujet de) ◆ **to give sb a ~ look** jeter un regard plein de mépris à qn

**scathingly** /ˈskeɪðɪŋlɪ/ ADV *[say]* sur un ton cinglant ; *[write]* sur un ton cinglant, en termes cinglants ◆ **to look ~ at sb** jeter un regard plein de mépris à qn

**scatological** /ˌskætəˈlɒdʒɪkəl/ ADJ scatologique

**scatter** /ˈskætəʳ/ VT a (also **scatter about, scatter around**) *[+ crumbs, papers, seeds]* éparpiller ; *[+ sand, salt, sawdust, nails]* répandre ◆ **to ~ sth to the four winds** semer qch aux quatre vents ◆ **to ~ cushions on a divan** jeter des coussins çà et là sur un divan

b *[+ clouds, crowd]* disperser ; *[+ enemy]* mettre en déroute ; *[+ light]* diffuser ◆ **my relatives are ~ed all over the country** ma famille est dispersée aux quatre coins du pays

VI *[clouds, crowd]* se disperser ◆ **the robbers ~ed at the approach of the police** les voleurs se sont dispersés *or* enfuis dans toutes les directions à l'arrivée de la police

N *(Math, Tech)* dispersion *f* ◆ **a ~ of houses** des maisons dispersées *or* éparses ◆ **a ~ of raindrops** quelques gouttes de pluie éparses

COMP ▷ **scatter cushion** NPL petits coussin *m* ▷ **scatter-gun** N fusil *m* de chasse ADJ *(fig) [approach]* tous azimuts * ▷ **scatter rugs** NPL carpettes *fpl*

**scatterbrain** /ˈskætəbreɪn/ N écervelé(e) *m(f)*, hurluberlu * *m*

**scatterbrained** /ˈskætəbreɪnd/ ADJ écervelé, hurluberlu *

**scattered** /ˈskætəd/ ADJ a (= *dispersed*) *[books]* éparpillé ; *[buildings, trees]* dispersé, éparpillé ; *[population]* dispersé, disséminé ; *[light]* diffus ; *[riots]* sporadique, intermittent ◆ **~ fighting** combats *mpl* sporadiques *or* intermittents ◆ **the village is very ~** les maisons du village sont très dispersées b ◆ **~ with sth** (= *strewn with: gen*) parsemé de qch ; *[+ nails, flowers, corpses]* jonché de qch COMP ▷ **scattered showers** NPL *(Met)* averses *fpl* intermittentes *or* éparses

**scattering** /ˈskætərɪŋ/ N *[of clouds, crowd]* dispersion *f* ; *[of light]* diffusion *f* ◆ **there was a ~ of people in the hall** il y avait quelques personnes dispersées *or* çà et là dans la salle

**scattershot** /ˈskætəʃɒt/ ADJ ◆ **the money has been spent in (a) ~ fashion** l'argent a été dépensé à tort et à travers ◆ **he fielded the committee's ~ questions** il a répondu aux questions du comité, qui partaient dans tous les sens

**scattiness** * /ˈskætɪnɪs/ N *(NonC: Brit) [of person]* étourderie *f*

**scatty** * /ˈskætɪ/ ADJ *(Brit)* a (= *scatterbrained*) *[person]* étourdi ◆ **she's so ~!** quelle tête de linotte ! b (= *distracted*) ◆ **to drive sb ~** rendre qn zinzin * *inv*

**scavenge** /ˈskævɪndʒ/ VT *[+ streets]* enlever les ordures de ; *[+ object]* récupérer VI ◆ **to ~ in the dustbins (for sth)** faire les poubelles (pour trouver qch)

**scavenger** /ˈskævɪndʒəʳ/ N a *(Zool)* charognard *m* b (= *street cleaner*) éboueur *m* c (= *person: on rubbish dumps, in bins*) pilleur *m* de poubelles COMP ▷ **scavenger hunt** N chasse *f* au trésor, rallye *m*

**SCE** /ˌessiːˈiː/ N (abbrev of **Scottish Certificate of Education**) *examen de fin d'études secondaires en Écosse*

**scenario** /sɪˈnɑːrɪəʊ/ N a *(Cine)* scénario *m* b (= *sequence of events*) scénario *m* ; (= *plan of action*) plan *m* d'action, stratégie *f* (*for* pour) ◆ **best-/worst-case ~** *(Mil, Pol etc)* meilleure/pire hypothèse *f* ◆ **in the worst-case ~** dans le pire des cas *or* la pire des hypothèses

**scenarist** /ˈsiːnərɪst/ N scénariste *mf*

**scene** /siːn/ N a (= *part of play, film*) scène *f* ; (= *setting*) scène *f*, décor *m* ◆ **a bedroom ~** une scène de lit ◆ **the garden ~ in "Richard II"** la scène du jardin dans "Richard II" ◆ **the balcony ~ from "Romeo and Juliet"** la scène du balcon de "Roméo et Juliette" ◆ **outdoor** *or* **outside ~** *(Cine, TV)* extérieur *m* ◆ **~ from a film** scène *f* *or* séquence *f* (tirée) d'un film ◆ **the big ~ in the film** la grande scène du film ◆ **it was his big ~** c'était sa grande scène ◆ **the ~ is set in Paris** la scène se passe à Paris, l'action se déroule à Paris ◆ **the ~ was set for their romance** toutes les conditions étaient réunies pour leur idylle ◆ **this set the ~ for the discussion** ceci a préparé le terrain pour les discussions ◆ **now let our reporter set the ~ for you** notre reporter va maintenant vous mettre au courant de la situation

◆ **behind the scenes** *(Theat, fig)* dans les coulisses ◆ **to work behind the ~s** *(fig)* travailler dans l'ombre *or* dans les coulisses

b (= *sight*) spectacle *m*, tableau *m* ; (= *view*) vue *f* ; *(fig)* scène *f* ; (= *happening*) incident *m* ◆ **the hills make a lovely ~** les collines offrent un très joli spectacle *or* tableau ◆ **the ~ spread out before you** la vue *or* le panorama qui s'offre à vous ◆ **picture the ~ ...** imaginez la scène ... ◆ **~s of violence** scènes *fpl* de violence ◆ **there were angry ~s at the meeting** des incidents violents ont eu lieu au cours de la réunion ◆ **it was a ~ of utter destruction/chaos/horror** c'était une scène de destruction totale/de chaos total/d'horreur totale ◆ **it's a bad ~** ‡ *(fig)* c'est pas brillant *, la situation n'est pas brillante

c (= *place*) lieu(x) *m(pl)*, endroit *m* ◆ **the ~ of the crime/accident** le lieu du crime/de l'accident ◆ **the town had once been the ~ of a great battle** la ville avait été jadis le théâtre d'une grande bataille ◆ **~ of operations** *(Mil)* théâtre *m* des opérations ◆ **he needs a change of ~** il a besoin de changer d'air *or* de décor ◆ **they were soon on the ~** ils furent vite sur les lieux ◆ **to appear** *or* **come on the ~** faire son apparition ◆ **when I came on the ~** quand je suis arrivé

d (* = *fuss*) scène *f* ◆ **he made a ~** il a fait toute une histoire ◆ **to have a ~ with sb** avoir une scène avec qn ; see also **noun f** ◆ **I hate ~s** je déteste les scènes

e (= *sphere of activity*) scène *f*, monde *m* ◆ **the political ~** la scène politique ◆ **the (gay) ~** le milieu gay ◆ **"non-scene"** *(in* *personal ad)* "hors ghetto" ◆ **the jazz/pop/rave** ~ le monde du jazz/de la pop/des raves ◆ **the drug(s) ~ in our big cities** le milieu de la drogue dans nos grandes villes ◆ **it's not my ~** * ce n'est pas mon truc *

f *(sexually)* **to have a ~ * with sb** avoir une liaison avec qn ; see also **noun d**

COMP ▷ **scene change** N *(Theat)* changement *m* de décor(s) ▷ **scene painter** N peintre *m* de décors ▷ **scene shift** N changement *m* de décor(s) ▷ **scene shifter** N machiniste *mf*

**scenery** /'siːnərɪ/ N a paysage *m* ◆ **mountain ~** paysage *m* de montagnes ◆ **a change of ~ will do you good** un changement d'air *or* de décor * vous fera du bien b *(Theat)* décor(s) *m(pl)*

**scenic** /'siːnɪk/ ADJ pittoresque ◆ **to take the ~ route** *(lit)* prendre l'itinéraire touristique ; *(fig hum)* prendre le chemin des écoliers *

COMP ▷ **scenic car** N *(esp US Rail)* voiture *f* panoramique ▷ **scenic design** N *(Theat)* *(= sets)* décors *mpl* ; *(= profession)* conception *f* de décors ▷ **scenic designer** N *(Theat)* décorateur *m*, -trice *f* de théâtre ▷ **scenic railway** N *(= miniature railway)* petit train *m* (d'agrément) ; *(Brit)* *(= roller coaster)* montagnes *fpl* russes, scenic railway *m*

**scenography** /siː'nɒgrəfɪ/ N scénographie *f*

**scent** /sent/ N a *(= odour)* parfum *m*, senteur *f (liter)*

b *(esp Brit = perfume)* parfum *m* ◆ **to use ~** se parfumer

c *(= animal's track)* fumet *m* ; *(fig)* piste *f*, voie *f* ◆ **to lose the ~** *(Hunting, fig)* perdre la piste ◆ **to throw** *or* **put sb off the ~** faire perdre la piste à qn ◆ **to put** *or* **throw dogs off the ~** dépister les chiens, faire perdre la piste aux chiens ◆ **to be on the (right) ~** être sur la bonne piste *or* voie ◆ **he got the ~ of something suspicious** il a flairé quelque chose de louche

d *(= sense of smell)* *[of person]* odorat *m* ; *[of animal]* flair *m*

VT a *(= put scent on)* *[+ handkerchief, air]* parfumer (*with* de)

b *(= smell)* *[+ game]* flairer ; *[+ danger, trouble]* flairer, pressentir ◆ **to ~ blood** *(fig)* deviner une faille chez son adversaire

COMP ▷ **scent bottle** N *(esp Brit)* flacon *m* à parfum ▷ **scent spray** N *(esp Brit)* vaporisateur *m* (à parfum) ; *(= aerosol)* atomiseur *m* (à parfum)

**scented** /'sentɪd/ ADJ parfumé

**scentless** /'sentlɪs/ ADJ inodore, sans odeur

**scepter** /'septəʳ/ N *(US)* ⇒ **sceptre**

**sceptic, skeptic** *(US)* /'skeptɪk/ ADJ, N sceptique *mf*

**sceptical, skeptical** *(US)* /'skeptɪkəl/ ADJ *[person, attitude]* sceptique (*about, of* sur) ◆ **to cast a ~ eye on** *or* **over sth** porter un regard sceptique sur qch ◆ **I'm ~ about it** cela me laisse sceptique ◆ **to be ~ about doing sth** douter qu'il soit bon de faire qch ◆ **to be ~ that** *or* **about whether ...** douter que ... *+ subj* ◆ **they are ~ about how genuine his commitment is** ils ont des doutes sur la sincérité de son engagement

**sceptically, skeptically** *(US)* /'skeptɪkəlɪ/ ADV *[ask]* d'un ton sceptique, avec scepticisme ; *[look at]* d'un air sceptique, avec scepticisme ◆ **he raised his eyebrows ~** il haussa les sourcils d'un air sceptique

**scepticism, skepticism** *(US)* /'skeptɪsɪzəm/ N scepticisme *m*

**sceptre, scepter** *(US)* /'septəʳ/ N sceptre *m*

**Schadenfreude** /'ʃɑːdən,frɔɪdə/ N schadenfreude *f*

**schedule** /'ʃedjuːl, (US) 'skedjuːl/ N a *(= timetable)* *[of work, duties]* programme *m*, planning *m* ; *[of trains etc]* horaire *m* ; *[of events]* calendrier *m* ◆ **production/building** *etc* **~** calendrier *m or* planning *m* pour la production/la construction *etc* ◆ **to make out a ~** établir un programme *or* un plan *or* un horaire ◆ **our ~ does not include the Louvre** notre programme ne comprend pas le Louvre ◆ **I've got a very hectic ~** j'ai un emploi du temps très chargé

b *(= forecasted timings)* ◆ **to be ahead of ~** *(in work)* avoir de l'avance sur son programme ; *[train]* avoir de l'avance ◆ **the train is behind ~** le train a du retard ◆ **the preparations are behind ~** il y a du retard dans les préparatifs ◆ **our work has fallen behind ~** nous sommes en retard dans notre travail ◆ **the train is on ~** le train est à l'heure ◆ **the preparations are on ~** il n'y a pas de retard dans les préparatifs ◆ **the work is on ~** les travaux avancent conformément aux prévisions *or* au calendrier ◆ **the ceremony will take place on ~** la cérémonie aura lieu à l'heure prévue (*or* à la date prévue *etc*) ◆ **the ceremony went off according to ~** la cérémonie s'est déroulée comme prévu ◆ **it all went (off) according to ~** tout s'est passé comme prévu ◆ **to work to a very tight ~** avoir un programme très serré

c *(= list)* *[of goods, contents]* liste *f*, inventaire *m* ; *[of prices]* barème *m*, tarif *m* ◆ **~ of charges** liste *f or* barème *m* des prix

d *(Jur: to contract)* annexe *f* (*to* à)

VT a *(gen pass)* *[+ activity]* programmer, prévoir ◆ **his ~d speech** le discours qu'il doit (*or* devait *etc*) prononcer ◆ **his ~d departure** son départ prévu ◆ **at the ~d time/date** *etc* à l'heure/à la date *etc* prévue *or* indiquée ◆ **~d price** prix *m* tarifé ◆ **as ~d** comme prévu ◆ **~d service** *[train, bus etc]* service régulier ◆ **~d flight** vol *m* régulier ◆ **this stop is not ~d** cet arrêt n'est pas prévu ◆ **he is ~d to leave at midday** son départ est fixé pour midi ◆ **you are ~d to speak after him** d'après le programme vous parlez après lui ◆ **the talks are ~d for this weekend** les pourparlers sont prévus *or* programmés pour ce week-end ◆ **the train is ~d for 11 o'clock** *or* **to arrive at 11 o'clock** (selon l'horaire) le train doit arriver à 11 heures, le train arrive normalement à 11 heures ◆ **the government has ~d elections for 5 January** le gouvernement a prévu des élections pour le 5 janvier, le gouvernement a fixé les élections au 5 janvier ◆ **~d territories** zone *f* sterling

b *[+ object]* inscrire sur une liste ◆ **~d building** *(Brit)* bâtiment *m* classé *(comme monument historique)*

**schema** /'skiːmə/ N (pl **schemata** /skiː'mɑːtə/) schéma *m*

**schematic** /skɪ'mætɪk/ ADJ schématique

**schematically** /skɪ'mætɪkəlɪ/ ADV schématiquement

**scheme** /skiːm/ N a *(= plan)* plan *m* ; *(= project)* projet *m* ; *(= method)* procédé *m* (*for doing sth* pour faire qch) ◆ **he's got a ~ for re-using plastic bottles** il a un projet *or* un procédé pour réutiliser les bouteilles en plastique ◆ **a ~ of work** un plan de travail ◆ **profit-sharing ~** système *m* de participation (aux bénéfices) ◆ **pension ~** régime *m* de retraite ◆ **a ~ for greater productivity** un plan destiné à augmenter la productivité ◆ **man's place in the ~ of things** le rôle de l'homme dans l'ordre des choses ◆ **where does he stand in the ~ of things?** où se situe-t-il dans tout cela ? ◆ **where does he stand in the great** *or* **grand ~ of things?** *(iro)* quelle place occupe-t-il dans le grand ordre de l'univers ? ◆ **in my/your** *etc* **~ of things** dans ma/votre *etc* vision des choses ◆ **it's some crazy ~ of his** c'est une de ses idées invraisemblables ◆ **it's not a bad ~** * ça n'est pas une mauvaise idée ; → **supplementary**

b *(= plot)* complot *m*, machination(s) *f(pl)* ; *(= dishonest plan)* procédé *m* malhonnête, combine * *f* ◆ **it's a ~ to get him out of the way** c'est un complot pour l'éliminer

c *(= arrangement)* arrangement *m*, combinaison *f* ; → **colour, rhyme**

VT combiner, machiner

VI *[group]* comploter, conspirer ; *[individual]* intriguer (*to do sth* pour faire qch)

**schemer** /'skiːməʳ/ N *(pej)* intrigant(e) *m(f)*

**scheming** /'skiːmɪŋ/ ADJ *(pej)* *[person]* intrigant N machinations *fpl*, intrigues *fpl*

**scherzo** /'skɜːtsəʊ/ N (pl **scherzos** *or* **scherzi** /'skɜːtsiː/) scherzo *m*

**schilling** /'ʃɪlɪŋ/ N schilling *m*

**schism** /'sɪzəm/ N schisme *m*

**schismatic** /sɪz'mætɪk/ ADJ, N schismatique *mf*

**schist** /ʃɪst/ N schiste *m* cristallin

**schistosomiasis** /,ʃɪstəsəʊ'maɪəsɪs/ N schistosomiase *f*, bilharziose *f*

**schizo** ‡ /'skɪtsəʊ/ ADJ, N (abbrev of **schizophrenic**) schizo ‡ *mf*

**schizoid** /'skɪtsɔɪd/ ADJ, N schizoïde *mf*

**schizophrenia** /,skɪtsəʊ'friːnɪə/ N schizophrénie *f*

**schizophrenic** /,skɪtsəʊ'frenɪk/ ADJ, N schizophrène *mf*

**schlemiel** ‡*, **schlemihl** ‡ /ʃlə'miːl/ N *(US)* pauvre bougre * *m*, minable *mf*

**schlep(p)** ‡ /ʃlep/ *(US)* VI se traîner, crapahuter ‡ VT trimballer *, (se) coltiner *

**schlock** ‡ /ʃlɒk/ N pacotille *f* ADJ de pacotille

**schlong** *‡ /ʃlɒŋ/ N *(US)* bite *‡ *f*

**schmaltz** * /ʃmɔːlts/ N *(NonC)* sentimentalisme *m* excessif

**schmaltzy** * /'ʃmɔːltsɪ/ ADJ à la guimauve, à l'eau de rose

**schmear** * /ʃmɪəʳ/ N *(US)* ◆ **the whole ~** tout le bataclan *

**schmo** /ʃməʊ/ N (pl **schmoes**) *(US)* ballot * *m*, andouille * *f*

**schmooze** * /ʃmuːz/ VI *(US)* *(= gossip)* jaser * ; *(= bootlick)* faire de la lèche ‡

**schmuck** ‡ /ʃmʌk/ N *(US)* con ‡ *m*, connard ‡ *m*, connasse ‡ *f*

**schmutter** * /'ʃmʌtəʳ/ N *(= cloth)* textile *m* ; *(= clothing)* vêtement *m*

**schnapps** /ʃnæps/ N schnaps *m*

**schnook** /ʃnʊk/ N *(US)* ballot * *m*, pauvre type * *m*

**schnorkel** /'ʃnɔːkl/ N ⇒ **snorkel**

**schnorrer** ‡ /'ʃnɔːrəʳ/ N *(US)* mendigot *m*, tapeur * *m*

**schnozzle** ‡ /'ʃnɒzl/ N *(US)* gros pif * *m*, tarin * *m*

**scholar** /'skɒləʳ/ N a lettré(e) *m(f)*, érudit(e) *m(f)* ◆ **a ~ and a gentleman** un homme cultivé et raffiné ◆ **a Dickens ~** un(e) spécialiste de Dickens ◆ **I'm not much of a ~** je ne suis pas bien savant *or* instruit b *(= scholarship holder)* boursier *m*, -ière *f* ; († *= pupil)* écolier *m*, -ière *f*

**scholarly** /'skɒləlɪ/ ADJ *[person, publication, account]* érudit, savant ; *[approach]* érudit ; *[debate]* d'érudits ◆ **to have a ~ interest in a**

**subject** s'intéresser à un sujet en tant que spécialiste

**scholarship** /ˈskɒləʃɪp/ **N** **a** érudition *f*, savoir *m* **b** *(= award)* bourse *f* (d'études) ; *(US Univ)* bourse *f (pour étudiant de licence)* ◆ **to win a ~ to Cambridge** obtenir une bourse pour Cambridge *(par concours)* **COMP** ▷ **scholarship holder** **N** boursier *m*, -ière *f*

**scholastic** /skəˈlæstɪk/ **ADJ** **a** *(= educational) [work, level]* scolaire ◆ **~ achievement** réussite *f* scolaire **b** *(among scholars) [debate, controversy]* parmi les érudits **N** *(Philos)* scolastique *m* **COMP** ▷ **scholastic aptitude test** **N** *(US Educ)* examen *m* d'entrée à l'université ; → SAT ▷ **scholastic philosophy** **N** philosophie *f* scolastique ▷ **the scholastic profession** **N** *(gen)* l'enseignement *m* ; *(= teachers collectively)* les enseignants *mpl*

**scholasticism** /skəˈlæstɪsɪzəm/ **N** scolastique *f*

**school**[1] /skuːl/ **N** **a** *(gen)* école *f* ; *(in formal contexts)* établissement *m* scolaire ; *(= primary school)* école *f* ; *(= secondary school) (gen)* lycée *m* ; *(up to 16 only)* collège *m* ; *[of dancing]* école *f*, académie *f* ; *[of music]* école *f*, conservatoire *m* ; *(US * = university)* fac* *f* ◆ **to go to ~** aller à l'école (*or* au collège *or* au lycée *etc*) ◆ **to leave ~** quitter l'école *etc* ◆ **to send a child to ~** *[parent]* envoyer un enfant à l'école ; *[local authority]* scolariser un enfant ◆ **she gave a talk to the ~** *(= pupils collectively)* elle a fait un exposé à l'école (*or* au collège *or* au lycée *etc*) ◆ **to go camping/sailing with the ~** aller faire du camping/de la voile avec l'école *etc* ◆ **to go skiing with the ~** ≃ partir en classe de neige ◆ **television for ~s** télévision *f* scolaire ◆ **programmes** *or* **broadcasts for ~s** émissions *fpl* éducatives ; → **boarding, high, old, summer**

◆ **at** *or* **in school** à l'école (*or* au collège *etc*) ◆ **we were at ~ together** nous étions à la même école (*or* au même collège *etc*) ◆ **he wasn't at ~ yesterday** il n'était pas à l'école *or* en classe hier

**b** *(= lessons)* classe(s) *f(pl)* ; *(gen secondary)* cours *mpl* ◆ **~ reopens in September** la rentrée scolaire *or* la rentrée des classes est en septembre ◆ **there's no ~ this morning** il n'y a pas classe ce matin, il n'y a pas (de) cours ce matin ◆ **we met every day after ~** nous nous retrouvions tous les jours après l'école

**c** *(Univ)* faculté *f* ◆ **Schools** *(at Oxford and Cambridge) (= building) salle d'examen* ; *(= finals)* ≃ examens *mpl* de licence ◆ **he's at law/medical ~** il fait son droit/sa médecine, il est en droit/médecine ◆ **I went to art/business ~** je suis allé dans une école d'art/de commerce

**d** *(= institute)* institut *m* ; *(= department)* département *m* ◆ **School of Linguistics/African Studies** *etc* Institut *m or* Département *m* de Linguistique/d'Études africaines *etc*

**e** *(fig)* école *f* ◆ **the ~ of life** l'école *f* de la vie ◆ **he graduated from the ~ of hard knocks** il a été à rude école

**f** *(Hist) (= scholasticism)* **the ~s** l'École *f*, la scolastique

**g** *[of painting, philosophy]* école *f* ◆ **the Dutch ~** *(Art)* l'école *f* hollandaise ◆ **the Freudian ~** l'école *f* freudienne ◆ **a ~ of thought** une école de pensée ◆ **an aristocrat/doctor** *etc* **of the old ~** un aristocrate/un médecin *etc* de la vieille école ◆ **he's one of the old ~** il est de la vieille école

**VT** *[+ person]* éduquer ; *[+ animal]* dresser ; *[+ feelings, reactions]* contrôler ◆ **his father ~ed him in the basics of carpentry** son père lui a appris *or* enseigné les rudiments de la menuiserie ◆ **to ~ o.s. to do sth** s'astreindre à faire qch

**COMP** *[equipment, edition, television, doctor]* scolaire ▷ **school-age child** **N** (pl **school-age children**) enfant *mf* d'âge scolaire ▷ **school attendance** **N** scolarisation *f*, scolarité *f* ▷ **school board** **N** *(US Scol) [of school]* conseil *m* d'établissement ; *(= local authority)* conseil *m* d'administration des établissements scolaires ▷ **school bus** **N** car *m* de ramassage scolaire ◆ **~ bus service** service *m* de ramassage scolaire ▷ **school certificate** **N** *(formerly)* ≈ BEPC *m* ▷ **school council** **N** *(Brit Scol)* comité *m* des délégués de classe ▷ **school counsellor** **N** *(US)* conseiller *m*, -ère *f* général(e) d'éducation ▷ **school crossing patrol** **N** → **crossing** ▷ **school dinner** **N** ⇒ **school lunch** ▷ **school district** **N** *(US)* secteur *m* scolaire ▷ **school fees** **NPL** frais *mpl* de scolarité ▷ **school fund** **N** *fonds collectés grâce à diverses opérations organisées par les élèves d'une école* ▷ **school holidays** **NPL** vacances *fpl* scolaires ▷ **school hours** **NPL** ◆ **during ~ hours** pendant les heures de cours *or* de classe ◆ **out of ~ hours** en dehors des heures de cours *or* de classe ▷ **school inspector** **N** *(Brit Scol) (secondary)* ≈ inspecteur *m*, -trice *f* d'académie ; *(primary)* ≃ inspecteur *m*, -trice *f* primaire ▷ **school leaver** **N** *(Brit)* jeune *mf* qui a terminé ses études secondaires ▷ **school-leaving age** **N** âge *m* de fin de scolarité ◆ **to raise the ~-leaving age** prolonger la scolarité (*to* jusqu'à) ▷ **school librarian** **N** *(books only)* bibliothécaire *mf* scolaire ; *(books and other resources)* documentaliste *mf* scolaire ▷ **school life** **N** vie *f* scolaire ▷ **school lunch, school meal** **N** déjeuner *m* à la cantine (scolaire) ◆ **he hates ~ lunches** *or* **meals** il déteste manger à la cantine ▷ **school medical officer** **N** *(Brit)* médecin *m* scolaire ▷ **school night** **N** veille *f* d'une journée d'école ▷ **school of education** **N** *(US)* école *f* normale (primaire) ▷ **school of motoring** **N** auto-école *f* ▷ **school outing** **N** *(Brit)* sortie *f* (éducative) scolaire ▷ **school phobia** **N** phobie *f* de l'école ▷ **school record** **N** dossier *m* scolaire ▷ **school report** **N** bulletin *m* (scolaire) ▷ **school run** **N** ◆ **to do the ~ run** emmener les enfants à l'école ▷ **schools inspector** **N** ⇒ **school inspector** ▷ **schools medical officer** **N** ⇒ **school medical officer** ▷ **school superintendent** **N** *(US)* inspecteur *m*, -trice *f (responsable du bon fonctionnement des établissements scolaires)* ▷ **school tie** **N** cravate *f* de l'école ; → **old** ▷ **school time** **N** ◆ **in ~ time** pendant les heures de cours *or* de classe ▷ **school trip** **N** ⇒ **school outing** ▷ **school uniform** **N** uniforme *m* scolaire ▷ **school year** **N** année *f* scolaire

**school**[2] /skuːl/ **N** *[of fish]* banc *m*

**schoolbag** /ˈskuːlbæg/ **N** cartable *m*

**schoolbook** /ˈskuːlbʊk/ **N** livre *m* scolaire *or* de classe

**schoolboy** /ˈskuːlbɔɪ/ **N** *(gen)* élève *m* ; *(at primary school)* écolier *m* ; *(at secondary school)* lycéen *m* ; *(up to age 16 only)* collégien *m* ; see also **public** **COMP** ▷ **schoolboy crush*** **N** béguin* *m* (*on* pour) ▷ **schoolboy slang** **N** argot *m* des écoles *or* des lycées

**schoolchild** /ˈskuːltʃaɪld/ **N** (pl **-children**) *(gen)* élève *mf* ; *(at primary school)* écolier *m*, -ière *f* ; *(at secondary school)* lycéen(ne) *m(f)* ; *(up to age 16 only)* collégien(ne) *m(f)*

**schooldays** /ˈskuːldeɪz/ **NPL** années *fpl* de scolarité *or* d'école ◆ **during my ~** du temps où j'allais en classe

**schooled** /skuːld/ **ADJ** ◆ **to be ~ in sth** avoir l'expérience de qch ◆ **to be well ~ in sth** être rompu à qch

**schoolfellow** /ˈskuːlfeləʊ/, **schoolfriend** /ˈskuːlfrend/ **N** camarade *mf* de classe

**schoolgirl** /ˈskuːlgɜːl/ **N** *(gen)* élève *f* ; *(at primary school)* écolière *f* ; *(at secondary school)* lycéenne *f* ; *(up to age 16 only)* collégienne *f* **COMP** ▷ **schoolgirl complexion** **N** teint *m* de jeune fille ▷ **schoolgirl crush*** **N** béguin* *m* (*on* pour)

**schoolhouse** /ˈskuːlhaʊs/ **N** *(US) (= school building)* école *f* ; *(for head teacher)* maison *f* du directeur

**schooling** /ˈskuːlɪŋ/ **N** **a** *(Scol)* instruction *f*, études *fpl* ◆ **~ is free** les études sont gratuites ◆ **compulsory ~** scolarité *f* obligatoire ◆ **~ is compulsory up to age 16** la scolarité est obligatoire jusqu'à 16 ans ◆ **he had very little formal ~** il n'a pas fait une scolarité complète ◆ **he lost a year's ~** il a perdu une année (d'école) **b** *[of horse]* dressage *m*

**schoolkid*** /ˈskuːlkɪd/ **N** écolier *m*, -ière *f*

**schoolmarm** /ˈskuːlmɑːm/ **N** *(pej)* institutrice *f*, maîtresse *f* d'école

**schoolmarmish** /ˈskuːl,mɑːmɪʃ/ **ADJ** *(pej)* ◆ **she is very ~** elle fait *or* est très maîtresse d'école

**schoolmaster** /ˈskuːl,mɑːstəʳ/ **N** *(primary)* instituteur *m* ; *(secondary)* professeur *m*

**schoolmate** /ˈskuːlmeɪt/ **N** ⇒ **schoolfellow**

**Schoolmen** /ˈskuːlmən/ **NPL** *(Philos)* scolastiques *mpl*

**schoolmistress** /ˈskuːl,mɪstrɪs/ **N** *(primary)* institutrice *f* ; *(secondary)* professeur *m*

**schoolroom** /ˈskuːlrʊm/ **N** salle *f* de classe ◆ **in the ~** dans la (salle de) classe, en classe

**schoolteacher** /ˈskuːl,tiːtʃəʳ/ **N** *(primary)* instituteur *m*, -trice *f* ; *(secondary)* professeur *m*

**schoolteaching** /ˈskuːl,tiːtʃɪŋ/ **N** enseignement *m*

**schoolwork** /ˈskuːlwɜːk/ **N** travail *m* scolaire

**schoolyard** /ˈskuːljɑːd/ **N** *(esp US)* cour *f* d'école

**schooner** /ˈskuːnəʳ/ **N** **a** *(Naut)* schooner *m*, goélette *f* **b** *(Brit = sherry glass)* grand verre *m* (à Xérès) ; *(US = beer glass)* demi *m* (de bière)

**schtick** /ʃtɪk/ **N** *(US)* numéro *m (de comédien)*

**schuss** /ʃʊs/ **N** *(Ski)* schuss *m*

**schwa** /ʃwɑː/ **N** *(Phon)* schwa *m*

**sciatic** /saɪˈætɪk/ **ADJ** sciatique

**sciatica** /saɪˈætɪkə/ **N** sciatique *f*

**science** /ˈsaɪəns/ **N** **a** science(s) *f(pl)* ◆ **we study ~ at school** nous étudions les sciences au lycée ◆ **gardening for him is quite a ~** pour lui le jardinage est une véritable science ◆ **the Faculty of Science, the Science Faculty** *(Univ)* la faculté des Sciences ◆ **Secretary (of State) for Science, Minister of Science** *(Brit)* ministre *m* de la Recherche scientifique ◆ **Department** *or* **Ministry of Science** ministère *m* de la Recherche scientifique ; → **applied, natural, social** **b** *(† = knowledge)* science† *f* ◆ **to blind sb with ~** éblouir qn de sa science **COMP** *[equipment, subject]* scientifique ; *[exam]* de sciences ▷ **science fiction** **N** science-fiction *f* **ADJ** de science-fiction ▷ **science park** **N** parc *m* scientifique ▷ **science teacher** **N** professeur *m* de sciences

**scientific** /,saɪənˈtɪfɪk/ **ADJ** **a** scientifique ◆ **the ~ community** la communauté scientifique ◆ **she received her ~ training in the US** elle a fait ses études de sciences aux États-Unis **b** *(= methodical)* méthodique ◆ **to be ~ about sth** être méthodique par rapport à qch **COMP** ▷ **the scientific method** **N**

la méthode scientifique ▷ **scientific officer** N *(Brit Police)* expert *m* (de la police)

**scientifically** /ˌsaɪənˈtɪfɪkəlɪ/ ADV **a** *[prove, explain]* scientifiquement ◆ **to be ~ based** reposer sur des bases scientifiques ◆ **to be ~ trained** avoir une formation scientifique ◆ **~ speaking** d'un point de vue scientifique **b** *(= methodically) [search]* de manière méthodique ; *[plan]* de manière systématique

**scientist** /ˈsaɪəntɪst/ N *(as career)* scientifique *mf* ; *(= scientific scholar)* savant *m* ◆ **my daughter is a ~** ma fille est une scientifique ◆ **one of our leading ~s** l'un de nos plus grands savants ; → **Christian, social**

**scientologist** /ˌsaɪənˈtɒlədʒɪst/ ADJ, N scientologue *mf*

**scientology** /ˈsaɪənˈtɒlədʒɪ/ N scientologie *f*

**sci-fi** * /ˈsaɪˈfaɪ/ (abbrev of **science-fiction**) **N** science-fiction *f*, SF *f* **ADJ** de science-fiction, de SF

**Scillies** /ˈsɪlɪz/ NPL ◆ **the ~, the Scilly Isles** les Sorlingues *fpl*, les îles *fpl* Scilly

**scimitar** /ˈsɪmɪtəʳ/ N cimeterre *m*

**scintilla** /sɪnˈtɪlə/ N ◆ **not a ~ of evidence** pas l'ombre d'une preuve, pas la moindre preuve ◆ **not a ~ of (a) doubt** pas l'ombre d'un doute, pas le moindre doute

**scintillate** /ˈsɪntɪleɪt/ VI *[star, jewel]* scintiller ; *(fig) [person]* briller, pétiller d'esprit

**scintillating** /ˈsɪntɪleɪtɪŋ/ ADJ *[person, performance, wit]* brillant ; *[conversation]* brillant, spirituel ◆ **in ~ form** dans une forme éblouissante

**scion** /ˈsaɪən/ N *(= person)* descendant(e) *m(f)* ; *(Bot)* scion *m*

**Scipio** /ˈsɪpɪəʊ/ N Scipion *m*

**scissor** /ˈsɪzəʳ/ **NPL scissors** ciseaux *mpl* ◆ **a pair of ~s** une paire de ciseaux ; → **kitchen, nail** **VT** * couper avec des ciseaux **COMP** ▷ **scissor bill** N bec *m* en ciseaux ▷ **scissor(s) jump** N *(Sport)* saut *m* en ciseaux ▷ **scissor(s) kick** N *(Swimming)* ciseaux *mpl* ▷ **scissors-and-paste job** N *(lit)* montage *m* ; *( * fig)* compilation *f*

**sclera** /ˈsklɪərə/ N *(Anat)* sclérotique *f*

**sclerosis** /sklɪˈrəʊsɪs/ N (pl **scleroses** /sklɪˈrəʊsiːz/) sclérose *f* ; → **multiple**

**sclerotic** /sklɪˈrɒtɪk/ ADJ sclérotique

**SCM** /ˌessiːˈem/ N *(Brit)* (abbrev of **State-Certified Midwife**) → **state**

**scoff**[1] /skɒf/ VI se moquer ◆ **to ~ at sb/sth** se moquer de qn/qch, mépriser qn/qch ◆ **he was ~ed at by the whole town** il a été l'objet de risée de toute la ville

**scoff**[2] * /skɒf/ VTI *(esp Brit)* bouffer ‡

**scoffer** /ˈskɒfəʳ/ N moqueur *m*, -euse *f*, railleur *m*, -euse *f*

**scoffing** /ˈskɒfɪŋ/ **ADJ** *[remark, laugh]* moqueur, railleur **N** moqueries *fpl*, railleries *fpl*

**scofflaw** /ˈskɒflɔː/ N *(US)* personne *f* qui se moque des lois et des règlements

**scold** /skəʊld/ **VT** réprimander *(for doing sth* pour avoir fait qch) ; *[+ child]* gronder *(for doing sth* pour avoir fait qch) ◆ **he got ~ed** il s'est fait réprimander ; *[child]* il s'est fait gronder **VI** grogner, rouspéter * **N** *(= woman)* mégère *f*, chipie *f*

**scolding** /ˈskəʊldɪŋ/ N gronderie *f*, réprimande *f* ◆ **to get a ~ from sb** se faire gronder par qn ◆ **to give sb a ~** réprimander *or* gronder qn

**scoliosis** /ˌskɒlɪˈəʊsɪs/ N scoliose *f*

**scollop** /ˈskɒləp/ N, VT ⇒ **scallop**

**sconce** /skɒns/ N *(on wall)* applique *f* ; *(for carrying candle)* bougeoir *m*

**scone** /skɒn/ N scone *m (petit pain au lait)*

**scoop** /skuːp/ **N** **a** *(for flour, sugar)* pelle *f (à main)* ; *(for water)* écope *f* ; *(for ice cream)* cuiller *f* à glace ; *(for mashed potatoes)* cuiller *f* à purée ; *[of bulldozer]* lame *f* ; *[of dredger]* benne *f* preneuse ; (also **scoopful**) pelletée *f* **b** *(Press)* scoop *m*, exclusivité *f* ; *(Comm)* bénéfice *m* important ◆ **to make a ~** *(Comm)* faire un gros bénéfice ; *(Press)* publier une exclusivité, faire un scoop ◆ **it was a ~ for the "Globe"** *(Press)* le "Globe" l'a publié en exclusivité, cela a été un scoop pour le "Globe"

**VT** *(Comm) [+ market]* s'emparer de ; *[+ competitor]* devancer ; *[+ profit]* ramasser ; *[+ prize, award]* décrocher * ; *(Press) [+ story]* publier en exclusivité ◆ **to ~ the pool** * tout rafler

► **scoop out** VT SEP ◆ **to scoop water out of a boat** écoper un bateau ◆ **he ~ed the sand out (of the bucket)** il a vidé le sable (du seau) ◆ **he ~ed out a hollow in the soft earth** il a creusé un trou dans la terre molle

► **scoop up** VT SEP *[+ earth, sweets]* ramasser ; *(with instrument)* ramasser à la pelle ◆ **the eagle ~ed up the rabbit** l'aigle a saisi le lapin dans ses serres ◆ **he ~ed up the child and ran for his life** il a ramassé l'enfant en vitesse et s'est enfui à toutes jambes

**scoot** * /skuːt/ VI se sauver *, filer * ◆ **~!** fichez le camp ! *, filez ! * ◆ **to ~ in/out** *etc* entrer/sortir *etc* rapidement *or* en coup de vent

► **scoot away** *, **scoot off** * VI se sauver *, filer *

**scooter** /ˈskuːtəʳ/ N (also **motor scooter**) scooter *m* ; *(child's)* trottinette *f*

**scope** /skəʊp/ N **a** *(= range) [of law, regulation]* étendue *f*, portée *f* ; *[of undertaking]* envergure *f* ; *[of powers, disaster]* étendue *f* ; *[of changes]* ampleur *f* ◆ **reforms of considerable ~** des réformes d'une portée considérable ◆ **a programme of considerable ~** un programme d'une envergure considérable ◆ **to extend the ~ of one's activities** élargir le champ de ses activités, étendre son rayon d'action

♦ **in scope** ◆ **limited in ~** d'une portée limitée ◆ **this project is more limited in ~** ce projet est de moins grande envergure *or* est moins ambitieux ◆ **to be broad in ~** *[project]* être de grande envergure ; *[research]* être d'une portée considérable ; *[book]* être ambitieux ◆ **his evaluation of the situation is very broad in ~** son évaluation de la situation porte sur de nombreux aspects ◆ **the service is comprehensive in ~** ce service est très complet

**b** *(= possibility, potential) (for activity, action etc)* possibilité *f*, occasion *f* ◆ **he wants a job with more ~** *(more varied)* il voudrait un travail plus varié ; *(with more prospects)* il voudrait un travail offrant davantage de perspectives d'évolution ◆ **his job gave him plenty of ~ to show his ability** son travail lui a amplement permis de faire la preuve de ses compétences ◆ **it gave him full ~ to decide for himself** cela le laissait entièrement libre de *or* cela lui laissait toute latitude pour prendre les décisions lui-même ◆ **the subject is within/beyond the ~ of this book** ce sujet entre dans le cadre/dépasse le cadre de ce livre ◆ **that is within the ~ of the new regulations** ceci est prévu par le nouveau règlement

**c** *(= competences, capabilities)* compétences *fpl* ◆ **this work is within/beyond his ~** ce travail entre dans ses compétences/dépasse ses compétences

♦ **scope for** ◆ **there's not much ~ for originality/creativity** ça ne laisse pas beaucoup de place à l'originalité/la créativité ◆ **there is ~ for improvement** ça pourrait être mieux ◆ **there is ~ for increasing our share of the market** il nous est possible d'augmenter notre part du marché ◆ **there is little ~ for reducing our costs** il ne nous est pas vraiment possible de réduire nos coûts, nous n'avons pas beaucoup de marge de manœuvre pour réduire nos coûts

**scorbutic** /skɔːˈbjuːtɪk/ ADJ scorbutique

**scorch** /skɔːtʃ/ **N** (also **scorch mark**) brûlure *f* (légère) ◆ **there was a ~ on her dress** sa robe avait été roussie **VT** *[+ linen]* roussir, brûler (légèrement) ; *[+ grass] [fire etc]* brûler ; *[sun]* dessécher, roussir **VI** **a** *[linen]* brûler (légèrement) **b** *(Brit * = drive fast:* also **scorch along**) *[driver]* conduire à un train d'enfer ; *[car]* rouler à toute vitesse ; *[cyclist]* pédaler à fond de train *or* comme un fou * *(or* une folle *) **COMP** ▷ **scorched earth policy** N tactique *f* de la terre brûlée

**scorcher** * /ˈskɔːtʃəʳ/ N journée *f* de canicule ◆ **today's going to be a ~** aujourd'hui ça va être la canicule ◆ **it was a (real) ~ (of a day)** il faisait une chaleur caniculaire *or* une de ces chaleurs *

**scorching** * /ˈskɔːtʃɪŋ/ **ADJ** **a** *(= hot) [day]* de canicule ; *[heat]* caniculaire ; *[sand]* brûlant ; *[sun]* de plomb ◆ **~ weather** canicule *f* **b** *(= fast)* ◆ **at a ~ pace** à une vitesse folle **ADV** ◆ **~ hot** *[food]* brûlant ; *[liquid]* bouillant ◆ **~ hot weather** canicule *f* ◆ **it was a ~ hot day** il faisait une chaleur caniculaire *or* une de ces chaleurs * ◆ **the sun is ~ hot** il fait un soleil de plomb

**score** /skɔːʳ/ **N** **a** *(= amount won etc) (Sport)* score *m* ; *(Cards)* marque *f* ; *(US Scol = mark)* note *f* ◆ **to keep (the) ~** *(gen)* compter *or* marquer les points ; *(Cards)* tenir la marque ; *(Tennis)* tenir le score ◆ **there's no ~ yet** *(Ftbl)* aucun but n'a encore été marqué, le score est toujours vierge ◆ **there was no ~ in the match between Leeds and York** Leeds et York ont fait match nul ◆ **what's the ~?** *(Sport)* quel est le score ? ; *( * fig)* où en sont les choses ? ◆ **to know the ~** * *(fig)* savoir de quoi il retourne ; → **half**

**b** *(= debt)* compte *m*, dette *f* ◆ **to settle a ~ with sb** *(fig)* régler ses comptes avec qn ◆ **I've got a ~** *or* **an old ~ to settle with him** j'ai un compte à régler avec lui ◆ **this was more than just a settling of old ~s** c'était plus qu'un simple règlement de comptes

**c** *(= subject, account)* ◆ **on the ~ of ...** pour cause de ..., en raison de ... ◆ **on more ~s than one** à plus d'un titre ◆ **on this** *or* **that ~** à cet égard, à ce sujet ◆ **on what ~?** à quel titre ? ◆ **on several ~s** à plusieurs titres

**d** *(= mark, cut) (on metal, wood)* rayure *f* ; *(deeper)* entaille *f* ; *(on rock)* strie *f* ; *(on skin, leather, accidental)* éraflure *f* ; *(deliberate)* incision *f*

**e** *[of film]* musique *f* ◆ **who wrote the ~?** qui est l'auteur de la musique *or* de la bande originale ?

**f** *(Mus = sheets of music)* partition *f* ◆ **piano ~** partition *f* de piano ◆ **to follow the ~** suivre la partition ; → **vocal**

**g** *(= twenty)* ◆ **a ~** vingt ◆ **a ~ of people** une vingtaine de personnes ◆ **three ~ and ten** †† soixante-dix ◆ **~s of times** des dizaines de fois ◆ **there were ~s of mistakes** il y avait un grand nombre de *or* des tas * de fautes

**VT** **a** *[+ goal, point]* marquer ◆ **to ~ 70% (in an exam)** avoir 70 sur 100 (à un examen) ◆ **he went five games without scoring a point** *(Tennis)* il n'a pas marqué un seul point pendant cinq jeux ◆ **they had 14 goals ~d**

**against them** leurs adversaires ont marqué 14 buts ◆ **to ~ a hit** *(Fencing)* toucher ; *(Shooting)* viser juste ; *(Drugs* ⁑*)* se procurer de la dope * ◆ **to ~ a hit of crack/speed/smack** ⁑ se procurer sa dose de crack/de speed */d'héro * ◆ **to ~ a great success** *or* **a hit** *(fig)* remporter *or* se tailler un grand succès ◆ **he certainly ~d a hit with her** * il lui a vraiment fait bonne impression ◆ **to ~ points** *(fig)* marquer des points ◆ **to ~ a point over** *or* **off sb** marquer un point sur qn

b *(= cut)* *[+ stick]* entailler ; *[+ rock]* strier ; *[+ ground]* entamer ; *[+ wood, metal]* rayer ; *[+ leather, skin]* *(deliberately)* inciser ; *(accidentally)* érafler ; *(Culin)* inciser ◆ **lines had been ~d on the wall** des lignes avaient été tracées sur le mur

c *(Mus)* *(= arrange)* adapter (*for* pour) ; *(= orchestrate)* orchestrer (*for* pour) ; *(= compose)* composer ◆ **the film was ~d by Michael Nyman** la musique *or* la bande originale du film a été composée par Michael Nyman ◆ **it is ~d for piano and cello** c'est écrit pour piano et violoncelle

**VI** a *(Sport)* *(= win points)* marquer un *or* des point(s) ; *(= score goal)* marquer un but ; *(= keep the score)* marquer les points ◆ **to ~ well in a test** avoir *or* obtenir un bon résultat à un test ◆ **they failed to ~** *(Ftbl)* ils n'ont pas réussi à marquer (un but) ◆ **Barnes ~d from a distance of twenty feet** *(Ftbl)* Barnes a marqué à sept mètres ◆ **that is where he ~s** *(fig)* c'est là qu'il a le dessus *or* l'avantage ◆ **to ~ over** *or* **off sb** marquer un point aux dépens de qn

b *(* ⁑ *= succeed)* *(gen)* avoir du succès ; *(= get off with)* lever * ; *(with woman)* lever * une nana ⁑ ; *(with man)* lever * un mec ⁑ ; *(in buying drugs)* se procurer de la dope *

**COMP** ▷ **score draw** **N** *(Brit Ftbl)* match *m* nul *(avec un minimum de un but)*

▸ **score out, score through** **VT SEP** rayer, barrer

▸ **score up** **VT SEP** *[+ points]* marquer, faire ; *[+ debt]* porter en compte, inscrire

**scoreboard** /ˈskɔːbɔːd/ **N** *(gen)* tableau *m* d'affichage *(des scores)* ; *(Billiards)* boulier *m*

**scorecard** /ˈskɔːkɑːd/ **N** *[of game]* carte *f* *or* fiche *f* de score ; *(Shooting)* carton *m* ; *(Golf)* carte *f* de parcours ; *(Cards)* feuille *f* de marque

**scorekeeper** /ˈskɔːˌkiːpəʳ/ **N** *(= person)* marqueur *m*, -euse *f*

**scoreless** /ˈskɔːlɪs/ **ADJ** *(Sport)* ◆ **the game was ~, it was a ~ game** aucun point n'a été marqué pendant le jeu ◆ **a ~ draw** un match nul zéro à zéro

**scoreline** /ˈskɔːlaɪn/ **N** *(Sport)* score *m*

**scorer** /ˈskɔːrəʳ/ **N** a *(keeping score)* marqueur *m* b (also **goal scorer**) marqueur *m* (de but) ◆ **to be the top ~** être le meilleur marqueur

**scoresheet** /ˈskɔːʃiːt/ **N** *(in games)* feuille *f* de match ◆ **they're ahead on the ~** *(Ftbl)* ils mènent à la marque

**scoring** /ˈskɔːrɪŋ/ **N** *(NonC)* a *(Sport)* buts *mpl* ; *(Cards)* points *mpl* ◆ **all the ~ was in the second half** tous les buts ont été marqués pendant la deuxième mi-temps ◆ **to open the ~** ouvrir la marque ◆ **"rules for scoring"** "comment marquer les points" b *(= cut)* incision *f*, striage *m* ; *(Culin)* incision *f* c *(Mus)* arrangement *m*

**scorn** /skɔːn/ **N** *(NonC)* mépris *m*, dédain *m* ◆ **to be filled with ~ (for)** n'avoir que du mépris *or* du dédain (pour) ◆ **to heap** *or* **pour ~ on sb/sth** traiter qn/qch avec mépris ◆ **my suggestion was greeted with ~** ma proposition a été accueillie avec mépris *or* dédain ; → **laugh** **VT** *[+ person, action]* mépriser ; *[+ advice]* faire fi de ; *[+ suggestion, idea]* dédaigner ◆ **he was ~ed as ineffectual/as an amateur** on le méprisait parce qu'on le considérait comme incompétent/comme un simple amateur ◆ **he ~s telling lies** *or* **to tell a lie** *(liter)* il ne s'abaisserait pas à mentir

**scornful** /ˈskɔːnfʊl/ **ADJ** méprisant, dédaigneux ◆ **to be ~ of sb/sth** mépriser qn/qch ◆ **to be ~ about sth** manifester son mépris *or* son dédain pour qch

**scornfully** /ˈskɔːnfəlɪ/ **ADV** avec mépris, avec dédain

**Scorpio** /ˈskɔːpɪəʊ/ **N** *(Astron)* Scorpion *m* ◆ **I'm (a) ~** *(Astrol)* je suis (du) Scorpion

**scorpion** /ˈskɔːpɪən/ **N** scorpion *m* ◆ **the Scorpion** *(Astrol, Astron)* le Scorpion **COMP** ▷ **scorpion fish** **N** rascasse *f*

**Scorpionic** /ˌskɔːpɪˈɒnɪk/ **N** ◆ **to be a ~** être (du) Scorpion

**Scot** /skɒt/ **N** Écossais(e) *m(f)* ◆ **the ~s** les Écossais *mpl* ; see also **Scots**

**Scotch** /skɒtʃ/ **N** (also **Scotch whisky**) whisky *m*, scotch *m* **NPL** **the Scotch** * les Écossais *mpl* **ADJ** écossais **COMP** ▷ **Scotch broth** **N** *potage écossais à base de mouton, de légumes et d'orge* ▷ **Scotch egg** **N** *(esp Brit)* œuf dur *enrobé de chair à saucisse et pané* ▷ **Scotch-Irish** **ADJ** *(US)* irlando-écossais ▷ **Scotch mist** **N** bruine *f*, crachin *m* ▷ **Scotch pine** **N** pin *m* sylvestre ▷ **Scotch tape** ® **N** *(US)* scotch ® *m*, ruban *m* adhésif ▷ **Scotch terrier** **N** scotch-terrier *m* ▷ **Scotch woodcock** **N** *(Culin)* toast *m* aux œufs brouillés et aux anchois

**scotch** /skɒtʃ/ **VT** *[+ rumour]* étouffer ; *[+ plan, attempt]* faire échouer ; *[+ revolt, uprising]* réprimer ; *[+ claim]* démentir

**scot-free** /ˈskɒtˈfriː/ **ADV** ◆ **to get off ~** s'en tirer à bon compte

**Scotland** /ˈskɒtlənd/ **N** Écosse *f* ◆ **Secretary of State for ~** ministre *m* des Affaires écossaises ; → **yard²**

**Scots** /skɒts/ **N** *(Ling)* écossais *m* **ADJ** écossais **COMP** ▷ **the Scots Guards** **NPL** *(Mil)* la Garde écossaise ▷ **Scots law** **N** droit *m* écossais ▷ **Scots pine** **N** pin *m* sylvestre

**Scotsman** /ˈskɒtsmən/ **N** (pl **-men**) Écossais *m*

**Scotswoman** /ˈskɒtsˌwʊmən/ **N** (pl **-women**) Écossaise *f*

**Scotticism** /ˈskɒtɪsɪzəm/ **N** expression *f* écossaise

**Scottie** /ˈskɒtɪ/ **N** (abbrev of **Scotch terrier**) → **Scotch**

**Scottish** /ˈskɒtɪʃ/ **ADJ** écossais **COMP** ▷ **Scottish country dancing** **N** danses *fpl* folkloriques écossaises ▷ **Scottish Nationalism** **N** nationalisme *m* écossais ▷ **Scottish Nationalist** **N** nationaliste *mf* écossais(e) **ADJ** de *or* des nationaliste(s) écossais ▷ **the Scottish National Party** **N** *(Brit Pol)* le Parti national écossais ▷ **the Scottish Office** **N** *(Brit Pol)* le ministère des Affaires écossaises ▷ **Scottish Secretary** **N** *(Brit Pol)* ministre *m* des Affaires écossaises ▷ **Scottish terrier** **N** scotch-terrier *m*

**scoundrel** /ˈskaʊndrəl/ **N** fripouille *f*, vaurien *m* ; *(stronger)* crapule *f* ; *(= child)* coquin(e) *m(f)*, (petit) chenapan *m* ◆ **you little ~!** (espèce de) petit coquin *or* chenapan !

**scour** /ˈskaʊəʳ/ **VT** a *[+ pan, sink]* récurer ; *[+ metal]* décaper ; *[+ table, floor]* frotter b *[+ channel]* creuser, éroder c *(= search)* fouiller ◆ **I ~ed the newspaper for the article** j'ai cherché partout dans le journal pour trouver l'article ◆ **they ~ed the neighbourhood in search of the murderer** ils ont fouillé le quartier pour trouver l'assassin ◆ **to ~ the area/the woods/the countryside** battre le secteur/les bois/la campagne ◆ **I've ~ed the house and I can't see my keys anywhere** j'ai fouillé la maison de fond en comble et je n'arrive pas à trouver mes clés **COMP** ▷ **scouring pad** **N** tampon *m* à récurer *or* abrasif ▷ **scouring powder** **N** poudre *f* à récurer

▸ **scour off** **VT SEP** enlever en frottant

▸ **scour out** **VT SEP** récurer

**scourer** /ˈskaʊərəʳ/ **N** *(= powder)* poudre *f* à récurer ; *(= pad)* tampon *m* à récurer

**scourge** /skɜːdʒ/ **N** *(fig)* fléau *m* ; *(= whip)* discipline *f*, fouet *m* **VT** *(fig)* châtier, être un fléau pour ; *(= whip)* fouetter ◆ **to ~ o.s.** se flageller

**scouse** * /skaʊs/ *(Brit)* **N** a *(= person)* originaire *mf* de Liverpool b *(= dialect)* dialecte *m* de Liverpool **ADJ** de Liverpool

**Scouser** * /ˈskaʊsəʳ/ **N** *(Brit)* originaire *mf* de Liverpool ◆ **Janet's dad is a ~** le père de Janet est (originaire) de Liverpool

**scout** /skaʊt/ **N** a *(Mil)* éclaireur *m* ◆ **he's a good ~** † * c'est un chic type * ; → **talent**

b *(gen Catholic)* scout *m* ; *(gen non-Catholic)* éclaireur *m* ; → **cub**

c * **to have a ~ round** reconnaître le terrain ◆ **have a ~ round to see if he's there** allez jeter un coup d'œil pour voir s'il est là

d (also **talent scout**) *(Sport)* découvreur *m*, -euse *f* *or* dénicheur *m*, -euse *f* de futurs grands joueurs ; *(Cine, Theat)* découvreur *m*, -euse *f* *or* dénicheur *m*, -euse *f* de talents

e *(Brit Univ)* domestique *mf*

**VI** *(Mil)* aller en reconnaissance

**VT** explorer ◆ **to ~ an area for sth** explorer un endroit pour trouver qch

**COMP** ▷ **scout camp** **N** camp *m* scout ▷ **scout car** **N** *(Mil)* voiture *f* de reconnaissance ▷ **scout movement** **N** mouvement *m* scout ▷ **scout uniform** **N** uniforme *m* de scout

▸ **scout about, scout around** **VI** *(Mil)* aller en reconnaissance ◆ **to ~ about for sth** *(fig)* chercher qch, aller *or* être à la recherche de qch

**scouting** /ˈskaʊtɪŋ/ **N** *(NonC)* a *(= youth movement)* scoutisme *m* b *(Mil)* reconnaissance *f*

**scoutmaster** /ˈskaʊtˌmɑːstəʳ/ **N** chef *m* scout

**scow** /skaʊ/ **N** chaland *m*

**scowl** /skaʊl/ **N** air *m* de mauvaise humeur, mine *f* renfrognée ◆ **... he said with a ~** ... dit-il en se renfrognant *or* d'un air renfrogné **VI** se renfrogner ◆ **to ~ at sb/sth** jeter un regard mauvais à qn/qch **VT** ◆ **"shut up!" he ~ed** "tais-toi !" dit-il en se renfrognant *or* l'œil mauvais

**scowling** /ˈskaʊlɪŋ/ **ADJ** *[face, look]* renfrogné, maussade

**SCR** /ˌesiːˈɑːʳ/ **N** *(Brit Univ)* (abbrev of **senior common room**) → **senior**

**scrabble** /ˈskræbl/ **VI** a (also **scrabble about, scrabble around**) **to ~ in the ground for sth** gratter la terre pour trouver qch ◆ **she ~d (about** *or* **around) in the sand for the keys she had dropped** elle cherchait à tâtons dans le sable les clés qu'elle avait laissé tomber ◆ **he ~d (about** *or* **around) for a pen in the drawer** il a tâtonné dans le tiroir à la recherche d'un stylo b *(= scramble)* ◆ **to ~ to do sth** chercher à faire qch au plus vite ◆ **his mind ~d for alternatives** il se creusait la tête pour trouver au plus vite d'autres solutions **N** *(= game)* ◆ **Scrabble** ® Scrabble ® *m*

**scrag** /skræg/ N (*Brit Culin:* also **scrag end**) collet *m* (de mouton) VT * [*+ person*] tordre le cou à *

**scragginess** /'skrægɪnɪs/ N (*= scrawniness*) maigreur *f*

**scraggly** * /'skræglɪ/ ADJ (*US*) [*beard, hair*] en bataille ; [*plant*] difforme

**scraggy** /'skrægɪ/ ADJ a (*= scrawny*) maigre b (*= unkempt, scanty*) [*hair, beard, fur*] peu fourni et hérissé

**scram** * /skræm/ VI ficher le camp * ◆ **~!** fiche(-moi) le camp ! * ◆ **I'd better ~** je dois filer *

**scramble** /'skræmbl/ VI a (*= clamber*) **to ~ up/down** *etc* grimper/descendre *etc* tant bien que mal ◆ **he ~d along the cliff** il a avancé avec difficulté le long de la falaise ◆ **they ~d over the rocks/up the cliff** en s'aidant des pieds et des mains ils ont avancé sur les rochers/escaladé la falaise ◆ **he ~d into/out of the car** il est monté dans/est descendu de la voiture à toute vitesse, il s'est précipité dans/hors de la voiture ◆ **he ~d down off the wall** il a dégringolé du mur ◆ **he ~d through the hedge** il s'est frayé tant bien que mal un passage à travers la haie ◆ **to ~ for** [*+ coins, seats*] se bousculer pour (avoir), se disputer ; [*+ jobs etc*] faire des pieds et des mains pour (avoir)

b (*Brit Sport*) **to go scrambling** faire du trial

c (*Aviat*) décoller sur alerte

VT (*Culin, Telec*) brouiller ; (*TV*) coder, crypter

N a ruée *f* ◆ **the ~ for seats** la ruée pour les places ◆ **there was a ~ for seats** (*lit*) on s'est rué sur les places ; (*fig*) on s'est arraché les places

b (also **motorcycle scramble**) (réunion *f* de) trial *m*

COMP ▷ **scrambled eggs** NPL œufs *mpl* brouillés

**scrambler** /'skræmbləʳ/ N a (*Telec = device*) brouilleur *m* ; (*TV*) brouilleur *m*, codeur *m* b (*Brit = motorcyclist*) trialiste *mf*

**scrambling** /'skræmblɪŋ/ N (*Brit Sport*) trial *m*

**scrap**[1] /skræp/ N a (*= small piece*) [*of paper, cloth, bread, string*] (petit) bout *m* ; [*of verse, writing*] quelques lignes *fpl* ; [*of conversation*] bribe *f* ; [*of news*] fragment *m* ◆ **~s** (*= broken pieces*) débris *mpl* ; (*= food remnants*) restes *mpl* ◆ **there isn't a ~ of evidence** il n'y a pas la moindre preuve ◆ **it wasn't a ~ of use** cela n'a servi absolument à rien ◆ **there wasn't a ~ of truth in it** il n'y avait pas un brin de vérité là-dedans ◆ **not a ~** pas du tout

b (*NonC = scrap iron*) ferraille *f* ◆ **to collect ~** récupérer de la ferraille ◆ **I put it out for ~** je l'ai envoyé à la ferraille ◆ **to sell a car/ship for ~** vendre une voiture/un bateau comme épave *or* à la casse ◆ **what is it worth as ~?** qu'est-ce que cela vaudrait (vendu) comme épave *or* à la casse ?

VT jeter, bazarder * ; [*+ car, ship*] envoyer à la ferraille *or* à la casse ; [*+ equipment*] mettre au rebut ; [*+ project*] abandonner, mettre au rancart * ◆ **let's ~ the idea** laissons tomber cette idée

COMP ▷ **scrap car** N voiture *f* mise en épave *or* à la casse ▷ **scrap dealer** N marchand *m* de ferraille, ferrailleur *m* ▷ **scrap iron** N ferraille *f* ▷ **scrap merchant** N ⇒ **scrap dealer** ▷ **scrap metal** N ⇒ **scrap iron** ▷ **scrap paper** N (*for scribbling on*) (papier *m* de) brouillon *m* ; (*= old newspapers etc*) vieux papiers *mpl* ▷ **scrap value** N ◆ **its ~ value is £10** (vendu) à la casse cela vaut 10 livres

**scrap**[2] * /skræp/ N (*= fight*) bagarre *f* ◆ **to get into** *or* **have a ~** se bagarrer * (*with* avec) VI se bagarrer *

**scrapbook** /'skræpbʊk/ N album *m* (*de coupures de journaux etc*)

**scrape** /skreɪp/ N a (*= action*) coup *m* de grattoir *or* de racloir ; (*= sound*) grattement *m*, raclement *m* ; (*= mark*) éraflure *f*, égratignure *f* ◆ **to give sth a ~** gratter *or* racler qch ◆ **to give one's knee a ~** s'érafler *or* s'égratigner le genou

b [*of butter etc*] fine couche *f*, lichette * *f*

c (* *= trouble*) **to get (o.s.) into a ~** s'attirer des ennuis ◆ **he's always getting into ~s** il lui arrive toujours des histoires * ◆ **to get (o.s.) out of a ~** se tirer d'affaire *or* d'embarras ◆ **to get sb into a ~** attirer des ennuis à qn, mettre qn dans un mauvais pas ◆ **to get sb out of a ~** tirer qn d'affaire *or* d'embarras

VT (*= graze*) érafler, égratigner ; (*= just touch*) frôler, effleurer ; (*= clean: gen*) gratter, racler ; [*+ vegetables*] gratter ◆ **to ~ (the skin off) one's knees** s'érafler les genoux ◆ **to ~ one's plate clean** tout manger, nettoyer *or* racler * son assiette ◆ **I ~d his bumper** (*Aut*) je lui ai frôlé *or* éraflé le pare-chocs ◆ **to ~ a living** vivoter ◆ **to ~ a violin** * racler du violon ◆ **to ~ the bottom** (*Naut*) talonner (le fond) ◆ **to ~ (the bottom of) the barrel** (*fig*) en être réduit aux raclures (*fig*) see also **scrape up**

VI (*= make scraping sound*) racler, gratter ; (*= rub*) frotter (*against* contre) ◆ **to ~ along the wall** frôler le mur ◆ **the car ~d past the lamppost** la voiture a frôlé le réverbère ◆ **to ~ through the doorway** réussir de justesse à passer par la porte ◆ **to ~ through an exam** réussir un examen de justesse ◆ **he just ~d into university** il a été admis de justesse à l'université ; → **bow**[2]

► **scrape along** VI ⇒ **scrape by**

► **scrape away** VI ◆ **to ~ away * at the violin** racler du violon

VT SEP enlever en grattant *or* en raclant

► **scrape by** VI (*financially*) vivoter ◆ **she ~d by on £30 per week** elle vivotait avec 30 livres par semaine

► **scrape off** VT SEP ⇒ **scrape away vt seo**

► **scrape out** VT SEP [*+ contents*] enlever en grattant *or* en raclant ; [*+ pan*] nettoyer en raclant, récurer

► **scrape through** VI passer de justesse ; (*fig = succeed*) réussir de justesse

► **scrape together** VT SEP a ◆ **to scrape two bits of metal together** frotter deux morceaux de métal l'un contre l'autre

b [*+ objects*] rassembler, ramasser ; [*+ money*] rassembler à grand-peine *or* en raclant les fonds de tiroirs *

► **scrape up** VT SEP [*+ earth, pebbles*] ramasser, mettre en tas ; [*+ money*] rassembler à grand-peine *or* en raclant les fonds de tiroirs *

**scraper** /'skreɪpəʳ/ N racloir *m*, grattoir *m* ; (*at doorstep*) décrottoir *m*, gratte-pieds *m inv*

**scraperboard** /'skreɪpəbɔːd/ N carte *f* à gratter

**scrapheap** /'skræphiːp/ N tas *m* de ferraille ◆ **to throw** *or* **toss sth on the ~** (*fig*) mettre qch au rebut, bazarder qch * ◆ **to throw** *or* **toss sb on the ~** * mettre qn au rancart * ◆ **only fit for the ~** * bon à mettre au rancart * ◆ **to end up on the ~** (*fig*) être mis au rebut

**scrapie** /'skreɪpɪ/ N (*Vet*) tremblante *f*

**scraping** /'skreɪpɪŋ/ ADJ [*noise*] de grattement, de raclement N a [*of butter*] fine couche *f*, lichette * *f* ◆ **~s** [*of food*] restes *mpl* ; [*of dirt, paint*] raclures *fpl* b (*= action*) grattement *m*, raclement *m* ; → **bow**[2]

**scrappy** /'skræpɪ/ ADJ a (*= disjointed*) [*conversation, essay, film*] décousu ; [*education*] incomplet (-ète *f*) ; [*football match*] confus ◆ **a ~ goal** un but marqué à la suite d'un cafouillage b [*piece of paper*] en piteux état

**scrapyard** /'skræpjɑːd/ N (*esp Brit*) dépôt *m* de ferraille ; (*for cars*) cimetière *m* de voitures, casse * *f*

**scratch** /skrætʃ/ N a (*= mark*) (*on skin*) égratignure *f*, éraflure *f* ; (*on paint*) éraflure *f* ; (*on glass, record*) rayure *f* ◆ **they came out of it without a ~** ils s'en sont sortis indemnes *or* sans une égratignure ◆ **it's only a ~** ce n'est qu'une égratignure

b (*= action*) grattement *m* ; (*by claw*) coup *m* de griffe ; (*by fingernail*) coup *m* d'ongle ◆ **the cat gave her a ~** le chat l'a griffée ◆ **to have a good ~** * se gratter un bon coup *

c (*= noise*) grattement *m*, grincement *m*

d (*set phrases*)

♦ **from scratch** ◆ **to be on** *or* **start from ~** (*Sport*) être scratch *inv* ◆ **to start from ~** (*fig*) partir de zéro * ◆ **I studied Spanish from ~** j'ai appris l'espagnol en partant de zéro ◆ **we'll have to start from ~ again** il nous faudra repartir de zéro *

♦ **up to scratch** ◆ **he didn't come up to ~** il ne s'est pas montré à la hauteur ◆ **his work doesn't come up to ~** son travail n'est pas à la hauteur *or* au niveau ◆ **to bring up to ~** amener au niveau voulu ◆ **to keep sb up to ~** maintenir qn au niveau voulu

VT a (*with nail, claw*) griffer ; [*+ varnish*] érafler ; [*+ record, glass*] rayer ◆ **to ~ a hole in sth** creuser un trou en grattant qch ◆ **he ~ed his hand on a nail** il s'est éraflé *or* écorché la main sur un clou ◆ **he ~ed his name on the wood** il a gravé son nom dans le bois ◆ **it only ~ed the surface** (*fig*) (*gen*) c'était très superficiel ; [*report, lecture*] ça n'a fait qu'effleurer la question, c'était très superficiel ◆ **we've only managed to ~ the surface of the problem** nous n'avons fait qu'effleurer *or* aborder le problème ◆ **to ~ a few lines** (*= write*) griffonner quelques mots

b (*= to relieve itch*) gratter ◆ **to ~ o.s.** se gratter ◆ **to ~ one's head** (*lit, fig*) se gratter la tête ◆ **you ~ my back and I'll ~ yours** un petit service en vaut un autre

c (*= cancel*) [*+ meeting*] annuler ; (*Comput*) effacer ; (*Sport etc*) [*+ competitor, horse*] scratcher ; [*+ match, game*] annuler ; (*US Pol*) [*+ candidate*] rayer de la liste ◆ **to ~ a ballot** (*US Pol*) modifier un bulletin de vote (*en rayant un nom etc*)

VI a (*with nail, claw*) griffer ; (*= to relieve itch*) se gratter ; [*hen*] gratter le sol ; [*pen*] gratter, grincer ◆ **the dog was ~ing at the door** le chien grattait à la porte

b (*Sport etc*) [*competitor*] se faire scratcher ; [*candidate*] se désister

COMP [*crew, team*] de fortune, improvisé ; [*vote*] par surprise ; [*golfer*] scratch *inv*, de handicap zéro ▷ **scratch and sniff** ADJ *que l'on gratte pour sentir un parfum* ▷ **scratch file** N (*Comput*) fichier *m* de travail *or* de manœuvre ▷ **scratch 'n' sniff** N ⇒ **scratch and sniff** ▷ **scratch pad** N (*gen*) bloc-notes *m* ; (*Comput*) mémoire *f* bloc-notes ▷ **scratch paper** N (*US*) ⇒ **scrap paper** ; → **scrap**[1] ▷ **scratch race** N course *f* scratch ▷ **scratch score** N (*Golf*) scratch score *m*, score *m* ramené à zéro ▷ **scratch sheet** * N (*US Racing*) journal *m* des courses (*hippiques*) ▷ **scratch tape** N (*Comput*) bande *f* de travail *or* de manœuvre ▷ **scratch test** N (*Med*) cuti(-réaction) *f*, test *m* cutané

► **scratch out** VT SEP a (*from list*) rayer, effacer

b [*+ hole*] creuser en grattant ◆ **to ~ sb's eyes out** arracher les yeux à qn

► **scratch together** VT SEP (*fig*) [*+ money*] réussir à amasser (en raclant les fonds de tiroirs *)

► **scratch up** VT SEP *[+ bone]* déterrer ; *(fig) [+ money]* ⇒ **scratch together**

**scratchcard** /ˈskrætʃkɑːd/ N *(Brit)* carte *f* à gratter

**scratchy** /ˈskrætʃɪ/ ADJ *[surface, material]* rêche, qui accroche ; *[pen]* qui grince, qui gratte ; *[handwriting]* en pattes de mouche ; *[record]* rayé, éraillé

**scrawl** /skrɔːl/ N a *(gen)* gribouillage *m*, griffonnage *m* ◆ **I can't read her ~** je ne peux pas déchiffrer son gribouillage ◆ **the word finished in a ~** le mot se terminait par un gribouillage ◆ **her letter was just a ~** sa lettre était griffonnée b *(= brief letter, note)* mot *m* griffonné à la hâte VT gribouiller, griffonner ◆ **to ~ a note to sb** griffonner un mot à qn ◆ **there were rude words ~ed all over the wall** il y avait des mots grossiers gribouillés sur tout le mur VI gribouiller

**scrawny** /ˈskrɔːnɪ/ ADJ maigre

**scream** /skriːm/ N a *[of pain, fear]* cri *m* aigu *or* perçant, hurlement *m* ; *[of laughter]* éclat *m* ◆ **to give a ~** pousser un cri

b * **it was a ~** c'était à se tordre *, c'était vraiment marrant * ◆ **he's a ~** il est désopilant *or* impayable *

VI (also **scream out**) *[person]* crier ; *(stronger)* hurler ; *[baby]* crier, brailler ; *[siren, brakes, wind]* hurler ◆ **to ~ with laughter** rire aux éclats *or* aux larmes ◆ **to ~ with pain/with rage** hurler de douleur/de rage ◆ **to ~ for help** crier à l'aide *or* au secours ◆ **to ~ at sb** crier après qn

VT (also **scream out**) a *[+ abuse etc]* hurler (*at* à) ◆ **"shut up" he ~ed** "taisez-vous" hurla-t-il ◆ **to ~ o.s. hoarse** s'enrouer à force de crier, s'égosiller

b *[headlines, posters]* annoncer en toutes lettres

► **scream down** VT SEP ◆ **to scream the place down** crier comme un damné *or* sourd

► **scream out** VI ⇒ **scream vi**

VT SEP ⇒ **scream vt**

**screamer** * /ˈskriːməʳ/ N *(US)* a *(= headline)* énorme manchette *f* b *(= joke)* histoire *f* désopilante ◆ **he's a ~** il est désopilant *or* impayable *

**screamingly** * /ˈskriːmɪŋlɪ/ ADV ◆ **~ funny** à mourir de rire, tordant * ◆ **~ boring** à mourir d'ennui

**scree** /skriː/ N éboulis *m (en montagne)*

**screech** /skriːtʃ/ N *(gen)* cri *m* strident ; *(from pain, fright, rage)* hurlement *m* ; *[of brakes]* grincement *m* ; *[of tyres]* crissement *m* ; *[of owl]* cri *m* (rauque et perçant) ; *[of siren]* hurlement *m* ◆ **she gave a ~ of laughter** elle est partie d'un rire perçant VI *[person]* pousser des cris stridents, hurler ; *[brakes]* grincer ; *[tyres]* crisser ; *[singer, owl]* crier ; *[siren]* hurler VT crier à tue-tête COMP ▷ **screech owl** N chouette *f* effraie, chat-huant *m*

**screed** /skriːd/ N a *(= discourse)* laïus * *m*, topo * *m* (*about* sur) ; *(= letter)* longue missive *f* (*about* sur) ◆ **to write ~s** * *(= a lot)* écrire des volumes *or* toute une tartine * b *(Constr) (= depth guide strip)* guide *m* ; *(= levelling device)* règle *f* à araser le béton ; *(NonC = surfacing material)* matériau *m* de ragréage

**screen** /skriːn/ N a *(in room)* paravent *m* ; *(for fire)* écran *m* de cheminée ; *(fig: of troops, trees)* rideau *m* ; *(= pretence)* masque *m* ; → **safety, silk, smoke**

b *(Cine, TV, Comput etc)* écran *m* ◆ **to show sth on a ~** projeter qch ◆ **a 50-cm ~** *(TV)* un écran de 50 cm ◆ **the ~** *(Cine)* l'écran *m*, le cinéma ◆ **the big** *or* **large ~** *(Cine)* le grand écran ◆ **the small ~** *(TV)* le petit écran ◆ **to write for the ~** écrire des scénarios ◆ **stars of the ~** les vedettes *fpl* de l'écran ◆ **the violence children see on ~** la violence que les enfants voient à l'écran ◆ **they are married off ~ as well as on** ils sont mari et femme à la scène *or* à l'écran comme à la ville ◆ **information can be accessed on ~** *(Comput)* on peut afficher les renseignements à l'écran ◆ **to work on ~** *(Comput)* travailler sur écran ; → **panoramic, television, wide**

c *(= sieve)* crible *m*, tamis *m*

VT a *(= hide)* masquer, cacher ; *(= protect)* faire écran à, protéger ◆ **the trees ~ed the house** les arbres masquaient *or* cachaient la maison ◆ **to ~ sth from sight** *or* **view** dérober *or* masquer qch aux regards ◆ **to ~ sth from the wind/sun** protéger qch du vent/du soleil ◆ **to ~ one's eyes** se protéger les yeux avec la main, faire écran de sa main pour se protéger les yeux ◆ **in order to ~ our movements from the enemy** pour cacher *or* masquer nos mouvements à l'ennemi

b *[+ film]* projeter

c *(= check) [+ candidates]* présélectionner ; *[+ phone call]* filtrer ; *[+ luggage, passengers]* contrôler ◆ **to ~ sb (for a job)** passer au crible la candidature de qn ◆ **the candidates were carefully ~ed** les candidats ont été passés au crible ◆ **to ~ women for breast cancer** proposer aux femmes un dépistage du cancer du sein

COMP ▷ **screen actor** N acteur *m* de cinéma, vedette *f* de l'écran ▷ **screen door** N porte *f* grillagée ▷ **screen dump** N *(Comput)* impression *f* d'écran ▷ **screen memory** N *(Psych)* souvenir-écran *m* ▷ **screen name** N *(Cine)* nom *m* d'acteur/d'actrice ▷ **screen rights** NPL droits *mpl* d'adaptation cinématographique ▷ **screen saver** N économiseur *m* d'écran ▷ **screen test** N bout *m* d'essai ◆ **to do a ~ test** tourner un bout d'essai ▷ **screen wash** N *(Brit Aut)* liquide *m* lave-glace ▷ **screen washer** N *(Brit Aut)* lave-glace *m* ▷ **screen writer** N scénariste *mf*

► **screen off** VT SEP ◆ **the kitchen was screened off from the rest of the room** la cuisine était séparée du reste de la pièce par un rideau (*or* un paravent) ◆ **the nurses ~ed off his bed** les infirmiers ont mis un paravent autour de son lit ◆ **the trees ~ed off the house from the road** les arbres cachaient la maison de la route, les arbres faisaient écran entre la maison et la route ◆ **a cordon of police ~ed off the accident from the onlookers** les agents de police ont formé un cordon pour cacher l'accident aux badauds

**screenful** /ˈskriːnfʌl/ N *(Comput)* écran *m*

**screening** /ˈskriːnɪŋ/ N a *[of film]* projection *f* b *[of person] (= selection)* tri *m*, procédure *f* de sélection sur dossier ; *(Med) [of person]* examen *m* de dépistage (*of sb* pratiqué sur qn) ◆ **the ~ of women for breast cancer** le dépistage du cancer du sein chez les femmes ◆ **the ~ of luggage and passengers** le contrôle des bagages et des passagers c *[of coal]* criblage *m* COMP ▷ **screening room** N *(Cine)* salle *f* de projection

**screenplay** /ˈskriːnpleɪ/ N scénario *m*

**screenwriting** /ˈskriːnraɪtɪŋ/ N écriture *f* de scénarios

**screw** /skruː/ N a vis *f* ; *(= action)* tour *m* de vis ◆ **a ~ of tea/sweets/tobacco** *etc* † *(Brit)* un cornet de thé/de bonbons/de tabac *etc* ◆ **he's got a ~ loose** * il lui manque une case * ◆ **to put** *or* **tighten the ~(s) on sb** *, **to turn the ~ on sb** * augmenter la pression sur qn ; → **thumbscrew**

b *(Aviat, Naut)* hélice *f* ; → **airscrew, twin**

c *(⁂= sex)* **it was a good ~** on a bien baisé ⁂ ◆ **she's a good ~** c'est un bon coup ⁑

d *(⁑ = prison warder)* maton(ne) ⁑ *m(f)*

e *(Brit † ⁑ = income)* salaire *m* ◆ **he gets a good ~** son boulot paie bien *

VT a visser (*on* sur ; *to* à) fixer avec une vis ◆ **to ~ sth tight** visser qch à bloc

b *(= twist)* ◆ **to ~ one's face into a smile** grimacer un sourire

c *(= extort) [+ money]* extorquer, soutirer (*out of* à) ; *[+ information]* arracher (*out of* à) ; *(⁑ = defraud) [+ person]* arnaquer *, pigeonner *

d *(⁂= have sex with)* baiser ⁂

e *(⁑: in exclamations)* **~ you!** va te faire voir * *or* foutre ⁂! ◆ **~ the cost/the neighbours!** on se fout du prix/des voisins ! ⁑

VI se visser

COMP ▷ **screw bolt** N boulon *m* à vis ▷ **screw joint** N joint *m* à vis ▷ **screw propeller** N hélice *f* ▷ **screw thread** N filet *m* *or* filetage *m* de vis ▷ **screw top** N couvercle *m* à pas de vis ▷ **screw-top(ped)** ADJ avec couvercle à pas de vis ▷ **screw-up** ⁑ N *(fig = muddle)* pagaille * *f* complète

► **screw around** VI a *(⁑ = waste time)* glander ⁑, glandouiller ⁑

b *(⁂ sexually)* baiser ⁂ avec tout le monde, coucher à droite à gauche *

► **screw down** VI se visser

VT SEP visser (à fond)

► **screw off** VI se dévisser

VT SEP dévisser

► **screw on** VI se visser

VT SEP visser, fixer avec des vis ; *[+ lid]* visser ◆ **he's got his head ~ed on all right** * *or* **the right way** * il a la tête sur les épaules

► **screw round** VT SEP tourner, visser ◆ **to ~ one's head round** se dévisser la tête *or* le cou

► **screw together** VT SEP *[+ two parts]* fixer avec une vis ◆ **to ~ sth together** assembler qch avec des vis

► **screw up** VT SEP a visser (à fond), resserrer (à fond)

b *[+ paper]* chiffonner, froisser ; *[+ handkerchief]* rouler, tortiller ◆ **to ~ up one's eyes** plisser les yeux ◆ **to ~ up one's face** faire la grimace ◆ **to ~ up (one's) courage** prendre son courage à deux mains * (*to do sth* pour faire qch)

c *(⁑ = spoil)* foutre en l'air ⁂, bousiller ⁑

d **to ~ sb up** ⁑ détraquer * *or* perturber qn ◆ **he is ~ed up** ⁑ il est paumé ⁑

VI ⁑ merder ⁂

N ◆ **screw-up** ⁑ → **screw**

**screwball** ⁑ /ˈskruːbɔːl/ ADJ, N cinglé(e) * *m(f)*, tordu(e) ⁑ *m(f)*

**screwdriver** /ˈskruːˌdraɪvəʳ/ N *(= tool)* tournevis *m* ; *(= drink)* vodka-orange *f*

**screwed** ⁑ /skruːd/ ADJ *(Brit = drunk)* paf * *inv*, bourré ⁑ ; see also **screw up**

**screwy** ⁑ /ˈskruːɪ/ ADJ *[person]* cinglé * ; *[idea, situation]* tordu *

**scribble** /ˈskrɪbl/ VI gribouiller ◆ **he was scribbling in a notebook** il gribouillait sur un carnet ◆ **we were scribbling away furiously, trying to finish the exam** nous écrivions frénétiquement pour essayer de terminer l'épreuve ◆ **someone has ~d all over the wall** quelqu'un a gribouillé sur le mur

VT griffonner, gribouiller ◆ **to ~ a note to sb** griffonner *or* gribouiller un mot à qn ◆ **there were comments ~d all over the page** il y avait des commentaires griffonnés *or* gribouillés sur toute la page

N gribouillage *m* ◆ **I can't read her** ~ je ne peux pas déchiffrer son gribouillage ◆ **the word ended in a** ~ le mot se terminait par un gribouillage ◆ **her letter was just a** ~ sa lettre était griffonnée

► **scribble down** VT SEP *[+ notes]* griffonner

► **scribble out** VT SEP a *(= erase)* rayer, raturer

b *[+ essay, draft]* jeter sur le papier, ébaucher

**scribbler** /ˈskrɪbləʳ/ N *(lit)* gribouilleur *m*, -euse *f* ; *(fig = bad author)* plumitif *m*

**scribbling** /ˈskrɪblɪŋ/ N gribouillage *m*, gribouillis *m* COMP ▷ **scribbling pad** N *(Brit)* bloc-notes *m*

**scribe** /skraɪb/ N scribe *m*

**scrimmage** /ˈskrɪmɪdʒ/ N *(gen, Sport)* mêlée *f*

**scrimp** /skrɪmp/ VI lésiner (*on* sur), être chiche (*on* de) ◆ **to** ~ **and save** économiser sur tout

**scrimshank** * /ˈskrɪmʃæŋk/ *(Brit Mil)* N ⇒ **scrimshanker** VI ⁑ tirer au flanc *

**scrimshanker** * /ˈskrɪm,ʃæŋkəʳ/ N *(Brit Mil)* tire-au-flanc * *mf inv*

**scrip** /skrɪp/ N *(Fin)* titre *m* provisoire (d'action)

**scripholder** /ˈskrɪphəʊldəʳ/ N *(Fin)* détenteur *m*, -trice *f* de titres (provisoires)

**script** /skrɪpt/ N a *(Cine)* scénario *m* ; *(Rad, Theat, TV)* texte *m* b *(in exam)* copie *f* ; *(Jur)* document *m* original c *(NonC) (= handwriting)* script *m*, écriture *f* script ; *(Typ)* scriptes *fpl* ; → **italic** VT *[+ film]* écrire le scénario de

**scripted** /ˈskrɪptɪd/ ADJ *[talk, discussion]* préparé d'avance ; *[speech]* écrit à l'avance

**scriptural** /ˈskrɪptʃərəl/ ADJ biblique

**Scripture** /ˈskrɪptʃəʳ/ N (also **Holy Scripture(s)**) Écriture *f* sainte, Saintes Écritures *fpl* ◆ ~ **(lesson)** *(Scol)* (cours *m* d')instruction *f* religieuse

**scripture** /ˈskrɪptʃəʳ/ N texte *m* sacré

**scriptwriter** /ˈskrɪpt,raɪtəʳ/ N *(Cine, TV)* scénariste *mf*

**scrivener** †† /ˈskrɪvnəʳ/ N *(= scribe)* scribe *m* ; *(= notary)* notaire *m*

**scrod** /skrɒd/ N *(US)* jeune morue *f* or cabillaud *m* *(spécialité du Massachusetts)*

**scrofula** /ˈskrɒfjʊlə/ N scrofule *f*

**scrofulous** /ˈskrɒfjʊləs/ ADJ scrofuleux

**scroll** /skrəʊl/ N a *[of parchment]* rouleau *m* ; *(= ancient book)* manuscrit *m* ; → **dead** b *(Archit)* volute *f*, spirale *f* ; *(in writing)* enjolivement *m* ; *[of violin]* volute *f* VI *(Comput)* défiler VT *(Comput)* ◆ **to** ~ **sth up/down** dérouler *or* faire défiler qch vers le haut/le bas COMP ▷ **scroll bar** N *(Comput)* barre *f* de défilement

**Scrooge** /skruːdʒ/ N harpagon *m*

**scrotum** /ˈskrəʊtəm/ N (pl **scrotums** *or* **scrota** /ˈskrəʊtə/) scrotum *m*

**scrounge** * /skraʊndʒ/ VT *[+ meal, clothes etc]* réussir à se faire offrir (*from or off sb* par qn) ◆ **to** ~ **money from sb** taper qn * ◆ **he** ~**d £5 off him** il l'a tapé de 5 livres * ◆ **can I** ~ **your pen?** je peux te piquer * ton stylo ? VI ◆ **to** ~ **on sb** vivre aux crochets de qn ◆ **he's always scrounging** c'est un parasite ; *(for meals)* c'est un pique-assiette N ◆ **to be on the** ~ **for sth** essayer d'emprunter qch ◆ **he's always on the** ~ c'est un parasite

**scrounger** * /ˈskraʊndʒəʳ/ N parasite *m*, profiteur *m*, -euse *f* ; *(for meals)* pique-assiette *mf inv*

**scroungy** ⁑ /ˈskraʊndʒɪ/ ADJ *(US = scruffy)* dépenaillé *, débraillé

**scrub**[1] /skrʌb/ N nettoyage *m* à la brosse, bon nettoyage *m* ◆ **to give sth a good** ~ bien nettoyer qch (à la brosse *or* avec une brosse) ◆ **give your face a** ~**!** lave-toi bien la figure ! ◆ **it needs a** ~ cela a besoin d'être bien nettoyé

VT a *[+ floor]* nettoyer *or* laver à la brosse ; *[+ washing]* frotter ; *[+ pan]* récurer ◆ **to** ~ **one's hands** se brosser les mains, bien se nettoyer les mains ◆ **she** ~**bed the walls clean** elle a nettoyé les murs à fond ◆ **he** ~**bed the walls with bleach** il a nettoyé les murs à fond avec de l'eau de Javel ◆ **to** ~ **o.s. (all over)** se frotter vigoureusement (tout le corps)

b *(* = cancel) [+ match etc]* annuler ◆ **let's** ~ **that** laissons tomber

VI frotter ◆ **she's been on her knees** ~**bing all day** elle a passé sa journée à genoux à frotter les planchers ◆ **to** ~ **at sth** récurer qch ◆ **he was** ~**bing away at the oven** il récurait le four ◆ **let's** ~ **round it** ⁑ *(fig)* laissons tomber *, n'en parlons plus

COMP ▷ **scrubbing brush** *(Brit)*, **scrub brush** *(US)* N brosse *f* à récurer

► **scrub away** VT SEP *[+ dirt]* enlever en frottant ; *[+ stain]* faire partir (en frottant)

► **scrub down** VT SEP *[+ room, walls]* nettoyer à fond ◆ **to** ~ **o.s. down** faire une toilette en règle

► **scrub off** VT SEP ⇒ **scrub away**

► **scrub out** VT SEP *[+ name]* effacer ; *[+ stain]* faire partir ; *[+ pan]* récurer

► **scrub up** VI *[surgeon etc]* se brosser les mains avant d'opérer

**scrub**[2] /skrʌb/ N *(NonC = brushwood)* broussailles *fpl*

**scrubber**[1] /ˈskrʌbəʳ/ N (also **pan-scrubber**) tampon *m* à récurer

**scrubber**[2] ⁑ /ˈskrʌbəʳ/ N *(= woman)* pute ⁑ *f*

**scrubby** /ˈskrʌbɪ/ ADJ *[land]* broussailleux ; *[trees, grass]* rabougri

**scrubland** /ˈskrʌblænd/ N *(gen)* brousse *f* ; *(in Austral)* scrub *m*

**scrubwoman** /ˈskrʌb,wʊmən/ N (pl **-women**) *(US)* femme *f* de ménage

**scruff** /skrʌf/ N a ◆ **by the** ~ **of the neck** par la peau du cou b *(* = untidy person)* individu *m* débraillé *or* peu soigné

**scruffily** /ˈskrʌfɪlɪ/ ADV ◆ ~ **dressed** débraillé, dépenaillé *

**scruffiness** /ˈskrʌfɪnɪs/ N *[of person]* tenue *f* débraillée *or* dépenaillée * ; *[of clothes, building]* miteux *m*

**scruffy** /ˈskrʌfɪ/ ADJ *[person, appearance, clothes]* débraillé, dépenaillé * ; *[building]* miteux ; *[hair]* en désordre

**scrum** /skrʌm/ N a *(Rugby)* mêlée *f* ◆ **to put the ball into the** ~ introduire le ballon dans la *or* en mêlée b *(* fig = pushing)* bousculade *f*, mêlée *f* ◆ **the** ~ **of reporters** la bousculade *or* la mêlée des journalistes ◆ **she pushed through the** ~ **of photographers** elle s'est frayé un chemin à travers la mêlée des photographes COMP ▷ **scrum half** N demi *m* de mêlée

**scrummage** /ˈskrʌmɪdʒ/ N ⇒ **scrum** VI *(Rugby)* jouer en mêlée ; *(fig)* se bousculer

**scrummy** * /ˈskrʌmɪ/ ADJ *[food]* délicieux ; *[person]* craquant *

**scrump** * /skrʌmp/ VT *(Brit)* *[+ apples etc]* chaparder

**scrumptious** * /ˈskrʌmpʃəs/ ADJ délicieux ◆ **it smells** ~ ça sent délicieusement bon

**scrumpy** /ˈskrʌmpɪ/ N *(Brit)* cidre *m* fermier

**scrunch** /skrʌntʃ/ VI ◆ **her feet** ~**ed on the gravel** ses pas crissaient sur le gravier VT (also **scrunch up**) *(= crush)* écraser ◆ **to** ~ **sth into a ball** faire une boule de qch

**scrunchie** /ˈskrʌntʃɪ/ N *(for hair)* chouchou *m*

**scruple** /ˈskruːpl/ N scrupule *m* ◆ **moral/religious** ~**s** scrupules *mpl* moraux/religieux ◆ **to have** ~**s about sth** avoir des scrupules au sujet de qch ◆ **he has no** ~**s** il est sans scrupules, il est dénué de scrupules ◆ **to have no** ~**s about sth** n'avoir aucun scrupule au sujet de qch ◆ **to have no** ~**s about doing sth** n'avoir aucun scrupule à faire qch, ne pas avoir scrupule à faire qch VI *(frm)* ◆ **I did not** ~ **to accept his offer** je n'ai pas hésité à accepter *or* je n'ai pas eu scrupule *(liter)* à accepter son offre

**scrupulous** /ˈskruːpjʊləs/ ADJ a *(= honest) [person, organization, honesty]* scrupuleux ◆ **it is not** ~ **to do that** ce n'est pas honnête de faire cela b *(= meticulous) [person, research, care]* scrupuleux, méticuleux ; *[attention]* scrupuleux ◆ **he was** ~ **about paying his debts** il payait scrupuleusement ses dettes ◆ **he is** ~ **about hygiene** il fait très attention aux questions d'hygiène ◆ **he spoke with the most** ~ **politeness** il s'exprimait avec une extrême politesse

**scrupulously** /ˈskruːpjʊləslɪ/ ADV a *(= honestly) [behave]* d'une manière scrupuleuse ◆ ~ **honest/fair** d'une honnêteté/équité scrupuleuse b *(= meticulously) [avoid]* soigneusement ◆ ~ **clean** d'une propreté irréprochable ◆ **to be** ~ **careful** faire preuve d'un soin méticuleux

**scrupulousness** /ˈskruːpjʊləsnɪs/ N *(NonC)* *(= honesty)* scrupules *mpl*, esprit *m* scrupuleux ; *(= exactitude)* minutie *f*

**scrutineer** /,skruːtɪˈnɪəʳ/ N *(Brit)* scrutateur *m*, -trice *f*

**scrutinize** /ˈskruːtɪnaɪz/ VT *[+ writing, document]* scruter, examiner minutieusement ; *[+ votes]* pointer

**scrutiny** /ˈskruːtɪnɪ/ N a *(= act of scrutinizing) [of document, conduct]* examen *m* minutieux *or* rigoureux ; *[of votes]* pointage *m* ◆ **it should be open to public** ~ les gens devraient avoir un droit de regard ◆ **they want to increase parliamentary** ~ **over these activities** ils veulent augmenter le droit de regard du parlement sur ces activités ◆ **to keep sb under close** ~ surveiller qn de près ◆ **to come under intense** ~ être examiné de très près b *(= watchful gaze)* regard *m* insistant *or* scrutateur *(frm)* ◆ **under his** ~**, she felt nervous** son regard insistant *or* scrutateur la mettait mal à l'aise

**SCSI** /ˈskʌzɪ/ N *(Comput)* (abbrev of **small computer systems interface**) SCSI *f*

**scuba** /ˈskuːbə/ N scaphandre *m* autonome COMP ▷ **scuba dive** VI faire de la plongée sous-marine ▷ **scuba diver** N plongeur *m*, -euse *f* ▷ **scuba diving** N plongée *f* sous-marine (autonome)

**scud** /skʌd/ VI (also **scud along**) *[clouds, waves]* courir (à toute allure) ; *[boat]* filer (vent arrière) ◆ **the clouds were** ~**ding across the sky** les nuages couraient (à toute allure) dans le ciel

**scuff** /skʌf/ VT *[+ shoes, furniture]* érafler ◆ ~**ed shoes** chaussures *fpl* éraflées ◆ **to** ~ **one's feet** traîner les pieds VI traîner les pieds COMP ▷ **scuff marks** NPL *(on shoes)* éraflures *fpl*, marques *fpl* d'usure

**scuffle** /ˈskʌfl/ N bagarre *f*, échauffourée *f*, rixe *f* VI a se bagarrer * (*with* avec) b *(= shuffle)* traîner les pieds

**scull** /skʌl/ N a (= one of a pair of oars) aviron m; (= single oar for stern) godille f b (= boat) outrigger m VI (with two oars) ramer (en couple); (with single oar) godiller ◆ **to go ~ing** faire de l'aviron VT (with two oars) faire avancer à l'aviron; (with single oar) faire avancer à la godille

**scullery** /'skʌlərɪ/ N (esp Brit) arrière-cuisine f COMP ▷ **scullery maid** N fille f de cuisine

**sculpt** /skʌlp(t)/ VT sculpter (out of dans) VI sculpter, faire de la sculpture

**sculptor** /'skʌlptəʳ/ N sculpteur m

**sculptress** /'skʌlptrɪs/ N femme f sculpteur, sculpteur m ◆ **I met a ~** j'ai rencontré une femme sculpteur ◆ **she is a ~** elle est sculpteur

**sculptural** /'skʌlptʃərəl/ ADJ sculptural

**sculpture** /'skʌlptʃəʳ/ N sculpture f ◆ **a (piece of) ~** une sculpture VT sculpter

**scum** /skʌm/ N a (gen) écume f; (foamy) écume f, mousse f; (dirty) couche f de saleté; (on bath) crasse f ◆ **to remove the ~ (from)** (= foam) écumer; (= dirt) décrasser, nettoyer b (pej = people) **they're just ~** c'est de la racaille ◆ **the ~ of the earth** le rebut du genre humain c (‡ pej = person: also **scumbag**) salaud‡ m, ordure‡ f

**scummy** /'skʌmɪ/ ADJ (lit) écumeux, couvert d'écume, mousseux; (‡ pej) de salaud‡

**scunner*** /'skʌnəʳ/ (Scot) N ◆ **what a ~!** quelle barbe!* VI ◆ **to be ~ed** en avoir marre‡

**scupper** /'skʌpəʳ/ N (Naut) dalot or daleau m VT (Brit *) [+ plan, negotiations] faire capoter*; [+ effort] saboter ◆ **we're ~ed** nous sommes fichus*

**scurf** /skɜːf/ N (on scalp) pellicules fpl (du cuir chevelu); (on skin) peau f morte

**scurfy** /'skɜːfɪ/ ADJ [scalp] pelliculeux; [skin] dartreux

**scurrility** /skʌ'rɪlɪtɪ/ N a (= slander) caractère m calomnieux b (= obscenity) obscénité f

**scurrilous** /'skʌrɪləs/ ADJ a (= defamatory) [rumour, article] calomnieux b (= obscene) obscène

**scurrilously** /'skʌrɪləslɪ/ ADV a (= slanderously) [suggest, abuse] calomnieusement b (= obscenely) ◆ **~ funny jokes** des plaisanteries fpl obscènes

**scurry** /'skʌrɪ/ N débandade f, sauve-qui-peut m inv ◆ **a ~ of footsteps** des pas précipités VI se précipiter, filer* (à toute allure)

► **scurry away, scurry off** VI [person] détaler, se sauver (à toutes jambes); [animal] détaler

**scurvy** /'skɜːvɪ/ N scorbut m ADJ (†† or liter) bas (basse f), mesquin, vil (vile f)

**scut** /skʌt/ N [of rabbit, deer] queue f

**scutcheon** /'skʌtʃən/ N ⇒ **escutcheon**

**scuttle**[1] /'skʌtl/ N (for coal) seau m (à charbon)

**scuttle**[2] /'skʌtl/ VI courir précipitamment ◆ **to ~ in/out/through** etc entrer/sortir/traverser etc précipitamment

► **scuttle away, scuttle off** VI déguerpir, filer*

**scuttle**[3] /'skʌtl/ N a (Naut) écoutille f b (US: in ceiling) trappe f VT a (Naut) saborder ◆ **to ~ one's own ship** se saborder b (fig) [+ hopes, plans] faire échouer

**scuttlebutt** /'skʌtlbʌt/ N a (Naut = water cask) baril m d'eau douce b (US fig = gossip) ragots mpl, commérages mpl

**scuzzy**‡ /'skʌzɪ/ ADJ (= dirty) dégueulasse‡; (= seedy) louche

**Scylla** /'sɪlə/ N Scylla ◆ **to be between ~ and Charybdis** tomber de Charybde en Scylla

**scythe** /saɪð/ N faux f VT faucher

► **scythe down** VT SEP [+ opponents, critics] descendre en flammes*

► **scythe through** VT FUS [+ troops, army] décimer; [+ building] pulvériser

**SD** abbrev of **South Dakota**

**SDI** /ˌesdiː'aɪ/ N (US Mil, Space) (abbrev of **Strategic Defense Initiative**) → **strategic**

**SDLP** /ˌesdiːel'piː/ N (Ir Pol) (abbrev of **Social Democratic and Labour Party**) → **social**

**SDP** /ˌesdiː'piː/ N (Brit Pol: formerly) (abbrev of **Social Democratic Party**) → **social**

**SE** (abbrev of **south-east**) S.-E.

**sea** /siː/ N a (not land) mer f ◆ **to swim in the ~** nager or se baigner dans la mer ◆ **on the ~** [boat] en mer; [town] au bord de la mer ◆ **by or beside the ~** au bord de la mer ◆ **by ~** par mer, en bateau ◆ **to be swept or carried out to ~** être emporté par la mer ◆ **to go to ~** [boat] prendre la mer; [person] devenir or se faire marin ◆ **to put to ~** prendre la mer ◆ **look out to ~** regardez au or vers le large ◆ **over or (liter) beyond the ~(s)** outre-mer ◆ **from over or (liter) beyond the ~(s)** d'outre-mer ◆ **(out) at ~** (lit) en mer ◆ **I'm all at ~*** (= unable to understand, follow) je nage complètement*; (= unable to get used to new situation) je suis complètement désorienté or déboussolé* ◆ **he was all at ~ in the discussion** il était complètement perdu dans la discussion ◆ **it left him all at ~** cela l'a complètement désorienté; → **burial, call, follow, half, high**

b (= particular area) mer f ◆ **the Sea of Galilee** la mer de Galilée; → **dead, red, seven**

c (NonC = state of the sea) (état m de la) mer f ◆ **what's the ~ like?** comment est la mer? ◆ **a rough or heavy ~** une mer houleuse ◆ **a calm ~** une mer calme ◆ **to ship a ~** (Naut) embarquer un paquet de mer

d (fig) [of flowers, corn] mer f; [of blood] mare f, mer f; [of difficulties, troubles, doubts, confusion] océan m ◆ **a ~ of faces** une multitude de visages

COMP ▷ **sea air** N air m marin or de la mer ▷ **sea anchor** N ancre f flottante ▷ **sea anemone** N anémone f de mer ▷ **sea bathing** N bains mpl de mer ▷ **sea battle** N bataille f navale ▷ **sea bed** N fond m de la mer ▷ **sea bird** N oiseau m de mer, oiseau m marin ▷ **sea biscuit** N biscuit m de mer ▷ **sea boot** N botte f de caoutchouc ▷ **sea bream** N dorade or daurade f ▷ **sea breeze** N brise f de mer or du large ▷ **sea captain** N capitaine m (de la marine marchande) ▷ **sea change** N profond changement m ▷ **sea chest** N malle-cabine f ▷ **sea coast** N côte f ▷ **sea cow** N vache f marine ▷ **sea crossing** N traversée f (par mer) ▷ **sea cucumber** N concombre m de mer ▷ **sea defences** NPL ouvrages mpl de défense (contre la mer) ▷ **sea dog** N (= fish) roussette f, chien m de mer; (= seal) phoque m commun ◆ **(old) ~ dog** (= sailor) (vieux) loup m de mer ▷ **sea eagle** N aigle m de mer ▷ **sea eel** N anguille f de mer ▷ **sea elephant** N éléphant m de mer ▷ **sea fight** N combat m naval ▷ **sea fish** N poisson m de mer ▷ **sea fish farming** N aquaculture f marine ▷ **sea floor** N fond m de la mer ▷ **sea front** N bord m de (la) mer, front m de mer ▷ **sea god** N dieu m marin ▷ **sea-green** N vert m glauque inv ADJ glauque ▷ **sea horse** N hippocampe m ▷ **sea kale** N chou m marin, crambe m ▷ **sea lane** N couloir m or voie f de navigation maritime ▷ **sea legs** NPL ◆ **to find or get one's ~ legs** s'amariner, s'habituer à la mer ◆ **he's got his ~ legs** il a retrouvé le pied marin ▷ **sea level** N niveau m de la mer ◆ **100 metres above/below ~ level** 100 mètres au-dessus/au-dessous du niveau de la mer ▷ **sea lift** N (Mil) évacuation f par mer ▷ **sea lion** N otarie f ▷ **sea loch** N (Scot) bras m de mer ▷ **Sea Lord** N (Brit) ≃ amiral m ◆ **First Sea Lord** ≃ amiral m chef d'état-major de la Marine ▷ **sea mile** N mille m marin ▷ **sea otter** N loutre f de mer ▷ **sea power** N puissance f navale ▷ **sea route** N route f maritime ▷ **sea rover** N (= ship) bateau m pirate; (= person) pirate m ▷ **sea salt** N sel m de mer ▷ **Sea Scout** N scout m marin ▷ **sea serpent** N serpent m de mer ▷ **sea shanty** N chanson f de marins ▷ **sea shell** N coquillage m ▷ **sea transport** N transports mpl maritimes ▷ **sea trout** N truite f de mer ▷ **sea urchin** N oursin m ▷ **sea view** N (esp Brit) vue f sur la mer ▷ **sea wall** N digue f ▷ **sea water** N eau f de mer

**Seabee** /'siːˌbiː/ N (US Mil) militaire m du Génie maritime

**seaboard** /'siːbɔːd/ N littoral m, côte f

**seaborne** /'siːbɔːn/ ADJ [goods] transporté par mer; [trade] maritime

**seafarer** /'siːˌfeərəʳ/ N marin m

**seafaring** /'siːˌfeərɪŋ/ N (also **seafaring life**) vie f de marin COMP ▷ **seafaring man** N marin m

**seafood** /'siːfuːd/ N fruits mpl de mer

**seagirt** /'siːgɜːt/ ADJ (liter) ceint par la mer

**seagoing** /'siːgəʊɪŋ/ ADJ (Naut) long-courrier; [theme, experience] maritime ◆ **~ man** marin m ◆ **~ ship** (navire m) long-courrier m, navire m de mer

**seagull** /'siːgʌl/ N mouette f

**seal**[1] /siːl/ N phoque m VI ◆ **to go ~ing** chasser le phoque COMP ▷ **seal cull** N abattage m de phoques

**seal**[2] /siːl/ N a (= stamping device) sceau m, cachet m; (on document) sceau m, cachet m; (on envelope) cachet m; (on package) plomb m; (Jur: on door etc) scellé m ◆ **to be under ~** (frm) [document] être sous scellés ◆ **under ~ of secrecy** sous le sceau du secret ◆ **under the ~ of confession** dans le secret de la confession ◆ **~ of quality** (Comm) label m de qualité ◆ **given under my hand and ~** (Jur) signé et scellé par moi ◆ **to put or set one's ~ to sth** apposer son sceau à qch ◆ **to set or give one's ~ of approval to sth** donner son approbation à qch ◆ **this set the ~ on their alliance** ceci a scellé leur alliance; → **privy, self**

b (= ornamental stamp) **Christmas ~** timbre m ornemental de Noël

c (= device for sealing: also Aut) joint m (d'étanchéité) ◆ **the ~ is not very good** ce n'est pas très étanche

VT a (= put seal on) [+ document] sceller, apposer un sceau sur; (= stick down) [+ envelope, packet] coller, fermer; (= close with seal) [+ envelope] cacheter; [+ package] plomber; [+ jar] sceller, fermer hermétiquement; [+ tin] souder ◆ **~ed orders** instructions fpl secrètes ◆ **my lips are ~ed** (hum) mes lèvres sont scellées ◆ **to ~ a steak** (Culin) saisir un bifteck; → **hermetically**

b (= close off) [+ area] boucler; [+ border] fermer

c (= decide) [+ fate] régler, décider (de); [+ bargain] conclure ◆ **this ~ed his fate** cela a décidé (de) or a réglé son sort

COMP ▷ **seal ring** N chevalière f

► **seal in** VT SEP enfermer (hermétiquement) ◆ **our special process ~s the flavour in** notre procédé spécial garde or conserve toute la saveur

► **seal off** VT SEP (= close up) [+ door, room] condamner; (= forbid entry to) [+ passage, *road, room]* interdire l'accès de ; *(with troops, police etc) [+ area]* boucler

► **seal up** VT SEP *[+ window, door, jar]* fermer hermétiquement, sceller ; *[+ tin]* souder

**sealant** /ˈsiːlənt/ N *(= device)* joint *m* ; *(= substance)* enduit *m* étanche

**sealer** /ˈsiːləʳ/ N *(= person)* chasseur *m* de phoques ; *(= ship)* navire *m* équipé pour la chasse au(x) phoque(s)

**sealing¹** /ˈsiːlɪŋ/ N chasse *f* aux phoques

**sealing²** /ˈsiːlɪŋ/ N *[of document]* scellage *m* ; *[of letter]* cachetage *m* ; *[of package]* plombage *m* COMP ▷ **sealing wax** N cire *f* à cacheter

**sealskin** /ˈsiːlskɪn/ N peau *f* de phoque ADJ en peau de phoque

**seam** /siːm/ N a *(in cloth, canvas)* couture *f* ; *(in plastic, rubber)* couture *f*, joint *m* ; *(in planks, metal)* joint *m* ; *(in welding)* soudure *f* ♦ **to fall** *or* **come apart at the ~s** *[garment]* se découdre ; *[relationship]* battre de l'aile ; *[system, country]* s'écrouler ♦ **to be bursting at the ~s** * *[suitcase, room]* être plein à craquer b *(Min)* filon *m*, veine *f* ; *(Geol)* couche *f* c *(on face)* *(= wrinkle)* ride *f* ; *(= scar)* balafre *f*, couture *f* VT faire une couture *or* un joint à

**seaman** /ˈsiːmən/ N (pl **-men**) *(gen)* marin *m* ; *(US Navy)* quartier-maître *m* de 2ᵉ classe ; → **able, ordinary** COMP ▷ **seaman apprentice** N *(US Navy)* matelot *m* breveté ▷ **seaman recruit** N *(US Navy)* matelot *m*

**seamanlike** /ˈsiːmənlaɪk/ ADJ de bon marin

**seamanship** /ˈsiːmənʃɪp/ N habileté *f* dans la manœuvre, qualités *fpl* de marin

**seamed** /siːmd/ ADJ a *[stockings, tights]* à couture b *[face]* sillonné de rides ♦ **a face ~ with wrinkles** un visage sillonné de rides ♦ **the cave was ~ with crevices** la paroi de la caverne était entaillée de fissures ♦ **grey rock ~ with white** de la roche grise veinée de blanc

**seamen** /ˈsiːmən/ NPL of **seaman**

**seamless** /ˈsiːmlɪs/ ADJ a *[stockings, bra, garment]* sans couture b *(= smooth) [transition]* sans heurts, en douceur ; *[blend]* homogène ♦ **a ~ whole** un ensemble homogène

**seamstress** /ˈsemstrɪs/ N couturière *f*

**seamy** /ˈsiːmɪ/ ADJ *[event, details]* sordide ; *[district]* mal famé, louche ♦ **the ~ side of life** le côté sordide de la vie

**séance** /ˈseɪɑ̃ːns/ N *[of spiritualists]* séance *f* de spiritisme ; *[of committee etc]* séance *f*, réunion *f*

**seaplane** /ˈsiːpleɪn/ N hydravion *m* COMP ▷ **seaplane base** N hydrobase *f*

**seaport** /ˈsiːpɔːt/ N port *m* de mer

**sear** /sɪəʳ/ ADJ desséché, flétri VT a *(= wither) [+ flower, grain, leaves]* flétrir ; *(= burn)* brûler ; *(= cauterize)* cautériser ; *(= brand)* marquer au fer rouge b *(Culin)* griller c *(fig = make callous) [+ person, conscience, feelings]* endurcir

► **sear through** VT FUS *[+ walls, metal]* traverser, percer

**search** /sɜːtʃ/ N a *(for sth lost)* recherche(s) *f(pl)* ♦ **in ~ of** à la recherche de ♦ **a ~ was made for the child** on a entrepris des recherches pour retrouver l'enfant ♦ **the ~ for the missing man** les recherches entreprises pour retrouver l'homme ♦ **to begin a ~ for** *[+ person]* partir à la recherche de ; *[+ thing]* se mettre à la recherche de ♦ **in my ~ I found an interesting book** au cours de mes recherches j'ai découvert un livre intéressant ; → **house**

b *[of drawer, box, pocket, district]* fouille *f* ; *(Admin) [of luggage etc]* visite *f* ; *(Jur) [of building etc]* perquisition *f* ♦ **the ~ did not reveal anything** la fouille n'a rien donné ♦ **his ~ of the drawer revealed nothing** il a fouillé le tiroir sans rien trouver *or* pour ne rien trouver ♦ **the thieves' ~ of the house** la fouille de la maison par les voleurs ♦ **house ~** *(Police)* perquisition *f* à domicile, visite *f* domiciliaire ♦ **right of ~** *(Jur)* droit *m* de visite ♦ **passengers must submit to a ~** les passagers doivent se soumettre à une fouille

c *(Comput)* recherche *f* ♦ **~ and replace** recherche *f* et remplacement *m*

VT a *(= hunt through) [+ house, park, woods, district]* fouiller ; *(Jur) [+ house etc]* perquisitionner ♦ **they ~ed the woods for the child** ils ont fouillé les bois *or* ils ont passé les bois au peigne fin à la recherche de l'enfant ♦ **we have ~ed the library for it** nous l'avons cherché partout dans la bibliothèque

b *(= examine) [+ pocket, drawer, suitcase]* fouiller (dans) (*for* pour essayer de retrouver) ; *[+ luggage] (gen)* fouiller ; *(Customs, Police etc)* visiter ; *[+ suspect]* fouiller ♦ **they ~ed him for a weapon** ils l'ont fouillé pour s'assurer qu'il n'avait pas d'arme ♦ **~ me!** * je n'en sais rien !, je n'en ai pas la moindre idée !

c *(= scan) [+ documents, records, photograph]* examiner (en détail) (*for* pour trouver) ♦ **he ~ed her face for some sign of affection** il a cherché sur son visage un signe d'affection ♦ **to ~ one's conscience** sonder sa conscience ♦ **to ~ one's memory** chercher dans *or* fouiller dans ses souvenirs

d *(Comput) [+ file]* consulter ♦ **to ~ a file for sth** rechercher qch dans un fichier

VI a *(gen)* chercher ♦ **to ~ after** *or* **for sth** chercher *or* rechercher qch ♦ **to ~ through sth** fouiller qch, chercher dans qch ♦ **they ~ed through his belongings** ils ont fouillé ses affaires

b *(Comput)* **to ~ for** rechercher

COMP ▷ **search-and-destroy** ADJ *(Mil) [mission, operation]* de recherche et destruction ▷ **search and rescue** N sauvetage *m* ▷ **search engine** N *(Comput)* moteur *m* de recherche ▷ **search party** N équipe *f* de secours ▷ **search warrant** N *(Jur)* mandat *m* de perquisition

► **search about, search around** VI ♦ **to search about for sth** chercher qch un peu partout, fouiller un peu partout pour trouver qch

► **search out** VT SEP chercher partout ; *(and find)* trouver

**searcher** /ˈsɜːtʃəʳ/ N chercheur *m*, -euse *f* (*for, after* en quête de)

**searching** /ˈsɜːtʃɪŋ/ ADJ *[look, glance, eyes]* scrutateur (-trice *f*), inquisiteur (-trice *f*) ; *[mind]* pénétrant ; *[question]* perspicace ; *[examination]* rigoureux ♦ **it was a ~ test of his ability** cela a mis ses compétences à rude épreuve ; → **heart**

**searchingly** /ˈsɜːtʃɪŋlɪ/ ADV *[look]* d'un air inquisiteur

**searchlight** /ˈsɜːtʃlaɪt/ N projecteur *m*

**searing** /ˈsɪərɪŋ/ ADJ a *(= intense) [heat]* torride ; *[sun]* brûlant, de plomb ; *[light]* aveuglant ; *[pain]* fulgurant b *(= forceful) [indictment, criticism, article]* virulent

**seascape** /ˈsiːskeɪp/ N *(= view)* paysage *m* marin ; *(Art)* marine *f*

**seashore** /ˈsiːʃɔːʳ/ N rivage *m*, bord *m* de (la) mer ♦ **by** *or* **on the ~** au bord de la mer ♦ **children playing on the ~** des enfants qui jouent sur la plage

**seasick** /ˈsiːsɪk/ ADJ ♦ **to be ~** avoir le mal de mer ♦ **to feel ~** avoir le mal de mer

**seasickness** /ˈsiːsɪknɪs/ N mal *m* de mer

**seaside** /ˈsiːsaɪd/ N *(NonC)* bord *m* de la mer ♦ **at** *or* **beside** *or* **by the ~** au bord de la mer, à la mer ♦ **we're going to the ~** nous allons à la mer *or* au bord de la mer COMP *[town]* au bord de la mer ; *[holiday]* à la mer ; *[hotel]* en bord de mer, au bord de la mer ▷ **seaside resort** N station *f* balnéaire

**season** /ˈsiːzn/ LANGUAGE IN USE 23.2

N a *(spring, summer etc)* saison *f* ♦ **the dry ~** la saison sèche ; → **monsoon, rainy**

b *(Sport, Comm, Zool, Agr, Hunting etc)* saison *f* ; *(= period of activity, availability etc)* époque *f*, saison *f* ; (also **social season**) saison *f* des réunions mondaines ♦ **it isn't the ~ for lily of the valley** ce n'est pas la saison du muguet ♦ **the hay fever ~** la saison du rhume des foins ♦ **when does the new ~ begin?** *(Sport)* quand commence la nouvelle saison ? ♦ **his first ~ in the Celtic team** *(Sport)* sa première saison dans l'équipe du Celtic ♦ **the start of the ~** *(for tourism, hotels etc)* le début de (la) saison ; *(Shooting)* l'ouverture de la chasse ; *(social)* le commencement de la saison (mondaine) ♦ **early in the ~** *(gen)* en début de saison ; *(very beginning)* au début de la saison ♦ **late in the ~** dans l'arrière-saison, tard dans la saison ♦ **the busy ~** *(for shops etc)* la période de grande activité ; *(for hotels etc)* la pleine saison ♦ **the peak/high/low ~** *(Brit)* la pleine/haute/basse saison ♦ **the hunting/fishing** *etc* **~** la saison de la chasse/de la pêche *etc* ♦ **the strawberry/sweetcorn ~** la saison des fraises/du maïs ♦ **the football ~** la saison de football ♦ **the tourist ~** la saison touristique ♦ **the holiday ~** la période *or* la saison des vacances ♦ **the Christmas ~** la période de Noël *or* des fêtes ♦ **"Season's greetings"** "Joyeux Noël et bonne année" ♦ **to be out of/in ~** *[food]* ne pas être/être de saison ; *(for hunting)* être fermé/ouvert ; see also **noun f** ♦ **are pheasants in ~ now?** les faisans sont-ils en saison ? ♦ **to go somewhere out of/in ~** aller quelque part hors saison *or* en basse saison/en haute saison ♦ **strawberries out of/in ~** fraises hors de/de saison ; → **breeding, festive, silly**

c *(fig)* moment *m* opportun ♦ **a word in ~** un mot dit à propos *or* au moment opportun ♦ **in (~) and out of ~** à tout bout de champ ♦ **in due ~** en temps utile, au moment opportun

d *(Theat)* saison *f* (théâtrale) ♦ **he did a ~ at the Old Vic** il a joué à l'Old Vic pendant une saison ♦ **the film is here for a short ~** le film sera projeté quelques semaines ♦ **for a ~, Peter Knight in "Macbeth"** pour quelques semaines, Peter Knight dans "Macbeth" ♦ **a Dustin Hoffman ~, a ~ of Dustin Hoffman films** *(TV)* un cycle Dustin Hoffman

e ⇒ **season ticket**

f *(Vet) [animals] (for mating)* ♦ **to be out of/in ~** *[males]* ne pas être/être en (période de) rut ; *[females]* ne pas être/être en chaleur

VT a *[+ wood]* faire sécher, dessécher ; *[+ cask]* abreuver ; see also **seasoned**

b *(Culin) (with condiments)* assaisonner ; *(with spice)* épicer, relever ♦ **a highly ~ed dish** un plat relevé ♦ **a speech ~ed with humour** un discours assaisonné *or* pimenté d'humour

COMP ▷ **season ticket** N *(Rail, Theat etc)* carte *f* d'abonnement ♦ **to take out a ~ ticket** prendre un abonnement, s'abonner (*for* à) ▷ **season ticket holder** N abonné(e) *m(f)*

**seasonable** /ˈsiːznəbl/ ADJ a *[weather]* de saison b *(frm = timely) [advice, arrival]* opportun

**seasonal** /ˈsiːzənl/ ADJ *[work, migration]* saisonnier ; *[changes, fruit, vegetable]* de saison ♦ **the holiday business is ~** le tourisme est une industrie saisonnière COMP ▷ **seasonal adjustment** N *(Econ, Pol)* correction *f* des variations saisonnières ♦ **after ~ adjust-**

**ments** en données corrigées des variations saisonnières, après correction des variations saisonnières ▷ **seasonal affective disorder** N dépression *f* saisonnière ▷ **seasonal worker** N (ouvrier *m*, -ière *f*) saisonnier *m*, -ière *f*

**seasonally** /ˈsiːzənəlɪ/ ADV *[migrate]* de manière saisonnière ◆ ~ **available fruit and vegetables** les fruits *mpl* et légumes *mpl* de saison ◆ ~ **adjusted figures** données *fpl* corrigées des variations saisonnières ◆ **according to the ~ adjusted figures** en données corrigées des variations saisonnières, après correction des variations saisonnières

**seasoned** /ˈsiːznd/ ADJ a *(= experienced) [professional, performer]* chevronné, expérimenté ; *[observer, traveller]* expérimenté ; *[troops]* aguerri ◆ ~ **campaigner** *(fig)* vieux routier *m* ◆ **a ~ campaigner for civil rights** un vétéran des campagnes pour les droits civils b *[wood, timber]* séché ; see also **season**

**seasoning** /ˈsiːznɪŋ/ N assaisonnement *m* ◆ **add ~** assaisonnez ◆ **there wasn't enough ~ in the soup** la soupe manquait d'assaisonnement ◆ **with a ~ of humour** avec un grain *or* une pointe d'humour

**seat** /siːt/ N a *(= chair etc) (gen)* siège *m* ; *(in theatre, cinema)* fauteuil *m* ; *(in bus, train)* banquette *f* ; *(Aut) (individual)* siège *m* ; *(for several people)* banquette *f* ; *[of cycle]* selle *f* ; → **back, driver, hot**

b *(= place or right to sit)* place *f* ◆ **to take a ~** s'asseoir ◆ **to take one's ~** prendre place ; see also **noun d** ◆ **to keep one's ~** rester assis ◆ **to lose one's ~** perdre sa place ; see also **noun d** ◆ **have a ~** asseyez-vous, prenez place ◆ **I'd like two ~s for ...** *(Cine, Theat)* je voudrais deux places pour ... ◆ **keep a ~ for me** gardez-moi une place ◆ **there are ~s for 70 people** il y a 70 places assises ; → **book**

c *(= part of chair)* siège *m* ; *[of trousers]* fond *m* ; *(* = buttocks)* derrière *m*, postérieur * *m* ◆ **he was flying by the ~ of his pants** *(fig)* il a dû faire appel à toute la présence d'esprit dont il était capable

d *(Parl)* siège *m* ◆ **to keep/lose one's ~** être/ne pas être réélu ◆ **to take one's ~ in the Commons/in the Lords** *(Brit)* prendre son siège aux Communes/à la Chambre des lords, ≃ être validé comme député à l'Assemblée nationale/comme sénateur ◆ **the socialists won/lost ten ~s** les socialistes ont gagné/perdu dix sièges ◆ **they won the ~ from the Conservatives** ils ont pris le siège aux conservateurs ◆ **a majority of 50 ~s** une majorité de 50 (députés *etc*) ; → **safe**

e *(on company board, committee)* siège *m*

f *(= location, centre) [of government]* siège *m* ; *[of commerce]* centre *m* ; *(Med) [of infection]* foyer *m* ◆ ~ **of learning** haut lieu *m* du savoir ◆ **he has a (country) ~ in the north** il a un manoir *or* un château dans le nord

g *(Horse-riding)* **to have a good ~** avoir une bonne assiette, bien se tenir en selle ◆ **to keep one's ~** rester en selle ◆ **to lose one's ~** être désarçonné, vider les étriers

VT a *[+ child]* (faire) asseoir ; *(at table) [+ guest]* placer ◆ **to ~ o.s.** s'asseoir ◆ **please be ~ed** veuillez vous asseoir, asseyez-vous je vous prie ◆ **to remain ~ed** rester assis ◆ **the waiter ~ed him at my table** le garçon l'a placé à ma table ; → **deep**

b *(= have or find room for)* **we cannot ~ them all** nous n'avons pas assez de sièges pour tout le monde ◆ **how many does the hall ~?** combien y a-t-il de places assises *or* à combien peut-on s'asseoir dans la salle ? ◆ **this car ~s six in comfort** on tient confortablement à six dans cette voiture ◆ **this table ~s eight** on peut tenir à huit à cette table, c'est une table pour huit personnes *or* couverts

c *(also* **reseat***) [+ chair]* refaire le siège de ; *[+ trousers]* (re)mettre un fond à

VI *(frm)* ◆ **this skirt won't ~** cette jupe ne va pas se déformer à l'arrière

COMP ▷ **seat back** N dossier *m* (de chaise *etc*) ▷ **seat belt** N *(Aut, Aviat)* ceinture *f* de sécurité ▷ **seat cover** N housse *f (de siège)*

**-seater** /ˈsiːtəʳ/ ADJ, N *(in compounds)* ◆ **a two-seater** *(Aut)* une deux places ◆ **two-seater car/plane** voiture *f*/avion *m* biplace *or* à deux places ◆ **a 50~ coach** un car de 50 places

**seating** /ˈsiːtɪŋ/ N *(NonC)* a *(= act)* répartition *f or* allocation *f* des places ◆ **is the ~ (of the guests) all right?** est-ce qu'on a bien placé les invités ? b *(= seats)* sièges *mpl* ; *(as opposed to standing room)* places *fpl* assises ◆ ~ **for 600** 600 places assises COMP ▷ **seating accommodation** N nombre *m* de places assises ▷ **seating arrangements** NPL ◆ **we must think about the ~ arrangements** nous devons réfléchir à la manière dont nous allons placer les gens ◆ **what are the ~ arrangements?** comment va-t-on placer les gens ? ▷ **seating capacity** N ⇒ **seating accommodation** ▷ **seating plan** N *(at dinner)* plan *m* de table

**seatmates** /ˈsiːtmeɪts/ NPL *(US)* ◆ **we were ~** nous étions assis l'un(e) à côté de l'autre

**SEATO** /ˈsiːtəʊ/ N (abbrev of **South East Asia Treaty Organisation**) OTASE *f*

**seatwork** /ˈsiːtwɜːk/ N *(US Scol)* travail *m* fait en classe

**seaward** /ˈsiːwəd/ ADJ a *(= towards the sea) [side, face, end]* qui fait face à la mer, côté mer ; *[journey]* vers la mer b *(= from the sea) [wind]* (venant) du large ADV *(also* **seawards***)* *(= towards sea)* vers la mer ; *(= out to sea)* vers le large

**seaway** /ˈsiːweɪ/ N route *f* maritime

**seaweed** /ˈsiːwiːd/ N algue(s) *f(pl)*

**seaworthiness** /ˈsiːˌwɜːðɪnɪs/ N navigabilité *f* ; → **certificate**

**seaworthy** /ˈsiːˌwɜːðɪ/ ADJ en état de naviguer

**sebaceous** /sɪˈbeɪʃəs/ ADJ sébacé

**Sebastian** /sɪˈbæstjən/ N Sébastien *m*

**seborrhoea** /ˌsebəˈrɪə/ N séborrhée *f*

**sebum** /ˈsiːbəm/ N sébum *m*

**SEC** /ˌesiːˈsiː/ N *(US)* (abbrev of **Securities and Exchange Commission**) ≃ COB *f*

**sec** * /sek/ N abbrev of **second**

**SECAM** /ˈsiːˌkæm/ *(TV)* (abbrev of **séquentiel à mémoire**) SECAM *m*

**secant** /ˈsiːkənt/ N sécante *f* ADJ sécant

**secateurs** /ˌsekəˈtɜːz/ NPL *(esp Brit:* also **pair of secateurs**) sécateur *m*

**secede** /sɪˈsiːd/ VI faire sécession, se séparer *(from* de)

**secession** /sɪˈseʃən/ N sécession *f*, séparation *f*

**secessionist** /sɪˈseʃnɪst/ ADJ, N sécessionniste *mf*

**seclude** /sɪˈkluːd/ VT éloigner *or* isoler (du monde)

**secluded** /sɪˈkluːdɪd/ ADJ *[place, beach, house]* retiré, à l'écart ; *[valley, garden]* retiré ; *[life]* retiré (du monde) ; *[village]* isolé

**seclusion** /sɪˈkluːʒən/ N solitude *f* ◆ **to live in ~** vivre en solitaire, vivre retiré du monde

**second**[1] /ˈsekənd/ ADJ a *(one of many)* deuxième ; *(one of two)* second ◆ **a ~ chance** une seconde *or* autre chance ◆ **you may not get a ~ chance** l'occasion ne se représentera peut-être pas ◆ **Britain's ~ city** la deuxième ville de Grande-Bretagne ◆ **the ~ day I was there** le lendemain de mon arrivée ◆ **every ~ day** tous les deux jours, un jour sur deux ◆ **every ~ Thursday** un jeudi sur deux ◆ **on the ~ floor** *(Brit)* au deuxième (étage) ; *(US)* au premier (étage) ◆ **to hear** *or* **learn sth at ~ hand** *(= indirectly)* apprendre qch de seconde main ; see also **secondhand** ◆ **to be ~ in the queue** être le (*or* la) deuxième dans la queue ◆ **he was ~ in French** *(Scol)* il était deuxième en français ◆ **this is her ~ marriage** c'est la deuxième fois qu'elle se marie, c'est son second mariage ◆ **in the ~ place** deuxièmement, en second lieu ◆ **in the first place ... in the ~ place ...** d'abord ... ensuite ... ◆ **to be** *or* **lie in ~ place** être en deuxième position, occuper la deuxième place ◆ **to finish in ~ place** terminer deuxième ◆ **that's the ~ time you've asked me that** c'est la deuxième fois que vous me posez la question ◆ **a ~ time** une deuxième fois ◆ **for the** *or* **a ~ time** pour la deuxième fois ◆ **for the ~ and last time** pour la seconde et dernière fois ◆ ~ **time around** la deuxième fois ◆ **to be ~ to none** être sans pareil, être sans égal ◆ **San Francisco is ~ only to New York as the tourist capital of the States** San Francisco se place tout de suite après New York comme capitale touristique des États-Unis ; → **helping, look, row**[1] ; *for other phrases see* **sixth**

b *(= additional) [car]* deuxième ◆ **to have a ~ home** avoir une résidence secondaire

c *(in comparisons)* second ◆ **there are fears of a ~ Chernobyl** on craint un second Tchernobyl ◆ **England is like a ~ home to him** l'Angleterre est une seconde patrie pour lui ◆ **she's like a ~ mother to me** elle est (comme) une deuxième mère pour moi ◆ ~ **self** autre soi-même *m* ◆ **my ~ self** un(e) autre moi-même

d *(Mus)* ◆ ~ **violin** second violon *m* ◆ **to play ~ violin** être second violon ◆ **she's singing ~ soprano in the concert** elle est seconde soprano pour ce concert

e *(in titles)* ◆ **Queen Elizabeth the Second** la reine Élisabeth II ◆ **Pope John Paul the Second** le pape Jean-Paul II ; *for other phrases see* **sixth**

ADV a *(one of many)* deuxième ; *(one of two)* second ◆ **to come ~** *(in poll, league table)* arriver deuxième *or* second, arriver en deuxième *or* seconde position ◆ **to come** *or* **finish ~** *(in race, competition, election)* arriver *or* terminer deuxième *or* second ◆ **Lowry came ~ to Everett** Lowry est arrivée en seconde position derrière Everett ◆ **he was placed ~** il s'est classé deuxième *or* second ◆ **he arrived ~** *(at meeting, party etc)* il a été le deuxième à arriver

b *(= secondly)* deuxièmement

c *(+ superl adj)* ◆ **the ~ tallest building in the world** le deuxième immeuble du monde par sa hauteur ◆ **the ~ largest shareholder** le deuxième actionnaire par ordre d'importance ◆ **the ~ most common question** la deuxième parmi les questions les plus souvent posées ; see also **second-best**

N a deuxième *mf*, second(e) *m(f)* ◆ **he came a good** *or* **close ~** il a été battu de justesse ◆ **he came a poor ~** il est arrivé deuxième, loin derrière le vainqueur

b *(Boxing)* soigneur *m* ; *(in duel)* second *m*, témoin *m* ◆ **~s out (of the ring)!** *(Boxing)* soigneurs hors du ring !

c *(Brit Univ)* ≃ licence *f* avec mention (assez) bien ◆ **he got an upper/a lower ~** ≃ il a eu sa licence avec mention bien/assez bien ◆ **many students get a lower ~** de nombreux étudiants sont reçus avec la mention assez bien d (also **second gear**) seconde *f* ◆ **in** ~ en seconde

e *(Mus = interval)* seconde *f*

NPL **seconds** a *(Comm = imperfect goods)* articles *mpl* de second choix, articles *mpl* comportant un défaut

b *(* = second helping)* rab* *m*, rabiot* *m* ◆ **anyone for ~s?** * qui en reveut ?, qui veut du rab ?*

VT a *[+ motion]* appuyer ; *[+ speaker]* appuyer la motion de ◆ **I'll ~ that** *(at meeting)* j'appuie cette proposition *or* cette demande ; *(gen)* je suis d'accord *or* pour *

b /sɪ'kɒnd/ *(Brit Admin, Mil)* affecter provisoirement (*to* à), détacher (*to* à)

COMP ▷ **second-best** → **second-best** ▷ **second chamber** N *(Parl)* deuxième chambre *f* ◆ **the ~ chamber** *(Brit)* la Chambre haute, la Chambre des lords ▷ **second childhood** N ◆ **to be in one's ~ childhood** être retombé en enfance ▷ **second-class** → **second-class** ▷ **the second coming** N *(Rel)* le second avènement (du Christ) ▷ **second cousin** N petit(e) cousin(e) *m(f)* *(issu(e) de germains)* ▷ **second fiddle** N *(fig)* ◆ **to play ~ fiddle** jouer les seconds rôles (*to sb* à côté de qn) ▷ **second gear** N seconde *f* ▷ **second-guess** * VT *(esp US)* *[+ sb's reaction]* essayer d'anticiper ◆ **to ~-guess sb** essayer d'anticiper ce que qn va faire ▷ **the second house** N *(Theat)* la deuxième *or* seconde représentation (de la journée) ▷ **second-in-command** N *(Mil)* commandant *m* en second ; *(Naut)* second *m* ; *(gen)* second *m*, adjoint *m* ◆ **to be ~ in command** être deuxième dans la hiérarchie ▷ **second language** N *(in education system)* première langue *f* (étrangère) ; *(of individual)* deuxième langue *f* ▷ **second lieutenant** N *(Mil etc)* sous-lieutenant *m* ▷ **second mate** N *(Merchant Navy)* commandant *m* en second ▷ **second mortgage** N hypothèque *f* de second rang ▷ **second name** N nom *m* de famille ▷ **second nature** N ◆ **it's ~ nature (to him)** c'est une seconde nature (chez lui) ◆ **it was ~ nature for him to help his friends** aider ses amis était chez lui une seconde nature ▷ **second officer** N ⇒ **second mate** ▷ **a second opinion** N *(gen)* un autre avis, l'avis *m* de quelqu'un d'autre ; *(from doctor, lawyer, etc)* un deuxième avis ◆ **I'd like a ~ opinion** j'aimerais avoir un autre avis *or* l'avis de quelqu'un d'autre ▷ **the second person** N *(Gram)* la deuxième personne ◆ **in the ~ person** à la deuxième personne ◆ **the ~ person singular/plural** la deuxième personne du singulier/du pluriel ▷ **second-rate** ADJ *[goods]* de qualité inférieure ; *[work]* médiocre ; *[writer]* de seconde zone ▷ **second-rater** * N médiocre *mf*, médiocrité *f* ▷ **second sight** N ◆ **to have ~ sight** avoir le don de double vue ▷ **second string** N *(esp US Sport)* *(= player)* remplaçant(e) *m(f)* ; *(= team)* équipe *f* de réserve ◆ **he has a ~ string to his bow** il a plus d'une corde à son arc ▷ **second teeth** NPL seconde dentition *f* ▷ **second thought** N ◆ **without** *or* **with hardly a ~ thought** sans hésiter ◆ **not to give sb/sth a ~ thought** ne plus penser à qn/qch ◆ **he didn't give it a ~ thought** il l'a fait sans hésiter ◆ **on ~ thoughts** *(Brit)* *or* **thought** *(US)* réflexion faite, à la réflexion ◆ **to have ~ thoughts (about sth)** *(= be doubtful)* avoir des doutes (sur qch) ; *(= change mind)* changer d'avis (à propos de qch) ◆ **to have ~ thoughts about doing sth** *(= be doubtful)* se demander si l'on doit faire qch ; *(= change mind)* changer d'avis et décider de ne pas faire qch ▷ **second wind** N ◆ **to get one's ~ wind** trouver un *or* son second souffle

**second²** /'sekənd/ N *(in time)* seconde *f* ◆ **it won't take a ~** il y en a pour une seconde ◆ **at that very ~** à cet instant précis ◆ **just a ~!, half a ~!** * un instant !, une seconde ! ◆ **I'm coming in half a ~** j'arrive tout de suite *or* dans une seconde ◆ **I'll be with you in (just) a ~** je suis à vous dans une seconde ; → **split** COMP ▷ **second hand** N trotteuse *f*

**secondarily** /'sekəndərɪlɪ/ ADV a *(= in the second place)* en second lieu b *(= less importantly)* accessoirement

**secondary** /'sekəndərɪ/ ADJ a *(= less important)* *[character, role, effect, source]* secondaire ◆ **of ~ importance** (d'une importance) secondaire ◆ **the cost is a ~ consideration** la question du coût est secondaire ◆ **my desire to have children was always ~ to my career** ma carrière a toujours primé sur mon désir d'avoir des enfants

b *(Educ)* *[education]* secondaire, du second degré ; *[schooling]* secondaire ; *[student, teacher]* du secondaire ◆ **after five years of ~ education** après cinq années d'enseignement secondaire, après cinq années dans le secondaire ◆ **subjects taught at ~ level** les matières *fpl* enseignées dans le secondaire

N a *(Univ etc = minor subject)* matière *f* secondaire, sous-dominante *f*

b (also **secondary school**) *(gen)* établissement *m* d'enseignement secondaire ; *(age 11 to 15)* collège *m* (d'enseignement secondaire) ; *(from age 15 to 18)* lycée *m*

c *(Med)* (also **secondary tumour**) tumeur *f* secondaire, métastase *f*

COMP ▷ **secondary action** N *(Pol)* mouvement *m* de solidarité ▷ **secondary cancer** N *(Med)* métastase *f* du cancer ▷ **secondary cause** N *(Philos)* cause *f* seconde ▷ **secondary era** N *(Geol)* (ère *f*) secondaire *m* ▷ **secondary infection** N *(Med)* surinfection *f* ▷ **secondary modern (school)** N *(Brit: formerly)* *établissement secondaire d'enseignement général et technique* ▷ **secondary picketing** N *(Pol)* *mise en place de piquets de grève autour d'établissements traitant avec une entreprise en grève* ▷ **secondary product** N *(Chem, Ind)* sous-produit *m* ▷ **secondary road** N ≈ route *f* départementale, route *f* secondaire ▷ **secondary school** N ⇒ **noun b** ▷ **secondary sex(ual) characteristics** NPL caractères *mpl* sexuels secondaires ▷ **secondary stress** N *(Phon)* accent *m* secondaire ▷ **secondary tumour** N ⇒ **noun c**

**second-best** /'sekənd'best/ N ◆ **it is the ~** *(gen)* c'est ce qu'il y a de mieux après ; *(= poor substitute)* c'est un pis-aller ◆ **as a ~** faute de mieux, au pis-aller ADJ *[jacket etc]* de tous les jours ◆ **his ~ novel** de tous ses romans celui qui vient en second du point de vue de la qualité ADV ◆ **to come off ~** perdre, se faire battre

**second-class** /'sekənd'klɑːs/ ADJ *(lit)* de deuxième classe ; *(Rail)* *[ticket, compartment]* de seconde (classe) ; *[hotel]* de seconde catégorie, de second ordre ; *(pej)* *[food, goods etc]* de qualité inférieure ◆ **~ citizen** citoyen(ne) *m(f)* de seconde zone *or* de deuxième ordre ◆ **~ degree** *(Univ)* ⇒ **second¹ noun c** ◆ **~ mail** *(Brit)* courrier *m* à tarif réduit ; *(US)* imprimés et périodiques *mpl* ◆ **~ stamp** *(Brit)* timbre *m* à tarif réduit ◆ **a ~ return to London** *(Rail)* un aller et retour en seconde (classe) pour Londres ◆ **~ seat** *(Rail)* seconde *f* ADV *(Rail etc)* ◆ **to travel ~** voyager en seconde ◆ **to send sth ~** envoyer qch en courrier ordinaire

**seconder** /'sekəndəʳ/ N *[of motion]* personne *f* qui appuie une motion ; *[of candidate]* deuxième parrain *m*

**secondhand** /'sekənd'hænd/ ADJ *[clothes, car]* d'occasion, de seconde main ; *(fig)* *[information, account]* de seconde main ADV *[buy]* d'occasion ◆ **to hear sth ~** entendre dire qch, entendre qch de quelqu'un d'autre COMP ▷ **secondhand bookseller** N bouquiniste *mf* ▷ **secondhand bookshop** N bouquiniste *m*, magasin *m* de livres d'occasion ▷ **secondhand dealer** N marchand(e) *m(f)* d'occasion ▷ **secondhand smoke** * N la fumée des cigarettes *(des autres)*

**secondly** /'sekəndlɪ/ LANGUAGE IN USE 26.2 ADV deuxièmement ◆ **firstly ... ~ ...** premièrement ... deuxièmement ... ; *(Admin, Comm, Jur)* primo ... secundo ...

**secondment** /sɪ'kɒndmənt/ N *(Brit)* affectation *f* provisoire, détachement *m* ◆ **on ~** *(at home)* en détachement, détaché (*to* à) ; *(abroad)* en mission (*to* à)

**secrecy** /'siːkrəsɪ/ N *(NonC)* secret *m* ◆ **in ~** en secret, secrètement ◆ **in strict ~** en grand secret, dans le plus grand secret ◆ **under pledge of ~** *(frm)* sous le sceau du secret ◆ **a veil of ~** un voile de mystère ◆ **there's no ~ about it** on n'en fait pas (un) mystère ◆ **there was an air of ~ about her** elle avait un petit air mystérieux ◆ **a country where ~ reigns** un pays qui a la manie du secret ◆ **I rely on your ~** † je compte sur votre discrétion ; → **swear**

**secret** /'siːkrɪt/ N secret *m* ◆ **to keep a ~** garder un secret ◆ **to keep sth a ~** garder *or* tenir qch secret ◆ **to keep sth a ~ from sb** cacher qch à qn ◆ **I told it you as a ~** je vous l'ai dit en confidence ◆ **to let sb into the ~** mettre qn dans le secret ◆ **to let sb into a ~** révéler *or* confier un secret à qn ◆ **to be in (on) the ~** être au courant ◆ **there's no ~ about it** cela n'a rien de secret ◆ **to have no ~s from sb** ne pas avoir de secrets pour qn ◆ **to make no ~ of** *or* **about sth** ne pas cacher qch ◆ **he makes no ~ of the fact that ...** il ne cache pas que ... ◆ **lovers' ~** confidence *f* d'amoureux ◆ **the ~ of success** le secret du succès ◆ **the ~ of being a good teacher is listening** *or* **is to listen to one's pupils** le secret, pour être un bon professeur, c'est de savoir écouter ses élèves ; → **open, state**

◆ **in secret** en secret

ADJ a *(= clandestine)* *[talks, plan, life, ingredient]* secret (-ète *f*) ◆ **it's all highly ~** tout cela est top secret ◆ **~ funds** caisse *f* noire ◆ **to be sent on a ~ mission** être envoyé en mission secrète ◆ **to keep sth ~** tenir *or* garder qch secret ◆ **to keep sth ~ from sb** cacher qch à qn ; → **top¹**

b *(= concealed)* *[drawer, passage]* secret (-ète *f*) ; *[entrance]* secret (-ète *f*), dérobé

c *(Pol)* *[ballot, vote, voting, election]* à bulletin secret

d *(= private)* ◆ **you've got a ~ admirer !** vous avez un admirateur ! ◆ **I'm a ~ admirer of her novels** j'avoue que j'apprécie ses romans ◆ **to be a ~ drinker/drug user** boire/se droguer en cachette

COMP ▷ **secret agent** N agent *m* secret ▷ **secret police** N police *f* secrète ▷ **the Secret Service** N *(Brit)* les services *mpl* secrets ; *(US)* les services *mpl* chargés de la protection du président ▷ **secret society** N société *f* secrète ▷ **secret weapon** N *(lit, fig)* arme *f* secrète

**secretaire** /ˌsekrɪ'tɛəʳ/ N secrétaire *m*

**secretarial** /ˌsekrə'tɛərɪəl/ ADJ *[course, work]* de secrétariat ; *[job]* de secrétaire ; *[skills]* en secrétariat ◆ **his duties are mostly ~** il fait essentiellement un travail de secrétaire, ses tâches sont avant tout administratives COMP ▷ **secretarial agency** N agence *f* de placement de secrétaires ▷ **secretarial college**, **secretarial school** N école *f* de secrétariat

**secretariat** /ˌsekrə'tɛərɪət/ N secrétariat *m*

**secretary** /'sekrətrɪ/ N a *(in office, of club etc)* secrétaire *mf* ; (also **company secretary**) secrétaire *mf* général(e) *(d'une société)*; → **foreign, parliamentary, under** **b** *(= writing desk)* secrétaire *m* **COMP** ▷ **secretary-general N** (pl **secretaries-general**) secrétaire *mf* général(e) ▷ **Secretary of State N** *(Pol) (Brit)* ministre *m* (*of, for* de) ; *(US)* secrétaire *m* d'État, ≃ ministre *m* des Affaires étrangères ▷ **Secretary of State for Education and Employment N** *(Brit)* ministre *mf* de l'Éducation et de l'Emploi ▷ **Secretary of State for Scotland N** *(Brit Pol)* ministre *m* des Affaires écossaises ▷ **secretary to the board N** secrétaire *mf* (auprès) du comité de gestion

**secrete** /sɪ'kriːt/ **VT** **a** *(Anat, Bio, Med)* sécréter **b** *(= hide)* cacher

**secretion** /sɪ'kriːʃən/ **N** **a** *(= process, fluid)* sécrétion *f* **b** *(NonC = hiding)* action *f* de cacher

**secretive** /'siːkrətɪv/ **ADJ** *[person, behaviour, air]* secret (-ète *f*), cachottier ; *[organization]* impénétrable ◆ **to be ~ about sth** faire mystère de qch

**secretively** /'siːkrətɪvlɪ/ **ADV** *[smile]* d'une manière impénétrable ◆ **she's been behaving very ~ lately** elle est très renfermée ces derniers temps, on dirait qu'elle nous cache quelque chose ces derniers temps

**secretiveness** /'siːkrətɪvnɪs/ **N** *(NonC)* réserve *f*, cachotteries *fpl*

**secretly** /'siːkrətlɪ/ **ADV** *[meet, marry, plan]* en secret ; *[film]* en cachette, secrètement ; *[hope, want]* secrètement ◆ **she was ~ relieved** en son for intérieur, elle était soulagée ◆ **he was ~ pleased** il était content, mais ne le montrait pas, en son for intérieur, il n'était pas mécontent

**sect** /sekt/ **N** secte *f*

**sectarian** /sek'tɛərɪən/ **ADJ** *[violence, killings]* motivé par le sectarisme ; *[motive, divisions, organization]* sectaire ◆ ~ **school** école *f* confessionnelle **N** sectaire *mf*

**sectarianism** /sek'tɛərɪənɪzəm/ **N** sectarisme *m*

**section** /'sekʃən/ **N** **a** *[of book, document, law, population, text]* section *f*, partie *f* ; *[of country]* partie *f* ; *[of road, pipeline]* section *f*, tronçon *m* ; *[of town]* quartier *m* ; *[of machine, furniture]* élément *m* ; *(Mil)* groupe *m* (de combat) ◆ **the brass/string ~** *[of orchestra]* les cuivres *mpl*/les cordes *fpl* ◆ **the financial ~** *(Press)* la *or* les page(s) financière(s) ◆ **~ two of the municipal by-laws** *(Admin, Jur)* l'article deux des arrêtés municipaux ◆ **this bookcase comes in ~s** cette bibliothèque se vend par éléments ◆ **there is a ~ of public opinion which maintains ...** il y a une partie *or* une section de l'opinion publique qui maintient ...

**b** *(Admin, Ind)* section *f* ; *(Comm)* rayon *m* ; → **consular**

**c** *(Rail) (= part of network)* canton *m* (de voie ferrée) ; *(US) (= extra train)* train *m* supplémentaire, train-bis *m* ; *(in sleeping car)* compartiment-lits *m*

**d** *(= cut)* coupe *f*, section *f* ; *(for microscope)* coupe *f*, lamelle *f* ◆ **longitudinal/vertical ~** coupe *f* longitudinale/verticale ; → **cross**

**e** *(= act of cutting)* section *f*, sectionnement *m*

**VT** **a** *(= divide)* diviser

**b** *[+ mentally ill person]* interner

**COMP** ▷ **section hand N** *(US Rail)* cantonnier *m* (des chemins de fer), agent *m* de la voie ▷ **section mark N** paragraphe *m* *(signe typographique)*

► **section off VT SEP** séparer

**sectional** /'sekʃənl/ **ADJ** **a** *(= factional) [interests]* d'un groupe, particulier ; *[conflict]* interne **b** *(= made of several parts) [bookcase, furniture]* modulaire **c** *(Archit) [drawing]* en coupe

**sectionalism** /'sekʃənəlɪzəm/ **N** défense *f* des intérêts d'un groupe

**sector** /'sektəʳ/ **N** **a** secteur *m* ; *(Mil)* secteur *m*, zone *f* ; *(Comput)* secteur *m* ; *(fig)* secteur *m*, domaine *m* ◆ **private/public ~** secteur *m* privé/public **b** *(Geom)* secteur *m* ; *(= instrument)* compas *m* (de proportions) **VT** sectoriser

**sectoral** /'sektərəl/ **ADJ** *(Econ)* sectoriel(le)

**sectorial** /sek'tɔːrɪəl/ **ADJ** sectoriel

**secular** /'sekjʊləʳ/ **ADJ** *[society, education, school]* laïque ; *[life, priest, clergy]* séculier ; *[matter, music, writer]* profane

**secularism** /'sekjʊlərɪzəm/ **N** *(= policy)* laïcité *f* ; *(= doctrine)* laïcisme *m*

**secularization** /ˌsekjʊləraɪ'zeɪʃən/ **N** *(NonC) [of society, education, art]* sécularisation *f*, laïcisation *f*

**secularize** /'sekjʊləraɪz/ **VT** *[+ society, schools, education]* séculariser

**secure** /sɪ'kjʊəʳ/ **ADJ** **a** *(= stable) [job, position]* sûr ; *[career, future]* assuré ; *[relationship]* solide ; *[environment]* sécurisant

**b** *(= unworried) [person]* tranquille, sans inquiétude ◆ **to feel ~** se sentir en sécurité *or* sécurisé ◆ **to feel ~ about sth** ne pas avoir d'inquiétudes quant à qch ◆ **to make sb feel ~** sécuriser qn ◆ **a child must be (emotionally) ~** un enfant a besoin de sécurité affective, un enfant a besoin d'être sécurisé ◆ **to be financially ~** être à l'abri des soucis financiers ◆ **~ in the knowledge that ...** avec la certitude que ...

**c** *(= impregnable) [building, car, computer system]* protégé, à l'abri des effractions ; *[code]* inviolable ◆ **I want to make my home ~ against burglars** je veux protéger ma maison des cambrioleurs *or* contre les cambrioleurs

**d** *[door, window, base, knot, lock, rope]* solide ; *[structure, ladder]* stable ◆ **to get a ~ foothold in a market** prendre solidement pied sur un marché ◆ **to be on ~ ground** *(fig)* être en terrain connu

**VT** **a** *(= get) [+ object]* se procurer, obtenir ; *[+ staff, performer]* engager ; *[+ agreement, deal, ceasefire, sb's freedom, support]* obtenir ◆ **to ~ sth for sb, to ~ sb sth** obtenir qch pour qn ◆ **I did everything possible to ~ him the job** j'ai fait tout ce que j'ai pu pour lui obtenir ce travail ◆ **a win that ~d them a place in the final** une victoire qui leur a valu une place en finale ◆ **to ~ victory** remporter la victoire

**b** *(= fix) [+ rope]* fixer, attacher ; *[+ door, window]* bien fermer ; *[+ tile]* fixer ; *(= tie up) [+ person, animal]* attacher ◆ **to ~ X to Y** fixer X à Y

**c** *(= make safe: from danger)* protéger (*against, from* contre) ; *[+ debt, loan]* garantir ; *[+ future]* assurer

**d** *(Mil = capture)* prendre (le contrôle de) ◆ **their troops have ~d the bridge/the airport** leurs troupes ont pris le contrôle du pont/de l'aéroport *or* ont pris le pont/l'aéroport

**COMP** ▷ **secure accommodation N** *(Brit Jur)* ≃ centre *m* d'éducation surveillée ▷ **secure unit N** *(Brit) (for young offenders)* ≃ centre *m* d'éducation surveillée ; *(for mental patients)* pavillon *d'hôpital psychiatrique réservé aux malades dangereux*

**securely** /sɪ'kjʊəlɪ/ **ADV** **a** *(= firmly) [fasten, fix]* solidement, bien ; *[lock]* bien **b** *(= safely)* ◆ **he remains ~ in power** il est solidement installé au pouvoir ◆ **the strike was ~ under the union's control** le syndicat avait la grève bien en main ◆ **~ established** solidement établi

**Securicor** ® /sɪ'kjʊərɪkɔːʳ/ **N** *société de surveillance et de convoi de fonds* **COMP** ▷ **Securicor guard N** employé *m* du service de surveillance, convoyeur *m* de fonds

**securitization** /sɪˌkjʊərɪtaɪ'zeɪʃən/ **N** *(Fin)* titrisation *f*

**securitize** /sɪ'kjʊərɪtaɪz/ **VT** *[+ loan]* titriser

**security** /sɪ'kjʊərɪtɪ/ **N** **a** *(= safety, confidence)* sécurité *f* ◆ **in ~** en sécurité ◆ **job ~** *(Admin, Ind)* sécurité *f* de l'emploi ◆ **~ of tenure** *(in one's job)* sécurité *f* totale de l'emploi ; *(Jur: of tenant)* bail *m* assuré ◆ **a child needs ~** un enfant a besoin de sécurité sur le plan affectif, un enfant a besoin d'être sécurisé

**b** *(Ind, Pol etc: against spying, escape etc)* sécurité *f* ◆ **~ was very lax** les mesures de sécurité étaient très relâchées ◆ **maximum** *or* **top** *or* **high ~ wing** *[of jail]* quartier *m* de haute surveillance ; see also **maximum**

**c** *(Fin: for loan)* caution *f*, garantie *f* ◆ **loans without ~** crédit *m* à découvert ◆ **up to £10,000 without ~** jusqu'à 10 000 livres sans caution *or* sans garantie ◆ **to go** *or* **stand ~ for sb** se porter garant pour *or* de qn

**NPL securities** *(St Ex)* valeurs *fpl*, titres *mpl* ◆ **government securities** fonds *mpl* d'État ◆ **securities fraud** fraudes *fpl* boursières

**COMP** ▷ **securities analyst N** analyste *m* financier ▷ **Securities and Investment Board N** *(Brit St Ex)* ≃ commission *f* des opérations de Bourse ▷ **securities market N** marché *m* des valeurs ▷ **security agreement N** accord *m* de sécurité ▷ **security blanket N** *[of child]* doudou * *f* ; *(Psych)* objet *m* transitionnel ; *[of police]* dispositif *m* de sécurité ◆ **he's my ~ blanket** c'est quelqu'un sur qui je peux compter ▷ **security camera N** caméra *f* de surveillance ▷ **security clearance N** *autorisation officielle accordée par les services de sécurité* ▷ **Security Council N** Conseil *m* de sécurité ▷ **security firm N** société *f* de surveillance ▷ **securities firm, securities house N** maison *f* de courtage ▷ **security forces NPL** forces *fpl* de sécurité ▷ **security guard N** *(gen)* garde *m* chargé de la sécurité ; *(transporting money)* convoyeur *m* de fonds ▷ **security leak N** fuite *f (de documents, de secrets etc)* ▷ **security officer N** *(Mil, Naut)* officier *m* chargé de la sécurité ; *(Comm, Ind)* inspecteur *m* (chargé) de la sécurité ▷ **security police N** services *mpl* de la sûreté ▷ **security risk N** *personne susceptible de compromettre la sûreté de l'État, la sécurité d'une organisation etc* ◆ **that man is a ~ risk** cet homme constitue un risque *or* n'est pas sûr ▷ **security vetting N** enquête *f* de sécurité (*of sb* sur qn) ◆ **a policy of ~ vetting** une politique d'enquêtes de sécurité

**sedan** /sɪ'dæn/ **N** **a** (also **sedan chair**) chaise *f* à porteurs **b** *(US = car)* conduite *f* intérieure, berline *f*

**sedate** /sɪ'deɪt/ **ADJ** **a** *[person]* posé, calme ; *[behaviour]* calme, pondéré ; *[place, event]* tranquille, paisible ◆ **the ~ world of antique dealing** le monde tranquille du commerce des antiquités ◆ **at a ~ pace** *or* **speed** posément, sans se presser ◆ **in a ~ manner** posément **b** *(= conservative) [dress, furnishings]* conventionnel **VT** *(Med)* donner des sédatifs à, mettre sous sédation

**sedately** /sɪ'deɪtlɪ/ **ADV** **a** *(= slowly) [walk, drive]* posément, sans se presser **b** *(= conservatively) [dressed, furnished]* de manière conventionnelle

**sedateness** /sɪ'deɪtnɪs/ **N** *[of person]* calme *m* ; *[of place, dancing]* calme *m*, tranquillité *f* ; *[of pace]* lenteur *f*

**sedation** /sɪ'deɪʃən/ **N** sédation *f* ◆ **under ~** sous calmants

**sedative** /ˈsedətɪv/ ADJ, N calmant *m*, sédatif *m*

**sedentary** /ˈsedntri/ ADJ sédentaire

**sedge** /sedʒ/ N laiche *f*, carex *m* COMP ▷ **sedge warbler** N phragmite *m* des joncs, rousserolle *f*

**sediment** /ˈsedɪmənt/ N *(Geol, Med)* sédiment *m* ; *(in boiler, liquids)* dépôt *m* ; *(in wine)* dépôt *m*

**sedimentary** /ˌsedɪˈmentəri/ ADJ sédimentaire

**sedimentation** /ˌsedɪmenˈteɪʃən/ N sédimentation *f*

**sedition** /səˈdɪʃən/ N sédition *f*

**seditious** /səˈdɪʃəs/ ADJ séditieux

**seduce** /sɪˈdjuːs/ VT *(gen, sexually)* séduire ◆ **to ~ sb (away) from sth** détourner qn de qch ◆ **to ~ sb into doing sth** convaincre qn de faire qch

**seducer** /sɪˈdjuːsəʳ/ N séducteur *m*, -trice *f*

**seduction** /sɪˈdʌkʃən/ N séduction *f*

**seductive** /sɪˈdʌktɪv/ ADJ *[person, voice, notion, argument, smile]* séduisant ; *[offer]* séduisant, alléchant ; *[message]* attrayant ; *[garment]* sexy * ◆ **the ~ charms of sth** les séductions *fpl or* les charmes *mpl* irrésistibles de qch

**seductively** /sɪˈdʌktɪvlɪ/ ADV **a** *(= alluringly) [smile, look at, dress]* de manière séduisante **b** *(= temptingly)* ◆ **~ simple** d'une simplicité exquise ◆ **a ~ domestic atmosphere** une ambiance cosy * ◆ **a ~ illustrated book** un livre avec de ravissantes illustrations

**seductiveness** /sɪˈdʌktɪvnɪs/ N caractère *m* séduisant, séduction *f*

**seductress** /sɪˈdʌktrɪs/ N séductrice *f*

**sedulous** /ˈsedjʊləs/ ADJ assidu, persévérant, attentif

**sedulously** /ˈsedjʊləslɪ/ ADV assidûment, avec persévérance

**sedum** /ˈsiːdəm/ N *(Bot)* sedum *m*

**see**[1] /siː/ LANGUAGE IN USE 26.3 (pret **saw**, ptp **seen**)

VT **a** *(gen)* voir ◆ **I can ~ him** je le vois ◆ **I saw him read/reading the letter** je l'ai vu lire/qui lisait la lettre ◆ **he was seen to read the letter** on l'a vu lire la lettre ◆ **she saw him knocked down** elle l'a vu se faire renverser ◆ **there was not a house to be seen** il n'y avait pas une seule maison en vue ◆ **there was no one at all** *or* **not a soul to be seen** il n'y avait pas âme qui vive, il n'y avait pas un chat * ◆ **to ~ sth with one's own eyes** voir qch de ses propres yeux ◆ **~ page 10** voir (à la) page 10 ◆ **I could ~ it** *or* **that one coming** * *(fig)* je le sentais venir, je m'y attendais ◆ **can you ~ your way without a torch?** est-ce que vous pouvez trouver votre chemin *or* est-ce que vous y voyez assez sans lampe de poche ?

♦ **to see one's way to doing sth** ◆ **can you ~ your way to helping us?** est-ce que vous trouveriez le moyen de nous aider ? ◆ **I can't ~ my way to doing that** je ne vois pas comment je pourrais le faire

**b** *(= understand, conceive)* voir ◆ **I fail to ~** *or* **I can't ~ how you're going to do it** je ne vois pas du tout *or* je ne vois vraiment pas comment vous allez le faire ◆ **the French ~ it differently** les Français voient la chose différemment ◆ **the way I ~ it, as I ~ it** à mon avis, selon moi ◆ **this is how** *or* **the way I ~ it** voici comment je vois la chose ◆ **do you ~ what I mean?** vous voyez ce que je veux dire ? ◆ **I ~ what you're getting at** je vois où vous voulez en venir ◆ **I don't ~ why** je ne vois pas pourquoi ◆ **I don't ~ why not** *(granting permission)* je n'y vois aucune objection ; *(not understanding sb's refusal)* je ne vois pas pourquoi ◆ **to ~ the joke** comprendre *or* saisir la plaisanterie

**c** *(= notice, learn, discover)* voir ◆ **I saw in the paper that he had died** j'ai vu dans le journal qu'il était décédé ◆ **I ~ they've bought a new car** je vois qu'ils ont acheté une nouvelle voiture ◆ **~ who's at the door** allez voir qui est à la porte ◆ **not until I ~ how many there are** pas avant de savoir *or* de voir combien il y en a ◆ **I'll ~ what I can do** je verrai *or* je vais voir ce que je peux faire ◆ **let's ~ what you're capable of** voyons (un peu) ce que vous savez faire

**d** *(= have an opinion)* trouver ◆ **I ~ nothing wrong in it** je n'y trouve rien à redire ◆ **I don't know what she sees in him** je ne sais pas ce qu'elle lui trouve

**e** *(= meet, speak to)* voir ; *[+ doctor, lawyer]* voir, consulter ◆ **to go and** *or* **to ~ sb** aller voir qn ◆ **I'm seeing the doctor tomorrow** je vais chez le docteur *or* je vois le docteur demain ◆ **the manager wants to ~ you** le directeur veut vous voir, le directeur vous demande ◆ **I can't ~ you today** je ne peux pas vous voir aujourd'hui ◆ **I want to ~ you about my son** je voudrais vous voir *or* vous parler au sujet de mon fils ◆ **how nice to ~ you!** *(greeting)* ça me fait plaisir de vous voir ! ◆ **I'll ~ you in hell first!** * jamais de la vie !, il faudra que vous me passiez sur le corps d'abord !

**f** *(= visit) [+ country, town]* visiter ◆ **to ~ the sights** *[of town]* visiter la ville ; *[of country]* visiter le pays ◆ **to ~ the sights of Paris** visiter ce qu'il y a à voir à Paris ◆ **I want to ~ the world** je veux voyager

**g** *(= have relationship with) (social)* voir, fréquenter ; *(romantic)* sortir avec, fréquenter ◆ **they ~ a lot of him** ils le voient souvent ◆ **we've seen less of him lately** on l'a moins vu ces derniers temps ◆ **she's seeing John just now** elle sort avec John en ce moment

**h** *(saying goodbye)* **(it was) nice to ~ you!** ça m'a fait plaisir de vous voir ! ◆ **~ you!** * à bientôt ! * ◆ **~ you later!** * à tout à l'heure ! ◆ **~ you some time!** * à un de ces jours ! ◆ **~ you soon!** à bientôt ! ◆ **~ you (on) Sunday** à dimanche ◆ **~ you next week** à la semaine prochaine

**i** *(= experience, know)* voir ◆ **1963 saw the assassination of John F. Kennedy** (l'année) 1963 a vu l'assassinat de John F. Kennedy ◆ **I've seen some things in my time but ...** j'en ai vu (des choses) dans ma vie mais ... ◆ **he saw service in Libya** *(Mil)* il a servi en Libye, il a fait la campagne de Libye ◆ **since she's started going round with that crowd she has certainly seen life** depuis qu'elle fait partie de cette bande elle en a vu des choses ◆ **I'm going to Australia because I want to ~ life** je pars en Australie parce que je veux voir *or* découvrir le monde ◆ **since becoming a social worker she's certainly seen life** depuis qu'elle est assistante sociale elle a pu se rendre compte de ce que c'est que la vie ◆ **he's not easily shocked, he's seen it all** il ne se choque pas facilement, il en a vu d'autres

**j** *(= accompany, escort)* (re)conduire, (r)accompagner ◆ **to ~ sb to the station** accompagner *or* conduire qn à la gare ◆ **to ~ sb home/to the door** reconduire *or* raccompagner qn jusque chez lui/jusqu'à la porte ◆ **to ~ the children to bed** coucher les enfants ◆ **he was so drunk we had to ~ him to bed** il était tellement ivre que nous avons dû l'aider à se coucher ; see also **see off, see out**

**k** *(= allow to be)* ◆ **I couldn't ~ her left alone** je ne pouvais pas supporter *or* permettre qu'on la laisse *subj* toute seule

**l** *(= ensure)* s'assurer ◆ **~ that he has all he needs** veillez à ce qu'il ne manque de rien ◆ **~ that you have it ready for Monday** faites en sorte que ce soit prêt pour lundi ◆ **I'll ~ he gets the letter** je ferai le nécessaire pour que la lettre lui parvienne, je me charge de lui faire parvenir la lettre ◆ **I'll ~ you (all) right** * je veillerai à ce que vous n'y perdiez *subj* pas, vous n'en serez pas de votre poche * ; see also **see to**

**m** *(= imagine)* voir, (s')imaginer ◆ **I can't ~ myself doing that** je me vois mal *or* je m'imagine mal faire cela ◆ **I can't ~ myself being elected** je ne vois pas très bien comment je pourrais être élu

**n** *(Poker etc)* **(I'll) ~ you** je demande à vous voir, je vous vois

VI **a** voir ◆ **to ~ in/out/through** *etc* voir à l'intérieur/à l'extérieur/à travers *etc* ◆ **let me ~** *(= show me)* montre-moi, fais voir ; *(at window etc)* laisse-moi regarder ; see also **vi d** ◆ **~ for yourself** voyez vous-même ◆ **he couldn't ~ to read** il n'y voyait pas assez clair pour lire ◆ **I can hardly ~ without my glasses** je n'y vois pas grand-chose sans mes lunettes ◆ **cats can ~ in the dark** les chats voient clair la nuit ◆ **you can ~ for miles** on y voit à des kilomètres ; → **eye**

**b** *(= find out)* voir ◆ **I'll go and ~** je vais (aller) voir ◆ **I'll go and ~ if dinner's ready** je vais (aller) voir si le dîner est prêt

**c** *(= understand)* voir, comprendre ◆ **as far as I can ~** à ce que je vois ◆ **I ~!** je vois !, ah bon ! ◆ **as you can ~** comme vous pouvez (le) constater ◆ **so I ~** c'est bien ce que je vois ◆ **now ~ here!** *(in anger)* non, mais dites donc ! * ◆ **... you ~** *(in explanations etc)* ... voyez-vous, ... vous voyez ◆ **it's all over now, ~?** * c'est fini, compris ? * ◆ **she was bound to win, don't you ~?** tu ne comprends pas qu'elle allait forcément gagner ?

**d** *(= think, deliberate)* voir ◆ **let me ~, let's ~** voyons (un peu) ◆ **let me ~** *or* **let's ~, what have I got to do?** voyons, qu'est-ce que j'ai à faire ? ◆ **I'll have to ~ (if)** je vais voir (si) ◆ **we'll soon ~** nous le saurons bientôt ◆ **we'll soon ~ if ...** nous saurons bientôt si ... ◆ **can I go out? – we'll ~** est-ce que je peux sortir ? – on verra

COMP ▷ **see-through** ADJ *[garment]* transparent

► **see about** VT FUS **a** *(= deal with)* s'occuper de ◆ **he came to ~ about buying the house** il est venu voir s'il pouvait acheter la maison ◆ **he came to ~ about the washing machine** il est venu au sujet de la machine à laver

**b** *(= consider)* **to ~ about sth** voir si qch est possible ◆ **can I go? – we'll ~ about it** est-ce que je peux y aller ? – on va voir *or* on verra (ça) ◆ **he said he wouldn't do it – we'll ~ about that!** il a dit qu'il ne le ferait pas — c'est ce qu'on va voir ! ◆ **we must ~ about (getting) a new television** il va falloir songer à s'acheter une nouvelle télévision

► **see after** VT FUS s'occuper de

► **see in** VT SEP *[+ person]* faire entrer ◆ **to ~ the New Year in** fêter la nouvelle année, faire le réveillon du nouvel an

► **see into** VT FUS *(= study, examine)* s'enquérir de, examiner ◆ **we shall have to ~ into this** il va falloir examiner la question *or* se renseigner là-dessus

► **see off** VT SEP **a** *(= accompany)* ◆ **I saw him off at the station/airport** *etc* je l'ai accompagné au train *or* à la gare/à l'avion *or* à l'aéroport *etc* ◆ **we'll come and ~ you off** on viendra vous dire au revoir

**b** *( * fig = defeat)* damer le pion à

► **see out** VT SEP **a** *[+ person]* reconduire *or* raccompagner à la porte ◆ **I'll ~ myself out** ce n'est pas la peine de me raccompagner ◆ **he saw himself out** il est sorti sans qu'on le raccompagne *subj*

b ◆ **this coat will have to see the winter out** il faut que ce manteau lui (*or* me *etc*) fasse l'hiver ◆ **he was so ill we wondered whether he'd ~ the week out** il était si malade que nous nous demandions s'il passerait la semaine ◆ **I saw the third act out then left** je suis resté jusqu'à la fin du troisième acte puis je suis parti

► **see over** VT FUS *[+ house, factory, gardens]* visiter

► **see through**

VT FUS *[+ person]* voir clair en, deviner les intentions de ; *[+ behaviour, promises]* ne pas se laisser tromper *or* duper par ◆ **I saw through him at once** j'ai tout de suite vu clair dans son jeu *or* deviné ses intentions ◆ **she saw through his scheming** elle ne s'est pas laissé tromper *or* duper par ses machinations

VT SEP *(never fus)* *[+ project, deal]* mener à bonne fin ◆ **£50 should ~ you through** 50 livres devraient vous suffire ◆ **don't worry, I'll ~ you through** ne vous inquiétez pas, vous pouvez compter sur moi ◆ **she saw me through all the hard times** elle m'a aidé dans tous les moments difficiles

ADJ ◆ **see-through** → **see¹**

► **see to** VT FUS *(= mend)* réparer ; *(= deal with)* s'occuper de ◆ **to ~ to it that ...** veiller à ce que ... + *subj* ◆ **I'll ~ to the car** je m'occuperai de la voiture ◆ **please ~ to it that ...** veillez s'il vous plaît à ce que ... + *subj* ◆ **~ to it that they are paid on time** veillez à ce qu'ils soient payés à temps ◆ **I'll ~ to it** j'y veillerai ◆ **the sweets didn't last long, the children saw to that!** les bonbons n'ont pas fait long feu, les enfants se sont chargés de les faire disparaître !

**see²** /siː/ N *[of bishop]* siège *m* épiscopal, évêché *m* ; *[of archbishop]* archevêché *m* ; → **holy**

**seed** /siːd/ N a *(Agr, Bot etc)* graine *f* ; *(collective n: for sowing)* graines *fpl*, semence *f* ; *(in apple, grape etc)* pépin *m* ◆ **to run** *or* **go to ~** *[plant]* monter en graine ; *[person] (= grow slovenly)* se négliger, se laisser aller ; *(= lose vigour)* se décatir

b *(fig = source, origin)* germe *m* ◆ **the ~s of discontent** les germes *mpl* du mécontentement ◆ **to sow ~s of doubt in sb's mind** semer le doute dans l'esprit de qn

c *(liter) (= sperm)* semence *f*, sperme *m* ; *(= offspring)* progéniture *f*

d *(Tennis etc:* also **seeded player***)* tête *f* de série ◆ **first** *or* **number one ~** tête *f* de série numéro un ◆ **number two ~** tête de série numéro deux ◆ **the top ~s** les premières têtes *fpl* de série

VT a *[+ lawn]* ensemencer ; *[+ raisin, grape]* épépiner ◆ **to ~ clouds** ensemencer les nuages

b *(Tennis)* **he was ~ed third** il était (classé) troisième tête de série ; see also **noun d**

VI monter en graine

COMP ▷ **seed box** N germoir *m* ▷ **seed corn** N blé *m* de semence ◆ **they are eating their ~ corn** ils mangent leur blé en herbe ▷ **seeding machine** N semoir *m* ▷ **seed merchant** N grainetier *m* ▷ **seed money** N *(Econ, Fin)* capital *m* initial, mise *f* de fonds initiale ▷ **seed pearls** NPL semence *f* de perles, très petites perles *fpl* ▷ **seed pod** N tégument *m* ▷ **seed potato** N pomme *f* de terre de semence ▷ **seed tray** N ⇒ **seed box**

**seedbed** /ˈsiːdbed/ N semis *m*, couche *f*

**seedcake** /ˈsiːdkeɪk/ N gâteau *m* au carvi

**seedily** /ˈsiːdɪlɪ/ ADV *[dress]* minablement, de façon minable

**seediness** /ˈsiːdɪnɪs/ N *(= shabbiness)* aspect *m* minable *or* miteux

**seedless** /ˈsiːdlɪs/ ADJ sans pépins

**seedling** /ˈsiːdlɪŋ/ N semis *m*, (jeune) plant *m*

**seedsman** /ˈsiːdzmən/ N (pl **-men**) ⇒ **seed merchant**

**seedy** /ˈsiːdɪ/ ADJ a *(= shabby) [clothes]* râpé, miteux ; *[person, hotel]* minable, miteux b *(* = ill)* **I'm feeling ~** je suis *or* je me sens mal fichu *, je me sens patraque * ◆ **he looks rather ~** il a l'air mal fichu *

**seeing** /ˈsiːɪŋ/ LANGUAGE IN USE 26.3 N vue *f*, vision *f* ◆ **~ is believing** *(Prov)* voir c'est croire CONJ ◆ **~ that** *or* **as *** vu que, étant donné que COMP ▷ **Seeing Eye dog** N *(US)* chien *m* d'aveugle

**seek** /siːk/ (pret, ptp **sought**) VT a *(= look for)* *[+ object, person, solution, death]* chercher ; *[+ fame, honours]* rechercher ; *[+ happiness, peace]* chercher, rechercher ◆ **to ~ one's fortune in Canada** chercher *or* tenter fortune au Canada ◆ **to ~ work** chercher du travail ◆ **they sought shelter from the storm** ils ont cherché un abri *or* un refuge contre la tempête ◆ **we sought shelter in the embassy/under a big tree** nous nous sommes réfugiés à l'ambassade/sous un grand arbre ◆ **the reason is not far to ~** la raison n'est pas difficile à trouver, on n'a pas à chercher loin pour trouver la raison ◆ **candidates are urgently sought for the post of chef** *(in advertisements)* on recherche de toute urgence un chef de cuisine ◆ **American male, ~s attractive, intelligent female** Américain désire faire connaissance belle femme intelligente

b *(= ask)* demander (*from sb* à qn) ◆ **to ~ advice/help from sb** demander conseil/de l'aide à qn ◆ **to ~ (political) asylum** demander l'asile politique ◆ **to ~ compensation for sth** demander à être indemnisé de qch ◆ **the prosecutors are ~ing the death penalty** l'accusation réclame la peine de mort

c *(frm = attempt)* chercher (*to do sth* à faire qch) ◆ **they sought to kill him** ils ont cherché à le tuer

VI ◆ **to ~ for** *or* **after sth/sb** rechercher qch/qn ◆ **much sought after** très recherché, très demandé

► **seek out** VT SEP *[+ person]* aller voir, (aller) s'adresser à ; *[+ trouble etc]* (re)chercher

**seeker** /ˈsiːkəʳ/ N a *(= person)* chercheur *m*, -euse *f* ◆ **to be a ~ after** *[+ truth, knowledge etc]* être en quête de ; → **asylum, job, self** b *(Mil = device)* autodirecteur *m*

**seem** /siːm/ LANGUAGE IN USE 6.2, 15.2, 26.3 VI sembler, avoir l'air ◆ **he ~s honest** il semble (être) honnête, il a l'air honnête ◆ **he ~ed nice enough** il semblait *or* avait l'air plutôt gentil ◆ **further strikes ~ unlikely** il semble peu probable qu'il y ait de nouvelles grèves ◆ **she makes it ~ so simple!** avec elle tout paraît si simple ! ◆ **she ~s to know you** elle semble vous connaître, elle a l'air de vous connaître ◆ **she ~s not to want to leave** elle semble ne pas vouloir partir, elle n'a pas l'air de vouloir partir ◆ **we ~ to have met before** il me semble *or* j'ai l'impression que nous nous sommes déjà rencontrés ◆ **I ~ to have heard that before** il me semble avoir déjà entendu ça ◆ **I can't ~ to do it** je n'arrive pas à le faire ◆ **I ~ed to be floating** j'avais l'impression de flotter ◆ **the noise ~ed to be coming from the basement** on avait l'impression que le bruit venait du sous-sol ◆ **how did she ~ to you?** comment l'as-tu trouvée ? ◆ **how does it ~ to you?** qu'en penses-tu ? ◆ **it all ~s like a dream** on croit rêver ◆ **I did what ~ed best** j'ai fait ce que j'ai jugé bon ◆ **there doesn't ~ to be any wine left** on dirait qu'il ne reste plus de vin ◆ **there ~s to be a mistake in this translation** il semble y avoir une erreur dans cette traduction ◆ **there ~s to be a mistake, I'm the one who booked this room** il semble y avoir erreur, c'est moi qui ai retenu cette chambre

◆ **it seems (that) ...** *(= looks as if)* il semble que ... ; *(= people say)* il paraît que ... ◆ **it ~s that the** *or* **as if the government is going to fall** *(= looks as if)* il semble bien que le gouvernement va tomber ◆ **it ~s that the government is going to fall** *(= people say)* il paraît que le gouvernement va tomber ◆ **I've checked and it ~s she's right** j'ai vérifié et il semble qu'elle a raison *or* elle semble avoir raison ◆ **it ~s she's right for everybody says so** il semble bien qu'elle a raison puisque tout le monde est d'accord là-dessus ◆ **I've checked and it doesn't ~ she's right** *or* **it ~s she's not right** j'ai vérifié et il ne semble pas qu'elle ait raison ◆ **from what people say it doesn't ~ she's right** d'après ce qu'on dit il ne semble pas qu'elle ait raison ◆ **does it ~ that she is right?** est-ce qu'elle semble avoir raison ? ◆ **it ~s to me that we should leave at once** il me semble que nous devrions partir tout de suite ◆ **it does not ~ to me that we can accept** il ne me semble pas que nous puissions accepter ◆ **does it ~ to you as though it's going to rain?** est-ce qu'il te semble qu'il va pleuvoir ?, est-ce que tu crois qu'il va pleuvoir ? ◆ **they're getting married next week, so it ~s** ils se marient la semaine prochaine à ce qu'il paraît *or* semble-t-il ◆ **it ~s not** il paraît que non ◆ **it ~s so** il paraît que oui ◆ **it ~s that he died yesterday** il paraît qu'il est mort hier ◆ **he died yesterday it ~s** il est mort hier, paraît-il ◆ **it ~s ages since we last met** j'ai l'impression que ça fait des siècles * que nous ne nous sommes pas vus

**seeming** /ˈsiːmɪŋ/ ADJ apparent, soi-disant *inv*

**seemingly** /ˈsiːmɪŋlɪ/ ADV apparemment ◆ **there has ~ been a rise in inflation** à ce qu'il paraît il y a eu une hausse de l'inflation ◆ **he's left then? – ~** il est donc parti ? – (à ce qu')il paraît *or* d'après ce qu'on dit

**seemliness** /ˈsiːmlɪnɪs/ N *[of behaviour]* bienséance *f* ; *[of dress]* décence *f*

**seemly** /ˈsiːmlɪ/ ADJ *[behaviour]* convenable, bienséant ; *[dress]* décent, correct

**seen** /siːn/ VB ptp of **see¹**

**seep** /siːp/ VI suinter, filtrer ◆ **water was ~ing through the walls** l'eau suintait des murs *or* filtrait à travers les murs, les murs suintaient

► **seep away** VI s'écouler peu à peu *or* goutte à goutte

► **seep in** VI s'infiltrer

► **seep out** VI a *[fluid]* suinter b *[information, news]* filtrer

**seepage** /ˈsiːpɪdʒ/ N *[of water, blood]* suintement *m* ; *(from tank)* fuite *f*, déperdition *f*

**seer** /sɪəʳ/ N *(liter)* voyant(e) *m(f)*, prophète *m*, prophétesse *f*

**seersucker** /ˈsɪəˌsʌkəʳ/ N crépon *m* de coton

**seesaw** /ˈsiːsɔː/ N (jeu *m* de) bascule *f* ADJ *(fig)* en yoyo ® VI *(lit)* jouer à la bascule ; *(fig)* osciller COMP ▷ **seesaw motion** N mouvement *m* de bascule, va-et-vient *m inv*

**seethe** /siːð/ VI a ◆ **to ~ with anger/rage** bouillir de colère/rage ◆ **he was (positively) seething *** il était fumasse * *or* furibard * ◆ **a country seething with discontent** un pays où le mécontentement couve *or* fermente ◆ **resentment ~d in him** il était rongé par le ressentiment ◆ **the crowd ~d round the film star** la foule se pressait autour de la vedette ◆ **the streets were seething with people** les rues grouillaient de monde ◆ **a seething mass of people** une masse grouillante de gens, une foule grouillante **b** *[boiling liquid, sea]* bouillonner

**segment** /ˈsegmənt/ **N** *(gen, Anat, Geom, Ling, Zool)* segment *m* ; *[of orange etc]* quartier *m*, morceau *m* **VT** /segˈment/ segmenter, couper en segments **VI** /segˈment/ se segmenter

**segmental** /ˌsegˈmentl/ **ADJ** *(gen)* segmentaire ; *(Ling)* segmental

**segmentation** /ˌsegmənˈteɪʃən/ **N** segmentation *f*

**segregate** /ˈsegrɪgeɪt/ **VT** séparer, isoler (*from* de) ; *(Pol)* séparer ◆ **to ~ the sexes** séparer les sexes ◆ **they decided to ~ the contagious patients** ils ont décidé d'isoler les (malades) contagieux ◆ **the political prisoners were ~d from the others** les prisonniers politiques ont été séparés *or* isolés des autres

**segregated** /ˈsegrɪgeɪtɪd/ **ADJ** *(Pol) [school, club, bus]* où la ségrégation est appliquée ◆ **a ~ school system** un système d'enseignement où la ségrégation est appliquée

**segregation** /ˌsegrɪˈgeɪʃən/ **N** *(Pol)* ségrégation *f* ; *[of group, person, object]* séparation *f*, isolement *m* (*from* de)

**segregationist** /ˌsegrɪˈgeɪʃnɪst/ **N** ségrégationniste *mf* **ADJ** *[riot, demonstration]* ségrégationniste ; *[policy]* de ségrégation, ségrégationniste

**segue** /ˈsegweɪ/ **VI** ◆ **the band ~d from "These Foolish Things" into "Blue Moon"** après "These Foolish Things" l'orchestre a enchaîné "Blue Moon" ◆ **the film attempts to ~ (from tragedy) into comedy** le film essaie de passer subtilement (de la tragédie) à la comédie **N** *(Mus)* enchaînement *m* (*from* de ; *into* à)

**Seine** /seɪn/ **N** Seine *f*

**seine** /seɪn/ **N** seine *f*

**seismic** /ˈsaɪzmɪk/ **ADJ** *(lit)* sismique ; *(fig) [events, changes, effects, efforts]* cataclysmique ◆ **~ shift** *(fig)* changement *m* radical

**seismograph** /ˈsaɪzməgrɑːf/ **N** sismographe *m*

**seismography** /saɪzˈmɒgrəfɪ/ **N** sismographie *f*

**seismologist** /saɪzˈmɒlədʒɪst/ **N** sismologue *mf*

**seismology** /saɪzˈmɒlədʒɪ/ **N** sismologie *f*

**seize** /siːz/ **VT** **a** *(= clutch, grab)* saisir, attraper ◆ **she ~d (hold of) his hand, she ~d him by the hand** elle lui a saisi la main ◆ **he ~d her by the hair** il l'a empoignée par les cheveux ◆ **to ~ sb bodily** attraper qn à bras-le-corps ◆ **to ~ the opportunity to do sth** saisir l'occasion *or* sauter sur l'occasion de faire qch ◆ **to ~ the day** vivre dans l'instant ◆ **to be ~d with rage** avoir un accès de rage ◆ **to be ~d with fear** être saisi de peur ◆ **she was ~d with the desire to see him** un désir soudain de le voir s'est emparé d'elle *or* l'a saisie ◆ **he was ~d with a bout of coughing** il a été pris d'un accès de toux, il a eu un accès de toux ; → **bull**[1]

**b** *(= get possession of by force)* s'emparer de, se saisir de ; *(Mil) [+ territory]* s'emparer de ; *[+ person, gun, ship]* capturer, s'emparer de ◆ **to ~ power** s'emparer du pouvoir

**c** *(Jur) [+ person]* arrêter, détenir ; *[+ property, contraband]* confisquer, saisir

**VI** *(Tech)* se gripper

► **seize on** **VT FUS** ⇒ **seize upon**

► **seize up** **VI** *(Tech)* se gripper ; *(Med)* s'ankyloser ; *(fig) [traffic]* se paralyser, s'immobiliser

► **seize upon** **VT FUS** *[+ opportunity, chance]* saisir ; *[+ idea]* se saisir de ◆ **his opponents ~d upon these revelations** ses opposants se sont saisis de ces révélations

**seizure** /ˈsiːʒəʳ/ **N** **a** *(NonC) [of goods, gun, property]* saisie *f* ; *[of city, ship]* capture *f* ; *[of power, territory]* prise *f* ; *[of criminal]* capture *f*, arrestation *f* ; *(Jur)* appréhension *f* (au corps) ; *[of contraband]* saisie *f*, confiscation *f* **b** *(Med)* crise *f*, attaque *f* ◆ **to have a ~** avoir une crise *or* une attaque

**seldom** /ˈseldəm/ **ADV** rarement, peu souvent ◆ **he ~ worked** il travaillait rarement, il ne travaillait pas souvent ◆ **~ if ever** rarement pour ne pas dire jamais

**select** /sɪˈlekt/ **VT** *[+ team, candidate]* sélectionner (*from, among* parmi) ; *[+ gift, book, colour]* choisir (*from, among* parmi) ◆ **to ~ a sample of** *[+ rock]* prélever un échantillon de ; *[+ colours, materials]* choisir un échantillon de ◆ **~ed poems** poèmes *mpl* choisis ◆ **~ed works** œuvres *fpl* choisies ◆ **~ed tomatoes** tomates *fpl* de premier choix **ADJ** *[audience]* choisi, d'élite ; *[club]* fermé ; *[restaurant]* chic *inv*, sélect ◆ **a ~ few** quelques privilégiés ◆ **a ~ group of friends** quelques amis choisis ◆ **they formed a small ~ group** ils formaient un petit groupe fermé **COMP** ▷ **select committee** **N** *(Brit Parl)* commission *f* (d'enquête) parlementaire

**selectee** /sɪlekˈtiː/ **N** *(US Mil)* appelé *m*

**selection** /sɪˈlekʃən/ **N** sélection *f*, choix *m* ◆ **to make a ~** faire une sélection *or* un choix ◆ **they've got a good ~ of cookery books** ils ont un choix assez large de livres de cuisine ◆ **~s from ...** *(Literat, Mus)* morceaux *mpl* choisis de ... ; → **natural** **COMP** ▷ **selection committee** **N** comité *m* de sélection

**selective** /sɪˈlektɪv/ **ADJ** *[recruitment, classification, memory]* sélectif ◆ **one must be ~** il faut savoir faire un choix ◆ **~ breeding** élevage *m* à base de sélection ◆ **~ entry** *(Brit)* ◆ **~ admissions** *(US) (Scol)* sélection *f* ◆ **~ school** *(Brit)* école *f* (*or* lycée *m or* collège *m*) à recrutement sélectif ◆ **~ service** *(US Mil)* service *m* militaire obligatoire, conscription *f* ◆ **~ strike** *(Ind)* grève *f* ponctuelle *or* limitée

**selectively** /sɪˈlektɪvlɪ/ **ADV** *[terrorists etc]* ◆ **to strike ~** se livrer à des actions ponctuelles

**selectivity** /ˌsɪlekˈtɪvɪtɪ/ **N** **a** *[of procedure, system]* sélectivité *f* ; *(Scol)* sélection *f* **b** *(Elec, Rad)* sélectivité *f*

**selectman** /sɪˈlektmən/ **N** (pl **-men**) *(US)* conseiller *m* municipal (en Nouvelle-Angleterre)

**selector** /sɪˈlektəʳ/ **N** *(= person)* sélectionneur *m*, -euse *f* ; *(Tech)* sélecteur *m*

**selenium** /sɪˈliːnɪəm/ **N** sélénium *m*

**self** /self/ **N** (pl **selves**) **a** *(gen, Philos, Psych)* **the ~** le moi *inv* ◆ **the cult of ~** le culte du moi ◆ **the conscious ~** le moi conscient ◆ **his better ~** le meilleur de lui-même ◆ **her real ~** son vrai moi ◆ **my former ~** le moi *or* la personne que j'étais auparavant ◆ **she's her old ~ again** elle est redevenue complètement elle-même ◆ **he'll soon be his usual ~ again** il retrouvera bientôt sa santé (*or* sa gaieté *etc*) ◆ **she had no thought of ~** elle ne pensait pas à elle-même *or* à son intérêt personnel ◆ **to thine own ~ be true** *(Prov)* demeure fidèle à toi-même ; → **second**[1], **shadow**

**b** *(Comm etc)* moi-même *etc* ◆ **your good ~** vous-même ◆ **your good selves** vous-mêmes ◆ **pay ~** *(on cheque)* payez à l'ordre de moi-même

**COMP** ▷ **self-abasement** **N** abaissement *m* de soi, avilissement *m* ▷ **self-absorbed** **ADJ** égocentrique ▷ **self-absorption** **N** égocentrisme *m* ▷ **self-abuse** **N** *(† = masturbation)* masturbation; *f (= destructive behaviour)* autodestruction *f* ▷ **self-accusation** **N** autoaccusation *f* ▷ **self-acting** **ADJ** automatique ▷ **self-addressed envelope** **N** enveloppe *f* à son nom et adresse ▷ **self-addressed stamped envelope** **N** enveloppe *f* affranchie à son nom et adresse ▷ **self-adhesive** **ADJ** autoadhésif ▷ **self-adjusting** **ADJ** à réglage automatique ▷ **self-advertisement** **N** ◆ **to indulge in ~-advertisement** faire sa propre réclame ▷ **self-aggrandizement** **N** autoglorification *f* ▷ **self-analysis** **N** autoanalyse *f* ▷ **self-apparent** **ADJ** évident, qui va de soi ▷ **self-appointed** **ADJ** autoproclamé ◆ **he was a ~-appointed critic of ...** il a pris sur lui de critiquer ... ▷ **self-appraisal** **N** autoévaluation *f* ▷ **self-assembly** **ADJ** en kit ▷ **self-assertion** **N** affirmation *f* de soi ▷ **self-assertive** **ADJ** très sûr de soi ▷ **self-assessment** **N** autoévaluation *f* ◆ **~-assessment system** *(Brit Fin)* le système de déclaration des revenus *(avec autoévaluation des impôts à payer)* ▷ **self-assurance** **N** assurance *f*, confiance *f* en soi ▷ **self-assured** **ADJ** sûr de soi, plein d'assurance ▷ **self-aware** **ADJ** ◆ **to be ~-aware** avoir pris conscience de soi ▷ **self-awareness** **N** (prise *f* de) conscience *f* de soi ▷ **self-belay, self-belaying system** **N** *(Climbing)* autoassurance *f* ▷ **self-belief** **N** *(NonC)* confiance *f* en soi ▷ **self-betterment** **N** amélioration *f* de soi-même *or* de sa condition ▷ **self-catering** **N** appartement *m etc* indépendant (avec cuisine) **ADJ** indépendant (avec cuisine) ▷ **self-censorship** **N** *(NonC)* autocensure *f* ▷ **self-centred** **ADJ** égocentrique ▷ **self-centredness** **N** égocentrisme *m* ▷ **self-certification** **N** *(NonC: Brit Admin) justification par l'employé d'un arrêt de travail de sept jours maximum pour cause de maladie* ▷ **self-cleaning** **ADJ** autonettoyant ▷ **self-closing** **ADJ** à fermeture automatique ▷ **self-coloured** **ADJ** uni ▷ **self-composed** **ADJ** posé, calme ▷ **self-composure** **N** calme *m*, sang-froid *m* ▷ **self-conceit** **N** vanité *f*, suffisance *f* ▷ **self-conceited** **ADJ** vaniteux, suffisant ▷ **self-confessed** **ADJ** ◆ **he is a ~-confessed thief** il avoue être voleur, il reconnaît être voleur ▷ **self-confidence** **N** confiance *f* en soi ▷ **self-confident** **ADJ** sûr de soi, plein d'assurance ▷ **self-congratulation** **N** autosatisfaction *f* ▷ **self-congratulatory** **ADJ** satisfait de soi ▷ **self-conscious** **ADJ** *(= shy) [person, manner]* emprunté, embarrassé, gauche ; *(= aware of oneself or itself) [art, person, political movement]* conscient (de son image) ◆ **to be ~-conscious about sth** être gêné *or* embarrassé par qch ▷ **self-consciously** **ADV** *(= shyly)* de façon empruntée, timidement ; *(= deliberately)* volontairement ▷ **self-consciousness** **N** *(= shyness)* gêne *f*, timidité *f* ; *(= awareness)* conscience *f* (de son image) ▷ **self-contained** **ADJ** *[person]* indépendant ; *(Brit) [flat]* indépendant, avec entrée particulière ▷ **self-contempt** **N** mépris *m* de soi ▷ **self-contradiction** **N** contradiction *f* avec soi-même ▷ **self-contradictory** **ADJ** *[text]* contradictoire *(en soi)* ; *[person]* qui se contredit ▷ **self-control** **N** maîtrise *f* de soi, sang-froid *m* ▷ **self-controlled** **ADJ** maître (maîtresse *f*) de soi ▷ **self-correcting** **ADJ** autocorrecteur (-trice *f*) ▷ **self-critical** **ADJ** qui se critique ; *(Pol, Rel)* qui fait son autocritique ▷ **self-criticism** **N** critique *f* de soi ; *(Pol, Rel)* autocritique *f*

▷ **self-deception** N aveuglement *m* ▷ **self-declared** ADJ ⇒ **self-proclaimed** ▷ **self-defeating** ADJ *[action, plan]* qui va à l'encontre du but recherché ▷ **self-defence** N *(= skill, art)* autodéfense *f* ♦ **in ~-defence** *(Jur)* pour se défendre, en légitime défense *(Jur)* ▷ **self-delusion** N aveuglement *m* ▷ **self-denial** N abnégation *f*, sacrifice *m* de soi ▷ **self-denying** ADJ *[person]* qui fait preuve d'abnégation, qui se sacrifie ; *[decision etc]* qui impose le sacrifice de ses intérêts ▷ **self-deprecating** ADJ ♦ **to be ~-deprecating** *[person]* se dénigrer soi-même ▷ **self-deprecatory** ADJ *[thoughts]* qui s'autodénigre ▷ **self-destruct** VI s'autodétruire, se désintégrer ADJ *[device, program]* autodestructeur (-trice *f*) ▷ **self-destruction** N autodestruction *f* ▷ **self-destructive** ADJ *[person, behaviour]* autodestructeur (-trice *f*) ♦ **she has a tendency to be ~-destructive** elle a tendance à s'autodétruire ▷ **self-determination** N autodétermination *f* ▷ **self-determined** ADJ autodéterminé ▷ **self-determining** ADJ qui s'autodétermine ▷ **self-discipline** N autodiscipline *f* ▷ **self-disciplined** ADJ qui fait preuve d'autodiscipline ▷ **self-discovery** N *(Psych)* découverte *f* de soi ▷ **self-doubt** N fait *m* de douter de soi-même ▷ **self-doubting** ADJ qui doute de soi-même ▷ **self-drive** ADJ *(Brit) [car]* sans chauffeur ▷ **self-educated** ADJ autodidacte ▷ **self-effacement** N modestie *f*, effacement *m* ▷ **self-effacing** ADJ effacé, modeste ▷ **self-elected** ADJ *(Pol)* qui s'est élu lui-même ♦ **he was a ~-elected critic of ...** il avait pris sur lui de critiquer ... ▷ **self-employed** ADJ indépendant, qui travaille à son compte ▷ **the self-employed** NPL les travailleurs *mpl* indépendants ▷ **self-employment** N ♦ **in ~-employment** ⇒ **self-employed** ▷ **self-esteem** N respect *m* de soi, amour-propre *m* ♦ **to have low/high ~-esteem** avoir une mauvaise/bonne opinion de soi-même ▷ **self-evaluation** N autoévaluation *f* ▷ **self-evident** ADJ évident, qui va de soi ▷ **self-evidently** ADV fort *or* bien évidemment ▷ **self-examination** N examen *m* de conscience ; *(Med) [of breasts, testicles]* autopalpation *f* ▷ **self-explanatory** ADJ qui se passe d'explication, évident ▷ **self-expression** N expression *f* (libre) ▷ **self-fertilization** N autofécondation *f* ▷ **self-fertilizing** ADJ autofertile ▷ **self-filling** ADJ à remplissage automatique ▷ **self-financing** N autofinancement *m* ADJ qui s'autofinance ▷ **self-flattery** N louanges *fpl* que l'on s'adresse à soi-même ▷ **self-forgetful** ADJ désintéressé ▷ **self-forgetfulness** N désintéressement *m* ▷ **self-fulfilling prophecy** N prédiction *f* qui se réalise ▷ **self-fulfilment** N *(NonC)* accomplissement *m* de soi ▷ **self-glorification** N autoglorification *f* ▷ **self-governing** ADJ autonome ▷ **self-government** N autonomie *f* ▷ **self-harm, self-harming** N automutilation *f* ▷ **self-hate** N haine *f* de soi ▷ **self-hating** ADJ qui se déteste ▷ **self-hatred** N ⇒ **self-hate** ▷ **self-help** N *(gen)* efforts *mpl* personnels, débrouillardise* *f* ; *(Econ)* autoassistance *f* ▷ **self-help group** N groupe *m* d'entraide ▷ **self-hypnosis** N autohypnose *f* ▷ **self-ignite** VI s'enflammer spontanément ▷ **self-ignition** N *(gen)* combustion *f* spontanée ; *(Aut)* autoallumage *m* ▷ **self-image** N image *f* de soi-même ▷ **self-importance** N suffisance *f* ▷ **self-important** ADJ suffisant, m'as-tu-vu* *inv* ▷ **self-imposed** ADJ auto-imposé, que l'on s'impose à soi-même ▷ **self-improvement** N progrès *mpl* personnels ▷ **self-induced** ADJ *[illness, misery, problems]* que l'on a provoqué soi-même ▷ **self-indulgence** N *(gen)* amour *m* de son propre confort ; *(= self-pity)* apitoiement *m* sur soi-même ▷ **self-indulgent** ADJ *(gen)* qui ne se refuse rien ; *(= self-pitying)* qui s'apitoie sur son (propre) sort ▷ **self-inflicted** ADJ que l'on s'inflige à soi-même, volontaire ▷ **self-interest** N intérêt *m* (personnel) ▷ **self-interested** ADJ intéressé, qui recherche son avantage personnel ▷ **self-justification** N autojustification *f* ▷ **self-justifying** ADJ justificatif ▷ **self-knowledge** N connaissance *f* de soi ▷ **self-levelling foot** N (pl **self-levelling feet**) *(on furniture)* pied *m* de nivellement, pied *m* autoréglable ▷ **self-loader** N arme *f* automatique ▷ **self-loading** ADJ *[gun]* automatique ▷ **self-loathing** N dégoût *m* de soi-même ADJ qui a horreur de soi-même ▷ **self-locking** ADJ à fermeture automatique ▷ **self-love** N narcissisme *m*, amour *m* de soi-même ▷ **self-lubricating** ADJ autolubrifiant ▷ **self-lubrication** N autolubrification *f* ▷ **self-made** ADJ qui a réussi par ses propres moyens ▷ **self-made man** N self-made man *m* fils *m* de ses œuvres *(frm)* ▷ **self-maintenance** N entretien *m* automatique ▷ **self-mastery** N maîtrise *f* de soi ▷ **self-mockery** N autodérision *f* ▷ **self-mocking** ADJ *[person]* qui se moque de soi-même ; *[humour]* empreint d'autodérision ▷ **self-mockingly** ADV par autodérision ▷ **self-motivated** ADJ très motivé (de par soi-même) ▷ **self-murder** N suicide *m* ▷ **self-mutilation** N *(NonC)* automutilation *f* ▷ **self-neglect** N négligence *f* de soi ▷ **self-obsessed** ADJ égocentrique ▷ **self-obsession** N égocentrisme *m* ▷ **self-opinionated** ADJ entêté, opiniâtre ▷ **self-ordained** ADJ ♦ **he was a ~-ordained critic of ...** il avait pris sur lui de critiquer ... ▷ **self-parody** N autoparodie *f* ▷ **self-perpetuating** ADJ ♦ **it's ~-perpetuating** ça se perpétue ▷ **self-pity** N apitoiement *m* sur soi-même ▷ **self-pitying** ADJ qui s'apitoie sur son (propre) sort ▷ **self-poisoning** N empoisonnement *m* ♦ **paracetamol ~-poisoning** suicide *m* par surdose de paracétamol ▷ **self-portrait** N autoportrait *m* ▷ **self-possessed** ADJ qui garde son sang-froid, maître (maîtresse *f*) de soi ▷ **self-possession** N sang-froid *m*, maîtrise *f* de soi ▷ **self-praise** N éloge *m* de soi-même, autolouange *f* ▷ **self-preoccupied** ADJ égocentrique ▷ **self-preservation** N instinct *m* de conservation ▷ **self-pride** N orgueil *m* personnel, fierté *f* ▷ **self-proclaimed** ADJ autoproclamé ♦ **he was a ~-proclaimed critic of ...** il avait pris sur lui de critiquer ... ▷ **self-propelled** ADJ autopropulsé ▷ **self-protection** N ♦ **from ~-protection** pour sa propre protection ▷ **self-publicist** N spécialiste *mf* de la publicité personnelle ▷ **self-punishment** N autopunition *f* ▷ **self-raising flour** N *(Brit)* farine *f* pour gâteaux *(avec levure incorporée)* ▷ **self-realization** N épanouissement *m* personnel ▷ **self-referential** ADJ autoréférentiel (-le *f*) ▷ **self-regard** N ⇒ **self-esteem** ▷ **self-regulating** ADJ autorégulateur (-trice *f*) ▷ **self-regulation** N autorégulation *f* ▷ **self-regulatory** ADJ ⇒ **self-regulating** ▷ **self-reliance** N autonomie *f* ▷ **self-reliant** ADJ autonome ♦ **to be ~-reliant** être autonome, ne pas avoir besoin des autres ▷ **self-renewal** N renouvellement *m* automatique ▷ **self-renewing** ADJ qui se renouvelle automatiquement ▷ **self-replicating** ADJ *[computer, machine etc]* autoreproducteur (-trice *f*) ▷ **self-reproach** N repentir *m*, remords *m* ▷ **self-reproachful** ADJ plein de reproches à l'égard de soi-même ▷ **self-respect** N respect *m* de soi ▷ **self-respecting** ADJ qui se respecte ♦ **no ~-respecting teacher would agree that ...** aucun professeur qui se respecte *subj* ne conviendrait que ... ▷ **self-restraint** N retenue *f* ▷ **self-revelation** N révélation *f* de soi-même ▷ **self-revelatory** ADJ d'inspiration autobiographique ▷ **self-ridicule** N autodérision *f* ▷ **self-righteous** ADJ pharisaïque, satisfait de soi ▷ **self-righteousness** N pharisaïsme *m*, autosatisfaction *f* ▷ **self-righting** ADJ inchavirable ▷ **self-rising flour** N *(US)* ⇒ **self-raising flour** ▷ **self-rule** N *(Pol)* autonomie *f* ▷ **self-ruling** ADJ *(Pol)* autonome ▷ **self-sacrifice** N abnégation *f*, dévouement *m* ▷ **self-sacrificing** ADJ qui se sacrifie, qui a l'esprit de sacrifice ▷ **self-satisfaction** N contentement *m* de soi, fatuité *f* ▷ **self-satisfied** ADJ *[person]* content de soi, suffisant ; *[smile]* suffisant, de satisfaction ▷ **self-sealing** ADJ *[envelope]* autocollant, autoadhésif ; *[container]* à obturation automatique ▷ **self-seeker** N égoïste *mf* ▷ **self-seeking** ADJ égoïste ▷ **self-service** N, ADJ libre-service *m inv* ♦ **~-service shop/restaurant** (magasin *m*/restaurant *m*) libre-service *m inv or* self-service *m inv* ♦ **~-service garage** station *f* (d'essence) libre-service ▷ **self-serving** ADJ égoïste, intéressé ▷ **self-standing** ADJ *(lit)* autoportant ; *(fig) [of company, organization]* autonome ▷ **self-starter** N *(Aut)* démarreur *m* (automatique *or* électrique) ; *(fig) (= hard-working person)* personne *f* motivée (et pleine d'initiative) ▷ **self-steering** ADJ à pilotage automatique ▷ **self-study** N apprentissage *m* autonome ▷ **self-styled** ADJ soi-disant *inv*, prétendu ▷ **self-sufficiency** N *(economic)* autarcie *f* ; *(= self-confidence)* autosuffisance *f* ▷ **self-sufficient** ADJ *(economically)* autarcique ; *(= self-confident)* autosuffisant ▷ **self-supporting** ADJ *[person]* qui subvient à ses (propres) besoins ; *[firm]* financièrement indépendant ▷ **self-sustaining growth** N *(Econ)* croissance *f* autonome ▷ **self-tapping** ADJ *[screw]* autotaraudeur ▷ **self-taught** ADJ autodidacte ♦ **"French self-taught"** "apprenez le français par vous-même" ▷ **self-timer** N *(Phot)* retardateur *m* ▷ **self-torture** N torture *f* délibérée de soi-même ▷ **self-treatment** N *(Med)* automédication *f* ▷ **self-will** N volonté *f* inébranlable ▷ **self-willed** ADJ entêté, volontaire ▷ **self-winding** ADJ (à remontage) automatique ▷ **self-worship** N adulation *f* de soi-même ▷ **self-worth** N ♦ **feeling of ~-worth** confiance en soi

**selfhood** /ˈselfhʊd/ N *(Psych)* individualité *f*

**selfish** /ˈselfɪʃ/ ADJ *[person, behaviour]* égoïste ; *[motive]* intéressé

**selfishly** /ˈselfɪʃlɪ/ ADV égoïstement, en égoïste

**selfishness** /ˈselfɪʃnɪs/ N égoïsme *m*

**selfless** /ˈselflɪs/ ADJ désintéressé, altruiste

**selflessly** /ˈselflɪslɪ/ ADV sans penser à soi, d'une façon désintéressée, par altruisme

**selflessness** /ˈselflɪsnɪs/ N désintéressement *m*, altruisme *m*

**selfsame** /ˈselfseɪm/ ADJ même ♦ **this is the ~ book** c'est bien le même livre ♦ **I reached Paris the ~ day** je suis arrivé à Paris le même jour *or* le jour même

**sell** /sel/ (pret, ptp **sold**) **VT** **a** *[+ goods, item]* vendre ; *[+ stock]* écouler ♦ **"to be sold"** "à vendre" ♦ **to ~ sth for $25** vendre qch 25 dollars ♦ **he sold it (to) me for £10** il me l'a vendu 10 livres ♦ **he sold the books at $10 each** il a vendu les livres 10 dollars pièce *or* chaque ♦ **he was ~ing them at** *or* **for £10 a dozen** il les vendait 10 livres la douzaine ♦ **do you ~ stamps?** est-ce que vous vendez des timbres ? ♦ **are stamps sold here?** est-ce qu'on vend des timbres ici ? ♦ **I was sold**

**this in Grenoble** on m'a vendu cela à Grenoble ◆ **it's our reputation that ~s our products** c'est notre réputation qui fait vendre nos produits ◆ **to ~ o.s.** *(sexually)* se vendre ; see also **vt b** ◆ **to ~ one's body** vendre son corps ◆ **to ~ sb into slavery** vendre qn comme esclave ◆ **to ~ one's life dearly** vendre chèrement sa vie ◆ **to ~ the pass** *(fig)* abandonner *or* trahir la cause ◆ **to ~ a secret** vendre *or* trahir un secret ◆ **to ~ sb short** *(= cheat)* avoir qn *, posséder qn * ; *(= belittle)* ne pas faire *or* rendre justice à qn ◆ **to ~ o.s. short** ne pas savoir se vendre ◆ **he sold his soul for political power** il a vendu son âme contre le pouvoir (politique) ◆ **I'd ~ my soul for a coat/body like that!** * je donnerais n'importe quoi *or* je vendrais mon âme pour avoir un manteau/un corps comme ça ! ◆ **he'd ~ his own mother** il vendrait père et mère ; → **bill**[1], **pup**

b *( * = put across)* ◆ **to ~ sb an idea** vendre une idée à qn ◆ **if we can ~ coexistence to the two countries** si nous arrivons à faire accepter le principe de la coexistence aux deux pays ◆ **he doesn't ~ himself very well** il n'arrive pas à se faire valoir *or* à se mettre en valeur ◆ **if you can ~ yourself to the voters** si vous arrivez à convaincre les électeurs ◆ **to be sold on * an idea** *etc* être emballé * *or* enthousiasmé par une idée *etc* ◆ **to be sold on sb** * être complètement emballé * par qn

c *( * = betray)* vendre * ◆ **I've been sold!** on m'a vendu ! * ◆ **to ~ sb down the river** trahir qn

**VI** se vendre ◆ **these books ~ at** *or* **for $10 each** ces livres se vendent 10 dollars pièce *or* chaque ◆ **they ~ at £10 a dozen** ils se vendent 10 livres la douzaine ◆ **your car should ~ for £8,000** votre voiture devrait se vendre 8 000 livres ◆ **it ~s well** cela se vend bien ◆ **these books aren't ~ing** ces livres se vendent mal ◆ **to ~ short** *(St Ex)* vendre à découvert ◆ **the idea didn't ~** l'idée n'a pas été acceptée ; → **cake**

**N** a ‡ *(= disappointment)* déception *f* ; *(= fraud)* attrape-nigaud *m* ◆ **what a ~!** ce que je me suis (*or* tu t'es *etc*) fait avoir ! *

b *(Comm)* → **hard, soft**

**COMP** ▷ **sell-by date** **N** *(Comm)* date *f* limite de vente ◆ **to be past one's ~-by date** * avoir fait son temps ▷ **sell-off** **N** ⇒ **selloff** ▷ **sell-through** **ADJ** *[video]* réservé à la vente

► **sell back** **VT SEP** revendre *(à la même personne etc)*

► **sell off** **VT SEP** *[+ stock]* liquider ; *[+ goods]* solder ; *[+ shares]* vendre, liquider ; *[+ company]* brader

► **sell on** **VT SEP** revendre

► **sell out** **VI** a *(US Comm = sell up)* *(business)* vendre son fonds *or* son affaire ; *(stock)* liquider son stock

b *(= be used up)* *[product, tickets]* se vendre tous

c *[shopkeeper etc]* **to ~ out of sth** *(temporarily)* être à court de qch ; *(= use up supply of)* épuiser son stock de qch

d *(fig)* renier ses principes ◆ **to ~ out to the enemy** passer à l'ennemi ◆ **to ~ out on sb** trahir qn

**VT SEP** a *(St Ex)* vendre

b *(Comm)* vendre tout son stock de ◆ **this item is sold out** cet article est épuisé ◆ **we are sold out of everything** nous avons tout vendu ◆ **we are sold out of milk** nous n'avons plus de lait, nous sommes à court de lait ◆ **the house was sold out** *(Theat)* toutes les places étaient louées ◆ **tickets for the ballet were sold out** il n'y avait plus de billets pour le ballet, tous les billets pour le ballet avaient été vendus ◆ **the concert is sold out** il n'y a plus de billets pour le concert, le concert se jouera à guichets fermés

► **sell up** *(esp Brit)* **VI** a *(gen)* se défaire de *or* vendre toutes ses possessions ; *(= sell one's house)* vendre sa maison

b *(Comm)* ⇒ **sell out vi a**

**VT SEP** a *(Jur)* *[+ goods]* opérer la vente forcée de, saisir ; *[+ debtor]* vendre les biens de

b *(Comm)* *[+ business]* vendre, liquider

**seller** /ˈseləʳ/ **N** a *(in compounds)* vendeur *m*, -euse *f*, marchand(e) *m(f)* ◆ **newspaper-~** vendeur *m*, -euse *f* de journaux ◆ **onion-~** marchand(e) *m(f)* d'oignons ; → **bookseller** b *(as opposed to buyer)* vendeur *m* ◆ **~'s market** marché *m* favorable au vendeur c **this book is a (good) ~** * ce livre se vend bien *or* comme des petits pains * ; → **best-seller**

**selling** /ˈselɪŋ/ **N** vente(s) *f(pl)* **COMP** ▷ **selling point** **N** *(Comm)* avantage *m* pour le client ; *(fig)* atout *m* ▷ **selling price** **N** prix *m* de vente ▷ **selling rate** **N** *(Fin)* cours *m* vendeur

**selloff** /ˈselɒf/ **N** *(Econ)* vente *f*

**Sellotape** ® /ˈseləʊteɪp/ *(Brit)* **N** scotch ® *m*, ruban *m* adhésif **VT** ◆ **sellotape** scotcher, coller avec du ruban adhésif

**sellout** /ˈselaʊt/ **N** a *(Cine, Theat etc)* **the play was a ~** tous les billets (pour la pièce) ont été vendus, on a joué à guichets fermés *or* à bureaux fermés b *(= betrayal)* trahison *f*, capitulation *f* ◆ **a ~ of minority opinion** une trahison de l'opinion de la minorité ◆ **a ~ to the left** *(Pol)* une capitulation devant la gauche

**seltzer** /ˈseltsəʳ/ **N** (*US:* also **seltzer water**) eau *f* de Seltz

**selvage, selvedge** /ˈselvɪdʒ/ **N** lisière *f (d'un tissu)*

**selves** /selvz/ **NPL** of **self**

**semantic** /sɪˈmæntɪk/ **ADJ** sémantique ◆ **~ field** champ *m* sémantique

**semantically** /sɪˈmæntɪkəlɪ/ **ADV** sémantiquement, d'un point de vue sémantique

**semanticist** /sɪˈmæntɪsɪst/ **N** sémanticien(ne) *m(f)*

**semantics** /sɪˈmæntɪks/ **N** *(NonC)* sémantique *f*

**semaphore** /ˈseməfɔːʳ/ **N** a signaux *mpl* à bras ◆ **in ~** par signaux à bras b *(Rail)* sémaphore *m* **VT** transmettre par signaux à bras

**semblance** /ˈsembləns/ **N** semblant *m*, apparence *f* ◆ **without a ~ of respect** sans le moindre semblant de respect ◆ **to put on a ~ of sorrow** faire semblant d'avoir de la peine

**seme** /siːm/ **N** *(Ling)* sème *m*

**semen** /ˈsiːmən/ **N** sperme *m*, semence *f*

**semester** /sɪˈmestəʳ/ **N** *(esp US)* semestre *m*

**semi** /ˈsemɪ/ **PREF** a → **comp** b *(= not completely: + adj)* plus ou moins ◆ **it's ~ tidy** c'est plus ou moins bien rangé **N** a *(Brit *)* abbrev of **semi-detached** b * abbrev of **semifinal** c *(US)* abbrev of **semitrailer** **COMP** ▷ **semi-annual** **ADJ** *(US)* semestriel (-le *f*) ▷ **semi-detached** *(Brit)* **N** (also **semi-detached house**) maison *f* jumelle **ADJ** ◆ **~-detached houses** maisons *fpl* mitoyennes ▷ **semi-monthly** **ADJ, N** *(US Press)* bimensuel *m* ▷ **semi-skimmed** **ADJ** demi-écrémé

**semiautomatic** /ˌsemɪɔːtəˈmætɪk/ **ADJ** semi-automatique

**semibasement** /ˌsemɪˈbeɪsmənt/ **N** ≈ rez-de-jardin *m*

**semibreve** /ˈsemɪbriːv/ *(esp Brit Mus)* **N** ronde *f* **COMP** ▷ **semibreve rest** **N** pause *f*

**semicircle** /ˈsemɪsɜːkl/ **N** demi-cercle *m*

**semicircular** /ˌsemɪˈsɜːkjʊləʳ/ **ADJ** demi-circulaire, semi-circulaire, en demi-cercle

**semicolon** /ˌsemɪˈkəʊlən/ **N** point-virgule *m*

**semicommercial** /ˌsemɪkəˈmɜːʃəl/ **ADJ** semi-commercial

**semiconductor** /ˌsemɪkənˈdʌktəʳ/ **N** semi-conducteur *m*

**semiconscious** /ˌsemɪˈkɒnʃəs/ **ADJ** à demi conscient

**semiconsonant** /ˌsemɪˈkɒnsənənt/ **N** semi-consonne *f*, semi-voyelle *f*

**semidarkness** /ˌsemɪˈdɑːknɪs/ **N** pénombre *f*, demi-jour *m*

**semidesert** /ˌsemɪˈdezət/ **ADJ** semi-désertique

**semifinal** /ˌsemɪˈfaɪnl/ **N** demi-finale *f* ◆ **to go out in the ~s** être éliminé en demi-finale

**semifinalist** /ˌsemɪˈfaɪnəlɪst/ **N** demi-finaliste *mf* ; *(= team)* équipe *f* demi-finaliste

**semiliquid** /ˌsemɪˈlɪkwɪd/ **ADJ** semi-liquide

**semiliterate** /ˌsemɪˈlɪtərɪt/ **ADJ** quasiment illettré

**seminal** /ˈsemɪnl/ **ADJ** *(Physiol)* séminal ; *(fig)* majeur

**seminar** /ˈsemɪnɑːʳ/ **N** séminaire *m*, colloque *m* ; *(Univ)* séminaire *m*, séance *f* de travaux pratiques *or* de TP

**seminarian** /ˌsemɪˈnɛərɪən/, **seminarist** /ˈsemɪnərɪst/ **N** séminariste *m*

**seminary** /ˈsemɪnərɪ/ **N** *(= priests' college)* séminaire *m* ; *(= school)* petit séminaire *m*

**semiofficial** /ˌsemɪəˈfɪʃəl/ **ADJ** semi-officiel, officieux

**semiologist** /ˌsemɪˈɒlədʒɪst/ **N** sémiologue *mf*

**semiology** /ˌsemɪˈɒlədʒɪ/ **N** sémiologie *f*

**semiotic** /ˌsemɪˈɒtɪk/ **ADJ** sémiotique

**semiotics** /ˌsemɪˈɒtɪks/ **N** *(NonC)* sémiotique *f*

**semipolitical** /ˌsemɪpəˈlɪtɪkəl/ **ADJ** semi-politique

**semiprecious** /ˌsemɪˈpreʃəs/ **ADJ** semi-précieux ◆ **~ stone** pierre *f* semi-précieuse

**semiprivate room** /ˌsemɪpraɪvɪtˈrʊm/ **N** *(US Med)* chambre *f* d'hôpital à plusieurs lits

**semiprofessional** /ˌsemɪprəˈfeʃənl/ **ADJ** semi-professionnel

**semiquaver** /ˈsemɪkweɪvəʳ/ **N** *(esp Brit Mus)* double croche *f*

**semiskilled** /ˌsemɪˈskɪld/ **ADJ** *[work]* d'ouvrier spécialisé ◆ **~ worker** ouvrier *m*, -ière *f* spécialisé(e), OS *mf*

**semisolid** /ˌsemɪˈsɒlɪd/ **ADJ** semi-solide

**Semite** /ˈsiːmaɪt/ **N** Sémite *or* sémite *mf*

**Semitic** /sɪˈmɪtɪk/ **ADJ** *[language]* sémitique ; *[people]* sémite

**semitone** /ˈsemɪtəʊn/ **N** demi-ton *m*

**semitrailer** /ˌsemɪˈtreɪləʳ/ **N** *(Aut)* semi-remorque *f*

**semitropical** /ˌsemɪˈtrɒpɪkəl/ **ADJ** semi-tropical

**semivowel** /ˈsemɪvaʊəl/ **N** semi-voyelle *f*, semi-consonne *f*

**semiweekly** /ˌsemɪˈwiːklɪ/ **ADJ, N** *(US Press)* bihebdomadaire *m*

**semolina** /ˌseməˈliːnə/ **N** semoule *f* ; (also **semolina pudding**) semoule *f* au lait

**sempiternal** /ˌsempɪˈtɜːnl/ ADJ *(liter)* éternel, perpétuel

**sempstress** /ˈsempstrɪs/ N ⇒ **seamstress**

**SEN** /ˌesiːˈen/ N *(Brit)* (abbrev of **State-Enrolled Nurse**) → **state**

**Sen.** *(US)* abbrev of **Senator**

**sen.** abbrev of **senior**

**senate** /ˈsenɪt/ N a *(Pol)* sénat *m* ◆ **the Senate** *(in US, Can, Austral)* le Sénat b *(Univ)* conseil *m* d'université

**senator** /ˈsenɪtəʳ/ N sénateur *m*

**senatorial** /ˌsenəˈtɔːrɪəl/ ADJ sénatorial

**send** /send/ (pret, ptp **sent**) VT a *(= dispatch)* *[+ object, letter, e-mail]* envoyer (*to sb* à qn) ; ◆ **I filled in the form but I didn't ~ it** j'ai rempli le formulaire mais je ne l'ai pas envoyé ◆ **to press '~'** *(for e-mail)* appuyer sur 'envoi' ◆ **to ~ help** envoyer des secours ◆ **I'll ~ a car (for you)** j'enverrai une voiture (vous chercher) ◆ **to ~ washing to the laundry** donner *or* envoyer du linge au blanchissage ◆ **God sent a plague to punish the Egyptians** Dieu envoya un fléau aux Égyptiens pour les punir ◆ **this decision ~s the wrong signal** *or* **message** cette décision risque d'être mal interprétée ◆ **these things are sent to try us!** *(hum)* c'est le ciel qui nous envoie ces épreuves ! ; → **regard, wish, word**

b *(= cause to go)* *[+ person]* envoyer ◆ **to ~ sb for sth** envoyer qn chercher qch ◆ **to ~ sb to do sth** envoyer qn faire qch ◆ **I sent him (along) to see her** je l'ai envoyé la voir ◆ **~ him (along) to see me** dis-lui de venir me voir, envoie-le-moi ◆ **to ~ sb to bed** envoyer qn se coucher ◆ **to ~ sb home** renvoyer qn chez lui ; *(to a different country)* rapatrier qn ◆ **to ~ workers home** *(Ind)* mettre des employés en chômage technique ◆ **to ~ a child to school** *[parent]* envoyer un enfant à l'école ; *[local authority]* scolariser un enfant ◆ **they sent him to school in London** ils l'ont mis en pension à Londres ◆ **I won't ~ you to school today** je ne t'envoie pas à l'école aujourd'hui ◆ **children are sent to school at the age of five** les enfants doivent aller à l'école à partir de cinq ans ◆ **some children are sent to school without breakfast** il y a des enfants qui vont à l'école sans avoir pris de petit déjeuner ◆ **the rain sent us indoors** la pluie nous a fait rentrer ◆ **they sent the dogs after the escaped prisoner** ils ont envoyé les chiens à la poursuite *or* à la recherche du prisonnier évadé ◆ **to ~ sb to sleep** *(lit, fig)* endormir qn ◆ **to ~ sb into fits of laughter** faire éclater qn de rire ◆ **to ~ sb packing** * *or* **about his business** * envoyer promener qn *, envoyer paître qn * ◆ **to ~ prices/shares** *etc* **soaring** faire monter les prix/les actions *etc* en flèche ; → **Coventry, prison**

c *(= propel, cause to move)* *[+ ball]* envoyer, lancer ; *[+ stone, arrow]* lancer ◆ **to ~ an astronaut/a rocket into space** lancer *or* envoyer un astronaute/une fusée dans l'espace ◆ **he sent the ball over the trees** il a envoyé *or* lancé le ballon par-dessus les arbres ◆ **he screwed up the paper and sent it straight into the basket** il a froissé le papier et l'a envoyé *or* l'a lancé tout droit dans la corbeille ◆ **the explosion sent a cloud of smoke into the air** l'explosion a projeté un nuage de fumée (en l'air) ◆ **the news sent a thrill through her** la nouvelle l'a électrisée ◆ **the sight of the dog sent her running to her mother** en voyant le chien elle s'est précipitée vers sa mère ◆ **the blow sent him sprawling** le coup l'a envoyé par terre ◆ **he sent the plate flying** il a envoyé voler * l'assiette ◆ **to ~ sb flying** envoyer qn rouler à terre

d *(= cause to become)* rendre ◆ **the noise is ~ing me mad** le bruit me rend fou

e († ‡ = *make ecstatic)* emballer * ◆ **this music ~s me** cette musique m'emballe * ◆ **he ~s me** je le trouve sensationnel

VI *(frm, liter)* ◆ **they sent to ask if ...** ils envoyèrent demander si ...

COMP ▷ **sending-off** N *(Ftbl etc)* expulsion *f* ▷ **send-off** N ◆ **they were given a warm ~-off** on leur a fait des adieux chaleureux ◆ **they gave him a big ~-off** ils sont venus nombreux lui souhaiter bon voyage ▷ **send-up** * N *(Brit)* parodie *f*

► **send away** VI ◆ **to send away for sth** *(= order by post)* commander qch par correspondance ; *(= order and receive)* se faire envoyer qch

VT SEP a envoyer ; *(= expel: from country, town)* expulser ◆ **to ~ one's children away to school** mettre ses enfants en pension ◆ **to ~ a radio/car away to be fixed** donner une radio/une voiture à réparer

b *(= dismiss)* *[+ person]* congédier

c *[+ parcel, letter, goods]* envoyer ; *(= post)* envoyer (par la poste)

► **send back** VT SEP *[+ person, thing]* renvoyer

► **send down** VT SEP a *(lit)* *[+ person]* faire descendre, envoyer en bas

b *[+ prices, sb's temperature, blood pressure]* faire baisser

c *(Brit Univ)* renvoyer (de l'université)

d (* *= jail)* coffrer ‡, envoyer en prison

► **send for** VT FUS a *[+ doctor, police etc]* faire venir, appeler ; *(= send sb to get)* faire appeler, envoyer chercher ◆ **to ~ for help** envoyer chercher de l'aide, se faire envoyer des secours

b *(= order by post)* commander par correspondance ; *(= order and receive)* se faire envoyer

► **send forth** VT SEP *(liter)* *[+ light]* diffuser ; *[+ leaf]* produire ; *[+ smell]* répandre, exhaler ; *[+ army]* envoyer

► **send in** VT SEP a *[+ person]* faire entrer ; *[+ troops]* envoyer

b *[+ resignation]* envoyer, donner ; *[+ report, entry form]* envoyer, soumettre ◆ **to ~ in an application** faire une demande ; *(for job)* poser sa candidature ◆ **to ~ in a request** envoyer *or* faire une demande ◆ **~ in your name and address if you wish to receive ...** envoyez vos nom et adresse si vous désirez recevoir ...

► **send off** VI ⇒ **send away vi**

VT SEP a *[+ person]* envoyer ◆ **I sent him off to think it over/get cleaned up** *etc* je l'ai envoyé méditer là-dessus/se débarbouiller *etc* ◆ **she sent the child off to the grocer's** elle a envoyé l'enfant chez l'épicier

b *(= say goodbye to)* dire au revoir à ◆ **there was a large crowd to ~ him off** une foule de gens était venue lui dire au revoir

c *[+ letter, parcel, goods]* envoyer, expédier ; *(= post)* mettre à la poste

d *(Ftbl etc)* *[+ player]* expulser

N ◆ **send-off** → **send**

► **send on** VT SEP *(Brit)* *[+ letter]* faire suivre ; *[+ luggage]* *(in advance)* expédier à l'avance ; *(afterwards)* faire suivre ; *[+ object left behind]* renvoyer

► **send out** VI ◆ **to send out for sth** *(= order by phone)* *[+ pizza etc]* commander qch par téléphone ; *(= send sb to fetch)* envoyer chercher qch

VT SEP a *[+ person]* faire sortir ◆ **she sent the children out to play** elle a envoyé les enfants jouer dehors ◆ **I sent her out for a breath of air** je l'ai envoyée prendre l'air ◆ **they were sent out for talking too loudly** on les a mis à la porte parce qu'ils parlaient trop fort

b *(= post)* *[+ correspondence, leaflets]* envoyer (par la poste)

c *[+ scouts, messengers, emissary]* envoyer

d *(= emit)* *[+ smell]* répandre, exhaler ; *[+ heat]* diffuser, répandre ; *[+ light]* diffuser, émettre ; *[+ smoke]* répandre ; *[+ signal]* *(gen)* émettre ; *(Rad)* diffuser

e *(= put out)* *[+ shoots, roots]* produire, donner

► **send round** VT SEP a *(= circulate)* *[+ document, bottle etc]* faire circuler

b faire parvenir ◆ **I'll ~ it round to you as soon as it's ready** je vous le ferai parvenir *or* porter dès que cela sera prêt

c *[+ person]* envoyer ◆ **I sent him round to the grocer's** je l'ai envoyé chez l'épicier

► **send up** VT SEP a *[+ person, luggage]* faire monter ; *[+ aeroplane]* envoyer ; *[+ spacecraft, flare]* lancer ; *[+ smoke]* envoyer ; *[+ prices]* faire monter en flèche

b *(Brit* * *= make fun of)* *[+ person]* mettre en boîte * ; *(= imitate)* *[+ person, book]* parodier

c *[+ entry form]* envoyer

d *(= blow up)* faire sauter *, faire exploser

e (* *= jail)* coffrer ‡, envoyer en prison

N ◆ **send-up** * *(Brit)* → **send**

**sender** /ˈsendəʳ/ N expéditeur *m*, -trice *f*, envoyeur *m*, -euse *f* ; → **return**

**Seneca** /ˈsenɪkə/ N Sénèque *m*

**Senegal** /ˌsenɪˈgɔːl/ N Sénégal *m* ◆ **in ~** au Sénégal

**Senegalese** /ˌsenɪgəˈliːz/ ADJ sénégalais N *(pl inv)* Sénégalais(e) *m(f)*

**senile** /ˈsiːnaɪl/ ADJ sénile ◆ **~ decay** dégénérescence *f* sénile COMP ▷ **senile dementia** N démence *f* sénile

**senility** /sɪˈnɪlɪtɪ/ N sénilité *f*

**senior** /ˈsiːnɪəʳ/ ADJ a *(= older)* aîné, plus âgé ◆ **he is three years ~ to me, he is ~ to me by three years** il est mon aîné de trois ans, il est plus âgé que moi de trois ans ◆ **(Mr) Smith Senior** (M.) Smith père ◆ **Mrs Smith Senior** Mme Smith mère

b *(= of higher rank)* *[employee]* de grade supérieur ; *[officer]* supérieur (-eure *f*) ; *[position, rank]* supérieur (-eure *f*), plus élevé ◆ **at ~ level** *(Sport)* en senior ◆ **he is ~ to me in the firm** *(in rank)* il est au-dessus de moi dans l'entreprise, son poste dans l'entreprise est plus élevé que le mien ; *(in service)* il a plus d'ancienneté que moi dans la maison ◆ **~ officer** *(Mil)* officier *m* supérieur ◆ **a ~ official** *(Admin)* un haut fonctionnaire ; *(in private firm)* un cadre supérieur *or* haut placé ◆ **~ CID officer** *(Brit)* officier *m* de police judiciaire haut placé ◆ **~ police officer** officier *m* de police haut placé

c *(hum)* ◆ **a ~ moment** un trou de mémoire

N a *(in age)* aîné(e) *m(f)* ◆ **he is my ~ by three years, he is three years my ~** *(in age)* il est mon aîné de trois ans, il est plus âgé que moi de trois ans ; *(in service)* il a trois ans d'ancienneté de plus que moi

b *(US Univ)* étudiant(e) *m(f)* de licence ; *(US Scol)* élève *mf* de terminale ◆ **the ~s** *(Brit Scol)* les grands *mpl*, les grandes *fpl*

COMP ▷ **senior aircraftman** N (pl **senior aircraftmen**) *(Brit Air Force)* ≈ soldat *m* ▷ **senior aircraftwoman** N (pl **senior aircraftwomen**) *(Brit Air Force)* ≈ soldat *m* ▷ **senior airman** N (pl **senior airmen**) *(US Air Force)* caporal-chef *m* ▷ **senior chief petty officer** N *(US Navy)* premier maître *m* ▷ **senior citizen** N personne *f* du troisième âge, senior *m* ◆ **~ citizens' club** club *m* du troisième âge ▷ **senior clerk** N premier commis *m*, commis *m* principal ▷ **senior common room** N *(Brit Univ)* salle *f* des professeurs ▷ **senior editor** N rédacteur *m*, -trice *f* en chef ▷ **senior executive** N cadre *m* supérieur ▷ **senior high school** N *(US)* ≃ lycée *m* ▷ **senior master** N *(Brit Scol)* professeur *m* principal ▷ **senior master sergeant** N *(US Air Force)* adjudant *m* ▷ **senior partner** N associé *m* principal ▷ **senior prom** N *(US)* bal *m* des classes de terminale ▷ **senior school** N *(= oldest classes)* grandes classes *fpl*; *(= secondary school)* collège *m* d'enseignement secondaire ▷ **Senior Service** N *(Brit)* marine *f* (de guerre) ▷ **senior year** N *(US Scol)* (classe *f*) terminale *f*, dernière année *f* d'études (scolaires)

**seniority** /ˌsiːnɪˈɒrɪtɪ/ N *(in age)* priorité *f* d'âge ; *(in rank)* rang *m*, niveau *m* de responsabilité ; *(in years of service)* ancienneté *f* ◆ **promotion by** ~ avancement *m* à l'ancienneté

**senna** /ˈsenə/ N séné *m* COMP ▷ **senna pod** N gousse *f* de séné

**sensation** /senˈseɪʃən/ N a *(= feeling)* sensation *f* ◆ **to lose all** ~ **in one's arm** perdre toute sensation dans le bras ◆ **to have a dizzy** ~ avoir une sensation de vertige b *(= impression)* sensation *f* ◆ **to have the** ~ **of doing sth** avoir la sensation de faire qch ◆ **I felt a** ~ **of being watched** j'avais l'impression *or* le sentiment que l'on m'observait c *(= excitement, success)* sensation *f*; *(Press)* sensation *f* ◆ **to create** *or* **cause a** ~ faire sensation ◆ **it was a** ~ **in Paris** cela a fait sensation à Paris ◆ **it's a** ~**!** c'est sensationnel ! ◆ **the film that turned her into an overnight** ~ le film qui a fait d'elle une star du jour au lendemain

**sensational** /senˈseɪʃənl/ ADJ a *[event]* qui fait sensation, sensationnel ; *[fashion]* qui fait sensation ◆ ~ **murder** meurtre *m* qui fait sensation b *[film, novel, newspaper]* à sensation ◆ **he gave a** ~ **account of the accident** il a fait un récit dramatique de l'accident c *(* = marvellous)* sensationnel *, formidable *

**sensationalism** /senˈseɪʃnəlɪzəm/ N *(NonC)* a *(Press etc)* recherche *f or* exploitation *f* du sensationnel b *(Philos)* sensualisme *m*

**sensationalist** /senˈseɪʃnəlɪst/ N colporteur *m*, -euse *f* de nouvelles à sensation ; *(= writer)* auteur *m* à sensation ADJ à sensation ◆ **they described it in** ~ **terms** ils l'ont décrit en recherchant le sensationnel

**sensationalize** /senˈseɪʃnəlaɪz/ VT dramatiser

**sensationally** /senˈseɪʃnəlɪ/ ADV ◆ **it was** ~ **successful/popular** *etc* cela a connu un succès/une popularité *etc* inouï(e) *or* fantastique ◆ **he was** ~ **dropped from the team** à la surprise générale, il a été écarté de l'équipe

**sense** /sens/ N a *(= faculty)* sens *m* ◆ ~ **of hearing** ouïe *f* ◆ ~ **of smell** odorat *m* ◆ ~ **of sight** vue *f* ◆ ~ **of taste** goût *m* ◆ ~ **of touch** toucher *m* ; see also **noun d** ; → **sixth**

b *(= awareness)* sens *m*, sentiment *m* ◆ ~ **of colour** sens *m* de la couleur ◆ ~ **of direction** sens *m* de l'orientation ◆ ~ **of duty** sentiment *m* du devoir ◆ ~ **of humour** sens *m* de l'humour ◆ **he has no** ~ **of humour** il n'a pas le sens de l'humour ◆ **to lose all** ~ **of time** perdre toute notion de l'heure ◆ **to have no** ~ **of shame** ne pas savoir ce que c'est que la honte ; → **business, road, strong, occasion**

c *(= sensation, impression) (physical)* sensation *f* ; *(mental)* sentiment *m* ◆ **a** ~ **of achievement** le sentiment d'avoir accompli quelque chose ◆ **a** ~ **of warmth** une sensation de chaleur ◆ **a** ~ **of guilt** un sentiment de culpabilité ◆ **we tried to get a** ~ **of what was going on** on a essayé de comprendre ce qui se passait ◆ **to get** *or* **have a** ~ **that ...** avoir le sentiment que ... ◆ **there's no** ~ **that they might have done it for the money** on n'a pas l'impression qu'ils ont fait ça pour l'argent

d *(= sanity)* **to take leave of one's** ~**s** perdre la tête *or* la raison ◆ **to come to one's** ~**s** *(= become reasonable)* revenir à la raison ◆ **to bring sb to his** ~**s** ramener qn à la raison

e *(= wisdom, sound judgement)* (also **common-sense**) bon sens *m* ◆ **haven't you enough** ~ *or* **the (good)** ~ **to refuse?** n'avez-vous pas assez de bon sens pour refuser ? ◆ **there is some** ~ **in what he says** il y a du bon sens dans ce qu'il dit ◆ **to have more** ~ **than to do sth** avoir trop de bon sens pour faire qch, être trop sensé pour faire qch ◆ **you should have had more** ~ **than to tell them that** vous auriez dû avoir assez de bon sens pour ne pas le leur dire ◆ **they should have more** ~**!** ils devraient avoir un peu plus de jugeote ! *

f *(= reasonable quality)* sens *m* ◆ **there's no** ~ **in (doing) that** cela n'a pas de sens, cela ne rime à rien ◆ **what's the** ~ **of** *or* **in (doing) that?** à quoi bon (faire) cela ? ◆ **to see** ~ entendre raison ◆ **he won't see** ~ il ne veut pas entendre raison ◆ **try to make him see** ~ essaie de lui faire entendre raison ; → **sound², talk**

g *(= meaning) [of word, phrase, writing, text etc]* sens *m (also Ling)*, signification *f* ◆ **in the literal/figurative** ~ au sens propre/figuré ◆ **in every** ~ **of the word** dans tous les sens du terme ◆ **alcoholism is not a disease in the usual** ~ **of the word** l'alcoolisme n'est pas une maladie au sens habituel du terme

◆ **in a + sense** ◆ **in a** ~ dans un (certain) sens, dans une certaine mesure ◆ **in a very real** ~ de fait

◆ **in no sense** en aucune manière ◆ **this is in no** ~ **a criminal offence** ceci ne constitue en aucune manière un délit

◆ **to make sense** *[words, speech etc]* avoir du sens ◆ **it doesn't make** ~ cela n'a pas de sens ◆ **what she did makes** ~ ce qu'elle a fait est logique *or* se tient ◆ **what she did just doesn't make** ~ ce qu'elle a fait n'est pas logique ◆ **why did he do it? – I don't know, it doesn't make** ~ pourquoi est-ce qu'il a fait ça ? – je n'en sais rien, c'est à n'y rien comprendre ◆ **do you think it makes** ~ **to start now?** pensez-vous que c'est une bonne idée de commencer maintenant ? ◆ **yes, that makes** ~ oui, ça paraît raisonnable

◆ **to make sense of sth** arriver à comprendre qch, saisir la signification de qch

h *(= opinion)* **the general** ~ **of the meeting** l'opinion générale *or* le sentiment de ceux présents ◆ **the** ~ **of the Senate** *(US Pol)* la recommandation du Sénat

VT a *(= become aware of, feel) [+ sb's uneasiness, grief, happiness etc]* sentir (intuitivement) ; *[+ trouble]* pressentir ◆ **to** ~ **danger** pressentir le danger ◆ **they** ~ **victory** ils ont le sentiment qu'ils vont gagner ◆ **to** ~ **somebody's presence** sentir une présence, se rendre compte d'une présence ◆ **I could** ~ **his eyes on me** je sentais qu'il me regardait ◆ **I** ~**d his interest in what I was saying** j'ai senti que ce que je disais l'intéressait ◆ **to** ~ **that one is unwelcome** sentir *or* deviner qu'on n'est pas le bienvenu ◆ **she can** ~ **when her children are unhappy** elle le sent *or* devine quand ses enfants sont malheureux

b *[machine, sensor device] [+ movement, heat, change]* détecter ◆ **the camera** ~**s when a film has reached the end** la caméra le détecte quand un film est arrivé au bout

COMP ▷ **sense organ** N organe *m* des sens *or* sensoriel

**senseless** /ˈsenslɪs/ ADJ a *(= stupid) [person]* insensé ; *[action, idea]* stupide, qui ne tient pas debout ; *(stronger)* absurde, insensé ◆ **a** ~ **waste of energy resources** un gâchis insensé des ressources d'énergie ◆ **it was a** ~ **waste of human life** il (*or* elle *etc*) est mort(e) pour rien ◆ **what a** ~ **thing to do!** (*or* **to say!** *etc*) c'est d'une stupidité sans nom !, ça n'a pas le sens commun ! b *(= unconscious)* sans connaissance ◆ **to fall** ~ **(to the floor)** tomber sans connaissance ; → **knock**

**senselessly** /ˈsenslɪslɪ/ ADV stupidement, d'une façon insensée

**senselessness** /ˈsenslɪsnɪs/ N *[of person]* manque *m* de bon sens ; *[of action, idea]* absurdité *f* ◆ **the absolute** ~ **of war** l'absurdité *f* totale de la guerre

**sensibility** /ˌsensɪˈbɪlɪtɪ/ N a *(NonC)* sensibilité *f* b ◆ **sensibilities** susceptibilité *f*

**sensible** /ˈsensəbl/ ADJ a *(= wise, of sound judgement) [person]* sensé, raisonnable ◆ **she's a** ~ **person** *or* **type** elle est très raisonnable *or* sensée ◆ **try to be** ~ **about it** sois raisonnable ◆ **that was** ~ **of you** tu as très bien fait, c'était la chose à faire b *(= reasonable, practicable) [act, decision, choice]* sage, raisonnable ; *[clothes]* pratique ◆ **the most** ~ **thing (to do) would be to see her** le plus sage *or* raisonnable serait de la voir c *(frm = perceptible) [change, difference, rise in temperature]* sensible d *(frm = aware)* **I am** ~ † **of the honour you do me** je suis sensible à *or* conscient de l'honneur que vous me faites

> ⚠ *When* **sensible** *means 'wise' or 'reasonable', it does not correspond to the French word* **sensible**.

**sensibleness** /ˈsensəblnɪs/ N bon sens *m*, jugement *m*

**sensibly** /ˈsensəblɪ/ ADV a *(= reasonably) [act, decide]* raisonnablement, sagement ◆ **to be** ~ **dressed** porter des vêtements pratiques b *(= perceptibly)* sensiblement

**sensitive** /ˈsensɪtɪv/ ADJ a *[person] (= emotionally aware, responsive)* sensible ; *(= easily hurt)* sensible (*to* à) ; *(= easily offended)* facilement blessé (*to* par), susceptible ; *(= easily influenced)* impressionnable, influençable ◆ **she is** ~ **about her nose** elle fait une fixation sur son nez ◆ **she's a** ~ **soul** c'est quelqu'un de très sensible *or* émotif

b *(= delicate) [eyes, matter, skin, subject, topic]* délicat, sensible ; *[situation]* névralgique, délicat ; *(Phot) [film]* sensible (*to* à) ; *(Phot) [paper]* sensibilisé ◆ **public opinion is very** ~ **to hints of corruption** l'opinion publique réagit vivement à tout soupçon de corruption ◆ **this is politically very** ~ sur le plan politique ceci est très délicat ◆ **that is a very** ~ **area** *(= place)* c'est un point chaud ; *(fig = subject matter)* c'est un domaine très délicat *or* sensible

c *(= sore) [tooth, skin, sore place]* sensible

d *(affecting national security) [document etc]* sensible

e *(St Ex, Comm) [market]* nerveux

ADJ *(in compounds)* ◆ **heat-/light-**~ sensible à la chaleur/la lumière

**sensitively** /ˈsensɪtɪvlɪ/ ADV avec sensibilité, d'une manière sensible

**sensitiveness** /ˈsensɪtɪvnɪs/ N *(= responsiveness) (physical, emotional)* sensibilité *f* ; *(to criticism)* susceptibilité *f*

**sensitivity** /ˌsensɪˈtɪvɪtɪ/ N a *[of person, instrument, gauge, machine]* sensibilité *f* ◆ **their** ~ **to this problem** leur sensibilisation à ce problème ◆ ~ **to pain** sensibilité à la douleur ◆ **if you experience any** ~, **discontinue use** *(= soreness)* en cas de réaction (allergique), cesser l'utilisation b *(= delicacy) [of subject]* caractère *m* délicat ; *[of information]* caractère *m* sensible ◆ **an issue of great ~** un sujet très délicat

**sensitize** /ˈsensɪtaɪz/ **VT** *(gen, Phot)* sensibiliser

**sensor** /ˈsensəʳ/ **N** *(Tech)* détecteur *m* ◆ **heat ~** palpeur *m*

**sensory** /ˈsensərɪ/ **ADJ** des sens ; *(Physiol) [organ, nerve]* sensoriel

**sensual** /ˈsensjʊəl/ **ADJ** sensuel

**sensualism** /ˈsensjʊəlɪzəm/ **N** sensualité *f* ; *(Philos)* sensualisme *m*

**sensualist** /ˈsensjʊəlɪst/ **N** personne *f* sensuelle, voluptueux *m*, -euse *f* ; *(Philos)* sensualiste *mf*

**sensuality** /ˌsensjʊˈælɪtɪ/ **N** sensualité *f*

**sensually** /ˈsensjʊəlɪ/ **ADV** sensuellement

**sensuous** /ˈsensjʊəs/ **ADJ** *[person, temperament, poetry, music]* voluptueux, sensuel

**sensuously** /ˈsensjʊəslɪ/ **ADV** avec volupté, voluptueusement

**sensuousness** /ˈsensjʊəsnɪs/ **N** *[of poetry, music]* qualité *f* voluptueuse *or* sensuelle ; *[of person, temperament]* sensualité *f*

**sent** /sent/ **VB** pt, ptp of **send**

**sentence** /ˈsentəns/ **N** a *(Gram)* phrase *f* b *(Jur) (= judgement)* condamnation *f*, sentence *f* ; *(= punishment)* peine *f* ◆ **to pass ~ on sb** *(lit, fig)* prononcer une condamnation *or* une sentence contre qn ◆ **~ of death** arrêt *m* de mort, condamnation *f* à mort ◆ **under ~ of death** condamné à mort ◆ **he got a five-year ~** il a été condamné à cinq ans de prison ◆ **a long ~** une longue peine ◆ **a jail ~** une peine *f* de prison ◆ **a heavy/light ~** une peine sévère/légère ; → **commute, life, serve**

**VT** prononcer une condamnation *or* une sentence contre ◆ **to ~ sb to death/to five years** condamner qn à mort/à cinq ans de prison **COMP** ▷ **sentence structure N** *(Gram)* structure *f* de la phrase

**sententious** /senˈtenʃəs/ **ADJ** sentencieux, pompeux

**sententiously** /senˈtenʃəslɪ/ **ADV** sentencieusement

**sententiousness** /senˈtenʃəsnɪs/ **N** *[of speech]* ton *m* sentencieux ; *[of person]* caractère *m* sentencieux

**sentient** /ˈsenʃənt/ **ADJ** sensible, doué de sensation

**sentiment** /ˈsentɪmənt/ **N** a *(NonC = feeling)* sentiment *m* ◆ **public ~** le sentiment général ◆ **there is growing nationalist ~ in the country** on observe dans le pays une montée du sentiment nationaliste ◆ **his actions were motivated by religious ~** ses actes ont été motivés par un sentiment religieux ◆ **anti-government ~ was strong** il y avait un fort sentiment antigouvernemental b *(= opinion, thought)* sentiment *m* ◆ **what are your ~s on this?** quels sont vos sentiments à ce sujet ? ◆ **what a marvellous ~!** quelle idée charmante ! ◆ **my ~s exactly!** c'est exactement ce que je pense ! c *(= emotion)* sentiment *m* ◆ **my ~s towards your daughter** les sentiments que j'éprouve pour votre fille d *(NonC = sentimentality)* sentimentalité *f*, sensiblerie *f (pej)*

**sentimental** /ˌsentɪˈmentl/ **ADJ** *[person, novel]* sentimental *(also pej)* ◆ **it's of ~ value only** sa valeur est purement sentimentale ◆ **~ comedy** *(Literat)* comédie *f* larmoyante

**sentimentalism** /ˌsentɪˈmentəlɪzəm/ **N** sentimentalisme *m*, sensiblerie *f (pej)*

**sentimentalist** /ˌsentɪˈmentəlɪst/ **N** sentimental(e) *m(f)*

**sentimentality** /ˌsentɪmenˈtælɪtɪ/ **N** sentimentalité *f*, sensiblerie *f (pej)*

**sentimentalize** /ˌsentɪˈmentəlaɪz/ **VT** rendre sentimental **VI** faire du sentiment *

**sentimentally** /ˌsentɪˈmentəlɪ/ **ADV** sentimentalement, d'une manière (*or* d'une voix *etc*) sentimentale

**sentinel** /ˈsentɪnl/ **N** sentinelle *f*, factionnaire *m*

**sentry** /ˈsentrɪ/ **N** *(Mil)* sentinelle *f*, factionnaire *m* ; *(fig)* sentinelle *f* **COMP** ▷ **sentry box N** guérite *f* ▷ **sentry duty N** ◆ **to be on ~ duty** être en *or* de faction

**Seoul** /səʊl/ **N** Séoul

**Sep.** abbrev of **September**

**sepal** /ˈsepəl/ **N** sépale *m*

**separable** /ˈsepərəbl/ **ADJ** séparable

**separate** /ˈseprət/ **ADJ** *[section, piece]* séparé, distinct ; *[treaty, peace]* séparé ; *[career, existence]* indépendant ; *[organization, unit]* distinct, indépendant ; *[entrance]* particulier ; *[occasion, day]* différent ; *[question, issue]* différent, autre ◆ **the children have ~ rooms** les enfants ont chacun leur (propre) chambre ◆ **Paul and his wife sleep in ~ beds/rooms** Paul et sa femme font lit/chambre à part ◆ **they live completely ~ lives** ils mènent des vies complètement séparées ◆ **we want ~ bills** *(in restaurant etc)* nous voudrions des additions séparées, nous voudrions chacun notre addition ◆ **the two houses though semi-detached are quite ~** les deux maisons bien que jumelées sont tout à fait indépendantes (l'une de l'autre) ◆ **I wrote it on a ~ sheet** je l'ai écrit sur une feuille séparée *or* sur une feuille à part ◆ **take a ~ sheet for each answer** prenez une nouvelle feuille pour chaque réponse ◆ **there will be ~ discussions on this question** cette question sera discutée à part *or* séparément ◆ **there is a ~ department for footwear** il y a un rayon séparé *or* spécial pour les chaussures ◆ **"with separate toilet"** "avec WC séparé" ◆ **keep the novels ~ from the textbooks** ne mélangez pas les romans et les livres de classe

**NPL separates** *(= clothes)* vêtements *mpl* à coordonner

**VT** /ˈsepəreɪt/ séparer *(from* de) ; *(= sort out)* séparer, trier ; *(= divide up)* diviser ; *[+ strands]* dédoubler ; *[+ milk]* écrémer ◆ **to ~ truth from error** distinguer le vrai du faux ◆ **only three points now ~ the two teams** trois points seulement séparent maintenant les deux équipes ; → **separated, sheep, wheat**

**VI** /ˈsepəreɪt/ a *[liquids]* se séparer *(from* de) ; *[metals etc]* se séparer, se détacher *(from* de) b *[people]* se séparer, se quitter ; *[fighters]* rompre ; *[married couple]* se séparer ; *[non-married couple]* rompre

**COMP** ▷ **separate opinion N** *(US Jur)* avis *m* divergeant de la minorité des juges ▷ **separate school N** *(Can)* école *f or* collège *m* privé(e)

▸ **separate out VT SEP** séparer, trier

**separated** /ˈsepəreɪtɪd/ **ADJ** *[couple, person]* séparé

**separately** /ˈseprətlɪ/ **ADV** séparément

**separateness** /ˈseprətnɪs/ **N** séparation *f* *(from* de) ◆ **feeling of ~** sentiment *m* de séparation *or* d'être à part

**separation** /ˌsepəˈreɪʃən/ **N** séparation *f* ; *[of ore]* triage *m* ; *(Pol, Rel)* scission *f*, séparation *f* ; *(after marriage)* séparation *f* *(from* d'avec) ◆ **judicial ~** séparation *f* de corps **COMP** ▷ **separation allowance N** *(Mil)* allocation *f* militaire ; *(= alimony)* pension *f* alimentaire

**separatism** /ˈsepərətɪzəm/ **N** séparatisme *m*

**separatist** /ˈsepərətɪst/ **ADJ, N** séparatiste *mf*

**separator** /ˈsepəreɪtəʳ/ **N** *(all senses)* séparateur *m*

**Sephardi** /seˈfɑːdɪ/ **N** (pl **Sephardim** /seˈfɑːdɪm/) séfarade *mf*

**Sephardic** /seˈfɑːdɪk/ **ADJ** séfarade

**sepia** /ˈsiːpjə/ **N** a *(= colour)* sépia *f* b *(= fish)* seiche *f* **COMP** ▷ **sepia drawing N** sépia *f*

**sepoy** /ˈsiːpɔɪ/ **N** cipaye *m*

**sepsis** /ˈsepsɪs/ **N** *(Med)* septicité *f*, état *m* septique

**Sept.** abbrev of **September**

**septa** /ˈseptə/ **NPL** of **septum**

**September** /sepˈtembəʳ/ **N** septembre *m*, mois *m* de septembre ◆ **the first of ~** le premier septembre ◆ **the tenth of ~** le dix septembre ◆ **on the tenth of ~** le dix septembre ◆ **in ~** en septembre ◆ **in the month of ~** au mois de septembre ◆ **each** *or* **every ~** tous les ans *or* chaque année en septembre ◆ **at the beginning of ~** au début (du mois) de septembre, début septembre ◆ **in the middle of ~, in mid ~** au milieu (du mois) de septembre, à la mi-septembre ◆ **at the end of ~** à la fin (du mois) de septembre, fin septembre ◆ **during ~** pendant le mois de septembre ◆ **there are 30 days in ~** il y a 30 jours au mois de septembre, septembre a 30 jours ◆ **~ was cold** septembre a été froid, il a fait froid en septembre ◆ **early in ~, in early ~** au début de septembre ◆ **late in ~, in late ~** vers la fin de septembre ◆ **last/next ~** septembre dernier/prochain

**COMP** ▷ **September holidays NPL** congés *mpl* (du mois) de septembre ▷ **September Massacre N** *(Hist)* massacres *mpl* de septembre ▷ **September rains NPL** pluies *fpl* (du mois) de septembre ▷ **September weather N** ◆ **it's ~ weather** il fait un temps de septembre

**Septembrist** /sepˈtembrɪst/ **N** septembriseur *m*

**septet** /sepˈtet/ **N** septuor *m*

**septic** /ˈseptɪk/ **ADJ** septique ; *[wound]* infecté ◆ **to go** *or* **become ~** s'infecter **COMP** ▷ **septic poisoning N** septicémie *f* ▷ **septic tank N** fosse *f* septique

**septicaemia, septicemia** *(US)* /ˌseptɪˈsiːmɪə/ **N** septicémie *f*

**septuagenarian** /ˌseptjʊədʒɪˈnɛərɪən/ **ADJ, N** septuagénaire *mf*

**Septuagesima** /ˌseptjʊəˈdʒesɪmə/ **N** Septuagésime *f*

**Septuagint** /ˈseptjʊədʒɪnt/ **N** version *f* des Septante

**septum** /ˈseptəm/ **N** (pl **septa**) *(Anat, Bot)* cloison *f*, septum *m*

**septuplet** /sepˈtʌplɪt/ **N** septuplé(e) *m(f)*

**sepulcher** /ˈsepəlkəʳ/ **N** *(US)* ⇒ **sepulchre**

**sepulchral** /sɪˈpʌlkrəl/ **ADJ** sépulcral ; *(fig = gloomy)* funèbre, sépulcral

**sepulchre, sepulcher** *(US)* /ˈsepəlkəʳ/ **N** sépulcre *m*, tombeau *m* ; *(Rel)* sépulcre *m* ; → **holy, white**

**sequel** /ˈsiːkwəl/ **N** a *(= consequence)* suite *f*, conséquence *f* ; *(to illness etc)* séquelles *fpl* ◆ **there was a tragic ~** cela a eu des suites *or* des conséquences tragiques b *[of book, film etc]* suite *f*

**sequence** /ˈsiːkwəns/ **N** a *(= order)* ordre *m*, suite *f* ◆ **in ~** par ordre ◆ **out of ~** dans le désordre, les uns à la suite des autres ◆ **in historical ~** par ordre chronologique ◆ **logical ~** ordre *m or* enchaînement *m* logique b *(= series)* suite *f*, succession *f* ;

*(Cards)* séquence *f* ◆ **a ~ of events** un enchaînement d'événements ◆ **the ~ of events was always the same** les choses se déroulaient toujours de la même façon c ◆ **(film)** ~ séquence *f* ◆ **(dance)** ~ numéro *m* (de danse) d *(Mus)* séquence *f* e *(Comput)* séquence *f* f *(Ling) (gen)* suite *f* ◆ **~ of tenses** *(Gram)* concordance *f* des temps VT *[+ genes, DNA]* séquencer

**sequencer** /'si:kwənsəʳ/ N *(Mus)* séquenceur *m*

**sequential** /sɪ'kwenʃəl/ ADJ a *(= in regular sequence)* séquentiel b *(= following)* qui suit ◆ **~ upon** *or* **from ...** qui résulte de ... c *(Comput)* séquentiel ◆ **~ access/processing** accès *m*/traitement *m* séquentiel

**sequester** /sɪ'kwestəʳ/ VT a *(= isolate)* isoler ; *(= shut up)* enfermer, séquestrer b *(Jur) [+ property]* séquestrer

**sequestered** /sɪ'kwestəd/ ADJ a *[life]* isolé, retiré ; *[spot]* retiré, peu fréquenté b *(Jur) [property]* mis *or* placé sous séquestre

**sequestrate** /sɪ'kwestreɪt/ VT *(Jur)* a ⇒ **sequester b** b *(= confiscate)* confisquer, saisir

**sequestration** /,si:kwes'treɪʃən/ N *(Jur)* a *[of property]* séquestration *f*, mise *f* sous séquestre b *(= confiscation)* confiscation *f*, saisie *f* conservatoire

**sequin** /'si:kwɪn/ N paillette *f*

**sequinned, sequined** *(US)* /'si:kwɪnd/ ADJ pailleté, cousu de paillettes

**sequoia** /sɪ'kwɔɪə/ N séquoia *m*

**sera** /'sɪərə/ NPL of **serum**

**seraglio** /se'rɑ:lɪəʊ/ N sérail *m*

**serape** /sə'rɑ:pɪ/ N *(US)* poncho *m*, couverture *f* mexicaine

**seraph** /'serəf/ N (pl **seraphs** *or* **seraphim**) *(Rel, liter etc)* séraphin *m*

**seraphic** /sə'ræfɪk/ ADJ *(lit, fig)* séraphique

**seraphim** /'serəfɪm/ NPL of **seraph**

**Serb** /sɜ:b/ ADJ serbe N a Serbe *mf* b *(Ling)* serbe *m*

**Serbia** /'sɜ:bɪə/ N Serbie *f*

**Serbian** /'sɜ:bɪən/ ADJ, N ⇒ **Serb**

**Serbo-Croat** /'sɜ:bəʊ'krəʊæt/, **Serbo-Croatian** /'sɜ:bəʊkrəʊ'eɪʃən/ ADJ serbo-croate N a Serbo-Croate *mf* b *(Ling)* serbo-croate *m*

**sere** /sɪəʳ/ ADJ ⇒ **sear adj**

**serenade** /,serə'neɪd/ N sérénade *f* VT donner une sérénade à

**serendipitous** /,serən'dɪpɪtəs/ ADJ *[discovery etc]* heureux ◆ **his timing was ~** il ne pouvait pas mieux tomber

**serendipity** /,serən'dɪpɪtɪ/ N *(NonC: hum)* hasard *m* heureux

**serene** /sə'ri:n/ ADJ *[person, smile, place, atmosphere]* serein, paisible ; *[face]* serein ; *[sky]* serein, clair ; *[sea, river]* calme ◆ **to become** *or* **grow ~** *[person]* devenir serein, se rasséréner ; *[sky]* redevenir serein ; *[sea, river]* redevenir calme ◆ **His Serene Highness** Son Altesse *f* Sérénissime

**serenely** /sə'ri:nlɪ/ ADV *[smile]* avec sérénité, sereinement ; *[say]* d'un ton serein ◆ **~ indifferent to the noise** suprêmement indifférent au bruit

**serenity** /sɪ'renɪtɪ/ N *[of person, place, smile, lifestyle]* sérénité *f*

**serf** /sɜ:f/ N serf *m*, serve *f*

**serfdom** /'sɜ:fdəm/ N servage *m*

**serge** /sɜ:dʒ/ N serge *f* COMP de serge ▷ **serge suit** N complet *m* en serge ◆ **blue ~ suit** complet *m* en serge bleue

**sergeant** /'sɑ:dʒənt/ N a *(Brit Mil, Air Force)* sergent *m* ◆ **yes, ~** oui, chef ; see also **colour, drill²**, **flight²** b *(US Air Force)* caporal-chef *m* c *(Police)* ≃ brigadier *m* ; → **detective** COMP ▷ **sergeant at arms** N huissier *m* d'armes ▷ **sergeant first class** N *(US Mil)* sergent-chef *m* ▷ **sergeant-major** N *(Mil) (Brit)* sergent-major *m* ; *(US)* adjudant-chef *m* ; → **company, regimental**

**serial** /'sɪərɪəl/ N a *(Rad, TV)* feuilleton *m* ; *(in magazine etc:* also **serial story**) roman-feuilleton *m*, feuilleton *m* ◆ **television/radio ~** feuilleton *m* à la télévision/à la radio, feuilleton *m* télévisé/radiophonique ◆ **13-part ~** feuilleton *m* en 13 épisodes

b *(= publication, journal)* publication *f* périodique, périodique *m*

ADJ a *(Comput) [disk, transmission, processing, programming etc]* série *inv* ; *[access]* séquentiel b *[music]* sériel

COMP ▷ **serial killer** N tueur *m* en série ▷ **serial killing(s)** N(PL) meurtres *mpl* en série ▷ **serial monogamy** N *série de liaisons monogamiques* ▷ **serial murder** N meurtres *mpl* en série ▷ **serial number** N *[of goods, car engine]* numéro *m* de série ; *[of soldier]* (numéro *m*) matricule *m* ; *[of cheque, banknote]* numéro *m* ▷ **serial port** N *(Comput)* port *m* série ▷ **serial rapist** N violeur *m* en série ▷ **serial rights** NPL droits *mpl* de reproduction en feuilleton ▷ **serial writer** N feuilletoniste *mf*

**serialism** /'sɪərɪə,lɪzəm/ N *(Mus)* sérialisme *m*

**serialization** /,sɪərɪəlaɪ'zeɪʃən/ N *(Press)* publication *f* en feuilleton ; *(Rad, TV)* adaptation *f* en feuilleton

**serialize** /'sɪərɪəlaɪz/ VT *(Press)* publier en feuilleton ; *(Rad, TV)* adapter en feuilleton ◆ **it was ~d in six parts** cela a été publié *or* adapté en six épisodes ◆ **it has been ~d in the papers** cela a paru *or* été publié en feuilleton dans les journaux

**serially** /'sɪərɪəlɪ/ ADV a *[number]* en série b ◆ **to appear/be published ~** *[story]* paraître/être publié en feuilleton ; *[magazine, journal]* paraître/être publié en livraisons périodiques

**seriatim** /,sɪərɪ'eɪtɪm/ ADV *(frm)* successivement, point par point

**sericulture** /,serɪ'kʌltʃəʳ/ N sériciculture *f*

**series** /'sɪərɪz/ N *(pl inv)* a *(gen)* série *f* ; *(Math)* série *f*, suite *f* ◆ **a ~ of volumes on this subject** une série de volumes sur ce sujet ◆ **there has been a ~ of incidents** il y a eu une série *or* une suite d'incidents ◆ **it will be one of a ~ of measures intended to ...** cette mesure entrera dans le cadre d'une série de mesures destinées à ...

◆ **in series** *(Elec)* en série

b *(Rad, TV)* série *f* (d'émissions) ; *(= set of books)* collection *f* ; *(= set of stamps)* série *f* ◆ **this is the last in the present ~** *(Rad, TV)* voilà la dernière émission de notre série ◆ **a new paperback ~** *(Publishing)* une nouvelle collection de poche ◆ **~ director** *(in publishing)* directeur (-trice *f*) *(d'une collection)* ◆ **~ editor** rédacteur (-trice *f*) en chef *(d'une série d'émissions)* ; → **world**

COMP ▷ **series connection** N *(Elec)* montage *m* en série

**serio-comic** /,sɪərɪəʊ'kɒmɪk/ ADJ mi-sérieux mi-comique

**serious** /'sɪərɪəs/ ADJ a *(= in earnest, not frivolous) [person, offer, suggestion, interest]* sérieux, sincère ; *[publication, conversation, discussion, occasion]* sérieux, important ; *[report, information, account]* sérieux, sûr ; *[literature, music]* respectable ; *[attitude, voice, smile, look]* plein de sérieux, grave ; *[tone]* sérieux, grave ; *(= unsmiling) [person]* sérieux, grave ; *[look]* grave, sévère ; *(= thoughtful)* sérieux ; *[pupil]* sérieux, appliqué ◆ **are you ~?** (parlez-vous) sérieusement ? ◆ **I'm quite ~** je suis sérieux, je parle sérieusement ◆ **to give ~ thought to sth** *(= ponder)* bien réfléchir à qch ; *(= intend)* songer sérieusement à qch ◆ **to be ~ about one's work** être sérieux dans son travail ◆ **the ~ student of jazz will maintain that ...** quelqu'un qui s'intéresse sérieusement au jazz affirmera que ... ◆ **marriage is a ~ business** le mariage est une affaire sérieuse ◆ **she earns ~ money** * elle gagne un bon paquet * ◆ **~ wine** * vin *m* décent

b *(= causing concern) [illness, injury, mistake, situation]* grave, sérieux ; *[damage]* important, considérable ; *[threat]* sérieux ; *[loss]* grave, lourd ◆ **I have ~ doubts about ...** je doute sérieusement de ..., j'ai de graves doutes sur ... ◆ **the patient's condition is ~** le patient est dans un état grave

COMP ▷ **Serious Fraud Office** N *(Brit) service de la répression des fraudes majeures*

**seriously** /'sɪərɪəslɪ/ ADV a *(= in earnest)* sérieusement, avec sérieux ; *(= not jokingly)* sérieusement, sans plaisanter ◆ **he said it all quite ~** il l'a dit tout à fait sérieusement ◆ **yes, but ~ ...** oui, mais sérieusement ... ◆ **~ now ...** sérieusement ..., toute plaisanterie (mise) à part ... ◆ **to take sth/sb ~** prendre qch/qn au sérieux ◆ **to think ~ about sth** *(= ponder)* bien réfléchir à qch ; *(= intend)* songer sérieusement à qch b *(= dangerously)* gravement, sérieusement ; *[ill]* gravement ; *[wounded]* grièvement ; *[worried]* sérieusement c *(= very)* ◆ **to be ~ rich** * avoir beaucoup de fric *

**seriousness** /'sɪərɪəsnɪs/ N a *[of offer, suggestion, interest]* sérieux *m*, sincérité *f* ; *[of occasion]* sérieux *m*, importance *f* ◆ **this shows the ~ of their intentions** cela montre le sérieux de leurs intentions ◆ **he spoke with great ~** il a parlé avec beaucoup de sérieux ◆ **this issue is viewed with great ~ by the government** le gouvernement prend cette question très au sérieux

◆ **in all seriousness** sérieusement, en toute sincérité

b *[of situation, illness, mistake, threat, loss, injury]* gravité *f* ; *[of damage]* importance *f*, ampleur *f*

**serjeant** /'sɑ:dʒənt/ N ⇒ **sergeant**

**sermon** /'sɜ:mən/ N *(Rel)* sermon *m* ; *(fig pej)* sermon *m*, laïus * *m* ◆ **the Sermon on the Mount** le Sermon sur la Montagne ◆ **to give sb a ~** *(fig pej)* faire un sermon à qn

**sermonize** /'sɜ:mənaɪz/ *(fig pej)* VT sermonner VI prêcher, faire des sermons

**sermonizing** /'sɜ:mənaɪzɪŋ/ *(fig pej)* N propos *mpl* moralisateurs

**seropositive** /,sɪərəʊ'pɒzɪtɪv/ ADJ séropositif

**serotonin** /,serə'təʊnɪn/ N *(Bio)* sérotonine *f*

**serous** /'sɪərəs/ ADJ séreux

**serpent** /'sɜ:pənt/ N *(lit, fig)* serpent *m* ; → **sea**

**serpentine** /'sɜ:pəntaɪn/ ADJ *(liter) [river, road]* sinueux, tortueux, qui serpente ; *(= treacherous)* perfide ; *(Zool)* de serpent N *(Miner)* serpentine *f*, ophite *m*

**SERPS** /sɜ:ps/ N *(Brit)* (abbrev of **state earnings-related pension scheme**) *assurance-vieillesse de la Sécurité sociale*

**serrate** /se'reɪt/ VT denteler, découper en dents de scie

**serrated** /se'reɪtɪd/ ADJ *[edge, blade]* en dents de scie ◆ **~ knife** couteau-scie *m*

**serration** /se'reɪʃən/ N dentelure *f*

**serried** /'serɪd/ ADJ serré ◆ **in ~ ranks** en rangs serrés

**serum** /ˈsɪərəm/ **N** (pl **serums** *or* **sera**) sérum *m* ◆ **tetanus** ~ sérum *m* antitétanique

**servant** /ˈsɜːvənt/ **N** *(in household)* domestique *mf* ; *(= maid)* bonne *f* ; *(fig)* serviteur *m*, servante *f* ◆ **to keep a** ~ avoir un(e) domestique ◆ **a large staff of** ~**s** une nombreuse domesticité ◆ **the** ~**s' hall** l'office *m or f* ◆ **I'm not your** ~ je ne suis pas votre domestique ◆ **the government is the** ~ **of the people** le gouvernement est le serviteur *or* est au service du peuple ◆ **your obedient** ~ † *(in letters)* ≃ veuillez agréer, Monsieur (*or* Madame *etc*), l'assurance de ma considération distinguée ; → **civil, humble, manservant, public** **COMP** ▷ **servant girl** **N** servante *f*, bonne *f*

**serve** /sɜːv/ **VT** **a** *(= work for) [+ master, employer, family]* servir, être au service de ; *[+ God, one's country]* servir ◆ **he** ~**d his country well** il a bien servi son pays, il a bien mérité de la patrie *(frm)* ◆ **he has** ~**d the firm well** il a bien servi l'entreprise, il a rendu de grands services à l'entreprise ◆ **he has** ~**d our cause well** il a bien servi notre cause ◆ **to** ~ **two masters** servir deux maîtres à la fois ◆ **if my memory** ~**s me (right)** si j'ai bonne mémoire, si je me souviens bien ◆ **his knowledge of history** ~**d him well** ses connaissances en histoire lui ont bien servi

**b** *(Rel)* **to** ~ **mass** servir la messe

**c** *(= be used as) [object etc]* servir (*as* de) ; *(= be useful to)* rendre service à, être utile à ◆ **it** ~**s her as a table** ça lui sert de table ◆ **it will** ~ **my** (*or* **your** *etc*) **purpose** *or* **needs** cela fera l'affaire ◆ **it** ~**s its purpose** *or* **turn** cela fait l'affaire, cela suffit bien ◆ **it** ~**s a variety of purposes** cela sert à divers usages ◆ **it** ~**s no useful purpose** cela ne sert à rien (de spécial)

◆ **to serve sb right** ◆ **(it)** ~**s him right** c'est bien fait pour lui, il ne l'a pas volé ◆ **(it)** ~**s you right for being so stupid** cela t'apprendra à être si stupide ◆ **it would have** ~**d them right if they hadn't got any** ça aurait été bien fait pour eux s'ils n'en avaient pas reçu

**d** *(in shop, restaurant)* servir ◆ **to** ~ **sb (with) sth** servir qch à qn ◆ **are you being** ~**d?** est-ce qu'on s'occupe de vous ? ◆ **dinner is** ~**d** le dîner est servi ; *(as formal announcement)* Madame est servie (*or* Monsieur est servi) ◆ **this fish should be** ~**d with mustard sauce** ce poisson se sert *or* se mange avec une sauce à la moutarde ◆ **"serves five"** *(in recipe etc)* "pour cinq personnes" ; see also **first, serving**

**e** *(with transport, church services)* desservir ; *(with gas, electricity)* alimenter ◆ **the bus** ~**s six villages** le car dessert six villages ◆ **the power station** ~**s a large district** la centrale alimente une zone étendue

**f** *(= work out)* **to** ~ **one's apprenticeship** *or* **time (as)** faire son apprentissage (de) ◆ **to** ~ **one's time** *(Mil)* faire son temps de service ; *(Prison)* faire son temps de prison ◆ **to** ~ **time** faire de la prison ◆ **to** ~ **(out) a prison sentence** purger une peine (de prison) ◆ **he has** ~**d over 25 years altogether** en tout il a fait plus de 25 ans de prison

**g** *(Jur)* **to** ~ **legal process** signifier *or* notifier un acte judiciaire ◆ **to** ~ **notice on sb (to the effect) that ...** notifier *or* signifier à qn que ... ◆ **to** ~ **a summons on sb, to** ~ **sb with a summons** remettre une assignation à qn ◆ **to** ~ **a warrant on sb, to** ~ **sb with a warrant** délivrer à qn un mandat ◆ **to** ~ **a writ on sb, to** ~ **sb with a writ** assigner qn

**h** *(Tennis etc)* servir

**i** *[bull, stallion etc]* servir

**VI** **a** *[servant, waiter]* servir ◆ **to** ~ **at table** servir à table ◆ **is there anyone serving at this table?** est-ce que quelqu'un fait le service *or* s'occupe du service à cette table ?

**b** *(= work, do duty)* **to** ~ **on a committee/jury** être membre d'un comité/d'un jury ◆ **he has** ~**d for two years as chairman of this society** cela fait deux ans qu'il exerce la fonction de président de cette société ; see also **serving**

**c** *(Mil)* servir ◆ **to** ~ **in the army** servir dans l'armée ◆ **he** ~**d in Germany** il a servi en Allemagne ◆ **he** ~**d as a Sapper in the Engineers** il a servi comme simple soldat dans le génie ◆ **to** ~ **under sb** servir sous (les ordres de) qn ◆ **he** ~**d with my brother** mon frère et lui ont été soldats ensemble

**d** *(= be useful)* servir (*for, as* de), être utile ◆ **it's not exactly what I want, but it'll** ~ ce n'est pas exactement ce que je veux, mais ça fera l'affaire ◆ **it** ~**s to show/explain ...** cela sert à montrer/expliquer ...

**e** *(Rel)* servir

**f** *(Tennis)* servir, être au service

**N** *(Tennis etc)* service *m* ◆ **he has a strong** ~ il a un service puissant ◆ **it's your** ~ c'est à vous de servir

► **serve out** **VT SEP** **a** *[+ meal, soup]* servir ; *[+ rations, provisions]* distribuer

**b** *[+ term of office, contract]* finir ; *[+ prison sentence]* purger ; see also **serve vt h**

► **serve up** **VT SEP** servir, mettre sur la table

**server** /ˈsɜːvəʳ/ **N** **a** *(Comput)* serveur *m* **b** *(= person) (Rel)* servant *m* ; *(Tennis etc)* serveur *m*, -euse *f* **c** *(= tray)* plateau *m* ; *(= utensil)* couvert *m* à servir ; → **salad**

**servery** /ˈsɜːvərɪ/ **N** *(Brit)* office *m*

**service** /ˈsɜːvɪs/ **N** **a** *(NonC = act of serving person, country etc)* service *m* ◆ **the** ~ **is very poor** *(in shop, hotel etc)* le service est très mauvais ◆ **15%** ~ **included** *(Brit: on bill)* service 15% compris ◆ ~ **at sea** *(Mil)* service *m* dans la marine ◆ **to see** ~ **(as)** *(Mil)* avoir du service *or* servir (comme) ◆ **this coat has given good** ~ ce manteau a fait de l'usage ◆ **ten years'** ~ dix ans de service ◆ **on Her Majesty's** ~ au service de Sa Majesté ◆ **at your** ~ à votre service *or* disposition ; ◆ **to be in sb's** ~ être au service de qn; → **active, military**

◆ **in(to)/out of service** ◆ **to be in** ~ *[domestic servant]* être domestique *or* en service ◆ **how long has this machine been in** ~**?** depuis quand cette machine fonctionne-t-elle ? ◆ **to bring/come into** ~ mettre/entrer en service ◆ **this machine is out of** ~ cette machine est hors service

◆ **of service** ◆ **to be of** ~ **to sb** être utile à qn, rendre service à qn ◆ **can I be of** ~**?** est-ce que je peux vous aider ? ; *(in shop)* qu'y a-t-il pour votre service ? ◆ **anything to be of** ~**!** à votre service !

**b** *(= department, system)* service *m* ◆ **medical/public/social** *etc* ~**s** services *mpl* médicaux/publics/sociaux *etc* ◆ **customs** ~ service *m* des douanes ; → **civil, health, postal**

**c** *(= transport system)* **the train** ~ **to London is excellent** il y a d'excellentes liaisons ferroviaires avec Londres, Londres est très bien desservi par le train ◆ **the number 4 bus** ~ la ligne (de bus numéro) 4

**d** *(= help given)* service *m* ◆ **to do sb a** ~ rendre service à qn ◆ **for** ~**s rendered (to)** pour services rendus (à) ◆ **they dispensed with his** ~**s** ils se sont passés *or* privés de ses services ◆ **do you need the** ~**s of a lawyer?** avez-vous besoin (des services) d'un avocat ?

**e** *(Rel) (gen)* service *m* ; *(Catholic)* service *m*, office *m* ; *(Protestant)* service *m*, culte *m* ; → **evening, funeral**

**f** *(= maintenance work) [of car etc]* révision *f* ; *[of household machine]* service *m* après-vente ◆ **30,000-km** ~ *(Aut)* révision des 30 000 km ◆ **to put one's car in for** ~ donner sa voiture à réviser ; → **after**

**g** *(= set of crockery)* service *m* ◆ **coffee** ~ service *m* à café ; → **dinner, tea**

**h** *(Tennis etc)* service *m* ◆ **whose** ~ **is it?** c'est à qui de servir ?

**i** ~ **of documents** *(Jur)* signification *f or* notification *f* d'actes ◆ ~ **of process** *(Jur)* signification *f* d'un acte judiciaire *or* d'une citation

**NPL** **services** **a** *(on motorway)* ⇒ **service station**

**b** ◆ **the (armed)** ~**s** les forces *fpl* armées ◆ **when I was in the** ~**s** quand j'étais dans l'armée (*or* la marine *or* l'aviation *etc*) ◆ **the** ~**s were represented** il y avait des représentants des forces armées

**VT** *[+ car, washing machine]* réviser ; *(Fin) [+ debt]* servir les intérêts de ; *[+ organization, group]* offrir ses services à ◆ **I took my car in to be** ~**d** j'ai donné ma voiture à réviser

**COMP** ▷ **service academy** **N** *(US Mil)* école *f* militaire ▷ **service agreement** **N** *(Brit)* contrat *m* de service après-vente ▷ **service area** **N** *[of motorway]* aire *f* de services ▷ **service break** **N** *(Tennis)* break *m* ▷ **service bus** **N** autobus *m* régulier ▷ **service charge** **N** service *m* ▷ **service department** **N** *(= office etc)* service *m* des réparations *or* d'entretien ; *(= repair shop)* atelier *m* de réparations ▷ **service dress** **N** *(Brit Mil)* tenue *f* de gala ▷ **service elevator** **N** *(US)* ⇒ **service lift** ▷ **service families** **NPL** *(Mil)* familles *fpl* de militaires ▷ **service flat** **N** *(Brit)* appartement *m* avec service *(assuré par le personnel de l'immeuble)* ▷ **service game** **N** *(Tennis)* jeu *m* de service ▷ **service hatch** **N** passe-plat *m* ▷ **service industries** **NPL** *(Econ)* services *mpl*, industries *fpl* de service ▷ **service lift** **N** *(Brit) (for goods)* monte-charge *m inv* ; *(for personnel)* ascenseur *m* de service ▷ **service line** **N** *(Tennis)* ligne *f* de service ▷ **service module** **N** *(Space)* module *m* de service ▷ **service provider** **N** prestataire *m* de services ▷ **service rifle** **N** *(Mil)* fusil *m* de guerre ▷ **service road** **N** *(Brit) (= access road)* voie *f or* chemin *m* d'accès ; *(for works traffic)* voie *f* de service ▷ **service sector** **N** *(Econ)* secteur *m* tertiaire ▷ **service station** **N** station-service *f* ▷ **service tunnel** **N** tunnel *m* de service

**serviceable** /ˈsɜːvɪsəbl/ **ADJ** **a** *(= practical)* fonctionnel ◆ **the furniture was plain but** ~ les meubles étaient simples mais fonctionnels **b** *(= usable, operative)* utilisable ◆ **an old but still** ~ **washing machine** une vieille machine à laver encore utilisable *or* qui marche encore

**serviceman** /ˈsɜːvɪsmən/ **N** (pl **-men**) *(Mil)* militaire *m*

**servicewoman** /ˈsɜːvɪsˌwʊmən/ **N** (pl **-women**) *(Mil)* femme *f* soldat

**servicing** /ˈsɜːvɪsɪŋ/ **N** *[of car]* révision *f* ; *[of washing machine etc]* entretien *m*

**serviette** /ˌsɜːvɪˈet/ *(esp Brit)* **N** serviette *f* (de table) **COMP** ▷ **serviette ring** **N** rond *m* de serviette

**servile** /ˈsɜːvaɪl/ **ADJ** *[person, behaviour]* servile, obséquieux ; *[flattery etc]* servile

**servility** /sɜːˈvɪlɪtɪ/ **N** servilité *f*

**serving** /ˈsɜːvɪŋ/ **N** **a** *(= action)* service *m* **b** *(= portion)* portion *f*, part *f* **ADJ** *(in office)* ◆ **the**

~ **chairman** *etc* le président *etc* en exercice
COMP ▷ **serving dish** N plat *m* ▷ **serving hatch** N passe-plat *m* ▷ **serving spoon** N grande cuillère *or* cuiller *f (pour servir)*

**servitude** /ˈsɜːvɪtjuːd/ N servitude *f*, asservissement *m* ; *(= slavery)* esclavage *m* ; → **penal**

**servo** /ˈsɜːvəʊ/ N (abbrev of **servo-mechanism, servo-motor**) → **servo-**

**servo-** /ˈsɜːvəʊ/ PREF servo ... ◆ **~assisted** assisté ◆ **~control** servocommande *f* ◆ **~mechanism** servomécanisme *m* ◆ **~motor** servomoteur *m*

**sesame** /ˈsesəmɪ/ N sésame *m* ◆ **open Sesame!** Sésame, ouvre-toi ! COMP ▷ **sesame oil** N huile *f* de sésame ▷ **sesame seeds** NPL graines *fpl* de sésame

**sesh** * /seʃ/ N *(= session)* séance *f*

**session** /ˈseʃən/ N a *(= single sitting)* séance *f* ; *(= period when sittings take place)* session *f* ; *(= lesson)* cours *m* ◆ **a yoga ~, a ~ of yoga** un cours *or* une séance de yoga ◆ **two afternoon ~s a week** deux séances (*or* cours) par semaine l'après-midi ◆ **the morning/afternoon ~** *(Brit Scol)* les cours *mpl* du matin/de l'après-midi ◆ **a photo ~** une séance de photos ◆ **I had a ~ with him yesterday** *(working)* nous avons travaillé ensemble hier ; *(in discussion)* nous avons eu une (longue) discussion hier ◆ **we're in for a long ~** nous n'aurons pas fini de sitôt ◆ **to go into secret ~** siéger en séance secrète *or* à huis clos ; → **jam², quarter, recording**

◆ **in session** *(Parl, Jur)* en session ◆ **this court is now in ~** le tribunal est en session *or* en séance, l'audience est ouverte

◆ **out of session** *(Parl)* hors session

b *(Scol, Univ) (= year)* année *f* (universitaire *or* scolaire) ; *(US) (= term)* trimestre *m* (universitaire)

COMP ▷ **session musician** N *(Mus)* musicien(ne) *m(f)* de studio

**set** /set/ (vb : pret, ptp **set**) N a *[of objects]* jeu *m*, série *f*, assortiment *m* ; *(= kit)* trousse *f* ; *[of sails, oars, keys, golf clubs, knives, spanners]* jeu *m* ; *[of ties, pens]* jeu *m*, assortiment *m* ; *[of chairs, saucepans, weights, numbers, stamps]* série *f* ; *[of books, ornaments, toy cars]* collection *f* ; *[of bracelets, magazines]* collection *f*, série *f* ; *[of dishes, plates, mugs]* service *m* ; *[of tyres]* train *m* ; *[of jewels]* parure *f* ; *[of theories]* corps *m*, ensemble *m* ◆ **I need two more to make up the ~** il m'en manque deux pour avoir le jeu complet *or* toute la série ◆ **in ~s of three** par séries *or* jeux de trois ◆ **in ~s** en jeux complets, en séries complètes ◆ **it makes a ~ with those over there** cela forme un ensemble avec les autres là-bas ◆ **a ~ of rooms** un appartement ◆ **a ~ of kitchen utensils** une batterie de cuisine ◆ **~ of teeth** *(natural)* dentition *f*, denture *f* ; *(false)* dentier *m* ◆ **top/bottom ~** *[of false teeth]* appareil *m* pour la mâchoire supérieure/inférieure ◆ **a ~ of dining-room furniture** une salle à manger *(meubles)* ◆ **he had a whole ~ of telephones on his desk** il avait toute une collection *or* batterie *(hum)* de téléphones sur son bureau ◆ **sewing ~** trousse *f* de couture ◆ **painting ~** boîte *f* de peinture ◆ **chess/draughts ~** jeu *m* d'échecs/de dames ; → **tea**

b *(Tennis)* set *m* ◆ **~ to Henman** set Henman

c *(Math, Philos)* ensemble *m*

d *(Elec)* appareil *m* ; *(Rad, TV)* poste *m* ; → **headset, transistor, wireless**

e *(= group of people)* groupe *m*, bande *f (also pej)* ; *(larger)* monde *m*, milieu *m* ◆ **the golfing ~** le monde du golf ◆ **the literary ~** le monde des lettres, les milieux *mpl* littéraires ◆ **I'm not in their ~, we're not in the same ~** nous ne sommes pas du même monde *or* milieu ◆ **a ~ of thieves/gangsters** *etc* une bande de voleurs/gangsters *etc* ◆ **they're just a ~ of fools!** ce n'est qu'une bande d'imbéciles ! ; → **jet¹**

f *(Brit Scol)* groupe *m* de niveau

g *(= stage) (Cine)* plateau *m* ; *(Theat)* scène *f* ; *(= scenery)* décor *m* ◆ **on (the) ~** *(Cine)* sur le plateau ; *(Theat)* en scène

h *(Mus = part of concert)* set *m*, partie *f*

i *(Hairdressing)* mise *f* en plis ◆ **to have a ~** se faire faire une mise en plis ; → **shampoo**

j *(NonC = position, posture, direction etc) [of body]* position *f*, attitude *f* ; *[of head]* port *m* ; *[of shoulders]* position *f* ; *[of tide, wind]* direction *f* ; *[of opinion, sb's mind etc]* tendance *f*

k *(liter)* ◆ **at ~ of sun** au coucher du soleil

l *(Hunting)* arrêt *m* ; → **dead**

m *(Hort)* plante *f* à repiquer ◆ **onion ~s** oignons *mpl* à repiquer

ADJ a *(= unchanging) [rule, price, time]* fixe ; *[smile]* figé ; *[purpose, dogma]* fixe, (bien) déterminé ; *[opinion, idea]* (bien) arrêté ; *[lunch]* à prix fixe ◆ **~ in one's ways** conservateur (-trice *f*), routinier, qui tient à ses habitudes ◆ **~ in one's opinions** immuable dans ses convictions ◆ **the ~ meal, the ~ menu** *(in restaurant)* le menu ◆ **~ expression, ~ phrase** expression *f* consacrée *or* toute faite, locution *f* figée *(frm)* ; → **stone**

b *(Hort)* ◆ **the fruit is ~** les fruits ont (bien) noué ; → **fair¹**

c *(= prearranged) [time, date]* fixé, décidé d'avance ; *(Scol etc) [book, subject]* au programme ; *[speech, talk]* préparé d'avance ; *[prayer]* liturgique

d *(= determined)* **to be ~ (up)on sth** vouloir qch à tout prix ◆ **since you are so ~ on it** puisque vous y tenez tant ◆ **to be ~ on doing sth** être résolu à faire qch, vouloir à tout prix faire qch ◆ **to be (dead) ~ against sth** s'opposer (absolument *or* formellement) à qch

e *(= ready)* prêt ◆ **they're all ~!** ils sont fin prêts ! ◆ **to be all ~ to do sth** être prêt à *or* pour faire qch ◆ **on your marks, get ~, go!** *(Sport)* à vos marques, prêts, partez ! ; → **scene**

VT a *(= place, put) [+ object]* mettre, poser, placer ; *[+ signature]* apposer ; *[+ sentry, guard]* poster ◆ **~ it on the table/beside the window/over there** mettez-le *or* posez-le sur la table/près de la fenêtre/là-bas ◆ **the house is ~ on a hill** la maison est située sur une colline ◆ **his stories, ~ in the Paris of 1890, ...** ses histoires, qui se passent *or* qui se déroulent dans le Paris de 1890, ... ◆ **he ~ the scheme before the committee** il a présenté le projet au comité ◆ **I ~ him above Wordsworth** je le place *or* mets au-dessus de Wordsworth, je le considère supérieur à Wordsworth ◆ **what value do you ~ on this?** *(lit)* à quelle valeur *or* à quel prix estimez-vous cela ? ; *(fig)* quelle valeur accordez-vous à cela ? ◆ **we must ~ the advantages against the disadvantages** il faut peser le pour et le contre, il faut mettre en balance les avantages et les inconvénients ; *for other phrases see* **fire, foot, heart, store**

b *(= arrange, adjust) [+ clock, mechanism]* régler ; *[+ alarm]* mettre ; *(on display) [+ specimen, butterfly etc]* monter ; *[+ hen]* faire couver ; *[+ plant]* repiquer ; *(Typ) [+ type, page]* composer ; *(Med) [+ arm, leg] (in plaster)* plâtrer ; *(with splint)* mettre une attelle à ; *[+ fracture]* réduire ◆ **he ~s his watch by the radio** il règle sa montre sur la radio ◆ **~ your watch to the right time/to 2pm** mettez votre montre à l'heure/à 14 heures ◆ **have you ~ the alarm clock?** est-ce que tu as mis le réveil ? ◆ **I've ~ the alarm for six** *or* **to wake me at six** j'ai mis le réveil à *or* pour six heures ◆ **he ~ the controls to automatic** il a mis les commandes sur automatique ◆ **to ~ sb's hair** faire une mise en plis à qn ◆ **to have one's hair ~** se faire faire une mise en plis ; *for other phrases see* **sail, table**

c *(= fix, establish) [+ date, deadline, limit]* fixer ◆ **let's ~ a time for the meeting** fixons l'heure de la réunion ◆ **I've ~ myself a time limit** je me suis fixé une limite (de temps) *or* un délai ◆ **he ~ a new record for the 100 metres** il a établi un nouveau record pour le 100 mètres ◆ **they ~ the pass mark at ten** on a fixé la moyenne à dix ; *for other phrases see* **agenda, course, fashion, pace¹**

d *(= give, assign) [+ task, subject]* donner ; *[+ exam, test]* composer *or* choisir les questions de ; *[+ texts, books]* mettre au programme ◆ **I ~ them a difficult translation** je leur ai donné une traduction difficile (à faire) ◆ **to ~ sb a problem** poser un problème à qn ◆ **Molière is not ~ this year** Molière n'est pas au programme cette année ◆ **I ~ him the task of clearing up** je l'ai chargé de ranger *or* du rangement ; → **example**

e *(Brit Scol)* ◆ **to ~ pupils for** *or* **in maths** répartir les élèves en groupes de niveau en maths

f *(= cause to be, do, begin etc)* **to ~ a dog on sb** lâcher *or* lancer un chien contre qn ; see also **set upon** ◆ **they ~ the police on to him** ils l'ont signalé à la police ◆ **she ~ my brother against me** elle a monté mon frère contre moi ◆ **to ~ sth going** mettre qch en marche ◆ **the news ~ me thinking** la nouvelle m'a fait réfléchir *or* m'a donné à réfléchir ◆ **that ~ him wondering whether ...** cela l'a porté *or* poussé à se demander si ... ◆ **this ~ everyone laughing** cela a fait rire tout le monde, à cela tout le monde s'est mis à rire ◆ **to ~ sb to do sth** faire faire qch à qn, donner à qn la tâche de faire qch ◆ **I ~ him to work at once** je l'ai mis au travail aussitôt ◆ **they ~ him to work mending the fence** ils lui ont fait réparer la barrière ◆ **to ~ o.s. to do sth** entreprendre de faire qch

g *[+ gem]* sertir (*in* dans), monter (*in* sur) ◆ **to ~ sth with jewels** orner *or* incruster qch de pierres précieuses

h *[+ jelly, jam]* faire prendre ; *[+ concrete]* faire prendre, faire durcir ; *[+ dye, colour]* fixer

VI a *[sun, moon]* se coucher ◆ **the ~ting sun** le soleil couchant

b *[broken bone, limb]* se ressouder ; *[jelly, jam]* prendre ; *[glue]* durcir ; *[concrete]* prendre, durcir ; *[fruit]* nouer ; *[character]* se former, s'affermir ◆ **quick-~ting cement** ciment *m* prompt *or* à prise rapide ◆ **his face ~ in a hostile expression** son visage s'est figé dans une expression hostile

c *(= begin)* se mettre, commencer (*to doing sth* à faire qch) ◆ **to ~ to work** se mettre au travail, s'y mettre * ◆ **to ~ to work mending** *or* **to mend the lawnmower** entreprendre de *or* se mettre à réparer la tondeuse à gazon

COMP ▷ **set-aside** N *(EU)* jachère *f* obligatoire ▷ **set designer** N *(Theat)* décorateur *m*, -trice *f* de théâtre ▷ **set-in sleeve** N manche *f* rapportée ▷ **set piece** N *(= fireworks)* pièce *f* (de feu) d'artifice ; *(Art, Literat, Mus)* morceau *m* traditionnel ; *(in music competition etc)* morceau *m* de concours ; *(Sport)* combinaison *f* calculée ◆ **a ~-piece speech** un discours savamment préparé ◆ **a ~-piece debate** un débat-spectacle ▷ **set point** N *(Tennis)* balle *f* de set ▷ **set square** N équerre *f* (à dessin) ▷ **set theory** N *(Math)* théorie *f* des ensembles ▷ **set-to** * N *(= fight)* bagarre *f* ; *(= quarrel)* prise *f* de bec * ◆ **to have a ~-to with sb** se bagarrer avec qn *, avoir une prise de bec avec qn * ▷ **set-top box** N *(TV)* décodeur *m*

► **set about** VT FUS a *(= begin)* *[+ task, essay]* se mettre à ◆ **to ~ about doing sth** se mettre à faire qch, entreprendre de faire qch ◆ **I don't know how to ~ about it** je ne sais pas comment m'y prendre

b *(= attack)* attaquer ◆ **they ~ about each other** *(blows)* ils en sont venus aux coups *or* aux mains ; *(words)* ils ont commencé à s'injurier

VT SEP *[+ rumour etc]* faire courir ◆ **he ~ it about that ...** il a fait courir le bruit que ...

► **set apart** VT SEP *[+ object etc]* mettre de côté *or* à part ◆ **his eyes are ~ wide apart** il a les yeux très écartés ◆ **that ~s him apart from the others** *(fig)* cela le distingue des autres

► **set aside** VT SEP a *(= keep, save)* mettre de côté, garder en réserve

b ◆ **she set her book aside when I came in** elle a posé son livre quand je suis entré

c *(= reject, annul)* *[+ request, objection, proposal, petition]* rejeter ; *[+ decree, will]* annuler ; *(Jur)* *[+ judgement, verdict]* casser

► **set back** VT SEP a *(= replace)* remettre ◆ **~ it back on the shelf** remets-le sur l'étagère

b ◆ **the house was set back from the road** la maison était (construite) en retrait de la route

c *(= retard)* *[+ development, progress]* retarder ; *[+ clock]* retarder (*by* de) ◆ **the disaster ~ back the project by ten years** le désastre a retardé de dix ans la réalisation du projet

d *( * = cost)* coûter ◆ **that car must have ~ him back a packet** * *or* **a good deal** cette voiture a dû lui coûter les yeux de la tête ◆ **how much did all that ~ you back?** combien tu as casqué * pour tout ça ?

► **set by** VT SEP ⇒ **set aside a**

► **set down** VT SEP a *(= put down)* *[+ object]* poser, déposer ; *[+ passenger]* laisser, déposer

b *(Aviat)* *[+ plane]* poser

c *(= record)* noter, inscrire ; *[+ rules, guidelines]* établir, définir ◆ **the 1990 convention ~ down rules for the treatment of asylum seekers** la convention de 1990 a établi *or* défini des règles relatives au traitement des demandeurs d'asile ◆ **to ~ sth down in writing** *or* **on paper** coucher *or* mettre qch par écrit ◆ **~ it down on** *or* **to my account** *(Comm)* mettez-le *or* portez-le sur mon compte

d *(= attribute)* attribuer (*sth to sth* qch à qch) ◆ **the accident must be ~ down to negligence** l'accident doit être imputé à la négligence ◆ **we ~ it all down to the fact that he was tired** nous avons expliqué tout cela par sa fatigue, nous avons attribué tout cela à sa fatigue

e *(= assess, estimate)* **I had already ~ him down as a liar** je le tenais déjà pour menteur

► **set forth** VI ⇒ **set off vi**

VT SEP *[+ idea, plan, opinion]* faire connaître, exposer ; *[+ conditions, rules]* inclure

► **set in** VI *(= begin)* *[complications, difficulties]* survenir, surgir ; *[disease]* se déclarer ◆ **a reaction ~ in after the war** une réaction s'est amorcée après la guerre ◆ **the rain will soon ~ in** il va bientôt commencer à pleuvoir ◆ **the rain has ~ in for the night** il va pleuvoir toute la nuit ◆ **the rain has really ~ in now!** la pluie a l'air bien installée !

VT SEP *(Sewing)* *[+ sleeve]* rapporter

ADJ ◆ **set-in** → **set**

► **set off** VI *(= leave)* se mettre en route, partir ◆ **to ~ off on a journey/an expedition** partir en voyage/en expédition ◆ **he ~ off on a long explanation** *(fig)* il s'est lancé dans une longue explication

VT SEP a *[+ bomb]* faire exploser ; *[+ firework]* faire partir ; *[+ mechanism, alarm, rise in inflation]* déclencher ◆ **to ~ sb off (laughing/crying** *etc***)** faire rire/pleurer *etc* qn ◆ **her remark ~ him off and she couldn't get a word in edgeways** après sa remarque il s'est lancé et elle n'a pas pu placer un mot

b *(= enhance)* *[+ hair, eyes, picture, furnishings]* mettre en valeur, faire valoir ; *[+ complexion, colour]* rehausser, mettre en valeur

c *(= balance etc)* ◆ **to set off profits against losses** balancer les pertes et les profits, opposer les pertes aux profits ◆ **we must ~ off the expenses against the profits** il faut déduire les dépenses des bénéfices ◆ **the profit on hats will ~ off the loss on ties** le bénéfice sur les chapeaux compensera le déficit sur les cravates

► **set on** VT FUS ⇒ **set upon**

► **set out** VI a *(= leave, depart)* se mettre en route (*for* pour), partir (*for* pour ; *from* de ; *in search of* à la recherche de)

b *(= intend, propose)* **he ~ out to explain why it had happened** il a cherché à *or* s'est proposé d'expliquer pourquoi cela s'était produit ◆ **I didn't ~ out to prove you were wrong** il n'était pas dans mon intention de prouver *or* mon but n'était pas de prouver que vous aviez tort ◆ **I ~ out to convince him he should change his mind** j'ai entrepris de le persuader de changer d'avis ◆ **the book ~s out to show that ...** ce livre a pour objet *or* but de montrer que ...

VT SEP *[+ books, goods]* exposer ; *[+ chessmen etc on board]* disposer ; *(fig)* *[+ reasons, ideas]* présenter, exposer ◆ **the conditions are ~ out in paragraph three** les modalités sont indiquées *or* prévues au paragraphe trois ◆ **it's very clearly ~ out here** c'est expliqué *or* exposé ici de façon très claire ◆ **the information is well ~ out on the page** l'information est bien présentée sur la page

► **set to** VI *(= start)* commencer, se mettre (*to do sth* à faire qch) ; *(= start work)* s'y mettre * ◆ **they ~ to with their fists** ils en sont venus aux coups (de poing)

N ◆ **set-to** * → **set**

► **set up** VI *(Comm etc)* ◆ **to ~ up in business as a grocer** s'établir épicier ◆ **he ~ up in business in London** il a monté une affaire *or* une entreprise à Londres

VT SEP a *(= place in position)* *[+ chairs, table, stall]* placer, installer ; *[+ tent]* dresser ; *[+ monument, statue]* ériger, dresser ◆ **to ~ up type** *(Typ)* assembler les caractères, composer ◆ **to ~ up camp** établir un camp

b *(= start, establish)* *[+ school, institution]* fonder ; *[+ business, company, fund]* créer, lancer ; *[+ tribunal, government, committee]* constituer ; *[+ fashion]* lancer ; *[+ record]* établir ; *[+ theory]* avancer ◆ **to ~ up an inquiry** ouvrir une enquête ◆ **to ~ up house** *or* **home** s'installer ◆ **they've ~ up home in Toulon/Spain** ils se sont installés à Toulon/en Espagne ◆ **they ~ up house** *or* **home together** ils se sont mis en ménage ◆ **to ~ up shop** *(Comm)* ouvrir un commerce *or* un magasin, s'établir ; *(fig)* s'établir, s'installer ◆ **he ~ up shop as a grocer** il s'est établi épicier, il a ouvert une épicerie ◆ **he ~ up shop as a doctor** * *(fig)* il s'est installé comme médecin ◆ **to ~ sb up in business** établir *or* lancer qn dans les affaires ◆ **he's all ~ up now** il est bien établi *or* lancé maintenant ◆ **I've ~ it all up for you** je vous ai tout installé *or* préparé

c *(= pose)* **I've never ~ myself up as a scholar** je n'ai jamais prétendu être savant

d *(after illness)* rétablir, remettre sur pied

e *(= equip)* munir, approvisionner (*with* de)

f *( * = falsely incriminate)* monter un coup contre ◆ **I've been ~ up** je suis victime d'un coup monté

g *( * = lure into a trap)* piéger

N ◆ **setting-up** → **setting**

► **set upon** VT FUS *(= attack)* *(physically)* attaquer, se jeter sur ; *(verbally)* attaquer

**setback** /ˈsetbæk/ N *(= hitch)* contretemps *m* ; *(more serious)* revers *m*, échec *m* ; *(in health)* rechute *f* ◆ **there has been a new ~ to the peace process** le processus de paix est à nouveau menacé ◆ **there has been another ~ to hopes of an early release of the prisoners** l'espoir d'une libération prochaine des prisonniers a de nouveau été déçu ◆ **to suffer a ~** essuyer un revers

**sett** /set/ N a *(in roadway etc)* pavé *m* b *[of badger]* terrier *m*

**settee** /seˈtiː/ N canapé *m* COMP ▷ **settee bed** N canapé-lit *m*

**setter** /ˈsetəʳ/ N a *(= dog)* setter *m*, chien *m* d'arrêt b *(= person)* *[of gems]* sertisseur *m* ; → **typesetter**

**setting** /ˈsetɪŋ/ N a *(= surroundings, background)* cadre *m* b *[of jewel]* monture *f* c *(Mus)* *[of poem etc]* mise *f* en musique ◆ **~ for piano** arrangement *m* pour piano d *(NonC)* *[of sun, moon]* coucher *m* ; *(= act of placing)* mise *f* ; *[of machine etc]* réglage *m* ; *(Typ)* composition *f* ; *(Med)* *[of fracture]* réduction *f* ; *[of limb, bone]* pose *f* d'un plâtre *or* d'une attelle (*of* à) e *(= hardening)* *[of jam]* épaississement *m* ; *[of cement]* solidification *f*, durcissement *m* f *(Brit Scol)* répartition *f* par groupes de niveaux COMP ▷ **setting lotion** N lotion *f* *or* fixateur *m* pour mise en plis ▷ **setting ring** N *(Phot)* bague *f* de réglage ▷ **setting-up** N *[of institution, company etc]* création *f*, lancement *m* ; *(Typ)* composition *f* ▷ **setting-up exercises** NPL exercices *mpl* d'assouplissement

**settle**[1] /ˈsetl/ N banc *m* à haut dossier

**settle**[2] /ˈsetl/ VT a *(= install, make comfortable)* *[+ child, patient]* installer ◆ **to ~ a child for the night** installer un enfant pour la nuit ◆ **she ~d her head back against the head-rest** elle a reposé sa tête sur l'appui-tête ◆ **he ~d himself in an armchair** il s'est installé (confortablement) dans un fauteuil ◆ **he ~d himself in the saddle** il s'est installé sur la selle ◆ **he is a difficult horse to ~** c'est un cheval nerveux ◆ **he ~d his gaze** *or* **his eyes on my face** son regard se posa *or* s'arrêta sur mon visage ; see also **settled**

b *(= sort out, resolve)* *[+ question, matter, argument, legal dispute, case]* régler ; *[+ problem]* résoudre ; *[+ one's affairs]* régler, mettre en ordre ; *(= fix, agree on)* *[+ conditions, terms, details, date]* fixer ◆ **to ~ one's difficulties** résoudre ses problèmes ◆ **they have ~d their differences** ils ont réglé leurs différends ◆ **several points remain to be ~d** il reste encore plusieurs points à régler ◆ **the result was ~d in the first half** *(Ftbl etc)* la première mi-temps a décidé du résultat ◆ **that ~s it** *(= no more problem)* comme ça le problème est réglé ; *(= that's made my mind up)* ça me décide ◆ **~ it among yourselves** réglez *or* arrangez ça entre vous ◆ **that's ~d then?** alors c'est entendu ? ◆ **nothing is ~d** on n'a encore rien décidé ◆ **I'll ~ him!** * je vais lui régler son compte ! * ; see also **settled** ; → **score**

c *(= pay)* *[+ debt]* rembourser, s'acquitter de ; *[+ bill, account]* régler ; see also **account**

d *(= calm, stabilize)* *[+ nerves]* calmer ; *[+ doubts]* apaiser, dissiper ◆ **he sprinkled water on the floor to ~ the dust** il a aspergé le sol d'eau pour empêcher la poussière de voler ◆ **this will ~ your stomach** ceci calmera *or* soulagera tes douleurs d'estomac

e *(Jur = bequeath)* ◆ **to ~ sth on sb** faire don de qch à qn ; *(in will)* léguer qch à qn

f *[+ land] (= colonize)* coloniser ; *(= inhabit)* peupler ; see also **settled**

VI a *(= land, alight) [bird, insect]* se poser (on sur)

b *(= sink) [sediment, coffee grounds, tea leaves]* se déposer ; *[wall]* se tasser ; *[building]* s'affaisser ◆ **contents of the packet may ~ during transit** *(Comm)* le contenu du paquet peut se tasser pendant le transport

c *(= become permanent) [snow]* tenir ; *[dust etc]* retomber ; see also **vi e** ◆ **to ~ on sth** *[dust, snow]* couvrir qch ◆ **the weather has ~d** le temps s'est mis au beau fixe ◆ **the cold has ~d on his chest** son rhume s'est transformé en bronchite ◆ **her eyes** *or* **gaze ~d on him** son regard s'arrêta *or* se posa sur lui ; see also **settled**

d *(= get comfortable)* ◆ **to ~ into an armchair** s'installer (confortablement) dans un fauteuil ◆ **to ~ into one's new job** s'habituer *or* se faire à son nouvel emploi ◆ **to ~ into a routine** adopter une routine ◆ **to ~ to sth** se mettre (sérieusement) à qch, s'appliquer à qch ◆ **I can't ~ to anything** je suis incapable de me concentrer ◆ **let your meal ~ before you go swimming** attends d'avoir digéré avant de te baigner

e *(= calm down) [emotions]* s'apaiser ; *[conditions]* redevenir normal ; *[situation]* redevenir normal, s'arranger ◆ **when the dust has ~d** *(fig)* quand les choses se seront tassées *

f *(= go to live)* s'installer, se fixer ; *(as colonist)* s'établir ◆ **he ~d in London/in France** il s'est installé *or* fixé à Londres/en France ◆ **the Dutch ~d in South Africa** les Hollandais se sont établis en Afrique du Sud

g *(= sort out, accept)* ◆ **to ~ with sb for the cost of the meal** régler qn pour le prix du repas, régler le prix du repas à qn ◆ **to ~ out of court** *(Jur)* arriver à un règlement à l'amiable ◆ **he ~d for $200** il s'est contenté de 200 dollars, il a accepté 200 dollars ◆ **they ~d on $200** ils se sont mis d'accord sur 200 dollars ◆ **will you ~ for a draw?** accepteriez-vous un match nul ?

h *(= choose, decide on)* **to ~ on sth** fixer son choix sur qch, opter *or* se décider pour qch

► **settle down** VI *[person] (in armchair, sofa)* s'installer (in dans) ; *(= take up one's residence)* s'installer, se fixer ; *(= become calmer)* se calmer ; *(after wild youth)* se ranger, s'assagir ; *[excitement, emotions]* s'apaiser ; *[situation, conditions]* s'arranger ◆ **he ~d down to read the document** il s'est installé pour lire tranquillement le document ◆ **to ~ down to work** se mettre (sérieusement) au travail ◆ **he has ~d down in his new job** il s'est adapté *or* s'est fait à son nouvel emploi ◆ **to ~ down at school** s'habituer *or* s'adapter à l'école ◆ **it's time he got married and ~d down** il est temps qu'il se marie *subj* et qu'il ait une vie stable ◆ **he can't ~ down anywhere** il n'arrive à se fixer nulle part ◆ **he took some time to ~ down in Australia/to civilian life** il a mis du temps à s'habituer *or* à s'adapter à la vie en Australie/à la vie civile ◆ **when things have ~d down again** quand les choses se seront calmées *or* se seront tassées *

VT SEP installer ◆ **to ~ o.s. down in an armchair** s'installer confortablement dans un fauteuil ◆ **he ~d the child down on the sofa** il a installé l'enfant sur le canapé

► **settle in** VI *(= get things straight)* s'installer ; *(= get used to things)* s'adapter ◆ **the house is finished and they're quite ~d in** la maison est terminée et ils sont tout à fait installés ◆ **we took some time to ~ in** nous avons mis du temps à nous adapter

► **settle up** VI régler (la note) ◆ **to ~ up with sb** *(financially)* régler qn ; *(fig)* régler son compte à qn * ◆ **let's ~ up** faisons nos comptes

VT SEP *[+ bill]* régler

**settled** /ˈsetld/ VB pret, ptp of **settle²** ADJ a *[weather]* stable ◆ **the weather is ~** le temps est stable b *[land, area] (= colonized)* colonisé ; *(= inhabited)* habité, peuplé c *(= unchanging) [social order, life, team]* établi ◆ **a man of ~ habits** un homme aux habitudes régulières d *(= at ease: in new job, home)* **I feel ~** je me sens bien ◆ **to get ~** s'installer e *[question, matter]* réglé

**settlement** /ˈsetlmənt/ N a *(NonC) [of question, argument, bill, debt]* règlement *m* ; *[of conditions, terms, details, date]* décision *f* (of concernant) ; *[of problem]* solution *f* ◆ **in ~ of an account** pour *or* en règlement d'un compte b *(= agreement)* accord *m* ◆ **to reach a ~** arriver à *or* conclure un accord ; → **negotiate, wage** c *(Jur)* donation *f* (on sb en faveur de qn) ; *(= act of settling)* constitution *f* ; *(= income)* rente *f* ; *(= dowry)* dot *f* ; → **marriage** d *(= colonization)* colonisation *f* ; *(= colony)* colonie *f* ; *(= village)* village *m*, hameau *m* ; *(= homestead)* ferme *f* or habitation *f* (isolée) ◆ **the first ~ on the island** le premier établissement humain dans l'île ; → **penal** e (*for social work:* also **settlement house**) centre *m* d'œuvres sociales f *(Constr: of building)* tassement *m*

**settler** /ˈsetləʳ/ N colon *m*, colonisateur *m*, -trice *f*

**settlor** /ˈsetləʳ/ N *(Fin, Jur)* constituant *m*

**setup** /ˈsetʌp/ N a *(= way sth is organised)* **what's the ~?** comment est-ce que c'est organisé *or* que ça marche ? ◆ **it's an odd ~** c'est une drôle de situation ◆ **I don't like that ~ at all** je n'aime pas l'allure de tout ça * ◆ **when did he join the ~?** quand est-ce qu'il est entré là-dedans ? b * *(= trick)* coup *m* monté, machination *f* ; *(= trap)* piège *m* COMP ▷ **setup file** N *(Comput)* fichier *m* de configuration

**seven** /ˈsevn/ ADJ sept *inv* N sept *m inv* ; *for phrases see* **six** PRON sept ◆ **there are ~** il y en a sept COMP ▷ **the seven deadly sins** NPL *(liter)* les sept péchés *mpl* capitaux ▷ **seven-league boots** NPL bottes *fpl* de sept lieues ▷ **the seven seas** NPL *(liter)* toutes les mers *fpl* (du globe) ◆ **to sail the ~ seas** parcourir les mers ▷ **the Seven Sisters** NPL *(Astron, Myth)* les Pléiades *fpl* ; *(US Univ) groupe de sept universités pour jeunes filles dans le nord-est des États-Unis* ▷ **the seven wonders of the world** NPL les sept merveilles *fpl* du monde ▷ **the seven-year itch** * N *sentiment d'insatisfaction après sept ans de mariage*

**sevenfold** /ˈsevnˌfəʊld/ ADJ septuple ADV au septuple

**seventeen** /ˌsevnˈtiːn/ ADJ dix-sept *inv* N dix-sept *m inv* ; *for phrases see* **six** PRON dix-sept ◆ **there are ~** il y en a dix-sept

**seventeenth** /ˌsevnˈtiːnθ/ ADJ dix-septième N dix-septième *mf* ; *(= fraction)* dix-septième *m* ; *for phrases see* **sixth**

**seventh** /ˈsevnθ/ ADJ septième N a septième *mf* ; *(= fraction)* septième *m* ; *for phrases see* **sixth** b *(Mus)* septième *f* COMP ▷ **Seventh Day Adventist** N adventiste *mf* du septième jour ; → **heaven**

**seventieth** /ˈsevntɪɪθ/ ADJ soixante-dixième, septantième *(Belg, Helv)* N soixante-dixième *mf* ; *(= fraction)* soixante-dixième *m* ; *for phrases see* **sixth**

**seventy** /ˈsevntɪ/ ADJ soixante-dix *inv*, septante *inv (Belg, Helv)* N soixante-dix *m inv* ◆ **he's in his seventies** il est septuagénaire, il a plus de soixante-dix ans ; *for other phrases see* **sixty** PRON soixante-dix ◆ **there are ~** il y en a soixante-dix

**sever** /ˈsevəʳ/ VT *[+ rope]* couper, trancher ; *(fig) [+ relations]* rompre, cesser ; *[+ communications]* interrompre ◆ **to ~ all connections with sb** cesser toutes relations avec qn ; *(Comm)* se dissocier de qn VI *[rope]* se rompre

**severability** /ˌsevərəˈbɪlɪtɪ/ N *(Jur)* autonomie *f* des dispositions d'un contrat

**several** /ˈsevrəl/ ADJ a *(in number)* plusieurs ◆ **~ times** plusieurs fois ◆ **~ hundred people** plusieurs centaines de personnes b *(frm = separate)* ◆ **they went their ~ ways** *(lit)* ils sont partis chacun de leur côté ; *(fig)* la vie les a séparés ◆ **their ~ occupations** leur diverses *or* différentes occupations *fpl* ; → **joint** PRON plusieurs *mfpl* ◆ **~ of them** plusieurs d'entre eux (*or* elles) ◆ **~ of us saw the accident** plusieurs d'entre nous ont vu l'accident, nous sommes plusieurs à avoir vu l'accident ◆ **~ of us passed the exam** nous sommes plusieurs à avoir été reçus à l'examen

**severally** /ˈsevrəlɪ/ ADV séparément, individuellement

**severance** /ˈsevərəns/ N séparation *f* (from de) ; *[of relations]* rupture *f* ; *[of communications]* interruption *f* COMP ▷ **severance motion** N *(US Jur)* demande *f* de procès séparés *(par des coaccusés)* ▷ **severance package, severance pay** N indemnité *f* de licenciement

**severe** /sɪˈvɪəʳ/ ADJ a *(= serious, intense) [problem, consequences, damage, shortage, injury, illness, disability]* grave ; *[blow, defeat]* sévère ; *[loss]* sévère, lourd ; *[hardship, setback]* sérieux ; *[competition]* serré, acharné ; *[pain]* vif *before n* ; *[migraine, pressure]* fort ; *[storm]* violent ; *[frost]* fort ; *[climate, winter]* rigoureux ; *[cold]* intense ◆ **a ~ cold** un gros rhume b *(= strict) [person, expression, penalty, measure]* sévère ◆ **it was a ~ test of her patience** cela a mis sa patience à rude épreuve c *(= austere) [clothes]* sévère ◆ **her style of dress was somewhat ~** elle s'habillait de façon un peu austère

**severely** /sɪˈvɪəlɪ/ ADV a *[damage, disrupt, injure, affect]* gravement ; *[strain, limit, hamper]* sérieusement ◆ **~ ill/depressed/disabled** gravement malade/déprimé/handicapé ◆ **he's ~ subnormal** c'est un débile profond b *[punish, reprimand, criticize, look]* sévèrement c *[dress]* sévèrement

**severity** /sɪˈverɪtɪ/ N *(NonC) [of problem, crisis, recession, illness, injury]* gravité *f* ; *[of punishment, criticism, building, clothes, tone]* sévérité *f* ; *[of pain, storm]* violence *f* ; *[of winter]* rigueur *f*

**Seville** /səˈvɪl/ N Séville COMP ▷ **Seville orange** N *(Brit)* orange *f* amère, bigarade *f* ▷ **Seville orange tree** N *(Brit)* bigaradier *m*

**sew** /səʊ/ (pret **sewed**, ptp **sewn, sewed**) VT coudre ◆ **to ~ a button on sth** coudre un bouton à qch ; *(if button missing)* recoudre un bouton à qch VI coudre, faire de la couture

► **sew on** VT SEP *(gen)* coudre ; (also **sew back on**) recoudre

► **sew up** VT SEP *[+ tear]* recoudre ; *[+ seam]* faire ; *[+ sack]* fermer par une couture ; *[+ wound]* (re)coudre, suturer ◆ **to ~ sth up in a sack** coudre qch dans un sac ◆ **we've got the contract all ~n up** * le contrat est dans le sac * *or* dans la poche * ◆ **the French market is pretty well ~n up** * le marché français est pratiquement verrouillé ◆ **they've got the match all ~n up** * ils ont le match dans leur poche * ◆ **it's all ~n up now** * l'affaire est dans le sac *

**sewage** /ˈsjuːɪdʒ/ N (NonC) eaux fpl d'égout or usées COMP ▷ **sewage disposal** N évacuation f des eaux usées ▷ **sewage farm** N champ m d'épandage ▷ **sewage pipe** N égout m ▷ **sewage works** N ⇒ **sewage farm**

**sewer** /ˈsjʊəʳ/ N égout m ; → **main** COMP ▷ **sewer gas** N gaz m méphitique (d'égouts) ▷ **sewer rat** N rat m d'égout

**sewerage** /ˈsjʊərɪdʒ/ N a (= disposal) évacuation f des vidanges ; (= system) (système m d')égouts mpl ; (= cost of service) frais mpl de vidange b ⇒ **sewage**

**sewing** /ˈsəʊɪŋ/ N (NonC) (= activity, skill) couture f ; (= piece of work) ouvrage m ◆ **I like ~** j'aime coudre or la couture ◆ **she put her ~ down** elle a posé son ouvrage COMP ▷ **sewing basket** N boîte f à couture ▷ **sewing bee** N (US) ◆ **they have a ~ bee on Thursdays** elles se réunissent pour coudre le jeudi ▷ **sewing cotton** N fil m de coton, fil m à coudre ▷ **sewing machine** N machine f à coudre ▷ **sewing silk** N fil m de soie

**sewn** /səʊn/ VB ptp of **sew**

**sex** /seks/ N a sexe m ◆ **the gentle** or **weaker ~** († or hum) le sexe faible
b (NonC = sexual act) rapports mpl sexuels, relations fpl sexuelles ◆ **to have ~ (with sb)** faire l'amour (avec qn), avoir des rapports (sexuels) avec qn ◆ **all he ever thinks about is ~** * ◆ **he's got ~ on the brain** * il ne pense qu'au sexe or qu'à ça * ◆ **~ outside marriage** relations fpl (sexuelles) hors mariage
VT [+ chick etc] déterminer le sexe de
COMP [education, instinct] sexuel(le) ▷ **sex act** N acte m sexuel ▷ **sex aid** N gadget m érotique ▷ **sex-and-shopping** ADJ (Brit) ◆ **~-and-shopping novel** roman de gare, érotique et superficiel ▷ **sex appeal** N sex-appeal m ▷ **sex change (operation)** N (opération f de) changement m de sexe ◆ **to have** or **undergo a ~ change (operation)** se faire opérer pour changer de sexe ▷ **sex clinic** N clinique f de sexologie ▷ **sex-crazy** * ADJ ◆ **he is ~-crazy** c'est un obsédé (sexuel) ▷ **sex discrimination** N discrimination f sexuelle ▷ **sex drive** N pulsion f sexuelle ▷ **sex fiend** N satyre * m ▷ **sex goddess** N bombe f sexuelle ▷ **sex hormone** N hormone f sexuelle ▷ **sex hygiene** N (US) hygiène f sexuelle ▷ **the sex industry** N l'industrie f du sexe ▷ **sex kitten** * N minette f très sexy ▷ **sex life** N vie f sexuelle ▷ **sex-linked** ADJ (Bio) lié au sexe ▷ **sex-mad** * ADJ ⇒ **sex-crazy** ▷ **sex maniac** N obsédé(e) sexuel(le) m(f) ▷ **sex manual** N ouvrage m sur le sexe ▷ **sex object** N objet m sexuel ▷ **sex offender** N délinquant(e) sexuel(le) m(f) ▷ **sex organ** N organe m sexuel ▷ **sex partner** N partenaire mf sexuel(le) ▷ **sex pot** * N fille f or femme f très sexy * ▷ **sex scene** N (Cine, Theat) scène f érotique ▷ **sex shop** N sex-shop m, boutique f porno inv ▷ **sex show** N spectacle m érotique ▷ **sex-starved** * ADJ (sexuellement) frustré * ▷ **sex symbol** N sex-symbol m ▷ **sex therapist** N sexologue mf ▷ **sex therapy** N sexologie f ▷ **sex tourism** N tourisme m sexuel ▷ **sex toy** N gadget m ▷ **sex urge** N ⇒ **sex drive** ▷ **sex worker** N travailleur (-euse) m(f) sexuel(le)

► **sex up** * VT SEP donner du piquant à

**sexagenarian** /ˌseksədʒɪˈnɛərɪən/ ADJ, N sexagénaire mf

**Sexagesima** /seksəˈdʒesɪmə/ N Sexagésime f

**sexed** /sekst/ ADJ a (Bio, Zool) sexué b ◆ **to be highly ~** avoir une forte libido

**sexiness** /ˈseksɪnɪs/ N (NonC) [of person, voice, eyes] sex-appeal m ; (* fig) [of subject, issue] côté m excitant

**sexism** /ˈseksɪzəm/ N sexisme m

**sexist** /ˈseksɪst/ ADJ sexiste

**sexless** /ˈsekslɪs/ ADJ [person] (also Bio) asexué ◆ **a ~ marriage** une vie conjugale sans rapports sexuels

**sexologist** /sekˈsɒlədʒɪst/ N sexologue mf.

**sexology** /sekˈsɒlədʒɪ/ N sexologie f

**sexploitation** * /ˌseksplɔɪˈteɪʃən/ N utilisation de l'image de la femme-objet dans la publicité etc

**sextant** /ˈsekstənt/ N sextant m

**sextet** /seksˈtet/ N (= players, composition) sextuor m

**sexton** /ˈsekstən/ N sacristain m, bedeau m

**sextuplet** /seksˈtjuːplɪt/ N sextuplé(e) m(f)

**sexual** /ˈseksjʊəl/ ADJ sexuel COMP ▷ **sexual abuse** N sévices mpl sexuels, abus m sexuel ▷ **sexual equality** N égalité f des sexes ▷ **sexual harassment** N harcèlement m sexuel ▷ **sexual health** N précautions fpl en matière sexuelle ▷ **sexual intercourse** N rapports mpl sexuels ▷ **sexual orientation** N orientation f sexuelle ▷ **sexual politics** N conventions définissant la place des individus dans la société en fonction de leur sexe ou de leurs préférences sexuelles ▷ **sexual preference** N ⇒ **sexual orientation** ▷ **sexual services** NPL commerce m sexuel tarifé ▷ **sexual stereotyping** N catégorisation f en stéréotypes sexuels

**sexuality** /ˌseksjʊˈælɪtɪ/ N sexualité f

**sexualize** /ˈseksjʊəlaɪz/ VT sexualiser

**sexually** /ˈseksjʊəlɪ/ ADV a [attractive, exciting, explicit, available, inadequate] sexuellement ; [threatening] du point de vue sexuel ◆ **to be ~ abused** subir des sévices sexuels ◆ **to be ~ active** avoir une activité sexuelle ◆ **~ aroused** excité sexuellement ◆ **to be ~ attracted to sb** avoir une attirance sexuelle pour qn ◆ **~ harassed** soumis à un harcèlement sexuel b (= by sex) [segregated] par le sexe COMP ▷ **sexually transmitted disease** N maladie f sexuellement transmissible

**sexy** /ˈseksɪ/ ADJ a (= sexually exciting) [person, clothes] sexy * inv ; [voice] séduisant ; [image] de séducteur (-trice f) ◆ **to look ~** avoir l'air sexy * or séduisant b (= interested in sex) ◆ **to be** or **feel ~** avoir des envies ◆ **to make sb feel ~** donner des envies à qn, exciter qn c (* = exciting) [subject, issue] excitant

**Seychelles** /seɪˈʃel(z)/ NPL ◆ **the ~** les Seychelles fpl

**Seychellois** /ˌseɪʃelˈwɑː/ ADJ seychellois N Seychellois(e) m(f)

**sez** ‡ /sez/ ⇒ **says ;** → **say ~ you!** (iro) que tu dis ! * ◆ **~ who?** ‡ ah oui ? (iro)

**SF** /esˈef/ N (abbrev of **science fiction**) SF f

**SFA** /ˌesefˈeɪ/ (abbrev of **Scottish Football Association**) fédération f écossaise de football

**SFO** /ˌesefˈəʊ/ N (Brit) (abbrev of **Serious Fraud Office**) → **serious**

**sfx** /ˌesefˈeks/ NPL (Cine) (abbrev of **special effects**) → **special**

**sgd** (abbrev of **signed**) → **sign vt a**

**SGML** /ˌesdʒiːemˈel/ N (Comput) (abbrev of **Standard Generalized Mark-up Language**) SGML m

**Sgt** N (abbrev of **Sergeant**) ~ **J. Smith** (on envelopes) le Sergent J. Smith

**shabbily** /ˈʃæbɪlɪ/ ADV a (= tattily) [dressed] pauvrement b (= unfairly) [behave] mesquinement ; [treat] avec mesquinerie

**shabbiness** /ˈʃæbɪnɪs/ N [of dress] aspect m élimé or râpé ; [of person] mise f pauvre ; [of behaviour, treatment] mesquinerie f, petitesse f

**shabby** /ˈʃæbɪ/ ADJ a (= tatty) [person, clothes, district, house, furnishings] miteux b (= unfair) [treatment, behaviour, compromise] mesquin ◆ **a ~ trick** un vilain tour, une mesquinerie COMP ▷ **shabby-genteel** ADJ pauvre mais digne ▷ **shabby-looking** ADJ de pauvre apparence

**shack** /ʃæk/ N cabane f, hutte f

► **shack up** ‡ VI (= live) se mettre en ménage (with sb avec qn) ◆ **to ~ up together** vivre ensemble

**shackle** /ˈʃækl/ NPL **shackles** chaînes fpl, fers mpl ; (fig) chaînes fpl, entraves fpl VT mettre aux fers, enchaîner ; (fig) entraver

**shad** /ʃæd/ N (pl **shad** or **shads**) alose f

**shade** /ʃeɪd/ N a (NonC) ombre f ◆ **in the ~ of a tree** à l'ombre or sous l'ombrage d'un arbre ◆ **40° in the ~** 40° à l'ombre ◆ **to put sb/sth in the ~** (fig) éclipser qn/qch
b [of colour] nuance f, ton m ; [of opinion] nuance f ◆ **several ~s darker than that** plus sombre de plusieurs tons (que cela) ◆ **several ~s of red** plusieurs nuances or tons de rouge ◆ **a new ~ of lipstick** un nouveau ton or une nouvelle couleur de rouge à lèvres ◆ **a ~ of meaning** une nuance
c (= hint, small amount) **a ~ of vulgarity** un soupçon de vulgarité ◆ **there's not a ~ of difference between them** il n'y a pas la moindre différence entre eux ◆ **a ~ bigger** un tout petit peu or légèrement plus grand ◆ **~s of Sartre!** voilà qui fait penser à Sartre !, ça rappelle Sartre !
d (= lampshade) abat-jour m inv ; (= eyeshade) visière f ; (= blind) store m
e (liter = ghost) ombre f, fantôme m
NPL **shades** * (= sunglasses) lunettes fpl de soleil
VT a [trees, parasol] donner de l'ombre à ; [person] [+ one's work etc] abriter du soleil or de la lumière ◆ **~d place** endroit m ombragé or à l'ombre ◆ **he ~d his eyes with his hands** il s'abrita les yeux de la main ◆ **to ~ a light** voiler une lampe
b (also **shade in**) [+ painting etc] ombrer, nuancer ; (by hatching) [+ outline, drawing etc] hachurer ; (= colour in) colorer (in en)
c [+ price] baisser or diminuer progressivement ◆ **prices ~d for quantities** tarif m dégressif pour commandes en gros ◆ **~d charges tariff** tarif m dégressif
d (= narrowly win) gagner de justesse
VI (also **shade off**) a se dégrader (into jusqu'à), se fondre (into en) ◆ **the red ~s (off) into pink** le rouge se fond en rose
b [prices] baisser

► **shade off** VI ⇒ **shade vi**
VT SEP [+ colours etc] estomper

**shadiness** /ˈʃeɪdɪnɪs/ N (NonC) a (= shade) ombre f b (fig) caractère m suspect or louche

**shading** /ˈʃeɪdɪŋ/ N a (NonC, in painting etc) ombres fpl, noirs mpl ; (= hatching) hachure(s) f(pl) ; (fig) nuance f b (for plants) ◆ **to provide ~** faire de l'ombre

**shadow** /ˈʃædəʊ/ N a (= shade) ombre f ◆ **in the ~ of the tree** à l'ombre de l'arbre ◆ **in the ~ of the porch** dans l'ombre du porche ◆ **he was standing in (the) ~** il se tenait dans l'ombre ◆ **I could see his ~ on the wall** je voyais son ombre (projetée) sur le mur ◆ **he's afraid** or **frightened** or **scared of his own ~** il a peur de son ombre ◆ **to live in sb's ~**

vivre dans l'ombre de qn ◆ **he's only a ~ of his former self** il n'est plus que l'ombre de lui-même ◆ **to have (dark) ~s under one's eyes** avoir les yeux cernés, avoir des cernes *mpl* sous les yeux ; → **cast**

b *(= darkness)* ◆ **the ~s** l'obscurité *f*, les ténèbres *fpl*

c *(= hint)* ◆ **without a ~ of doubt** sans l'ombre d'un doute ◆ **not a ~ of truth** pas le moindre atome de vérité

d *(= detective etc)* personne *f* (*or* détective *m etc*) qui file quelqu'un ◆ **to put a ~ on sb** faire filer qn, faire prendre qn en filature

e *(= inseparable companion)* ombre *f*

VT *(= follow)* filer, prendre en filature

COMP ▷ **shadow-box** VI boxer dans le vide ▷ **shadow-boxing** N *(Sport)* boxe *f* dans le vide ; *(fig)* attaque *f* de pure forme, attaque *f* purement rituelle ▷ **shadow cabinet** N *(Brit Parl)* cabinet *m* fantôme ▷ **shadow Foreign Secretary** N *(Brit Parl)* ◆ **he is (the) ~ Foreign Secretary** il est le porte-parole de l'opposition pour les Affaires étrangères ▷ **shadow minister** N *(Brit Pol)* ministre *m* fantôme ▷ **shadow play** N spectacle *m* d'ombres chinoises

> **Shadow Cabinet**
>
> Dans le système parlementaire britannique, le « cabinet fantôme » (**Shadow Cabinet**) se compose des députés du principal parti d'opposition qui deviendraient ministres si leur parti était élu. Chaque ministre en fonction a donc un homologue dans l'opposition : au ministre de l'Intérieur (Home Secretary) ou des Finances (Chancellor) correspond donc un « **Shadow** Home Secretary » et un « **Shadow** Chancellor ». Leur rôle est d'interroger le gouvernement sur sa politique dans leurs domaines de spécialité et d'être les porte-parole des opinions de leur parti.

**shadowy** /ˈʃædəʊɪ/ ADJ a *(= shady) [place]* ombragé ; *[woods]* sombre, ombreux b *(= indistinct) [figure, shape, outline, form]* confus, vague, indistinct ; *[idea, plan]* vague, indistinct c *(= mysterious) [figure, group]* indéfini ◆ **the ~ world of espionage** le monde mystérieux de l'espionnage

**shady** /ˈʃeɪdɪ/ ADJ a *(= shadowy) [place]* ombragé ◆ **under a ~ tree** à l'ombre d'un arbre b *(= dishonest) [person, behaviour]* louche ; *[lawyer, deal]* véreux ◆ **to have a ~ past** avoir un passé louche

**shaft** /ʃɑːft/ N a *(= stem, handle) [of arrow, spear]* hampe *f* ; *[of tool, golf club]* manche *m* ; *[of feather]* tuyau *m* ; *[of column]* fût *m* ; *[of bone]* diaphyse *f* ; *(on cart, carriage, plough etc)* brancard *m* ; *(Aut, Tech)* arbre *m* ; → **camshaft** b *(liter = arrow)* flèche *f* ◆ **Cupid's ~s** les flèches *fpl* de Cupidon ◆ **~ of light** rayon *m or* trait *m* de lumière c *[of mine]* puits *m* ; *[of lift, elevator]* cage *f* ; *(for ventilation)* puits *m*, cheminée *f* VT *(*** = have sex with)* baiser*** ◆ **we'll be ~ed if that happens** *(fig = defeat, ruin)* si ça arrive, on sera baisés** *or* niqués***

**shag¹** /ʃæg/ N *(= tobacco)* tabac *m* très fort

**shag²** /ʃæg/ N *(Orn)* cormoran *m* huppé

**shag³** /ʃæg/ N *(Brit)* ◆ **to have a ~***** baiser*** VT *(Brit *** = have sex with)* baiser*** VI a *(Brit *** = have sex)* baiser*** b *(US)* **to ~ off**** se tirer**, foutre le camp**

**shag⁴** * /ʃæg/ VT *(US = retrieve) [+ ball]* récupérer

**shag⁵** /ʃæg/ N *(= napped fabric)* laine *f* à longues mèches COMP ▷ **shag (pile) carpet** N moquette *f* à longues mèches ▷ **shag (pile) rug** N tapis *m* à longues mèches

**shagged** *** /ʃægd/ ADJ ◆ **to be ~ (out)** être claqué* *or* crevé**

**shaggy** /ˈʃægɪ/ ADJ *[hair, beard]* hirsute ; *[eyebrows, mane]* broussailleux ; *[animal, fur]* à longs poils hirsutes ; *[carpet, rug]* à longs poils COMP ▷ **shaggy dog story** N histoire *f* sans queue ni tête

**shagreen** /ʃæˈgriːn/ N chagrin *m (cuir)*

**Shah** /ʃɑː/ N schah *or* chah *m*

**shake** /ʃeɪk/ (vb : pret **shook**, ptp **shaken**) N a *(= movement)* **to give sth a ~** secouer qch ◆ **with a ~ of his head** en refusant d'un hochement de tête, en hochant la tête en signe de refus ◆ **with a ~ in his voice** la voix tremblante, d'une voix tremblante ◆ **to be all of a ~*** être tout tremblant ◆ **to have the ~s*** *(from nerves)* avoir la tremblote* ; *(from drink)* trembler, être agité de tremblements ◆ **in a brace** *or* **couple of ~s***, **in two ~s (of a lamb's tail)*** en un clin d'œil, en moins de deux* ◆ **he/it is no great ~s*** il/cela ne casse rien* ◆ **he's no great ~s*** **at swimming** *or* **as a swimmer** il n'est pas fameux *or* il ne casse rien* comme nageur

b *(= drink)* milk-shake *m* ; → **handshake, milk**

VT a *[+ duster, rug, person]* secouer ; *[+ dice, bottle, medicine, cocktail]* agiter ; *[+ house, windows etc]* faire trembler ; *(= brandish) [+ stick etc]* brandir ◆ **"shake the bottle"** "agiter avant emploi" ◆ **to ~ one's head** *(in refusal)* dire *or* faire non de la tête, hocher la tête en signe de refus ; *(at bad news)* secouer la tête ◆ **he shook his finger at me** *(playfully, warningly)* il m'a fait signe du doigt ; *(threateningly)* il m'a menacé du doigt ◆ **to ~ one's fist/stick at sb** menacer qn du poing/de sa canne ◆ **to ~ hands with sb, to ~ sb's hand** serrer la main à qn ◆ **they shook hands** ils se sont serré la main ◆ **they shook hands on it** ils se sont serré la main en signe d'accord ◆ **~ a leg!** * *(fig)* remue-toi !, bouge-toi !* ◆ **to ~ o.s. (or itself)** *[person, animal]* se secouer ; *(to remove sand, water etc)* s'ébrouer ◆ **a man with more medals than you can ~ a stick at*** un homme qui avait des tonnes* de médailles

b ◆ **to ~ apples from a tree** secouer un arbre pour en faire tomber les pommes ◆ **he shook the sand out of his shoes** il a secoué ses chaussures pour en vider le sable ◆ **he shook two aspirins into his hand** il a fait tomber deux comprimés d'aspirine dans sa main ◆ **he shook pepper on to his steak** il a saupoudré son bifteck de poivre ◆ **he shook himself free** il s'est libéré d'une secousse ◆ **he shook (off) the dust of that country from his feet** *(liter)* il a décidé de ne plus remettre les pieds dans le pays

c *[+ confidence, belief, resolve]* ébranler ; *[+ opinion]* affecter ◆ **even torture could not ~ him** même la torture ne l'a pas fait céder

d *(fig) (= amaze)* stupéfier ; *(= disturb)* secouer, bouleverser ◆ **this will ~ you!** tu vas en être soufflé !*, ça va t'en boucher un coin !** ◆ **four days which shook the world** quatre jours qui ébranlèrent le monde ◆ **he needs to be ~n out of his smugness** il faudrait qu'il lui arrive *subj* quelque chose qui lui fasse perdre de sa suffisance ; see also **shaken**

e *(US *)* ⇒ **shake off b**

VI a *[person, hand, table]* trembler ; *[building, windows, walls]* trembler, être ébranlé ; *[leaves, grasses]* trembler, être agité ; *[voice]* trembler, trembloter ◆ **he was shaking with laughter, his sides were shaking** il se tordait (de rire) ◆ **to ~ with cold** trembler de froid, grelotter ◆ **to ~ with fear** trembler de peur ◆ **the walls shook at the sound** *(fig)* le bruit a fait trembler les murs ; → **boot¹, shoe**

b *(= shake hands)* **they shook on the deal** ils ont scellé leur accord d'une poignée de main ◆ **(let's) ~ on it!** tope là !, topez là !

COMP ▷ **shake-out** N *(US Econ)* tassement *m* ▷ **shake-up** N grande réorganisation *f*, grand remaniement *m*

► **shake down** VI a *(* = settle for sleep)* se coucher, se pieuter** ◆ **I can ~ down anywhere** je peux pioncer** *or* me pieuter** n'importe où

b *(= learn to work etc together)* **they'll be a good team once they've ~n down** ils formeront une bonne équipe quand ils se seront habitués *or* faits les uns aux autres

c *(= settle) [contents of packet etc]* se tasser

d *(* = develop)* évoluer

e *(= succeed)* réussir

VT SEP a ◆ **to shake down apples from a tree** faire tomber des pommes en secouant l'arbre, secouer l'arbre pour en faire tomber les pommes ◆ **to ~ down the contents of a packet** secouer un paquet pour en tasser le contenu

b *(US)* **to ~ sb down for $50** ** soutirer *or* faire cracher** 50 dollars à qn

c *(US ** = frisk, search) [+ person]* fouiller

► **shake off** VT SEP a ◆ **to shake off dust/sand/water from sth** secouer la poussière/le sable/l'eau de qch

b *(fig = get rid of) [+ cold, cough]* se débarrasser de ; *[+ yoke etc]* se libérer de, s'affranchir de ; *[+ habit]* se défaire de, perdre ; *[+ pursuer]* se débarrasser de, semer*

► **shake out** VT SEP a *[+ flag, sail]* déployer ; *[+ blanket]* bien secouer ; *[+ bag]* vider en secouant ◆ **she picked up the bag and shook out its contents** elle a pris le sac et l'a vidé en le secouant ◆ **she shook 50p out of her bag** elle a secoué son sac et en a fait tomber 50 pence

b *(Ind)* dégraisser

VI *(* = turn out)* évoluer

N ◆ **shake-out** → **shake**

► **shake up** VT SEP a *[+ pillow, cushion]* secouer, taper ; *[+ bottle, medicine]* agiter

b *(fig = disturb)* bouleverser, secouer ◆ **he was considerably ~n up by the news** il a été très secoué *or* il a été bouleversé par la nouvelle, la nouvelle lui a fait un coup* ; see also **shook**

c *(fig = rouse, stir) [+ person]* secouer, secouer les puces à* ; *[+ firm, organization]* réorganiser de fond en comble

N ◆ **shake-up** → **shake**

**shakedown** /ˈʃeɪkdaʊn/ N *(= bed)* lit *m* de fortune ; *(US **) (= search)* fouille *f* ; *(= extortion)* extorsion *f*, chantage *m*

**shaken** /ˈʃeɪkn/ ADJ *(by being in accident)* secoué ; *(by seeing accident)* bouleversé ; *(by news)* ébranlé ◆ **~ but not stirred** *[martini]* préparé en secouant plutôt qu'en mélangeant ; *(hum) [person]* secoué mais pas franchement ému

**Shaker** /ˈʃeɪkəʳ/ N, ADJ *(Rel)* Shaker *mf*

**shaker** /ˈʃeɪkəʳ/ N *(for cocktails)* shaker *m* ; *(for dice)* cornet *m* ; *(for salad)* panier *m* à salade ; → **flour**

**Shakespearean, Shakespearian** /ʃeɪksˈpɪərɪən/ ADJ shakespearien

**shakily** /ˈʃeɪkɪlɪ/ ADV *[stand up]* en chancelant ; *[walk]* d'un pas mal assuré ; *[speak]* d'une voix mal assurée ; *[write]* d'une main tremblante

**shakiness** /ˈʃeɪkɪnɪs/ N *(NonC) [of hand]* tremblement *m* ; *[of table, chair etc]* manque *m* de stabilité *or* solidité ; *[of building]* manque *m* de solidité ; *[of voice]* chevrotement *m* ; *(fig) [of position]* instabilité *f* ; *[of health]* faiblesse *f* ; *[of knowledge]* insuffisance *f*, faiblesse *f*

**shako** /ˈʃækəʊ/ **N** (pl **shakos** *or* **shakoes**) s(c)hako *m*

**shaky** /ˈʃeɪkɪ/ **ADJ** **a** *(= weak) [person] (from illness)* chancelant ; *(from nerves)* mal à l'aise **b** *(= trembling) [person, legs] (from fear, illness)* flageolant, tremblant ; *(from age)* tremblant ; *[voice] (from fear, illness)* tremblant ; *(from age)* chevrotant ; *(from nerves)* mal assuré ; *[hand]* tremblant ; *[handwriting]* tremblé ◆ **her legs were ~** elle flageolait sur ses jambes **c** *(= wobbly) [table, building]* branlant, peu solide **d** *(= uncertain) [start]* incertain ; *[business, firm, deal]* à l'avenir incertain ; *[argument]* boiteux ; *[knowledge]* hésitant ; *[health]* chancelant ; *[prospects]* précaire ◆ **~ finances** une situation financière incertaine ◆ **my Spanish is very ~** mon espagnol est très hésitant ◆ **to get off to a ~ start** partir sur un mauvais pied

**shale** /ʃeɪl/ **N** argile *f* schisteuse, schiste *m* argileux **COMP** ▷ **shale oil N** huile *f* de schiste

**shall** /ʃæl/ **MODAL AUX VB** (neg **shall not** *often abbr to* **shan't**) see also **should** **a** *(in 1st person future tense)* **I ~** *or* **I'll arrive on Monday** j'arriverai lundi ◆ **we ~ not** *or* **we shan't be there before 6 o'clock** nous n'y serons pas avant 6 heures ◆ **I'll come in a minute** je vais venir *or* je viens dans un instant

**b** *(in 1st person questions)* **~ I open the door?** dois-je ouvrir la porte ?, voulez-vous que j'ouvre *subj* la porte ?, j'ouvre la porte ? * ◆ **I'll buy three, ~ I?** je vais en acheter trois, n'est-ce pas *or* d'accord * ? ◆ **let's go in, ~ we?** entrons, voulez-vous ? ◆ **~ we ask him to come with us?** si on lui demandait de venir avec nous ?

**c** *(indicating command, guarantee etc)* **it ~ be done this way and no other** cela sera fait *or* doit être fait de cette façon et d'aucune autre ◆ **thou shalt not kill** *(Bible)* tu ne tueras point ◆ **you ~ obey me** vous m'obéirez, vous devez m'obéir ◆ **you shan't have that job!** tu n'auras pas ce poste !

**shallot** /ʃəˈlɒt/ **N** échalote *f*

**shallow** /ˈʃæləʊ/ **ADJ** **a** *(= not deep) [water, lake, grave, depression, container]* peu profond ; *[soil]* mince ; *[breathing]* superficiel ◆ **the ~ end of the bathing pool** le petit bain *or* bassin de la piscine **b** *(pej = superficial) [person, mind, character, argument, novel, film]* superficiel ; *[conversation]* futile **NPL** **shallows** bas-fond *m*, haut-fond *m*

**shallowly** /ʃæləʊlɪ/ **ADV** *[breathe]* superficiellement

**shallowness** /ˈʃæləʊnɪs/ **N** **a** *(lit)* manque *m* de profondeur **b** *(pej) [of person]* esprit *m* superficiel ; *[of character]* manque *m* de profondeur ; *[of conversation]* futilité *f* ; *[of knowledge]* caractère *m* superficiel

**shalt** †† /ʃælt/ **VB** 2nd person sg of **shall**

**sham** /ʃæm/ **N** *(= pretence)* comédie *f*, imposture *f* ; *(= person)* imposteur *m* ; *(= jewellery, furniture)* imitation *f* ◆ **this diamond is a ~** ce diamant est faux *or* du toc * ◆ **the election was a ~** l'élection n'était qu'une comédie ◆ **his promises were a ~** ses promesses n'étaient que du vent ◆ **the whole organization was a ~** l'organisation tout entière n'était qu'une imposture

**ADJ** *[jewellery, doctor, priest, title]* faux (fausse *f*) ; *[deal]* fictif ; *[piety]* feint ; *[illness]* feint, simulé ; *[fight]* simulé ◆ **a ~ marriage** un simulacre de mariage ◆ **a ~-Tudor house** une maison pseudo-Tudor ◆ **~ olde-worlde decor** décor *m* en faux ancien ◆ **~ Louis XVI** de l'imitation *or* du faux Louis XVI

**VT** feindre, simuler ◆ **to ~ ill** *or* **illness** feindre *or* simuler une maladie, faire semblant d'être malade ◆ **she ~med dead** elle a fait la morte, elle a fait semblant d'être morte

**VI** faire semblant, jouer la comédie ◆ **he's only ~ming** il fait seulement semblant

**shaman** /ˈʃæmən/ **N** chaman *m*

**shamanism** /ˈʃæməˌnɪzəm/ **N** chamanisme *m*

**shamateur** * /ˈʃæmətəʳ/ **N** *(Sport)* sportif *m*, -ive *f* prétendu(e) amateur *(qui se fait rémunérer)*

**shamble** /ˈʃæmbl/ **VI** marcher en traînant les pieds ◆ **to ~ in/out/away** *etc* entrer/sortir/s'éloigner *etc* en traînant les pieds

**shambles** /ˈʃæmblz/ **N** *(NonC, gen = muddle)* confusion *f*, désordre *m* ; *(stronger: after battle, disaster)* scène *f* *or* spectacle *m* de dévastation ◆ **what a ~!** quelle (belle) pagaille ! * ◆ **his room was (in) a ~** sa chambre était sens dessus dessous *or* tout en l'air ◆ **the match degenerated into a ~** le match s'est terminé dans la pagaille * ◆ **your essay is a ~** * votre dissertation est un fouillis sans nom * ◆ **it's a bloody ~** ‡ c'est complètement bordélique ‡

**shambolic** * /ʃæmˈbɒlɪk/ **ADJ** *(Brit)* bordélique ‡

**shame** /ʃeɪm/ **N** **a** *(NonC) (= feeling)* honte *f*, confusion *f* ; *(= humiliation)* honte *f* ◆ **to my eternal** *or* **lasting ~** à ma très grande honte ◆ **he hung his head in ~** il a baissé la tête de honte *or* de confusion ◆ **to bring ~ (up)on sb** être *or* faire la honte de qn, déshonorer qn ◆ **to put sb/sth to ~** faire honte à qn/qch ◆ **~ on you!** quelle honte !, c'est honteux de votre part ! ◆ **the ~ of it!** quelle honte !, c'est honteux ! ◆ **the ~ of that defeat** la honte de cette défaite, cette défaite déshonorante ◆ **she has no sense of ~** elle ne sait pas ce que c'est que la honte, elle n'a aucune pudeur ◆ **he has lost all sense of ~** il a perdu toute honte, il a toute honte bue *(liter)* ; → **cry, crying**

**b** *(NonC = pity)* dommage *m* ◆ **it's a ~** c'est dommage (*that* que + *subj* ; *to do sth* de faire qch) ◆ **it's a dreadful ~!** c'est tellement dommage ! ◆ **it would be a ~ if he were to refuse** *or* **if he refused** il serait dommage qu'il refuse *subj* ◆ **(what a) ~!** (quel) dommage ! ◆ **(what a) ~ he isn't here!** (quel) dommage qu'il ne soit pas ici ! ◆ **nice legs, ~ about the face!** jolies jambes, on ne peut pas en dire autant de son visage !

**VT** *(= bring disgrace on)* couvrir de honte, faire la honte de ; *(= make ashamed)* faire honte à ◆ **to ~ sb into doing sth** obliger qn à faire qch en lui faisant honte, piquer l'amour-propre de qn pour qu'il fasse qch ◆ **to be ~d into doing sth** faire qch par amour-propre *or* pour conserver son amour-propre

**shamefaced** /ˈʃeɪmfeɪst/ **ADJ** *(= ashamed)* honteux, penaud ; *(= confused)* confus, timide ◆ **he was rather ~ about it** il en était tout honteux *or* penaud

**shamefacedly** /ˈʃeɪmfeɪsɪdlɪ/ **ADV** d'un air penaud *or* honteux

**shamefacedness** /ˈʃeɪmfeɪstnɪs/ **N** *(NonC)* air *m* penaud *or* honteux

**shameful** /ˈʃeɪmfʊl/ **ADJ** *[behaviour, attitude, event, experience, secret]* honteux ; *[record]* déplorable ◆ **there is nothing ~ about it** il n'y a pas de honte à cela ◆ **it is ~ that ...** c'est une honte que ... + *subj* ◆ **it's ~ to do that** c'est une honte de faire cela

**shamefully** /ˈʃeɪmfəlɪ/ **ADV** *[act, behave, treat]* de façon honteuse ; *[bad, late]* scandaleusement ◆ **~ lazy/ignorant** si paresseux/ignorant que c'en est une honte ◆ **the government have ~ neglected this sector** le gouvernement a négligé ce secteur d'une façon scandaleuse

**shameless** /ˈʃeɪmlɪs/ **ADJ** **a** *(= brazen) [person, liar, behaviour, attempt]* éhonté ; *[lie]* éhonté, sans vergogne ◆ **~ hussy** *(† or hum)* petite effrontée *f* ◆ **to be quite ~ about (doing) sth** ne pas avoir du tout honte de (faire) qch **b** *(= immodest) [person]* sans pudeur, impudique ; *[act]* impudique

**shamelessly** /ˈʃeɪmlɪslɪ/ **ADV** **a** *(= brazenly) [declare, lie, cheat, flirt]* sans vergogne, sans la moindre gêne ; *[steal]* sans vergogne ◆ **~ sentimental/theatrical** d'une sentimentalité/théâtralité éhontée **b** *(= immodestly) [act, behave]* sans pudeur, de façon impudique

**shamelessness** /ˈʃeɪmlɪsnɪs/ **N** *(NonC) [of person, behaviour] (= brazenness)* effronterie *f*, impudence *f* ; *(= immodesty)* impudeur *f*

**shaming** /ˈʃeɪmɪŋ/ **ADJ** mortifiant, humiliant ◆ **it's too ~!** quelle humiliation !

**shammy** * /ˈʃæmɪ/ **N** (also **shammy leather**) peau *f* de chamois

**shampoo** /ʃæmˈpuː/ **N** *(= product, process)* shampooing *or* shampoing *m* ◆ **~ and set** shampooing *m* (et) mise *f* en plis ◆ **to give o.s. a ~** se faire un shampooing, se laver la tête ; → **dry** **VT** *[+ person]* faire un shampooing à ; *[+ hair, carpet]* shampouiner ◆ **to have one's hair ~ed and set** se faire faire un shampooing (et) mise en plis

**shamrock** /ˈʃæmrɒk/ **N** trèfle *m* *(emblème national de l'Irlande)*

**shamus** ‡ /ˈʃeɪməs/ **N** *(US) (= policeman)* flic * *m* ; *(= detective)* détective *m* privé

**shandy** /ˈʃændɪ/ **N** *(Brit)* panaché *m*

**Shanghai** /ʃæŋˈhaɪ/ **N** Shanghai

**shanghai** /ʃæŋˈhaɪ/ **VT** *(Naut ††)* embarquer de force comme membre d'équipage ◆ **to ~ sb into doing sth** * contraindre qn à faire qch

**Shangri-la** /ˈʃæŋrɪˈlɑː/ **N** paradis *m* terrestre

**shank** /ʃæŋk/ **N** *(Anat)* jambe *f* ; *[of horse]* canon *m* ; *(Culin)* jarret *m* ; *(= handle)* manche *m* **COMP** ▷ **Shanks's pony N** ◆ **to go** *or* **ride on Shanks's pony** aller à pied, prendre le train onze ‡

**shan't** /ʃɑːnt/ ⇒ **shall not** ; → **shall**

**shantung** /ʃænˈtʌŋ/ **N** shant(o)ung *m*

**shanty**[1] /ˈʃæntɪ/ **N** *(= hut)* baraque *f*, cabane *f*

**shanty**[2] /ˈʃæntɪ/ **N** *(Brit)* (also **sea shanty**) chanson *f* de marins

**shantytown** /ˈʃæntɪˌtaʊn/ **N** bidonville *m*

**SHAPE** /ʃeɪp/ **N** (abbrev of **Supreme Headquarters Allied Powers Europe**) SHAPE *m* *(quartier général des forces alliées de l'OTAN en Europe)*

**shape** /ʃeɪp/ **N** **a** *(= form, outline)* forme *f* ◆ **what ~ is the room?, what is the ~ of the room?** quelle est la forme de la pièce ?, de quelle forme est la pièce ? ◆ **vases of all ~s** des vases de toutes formes ◆ **of all ~s and sizes** de toutes les formes et de toutes les tailles ◆ **children of all ~s and sizes** des enfants d'allures diverses ◆ **they come in all ~s and sizes** *(lit)* il y en a de toutes sortes et de toutes les tailles ; *(fig)* il y en a une variété infinie ◆ **a monster in human ~** un monstre à figure humaine ◆ **his nose is a funny ~** son nez a une drôle de forme ◆ **this jumper has lost its ~** ce pull s'est déformé ◆ **this tradition has existed for centuries in some ~ or**

**form** cette tradition existe depuis des siècles sous une forme ou sous une autre ◆ **I can't stand racism in any ~ or form** je ne peux pas tolérer le racisme sous quelque forme que ce soit ◆ **that's the ~ of things to come** cela donne une idée de ce qui nous attend ◆ **who knows what ~ the future will take?** qui sait comment se présentera l'avenir ? ◆ **to take the ~ of sth** *(lit, fig)* prendre la forme de qch

♦ **in shape** *(describing something)* ◆ **it's like a mushroom in ~** cela a la forme d'un champignon, cela ressemble à un champignon ◆ **it's triangular in ~** c'est en forme de triangle, c'est triangulaire

♦ **in the shape of** ◆ **in the ~ of a cross** en forme de croix ◆ **a prince in the ~ of a swan** un prince sous la forme d'un cygne ◆ **the news reached him in the ~ of a telegram from his brother** c'est par un télégramme de son frère qu'il a appris la nouvelle ◆ **perks in the ~ of luncheon vouchers** des avantages sous la forme de chèques-restaurant

♦ **into shape** ◆ **he carved the wood into ~** il a façonné le bois ◆ **he beat the silver into ~** il a façonné l'argent ◆ **to pull/squeeze/twist sth back into ~** redonner sa forme initiale à qch en le tirant/en le serrant/en le tordant ◆ **to knock** *or* **lick** * **into ~** *(fig) [+ assistant, new arrival]* former, dresser * ; *[+ soldier]* entraîner, dresser * ◆ **to knock** *or* **lick** * **sth into ~** arranger qch, rendre qch présentable ◆ **he managed to knock** *or* **lick** * **the team into ~** il a réussi à mettre l'équipe au point

♦ **out of shape** *(= misshapen)* déformé ◆ **to pull/squeeze/twist sth out of ~** déformer qch en le tirant/en le serrant/en le tordant

♦ **to take shape** *[thing being made, project, idea]* prendre forme *or* tournure

**b** *(= human figure)* forme *f*, figure *f* ; *(= silhouette)* forme *f*, silhouette *f* ; *(= thing dimly seen)* forme *f* vague *or* imprécise ; *(= ghost etc)* fantôme *m*, apparition *f* ◆ **a ~ loomed up out of the darkness** une forme imprécise surgit de l'obscurité

**c** *(describing health, fitness)* **what kind of ~ is he in?** est-ce qu'il est en forme ? ◆ **what kind of ~ is the company in?** quel est l'état de santé de l'entreprise ? ◆ **to be in (good) ~** *[person]* être en (bonne) forme ; *[business]* être en bonne santé ◆ **to keep o.s. in good ~** rester *or* se maintenir en forme ◆ **I'm trying to get back in ~** j'essaie de me remettre en forme, j'essaie de retrouver la forme ◆ **to get (o.s.) into ~** (re)trouver la forme ◆ **in poor ~** *[person, business]* mal en point ◆ **she's in really bad ~** elle ne va vraiment pas bien ◆ **I'm out of ~** je ne suis pas en forme

**d** *(for jellies etc)* moule *m* ; *(in hat-making)* forme *f*

**VT** *[+ clay]* façonner, modeler ; *[+ stone, wood]* façonner, tailler ; *(fig) [+ statement, explanation]* formuler ◆ **he ~d the clay into a tree, he ~d a tree out of the clay** il a façonné un arbre dans l'argile ◆ **oddly ~d** d'une forme bizarre ◆ **a nicely ~d stone** une pierre d'une jolie forme ◆ **~d canvas** *(Phot)* détourage *m* ◆ **~d like a fish** en forme de poisson ◆ **to ~ sb's ideas/character** modeler *or* former les idées/le caractère de qn ◆ **to ~ sb's life** déterminer le destin de qn ◆ **to ~ the course of events** influencer la marche des événements

**VI** *(fig)* prendre forme *or* tournure ; → **shape up**

► **shape up** **VI** **a** *(= get on)* progresser ; *(= progress) [project]* prendre forme *or* tournure ◆ **our plans are shaping up well** nos projets prennent tournure *or* sont en bonne voie ◆ **things are shaping up well** tout marche bien, on avance ◆ **how is he shaping up?** comment s'en sort-il ? *, est-ce qu'il se fait ? ◆ **he is shaping up nicely as a goalkeeper** il est en train de devenir un bon gardien de but ◆ **~ up!** * secoue-toi un peu ! * ◆ **~ up or ship out!** * rentre dans le rang ou fiche le camp ! *

**b** *(esp US = slim etc)* retrouver la forme

**-shaped** /ʃeɪpt/ **ADJ** *(in compounds)* en forme de ◆ **heart-shaped** en forme de cœur ; → **egg**

**shapeless** /ˈʃeɪplɪs/ **ADJ** *[dress, hat, cardigan]* informe, sans forme ; *[mass, lump, bundle]* informe ; *[person]* aux formes lourdes ; *[book, plan, monologue]* sans aucune structure ◆ **to become ~** *[clothes]* se déformer, s'avachir

**shapelessness** /ˈʃeɪplɪsnɪs/ **N** absence *f* de forme

**shapeliness** /ˈʃeɪplɪnɪs/ **N** belles proportions *fpl*, beauté *f* (de forme), galbe *m*

**shapely** /ˈʃeɪplɪ/ **ADJ** *[woman]* bien proportionné ; *[legs]* bien galbé ; *[body]* harmonieux ◆ **her ~ figure** sa silhouette harmonieuse *or* bien proportionnée

**shard** /ʃɑːd/ **N** tesson *m* (de poterie)

**share** /ʃɛə$^{r}$/ LANGUAGE IN USE 11.1, 12.1, 26.3

**N** **a** part *f* ◆ **here's your ~** voici votre part, voici ce qui vous est dû ◆ **my ~ is $5** ma (quote-)part s'élève à 5 dollars ◆ **his ~ of the inheritance** sa part *or* sa portion de l'héritage ◆ **his ~ of** *or* **in the profits** sa part des bénéfices ◆ **he will get a ~ of** *or* **in the profits** il aura part aux bénéfices ◆ **he has a ~ in the business** il est l'un des associés dans cette affaire ◆ **he has a half-~ in the firm** il possède la moitié de l'entreprise ◆ **to have a ~ in doing sth** contribuer à faire qch ◆ **he had some ~ in it** il y était pour quelque chose ◆ **I had no ~ in that** je n'y étais pour rien ◆ **to take a ~ in sth** participer à qch ◆ **to pay one's ~** payer sa (quote-)part ◆ **to bear one's ~ of the cost** participer aux frais ◆ **he wants more than his ~** il veut plus qu'il ne lui est dû, il tire la couverture à lui ◆ **he isn't doing his ~** il ne fournit pas sa part d'efforts ◆ **he's had more than his (fair) ~ of misfortune** il a eu plus que sa part de malheurs ◆ **to take one's ~ of the blame** accepter sa part de responsabilité ◆ **he does his full ~ of work** il fournit toute sa (quote-)part de travail ; → **fair¹, lion**

**b** *(St Ex)* action *f* ◆ **he has 500 ~s in an oil company** il a 500 actions d'une compagnie de pétrole ; → **ordinary, preference, qualifying**

**c** *(Agr = ploughshare)* soc *m (de charrue)*

**VT** **a** *(gen)* partager ; *[+ room, prize]* partager (*with sb* avec qn) ; *[+ expenses, work]* partager (*with sb* avec qn) ; *[+ profits]* avoir part à ; *[+ sorrow, joy]* partager, prendre part à ; *[+ responsibility, blame, credit]* partager ◆ **they ~d the money (between them)** ils se sont partagé l'argent ◆ **you can ~ Anne's book** *(in school etc)* tu peux suivre avec Anne ◆ **they ~ certain characteristics** ils ont certaines caractéristiques en commun ◆ **I do not ~ that view** je ne partage pas cette opinion ◆ **I ~ your hope that ...** j'espère avec *or* comme vous que ...

**b** (*also* **share out**) partager, répartir (*among, between* entre)

**VI** partager ◆ **~ and ~ alike** à chacun sa part

♦ **to share in** *[+ sorrow, joy]* partager, prendre part à ; *[+ responsibility]* partager ; *[+ profits]* avoir part à ; *[+ expenses, work]* participer à, partager

**COMP** ▷ **share capital** **N** *(Fin)* capital *m* actions ▷ **share certificate** **N** *(Fin)* titre *m or* certificat *m* d'actions ▷ **shared facility** **N** *(Comput)* installation *f* commune ▷ **shared line** **N** *(Telec)* ligne *f* partagée ▷ **share index** **N** *(St Ex)* indice *m* de la Bourse ▷ **share issue** **N** *(Fin)* émission *f* d'actions ▷ **share option** **N** *(St Ex) possibilité de prise de participation des employés dans leur entreprise* ▷ **share-out** **N** partage *m*, distribution *f* ▷ **share premium** **N** *(St Ex)* prime *f* d'émission ▷ **share price** **N** *(St Ex)* cours *m* d'une action ▷ **share shop** **N** *(Brit) guichet où sont vendues les actions émises lors de la privatisation des entreprises publiques*

► **share out**

**VT SEP** ⇒ **share vt b**

**N** ◆ **share-out** → **share**

**sharecropper** /ˈʃɛəˌkrɒpə$^{r}$/ **N** *(esp US Agr)* métayer *m*, -ère *f*

**sharecropping** /ˈʃɛəˌkrɒpɪŋ/ **N** *(esp US)* métayage *m*

**shareholder** /ˈʃɛəˌhəʊldə$^{r}$/ **N** *(Fin etc)* actionnaire *mf*

**shareholding** /ˈʃɛəˌhəʊldɪŋ/ **N** *(Fin)* actionnariat *m*

**shareware** /ˈʃɛəwɛə$^{r}$/ **N** *(NonC: Comput)* shareware *m*

**shark** /ʃɑːk/ **N** *(= fish: gen)* requin *m* ; *(generic name)* squale *m* ; *(fig pej = sharp businessman)* requin *m* ; *(= swindler)* escroc *m*, aigrefin *m*

**sharkskin** /ˈʃɑːkskɪn/ **N** *(Tex)* peau *f* d'ange

**sharon** /ˈʃærən/ **N** (*also* **sharon fruit**) charon *or* sharon *m*

**sharp** /ʃɑːp/ **ADJ** **a** *(= good for cutting) [knife, razor, blade]* (bien) aiguisé *or* affûté ; *[piece of glass, tin, edge]* coupant ◆ **the ~ edge** *[of knife]* le (côté) tranchant

**b** *(= pointed) [pencil]* bien taillé ; *[needle, pin]* très pointu ; *[teeth, fingernails, beak, nose, chin]* pointu ; *[fang]* acéré ; *[point]* acéré, aigu (-guë *f*) ; *[corner]* aigu (-guë *f*) ; *[features]* anguleux ◆ **to be at the ~ end of sth** *(fig)* être en première ligne de *or* pour qch

**c** *(= well-defined) [contrast]* vif, net ; *[image, TV picture]* net ; *[distinction, difference]* net, marqué ; *[outline]* net, distinct ; *[division]* fort ◆ **to be in ~ contrast to sth** contraster vivement *or* nettement avec qch ◆ **to bring into ~ focus** *(Phot)* bien mettre au point ; *[+ problem, issue]* faire ressortir nettement ; see also **relief**

**d** *(= acute) [person]* dégourdi, malin (-igne *f*) ; *[intelligence]* vif, pénétrant ; *[wit]* vif ; *[mind]* pénétrant ; *[awareness]* aigu (-guë *f*) ; *[eyesight]* perçant ; *[hearing]* fin ◆ **to have ~ ears** avoir l'oreille *or* l'ouïe fine ◆ **to have ~ eyes** ne pas avoir les yeux dans sa poche ◆ **he has a ~ eye for a bargain** il sait repérer *or* flairer une bonne affaire ◆ **to keep a ~ look-out for sb/sth** guetter qn/qch avec vigilance *or* d'un œil attentif ◆ **he's (as) ~ as a needle** *or* **razor** *(= clever)* il a l'esprit très vif ; *(= missing nothing)* rien ne lui échappe ◆ **his mind is (as) ~ as a razor** il a l'esprit très vif

**e** *(= abrupt) [rise, fall, decline, reduction, cut]* fort ; *[increase, drop]* brusque, soudain ; *[bend, corner]* serré ; *[angle]* aigu ; *[change]* brutal ◆ **the motorcycle made a ~ right turn** la moto a pris un virage serré à droite ◆ **he gave the handle a ~ turn** il a tourné la poignée brusquement

**f** *(= intense) [pain]* cuisant, vif ; *[sensation]* vif ; *[wind, cold]* vif, pénétrant ; *[frost]* fort ; *[blow]* sec (sèche *f*) ; *[cry]* perçant, aigu (-guë *f*)

**g** *(= severe) [criticism, attack]* mordant, incisif ; *[retort, words]* mordant, cinglant ; *[rebuke]* vif ; *[order, tone, voice]* cassant ◆ **to be a ~ reminder of sth** rappeler qch de façon brutale ◆ **to have a ~ tongue** *(fig)* avoir la langue acérée, être caustique

**h** *(pej = unscrupulous) [business practices]* déloyal ; see also **comp**

**i** *(* = stylish) [person]* classe * *inv* ; *[suit]* chic *inv* ◆ **to be a ~ dresser** s'habiller très classe * *inv*

**j** *(= acrid) [smell, perfume]* piquant, âcre *(pej)* ; *[taste, sauce]* piquant, âpre *(pej)* ; *[cheese]* au goût prononcé

**k** *(= brisk) [pace]* vif ◆ **look** *or* **be ~ (about it)!** * *(esp Brit)* grouille-toi ! *

**l** *(Mus) [note]* trop haut ◆ **C ~** do dièse ◆ **you were a little ~** vous avez chanté (*or* joué) un peu trop haut

**ADV** **a** *(= abruptly) [stop]* brusquement, net ◆ **to turn ~ left/right** prendre un virage serré à gauche/à droite

**b** *(Mus) [sing, play]* trop haut

**c** *(= precisely)* ◆ **at 8 (o'clock) ~** à 8 heures précises *or* pile

**N** **a** *(Mus)* dièse *m*

**b** *(Med = hypodermic)* aiguille *f*

**COMP** ▷ **sharp-eared** ADJ *(fig)* qui a l'oreille *or* l'ouïe fine ▷ **sharp-eyed** ADJ qui a un œil de lynx, à qui rien n'échappe ▷ **sharp-faced**, **sharp-featured** ADJ aux traits anguleux ▷ **sharp practice** N pratique *f* déloyale ▷ **sharp-sighted** ADJ ⇒ **sharp-eyed** ▷ **sharp-tempered** ADJ coléreux, soupe au lait * *inv* ▷ **sharp-tongued** ADJ caustique ▷ **sharp-witted** ADJ à l'esprit vif *or* prompt

**sharpen** /ˈʃɑːpən/ VT (also **sharpen up**) **a** *[+ blade, knife, razor, tool]* affûter, aiguiser ; *[+ scissors]* aiguiser ; *[+ pencil]* tailler ◆ **the cat was ~ing its claws on the chair leg** le chat aiguisait ses griffes *or* se faisait les griffes sur le pied de la chaise **b** *(fig) [+ outline, picture, focus]* rendre plus net ; *[+ difference, contrast]* rendre plus marqué ; *[+ appetite]* aiguiser ; *[+ desire]* exciter ; *[+ pain]* aggraver, aviver ; *[+ feeling]* aviver ; *[+ intelligence]* affiner, rendre plus fin ◆ **to ~ one's wits** se dégourdir **c** *(esp Brit: Mus)* diéser VI *[voice]* devenir plus perçant ; *[desire, pain]* devenir plus vif, s'aviver

**sharpener** /ˈʃɑːpnəʳ/ N *(= knife sharpener) (on wall, on wheel etc)* aiguisoir *m* à couteaux, affiloir *m* ; *(long, gen with handle)* fusil *m* à repasser les couteaux ; *(= pencil sharpener)* taille-crayons *m inv*

**sharpening** /ˈʃɑːpnɪŋ/ N aiguisage *m*, affilage *m*, affûtage *m*

**sharper** /ˈʃɑːpəʳ/ N escroc *m*, filou *m*, aigrefin *m* ; *(= card sharper)* tricheur *m*, -euse *f (professionnel(le))*

**sharpie** ‡ /ˈʃɑːpɪ/ N *(US) (= alert person)* petit(e) futé(e) *m(f)* ; *(= crook)* filou *m*, escroc *m*

**sharpish** /ˈʃɑːpɪʃ/ ADJ **a** *(= good for cutting) [knife, razor, blade]* assez aiguisé *or* affûté ; *[edge]* assez coupant **b** *(= pointed) [pencil]* assez bien taillé ; *[teeth, fingernails, beak, nose, chin]* assez pointu ; *[point]* assez aigu (-guë *f*) ; *[features]* assez anguleux ; → **sharp** ADV *(Brit * = quickly)* en vitesse *

**sharply** /ˈʃɑːplɪ/ ADV **a** *(= abruptly) [fall, drop, increase, decline, change]* brusquement ; *[stop]* brusquement, net ; *[reduce]* nettement ◆ **prices have risen ~** les prix ont monté en flèche ◆ **to turn ~ to the left** tourner tout de suite à gauche ◆ **to corner ~** *(in country)* prendre un virage à la corde ; *(in town)* prendre un tournant serré

**b** *(= clearly) [show up, stand out, differ, divide]* nettement ◆ **~ defined** *[image]* qui se détache nettement ◆ **~ in focus** *(Phot, fig)* parfaitement net ◆ **a ~ focused strategy** une stratégie bien ciblée ◆ **to bring ~ into focus** *(Phot)* bien mettre au point ; *[+ issue, differences]* faire ressortir nettement ◆ **to contrast ~ with sth** contraster vivement avec qch

**c** *(= severely) [criticise, react]* vivement ; *[say, ask, comment, reply]* avec brusquerie ; *[look at]* sévèrement ◆ **a ~ worded attack** une attaque mordante *or* incisive ◆ **to speak ~ to sb about sth** parler à qn de qch en termes sévères

**d** *(= acutely, alertly) [say, ask]* vivement, avec intérêt ◆ **he looked at me ~** il m'a regardé soudain avec intérêt

**e** *(= distinctly) [click, tap]* sèchement

**f** ◆ **~ pointed** *[knife, scissors]* effilé, (très) pointu ; *[nose]* pointu

**g** *(= quickly)* rapidement

**sharpness** /ˈʃɑːpnɪs/ N **a** *[of razor, knife]* tranchant *m* ; *[of pencil, needle, nail]* pointe *f* aiguë **b** *[of turn, bend]* angle *m* brusque ; *[of outline etc]* netteté *f* ; *[of pain]* violence *f*, acuité *f* ; *[of criticism, reproach, rebuke]* sévérité *f*, tranchant *m* ; *[of tone, voice]* brusquerie *f*, aigreur *f* ; *[of taste, smell]* piquant *m*, âcreté *f (pej)* ; *[of wind, cold]* âpreté *f* ◆ **there's a ~ in the air** il fait frais

**sharpshooter** /ˈʃɑːpʃuːtəʳ/ N *(esp US)* tireur *m* d'élite

**shat** ** /ʃæt/ VB pt, ptp of **shit**

**shatter** /ˈʃætəʳ/ VT *[+ window, door]* fracasser (*against* contre) ; *[+ health]* ruiner ; *[+ self-confidence, career]* briser ; *[+ faith, life]* détruire ; *[+ hopes, chances]* ruiner, détruire ◆ **the sound ~ed the glass** le son a brisé le verre ◆ **to ~ sb's nerves** démolir les nerfs de qn ◆ **she was ~ed by his death** sa mort l'a anéantie ; see also **shattered** VI *[glass, windscreen, cup]* voler en éclats ; *[box etc]* se fracasser

**shattered** /ˈʃætəd/ ADJ **a** *(= grief-stricken)* anéanti, consterné ; *(= aghast, overwhelmed)* bouleversé **b** *(= ruined) [country, economy]* détruit ; *[dream, life, confidence]* brisé ◆ **the ~ remains of the building** les débris *mpl* du bâtiment **c** *(* = exhausted)* crevé *, éreinté

**shattering** /ˈʃætərɪŋ/ ADJ **a** *(= devastating) [experience, news]* bouleversant ; *[blow, effect]* dévastateur (-trice *f*) ; *[defeat]* écrasant **b** *(Brit * = exhausting) [day, journey]* crevant *

**shatterproof glass** /ˌʃætəpruːfˈglɑːs/ N verre *m* securit ® *inv*

**shave** /ʃeɪv/ (vb : pret **shaved**, ptp **shaved, shaven**) N ◆ **to give sb a ~** raser qn ◆ **to have** *or* **give o.s. a ~** se raser, se faire la barbe ◆ **to have a close** *or* **narrow ~** *(fig)* l'échapper belle, y échapper de justesse ◆ **that was a close** *or* **narrow ~!** il était moins une ! *, on l'a échappé belle ! ; → **aftershave** VT *[+ person, face, legs etc]* raser ; *[+ wood]* raboter, planer ; *(fig = brush against)* raser, frôler ◆ **to ~ the price of sth** faire un rabais sur le prix de qch VI se raser ◆ **to ~ under one's arms** se raser les aisselles

► **shave off** VT SEP **a** ◆ **to shave off one's beard** se raser la barbe **b** ◆ **the joiner shaved some of the wood off** le menuisier a enlevé un peu du bois au rabot ◆ **to ~ off a few pounds** faire un rabais de quelques livres

**shaven** /ˈʃeɪvn/ VB †† ptp of **shave** ADJ rasé ; → **clean**

**shaver** /ˈʃeɪvəʳ/ N **a** rasoir *m* électrique **b** ◆ **(young) ~** † * gosse * *m*, gamin *m* COMP ▷ **shaver outlet** N *(US)* ⇒ **shaver point** ▷ **shaver point** N prise *f* pour rasoir électrique

**Shavian** /ˈʃeɪvɪən/ ADJ à la *or* de George Bernard Shaw

**shaving** /ˈʃeɪvɪŋ/ N **a** *(= piece of wood, metal etc)* copeau *m* **b** *(NonC: with razor etc)* rasage *m* ◆ **~ is a nuisance** c'est embêtant * de se raser COMP ▷ **shaving brush** N blaireau *m* ▷ **shaving cream** N crème *f* à raser ▷ **shaving foam** N mousse *f* à raser ▷ **shaving gel** N gel *m* à raser ▷ **shaving soap** N savon *m* à barbe ▷ **shaving stick** N bâton *m* de savon à barbe

**shawl** /ʃɔːl/ N châle *m*

**she** /ʃiː/ PERS PRON **a** elle ◆ **~ has arrived** elle est arrivée ◆ **~ is a doctor** elle est médecin, c'est un médecin ◆ **~ is a small woman** elle est petite ◆ **it is ~** c'est elle ◆ **if I were ~** *(frm)* si j'étais elle, si j'étais à sa place ◆ **SHE didn't do it** ce n'est pas elle qui l'a fait ◆ **younger than ~** plus jeune qu'elle ◆ **~'s a fine boat/car** c'est un beau bateau/une belle voiture ◆ **here ~ is** la voici **b** *(+ rel pron)* celle ◆ **~ who** *or* **that can ...** celle qui peut ... N * femelle *f* ◆ **it's a ~** *[animal]* c'est une femelle ; *[baby]* c'est une fille COMP *(gen: with names of animals)* femelle *after n* ▷ **she-bear** N ourse *f* ▷ **she-cat** N *(fig)* mégère *f*, furie *f* ▷ **she-devil** N *(fig)* démon *m*, furie *f* ▷ **she-goat** N chèvre *f* ; → **wolf**

**s/he** (abbrev of **he or she**) il ou elle

**shea** /ˈʃɪə/ N karité *m*

**sheaf** /ʃiːf/ N (pl **sheaves**) *[of corn]* gerbe *f* ; *[of papers]* liasse *f* ; *[of arrows]* faisceau *m*

**shear** /ʃɪəʳ/ (vb : pret **sheared**, ptp **sheared** *or* **shorn**)

NPL **shears** *(Hort)* cisaille(s) *f(pl)* ; *(Sewing, gen)* grands ciseaux *mpl* ◆ **a pair of ~s** une paire de cisailles ; → **pruning** VT *[+ sheep]* tondre ◆ **shorn of** *(fig)* dépouillé de

► **shear off** VI *[branch etc]* partir, se détacher VT SEP *[+ wool]* tondre ; *[+ projecting part, nail]* faire partir, arracher ; *[+ branch]* couper, élaguer ◆ **the ship had its bow shorn off in the collision** dans la collision l'avant du navire a été emporté

► **shear through** VT FUS *[+ paper, cloth]* trancher ; *[+ wood, metal]* fendre ; *(fig) [+ the waves, the crowd]* fendre

**shearer** /ˈʃɪərəʳ/ N *(= person)* tondeur *m*, -euse *f* ; *(= machine)* tondeuse *f*

**shearing** /ˈʃɪərɪŋ/ N *(= process)* tonte *f* ◆ **~s** *(= wool etc)* tonte

**sheath** /ʃiːθ/ N (pl **sheaths** /ʃiːðz/) **a** *[of dagger]* gaine *f* ; *[of sword]* fourreau *m* ; *[of scissors etc]* étui *m* ; *[of electric cable, flex]* gaine *f* ; *(Bio)* gaine *f*, enveloppe *f* ; *(Bot)* enveloppe *f* ; *(Brit = contraceptive)* préservatif *m* **b** (also **sheath dress**) fourreau *m (robe)* COMP ▷ **sheath knife** N (pl **sheath knives**) couteau *m* à gaine

**sheathe** /ʃiːð/ VT **a** *[+ sword, dagger]* rengainer ; *[+ cable]* gainer ; *[cat etc] [+ claws]* rentrer **b** *(= cover)* recouvrir, revêtir (*with* de)

**sheaves** /ʃiːvz/ NPL of **sheaf**

**Sheba** /ˈʃiːbə/ N Saba ◆ **the Queen of ~** la reine de Saba

**shebang** * /ʃəˈbæŋ/ N ◆ **the whole ~** toute l'affaire, tout le tremblement *

**shebeen** /ʃɪˈbiːn/ N *(Ir)* débit *m* de boissons clandestin

**shed**[1] /ʃed/ N **a** *(gen)* abri *m* ; *(smallish)* abri *m*, cabane *f* ; *(larger)* remise *f*, resserre *f* ; *(large open-sided: Rail, Agr etc)* hangar *m* ; *(= lean-to)* appentis *m* ◆ **bicycle ~** abri *m* à vélos, remise *f* pour les vélos ◆ **garden ~** abri *m* de jardin, cabane *f* ; → **cowshed, toolshed** **b** *(= part of factory)* atelier *m*

**shed**[2] /ʃed/ (pret, ptp **shed**) VT **a** *(= lose, get rid of) [+ petals, leaves, fur, horns]* perdre ; *[+ shell]* dépouiller ; *[truck] [+ load]* déverser, perdre ; *(Space) [+ rocket, section of craft]* larguer, éjecter ; *[+ tears]* verser, répandre ; *[+ coat etc]* enlever, se dépouiller de *(frm)* ; *[+ unwanted thing]* se débarrasser de, se défaire de ; *[+ assistant, employee]* se défaire de, se séparer de ◆ **to ~ hairs** *[dog, cat]* perdre ses poils ◆ **the snake ~s its skin** le serpent mue ◆ **to ~ blood** *(one's own)* verser son sang ;

*(other people's)* faire couler le sang, verser *or* répandre le sang ◆ **I'm trying to ~ 5 kilos** j'essaie de perdre 5 kilos ◆ **this fabric ~s water** ce tissu ne laisse pas pénétrer l'eau

b *(= send out) [+ light]* répandre, diffuser ; *[+ warmth, happiness]* répandre ◆ **to ~ light on** *(lit)* éclairer ; *[+ sb's motives etc]* jeter de la lumière sur ; *[+ problem]* éclaircir ; *[+ little-known subject]* éclairer

**she'd** /ʃiːd/ ⇒ **she had, she would ;** → **have, would**

**sheen** /ʃiːn/ N *(on silk)* lustre *m*, luisant *m* ; *(on hair)* brillant *m*, éclat *m* ◆ **to take the ~ off sth** *(lit)* délustrer qch ; *(fig)* diminuer l'éclat de qch

**sheep** /ʃiːp/ N *(pl inv)* mouton *m (animal)*; *(= ewe)* brebis *f* ◆ **they followed him like ~** ils l'ont suivi comme des moutons, ils l'ont suivi comme les moutons de Panurge ◆ **to make ~'s eyes at sb** faire les yeux doux à qn ◆ **there are so many computers on the market it's hard to sort out** *or* **to separate the ~ from the goats** il y a tellement d'ordinateurs sur le marché que c'est difficile de faire le tri ; → **black, lost** COMP ▷ **sheep-dip** N bain *m* parasiticide *(pour moutons)* ▷ **sheep farm** N ferme *f* d'élevage de moutons ▷ **sheep farmer** N éleveur *m* de moutons ▷ **sheep farming** N élevage *m* de moutons ▷ **sheep track** N piste *f* à moutons ▷ **sheep-worrying** N harcèlement *m* des moutons *(par des chiens)*

**sheepdog** /ˈʃiːpdɒɡ/ N chien *m* de berger ; → **trial**

**sheepfold** /ˈʃiːpfəʊld/ N parc *m* à moutons, bergerie *f*

**sheepherder** /ˈʃiːpˌhɜːdəʳ/ N *(US)* berger *m*, gardien *m* de moutons

**sheepish** /ˈʃiːpɪʃ/ ADJ penaud *(about sth* de qch)

**sheepishly** /ˈʃiːpɪʃlɪ/ ADV d'un air penaud

**sheepishness** /ˈʃiːpɪʃnɪs/ N timidité *f*, air *m* penaud

**sheepshank** /ˈʃiːpʃæŋk/ N *(Naut)* jambe *f* de chien

**sheepshearer** /ˈʃiːpˌʃɪərəʳ/ N *(= person)* tondeur *m*, -euse *f* (de moutons) ; *(= machine)* tondeuse *f* (à moutons)

**sheepshearing** /ˈʃiːpˌʃɪərɪŋ/ N *(NonC)* tonte *f* (des moutons)

**sheepskin** /ˈʃiːpskɪn/ N a peau *f* de mouton b *(US Univ * fig)* peau *f* d'âne, diplôme *m* COMP *[waistcoat etc]* en peau de mouton ▷ **sheepskin jacket** N canadienne *f*

**sheer¹** /ʃɪəʳ/ ADJ a *(= utter) [beauty, terror, boredom, stupidity, joy, delight]* (à l'état) pur ; *[waste, carelessness, survival]* pur et simple ; *[variety]* même *after n* ; *[impossibility, necessity]* absolu ◆ **by ~ accident** tout à fait par hasard ◆ **by ~ coincidence** par pure coïncidence ◆ **in ~ desperation** en désespoir de cause ◆ **by ~ force of will** par la seule force de la volonté ◆ **to succeed through ~ hard work** réussir grâce à *or* par son seul travail ◆ **by ~ luck** tout à fait par hasard ◆ **it was ~ luck I was there** c'était tout à fait par hasard que j'étais là ◆ **it's ~ madness** c'est de la folie pure ◆ **a sigh of ~ pleasure** un soupir de pur plaisir ◆ **the ~ pleasure of reading a good story** le simple plaisir de lire une bonne histoire ◆ **the ~ scale of the disaster/size of the job** l'importance même du désastre/du travail ◆ **the ~ strength of the animal** la force même de l'animal ◆ **delays are occurring because of the ~ volume of traffic** il y a des ralentissements dus uniquement à la densité de la circulation

b *(= fine) [tights, stockings, fabric etc]* très fin

c *(= smooth) [make-up]* satiné

d *(= vertical) [cliff, rock]* à pic, abrupt ◆ **a ~ drop** un à-pic, un abrupt

ADV à pic, abruptement

**sheer²** /ʃɪəʳ/ *(Naut = swerve)* N embardée *f* VI faire une embardée

► **sheer off** VI *[ship]* faire une embardée ; *(gen)* changer de direction

**sheet** /ʃiːt/ N a *(on bed)* drap *m* ; *(= shroud)* linceul *m* ; *(= dust sheet)* housse *f* ; *(= tarpaulin)* bâche *f* ; → **white**

b *(= piece) [of plastic, rubber]* morceau *m* ; *[of paper, notepaper]* feuille *f* ; *[of iron, steel]* tôle *f* ; *[of glass, metal etc]* feuille *f*, plaque *f* ◆ **a ~ of stamps** une planche de timbres ◆ **an odd** *or* **loose ~** une feuille volante ◆ **order ~** *(Comm)* bulletin *m* de commande ; → **balance**

c *(= expanse) [of water, snow etc]* étendue *f* ◆ **a ~ of ice** *(large)* une plaque de glace ; *(thin film)* une couche de glace ; *(on road)* une plaque de verglas ◆ **a ~ of flame** un rideau de flammes ◆ **~s of rain** des trombes *fpl* d'eau ◆ **the rain came down in ~s** il pleuvait à seaux

d *(= periodical)* périodique *m* ; *(= newspaper)* journal *m*

e *(Naut)* écoute *f* ◆ **he's three ~s to** *or* **in the wind** † * *(fig)* il est gris † ; → **main**

COMP ▷ **sheet anchor** N *(Naut)* ancre *f* de veille ; *(fig)* ancre *f* de salut ▷ **sheet ice** N verglas *m* ▷ **sheet lightning** N *(NonC)* éclair *m* en nappe(s) ▷ **sheet metal** N *(NonC: gen)* tôle *f* ◆ **~ metal (work)shop** tôlerie *f* ▷ **sheet music** N *(NonC)* partitions *fpl*

► **sheet down** * VI *(Brit) [rain]* tomber à seaux ; *[snow]* tomber à gros flocons ◆ **it's ~ing down** *(rain)* il pleut à seaux ; *(snow)* il neige à gros flocons

**sheeting** /ˈʃiːtɪŋ/ N *(NonC)* feuilles *fpl*

**Sheherazade** /ʃəˌherəˈzɑːdə/ N Schéhérazade *f*

**sheik(h)** /ʃeɪk/ N a cheik *m* ; → **oil** b *(US fig)* séducteur *m*, Roméo *m*

**sheik(h)dom** /ˈʃeɪkdəm/ N *tribu ou territoire sous l'autorité d'un cheik*

**sheila** * /ˈʃiːlə/ N *(Austral)* nana * *f*

**shekel** /ˈʃekl/ N *(modern)* shekel *m* ; *(Hist: Bible etc)* sicle *m* ; *(US * fig = coin)* pièce *f* de monnaie ◆ **~s** * *(fig)* fric * *m*, sous * *mpl* ◆ **to be in the ~s** ‡ *(fig US)* être en fonds, avoir du fric *

**sheldrake** /ˈʃelˌdreɪk/, **shelduck** /ˈʃelˌdʌk/ N tadorne *m* de Bellon

**shelf** /ʃelf/ (pl **shelves**) N a étagère *f* ; *(in shop)* rayon *m* ; *(in oven)* plaque *f* ◆ **a ~ of books** un rayon de livres ◆ **a set of shelves** une étagère, un rayonnage ◆ **there are more luxury goods on the shelves nowadays** *(Comm)* il y a plus d'articles de luxe sur les rayons *or* dans les magasins aujourd'hui ◆ **to buy sth off the ~** acheter qch tout fait ; see also **off** ◆ **to leave sth on the ~** *(= postpone)* laisser qch de côté *or* au placard * ◆ **she doesn't want to be (left) on the ~** elle voudrait se caser * ; → **bookshelf**

b *(= edge) (in rock)* rebord *m*, saillie *f* ; *(underwater)* écueil *m* ; → **continental**

COMP ▷ **shelf life** N *(Comm)* durée *f* de conservation en stock ◆ **most pop stars have a short ~ life** *(hum)* la plupart des stars de la pop ne durent pas longtemps ◆ **her relationships have limited ~ life** ses relations sont éphémères ▷ **shelf mark** N *(in library)* cote *f*

**shell** /ʃel/ N a *[of egg, nut, oyster, snail]* coquille *f* ; *[of tortoise, lobster, crab]* carapace *f* ; *(on beach, in collection)* coquillage *m* ; *[of peas]* cosse *f* ◆ **to come out of/go back into one's ~** *(lit, fig)* sortir de/rentrer dans sa coquille ◆ **"clam on the shell"** *(US)* ≃ "dégustation de clams" ; → **cockle**

b *[of building]* carcasse *f* ; *[of ship]* coque *f* ◆ **pastry ~** *(Culin)* fond *m* de tarte

c *(Mil)* obus *m* ; *(US = cartridge)* cartouche *f*

d *(= racing boat)* outrigger *m*

VT a *[+ peas]* écosser ; *[+ nut]* décortiquer, écaler ; *[+ oyster]* écailler, retirer de sa coquille ; *[+ crab, prawn, shrimp, lobster]* décortiquer ; see also **shelled**

b *(Mil)* bombarder (d'obus)

COMP *[necklace, ornament etc]* de *or* en coquillages ▷ **shell game** N *(US) (= trick)* tour *m* de passe-passe (pratiqué avec des coques de noix) ; *(fig) (= fraud)* escroquerie *f* ▷ **shell-like** ‡ N *(Brit = ear)* oreille *f* ◆ **can I have a word in your ~-like?** je peux te dire deux mots ? ▷ **shell shock** N *(Med)* psychose *f* traumatique *(du soldat)*, commotion *f (due aux combats)* ▷ **shell-shocked** ADJ *(lit)* commotionné ; *(fig)* abasourdi ▷ **shell suit** N survêtement *m*

► **shell out** * VI casquer ‡, payer ◆ **to ~ out for sth** payer qch, casquer ‡ pour qch

VT SEP cracher ‡, aligner *

**she'll** /ʃiːl/ ⇒ **she will ;** → **will**

**shellac** /ʃəˈlæk/ N *(NonC)* (gomme *f*) laque *f* VT a *(lit)* laquer b *(US * = beat)* battre à plates coutures

**shellacking** * /ʃəˈlækɪŋ/ N *(US)* a *(Sport = defeat)* raclée *f*, déculottée *f* b *(= telling-off)* **to get** *or* **take a ~ (from)** se faire enguirlander (par)

**shelled** /ʃeld/ ADJ *[nut, prawn]* décortiqué ; *[pea]* écossé

**shellfire** /ˈʃelfaɪəʳ/ N *(Mil)* tirs *mpl* d'obus, pilonnage *m* à l'artillerie

**shellfish** /ˈʃelfɪʃ/ N (pl **shellfish** *or* **shellfishes**) *(= lobster, crab)* crustacé *m* ; *(= mollusc)* coquillage *m* NPL *(Culin)* fruits *mpl* de mer

**shelling** /ˈʃelɪŋ/ N *(NonC: Mil)* bombardement *m* (par obus), pilonnage *m* d'artillerie

**shellproof** /ˈʃelpruːf/ ADJ *(Mil)* blindé

**shelter** /ˈʃeltəʳ/ N a *(NonC)* abri *m*, couvert *m* ◆ **under the ~ of ...** à l'abri sous ... ◆ **to take ~, to get under ~** se mettre à l'abri *or* à couvert ◆ **to take ~ from/under** s'abriter de/sous ◆ **to seek/offer ~** chercher/offrir un abri *(from* contre) ◆ **she gave him ~ for the night** elle lui a donné (un) asile pour la nuit ◆ **we must find ~ for the night** nous devons trouver un abri pour cette nuit ; *(Brit)* ◆ **Shelter** *organisation bénévole d'aide aux SDF*

b *(= hut etc) (on mountain)* abri *m*, refuge *m* ; *(for sentry)* guérite *f* ; *(= bus shelter)* Abribus ® *m* ; *(= air-raid shelter)* abri *m*

c *(for homeless)* asile *m*, refuge *m*

VT a *(= protect) (from wind, rain, sun, shells etc)* abriter *(from* de), protéger *(from* de, contre) ; *(from blame etc)* protéger *(from* de) ; *[+ criminal etc]* protéger ; *(= hide)* cacher ◆ **~ed from the wind** à l'abri du vent ; see also **sheltered**

b *(= give lodging to)* recueillir, donner un asile *or* le couvert à ; *[+ fugitive etc]* donner asile à, recueillir

VI s'abriter *(from* de ; *under* sous) se mettre à l'abri *or* à couvert

**sheltered** /ˈʃeltəd/ ADJ a *(= protected from weather) [place, garden, harbour, waters]* abrité b *(= protected) [life, upbringing, environment etc]* protégé c *(Brit = supervised) [work, employment]* en milieu protégé d *(Econ) [industry]* protégé *(contre la concurrence étrangère)* COMP ▷ **sheltered accommodation, sheltered housing** N *(NonC) (Brit) (for elderly)* logement-foyer *m* ; *(for disabled)* foyer *m* d'hébergement pour handicapés

▷ **sheltered workshop** N *(Brit)* atelier *m* protégé

**shelve** /ʃelv/ VT a *(fig = postpone) [+ plan, project, problem]* mettre en sommeil *or* en suspens b *(lit) (= put on shelf) [+ book]* mettre (*or* remettre) en place ; *(= fit with shelves) [+ cupboard, wall]* garnir de rayons *or* d'étagères VI *(= slope:* also **shelve down**) descendre en pente douce

**shelves** /ʃelvz/ NPL of **shelf**

**shelving** /ˈʃelvɪŋ/ N *(NonC)* rayonnage(s) *m(pl)*, étagères *fpl* ; *[of project etc]* mise *f* en sommeil *or* en suspens

**shemozzle** * /ʃəˈmɒzl/ N *(Brit)* bagarre * *f*, chamaillerie * *f* ◆ **there was quite a ~!** ça a bardé ! ‡

**shenanigan(s)** * /ʃəˈnænɪɡən(z)/ N *(NonC)* *(= trickery)* manigances *fpl*, entourloupettes * *fpl* ; *(= rowdy fun)* chahut *m*

**shepherd** /ˈʃepəd/ N a berger *m* ; *(Rel)* pasteur *m* ◆ **the Good Shepherd** *(Rel)* le bon Pasteur *or* Berger b (also **shepherd dog**) chien *m* de berger VT *[+ sheep]* garder, soigner ◆ **the dog ~ed the flock into the field** le chien a fait entrer le troupeau dans le pré ◆ **to ~ sb in** faire entrer qn ◆ **to ~ sb out** conduire qn jusqu'à la porte ◆ **he ~ed us round Paris** il nous a escortés *or* nous a servi de guide dans Paris COMP ▷ **shepherd boy** N jeune pâtre *m (liter)*, jeune berger *m* ▷ **shepherd's check** N ⇒ **shepherd's plaid** ▷ **shepherd's crook** N houlette *f* ▷ **shepherd's pie** N *(esp Brit Culin)* ≃ hachis *m* Parmentier ▷ **shepherd's plaid** N plaid *m* noir et blanc ▷ **shepherd's purse** N *(Bot)* bourse-à-pasteur *f*

**shepherdess** /ˈʃepədɪs/ N bergère *f*

**sherbet** /ˈʃɜːbət/ N a *(Brit) (= fruit juice)* jus *m* de fruit glacé ; *(fizzy)* boisson *f* gazeuse ; *(= powder)* poudre *f* acidulée *or* de sorbet b *(US = water ice)* sorbet *m*

**sheriff** /ˈʃerɪf/ N a *(Brit Jur)* shérif *m* b *(US)* shérif *m*, ≃ capitaine *m* de gendarmerie COMP ▷ **Sheriff Court** N *(Scot)* ≃ tribunal *m* de grande instance ; *(US)* ≃ tribunal *m* de police

**Sherpa** /ˈʃɜːpə/ N (pl **Sherpas** *or* **Sherpa**) sherpa *m*

**sherry** /ˈʃerɪ/ N xérès *m*, sherry *m*

**she's** /ʃiːz/ ⇒ **she is, she has** ; → **be, have**

**Shetland** /ˈʃetlənd/ N ◆ **the ~s** les îles *fpl* Shetland ADJ *(gen) [people, customs, village]* des îles Shetland ; *[sweater]* en shetland COMP ▷ **the Shetland Islands**, **the Shetland Isles** NPL ⇒ **the Shetlands** ▷ **Shetland pony** N poney *m* des Shetland ▷ **Shetland pullover** N pull-over *m* en shetland ▷ **Shetland wool** N shetland *m*

**Shetlander** /ˈʃetləndəʳ/ N Shetlandais(e) *m(f)*

**shew** †† /ʃəʊ/ VTI ⇒ **show**

**shhh** /ʃː/ EXCL chut !

**Shiah** /ˈʃiːə/ N a *(= doctrine)* chiisme *m* b *(= follower:* also **Shiah Muslim**) chiite *mf* ADJ chiite

**shiatsu** /ʃiˈætsuː/ N shiatsu *m*

**shibboleth** /ˈʃɪbəleθ/ N *(Bible)* schibboleth *m* ; *(fig) (= doctrine)* doctrine *f or* principe *m* arbitraire ; *(= password)* mot *m* de passe ; *(= characteristic)* caractéristique *f*, signe *m* distinctif

**shield** /ʃiːld/ N *(gen)* bouclier *m* ; *(not round)* écu *m* ; *(Her)* écu *m*, blason *m* ; *(on gun)* bouclier *m* ; *(on or around machine)* écran *m* de protection, tôle *f* protectrice ; *(against radiation)* écran *m* ; *(fig) (= safeguard)* sauvegarde *f*, bouclier *m (liter)* (*against* contre) ; *(= person)* protecteur *m*, -trice *f* ◆ **thermal ~** *(Space)* bouclier *m* thermique ; → **dress, windshield** VT protéger (*from* de, contre) ; *[+ fugitive, criminal]* protéger, couvrir ; *(Tech) [+ machine operator]* protéger ; *[+ gun, machine]* fixer un écran de protection à ◆ **to ~ one's eyes from the sun** se protéger les yeux du soleil ◆ **to ~ sb with one's body** faire à qn un bouclier *or* un rempart de son corps

**shift** /ʃɪft/ N a *(= change)* changement *m* (*in* de), modification *f* (*in* de) ◆ **there has been a ~ in policy/attitude** la politique/l'attitude a changé ◆ **a sudden ~ in policy/attitude** un retournement *or* un bouleversement de la politique/de l'attitude ◆ **~ of emphasis** changement *m* d'éclairage ◆ **a sudden ~ in the wind** une saute de vent ; → **scene, vowel**

b *(= period of work)* poste *m*, période *f* de travail ; *(= people)* poste *m*, équipe *f* (*de relais*) ◆ **he works ~s, he's on ~s** il travaille par équipes, il fait un travail posté ◆ **they used to work a ten-hour ~ in that factory** ils avaient des postes de dix heures dans cette usine ◆ **I work an eight-hour ~** je fais les trois-huit, je fais un poste de huit heures ◆ **this factory operates on three ~s per 24-hour period** dans cette usine ils font les trois-huit, dans cette usine trois équipes se relaient sur 24 heures ◆ **to be on day/night ~** être (au poste) de jour/de nuit ◆ **which ~ do you prefer?** quel poste préférez-vous ? ◆ **the next ~ was late coming on** l'équipe suivante était en retard pour prendre la relève ◆ **they worked in ~s to release the injured man** ils se sont relayés pour dégager le blessé ; → **day, night**

c *(frm)* ◆ **to make ~ with sth/sb** se contenter de *or* s'accommoder de qch/qn ◆ **to make ~ without sth/sb** se passer de qch/qn ◆ **to make ~ to do sth** s'arranger pour faire qch ◆ **as a last desperate ~ he …** en désespoir de cause il …

d *(Aut = gearshift)* changement *m* de vitesse

e *(= straight dress)* robe *f* droite ; *(† = woman's slip)* chemise *f*

f *(Comput)* décalage *m*

g *(Ling)* mutation *f*

VT a *(= move) [+ object, furniture]* déplacer, changer de place ; *[+ one's head, arm etc]* bouger, remuer ; *(Theat) [+ scenery]* changer ; *[+ screw]* débloquer, faire bouger ; *[+ lid, top, cap]* faire bouger ; *[+ stain]* enlever, faire disparaître ; *[+ employee] (to another town)* muter (*to* à) ; *(to another job, department)* affecter (*to* à) ; *[+ blame, responsibility]* rejeter (*on, on to* sur) ◆ **he ~ed his chair nearer the fire** il a approché sa chaise du feu ◆ **to ~ sth in/out/away** *etc* rentrer/sortir/écarter *etc* qch ◆ **we couldn't ~ him (from his opinion)** nous n'avons pas réussi à le faire changer d'avis *or* à l'ébranler ◆ **I can't ~ this cold** * je n'arrive pas à me débarrasser de ce rhume

b *(= change, exchange)* changer de ◆ **to ~ position** *(lit, fig)* changer de position ◆ **to ~ gears** *(Aut)* changer de vitesse, passer les vitesses ; → **ground¹**

VI a *(= go)* aller ; *(= move house)* déménager ; *(= change position, stir) [person, animal, planet etc]* changer de place *or* de position, bouger ; *[limb]* remuer, bouger ; *[wind]* tourner ; *[ballast, cargo, load]* se déplacer ; *[opinions, ideas]* changer, se modifier ; *[stain]* s'en aller, disparaître ◆ **~ (over) a minute to let me past** * pousse-toi *or* bouge-toi * une minute pour me laisser passer ◆ **~ off the rug** * dégage * du tapis ◆ **can you ~ down** *or* **up** *or* **along a little?** *(on seat etc)* pourriez-vous vous pousser un peu ? ◆ **to ~ into second (gear)** *(Aut)* passer la deuxième ◆ **he won't ~** il ne bougera pas ◆ **the government has not ~ed from its original position** le gouvernement est resté sur sa première position ◆ **that car certainly ~s** * *(= goes fast)* elle fonce, cette voiture ! ◆ **come on, ~!** * *(= hurry)* allez, remue-toi * *or* grouille-toi ‡ !

b ◆ **to ~ for o.s.** se débrouiller * tout seul

COMP ▷ **shift key** N *[of keyboard]* touche *f* de majuscule ▷ **shift lock** N *[of keyboard]* touche *f* de verrouillage des majuscules ▷ **shift register** N *(Comput)* registre *m* à décalage ▷ **shift work** N *(Brit)* travail *m* en *or* par équipes ; *(in factory)* travail *m* posté ◆ **to do ~ work, to be on ~ work** travailler en équipes ; *(in factory)* faire du travail posté ▷ **shift worker** N travailleur *m*, -euse *f* posté(e)

► **shift about**, **shift around** VI a *(= change job)* changer souvent d'emploi ; *(within same firm)* être muté plusieurs fois b *(= fidget)* bouger, remuer

VT SEP *[+ furniture etc]* déplacer, changer de place

► **shift back** VI *(= withdraw)* (se) reculer

VT SEP *[+ chair etc]* reculer

► **shift over** VI s'écarter, se pousser ◆ **~ over!** * pousse-toi !

**shiftily** /ˈʃɪftɪlɪ/ ADV *[say]* d'un ton faux ; *[tell]* sournoisement ; *[look]* d'un air sournois

**shiftiness** /ˈʃɪftɪnɪs/ N *[of person, behaviour]* sournoiserie *f* ; *[of look, eyes]* aspect *m* fuyant ; *[of answer]* caractère *m* évasif

**shifting** /ˈʃɪftɪŋ/ ADJ *[winds, currents]* variable ; *[attitudes, pattern, colours]* changeant ; *[alliances, population, balance of power]* instable COMP ▷ **shifting cultivation** N culture *f* itinérante ▷ **shifting sands** NPL *(lit)* sables *mpl* mouvants ; *(fig)* terrain *m* mouvant

**shiftless** /ˈʃɪftlɪs/ ADJ *(frm)* apathique, indolent

**shiftlessness** /ˈʃɪftlɪsnɪs/ N manque *m* de ressources

**shifty** * /ˈʃɪftɪ/ ADJ *[person, behaviour]* sournois ; *[look, eyes]* fuyant ; *[answer]* évasif COMP ▷ **shifty-eyed** * ADJ aux yeux fuyants ▷ **shifty-looking** * ADJ à l'aspect fuyant

**shiitake mushroom** /ʃiːˌtækɪˈmʌʃrʊm/ N champignon *m* shiitaké

**Shiite, Shi'ite** /ˈʃiːaɪt/ (also **Shiite Muslim**) N, ADJ chiite *mf*

**shiksa, shikse(h)** /ˈʃɪksə/ N *(esp US: gen pej)* jeune fille *f* goy

**shill** /ʃɪl/ N *(US: at fairground etc)* compère *m*

**shillelagh** /ʃəˈleɪlə/ N gourdin *m* irlandais

**shilling** /ˈʃɪlɪŋ/ N *(Brit)* shilling *m*

**shilly-shally** /ˈʃɪlɪˌʃælɪ/ VI hésiter ; *(deliberately)* tergiverser, atermoyer ◆ **stop ~ing!** décide-toi enfin ! N ⇒ **shilly-shallying**

**shilly-shallying** /ˈʃɪlɪˌʃælɪɪŋ/ N *(NonC)* hésitations *fpl*, valse-hésitation *f* ; *(deliberate)* tergiversations *fpl*, atermoiements *mpl*

**shimmer** /ˈʃɪməʳ/ VI *[satin, jewels]* chatoyer ; *[water, lake, heat haze, road surface]* miroiter ◆ **the moonlight ~ed on the lake** le clair de lune faisait miroiter le lac N *[of satin, jewels]* chatoiement *m* ; *[of water, lake]* miroitement *m*

**shimmering** /ˈʃɪmərɪŋ/, **shimmery** /ˈʃɪmərɪ/ ADJ *[material, jewel]* chatoyant ; *[water, lake]* miroitant ◆ **the ~ moonlight on the lake** le clair de lune qui faisait miroiter le lac

**shimmy** /ˈʃɪmɪ/ N a *(US Aut)* shimmy *m* b *(= dance)* shimmy *m* VI *(US Aut)* avoir du shimmy

**shin** /ʃɪn/ N a tibia *m* b *(Brit Culin)* **~ of beef** jarret *m* de bœuf VI ◆ **to ~ up a tree** grimper à un arbre ◆ **to ~ down a tree** descendre d'un arbre ◆ **to ~ over a wall** escalader un mur COMP ▷ **shin guard**, **shin pad** N protège-tibia *m*

**shinbone** /ˈʃɪnbəʊn/ **N** tibia *m*

**shindig** * /ˈʃɪndɪɡ/ **N** *(= dance, party etc)* fiesta *f*, soirée *f* joyeuse

**shindy** * /ˈʃɪndɪ/ **N** **a** *(= brawl)* bagarre *f* ; *(= row, commotion)* tapage *m*, boucan * *m* ◆ **to kick up** *or* **make a ~** faire du boucan * **b** ⇒ **shindig**

**shine** /ʃaɪn/ (vb : pret, ptp **shone**) **N** *[of sun]* éclat *m* ; *[of metal]* éclat *m*, brillant *m* ; *[of shoes]* brillant *m* ◆ **to give sth a ~** faire briller qch, faire reluire qch ◆ **to take the ~ off** *[+ brass, shoes]* rendre mat *or* terne *(pej)* ; *(fig)* *[+ success, news]* diminuer l'attrait de, faire tomber à plat ; *[+ sb else's achievement]* éclipser ◆ **the ~ on his trousers** son pantalon lustré ◆ **to take a ~ to sb** * se toquer de qn * ; → **moonshine, rain**

**VI** *[sun, stars, lamp]* briller ; *[metal, shoes]* briller, reluire ; *(fig = excel)* briller ◆ **the sun is shining** il fait (du) soleil, il y a du soleil, le soleil brille ◆ **the moon is shining** il y a clair de lune ◆ **to ~ on sth** éclairer *or* illuminer qch ◆ **the light was shining in my eyes** j'avais la lumière dans les yeux ◆ **her face shone with happiness** son visage rayonnait de bonheur ◆ **her eyes shone with pleasure/envy** ses yeux brillaient de plaisir/luisaient d'envie ◆ **to ~ at football/Spanish** *(fig)* briller *or* faire des étincelles * au football/en espagnol

**VT** **a** ◆ **~ your torch** *or* **the light over here** éclairez par ici ◆ **he shone his torch on the car** il a braqué sa lampe de poche sur la voiture, il a éclairé la voiture

**b** (pret, ptp **shone** *or* **shined**) *[+ furniture, brass, shoes]* astiquer, faire briller

► **shine down VI** *[sun, moon, stars]* briller

► **shine through VI** *[light etc]* passer, filtrer ; *(fig)* *[courage etc]* transparaître

► **shine up VI** *(US)* ◆ **to shine up to sb** * *(to girl)* faire du plat * à qn ; *(to boss)* faire de la lèche * à qn

**shiner** /ˈʃaɪnəʳ/ **N** (‡ *= black eye)* œil *m* au beurre noir *

**shingle** /ˈʃɪŋɡl/ **N** *(NonC: on beach etc)* galets *mpl* ; *(on roof)* bardeau *m* ; *(coated in tar)* shingle *m* ; *(US * = signboard)* petite enseigne *f (de docteur, de notaire etc)* ; († *= hairstyle)* coupe *f* à la garçonne **VT** † *[+ hair]* couper à la garçonne **COMP** ▷ **shingle beach N** plage *f* de galets

**shingles** /ˈʃɪŋɡlz/ **N** *(NonC)* zona *m* ◆ **to have ~** avoir un zona

**shingly** /ˈʃɪŋɡlɪ/ **ADJ** *[beach]* (couvert) de galets

**shininess** /ˈʃaɪnɪnɪs/ **N** éclat *m*, brillant *m*

**shining** /ˈʃaɪnɪŋ/ **ADJ** **a** *(= gleaming)* *[eyes, hair]* brillant ; *[face]* rayonnant ; *[furniture, floor, metal]* luisant **b** *(= outstanding)* *[success, moment]* remarquable ◆ **she was a ~ example to everyone** c'était un modèle pour tout le monde ◆ **~ light (in sth)** *(fig)* *(person)* lumière *f* (en qch) ; *(thing)* phare *f* (de qch) ; → **improve**

**shinny** /ˈʃɪnɪ/ **VI** ⇒ **shin vi**

**Shinto** /ˈʃɪntəʊ/ **N** shinto *m*

**Shintoism** /ˈʃɪntəʊɪzəm/ **N** shintoïsme *m*

**Shintoist** /ˈʃɪntəʊɪst/ **ADJ, N** shintoïste *mf*

**shinty** /ˈʃɪntɪ/ **N** *sorte de hockey sur gazon*

**shiny** /ˈʃaɪnɪ/ **ADJ** *[surface, hair, shoes, coin]* brillant ; *[car]* rutilant ; *[furniture, metal, fabric]* luisant ; *[nose]* qui brille (*or* brillait) ◆ **the company's ~ new offices** les nouveaux bureaux rutilants de la société

**ship** /ʃɪp/ **N** *(gen)* bateau *m* ; *(large)* navire *m* ; *(= vessel)* vaisseau *m*, bâtiment *m* ◆ **His (***or* **Her) Majesty's Ship Maria/Falcon** la Maria/le Falcon ◆ **the good ~ Caradoc** *(†, liter)* la nef † Caradoc, le Caradoc ◆ **when my ~ comes in** *(fig)* quand j'aurai fait fortune ◆ **he runs** *or* **keeps a tight ~** *(fig)* il ne plaisante pas sur l'organisation (*or* la discipline) ◆ **it was a case of "ships that pass in the night"** ce fut une rencontre sans lendemain ◆ **the ~ of the desert** le vaisseau du désert, le chameau ; → **board, jump, warship**

**VT** **a** *(= transport)* transporter ; *(= send by ship)* expédier (par bateau) ; *(= send by any means)* expédier ◆ **the goods were ~ped on SS Wallisdown** *(Comm)* la marchandise a été expédiée à bord du Wallisdown

**b** *(= put or take on board)* *[+ cargo]* embarquer, charger ; *[+ water]* embarquer ◆ **to ~ the oars** rentrer les avirons

**COMP** ▷ **ship canal N** canal *m* maritime *or* de navigation ▷ **ship chandler N** ⇒ **ship's chandler** ▷ **ship of the line N** *(Hist)* bâtiment *m* de ligne ▷ **ship's biscuit N** *(NonC)* biscuit *m* (de mer) ▷ **ship's boat N** chaloupe *f* ▷ **ship's boy N** mousse *m* ▷ **ship's chandler N** fournisseur *m* d'équipement pour bateaux, shipchandler *m* ▷ **ship's company N** équipage *m*, hommes *mpl* du bord ▷ **ship's papers N** papiers *mpl* de bord *or* d'un navire ▷ **ship-to-shore radio N** liaison *f* radio avec la côte

► **ship off, ship out VI** s'embarquer (to pour)

**VT SEP** **a** *(= send by ship)* *[+ goods, troops etc]* envoyer (par bateau *or* par mer)

**b** *( * = send)* *[+ goods, person]* expédier *

**shipboard** /ˈʃɪpbɔːd/ **ADJ** *[task]* à bord ; *[personnel]* de bord ◆ **a ~ romance** une histoire d'amour le temps d'une croisière **N** ◆ **on ~** à bord

**shipbuilder** /ˈʃɪpˌbɪldəʳ/ **N** constructeur *m* naval

**shipbuilding** /ˈʃɪpˌbɪldɪŋ/ **N** construction *f* navale

**shipload** /ˈʃɪpləʊd/ **N** *(lit)* charge *f* ; *(fig)* grande quantité *f*, masse * *f* ◆ **tourists were arriving by the ~** les touristes arrivaient par bateaux entiers

**shipmate** /ˈʃɪpmeɪt/ **N** camarade *m* de bord

**shipment** /ˈʃɪpmənt/ **N** *(= load)* cargaison *f* ; *(= act of shipping)* expédition *f (par bateau)* ◆ **ready for ~** *(Comm)* prêt à l'expédition

**shipowner** /ˈʃɪpˌəʊnəʳ/ **N** armateur *m*

**shipper** /ˈʃɪpəʳ/ **N** *(organizing transport)* chargeur *m* ; *(transporter)* expéditeur *m*, affréteur *m*

**shipping** /ˈʃɪpɪŋ/ **N** *(NonC)* **a** *(= ships collectively)* navires *mpl* ; *(= traffic)* navigation *f* ◆ **attention all ~!** *(Rad)* avis à la navigation ! ◆ **it was a danger to ~** cela constituait un danger pour la navigation ◆ **the canal is closed to British ~** le canal est fermé aux navires britanniques **b** *(= sending)* expédition *f* ; *(= act of loading)* chargement *m*, embarquement *m* **c** *(= charges for transporting cargo)* frais *mpl* de transport **COMP** ▷ **shipping agent N** agent *m* maritime ▷ **shipping clerk N** expéditionnaire *mf* ▷ **shipping company N** compagnie *f* de navigation ▷ **shipping forecast N** météo *f* marine ▷ **shipping lane N** voie *f* de navigation ▷ **shipping line N** ⇒ **shipping company** ▷ **shipping losses NPL** ◆ **~ losses during 1944** les pertes en navires au cours de l'année 1944

**shipshape** /ˈʃɪpʃeɪp/ **ADJ** bien rangé, en ordre ◆ **all ~ and Bristol fashion** arrangé d'une façon impeccable

**shipwreck** /ˈʃɪprek/ **N** *(= event)* naufrage *m* ; *(= wrecked ship)* épave *f* **VT** *(lit)* faire sombrer ; *(fig)* ruiner, anéantir ◆ **to be ~ed** faire naufrage ◆ **~ed on a desert island** *[vessel]* échoué sur une île déserte ; *[person]* naufragé sur une île déserte ◆ **a ~ed person** un(e) naufragé(e) ◆ **a ~ed sailor/vessel** un marin/vaisseau naufragé

**shipwright** /ˈʃɪpraɪt/ **N** *(= builder)* constructeur *m* naval ; *(= carpenter)* charpentier *m* (de chantier naval)

**shipyard** /ˈʃɪpjɑːd/ **N** chantier *m* naval

**shire** /ˈʃaɪəʳ/ **N** *(Brit)* comté *m* **COMP** ▷ **shire horse N** shire *m* cheval *m* de gros trait

**shirk** /ʃɜːk/ **VT** *[+ task, work]* éviter de faire, s'arranger pour ne pas faire ; *[+ obligation, duty]* esquiver, se dérober à ; *[+ difficulty, problem, issue]* éluder, esquiver ◆ **to ~ doing sth** éviter de faire qch, s'arranger pour ne pas faire qch **VI** tirer au flanc *

**shirker** /ˈʃɜːkəʳ/ **N** tire-au-flanc * *mf inv*

**shirr** /ʃɜːʳ/ **VT** **a** *(Sewing)* froncer **b** *(US Culin)* **~ed eggs** œufs *mpl* en cocotte *or* au four

**shirring** /ˈʃɜːrɪŋ/ **N** fronces *fpl* **COMP** ▷ **shirring elastic N** (fil *m*) élastique *m* à froncer, ≃ Lastex ® *m*

**shirt** /ʃɜːt/ **N** *(man's)* chemise *f* ; *(woman's)* chemisier *m* ; *(footballer's etc)* maillot *m* ◆ **keep your ~ on!** ‡ *(fig)* ne vous mettez pas en rogne * *or* en pétard ‡ ! ◆ **to put one's ~ on sth** *(Betting etc)* jouer (toute) sa fortune *or* tout ce qu'on a sur qch ◆ **to lose one's ~** *(Betting etc)* perdre (toute) sa fortune *or* tout ce qu'on a, y laisser sa chemise ; → **boil**[1], **nightshirt, stuff** **COMP** ▷ **shirt front N** plastron *m* ▷ **shirt-lifter** ** **N** *(pej)* pédé ‡ *m*, pédale ‡ *f* ▷ **shirt sleeves NPL** ◆ **in (one's) ~ sleeves** en bras *or* manches de chemise ▷ **shirt-tail N** pan *m* de chemise ◆ **in (one's) ~-tails** en chemise ▷ **shirt-tail cousin** * **N** *(US)* cousin(e) *m(f)* éloigné(e), cousin(e) *m(f)* à la mode de Bretagne

**shirtdress** /ˈʃɜːtdres/ **N** robe *f* chemisier

**shirting** /ˈʃɜːtɪŋ/ **N** *(NonC)* shirting *m*

**shirtwaist** /ˈʃɜːtweɪst/ **N** *(US)* *(= blouse)* chemisier *m* ; *(= dress)* robe *f* chemisier **COMP** ▷ **shirtwaist(ed) dress N** ⇒ **shirtwaister**

**shirtwaister** /ˈʃɜːtˌweɪstəʳ/ **N** robe *f* chemisier

**shirty** * /ˈʃɜːtɪ/ **ADJ** *(Brit)* *[person, reply]* vache * ◆ **to get ~ (with sb) (about sth)** se mettre en rogne * (contre qn) (à propos de qch)

**shish kebab** /ˈʃiːʃkəˈbæb/ **N** chiche-kebab *m*

**shit** ** /ʃɪt/ (vb : pret, ptp **shat**) **N** **a** *(lit, fig)* *(= excrement, rubbish)* merde ** *f* ; *(= nonsense)* conneries ‡ *fpl* ◆ **~!** merde ! ‡ ◆ **no ~?** sans blague ? * ◆ **to be in the ~** être dans la merde ** ◆ **in deep ~** dans la merde ** jusqu'au cou ◆ **don't give me that ~!** arrête de déconner ! ‡ ◆ **to have** *or* **take a ~** chier ** un coup ◆ **I don't give a ~!** j'en ai rien à branler ! ** je m'en contrefous ! ‡ *(about* de) ◆ **to scare the ~ out of sb** flanquer une de ces trouilles * à qn ◆ **to beat** *or* **kick** *or* **knock the ~ out of sb** passer qn à tabac *, dérouiller qn ‡ ◆ **then the ~ really hit the fan** alors ça a bardé * *or* chié **

**b** *(= person)* salaud ‡ *m*

**c** *(Drugs = resin)* shit *m*

**VI** chier ** ◆ **it's time to ~ or get off the pot** *(US)* il est temps de s'y mettre ou bien de passer la main

**VT** **a** *(lit, fig)* **to ~ o.s.** chier ** dans son froc ◆ **to ~ a brick** *or* **bricks** chier ** *or* faire dans son froc

**b** *(US = talk nonsense to)* raconter des conneries ‡ à ◆ **you're ~ting me** tu déconnes ‡

**ADJ** merdique ‡, nul à chier **

**COMP** ▷ **shit-hole** ** **N** endroit *m* de merde ** ▷ **shit-hot** ** **ADJ** vachement bon ‡ ▷ **shit-scared** ** **ADJ** ◆ **to be ~-scared** avoir une trouille bleue ‡ ▷ **shit-stirrer** ** **N** fouteur *m*, -euse *f* de merde **

**shite** **/ʃaɪt/ N *(Brit)* merde ** *f*

**shitface** **/'ʃɪtfeɪs/ N ⇒ **shithead**

**shitfaced** **/'ʃɪtfeɪst/ ADJ pété *, cassé *

**shithead** ** /'ʃɪthed/ N connard * *m*, connasse * *f*

**shithouse** **/'ʃɪthaʊs/ N *(= lavatory)* chiottes * *fpl* ◆ **this ~ of a country** ce pays de merde **; → **built**

**shitless** **/'ʃɪtlɪs/ ADJ ◆ **to scare sb ~** flanquer une de ces trouilles * à qn ◆ **to be scared ~** avoir une peur bleue * ◆ **to bore sb ~** casser les couilles à qn ** ◆ **to be bored ~** se faire chier **

**shitlist** **/'ʃɪtlɪst/ N liste *f* noire

**shitty** **/'ʃɪtɪ/ ADJ *[person, mood, food]* dégueulasse *; *[place, job]* merdique * ◆ **what a ~ thing to do/say!** c'est dégueulasse * de faire/dire ça !

**shitwork** ** /'ʃɪtwɜːk/ N *(NonC: US)* boulot *m* merdique *

**shiver**[1] /'ʃɪvəʳ/ VI *(with cold, fear)* frissonner, trembler (*with* de) ; *(with pleasure)* frissonner, tressaillir (*with* de) → **boot**[1], **shoe** N *(from cold)* frisson *m*; *(from fear, pleasure)* frisson *m*, tressaillement *m* ◆ **it sent ~s down his spine** cela lui a donné froid dans le dos ◆ **he gave a ~** il a frissonné, il a eu un frisson ◆ **to give sb the ~s** donner le frisson à qn

**shiver**[2] /'ʃɪvəʳ/ N *(= fragment)* éclat *m*, fragment *m* VI *(= shatter)* voler en éclats, se fracasser VT fracasser ◆ **~ my timbers!** mille sabords !

**shivery** /'ʃɪvərɪ/ ADJ *(from cold)* frissonnant, grelottant ; *(from emotion, fever)* frissonnant, tremblant

**shoal**[1] /ʃəʊl/ N *[of fish]* banc *m (de poissons)* ◆ **~s of applications** une avalanche de demandes

**shoal**[2] /ʃəʊl/ N *(= shallows)* haut-fond *m*, bas-fond *m*; *(= sandbank)* banc *m* de sable, écueil *m*

**shock**[1] /ʃɒk/ N **a** *(= impact) [of collision etc]* choc *m*, heurt *m*; *[of earthquake, explosion]* secousse *f*

**b** *(Elec)* décharge *f* (électrique) ◆ **to get a ~** recevoir une décharge (électrique), prendre le jus * ◆ **she got a ~ from the refrigerator, the refrigerator gave her a ~** elle a reçu une décharge en touchant le réfrigérateur

**c** *(to sensibilities etc)* choc *m*, coup *m*; *(= feeling, emotion)* horreur *f* ◆ **he got such a ~ when he heard that ...** cela lui a donné un tel choc *or* coup d'apprendre que ... ◆ **he hasn't yet got over the ~ of her death** il ne s'est pas encore remis du choc que lui a causé sa mort ◆ **the ~ killed him** le choc l'a tué ◆ **the ~ of the election results** les résultats *mpl* stupéfiants des élections ◆ **their refusal came as a ~ to me** leur refus m'a stupéfié *or* ébahi ◆ **it comes as a ~ to hear that ...** il est stupéfiant d'apprendre que ... ◆ **you gave me a ~!** vous m'avez fait peur ! ◆ **I got such a ~!** j'en étais tout retourné ! * ◆ **~ horror!** * *(hum)* quelle horreur ! ; ◆ **pale with ~** pâle de saisissement ◆ **my feeling is one of ~ at the idea that ...** j'éprouve un sentiment d'horreur à l'idée que ..., je suis bouleversé à l'idée que ...

**d** *(Med)* commotion *f*, choc *m* ◆ **anaphylactic ~** choc *m* anaphylactique ◆ **to be suffering from ~** être en état de choc, être commotionné ◆ **in a state of ~** en état de choc, commotionné ; → **shell**

NPL **shocks** * *(US Aut)* amortisseurs *mpl*

ADJ *[defeat, victory, news, resignation, decision]* surprise

VT **a** *(= take aback)* secouer, retourner * ; *(stronger)* bouleverser ; *(= disgust)* dégoûter ; *(= scandalize)* choquer, scandaliser ◆ **to ~ sb out of his complacency** déstabiliser qn ◆ **he's easily ~ed** il se choque facilement *or* pour un rien

**b** *(Culin)* plonger dans de l'eau glacée

COMP *[tactics]* de choc ▷ **shock absorber** N *(Aut)* amortisseur *m* ▷ **shock-horror** * ADJ *[story, film]* d'épouvante ; *[headline]* sensationnel, à sensation ▷ **shock jock** * N *(esp US) présentateur de radio qui cherche à provoquer de vives controverses en exprimant des opinions extrémistes* ▷ **shock resistant** ADJ résistant aux chocs ▷ **shock therapy, shock treatment** N *(Med)* (traitement *m* par) électrochoc *m* ▷ **shock troops** NPL troupes *fpl* de choc ▷ **shock wave** N *(Phys)* onde *f* de choc ◆ **the news sent ~ waves through Congress** la nouvelle a provoqué de vifs remous au sein du Congrès

**shock**[2] /ʃɒk/ N ◆ **a ~ of hair** une tignasse *

**shocked** /ʃɒkt/ ADJ **a** *(= unpleasantly surprised) [person, voice, expression, face]* abasourdi (*at sth* par qch) ; *[reaction]* choqué ◆ **a ~ silence** un silence consterné ◆ **to listen in ~ silence** écouter muet de stupéfaction ◆ **~ to see/hear/learn sth** abasourdi de voir/d'entendre/d'apprendre qch **b** *(= scandalized)* choqué **c** *(Med)* commotionné

**shocker** * /'ʃɒkəʳ/ N **a** **he's a ~** il est impossible *or* imbuvable * ◆ **last week was a ~** *(= stressful)* j'ai eu une semaine affreuse **b** *(= cheap book)* livre *m* à sensation

**shocking** /'ʃɒkɪŋ/ ADJ **a** *(= scandalous) [act, behaviour, book]* choquant, scandaleux ; *[sight]* choquant, atroce ; *[decision, waste of money]* scandaleux ; *[price]* scandaleux, exorbitant ; *[murder, cruelty]* odieux, atroce ; *[crime]* odieux, atroce, affreux ; *[news]* atroce, bouleversant ◆ **the film wasn't really ~** le film n'avait rien de vraiment choquant ◆ **it may be ~ to the older generation** cela pourrait choquer les générations plus âgées ◆ **it is ~ to think that ...** il est scandaleux de penser que ... + *subj* ◆ **it is ~ that ...** il est scandaleux que ... + *subj* ◆ **the ~ truth** la terrible vérité **b** *(Brit * = dreadful) [weather, results, cold, cough]* affreux, épouvantable ; *[quality, handwriting]* épouvantable ◆ **in a ~ state** dans un état épouvantable

COMP ▷ **shocking pink** ADJ, N rose *m* shocking *inv*

**shockingly** /'ʃɒkɪŋlɪ/ ADV **a** *(= disturbingly) [effective, frank]* terriblement ◆ **~, children are more likely to be killed in an accident in the home** chose terrible, un enfant a plus de chances d'être tué dans un accident domestique **b** *(* = badly) [play, act]* de façon lamentable ; *[behave]* affreusement mal ; *(= scandalously)* scandaleusement, de façon choquante **c** *(Brit * = extremely) [bad, unfair, expensive, difficult]* terriblement, affreusement

**shockproof** /'ʃɒkpruːf/ ADJ *(Tech)* antichoc *inv* ; *(* fig) [person]* difficile à choquer

**shod** /ʃɒd/ VB pt, ptp of **shoe**

**shoddily** /'ʃɒdɪlɪ/ *(pej)* ADV *[made, built]* mal ; *[behave, treat]* très mal

**shoddiness** /'ʃɒdɪnɪs/ N *[of work, goods]* mauvaise qualité *f*; *[of behaviour]* bassesse *f*, mesquinerie *f*

**shoddy** /'ʃɒdɪ/ ADJ *(pej) [workmanship, goods]* de mauvaise qualité ; *[service]* de mauvaise qualité, mauvais ; *[treatment]* indigne ; *[behaviour, attempt]* mesquin ; *[building]* miteux N *(= cloth)* lirette *f*

**shoe** /ʃuː/ (vb : pret, ptp **shod**) N chaussure *f* ; *(= horseshoe)* fer *m* (à cheval) ; *(= brake shoe)* sabot *m* (de frein) ◆ **to have one's ~s on/off** être chaussé/déchaussé ◆ **to put on one's ~s** mettre ses chaussures, se chausser ◆ **to take off one's ~s** enlever ses chaussures, se déchausser ◆ **to quake** *or* **shake** *or* **tremble** *or* **shiver in one's ~s** *(fig)* avoir une peur bleue ◆ **I wouldn't like to be in his ~s** *(fig)* je n'aimerais pas être à sa place ◆ **to step into** *or* **fill sb's ~s** *(fig)* succéder à qn ◆ **he's waiting for dead men's ~s** il attend que quelqu'un meure pour prendre sa place ◆ **you'll know where the ~ pinches when ...** *(fig)* vous vous trouverez serré *or* à court quand ... ◆ **that's another pair of ~s** *(fig)* c'est une autre paire de manches ◆ **that's where the ~ pinches** c'est là que le bât blesse ◆ **to drop the other ~** *(US fig)* finir ce que l'on a commencé ◆ **if the ~ fits, wear it** *(US)* qui se sent morveux (qu'il) se mouche, il n'y a que la vérité qui blesse ; → **court**

VT *[+ horse]* ferrer ◆ **to be well/badly shod** *[person]* être bien/mal chaussé ◆ **the cobbler's children are always the worst shod** *(Prov)* ce sont les cordonniers qui sont les plus mal chaussés *(Prov)*

COMP ▷ **shoe cream** N crème *f* pour chaussures ▷ **shoe leather** N cuir *m* pour chaussures ◆ **I wore out a lot of ~ leather, it cost me a lot in ~ leather** ça m'est revenu cher en chaussures, j'ai dû faire des kilomètres à pied ▷ **shoe polish** N cirage *m* ▷ **shoe repairer** N cordonnier *m* ◆ **~ repairer's (shop)** cordonnerie *f* ▷ **shoe repairing** N *(NonC)* cordonnerie *f* ▷ **shoe repairs** NPL cordonnerie *f* ▷ **shoe size** N pointure *f* ◆ **what ~ size are you?** quelle est votre pointure ?, quelle pointure faites-vous ?

**shoeblack** † /'ʃuːblæk/ N cireur *m*, -euse *f* de chaussures

**shoebrush** /'ʃuːbrʌʃ/ N brosse *f* à chaussures

**shoehorn** /'ʃuːhɔːn/ N chausse-pied *m* VT ◆ **the cars are ~ed into tiny spaces** les voitures sont casées dans des emplacements minuscules ◆ **I was ~ing myself into a skin-tight ball gown** j'enfilais non sans mal une robe de bal moulante

**shoelace** /'ʃuːleɪs/ N lacet *m* (de chaussure) ◆ **you are not fit** *or* **worthy to tie his ~s** vous n'êtes pas digne de délier le cordon de ses souliers

**shoemaker** /'ʃuːˌmeɪkəʳ/ N *(= cobbler)* cordonnier *m*; *(= manufacturer)* fabricant *m* de chaussures ; *(= shoeshop owner)* chausseur *m* COMP ▷ **shoemaker's shop** N cordonnerie *f*

**shoeshine boy** /ʃuːʃaɪn'bɔɪ/ N cireur *m* de chaussures

**shoeshop** /'ʃuːʃɒp/ N magasin *m* de chaussures

**shoestring** /'ʃuːstrɪŋ/ N *(US: lit)* ⇒ **shoelace** ◆ **to do sth on a ~** faire qch à peu de frais *or* avec peu d'argent ◆ **they're living on a ~** ils sont gênés, ils doivent se serrer la ceinture * COMP ▷ **shoestring budget** N budget *m* minime *or* infime

**shoetree** /'ʃuːtriː/ N embauchoir *m*

**shone** /ʃɒn/ VB pt, ptp of **shine**

**shoo** /ʃuː/ EXCL *(to animals)* pschtt ! ; *(to person)* ouste ! * VT (also **shoo away, shoo off**) chasser COMP ▷ **shoo-in** * N *(US)* ◆ **it's a ~-in** c'est du tout cuit *, c'est du gâteau * ◆ **the president looks a ~-in for a second term** le président sera réélu à coup sûr

**shook** /ʃʊk/ VB pt of **shake** COMP ▷ **shook-up** * ADJ ◆ **to be ~-up about sth** être secoué par qch ◆ **a ~-up generation** une génération de paumés *

**shoot** /ʃuːt/ (vb : pret, ptp **shot**) N **a** *(on branch etc)* pousse *f*, rejeton *m (Bio)* ; *(= seedling)* pousse *f* b (= chute) glissière f, déversoir m

c (= shooting party) partie f de chasse ; (= land) (terrain m de) chasse f ◆ **the whole (bang)** ~* (= all of them) tout le tremblement *

d (= photo assignment) séance f (de photos) ; (= filming session) séance f (de tournage)

e (expletive) ~! * zut ! *, mercredi ! *

VT a [+ animal] (= hunt) chasser ; (= kill) abattre, tirer ; [+ injured horse etc] abattre ; [+ person] (= hit) atteindre d'un coup de feu ; (= wound) blesser par balle(s) ; (= kill) tuer par balle(s), abattre ; (= execute) fusiller ◆ **~ him!** tire !, descends-le ! * ◆ **to be shot in the head** être atteint d'une balle dans la tête ◆ **he had been shot through the heart** il avait reçu une balle en plein cœur ◆ **to ~ sb dead** abattre qn ◆ **he was shot as a spy** il a été fusillé pour espionnage ◆ **people have been shot for less!** * (hum) on en a tué pour moins que ça ! ◆ **you'll get shot for that!** * (hum) tu vas te faire incendier pour ça ! * ◆ **to ~ from the hip** (lit) tirer l'arme à la hanche ; (fig) (challenging sb) attaquer impulsivement ; (answering sb) riposter impulsivement ◆ **to ~ the lights** (Aut) griller or brûler le feu rouge ◆ **to ~ o.s. in the foot** * (fig) se tirer une balle dans le pied (fig), agir contre son propre intérêt ◆ **it's a case of ~ the messenger** c'est se tromper de cible ◆ **it's like ~ing fish in a barrel** * c'est un combat gagné d'avance

b (= fire) [+ gun] tirer un coup de (at sur) ; [+ arrow] décocher, tirer (at sur) ; [+ bullet] tirer (at sur) ; [+ rocket, missile] lancer (at sur) ; ◆ **the volcano shot lava high into the air** le volcan projetait de la lave dans les airs ◆ **to ~ a goal, to ~ the ball into the net** marquer un but ◆ **he shot the bolt** (fastened) il a mis or poussé le verrou ; (opened) il a tiré le verrou ◆ **he has shot his bolt** (fig) il a joué sa dernière carte, il a brûlé ses dernières cartouches ◆ **to ~ the breeze** * (US) bavarder ◆ **to ~ the bull** * (US) raconter des conneries * ◆ **to ~ a line** * faire de l'épate *, en mettre plein la vue * ◆ **to ~ a line about sth** * (Brit) raconter des histoires or des bobards * à propos de qch ◆ **to ~ the works** * **on sth** (US = spend all) claquer * tout son argent pour acheter qch ◆ **to ~ dice** jeter les dés ◆ **to ~ (for) the moon** viser (très) haut ; → **pool²**

c (= direct) [+ look, glance] décocher, lancer (at à) ; [sun] [+ ray of light] darder ◆ **he shot her a smile** il lui a lancé or décoché un sourire ◆ **to ~ questions at sb** bombarder or mitrailler qn de questions

d (Cine etc) [+ film, scene] tourner ; [+ subject of snapshot etc] prendre (en photo)

e [+ rapids] franchir, descendre ; [+ bridge] passer rapidement sous

f * (= send) envoyer, expédier ; (= give) donner ; (= throw) jeter, flanquer *

g (Drugs) **to ~ heroin** * se shooter * à l'héroïne

VI a (with gun, bow) tirer (at sur) ; (Sport: at target) tirer (à la cible) ◆ **to go ~ing** (Brit = hunt) chasser, aller à la chasse ◆ **to ~ to disable/kill** tirer pour blesser/tuer ◆ **to ~ on sight** tirer à vue ◆ **he can't ~ straight** il tire mal or comme un pied * ◆ **they're both ~ing for or at the same target** (fig) ils travaillent de concert

b (= move quickly) **to ~ in/out/past** etc [person, car, ball etc] entrer/sortir/passer etc en flèche ◆ **to ~ along** filer ◆ **he shot to the door** il s'est précipité vers la porte ◆ **to ~ to fame/stardom** devenir très vite célèbre/une star ◆ **the car shot out of a side street** la voiture a débouché à toute vitesse d'une rue transversale ◆ **he shot across the road** il a traversé la rue comme une flèche ◆ **the bullet shot past his ears** la balle lui a sifflé aux oreilles ◆ **the cat shot up the tree** le chat a grimpé à l'arbre à toute vitesse ◆ **the pain went ~ing up his arm** la douleur au bras le lancinait, son bras l'élançait ◆ **he has shot ahead in the last few weeks** (in class etc) il a fait des progrès énormes depuis quelques semaines

c (Ftbl etc) shooter, tirer ◆ **to ~ at goal** shooter, faire un shoot ◆ **~!** * (in conversation) vas-y !, dis ce que tu as à dire !

d (Bot) bourgeonner, pousser

COMP ▷ **shoot-'em-up** * N (Cine) film m de violence ; (= video game) jeu m vidéo violent ▷ **shoot-out** N (= fight) fusillade f ; (Ftbl) épreuve f des tirs au but ▷ **shoot-the-chute** N (US) toboggan m (appareil de manutention) ▷ **shoot-to-kill** ADJ [policy] qui consiste à tirer avec l'intention de tuer

► **shoot away** VI a (Mil etc = fire) continuer à tirer, tirer sans arrêt

b (= move) partir comme une flèche, s'enfuir à toutes jambes

VT SEP ⇒ **shoot off vt sep b**

► **shoot back** VI a (Mil etc) retourner le (or son etc) feu (at à)

b (= move) retourner or rentrer or revenir en flèche

► **shoot down** VT SEP a [+ plane] abattre, descendre ◆ **he was shot down in flames** (Aviat) son avion s'est abattu en flammes ◆ **to ~ down in flames** * [+ project] démolir ; [+ person] descendre en flammes *

b (= kill) [+ person] abattre, descendre *

► **shoot off** VI ⇒ **shoot away vi b**

VT SEP a [+ gun] décharger, faire partir ◆ **he's always ~ing his mouth off** * (fig) il faut toujours qu'il ouvre subj le bec * or sa grande gueule * ◆ **to ~ one's mouth off about sth** * raconter des histoires or des bobards * au sujet de qch

b ◆ **he had a leg shot off** il a eu une jambe emportée par un éclat d'obus, un éclat d'obus lui a emporté la jambe

► **shoot out** VI [person, car etc] sortir comme une flèche ; [flame, water] jaillir

VT SEP a ◆ **to shoot out one's tongue** [person] tirer la langue ; [snake] darder sa langue ◆ **he shot out his arm and grabbed my stick** il a avancé brusquement le bras et a attrapé ma canne ◆ **he was shot out of the car** il a été éjecté de la voiture

b ◆ **to shoot it out** avoir un règlement de compte (à coups de revolvers or de fusils), s'expliquer à coups de revolvers or de fusils

N ◆ **shoot-out** * → **shoot**

► **shoot up** VI a [flame, water] jaillir ; [rocket, price etc] monter en flèche

b (= grow quickly) [tree, plant] pousser vite ; [child] bien pousser *

c (Drugs *) se shooter *

VT SEP (*: with gun) flinguer *, tirer sur

ADJ ◆ **shot up** * → **shot adj d**

**shooter** /ˈʃuːtəʳ/ N a (* = gun) flingue * m b (also **target shooter**) personne qui pratique le tir ; → **peashooter, sharpshooter, six, trouble-shooter**

**shooting** /ˈʃuːtɪŋ/ N a (NonC = shots) coups mpl de feu ; (continuous) fusillade f ◆ **I heard some ~ over there** j'ai entendu des coups de feu par là-bas ◆ **the ~ caused ten deaths** la fusillade a fait dix morts

b (= act) (murder) meurtre m or assassinat m (avec une arme à feu) ; (execution) fusillade f, exécution f ◆ **the ~ of a policeman in the main street** le meurtre d'un agent de police abattu dans la grand-rue

c (esp Brit = hunting) chasse f ◆ **rabbit ~** la chasse au lapin ◆ **there's good ~ there** il y a une bonne chasse là-bas

d (Cine) [of film, scene] tournage m

ADJ [pain] lancinant

COMP ▷ **shooting brake** † N (Brit Aut) break m ▷ **shooting-down** N ◆ **the ~-down of the diplomat** l'attentat m à l'arme à feu contre le diplomate ◆ **the ~-down of the plane (by the enemy)** la perte or la destruction de l'avion (abattu par l'ennemi) ▷ **shooting gallery** N tir m, stand m (de tir) ▷ **shooting incident** N ◆ **there were a few ~ incidents last night** la nuit dernière il y a eu quelques échanges de coups de feu ▷ **shooting iron** † * N (US) flingue * m ▷ **shooting match** * N (Brit fig) ◆ **the whole ~ match** tout le bataclan *, tout le tremblement ▷ **shooting party** N partie f de chasse ▷ **shooting range** N tir m, stand m (de tir) ◆ **within ~ range** à portée (de tir) ▷ **shooting script** N (Cine) découpage m ▷ **shooting spree** N ◆ **to go on a ~ spree** être pris d'un accès or d'une crise de folie meurtrière ▷ **shooting star** N étoile f filante ▷ **shooting stick** N canne-siège f ▷ **shooting war** N lutte f armée

**shop** /ʃɒp/ N a (esp Brit Comm) magasin m ; (small) boutique f ◆ **wine ~** marchand m de vins ◆ **at the butcher's ~** à la boucherie, chez le boucher ◆ **"The Toy Shop"** "la Maison du Jouet" ◆ **mobile or travelling ~** épicerie f etc roulante ◆ **he's just gone (round) to the ~s** il est juste sorti faire des courses ◆ **to set up ~** (lit, fig) s'établir, s'installer ◆ **to shut up ~** (lit, fig) fermer boutique ◆ **you've come to the wrong ~** * (fig) tu te trompes d'adresse * (fig) ◆ **to talk ~** (fig) parler boutique or affaires ◆ **all over the ~** * (= everywhere) partout ; (= in confusion) en désordre, bordélique * ; → **back, corner, grocer**

b (Brit = shopping) ◆ **to do one's weekly ~** faire ses courses de la semaine

c (= workshop) atelier m

d (= part of factory) atelier m ◆ **assembly ~** atelier m de montage ; → **closed, machine**

VI ◆ **to ~ at Harrods** faire ses courses or ses achats chez Harrods ◆ **"shop at Brown's"** (sign) "achetez chez Brown" ◆ **to go ~ping** (specific errands) faire les courses ; (leisurely browsing) faire les magasins, faire du shopping * ◆ **I was ~ping for a winter coat** je cherchais un manteau d'hiver ◆ **she's ~ping for a husband/a new sales director** elle cherche un mari/un nouveau directeur des ventes

VT (esp Brit * = betray) vendre, donner *

COMP (= bought in shop) [cakes etc] acheté dans le commerce ▷ **shop assistant** N (Brit) vendeur m, -euse f, employé(e) m(f) (de magasin) ▷ **the shop floor** N (Brit Ind, lit) l'atelier m ; (fig) (= workers) les ouvriers mpl ◆ **he works on the ~ floor** c'est un ouvrier ▷ **shop front** N (Brit) devanture f ▷ **shop steward** N (Brit Ind) délégué(e) m(f) syndical(e) ▷ **shop talk** * N (= jargon) jargon m (de métier) ◆ **I'm getting tired of ~ talk** je commence à en avoir assez de parler affaires or boulot * ▷ **shop window** N vitrine f

► **shop around** VI (= go around shops) faire les magasins ; (= compare prices) comparer les prix ◆ **to ~ around for sth** faire les magasins or comparer les prix avant d'acheter qch ◆ **it's worth ~ping around before you decide on a university** ça vaut la peine de comparer or se renseigner avant de choisir une université

**shopaholic** * /ˌʃɒpəˈhɒlɪk/ N accro mf du shopping *

**shopfitter** /ˈʃɒpˌfɪtəʳ/ N (esp Brit) décorateur m de magasin

**shopgirl** /ˈʃɒpɡɜːl/ **N** *(Brit)* vendeuse *f*

**shopkeeper** /ˈʃɒpˌkiːpəʳ/ **N** commerçant(e) *m(f)*, marchand(e) *m(f)* ◆ **small ~** petit commerçant *m*

**shoplift** /ˈʃɒplɪft/ **VTI** voler à l'étalage

**shoplifter** /ˈʃɒpˌlɪftəʳ/ **N** voleur *m*, -euse *f* à l'étalage

**shoplifting** /ˈʃɒpˌlɪftɪŋ/ **N** *(NonC)* vol *m* à l'étalage

**shopper** /ˈʃɒpəʳ/ **N** **a** *(= person)* personne *f* qui fait ses courses ; *(= customer)* client(e) *m(f)* **b** *(= bag)* sac *m* (à provisions), cabas *m* ; *(on wheels)* caddie ® *m*

**shopping** /ˈʃɒpɪŋ/ **N** *(NonC)* **a** courses *fpl* ◆ **to do the/some ~** faire les/des courses ◆ **~ is very tiring** faire les courses est très fatigant ◆ **"open Thursdays for late evening shopping"** "ouvert le jeudi en nocturne", "nocturne le jeudi" ; → **mall, window, shop**

**b** *(= goods)* achats *mpl*

**COMP** *[street, district]* commerçant ▷ **shopping bag** **N** sac *m* (à provisions), cabas *m* ▷ **shopping basket** **N** panier *m* (à provisions) ▷ **shopping cart** **N** *(US)* ⇒ **shopping trolley** ▷ **shopping centre** **N** centre *m* commercial ▷ **shopping channel** **N** chaîne *f* de téléachat ▷ **shopping complex** **N** ⇒ **shopping centre** ▷ **shopping list** **N** liste *f* de(s) courses ◆ **a ~ list of requests/demands** une liste de requêtes/revendications ▷ **shopping mall** **N** centre *m* commercial ▷ **shopping precinct** **N** *(Brit)* zone *f* commerciale (piétonnière) ▷ **shopping spree** **N** ◆ **to go on a ~ spree** aller faire du shopping ▷ **shopping trip** **N** ◆ **to go on a ~ trip** partir faire les magasins *or* les boutiques ▷ **shopping trolley** **N** *(Brit)* caddie ® *m*

**shopsoiled** /ˈʃɒpsɔɪld/ **ADJ** *(Brit)* qui a fait l'étalage *or* la vitrine, défraîchi

**shopwalker** † /ˈʃɒpˌwɔːkəʳ/ **N** *(Brit)* chef *m* de rayon

**shopworn** /ˈʃɒpwɔːn/ **ADJ** *(US)* ⇒ **shopsoiled**

**shore**[1] /ʃɔːʳ/ **N** *[of sea]* rivage *m*, bord *m* ; *[of lake]* rive *f*, bord *m* ; *(= coast)* côte *f*, littoral *m* ; *(= beach)* plage *f* ◆ **these ~s** *(fig liter)* ces rives ◆ **on ~** *(esp Naut)* à terre ◆ **to go on ~** *(Naut)* débarquer **COMP** ▷ **shore leave** **N** *(Naut)* permission *f* à terre ▷ **shore patrol** **N** *(US Navy)* détachement *m* de police militaire (de la Marine)

**shore**[2] /ʃɔːʳ/ **N** *(for wall, tunnel)* étai *m*, étançon *m* ; *(for tree)* étai *m* ; *(for ship)* accore *m*, étançon *m* **VT** étayer, étançonner, accorer

▸ **shore up** **VT SEP** **a** ⇒ **shore**[2] **vt** **b** *(fig)* consolider

**shoreline** /ˈʃɔːlaɪn/ **N** littoral *m*

**shoreward(s)** /ˈʃɔːwəd(z)/ **ADJ, ADV** *(from sea)* vers le rivage *or* la côte ; *(from river, lake)* vers la rive

**shorn** /ʃɔːn/ **VB** ptp of **shear**

## short /ʃɔːt/

LANGUAGE IN USE 26.2

| | |
|---|---|
| 1 ADJECTIVE | 4 PLURAL NOUN |
| 2 ADVERB | 5 TRANSITIVE VERB |
| 3 NOUN | 6 INTRANSITIVE VERB |
| 7 COMPOUNDS | |

### 1 - ADJECTIVE

**a** size, distance court ; *[person] (= not tall)* petit, de petite taille ; *[step, walk]* petit ; *[visit, message, conversation]* court, bref ; *[programme]* court ◆ **the ~est route** le chemin le plus court ◆ **the ~est distance between two points** le plus court chemin d'un point à un autre ◆ **a ~ distance away, a ~ way off** à peu de distance, à une faible distance ◆ **he's got rather ~ legs** *[person]* il a les jambes plutôt courtes ; *[dog etc]* il est plutôt court sur pattes ◆ **these trousers are ~ in the leg** ce pantalon est court de jambes ◆ **~ ski** *(Ski)* ski *m* court ; see also **compounds** ◆ **make the skirt ~er** raccourcis la jupe ◆ **the ~ answer is that he ...** *(fig)* tout simplement il ... ◆ **I'd like a ~ word** *or* **a few ~ words with you** j'aimerais vous dire un mot ◆ **~ and to the point** bref et précis ◆ **that was ~ and sweet** *(hum)* ça n'a pas traîné *(hum)*, ça a été du vite fait * ◆ **to have sb by the ~ hairs** ‡ *or* **~ and curlies** ‡ tenir qn à la gorge *or* par les couilles *‡ ◆ **he got the ~ end of the stick** c'est lui qui en a pâti ◆ **to win by a ~ head** *(Racing)* gagner d'une courte tête ; *(fig)* gagner de justesse ◆ **to make ~ work of sth** ne pas mettre beaucoup de temps à faire qch ◆ **to make ~ work of sb** * envoyer promener qn * ; → **shrift, story, term**

**b** period, time ◆ **a ~ time** *or* **while ago** il y a peu de temps ◆ **in a ~ time** *or* **while** dans peu de temps, bientôt ◆ **time is getting ~** il ne reste plus beaucoup de temps ◆ **the days are getting ~er** les jours raccourcissent ◆ **one ~ year of happiness** une petite *or* brève année de bonheur ◆ **to take a ~ holiday** prendre quelques jours de vacances ◆ **~er hours and better pay** une réduction du temps de travail et une augmentation de salaire ◆ **they want a ~er working week** ils veulent réduire la durée du travail hebdomadaire ◆ **to be on ~ time, to work ~ time** *(Ind)* être au chômage partiel ; see also **compounds** ◆ **to put sb on ~ time** mettre qn au chômage partiel ; → **notice**

♦ **in short** en bref

**c** Ling *[vowel, syllable]* bref

**d** = abbreviated ◆ **"TV" is ~ for "television"** "TV" est l'abréviation de "télévision" ◆ **Fred is ~ for Frederick** Fred est le diminutif de Frederick ◆ **he's called Fred for ~** son diminutif est Fred

**e** = lacking **I'm a bit ~ this month** * je suis un peu fauché * *or* à court ce mois-ci ◆ **petrol is ~** *or* **in ~ supply at the moment** on manque d'essence en ce moment ◆ **to give sb ~ change** ne pas rendre la monnaie juste à qn, ne pas rendre assez à qn ; *(deliberately)* tricher en rendant la monnaie à qn ◆ **to give ~ weight** *or* **measure** ne pas donner le poids juste ; *(deliberately)* tricher sur le poids ; → **commons**

♦ **to be short of sth** *(= lack)* manquer de qch ◆ **we are £2,000 ~ of our target** il nous manque encore 2 000 livres pour atteindre notre objectif ◆ **he's one sandwich ~ of a picnic** *or* **several cards ~ of a full deck** * il lui manque une case *, il a une case vide * ◆ **we're not ~ of volunteers** nous ne manquons pas de volontaires ◆ **to be ~ of sugar** être à court de sucre, manquer de sucre ; → **breath**

♦ **to be short on sth** manquer de qch ◆ **the report is ~ on details** le rapport manque de détails ◆ **he's long on muscle but a bit ~ on brains** * *(hum)* il a beaucoup de muscle mais pas tellement de cervelle

**f** = curt *[reply, manner]* brusque, sec (sèche *f*) ◆ **he was rather ~ with me** il a été assez sec *or* brusque avec moi

**g** Fin *[bill]* à courte échéance ; *[loan]* à court terme ◆ **~ sale** vente *f* à découvert

### 2 - ADVERB

**a** **to take sb up ~** couper la parole à qn ◆ **to be taken** *or* **caught ~** * être pris d'un besoin pressant ; → **bring up, cut**

♦ **to fall + short** ◆ **the ball fell ~** le ballon n'est pas tombé assez loin ◆ **his work fell ~ of what we had expected** son travail n'a pas répondu à notre attente ◆ **the copy fell far ~ of the original** la copie était loin de valoir l'original ◆ **to fall ~ of perfection** ne pas atteindre la perfection

♦ **to stop short** ◆ **the car stopped ~ of the house** la voiture s'est arrêtée avant (d'arriver au niveau de) la maison ◆ **I'd stop ~ of murder** je n'irais pas jusqu'au meurtre

**b** = lacking **we're three ~** il nous en manque trois ◆ **I'm £2 ~** il me manque 2 livres ; → **sell**

♦ **to go short** ◆ **we never went ~** nous n'avons jamais manqué du nécessaire ◆ **to go ~ of sth** *(= lack sth)* manquer de qch ; *(= deprive o.s. of sth)* se priver de qch

♦ **to run short** ◆ **supplies are running ~** les provisions s'épuisent *or* commencent à manquer ◆ **to run ~ of sth** se trouver à court de qch, venir à manquer de qch

♦ **short of** *(= less than)* moins de, en dessous de ; *(= except)* sauf ; *(= before)* avant ◆ **£10 ~ of what they needed** 10 livres de moins que ce dont ils avaient besoin ◆ **it's well ~ of the truth** c'est bien en deçà de la vérité ◆ **a week ~ of their arrival/his birthday** *etc* une semaine avant leur arrivée/son anniversaire *etc* ◆ **not far ~ of £100** pas loin de 100 livres, presque 100 livres ◆ **he fell down 10 metres ~ of the winning post** il est tombé à 10 mètres du poteau d'arrivée ◆ **I don't see what you can do ~ of asking him yourself** je ne vois pas ce que vous pouvez faire à moins de *or* si ce n'est lui demander vous-même ◆ **he did everything ~ of asking her to marry him** il a tout fait sauf *or* hormis lui demander de l'épouser

♦ **nothing short of** ◆ **it's nothing ~ of robbery** c'est du vol ni plus ni moins ◆ **nothing ~ of a revolution will satisfy them** seule une révolution saura les satisfaire, il ne leur faudra rien moins qu'une révolution pour les satisfaire

♦ **little short of** ◆ **it's little ~ of suicide** c'est presque un suicide, peu s'en faut que ce ne soit un suicide ◆ **it's little ~ of folly** cela frise la folie

### 3 - NOUN

**a** = short film court métrage *m* ; → **long**[1]

**b** = short-circuit court-circuit *m*

**c** Brit = drink alcool *m* fort

### 4 - PLURAL NOUN

**shorts** *(= garment) (gen)* short *m* ; *[of footballer etc]* culotte *f* ; *(US = men's underwear)* caleçon *m* ◆ **a pair of ~s** un short (*or* une culotte *etc*)

### 5 - TRANSITIVE VERB

Elec court-circuiter

### 6 - INTRANSITIVE VERB

Elec se mettre en court-circuit

### 7 - COMPOUNDS

▷ **short-acting** **ADJ** *[drug]* à effet rapide ▷ **short-arse** *‡ **N** *(Brit)* demi-portion * *f (pej)* ◆ **to be a ~-arse** être bas du cul ‡ ▷ **short back-and-sides** **N** *coupe très courte derrière et sur les côtés* ▷ **short-change** **VT** ◆ **to ~-change sb** *(lit: in shop etc)* ne pas rendre assez à qn ; *(fig)* rouler * qn ▷ **short-circuit** **N** *(Elec)* court-circuit *m* **VT** *(Elec, fig = bypass)* court-circuiter ; *(fig) (= cause to fail)* faire capoter **VI** se mettre en court-circuit ▷ **short corner** **N** *(Hockey)* corner *m* ▷ **short covering** **N** *(St Ex)* rachat *m* pour couvrir un découvert ▷ **short cut** N *(lit, fig)* raccourci *m* ◆ **I took a ~ cut through the fields** j'ai pris un raccourci *or* j'ai coupé à travers champs ◆ **you'll have to do it all with no ~ cuts** il faudra que tu fasses tout sans rien omettre ▷ **short-dated** ADJ *(Fin)* à courte échéance ▷ **short division** N *(Math)* division *f* simple ▷ **short-haired** ADJ *[person]* aux cheveux courts ; *[animal]* à poil ras ▷ **short-handed** ADJ à court de personnel *or* de main-d'œuvre ▷ **short-haul** N *[of truck]* camionnage *m* à *or* sur courte distance ; *[of plane]* vol *m* à *or* sur courte distance ADJ à courte distance ▷ **short-life** ADJ *(Brit Comm)* *[food]* à durée de conservation limitée ; *[garment]* qui n'est pas fait pour durer ▷ **short-list** *(Brit)* N liste *f* de(s) candidats sélectionnés VT mettre sur la liste de(s) candidats sélectionnés, présélectionner ◆ **he was ~-listed for the post of ...** il était parmi les candidats sélectionnés pour le poste de ... ▷ **short-lived** ADJ *[animal]* à la vie éphémère ; *[happiness]* de courte durée ▷ **short message service** N système *m or* service *m* de minimessages ▷ **short-order** ADJ *(US)* ◆ **~-order cook** cuisinier *m*, -ière *f* préparant des plats rapides ◆ **~-order service** service *m* de plats rapides ▷ **short pastry** N ⇒ **shortcrust pastry** ▷ **short-range** ADJ *[shot, gun]* de *or* à courte portée ; *[aircraft]* à court rayon d'action ; *(fig)* *[plan, weather forecast]* à court terme ▷ **short seller** N *(St Ex)* vendeur *m* à découvert ▷ **short sharp shock** N *(Brit = punishment)* sanction *f* sévère *(mais de courte durée)* ; *(fig)* électrochoc *m* ▷ **short sharp shock treatment** N *(Brit)* traitement *m* brutal *(visant à dissuader les jeunes délinquants de récidiver)* ▷ **short sight** N myopie *f* ▷ **short-sighted** ADJ *(lit)* myope ; *(fig)* *[person]* myope, qui manque de perspicacité ; *[policy, measure]* qui manque de vision ▷ **short-sightedness** N *(lit)* myopie *f* ; *(fig)* *[of person]* myopie *f* intellectuelle, manque *m* de perspicacité ; *[of policy, measure]* manque *m* de vision ▷ **short ski method** N ski *m* évolutif ▷ **short-sleeved** ADJ à manches courtes ▷ **short-staffed** ADJ ◆ **to be ~-staffed** manquer de personnel, souffrir d'une pénurie de personnel ▷ **short-stay** ADJ *[parking, visa]* de courte durée ; *[hospital ward]* pour séjours de courte durée ▷ **short-stay car park** N parc *m* de stationnement de courte durée ▷ **short story** N nouvelle *f* ▷ **short story writer** N nouvelliste *mf* ▷ **short-tempered** ADJ ◆ **to be ~-tempered** *(in general)* être coléreux, s'emporter facilement ; *(= in a bad temper)* être de mauvaise humeur ▷ **short-term** ADJ *[parking etc]* de courte durée ; *[loan, planning, solution]* à court terme ▷ **short-term car park** N ⇒ **short-stay car park** ▷ **short-termism** N *(pej)* vision *f* à court terme ▷ **short-term memory** N mémoire *f* à court terme ▷ **short-time working** N *(Ind)* chômage *m* partiel ▷ **short trousers** NPL culottes *fpl* courtes *(de petit garçon)* ◆ **when he was still in ~ trousers** quand il était encore en culottes courtes ▷ **short-winded** ADJ qui manque de souffle, au souffle court

**shortage** /ˈʃɔːtɪdʒ/ N *[of corn, coal, energy, cash]* manque *m*, pénurie *f* ; *[of resources]* manque *m*, insuffisance *f* ◆ **in times of ~** en période de pénurie ◆ **there was no ~ of water** on ne manquait pas d'eau ◆ **owing to the ~ of staff** à cause du manque de personnel ◆ **the food ~** la pénurie de vivres, la disette ◆ **the housing ~** la crise du logement

**shortbread** /ˈʃɔːtbred/ N *(Culin)* sablé *m*

**shortcake** /ˈʃɔːtkeɪk/ N *(US)* ◆ **strawberry** *etc* **~** tarte *f* sablée aux fraises *etc*

**shortcoming** /ˈʃɔːtˌkʌmɪŋ/ N défaut *m*

**shortcrust pastry** /ˌʃɔːtkrʌstˈpeɪstrɪ/ N *(Culin)* pâte *f* brisée

**shorten** /ˈʃɔːtn/ VT *[+ skirt, rope]* raccourcir ; *[+ visit, holiday, journey]* écourter ; *[+ life]* abréger ; *[+ book, programme, letter]* raccourcir, abréger ; *[+ syllabus]* alléger ; *[+ distance, time]* réduire VI *[days etc]* raccourcir ◆ **the odds are ~ing** *(lit)* la cote baisse ; *(fig)* les chances augmentent

**shortening** /ˈʃɔːtnɪŋ/ N *(NonC)* a *(= action)* *[of skirt, rope, days]* raccourcissement *m* ; *[of book, programme, letter]* raccourcissement *m*, abrégement *m* ; *[of life, visit, holiday, journey]* abrégement *m* ; *[of syllabus]* allégement *m* ; *[of distance, time]* réduction *f* b *(esp US Culin)* matière *f* grasse

**shortfall** /ˈʃɔːtfɔːl/ N *(in payments, profits, savings)* montant *m* insuffisant (*in* de) ; *(in numbers)* nombre *m* insuffisant (*in* de) ◆ **~ in earnings** manque *m* à gagner ◆ **there is a ~ of £5,000** il manque 5 000 livres ◆ **the ~ of £5,000** les 5 000 livres qui manquent ◆ **there is a ~ of 200 in the registrations for this course** il manque 200 inscriptions à ce cours

**shorthand** /ˈʃɔːthænd/ N a *(lit)* sténographie *f* ◆ **to take sth down in ~** prendre qch en sténo, sténographier qch b *(fig)* *(= abbreviation)* abréviation *f* ; *(= code of behaviour, coded message)* code *m* ◆ **"motivation essential": that's ~ for "you'll be working 24 hours a day"** *(hum)* "motivation indispensable" : c'est une façon de dire que tu vas travailler 24 heures sur 24 ADJ *(fig = abbreviated)* *[term, version, formula]* abrégé COMP ▷ **shorthand notebook** N carnet *m* de sténo ▷ **shorthand notes** NPL notes *fpl* en *or* de sténo ▷ **shorthand typing** N sténodactylo *f* ▷ **shorthand typist** N sténodactylo *mf* ▷ **shorthand writer** N sténo(graphe) *mf*

**shorthorn** /ˈʃɔːthɔːn/ N *(Zool)* race *f* shorthorn *(race bovine)*

**shortie** /ˈʃɔːtɪ/ N ⇒ **shorty**

**shortish** /ˈʃɔːtɪʃ/ ADJ *[person]* assez petit ; *[hair, skirt]* plutôt court ; *[period]* assez bref

**shortly** /ˈʃɔːtlɪ/ ADV a *(= soon)* *[go, visit]* bientôt ; *(= in a few days)* prochainement ◆ **details will be released ~** des précisions seront communiquées prochainement ◆ **more of that ~** nous reviendrons sur ce sujet d'ici peu ◆ **~ before/after sth** peu avant/après qch ◆ **~ after seven** peu après sept heures ◆ **~ before half past two** peu avant deux heures et demie ◆ **~ afterwards** peu (de temps) après b *(= curtly)* *[say, speak]* sèchement, brusquement c *(= concisely)* *[explain]* brièvement

**shortness** /ˈʃɔːtnɪs/ N a *[of stick, skirt, hair, grass, arms]* peu *m or* manque *m* de longueur ; *[of person]* petite taille *f*, petitesse *f* ; *[of visit, message, conversation, programme]* brièveté *f*, courte durée *f* ; *[of vowel, syllable]* brévité *f* ◆ **because of its ~** parce que c'est (*or* c'était) si court b *(= curtness)* brusquerie *f*, sécheresse *f*

**shortsheet** /ˈʃɔːtʃiːt/ VT *(US)* *[+ bed]* mettre en portefeuille

**shortstop** /ˈʃɔːtstɒp/ N *(Baseball)* bloqueur *m*

**shortwave** /ˈʃɔːtweɪv/ *(Rad)* N ondes *fpl* courtes ADJ *[radio]* à ondes courtes ; *[transmission]* sur ondes courtes

**shorty** * /ˈʃɔːtɪ/ N courtaud(e) *m(f)*, nabot(e) *m(f)* *(pej)* ◆ **hey ~!** hé toi le *or* la petit(e) !

**Shostakovich** /ˌʃɒstəˈkəʊvɪtʃ/ N Chostakovitch *m*

**shot** /ʃɒt/ N a *(from gun)* coup *m* (de feu) ; *(= bullet)* balle *f* ; (*NonC:* also **lead shot**) plomb *m* ◆ **not a single ~ was fired** pas un seul coup de feu n'a été tiré ◆ **to take** *or* **have** *or* **fire a ~ at sb/sth** tirer sur qn/qch ◆ **good ~!** (c'était) bien visé ! ; see also **noun c** ◆ **a ~ across the bows** *(lit, fig)* un coup de semonce ◆ **at the first ~** du premier coup ◆ **the first ~ killed him** la première balle l'a tué ◆ **I've got four ~s left** il me reste quatre coups *or* balles ◆ **a round of five ~s** une salve de cinq coups ◆ **he is a good/bad ~** il est bon/mauvais tireur ◆ **to make a ~ in the dark** tenter le coup, deviner à tout hasard ◆ **that was just a ~ in the dark** c'était dit à tout hasard ◆ **he was off like a ~** il est parti comme une flèche ◆ **he agreed like a ~** * il y a consenti sans hésiter *or* avec empressement ◆ **would you go? – like a ~!** * est-ce que tu irais ? — sans hésiter *or* et comment ! * ◆ **he's only got one ~ (left) in his locker** c'est sa dernière chance *or* cartouche * → **crack, long¹, Parthian, parting**

b *(Space)* lancement *m* ; → **moon, space**

c *(Sport, Ftbl, Hockey)* tir *m* ; *(Golf, Tennis etc)* coup *m* ; *(= throw)* lancer *m* ◆ **good ~!** bien joué ! ◆ **a ~ at goal** un shoot, un tir au but ◆ **to put the ~** *(Sport)* lancer le poids ◆ **the biggest by a long ~** de loin le plus grand ◆ **to call the ~s** * *(fig)* mener la barque

d *(= attempt)* essai *m* ; *(= guess)* hypothèse *f* ; *(= turn to play)* tour *m* ◆ **to have a ~ at (doing) sth** essayer de faire qch ◆ **to give something one's best ~** * mettre le paquet *, faire de son mieux ◆ **have a ~ at it!** *(= try it)* tentez le coup ! ; *(= guess)* devinez !, dites voir ! *

e *(Phot)* photo(graphie) *f* ; *(Cine)* prise *f* de vue(s), plan *m*

f *(= injection)* piqûre *f* (*against* contre) ◆ **a ~ in the arm** *(fig)* un coup de fouet, un stimulant

g *[of whisky etc]* coup *m* ◆ **put a ~ of gin in it** ajoute donc un peu *or* une goutte de gin

ADJ a *(= iridescent)* *[silk]* changeant

b *(= suffused)* ◆ **black hair ~ (through) with silver** des cheveux noirs striés d'argent ◆ **his work is ~ through with humour** son œuvre est imprégnée d'humour

c ( * *= rid)* ◆ **~ of sb/sth** débarrassé de qn/qch ◆ **to get ~ of sb/sth** se débarrasser de qn/qch

d ( * *= destroyed:* also **shot to pieces**) *[object, machine]* bousillé * ◆ **my nerves are totally ~** j'ai les nerfs en capilotade ◆ **her confidence was ~ to pieces** sa confiance était totalement anéantie ◆ **to get/be ~ of ...** se débarrasser/être débarrassé de ... ◆ **to be (all) ~ up** * *(= exhausted)* être exténué *or* sur les rotules *

COMP ▷ **shot angle** N *(Cine, Phot)* angle *m* de prise de vue(s) ▷ **shot put** N *(Sport)* lancer *m* du poids ▷ **shot putter** N lanceur *m*, -euse *f* de poids

**shotgun** /ˈʃɒtgʌn/ N fusil *m* de chasse ◆ **to ride ~** *(US)* voyager comme passager accompagner COMP ▷ **shotgun marriage, shotgun wedding** N *(fig)* régularisation (précipitée), mariage *m* forcé

**should** /ʃʊd/ LANGUAGE IN USE 1.1, 2, 15.2 MODAL AUX VB (cond of **shall**) (neg **should not**, abbr **shouldn't**) a *(indicating obligation, advisability, desirability)* **I ~ go and see her** je devrais aller la voir, il faudrait que j'aille la voir ◆ **~ I go too? – yes you ~** devrais-je y aller aussi ? — oui vous devriez *or* ça vaudrait mieux ◆ **he thought he ~ tell you** il a pensé qu'il ferait bien de vous le dire *or* qu'il devrait vous le dire ◆ **you ~ know that we have spoken to him** *(frm)* il faut que vous sachiez que nous lui avons parlé ◆ **you ~ have been a teacher** vous auriez dû être professeur ◆ **~n't you go and see her?** est-ce que vous ne devriez pas aller la voir ?, est-ce que vous ne feriez pas bien d'aller la voir ? ◆ **everything is as it ~ be** tout es comme il se doit, tout est en ordre ◆ **... which is as it ~ be** ... comme il se doit ◆ **how ~ I know?** comment voulez-vous que je (le) sache ?

**b** *(indicating probability)* **he ~ win the race** il devrait gagner la course, il va probablement gagner la course ◆ **he ~ have got there by now I expect** je pense qu'il est arrivé, il a dû arriver à l'heure qu'il est ◆ **that ~ be Marie at the door now** ça doit être Marie (qui frappe *or* qui sonne) ◆ **this ~ do the trick** * ça devrait faire l'affaire ◆ **why ~ he suspect me?** pourquoi me soupçonnerait-il ?

**c** *(often used to form conditional in 1st pers)* **I ~** *or* **I'd go if he invited me** s'il m'invitait, j'irais ◆ **we ~ have come if we had known** si nous avions su, nous serions venus ◆ **will you come? – I ~ like to** est-ce que vous viendrez ? – j'aimerais bien ◆ **I ~n't be surprised if he comes** *or* **came** *or* **were to come** ça ne m'étonnerait pas qu'il vienne ◆ **I ~ think there were about 40** (je pense qu')il devait y en avoir environ 40 ◆ **was it a good film? – I ~ think it was!** est-ce que c'était un bon film ? – je pense bien *or* et comment ! * ◆ **he's coming to apologize – I ~ think so too!** il vient présenter ses excuses – j'espère bien ! ◆ **I ~ hope not!** il ne manquerait plus que ça ! * ◆ **I ~ say so!** et comment ! *

**d** *(subj uses: frm)* **it is necessary that he ~ be told** il faut qu'on le lui dise ◆ **lest he ~ change his mind** de crainte qu'il ne change *subj* d'avis ◆ **it is surprising that he ~ be so young** c'est étonnant qu'il soit si jeune ◆ **who ~ come in but Paul!** et devinez qui est entré ? Paul !

**shoulder** /ˈʃəʊldəʳ/ **N** **a** *(Anat, Culin, Dress etc)* épaule *f* ◆ **to have broad ~s** *(lit)* être large d'épaules *or* de carrure ; *(fig)* avoir les reins solides *(fig)* ◆ **the ~s are too wide, it's too wide across the ~s** c'est trop large d'épaules *or* de carrure ◆ **put my jacket round your ~s** mets ma veste sur tes épaules *or* sur ton dos ◆ **to cry** *or* **weep on sb's ~** *(lit, fig)* pleurer sur l'épaule de qn ◆ **she had her bag on** *or* **over one ~** elle portait son sac à l'épaule ◆ **they stood ~ to ~** *(lit)* ils étaient coude à coude *or* côte à côte ; *(fig)* ils se serraient les coudes ◆ **all the responsibilities had fallen on his ~s** toutes les responsabilités étaient retombées sur lui *or* sur ses épaules ◆ **to put** *or* **set one's ~ to the wheel** s'atteler à la tâche ; → **cold, head, look, rub, straighten**

**b** *[of road]* accotement *m*, bas-côté *m* ; *[of hill]* contrefort *m*, épaulement *m* ; *(Climbing)* épaule *f* ; → **hard**

**VT** **a** *[+ load, case]* charger sur son épaule ; *[+ child etc]* hisser sur ses épaules ; *(fig)* *[+ responsibility]* endosser ; *[+ task]* se charger de ◆ **to ~ arms** *(Mil)* porter l'arme ◆ **~ arms!** portez arme !

**b** ◆ **to ~ sb aside** *or* **out of the way** écarter qn d'un coup d'épaule ◆ **to ~ one's way through the crowd** se frayer un chemin à travers *or* dans la foule à coups d'épaules

**COMP** ▷ **shoulder bag N** sac *m* à bandoulière ▷ **shoulder blade N** omoplate *f* ◆ **it hit him between the ~ blades** cela l'a atteint entre les épaules ▷ **shoulder-high ADJ** *[grass, hedge, wall]* à hauteur d'épaule ◆ **to carry sb ~-high** porter qn en triomphe ▷ **shoulder holster N** étui *m* de revolver *(porté à l'épaule)* ▷ **shoulder joint N** *(Anat)* articulation *f* de l'épaule ▷ **shoulder-length hair N** *(NonC)* cheveux *mpl* mi-longs *or* jusqu'aux épaules ▷ **shoulder pad N** épaulette *f (rembourrage d'épaules de vêtement)* ▷ **shoulder strap N** *[of garment]* bretelle *f* ; *[of bag]* bandoulière *f* ; *(Mil)* patte *f* d'épaule

**shouldn't** /ˈʃʊdnt/ ⇒ **should not** ; → **should**

**should've** /ˈʃʊdv/ ⇒ **should have** ; → **should**

**shout** /ʃaʊt/ **N** cri *m* ◆ **a ~ of joy** un cri de joie ◆ **there were ~s of applause/protest/laughter** des acclamations/des protestations bruyantes/des éclats de rire ont retenti ◆ **he gave a ~ of laughter** il a éclaté de rire ◆ **to give sb a ~** appeler qn ◆ **~s of "long live the queen" could be heard** on entendait crier "vive la reine" ◆ **it's my ~** ‡ *(Brit = round of drinks)* c'est ma tournée *

**VT** *[+ order, slogan]* crier ◆ **"no" he ~ed** "non" cria-t-il ◆ **to ~ o.s. hoarse** s'enrouer à force de crier ; → **head**

**VI** **a** crier, pousser des cris ◆ **stop ~ing, I'm not deaf!** ne crie pas comme ça, je ne suis pas sourd ! ◆ **to ~ for joy** crier de joie, pousser des cris de joie ◆ **to ~ with laughter** éclater de rire ◆ **to ~ for help** crier *or* appeler au secours ◆ **she ~ed for Jane to come** elle a appelé Jane en criant *or* à grands cris ◆ **she ~ed for someone to come and help her** elle a appelé pour qu'on vienne l'aider ◆ **he ~ed to** *or* **at me to throw him the rope** il m'a crié de lui lancer la corde ◆ **it's nothing to ~ about** * *(fig)* ça n'a rien d'extraordinaire, il n'y a pas de quoi en faire un plat *

**b** *(= scold etc)* **to ~ at sb** engueuler ‡ qn, crier après * qn

► **shout after VT FUS** *[+ person]* crier à

► **shout down VT SEP** **a** *(= boo, express disagreement) [+ speaker]* huer ◆ **they ~ed down the proposal** ils ont rejeté la proposition avec de hauts cris

**b** *(= shout loudly)* **to ~ the place** *or* **house down** crier comme un damné *or* un sourd ◆ **I thought she was going to ~ the place down** elle criait tellement que j'ai cru que tout allait s'écrouler

► **shout out VI** *(gen)* pousser un cri ◆ **to ~ out to sb** interpeller qn

**VT SEP** *[+ order]* crier ; *[+ slogan]* crier, lancer

**shouting** /ˈʃaʊtɪŋ/ **N** *(NonC)* cris *mpl*, clameur *f* ; *(= noise of quarrelling)* éclats *mpl* de voix ◆ **it's all over bar the ~** *(fig)* l'important est fait (il ne reste plus que les détails) **COMP** ▷ **shouting match** * **N** engueulade ‡ *f*

**shove** /ʃʌv/ **N** poussée *f* ◆ **to give sb/sth a ~** pousser qn/qch ◆ **give it a good ~** poussez-le un bon coup

**VT** **a** *(= push)* pousser ; *(with effort)* pousser avec peine *or* effort ; *(= thrust) [+ stick, finger etc]* enfoncer (*into* dans ; *between* entre) ; *[+ rag]* fourrer (*into* dans) ; *(= jostle)* bousculer ◆ **to ~ sth in/out/down** *etc* faire entrer/sortir/descendre *etc* qch en le poussant ◆ **to ~ sth/sb aside** pousser qch/qn de côté, écarter qch/qn (d'un geste) ◆ **to ~ sth into a drawer/one's pocket** fourrer qch dans un tiroir/sa poche ◆ **stop shoving me!** arrêtez de me pousser *or* bousculer ! ◆ **to ~ sb into a room** pousser qn dans une pièce ◆ **to ~ sb against a wall** pousser *or* presser qn contre un mur ◆ **to ~ sb off the pavement** pousser qn du trottoir ; *(by jostling)* obliger qn à descendre du trottoir (en le bousculant) ◆ **to ~ sb/sth out of the way** écarter qn/qch en le poussant, pousser qn/qch pour l'écarter ◆ **he ~d the box under the table** *(= moved)* il a poussé *or* fourré la boîte sous la table ; *(= hid)* il a vite caché la boîte sous la table ◆ **they ~d the car off the road** ils ont poussé la voiture sur le bas-côté ◆ **she ~d the books off the table** elle a poussé *or* balayé les livres de dessus la table ◆ **he ~d his finger into my eye** il m'a mis le doigt dans l'œil ◆ **he ~d his head through the window** il a mis *or* passé la tête par la fenêtre ◆ **he ~d the book into my hand** il m'a fourré le livre dans la main ◆ **to ~ a door open** ouvrir une porte en la poussant *or* d'une poussée, pousser une porte (pour l'ouvrir) ◆ **to ~ one's way through the crowd** se frayer un chemin dans *or* à travers la foule, s'ouvrir un passage dans la foule en poussant

**b** *(* = put)* fourrer *, mettre

**VI** pousser ◆ **stop shoving!** arrêtez de pousser !, ne bousculez pas ! ◆ **he ~d (his way) past me** il m'a dépassé en me bousculant ◆ **two men ~d (their way) past** deux hommes sont passés en jouant des coudes *or* en bousculant les gens ◆ **he ~d (his way) through the crowd** il s'est frayé un chemin dans *or* à travers la foule

**COMP** ▷ **shove-ha'penny N** *(Brit)* jeu *m* de palet de table

► **shove about, shove around VT SEP** *(lit)* *[+ object]* pousser çà et là *or* dans tous les sens ; *[+ person]* bousculer ; *(* fig = treat high-handedly)* en prendre à son aise avec

► **shove away VT SEP** *[+ person, object]* repousser

► **shove back VT SEP** *(= push back) [+ person, chair]* repousser ; *(= replace)* remettre (à sa place) ; *(into pocket etc)* fourrer de nouveau, remettre

► **shove down** * **VT SEP** *[+ object]* poser ◆ **he ~d down a few notes before he forgot** il a griffonné *or* gribouillé quelques notes pour ne pas oublier

► **shove off VI** *(Naut)* pousser au large ; *(* = leave)* ficher le camp *, filer *

**VT SEP** *[+ boat]* pousser au large, déborder

► **shove on** * **VT SEP** **a** *[+ one's coat etc]* enfiler ; *[+ hat]* enfoncer

**b** ◆ **shove on another record** mets donc un autre disque

► **shove out VT SEP** *[+ boat]* pousser au large, déborder ; *[+ person]* mettre à la porte

► **shove over VI** *(* = move over)* se pousser

**VT SEP** **a** *(= knock over) [+ chair etc]* renverser ; *[+ person]* faire tomber (par terre)

**b** *(over cliff etc)* pousser

**c** ◆ **shove it over to me** * passe-le-moi

► **shove up** * **VI** ⇒ **shove over VI**

**shovel** /ˈʃʌvl/ **N** pelle *f* ; *(mechanical)* pelleteuse *f*, pelle *f* mécanique **VT** *[+ coal, grain]* pelleter ; (also **shovel out**) *[+ snow, mud]* enlever à la pelle ◆ **to ~ earth into a pile** pelleter la terre pour en faire un tas ◆ **he ~led the food into his mouth** * il fourrait * *or* enfournait * la nourriture dans sa bouche

► **shovel up VT SEP** *[+ sth spilt etc]* ramasser avec une pelle *or* à la pelle ; *[+ snow]* enlever à la pelle

**shoveler** /ˈʃʌvələʳ/ **N** (canard *m*) souchet *m*

**shovelful** /ˈʃʌvlfʊl/ **N** pelletée *f*

**show** /ʃəʊ/ (vb : pret **showed**, ptp **shown** *or* **showed**) **N** **a** *[of hatred etc]* manifestation *f*, démonstration *f* ; *[of affection etc]* démonstration *f*, témoignage *m* ; *(= semblance)* apparence *f*, semblant *m* ; *(= ostentation)* parade *f* ◆ **an impressive ~ of strength** un impressionnant étalage de force, une impressionnante démonstration de force ◆ **the dahlias make** *or* **are a splendid ~** les dahlias sont splendides (à voir) *or* offrent un spectacle splendide ◆ **they make a great ~ of their wealth** ils font parade *or* étalage de leur richesse ◆ **with a ~ of emotion** en affectant l'émotion, en affectant d'être ému ◆ **they made a ~ of resistance** ils ont fait semblant de résister, ils ont offert un simulacre de résistance ◆ **to make a ~ of doing sth** faire semblant *or* mine de faire qch

◆ **(just) for show** pour l'effet

b *(= exhibition)* exposition *f* ; *(= trade fair)* foire *f* ; *(for dogs, cats)* concours *m* ; *(agricultural)* salon *m* ◆ **flower ~** floralies *fpl* ; *(smaller)* exposition *f* de fleurs ◆ **dress ~** défilé *m* de couture ◆ **he's holding his first London ~** *[artist, sculptor]* il expose à Londres pour la première fois ◆ **the Boat Show** le Salon de la Navigation ; → **dogshow, fashion, motor**

♦ **on show** exposé ◆ **there were some fine pieces on ~** quelques beaux objets étaient exposés ◆ **to put sth on ~** exposer qch

c *(Theat etc)* spectacle *m* ; *(= variety show)* show *m* ◆ **there are several good ~s on in London** on donne plusieurs bons spectacles à Londres en ce moment ◆ **I often go to a ~** je vais souvent au spectacle ◆ **the last ~ starts at 9** *(Theat)* la dernière représentation commence à 21 heures ; *(Cine)* la dernière séance commence à 21 heures ◆ **on with the ~!** *(= start)* que la représentation commence *subj* ! ; *(= continue)* que la représentation continue *subj* ! ◆ **the ~ must go on** *(Theat, fig)* il faut continuer malgré tout ◆ **let's get this ~ on the road** * *(fig)* il faut faire démarrer* tout ça, passons à l'action ◆ **this is Paul's ~** * *(= Paul is in charge)* c'est Paul qui commande ici ◆ **to run the ~** * tenir les rênes ◆ **he runs the whole ~** * *(fig)* c'est lui qui commande *or* a tout en main ◆ **to give the ~ away** * vendre la mèche * ◆ **to put up a good ~** *(fig)* faire bonne figure, bien se défendre * ◆ **to make a poor ~** faire triste *or* piètre figure ◆ **it's a poor ~** * c'est lamentable, il n'y a pas de quoi être fier ◆ **it's a poor ~** * **that ...** il est malheureux que ... *+ subj* ◆ **good ~!** * *(esp Brit)* bravo ! ; → **steal**

VT a *(= display, make visible)* montrer, faire voir ; *[+ ticket, passport]* montrer, présenter ; *(= exhibit) [+ goods for sale, picture, dog]* exposer ◆ **~ it me!** faites voir !, montrez-le-moi ! ◆ **we're going to ~ (you) some slides** nous allons (vous) passer *or* projeter quelques diapositives ◆ **they ~ a film during the flight** on passe un film *or* il y a une projection de cinéma pendant le vol ◆ **what is ~ing at that cinema/at the Odeon?** qu'est-ce qu'on donne *or* qu'est-ce qui passe dans ce cinéma/à l'Odéon ? ◆ **the film was first ~n in 1974** ce film est sorti en 1974 ◆ **it has been ~n on television** c'est passé à la télévision ◆ **what can I ~ you?** *(in shop)* que puis-je vous montrer ?, que désirez-vous voir ? ◆ **as ~n by the graph** comme le montre *or* l'indique le graphique ◆ **as ~n in the illustration on page 4** voir l'illustration page 4 ◆ **there's nothing to ~ for it** *(fig)* on ne le dirait pas, ça ne se voit *or* ne se remarque pas ◆ **he has nothing to ~ for it** il n'en a rien tiré, ça ne lui a rien donné *or* apporté ◆ **he has nothing to ~ for all the effort he has put into it** les efforts qu'il y a consacrés n'ont rien donné ◆ **I ought to ~ myself** *or* **my face at Paul's party** il faudrait que je fasse acte de présence à la soirée de Paul ◆ **he daren't ~ himself** *or* **his face there again** il n'ose plus s'y montrer *or* montrer son nez là-bas * ◆ **to ~ one's hand** *or* **cards** *(fig)* dévoiler ses intentions, abattre son jeu *or* ses cartes ◆ **to ~ a clean pair of heels** se sauver à toutes jambes ◆ **~ a leg!** * *(Brit)* lève-toi !, debout ! ◆ **to ~ one's teeth** *(lit, fig)* montrer les dents ◆ **to ~ sb the door** montrer la porte à qn, mettre qn à la porte ◆ **to ~ the flag** *(fig)* être là pour le principe, faire acte de présence

b *(= indicate) [dial, clock etc]* indiquer, marquer ; *(gen)* montrer, indiquer ◆ **what time does your watch ~?** quelle heure est-il à votre montre ? ◆ **to ~ a loss/profit** indiquer une perte/un bénéfice ◆ **the figures ~ a rise over last year's sales** les chiffres montrent *or* indiquent que les ventes ont augmenté par rapport à l'année dernière ◆ **the roads are ~n in red** les routes sont marquées en rouge

c *(= demonstrate)* montrer, faire voir ; *(= reveal)* montrer, laisser voir ; *(= explain)* montrer, expliquer ; *(= prove)* montrer, prouver ; *[+ one's intelligence, kindness, courage, tact]* montrer, faire preuve de ; *[+ one's interest, enthusiasm, surprise, agreement]* montrer, manifester ; *[+ one's approval]* montrer, indiquer ; *[+ one's gratitude, respect]* témoigner ◆ **to ~ loyalty** se montrer loyal (*to sb* envers qn) ; ◆ **if they were afraid, they didn't ~ it** s'ils avaient peur, ils ne l'ont pas montré ◆ **that dress ~s her bra** cette robe laisse voir son soutien-gorge ◆ **this skirt ~s the dirt** cette jupe est salissante ◆ **it's ~ing signs of wear** cela porte des signes d'usure ◆ **he was ~ing signs of tiredness** il montrait des signes de fatigue ◆ **it ~ed signs of having been used** il était visible qu'on s'en était servi, manifestement on s'en était servi ◆ **to ~ fight** se montrer combatif ◆ **her choice of clothes ~s good taste** sa façon de s'habiller témoigne de son bon goût ◆ **he ~ed that he was angry** il a manifesté *or* laissé voir sa colère ◆ **he's beginning to ~ his age** il commence à faire son âge ◆ **this ~s great intelligence** cela révèle *or* dénote beaucoup d'intelligence ◆ **he ~ed himself (to be) a coward** il s'est montré *or* révélé lâche ◆ **to ~ sth to be true** démontrer la vérité de qch, montrer que qch est vrai ◆ **it all goes to ~ that ...** tout cela montre *or* prouve bien que ... ◆ **it only** *or* **just goes to ~!** * tu m'en diras tant ! *, c'est bien ça la vie ! ◆ **I ~ed him that it was impossible** je lui ai prouvé *or* démontré que c'était impossible ◆ **he ~ed me how it works** il m'a montré *or* il m'a fait voir comment cela fonctionne ◆ **I'll ~ him!** * *(fig)* je lui apprendrai ! ◆ **to ~ sb the way** montrer *or* indiquer le chemin à qn ◆ **I'll ~ you the way** suivez-moi (je vais vous montrer le chemin) ; → **willing**

d *(= guide, conduct)* **to ~ sb into the room** faire entrer qn dans la pièce ◆ **to ~ sb to his seat** placer qn ◆ **to ~ sb to the door** reconduire qn jusqu'à la porte ◆ **to ~ sb over** *or* **round a house** faire visiter une maison à qn

VI a *[emotion]* être visible ; *[stain, scar]* se voir ; *[underskirt etc]* dépasser ◆ **it doesn't ~** cela ne se voit pas, on ne dirait pas ◆ **don't worry, it won't ~** ne t'inquiète pas, ça ne se verra pas ◆ **his fear ~ed on his face** la peur se lisait sur son visage

b *(esp US = arrive)* ⇒ **show up vi b**

COMP ▷ **show bill** N *(Theat)* affiche *f* de spectacle ▷ **show biz** * N le monde du spectacle, le showbiz * ▷ **show business** N le monde du spectacle, le show business ▷ **show flat** N *(Brit)* appartement *m* témoin ▷ **show girl** N girl *f* ▷ **show home**, **show house** N *(Brit)* maison *f* témoin ▷ **show jumping** N *(NonC)* concours *m* hippique, jumping *m* ▷ **show-me attitude** * N *(US)* scepticisme *m* ▷ **the Show-Me State** N *(US)* le Missouri ▷ **show-off** N frimeur *m*, -euse *f*, m'as-tu-vu(e) * *m(f) pl inv* ▷ **show of hands** N vote *m* à main levée ◆ **to vote by ~ of hands** voter à main levée ▷ **show-stopper** N ◆ **it was a ~-stopper** * c'était le clou * du spectacle ▷ **show-stopping** * ADJ sensationnel * ▷ **show trial** N *(Jur)* procès pour l'exemple ▷ **show window** N *(lit, fig)* vitrine *f*

► **show about**, **show around** VT SEP faire visiter les lieux *mpl* (*or* la ville *or* la maison *etc*) à

► **show in** VT SEP *[+ visitor etc]* faire entrer

► **show off** VI *(gen)* frimer *, poser (pour la galerie) ; *[child]* chercher à se rendre intéressant, faire l'intéressant ◆ **she's always ~ing off** c'est une frimeuse * *or* une poseuse ◆ **stop ~ing off** *(gen)* arrête de frimer * ; *(showing off knowledge)* arrête d'étaler ta science *

VT SEP a *[+ sb's beauty, complexion etc]* faire valoir, mettre en valeur

b *(pej) [+ one's wealth, knowledge etc]* faire étalage de, étaler ◆ **he wanted to ~ off his new car** il voulait faire admirer sa nouvelle voiture

N ◆ **show-off** → **show**

N ◆ **showing-off** → **showing**

► **show out** VT SEP *[+ visitor etc]* accompagner *or* reconduire (jusqu'à la porte)

► **show round** VT SEP ⇒ **show about, show around**

► **show through** VI *(= be visible)* se voir au travers

► **show up** VI a *(= stand out) [feature]* ressortir ; *[mistake]* être visible *or* manifeste ; *[stain]* se voir (nettement) ◆ **the tower ~ed up clearly against the sky** la tour se détachait nettement sur le ciel

b *(* = arrive, appear)* se pointer *, s'amener *

VT SEP a *[+ visitor etc]* faire monter

b *[+ fraud, impostor]* démasquer, dénoncer ; *[+ flaw, defect]* faire ressortir

c *(= embarrass)* faire honte à (en public)

**showboat** /ˈʃəʊbəʊt/ *(US)* N *(lit)* bateau-théâtre *m* ; (*‡ fig = person*) m'as-tu-vu(e) * *m(f) pl inv* VI crâner *, en mettre plein la vue

**showcase** /ˈʃəʊkeɪs/ N *(lit, fig)* vitrine *f* VT présenter COMP ▷ **showcase project** N opération *f* de prestige

**showdown** /ˈʃəʊdaʊn/ N épreuve *f* de force

**shower** /ˈʃaʊəʳ/ N a *[of rain]* averse *f* ; *(fig) [of blows]* volée *f*, grêle *f* ; *[of sparks, stones, arrows]* pluie *f* ; *[of blessings]* déluge *m* ; *[of insults]* torrent *m*, flot *m*

b douche *f* ◆ **to have** *or* **take a ~** prendre une douche ◆ **to send sb to the ~s** * *(US) (Sport)* expulser qn ; *(fig)* mettre qn sur la touche *(fig)*

c *(Brit ‡ pej = people)* bande *f* de crétins *

d *(before wedding etc)* **to give a ~ for sb** organiser une soirée pour donner ses cadeaux à qn

VT *(fig)* ◆ **to ~ sb with gifts/praise, to ~ gifts/praise on sb** combler qn de cadeaux/de louanges ◆ **to ~ blows on sb** faire pleuvoir des coups sur qn ◆ **to ~ abuse** *or* **insults on sb** accabler *or* couvrir qn d'injures ◆ **invitations were/advice was ~ed (up)on him** les invitations/les conseils pleuvaient (sur lui)

VI a *(= wash)* se doucher, prendre une douche

b *(= fall)* **small stones/hailstones ~ed (down) on to the car** des petites pierres/grêlons pleuvaient sur la voiture ◆ **advice ~ed upon him** les conseils pleuvaient sur lui

COMP ▷ **shower attachment** N douchette *f* à main, douchette *f* de lavabo ▷ **shower cap** N bonnet *m* de douche ▷ **shower cubicle** N cabine *f* de douche ▷ **shower curtain** N rideau *m* de douche ▷ **shower gel** N gel *m* douche ▷ **shower stall** N ⇒ **shower cubicle** ▷ **shower unit** N bloc-douche *m*

**showerproof** /ˈʃaʊəpruːf/ ADJ imperméable

**showery** /ˈʃaʊərɪ/ ADJ *[weather, day]* pluvieux ◆ **~ rain** averses *fpl* ◆ **it will be ~** il y aura des averses

**showground** /ˈʃəʊgraʊnd/ N champ *m* de foire

**showing** /ˈʃəʊɪŋ/ N a *[of pictures etc]* exposition *f* ; *[of film]* projection *f* ◆ **the first ~ is at 8pm** *(Cine)* la première séance est à 20 heures ◆ **another ~ of this film** *(Cine, TV)* une nouvelle projection de ce film **b** *(= performance)* performance *f*, prestation * *f* ◆ **on this ~ he doesn't stand much chance** si c'est tout ce dont il est capable *or* à en juger d'après cette prestation, il n'a pas de grandes chances ◆ **he made a good ~** il s'en est bien tiré ◆ **he made a poor ~** il ne s'est vraiment pas distingué **c** ◆ **on his own ~** de son propre aveu **COMP** ▷ **showing-off** N *(NonC)* frime *f*, pose *f*

**showjumper** /ˈʃəʊˌdʒʌmpəʳ/ N *(= rider)* cavalier *m*, -ière *f* de concours hippique ; *(= horse)* cheval *m* (de saut) d'obstacles

**showman** /ˈʃəʊmən/ N (pl **-men**) *(in fair, circus etc)* forain *m* ◆ **he's a real ~** *(fig)* il a vraiment le sens de la mise en scène *(fig)*

**showmanship** /ˈʃəʊmənʃɪp/ N art *m or* sens *m* de la mise en scène

**shown** /ʃəʊn/ VB ptp of **show**

**showpiece** /ˈʃəʊpiːs/ N **a** *[of exhibition etc]* trésor *m*, joyau *m* **b** *(fig)* **Arran's ~ is Brodick Castle** le joyau d'Arran est Brodick Castle ◆ **the new school is a ~** la nouvelle école est un modèle du genre ◆ **the capital's ~ art gallery** la plus prestigieuse galerie d'art de la capitale

**showplace** /ˈʃəʊpleɪs/ N **a** *(= tourist attraction)* lieu *m* de grand intérêt touristique **b** *(fig)* ⇒ **showpiece b** **COMP** ▷ **showplace home** N *(US)* maison *f* de rêve

**showroom** /ˈʃəʊrʊm/ N salle *f* d'exposition, showroom *m* ◆ **in ~ condition** à l'état *m* neuf

**showtime** /ˈʃəʊtaɪm/ N ◆ **it's ~ !** le spectacle commence ! ◆ **ten minutes till ~!** le spectacle commence dans dix minutes !

**showy** * /ˈʃəʊɪ/ ADJ *(pej) [clothes, jewellery, décor]* voyant, tape-à-l'œil *inv* ; *[colour]* voyant, criard ; *[person, manner]* plein d'ostentation

**shrank** /ʃræŋk/ VB pt of **shrink**

**shrapnel** /ˈʃræpnl/ N *(Mil)* **a** obus *m* à balles, shrapnel *m* **b** *(NonC)* éclats *mpl* d'obus

**shred** /ʃred/ **N** *[of cloth, paper, skin, plastic sheeting]* lambeau *m* ; *(fig) [of truth]* parcelle *f*, grain *m* ; *[of common sense]* grain *m*, once *f* ◆ **not a ~ of evidence** pas la moindre *or* plus petite preuve ◆ **her dress hung in ~s** sa robe était en lambeaux ◆ **to tear** *or* **rip into ~s** mettre en lambeaux ◆ **without a ~ of clothing on** nu comme un ver, complètement nu **VT** **a** *[+ paper] (gen)* mettre en lambeaux, déchiqueter ; *(in shredder)* détruire (par lacération), déchiqueter **b** *[+ carrots]* râper ; *[+ cabbage, lettuce]* couper en lanières

**shredder** /ˈʃredəʳ/ N **a** *[of food processor]* (disque *m*) râpeur *m* **b** (also **paper** *or* **document shredder**) destructeur *m* (de documents), déchiqueteuse *f* ◆ **to put sth through the ~** détruire qch, passer qch à la déchiqueteuse

**shrew** /ʃruː/ N **a** *(Zool)* musaraigne *f* **b** *(= woman)* mégère *f* ; → **taming**

**shrewd** /ʃruːd/ ADJ *[person] (= clear-sighted)* perspicace ; *(= cunning)* astucieux ; *[plan]* astucieux ; *[businessman, politician]* habile ; *[assessment, reasoning, investment, move]* judicieux ◆ **a ~ judge of character** un fin psychologue ◆ **I can make a ~ guess at what he wanted** je crois que je devine ce qu'il voulait ◆ **to have a ~ suspicion that ...** être assez perspicace pour soupçonner que ...

**shrewdly** /ˈʃruːdlɪ/ ADV *[look at]* d'un air perspicace ; *[say, ask, assess, suspect]* avec perspicacité ; *[realize, recognize, perceive, comment]* judicieusement ; *[reason]* habilement ; *[guess]* astucieusement

**shrewdness** /ˈʃruːdnɪs/ N *[of person]* perspicacité *f*, habileté *f*, sagacité *f* ; *[of assessment]* perspicacité *f* ; *[of plan]* astuce *f*

**shrewish** /ˈʃruːɪʃ/ ADJ *(pej) [woman]* acariâtre ; *[behaviour]* de mégère ◆ **a ~ woman** une mégère

**shriek** /ʃriːk/ **N** hurlement *m*, cri *m* perçant *or* aigu ◆ **to let out** *or* **give a ~** pousser un hurlement *or* un cri ◆ **~s of laughter** de grands éclats *mpl* de rire ◆ **with ~s of laughter** en riant à gorge déployée **VI** hurler, crier (*with* de) ◆ **to ~ with laughter** rire à gorge déployée, se tordre de rire ◆ **the colour simply ~s at you** *(fig)* cette couleur hurle *or* est vraiment criarde **VT** hurler, crier ◆ **to ~ abuse at sb** hurler des injures à qn ◆ **"no" he ~ed** "non" hurla-t-il

**shrift** /ʃrɪft/ N ◆ **to give sb short ~** expédier qn sans ménagement, envoyer promener qn * ◆ **I got short ~ from him** il m'a traité sans ménagement, il m'a envoyé promener *

**shrike** /ʃraɪk/ N pie-grièche *f*

**shrill** /ʃrɪl/ ADJ *(pej)* **a** *(= piercing) [voice, cry]* strident, perçant ; *[laughter, music]* strident ; *[whistle]* strident, aigu (-guë *f*) **b** *(= vehement) [demand]* outrancier ; *[protest]* violent **VI** *[whistle, telephone]* retentir **VT** ◆ **"stop !" she ~ed** "arrête !" cria-t-elle d'une voix perçante *or* stridente

**shrillness** /ˈʃrɪlnɪs/ N *(NonC)* ton *m* aigu *or* perçant

**shrilly** /ˈʃrɪlɪ/ ADV *(pej)* **a** *(= piercingly) [say, sing]* d'une voix stridente *or* perçante ◆ **her voice sounded ~ from the corridor** on entendait sa voix perçante dans le couloir ◆ **to whistle ~** émettre un sifflement strident *or* aigu **b** *(= vehemently) [demand]* de façon outrancière ; *[protest, condemn]* violemment

**shrimp** /ʃrɪmp/ **N** crevette *f* ◆ **he's just a little ~** *(fig)* il n'est pas plus haut que trois pommes **VI** ◆ **to go ~ing** aller pêcher la crevette **COMP** ▷ **shrimp cocktail** N *(Culin)* cocktail *m* de crevettes ▷ **shrimp sauce** N sauce *f* crevette

**shrine** /ʃraɪn/ N *(= place of worship)* lieu *m* saint, lieu *m* de pèlerinage ; *(= reliquary)* châsse *f* ; *(= tomb)* tombeau *m* ; *(fig)* haut lieu *m*

**shrink** /ʃrɪŋk/ (pret **shrank**, ptp **shrunk**) **VI** **a** *(= get smaller) [clothes]* rétrécir ; *[area]* se réduire ; *[boundaries]* se resserrer ; *[piece of meat]* réduire ; *[body, person]* se ratatiner, rapetisser ; *[wood]* se contracter ; *[quantity, amount]* diminuer ◆ **"will not shrink"** *(on label)* "irrétrécissable" **b** (also **shrink away, shrink back**) reculer, se dérober (*from sth* devant qch ; *from doing sth* devant l'idée de faire qch) ◆ **she shrank (away** *or* **back) from him** elle a eu un mouvement de recul ◆ **he did not ~ from saying that ...** il n'a pas craint de dire que ... **VT** *[+ wool]* (faire) rétrécir ; *[+ metal]* contracter **N** (* = *psychiatrist)* psychiatre *mf*, psy * *mf* **COMP** ▷ **shrink-wrap** VT emballer sous film plastique ▷ **shrink-wrapped** ADJ emballé sous film plastique

**shrinkage** /ˈʃrɪŋkɪdʒ/ N *(NonC) [of clothes]* rétrécissement *m* ; *[of wood, market]* contraction *f* ; *[of industry]* recul *m* ; *[of quantity, amount]* diminution *f* ; *[of metal]* retrait *m* ◆ **to allow for ~** *(in material)* prévoir un rétrécissement

**shrinking** /ˈʃrɪŋkɪŋ/ ADJ craintif **COMP** ▷ **shrinking violet** N sensitive *f*, personne *f* sensible et timide

**shrive** †† /ʃraɪv/ (pret **shrived** *or* **shrove**, ptp **shrived** *or* **shriven**) VT confesser et absoudre

**shrivel** /ˈʃrɪvl/ (also **shrivel up**) **VI** *[apple, body]* se ratatiner ; *[skin]* se rider, se flétrir ; *[leaf]* se flétrir, se racornir ; *[steak]* se racornir, se ratatiner ◆ **her answer made him ~ (up)** sa réponse lui a donné envie de rentrer sous terre **VT** dessécher, flétrir

**shriven** /ˈʃrɪvn/ VB ptp of **shrive**

**shroud** /ʃraʊd/ **N** **a** linceul *m*, suaire *m (liter)* ; *(fig) [of mist]* voile *m*, linceul *m (liter)* ; *[of snow]* linceul *m (liter)* ; *[of mystery]* voile *m* **b** *[of mast]* hauban *m* ; *[of parachute]* suspentes *fpl* **c** *(Space: of rocket)* coiffe *f* **VT** *[+ corpse]* envelopper dans un linceul, ensevelir ◆ **~ed in mist/snow** enseveli sous la brume/la neige, sous un linceul de brume/de neige *(liter)* ◆ **~ed in mystery/secrecy** enveloppé de mystère/d'une atmosphère de secret

**shrove** /ʃrəʊv/ VB pt of **shrive** **COMP** ▷ **Shrove Tuesday** N (le) Mardi gras

**Shrovetide** /ˈʃrəʊvtaɪd/ N les jours *mpl* gras *(les trois jours précédant le Carême)*

**shrub** /ʃrʌb/ N arbrisseau *m* ; *(small)* arbuste *m* ; → **flowering**

**shrubbery** /ˈʃrʌbərɪ/ N (massif *m* d')arbustes *mpl*

**shrubby** /ˈʃrʌbɪ/ ADJ arbustif ◆ **a ~ tree** un arbuste

**shrug** /ʃrʌg/ **N** haussement *m* d'épaules ◆ **to give a ~ of contempt** hausser les épaules (en signe) de mépris ◆ **... he said with a ~** ... dit-il en haussant les épaules *or* avec un haussement d'épaules **VTI** ◆ **to ~ (one's shoulders)** hausser les épaules

► **shrug off** VT SEP *[+ suggestion, warning]* dédaigner, faire fi de ; *[+ remark]* ignorer, ne pas relever ; *[+ infection, a cold]* se débarrasser de

**shrunk** /ʃrʌŋk/ VB ptp of **shrink**

**shrunken** /ˈʃrʌŋkən/ ADJ *[person, body]* ratatiné, rabougri ◆ **~ head** tête *f* réduite

**shtick** /ʃtɪk/ N ⇒ **schtick**

**shtoom** *, **stumm** * /ʃtʊm/ ADJ ◆ **to keep shtoom** la boucler *

**shuck** /ʃʌk/ *(US)* **N** *(= pod)* cosse *f* ; *[of nut]* écale *f* ; *[of chestnut]* bogue *f* ; *[of corn]* spathe *f* **EXCL** ◆ **~s !** * mince alors ! *, zut alors ! * **VT** *[+ bean]* écosser ; *[+ nut]* écaler ; *[+ chestnut]* éplucher ; *[+ corn]* égrener ◆ **to ~ one's clothes** se désaper *

► **shuck off** * VT SEP *(US) [+ garment]* enlever ◆ **to ~ off one's clothes** se désaper * ◆ **to ~ off one's jacket** tomber la veste *

**shudder** /ˈʃʌdəʳ/ **N** *(from cold)* frisson *m* ; *(from horror)* frisson *m*, frémissement *m* ; *[of vehicle, ship, engine]* vibration *f*, trépidation *f* ◆ **to give a ~** *[person]* frissonner, frémir ; *[vehicle, ship]* avoir une forte secousse, être ébranlé ◆ **it gives me the ~s** * ça me donne des frissons ◆ **he realized with a ~ that ...** il a frissonné *or* frémi, comprenant que ... **VI** *(from cold)* frissonner ; *(from horror)* frémir, frissonner ; *[engine, motor]* vibrer, trépider ; *[vehicle, ship] (on striking sth)* avoir une forte secousse, être ébranlé ; *(for mechanical reasons)* vibrer, trépider ◆ **I ~ to think what might have happened** je frémis rien qu'à la pensée de ce qui aurait pu se produire ◆ **what will he do next? – I ~ to think!** qu'est-ce qu'il va encore faire ? – j'en frémis d'avance !

**shuffle** /ˈʃʌfl/ **N** **a** ◆ **the ~ of footsteps** le bruit d'une démarche traînante **b** *(Cards)* battage *m* ; *(fig)* réorganisation *f* ◆ **give the cards a good ~** bats bien les cartes ◆ **a cabinet (re)~** *(Parl)* un remaniement ministériel ◆ **to get lost in the ~** *(US) [person]* passer inaperçu ; *[fact, issue etc]* être mis aux oubliettes *or* au placard

VT a ◆ **to ~ one's feet** *(while sitting or standing)* bouger les pieds ; *(when nervous)* agiter nerveusement les pieds

b *[+ cards]* battre ; *[+ dominoes]* mêler, brouiller ; *[+ papers]* remuer, déranger

VI a traîner les pieds ◆ **to ~ in/out/along** *etc* entrer/sortir/avancer *etc* d'un pas traînant *or* en traînant les pieds

b *(Cards)* battre (les cartes)

► **shuffle off** VI s'en aller *or* s'éloigner d'un pas traînant *or* en traînant les pieds

VT SEP *[+ garment]* enlever maladroitement ; *(fig) [+ responsibility]* rejeter (*on to sb* sur qn), se dérober à

► **shuffle out of** VT FUS *(fig) [+ duty, responsibility]* se dérober à

**shuffleboard** /ˈʃʌflbɔːd/ N jeu *m* de palets

**shufti, shufty** ‡ /ˈʃʊftɪ, ˈʃʊftɪ/ N *(Brit)* ◆ **to have** *or* **take a ~ (at sth)** jeter un œil * *or* coup d'œil (à qch)

**shun** /ʃʌn/ VT *[+ place, temptation]* fuir ; *[+ person, publicity]* fuir, éviter ; *[+ work, obligation]* éviter, esquiver ◆ **I ~ned his company** j'ai fui sa présence ◆ **to ~ doing sth** éviter de faire qch

**shunt** /ʃʌnt/ VT a *(Rail) (= direct)* aiguiller ; *(= divert)* dériver, détourner ; *(= move about)* manœuvrer ; *(= position)* garer b *(* fig) [+ conversation, discussion]* aiguiller, détourner (*on to* sur) ; *[+ person]* expédier * (*to* à) ◆ **they ~ed the visitors to and fro between the factory and the offices** * ils ont fait faire la navette aux visiteurs entre l'usine et les bureaux ◆ **~ that book over to me!** ‡ passe-moi *or* file-moi ce bouquin ! * c *(Elec)* shunter, dériver VI *(fig)* ◆ **to ~ (to and fro)** * *[person, object, document]* faire la navette (*between* entre) N *(Rail)* aiguillage *m* ; *(* fig)* collision *f*

**shunter** /ˈʃʌntəʳ/ N *(Brit Rail) (= person)* aiguilleur *m* (de train) ; *(= engine)* locomotive *f* de manœuvre

**shunting** /ˈʃʌntɪŋ/ *(Rail)* N manœuvres *fpl* d'aiguillage COMP ▷ **shunting operation** N *(Brit)* opération *f* de triage ▷ **shunting yard** N voies *fpl* de garage et de triage

**shush** /ʃʊʃ/ EXCL chut ! VT * faire chut à ; *(= silence:* also **shush up***)* faire taire

**shut** /ʃʌt/ (pret, ptp **shut**) VT *[+ eyes, door, factory, shop]* fermer ; *[+ drawer]* (re)fermer, repousser ◆ **the shop is ~ now** le magasin est fermé maintenant ◆ **the shop is ~ on Sundays** le magasin ferme *or* est fermé le dimanche ◆ **we're ~ting the office for two weeks in July** nous fermons le bureau pour deux semaines au mois de juillet ◆ **to ~ one's finger in a drawer** se pincer *or* se prendre le doigt dans un tiroir ◆ **to ~ sb in a room** enfermer qn dans une pièce ◆ **~ your mouth!** ‡ ferme-la ! ‡, boucle-la ! ‡ ◆ **~ your face!** ‡ ta gueule ! ‡, la ferme ! ‡ ; → **door, ear**[1]**, eye, open, stable**[2]

VI *[door, box, lid, drawer]* se fermer, fermer ; *[museum, theatre, shop]* fermer ◆ **the door ~** la porte s'est (re)fermée ◆ **the door ~s badly** la porte ferme mal ◆ **the shop ~s on Sundays/at 6 o'clock** le magasin ferme le dimanche/à 18 heures

COMP ▷ **shut-eye** ‡ N ◆ **to get a bit of ~-eye** *or* **some ~-eye** piquer un roupillon ‡, dormir un peu ▷ **shut-in** ADJ *(esp US)* enfermé, confiné ▷ **shut-out** N *(Ind)* lock-out *m inv* ; *(US Sport)* victoire *f (remportée du fait que l'équipe adverse n'a marqué aucun point)* ▷ **shut-out bid** N *(Bridge)* (annonce *f* de) barrage *m*

► **shut away** VT SEP *[+ person, animal]* enfermer ; *[+ valuables]* mettre sous clé ◆ **he ~s himself away** il s'enferme chez lui, il vit en reclus

► **shut down** VI *[business, shop, theatre]* fermer (définitivement), fermer ses portes

VT SEP *[+ lid]* fermer, rabattre ; *[+ business, shop, theatre]* fermer (définitivement) ; *[+ machine]* arrêter

► **shut in** VT SEP *[+ person, animal]* enfermer ; *(= surround)* entourer (*with* de) ◆ **to feel ~ in** se sentir enfermé *or* emprisonné *(fig)*

ADJ ◆ **shut-in** → **shut**

► **shut off** VT SEP a *(= stop, cut) [+ electricity, gas]* couper, fermer ; *[+ engine]* couper ; *[+ supplies]* arrêter, couper

b *(= isolate) [+ person]* isoler, séparer (*from* de) ◆ **we're very ~ off here** nous sommes coupés de tout ici *or* très isolés ici

► **shut out** VT SEP a ◆ **he found that they had shut him out, he found himself shut out** il a trouvé qu'il était à la porte *or* qu'il ne pouvait pas entrer ◆ **don't ~ me out, I haven't got a key** ne ferme pas la porte, je n'ai pas de clé ◆ **I ~ the cat out at night** je laisse *or* mets le chat dehors pour la nuit ◆ **close the door and ~ out the noise** ferme la porte pour qu'on n'entende pas le bruit ◆ **he ~ them out of his will** il les a exclus de son testament ◆ **you can't ~ him out of your life** tu ne peux pas l'exclure *or* le bannir de ta vie

b *(= block) [+ view]* boucher ; *[+ memory]* chasser de son esprit

c *(US Sport) [+ opponent]* bloquer

N ◆ **shut-out** → **shut**

► **shut to** VI *[door]* se (re)fermer

VT SEP (re)fermer

► **shut up** VI *(* = be quiet)* se taire ◆ **~ up!** tais-toi !, la ferme ! ‡ ◆ **better just ~ up and get on with it** mieux vaut se taire *or* la boucler * et continuer

VT SEP a *[+ factory, business, theatre, house]* fermer ; → **shop**

b *[+ person, animal]* enfermer ; *[+ valuables]* mettre sous clé ◆ **to ~ sb up in prison** emprisonner qn, mettre qn en prison

c *(* = silence)* faire taire, clouer le bec à *

**shutdown** /ˈʃʌtdaʊn/ N fermeture *f*

**shutoff** /ˈʃʌtɒf/ N (also **shutoff device***)* interrupteur *m* automatique, dispositif *m* d'arrêt automatique

**shutter** /ˈʃʌtəʳ/ N volet *m* ; *(Phot)* obturateur *m* ◆ **to put up the ~s** mettre les volets ; *(Comm)* fermer (le magasin) ; *(fig: permanently)* fermer boutique, fermer définitivement COMP ▷ **shutter release** N *(Phot)* déclencheur *m* d'obturateur ▷ **shutter speed** N vitesse *f* d'obturation

**shuttered** /ˈʃʌtəd/ ADJ *[house, window] (= fitted with shutters)* muni de volets ; *(= with shutters closed)* aux volets clos ◆ **the windows were ~** les fenêtres étaient munies de volets *or* avaient leurs volets fermés

**shuttle** /ˈʃʌtl/ N a *[of loom, sewing machine]* navette *f*

b *(= plane, train etc)* navette *f* ◆ **air ~** navette *f* aérienne ◆ **space ~** navette *f* spatiale

c *(*: in badminton = shuttlecock)* volant *m*

VI *[person, vehicle, boat, documents]* faire la navette (*between* entre)

VT ◆ **to ~ sb to and fro** envoyer qn à droite et à gauche ◆ **he was ~d (back and forth) between the factory and the office** on l'a renvoyé de l'usine au bureau et vice versa, il a dû faire la navette entre l'usine et le bureau ◆ **the papers were ~d (backwards and forwards) from one department to another** les documents ont été renvoyés d'un service à l'autre

COMP ▷ **shuttle bus** N navette *f* ▷ **shuttle diplomacy** N navettes *fpl* diplomatiques ▷ **shuttle movement** N *(Tech)* mouvement *m* alternatif ▷ **shuttle service** N *(Aviat, Rail etc)* (service *m* de) navettes *fpl*

**shuttlecock** /ˈʃʌtlkɒk/ N *(in badminton)* volant *m*

**shy**[1] /ʃaɪ/ ADJ a *(= nervous) [person, smile, look]* timide ◆ **he's a ~ person, he's ~ of people** c'est un timide ◆ **to be ~ with people** être timide avec les gens ◆ **don't be ~** ne sois pas timide, ne fais pas le (*or* la) timide ◆ **to make sb (feel) ~** intimider qn ◆ **she went all ~ * when asked to give her opinion** elle a été tout intimidée quand on lui a demandé de donner son avis

b *(= wary)* **to be ~ of sb/sth** avoir peur de qn/qch ◆ **he was so ~ about his private life** il craignait tellement de parler de sa vie privée ◆ **to be ~ of doing sth** avoir peur de faire qch ; → **bite, camera, fight, workshy**

c *(Zool) [animal, bird]* craintif ; → **gun**

d *(esp US = short)* ◆ **he is two days ~ of his 95th birthday** il va avoir 95 ans dans deux jours ◆ **I'm $5 ~** il me manque 5 dollars ◆ **they are $65,000 ~ of the $1 million that's needed** il leur manque 65 000 dollars pour avoir le million nécessaire

VI *[horse]* broncher (*at* devant)

► **shy away** VI *(fig)* ◆ **to shy away from doing sth** répugner à faire qch, s'effaroucher à l'idée de faire qch

**shy**[2] /ʃaɪ/ *(Brit)* VT *(= throw)* lancer, jeter N *(lit)* ◆ **to take** *or* **have a ~ at sth** lancer un projectile (*or* une pierre *etc*) vers qch ◆ **"20p a shy"** "20 pence le coup" ◆ **to have a ~ at doing sth** *(fig = try)* tenter de faire qch ; → **coconut**

**shyly** /ˈʃaɪlɪ/ ADV timidement

**shyness** /ˈʃaɪnɪs/ N *(NonC) [of person]* timidité *f* ; *[of animal, bird]* caractère *m* craintif

**shyster** * /ˈʃaɪstəʳ/ N *(US) (gen)* escroc *m* ; *(= lawyer)* avocat *m* véreux *or* marron

**SI** /esˈaɪ/ N (abbrev of **Système international (d'unités)**) SI *m*

**si** /siː/ N *(Mus)* si *m*

**Siam** /saɪˈæm/ N Siam *m* ◆ **in ~** au Siam

**Siamese** /ˌsaɪəˈmiːz/ ADJ *(gen)* siamois N a *(pl inv)* Siamois(e) *m(f)* b *(Ling)* siamois *m*

COMP ▷ **Siamese cat** N chat *m* siamois ▷ **Siamese twins** NPL (frères *mpl*) siamois *mpl*, (sœurs *fpl*) siamoises *fpl*

**SIB** /ˌesaɪˈbiː/ N *(Brit)* (abbrev of **Securities and Investments Board**) ≈ COB *f*

**Siberia** /saɪˈbɪərɪə/ N Sibérie *f*

**Siberian** /saɪˈbɪərɪən/ ADJ sibérien, de Sibérie N Sibérien(ne) *m(f)*

**sibilant** /ˈsɪbɪlənt/ ADJ *(frm, also Phon)* sifflant N *(Phon)* sifflante *f*

**sibling** /ˈsɪblɪŋ/ N ◆ **~s** enfants *mfpl* de mêmes parents fratrie *f* ◆ **one of his ~s** l'un de ses frères et sœurs ◆ **Paul and Julie are ~s** Paul et Julie sont frère et sœur ◆ **she's my ~** c'est ma sœur COMP ▷ **sibling rivalry** N rivalité *f* fraternelle

**sibyl** /ˈsɪbɪl/ N sibylle *f*

**sibylline** /ˈsɪbɪlaɪn/ ADJ sibyllin

**sic** /sɪk/ ADV sic

**Sicilian** /sɪˈsɪlɪən/ ADJ *(gen)* sicilien N a Sicilien(ne) *m(f)* b *(Ling)* sicilien *m*

**Sicily** /ˈsɪsɪlɪ/ N Sicile *f* ◆ **in ~** en Sicile

**sick** /sɪk/ ADJ a *(= ill) [person]* malade ◆ **he's a ~ man** il est (très) malade ◆ **to fall** *or* **take † ~** tomber malade ◆ **to be off ~** *(= off work)* être en congé maladie ; *(= off school)* être absent pour maladie ◆ **she's off ~ with 'flu** elle n'est pas là *or* elle est absente, elle a la grippe ◆ **to go ~** se faire porter malade ◆ **to call in** *or* **phone in ~** téléphoner pour dire que l'on est malade ◆ **to be ~ of a fever** † avoir la fièvre ; → **homesick**

b ◆ **to be ~** *(= vomit)* vomir ◆ **to be as ~ as a dog** * être malade comme un chien ◆ **to make sb ~** faire vomir qn ◆ **to make o.s. ~** se faire vomir ; *(= nauseous)* ◆ **to feel ~** avoir mal au cœur, avoir envie de vomir ◆ **I get ~ in planes** j'ai mal au cœur *or* je suis malade en avion, j'ai le mal de l'air ◆ **a ~ feeling** *(lit)* un haut-le-cœur ; *(fig)* une (sensation d')angoisse ◆ **worried ~** *, **~ with worry** fou *or* malade d'inquiétude ; → **airsick, car, seasick, travel**

c *(= disgusted)* **to make sb ~** rendre qn malade, écœurer qn ◆ **you make me ~!** tu m'écœures !, tu me dégoûtes ! ◆ **it's enough to make you ~** il y a de quoi vous écœurer *or* dégoûter ◆ **it makes me ~ to my stomach** ça m'écœure, ça me fait gerber * ◆ **he felt ~ about the whole business** toute l'affaire le rendait malade ◆ **it makes me ~ to think that ...** ça me rend malade de penser que ... ◆ **he was really ~ at failing the exam** * ça l'a vraiment rendu malade d'avoir échoué à l'examen ◆ **to be as ~ as a parrot** en être malade * ◆ **to be ~ at heart** *(liter = unhappy)* avoir la mort dans l'âme

d *(= fed up)* ◆ **to be ~ of sb/sth/doing sth** en avoir assez *or* marre * de qn/qch/faire qch ◆ **to be ~ of the sight of sb** en avoir assez *or* marre * de voir qn ◆ **to be/get ~ and tired** * *or* **~ to death** * *or* **~ to the (back) teeth** * **of ...** en avoir/finir par en avoir par-dessus la tête * *or* ras le bol * de ...

e *(pej = offensive) [person, mind, joke, humour, suggestion]* malsain ◆ **~ comedian** comique *m* porté sur l'humour malsain

f *(US = inferior)* ◆ **they made our team look ~** à côté d'eux, notre équipe avait l'air nulle *or* minable

N *(Brit * = vomit)* vomi * *m*, vomissure *f*

NPL **the sick** les malades *mfpl*

COMP ▷ **sick bag** N sac *m* vomitoire ▷ **sick bay** N infirmerie *f* ▷ **sick building syndrome** N syndrome *m* du bâtiment malsain ▷ **sick headache** N migraine *f* ▷ **sick leave** N ◆ **on ~ leave** en congé *m* (de) maladie ▷ **sick list** N ◆ **to be on the ~ list** *(Admin)* être porté malade ; *(* = ill)* être malade ▷ **sick-making** * ADJ dégoûtant, gerbant * ▷ **sick note** * N *(for work)* certificat *m* médical ; *(for school)* billet *m* d'excuse ▷ **sick-out** N *(US Ind) mouvement de protestation où tous les travailleurs se font porter malade* ▷ **sick pay** N indemnité *f* de maladie *(versée par l'employeur)*

► **sick up** * VT SEP *(Brit)* dégueuler *, vomir

**sickbed** /ˈsɪkbed/ N lit *m* de malade

**sicken** /ˈsɪkn/ VT rendre malade, donner mal au cœur à ; *(fig)* dégoûter, écœurer VI tomber malade ◆ **to ~ for sth** *[person]* couver qch ◆ **to ~ of ...** *(fig)* se lasser de ..., en avoir assez de ...

**sickening** /ˈsɪknɪŋ/ ADJ a *(= disgusting) [sight, smell]* écœurant, qui soulève le cœur ; *[cruelty]* révoltant ; *[waste]* révoltant, dégoûtant ; *[crime]* ignoble, révoltant ◆ **a ~ feeling of failure** un écœurant sentiment d'échec ◆ **a ~ feeling of panic** une affreuse sensation de panique ◆ **a ~ feeling of foreboding** un horrible sentiment d'appréhension b *(* = annoying) [person, behaviour, situation]* agaçant, énervant c *(= unpleasant) [blow]* mauvais ; *[crunch]* sinistre ◆ **with a ~ thud** avec un bruit sourd et sinistre

**sickeningly** /ˈsɪknɪŋlɪ/ ADV *[familiar]* tristement ◆ **~ violent/polite** d'une violence/d'une politesse écœurante ◆ **it is ~ sweet** c'est si sucré que c'est écœurant ◆ **he made it all look ~ easy** avec lui, tout paraissait d'une facilité écœurante ◆ **he seems ~ happy** il semble si heureux que c'en est écœurant ◆ **he stood at the top of a ~ steep gully** il se tenait au sommet d'une ravine vertigineuse ◆ **the ship was rolling ~** le roulis du bateau soulevait le cœur

**sickie** * /ˈsɪkɪ/ N *(Brit, Austral)* ◆ **he threw a ~** il n'est pas venu au travail sous prétexte qu'il était malade

**sickle** /ˈsɪkl/ N faucille *f* COMP ▷ **sickle-cell anaemia** N *(Med)* anémie *f* à hématies falciformes

**sickliness** /ˈsɪklɪnɪs/ N *[of person]* état *m* maladif ; *[of cake]* goût *m* écœurant

**sickly** /ˈsɪklɪ/ ADJ a *(= unhealthy) [person, face, complexion, pallor]* maladif ; *[business, company]* mal en point ; *[climate]* malsain ; *[plant]* étiolé ◆ **she gave a ~ smile** elle eut un pâle sourire b *(Brit = nauseating) [smell, colour, cake]* écœurant ; *[smile]* mielleux ADV ◆ **~ green** d'un vert nauséeux ◆ **~ yellow** cireux ◆ **~ sweet** *[smell, taste]* douceâtre ; *[book]* mièvre ; *[person, expression]* mielleux

**sickness** /ˈsɪknɪs/ N *(NonC) (= illness)* maladie *f* ◆ **there's a lot of ~ in the village** il y a beaucoup de malades dans le village ◆ **there's ~ on board** il y a des malades à bord ◆ **bouts of ~** *(= vomiting)* vomissements *mpl* ◆ **mountain ~** mal *m* des montagnes ◆ **in ~ and in health** *(in marriage service)* ≈ pour le meilleur et pour le pire ; → **travel** COMP ▷ **sickness benefit** N *(Brit)* (prestations *fpl* de l')assurance-maladie *f* ▷ **sickness insurance** N assurance-maladie *f*

**sicko** * /ˈsɪkəʊ/ *(esp US pej)* N taré(e) * *m(f)* ADJ *[person]* taré * ; *[group]* de tarés *

**sickroom** /ˈsɪkrʊm/ N *(in school etc)* infirmerie *f* ; *(at home)* chambre *f* de malade

**side** /saɪd/ N a *[of person]* côté *m* ◆ **wounded in the ~** blessé au côté ◆ **to sleep on one's ~** dormir sur le côté ◆ **to hold one's ~s with laughter** se tenir les côtes ; → **split**

♦ **at/by one's side** ◆ **he had the telephone by his ~** il avait le téléphone à côté de lui *or* à portée de la main ◆ **his assistant was at** *or* **by his ~** son assistant était à ses côtés ◆ **she remained by his ~ through thick and thin** elle est restée à ses côtés *or* elle l'a soutenu à travers toutes leurs épreuves

♦ **side by side** *(lit)* côte à côte ; *(fig: in agreement)* en parfait accord (*with* avec)

b *[of animal]* flanc *m* ◆ **a ~ of bacon** une flèche de lard ◆ **a ~ of beef/mutton** un quartier de bœuf/mouton

c *(as opposed to top, bottom) [of box, house, car, triangle]* côté *m* ; *[of ship]* flanc *m*, côté *m* ; *[of mountain] (gen)* versant *m* ; *(= flank)* flanc *m* ; *(inside) [of cave, ditch, box]* paroi *f* ◆ **the north ~** *[of mountain]* le versant nord ◆ **vines growing on the ~ of the hill** des vignes qui poussent sur le flanc de la colline ◆ **by the ~ of the church** à côté de *or* tout près de l'église ◆ **set the box on its ~** pose la caisse sur le côté ◆ **go round the ~ of the house** contournez la maison ◆ **you'll find him round the ~ of the house** tournez le coin de la maison et vous le verrez ◆ **she's (built) like the ~ of a house** * c'est un monument *, elle est colossale ; → **near, off**

d *[of cube, record, coin]* côté *m*, face *f* ; *[of garment, cloth, slice of bread, sheet of paper, shape]* côté *m* ; *(fig) [of matter, problem etc]* aspect *m* ; *[of sb's character]* facette *f* ◆ **the right ~** *[of garment, cloth]* l'endroit *m* ◆ **the wrong ~** *[of garment, cloth]* l'envers *m* ◆ **right/wrong ~ out** *[of cloth]* à l'endroit/l'envers ◆ **right/wrong ~ up** dans le bon/mauvais sens ◆ **"this side up"** *(on box etc)* "haut" ◆ **write on both ~s of the paper** écrivez des deux côtés de la feuille, écrivez recto verso ◆ **I've written six ~s** j'ai écrit six pages ◆ **the other ~ of the coin** *or* **picture** *(fig)* le revers de la médaille ◆ **they are two ~s of the same coin** *(fig) [issues]* ce sont deux facettes d'un même problème ; *[people]* ils représentent deux facettes d'une même tendance ◆ **there are two ~s to every quarrel** dans toute querelle il y a deux points de vue ◆ **look at it from his ~ (of it)** considère cela de son point de vue ◆ **now listen to my ~ of the story** maintenant écoute ma version des faits ◆ **he's got a nasty ~** * **to him** *or* **to his nature** il a un côté méchant ; → **bright, flip, right**

e *(= edge) [of road, lake, river]* bord *m* ; *[of wood, forest]* lisière *f* ; *[of field, estate]* bord *m*, côté *m* ◆ **by the ~ of the road/lake** *etc* au bord de la route/du lac *etc*

f *(= part away from centre)* côté *m* ◆ **on the other ~ of the street/room** de l'autre côté de la rue/la pièce ◆ **he crossed to the other ~ of the room** il a traversé la pièce ◆ **he was on the wrong ~ of the road** il était du mauvais côté de la route ◆ **the east ~ of the town** la partie est *or* les quartiers est de la ville ◆ **he got out of the train on the wrong ~** il est descendu du train à contre-voie ◆ **he is paralysed down one ~ of his face** il a un côté du visage paralysé ◆ **it's on this ~ of London** c'est dans cette partie de Londres ; *(between here and London)* c'est avant Londres, c'est entre ici et Londres ◆ **the science ~ of the college** la section sciences du collège ◆ **members on the other ~ of the House** *(Brit Parl) (= the government)* les députés *mpl* de la majorité ; *(= the opposition)* les députés *mpl* de l'opposition ◆ **he got out of bed on the wrong ~, he got out of the wrong ~ of the bed** il s'est levé du pied gauche ◆ **he's on the wrong ~ of 50** il a passé la cinquantaine ◆ **he's on the right ~ of 50** il n'a pas encore 50 ans ◆ **this ~ of Christmas** avant Noël ◆ **he makes a bit (of money) on the ~ by doing ...** * il se fait un peu d'argent en plus *or* il arrondit ses fins de mois en faisant ... ◆ **a cousin on his mother's ~** un cousin du côté de sa mère ◆ **my grandfather on my mother's ~** mon grand-père maternel ◆ **on the other ~** *(TV)* sur l'autre chaîne ◆ **it's on the heavy/big ~** c'est plutôt lourd/grand ◆ **it's on the hot/chilly ~** *[weather]* il fait plutôt chaud/froid ; → **safe, sunny** ◆ **from all ~s, from every ~** de tous côtés, de toutes parts

♦ **from side to side** ◆ **the boat rocked from ~ to ~** le bateau se balançait ◆ **to sway** *or* **swing from ~ to ~** balancer ◆ **he moved his jaw from ~ to ~** il bougeait sa mâchoire d'un côté et de l'autre

♦ **on/to one side** ◆ **he moved to one ~** il s'est écarté ◆ **to take sb on** *or* **to one ~** prendre qn à part ◆ **to put sth to** *or* **on one ~** mettre qch de côté ◆ **leaving that question to one ~ for the moment ...** laissant la question de côté pour le moment ...

g *(= group, team, party) (gen)* camp *m* ; *(Sport)* équipe *f* ; *(Pol etc)* parti *m* ◆ **he's on our ~** il est dans notre camp *or* avec nous ◆ **God was on their ~** Dieu était avec eux ◆ **to be on the ~ of the angels** avoir raison d'un point de vue moral ◆ **we have time on our ~** nous avons le temps pour nous, le temps joue en notre faveur ◆ **whose ~ are you on?** dans quel camp êtes-vous ?, qui soutenez-vous ? ◆ **to get on the wrong ~ of sb** se faire mal voir de qn ◆ **there are faults on both ~s** les deux camps ont des torts *or* sont fautifs ◆ **with a few concessions on the government ~** avec quelques concessions de la part du gouvernement ◆ **to take ~s (with sb)** prendre parti (pour qn) ◆ **to pick** *or* **choose ~s** *(= decide one's viewpoint)* choisir son camp ; *(for game etc)* faire *or* tirer les équipes

◆ **they've picked** *or* **chosen the England** ~ *(Sport)* on a sélectionné l'équipe d'Angleterre ; → **change**

h *(Brit * = conceit)* **he's got no ~, there's no ~ to him** c'est un homme très simple, ce n'est pas un crâneur * ◆ **to put on** ~ prendre des airs supérieurs, crâner *

COMP *[chapel, panel, elevation, seat]* latéral ▷ **side arms** NPL armes *fpl* de poing ▷ **side dish** N plat *m* d'accompagnement ▷ **side door** N entrée *f* latérale, petite porte *f* ▷ **side drum** N tambour *m* plat, caisse *f* claire ▷ **side effect** N effet *m* secondaire ▷ **side entrance** N entrée *f* latérale ▷ **side face** ADJ, ADV *(Phot)* de profil ▷ **side-foot** VT *[ball]* frapper de l'extérieur du pied ▷ **side glance** N regard *m* oblique *or* de côté ▷ **side-impact bars** NPL ⇒ **side-impact protection** ▷ **side-impact protection** N *(NonC: Aut)* protections *fpl* latérales, renforts *mpl* latéraux ▷ **side issue** N question *f* secondaire, à-côté *m* ▷ **side judge** N *(US Jur)* juge *m* adjoint ▷ **side-on** ADJ *[collision, crash]* latéral ; *[view]* latéral, de côté ▷ **side order** N *(Culin)* garniture *f* ▷ **side plate** N petite assiette *f* *(que l'on place à la gauche de chaque convive)* ▷ **side road** N *(Brit)* petite route *f*, route *f* transversale ; *(in town)* petite rue *f*, rue *f* transversale ▷ **side salad** N salade *f (pour accompagner un plat)* ▷ **side show** N *(at fair)* attraction *f* ; *(fig = minor point)* détail *m* ▷ **side-slipping** N *(Ski)* dérapage *m* ▷ **side-splitting** * ADJ tordant *, gondolant * ▷ **side street** N petite rue *f*, rue *f* transversale ▷ **side stroke** N *(Swimming)* nage *f* indienne ▷ **side trim** N *(Aut)* moulure *f* latérale ▷ **side view** N vue *f* latérale ▷ **side-wheeler** N *(US)* bateau *m* à aubes ▷ **side whiskers** NPL favoris *mpl*

► **side against** VT FUS ◆ **to side against sb** prendre parti contre qn

► **side with** VT FUS ◆ **to side with sb** se ranger du côté de qn, prendre parti pour qn

**sidebar** /ˈsaɪdbɑːʳ/ N a *(Press)* encadré *m* b *(US Jur)* entretien *m* en aparté c *(fig = sidelight)* aspect *m* d *(at festival etc)* événement *m* annexe

**sideboard** /ˈsaɪdbɔːd/ N buffet *m*

**sideboards** *(Brit)* /ˈsaɪdbɔːdz/, **sideburns** /ˈsaɪdbɜːnz/ NPL pattes *fpl*, favoris *mpl*

**sidecar** /ˈsaɪdkɑːʳ/ N side-car *m*

**-sided** /ˈsaɪdɪd/ ADJ *(in compounds)* ◆ **three-sided** à trois côtés, trilatéral ◆ **many-sided** multilatéral ; → **one**

**sidekick** * /ˈsaɪdkɪk/ N *(= assistant)* acolyte *m* ; *(= friend)* copain * *m*, copine * *f*

**sidelight** /ˈsaɪdlaɪt/ N *(Brit Aut)* feu *m* de position, veilleuse *f* ◆ **it gives us a ~ on ...** cela projette un éclairage particulier sur ..., cela révèle un côté *or* aspect inattendu de ...

**sideline** /ˈsaɪdlaɪn/ N a *(Sport)* (ligne *f* de) touche *f* ◆ **on the ~s** *(Sport)* sur la touche ; *(fig)* dans les coulisses ◆ **he stayed** *or* **stood on the ~s** *(fig)* il n'a pas pris position, il n'est pas intervenu ◆ **to be relegated to the ~s** être mis sur la touche b activité *f* (*or* travail *m etc*) secondaire ◆ **he sells wood as a ~** il a aussi un petit commerce de bois ◆ **it's just a ~** *(Comm)* ce n'est pas notre spécialité VT *(Sport, fig)* mettre sur la touche

**sidelong** /ˈsaɪdlɒŋ/ ADJ oblique, de côté ADV de côté, en oblique

**sidereal** /saɪˈdɪərɪəl/ ADJ sidéral

**sidesaddle** /ˈsaɪdsædl/ ADV ◆ **to ride** ~ monter en amazone

**sideslip** /ˈsaɪdslɪp/ *(Aviat)* N glissade *f or* glissement *m* sur l'aile VI glisser sur l'aile

**sidesman** /ˈsaɪdzmæn/ N (pl **-men**) *(Brit Rel)* ≃ bedeau *m*

**sidestep** /ˈsaɪdstep/ VT *[+ blow]* éviter, esquiver ; *[+ question]* éluder ; *[+ rules etc]* ne pas tenir compte de VI *(lit)* faire un pas de côté ; *(Ski)* monter en escalier ; *(fig)* rester évasif ; *(Boxing)* esquiver

**sidestepping** /ˈsaɪdstepɪŋ/ N *(Ski)* montée *f* en escalier ; *(Boxing)* esquives *fpl*

**sideswipe** /ˈsaɪdswaɪp/ N *(= blow)* coup *m* oblique ; *(fig)* allusion *f* désobligeante

**sidetable** /ˈsaɪdteɪbl/ N desserte *f*

**sidetrack** /ˈsaɪdtræk/ VT *[+ train]* dériver, dérouter ; *(fig) [+ person]* faire s'écarter de son sujet ◆ **to get ~ed** *(fig)* s'écarter de son sujet

**sidewalk** /ˈsaɪdwɔːk/ N *(US)* trottoir *m* COMP ▷ **sidewalk artist** N *(US)* artiste *mf* de rue ▷ **sidewalk café** N *(US)* café *m* avec terrasse *(sur le trottoir)*

**sideways** /ˈsaɪdweɪz/ ADV a *(= to one side, side-on) [glance, look]* de biais, de côté ; *[move]* latéralement ; *[walk]* en crabe ; *[stand]* de profil ; *[sit]* de côté ; *[fall]* sur le côté ◆ **to slide** ~ déraper ◆ **to turn** ~ se tourner ◆ **it goes in** ~ ça rentre de côté ◆ ~ **on** de côté ◆ **a car parked ~ on to the kerb** une voiture garée le long du trottoir ; see also **knock** b *(in career)* ◆ **to move** ~ changer de poste au même niveau hiérarchique ADJ a *(= to one side) [glance, look, movement]* de biais, de côté b *(in career)* ◆ ~ **move** *or* **step** changement *m* de poste au même niveau hiérarchique ◆ **the Justice Minister's recent ~ move to Defence** la récente mutation du ministre de la Justice au ministère de la Défense

**siding** /ˈsaɪdɪŋ/ N a *(Rail)* voie *f* de garage *or* d'évitement ; → **goods** b *(US = wall covering)* revêtement *m* extérieur

**sidle** /ˈsaɪdl/ VI ◆ **to ~ along** marcher de côté, avancer de biais ◆ **to ~ in/out** *etc* entrer/sortir *etc* furtivement ◆ **he ~d into the room** il s'est faufilé dans la pièce ◆ **he ~d up to me** il s'est glissé jusqu'à moi

**Sidon** /ˈsaɪdən/ N Sidon

**SIDS** /ˌesaɪdiːˈes/ N *(Med)* (abbrev of **sudden infant death syndrome**) MSN *f*

**siege** /siːdʒ/ N *(Mil, fig)* siège *m* ◆ **in a state of ~** en état de siège ◆ **to lay ~ to a town** assiéger une ville ◆ **to be under ~** *[town]* être assiégé ; *(fig: by questioning etc)* être sur la sellette, être en butte à de nombreuses critiques ◆ **to raise** *or* **lift the ~** lever le siège *(lit)* COMP ▷ **siege economy** N économie *f* de siège ▷ **siege mentality** N ◆ **to have a ~ mentality** être toujours sur la défensive ▷ **siege warfare** N guerre *f* de siège

**Siena, Sienna** /sɪˈenə/ N Sienne

**Sienese** /sɪəˈniːz/ ADJ siennois

**sienna** /sɪˈenə/ N *(= earth)* terre *f* de Sienne *or* d'ombre ; *(= colour)* ocre *m* brun ; → **burnt**

**sierra** /sɪˈerə/ N sierra *f*

**Sierra Leone** /sɪˈerəlɪˈəʊn/ N Sierra Leone *f*

**Sierra Leonean** /sɪˈerəlɪˈəʊnɪən/ ADJ sierra-léonais N Sierra-Léonais(e) *m(f)*

**siesta** /sɪˈestə/ N sieste *f* ◆ **to have** *or* **take a ~** faire une *or* la sieste

**sieve** /sɪv/ N *(for coal, stones)* crible *m* ; *(for sugar, flour, sand, soil)* tamis *m* ; *(for wheat)* van *m* ; *(for liquids)* passoire *f* ◆ **to rub** *or* **put through a ~** *(Culin)* passer au tamis ◆ **he's got a head** *or* **memory** *or* **brain like a ~** * il a la tête comme une passoire * VT *[+ fruit, vegetables]* passer ; *[+ sugar, flour, sand, soil]* tamiser ; *[+ coal, stones]* passer au crible, cribler

**sift** /sɪft/ VT a *[+ flour, sugar, sand]* tamiser, passer au tamis ; *[+ coal, stones]* cribler, passer au crible ; *[+ wheat]* vanner ; *(fig) [+ evidence]* passer au crible ◆ **to ~ flour on to sth** saupoudrer qch de farine (au moyen d'un tamis) b (also **sift out**) *(lit)* séparer (à l'aide d'un crible) ; *(fig) [+ facts, truth]* dégager (*from* de) VI *(fig)* ◆ **to ~ through sth** passer qch en revue, examiner qch

**sifter** /ˈsɪftəʳ/ N *(for flour, sugar, sand)* tamis *m* ; *(for soil)* cribleuse *f*, crible *m*

**sigh** /saɪ/ N soupir *m* ◆ **to heave** *or* **give a ~** soupirer, pousser un soupir VT ◆ **"if only he had come" she ~ed** "si seulement il était venu" dit-elle dans un soupir *or* soupira-t-elle VI soupirer, pousser un soupir ; *[wind]* gémir ◆ **he ~ed with relief** il a poussé un soupir de soulagement ◆ **to ~ for sth** soupirer après *or* pour qch ; *(for sth lost)* regretter qch ◆ **to ~ over sth** se lamenter sur qch, regretter qch

**sighing** /ˈsaɪɪŋ/ N *[of person]* soupirs *mpl* ; *[of wind]* gémissements *mpl*

**sight** /saɪt/ N a *(= faculty, range of vision)* vue *f* ◆ **to have good/poor ~** avoir une bonne/mauvaise vue ◆ **to lose one's ~** perdre la vue ◆ **to get back** *or* **regain one's ~** recouvrer la vue ◆ **to catch ~ of sb/sth** apercevoir qn/qch ◆ **to lose ~ of sb/sth** perdre qn/qch de vue ◆ **to keep ~ of sth** surveiller qch

♦ *preposition +* **sight** ◆ **to shoot on** *or* **at ~** tirer à vue ◆ **he translated it at ~** il l'a traduit à livre ouvert ◆ **he played the music at ~** il a déchiffré le morceau de musique ◆ **at the ~ of ...** à la vue de ..., au spectacle de ... ◆ **to know sb by ~** connaître qn de vue ◆ **the train was still in ~** on voyait encore le train, le train était encore visible ◆ **the end is (with)in ~** la fin est en vue, on entrevoit la fin ◆ **we are within ~ of a solution** nous entrevoyons une solution ◆ **we live within ~ of the sea** de chez nous on voit *or* aperçoit la mer ◆ **to come into ~** apparaître ◆ **keep the luggage in ~** surveillez les bagages

b *(= glimpse, act of seeing)* **it was my first ~ of Paris** c'était la première fois que je voyais Paris ◆ **I got my first ~ of that document yesterday** j'ai vu ce document hier pour la première fois ◆ **their first ~ of land came after 30 days at sea** la terre leur est apparue pour la première fois au bout de 30 jours en mer ◆ **the ~ of the cathedral** la vue de la cathédrale ◆ **I can't bear** *or* **stand the ~ of blood** je ne peux pas supporter la vue du sang ◆ **I can't bear** *or* **stand the ~ of him, I hate the ~ of him** je ne peux pas le voir (en peinture *) *or* le sentir * ◆ **to buy/accept sth ~ unseen** *(Comm)* acheter/accepter qch sans l'avoir examiné ◆ **to find favour in sb's ~** *(liter)* trouver grâce aux yeux de qn ◆ **all men are equal in the ~ of God** tous les hommes sont égaux devant Dieu ◆ **in the ~ of the law** aux yeux de la loi, devant la loi ; → **heave, second[1], short**

♦ **at first sight** à première vue, au premier abord ◆ **love at first ~** le coup de foudre

♦ **out of + sight** ◆ **out of ~** hors de vue ◆ **don't let the luggage out of your ~** ne perdez pas les bagages de vue ◆ **to keep out of ~** VI se cacher, ne pas se montrer VT cacher, ne pas montrer ◆ **it is out of ~** on ne le voit pas, ce n'est pas visible ◆ **he never lets it out of his ~** il le garde toujours sous les yeux ; *(liter)* ◆ **out of my ~!** hors de ma vue ! ◆ **keep out of his ~!** qu'il ne te voie pas ! ◆ **out of ~ out of mind** *(Prov)* loin des yeux loin du cœur *(Prov)*

c *(= spectacle)* spectacle *m (also pej)* ◆ **the tulips are a wonderful ~** les tulipes sont magnifiques ◆ **it is a ~ to see** *or* **a ~ to be seen** cela vaut la peine d'être vu, il faut le voir ◆ **the Grand Canyon is one of the ~s of the world** le Grand Canyon est l'un des plus beaux paysages *or* offre l'un des plus beaux spectacles au monde ◆ **it's one of the ~s of Paris** c'est l'une des attractions touristiques de Paris, c'est l'une des choses à voir à Paris ◆ **it's a sad ~** c'est triste (à voir), ça fait pitié ◆ **it's not a pretty ~** ça n'est pas beau à voir ◆ **it was a ~ for sore eyes** *(welcome)* cela réchauffait le cœur ; *(* pej)* c'était à pleurer ◆ **his face was a ~!** *(amazed etc)* il faisait une de ces têtes ! * ; *(after injury etc)* il avait une tête à faire peur ! * ◆ **I must look a ~!** je dois avoir une de ces allures ! * ◆ **doesn't she look a ~ in that hat!** elle a l'air d'un épouvantail avec ce chapeau ! ; → **see**[1]

d *(on gun)* mire *f* ◆ **to take ~** viser ◆ **to have sth in one's ~s** avoir qch dans sa ligne de mire ◆ **to have sb in one's ~s** *(fig)* avoir qn dans le collimateur *or* dans sa ligne de mire ◆ **to set one's ~s too high** *(fig)* viser trop haut *(fig)* ◆ **to set one's ~s on sth** avoir des vues sur qch

e *(phrases)* **not by a long ~** loin de là, loin s'en faut ◆ **it's a (far *or* long) ~ better than the other** * c'est infiniment mieux que l'autre ◆ **he's a ~ too clever** * il est par *or* bien trop malin

**VT** a *(= see) [+ land, person]* apercevoir

b ◆ **to ~ a gun** *(= aim)* prendre sa mire, viser ; *(= adjust)* régler le viseur d'un canon

**COMP** ▷ **sight draft** N *(Comm, Fin)* effet *m* à vue ▷ **sight-read** VT *(Mus)* déchiffrer ▷ **sight-reading** N déchiffrage *m*

**sighted** /'saɪtɪd/ **ADJ** qui voit ◆ **partially ~** malvoyant **NPL the sighted** les voyants *mpl (lit),* ceux *mpl* qui voient

**-sighted** /'saɪtɪd/ ADJ *(in compounds)* ◆ **weak-sighted** à la vue faible ; → **clear, short**

**sighting** /'saɪtɪŋ/ N ◆ **numerous ~s of the monster have been reported** le monstre aurait été aperçu à plusieurs reprises

**sightless** /'saɪtlɪs/ ADJ *[person, eyes]* aveugle

**sightline** /'saɪtlaɪn/ N champ *m* de vision

**sightly** /'saɪtlɪ/ ADJ ◆ **it's not very ~** ce n'est pas beau à voir

**sightseeing** /'saɪtsiːɪŋ/ N tourisme *m* ◆ **to go ~, to do some ~** *(gen)* faire du tourisme ; *(in town)* visiter la ville

**sightseer** /'saɪtsiːə^r/ N touriste *mf*

**sign** /saɪn/ **N** a *(with hand etc)* signe *m*, geste *m* ◆ **he made a ~ of recognition** il m'a (*or* lui a *etc*) fait signe qu'il me (*or* le *etc*) reconnaissait ◆ **they communicated by ~s** ils communiquaient par signes ◆ **to make a ~ to sb** faire signe à qn (*to do sth* de faire qch) ◆ **to make the ~ of the Cross** faire le signe de la croix (*over sb/sth* sur qn/qch) ; *(= cross o.s.)* se signer ◆ **he made a rude ~** il a fait un geste grossier

b *(= symbol)* signe *m* ◆ **the ~s of the zodiac** les signes *mpl* du zodiaque ◆ **born under the ~ of Leo** né sous le signe du Lion ◆ **air/earth/fire/water ~** signe *m* d'air/de terre/de feu/d'eau ; → **minus**

c *(= indication)* signe *m*, indication *f* ; *(Med)* signe *m* ; *(= trace)* signe *m*, trace *f* ◆ **as a ~ of ...** en signe de ... ◆ **it's a good/bad ~** c'est bon/mauvais signe ◆ **all the ~s are that ...** tout laisse à penser *or* indique que ... ◆ **those clouds are a ~ of rain** ces nuages annoncent la pluie *or* sont signe de pluie ◆ **violence is a ~ of fear** la violence est signe de peur ◆ **it's a ~ of the times** c'est un signe des temps ◆ **it's a sure ~** c'est un signe infaillible ◆ **at the slightest ~ of disagreement** au moindre signe de désaccord

◆ **any/no sign of** ◆ **has there been any ~ of him?** est-ce que quelqu'un l'a vu ? ◆ **any ~ of the dog?** on a retrouvé le chien ? ◆ **there's no ~ of him anywhere** on ne le trouve nulle part, il n'y a aucune trace de lui ◆ **there's no ~ of it anywhere** c'est introuvable, je (*or* il *etc*) n'arrive pas à le (re)trouver ◆ **there is no ~ of his agreeing** rien ne laisse à penser *or* rien n'indique qu'il va accepter ◆ **he gave no ~ of wishing to come with us** il ne donnait aucun signe de *or* il n'avait pas du tout l'air de vouloir venir avec nous ◆ **he gave no ~ of having heard us** rien n'indiquait qu'il nous avait entendus ◆ **there was no ~ of life** il n'y avait aucun signe de vie ◆ **he gave no ~ of life** *(lit, fig)* il n'a pas donné signe de vie ; → **show**

d *(= notice)* panneau *m* ; *(on inn, shop)* enseigne *f* ; *(Aut = traffic warnings etc)* panneau *m* (de signalisation) ; *(Aut = directions on motorways etc)* panneau *m* (indicateur) ; *(= writing on signpost)* direction *f*, indication *f* ◆ **I can't read the ~** *(on road)* je n'arrive pas à lire le panneau

**VT** a *[+ letter, document, register, visitors' book]* signer ◆ **to ~ one's name** signer (son nom) ◆ **he ~s himself John Smith** il signe "John Smith" ◆ **~ed John Smith** *(in letters)* signé John Smith ◆ **~ed and sealed** *[agreement]* conclu en bonne et due forme ; *[new law]* voté en bonne et due forme ◆ **it was ~ed, sealed and delivered by twelve noon** *(fig)* à midi, l'affaire était entièrement réglée ; → **pledge**

b *(Sport) [+ player]* engager

c *[+ spoken language]* traduire en langue des signes

**VI** a signer ◆ **you have to ~ for the key** vous devez signer pour obtenir la clé ◆ **he ~ed for the parcel** il a signé le reçu pour le colis ◆ **Smith has ~ed for Celtic** *(Ftbl)* Smith a signé (un contrat) avec le Celtic ; → **dotted**

b ◆ **to ~ to sb to do sth** faire signe à qn de faire qch

c *(= use sign language)* s'exprimer dans le langage des signes, signer

**COMP** ▷ **sign language** N langage *m* des signes ◆ **to talk in ~ language** parler *or* communiquer par signes ▷ **sign writer** N peintre *mf* d'enseignes

► **sign away** VT SEP ◆ **to sign sth away** signer sa renonciation à qch, signer l'abandon de son droit sur qch ◆ **to ~ one's life away** *(fig)* hypothéquer son avenir

► **sign in** **VI** *(in factory)* pointer *(en arrivant)* ; *(in hotel, club etc)* signer le registre *(en arrivant)*

**VT SEP** *(at club)* ◆ **to ~ sb in** faire entrer qn en tant qu'invité *(en signant le registre)*

► **sign off** **VI** a *(Rad, TV)* terminer l'émission ◆ **this is Jacques Dupont ~ing off** ici Jacques Dupont qui vous dit au revoir

b *(on leaving work)* pointer en partant ; *(Brit: DSS) informer la sécurité sociale que l'on a retrouvé du travail*

c *(at end of letter)* terminer sa lettre

**VT FUS** *(fig) (= conclude) [+ deal, career etc]* conclure

► **sign on** **VI** a *(= enrol) (for course etc)* s'inscrire ; *(for job)* se faire embaucher (*as* comme, en tant que) ; *(Mil)* s'engager (*as* comme, en tant que) ; *(Brit) (at employment office)* pointer au chômage, pointer à la sécurité sociale ◆ **I've ~ed on for German conversation** je me suis inscrit au cours de conversation allemande

b *(on arrival at work)* pointer en arrivant

**VT SEP** *[+ employee]* embaucher ; *(Mil)* engager

► **sign out** **VT SEP** *[+ library book, sports equipment etc]* signer pour emprunter

**VI** *(in hotel, club etc)* signer le registre *(en partant)* ; *(in office)* pointer *(en partant)*

► **sign over** VT SEP céder par écrit (*to* à)

► **sign up** **VI** ⇒ **sign on vi a**

**VT SEP** ⇒ **sign on vt sep**

**signage** /'saɪnɪdʒ/ N signalisation *f*

**signal** /'sɪgnl/ **N** a *(gen, Ling, Naut, Psych, Rail)* signal *m* ◆ **at a prearranged ~** à un signal convenu ◆ **the ~ for departure** le signal du départ ◆ **flag ~s** *(Naut)* signaux *mpl* par pavillons ◆ **(traffic) ~s** feux *mpl* de circulation ◆ **the ~ is at red** *(Rail)* le signal est au rouge ◆ **I didn't see his ~** *(Aut)* je n'ai pas vu son clignotant ; → **distress, hand**

b *(= electronic impulse, message: Rad, Telec, TV)* signal *m* ◆ **I'm getting the engaged ~** ça sonne occupé *or* pas libre ◆ **send a ~ to HQ to the effect that ...** envoyez un signal *or* message au QG pour dire que ... ◆ **the ~ is very weak** *(Rad, Telec, TV)* le signal est très faible ◆ **station ~** *(Rad, TV)* indicatif *m* de l'émetteur ◆ **the Signals** *(Mil)* les Transmissions *fpl*

**ADJ** *[success, triumph]* éclatant, insigne *(liter)* ; *[failure]* notoire, insigne *(liter)* ; *[contribution]* remarquable, insigne *(liter)* ; *[importance]* capital

**VT** *[+ message]* communiquer par signaux ◆ **to ~ sb on/through** *etc* faire signe à qn d'avancer/de passer *etc* ◆ **to ~ a turn** *(Aut)* indiquer *or* signaler un changement de direction ◆ **to ~ that ...** signaler que ...

**VI** *(gen)* faire des signaux ; *(Aut)* mettre son clignotant ◆ **to ~ to sb** faire signe à qn (*to do sth* de faire qch)

**COMP** ▷ **signal book** N *(Naut)* code *m* international de signaux, livre *m* des signaux ▷ **signal box** N *(Rail)* cabine *f* d'aiguillage, poste *m* d'aiguillage *or* de signalisation ▷ **signal flag** N *(Naut)* pavillon *m* de signalisation

**signalize** /'sɪgnəlaɪz/ VT *(= mark, make notable)* marquer ; *(= point out)* distinguer, signaler

**signally** /'sɪgnəlɪ/ ADV manifestement ◆ **a task they have ~ failed to accomplish** une tâche qu'ils n'ont manifestement pas su accomplir ◆ **the present law has ~ failed** la loi actuelle a manifestement échoué

**signalman** /'sɪgnəlmæn/ N (pl **-men**) *(Rail)* aiguilleur *m* ; *(Naut)* signaleur *m*, sémaphoriste *m*

**signatory** /'sɪgnətərɪ/ **ADJ** signataire **N** signataire *mf* (*to* de)

**signature** /'sɪgnətʃə^r/ **N** a signature *f* ◆ **to set *or* put one's ~ to sth** apposer sa signature à qch b *(Mus = key signature)* armature *f* **COMP** ▷ **signature tune** N *(esp Brit)* indicatif *m (musical)*

**signboard** /'saɪnbɔːd/ N *(for advertisements)* panneau *m* publicitaire

**signer** /'saɪnə^r/ N signataire *mf*

**signet** /'sɪgnɪt/ **N** sceau *m*, cachet *m* **COMP** ▷ **signet ring** N chevalière *f* ; → **writer**

**significance** /sɪg'nɪfɪkəns/ N *(= meaning)* signification *f* ; *(= importance) [of event, speech]* importance *f*, portée *f* ◆ **a look of deep ~** un regard lourd de sens ◆ **what he thinks is of no ~** peu importe ce qu'il pense ◆ **it was of great ~** c'était très significatif ◆ **this is of particular ~** ceci est particulièrement important *or* significatif

**significant** /sɪg'nɪfɪkənt/ LANGUAGE IN USE 26.1

**ADJ** a *(= appreciable) [number, amount, difference, factor, role, implications]* significatif ; *[event]* significatif, d'une grande portée ◆ **a ~ number of people** un nombre significatif de personnes, un grand nombre de gens b *(= meaningful: gen)* significatif ; *[look, sigh, tone]* lourd de sens ◆ **it is ~ that ...** il est significatif que ... + *subj* ◆ **statistically/politically/historically ~** statistiquement/politiquement/historiquement significatif

**COMP** ▷ **significant figure** N *(Math)* chiffre *m*

significatif ▷ **significant other** N partenaire *mf*

**significantly** /sɪɡˈnɪfɪkəntlɪ/ ADV a *(= appreciably) [higher, lower, different, better, reduced]* considérablement ; *[contribute]* fortement ◆ **to change/improve/increase ~** changer/s'améliorer/augmenter considérablement b *(= notably)* ◆ **he was ~ absent** son absence a été remarquée ◆ **~, most applicants are men** il est significatif que la plupart des candidats soient des hommes ◆ **~, he refused** il est significatif qu'il ait refusé c *(= meaningfully)* **to look at sb ~** jeter à qn un regard lourd de sens ◆ **to smile ~** avoir un sourire lourd de sens

**signification** /ˌsɪɡnɪfɪˈkeɪʃən/ N signification *f*, sens *m*

**signify** /ˈsɪɡnɪfaɪ/ VT a *(= mean)* signifier, vouloir dire (*that* que) ; *(= indicate)* indiquer, dénoter ◆ **it signifies intelligence** cela indique *or* dénote de l'intelligence b *(= make known)* signifier, indiquer (*that* que) ; *[+ one's approval]* signifier ; *[+ one's opinion]* faire connaître VI avoir de l'importance ◆ **it does not ~** cela n'a aucune importance, cela importe peu

**signing** /ˈsaɪnɪŋ/ N a *[of letter, contract, treaty etc]* signature *f* b *(Sport)* **Clarke, their recent ~ from Liverpool** Clarke, leur récent transfert de Liverpool c *(= sign language)* langage *m* des signes

**signpost** /ˈsaɪnpəʊst/ N poteau *m* indicateur VT *[+ direction, place]* indiquer ◆ **Lewes is ~ed at the crossroads** Lewes est indiqué au carrefour ◆ **the road is badly ~ed** *(= not indicated)* la route est mal indiquée ; *(= no signposts on it)* la route est mal signalisée

**signposting** /ˈsaɪnpəʊstɪŋ/ N signalisation *f* (verticale)

**Sikh** /siːk/ N Sikh *mf* ADJ sikh

**Sikhism** /ˈsiːkɪzəm/ N sikhisme *m*

**silage** /ˈsaɪlɪdʒ/ N *(= fodder)* fourrage *m* ensilé *or* vert ; *(= method)* ensilage *m*

**silence** /ˈsaɪləns/ N silence *m* ◆ **he called for ~** il a demandé *or* réclamé le silence ◆ **when he finished speaking, there was ~** quand il a eu fini de parler, le silence s'est installé ◆ **the ~ was broken by a cry** un cri a rompu *or* déchiré le silence ◆ **they listened in ~** ils ont écouté en silence ◆ **a two minutes' ~** deux minutes de silence ◆ **the right to ~** *(Jur)* le droit au silence ◆ **your ~ on this matter ...** le mutisme dont vous faites preuve à ce sujet ... ◆ **there is ~ in official circles** dans les milieux autorisés on garde le silence ◆ **to pass sth over in ~** passer qch sous silence ◆ **~ gives** *or* **means consent** *(Prov)* qui ne dit mot consent *(Prov)* ◆ **~ is golden** *(Prov)* le silence est d'or *(Prov)* → **dead, radio, reduce**

VT a *[+ person, critic, guns] (gen)* faire taire ; *(by force etc)* réduire au silence ; *[+ noise]* étouffer ; *[+ conscience]* faire taire ◆ **to ~ criticism** faire taire les critiques ◆ **to ~ the opposition** faire taire l'opposition, réduire l'opposition au silence

b *(= kill)* ◆ **to ~ sb** faire taire qn définitivement

**silencer** /ˈsaɪlənsəʳ/ N *(on gun, Brit: on car)* silencieux *m*

**silent** /ˈsaɪlənt/ ADJ a *(= making no noise) [person, machine, place, prayer, demonstration, tribute]* silencieux ◆ **to be** *or* **keep ~** garder le silence, rester silencieux ◆ **to fall** *or* **become ~** se taire ◆ **be ~!** taisez-vous !, silence ! ◆ **~ tears rolled down his cheeks** des larmes coulaient en silence sur ses joues ◆ **to look at sb in ~ contempt** dévisager qn en silence et avec mépris ◆ **she looked at me in ~ admiration** elle me regarda, muette d'admiration ◆ **to watch in ~ despair** observer avec un désespoir muet ◆ **to sit in ~ contemplation of sth** rester assis à contempler qch en silence ◆ **his mouth was open in a ~ scream** il avait la bouche ouverte pour crier mais aucun son n'en sortait ◆ **to make a ~ protest** protester en silence ◆ **it was (as) ~ as the grave** *or* **the tomb** il régnait un silence de mort ; see also **adj b**

b *(= saying nothing)* ◆ **to be ~ (on** *or* **about sth)** *[person, organization]* garder le silence (sur qch), rester muet (sur qch) ◆ **the law is ~ on this point** la loi ne dit rien à ce sujet ◆ **to keep** *or* **remain** *or* **stay ~ (on** *or* **about sth)** garder le silence (sur qch) ◆ **he was (as) ~ as the grave** *or* **tomb** il était muet comme une tombe ; see also **adj a** ◆ **you have the right to remain ~** *(Police)* vous avez le droit de garder le silence ◆ **to give sb the ~ treatment** ne plus parler à qn

c *(= taciturn) [person]* taciturne ◆ **he's the strong, ~ type** il est du genre géant taciturne

d *(Cine) [film, movie]* muet ◆ **the ~ era** l'époque *f* du (cinéma) muet

e *(Ling = not pronounced) [letter]* muet ◆ **~ "h"** "h" muet

N *(Cine)* ◆ **the ~s** *(gen pl)* les films *mpl* muets, le (cinéma) muet

COMP ▷ **silent killer** N *maladie mortelle aux symptômes indécelables* ▷ **the silent majority** N la majorité silencieuse ▷ **silent partner** N *(US Comm)* (associé *m*) commanditaire *m* ▷ **silent revolution** N révolution *f* silencieuse ▷ **the silent screen** *(Cine)* N le (cinéma) muet ▷ **silent witness** N témoin *m* muet

**silently** /ˈsaɪləntlɪ/ ADV *(= without speaking)* en silence ; *(= without making any noise)* silencieusement

**Silesia** /saɪˈliːʃɪə/ N Silésie *f*

**silex** /ˈsaɪleks/ N silex *m*

**silhouette** /ˌsɪluːˈet/ N *(gen, Art)* silhouette *f* ◆ **to see sth in ~** voir la silhouette de qch, voir qch en silhouette VT ◆ **to be ~d against** se découper contre, se profiler sur ◆ **~d against** se découpant contre, se profilant sur

**silica** /ˈsɪlɪkə/ N silice *f* COMP ▷ **silica gel** N gel *m* de silice

**silicate** /ˈsɪlɪkɪt/ N silicate *m*

**siliceous** /sɪˈlɪʃəs/ ADJ siliceux

**silicon** /ˈsɪlɪkən/ N silicium *m* COMP ▷ **Silicon Alley** N Silicon Alley *f (quartier contenant de nombreuses entreprises d'informatique)* ▷ **silicon carbide** N carbure *m* de silicium ▷ **silicon chip** N puce *f* électronique ▷ **Silicon Valley** N Silicon Valley *f*

**silicone** /ˈsɪlɪkəʊn/ N silicone *f*

**silicosis** /ˌsɪlɪˈkəʊsɪs/ N silicose *f*

**silk** /sɪlk/ N a *(= material)* soie *f* ; *(= thread)* (fil *m* de) soie *f* ◆ **they were all in their ~s and satins** elles étaient toutes en grande toilette ◆ **the shelves were full of ~s and satins** les rayonnages regorgeaient de soieries et de satins ; → **artificial, raw, sewing**

b *(Brit Jur = barrister)* avocat *m* de la couronne ◆ **to take ~** être nommé avocat de la couronne

ADJ de *or* en soie ◆ **you can't make a ~ purse out of a sow's ear** *(Prov)* on ne peut pas arriver à un excellent résultat sans de bonnes bases

COMP ▷ **silk factory** N fabrique *f* de soie ▷ **silk finish** N ◆ **with a ~ finish** *[cloth, paintwork]* satiné ▷ **silk hat** N *(= top hat)* haut-de-forme *m* ▷ **silk industry** N soierie *f* ▷ **silk manufacturer** N fabricant *m* en soierie ; *(in Lyons)* soyeux *m* ▷ **silk-screen printing** N *(NonC)* sérigraphie *f* ▷ **silk stocking** N bas *m* de soie ▷ **silk thread** N fil *m* de soie

**silken** /ˈsɪlkən/ ADJ a *(= made of silk) [ribbon, fabric]* de soie, en soie b *(= like silk) [hair, eyelashes, skin]* soyeux ; *[voice]* suave ◆ **a ~ sheen** un lustre soyeux COMP ▷ **the Silken Ladder** N *(Mus)* l'Échelle *f* de soie

**silkiness** /ˈsɪlkɪnɪs/ N soyeux *m*

**silkworm** /ˈsɪlkwɜːm/ N ver *m* à soie ◆ **~ breeding** sériciculture *f (Tech)*, élevage *m* des vers à soie

**silky** /ˈsɪlkɪ/ ADJ *[hair, skin, fabric]* soyeux ; *[voice]* suave ◆ **a ~ sheen** un lustre soyeux ◆ **~ smooth** *or* **soft** d'une douceur soyeuse

**sill** /sɪl/ N *[of window]* rebord *m*, appui *m* ; *[of door]* seuil *m* ; *(Aut)* bas *m* de marche

**silliness** /ˈsɪlɪnɪs/ N sottise *f*

**silly** /ˈsɪlɪ/ ADJ a *(= foolish) [person, behaviour, mistake]* bête ; *[remark, idea, game]* idiot ◆ **I hope he won't do anything ~** j'espère qu'il ne va pas faire de bêtises ◆ **don't be ~!** ne fais pas l'idiot(e) ! ◆ **to drink o.s. ~** * boire à en devenir idiot ◆ **you ~ fool!** espèce d'idiot(e) ! ◆ **the ~ idiot!** quel(le) imbécile ! ◆ **you're a ~ little boy** tu es un gros bêta * ◆ **shut up, you ~ old fool!** tais-toi, vieux fou ! ◆ **(if you) ask a ~ question, (you) get a ~ answer** à question idiote, réponse idiote ◆ **I'm sorry, it was a ~ thing to say** excusez-moi, j'ai dit une bêtise ◆ **that was a ~ thing to do** c'était bête de faire ça ◆ **it's the silliest thing I ever heard** c'est la plus grosse bêtise que j'aie jamais entendue ◆ **I used to worry about the silliest little things** je m'inquiétais des moindres vétilles ◆ **he was ~ to resign** il a été bête de démissionner

b *(= ridiculous) [name, hat, price]* ridicule ◆ **I feel ~ in this hat** je me sens ridicule avec ce chapeau ◆ **to make sb look ~** rendre qn ridicule

N * idiot(e) *m(f)* ◆ **you big ~!** espèce d'imbécile !

COMP ▷ **silly billy** * N gros bêta *, grosse bêtasse * ▷ **silly money** N sommes *fpl* ridiculement élevées ▷ **the silly season** N *(Brit Press)* la période creuse *(pour la presse)*

**silo** /ˈsaɪləʊ/ N *(gen, Mil)* silo *m*

**silt** /sɪlt/ N *(gen)* limon *m* ; *(= mud)* vase *f*

► **silt up** 1 VI *(with mud)* s'envaser ; *(with sand)* s'ensabler

2 VT SEP engorger

**silting** /ˈsɪltɪŋ/ N envasement *m*, ensablement *m*

**Silurian** /saɪˈlʊərɪən/ ADJ, N *(Geol)* silurien *m*

**silver** /ˈsɪlvəʳ/ N *(NonC)* a *(= metal)* argent *m* ; *(= silverware, cutlery etc)* argenterie *f*

b *(= money)* argent *m* (monnayé), monnaie *f (en pièces d'argent or de nickel)* ◆ **have you got any ~? – sorry, only notes** est-ce que vous avez de la monnaie ? – désolé, je n'ai que des billets ◆ **£2 in ~** 2 livres en pièces d'argent

ADJ a *(= made of silver)* en argent ◆ **to be born with a ~ spoon in one's mouth** naître avec une cuiller d'argent dans la bouche

b *(in colour)* argenté ; *[car]* gris métallisé *inv* ; → **cloud**

VT *[+ mirror, fork]* argenter

COMP ▷ **silver age** N âge *m* d'argent ▷ **silver birch** N bouleau *m* argenté ▷ **silver collection** N *(at meeting etc)* quête *f* ◆ **"there will be a silver collection"** "vous êtes priés de contribuer généreusement à la quête" ▷ **silver disc** N *(Brit Mus)* disque *m* d'argent ▷ **silver fir** N sapin *m* argenté ▷ **silver fo[x]** N ⇒ **silver paper** ▷ **silver fox** N renard *m* argenté ▷ **silver gilt** N plaqué *m* argen[t] ▷ **silver-grey** ADJ gris argenté *inv* ▷ **silver**

**haired** ADJ aux cheveux argentés ▷ **silver jubilee** N (fête *f* du) vingt-cinquième anniversaire *m (d'un événement)* ▷ **silver lining** N *(fig)* ◆ **to have a ~ lining** avoir de bons côtés ◆ **to look for the ~ lining in sth** chercher le bon côté de qch ; → **cloud** ▷ **silver medal** N médaille *f* d'argent ▷ **silver medallist** N médaillé(e) *m(f)* d'argent ▷ **silver paper** N papier *m* d'argent ▷ **silver plate** N *(NonC)* *(= solid silver articles)* argenterie *f* ; *(= electroplate)* plaqué *m* argent ▷ **silver-plated** ADJ argenté, plaqué argent *inv* ▷ **silver plating** N argenture *f* ▷ **the silver screen** N *(Cine)* le grand écran ▷ **the Silver State** N *(US)* le Nevada ▷ **silver surfers** * NPL *(esp US)* internautes *mfpl* aux tempes grisonnantes ▷ **silver tongue** N ◆ **to have a ~ tongue** être beau parleur ◆ **his ~ tongue** ses belles paroles ▷ **silver-tongued** ADJ à la langue déliée, éloquent ▷ **silver wedding** N noces *fpl* d'argent

**ilverback** /ˈsɪlvəbæk/ N *(= gorilla)* dos *m* argenté

**ilverfish** /ˈsɪlvəfɪʃ/ N (pl **silverfish**) poisson *m* d'argent, lépisme *m*

**ilverside** /ˈsɪlvəsaɪd/ N *(Brit Culin)* ≃ gîte *m* à la noix

**ilversmith** /ˈsɪlvəsmɪθ/ N orfèvre *mf*

**ilverware** /ˈsɪlvəwɛəʳ/ N argenterie *f* ; *(* = trophies)* trophées *mpl*

**ilvery** /ˈsɪlvərɪ/ ADJ *[colour, light, hair]* argenté ; *[sound, voice, laugh]* argentin ◆ **~ grey/white** gris/blanc argenté *inv*

**ilviculture** /ˈsɪlvɪˌkʌltʃəʳ/ N sylviculture *f*

**IM card** /ˈsɪmkɑːd/ N (abbrev of **Subscriber Identity Module card**) carte *f* SIM

**imian** /ˈsɪmɪən/ ADJ, N simien(ne) *m(f)*

**imilar** /ˈsɪmɪləʳ/ ADJ semblable (*to sb/sth* à qn/qch) ; *(= roughly similar)* similaire (*to sb/sth* à qn/qch) ◆ **we have a ~ house** notre maison est presque la même *or* presque pareille ◆ **your case is ~** votre cas est semblable *or* similaire ◆ **the two houses are so ~ that ...** les deux maisons sont si semblables que *or* se ressemblent à tel point que ... ◆ **on a ~ occasion** dans des circonstances analogues ◆ **in a ~ situation** dans une situation analogue *or* de ce genre ◆ **in a ~ way** de façon analogue ◆ **everyone is of a ~ age** tout le monde a à peu près le même âge ◆ **they all taste somewhat ~** ils ont tous à peu près le même goût ◆ **paint removers and ~ products** les décapants et les produits similaires ◆ **he asked for 38 ~ offences to be considered** il a demandé à ce que 38 délits similaires soient pris en considération ◆ **vehicles ~ to the bicycle** véhicules *mpl* voisins de *or* apparentés à la bicyclette ◆ **the feeling is ~ to being drunk** la sensation est semblable à celle de l'ivresse

**similar in ...** ◆ **they are ~ in appearance** ils se ressemblent ◆ **the two cars are ~ in design** les deux voitures sont de conception similaire ◆ **the two houses are ~ in size** les deux maisons sont de dimensions similaires *or* comparables ◆ **he is ~ in character to his father** il a un peu le même caractère que son père ◆ **it is ~ in colour** c'est à peu près de la même couleur ◆ **it is ~ in colour to a ruby** c'est d'une couleur semblable à celle du rubis

COMP ▷ **similar triangles** NPL *(Geom)* triangles *mpl* semblables

**imilarity** /ˌsɪmɪˈlærɪtɪ/ LANGUAGE IN USE 5.3 N ressemblance *f* (*to* avec ; *between* entre) similitude *f* (*between* entre), similarité *f* (*between* entre)

**imilarly** /ˈsɪmɪləlɪ/ ADV *[treat, behave etc]* de la même façon, de façon similaire ; *[pleasant, unpleasant, angry etc]* tout aussi ◆ **they were ~ dressed** ils étaient habillés de façon similaire, leurs vêtements se ressemblaient ◆ **~, we don't agree with ...** de même, nous ne sommes pas d'accord avec ...

**simile** /ˈsɪmɪlɪ/ N *(Literat)* comparaison *f* ◆ **style rich in ~** style *m* riche en comparaisons

**similitude** /sɪˈmɪlɪtjuːd/ N similitude *f*, ressemblance *f* ; *(Literat etc)* comparaison *f*

**SIMM (chip)** /ˈsɪm(tʃɪp)/ (abbrev of **single in-line memory module**) N barrette *f* SIMM

**simmer** /ˈsɪməʳ/ N *(= slight boil)* faible ébullition *f* ◆ **the stew was just on the ~** le ragoût cuisait à feu doux *or* mijotait VI *[water]* frémir ; *[vegetables]* cuire à feu doux ; *[soup, stew]* mijoter, cuire à feu doux ; *(fig) (with excitement)* être en ébullition ; *(with anticipation)* être tout excité d'avance ; *(with discontent)* bouillir de mécontentement ; *[revolt]* couver ; *[anger]* couver, monter ◆ **he was ~ing (with rage)** il bouillait (de rage) VT *[+ water, dye]* faire cuire à petits bouillons ; *[+ soup, stew]* faire mijoter *or* cuire à feu doux ; *[+ vegetables]* faire cuire à feu doux

► **simmer down** * VI *(fig)* s'apaiser, se calmer ◆ **~ down!** calme-toi !, un peu de calme !

**simnel cake** /ˈsɪmnlkeɪk/ N *(Brit)* gâteau *m* aux raisins recouvert de pâte d'amandes *(généralement servi à Pâques)*

**Simon** /ˈsaɪmən/ N Simon *m* ◆ **~ says ...** *(= game)* Jacques a dit ...

**simonize** /ˈsaɪmənaɪz/ VT lustrer, polir

**simony** /ˈsaɪmənɪ/ N simonie *f*

**simper** /ˈsɪmpəʳ/ N sourire *m* affecté ◆ **~s** minauderie(s) *f(pl)* VTI minauder ◆ **"yes" she ~ed** "oui" dit-elle en minaudant

**simpering** /ˈsɪmpərɪŋ/ N minauderies *fpl*, mignardises *fpl* ADJ *[person]* minaudier ; *[smile]* affecté ◆ **to give sb a ~ smile** sourire à qn en minaudant

**simperingly** /ˈsɪmpərɪŋlɪ/ ADV d'une manière affectée, avec affectation

**simple** /ˈsɪmpl/ ADJ **a** *(= uncomplicated) [question, task, machine, food, person, substance, life form]* simple *after n* ◆ **it's as ~ as ABC** c'est simple comme bonjour * ◆ **a dangerously ~ way of ...** une façon dangereusement simpliste de ... ◆ **a ~ black dress** une robe noire toute simple ◆ **in ~ English, in ~ language** en termes simples, en langage clair ◆ **the ~ life** la vie simple ◆ **she likes the ~ life** elle aime vivre simplement *or* avec simplicité ◆ **the ~ things in** *or* **of life** les choses simples de la vie ◆ **they're ~ people** ce sont des gens simples ◆ **I'm a ~ soul** je suis tout simple ◆ **in ~ terms** en termes simples ◆ **to make simple(r)** simplifier ◆ **it's a ~ matter to have the clock repaired** c'est très simple de faire réparer la pendule ; → **adj b** ◆ **nothing could be simpler!** c'est tout ce qu'il y a de plus simple ! ◆ **it is ~ to fix** c'est facile à réparer ◆ **the camcorder is ~ to use** ce caméscope est simple à utiliser ◆ **the ~ truth** la vérité pure ; → **pure**

**b** *(= mere)* simple *before n* ◆ **the ~ fact that ...** le simple fait que ... ◆ **the ~ fact is I haven't the time** je n'ai tout simplement pas le temps ◆ **the ~ fact is he's a liar** c'est tout simplement un menteur ◆ **he's a ~ labourer** c'est un simple manœuvre ◆ **it's a ~ matter of money/practice** c'est une simple question d'argent/de pratique ◆ **it's a ~ matter of buying another key** il s'agit tout simplement d'acheter une autre clé ; → **adj a** ◆ **a ~ phone call could win you a week's holiday in Florida** un simple appel et vous pourriez gagner une semaine de vacances en Floride ◆ **for the ~ reason that ...** pour la simple raison que ...

**c** *(*: mentally) [person]* simplet

COMP ▷ **simple division** N *(Math)* division *f* simple ▷ **simple equation** N *(Math)* équation *f* du premier degré ▷ **simple fraction** N *(Math)* fraction *f* simple ▷ **simple fracture** N *(Med)* fracture *f* simple ▷ **simple-hearted** ADJ candide, franc (franche *f*), ouvert ▷ **simple interest** N *(Fin)* intérêts *mpl* simples ▷ **simple majority** N majorité *f* simple ▷ **simple-minded** ADJ simplet, simple d'esprit ▷ **simple-mindedness** N simplicité *f* d'esprit, naïveté *f* ▷ **simple sentence** N phrase *f* simple ▷ **Simple Simon** N nigaud *m*, naïf *m* ▷ **simple tense** N temps *m* simple ▷ **simple time** N *(Mus)* mesure *f* simple

**simpleton** /ˈsɪmpltən/ N nigaud(e) *m(f)*, niais(e) *m(f)*

**simplicity** /sɪmˈplɪsɪtɪ/ N simplicité *f* ◆ **it's ~ itself** c'est la simplicité même, c'est tout ce qu'il y a de plus simple

**simplifiable** /ˈsɪmplɪfaɪəbl/ ADJ simplifiable

**simplification** /ˌsɪmplɪfɪˈkeɪʃən/ N simplification *f*

**simplify** /ˈsɪmplɪfaɪ/ VT simplifier

**simplistic** /sɪmˈplɪstɪk/ ADJ *(pej)* simpliste ◆ **it is ~ to say that ...** il est simpliste de dire que ...

**Simplon Pass** /ˈsɪmplɒnˌpɑːs/ N col *m* du Simplon

**simply** /ˈsɪmplɪ/ ADV **a** *(= merely)* simplement ◆ **I ~ said that ...** j'ai simplement dit que ... ◆ **she could ~ refuse** elle pourrait refuser purement et simplement ◆ **he was known ~ as Jay** on l'appelait simplement Jay ◆ **it ~ isn't possible, it's ~ impossible** c'est absolument *or* tout simplement impossible ◆ **that's ~ the way it is** c'est comme ça ◆ **it's ~ a question of money** c'est simplement une question d'argent ◆ **they sacked her ~ because she's pregnant** ils l'ont renvoyée simplement parce qu'elle était enceinte

**b** *(= absolutely)* ◆ **you ~ must come !** il faut absolument que vous veniez *subj* ! ◆ **I ~ can't believe it** je n'arrive vraiment pas à y croire ◆ **that is ~ not true** c'est tout simplement faux ◆ **that is ~ not good enough!** c'est lamentable ! ◆ **he is quite ~ the best** il est tout simplement le meilleur, il est le meilleur, cela ne fait aucun doute ◆ **it was quite ~ the worst moment of my life** ce fut sans aucun doute le pire moment de ma vie

**c** *(= straightforwardly) [speak]* simplement ◆ **very ~, he was short of money** il était tout simplement à court d'argent ◆ **to put it ~, we've got a problem** en deux mots, nous avons un problème

**d** *(= modestly) [live, dress, furnish]* simplement, avec simplicité

**simulacrum** /ˌsɪmjʊˈleɪkrəm/ N (pl **simulacra** /sɪmjʊˈleɪkrə/) simulacre *m*

**simulate** /ˈsɪmjʊleɪt/ VT simuler ; *[+ emotion, illness]* simuler, feindre COMP ▷ **simulated leather** N imitation *f* cuir

**simulation** /ˌsɪmjʊˈleɪʃən/ N *(gen, Comput)* simulation *f*

**simulator** /ˈsɪmjʊleɪtəʳ/ N *(Aut, Space)* simulateur *m* ; *(Aviat:* also **flight simulator**) simulateur *m* de vol

**simulcast** /ˈsɪməlkɑːst/ VT diffuser simultanément à la radio et à la télévision N émission *f* radiotélévisée

**simultaneity** /ˌsɪməltəˈniːɪtɪ/ N simultanéité *f*

**simultaneous** /ˌsɪməlˈteɪnɪəs/ ADJ simultané COMP ▷ **simultaneous broadcast** N émission *f* simultanée ▷ **simultaneous equations** NPL *(Math)* système *m* d'équations ▷ **simultaneous translation** N traduction *f* simultanée

**simultaneously** /ˌsɪməlˈteɪnɪəslɪ/ ADV simultanément ◆ ~ **with sb/sth** en même temps que qn/qch

**sin** /sɪn/ N péché *m* ◆ ~**s of omission/commission** péchés *mpl* par omission/par action ◆ **a** ~ **against (the law of) God** un manquement à la loi de Dieu ◆ **it's a** ~ **to do that** *(Rel)* c'est un péché de faire cela ; *(hum)* c'est une honte *or* un crime de faire cela ◆ **to live in** ~ † *(unmarried)* vivre dans le péché (*with sb* avec qn) → **seven, ugly** VI pécher (*against* contre) ◆ **he was more ~ned against than ~ning** il était plus victime que coupable COMP ▷ **sin bin** N *(US Ice Hockey etc)* prison *f* ; *(Brit = institution) établissement pour enfants en difficulté* ▷ **sin tax** * N *(US)* taxe *f* sur le tabac et l'alcool

**Sinai** /ˈsaɪneɪaɪ/ N ◆ **(the)** ~ le Sinaï ◆ **the** ~ **Desert** le désert du Sinaï ◆ **Mount** ~ le mont Sinaï

**Sinbad** /ˈsɪnbæd/ N ◆ ~ **the Sailor** Sinbad le Marin

**since** /sɪns/ LANGUAGE IN USE 17.1

CONJ **a** *(in time)* depuis que ◆ ~ **he'd moved there his health had improved** depuis qu'il s'y était installé sa santé s'était améliorée

> When **since** is followed by the present perfect in English, use the present in French.

◆ ~ **I have been here** depuis que je suis ici ◆ ~ **she's been working for us** depuis qu'elle travaille pour nous

> When **since** is followed by the past in English, use the passé composé in French.

◆ **ever** ~ **I met him** depuis que *or* depuis le jour où je l'ai rencontré ◆ **it's a week** ~ **I saw him** cela fait une semaine que je ne l'ai (pas) vu, je ne l'ai pas vu depuis une semaine ◆ **it is a long time** ~ **I last saw you** il y a longtemps que je ne vous ai vu ◆ **it's ages** ~ **I saw you** cela fait des siècles qu'on ne s'est pas vus *

**b** *(= because)* puisque ◆ **why don't you buy it,** ~ **you are so rich!** achète-le donc, puisque tu es si riche !

ADV depuis ◆ **he has not been here** ~ il n'est pas venu depuis ◆ **he has been my friend ever** ~ il est resté mon ami depuis (ce moment-là) ◆ **not long** ~ il y a peu de temps ◆ **it's many years** ~ il y a bien des années de cela, cela fait bien des années

PREP depuis ◆ ~ **arriving** *or* **his arrival** depuis son arrivée, depuis qu'il est arrivé ◆ **I have been waiting** ~ **10 o'clock** j'attends depuis 10 heures ◆ **I'd been waiting** ~ **10 o'clock** j'attendais depuis 10 heures ◆ ~ **then** depuis (lors) ◆ ~ **when has he had a car?** depuis quand a-t-il une voiture ? ◆ ~ **when?** *(*, iro)* depuis quand ? * ◆ **he left in June,** ~ **when we have not heard from him** il est parti en juin et nous sommes sans nouvelles depuis *or* et depuis lors nous sommes sans nouvelles ◆ **ever** ~ **1900 France has attempted to ...** depuis 1900 la France tente de ... ◆ **ever** ~ **then** *or* **that time she's never gone out alone** depuis ce temps-là elle ne sort plus jamais seule ◆ **how long is it** ~ **the accident?** il s'est passé combien de temps depuis l'accident ?, l'accident remonte à quand ?

**sincere** /sɪnˈsɪəʳ/ LANGUAGE IN USE 22, 23.6 ADJ sincère (*about sth* à propos de qch) ◆ **my** ~ **good wishes** mes vœux les plus sincères ◆ **it is my** ~ **belief that ...** je crois sincèrement que ... ◆ **to be** ~ **in one's desire to do sth** *or* **in wanting to do sth** désirer *or* vouloir sincèrement faire qch

**sincerely** /sɪnˈsɪəlɪ/ ADV **a** *(= genuinely) [hope, believe, regret, say]* sincèrement ◆ **his** ~ **held religious beliefs** les croyances religieuses auxquelles il est sincèrement attaché **b** *(in letters)* ◆ **Yours** ~ *(Brit)*, **Sincerely yours** *(US)* Veuillez agréer, Monsieur (*or* Madame *etc*), l'expression de mes salutations distinguées

**sincerity** /sɪnˈserɪtɪ/ N *[of person, emotion]* sincérité *f* ◆ **in all** ~ en toute sincérité

**sine** /saɪn/ N *(Math)* sinus *m*

**sinecure** /ˈsaɪnɪkjʊəʳ/ N sinécure *f*

**sine qua non** /ˈsaɪnɪkweɪˈnɒn/ N condition *f* sine qua non

**sinew** /ˈsɪnjuː/ N *(Anat)* tendon *m* ◆ ~**s** *(= muscles)* muscles *mpl* ; *(= strength)* force(s) *f(pl)* ; *(= energy)* vigueur *f*, nerf *m* ◆ **money is the ~s of war** l'argent est le nerf de la guerre ◆ **a man of great moral** ~ un homme d'une grande force morale

**sinewy** /ˈsɪnjʊɪ/ ADJ *(= muscular) [person]* musclé ; *[body, arms]* nerveux ; *[muscles]* bien dessiné ; *(Culin) [meat]* tendineux ; *(= vigorous) [music, performance]* vigoureux ; *[writing, style]* nerveux

**sinfonietta** /ˌsɪnfənˈjetə/ N *(= short symphony)* sinfonietta *f* ; *(= small symphony orchestra)* sinfonietta *m*

**sinful** /ˈsɪnfʊl/ ADJ *[behaviour]* honteux, immoral ; *[city, world]* plein de péchés, de perdition ; *[act, waste, system]* honteux ; *[thought, pleasure, desire]* coupable ◆ **a** ~ **act** un péché ◆ **he was taught that sex was** ~ on lui a appris que les rapports sexuels étaient un péché ◆ **her** ~ **past** son passé dissolu *or* de pécheresse *(hum)* ◆ **a fridge filled with** ~ **goodies** un réfrigérateur rempli de tentations ◆ **it was** ~ **to ...** on considérait cela comme un péché de ...

**sinfully** /ˈsɪnfəlɪ/ ADV *[behave, think]* d'une façon coupable ; *[waste]* scandaleusement

**sinfulness** /ˈsɪnfʊlnɪs/ N *(NonC) [of person]* péchés *mpl* ; *[of deed]* caractère *m* honteux

**sing** /sɪŋ/ (pret **sang**, ptp **sung**) VT *[person, bird]* chanter ; *(fig) [+ sb's beauty etc]* chanter, célébrer ◆ **she sang the child to sleep** elle a chanté jusqu'à ce que l'enfant s'endorme ◆ **she was ~ing the child to sleep** elle chantait pour que l'enfant s'endorme ◆ **to** ~ **mass** chanter la messe ◆ **sung mass** messe *f* chantée, grand-messe *f* ◆ **to** ~ **another tune** *(fig)* déchanter, changer de ton ◆ **to** ~ **sb's/sth's praises** chanter les louanges de qn/qch ◆ **to** ~ **one's own praises** vanter ses propres mérites

VI **a** *[person, bird, violin]* chanter ; *[ears]* bourdonner, tinter ; *[wind, kettle]* siffler ◆ **to** ~ **like a lark** chanter comme un rossignol ◆ **to** ~ **soprano** chanter soprano ◆ **to** ~ **small** * se faire tout petit, filer doux * ◆ **they are ~ing from the same hymn sheet** *or* **song sheet** *(Brit fig)* ils ont le même discours

**b** *(US* ✻*)* moucharder *, se mettre à table ✻

COMP ▷ **sing-along** N ◆ **to have a ~-along** chanter tous en chœur

► **sing along** VI ◆ **he invited the audience to sing along** il a invité la salle à chanter en chœur avec lui ◆ **I like records that get people ~ing along** j'aime les disques qui incitent les gens à chanter en chœur ◆ **to** ~ **along with** *or* **to a record/a song/the radio** accompagner un disque/une chanson/la radio de la voix ◆ **the audience was ~ing along to his latest hit** la salle chantait son dernier tube en chœur avec lui

► **sing out** VI chanter fort ; *(* fig)* crier ◆ **if you want anything just** ~ **out** * si vous voulez quoi que ce soit vous n'avez qu'à appeler (bien fort) ◆ **to** ~ **out for sth** * réclamer qch à grands cris

► **sing up** VI chanter plus fort ◆ ~ **up!** plus fort !

**sing.** (abbrev of **singular**) sing.

**Singapore** /ˌsɪŋɡəˈpɔːʳ/ N Singapour ◆ **in** ~ à Singapour

**Singaporean** /ˌsɪŋɡəˈpɔːrɪən/ ADJ *(gen)* singapourien ; *[ambassador, embassy]* de Singapour N Singapourien(ne) *m(f)*

**singe** /sɪndʒ/ VT brûler légèrement ; *[+ cloth, clothes]* roussir ; *[+ poultry]* flamber ◆ **to** ~ **one's wings** *(fig)* se brûler les ailes *or* les doigts N (also **singe mark**) légère brûlure *f* *(= scorch mark on cloth)* tache *f* de roussi, roussissure *f*

**singer** /ˈsɪŋəʳ/ N chanteur *m*, -euse *f* ; → **oper**

COMP ▷ **singer-songwriter** N auteur compositeur *m (de chansons)*

**Singhalese** /ˌsɪŋɡəˈliːz/ ADJ cing(h)alais N **a** (pl **Singhaleses** *or* **Singhalese**) Cing(h)alais(e) *m(f)* **b** *(Ling)* cing(h)alais *m*

**singing** /ˈsɪŋɪŋ/ N *(NonC) [of person, bird, violin]* chant *m* ; *[of kettle, wind]* sifflement *m* ; *(in ears)* bourdonnement *m*, tintement *m*

COMP ▷ **singing lesson** N ◆ **to have ~ lessons** prendre des cours de chant, apprendre le chant ▷ **singing teacher** N professeur *m* de chant ▷ **singing telegram** N *service qui consiste à envoyer des filles chanter des compliments à des gens dont c'est l'anniversaire* ▷ **singing voice** N ◆ **to have a good ~ voice** avoir de la voix, avoir une belle voix

**single** /ˈsɪŋɡl/ ADJ **a** *(= just one) [rose, shot, survivor]* seul ◆ **in a** ~ **day** en un seul jour ◆ **a** ~ **diamond** *(on ring)* un diamant monté seul *(= ring itself)* un solitaire ◆ **every** ~ **day** tous les jours sans exception ◆ **every** ~ **house was damaged** il n'y a pas une maison qui n'ait été endommagée ◆ **every** ~ **one (of them)** tous (*or* toutes) sans exception ◆ **to drink sth in a** ~ **gulp** boire qch d'un seul coup *or* en une seule gorgée ◆ **I did not, for a** ~ **moment, doubt her sincerity** je n'ai pas douté un seul instant de sa sincérité ◆ **there isn't a** ~ **moment to lose** il n'y a pas une minute à perdre ◆ **not a** ~ **person had come** absolument personne n'était venu, pas une seule personne n'était venue ◆ **she didn't mention it to a** ~ **one of her friends** elle ne l'a mentionné à aucun de ses amis ◆ **if there is a** ~ *or* **one** ~ **objection to this proposal** s'il y a une seule *or* la moindre objection à cette proposition ◆ **I didn't see a** ~ **soul** je n'ai vu absolument personne, je n'ai pas vu âme qui vive ◆ **I couldn't think of a** ~ **thing to say** je ne savais absolument pas quoi dire

**b** *(= not several)* **a** *or* **one** ~ **department should deal with all of these matters** un service unique *or* un même service devrait traiter toutes ces affaires

**c** *(intensifying = individual)* ◆ **the biggest** ~ **issue in the election campaign** le sujet principal de la campagne électorale ◆ **the biggest** ~ **producer of coal** le plus grand producteur de charbon ◆ **the** ~ **greatest problem** le plus grand problème ◆ **the** ~ **most important invention since the wheel** la plus grande invention depuis la roue

**d** *(= not double or multiple) [knot, flower, thickness, wardrobe]* simple ; *[garage]* pour une voiture ◆ **a** ~ **sheet** un drap pour un lit d'une personne ◆ **a** ~ **whisky/gin** un whisky/gin simple ◆ **to be in** ~ **figures** *[number, score]* être inférieur (-eure *f*) à dix ; *[rate]* être inférieur (-eure *f*) à 10% ◆ **in** ~ **file** en file indienne ; see also **spacing**

**e** *(= unmarried) [person]* célibataire ; *[life]* de célibataire ◆ **she's a** ~ **woman** elle est célibataire, c'est une célibataire ◆ ~ **people**

célibataires *mpl* ◆ **the ~ homeless** les gens *mpl* seuls et sans abri ◆ **"marital status?" – "single"** "situation familiale ? " – "célibataire"

f *(Brit Rail etc)* ◆ **~ ticket** aller *m* simple ◆ **how much is the ~ fare to London?** combien coûte l'aller simple pour Londres ?

N a *(Cricket = one run)* **a ~** une seule course, un seul point ◆ **three ~s** trois fois une course *or* un point

b *(Brit Rail etc = ticket)* aller *m* (simple)

c *(in cinema, theatre)* **there are only ~s left** il ne reste que des places séparées *or* isolées

d *(= record)* **a ~** un 45 tours ◆ **his latest ~** son dernier 45 tours

e *(Brit = pound coin or note)* billet *m or* pièce *f* d'une livre ; *(US = dollar note)* billet *m* d'un dollar

f (also **single room**) chambre *f* simple *or* d'une personne

g *(drink = one measure)* **make mine a ~** donnez-moi un simple ◆ **double or ~?** double ou simple ?

NPL **singles** a *(Tennis etc)* simple *m* ◆ **ladies' ~s** simple *m* dames

b *(* = unmarried people)* célibataires *mpl* ◆ **~s bar/club** bar *m*/club *m* de rencontres pour célibataires

COMP ▷ **single-barrelled** ADJ à un canon ▷ **single bed** N lit *m* d'une personne ▷ **single-breasted** ADJ *[jacket, coat]* droit ▷ **single-celled** ADJ unicellulaire ▷ **single combat** N ◆ **in ~ combat** en combat singulier ▷ **single cream** N *(Brit)* crème *f* fraîche liquide ▷ **single-crop farming** N monoculture *f* ▷ **single currency** N monnaie *f* unique ▷ **single-decker** *(Brit)* ADJ sans impériale N autobus *m* (*or* tramway *m etc*) sans impériale ▷ **single-density** ADJ → **density** ▷ **single-engined** ADJ monomoteur (-trice *f*) ▷ **single-entry book-keeping** N comptabilité *f* en partie simple ▷ **single European currency** N monnaie *f* unique européenne ▷ **the Single European Market** N *(Pol)* le marché unique européen ▷ **single-handed** ADV tout seul, sans aucune aide ADJ *[achievement]* fait sans aucune aide ; *(Naut) [sailing, voyage, race]* en solitaire ◆ **to be ~-handed** *[person]* n'avoir aucune aide, être tout seul ▷ **single-handedly** ADV tout(e) seul(e), à lui *etc* tout seul ▷ **single honours** N *(Brit Univ:* also **single honours degree**) ≃ licence *f* préparée dans une seule matière ▷ **single lens reflex** N (also **single lens reflex camera**) reflex *m* (à un objectif) ▷ **single malt** N (also **single malt whisky**) (whisky *m*) single malt *m* ▷ **single-masted** ADJ à un mât ▷ **single-minded** ADJ *[person]* résolu, ferme ; *[attempt]* énergique, résolu ; *[determination]* tenace ◆ **to be ~-minded about sth** concentrer tous ses efforts sur qch ◆ **to be ~-minded in one's efforts to do sth** tout faire en vue de faire qch ▷ **single-mindedly** ADV résolument ▷ **single-mindedness** N détermination *f*, ténacité *f* ▷ **single mother** N mère *f* célibataire ▷ **single parent** N père *m or* mère *f* célibataire ▷ **single-parent family** N famille *f* monoparentale ▷ **single-party** ADJ *(Pol) [state, government]* à parti unique ▷ **single person supplement** N ⇒ **single supplement** ▷ **single room** N chambre *f* simple *or* individuelle ▷ **single room supplement** N ⇒ **single supplement** ▷ **single-seater** N (also **single-seater aeroplane**) (avion *m*) monoplace *m* ▷ **single-sex** ADJ *(Brit) [school, education, class]* non mixte ▷ **single-sided disk** N *(Comput)* disque *m* simple face ▷ **single-storey** ADJ de plain-pied ▷ **single supplement** N supplément *m* chambre individuelle ▷ **single track** N *(Rail)* voie *f* unique ▷ **single-track** ADJ *(Rail)* à voie unique ◆ **to have a ~-track mind** *(= one thing at a time)* ne pouvoir se concentrer que sur une seule chose à la fois ; *(= obsessive idea)* n'avoir qu'une idée en tête ▷ **Single Transferable Vote** N *(Pol)* ≃ scrutin *m* de liste à représentation proportionnelle ▷ **single-use** ADJ *[camera, syringe]* à usage unique

► **single out** VT SEP *(= distinguish)* distinguer ; *(= pick out)* choisir ◆ **I don't want to ~ anyone out** je ne veux pas faire de distinctions ◆ **he's ~d out for all the nasty jobs** on le choisit pour toutes les corvées ◆ **to ~ o.s. out** se singulariser

**singleness** /ˈsɪŋɡlnɪs/ N ◆ **~ of purpose** persévérance *f*, ténacité *f*

**singlet** /ˈsɪŋɡlɪt/ N *(Brit)* maillot *m or* tricot *m* de corps, débardeur *m*

**singleton** /ˈsɪŋɡltən/ N *(Cards)* singleton *m*

**singly** /ˈsɪŋɡlɪ/ ADV séparément

**singsong** /ˈsɪŋsɒŋ/ N *(Brit)* ◆ **to have a ~** chanter en chœur ADJ ◆ **~ voice** voix *f* qui psalmodie ◆ **to repeat sth in a ~ voice** répéter qch d'une voix chantante

**singular** /ˈsɪŋɡjʊləʳ/ ADJ a *(Gram) [noun, verb, form, ending]* au singulier b *(= exceptional, unusual) [lack of success]* singulier ◆ **a woman of ~ beauty** une femme d'une singulière beauté ◆ **his ~ manner of dress** sa manière singulière de s'habiller N *(Gram)* singulier *m* ◆ **in the ~** au singulier ◆ **in the masculine ~** au masculin singulier

**singularity** /ˌsɪŋɡjʊˈlærɪtɪ/ N singularité *f*

**singularize** /ˈsɪŋɡjʊləraɪz/ VT singulariser

**singularly** /ˈsɪŋɡjʊləlɪ/ ADV singulièrement

**Sinhalese** /ˌsɪnəˈliːz/ ADJ, N ⇒ **Singhalese**

**sinister** /ˈsɪnɪstəʳ/ ADJ a *(= ominous)* sinistre b *(Her)* sénestre, senestre

**sinisterly** /ˈsɪnɪstəlɪ/ ADV sinistrement

**sink[1]** /sɪŋk/ (pret **sank**, ptp **sunk**) VI a *(= go under) [ship]* couler, sombrer ; *[person, object]* couler ◆ **to ~ to the bottom** couler *or* aller au fond ◆ **to ~ like a stone** couler à pic ◆ **they left him to ~ or swim** ils l'ont laissé s'en sortir * *or* s'en tirer * tout seul ◆ **it was ~ or swim** il fallait bien s'en sortir * *or* s'en tirer * tout seul

b *[ground]* s'affaisser ; *[foundation, building]* s'affaisser, se tasser ; *[level, river, fire]* baisser ◆ **the land ~s towards the sea** le terrain descend en pente vers la mer ◆ **the sun was ~ing** le soleil se couchait ◆ **the sun sank below the horizon** le soleil a disparu au-dessous de l'horizon ◆ **to ~ out of sight** disparaître ◆ **to ~ to one's knees** tomber à genoux ◆ **to ~ to the ground** s'affaisser, s'écrouler ◆ **he sank into a chair** il s'est laissé tomber dans un fauteuil ◆ **he sank into the mud up to his knees** il s'est enfoncé dans la boue jusqu'aux genoux ◆ **she let her head ~ into the pillow** elle a laissé retomber sa tête sur l'oreiller ◆ **the water slowly sank into the ground** l'eau a pénétré *or* s'est infiltrée lentement dans le sol ◆ **he is ~ing fast** *(= dying)* il décline *or* il baisse rapidement

c *(fig)* **to ~ into a deep sleep** tomber *or* sombrer dans un profond sommeil ◆ **to ~ into despondency** tomber dans le découragement, se laisser aller au découragement ◆ **to ~ into insignificance/poverty/despair** sombrer dans l'insignifiance/la misère/le désespoir ◆ **he has sunk in my estimation** il a baissé dans mon estime ◆ **his voice sank** sa voix s'est faite plus basse ◆ **his voice sank to a whisper** il s'est mis à chuchoter, sa voix n'était plus qu'un murmure ◆ **his heart** *or* **his spirits sank** le découragement *or* l'accablement s'est emparé de lui, il en a eu un coup de cafard * ◆ **his heart sank at the thought** son cœur s'est serré à cette pensée ◆ **it's enough to make your heart ~** c'est à vous démoraliser *or* à vous donner le cafard *

d *[prices, value, temperature, sales, numbers]* chuter ◆ **the shares have sunk to three dollars** les actions ont chuté jusqu'à trois dollars ◆ **the pound has sunk to a new low** la livre est tombée plus bas que jamais *or* a atteint sa cote la plus basse

VT a *[+ ship]* couler, faire sombrer ; *[+ object]* immerger ; *(fig) [+ theory]* démolir ; *[+ business, project]* ruiner, couler ; *[+ play, book]* couler, démolir ; * *[+ person]* couler, ruiner la réputation de ◆ **they sank their differences** ils ont enterré *or* oublié leurs querelles ◆ **to be sunk in thought/depression/despair** être plongé dans ses pensées/la dépression/le désespoir ◆ **I'm sunk** * je suis fichu * *or* perdu

b *[+ mine, well]* creuser, forer ; *[+ foundations]* creuser ; *[+ pipe]* noyer ◆ **to ~ a post 2 metres in the ground** enfoncer un pieu 2 mètres dans le sol ◆ **the dog sank his fangs into my leg** le chien a enfoncé *or* planté ses crocs dans ma jambe ◆ **he sank his teeth into the sandwich** il a mordu (à belles dents) dans le sandwich ◆ **he can ~ a glass of beer in five seconds** * *(Brit)* il peut avaler *or* descendre * une bière en cinq secondes ◆ **to ~ the ball** *(Golf)* faire entrer la balle dans le trou ◆ **to ~ a lot of money in a project** *(= invest)* investir *or* placer beaucoup d'argent dans une entreprise ; *(= lose)* perdre *or* engloutir beaucoup d'argent dans une entreprise

► **sink back** VI *[person]* (se laisser) retomber ◆ **it sank back into the water** c'est retombé dans l'eau ◆ **he managed to sit up but soon sank back exhausted** il a réussi à s'asseoir mais s'est bientôt laissé retomber épuisé ◆ **he sank back into his chair** il s'est enfoncé dans son fauteuil

► **sink down** VI *[building]* s'enfoncer, s'affaisser ; *[post]* s'enfoncer ◆ **to ~ down into a chair** s'enfoncer dans un fauteuil ◆ **to ~ down on one's knees** tomber à genoux ◆ **he sank down (out of sight) behind the bush** il a disparu derrière le buisson

► **sink in** VI a *[person, post etc]* s'enfoncer ; *[water, ointment etc]* pénétrer

b *[explanation]* rentrer * ; *[remark]* faire son effet ◆ **when the facts sank in, he ...** quand il a eu pleinement compris les faits, il ... ◆ **as it hadn't really sunk in yet he ...** comme il ne réalisait pas encore, il ... ◆ **my explanation took a long time to ~ in** mon explication a eu du mal à rentrer *, il a (*or* ils ont *etc*) mis longtemps à comprendre mon explication

**sink[2]** /sɪŋk/ N a *(in kitchen)* évier *m* ; *(US: in bathroom)* lavabo *m* ◆ **double ~** évier *m* à deux bacs ◆ **a ~ of iniquity** un lieu de perdition *or* de débauche ; → **kitchen** b *(= forest)* puits *m* de carbone ADJ *[school, estate]* défavorisé COMP ▷ **sink unit** N bloc-évier *m*

**sinker** /ˈsɪŋkəʳ/ N a *(= lead)* plomb *m* ; → **hook** b *(US * = doughnut)* beignet *m*

**sinking** /ˈsɪŋkɪŋ/ ADJ a *(= foundering)* ◆ **a ~ ship** *(lit)* un bateau qui sombre ; *(fig) [organization, cause]* un navire en perdition *(fig)* see also **rat** b ◆ **to have a ~ feeling that ...** *(= dread)* avoir le sentiment angoissant que ... ◆ **that ~ feeling** ce sentiment d'angoisse ◆ **with a ~ heart** la mort dans l'âme c *(Fin)* ◆ **a ~ pound/dollar** une livre/un dollar en (forte) baisse N ◆ **the ~ of a ship** *(accidental)* le naufrage d'un navire ; *(in battle)* la destruction d'un navire COMP ▷ **sinking fund** N *(Fin)* fonds *mpl* d'amortissement

**sinless** /ˈsɪnlɪs/ ADJ sans péché, pur, innocent

**sinner** /ˈsɪnəʳ/ N pécheur *m*, -eresse *f*

**Sinn Féin** /ʃɪnˈfeɪn/ N Sinn Fein *m*

**Sino-** /ˈsaɪnəʊ/ PREF sino- ◆ **~Soviet** sino-soviétique

**Sinologist** /ˌsaɪˈnɒlədʒɪst/ N sinologue *mf*

**Sinology** /ˌsaɪˈnɒlədʒɪ/ N sinologie *f*

**Sinophobia** /ˌsaɪnəʊˈfəʊbɪə/ N sinophobie *f*

**sinuosity** /ˌsɪnjʊˈɒsɪtɪ/ N sinuosité *f*

**sinuous** /ˈsɪnjʊəs/ ADJ *[shape, curve, road, roots]* sinueux ; *[snake, dance, music, style]* ondulant ; *[movement]* onduleux ◆ **with ~ grace** avec une grâce ondoyante

**sinus** /ˈsaɪnəs/ N (pl **sinuses**) sinus *m inv* ◆ **to have ~ trouble** avoir de la sinusite

**sinusitis** /ˌsaɪnəˈsaɪtɪs/ N (NonC) sinusite *f* ◆ **to have ~** avoir de la sinusite

**Sioux** /suː/ ADJ sioux *inv* ◆ **the ~ State** *(US)* le Dakota du Nord N a *(pl inv)* Sioux *mf* b *(Ling)* sioux *m*

**sip** /sɪp/ N petite gorgée *f* ◆ **do you want a ~ of rum?** voulez-vous une goutte de rhum ? ◆ **he took a ~** il a bu une petite gorgée VT *(= drink a little at a time)* boire à petites gorgées *or* à petits coups ; *(= take a sip)* boire une petite gorgée de ; *(with enjoyment)* siroter * VI ◆ **he ~ped at his whisky** *(= drank a little at a time)* il a bu son whisky à petites gorgées ; *(= took a sip)* il a bu une petite gorgée de son whisky

**siphon** /ˈsaɪfən/ N siphon *m* ; → **soda** VT siphonner

► **siphon off** VT SEP *(lit)* siphonner ; *(fig) [+ people]* mettre à part ; *[+ profits, funds]* canaliser ; *(illegally)* détourner

**sir** /sɜːʳ/ N monsieur *m* ◆ **yes ~** oui, Monsieur ; *(to officer in Army, Navy, Air Force)* oui, mon commandant (*or* mon lieutenant *etc*) ; *(to surgeon)* oui docteur ◆ **yes/no ~!** * *(emphatic)* ça oui/non ! ◆ **Dear Sir** *(in letter)* (Cher) Monsieur ◆ **Sir** *(to newspaper editor)* Monsieur (le Directeur) ◆ **my dear/good ~** *(iro)* mon cher/bon Monsieur ◆ **Sir John Smith** sir John Smith

**sire** /ˈsaɪəʳ/ N *(Zool)* père *m* ; *(†† = father)* père *m* ; *(†† = ancestor)* aïeul *m* ◆ **yes ~** *(to king)* oui sire VT engendrer

**siree** * /sɪˈriː/ N *(US: emphatic)* ◆ **yes/no ~!** ça oui/non !

**siren** /ˈsaɪərən/ N a *(= device)* sirène *f* b *(Myth)* **the Sirens** les sirènes *fpl* ADJ *(liter) [charms]* séducteur (-trice *f*) ; *[song]* de sirène, enchanteur (-teresse *f*)

**sirloin** /ˈsɜːlɔɪn/ N aloyau *m* COMP ▷ **sirloin steak** N bifteck *m* dans l'aloyau *or* d'aloyau

**sirocco** /sɪˈrɒkəʊ/ N sirocco *m*

**sis** ‡ /sɪs/ N (abbrev of **sister**) sœurette *f*, frangine ‡ *f*

**sisal** /ˈsaɪsəl/ N sisal *m* COMP en *or* de sisal

**sissy** * /ˈsɪsɪ/ (pej) N *(= coward)* poule *f* mouillée ◆ **he's a bit of a ~** *(= effeminate)* il est un peu efféminé ADJ *[boy]* efféminé ; *[voice, clothes, sport]* de fille ◆ **a ~ man** une chochotte * ◆ **Mummy's little ~ boy** le petit chéri à sa maman ◆ **poetry is ~ stuff** la poésie est un truc de filles ◆ **it's ~ doing** *or* **to do that** c'est un truc * de fille

**sister** /ˈsɪstəʳ/ N a sœur *f* ◆ **her younger ~** sa (sœur) cadette, sa petite sœur ; → **half, stepsister** b *(Rel)* religieuse *f*, (bonne) sœur *f* ◆ **yes ~** oui, ma sœur ◆ **Sister Mary Margaret** sœur Marie Marguerite ◆ **the Sisters of Charity** les sœurs de la Charité c *(Brit Med:* also **nursing sister**) infirmière *f* chef ◆ **yes ~** oui Madame (*or* Mademoiselle) d *(US)* **listen ~!** * ‡ écoute ma vieille ! * ADJ *[company, party]* frère (sœur *f*) ; *[publication, hotel, radio station]* jumeau (-elle *f*) ◆ **~ organization** organisation *f* sœur ◆ **~ country** pays *m* frère ◆ **~ ship** sistership *m* COMP ▷ **sister-in-law** N (pl **sisters-in-law**) belle-sœur *f* ▷ **sister school** N *(US Univ)* *université pour femmes jumelée avec une université pour hommes*

**sisterhood** /ˈsɪstəhʊd/ N *(= solidarity)* solidarité *f* féminine ; *(Rel)* communauté *f* (religieuse) ◆ **the ~** *(= group of women)* la communauté (des femmes)

**sisterly** /ˈsɪstəlɪ/ ADJ fraternel, de sœur

**Sistine** /ˈsɪstiːn/ ADJ ◆ **the ~ Chapel** la chapelle Sixtine

**Sisyphus** /ˈsɪsɪfəs/ N Sisyphe *m*

**sit** /sɪt/ (pret, ptp **sat**) VI a (also **sit down**) s'asseoir ◆ **to be ~ting** être assis ◆ **~!** *(to dog)* assis ! ◆ **~ by me** assieds-toi près de moi ◆ **he was ~ting at his desk/at table** il était (assis) à son bureau/à table ◆ **they spent the evening ~ting at home** ils ont passé la soirée (tranquillement) à la maison ◆ **he just ~s at home all day** il reste chez lui toute la journée à ne rien faire ◆ **he was ~ting over his books all evening** il a passé toute la soirée dans ses livres ◆ **to ~ through a lecture/play** assister à une conférence/à une pièce jusqu'au bout ◆ **don't just ~ there, do something!** ne reste pas là à ne rien faire ! ◆ **to ~ still** rester *or* se tenir tranquille, ne pas bouger ◆ **to ~ straight** *or* **upright** se tenir droit ◆ **to ~ for one's portrait** poser pour son portrait ◆ **she sat for Picasso** elle a posé pour Picasso ◆ **to ~ on a committee/jury** être membre *or* faire partie d'un comité/jury ◆ **to ~ for an exam** passer un examen, se présenter à un examen ◆ **he sat for Sandhurst** il s'est présenté au concours d'entrée de Sandhurst ◆ **he ~s for Brighton** *(Brit Parl)* il est (le) député de Brighton ◆ **to be ~ting pretty** * avoir le bon filon *, tenir le bon bout * ◆ **to ~ at sb's feet** *(hum or liter)* suivre l'enseignement de qn ; → **tight**

b *[bird, insect]* se poser, se percher ◆ **to be ~ting** être perché ; *(on eggs)* couver ◆ **the hen is ~ting on three eggs** la poule couve trois œufs

c *[committee, assembly etc]* être en séance, siéger ◆ **the committee is ~ting now** le comité est en séance ◆ **the House ~s from November to June** la Chambre siège de novembre à juin ◆ **the House sat for 16 hours** la Chambre a été en séance pendant 16 heures

d *[dress, coat etc]* tomber (*on sb* sur qn) ◆ **the jacket ~s badly across the shoulders** la veste tombe mal aux épaules ◆ **this policy would ~ well with their allies** cette politique serait bien vue de leurs alliés ◆ **it sat heavy on his conscience** *(liter)* cela lui pesait sur la conscience ◆ **how ~s the wind?** *(liter)* d'où vient *or* souffle le vent ?

VT a (also **sit down**) asseoir, installer ; *(invite to sit)* faire asseoir ◆ **he sat the child (down) on his knee** il a assis *or* installé l'enfant sur ses genoux ◆ **they sat him (down) in a chair** *(= placed him in it)* ils l'ont assis *or* installé dans un fauteuil ; *(= invited him to sit)* ils l'ont fait asseoir dans un fauteuil

b ◆ **to ~ a horse well/badly** monter bien/mal, avoir une bonne/mauvaise assiette

c *(esp Brit) [+ exam]* passer, se présenter à

COMP ▷ **sit-down** * N ◆ **he had a ten-minute ~-down** il s'est assis dix minutes (pour se reposer) ADJ ◆ **we had a ~-down lunch** nous avons déjeuné à table ◆ **~-down strike** grève *f* sur le tas ▷ **sit-in** N → **sit-in** ▷ **sit-up** N *(Gym)* redressement *m* assis

► **sit about, sit around** VI rester assis (à ne rien faire), traîner

► **sit back** VI ◆ **to sit back in an armchair** se carrer *or* se caler dans un fauteuil ◆ **to ~ back on one's heels** s'asseoir sur les talons ◆ **just ~ back and listen to this** installe-toi bien et écoute un peu (ceci) ◆ **he sat back and did nothing about it** *(fig)* il s'est abstenu de faire quoi que ce soit, il n'a pas levé le petit doigt ◆ **~ back and enjoy yourself** détends-toi et profite du moment ◆ **I can't just ~ back and do nothing!** je ne peux quand même pas rester là à ne rien faire *or* à me croiser les bras ! ◆ **the Government sat back and did nothing to help them** le gouvernement n'a pas fait le moindre geste pour les aider

► **sit by** VI rester sans rien faire ◆ **to ~ (idly) by (while ...)** rester sans rien faire (pendant que ...)

► **sit down** VI s'asseoir ◆ **to be ~ting down** être assis ◆ **he sat down to a huge dinner** il s'est attablé devant un repas gigantesque ◆ **to take sth ~ting down** * *(fig)* rester les bras croisés devant qch

VT SEP ⇒ **sit vt a**

N ◆ **sit-down** * ADJ → **sit**

► **sit in** VI a ◆ **she sat in all day waiting for him to come** elle est restée à la maison toute la journée à l'attendre, elle a passé la journée chez elle à l'attendre ◆ **to ~ in on a discussion** assister à une discussion (sans y prendre part) ◆ **to ~ in for sb** *(fig = replace)* remplacer qn

b *(as protest)* ◆ **the demonstrators sat in in the director's office** les manifestants ont occupé le bureau du directeur

N ◆ **sit-in** → **sit-in**

► **sit on** * VT FUS a *(= keep to oneself) [+ news, facts, report]* garder secret, garder le silence sur ; *(= not pass on) [+ file, document]* garder (pour soi), accaparer ◆ **the committee sat on the proposals for weeks, then decided to ...** le comité a laissé de côté les propositions pendant des semaines, puis a décidé de ...

b *(= silence) [+ person]* faire taire, fermer *or* clouer le bec à * ◆ **he won't be sat on** il ne se laisse pas marcher sur les pieds

c *(= reject) [+ idea, proposal]* rejeter, repousser

► **sit out** VI *(= sit outside)* (aller) s'asseoir dehors, se mettre *or* s'installer dehors

VT SEP a ◆ **to sit a lecture/play out** rester jusqu'à la fin d'une conférence/d'une pièce, assister à une conférence/à une pièce jusqu'au bout

b ◆ **she sat out the waltz** elle n'a pas dansé la valse

► **sit up** VI a *(= sit upright)* se redresser, s'asseoir bien droit ◆ **to be ~ting up** être assis bien droit, se tenir droit ◆ **he was ~ting up in bed** il était assis dans son lit ◆ **you can ~ up now** vous pouvez vous asseoir maintenant ◆ **to make sb ~ up** *(fig)* secouer *or* étonner qn ◆ **to ~ up (and take notice)** *(fig: gen)* se secouer, se réveiller ◆ **he began to ~ up and take notice** *(after illness)* il a commencé à reprendre intérêt à la vie *or* à refaire surface

b *(= stay up)* rester debout, ne pas se coucher ◆ **to ~ up late** se coucher tard, veiller tard ◆ **to ~ up all night** ne pas se coucher de la nuit ◆ **don't ~ up for me** couchez-vous sans m'attendre ◆ **the nurse sat up with him** l'infirmière est restée à son chevet *or* l'a veillé

VT SEP *[+ doll, child]* asseoir, redresser

N ◆ **sit-up** → **sit**

► **sit upon** * VT FUS ⇒ **sit on**

**sitar** /sɪˈtɑːʳ/ N sitar *m*

**sitcom** * /ˈsɪtkɒm/ N *(Rad, TV)* (abbrev of **situation comedy**) sitcom *f*, comédie *f* de situation

**site** /saɪt/ N *[of town, building]* emplacement *m* ; *(Archeol, Comput)* site *m* ; *(Constr)* chantier *m* (de construction *or* de démolition *etc*) ; *(Camping)* (terrain *m* de) camping *m* ◆ **the ~ of the battle** le champ de bataille ; → **building, launching**

◆ **off site** au dehors, à l'extérieur ◆ **the work is carried out off ~** le travail est effectué au dehors *or* à l'extérieur

◆ **on site** sur place ◆ **they live on ~** ils habitent sur place

VT *[+ town, building, gun]* placer ◆ **they want to ~ the steelworks in that valley** on veut placer *or* construire l'aciérie dans cette vallée ◆ **the factory is very badly ~d** l'usine est très mal située *or* placée

COMP ▷ **site measuring** N *(Civil Engineering)* métré *m* ▷ **Site of Special Scientific Interest** N *(Brit)* site *m* d'intérêt scientifique, ≃ réserve *f* naturelle

**sit-in** /ˈsɪtɪn/ N *[of demonstrators]* sit-in *m*, manifestation *f* avec occupation de locaux ; *[of workers]* grève *f* sur le tas ◆ **the workers held a ~** les ouvriers ont organisé une grève sur le tas ◆ **the students held a ~ in the university offices** les étudiants ont occupé les bureaux de l'université ◆ **the ~ at the offices** l'occupation *f* des bureaux

**siting** /ˈsaɪtɪŋ/ N implantation *f* ◆ **the ~ of the new town there was a mistake** l'implantation de la ville nouvelle à cet endroit était une erreur ◆ **the ~ of the new factories has given rise to many objections** l'implantation des nouvelles usines a soulevé de nombreuses objections

**sitter** /ˈsɪtəʳ/ N *(Art)* modèle *m* ; *(= baby-sitter)* baby-sitter *mf* ; *(= hen)* couveuse *f* ◆ **he missed a ~** ‡ *(Sport)* il a raté un coup enfantin ◆ **it's a ~!** ‡ tu ne peux pas (*or* il ne peut pas *etc*) le rater !

**sitting** /ˈsɪtɪŋ/ N *[of committee, assembly etc]* séance *f* ; *(for portrait)* séance *f* de pose ; *(in canteen etc)* service *m* ◆ **they served 200 people in one ~/in two ~s** ils ont servi 200 personnes à la fois/en deux services ◆ **second ~ for lunch** deuxième service pour le déjeuner ◆ **at one** *or* **a single ~** *(= in one go)* d'une seule traite ADJ *[committee]* en séance ; *[official]* en exercice ; *[game bird]* posé, au repos COMP ▷ **sitting and standing room** N places *fpl* debout et assises ▷ **sitting duck** * N *(fig)* cible *f* facile ▷ **sitting room** N salon *m* ▷ **sitting target** N *(lit, fig)* cible *f* facile

**situate** /ˈsɪtjʊeɪt/ VT *(= locate) [+ building, town]* placer ; *(= put into perspective) [+ problem, event]* situer ◆ **the house is ~d in the country** la maison se trouve *or* est située à la campagne ◆ **the shop is well ~d** le magasin est bien situé *or* bien placé ◆ **we are rather badly ~d as there is no bus service** nous sommes assez mal situés car il n'y a pas d'autobus ◆ **he is rather badly ~d at the moment** *(fig)* il est dans une situation assez défavorable *or* en assez mauvaise posture en ce moment ; *(financially)* il est assez gêné *or* il a des ennuis d'argent en ce moment ◆ **I am well ~d to appreciate the risks** je suis bien placé pour apprécier les risques ◆ **how are you ~d for money?** ça va du point de vue argent ?, où en es-tu question argent ?

**situation** /ˌsɪtjʊˈeɪʃən/ N a *(= location) [of town, building etc]* situation *f*, emplacement *m* ◆ **the house has a fine ~** la maison est bien située b *(= circumstances)* situation *f* (*also Literat*) ◆ **he was in a very difficult ~** il se trouvait dans une situation très difficile ◆ **they managed to save the ~** ils ont réussi à sauver *or* redresser la situation ◆ **the international ~** la situation internationale, la conjoncture internationale ◆ **they're in a waiting/discussion** *etc* **~** ils sont en situation d'attente/de dialogue *etc* ◆ **in an exam ~, you must ...** à un examen, il faut ... c *(= job)* situation *f* ◆ **"situations vacant/wanted"** "offres/demandes d'emploi" COMP ▷ **situation comedy** N comédie *f* de situation

**situational** /ˌsɪtjʊˈeɪʃənl/ ADJ situationnel

**Situationism** /sɪtjʊˈeɪʃəˌnɪzəm/ N *(Philos)* situationnisme *m*

**Situationist** /sɪtjʊˈeɪʃəˌnɪst/ ADJ, N *(Philos)* situationniste *mf*

**six** /sɪks/ ADJ six *inv* ◆ **he is ~ (years old)** il a six ans ; see also **comp** ◆ **he'll be ~ on Saturday** il aura six ans samedi ◆ **he lives in number ~** il habite au (numéro) six ◆ **~ times ~** six fois six

N a six *m inv* ◆ **it is ~ o'clock** il est six heures ◆ **come at ~** venez à six heures ◆ **it struck ~** six heures ont sonné ◆ **they are sold in ~es** c'est vendu par (lots *or* paquets de) six ◆ **the children arrived in ~es** les enfants sont arrivés par groupes de six ◆ **he lives at ~ Churchill Street** il habite (au) six Churchill Street ◆ **the ~ of diamonds** *(Cards)* le six de carreaux ◆ **two ~es are twelve** deux fois six douze

b *(fig phrases)* **~ of the best** * *(Brit)* six grands coups ◆ **to be (all) at ~es and sevens** *[books, house etc]* être en désordre *or* en pagaille *, être sens dessus dessous ; *[person]* être tout retourné * ◆ **to be ~ foot under** * *(hum)* manger les pissenlits par la racine * ◆ **it's ~ of one and half a dozen of the other** *, **it's ~ and half a dozen** * c'est blanc bonnet et bonnet blanc, c'est du pareil au même *

c *(Cricket)* **to hit a ~** marquer six courses *fpl* *or* points *mpl (d'un seul coup)* ◆ **he hit three ~es** il a marqué trois fois six courses *or* points ; → **knock**

PRON six ◆ **there were about ~** il y en avait six environ *or* à peu près ◆ **~ of the girls came** six des filles sont venues ◆ **there are ~ of us** nous sommes *or* on est * six ◆ **all ~ (of us) left** nous sommes partis tous les six ◆ **all ~ (of them) left** tous les six sont partis, ils sont partis tous les six

COMP ▷ **the Six Counties** NPL *(Brit)* les six comtés *mpl* de l'Irlande du Nord ▷ **six-cylinder** *(Aut)* ADJ à six cylindres N (voiture *f* à) six cylindres *f* ▷ **six-eight time** N *(Mus)* mesure *f* à six-huit ▷ **six-footer** * N personne *f* qui mesure plus d'un mètre quatre-vingts ▷ **six-gun** * N ⇒ **six-shooter** ▷ **six-pack** N pack *m* de six ◆ **to have a ~-pack stomach** * avoir des tablettes de chocolat * ▷ **six-seater** ADJ à six places N *(= car etc)* (voiture *f etc* à) six places *f* ; *(= plane etc)* (avion *m etc* à) six places *m* ▷ **six-shooter** * N six-coups *m inv* ▷ **six-sided** ADJ hexagonal ▷ **six-speed gearbox** N *(Aut)* boîte *f* (à) six vitesses ▷ **six-storey** N à six étages ▷ **six-yard box** N *(Ftbl)* surface *f* de but ▷ **six-year-old** ADJ *[child, horse]* de six ans ; *[house, car]* vieux (vieille *f*) de six ans N *(= child)* enfant *mf* (âgé(e)) de six ans ; *(= horse)* cheval *m* de six ans

**sixfold** /ˈsɪksfəʊld/ ADJ sextuple ADV au sextuple

**sixish** /ˈsɪksɪʃ/ ADJ ◆ **he is ~** il a dans les six ans, il a six ans environ ◆ **he came at ~** il est venu vers (les) six heures

**sixpence** /ˈsɪkspəns/ N *(Brit) (= coin)* (ancienne) pièce *f* de six pence ; *(= value)* six pence *mpl*

**sixpenny** /ˈsɪkspənɪ/ ADJ à six pence

**sixteen** /ˈsɪksˈtiːn/ ADJ seize *inv* ◆ **she was sweet ~** c'était une fraîche jeune fille (de seize ans) N seize *m inv* ; *for phrases see* **six** PRON seize ◆ **there are ~** il y en a seize

**sixteenth** /ˈsɪksˈtiːnθ/ ADJ seizième N seizième *mf* ; *(= fraction)* seizième *m* ; *for phrases see* **sixth**

**sixth** /sɪksθ/ ADJ sixième ◆ **to be ~ in an exam/in German** être sixième à un concours/en allemand ◆ **she was the ~ to arrive** elle est arrivée la sixième ◆ **Charles the Sixth** Charles six ◆ **the ~ of November, November the ~** le six novembre

N sixième *mf* ; *(= fraction)* sixième *m* ; *(Mus)* sixte *f* ◆ **he wrote the letter on the ~** il a écrit la lettre le six, sa lettre est du six ◆ **your letter of the ~** votre lettre du six (courant) ◆ **the ~** *(Brit Scol)* ⇒ **sixth form**

ADV a *(in race, exam, competition)* en sixième position *or* place ◆ **he came** *or* **was placed ~** il s'est classé sixième

b ⇒ **sixthly**

COMP ▷ **sixth form** N *(Brit Scol)* ≃ classes *fpl* de première et terminale ◆ **to be in the ~ form** ≃ être en première *or* en terminale ▷ **sixth-form college** N *lycée n'ayant que des classes de première et de terminale* ▷ **sixth-former, sixth-form pupil** N ≃ élève *mf* de première *or* de terminale ▷ **the sixth grade** N *(US Scol)* ≃ le CM2 ▷ **sixth sense** N sixième sens *m*

**sixthly** /ˈsɪksθlɪ/ ADV sixièmement, en sixième lieu

**sixtieth** /ˈsɪkstɪɪθ/ ADJ soixantième N soixantième *mf* ; *(= fraction)* soixantième *m* ; *for phrases see* **sixth**

**sixty** /ˈsɪkstɪ/ ADJ soixante *inv* ◆ **he is about ~** il a une soixantaine d'années, il a dans les soixante ans ◆ **about ~ books** une soixantaine de livres

N soixante *m inv* ◆ **about ~** une soixantaine, environ soixante ◆ **to be in one's sixties** avoir entre soixante et soixante-dix ans, être sexagénaire ◆ **he is in his early sixties** il a un peu plus de soixante ans ◆ **he is in his late sixties** il approche de soixante-dix ans ◆ **she's getting on** *or* **going on for ~** elle approche de la soixantaine, elle va sur ses soixante ans ◆ **in the sixties** *(= 1960s)* dans les années soixante ◆ **in the early/late sixties** au début/vers la fin des années soixante ◆ **the temperature was in the sixties** ≃ il faisait entre quinze et vingt degrés ◆ **the numbers were in the sixties** le nombre s'élevait à plus de soixante ◆ **to do ~** * *(in car)* faire du soixante milles (à l'heure), ≃ faire du cent (à l'heure) ; *for other phrases see* **six**

PRON soixante ◆ **there are ~** il y en a soixante

COMP ▷ **sixty-first** ADJ soixante et unième N soixante et unième *mf* ; *(= fraction)* soixante et unième *m* PRON soixante et unième ▷ **sixty-four (thousand) dollar question** * N ◆ **that's the ~-four (thousand) dollar question** c'est la question à mille francs ▷ **sixty-odd** * PRON ◆ **there were ~-odd** il y en avait soixante et quelques *, il y en avait une soixantaine ◆ **~-odd books** un peu plus de soixante livres, soixante et quelques livres ▷ **sixty-one** ADJ soixante et un(e) PRON soixante et un ▷ **sixty-second** ADJ soixante-deuxième N soixante-deuxième *mf* ; *(= fraction)* soixante-deuxième *m* ▷ **sixty-two** ADJ soixante-deux *inv* N soixante-deux *m inv* PRON soixante-deux ◆ **there are ~-two** il y en a soixante-deux

**sizable** /ˈsaɪzəbl/ ADJ ⇒ **sizeable**

**sizably** /ˈsaɪzəblɪ/ ADV ⇒ **sizeably**

**size¹** /saɪz/ N *(for plaster, paper)* colle *f* ; *(for cloth)* apprêt *m* VT encoller, apprêter

**size²** /saɪz/ N a *[of person, animal, sb's head, hands]* taille *f* ; *[of room, building]* grandeur *f*, dimensions *fpl* ; *[of car, chair]* dimensions *fpl* ; *[of egg, fruit, jewel]* grosseur *f* ; *[of parcel]* grosseur *f*, dimensions *fpl* ; *[of book, photograph, sheet of paper, envelope]* taille *f*, dimensions *fpl* ; *(= format)* format *m* ; *[of sum]* montant *m* ; *[of estate, park, country]* étendue *f*, superficie *f* ; *[of problem, difficulty, obstacle]* ampleur *f*, étendue *f* ; *[of operation, campaign]* ampleur *f*, envergure *f* ◆ **the small/large ~** *[of packet, tube etc]* le petit/grand modèle ◆ **the ~ of the town** l'importance *f* de la ville ◆ **a building of vast ~** un bâtiment de belles dimensions ◆ **the ~ of the farm** *(building)* les dimensions *fpl* de la ferme ; *(land)* l'étendue *f* de la ferme ◆ **the ~ of the fish you caught** la taille du poisson que tu as attrapé ◆ **the ~ of the sum involved was so large that ...** la somme en question était d'une telle importance que ... ◆ **sort them according to ~** triez-les selon la grosseur (*or* le format *etc*) ◆ **to alter/cut/make sth to ~** transformer/couper/faire qch sur mesure ◆ **it's the ~ of a brick** c'est de la taille d'une brique ◆ **it's the ~ of a walnut** c'est de la grosseur d'une noix ◆ **it's the ~ of a house/elephant** c'est grand comme une maison/un éléphant ◆ **he's about your ~** il est à peu près de la même taille que vous ◆ **that's about the ~ of it!** c'est à peu près ça ! ◆ **he cut the wood to ~** il a coupé le bois à la dimension voulue ◆ **they are all of a ~** * ils sont tous de la même grosseur (*or* de la même taille *etc*) ; → **cut down, shape**

**b** *[of coat, skirt, dress, trousers etc]* taille *f* ; *[of shoes, gloves]* pointure *f* ; *[of shirt]* encolure *f* ◆ **what ~ are you?, what ~ do you take?** *(in dress etc)* quelle taille faites-vous ? ; *(in shoes, gloves)* quelle pointure faites-vous ? ; *(in shirts)* vous faites combien d'encolure *or* de tour de cou ? ; *(in hats)* quel est votre tour de tête ? ◆ **what ~ of collar** *or* **shirt?** quelle encolure ? ◆ **I take ~ 12** je prends du 12 *or* la taille 12 ◆ **what ~ (of) shoes do you take?** quelle pointure faites-vous ?, vous chaussez du combien ? ◆ **I take ~ 5 (shoes)** ≃ je chausse *or* je fais du 38 ◆ **what ~ of waist are you?** quel est votre tour de taille ? ◆ **we are out of ~ 5** ≃ nous n'avons plus de 38 ◆ **we haven't got your ~** nous n'avons pas votre taille (*or* pointure *etc*) ; → **try** ◆ **"one size"** "taille unique" ◆ **I need a ~ smaller** il me faut la taille (*or* la pointure *etc*) en-dessous ◆ **it's two ~s too big for me** c'est deux tailles (*or* pointures *etc*) au-dessus de ce qu'il me faut ◆ **hip ~** tour *m* de hanches

VT classer *or* trier selon la grosseur (*or* la dimension *or* la taille *etc*)

► **size up** VT SEP *[+ person]* juger, jauger ; *[+ situation]* mesurer ◆ **to ~ up the problem** mesurer l'étendue du problème ◆ **I can't quite ~ him up** *(= don't know what he is worth)* je n'arrive pas vraiment à le juger *or* à décider ce qu'il vaut ; *(= don't know what he wants)* je ne vois pas vraiment où il veut en venir

**-size** /saɪz/ ADJ *(in compounds)* ⇒ **-sized**

**sizeable** /ˈsaɪzəbl/ ADJ *[amount, number, problem, operation, proportion]* assez important, assez considérable ; *[object, building, estate]* assez grand ; *[majority]* assez large, assez confortable

**sizeably** /ˈsaɪzəblɪ/ ADV considérablement, de beaucoup

**-sized** /saɪzd/ ADJ *(in compounds)* → **size²** ◆ **medium-sized** de taille (*or* grandeur *or* grosseur *etc*) moyenne ; → **life**

**sizeist** /ˈsaɪzɪst/ ADJ antigros *inv* N raciste *mf* antigros

**sizzle** /ˈsɪzl/ VI grésiller N grésillement *m*

**sizzler** * /ˈsɪzləʳ/ N journée *f* torride *or* caniculaire

**sizzling** /ˈsɪzlɪŋ/ ADJ *[fat, bacon]* grésillant ◆ **a ~ noise** un grésillement ADV ◆ **~ hot** brûlant ◆ **it was a ~ hot day** * il faisait une chaleur torride *or* caniculaire ce jour-là

**ska** /skɑː/ N *(Mus)* ska *m*

**skate¹** /skeɪt/ N (pl **skate** *or* **skates**) *(= fish)* raie *f*

**skate²** /skeɪt/ N patin *m* ◆ **put** *or* **get your ~s on!** * *(fig)* grouille-toi ! *, magne-toi ! * ; → **ice, roller**

VI patiner ◆ **to go skating** *(ice)* faire du patin *or* du patinage ; *(roller)* faire du patin à roulettes *or* du skating ◆ **he ~d across the pond** il a traversé l'étang (en patinant *or* à patins) ◆ **it went skating across the room** cela a glissé à travers la pièce ; → **ice, roller**

► **skate around, skate over, skate round** VT FUS *[+ problem, difficulty, objection]* esquiver autant que possible

**skateboard** /ˈskeɪtbɔːd/ N skateboard *m*, planche *f* à roulettes VI faire de la planche à roulettes

**skateboarder** /ˈskeɪtbɔːdəʳ/ N skateur *m*, -euse *f*

**skateboarding** /ˈskeɪtbɔːdɪŋ/ N skateboard *m*, planche *f* à roulettes

**skater** /ˈskeɪtəʳ/ N *(ice)* patineur *m*, -euse *f* ; *(roller)* personne *f* qui fait du skating *or* du patinage à roulettes

**skating** /ˈskeɪtɪŋ/ N *(ice)* patinage *m* ; *(roller)* skating *m*, patinage *m* à roulettes COMP *[champion, championship, display]* *(ice)* de patinage ; *(roller)* de skating, de patinage à roulettes ▷ **skating rink** N *(ice)* patinoire *f* ; *(roller)* skating *m* ▷ **skating turn** N *(Ski)* pas *m* du patineur

**skean dhu** /ˈskiːənˈduː/ N *(Scot)* poignard *m* *(porté dans la chaussette)*

**skedaddle** * /skɪˈdædl/ VI *(= run away)* décamper *, déguerpir * ; *(= flee in panic)* fuir en catastrophe

**skeet shooting** /ˈskiːtʃuːtɪŋ/ N skeet *m*, tir *m* au pigeon d'argile, ball-trap *m*

**skein** /skeɪn/ N *[of wool etc]* écheveau *m*

**skeletal** /ˈskelɪtl/ ADJ **a** *(Anat) [structure, development]* du squelette ; *[remains]* de squelette ◆ **~ structure** *or* **system** squelette *m* **b** *(= emaciated) [person, body]* squelettique ; *[face]* émacié **c** *(= schematic) [timetable]* schématique

**skeleton** /ˈskelɪtn/ N *(Anat)* squelette *m* ; *[of building, ship, model etc]* squelette *m*, charpente *f* ; *[of plan, scheme, suggestion, novel etc]* schéma *m*, grandes lignes *fpl* ◆ **he was a mere** *or* **a walking** *or* **a living ~** c'était un véritable cadavre ambulant ◆ **he was reduced to a ~** il n'était plus qu'un squelette, il était devenu (d'une maigreur) squelettique ◆ **the staff was reduced to a ~** le personnel était réduit au strict minimum ◆ **a ~ in the cupboard** *(Brit)* *or* **closet** *(US)* un cadavre dans le placard * ◆ **the family ~** le secret de famille ; → **feast**

COMP *[army, crew, staff]* squelettique, réduit au strict minimum ▷ **skeleton key** N passe *m*, passe-partout *m inv* ▷ **skeleton law** N *(Ind)* loi-cadre *f* ▷ **skeleton map** N carte *f* schématique ▷ **skeleton outline** N *[of drawing, map, plan]* schéma *m* simplifié ; *[of proposals, report]* résumé *m*, grandes lignes *fpl*

**skep** /skep/ N **a** *(= beehive)* ruche *f* **b** *(= basket)* panier *m*

**skeptic** /ˈskeptɪk/ ADJ, N *(US)* ⇒ **sceptic**

**skeptical** /ˈskeptɪkəl/ ADJ *(US)* ⇒ **sceptical**

**skeptically** /ˈskeptɪkəlɪ/ ADJ *(US)* ⇒ **sceptically**

**skepticism** /ˈskeptɪsɪzəm/ N *(US)* ⇒ **scepticism**

**sketch** /sketʃ/ N **a** *(= drawing) (rough)* croquis *m* ; *(preliminary)* esquisse *f* ; *[of ideas, proposals etc]* aperçu *m*, ébauche *f* ◆ **a rough ~** *(= drawing)* une ébauche ◆ **he gave me a (rough) ~ of what he planned to do** *(fig)* il m'a donné un aperçu de *or* il m'a dit en gros ce qu'il comptait faire

**b** *(Theat)* sketch *m*, saynète *f*

VI *(roughly)* faire des croquis ; *(= make preliminary drawing)* faire des esquisses ◆ **to go ~ing** aller *or* partir faire des croquis

VT *[+ view, castle, figure]* *(roughly)* faire un croquis de, croquer ; *(= make preliminary drawing)* faire une esquisse de, esquisser ; *[+ map]* faire à main levée ; *(fig)* *[+ ideas, proposals, novel, plan]* ébaucher, esquisser

COMP ▷ **sketch(ing) book** N carnet *m* à croquis *or* à dessins ▷ **sketching pad** N bloc *m* à dessins ▷ **sketch map** N carte faite à main levée ▷ **sketch pad** ⇒ **sketching pad**

► **sketch in** VT SEP *[+ detail in drawing]* ajouter en dessinant ; *(fig) [+ details]* ajouter ; *[+ facts]* indiquer

► **sketch out** VT SEP *[+ plans, proposals, ideas]* ébaucher, esquisser ◆ **to ~ out a picture of sth** *(lit, fig)* ébaucher qch, dessiner les grandes lignes de qch

**sketchily** /ˈsketʃɪlɪ/ ADV sommairement ◆ **the ideas are ~ developed** les idées sont (sommairement) esquissées

**sketchy** /ˈsketʃɪ/ ADJ *[details]* incomplet (-ète *f*), lacunaire ; *[account, report]* peu détaillé, sommaire ; *[piece of work]* peu détaillé ; *[knowledge]* rudimentaire, sommaire

**skew** /skjuː/ N ◆ **to be on the ~** être de travers *or* en biais ADJ de travers ADV de travers VI **a** (also **skew round**) obliquer ◆ **negotiations ~ed off course** *(fig)* les négociations ont dévié de leur but initial **b** *(= squint)* loucher COMP ▷ **skew-eyed** * ADJ qui louche, qui a un œil qui dit merde à l'autre * ▷ **skew-whiff** * ADJ *(Brit)* ◆ **(on the) ~-whiff** de travers, de guingois *, de traviole *

**skewbald** /ˈskjuːbɔːld/ ADJ pie *inv* N cheval *m* pie *inv*

**skewed** /skjuːd/ ADJ **a** *(= slanting)* de travers **b** *(= distorted) [conception, view, graph]* déformé ; *[statistics]* faussé

**skewer** /ˈskjʊəʳ/ N *(for roast etc)* broche *f* ; *(for kebabs)* brochette *f* VT *[+ chicken]* embrocher ; *[+ pieces of meat]* mettre en brochette ; *(fig)* transpercer, embrocher *

**ski** /skiː/ N (pl **skis** *or* **ski**) ski *m*, planche * *f* ; *(Aviat)* patin *m* ; → **water**

VI faire du ski, skier ◆ **to go ~ing** *(as holiday)* partir aux sports d'hiver ; *(= go out skiing)* (aller) faire du ski ◆ **I like ~ing** j'aime faire du ski *or* skier ◆ **to ~ down a slope** descendre une pente à *or* en skis

COMP *[school, clothes]* de ski ▷ **ski binding** N fixation *f* ▷ **ski boot** N chaussure *f* de ski ▷ **ski bunny** * N *(US = girl)* minette *f* de station de ski ▷ **ski instructor** N moniteur *m*, -trice *f* de ski ▷ **ski jump** N *(= action)* saut *m* à skis ; *(= place)* tremplin *m* (de ski) ▷ **ski-jumping** N saut *m* à skis ▷ **ski lift** N télésiège *m*, remonte-pente *m inv* ▷ **ski mountaineering** N ski *m* de haute montagne ▷ **ski pants** NPL fuseau *m* (de ski) ▷ **ski-pass** N forfait *m* skieur(s) ▷ **ski pole** N ⇒ **ski stick** ▷ **ski-rack** N *[of car]* porte-skis *m* ▷ **ski resort** N station *f* de ski *or* de sports d'hiver ▷ **ski run** N piste *f* de ski ▷ **ski slope** N pente *f* or piste *f* de ski ▷ **ski stick** N bâton *m* de ski ▷ **ski-suit** N combinaison *f* (de ski) ▷ **ski-touring** N ski *m* de randonnée, randonnée *f* à ski ▷ **ski tow** N télésk *m*, remonte-pente *m inv* ▷ **ski trousers NPL** fuseau *m* (de ski) ▷ **ski wax N** fart *m* ▷ **ski-wear N** vêtements *mpl* de ski

**skibob** /ˈskiːbɒb/ **N** ski-bob *m*, véloski *m*

**skid** /skɪd/ **N** **a** *[of car etc]* dérapage *m* ◆ **to get** *or* **go into a ~** déraper, faire un dérapage ◆ **to get out of a ~, to correct a ~** redresser *or* contrôler un dérapage

**b** *(on wheel)* cale *f*

**c** *(under heavy object, rollers, logs etc)* traîneau *m* ◆ **to put the ~s** ‡ **on** *or* **under** *(= cause to fail) [+ person]* faire un croc-en-jambe à *(fig) [+ plan etc]* faire tomber à l'eau * ◆ **her marriage/career is on the ~s** * son mariage/sa carrière bat de l'aile ◆ **to hit the ~s** * *(US)* devenir clochard(e)

**VI** *(in car etc)* déraper ; *[person]* déraper, glisser ◆ **the car ~ded to a halt** *or* **stop** la voiture a dérapé et s'est immobilisée ◆ **I ~ded into a tree** j'ai dérapé et percuté un arbre ◆ **he went ~ding into the bookcase** il a glissé *or* dérapé et est allé se cogner contre la bibliothèque ◆ **the toy ~ded across the room** le jouet a glissé jusqu'à l'autre bout de la pièce ◆ **prices ~ded** * *(US)* les prix ont dérapé

**COMP** ▷ **skid row N** *(esp US)* quartier *m* de clochards, cour *f* des miracles ◆ **he's heading for ~ row** *(fig)* il finira clochard *

**skidlid** * /ˈskɪdlɪd/ **N** casque *m* (de moto)

**skidmark** /ˈskɪdmɑːk/ **N** trace *f* de pneu, trace *f* de dérapage

**skidoo** /skɪˈduː/ **N** skidoo *m*, motoneige *f*, scooter *m* des neiges

**skidpad** /ˈskɪdpæd/, **skidpan** /ˈskɪdpæn/ **N** piste *f* d'entraînement au dérapage *(pour apprendre à contrôler un véhicule)*

**skidproof** /ˈskɪdpruːf/ **ADJ** antidérapant

**skier** /ˈskiːəʳ/ **N** skieur *m*, -euse *f*

**skiff** /skɪf/ **N** skiff *m*, yole *f*

**skiffle** /ˈskɪfl/ **N** *(Mus)* skiffle *m*

**skiing** /ˈskiːɪŋ/ **N** *(NonC)* ski *m* ; → **water COMP** *[clothes, school]* de ski ▷ **skiing holiday N** vacances *fpl* aux sports d'hiver, vacances *fpl* de neige ◆ **to go on a ~ holiday** partir aux sports d'hiver ▷ **skiing instructor N** moniteur *m*, -trice *f* de ski ▷ **skiing pants NPL** fuseau *m* (de ski) ▷ **skiing resort N** station *f* de ski *or* de sports d'hiver ▷ **skiing trousers NPL** ⇒ **skiing pants**

**skilful, skillful** *(US)* /ˈskɪlfʊl/ **ADJ** *[person, player]* habile *(at doing sth* à faire qch), adroit ; *[use, choice, management]* intelligent ◆ **~ at hunting** habile à la chasse ◆ **to be ~ in doing sth** faire preuve d'habileté *or* d'adresse pour faire qch ◆ **to be ~ with sth** savoir se servir de qch

**skilfully, skillfully** *(US)* /ˈskɪlfəlɪ/ **ADV** *[organize, carry out, use]* habilement, intelligemment ; *[avoid]* adroitement ; *[write]* avec habileté

**skilfulness, skillfulness** *(US)* /ˈskɪlfʊlnɪs/ **N** *(NonC)* habileté *f*, adresse *f*

**skill** /skɪl/ **N** **a** *(NonC = competence, ability)* habileté *f*, adresse *f* ; *(gen manual)* dextérité *f* ; *(= talent)* savoir-faire *m*, talent *m* ◆ **the ~ of the dancers** l'adresse *f or* le talent des danseurs ◆ **the ~ of the juggler** l'adresse *f or* la dextérité du jongleur ◆ **his ~ at billiards** son habileté *or* son adresse au billard ◆ **his ~ in negotiation** son talent de négociateur ◆ **her ~ in persuading them** l'habileté dont elle a fait preuve pour les persuader ◆ **lack of ~** maladresse *f*

**b** *(in craft etc)* technique *f* ◆ **~s** *(gen)* capacités *fpl*, compétences *fpl* ; *(Scol: innate)* aptitudes *fpl* ; *(Scol: learnt)* savoir *m* ◆ **it's a ~ that has to be acquired** c'est une technique qui s'apprend ◆ **we could make good use of his ~s** ses capacités *or* ses compétences nous seraient bien utiles ◆ **what ~s do you have?** quelles sont vos compétences ? ◆ **learning a language is a question of learning new ~s** apprendre une langue consiste à acquérir de nouvelles compétences

**Skillcentre** /ˈskɪlsentəʳ/ **N** *(Brit) centre de formation professionnelle pour demandeurs d'emploi*

**skilled** /skɪld/ **ADJ** **a** *(= skilful) [person, driver]* habile, adroit ◆ **to be ~ in the use of sth** savoir bien se servir de qch, faire un usage habile de qch ◆ **to be ~ in diplomacy** être un habile diplomate ◆ **~ in the art of negotiating** maître dans l'art de la négociation ◆ **~ in** *or* **at doing sth** habile à faire qch ◆ **to be ~ in reading and writing** savoir bien lire et écrire **b** *(Ind) [job, worker]* qualifié ◆ **a low-~ clerical job** un emploi *or* un travail peu qualifié dans un bureau ◆ **~ nursing care** *(US) soins dispensés par un personnel médical qualifié* ◆ **~ nursing facility** *(US) centre de soins dispensés par un personnel médical qualifié* ; see also **semiskilled**

**skillet** /ˈskɪlɪt/ **N** poêlon *m*

**skillful** /ˈskɪlfʊl/ **ADJ** *(US)* ⇒ **skilful**

**skillfully** /ˈskɪlfəlɪ/ **ADV** *(US)* ⇒ **skilfully**

**skillfulness** /ˈskɪlfʊlnɪs/ **N** *(US)* ⇒ **skilfulness**

**skim** /skɪm/ **VT** **a** *[+ milk]* écrémer ; *[+ soup]* écumer ◆ **to ~ the cream/scum/grease from sth** écrémer/écumer/dégraisser qch

**b** **to ~ the ground/water** *[bird etc]* raser *or* effleurer *or* frôler le sol/la surface de l'eau ◆ **to ~ a stone across the pond** faire ricocher une pierre sur l'étang

**c** *(US * fig) [+ one's income]* ne pas déclarer en totalité au fisc

**VI** **a** ◆ **to ~ across the water/along the ground** raser l'eau/le sol ◆ **the stone ~med across the pond** la pierre a ricoché d'un bout à l'autre de l'étang ◆ **to ~ through a book** parcourir *or* feuilleter un livre ◆ **he ~med over the difficult passages** il s'est contenté de parcourir rapidement les passages difficiles

**b** *(US * = cheat on taxes)* frauder (le fisc)

**COMP** ▷ **skim(med) milk N** lait *m* écrémé

► **skim off VT SEP** *[+ cream, grease, money]* enlever ◆ **rich Italian clubs ~ off all Europe's stars** les clubs italiens volent toutes les stars européennes ◆ **private schools ~ off the cream from state schools** les écoles privées dépouillent les écoles publiques de leurs meilleurs éléments

**skimmer** /ˈskɪməʳ/ **N** *(Orn)* rhyncops *m*, bec-en-ciseaux *m*

**skimming** /ˈskɪmɪŋ/ **N** *(US * = tax fraud)* ≃ fraude *f* fiscale

**skimp** /skɪmp/ **VI** lésiner, économiser ◆ **to ~ on** *[+ butter, cloth, paint etc]* lésiner sur ; *[+ money]* économiser ; *[+ praise, thanks]* être avare de ; *[+ piece of work]* faire à la va-vite, bâcler *

**skimpily** /ˈskɪmpɪlɪ/ **ADV** *[serve, provide]* avec parcimonie ; *[live]* chichement

**skimpiness** /ˈskɪmpɪnɪs/ **N** *[of meal, helping, allowance]* insuffisance *f*

**skimpy** /ˈskɪmpɪ/ **ADJ** *[bikini, underwear]* minuscule ; *[meal]* frugal, maigre *before n* ; *[pay]* maigre *before n* ◆ **she was wearing a ~ dress** elle portait une robe qui dévoilait presque tout

**skin** /skɪn/ **N** **a** *[of person, animal]* peau *f* ◆ **she has (a) good/bad ~** elle a une jolie/vilaine peau ◆ **to wear wool next to the ~** porter de la laine sur la peau *or* à même la peau ◆ **wet** *or* **soaked to the ~** trempé jusqu'aux os ◆ **the snake casts** *or* **sheds its ~** le serpent mue ◆ **rabbit ~** peau *f* de lapin

**b** *(phrases)* ◆ **to be (all** *or* **only) ~ and bone** n'avoir que la peau sur les os ◆ **with a whole ~** indemne, sain et sauf, sans une écorchure ◆ **to escape by the ~ of one's teeth** l'échapper belle ◆ **we caught the last train by the ~ of our teeth** nous avons attrapé le dernier train de justesse ◆ **to have a thick ~** avoir une peau d'éléphant, être insensible ◆ **to have a thin ~** être susceptible, avoir l'épiderme sensible ◆ **to get under sb's ~** * *(= annoy)* porter *or* taper * sur les nerfs à qn ; *(= understand)* se mettre à la place de qn ◆ **I've got you under my ~** * je suis amoureux fou de toi ◆ **it's no ~ off my nose!** ‡ *(= does not hurt me)* pour ce que ça me coûte ! ; *(= does not concern me)* ce n'est pas mon problème ! ; → **pigskin, save**[1]

**c** *[of fruit, vegetable, milk pudding, sausage, drum]* peau *f* ; *(peeled)* pelure *f* ; *[of boat, aircraft]* revêtement *m* ; *(for duplicating)* stencil *m* ; *(for wine)* outre *f* ◆ **to cook potatoes in their ~(s)** faire cuire des pommes de terre en robe des champs *or* en robe de chambre ◆ **a banana ~** une peau de banane

**d** *(Ski)* **~s** peaux *fpl* (de phoque)

**e** *(‡ = cigarette paper)* papier *m* à cigarette

**VT** **a** *[+ animal]* dépouiller ; *[+ fruit, vegetable]* éplucher ◆ **I'll ~ him alive!** * je vais l'écorcher tout vif ! ◆ **to ~ one's knee** s'érafler *or* s'écorcher le genou ◆ **there are more ways than one** *or* **there is more than one way to ~ a cat** * il y a plusieurs façons de plumer un canard ; → **eye**

**b** *(‡ = steal from)* estamper *, plumer *

**COMP** *[colour, texture]* de (la) peau ▷ **skin cancer N** cancer *m* de la peau ▷ **skin care N** soins *mpl* pour la peau ▷ **skin-deep ADJ** superficiel ◆ **it's only ~-deep** ça ne va pas (chercher) bien loin ; see also **beauty** ▷ **skin disease N** maladie *f* de (la) peau ▷ **skin diver N** plongeur *m*, -euse *f* sous-marin(e) ▷ **skin diving N** plongée *f* sous-marine ▷ **skin flick** ‡ **N** *(Cine)* (film *m*) porno * *m inv* ▷ **skin game** * **N** *(US)* escroquerie *f* ▷ **skin graft N** greffe *f* de (la) peau ▷ **skin grafting N** greffe *f* de la peau ▷ **skin mag(azine)** * **N** *(US)* revue *f* porno * ▷ **skin patch N** *(Med)* patch *m*, timbre *m* transdermique ▷ **skin test N** *(Med)* cuti(-réaction) *f*

► **skin up** ‡ **VI** rouler un joint *

**skinflint** /ˈskɪnflɪnt/ **N** grippe-sou *m*, radin(e) * *m(f)*

**skinful** ‡ /ˈskɪnfʊl/ **N** ◆ **to have (had) a ~** être bourré ‡ ◆ **he's got a ~ of whisky** il s'est soûlé * *or* il a pris une biture ‡ au whisky

**skinhead** /ˈskɪnhed/ **N** *(Brit = thug)* skinhead *m*

**skinless** /ˈskɪnlɪs/ **ADJ** *[meat, sausage, fish]* sans (la) peau

**-skinned** /skɪnd/ **ADJ** *(in compounds)* ◆ **fair-skinned** à (la) peau claire ; → **thick, thin**

**skinner** /ˈskɪnəʳ/ **N** peaussier *m*

**skinny** /ˈskɪnɪ/ **ADJ** **a** *(= thin) [person, legs, arms]* maigre ◆ **the ~ look** *(Fashion)* la mode ultra-mince **b** *(= close-fitting) [sweater]* moulant **COMP** ▷ **skinny-dip** * **N** baignade *f* à poil * **VI** se baigner à poil * ▷ **skinny-dipping** * **N** *(NonC)* baignade *f* à poil * ◆ **to go ~-dipping** se baigner à poil * ▷ **skinny-rib (sweater** *or* **jumper)** * **N** pull-chaussette *m*

**skint** ‡ /skɪnt/ **ADJ** *(Brit)* fauché *

**skintight** /skɪnˈtaɪt/ **ADJ** collant, ajusté

**skip**[1] /skɪp/ **N** petit bond *m*, petit saut *m* ◆ **to give a ~** faire un petit bond *or* saut

**VI** **a** gambader, sautiller ; *(with rope)* sauter à la corde ◆ **to ~ with joy** sauter *or* bondir de joie ◆ **the child ~ped in/out** *etc* l'enfant est entré/sorti *etc* en gambadant *or* en sautillant ◆ **she ~ped lightly over the stones** elle sautait légèrement par-dessus les pierres ◆ **he ~ped out of the way of the cycle** il a fait un bond pour éviter le vélo ◆ **he ~ped over that point** il est passé sur ce point, il a sauté par-dessus *or* a glissé sur ce point ◆ **to ~ from one subject to another** sauter d'un sujet à un autre ◆ **the author** *or* **book ~s about a lot** l'auteur papillonne beaucoup dans ce livre

b *(fig)* **I ~ped up to London yesterday** j'ai fait un saut à Londres hier ◆ **I ~ped round to see her** j'ai fait un saut chez elle

VT *(= omit)* *[+ chapter, page, paragraph]* sauter, passer ; *[+ class, meal]* sauter ◆ **I'll ~ lunch** je vais sauter le déjeuner, je vais me passer de déjeuner ◆ **~ it!** * laisse tomber ! * ◆ **~ the details!** laisse tomber les détails ! *, épargne-nous les détails ! ◆ **to ~ school** sécher les cours

COMP ▷ **skip rope** N *(US)* corde *f* à sauter

**skip²** /skɪp/ N *(Brit = container)* benne *f*

**skipper** /ˈskɪpəʳ/ N *(Naut)* capitaine *m*, patron *m* ; *(Sport *)* capitaine *m*, chef *m* d'équipe ; *(in race)* skipper *m* VT * *[+ boat]* commander ; *[+ team]* être le chef de, mener

**skipping** /ˈskɪpɪŋ/ N saut *m* à la corde COMP ▷ **skipping rope** N *(Brit)* corde *f* à sauter

**skirl** /skɜːl/ N son *m* aigu *(de la cornemuse)*

**skirmish** /ˈskɜːmɪʃ/ N *(gen)* échauffourée *f* ; *(Mil)* escarmouche *f* ; *(fig)* escarmouche *f*, accrochage * *m* VI *(Mil)* s'engager dans une escarmouche ◆ **to ~ with sb** *(fig)* avoir un accrochage * avec qn

**skirt** /skɜːt/ N a *(= garment)* jupe *f* ; *[of frock coat]* basque *f* b *(= girl)* **a bit of ~** ‡ une nana ‡ c *(Tech: on machine, vehicle)* jupe *f* d *(Culin = steak)* flanchet *m* VT (also **skirt round**) *(= go round)* contourner, longer ; *(= miss, avoid)* *[+ town, obstacle]* contourner, éviter ; *[+ problem, difficulty]* esquiver, éluder ◆ **the road ~s (round) the forest** la route longe *or* contourne la forêt ◆ **we ~ed (round) Paris to the north** nous sommes passés au nord de Paris, nous avons contourné Paris par le nord ◆ **to ~ (round) the issue (of whether)** esquiver *or* éluder la question (de savoir si) VI ◆ **to ~ round** → vt COMP ▷ **skirt length** N hauteur *f* de jupe

**skirting** /ˈskɜːtɪŋ/ N *(Brit:* also **skirting board***)* plinthe *f*

**skit** /skɪt/ N parodie *f* (on de) ; *(Theat)* sketch *m* satirique

**skitter** /ˈskɪtəʳ/ VI ◆ **to ~ across the water/along the ground** *[bird]* voler en frôlant l'eau/le sol ; *[stone]* ricocher sur l'eau/le sol

**skittish** /ˈskɪtɪʃ/ ADJ *(= frivolous)* capricieux ; *(= nervous)* nerveux ; *(= coquettish)* coquet ; *(= excitable)* *[horse]* ombrageux

**skittishly** /ˈskɪtɪʃlɪ/ ADV *(= coquettishly)* en faisant la coquette

**skittle** /ˈskɪtl/ N quille *f* ◆ **~s** *(esp Brit)* (jeu *m* de) quilles *fpl* ; → **beer** COMP ▷ **skittle alley** N (piste *f* de) jeu *m* de quilles, bowling *m*

**skive** * /skaɪv/ *(Brit)* VI (also **skive off**) tirer au flanc * N ◆ **to be on the ~** tirer au flanc *

**skiver** * /ˈskaɪvəʳ/ N *(Brit)* tire-au-flanc * *m inv*

**skivvy** * /ˈskɪvɪ/ N a *(Brit pej = servant)* boniche *f* *(pej)*, bonne *f* à tout faire b *(US)* **skivvies** * *(= underwear)* sous-vêtements *mpl* (d'homme) VI *(Brit)* faire la boniche

**Skopje** /ˈskɔːpje/ N Skopje

**skua** /ˈskjuːə/ N stercoraire *m*, labbe *m*

**skulduggery** * /skʌlˈdʌgərɪ/ N *(NonC)* maquignonnage *m*, trafic *m* ◆ **a piece of ~** un maquignonnage

**skulk** /skʌlk/ VI (also **skulk about**) rôder en se cachant, rôder furtivement ◆ **to ~ in/away** *etc* entrer/s'éloigner *etc* furtivement

**skull** /skʌl/ N crâne *m* ◆ **~ and crossbones** *(= emblem)* tête *f* de mort ; *(= flag)* pavillon *m* à tête de mort ◆ **I can't get it into his (thick) ~ * that ...** pas moyen de lui faire comprendre que ..., je n'arrive pas à lui faire entrer dans le crâne * que ...

**skullcap** /ˈskʌlkæp/ N calotte *f*

**skunk** /skʌŋk/ N (pl **skunk** *or* **skunks**) a *(= animal)* mouffette *f* ; *(= fur)* sconse *m* ; *(* pej = person)* mufle * *m*, canaille *f*, salaud ‡ *m* b *(Drugs)* ~ **(weed)** skunk *m*

**sky** /skaɪ/ N ciel *m* ◆ **the skies** le(s) ciel(s) ; *(fig)* les cieux *mpl* ◆ **there was a clear blue ~** le ciel était clair et bleu ◆ **in the ~** dans le ciel ◆ **under the open ~** à la belle étoile ◆ **under a blue ~, under blue skies** sous un ciel bleu ◆ **the skies over** *or* **of England** les ciels *mpl* d'Angleterre ◆ **the skies of Van Gogh** les ciels *mpl* de Van Gogh ◆ **under warmer skies** sous des cieux plus cléments ◆ **to praise sb to the skies** porter qn aux nues ◆ **it came out of a clear (blue) ~** *(fig)* c'est arrivé de façon tout à fait inattendue, on ne s'y attendait vraiment pas ◆ **the ~'s the limit** * tout est possible

VT *[+ ball]* envoyer très haut *or* en chandelle

COMP ▷ **sky ad** N publicité *f or* annonce *f* aérienne ▷ **sky blue** N bleu *m* ciel ▷ **sky-blue** ADJ bleu ciel *inv* ▷ **sky-high** ADJ très haut (dans le ciel) ; *(fig)* extrêmement haut ◆ **he hit the ball ~-high** il a envoyé le ballon très haut (dans le ciel) ◆ **the bridge was blown ~-high** le pont a sauté, le pont a volé en morceaux ◆ **to blow a theory ~-high** démolir une théorie ◆ **prices are ~-high** les prix sont exorbitants ◆ **the crisis sent sugar prices ~-high** la crise a fait monter en flèche le prix du sucre ▷ **sky marshal** N *agent de police ou de sécurité embarqué sur un vol pour en assurer sa protection* ▷ **sky pilot** † ‡ N *(fig)* curé *m* ▷ **sky-surfing** N sky-surfing *m* ▷ **sky train** N *(Aviat)* *avion qui remorque un ou plusieurs planeurs*

**skycap** /ˈskaɪkæp/ N *(US)* porteur *m (dans un aéroport)*

**skydive** /ˈskaɪdaɪv/ N saut *m* (en parachute) en chute libre VI faire du parachutisme en chute libre

**skydiver** /ˈskaɪdaɪvəʳ/ N parachutiste *mf* (faisant de la chute libre)

**skydiving** /ˈskaɪdaɪvɪŋ/ N parachutisme *m* (en chute libre)

**Skye** /skaɪ/ N (île *f* de) Skye *f*

**skyjack** * /ˈskaɪˌdʒæk/ VT *[+ plane]* détourner, pirater

**skyjacker** * /ˈskaɪˌdʒækəʳ/ N pirate *m* de l'air

**skyjacking** * /ˈskaɪˌdʒækɪŋ/ N détournement *m* d'avion, piraterie *f* aérienne

**Skylab** /ˈskaɪlæb/ N *(Space)* laboratoire *m* spatial, Skylab *m*

**skylark** /ˈskaɪlɑːk/ N *(= bird)* alouette *f* (des champs) VI * chahuter, faire le fou

**skylarking** * /ˈskaɪlɑːkɪŋ/ N rigolade * *f*, chahut *m*

**skylight** /ˈskaɪlaɪt/ N lucarne *f*, tabatière *f*

**skyline** /ˈskaɪlaɪn/ N ligne *f* d'horizon ; *[of city]* ligne *f* des toits ; *[of buildings]* profil *m*, silhouette *f*

**skyrocket** /ˈskaɪrɒkɪt/ N fusée *f* VI *[prices]* monter en flèche

**skyscraper** /ˈskaɪskreɪpəʳ/ N gratte-ciel *m inv*

**skyward** /ˈskaɪwəd/ ADJ, ADV vers le ciel

**skywards** /ˈskaɪwədz/ ADV *[soar, point]* vers le ciel ; *[gaze]* en l'air

**skyway** /ˈskaɪweɪ/ N *(US)* *(= air corridor)* route *f or* voie *f* aérienne ; *(= road)* route *f* surélevée

**skywriting** /ˈskaɪraɪtɪŋ/ N publicité *f* aérienne *(tracée dans le ciel par un avion)*

**slab** /slæb/ N a *(large piece)* *[of stone, wood, slate]* bloc *m* ; *(flat)* plaque *f* ; *[of meat]* pièce *f* ; *(smaller)* carré *m*, pavé *m* ; *[of cake]* pavé *m* ; *(smaller)* grosse tranche *f* ; *[of chocolate]* plaque *f* ; *(smaller)* tablette *f* b *(= paving slab)* dalle *f* ; *(= table, surface)* *(in butcher's etc)* étal *m* ; *(in mortuary)* table *f* de dissection *or* d'autopsie COMP ▷ **slab cake** N grand cake *m* rectangulaire

**slack** /slæk/ ADJ a *(= loose)* *[skin, sail]* flasque, mou (molle *f*) ; *[rope]* lâche, mal tendu ; *[joint, knot]* desserré ; *[hold, grip]* faible ; *[muscle]* relâché ◆ **to be ~** *[screw]* avoir du jeu ; *[rope]* avoir du mou ◆ **keep it ~!** *[rope]* laissez du mou ! ◆ **to have a ~ mouth/jaw** avoir la lèvre inférieure/la mâchoire pendante

b *(= not busy)* *[time, season, month]* creux ; *[demand]* faible ; *[market, trade]* faible, stagnant ◆ **during ~ periods** *(weeks, months etc)* pendant les jours *or* mois creux, pendant les périodes creuses ; *(in the day)* aux heures creuses ◆ **business is ~ this week** les affaires marchent au ralenti *or* ne vont pas fort * cette semaine

c *(= lax)* *[discipline, security]* relâché ; *[student]* inappliqué, peu sérieux ; *[worker]* peu sérieux, peu consciencieux ◆ **to be ~ in** *or* **about one's work** se relâcher dans son travail

N a *(in rope: Climbing)* mou *m* ; *(in cable)* ballant *m* ; *(in joint etc)* jeu *m* ◆ **to take up the ~ in a rope** raidir un cordage ◆ **to take up the ~ in the economy** relancer les secteurs affaiblis de l'économie ◆ **to cut sb some ~** *(fig)* faciliter les choses à qn

b *(= coal)* poussier *m*

NPL **slacks** *(= trousers)* pantalon *m* ◆ **a pair of ~s** un pantalon

VI * ne pas travailler comme il le faudrait

COMP ▷ **slack water** N étale *mf*

► **slack off** VI a *(* = stop working/trying etc)* se relâcher (dans son travail/dans ses efforts etc)

b *[business, trade, demand]* ralentir

VT SEP *[+ rope, cable]* détendre, donner du mou à

► **slack up** * VI ralentir (ses efforts *or* son travail)

**slacken** /ˈslækn/ VT (also **slacken off**) *[+ rope]* relâcher, donner du mou à ; *[+ cable]* donner du ballant à ; *[+ reins]* relâcher ; *[+ screw]* desserrer ; *[+ pressure etc]* diminuer, réduire ◆ **to ~ one's pace** ralentir l'allure ◆ **to ~ speed** *(in car)* diminuer de vitesse, ralentir VI (also **slacken off**) *[rope]* se relâcher, prendre du mou ; *[cable]* prendre du ballant ; *[screw]* se desserrer ; *[gale]* diminuer de force ; *[speed]* diminuer ; *[activity, business, trade]* ralentir, diminuer ; *[effort, enthusiasm, pressure]* diminuer, se relâcher

► **slacken off** *(esp Brit)* VI a ⇒ **slacken vi** b *[person]* se relâcher, se laisser aller VT SEP ⇒ **slacken vt**

► **slacken up** VI ⇒ **slacken off vi b**

**slackening** /ˈslæknɪŋ/ N *(NonC)* *[of effort, grip, rope, muscles]* relâchement *m* ; *[of output, pace]* ralentissement *m* ◆ **a ~ of demand** une diminution *or* baisse de la demande ◆ **a ~ in sb's determination** un fléchissement de la détermination de qn

**slacker** * /ˈslækəʳ/ N flemmard(e) * *m(f)*, fainéant(e) *m(f)*

**slackly** /ˈslæklɪ/ ADV **a** *(= loosely) [hang]* lâchement, mollement **b** *(= laxly) [work, play]* négligemment ; *[supervise]* sans fermeté

**slackness** /ˈslæknɪs/ N *[of rope etc]* manque *m* de tension ; * *[of person]* négligence *f*, laisser-aller *m inv* ◆ **the ~ of trade** le ralentissement *or* la stagnation des affaires

**slag** /slæg/ N **a** *(Metal)* scories *fpl*, crasses *fpl* **b** *(Min)* stériles *mpl* **c** *(Brit* ‡ *= slut)* salope ‡ *f* VT *(Brit)* → **slag off** COMP ▷ **slag heap** N *(Metal)* crassier *m* ; *(Min)* terril *m*

► **slag off** ‡ VT SEP *(esp Brit)* ◆ **to slag sb off** *(= scold, insult)* engueuler ‡ qn ; *(= speak badly of)* débiner * qn

**slain** /sleɪn/ *(liter)* VB ptp of **slay** NPL **the slain** *(Mil)* les morts *mpl*, les soldats *mpl* tombés au champ d'honneur

**slake** /sleɪk/ VT *[+ lime]* éteindre ; *[+ one's thirst]* étancher ; *(fig) [+ desire for revenge etc]* assouvir, satisfaire

**slalom** /ˈslɑːləm/ N slalom *m* VI slalomer COMP ▷ **slalom descent** N descente *f* en slalom ▷ **slalom racer, slalom specialist** N slalomeur *m*, -euse *f*

**slam** /slæm/ N **a** *[of door]* claquement *m* ◆ **to shut the door with a ~** claquer la porte
**b** *(Bridge)* chelem *m* ◆ **to make a grand/little ~** faire un grand/petit chelem
VT **a** *[+ door]* (faire) claquer, fermer violemment ; *[+ lid]* (faire) claquer, rabattre violemment ◆ **to ~ the door shut** claquer la porte ◆ **she ~med the books on the table** elle a jeté brutalement *or* a flanqué * les livres sur la table ◆ **he ~med the ball into the grandstand** d'un coup violent il a envoyé le ballon dans la tribune ◆ **our team ~med yours** * *(fig)* notre équipe a écrasé la vôtre
**b** *(* ‡ *= criticize)* éreinter *, descendre en flammes *
VI **a** *[door, lid]* claquer ◆ **the door ~med shut** la porte s'est refermée en claquant
**b** ◆ **to ~ into** (*or* **against**) **sth** s'écraser contre qch
COMP ▷ **slam dancing** N *(NonC)* slam *m (danse punk qui consiste à se jeter contre les autres spectateurs)* ▷ **slam-dunk** *(US Basketball)* N slam-dunk *m*, smash *m* VT, VI smasher

► **slam down** VT SEP *(gen)* poser *or* jeter brutalement, flanquer * ; *[+ lid]* rabattre brutalement ◆ **to ~ the phone down** raccrocher brutalement ◆ **he ~med the phone down on me** il m'a raccroché au nez

► **slam on** VT SEP ◆ **to slam on the brakes** freiner à mort ◆ **to ~ the brakes on sth** * *(fig = put a stop to)* mettre le holà à qch

► **slam to** VI se refermer en claquant VT SEP refermer en claquant

**slammer** /ˈslæməʳ/ N *(= prison)* ◆ **the ~** ‡ la taule ‡, la prison

**slander** /ˈslɑːndəʳ/ N calomnie *f* ; *(Jur)* diffamation *f* ◆ **it's a ~ to suggest that ...** c'est de la calomnie que de suggérer que ... VT calomnier, dire du mal de ; *(Jur)* diffamer

**slanderer** /ˈslɑːndərəʳ/ N calomniateur *m*, -trice *f* ; *(Jur)* diffamateur *m*, -trice *f*

**slanderous** /ˈslɑːndərəs/ ADJ calomnieux ; *(Jur)* diffamatoire

**slanderously** /ˈslɑːndərəslɪ/ ADV calomnieusement ; *(Jur)* de façon diffamatoire

**slang** /slæŋ/ N *(NonC)* argot *m* ◆ **in ~** en argot ◆ **in army/school ~** en argot militaire/d'écolier, dans l'argot des armées/des écoles ◆ **that word is ~** c'est un mot d'argot *or* argotique, c'est un argotisme ◆ **to talk ~** parler argot ◆ **he uses a lot of ~** il emploie beaucoup d'argot, il s'exprime dans une langue très verte ; → **rhyming** ADJ *[phrase, word]* d'argot, argotique ◆ **a ~ expression** un argotisme VT * traiter de tous les noms COMP ▷ **slanging match** * N *(Brit)* prise *f* de bec *

**slangily** * /ˈslæŋɪlɪ/ ADV ◆ **to talk ~** parler argot, employer beaucoup d'argot

**slangy** * /ˈslæŋɪ/ ADJ *[style, language, expression]* argotique ; *[person]* qui emploie beaucoup d'argot

**slant** /slɑːnt/ N **a** inclinaison *f*, aspect *m* penché ; *(fig = point of view)* point *m* de vue (*on* sur), angle *m*, perspective *f* ; *(= bias)* parti *m* pris ◆ **what's his ~ on it?** quel est son point de vue sur la question ? ◆ **to give a ~ to sth** présenter qch avec parti pris ◆ **to give/get a new ~ * on sth** présenter/voir qch sous un angle *or* jour nouveau **b** *(Typ)* (also **slant mark**) (barre *f*) oblique *f* VI *[line, handwriting]* pencher, être incliné ; *[light, sunbeam]* passer obliquement VT *[+ line, handwriting]* faire pencher, incliner ; *(fig) [+ account, news]* présenter avec parti pris ◆ **~ed eyes** yeux *mpl* bridés ◆ **a ~ed report** un rapport orienté *or* tendancieux COMP ▷ **slant-eyed** ADJ aux yeux bridés

**slanting** /ˈslɑːntɪŋ/ ADJ *[line, rays, light, rain]* oblique ; *[roof, surface]* en pente, incliné ; *[handwriting]* penché, couché ; *[eyes]* bridé

**slantwise** /ˈslɑːntwaɪz/ ADV, ADJ obliquement, de biais

**slanty** * /ˈslɑːntɪ/ ADJ ◆ **~-eyed** aux yeux bridés ◆ **~ eyes** yeux *mpl* bridés

**slap** /slæp/ N claque *f* ; *(on face)* gifle *f* ; *(on back)* grande tape *f* ; *(stronger)* grande claque *f* ◆ **a ~ on the bottom** une fessée ◆ **a ~ in the face** *(lit, fig)* une gifle ◆ **a ~ on the back** une grande tape *or* claque dans le dos ◆ **to give sb a ~** donner une gifle à qn ◆ **to give sb a ~ on the wrist** *(fig)* réprimander qn ◆ **to get a ~ on the wrist** se faire taper sur les doigts
ADV * en plein, tout droit ◆ **he ran ~ into the wall** il est rentré en plein dans *or* tout droit dans le mur ◆ **~ in the middle** en plein *or* au beau milieu
VT **a** *(= hit) [+ person]* donner une tape à ; *(stronger)* donner une claque à ◆ **to ~ sb on the back** donner une tape *or* une claque dans le dos à qn ◆ **to ~ a child's bottom** donner une fessée à un enfant ◆ **to ~ sb's face** *or* **sb in the face** gifler qn ◆ **to ~ one's knees** *or* **thighs** *(in amusement etc)* se taper les cuisses
**b** *(= put)* flanquer * ◆ **he ~ped the book on the table** il a flanqué * le livre sur la table ◆ **he ~ped £50 on to the price** * il a gonflé son prix de 50 livres
COMP ▷ **slap and tickle** ‡ N *(Brit)* ◆ **they were having a bit of the old ~ and tickle** ils étaient en train de se peloter * ▷ **slap-bang** * ADV *(Brit)* ◆ **~-bang into the wall** en plein *or* tout droit dans le mur ◆ **he ran ~-bang(-wallop) into his mother** il a heurté sa mère de plein fouet ; *(= met)* il s'est retrouvé nez à nez avec sa mère ▷ **slap-happy** * ADJ *(= carelessly cheerful)* insouciant, décontracté *, relaxe * ; *(US = punch-drunk)* groggy, abruti par les coups ▷ **slap-up meal** * N *(Brit)* repas *m* fameux *or* extra *

► **slap around** VT SEP donner des claques à ◆ **he ~s his wife around** il bat sa femme

► **slap down** VT SEP *[+ object]* poser brusquement *or* violemment ◆ **to ~ sb down** * *(fig)* rembarrer * qn, envoyer qn sur les roses *

► **slap on** VT SEP *[+ paint etc]* appliquer à la va-vite *or* n'importe comment ; * *[+ tax]* flanquer *, coller * ◆ **to ~ on make-up** se maquiller à la va-vite ◆ **she ~ped some foundation on her face** * elle s'est collé vite fait du fond de teint sur la figure * ◆ **he ~ped a coat of paint on the wall** il a flanqué * une couche de peinture sur le mur

**slapdash** * /ˈslæpdæʃ/ ADJ *[person]* négligent ; *[work]* bâclé * ADV à la va-vite, n'importe comment

**slaphead** ‡ /ˈslæphed/ N *(pej or hum = bald person)* ◆ **he's a ~** c'est un crâne d'œuf *, il est chauve comme un œuf *

**slapper** ‡ /ˈslæpəʳ/ N garce ‡ *f*

**slapstick** /ˈslæpstɪk/ N (also **slapstick comedy**) grosse farce *f*, comédie *f* bouffonne

**slash** /slæʃ/ N **a** *(= cut: gen)* entaille *f*, taillade *f* ; *(on face)* entaille *f*, balafre *f* ; *(Sewing: in sleeve)* crevé *m*
**b** *(Typ:* also **slash mark**) (barre *f*) oblique *f*
**c** **to go for a ~** *‡ *(= urinate)* aller pisser un coup ‡
VT **a** *(with knife, sickle etc)* entailler ; *(several cuts)* taillader ; *[+ rope]* couper net, trancher ; *[+ face]* balafrer ; *(with whip, stick)* cingler ; *(Sewing) [+ sleeve]* faire des crevés dans ◆ **~ed sleeves** manches *fpl* à crevés ◆ **to ~ sb** taillader qn ◆ **his attacker ~ed his face/his jacket** son assaillant lui a balafré le visage/a tailladé sa veste ◆ **to ~ one's wrists** s'ouvrir les veines
**b** *(fig) [+ prices]* casser *, écraser * ; *[+ costs, expenses]* réduire radicalement ; *[+ speech, text]* couper *or* raccourcir radicalement ◆ **"prices slashed"** "prix cassés", "prix sacrifiés"
**c** *(* = condemn) [+ book, play]* éreinter *, démolir *
VI ◆ **he ~ed at me with his stick** il m'a flanqué * un *or* des coup(s) de bâton ◆ **he ~ed at the grass with his stick** il cinglait l'herbe de sa canne
COMP ▷ **slash-and-burn** ADJ *(Agr)* ◆ **~-and-burn agriculture** *or* **farming** culture *f* sur brûlis

**slasher film** * /ˈslæʃəfɪlm/, **slasher movie** * /ˈslæʃəmuːvɪ/ N film *m* d'horreur *(particulièrement violent)*

**slashing** /ˈslæʃɪŋ/ ADJ *(fig) [criticism, attack]* cinglant, mordant

**slat** /slæt/ N lame *f* ; *(wooden)* latte *f* ; *[of blind]* lamelle *f*

**slate** /sleɪt/ N *(= substance, object: Constr, Scol etc)* ardoise *f* ; *(fig: Pol)* liste *f* provisoire de candidats ◆ **they've got a full ~ there** *(Pol)* ils ont des candidats dans toutes les circonscriptions ◆ **put it on the ~** * *(Brit Comm)* mettez-le sur mon compte, ajoutez ça à mon ardoise * ◆ **to start with a clean ~** repartir sur une bonne base ; → **wipe** VT **a** *[+ roof]* ardoiser **b** *(US Pol) [+ candidate]* proposer **c** *(Brit *) (= criticize)* éreinter *, démolir * ; *(= scold)* attraper *, engueuler ‡ **d** *(US)* **to be ~d * for sth** *(= destined)* être désigné pour qch COMP *[deposits]* d'ardoise, ardoisier ; *[industry]* ardoisier, de l'ardoise ; *[roof]* en ardoise, d'ardoise ▷ **slate-blue** ADJ, N bleu ardoise *m inv* ▷ **slate-coloured** ADJ ardoise *inv* ▷ **slate-grey** ADJ, N gris ardoise *m inv* ▷ **slate quarry** N ardoisière *f*, carrière *f* d'ardoise

**slater** /ˈsleɪtəʳ/ N *(in quarry)* ardoisier *m* ; *[of roof]* couvreur *m*

**slather** /ˈslæðəʳ/ VT ◆ **to ~ sth on** appliquer une couche épaisse de qch ◆ **to ~ sth with sth** enduire qch de qch

**slatted** /ˈslætɪd/ ADJ à lames ; *(wooden)* à lattes ; *[blind]* à lamelles

**slattern** /ˈslætən/ N souillon *f*

**slatternly** /ˈslætənlɪ/ **ADJ** *[woman, appearance]* négligé ; *[behaviour, habits]* de souillon

**slaty** /ˈsleɪtɪ/ **ADJ** *(in texture)* ardoisier, semblable à l'ardoise ; *(in colour)* (couleur) ardoise *inv*

**slaughter** /ˈslɔːtəʳ/ **N** *[of animals]* abattage *m* ; *[of people]* massacre *m* ◆ **the ~ on the roads** les hécatombes *fpl* sur la route ◆ **there was great ~** cela a été un carnage *or* un massacre **VT** *[+ animal]* abattre ; *[+ person]* tuer sauvagement ; *[+ people]* massacrer ◆ **our team really ~ed them** * *(= beat)* notre équipe les a écrasés *or* massacrés *

**slaughterer** /ˈslɔːtərəʳ/ **N** *[of animals]* tueur *m*, assommeur *m* ; *[of person]* meurtrier *m* ; *[of people]* massacreur *m*

**slaughterhouse** /ˈslɔːtəhaʊs/ **N** abattoir *m*

**Slav** /slɑːv/ **ADJ, N** slave *mf*

**slave** /sleɪv/ **N** *(lit, fig)* esclave *mf* ◆ **to be a ~ to** *(fig)* être (l')esclave de ; → **white** **VI** *(also* **slave away***)* travailler comme un nègre, trimer ◆ **to ~ (away) at sth/at doing sth** s'escrimer sur qch/à faire qch **COMP** ▷ **slave driver N** *(lit)* surveillant *m* d'esclaves ; *(fig)* négrier *m*, -ière *f* ▷ **slave labour N** *(NonC)* *(= exploitation)* exploitation *f* des esclaves ; *(= work)* travail *m* fait par les esclaves ; *(* fig)* travail *m* de forçat *or* de galérien ◆ **~ labour camp** camp *m* de travaux forcés ▷ **slave ship N** (vaisseau *m*) négrier *m* ▷ **slave trade N** commerce *m* des esclaves, traite *f* des Noirs ▷ **slave trader N** marchand *m* d'esclaves, négrier *m* ▷ **slave traffic N** trafic *m* d'esclaves

**slaver**[1] /ˈsleɪvəʳ/ **N** *(= person)* marchand *m* d'esclaves, négrier *m* ; *(= ship)* (vaisseau *m*) négrier *m*

**slaver**[2] /ˈslævəʳ/ *(= dribble)* **N** bave *f* **VI** baver ◆ **to ~ over sth** *(fig)* baver * devant qch

**slavery** /ˈsleɪvərɪ/ **N** *(lit, fig)* esclavage *m* ◆ **housework is nothing but ~** le ménage est un véritable esclavage *or* une perpétuelle corvée ; → **sell**

**slavey** * /ˈsleɪvɪ/ **N** boniche * *f*

**Slavic** /ˈslɑːvɪk/ **ADJ, N** slave *m*

**slavish** /ˈsleɪvɪʃ/ **ADJ** *[imitation]* servile ; *[devotion]* béat ; *[remake]* sans aucune originalité ◆ **to be a ~ follower of sb/sth** suivre qn/qch aveuglément

**slavishly** /ˈsleɪvɪʃlɪ/ **ADV** *[follow]* servilement, aveuglément ; *[copy]* bêtement ◆ **their ~ pro-American attitude** leur attitude aveuglément pro-américaine ◆ **the film is ~ faithful to the novel** le film est trop proche du roman

**Slavonic** /sləˈvɒnɪk/ **ADJ, N** slave *m*

**slavophile** /ˈslævəʊˌfaɪl/ **N, ADJ** slavophile *mf*

**slaw** /slɔː/ **N** *(esp US)* salade *f* de chou cru

**slay** /sleɪ/ (pret **slew**, ptp **slain**) **VT** *(liter)* tuer ◆ **he ~s me!** ⁑ *(fig)* il me fait mourir *or* crever * de rire ! ; see also **slain**

**slayer** /ˈsleɪəʳ/ **N** *(liter)* tueur *m*, -euse *f*

**SLD** /ˌeselˈdiː/ **N** *(Brit Pol)* (abbrev of **Social and Liberal Democrats**) → **social**

**sleaze** * /sliːz/ **N** **a** *(Pol = corruption)* corruption *f* **b** *(= filth)* sordidité *f* ◆ **that film is pure ~** ce film est complètement sordide

**sleazebag** ⁑ /ˈsliːzbæg/, **sleazeball** ⁑ /ˈsliːzbɔːl/ **N** ordure ⁑ *f*

**sleaziness** * /ˈsliːzɪnɪs/ **N** aspect *m* sordide ; *[of person]* air *m* louche

**sleazy** * /ˈsliːzɪ/ **ADJ** *[place, atmosphere, behaviour]* sordide ; *[person]* louche ; *[magazine]* cochon

**sled** /sled/ **N** *(US)* ⇒ **sledge n**

**sledding** /ˈsledɪŋ/ **N** *(US)* ◆ **hard** *or* **tough ~** * période *f* (*or* tâche *f*) difficile

**sledge** /sledʒ/ **N** traîneau *m* ; *(child's)* luge *f* **VI** ◆ **to go sledging** faire de la luge, se promener en traîneau ◆ **to ~ down/across** *etc* descendre/traverser *etc* en luge *or* en traîneau

**sledgehammer** /ˈsledʒˌhæməʳ/ **N** marteau *m* de forgeron ◆ **to strike sb/sth a ~ blow** *(fig)* assener un coup violent *or* magistral à qn/qch

**sleek** /sliːk/ **ADJ** *[hair, fur]* lustré, lisse et brillant ; *[cat]* au poil lustré ; *[person]* soigné ; *[car, boat, aircraft, furniture]* aux lignes pures

► **sleek down VT SEP** ◆ **to sleek one's hair down** se lisser les cheveux

**sleekly** /ˈsliːklɪ/ **ADV** *[smile, reply]* doucereusement, avec onction

**sleekness** /ˈsliːknɪs/ **N** *[of person]* allure *f* soignée ; *[of car, plane]* lignes *fpl* profilées ; *[of structure, building]* finesse *f* *or* pureté *f* (de lignes)

**sleep** /sliːp/ (vb : pret, ptp **slept**) **N** **a** sommeil *m* ◆ **to be in a deep** *or* **sound ~** dormir profondément ◆ **to be in a very heavy ~** dormir d'un sommeil de plomb ◆ **to talk in one's ~** parler en dormant *or* dans son sommeil ◆ **to walk in one's ~** marcher en dormant ◆ **to sleep the ~ of the just** dormir du sommeil du juste ◆ **overcome by ~** ayant succombé au sommeil ◆ **to have a ~, to get some ~** dormir ; *(for a short while)* faire un somme ◆ **to get** *or* **go to ~** s'endormir ◆ **my leg has gone to ~** j'ai la jambe engourdie ◆ **I didn't get a wink of ~** *or* **any ~ all night** je n'ai pas fermé l'œil de la nuit ◆ **she sang the child to ~** elle a chanté jusqu'à ce que l'enfant s'endorme ◆ **to put** *or* **send sb to ~** endormir qn ◆ **to put a cat to ~** *(euph = put down)* faire piquer un chat ◆ **I need eight hours' ~ a night** il me faut (mes) huit heures de sommeil chaque nuit ◆ **a three-hour ~** trois heures de sommeil ◆ **I haven't had enough ~ lately** je manque de sommeil ces temps-ci ◆ **I had a good ~ last night** j'ai bien dormi la nuit dernière ◆ **to have a good night's ~** passer une bonne nuit ◆ **a ~ will do you good** cela vous fera du bien de dormir ◆ **let him have his ~ out** laisse-le dormir tant qu'il voudra ; → **beauty, lose**

**b** *( * = matter in eyes)* chassie *f*

**VI** **a** dormir ◆ **to ~ tight** *or* **like a log** *or* **like a top** dormir à poings fermés *or* comme une souche *or* comme un loir ◆ **~ tight!** dors bien ! ◆ **to ~ heavily** dormir d'un sommeil de plomb ◆ **he was ~ing deeply** *or* **soundly** il dormait profondément, il était profondément endormi ◆ **to ~ soundly** *(= without fear)* dormir sur ses deux oreilles ◆ **to ~ lightly** *(regularly)* avoir le sommeil léger ; *(on one occasion)* dormir d'un sommeil léger ◆ **I didn't ~ a wink all night** je n'ai pas fermé l'œil de la nuit ◆ **to ~ the clock round** faire le tour du cadran ◆ **he was ~ing on his feet** *(fig)* il dormait debout

**b** *(= spend night)* coucher ◆ **he slept in the car** il a passé la nuit *or* dormi dans la voiture ◆ **he slept at his aunt's** il a couché chez sa tante ◆ **he ~s on a hard mattress** il couche *or* dort sur un matelas dur

**c** *(= have sex)* ◆ **to ~ with sb** coucher * avec qn

**VT** ◆ **the house ~s eight (people)** on peut loger *or* coucher huit personnes dans cette maison ◆ **this room will ~ four (people)** on peut coucher quatre personnes *or* coucher à quatre dans cette chambre ◆ **the hotel ~s 500** l'hôtel peut loger *or* contenir 500 personnes ◆ **can you ~ us all?** pouvez-vous nous coucher tous ?

**COMP** ▷ **sleep deprivation N** privation *f* de sommeil ▷ **sleep-learning N** hypnopédie *f*

► **sleep around** * **VI** coucher * avec n'im[porte] qui, coucher * à droite et à gauche

► **sleep away VT SEP** ◆ **to sleep the morning away** passer la matinée à dormir, ne pa[s] se réveiller de la matinée

► **sleep in VI** **a** *(= lie late)* faire la grasse matinée, dormir tard ; *(= oversleep)* ne pa[s] se réveiller à temps, dormir trop tard **b** *[nurse, servant etc]* être logé sur place

► **sleep off VT SEP** ◆ **to sleep sth off** dormi[r] pour faire passer qch, se remettre de qc[h] en dormant ◆ **go to bed and ~ it off** va te coucher et cela te passera en dorman[t] ◆ **to ~ off a hangover, to ~ it off** * dormir pou[r] faire passer sa gueule de bois ⁑, cuver so[n] vin *

► **sleep on VI** ◆ **he slept on till ten** il a dorm[i] jusqu'à dix heures, il ne s'est pas réveill[é] avant dix heures ◆ **let him ~ on for anothe[r] hour** laisse-le dormir encore une heure **VT FUS** ◆ **to sleep on a problem/a letter/a deci[sion]** attendre le lendemain pour résoudr[e] un problème/répondre à une lettre/pren[dre] une décision ◆ **let's ~ on it** nous ver[]rons demain, la nuit porte conseil ◆ **I'[ll] have to ~ on it** il faut que j'attende demai[n] pour décider

► **sleep out VI** **a** *(in open air)* coucher à l[a] belle étoile ; *(in tent)* coucher sous la tent[e] **b** *[nurse, servant etc]* ne pas être logé (su[r] place)

► **sleep over VI** passer la nuit, coucher

► **sleep through VI** ◆ **I slept through till th[e] afternoon** j'ai dormi comme une souche c[t] sans me réveiller jusqu'à l'après-midi **VT FUS** ◆ **he slept through the storm** l'orage n[e] l'a pas réveillé ◆ **he slept through the alar[m] clock** il n'a pas entendu son réveil (sonne[r])

► **sleep together VI** *(= have sex)* couche[r] ensemble

**sleeper** /ˈsliːpəʳ/ **N** **a** *(= person)* dormeur *m*, -euse *f* ; *(fig = spy)* espion(ne) *m(f)* en som[]meil ◆ **to be a light/heavy ~** avoir le somme[il] léger/lourd ◆ **that child is a good ~** ce[t] enfant dort très bien *or* fait sa nuit san[s] se réveiller **b** *(Brit Rail) (on track)* traverse *f* *(= berth)* couchette *f* ; *(= rail car)* voiture-lit *f* *(= train)* train-couchettes *m* ◆ **I took a ~ t[o] Marseilles** j'ai pris un train-couchette[s] pour aller à Marseille, je suis allé [à] Marseille en train-couchettes **c** *(esp Br = earring)* clou *m* *(boucle d'oreille)* **d** *(fi[g] = sudden success)* révélation *f*

**sleepily** /ˈsliːpɪlɪ/ **ADV** *[smile, blink etc]* d'un ai[r] endormi ; *[say, ask]* d'un ton endormi

**sleepiness** /ˈsliːpɪnɪs/ **N** *[of person]* envie *f* d[e] dormir, torpeur *f* ; *[of town]* somnolence torpeur *f*

**sleeping** /ˈsliːpɪŋ/ **ADJ** *[person, village]* endorm[i] ◆ **let ~ dogs lie** *(Prov)* il ne faut pas réveille[r] le chat qui dort *(Prov)* ◆ **to let ~ dogs lie** n[e] pas réveiller le chat qui dort ◆ **(the) Sleeping Beauty** la Belle au bois dormant **COMP** ▷ **sleeping accommodation N** *(i[n] house)* place *f* pour dormir, lits *mpl* ; *(o[n] train)* couchettes *fpl* ▷ **sleeping area N** *(i[n] house)* chambres *fpl* à coucher ; *(in stud[io] flat)* coin *m* à dormir ▷ **sleeping bag N** sa[c] *m* de couchage ▷ **sleeping berth** couchette *f* ▷ **sleeping car N** *(Rail)* wago[n]-lit *m*, voiture-lit *f* ▷ **sleeping draught** soporifique *m* ▷ **sleeping partner N** *(Br[it] Comm)* (associé *m*) commanditaire ▷ **sleeping pill N** somnifère *m* ▷ **sleepin[g] policeman N** (pl **sleeping policemen**) *(Br[it] in road)* ralentisseur *m*, gendarme *m* couch[é] ▷ **sleeping porch N** *(US)* chambre-vérand[a] *f* ▷ **sleeping position N** position *f* pou[r] dormir ▷ **sleeping problems NPL** trouble[s] *mpl* du sommeil ◆ **I have terrible ~ problem[s]**

je dors très mal ▷ **sleeping quarters** NPL chambres *fpl* (à coucher); *(in barracks)* chambrées *fpl*; *(= dormitory)* dortoir *m* ▷ **sleeping sickness** N maladie *f* du sommeil ▷ **sleeping suit** N grenouillère *f* ▷ **sleeping tablet** N ⇒ **sleeping pill**

**sleepless** /ˈsliːplɪs/ ADJ *[person]* qui ne dort pas, insomniaque ◆ **a ~ baby can be very tiring** ça peut être très fatigant d'avoir un bébé qui ne dort pas ◆ **(to have) a ~ night** (passer) une nuit blanche ◆ **he arrived exhausted after a ~ journey** il est arrivé épuisé, n'ayant pas dormi de tout le trajet ◆ **he spent many ~ hours worrying** il a passé de longues heures sans sommeil à se faire du souci

**sleeplessly** /ˈsliːplɪslɪ/ ADV sans pouvoir dormir

**sleeplessness** /ˈsliːplɪsnɪs/ N insomnie *f*

**sleepover** /ˈsliːpəʊvəʳ/ N *[of child]* nuit *f* chez un ami

**sleepwalk** /ˈsliːpwɔːk/ VI être somnambule

**sleepwalker** /ˈsliːpwɔːkəʳ/ N somnambule *mf*

**sleepwalking** /ˈsliːpwɔːkɪŋ/ N *(NonC)* somnambulisme *m*

**sleepwear** /ˈsliːpwɛəʳ/ N *(NonC: Comm etc)* vêtements *mpl* or lingerie *f* de nuit

**sleepy** /ˈsliːpɪ/ ADJ **a** *(= drowsy) [person]* qui a sommeil; *[voice, look]* endormi ◆ **to be** *or* **feel ~** avoir sommeil **b** *(= quiet) [village, town]* somnolent

**sleepyhead** * /ˈsliːpɪhed/ N endormi(e) *m(f)*

**sleepyheaded** * /sliːpɪˈhedɪd/ ADJ (à moitié) endormi

**sleet** /sliːt/ N neige *f* fondue VI ◆ **it is ~ing** il tombe de la neige fondue

**sleeve** /sliːv/ N *[of garment]* manche *f*; *[of record]* pochette *f*; *[of cylinder etc]* chemise *f* ◆ **he's always got something up his ~** il a plus d'un tour dans son sac ◆ **he's bound to have something up his ~** il a certainement quelque chose en réserve, il garde certainement un atout caché ◆ **I don't know what he's got up his ~** je ne sais pas ce qu'il nous réserve (comme surprise) ◆ **I've got an idea up my ~** j'ai une petite idée en réserve *or* dans la tête ◆ **to have** *or* **wear one's heart on one's ~** laisser voir ses sentiments, être transparent; → **laugh, shirt** COMP ▷ **sleeve board** N jeannette *f* ▷ **sleeve note** N *(Brit: on record sleeve)* texte *m (sur pochette de disque)*

**-sleeved** /sliːvd/ ADJ *(in compounds)* ◆ **long-sleeved** à manches longues

**sleeveless** /ˈsliːvlɪs/ ADJ sans manches ◆ **~ T-shirt** tee-shirt *m* sans manches

**sleigh** /sleɪ/ N traîneau *m* VI aller en traîneau COMP ▷ **sleigh bell** N grelot *m* or clochette *f* (de traîneau) ▷ **sleigh ride** N ◆ **to go for a ~ ride** faire une promenade en traîneau

**sleight** /slaɪt/ N ◆ **~ of hand** *(= skill)* habileté *f*, dextérité *f*; *(= trick)* tour *m* de passe-passe ◆ **by (a) ~ of hand** par un tour de passe-passe

**slender** /ˈslendəʳ/ ADJ **a** *(lit) [person, figure]* svelte, mince; *[legs, arms, fingers, waist]* fin; *[neck]* fin, gracieux; *[column]* élancé **b** *(fig) [hope, chance, margin]* faible; *[income, means, resources]* maigre

**slenderize** /ˈslendəraɪz/ VT *(US)* amincir

**slenderly** /ˈslendəlɪ/ ADV ◆ **~ built** svelte, mince

**slenderness** /ˈslendənɪs/ N **a** *(lit) [of figure, person]* sveltesse *f*, minceur *f*; *[of legs, arms, fingers, waist, neck]* finesse *f* **b** *(fig) [of income, means, resources]* maigreur *f* ◆ **the ~ of the Conservative majority** la faible majorité des conservateurs ◆ **the ~ of his chances of winning** le peu de chances qu'il a de gagner

**slept** /slept/ VB pt, ptp of **sleep**

**sleuth** /sluːθ/ N *(= dog:* also **sleuth hound**) limier *m*; *(* = detective)* limier *m*, détective *m* VI *(*: also **sleuth around**) fureter, fouiner *

**slew¹** /sluː/ VB pt of **slay**

**slew²** /sluː/ (also **slew round**) VI virer, pivoter; *(Naut)* virer; *[car]* déraper par l'arrière; *(right round)* faire un tête-à-queue ◆ **the car ~ed (round) to a stop** la voiture s'est arrêtée après un tête-à-queue VT faire pivoter, faire virer ◆ **he ~ed the car (round)** il a fait déraper la voiture par l'arrière; *(= right round)* il a fait un tête-à-queue

**slew³** /sluː/ N *(esp US)* ◆ **a ~ of ...** un tas * de ..., un grand nombre de ...

**slewed** † ‡ /sluːd/ ADJ *(Brit = drunk)* paf ‡ *inv*, soûl *

**slice** /slaɪs/ N **a** *[of cake, bread, meat]* tranche *f*; *[of lemon, cucumber, sausage]* rondelle *f*, tranche *f* ◆ **~ of bread and butter** tranche *f* de pain beurré, tartine *f* beurrée

**b** *(= part)* partie *f*; *(= share)* part *f* ◆ **it took quite a ~ of our profits** cela nous a pris une bonne partie de nos bénéfices ◆ **a large ~ of the credit** une grande part du mérite ◆ **~ of life** tranche *f* de vie ◆ **~ of luck** coup *m* de chance

**c** *(= kitchen utensil)* spatule *f*, truelle *f*

**d** *(Sport)* balle *f* coupée, slice *m*

VT **a** *[+ bread, cake, meat]* couper (en tranches); *[+ lemon, sausage, cucumber]* couper (en rondelles); *[+ rope etc]* couper net, trancher ◆ **to ~ sth thin** couper qch en tranches *or* rondelles fines ◆ **~d bread** le pain en tranches ◆ **a ~d loaf** un pain en tranches ◆ **it's the best thing since ~d bread** * on n'a pas vu mieux depuis l'invention du fil à couper le beurre

**b** *(Sport) [+ ball]* couper, slicer

VI ◆ **this knife won't ~** ce couteau coupe très mal ◆ **this bread won't ~** ce pain se coupe très mal *or* est très difficile à couper

► **slice off** VT SEP *[+ piece of rope, finger etc]* couper net ◆ **to ~ off a piece of sausage** couper une rondelle de saucisson ◆ **to ~ off a steak** couper *or* tailler un bifteck

► **slice through** VT FUS *[+ rope]* couper net, trancher; *(fig) [+ restrictions etc]* (réussir à) passer au travers de, court-circuiter * ◆ **to ~ through the air/the waves** fendre l'air/les flots

► **slice up** VT SEP couper *or* débiter en tranches *or* en rondelles

**slicer** /ˈslaɪsəʳ/ N *(= knife)* couteau *m* électrique; *(= machine)* trancheuse *f*

**slick** /slɪk/ ADJ **a** *(= efficient, skilful)* ◆ **the robbery was an extremely ~ operation** le braquage a été rondement mené **b** *(pej = superficial, glib) [person]* qui a du bagout *; *[explanation]* trop prompt; *[excuse]* facile; *[style]* superficiel; *[manner]* doucereux, mielleux ◆ **he always has a ~ answer** il a toujours réponse à tout **c** *(= shiny, slippery) [hair]* lissé; *[road, surface]* glissant ◆ **~ tyres** pneus *mpl* lisses N (also **oil slick**) nappe *f* de pétrole; *(on beach)* marée *f* noire VT ◆ **to ~ (down) one's hair** *(with comb etc)* se lisser les cheveux; *(with hair cream)* mettre de la brillantine ◆ **~ed-back hair** cheveux *mpl* lissés en arrière

**slicker** /ˈslɪkəʳ/ N *(US)* combinard(e) * *m(f)*; → **city**

**slickly** /ˈslɪklɪ/ ADV élégamment, habilement

**slickness** /ˈslɪknɪs/ N **a** *(= efficiency, skill)* habileté *f* **b** *(pej = superficiality, glibness)* caractère *m* superficiel **c** *(= shininess, slipperiness) [of hair]* brillant *m*; *[of road]* surface *f* glissante

**slid** /slɪd/ ptp of **slide**

**slide** /slaɪd/ (vb : pret, ptp **slid**) N **a** *(= action)* glissade *f*; (also **landslide**) glissement *m* (de terrain); *(fig: in prices, temperature etc)* baisse *f*, chute *f* (in de)

**b** *(in playground, pool etc)* toboggan *m*; *(= polished ice etc)* glissoire *f*; *(for logs etc)* glissoir *m*

**c** *(Phot)* diapositive *f*, diapo * *f*; *[of microscope]* porte-objet *m* ◆ **illustrated with ~s** accompagné de diapositives ◆ **a film for ~s** une pellicule à diapositives; → **colour, lantern**

**d** *(Tech = runner)* coulisse *f*; *(on trombone etc)* coulisse *f*; *(Mus: between notes)* coulé *m*; *(= hair slide)* barrette *f*

VI **a** *[person, object]* glisser; *(on ice etc) [person]* faire des glissades, glisser ◆ **to ~ down the bannisters** descendre en glissant sur la rampe ◆ **to ~ down a slope** descendre une pente en glissant, glisser le long d'une pente ◆ **the drawer ~s in and out easily** le tiroir glisse bien, le tiroir s'ouvre et se ferme facilement ◆ **the top ought to ~ gently into place** on devrait pouvoir mettre le haut en place en le faisant glisser doucement ◆ **the book slid off my knee** le livre a glissé de mes genoux ◆ **to let things ~** laisser les choses aller à la dérive ◆ **he let his studies ~** il a négligé ses études

**b** *(= move silently)* se glisser ◆ **he slid into the room** il s'est glissé dans la pièce ◆ **to ~ into bad habits** prendre insensiblement de mauvaises habitudes

VT faire glisser, glisser ◆ **he slid the chair across the room** il a fait glisser la chaise à travers la pièce ◆ **he slid the packing case into a corner** il a glissé la caisse dans un coin ◆ **he slid the photo into his pocket** il a glissé la photo dans sa poche ◆ **to ~ the top (back) onto a box** remettre le couvercle sur une boîte en le faisant glisser ◆ **~ the drawer into place** remets le tiroir en place ◆ **he slid the gun out of the holster** il a sorti le revolver de l'étui

COMP ▷ **slide box** N *(Phot)* classeur *m* pour diapositives, boîte *f* à diapositives ▷ **slide changer** N *(Phot)* passe-vue *m* ▷ **slide fastener** N *(Dress etc)* fermeture *f* éclair ®, fermeture *f* à glissière ▷ **slide guitar** N slide guitar *f* ▷ **slide magazine** N *(Phot)* panier *m* ▷ **slide projector** N *(Phot)* projecteur *m* de diapositives ▷ **slide rule** N règle *f* à calcul ▷ **slide show** N projection *f* de diapositives

► **slide down** VI *[person, animal, vehicle]* descendre en glissant; *[object]* glisser

► **slide off** VI **a** *[top, lid etc]* s'enlever facilement *or* en glissant

**b** *(fig = leave quietly) [guest]* s'en aller discrètement, s'éclipser *; *[thief]* s'éloigner furtivement

**sliding** /ˈslaɪdɪŋ/ ADJ *[movement]* glissant; *[part]* qui glisse, mobile; *[panel, door, seat]* coulissant ◆ **~ roof** toit *m* ouvrant ◆ **~ scale** *(Admin, Comm, Ind etc)* échelle *f* mobile ◆ **~ time** *(US)* horaire *m* flexible N glissement *m*

**slight** /slaɪt/ ADJ **a** *(= minor) (gen)* petit, léger *before n*; *[error]* petit ◆ **to be at a ~ angle** être légèrement incliné ◆ **it doesn't make the ~est bit of difference** *(= is unimportant)* cela n'a aucune importance; *(= is useless)* ça ne sert à rien ◆ **without the ~est hint of embarrassment/disappointment** sans manifester la moindre gêne/la moindre déception ◆ **I haven't the ~est idea** je n'en ai pas la moindre idée ◆ **I haven't the ~est idea (of) where he's gone/what to do** je n'ai pas la moindre idée de l'endroit où il est allé/de ce qu'il faut faire ◆ **nobody showed the ~est interest** personne n'a manifesté le moindre intérêt ◆ **not in the ~est** pas le moins du monde ◆ **he takes offence at the ~est thing** il se vexe pour un rien ◆ **just the ~est bit short** un tout petit peu trop court

b *(= slim) [person, figure]* mince, menu ◆ **to be of ~ build** être menu, avoir les attaches fines

c *(= inconsiderable)* insignifiant ◆ **a book of very ~ scholarship** un livre vraiment peu érudit ◆ **it is no ~ accomplishment** c'est un exploit, et non des moindres

VT *(= ignore)* ignorer, manquer d'égards envers ; *(= offend)* blesser, offenser ◆ **he felt (himself) ~ed** il s'est senti blessé *or* offensé

N *(= insult)* affront *m* ◆ **this is a ~ on all of us** c'est un affront qui nous touche tous

**slighting** /ˈslaɪtɪŋ/ ADJ offensant

**slightingly** /ˈslaɪtɪŋlɪ/ ADV d'une manière blessante

**slightly** /ˈslaɪtlɪ/ ADV a *[different, deaf, injured, damaged]* légèrement ; *[expensive, more, less, better etc]* un peu ; *[change, rise, fall, improve etc]* légèrement ◆ **~ unfair** un peu injuste, pas très juste ◆ **~ uneasy** pas très à l'aise ◆ **I know her ~** je la connais un peu ◆ **ever so ~** * un tout petit peu b ◆ **~ built** *[person]* menu, aux attaches fines

**slightness** /ˈslaɪtnɪs/ N *(= slimness)* minceur *f* ; *(= frailty)* fragilité *f* ; *[of difference, increase etc]* caractère *m* insignifiant *or* négligeable

**slim** /slɪm/ ADJ a *[person] (= thin)* mince, svelte b *(fig) [majority]* faible ; *[chance, hope]* faible, mince ◆ **(the) chances are ~ of England winning** *or* **that England will win** il y a peu de chances que l'Angleterre gagne *subj* ◆ **his chances of winning are ~, he has only a ~ chance of winning** il a peu de chances de gagner, ses chances de gagner sont minces VI maigrir ; *(= diet)* suivre un régime amaigrissant ◆ **she's ~ming** elle suit un régime (amaigrissant) VT (also **slim down**) *[diet etc]* faire maigrir ; *[dress etc]* amincir N *(East African name for AIDS)* ◆ **Slim** * sida *m*

► **slim down** VI a *[person]* maigrir, perdre du poids b *[business, company]* réduire ses effectifs, dégraisser * VT SEP a ⇒ **slim vt** b *(fig)* **~med down** *[business, company]* allégé, dégraissé *

**slime** /slaɪm/ N *(= mud)* vase *f* ; *(on riverbeds)* limon *m* ; *(= sticky substance)* dépôt *m* visqueux *or* gluant ; *(from snail)* bave *f*

**sliminess** /ˈslaɪmɪnɪs/ N a *(lit) [of substance, creature, surface]* viscosité *f* b *(fig) [of person]* obséquiosité *f*

**slimline** /ˈslɪmlaɪn/ ADJ *[drink]* light, hypocalorique ; *[body, person]* mince, svelte ; *[dishwasher, freezer etc]* mini *inv*

**slimmer** /ˈslɪmə^r^/ N personne *f* au régime ◆ **if you are a ~** si vous suivez un régime

**slimming** /ˈslɪmɪŋ/ N fait *m* de suivre un régime amaigrissant, amaigrissement *m* ◆ **~ can be very tiring** un régime amaigrissant peut être très fatigant, ça peut être très fatigant d'être au régime ADJ *[garment]* qui amincit ; *[food]* amincissant ; *[pills, tablets]* pour maigrir COMP ▷ **slimming aid** N *(= food)* (produit *m*) amincissant *m* ▷ **slimming club** N centre *m* d'amaigrissement ▷ **slimming diet** N régime *m* amaigrissant

**slimness** /ˈslɪmnɪs/ N a *(lit = thinness)* minceur *f* b *(fig)* ◆ **the ~ of their majority** leur faible majorité ◆ **the ~ of his chances** le peu de chances *or* les faibles chances qu'il a

**slimy** /ˈslaɪmɪ/ ADJ a *(lit) [substance, creature, surface]* visqueux b *(Brit fig) [person]* mielleux, obséquieux ◆ **he's a ~ toad** c'est un lécheur *or* un lèche-bottes *

**sling** /slɪŋ/ (vb : pret, ptp **slung**) N a *(= weapon)* fronde *f* ; *(child's)* lance-pierre(s) *m inv* ◆ **they were quite unable to cope with the ~s and arrows of outrageous fortune** ils n'étaient pas à même de faire face à l'adversité

b *(= hoist)* cordages *mpl*, courroies *fpl* ; *(for oil drums etc)* courroie *f* ; *(Naut) (for loads, casks, boats)* élingue *f* ; *(for mast)* cravate *f* ; *(for rifle)* bretelle *f* ; *(Med)* écharpe *f* ◆ **to have one's arm in a ~** avoir le bras en écharpe

c *(Climbing)* anneau *m* (de corde) ; (also **gear sling**) baudrier *m*

VT a *(= throw) [+ objects, stones]* lancer, jeter (*at or to sb* à qn ; *at sth* sur qch) ; *[+ insults, accusations]* lancer (*at sb* à qn) ◆ **~ your hook!** * *(Brit)* fiche le camp ! *

b *(= hang) [+ hammock etc]* suspendre ; *[+ load etc]* hisser ; *(Naut)* élinguer ◆ **to ~ across one's shoulder** *[+ rifle]* mettre en bandoulière *or* à la bretelle ; *[+ satchel]* mettre en bandoulière ; *[+ load, coat]* jeter par derrière l'épaule ◆ **with his rifle slung across his shoulder** avec son fusil en bandoulière *or* à la bretelle

► **sling away** * VT SEP *(= get rid of)* bazarder *

► **sling out** * VT SEP *(= put out) [+ person]* flanquer * à la porte *or* dehors ; *[+ object]* bazarder *

► **sling over** * VT SEP *(= pass)* balancer *, envoyer

► **sling up** VT SEP suspendre

**slingbacks** /ˈslɪŋbæks/ NPL escarpins *mpl* à bride (arrière)

**slingshot** /ˈslɪŋʃɒt/ N *(US)* lance-pierre(s) *m inv*

**slink** /slɪŋk/ (pret, ptp **slunk**) VI ◆ **to ~ away/out** s'en aller/sortir furtivement *or* sournoisement

**slinkily** * /ˈslɪŋkɪlɪ/ ADV d'une démarche ondoyante *or* ondulante

**slinking** /ˈslɪŋkɪŋ/ ADJ furtif

**slinky** * /ˈslɪŋkɪ/ ADJ *[dress, skirt]* moulant, sinueux ; *[figure]* ondoyant ; *[walk]* ondoyant, ondulant

**slip** /slɪp/ N a *(= mistake)* bévue *f*, erreur *f* ; *(= oversight)* étourderie *f*, oubli *m* ; *(moral)* écart *m*, faute *f* légère ◆ **~ of the tongue, ~ of the pen** lapsus *m* ◆ **it was a ~ of the tongue** c'était un lapsus, la langue lui a (*or* m'a *etc*) fourché ◆ **he made several ~s** il a fait *or* commis plusieurs lapsus ◆ **there's many a ~ 'twixt cup and lip** *(Prov)* il y a loin de la coupe aux lèvres *(Prov)*

b *(= paper: in filing system)* fiche *f* ◆ **a ~ of paper** *(= small sheet)* un bout *or* un morceau de papier ; *(= strip)* une bande de papier ◆ **credit card ~** facture *f* de carte de crédit

c *(set phrase)*

◆ **to give sb the slip** fausser compagnie à qn

d *(= underskirt)* combinaison *f* ; → **gym**

e ◆ **the ~s** *(Naut)* la cale ; *(Theat)* les coulisses *fpl* ; *(Cricket) partie du terrain se trouvant diagonalement derrière le batteur* ◆ **in the ~s** *(Naut)* sur cale ; *(Theat)* dans les coulisses

f *(= plant-cutting)* bouture *f*

g **a (mere) ~ of a boy/girl** un gamin/une gamine

h *(NonC: Pottery)* engobe *m*

VI a *(= slide) [person, foot, hand, object]* glisser ◆ **he ~ped on the ice** il a glissé *or* dérapé sur la glace ◆ **my foot/hand ~ped** mon pied/ma main a glissé ◆ **the clutch ~ped** *(Aut)* l'embrayage a patiné ◆ **the knot has ~ped** le nœud a glissé *or* coulissé ◆ **the fish ~ped off the hook** le poisson s'est détaché de l'hameçon ◆ **the drawer ~s in and out easily** le tiroir glisse bien, le tiroir s'ouvre et se ferme facilement ◆ **the top ought to ~ gently into place** on devrait pouvoir mettre le haut en place en le faisant glisser doucement ◆ **the saw ~ped and cut my hand** la scie a glissé *or* dérapé et m'a entaillé la main ◆ **the book ~ped out of his hand/off the table** le livre lui a glissé des doigts/a glissé de la table ◆ **the beads ~ped through my fingers** les perles m'ont glissé entre les doigts ◆ **money ~s through her fingers** l'argent lui file entre les doigts ◆ **to let sth ~ through one's fingers** laisser qch filer entre ses doigts ◆ **the thief ~ped through their fingers** le voleur leur a filé entre les doigts ◆ **several errors had ~ped into the report** plusieurs erreurs s'étaient glissées dans le rapport ◆ **to let an opportunity ~, to let ~ an opportunity** laisser passer *or* laisser échapper une occasion ◆ **he let ~ an oath** il a laissé échapper un juron ◆ **he let (it) ~ that...** il a laissé échapper que... ◆ **he's ~ping** * *(= getting old, less efficient)* il baisse, il n'est plus ce qu'il était ; *(= making more mistakes)* il ne fait plus assez attention, il ne se concentre plus assez ; → **net¹**

b *(= move quickly) [person]* se glisser, passer ; *[vehicle]* se faufiler, passer ◆ **he ~ped into/out of the room** il s'est glissé *or* coulé dans/hors de la pièce ◆ **he ~ped through the corridors** il s'est faufilé dans les couloirs ◆ **I'll just ~ through the garden** je vais passer par le jardin ◆ **the motorbike ~ped through the traffic** la motocyclette s'est faufilée à travers la circulation ◆ **he ~ped over** *or* **across the border** il se faufila de l'autre côté de la frontière ◆ **to ~ into bed** se glisser *or* se couler dans son lit ◆ **to ~ into a dress** *etc* se glisser dans *or* enfiler (rapidement) une robe *etc* ◆ **to ~ out of a dress** *etc* enlever (rapidement) une robe *etc* ◆ **he ~ped easily into his new role** il s'est adapté *or* il s'est fait facilement à son nouveau rôle ◆ **to ~ into bad habits** prendre insensiblement de mauvaises habitudes

VT a *(= slide)* glisser ◆ **to ~ a coin to sb/into sb's hand** glisser une pièce à qn/dans la main de qn ◆ **he ~ped the book back on the shelf** il a glissé *or* remis le livre à sa place sur l'étagère ◆ **he ~ped the ring on her finger** il lui a glissé *or* passé la bague au doigt ◆ **he ~ped the photo into his pocket** il a glissé la photo dans sa poche ◆ **to ~ the top (back) onto a box** remettre le couvercle sur une boîte en le faisant glisser ◆ **~ the drawer (back) into place** remets le tiroir en place ◆ **he ~ped the gun out of its holster** il a retiré *or* sorti le revolver de son étui ◆ **to ~ the clutch** *(Aut)* faire patiner l'embrayage ◆ **a question on Proust was ~ped into the exam** l'épreuve a comporté une question inattendue sur Proust ◆ **to ~ a stitch** *(Knitting)* glisser une maille

b *(= escape from)* échapper à ; *(Naut) [+ anchor, cable, moorings]* filer ◆ **the dog ~ped its collar** le chien s'est dégagé de son collier ◆ **he ~ped the dog's leash** il a lâché le chien ◆ **that ~ped his attention** *or* **his notice** cela lui a échappé ◆ **it ~ped his notice that...** il ne s'est pas aperçu que..., il n'a pas remarqué que..., il lui a échappé que... ◆ **it ~ped my memory** *or* **my mind** j'avais complètement oublié cela, cela m'était complètement sorti de la tête

COMP ▷ **slip-on** ADJ facile à mettre *or* à enfiler * ▷ **slip-ons, slip-on shoes** NPL chaussures *fpl* sans lacets ▷ **slipped disc** N *(Med)* hernie *f* discale ▷ **slip road** N *(Brit, (to motorway)* bretelle *f* d'accès ; *(= bypass road)* voie *f* de déviation ▷ **slip stitch** N *(Knitting)* maille *f* glissée ▷ **slip-up** * N bévue *f*, cafouillage * *m* ◆ **there has been a ~-up somewhere** quelqu'un a dû faire une gaffe *, quelque chose a cafouillé * ◆ **a ~-up in communication(s)** un cafouillage * dans les communications

► **slip along** VI faire un saut, passer ◆ **he has just ~ped along to the shops** il a fait un saut jusqu'aux magasins ◆ **~ along to Mary's and ask her ...** fais un saut *or* passe chez Marie et demande-lui ...

► **slip away** VI *[car, boat]* s'éloigner doucement ; *[guest]* partir discrètement, s'esquiver ; *[thief]* filer *, s'esquiver ◆ **I ~ped away for a few minutes** je me suis esquivé *or* éclipsé * pour quelques minutes ◆ **her life was ~ping away (from her)** la vie la quittait

► **slip back** VI *[guest]* revenir *or* retourner discrètement ; *[thief, spy]* revenir *or* retourner furtivement ◆ **I'll just ~ back and get it** je retourne le chercher ◆ **they ~ped back into bad habits** ils ont peu à peu repris leurs mauvaises habitudes

VT SEP → **slip vt a**

► **slip by** VI ⇒ **slip past**

► **slip down** VI **a** *[object, car]* glisser ; *[person]* glisser et tomber ◆ **I'll just ~ down and get it** je descends le chercher

**b** *[food, drink]* descendre * tout seul

► **slip in** VI *[car, boat]* entrer doucement ; *[person]* entrer discrètement *or* sans se faire remarquer ; *[thief]* entrer furtivement *or* subrepticement ; *[cat etc]* entrer inaperçu ◆ **several errors have ~ped in** plusieurs erreurs s'y sont glissées ◆ **I'll just ~ in and tell him** je vais juste entrer le lui dire ◆ **I've only ~ped in for a minute** je ne fais que passer, je ne fais qu'entrer et sortir

VT SEP *[+ object]* glisser, placer ; *[+ part, drawer]* glisser à sa place ; *[+ remark, comment]* glisser, placer ◆ **to ~ in the clutch** *(Aut)* embrayer

► **slip off** VI **a** ⇒ **slip away**

**b** *[coat, lid, cover]* glisser

VT SEP *[+ cover, ring, bracelet, glove, shoe]* enlever ; *[+ garment]* enlever, ôter

► **slip on** VT SEP *[+ garment]* passer, enfiler * ; *[+ ring, bracelet, glove]* mettre, enfiler ; *[+ shoe]* mettre ; *[+ lid, cover]* (re)mettre, placer

ADJ ◆ **slip-on** → **slip**

► **slip out** VI *[guest]* sortir discrètement, s'esquiver ; *[thief]* sortir furtivement, filer * ◆ **I must just ~ out for some cigarettes** il faut que je sorte un instant chercher des cigarettes ◆ **she ~ped out to the shops** elle a fait un saut jusqu'aux magasins ◆ **the secret ~ped out** le secret a été révélé par mégarde ◆ **the words ~ped out before he realized it** les mots lui ont échappé avant même qu'il ne s'en rende compte

VT SEP sortir doucement (*or* discrètement *etc*)

► **slip over** VI **a** ⇒ **slip along**

**b** *(= fall)* glisser et tomber

VT SEP ◆ **to slip one over on sb** * rouler qn *

N ◆ **slipover** * → **slipover**

► **slip past** VI *[person, vehicle]* passer, se faufiler ◆ **the years ~ped past** les années passèrent

► **slip round** VI ⇒ **slip along**

► **slip through** VI *[person, error]* passer, s'introduire

► **slip up** * VI *(= make mistake)* se ficher dedans *

N ◆ **slip-up** → **slip**

**slipcase** /ˈslɪpkeɪs/ N *[of book]* coffret *m*

**slipcover** /ˈslɪpkʌvəʳ/ N *(esp US)* *(on book)* jaquette *f* ; *(on furniture)* housse *f*

**slipknot** /ˈslɪpnɒt/ N nœud *m* coulant

**slipover** * /ˈslɪpəʊvəʳ/ N pull-over *m* sans manches

**slippage** /ˈslɪpɪdʒ/ N *(Ind)* *[of output]* dérapage *m* (*in* de) ; *(in schedule)* retard *m*

**slipper** /ˈslɪpəʳ/ N pantoufle *f* ; *(warmer)* chausson *m* ; *(= mule)* mule *f* ; → **glass**

**slippery** /ˈslɪpərɪ/ ADJ **a** *(lit)* *[surface, road, soap, mud, shoes]* glissant ◆ **it's ~ underfoot** le sol est glissant ◆ **his fingers were ~ with blood/sweat** le sang/la sueur rendait ses doigts glissants ◆ **the roads were ~ with ice** les routes étaient verglacées ◆ **to be on the ~ slope** *(fig)* être sur la pente savonneuse **b** *(pej)* *[person]* *(= evasive)* fuyant, insaisissable ; *(= unreliable)* sur qui on ne peut pas compter ◆ **he's a ~ customer** il est retors

**slippy** * /ˈslɪpɪ/ ADJ glissant ◆ **look ~ (about it)!** ‡ *(Brit)* grouille-toi ! *

**slipshod** /ˈslɪpʃɒd/ ADJ *[person]* *(in dress etc)* débraillé, négligé ; *(in work)* négligent ; *[work, style]* négligé, peu soigné

**slipslop** * /ˈslɪpslɒp/ N *(= liquor)* lavasse * *f*, bibine * *f* ; *(= talk, writing)* bêtises *fpl*

**slipstream** /ˈslɪpstriːm/ N *(Aviat)* sillage *m*

**slipway** /ˈslɪpweɪ/ N *(Naut)* *(for building, repairing)* cale *f* (de construction) ; *(for launching)* cale *f* de lancement

**slit** /slɪt/ (vb : pret, ptp **slit**) N **a** *(= opening)* fente *f* ; *(= cut)* incision *f* ; *(= tear)* déchirure *f* ◆ **to make a ~ in sth** *(= cut)* fendre *or* entailler qch ; *(= tear)* déchirer qch ◆ **the skirt has a ~ up the side** la jupe a une fente *or* est fendue sur le côté **b** (*‡ = vagina) fente *‡ *f*

ADJ ◆ **to have ~ eyes** *(= slanting)* avoir les yeux bridés ◆ **he looked at me through ~ eyes** *(concentrating)* il m'a regardé en plissant les yeux VT *(= make an opening in)* fendre ; *(= cut)* inciser, faire une fente dans ; *(= tear)* déchirer ◆ **to ~ sb's throat** trancher la gorge à qn, égorger qn ◆ **to ~ one's wrists** s'ouvrir les veines ◆ **to ~ a letter open** ouvrir une lettre ◆ **to ~ a sack open** éventrer *or* fendre un sac ◆ **a ~ skirt** une jupe fendue COMP ▷ **slit-eyed** ADJ *(= with eyes nearly closed)* aux yeux plissés ; *(= with slanting eyes)* aux yeux bridés

**slither** /ˈslɪðəʳ/ VI *[person, animal]* glisser ; *[snake]* onduler ◆ **he ~ed about on the ice** il dérapait sur la glace, il essayait de se tenir en équilibre sur la glace ◆ **the car ~ed (about) all over the place** la voiture dérapait dans tous les sens ◆ **he ~ed down the slope/down the rope** il a dégringolé * la pente/le long de la corde ◆ **the snake ~ed across the path** le serpent a traversé le sentier en ondulant

**slithery** /ˈslɪðərɪ/ ADJ glissant

**sliver** /ˈslɪvəʳ/ N *[of glass, wood]* éclat *m* ; *[of cheese, ham etc]* lamelle *f*

**slivovitz** /ˈslɪvəʊvɪts/ N *(NonC)* slivowitz *m*

**Sloane Ranger** * /ˌsləʊnˈreɪndʒəʳ/ N *(Brit)* ≃ personne *f* BCBG

**slob** * /slɒb/ N rustaud(e) *m(f)*, plouc ‡ *mf*

► **slob out** * VI glander *

**slobber** /ˈslɒbəʳ/ VI *[person, dog etc]* baver ◆ **to ~ over sth** *(lit)* baver sur qch ; *(fig pej)* s'attendrir *or* s'extasier exagérément sur qch ◆ **to ~ over sb** *[dog]* couvrir qn de grands coups de langue ; *(pej = kiss)* *[person]* faire des mamours * à qn, donner une fricassée de museau à qn ‡ N *(NonC)* bave *f*, salive *f* ; *(fig pej)* sensiblerie *f*, attendrissement *m* exagéré

**slobbery** /ˈslɒbərɪ/ ADJ *(pej)* baveux

**sloe** /sləʊ/ N prunelle *f* ; *(= bush)* prunellier *m*

COMP ▷ **sloe-eyed** ADJ aux yeux de biche ▷ **sloe gin** N gin *m* à la prunelle

**slog** /slɒg/ N **a** *(= work)* long travail *m* pénible, travail *m* de Romain ; *(= effort)* gros effort *m* ◆ **the programme was one long ~** le programme exigeait un grand effort *or* représentait un travail de Romain ◆ **it was a (hard) ~ to pass the exam** il a fallu fournir un gros effort pour réussir à l'examen ◆ **after a long ~ he reached the top of the hill** il a atteint le sommet de la colline après une ascension pénible ◆ **he found it nothing but a ~** c'était une vraie corvée pour lui

VT *[+ ball]* donner un grand coup à ; *[+ opponent]* donner un grand coup à, donner un gnon ‡ à ◆ **we left them to ~ it out** nous les avons laissé s'expliquer à coups de poing

VI **a** *(= work etc)* travailler très dur ◆ **he ~ged (his way) through the book** il a peiné pour lire ce livre

**b** *(= walk etc)* marcher d'un pas lourd, avancer avec obstination ◆ **he ~ged up the hill** il a gravi la colline avec effort

► **slog along** VI marcher d'un pas lourd, avancer avec difficulté ◆ **we ~ged along for 10km** nous nous sommes traînés sur 10 km

► **slog away** VI travailler dur *or* comme un nègre * ◆ **to ~ away at sth** trimer * sur qch

► **slog on** VI ⇒ **slog along**

**slogan** /ˈsləʊgən/ N slogan *m*

**sloganeering** /ˌsləʊgəˈnɪərɪŋ/ N *(NonC: pej)* ◆ **politics should be about ideas, rather than ~** en politique, il faut des idées, pas des slogans

**slogger** * /ˈslɒgəʳ/ N *(= hard worker)* bourreau *m* de travail ; *(Boxing)* cogneur *m*

**slo-mo** * /ˌsləʊˈməʊ/ N (abbrev of **slow-motion**) ralenti *m* ◆ **in ~** au ralenti

**sloop** /sluːp/ N sloop *m*

**slop** /slɒp/ VT *[+ liquid]* *(= spill)* renverser, répandre ; *(= tip carelessly)* répandre (*on to* sur ; *into* dans) ◆ **you've ~ped paint all over the floor** tu as éclaboussé tout le plancher de peinture

VI (also **slop over**) *[water, tea etc]* déborder, se renverser (*into* dans ; *on to* sur) ; *[bowl, bucket]* déborder

NPL **slops** *(= dirty water)* eaux *fpl* sales ; *(in teacup etc)* fond *m* de tasse ; *(= liquid food)* *(for invalids etc)* bouillon *m*, aliment *m* liquide ; *(for pigs)* pâtée *f*, soupe *f*

COMP ▷ **slop basin** N vide-tasses *m inv* ▷ **slop bucket**, **slop pail** N *(in kitchen etc)* poubelle *f* ; *(in bedroom)* seau *m* de toilette ; *(on farm)* seau *m* à pâtée ▷ **slopping out** N *(NonC: Brit Prison)* corvée *f* de tinettes

► **slop about**, **slop around** VI **a** ◆ **the water was slopping about in the bucket** l'eau clapotait dans le seau ◆ **they were ~ping about in the mud** ils pataugeaient dans la boue

**b** *(fig)* **she ~s about in a dressing gown all day** * elle traîne *or* traînasse * toute la journée en robe de chambre

VT SEP renverser *or* mettre un peu partout

► **slop out** VI *(Brit Prison)* faire la corvée de tinettes, vider les seaux hygiéniques

► **slop over** VI ⇒ **slop vi**

VT SEP renverser

**slope** /sləʊp/ N **a** *[of roof, floor, ground, surface]* inclinaison *f*, pente *f* ; *[of handwriting etc]* inclinaison *f* ◆ **roof with a slight/steep ~** toit *m* (qui descend) en pente douce/raide ◆ **road with a ~ of 1 in 8** route *f* avec une pente de 12,5% ◆ **rifle at the ~** *(Mil)* fusil *m* sur l'épaule

**b** *(= rising ground, gentle hill)* côte *f*, pente *f* ; *(= mountainside)* versant *m*, flanc *m* ◆ **~ up** montée *f* ◆ **~ down** descente *f* ◆ **the car got stuck on a ~** la voiture est restée en panne dans une côte ◆ **halfway up** *or* **down the ~** à mi-côte, à mi-pente ◆ **on the ~s of Mount Etna** sur les flancs de l'Etna ◆ **the southern ~s of the Himalayas** le versant sud de l'Himalaya ◆ **on the (ski) ~s** sur les pistes (de ski)

**VI** *[ground, roof]* être en pente, être incliné ; *[handwriting]* pencher ◆ **the garden ~s towards the river** le jardin descend en pente vers la rivière

**VT** incliner, pencher ◆ **to ~ arms** *(Mil)* mettre l'arme sur l'épaule ◆ **"slope arms!"** "portez arme !"

► **slope away, slope down** **VI** *[ground]* descendre en pente (*to* jusqu'à ; *towards* vers)

► **slope off** * **VI** se tirer ‡, se barrer ‡

► **slope up** **VI** *[road, ground]* monter

**sloping** /ˈsləʊpɪŋ/ **ADJ** *[ground, roof]* en pente, incliné ; *[handwriting]* penché ; *[shoulders]* tombant

**sloppily** /ˈslɒpɪlɪ/ **ADV** *(= carelessly) [dress, work]* sans soin, n'importe comment ; *[eat, drink]* salement ; *[speak]* mal ◆ **~ acted/written** écrit/joué n'importe comment

**sloppiness** /ˈslɒpɪnɪs/ **N** **a** *(= carelessness) (gen)* négligence *f*, manque *m* de soin ; *(in thinking, logic)* manque *m* de rigueur ◆ **the ~ of his work** son travail peu soigné ◆ **the ~ of their English** leur anglais très relâché **b** *(= sentimentality)* sensiblerie *f* **c** *(= sloppy consistency) [of cement, paste, food etc]* consistance *f* trop liquide

**sloppy** /ˈslɒpɪ/ **ADJ** **a** *(= careless) [work, handwriting, spelling]* négligé, peu soigné ; *[language]* relâché ; *[thinking, logic]* qui manque de rigueur ; *[appearance]* négligé, débraillé ◆ **his ~ attitude** son je-m'en-foutisme * ◆ **their ~ English** leur anglais *m* très relâché ◆ **to get ~** *[person]* se relâcher ◆ **to be a ~ worker** travailler n'importe comment ◆ **to be a ~ eater** manger salement **b** *(= sentimental) [film, book, story]* à l'eau de rose ◆ **a big ~ kiss** un gros baiser mouillé **c** *(gen pej) [cement, paste, food]* trop liquide **d** *[garment]* lâche, ample **COMP** ▷ **sloppy Joe** **N** *(= sweater)* grand pull *m* ; *(US = sandwich)* hamburger *m*

**slosh** /slɒʃ/ **VT** **a** *(Brit* ‡ *= hit)* flanquer * un coup *or* un gnon ‡ à **b** * *(= spill)* renverser, répandre ; *(= apply lavishly)* répandre (*on to, over* sur ; *into* dans) ◆ **to ~ paint on a wall** barbouiller un mur de peinture, flanquer * de la peinture sur un mur ◆ **he ~ed water over the floor** *(deliberately)* il a répandu de l'eau par terre ; *(accidentally)* il a renversé *or* fichu * de l'eau par terre **VI** ◆ **water was ~ing everywhere** l'eau se répandait partout ◆ **to ~ through mud/water** patauger dans la boue/l'eau

► **slosh about** *, **slosh around** * **VI** ⇒ **slop about vi a** **VT SEP** ⇒ **slop about vt sep**

**sloshed** ‡ /slɒʃt/ **ADJ** *(esp Brit = drunk)* beurré ‡, rond ‡ ◆ **to get ~** prendre une biture ‡

**slot** /slɒt/ **N** **a** *(= slit)* fente *f* ; *(= groove)* rainure *f* ; *(in door, for mail)* ouverture *f* pour les lettres ◆ **to put a coin in the ~** mettre *or* introduire une pièce dans la fente

**b** *(fig = space in schedule etc) (gen, also Rad, TV)* créneau *m*, tranche *f* horaire ; *(Scol etc: in timetable)* heure *f*, plage *f* horaire ◆ **they are looking for something to fill the early-evening comedy ~** *(Rad, TV etc)* on cherche quelque chose pour la tranche comédie du début de soirée ◆ **who will fit this ~?** *(= job etc)* qui fera l'affaire pour ce créneau ?

**VT** ◆ **to ~ a part into another part** emboîter *or* encastrer une pièce dans une autre pièce ◆ **to ~ sth into a programme/timetable** insérer *or* faire rentrer qch dans une grille de programmes/d'horaires

**VI** ◆ **this part ~s into that part** cette pièce-ci s'emboîte *or* s'encastre dans celle-là ◆ **the song will ~ into the programme here** on peut insérer *or* faire figurer la chanson à ce moment-là du programme

**COMP** ▷ **slot car** **N** *(US)* petite voiture *f (de circuit électrique)* ▷ **slot machine** **N** *(for tickets, cigarettes etc)* distributeur *m* (automatique) ; *(in fair etc)* appareil *m or* machine *f* à sous ▷ **slot meter** **N** compteur *m* (de gaz etc) (à pièces) ▷ **slotted spoon** **N** écumoire *f*

► **slot in** **VI** *[piece, part]* s'emboîter, s'encastrer ; *(fig)* [*item on programme etc]* s'insérer, figurer

**VT SEP** *[+ piece, part]* emboîter, encastrer ; *(fig) [+ item on programme]* insérer, faire figurer

► **slot together** **VI** *[pieces, parts]* s'emboîter *or* s'encastrer les un(e)s dans les autres

**VT SEP** *[+ pieces, parts]* emboîter *or* encastrer les un(e)s dans les autres

**sloth** /sləʊθ/ **N** **a** *(NonC)* paresse *f* **b** *(Zool)* paresseux *m*

**slothful** /ˈsləʊθfʊl/ **ADJ** *(liter)* paresseux

**slothfully** /ˈsləʊθfəlɪ/ **ADV** paresseusement

**slouch** /slaʊtʃ/ **N** **a** ◆ **to walk with a ~** mal se tenir en marchant **b** ◆ **he's no ~** * il n'est pas empoté * **VI** ◆ **he was ~ing in a chair** il était affalé dans un fauteuil ◆ **she always ~es** elle ne se tient jamais droite, elle est toujours avachie ◆ **stop ~ing!** redresse-toi !, tiens-toi droit ! ◆ **he ~ed in/out** *etc* il entra/sortit *etc* en traînant les pieds, le dos voûté **COMP** ▷ **slouch hat** **N** chapeau *m* (mou) à larges bords

► **slouch about, slouch around** **VI** traîner à ne rien faire

**slough**[1] /slaʊ/ **N** *(= swamp)* bourbier *m*, marécage *m* ◆ **the Slough of Despond** *(fig)* l'abîme *m* du désespoir

**slough**[2] /slʌf/ **N** *[of snake]* dépouille *f*, mue *f* **VT** (also **slough off**) ◆ **the snake ~ed (off) its skin** le serpent a mué

► **slough off** **VT SEP** **a** ⇒ **slough**[2] **vt** **b** *(fig)* [*+ habit etc]* perdre, se débarrasser de

**Slovak** /ˈsləʊvæk/ **ADJ** slovaque **N** **a** Slovaque *mf* **b** *(Ling)* slovaque *m* **COMP** ▷ **the Slovak Republic** **N** la République slovaque

**Slovakia** /sləʊˈvækɪə/ **N** Slovaquie *f*

**Slovakian** /sləʊˈvækɪən/ **ADJ, N** ⇒ **Slovak**

**sloven** /ˈslʌvn/ **N** souillon *f*

**Slovene** /ˈsləʊviːn/ **ADJ** slovène **N** **a** Slovène *mf* **b** *(Ling)* slovène *m*

**Slovenia** /sləʊˈviːnɪə/ **N** Slovénie *f*

**Slovenian** /sləʊˈviːnɪən/ **ADJ, N** ⇒ **Slovene**

**slovenliness** /ˈslʌvnlɪnɪs/ **N** *(= untidiness)* aspect *m* négligé *or* débraillé ; *(= carelessness)* je-m'en-foutisme * *m*

**slovenly** /ˈslʌvnlɪ/ **ADJ** *[person, appearance, work]* négligé ◆ **his ~ attitude** son je-m'en-foutisme *

**slow** /sləʊ/ **ADJ** **a** *(gen)* lent ◆ **the ~ movement of the symphony** le mouvement lent de la symphonie ◆ **after a ~ start** après un départ laborieux ◆ **the pace of life there is ~** là-bas on vit au ralenti ◆ **it's ~ but sure** on (*or* ça) avance lentement mais sûrement ◆ **a ~ train** *(Brit = stopping-train)* un (train) omnibus ◆ **at a ~ speed** à petite vitesse ◆ **it's ~ going** *(lit, fig)* cela n'avance pas vite ◆ **it's ~ work** c'est un travail qui avance lentement ◆ **he's a ~ learner** il n'apprend pas vite ◆ **to be ~ of speech** *(frm)* parler lentement ◆ **to be ~ to do sth** *or* **in doing sth** mettre du temps à faire qch ◆ **she was not ~ to notice** *or* **in noticing ...** il ne lui a pas fallu longtemps pour remarquer ... ; → **mark**[2], **progress, uptake**

**b** *[pitch, track, surface]* lourd

**c** *(euph = stupid)* lent, qui a l'esprit lent ◆ **he's a bit ~** il a l'esprit un peu lent

**d** *(= boring) [party, evening, play, film etc]* ennuyeux

**e** *(pej = slack, sluggish) [market, trading, demand]* stagnant ; *[growth]* lent ◆ **business is ~** les affaires stagnent

**f** *[watch, clock]* ◆ **my watch is ~** ma montre retarde ◆ **my watch is ten minutes ~** ma montre retarde de dix minutes

**g** *(Culin)* ◆ **in a ~ oven** à feu doux ◆ **over a ~ heat** à feu doux

**h** *(Phot) [film]* lent

**ADV** *(= slowly)* lentement ◆ **to go ~er** ralentir ◆ **to go ~** *(Ind)* faire la grève perlée ; → **astern, dead**

**VT** (also **slow down, slow up**) *[+ person] (in walk)* faire ralentir ; *(in activity)* ralentir, retarder ; *[+ vehicle, machine]* ralentir (la marche de) ; *[+ traffic]* ralentir ; *[+ horse]* ralentir l'allure *or* le pas de ; *[+ progress, production, negotiations]* ralentir, retarder ; *[+ reaction]* rendre moins rapide ◆ **his injury ~ed him down** *or* **up** sa blessure l'a ralenti ◆ **all these interruptions have ~ed us down** *or* **up** toutes ces interruptions nous ont retardés

**VI** (also **slow down, slow off, slow up**) *[driver, worker, walker, vehicle, machine, production, progress]* ralentir ; *[reactions]* devenir plus lent *or* moins rapide ◆ **"slow"** *(Aut)* "ralentir" ◆ **a "slow" signal** *(Aut)* un panneau "attention, ralentir" ◆ **you must ~ down or you will make yourself ill** *(fig)* il faut que vous travailliez moins, sinon vous allez tomber malade ◆ **since his retirement his life has ~ed down** depuis qu'il a pris sa retraite il vit au ralenti

**COMP** ▷ **slow-acting** **ADJ** à action lente ◆ **it is ~-acting** cela agit lentement ▷ **slow burn** ‡ **N** *(US)* ◆ **he did a ~ burn** il a fini par péter les plombs ‡ ▷ **slow-burning** **ADJ** à combustion lente ◆ **it is ~-burning** cela brûle lentement ▷ **slow cooker** **N** *(Culin)* cocotte *f* électrique ▷ **slow handclap** **N** *(Brit: by audience)* applaudissements *mpl* rythmés *(pour exprimer le mécontentement)* ▷ **slow lane** * **N** *(Aut) (in France)* voie *f* de droite ; *(in Brit, Austral etc)* voie *f* de gauche ; → **life** ▷ **slow match** **N** mèche *f* à combustion lente ▷ **slow motion** **N** *(Cine etc)* ◆ **in ~ motion** au ralenti **ADJ** ◆ **~-motion film/shot** *etc* (film *m*/prise *f* de vues *etc* au) ralenti *m* ▷ **slow-moving** **ADJ** *[person, animal]* lent, aux mouvements lents ; *[vehicle]* lent ; *[play]* lent, dont l'action est lente ▷ **slow puncture** **N** *(Brit) pneu qui se dégonfle lentement* ▷ **slow-speaking, slow-spoken** **ADJ** qui parle lentement ▷ **slow virus** **N** virus *m* lent ▷ **slow-witted** **ADJ** lourdaud, qui a l'esprit lent *or* lourd ▷ **slow worm** **N** *(Zool)* orvet *m*

► **slow down** **VT SEP** ⇒ **slow vt**

**VI** ⇒ **slow vi**

► **slow off** **VI** ⇒ **slow vi**

► **slow up** **VT SEP** ⇒ **slow vt**

**VI** ⇒ **slow vi**

**slowcoach** /ˈsləʊkəʊtʃ/ **N** *(Brit = dawdler)* lambin(e) * *m(f)*

**slowdown** /ˈsləʊdaʊn/ **N** ralentissement *m* ; *(US Ind)* grève *f* perlée

**slowly** /ˈsləʊlɪ/ **ADV** *(gen)* lentement ; *[realize, start, increase]* peu à peu ◆ **~ but surely** lentement mais sûrement

**slowness** /ˈsləʊnɪs/ N *[of person, vehicle, movement etc]* lenteur *f* ; *[of pitch, track]* lourdeur *f* ; *[of party, evening]* manque *m* d'entrain *or* d'intérêt ; *[of novel, plot, play]* lenteur *f*, manque *m* de mouvement *or* d'action ; *(= lack of energy etc)* allure *f* posée ◆ **~ (of mind)** lenteur *f or* lourdeur *f* d'esprit ◆ **his ~ to act** *or* **in acting** la lenteur avec laquelle *or* le retard avec lequel il a agi

**slowpoke** * /ˈsləʊpəʊk/ N *(US)* ⇒ **slowcoach**

**SLR** /ˌeselˈɑːʳ/ N *(Phot)* (abbrev of **single lens reflex (camera)**) → **single**

**sludge** /slʌdʒ/ N *(NonC)* *(= mud)* boue *f*, vase *f* ; *(= sediment)* boue *f*, dépôt *m* ; *(= sewage)* vidanges *fpl* ; *(= melting snow)* neige *f* fondue

**slug** /slʌɡ/ N *(Zool)* limace *f* ; *(= bullet)* balle *f* ; *(= blow)* coup *m* ; *(Min, Typ)* lingot *m* ; *(esp US = metal token)* jeton *m* ; *(US* ‡ *= false coin)* fausse pièce *f* ◆ **a ~ of whisky** ‡ *(US)* un peu *or* un coup * de whisky sec VT *( * = hit)* frapper (comme une brute)

► **slug out** * VT SEP ◆ **to slug it out** se taper dessus * *(pour régler une question)*

**slugfest** ‡ /ˈslʌɡfest/ N bagarre *f*, rixe *f*

**sluggard** /ˈslʌɡəd/ N paresseux *m*, -euse *f*, fainéant(e) *m(f)*

**slugger** /ˈslʌɡəʳ/ N *(Baseball)* joueur *m* qui frappe fort

**sluggish** /ˈslʌɡɪʃ/ ADJ *[person, temperament]* mou (molle *f*), léthargique ; *(= slow-moving)* lent ; *(= lazy)* paresseux ; *[growth, reaction, movement, circulation, digestion]* lent ; *[liver]* paresseux ; *[market, business]* stagnant ◆ **the engine is ~** *(Aut)* le moteur manque de reprise *or* de nervosité ◆ **sales are ~** *(Comm)* les ventes ne vont pas fort

**sluggishly** /ˈslʌɡɪʃlɪ/ ADV *[move]* lentement ; *[react, respond, flow]* mollement ; *(Econ, Fin)* *[trade, perform]* faiblement

**sluggishness** /ˈslʌɡɪʃnɪs/ N *[of person]* mollesse *f*, lenteur *f* ; *[of engine]* manque *m* de nervosité

**sluice** /sluːs/ N a *(whole structure)* écluse *f* ; *(= gate:* also **sluice gate, sluice valve**) vanne *f or* porte *f* d'écluse ; (= *channel:* also **sluiceway**) canal *m* (à vannes) ; *(= water)* éclusée *f* b ◆ **to give sth/o.s. a ~ (down)** laver qch/se laver à grande eau VT (also **sluice down**) laver à grande eau COMP ▷ **sluice gate, sluice valve** N vanne *f or* porte *f* d'écluse

**sluiceway** /ˈsluːsweɪ/ N canal *m* (à vannes)

**slum** /slʌm/ N *(= house)* taudis *m* ◆ **the ~s** les quartiers *mpl* pauvres ; *(in suburb)* la zone ; *(= shanty towns)* les bidonvilles *mpl* VI *( * = live cheaply:* also **slum it**) *(esp Brit)* vivre à la dure, manger de la vache enragée * ◆ **we don't see you often round here – I'm ~ming (it) today!** *(iro)* on ne te voit pas souvent ici — aujourd'hui je m'encanaille ! VT ◆ **to ~ it** * → vi COMP ▷ **slum area** N quartier *m* pauvre ▷ **slum clearance** N aménagement *m* des quartiers insalubres ▷ **slum clearance area** N zone *f* de quartiers insalubres en voie d'aménagement ▷ **slum clearance campaign** N campagne *f* pour la démolition des taudis ▷ **slum-dweller** N habitant(e) *m(f)* de taudis ▷ **slum dwelling** N taudis *m*

**slumber** /ˈslʌmbəʳ/ N *(liter:* also **slumbers**) sommeil *m* (paisible) VI dormir paisiblement COMP ▷ **slumber party** N *(US)* *soirée entre adolescentes qui restent dormir chez l'une d'entre elles* ▷ **slumber wear** N *(NonC: Comm)* vêtements *mpl* de nuit

**slumb(e)rous** /ˈslʌmb(ə)rəs/ ADJ *(liter)* *(= drowsy)* somnolent ; *(= soporific)* assoupissant *(liter)*

**slumgullion** /slʌmˈɡʌljən/ N *(US)* ragoût *m*

**slumlord** * /ˈslʌmlɔːd/ N *(US pej)* marchand * *m* de sommeil

**slummy** * /ˈslʌmɪ/ ADJ sordide

**slump** /slʌmp/ N *(in numbers, popularity, morale etc)* forte baisse *f*, baisse *f* soudaine (*in* de) ; *(Econ)* dépression *f* ; *(St Ex)* effondrement *m* (des cours) ; *(Comm: in sales etc)* baisse *f* soudaine (*in* de) ; *(in prices)* effondrement *m* (*in* de) ◆ **the 1929 ~** la crise (économique) de 1929 VI a *[popularity, morale, production, trade]* baisser brutalement ; *[prices, rates]* s'effondrer ◆ **business has ~ed** les affaires sont en baisse, c'est le marasme (économique) b (also **slump down**) s'effondrer, s'écrouler (*into* dans ; *onto* sur) ◆ **he lay ~ed on the floor** il gisait effondré *or* écroulé par terre ◆ **he was ~ed over the wheel** il était affaissé sur le volant c *(= stoop)* avoir le dos rond *or* voûté

► **slump back** VI *[person]* retomber en arrière

► **slump down** VI ⇒ **slump vi b**

► **slump forward** VI *[person]* tomber en avant

**slung** /slʌŋ/ VB pt, ptp of **sling**

**slunk** /slʌŋk/ VB pt, ptp of **slink**

**slur** /slɜːʳ/ N a *(= insult)* insulte *f* ; *(= calumny)* atteinte *f* (*on* à) ; ◆ **to be a ~ on sb's reputation** porter atteinte à *or* être une tache sur la réputation de qn ◆ **that is a ~ on him** cela porte atteinte à son intégrité ◆ **to cast a ~ on sb** porter atteinte à la réputation de qn ◆ **it's no ~ on him to say ...** ce n'est pas le calomnier que de dire ... b *(Mus)* liaison *f* VT *(= join)* *[+ several sounds, words]* lier à tort ; *(Mus)* lier ; *(= enunciate indistinctly)* *[+ word etc]* mal articuler, ne pas articuler ◆ **his speech was ~red, he ~red his words** il n'arrivait pas à articuler, il n'articulait pas VI *[sounds etc]* être *or* devenir indistinct

► **slur over** VT FUS *[+ incident, mistake, differences, discrepancies]* passer sous silence, glisser sur

**slurp** /slɜːp/ VTI boire à grand bruit N slurp *m*

**slurry** /ˈslʌrɪ/ N boue *f*, pâte *f*

**slush** /slʌʃ/ N *(NonC)* *(= snow)* neige *f* fondue ; *(= mud)* gadoue *f* ; *(fig = sentiment)* sensiblerie *f* COMP ▷ **slush fund** N fonds *mpl* secrets, caisse *f* noire ▷ **the slush pile** * N *(Publishing)* les manuscrits *mpl* refusés

**slushy** /ˈslʌʃɪ/ ADJ a *[snow]* fondu ; *[road, street]* couvert de neige fondue b *( * = sentimental)* *[film, book, story]* à l'eau de rose ; *[song]* sentimental

**slut** /slʌt/ N *(pej)* *(dirty)* souillon *f* ; *(immoral)* salope ‡ *f*, pute ‡ *f*

**sluttish** /ˈslʌtɪʃ/ ADJ *[appearance]* sale, de souillon ; *[morals, behaviour]* de salope ‡ ◆ **a ~ woman** une souillon

**sly** /slaɪ/ ADJ a *(= crafty, roguish)* *[person, animal]* rusé ; *[plan]* astucieux ; *[smile, look]* entendu, narquois ; *[remark, reference, suggestion]* narquois ◆ **he's a ~ dog** *or* **a ~ (old) fox** * c'est une fine mouche ◆ **(as) ~ as a fox** rusé comme un renard b *(pej = underhand, cunning)* *[person, trick]* sournois *(pej)* c *( * = secretive)* ◆ **she gave me a ~ kick under the table** elle m'a donné un coup de pied en douce * sous la table ◆ **they were having a ~ cigarette in the toilets** ils fumaient en douce * dans les toilettes N ◆ **on the ~** en cachette, en douce *

**slyboots** * /ˈslaɪbuːts/ N malin *m*, -igne *f*

**slyly** /ˈslaɪlɪ/ ADV a *(= craftily, roguishly)* *[say, smile, look, suggest]* d'un air entendu, d'un air narquois b *(pej = cunningly)* sournoisement *(pej)*

**slyness** /ˈslaɪnɪs/ N a *(= craftiness, roguishness)* *[of person, look]* ruse *f* ◆ **the ~ of her smile/comment** son sourire/commentaire narquois b *(pej = underhandedness, cunning)* sournoiserie *f (pej)*

**smack**[1] /smæk/ VI *(lit, fig)* ◆ **to ~ of sth** sentir qch N a *(= small taste)* léger *or* petit goût *m* ; *(fig)* soupçon *m* b *(* ‡ *= heroin)* héroïne *f*, blanche ‡ *f*

**smack**[2] /smæk/ N *(= slap)* tape *f* ; *(stronger)* claque *f* ; *(on face)* gifle *f* ; *(= sound)* bruit *m* sec, claquement *m* ; *( * fig = kiss)* gros baiser *m* (qui claque) ◆ **he gave the ball a good ~** il a donné un grand coup dans le ballon ◆ **it was a ~ in the eye for them** * *(esp Brit)* *(= snub)* c'était une gifle pour eux ; *(= setback)* c'était un revers pour eux

VT *[+ person]* donner une tape à ; *(stronger)* donner une claque à ; *(on face)* gifler ◆ **to ~ sb's face** gifler qn, donner une paire de gifles à qn ◆ **I'll ~ your bottom!** je vais te donner la fessée !, tu vas avoir la fessée ! ◆ **he ~ed the table (with his hand)** il a frappé sur la table (de la main) ◆ **to ~ a kiss on sb's face** plaquer un baiser sur le visage de qn ◆ **to ~ one's lips** se lécher les babines

ADV * en plein ◆ **~ in the middle** en plein milieu ◆ **he kissed her ~ on the lips** il l'a embrassée en plein sur la bouche ◆ **he ran ~ into the tree** il est rentré en plein *or* tout droit dans l'arbre

**smack**[3] /smæk/ N (also **fishing smack**) smack *m*, sémaque *m*

**smacker** ‡ /ˈsmækəʳ/ N *(= kiss)* gros baiser *m*, grosse bise * *f* ; *(= blow)* grand coup *m* (retentissant) ; *(Brit = pound)* livre *f* ; *(US = dollar)* dollar *m*

**smackhead** ‡ /ˈsmækhed/ N héroïnomane *mf*, camé(e) *m(f)* ‡

**smacking** /ˈsmækɪŋ/ N fessée *f* ◆ **to give sb a ~** donner une *or* la fessée à qn ADJ ◆ **a ~ kiss** un baiser sonore, un gros baiser

**small** /smɔːl/ ADJ a *(gen)* petit ; *[family, audience, population]* peu nombreux ; *[waist]* mince ; *[meal]* léger ◆ **the ~est possible number of books** le moins de livres possible ◆ **a ~ proportion of the business is international** une faible proportion des transactions commerciales sont internationales ◆ **"I'm sorry" he said in a ~ voice** "je suis désolé" dit-il d'une petite voix ◆ **he is a ~ eater** il mange très peu, il a un petit appétit ◆ **in ~ letters** en minuscules *fpl* ◆ **with a ~ "e"** avec un "e" minuscule ◆ **~ shopkeeper/farmer/businessman** petit commerçant *m*/agriculteur *m*/entrepreneur *m* ◆ **to feel ~** *(fig)* être dans ses petits souliers, se sentir honteux ◆ **to make sb feel ~** humilier qn ◆ **to make sb look ~** rabaisser qn devant tout le monde ◆ **it's a ~ world!** le monde est petit ! ◆ **to get** *or* **grow ~er** *[income, difficulties, population, amount, supply]* diminuer ; *[object]* rapetisser ◆ **mobile phones are getting ~er** les téléphones portables sont de plus en plus petits *or* compacts ◆ **to make sth ~er** *[+ income, amount, supply]* diminuer qch ; *[+ organization]* réduire qch ; *[+ garment]* reprendre qch ; see also **comp ;** → **hour, print, way**

b *(= young)* *[child]* petit, jeune ◆ **I was very ~ at the time** j'étais tout petit *or* jeune à l'époque

c *(frm = slight, scant)* ◆ **a matter of ~ importance** une affaire de peu d'importance ◆ **it's ~ comfort to them to know that ...** cela ne les consolera guère de savoir que ... ◆ **to have ~ cause** *or* **reason to do sth** n'avoir guère de raison de faire qch ◆ **a matter of no ~ consequence** une affaire d'une grande importance ◆ **they paid ~ attention to his suggestion** ils ont prêté peu d'attention à sa suggestion ◆ **this is of ~ concern to them** cela ne les préoccupe guère ; → **wonder**

ADV ◆ **to cut sth up ~** *[+ paper]* couper qch en petits morceaux ; *[+ meat]* hacher qch menu

N a ◆ **the ~ of the back** le creux des reins

b *(Brit: npl)* **~s** † * *(= underwear)* dessous *mpl*, sous-vêtements *mpl*

COMP ▷ **small ads** NPL *(Brit Press)* petites annonces *fpl* ▷ **small-arms** NPL *(Mil)* armes *fpl* portatives, armes *fpl* légères ▷ **small beer** N *(Brit fig)* ◆ **it's ~ beer** c'est de la petite bière* ◆ **he's ~ beer** il ne compte pas beaucoup ▷ **small-bore** ADJ de petit calibre ▷ **small business** N petite entreprise *f* ▷ **small change** N *(NonC)* petite *or* menue monnaie *f* ▷ **small claims court** N *(Jur)* tribunal *m* d'instance *(s'occupant d'affaires mineures)* ▷ **small end** N *(Aut)* pied *m* de bielle ▷ **the smallest room** N *(†, hum)* le petit coin* ▷ **small fry** N menu fretin *m* ; *(= children)* les gosses* *mfpl* ◆ **they're just ~ fry** c'est du menu fretin ▷ **small intestine** N *(Anat)* intestin *m* grêle ▷ **small-minded** ADJ mesquin ▷ **small-mindedness** N petitesse *f* d'esprit, mesquinerie *f* ▷ **small-mouth bass** N *(Zool)* achigan *m* à petite bouche ▷ **small potatoes** NPL *(esp US)* ⇒ **small beer** ▷ **small-scale** ADJ peu important ; *[undertaking]* de peu d'importance, de peu d'envergure ; *[map]* à petite échelle ▷ **the small screen** N *(TV)* le petit écran ▷ **small-size(d)** ADJ petit ▷ **small talk** N *(NonC)* papotage *m*, menus propos *mpl* ◆ **he's got plenty of ~ talk** il a la conversation facile ▷ **small-time** ADJ peu important, de troisième ordre ◆ **a ~-time crook** un escroc à la petite semaine ▷ **small-timer*** N moins *m* que rien, individu *m* insignifiant ▷ **small town** N *(US)* petite ville *f* ▷ **small-town** ADJ *(esp US pej)* provincial ; → **print**

> **Small Town**
>
> Aux États-Unis, une ville de moins de 10 000 habitants est une « petite ville » (**small town**). Le terme « village », peu utilisé, évoque plutôt l'ancien continent ou les pays du tiers-monde. Les populations des petites villes sont généralement appréciées pour les valeurs qu'elles incarnent : gentillesse, honnêteté, politesse, rapports de bon voisinage et patriotisme. Cependant, on peut aussi parler des « **small-town** attitudes » dans un sens péjoratif pour désigner une tendance aux préjugés et une certaine étroitesse d'esprit.

**smallholder** /ˈsmɔːlhəʊldəʳ/ N *(Brit)* ≃ petit agriculteur *m*

**smallholding** /ˈsmɔːlhəʊldɪŋ/ N *(Brit)* ≃ petite ferme *f*

**smallish** /ˈsmɔːlɪʃ/ ADJ *(in size)* plutôt *or* assez petit ; *(in importance)* peu important ◆ **a ~ number of ...** un nombre restreint de ...

**smallness** /ˈsmɔːlnɪs/ N *[of object]* petitesse *f* ; *[of sum of money]* petitesse *f*, modicité *f*

**smallpox** /ˈsmɔːlpɒks/ N variole *f*, petite vérole *f*

**smarm*** /smɑːm/ VI *(Brit)* flatter, flagorner ◆ **to ~ over sb** lécher les bottes* à qn, passer de la pommade* à qn

**smarmy*** /ˈsmɑːmɪ/ ADJ *(Brit)* *[person]* lèche-bottes* *inv*, obséquieux* ; *[manner]* de lèche-bottes*

**smart** /smɑːt/ ADJ a *(= not shabby)* *[hotel, restaurant, club, neighbourhood, party, dinner]* chic *inv* ; *[person, clothes, appearance]* élégant ; *[house, car]* beau (belle *f*) ; *[garden, lawn]* soigné ◆ **you're looking very ~** tu es très élégant

b *(= fashionable)* à la mode, dernier cri *inv* ◆ **the ~ set** le beau monde ◆ **the Paris/London ~ set** le tout Paris/le tout Londres

c *(esp US* * = clever)* *[person]* intelligent ; *[idea]* astucieux, malin (-igne *f*) ; *[deed, act]* intelligent, astucieux ◆ **that wasn't very ~ (of you)** ce n'était pas très malin (de ta part) ◆ **he's too ~ for me** il est trop malin pour moi ◆ **(that was) ~ work!** *(= clever)* beau travail ! ; *(= swift)* ça n'a pas traîné !*

d *(* pej = cheeky)* culotté* ◆ **don't get ~ with me!** ne la ramène pas !* ◆ **she's got a ~ answer to everything** elle a toujours réponse à tout

e *(= brisk)* *[pace]* vif ◆ **give the nail a ~ tap** tapez un bon coup sur le clou ◆ **look ~ (about it)!*** grouille-toi !*, remue-toi !

VI a *[cut, graze]* brûler ; *[iodine etc]* piquer ◆ **my eyes were ~ing** j'avais les yeux qui me piquaient ◆ **the smoke made his throat ~** la fumée lui irritait la gorge

b *(fig)* être piqué au vif ◆ **he was ~ing under the insult** l'insulte l'avait piqué au vif ◆ **you'll ~ for this!** il vous en cuira !, vous me le payerez !

NPL *(US)* ◆ **~s*** *(= brains)* jugeote* *f*

COMP ▷ **smart alec(k)***, **smart ass*** *(US)* N *(pej)* (Monsieur *or* Madame *or* Mademoiselle) je-sais-tout* *mf inv* ▷ **smart bomb** N bombe *f* intelligente, bombe *f* guidée ▷ **smart card** N carte *f* à mémoire *or* à puce ▷ **smart drug** N smart drug *f*, médicament *m* psychoénergétique ▷ **smart money** N réserve *f* d'argent *(destinée à faire des investissements au moment opportun)* ◆ **the ~ money is on him winning** dans les milieux bien informés, on le donne gagnant ▷ **smart phone** N smartphone *m*, téléphone *m* intelligent

**smartarse*** /ˈsmɑːtɑːs/, **smartass*** *(US)* /ˈsmɑːtæs/ N bêcheur* *m*, -euse* *f*

**smarten** /ˈsmɑːtn/ VT ⇒ **smarten up vt sep**

► **smarten up** 1 VI a *(= make o.s. tidy etc)* *[person]* devenir plus élégant *or* soigné ; *[town]* devenir plus élégant *or* pimpant ◆ **you'd better ~ up for dinner** il faut que tu t'arranges *subj* (un peu) *or* que tu te fasses beau (belle *f*) pour le dîner

b *(= speed up)* *[production, pace]* s'accélérer

2 VT SEP a *(= tidy up)* *[+ person]* rendre plus élégant *or* plus soigné ; *[+ child]* pomponner, bichonner ; *[+ house, room, town]* (bien) arranger, rendre élégant *or* pimpant ◆ **to ~ o.s. up** se faire beau (belle *f*) *or* élégant

b *(= speed up)* accélérer

**smartly** /ˈsmɑːtlɪ/ ADV a *(= elegantly)* *[dress]* élégamment, avec beaucoup d'élégance ◆ **~ dressed** *or* **turned out** élégamment vêtu ◆ **she wore a ~ tailored suit** elle portait un tailleur bien coupé b *(= briskly)* *[move]* *(gen)* rapidement ; *(person)* vivement ; *[reply]* du tac au tac ◆ **to tap sth ~** taper sur qch un bon coup

**smartness** /ˈsmɑːtnɪs/ N *(NonC)* *[of person, clothes]* chic *m*, élégance *f* ; *(= cleverness)* intelligence *f* ; *(= skilfulness)* habileté *f* ; *(= quickness)* rapidité *f*

**smarty*** /ˈsmɑːtɪ/ N (also **smarty-pants***) bêcheur* *m*, -euse* *f*, (Monsieur *or* Madame *or* Mademoiselle) je-sais-tout* *mf inv*

**smash** /smæʃ/ N a *(= sound)* fracas *m* ; *(= blow)* coup *m* violent ; *(Tennis etc)* smash *m* ◆ **the ~ as the car hit the lamppost** le choc quand la voiture a percuté le réverbère ◆ **the cup fell with a ~** la tasse s'est fracassée (en tombant) par terre ◆ **he fell and hit his head a nasty ~ on the kerb** en tombant il s'est violemment cogné la tête contre le trottoir

b (also **smash-up***) *(= accident)* accident *m* *(Aut, Rail = collision)* collision *f*, tamponnement *m* ; *(very violent)* télescopage *m* ◆ **car/rail ~** accident *m* de voiture/de chemin de fer

c *(Econ, Fin = collapse)* effondrement *m* (financier), débâcle *f* (financière) ; *(St Ex)* krach *m* ; *(= bankruptcy)* faillite *f* ; *(= ruin)* ruine *f*, débâcle *f* complète

d ⇒ **smash hit**

e ◆ **whisky/brandy ~** whisky *m*/cognac *m* glacé à la menthe

ADV * ◆ **to run ~ into a wall** heurter un mur de front *or* de plein fouet, rentrer en plein dans un mur ◆ **the cup fell ~ to the ground** la tasse s'est fracassée par terre ◆ **to go ~** *(Fin)* faire faillite

VT a *(= break)* casser, briser ; *(= shatter)* fracasser ◆ **I've ~ed my watch** j'ai cassé ma montre ◆ **the waves ~ed the boat on the rocks** les vagues ont fracassé le bateau contre les rochers ◆ **to ~ sth to pieces** *or* **to bits** briser qch en mille morceaux, mettre qch en miettes ◆ **when they ~ed the atom** quand on a désintégré *or* fissionné l'atome ◆ **to ~ a door open** enfoncer une porte ◆ **he ~ed the glass with the hammer, he ~ed the hammer through the glass** il a fracassé la vitre avec le marteau ◆ **he ~ed his fist into Paul's face** il a envoyé *or* balancé* son poing dans la figure de Paul ◆ **to ~ the ball** *(Tennis)* faire un smash, smasher ◆ **he ~ed the ball into the net** il a envoyé son smash dans le filet

b *[+ spy ring etc]* briser, détruire ; *[+ hopes]* ruiner ; *[+ enemy]* écraser ; *[+ opponent]* battre à plate(s) couture(s), pulvériser* ◆ **he ~ed* the record in the high jump** *(Sport etc)* il a pulvérisé* le record du saut en hauteur

VI a se briser (en mille morceaux), se fracasser ◆ **the cup ~ed against the wall** la tasse s'est fracassée contre le mur ◆ **the car ~ed into the tree** la voiture s'est écrasée contre l'arbre ◆ **his fist ~ed into my face** il a envoyé *or* balancé* son poing sur ma figure, il m'a assené son poing sur la figure

b *(Fin)* *[person, firm]* faire faillite

COMP ▷ **smash-and-grab** N (also **smash-and-grab raid**) cambriolage *m* (commis en brisant une devanture) ◆ **there was a ~-and-grab (raid) at the jeweller's** des bandits ont brisé la vitrine du bijoutier et raflé les bijoux ▷ **smash hit*** N ◆ **it was a ~ hit** cela a fait un malheur*, cela a eu un succès foudroyant ◆ **it was the ~ hit of the year** c'était le succès de l'année ▷ **smash-up** N → **noun b**

► **smash down** VT SEP *[+ door, fence]* fracasser

► **smash in** VT SEP *[+ door]* enfoncer ◆ **to ~ sb's face** *or* **head in*** casser la gueule à qn*

► **smash up** VT SEP *[+ room, house, shop]* tout casser dans, tout démolir dans ; *[+ car]* accidenter, bousiller* ◆ **he was ~ed up* in a car accident** il a été grièvement blessé *or* sérieusement amoché* dans un accident de voiture

N ◆ **smash-up*** → **smash noun b**

**smashed** /smæʃt/ ADJ a (* = drunk) pété*, bourré* ◆ **to get ~** se soûler* b (*: on drugs)* défoncé* ◆ **to get ~** se défoncer* c *(= broken)* *[vehicle]* bousillé* ; *[skull, limb, bone]* fracassé

**smasher** †‡ /'smæʃəʳ/ N (Brit) ◆ **he's a ~** *(in appearance)* il est vachement‡ beau ◆ **she's a ~** elle est vachement‡ jolie *or* bien roulée* ◆ **to be a ~** *(in character etc)* être épatant* *or* vachement chouette‡ ◆ **it's a ~** c'est épatant*

**smashing** * /'smæʃɪŋ/ ADJ *(Brit)* super* ◆ **we had a ~ time** on s'est amusé comme des fous*

**smattering** /'smætərɪŋ/ N connaissances *fpl* vagues *or* superficielles ◆ **a ~ of** un petit nombre de ◆ **he has a ~ of German** il sait un peu l'allemand, il sait quelques mots d'allemand ◆ **I've got a ~ of maths** j'ai quelques connaissances vagues *or* quelques notions en maths

**smear** /smɪəʳ/ N a *(= mark)* trace *f* ; *(longer)* traînée *f* ; *(= stain)* (légère) tache *f*, salissure *f* ◆ **a long ~ of ink** une traînée d'encre ◆ **there is a ~ on this page** il y a une légère tache *or* une salissure sur cette page, cette page est tachée *or* salie
b *(= defamation)* diffamation *f* (*on, against* de) ◆ **this ~ on his honour/reputation** cette atteinte à son honneur/sa réputation
c *(Med)* frottis *m*, prélèvement *m* ; → **cervical**
VT a *(= wipe)* ◆ **to ~ cream on one's hands, to ~ one's hands with cream** s'enduire les mains de crème ◆ **he ~ed his face with mud, he ~ed mud on his face** il s'est barbouillé le visage de boue ◆ **his hands were ~ed with ink** il avait les mains barbouillées *or* tachées d'encre, il avait des traînées d'encre sur les mains ◆ **you've ~ed it all over the place** tu en a mis partout ◆ **he ~ed butter on the slice of bread** il a étalé du beurre sur la tranche de pain
b *[+ page of print]* maculer ; *[+ wet paint]* faire une trace *or* une marque sur ; *[+ lettering]* étaler (accidentellement)
c *(fig) [+ reputation, integrity]* salir, entacher ◆ **to ~ sb** *[story, report]* salir *or* entacher la réputation de qn ; *[person]* calomnier qn
d *(US ‡ = defeat)* battre à plates coutures
VI *[ink, paint]* se salir
COMP ▷ **smear campaign** N campagne *f* de diffamation ▷ **smear tactics** NPL procédés *mpl* diffamatoires ▷ **smear test** N *(Med)* ⇒ **noun c** ▷ **smear word** N ◆ **it is a ~ word** c'est de la diffamation

**smeary** /'smɪərɪ/ ADJ *[face]* barbouillé ; *[window]* couvert de taches *or* de traînées ; *[ink, paint]* sali

**smell** /smel/ (vb : pret, ptp **smelled** *or* **smelt**) N *(= sense of smell)* odorat *m* ; *[of animal]* odorat *m*, flair *m* ; *(= odour)* odeur *f* ; *(= bad smell)* mauvaise odeur *f* ◆ **he has a keen sense of ~** il a l'odorat très développé, il a le nez très fin ◆ **he has no sense of ~** il n'a pas d'odorat ◆ **the mixture has no ~** le mélange est inodore *or* n'a pas d'odeur ◆ **a gas with no ~** un gaz inodore *or* sans odeur ◆ **it has a nice/nasty ~** cela sent bon/mauvais ◆ **what a ~ in here!** ce que ça sent mauvais ici ! ◆ **there was a ~ of burning in the room** il y avait une odeur de brûlé dans la pièce, la pièce sentait le brûlé ◆ **to have a ~ at sth** *[person]* sentir qch ; *(more carefully)* renifler qch ; *[dog etc]* flairer *or* renifler qch
VT sentir ; *(= sniff at)* sentir, renifler ◆ **he could ~** *or* **he smelt something burning** il sentait que quelque chose brûlait ◆ **he smelt the meat to see if it was bad** il a senti *or* reniflé la viande pour voir si elle était encore bonne ◆ **the dog could ~** *or* **the dog smelt the bone** le chien a flairé *or* éventé l'os ◆ **the dog smelt the bone suspiciously** le chien a flairé *or* reniflé l'os d'un air soupçonneux ◆ **I ~ a rat!** il y a anguille sous roche !, il y quelque chose de louche là-dedans *or* là-dessous ! ◆ **he ~ed danger** il a flairé *or* deviné le danger ◆ **I (can) ~ danger!** je pressens un danger !
VI a ◆ **since the accident he cannot ~** depuis l'accident il n'a plus d'odorat ◆ **to ~ at sth** *[person]* sentir *or* renifler qch ; *[dog etc]* renifler *or* flairer qch
b ◆ **that mixture doesn't ~ (at all)** ce mélange ne sent rien *or* n'a pas (du tout) d'odeur ◆ **this gas doesn't ~** ce gaz est inodore ◆ **these socks ~!** ces chaussettes sentent mauvais ! ◆ **this room ~s!** cette pièce sent mauvais *or* pue ! ◆ **his breath ~s** il a mauvaise haleine ◆ **that ~s like chocolate** ça sent le chocolat, on dirait du chocolat ◆ **to ~ of onions/burning** *etc* sentir l'oignon/le brûlé *etc* ◆ **to ~ good** *or* **sweet** sentir bon ◆ **to ~ bad** sentir mauvais ◆ **to ~ foul** empester ◆ **it ~s delicious!** quelle odeur délicieuse ! ◆ **it ~s dreadful!** ça pue ! ◆ **the deal ~s a bit*** cette affaire semble plutôt louche *or* ne semble pas très catholique* ◆ **that idea ~s!** ‡ *(fig)* cette idée ne vaut rien !, c'est une idée catastrophique !* ◆ **I think he ~s!** ‡ *(fig)* je trouve que c'est un sale type !*
COMP ▷ **smelling salts** NPL sels *mpl*

► **smell out** VT SEP a *(= discover) [dog etc]* découvrir en flairant *or* en reniflant ; *[person] [+ criminal, traitor]* découvrir, dépister ; *[+ treachery, plot]* découvrir
b ◆ **it's smelling the room out** ça empeste la pièce

**smelliness** /'smelɪnɪs/ N *(NonC)* mauvaise odeur *f*

**smelly** /'smelɪ/ ADJ *[person, feet, armpits]* qui sent mauvais ; *[breath]* mauvais ; *[cheese]* qui sent fort ◆ **it's rather ~ in here** ça sent mauvais ici

**smelt**[1] /smelt/ VB pt, ptp of **smell**

**smelt**[2] /smelt/ N (pl **smelt** *or* **smelts**) *(= fish)* éperlan *m*

**smelt**[3] /smelt/ VT *[+ ore]* fondre ; *[+ metal]* extraire par fusion

**smelter** /'smeltəʳ/ N haut fourneau *m*

**smelting** /'smeltɪŋ/ N *(= process)* extraction *f* par fusion COMP ▷ **smelting furnace** N haut-fourneau *m* ▷ **smelting works** N *(pl inv)* fonderie *f*

**smidgen** *, **smidgin** * /'smɪdʒən/ N ◆ **a ~ of** *(gen)* un tout petit peu de ; *[+ truth]* un grain de, un brin de

**smile** /smaɪl/ N sourire *m* ◆ **with a ~ on his lips** le sourire aux lèvres ◆ **... he said with a ~** ... dit-il en souriant ◆ **... he said with a nasty ~** ... dit-il en souriant méchamment *or* avec un mauvais sourire ◆ **he had a happy ~ on his face** il avait un sourire heureux, il souriait d'un air heureux ◆ **to give sb a ~** faire *or* adresser un sourire à qn, sourire à qn ◆ **she gave a little ~** elle a eu un petit sourire ◆ **to be all ~s** être tout souriant *or* tout sourire ◆ **take that ~ off your face!** arrête donc de sourire comme ça ! ◆ **I'll wipe** *or* **knock the ~ off his face!** il verra s'il a encore envie de sourire !, je vais lui faire passer l'envie de sourire ! ; → **raise, wear, wreathe**
VI sourire (*at or to sb* à qn) ◆ **to ~ to oneself** sourire intérieurement ◆ **to ~ sadly** avoir un sourire triste, sourire tristement *or* d'un air triste ◆ **to keep smiling** garder le sourire ◆ **he ~d at my efforts** il a souri de mes efforts ◆ **fortune ~d (up)on him** la fortune lui sourit
VT ◆ **to ~ a bitter smile** avoir un sourire amer, sourire amèrement *or* avec amertume ◆ **to ~ one's thanks** remercier d'un sourire

**smiley** /'smaɪlɪ/ ADJ (* = *smiling, friendly) [person, face]* souriant ; *[eyes]* rieur N *(Comput)* emoticon *m*, smiley *m* ; *(as badge)* badge *m* de tête souriante

**smiling** /'smaɪlɪŋ/ ADJ *[person, face, eyes, mouth]* souriant

**smilingly** /'smaɪlɪŋlɪ/ ADV en souriant, avec un sourire

**smirch** /smɜːtʃ/ VT *(lit)* salir, souiller ; *(fig liter)* ternir, entacher N *(lit, fig)* tache *f*

**smirk** /smɜːk/ N *(= self-satisfied smile)* petit sourire *m* satisfait *or* suffisant ; *(knowing)* petit sourire *m* narquois ; *(affected)* petit sourire *m* affecté VI sourire d'un air satisfait (*or* suffisant *or* narquois *or* affecté)

**smite** /smaɪt/ (pret **smote**, ptp **smitten**) VT († † *or liter) (= strike)* frapper (d'un grand coup) ; *(= punish)* châtier *(liter)* ; *(fig) [pain]* déchirer ; *[one's conscience]* tourmenter ; *[light]* frapper ; → **smitten** N coup *m* violent

**smith** /smɪθ/ N *(shoes horses)* maréchal-ferrant *m* ; *(forges iron)* forgeron *m* ; → **goldsmith, silversmith**

**smithereens** /,smɪðə'riːnz/ NPL ◆ **to smash sth to ~** briser qch en mille morceaux, faire voler qch en éclats ◆ **it lay in ~** cela s'était brisé en mille morceaux, cela avait volé en éclats

**Smithsonian Institution** /smɪθ'səʊnɪən,ɪnstɪ'tjuːʃən/ N *(US)* ◆ **the ~** la Smithsonian Institution

> **Smithsonian Institution**
>
> La **Smithsonian Institution**, située dans la ville de Washington, est le plus grand musée du monde. Créé par le Congrès en 1846 grâce au don d'un scientifique anglais, James Smithson, ce complexe aujourd'hui financé par le Congrès réunit quatorze musées consacrés notamment à l'aviation et à l'espace, à l'histoire de l'Amérique, aux Indiens d'Amérique, aux beaux-arts. Riche de 100 millions de pièces, il est surnommé « le grenier de la nation » (the nation's attic). Il comporte également un zoo et un institut de recherche scientifique.

**smithy** /'smɪðɪ/ N forge *f*

**smitten** /'smɪtn/ VB ptp of **smite** ADJ *(= in love)* amoureux ◆ **he was really ~ with her** il en était vraiment amoureux, il était fou d'elle ◆ **to be ~ with** *or* **by** *[+ remorse, desire, urge]* être pris de ; *[+ terror, deafness]* être frappé de ; * *[+ sb's beauty]* être enchanté par ; * *[+ idea]* s'enthousiasmer pour

**smock** /smɒk/ N *(= dress, peasant's garment etc)* blouse *f* ; *(= protective overall)* blouse *f*, sarrau *m* ; *(= maternity top)* blouse *f* de grossesse ; *(= maternity dress)* robe *f* de grossesse VT faire des smocks à

**smocking** /'smɒkɪŋ/ N *(NonC)* smocks *mpl*

**smog** /smɒg/ N smog *m* ◆ **~ mask** masque *m* antibrouillard

**smoggy** /'smɒgɪ/ ADJ *[city, air]* pollué par le smog ; *[sky]* obscurci par le smog

**smoke** /sməʊk/ N a *(NonC)* fumée *f* ◆ **to go up in ~** *[house etc]* brûler ; *[plans, hopes etc]* partir en fumée, tomber à l'eau ◆ **the ~ is beginning to clear** *(fig)* on commence à y voir plus clair ◆ **it's all ~ and mirrors** *(US)* on n'y voit que du feu ◆ **there's no ~ without fire** *(Prov)* il n'y a pas de fumée sans feu *(Prov)* ◆ **the (Big) Smoke**‡ *(Brit)* Londres ; → **cloud, holy, puff**

b ♦ **to have a ~** fumer ♦ **have a ~!** prends une cigarette ! ♦ **I've no ~s** * je n'ai plus de sèches *

VI a *[chimney, lamp etc]* fumer

b *[person]* fumer ♦ **he ~s like a chimney** * il fume comme un sapeur

VT a *[+ cigarette etc]* fumer ♦ **he ~s cigarettes/a pipe** il fume la cigarette/la pipe

b *[+ meat, fish, glass]* fumer ♦ **~d salmon/trout** *etc* saumon *m*/truite *f etc* fumé(e) ♦ **~d glass** verre *m* fumé ♦ **~d-glass** *[window, windscreen etc]* en verre fumé ; → **haddock**

COMP ▷ **smoke alarm** N détecteur *m* de fumée ▷ **smoke bomb** N bombe *f* fumigène ▷ **smoke detector** N détecteur *m* de fumée ▷ **smoke-dry** VT fumer ▷ **smoke-filled** ADJ *(during fire)* rempli de fumée ; *(from smoking etc)* enfumé ♦ **~-filled room** *(fig)* salle *f* de réunion très animée, PC *m* de crise ▷ **smoke pollution** N *(Ind)* pollution *f* par les fumées ; *(tobacco)* pollution *f* par la fumée de tabac ▷ **smoke ring** N rond *m* de fumée ♦ **to blow ~ rings** faire des ronds de fumée ▷ **smoke screen** N *(Mil)* rideau *m or* écran *m* de fumée ; *(fig)* paravent *m (fig)* ▷ **smoke shop** N *(US)* tabac *m* ▷ **smoke signal** N signal *m* de fumée ♦ **~ signals** *(fig)* (vagues) indications *fpl*

► **smoke out** VT SEP *[+ insects, snake etc]* enfumer ; *(fig) [+ traitor, culprit etc]* dénicher, débusquer ♦ **it was smoking the room out** c'était en train d'enfumer la pièce

**smokeless** /ˈsməʊklɪs/ ADJ ♦ **~ fuel** combustible *m* non fumigène ♦ **~ zone** *zone où l'on n'a le droit d'utiliser que des combustibles non fumigènes* ♦ **the ~ cigarette** la cigarette sans fumée

**smoker** /ˈsməʊkəʳ/ N a *(= person)* fumeur *m*, -euse *f* ♦ **he has a ~'s cough** il a une toux de fumeur b *(Rail)* wagon *m* fumeurs

**smokestack** /ˈsməʊkstæk/ N cheminée *f (extérieure)* ADJ ♦ **~ America** l'Amérique *f* industrielle ♦ **~ industries** *(Econ)* industries *fpl* traditionnelles

**smokey** /ˈsməʊkɪ/ ADJ, N ⇒ **smoky**

**smoking** /ˈsməʊkɪŋ/ N tabagisme *m* ♦ **I hate ~** *(other people)* je déteste qu'on fume, je déteste le tabagisme ; *(myself)* je déteste fumer ♦ **"no smoking"** "défense de fumer" ♦ **campaign against ~** campagne *f* contre le tabac *or* le tabagisme ♦ **"smoking can seriously damage your health"** "le tabac nuit gravement à la santé" ♦ **to give up ~** arrêter de fumer ADJ ♦ **a ~ fireplace** une cheminée qui fume ; see also **comp** COMP ▷ **smoking car** N *(US)* wagon *m* fumeurs ▷ **smoking compartment** N *(Rail)* wagon *m* fumeurs ▷ **smoking gun** * N *(esp US fig = proof)* preuve *f* tangible ♦ **we don't have a ~ gun** nous n'avons pas de preuve tangible ▷ **smoking-jacket** N veste *f* d'intérieur ▷ **smoking-related** ADJ *[diseases]* lié à la tabagie ▷ **smoking room** N fumoir *m*

**smoky** /ˈsməʊkɪ/ ADJ *[atmosphere, room]* enfumé ; *[fire]* qui fume ; *[flame]* fumeux ; *[surface] (= smoke-covered)* sali *or* noirci par la fumée ; *[glass] (= smoked)* fumé ; *[taste]* fumé ♦ **~ grey** gris cendré *inv* ♦ **~ blue** bleu ardoise *inv* N *(US* *)* motard *m* (de la police routière)

**smolder** /ˈsməʊldəʳ/ VI *(US)* ⇒ **smoulder**

**smoldering** /ˈsməʊldərɪŋ/ ADJ *(US)* ⇒ **smouldering**

**smooch** * /smuːtʃ/ VI *(= kiss)* se bécoter * ; *(= pet)* se peloter * ; *(= dance)* se frotter l'un contre l'autre N ♦ **to have a ~** ⇒ **vi**

**smoochy** * /ˈsmuːtʃɪ/ ADJ *[record, song]* langoureux

**smooth** /smuːð/ ADJ a *(= not rough) (gen) [sea, surface, texture, road, stone, tyre, hair]* lisse ; *[lake]* d'huile ; *[fabric]* lisse, soyeux ; *[skin]* lisse, doux (douce *f*) ; *(= unwrinkled) [cheek, brow]* lisse, sans rides ; *(= hairless) [face, chin]* glabre, lisse ♦ **the flagstones had been worn ~ by centuries of use** les dalles étaient patinées par les années ♦ **as ~ as silk** *or* **satin** *[skin, fabric, hair]* doux comme de la soie ♦ **the sea was as ~ as glass** la mer était d'huile

b *(= not lumpy) [paste, sauce, mixture, consistency]* onctueux, homogène

c *(= not harsh) [flavour, wine, whisky etc]* moelleux ; *[voice, sound]* doux (douce *f*)

d *(= even, not jerky) [flow, stride, breathing]* régulier ; *[takeoff, landing, transition]* en douceur ; *[sea crossing]* calme, par mer calme ; *[flight]* sans heurts ; *[engine]* qui tourne parfaitement ♦ **~ running** *[of machinery]* bon fonctionnement *m* ; *[of organization, business, economy]* bonne marche *f* ♦ **the takeoff/landing was ~** le décollage/l'atterrissage s'est fait en douceur ♦ **the bill had a ~ passage through Parliament** le Parlement n'a pas fait obstacle au projet de loi

e *(slightly pej = suave) [person, manners]* doucereux *(pej)*, suave ; *[talk]* mielleux *(pej)* ♦ **he's a ~ talker** c'est un beau parleur ♦ **he's a ~ operator** * il sait s'y prendre ; see also **satin, silky**

VT a *[+ sheets, cloth, piece of paper, skirt]* lisser, défroisser ; *[+ pillow, hair, feathers]* lisser ; *[+ wood]* rendre lisse, planer ; *[+ marble]* rendre lisse, polir ♦ **to ~ cream into one's skin** faire pénétrer la crème dans la peau (en massant doucement) ♦ **that ~ed her ruffled** *or* **rumpled feathers** cela lui a rendu le sourire

b *(fig)* ♦ **to ~ sb's way** *or* **path to the top** faciliter le chemin de qn vers le sommet ♦ **to ~ the way** *or* **path of an application/request** faciliter l'acceptation d'une candidature/demande

COMP ▷ **smooth-faced** ADJ au visage glabre *or* lisse ; *(fig: slightly pej)* trop poli, doucereux ▷ **smooth-running** ADJ *[engine, machinery]* qui fonctionne sans à-coups ; *[car]* qui ne secoue pas, qui ne donne pas d'à-coups ; *[business, organization, scheme]* qui marche bien *or* sans heurts ▷ **smooth-shaven** ADJ rasé de près ▷ **smooth-spoken**, **smooth-talking**, **smooth-tongued** ADJ enjôleur, doucereux

► **smooth back** VT SEP *[+ one's hair]* ramener doucement en arrière ; *[+ sheet]* rabattre en lissant *or* en défroissant

► **smooth down** VT SEP *[+ hair, feathers]* lisser ; *[+ sheet, cover]* lisser, défroisser ; *(fig) [+ person]* calmer, apaiser

► **smooth out** VT SEP *[+ material, dress]* défroisser ; *[+ wrinkles, creases]* faire disparaître ; *(fig) [+ anxieties]* chasser, faire disparaître ; *[+ difficulties]* aplanir, faire disparaître

► **smooth over** VT SEP *[+ soil]* aplanir, égaliser ; *[+ sand]* égaliser, rendre lisse ; *[+ wood]* rendre lisse, planer ♦ **to ~ things over** *(fig)* arranger les choses

**smoothie** /ˈsmuːðɪ/ N a *(* pej)* beau parleur *m* b *(= drink)* lait *m* frappé aux fruits *(au yaourt ou à la glace)*

**smoothly** /ˈsmuːðlɪ/ ADV a *(= evenly, not jerkily) [move]* en douceur, sans à-coups ♦ **to run ~** *[engine]* (bien) tourner b *(= efficiently, suavely) [act]* habilement ; *(pej) [speak]* d'un ton doucereux *(pej)* ♦ **to run** *or* **go ~** *[event, operation]* bien se passer ♦ **the move to the new house went off** *or* **passed off ~** le déménagement s'est bien passé

**smoothness** /ˈsmuːðnɪs/ N *(NonC)* a *[of surface, texture, road, stone, tyre, hair, sea, skin]* aspect *m* lisse ; *[of fabric]* aspect *m* lisse *or* soyeux ; *[of paste, sauce, mixture]* onctuosité *f* ; *[of flavour, wine, whisky etc]* rondeur *f*, moelleux *m* ; *[of voice, sound]* douceur *f* b *(= evenness) [of flow, stride, breathing]* régularité *f* ; *[of sea crossing]* calme *m* ♦ **the ~ of the landing** l'atterrissage *m* en douceur ♦ **listen to the ~ of the engine!** écoutez comme le moteur tourne bien ! c *(pej = suaveness) [of person, manners]* caractère *m* doucereux *or* mielleux

**smoothy** * /ˈsmuːðɪ/ N ⇒ **smoothie**

**smorgasbord** /ˈsmɔːɡəsˌbɔːd/ N *(Culin)* smorgasbord *m*, buffet *m* scandinave

**smote** /sməʊt/ VB pt of **smite**

**smother** /ˈsmʌðəʳ/ VT a *(= stifle) [+ person, flames]* étouffer ; *[+ noise]* étouffer, amortir ; *(fig) [+ scandal, feelings]* étouffer ; *[+ criticism, doubt, yawn]* étouffer, réprimer ; *[+ one's anger]* contenir, réprimer b *(= cover)* (re)couvrir *(with* de) ♦ **she ~ed the child with kisses** elle a couvert *or* dévoré l'enfant de baisers ♦ **books ~ed in dust** des livres enfouis sous la poussière *or* tout (re)couverts de poussière ♦ **a child ~ed in dirt** un enfant tout sale *or* tout couvert de crasse ♦ **a face ~ed in make-up** une figure toute emplâtrée de maquillage ♦ **he was ~ed in blankets** il était tout emmailloté de couvertures, il était tout emmitouflé dans ses couvertures VI *[person]* être étouffé, mourir étouffé COMP ▷ **smother-love** * N *(iro)* amour *m* maternel possessif *or* dévorant

**smoulder, smolder** *(US)* /ˈsməʊldəʳ/ VI *[fire, emotion]* couver ; *[woman]* être très sexy * ♦ **to ~ with rage** être blême de rage

**smouldering, smoldering** *(US)* /ˈsməʊldərɪŋ/ ADJ a *(lit) [fire]* qui couve ; *[ashes, rubble]* qui fume b *(fig) [expression, look]* provocant, aguichant ; *[emotion]* qui couve ♦ **his ~ hatred** la haine qui couve en lui

**SMP** /ˌesemˈpiː/ N *(Brit)* (abbrev of **Statutory Maternity Pay**) → **statutory**

**SMS** /ˌesemˈes/ N (abbrev of **Short Message Service**) SMS *m*

**smudge** /smʌdʒ/ N *(on paper, cloth)* (légère) tache *f*, traînée *f* ; *(in text, print etc)* bavure *f*, tache *f* VT *[+ face]* salir ; *[+ print]* maculer ; *[+ paint]* faire une trace *or* une marque sur ; *[+ lettering, writing]* étaler accidentellement VI s'étaler

**smudgy** /ˈsmʌdʒɪ/ ADJ *[photo]* indistinct ; *[page]* sali, taché ; *[writing]* à moitié effacé ♦ **~ newsprint** papier *m* journal salissant

**smug** /smʌɡ/ ADJ *[person, voice, attitude, smile]* suffisant ; *[optimism, satisfaction]* béat ; *[remark, speech]* plein de suffisance

**smuggle** /ˈsmʌɡl/ VT *[+ tobacco, drugs]* faire la contrebande de, passer en contrebande *or* en fraude ♦ **to ~ in/out** *etc [+ contraband]* faire entrer/sortir *etc* ; *[+ goods]* faire entrer/sortir *etc* en contrebande ; *(fig) [+ letters etc]* faire entrer/sortir *etc* clandestinement *or* en fraude ; *[+ person, animal]* faire entrer/sortir *etc* clandestinement ♦ **to ~ sth past** *or* **through the customs** passer qch en contrebande, passer qch sans le déclarer à la douane ♦ **~d goods** contrebande *f* ♦ **~d whisky** whisky *m* de contrebande VI faire de la contrebande

**smuggler** /ˈsmʌɡləʳ/ N contrebandier *m*, -ière *f*

**smuggling** /ˈsmʌɡlɪŋ/ N *(NonC) [of goods]* contrebande *f* COMP ▷ **smuggling ring** N réseau *m* de contrebandiers

**smugly** /ˈsmʌɡlɪ/ ADV *[say]* d'un ton suffisant ; *[behave, smile]* d'un air suffisant

**smugness** /ˈsmʌɡnɪs/ N *[of person]* suffisance *f* ; *[of voice, reply]* ton *m* suffisant

**smut** /smʌt/ N *(= dirt)* petite saleté *f* ; *(= soot)* flocon *m* de suie ; *(in eye)* escarbille *f* ; *(= dirty mark)* tache *f* de suie ; *(Bot)* charbon *m* du blé ; *(NonC = obscenity)* obscénité(s) *f(pl)*, cochonneries* *fpl* ◆ **programme full of ~** *(TV)* émission *f* cochonne*

**smuttiness** /ˈsmʌtɪnɪs/ N *(NonC: fig)* obscénité *f*, grossièreté *f*

**smutty** /ˈsmʌtɪ/ ADJ a *(* = rude) [joke, film, book]* cochon* ; *[person]* grossier b *(= smudged with dirt) [face, object]* sali

**snack** /snæk/ N a *(gen)* casse-croûte *m inv* ◆ **to have a ~** casser la croûte, manger (un petit) quelque chose b *(= party snack)* amuse-gueule *m inv* VI ⇒ **to have a snack noun a** COMP ▷ **snack bar** N snack-bar *m*, snack *m*

**snaffle** /ˈsnæfl/ N *(also* **snaffle bit***)* mors *m* brisé VT *(Brit * = steal)* chiper*, faucher*

**snafu**‡ /snæˈfuː/ *(US)* ADJ en pagaille* VT mettre la pagaille* dans

**snag** /snæg/ N *(= drawback)* inconvénient *m* ; *(= hidden obstacle)* obstacle *m* caché ; *(= stump of tree, tooth etc)* chicot *m* ; *(= tear) (in cloth)* accroc *m* ; *(in stocking)* fil *m* tiré ◆ **there's a ~ in it somewhere** il y a sûrement un os* ◆ **to run into** *or* **hit a ~** tomber sur un os* ◆ **that's the ~!** voilà le hic !* ◆ **the ~ is that you must ...** l'embêtant* c'est que vous devez ... VT *[+ cloth]* faire un accroc à ; *[+ stockings, tights]* accrocher (*on sth* contre qch), tirer un fil à VI *[rope etc]* s'accrocher (à quelque chose) ; *[stockings, tights etc]* s'accrocher

**snail** /sneɪl/ N escargot *m* ◆ **at a ~'s pace** *[walk]* comme un escargot, à un pas de tortue ; *(fig) [progress, continue]* à un pas de tortue ; → **pace**[1] COMP ▷ **snail mail*** N *(NonC: hum)* ◆ **to send sth by ~ mail** envoyer qch par la poste ▷ **snail shell** N coquille *f* d'escargot

**snake** /sneɪk/ N serpent *m* ; *(fig pej = person)* traître(sse) *m(f)*, faux frère *m* ◆ **~ in the grass** *(fig) (= person)* ami(e) *m(f)* perfide, traître(sse) *m(f)* ; *(= danger)* serpent *m* caché sous les fleurs ◆ **the Snake** *(Pol Econ)* le serpent (monétaire) ; → **grass, water**

VI *[road, river]* serpenter (*through* à travers) ◆ **the road ~d down the mountain** la route descendait en lacets *or* en serpentant au flanc de la montagne ◆ **the whip ~d through the air** la lanière du fouet a fendu l'air en ondulant

COMP ▷ **snake charmer** N charmeur *m* de serpent ▷ **snake eyes**‡ NPL *(US: at dice)* double un *m*, deux *m* (aux dés) ▷ **snake fence** N *(US)* barrière *f* en zigzag, barrière *f* pliante ▷ **snake oil** N *(US) (= quack remedy)* remède *m* de charlatan ; *(= nonsense)* inepties *fpl*, foutaises* *fpl* ▷ **snake pit** N fosse *f* aux serpents ▷ **snakes and ladders** N *sorte de jeu de l'oie*

► **snake along** VI *[road, river]* serpenter ; *[rope, lasso etc]* fendre l'air en ondulant

**snakebite** /ˈsneɪkbaɪt/ N morsure *f* de serpent

**snakeskin** /ˈsneɪkskɪn/ N peau *f* de serpent COMP *[handbag etc]* en (peau de) serpent

**snaky*** /ˈsneɪkɪ/ ADJ a *(= winding) [road, river]* sinueux b *(= treacherous) [person, behaviour, remark]* sournois

**snap** /snæp/ N a *(= noise) [of fingers, whip, elastic]* claquement *m* ; *[of sth breaking]* bruit *m* sec, craquement *m* ; *[of sth shutting]* bruit *m* sec, claquement *m* ; *(= action) [of whip]* claquement *m* ; *[of breaking twig etc]* rupture *f or* cassure *f* soudaine ◆ **he closed the lid with a ~** il a refermé le couvercle avec un bruit sec *or* d'un coup sec ◆ **with a ~ of his fingers he ...** faisant claquer ses doigts il ... ◆ **the dog made a ~ at my leg** le chien a essayé de me mordre la jambe ◆ **put some ~ into it!** allons, un peu de nerf *or* d'énergie ! ◆ **he has plenty of ~** il a du nerf*, il est très dynamique ; → **brandy, ginger**

b *(Met)* **a cold ~** une brève vague de froid, un coup de froid

c *(also* **snapshot***)* photo *f* (d'amateur) ; *(not posed)* instantané *m* ◆ **here are our holiday ~s** voici nos photos de vacances ◆ **it's only a ~** ce n'est qu'une photo d'amateur

d *(US:* also **snap fastener***)* pression *f*, bouton-pression *m*

e *(Brit Cards)* ≃ bataille *f*

f *(US)* **it's a ~*** *(= easy)* c'est du gâteau*, c'est facile comme tout, c'est un jeu d'enfant

ADJ a *(= sudden) [vote, strike]* subit, décidé à l'improviste ; *[judgement, answer, remark]* fait sans réflexion, irréfléchi ◆ **to make a ~ decision** (se) décider tout d'un coup *or* subitement

b *(US * = easy)* facile comme tout, facile comme pas deux*

ADV ◆ **to go ~** se casser net *or* avec un bruit sec

EXCL *(gen)* tiens ! on est *or* fait pareil ! ; *(Cards)* ≃ bataille !

VI a *(= break)* se casser net *or* avec un bruit sec

b *[whip, elastic, rubber band]* claquer ◆ **to ~ shut/open** se fermer/s'ouvrir avec un bruit sec *or* avec un claquement ◆ **the rubber band ~ped back into place** l'élastique est revenu à sa place avec un claquement

c ◆ **to ~ at sb** *[dog]* essayer de mordre qn ; *[person]* parler à qn d'un ton brusque, rembarrer* qn ◆ **the dog ~ped at the bone** le chien a essayé de happer l'os

VT a *(= break)* casser net *or* avec un bruit sec

b *[+ whip, rubber band etc]* faire claquer ◆ **to ~ one's fingers** faire claquer ses doigts ◆ **to ~ one's fingers at** *[+ person]* faire la nique à ; *(fig) [+ suggestion, danger]* se moquer de ◆ **to ~ sth open/shut** ouvrir/fermer qch d'un coup sec *or* avec un bruit sec

c *(Phot)* prendre en photo

d ◆ **"shut up!" he ~ped** "silence !" fit-il d'un ton brusque

COMP ▷ **snap fastener** N *(US) (on clothes)* pression *f*, bouton-pression *m* ; *(on handbag, bracelet etc)* fermoir *m* ▷ **snap-in, snap-on** ADJ *[hood, lining]* amovible (à pressions)

► **snap back** VI a *[elastic, rope etc]* revenir en place brusquement *or* avec un claquement

b *(fig: after illness, accident)* se remettre très vite

c *(in answering)* répondre d'un ton brusque

► **snap off** VI se casser *or* se briser net

VT SEP casser net ◆ **to ~ sb's head off** *(fig)* rabrouer qn, rembarrer* qn

► **snap out** VI * ◆ **to ~ out of** *[+ gloom, lethargy, self-pity]* se sortir de, se tirer de ; *[+ bad temper]* contrôler, dominer ◆ **~ out of it!** *[+ gloom etc]* secoue-toi !*, réagis ! ; *[+ bad temper]* contrôle-toi *or* domine-toi un peu !

VT SEP *[+ question/order]* poser/lancer d'un ton brusque *or* cassant

► **snap up** VT SEP *[dog etc]* happer, attraper ◆ **to ~ up a bargain** sauter sur *or* se jeter sur une occasion ◆ **they are ~ped up as soon as they come on the market** on se les arrache *or* on saute dessus dès qu'ils sont mis en vente

**snapdragon** /ˈsnæpdrægən/ N *(Bot)* gueule-de-loup *f*

**snapper** /ˈsnæpəʳ/ N (pl **snapper** *or* **snappers**) *(Zool, Culin)* lutjanidé *m*

**snappish** /ˈsnæpɪʃ/ ADJ *(= irritable) [person, reply, tone]* cassant ; *[dog]* hargneux

**snappishness** /ˈsnæpɪʃnɪs/ N *[of person]* caractère *m* cassant ; *(temporary)* brusquerie *f* ; *[of voice, reply]* ton *m* brusque *or* cassant

**snappy** /ˈsnæpɪ/ ADJ a *(= punchy) [title, phrase, slogan]* qui a du punch* ; *[dialogue]* nerveux ; *[reply]* bien envoyé b *(= snazzy) [clothes]* chic *inv* ◆ **he's a ~ dresser** il est toujours bien sapé* c * ◆ **make it ~!, look ~ (about it)!** grouille-toi !*, remue-toi ! d ⇒ **snappish**

**snapshot** /ˈsnæpʃɒt/ N → **snap noun c**

**snare** /snɛəʳ/ N piège *m* ; *(fig)* piège *m*, traquenard *m* ◆ **these promises are a ~ and a delusion** ces promesses ne servent qu'à allécher *or* appâter VT *(lit, fig)* attraper, prendre au piège COMP ▷ **snare drum** N tambour *m* à timbre

**snarky**‡ /ˈsnɑːkɪ/ ADJ râleur*

**snarl**[1] /snɑːl/ N *[of dog]* grondement *m* féroce ◆ **to give a ~ of fury** *[dog]* gronder férocement ; *[person]* pousser un rugissement de fureur ◆ **... he said with a ~** ... dit-il d'une voix rageuse *or* avec hargne VI *[dog]* gronder en montrant les dents *or* férocement ; *[person]* lancer un grondement (*at sb* à qn), gronder ◆ **when I went in the dog ~ed at me** quand je suis entré le chien a grondé en montrant les dents VT *[+ order]* lancer d'un ton hargneux *or* d'une voix rageuse ◆ **to ~ a reply** répondre d'un ton hargneux *or* d'une voix rageuse ◆ **"no" he ~ed** "non" dit-il avec hargne *or* d'une voix rageuse

**snarl**[2] /snɑːl/ N *(in wool, rope, hair etc)* nœud *m*, enchevêtrement *m* ◆ **a traffic ~** un embouteillage ; see also **snarl-up** VI *(also* **snarl up, get snarled up***) [wool, rope, hair]* s'emmêler, s'enchevêtrer ; *[traffic]* se bloquer ; * *[plans, programme]* cafouiller* VT *(also* **snarl up***) [+ wool, rope, hair]* emmêler, enchevêtrer COMP ▷ **snarl-up** N ◆ **a traffic ~-up, a ~-up (in the traffic)** un embouteillage ◆ **there's been a ~-up** * *(fig: in plans etc)* il y a eu du cafouillage* *or* quelques anicroches

► **snarl up** VI ⇒ **snarl**[2] vi VT SEP a ⇒ **snarl**[2] vt b *[+ traffic]* bloquer ; * *[+ plans, programme]* mettre la pagaille* dans N ◆ **snarl-up** → **snarl**[2]

**snatch** /snætʃ/ N a *(= action)* geste *m* vif *(pour saisir quelque chose)* ; *[of child]* enlèvement *m* ◆ **there was a wages ~ yesterday** un fourgon convoyant des paies a été attaqué hier

b *(= small piece)* fragment *m* ◆ **a ~ of music/poetry** quelques mesures *fpl*/vers *mpl* ◆ **a ~ of conversation** des bribes *fpl* de conversation ◆ **a few ~es of Mozart** quelques mesures de Mozart ◆ **to sleep in ~es** dormir par intermittence

c *(Weight Lifting)* arraché *m*

d *(*‡ = vagina)* chatte*‡ *f*

VT *(= grab) [+ object]* saisir, s'emparer (brusquement) de ; *[+ a few minutes' peace, a holiday]* réussir à avoir ; *[+ opportunity]* saisir, sauter sur ; *[+ kiss]* voler, dérober (*from sb* à qn) ; *[+ sandwich, drink]* avaler à la hâte ; *(= steal)* voler, chiper* (*from sb* à qn), saisir ; *(= kidnap)* enlever ◆ **she ~ed the book from him** elle lui a arraché le livre ◆ **he ~ed the child from the railway line just in time** il a attrapé *or* empoigné l'enfant et l'a éloigné de la voie juste à temps ◆ **Cantona ~ed victory from the jaws of defeat with two last-minute goals** Cantona a arraché la victoire en marquant deux buts à la dernière minute ◆ **to ~ some sleep/rest** (réussir à) dormir/se reposer un peu ◆ **to ~ a meal** déjeuner (*or* dîner) à la hâte

**VI** ◆ **to ~ at** *[+ object, end of rope etc]* essayer de saisir, faire un geste vif pour saisir ; *[+ opportunity, chance]* saisir, sauter sur

**COMP** ▷ **snatch squad N** *(Brit) forces de l'ordre chargées d'appréhender les meneurs de manifestations*

► **snatch away, snatch off VT SEP** enlever d'un geste vif *or* brusque

► **snatch up VT SEP** *[+ object, child]* saisir

**-snatcher** /ˈsnætʃəʳ/ **N** *(in compounds)* → **cradle**

**snazzy** * /ˈsnæzi/ **ADJ** qui en jette *, chouette * ◆ **she's a ~ dresser** elle est toujours bien sapée *

**sneak** /sniːk/ (vb : pret, ptp **sneaked** *or US* * **snuck**) **N** *( * = underhand person)* faux jeton * *m* ; *(Brit Scol = telltale)* mouchard(e) * *m(f)*, rapporteur * *m*, -euse * *f*

**ADJ** *[attack, visit]* furtif, subreptice ◆ **~ preview** *(Cine)* avant-première *f* ; *(gen)* avant-goût *m* ◆ **~ thief** chapardeur * *m*,-euse * *f*

**VI** **a** ◆ **to ~ in/out** *etc* entrer/sortir *etc* furtivement ◆ **he ~ed into the house** il s'est faufilé *or* s'est glissé dans la maison ◆ **he ~ed up behind** *or* **on me** il s'est approché de moi sans faire de bruit ◆ **success can ~ up on you** le succès peut arriver sans crier gare

**b** *(Brit Scol *)* moucharder *, cafarder * (*on sb* qn)

**VT** **a** ◆ **I ~ed the letter onto his desk** j'ai glissé la lettre discrètement *or* en douce * sur son bureau ◆ **he ~ed the envelope from the table** il a enlevé furtivement *or* subrepticement l'enveloppe de la table ◆ **to ~ a look at sth** lancer un coup d'œil furtif à qch, regarder qch à la dérobée ◆ **he was ~ing * a cigarette** il était en train de fumer en cachette

**b** *( * = pilfer)* faucher *, piquer *

► **sneak away, sneak off VI** s'esquiver, s'éclipser *

**sneaker** /ˈsniːkəʳ/ **N** *(esp US)* tennis *m*, basket *f*

**sneaking** /ˈsniːkɪŋ/ **ADJ** *(= grudging)* *[dislike, preference etc]* inavoué ◆ **I had a ~ feeling that ...** je ne pouvais m'empêcher de penser que ... ◆ **to have a ~ suspicion that ...** soupçonner que ... ◆ **I have a ~ admiration/respect for him** je ne peux pas m'empêcher de l'admirer/de le respecter

**sneaky** * /ˈsniːkɪ/ **ADJ** *[person, character, action]* sournois

**sneer** /snɪəʳ/ **VI** ricaner, sourire d'un air méprisant *or* sarcastique ◆ **to ~ at sb** se moquer de qn d'un air méprisant ◆ **to ~ at sth** tourner qch en ridicule **N** *(= act)* ricanement *m* ; *(= remark)* sarcasme *m*, raillerie *f* ◆ **... he said with a ~** ... dit-il d'un air méprisant

**sneerer** /ˈsnɪərəʳ/ **N** ricaneur *m*, -euse *f*

**sneering** /ˈsnɪərɪŋ/ **ADJ** *[person, contempt, remark]* sarcastique ; *[tone]* railleur **N** *(NonC)* raillerie(s) *f(pl)*

**sneeringly** /ˈsnɪərɪŋlɪ/ **ADV** sarcastiquement

**sneeze** /sniːz/ **N** éternuement *m* **VI** éternuer ◆ **it is not to be ~d at** *(fig)* ce n'est pas à dédaigner, il ne faut pas cracher dessus * ◆ **when America ~s, Britain catches cold** *(Brit)* quand l'Amérique éternue, la Grande-Bretagne s'enrhume

**snick** /snɪk/ **N** petite entaille *f*, encoche *f* **VT** *[+ stick etc]* faire une petite entaille *or* une encoche dans ; *(Sport)* *[+ ball]* juste toucher

**snicker** /ˈsnɪkəʳ/ **N** **a** *[of horse]* petit hennissement *m* **b** ⇒ **snigger n** **VI** **a** *[horse]* hennir doucement **b** ⇒ **snigger vi**

**snide** /snaɪd/ **ADJ** narquois

**sniff** /snɪf/ **N** **a** *(from cold, crying etc)* reniflement *m* ◆ **to give a ~** renifler (une fois) ; *(disdainfully)* faire la grimace *or* la moue ◆ **... he said with a ~** ... dit-il en reniflant ; *(disdainfully)* ... dit-il en faisant la grimace *or* la moue ◆ **I got a ~ of gas** j'ai senti l'odeur du gaz ◆ **to have** *or* **take a ~ at sth** *[person]* renifler qch ; *(suspiciously)* flairer qch ; *[dog]* renifler *or* flairer qch ◆ **one ~ of that is enough to kill you** il suffit de respirer cela une fois pour en mourir ◆ **I didn't get a ~ * of the whisky** *(fig)* je n'ai pas eu droit à une goutte de whisky

**b** *( * = hint)* ◆ **to get a ~ of sth** flairer qch ◆ **at the first ~ of danger** au moindre danger

**VI** *(from cold, crying)* renifler ; *(disdainfully)* faire la grimace *or* la moue ; *[dog]* renifler ◆ **to ~ at sth** *[dog]* renifler *or* flairer qch ; *[person]* renifler qch ; *(fig)* faire la grimace *or* la moue à qch ◆ **it's not to be ~ed at** ce n'est pas à dédaigner, il ne faut pas cracher dessus *

**VT** *[dog etc]* renifler, flairer ; *[person]* *[+ food, bottle]* renifler, sentir l'odeur de ; *(suspiciously)* flairer ; *[+ air, perfume, aroma]* humer ; *[+ drug]* aspirer ; *[+ smelling salts]* respirer ; *(Pharm)* *[+ inhalant etc]* aspirer ◆ **to ~ glue** respirer de la colle, sniffer *

► **sniff out VT** *(= discover)* flairer

**sniffer dog** /ˈsnɪfədɒg/ **N** chien *m* renifleur

**sniffle** /ˈsnɪfl/ **N** *(= sniff)* reniflement *m* ; *(= slight cold)* petit rhume *m* de cerveau ◆ **... he said with a ~** ... dit-il en reniflant ◆ **to have a ~** *or* **the ~s** * avoir un petit rhume, être légèrement enrhumé **VI** *[person, dog]* renifler ; *(from catarrh etc)* avoir le nez bouché, renifler

**sniffy** * /ˈsnɪfɪ/ **ADJ** *(= disdainful)* dédaigneux, méprisant ◆ **to be ~ about sth** se montrer désagréable à propos de qch

**snifter** /ˈsnɪftəʳ/ **N** **a** *(Brit * = drink)* petit (verre *m* d')alcool *m* ◆ **to have a ~** prendre un petit verre, boire la goutte * **b** *(US = glass)* verre *m* ballon

**snigger** /ˈsnɪgəʳ/ **N** rire *m* en dessous ; *(cynical)* ricanement *m* **VI** pouffer de rire ; *(cynically)* ricaner ◆ **to ~ at** *[+ remark, question]* pouffer de rire *or* ricaner en entendant ; *[+ sb's appearance etc]* se moquer de ◆ **stop ~ing!** arrête de rire *or* de ricaner comme ça !

**sniggering** /ˈsnɪgərɪŋ/ **N** ricanements *mpl* **ADJ** qui n'arrête pas de pouffer de rire *or* de ricaner

**snip** /snɪp/ **N** **a** *(= cut)* petit coup *m* (de ciseaux *etc*), petite entaille *f* ; *(= small piece)* petit bout *m* *(d'étoffe etc)*, échantillon *m* ◆ **to have the ~** * se faire faire une vasectomie **b** *(Brit * = bargain)* bonne affaire *f*, (bonne) occasion *f* ; *(Racing)* gagnant *m* sûr **VT** couper (à petits coups de ciseaux *etc*) **VI** ◆ **to ~ at sth** donner des petits coups dans qch

► **snip off VT SEP** couper *or* enlever *or* détacher (à coups de ciseaux *etc*)

**snipe** /snaɪp/ **N** (pl **snipe** *or* **snipes**) *(Orn)* bécassine *f* **VI** *(= shoot)* tirer (en restant caché), canarder * ◆ **to ~ at sb/sth** canarder * qn/qch ; *(fig)* *(verbally)* critiquer qn/qch par en dessous *or* sournoisement

**sniper** /ˈsnaɪpəʳ/ **N** tireur *m* isolé, sniper *m*

**snippet** /ˈsnɪpɪt/ **N** *[of cloth, paper]* petit bout *m* ; *[of conversation, news, information]* fragment *m*, bribes *fpl*

**snippy** * /snɪpɪ/ **ADJ** *(US)* *[person, tone]* hargneux ◆ **to be in a ~ mood** être de mauvais poil *

**snitch** * /snɪtʃ/ **VI** moucharder * (*on sb* qn) **VT** chiper *, piquer * **N** **a** *(= nose)* pif * *m* **b** *(= telltale)* mouchard(e) * *m(f)*, rapporteur * *m*, -euse * *f* **c** *( * US = tad)* ◆ **a snitch** un tout petit peu

**snivel** /ˈsnɪvl/ **VI** *(= whine)* pleurnicher, larmoyer ; *(= sniff)* renifler ; *(= have a runny nose)* avoir le nez qui coule, avoir la morve au nez *(pej)*

**sniveler** /ˈsnɪvləʳ/ **N** *(US)* ⇒ **sniveller**

**sniveling** /ˈsnɪvlɪŋ/ **ADJ** *(US)* ⇒ **snivelling**

**sniveller** /ˈsnɪvləʳ/ **N** pleurnicheur *m*, -euse *f*

**snivelling** /ˈsnɪvlɪŋ/ **ADJ** pleurnicheur, larmoyant **N** pleurnicherie(s) *f(pl)*, reniflement(s) *m(pl)*

**snob** /snɒb/ **N** snob *mf* ◆ **he's a terrible ~** il est terriblement snob ◆ **she's a musical/wine ~** c'est une snob en matière de musique/vin

**snobbery** /ˈsnɒbərɪ/ **N** snobisme *m*

**snobbish** /ˈsnɒbɪʃ/ **ADJ** snob *inv* ◆ **to be ~ about sb/sth** faire preuve de snobisme à l'égard de qn/en matière de qch

**snobbishness** /ˈsnɒbɪʃnɪs/ **N** snobisme *m*

**snobby** * /ˈsnɒbɪ/ **ADJ** snob *inv*

**snog** * /snɒg/ *(Brit)* **VI** se bécoter * **N** ◆ **to have a ~** se bécoter *

**snood** /snuːd/ **N** résille *f*

**snook**[1] /snuːk/ **N** (pl **snook** *or* **snooks**) *(= fish)* brochet *m* de mer

**snook**[2] /snuːk/ **N** → **cock vt b**

**snooker** /ˈsnuːkəʳ/ **N** *(= game)* snooker *m* ≃ jeu *m* de billard ; *(= shot)* snooker *m* **VT** *(lit)* faire un snooker à ; *(US = hoodwink)* tromper, avoir * ◆ **to be ~ed** * *(Brit = be in difficulty)* être coincé *, être dans le pétrin *

**snoop** /snuːp/ **N** **a** ◆ **to have a ~ around** jeter un coup d'œil discret ◆ **I had a ~ around the kitchen** j'ai fureté discrètement *or* sans être vu dans la cuisine **b** ⇒ **snooper** **VI** se mêler des affaires des autres ◆ **to ~ (around)** fureter en essayant de passer inaperçu ◆ **he's been ~ing (around) here again** il est revenu fourrer son nez * par ici ◆ **to ~ on sb** surveiller qn, espionner qn ◆ **he was ~ing into her private life** il fourrait son nez * dans *or* il se mêlait de sa vie privée

**snooper** /ˈsnuːpəʳ/ **N** *(pej)* fouineur * *m*, -euse * *f* ◆ **all the ~s from the Ministry** tous les espions du ministère, tous les enquêteurs du ministère qui fourrent leur nez * partout

**snoot** * /snuːt/ **N** pif * *m*, nez *m*

**snooty** * /ˈsnuːtɪ/ **ADJ** snob *inv*

**snooze** * /snuːz/ **N** petite somme *m*, roupillon * *m* ◆ **afternoon ~** sieste *f* ◆ **to have a ~** ⇒ **to snooze vi** **VI** piquer un roupillon *

**COMP** ▷ **snooze button N** bouton *m* d'arrêt momentané *(d'un radio-réveil)*

**snore** /snɔːʳ/ **N** ronflement *m* *(d'un dormeur)* **VI** ronfler

**snorer** /ˈsnɔːrəʳ/ **N** ronfleur *m*, -euse *f*

**snoring** /ˈsnɔːrɪŋ/ **N** *(NonC)* ronflement(s) *m(pl)*

**snorkel** /ˈsnɔːkl/ **N** *[of submarine]* schnorkel *or* schnorchel *m* ; *[of swimmer]* tuba *m* **VI** nager avec un masque et un tuba

**snorkelling** /ˈsnɔːkəlɪŋ/ **N** plongée *f* (avec un masque et un tuba)

**snort** /snɔːt/ **N** **a** *[of person]* grognement *m* ; *[of horse etc]* ébrouement *m* **b** * ⇒ **snorter b** **c** *(Drugs *)* sniff * *m*, prise *f* **VI** **a** *[horse etc]* s'ébrouer ; *[person]* *(angrily, contemptuously)* grogner, ronchonner ; *(laughing)* s'étrangler de rire **b** *(Drugs *)* sniffer * de la drogue **VT** **a** *(= say)* *(angrily etc)* grogner, dire en grognant ; *(laughing)* dire en s'étranglant de rire **b** *(Drugs *)* sniffer *

**snorter** ‡ /ˈsnɔːtəʳ/ N a ◆ **a (real) ~ of a question/problem** une question/un problème vache ‡ ◆ **a ~ of a game** un match formidable * b *(= drink)* petit (verre *m* d')alcool *m* ◆ **to have a ~** prendre un petit verre, boire la goutte *

**snot** * /snɒt/ N a *(NonC: in nose)* morve *f* b *(* = snooty person)* morveux ‡ *m*, -euse ‡ *f*

**snotty** * /ˈsnɒtɪ/ ADJ a *(= covered in snot) [nose]* qui coule ; *[face, child]* morveux ; *[handkerchief]* plein de morve b *(= snooty)* snob *inv* N *(= midshipman)* midship *m* ≃ aspirant *m* COMP ▷ **snotty-faced** * ADJ morveux, qui a le nez qui coule ▷ **snotty-nosed** * ADJ *(lit, fig)* snob *inv*

**snout** /snaʊt/ N a *(gen)* museau *m* ; *[of pig]* museau *m*, groin *m* ; *(* pej) [of person]* pif ‡ *m* b *(NonC: Police *)* tabac *m*, perlot ‡ *m*

**snow** /snəʊ/ N a neige *f* ◆ **hard/soft ~** neige *f* dure/molle ◆ **the eternal ~s** les neiges *fpl* éternelles ; → **fall, white**

b *(fig: on TV screen)* neige *f*

c *(Culin)* **apple** *etc* **~** purée *f* de pommes *etc (aux blancs d'œufs battus en neige)*

d *(Drugs * = cocaine)* neige * *f*

VI neiger ◆ **it is ~ing** il neige, il tombe de la neige

VT *(US ‡ = charm glibly)* avoir qn au charme * ◆ **she ~ed ‡ him into believing that he would win** elle a réussi à lui faire croire qu'il allait gagner

COMP ▷ **snow bank** N talus *m* de neige, congère *f* ▷ **snow-blind** ADJ ◆ **to be ~-blind** souffrir de *or* être atteint de cécité des neiges ▷ **snow blindness** N cécité *f* des neiges ▷ **snow blower** N chasse-neige *m inv* à soufflerie, souffleuse *f (Can)* ▷ **snowboot** N *(Ski)* après-ski *m* ▷ **snow buggy** N skidoo *m*, autoneige *f* ▷ **snow bunny** * N *(US = girl)* minette *f* de station de ski ▷ **snow cap** N couronne *f or* couverture *f* de neige ▷ **snow-capped** ADJ couronné de neige ▷ **snow-clad**, **snow-covered** ADJ *(liter)* enneigé, enfoui sous la neige ▷ **snow goose** N (pl **snow geese**) oie *f* des neiges ▷ **snow job** * N *(US)* ◆ **it's a ~ job** c'est du baratin * ◆ **to give sb a ~ job** baratiner * qn ▷ **snow leopard** N léopard *m* des neiges, once *f* ▷ **snow line** N limite *f* des neiges éternelles ▷ **snow pea** N *(US, Austral)* mange-tout *m inv* ▷ **the Snow Queen** N *(Myth)* la Reine des neiges ▷ **snow report** N *(Met)* bulletin *m* d'enneigement ▷ **snow tyre** N pneu-neige *m*, pneu *m* clouté ▷ **snow-white** ADJ blanc (blanche *f*) comme neige, d'une blancheur de neige ▷ **Snow White (and the Seven Dwarfs)** N Blanche-Neige *f* (et les sept nains)

► **snow in** VT *(pass only)* ◆ **to be snowed in** être bloqué par la neige

► **snow under** VT *(fig: pass only)* ◆ **he was snowed under with work** il était complètement submergé *or* débordé de travail, il avait tellement de travail qu'il ne savait pas où donner de la tête ◆ **to be ~ed under with letters/offers** être submergé de lettres/d'offres, recevoir une avalanche de lettres/d'offres

► **snow up** VT *(Brit)* ◆ **to be snowed up** *[road, village, farm, person]* être bloqué par la neige

**snowball** /ˈsnəʊbɔːl/ N boule *f* de neige ◆ **it hasn't got a ~'s chance in hell** * ça n'a pas l'ombre d'une chance ◆ **~(ing) effect** effet *m* boule de neige ◆ **~ fight** bataille *f* de boules de neige VI *(lit)* se lancer des boules de neige ; *[project]* faire boule de neige ◆ **her business ~ed** son entreprise s'est développée très rapidement ◆ **it has a ~ing effect** ça fait boule de neige

**snowbelt** /ˈsnəʊbelt/ N *(US)* régions *fpl* neigeuses

**snowboard** /ˈsnəʊbɔːd/ N surf *m* des neiges VI faire du surf sur neige

**snowboarding** /ˈsnəʊbɔːdɪŋ/ N surf *m* des neiges

**snowbound** /ˈsnəʊbaʊnd/ ADJ *[road, country]* complètement enneigé ; *[village, house, person]* bloqué par la neige

**snowcat** /ˈsnəʊkæt/ N *(Aut)* autoneige *f*

**Snowdon** /ˈsnəʊdən/ N *(Brit)* le (mont) Snowdon

**Snowdonia** /snəʊˈdəʊnɪə/ N le massif *or* le parc national du Snowdon

**snowdrift** /ˈsnəʊdrɪft/ N congère *f*, amoncellement *m* de neige

**snowdrop** /ˈsnəʊdrɒp/ N *(Bot)* perce-neige *m inv*

**snowfall** /ˈsnəʊfɔːl/ N chute *f* de neige

**snowfield** /ˈsnəʊfiːld/ N champ *m* de neige

**snowflake** /ˈsnəʊfleɪk/ N flocon *m* de neige

**snowman** /ˈsnəʊmæn/ N (pl **-men**) bonhomme *m* de neige ; → **abominable**

**snowmobile** /ˈsnəʊməˌbiːəl/ N *(US Aut)* autoneige *f*, motoneige *f*

**snowplough, snowplow** *(US)* /ˈsnəʊplaʊ/ N *(also Ski)* chasse-neige *m inv* ◆ **~ (turn)** *(Ski)* stem *m*

**snowshoe** /ˈsnəʊʃuː/ N raquette *f*

**snowslide** /ˈsnəʊslaɪd/ N *(US)* avalanche *f*

**snowstorm** /ˈsnəʊstɔːm/ N tempête *f* de neige

**snowsuit** /ˈsnəʊsuːt/ N combinaison *f* de ski

**snowy** /ˈsnəʊɪ/ ADJ a *[weather, climate, winter]* neigeux ; *[valley, region, landscape, mountain, street]* enneigé ; *[roof]* couvert de neige ◆ **a ~ day/morning** une journée/matinée de neige ◆ **it was very ~ yesterday** il a beaucoup neigé hier b *(in colour)* (also **snowy white**) *[linen, shirt]* blanc (blanche *f*) comme neige ; *[hair, beard]* de neige COMP ▷ **snowy owl** N harfang *m*

**SNP** /esenˈpiː/ N *(Brit Pol)* (abbrev of **Scottish National Party**) → **Scottish**

**Snr** *(esp US)* abbrev of **senior**

**snub**[1] /snʌb/ N rebuffade *f* VT *[+ person]* snober ; *[+ offer]* repousser, rejeter ◆ **to be ~bed** essuyer une rebuffade

**snub**[2] /snʌb/ ADJ *[nose]* retroussé, camus *(pej)* ◆ **~-nosed** au nez retroussé *or* camus *(pej)*

**snuck** * /snʌk/ *(US)* VB pt, ptp of **sneak**

**snuff**[1] /snʌf/ N tabac *m* à priser ◆ **pinch of ~** prise *f* ◆ **to take ~** priser ◆ **he/his work isn't up to ~** † * *(Brit)* il/son travail n'est pas à la hauteur ◆ **his lectures didn't come up to ~** † * *(Brit)* ses cours ne valaient pas grand-chose VTI ⇒ **sniff vi vt**

**snuff**[2] /snʌf/ VT *[+ candle]* moucher ◆ **to ~ it** ‡ *(Brit euph = die)* claquer *, casser sa pipe * COMP ▷ **snuff film**, **snuff movie** N film *m* porno sadique *(dont la scène principale est un meurtre filmé en direct)*

► **snuff out** VI *(‡ = die)* mourir, casser sa pipe * VT SEP a *[+ candle]* moucher b *[+ interest, hopes, enthusiasm, sb's life]* mettre fin à c *(‡ = kill)* zigouiller ‡

**snuffbox** /ˈsnʌfbɒks/ N tabatière *f*

**snuffer** /ˈsnʌfəʳ/ N (also **candle-snuffer**) éteignoir *m* ◆ **~s** mouchettes *fpl*

**snuffle** /ˈsnʌfl/ N a ⇒ **sniffle n** b ◆ **to speak in a ~** parler du nez *or* d'une voix nasillarde, nasiller VI a ⇒ **sniffle vi** b parler (*or* chanter) d'une voix nasillarde, nasiller VT dire *or* prononcer d'une voix nasillarde

**snug** /snʌg/ ADJ a *(= cosy) [house, bed, garment]* douillet ◆ **it's nice and ~ here** on est bien ici ◆ **he was ~ in bed** il était bien au chaud dans son lit ◆ **to be as ~ as a bug in a rug** * être bien au chaud, être douillettement installé b *(= close-fitting)* bien ajusté ◆ **it's a ~ fit** *[garment]* ça va, mais juste ; *[object]* cela rentre juste bien N *(Brit: in pub)* petite arrière-salle *f*

**snuggery** /ˈsnʌgərɪ/ N *(Brit)* ⇒ **snug n**

**snuggle** /ˈsnʌgl/ VI se blottir, se pelotonner (*into sth* dans qch ; *beside sb* contre qn) VT *[+ child etc]* serrer *or* attirer contre soi

► **snuggle down** VI se blottir, se pelotonner (*beside sb* contre qn), se rouler en boule ◆ **~ down and go to sleep** installe-toi bien confortablement et dors

► **snuggle together** VI se serrer *or* se blottir l'un contre l'autre

► **snuggle up** VI se serrer, se blottir (*to sb* contre qn)

**snugly** /ˈsnʌglɪ/ ADV a *(= cosily)* douillettement ◆ **~ tucked in** bien au chaud sous ses couvertures b *(= tightly)* ◆ **these trousers fit ~** ce pantalon va juste bien ◆ **the washing machine fitted ~ into the space** la machine à laver s'encastrait parfaitement

## so /səʊ/

LANGUAGE IN USE 17.2, 26.3

1 ADVERB 2 CONJUNCTION 3 COMPOUNDS

### 1 - ADVERB

a degree = to such an extent si, tellement, aussi ◆ **~ easy/quickly** tellement facile/rapidement ◆ **is it really ~ tiring?** est-ce vraiment si *or* tellement fatigant ?, est-ce vraiment aussi fatigant (que cela) ? ◆ **do you really need ~ long?** vous faut-il vraiment autant de temps *or* aussi longtemps (que cela) ? ◆ **~ early** si tôt, tellement tôt, d'aussi bonne heure

◆ **so ... (that)** si *or* tellement ... que ◆ **he was ~ clumsy (that) he broke the cup** il était si *or* tellement maladroit qu'il a cassé la tasse ◆ **the body was ~ decomposed that it was unidentifiable** le cadavre était tellement décomposé qu'il était impossible de l'identifier

◆ **so ... as to do sth** assez ... pour faire qch ◆ **he was ~ stupid as to tell her what he'd done** il a eu la stupidité de *or* il a été assez stupide pour lui raconter ce qu'il avait fait ◆ **would you be ~ kind as to open the door?** *(frm)* auriez-vous l'amabilité *or* la gentillesse *or* l'obligeance d'ouvrir la porte ?

◆ **not so ... as** pas aussi ... que ◆ **he is not ~ clever as his brother** il n'est pas aussi *or* si intelligent que son frère ◆ **it's not ~ big as all that!** ce n'est pas si grand que ça ! ◆ **it's not ~ big as I thought it would be** ce n'est pas aussi grand que je le pensais *or* que je l'imaginais ◆ **it's not nearly ~ difficult as you think** c'est loin d'être aussi difficile que vous le croyez ◆ **it's not ~ early as you think** il n'est pas aussi tôt que vous le croyez ◆ **he's not ~ good a teacher as his father** il n'est pas aussi bon professeur que son père, il ne vaut pas son père comme professeur ◆ **he's not ~ stupid as he looks** il n'est pas aussi *or* si stupide qu'il en a l'air ◆ **he was not ~ stupid as to say that to her** il n'a pas été bête au point de lui dire cela, il a eu l'intelligence de ne pas lui dire cela

**b** [= very, to a great extent] si, tellement ◆ **I'm ~ tired!** je suis si *or* tellement fatigué ! ◆ **I'm ~ very tired!** je suis vraiment si *or* tellement fatigué ! ◆ **there's ~ much to do** il y a tellement *or* tant (de choses) à faire ◆ **thanks ~ much** *, **thanks ever ~** ⁑ merci beaucoup *or* mille fois ◆ **it's not ~ very difficult!** cela n'est pas si difficile que ça ! ◆ **Elizabeth, who ~ loved France ...** Elizabeth, qui aimait tant la France ...

**c** [unspecified amount] **how tall is he? – oh, about ~ tall** *(accompanied by gesture)* quelle taille fait-il ? — oh, à peu près (grand) comme ça ◆ **~ much per head** tant par tête ◆ **their skulls were crushed like ~ many eggshells** leurs crânes furent écrasés comme autant de coquilles d'œufs ◆ **his speech was ~ much nonsense** son discours était complètement stupide ◆ **how long will it take? – a week or ~** combien de temps cela va-t-il prendre ? — une semaine environ *or* à peu près ◆ **twenty or ~** à peu près vingt, une vingtaine

**d** [manner = thus, in this way] ainsi, comme ceci *or* cela, de cette façon ◆ **you should stand (just** *or* **like) ~** vous devriez vous tenir comme ceci, voici comment vous devriez vous tenir ◆ **as A is to B ~ C is to D** C est à D ce que A est à B ◆ **as he failed once ~ he will fail again** il échouera comme il a déjà échoué ◆ **you don't believe me but it is ~** vous ne me croyez pas mais il en est bien ainsi ◆ **~ it was that ...** c'est ainsi que ... ◆ **~ be it** *(frm)* soit ◆ **it ~ happened that ...** il s'est trouvé que ...

◆ **so (that)** *(intention)* pour *+ infin*, afin de *+ infin*, pour que *+ subj*, afin que *+ subj* ; *(result)* si bien que *+ indic*, de (telle) sorte que *+ indic* ◆ **I'm going early ~ (that) I'll get a ticket** j'y vais tôt pour obtenir *or* afin d'obtenir un billet ◆ **I brought it ~ (that) you could read it** je l'ai apporté pour que *or* afin que vous puissiez le lire ◆ **he arranged the timetable ~ (that) the afternoons were free** il a organisé l'emploi du temps de façon à laisser les après-midi libres *or* de (telle) sorte que les après-midi soient libres ◆ **he refused to move, ~ (that) the police had to carry him away** il a refusé de bouger, si bien que *or* de sorte que les agents ont dû l'emporter de force

◆ **so as to ...** afin de faire, pour faire ◆ **he stood up ~ as to see better** il s'est levé pour mieux voir

◆ **so as not to ...** ◆ **she put it down gently ~ as not to break it** elle l'a posé doucement pour ne pas le casser ◆ **he hurried ~ as not to be late** il s'est dépêché pour ne pas être *or* afin de ne pas être en retard

**e** [used as substitute for phrase, word etc] **~ saying ...** ce disant ..., sur ces mots ... ◆ **~ I believe** c'est ce que je crois, c'est ce qu'il me semble ◆ **is that ~?** pas possible !, tiens ! ◆ **that is ~** c'est bien ça, c'est exact ◆ **if that is ~ ...** s'il en est ainsi ... ◆ **just ~!, quite ~!** exactement !, tout à fait ! ◆ **I told you ~ yesterday** je vous l'ai dit hier ◆ **~ it seems!** à ce qu'il paraît ! ◆ **he certainly said ~** c'est ce qu'il a dit, il a bien dit ça ◆ **please do ~** faites-le, faites ainsi ◆ **I think ~** je (le) crois, je (le) pense ◆ **I hope ~ (answering sb)** j'espère que oui ; (agreeing with sb) je l'espère, j'espère bien ◆ **how ~?** comment (ça se fait) ? ◆ **why~?** pourquoi (donc) ? ◆ **he said they would be there and ~ they were** il a dit qu'ils seraient là, et en effet ils y étaient ◆ **~ do I!, ~ have I!, ~ am I!** *etc* moi aussi ! ◆ **he's going to bed and ~ am I** il va se coucher et moi aussi *or* et je vais en faire autant ◆ **if you do that ~ will I** si tu fais ça, j'en ferai autant ◆ **I'm tired – ~ am I!** je suis fatigué — moi aussi ! ◆ **he said he was French – ~ he did!** il a dit qu'il était français — c'est vrai *or* en effet ! ◆ **it's raining – ~ it is!** il pleut — en effet *or* c'est vrai ! ◆ **I want to see that film – ~ you shall!** je veux voir ce film — eh bien, tu le verras ! ◆ **I didn't say that! – you did ~!** * je n'ai pas dit ça ! — mais si, tu l'as dit ! * ◆ **~ to speak, ~ to say** pour ainsi dire ◆ **and ~ forth, and ~ on (and ~ forth)** et ainsi de suite ◆ **~ long!** * tchao ! *, salut ! * ◆ **I'm not going, ~ there!** je n'y vais pas, voilà !

2 - CONJUNCTION

**a** [= therefore] donc, par conséquent ◆ **he was late, ~ he missed the train** il est arrivé en retard, donc *or* par conséquent il a manqué le train ◆ **the roads are busy ~ be careful** il y a beaucoup de circulation, alors fais bien attention

**b** [exclamatory] ◆ **~ there he is!** le voilà donc ! ◆ **~ you're selling it?** alors vous le vendez ? ◆ **~ he's come at last!** il est donc enfin arrivé ! ◆ **and ~ you see ...** alors comme vous voyez ... ◆ **I'm going home – ~?** * je rentre — et alors ? ◆ **~ (what)?** * et alors ?, et après ?

3 - COMPOUNDS

▷ **so-and-so** * N (pl **so-and-sos**) ◆ **Mr/Mrs So-and-so** Monsieur/Madame Untel ◆ **then if so-and-so says ...** alors si quelqu'un *or* Machin Chouette * dit ... ◆ **he's an old so-and-so** c'est un vieux schnock ⁑ ◆ **if you ask him to do so-and-so** si vous lui demandez de faire quoi que ce soit ▷ **so-called** ADJ soi-disant *inv*, prétendu ▷ **so-so** * ADJ comme ci comme ça, couci-couça * ◆ **his work is only so-so** son travail n'est pas fameux *

---

**s/o** *(Banking)* (abbrev of **standing order**) → **standing**

**soak** /səʊk/ **N** **a** ◆ **to give sth a (good) ~** (bien) faire tremper qch, (bien) laisser tremper qch ◆ **the sheets are in ~** les draps sont en train de tremper

**b** *(⁑ = drunkard)* soûlard * *m*, poivrot ⁑ *m*

**VT** **a** faire *or* laisser tremper *(in* dans) ◆ **to be/get ~ed to the skin** être trempé/se faire tremper jusqu'aux os *or* comme une soupe * ◆ **to ~ o.s. in the bath** faire trempette dans la baignoire ◆ **bread ~ed in milk** pain *m* imbibé de lait *or* qui a trempé dans du lait ◆ **he ~ed himself in the atmosphere of Paris** il s'est plongé dans l'atmosphère de Paris

**b** *(⁑ = take money from) (by overcharging)* estamper * ; *(by taxation)* faire payer de lourds impôts à ◆ **the government's policy is to ~ the rich** la politique du gouvernement est de faire casquer * les riches

**VI** **a** tremper *(in* dans) ◆ **to put sth in to ~** faire tremper qch, mettre qch à tremper

**b** *(⁑ = drink)* boire comme une éponge, avoir la dalle en pente *

**COMP** ▷ **soak test** **N** *(Comput)* rodage *m*

► **soak in** **VI** *[liquid]* pénétrer, être absorbé

► **soak out** **VI** *[stain etc]* partir *(au trempage)*

**VT SEP** *[+ stains]* faire partir en trempant

► **soak through** **VI** *[liquid]* traverser, filtrer au travers

**VT SEP** ◆ **to be soaked through** *[person]* être trempé (jusqu'aux os) ; *[object, garment]* être trempé

► **soak up** **VT SEP** *(lit, fig)* absorber

**soaking** /ˈsəʊkɪŋ/ **N** trempage *m* ◆ **to get a ~** se faire tremper (jusqu'aux os) ◆ **to give sth a ~** faire *or* laisser tremper qch **ADJ** (also **soaking wet**) *[person]* trempé (jusqu'aux os) ; *[object, garment]* trempé

**soap** /səʊp/ **N** **a** savon *m* ; (* *fig:* also **soft soap**) flatterie(s) *f(pl)*, flagornerie *f (pej)* ◆ **no ~!** *(⁑ fig US)* rien à faire !, des clous ! ⁑ ; ⇒ **shaving, toilet** **b** ⇒ **soap opera** **VT** savonner **COMP** ▷ **soap bubble** **N** bulle *f* de savon ▷ **soap opera** **N** *(fig: Rad, TV)* soap-opéra *m*, soap * *m*, feuilleton *m* mélo * *or* à l'eau de rose ▷ **soap powder** **N** lessive *f* (en poudre), poudre *f* à laver

► **soap down** **VT SEP** savonner

**soapbox** /ˈsəʊpbɒks/ **N** **a** *(lit)* caisse *f* à savon ; *(fig: for speaker)* tribune *f* improvisée **b** *(= go-cart)* auto *f* sans moteur (pour enfants), caisse *f* à savon * **COMP** ▷ **soapbox derby** **N** course *f* en descente d'autos sans moteur (pour enfants) ▷ **soapbox orator** **N** orateur *m* de carrefour, harangueur *m*, -euse *f* de foules ▷ **soapbox oratory** **N** harangue(s) *f(pl)* de démagogue

**soapdish** /ˈsəʊpdɪʃ/ **N** porte-savon *m*

**soapflakes** /ˈsəʊpfleɪks/ **NPL** savon *m* en paillettes, paillettes *fpl* de savon

**soapstone** /ˈsəʊpstəʊn/ **N** stéatite *f*

**soapsuds** /ˈsəʊpsʌdz/ **NPL** *(= lather)* mousse *f* de savon ; *(= soapy water)* eau *f* savonneuse

**soapy** /ˈsəʊpɪ/ **ADJ** **a** *(lit) [water, taste, smell]* savonneux ; *[floor, object]* recouvert de savon ; *[cloth, hands, face]* plein de savon **b** *(Brit * = sentimental)* mièvre

**soar** /sɔːʳ/ **VI** (also **soar up**) *[bird, aircraft]* monter (en flèche) ; *[ball etc]* voler *(over* par-dessus) ; *(fig) [tower, cathedral]* s'élancer (vers le ciel) ; *[voice, music]* s'élever *(above* au-dessus de) ; *[prices, costs, profits]* monter en flèche ; *[ambitions, hopes]* grandir démesurément ; *[spirits, morale]* remonter en flèche ; see also **send**

► **soar up** **VI** → **soar**

**soaraway** * /ˈsɔːrəweɪ/ **ADJ** *[success, career etc]* fulgurant

**soaring** /ˈsɔːrɪŋ/ **N** *[of bird]* essor *m* ; *[of plane]* envol *m* **ADJ** **a** *(= increasing) [prices, costs, profits, unemployment]* qui monte en flèche ; *[inflation]* galopant ◆ **Britain's ~ crime rate** la forte hausse de la criminalité en Grande-Bretagne **b** *(= tall) [spire, skyscraper]* qui s'élance vers le ciel

**sob** /sɒb/ **N** sanglot *m* ◆ **... he said with a ~** ... dit-il en sanglotant

**VI** sangloter

**VT** ◆ **"no" she ~bed** "non" dit-elle en sanglotant ◆ **to ~ o.s. to sleep** s'endormir à force de sangloter *or* en sanglotant

**COMP** ▷ **sob sister** * **N** *(US)* journaliste *f* qui se spécialise dans les histoires larmoyantes ▷ **sob story** * **N** histoire *f* mélodramatique *or* larmoyante ◆ **the main item was a ~ story about a puppy** *(Press etc)* l'article principal était une histoire à vous fendre le cœur concernant un chiot ◆ **he told us a ~ story about his sister's illness** il a cherché à nous apitoyer *or* à nous avoir aux sentiment * en nous parlant de la maladie de sa sœur ▷ **sob stuff** * **N** ◆ **there's too much ~ stuff in that film** il y a trop de sensiblerie *or* de mélo * dans ce film ◆ **he gave us a lot of ~ stuff** il nous a fait tout un baratin * larmoyant

► **sob out** **VT SEP** *[+ story]* raconter en sanglotant ◆ **to ~ one's heart out** pleurer à chaudes larmes *or* à gros sanglots

**s.o.b.** ⁑ /ˌesəʊˈbiː/ **N** *(US)* (abbrev of **son of a bitch**) salaud ⁑ *m*, fils *m* de garce ⁑

**sobbing** /ˈsɒbɪŋ/ **N** sanglots *mpl* **ADJ** sanglotant

**sober** /ˈsəʊbəʳ/ **ADJ** **a** *(= not drunk)* pas ivre *or* soûl ; *(= sobered-up)* dessoûlé * ◆ **I'm perfectly ~** je ne suis pas du tout soûl ◆ **he's**

**stone cold ~, he's (as) ~ as a judge** * il n'est pas du tout soûl ◆ **are you ~ yet?** tu as dessoûlé ?

b *(= abstinent)* sobre ◆ **she has been ~ now for three years** cela fait maintenant trois ans qu'elle ne boit plus *or* qu'elle est sobre

c *(= serious) [person, attitude]* pondéré ; *[expression]* grave ; *[assessment, statement, judgement]* mesuré ; *[fact, reality]* sans fard ◆ **upon ~ reflection** après mûre réflexion

d *(= plain) [suit, tie, colour, style]* sobre

**VT** a *(fig:* also **sober up**) *(= calm)* calmer ; *(= deflate)* dégriser

b (also **sober up**) *(= stop being drunk)* dessoûler *, désenivrer

**COMP** ▷ **sober-headed** ADJ *[person]* sérieux, posé ; *[decision]* réfléchi, posé ▷ **sober-minded** ADJ sérieux, sensé ▷ **sober-sided** ADJ sérieux, grave, qui ne rit pas souvent

► **sober up** **VI** dessoûler *, désenivrer

**VT SEP** ⇒ **sober vt**

**sobering** /ˈsəʊbərɪŋ/ ADJ *(fig) [experience]* qui fait réfléchir ◆ **a ~ reminder of sth** un brusque rappel à la réalité de qch ◆ **it is a ~ thought** cela fait réfléchir ◆ **it had a ~ effect on him** cela l'a fait réfléchir

**soberly** /ˈsəʊbəlɪ/ ADV a *(= seriously) [speak, behave]* avec pondération b *(= plainly) [dress]* sobrement, avec sobriété

**soberness** /ˈsəʊbənɪs/ N a *(= seriousness)* pondération *f*, sérieux *m* b *(= plainness) [of style, design]* sobriété *f*

**sobersides** * /ˈsəʊbəsaɪdz/ N bonnet *m* de nuit *(fig)*

**sobriety** /səʊˈbraɪətɪ/ N a ⇒ **soberness** b *(= abstinence)* ◆ **the struggle for ~** la lutte constante pour rester sobre ◆ **she maintained her ~ for seven years** elle a réussi à rester sobre pendant sept ans ◆ **his ~ was in question** *(frm or hum)* on le soupçonnait d'avoir bu

**sobriquet** /ˈsəʊbrɪkeɪ/ N sobriquet *m*

**soc.** /sɒk/ N abbrev of **society**

**soccer** /ˈsɒkəʳ/ **N** football *m*, foot * *m* **COMP** *[match, pitch, team]* de football, de foot * ▷ **soccer player** N footballeur *m* ▷ **soccer season** N saison *f* de football *or* de foot *

**sociability** /ˌsəʊʃəˈbɪlɪtɪ/ N sociabilité *f*

**sociable** /ˈsəʊʃəbl/ ADJ *[person, mood]* sociable ◆ **I'll have a drink just to be ~** je vais prendre un verre juste pour vous (*or* lui *etc*) faire plaisir ◆ **I'm not feeling very ~ this evening** je n'ai pas envie de voir des gens ce soir

**sociably** /ˈsəʊʃəblɪ/ ADV *[behave]* de façon sociable, aimablement ; *[invite, say]* amicalement

**social** /ˈsəʊʃəl/ **ADJ** a *[class, status, problem, customs]* social ◆ **she's a ~ acquaintance** c'est une relation (personnelle) ◆ **~ event** *or* **activity** activité *f* socioculturelle ◆ **we work together but we don't have a ~ relationship** nous travaillons ensemble mais nous ne nous voyons pas en dehors du travail ◆ **he has little ~ contact with his business colleagues** il a peu de contacts avec ses collègues en dehors du travail ◆ **this isn't a ~ visit** *or* **call** il ne s'agit pas d'une visite de courtoisie ◆ **she didn't regard him as her ~ equal** pour elle, il n'appartenait pas au même milieu social ◆ **~ mobility** mobilité *f* sociale ◆ **upward ~ mobility** ascension *f* sociale ◆ **~ research** recherches *fpl* en sciences sociales ◆ **~ scale** échelle *f* sociale ; see also **comp**

b *(Zool, Anthropology) [insect, animal]* social ◆ **man is a ~ animal** l'homme est un animal social *or* sociable ; see also **comp**

**N** (petite) fête *f*

**COMP** ▷ **social administration** N gestion *f* sociale ▷ **Social and Liberal Democrats** N *(Brit Pol)* parti *m* social et libéral-démocrate ▷ **social anthropologist** N spécialiste *mf* de l'anthropologie sociale ▷ **social anthropology** N anthropologie *f* sociale ▷ **social benefits** NPL prestations *fpl* sociales ▷ **Social Charter** N *(Brit Pol)* charte *f* sociale ▷ **social circle** N sphère *f* de la société ▷ **social climber** N *(still climbing)* arriviste *mf* ; *(arrived)* parvenu(e) *m(f)* ▷ **social climbing** N arrivisme *m* ▷ **social-climbing** ADJ *[wife]* arriviste ▷ **social club** N club *m (de rencontres)* ▷ **social column** N *(Press)* carnet *m* mondain, mondanités *fpl* ▷ **social conscience** N conscience *f* sociale ▷ **social contract** N contrat *m* social ▷ **Social Democracy** N social-démocratie *f* ▷ **Social Democrat** N social-démocrate *mf* ▷ **Social Democratic** ADJ social-démocrate ▷ **Social Democratic and Labour Party** N *(Ir Pol)* parti *m* social-démocrate et travailliste ▷ **Social Democratic Party** N *(Brit Pol: formerly)* parti *m* social-démocrate ▷ **social disease** N *(gen)* maladie *f* due à des facteurs socioéconomiques ; *(venereal)* maladie *f* honteuse ▷ **social drinker** N ◆ **to be a ~ drinker** boire seulement en compagnie ▷ **social drinking** N fait *m* de boire seulement en compagnie ▷ **social engineering** N manipulation *f* des structures sociales ▷ **social evening** N soirée *f (entre amis)* ▷ **social exclusion** N exclusion *f* sociale ▷ **social fund** N *(Brit)* ≃ fonds *m* de solidarité ▷ **social gathering** N réunion *f* entre amis ▷ **social history** N histoire *f* sociale ▷ **social housing** N *(NonC: Brit)* logements *mpl* sociaux ▷ **social inclusion** N inclusion *f* sociale ▷ **social insurance** N *(US)* sécurité *f* sociale ▷ **social life** N ◆ **to have an active ~ life** *(= go out frequently)* sortir beaucoup ; *(= see people frequently)* voir du monde ; *(in high society)* avoir une vie mondaine active ▷ **social misfit** N inadapté(e) *m(f)* social(e) ▷ **social order** N ordre *m* social ▷ **social realism** N a réalisme *m* social b ⇒ **socialist realism** ; → **socialist** ▷ **the social register** N *(US)* ≃ le bottin® mondain ▷ **social science** N sciences *fpl* humaines ◆ **Faculty of Social Science** *(Univ)* faculté *f* des sciences humaines ▷ **social scientist** N spécialiste *mf* des sciences humaines ▷ **social secretary** N *[of organization]* responsable *mf* des programmes de loisirs ; *[of person]* secrétaire *mf* particulier (-ière) ▷ **social security** N *(gen)* aide *f* sociale ; (also **social security benefits**) prestations *fpl* sociales ◆ **to be on ~ security** recevoir l'aide sociale ◆ **Department of Social Security** *(Brit)* ≃ Sécurité *f* sociale ▷ **Social Security Administration** N *(US) service des pensions* ▷ **social security card** N *(US)* ≃ carte *f* d'assuré social ▷ **social security number** N *(US)* numéro *m* de Sécurité sociale ▷ **social service** N ⇒ **social work** ▷ **social services** NPL services *mpl* sociaux ◆ **Secretary of State for/Department of Social Services** ministre *m*/ministère *m* des Affaires sociales ▷ **social skills** NPL savoir-vivre *m inv* ◆ **he's got no ~ skills** il ne sait pas se comporter en société ◆ **poor ~ skills** manque *m* de savoir-vivre ◆ **to develop one's ~ skills** améliorer son comportement en société ▷ **social spending** N dépenses *fpl* d'aide sociale ▷ **social studies** NPL sciences *fpl* sociales ▷ **social welfare** N sécurité *f* sociale ▷ **social work** N assistance *f* sociale ▷ **social worker** N assistant(e) *m(f)* social(e), travailleur *m*, -euse *f* social(e)

> **Social Security Number**
>
> Aux États-Unis, le numéro de Sécurité sociale, formé de neuf chiffres, est indispensable pour bénéficier des prestations sociales, mais il est également utilisé de plus en plus comme numéro d'identité à l'échelle nationale : il figure sur les carnets de chèques ; certains États l'utilisent comme numéro de permis de conduire et certaines universités comme numéro d'inscription des étudiants. Depuis 1987, tous les enfants se voient attribuer un **social security number.**

**socialism** /ˈsəʊʃəlɪzəm/ N socialisme *m*

**socialist** /ˈsəʊʃəlɪst/ **ADJ** socialiste ◆ **the Socialist Republic of ...** la République socialiste de ... **N** socialiste *mf* **COMP** ▷ **socialist realism** N réalisme *m* socialiste ▷ **Socialist Workers' Party** N *(in Brit) parti d'extrême gauche*

**socialistic** /ˌsəʊʃəˈlɪstɪk/ ADJ socialisant

**socialite** /ˈsəʊʃəlaɪt/ N mondain(e) *m(f)* ◆ **a Paris ~** un membre du Tout-Paris

**sociality** /ˌsəʊʃɪˈælɪtɪ/ N socialité *f*, sociabilité *f*

**socialization** /ˌsəʊʃəlaɪˈzeɪʃən/ N socialisation *f (Pol)*

**socialize** /ˈsəʊʃəlaɪz/ **VT** *(Pol, Psych)* socialiser **VI** *(= be with people)* fréquenter des gens ; *(= make friends)* se faire des amis ; *(= chat)* s'entretenir, bavarder (*with sb* avec qn)

**socializing** /ˈsəʊʃəlaɪzɪŋ/ N ◆ **he doesn't like ~** il n'aime pas fréquenter les gens ◆ **there isn't much ~ on campus** on ne se fréquente pas beaucoup sur le campus

**socially** /ˈsəʊʃəlɪ/ **ADV** a *(= not professionally etc) [meet, interact]* en société ◆ **I don't really mix with him ~** je ne le fréquente guère (en dehors du travail) ◆ **to know sb ~** fréquenter qn en dehors du travail b *[disadvantaged, acceptable, conservative]* socialement ◆ **~ prominent** en vue dans la société ◆ **~ superior/inferior** d'un rang social supérieur/inférieur ◆ **to be ~ aware** *or* **conscious** avoir conscience des problèmes sociaux ◆ **~ adept** qui sait se comporter en société ◆ **to be ~ inadequate** être un(e) inadapté(e) social(e) ◆ **to be ~ conditioned to do sth** être conditionné par son milieu social à faire qch **COMP** ▷ **socially excluded** ADJ exclu de la société N ◆ **the ~ excluded** les exclus de la société

**societal** /səˈsaɪətl/ ADJ sociétal

**society** /səˈsaɪətɪ/ **N** a *(= social community)* société *f* ◆ **to live in ~** vivre en société ◆ **for the good of ~** dans l'intérêt de la société *or* de la communauté ◆ **it is a danger to ~** cela constitue un danger social, cela met la société en danger ◆ **modern industrial societies** les sociétés *fpl* industrielles modernes

b *(NonC = high society)* (haute) société *f*, grand monde *m* ◆ **polite ~** la bonne société ◆ **the years she spent in ~** ses années de vie mondaine

c *(NonC = company, companionship)* société *f*, compagnie *f* ◆ **in the ~ of ...** dans la société de ..., en compagnie de ... ◆ **I enjoy his ~** je me plais en sa compagnie, j'apprécie sa compagnie

d *(= organized group)* société *f*, association *f* ; *(= charitable society)* œuvre *f* de charité, association *f* de bienfaisance ; *(Scol, Univ etc)* club *m*, association *f* ◆ **dramatic ~** club *m* théâtral, association *f* théâtrale ◆ **learned ~** société *f* savante ◆ **the Society of Friends** *(Rel)* la Société des Amis, les Qua-

kers *mpl* ◆ **the Society of Jesus** *(Rel)* la Société de Jésus ; → **royal**
COMP *[correspondent, news, photographer, wedding]* mondain, de la haute société ▷ **society column** N *(Press)* chronique *f* mondaine, carnet *m* mondain

**socio...** /ˈsəʊsɪəʊ/ PREF socio... ◆ **sociocultural** socioculturel ◆ **socioeconomic** socioéconomique ◆ **sociopolitical** sociopolitique ; see also **sociological**

**sociobiology** /ˌsəʊsɪəʊbaɪˈɒlədʒɪ/ N sociobiologie *f*

**sociolect** /ˈsəʊsɪəʊˌlekt/ N *(Ling)* sociolecte *m*

**sociolinguistic** /ˌsəʊsɪəʊlɪŋˈgwɪstɪk/ ADJ sociolinguistique

**sociolinguistics** /ˌsəʊsɪəʊlɪŋˈgwɪstɪks/ N *(NonC)* sociolinguistique *f*

**sociological** /ˌsəʊsɪəˈlɒdʒɪkəl/ ADJ sociologique

**sociologically** /ˌsəʊsɪəˈlɒdʒɪkəlɪ/ ADV *[important, significant]* sociologiquement

**sociologist** /ˌsəʊsɪˈɒlədʒɪst/ N sociologue *mf*

**sociology** /ˌsəʊsɪˈɒlədʒɪ/ N sociologie *f*

**sociometry** /ˌsəʊsɪˈɒmɪtrɪ/ N sociométrie *f*

**sociopath** /ˈsəʊsɪəʊpæθ/ N inadapté(e) *m(f)* social(e)

**sociopathic** /ˌsəʊsɪəʊˈpæθɪk/ ADJ socialement inadapté, sociopathe

**sock¹** /sɒk/ N a *(= short stocking)* chaussette *f* ; *(shorter)* socquette *f* ; *(= inner sole)* semelle *f* (intérieure) ; *[of footballer etc]* bas *m* ◆ **to pull one's ~s up** * *(fig Brit)* se secouer *, faire un effort ◆ **put a ~ in it!**‡ la ferme !‡, ta gueule !‡ ◆ **this will knock** *or* **blow your ~s off!** * ça va t'en mettre plein la vue ! * ◆ **it knocks the ~s off most science fiction films** * ça dame le pion à la plupart des films de science-fiction ◆ **to work one's ~s off** * s'éreinter (au travail) ◆ **to dance/act one's ~s off** * se défoncer * en dansant/jouant, danser/jouer en se donnant à fond b *(= windsock)* manche *f* à air

**sock²** * /sɒk/ N *(= slap)* beigne * *f* ; *(= punch)* gnon * *m* ◆ **to give sb a ~ on the jaw** flanquer un coup *or* son poing sur la gueule‡ à qn
VT *(= strike)* flanquer une beigne‡ *or* un gnon‡ à ◆ **~ him one!** cogne dessus ! *, fous-lui une beigne !‡ ◆ **~ it to me!** vas-y envoie ! * ◆ **~ it to them!** montre-leur un peu !

**sockdolager** * /sɒkˈdɒlədʒəʳ/ N *(US)* a *(= decisive event)* coup *m* décisif b *(= great person/thing)* personne *f*/chose *f* fantastique

**socket** /ˈsɒkɪt/ N *(gen)* cavité *f*, trou *m* *(où qch s'emboîte)* ; *[of hipbone]* cavité *f* articulaire ; *[of eye]* orbite *f* ; *[of tooth]* alvéole *f* ; *(Elec: for light bulb)* douille *f* ; *(Elec:* also **wall socket***)* prise *f* de courant, prise *f* femelle ; *(Carpentry)* mortaise *f* ; *(in candlestick etc)* trou *m* ◆ **to pull sb's arm out of its ~** désarticuler *or* démettre l'épaule à qn
COMP ▷ **socket joint** N *(Tech)* joint *m* à rotule ; *(Anat)* énarthrose *f* ▷ **socket wrench** N *(Tech)* clé *f* à pipe *or* à douille

**socko** * /ˈsɒkəʊ/ *(US)* ADJ fantastique, du tonnerre

**Socrates** /ˈsɒkrətiːz/ N Socrate *m*

**Socratic** /sɒˈkrætɪk/ ADJ socratique ◆ **~ irony** ironie *f* socratique ◆ **the ~ method** la maïeutique

**sod¹** /sɒd/ N *(NonC: = turf)* gazon *m* ; *(= piece of turf)* motte *f* (de gazon)

**sod²** *‡ /sɒd/ *(Brit)* N con *‡ *m*, couillon *‡ *m* ; *(pej)* salaud‡ *m*, salopard‡ *m* ◆ **the poor ~s who tried** les pauvres couillons *‡ *or* bougres * qui ont essayé ◆ **poor little ~!** pauvre petit bonhomme ! ◆ **he's a real ~** c'est un salaud‡ *or* un salopard‡ ◆ **~ all** que dalle‡
VT ◆ **~ it!** merde (alors) !*‡ ◆ **~ him!** il m'emmerde !*‡, qu'il aille se faire foutre !*‡
COMP ▷ **Sod's Law** * N *(Brit)* loi *f* de l'emmerdement‡ maximum ◆ **that's Sod's Law** un emmerdement‡ n'arrive jamais seul

► **sod off** *‡ VI foutre le camp‡ ◆ **~ off!** fous le camp !‡, va te faire foutre !*‡

**soda** /ˈsəʊdə/ N a *(Chem)* soude *f* ; *(also* **washing soda, soda crystals***)* cristaux *mpl* de soude ; → **baking, caustic** b *(also* **soda water***)* eau *f* de Seltz ◆ **whisky and ~** whisky *m* soda *or* à l'eau de Seltz ; → **club, ice** c *(US:* also **soda pop***)* boisson *f* gazeuse *(sucrée)*
COMP ▷ **soda ash** N *(Chem)* soude *f* du commerce ▷ **soda biscuit** N *(US)* petit gâteau *m* à la levure chimique ▷ **soda bread** N pain *m* à la levure chimique ▷ **soda cracker** N *(US)* gâteau *m* sec à la levure chimique ▷ **soda crystals** NPL cristaux *mpl* de soude ▷ **soda fountain** N *(US) (= siphon)* siphon *m* d'eau de Seltz ; *(= place)* buvette *f* ▷ **soda jerk(er)** N *(US)* serveur *m*, -euse *f (dans une buvette)* ▷ **soda pop** N *(US)* soda *m* ▷ **soda siphon** N siphon *m* (d'eau de Seltz) ▷ **soda water** N eau *f* de Seltz

**sodality** /səʊˈdælɪtɪ/ N camaraderie *f* ; *(= association, also Rel)* confrérie *f*

**sodden** /ˈsɒdn/ ADJ *[ground]* détrempé ; *[clothes, paper]* trempé (*with* de) ◆ **~ with drink, drink-~** abruti par l'alcool

**sodding** *‡ /ˈsɒdɪŋ/ *(Brit)* ADJ ◆ **her ~ dog** son foutu chien‡, son putain de chien *‡ ◆ **shut the ~ door!** ferme cette putain de porte !*‡ ◆ **it's a ~ disgrace!** c'est une honte, nom de Dieu !‡ ◆ **~ hell!** bordel de merde !*‡
ADV ◆ **it's ~ difficult** c'est foutrement‡ difficile ◆ **he's ~ crazy!** il déconne‡ complètement !

**sodium** /ˈsəʊdɪəm/ N sodium *m*
COMP ▷ **sodium bicarbonate** N bicarbonate *m* de soude ▷ **sodium carbonate** N carbonate *m* de sodium ▷ **sodium chloride** N chlorure *m* de sodium ▷ **sodium light** N lampe *f* (à vapeur) de sodium ▷ **sodium nitrate** N nitrate *m* de soude ▷ **sodium sulphate** N sulfate *m* de soude ▷ **sodium-vapor lamp** N *(US)* ⇒ **sodium light**

**Sodom** /ˈsɒdəm/ N Sodome

**sodomite** /ˈsɒdəmaɪt/ N sodomite *m*

**sodomize** /ˈsɒdəmaɪz/ VT sodomiser

**sodomy** /ˈsɒdəmɪ/ N sodomie *f*

**sofa** /ˈsəʊfə/ N sofa *m*, canapé *m*
COMP ▷ **sofa bed** N canapé-lit *m*

**Sofia** /ˈsəʊfɪə/ N Sofia

**soft** /sɒft/ ADJ a *(= not hard) [ground, snow, butter, penis]* mou (molle *f*) ; *[fabric, skin, hand, breasts, body]* doux (douce *f*) ; *[food, bread, fruit, pencil, wood]* tendre ; *[bed, carpet, texture]* moelleux ; *[fur, hair, beard]* soyeux ; *[brush, toothbrush]* doux (douce *f*), souple ; *[leather]* souple ◆ **as ~ as silk** *or* **velvet** doux comme (de) la soie ◆ **to get** *or* **become ~(er)** *[ground, pitch]* devenir mou ; *[butter]* se ramollir ; *[leather]* s'assouplir ; *[skin]* s'adoucir ◆ **to make ~(er)** *[+ leather]* assouplir ; *[+ skin]* adoucir ◆ **to go ~** *[onions, biscuits]* ramollir ; see also **comp** ; → **roe², soap, solder**
b *(= gentle, not intense) [breeze, wind, kiss, light, colour]* doux (douce *f*) ; *[rain, touch, tap]* léger ; *[accent]* mélodieux ; *[lighting]* doux (douce *f*), tamisé
c *(= quiet) [sound, voice, laugh, music]* doux (douce *f*) ◆ **the music is too ~** la musique n'est pas assez forte, on n'entend pas assez la musique
d *(in shape) [outline, lines]* doux (douce *f*) ; *[pleat, fold]* souple
e *(pej = unfit) [person, body, muscles]* mou (molle *f*) ◆ **this sort of life makes you ~** ce genre de vie vous ramollit ◆ **to get** *or* **go ~** *[body]* s'avachir ; *[muscles]* se ramollir
f *(= kind) [person]* doux (douce *f*) ◆ **she had another, ~er side to her** il y avait une autre facette, plus douce, de sa personnalité ◆ **to have a ~ heart** avoir le cœur tendre
g *(pej) (= lenient) [person]* indulgent ; *[sentence]* léger ◆ **to get ~** *[person]* devenir trop indulgent *or* trop bon ◆ **to be (too) ~ on sb** être trop indulgent envers qn ◆ **to be (too) ~ on sth** *[+ crime, drugs]* être trop laxiste en matière de qch ◆ **to go ~ (on sth)** devenir plus laxiste (en matière de qch) ◆ **to have a ~ spot for sb/sth** avoir un faible pour qn/qch ◆ **to be a ~ touch** * être une (bonne) poire *
h *(= moderate) [approach]* modéré ◆ **to take a ~ line (on sth)** adopter une ligne modérée (en matière de qch) ◆ **the ~ left** *(Pol)* la gauche modérée
i *(* = easy) [life, job]* pépère *, peinard * ◆ **to take the ~ option** choisir la solution de facilité
j *(* = stupid)* débile * ◆ **to be ~ in the head** *(= stupid)* avoir le cerveau ramolli * ; *(= mad)* avoir perdu la boule * ; *(= senile)* être gâteux
k ◆ **to be ~ on sb** † * *(= attracted to)* avoir le béguin † * pour qn
l *[water]* non calcaire, doux
m *(Ling) [consonant]* doux (douce *f*)
n *(Econ, Fin, St Ex) [prices, stocks, market]* mou (molle *f*), qui tend à la baisse ; *[economy]* amorphe ; *[currency]* faible ◆ **sales are ~** les ventes ne marchent pas très fort ◆ **~ loan** prêt *m* à taux bonifié
ADV a *(liter = quietly)* doucement
b *(= stupidly)* ◆ **don't talk ~!** * tu dis n'importe quoi !
EXCL †† *(= wait)* un instant ! ; *(= be quiet)* silence !
COMP ▷ **soft-boiled egg** N œuf *m* à la coque ▷ **soft-bound book** N livre *m* broché ; *(= paperback)* livre *m* de poche ▷ **soft brown sugar** N sucre *m* roux ▷ **soft centre** N *(Brit)* chocolat *m* fourré ▷ **soft-centred** ADJ *(Brit)* a *[chocolate, boiled sweet]* fourré b *[person]* tendre sous des dehors austères ; *[comedy]* à l'eau de rose ▷ **soft cheese** N fromage *m* à pâte molle ▷ **soft contact lens** N lentille *f* (de contact) souple ▷ **soft copy** N *(Comput)* visualisation *f* sur écran ▷ **soft-core** ADJ *[pornography]* soft * *inv* ▷ **soft-cover** ADJ → **softback** ▷ **soft currency** N *(Fin)* devise *f* faible ▷ **soft drinks** NPL boissons *fpl* non alcoolisées ▷ **soft drugs** NPL drogues *fpl* douces ▷ **soft focus** N *(Phot)* flou *m* artistique ▷ **soft-focus** ADJ *(Phot) [image, picture]* (artistiquement) flou ◆ **~-focus filter** *(Phot)* filtre *m* pour flou artistique ◆ **~-focus lens** *(Phot)* objectif *m* pour flou artistique ▷ **soft-footed** ADJ à la démarche légère, qui marche à pas feutrés *or* sans faire de bruit ▷ **soft fruit** N *(Brit)* baies *fpl* comestibles, ≃ fruits *mpl* rouges ▷ **soft furnishings** NPL *(Brit Comm)* tissus *mpl* d'ameublement *(rideaux, tentures, housses etc)* ▷ **soft goods** NPL *(Brit Comm)* textiles *mpl*, tissus *mpl* ▷ **soft hat** N chapeau *m* mou ▷ **soft-headed** * ADJ faible d'esprit, cinglé‡ ▷ **soft-hearted** ADJ au cœur tendre, compatissant ▷ **soft ice-cream** N glace *f* à l'italienne ▷ **soft iron** N fer *m* doux ▷ **soft landing** N *(Aviat, Space, Econ, also fig)* atterrissage *m* en douceur ▷ **soft margarine** N pâte *f* à tartiner ▷ **soft palate** N *(Anat)* voile *m* du palais ▷ **soft pedal** N *(Mus)* pédale *f* douce ▷ **soft-pedal** VI *(Mus, also fig)* mettre la pédale douce VT *(esp US = play down)* ◆ **they seem to be ~-pedalling the issue** ils semblent vouloir minimiser l'importance de la question ◆ I

**would advise you to ~-pedal your over-assertive tactics** je vous conseille de mettre un bémol à vos tactiques, qui sont trop péremptoires ◆ **the government is now ~-pedalling on its previous promise** le gouvernement est en train de revenir sur sa promesse ▷ **soft pencil** N crayon *m* à mine grasse ▷ **soft porn** N soft porn *m* ▷ **soft sell** N *(Comm)* technique *f* (de vente) non agressive ◆ **he's a master of the ~ sell** *(fig)* il est maître dans l'art de persuader les clients en douceur ▷ **soft-shelled** ADJ *[egg, mollusc]* à coquille molle ; *[crustacean, turtle]* à carapace molle ▷ **soft shoulder** N *[road]* accotement *m* non stabilisé ▷ **soft skills** NPL compétences *fpl* relationnelles ▷ **soft soap** N *(lit)* savon *m* vert ; *(* fig pej = flattery)* flatterie *f* ▷ **soft-soap** * VT *(fig pej)* caresser dans le sens du poil*, passer de la pommade à ▷ **soft-spoken** ADJ à la voix douce ▷ **soft steel** N acier *m* doux ▷ **soft target** N cible *f* facile ▷ **soft toilet paper** N papier *m* hygiénique doux ▷ **soft top** N *(Aut)* décapotable *f* ▷ **soft toy** N (jouet *m* en) peluche *f* ▷ **soft verge** N *(Aut)* accotement *m* non stabilisé ▷ **soft X-rays** NPL rayons *mpl* X diffus

**softback** /'sɒftbæk/ N livre *m* broché ; *(= paperback)* livre *m* de poche

**softball** /'sɒftbɔːl/ N *(US)* sorte de base-ball, softball *m*

**soften** /'sɒfn/ VT *[+ butter, clay, ground, pitch]* (r)amollir ; *[+ collar, leather]* assouplir ; *[+ skin, colour, outline]* adoucir ; *[+ sound]* adoucir, atténuer ; *[+ lights, lighting]* adoucir, tamiser ; *[+ pain, anxiety]* atténuer ; *[+ sb's anger, reaction, effect, impression]* adoucir, atténuer ; *[+ resistance]* amoindrir, réduire ◆ **to ~ the blow** *(fig)* adoucir *or* amortir le choc

VI *[butter, clay, ground, pitch]* devenir mou (molle *f*), se ramollir ; *[collar, leather]* s'assouplir ; *[skin]* s'adoucir ; *[colour]* s'adoucir, s'atténuer ; *[sb's anger]* s'atténuer ◆ **his heart ~ed at the sight of her** il s'attendrit en la voyant ◆ **his eyes ~ed as he looked at her** son regard s'est adouci à sa vue

► **soften up** VI *[butter, clay, ground, pitch]* devenir mou, se ramollir ; *[collar, leather]* s'assouplir ; *[skin]* s'adoucir ; *(= grow less stern)* s'adoucir ◆ **we must not ~ up towards** *or* **on these offenders** nous ne devons pas faire preuve d'indulgence envers ces délinquants

VT SEP a *[+ butter, clay, pitch, ground]* (r)amollir ; *[+ collar, leather]* assouplir ; *[+ skin]* adoucir

b *[+ person]* attendrir ; *(*: by cajoling) [+ customer etc]* bonimenter*, baratiner* ; *(*: by bullying)* intimider, malmener ; *[+ resistance, opposition]* réduire ; *(Mil: by bombing etc)* affaiblir par bombardement intensif

**softener** /'sɒfnə^r/ N (also **water softener**) adoucisseur *m* ; (also **fabric softener**) produit *m* assouplissant

**softening** /'sɒfnɪŋ/ N a *[of leather]* assouplissement *m* ; *[of skin]* adoucissement *m* b *(Med)* ◆ **~ of the brain** ramollissement *m* cérébral c *(= moderating) [of attitude, position, policy]* assouplissement *m* d *(Ling) [of consonant]* adoucissement *m*

**softie** * /'sɒftɪ/ N *(too tender-hearted)* tendre *mf* ; *(no stamina etc)* mauviette *f*, mollasson(ne) *m(f)* ; *(= coward)* poule *f* mouillée, dégonflé(e)* *m(f)* ◆ **you silly ~, stop crying!** ne pleure plus, grand(e) nigaud(e) !

**softly** /'sɒftlɪ/ ADV a *(= quietly) [say, call, sing, whistle]* doucement ; *[swear]* à voix basse ; *[walk]* à pas feutrés ◆ **a ~ spoken man** un homme à la voix douce ◆ **~, ~, catchee monkey** * vas-y mollo* b *(= gently) [touch, tap]* légèrement ; *[kiss]* tendrement c *(= not brightly) [shine, glow, gleam]* faiblement ◆ **~ lit** à la lumière tamisée COMP ▷ **softly-softly** ADJ précautionneux ◆ **he adopted a ~-~ approach** il a pris beaucoup de précautions

**softness** /'sɒftnɪs/ N a *[of ground, snow, butter]* mollesse *f* ; *[of fabric, skin, hand, breasts, body]* douceur *f* ; *[of bread, wood, fruit]* tendreté *f* ; *[of bed, carpet]* moelleux *m* ; *[of fur, hair, beard]* soyeux *m* ; *[of brush, toothbrush, leather]* souplesse *f* ◆ **the ~ of its consistency** sa consistance moelleuse

b *(= gentleness) [of breeze, wind, kiss]* douceur *f* ; *[of rain, touch, tap]* légèreté *f*

c *(= lack of brightness) [of light, lighting, colour]* douceur *f*

d *(= quietness) [of sound, accent, laugh, music]* douceur *f*

e *(in shape) [of outline, lines]* douceur *f* ; *[of pleat, fold]* souplesse *f*

f *(pej = unfitness) [of person, body, muscles]* mollesse *f*

g *(= leniency) [of person]* indulgence *f* ; *[of sentence]* légèreté *f*

h *(= moderation) [of approach, line]* modération *f*

i *(* = easiness) [of life, job]* tranquillité *f*

j *(* = stupidity)* débilité *f* ◆ **~ in the head** *(= stupidity, madness)* débilité *f* ; *(= senility)* gâtisme *m*

k *[of water]* douceur *f*

**software** /'sɒft,wɛə^r/ *(Comput)* N *(NonC)* software* *m*, logiciel *m* COMP ▷ **software engineer** N ingénieur-conseil *m* en informatique, ingénieur *m* (en) logiciel ▷ **software engineering** N génie *m* logiciel ▷ **software house** N société *f* de services et de conseils en informatique, SSCI *f* ▷ **software library** N logithèque *f* ▷ **software package** N progiciel *m*

**softwood** /'sɒftwʊd/ N bois *m* tendre

**softy** * /'sɒftɪ/ N ⇒ **softie**

**soggy** /'sɒgɪ/ ADJ *[clothes]* trempé ; *[ground]* détrempé ; *[vegetables, pasta]* trop cuit, ramolli ; *[bread]* pâteux, ramolli

**soh** /səʊ/ N *(Mus)* sol *m*

**soil**[1] /sɔɪl/ N sol *m*, terre *f* ◆ **rich/chalky ~** sol *m or* terre *f* riche/calcaire ◆ **cover it over with ~** recouvre-le de terre ◆ **a man of the ~** *(liter)* un terrien, un homme de la terre ◆ **my native ~** ma terre natale, mon pays natal ◆ **on French ~** sur le sol français, en territoire français

**soil**[2] /sɔɪl/ VT *(lit)* salir ; *(fig) [+ reputation, honour]* souiller *(frm)* ◆ **this dress is easily ~ed** cette robe se salit vite *or* est salissante ◆ **~ed linen** linge *m* sale ◆ **~ed copy/item** *(Comm)* exemplaire *m*/article *m* défraîchi ; → **shopsoiled** VI *[material, garment]* se salir, être salissant N *(= excrement)* excréments *mpl*, ordures *fpl* ; *(= sewage)* vidange *f* COMP ▷ **soil pipe** N tuyau *m* d'écoulement ; *(vertical)* tuyau *m* de descente

**soirée** /'swɑːreɪ/ N soirée *f*

**sojourn** /'sɒdʒɜːn/ *(liter)* N séjour *m* VI séjourner, faire un séjour

**solace** /'sɒlɪs/ *(liter)* N consolation *f*, réconfort *m* ◆ **to be a ~ to sb** être un réconfort pour qn VT *[+ person]* consoler ; *[+ pain]* soulager, adoucir ◆ **to ~ o.s.** se consoler

**solanum** /səʊ'leɪnəm/ N solanacée *f*

**solar** /'səʊlə^r/ ADJ solaire COMP ▷ **solar battery** N batterie *f* solaire, photopile *f* ▷ **solar calendar** N calendrier *m* solaire ▷ **solar cell** N pile *f* solaire, photopile *f* ▷ **solar collector** N capteur *m* solaire ▷ **solar eclipse** N éclipse *f* de soleil ▷ **solar flare** N facule *f* solaire ▷ **solar furnace** N four *m* solaire ▷ **solar heating** N chauffage *m* (à l'énergie) solaire ▷ **solar panel** N panneau *m* solaire ▷ **solar plexus** N *(Anat)* plexus *m* solaire ▷ **solar power** N énergie *f* solaire ▷ **solar-powered** ADJ (à énergie) solaire ▷ **solar system** N système *m* solaire ▷ **solar wind** N vent *m* solaire ▷ **solar year** N année *f* solaire

**solarium** /səʊ'lɛərɪəm/ N (pl **solariums** *or* **solaria** /səʊ'lɛərɪə/) solarium *m*

**sold** /səʊld/ VB pt, ptp of **sell**

**solder** /'səʊldə^r/ N soudure *f* ◆ **hard ~** brasure *f* ◆ **soft ~** claire soudure *f* VT souder COMP ▷ **soldering iron** N fer *m* à souder

**soldier** /'səʊldʒə^r/ N a soldat *m (also fig)*, militaire *m* ◆ **woman ~** femme *f* soldat ◆ **~s and civilians** (les) militaires *mpl* et (les) civils *mpl* ◆ **Montgomery was a great ~** Montgomery était un grand homme de guerre *or* un grand soldat ◆ **he wants to be a ~** il veut être soldat *or* entrer dans l'armée ◆ **to play (at) ~s** *(pej)* jouer à la guerre ; *[children]* jouer aux (petits) soldats ◆ **~ of fortune** soldat *m* de fortune, mercenaire *m* ◆ **old ~** vétéran *m* ; → **foot, private**

b *(Brit * = finger of bread or toast)* mouillette *f*

VI servir dans l'armée, être soldat ◆ **he ~ed for ten years in the East** il a servi (dans l'armée) pendant dix ans en Orient ◆ **after six years' ~ing** après six ans de service dans l'armée ◆ **to be tired of ~ing** en avoir assez d'être soldat *or* d'être dans l'armée

COMP ▷ **soldier ant** N (fourmi *f*) soldat *m*

► **soldier on** VI *(Brit fig)* persévérer (malgré tout)

**soldierly** /'səʊldʒəlɪ/ ADJ *[values, bravery, discipline]* de soldat ; *[person]* à l'allure militaire

**soldiery** /'səʊldʒərɪ/ N *(collective)* soldats *mpl*, militaires *mpl*

**sole**[1] /səʊl/ N (pl **sole** *or* **soles**) *(= fish)* sole *f* ; → **Dover, lemon**

**sole**[2] /səʊl/ N *[of shoe, sock, stocking]* semelle *f* ; *[of foot]* plante *f* ; → **inner** VT ressemeler ◆ **to have one's shoes ~d** faire ressemeler ses chaussures ◆ **crepe-/rubber-/leather-~d** avec semelles de crêpe/caoutchouc/cuir

**sole**[3] /səʊl/ ADJ a *(= only, single)* unique, seul ◆ **for the ~ purpose of ...** dans l'unique *or* le seul but de ... ◆ **the ~ reason** la seule *or* l'unique raison ◆ **their ~ surviving daughter** la seule de leurs filles qui soit encore en vie

b *(= exclusive) [right, possession]* exclusif ; *[responsibility]* entier ; *[heir]* universel ; *[owner]* unique ◆ **for the ~ use of ...** à l'usage exclusif de ... ◆ **to have ~ ownership of sth** être l'unique propriétaire de qch ◆ **~ supplier** *(Comm)* fournisseur *m* exclusif

COMP ▷ **sole agent** N *(Comm)* concessionnaire *mf* exclusif(-ive), dépositaire *mf* exclusif(-ive) ◆ **~ agent for Australia/for Collins dictionaries** distributeur *m* exclusif en Australie/des dictionnaires Collins ▷ **sole beneficiary** N *(Jur)* légataire *m* universel ▷ **sole legatee** N *(Jur)* légataire *mf* universel(le) ▷ **sole stockholder** N unique actionnaire *mf* ▷ **sole trader** N *(Comm)* gérant *m or* propriétaire *m* unique

**solecism** /'sɒləsɪzəm/ N *(Ling)* solécisme *m* ; *(= social offence)* manque *m* de savoir-vivre, faute *f* de goût

**solei** /'sɒlɪaɪ/ NPL of **soleus**

**solely** /'səʊllɪ/ ADV uniquement ◆ **to be ~ responsible for sth** être seul(e) responsable de qch ◆ **I am ~ to blame** je suis seul coupable, c'est entièrement de ma faute

**solemn** /'sɒləm/ ADJ *[mood, occasion, promise, music, warning]* solennel ; *[silence]* plein de solennité *or* de gravité ; *[face, expression]* grave ; *[person]* grave, solennel ◆ **it is my ~ duty to inform you that ...** il est de mon devoir de vous informer que ... *(frm)*

**solemnity** /sə'lemnɪtɪ/ N a *(NonC = solemnness) [of person, tone, occasion, music]* solennité *f* b *(= occasion)* solennité *f* ◆ **the solemnities** les solennités *fpl*

**solemnization** /ˌsɒləmnaɪ'zeɪʃən/ N *[of marriage]* célébration *f*

**solemnize** /'sɒləmnaɪz/ VT *[+ marriage]* célébrer ; *[+ occasion, event]* solenniser

**solemnly** /'sɒləmlɪ/ ADV *[swear, promise, utter]* solennellement ; *[say]* gravement, d'un ton solennel ; *[smile, nod, look at]* gravement

**solenoid** /'səʊlənɔɪd/ N *(Elec)* solénoïde *m*

**soleus** /'sɒlɪəs/ N (pl **solei**) muscle *m* soléaire

**sol-fa** /'sɒl'fɑː/ N (also **tonic sol-fa**) solfège *m*

**soli** /'səʊliː/ NPL of **solo**

**solicit** /sə'lɪsɪt/ VT solliciter *(sb for sth, sth from sb* qch de qn) ; *[+ vote]* solliciter, briguer ; *[+ alms]* quémander VI *[prostitute]* racoler

**solicitation** /səˌlɪsɪ'teɪʃən/ N sollicitation *f*

**soliciting** /sə'lɪsɪtɪŋ/ N racolage *m*

**solicitor** /sə'lɪsɪtəʳ/ N a *(Jur) (Brit) (for sales, wills)* ≈ notaire *m* ; *(in divorce, police, court cases)* ≈ avocat *m* ; → LAWYER *(US)* ≈ juriste *m* conseil *or* avocat *m* conseil attaché à une municipalité *etc* b *(US) (for contribution)* solliciteur *m*, -euse *f* ; *(for trade)* courtier *m*, placier *m* COMP ▷ **Solicitor General** N (pl **Solicitors General**) *(Brit)* adjoint *m* du procureur général ; *(US)* adjoint *m* du ministre de la Justice

**solicitous** /sə'lɪsɪtəs/ ADJ *(frm)* plein de sollicitude (*of sb* envers qn) ◆ **to be ~ of sb's interests/wishes** se soucier des intérêts/désirs de qn

**solicitously** /sə'lɪsɪtəslɪ/ ADV *(frm)* avec sollicitude

**solicitude** /sə'lɪsɪtjuːd/ N *(frm)* sollicitude *f*

**solid** /'sɒlɪd/ ADJ a *(= not liquid or gas)* solide ◆ **~ food** aliments *mpl* solides ◆ **to freeze ~** *(gen)* geler ; *[water, lake, pond, pipes]* geler ; *[oil]* se congeler ◆ **frozen ~** complètement gelé ◆ **to go** *or* **become ~** se solidifier ; see also **adv**

b *(= not hollow or plated) [tyre, ball, block]* plein ; *[layer, mass]* compact ; *[rock, oak, mahogany, gold, silver]* massif ◆ **the chain is made of ~ gold** la chaîne est en or massif ◆ **the door is made of ~ steel** la porte est tout en acier ◆ **cut in** *or* **out of (the) ~ rock** taillé à même le roc *or* dans la masse ◆ **the garden was a ~ mass of colour** le jardin resplendissait d'une profusion de couleurs ◆ **the square was ~ with cars** * la place était complètement embouteillée ◆ **the room was ~ with people** * la pièce était noire de monde ; see also **comp**

c *(= continuous) [row, line]* continu, ininterrompu ; *[rain]* ininterrompu ◆ **he was six foot six of ~ muscle** c'était un homme de deux mètres tout en muscles ◆ **I waited a ~ hour** j'ai attendu une heure entière ◆ **he slept 18 ~ hours** il a dormi 18 heures d'affilée ◆ **they worked for two ~ days** ils ont travaillé deux jours sans s'arrêter *or* sans relâche ◆ **it will take a ~ day's work** cela exigera une journée entière de travail ◆ **a rug like this would take three ~ weeks to make** un tapis comme celui-ci demande bien trois semaines de travail

d *(= substantial, reliable) [building, bridge, structure, grip, basis, relationship, majority, evidence, reasons]* solide ; *[meal]* consistant ; *[scholarship, piece of work, character, advice]* sérieux ; *[support]* indéfectible, ferme ; *[gains]* substantiel ; *[information]* sûr ◆ **a ~ grounding in mathematics** des connaissances *or* des bases solides en mathématiques ◆ **a man of ~ build** un homme solidement *or* bien bâti ◆ **a ~ citizen** un bon citoyen ◆ **~ middle-class values** les bonnes valeurs *fpl* bourgeoises ◆ **the Solid South** *(US Pol, Hist) États du Sud des États-Unis qui, depuis la guerre de Sécession, votaient traditionnellement pour le parti démocrate* ◆ **(as) ~ as a rock** *(lit) [structure, substance]* dur comme la pierre ; *(fig) [person]* solide comme un roc ; *[relationship]* indestructible ; see also **rock[2]** ; → **ground[1]**

e *(US* ‡ *= excellent)* super *

ADV ◆ **jammed ~** complètement bloqué *or* coincé ◆ **rusted ~** bloqué par la rouille, complètement rouillé ◆ **he was stuck ~ in the mud** il était complètement enlisé dans la boue ◆ **packed ~ (with people)** noir de monde ◆ **to be booked ~ (for three weeks)** *[hotel, venue, performer]* être complet (pendant trois semaines) ◆ **he slept for 18 hours ~** il a dormi 18 heures d'affilée ◆ **they worked for two days ~** ils ont travaillé deux jours de suite sans s'arrêter *or* sans relâche

N *(gen, Chem, Math, Phys)* solide *m* ◆ **~s** *(= food)* aliments *mpl* solides

COMP ▷ **solid angle** N *(Math)* angle *m* solide ▷ **solid compound** N *(Ling)* mot *m* composé ▷ **solid figure** N *(Math)* solide *m* ▷ **solid fuel** N *(= coal etc)* combustible *m* solide ; *(for rockets etc)* (also **solid propellant**) propergol *m* solide ▷ **solid-fuel heating** N chauffage *m* central au charbon *or* à combustibles solides ▷ **solid geometry** N *(Math)* géométrie *f* dans l'espace ▷ **solid propellant** N ⇒ **solid fuel** ▷ **solid-state** ADJ *[physics]* des solides ; *[electronic device]* à circuits intégrés ▷ **solid word** N *(Ling)* mot *m* simple

**solidarity** /ˌsɒlɪ'dærɪtɪ/ N *(NonC)* solidarité *f* ◆ **~ strike** *(Ind)* grève *f* de solidarité

**solidi** /'sɒlɪˌdaɪ/ NPL of **solidus**

**solidification** /səˌlɪdɪfɪ'keɪʃən/ N *[of liquid, gas]* solidification *f* ; *[of oil]* congélation *f*

**solidify** /sə'lɪdɪfaɪ/ VT *[+ liquid, gas]* solidifier ; *[+ oil]* congeler VI se solidifier, se congeler

**solidity** /sə'lɪdɪtɪ/ N solidité *f*

**solidly** /'sɒlɪdlɪ/ ADV a *(= firmly) [made, constructed]* solidement ◆ **~ built** *[structure]* solidement construit ; *[person]* solidement *or* bien bâti ◆ **Russia was ~ under communist rule** le communisme exerçait fermement son emprise sur la Russie ◆ **the idea was ~ based on the best psychological theory** cette idée était solidement fondée sur la meilleure théorie psychologique b *(= continuously)* sans arrêt c *[vote]* massivement, en masse ◆ **to be ~ behind sb/sth** soutenir qn/qch sans réserve ◆ **a ~ middle-class area** un quartier tout ce qu'il y a de bourgeois ◆ **the district of Morningside is ~ Conservative** le quartier de Morningside est un bastion conservateur

**solidus** /'sɒlɪdəs/ N (pl **solidi**) *(Typ)* barre *f* oblique

**soliloquize** /sə'lɪləkwaɪz/ VI soliloquer, monologuer ◆ **"perhaps" he ~d** "peut-être" dit-il, se parlant à lui-même

**soliloquy** /sə'lɪləkwɪ/ N soliloque *m*, monologue *m*

**solipsism** /'səʊlɪpsɪzəm/ N solipsisme *m*

**solitaire** /ˌsɒlɪ'tɛəʳ/ N a *(= stone, board game)* solitaire *m* b *(US Cards)* réussite *f*, patience *f*

**solitariness** /'sɒlɪtərɪnɪs/ N *[of life, task]* solitude *f*

**solitary** /'sɒlɪtərɪ/ ADJ a *(= lone, lonely) [person, life, activity, childhood]* solitaire ; *[place]* solitaire, retiré ◆ **a ~ hour** une heure de solitude ◆ **a ~ journey** un voyage en solitaire ◆ **she ate a ~ dinner** elle a pris son dîner seule *or* en solitaire ◆ **in ~ splendour** dans un splendide isolement b *(= sole)* seul, unique ◆ **one ~ tourist** un seul *or* unique touriste ◆ **with the ~ exception of ...** à la seule *or* l'unique exception de ... ◆ **not a ~ one** * pas un seul N * ⇒ **solitary confinement** COMP ▷ **solitary confinement** N ◆ **(in) ~ confinement** *(Jur)* (en) isolement *m* cellulaire

**solitude** /'sɒlɪtjuːd/ N solitude *f* ◆ **in ~** dans la solitude

**solo** /'səʊləʊ/ (pl **solos** *or* **soli**) N a *(Mus)* solo *m* ◆ **piano ~** solo *m* de piano b *(Cards:* also **solo whist**) whist-solo *m* ADV *[play, sing]* en solo ; *[fly]* en solo, en solitaire ◆ **to go ~** voler de ses propres ailes ◆ **he left the band to go ~** il a quitté le groupe pour entamer une carrière (en) solo ADJ *[instrument, album, artist]* solo *inv* ; *[performance]* en solo ; *[voice]* seul ; *[flight, crossing, journey]* en solitaire ◆ **a ~ piece** *or* **passage** un solo ◆ **his ~ career** sa carrière (en) solo

**soloist** /'səʊləʊɪst/ N soliste *mf*

**Solomon** /'sɒləmən/ N Salomon *m* ◆ **the judgement of ~** le jugement de Salomon ; → **song** COMP ▷ **the Solomon Islands** NPL les îles *fpl* Salomon

**solon** /'səʊlən/ N *(US)* législateur *m*

**solstice** /'sɒlstɪs/ N solstice *m* ◆ **summer/winter ~** solstice *m* d'été/d'hiver

**solubility** /ˌsɒljʊ'bɪlɪtɪ/ N solubilité *f*

**soluble** /'sɒljʊbl/ ADJ *[substance]* soluble ; *[problem]* résoluble, soluble ; → **water**

**solus** /'səʊləs/ *(Advertising)* ADJ *[advertisement, site, position]* isolé N annonce *f* isolée

**solution** /sə'luːʃən/ LANGUAGE IN USE 1.2 N a *(to problem etc)* solution *f* (*to* de) b *(Chem) (= act)* solution *f*, dissolution *f* ; *(= liquid)* solution *f* ; *(Pharm)* solution *f*, soluté *m* ◆ **in ~** en solution ; → **rubber[1]**

**solvable** /'sɒlvəbl/ ADJ soluble, résoluble

**solve** /sɒlv/ VT *[+ equation, difficulty, problem]* résoudre ; *[+ crossword puzzle]* réussir ; *[+ murder]* élucider, trouver l'auteur de ; *[+ mystery]* élucider ◆ **to ~ a riddle** trouver la solution d'une énigme *or* d'une devinette, trouver la clé d'une énigme ◆ **that question remains to be ~d** cette question est encore en suspens

**solvency** /'sɒlvənsɪ/ N solvabilité *f*

**solvent** /'sɒlvənt/ ADJ a *(Fin) [company, client]* solvable b * *[person]* qui a une bonne situation c *(Chem)* dissolvant N *(Chem)* solvant *m*, dissolvant *m* COMP ▷ **solvent abuse** N usage *m* de solvants

**Solzhenitsyn** /ˌsɒlʒə'nɪtsɪn/ N Soljenitsyne *m*

**Som.** abbrev of **Somerset**

**soma** /'səʊmə/ N (pl **somas** *or* **somata**) *(Physiol)* soma *m*

**Somali** /səʊ'mɑːlɪ/ ADJ somalien, somali ; *[ambassador, embassy]* de Somalie N a Somali(e) *m(f)*, Somalien(ne) *m(f)* b *(Ling)* somali *m* c *(= cat)* somali *m*

**Somalia** /səʊ'mɑːlɪə/ N Somalie *f*

**Somalian** /səʊ'mɑːlɪən/ ADJ somalien, somali N Somalien(ne) *m(f)*, Somali(e) *m(f)*

**Somaliland** /səʊ'mɑːlɪlænd/ N Somaliland *m* ◆ **in ~** au Somaliland

**somata** /'səʊmətə/ NPL of **soma**

**somatic** /səʊ'mætɪk/ ADJ somatique

**sombre, somber** *(US)* /'sɒmbəʳ/ ADJ *[colour, clothes, mood, outlook, prediction, prospect]* sombre ; *[person, thoughts, expression, voice]* sombre, morne ; *[message, speech, news]* pessimiste ; *[day, weather]* morne, maussade ;

*[atmosphere]* lugubre ◆ **on a ~ note** sur un ton pessimiste ◆ **to be in ~ mood** être d'humeur sombre ◆ **her face grew ~** son visage s'assombrit

**sombrely, somberly** *(US)* /'sɒmbəlɪ/ **ADV** *[say]* d'un ton morne ; *[look, nod]* d'un air sombre ◆ **~ dressed** habillé de sombre

**sombreness, somberness** *(US)* /'sɒmbənɪs/ **N** caractère *m* or aspect *m* sombre ; *(= colour)* couleur *f* sombre ; *(= darkness)* obscurité *f*

**sombrero** /sɒm'brɛərəʊ/ **N** sombrero *m*

## some /sʌm/

1 ADJECTIVE 2 PRONOUN 3 ADVERB

### 1 - ADJECTIVE

**a** [= a certain amount of, a little] du, de la, de l' ◆ **~ tea/ice cream/water** du thé/de la glace/de l'eau ◆ **have you got ~ money?** est-ce que tu as de l'argent ? ◆ **will you have ~ more meat?** voulez-vous encore de la viande *or* encore un peu de viande ?

**b** [= a certain number of] des ◆ **~ cakes** des gâteaux ◆ **there are ~ children outside** il y a des enfants dehors ◆ **I haven't seen him for ~ years** cela fait des années que je ne l'ai pas vu

Before an adjective **de** is often used without the article:

◆ **~ wonderful memories** de merveilleux souvenirs ◆ **I found ~ small mistakes** j'ai trouvé de petites erreurs

**c** [indefinite] un, une ◆ **~ woman was asking for her** il y avait une dame qui la demandait ◆ **give it to ~ child** donnez-le à un enfant ◆ **there must be ~ solution** il doit bien y avoir une solution ◆ **~ other day** un autre jour ◆ **at ~ restaurant in London** dans un restaurant de Londres ◆ **~ time last week** (un jour) la semaine dernière ◆ **in ~ way or (an)other** d'une façon ou d'une autre ◆ **~ other time maybe!** une autre fois peut-être ! ◆ **~ day** un de ces jours, un jour (ou l'autre) ◆ **~ more talented person** quelqu'un de plus doué ◆ **I read it in ~ book (or other)** je l'ai lu quelque part dans un livre

**d** [= a certain] ◆ **if you are worried about ~ aspect of your health ...** si un aspect quelconque de votre santé vous préoccupe ...

**e** [as opposed to others] ◆ **~ children like school** certains enfants aiment l'école ◆ **~ coffee is bitter** certains cafés sont amers ◆ **in ~ ways, he's right** dans un sens, il a raison ◆ **~ people like spinach, others don't** certains aiment les épinards, d'autres pas, il y a des gens qui aiment les épinards et d'autres non ◆ **~ people just don't care** il y a des gens qui ne s'en font pas ◆ **~ people say that ...** il y a des gens qui disent que ..., on dit que ... ◆ **~ people!** *(in exasperation)* il y en a qui exagèrent !, il y a des gens, je vous jure !

**f** [= a considerable amount of] ◆ **it took ~ courage to do that!** il a fallu du courage pour faire ça ! ◆ **he spoke at ~ length** il a parlé assez longuement ◆ **it's a matter of ~ importance** c'est une question assez importante ◆ **~ distance away, a shepherd was shouting to his dog** au loin, un berger criait après son chien

**g** [= a limited] ◆ **this will give you ~ idea of ...** cela vous donnera une petite idée de ... ◆ **that's ~ consolation!** c'est quand même une consolation ! ◆ **surely there's ~ hope she will recover?** il doit quand même y avoir une chance qu'elle guérisse ? ◆ **the book was ~ help, but not much** le livre m'a aidé un peu mais pas beaucoup

**h** [* : in exclamations, admiring] ◆ **that's ~ fish!** ça c'est ce qu'on appelle un poisson ! ◆ **she's ~ girl!** c'est une fille formidable ! * ◆ **that was ~ party!** ça a été une super fête ! * ◆ **you're ~ help!** *(iro)* tu parles d'une aide ! * ◆ **I'm trying to help! – ~ help!** j'essaie de t'aider ! – tu parles ! * ◆ **he says he's my friend – ~ friend!** il dit être mon ami – drôle d'ami ! *

### 2 - PRONOUN

**a** [= as opposed to others] certains *mpl*, certaines *fpl* ◆ **~ cheered, others shouted questions** certains applaudissaient, d'autres posaient des questions en criant à tue-tête ◆ **~ of my friends** certains de mes amis

Note the use of **d'entre** with personal pronouns:

◆ **~ of them were late** certains d'entre eux étaient en retard ◆ **~ of us knew him** certains d'entre nous le connaissaient

**b** [as opposed to all of them] quelques-uns *mpl*, quelques-unes *fpl* ◆ **I don't want them all, but I'd like ~** je ne les veux pas tous mais j'en voudrais quelques-uns

Even if not expressed, **of them** must be translated in French by **en**:

◆ **I've still got ~ (of them)** j'en ai encore quelques-uns ◆ **~ (of them) have been sold** on en a vendu quelques-uns *or* un certain nombre

**c** [= a certain amount or number: when object] en ◆ **I've got ~** j'en ai ◆ **have ~!** prenez-en ! ◆ **have ~ more** reprenez-en ◆ **give me ~!** donnez-m'en ! ◆ **if you find ~ tell me** si vous en trouvez dites-le-moi ◆ **do you need stamps? – it's okay, I've got ~** est-ce que tu as besoin de timbres ? – non, ça va, j'en ai

**d** [= a part] une partie ◆ **~ (of it) has been eaten** on en a mangé une partie ◆ **put ~ of the sauce into a bowl** versez une partie de la sauce dans un bol ◆ **have ~ of this cake** prenez un peu de gâteau ◆ **~ of this essay is interesting** cette dissertation est intéressante par endroits, il y a des choses intéressantes dans cette dissertation ◆ **I agree with ~ of what you said** je suis d'accord avec certaines des choses que vous avez dites ◆ **~ of what you say is true** il y a du vrai dans ce que vous dites

♦ **... and then some** * ◆ **it would cost twice that much and then ~** ça coûterait deux fois plus et même davantage ◆ **they accomplished all their objectives, and then ~** ils ont atteint tous leurs objectifs et les ont même dépassés

### 3 - ADVERB

**a** [= about] environ ◆ **there were ~ twenty houses** il y avait environ vingt maisons, il y avait une vingtaine de maisons

**b** [esp US * = a bit] ◆ **you'll feel better when you've slept ~** tu te sentiras mieux une fois que tu auras dormi un peu ◆ **I'll kill time by looking round ~** en attendant, je vais faire un petit tour

**c** [* : emphatic] ◆ **that's going ~!** c'est quelque chose ! ◆ **Edinburgh-London in five hours, that's going ~!** Édimbourg-Londres en cinq heures, c'est quelque chose !

---

**...some** /səm/ **N** *(in compounds)* groupe *m* de... ◆ **threesome** groupe de trois personnes ◆ **we went in a threesome** nous y sommes allés à trois ; → **foursome**

**somebody** /'sʌmbədɪ/ **PRON** **a** *(= some unspecified person)* quelqu'un ◆ **there is ~ at the door** il y a quelqu'un à la porte ◆ **there is ~ knocking at the door** on frappe à la porte ◆ **he was talking to ~ tall and dark** il parlait à quelqu'un de grand aux cheveux sombres ◆ **we need ~ really strong to do that** il nous faut quelqu'un de vraiment fort *or* quelqu'un qui soit vraiment fort pour faire cela ◆ **ask ~ French** demande à un Français (quelconque) ◆ **they've got ~ French staying with them** ils ont un Français *or* quelqu'un de français chez eux en ce moment ◆ **~ from the audience** quelqu'un dans l'auditoire *or* l'assemblée ◆ **~ or other** quelqu'un, je ne sais qui ◆ **~ up there loves me */hates me *** *(hum)* c'est/ce n'est pas mon jour de veine * ◆ **Mr Somebody-or-other** Monsieur Chose *or* Machin * ◆ **you must have seen ~!** tu as bien dû voir quelqu'un ! ; → **else**

**b** *(= important person)* personnage *m* important ◆ **she thinks she's ~** elle se prend pour quelqu'un, elle se croit quelqu'un ◆ **they think they are ~** *or* **somebodies** ils se prennent pour *or* ils se croient des personnages importants

**somehow** /'sʌmhaʊ/ **ADV** ◆ **~ or other** *(= in some way)* d'une manière ou d'une autre ; *(= for some reason)* pour une raison ou pour une autre ◆ **it must be done ~** il faut que ce soit fait d'une manière ou d'une autre ◆ **I managed it ~** j'y suis arrivé je ne sais comment ◆ **we'll manage ~** on se débrouillera * ◆ **~ we must find $500** d'une manière ou d'une autre nous devons nous procurer 500 dollars, nous devons nous débrouiller * pour trouver 500 dollars ◆ **Taiwan is ~ different from the rest of China** Taïwan est différente, d'une certaine manière, du reste de la Chine ◆ **I ~ doubt it** je ne sais pas pourquoi, mais j'en doute ◆ **it seems odd ~** je ne sais pas pourquoi mais ça semble bizarre ◆ **~ he's never succeeded** pour une raison ou pour une autre *or* je ne sais pas pourquoi, il n'a jamais réussi

**someone** /'sʌmwʌn/ **PRON** ⇒ **somebody**

**someplace** /'sʌmpleɪs/ **ADV** *(US)* ⇒ **somewhere**

**somersault** /'sʌməsɔːlt/ **N** **a** *(on ground, also accidental)* culbute *f* ; *(by child)* galipette *f* ; *(in air)* saut *m* périlleux ; *(by car)* tonneau *m* ◆ **to turn a ~** faire la culbute *or* un saut périlleux *or* un tonneau **b** *(fig = change of policy)* volte-face *f inv* ◆ **to do a ~** faire volte-face **VI** *[person]* faire la culbute, faire un *or* des saut(s) périlleux ; *[car]* faire un *or* plusieurs tonneau(x)

**something** /'sʌmθɪŋ/ **PRON** quelque chose *m* ◆ **~ moved over there** il y a quelque chose qui a bougé là-bas ◆ **~ must have happened to him** il a dû lui arriver quelque chose ◆ **~ unusual** quelque chose d'inhabituel ◆ **there must be ~ wrong** il doit y avoir quelque chose qui ne va pas ◆ **did you say ~?** pardon ?, comment ?, vous dites ? ◆ **I want ~ to read** je veux quelque chose à lire ◆ **I need ~ to eat** j'ai besoin de manger quelque chose ◆ **would you like ~ to drink?** voulez-vous boire quelque chose ? ◆ **give him ~ to drink** donnez-lui (quelque chose) à boire ◆ **he has ~ to live for at last** il a enfin une raison de vivre ◆ **you can't get ~ for nothing** on n'a rien pour rien ◆ **I'll have to tell him ~ or other** il faudra que je lui dise quelque chose *or* que je trouve *subj* quelque chose à lui dire ◆ **he whispered ~ or other in her ear** il lui a chuchoté quelque chose *or* on ne sait quoi à l'oreille ◆ **~ of the kind** quelque chose dans ce genre-là ◆ **there's ~ about her** *or* **she's got ~ about her I don't like** il y a chez elle *or* en elle quelque chose que je n'aime pas ◆ **there's ~ in what you say** il y a du vrai dans ce que vous dites ◆ **~ tells me that ...** j'ai l'impression que ... ◆ **here's ~ for your trouble** voici pour votre peine ◆ **give him ~ for himself** donnez-lui la pièce * *or* un petit quelque chose ◆ **you've got ~ there!** * là tu n'as pas tort !, c'est vrai ce que tu dis là ! ◆ **do you want to make ~ (out) of it?** *(challengingly)* tu cherches la bagarre ? * ◆ **that's (really) ~!** *, **that really is ~!** * c'est pas rien ! *, ça se pose là ! * ◆ **she has a certain ~** * elle a un petit quelque chose, elle a un certain je ne sais quoi ◆ **that certain ~** * **which makes all the difference** ce petit je ne sais quoi qui fait toute la différence ◆ **the 4-~** * **train** le train de 4 heures et quelques ◆ **it's sixty-~** c'est soixante et quelques ◆ **he's called Paul ~** il s'appelle Paul Chose *or* Paul quelque chose ◆ **that has ~ to do with accountancy** ça a quelque chose à voir avec la comptabilité ◆ **he's got ~ to do with it** *(= is involved)* il a quelque chose à voir là-dedans (*or* avec ça) ; *(= is responsible)* il y est pour quelque chose ◆ **he is ~ to do with Brown and Co** il a quelque chose à voir avec Brown et Cie ◆ **he is ~ (or other) in aviation** il est quelque chose dans l'aéronautique ◆ **I hope to see ~ of you** j'espère vous voir un peu ◆ **it is really ~ to find good coffee nowadays** ça n'est pas rien * de trouver du bon café aujourd'hui ◆ **he scored 300 points, and that's ~!** il a marqué 300 points et ça c'est quelque chose * *or* et ça n'est pas rien ! * ◆ **that's always ~** c'est toujours quelque chose, c'est toujours ça, c'est mieux que rien ◆ **he thinks he's ~** * il se croit quelque chose, il se prend pour quelqu'un ; → **else**

♦ **or something** ou quelque chose dans ce genre-là, ou quelque chose comme ça ◆ **he's got flu or ~** il a la grippe ou quelque chose comme ça *or* dans ce genre-là ◆ **do you think you're my boss or ~?** tu te prends pour mon patron ou quoi ? * ◆ **he fell off a wall or ~** il est tombé d'un mur ou quelque chose dans ce genre-là *, je crois qu'il est tombé d'un mur

♦ **something of** ◆ **he is ~ of a miser** il est quelque peu *or* plutôt avare ◆ **he is ~ of a pianist** il est assez bon pianiste, il joue assez bien du piano, il est assez doué pour le piano ◆ **it was ~ of a failure** c'était plutôt un échec

ADV **a** ◆ **he left ~ over £5,000** il a laissé plus de 5 000 livres, il a laissé dans les 5 000 livres et plus ◆ **~ under £10** un peu moins de 10 livres ◆ **he won ~ like 2,000 euros** il a gagné quelque chose comme 2 000 €, il a gagné dans les 2 000 € ◆ **it's ~ like 10 o'clock** il est 10 heures environ, il est quelque chose comme 10 heures ◆ **it weighs ~ around 5 kilos** ça pèse 5 kilos environ, ça pèse dans les 5 kilos, ça fait quelque chose comme 5 kilos ◆ **there were ~ like 80 people there** 80 personnes environ étaient présentes, il y avait quelque chose comme 80 personnes ◆ **he talks ~ like his father** il parle un peu comme son père ◆ **now that's ~ like a claret!** voilà ce que j'appelle un bordeaux !, ça au moins c'est du bordeaux ! ◆ **now that's ~ like it!** * ça au moins c'est bien *or* c'est vraiment pas mal ! *

**b** *( *: emphatic)* **it was ~ dreadful!** c'était vraiment épouvantable ! ◆ **the weather was ~ shocking!** comme mauvais temps ça se posait là ! * ◆ **the dog was howling ~ awful** le chien hurlait que c'en était abominable *, le chien hurlait fallait voir comme ‡

**-something** /ˈsʌmθɪŋ/ ADJ *(in compounds)* ◆ **he's thirty-something** il a une trentaine d'années ◆ **thirty-something couples** les couples *mpl* d'une trentaine d'années N *(in compounds)* ◆ **most American twenty-somethings do not vote** la plupart des Américains d'une vingtaine d'années ne votent pas

**sometime** /ˈsʌmtaɪm/ ADV **a** *(in past)* **~ last month** le mois dernier, au cours du mois dernier ◆ **it was ~ last May** c'était en mai, je ne sais plus exactement quand ◆ **it was ~ last winter** c'était l'hiver dernier, je ne sais plus exactement quand ◆ **it was ~ before 1950** c'était avant 1950, je ne sais plus exactement quand **b** *(in future)* un de ces jours, un jour ou l'autre ◆ **~ soon** bientôt, avant peu ◆ **~ before January** d'ici janvier ◆ **~ next year** (dans le courant de) l'année prochaine ◆ **~ after my birthday** après mon anniversaire ◆ **~ or (an)other it will have to be done** il faudra bien le faire à un moment donné ADJ **a** *(= former)* ancien *before n* ◆ **it's a ~ thing** * *(US)* cela appartient au passé **b** *(US = occasional)* intermittent

**sometimes** /ˈsʌmtaɪmz/ ADV quelquefois, parfois ◆ **Burma, ~ known as Myanmar** la Birmanie, parfois appelée Myanmar ◆ **it is ~ difficult to ...** il est parfois difficile de ..., il peut être difficile de ... ◆ **he ~ forgets his glasses** il lui arrive d'oublier ses lunettes ◆ **you can be a real pain ~!** * qu'est-ce que tu peux être embêtant des fois ! * ◆ **~ he agrees, ~ not** tantôt il est d'accord et tantôt non

**somewhat** /ˈsʌmwɒt/ ADV *(frm)* quelque peu ; *(with comparatives)* un peu ◆ **~ surprising** quelque peu *or* relativement surprenant ◆ **~ easier** un peu plus facile ◆ **it amused him ~** cela l'a quelque peu amusé ◆ **he greeted me ~ brusquely** il m'a salué avec une certaine brusquerie ◆ **it was ~ of a failure** c'était plutôt un échec, c'était plus ou moins un échec ◆ **more than ~** vraiment ◆ **I was more than ~ annoyed** *(hum)* j'étais plus qu'irrité

**somewhere** /ˈsʌmweəʳ/ ADV quelque part ◆ **~ or other** quelque part, je ne sais où ◆ **~ in France** quelque part en France ◆ **~ near Paris** (quelque part) près de *or* dans les environs de Paris ◆ **~ about or around here** quelque part par ici, pas loin d'ici ◆ **~ around 10 million people** environ *or* à peu près 10 millions de personnes ◆ **~ else** ailleurs ◆ **let's go ~ nice/cheap** allons dans un endroit agréable/bon marché ◆ **he's in the garden or ~** il est dans le jardin je crois ◆ **have you got ~ to stay?** avez-vous un endroit où loger ? ◆ **now we're getting ~!** enfin nous faisons des progrès !

**Somme** /sɒm/ N *(= river)* Somme *f* ◆ **the Battle of the ~** la bataille de la Somme

**somnambulism** /sɒmˈnæmbjʊlɪzəm/ N somnambulisme *m*

**somnambulist** /sɒmˈnæmbjʊlɪst/ N somnambule *mf*

**somniferous** /sɒmˈnɪfərəs/ ADJ somnifère, soporifique

**somnolence** /ˈsɒmnələns/ N somnolence *f*

**somnolent** /ˈsɒmnələnt/ ADJ somnolent

**son** /sʌn/ N fils *m* ◆ **I've got three ~s** j'ai trois fils *or* trois garçons ◆ **Son of God/Man** *(Rel)* Fils de Dieu/de l'Homme ◆ **his ~ and heir** son héritier ◆ **the ~s of men** *(liter)* les hommes *mpl* ◆ **he is his father's ~** *(in looks)* c'est tout le portrait de son père ; *(in character)* c'est bien le fils de son père ◆ **every mother's ~ of them** tous tant qu'ils sont (*or* étaient *etc*) ◆ **come here ~!** * viens ici mon garçon ! ; → **father** COMP ▷ **son-in-law** N (pl **sons-in-law**) gendre *m*, beau-fils *m* ▷ **son-of-a-bitch** *‡ N (pl **sons-of-bitches**) salaud ‡ *m*, fils *m* de pute ‡ ▷ **son-of-a-gun** ‡ N (pl **sons-of-guns**) (espèce *f* de) vieille fripouille *f or* vieux coquin *m*

**sonar** /ˈsəʊnɑːʳ/ N sonar *m*

**sonata** /səˈnɑːtə/ N sonate *f* COMP ▷ **sonata form** N forme *f* sonate

**sonatina** /ˌsɒnəˈtiːnə/ N sonatine *f*

**sonde** /sɒnd/ N *(Met, Space)* sonde *f*

**sone** /səʊn/ N sone *f*

**song** /sɒŋ/ N *(gen)* chanson *f* ; *(more formal)* chant *m* ; *[of birds]* chant *m*, ramage *m* ◆ **festival of French ~** festival *m* de chant français *or* de la chanson française ◆ **to break** *or* **burst into ~** se mettre à chanter (une chanson *or* un air), entonner une chanson *or* un air ◆ **give us a ~** chante-nous quelque chose ◆ **it was going for a ~** c'était à vendre pour presque rien *or* pour une bouchée de pain ◆ **what a ~ and dance** * **there was!** ça a fait une de ces histoires ! * ◆ **there's no need to make a ~ and dance** * **about it** il n'y a pas de quoi en faire toute une histoire * *or* tout un plat * ◆ **to give sb the same old ~ and dance** * *(US = excuse)* débiter les excuses habituelles à qn ◆ **to be on ~** *(Brit)* être en pleine forme ; → **marching, singsong**

COMP ▷ **song cycle** N cycle *m* de chansons ▷ **song hit** N chanson *f* à succès, tube * *m* ▷ **the Song of Solomon**, **the Song of Songs** N le cantique des cantiques ▷ **song sheet** N feuillet *m* de chanson ◆ **to be singing from the same ~ sheet** *(fig)* parler d'une même voix ▷ **song thrush** N grive *f* musicienne ▷ **song without words** N romance *f* sans paroles ▷ **song writer** N *(words)* parolier *m*, -ière *f*, auteur *m* de chansons ; *(music)* compositeur *m*, -trice *f* de chansons ; *(both)* auteur-compositeur *m*

**songbird** /ˈsɒŋbɜːd/ N oiseau *m* chanteur

**songbook** /ˈsɒŋbʊk/ N recueil *m* de chansons

**songfest** /ˈsɒŋfest/ N *(US)* festival *m* de chansons

**songsmith** /ˈsɒŋsmɪθ/ N parolier *m*, -ière *f*

**songster** /ˈsɒŋstəʳ/ N *(= singer)* chanteur *m* ; *(= bird)* oiseau *m* chanteur

**songstress** /ˈsɒŋstrɪs/ N chanteuse *f*

**sonic** /ˈsɒnɪk/ ADJ *[speed]* sonique ; *[wave]* sonore N *(NonC)* ◆ **~s** l'acoustique *f (dans le domaine transsonique)* COMP ▷ **sonic barrier** N mur *m* du son ▷ **sonic boom** N bang *m inv* (supersonique) ▷ **sonic depth-finder** N sonde *f* à ultra-sons ▷ **sonic mine** N mine *f* acoustique

**sonnet** /ˈsɒnɪt/ N sonnet *m*

**sonny** * /ˈsʌnɪ/ N mon (petit) gars *, fiston * *m* ◆ **~ boy, ~ Jim** mon gars *, fiston *

**sonority** /səˈnɒrɪtɪ/ N sonorité *f*

**sonorous** /ˈsɒnərəs/ ADJ *[voice]* sonore ; *[sound]* éclatant, retentissant ; *[language, rhetoric]* grandiloquent

**sonorously** /ˈsɒnərəslɪ/ ADV *[say]* d'une voix sonore

**sonorousness** /ˈsɒnərəsnɪs/ N sonorité *f*

**soon** /suːn/ ADV **a** *(= before long)* bientôt ; *(= quickly)* vite ◆ **we shall ~ be in Paris** nous serons bientôt à Paris, nous serons à Paris dans peu de temps *or* sous peu ◆ **you would ~ get lost** vous seriez vite perdu ◆ **he ~ changed his mind** il a vite changé d'avis, il n'a pas mis longtemps *or* il n'a pas tardé à changer d'avis ◆ **I'll ~ finish this!** ça sera vite terminé ! ◆ **(I'll) see you ~!** à bientôt ! ◆ **very ~** très vite, très bientôt * ◆ **quite ~** dans assez peu de temps, assez vite ◆ **~ afterwards** peu après ◆ **quite ~ afterwards** assez peu de temps après ◆ **all too ~ it was**

**over** ce ne fut que trop vite fini ◆ **all too ~ it was time to go** malheureusement il a bientôt fallu partir ◆ **the holidays can't come ~ enough!** vivement les vacances ! ◆ **they'll find out ~ enough!** ils le sauront bien assez tôt !

b *(= early)* tôt ◆ **why have you come so ~?** pourquoi êtes-vous venu si tôt ? ◆ **I expected you much ~er than this** je vous attendais bien plus tôt (que cela) *or* bien avant ◆ **I couldn't get here any ~er** je n'ai pas pu arriver plus tôt ◆ **how ~ can you get here?** dans combien de temps au plus tôt peux-tu être ici ?, quel jour (*or* à quelle heure *etc*) peux-tu venir au plus tôt ? ◆ **how ~ will it be ready?** dans combien de temps *or* quand est-ce que ce sera prêt ? ◆ **Friday is too ~** vendredi c'est trop tôt ◆ **we were none too ~** il était temps que nous arrivions *subj*, nous sommes arrivés juste à temps ◆ **and none too ~ at that!** et ce n'est pas trop tôt ! ◆ **must you leave so ~?** faut-il que vous partiez *subj* déjà *or* si tôt ?, quel dommage que vous deviez *subj* partir déjà *or* si tôt ! ◆ **so ~?** déjà ? ◆ **on Friday at the ~est** vendredi au plus tôt, pas avant vendredi ◆ **in five years or at his death, whichever is the ~er** dans cinq ans ou à sa mort, s'il meurt avant cinq ans *or* si celle-ci survient avant ◆ **he could (just) as ~ fly to the moon as pass that exam** il a autant de chances de réussir cet examen que d'aller sur la lune

c *(set structures)*

◆ **as soon as** ◆ **as ~ as possible** dès que possible, aussitôt que possible ◆ **I'll do it as ~ as I can** je le ferai dès que je pourrai *or* aussitôt que possible ◆ **let me know as ~ as you've finished** prévenez-moi dès que *or* aussitôt que vous aurez fini ◆ **as ~ as he spoke to her he knew ...** aussitôt qu'il lui a parlé il a su ... ◆ **as ~ as 7 o'clock** dès 7 heures

◆ **no sooner ...** ◆ **no ~er had he finished than his brother arrived** à peine avait-il fini que son frère est arrivé ◆ **no ~er said than done!** aussitôt dit aussitôt fait !

◆ **the sooner ...** ◆ **the ~er we get started the ~er we'll be done** plus tôt nous commencerons plus tôt nous aurons fini, plus tôt commencé plus tôt fini ◆ **the ~er the better!** le plus tôt sera le mieux ! ; *(iro)* il serait grand temps !, ça ne serait pas trop tôt !

◆ **sooner or later** tôt ou tard

d *(expressing preference)* **I'd ~er you didn't tell him** je préférerais que vous ne le lui disiez *subj* pas ◆ **I'd as ~ you ...** j'aimerais autant que vous ... + *subj* ◆ **I would ~er stay here than go** je préférerais rester ici (plutôt) que d'y aller ◆ **I would just as ~ stay here with you** j'aimerais tout autant rester ici avec vous, cela me ferait tout autant plaisir de rester ici avec vous ◆ **he would as ~ die as betray his friends** il préférerait mourir plutôt que de trahir ses amis ◆ **will you go? – I'd ~er not** *or* **I'd as ~ not!** est-ce que tu iras ? — je n'y tiens pas *or* je préférerais pas ! * ◆ **I'd ~er die!** plutôt mourir ! ◆ **what would you ~er do?** qu'est-ce que vous aimeriez mieux (faire) *or* vous préféreriez (faire) ? ◆ **~er than have to speak to her, he left** plutôt que d'avoir à lui parler il est parti ◆ **she'd marry him as ~ as not** elle l'épouserait volontiers, elle aimerait bien l'épouser ◆ **~er you than me!** * je n'aimerais pas être à ta place, je te souhaite bien du plaisir ! * *(iro)*

**sooner** /ˈsuːnəʳ/ ADV compar of **soon** N *(US)* pionnier *m* de la première heure *(dans l'Ouest des États-Unis)* COMP ▷ **the Sooner State** N *(US)* l'Oklahoma *m*

**soonish** /ˈsuːnɪʃ/ ADV bientôt (mais pas tout de suite)

**soot** /sʊt/ N *(NonC)* suie *f*

► **soot up** 1 VI s'encrasser
2 VT SEP encrasser

**sooth** †† /suːθ/ N ◆ **in ~** en vérité

**soothe** /suːð/ VT *[+ person]* calmer, apaiser ; *[+ nerves, mind, pain]* calmer ; *[+ anger, anxieties]* apaiser ; *[+ sb's vanity]* flatter ◆ **to ~ sb's fears** apaiser les craintes de qn, tranquilliser qn

**soothing** /ˈsuːðɪŋ/ ADJ *[bath, massage]* relaxant ; *[voice, words, music, manner]* apaisant ; *[drink]* calmant ; *[lotion, ointment]* adoucissant ; *[presence]* rassurant, réconfortant ◆ **the ~ effect of lavender oil/a glass of sherry** l'effet apaisant de l'huile de lavande/d'un verre de sherry

**soothingly** /ˈsuːðɪŋlɪ/ ADV *[say, whisper]* d'un ton apaisant ◆ **~ familiar** familier et réconfortant ◆ **~ cool** frais et apaisant

**soothsayer** /ˈsuːθseɪəʳ/ N devin *m*, devineresse *f*

**soothsaying** /ˈsuːθseɪɪŋ/ N divination *f*

**sooty** /ˈsʊtɪ/ ADJ *[object, surface]* couvert *or* noir de suie ; *[fumes, exhaust]* chargé de suie ; *[chimney, flue]* plein de suie ; *[flame]* fuligineux ; *[powder]* qui a l'aspect de la suie ◆ **~ particles** particules *fpl* de suie ◆ **a ~ black colour** un noir charbonneux *or* fuligineux

**SOP** /ˌesəʊˈpiː/ N (abbrev of **standard operating procedure**) → **standard**

**sop** /sɒp/ N a *(Culin)* morceau *m* de pain *(trempé dans du lait, du jus de viande etc)*, mouillette *f* ◆ **he can eat only ~s** il ne peut rien manger de trop solide, il doit se nourrir d'aliments semi-liquides ◆ **it's just a ~ to Cerberus** c'est simplement pour le (*or* les *etc*) ramener à de meilleures dispositions ◆ **he gave the guard £10 as a ~** il a donné 10 livres au gardien pour s'acheter ses bons services *or* pour lui graisser la patte * ◆ **it's a ~ to my conscience** c'est pour faire taire ma conscience ◆ **as a ~ to his pride, I agreed** j'ai accepté pour flatter son amour-propre ◆ **he only said that as a ~ to the unions** il a dit cela uniquement pour amadouer les syndicats

b *(* = sissy) (man)* poule *f* mouillée, lavette * *f* ; *(woman)* femme *f* très fleur bleue

► **sop up** VT SEP *[+ spilt liquid] [sponge, rag]* absorber ; *[person]* éponger (*with* avec) ◆ **he ~ped up the gravy with some bread** il a saucé son assiette avec un morceau de pain

**Sophia** /səʊˈfaɪə/ N Sophie *f*

**sophism** /ˈsɒfɪzəm/ N ⇒ **sophistry**

**sophist** /ˈsɒfɪst/ N sophiste *mf* ◆ **Sophists** *(Hist Philos)* sophistes *mpl*

**sophistical** /səˈfɪstɪkəl/ ADJ sophistique, captieux

**sophisticate** /səˈfɪstɪkeɪt/ N raffiné(e) *m(f)*, élégant(e) *m(f)*

**sophisticated** /səˈfɪstɪkeɪtɪd/ ADJ a *(= complex, advanced) [equipment, system, technique]* sophistiqué, (très) élaboré b *(= refined) [person, tastes, lifestyle]* raffiné c *(= intelligent, subtle) [person]* averti ; *[approach, analysis, understanding]* subtil ; *[play, film, book]* subtil, complexe

**sophistication** /səˌfɪstɪˈkeɪʃən/ N a *(= complexity) [of equipment, system, technique]* sophistication *f* b *(= refinement) [of person, tastes, lifestyle]* raffinement *m* c *(= intelligence, subtlety)* raffinement *m* ; *[of approach, analysis, understanding]* subtilité *f* ; *[of film, novel]* subtilité *f*, complexité *f* ◆ **the job demands a high level of political ~** cet emploi exige une grande subtilité politique *or* un grand sens politique

**sophistry** /ˈsɒfɪstrɪ/ N *(NonC)* sophistique *f* ◆ **(piece of) ~** sophisme *m* ◆ **Sophistry** *(Hist Philos)* sophistique *f*

**Sophocles** /ˈsɒfəkliːz/ N Sophocle *m*

**sophomore** /ˈsɒfəmɔːʳ/ N *(US)* étudiant(e) *m(f)* de seconde année

**sophomoric** /ˌsɒfəˈmɔːrɪk/ ADJ *(US pej)* aussi prétentieux qu'ignorant

**soporific** /ˌsɒpəˈrɪfɪk/ ADJ a *(= sedative)* soporifique ◆ **too much wine can be ~** trop de vin peut avoir un effet soporifique b *(* = boring)* soporifique * N somnifère *m*

**sopping** * /ˈsɒpɪŋ/ ADJ (also **sopping wet**) *[person]* trempé (jusqu'aux os) ; *[clothes]* à tordre

**soppy** * /ˈsɒpɪ/ ADJ *(Brit)* a *(= sentimental) [person]* fleur bleue *inv*, sentimental ; *[film, book, story]* à l'eau de rose, sentimental ◆ **people who are ~ about cats** les gens qui sont gagas * avec les chats b *(= silly) [person]* bêbête * ; *[action]* bête ◆ **don't be so ~!** ne sois pas si bête ! c *(† = feeble, weedy)* mollasson * ◆ **he's a ~ git** c'est une mauviette *or* un mollasson *

**soprano** /səˈprɑːnəʊ/ N (pl **sopranos** *or* **soprani** /səˈprɑːniː/) *(= singer)* soprano *mf*, soprane *mf* ; *(= voice, part)* soprano *m* ◆ **to sing ~** avoir une voix de soprano ; → **boy** ADJ *[part, voice, repertoire]* de soprano ; *[aria]* pour soprano ; *[instrument]* soprano *inv* ◆ **the ~ saxophone** le saxophone soprano ◆ **the ~ clef** la clef d'ut dernière ligne

**sorb** /sɔːb/ N *(= tree)* sorbier *m* ; *(= fruit)* sorbe *f*

**sorbet** /ˈsɔːbeɪ, ˈsɔːbɪt/ N a *(= water ice)* sorbet *m* ◆ **lemon ~** sorbet *m* au citron b *(US)* ⇒ **sherbet a**

**sorbic** /ˈsɔːbɪk/ ADJ ◆ **~ acid** acide *m* sorbique

**sorbitol** /ˈsɔːbɪtɒl/ N sorbitol *m*

**sorcerer** /ˈsɔːsərəʳ/ N sorcier *m* ◆ **the Sorcerer's Apprentice** *(Mus etc)* l'Apprenti sorcier *m*

**sorceress** /ˈsɔːsəres/ N sorcière *f*

**sorcery** /ˈsɔːsərɪ/ N sorcellerie *f*

**sordid** /ˈsɔːdɪd/ ADJ *[conditions, surroundings, affair, episode, detail]* sordide ; *[motive, action]* sordide, honteux ; *[behaviour]* abject, honteux

**sordidly** /ˈsɔːdɪdlɪ/ ADV sordidement

**sordidness** /ˈsɔːdɪdnɪs/ N *[of conditions, surroundings]* aspect *m* sordide ; *(fig) [of behaviour, motive, method]* bassesse *f* ; *[of agreement, deal]* caractère *m* honteux ; *[of crime, greed, gains]* caractère *m* sordide ; *[of film, book]* saleté *f*

**sore** /sɔːʳ/ ADJ a *(= inflamed)* irrité

b *(= painful)* douloureux ◆ **to have a ~ throat** avoir mal à la gorge ◆ **I'm ~ all over** j'ai mal partout ◆ **to have a ~ head** *(= headache)* avoir mal à la tête ◆ **to stick out** *or* **stand out like a ~ thumb** * *(= be obvious)* crever les yeux ; *(= stand out visually)* faire tache, détonner ◆ **a ~ spot** *(lit)* une zone sensible ; *(fig)* un sujet délicat ◆ **it's a ~ point (with him)** c'est un sujet qu'il vaut mieux éviter (avec lui) ; → **bear**[2], **sight**

c *(esp US * = offended, resentful)* vexé ◆ **I really feel ~ about it** ça m'a vraiment vexé ◆ **to get ~** se vexer ◆ **don't get ~!** ne te vexe pas ! ◆ **to be** *or* **feel ~ at** *or* **with sb** en vouloir à qn ◆ **to get ~ at** *or* **with sb** s'emporter contre qn

d *(†† or liter)* ◆ **to be in ~ need of sth** avoir grandement besoin de qch ◆ **to be ~ at heart** être affligé *or* désolé

ADV ◆ **to be ~ afraid** †† avoir grand-peur

N *(Med)* plaie *f* ◆ **to open up old ~s** rouvrir *or* raviver d'anciennes blessures *(fig)* → **running**

**sorehead** * /ˈsɔːhed/ N *(US)* râleur * *m*, -euse * *f*, rouspéteur * *m*, -euse * *f*

**sorely** /'sɔːlɪ/ ADV *(frm)* *[wounded]* gravement, grièvement ; *[disappointed]* cruellement ◆ **~ tempted** fortement tenté ◆ **modern equipment is ~ lacking** on manque cruellement de matériel moderne, le matériel moderne fait cruellement défaut ◆ **reform is ~ needed** on a grand besoin de réformes ◆ **to be ~ tested** *or* **tried** *[person, patience]* être mis à rude épreuve ◆ **she will be ~ missed** elle nous (*or* leur *etc*) manquera énormément

**soreness** /'sɔːnɪs/ N **a** *(= pain)* douleur *f* ◆ **muscle ~** douleurs *fpl* musculaires **b** * *(= annoyance)* contrariété *f*, irritation *f* ; *(= bitterness)* amertume *f* ; *(= anger)* colère *f*, rogne * *f*

**sorghum** /'sɔːgəm/ N sorgho *m*

**soroptimist** /sɒ'rɒptɪmɪst/ N *membre d'une association internationale pour les femmes dans les professions libérales*

**sorority** /sə'rɒrɪtɪ/ N *(US Univ)* association *f* d'étudiantes

> **Sorority, Fraternity**
>
> Beaucoup d'universités américaines possèdent des associations d'étudiants très sélectives, appelées **sororities** pour les femmes et **fraternities** pour les hommes, qui organisent des soirées, récoltent des fonds pour des œuvres de bienfaisance et cherchent à se distinguer des autres fraternités du même type. Le nom de ces associations est souvent formé à partir de deux ou trois lettres de l'alphabet grec : par exemple, « Kappa Kappa Gamma **sorority** » ou « Sigma Chi **fraternity** ».

**sorrel** /'sɒrəl/ N **a** *(Bot)* oseille *f* **b** *(= horse)* alezan *m* clair ; *(= colour)* roux *m*, brun rouge *m* ADJ *[horse]* alezan *inv*

**sorrow** /'sɒrəʊ/ LANGUAGE IN USE 24.4 N peine *f*, chagrin *m* ; *(stronger)* douleur *f* ◆ **his ~ at the loss of his son** le chagrin qu'il a éprouvé à la mort de son fils ◆ **to my (great) ~** à mon grand chagrin, à ma grande douleur ◆ **this was a great ~ to me** j'en ai eu beaucoup de peine *or* de chagrin ◆ **he was a great ~ to her** il lui a causé beaucoup de peine *or* de chagrin ◆ **more in ~ than in anger** avec plus de peine que de colère ◆ **the Man of Sorrows** *(Rel)* l'Homme *m* de douleur ; → **drown** VI ◆ **to ~ over** *[+ sb's death, loss]* pleurer ; *[+ news]* déplorer, se lamenter de ◆ **she sat ~ing by the fire** elle était assise au coin du feu toute à son chagrin

**sorrowful** /'sɒrəʊfʊl/ ADJ triste

**sorrowfully** /'sɒrəʊfəlɪ/ ADV *[look, shake head]* tristement, d'un air triste ; *[say]* d'un ton triste

**sorrowing** /'sɒrəʊɪŋ/ ADJ affligé

**sorry** /'sɒrɪ/ LANGUAGE IN USE 12.1, 18.1, 18.2 ADJ **a** *(= regretful)* désolé ◆ **I was ~ to hear of your accident** j'ai été désolé *or* navré d'apprendre que vous aviez eu un accident ◆ **I am ~ I cannot come** je regrette *or* je suis désolé de ne (pas) pouvoir venir ◆ **I am ~ she cannot come** je regrette *or* je suis désolé qu'elle ne puisse (pas) venir ◆ **I am ~ to have to tell you that ...** je regrette d'avoir à vous dire que ... ◆ **we are ~ to inform you ...** *(frm)* nous avons le regret de vous informer ... ◆ **he didn't pass, I'm ~ to say** il a échoué hélas *or* malheureusement ◆ **(I'm) ~ I am late, I'm ~ to be late** excusez-moi *or* je suis désolé d'être en retard ◆ **say you're ~!** dis *or* demande pardon ! ◆ **~!, ~ about that!** * pardon !, excusez-moi !, je suis désolé ! ◆ **I'm very** *or* **terribly ~** je suis vraiment désolé *or* navré ◆ **awfully ~!, so ~!** oh pardon !, excusez-moi !, je suis vraiment désolé ! ◆ **will you go? – I'm ~ I can't** est-ce que tu vas y aller ? — impossible hélas *or* (je suis) désolé mais je ne peux pas ◆ **can you do it? – no, ~** est-ce que tu peux le faire ? — non, désolé *or* désolé, je ne peux pas *or* malheureusement pas ◆ **~?** *(requesting repetition)* pardon ? ◆ **I am ~ to disturb you** je suis désolé de vous déranger, excusez-moi de vous déranger ◆ **I am** *or* **feel ~ about all the noise yesterday** je regrette beaucoup qu'il y ait eu tellement de bruit hier ◆ **~ about that vase!** excusez-moi pour ce vase ! ◆ **you'll be ~ for this!** vous le regretterez !, vous vous en repentirez !

**b** *(= pitying)* **to be** *or* **feel ~ for sb** plaindre qn ◆ **I feel so ~ for her since her husband died** elle me fait pitié depuis la mort de son mari ◆ **I'm ~ for you but you should have known better** je suis désolé pour vous *or* je vous plains mais vous auriez dû être plus raisonnable ◆ **if he can't do better than that then I'm ~ for him** *(iro)* s'il ne peut pas faire mieux, je regrette pour lui *or* je le plains ◆ **there's no need to feel** *or* **be ~ for him** il est inutile de le plaindre, il n'est pas à plaindre ◆ **to be** *or* **feel ~ for o.s.** se plaindre (de son sort), s'apitoyer sur soi-même *or* sur son propre sort ◆ **he looked very ~ for himself** il faisait piteuse mine

**c** *(= woeful)* *[condition]* triste ; *[excuse]* piètre ◆ **to be in a ~ plight** être dans une triste situation, être en fâcheuse posture ◆ **to be in a ~ state** être dans un triste état, être en piteux état ◆ **he was a ~ figure** il faisait triste *or* piteuse figure ◆ **a ~ sight** un triste spectacle, un spectacle désolant *or* affligeant ◆ **it was a ~ tale of mismanagement and inefficiency** c'était une lamentable *or* déplorable histoire de mauvaise gestion et d'inefficacité

**sort** /sɔːt/ N **a** *(= class, variety, kind, type)* *(gen)* sorte *f*, genre *m* ; *[of animal, plant]* sorte *f*, espèce *f* ; *(= make)* *[of car, machine, coffee etc]* marque *f* ◆ **this ~ of book** cette sorte *or* ce genre de livre ◆ **books of all ~s** des livres de toutes sortes *or* de tous genres ◆ **... and all ~s of things** ... et toutes sortes de choses encore, ... et j'en passe, ... et que sais-je ◆ **this ~ of thing(s)** ce genre de chose(s) ◆ **what ~ of flour do you want? – the ~ you gave me last time** quelle sorte de farine voulez-vous ? — la même que celle que vous m'avez donnée la dernière fois ◆ **what ~ of car is it?** quelle marque de voiture est-ce ? ◆ **what ~ of man is he?** quel genre *or* type d'homme est-ce ? ◆ **what ~ of dog is he?** qu'est-ce que c'est comme (race de) chien ? ◆ **he is not the ~ of man to refuse** ce n'est pas le genre d'homme à refuser, il n'est pas homme à refuser ◆ **he's not that ~ of person** ce n'est pas son genre ◆ **I'm not that ~ of girl!** ce n'est pas mon genre !, mais pour qui me prenez-vous ? ◆ **that's the ~ of person I am** c'est comme ça que je suis (fait) ◆ **what ~ of people does he think we are?** (mais enfin) pour qui nous prend-il ? ◆ **what ~ of a fool does he take me for?** (non mais *) il me prend pour un imbécile ! ◆ **what ~ of behaviour is this?** qu'est-ce que c'est que cette façon de se conduire ? ◆ **what ~ of an answer do you call that?** vous appelez ça une réponse ? ◆ **classical music is the ~ she likes most** c'est la musique classique qu'elle préfère ◆ **and all that ~ of thing** et autres choses du même genre, et tout ça * ◆ **you know the ~ of thing I mean** vous voyez (à peu près) ce que je veux dire ◆ **I don't like that ~ of talk/behaviour** je n'aime pas ce genre de conversation/de conduite ◆ **he's the ~ that will cheat** il est du genre à tricher ◆ **I know his ~!** je connais les gens de son genre *or* espèce ! ◆ **your ~ * never did any good** les gens de votre genre *or* espèce ne font rien de bien ◆ **they're not our ~ *** ce ne sont pas des gens comme nous ◆ **it's my ~ * of film** c'est le genre de film que j'aime *or* qui me plaît

**b** *(in phrases)* **something of the ~** quelque chose de ce genre(-là) *or* d'approchant ◆ **this is wrong – nothing of the ~!** c'est faux — pas le moins du monde ! ◆ **I shall do nothing of the ~!** je n'en ferai rien !, certainement pas ! ◆ **I will have nothing of the ~!** je ne tolérerai pas cela ! ◆ **it was beef of a ~** *(pej)* c'était quelque chose qui pouvait passer pour du bœuf ◆ **he is a painter of ~s** c'est un peintre si l'on peut dire ◆ **after a ~, in some ~** dans une certaine mesure, en quelque sorte ◆ **to be out of ~s** ne pas être dans son assiette ◆ **it takes all ~s (to make a world)** *(Prov)* il faut de tout pour faire un monde *(Prov)* ◆ **a good ~ *** un brave garçon, une brave type *, une brave fille ◆ **he's the right ~ *** c'est un type bien *

**c** ◆ **a ~ of** une sorte *or* espèce de, un genre de ◆ **there was a ~ of box in the middle of the room** il y avait une sorte *or* une espèce de boîte au milieu de la pièce, il y avait quelque chose qui ressemblait à une boîte au milieu de la pièce ◆ **there was a ~ of tinkling sound** il y avait une sorte *or* une espèce de bruit de grelot, on entendait quelque chose qui ressemblait à un bruit de grelot ◆ **in a ~ of way * I'm sorry** d'une certaine façon je le regrette ◆ **I had a ~ of fear that ...** j'avais un peu peur que ... + ne + *subj*

◆ **sort of** * ◆ **I ~ of thought that he would come** j'avais un peu l'idée qu'il viendrait ◆ **he was ~ of worried-looking** il avait un peu l'air inquiet, il avait l'air comme qui dirait inquiet ◆ **it's ~ of blue** c'est plutôt bleu ◆ **aren't you pleased? – ~ of!** tu n'es pas content ? — ben si ! *

VT **a** (also **sort out**) *(= classify)* *[+ documents, stamps]* classer ; *(= select those to keep)* *[+ documents, clothes, apples]* trier, faire le tri de ; *(= separate)* séparer *(from* de) ◆ **he spent the morning ~ing (out) his stamp collection** il a passé la matinée à classer *or* trier les timbres de sa collection ◆ **to ~ things (out) into sizes** *or* **according to size** trier des objets selon leur taille ◆ **to ~ out one's cards** *or* **one's hand** *(Cards)* arranger ses cartes, mettre de l'ordre dans ses cartes ◆ **to ~ (out) the clothes into clean and dirty** séparer les vêtements sales des propres, mettre les vêtements sales à part ◆ **can you ~ out the green ones and keep them aside?** pourriez-vous les trier et mettre les verts à part ?

**b** *(Post)* *[+ letters etc]* *(Comput)* *[+ data, file]* trier

**c** ◆ **to get sth ~ed** * *[+ problem, situation]* régler qch

**d** *(Scot * = mend)* arranger ◆ **I've ~ed your bike** j'ai arrangé ton vélo

COMP ▷ **sort code** N *(Banking)* code *m* guichet ▷ **sort-out** * N ◆ **to have a ~-out** faire du rangement ◆ **I've had a ~-out of all these old newspapers** j'ai trié tous ces vieux journaux

► **sort out** VT SEP **a** ⇒ **sort vt a**

**b** *(= tidy)* *[+ papers, toys, clothes]* ranger, mettre de l'ordre dans ; *[+ ideas]* mettre de l'ordre dans ; *(= solve)* *[+ problem]* régler, résoudre ; *[+ difficulties]* venir à bout de ; *(= fix, arrange)* arranger ◆ **I just can't ~ the twins out * (one from the other)** je ne peux pas distinguer les jumeaux (l'un de l'autre) ◆ **can you ~ this out for me?** est-ce que vous pourriez débrouiller ça pour moi ? ◆ **we've got it all ~ed out now** nous avons réglé *or* résolu la question ◆ **we'll soon ~ it out** nous aurons vite fait d'arranger ça *or* de régler ça ◆ **things will ~ themselves out** les choses vont s'arranger d'elles-mêmes ◆ **he was so excited I couldn't ~ out what had happened** il était tellement excité que je n'ai pas pu débrouiller *or* comprendre ce qui s'était passé ◆ **did you ~ out with him when you had to be there?** est-ce que tu as décidé *or* fixé avec lui l'heure à laquelle tu dois y être ? ◆ **to ~ o.s. out** se reprendre, résoudre ses problèmes ◆ **to ~ sb out** * *(Brit) (by punishing, threatening)* régler son compte à qn * ; *(= get out of difficulty)* tirer qn d'affaire ; *(after depression, illness)* aider qn à reprendre pied *(fig)*

**c** *(= explain)* **to ~ sth out for sb** expliquer qch à qn

**N** ◆ **sort-out** * → **sort**

**sorted** * /ˈsɔːtɪd/ **ADJ** **a** *(= arranged)* arrangé ◆ **in a few months everything should be ~** dans quelques mois tout devrait être arrangé **b** *(Drugs sl)* **are you ~?** tu as ce qu'il te faut ?

**sorter** /ˈsɔːtəʳ/ **N** **a** *(= person)* trieur *m*, -euse *f* **b** *(= machine) (for letters)* trieur *m* ; *(for punched cards)* trieuse *f* ; *(for grain)* trieur *m* ; *(for wool, coke)* trieur *m*, trieuse *f*

**sortie** /ˈsɔːtɪ/ **N** *(Aviat, Mil)* sortie *f* ◆ **they made or flew 400 ~s** ils ont fait 400 sorties

**sorting** /ˈsɔːtɪŋ/ **N** *(Comput, Post)* tri *m* **COMP** ▷ **sorting office** **N** *(Post)* bureau *m or* centre *m* de tri

**SOS** /ˌesəʊˈes/ **N** *(= signal)* SOS *m* ; *(fig)* SOS *m*, appel *m* au secours (*for sth* pour demander qch)

**sot** /sɒt/ **N** ivrogne *m* invétéré

**sottish** /ˈsɒtɪʃ/ **ADJ** abruti par l'alcool

**sotto voce** /ˈsɒtəʊˈvəʊtʃɪ/ **ADV** tout bas, à mi-voix ; *(Mus)* sotto voce

**sou'** /saʊ/ **ADJ** *(in compounds) (Naut)* ⇒ **south**

**soubriquet** /ˈsuːbrɪkeɪ/ **N** → **sobriquet**

**Soudan** /suˈdɑːn/ **N** ⇒ **Sudan**

**Soudanese** /ˌsuːdəˈniːz/ **ADJ, N** ⇒ **Sudanese**

**soufflé** /ˈsuːfleɪ/ **N** soufflé *m* ◆ **cheese/fish ~** soufflé *m* au fromage/au poisson **COMP** ▷ **soufflé dish** **N** moule *m* à soufflé ▷ **soufflé omelette** **N** omelette *f* soufflée

**sough** /saʊ/ *(liter)* **N** murmure *m* (du vent) **VI** *[wind]* murmurer

**sought** /sɔːt/ **VB** pt, ptp of **seek**

**souk** /suːk/ **N** souk *m*

**soul** /səʊl/ **N** **a** âme *f* ◆ **with all one's ~** de toute son âme, de tout son cœur ◆ **All Souls' Day** le jour des Morts ◆ **upon my ~!** † * grand Dieu ! ◆ **he cannot call his ~ his own** il ne s'appartient pas, il est complètement dominé ◆ **he was the ~ of the movement** *(fig)* c'était lui l'âme *or* l'animateur du mouvement ◆ **he is the ~ of discretion** c'est la discrétion même *or* personnifiée ◆ **he has no ~** il est trop terre à terre, il a trop les pieds sur terre ◆ **it lacks ~** cela manque de sentiment ; → **bare, body, heart, sell**

**b** *(= person)* âme *f*, personne *f* ◆ **a village of 300 ~s** un village de 300 âmes ◆ **the ship sank with 200 ~s** le bateau a sombré avec 200 personnes à bord ◆ **the ship sank with all ~s** le bateau a péri corps et biens ◆ **I didn't see a (single *or* living) ~** je n'ai pas vu âme qui vive ◆ **don't tell a ~** surtout n'en soufflez mot à personne ◆ **(you) poor ~!** mon (*or* ma) pauvre ! ◆ **(the) poor ~!** le (*or* la) pauvre ! ◆ **he's a good ~** il est bien brave * ◆ **she's a kind *or* kindly ~** elle est la gentillesse même ◆ **lend me your pen, there's a good ~** * sois gentil *or* sois un ange, prête-moi ton stylo ; → **simple**

**c** *(US: esp of black Americans)* soul *m (façon de ressentir des Noirs)*

**d** *(US *)* abbrev of **soul brother, soul food, soul music**

**ADJ** *(US *: of black Americans)* ◆ **~ brother/sister** frère *m*/sœur *f* de race *(terme employé par les Noirs entre eux)* ◆ **Soul City** Harlem ◆ **~ food** nourriture *f* soul *(nourriture traditionnelle des Noirs du sud des États-Unis)* ◆ **~ band** groupe *m* de (musique) soul ◆ **~ music** musique *f* soul

**COMP** ▷ **soul-destroying** **ADJ** *(= boring)* abrutissant ; *(= depressing)* démoralisant ▷ **soul mate** * **N** âme *f* sœur ▷ **soul-searching** **N** introspection *f* ◆ **after a lot of ~-searching** après un long examen de conscience ▷ **soul-stirring** **ADJ** très émouvant

**soulful** /ˈsəʊlfʊl/ **ADJ** *[eyes, look]* expressif ; *[expression]* attendrissant ; *[person, music]* sentimental

**soulfully** /ˈsəʊlfəlɪ/ **ADV** *[sing, write]* de façon sentimentale *or* attendrissante ; *[look]* d'un air expressif *or* éloquent

**soulless** /ˈsəʊllɪs/ **ADJ** *[place, building, music]* sans âme ; *[work]* abrutissant ; *[system]* inhumain ; *[eyes, look]* insensible, inexpressif ; *[existence]* vide

**sound¹** /saʊnd/ **N** *(gen)* son *m* ; *[of sea, storm, breaking glass, car brakes]* bruit *m* ; *[of voice, bell, violins]* son *m* ◆ **the speed of ~** la vitesse du son ◆ **to the ~(s) of the national anthem** au(x) son(s) de l'hymne national ◆ **there was not a ~ to be heard** on n'entendait pas le moindre bruit ◆ **without (making) a ~** sans bruit, sans faire le moindre bruit ◆ **we heard the ~ of voices** nous avons entendu un bruit de voix ◆ **he lives within the ~ of the cathedral bells** depuis chez lui, on entend les cloches de la cathédrale ◆ **the Glenn Miller ~** la musique de Glenn Miller ◆ **I don't like the ~ of it** *(= it doesn't attract me)* ça ne me dit rien, ça ne me plaît pas ; *(= it's worrying)* ça m'inquiète ◆ **I don't like the ~ of his plans** ses projets ne me disent rien qui vaille ◆ **the news has a depressing ~** les nouvelles semblent déprimantes

**VI** **a** *[bell, trumpet, voice]* sonner, retentir ; *[car horn, siren, signal, order]* retentir ◆ **footsteps/a gun ~ed a long way off** on a entendu un bruit de pas/un coup de canon dans le lointain ◆ **a note of warning ~s through his writing** un avertissement retentit dans ses écrits ◆ **it ~s better if you read it slowly** c'est mieux *or* ça sonne mieux si vous le lisez lentement

**b** *(= suggest by sound)* **that instrument ~s like a flute** le son de cet instrument ressemble à celui de la flûte, on dirait le son de la flûte ◆ **it ~s empty** (au son) on dirait que c'est vide ◆ **a language which ~ed (to me) like Dutch** une langue qui aurait pu être *or* qui (me) semblait être du hollandais ◆ **he ~s (like an) Australian** à l'entendre parler on dirait un Australien ◆ **the train ~ed a long way off, it ~ed as if *or* as though the train were a long way off** le train semblait être encore bien loin ◆ **it ~ed as if someone were coming in** on aurait dit que quelqu'un entrait ◆ **that ~s like Paul arriving** ça doit être Paul qui arrive ◆ **she ~s tired** elle semble fatiguée ◆ **you ~ like your mother when you say things like that** quand tu parles comme ça, tu me rappelles ta mère *or* on croirait entendre ta mère ◆ **you ~ terrible** *(to sick person)* (à t'entendre) tu sembles en triste état

**c** *(= seem, appear)* sembler (être) ◆ **that ~s like an excuse** cela a l'air d'une excuse, cela ressemble à une excuse ◆ **how does it ~ to you?** qu'en penses-tu ? ◆ **it ~s like a good idea** ça a l'air d'(être) une bonne idée, ça semble être une bonne idée ◆ **it doesn't ~ too good** cela n'annonce rien de bon, ce n'est pas très prometteur ◆ **it ~s as if she isn't coming** j'ai l'impression qu'elle ne viendra pas ◆ **you don't ~ like the kind of person we need** (à en juger par ce que vous dites) vous ne semblez pas être le genre de personne qu'il nous faut

**VT** **a** *[+ bell, alarm]* sonner ; *[+ trumpet, bugle]* sonner de ; *(Mil) [+ reveille, retreat]* sonner ◆ **to ~ the last post** *(Mil)* envoyer la sonnerie aux morts ◆ **to ~ the *or* one's horn** *[of car]* klaxonner ◆ **to ~ a (note of) warning** *(fig)* lancer un avertissement ◆ **to ~ sb's praises** faire l'éloge de qn, chanter les louanges de qn

**b** *(Ling)* **to ~ one's "t"s** faire sonner ses "t" ◆ **the "n" in "hymn" is not ~ed** le "n" de "hymn" ne se prononce pas

**c** *(= examine) [+ rails, train wheels]* vérifier au marteau ◆ **to ~ sb's chest** *(Med)* ausculter qn

**COMP** *[film, recording]* sonore ▷ **sound archives** **NPL** phonothèque *f* ▷ **sound barrier** **N** mur *m* du son ◆ **to break the ~ barrier** *(Aviat)* franchir le mur du son ▷ **sound bite** **N** petite phrase *f (prononcée par un homme politique pour être citée dans les médias)* ◆ **to talk in ~ bites** parler à coups de petites phrases ▷ **sound board** **N** ⇒ **sounding board** ; → **sounding¹** ▷ **sound box** **N** *(Mus)* caisse *f* de résonance ▷ **sound card** **N** *(Comput)* carte *f* son ▷ **sound change** **N** *(Phon)* changement *m* phonétique ▷ **sound check** **N** *(Mus)* sound check *m* ▷ **sound effects** **NPL** *(Rad etc)* bruitage *m* ▷ **sound effects man** **N** (pl **sound effects men**) *(Cine, TV, Rad)* bruiteur *m* ▷ **sound engineer** **N** *(Cine, Rad etc)* ingénieur *m* du son ▷ **sound file** **N** *(Comput)* fichier *m* son ▷ **sound hole** **N** *(Mus)* ouïe *f* ▷ **sound law** **N** *(Phon)* loi *f* phonétique ▷ **sound library** **N** phonothèque *f* ▷ **sound mixer** **N** ⇒ **sound engineer** ▷ **sound pollution** **N** nuisance *f* due au bruit ▷ **sound-producing** **ADJ** *(Phon)* phonatoire ▷ **sound recordist** **N** preneur (-euse *m(f)*) de son ▷ **sound shift** **N** *(Phon)* mutation *f* phonétique ▷ **sound stage** **N** *(Recording)* salle *f* de tournage ▷ **sound system** **N** *(Ling)* système *m* de sons ; *(= hi-fi)* chaîne *f* hi-fi ; *(for disco, concert)* sonorisation *f*, sono * *f* ▷ **sound truck** **N** *(US)* camionnette *f* équipée d'un haut-parleur ▷ **sound wave** **N** *(Phys)* onde *f* sonore

► **sound off** **VI** **a** ‡ *(= proclaim one's opinions)* faire de grands laïus * (*about* sur) ; *(= boast)* se vanter (*about* de), la ramener ‡ (*about* à propos de) ; *(= grumble)* rouspéter *, râler * (*about* à propos de) ◆ **to ~ off at sb** engueuler ‡ qn

**b** *(US Mil = number off)* se numéroter

**sound²** /saʊnd/ **ADJ** **a** *(= healthy, robust) [person]* en bonne santé, bien portant ; *[heart]* solide ; *[constitution, teeth, lungs, fruit, tree]* sain ; *[timber]* sain, solide ; *[structure, floor, bridge]* solide, en bon état ; *(fig) [firm, business, financial position]* sain, solide ; *[bank, organization]* solide ; *[investment]* sûr ◆ **the bullet struck his ~ leg** la balle a atteint sa jambe valide ◆ **of ~ mind** sain d'esprit ◆ **~ in body and mind** sain de corps et d'esprit ◆ **to be ~ in wind and limb** avoir bon pied bon œil ◆ **to be as ~ as a bell** être en parfait état ; → **safe**

**b** *(= competent, judicious, sensible) [judgement]* sain ; *[doctrine]* orthodoxe, solide ; *[argument, reasoning]* solide, valable ; *[decision, advice, opinion]* sensé ; *[case, training]* solide ; *[rule, policy, behaviour, tactics]* sensé, valable ; *[claim, title]* valable, sérieux ; *[statesman, player etc]* compétent ◆ **he is a ~ worker** il sait travailler, il est compétent dans son travail ◆ **he is a ~ socialist** c'est un bon socialiste, c'est un socialiste bon teint ◆ **he is ~ enough on theory ...** il connaît très bien la théorie ... ◆ **he's a ~ guy** * *(= sensible)* il est très sérieux *or* sensé ; *(= we can trust him)* c'est un type fiable * ◆ ~ **sense** bon sens *m*, sens *m* pratique ◆ **that was a ~ move** c'était une action judicieuse *or* sensée

c *(= thorough) [defeat]* complet (-ète *f*), total ; *[sleep]* profond ◆ **a ~ thrashing** une bonne *or* belle correction ◆ **he is a ~ sleeper** il a un bon sommeil, il dort bien

ADV ◆ **to be ~ asleep** être profondément endormi, dormir à poings fermés ◆ **to sleep ~** bien dormir

**sound**[3] /saʊnd/ N *(Med = probe)* sonde *f* VT *(gen, Med, Naut etc)* sonder ; *(fig)* (also **sound out**) *[+ person]* sonder (*on, about* sur) ◆ **to ~ sb's opinions/feelings on sth** sonder qn sur ses opinions/ses sentiments à propos de qch VI sonder COMP ▷ **sound line** N ligne *f* de sonde

**sound**[4] /saʊnd/ N *(Geog)* détroit *m*, bras *m* de mer

**soundalike** * /ˈsaʊndəlaɪk/ N ◆ **he's an Elvis ~** il a la voix d'Elvis

**sounding**[1] /ˈsaʊndɪŋ/ N a *[of trumpet, bell etc]* son *m* ◆ **the ~ of the retreat/the alarm** le signal de la retraite/de l'alerte b *(Med)* auscultation *f* COMP ▷ **sounding board** N *(Mus)* table *f* d'harmonie ; *(behind rostrum etc)* abat-voix *m inv* ◆ **he used the committee as a ~ board for his new idea** il a d'abord essayé sa nouvelle idée sur les membres du comité

**sounding**[2] /ˈsaʊndɪŋ/ N *(Aviat, Naut, Space etc) (= act)* sondage *m* ◆ **~s** *(= measurement, data)* sondages *mpl* ◆ **to take ~s** *(lit, fig)* faire des sondages COMP ▷ **sounding line** N ligne *f* de sonde

**-sounding** /ˈsaʊndɪŋ/ ADJ *(in compounds)* qui sonne ◆ **foreign-sounding name** nom *m* à consonance étrangère ◆ **strange-/respectable-sounding** qui sonne étrange/respectable *or* bien

**soundless** /ˈsaʊndlɪs/ ADJ silencieux

**soundlessly** /ˈsaʊndlɪslɪ/ ADV *[move]* sans bruit, en silence ; *[laugh, cry]* en silence ; *[say]* sans émettre un son

**soundly** /ˈsaʊndlɪ/ ADV a *(= thoroughly) [defeat]* à plate(s) couture(s) ; *[condemn]* sévèrement ◆ **to whip sb ~** donner de bons coups de fouet à qn ◆ **he was ~ beaten** *or* **thrashed** *(= defeated)* il a été battu à plate(s) couture(s) ; *(= punished)* il a reçu une bonne *or* belle correction b *(= deeply) [asleep]* profondément ◆ **to sleep ~** *(lit)* dormir profondément *or* à poings fermés ; *(fig)* dormir sur ses deux oreilles c *(= firmly)* ◆ **~ based** *[business, financial position]* sain, solide ; *[decision]* qui repose sur des bases solides d *(= strongly) [constructed]* solidement e *(= safely) [invest]* bien, judicieusement f *(= competently) [organize, manage]* bien, de façon saine *or* sûre ; *[play]* correctement, bien, comme il faut g *(= sensibly, logically) [advise, reason, argue]* judicieusement

**soundness** /ˈsaʊndnɪs/ N *(NonC)* a *(= health) [of body, horse]* santé *f* ; *[of mind]* équilibre *m* b *(= stability) [of company, economy]* bonne santé *f* c *(= strength) [of structure]* solidité *f* d *(= sensibleness, logicality) [of judgement]* justesse *f* ; *[of advice, proposal, argument, philosophy, policy]* bon sens *m* e *(= deepness) [of sleep]* profondeur *f*

**soundpost** /ˈsaʊndpəʊst/ N *(Mus)* âme *f*

**soundproof** /ˈsaʊndpruːf/ VT insonoriser ADJ insonorisé

**soundproofing** /ˈsaʊndpruːfɪŋ/ N insonorisation *f*

**soundtrack** /ˈsaʊndtræk/ N *(Cine)* bande *f* sonore

**soup** /suːp/ N a soupe *f* ; *(thinner or sieved)* potage *m* ; *(very smooth)* velouté *m* ◆ **clear ~** potage *m* clair ◆ **mushroom/tomato ~** velouté *m* de champignons/de tomate ◆ **onion ~** soupe *f* à l'oignon ◆ **vegetable ~** soupe *f or* potage *m* aux légumes ◆ **to be in the ~** * être dans le pétrin * *or* dans de beaux draps ; → **pea** b *(US* ‡ *= nitroglycerine)* nitroglycérine *f* COMP ▷ **soup cube** N potage *m* en cube ; *(= stock cube)* bouillon *m* Kub ® *or* en cube ▷ **soup kitchen** N soupe *f* populaire ▷ **soup plate** N assiette *f* creuse *or* à soupe ▷ **soup spoon** N cuiller *f* à soupe ▷ **soup tureen** N soupière *f*

► **soup up** * VT SEP *(Aut) [+ engine]* gonfler * ◆ **he was driving a ~ed-up Mini** ® il conduisait une Mini ® au moteur gonflé * *or* poussé

**soupçon** /ˈsuːpsɔ̃ːn/ N *[of garlic, malice]* soupçon *m*, pointe *f*

**soupy** /ˈsuːpɪ/ ADJ *[liquid] (= thick)* épais (-aisse *f*) ; *(= unclear)* trouble ; *[fog, atmosphere]* épais (-aisse *f*), dense ; *(* fig = sentimental) [film, story, voice]* sirupeux

**sour** /ˈsaʊəʳ/ ADJ a *(in taste, smell) [fruit, wine, beer, cream, smell, taste]* aigre ; *[milk]* tourné, aigre ◆ **to go** *or* **turn ~** *[milk]* tourner ; *[cream]* devenir aigre ◆ **this milk tastes ~** ce lait a tourné

b *(Agr) [soil]* trop acide

c *(= embittered) [person, voice]* aigre ; *[face, expression, mood]* revêche ; *[comment]* acerbe ◆ **to give sb a ~ look** lancer un regard mauvais à qn ◆ **to turn** *or* **go ~** *[situation, relationship]* mal tourner, tourner à l'aigre

VT *(lit, fig)* aigrir ; *[+ milk]* faire tourner

VI a *(lit)* s'aigrir ; *[milk]* tourner

b *(fig) [person, character]* s'aigrir ; *[relations]* se dégrader ; *[situation]* mal tourner, se dégrader ◆ **to ~ on sb/sth** se brouiller avec qn/qch

N ◆ **whisky** *etc* **~** cocktail *m* de whisky *etc* au citron

COMP ▷ **sour(ed) cream** N *(for cooking)* crème *f* fermentée ▷ **sour-faced** ADJ à la mine revêche *or* rébarbative ▷ **sour grapes** NPL *(fig)* dépit *m* ◆ **it was clearly ~ grapes on his part** c'était évidemment du dépit de sa part ◆ **it sounds like ~ grapes** ça ressemble à du dépit ▷ **sour milk** N *(for cooking)* lait *m* fermenté

**source** /sɔːs/ N *[of river]* source *f* ; *(fig)* source *f*, origine *f* ◆ **~s** *(Literat etc)* sources *fpl* ◆ **a ~ of heat** une source de chaleur ◆ **a ~ of infection** *(Med)* un foyer d'infection ◆ **we have other ~s of supply** nous avons d'autres sources d'approvisionnement, nous pouvons nous approvisionner ailleurs ◆ **what is the ~ of this information?** quelle est l'origine *or* la provenance de cette nouvelle ? ◆ **I have it from a reliable ~ that ...** je tiens de bonne source *or* de source sûre que ... ◆ **at ~** à la source VT *(Comm = find supplier for)* rechercher des fournisseurs de ◆ **to be ~d from** provenir de COMP ▷ **source language** N *(Ling)* langue *f* de départ, langue *f* source ; *(Comput)* langage *m* source ▷ **source materials** NPL *(Literat etc)* sources *fpl* ▷ **source program** N *(Comput)* programme *m* source

**sourcing** /ˈsɔːsɪŋ/ N *(Comm)* approvisionnement *m*

**sourdine** /sʊəˈdiːn/ N sourdine *f*

**sourdough** /ˈsaʊədəʊ/ N *(US)* levain *m*

**sourish** /ˈsaʊərɪʃ/ ADJ *(lit, fig)* aigrelet

**sourly** /ˈsaʊəlɪ/ ADV a *(= disagreeably) [say, complain, think]* avec aigreur, aigrement ; *[look]* d'un air revêche b ◆ **to smell ~ of sth** avoir une odeur aigre de qch

**sourness** /ˈsaʊənɪs/ N *(NonC) [of fruit, flavour, milk, cream, wine, beer, person, comment]* aigreur *f* ◆ **the ~ of her expression/mood/tone** son expression *f*/humeur *f*/ton *m* revêche

**sourpuss** * /ˈsaʊəpʊs/ N grincheux *m*, -euse *f*

**sousaphone** /ˈsuːzəfəʊn/ N sousaphone *m*

**souse** /saʊs/ VT a *(= immerse)* tremper (*in* dans) ; *(= soak)* faire *or* laisser tremper (*in* dans) ◆ **to ~ sth with water** inonder qch d'eau ◆ **~d** ‡ *(fig = drunk)* rond *, noir ‡ b *(Culin)* mariner ◆ **~d herrings** harengs *mpl* marinés ; *(rolled up)* rollmops *mpl* N a *(Culin)* marinade *f (à base de vinaigre)* b *(‡ = drunkard)* poivrot * *m*, ivrogne *mf*

**south** /saʊθ/ N sud *m* ◆ **to the ~ of** au sud de ◆ **in the ~ of Scotland** dans le sud de l'Écosse ◆ **the house faces the ~** la maison est exposée au sud ◆ **to veer to the ~, to go into the ~** *[wind]* tourner au sud ◆ **the wind is in the ~** le vent est au sud ◆ **the wind is (coming** *or* **blowing) from the ~** le vent vient *or* souffle du sud ◆ **to live in the ~** habiter dans le Sud ; *(in France)* habiter dans le Midi ◆ **the South of France** le Sud de la France, le Midi ◆ **the South** *(US Hist)* le Sud, les États *mpl* du Sud ; → **deep**

ADJ sud *inv*, du *or* au sud ◆ **~ wind** vent *m* du sud ◆ **~ coast** côte *f* sud *or* méridionale ◆ **on the ~ side** du côté sud ◆ **the room has a ~ aspect** la pièce est exposée au sud ◆ **~ transept/door** *(Archit)* transept *m*/portail *m* sud *or* méridional ◆ **in ~ Devon** dans le sud du Devon ◆ **in the South Atlantic** dans l'Atlantique Sud ; see also **comp**

ADV *[go]* vers le sud, en direction du sud ; *[be, lie]* au sud, dans le sud ◆ **~ of the island** *[go, sail]* au sud de l'île ; *[be, lie]* dans le sud de l'île ◆ **the town lies ~ of the border** la ville est située au sud de la frontière ◆ **further ~** plus au sud ◆ **we drove ~ for 100km** nous avons roulé pendant 100 km en direction du sud *or* du midi ◆ **go ~ till you get to Crewe** allez en direction du sud jusqu'à Crewe ◆ **to sail due ~** aller droit vers le sud ; *(Naut)* avoir le cap au sud ◆ **~ by ~-west** sud quart sud-ouest

COMP ▷ **South Africa** N Afrique *f* du Sud ▷ **South African** ADJ sud-africain, d'Afrique du Sud N Sud-Africain(e) *m(f)* ▷ **South America** N Amérique *f* du Sud ▷ **South American** ADJ sud-américain, d'Amérique du Sud N Sud-Américain(e) *m(f)* ▷ **South Australia** N Australie-Méridionale *f* ▷ **South Carolina** N Caroline *f* du Sud ◆ **in South Carolina** en Caroline du Sud ▷ **South Dakota** N Dakota *m* du Sud ◆ **in South Dakota** dans le Dakota du Sud ▷ **south-east** N sud-est *m* ADJ (du *or* au) sud-est *inv* ADV vers le sud-est ▷ **South-East Asia** N le Sud-Est asiatique, l'Asie *f* du sud-est ▷ **south-easter** N vent *m* du sud-est ▷ **south-easterly** ADJ *[wind, direction]* du sud-est ; *[situation]* au sud-est ADV vers le sud-est ▷ **south-eastern** ADJ (du *or* au) sud-est ▷ **south-eastward(s)** ADV vers le sud-est ▷ **south-facing** ADJ exposé au sud *or* au midi ▷ **South Georgia** N Géorgie *f* du Sud ▷ **South Moluccan** N Moluquois(e) *m(f)* du Sud ▷ **the South Pacific** N le Pacifique Sud ▷ **South Pole** N pôle *m* Sud ▷ **the South Sea Islands** NPL l'Océanie *f* ▷ **the South Seas** NPL les mers *fpl* du Sud ▷ **south-south-east** N sud-sud-est *m* ADJ (du *or* au) sud-sud-est *inv* ADV vers le sud-sud-est ▷ **south-south-west** N sud-sud-ouest *m* ADJ (du *or* au) sud-sud-ouest *inv* ADV vers le sud-sud-ouest ▷ **south-west** N sud-ouest *m* ADJ (du *or* au) sud-ouest *inv* ADV vers le sud-ouest ▷ **South West Africa** N l'Afrique *f* du sud-ouest ▷ **south-wester** N vent *m* du sud-ouest, suroît *m* ▷ **south-westerly** ADJ *[wind, direction]* du sud-ouest ; *[situation]* au sud-ouest **ADV** vers le sud-ouest ▷ **south-western ADJ** (du *or* au) sud-ouest *inv* ▷ **south-westward(s) ADV** vers le sud-ouest ; → **Korea, Vietnam**

**southbound** /ˈsaʊθbaʊnd/ **ADJ** *[traffic, vehicles]* (se déplaçant) en direction du sud ; *[carriageway]* sud *inv* ◆ **to be ~ on the M1** être sur la M1 en direction du sud

**southerly** /ˈsʌðəlɪ/ **ADJ** *[wind]* du sud ; *[situation]* au sud ◆ **in a ~ direction** en direction du sud *or* du midi, vers le sud *or* le midi ◆ **~ latitudes** latitudes *fpl* australes ◆ **~ aspect** exposition *f* au sud *or* au midi **ADV** vers le sud

**southern** /ˈsʌðən/ **ADJ** sud *inv*, du sud ◆ **the ~ coast** la côte sud *or* méridionale ◆ **house with a ~ outlook** maison *f* exposée au sud *or* au midi ◆ **~ wall** mur *m* exposé au sud *or* au midi ◆ **~ hemisphere** hémisphère *m* sud *inv or* austral ◆ **Southern Africa** Afrique *f* australe ◆ **~ France** le Sud de la France, le Midi ◆ **in ~ Spain** dans le Sud de l'Espagne, en Espagne méridionale **COMP** ▷ **the Southern Cross N** la Croix-du-Sud

**southerner** /ˈsʌðənəʳ/ **N** **a** homme *m or* femme *f* du Sud, habitant(e) *m(f)* du Sud ; *(in France)* Méridional(e) *m(f)* ◆ **he is a ~** il vient du Sud ◆ **the ~s** les gens *mpl* du Sud **b** *(US Hist)* sudiste *mf*

**southernmost** /ˈsʌðənməʊst/ **ADJ** le plus au sud, à l'extrême sud

**southpaw** /ˈsaʊθpɔː/ **N** *(Sport)* gaucher *m*

**southward** /ˈsaʊθwəd/ **ADJ** au sud **ADV** *(also* **southwards***)* vers le sud

**souvenir** /ˌsuːvəˈnɪəʳ/ **N** souvenir *m (objet)*

**sou'wester** /saʊˈwestəʳ/ **N** *(= hat)* suroît *m* ; *(= wind)* ⇒ **south-wester ;** → **south**

**sovereign** /ˈsɒvrɪn/ **N** souverain(e) *m(f)* ; *(Brit = coin)* souverain *m (ancienne pièce d'or qui valait 20 shillings)* **ADJ** *[state, independence, body, law, powers]* souverain *after n* ; *[contempt, indifference]* souverain *before n* ◆ **a ~ remedy for** *or* **against sth** † un remède souverain contre qch

**sovereignty** /ˈsɒvrəntɪ/ **N** souveraineté *f*

**soviet** /ˈsəʊvɪət/ **N** soviet *m* ◆ **the Supreme Soviet** le Soviet suprême ◆ **the Soviets** *(= people)* les Soviétiques *mpl* **ADJ** soviétique **COMP** ▷ **Soviet Russia N** la Russie soviétique ▷ **the Soviet Union N** l'Union *f* soviétique

**sovietize** /ˈsəʊvɪətaɪz/ **VT** soviétiser

**Sovietologist** /ˌsəʊvɪəˈtɒlədʒɪst/ **N** soviétologue *mf*

**sow¹** /saʊ/ **N** *(= pig)* truie *f* **COMP** ▷ **sow thistle N** laiteron *m*

**sow²** /səʊ/ (pret **sowed**, ptp **sown** *or* **sowed**) **VT** *[+ seed, grass]* semer ; *[+ field]* ensemencer (*with* en) ; *(fig) [+ mines, pebbles, doubt, discord]* semer ◆ **~ the wind and reap the whirlwind** *(Prov)* qui sème le vent récolte la tempête *(Prov)* → **seed, wild VI** semer

**sowbelly** /ˈsaʊbelɪ/ **N** *(US)* petit salé *m*

**sower** /ˈsəʊəʳ/ **N** *(= person)* semeur *m*, -euse *f* ; *(= machine)* semoir *m*

**sowing** /ˈsəʊɪŋ/ **N** **a** *(= work)* semailles *fpl* ; *(= period, seeds)* semailles *fpl* ; *(= young plants)* semis *mpl* **b** *(NonC = act) [of field]* ensemencement *m* ◆ **the ~ of seeds** les semailles **COMP** ▷ **sowing machine N** semoir *m*

**sown** /səʊn/ **VB** ptp of **sow²**

**soy** /sɔɪ/ **N** **a** (also **soy sauce**) sauce *f* de soja **b** *(US)* ⇒ **soya**

**soya** /ˈsɔɪə/ **N** *(esp Brit:* also **soya bean**) *(= plant)* soja *or* soya *m* ; *(= bean)* graine *f* de soja **COMP** ▷ **soya flour N** farine *f* de soja ▷ **soya sauce N** sauce *f* soja

**soybean** /ˈsɔɪbiːn/ **N** *(US)* ⇒ **soya bean ;** → **soya**

**sozzled** † * /ˈsɒzld/ **ADJ** *(Brit)* paf * *inv*, noir *

**SP** /esˈpiː/ **N** *(Brit)* (abbrev of **starting price**) **a** *(Racing)* cote *f* de départ **b** *(* = information)* ◆ **what's the ~ on him ?** qu'est-ce qui se dit sur lui ? ◆ **to give sb the ~ on sb/sth** donner des infos * à qn sur qn/qch

**spa** /spɑː/ **N** **a** *(= town)* station *f* thermale, ville *f* d'eau ; *(= spring)* source *f* minérale **b** *(US:* also **health spa**) établissement *m* de cure de rajeunissement

**space** /speɪs/ **N** **a** *(NonC: gen, Astron, Phys)* espace *m* ◆ **the rocket vanished into ~** la fusée a disparu dans l'espace ◆ **he was staring into ~** il regardait dans l'espace *or* dans le vide ; → **outer**

**b** *(NonC = room)* espace *m*, place *f* ◆ **to clear (a** *or* **some) ~** *or* **make ~ for sb/sth** faire de la place pour qn/qch ◆ **to take up a lot of ~** *[car, books, piece of furniture]* prendre une grande place *or* beaucoup de place, être encombrant ; *[building]* occuper un grand espace ◆ **the ~ occupied by a car/a building** l'encombrement *m* d'une voiture/d'un bâtiment ◆ **there isn't enough ~ for it** il n'y a pas assez de place pour ça ◆ **I haven't enough ~ to turn the car** je n'ai pas assez de place pour *or* je n'ai pas la place de tourner la voiture ◆ **to buy ~ in a newspaper (for an advertisement)** acheter de l'espace (publicitaire) dans un journal

**c** *(fig = freedom)* ◆ **she needed a bit of ~** elle avait besoin qu'on la laisse un peu tranquille ◆ **we give each other ~** nous nous accordons une certaine liberté

**d** *(= gap, empty area)* espace *m*, place *f NonC* ; *(Mus)* interligne *m* ; *(Typ: between two words etc)* espace *m*, blanc *m* ; *(Typ) (= blank type)* espace *m* ◆ **in the ~s between the trees** (dans les espaces) entre les arbres ◆ **a ~ of 10 metres between the buildings** un espace *or* une distance de 10 mètres entre les bâtiments ◆ **leave a ~ for the name** laisse de la place *or* un espace pour le nom ◆ **in the ~ provided** dans la partie (*or* la case) réservée à cet effet ◆ **in an enclosed ~** dans un espace clos *or* fermé ◆ **I'm looking for a ~ to park the car in** *or* **a parking ~** je cherche une place (pour me garer) ; → **blank, open**

**e** *(= interval, period)* espace *m* (de temps), intervalle *m* ◆ **after a ~ of ten minutes** après un intervalle de dix minutes ◆ **for the ~ of a month** pendant une durée *or* une période d'un mois ◆ **a ~ of five years** une période de cinq ans ◆ **in the ~ of three generations/one hour** en l'espace de trois générations/d'une heure ◆ **a short ~ of time** un court laps de temps *or* espace de temps ◆ **for a ~** pendant un certain temps

**VT** **a** (also **space out**) *[+ chairs, words, visits, letters]* espacer ; *[+ payments]* échelonner (*over* sur) ◆ **~ the posts (out) evenly** espacez les poteaux régulièrement, plantez les poteaux à intervalles réguliers ◆ **you'll have to ~ them further out** *or* **further apart, you'll have to ~ them out more** il faudra laisser plus d'espace entre eux *or* les espacer davantage ◆ **to be single-/double--d** *[text]* avoir des interlignes *mpl* simples/doubles ◆ **to ~ type out to fill a line** espacer *or* répartir les caractères sur toute une ligne ◆ **the houses were well ~d (out)** les maisons étaient bien *or* largement espacées

**b** ◆ **to be ~d (out)** ⁑ être défoncé ⁑

**COMP** *[journey, programme, research, rocket]* spatial ▷ **the Space Age N** l'ère *f* spatiale ▷ **space-age ADJ** de l'ère spatiale, futuriste ▷ **space bar N** *[of typewriter, keyboard]* barre *f* d'espacement ▷ **space cadet** ⁑ **N** *(esp US)* allumé(e) ⁑ *m(f)* ▷ **space capsule N** capsule *f* spatiale ▷ **space fiction N** science-fiction *f (sur le thème des voyages dans l'espace)* ▷ **space-filler N** *(Press)* article *m* bouche-trou *inv* ▷ **space flight N** *(= journey)* voyage *m* spatial *or* dans l'espace ; *(NonC)* voyages *mpl or* vols *mpl* spatiaux ▷ **space heater N** radiateur *m* ▷ **space helmet N** casque *m* d'astronaute *or* de cosmonaute ▷ **Space Invaders** ® **N** Space Invaders *mpl (jeu vidéo mettant en scène des envahisseurs extraterrestres)* ◆ **Space Invaders machine** Space Invaders *m* ▷ **space lab N** laboratoire *m* spatial ▷ **space opera** * **N** space opera *m (film ou série de science-fiction sur le thème des voyages dans l'espace)* ▷ **space plane N** ⇒ **space shuttle** ▷ **space platform N** ⇒ **space station** ▷ **space probe N** sonde *f* spatiale ▷ **the space race N** la course à l'espace ▷ **space-saving ADJ** qui économise *or* gagne de la place ▷ **space science N** spatiologie *f* ▷ **space scientist N** spécialiste *mf* en spatiologie, spatiologue *mf* ▷ **space shot N** *(= launching)* lancement *m* d'un engin spatial ; *(= flight)* vol *m* spatial ▷ **space shuttle N** navette *f* spatiale ▷ **space sickness N** mal *m* de l'espace ▷ **space station N** station *f* orbitale *or* spatiale ▷ **space-time N** espace-temps *m* ▷ **space-time continuum N** continuum *m* espace-temps ▷ **space travel N** voyages *mpl* spatiaux *or* interplanétaires *or* dans l'espace ▷ **space writer N** *(Press)* journaliste *mf* payé(e) à la ligne

**spacecraft** /ˈspeɪskrɑːft/ **N** engin *m or* vaisseau *m* spatial

**spaceman** /ˈspeɪsmæn/ **N** (pl **-men**) *(gen)* spationaute *m* ; *(American)* astronaute *m* ; *(Russian)* cosmonaute *m*

**spaceport** /ˈspeɪspɔːt/ **N** base *f* de lancement *(d'engins spatiaux)*

**spaceship** /ˈspeɪsʃɪp/ **N** ⇒ **spacecraft**

**spacesuit** /ˈspeɪssuːt/ **N** combinaison *f* spatiale

**spacewalk** /ˈspeɪswɔːk/ **N** marche *f* dans l'espace **VI** marcher dans l'espace

**spacewalker** /ˈspeɪswɔːkəʳ/ **N** marcheur *m*, -euse *f* de l'espace

**spacewoman** /ˈspeɪswʊmən/ **N** (pl **-women**) *(gen)* spationaute *f* ; *(American)* astronaute *f* ; *(Russian)* cosmonaute *f*

**spacey** * /ˈspeɪsɪ/ **ADJ** *[music]* planant * ; *[person]* qui plane *

**spacing** /ˈspeɪsɪŋ/ **N** *(esp Typ)* espacement *m* ; *(between two objects)* espacement *m*, écartement *m* ; (also **spacing out :** *of payments, sentries*) échelonnement *m* ◆ **to type sth in single/double ~** taper qch avec un interligne simple/double

**spacious** /ˈspeɪʃəs/ **ADJ** *[room, house, car]* spacieux ; *[garden]* grand ; *[garment]* ample ◆ **~ accommodation** logement *m* spacieux

**spaciousness** /ˈspeɪʃəsnɪs/ **N** grandes dimensions *fpl*, grandeur *f*

**spacy** * /ˈspeɪsɪ/ **ADJ** ⇒ **spacey**

**spade** /speɪd/ **N** **a** bêche *f*, pelle *f* ; *(child's)* pelle *f* ◆ **to call a ~ a ~** appeler un chat un chat, ne pas avoir peur des mots **b** *(Cards)* pique *m* ◆ **the six of ~s** le six de pique ◆ **in ~s** * *(fig)* par excellence ; *for other phrases see* **club** **c** *(*⁑ *pej)* nègre *m*, négresse *f*

**spadeful** /ˈspeɪdfʊl/ **N** pelletée *f* ◆ **by the ~** *(fig)* en grandes quantités

**spadework** /ˈspeɪdwɜːk/ **N** *(NonC: fig)* travail *m* préliminaire

**spag bol** ⁑ /ˌspægˈbɒl/ **N** *(Brit)* spaghettis *mpl* bolognaise

**spaghetti** /spəˈgetɪ/ N spaghettis *mpl* COMP ▷ **spaghetti bolognese** N spaghettis *mpl* bolognaise ▷ **spaghetti junction** N échangeur *m* à niveaux multiples ▷ **spaghetti western** * N western-spaghetti * *m*, western *m* italien

**Spain** /speɪn/ N Espagne *f*

**spake** †† /speɪk/ VB pt of **speak**

**Spam** ® /spæm/ N ≈ mortadelle *f*

**spam** /spæm/ *(Internet)* N spam *m* VI spammer

**spammer** /ˈspæməʳ/ N *(Internet)* spamme(u)r *m*

**span**[1] /spæn/ N **a** *[of hands, arms]* envergure *f* ; *[of girder]* portée *f* ; *[of bridge]* travée *f* ; *[of arch]* portée *f*, ouverture *f* ; *[of roof]* portée *f*, travée *f* ; *[of plane, bird]* (also **wingspan**) envergure *f* ◆ **a bridge with three ~s** un pont à trois travées ◆ **single-~ bridge** pont à travée unique ◆ **the bridge has a ~ of 120 metres** le pont a une travée *or* une portée de 120 mètres

**b** *(in time)* espace *m* (de temps), durée *f* ◆ **the average ~ of life** la durée moyenne de vie ◆ **man's ~ is short** *(liter)* la vie humaine est brève ◆ **for a brief** *or* **short ~ (of time)** pendant un bref moment, pendant un court espace de temps ; → **life**

**c** *(†† = measure)* empan *m*

**d** *(= yoke) [of oxen etc]* paire *f*

VT **a** *[bridge, rope, plank etc] [+ stream, ditch]* enjamber ; *[+ bridge-builder]* jeter *or* construire un pont sur ◆ **Christianity ~s almost 2,000 years** le christianisme embrasse presque 2 000 ans ◆ **his life ~s almost the whole of the 18th century** sa vie s'étend sur *or* couvre presque tout le 18ᵉ siècle ◆ **his compositions ~ all types of music** ses compositions couvrent *or* embrassent tous les types de musique

**b** *(= measure)* mesurer à l'empan

**span**[2] †† /spæn/ VB pt of **spin**

**spandex** /ˈspændeks/ N *(Tex)* fibre *f* (synthétique) élastique

**spangle** /ˈspæŋgl/ N paillette *f* ◆ **dress with ~s on it** robe *f* pailletée *or* à paillettes VT orner de paillettes ◆ **~d with** *(fig)* pailleté de ; → **star**

**spangly** * /ˈspæŋglɪ/ ADJ à paillettes, pailleté

**Spaniard** /ˈspænjəd/ N Espagnol(e) *m(f)*

**spaniel** /ˈspænjəl/ N épagneul *m*

**Spanish** /ˈspænɪʃ/ ADJ *(gen)* espagnol ; *[ambassador, embassy, monarch]* d'Espagne ; *[teacher]* d'espagnol ◆ **the ~ way of life** la vie espagnole, la façon de vivre des Espagnols ◆ **the ~ people** les Espagnols *mpl*

N *(Ling)* espagnol *m*

NPL **the Spanish** les Espagnols *mpl*

COMP ▷ **Spanish America** N Amérique *f* hispanophone ▷ **Spanish-American** ADJ hispano-américain ▷ **the Spanish Armada** N *(Hist)* l'Invincible Armada *f* ▷ **Spanish chestnut** N châtaigne *f*, marron *m* ▷ **the Spanish Civil War** N la guerre civile espagnole, la guerre d'Espagne ▷ **Spanish fly** N *(NonC)* (poudre *f* de) cantharide *f* ▷ **Spanish guitar** N guitare *f* classique ▷ **the Spanish Main** N la mer des Antilles *or* des Caraïbes ▷ **Spanish moss** N *(US)* mousse *f* espagnole ▷ **Spanish omelette** N omelette *f* aux pommes de terre et aux légumes ▷ **Spanish onion** N oignon *m* d'Espagne ▷ **Spanish rice** N riz *m* à l'espagnole

**spank** /spæŋk/ N ◆ **to give sb a ~** donner un coup *or* une claque à qn sur les fesses VT *(gen, for sexual pleasure)* donner une fessée à

VI ◆ **to be** *or* **go ~ing along** *[horse, vehicle, ship]* aller *or* filer à bonne allure

**spanking** /ˈspæŋkɪŋ/ N fessée *f* ◆ **to give sb a ~** donner une fessée à qn ADJ * **a** *(= excellent)* super * ◆ **in ~ condition** en excellent état **b** *(= fast) [pace]* fulgurant ◆ **to move at a ~ pace** *[film, events]* se dérouler à un rythme échevelé ◆ **to speed along at a ~ pace** *[car]* passer à toute berzingue * **c** *(= fresh) [breeze]* fort, bon ADV †* ◆ **~ new** flambant neuf ◆ **~ white/clean** d'une blancheur/ d'une propreté éclatante

**spanner** /ˈspænəʳ/ N *(Brit)* clé *f* (à écrous) ◆ **to put a ~ in the works** mettre des bâtons dans les roues COMP ▷ **spanner wrench** N clé *f* à ergots

**spar**[1] /spɑːʳ/ N *(Geol)* spath *m*

**spar**[2] /spɑːʳ/ N *(Naut)* espar *m*

**spar**[3] /spɑːʳ/ VI *(Boxing)* s'entraîner (à la boxe) (*with sb* avec qn) ; *(rough and tumble)* se bagarrer * amicalement (*with sb* avec qn) ; *[two people]* échanger des coups de poing pour rire ; *(fig) (= argue)* se disputer (*with sb* avec qn) ; *[two people]* se défier en paroles COMP ▷ **sparring match** N *(Boxing)* combat *m* d'entraînement ; *(fig)* échange *m* verbal ▷ **sparring partner** N *(Boxing)* sparring-partner *m*, partenaire *mf* d'entraînement ; *(fig)* adversaire *mf*

**spare** /speəʳ/ ADJ **a** *(= reserve)* de réserve ; *(= replacement)* de rechange ; *(= surplus)* de *or* en trop ◆ **take a ~ pen in case that one runs out** prends un stylo de rechange *or* de réserve au cas où celui-ci n'aurait plus d'encre ◆ **I've a ~ pen if you want it** j'ai un autre stylo *or* un stylo en trop, si tu veux ◆ **have you any ~ cups?** *(in case you need more)* est-ce que tu as des tasses de réserve ? ; *(which you're not using)* est-ce que tu as des tasses de *or* en trop ? ◆ **take some ~ clothes** prends des vêtements de rechange ◆ **there were no ~ chairs** *or* **no chairs ~** il n'y avait pas de chaise libre ◆ **a ~ bed** *(gen)* un lit de libre ; *(for houseguests)* un lit d'amis ◆ **~ cash** *(small amount)* argent *m* de reste ; *(larger)* argent *m* disponible ◆ **I'll lend you my ~ key** je vais te prêter mon double (de clé) ◆ **I've got a ~ ticket for the play** j'ai une place en plus pour la pièce de théâtre ◆ **there are two going ~** * il en reste deux ◆ **thousands of tickets are going ~** * il reste des milliers de billets ◆ **I felt like a ~ prick** ** **at a wedding** *(hum)* je me demandais ce que je foutais là **

**b** *(= lean) [person, body]* sec (sèche *f*)

**c** *(= austere) [prose, style, design, room]* dépouillé ; *[music]* sobre ; *[diet, meal]* frugal

**d** *(Brit ** = crazy)* ◆ **to go ~** devenir dingue * ◆ **to drive sb ~** rendre qn dingue *

N *(= part)* pièce *f* de rechange, pièce *f* détachée ; *(= tyre)* pneu *m* de rechange ; *(= wheel)* roue *f* de secours

VT **a** *(= do without)* se passer de ◆ **we can't ~ him just now** nous ne pouvons pas nous passer de lui en ce moment ◆ **can you ~ it?** vous n'en avez pas besoin ? ◆ **can you ~ £10?** est-ce que tu aurais 10 livres ? ◆ **can you ~ me £5?** est-ce que tu peux me passer 5 livres ? ◆ **I can only ~ a few minutes, I can't ~ the time (to do it)** je n'ai pas le temps (de le faire), je n'ai pas une minute (à y consacrer) ◆ **I can only ~ an hour for my piano practice** je peux seulement consacrer une heure à *or* je ne dispose que d'une heure pour mes exercices de piano ◆ **I can ~ you five minutes** je peux vous accorder *or* consacrer cinq minutes ◆ **to ~ a thought for** penser à, avoir une pensée pour

♦ **to spare** ◆ **he had time to ~ so he went to the pictures** il n'était pas pressé *or* il avait du temps devant lui, alors il est allé au cinéma ◆ **did you have a rush to get here? – no, I had time (and) to ~** est-ce que tu as dû te dépêcher pour arriver ? – non, j'ai eu plus de temps qu'il ne m'en fallait ◆ **I've only a few minutes to ~** je ne dispose que de quelques minutes, je n'ai que quelques minutes de libres *or* devant moi ◆ **there are three to ~** il en reste trois ◆ **I've got none** *or* **nothing to ~** j'ai juste ce qu'il me faut, je n'en ai pas trop ◆ **I've enough and to ~** j'en ai plus qu'il ne m'en faut ◆ **she had a metre to ~** elle en avait un mètre de trop *or* de plus que nécessaire ◆ **with two minutes to ~** avec deux minutes d'avance ◆ **we did it with $5 to ~** nous l'avons fait et il nous reste encore 5 dollars

**b** *(= show mercy to) [+ person, sb's life, tree]* épargner ◆ **he ~d no one** *(lit, fig)* il n'a épargné personne, il n'a fait grâce à personne ◆ **the plague ~d no one** la peste n'a épargné personne ◆ **if I'm ~d** † si Dieu me prête vie ◆ **to ~ sb's feelings** ménager (les sentiments de) qn ◆ **~ my blushes!** épargnez ma modestie !, ne me faites pas rougir !

**c** *[+ suffering, grief]* éviter, épargner (*to sb* à qn) ◆ **to ~ sb embarrassment** épargner *or* éviter de l'embarras à qn ◆ **I wanted to ~ him trouble** je voulais lui éviter de se déranger ◆ **you could have ~d yourself the trouble** vous auriez pu vous épargner tout ce mal ◆ **I'll ~ you the details** je vous fais grâce des détails

**d** *(= refrain from using) [+ one's strength, efforts]* ménager ◆ **we have ~d no expense to make her stay a pleasant one** nous n'avons pas reculé devant la dépense pour que son séjour soit agréable ◆ **he ~d no expense to modernize the house** il a dépensé sans compter pour moderniser la maison ◆ **no expense ~d** peu importe le prix ◆ **he didn't ~ himself, he ~d no pains** il s'est donné beaucoup de mal, il n'a pas épargné sa peine ◆ **he could have ~d his pains, he could have ~d himself the trouble** il s'est donné du mal pour rien ◆ **~ your pains, it's too late now** pas la peine de te donner du mal, c'est trop tard maintenant ◆ **~ the rod and spoil the child** *(Prov)* qui aime bien châtie bien *(Prov)*

COMP ▷ **spare bedroom** N ⇒ **spare room** ▷ **spare part** N *(Aut, Tech)* pièce *f* de rechange, pièce *f* détachée ▷ **spare-part surgery** * N chirurgie *f* de transplantation ▷ **spare room** N chambre *f* d'amis ▷ **spare time** N temps *m* libre ◆ **to do sth in one's ~ time** faire qch pendant son temps libre *or* ses moments de libre ▷ **spare-time** ADJ (fait) à temps perdu *or* pendant les moments de loisir ◆ **~-time activities** (activités *fpl* de) loisirs *mpl* ▷ **spare tyre** N *[of car]* roue *f* de secours ; *(* fig = fat)* bourrelet *m* (de graisse) *(à la taille)* ◆ **to get a ~ tyre** * prendre de l'embonpoint ◆ **to get rid of one's ~ tyre** * se débarrasser de son bourrelet (de graisse) ▷ **spare wheel** N *[of car]* roue *f* de secours

**sparerib** /ˈspeərɪb/ N *(Culin)* travers *m* (de porc)

**sparing** /ˈspeərɪŋ/ ADJ *[person]* économe ; *[use]* modéré ; *[amount]* limité, modéré ◆ **she was ~ with heat and light** elle faisait des économies de chauffage et d'électricité ◆ **I've not been ~ with the garlic** je n'ai pas lésiné sur l'ail ◆ **he was ~ with** *or* *(frm)* **of the wine** il a lésiné sur le vin ◆ **~ of words** *(frm)* avare *or* chiche de paroles ◆ **you must be more ~ of your strength** vous devez ménager vos forces ◆ **~ in one's praise (for sb)** avare de ses louanges (à l'égard de qn) ◆ **to be ~ in one's use of sth** utiliser qch avec modération

**sparingly** /ˈspɛərɪŋlɪ/ ADV *[use, apply]* avec modération ; *[eat]* frugalement ; *[drink]* peu ; *[spend, praise]* avec parcimonie

**spark** /spɑːk/ N *(Elec)* étincelle *f* ; *(fig)* *[of intelligence, wit, life]* étincelle *f* ; *[of common-sense, interest]* lueur *f* ◆ **to make the ~s fly** *(fig)* *(= start a row)* mettre le feu aux poudres *(fig)* *(= fight)* se bagarrer un bon coup * ◆ **they'll strike ~s off each other** ils se stimuleront (l'un l'autre) ; → **bright** NPL **sparks** *(Brit = electrician)* électricien *m* ; *(= radio operator)* radio *m* (de bord) VI jeter des étincelles VT *(also* **spark off***)* *[+ rebellion, complaints, quarrel]* provoquer, déclencher ; *[+ interest, enthusiasm]* susciter, éveiller (*in sb* chez qn) ◆ **to ~ a fire** provoquer un incendie COMP ▷ **spark gap** N *(Elec)* écartement *m* des électrodes ▷ **spark(ing) plug** N *(Aut)* bougie *f*

**sparkle** /ˈspɑːkl/ N *(NonC)* *[of stars, dew, tinsel]* scintillement *m*, étincellement *m* ; *[of diamond]* éclat *m*, feux *mpl* ; *(in eye)* étincelle *f*, éclair *m* ; *(fig)* vie *f*, éclat *m* VI *[glass, drops of water, snow]* étinceler, briller ; *[surface of water, lake]* scintiller, miroiter ; *[diamond]* étinceler, jeter des feux, scintiller ; *[fabric]* chatoyer ; *[wine]* pétiller ; *[eyes]* étinceler, pétiller (*with* de) ; *[person]* briller ; *[conversation, play, book]* étinceler, pétiller (*with* de), être brillant *or* étincelant

**sparkler** /ˈspɑːkləʳ/ N a *(= firework)* cierge *m* magique b *(* = sparkling wine)* vin *m* pétillant c *(‡ = diamond)* diam ‡ *m*

**sparkling** /ˈspɑːklɪŋ/ ADJ a *(= bright)* *[glass, diamond, snow, sand, sea, eyes]* étincelant (*with sth* de qch) ; *[day, sky]* radieux ; *[surface of water, lake]* scintillant, miroitant b *(= scintillating)* *[person, conversation, script, performance, results]* brillant ◆ **he was in ~ form** il était dans une forme éblouissante c *(= fizzy)* *[wine]* mousseux ; *[water]* *(naturally)* gazeux naturel ; *(artificially)* gazéifié ◆ **~ cider** cidre *m* ADV ◆ **~ clean** d'une propreté éclatante

**sparkly** * /ˈspɑːklɪ/ ADJ brillant

**sparky** * /ˈspɑːkɪ/ ADJ plein d'entrain

**sparrow** /ˈspærəʊ/ N moineau *m* ; → **hedgesparrow**

**sparrowgrass** /ˈspærəʊgrɑːs/ N *(dial)* asperge(s) *f(pl)*

**sparrowhawk** /ˈspærəʊhɔːk/ N épervier *m*

**sparse** /spɑːs/ ADJ *[population, hair, vegetation]* clairsemé ; *[traffic]* léger ; *[furniture]* rare ; *[dialogue]* entrecoupé de longs silences

**sparsely** /ˈspɑːslɪ/ ADV *[wooded, furnished]* peu ◆ **~ populated** peu peuplé

**Sparta** /ˈspɑːtə/ N Sparte

**Spartacus** /ˈspɑːtəkəs/ N Spartacus *m*

**Spartan** /ˈspɑːtən/ N Spartiate *mf* ADJ a *(= from Sparta)* spartiate b *(= austere:* also **spartan***)* *[lifestyle, accommodation, conditions, diet]* spartiate

**spasm** /ˈspæzəm/ N *(Med)* spasme *m* ; *(fig)* accès *m* (*of* de) ◆ **a ~ of coughing** un accès *or* une quinte de toux ◆ **to work in ~s** travailler par à-coups *or* par accès

**spasmodic** /spæzˈmɒdɪk/ ADJ a *(= intermittent)* *[work, movements, attempts, service]* intermittent, irrégulier ◆ **the team had only ~ success** l'équipe n'a connu que des succès intermittents ◆ **to mount ~ raids** lancer des raids répétés b *(Med)* spasmodique

**spasmodically** /spæzˈmɒdɪkəlɪ/ ADV a *(= intermittently)* *[continue, campaign]* de façon intermittente ; *[work, try]* par à-coups, de façon intermittente *or* irrégulière b *(Med)* ◆ **to jerk ~** *[person, body, chest]* être agité de spasmes irréguliers

**spastic** /ˈspæstɪk/ ADJ a *(† = handicapped)* *[person]* handicapé moteur (handicapée moteur *f*) b *(Med)* *[movement, paralysis]* spasmodique c *(pej = clumsy)* *[movement]* convulsif N *(Med †)* handicapé(e) *m(f)* moteur *f inv* COMP ▷ **spastic colon** N colopathie *f* spasmodique

**spasticity** /spæsˈtɪsɪtɪ/ N *(Med)* paralysie *f* spasmodique

**spat**[1] /spæt/ VB pt, ptp of **spit**[1]

**spat**[2] /spæt/ N *(= gaiter)* demi-guêtre *f*

**spat**[3] /spæt/ N *(= oyster)* naissain *m*

**spat**[4] * /spæt/ *(US = quarrel)* N prise *f* de bec * VI avoir une prise de bec *

**spate** /speɪt/ N *(Brit)* a *[of river]* crue *f* b *[of letters, orders]* avalanche *f* ; *[of words, abuse]* torrent *m* ◆ **a ~ of bombings** une vague d'attentats ◆ **in ~** en crue ◆ **to be in full ~** *(= talking at length)* être parti (dans son sujet) ◆ **to have a ~ of work** être débordé *or* submergé de travail ◆ **a fresh ~ of sabotage/attacks** une recrudescence d'actes de sabotage/d'attaques

**spatial** /ˈspeɪʃəl/ *(frm)* ADJ a *(= physical)* *[relationship, variation]* spatial ; *[constraints]* d'espace ◆ **~ distribution of employment** répartition *f or* distribution *f* géographique de l'emploi b *(Psych)* ◆ **~ awareness/ability/skills** perception *f* spatiale COMP ▷ **spatial frequency** N *(Elec)* fréquence *f* spatiale

**spatiotemporal** /ˈspeɪʃɪəʊˈtempərəl/ ADJ spatiotemporel

**spatter** /ˈspætəʳ/ VT *(accidentally)* éclabousser (*with* de) ; *(deliberately)* asperger (*with* de) ◆ **to ~ mud on** *or* **over a dress** éclabousser de boue une robe VI *(= splash)* gicler (*on* sur) ; *(= sound)* crépiter (*on* sur) N *(= mark)* éclaboussure(s) *f(pl)* ; *(= sound)* crépitement *m*

**-spattered** /ˈspætəd/ ADJ *(in compounds)* ◆ **the butcher's blood-spattered apron** le tablier éclaboussé de sang du boucher ◆ **mud-spattered car** voiture *f* éclaboussée de boue

**spatula** /ˈspætjʊlə/ N *(Culin)* spatule *f* ; *(Med)* abaisse-langue *m inv*

**spavin** /ˈspævɪn/ N éparvin *m*

**spawn** /spɔːn/ N *[of fish, frog]* frai *m*, œufs *mpl* ; *[of mushroom]* mycélium *m* ; *(pej = person)* progéniture *f (iro)* VT pondre ; *(fig pej)* engendrer, faire naître VI frayer ; *(fig pej)* se reproduire, se multiplier

**spawning** /ˈspɔːnɪŋ/ N *(NonC)* frai *m* COMP ▷ **spawning ground** N frayère *f*

**spay** /speɪ/ VT *[+ animal]* enlever les ovaires de

**SPCA** /ˌespiːsiːˈeɪ/ N *(US)* (abbrev of **Society for the Prevention of Cruelty to Animals**) = SPA *f*

**SPCC** /ˌespiːsiːˈsiː/ N *(US)* (abbrev of **Society for the Prevention of Cruelty to Children**) *association pour la protection de l'enfance*

**speak** /spiːk/ (pret **spoke**, ptp **spoken**) VI a *(= talk)* parler (*to* à ; *of, about* de) ; *(= converse)* parler, s'entretenir (*with* avec) ; *(= be on speaking terms)* parler, adresser la parole (*to* à) ; *(fig)* *[gun, trumpet etc]* retentir, se faire entendre ◆ **to ~ in a whisper** chuchoter ◆ **~ normally, don't shout!** parle normalement, ne crie pas ! ◆ **to ~ to o.s.** parler tout seul ◆ **I'll ~ to him about it** je vais lui en parler, je vais lui en toucher un mot *or* deux mots ◆ **I don't know him to ~ to** je ne le connais pas assez bien pour lui parler *or* pour lui adresser la parole ◆ **I'll never ~ to him again** je ne lui adresserai plus jamais la parole ◆ **did you ~?** * pardon ?, tu m'as parlé ? ◆ **you have only to ~** tu n'as qu'un mot à dire ◆ **~ing personally ...** pour ma part ..., personnellement ... ◆ **~ing as a member of the society I ...** en tant que membre de la société je ...

◆ **so to speak** pour ainsi dire

◆ *adverb* + **speaking** ◆ **biologically/philosophically ~ing** biologiquement/philosophiquement parlant

b *(Telec)* ◆ **who's (that) ~ing ?** qui est à l'appareil ? ; *(passing on call)* c'est de la part de qui ? ◆ **(this is) Paul ~ing** ici Paul, (c'est) Paul à l'appareil ◆ **~ing!** lui-même (*or* elle-même) !, c'est moi-même ! ; → **action, badly, roughly**

c *(= make a speech)* parler (*on or about sth* de qch) ; *(= begin to speak)* prendre la parole ◆ **to ~ in public** parler en public ◆ **he rose to ~** il s'est levé pour prendre la parole *or* pour parler ◆ **Mr Latimer will ~ next** ensuite c'est M. Latimer qui prendra la parole ◆ **the chairman asked him to ~** le président lui a donné la parole ◆ **Mr King will now ~ on "The Incas"** M. King va maintenant (nous) parler des Incas ◆ **to ~ in a debate** *[proposer, seconder]* faire un discours *or* prendre la parole au cours d'un débat ; *(from floor of house)* participer à un débat, intervenir dans un débat

d *(phrases)* ◆ **to ~ for sb** *(= be spokesman for)* parler pour qn *or* au nom de qn ; *(= give evidence for)* parler *or* témoigner en faveur de qn ◆ **~ing for myself ...** personnellement ..., pour ma part ..., en ce qui me concerne ... ◆ **~ for yourself!** * parle pour toi ! * ◆ **let him ~ for himself** laisse-le s'exprimer, laisse-le dire lui-même ce qu'il a à dire ◆ **it ~s for itself** c'est évident, c'est tout ce qu'il y a de plus clair ◆ **the facts ~ for themselves** les faits parlent d'eux-mêmes *or* se passent de commentaires ◆ **I can ~ for** *or* **to his honesty** je peux témoigner de *or* répondre de son honnêteté ◆ **it ~s to the chaos that was inside me** cela dit *or* montre bien la confusion qui régnait en moi ◆ **that ~s well for his generosity** ceci montre bien *or* prouve bien qu'il est généreux ◆ **to ~ of sth as sth** appeler qch qch ◆ **he always ~s well of her** il dit toujours du bien d'elle ◆ **he is very well spoken of** on dit beaucoup de bien de lui ◆ **everything spoke of wealth** tout indiquait la richesse ◆ **everything spoke of fear/hatred** tout révélait *or* trahissait la peur/la haine ◆ **to ~ to a motion** *(Parl etc)* soutenir une motion

◆ **speaking of ...** ◆ **~ing of holidays ...** à propos de vacances ..., puisqu'on parle de vacances ... ◆ **~ing of which ...** à propos ...

◆ **... to speak of** ◆ **he has no friends/money to ~ of** il n'a pour ainsi dire pas d'amis/d'argent ◆ **nobody to ~ of** pour ainsi dire personne ◆ **it's nothing to ~ of** ce n'est pas grand-chose, cela ne vaut pas la peine qu'on en parle *subj*, c'est trois fois rien *

◆ **spoken for** ◆ **that is already spoken for** c'est déjà réservé *or* retenu ◆ **she is already spoken for** elle est déjà prise

VT a *[+ language]* parler ◆ **"English spoken"** "ici on parle anglais" ◆ **French is spoken all over the world** le français se parle dans le monde entier

b *(liter)* *[+ a poem, one's lines, the truth]* dire ◆ **I didn't ~ a word** je n'ai rien dit ◆ **to ~ one's mind** dire ce que l'on pense

N *(in compounds)* langage *m* de ..., jargon *m* de ... ◆ **computerspeak** langage *m or* jargon *m* de l'informatique, langage *m or* jargon *m* des informaticiens

► **speak out** VI ⇒ **speak up b**

► **speak up** VI a *(= talk loudly)* parler fort *or* haut ; *(= raise one's voice)* parler plus fort *or* plus haut ◆ **~ up!** (parle) plus fort *or* plus haut ! ; *(= don't mumble)* parle plus clairement !

b *(fig)* parler franchement, ne pas mâcher ses mots ◆ **he's not afraid to ~ up** il n'a pas peur de dire ce qu'il pense *or* de parler franchement, il ne mâche pas ses mots ◆ **I think you ought to ~ up** je crois que vous devriez dire franchement ce que vous pensez ◆ **to ~ up for sb** parler en faveur de qn, défendre qn ◆ **to ~ up against sth** s'élever contre qch

**speakeasy** * /ˈspiːkiːzɪ/ N *(US Hist)* bar *m* clandestin *(pendant la prohibition)*

**speaker** /ˈspiːkəʳ/ N **a** *(gen)* celui *m* (*or* celle *f*) qui parle ; *(in dialogue, discussion)* interlocuteur *m*, -trice *f* ; *(in public)* orateur *m*, -trice *f* ; *(= lecturer)* conférencier *m*, -ière *f* ◆ **he's a good/poor ~** il parle bien/mal, c'est un bon/mauvais orateur *or* conférencier ◆ **the previous ~** la personne qui a parlé la dernière, l'orateur *or* le conférencier précédent

**b** ◆ **Speaker (of the House)** *(Brit)* président(e) *m(f)* de la Chambre des communes ; *(US)* président(e) *m(f)* de la Chambre des représentants

**c** ◆ **French ~** personne *f* qui parle français ; *(as native or official language)* francophone *mf* ◆ **he is not a Welsh ~** il ne parle pas gallois ; → **native**

**d** (also **loudspeaker**) *(for PA system, musical instruments)* haut-parleur *m*, enceinte *f* ; *[of hi-fi]* baffle *m*, enceinte *f*

**Speaker (of the House)**

En Grande-Bretagne, le **Speaker** est le président de la Chambre des communes, qui veille au respect du règlement et au bon déroulement des séances. Élu au début de chaque législature, il n'appartient pas nécessairement au parti au pouvoir, mais il perd son droit de vote et se doit de rester impartial. Au début de chacune de leurs interventions, les députés s'adressent au président de l'assemblée par ces mots : « Mister/Madam **Speaker** ».
Aux États-Unis le président de la Chambre des représentants est le **Speaker of the House** : il est le leader du parti majoritaire et joue le rôle de porte-parole de son parti. Politiquement, il vient en seconde position, après le vice-président des États-Unis, pour remplacer le président en cas de vacance du pouvoir.

**speaking** /ˈspiːkɪŋ/ ADJ *(= talking) [doll, machine]* parlant N *(= skill)* art *m* de parler ; → **public**

COMP ▷ **the speaking clock** N *(Brit)* l'horloge *f* parlante ▷ **speaking part, speaking role** N *(Cine, Theat)* rôle *m (autre que de figuration)* ▷ **speaking terms** NPL ◆ **they're on ~ terms again** ils se parlent à nouveau, ils s'adressent à nouveau la parole ◆ **they're not on ~ terms** ils ne s'adressent plus la parole, ils ne se parlent plus ◆ **she's on ~ terms with him again** elle lui parle à nouveau, elle lui adresse à nouveau la parole ▷ **speaking tube** N tuyau *m* acoustique ▷ **speaking voice** N ◆ **his ~ voice** le timbre de sa voix quand il parle ◆ **he has a pleasant ~ voice** il a une voix agréable (à entendre)

**-speaking** /ˈspiːkɪŋ/ ADJ *(in compounds)* ◆ **English-speaking** *[country]* anglophone, de langue anglaise ; *[person]* anglophone, parlant anglais ◆ **slow-speaking** au débit lent, à la parole lente

**spear** /spɪəʳ/ N **a** *[of warrior, hunter]* lance *f* **b** *[of broccoli, asparagus]* pointe *f* VT transpercer d'un coup de lance ◆ **he ~ed a potato with his fork** il a piqué une pomme de terre avec sa fourchette COMP ▷ **spear grass** N *(Brit)* chiendent *m* ▷ **spear gun** N fusil *m* sous-marin *or* à harpon

**spearcarrier** /ˈspɪəkærɪəʳ/ N *(Theat) (lit)* soldat *m* ◆ **he started as a ~** *(fig)* il a débuté en jouant les hallebardiers, il a commencé par être figurant

**spearfish** /ˈspɪəfɪʃ/ VI *(US)* (also **go spearfishing**) pratiquer la pêche sous-marine

**spearhead** /ˈspɪəhed/ N *(Mil, fig)* fer *m* de lance VT *[+ attack, offensive]* être le fer de lance de ; *[+ campaign]* mener

**spearmint** /ˈspɪəmɪnt/ N *(Bot)* menthe *f* verte ; *(= chewing gum)* chewing-gum *m* (à la menthe) COMP *[sweet]* à la menthe ; *[flavour]* de menthe

**spec** * /spek/ N (abbrev of **speculation**) ◆ **to buy sth on ~** risquer *or* tenter le coup * en achetant qch ◆ **I went along on ~** j'y suis allé à tout hasard NPL **specs** (abbrev of **specifications**) spécifications *fpl*, caractéristiques *fpl* (techniques)

**special** /ˈspeʃəl/ ADJ **a** *(= particular, exceptional) [occasion, assignment, permission, arrangements, adviser, price, study, skill]* spécial ; *[purpose, use, equipment]* spécial, particulier ; *[day]* grand, exceptionnel ; *[event, situation, goods]* exceptionnel ; *[circumstances]* exceptionnel, extraordinaire ; *[powers, meeting]* extraordinaire ; *[case]* particulier, à part ; *[status, interest]* particulier ; *[effort, pleasure, attention]* (tout) particulier ; *[treatment]* de faveur ◆ **what is so ~ about it?** qu'est-ce que cela a de si exceptionnel *or* extraordinaire ? ◆ **is there anything ~ you would like?** as-tu envie de quelque chose de particulier *or* de spécial ? ◆ **to take ~ care** faire (tout) particulièrement attention ◆ **take ~ care of it** fais-y (tout) particulièrement attention, prends-en un soin tout particulier ◆ **by ~ command of ...** sur ordre spécial *or* exprès de ... ◆ **are you thinking of any ~ date?** est-ce que tu penses à une date particulière *or* en particulier ? ◆ **this is rather a ~ day for me** c'est une journée particulièrement importante pour moi ◆ **can I ask a ~ favour?** peux-tu me rendre un grand service ? ◆ **it's a ~ feature of the village** c'est une caractéristique *or* une particularité du village ◆ **in this one ~ instance** dans ce cas bien particulier ◆ **my ~ chair** mon fauteuil préféré, le fauteuil que je me réserve ◆ **what are you doing this weekend? – nothing ~** que fais-tu ce week-end ? — rien de spécial *or* de particulier ◆ **there is nothing ~ about being a journalist** le fait d'être journaliste n'a rien d'extraordinaire ◆ **I've no ~ person in mind** je ne pense à personne en particulier ◆ **to have a ~ place in sb's heart** occuper une place à part dans le cœur de qn ◆ **he has a ~ place in our affections** nous sommes tout particulièrement attachés à lui ◆ **Britain had its own ~ problems** la Grande-Bretagne avait ses propres problèmes ◆ **I had no ~ reason for suspecting him** je n'avais aucune raison particulière de le soupçonner ◆ **why do you say that? – oh, no ~ reason** pourquoi as-tu dit ça ? — oh, j'ai dit ça sans raison particulière ◆ **with ~ responsibility for sth** *(Pol)* chargé du dossier de qch ◆ **I've cooked something ~ for dinner** j'ai préparé quelque chose de spécial pour le dîner ◆ **she is something ~** elle n'est pas comme tout le monde ◆ **~ to that country** particulier *or* propre à ce pays ◆ **as a ~ treat my grandfather would take me to the zoo** quand il voulait me gâter, mon grand-père m'emmenait au zoo ◆ **we had roast beef as a ~ treat** nous nous sommes offert un extra et avons mangé du rosbif ◆ **he has his own ~ way with the children** il a une façon toute particulière *or* bien à lui de s'y prendre avec les enfants

**b** *(= dear) [person]* ◆ **is there anyone ~ in your life?** y a-t-il quelqu'un dans votre vie ? ◆ **"professional woman seeks someone special to share her life with"** "femme exerçant profession libérale cherche âme sœur" ◆ **tender moments with a ~ person** moments de tendresse avec une personne qu'on aime ◆ **her ~ friend** son meilleur ami, un ami intime ◆ **you're extra ~!** * tu es vraiment tout pour moi ! ◆ **she's very ~ to us** elle nous est très chère

N *(= train)* train *m* supplémentaire ; *(= newspaper)* édition *f* spéciale ; *(= policeman)* auxiliaire *m* de police ; *(Rad, TV * = programme)* émission *f* spéciale ◆ **the chef's ~** la spécialité du chef *or* de la maison ◆ **today's ~** *(on menu)* le plat du jour ◆ **this week's ~** *(on item in shop)* l'affaire *f* de la semaine ; → **football**

COMP ▷ **special agent** N *(= spy)* agent *m* secret ▷ **Special Air Service** N *(Brit Mil)* ≃ Groupement *m* d'intervention de la gendarmerie nationale ▷ **Special Branch** N *(Brit Police)* les renseignements *mpl* généraux ▷ **special constable** N *(Brit)* auxiliaire *m* de police ▷ **special correspondent** N *(Press, Rad, TV)* envoyé(e) *m(f)* spécial(e) ▷ **special delivery** N *(Post)* ◆ **by ~ delivery** en exprès ▷ **special-delivery letter** N *(Post)* lettre *f* exprès ▷ **special edition** N *[of book]* édition *f* spéciale ; *[of programme]* diffusion *f* spéciale ; *[of car]* modèle *m* spécial ▷ **special education** N *(Brit)* ⇒ **special schooling** ▷ **special effects** NPL effets *mpl* spéciaux ▷ **special feature** N *(Press)* article *m* spécial ▷ **special handling** N *(US Post)* acheminement *m* rapide ▷ **special interest group** N *(Pol etc)* groupe *m* de pression ▷ **special jury** N *(Jur)* jury *m* spécial ▷ **special licence** N *(Jur) (gen)* dispense *f* spéciale ; *(for marriage)* dispense *f* de bans ▷ **special messenger** N ◆ **by ~ messenger** par messager spécial ▷ **special needs** NPL *(Educ, Admin)* problèmes *mpl* de scolarité ◆ **children with ~ needs, ~ needs children** enfants *mpl* ayant des problèmes de scolarité ◆ **~ needs teacher** enseignant(e) *m(f)* spécialisé(e) pour enfants ayant des problèmes de scolarité ▷ **special offer** N *(Comm)* promotion *f*, réclame *f* ▷ **Special Patrol Group** N *(Brit Police)* ≃ brigade *f* antiémeute ▷ **special relationship** N *(Pol)* lien *m* privilégié (*with* avec) ▷ **special school** N *(Brit)* établissement *m* scolaire spécialisé ▷ **special schooling** N *(Brit)* enseignement *m* spécialisé *(pour handicapés mentaux)* ▷ **special school teacher** N *(Brit)* instituteur *m*, -trice *f* spécialisé(e) ▷ **special slalom** N *(Ski)* slalom *m* spécial ▷ **special student** N *(US Univ)* auditeur *m*, -trice *f* libre *(ne préparant pas de diplôme)* ▷ **special subject** N *(Scol, Univ)* option *f* ; *(advanced)* sujet *m* spécialisé

**specialism** /ˈspeʃəlɪzəm/ N **a** *(= subject, skill)* spécialité *f* **b** *(= specialization)* spécialisation *f*

**specialist** /ˈspeʃəlɪst/ N *(gen, Med)* spécialiste *mf* (*in* de) ◆ **an eye/heart ~** *(Med)* un(e) ophtalmologue/cardiologue ◆ **you need a ~ to tell you that** *(gen)* seul un spécialiste *or* un expert peut vous dire cela COMP *[knowledge, dictionary]* spécialisé, spécial ▷ **specialist teacher** N *(primary)* instituteur *m*, -trice *f* (spécialisé(e) dans une matière) ; *(secondary)* professeur *m* (spécialisé(e) dans une matière) ▷ **specialist work** N ◆ **it's ~ work** cela requiert un spécialiste *or* un professionnel, un amateur ne peut pas le faire

**speciality** /ˌspeʃɪˈælɪtɪ/ N spécialité *f* ◆ **to make a ~ of sth** se spécialiser dans qch ◆ **his ~ is Medieval English** c'est un spécialiste de l'anglais médiéval ◆ **it is a ~ of the village** c'est une spécialité du village ◆ **armchairs are this firm's ~** cette firme se spécialise dans les fauteuils ◆ **the chef's ~** la spécialité du chef *or* de la maison

**specialization** /ˌspeʃəlaɪˈzeɪʃən/ N spécialisation *f* (*in* dans)

**specialize** /ˈspeʃəlaɪz/ VI *[student, firm, chef]* se spécialiser (*in* dans) ◆ **he ~s in making a fool of himself** *(hum)* il se fait un point de passer pour un imbécile

**specialized** /ˈspeʃəlaɪzd/ ADJ *[knowledge, equipment]* spécial ; *[vocabulary, department, training]* spécialisé ; *[tools]* à usage spécial COMP ▷ **specialized subject** N *(Scol, Univ)* option *f* ; *(advanced)* sujet *m* spécialisé

**specially** /ˈspeʃəlɪ/ ADV a *(= expressly) [designed, made, built, adapted]* spécialement ; *[commissioned, prepared, selected, formulated]* (tout) spécialement ◆ **to be ~ trained** avoir reçu une formation spéciale ◆ **~ written for children** écrit spécialement pour les enfants ◆ **I asked for it ~** je l'ai demandé exprès *or* tout spécialement b *(* = exceptionally) [good, difficult]* particulièrement ; *[important]* spécialement, particulièrement c *(= in particular) [think]* surtout, tout particulièrement ◆ **he is ~ interested in Proust** il s'intéresse tout spécialement *or* tout particulièrement à Proust ◆ **we would ~ like to see the orchard** nous aimerions particulièrement *or* surtout voir le verger

**specialty** /ˈspeʃəltɪ/ N *(US)* ⇒ **speciality**

**specie** /ˈspiːʃiː/ N *(Fin)* espèces *fpl* (monnayées)

**species** /ˈspiːʃiːz/ N *(pl inv: all senses)* espèce *f*

**specific** /spəˈsɪfɪk/ ADJ *[person, description, instructions, meaning, reason, plan]* précis ; *[issue, charge, case]* précis, particulier ; *[area, conditions, group, need]* spécifique, particulier ◆ **he refused to be more ~** il a refusé d'être plus précis ◆ **he was very ~ on that point** il s'est montré très explicite sur ce point ◆ **nothing very ~** rien de bien précis ◆ **~ to sb/sth** propre à qn/qch N a *(Med)* (remède *m*) spécifique *m* (*for* de, contre) ; *(fig)* remède *m* spécifique b *(pl)* **let's get down to ~s** *(= details etc)* entrons dans les détails, prenons des exemples précis COMP ▷ **specific gravity** N *(Phys)* densité *f* ▷ **specific heat** N *(Phys)* chaleur *f* massique *or* spécifique ▷ **specific name** N *(Bio)* nom *m* d'espèce

**-specific** /spəˈsɪfɪk/ ADJ *(in compounds)* ◆ **most predators are species-specific** la plupart des prédateurs sont spécifiques à certaines espèces ◆ **most societies impose gender-specific clothing** la plupart des sociétés imposent des habitudes vestimentaires propres à chaque sexe

**specifically** /spəˈsɪfɪkəlɪ/ ADV a *(= especially) [design]* tout spécialement, expressément ; *[aim at, relate to]* tout spécialement ; *[intend, plan]* expressément, particulièrement b *(= in particular)* en particulier ◆ **more ~** plus particulièrement c *(= explicitly) [mention, refer to, authorize, warn, recommend]* expressément ◆ **to state sth ~** préciser qch ◆ **I told you quite ~** je vous l'avais bien précisé *or* spécifié ◆ **he ~ asked us not to mention the fact** il nous a bien spécifié de ne pas mentionner ce fait, il nous a expressément demandé de ne pas mentionner ce fait d *(= uniquely)* ◆ **~ medical/socialist/political** spécifiquement médical/socialiste/politique

**specification** /ˌspesɪfɪˈkeɪʃən/ N a *(NonC = act of specifying)* spécification *f*, précision *f* b *(= item in contract etc)* stipulation *f*, prescription *f* ◆ **this ~ was not complied with** cette stipulation *or* cette prescription n'a pas été respectée ◆ **~s** *(for building, machine etc)* spécifications *fpl*, caractéristiques *fpl* (techniques) ; *(in contract etc)* cahier *m* des charges ; → **outline**

**specify** /ˈspesɪfaɪ/ VT spécifier, préciser ◆ **unless otherwise specified** sauf indication contraire ◆ **at a specified time** à un moment précis, à une heure précise

**specimen** /ˈspesɪmɪn/ N *[of rock, species, style]* spécimen *m* ; *[of blood, tissue]* prélèvement *m* ; *[of urine]* échantillon *m* ; *(fig = example)* spécimen *m*, exemple *m* (*of* de) ◆ **that trout is a fine ~** cette truite est un magnifique spécimen *or* est magnifique ◆ **an odd ~** * un drôle d'individu ◆ **you're a pretty poor ~** * tu es un (*or* une) pas grand-chose * COMP ▷ **specimen copy** N spécimen *m* ▷ **specimen page** N page *f* spécimen ▷ **specimen signature** N spécimen *m* de signature

**specious** /ˈspiːʃəs/ ADJ *(frm)* spécieux

**speciousness** /ˈspiːʃəsnɪs/ N *(NonC: frm)* caractère *m* spécieux

**speck** /spek/ N *[of dust, soot]* grain *m* ; *[of blood, dirt, mud, ink]* toute petite tache *f* ; *(on fruit, leaves, skin)* tache *f*, tavelure *f* ◆ **it has got black ~s all over it** c'est entièrement couvert de toutes petites taches noires ◆ **I've got a ~ in my eye** j'ai une poussière dans l'œil ◆ **just a ~ on the horizon/in the sky** rien qu'un point noir à l'horizon/dans le ciel ◆ **cream? – just a ~ *, thanks** de la crème ? — juste un petit peu, merci VT tacheter, moucheter ; *[+ fruit]* tacheter, taveler

**speckle** /ˈspekl/ N tacheture *f*, moucheture *f* VT tacheter, moucheter

**speckled** /ˈspekld/ ADJ *[egg]* tacheté, moucheté (*with sth* de qch) ◆ **~ with (patches of) brown and white** tacheté *or* moucheté de brun et de blanc ◆ **the sky was ~ with stars** le ciel était constellé d'étoiles ◆ **the beach was ~ with people** il y avait des gens éparpillés sur la plage

**specs** * /speks/ NPL a abbrev of **spectacles** b → **spec**

**spectacle** /ˈspektəkl/ N *(= sight)* spectacle *m* ; *(= show)* revue *f* à grand spectacle ◆ **the coronation was a great ~** le couronnement a été un spectacle somptueux ◆ **to make a ~ of o.s.** *(pej)* se donner en spectacle COMP ▷ **spectacle case** N *(Brit)* étui *m* à lunettes

**spectacled** /ˈspektəkld/ ADJ *(also Zool)* à lunettes

**spectacles** /ˈspektəkəlz/ NPL *(Brit)* ◆ **(pair of) ~** lunettes *fpl*

**spectacular** /spekˈtækjʊləʳ/ ADJ *(gen)* spectaculaire ; *[sight]* impressionnant ; *[failure, collapse]* retentissant N *(Cine/Theat)* superproduction *f*, film *m*/revue *f* à grand spectacle

**spectacularly** /spekˈtækjʊləlɪ/ ADV *[good, bad, beautiful, handsome]* extraordinairement ; *[crash, increase, grow, fail]* de manière spectaculaire ◆ **to prove ~ successful** connaître un succès spectaculaire ◆ **her ~ successful career** sa spectaculaire réussite professionnelle ◆ **everything went ~ wrong** tout s'est extraordinairement mal passé ◆ **in ~ bad taste** d'un extraordinaire mauvais goût ◆ **they beat us ~ easily** ils nous ont battus avec une facilité spectaculaire

**spectate** /spekˈteɪt/ VI être présent en tant que spectateur (*or* spectatrice)

**spectator** /spekˈteɪtəʳ/ N spectateur *m*, -trice *f* ◆ **the ~s** les spectateurs *mpl* COMP ▷ **spectator sport** N ◆ **I don't like ~ sports** je n'aime pas le sport en tant que spectacle ◆ **rugby, the most exciting of ~ sports** le rugby, le sport le plus passionnant à regarder ◆ **this tends to be rather a ~ sport** c'est un sport qui attire plus de spectateurs que de joueurs

**specter** /ˈspektəʳ/ N *(US)* ⇒ **spectre**

**spectra** /ˈspektrə/ NPL of **spectrum**

**spectral** /ˈspektrəl/ ADJ a *(liter = ghostly)* spectral *(liter)* b *(Phys)* spectral

**spectre, specter** *(US)* /ˈspektəʳ/ N spectre *m*, fantôme *m*

**spectrogram** /ˈspektrəʊgræm/ N spectrogramme *m*

**spectrograph** /ˈspektrəʊgrɑːf/ N spectrographe *m*

**spectroscope** /ˈspektrəʊskəʊp/ N spectroscope *m*

**spectroscopic** /ˈspektrəskɒpɪk/ ADJ spectroscopique

**spectroscopy** /spekˈtrɒskəpɪ/ N spectroscopie *f*

**spectrum** /ˈspektrəm/ N (pl **spectra**) a *(Phys)* spectre *m* b *[of views, services]* éventail *m* ◆ **the political ~** l'échiquier *m* politique ◆ **people from across the political ~** l'ensemble de l'échiquier politique ◆ **at the other end/both ends of the political ~** à l'autre extrémité/aux deux extrémités de l'échiquier politique ◆ **a broad ~ of opinion exists on this issue** les opinions sont très diverses sur le sujet ◆ **a wide ~ of people** un large échantillon *or* éventail de gens COMP *[analysis, colours]* spectral

**specula** /ˈspekjʊlə/ NPL of **speculum**

**speculate** /ˈspekjʊleɪt/ VI a *(= make guesses)* avancer des hypothèses, conjecturer (*about, on* sur) ◆ **I'm not going to ~** je ne veux pas avancer des hypothèses *or* conjecturer ◆ **doctors ~d that he died of natural causes** les médecins ont avancé l'hypothèse qu'il était mort de causes naturelles b *(Fin)* spéculer c *(Philos)* spéculer (*about, on* sur)

**speculation** /ˌspekjʊˈleɪʃən/ N a *(= guessing)* conjecture(s) *f(pl)* (*about* sur) ; *(scientific)* hypothèse *f* ◆ **it is the subject of much ~** cela donne lieu à bien des conjectures ◆ **that is pure ~** ce ne sont que des conjectures ◆ **the news prompted widespread ~ that the hostages may be freed** la nouvelle a laissé penser à beaucoup de gens que les otages allaient être libérés b *(Fin)* spéculation *f* (*in, on* sur) c *(Philos)* spéculation *f*

**speculative** /ˈspekjʊlətɪv/ ADJ a *(Fin)* spéculatif ; *[builder, developer]* qui spécule ◆ **~ investors** spéculateurs *mpl* b *[story]* basé sur des suppositions c *(= inquiring) [look]* inquisiteur (-trice *f*)

**speculatively** /ˈspekjʊlətɪvlɪ/ ADV a *(= inquiringly) [look at]* d'un air inquisiteur b *(Fin)* dans un but spéculatif

**speculator** /ˈspekjʊleɪtəʳ/ N spéculateur *m*, -trice *f*

**speculum** /ˈspekjʊləm/ N (pl **speculums** *or* **specula**) *[of telescope]* miroir *m* ; *(Med)* spéculum *m*

**sped** /sped/ VB pt, ptp of **speed**

**speech** /spiːtʃ/ N a *(NonC) (= faculty)* parole *f* ; *(= enunciation)* articulation *f*, élocution *f* ; *(= manner of speaking)* façon *f* de parler, langage *m* ; *(as opposed to writing)* parole *f* ; *(= language) [of district, group]* parler *m*, langage *m* ◆ **to lose the power of ~** perdre (l'usage de) la parole ◆ **his ~ was very indistinct** il parlait *or* articulait très indistinctement ◆ **he expresses himself better in ~ than in writing** il s'exprime mieux oralement que par écrit ◆ **his ~ betrays his origins** son langage *or* sa façon de s'exprimer trahit ses origines ◆ **~ is silver but silence is golden** *(Prov)* la parole est d'argent mais le silence est d'or *(Prov)* ◆ **free ~, freedom of ~** liberté *f* de parole *or* d'expression ; → **figure, part**

**b** *(= formal address)* discours *m* (*on* sur) ◆ **to make a ~** faire un discours ◆ **~, ~!** un discours ! ; → **king, maiden, queen**

**c** *(Ling)* *(= utterances)* parole *f* ; *(= spoken language)* langage *m* parlé ◆ **direct/indirect ~** *(Gram)* discours *m* direct/indirect

**COMP** ▷ **speech act** **N** *(Ling)* acte *m* de parole ▷ **speech bubble** **N** *(in comic, cartoon)* bulle *f* ▷ **speech clinic** **N** centre *m* d'orthophonie ▷ **speech community** **N** *(Ling)* communauté *f* linguistique ▷ **speech day** **N** *(Brit Scol)* (jour *m* de la) distribution *f* des prix ▷ **speech defect** **N** défaut *m* de langage ▷ **speech difficulty** **N** défaut *m* d'élocution ▷ **speech disorder** **N** ⇒ **speech defect** ▷ **speech from the throne** **N** *(Britain and Commonwealth)* discours *m* du Trône *(discours du monarque pour l'ouverture de la saison parlementaire)* ▷ **speech impediment** **N** ⇒ **speech difficulty** ▷ **speech maker** **N** orateur *m*, -trice *f* ▷ **speech making** **N** *(NonC: slightly pej)* discours *mpl*, beaux discours *mpl* *(pej)* ▷ **speech organ** **N** *(Anat)* organe *m* de la parole ▷ **speech recognition** **N** *(Comput)* reconnaissance *f* de la parole ▷ **speech sound** **N** *(Ling)* phonème *m* ▷ **speech synthesis** **N** *(Comput)* synthèse *f* vocale ▷ **speech synthesizer** **N** *(Comput)* synthétiseur *m* de parole ▷ **speech therapist** **N** orthophoniste *mf*, phoniatre *mf* ▷ **speech therapy** **N** orthophonie *f*, phoniatrie *f* ▷ **speech training** **N** leçons *fpl* d'élocution ▷ **speech writer** **N** ◆ **her ~ writer** la personne qui écrit ses discours

**speechify** /ˈspiːtʃɪfaɪ/ **VI** *(pej)* faire des laïus, laïusser

**speechifying** /ˈspiːtʃɪfaɪɪŋ/ **N** *(pej)* laïus * *mpl*, beaux discours *mpl*

**speechless** /ˈspiːtʃlɪs/ **ADJ** *[person]* muet ◆ **I'm ~!** * je suis sans voix ! ◆ **I was so happy I was ~** j'étais si heureux que j'en suis resté muet *or* sans voix ◆ **to leave sb ~** laisser qn sans voix ◆ **she was left ~** elle en est restée sans voix ◆ **she stared at him in ~ disbelief/horror** elle le fixa, muette d'incrédulité/d'horreur ◆ **~ with astonishment/fear/rage/shock** muet d'étonnement/de peur/de rage/de stupeur

**speed** /spiːd/ (vb : pret, ptp **sped** *or* **speeded**) **N** **a** *(= rate of movement)* vitesse *f* ; *(= rapidity)* rapidité *f* ; *(= promptness)* promptitude *f* ◆ **the ~ of light/sound** la vitesse de la lumière/du son ◆ **his reading ~ is low** il lit lentement ◆ **shorthand/typing ~s** nombre *m* de mots-minute en sténo/en dactylo ◆ **a secretary with good ~s** une secrétaire qui a une bonne vitesse (de frappe et de sténo) ◆ **what ~ were you going at** *or* **doing?** quelle vitesse faisiez-vous ?, à quelle vitesse rouliez-vous ? ◆ **at a ~ of 80km/h** à une vitesse de 80 km/h ◆ **at a great ~** à toute vitesse ◆ **at top ~** *[go, run, move, drive]* à toute vitesse *or* allure ; *[do sth]* très vite, en quatrième vitesse * ◆ **with all possible ~** le plus vite possible ◆ **with such ~** si vite ◆ **to pick up** *or* **gather ~** prendre de la vitesse ◆ **to be up to ~** *(= functioning properly)* être opérationnel ◆ **to bring up to ~** *[+ student]* mettre au niveau ; → **airspeed, cruise, full, high**

**b** *(Aut, Tech = gear)* vitesse *f* ◆ **four forward ~s** quatre vitesses avant ◆ **a three-~ gear** une boîte à trois vitesses

**c** *(NonC: Phot) [of film]* rapidité *f* ; *(= width of aperture)* degré *m* d'obturation ; *(= length of exposure)* durée *f* d'exposition

**d** *(* = drug)* speed * *m*, amphétamines *fpl*

**e** ◆ **good ~ !** †† Dieu vous garde ! †

**VT** (pret, ptp **sped** *or* **speeded**) *(liter)* [+ *arrow etc]* lancer, décocher ◆ **to ~ sb on his way** souhaiter bon voyage à qn ◆ **God ~ you!** †† Dieu vous garde ! †

**VI** **a** (pret, ptp **sped**) *(= move fast) [person, vehicle, horse, boat, plane]* **to ~ along** aller à toute vitesse *or* à toute allure, filer comme un éclair ◆ **the arrow sped from his bow** *(liter)* la flèche jaillit de son arc

**b** (pret, ptp **speeded**) *(in car etc = go too fast)* conduire trop vite, excéder la limitation de vitesse ◆ **you're ~ing!** tu vas trop vite !, tu fais un *or* des excès de vitesse !

**COMP** ▷ **speed bump** **N** ralentisseur *m* ▷ **speed camera** **N** *(Brit Police)* radar *m* ▷ **speed check** **N** contrôle *m* de vitesse ▷ **speed chess** **N** blitz *m* ▷ **speed cop** * **N** *(Brit)* motard * *m* *(policier)* ▷ **speed dating** **N** dating *m* *(soirée de rencontres pour célibataires durant laquelle les participants n'ont que quelques minutes pour faire connaissance)* ▷ **speed-dial** **N** *(esp US)* numérotation *f* abrégée ▷ **speed limit** **N** ◆ **there's no ~ limit** il n'y a pas de limitation de vitesse ◆ **the ~ limit is 80km/h** la vitesse est limitée à 80 km/h ◆ **to keep within the ~ limit** respecter la limitation de vitesse ◆ **to go over the ~ limit** dépasser la limitation de vitesse ▷ **speed merchant** * **N** mordu(e) * *m(f)* de vitesse ▷ **speed reading** **N** lecture *f* rapide ▷ **speed restriction** **N** limitation *f* de vitesse ▷ **speed skating** **N** *(Sport)* patinage *m* de vitesse ▷ **speed trap** **N** *(on road)* contrôle *m* radar ◆ **to go through a ~ trap** passer devant un contrôle radar ◆ **to get caught by a ~ trap** être pris au radar * ▷ **speed-up** **N** accélération *f* ◆ **the president has ordered a ~-up of aid for the unemployed** le président a demandé qu'on accélère l'aide aux chômeurs ▷ **speed zone** **N** *(US)* zone *f* à vitesse limitée

► **speed along** **VI** (pret, ptp **sped along**) *[person, vehicle]* aller à toute allure *or* à toute vitesse, filer comme l'éclair

**VT SEP** (pret, ptp **speeded along**) [+ *work, production]* activer

► **speed up** (pret, ptp **speeded up**) **VI** *(gen)* aller plus vite ; *[car]* accélérer ; *[engine, machine]* tourner plus vite ◆ **do ~ up!** plus vite !

**VT SEP** [+ *machine]* faire tourner plus vite ; [+ *service, work, delivery, production]* accélérer ; [+ *person]* faire aller plus vite, presser ; [+ *film]* accélérer ◆ **to ~ things up** activer les choses

**N** ◆ **speed-up** → **speed**

**speedball** /ˈspiːdbɔːl/ **N** **a** *(= game)* speedball *m* **b** *(* = drug)* *mélange m de cocaïne, d'héroïne et d'amphétamines*, pot *m* belge *(arg)*

**speedboat** /ˈspiːdbəʊt/ **N** vedette *f* ; *(with outboard motor)* hors-bord *m inv*

**speeder** /ˈspiːdəʳ/ **N** *(= fast driver)* fou *m*, folle *f* de la vitesse ; *(convicted)* automobiliste *mf* coupable d'excès de vitesse

**speedily** /ˈspiːdɪlɪ/ **ADV** *[react, move, deal with, finish, work]* rapidement ; *[reply, return]* rapidement, promptement ◆ **as ~ as possible** aussi rapidement *or* vite que possible

**speediness** /ˈspiːdɪnɪs/ **N** *[of service, decision, reply, recovery]* rapidité *f*, promptitude *f*

**speeding** /ˈspiːdɪŋ/ **N** *(in car etc)* excès *m* de vitesse **COMP** ▷ **speeding conviction** **N** condamnation *f* pour excès de vitesse ▷ **speeding fine** **N** amende *f* pour excès de vitesse ▷ **speeding ticket** **N** PV *m* pour excès de vitesse

**speedo** * /ˈspiːdəʊ/ **N** *(Brit)* compteur *m* (de vitesse)

**speedometer** /spɪˈdɒmɪtəʳ/ **N** compteur *m* (de vitesse), indicateur *m* de vitesse

**speedster** * /ˈspiːdstəʳ/ **N** fou *m*, folle *f* de la route *(pej)*, mordu(e) * *m(f)* de la vitesse

**speedwalk** /ˈspiːdwɔːk/ **N** *(US)* tapis *m* roula

**speedway** /ˈspiːdweɪ/ **N** *(Sport = racetrack)* pis *f* de vitesse pour motos ; *(US = road)* voi express ; *(NonC) (Sport)* (also **speedway ra ing**) course(s) *f(pl)* de motos

**speedwell** /ˈspiːdwel/ **N** *(Bot)* véronique *f*

**speedy** /ˈspiːdɪ/ LANGUAGE IN USE 23.4 **ADJ** *[acti movement, process, solution, decision, service, c* rapide ; *[response, reply]* rapide, prompt ◆ **bring sth to a ~ conclusion** mener rapi ment qch à terme ◆ **there is little prosp of a ~ end to the recession** il est peu prol ble que la récession touche à sa fin ◆ **wish her a ~ recovery** nous lui souhaitons prompt rétablissement

**speleologist** /ˌspiːlɪˈɒlədʒɪst/ **N** spéléologue

**speleology** /ˌspiːlɪˈɒlədʒɪ/ **N** spéléologie *f*

**spell**[1] /spel/ **N** *(= magic power)* charme *m* *(a fig)*, sortilège *m* ; *(= magic words)* formul magique, incantation *f* ◆ **an evil ~** un ma fice ◆ **to put** *or* **cast a ~ on** *or* **over sb, to put under a ~** jeter un sort à qn, ensorceler c *(fig)* ensorceler qn, envoûter qn ◆ **under** ensorcelé, envoûté ◆ **under the ~ of sb/s under sb's/sth's ~** *(fig)* ensorcelé *or* envoû par qn/qch ◆ **to break the ~** *(lit, fig)* romp le charme ◆ **the ~ of the East** le charme les sortilèges *mpl* de l'Orient

**spell**[2] /spel/ **N** **a** *(= period of work, turn)* tour ◆ **we each took a ~ at the wheel** nous no sommes relayés au volant, nous avc conduit chacun à notre tour ◆ **~ of d** tour *m* de service **b** *(= brief period)* (cour période *f* ◆ **cold/sunny ~s** *(Met)* périodes de froid/ensoleillées ◆ **for/after a ~** p dant/après un certain temps ◆ **for a sh ~** pendant un petit moment ◆ **he has don ~ in prison** il a été en prison pendant certain temps, il a fait de la prison ◆ **h going through a bad ~** il traverse une ma vaise période, il est dans une mauva passe ◆ **to have a dizzy** *or* **giddy ~** av un vertige **c** *(Scot, Austral = short rest)* pet sieste *f*

**spell**[3] /spel/ (pret, ptp **spelt** *or* **spelled**) **VT** **a** *writing)* écrire, orthographier ; *(aloud)* é ler ◆ **how do you ~ it?** comment est-ce q cela s'écrit ? ◆ **can you ~ it for me?** pouv vous me l'épeler ? ◆ **he spelt "address" w one "d"** il a écrit "address" avec un seul

**b** *[letters]* former, donner ◆ **d-o-g ~s "d** d-o-g donnent *or* font (le mot) "dog"

**c** *(fig = mean)* signifier ; *(= entail)* mener ◆ **that would ~ ruin for him** cela signifier *or* serait la ruine pour lui ◆ **effort success** l'effort mène au succès

**VI** épeler ◆ **to learn to ~** apprendre à é ler, apprendre l'orthographe ◆ **he can't he ~s badly** il fait des fautes d'orthog phe, il ne sait pas l'orthographe, il a u mauvaise orthographe

**COMP** ▷ **spell-check** *(Comput)* **N** correcteur *or* vérificateur *m* orthographique **VT** eff tuer la vérification orthographique ▷ **spell-checker** **N** *(Comput)* correcteur *m* vérificateur *m* orthographique

► **spell out** **VT SEP** **a** *(= read letter by let* épeler ; *(= decipher)* déchiffrer

**b** *[+ consequences, alternatives]* expliqu bien clairement (*for sb* à qn) ◆ **let me ~ it for you** laissez-moi vous expliquer c bien clairement ◆ **do I have to ~ it out you?** faut-il que je mette les points sur i ?

**spellbinder** /ˈspelbaɪndəʳ/ **N** *(= speaker)* o teur *m*, -trice *f* fascinant(e) ◆ **that film wa ~** ce film vous tenait en haleine

**spellbinding** /ˈspelbaɪndɪŋ/ **ADJ** envoûtant

**spellbound** /ˈspelbaʊnd/ ADJ *(lit, fig)* envoûté ◆ **to hold sb ~** *(with a story)* tenir qn sous le charme ; *(with one's charm)* subjuguer qn

**speller** /ˈspeləʳ/ N a **to be a good/bad ~** *[person]* savoir/ne pas savoir l'orthographe b *(= book)* livre *m* d'orthographe

**spelling** /ˈspelɪŋ/ N orthographe *f* ◆ **reformed ~** nouvelle orthographe *f* COMP *[test, practice]* d'orthographe ▷ **spelling bee** N concours *m* d'orthographe ▷ **spelling book** N livre *m* d'orthographe ▷ **spelling checker** N *(Comput)* correcteur *m* orthographique ▷ **spelling error**, **spelling mistake** N faute *f* d'orthographe ▷ **spelling pronunciation** N prononciation *f* orthographique

**spelt¹** /spelt/ VB *(esp Brit)* pt, ptp of **spell³**

**spelt²** /spelt/ N *(Bot)* épeautre *m*

**spelunker** /spɪˈlʌŋkəʳ/ N *(US)* spéléologue *mf*

**spelunking** /spɪˈlʌŋkɪŋ/ N *(US)* spéléologie *f*

**spend** /spend/ (pret, ptp **spent**) VT a *[+ money]* dépenser ◆ **he ~s a lot (of money) on food/bus fares/clothes** il dépense beaucoup en nourriture/tickets d'autobus/vêtements ◆ **he ~s a lot (of money) on his house/car/girlfriend** il dépense beaucoup *or* il fait de grosses dépenses pour sa maison/sa voiture/sa petite amie ◆ **he spent a fortune on having the roof repaired** il a dépensé une somme folle *or* une fortune pour faire réparer le toit ◆ **without ~ing a penny** sans dépenser un sou, sans bourse délier ◆ **to ~ a penny** * *(Brit = go to the toilet)* aller au petit coin * ; see also **money**

b *(= pass)* *[+ time, holiday, evening, one's life]* passer ◆ **to ~ time on sth** passer du temps sur qch, consacrer du temps à qch ◆ **to ~ time (in) doing sth** passer *or* consacrer du temps à faire qch ◆ **he ~s his time reading** il passe son temps à lire ◆ **I spent two hours on that letter** j'ai passé deux heures sur cette lettre, cette lettre m'a pris deux heures ◆ **they've spent a lot of effort on improving the service** ils ont fait beaucoup d'efforts pour améliorer le service

c *(= consume, exhaust)* *[+ ammunition, provisions]* épuiser ◆ **to be spent** *[hatred, enthusiasm]* être tombé ◆ **her fury was now spent** sa fureur était maintenant apaisée ◆ **the storm had spent its fury** *(liter)* la tempête s'était calmée ; see also **spent**

VI dépenser

N dépenses *fpl* ◆ **the total ~ is $5,000** au total, les dépenses s'élèvent à 5 000 dollars ◆ **our total ~ on advertising, our total advertising ~** le total de nos dépenses publicitaires

**spender** /ˈspendəʳ/ N ◆ **to be a big ~** dépenser beaucoup ◆ **the store attracts big ~s** le magasin attire des gens prêts à dépenser beaucoup d'argent ◆ **the country is the world's biggest ~ on defence** c'est le pays qui dépense le plus au monde pour la défense

**spending** /ˈspendɪŋ/ N *(NonC)* dépenses *fpl* ◆ **government ~** dépenses *fpl* publiques COMP ▷ **spending money** N *(NonC)* argent *m* de poche ▷ **spending power** N pouvoir *m* d'achat ▷ **spending spree** N ◆ **to go on a ~ spree** faire des folies

**spendthrift** /ˈspendθrɪft/ N dépensier *m*, -ière *f*, panier *m* percé * ◆ **he's a ~** il est très dépensier ADJ dépensier

**spent** /spent/ VB pt, ptp of **spend** ADJ a *(= burnt out)* *[cartridge, match]* utilisé ; *[fuel, fuel rod, uranium]* épuisé ◆ **to be a ~ force** *(fig)* ne plus avoir d'influence, ne plus avoir l'influence que l'on avait b *(liter = exhausted)* *[person]* recru *(liter)* ◆ **they collapsed, their energy ~** ils se sont effondrés, à bout de forces

**sperm** /spɜːm/ N *(pl inv, single)* spermatozoïde *m* ; *(= semen)* sperme *m* COMP ▷ **sperm bank** N banque *f* de sperme ▷ **sperm count** N nombre *m* de spermatozoïdes ▷ **sperm oil** N huile *f* de baleine ▷ **sperm whale** N cachalot *m*

**spermaceti** /ˌspɜːməˈsetɪ/ N spermaceti *m*, blanc *m* de baleine

**spermatozoon** /ˌspɜːmətəʊˈzəʊɒn/ N (pl **spermatozoa** /ˌspɜːmətəʊˈzəʊə/) spermatozoïde *m*

**spermicidal** /ˌspɜːmɪˈsaɪdl/ ADJ spermicide

**spermicide** /ˈspɜːmɪsaɪd/ N spermicide *m*

**spew** /spjuː/ VT a (‡ : also **spew up**) dégueuler ‡, vomir ◆ **it makes me ~** ça (me) donne envie de dégueuler ‡ *or* vomir, c'est dégueulasse ‡ b (also **spew forth, spew out**) *[+ fire, lava, curses]* vomir

**SPF** /ˌespiːˈef/ N (abbrev of **sun protection factor**) → **sun**

**SPG** /ˌespiːˈdʒiː/ N *(Brit Police)* (abbrev of **Special Patrol Group**) → **special**

**sphagnum** /ˈsfægnəm/ N (also **sphagnum moss**) sphaigne *f*

**sphere** /sfɪəʳ/ N *(gen, Astron, Math etc)* sphère *f* ; *(fig)* sphère *f*, domaine *m* ◆ **the music of the ~s** la musique des sphères célestes ◆ **~ of interest/influence** sphère *f* d'intérêt/d'influence ◆ **the ~ of poetry** le domaine de la poésie ◆ **in the social ~** dans le domaine social ◆ **distinguished in many ~s** renommé dans de nombreux domaines ◆ **that is outside my ~** cela n'entre pas dans mes compétences ◆ **within a limited ~** dans un cadre *or* domaine restreint

**spherical** /ˈsferɪkəl/ ADJ sphérique

**spheroid** /ˈsfɪərɔɪd/ N sphéroïde *m* ADJ sphéroïdal

**sphincter** /ˈsfɪŋktəʳ/ N sphincter *m*

**sphinx** /sfɪŋks/ N (pl **sphinxes**) sphinx *m* ◆ **the Sphinx** le Sphinx

**spic** **/ /spɪk/ N *(US pej)* ⇒ **spick**

**spice** /spaɪs/ N a *(Culin)* épice *f* ◆ **mixed ~(s)** épices *fpl* mélangées ◆ **there's too much ~ in it** c'est trop épicé b *(fig)* piquant *m*, sel *m* ◆ **the papers like a story with a bit of ~ to it** les journaux aiment les nouvelles qui ont du piquant *or* qui ne manquent pas de sel ◆ **a ~ of irony/humour** une pointe d'ironie/d'humour ◆ **the ~ of adventure** le piment de l'aventure VT *(Culin)* épicer, relever (*with* de) ; *(fig)* pimenter (*with* de) COMP ▷ **spice rack** N casier *m or* étagère *f* à épices ▷ **the Spice Route** N la Route des épices

► **spice up** VT *(fig)* pimenter

**spiciness** /ˈspaɪsɪnɪs/ N *(NonC)* *[of food]* goût *m* épicé *or* relevé ; *[of story]* piquant *m*

**spick** **/ /spɪk/ N *(US pej)* Latino *mf*

**spick-and-span** /ˈspɪkənˈspæn/ ADJ *[room, object]* impeccable, reluisant de propreté, nickel * ; *[person]* impeccable

**spicy** /ˈspaɪsɪ/ ADJ a *(Culin)* *[food, flavour, smell]* épicé b *(= racy)* *[story]* croustillant, épicé ; *[detail]* piquant, croustillant ; *[language]* salé

**spider** /ˈspaɪdəʳ/ N a *(Zool)* araignée *f* b *(for luggage)* pieuvre *f* *(à bagages)* c *(US = fry-pan)* poêle *f* (à trépied) COMP ▷ **spider crab** N araignée *f* de mer ▷ **spider plant** N chlorophytum *m* ▷ **spider's web** N toile *f* d'araignée

**spiderman** /ˈspaɪdəmæn/ N (pl **-men**) *(Constr)* *ouvrier travaillant en hauteur, sur un échafaudage, un toit etc*

**spiderweb** /ˈspaɪdəweb/ N *(US)* ⇒ **spider's web** ; → **spider**

**spidery** /ˈspaɪdərɪ/ ADJ *[writing]* en pattes de mouche ; *[shape]* en forme d'araignée

**spiel** * /spiːl/ N laïus * *m inv*, baratin * *m* ; *(Advertising etc)* boniment(s) * *m(pl)*, baratin * *m*

► **spiel off** * VT SEP *(US)* débiter, réciter à toute allure

**spiffing** † * /ˈspɪfɪŋ/ ADJ *(Brit)* épatant *

**spigot** /ˈspɪgət/ N a *(= plug for barrel)* fausset *m* b *(Brit = part of tap)* clé *f (d'un robinet)* ; *(US = faucet)* robinet *m*

**spik** **/ /spɪk/ N *(US pej)* ⇒ **spick**

**spike** /spaɪk/ N a *(= sharp point)* *(wooden, metal)* pointe *f* ; *(on railing)* pointe *f* de fer, (fer *m* de) lance *f* ; *(on shoe)* pointe *f* ; *(for letters, bills)* pique-notes *m inv* ; *(= nail)* gros clou *m* à large tête ; *(= tool)* pointe *f* ; *[of antler]* dague *f* ; *(Bot)* épi *m* ; *(on graph)* pointe *f*, haut *m*

b *(= sports shoes)* **~s** * chaussures *fpl* à pointes

c *(Climbing)* **rocky ~** becquet *m*

d *(Volleyball)* smash *m*

VT a *(= pierce)* transpercer ; *(= put spikes on)* garnir de pointes *or* de clous ; *(fig = frustrate)* *[+ plan, hope]* contrarier ◆ **~d shoes** *(Sport)* chaussures *fpl* à pointes ◆ **to ~ sb's guns** *(fig)* mettre des bâtons dans les roues à qn

b * *[+ drink]* corser (*with* de) ◆ **~d coffee** café *m* arrosé d'alcool

c *(Press = suppress)* *[+ article, story, quote]* supprimer

d ◆ **~d hair** cheveux *mpl* hérissés

VI *(Volleyball)* smasher

COMP ▷ **spike heels** NPL *(US)* talons *mpl* aiguilles ▷ **spike lavender** N *(Bot)* (lavande *f*) aspic *m*

**spikenard** /ˈspaɪknɑːd/ N *(NonC)* nard *m* (indien)

**spiky** /ˈspaɪkɪ/ ADJ a *(= pointed)* *[shape, flower, leaf]* pointu ; *[hair]* hérissé b *(= covered with spikes)* *[cactus, leaf]* couvert d'épines c *(Brit * = irritable)* *[person]* irascible, irritable

**spill¹** /spɪl/ (vb : pret, ptp **spilt** *or* **spilled**) N a *(= act of spilling)* fait *m* de renverser, renversement *m* ; → **oil**

b *(from horse, cycle)* chute *f* ; *(in car)* accident *m* ◆ **to have a ~** *[rider]* faire une chute ; *[driver]* avoir un accident

VT *[+ water, sand, salt]* renverser, répandre ; *[+ rider, passenger]* jeter à terre ◆ **she spilt the salt** elle a renversé le sel ◆ **she spilt wine all over the table** elle a renversé *or* répandu du vin sur toute la table ◆ **you're ~ing water from that jug** tu renverses de l'eau de la cruche ◆ **to ~ blood** verser *or* faire couler le sang ◆ **to ~ the beans** * *(gen)* vendre la mèche (*about* à propos de) ; *(under interrogation)* se mettre à table ‡, parler ◆ **to ~ one's guts** ‡ *(= talk)* *(gen)* raconter sa vie ; *(under interrogation)* se mettre à table ‡, parler ◆ **to ~ (wind from) a sail** *(Naut)* étouffer une voile

VI *[liquid, salt]* se répandre ◆ **the light was ~ing under the door** un filet de lumière passait sous la porte

► **spill out** VI se répandre ; *(fig)* *[people]* sortir en masse ◆ **the crowd ~ed out into the streets** la foule s'est déversée dans la rue

VT SEP *[+ contents, sand, liquid]* répandre ; *(fig)* *[+ story, truth, details]* révéler, raconter (précipitamment)

► **spill over** VI *[liquids]* déborder, se répandre ; *[population]* se déverser (*into* dans) ♦ **these problems ~ed over into his private life** ces problèmes ont envahi sa vie privée

**spill²** /spɪl/ N *(for lighting with)* longue allumette *f (de papier etc)*

**spillage** /ˈspɪlɪdʒ/ N *[of oil, toxic waste, chemicals]* déversement *m* accidentel ♦ **he swerved to avoid an oil ~** il a donné un coup de volant pour éviter une flaque d'huile

**spillikins** /ˈspɪlɪkɪnz/ N *(Brit)* (jeu *m* de) jonchets *mpl*, mikado *m*

**spillover** /ˈspɪləʊvəʳ/ N a ~ **(effect)** *(Econ)* retombées *fpl*, effet *m* d'entraînement ♦ **the army is trying to avoid a possible ~** *(= spread of conflict)* l'armée essaie d'éviter le débordement du conflit ♦ **they want to prevent a ~ of refugees into neighbouring territories** ils veulent éviter que certains réfugiés ne gagnent les régions voisines b *(= quantity spilt)* quantité *f* renversée

**spillway** /ˈspɪlweɪ/ N *(US)* déversoir *m*

**spilt** /spɪlt/ VB *(esp Brit)* pt, ptp of **spill¹**

**spin** /spɪn/ (vb : pret **spun** *or* **span**, ptp **spun**) N

a *(= turning motion)* tournoiement *m* ; *(Aviat)* (chute *f* en) vrille *f* ♦ **to give a wheel a ~** faire tourner une roue ♦ **long/short ~** *(on washing machine)* essorage *m* complet/léger ♦ **to put (a) ~ on a ball** *(Sport)* donner de l'effet à une balle ♦ **to go into a ~** *(Aviat)* tomber en vrille ♦ **to pull** *or* **get out of a ~** *(Aviat)* se sortir d'une (chute en) vrille ♦ **to get into a ~** *(fig) [person]* s'affoler, paniquer * ♦ **everything was in such a ~** c'était la pagaille * complète ♦ **to give sth a ~** ‡ *(fig = try out)* essayer qch ; → **flat¹**

b *(* = ride)* petit tour *m*, balade * *f* ♦ **to go for a ~** faire un petit tour *or* une balade * (en voiture *or* à bicyclette *etc*)

c ♦ **to put a new/different ~ on sth** * présenter qch sous un nouvel angle/un angle différent ♦ **they tried to put a positive ~ on the results** ils ont essayé de présenter les résultats sous un angle positif

d *(political)* manipulation *f*

VT a *[+ wool, yarn, fibres, glass]* filer (*into* en, pour en faire) ; *[+ thread etc]* fabriquer, produire ; *[spider, silkworm]* filer, tisser ♦ **to ~ a yarn** *or* **story** inventer *or* raconter une histoire ♦ **spun glass** verre *m* filé ♦ **hair like spun gold** des cheveux ressemblant à de l'or filé ♦ **spun silk** schappe *m or f* ♦ **spun yarn** *(Naut)* bitord *m* ; → **fine²**

b *[+ wheel, nut, revolving stand etc]* faire tourner ; *[+ top]* lancer ; *(Sport) [+ ball]* donner de l'effet à ♦ **to ~ a coin** jouer à pile ou face ♦ **he's just ~ning his wheels** * *(US)* il loupe * tout ce qu'il tente

c *(Brit)* ⇒ **spin-dry**

VI a *[spinner etc]* filer ; *[spider]* filer *or* tisser sa toile

b (also **spin round**) *[suspended object, top, dancer]* tourner, tournoyer ; *[planet, spacecraft]* tourner (sur soi-même) ; *[machinery wheel]* tourner ; *[car wheel]* patiner ; *[aircraft]* vriller, tomber en vrillant ; *(Sport) [ball]* tournoyer ♦ **to ~ round and round** continuer à tourner (*or* tournoyer *etc*) ♦ **to send sth/sb ~ning** envoyer rouler qch/qn ♦ **the disc went ~ning away over the trees** le disque s'envola en tournoyant par-dessus les arbres ♦ **he spun round as he heard me come in** il s'est retourné vivement en m'entendant entrer ♦ **my head is ~ning (round)** j'ai la tête qui tourne ♦ **the room was ~ning (round)** la chambre tournait (autour de moi *or* lui *etc*)

c *(= move quickly)* **to ~** *or* **go ~ning along** *[vehicle]* rouler à toute vitesse, filer (à toute allure)

d *(Fishing)* **to ~ for trout** *etc* pêcher la truite *etc* à la cuiller

COMP ▷ **spin doctor** * N *(Pol) spécialiste en communication chargé de l'image d'un parti politique* ▷ **spin-dry** VT essorer (à la machine) ▷ **spin-dryer** N *(Brit)* essoreuse *f* ▷ **spin-drying** N *(NonC)* essorage *m* à la machine ▷ **spin-off** N → **spin-off**

► **spin off** VI ♦ **to ~ off from** *(= arise as result of)* résulter de

N ♦ **spin-off** → **spin-off**

► **spin out** VT SEP *[+ story, explanation]* faire durer, délayer ; *[+ visit, money, food]* faire durer

► **spin round** VI → **spin vi b**

VT SEP *[+ wheel, nut, revolving stand]* faire tourner ; *[+ person]* faire pivoter ; *[+ dancing partner]* faire tourner *or* tournoyer

**spina bifida** /ˈspaɪnəˈbɪfɪdə/ N spina-bifida *m*

**spinach** /ˈspɪnɪdʒ/ N *(= plant)* épinard *m* ; *(Culin)* épinards *mpl*

**spinal** /ˈspaɪnl/ ADJ *(Anat) [injury]* à la colonne vertébrale ; *[surgery, disorder, deformity, tumour, problem]* de la colonne vertébrale ; *[nerve, muscle]* spinal ; *[ligament, disc]* vertébral ♦ **a very painful ~ condition** une affection de la colonne vertébrale très douloureuse COMP ▷ **spinal anaesthesia** N rachianesthésie *f* ▷ **spinal anaesthetic** N ♦ **to give sb a ~ anaesthetic** faire une rachianesthésie à qn ▷ **spinal column** N colonne *f* vertébrale ▷ **spinal cord** N moelle *f* épinière ▷ **spinal fluid** N liquide *m* rachidien ▷ **spinal meningitis** N méningite *f* cérébrospinale

**spindle** /ˈspɪndl/ N a *(Spinning)* fuseau *m* ; *(on machine)* broche *f* b *(Tech) [of pump]* axe *m* ; *[of lathe]* arbre *m* ; *[of valve]* tige *f* COMP ▷ **spindle-legged** *, **spindle-shanked** * ADJ qui a de longues échasses * *(fig)* ▷ **spindle-shanks** * N ⇒ **spindlelegs**

**spindlelegs** * /ˈspɪndllegz/ N *(= person)* grand échalas * *m*

**spindly** /ˈspɪndlɪ/ ADJ grêle

**spindrift** /ˈspɪndrɪft/ N *(= spray from sea)* embrun(s) *m(pl)*, poudrin *m*

**spine** /spaɪn/ N a *(Anat) (= backbone)* colonne *f* vertébrale, épine *f* dorsale ; *[of fish]* épine *f* ; *(= spike) [of hedgehog]* piquant *m*, épine *f* ; *(Bot)* épine *f*, piquant *m* ; *[of book]* dos *m* ; *[of hill etc]* crête *f* b *(US = courage)* courage *m* ♦ **he has no ~** c'est un lâche COMP ▷ **spine-chiller** N roman *m or* film *m etc* à vous glacer le sang ▷ **spine-chilling** ADJ à vous glacer le sang ▷ **spine-tingling** ADJ *(= frightening)* à vous glacer le sang ; *(= moving)* prenant

**spineless** /ˈspaɪnlɪs/ ADJ a *(= cowardly) [person]* sans caractère, mou (molle *f*) ; *[attitude]* mou (molle *f*) ♦ **he's ~** il manque de caractère b *(Zool)* invertébré

**spinelessly** /ˈspaɪnlɪslɪ/ ADV *(fig)* lâchement, mollement

**spinet** /spɪˈnet/ N *(Mus)* épinette *f*

**spinnaker** /ˈspɪnəkəʳ/ N spinnaker *m*, spi *m*

**spinner** /ˈspɪnəʳ/ N *(= person)* fileur *m*, -euse *f* ; *(Fishing)* cuiller *f* ; *(= spin-dryer)* essoreuse *f* ; *(= revolving display stand)* tourniquet *m* ♦ **he sent down a ~** * *(Baseball, Cricket)* il a donné de l'effet à la balle ; → **money**

**spinneret** /ˌspɪnəˈret/ N *(Tex, Zool)* filière *f*

**spinney** /ˈspɪnɪ/ N *(Brit)* bosquet *m*, petit bois *m*

**spinning** /ˈspɪnɪŋ/ N *(by hand)* filage *m* ; *(by machine)* filature *f* ; *(Fishing)* pêche *f* à la cuiller COMP ▷ **spinning jenny** N jenny *f* ▷ **spinning machine** N machine *f or* métier *m* à filer ▷ **spinning mill** N filature *f* ▷ **spinning top** N toupie *f* ▷ **spinning wheel** N rouet *m*

**spin-off** /ˈspɪnɒf/ N *(gen)* profit *m or* avantage *m* inattendu ; *(Ind, Tech etc)* application *f* secondaire ♦ **~ effect** *(Fin)* retombées *fpl*, effet *m* d'entraînement ♦ **this tool is a direct ~ from nuclear technology** cet outil est directement dérivé de la technologie nucléaire ♦ **this TV series is a ~ from the famous film** ce feuilleton télévisé est tiré du célèbre film

**Spinoza** /spɪˈnəʊzə/ N Spinoza *m*

**spinster** /ˈspɪnstəʳ/ N *(gen, Admin)* célibataire *f* ; *(pej)* vieille fille *f* ♦ **she is a ~** elle est célibataire, elle n'est pas mariée

**spinsterhood** † /ˈspɪnstəhʊd/ N célibat *m (pour une femme)* ♦ **a last attempt to avoid ~** une dernière tentative pour éviter de rester vieille fille *(pej) or* pour éviter le célibat ♦ **a life of ~** une vie de vieille fille *(pej)*

**spiny** /ˈspaɪnɪ/ ADJ épineux COMP ▷ **spiny anteater** N échidné *m* ▷ **spiny lobster** N langouste *f*

**spiracle** /ˈspɪrəkl/ N *(= air hole)* orifice *m* d'aération ; *[of whale etc]* évent *m* ; *[of insect etc]* stigmate *m* ; *(Geol)* cassure *f*

**spiral** /ˈspaɪərəl/ ADJ *[pattern, movement, dive]* en spirale ; *[spring]* en spirale, à boudin ; *[curve, shell]* en spirale, spiroïdal ; *[nebula]* spiral ; *(Aviat)* en vrille N spirale *f* ♦ **in a ~** en spirale ♦ **the wage-price ~** la montée inexorable des salaires et des prix ♦ **the inflationary ~** la spirale inflationniste VI *[staircase, smoke]* monter en spirale ; *[ball, missile etc]* tourner en spirale ; *[plane]* vriller ; *(fig) [prices]* monter en flèche ; *[prices and wages]* former une spirale COMP ▷ **spiral galaxy** N galaxie *f* spirale ▷ **spiral notebook** N carnet *m* à spirale ▷ **spiral staircase, spiral stairway** N escalier *m* en colimaçon

► **spiral down** VI *[plane]* descendre en vrille

► **spiral up** VI *[plane]* monter en vrille ; *[staircase, smoke, missile]* monter en spirale ; *[prices]* monter en flèche

**spirally** /ˈspaɪərəlɪ/ ADV en spirale, en hélice

**spire** /ˈspaɪəʳ/ N *(Archit)* flèche *f*, aiguille *f* ; *[of tree, mountain]* cime *f* ; *[of grass, plant]* brin *m*, pousse *f*

**spirit** /ˈspɪrɪt/ N a *(= soul)* esprit *m* ♦ **the life of the ~** la vie de l'esprit, la vie spirituelle ♦ **he was there in ~** il était présent en esprit *or* de cœur ♦ **the ~ is willing but the flesh is weak** l'esprit est prompt mais la chair est faible ♦ **God is pure ~** Dieu est un pur esprit ; → **holy, move**

b *(= supernatural being)* esprit *m* ♦ **evil ~** esprit *m* malin *or* du mal

c *(= person)* esprit *m* ♦ **one of the greatest ~s of his day** un des plus grands esprits de son temps ♦ **the courageous ~ who ...** l'esprit courageux *or* l'âme courageuse qui ... ♦ **a few restless ~s** quelques mécontents ♦ **the leading ~ in the party** l'âme *m* du parti ; → **kindred, moving**

d *(= attitude, approach)* esprit *m* ♦ **the ~, not the letter of the law** l'esprit *m* et non la lettre de la loi ♦ **the ~ of the age** *or* **the times** l'esprit *m* des temps *or* de l'époque ♦ **he's got the right ~** il a l'attitude qu'il faut ♦ **he has great fighting ~** il ne se laisse jamais abattre ♦ **that's the ~!** c'est ça !, voilà comment il faut réagir ! ; → **community, public, team**

♦ **in(to) + spirit** ♦ **in a ~ of forgiveness** dans un esprit de pardon ♦ **the film is certainly in the ~ of the book** le film est certainement conforme à l'esprit du livre ♦ **you must take it in the ~ in which it was meant** prenez-le dans l'esprit où c'était dit *or* voulu ◆ **to take sth in the right/wrong ~** prendre qch en bonne/mauvaise part *or* du bon/mauvais côté ◆ **in a ~ of revenge** par esprit de vengeance ◆ **in a ~ of mischief** *etc* par espièglerie *etc* ◆ **you must enter into the ~ of the thing** il faut y participer de bon cœur

**e** *(= courage)* courage *m*, cran* *m* ; *(= energy)* énergie *f* ; *(= passion)* fougue *f* ; *(= vitality)* entrain *m* ◆ **man of ~** homme *m* énergique *or* de caractère ◆ **he replied with ~** il a répondu avec fougue ◆ **he sang/played with ~** il a chanté/joué avec fougue

**f** *(Chem)* alcool *m* ◆ **preserved in ~(s)** conservé dans de l'alcool ◆ **~(s) of ammonia** sel *m* ammoniaque ◆ **~(s) of salt** esprit-de-sel *m* ◆ **~(s) of turpentine** (essence *f* de) térébenthine *f* ◆ **~s** *(= drink)* spiritueux *mpl*, alcool *m* ◆ **raw ~s** alcool *m* pur ; → **methylated spirit(s), surgical**

**NPL spirits** *(= frame of mind)* humeur *f*, état *m* d'esprit ; *(= morale)* moral *m* ◆ **in good ~s** de bonne humeur ◆ **in high ~s** enjoué ◆ **in poor** *or* **low ~s, out of ~s** déprimé, qui n'a pas le moral ◆ **depression can alternate with high ~s** des périodes de dépression peuvent alterner avec des moments d'exaltation ◆ **to keep one's ~s up** ne pas se laisser abattre, garder le moral ◆ **my ~s rose** j'ai repris courage ◆ **to raise sb's ~s** remonter le moral à qn

**VT** ◆ **he was ~ed out of the castle** on l'a fait sortir du château comme par enchantement *or* magie ◆ **the documents were mysteriously ~ed off his desk** les documents ont été mystérieusement escamotés *or* subtilisés de son bureau

**COMP** *[lamp, stove, varnish]* à alcool ; *(Spiritualism) [help, world]* des esprits ▷ **spirit gum N** colle *f* gomme ▷ **spirit level N** niveau *m* à bulle

► **spirit away**, **spirit off VT SEP** *[+ person]* faire disparaître comme par enchantement ; *[+ object, document etc]* escamoter, subtiliser

**spirited** /ˈspɪrɪtɪd/ **ADJ** *[person]* plein d'entrain ; *[horse]* fougueux ; *[reply, speech]* plein de verve, fougueux ; *[defence]* plein de verve ; *[attempt, attack]* courageux ; *[conversation]* animé ; *[music]* plein d'allant ◆ **to put up** *or* **make a ~ defence of sth** défendre qch avec vigueur ◆ **he gave a ~ performance** *(Mus, Theat, Cine, Sport)* il a joué avec brio ; → **free, high, low¹, mean³, public**

**spiritless** /ˈspɪrɪtlɪs/ **ADJ** *[person]* sans entrain, sans énergie, sans vie ; *[acceptance, agreement]* veule, lâche

**spiritual** /ˈspɪrɪtjʊəl/ **ADJ** *(gen)* spirituel ; *[person]* d'une grande spiritualité ◆ **his ~ home** sa patrie spirituelle *or* d'adoption *(fig)* ◆ **the lords ~** *(Brit)* les lords *mpl* spirituels *(évêques siégeant à la Chambre des pairs)* **N** chant *m* religieux ; (also **Negro spiritual**) (negro-)spiritual *m* **COMP** ▷ **spiritual adviser N** *(Rel)* conseiller *m*, -ère *f* spirituel(le), directeur *m*, -trice *f* de conscience

**spiritualism** /ˈspɪrɪtjʊəlɪzəm/ **N** *(Rel)* spiritisme *m* ; *(Philos)* spiritualisme *m*

**spiritualist** /ˈspɪrɪtjʊəlɪst/ **ADJ, N** *(Rel)* spirite *mf* ; *(Philos)* spiritualiste *mf*

**spirituality** /ˌspɪrɪtjʊˈælɪtɪ/ **N a** *(NonC)* spiritualité *f*, qualité *f* spirituelle **b** *(Rel)* **spiritualities** biens *mpl* et bénéfices *mpl* ecclésiastiques

**spiritually** /ˈspɪrɪtjʊəlɪ/ **ADV** spirituellement

**spirituous** /ˈspɪrɪtjʊəs/ **ADJ** spiritueux, alcoolique ◆ **~ liquor** spiritueux *mpl*

**spirt** /spɜːt/ ⇒ **spurt**

**spit¹** /spɪt/ (vb : pret, ptp **spat**) **N** *(= spittle)* crachat *m* ; *(= saliva) [of person]* salive *f* ; *[of animal]* bave *f* ; *(Bot)* écume *f* printanière, crachat *m* de coucou ; *(= action)* crachement *m* ◆ **~ and polish** *(esp Mil)* briquage *m*, astiquage *m* ◆ **there was just a ~ of rain** il tombait quelques gouttes de pluie ◆ **a ~ and sawdust pub** * *(Brit)* un pub miteux ◆ **he's the dead** *or* **very ~ * of his uncle** c'est le portrait craché* de son oncle, son oncle et lui se ressemblent comme deux gouttes d'eau

**VT** *[+ blood, curses, flames etc]* cracher ◆ **to ~ (out) the dummy** * *(Austral fig)* bouder comme un gamin*

**VI** *[person, cat etc]* cracher (*at sb* sur qn) ; *[fire, fat]* crépiter ◆ **she spat in his face** elle lui a craché à la figure ◆ **it was ~ting (with rain)** *(Brit)* il tombait quelques gouttes de pluie ◆ **to ~ in the wind** * *(fig)* pisser dans un violon‡ ◆ **to ~ in sb's eye** *(fig)* faire face à qn

► **spit out VT SEP** *[+ pip, pill]* (re)cracher ; *[+ tooth, curses, information]* cracher ◆ **~ it out!** * *(= say it)* allons, accouche‡ *or* vide ton sac !*

► **spit up VT SEP** *[+ blood etc]* cracher

**spit²** /spɪt/ **N** *(Culin)* broche *f* ; *(Geog)* pointe *f* *or* langue *f* (de terre) **VT** embrocher

**spit³** /spɪt/ **N** *(Hort)* ◆ **to dig sth two ~s deep** creuser qch à une profondeur de deux fers de bêche

**spite** /spaɪt/ **N a** *(NonC)* *(= ill feeling)* rancune *f*, dépit *m* ◆ **out of pure ~** par pure rancune *or* malveillance ◆ **to have a ~ against sb*** avoir une dent contre qn, en vouloir à qn

**b** *(set structure)*

◆ **in spite of** malgré, en dépit de ◆ **in ~ of it** malgré cela, en dépit de cela ◆ **in ~ of the fact that he has seen me** bien qu'il m'ait vu, malgré qu'il m'ait vu ◆ **in ~ of everyone** envers et contre tous

**VT** vexer, contrarier

**spiteful** /ˈspaɪtfʊl/ **ADJ** *[person]* méchant, malveillant ; *[behaviour, story]* malveillant ; *[tongue]* venimeux ◆ **a ~ remark** *or* **comment** une méchanceté, une remarque malveillante

**spitefully** /ˈspaɪtfəlɪ/ **ADV** méchamment

**spitefulness** /ˈspaɪtfʊlnɪs/ **N** méchanceté *f*, malveillance *f*

**spitfire** /ˈspɪtfaɪəʳ/ **N** ◆ **to be a ~** *[person]* s'emporter pour un rien, être soupe au lait

**spitroast** /ˈspɪtrəʊst/ **VT** faire rôtir à la broche

**spitroasted** /ˈspɪtrəʊstɪd/ **ADJ** (rôti) à la broche

**spitting** /ˈspɪtɪŋ/ **N** ◆ **"spitting prohibited"** "défense de cracher" ◆ **within ~ distance** * *(fig)* à deux pas (*of* de) → **image**

**spittle** /ˈspɪtl/ **N** *(ejected)* crachat *m* ; *(dribbled) [of person]* salive *f* ; *[of animal]* bave *f*

**spittoon** /spɪˈtuːn/ **N** crachoir *m*

**spitz** /spɪts/ **N** loulou *m (chien)*

**spiv** * /spɪv/ **N** *(Brit)* chevalier *m* d'industrie

**splash** /splæʃ/ **N a** *(= act)* éclaboussement *m* ; *(= sound)* floc *m*, plouf *m* ; *(= series of sounds)* clapotement *m* ; *(= mark)* éclaboussure *f*, tache *f* ; *[of colour]* tache *f* ◆ **he dived in with a ~** il a plongé dans un grand éclaboussement ◆ **it made a great ~ as it hit the water** c'est tombé dans l'eau avec un gros plouf *or* en faisant une grande gerbe ◆ **to make a ~** * *(fig)* faire sensation, faire du bruit

**b** *(in drinks etc)* **a ~ of** *(= small amount) (gen)* un petit peu de ; *[+ soda water]* une giclée de

**ADV** ◆ **it went ~ into the stream** c'est tombé dans l'eau (en faisant floc *or* plouf)

**VT a** *(gen)* éclabousser (*sth over sb/sth* qch sur qn/qch ; *sb/sth with sth* qn/qch de qch) ◆ **to ~ milk on the floor** renverser du lait par terre ◆ **he ~ed paint on the floor** il a fait des éclaboussures de peinture par terre ◆ **don't ~ me!** *(in swimming etc)* ne m'éclabousse pas ! ◆ **to ~ one's way through a stream** traverser un ruisseau en éclaboussant *or* en pataugeant ◆ **~ed with red/colour** avec des taches rouges/de couleur

**b** *(= apply hastily)* **to ~ o.s. with water, to ~ water on o.s.** s'asperger d'eau ◆ **he ~ed paint on the wall** il a barbouillé le mur de peinture

**c** *(fig) [+ headlines]* mettre en manchette ◆ **the news was ~ed across the front page** *(Press)* la nouvelle était en manchette, la nouvelle a fait cinq colonnes à la une

**VI a** *[liquid, mud etc]* faire des éclaboussures ◆ **the milk ~ed on** *or* **over the tablecloth** le lait a éclaboussé la nappe ◆ **tears ~ed on to her book** les larmes s'écrasaient sur son livre

**b** *[person, animal]* barboter, patauger ◆ **to ~ across a stream** traverser un ruisseau en éclaboussant *or* en pataugeant ◆ **the dog ~ed through the mud** le chien pataugeait dans la boue ◆ **to ~ into the water** *[person]* plonger dans l'eau dans un grand éclaboussement *or* en faisant une grande gerbe ; *[stone etc]* tomber dans l'eau avec un gros floc *or* plouf

**COMP** ▷ **splash guard N** *[of car etc]* garde-boue *m inv*

► **splash about VI** *[person, animal]* barboter, patauger (*in* dans)

**VT SEP** *[+ ink, mud]* faire des éclaboussures de ; *(fig) [+ money]* faire étalage de

► **splash down VI** *[spacecraft]* amerrir

**N** ◆ **splashdown** → **splashdown**

► **splash out** * *(Brit)* **VI** *(= spend money)* faire une folie

**VT SEP** *[+ money]* claquer‡, dépenser

► **splash up VI** gicler (*on sb* sur qn)

**VT SEP** faire gicler

**splashback** /ˈsplæʃbæk/ **N** revêtement *m (au dessus d'un évier etc)*

**splashboard** /ˈsplæʃbɔːd/ **N** *[of car etc]* garde-boue *m inv*

**splashdown** /ˈsplæʃdaʊn/ **N** *(Space)* amerrissage *m*

**splashy** * /ˈsplæʃɪ/ **ADJ** *(US)* tape-à-l'œil *inv*

**splat** /splæt/ **N** ◆ **with a ~** avec un flac *or* floc **EXCL** flac !, floc !

**splatter** /ˈsplætəʳ/ ⇒ **spatter**

**splay** /spleɪ/ **VT** *[+ window frame]* ébraser ; *[+ end of pipe etc]* évaser ; *[+ feet, legs]* tourner en dehors **VI** (also **splay out**) *[window frame]* s'ébraser ; *[end of pipe etc]* se tourner en dehors

**splayfeet** /ˈspleɪfiːt/ **NPL** pieds *mpl* tournés en dehors

**splayfooted** /ˌspleɪˈfʊtɪd/ **ADJ** *[person]* aux pieds plats ; *[horse]* panard

**spleen** /spliːn/ **N** *(Anat)* rate *f* ; *(fig = bad temper)* mauvaise humeur *f*, humeur *f* noire ; († † *= melancholy)* spleen *m* ◆ **to vent one's ~ on ...** décharger sa bile sur ...

**splendid** /ˈsplendɪd/ **ADJ** *[view, collection, building, painting, performance]* magnifique, splendide ; *[idea]* magnifique ; *[book] (in content)* merveilleux ; *(in appearance)* splendide ; *[meal]* merveilleux ; *[example]* superbe ; *[person] (= excellent)* excellent ; *(= imposing)* magnifique ; *[player, teacher]* excellent ◆ **~!** formidable ! ◆ **to do a ~ job** faire un travail formidable ◆ **~ isolation** splendide isolement *m*

**splendidly** /'splendɪdlɪ/ ADV *[play, sing]* magnifiquement, à merveille ; *[dressed, carved, restored, appointed]* magnifiquement, superbement ; *[get along, come along]* à merveille, merveilleusement ◆ ~ **named** merveilleusement nommé ◆ ~ **arrogant/vulgar/ugly** d'une arrogance/vulgarité/laideur réjouissante ◆ **you did** ~ tu as été magnifique ◆ **everything is going** ~ tout se passe à merveille

**splendiferous** † * /splen'dɪfərəs/ ADJ *(Brit hum)* mirobolant *, mirifique † *(also hum)*

**splendour, splendor** *(US)* /'splendəʳ/ N splendeur *f*, magnificence *f*, éclat *m*

**splenetic** /splɪ'netɪk/ ADJ a *(frm = bad-tempered)* hargneux, atrabilaire † b *(†† = melancholy)* porté au spleen

**splice** /splaɪs/ VT *[+ rope, cable]* épisser ; *[+ film, tape]* coller ; *[+ timbers]* enter, abouter ◆ **to** ~ **the mainbrace** *(Naut)* distribuer une ration de rhum ; *(* fig = have a drink)* boire un coup * ◆ **to get ~d** ⁑ *(fig)* convoler N *(in rope)* épissure *f* ; *(in film)* collure *f* ; *(in wood)* enture *f*

**splicer** /'splaɪsəʳ/ N *(for film)* colleuse *f* *(à bandes adhésives)*

**spliff** ⁑ /splɪf/ N *(Drugs)* pétard ⁑ *m*, joint * *m*

**splint** /splɪnt/ N *(Med)* éclisse *f*, attelle *f* ◆ **to put sb's arm in ~s** éclisser le bras de qn ◆ **she had her leg in ~s** elle avait la jambe éclissée

**splinter** /'splɪntəʳ/ N *[of glass, shell, wood]* éclat *m* ; *[of bone]* esquille *f* ; *(in one's finger etc)* écharde *f* VT a *[+ wood]* fendre en éclats ; *[+ glass, bone]* briser en éclats b *[+ political party]* scinder, fragmenter VI a *[wood]* se fendre en éclats ; *[glass, bone]* se briser en éclats b *[political party]* se scinder, se fragmenter COMP ▷ **splinter group** N groupe *m* dissident *or* scissionniste, faction *f* dissidente

**splinterproof glass** /'splɪntəpru:f'glɑ:s/ N verre *m* sécurit ® *inv*

**split** /splɪt/ (vb : pret, ptp **split**) N a *(in garment, fabric, canvas, at seam)* fente *f* ; *(= tear)* déchirure *f* ; *(in wood, rock)* crevasse *f*, fente *f* ; *(in earth's surface)* fissure *f* ; *(in skin)* fissure *f*, déchirure *f* ; *(from cold)* gerçure *f*, crevasse *f* ; *(fig = quarrel)* rupture *f* ; *(Pol)* scission *f*, schisme *m* ◆ **there was a three-way** ~ **in the committee** le comité s'est trouvé divisé en trois clans

b *(= share)* **I want my** ~ * je veux ma part (du gâteau *) ◆ **they did a four-way** ~ **of the profits** ils ont partagé les bénéfices en quatre

c *(= small bottle)* **soda/lemonade** ~ petite bouteille *f* d'eau gazeuse/de limonade ◆ **jam/cream** ~ *(= cake)* gâteau *m* fourré à la confiture/à la crème ◆ **banana** ~ banana split *m inv*

NPL **splits** ◆ **to do the ~s** faire le grand écart

VT a *(= cleave) [+ wood, pole]* fendre ; *[+ slate, diamond]* cliver ; *[+ stones]* fendre, casser ; *[+ fabric, garment]* déchirer ; *[+ seam]* fendre ; *[lightning, frost, explosion, blow]* fendre ; *(fig) [+ party]* diviser, créer une scission *or* un schisme dans ◆ **to** ~ **the atom** fissionner l'atome ◆ **to** ~ **sth open** ouvrir qch en le coupant en deux *or* en fendant ◆ **he** ~ **his head open as he fell** il s'est fendu le crâne en tombant ◆ **the sea had** ~ **the ship in two** la mer avait brisé le bateau en deux ◆ **he** ~ **it in two** il l'a fendu (en deux) ◆ **he** ~ **it into three** il l'a coupé en trois ◆ ~ **the loaf lengthwise** fendez le pain dans le sens de la longueur ◆ **to** ~ **hairs** couper les cheveux en quatre, chercher la petite bête, chinoiser ◆ **to** ~ **an infinitive** *(Gram) intercaler un adverbe entre "to" et le verbe* ◆ **to** ~ **one's sides** **(laughing** *or* **with laughter)** se tordre de rire ◆ **this decision** ~ **the radical movement** cette décision a divisé le mouvement radical, cette décision a provoqué une scission *or* un schisme dans le mouvement radical ◆ **it** ~ **the party down the middle** cela a littéralement divisé le parti en deux ◆ **the voters were** ~ **down the middle** l'électorat était divisé *or* coupé en deux

b *(= divide, share) [+ work, profits, booty, bill]* (se) partager, (se) répartir ◆ **let's** ~ **a bottle of wine** si on prenait une bouteille de vin à deux (*or* trois *etc*) ? ◆ **they** ~ **the money three ways** ils ont divisé l'argent en trois ◆ **to** ~ **the difference** *(lit)* partager la différence ; *(fig)* couper la poire en deux ◆ **they** ~ **the work/the inheritance** ils se sont partagé le travail/l'héritage

VI a *[wood, pole, seam]* se fendre ; *[stones]* se fendre, se casser ; *[fabric, garment]* se déchirer ; *(fig) [party, Church, government]* se diviser, se désunir ◆ **to** ~ **open** se fendre ◆ **my head is ~ting** j'ai atrocement mal à la tête ◆ **the party** ~ **over nationalization** le parti s'est divisé sur la question des nationalisations, il y a eu une scission *or* un schisme dans le parti à propos de la question des nationalisations

b *(= divide)* (also **split up**) *[cells]* se diviser ; *[people, party etc]* se diviser, se séparer ◆ **the crowd** ~ **into smaller groups** la foule s'est divisée *or* séparée en petits groupes ◆ **Latin** ~ **into the Romance languages** le latin s'est divisé *or* ramifié en langues romanes

c *(Brit * = tell tales, inform)* vendre la mèche * ◆ **to** ~ **on sb** cafarder qn *

d *(⁑ = depart)* filer *, mettre les bouts ⁑

COMP ▷ **split cane** N osier *m* ADJ en osier ▷ **split decision** N *(Boxing)* décision *f* prise à la majorité ▷ **split ends** NPL *(in hair)* fourches *fpl* ▷ **split infinitive** N *(Gram) infinitif où un adverbe est intercalé entre "to" et le verbe* ▷ **split-level cooker** N cuisinière *f* à éléments de cuisson séparés ▷ **split-level house** N maison *f* à deux niveaux ▷ **split-new** ADJ tout neuf (neuve *f*) ▷ **split-off** N séparation *f*, scission *f* (*from* de) ▷ **split peas** NPL pois *mpl* cassés ▷ **split-pea soup** N soupe *f* de pois cassés ▷ **split personality** N double personnalité *f* ▷ **split pin** N *(Brit)* goupille *f* fendue ▷ **split ring** N bague *f* fendue ▷ **split screen** N *(Cine, TV, Comput)* écran *m* divisé ▷ **split-screen facility** N *(Comput)* écran *m* divisible en fenêtres, fonction *f* écran divisé ▷ **split second** N fraction *f* de seconde ◆ **in a** ~ **second** en un rien de temps ▷ **split-second timing** N *[of military operation etc]* précision *f* à la seconde près ; *[of actor, comedian]* sens *m* du moment ▷ **split-site** ADJ *[school etc]* sur différents sites ▷ **split ticket** N *(US Pol)* ◆ **to vote a** ~ **ticket** voter pour une liste avec panachage ▷ **split-up** N *[of engaged couple, friends]* rupture *f* ; *[of married couple]* séparation *f* ; *[of political party]* scission *f*

► **split off** VI *[piece of wood, branch etc]* se détacher (en se fendant) (*from* de) ; *(fig) [group, department, company etc]* se séparer (*from* de) ◆ **a small group of children** ~ **off and wandered away** un petit groupe d'enfants s'est séparé des autres et est parti de son côté

VT SEP *[+ branch, splinter, piece]* enlever (en fendant *or* en cassant) (*from* de) ; *(fig) [+ company, group, department]* séparer (*from* de)

N ◆ **split-off** → **split**

► **split up** VI a *[ship]* se briser ; *[boulder, block of wood]* se fendre

b *[meeting, crowd]* se disperser ; *[party, movement]* se diviser, se scinder ; *[friends]* rompre, se brouiller ; *[married couple]* se séparer ; *[engaged couple]* rompre

VT SEP a *[+ wood, stones]* fendre (*into* en) ; *[+ chemical compound]* diviser (*into* en) ◆ **to** ~ **up a book into six chapters** diviser un livre en six chapitres

b *[+ money, work]* partager, répartir (*among* entre), diviser (*into* en) ◆ **we must** ~ **the work up amongst us** nous devons nous partager *or* nous répartir le travail

c *[+ party, group, organization]* diviser, scinder (*into* en) ; *[+ meeting]* mettre fin à ; *[+ crowd]* disperser ; *[+ friends]* séparer ◆ **you'll have to** ~ **up those two boys if you want them to do any work** il faut que vous sépariez ces deux garçons si vous voulez qu'ils travaillent

N ◆ **split-up** → **split**

**splitting** /'splɪtɪŋ/ N *[of nation, organization]* division *f* ; *[of roles]* partage *m* ◆ **the** ~ **of an infinitive** *(Gram) l'insertion d'un adverbe entre "to" et le verbe* ◆ **the** ~ **of the atom** la fission de l'atome ; → **hair** ADJ ◆ **to have a** ~ **headache** avoir un mal de tête atroce ; → **ear**[1], **side**

**splodge** /splɒdʒ/, **splotch** /splɒtʃ/ N *[of ink, paint, colour, dirt, mud]* éclaboussure *f*, tache *f* ◆ **strawberries with a great** ~ **of cream** des fraises avec un monceau de crème VT *[+ windows, dress etc]* éclabousser, barbouiller (*with* de) ; *[+ mud, ink etc]* faire des taches *or* des éclaboussures de (*on* sur) VI *[mud etc]* gicler (*on* sur)

**splurge** * /splɜ:dʒ/ N *(= ostentation)* tralala * *m* ; *(= spending spree)* folles dépenses *fpl*, folie *f* ◆ **the wedding reception was** *or* **made a great** ~ la réception de mariage était à grand tralala * ◆ **she went on a** *or* **had a** ~ **and bought a Rolls** elle a fait une vraie folie et s'est payé une Rolls VI (also **splurge out**) faire une *or* des folie(s) (*on* en achetant) VT dépenser (en un seul coup) (*on sth* pour qch), engloutir (*on sth* dans qch)

**splutter** /'splʌtəʳ/ N *[of person] (= spitting)* crachotement *m* ; *(= stuttering)* bredouillement *m*, bafouillage * *m* ; *[of engine]* bafouillage * *m* ; *[of fire, frying pan, fat, candle]* crépitement *m* VI *[person] (= spit)* crachoter, postillonner ; *(= stutter)* bredouiller, bafouiller * ; *[pen]* cracher ; *[engine]* bafouiller *, tousser ; *[fire, frying pan, fat, candle]* crépiter ◆ **he ~ed indignantly** il a bredouillé *or* bafouillé * d'indignation VT (also **splutter out**) *[+ words, excuse]* bredouiller, bafouiller *

**spoil** /spɔɪl/ (vb : pret, ptp **spoiled** *or* **spoilt**) N a *(gen pl)* **~(s)** *(= booty)* butin *m* ; *(fig: after business deal etc)* bénéfices *mpl*, profits *mpl* ; *(US Pol)* poste *m* *or* avantage *m* reçu en récompense de services politiques rendus ◆ **the ~s of war** le butin *or* les dépouilles *fpl* de la guerre ◆ **he wants his share of the ~s** *(fig)* il veut sa part du gâteau *

b *(NonC: from excavations etc)* déblais *mpl*

VT a *(= damage)* abîmer ◆ **to** ~ **one's eyes** s'abîmer la vue ◆ **fruit ~ed by insects** des fruits abîmés par les insectes ◆ **the drought has really ~t the garden** la sécheresse a vraiment fait des dégâts dans le jardin ◆ **to** ~ **a ballot paper** rendre un bulletin de vote nul

b *(= detract from) [+ view, style, effect]* gâter ; *[+ holiday, occasion, pleasure]* gâter, gâcher ◆ **these weeds quite** ~ **the garden** ces mauvaises herbes enlaidissent *or* défigurent le jardin ◆ **his peace of mind was ~t by money worries** sa tranquillité était empoisonnée par des soucis d'argent ◆ **to** ~ **one's appetite** s'enlever *or* se couper l'appétit ◆ **if you eat that now you'll** ~ **your lunch** si tu manges ça maintenant tu n'auras plus d'appétit pour le déjeuner ◆ **don't** ~ **your life by doing**

**that** ne gâche pas ta vie en faisant cela ◆ **if you tell me the ending you'll ~ the film for me** si vous me racontez la fin vous me gâcherez tout l'intérêt du film ◆ **she ~t the meal by overcooking the meat** elle a gâté le repas en faisant trop cuire la viande ◆ **she ~t the meal by telling him the bad news** elle a gâché le repas en lui racontant la triste nouvelle ◆ **the weather ~ed our holiday** le temps nous a gâté *or* gâché nos vacances ◆ **to ~ the ship for a ha'p'orth of tar** *(Prov)* tout gâcher en faisant des économies de bout de chandelle ; → **fun**

c *(= pamper) [+ child, one's spouse, dog etc]* gâter ◆ **to ~ o.s.** se gâter soi-même, se faire plaisir ◆ **to ~ sb rotten** * pourrir qn ; → **spare**

VI a *[food]* s'abîmer ; *(in ship's hold, warehouse, shop)* s'avarier

b ◆ **to be ~ing for a fight** brûler de se battre, chercher la bagarre *

COMP ▷ **spoils system** N *(US Pol)* système *m* des dépouilles *(consistant à distribuer des postes administratifs à des partisans après une victoire électorale)*

**spoilage** /ˈspɔɪlɪdʒ/ N *(NonC) (= process)* détérioration *f* ; *(= thing, amount spoilt)* déchet(s) *m(pl)*

**spoiled** /spɔɪld/ ADJ ⇒ **spoilt**

**spoiler** /ˈspɔɪləʳ/ N *(Aut)* becquet *m* ; *(Aviat)* aérofrein *m* ; *(= person)* empêcheur *m* de danser en rond ◆ **a rival publisher brought out a ~** *(Press)* un éditeur concurrent leur a coupé l'herbe sous le pied

**spoilsport** /ˈspɔɪlspɔːt/ N trouble-fête *mf inv*, rabat-joie *m inv* ◆ **don't be such a ~!** ne joue pas les trouble-fête *or* les rabat-joie !

**spoilt** /spɔɪlt/ VB pt, ptp of **spoil** ADJ a *(= indulged) [child]* gâté ◆ **to be ~ for choice** avoir l'embarras du choix b *(= invalid) [ballot paper]* nul c *(= rotten) [food]* abîmé

**spoke¹** /spəʊk/ N *[of wheel]* rayon *m* ; *[of ladder]* barreau *m*, échelon *m* ◆ **to put a ~ in sb's wheel** *(Brit)* mettre des bâtons dans les roues à qn

**spoke²** /spəʊk/ VB pt of **speak**

**spoken** /ˈspəʊkən/ VB ptp of **speak** ADJ *[dialogue, recitative]* parlé ◆ **a robot capable of understanding ~ commands** un robot capable de comprendre la commande vocale ◆ **the ~ language** la langue parlée ◆ **the ~ word** l'oral *m*, la langue parlée ◆ **~ English** l'anglais *m* parlé ; → **well²**

**spokeshave** /ˈspəʊkʃeɪv/ N *(Tech)* vastringue *f*

**spokesman** /ˈspəʊksmən/ N (pl **-men**) porte-parole *m inv* (*of, for* de)

**spokesperson** /ˈspəʊksˌpɜːsən/ N porte-parole *m inv*

**spokeswoman** /ˈspəʊksˌwʊmən/ N (pl **-women**) porte-parole *m inv* (femme)

**Spoleto** /spəʊˈletəʊ/ N Spolète

**spoliation** /ˌspəʊlɪˈeɪʃən/ N *(esp Naut)* pillage *m*, spoliation *f*

**spondaic** /spɒnˈdeɪɪk/ ADJ spondaïque

**spondee** /ˈspɒndiː/ N spondée *m*

**spondulicks** *, **spondulix** * /spɒnˈduːlɪks/ NPL *(† or hum)* pépètes † * *fpl*

**sponge** /spʌndʒ/ N a *(Zool, gen)* éponge *f* ◆ **to give sth a ~** donner un coup d'éponge à *or* sur qch ◆ **to throw in** *or* **up the ~** * *(fig)* s'avouer vaincu, abandonner la partie

b (*Culin:* also **sponge cake**) gâteau *m or* biscuit *m* de Savoie

VT a *[+ face, person, carpet]* éponger, essuyer *or* nettoyer à l'éponge ; *[+ wound]* éponger ; *[+ liquid]* éponger, étancher

b *(* = cadge) [+ meal]* se faire payer * *(from or off sb* par qn) ◆ **to ~ money from sb** taper * qn ◆ **he ~d £10 off his father** il a tapé * son père de 10 livres

VI *(* = cadge)* ◆ **to ~ on sb** vivre aux crochets de qn ◆ **he's always sponging** c'est un parasite ; *(for meals)* c'est un pique-assiette

COMP ▷ **sponge bag** N *(Brit)* trousse *f* de toilette ▷ **sponge bath** N toilette *f* à l'éponge ▷ **sponge cake** N *(Culin)* → **noun b** ▷ **sponge-down** N *[of person]* toilette *f* à l'éponge ; *[of walls]* coup *m* d'éponge ▷ **sponge finger** N *(Culin)* boudoir *m* ▷ **sponge mop** N balai *m* éponge ▷ **sponge pudding** N *(Culin)* ≃ pudding *m (sorte de gâteau de Savoie)* ▷ **sponge rubber** N caoutchouc *m* mousse ®

► **sponge down** VT SEP *[+ person]* laver à l'éponge ; *[+ horse]* éponger ; *[+ walls etc]* nettoyer *or* laver *or* essuyer à l'éponge ◆ **to ~ o.s. down** se laver à l'éponge, s'éponger

N ◆ **sponge-down** → **sponge**

► **sponge out** VT SEP *[+ wound]* éponger ; *[+ stain, writing]* effacer à l'éponge

► **sponge up** VT SEP *[+ liquid]* éponger, étancher

**sponger** * /ˈspʌndʒəʳ/ N *(pej)* parasite *m* ; *(for meals)* pique-assiette *mf inv*

**sponginess** /ˈspʌndʒɪnɪs/ N spongiosité *f*

**spongy** /ˈspʌndʒɪ/ ADJ spongieux

**sponsor** /ˈspɒnsəʳ/ N a *[of appeal, proposal, announcement etc]* personne *f* qui accorde son patronage, membre *m* d'un comité de patronage ; *(for club membership)* parrain *m*, marraine *f* ; *[of concert, event]* sponsor *m* ; *(individual: for fund-raising event)* donateur *m*, -trice *f (à l'occasion d'une "sponsored walk" etc)* ; *(US) [of club]* animateur *m*, -trice *f* ◆ **the bank is one of the exhibition's ~s** la banque est un des partenaires de l'exposition

b *(Fin: for loan etc)* caution *f* ; *(for commercial enterprise)* parrain *m* ◆ **to be sb's ~, to stand ~ to sb, to act as ~ for sb** se porter caution pour qn

c *(Rel = godparent)* parrain *m*, marraine *f*

VT a *[+ sporting event, concert, radio programme, exhibition]* sponsoriser ; *[+ commercial enterprise, club member]* parrainer ; *[+ fund-raising walker, swimmer]* s'engager à rémunérer (en fonction de sa performance) ; *[+ proposal]* promouvoir ◆ **~ed walk** *(in fund-raising) marche entreprise pour récolter des dons en faveur d'une œuvre de bienfaisance*

b *(Fin) [+ borrower]* se porter caution pour

c *(Rel)* être le parrain (*or* la marraine) de

d *[+ terrorism]* soutenir ; *[+ negotiations]* organiser ◆ **peace talks ~ed by the UN** des pourparlers de paix organisés sous l'égide de l'ONU

> **Sponsored**
>
> Les « **sponsored** events » sont un moyen souvent employé pour récolter des dons en faveur d'une œuvre de bienfaisance. Ils consistent à prendre part à un événement sportif (course à pied, course cycliste, saut en parachute) après avoir demandé à sa famille, ses amis ou ses collègues de s'engager à faire un don si on finit la course. Pour une « **sponsored** walk », on promet généralement de donner une certaine somme par kilomètre parcouru.

**-sponsored** /ˈspɒnsəd/ ADJ *(in compounds)* ◆ **government-sponsored entreprises** *(= financed)* des entreprises financées par le gouvernement ◆ **government-sponsored programmes** *(= financed)* des programmes financés par le gouvernement ◆ **state-sponsored** financé par l'État ◆ **United Nations-sponsored** *(= organized)* organisé par l'ONU

**sponsorship** /ˈspɒnsəʃɪp/ N *[of sporting event, concert, radio programme, exhibition]* sponsoring *m* ; *(Rad, TV)* commande *f* publicitaire ; *[of appeal, announcement]* patronage *m* ; *(Comm)* mécénat *m* d'entreprise ; *[of loan]* cautionnement *m* ; *[of child, member]* parrainage *m* ◆ **they must end their ~ of terrorism** ils doivent arrêter de soutenir le terrorisme

**spontaneity** /ˌspɒntəˈneɪətɪ/ N spontanéité *f*

**spontaneous** /spɒnˈteɪnɪəs/ ADJ spontané

COMP ▷ **spontaneous abortion** N avortement *m* spontané ▷ **spontaneous combustion** N combustion *f* spontanée ▷ **spontaneous generation** N génération *f* spontanée ▷ **spontaneous miscarriage** N avortement *m* spontané ▷ **spontaneous remission** N rémission *f* spontanée

**spontaneously** /spɒnˈteɪnɪəslɪ/ ADV *[behave, abort, combust]* spontanément ; *[arise]* spontanément, soudainement ◆ **to miscarry ~** avoir un avortement spontané ◆ **to be ~ warm/friendly** se montrer spontanément chaleureux/amical

**spoof** * /spuːf/ N *(= hoax)* blague * *f*, canular *m* ; *(= parody)* parodie *f*, satire *f* (*on* de) ADJ ◆ **a ~ horror film/documentary** une parodie de film d'épouvante/de documentaire ◆ **a ~ announcement** une déclaration bidon *

VT *[+ reader, listener etc]* faire marcher ; *(= parody) [+ book etc]* parodier

**spook** /spuːk/ N a *(* hum = ghost)* apparition *f*, revenant *m* b *(US * = secret agent)* barbouze * *f* VT *(US)* a *(= haunt) [+ person, house]* hanter b *(= frighten)* effrayer, faire peur à

**spooky** * /ˈspuːkɪ/ ADJ *[person, place, atmosphere, music]* sinistre ; *[film]* qui fait froid dans le dos, qui donne la chair de poule ; *[feeling]* à vous faire froid dans le dos, à vous donner la chair de poule ◆ **to bear a ~ resemblance to sb/sth** ressembler d'une manière étrange à qn/qch

**spool** /spuːl/ N *[of camera, film, tape, thread, typewriter ribbon]* bobine *f* ; *[of fishing reel]* tambour *m* ; *[of sewing machine, weaving machine]* canette *f* ; *[of wire]* rouleau *m*

**spoon** /spuːn/ N cuillère *or* cuiller *f* ; *(= spoonful)* cuillerée *f*, cuiller *f* ; *(Golf)* spoon *m*, bois *m* trois ; → **dessertspoon, silver** VT ◆ **to ~ sth into a plate/out of a bowl** *etc* verser qch dans une assiette/enlever qch d'un bol *etc* avec une cuiller VI *(† * fig)* flirter COMP ▷ **spoon-feed** VT *(lit)* ◆ **to ~-feed sb** nourrir qn à la cuiller ◆ **he needs to be ~-fed all the time** *(fig)* il faut toujours qu'on lui mâche *subj* le travail

► **spoon off** VT SEP *[+ fat, cream etc]* enlever avec une cuiller

► **spoon out** VT SEP *(= take out)* verser avec une cuiller ; *(= serve out)* servir avec une cuiller

► **spoon up** VT SEP *[+ food, soup]* manger avec une cuiller ; *[+ spillage]* ramasser avec une cuiller

**spoonbill** /ˈspuːnbɪl/ N spatule *f*

**spoonerism** /ˈspuːnərɪzəm/ N contrepèterie *f*

**spoonful** /ˈspuːnfʊl/ N cuillerée *f*, cuiller *f*

**spoor** /spʊəʳ/ N *(NonC) [of animal]* foulées *fpl*, trace *f*, piste *f*

**sporadic** /spəˈrædɪk/ ADJ sporadique ◆ **~ fighting** combats *mpl* sporadiques, échauffourées *fpl*

**sporadically** /spəˈrædɪkəlɪ/ ADV sporadiquement

**spore** /spɔːʳ/ N spore *f*

**sporran** /ˈspɒrən/ N *(Scot)* escarcelle *f* en peau *(portée avec le kilt)*

**sport** /spɔːt/ N a sport *m* ◆ **he is good at ~** il est doué pour le sport, il est très sportif ◆ **he is good at several ~s** il est doué pour plusieurs sports ◆ **outdoor/indoor ~s** sports *mpl* de plein air/d'intérieur ◆ **~s** *(meeting)* réunion *f* sportive ◆ **school ~s** réunion *f or* compétition *f* sportive scolaire ; → **field**

b † *(NonC = fun, amusement)* divertissement *m*, amusement *m* ; *(liter = plaything)* jouet *m* ◆ **it was great ~** c'était très divertissant *or* amusant ◆ **in ~** pour rire, pour s'amuser ◆ **we had (some) good ~** *(gen)* nous nous sommes bien divertis *or* amusés ; *(Hunting/Fishing)* nous avons fait bonne chasse/bonne pêche ◆ **to make ~ of sb** *(liter)* se moquer de qn, tourner qn en ridicule ; → **spoilsport**

c *(* = person)* **(good) ~** chic * *or* brave type * *m*, chic * *or* brave fille *f* ◆ **be a ~!** sois chic ! * ◆ **come on, ~!** *(Austral)* allez, mon vieux * *or* mon pote ‡ !

d *(Bio, Zool)* variété *f* anormale

VI *(liter)* folâtrer, batifoler

VT *[+ tie, hat, beard, buttonhole]* arborer, exhiber ; *[+ black eye]* exhiber

COMP ▷ **sport coat, sport jacket** N *(US)* ⇒ **sports jacket** ; → **sports**

**sportiness** /ˈspɔːtɪnɪs/ N *(lit, fig)* caractère *m* sportif

**sporting** /ˈspɔːtɪŋ/ ADJ a *(Sport) [event, activity, organization, career, prowess]* sportif ◆ **a ~ injury** une blessure *or* un traumatisme du sport ◆ **the ~ world** le monde du sport ◆ **~ goods** articles *mpl* de sport b *(= fair) [gesture]* généreux ; *[person]* chic * *inv* ◆ **that's very ~ of you** c'est très chic * de votre part ◆ **to have a ~ chance (of winning)** avoir de bonnes chances (de gagner) ◆ **to give sb a ~ chance (of winning)** donner à qn une chance (de gagner) COMP ▷ **sporting gun** N fusil *m* de chasse ▷ **sporting house** † N *(US euph)* maison *f* de passe

**sportingly** /ˈspɔːtɪŋlɪ/ ADV très sportivement

**sportive** /ˈspɔːtɪv/ ADJ folâtre, badin

**sports** /spɔːts/ ADJ *[programme, reporting, newspaper etc]* de sport, sportif ; *[commentator, reporter, news, editor, club]* sportif ; *[clothes]* sport *inv*

COMP ▷ **sports bra** N soutien-gorge *m* de sport ▷ **sports car** N voiture *f* de sport ▷ **sports coat** N ⇒ **sports jacket** ▷ **sports day** N *(Brit Scol)* réunion *f or* compétition *f* sportive scolaire ▷ **sports desk** N *(Press)* rédaction *f* sportive ▷ **sports enthusiast** N ⇒ **sports fan** ▷ **sports equipment** N *(NonC)* équipement *m* sportif, matériel *m* de sport ▷ **sports fan** * N fanatique *mf* de sport ▷ **sports ground** N terrain *m* de sport, stade *m* ▷ **sports injuries clinic** N clinique *f* du sport ▷ **sports injury** N blessure *f* sportive, traumatisme *m* du sport ▷ **sports jacket** N veste *f* sport *inv* ▷ **sports medicine** N médecine *f* sportive ▷ **sports page** N *(Press)* page *f* sportive *or* des sports ▷ **sports shop** N magasin *m* de sports

**sportscast** /ˈspɔːtskɑːst/ N *(US Rad, TV)* émission *f* sportive

**sportscaster** /ˈspɔːtskɑːstəʳ/ N *(US Rad, TV)* reporter *m* sportif

**sportsman** /ˈspɔːtsmən/ N (pl **-men**) sportif *m* ◆ **he's a real ~** *(fig)* il est beau joueur, il est très sport *inv*

**sportsmanlike** /ˈspɔːtsmənlaɪk/ ADJ *(lit, fig)* sportif, chic * *inv*

**sportsmanship** /ˈspɔːtsmənʃɪp/ N *(lit, fig)* sportivité *f*, esprit *m* sportif

**sportsperson** /ˈspɔːtspɜːsən/ N sportif *m*, -ive *f*

**sportswear** /ˈspɔːtswɛəʳ/ N *(NonC)* vêtements *mpl* de sport

**sportswoman** /ˈspɔːtswʊmən/ N (pl **-women**) sportive *f*

**sportswriter** /ˈspɔːtsraɪtəʳ/ N rédacteur *m* sportif

**sporty** * /ˈspɔːtɪ/ ADJ a *(= fast) [car]* de sport b *(Sport) [person]* sportif c *(Fashion) [clothes]* sport *inv*

**spot** /spɒt/ N a *[of blood, ink, paint] (= mark, dot etc)* tache *f* ; *(= splash)* éclaboussure *f* ; *(on fruit)* tache *f*, tavelure *f* ; *(= polka dot)* pois *m* ; *(on dice, domino)* point *m* ; *[of leopard]* tache *f*, moucheture *f* ; *(on reputation)* tache *f*, souillure *f* (*on* sur) ◆ **a ~ of dirt** une tache, une salissure ◆ **a ~ of red** une tache *or* un point rouge ◆ **a dress with red ~s** une robe à pois rouges ◆ **~s of rain** *(Brit)* quelques gouttes *fpl* de pluie ◆ **to have ~s before one's eyes** *or* **the eyes** voir des mouches volantes devant les yeux ◆ **the ten ~ of spades** *(Cards)* le dix de pique ◆ **a five/ten ~** ‡ *(US = money)* un billet de cinq/dix dollars ◆ **without a ~ or stain** *(fig liter)* sans la moindre tache *or* souillure ; → **beauty, knock, sunspot**

b *(= pimple)* bouton *m* ; *(freckle-type)* tache *f* (de son) ◆ **he came out in ~s** il a eu une éruption de boutons ◆ **these ~s are measles** ce sont des taches de rougeole

c *(esp Brit = small amount)* **a ~ of** un peu de ; *[+ whisky, coffee etc]* une goutte de ; *[+ irony, jealousy]* une pointe de ; *[+ truth, commonsense]* un grain de ◆ **he did a ~ of work** il a travaillé un peu ◆ **brandy? – just a ~** du cognac ? – juste une goutte *or* un soupçon ◆ **there's been a ~ of trouble** il y a eu un petit incident *or* un petit problème ◆ **how about a ~ of lunch?** * et si on déjeunait ?, et si on mangeait un morceau ? ◆ **we had a ~ of lunch** nous avons mangé un morceau ; → **bother**

d *(= place)* endroit *m* ◆ **show me the ~ on the map** montrez-moi l'endroit sur la carte ◆ **a good ~ for a picnic** un bon endroit *or* coin pour un pique-nique ◆ **it's a lovely ~!** c'est un endroit *or* un coin ravissant ! ◆ **there's a tender ~ on my arm** j'ai un point sensible au bras ◆ **the ~ in the story where ...** l'endroit *or* le moment dans l'histoire où ... ◆ **to be in a (bad *or* tight) ~** * être dans le pétrin *, être dans de beaux draps ; → **high, hit, soft**

◆ **on the spot** ◆ **the police were on the ~ in two minutes** la police est arrivée sur les lieux en deux minutes ◆ **it's easy if you're on the ~** c'est facile si vous êtes sur place *or* si vous êtes là ◆ **leave it to the man on the ~ to decide** laissez décider la personne qui est sur place ◆ **our man on the ~** *(Press)* notre envoyé spécial ◆ **an on-the-~ broadcast/report** une émission/un reportage sur place ◆ **an on-the-~ enquiry** une enquête sur le terrain ◆ **an on-the-~ fine** une amende payable sur-le-champ *or* avec paiement immédiat ◆ **he was fined on the ~** on lui a infligé une amende sur-le-champ ◆ **he decided on the ~** il s'est décidé sur-le-champ *or* tout de suite ◆ **he was killed on the ~** il a été tué sur le coup ◆ **to put sb on the ~** mettre qn en difficulté *or* dans l'embarras

e *(in show)* numéro *m* ◆ **a solo ~ in cabaret** un numéro individuel dans une revue ◆ **he got a ~ in the Late Show** il a fait un numéro dans le Late Show

f *(= advertisement)* spot *m or* message *m* publicitaire ◆ **Glo-Kleen had a ~ (ad *) before the news** il y a eu un spot publicitaire de Glo-Kleen avant les informations

g (also **spot announcement**) **there was a ~ (announcement) about the referendum** il y a eu une brève annonce au sujet du référendum

h *(* : also **nightspot**)* boîte *f* de nuit

i ⇒ **spotlight n**

j *(Billiards, Snooker)* mouche *f*

k *(Ftbl) (= penalty spot)* point *m* de penalty

VT a *(= speckle, stain)* tacher (*with* de) ◆ **a tie ~ted with fruit stains** une cravate portant des taches de fruit ; see also **spotted**

b *(= recognize, notice) [+ person, object, vehicle]* apercevoir, repérer * ; *[+ mistake]* trouver, repérer ; *[+ bargain, winner, sb's ability]* déceler, découvrir ◆ **can you ~ any bad apples in this tray?** est-ce que tu vois *or* tu trouves des pommes gâtées sur cette claie ?

VI a *[material, garment etc]* se tacher, se salir

b ◆ **it is ~ting (with rain)** il commence à pleuvoir, il tombe quelques gouttes de pluie

c *(Mil etc = act as spotter)* observer

COMP *[transaction, goods, price]* payé comptant ; *[count, test]* intermittent, fait à l'improviste ▷ **spot ad** *, **spot advertisement**, **spot announcement** N spot *m or* message *m* publicitaire ▷ **spot cash** N *(NonC)* argent *m* comptant *or* liquide ▷ **spot check** N contrôle *m* inopiné *or* impromptu ▷ **spot-check** VT contrôler *or* vérifier de façon impromptue ▷ **spot fine** N amende *f* à régler immédiatement ▷ **spot kick** N *(Ftbl) (= penalty kick)* penalty *m* ▷ **spot market** N marché *m* au comptant ▷ **spot-on** * ADJ *(Brit) (= right)* ◆ **what he said was ~-on** ce qu'il a dit était en plein dans le mille * ◆ **he guessed ~-on** il a mis en plein dans le mille * ◆ **your new jacket is ~-on** *(= very good)* ta nouvelle veste est super * ▷ **spot rate** N *(Fin)* cours *m* du disponible ▷ **spot remover** N détachant *m* ▷ **spot survey** N sondage *m* ▷ **spot-weld** VT souder par points

**spotless** /ˈspɒtlɪs/ ADJ a *(= clean) [room, street, beach, clothes]* impeccable ◆ **she keeps the house ~** elle entretient impeccablement la maison b *(= flawless) [reputation, image]* sans tache ADV * ⇒ **spotlessly**

**spotlessly** /ˈspɒtlɪslɪ/ ADV ◆ **~ clean** impeccable, reluisant de propreté

**spotlessness** /ˈspɒtlɪsnɪs/ N propreté *f* (impeccable *or* immaculée)

**spotlight** /ˈspɒtlaɪt/ N *(Theat = beam)* rayon *m or* feu *m* de projecteur ; *(Theat = lamp)* projecteur *m*, spot *m* ; *(in home)* spot *m* ; *(Aut)* phare *m* auxiliaire ◆ **the ~ was on him** *(fig)* il était en vedette ; *(in the public eye)* les feux de l'actualité étaient braqués sur lui ◆ **to turn the ~ on sb/sth** *(Theat, fig)* ⇒ **to spotlight sb/sth** → **vt**

◆ **in the spotlight** *(Theat)* sous le feu du *or* des projecteur(s) ; *(fig)* en vedette, sous le feu des projecteurs

VT *(Theat)* diriger les projecteurs sur ; *(fig) [+ sb's success, achievements]* mettre en vedette ; *[+ changes, differences, a fact]* mettre en lumière

**spotlit** /ˈspɒtlɪt/ ADJ illuminé

**spotted** /ˈspɒtɪd/ ADJ a *(= patterned) [handkerchief, tie, dress, crockery]* à pois ; *[animal]* tacheté ◆ **blue eggs ~ with brown** œufs *mpl* bleus tachetés de marron ◆ **a yellow tie ~ with grey** une cravate jaune à pois gris b *(= blemished)* ◆ **~ with paint** taché de peinture ◆ **~ with stains** couvert de taches ◆ **~ with nasty green mould** couvert d'horribles taches de moisissure verte COMP ▷ **spotted dick** N *(Brit Culin)* *pudding aux raisins de*

*Corinthe* ▷ **spotted fever** N fièvre *f* éruptive ▷ **spotted flycatcher** N *(Orn)* gobemouches *m* gris

**spotter** /ˈspɒtəʳ/ N a *(Brit)* **train/plane ~** *(as hobby)* passionné(e) *m(f)* de trains/d'avions b *(Mil etc) (for enemy aircraft)* guetteur *m* ; *(during firing)* observateur *m* c *(US Comm *)* surveillant(e) *m(f)* du personnel
COMP ▷ **spotter plane** N avion *m* d'observation

**spotting** /ˈspɒtɪŋ/ N a repérage *m* ; *(Brit)* ◆ **train/plane ~** *passe-temps consistant à identifier le plus grand nombre possible de trains/d'avions* b *(Med)* traces *fpl* (de sang)

**spotty** /ˈspɒtɪ/ ADJ a *[person, face, skin]* boutonneux b *(esp US = patchy) [support]* irrégulier, inégal ; *[bus service]* irrégulier ; *[knowledge]* inégal c *(* = patterned) [handkerchief, shirt, crockery]* à pois d *(= dirty) [garment]* taché

**spousal** /spaʊzl/ ADJ *(esp US) [duties, violence]* conjugal ; *[consent]* du conjoint

**spouse** /spaʊz/ N *(frm or hum)* époux *m*, épouse *f* ; *(Jur)* conjoint(e) *m(f)*

**spout** /spaʊt/ N *[of teapot, jug, can]* bec *m* ; *(for tap)* brise-jet *m inv* ; *[of gutter, pump etc]* dégorgeoir *m* ; *[of pipe]* orifice *m* ; *[of fountain]* jet *m*, ajutage *m* ; *(= stream of liquid)* jet *m*, colonne *f* ◆ **to be up the ~**‡ *(Brit) [plans, timetable etc]* être fichu* *or* foutu‡ ; *[person]* *(= in trouble)* être dans un mauvais cas, être dans de beaux draps ; *(= pregnant)* être en cloque‡ ◆ **that's another £50 (gone) up the ~**‡ voilà encore 50 livres de foutues en l'air‡ ; → **waterspout**

VI a *[liquid]* jaillir, sortir en jet (*from, out of* de) ; *[whale]* lancer un jet d'eau, souffler

b *(* fig pej = harangue)* pérorer, laïusser* (*about* sur)

VT *(also* **spout out***)* a *[+ liquid]* faire jaillir, laisser échapper un jet de ; *[+ smoke, lava]* lancer *or* émettre un jet de, vomir

b *(* = recite)* débiter, déclamer ◆ **he can ~ columns of statistics** il peut débiter *or* dévider des colonnes entières de statistiques

**sprain** /spreɪn/ N entorse *f* ; *(less serious)* foulure *f* VT *[+ muscle, ligament]* fouler, étirer ◆ **to ~ one's ankle** se faire *or* se donner une entorse à la cheville ; *(less serious)* se fouler la cheville ◆ **to have a ~ed ankle** s'être fait une entorse à la cheville ; *(less serious)* s'être foulé la cheville

**sprang** /spræŋ/ VB pt of **spring**

**sprat** /spræt/ N sprat *m* ◆ **it was a ~ to catch a mackerel** c'était un appât

**sprawl** /sprɔːl/ VI *(also* **sprawl out***)* *(= fall)* tomber, s'étaler* ; *(= lie)* être affalé *or* vautré ; *[handwriting]* s'étaler (dans tous les sens) ; *[plant]* ramper, s'étendre (*over* sur) ; *[town]* s'étaler (*over* dans) ◆ **he was ~ing** *or* **lay ~ed in an armchair** il était affalé *or* vautré dans un fauteuil ◆ **to send sb ~ing** faire tomber qn de tout son long *or* les quatre fers en l'air, envoyer qn rouler par terre N *(position)* attitude *f* affalée ; *[of building, town]* étendue *f* ◆ **an ugly ~ of buildings down the valley** d'affreux bâtiments qui s'étalent dans la vallée ◆ **London's suburban ~** l'étalement *m or* l'extension *f* de la banlieue londonienne ◆ **the seemingly endless ~ of suburbs** l'étendue *f* apparemment infinie des banlieues, les banlieues *fpl* tentaculaires

**sprawling** /ˈsprɔːlɪŋ/ ADJ *[person, position, body]* affalé ; *[house]* grand et informe ; *[city]* tentaculaire ; *[novel, handwriting]* qui part (*or* partait) dans tous les sens

**spray¹** /spreɪ/ N a *(gen)* (nuage *m* de) gouttelettes *fpl* ; *(from sea)* embruns *mpl* ; *(from hosepipe)* pluie *f* ; *(from atomizer)* spray *m* ; *(from aerosol)* pulvérisation *f* ◆ **wet with the ~ from the fountain** aspergé par le jet de la fontaine

b *(= container, aerosol)* bombe *f*, aérosol *m* ; *(for scent etc)* atomiseur *m*, spray *m* ; *(refillable)* vaporisateur *m* ; *(for lotion)* brumisateur *m* ; *(larger: for garden etc)* pulvérisateur *m* ◆ **insecticide ~** *(= aerosol)* bombe *f* (d')insecticide ; *(contents)* insecticide *m* *(en bombe)* ; → **hair**

c *(also* **spray attachment, spray nozzle***)* pomme *f*, ajutage *m*

VT a *[+ roses, garden, crops]* faire des pulvérisations sur ; *[+ room]* faire des pulvérisations dans ; *[+ hair]* vaporiser (*with* de) ; *(= spray-paint) [+ car]* peindre à la bombe ◆ **to ~ the lawn with weedkiller** pulvériser du désherbant sur la pelouse ◆ **they ~ed the oil slick with detergent** ils ont répandu du détergent sur la nappe de pétrole ◆ **to ~ sth/sb with bullets** arroser qch/qn de balles, envoyer une grêle de balles sur qch/qn

b *[+ water]* vaporiser, pulvériser (*on* sur) ; *[+ scent]* vaporiser ; *[+ insecticide, paint]* pulvériser ◆ **they ~ed foam on the flames** ils ont projeté de la neige carbonique sur les flammes

VI a ◆ **it ~ed everywhere** ça a tout arrosé ◆ **it ~ed all over the carpet** ça a arrosé tout le tapis

b *(= spray insecticide)* pulvériser des insecticides

COMP *[deodorant, insecticide etc]* (présenté) en bombe ▷ **spray can** N bombe *f* ▷ **spray gun** N pistolet *m (à peinture etc)* ▷ **spraying machine** N *(Agr)* pulvérisateur *m* ▷ **spray-on** ADJ *(lit)* en aérosol, en bombe ; *(* hum) [jeans, dress]* hyper moulant* ▷ **spray-paint** N peinture *f* en bombe VT peindre à la bombe

► **spray out** VI *[liquid]* jaillir (*on to, over* sur) ◆ **water ~ed out all over them** ils ont été complètement aspergés *or* arrosés d'eau

**spray²** /spreɪ/ N *[of flowers]* gerbe *f* ; *[of greenery]* branche *f* ; *(= brooch)* aigrette *f*

**sprayer** /ˈspreɪəʳ/ N a ⇒ **spray¹ noun b** b *(= aircraft: also* **crop-sprayer***)* avion-pulvérisateur *m*

**spread** /spred/ (vb : pret, ptp **spread**) N a *(NonC) [of fire, disease, infection]* propagation *f*, progression *f* ; *[of nuclear weapons]* prolifération *f* ; *[of idea, knowledge]* diffusion *f*, propagation *f* ◆ **to stop the ~ of a disease** empêcher une maladie de s'étendre, arrêter la propagation d'une maladie ◆ **the ~ of education** le progrès de l'éducation ◆ **the ~ of risk** *(Insurance)* la division des risques

b *(= extent, expanse) [of wings]* envergure *f* ; *[of arch]* ouverture *f*, portée *f* ; *[of bridge]* travée *f* ; *[of marks, prices, ages]* gamme *f*, échelle *f* ; *[of wealth]* répartition *f*, distribution *f* ◆ **a ~ of canvas** *or* **of sail** *(Naut)* un grand déploiement de voiles ◆ **he's got middle-age(d) ~** il a pris de l'embonpoint avec l'âge

c *(= cover) (for table)* dessus *m or* tapis *m* de table ; *(for meals)* nappe *f* ; *(= bedspread)* dessus-de-lit *m inv*, couvre-lit *m*

d *(Culin)* pâte *f* (à tartiner) ◆ **cheese ~** fromage *m* à tartiner

e *(* = meal)* festin *m* ◆ **what a lovely ~!** c'est un vrai festin !

f *(Cards)* séquence *f*

g *(Press, Typ) (= two pages)* double page *f* ; *(across columns)* deux (*or* trois *etc*) colonnes *fpl*

ADJ *(Ling) [vowel]* non arrondi ; *[lips]* étiré

VT a *(also* **spread out***)* *[+ cloth, sheet, map]* étendre, étaler (*on sth* sur qch) ; *[+ carpet, rug]* étendre, dérouler ; *[+ wings, bird's tail, banner, sails]* déployer ; *[+ net]* étendre, déployer ; *[+ fingers, toes, arms, legs]* écarter ; *[+ fan]* ouvrir ◆ **the peacock ~ its tail** le paon a fait la roue ◆ **to ~ one's wings** *(fig)* élargir ses horizons ◆ **to ~ o.s.** (*lit:* also **spread o.s. out**) s'étaler, prendre plus de place ; *(= speak at length)* s'étendre, s'attarder (*on* sur) ; *(= extend one's activities)* s'étendre

b *[+ bread]* tartiner (*with* de) ; *[+ butter, jam, glue]* étaler (*on* sur) ; *[+ face cream]* étendre (*on* sur) ◆ **~ both surfaces with glue, ~ glue on both surfaces** étalez de la colle sur les deux surfaces, enduisez de colle les deux surfaces ◆ **to ~ butter on a slice of bread, to ~ a slice of bread with butter** tartiner de beurre une tranche de pain, beurrer une tartine

c *(= distribute) [+ sand etc]* répandre (*on, over* sur) ; *[+ fertilizer]* épandre, étendre (*over, on* sur) ; (*also* **spread out***)* *[+ objects, cards, goods]* étaler (*on* sur) ; *[+ soldiers, sentries]* disposer, échelonner (*along* le long de) ◆ **he ~ sawdust on the floor** il a répandu de la sciure sur le sol, il a couvert le sol de sciure ◆ **he ~ his books (out) on the table** il a étalé ses livres sur la table ◆ **there were policemen ~ (out) all over the hillside** il y avait des agents de police éparpillés *or* dispersés sur toute la colline ◆ **the wind ~ the flames** le vent a propagé les flammes

d *(= diffuse) [+ disease, infection]* propager ; *[+ germs]* disséminer ; *[+ wealth]* distribuer ; *[+ rumours]* faire courir ; *[+ news]* faire circuler, communiquer ; *[+ knowledge]* répandre, diffuser ; *[+ panic, fear, indignation]* répandre, semer ; (*in time:* also **spread out***)* *[+ payment, studies]* échelonner, étaler (*over* sur) ◆ **his visits were ~ (out) over three years** ses visites se sont échelonnées *or* étalées sur une période de trois ans ◆ **he ~ his degree (out) over five years** il a échelonné ses études de licence sur cinq ans ◆ **his research was ~ over many aspects of the subject** ses recherches embrassaient *or* recouvraient de nombreux aspects du sujet ◆ **our resources are ~ very thinly** nous n'avons plus aucune marge dans l'emploi de nos ressources ◆ **the new regulations ~ the tax burden more evenly** les nouveaux règlements répartissent la charge fiscale plus uniformément ◆ **to ~ o.s. too thin** trop disperser ses efforts ◆ **to ~ the word** *(= propagate ideas)* prêcher la bonne parole ◆ **to ~ the word about sth** *(= announce)* annoncer qch

VI a *(= widen, extend further) [river, stain]* s'élargir, s'étaler ; *[flood, oil slick, weeds, fire, infection, disease]* gagner du terrain, s'étendre ; *[water]* se répandre ; *[pain]* s'étendre ; *[panic, indignation]* se propager ; *[news, rumour, knowledge]* se propager, se répandre ◆ **to ~ into** *or* **over sth** *[river, flood, water, oil slick]* se répandre dans *or* sur qch ; *[fire, pain]* se communiquer à qch, atteindre qch ; *[weeds, panic]* envahir qch ; *[disease]* atteindre qch, contaminer qch ; *[news, education]* atteindre qch, se répandre dans *or* sur qch ◆ **under the ~ing chestnut tree** sous les branches étendues du marronnier

b *(= stretch, reach)* (*also* **spread out***)* *[lake, plain, oil slick, fire]* s'étendre (*over* sur) ◆ **the desert ~s over 500 square miles** le désert s'étend sur *or* recouvre 500 miles carrés ◆ **his studies ~ (out) over four years** ses études se sont étendues sur quatre ans

c *[butter, paste etc]* s'étaler

COMP ▷ **spread betting** N pari *m* diversifié *(pour répartir ses chances et limiter les pertes)* ▷ **spread eagle** N *(Her)* aigle *f* éployée ▷ **spread-eagle** ADJ *(US)* chauvin VT ◆ **to ~-eagle sb** envoyer qn rouler par terre ◆ **to be** *or* **lie ~-eagled** être étendu bras et jambes écartés

► **spread out** VI a *[people, animals]* se disperser, s'éparpiller ◆ ~ **out!** dispersez-vous !
b *(= open out) [fan]* s'ouvrir ; *[wings]* se déployer ; *[valley]* s'élargir
c ⇒ **spread vi b**
VT SEP ◆ **the valley lay spread out before him** la vallée s'étendait à ses pieds ◆ **he was ~ out on the floor** il était étendu de tout son long par terre ; see also **spread vt a, c, d**

**spreader** /ˈspredəʳ/ N *(for butter)* couteau *m* à tartiner ; *(for glue)* couteau *m* à palette ; *(Agr: for fertilizer)* épandeur *m*, épandeuse *f*

**spreadsheet** /ˈspredʃiːt/ N *(Comput) (= chart)* tableau *m* ; *(= software)* tableur *m*

**spree** /spriː/ N fête *f* ◆ **to go on** *or* **have a ~** faire la fête *or* la noce * ; → **buying, crime, drinking, spending, shooting, shopping**

**sprig** /sprɪg/ N brin *m*

**sprightliness** /ˈspraɪtlɪnɪs/ N *(NonC, physical)* vivacité *f*, vitalité *f* ; *(mental)* vivacité *f*

**sprightly** /ˈspraɪtlɪ/ ADJ *(= physically)* alerte ; *(= mentally)* alerte, vif

**spring** /sprɪŋ/ (vb : pret **sprang**, ptp **sprung**) N
a *(= leap)* bond *m*, saut *m* ◆ **in** *or* **with** *or* **at one ~** d'un bond, d'un saut
b *(for chair, mattress, watch, machine)* ressort *m* ◆ **the ~s** *[of car]* la suspension ; → **hairspring, mainspring**
c *(NonC = resilience) [of mattress]* élasticité *f* ; *[of bow, elastic band]* détente *f* ◆ **he had a ~ in his step** il marchait d'un pas élastique *or* souple
d *[of water]* source *f* ◆ **hot ~** source *f* chaude
e *(fig)* **~s** *(= cause, motive)* mobile *m*, motif *m*, cause *f* ; *(= origin)* source *f*, origine *f*
f *(= season)* printemps *m* ◆ **in (the) ~** au printemps ◆ **~ is in the air** on sent venir le printemps
VI a *(= leap)* bondir, sauter ◆ **to ~ in/out/across** *etc* entrer/sortir/traverser *etc* d'un bond ◆ **to ~ at sth/sb** bondir *or* sauter *or* se jeter sur qch/qn ◆ **to ~ to one's feet** se lever d'un bond
b *(fig)* **to ~ to attention** bondir au garde-à-vous ◆ **to ~ to sb's help** bondir *or* se précipiter à l'aide de qn ◆ **to ~ to the rescue** se précipiter pour porter secours ◆ **he sprang into action** il est passé à l'action ◆ **they sprang into the public eye** ils ont tout à coup attiré l'attention du public ◆ **to ~ into existence** apparaître du jour au lendemain ◆ **to ~ into view** apparaître soudain, surgir ◆ **to ~ to mind** venir *or* se présenter à l'esprit ◆ **tears sprang to her eyes** les larmes lui sont venues aux yeux, les larmes lui sont montées aux yeux ◆ **the first name that sprang to his lips** le premier nom qui lui est venu aux lèvres ◆ **his hand sprang to his gun** il a saisi *or* attrapé son pistolet ◆ **the door sprang open** la porte s'est brusquement ouverte ◆ **where did you ~ from?** d'où est-ce que tu sors ? ◆ **hope ~s eternal** l'espoir fait vivre
c *(= originate from)* provenir, découler *(from* de*)* ◆ **the oak sprang from a tiny acorn** le chêne est sorti d'un tout petit gland ◆ **all his actions ~ from the desire to ...** toutes ses actions proviennent *or* découlent de son désir de ... ◆ **it sprang from his inability to cope with the situation** c'est venu *or* né de son incapacité à faire face à la situation
d *[timbers etc] (= warp)* jouer, se gondoler ; *(= split)* se fendre
VT a *[+ trap, lock]* faire jouer ; *[+ mine]* faire sauter ◆ **to ~ a surprise on sb** surprendre qn ◆ **to ~ a question on sb** poser une question à qn à brûle-pourpoint *or* de but en blanc ◆ **to ~ a piece of news on sb** annoncer une nouvelle à qn de but en blanc ◆ **he sprang the suggestion on me suddenly** il me l'a suggéré de but en blanc *or* à l'improviste ◆ **he sprang it on me** il m'a pris de court *or* au dépourvu
b *(= put springs in) [+ mattress]* pourvoir de ressorts ; *[+ car]* suspendre ◆ **well-sprung** *[car]* bien suspendu
c *(Hunting) [+ game]* lever ; ‡ *[+ prisoner]* aider à se faire la belle‡ ◆ **he was sprung‡ from Dartmoor** on l'a aidé à se cavaler‡ de Dartmoor
d *(= leap over) [+ ditch, fence etc]* sauter, franchir d'un bond
e *[+ timbers, mast] (= warp)* gondoler, faire jouer ; *(= split)* fendre ; → **leak**
COMP *[weather, day, flowers]* printanier, de printemps ; *[mattress]* à ressorts ▷ **spring balance** N balance *f* à ressort ▷ **spring binder** N *(= file)* classeur *m* à ressort ▷ **spring binding** N *[of file]* reliure *f* à ressort ▷ **spring chicken** N *(Culin)* poussin *m* ◆ **he/she is no ~ chicken** il/elle n'est pas de toute première jeunesse ▷ **spring-clean** N *(NonC)* (also **spring-cleaning**) grand nettoyage *m* (de printemps) VT nettoyer de fond en comble ▷ **spring fever** N fièvre *f* printanière ▷ **spring greens** NPL *(Brit)* choux *mpl* précoces ▷ **spring-like** ADJ printanier, de printemps ▷ **spring-loaded** ADJ tendu par un ressort ▷ **spring lock** N serrure *f* à fermeture automatique ▷ **spring onion** N *(Brit)* ciboule *f* ▷ **spring roll** N *(Culin)* rouleau *m* de printemps ▷ **spring snow** N *(Ski)* neige *f* de printemps ▷ **spring tide** N *(gen)* grande marée *f* ; *(at equinox)* marée *f* d'équinoxe (de printemps) ▷ **spring water** N eau *f* de source

► **spring up** VI *[person]* se lever d'un bond *or* précipitamment ; *[flowers, weeds]* surgir de terre ; *[corn]* lever brusquement ; *[new buildings, settlements]* pousser comme des champignons ; *[wind, storm]* se lever brusquement ; *[rumour]* naître, s'élever ; *[doubt, fear]* naître, jaillir ; *[friendship, alliance]* naître, s'établir ; *[problem, obstacle, difficulty]* se présenter, surgir

**springboard** /ˈsprɪŋbɔːd/ N *(lit, fig)* tremplin *m*

**springbok** /ˈsprɪŋbɒk/ N (pl **springbok** *or* **springboks**) springbok *m*

**springe** /sprɪndʒ/ N collet *m*

**springiness** /ˈsprɪŋɪnɪs/ N *[of rubber, mattress]* élasticité *f* ; *[of ground, turf, step, hair]* souplesse *f* ; *[of plank]* flexibilité *f* ; *[of carpet]* moelleux *m*

**springtide** /ˈsprɪŋtaɪd/ N *(liter)* ⇒ **springtime**

**springtime** /ˈsprɪŋtaɪm/ N printemps *m*

**springy** /ˈsprɪŋɪ/ ADJ *[rubber, mattress, texture]* élastique, souple ; *[carpet]* moelleux ; *[plank]* flexible ; *[ground, turf, step]* souple ; *[step]* alerte, souple ; *[hair]* frisé

**sprinkle** /ˈsprɪŋkl/ VT ◆ **to ~ sth with water, to ~ water on sth** asperger qch d'eau ◆ **to ~ water on the garden** arroser légèrement le jardin ◆ **a rose ~d with dew** une rose couverte de rosée ◆ **to ~ sand on** *or* **over sth, to ~ sth with sand** répandre une légère couche de sable sur qch, couvrir qch d'une légère couche de sable ◆ **to ~ sand/grit on the roadway** sabler/cendrer la route ◆ **to ~ sugar over a cake, to ~ a cake with sugar** *(Culin)* saupoudrer un gâteau de sucre ◆ **lawn ~d with daisies** pelouse parsemée *or* émaillée *(liter)* de pâquerettes ◆ **they are ~d about here and there** ils sont éparpillés *or* disséminés ici et là

**sprinkler** /ˈsprɪŋkləʳ/ N *(for lawn)* arroseur *m* ; *(for sugar etc)* saupoudreuse *f* ; *(larger)* saupoudroir *m* ; *(in ceiling: for fire-fighting)* diffuseur *m* (d'extincteur automatique d'incendie), sprinkler *m* COMP ▷ **sprinkler system** N *(for lawn)* combiné *m* d'arrosage ; *(for fire-fighting)* installation *f* d'extinction automatique d'incendie

**sprinkling** /ˈsprɪŋklɪŋ/ N a *(= act) (with water, gen, Rel)* aspersion *f* ; *(on garden, road, street)* arrosage *m* ; *(with sugar)* saupoudrage *m* ◆ **to give sth a ~ (of water)** *(gen)* asperger qch (d'eau) ; *[+ garden, road, street]* arroser qch ◆ **to give sth a ~ (of sugar)** saupoudrer qch (de sucre) b *(= quantity) [of sand, snow]* mince couche *f* ◆ **top off with a ~ of icing sugar/grated Parmesan** terminer en saupoudrant de sucre glace/parmesan râpé ◆ **a ~ of water** quelques gouttes *fpl* d'eau ◆ **a ~ of freckles** quelques taches *fpl* de rousseur ◆ **a ~ of sightseers** quelques rares touristes *mpl* ◆ **a ~ of women ministers** un petit nombre de femmes ministres ◆ **a ~ of literary allusions in the text** des allusions littéraires émaillant le texte

**sprint** /sprɪnt/ N *(Sport)* sprint *m* ◆ **to make a ~ for the bus** piquer * un sprint *or* foncer pour attraper l'autobus VI *(Sport)* sprinter ; *(gen)* foncer, piquer * un sprint ◆ **to ~ down the street** descendre la rue à toutes jambes

**sprinter** /ˈsprɪntəʳ/ N *(Sport)* sprinter *m*, sprinteur *m*, -euse *f*

**sprit** /sprɪt/ N *(Naut)* livarde *f*, balestron *m*

**sprite** /spraɪt/ N lutin *m*, farfadet *m* ; *(Comput = icon in game)* joueur *m*, lutin *m*

**spritz** /sprɪts/ N *(= fizz)* ◆ **it has a slight ~** c'est légèrement pétillant VT *(= spray)* vaporiser *(with* de*)* ◆ **I ~ed myself with water** je me suis aspergé d'eau

**spritzer** /ˈsprɪtsəʳ/ N *boisson à base de vin blanc et d'eau gazeuse*

**sprocket** /ˈsprɒkɪt/ N pignon *m* COMP ▷ **sprocket wheel** N pignon *m* (d'engrenage)

**sprog** ‡ /sprɒg/ N *(Brit)* a *(= child)* morpion * *m*, -ionne * *f (pej)* b *(Mil)* bleu *m*

**sprout** /spraʊt/ N *(Bot) (on plant, branch etc)* pousse *f* ; *(from bulbs, seeds)* germe *m* ◆ **(Brussels) ~** chou *m* de Bruxelles VI a *[bulbs, onions etc]* germer, pousser b (also **sprout up** *= grow quickly*) *[plants, crops, weeds]* bien pousser ; *[child]* grandir *or* pousser vite c (also **sprout up** *= appear*) *[mushrooms etc]* pousser ; *[weeds]* surgir de terre ; *[new buildings]* surgir de terre, pousser comme des champignons VT ◆ **to ~ new leaves** pousser *or* produire de nouvelles feuilles ◆ **to ~ shoots** *[potatoes, bulbs]* germer ◆ **the wet weather has ~ed the barley** le temps humide a fait germer l'orge ◆ **the deer has ~ed horns** les cornes du cerf ont poussé, le cerf a mis ses bois ◆ **Paul has ~ed * a moustache** Paul s'est laissé pousser la moustache

**spruce**[1] /spruːs/ N (also **spruce tree**) épicéa *m* spruce ◆ **white/black ~** *(Can)* épinette *f* blanche/noire

**spruce**[2] /spruːs/ ADJ *[person]* pimpant, soigné ; *[garment]* net, impeccable ; *[house]* coquet, pimpant

► **spruce up** VT SEP *[+ child]* faire beau ; *[+ house]* bien astiquer ◆ **all ~d up** *[person]* tiré à quatre épingles ; *[house]* bien astiqué, reluisant de propreté ◆ **to ~ o.s. up** se faire tout beau (toute belle *f*)

**sprucely** /ˈspruːslɪ/ ADV ◆ **~ dressed** tiré à quatre épingles, sur son trente et un

**spruceness** /ˈspruːsnɪs/ N *[of person]* mise *f* soignée ; *[of house]* aspect *m* coquet

**sprung** /sprʌŋ/ VB ptp of **spring** ADJ *[seat, mattress]* à ressorts

**spry** /spraɪ/ ADJ alerte, plein d'entrain

**SPUC** /ˌespiːjuːˈsiː/ N (Brit) (abbrev of **Society for the Protection of the Unborn Child**) *association anti-avortement*

**spud** /spʌd/ N (= *tool*) sarcloir *m* ; (* = *potato*) patate * *f* COMP ▷ **spud-bashing** * N (Mil) corvée *f* de patates *

**spume** /spjuːm/ N (liter) écume *f*

**spun** /spʌn/ VB pt, ptp of **spin**

**spunk** /spʌŋk/ N a (NonC * = courage) cran * *m*, courage *m* b (Brit ** = semen) foutre ** *m*

**spunky** * /ˈspʌŋkɪ/ ADJ plein de cran *

**spur** /spɜːʳ/ N a [of horse, fighting cock, mountain, masonry] éperon *m* ; [of bone] saillie *f* ; (fig) aiguillon *m* ◆ **to dig in one's ~s** enfoncer ses éperons, éperonner son cheval ◆ **to win** *or* **earn one's ~s** (Brit) (Hist) gagner ses éperons ; (fig) faire ses preuves ◆ **on the ~ of the moment** sous l'impulsion du moment, sur un coup de tête ◆ **the ~ of hunger** l'aiguillon *m* de la faim ◆ **it will be a ~ to further efforts** cela nous (*or* les *etc*) incitera à faire des efforts supplémentaires

b (Rail: also **spur track**) (= *siding*) voie *f* latérale, voie *f* de garage ; (= *branch*) voie *f* de desserte, embranchement *m*

c (on motorway etc) embranchement *m*

VT (also **spur on**) [+ horse] éperonner ; (fig) éperonner, aiguillonner ◆ **he ~red his horse on** (= *applied spurs once*) il a éperonné son cheval, il a donné de l'éperon à son cheval ; (= *sped on*) il a piqué des deux ◆ **~red on by ambition** éperonné *or* aiguillonné par l'ambition ◆ **to ~ sb (on) to do sth** encourager *or* inciter qn à faire qch ◆ **this ~red him (on) to greater efforts** ceci l'a encouragé à redoubler d'efforts

COMP ▷ **spur gear** N ⇒ **spur wheel** ▷ **spur-of-the-moment** ADJ fait sur l'impulsion du moment ▷ **spur wheel** N roue *f* à dents droites

**spurge** /spɜːdʒ/ N euphorbe *f* COMP ▷ **spurge laurel** N daphné *m*

**spurious** /ˈspjʊərɪəs/ ADJ (gen) faux (fausse *f*) ; [document, writings] faux (fausse *f*), apocryphe ; [claim] fallacieux ; [interest, affection, desire] simulé, feint

**spuriously** /ˈspjʊərɪəslɪ/ ADV faussement

**spurn** /spɜːn/ VT [+ help, offer] repousser, rejeter ; [+ lover] éconduire

**spurt** /spɜːt/ N [of water, flame] jaillissement *m*, jet *m* ; [of anger, enthusiasm, energy] sursaut *m*, regain *m* ; (= *burst of speed*) accélération *f* ; (fig: at work etc) effort *m* soudain, coup *m* de collier ◆ **final ~** (Racing) emballage *m*, rush *m* ◆ **to put on a ~** (Sport) démarrer, sprinter ; (in running for bus) piquer * un sprint, foncer ; (fig: in work) donner un coup de collier, faire un soudain effort ◆ **in ~s** (= *sporadically*) par à-coups VI a (also **spurt out, spurt up**) [water, blood] jaillir, gicler (*from* de) ; [flame] jaillir (*from* de) b [runner] piquer * un sprint, foncer ; (Sport) démarrer, sprinter VT (also **spurt out**) [+ flame, lava] lancer, vomir ; [+ water] laisser jaillir, projeter

**sputa** /ˈspjuːtə/ NPL of **sputum**

**sputnik** /ˈspʊtnɪk/ N spoutnik *m*

**sputter** /ˈspʌtəʳ/ VI (= *progress unevenly*) piétiner ◆ **the economy is already ~ing** l'économie piétine déjà ◆ **the battle ~ed to a halt** la bataille s'est enlisée et a pris fin ; see also **splutter vi, vt**

**sputum** /ˈspjuːtəm/ N (pl **sputa**) crachat *m*, expectorations *fpl*

**spy** /spaɪ/ N (gen, Ind, Pol) espion(ne) *m(f)* ◆ **police ~** indicateur *m*, -trice *f* de police

VI (gen) espionner, épier ; (Ind, Pol) faire de l'espionnage ◆ **to ~ for a country** faire de l'espionnage au service *or* pour le compte d'un pays ◆ **to ~ on sb** espionner qn ◆ **to ~ on sth** épier qch ◆ **stop ~ing on me!** arrête de m'espionner *or* de me surveiller ! ◆ **to ~ into sth** chercher à découvrir qch subrepticement

VT (= *catch sight of*) apercevoir ◆ **I spied him coming** je l'ai vu qui arrivait *or* s'approchait ◆ **I ~, with my little eye, something beginning with A** je vois quelque chose qui commence par A, essaie de deviner (jeu d'enfant)

COMP [film, story etc] d'espionnage ▷ **spy-in-the-sky** * N satellite-espion *m* ▷ **spy plane** N avion-espion *m* ▷ **spy ring** N réseau *m* d'espionnage ▷ **spy satellite** N satellite-espion *m*

► **spy out** VT SEP reconnaître ◆ **to ~ out the land** (lit, fig) reconnaître le terrain

**spycatcher** /ˈspaɪkætʃəʳ/ N (Brit) chasseur *m* d'espions

**spyglass** /ˈspaɪglɑːs/ N lunette *f* d'approche

**spyhole** /ˈspaɪhəʊl/ N judas *m*

**spying** /ˈspaɪɪŋ/ N (NonC) espionnage *m*

**spymaster** /ˈspaɪmɑːstəʳ/ N chef *m* des services secrets

**spyware** /ˈspaɪweəʳ/ N logiciel *m* espion

**Sq** abbrev of **Square**

**sq.** (abbrev of **square**) carré ◆ **4~ m** 4 $m^2$

**squab** /skwɒb/ N (pl **squabs** *or* **squab**) a (Orn) pigeonneau *m* b (Brit Aut) assise *f*

**squabble** /ˈskwɒbl/ N chamaillerie * *f*, prise *f* de bec * VI se chamailler *, se disputer (*over sth* à propos de qch)

**squabbler** * /ˈskwɒbləʳ/ N chamailleur * *m*, -euse * *f*

**squabbling** /ˈskwɒblɪŋ/ N (NonC) chamaillerie(s) * *f(pl)*

**squad** /skwɒd/ N [of soldiers, policemen, workmen, prisoners] escouade *f*, groupe *m* ; (Sport) équipe *f* ◆ **the England ~** (Sport) l'équipe *f* d'Angleterre ; → **firing, flying** COMP ▷ **squad car** N (esp US Police) voiture *f* de police

**squaddie, squaddy** * /ˈskwɒdɪ/ N (Brit = *private soldier*) deuxième classe *m inv*

**squadron** /ˈskwɒdrən/ N (Mil) escadron *m* ; (Aviat, Naut) escadrille *f* COMP ▷ **squadron leader** N (Brit Aviat) commandant *m*

**squalid** /ˈskwɒlɪd/ ADJ [place, conditions, love affair, experience] sordide ; [motive] bas (basse *f*), ignoble ◆ **it was a ~ business** c'était une affaire sordide

**squall** /skwɔːl/ N a (Met) rafale *f or* bourrasque *f* (de pluie) ; (at sea) grain *m* ◆ **there are ~s ahead** (fig) il y a de l'orage dans l'air, il va y avoir du grabuge * b (= *cry*) hurlement *m*, braillement *m* VI [baby] hurler, brailler

**squalling** /ˈskwɔːlɪŋ/ ADJ criard, braillard *

**squally** /ˈskwɔːlɪ/ ADJ [wind] qui souffle en rafales ; [weather] à bourrasques, à rafales ; [day] entrecoupé de bourrasques

**squalor** /ˈskwɒləʳ/ N (NonC) conditions *fpl* sordides, misère *f* noire ◆ **to live in ~** vivre dans des conditions sordides *or* dans la misère noire ; (pej) vivre comme un cochon (*or* des cochons) *

**squander** /ˈskwɒndəʳ/ VT [+ time, money, talents] gaspiller ; [+ fortune, inheritance] dissiper, dilapider ; [+ opportunity, chances] laisser filer, laisser passer

**square** /skweəʳ/ N a (= *shape*) carré *m* ; [of chessboard, crossword, graph paper] case *f* ; (= *square piece*) [of fabric, chocolate, toffee] carré *m* ; [of cake] part *f* (carrée) ; (= *window pane*) carreau *m* ◆ **to fold paper into a ~** plier une feuille de papier en carré ◆ **divide the page into ~s** divisez la page en carrés, quadrillez la page ◆ **linoleum with black and white ~s on it** du linoléum en damier noir et blanc *or* à carreaux noirs et blancs ◆ **the troops were drawn up in a ~** les troupes avaient formé le carré ◆ **form (yourselves into) a ~** placez-vous en carré, formez un carré ◆ **to start again from ~ one** * repartir à zéro *, repartir de la case départ ◆ **now we're back to ~ one** * nous nous retrouvons à la case départ *, nous repartons à zéro *

b (in town) place *f* ; (with gardens) square *m* ; (esp US = *block of houses*) pâté *m* de maisons ; (Mil: also **barrack square**) cour *f* (de caserne) ◆ **the town ~** la (grand-)place

c (= *drawing instrument*) équerre *f* ◆ **it's out of ~** ce n'est pas d'équerre ◆ **to cut sth on the ~** équarrir qch ◆ **to be on the ~** * [offer, deal] être honnête *or* régulier * ; [person] jouer franc jeu, jouer cartes sur table ; → **set, T**

d (Math) carré *m* ◆ **four is the ~ of two** quatre est le carré de deux

e (* pej = *conventional person*) **he's a real ~** il est vraiment ringard * ◆ **don't be such a ~!** ne sois pas si ringard ! *

ADJ a (in shape) [object, shape, hole, face, jaw, shoulders] carré ◆ **a ~ corner** un coin à angle droit ◆ **of ~ build** trapu, ramassé ◆ **to be a ~ peg in a round hole** * ne pas être dans son élément

b ◆ **~ with** *or* **to sth** (= *parallel*) parallèle à qch ; (= *at right angles*) à angle droit avec qch, perpendiculaire à qch

c (Math) ◆ **6 ~ metres** 6 mètres carrés ◆ **6 metres ~** (de) 6 mètres sur 6 ◆ **a 25-cm ~ baking dish** un moule de 25 centimètres sur 25

d (Fin) [accounts, books, figures] en ordre ◆ **to get one's accounts ~** mettre ses comptes en ordre, balancer ses comptes ◆ **to get ~ with sb** (financially) régler ses comptes avec qn ; (fig = *get even with*) rendre la pareille à qn ◆ **to be (all) ~** être quitte

e (Sport) ◆ **to be all ~** être à égalité

f (= *honest*) [dealings] honnête ◆ **a ~ deal** un arrangement équitable *or* honnête ◆ **to get a ~ deal** être traité équitablement ◆ **to give sb a ~ deal** agir honnêtement avec qn ◆ **to be ~ with sb** être honnête avec qn ; → **fair**[1]

g (* pej = *conventional*) [person, habit, attitude] ringard * ◆ **be there or be ~!** (hum) tous les gens branchés * y seront

h (= *unequivocal*) [refusal, denial] net, catégorique

i (Cricket) à angle droit ◆ **to be ~ of the wicket** être placé perpendiculairement au guichet

ADV a (= *squarely*) ◆ **to hit** *or* **catch sb ~ on the forehead/on the jaw** atteindre qn en plein front/en pleine mâchoire ◆ **to hit sb ~ in the chest** frapper qn en pleine poitrine ◆ **a huge wave hit the ship ~ on** une énorme lame a frappé le bateau de plein fouet ◆ **to kiss sb ~ on the mouth** embrasser qn à pleine bouche ◆ **~ in the middle** en plein milieu ◆ **to be ~ in the middle of sth** (fig) être au beau milieu de qch ◆ **to look sb ~ in the face** regarder qn bien en face ◆ **to stand ~** être bien campé sur ses jambes ◆ **the bomb landed ~ on target** la bombe est tombée en plein sur l'objectif ; → **fair**[1]

b (= *parallel*) ◆ **~ to** *or* **with sth** parallèlement à qch ◆ **he turned to face me ~ on** il s'est tourné pour être juste en face de moi ◆ **to stand ~ on to the camera** se tenir bien en face de la caméra

c (= *at right angles*) ◆ **to cut sth ~** équarrir qch, couper qch au carré *or* à angle droit

◆ ~ to *or* **with sth** à angle droit avec qch, d'équerre avec qch ◆ **the ship ran ~ across our bows** le navire nous a complètement coupé la route

VT a *(= make square) [+ figure, shape]* rendre carré, carrer ; *[+ stone, timber]* équarrir, carrer ; *[+ corner]* couper au carré *or* à angle droit ◆ **to ~ one's shoulders** redresser les épaules ◆ **to try to ~ the circle** *(fig)* chercher à faire la quadrature du cercle

b *(= settle, sort out) [+ books, accounts]* mettre en ordre, balancer ; *[+ debts]* acquitter, régler ; *[+ creditors]* régler, payer ; *(= reconcile)* concilier, faire cadrer (*with* avec) ◆ **to ~ one's account with sb** régler ses comptes avec qn ◆ **to ~ o.s. with sb** régler ses comptes avec qn ◆ **I can't ~ that with what he told me yesterday** ça ne cadre pas avec ce qu'il m'a dit hier ◆ **he managed to ~ it with his conscience** il s'est arrangé avec sa conscience ◆ **can you ~ * it with the boss?** est-ce que vous pouvez arranger ça avec le patron ? ◆ **I can ~ * him** *(= get him to agree)* je m'occupe de lui, je me charge de lui

c *(Math) [+ number]* élever au carré ◆ **four ~d is sixteen** quatre au carré fait seize

VI cadrer, correspondre ◆ **that doesn't ~ with the facts** cela ne cadre pas avec les faits, cela ne correspond pas aux faits ◆ **that ~s!** * ça cadre !, ça colle ! *

COMP ▷ **square-bashing** * N *(Brit Mil)* exercice *m* ▷ **square bracket** N *(Typ)* crochet *m* ▷ **square-built** ADJ trapu ▷ **square-cut** ADJ coupé à angle droit, équarri ▷ **square dance** N ≈ quadrille *m* ▷ **square-dancing** N *(NonC)* quadrille *m* ▷ **square-faced** ADJ au visage carré ▷ **square-jawed** ADJ à la mâchoire carrée ▷ **square knot** N *(US)* nœud *m* plat ▷ **square leg** N *(Cricket)* *position du joueur de champ lorsqu'il est placé à angle droit avec le batteur* ▷ **square meal** N repas *m* substantiel ▷ **the Square Mile** N *(in London)* la City ▷ **square number** N *(Math)* carré *m* ▷ **square-rigged** ADJ *(Naut)* gréé (en) carré ▷ **square rigger** N *(Naut)* navire *m* gréé en carré ▷ **square root** N racine *f* carrée ▷ **square-shouldered** ADJ aux épaules carrées, carré d'épaules ▷ **square-toed** ADJ *[shoes]* à bout carré

► **square off** VI *(in quarrel)* se faire face ; *(in fist fight)* se mettre en garde (*to sb* devant qn)

VT SEP *[+ paper, plan]* diviser en carrés, quadriller ; *[+ wood, edges]* équarrir

► **square up** VI a *[boxers, fighters]* se mettre en garde (*to sb* devant qn) ◆ **to ~ up to a problem** *(fig)* faire face à un problème

b *(= pay debts)* régler ses comptes (*with sb* avec qn)

VT SEP a *(= make square) [+ paper]* couper au carré *or* à angle droit ; *[+ wood]* équarrir

b *[+ account, debts]* régler, payer ◆ **I'll ~ things up * for you** ne vous en faites pas, je vais arranger ça

**squarely** /ˈskwɛəlɪ/ ADV a *(= completely)* complètement ◆ **responsibility rests ~ with the President** la responsabilité incombe complètement au président ◆ **to lay** *or* **place the blame for sth ~ on sb** rejeter complètement la responsabilité de qch sur qn

b *(= directly)* ◆ **to look at sb ~** regarder qn droit dans les yeux ◆ **to look sb ~ in the eye** regarder qn dans le blanc des yeux ◆ **a film that looks ~ at social problems** un film qui traite sans détour des problèmes sociaux ◆ **to face one's guilt ~** assumer sa culpabilité sans détour ◆ **she faced her mother ~** elle s'est campée devant sa mère d'un air résolu ◆ **a film aimed ~ at family audiences** un film visant directement un public familial ◆ **to hit sb ~ in the stomach** frapper qn en plein dans le ventre ◆ **set ~ in the middle of the wall** placé en plein milieu du mur

c *(= honestly) [deal with]* honnêtement ; → **fairly**

**squash¹** /skwɒʃ/ N a *(Brit)* **lemon/orange ~** citronnade *f*/orangeade *f* (concentrée)

b *(Sport)* squash *m*

c *(= crowd)* cohue *f*, foule *f* ; *(= crush)* cohue *f*, bousculade *f* ◆ **we all got in, but it was a ~** on est tous entrés mais on était serrés ◆ **a great ~ of people** une cohue, une foule ◆ **I lost him in the ~ at the exit** je l'ai perdu dans la cohue *or* dans la bousculade à la sortie

VT *[+ fruit, beetle, hat, box]* écraser ; *(fig) [+ argument]* réfuter ; *(= snub) [+ person]* rabrouer ◆ **to ~ flat** *[+ fruit, beetle]* écraser, écrabouiller * ; *[+ hat, box]* aplatir ◆ **he ~ed his nose against the window** il a écrasé son nez contre la vitre ◆ **you're ~ing me!** tu m'écrases ! ◆ **she ~ed the shoes into the suitcase** elle a réussi à caser * les chaussures dans la valise ◆ **can you ~ two more people in the car?** est-ce que tu peux faire tenir *or* caser * deux personnes de plus dans la voiture ?

VI a *[people]* **they ~ed into the elevator** ils se sont serrés *or* entassés dans l'ascenseur ◆ **they ~ed through the gate** ils ont franchi le portail en se bousculant

b *[fruit, parcel etc]* s'écraser ◆ **will it ~?** est-ce que cela risque de s'écraser ?

COMP ▷ **squash court** N *(Sport)* court *m* de squash ▷ **squash player** N joueur *m*, -euse *f* de squash ▷ **squash racket** N raquette *f* de squash

► **squash in** VI *[people]* s'empiler, s'entasser ◆ **when the car arrived they all ~ed in** quand la voiture est arrivée ils se sont tous empilés *or* entassés dedans ◆ **can I ~ in?** est-ce que je peux me trouver une petite place ?

VT SEP *(into box, suitcase etc)* réussir à faire rentrer

► **squash together** VI *[people]* se serrer (les uns contre les autres)

VT SEP *[+ objects]* serrer, tasser ◆ **we were all ~ed together** nous étions très serrés *or* entassés

► **squash up** VI *[people]* se serrer, se pousser ◆ **can't you ~ up a bit?** pourriez-vous vous serrer *or* vous pousser un peu ?

VT SEP *[+ object]* écraser ; *[+ paper]* chiffonner en boule

**squash²** /skwɒʃ/ N (pl **squashes** *or* **squash**) *(= gourd)* gourde *f* ; *(US = marrow)* courge *f*

**squashy** * /ˈskwɒʃɪ/ ADJ *[fruit, sofa]* mou (molle *f*)

**squat¹** /skwɒt/ ADJ *[person]* trapu, courtaud ; *[building]* ramassé, trapu ; *[armchair, jug, teapot]* trapu ; *[glass]* court VI a (also **squat down**) *[person]* s'accroupir, s'asseoir sur ses talons ; *[animal]* se tapir, se ramasser ◆ **to be ~ting (down)** *[person]* être accroupi, être assis sur ses talons ; *[animal]* être tapi *or* ramassé b *[squatters]* squatter ◆ **to ~ in a house** squatter *or* squattériser une maison

N *(= act of squatting, place)* squat *m* COMP ▷ **squat thrust** N *(Gym)* saut *m* de main

**squat²** ‡ /skwɒt/ N *(US:* also **diddly-squat**) ◆ **you don't know ~ (about that)** t'y connais que dalle ‡ ◆ **that doesn't mean ~ (to me)** (pour moi,) ça veut dire que dalle ‡

**squatter** /ˈskwɒtəʳ/ N squatter *m* COMP ▷ **squatter's rights** N droit *m* de propriété par occupation du terrain

**squatting** /ˈskwɒtɪŋ/ N squat *m*, squattage *m*

**squaw** /skwɔː/ N squaw *f*, femme *f* peau-rouge

**squawk** /skwɔːk/ VI *[hen, parrot]* pousser un *or* des gloussement(s) ; *[baby]* brailler ; *[person]* pousser un *or* des cri(s) rauque(s) ; *(* fig = complain)* râler *, gueuler ‡ N gloussement *m*, braillement *m*, cri *m* rauque

COMP ▷ **squawk box** * N *(US = loudspeaker)* haut-parleur *m*

**squeak** /skwiːk/ N *[of hinge, wheel, pen, chalk]* grincement *m* ; *[of shoes]* craquement *m* ; *[of mouse, doll]* petit cri *m* aigu, vagissement *m* ; *[of person]* petit cri *m* aigu, glapissement *m* ◆ **to let out** *or* **give a ~ of fright/surprise** *etc* pousser un petit cri *or* glapir de peur/de surprise *etc* ◆ **not a ~, mind!** *(= be quiet)* pas de bruit, hein ! ; *(= keep it secret)* pas un mot !, motus et bouche cousue ! * ◆ **I don't want another ~ out of you** je ne veux plus t'entendre ; → **narrow** VI a *(= make sound) [hinge, wheel, chair, gate, pen, chalk]* grincer ; *[shoe]* craquer ; *[mouse, doll]* vagir, pousser un *or* des petit(s) cri(s) ; *[person]* glapir b *(in exam, election)* ◆ **to ~ through** être accepté de justesse VT ◆ **"no" she ~ed** "non" glapit-elle

**squeaker** /ˈskwiːkəʳ/ N *(in toy etc)* sifflet *m*

**squeaky** /ˈskwiːkɪ/ ADJ *[hinge, gate, wheel, chair]* grinçant ; *[pen]* qui crisse ; *[toy]* qui grince ; *[shoes]* qui craque ; *[voice]* aigu (-guë *f*)

COMP ▷ **squeaky-clean** * ADJ *(lit) (= very clean) [hair]* tout propre ; *[office, home]* ultrapropre ; *(= above reproach) [person]* blanc comme neige ; *[reputation, image]* irréprochable ; *[company]* à la réputation irréprochable

**squeal** /skwiːl/ N *[of person, animal]* cri *m* aigu *or* perçant ; *[of brakes]* grincement *m*, hurlement *m* ; *[of tyres]* crissement *m* ◆ **to let out** *or* **give a ~ of pain** pousser un cri de douleur ◆ **... he said with a ~ of laughter** ... dit-il avec un rire aigu VI a *[person, animal]* pousser un *or* des cri(s) (aigu(s) *or* perçant(s)) ; *[brakes]* grincer, hurler ; *[tyres]* crisser ◆ **he ~ed like a (stuck) pig** il criait comme un cochon qu'on égorge ◆ **she tickled the child and he ~ed** elle a chatouillé l'enfant et il a poussé un petit cri b *(‡ = inform)* vendre la mèche * ◆ **to ~ on sb** balancer * *or* donner * qn ◆ **somebody ~ed to the police** quelqu'un les (*or* nous *etc*) a balancés * *or* donnés * à la police VT ◆ **"help" he ~ed** "au secours" cria-t-il (d'une voix perçante)

**squeamish** /ˈskwiːmɪʃ/ ADJ facilement dégoûté (*about sth* par qch) ◆ **I'm not ~ about blood** je ne suis pas facilement dégoûté par la vue du sang ◆ **don't be so ~!** ne fais pas le délicat !

**squeamishness** /ˈskwiːmɪʃnɪs/ N *(NonC)* délicatesse *f* exagérée

**squeegee** /ˌskwiːˈdʒiː/ N *(for windows)* raclette *f* (à bord de caoutchouc) ; *(= mop)* balai-éponge *m* COMP ▷ **squeegee merchant** * N *(Brit)* laveur *m* de pare-brise

**squeeze** /skwiːz/ N a *(NonC: in crowd)* cohue *f*, bousculade *f* ◆ **to give sth a ~** ⇒ **to squeeze sth vt a** ◆ **he gave her a big ~** il l'a serrée très fort dans ses bras ◆ **he gave her hand a tender ~** il lui serra tendrement la main ◆ **a ~ of lemon** quelques gouttes *fpl* de citron ◆ **a ~ of toothpaste** un peu de dentifrice ◆ **it was a real ~ in the bus** on était serrés comme des sardines * *or* on était affreusement tassés dans l'autobus ◆ **it was a (tight) ~ to get through** il y avait à peine la place de passer ◆ **to put the ~ on sb** ‡ presser qn, harceler qn

b *(Econ)* (also **credit squeeze**) restrictions *fpl* de crédit ◆ **spending ~** réduction *f* des dépenses

c *(Bridge)* squeeze *m* (*in* à)

d *(* = romantic partner)* (petit) copain *m*, (petite) copine *f*

VT a *(= press) [+ handle, tube, plastic bottle, lemon, sponge]* presser ; *[+ cloth]* tordre ; *[+ doll, teddy bear]* appuyer sur ; *[+ sb's hand, arm]* serrer ◆ **he ~d his finger in the door** il s'est pris *or* pincé le doigt dans la porte ◆ **she ~d another sweater into the case** elle a réussi à caser * un autre chandail dans la valise ◆ **to ~ one's eyes shut** fermer les yeux en serrant fort ◆ **he ~d his victim dry** * il a saigné sa victime à blanc

b *(= extract)* ◆ **~ the water from the sponge** essorez l'éponge ◆ **~ the air from the tyre** faites sortir l'air du pneu en appuyant dessus

c *[+ prices, profits]* réduire

VI ◆ **he ~d past me** il s'est glissé devant moi en me poussant un peu ◆ **he managed to ~ into the bus** il a réussi à se glisser *or* à s'introduire dans l'autobus en poussant ◆ **they all ~d into the car** ils se sont entassés *or* empilés dans la voiture ◆ **can you ~ underneath the fence?** est-ce que tu peux te glisser sous la barrière ? ◆ **he ~d through the crowd** il a réussi à se faufiler à travers la foule ◆ **she ~d through the window** elle s'est glissée par la fenêtre ◆ **the car ~d into the empty space** il y avait juste assez de place pour se garer

COMP ▷ **squeeze bottle** N *(US)* flacon *m* en plastique déformable ▷ **squeeze-box** * N *(= accordion)* accordéon *m* ; *(= concertina)* concertina *m*

► **squeeze in** VI *[person]* trouver une petite place ; *[car etc]* rentrer tout juste, avoir juste la place ◆ **can I ~ in?** est-ce qu'il y a une petite place pour moi ?

VT SEP *[+ object into box, item on programme]* trouver une petite place pour ◆ **can you ~ two more people in?** est-ce que vous avez de la place pour deux autres personnes ?, est-ce que vous pouvez prendre deux autres personnes ? ◆ **I can ~ you in** * **tomorrow at nine** je peux vous prendre (en vitesse) *or* vous caser * demain à neuf heures

► **squeeze out** VI ◆ **he managed to squeeze out of the window** à force de contorsions, il a réussi à sortir par la fenêtre

VT a *(= extract) [+ water, juice, toothpaste, air]* faire sortir (en pressant) (*of* de)

b *[+ information, names, contribution]* soutirer, arracher ; *[+ money]* soutirer (*of* à) ◆ **you won't ~ a penny out of me** tu ne me feras pas lâcher * un sou ◆ **the government hopes to ~ more money out of the taxpayers** le gouvernement espère soutirer encore de l'argent aux contribuables

c *(= get rid of) [+ person]* évincer ◆ **his brother tried to ~ him out of the company** son frère a essayé de l'évincer de l'entreprise

► **squeeze past** VI *[person]* passer en se faufilant *or* en poussant ; *[car]* se faufiler, se glisser

► **squeeze through** VI *[person]* se faufiler, se frayer un chemin ; *[car]* se faufiler, se glisser (*between* entre)

► **squeeze up** * VI *[person]* se serrer, se pousser

**squeezer** /ˈskwiːzəʳ/ N presse-fruits *m inv* ◆ **lemon ~** presse-citron *m inv*

**squelch** /skweltʃ/ N a bruit *m* de succion *or* de pataugeage ◆ **I heard the ~ of his footsteps in the mud** je l'ai entendu patauger dans la boue ◆ **the tomato fell with a ~** la tomate s'est écrasée par terre avec un bruit mat b (‡ *= crushing retort)* réplique *f* qui coupe le sifflet * VI *[mud etc]* faire un bruit de succion ◆ **to ~ in/out** *etc [person]* entrer/sortir *etc* en pataugeant ◆ **to ~ (one's way) through the mud** avancer en pataugeant dans la boue ◆ **the water ~ed in his boots** l'eau faisait flic flac * dans ses bottes VT *(= crush underfoot)* piétiner, écraser

**squib** /skwɪb/ N pétard *m* ; → **damp**

**squid** /skwɪd/ N (pl **squid** *or* **squids**) calmar *m*, encornet *m*

**squidgy** * /ˈskwɪdʒɪ/ ADJ *(Brit)* visqueux

**squiffy** † * /ˈskwɪfɪ/ ADJ *(Brit)* éméché * ◆ **to get ~** se noircir † *

**squiggle** /ˈskwɪgl/ N *(= scrawl)* gribouillis *m* ; *(= wriggle)* tortillement *m* VI *(in writing etc)* gribouiller, faire des gribouillis ; *[worm etc]* se tortiller

**squiggly** /ˈskwɪglɪ/ ADJ ondulé

**squillion** * /ˈskwɪlɪən/ N *(Brit)* myriade *f* ◆ **~s of pounds** des millions et des millions de livres ◆ **a ~ reasons** une myriade de raisons

**squinch** /skwɪntʃ/ *(US)* VT *[+ eyes]* plisser ◆ **he ~ed his eyes at the sunlight** il a plissé les yeux à cause du soleil, le soleil lui a fait plisser les yeux VI plisser les yeux

**squint** /skwɪnt/ N a *(Med)* strabisme *m* ◆ **to have a ~** loucher, être atteint de strabisme

b *(= sidelong look)* regard *m* de côté ; *( * = quick glance)* coup *m* d'œil ◆ **to have** *or* **take a ~ at sth** * *(obliquely)* regarder qch du coin de l'œil, lorgner qch ; *(quickly)* jeter un coup d'œil à qch ◆ **let's have a ~!** * donne voir !, montre voir ! * ◆ **have a ~** * **at this** jette un coup d'œil là-dessus, zieute ‡ ça

VI a *(Med)* loucher

b *(= screw up eyes)* ◆ **he ~ed in the sunlight** il a plissé les yeux à cause du soleil, le soleil lui a fait plisser les yeux

c *(= take a look)* jeter un coup d'œil ◆ **he ~ed down the tube** il a jeté un coup d'œil dans le tube ◆ **to ~ at sth** *(obliquely)* regarder qch du coin de l'œil, lorgner qch ; *(quickly)* jeter un coup d'œil à qch ◆ **he ~ed at me quizzically** il m'a interrogé du regard

COMP ▷ **squint-eyed** ADJ qui louche

**squirarchy** /ˈskwaɪərɑːkɪ/ N ⇒ **squirearchy**

**squire** /ˈskwaɪəʳ/ N *(= landowner)* propriétaire *m* terrien ≃ châtelain *m* ; *(Hist = knight's attendant)* écuyer *m* ◆ **the ~ told us ...** le châtelain nous a dit ... ◆ **the ~ of Barcombe** le seigneur † *or* le châtelain de Barcombe ◆ **yes ~!** ‡ *(Brit)* oui chef *or* patron ! * VT *[+ lady]* escorter, servir de cavalier à ◆ **she was ~d by ...** elle était escortée par ...

**squirearchy** /ˈskwaɪərɑːkɪ/ N *(NonC)* hobereaux *mpl*, propriétaires *mpl* terriens

**squirm** /skwɜːm/ VI a *[worm etc]* se tortiller ◆ **to ~ through a window** *[person]* passer par une fenêtre en faisant des contorsions b *(fig) [person] (from embarrassment)* ne pas savoir où se mettre, être au supplice ; *(from distaste)* avoir un haut-le-corps ◆ **spiders make me ~** j'ai un haut-le-corps quand je vois une araignée ◆ **her poetry makes me ~** ses poèmes me mettent mal à l'aise

**squirrel** /ˈskwɪrəl/ N écureuil *m* ◆ **red ~** écureuil *m* roux ◆ **grey ~** écureuil *m* gris COMP *[coat etc]* en petit-gris

► **squirrel away** VT SEP *[+ nuts etc]* amasser

**squirt** /skwɜːt/ N a *[of water]* jet *m* ; *[of detergent]* giclée *f* ; *[of scent]* quelques gouttes *fpl* b *( * pej = person)* petit morveux * *m*, petite morveuse * *f* VT *[+ water]* faire jaillir, faire gicler (*at, on, onto* sur ; *into* dans) ; *[+ detergent]* verser une giclée de ; *[+ oil]* injecter ; *[+ scent]* faire tomber quelques gouttes de ◆ **he ~ed the insecticide onto the roses** il a pulvérisé de l'insecticide sur les roses ◆ **to ~ sb with water** asperger *or* arroser qn d'eau ◆ **to ~ scent on sb, to ~ sb with scent** asperger qn de parfum VI *[liquid]* jaillir, gicler ◆ **the water ~ed into my eye** j'ai reçu une giclée d'eau dans l'œil ◆ **water ~ed out of the broken pipe** l'eau jaillissait du tuyau cassé COMP ▷ **squirt gun** N *(US)* pistolet *m* à eau

**squirter** /ˈskwɜːtəʳ/ N poire *f* (en caoutchouc)

**squishy** * /ˈskwɪʃɪ/ ADJ *[fruit]* mollasson ; *[ground, texture]* spongieux

**Sr** (abbrev of **Senior**) Sr

**SRC** /esɑːˈsiː/ N *(Brit)* a (abbrev of **Science Research Council**) ≃ CNRS *m* b (abbrev of **students' representative council**) *comité d'étudiants*

**Sri Lanka** /ˌsriːˈlæŋkə/ N Sri Lanka *m* ◆ **in ~** au Sri Lanka

**Sri Lankan** /ˌsriːˈlæŋkən/ ADJ *(gen)* sri-lankais ; *[ambassador, embassy]* du Sri Lanka N Sri-Lankais(e) *m(f)*

**SRN** /esɑːrˈen/ N *(Brit)* (abbrev of **State-Registered Nurse**) → **state**

**SS** /esˈes/ N a (abbrev of **steamship**) *navire de la marine marchande britannique* ◆ **~ Charminster** le Charminster b (abbrev of **Saints**) Sts *mpl*, Stes *fpl* c *(= Nazi)* SS *m inv*

**SSA** /ˌesesˈeɪ/ N *(US)* (abbrev of **Social Security Administration**) → **social**

**SSP** /ˌesesˈpiː/ N *(Brit)* (abbrev of **statutory sick pay**) → **statutory**

**SSSI** /ˌesesesˈaɪ/ N *(Brit)* (abbrev of **Site of Special Scientific Interest**) → **site**

**St** N a (abbrev of **Street**) rue *f* ◆ **Churchill ~** rue Churchill b (abbrev of **Saint**) St(e) ◆ **~ Peter** saint Pierre ◆ **~ Anne** sainte Anne COMP ▷ **St John Ambulance** N *(Brit) association bénévole de secouristes* ▷ **St Lawrence** N *(Geog = river)* Saint-Laurent *m* ▷ **St Lawrence Seaway** N *(Geog)* voie *f* maritime du Saint-Laurent

**st** abbrev of **stone(s)**

**stab** /stæb/ N a *(with dagger/knife etc)* coup *m* (de poignard/de couteau *etc*) ◆ **a ~ in the back** *(fig)* un coup bas *or* déloyal ◆ **a ~ of pain** un élancement ◆ **a ~ of remorse/grief** un remords/une douleur lancinant(e)

b *( * = attempt)* **to have** *or* **make a ~ at (doing) sth** s'essayer à (faire) qch ◆ **I'll have a ~ at it** je vais tenter le coup

VT *(with knife etc) (= kill)* tuer d'un coup de *or* à coups de couteau *etc* ; *(= wound)* blesser d'un coup de *or* à coups de couteau *etc* ; *(= kill or wound with dagger)* poignarder ◆ **to ~ sb with a knife** frapper qn d'un coup de couteau, donner un coup de couteau à qn ◆ **to ~ sb to death** tuer qn d'un coup de *or* à coups de couteau *etc* ◆ **he was ~bed through the heart** il a reçu un coup de couteau *etc* dans le cœur ◆ **to ~ sb in the back** *(lit, fig)* poignarder qn dans le dos ◆ **he ~bed his penknife into the desk** il a planté son canif dans le bureau ◆ **he ~bed the pencil through the map** il a transpercé la carte d'un coup de crayon

VI ◆ **he ~bed at the book with his finger** il a frappé le livre du doigt

COMP ▷ **stab-wound** N coup *m* de poignard (*or* couteau *etc*) ; *(= mark)* trace *f* de coup de poignard (*or* couteau *etc*) ◆ **to die of ~-wounds** mourir poignardé

**stabbing** /ˈstæbɪŋ/ N agression *f* (à coups de couteau *etc*) ◆ **there was another ~ last night** la nuit dernière une autre personne a été attaquée à coups de couteau *etc* ADJ *[gesture]* comme pour frapper ; *[sensation]* lancinant ◆ **~ pain** douleur *f* lancinante, élancement *m*

**stabile** /ˈsteɪbaɪl/ N *(Art)* stabile *m*

**stability** /stəˈbɪlɪtɪ/ N *(NonC: gen)* stabilité *f* ; *[of marriage]* solidité *f*

**stabilization** /ˌsteɪbəlaɪˈzeɪʃən/ N stabilisation *f*

**stabilize** /ˈsteɪbəlaɪz/ VT stabiliser

**stabilizer** /ˈsteɪbəlaɪzəʳ/ N *(Aut, Naut, Aviat)* stabilisateur *m* ; *(in food)* stabilisant *m* NPL **stabilizers** *(Brit) [of bicycle]* stabilisateurs *mpl* COMP ▷ **stabilizer bar** N *(US Aut)* barre *f* antiroulis, stabilisateur *m*

**stable¹** /ˈsteɪbl/ ADJ *(gen)* stable ; *[marriage]* solide ; *(Med)* stationnaire, stable ◆ **to be in a ~ relationship** avoir une relation stable ◆ **he is not a very ~ character** il est plutôt instable ◆ **to be in a serious but ~ condition** *(Med)* être dans un état grave mais stationnaire *or* stable ◆ **sterling has remained ~ against the euro** la livre sterling est restée stable par rapport à l'euro

**stable²** /ˈsteɪbl/ N *(= building)* écurie *f* ; *(also* **racing stable***)* écurie *f* (de courses) ◆ **(riding) ~(s)** centre *m* d'équitation, manège *m* ◆ **another bestseller from the HarperCollins ~** un nouveau best-seller qui sort de chez HarperCollins VT *[+ horse]* mettre dans une *or* à l'écurie COMP ▷ **stable-boy** N garçon *m or* valet *m* d'écurie ▷ **stable companion** N *(Brit)* ⇒ **stablemate** ▷ **stable door** N **to shut** *or* **close the ~ door after the horse has bolted** *or* **has gone** *(Prov)* prendre des précautions après coup ▷ **stable girl** N valet *m* d'écurie ▷ **stable lad** N *(Brit)* lad *m*

**stablemate** /ˈsteɪblmeɪt/ N *(= horse)* compagnon *m* de stalle ; *(= person)* camarade *mf* d'études (*or* de travail *etc*)

**stabling** /ˈsteɪblɪŋ/ N écuries *fpl* ◆ **we have ~ for twenty horses** nos écuries peuvent accueillir vingt chevaux

**staccato** /stəˈkɑːtəʊ/ ADV *(Mus)* staccato ADJ *(Mus) [notes]* piqué ; *[passage]* joué en staccato ; *[gunfire, voice, style]* saccadé

**stack** /stæk/ N a *(Agr)* meule *f* ; *[of rifles]* faisceau *m* ; *[of wood, books, papers]* tas *m*, pile *f* ; *(US) [of tickets]* carnet *m* ◆ **~s* of** un tas* de, plein* de ◆ **I've got ~s*** *or* **a ~* of things to do** j'ai des tas* de choses *or* plein* de choses à faire ◆ **to have ~s* of money** rouler sur l'or, être bourré de fric‡ ◆ **we've got ~s* of time** on a tout le temps ; → **haystack**

b *(= group of chimneys)* souche *f* de cheminée ; *(on factory, boat etc)* (tuyau *m* de) cheminée *f*

c *(in library, bookshop)* **~s** rayons *mpl*, rayonnages *mpl*

d *(Comput)* pile *f*

VT a *(Agr)* mettre en meule ; *(also* **stack up***)* *[+ books, wood]* empiler, entasser ; *[+ dishes]* empiler ◆ **the table was ~ed with books** la table était couverte de piles de livres ◆ **she's well-~ed‡** *(hum)* il y a du monde au balcon*

b *[+ supermarket shelves]* remplir ◆ **she ~ed the shelf with books** *(gen)* elle a entassé des livres sur le rayon

c *(= hold waiting) [+ incoming calls, applications etc]* mettre en attente ; *(Aviat) [+ aircraft]* mettre en attente (à différentes altitudes)

d *(*, pej)* ◆ **to ~ a jury** composer un jury favorable ◆ **he had ~ed the committee with his own supporters** il avait noyauté le comité en y plaçant ses partisans ◆ **to ~ the cards** *or (US)* **the deck** tricher (en battant les cartes) ◆ **the cards** *or* **odds are ~ed against me** tout joue contre moi

► **stack up** VI *(US = measure, compare)* se comparer (*with, against* à)

VT SEP *(gen)* empiler, entasser ; *[+ wheat, barrels]* gerber ; see also **stack vt a**

**stadium** /ˈsteɪdɪəm/ N (pl **stadiums** *or* **stadia** /ˈsteɪdɪə/) stade *m (sportif)*

**staff¹** /stɑːf/ N (pl **staffs**) *(= work force) (Comm, Ind)* personnel *m* ; *(Scol, Univ)* personnel *m* enseignant, professeurs *mpl* ; *(= servants)* domestiques *mfpl* ; *(Mil)* état-major *m* ◆ **a large ~** un personnel *etc* nombreux ◆ **to be on the ~** faire partie du personnel ◆ **we have 30 typists on the ~** notre personnel comprend 30 dactylos ◆ **15 ~** *(gen)* 15 employés ; *(teachers)* 15 professeurs *or* enseignants ◆ **he's left our ~** il ne fait plus partie de notre personnel ◆ **he joined our ~ in 1984** il est entré chez nous en 1984, il a commencé à travailler chez nous en 1984 ◆ **he's ~** il fait partie du personnel ; → **chief, editorial**

VT *[+ school, hospital etc]* pourvoir en personnel ◆ **it is ~ed mainly by immigrants** le personnel se compose surtout d'immigrants ◆ **the hotel is well-~ed** l'hôtel est pourvu d'un personnel nombreux ; → **overstaffed, short, understaffed**

COMP ▷ **staff association** N association *f* du personnel, ≃ comité *m* d'entreprise ▷ **staff canteen** N *(in firm etc)* restaurant *m* d'entreprise, cantine *f* (des employés) ▷ **staff college** N *(Mil)* école *f* supérieure de guerre ▷ **staff corporal** N *(Brit)* ≃ adjudant *m* ▷ **staff discount** N remise *f* pour le personnel ▷ **staff meeting** N *(Scol, Univ)* conseil *m* des professeurs ▷ **staff nurse** N *(Med)* infirmier *m*, -ière *f* ▷ **staff officer** N *(Mil)* officier *m* d'état-major ▷ **staff sergeant** N *(Brit, US Army)* ≃ sergent-chef *m* ; *(US Air Force)* sergent *m* ▷ **staff-student ratio** N ⇒ **staffing ratio** ; → **staffing** ▷ **staff training** N formation *f* du personnel

**staff²** /stɑːf/ N (pl **staves** *or* **staffs**) *(liter = rod, pole)* bâton *m* ; *(longer)* perche *f* ; *(= walking stick)* bâton *m* ; *(shepherd's)* houlette *f* ; *(= weapon)* bâton *m*, gourdin *m* ; *(= symbol of authority)* bâton *m* de commandement ; *(Rel)* crosse *f*, bâton *m* pastoral ; *(also* **flagstaff***)* mât *m* ; †† *[of spear, lance etc]* hampe *f* ; *(fig = support)* soutien *m* ◆ **a ~ for my old age** *(fig)* mon bâton de vieillesse ◆ **bread is the ~ of life** le pain est l'aliment vital *or* le soutien de la vie

**staff³** /stɑːf/ N (pl **staves**) *(Mus)* portée *f*

**staffed** /ˈstɑːft/ ADJ *(permanently)* où il y a du personnel en permanence

**staffer** /ˈstɑːfəʳ/ N *(esp US) (in journalism)* membre *m* de la rédaction ; *(in organization)* membre *m* du personnel

**staffing** /ˈstɑːfɪŋ/ N effectifs *mpl* COMP *[problems etc]* de personnel ◆ **to reduce ~ levels** réduire les effectifs ▷ **staffing ratio** N *(Scol etc)* taux *m* d'encadrement ◆ **the ~ ratio is good/bad** le taux d'encadrement est élevé/faible

**staffroom** /ˈstɑːfrʊm/ N *(Scol, Univ)* salle *f* des professeurs

**Staffs** abbrev of **Staffordshire**

**stag** /stæg/ N a *(= deer)* cerf *m* ; *(= other animal)* mâle *m* b *(Brit St Ex)* loup *m* ADJ a *(= men only) [event, evening]* entre hommes ◆ **~ night** *or* **party** *(gen = men-only party)* soirée *f* entre hommes ; *(before wedding)* enterrement *m* de la vie de garçon ◆ **he's having a ~ night** *or* **party** il enterre sa vie de garçon ◆ **the ~ line** *(US)* le coin des hommes seuls *(dans une soirée)* b *(US * = pornographic) [film]* porno* *inv* ◆ **~ show** spectacle *m* porno COMP ▷ **stag beetle** N cerf-volant *m (Zool)*, lucane *m* ▷ **stag hunt(ing)** N chasse *f* au cerf

**stage** /steɪdʒ/ N a *(Theat = place)* scène *f* ◆ **the ~** *(= profession)* le théâtre ◆ **to write for the ~** écrire des pièces de théâtre ◆ **the book was adapted for the ~** le livre a été adapté pour le théâtre *or* porté à la scène ◆ **his play never reached the ~** sa pièce n'a jamais été jouée ◆ **to set the ~ for sth** *(fig)* préparer le terrain pour qch ◆ **the ~ is set for a memorable match** tout annonce un match mémorable ◆ **to hold the ~** être le point de mire ◆ **he has disappeared from the political ~** il a disparu de la scène politique ; → **downstage**

◆ **on (the) stage** sur scène ◆ **to come on ~** entrer en scène ◆ **to go on the ~** monter sur la scène ; *(as career)* monter sur les planches, commencer à faire du théâtre ◆ **on the ~ as in real life** à la scène comme à la ville ◆ **she has appeared on the ~** elle a fait du théâtre

b *(= platform: in hall etc)* estrade *f* ; *(Constr = scaffolding)* échafaudage *m* ; *(also* **landing stage***)* débarcadère *m* ; *[of microscope]* platine *f*

c *(= point, section) [of journey]* étape *f* ; *[of road, pipeline]* section *f* ; *[of rocket]* étage *m* ; *[of operation]* étape *f*, phase *f* ; *[of process, disease]* stade *m*, phase *f* ◆ **a four-~ rocket** une fusée à quatre étages ◆ **the second ~ fell away** le deuxième étage s'est détaché ◆ **a critical ~** une phase *or* un stade critique ◆ **the first ~ of his career** le premier échelon de sa carrière ◆ **in the early ~s** au début ◆ **at an early ~ in its history** vers le début de son histoire ◆ **at this ~ in the negotiations** à ce point *or* à ce stade des négociations ◆ **what ~ is your project at?** à quel stade *or* où en est votre projet ? ◆ **it has reached the ~ of being translated** c'en est au stade de la traduction ◆ **we have reached a ~ where ...** nous (en) sommes arrivés à un point *or* à un stade où ... ◆ **the child has reached the talking ~** l'enfant en est au stade où il commence à parler ◆ **he's going through a difficult ~** il passe par une période difficile ◆ **it's just a ~ in his development** ce n'est qu'une phase *or* un stade dans son développement ; → **fare**

◆ **at some stage** ◆ **we'll need to meet at some ~ to talk about it** il faudra que nous nous voyions pour en discuter à un moment ou à un autre ◆ **at some ~ during the year** au cours de l'année ◆ **everybody in the party was ill at some ~ of the tour** tout le monde dans le groupe a été malade au cours du voyage

◆ **in stages, by stages** par étapes ◆ **in** *or* **by easy ~s** *[travel]* par petites étapes ; *[study]* par degrés ◆ **the reform was carried out in ~s** la réforme a été appliquée en plusieurs étapes *or* temps

◆ **stage by stage** étape par étape

d *(also* **stagecoach***)* diligence *f*

VT *(Theat)* monter, mettre en scène ◆ **they ~d an accident/a reconciliation** *(= organize)* ils ont organisé un accident/une réconciliation ; *(= feign)* ils ont monté un accident/fait semblant de se réconcilier ◆ **they ~d a demonstration** *(= organize)* ils ont organisé une manifestation ; *(= carry out)* ils ont manifesté ◆ **to ~ a strike** *(= organize)* organiser une grève ; *(= go on strike)* faire la grève ◆ **that was no accident, it was ~d** ce n'était pas un accident, c'était un coup monté

COMP ▷ **stage designer** N décorateur *m* -trice *f* de théâtre ▷ **stage direction** N *(= instruction)* indication *f* scénique ; *(NonC) (= art, activity)* (art *m* de la) mise *f* en scène ▷ **stage director** N metteur *m* en scène ▷ **stage door** N entrée *f* des artistes ▷ **stage effect** N effet *m* scénique ▷ **stage fright** N trac* *m* ▷ **stage left** N côté *m* cour ▷ **stage-manage** VT *[+ play, production]* s'occuper de la régie de ; *[+ event, demonstration]* orchestrer ▷ **stage manager** N *(Theat)* régisseur *m* ▷ **stage name** N nom *m* de scène ▷ **stage play** N *(Theat)* pièce *f* de théâtre ▷ **stage production** N production *f* théâtrale ▷ **stage race** N *(Sport)* course *f* par étapes ▷ **stage right** N côté *m* jardin ▷ **stage set** N *(Theat)* décor *m* ▷ **stage show** N ⇒ **stage production** ▷ **stage-struck**

**ADJ** ♦ **to be ~-struck** mourir d'envie de faire du théâtre ▷ **stage whisper N** *(fig)* aparté *m* ♦ **in a ~ whisper** en aparté

> ⚠ **stage** *in French means 'training course'.*

**stagecraft** /ˈsteɪdʒkrɑːft/ **N** *(NonC: Theat)* technique *f* de la scène

**stagehand** /ˈsteɪdʒhænd/ **N** machiniste *m*

**stager** /ˈsteɪdʒəʳ/ **N** ♦ **old ~** vétéran *m*, vieux routier *m*

**stagey** /ˈsteɪdʒɪ/ **ADJ** ⇒ **stagy**

**stagflation** /stægˈfleɪʃən/ **N** *(Econ)* stagflation *f*

**stagger** /ˈstægəʳ/ **VI** chanceler, tituber ♦ **he ~ed to the door** il est allé à la porte d'un pas chancelant *or* titubant ♦ **to ~ along/in/out** *etc* avancer/entrer/sortir *etc* en chancelant *or* titubant ♦ **he was ~ing about** il se déplaçait en chancelant *or* titubant, il vacillait sur ses jambes

**VT** a *(= amaze)* stupéfier, renverser ; *(= horrify)* atterrer ♦ **this will ~ you** tu vas trouver cela stupéfiant *or* renversant ♦ **I was ~ed to learn that ...** *(= amazed)* j'ai été absolument stupéfait d'apprendre que ... ; *(= horrified)* j'ai été atterré d'apprendre que ...

b *[+ spokes, objects]* espacer ; *[+ visits, payments]* échelonner ; *[+ holidays]* étaler ♦ **they work ~ed hours** leurs heures de travail sont étalées *or* échelonnées ♦ **~ed start** *(Sport)* départ *m* décalé

**N** allure *f* chancelante *or* titubante

**NPL staggers** *(Vet)* vertigo *m*

**staggering** /ˈstægərɪŋ/ **ADJ** a *(= astounding)* *[number, amount, losses, success, news]* stupéfiant, ahurissant ; *[increase]* stupéfiant b *(= powerful) (lit)* ♦ **~ blow** coup *m* de massue ♦ **to be a ~ blow (to sb/sth)** *(fig)* être un coup de massue (pour qn/qch) **N** a *(= action)* démarche *f* chancelante *or* titubante b *[of hours, visits etc]* échelonnement *m* ; *[of holidays]* étalement *m*

**staggeringly** /ˈstægərɪŋlɪ/ **ADJ** *[difficult]* extraordinairement ♦ **~ beautiful** d'une beauté stupéfiante ♦ **the team's ~ bad performance** la prestation extrêmement décevante de l'équipe ♦ **~ high prices** des prix exorbitants

**staghound** /ˈstæghaʊnd/ **N** *espèce de fox-hound*

**staging** /ˈsteɪdʒɪŋ/ **N** a *(= scaffolding)* (plateforme *f* d')échafaudage *m* b *(Theat: of play)* mise *f* en scène c *(Space)* largage *m* (d'un étage de fusée) **COMP** ▷ **staging post N** *(Mil, also gen)* relais *m*, point *m* de ravitaillement

**stagnancy** /ˈstægnənsɪ/ **N** stagnation *f*

**stagnant** /ˈstægnənt/ **ADJ** *[water]* stagnant ; *[pond]* à l'eau stagnante ; *[air]* confiné ; *[mind]* inactif ; *[economy, market, business, output, society]* stagnant ♦ **~ growth** stagnation *f*

**stagnate** /stægˈneɪt/ **VI** *[water]* être stagnant, croupir ; *[economy, business, market, person, production]* stagner

**stagnation** /stægˈneɪʃən/ **N** stagnation *f*

**stagy** /ˈsteɪdʒɪ/ **ADJ** *(pej) [appearance, diction, mannerisms]* théâtral ; *[person]* cabotin

**staid** /steɪd/ **ADJ** *(pej) [person, appearance]* collet monté *inv* ; *[behaviour, place, community]* sclérosé ; *[image]* guindé ; *[car, suit]* très ordinaire

**staidness** /ˈsteɪdnɪs/ **N** *(pej) [of person, appearance]* aspect *m* collet monté ; *[of institution, community]* sclérose *f* ; *[of place, behaviour]* caractère *m* sclérosé ; *[of image]* caractère *m* guindé ; *[of car, suit]* caractère *m* très ordinaire

**stain** /steɪn/ **N** a *(lit, fig = mark)* tache *f* (on sur) ♦ **blood/grease ~** tache *f* de sang/graisse ♦ **without a ~ on his character** sans une tache à sa réputation b *(= colouring)* colorant *m* ♦ **wood ~** couleur *f* pour bois **VT** a *(= mark, soil)* tacher ; *[+ reputation]* ternir, entacher ; *[+ career]* porter atteinte à, nuire à ♦ **~ed with blood** taché de sang b *(= colour) [+ wood]* teinter, teindre ; *[+ glass]* colorer **VI** ♦ **this material will ~** ce tissu se tache facilement *or* est très salissant **COMP** ▷ **stained glass N** *(= substance)* verre *m* coloré ; *(= windows collectively)* vitraux *mpl* ▷ **stained-glass window N** vitrail *m*, verrière *f* ▷ **stain remover N** détachant *m* ▷ **stain resistant ADJ** antitaches

**-stained** /steɪnd/ **ADJ** *(in compounds)* ♦ **grease-stained** taché de graisse ♦ **nicotine-stained** taché par la nicotine *or* le tabac ♦ **oil-stained** taché d'huile ; see also **bloodstained, tear²**

**stainless** /ˈsteɪnlɪs/ **ADJ** sans tache, pur **COMP** ▷ **stainless steel N** acier *m* inoxydable, inox *m*

**stair** /stεəʳ/ **N** *(= step)* marche *f* ; (also **stairs, flight of stairs**) escalier *m* ♦ **to pass sb on the ~(s)** rencontrer qn dans l'escalier ♦ **below ~s** à l'office **COMP** *[carpet]* d'escalier ▷ **stair rod N** tringle *f* d'escalier

**staircase** /ˈstεəkeɪs/ **N** escalier *m* ; → **moving, spiral**

**stairlift** /ˈstεəlɪft/ **N** ascenseur-escalier *m* *(pour personnes handicapées)*

**stairway** /ˈstεəweɪ/ **N** escalier *m*

**stairwell** /ˈstεəwel/ **N** cage *f* d'escalier

**stake** /steɪk/ **N** a *(for fence, tree)* pieu *m*, poteau *m* ; *(as boundary mark)* piquet *m*, jalon *m* ; *(for plant)* tuteur *m* ; *(Hist)* bûcher *m* ♦ **to die** *or* **be burnt at the ~** mourir sur le bûcher ♦ **I would go to the ~ to defend their rights** *(Brit)* je serais prêt à mourir pour défendre leurs droits ♦ **to pull up ~s** * *(US)* déménager

b *(Betting)* enjeu *m* ; *(fig = share)* intérêt *m* ♦ **~s** *(= horse-race)* course *f* de chevaux ♦ **the Newmarket ~s** *(Racing)* le Prix de Newmarket ♦ **to play for high ~s** *(lit, fig)* jouer gros jeu ♦ **to raise the ~s** *(fig)* faire monter les enchères ♦ **to have a ~ in sth** avoir des intérêts dans qch ♦ **he has got a ~ in the success of the firm** il est intéressé matériellement *or* financièrement au succès de l'entreprise ♦ **Britain has a big ~ in North Sea oil** la Grande-Bretagne a de gros investissements *or* a engagé de gros capitaux dans le pétrole de la mer du Nord

♦ **at stake** ♦ **the issue at ~** ce dont il s'agit, ce qui est en jeu, ce qui se joue ici ♦ **our future is at ~** notre avenir est en jeu, il s'agit de *or* il y va de notre avenir ♦ **there is a lot at ~** l'enjeu est considérable, il y a gros à perdre ♦ **there is a lot at ~ for him** il a gros à perdre ♦ **he has got a lot at ~** il joue gros jeu, il risque gros, il a misé gros

**VT** a *[+ territory, area]* marquer *or* délimiter (avec des piquets *etc*) ; *[+ path, line]* marquer, jalonner ; *[+ claim]* établir ♦ **to ~ one's claim to sth** revendiquer qch, établir son droit à qch

b (also **stake up**) *[+ fence]* soutenir à l'aide de poteaux *or* de pieux ; *[+ plants]* mettre un tuteur à, soutenir à l'aide d'un tuteur

c *(= bet) [+ money, jewels etc]* jouer, miser (on sur) ; *[+ one's reputation, life]* risquer, jouer (on sur) ♦ **he ~d everything** *or* **his all on the committee's decision** il a joué le tout pour le tout *or* il a joué son va-tout sur la décision du comité ♦ **I'd ~ my life on it** j'en mettrais ma tête à couper

d *(= back financially) [+ show, project, person]* financer, soutenir financièrement

► **stake out VT SEP** a *[+ piece of land]* marquer *or* délimiter (avec des piquets *etc*) ; *[+ path, line]* marquer, jalonner ; *(fig) [+ section of work, responsibilities etc]* s'approprier, se réserver ♦ **to ~ out a position as ...** *(fig)* se tailler une position de ...

b *(Police) [+ person, house]* mettre *or* garder sous surveillance, surveiller

**stakeholder** /ˈsteɪkhəʊldəʳ/ **N** partie *f* prenante **COMP** ▷ **stakeholder pension N** *(Brit) système d'épargne-retraite (par capitalisation)*

**stakeout** /ˈsteɪkaʊt/ **N** *(Police)* surveillance *f* ♦ **to be on a ~** effectuer une surveillance

**stalactite** /ˈstæləktaɪt/ **N** stalactite *f*

**stalagmite** /ˈstæləgmaɪt/ **N** stalagmite *f*

**stale** /steɪl/ **ADJ** a *(= not fresh) [food]* qui n'est plus frais (fraîche *f*) ; *[bread, cake]* rassis (rassie *f*) ; *[biscuit]* vieux (vieille *f*) ; *[cheese]* desséché ; *[beer, perfume]* éventé ; *[air]* confiné ; *[breath, sweat, urine]* fétide ♦ **to smell of ~ cigarette smoke** sentir le tabac froid ♦ **to go ~** *[bread, cake]* rassir ; *[biscuit]* s'abîmer ; *[beer]* s'éventer ♦ **to smell ~** *[room]* sentir le renfermé b *[person]* qui a perdu tout enthousiasme, las (lasse *f*) ; *[idea, joke]* éculé ; *[news]* dépassé ♦ **to become ~** *[person]* perdre tout enthousiasme ; *[relationship]* s'étioler ; *[situation]* stagner c *(Fin)* ♦ **~ cheque** chèque *m* prescrit **VI** *(liter) [pleasures etc]* perdre de sa (*or* leur) fraîcheur *or* nouveauté

**stalemate** /ˈsteɪlmeɪt/ **N** *(Chess)* pat *m* ; *(fig)* impasse *f* ♦ **the discussions have reached ~** les discussions sont dans l'impasse ♦ **the ~ is complete** c'est l'impasse totale ♦ **to break the ~** sortir de l'impasse **VT** *(Chess)* faire pat *inv* ; *(fig) [+ project]* contrecarrer ; *[+ adversary]* paralyser, neutraliser

**stalemated** /ˈsteɪlmeɪtɪd/ **ADJ** *[discussions]* au point mort (*on sth* en ce qui concerne qch), dans l'impasse (*on sth* en ce qui concerne qch) ; *[project]* au point mort

**staleness** /ˈsteɪlnɪs/ **N** *(NonC)* a *(= lack of freshness) [of food]* manque *m* de fraîcheur ; *[of air]* mauvaise qualité *f* ; *[of breath, sweat, urine]* mauvaise odeur *f* b *[of person]* manque *m* d'enthousiasme ; *[of news, situation]* manque *m* de fraîcheur ; *[of relationship]* étiolement *m*

**Stalin** /ˈstɑːlɪn/ **N** Staline *m*

**Stalinism** /ˈstɑːlɪnɪzəm/ **N** stalinisme *m*

**Stalinist** /ˈstɑːlɪnɪst/ **N** stalinien(ne) *m(f)* **ADJ** stalinien

**stalk¹** /stɔːk/ **N** *[of plant]* tige *f* ; *[of fruit]* queue *f* ; *[of cabbage]* trognon *m* ; *(Zool)* pédoncule *m* ♦ **his eyes were out on ~s** * il ouvrait des yeux ronds, il écarquillait les yeux **COMP** ▷ **stalk-eyed ADJ** *(Zool)* aux yeux pédonculés

**stalk²** /stɔːk/ **VT** a *[+ game, prey]* traquer ; *[+ victim]* suivre partout ; *[+ suspect]* filer b **to ~ the streets/town** *etc [fear, disease, death]* régner dans les rues/la ville *etc* **VI** ♦ **to ~ in/out/off** *etc* entrer/sortir/partir *etc* d'un air digne *or* avec raideur ♦ **he ~ed in haughtily/angrily/indignantly** il est entré d'un air arrogant/furieux/indigné **COMP** ▷ **stalking-horse N** *(fig)* prétexte *m* ♦ **I've no intention of standing as a ~ing-horse candidate** *(Pol)* je n'ai aucunement l'intention de me présenter comme candidat bidon *

**stalker** /ˈstɔːkəʳ/ **N** ♦ **she complained of being followed by a ~** elle s'est plainte d'un désaxé qui la suit partout

**stalking** /ˈstɔːkɪŋ/ **N** *(Jur)* traque *f* *(forme de harcèlement sexuel pathologique consistant à suivre partout sa victime)*

**stall** /stɔːl/ **N** **a** *(in stable, cowshed)* stalle *f* ◆ **(starting) ~s** *(Racing)* stalles *fpl* de départ
**b** *(in market, street, at fair)* éventaire *m*, étal *m* ; *(in exhibition)* stand *m* ◆ **newspaper/flower ~** kiosque *m* à journaux/de fleuriste ◆ **bookstall** petite librairie *f* ◆ **coffee ~** buvette *f* ◆ **to set out one's ~** *(fig)* définir ses objectifs ◆ **to set out one's ~ to achieve sth** faire en sorte d'arriver à qch
**c** *(Brit Theat)* (fauteuil *m* d')orchestre *m* ◆ **the ~s** l'orchestre *m*
**d** *(in showers etc)* cabine *f* ; *(in church)* stalle *f* ; → **choir**
**e** *(US: in car park)* place *f*, emplacement *m*
**f** *(= finger stall)* doigtier *m*
**g** *(Aut)* fait *m* de caler ◆ **in a ~** *(US fig)* au point mort
**VI** **a** *[car, engine, driver]* caler ; *[aircraft]* être en perte de vitesse, décrocher
**b** *(fig)* **to ~ (for time)** essayer de gagner du temps, atermoyer ◆ **he managed to ~ until ...** il a réussi à trouver des faux-fuyants jusqu'à ce que ... ◆ **stop ~ing!** cesse de te dérober !
**VT** **a** *(Aut) [+ engine, car]* caler ; *(Aviat)* causer une perte de vitesse *or* un décrochage à ◆ **to be ~ed** *[car]* avoir calé ; *(fig) [project etc]* être au point mort
**b** *[+ person]* tenir à distance ◆ **I managed to ~ him until ...** j'ai réussi à le tenir à distance *or* à esquiver ses questions jusqu'à ce que ... ◆ **try to ~ him for a while** essaie de gagner du temps
**COMP** ▷ **stall-fed** **ADJ** *(Agr)* engraissé à l'étable

**stallholder** /'stɔːlhəʊldəʳ/ **N** marchand(e) *m(f)* (à l'étal) ; *(at fair)* forain(e) *m(f)* ; *(at exhibition)* exposant(e) *m(f)*

**stallion** /'stæljən/ **N** étalon *m (cheval)*

**stalwart** /'stɔːlwət/ **ADJ** **a** *(= dependable) [person]* loyal ; *[supporter, ally]* inconditionnel ; *[work]* exemplaire **b** *(= sturdy) [person]* vigoureux, robuste **N** brave homme *m* (*or* femme *f*) ; *[of party etc]* fidèle *mf*

**stamen** /'steɪmen/ **N** (pl **stamens** *or* **stamina** /'stæmɪnə/) *(Bot)* étamine *f*

**stamina** /'stæmɪnə/ **N** *(NonC, physical)* résistance *f*, endurance *f* ; *(intellectual)* vigueur *f* ; *(moral)* résistance *f* ◆ **he's got ~** il est résistant, il a de l'endurance ; see also **stamen**

**stammer** /'stæməʳ/ **N** bégaiement *m*, balbutiement *m* ; *(Med)* bégaiement *m* ◆ **to have a ~** bégayer, être bègue **VI** bégayer, balbutier ; *(Med)* bégayer, être bègue **VT** *(also* **stammer out***) [+ name, facts]* bégayer, balbutier ◆ **to ~ (out) a reply** bégayer *or* balbutier une réponse, répondre en bégayant *or* balbutiant ◆ **"n-not t-too m-much" he ~ed** "p-pas t-trop" bégaya-t-il

**stammerer** /'stæmərəʳ/ **N** bègue *mf*

**stammering** /'stæmərɪŋ/ **N** *(NonC)* bégaiement *m*, balbutiement *m* ; *(Med)* bégaiement *m* **ADJ** *[person] (from fear, excitement)* bégayant, balbutiant ; *(Med)* bègue ; *[answer]* bégayant, hésitant

**stammeringly** /'stæmərɪŋlɪ/ **ADV** en bégayant, en balbutiant

**stamp** /stæmp/ **N** **a** timbre *m* ; *(= postage stamp)* timbre(-poste) *m* ; *(= fiscal stamp, revenue stamp)* timbre *m* (fiscal) ; *(= savings stamp)* timbre(-épargne) *m* ; *(= trading stamp)* timbre(-prime) *m* ◆ **(National) Insurance ~** cotisation *f* à la Sécurité sociale ◆ **to put** *or* **stick a ~ on a letter** coller un timbre sur une lettre, timbrer une lettre ◆ **used/unused ~** timbre *m* oblitéré/non oblitéré
**b** *(= implement) (for metal)* étampe *f*, poinçon *m* ; *(= rubber stamp)* timbre *m*, tampon *m* ; *(= date stamp)* timbre dateur *m*
**c** *(= mark, impression) (on document)* cachet *m* ; *(on metal)* empreinte *f*, poinçon *m* ; *(Comm = trademark)* estampille *f* ◆ **look at the date ~** regardez la date sur le cachet ◆ **here's his address ~** voici le cachet indiquant son adresse ◆ **it's got a receipt ~ on it** il y a un cachet accusant paiement ◆ **he gave the project his ~ of approval** il a donné son aval au projet ◆ **the ~ of genius/truth** la marque *or* le sceau du génie/de la vérité ◆ **men of his ~** des hommes de sa trempe *or* de son acabit *(pej)*
**d** *[of foot] (from cold)* battement *m* de pied ; *(from rage)* trépignement *m* ◆ **with a ~ (of his foot)** en tapant du pied
**VT** **a** ◆ **to ~ one's foot** taper du pied ◆ **to ~ one's feet** *(in rage)* trépigner ; *(in dance)* frapper du pied ; *(to keep warm)* battre la semelle ◆ **he ~ed the peg into the ground** il a tapé du pied sur le piquet pour l'enfoncer en terre
**b** *(= stick a stamp on) [+ letter, parcel]* timbrer, affranchir ; *[+ savings book, insurance card]* timbrer, apposer un *or* des timbre(s) sur ; *(= put fiscal stamp on)* timbrer ◆ **this letter is not sufficiently ~ed** cette lettre n'est pas suffisamment affranchie
**c** *(= mark with stamp)* tamponner, timbrer ; *[+ passport, document]* viser ; *[+ metal]* estamper, poinçonner ◆ **to ~ a visa on a passport** apposer un visa sur un passeport ◆ **to ~ the date on a form, to ~ a form with the date** apposer la date sur un formulaire *(avec un timbre dateur)* ◆ **he ~ed a design on the metal** il a estampillé le métal d'un motif ◆ **to ~ sth on one's memory** graver qch dans sa mémoire ◆ **his accent ~s him as (a) Belgian** son accent montre bien *or* indique bien qu'il est belge ◆ **to ~ o.s. on sth** laisser sa marque *or* son empreinte sur qch ; → **die**[2]
**VI** **a** taper du pied ; *(angrily)* taper du pied, trépigner ; *[horse]* piaffer ◆ **he ~ed on my foot** il a fait exprès de me marcher sur le pied ◆ **he ~ed on the burning wood** il a piétiné les braises ◆ **to ~ on a suggestion** rejeter une suggestion
**b** *(angrily)* **to ~ in/out** *etc* entrer/sortir *etc* en tapant du pied ◆ **to ~ about** *or* **around** *(angrily)* taper du pied ; *(to keep warm)* battre la semelle
**COMP** ▷ **Stamp Act** **N** *(Hist)* loi *f* sur le timbre ▷ **stamp album** **N** album *m* de timbres (-poste) ▷ **stamp-book** **N** carnet *m* de timbres(-poste) ▷ **stamp collecting** **N** *(NonC)* philatélie *f* ▷ **stamp collection** **N** collection *f* de timbres(-poste) ▷ **stamp collector** **N** collectionneur *m*, -euse *f* de timbres(-poste), philatéliste *mf* ▷ **stamp dealer** **N** marchand(e) *m(f)* de timbres (-poste) ▷ **stamp duty** **N** droit *m* de timbre ▷ **stamped addressed envelope** **N** *(Brit)* enveloppe *f* affranchie à son nom et adresse ◆ **I enclose a ~ed addressed envelope (for your reply)** veuillez trouver ci-joint une enveloppe affranchie pour la réponse ▷ **stamping ground** * **N** *(fig)* lieu *m* favori, royaume *m* ▷ **stamp machine** **N** distributeur *m* (automatique) de timbres (-poste)

► **stamp down** **VT SEP** *[+ peg etc]* enfoncer du pied ; *[+ rebellion]* écraser, étouffer ; *[+ protests]* refouler

► **stamp out** **VT SEP** **a** *[+ fire]* piétiner, éteindre en piétinant ; *[+ cigarette]* écraser sous le pied ; *(fig) [+ rebellion]* enrayer, juguler ; *[+ custom, belief, tendency]* éradiquer
**b** *[+ coin etc]* frapper ; *[+ design]* découper à l'emporte-pièce
**c** *[+ rhythm]* marquer en frappant du pied

**stampede** /stæm'piːd/ **N** *(aimless) [of animals]* débandade *f*, fuite *f* précipitée ; *[of people]* sauve-qui-peut *m inv* ; *[of retreating troops]* débâcle *f*, déroute *f* ; *(fig: with purpose = rush)* ruée *f* ◆ **there was a ~ for the door** on s'est précipité *or* rué vers la porte ◆ **he got knocked down in the ~ for seats** il a été renversé dans la ruée vers les sièges
**VI** *[animals, people]* s'enfuir en désordre *or* à la débandade (*from* de), fuir en désordre *or* à la débandade (*towards* vers) ; *(fig = rush)* se ruer (*for sth* pour obtenir qch) ◆ **to ~ for the door** se ruer vers la porte
**VT** *[+ animals, people]* jeter la panique parmi ◆ **they ~d him into agreeing** il a accepté parce qu'ils ne lui ont pas laissé le temps de la réflexion ◆ **we mustn't let ourselves be ~d** il faut que nous prenions *subj* le temps de réfléchir

**stance** /stæns/ **N** *(lit, fig)* position *f* ; *(Climbing)* relais *m* ◆ **(bus) ~** quai *m* ◆ **to take up a ~** *(lit)* prendre place *or* position ; *(fig)* prendre position (*on* sur ; *against* contre)

**stanch** /stɑːntʃ/ **VT** ⇒ **staunch**[1]

**stanchion** /'stɑːnʃən/ **N** *(as support)* étançon *m*, étai *m* ; *(for cattle)* montant *m*

## stand /stænd/

vb : pret, ptp **stood**

LANGUAGE IN USE 7.3, 14

| | |
|---|---|
| 1 NOUN | 3 INTRANSITIVE VERB |
| 2 TRANSITIVE VERB | 4 COMPOUNDS |
| 5 PHRASAL VERBS | |

### 1 - NOUN

**a** [= position : lit, fig] position *f* ◆ **to take (up) one's ~** *(lit)* prendre place *or* position ; *(fig)* prendre position (*on* sur ; *against* contre) ◆ **he took (up) his ~ beside me** il s'est placé *or* mis à côté de moi, il a pris position à côté de moi ◆ **I admired the firm ~ he took on that point** j'ai admiré sa fermeté sur cette question ◆ **I make my ~ upon these principles** je me base sur ces principes ◆ **to make** *or* **take a ~ against sth** *(fig = fight)* lutter contre qch ◆ **we must take a ~ against racism** nous devons lutter contre le racisme ◆ **they turned and made a ~** *(Mil)* ils ont fait volte-face et se sont défendus ◆ **the ~ of the Australians at Tobruk** *(Mil)* la résistance des Australiens à Tobrouk ◆ **Custer's last ~** le dernier combat de Custer
**b** [also taxi stand] station *f* (de taxis)
**c** [Comm : for displaying goods] étal *m*, étalage *m* ; *(also* **newspaper stand***)* kiosque *m* à journaux ; *(= market stall)* étal *m* (étals *pl*), éventaire *m* ; *(at exhibition, funfair, trade fair)* stand *m*
**d** [= seating area] tribune *f* ◆ **I've got a ticket for the ~(s)** j'ai une tribune, j'ai un billet de tribune(s)
**e** [= witness stand] barre *f* ◆ **to take the ~** venir à la barre
**f** [= holder, support] *(for plant, bust etc)* guéridon *m* ; *(for lamp)* pied *m* (de lampe) ; *(= hat stand)* porte-chapeaux *m inv* ; *(= coat stand)* portemanteau *m* ; *(= music stand)* pupitre *m* à musique
**g** [of trees] bouquet *m*, bosquet *m* ◆ **a ~ of grass** une étendue d'herbe
**h** [Cricket] **the ~ between Gooch and Hussein** le nombre de points que Gooch et Hussein ont marqué
**i** ⇒ **standstill**

2 - TRANSITIVE VERB

**a** [= place] *[+ object]* mettre ◆ ~ **the plant in a sunny spot** mettez cette plante dans un endroit ensoleillé ◆ **he stood the child on the chair** il a mis l'enfant debout sur la chaise ◆ **to ~ sth (up) against a wall** mettre qch debout contre le mur ◆ **to ~ sth on its end** mettre qch debout

**b** [= tolerate] *[+ heat, pain, criticism, insolence, attitude]* supporter ◆ **I can't ~ it any longer** *(pain etc)* je ne peux plus le supporter ; *(boredom etc)* j'en ai assez, j'en ai par-dessus la tête * ◆ **I can't ~ (the sight of) her** je ne peux pas la supporter *or* la sentir * ◆ **she can't ~ being laughed at** elle ne supporte pas qu'on se moque *subj* d'elle ◆ **I can't ~ gin/Wagner/wet weather** je déteste le gin/Wagner/la pluie

**c** [= withstand] *[+ pressure, heat]* supporter, résister à ◆ **she stood the journey quite well** elle a bien supporté le voyage ◆ **these shoes won't ~ much wear** ces chaussures ne vont pas faire beaucoup d'usage ◆ **it won't ~ close examination** cela ne résistera pas à un examen approfondi ◆ **that doll won't ~ much more of that treatment** cette poupée ne va pas faire long feu à ce rythme-là

**d** [* = pay for] payer, offrir ◆ **to ~ sb a drink** offrir un verre à qn, payer un pot à qn * ◆ **he stood the next round of drinks** il a payé la tournée suivante ◆ **to ~ sb a meal** inviter qn au restaurant ◆ **to ~ the cost of sth** payer qch ◆ **they agreed to ~ the cost of my course** ils ont accepté de payer mon stage

3 - INTRANSITIVE VERB

**a** [= be upright : also stand up] *[person, animal]* être *or* se tenir debout ◆ **he is too weak to ~** il est trop faible pour se tenir debout *or* tenir sur ses jambes ◆ **my niece has just learnt to ~** ça ne fait pas longtemps que ma nièce sait se tenir debout ◆ **we had to ~ as far as Calais** nous avons dû rester debout *or* voyager debout jusqu'à Calais ◆ **you must ~ (up)** *or* **stay ~ing (up) till the music stops** vous devez rester debout jusqu'à ce que la musique s'arrête *subj* ◆ **~ (up) straight!** tiens-toi droit ! ◆ **we couldn't get the tent to ~ (up)** nous n'arrivions pas à monter la tente *or* à faire tenir la tente debout ◆ **the post must ~ upright** le poteau doit être bien droit ◆ **the house is still ~ing** la maison est encore debout *or* est toujours là ◆ **not much still ~s of the walls** il ne reste plus grand-chose des murs ◆ **not a stone was left ~ing in the old town** la vieille ville a été complètement détruite

♦ **to stand or fall** ◆ **the project will ~ or fall by ...** le succès du projet repose sur ... ◆ **I ~ or fall by this** il en va de ma réputation

**b** [= rise : also stand up] se lever ◆ **all ~!** levez-vous s'il vous plaît ! ◆ **to ~ (up) and be counted** *(fig)* déclarer ouvertement sa position

**c** [= stay, stand still] rester (debout) ◆ **we stood talking for an hour** nous sommes restés debout à bavarder pendant une heure ◆ **don't just ~ there, do something!** ne reste pas là à ne rien faire *or* les bras ballants ! ◆ **~ over there till I'm ready** mets-toi *or* reste là-bas jusqu'à ce que je sois prêt ◆ **I left him ~ing on the bridge** je l'ai laissé sur le pont ◆ **they stood patiently in the rain** ils attendaient patiemment sous la pluie ◆ **he left the others ~ing** *(fig)* il dépassait les autres de la tête et des épaules *(fig)* ◆ **~ and deliver!** la bourse ou la vie !

**d** [= be positioned, be] *[person]* être, se tenir ; *[object, vehicle, tree]* être, se trouver ; *[town, building]* se trouver ◆ **he stood there ready to shoot** il était *or* se tenait là, prêt à tirer ◆ **the man ~ing over there** cet homme là-bas ◆ **I like to know where I ~** *(fig)* j'aime savoir où j'en suis ◆ **where do you ~ with him?** où en êtes-vous avec lui ? ◆ **as things ~ at the moment** dans l'état actuel des choses ◆ **how do things ~ between them?** comment ça va entre eux ? ◆ **how do things** *or* **matters ~?** où en sont les choses ?

♦ **to stand** *+ preposition* ◆ **three chairs stood against the wall** il y avait trois chaises contre le mur ◆ **nothing ~s between you and success** rien ne s'oppose à votre réussite ◆ **this is all that ~s between him and ruin** sans cela il aurait déjà fait faillite ◆ **he stood in the doorway** il était debout dans l'embrasure de la porte ◆ **they stood in a circle around the grave** ils se tenaient en cercle autour de la tombe ◆ **tears stood in her eyes** elle avait les larmes aux yeux ◆ **the village ~s in the valley** le village se trouve *or* est (situé) dans la vallée ◆ **the house ~s in its own grounds** la maison est entourée d'un parc ◆ **a lamp stood in the middle of the table** il y avait une lampe au milieu de la table ◆ **where do you ~ on this question?** quelle est votre position sur cette question ? ◆ **beads of perspiration stood on his brow** des gouttes de sueur perlaient sur son front ◆ **he was ~ing over the stove, stirring a sauce** il était penché au-dessus du fourneau, occupé à remuer une sauce ◆ **she looked up to see Faith ~ing over her** elle leva les yeux et vit que Faith se tenait près d'elle ; see also **phrasal verbs**

♦ **to stand in the way** ◆ **to ~ in sb's way** bloquer *or* barrer le passage à qn ; *(fig)* se mettre en travers du chemin de qn ◆ **I won't ~ in your way** je ne me mettrai pas en travers de votre chemin, je ne vous ferai pas obstacle ◆ **nothing now ~s in our way** maintenant la voie est libre ◆ **his age ~s in his way** son âge est un handicap ◆ **to ~ in the way of sth** faire obstacle à qch ◆ **to ~ in the way of progress** faire obstacle au progrès

♦ **to stand to do sth** ◆ **to ~ to lose** risquer de perdre ◆ **the managers ~ to gain millions if the company is sold** les directeurs devraient gagner des millions si l'entreprise est vendue ◆ **he ~s to make a fortune on it** ça va sans doute lui rapporter une fortune

♦ **to stand** *+ past participle/adjective/adverb* ◆ **the car stood abandoned by the roadside** la voiture était abandonnée au bord de la route ◆ **to ~ accused of murder** être accusé de meurtre ◆ **he ~s alone in this matter** personne ne partage son avis sur cette question ◆ **this ~s alone** c'est unique en son genre ◆ **to ~ clear** s'écarter, se tenir à distance ◆ **~ clear of the doors!** ≃ attention, fermeture des portes ! ◆ **to ~ convicted of manslaughter** être condamné pour homicide ◆ **I ~ corrected** je reconnais mon erreur ◆ **to ~ opposed to sth** être opposé à qch, s'opposer à qch ◆ **they were ~ing ready to leave** ils se tenaient prêts à partir ◆ **the record ~s unbeaten** le record n'a pas encore été battu ◆ **to ~ well with sb** être bien vu de qn

**e** [= tread] marcher ◆ **you're ~ing on my foot** tu me marches sur le pied ◆ **he stood on the beetle** il a marché sur *or* écrasé le scarabée ◆ **to ~ on the brakes** piler *

**f** [= measure] *[person]* faire, mesurer ; *[building, tree]* faire ◆ **he ~s over six feet in his socks** il mesure *or* fait plus de 1 mètre 80 sans chaussures ◆ **the tree ~s 30 metres high** l'arbre fait 30 mètres de haut

**g** [= be mounted, based] *[statue etc]* reposer (on sur) ; *[argument, case]* reposer, être basé (on sur) ◆ **the lamp ~s on an alabaster base** la lampe a un pied d'albâtre

**h** [= be at the moment, have reached] **to ~ at** *[thermometer, clock]* indiquer ; *[price, value]* s'élever à ; *[score]* être de ◆ **you must accept the offer as it ~s** cette offre n'est pas négociable ◆ **the record stood at four minutes for several years** pendant plusieurs années le record a été de quatre minutes ◆ **sales ~ at 5% up on last year** les ventes sont en hausse de 5% par rapport à l'année dernière ◆ **to have £500 ~ing to one's account** *(Banking)* avoir 500 livres sur son compte ◆ **the amount ~ing to your account** le solde de votre compte, la somme que vous avez sur votre compte

**i** [= remain undisturbed, unchanged] *[liquid, mixture, dough]* reposer ; *[tea, coffee]* infuser ◆ **the offer/agreement still ~s** l'offre/l'accord tient toujours ◆ **the objection still ~s** l'objection demeure ◆ **they agreed to let the regulation ~** ils ont décidé de ne rien changer au règlement

**j** [Brit Parl = be candidate] se présenter, être candidat ◆ **he stood for Neath** il s'est présenté *or* il était candidat à Neath ◆ **to ~ against sb in an election** se présenter contre qn à des élections ◆ **to ~ for election** se présenter *or* être candidat aux élections ◆ **to ~ for re-election** se représenter ◆ **he stood for the council but wasn't elected** il était candidat au poste de conseiller municipal mais n'a pas été élu

**k** [Naut] **to ~ (out) to sea** *(= move)* mettre le cap sur le large ; *(= stay)* être *or* rester au large

4 - COMPOUNDS

▷ **stand-alone** ADJ *[system]* autonome, indépendant ▷ **stand-by** N → **stand-by** ▷ **stand-in** N remplaçant(e) *m(f)* ; *(Cine)* doublure *f* ▷ **stand-off** N *(= pause : in negotiations etc)* temps *m* d'arrêt; *(= stalemate)* impasse *f* ; *(= counterbalancing situation)* contrepartie *f* ▷ **stand-off half** N *(Rugby)* demi *m* d'ouverture ▷ **stand-offish** ADJ distant ▷ **stand-offishness** N froideur *f*, réserve *f* ▷ **stand-to** N *(Mil)* alerte *f* ▷ **stand-up** ADJ → **stand-up**

5 - PHRASAL VERBS

► **stand about, stand around** VI rester là ◆ **don't ~ about doing nothing!** ne reste pas là à ne rien faire ! ◆ **they were ~ing about wondering what to do** ils restaient là à se demander ce qu'ils pourraient bien faire ◆ **they kept us ~ing about for hours** ils nous ont fait attendre debout pendant des heures

► **stand aside** VI s'écarter, se pousser ◆ **he stood aside to let me pass** il s'est écarté pour me laisser passer ◆ **~ aside!** écartez-vous ! ◆ **to ~ aside in favour of sb** laisser la voie libre à qn, ne pas faire obstacle à qn ◆ **to ~ aside from something** *(fig)* rester en dehors de qch, ne pas se mêler de qch

► **stand back** VI *(= move back)* reculer, s'écarter ; *(fig)* prendre du recul ◆ **you must ~ back and get the problem into perspective** il faut que vous preniez *subj* du recul pour voir le problème dans son ensemble ◆ **the farm ~s back from the road** la ferme est en retrait de la route

► **stand by**

**VI** **a** *(pej = be onlooker)* rester là (à ne rien faire) ◆ **how could you ~ (idly) by while they attacked him?** comment avez-vous pu rester sans rien faire alors qu'ils l'attaquaient ? ◆ **we will not ~ (idly) by and let democracy be undermined** nous n'allons pas laisser attaquer la démocratie sans rien faire

**b** *(= be ready for action) [troops]* être en état d'alerte ; *[person, ship, vehicle]* être *or* se tenir prêt ; *(= be at hand)* attendre *or* être sur place ◆ **~ by for takeoff** *(Aviat)* paré pour le décollage ◆ ~ **by for further revelations** apprêtez-vous à entendre d'autres révélations

VT FUS a *(= support) [+ friend]* ne pas abandonner ; *[+ colleague, spouse]* soutenir, épauler ◆ **she stood by her husband** elle a soutenu son mari

b *(= keep to) [+ promise]* tenir ; *[+ sb else's decision]* respecter, se conformer à ; *[+ one's own decision]* s'en tenir à ◆ **I ~ by what I have said** je m'en tiens à ce que j'ai dit

► **stand down**

VI *(= resign) [official, chairman]* se démettre de ses fonctions, démissionner ; *(= withdraw) [candidate]* se désister ; *(Jur) [witness]* quitter la barre ◆ **he stood down as chairman last January** il a démissionné de ses fonctions *or* de son poste de président en janvier dernier ◆ **he stood down in favour of his brother** il s'est désisté en faveur de son frère

VT FUS *(= withdraw) [+ troops]* donner l'ordre de se retirer ◆ **to be made to ~ down** être contraint de démissionner

► **stand for** VT FUS a *(= represent)* représenter ◆ **what does UNO ~ for?** à quoi correspond l'abréviation UNO ? ◆ **I dislike all he ~s for** je déteste tout ce qu'il représente *or* incarne

b *(= support)* être pour, défendre ◆ **our party ~s for equality of opportunity** notre parti milite pour l'égalité des chances ; see also **stand vi j**

c *(= tolerate)* supporter, tolérer ◆ **I won't ~ for it!** je ne le tolérerai pas !

► **stand in** VI ◆ **to stand in for sb** remplacer qn ◆ **I offered to ~ in when he was called away** j'ai proposé de le remplacer quand il a dû s'absenter

► **stand off**

VI a *(= move away)* s'écarter ; *(= keep one's distance)* se tenir à l'écart (*from* de), garder ses distances (*from* par rapport à) ; *(= remain uninvolved)* ne pas intervenir

b *(= reach stalemate)* aboutir à une impasse

VT SEP *(Brit) [+ workers]* mettre temporairement au chômage

► **stand out** VI a *(= project) [ledge, buttress]* avancer (*from* sur), faire saillie ; *[vein]* saillir (*on* sur)

b *(= be conspicuous, clear)* ressortir, se détacher ◆ **to ~ out against the sky** ressortir *or* se détacher sur le ciel ◆ **the yellow ~s out against the dark background** le jaune ressort sur le fond sombre ◆ **his red hair stood out in the crowd** ses cheveux roux le faisaient remarquer dans la foule ◆ **that ~s out a mile!** * cela saute aux yeux !, cela crève les yeux !

c *(= be outstanding)* se distinguer ◆ **he ~s out from all the other students** il se distingue de tous les autres étudiants ◆ **he ~s out above all the rest** il surpasse tout le monde

d *(= remain firm)* tenir bon, tenir ferme ◆ **how long can you ~ out?** combien de temps peux-tu tenir ? ◆ **to ~ out for sth** revendiquer qch ◆ **to ~ out against** *[+ attack, domination, attacker]* résister à ; *[+ demand, change, proposal]* s'élever contre

► **stand over**

VI *[items for discussion]* ◆ **these questions can stand over until ...** ces questions peuvent attendre jusqu'à ce que ...

VT FUS *[+ person]* surveiller, être derrière le dos de ◆ **I hate people ~ing over me while I work** je déteste avoir toujours quelqu'un derrière *or* sur le dos quand je travaille ◆ **he would never have done it if I hadn't stood over him** il ne l'aurait jamais fait si je n'avais pas été constamment derrière lui ◆ **stop ~ing over him!** laisse-le donc un peu tranquille !

► **stand to** *(Mil)* VI être en état d'alerte

► **stand up**

VI a *(= rise)* se lever, se mettre debout ; *(= be standing) [person]* être debout ; *[tent, structure]* tenir debout ◆ **she had nothing but the clothes she was ~ing up in** elle ne possédait que les vêtements qu'elle avait sur le dos ◆ **to ~ up and be counted** *(fig)* déclarer ouvertement sa position

b *(= resist challenge)* tenir debout ◆ **they made accusations that did not ~ up** les accusations qu'ils avaient faites ne tenaient pas debout ◆ **that argument won't ~ up in court** cet argument va être facilement réfuté par la partie adverse

VT SEP a *(= place upright)* mettre ◆ **to ~ sth up against a wall** mettre *or* appuyer qch contre un mur ◆ **the soup was so thick you could ~ a spoon up in it** la soupe était si épaisse qu'on pouvait y faire tenir une cuiller debout

b *(* = fail to meet) [+ friend]* faire faux bond à ; *[+ boyfriend, girlfriend]* poser un lapin à *

► **stand up for** VT FUS *[+ person, principle, belief]* défendre ◆ **you must ~ up for what you think is right** vous devez défendre ce qui vous semble juste ◆ **~ up for me if he asks you what you think** prenez ma défense *or* soutenez-moi s'il vous demande votre avis ◆ **to ~ up for o.s.** savoir se défendre

► **stand up to** VT FUS *[+ opponent, bully, superior]* affronter ; *[+ person in argument]* tenir tête à ; *[+ use, conditions]* résister à ◆ **it won't ~ up to that sort of treatment** cela ne résistera pas à ce genre de traitement ◆ **the report won't ~ up to close examination** ce rapport ne résiste pas à l'analyse

---

**standard** /ˈstændəd/ N a *(= flag)* étendard *m* ; *(Naut)* pavillon *m*

b *(= norm)* norme *f* ; *(= criterion)* critère *m* ; *(for weights and measures)* étalon *m* ; *(for silver)* titre *m* ◆ **the metre is the ~ of length** le mètre est l'unité de longueur ◆ **monetary ~** titre *m* de monnaie ; → **gold**

c *(intellectual, qualitative)* niveau *m* (voulu) ◆ **to be** *or* **come up to ~** *(fig) [person]* être à la hauteur ; *[thing]* être de la qualité voulue ◆ **I'll never come up to his ~** je n'arriverai jamais à l'égaler ◆ **judging by that ~** selon ce critère ◆ **you are applying a double ~** vous avez deux poids, deux mesures ◆ **his ~s are high** il recherche l'excellence, il ne se contente pas de l'à-peu-près ◆ **he has set us a high ~** *(morally, artistically)* il a établi un modèle difficile à surpasser ◆ **the exam sets a high ~** cet examen exige un niveau élevé ◆ **the ~ of the exam was low** le niveau de l'examen était bas ◆ **to have high moral ~s** avoir un sens moral très développé ◆ **high/low ~ of living** niveau *m* de vie élevé/bas ◆ **to be first-year university ~** être du niveau de première année d'université ◆ **their ~ of culture** leur niveau de culture ◆ **I couldn't accept their ~s** je ne pouvais pas accepter leur échelle de valeurs

♦ **by any standard** à tout point de vue ◆ **it was mediocre/excellent by any ~** c'était incontestablement médiocre/excellent

d *(= support)* support *m* ; *(for lamp, street light)* pied *m* ; *(= actual streetlight)* réverbère *m* ; *(= water/gas pipe)* tuyau *m* vertical d'eau/de gaz ; *(= tree, shrub)* arbre *m* de haute tige ; → **lamp**

e *(Mus) (= jazz tune)* standard *m* ; *(= pop tune)* classique *m*

ADJ a *(= regular) [size, height]* normal, standard *inv* ; *[amount, charge, procedure]* normal ; *[measure, weight]* étalon *inv* ; *[model, design, feature]* standard *inv* ; *[product]* ordinaire ◆ **a ~ car** une voiture de série ◆ **it's ~ equipment on all their cars** c'est monté en série sur toutes leurs voitures ◆ **he's below ~ height for the police** il n'a pas la taille requise pour être agent de police ◆ **~ operating procedure** procédure *f* à suivre ◆ **~ practice** pratique *f* courante ◆ **the ~ rate of income tax** le taux d'imposition ordinaire pour l'impôt sur le revenu

b *(Ling = orthodox) [spelling, pronunciation, grammar, usage]* correct

c *(= recommended) [text, book]* de base, classique

d *[shrub]* de haute tige

COMP ▷ **standard bearer** N *(lit)* porte-étendard *m*, porte-drapeau *m* ; *(fig)* porte-drapeau *m* ▷ **standard class** N *(Rail)* seconde classe *f* ▷ **standard clause** N *(Jur)* clause-type *f* ▷ **standard deviation** N *(Stat)* écart *m* type ▷ **Standard English** N anglais *m* correct ; → ENGLISH ▷ **standard error** N *(Stat)* erreur *f* type ▷ **standard gauge** N *(Rail)* écartement *m* normal ▷ **standard-gauge** ADJ *(Rail)* à écartement normal ▷ **Standard Grade** N *(Scot Scol)* ≃ épreuve *f* du brevet des collèges ▷ **standard issue** N ◆ **to be ~ issue** *(Mil)* être standard *inv* ; *(gen)* être la norme ▷ **standard-issue** ADJ *(Mil)* réglementaire ; *(gen)* standard *inv* ▷ **standard lamp** N *(Brit)* lampadaire *m* ▷ **standard rose** N rosier *m* à haute tige ▷ **standard time** N heure *f* légale

**standardization** /ˌstændədaɪˈzeɪʃən/ N *(NonC: gen)* standardisation *f* ; *[of product, terminology]* normalisation *f*

**standardize** /ˈstændədaɪz/ VT *(gen)* standardiser ; *[+ product, terminology]* normaliser ◆ **~d test** *(US Scol) test de connaissances commun à tous les établissements*

**stand-by** /ˈstændbaɪ/ N *(= person)* remplaçant(e) *m(f)* ; *(US Theat = understudy)* doublure *f* ; *(= car/battery)* voiture *f*/pile *f* de réserve *or* de secours ◆ **if you are called away you must have a ~** si vous vous absentez, vous devez avoir un remplaçant *or* quelqu'un qui puisse vous remplacer en cas de besoin ◆ **aspirin is a useful ~** c'est toujours utile d'avoir de l'aspirine ◆ **lemon is a useful ~ if you have no vinegar** le citron peut être utilisé à la place du vinaigre le cas échéant ◆ **to be on ~** *[troops]* être sur pied d'intervention ; *[plane]* se tenir prêt à décoller ; *[doctor]* être de garde ◆ **to be on 24-hour ~** *(Mil)* être prêt à intervenir 24 heures sur 24 ◆ **to put on ~** mettre sur pied d'intervention

ADJ *[car, battery etc]* de réserve ; *[generator, plan]* de secours ◆ **~ ticket** *(Aviat)* billet *m* stand-by ◆ **~ passenger** (passager *m*, -ère *f* en) stand-by *mf inv* ◆ **~ credit** *(Jur, Fin)* crédit *m* d'appoint *or* stand-by ◆ **~ loan** prêt *m* conditionnel *or* stand-by

**standee** * /stænˈdiː/ N *(US) (at match etc)* spectateur *m*, -trice *f* debout ; *(on bus etc)* voyageur *m*, -euse *f* debout

**standing** /ˈstændɪŋ/ ADJ a *(= upright) [passenger]* debout *inv* ; *[statue]* en pied ; *[corn, crop]* sur pied

b *(= permanent) [invitation]* permanent ; *[rule]* fixe ; *[grievance, reproach]* constant, de longue date ◆ **it's a ~ joke** c'est un sujet de plaisanterie continuel ◆ **it's a ~ joke that he wears a wig** on dit qu'il porte une perruque, c'est un sujet de plaisanterie continuel

N a *(= position, importance etc) [of person]* rang *m* ; *(= social status)* standing *m* ; *(= reputation)* réputation *f* ; *[of restaurant, business]* réputation *f*, standing *m* ; *[of newspaper]* réputation *f* ◆ **social ~** rang *m or* position *f* social(e), standing *m* ◆ **professional ~** réputation *f* professionnelle ◆ **what's his finan-**

**cial ~?** quelle est sa situation financière ? ◆ **his ~ in public opinion polls** sa cote de popularité ◆ **what's his ~?** quelle est sa réputation ?, que pense-t-on de lui ? ◆ **firms of that ~** des compagnies aussi réputées ◆ **a man of (high** *or* **some** *or* **good) ~** un homme considéré *or* estimé ◆ **he has no ~ in this matter** il n'a aucune autorité *or* il n'a pas voix au chapitre dans cette affaire

b *(= duration)* durée *f* ◆ **of ten years' ~** *[friendship]* qui dure depuis dix ans ; *[agreement, contract]* qui existe depuis dix ans ; *[doctor, teacher]* qui a dix ans de métier ◆ **of long ~** de longue date ◆ **friends of long ~** des amis de longue date ◆ **he has 30 years' ~ in the firm** il a 30 ans d'ancienneté dans l'entreprise, il travaille dans l'entreprise depuis 30 ans ; → **long**[1]

c *(US Sport)* **the ~** le classement

d *(US Aut)* **"no standing"** "stationnement interdit"

COMP ▷ **standing army** N armée *f* de métier ▷ **standing charge** N (frais *mpl* d')abonnement *m* ▷ **standing committee** N comité *m* permanent ▷ **standing expenses** NPL frais *mpl* généraux ▷ **standing jump** N *(Sport)* saut *m* à pieds joints ▷ **standing order** N *(Banking)* virement *m* automatique ; *(Admin, Parl)* règlement *m* intérieur ; *(Comm)* commande *f* permanente ◆ **to place a ~ order for a newspaper** passer une commande permanente pour un journal ◆ **~ orders** *(Mil)* règlement *m* ▷ **standing ovation** N ovation *f* ◆ **to get a ~ ovation** se faire ovationner ◆ **to give sb a ~ ovation** se lever pour ovationner qn ▷ **standing room** N *(NonC, in bus, theatre)* places *fpl* debout ◆ **"standing room only"** *(= seats all taken)* "il n'y a plus de places assises" ; *(= no seats provided)* "places debout seulement" ▷ **standing start** N *(Sport)* départ *m* debout ; *(Aut)* départ *m* arrêté ▷ **standing stone** N pierre *f* levée ▷ **standing wave** N *(Phys)* onde *f* stationnaire

**standout** /ˈstændaʊt/ *(US, Austral)* N *(= person)* as *m* ADJ exceptionnel (-elle *f*)

**standpat** * /ˈstændpæt/ ADJ *(US esp Pol)* immobiliste

**standpipe** /ˈstændpaɪp/ N colonne *f* d'alimentation

**standpoint** /ˈstændpɔɪnt/ N *(lit, fig)* point *m* de vue

**standstill** /ˈstændstɪl/ N arrêt *m* ◆ **to come to a ~** *[person, car]* s'immobiliser ; *[production]* s'arrêter ; *[discussions]* aboutir à une impasse ◆ **to bring to a ~** *[+ car]* arrêter ; *[+ production]* paralyser ; *[+ discussion]* aboutir ◆ **to be at a ~** *[person, car]* être immobile ; *[production]* être interrompu ; *[discussion]* être au point mort ◆ **trade is at a ~** les affaires sont au point mort

**stand-up** /ˈstændʌp/ ADJ *[collar]* droit ; *[meal etc]* (pris) debout ◆ **~ comedian** *or* **comic** comique *m* (qui se produit en solo) ◆ **a ~ fight** *(physical)* une bagarre violente ; *(= argument)* une discussion violente N * *(= comedian)* comique *mf (qui se produit seul sur scène)* ; *(NonC) (= stand-up comedy)* one man show(s) *m(pl)* comique(s)

**stank** /stæŋk/ VB pt of **stink**

**Stanley ®** /ˈstænliː/ N ◆ **~ knife** cutter *m*

**stannic** /ˈstænɪk/ ADJ stannique

**stanza** /ˈstænzə/ N *(Poetry)* strophe *f* ; *(in song)* couplet *m*

**stapes** /ˈsteɪpiːz/ N (pl **stapes** *or* **stapedes** /stæˈpiːdiːz/) étrier *m*

**staphylococcus** /ˌstæfɪləˈkɒkəs/ N (pl **staphylococci** /ˌstæfɪləˈkɒkaɪ/) staphylocoque *m*

**staple**[1] /ˈsteɪpl/ ADJ *[product, food, industry]* de base ; *[crop]* principal ◆ **~ commodity** article *m* de première nécessité ◆ **~ diet** nourriture *f* de base ◆ **their ~ meals of fish and rice** leurs repas à base de poisson et de riz N a *(Econ) (= chief commodity)* produit *m or* article *m* de base ; *(= raw material)* matière *f* première b *(= chief item) (Comm: held in stock)* produit *m or* article *m* de base ; *(gen: of conversation etc)* élément *m or* sujet *m* principal ; *(in diet etc)* aliment *m or* denrée *f* de base c *(Tex = fibre)* fibre *f*

**staple**[2] /ˈsteɪpl/ N *(for papers)* agrafe *f* ; *(Tech)* crampon *m*, cavalier *m* VT (also **staple together**) *[+ papers]* agrafer ; *[+ wood, stones]* cramponner ◆ **to ~ sth on to sth** agrafer qch à qch COMP ▷ **staple gun** N agrafeuse *f* d'artisan *or* d'atelier

**stapler** /ˈsteɪpləʳ/ N agrafeuse *f*

**star** /stɑːʳ/ N a *(Astron)* étoile *f* ; *(= asterisk)* astérisque *m* ; *(for merit at school)* bon point *m* ◆ **morning/evening ~** étoile *f* du matin/du soir ◆ **the Stars and Stripes** *(US)* la Bannière étoilée ◆ **the Stars and Bars** *(US Hist)* le drapeau des États confédérés ◆ **Star of David** étoile *f* de David ◆ **the ~ of Bethlehem** l'étoile *f* de Bethléem ; see also **comp** ◆ **to have ~s in one's eyes** être naïvement plein d'espoir ◆ **to see ~s** *(fig)* voir trente-six chandelles ◆ **he was born under a lucky/an unlucky ~** il est né sous une bonne/une mauvaise étoile ◆ **you can thank your (lucky) ~s * that ...** tu peux remercier le ciel de ce que ... ◆ **the ~s** *(= horoscope)* l'horoscope *m* ◆ **it was written in his ~s that he would do it** il était écrit qu'il le ferait ◆ **three-/five-~ hotel** hôtel *m* trois/cinq étoiles ; see also **five ;** → **four, guiding, pole**[2]**, shooting, two**

b *(= famous person)* vedette *f*, star *f* ◆ **the film made him into a ~** le film en a fait une vedette *or* l'a rendu célèbre ◆ **the ~ of the show** la vedette du spectacle ; → **all, film**

VT a *(= decorate with stars)* étoiler ◆ **lawn ~red with daisies** pelouse *f* parsemée *or* émaillée *(liter)* de pâquerettes

b *(= put asterisk against)* marquer d'un astérisque

c *(Cine, Theat)* avoir pour vedette ◆ **the film ~s John Wayne** John Wayne est la vedette du film ◆ **~ring Mel Gibson as ...** avec Mel Gibson dans le rôle de ...

VI *(Cine, Theat)* être la vedette ; *(fig)* briller ◆ **to ~ in a film** être la vedette d'un film ◆ **he ~red as Hamlet** c'est lui qui a joué le rôle de Hamlet

COMP ▷ **star anise** N *(= fruit)* anis *m* étoilé ; *(= plant)* badiane *f* ▷ **star-chamber** ADJ *(fig)* arbitraire ▷ **star-crossed** ADJ maudit par le sort ▷ **star fruit** N carambole *f* ▷ **star grass** N *(Bot)* herbe *f* étoilée ▷ **star-of-Bethlehem** N *(Bot)* ornithogale *m*, dame-d'onze-heures *f* ▷ **star part** N *(Cine, Theat)* premier rôle *m* ▷ **star prize** N premier prix *m* ▷ **starring role, star role** N *(Cine, Theat)* premier rôle *m* ▷ **star route** N *(US Post)* liaison *f* postale ▷ **star shell** N *(Mil)* fusée *f* éclairante ▷ **star sign** N signe *m* zodiacal *or* du zodiaque ▷ **star-spangled** ADJ parsemé d'étoiles, étoilé ◆ **the Star-Spangled Banner** *(US = flag, anthem)* la Bannière étoilée ▷ **star-studded** ADJ *[sky]* parsemé d'étoiles ; *[cast]* prestigieux ; *[play]* à la distribution prestigieuse ▷ **star system** N a *(Astron)* système *m* stellaire b *(Cine)* ◆ **the ~ system** le star-système *or* star-system ▷ **the star turn** N la vedette ▷ **Star Wars** N la Guerre des étoiles ◆ **the "Star Wars" * plan** *or* **program** *(US Mil)* le projet *or* le programme de la "Guerre des étoiles"

**starboard** /ˈstɑːbəd/ *(Naut)* N tribord *m* ◆ **to ~** à tribord ◆ **land to ~!** terre par tribord ! ADJ *[wing, engine, guns, lights]* de tribord ◆ **on the ~ beam** par le travers tribord ◆ **~ bow** tribord *m* avant ◆ **on the ~ bow** par tribord avant ◆ **~ side** tribord *m* ◆ **on the ~ side** à tribord ; → **watch**[2] VT ◆ **to ~ the helm** mettre la barre à tribord

**starburst** /ˈstɑːbɜːst/ N *(liter)* étoile *f*

**starch** /stɑːtʃ/ N a *(in food)* amidon *m*, fécule *f* ; *(for stiffening)* amidon *m* ◆ **he was told to cut out all ~(es)** on lui a dit de supprimer tous les féculents ◆ **it took the ~ out of him *** *(US)* cela l'a mis à plat, cela lui a ôté toute son énergie b *(pej = formal manner)* raideur *f*, manières *fpl* apprêtées *or* empesées VT *[+ collar]* amidonner, empeser COMP ▷ **starch-reduced** ADJ *[bread]* de régime ; *[diet]* pauvre en féculents

**starchy** /ˈstɑːtʃɪ/ ADJ a *[food]* féculent ◆ **~ foods** féculents *mpl* b *(pej = formal) [person, attitude]* guindé

**stardom** /ˈstɑːdəm/ N *(NonC: Cine, Sport, Theat etc)* vedettariat *m*, célébrité *f* ◆ **to rise to ~, to achieve ~** devenir une vedette *or* une star

**stardust** /ˈstɑːdʌst/ N *(fig)* la vie en rose

**stare** /stɛəʳ/ N regard *m* (fixe) ◆ **cold/curious/vacant ~** (long) regard *m* froid/curieux/vague

VI ◆ **to ~ at sb** dévisager qn, fixer qn du regard, regarder qn fixement ◆ **to ~ at sth** regarder qch fixement, fixer qch du regard ◆ **to ~ at sb/sth in surprise** regarder qn/qch avec surprise *or* d'un air surpris, écarquiller les yeux devant qn/qch ◆ **they all ~d in astonishment** ils ont tous regardé d'un air ébahi *or* en écarquillant les yeux ◆ **he ~d at me stonily** il m'a regardé d'un air dur ◆ **what are you staring at?** qu'est-ce que tu regardes comme ça ? ◆ **it's rude to ~** il est mal élevé de regarder les gens fixement ◆ **to ~ into space** regarder dans le vide *or* dans l'espace, avoir le regard perdu dans le vague

VT ◆ **to ~ sb in the face** dévisager qn, fixer qn du regard, regarder qn dans le blanc des yeux ◆ **where are my gloves? – here, they're staring you in the face!** où sont mes gants ? – ils sont sous ton nez *or* tu as le nez dessus ! ◆ **they're certainly in love, that ~s you in the face** ils sont vraiment amoureux, cela crève les yeux ◆ **ruin ~d him in the face, he was staring ruin in the face** il était au bord de la ruine ◆ **the truth ~d him in the face** la vérité lui crevait les yeux *or* lui sautait aux yeux

► **stare out** VT SEP faire baisser les yeux à

**starfish** /ˈstɑːfɪʃ/ N *(pl inv)* étoile *f* de mer

**stargazer** /ˈstɑːgeɪzəʳ/ N a *(= astronomer)* astronome *mf* ; *(= astrologer)* astrologue *mf* b *(= fish)* uranoscope *m*

**stargazing** /ˈstɑːgeɪzɪŋ/ N contemplation *f* des étoiles ; *(= predictions)* prédictions *fpl* astrologiques ; *(fig = dreaming)* rêverie *f*, rêvasserie *f (pej)*

**staring** /ˈstɛərɪŋ/ ADJ *[crowd]* curieux ◆ **his ~ eyes** son regard fixe ; *(in surprise)* son regard étonné *or* ébahi ; *(in fear)* son regard effrayé

**stark** /stɑːk/ ADJ a *(= austere) [landscape, beauty, building, décor, colour]* austère ; *[cliff]* désolé, morne b *(= harsh) [choice]* difficile ; *[warning, reminder]* sévère ; *[reality]* dur ◆ **those are the**

~ **facts of the matter** voilà les faits bruts *or* tels qu'ils sont ♦ **the ~ fact is that ...** le fait est que ... **c** *(= absolute) [terror]* pur ♦ **in ~ contrast** tout à l'opposé ♦ **to be in ~ contrast to sb/sth** contraster vivement avec qn/qch **ADV** ♦ **~ naked** tout nu

**starkers** * /ˈstɑːkəz/ **ADJ** *(Brit)* à poil *

**starkly** /ˈstɑːklɪ/ **ADV** **a** *(= austerely) [furnished]* de façon austère ♦ **~ beautiful** d'une beauté sauvage **b** *(= clearly) [illustrate, outline]* crûment ; *[stand out]* âprement ; *[differ-ent]* carrément ; *[apparent]* nettement ♦ **to contrast ~ with sth** contraster de façon frappante avec qch ♦ **to be ~ exposed** être exposé sans ambages

**starkness** /ˈstɑːknɪs/ **N** *(NonC)* **a** *(= austerity) [of landscape, beauty, building, décor, colour]* austérité *f* ; *[of desert]* désolation *f* **b** *(= harshness) [of choice]* difficulté *f* ; *[of warning, reminder]* sévérité *f* ; *[of facts]* caractère *m* brut ; *[of reality]* dureté *f* **c** *(= absoluteness)* ♦ **the ~ of the contrast between ...** le contraste absolu entre ...

**starless** /ˈstɑːlɪs/ **ADJ** sans étoiles

**starlet** /ˈstɑːlɪt/ **N** *(Cine)* starlette *f*

**starlight** /ˈstɑːlaɪt/ **N** ♦ **by ~** à la lumière des étoiles

**starling** /ˈstɑːlɪŋ/ **N** étourneau *m*, sansonnet *m*

**starlit** /ˈstɑːlɪt/ **ADJ** *[night, sky]* étoilé ; *[country-side, scene]* illuminé par les étoiles

**starry** /ˈstɑːrɪ/ **ADJ** *[sky, night]* étoilé **COMP** ▷ **starry-eyed** **ADJ** *[person]* *(= idealistic)* idéaliste ; *(= innocent)* innocent, ingénu ; *(from wonder)* éberlué ; *(from love)* éperdument amoureux, ébloui ♦ **in ~-eyed wonder** le regard plein d'émerveillement, complètement ébloui

**starstruck** /ˈstɑːstrʌk/ **ADJ** ébloui *(devant une célébrité)*

**START** /stɑːt/ **N** (abbrev of **Strategic Arms Reduction Talks**) (traité *m*) START *m*

## start /stɑːt/

LANGUAGE IN USE 26.1

- 1 NOUN
- 2 TRANSITIVE VERB
- 3 INTRANSITIVE VERB
- 4 COMPOUNDS
- 5 PHRASAL VERBS

### 1 - NOUN

**a** = beginning *[of speech, book, film, career etc]* commencement *m*, début *m* ; *[of negotiations]* début *m* ; *(Sport) [of race etc]* départ *m* ; *(= starting line)* (point *m* de) départ *m* ♦ **that was the ~ of all the trouble** c'est là que tous les ennuis ont commencé ♦ **to get off to a good** *or* **brisk** *or* **fast ~** bien commencer, bien démarrer ♦ **to get a good ~ in life** bien débuter dans la vie ♦ **they gave their son a good ~ in life** ils ont fait ce qu'il fallait pour que leur fils débute *subj* bien dans la vie ♦ **that was a good ~ to his career** cela a été un bon début *or* un début prometteur pour sa carrière ♦ **to get off to a bad** *or* **slow ~** *(lit, fig)* mal démarrer, mal commencer ♦ **it's off to a good/bad ~** c'est bien/mal parti ♦ **to be lined up for the ~** *(Sport)* être sur la ligne de départ ♦ **the whistle blew for the ~ of the race** le coup de sifflet a annoncé le départ de la course ♦ **wait for the ~** attendez le signal du départ

♦ **at the start** au commencement, au début

♦ **for a start** d'abord, pour commencer

♦ **from start to finish** du début à la fin

♦ **from the start** dès le début, dès le commencement

♦ **to make + start** ♦ **to make a ~** commencer ♦ **to make a ~ on sth** commencer qch, se mettre à qch ♦ **to make an early ~** commencer de bonne heure ; *(in journey)* partir de bonne heure ♦ **to make a fresh ~** recommencer (à zéro *)

**b** = advantage *(Sport)* avance *f* ; *(fig)* avantage *m* ♦ **will you give me a ~?** est-ce que vous voulez bien me donner une avance ? ♦ **to give sb 10 metres' ~** *or* **a 10-metre ~** donner 10 mètres d'avance à qn ♦ **that gave him a ~ over the others in the class** cela lui a donné un avantage sur les autres élèves de sa classe, cela l'a avantagé par rapport aux autres élèves de sa classe

**c** = sudden movement sursaut *m*, tressaillement *m* ♦ **to wake with a ~** se réveiller en sursaut ♦ **to give a ~** sursauter, tressaillir ♦ **to give sb a ~** faire sursauter *or* tressaillir qn ♦ **you gave me such a ~!** ce que vous m'avez fait peur !

### 2 - TRANSITIVE VERB

**a** = begin commencer *(to do sth, doing sth* à faire qch, de faire qch), se mettre *(to do sth, doing sth* à faire qch) ; *[+ work]* commencer, se mettre à ; *[+ task]* entreprendre ; *[+ song]* commencer (à chanter), entonner ; *[+ attack]* déclencher ; *[+ bottle]* entamer, déboucher ♦ **to ~ a cheque book/a new page** commencer *or* prendre un nouveau carnet de chèques/une nouvelle page ♦ **to ~ a journey** partir en voyage ♦ **he ~ed the day with a glass of milk** il a bu un verre de lait pour bien commencer la journée ♦ **to ~ the day right** bien commencer la journée, se lever du pied droit ♦ **to ~ life as ...** débuter dans la vie comme ... ♦ **that doesn't (even) ~ to compare with ...** cela est loin d'être comparable à ..., cela n'a rien de comparable avec ... ♦ **it soon ~ed to rain** il n'a pas tardé à pleuvoir ♦ **I'd ~ed to think you weren't coming** je commençais à croire que tu ne viendrais pas ♦ **to ~ again** *or* **afresh** recommencer *(to do sth* à faire qch), recommencer à zéro * ♦ **don't ~ that again!** tu ne vas pas recommencer ! ♦ **"it's late" he ~ed** "il est tard" commença-t-il

♦ **to get started** commencer, démarrer ♦ **to get ~ed on (doing) sth** commencer (à faire) qch ♦ **let's get ~ed!** allons-y !, on s'y met ! * ♦ **once I get ~ed I work very quickly** une fois lancé je travaille très vite ♦ **just to get ~ed, they ...** rien que pour mettre l'affaire en route *or* rien que pour démarrer, ils ...

**b** = originate, initiate : also **start off, start up** *[+ discussion]* commencer, ouvrir ; *[+ conversation]* amorcer, engager ; *[+ quarrel, argument, dispute]* déclencher, faire naître ; *[+ reform, movement, series of events]* déclencher ; *[+ fashion]* lancer ; *[+ phenomenon, institution]* donner naissance à ; *[+ custom, policy]* inaugurer ; *[+ war]* causer ; *[+ rumour]* donner naissance à, faire naître ♦ **to ~ (up) a fire** *(in grate etc)* allumer un feu, faire du feu ; *(accidentally)* mettre le feu, provoquer un incendie ♦ **you'll ~ a fire if you go on doing that!** tu vas mettre le feu à la maison *or* tu vas provoquer un incendie si tu fais ça ! ♦ **she has ~ed a baby** * elle est enceinte

**c** = cause to start (also **start up**) *[+ engine, vehicle]* mettre en marche, démarrer ; *[+ clock]* mettre en marche ; (also **start off**) *[+ race]* donner le signal du départ de ♦ **he ~ed the ball rolling by saying ...** pour commencer, il a dit ... ♦ **he blew the whistle to ~ the runners (off)** il a sifflé pour donner le signal du départ ♦ **he ~ed the new clerk (off) in the sales department** il a d'abord mis *or* affecté le nouvel employé au service des ventes ♦ **they ~ed her (off) as a typist** d'abord *or* pour commencer ils l'ont employée comme dactylo ♦ **to ~ sb (off** *or* **out) on a career** lancer *or* établir qn dans une carrière ♦ **if you ~ him (off) on that subject ...** si tu le lances sur ce sujet ... ♦ **that ~ed him (off) sneezing/remembering** *etc* alors il s'est mis à éternuer/à se souvenir *etc* ♦ **to ~ a hare** *(lit, fig)* lever un lièvre

♦ **to get sth started** *[+ engine, vehicle]* mettre qch en marche, faire démarrer qch ; *[+ clock]* mettre qch en marche ; *[+ project]* faire démarrer qch

♦ **to get sb started** *(gen)* mettre qn en selle ; *[+ film star, pop star etc]* lancer qn ♦ **to get sb ~ed on (doing) sth** faire commencer qch à qn

### 3 - INTRANSITIVE VERB

**a** = begin : also **start off, start out, start up** *[person]* commencer, s'y mettre ; *[speech, programme, meeting, ceremony]* commencer ♦ **let's ~!** commençons !, allons-y !, on s'y met ! * ♦ **we must ~ at once** il faut commencer *or* nous y mettre immédiatement ♦ **well, to ~ at the beginning** eh bien, pour commencer par le commencement ♦ **it's ~ing (off) rather well/badly** cela s'annonce plutôt bien/mal ♦ **to ~ (off) well in life** bien débuter dans la vie ♦ **to ~ (out** *or* **up) in business** se lancer dans les affaires ♦ **to ~ again** *or* **afresh** recommencer (à zéro *) ♦ **classes ~ on Monday** les cours commencent *or* reprennent lundi ♦ **the classes ~ (up) again soon** les cours reprennent bientôt, c'est bientôt la rentrée ♦ **~ing from Monday** à partir de lundi ♦ **to ~ (off) by doing sth** commencer par faire qch ♦ **~ by putting everything away** commence par tout ranger ♦ **~ on a new page** prenez une nouvelle page ♦ **he ~ed (off) in the sales department/as a secretary** il a débuté dans le service des ventes/comme secrétaire ♦ **he ~ed (off** *or* **out) as a Marxist** il a commencé par être marxiste, au début *or* au départ il a été marxiste ♦ **don't ~!** * *(= start complaining etc)* ne commence pas !

♦ **to start with** commencer par ♦ **to ~ with sth** commencer *or* débuter par qch ♦ **~ with me!** commencez par moi ! ♦ **to ~ with, there were only three of them, but later ...** (tout) d'abord ils n'étaient que trois, mais plus tard ... ♦ **to ~ with, this is untrue** pour commencer *or* d'abord, c'est faux ♦ **we only had 20 euros to ~ with** nous n'avions que 20 euros pour commencer *or* au début ♦ **he ~ed with the intention of writing a thesis** au début son intention était d'écrire *or* il avait l'intention d'écrire une thèse

**b** = broach **to ~ on a book** commencer un livre ♦ **to ~ on a course of study** commencer *or* entreprendre un programme d'études ♦ **they had ~ed on a new bottle** ils avaient débouché *or* entamé une nouvelle bouteille ♦ **I ~ed on the job last week** *(employment)* j'ai commencé à travailler la semaine dernière ; *(task)* je m'y suis mis la semaine dernière ; see also **start on**

**c** = originate, initiate : also **start up** *[music, noise, guns]* commencer, retentir ; *[fire]* commencer, prendre ; *[river]* prendre sa source ; *[road]* partir *(at* de) ; *[political party, movement, custom]* commencer, naître ♦ **that's when the trouble ~s** c'est alors *or* là que les ennuis commencent ♦ **it all ~ed when he refused to pay** toute cette histoire a commencé quand il a refusé de payer

**d** = leave : also **start off, start out** *[person]* partir, se mettre en route ; *[ship]* partir ; *[train]* démarrer, se mettre en marche ♦ **to ~ (off** *or* **out) from London/for Paris/on a journey** partir de Londres/pour Paris/en voyage

◆ **ten horses ~ed and only three finished** *(Sport)* dix chevaux ont pris le départ mais trois seulement ont fini la course ◆ **he ~ed (off) along the corridor** il s'est engagé dans le couloir ◆ **he ~ed (off) down the street** il a commencé à descendre la rue

**e** = get going : also **start up** *[car, engine, machine]* démarrer, se mettre en route ; *[clock]* se mettre à marcher ◆ **my car won't ~** ma voiture ne veut pas démarrer *

**f** = jump nervously *[person]* sursauter, tressaillir ; *[animal]* tressaillir, avoir un soubresaut ◆ **to ~ to one's feet** sauter sur ses pieds, se lever brusquement ◆ **he ~ed forward** il a fait un mouvement brusque en avant ◆ **his eyes were ~ing out of his head** les yeux lui sortaient de la tête ◆ **tears ~ed to her eyes** les larmes lui sont montées aux yeux

**g** timbers jouer

4 - COMPOUNDS

▷ **starting block** N *(Athletics)* starting-block *m*, bloc *m* de départ ◆ **to be fast/slow off the ~ing blocks** *(fig)* être rapide/lent à démarrer ▷ **starting gate** N *(Racing)* starting-gate *m* ▷ **starting grid** N *(Motor Racing)* grille *f* de départ ▷ **starting handle** N *(Brit Aut)* manivelle *f* ▷ **starting line** N *(Sport)* ligne *f* de départ ▷ **starting pistol** N pistolet *m* de starter ▷ **starting point** N point *m* de départ ▷ **starting post** N *(Sport)* ligne *f* de départ ▷ **starting price** N *(St Ex)* prix *m* initial ; *(Racing)* cote *f* de départ ▷ **starting salary** N salaire *m* d'embauche ▷ **starting stalls** NPL *(Racing)* stalles *fpl* de départ ▷ **start-up** N *[of machine]* démarrage *m*, mise *f* en route ; *[of business]* lancement *m*, mise *f* en route ; *(= company)* start-up *m*, jeune pousse *f* ▷ **start-up costs** N frais *mpl* de lancement or de démarrage ▷ **start-up money** N capital *m* initial

5 - PHRASAL VERBS

► **start back** VI **a** *(= return)* prendre le chemin du retour, repartir

**b** *(= recoil)* *[person, horse etc]* reculer soudainement, faire un bond en arrière

► **start in** VI s'y mettre, s'y coller * ◆ **~ in!** allez-y !

► **start off** VI → **start vi a, d**

VT SEP → **start vt b, c**

► **start on** * VT FUS *(= pick on)* s'en prendre à ; see also **start vi b**

► **start out** VI → **start vi a, d**

► **start over** VI *(esp US)* repartir à zéro

VT recommencer

► **start up** VI → **start vi a, c, e**

VT SEP → **start vt b, vi c**

**starter** /ˈstɑːtəʳ/ N **a** *(Sport)* *(= official)* starter *m* ; *(= horse)* partant *m* ◆ **to be under ~'s orders** *[runner]* être à ses marques ; *[horse]* être sous les ordres (du starter) ; *(fig)* être sur or dans les starting-blocks ◆ **to be a slow ~** *(fig)* être lent au départ or à démarrer ◆ **the child was a late ~** *(Scol etc)* cet enfant a mis du temps à se développer ; → **nonstarter** **b** *(Aut)* démarreur *m* ; *(on machine etc)* bouton *m* de démarrage ; (also **starter motor**) démarreur *m* **c** *(Brit: in meal)* hors-d'œuvre *m inv* ◆ **for ~s** * *(= food)* comme hors-d'œuvre ; *(fig = for a start)* pour commencer, d'abord COMP ▷ **starter flat** N *(Brit)* *appartement idéal pour une personne souhaitant accéder à la propriété* ▷ **starter home** N *(Brit) logement idéal pour une personne souhaitant accéder à la propriété* ▷ **starter pack** N *(Comm)* kit *m* de base

**startle** /ˈstɑːtl/ VT *[sound, sb's arrival]* faire sursauter or tressaillir ; *[news, telegram]* alarmer ◆ **it ~d him out of his sleep** cela l'a réveillé en sursaut ◆ **to ~ sb out of his wits** donner un (drôle * de) choc à qn ◆ **you ~d me!** tu m'as fait sursauter !, tu m'as fait peur !

**startled** /ˈstɑːtld/ ADJ *[animal]* effarouché ; *[person]* très surpris ; *[expression]* de saisissement ◆ **in a ~ voice** d'une voix qui montrait sa surprise ◆ **he gave her a ~ look** il lui lança un regard interloqué ◆ **she was ~ to see him** elle fut très surprise de le voir

**startling** /ˈstɑːtlɪŋ/ ADJ *[success, conclusion, results, evidence, news]* surprenant ; *[contrast]* saisissant

**startlingly** /ˈstɑːtlɪŋlɪ/ ADV *[different, similar]* étonnamment ◆ **~ original** d'une originalité surprenante ◆ **~ beautiful/modern** d'une beauté/modernité saisissante ◆ **his ~ blue eyes** ses yeux d'un bleu saisissant

**starvation** /stɑːˈveɪʃən/ N *(NonC)* inanition *f* ◆ **they are threatened with ~** ils risquent de mourir d'inanition or de faim, la famine les menace COMP *[rations, wages]* de famine ▷ **starvation diet** N ◆ **to be on a ~ diet** *(lit)* être sérieusement or dangereusement sous-alimenté ; *(fig)* suivre un régime draconien ▷ **starvation level** N ◆ **to be living at ~ level** ⇒ **to be on a starvation diet**

**starve** /stɑːv/ VT **a** affamer ◆ **to ~ sb to death** laisser qn mourir de faim ◆ **to ~ o.s. to death** se laisser mourir de faim ◆ **she ~d herself to feed her children** elle s'est privée de nourriture pour donner à manger à ses enfants ◆ **you don't have to ~ yourself in order to slim** tu peux maigrir sans te laisser mourir de faim ◆ **to ~ sb into submission** soumettre qn par la faim ◆ **to ~ a town into surrender** *(Mil)* amener une ville à se rendre par la famine **b** *(= deprive)* priver *(sb of sth* qn de qch) ◆ **~d of affection** privé d'affection ◆ **engine ~d of petrol** moteur *m* à sec VI manquer de nourriture, être affamé ◆ **to ~ (to death)** mourir de faim ; *(deliberately)* se laisser mourir de faim ; see also **starving**

► **starve out** VT SEP *[+ person, animal]* obliger à sortir en affamant

**starveling** /ˈstɑːvlɪŋ/ N *(= person)* affamé(e) *m(f)*

**starving** /ˈstɑːvɪŋ/ ADJ *(lit)* affamé, famélique ◆ **I'm ~** * *(fig)* je meurs de faim, j'ai une faim de loup

**stash** * /stæʃ/ VT (also **stash away**) *(= hide)* cacher, planquer ⁑ ; *(= save up, store away)* mettre à gauche *, mettre de côté ◆ **he had $500 ~ed away** *(= saved up)* il avait mis 500 dollars de côté ; *(= in safe place)* il avait 500 dollars en lieu sûr N *(= place)* planque ⁑ *f*, cachette *f* ◆ **a ~ of jewellery/drugs** des bijoux cachés/des drogues cachées ◆ **a ~ of money** un magot, un bas de laine

**stasis** /ˈsteɪsɪs/ N *(Med, Literat)* stase *f*

**state** /steɪt/ N **a** *(= condition)* état *m* ◆ **~ of alert/emergency/siege/war** état *m* d'alerte/d'urgence/de siège/de guerre ◆ **the ~ of the art** l'état *m* actuel de la technique or des connaissances ; see also **comp** ◆ **in your ~ of health/mind** dans votre état de santé/d'esprit ◆ **he was in an odd ~ of mind** il était d'une humeur étrange ◆ **you're in no ~ to reply** vous n'êtes pas en état de répondre ◆ **I'd like to know the ~ of my account** *(in bank)* j'aimerais connaître la position de mon compte ◆ **what's the ~ of play?** *(fig)* où en est-on ? ◆ **in a good/bad ~ of repair** bien/mal entretenu ◆ **to be in a good/bad ~** *[chair, car, house]* être en bon/mauvais état ; *[person, relationship, marriage]* aller bien/mal ◆ **you should have seen the ~ the car was in** vous auriez dû voir l'état de la voiture ◆ **it wasn't in a (fit) ~ to be used** c'était hors d'état de servir, c'était inutilisable ◆ **he's not in a (fit) ~ to drive** il est hors d'état *or* il n'est pas en état de conduire ◆ **what a ~ you're in!** vous êtes dans un bel état ! ◆ **he got into a terrible ~ about it** * ça l'a mis dans tous ses états ◆ **don't get into such a ~!** * ne vous affolez pas ! ; → **affair, declare**

**b** *(Pol)* État *m* ◆ **the State** l'État *m* ◆ **the States** * les États-Unis *mpl* ◆ **the State of Virginia** l'État *m* de Virginie ◆ **the affairs of ~** les affaires *fpl* de l'État ◆ **a ~ within a ~** un État dans l'État ; → **evidence, minister, police, secretary**

**c** *(US = State Department)* **State** le Département d'État

**d** *(= rank)* rang *m* ◆ **every ~ of life** tous les rangs sociaux

**e** *(NonC = pomp)* pompe *f*, apparat *m* ◆ **the robes of ~** les costumes *mpl* d'apparat

◆ **in state** en grande pompe, en grand apparat ◆ **to live in ~** mener grand train ; → **lie**[1]

VT déclarer, affirmer (*that* que) ; *[+ one's views, the facts]* exposer ; *[+ time, place]* fixer, spécifier ; *[+ conditions]* poser, formuler ; *[+ theory, restrictions]* formuler ; *[+ problem]* énoncer, poser ◆ **I also wish to ~ that ...** je voudrais ajouter que ... ◆ **it is ~d in the records that ...** il est écrit or mentionné dans les archives que ... ◆ **I have seen it ~d that ...** j'ai lu quelque part que ... ◆ **as ~d above** ainsi qu'il est dit plus haut ◆ **~ your name and address** déclinez vos nom, prénoms et adresse ; *(written)* inscrivez vos nom, prénoms et adresse ◆ **cheques must ~ the sum clearly** les chèques doivent indiquer la somme clairement ◆ **he was asked to ~ his case** on lui a demandé de présenter ses arguments ◆ **to ~ the case for the prosecution** *(Jur)* présenter le dossier de l'accusation

COMP *[business, documents, secret]* d'État ; *[security, intervention]* de l'État ; *[medicine]* étatisé ; (*US:* also **State**) *[law, policy, prison, university]* de l'État ▷ **state apartments** NPL appartements *mpl* officiels ▷ **state banquet** N banquet *m* de gala ▷ **State Capitol** N *(US)* Capitole *m* ▷ **state-certified midwife** N *(Brit Med)* sage-femme *f* diplômée d'État ▷ **state coach** N *(Brit)* carrosse *m* d'apparat *(de cérémonie officielle)* ▷ **state control** N contrôle *m* de l'État ◆ **under ~ control** ⇒ **state-controlled** ▷ **state-controlled** ADJ étatisé ▷ **State Department** N *(US)* Département *m* d'État, ≃ ministère *m* des Affaires étrangères ▷ **state education** N *(Brit)* enseignement *m* public ▷ **state-enrolled nurse** N *(Brit)* infirmier *m*, -ière *f* auxiliaire, aide-soignant(e) *mf* ▷ **state funeral** N funérailles *fpl* nationales ▷ **State legislature** N *(US Jur)* législature *f* de l'État ▷ **State line** N *(US)* frontière *f* entre les États ▷ **state-maintained** ADJ *(Brit Scol)* public ▷ **state militia** N *(US)* milice *f* *(formée de volontaires d'un État)* ▷ **state-of-the-art** ADJ *(fig = up-to-date)* *[computer, video]* dernier cri ◆ **it's ~-of-the-art** c'est ce qui se fait de mieux, c'est le dernier cri ▷ **State of the Union Address** N *(US Pol)* discours *m* sur l'état de l'Union ▷ **state-owned** ADJ étatisé ▷ **State police** N *(NonC: US)* police *f* de l'État ◆ **Michigan State police** la police de l'État du Michigan ▷ **state-registered nurse** N *(Brit: formerly)* infirmier *m*, -ière *f* diplômé(e) d'État ▷ **State Representative** N *(US Pol)* membre *m* de la Chambre des représentants d'un État ▷ **State rights** NPL *(US)* ⇒ **State's rights** ▷ **state-run** ADJ d'état ▷ **State's attorney** N *(US)* procureur *m* ▷ **state school** N *(Brit)* école *f* publique ▷ **state sector** N *(Econ etc)* secteur *m* public ▷ **State Senator** N *(US Pol)* membre *m* du Sénat d'un État ▷ **state socialism** N *(NonC: Pol Econ)* socialisme *m* d'État ▷ **State's rights** NPL *(US)* droits *mpl* des États ▷ **state-subsidized** ADJ subventionné par l'État ▷ **state-trading countries** NPL *(Econ)* pays *mpl* à commerce d'État ▷ **state trooper** N *(US)* ≃ gendarme *m* ▷ **State university** N *(US)* université *f* d'État ▷ **state visit** N ◆ **to go on** *or* **make a ~ visit to a country** se rendre en visite officielle *or* faire un voyage officiel dans un pays ▷ **state-wide** ADJ, ADV *(US)* d'un bout à l'autre de l'État

### State of the Union Address

Le discours sur l'état de l'Union est l'allocution que prononce le président des États-Unis devant le Congrès en janvier de chaque année, au début de la session parlementaire. Dans cette intervention, diffusée à la radio et à la télévision, le président dresse un bilan de son action, expose ses projets et donne au Congrès des « informations sur l'état de l'Union », comme le demande la Constitution.

### State's Rights

Le dixième amendement de la Constitution américaine accorde aux États un certain nombre de droits (**State's rights**) sur toutes les questions qui ne relèvent pas des prérogatives du gouvernement fédéral : enseignement, fiscalité, lois et réglementations diverses. Cependant, l'interprétation de ce texte a provoqué de nombreuses controverses : les États du Sud l'ont utilisé pour justifier la sécession avant la guerre civile, puis pour s'opposer à l'intégration raciale dans les années 1950. La question du degré d'autonomie dont disposent les États par rapport au pouvoir fédéral reste un sujet politiquement sensible.

**statecraft** /'steɪtkrɑːft/ N *(NonC)* habileté *f* politique

**stated** /'steɪtɪd/ ADJ *[date, sum]* fixé ; *[interval]* fixe ; *[limit]* prescrit ◆ **on ~ days** à jours fixes ◆ **at the ~ time, at the time ~** à l'heure dite

**statehood** /'steɪthʊd/ N *(NonC)* ◆ **to achieve ~** devenir un État

**statehouse** /'steɪthaʊs/ N *(US)* siège *m* de la législature d'un État

**stateless** /'steɪtlɪs/ ADJ apatride ◆ **~ person** apatride *mf*

**statelet** /'steɪtlɪt/ N *(Pol)* mini-État *m*

**stateliness** /'steɪtlɪnɪs/ N majesté *f*, caractère *m* imposant

**stately** /'steɪtlɪ/ ADJ *[person]* plein de dignité ; *[building, pace]* majestueux ◆ **to make ~ progress** progresser majestueusement COMP ▷ **stately home** N *(Brit)* manoir *m* *or* château *m* *(ouvert au public)*

**statement** /'steɪtmənt/ N a *(NonC) [of one's views, the facts]* exposition *f*, formulation *f* ; *[of time, place]* spécification *f* ; *[of theory, restrictions, conditions]* formulation *f* ; *[of problem]* énonciation *f* b *(written, verbal)* déclaration *f* ; *(Jur)* déposition *f* ◆ **official ~** communiqué *m* officiel ◆ **to make a ~** *(gen, Press)* faire une déclaration ; *(Jur)* faire une déposition, déposer ◆ **the painting makes a ~ about war** le tableau constitue une prise de position sur la guerre ◆ **~ of grounds** *(Jur)* exposé *m* des motifs c *(Fin) [of accounts etc] (= bill)* relevé *m* ; *(Comm = bill)* facture *f* ; *(also* **bank statement***)* relevé *m* de compte d *(Ling)* assertion *f* VT *(Social Work)* ◆ **to ~ a child** évaluer les besoins spécifiques d'un enfant handicapé

**stateroom** /'steɪtrʊm/ N *(Brit) [of palace]* grande salle *f* de réception ; *[of ship, train]* cabine *f* de luxe

**stateside** * /'steɪtsaɪd/ ADJ *(US)* aux États-Unis, ≃ chez nous

**statesman** /'steɪtsmən/ N (pl **-men**) homme *m* d'État ◆ **he is a real ~** *(fig)* il est extrêmement diplomate ; → **elder**[1]

**statesmanlike** /'steɪtsmənlaɪk/ ADJ *[qualities]* d'homme d'État ◆ **he's cultivating a more ~ image** il essaie de renforcer son image d'homme d'État

**statesmanship** /'steɪtsmənʃɪp/ N *(NonC)* qualités *fpl* d'homme d'État

**statesmen** /'steɪtsmən/ NPL of **statesman**

**static** /'stætɪk/ ADJ a *(= stationary)* statique ◆ **a series of ~ images** une série d'images fixes *or* statiques b *(= unchanging)* immuable ◆ **the ~ quality of their lives** leur vie immuable c *(= fixed) [population, output]* stationnaire N *(NonC)* a ◆ **~s** statique *f* b *(Elec, Rad, TV etc)* parasites *mpl* ◆ **he gave me a lot of ~ about ...** *(US)* il m'a passé un savon* à propos de ... COMP ▷ **static electricity** N électricité *f* statique

**station** /'steɪʃən/ N a *(= place)* poste *m*, station *f* ; *(= fire station)* caserne *f* de pompiers ; *(= lifeboat station)* centre *m* *or* poste *m* (de secours en mer) ; *(Mil)* poste *m* (militaire) ; *(Police)* poste *m* *or* commissariat *m* (de police), gendarmerie *f* ; *(Elec = power station)* centrale *f* (électrique) ; *(Rad)* station *f* de radio, poste *m* émetteur ; *(in Australia = sheep/cattle ranch)* élevage *m* (de moutons/de bétail), ranch *m* ◆ **naval ~** station *f* navale ◆ **foreign ~s** *(Rad)* stations *fpl* étrangères ◆ **calling all ~s** *(Telec)* appel *m* à tous les émetteurs ◆ **the Stations of the Cross** *(Rel)* les stations *fpl* de la Croix, le chemin de (la) Croix ; → **frontier, petrol, pump**[1]**, service**

b *(Rail)* gare *f* ; *[of underground]* station *f* ◆ **bus** *or* **coach ~** gare *f* routière ◆ **the train came into the ~** le train est entré en gare ; *(in underground)* la rame est entrée dans la station ; → **change**

c *(= position)* poste *m* *(also Mil)*, position *f* ◆ **to take up one's ~** prendre position, se placer ◆ **from my ~ by the window** de la fenêtre où je m'étais posté *or* où je me trouvais

d *(= rank)* condition *f*, rang *m* ◆ **one's ~ in life** son rang *or* sa situation social(e), sa place dans la société ◆ **to get ideas above one's ~** avoir des idées de grandeur ◆ **to marry beneath one's ~** † faire une mésalliance, se mésallier ◆ **to marry above one's ~** se marier au-dessus de sa condition

e *(US Telec)* poste *m* ◆ **give me ~ 101** je voudrais le poste 101

VT *[+ people]* placer ; *[+ guards, observers, lookout, troops, ship]* poster ; *[+ tanks, guns]* placer, installer ◆ **to ~ o.s.** se placer, se poster ◆ **to be ~ed at** *[troops, regiment]* être en *or* tenir garnison à ; *[ships, sailors]* être en station à

COMP *(Rail) [staff, bookstall etc]* de (la) gare ▷ **station break** N *(US Rad, TV)* page *f* de publicité ▷ **station house** N *(US) (for police)* commissariat *m* ; *(for firefighters)* caserne *f* de pompiers ▷ **station master** N *(Rail)* chef *m* de gare ▷ **station officer** N *(Brit Police)* responsable *mf* d'un poste de police ▷ **station wag(g)on** N *(US Aut)* break *m*

**stationary** /'steɪʃənərɪ/ ADJ a *(= motionless) [vehicle]* à l'arrêt ; *[person, ship]* stationnaire, immobile ; *[target]* immobile b *(= fixed) [crane]* fixe COMP ▷ **stationary bicycle** N bicyclette *f* fixe

**stationer** /'steɪʃənə^r/ N papetier *m*, -ière *f* ◆ **~'s (shop)** papeterie *f*

**stationery** /'steɪʃənərɪ/ N *(NonC)* papeterie *f*, papier *m* et petits articles *mpl* de bureau ; *(= writing paper)* papier *m* à lettres COMP ▷ **Stationery Office** N *(Brit)* ◆ **His** *(or* **Her***)* **Majesty's Stationery Office** ≃ l'Imprimerie *f* nationale *(fournit aussi de la papeterie à l'administration et publie une gamme étendue d'ouvrages et de brochures didactiques)*

**statist** /'steɪtɪst/ ADJ *(Pol)* étatiste *mf*

**statistic** /stə'tɪstɪk/ N statistique *f*, chiffre *m* ◆ **a set of ~s** une statistique ◆ **these ~s are not reliable** on ne peut pas se fier à ces chiffres *or* à ces statistiques ◆ **~s suggest that ...** la statistique *or* les statistiques suggère(nt) que ... ◆ **(vital) ~s** *(hum: woman's)* mensurations *fpl* ; → **statistics** ADJ ⇒ **statistical**

**statistical** /stə'tɪstɪkəl/ ADJ *[analysis, evidence, data, probability, table, significance]* statistique ; *[error]* de statistiques ; *[expert]* en statistique(s)

**statistically** /stə'tɪstɪkəlɪ/ ADV statistiquement

**statistician** /,stætɪs'tɪʃən/ N statisticien(ne) *m(f)*

**statistics** /stə'tɪstɪks/ N *(NonC)* statistique *f*

**stative** /'steɪtɪv/ ADJ *(Ling)* ◆ **~ verb** verbe *m* d'état

**stator** /'steɪtə^r/ N stator *m*

**stats** /stæts/ NPL (abbrev of **statistics**) stats * *fpl*

**statuary** /'stætjʊərɪ/ ADJ statuaire N *(= art)* statuaire *f* ; *(= statues collectively)* statues *fpl*

**statue** /'stætjuː/ N statue *f* ◆ **the Statue of Liberty** la statue de la Liberté

**statuesque** /,stætjʊ'esk/ ADJ sculptural

**statuette** /,stætjʊ'et/ N statuette *f*

**stature** /'stætʃə^r/ N stature *f*, taille *f* ; *(fig) [of person]* envergure *f*, stature *f* ; *(fig) [of institution]* envergure *f* ◆ **to be of small ~, to be small in** *or* **of ~** être petit *or* fluet ◆ **of short ~** court de stature *or* de taille ◆ **he is a writer of some ~** c'est un écrivain d'une certaine envergure *or* d'une certaine stature ◆ **his ~ as a painter increased when ...** il a pris de l'envergure en tant que peintre quand ... ◆ **moral/intellectual ~** envergure *f* sur le plan moral/intellectuel

**status** /'steɪtəs/ N (pl **statuses**) a *(= economic etc position)* situation *f*, position *f* ; *(Admin, Jur)* statut *m* ◆ **social ~** standing *m* ◆ **civil ~** état *m* civil ◆ **what is his (official) ~?** quel est son titre officiel ?, quelle est sa position officielle ? ◆ **the economic ~ of the country** la situation *or* position économique du pays ◆ **the financial ~ of the company** l'état financier de la compagnie ◆ **the ~ of the black population** la condition sociale *or* *(Admin)* le statut de la population noire ◆ **his ~ as an assistant director** son standing de directeur adjoint

b *(= prestige) [of person]* prestige *m*, standing *m* ; *[of job, post]* prestige *m* ◆ **it is the ~ more than the salary that appeals to him** c'est le prestige plus que le salaire qui a de l'attrait pour lui ◆ **he hasn't got enough ~ for the job** il ne fait pas le poids * pour le poste

COMP ▷ **status report** N *(gen, Mil etc)* ◆ **to make a ~ report on ...** faire le point sur ... ▷ **status symbol** N *(gen)* signe *m* extérieur de (la) réussite ; *(marking financial success)* signe *m* extérieur de richesse

**status quo** /ˈsteɪtəsˈkwəʊ/ N statu quo *m inv*

**statute** /ˈstætjuːt/ N *(Jur etc)* loi *f* ◆ **by ~** selon la loi ◆ **the ~ of limitations is seven years** *(US Jur)* au bout de sept ans il y a prescription

COMP ▷ **statute book** N *(esp Brit)* ≃ code *m* ◆ **to be on the ~ book** figurer dans les textes de loi, ≃ être dans le code ▷ **statute law** N droit *m* écrit

**statutorily** /ˈstætjʊtərəlɪ/ ADV légalement

**statutory** /ˈstætjʊtərɪ/ ADJ **a** *(= legal) [duty, powers, provision, right, control]* légal ; *[offence]* prévu *or* défini par la loi ◆ **to have ~ effect** faire force de loi **b** *(pej = token) [woman etc]* de service *(pej)* ◆ **I was the ~ pensioner on the committee** j'étais le retraité-alibi *or* le retraité de service au comité COMP ▷ **statutory body** N organisme *m* de droit public ▷ **statutory change** N *(US Jur)* modification *f* législative ▷ **statutory corporation** N société *f* d'État ▷ **statutory holiday** N jour *m* férié ◆ **Monday is a ~ holiday** lundi est (un jour) férié ▷ **statutory maternity pay** N *(Brit)* allocation *f* minimum de maternité ▷ **statutory meeting** N assemblée *f* statutaire ▷ **statutory rape** N *(Jur)* détournement *m* de mineur ▷ **statutory sick pay** N *(Brit)* indemnité *f* de maladie *(versée par l'État)*

**staunch**[1] /stɔːntʃ/ VT *[+ flow]* contenir, arrêter ; *[+ blood]* étancher ; *[+ wound]* étancher le sang de

**staunch**[2] /stɔːntʃ/ ADJ *[supporter, defender, Republican, Protestant]* ardent ; *[friend]* loyal ; *[ally]* sûr ; *[support]* fidèle

**staunchly** /ˈstɔːntʃlɪ/ ADV *[oppose]* fermement ; *[defend, support]* vigoureusement ; *[conservative, Protestant]* résolument

**staunchness** /ˈstɔːntʃnɪs/ N dévouement *m*, loyauté *f*

**stave** /steɪv/ (vb : pret, ptp **stove** *or* **staved**) N *[of barrel etc]* douve *f* ; *(Mus)* portée *f* ; *(Poetry)* stance *f*, strophe *f*

► **stave in** VT SEP défoncer, enfoncer

► **stave off** VT SEP *[+ danger]* écarter, conjurer ; *[+ threat]* dissiper, conjurer ; *[+ ruin, disaster, defeat]* éviter, conjurer ; *[+ hunger]* tromper ; *[+ attack]* parer ◆ **in an attempt to ~ off the time when ...** en essayant de retarder le moment où ...

**staves** /steɪvz/ NPL of **staff**[2], **staff**[3]

**stay**[1] /steɪ/ N **a** séjour *m* ◆ **he is in Rome for a short ~** il est à Rome pour une courte visite *or* un bref séjour ◆ **a ~ in hospital** un séjour à l'hôpital ◆ **will it be a long ~?** est-ce qu'il restera (*or* vous resterez *etc*) longtemps ?

**b** *(Jur)* suspension *f* ◆ **~ of execution** sursis *m* à l'exécution (d'un jugement) ◆ **to put a ~ on proceedings** surseoir aux poursuites

VT **a** *(= check)* arrêter ; *[+ disease, epidemic]* enrayer ; *[+ hunger]* tromper ; *(= delay)* retarder ; *(Jur) [+ judgement]* surseoir à, différer ; *[+ proceedings]* suspendre ; *[+ decision]* ajourner, remettre ◆ **to ~ one's hand** se retenir

**b** *(= last out) [+ race]* terminer, aller jusqu'au bout de ; *[+ distance]* tenir ◆ **to ~ the course** *(Sport)* aller jusqu'au bout ; *(fig)* tenir bon, tenir le coup *

VI **a** *(= remain)* rester ◆ **~ there!** restez là ! ◆ **here I am and here I ~** j'y suis j'y reste ◆ **to ~ still, to ~ put** * ne pas bouger ◆ **to ~ for** *or* **to dinner** rester (à) dîner ◆ **to ~ faithful** rester *or* demeurer fidèle ◆ **~ tuned!** *(Rad)* restez à l'écoute !, ne quittez pas l'écoute ! ◆ **to ~ ahead of the others** garder son avance sur les autres ◆ **it is here to ~** c'est bien établi ◆ **he is here to ~** il est là pour de bon ◆ **things can't be allowed to ~ that way** on ne peut pas laisser les choses comme ça ◆ **if the weather ~s fine** si le temps se maintient (au beau) ◆ **he ~ed (for) the whole week** il est resté toute la semaine ◆ **he ~ed a year in Paris** il est resté un an à Paris, il a séjourné un an à Paris ◆ **to ~ with a company** *[customers, employees]* rester fidèle à une entreprise ◆ **to ~ off school/work** ne pas aller à l'école/au travail ◆ **to ~ off drugs/alcohol** ne plus prendre de drogue/d'alcool

**b** *(on visit)* **has she come to ~?** est-ce qu'elle est venue avec l'intention de rester ? ◆ **she came to ~ (for) a few weeks** elle est venue passer quelques semaines ◆ **I'm ~ing with my aunt** je loge chez ma tante ◆ **to ~ in a hotel** être à l'hôtel ◆ **where do you ~ when you go to London?** où logez-vous quand vous allez à Londres ? ◆ **he was ~ing in Paris when he fell ill** il séjournait à Paris quand il est tombé malade

**c** *(Scot = live permanently)* habiter

**d** *(= persevere)* tenir ◆ **to ~ to the finish** tenir jusqu'à la ligne d'arrivée ◆ **to ~ with a scheme** * ne pas abandonner un projet ◆ **~ with it!** * tenez bon !

**e** *(liter = pause)* s'arrêter

COMP ▷ **stay-at-home** N, ADJ casanier *m*, -ière *f*, pantouflard(e) * *m(f)* ▷ **staying power** N résistance *f*, endurance *f* ◆ **he hasn't a lot of ~ing power** il se décourage facilement

► **stay away** VI ◆ **he stayed away for three years** il n'est pas rentré avant trois ans ◆ **he ~ed away from the meeting** il n'est pas allé (*or* venu) à la réunion, il s'est abstenu d'aller à la réunion ◆ **to ~ away from school** ne pas aller à l'école, manquer l'école

► **stay behind** VI rester en arrière ◆ **you'll ~ behind after school!** tu resteras après la classe !

► **stay down** VI **a** rester en bas ; *(bending)* rester baissé ; *(lying down)* rester couché ; *(under water)* rester sous l'eau

**b** *(Scol)* redoubler

**c** *(food etc)* **nothing he eats will ~ down** il n'assimile rien *or* il ne garde rien de ce qu'il mange

► **stay in** VI **a** *[person] (at home)* rester à la maison, ne pas sortir ; *(Scol)* être en retenue

**b** *[nail, screw, tooth filling]* tenir

► **stay out** VI **a** *[person] (away from home)* ne pas rentrer ; *(= outside)* rester dehors ◆ **get out and ~ out!** sortez et ne revenez pas ! ◆ **he always ~s out late on Fridays** il rentre toujours tard le vendredi ◆ **he ~ed out all night** il n'est pas rentré de la nuit ◆ **don't ~ out after 9 o'clock** rentrez avant 9 heures

**b** *(on strike)* rester en grève

**c** *(fig)* **to ~ out of** *[+ argument]* ne pas se mêler de ; *[+ prison]* éviter ◆ **to ~ out of trouble** se tenir tranquille ◆ **you ~ out of this!** mêlez-vous de vos (propres) affaires !

► **stay over** VI s'arrêter (un *or* plusieurs jour(s)), faire une halte ◆ **can you ~ over till Thursday?** est-ce que vous pouvez rester jusqu'à jeudi ?

► **stay up** VI **a** *[person]* rester debout, ne pas se coucher ◆ **don't ~ up for me** ne m'attendez pas pour aller vous coucher ◆ **you can ~ up to watch the programme** vous pouvez voir l'émission avant de vous coucher ◆ **we always ~ up late on Saturdays** nous veillons *or* nous nous couchons toujours tard le samedi

**b** *(= not fall) [trousers, fence etc]* tenir ◆ **this zip won't ~ up** cette fermeture éclair ® ne veut pas rester fermée

**stay**[2] /steɪ/ N *(for pole, flagstaff etc: Naut)* étai *m*, hauban *m* ; *(for wall)* étai *m*, étançon *m* ; *(fig)* soutien *m*, support *m* NPL **stays** † *(= corsets)* corset *m* VT (also **stay up**) *(Naut)* haubaner, étayer

**stayer** /ˈsteɪəʳ/ N *(= horse)* stayer *m*, cheval *m* qui a du fond ; *(= runner)* coureur *m*, -euse *f* qui a du fond *or* de la résistance physique ◆ **he's a ~** *(Sport)* il a du fond, il est capable d'un effort prolongé ; *(fig)* il n'abandonne pas facilement, il va jusqu'au bout de ce qu'il entreprend

**STD** /ˌestiːˈdiː/ **a** *(Brit Telec)* (abbrev of **subscriber trunk dialling**) automatique *m* ◆ **to phone ~** téléphoner par l'automatique ◆ **~ code** indicatif *m* de zone **b** (abbrev of **sexually transmitted disease**) MST *f* ◆ **~ clinic** ≃ service *m* de (dermato-)vénérologie

**stead** /sted/ N ◆ **in my/his** *etc* **~** à ma/sa *etc* place ◆ **to stand sb in good ~** rendre grand service à qn, être très utile à qn

**steadfast** /ˈstedfəst/ *(liter)* ADJ **a** *(= unshakable) [person, refusal, belief]* inébranlable ; *[loyalty, support]* inébranlable, indéfectible ; *[intention, desire]* ferme ; *[gaze]* ferme, résolu ◆ **~ in adversity/danger** inébranlable au milieu des infortunes/du danger ◆ **to be ~ in one's belief that ...** rester fermement persuadé que ... ◆ **to be ~ in one's praise of sb/sth** ne pas tarir d'éloges sur qn/qch ◆ **to be ~ in one's opposition to sth** rester fermement opposé à qch **b** *(= loyal) [person]* constant, loyal ◆ **~ in love** constant en amour

**steadfastly** /ˈstedfəstlɪ/ ADV *[refuse, reject, deny, maintain]* inébranlablement ◆ **~ loyal** d'une loyauté inébranlable ◆ **to remain ~ at one's post** rester ferme à son poste

**steadfastness** /ˈstedfəstnɪs/ N fermeté *f*, résolution *f (liter)* ◆ **~ of purpose** ténacité *f*

**Steadicam** ® /ˈstedɪkæm/ N *(TV)* Steadycam ® *m*

**steadily** /ˈstedɪlɪ/ ADV **a** *(= continuously) [increase, worsen, improve, work]* régulièrement ; *[breathe, beat]* avec régularité ; *[advance, rain, sob]* sans interruption ◆ **a ~ increasing number of people** un nombre toujours croissant de personnes ◆ **the poor are ~ getting poorer** les pauvres deviennent de plus en plus pauvres *or* toujours plus pauvres ◆ **the engine ran ~** le moteur tournait sans à-coups **b** *[look at] (= without flinching)* sans détourner les yeux ; *(= intimidatingly)* droit dans les yeux, avec insistance ; *[reply] (= calmly)* fermement, avec fermeté **c** *(= firmly) [walk]* d'un pas ferme ; *[hold, grasp]* d'une main ferme

**steadiness** /ˈstedɪnɪs/ N *(NonC)* **a** *(= regularity) [of progress, supply, pace, breath, beat, demand]* régularité *f* ; *[of prices, sales, market, economy]* stabilité *f* **b** *(= composure) [of voice]* fermeté *f* ◆ **the ~ of her look** *or* **gaze** *(= unflinching)* son regard qui ne cillait pas ; *(= intimidating)* l'insistance de son regard ◆ **the ~ of his game** la régularité de son jeu ◆ **~ of nerve** sang-froid *m* ◆ **~ of purpose** détermination *f* inébranlable **c** *(= firmness) [of chair, table, ladder, boat]* stabilité *f* ; *[of hand] (in drawing)* sûreté *f* ; *(in holding)* fermeté *f* ; *[gait]* fermeté *f* **d** *(= dependability) [of person]* sérieux *m*

**steady** /ˈstedɪ/ ADJ **a** *(= regular) [supply, rain, breathing, beat, demand, income]* régulier ; *[prices, sales, market]* stable ; *[temperature, wind]* constant ◆ **to make ~ progress** progresser régulièrement, faire des progrès constants ◆ **there was a ~ downpour for three hours** il n'a pas cessé de pleuvoir pendant trois heures ◆ **at a ~ pace** à une allure régulière ◆ **a ~ stream** *or* **flow of sth** un flux régulier de qch ◆ **we were doing a ~ 60km/h** nous roulions à une vitesse régulière *or* constante de 60 km/h ◆ **to hold** *or* **keep sth** *~ [+ prices, demand]* stabiliser qch ; see also **adj c** ◆ **a ~ job** un emploi stable ◆ **~ boyfriend** petit ami *m* attitré ◆ **~ girlfriend** petite amie *f* attitrée ◆ **to have a ~ relationship with sb** avoir une relation stable avec qn

b *(= composed) [voice]* ferme ; *[nerves]* solide ; *[look, gaze] (= unflinching)* calme ; *(= intimidating)* soutenu, insistant ◆ **to look at sb with a ~ gaze, to give sb a ~ look** *(= unflinching)* regarder qn sans détourner les yeux ; *(= intimidating)* regarder qn droit dans les yeux *or* avec insistance ◆ **he plays a very ~ game** il a un jeu très régulier

c *(= firm) [chair, table]* stable, solide ; *[boat]* stable ; *[hand] (in drawing)* sûr ; *(in holding)* ferme ◆ **to hold** *or* **keep sth ~** maintenir fermement qch ; see also **adj a** ◆ **to hold ~** se maintenir ◆ **to be ~ (on one's feet)** être solide sur ses jambes ◆ **the car is not very ~ on corners** la voiture ne tient pas très bien la route dans les tournants

d *(= dependable) [person]* sérieux

EXCL a *(Brit:* also **steady on!**) *(= be careful)* doucement ! ; *(= calm down)* du calme ! ; → **ready**

b *(Naut)* ~ **as she goes!, keep her ~!** comme ça droit !

ADV † * ◆ **they've been going ~ for six months** ils sortent ensemble depuis six mois ◆ **to go ~ with sb** sortir avec qn

N ‡ *(male)* copain * *m* ; *(female)* copine * *f*

VT *[+ wobbling object]* stabiliser ; *[+ chair, table] (with hand)* maintenir ; *(= wedge)* caler ; *[+ nervous person, horse]* calmer ◆ **to ~ o.s.** se remettre d'aplomb ◆ **to ~ one's nerves** se calmer (les nerfs) ◆ **to have a ~ing effect on sb** *(= make less nervous)* calmer qn ; *(= make less wild)* assagir qn

VI (also **steady up**) *(= regain balance)* se remettre d'aplomb ; *(= grow less nervous)* se calmer ; *(= grow less wild)* se ranger, s'assagir ; *[prices, market]* se stabiliser

COMP ▷ **steady-state theory** N *(Phys)* théorie *f* de la création continue

**steak** /steɪk/ N *(= beef)* bifteck *m*, steak *m* ; *(of other meat)* tranche *f* ; *(of fish)* tranche *f*, darne *f* ; → **fillet, frying, rumpsteak, stew** COMP ▷ **steak and kidney pie** N tourte *f* à la viande de bœuf et aux rognons ▷ **steak and kidney pudding** N pudding *m* à la viande de bœuf et aux rognons ▷ **steak house** N ⇒ **steakhouse** ▷ **steak knife** N (pl **steak knives**) couteau *m* à viande *or* à steak

**steakhouse** /ˈsteɪkhaʊs/ N ≈ grill-room *m*

**steal** /stiːl/ (pret **stole**, ptp **stolen**) VT *[+ object, property]* voler, dérober *(liter)* (*from sb* à qn) ; *(fig) [+ kiss]* voler (*from sb* à qn) ◆ **he stole a book from the library** il a volé un livre à la bibliothèque ◆ **he stole money from the till/drawer** *etc* il a volé de l'argent dans la caisse/dans le tiroir *etc* ◆ **to ~ the credit for sth** s'attribuer tout le mérite de qch ◆ **to ~ a glance at ...** jeter un coup d'œil furtif à ..., lancer un regard furtif à ... ◆ **to ~ a march on sb** * gagner *or* prendre qn de vitesse ◆ **to ~ the show from sb** *(Theat, also fig)* ravir la vedette à qn ◆ **he stole the show** il n'y en a eu que pour lui, on n'a eu d'yeux que pour lui ◆ **to ~ sb's thunder** voler la vedette à qn ◆ **Labour have stolen the Tories' clothes** *(Brit)* les travaillistes se sont appropriés les idées des conservateurs

VI a voler ◆ **thou shalt not ~** *(Bible)* tu ne voleras point

b *(= move silently)* **to ~ up/down/out** *etc* monter/descendre/sortir *etc* furtivement ◆ **he stole into the room** il s'est glissé *or* faufilé dans la pièce ◆ **a smile stole across her lips** un sourire erra sur ses lèvres ◆ **a tear stole down her cheek** une larme furtive glissa sur sa joue ◆ **the light was ~ing through the shutters** la lumière filtrait à travers les volets

N *(US = theft)* vol *m* ◆ **it's a ~** * *(fig = bargain)* c'est une bonne affaire

► **steal away** VI s'esquiver

VT SEP *[+ child etc]* prendre, enlever (*from sb* à qn) ; *[+ sb's husband]* voler, prendre (*from sb* à qn) ; *[+ sb's affections]* détourner

**stealing** /ˈstiːlɪŋ/ N *(NonC)* vol *m* ◆ **~ is wrong** c'est mal de voler

**stealth** /stelθ/ N ◆ **by ~** furtivement, à la dérobée COMP ▷ **Stealth bomber** N *(Aviat)* bombardier *m* furtif ▷ **stealth tax** N *(pej)* impôt *m* indirect

**stealthily** /ˈstelθɪlɪ/ ADV *[move, remove, exchange]* furtivement, à la dérobée ; *[creep, enter, leave]* furtivement, à pas furtifs

**stealthiness** /ˈstelθɪnɪs/ N caractère *m* furtif, manière *f* furtive

**stealthy** /ˈstelθɪ/ ADJ furtif

**steam** /stiːm/ N *(NonC)* vapeur *f* ; *(= condensation: on window etc)* buée *f* ◆ **it works by ~** ça marche *or* fonctionne à la vapeur ◆ **full ~ ahead!** *(Naut)* en avant toute ! ◆ **the building project is going full ~ ahead** le projet de construction va de l'avant à plein régime ◆ **to get up** *or* **pick up ~** *[train, ship]* prendre de la vitesse ; *[driver etc]* faire monter la pression ; *(fig) [worker, programme, project]* démarrer vraiment * *(fig)* ◆ **when she gets up** *or* **picks up ~ she can ...** quand elle s'y met *or* quand elle est lancée elle peut ... ◆ **to run out of ~** *[speaker, worker]* s'essouffler ; *[programme, project]* tourner court, s'essouffler ◆ **the strike is running out of ~** le mouvement de grève commence à s'essouffler ◆ **under one's own ~** par ses propres moyens ◆ **to let off** *or* **blow off ~** * *(= energy)* se défouler * ; *(= anger)* épancher sa bile

VT *(for cleaning, disinfecting purposes)* passer à la vapeur ; *(Culin)* cuire à la vapeur ◆ **to ~ open an envelope** décacheter une enveloppe à la vapeur ◆ **to ~ off a stamp** décoller un timbre à la vapeur

VI a *[kettle, liquid, horse, wet clothes]* fumer

b ◆ **to ~ along/away** *etc [steamship, train]* avancer/partir *etc* ; *(* fig) [person, car]* avancer/partir *etc* à toute vapeur * ◆ **they were ~ing along at 12 knots** ils filaient 12 nœuds ◆ **the ship ~ed up the river** le vapeur remontait la rivière ◆ **the train ~ed out of the station** le train est sorti de la gare dans un nuage de fumée ◆ **to ~ ahead** *[steamship]* avancer ; * *[person]* avancer à toute vapeur * ; *(* fig = make great progress)* faire des progrès à pas de géant

COMP *[boiler, iron, turbine]* à vapeur ; *[bath]* de vapeur ▷ **steam-driven** ADJ à vapeur ▷ **steamed pudding** N pudding *m* cuit à la vapeur ▷ **steamed up** * ADJ *(fig)* ◆ **to get ~ed up** se mettre dans tous ses états (*about sth* à propos de qch) ◆ **don't get so ~ed up about it!** ne te mets pas dans tous tes états pour ça ! ▷ **steam engine** N *(Rail)* locomotive *f* à vapeur ▷ **steam heat** N chaleur *f* fournie par la vapeur ▷ **steam organ** N orgue *m* à vapeur ▷ **steam room** N hammam *m* ▷ **steam shovel** N *(US)* excavateur *m*

► **steam up** VI *[window, mirror]* se couvrir de buée ; *[bathroom]* se remplir de buée

VT SEP embuer

ADJ ◆ **steamed up** * → **steam**

**steamboat** /ˈstiːmbəʊt/ N (bateau *m* à) vapeur *m*

**steamer** /ˈstiːməʳ/ N a *(Naut)* (bateau *m* à) vapeur *m* ; *(= liner)* paquebot *m* b *(= saucepan)* cuit-vapeur *m inv*

**steaming** /ˈstiːmɪŋ/ ADJ a (also **steaming hot**) fumant b *( * = angry) [person]* fumasse * ; *[letter]* furibond * c *(Scot ‡ = drunk)* bourré *

**steamroller** /ˈstiːmrəʊləʳ/ N rouleau *m* compresseur VT *(fig) [+ opposition etc]* écraser, briser ; *[+ obstacles]* aplanir ◆ **to ~ a bill through Parliament** *faire approuver un projet de loi au Parlement sans tenir compte de l'opposition* COMP ▷ **steamroller tactics** NPL technique *f* du rouleau compresseur

**steamship** /ˈstiːmʃɪp/ N paquebot *m* COMP ▷ **steamship company** N ligne *f* de paquebots

**steamy** /ˈstiːmɪ/ ADJ a *(= humid) [room, city, air]* plein de vapeur ; *[window]* embué b *( * = erotic) [affair, film, novel]* torride

**steed** /stiːd/ N *(liter)* coursier *m (liter)*

**steel** /stiːl/ N a *(NonC)* acier *m* ◆ **to be made of ~** *(fig)* avoir une volonté de fer ◆ **nerves of ~** nerfs *mpl* d'acier ; → **stainless**

b *(= sharpener)* aiguisoir *m*, fusil *m* ; *(for striking sparks)* briquet † *m*, fusil † *m* ; *(liter = sword, dagger)* fer *m* ; → **cold**

VT *(fig)* ◆ **to ~ o.s.** *or* **one's heart to do sth** s'armer de courage pour faire qch ◆ **to ~ o.s. against sth** se cuirasser contre qch

COMP *(= made of steel) [knife, tool]* en acier ; *(Ind) [manufacture]* de l'acier ; *(gen, also of steel production)* sidérurgique ; *[dispute, strike]* des sidérurgistes, des (ouvriers) métallurgistes ; *(St Ex) [shares, prices]* de l'acier ▷ **steel band** N steel band *m* ▷ **steel-clad** ADJ bardé de fer ▷ **steel engraving** N gravure *f* sur acier ▷ **steel grey** ADJ gris acier *inv*, gris métallisé *inv* ▷ **steel guitar** N steel-guitar *f*, guitare *f* à cordes métalliques ▷ **steel helmet** N casque *m* ▷ **steel industry** N sidérurgie *f*, industrie *f* sidérurgique ▷ **steel maker, steel manufacturer** N métallurgiste *m*, aciériste *m* ▷ **steel mill** N ⇒ **steelworks** ▷ **steel-plated** ADJ revêtu d'acier ▷ **steel tape** N *(Carpentry etc)* mètre *m* à ruban métallique ▷ **steel wool** N *(NonC, for floors)* paille *f* de fer ; *(for saucepans)* tampon *m* métallique

**steelworker** /ˈstiːl,wɜːkəʳ/ N (ouvrier *m*, -ière *f*) sidérurgiste *mf*, (ouvrier *m*, -ière *f*) métallurgiste *mf*

**steelworks** /ˈstiːlwɜːks/ N aciérie *f*

**steely** /ˈstiːlɪ/ ADJ a *[sky] (= blue)* bleu acier *inv* ; *(= grey)* gris acier *inv* ; *[colour]* acier *inv* b *(= grim) [person, smile]* dur et menaçant ; *[look, stare]* d'acier ; *[determination]* inébranlable ; *[refusal, attitude]* inébranlable, inflexible ◆ **his look of ~ concentration** son regard d'intense concentration c *(= like steel) [material, substance]* dur comme l'acier ; *[appearance]* de l'acier COMP ▷ **steely blue** ADJ bleu acier *inv* ▷ **steely-eyed** ADJ au regard d'acier ▷ **steely grey** ADJ gris acier *inv*, gris métallisé *inv* ▷ **steely-hearted** ADJ au cœur de pierre

**steelyard** /ˈstiːljɑːd/ N balance *f* romaine

**steep**[1] /stiːp/ ADJ a *[slope, incline, road, street, stairs]* raide ; *[hill, bank]* escarpé ; *[cliff]* abrupt ; *[roof]* pentu ; *[descent]* rapide ; *[ascent, climb]* rude ; *[dive]* à la verticale ◆ **a ~ path** un raidillon, un sentier raide b *(= great) [rise, fall]* fort c *( * = expensive) [price, fees]* élevé, raide * ; *[bill]* salé * d *(Brit * = unreasonable)* ◆ **that's** *or* **it's a bit ~** c'est un peu raide * *or* fort * ◆ **it's a bit ~ to expect us to do that!** c'est un peu raide * *or* fort * de s'attendre à ce qu'on fasse ça !

**steep**[2] /stiːp/ VT *(in water, dye etc)* tremper (*in* dans) ; *[+ washing]* faire tremper, mettre à tremper ; *(Culin)* macérer, mariner (*in* dans) ◆ **~ed in ignorance/vice** croupissant dans l'ignorance/le vice ◆ **~ed in prejudice** imbu de préjugés ◆ **a town ~ed in history** une ville imprégnée d'histoire ◆ **a scholar ~ed in the classics** un érudit imprégné des auteurs classiques **VI** *[clothes etc]* tremper ; *(Culin)* macérer, mariner

**steepen** /ˈstiːpən/ **VI** *(lit) [slope, ground]* devenir plus raide ; *(fig) [slump, decline]* s'accentuer

**steeple** /ˈstiːpl/ **N** clocher *m*, flèche *f*

**steeplechase** /ˈstiːpltʃeɪs/ **N** steeple(-chase) *m*

**steeplechaser** /ˈstiːpl,tʃeɪsəʳ/ **N** *(= horse)* coureur *m*, -euse *f* de steeple

**steeplechasing** /ˈstiːpl,tʃeɪsɪŋ/ **N** steeple(-chase) *m*

**steeplejack** /ˈstiːpldʒæk/ **N** réparateur *m* de hautes cheminées et de clochers

**steeply** /ˈstiːplɪ/ **ADV** **a** *(= precipitously) [rise, climb, fall, drop]* en pente raide ◆ **to bank ~** faire un virage serré sur l'aile ◆ **the lawn slopes ~ down to the river** la pelouse descend en pente raide vers la rivière ◆ **~ sloping roof/land** toit *m*/terrain *m* en pente raide ◆ **~ terraced vineyards** des vignobles en terrasses escarpées **b** *(= greatly)* ◆ **to rise/fall ~** *[prices, costs, profits]* monter en flèche/baisser fortement

**steepness** /ˈstiːpnɪs/ **N** *[of road etc]* pente *f* (raide) ; *[of slope]* abrupt *m*

**steer¹** /stɪəʳ/ **N** *(= ox)* bœuf *m* ; *(esp US: castrated)* bouvillon *m*

**steer²** /stɪəʳ/ **VT** **a** *(= handle controls of) [+ ship]* gouverner ; *[+ boat]* barrer

**b** *(= move, direct) [+ ship, car]* diriger (*towards* vers) ; *(fig) [+ person]* guider ; *[+ conversation]* diriger ◆ **to ~ a** *or* **one's course to** *(Naut)* faire route vers *or* sur ◆ **to ~ one's way through a crowd** se frayer un passage à travers une foule ◆ **he ~ed her over to the bar** il l'a guidée vers le bar ◆ **he ~ed me into a good job** c'est lui qui m'a permis de trouver un bon boulot *

**VI** *(Naut)* tenir le gouvernail *or* la barre, gouverner ◆ **to ~ by the stars** se guider sur les étoiles ◆ **he ~ed for the lighthouse** il a fait route vers *or* il a mis le cap sur le phare ◆ **~ due north!** cap au nord ! ◆ **this car/boat doesn't ~ well** cette voiture n'a pas une bonne direction/ce bateau gouverne mal ◆ **to ~ clear of sth** *(Naut)* passer au large de qch ; *(Aut)* passer à l'écart de qch ◆ **to ~ clear of sb/sth** *(fig)* éviter qn/qch

**N** *(US * = tip)* tuyau * *m*, conseil *m* ◆ **a bum ~** un tuyau qui ne vaut rien

**steerage** /ˈstɪərɪdʒ/ *(Naut)* **N** entrepont *m* **ADV** dans l'entrepont, en troisième classe

**steerageway** /ˈstɪərɪdʒweɪ/ **N** erre *f*

**steering** /ˈstɪərɪŋ/ **N** *(NonC) (Aut) (= action)* conduite *f* ; *(= mechanism)* direction *f* ; *(Naut)* conduite *f*, pilotage *m* **COMP** ▷ **steering arm N** *(Aut)* bras *m* de direction ▷ **steering column N** *(Aut)* colonne *f* de direction ▷ **steering committee N** *(Admin etc)* comité *m* de pilotage ▷ **steering gear N** *(Aut)* boîte *f* de direction ; *(Naut)* servomoteur *m* de barre *or* de gouvernail ; *(Aviat)* direction *f* ▷ **steering lock N** *(Aut) (when driving)* rayon *m* de braquage ; *(= anti-theft device)* antivol *m* de direction ▷ **steering system N** *(Aut)* direction *f* ▷ **steering wheel N** *(Aut)* volant *m* ; *(Naut)* barre *f* à roue

**steersman** /ˈstɪəzmən/ **N** (pl **-men**) *(Naut)* timonier *m*, homme *m* de barre

**stegosaurus** /,stegəˈsɔːrəs/ **N** stégosaure *m*

**stellar** /ˈsteləʳ/ **ADJ** **a** *(Astron)* stellaire **b** *(Cine, Theat etc) [person, cast]* brillant ; *[talent, quality, reputation]* sublime **c** *(= superb) [profits, education]* excellent

**stem¹** /stem/ **VT** **a** *(= stop) [+ flow]* contenir, endiguer ; *[+ flood, river]* contenir, endiguer ; *[+ course of disease]* enrayer, juguler ; *[+ attack]* juguler, stopper ◆ **to ~ the course of events** endiguer la marche des événements ◆ **to ~ the tide** *or* **flow of ...** *(fig)* endiguer (le flot de) ... **b** *[+ ski]* ramener *or* écarter en chasse-neige **COMP** ▷ **stem parallel N** *(Ski)* stem(m) *m* parallèle ▷ **stem turn N** *(Ski)* (virage *m* en) stem(m) *m*

**stem²** /stem/ LANGUAGE IN USE 17.1 **N** **a** *[of flower, plant]* tige *f* ; *[of tree]* tronc *m* ; *[of fruit, leaf]* queue *f* ; *[of glass]* pied *m* ; *[of tobacco pipe]* tuyau *m* ; *[of feather]* tige *f*, tuyau *m* ; *(in handwriting, Printing: of letter)* hampe *f* ; *(Mus: of note)* queue *f* ; *(Ling: of word)* radical *m* **b** *(Naut) (= timber)* étrave *f* ; *(= part of ship)* avant *m*, proue *f* ◆ **from ~ to stern** de bout en bout **VI** ◆ **to ~ from ...** provenir de ..., découler de ..., dériver de ... **COMP** ▷ **stem cell N** *(Bio)* cellule *f* souche ▷ **stem ginger N** gingembre *m* confit ▷ **stem-winder N** montre *f* à remontoir

**-stemmed** /stemd/ **ADJ** *(in compounds)* ◆ **short-/thick-stemmed** *[pipe]* à tuyau court/épais ◆ **thin-/green-stemmed** *[plant]* à tige fine/verte ◆ **slim-/thick-stemmed** *[glass]* au pied fin/épais

**stench** /stentʃ/ **N** puanteur *f*, odeur *f* nauséabonde *or* fétide

**stencil** /ˈstensl/ **N** *(of metal, cardboard)* pochoir *m* ; *(of paper)* poncif *m* ; *(in typing etc)* stencil *m* ; *(= decoration)* peinture *f or* décoration *f* au pochoir ◆ **to cut a ~** *(Typing)* préparer un stencil **VT** *[+ lettering, name]* peindre *or* marquer au pochoir ; *(in typing etc) [+ document]* polycopier, tirer au stencil

**Sten gun** /ˈstengʌn/ **N** *(Brit Hist)* mitraillette *f* légère

**steno** * /ˈstenəʊ/ **N** *(US)* ⇒ **stenographer, stenography**

**stenographer** /steˈnɒgrəfəʳ/ **N** sténographe *mf*

**stenography** /steˈnɒgrəfɪ/ **N** *(US)* sténographie *f*

**stentorian** /stenˈtɔːrɪən/ **ADJ** *(liter) [voice, tones]* de stentor ; *[shout]* puissant

**step** /step/ **N** **a** *(= movement, sound, track)* pas *m* ◆ **to take a ~ back/forward** faire un pas en arrière/en avant ◆ **with slow ~s** à pas lents ◆ **at every ~** *(lit, fig)* à chaque pas ◆ **~ by ~** *(lit)* pas à pas ; *(fig)* petit à petit ; see also **comp** ◆ **he didn't move a ~** il n'a pas bougé d'un pas ◆ **we heard ~s in the lounge** nous avons entendu des pas *or* un bruit de pas dans le salon ◆ **we followed his ~s in the snow** nous avons suivi (la trace de) ses pas dans la neige ◆ **to follow in sb's ~s** *(fig)* marcher sur les pas *or* suivre les brisées de qn ◆ **it's a good ~** * *or* **quite a ~** * **to the village** *(= distance)* il y a un bon bout de chemin *or* ça fait une bonne trotte * d'ici au village ◆ **every ~ of the way** *[complain etc]* continuellement, constamment ; *[argue, object]* point par point ◆ **I'll fight this decision every ~ of the way** je combattrai cette décision jusqu'au bout ◆ **to be** *or* **stay one ~ ahead of sb** avoir une longueur d'avance sur qn ; → **retrace, watch²**

**b** *(fig)* pas *m* (*towards* vers) ; *(= measure)* disposition *f*, mesure *f* ◆ **it is a great ~ for the nation to take** c'est pour la nation un grand pas à faire *or* à franchir ◆ **the first ~s in one's career** les premiers pas *or* les débuts *mpl* de sa carrière ◆ **it's a ~ up in his career** c'est une promotion pour lui ◆ **to take ~s (to do sth)** prendre des dispositions *or* des mesures (pour faire qch) ◆ **to take legal ~s** avoir recours à la justice, engager des poursuites (*to do sth* pour faire qch) ◆ **what's the next ~?** qu'est-ce qu'il faut faire maintenant *or* ensuite ? ◆ **the first ~ is to decide ...** la première chose à faire est de décider ... ; → **false**

**c** *(NonC: in marching, dancing)* pas *m* ◆ **a waltz ~** un pas de valse ◆ **to keep ~** *(in marching)* marcher au pas ; *(in dance)* danser en mesure ◆ **to keep ~ with sb** *(lit, fig)* ne pas se laisser distancer par qn ◆ **to break ~** *(Mil)* rompre le pas

♦ **in(to) step** ◆ **to keep in ~** *(marching)* marcher au pas ; *(dancing)* danser en mesure ◆ **to fall into ~** *(marching)* se mettre au pas ◆ **to be in ~ with** *(fig) [+ person, values]* être en phase avec ; *[+ regulations]* être conforme à ◆ **they're in ~ with each other** ils sont en phase ◆ **Britain's economy has fallen into ~ with the rest of Europe** l'économie de la Grande-Bretagne est maintenant en phase avec celle du reste de l'Europe

♦ **out of step** ◆ **to get out of ~** *(marching)* rompre le pas ◆ **to be/march** *etc* **out of ~** ne pas être/marcher *etc* au pas ◆ **to be out of ~ with** *(fig) [+ person]* être déphasé *or* en déphasage par rapport à ; *[+ regulations]* ne pas être conforme à ◆ **the unions and their leaders are out of ~** il y a déphasage entre les syndicats et leurs dirigeants ◆ **the country is out of ~ with the rest of Europe** le pays est déphasé *or* en déphasage par rapport au reste de l'Europe

**d** *(= stair)* marche *f* *(also Climbing)* ; *(= doorstep)* pas *m* de la porte, seuil *m* ; *(on bus etc)* marchepied *m* ◆ **(flight of) ~s** *(indoors)* escalier *m* ; *(outdoors)* perron *m*, escalier *m* ◆ **(pair of) ~s** *(Brit)* escabeau *m* ◆ **mind the ~** attention à la marche

**e** (also **step aerobics**) step *m*

**VT** **a** *(= place at intervals)* échelonner

**b** *(Naut) [+ mast]* arborer, mettre dans son emplanture

**VI** ◆ **~ this way** venez par ici ◆ **to ~ off sth** descendre de qch, quitter qch ◆ **he ~ped into the car/onto the pavement** il est monté dans la voiture/sur le trottoir ◆ **he ~ped into his slippers/trousers** il a mis ses pantoufles/son pantalon ◆ **to ~ into sb's boots** *(Brit)* succéder à qn ◆ **to ~ on sth** marcher sur qch ◆ **to ~ on the brakes** donner un coup de frein ◆ **to ~ on the gas** * *(US Aut)* appuyer sur le champignon * ◆ **~ on it!** * dépêche-toi !, grouille-toi ! * ◆ **to ~ out of line** *(gen)* sortir des rangs ; *(morally)* s'écarter du droit chemin ◆ **to ~ over sth** enjamber qch ; → **shoe**

**COMP** ▷ **step aerobics N** *(NonC: Sport)* step *m* ▷ **step-by-step ADJ** *[instructions]* point par point ▷ **step change N** changement *m* majeur *or* radical ▷ **step-parent N** beau-père *m*/belle-mère *f* ◆ **~-parents** beaux-parents *mpl* ▷ **stepped-up ADJ** *[campaign, efforts]* intensifié ; *[production, sales]* augmenté, accru ▷ **stepping stone N** *(lit)* pierre *f* de gué ; *(fig)* marchepied *m*

► **step aside VI** *(lit)* faire un pas de côté ; *(= give up position)* s'effacer

► **step back VI** *(lit)* faire un pas en arrière, reculer ◆ **we ~ped back into Shakespeare's time** nous nous sommes retrouvés à l'époque de Shakespeare

► **step down VI** *(lit)* descendre (*from* de) ; *(fig)* se retirer, se désister (*in favour of sb* en faveur de qn)

► **step forward** VI faire un pas en avant ; *(= show o.s., make o.s. known)* s'avancer, se faire connaître ; *(= volunteer)* se présenter

► **step in** VI entrer ; *(fig)* intervenir, s'interposer

► **step inside** VI entrer

► **step out** VI *(= go outside)* sortir ; *(= hurry)* allonger le pas ; *(US * fig)* faire la bombe *

VT SEP *(= measure)* *[+ distance]* mesurer en comptant les pas

► **step up** VI ◆ **to step up to sb/sth** s'approcher de qn/qch

VT SEP *[+ production, sales]* augmenter, accroître ; *[+ campaign]* intensifier ; *[+ attempts, efforts]* intensifier, multiplier ; *(Elec)* *[+ current]* augmenter

ADJ ◆ **stepped-up** → **step**

**stepbrother** /ˈstepˌbrʌðəʳ/ N demi-frère *m*

**stepchild** /ˈsteptʃaɪld/ N beau-fils *m*, belle-fille *f*

**stepchildren** /ˈstepˌtʃɪldrən/ NPL beaux-enfants *mpl*

**stepdaughter** /ˈstepˌdɔːtəʳ/ N belle-fille *f*

**stepfather** /ˈstepˌfɑːðəʳ/ N beau-père *m*

**Stephen** /ˈstiːvn/ N Étienne *m*, Stéphane *m*

**stepladder** /ˈstepˌlædəʳ/ N escabeau *m*

**stepmother** /ˈstepˌmʌðəʳ/ N belle-mère *f*

**steppe** /step/ N steppe *f*

**Step Reebok** ® /ˌstepˈriːbɒk/ N step *m*

**stepsister** /ˈstepˌsɪstəʳ/ N demi-sœur *f*

**stepson** /ˈstepsʌn/ N beau-fils *m*

**stereo** /ˈstɪərɪəʊ/ N **a** (abbrev of **stereophonic**) *(= system)* stéréo *f*, stéréophonie *f* ; *(= record player/radio etc)* chaîne *f*/radio *f etc* stéréophonique *or* stéréo *inv* ; *(= record/tape etc)* disque *m*/bande *f* magnétique *etc* stéréophonique *or* stéréo ◆ **recorded in ~** enregistré en stéréo(phonie) **b** abbrev of **stereoscope, stereotype** *etc* COMP *[record player, cassette recorder, tape etc]* stéréophonique, stéréo *inv* ; *[broadcast, recording]* en stéréophonie ▷ **stereo effect** N effet *m* stéréo(phonique) ▷ **stereo sound** N son *m* stéréo ▷ **stereo system** N chaîne *f* hi-fi

**stereo...** /ˈstɪərɪəʊ/ PREF stéréo...

**stereochemistry** /ˌstɪərɪəˈkemɪstrɪ/ N stéréochimie *f*

**stereogram** /ˈstɪərɪəgræm/, **stereograph** /ˈstɪərɪəgræf/ N stéréogramme *m*

**stereophonic** /ˌstɪərɪəˈfɒnɪk/ ADJ stéréophonique

**stereoscope** /ˈstɪərɪəskəʊp/ N stéréoscope *m*

**stereoscopic** /ˌstɪərɪəsˈkɒpɪk/ ADJ stéréoscopique

**stereoscopy** /ˌstɪərɪˈɒskəpɪ/ N stéréoscopie *f*

**stereotype** /ˈstɪərɪətaɪp/ N **a** *(fig)* stéréotype *m* **b** *(Typ)* cliché *m* ; *(= process)* clichage *m* VT **a** *(fig)* stéréotyper **b** *(Printing)* clicher

**stereotypical** /ˌstɪərɪəˈtɪpɪkl/ ADJ stéréotypé

**stereovision** /ˌstɪərɪəˈvɪʒən/ N vision *f* stéréoscopique

**sterile** /ˈsteraɪl/ ADJ *(all senses)* stérile

**sterility** /steˈrɪlɪtɪ/ N stérilité *f*

**sterilization** /ˌsterɪlaɪˈzeɪʃən/ N stérilisation *f*

**sterilize** /ˈsterɪlaɪz/ VT stériliser

**sterling** /ˈstɜːlɪŋ/ N *(NonC)* **a** *(Econ)* livres *fpl* sterling *inv* **b** (also **sterling silver**) argent *m* fin *or* de bon aloi ADJ **a** *(Metal)* *[gold, silver]* fin **b** (also **sterling silver**) *[bracelet]* d'argent fin *or* de bon aloi **c** *(esp Brit = excellent)* *[qualities, work, service, efforts]* remarquable ; *[advice]* excellent ◆ **a man of ~ worth** un homme de très grande valeur **d** *(Fin)* ◆ **pound ~** livre *f* sterling *inv* COMP ▷ **the sterling area**, **the sterling bloc** N la zone sterling

**stern¹** /stɜːn/ N *(Naut)* arrière *m*, poupe *f* ; * *[of horse etc]* croupe *f* ; * *[of person]* derrière *m*, postérieur * *m* ◆ **~ foremost** *(Naut)* par l'arrière, en marche arrière ; → **stem²**

**stern²** /stɜːn/ ADJ *[person, look, measure, rebuke, test]* sévère ; *[task]* rude ; *[opposition, resistance]* farouche ; *[warning]* sévère, sérieux ◆ **to be made of ~er stuff** être d'une autre trempe

**sterna** /ˈstɜːnə/ NPL of **sternum**

**sternly** /ˈstɜːnlɪ/ ADV **a** *(= severely)* *[say, rebuke]* sévèrement ; *[look at]* d'un air sévère ; *[warn]* sur un ton comminatoire ◆ **to deal ~ with sb/sth** se montrer sévère à l'égard de qn/qch ◆ **a ~ worded statement** une déclaration au ton comminatoire ◆ **a ~ factual account** un récit rigoureux basé sur les faits **b** *(= firmly)* *[forbid]* strictement ; *[oppose]* farouchement ; *[resist]* avec opiniâtreté

**sternness** /ˈstɜːnnɪs/ N *[of person, look, speech, measure, reprimand, test]* sévérité *f* ; *[of task]* difficulté *f* ; *[of opposition, resistance]* fermeté *f*

**Sterno** ® /ˈstɜːnəʊ/ *(US)* N ≈ méta ® *m* COMP ▷ **Sterno can** N *récipient pour tablette de méta*

**sternum** /ˈstɜːnəm/ N (pl **sternums** *or* **sterna**) sternum *m*

**steroid** /ˈstɪərɔɪd/ N stéroïde *m*

**stertorous** /ˈstɜːtərəs/ ADJ *(frm)* *[breathing]* stertoreux

**stet** /stet/ IMPERS VB *(Typ)* bon, à maintenir VT maintenir

**stethoscope** /ˈsteθəskəʊp/ N stéthoscope *m*

**Stetson** ® /ˈstetsən/ N Stetson ® *m*

**stevedore** /ˈstiːvɪdɔːʳ/ N arrimeur *m*, débardeur *m*, docker *m*

**Steven** /ˈstiːvn/ N Étienne *m*

**stew** /stjuː/ N *(meat)* ragoût *m* ; *(rabbit, hare)* civet *m* ◆ **to be/get in a ~** * *(= trouble)* être/se mettre dans le pétrin * ; *(= worry)* être/se mettre dans tous ses états ; → **Irish** VT *[+ meat]* (faire) cuire en ragoût, faire en daube ; *[+ rabbit, hare]* cuire en civet ; *[+ fruit]* faire cuire ◆ **~ed fruit** *(gen)* fruits *mpl* cuits ◆ **~ed apples/rhubarb** *etc* *(mushy)* compote *f* de pommes/de rhubarbe *etc* ◆ **~ed tea** thé *m* trop infusé ◆ **to be ~ed** ⁑ *(fig = drunk)* être pinté ⁑ VI *[meat]* cuire en ragoût *or* à l'étouffée ; *[fruit]* cuire ; *[tea]* devenir trop infusé ◆ **to let sb ~ in his own juice** laisser qn cuire *or* mijoter dans son jus COMP ▷ **stewing steak** *(Brit)*, **stew meat** *(US)* N bœuf *m* à braiser

**steward** /ˈstjuːəd/ N *(on ship, plane)* steward *m* ; *(on estate etc)* intendant *m*, régisseur *m* ; *(in club, college)* intendant *m*, économe *m* ; *(at meeting)* membre *m* du service d'ordre ; *(at dance)* organisateur *m* ; *(= doorman)* videur *m* ◆ **the ~s** *(at meeting etc)* le service d'ordre ; → **shop**

**stewardess** /ˈstjʊədes/ N hôtesse *f*

**stewardship** /ˈstjʊədʃɪp/ N *(= duties)* intendance *f* ◆ **under his ~** *(in club, college)* quand il était intendant *or* économe ; *(on estate)* quand il était intendant *or* régisseur

**stewpan** /ˈstjuːpæn/, **stewpot** /ˈstjuːpɒt/ N cocotte *f*

**stg** *(Fin)* abbrev of **sterling**

## stick /stɪk/

vb : pret, ptp **stuck**

| | |
|---|---|
| 1 NOUN | 4 INTRANSITIVE VERB |
| 2 PLURAL NOUN | 5 COMPOUNDS |
| 3 TRANSITIVE VERB | 6 PHRASAL VERBS |

### 1 - NOUN

**a** [= length of wood] bâton *m* ; *(= twig)* brindille *f* ; *(= walking stick)* canne *f* ; *(= stake for peas, flowers etc)* bâton *m*, tuteur *m* ; *(taller)* rame *f* ; *(for lollipop etc)* bâton *m* ; *(Mil, Mus)* baguette *f* ; *(Aviat = joystick)* manche *m* à balai ; *(Hockey, Lacrosse)* crosse *f* ; *(Ice Hockey)* stick *m* ◆ **a few ~s of furniture** quelques pauvres meubles ◆ **every ~ of furniture** chaque meuble ◆ **to carry a big ~** *(fig)* avoir le bras long ◆ **to use** *or* **wield the big ~** manier la trique ; *(Pol)* faire de l'autoritarisme ◆ **the policy of the big ~** la politique du bâton ◆ **to find a ~ to beat sb with** *(fig)* profiter de l'occasion pour s'en prendre à qn ◆ **to get (hold of) the wrong end of the ~** mal comprendre ◆ **to get on the ~** ⁑ *(fig US)* s'y coller *, s'y mettre

**b** [of charcoal, sealing wax] morceau *m* ; *[of chalk, candy]* morceau *m*, bâton *m* ; *[of dynamite]* bâton *m* ; *[of chewing gum]* tablette *f* ; *[of celery]* branche *f* ; *[of rhubarb]* tige *f* ◆ **a ~ of bombs** un chapelet de bombes ◆ **a ~ of parachutists** un groupe de saut

**c** [esp Brit * = criticism] **to give sb a lot of ~** éreinter qn (*for, over* à propos de) ◆ **to take** *or* **get a lot of ~** se faire éreinter (*for, over* à propos de)

**d** [Brit * = person] **he is a dull** *or* **dry old ~** il est rasoir * ◆ **he's a funny old ~** c'est un numéro *

**e** [Drugs *] stick *m*

### 2 - PLURAL NOUN

**sticks**

**a** [= firewood] petit bois *m*

**b** [Sport = hurdles] haies *fpl*

**c** [pej = backwoods] ◆ **(out) in the ~s** * en pleine cambrousse *

**d** ◆ **one summer they upped ~s and left for Canada** * un été, ils ont tout plaqué * et sont partis au Canada

### 3 - TRANSITIVE VERB

**a** [= thrust, stab] *[+ pin, needle, fork]* piquer, planter (*into* dans) ; *[+ knife, dagger, bayonet]* plonger, planter (*into* dans) ; *[+ spade, rod]* planter, enfoncer (*into* dans) ◆ **to ~ a pin through sth** transpercer qch avec une épingle ◆ **I stuck the needle into my finger** je me suis piqué le doigt avec l'aiguille ◆ **we found this place by ~ing a pin in the map** nous avons trouvé ce coin en plantant une épingle au hasard sur la carte ◆ **a board stuck with drawing pins/nails** un panneau couvert de punaises/hérissé de clous ◆ **to ~ a pig** égorger un cochon ◆ **to squeal like a stuck pig** brailler comme un cochon qu'on égorge

**b** [* = put] mettre ; *(inside sth)* mettre, fourrer * ◆ **he stuck it on the shelf/under the table** il l'a mis sur l'étagère/sous la table ◆ **to ~ sth into a drawer** mettre *or* fourrer * qch dans un tiroir ◆ **to ~ one's hands in one's pockets** mettre *or* fourrer * ses mains dans ses poches ◆ **he stuck his finger into the hole** il a mis *or* fourré * son doigt dans le trou ◆ **he stuck the lid on the box** il a mis le couvercle sur la boîte ◆ **he stuck his head through the window/round the door** il a passé la tête par la fenêtre/dans l'embrasure de la porte ◆ **to ~ one's hat on one's**

**head** mettre son chapeau sur sa tête ◆ **I'll have to ~ a button on that shirt** il faudra que je mette un bouton à cette chemise ◆ **he had stuck £30 on the price** il avait majoré le prix de 30 livres ◆ **to ~ an advertisement in the paper** mettre *or* passer une annonce dans le journal ◆ **they stuck him on the committee** ils l'ont mis *or* collé * au comité ◆ **you know where you can ~ that!** ‡, **~ it up your ass!** *‡ tu sais où tu peux te le mettre ? ‡ ◆ **she told him to ~ his job** ‡ elle lui a dit d'aller se faire voir ‡ avec son boulot *

**c** [with glue etc] coller ◆ **to ~ a poster on the wall/a door** coller une affiche au mur/sur une porte ◆ **to ~ a stamp on a letter** coller un timbre sur une lettre ◆ **"stick no bills"** "défense d'afficher" ◆ **it was stuck fast** c'était bien collé *or* indécollable ◆ **he tried to ~ the murder on his brother** ‡ il a essayé de mettre le meurtre sur le dos de son frère ◆ **you can't ~ that on me!** ‡ vous ne pouvez pas me mettre ça sur le dos ! ◆ **he stuck me with the bill** il m'a laissé régler la note ◆ **he stuck** ‡ **me (for) £10 for that old book** il m'a fait payer *or* il m'a pris 10 livres pour ce vieux bouquin *

♦ **to be stuck** *[key, lock, door, drawer, gears, valve, lid]* être coincé, être bloqué ; *[vehicle, wheels]* être coincé, être bloqué ; *(in mud)* être embourbé ; *(in sand)* être enlisé ; *[machine, lift]* être bloqué, être en panne ◆ **to be stuck in the lift** être coincé *or* bloqué dans l'ascenseur ◆ **the train was stuck at the station** le train était bloqué *or* immobilisé en gare ◆ **the car was stuck between two trucks** la voiture était bloquée *or* coincée entre deux camions ◆ **I was stuck in a corner and had to listen to him all evening** j'étais bloqué dans un coin et j'ai dû l'écouter toute la soirée ◆ **he was stuck in town all summer** il a été obligé de rester en ville tout l'été ◆ **I'm stuck at home all day** je suis cloué à la maison toute la journée ◆ **we're stuck here for the night** nous allons être obligés de passer la nuit ici ◆ **he's really stuck * on her** il est vraiment entiché d'elle ◆ **to be stuck for an answer** ne pas savoir que répondre ◆ **I'm stuck** * *(in crossword puzzle, guessing game, essay etc)* je sèche * ◆ **I'll help you if you're stuck** * je t'aiderai si tu n'y arrives pas ◆ **I'm stuck for £10** * il me manque 10 livres ◆ **he's not stuck for money** * ce n'est pas l'argent qui lui manque ◆ **I was stuck** * **with the job of organizing it all** je me suis retrouvé avec toute l'organisation sur les bras * *or* à devoir tout organiser ◆ **I was stuck** * **with the bill** c'est moi qui ai dû casquer * ◆ **I was stuck * with him all evening** je l'ai eu sur le dos *or* sur les bras toute la soirée

♦ **to get stuck** ◆ **to get stuck in the mud** s'embourber, s'enliser dans la boue ◆ **to get stuck in the sand** s'enliser dans le sable ◆ **a bone got stuck in my throat** une arête s'est mise en travers de ma gorge

**d** [esp Brit = tolerate] *[+ sb's presence, mannerisms etc]* supporter ◆ **I can't ~ it any longer** j'en ai marre, j'en ai ras le bol ‡ ◆ **I wonder how he ~s it at all** je me demande comment il peut tenir le coup ◆ **I can't ~ her** * je ne peux pas la blairer ‡

4 - INTRANSITIVE VERB

**a** [= embed itself etc] *[needle, spear]* se planter, s'enfoncer (*into* dans) ◆ **he had a knife ~ing in(to) his back** il avait un couteau planté dans le dos

**b** [= adhere] *[glue, paste]* tenir ; *[stamp, label]* être collé, tenir (*to* à) ; *(fig)* *[habit, name etc]* rester ◆ **the paper stuck to the table** le papier est resté collé à la table ◆ **the eggs have stuck to the pan** les œufs ont attaché (à la poêle) ◆ **it ~s to your ribs** * *[food]* ça tient au corps *or* à l'estomac ◆ **the nickname stuck (to him)** le surnom lui est resté ◆ **to make a charge ~** prouver la culpabilité de quelqu'un

**c** [= remain, stay] rester ◆ **to ~ close to sb** rester aux côtés de qn, ne pas quitter qn

♦ **to stick to sb/sth** ◆ **she stuck to him all through the holiday** elle ne l'a pas lâché d'une semelle pendant toutes les vacances ◆ **to ~ to sb like a limpet** *or* **a leech** se cramponner à qn ◆ **they stuck to the fox's trail** ils sont restés sur les traces du renard ◆ **to ~ to one's word** *or* **promise** tenir parole ◆ **to ~ to one's principles** rester fidèle à ses principes ◆ **to ~ to one's post** rester à son poste ◆ **to ~ to one's guns** * camper sur ses positions ◆ **he stuck to his story** il a maintenu ce qu'il avait dit ◆ **decide what you're going to say then ~ to it** décidez ce que vous allez dire et tenez-vous-y ◆ **to ~ to the facts** s'en tenir aux faits ◆ **~ to the point!** ne vous éloignez pas *or* ne sortez pas du sujet ! ◆ **to ~ to one's knitting** * *(fig)* se cantonner dans ce que l'on sait faire

♦ **to stick to/by sb** ◆ **to ~ to** *or* **by sb through thick and thin** rester fidèle à qn envers et contre tout ◆ **will you ~ by me?** est-ce que vous me soutiendrez ?

♦ **to stick to/at/in sth** ◆ **to ~ to** *or* **at a job** rester dans un emploi ◆ **I'll ~ in the job for a bit longer** pour le moment je garde ce boulot * *or* je vais rester où je suis ◆ **~ at it!** persévère !, tiens bon !

♦ **to stick with sb/sth** *[+ person] (= stay beside)* rester avec, ne pas quitter ; *[+ person, brand] (= stay loyal)* rester fidèle à ; *[+ activity, sport]* s'en tenir à ◆ **~ with him!** * ne le perdez pas de vue !

**d** [= get jammed etc] *[wheels, vehicle]* se coincer, se bloquer ; *(= get stuck in mud)* s'embourber ; *(= get stuck in sand)* s'enliser ; *[key, lock, door, drawer, gears, valve, lid]* se coincer, se bloquer ; *[machine, lift]* se bloquer, tomber en panne ◆ **the car stuck in the mud** la voiture s'est embourbée ◆ **a bone stuck in my throat** une arête s'est mise en travers de ma gorge ◆ **that ~s in my throat** *or* **gizzard** * *(fig)* je n'arrive pas à le digérer * ◆ **the word "please" seems to ~ in her throat** on dirait qu'elle n'arrive pas à dire "s'il te plaît" ◆ **the bidding stuck at £100** les enchères se sont arrêtées à 100 livres ◆ **I got halfway through and stuck there** je suis resté coincé à mi-chemin ◆ **he stuck halfway through the second verse** il s'est arrêté *or* il a eu un trou au milieu de la deuxième strophe ◆ **it may ~ for a few weeks, but it'll sell in the end** *(house for sale)* ça risque de traîner quelques semaines, mais ça finira par se vendre ; → **fast**[1]

**e** [= balk] reculer, regimber (*at, on* devant) ◆ **he will ~ at nothing to get what he wants** il ne recule devant rien pour obtenir ce qu'il veut ◆ **they may ~ on** *or* **at that clause** il se peut qu'ils regimbent *subj* devant cette clause

**f** [= extend, protrude] ◆ **the nail was ~ing through the plank** le clou dépassait *or* sortait de la planche ◆ **the rod was ~ing into the next garden** la barre dépassait dans le jardin d'à côté ◆ **a narrow finger of land ~ing into enemy territory** une étroite bande de terre s'enfonçant en territoire ennemi

**g** [Cards] **(I) ~!, I'm ~ing** (je suis) servi

5 - COMPOUNDS

▷ **stick figure** N bonhomme *m* ▷ **sticking plaster** N sparadrap *m* ▷ **sticking point** N *(fig)* point *m* de friction ▷ **stick insect** N phasme *m* ◆ **she's like a ~ insect** elle est maigre comme un clou ▷ **stick-in-the-mud** * ADJ, N sclérosé(e) *m(f)*, encroûté(e) *m(f)* ▷ **stick-on** ADJ adhésif ▷ **stick shift** N *(US Aut)* levier *m* de vitesses ▷ **sticktoitiveness** * N *(US)* ténacité *f*, persévérance *f* ▷ **stick-up** * N braquage * *m*, hold-up *m*

6 - PHRASAL VERBS

► **stick around** * VI rester dans les parages ; *(= be kept waiting)* attendre, poireauter * ◆ **~ around for a few minutes** restez dans les parages un moment ◆ **I was tired of ~ing around doing nothing** j'en avais assez de poireauter * sans rien faire

► **stick away** VT SEP cacher, planquer ‡ ◆ **he stuck it away behind the bookcase** il l'a caché *or* planqué ‡ derrière la bibliothèque

► **stick back** VT SEP **a** *(= replace)* remettre (*into* dans ; *on to* sur)

**b** *(with glue etc)* recoller

► **stick down** VI *[envelope etc]* (se) coller

VT SEP **a** *[+ envelope etc]* coller

**b** *(* = put down)* poser, mettre ◆ **he stuck it down on the table** il l'a posé *or* mis sur la table

**c** * *[+ notes, details]* noter en vitesse ◆ **he stuck down a few dates before he forgot** avant d'oublier il a rapidement noté quelques dates

► **stick in** VI * *(= make an effort)* s'y mettre sérieusement ; *(= persevere)* persévérer ◆ **you'll have to ~ in if you want to succeed** vous devrez vous y mettre sérieusement si vous voulez réussir ◆ **he stuck in at his maths** il a fait un gros effort en maths

VT SEP **a** *(= put in) [+ needle, pin, fork]* piquer ; *(forcefully)* planter ; *[+ dagger, knife, bayonet, spade]* planter, enfoncer ; *[+ photo in album etc]* coller ◆ **he stuck in a few quotations** * il a collé * quelques citations par-ci par-là ◆ **try to ~ in a word about our book** essaie de glisser un mot sur notre livre

**b** *(fig)* **to get stuck in** * s'y mettre sérieusement

► **stick on** VI *[label, stamp etc]* rester collé

VT SEP **a** *[+ label]* coller ; *[+ stamp]* mettre, coller

**b** *(* = put on) [+ hat, coat, lid]* mettre ◆ **~ on another CD** mets un autre CD ◆ **to ~ it on** ‡ *(= put the price up)* augmenter le prix

► **stick out** VI **a** *(= protrude) [shirttails]* dépasser, sortir ; *[rod etc]* dépasser ; *[balcony etc]* faire saillie ◆ **his ears ~ out** il a les oreilles décollées ◆ **his teeth ~ out** il a les dents en avant ◆ **I could see his legs ~ing out from under the car** je voyais ses jambes qui sortaient de sous la voiture ◆ **to ~ out beyond sth** dépasser qch ◆ **it ~s out a mile** * ça crève les yeux (*that* que)

**b** *(= persevere etc)* tenir (bon) ◆ **can you ~ out a little longer?** est-ce que vous pouvez tenir un peu plus longtemps ? ◆ **to ~ out for more money** tenir bon dans ses revendications pour une augmentation de salaire

VT SEP **a** *[+ rod etc]* faire dépasser ; *[+ one's arm, head]* sortir ◆ **to ~ one's chest out** bomber la poitrine ◆ **to ~ one's tongue out** tirer la langue

**b** *(* = tolerate)* supporter ◆ **to ~ it out** tenir le coup

► **stick through** VI *(= protrude)* dépasser

VT SEP *[+ pen, rod, one's finger etc]* passer à travers

► **stick together** VI **a** *[labels, pages, objects]* être collés ensemble ◆ **the pieces won't ~ together** les morceaux ne veulent pas rester collés *or* se coller ensemble

**b** *(= stay together)* rester ensemble ; *(fig)* se serrer les coudes ◆ **~ together till you get through the park** restez ensemble jusqu'à la sortie *or* ne vous séparez pas avant la sortie du parc ◆ **we must all ~ together!** nous devons nous serrer les coudes !

VT SEP coller (ensemble)

► **stick up** VI a ◆ **there was a rock sticking up out of the water** il y avait un rocher qui sortait *or* émergeait de l'eau ◆ **his head was ~ing up above the crowd** sa tête était visible au-dessus de la foule ◆ **your hair is ~ing up** vos cheveux rebiquent *

b * ◆ **to stick up for sb** prendre la défense *or* le parti de qn ◆ **to ~ up for o.s.** défendre ses intérêts, ne pas se laisser faire ◆ **to ~ up for one's rights** défendre ses droits, ne pas se laisser faire

VT SEP a *[+ notice etc]* afficher

b ◆ **to stick up one's hand** lever la main ◆ **~ 'em up!** * haut les mains ! ◆ **to ~ sb up** ⁑ dévaliser qn (sous la menace d'un revolver) ◆ **they stuck up the bank** ⁑ ils ont braqué * la banque

► **stick with** VT FUS → **stick vi c**

**stickball** /ˈstɪkbɔːl/ N *(US) sorte de base-ball*

**sticker** /ˈstɪkəʳ/ N a *(= label)* autocollant *m* ◆ **a ban the bomb ~** un autocollant antinucléaire ; → **billsticker** b *(fig)* **he's a ~** * il n'abandonne pas facilement, il n'est pas du genre à baisser les bras * COMP ▷ **sticker price** N *(US: in car sales)* prix *m* clés en mains

**stickiness** /ˈstɪkɪnɪs/ N *(NonC)* a *(Brit)* **the label has lost its ~** *(= gumminess)* l'étiquette ne colle plus b *[of substance, toffee, dough, clay]* consistance *f* collante ; *[of object, paste]* consistance *f* collante *or* poisseuse ; *[of paint, syrup]* consistance *f* poisseuse ; *[of road, surface]* caractère *m* gluant c *(Sport) [of ground]* lourdeur *f* d *(= sweatiness, mugginess) [of hands, heat]* moiteur *f* ; *[of weather, climate, day]* chaleur *f* humide, moiteur *f* e *( * = difficulty) [of situation, problem, moment, conversation]* difficulté *f*

**stickleback** /ˈstɪklbæk/ N épinoche *f*

**stickler** /ˈstɪkləʳ/ N ◆ **to be a ~ for** *[+ discipline, obedience, correct clothing, good manners]* insister sur, tenir rigoureusement à ; *[+ etiquette]* être à cheval sur, être pointilleux sur ; *[+ grammar, spelling]* être rigoriste en matière de ; *[+ figures, facts]* être pointilleux sur le chapitre de, insister sur ◆ **to be a ~ for detail** être tatillon

**stickpin** /ˈstɪkpɪn/ N *(US)* épingle *f* de cravate

**stickweed** /ˈstɪkwiːd/ N *(US)* jacobée *f*

**stickwork** /ˈstɪkwɜːk/ N *(NonC)* ◆ **his ~ is very good** *[of hockey player etc]* il manie bien la crosse *or* le stick ; *[of drummer]* il manie bien les baguettes

**sticky** /ˈstɪkɪ/ ADJ a *(Brit = gummed) [label]* adhésif ◆ **to be ~ on both sides** avoir deux faces adhésives

b *(= clinging) [substance, toffee, dough, clay]* collant ; *[object, fingers]* collant, poisseux ; *[paste]* collant, gluant ; *[syrup]* poisseux ; *[road, surface]* gluant ; *[blood, paint, oil]* visqueux ◆ **a ~ mark** une tache collante ◆ **to have ~ eyes** avoir des yeux chassieux ◆ **to have ~ fingers** *( *, euph)* être clepto(mane) *

c *(Sport) [ground]* lourd ◆ **to find the going ~** *(Racing)* trouver le terrain lourd

d *(= sweaty, muggy) [person, palms, heat]* moite ; *[weather, climate, day]* chaud et humide ◆ **his shirt was wet and ~ at the back** sa chemise pleine de sueur lui collait au dos ◆ **to feel hot and ~** *[person]* transpirer ◆ **it was hot and ~** l'atmosphère était moite

e *( * = difficult) [situation, problem, moment]* délicat, difficile ; *[conversation]* pénible ◆ **to go through a ~ patch, to be** *or* **to bat on a ~ wicket** *(Brit)* être dans le pétrin * ◆ **to have a ~ time** passer un mauvais quart d'heure

f *(Brit = violent)* ◆ **to come to** *or* **meet a ~ end** * mal finir

g *(Brit = unhelpful)* ◆ **to be ~ about doing sth** * faire des histoires * pour faire qch

COMP ▷ **sticky-fingered** *, **sticky-handed** * ADJ *(fig = dishonest)* clepto(mane) * ▷ **sticky tape** N *(Brit)* ruban *m* adhésif, scotch ® *m*

**stiff** /stɪf/ ADJ a *(= rigid, hard to move) [card, paper]* rigide ; *[material]* raide ; *[collar, brush, door, drawer, lock]* dur

b *(Culin) [mixture, paste]* ferme ◆ **whisk the egg whites until ~** battre les blancs en neige ferme

c *(Physiol) [person] (gen)* raide ; *(from exercise)* courbaturé ; *[limb, muscle]* raide ; *[corpse]* raide, rigide ; *[joint]* ankylosé ; *[finger]* engourdi ; *[movement]* difficile ◆ **to have a ~ neck** avoir un torticolis ; see also **comp** ◆ **to have a ~ back** avoir des courbatures dans le dos ◆ **you'll be** *or* **feel ~ tomorrow** vous aurez des courbatures demain ◆ **my back felt very ~** j'avais très mal au dos, j'avais des courbatures dans le dos ◆ **~ with cold** frigorifié * ◆ **to go ~ with terror** être paralysé par la peur ◆ **her face was ~ with tension** elle avait les traits crispés ◆ **(as) ~ as a board** *or* **as a poker** raide comme un piquet ◆ **to keep a ~ upper lip** rester impassible, garder son flegme

d * ◆ **to be bored ~** s'ennuyer à mourir ◆ **to bore sb ~** raser * qn ◆ **to be frozen ~** être frigorifié * ◆ **to be scared ~** être mort de trouille * ◆ **to scare sb ~** ficher la trouille * à qn ◆ **worried ~** mort d'inquiétude

e *(= severe) [penalty, sentence, fine, warning]* sévère ; *[competition]* rude ; *[challenge]* sérieux ; *[opposition, resistance]* tenace ; *[test, exam]* difficile ; *[climb]* raide, pénible

f *(= formal) [person]* guindé ; *[smile]* contraint ; *[bow]* raide ◆ **to give a ~ bow** s'incliner avec raideur ◆ **~ and formal** *[person, manner, letter, atmosphere]* guindé

g *(= high) [price]* élevé ; *[price rise]* fort ; *[bill]* salé *

h *(= strong) [whisky]* bien tassé ◆ **I could use a ~ drink** j'ai besoin d'un (petit) remontant

i *(Met) [breeze, wind]* fort

N a *(⁑ = corpse)* macchabée ⁑ *m*

b *(= fool)* **big ~** ⁑ gros balourd *m or* bêta *m*

c *(US *) (= tramp)* vagabond *m* ; *(= laborer:* also **working stiff)** ouvrier *m*

COMP ▷ **stiff arm** N *(US)* ◆ **to give sb the ~ arm** écarter qn (d'un geste) du bras ▷ **stiff-arm** VT *(US)* ◆ **to ~-arm sb** écarter qn (d'un geste) du bras ▷ **stiff-necked** ADJ *(fig)* opiniâtre, entêté

**stiffen** /ˈstɪfn/ (also **stiffen up)** VT a *[+ card, fabric]* rendre rigide ; *(= starch)* empeser b *[+ dough, paste]* donner de la consistance à c *[+ limb]* raidir ; *[+ joint]* ankyloser d *(fig) [+ morale, resistance etc]* affermir VI a *[card, fabric]* devenir raide *or* rigide b *[dough, paste]* prendre de la consistance, devenir ferme c *[limb]* se raidir ; *[joint]* s'ankyloser ; *[door, lock]* devenir dur ◆ **he ~ed when he heard the noise** il s'est raidi quand il a entendu le bruit d *[breeze]* augmenter d'intensité, fraîchir e *(fig) [resistance]* devenir opiniâtre ; *[morale]* s'affermir

**stiffener** /ˈstɪfənəʳ/ N a *(= starch etc)* amidon *m* b *(= plastic strip: in collar etc)* baleine *f*

**stiffening** /ˈstɪfənɪŋ/ N *(= cloth)* toile *f (pour raidir les revers etc)*

**stiffly** /ˈstɪflɪ/ ADV *[move, say, smile, greet]* avec raideur ◆ **to stand ~** se tenir raide ◆ **~ starched** très amidonné ◆ **~ sprung** bien suspendu ◆ **~ beaten** *or* **whipped** *[egg white]* battu en neige ferme ; *[cream]* fouetté en chantilly ferme

**stiffness** /ˈstɪfnɪs/ N *(NonC)* a *(= lack of suppleness) [of person, knees, back etc]* raideur *f* ; *[of joints]* raideur *f*, ankylose *f* ◆ **~ in** *or* **of the neck** torticolis *m* ◆ **the ~ you feel after exercise** les courbatures *fpl* causées par l'exercice physique b *(= formality) [of manner]* raideur *f* c *(= rigidity) [of card, paper]* rigidité *f* ; *[of material]* raideur *f* ; *[of collar, brush]* dureté *f* d *(= difficulty of operating) [of door, drawer, lock]* résistance *f* e *(= severity) [of penalty, sentence, fine, warning]* sévérité *f* ; *[of competition]* âpreté *f* ; *[of challenge]* sérieux *m* ; *[of opposition, resistance]* ténacité *f* ; *[of climb]* caractère *m* ardu, difficulté *f* ; *[of test, exam]* difficulté *f* f *(Culin) [of mixture, paste]* fermeté *f* g *[of breeze, wind]* âpreté *f*

**stifle** /ˈstaɪfl/ VT *[+ person]* étouffer, suffoquer ; *[+ fire]* étouffer ; *[+ sobs]* réprimer, étouffer ; *[+ anger, smile, desire]* réprimer ◆ **to ~ a yawn/sneeze** réprimer une envie de bâiller/d'éternuer VI étouffer, suffoquer N *(Anat) [of horse etc]* grasset *m*

**stifling** /ˈstaɪflɪŋ/ ADJ *[heat, atmosphere]* étouffant, suffocant ; *[situation, place]* étouffant ; *[smoke, fumes]* suffocant ◆ **it's ~ today/in here** on étouffe aujourd'hui/ici

**stigma** /ˈstɪgmə/ N (pl **stigmas** *or* **stigmata** /stɪgˈmɑːtə/) stigmate *m* ◆ **the ~ta** *(Rel)* les stigmates *mpl* ◆ **there's a certain (social) ~ attached to being unemployed** le chômage est un peu considéré comme une tare (sociale) ◆ **in order to remove the ~ associated with AIDS** pour que le sida ne soit plus considéré comme une maladie honteuse

**stigmatic** /stɪgˈmætɪk/ ADJ, N *(Rel)* stigmatisé(e) *m(f)*

**stigmatize** /ˈstɪgmətaɪz/ VT *(all senses)* stigmatiser

**stile** /staɪl/ N a *(= steps over fence, wall)* échalier *m* ; *(= turnstile)* tourniquet *m (porte)* b *(Constr etc = upright)* montant *m*

**stiletto** /stɪˈletəʊ/ N (pl **stilettos** *or* **stilettoes)** *(= weapon)* stylet *m* ; (also **stiletto heel)** talon *m* aiguille

**still¹** /stɪl/ ADV a *(= up to this time)* encore, toujours ◆ **he was ~ wearing his coat** il n'avait pas encore *or* toujours pas enlevé son manteau ◆ **she ~ lives in London** elle vit toujours à Londres ◆ **he's ~ as stubborn as ever** il est toujours aussi entêté ◆ **I can ~ remember it** je m'en souviens encore ◆ **he ~ hasn't arrived** il n'est toujours pas arrivé ◆ **I ~ don't understand** je ne comprends toujours pas ◆ **you could ~ change your mind** vous pouvez encore changer d'avis, il est encore temps de changer d'avis

b *(stating what remains)* encore ◆ **I've ~ got three left** il m'en reste encore trois ◆ **there's ~ time** il y a *or* on a encore le temps

◆ **still to ...** ◆ **the details have ~ to be worked out** il reste encore à régler les détails ◆ **there are further redundancies ~ to come** il y aura encore d'autres licenciements ◆ **there are many things ~ to do** il y a encore beaucoup de choses à faire ◆ **there are many questions ~ to be answered** il reste encore beaucoup de questions sans réponse ◆ **there are ten weeks ~ to go** il reste encore dix semaines ◆ **~ to come, the financial news ...** dans quelques instants, les informations financières ...

c *(= nonetheless)* quand même, tout de même ◆ **he's ~ your brother** c'est quand même *or* tout de même ton frère ◆ **I didn't win; ~, it's been good experience** je n'ai pas gagné, mais ça a quand même *or* tout de même été une bonne expérience ◆ **~ and all** * tout compte fait

**d** *(= however)* ◆ **I've got to find the money from somewhere ; ~, that's my problem** il faut que je trouve l'argent quelque part, mais ça, c'est mon problème ◆ **I failed; ~, that's life!** j'ai échoué, mais c'est la vie ! ◆ **~, never mind!** bon, tant pis !

**e** *(in comparisons = even)* encore ◆ **he was ~ more determined after the debate** il était encore plus résolu après le débat ◆ **living standards have fallen ~ further** les niveaux de vie sont tombés encore plus bas ◆ **more serious ~** *or* **~ more serious is the problem of ethnic unrest** il y a le problème autrement plus sérieux des troubles ethniques

**f** *(= yet)* encore ◆ **there is ~ another reason** il y a encore une autre raison

**still²** /stɪl/ **ADJ** **a** *(= motionless) [person, hands, air, water]* immobile

**b** *(= calm) [place, night, day]* calme ◆ **all was ~** tout était calme ◆ **the ~ waters of the lake** les eaux calmes du lac ◆ **~ waters run deep** *(Prov)* il n'est pire eau que l'eau qui dort *(Prov)* ◆ **a ~, small voice** une petite voix insistante

**c** *(Brit = not fizzy) [drink, orange]* non gazeux ; *[water]* plat

**d** *(= silent)* ◆ **be ~ !** †† paix ! ††

**ADV** ◆ **hold ~ !** *(gen)* ne bouge pas ! ; *(= don't fidget)* reste tranquille ! ◆ **to keep** *or* **stay** *or* **stand ~** *[person] (gen)* ne pas bouger ; *(= not fidget)* rester tranquille ◆ **to sit ~** *[person] (gen)* rester assis sans bouger ; *(= not fidget)* rester tranquillement assis ◆ **time stood ~** le temps s'est arrêté ◆ **her heart stood ~** son cœur a cessé de battre

**N** **a** *(liter)* silence *m*, calme *m* ◆ **in the ~ of the night** dans le silence de la nuit

**b** *(Cine)* ⇒ **still photograph**

**VT** *[+ anger, fear]* calmer ; *[+ person]* apaiser, tranquilliser ; *(= silence)* faire taire

**COMP** ▷ **still life** N (pl **still lifes**) *(Art)* nature *f* morte ▷ **still photograph** N *(Cine)* photo *f* de film

**still³** /stɪl/ **N** *(= apparatus)* alambic *m* ; *(= place)* distillerie *f* **VT** distiller

**stillbirth** /ˈstɪlbɜːθ/ **N** *(= birth)* mort *f* à la naissance ; *(= child)* enfant *mf* mort-né(e)

**stillborn** /ˈstɪlbɔːn/ **ADJ** mort-né (mort-née *f*)

**stillness** /ˈstɪlnɪs/ **N** *[of person, hands, air, water]* immobilité *f* ; *(= calm) [of place, night, day]* calme *m* ◆ **an eerie ~** un calme inquiétant

**stilt** /stɪlt/ **N** échasse *f* ; *(Archit)* pilotis *m*

**stilted** /ˈstɪltɪd/ **ADJ** *[person, conversation, language, manner]* guindé ◆ **the actors' ~ performances** le manque de naturel des acteurs

**stimulant** /ˈstɪmjʊlənt/ **ADJ** stimulant **N** *(lit, fig)* stimulant *m* ◆ **to be a ~ to ...** *(fig)* stimuler ...

**stimulate** /ˈstɪmjʊleɪt/ **VT** *(gen, Physiol)* stimuler ◆ **to ~ sb to sth/to do sth** inciter *or* pousser qn à qch/à faire qch

**stimulating** /ˈstɪmjʊleɪtɪŋ/ **ADJ** *(gen)* stimulant ; *(sexually)* excitant

**stimulation** /ˌstɪmjʊˈleɪʃən/ **N** *(= stimulus)* stimulant *m* ; *(= state)* stimulation *f*

**stimulative** /ˈstɪmjʊlətɪv/ **ADJ** stimulant

**stimulus** /ˈstɪmjʊləs/ **N** (pl **stimuli** /ˈstɪmjʊlaɪ/) *(Physiol)* stimulus *m* ; *(fig)* stimulant *m* ◆ **to be a ~ to** *or* **for** *(fig) [+ exports, efforts, imagination]* stimuler ◆ **it gave trade a new ~** cela a donné une nouvelle impulsion *or* un coup de fouet au commerce ◆ **under the ~ of ...** stimulé par ...

**stimy** /ˈstaɪmɪ/ **N, VT** ⇒ **stymie**

**sting** /stɪŋ/ (vb : pret, ptp **stung**) **N** **a** *[of insect]* dard *m*, aiguillon *m* ◆ **but there's a ~ in the tail** mais il y a une mauvaise surprise à la fin ◆ **it's had its ~ removed** *(of plan, draft, legislation etc)* on l'a rendu inopérant ◆ **to take the ~ out of** *[+ words]* adoucir ; *[+ situation]* désamorcer

**b** *(= pain, wound, mark) [of insect, nettle etc]* piqûre *f* ; *[of iodine etc]* brûlure *f* ; *[of whip]* douleur *f* cuisante ; *(fig) [of attack]* mordant *m*, vigueur *f* ; *[of criticism, remark]* causticité *f*, mordant *m* ◆ **I felt the ~ of the rain on my face** la pluie me cinglait le visage ◆ **the ~ of salt water in the cut** la brûlure de l'eau salée dans la plaie

**c** *(esp US* ‡ *= confidence trick)* arnaque * *f*, coup *m* monté

**VT** **a** *[insect, nettle, antiseptic]* piquer ; *[rain, hail, whip]* cingler, fouetter ; *[remark, criticism]* piquer au vif ◆ **stung by remorse** bourrelé de remords ◆ **my remark stung him into action** ma remarque (l'a piqué au vif et) l'a poussé à agir ◆ **he was stung into replying brusquely** piqué *or* blessé, il répondit brusquement ; → **quick**

**b** ‡ avoir *, estamper * ◆ **he stung me for £10 for that meal** il m'a eu * *or* estampé * en me faisant payer ce repas 10 livres ◆ **I've been stung!** je me suis fait avoir *or* estamper ! *

**VI** *[insect, nettle, antiseptic, eyes]* piquer ; *[blow, slap, whip]* faire mal ◆ **that remark really stung** cette remarque m'a vraiment blessé ◆ **that ~s!** ça pique ! ◆ **the smoke made his eyes ~** la fumée lui piquait les yeux

**stinger** /ˈstɪŋəʳ/ **N** **a** *(= cocktail) cocktail à base de crème de menthe* **b** *(US) [of insect]* piqûre *f* **c** *(US * = remark)* pique *f*, pointe *f*

**stingily** /ˈstɪndʒɪlɪ/ **ADV** *[praise]* chichement ; *[spend]* avec avarice ; *[serve]* en lésinant

**stinginess** /ˈstɪndʒɪnɪs/ **N** *[of person]* ladrerie *f*, avarice *f* ; *[of portion]* insuffisance *f*

**stinging** /ˈstɪŋɪŋ/ **ADJ** *[blow, slap, pain]* cuisant ; *[sensation]* cuisant, de piqûre ; *[rain, wind, comment, attack, criticism]* cinglant **N** *(= sensation)* sensation *f* cuisante **COMP** ▷ **stinging nettle** N ortie *f*

**stingray** /ˈstɪŋreɪ/ **N** pastenague *f*

**stingy** /ˈstɪndʒɪ/ **ADJ** *[person]* radin * ; *[portion, amount]* misérable, mesquin ◆ **to be ~ with** *[+ food, wine]* lésiner sur ; *[+ praise]* être chiche de ◆ **~ with money** avare (de ses sous)

**stink** /stɪŋk/ (vb : pret **stank**, ptp **stunk**) **N** **a** puanteur *f*, odeur *f* infecte ◆ **what a ~!** ce que ça pue ! ◆ **there's a ~ of corruption** cela pue la corruption, cela sent la corruption à plein nez

**b** *(* fig = row, trouble)* esclandre *m*, grabuge * *m* ◆ **there was a dreadful ~ about the broken windows** il y a eu du grabuge * à propos des carreaux cassés ◆ **to kick up** *or* **cause** *or* **make a ~** faire toute une scène, râler * ◆ **to kick up a ~ about sth** causer un esclandre à propos de qch, faire du grabuge * à cause de qch

**VI** **a** puer, empester ◆ **it ~s of fish** cela pue *or* empeste le poisson ◆ **it ~s in here!** cela pue *or* empeste ici ! ◆ **it ~s to high heaven** * *(lit)* cela empeste, ça fouette * ◆ **it ~s of corruption** cela pue la corruption, cela sent la corruption à plein nez ◆ **the whole business ~s** c'est une sale affaire ◆ **they're ~ing with money** ‡ ils sont bourrés de fric ‡

**b** *(‡ = be very bad) [person, thing]* être dégueulasse ‡

**VT** *[+ room etc]* empester

**COMP** ▷ **stink-bomb** N boule *f* puante ▷ **stink-horn** N satyre *m* puant

► **stink out** VT SEP *[+ fox etc]* enfumer ; *[+ room]* empester

**stinker** ‡ /ˈstɪŋkəʳ/ **N** *(pej) (= person)* salaud ‡ *m*, salope ‡ *f* ; *(= angry letter)* lettre *f* d'engueulade ‡ ◆ **to be a ~** *[person]* être salaud (*or* salope) ‡ ; *[problem, question]* être un casse-tête

**stinking** /ˈstɪŋkɪŋ/ **ADJ** **a** *(= smelly) [person, lavatory, rubbish]* puant **b** *(* = horrible)* sale * *before n* ◆ **take your ~ hands off me!** retire tes sales pattes ! *, bas les pattes ! * ◆ **this ~ little town** cette sale * petite ville ◆ **what a ~ thing to do!** quelle vacherie ! * ◆ **a ~ letter** une lettre de réclamation virulente **c** *(Brit = bad)* ◆ **a ~ cold** * un sale rhume, un rhume carabiné * ◆ **a ~ hangover** une gueule de bois carabinée * **ADV** ◆ **~ rich** * bourré de fric *, plein aux as *

**stinkpot** ‡ /ˈstɪŋkpɒt/ **N** salaud ‡ *m*, salope ‡ *f*

**stinkweed** /ˈstɪŋkwiːd/ **N** diplotaxis *m*

**stinky** * /ˈstɪŋkɪ/ **ADJ** puant

**stint** /stɪnt/ **N** **a** ration *f* de travail, besogne *f* assignée ◆ **to do one's ~** *(= daily work)* faire son travail quotidien ; *(= do one's share)* faire sa part de travail ◆ **he does a ~ in the gym/at the typewriter every day** il passe un certain temps chaque jour au gymnase/à la machine ◆ **I've done my ~ at the wheel** j'ai pris mon tour au volant ◆ **I've finished my ~ for today** j'ai fini ce que j'avais à faire aujourd'hui

**b** ◆ **without ~** *[spend]* sans compter ; *[give, lend]* généreusement, avec largesse

**VT** *[+ food]* lésiner sur ; *[+ compliments]* être chiche de ◆ **to ~ sb of sth** mesurer qch à qn ◆ **he ~ed himself in order to feed the children** il s'est privé afin de nourrir les enfants ◆ **he didn't ~ himself** il ne s'est privé de rien

**VI** ◆ **to ~ on** *[+ food]* lésiner sur ; *[+ compliments]* être chiche de ◆ **to ~ on money** être avare *or* ladre

**stipend** /ˈstaɪpend/ **N** *(esp Rel)* traitement *m*

**stipendiary** /staɪˈpendɪərɪ/ **ADJ** *[services, official]* rémunéré ; *[priest]* qui reçoit un traitement **N** *personne qui reçoit une rémunération or un traitement fixe* ; (*Brit Jur:* also **stipendiary magistrate**) juge *m* au tribunal de police

**stipple** /ˈstɪpl/ **VT** pointiller

**stipulate** /ˈstɪpjʊleɪt/ **VT** stipuler (*that* que) ; *[+ price]* stipuler, convenir expressément de ; *[+ quantity]* stipuler, prescrire **VI** ◆ **to ~ for sth** stipuler qch, spécifier qch, convenir expressément de qch

**stipulation** /ˌstɪpjʊˈleɪʃən/ **N** stipulation *f* ◆ **on the ~ that ...** à la condition expresse que ... *+ fut or subj*

**stir¹** /stɜːʳ/ **N** **a** ◆ **to give sth a ~** remuer *or* tourner qch

**b** *(= commotion)* agitation *f*, sensation *f* ◆ **there was a great ~ in Parliament about ...** il y a eu beaucoup d'agitation au Parlement à propos de ... ◆ **it caused** *or* **made quite a ~** cela a fait du bruit ◆ **he caused quite a ~ when he announced his resignation** cela a fait beaucoup de bruit quand il a annoncé sa démission

**VT** **a** *[+ tea, soup, mixture]* remuer ; *[+ fire]* tisonner ◆ **he ~red sugar into his tea** il a mis du sucre dans son thé et l'a remué ◆ **she ~red milk into the mixture** elle a ajouté du lait au mélange

**b** *(= move)* remuer ; *(quickly)* agiter ◆ **the wind ~red the leaves** le vent a agité *or* a fait trembler les feuilles ◆ **nothing could ~ him from his chair** rien ne pouvait le tirer de son fauteuil ◆ **to ~ o.s.** * se secouer, se bouger ‡ ◆ **to ~ one's stumps** * se grouiller ‡

**c** *(fig) [+ curiosity, passions]* exciter ; *[+ emotions]* éveiller ; *[+ imagination]* stimuler ; *[+ person]* émouvoir ◆ **to ~ sb to do sth** inciter qn à faire qch ◆ **to ~ a people to revolt** inciter un peuple à la révolte ◆ **to ~ sb to pity** émouvoir la compassion de qn ◆ **it ~red his heart** cela lui a remué le cœur ◆ **to**

~ **sb's blood** réveiller l'enthousiasme de qn ◆ **it was a song to ~ the blood** c'était une chanson enthousiasmante

VI a *[person]* remuer, bouger ; *[leaves, curtains etc]* remuer, trembler ; *[feelings]* être excité ◆ **I will not ~ from here** je ne bougerai pas d'ici ◆ **he hasn't ~red from the spot** il n'a pas quitté l'endroit ◆ **he wouldn't ~ an inch** *(lit)* il ne voulait pas bouger d'un centimètre ; *(fig)* il ne voulait pas faire la moindre concession ◆ **to ~ in one's sleep** bouger en dormant *or* dans son sommeil ◆ **nobody is ~ring yet** personne n'est encore levé, tout le monde dort encore ◆ **nothing was ~ring in the forest** rien ne bougeait dans la forêt ◆ **the curtains ~red in the breeze** la brise a agité les rideaux ◆ **anger ~red within her** la colère est montée en elle

b *( * = try to cause trouble)* essayer de mettre la pagaille * *or* de causer des problèmes

COMP ▷ **stir-fry** VT faire sauter (en remuant) ADJ *[vegetables]* sauté N *(= dish) légumes (et/ou viande) sautés*

► **stir in** VT SEP *[+ milk etc]* ajouter en tournant

► **stir round** VT SEP *(Culin etc)* tourner

► **stir up** VT SEP *[+ soup etc]* tourner, remuer ; *[+ fire]* tisonner ; *(fig) [+ curiosity, attention, anger]* exciter ; *[+ imagination]* exciter, stimuler ; *[+ memories, the past]* réveiller ; *[+ revolt]* susciter ; *[+ hatred]* attiser ; *[+ mob]* ameuter ; *[+ opposition, discord]* fomenter ; *[+ trouble]* provoquer ; *[+ person]* secouer ◆ **to ~ sb up to sth/to do sth** pousser *or* inciter qn à qch/à faire qch

**stir[2]** ⁑ /stɜːʳ/ *(esp US)* N *(= prison)* taule ⁑ *or* tôle ⁑ *f* ◆ **in ~** en taule ⁑ COMP ▷ **stir-crazy** ⁑ ADJ rendu dingue ⁑ par la réclusion

**stirrer** * /ˈstɜːrəʳ/ N *(= troublemaker)* fauteur *m* de troubles, fouteur *m*, -euse *f* de merde ⁑

**stirring** /ˈstɜːrɪŋ/ ADJ *[speech]* vibrant ; *[tale]* passionnant ; *[music]* entraînant ; *[performance]* enthousiasmant ; *[victory]* grisant N *(= first sign) [of discontent, revolt]* frémissement *m* ; *[of love]* frisson *m* ◆ **a ~ of interest** un début d'intérêt

**stirrup** /ˈstɪrəp/ N a *[of rider]* étrier *m* ◆ **to put one's feet in the ~s** chausser les étriers b *(US Climbing)* escarpolette *f*, étrier *m* c *(Med)* ◆ **~s** étriers *mpl* COMP ▷ **stirrup cup** N coup *m* de l'étrier ▷ **stirrup leather** N étrivière *f* ▷ **stirrup pump** N pompe *f* à main portative ▷ **stirrup strap** N ⇒ **stirrup leather**

**stitch** /stɪtʃ/ N *(Sewing)* point *m* ; *(Knitting)* maille *f* ; *(Surgery)* point *m* de suture ; *(= sharp pain)* point *m* de côté ◆ **she put a few ~es in the tear** elle a fait un point à la déchirure ◆ **to drop a ~** *(Knitting)* sauter une maille ◆ **to put ~es in a wound** suturer *or* recoudre une plaie ◆ **he had ten ~es** on lui a fait dix points de suture ◆ **to get one's ~es out** se faire retirer ses fils (de suture) ◆ **a ~ in time saves nine** *(Prov)* un point à temps en vaut cent ◆ **he hadn't a ~ (of clothing) on** * il était nu comme un ver ◆ **he hadn't a dry ~ on him** il n'avait pas un fil de sec sur le dos ◆ **to be in ~es** * se tenir les côtes, se tordre de rire ◆ **her stories had us in ~es** * ses anecdotes nous ont fait rire aux larmes ; → **cable**

VT *[+ seam, hem, garment] (gen)* coudre ; *(on machine)* piquer ; *[+ book]* brocher ; *[+ wound]* suturer ; → **hand, machine**

VI coudre

COMP ▷ **stitch-up** ⁑ N *(Brit)* coup *m* monté

► **stitch down** VT SEP rabattre

► **stitch on** VT SEP *[+ pocket, button]* coudre ; *(= mend)* recoudre

► **stitch up** VT SEP a *(Sewing)* coudre ; *(= mend)* recoudre ; *(Med)* suturer

b *( * = arrange, finalize) [+ agreement]* (réussir à) conclure

c *(⁑ fig = frame)* monter un coup contre ◆ **I was ~ed up** j'ai été victime d'un coup monté

**stitching** /ˈstɪtʃɪŋ/ N couture *f*, points *mpl*

**stoat** /stəʊt/ N hermine *f*

**stock** /stɒk/ N a *(= supply) [of cotton, sugar, books, goods]* réserve *f*, provision *f*, stock *m* *(Comm)* ; *[of money]* réserve *f* ◆ **in ~** *(Comm)* en stock, en magasin ◆ **out of ~** épuisé ◆ **the shop has a large ~** le magasin est bien approvisionné ◆ **coal ~s are low** les réserves *or* les stocks de charbon sont réduit(e)s ◆ **~ of plays** *(Theat)* répertoire *m* ◆ **I've got a ~ of cigarettes** j'ai une provision *or* un stock * de cigarettes ◆ **to get in** *or* **lay in a ~ of** s'approvisionner en, faire provision de ◆ **it adds to our ~ of facts** cela complète les données en notre possession ◆ **a great ~ of learning** un grand fonds d'érudition ◆ **the linguistic** *or* **word ~** *(Ling)* le fonds lexical ; → **dead, surplus**

♦ **to take stock** *(Comm)* faire l'inventaire ; *(fig)* faire le point ◆ **to take ~ of** *[+ situation, prospects etc]* faire le point de ; *[+ person]* jauger

b *(Agr = animals and equipment)* cheptel *m* (vif et mort) ; *(Agr:* also **livestock***)* cheptel *m* vif, bétail *m* ; *(Rail)* matériel *m* roulant ; *(Ind = raw material)* matière *f* première ; *(for paper-making)* pâte *f* à papier ; → **fatstock, livestock, rolling**

c *(Fin)* valeurs *fpl*, titres *mpl* ; *(= company shares)* actions *fpl* ◆ **~s and shares** valeurs *fpl* (mobilières), titres *mpl* ◆ **railway ~(s)** actions *fpl* des chemins de fer ◆ **to put ~ in sth** *(fig)* faire cas de qch ◆ **his ~ has risen** *(fig)* sa cote a remonté ; → **preference, registered**

d *(= tree trunk)* tronc *m* ; *(= tree stump)* souche *f* ; *(Hort: for grafting)* porte-greffe *m*, ente *f* ; → **laughing**

e *(= base, stem) [of anvil]* billot *m* ; *[of plough]* fût *m* ; *[of rifle]* fût *m* et crosse *f* ; *[of plane]* fût *m*, bois *m* ; *[of whip]* manche *m* ; *[of fishing rod]* gaule *f* ; *[of anchor]* jas *m* ; → **lock[1]**

f *(= descent, lineage)* origine *f*, souche *f* ◆ **of good Scottish ~** de bonne souche écossaise ◆ **he comes of farming ~** il vient d'une famille d'agriculteurs, il est d'origine *or* de souche paysanne

g *(Cards)* talon *m*

h *(Culin)* bouillon *m* ◆ **chicken ~** bouillon *m* de poulet

i *(= flower)* giroflée *f*, matthiole *f*

j *(Hist)* **the ~s** le pilori

k ◆ **to be on the ~s** *[ship]* être sur cale ; *[book, piece of work, scheme]* être en chantier

l *(= tie)* cravate *f* foulard

ADJ a *(Comm) [goods, model]* courant, de série ◆ **~ line** article *m* suivi ◆ **~ size** taille *f* courante *or* normalisée ◆ **she is not ~ size** elle n'est pas une taille courante

b *(Theat) [play]* du répertoire ◆ **~ character** personnage *m* type

c *(= standard, hackneyed) [argument, joke, excuse, comment, response]* classique ◆ **~ phrase** cliché *m*, expression *f* toute faite

d *(for breeding)* destiné à la reproduction ◆ **~ mare** jument *f* poulinière

VT a *(= supply) [+ shop, larder, cupboard]* approvisionner (*with* en) ; *[+ library/farm]* monter en livres/en bétail ; *[+ river, lake]* peupler (*with* de), empoissonner ◆ **well-~ed** *[shop etc]* bien approvisionné ; *[library, farm]* bien fourni *or* pourvu

b *(Comm = hold in stock) [+ milk, hats, tools etc]* avoir, vendre

COMP ▷ **stock book** N livre *m* d'inventaire(s) ▷ **stock car** N *(Rail)* wagon *m* à bestiaux ; *(Aut Sport)* stock-car *m* ▷ **stock car racing** N course *f* de stock-cars ▷ **stock certificate** N *(Fin)* titre *m* ▷ **stock company** N *(Fin)* société *f* par actions, société *f* anonyme ; see also **joint** *(US Theat)* compagnie *f* *or* troupe *f* (de théâtre) de répertoire ▷ **stock control** N *(Comm)* ⇒ **stock management** ▷ **stock cube** N *(Culin)* bouillon *m* Kub ® ▷ **stock dividend** N dividende *m* sous forme d'actions ▷ **stock exchange** N Bourse *f* (des valeurs) ◆ **on the ~ exchange** à la Bourse ▷ **stock-in-trade** N ◆ **irony was part of Shakespeare's ~-in-trade** Shakespeare maniait volontiers l'ironie dans son œuvre ◆ **jokes about religion are part of his ~-in-trade** les histoires sur la religion font partie de son répertoire de base ◆ **ruins were the ~-in-trade of Romantic painters** les ruines étaient un des thèmes habituels des peintres romantiques ▷ **stock level** N *(Comm)* niveau *m* des stocks ▷ **stock list** N *(Fin)* cours *m* de la Bourse ; *(Comm)* liste *f* des marchandises en stock, inventaire *m* commercial ▷ **stock management** N gestion *f* des stocks ▷ **stock market** N Bourse *f*, marché *m* financier ▷ **stock option** N *(Fin)* stock-option *m* ▷ **stock-still** ADJ ◆ **to stand** *or* **be ~-still** rester planté comme un piquet ; *(in fear, amazement)* rester cloué sur place

► **stock up** VI s'approvisionner (*with, on* en, de ; *for* pour) faire ses provisions (*with, on* de ; *for* pour)

VT SEP *[+ shop, larder, cupboard, freezer]* garnir ; *[+ library]* accroître le stock de livres de ; *[+ farm]* accroître le cheptel de ; *[+ river, lake]* aleviner, empoissonner

**stockade** /stɒˈkeɪd/ N a *(= fencing, enclosure)* palissade *f* b *(US: for military prisoners)* salle *f* de police *(d'une caserne)*, bloc ⁑ *m* VT palanquer

**stockbreeder** /ˈstɒkˌbriːdəʳ/ N éleveur *m*, -euse *f*

**stockbreeding** /ˈstɒkˌbriːdɪŋ/ N élevage *m*

**stockbroker** /ˈstɒkbrəʊkəʳ/ N agent *m* de change COMP ▷ **the stockbroker belt** N *(Brit)* la banlieue résidentielle ▷ **stockbroker Tudor** N *(Brit) style Tudor des banlieues résidentielles*

**stockbroking** /ˈstɒkbrəʊkɪŋ/ N commerce *m* des valeurs en Bourse, transactions *fpl* boursières

**stockfish** /ˈstɒkfɪʃ/ N stockfisch *m inv*

**stockholder** /ˈstɒkhəʊldəʳ/ N *(US)* actionnaire *mf*

**stockholding** /ˈstɒkhəʊldɪŋ/ N a *(Comm)* stockage *m* b *(Fin)* actions *fpl*

**Stockholm** /ˈstɒkhəʊm/ N Stockholm

**stockily** /ˈstɒkɪlɪ/ ADV ◆ **~ built** trapu, râblé

**stockiness** /ˈstɒkɪnɪs/ N aspect *m* trapu *or* râblé

**stockinet(te)** /ˌstɒkɪˈnet/ N *(= fabric)* jersey *m* ; *(= knitting stitch)* (point *m* de) jersey *m*

**stocking** /ˈstɒkɪŋ/ N bas *m* ; → **Christmas, nylon**

COMP ▷ **stocking feet** NPL ◆ **in one's ~ feet** sans chaussures ▷ **stocking-filler** N tout petit cadeau *m* de Noël ▷ **stocking mask** N bas *m (d'un bandit masqué)* ▷ **stocking stitch** N *(Knitting)* (point *m* de) jersey *m*

**stockist** /ˈstɒkɪst/ N *(Brit)* revendeur *m*

**stockjobber** /ˈstɒkdʒɒbəʳ/ N *(Brit) intermédiaire qui traite directement avec l'agent de change* ; *(US: often pej)* agent *m* de change, agioteur *m*

**stockman** /ˈstɒkmən/ N (pl **-men**) gardien *m* de bestiaux

**stockpile** /ˈstɒkpaɪl/ VT [+ *food etc*] stocker, faire *or* constituer des stocks de ; [+ *weapons*] amasser, accumuler VI faire des stocks N stock *m*, réserve *f*

**stockpiling** /ˈstɒkpaɪlɪŋ/ N (NonC) stockage *m*, constitution *f* de stocks

**stockpot** /ˈstɒkpɒt/ N (*Culin*) marmite *f* de bouillon

**stockroom** /ˈstɒkrʊm/ N magasin *m*, réserve *f*, resserre *f*

**stocktaking** /ˈstɒkteɪkɪŋ/ N (*Brit Comm*) (= *action*) inventaire *m* ◆ **to do ~** (*Comm*) faire l'inventaire ; (*fig*) faire le point

**stocky** /ˈstɒkɪ/ ADJ a (= *thickset*) [*man*] trapu, râblé ◆ **his ~ build** sa forte carrure b (*Hort*) [*plant, growth*] dense

**stockyard** /ˈstɒkjɑːd/ N parc *m* à bestiaux

**stodge** * /stɒdʒ/ N (NonC: *Brit*) a (= *food*) aliment *m* bourratif, étouffe-chrétien * *m inv* b (*in book etc*) littérature *f* indigeste

**stodgy** /ˈstɒdʒɪ/ ADJ (*pej*) a (*Culin*) [*food, meal, pudding*] bourratif ; [*cake*] pâteux, lourd b (* = *dull*) [*person*] rasant *, barbant * ; [*writing, book*] indigeste

**stogie, stogy** /ˈstəʊgɪ/ N (*US*) cigare *m*

**stoic** /ˈstəʊɪk/ N stoïque *mf* ◆ **Stoic** (*Philos*) stoïcien *m* ADJ a (= *uncomplaining*) [*person, acceptance*] stoïque ◆ **to be ~ about sth** accepter qch stoïquement b (*Philos*) ◆ **Stoic** stoïcien

**stoical** /ˈstəʊɪkəl/ ADJ stoïque

**stoically** /ˈstəʊɪklɪ/ ADV stoïquement

**stoicism** /ˈstəʊɪsɪzəm/ N stoïcisme *m*

**stoke** /stəʊk/ VT (also **stoke up**) [+ *fire, furnace*] alimenter ; [+ *engine, boiler*] chauffer ◆ **this will ~ fears of civil war** cela va alimenter *or* renforcer la crainte d'une guerre civile

► **stoke up** VI (*furnace*) alimenter la chaudière ; (*open fire*) entretenir le feu ; (* = *eat*) se remplir la panse *

VT SEP ⇒ **stoke**

**stokehole** /ˈstəʊkhəʊl/ N (*Naut*) chaufferie *f* ; [*of boiler, furnace*] porte *f* de chauffe

**stoker** /ˈstəʊkəʳ/ N (*Naut, Rail etc*) chauffeur *m*

**STOL** /stɒl/ (*Aviat*) (abbrev of **short take-off and landing**) ADAC *m*

**stole**[1] /stəʊl/ N (*Dress*) étole *f*, écharpe *f* ; (*Rel*) étole *f*

**stole**[2] /stəʊl/ VB pt of **steal**

**stolen** /ˈstəʊlən/ VB ptp of **steal**

**stolid** /ˈstɒlɪd/ ADJ [*person, manner, expression, face*] impassible

**stolidity** /stɒˈlɪdɪtɪ/ N flegme *m*, impassibilité *f*

**stolidly** /ˈstɒlɪdlɪ/ ADV [*say, stare, ignore, stand, sit*] impassiblement ◆ **to be ~ British (in one's attitudes)** être d'un flegme tout britannique (dans ses attitudes)

**stolidness** /ˈstɒlɪdnɪs/ N ⇒ **stolidity**

**stomach** /ˈstʌmək/ N (*Anat*) estomac *m* ; (= *belly*) ventre *m* ◆ **he was lying on his ~** il était couché *or* allongé sur le ventre, il était à plat ventre ◆ **to have a pain in one's ~** avoir mal à l'estomac *or* au ventre ◆ **I have no ~ for this journey** je n'ai aucune envie de faire ce voyage ◆ **an army marches on its ~** une armée ne se bat pas le ventre creux ; → **empty, full** VT [+ *food*] digérer ; [+ *behaviour, sb's jokes*] digérer *, encaisser * ◆ **he couldn't ~ this** il n'a pas pu l'encaisser *

COMP [*disease*] de l'estomac ; [*ulcer*] à l'estomac ▷ **stomach ache** N mal *m* de ventre ◆ **I have (a) ~ ache** j'ai mal au ventre ▷ **stomach pump** N pompe *f* (*pour lavage d'estomac*) ◆ **he was given a ~ pump** on lui a fait un lavage d'estomac ▷ **stomach stapling** N gastroplastie *f* ▷ **stomach trouble** N (NonC) ennuis *mpl* gastriques

**stomatologist** /ˌstəʊməˈtɒlədʒɪst/ N stomatologiste *mf*, stomatologue *mf*

**stomatology** /ˌstəʊməˈtɒlədʒɪ/ N stomatologie *f*

**stomp** /stɒmp/ VI ◆ **to ~ in/out** *etc* entrer/sortir *etc* d'un pas lourd et bruyant ◆ **we could hear him ~ing about** on entendait le bruit lourd de ses pas VT (*esp US*) ◆ **to ~ one's feet** (*in rage*) trépigner ; (*in dance*) frapper du pied N a [*of feet*] martèlement *m* b (= *dance*) swing *m*

**stone** /stəʊn/ N a (= *substance, gem: single piece*) pierre *f* ; (= *pebble*) caillou *m* ; (*on beach*) galet *m* ; (*commemorative*) stèle *f* (commémorative) ; (= *gravestone*) pierre *f* tombale, stèle *f* ◆ **(made) of ~** de pierre ◆ **within a ~'s throw (of)** à deux pas (de) ◆ **to leave no ~ unturned** remuer ciel et terre (*to do sth* pour faire qch) ◆ **to turn to ~, to change into ~** VT pétrifier, changer en pierre VI se pétrifier ◆ **it isn't set** *or* **cast** *or* **carved in ~** cela n'a rien d'immuable ; → **paving, precious, rolling, stand, tombstone**

b (*esp Brit: in fruit*) noyau *m*

c (*Med*) calcul *m* ◆ **to have a ~ in the kidney** avoir un calcul rénal ◆ **to have a ~ removed from one's kidney** se faire enlever un calcul rénal ; → **gallstone**

d (*pl gen inv: Brit* = *weight*) = 14 livres, = 6,348 kg ; → IMPERIAL SYSTEM

VT a [+ *person, object*] lancer *or* jeter des pierres sur, bombarder de pierres ◆ **to ~ sb to death** lapider qn, tuer qn à coups de pierre ◆ **~ the crows!** * (*Brit*) vingt dieux !

b [+ *date, olive*] dénoyauter

COMP [*building, wall*] en pierre ▷ **Stone Age** N l'âge *m* de (la) pierre ADJ de l'âge de la pierre ▷ **stone-blind** ADJ complètement aveugle ▷ **stone-broke** * ADJ (*US*) ⇒ **stony-broke** ; → **stony** ▷ **stone circle** N (*Brit*) cromlech *m* ▷ **stone-cold** ADJ complètement froid ◆ **~-cold sober** * pas du tout ivre ▷ **stone-dead** ADJ raide mort ▷ **stone-deaf** ADJ sourd comme un pot ▷ **stone fruit** N fruit *m* à noyau ▷ **stone-ground** ADJ [*flour, wheat*] meulé à la pierre

**stonebreaker** /ˈstəʊnˌbreɪkəʳ/ N (= *person*) casseur *m* de pierres ; (= *machine*) casse-pierre(s) *m*, concasseur *m*

**stonechat** /ˈstəʊntʃæt/ N (*Orn*) traquet *m* (pâtre)

**stonecrop** /ˈstəʊnkrɒp/ N (*Bot*) orpin *m*

**stonecutter** /ˈstəʊnkʌtəʳ/ N (= *person*) tailleur *m*, -euse *f* de pierres précieuses, lapidaire *m* ; (= *machine*) sciotte *f*, scie *f* (de carrier)

**stoned** ‡ /ˈstəʊnd/ ADJ (*on drugs*) défoncé ‡ (*on sth* à qch) ; (= *drunk*) complètement bourré ‡ *or* beurré ‡ ◆ **to get ~** (*on drugs*) se défoncer ‡ ; (*on alcohol*) prendre une cuite ‡

**stonemason** /ˈstəʊnmeɪsən/ N tailleur *m* de pierre(s)

**stonewall** /ˈstəʊnwɔːl/ VI (*Cricket*) jouer très prudemment ; (*fig*) donner des réponses évasives

**stoneware** /ˈstəʊnwɛəʳ/ N (NonC) pots *mpl* de grès

**stonewashed** /ˈstəʊnwɒʃt/ ADJ [*jeans*] délavé

**stonework** /ˈstəʊnwɜːk/ N (NonC) maçonnerie *f*

**stonily** /ˈstəʊnɪlɪ/ ADV avec froideur, froidement ; [*stare, look*] d'un œil froid

**stonking** ‡ /ˈstɒŋkɪŋ/ ADJ (= *fantastic*) génial *

**stony** /ˈstəʊnɪ/ ADJ a (= *containing stones, stone-like*) [*soil, path, floor, tiles*] pierreux ; [*beach*] de galets ◆ **her words fell on ~ ground** ses paroles n'ont pas trouvé d'écho ◆ **his pleas fell on ~ ground** ses demandes n'ont pas trouvé de réponse b (= *made of stone*) [*outcrop, cliff*] rocheux c (= *unsympathetic*) [*person*] dur, insensible ; [*look, stare, expression*] dur ; [*face*] de marbre ; [*silence*] glacial

COMP ▷ **stony-broke** * ADJ (*Brit*) fauché comme les blés * ▷ **stony-faced** ADJ au visage impassible

**stood** /stʊd/ VB pt, ptp of **stand**

**stooge** /stuːdʒ/ N (*Theat*) comparse *mf*, faire-valoir *m* ; (*gen: pej*) laquais *m*

**stook** /stuːk/ N moyette *f* VI moyetter

**stool** /stuːl/ N a tabouret *m* ; (*folding*) pliant *m* ; (= *footstool*) tabouret *m*, marchepied † *m* ◆ **to fall between two ~s** se retrouver le bec dans l'eau * ; → **music, piano** b (*fig*) [*of window*] rebord *m* c (*Med*) **~s** selles *fpl* d (*Bot*) pied *m* (*de plante*), plante *f* mère

COMP ▷ **stool pigeon** * N indicateur *m*, -trice *f*, mouchard(e) *m(f)* ; (*in prison*) mouton *m*

**stoolie** ‡, **stooly** ‡ /ˈstuːlɪ/ N (*US*) ⇒ **stool pigeon** ; → **stool**

**stoop**[1] /stuːp/ N a ◆ **to have** *or* **walk with a ~** avoir le dos voûté *or* rond b [*of bird of prey*] attaque *f* plongeante VI a (= *have a stoop*) avoir le dos voûté b (also **stoop down**) se pencher, se baisser ; (*fig*) s'abaisser (*to sth* jusqu'à qch ; *to do sth, to doing sth* jusqu'à faire qch) ◆ **he would ~ to anything** il est prêt à toutes les bassesses c [*bird of prey*] plonger

**stoop**[2] /stuːp/ N (*US*) véranda *f*

**stooping** /ˈstuːpɪŋ/ ADJ [*person, back*] voûté ; [*shoulders*] tombant ; [*posture*] courbé

**stop** /stɒp/ N a (= *halt*) arrêt *m* (also *Ski*) ; (= *short stay*) halte *f* ◆ **we had a ~ of a few days in Arles** nous avons fait une halte de quelques jours à Arles ◆ **we had a ~ for coffee** nous avons fait une pause-café ◆ **they worked for six hours without a ~** ils ont travaillé six heures d'affilée *or* sans s'arrêter ◆ **a five-minute ~, five minutes' ~** cinq minutes d'arrêt ◆ **to be at a ~** [*vehicle*] être à l'arrêt ; [*traffic*] être bloqué ; [*work, progress, production*] s'être arrêté, avoir cessé ◆ **to come to a ~** [*traffic, vehicle*] s'arrêter ; [*work, progress, production*] cesser ◆ **to bring to a ~** [+ *traffic, vehicle*] arrêter ; [+ *work, progress, production*] arrêter, faire cesser ◆ **to make a ~** [*bus, train*] s'arrêter ; [*plane, ship*] faire escale ◆ **to put a ~ to sth** mettre fin à qch, mettre un terme à qch ◆ **I'll put a ~ to all that!** je vais mettre un terme *or* le holà à tout ça !

b (= *stopping place*) [*of bus, train*] arrêt *m* ; [*of plane, ship*] escale *f* ; → **bus, request**

c [*of organ*] jeu *m* ◆ **to pull out all the ~s** (*fig*) faire un suprême effort, remuer ciel et terre (*to do sth* pour faire qch)

d (*Punctuation*) point *m* ; (*in telegrams*) stop *m* ; see also **full**

e (= *device*) (*on drawer, window*) taquet *m* ; (= *door stop*) butoir *m* de porte ; (*on typewriter:* also **margin stop**) margeur *m* ; (*Tech*) mentonnet *m*

f (*Phon*) (consonne *f*) occlusive *f*

g (*Phot*) diaphragme *m*

VT a (= *block*) [+ *hole, pipe*] boucher, obturer ; (*accidentally*) boucher, bloquer ; [+ *leak*] boucher, colmater ; [+ *jar, bottle*] boucher ; [+ *tooth*] plomber ◆ **to ~ one's ears** se boucher les oreilles ◆ **to ~ one's ears to sth** (*fig*) rester sourd à qch ◆ **to ~ a gap** (*lit*) boucher un trou ; (*fig*) combler une lacune ; see also **stopgap** ◆ **to ~ the way** barrer le chemin

b (= *halt*) [+ *person, vehicle, ball, machine, process*] arrêter ; [+ *traffic*] arrêter, interrompre ; [+ *progress*] interrompre ; [+ *light*] empêcher de passer ; [+ *pain, worry, enjoyment*] mettre fin à ; *(fig, Sport etc = beat)* battre ◆ **he ~ped the show with his marvellous medley of old hits** il a fait un tabac* avec son merveilleux pot-pourri de vieilles chansons à succès ◆ **to ~ sb short** *(lit)* arrêter qn net *or* brusquement ; *(= interrupt)* interrompre qn ◆ **to ~ sb (dead) in his tracks** *(lit)* arrêter qn net *or* brusquement ; *(fig)* couper qn dans son élan ◆ **to ~ sth (dead) in its tracks** *(fig)* interrompre qch ◆ **he ~ped a bullet*** il a reçu une balle ◆ **the walls ~ some of the noise** les murs étouffent *or* absorbent une partie du bruit

**c** *(= cease)* arrêter, cesser (*doing sth* de faire qch) ◆ ~ **it!** assez !, ça suffit ! ◆ ~ **that noise!** assez de bruit ! ◆ **to ~ work** arrêter *or* cesser de travailler, cesser le travail

**d** *(= interrupt)* *[+ activity, building, production]* interrompre, arrêter ; *(= suspend)* suspendre ; *(Boxing)* *[+ fight]* suspendre ; *[+ allowance, leave, privileges]* supprimer ; *[+ wages]* retenir ; *[+ gas, electricity, water supply]* couper ◆ **rain ~ped play** la pluie a interrompu *or* arrêté la partie ◆ **they ~ped £15 out of his wages** ils ont retenu 15 livres sur son salaire ◆ **to ~ one's subscription** résilier son abonnement ◆ **to ~ (payment on) a cheque** faire opposition au paiement d'un chèque ◆ **to ~ payment** *[bank]* suspendre ses paiements ◆ **he ~ped the milk for a week** il a fait interrompre *or* il a annulé la livraison du lait pendant une semaine

**e** *(= prevent)* empêcher (*sb's doing sth, sb from doing sth* qn de faire qch ; *sth happening, sth from happening* que qch n'arrive (*subj*)) ◆ **there's nothing to ~ you** rien ne vous en empêche ◆ **he ~ped the house (from) being sold** il a empêché que la maison (ne) soit vendue *or* la vente de la maison

**f** *(Mus)* *[+ string]* presser ; *[+ hole of trumpet etc]* boucher, mettre le doigt sur

**VI** **a** *[person, vehicle, machine, clock, sb's heart]* s'arrêter ◆ **to ~ to do sth** s'arrêter pour faire qch ◆ ~ **thief!** au voleur ! ◆ **you can ~ now** *(in work etc)* vous pouvez (vous) arrêter maintenant ◆ **we'll ~ here for today** *(in lesson etc)* nous nous arrêterons *or* nous nous en tiendrons là pour aujourd'hui ◆ **he ~ped (dead) in his tracks** il s'est arrêté net *or* pile* ◆ **he ~ped in mid sentence** il s'est arrêté au beau milieu d'une phrase ◆ ~ **and think** réfléchissez bien ◆ ~ **and consider if** *or* **whether ...** réfléchissez si ... ◆ **he never knows where to ~** il ne sait pas s'arrêter ◆ **he will ~ at nothing** il est prêt à tout, il ne recule devant rien (*to do sth* pour qch) → **dead, shortstop**

**b** *[supplies, production, process, music]* s'arrêter, cesser ; *[attack, pain, worry, enjoyment, custom]* cesser ; *[allowance, privileges]* être supprimé ; *[play, programme, concert]* finir, se terminer ; *[conversation, discussion, struggle]* cesser, se terminer

**c** * *(= remain)* rester ; *(= live temporarily)* loger ◆ ~ **where you are!** restez là où vous êtes ! ◆ **I'm ~ping with my aunt** je loge chez ma tante

**COMP** *[button, lever, signal]* d'arrêt ; *(Phot)* *[bath, solution]* d'arrêt ▷ **stop-and-go** **N** *(US)* → **stop-go** ▷ **stop consonant** **N** *(Phon)* (consonne *f*) occlusive *f* ▷ **stop-frame** **ADJ** *[animation, photography]* image par image *inv* ▷ **stop-go** **N** → **stop-go** ▷ **stop-off** **N** arrêt *m*, courte halte *f* ▷ **stop order** **N** *(St Ex)* ordre *m* stop ▷ **stop-press** **N** *(Brit Press)* *(= news)* nouvelles *fpl* de dernière heure ; *(as heading)* "dernière heure" ▷ **stop sign** **N** *(Aut)* (panneau *m*) stop *m*

► **stop away** * **VI** ◆ **he stopped away for three years** il est resté trois ans sans revenir *or* trois ans absent ◆ **he ~ped away from the meeting** il n'est pas allé à la réunion

► **stop behind** * **VI** rester en arrière *or* à la fin

► **stop by** * **VI** s'arrêter en passant

► **stop down** * **VI** *(bending)* rester baissé ; *(lying down)* rester couché ; *(under water)* rester sous l'eau

► **stop in** * **VI** **a** *(at home)* rester à la maison *or* chez soi, ne pas sortir

**b** ⇒ **stop by**

► **stop off** **VI** s'arrêter ; *(on journey)* s'arrêter, faire une halte ◆ **let's ~ off and get a pizza** arrêtons-nous pour acheter une pizza

**N** ◆ **stop-off** → **stop**

► **stop out** * **VI** rester dehors, ne pas rentrer ◆ **he always ~s out late on Fridays** il rentre toujours tard le vendredi

► **stop over** **VI** s'arrêter (un *or* plusieurs jour(s)), faire une halte

► **stop up** **VI** *(Brit* *)* ne pas se coucher, rester debout ◆ **don't ~ up for me** ne m'attendez pas pour aller vous coucher

**VT SEP** *[+ hole, pipe, jar, bottle]* boucher ◆ **my nose is ~ped up** j'ai le nez bouché

**stopcock** /ˈstɒpkɒk/ **N** robinet *m* d'arrêt

**stopgap** /ˈstɒpgæp/ **N** bouche-trou *m* **ADJ** *[measure, solution]* provisoire

**stop-go** /stɒpˈgəʊ/ **N** *(gen, Econ)* ◆ **a period of ~** une période d'activité intense suivie de relâchement, une période de "stop and go" **COMP** ▷ **stop-go policy** **N** politique *f* en dents de scie

**stoplight** /ˈstɒplaɪt/ **N** *(US)* *(= traffic light)* feu *m* rouge ; *(= brake light)* feu *m* de stop

**stopover** /ˈstɒpəʊvəʳ/ **N** halte *f*

**stoppage** /ˈstɒpɪdʒ/ **N** **a** *(in traffic, work)* arrêt *m*, interruption *f* ; *(Sport)* arrêt *m* de jeu ; *(= strike)* arrêt *m* de travail, grève *f* ; *[of leave, wages, payment]* suspension *f* ; *(= amount deducted)* retenue *f* **b** *(= blockage)* obstruction *f*, engorgement *m* ; *(Med)* occlusion *f* **COMP** ▷ **stoppage time** **N** *(Sport)* arrêts *mpl* de jeu ◆ **to play ~ time** jouer les arrêts de jeu

**stopper** /ˈstɒpəʳ/ **N** *[of bottle, jar]* bouchon *m* ; *[of bath, basin]* bouchon *m*, bonde *f* ◆ **to take the ~ out of a bottle** déboucher une bouteille ◆ **to put the ~ into a bottle** boucher une bouteille ◆ **to put a ~ on sth** * mettre un terme *or* le holà à qch ; → **conversation** **VT** boucher

**stopping** /ˈstɒpɪŋ/ **N** **a** *(NonC = halting)* *[of activity, progress, vehicle, process]* arrêt *m* ; *[of cheque]* opposition *f* au paiement ; *[of match, game, payment]* suspension *f* ; *[of allowance, leave, privileges]* suppression *f* ; *[of wages]* retenue *f* (of sur) **b** *(NonC = blocking)* *[of hole, pipe]* obturation *f*, bouchage *m* ; *[of leak]* colmatage *m*, bouchage *m* ; *(Mus)* → **double** **c** *[of tooth]* plombage *m* **COMP** ▷ **stopping place** **N** *(= lay-by etc)* endroit *m* où s'arrêter ◆ **we were looking for a ~ place** nous cherchions un endroit où nous arrêter ▷ **stopping train** **N** (train *m*) omnibus *m*

**stopwatch** /ˈstɒpwɒtʃ/ **N** chronomètre *m*

**storage** /ˈstɔːrɪdʒ/ **N** **a** *(NonC)* *[of goods, fuel]* entreposage *m*, emmagasinage *m* ; *[of furniture]* entreposage *m* ; *[of food, wine]* rangement *m*, conservation *f* ; *[of radioactive waste]* stockage *m* ; *[of heat, electricity]* accumulation *f* ; *[of documents]* conservation *f* ◆ **to put in(to) ~** entreposer, emmagasiner ; *[+ furniture]* mettre au garde-meuble ; → **cold**

**b** *(Comput)* *(= state)* mémoire *f* ; *(= action)* mise *f* en mémoire

**COMP** *[problems]* d'entreposage, d'emmagasinage ; *[charges]* de magasinage ▷ **storage battery** **N** accumulateur *m*, accu* *m* ▷ **storage capacity** **N** *(gen, Comput)* capacité *f* de stockage ▷ **storage heater** (also **electric storage heater**) **N** radiateur *m* électrique à accumulation, accumulateur *m* de chaleur ▷ **storage space** **N** *(in house)* espace *m* de rangement ; *(in firm etc)* espace *m* de stockage ▷ **storage tank** **N** *(for oil etc)* réservoir *m* de stockage ; *(for rainwater)* citerne *f* ▷ **storage unit** **N** *(= furniture)* meuble *m* de rangement

**store** /stɔːʳ/ **N** **a** *(= supply, stock, accumulation)* provision *f*, réserve *f*, stock *m* *(Comm)* ; *[of learning, information]* fonds *m* ◆ **to get in** *or* **lay in a ~ of sth** faire provision de qch ◆ **to keep a ~ of sth** avoir une provision de qch ◆ **to set great ~/little ~ by sth** faire grand cas/peu de cas de qch, attacher du prix/peu de prix à qch

**b** **~s** *(= supplies)* provisions *fpl* ◆ **to take on** *or* **lay in ~s** s'approvisionner, faire des provisions

**c** *(Brit = depot, warehouse)* entrepôt *m* ; *(= furniture store)* garde-meuble *m* ; (*in office, factory etc:* also **stores**) réserve *f* ; *(larger)* service *m* des approvisionnements ◆ **ammunition ~** dépôt *m* de munitions

♦ **in store, into store** ◆ **to put in(to) ~** *[+ goods]* entreposer ; *[+ furniture]* mettre au garde-meuble ◆ **I am keeping this in ~ for winter** je garde cela en réserve pour l'hiver ◆ **I've got a surprise in ~ for you** j'ai une surprise en réserve pour vous, je vous réserve une surprise ◆ **what does the future hold** *or* **have in ~ for him?, what is** *or* **lies in ~ for him?** que lui réserve l'avenir ?

**d** *(esp US = shop)* magasin *m*, commerce *m* ; *(large)* grand magasin *m* ; *(small)* boutique *f* ◆ **book ~** magasin *m* de livres, librairie *f* ; → **chain, department, general**

**VT** **a** (*= keep in reserve, collect:* also **store up**) *[+ food, fuel, goods]* mettre en réserve ; *[+ documents]* conserver ; *[+ electricity, heat]* accumuler, emmagasiner ; *(fig)* *(in one's mind)* *[+ facts, information]* noter *or* enregistrer dans sa mémoire ◆ **this cellar can ~ enough coal for the winter** cette cave peut contenir assez de charbon pour passer l'hiver

**b** (*= place in store:* also **store away**) *[+ food, fuel, goods]* emmagasiner, entreposer ; *[+ furniture]* mettre au garde-meuble ; *[+ crops]* mettre en grange, engranger ; *(Comput)* mettre en réserve ◆ **he ~d the information (away)** *(in filing system etc)* il a rangé les renseignements ; *(in his mind)* il a noté les renseignements ◆ **I've got the camping things ~d (away) till we need them** j'ai rangé *or* mis de côté les affaires de camping en attendant que nous en ayons besoin ◆ **where do you ~ your wine?** où est-ce que vous entreposez *or* conservez votre vin ?

**c** *(Comput)* mémoriser

**VI** ◆ **these apples ~ well/badly** ces pommes se conservent bien/mal

**COMP** *(gen: esp US)* *[item, line]* de série ; (*US:* also **store-bought**) *[clothes]* de confection *or* de série ; *[cake]* du commerce ▷ **store card** **N** *(Comm)* carte *f* privative ▷ **store detective** **N** vigile *m* en civil *(dans un grand magasin)*

► **store away** **VT SEP** → **store vt b**

► **store up** **VT SEP** → **store vt a**

**storefront** /ˈstɔːfrʌnt/ **N** *(US)* devanture *f*

**storehouse** /ˈstɔːhaʊs/ **N** entrepôt *m* ; *(fig: of information etc)* mine *f*

**storekeeper** /ˈstɔːˌkiːpəʳ/ **N** magasinier *m* ; *(esp US = shopkeeper)* commerçant(e) *m(f)*

**storeroom** /ˈstɔːrʊm/ **N** réserve *f*, magasin *m*

**storey, story** *(US)* /ˈstɔːrɪ/ **N** étage *m* ◆ **on the 3rd** *or* *(US)* **4th** ~ au troisième (étage) ◆ **a four-~(ed)** *or* *(US)* **four-storied building** un bâtiment de quatre étages

**-storeyed, -storied** *(US)* /ˈstɔːrɪd/ **ADJ** *(in compounds)* → **storey**

**stork** /stɔːk/ **N** cigogne *f*

**storm** /stɔːm/ **N** **a** tempête *f* ; *(= thunderstorm)* orage *m* ; *(on Beaufort scale)* tempête *f* ◆ ~ **of rain/snow** tempête *f* de pluie/de neige ◆ **magnetic** ~ orage *m* magnétique ◆ **it was a ~ in a teacup** *(Brit)* c'était une tempête dans un verre d'eau ; → **dust, hailstorm, sandstorm**

**b** *[of arrows, missiles]* pluie *f*, grêle *f* ; *[of insults, abuse]* torrent *m* ; *[of cheers, protests, applause, indignation]* tempête *f* ◆ **there was a political** ~ les passions politiques se sont déchaînées ◆ **his speech caused** *or* **raised quite a** ~ son discours a provoqué une véritable tempête *or* un ouragan ◆ **to bring a ~ about one's ears** soulever un tollé (général) ◆ **a period of ~ and stress** une période très orageuse *or* très tourmentée

**c** *(Mil)* **to take by** ~ prendre d'assaut ◆ **this product has taken the market by** ~ ce produit a pris le marché d'assaut ◆ **the play took London by** ~ la pièce a obtenu un succès foudroyant *or* fulgurant à Londres

**VT** *(Mil)* prendre *or* emporter d'assaut ◆ **angry ratepayers ~ed the town hall** les contribuables en colère ont pris d'assaut *or* ont envahi la mairie

**VI** *[wind]* souffler en tempête, faire rage ; *[rain]* tomber à torrents, faire rage ; *(fig) [person]* fulminer ◆ **to ~ at sb** tempêter *or* fulminer contre qn ◆ **to ~ (one's way) in/out** *etc* entrer/sortir *etc* comme un ouragan

**COMP** *[signal, warning]* de tempête ▷ **storm belt** **N** zone *f* des tempêtes ▷ **storm cellar** **N** *(US)* abri *m* contre les tempêtes *or* cyclones ▷ **storm centre** **N** centre *m* de dépression, œil *m* du cyclone ; *(fig)* centre *m* de l'agitation ▷ **storm cloud** **N** nuage *m* orageux ; *(fig)* nuage *m* noir *or* menaçant ◆ **the ~ clouds are gathering** *(fig)* l'avenir est sombre ▷ **storm cone** **N** cône *m* de tempête ▷ **storm damage** **N** dégâts *mpl* occasionnés par la tempête ▷ **storm door** **N** double porte *f* *(à l'extérieur)* ▷ **storm drain** **N** collecteur *m* d'eaux pluviales ▷ **storm force** **N** ◆ **to reach ~ force** *[wind]* atteindre force 10 ▷ **storm-force** **ADJ** *[wind]* de force 10 ▷ **storm lantern** **N** lampe-tempête *f*, lanterne-tempête *f* ▷ **storm-lashed** **ADJ** battu par l'orage *or* la tempête ▷ **storm petrel** **N** *(Orn, fig)* ⇒ **stormy petrel** ; → **stormy** ▷ **storm sewer** **N** collecteur *m* d'eaux pluviales ▷ **storm-tossed** **ADJ** ballotté *or* battu par la tempête ▷ **storm trooper** **N** *(Mil) (gen)* membre *m* d'une troupe d'assaut ; *(= Nazi)* membre *m* des sections d'assaut nazies ▷ **storm troops** **NPL** troupes *fpl* d'assaut ▷ **storm water** **N** eau(x) *f(pl)* pluviale(s) ▷ **storm window** **N** double fenêtre *f* *(à l'extérieur)*

**stormbound** /ˈstɔːmbaʊnd/ **ADJ** bloqué par la tempête

**storming** /ˈstɔːmɪŋ/ **N** *(= attack, invasion)* assaut *m* ◆ **the ~ of the Bastille** la prise de la Bastille **ADJ** *(* = impressive)* spectaculaire, impressionnant

**stormproof** /ˈstɔːmpruːf/ **ADJ** à l'épreuve de la tempête

**stormy** /ˈstɔːmɪ/ **ADJ** **a** *[weather, night, skies]* orageux ; *[seas, waters]* démonté ◆ **on a ~ night** par une nuit d'orage **b** *(= turbulent) [meeting, scene, relationship]* orageux, houleux ; *[period]* tumultueux ; *[career]* mouvementé ; *[temperament, person]* violent, emporté ◆ ~ **waters** période *f* tumultueuse ◆ **the bill had a ~ passage through Parliament** l'adoption du projet de loi au Parlement a donné lieu à des débats houleux **COMP** ▷ **stormy petrel** **N** *(Orn)* pétrel *m* ; *(fig)* enfant *mf* terrible

**story**[1] /ˈstɔːrɪ/ **N** **a** *(= account)* histoire *f* ◆ **it's a long** ~ c'est toute une histoire, c'est une longue histoire ◆ **that's only part of the** ~ mais ce n'est pas tout ◆ **you're not telling me the whole** *or* **full ~, you're only telling me part of the** ~ tu ne me dis pas tout, tu me caches quelque chose ◆ **a different** ~ *(fig)* une autre histoire ◆ **but that's another** ~ mais ça c'est une autre histoire ◆ **it's quite another** ~ *or* **a very different** ~ c'est une tout autre histoire ◆ **it's the same old** ~ c'est toujours la même histoire *or* la même chanson * ◆ **these scars tell their own** ~ ces cicatrices parlent d'elles-mêmes *or* en disent long ◆ **what the police found in the truck told a different** ~ ce que la police a trouvé dans le camion indiquait tout autre chose ◆ **so, what's the ~?** alors, raconte ! ◆ **that's the ~ of my life!** *(hum)* ça m'arrive tout le temps !

**b** *(= version of events)* **I've heard his** ~ j'ai entendu sa version des faits ◆ **he changed his** ~ il est revenu sur ce qu'il avait dit ◆ **let's get our ~ straight** mettons-nous bien d'accord sur ce que nous allons dire ◆ **according to your** ~ d'après ce que vous dites, selon vous

**c** *(= tale)* histoire *f*, conte *m* ; *(= legend)* histoire *f*, légende *f* ; *(Literat)* histoire *f*, récit *m* ; *(short)* nouvelle *f* ; *(= anecdote, joke)* histoire *f*, anecdote *f* ◆ **there's an interesting ~ attached to that** on raconte une histoire intéressante à ce sujet ◆ **or so the ~ goes** ou du moins c'est ce que l'on raconte, d'après les on-dit ◆ **he writes stories** il écrit des histoires *or* des nouvelles ◆ **she told the children a** ~ elle a raconté une histoire aux enfants ◆ **do you know the ~ about ...?** connaissez-vous l'histoire de ... ? ◆ **what a ~ this house could tell!** que de choses cette maison pourrait nous (*or* vous *etc*) raconter ! ◆ **what's the ~ behind that song/that picture?** quelle est l'histoire de cette chanson/de ce tableau ? ; → **bedtime, fairy, short**

**d** *(= plot) [of film]* scénario *m* ; *[of book]* intrigue *f* ; *[of play]* intrigue *f*, action *f* ◆ **the ~ of the film is taken from his book** le scénario du film est tiré de son roman ◆ **he did the ~ for the film** il a écrit le scénario du film

**e** *(Press, Rad, TV) (= event etc)* affaire *f* ; *(= article)* article *m* ◆ **they devoted two pages to the ~ of ...** ils ont consacré deux pages à l'affaire de ... ◆ **did you read the ~ on ...?** avez-vous lu l'article sur ... ? ◆ **I don't know if there's a ~ in it** je ne sais pas s'il y a matière à un article ◆ **he was sent to cover the ~ of the refugees** on l'a envoyé faire un reportage sur les réfugiés

**f** *(* = fib)* histoire *f* ◆ **to tell stories** raconter des histoires

**COMP** ▷ **story line** **N** *[of film]* scénario *m* ; *[of book]* intrigue *f* ; *[of play]* intrigue *f*, action *f* ▷ **story-writer** **N** nouvelliste *mf*

**story**[2] /ˈstɔːrɪ/ **N** *(US)* ⇒ **storey**

**storyboard** /ˈstɔːrɪbɔːd/ **N** *(Cine, TV)* story-board *m*

**storybook** /ˈstɔːrɪbʊk/ **N** livre *m* de contes *or* d'histoires **ADJ** *(fig) [situation, love affair]* romanesque ◆ **a meeting with a ~ ending** une rencontre qui se termine comme dans les romans

**storyteller** /ˈstɔːrɪteləʳ/ **N** conteur *m*, -euse *f* ; *(* = fibber)* menteur *m*, -euse *f*

**storytelling** /ˈstɔːrɪtelɪŋ/ **N** *(NonC)* ◆ **they pass on their tradition through** ~ leurs traditions se transmettent à travers les contes

**stoup** /stuːp/ **N** *(Rel)* bénitier *m* ; *(†† = tankard)* pichet *m*

**stout** /staʊt/ **ADJ** **a** *(= fat) [person]* corpulent, gros (grosse *f*) ◆ **to get** *or* **grow** ~ prendre de l'embonpoint **b** *(= sturdy) [legs]* solide, robuste ; *[stick, door, rope, shoes]* solide ; *[horse]* vigoureux ; *[branch]* gros (grosse *f*) **c** *(= resolute) [soldier, defence, resistance, opposition, heart]* vaillant ; *[support]* résolu ◆ **he is a ~ fellow** † c'est un brave type * **N** *(= beer)* stout *m* *or* *f*, bière *f* brune **COMP** ▷ **stout-hearted** **ADJ** vaillant, intrépide

**stoutly** /ˈstaʊtlɪ/ *(liter)* **ADV** **a** *(= resolutely) [fight, defend, resist]* vaillamment ; *[deny]* vigoureusement ; *[believe, maintain]* dur comme fer **b** ◆ ~ **built** *[hut]* solidement bâti

**stoutness** /ˈstaʊtnɪs/ **N** *(NonC)* **a** *(= fatness) [of person]* corpulence *f*, embonpoint *m* **b** *(= sturdiness) [of horse, branch]* vigueur *f* ; *[of stick, door, rope, shoes]* solidité *f* **c** *(= resoluteness) [of defence, resistance, opposition]* vaillance *f* ; *[of support]* détermination *f* ◆ **the ~ of his resolve** sa résolution inébranlable ◆ ~ **of heart** vaillance *f*

**stove**[1] /stəʊv/ **N** **a** *(= heater)* poêle *m* ; → **wood** **b** *(= cooker) (solid fuel)* fourneau *m* ; *(gas, electric)* cuisinière *f* ; *(small)* réchaud *m* **c** *(Ind, Tech)* four *m*, étuve *f*

**stove**[2] /stəʊv/ **VB** pt, ptp of **stave**

**stovepipe** /ˈstəʊvpaɪp/ **N** *(lit, also fig = hat)* tuyau *m* de poêle

**stow** /stəʊ/ **VT** ranger, mettre ; (*out of sight:* also **stow away**) faire disparaître, cacher ; *(Naut) [+ cargo]* arrimer ; (also **stow away**) *[+ ropes, tarpaulins etc]* ranger ◆ **where can I ~ this?** où puis-je déposer ceci ? ◆ ~ **it!** ‡ la ferme ! ‡, ferme-la ! ‡

► **stow away** **VI** s'embarquer clandestinement ◆ **he ~ed away to Australia** il s'est embarqué clandestinement pour l'Australie

**VT SEP** *(= put away)* ranger ; *(= put in its place)* ranger, placer ; *(= put out of sight)* faire disparaître, cacher ; *(‡ fig) [+ meal, food]* enfourner * ; see also **stow**

**stowage** /ˈstəʊɪdʒ/ **N** *(Naut) (= action)* arrimage *m* ; *(= space)* espace *m* utile ; *(= costs)* frais *mpl* d'arrimage

**stowaway** /ˈstəʊəweɪ/ **N** passager *m* clandestin, passagère *f* clandestine

**strabismus** /strəˈbɪzməs/ **N** strabisme *m*

**strabotomy** /strəˈbɒtəmɪ/ **N** strabotomie *f*

**straddle** /ˈstrædl/ **VT** *[+ horse, cycle]* enfourcher ; *[+ chair]* se mettre à califourchon *or* à cheval sur ; *[+ fence, ditch, bridge]* enjamber ; *[+ two periods, two cultures]* être à cheval sur ◆ **to be straddling sth** être à califourchon *or* à cheval sur qch ◆ **the village ~s the border** le village est à cheval sur la frontière ◆ **the town ~s the river Avon** la ville s'étend sur les deux rives de l'Avon ◆ **to ~ an issue** *(US)* ménager la chèvre et le chou **VI** être à califourchon ; *(US * fig)* nager entre deux eaux, ménager la chèvre et le chou

**strafe** /strɑːf/ **VT** *(Mil etc) (with machine guns)* mitrailler au sol ; *(with shellfire, bombs)* bombarder, marmiter

**strafing** /ˈstrɑːfɪŋ/ **N** *(Mil, Aviat)* mitraillage *m* au sol

**straggle** /ˈstrægl/ **VI** **a** *[vines, plants]* pousser tout en longueur, pousser au hasard ; *[hair]* être *or* retomber en désordre ; *[houses, trees]* être épars *or* disséminés ;

*[village]* s'étendre en longueur ◆ **the branches ~d along the wall** les branches tortueuses grimpaient le long du mur ◆ **the village ~s for miles along the road** les maisons du village s'égrènent *or* le village s'étend sur des kilomètres le long de la route ◆ **her hair was straggling over her face** ses cheveux rebelles *or* des mèches folles retombaient en désordre sur son visage **b** **to ~ in/out** *[people, cars]* entrer/sortir petit à petit

► **straggle away, straggle off** VI se débander *or* se disperser petit à petit

**straggler** /ˈstræglə^r/ N **a** *(= person)* traînard(e) *m(f)* ; *(= plane etc)* avion *m etc* à la traîne* **b** *(Bot)* branche *f* gourmande, gourmand *m*

**straggling** /ˈstræglɪŋ/, **straggly** /ˈstræglɪ/ ADJ *[hair, beard]* hirsute ; *[plant]* (qui pousse) tout en longueur ; *[village]* tout en longueur ◆ **a ~ row of houses** un rang de maisons disséminées ◆ **a long ~ line** une longue ligne irrégulière

**straight** /streɪt/ ADJ **a** *(= not curved) [road, edge, stick, nose, skirt, trousers]* droit ; *[course, route]* en ligne droite ; *[chair]* à dossier droit ; *[hair]* raide ◆ **a ~ line** *(gen)* une ligne droite ; *(Math)* une droite ◆ **to walk in a ~ line** marcher en ligne droite ◆ **on a ~ course** en ligne droite ◆ **to have a ~ back** avoir le dos droit ◆ **to keep one's back ~** se tenir droit ◆ **to play (with) a ~ bat** *(Cricket)* jouer avec la batte verticale ; *(Brit = act decently)* jouer franc jeu

**b** *(= not askew) [picture, rug, tablecloth, tie, hat, hem]* droit ◆ **the picture isn't ~** le tableau n'est pas droit *or* est de travers ◆ **to put** *or* **set ~** *[+ picture, hat, tie]* redresser, remettre droit ; *[+ rug, tablecloth]* remettre droit

**c** *(= frank) [person, answer, question]* franc (franche *f*) (*with sb* avec qn) ; *[dealing]* loyal, régulier ; *[denial, refusal]* net, catégorique ◆ **to be ~ about sth** exprimer franchement qch ◆ **let's be ~ about this** soyons francs, ne nous leurrons pas ◆ **~ talk(ing), ~ speaking** franc-parler *m* ◆ **it's time for some ~ talking** soyons francs ◆ **to play a ~ game** jouer franc jeu ◆ **~ tip** *(Racing, St Ex etc)* tuyau* *m* sûr

**d** *(= unambiguous)* clair ◆ **say nothing, is that ~?** tu ne dis rien, c'est clair ? ◆ **have you got that ~?** est-ce bien clair ? ◆ **let's get this ~** entendons-nous bien sur ce point ◆ **let's get that ~ right now** mettons cela au clair tout de suite ◆ **to get things ~ in one's mind** mettre les choses au clair dans son esprit ◆ **to put sth ~** mettre qch au clair ◆ **to put** *or* **set sb ~ (about sth)** éclairer qn (sur qch) ◆ **to keep sb ~ (about sth)** empêcher qn de se tromper (sur qch) ◆ **to put** *or* **set o.s. ~ with sb** faire en sorte de ne pas être en reste avec qn ; → **record**

**e** *(= tidy) [house, room, books, affairs, accounts]* en ordre ◆ **to put** *or* **set** *or* **get sth ~** *[+ house, room, books]* mettre qch en ordre, mettre de l'ordre dans qch ; *[+ affairs, accounts]* mettre de l'ordre dans qch

**f** *(= pure, simple)* ◆ **it was a ~ choice between A and B** il n'y avait que deux solutions, A ou B ◆ **the election was a ~ fight between the Tories and Labour** l'élection a mis aux prises ses conservateurs et travaillistes ◆ **her latest novel is ~ autobiography** son dernier roman est de l'autobiographie pure ◆ **to get ~ As** *(US)* obtenir les notes les plus élevées ◆ **a ~ A student** *(US)* un étudiant qui obtient les notes les plus élevées partout

**g** *(= consecutive) [victories, defeats, games, months]* consécutif ◆ **to win ten ~ victories** remporter dix victoires d'affilée *or* consécutives ◆ **for five ~ days** pendant cinq jours d'affilée *or* consécutifs ◆ **in ~ sets** *(Tennis)* en deux/trois sets *(pour les matchs en trois/cinq sets)* ◆ **to win/lose in ~ sets** gagner/perdre tous les sets

**h** *(* = not owed or owing money)* quitte ◆ **if I give you £5, then we'll be ~** si je te donne cinq livres, nous serons quittes

**i** *(= unmixed) [whisky, vodka]* sec (sèche *f*), sans eau

**j** *(Theat) (= mainstream) [theatre]* traditionnel ; *(= non-comic) [play, role, actor]* sérieux

**k** *(= unsmiling)* ◆ **to keep a ~ face** garder son sérieux ◆ **to say sth with a ~ face** dire qch sans sourire *or* avec un grand sérieux ; see also **comp**

**l** *(Geom) [angle]* plat

**m** *(* = conventional) [person]* conventionnel, conformiste

**n** *(* = heterosexual)* hétéro*

**o** * *(= not criminal) [person]* honnête, régulier ◆ **I've been ~ for three years** *(not on drugs)* ça fait trois ans que je n'ai pas pris de drogue

N **a** **the ~** *[of racecourse, railway line, river]* la ligne droite ◆ **now we're in the ~** *(fig)* nous sommes maintenant dans la dernière ligne droite

**b** ◆ **to cut sth on the ~** couper qch (de) droit fil ◆ **out of the ~** de travers, en biais

**c** **to follow** *or* **keep to the ~ and narrow** rester dans le droit chemin ◆ **to keep sb on the ~ and narrow** faire suivre le droit chemin à qn

**d** * *(= heterosexual)* hétéro* *mf*

ADV **a** *(= in a straight line) [walk]* droit ; *[grow]* (bien) droit ; *[fly]* en ligne droite ; *[shoot]* juste ◆ **~ above us** juste au-dessus de nous ◆ **~ across from the house** juste en face de la maison ◆ **to go ~ ahead** aller tout droit ◆ **he looked ~ ahead** il a regardé droit devant lui ◆ **he came ~ at me** il s'est dirigé droit sur moi ◆ **to look ~ at sb** regarder qn droit dans les yeux ◆ **to hold o.s. ~** se tenir droit ◆ **to look sb ~ in the face/the eye** regarder qn bien en face/droit dans les yeux ◆ **to go ~ on** aller tout droit ◆ **to sit ~** s'asseoir bien droit ◆ **to sit up ~** se redresser ◆ **to stand ~** se tenir droit ◆ **to stand up ~** se redresser ◆ **the bullet went ~ through his chest** la balle lui a traversé la poitrine de part en part ◆ **to go ~ towards sb/sth** se diriger droit vers qn/qch ◆ **the cork shot ~ up in the air** le bouchon est parti droit en l'air

**b** *(= level)* ◆ **to hang ~** *[picture]* être bien droit

**c** *(= directly)* ◆ **~ after this** tout de suite après ◆ **to come ~ back** *(= without detour)* revenir directement ; *(= immediately)* revenir tout de suite ◆ **~ from the horse's mouth** de source sûre ◆ **to go ~ home** *(= without detour)* rentrer directement chez soi ; *(= immediately)* rentrer chez soi tout de suite ◆ **he went ~ to London** *(= without detour)* il est allé directement *or* tout droit à Londres ; *(= immediately)* il s'est immédiatement rendu à Londres ◆ **to go ~ to bed** aller tout de suite se coucher ◆ **I may as well come ~ to the point** autant que j'en vienne droit au fait ◆ **give it to me** *or* **tell me ~*** dis-le-moi carrément ◆ **I let him have it ~ from the shoulder*** *(= told him)* je le lui ai dit carrément

◆ **straight away** tout de suite, sur-le-champ

◆ **straight off** *(= immediately)* tout de suite, sur-le-champ ; *(= without hesitation)* sans hésiter ; *(= without beating about the bush)* sans ambages, sans mâcher ses mots

◆ **straight out** *(= without hesitation)* sans hésiter ; *(= without beating about the bush)* sans ambages, sans mâcher ses mots ◆ **to tell sb sth ~ out** dire franchement qch à qn

◆ **straight up*** *(Brit) (= really)* ◆ **~ up, I got fifty quid for it** sans blaguer*, j'en ai tiré cinquante livres ◆ **I got fifty quid for it – ~ up?** j'en ai tiré cinquante livres – sans blague ?*

**d** *(= neat)* ◆ **to drink one's whisky ~** boire son whisky sec *or* sans eau

**e** *(= clearly)* ◆ **he couldn't think ~** il avait le cerveau brouillé, il n'avait plus les idées claires ◆ **I couldn't see ~** je n'y voyais plus clair

**f** ◆ **to go ~** * *(= reform)* revenir dans le droit chemin

**g** *(= consecutively)* ◆ **for five days ~** pendant cinq jours d'affilée *or* consécutifs

**h** *(Theat)* ◆ **he played the role ~** il a joué le rôle avec mesure

COMP ▷ **straight-acting*** ADJ ◆ **to be ~-acting** avoir un look hétéro* ▷ **straight arrow** N *(esp US = person)* bon citoyen *m* ▷ **straight-cut tobacco** N tabac *m* coupé dans la longueur de la feuille ▷ **straight-faced** ADV en gardant son sérieux, d'un air impassible ADJ qui garde son sérieux, impassible ▷ **straight flush** N *(Cards)* quinte flush ▷ **straight-laced** ADJ ⇒ **strait-laced** ; → **strait** ▷ **straight-line** ADJ *[depreciation]* constant ▷ **straight man** N (pl **straight men**) *(Theat)* comparse *m*, faire-valoir *m* ▷ **straight-out*** ADJ *[answer, denial, refusal]* net, catégorique ; *[supporter, enthusiast, communist]* pur jus* ; *[liar, thief]* fieffé *before n* ▷ **straight razor** N *(US)* rasoir *m* à main *or* de coiffeur ▷ **straight ticket** N *(US Pol)* ◆ **to vote a ~ ticket** choisir une liste sans panachage

**straightedge** /ˈstreɪtedʒ/ N règle *f (large et plate)* ; *(in carpentry)* limande *f*

**straighten** /ˈstreɪtn/ VT *[+ wire, nail]* redresser ; *[+ hair]* décrêper, défriser ; *[+ road]* refaire *(en éliminant les tournants)* ; *[+ tie, hat]* ajuster ; *[+ picture]* redresser, remettre d'aplomb ; *[+ room]* mettre de l'ordre dans, mettre en ordre ; *[+ papers]* ranger ◆ **to have one's teeth ~ed** se faire redresser les dents ◆ **to ~ one's back** *or* **shoulders** se redresser, se tenir droit ◆ **to ~ the hem of a skirt** arrondir une jupe

VI (also **straighten out**) *[road]* devenir droit ; (also **straighten out, straighten up**) *[growing plant]* pousser droit ; (also **straighten up**) *[person]* se redresser

► **straighten out** VI → **straighten vi**

VT SEP *[+ wire, nail]* redresser, défausser ; *[+ road]* refaire en éliminant les tournants ; *(fig) [+ situation]* débrouiller ; *[+ problem]* résoudre ; *[+ one's ideas]* mettre de l'ordre dans, débrouiller ◆ **he managed to ~ things out*** il a réussi à arranger les choses ◆ **I'm trying to ~ out how much I owe him*** j'essaie de trouver combien je lui dois ◆ **to ~ sb out**‡ remettre qn dans la bonne voie ◆ **I'll soon ~ him out!**‡ je vais aller le remettre à sa place !, je vais lui apprendre !

► **straighten up** VI **a** → **straighten vi**

**b** *(= tidy up)* mettre de l'ordre, ranger

VT SEP *[+ room, books, papers]* ranger, mettre de l'ordre dans

**straightforward** /ˌstreɪtˈfɔːwəd/ ADJ *(= frank)* honnête, franc (franche *f*) ; *(= plain-spoken)* franc (franche *f*), direct ; *(= simple)* simple ◆ **it's very ~** c'est tout ce qu'il y a de plus simple ◆ **it was ~ racism** c'était du racisme pur et simple *or* du racisme à l'état pur

**straightforwardly** /ˌstreɪtˈfɔːwədlɪ/ ADV *[answer]* franchement, sans détour ; *[behave]* avec droiture, honnêtement ◆ **everything went quite ~** il n'y a pas eu de problèmes, tout s'est bien passé

**straightforwardness** /ˌstreɪtˈfɔːwədnɪs/ N *(= frankness)* honnêteté *f*, franchise *f* ; *(= plain-spokenness)* franchise *f* ; *(= simplicity)* simplicité *f*

**straightjacket** /ˈstreɪtdʒækɪt/ N ⇒ **straitjacket**

**straightness** /ˈstreɪtnɪs/ N **a** *(= frankness)* franchise *f*; *(= honesty)* rectitude *f* **b** *(* = heterosexual attitudes)* attitudes *fpl* hétéro *

**straightway** †† /ˈstreɪtweɪ/ ADV incontinent, sur-le-champ

**strain**[1] /streɪn/ **N** **a** *(Tech etc)* tension *f*, pression *f* ◆ **the ~ on the rope** la tension de la corde, la force exercée sur la corde ◆ **it broke under the ~** cela s'est rompu sous la tension ◆ **that puts a great ~ on the beam** cela exerce une forte pression sur la poutre ◆ **to take the ~ off sth** diminuer la pression sur qch ◆ **it put a great ~ on their friendship** cela a mis leur amitié à rude épreuve ◆ **it was a ~ on the economy/their resources/his purse** cela grevait l'économie/leurs ressources/son budget ◆ **to stand the ~** *[rope, beam]* supporter la tension (*or* le poids *etc*); *[person]* tenir le coup *; → **breaking**

**b** *(physical)* effort *m* (physique); *(= overwork)* surmenage *m*; *(= tiredness)* fatigue *f* ◆ **the ~(s) of city life** la tension de la vie urbaine ◆ **the ~ of six hours at the wheel** la fatigue nerveuse que représentent six heures passées au volant ◆ **listening for three hours is a ~** écouter pendant trois heures demande un grand effort ◆ **all the ~ and struggle of bringing up the family** toutes les tensions et les soucis que l'on a quand on élève des enfants ◆ **the ~ of climbing the stairs** l'effort requis pour monter l'escalier ◆ **he has been under a great deal of ~** ses nerfs ont été mis à rude épreuve ◆ **the situation put a great ~ on him** *or* **put him under a great ~** la situation l'a épuisé *or* l'a beaucoup fatigué nerveusement; → **stress**

**c** *(Med = sprain)* entorse *f*, foulure *f*; → **eyestrain**

**d** ◆ **~s** *(Mus)* accords *mpl*, accents *mpl*; *(Poetry)* accents *mpl*, chant *m* ◆ **to the ~s of the "London March"** aux accents de la "Marche londonienne"

**VT** **a** *[+ rope, beam]* tendre fortement *or* excessivement; *(Med)* *[+ muscle]* froisser; *[+ arm, ankle]* fouler; *(fig)* *[+ friendship, relationship, marriage]* mettre à rude épreuve; *[+ resources, savings, budget, the economy]* grever; *[+ meaning]* forcer; *[+ word]* forcer le sens de; *[+ sb's patience]* mettre à l'épreuve; *[+ one's authority]* outrepasser, excéder ◆ **to ~ one's back** *(Med)* se donner un tour de reins ◆ **to ~ one's heart** se fatiguer le cœur ◆ **to ~ one's shoulder** se froisser un muscle dans l'épaule ◆ **to ~ one's voice** *(action)* forcer sa voix; *(result)* se casser la voix ◆ **to ~ one's eyes** s'abîmer *or* se fatiguer les yeux ◆ **he ~ed his eyes to make out what it was** il a plissé les yeux pour mieux distinguer ce que c'était ◆ **to ~ one's ears to hear sth** tendre l'oreille pour entendre qch ◆ **to ~ every nerve to do sth** fournir un effort intense pour faire qch ◆ **to ~ o.s.** *(= damage muscle etc)* se froisser un muscle; *(= overtire o.s.)* se surmener ◆ **don't ~ yourself!** *(iro)* surtout ne te fatigue pas!

**b** *(†† or liter)* **to ~ sb to o.s.** *or* **to one's heart** serrer qn contre son cœur, étreindre qn

**c** *(= filter)* *[+ liquid]* passer, filtrer; *[+ soup, gravy]* passer; *[+ vegetables]* (faire) égoutter

**VI** ◆ **to ~ to do sth** *(physically)* peiner pour faire qch, fournir un gros effort pour faire qch; *(mentally)* s'efforcer de faire qch ◆ **to ~ at sth** *(pushing/pulling)* pousser/tirer qch de toutes ses forces; *(fig = jib at)* renâcler à qch ◆ **to ~ at the leash** *[dog]* tirer fort sur sa laisse ◆ **to ~ at a gnat (and swallow a camel)** *(Prov)* faire une histoire pour une vétille et passer sur une énormité ◆ **to ~ after sth** *(fig)* faire un grand effort pour obtenir qch ◆ **to ~ under a weight** ployer sous un poids

► **strain off** VT SEP *[+ liquid]* vider

**strain**[2] /streɪn/ N *(= breed, lineage)* race *f*, lignée *f*; *[of animal etc]* race *f*; *[of virus]* souche *f*; *(= tendency, streak)* tendance *f* ◆ **there is a ~ of madness in the family** il y a dans la famille des tendances à *or* une prédisposition à la folie ◆ **there was a lot more in the same ~** il y en avait encore beaucoup du même genre ◆ **he continued in this ~** il a continué sur ce ton *or* dans ce sens

**strained** /streɪnd/ ADJ **a** *(= tense)* *[person, voice, relations, atmosphere, silence]* tendu **b** *(= unnatural)* *[smile]* contraint; *[laugh, jollity, politeness]* forcé; *[manner]* emprunté; *[style]* affecté **c** *(Physiol)* *(= damaged)* *[muscle]* froissé; *[arm, ankle]* foulé; *[eyes]* fatigué; *[voice]* *(= overtaxed)* forcé; *(= injured)* cassé ◆ **he has a ~ shoulder/back** il s'est froissé un muscle dans l'épaule/le dos **d** *(Culin)* *[baby food]* en purée; *[vegetables]* égoutté; *[liquid, soup, gravy]* passé

**strainer** /ˈstreɪnəʳ/ N *(Culin)* passoire *f*; *(Tech)* épurateur *m*

**strait** /streɪt/ **N** **a** *(Geog: also straits)* détroit *m* ◆ **the Strait of Gibraltar** le détroit de Gibraltar ◆ **the Straits of Dover** le Pas de Calais ◆ **the Strait of Hormuz** le détroit d'Hormuz *or* d'Ormuz **b** *(fig)* **~s** situation *f* difficile ◆ **to be in financial ~s** avoir des ennuis d'argent; → **dire** **ADJ** *(††: esp Biblical)* étroit

**COMP** ▷ **strait-laced** ADJ collet monté *inv*

**straitened** /ˈstreɪtnd/ ADJ *(frm)* *[times]* de gêne ◆ **in ~ circumstances** dans la gêne ◆ **the more ~ economic circumstances of the 1990s** la situation économique plus difficile des années 1990

**straitjacket** /ˈstreɪtdʒækɪt/ N camisole *f* de force

**strand**[1] /strænd/ **N** *(liter: = shore)* grève *f* **VT** *[+ ship]* échouer; *(also* **to leave stranded***)* *[+ person]* laisser en rade * *or* en plan * ◆ **they were (left) ~ed without passports or money** ils se sont retrouvés en rade * *or* coincés sans passeport ni argent ◆ **he took the car and left me ~ed** il a pris la voiture et m'a laissé en plan * *or* en rade *

**strand**[2] /strænd/ N *[of thread, wire]* brin *m*; *[of rope]* toron *m*; *[of fibrous substance]* fibre *f*; *[of pearls]* rang *m*; *(fig: in narrative etc)* fil *m*, enchaînement *m* ◆ **a ~ of hair** une mèche ◆ **the ~s of one's life** le fil de sa vie

**strange** /streɪndʒ/ ADJ **a** *(= peculiar)* *[person, behaviour, feeling, fact, event, place, situation]* étrange ◆ **there's something ~ about him** il a quelque chose de bizarre ◆ **the ~ thing is that ...** ce qu'il y a d'étrange, c'est que ... ◆ **it feels ~ (to do sth)** ça fait bizarre (de faire qch), ça paraît étrange (de faire qch) ◆ **it is ~ that ...** c'est étrange que ... *+ subj* ◆ **it is ~ to do sth** c'est étrange de faire qch ◆ **to seem ~ to sb** paraître étrange à qn ◆ **~ as it may seem ...** aussi étrange que cela puisse paraître ... ◆ **~ to say I have never met her** chose étrange, je ne l'ai jamais rencontrée, ce qu'il y a d'étrange, c'est que je ne l'ai jamais rencontrée; → **bedfellow, truth**

**b** *(= unfamiliar)* *[country, city, house, language]* inconnu (*to sb* à qn) ◆ **a ~ man** un inconnu ◆ **there were several ~ people there** il y avait plusieurs personnes que je ne connaissais pas (*or* qu'il ne connaissait pas *etc*) ◆ **don't talk to any ~ men** n'adresse pas la parole à des inconnus ◆ **never get in a ~ car** ne monte jamais dans la voiture d'un inconnu ◆ **a ~ car was parked in front of my house** une voiture inconnue était garée devant chez moi ◆ **I awoke in a ~ bed** je me suis réveillé dans un lit qui n'était pas le mien

**c** *(= unaccustomed)* *[work, activity]* inhabituel ◆ **you'll feel rather ~ at first** vous vous sentirez un peu dépaysé pour commencer

**d** *(= unwell)* ◆ **to feel ~** *[person]* se sentir mal, ne pas se sentir bien

**strangely** /ˈstreɪndʒlɪ/ ADV *[act, behave]* de façon étrange, bizarrement; *[familiar, quiet]* étrangement ◆ **~ named** au nom étrange ◆ **to be ~ reminiscent of sb/sth** rappeler étrangement qn/qch ◆ **~ (enough), I have never met her** chose étrange, je ne l'ai jamais rencontrée

**strangeness** /ˈstreɪndʒnɪs/ N étrangeté *f*, bizarrerie *f*

**stranger** /ˈstreɪndʒəʳ/ **N** *(unknown)* inconnu(e) *m(f)*; *(from another place)* étranger *m*, -ère *f* ◆ **he is a perfect ~ (to me)** il m'est totalement inconnu ◆ **I'm a ~ here** je ne suis pas d'ici ◆ **I am a ~ to Paris** je ne connais pas Paris ◆ **a ~ to politics** un novice en matière de politique ◆ **he was no ~ to misfortune** *(liter)* il connaissait bien le malheur, il avait l'habitude du malheur ◆ **you're quite a ~!** vous vous faites *or* vous devenez rare!, on ne vous voit plus! ◆ **hello ~!** tiens, un revenant! * **COMP** ▷ **Strangers' Gallery** N *(Brit Parl)* tribune *f* réservée au public

**strangle** /ˈstræŋgl/ VT étrangler; *(fig)* *[+ free speech]* étrangler, museler; *[+ protests]* étouffer ◆ **~d** *[person, voice, cry, laugh]* étranglé; *[sneeze, sob]* étouffé

**stranglehold** /ˈstræŋglhəʊld/ N **a** *(Sport)* étranglement *m* ◆ **to get sb in a ~** faire un étranglement à qn **b** *(fig)* **the country has been kept in an economic ~** le pays a été maintenu dans un étau économique ◆ **to break the Serbian ~ on the capital** pour briser l'étau serbe autour la capitale ◆ **the company's ~ on the market** la mainmise de cette entreprise sur le marché

**strangler** /ˈstræŋgləʳ/ N étrangleur *m*, -euse *f*

**strangling** /ˈstræŋglɪŋ/ N *(lit)* strangulation *f*, étranglement *m*; *(fig)* étranglement *m* ◆ **there have been several ~s in Boston** plusieurs personnes ont été étranglées à Boston

**strangulate** /ˈstræŋgjʊleɪt/ VT *(Med)* étrangler

**strangulation** /ˌstræŋgjʊˈleɪʃən/ N *(NonC)* strangulation *f*

**strap** /stræp/ **N** **a** *(of leather, thin)* lanière *f*; *(broader)* sangle *f*; *(of cloth)* bande *f*; *(on shoe, also Climbing)* lanière *f*; *(on harness etc)* sangle *f*, courroie *f*; *(on suitcase, around book)* sangle *f*, lanière *f*; *(on garment)* bretelle *f*; *(on shoulder bag, camera etc)* bandoulière *f*; *(= watch strap)* bracelet *m*

**b** *(for razor)* cuir *m*

**c** *(in bus, tube)* poignée *f* de cuir

**d** *(used for punishment)* lanière *f* de cuir ◆ **to give sb the ~** administrer une correction à qn (avec une lanière de cuir) ◆ **to get the ~** recevoir une correction (avec une lanière de cuir)

**VT** **a** *(= tie)* attacher (*sth to sth* qch à qch)

**b** *(also* **strap up***)* *[+ sb's ribs]* bander; *[+ suitcase, books]* attacher avec une sangle

**c** *[+ child etc]* administrer une correction à

**COMP** ▷ **strap-hang** VI voyager debout *(dans les transports en commun)* ▷ **strap-hanger** N *(standing)* voyageur *m*, -euse *f* debout *inv* *(dans les transports en commun)*; *(US)* *(public transport user)* usager *m* des transports en commun

► **strap down** VT SEP attacher avec une sangle *or* une courroie

► **strap in** VT SEP *[+ object]* attacher avec une sangle; *[+ child in car, pram]* attacher *(avec* *une ceinture or un harnais)* ◆ **he isn't properly ~ped in** il est mal attaché

► **strap on** VT SEP *[+ object]* attacher ; *[+ watch]* mettre, attacher

► **strap up** VT SEP ⇒ **strap vt b**

**strapless** /ˈstræplɪs/ ADJ *[dress, bra]* sans bretelles

**strapline** /ˈstræplaɪn/ N *(Press = headline)* gros titre *m*

**strapped** * /stræpt/ ADJ ◆ **to be financially ~, to be ~ for funds** *or* **for cash** être à court (d'argent)

**strapper** * /ˈstræpəʳ/ N gaillard(e) *m(f)*

**strapping** /ˈstræpɪŋ/ ADJ bien bâti, costaud * ◆ **a ~ fellow** un solide gaillard N *(NonC)* a *(for cargo)* courroies *fpl*, sangles *fpl* b *(Med)* bandages *mpl*

**strappy** * /ˈstræpɪ/ ADJ *[sandals]* à lanières

**Strasbourg** /ˈstræzbɜːg/ N Strasbourg

**strata** /ˈstrɑːtə/ NPL of **stratum**

**stratagem** /ˈstrætɪdʒəm/ N stratagème *m*

**strategic** /strəˈtiːdʒɪk/ ADJ stratégique ◆ **to put sth in a ~ position** *(Mil)* mettre qch à un endroit stratégique COMP ▷ **Strategic Air Command** N *(US Aviat)* l'aviation *f* militaire stratégique (américaine) ▷ **strategic business unit** N domaine *m* d'activité stratégique ▷ **Strategic Defense Initiative** N *(US Mil, Space)* Initiative *f* de défense stratégique ▷ **strategic fit** N *(Comm, Ind)* adaptation *f* stratégique

**strategical** /strəˈtiːdʒɪkəl/ ADJ stratégique

**strategically** /strəˈtiːdʒɪkəlɪ/ ADV *[important, sensitive]* stratégiquement ◆ **to be ~ placed** *or* **located** *or* **situated** être placé à un endroit stratégique ◆ **~, speed is vital in a desert campaign** la vitesse est un élément stratégique fondamental lors d'une campagne dans le désert ◆ **~, a merger would make sense** du point de vue stratégique, une fusion serait souhaitable

**strategist** /ˈstrætɪdʒɪst/ N stratège *m*

**strategy** /ˈstrætɪdʒɪ/ N stratégie *f*

**stratification** /ˌstrætɪfɪˈkeɪʃən/ N stratification *f*

**stratificational** /ˌstrætɪfɪˈkeɪʃənl/ ADJ *(Ling)* stratificationnel

**stratify** /ˈstrætɪfaɪ/ VTI stratifier

**stratocruiser** /ˈstrætəʊˌkruːzəʳ/ N avion *m* stratosphérique

**stratosphere** /ˈstrætəʊsfɪəʳ/ N stratosphère *f* ◆ **this would send oil prices into the ~** cela ferait exploser le prix du pétrole

**stratospheric** /ˌstrætəʊsˈferɪk/ ADJ stratosphérique

**stratum** /ˈstrɑːtəm/ N (pl **stratums** *or* **strata**) *(Geol)* strate *f*, couche *f* ; *(fig)* couche *f*

**straw** /strɔː/ N paille *f* ◆ **to drink sth through a ~** boire qch avec une paille ◆ **to draw ~s** tirer à la courte paille ◆ **to draw the short ~** *(lit)* tirer la paille la plus courte ; *(fig)* tirer le mauvais numéro ◆ **man of ~** *(fig)* homme *m* de paille ◆ **to clutch** *or* **catch** *or* **grasp at ~s** se raccrocher désespérément à un semblant d'espoir ◆ **it's a ~ in the wind** c'est une indication des choses à venir ◆ **when he refused, it was the last ~** quand il a refusé, ça a été la goutte d'eau qui fait déborder le vase ◆ **that's the last ~** *or* **the ~ that breaks the camel's back!** ça c'est le comble ! ◆ **I don't care a ~** * je m'en fiche *, j'en ai rien à cirer *

COMP *(= made of straw: gen)* de *or* en paille ; *[roof]* de paille, de chaume ▷ **straw boss** N *(US)* sous-chef *m* ▷ **straw-coloured** ADJ paille *inv* ▷ **straw hat** N chapeau *m* de paille ▷ **straw man** N (pl **straw men**) *(fig)* homme *m* de paille ▷ **straw mat** N paillasson *m* ▷ **straw mattress** N paillasse *f* ▷ **straw poll** N sondage *m* d'opinion ▷ **straw-poll elections** NPL *(US Pol)* élection-pilote *f*, élection-témoin *f* ▷ **straw vote** N *(esp US)* ⇒ **straw poll**

**strawberry** /ˈstrɔːbərɪ/ N *(= fruit)* fraise *f* ; *(= plant)* fraisier *m* ◆ **wild ~** fraise *f* des bois, fraise *f* sauvage COMP *[jam]* de fraises ; *[ice cream]* à la fraise ; *[tart]* aux fraises ▷ **strawberry bed** N fraiseraie *f*, fraisière *f* ▷ **strawberry blonde** ADJ blond vénitien *inv* N femme *f or* fille *f etc* aux cheveux blond vénitien ▷ **strawberry mark** N *(Anat)* fraise *f*, envie *f* ▷ **strawberry roan** N cheval *m* rouan, jument *f* rouanne

**stray** /streɪ/ N a *(= dog, cat, etc)* animal *m* errant *or* perdu ; *(= sheep, cow etc)* animal *m* égaré ; *(= child)* enfant *mf* perdu(e) *or* abandonné(e) ◆ **this dog is a ~** c'est un chien perdu *or* errant ; → **waif**

b *(Rad)* **~s** parasites *mpl*, friture *f*

ADJ a *(= lost) [dog, cat]* errant ; *[cow, sheep]* égaré ; *[child]* perdu, abandonné

b *(= random) [bullet]* perdu ; *[shot, fact, plane, taxi]* isolé ; *[thought]* vagabond ; *[hairs, bits of food]* épars ◆ **he picked a ~ hair off her shoulder** il a enlevé un cheveu de son épaule ◆ **~ strands of hair fell across her forehead** des mèches folles lui tombaient sur le front ◆ **a few ~ houses** quelques maisons éparses ◆ **a few ~ cars** quelques rares voitures ◆ **a ~ red sock had got into the white wash** une chaussette rouge s'était égarée dans le linge blanc

VI (also **stray away**) *[person, animal]* s'égarer ; *[thoughts]* vagabonder, errer ◆ **to ~ (away) from** *(lit, fig) [+ place, plan, subject]* s'écarter de ; *[+ course, route]* dévier de ◆ **they ~ed into enemy territory** ils se sont égarés *or* ont fait fausse route et se sont retrouvés en territoire ennemi ◆ **his thoughts ~ed to the coming holidays** il se prit à penser aux vacances prochaines

**streak** /striːk/ N a *(= line, band)* raie *f*, bande *f* ; *[of ore, mineral]* veine *f* ; *[of light]* rai *m*, filet *m* ; *[of blood, paint]* filet *m* ◆ **his hair had ~s of grey in it** ses cheveux commençaient à grisonner ◆ **he had (blond) ~s put in his hair** il s'est fait faire des mèches (blondes) ◆ **a ~ of cloud across the sky** une traînée nuageuse dans le ciel ◆ **a ~ of lightning** un éclair ◆ **he went past like a ~ (of lightning)** il est passé comme un éclair

b *(= tendency)* tendance(s) *f(pl)*, propension *f* ◆ **he has a jealous ~** *or* **a ~ of jealousy** il a des tendances *or* une propension à la jalousie ◆ **she has a ~ of Irish blood** elle a du sang irlandais dans les veines ◆ **a lucky ~, a ~ of luck** une période de chance ◆ **an unlucky ~, a ~ of bad luck** une période de malchance ◆ **a winning ~** *(Sport)* une suite *or* une série de victoires ; *(Gambling)* une bonne passe ◆ **to be on a winning ~** *(Sport)* accumuler les victoires ; *(Gambling)* être dans une bonne passe

VT zébrer, strier *(with* de) ◆ **a mirror ~ed with dirt** un miroir zébré de traînées sales ◆ **sky ~ed with red** ciel *m* strié *or* zébré de bandes rouges ◆ **cheeks ~ed with tear-marks** joues *fpl* sillonnées de larmes ◆ **clothes ~ed with mud/paint** vêtements *mpl* maculés de traînées de boue/de peinture ◆ **his hair was ~ed with grey** ses cheveux commençaient à grisonner ◆ **she's got ~ed hair, she's had her hair ~ed** elle s'est fait faire des mèches ◆ **rock ~ed with quartz** roche *f* veinée de quartz ◆ **meat ~ed with fat** viande *f* persillée

VI a *(= rush)* **to ~ in/out/past** *etc* entrer/sortir/passer *etc* comme un éclair

b *( * = dash naked)* courir tout nu en public

**streaker** * /ˈstriːkəʳ/ N streaker *m*, -euse *f*

**streaky** /ˈstriːkɪ/ ADJ *[glass, window, mirror]* plein de traînées ; *[pattern, sky]* strié, zébré ◆ **the first coat of paint looked rather ~** la première couche de peinture avait l'air plutôt irrégulière ◆ **he had ~ fair hair** il avait les cheveux blonds avec des mèches COMP ▷ **streaky bacon** N *(Brit)* bacon *m* entrelardé

**stream** /striːm/ N a *(= brook)* ruisseau *m*

b *(= current)* courant *m* ◆ **to go with the ~** *(lit, fig)* suivre le courant ◆ **to go against the ~** *(lit, fig)* aller contre le courant *or* à contre-courant ; → **downstream, upstream**

c *(= flow) [of water]* flot *m*, jet *m* ; *[of lava]* flot *m*, torrent *m* ; *[of blood, light, oaths, excuses, cars, trucks]* flot *m* ; *[of tears]* torrent *m*, ruisseau *m* ; *[of curses]* flot *m*, torrent *m* ; *[of cold air etc]* courant *m* ◆ **a thin ~ of water** un mince filet d'eau ◆ **the water flowed out in a steady ~** l'eau s'écoulait régulièrement ◆ **to be/go on ~** être/entrer en service ◆ **to come on ~** être mis en service ◆ **to bring the oil on ~** mettre le pipeline en service ◆ **~s of people were coming out** des flots de gens sortaient, les gens sortaient à flots ◆ **the ~ of consciousness** *(Literat, Psych)* la vie mouvante et insaisissable de la conscience, le "stream of consciousness"

d *(Brit Scol)* groupe *m* de niveau ◆ **divided into five ~s** *(Brit Scol)* réparti en cinq groupes de niveau ◆ **the top/middle/bottom ~** la section forte/moyenne/faible

VI a *[water, tears, oil, milk]* ruisseler ; *[blood]* ruisseler, dégouliner ◆ **to ~ with blood/tears** *etc* ruisseler de sang/de larmes *etc* ◆ **the fumes made his eyes ~** les émanations l'ont fait pleurer à chaudes larmes ◆ **cold air/sunlight ~ed through the window** l'air froid/le soleil entra à flots par la fenêtre

b *(in wind etc)* (also **stream out**) flotter au vent

c **to ~ in/out/past** *etc [people, cars etc]* entrer/sortir/passer *etc* à flots

VT a ◆ **to ~ blood/water** *etc* ruisseler de sang/d'eau *etc*

b *(Scol) [+ pupils]* répartir par niveau ◆ **to ~ French** *or* **the French classes** répartir les élèves par niveaux en français

**streamer** /ˈstriːməʳ/ N *(of paper)* serpentin *m* ; *(= banner)* banderole *f* ; *(Astron)* flèche *f* lumineuse ; *(Press)* manchette *f*

**streaming** /ˈstriːmɪŋ/ N *(Scol)* répartition *f* des élèves par niveaux ADJ *(Brit)* ◆ **to have a ~ cold** avoir un gros rhume ◆ **to have a ~ nose** avoir le nez qui n'arrête pas de couler ◆ **to have ~ eyes** avoir les yeux qui pleurent

**streamline** /ˈstriːmlaɪn/ VT a *(Aut, Aviat)* donner un profil aérodynamique à b *[+ organization, system, process]* rationaliser ; *(= downsize)* dégraisser les effectifs de

**streamlined** /ˈstriːmlaɪnd/ ADJ a *(Aviat) [aeroplane, shape, body]* aérodynamique ; *(Aut) [car, shape, body]* caréné, profilé ; *(Zool) [shape, body] (in air)* aérodynamique ; *(in water)* hydrodynamique b *[organization, system, process]* rationalisé ; *(through downsizing)* dégraissé c *(= uncluttered) [room, appearance]* dépouillé ◆ **a ~ new kitchen** une nouvelle cuisine aux lignes dépouillées d *(= slim) [silhouette]* svelte

**streamlining** /ˈstriːmlaɪnɪŋ/ N *[of organization, system, process]* rationalisation *f* ; *(= downsizing)* dégraissage *m*

**street** /striːt/ N a rue *f* ◆ **I saw him in the ~** je l'ai vu dans la rue ◆ **to take to the ~s** *[demonstrators, protesters]* descendre dans la rue ◆ **to turn** *or* **put sb (out) into the ~** mettre qn à la rue ◆ **to be out on the ~(s)** *(= homeless)* être à la rue, être SDF ◆ **a woman of the ~s** † une prostituée ◆ **she is on the ~s** *, **she works the ~s** * elle fait le trottoir

b *(fig)* **that's right up my ~** * *(Brit)* c'est tout à fait dans mes cordes ◆ **he is not in the same ~ as you** * *(Brit)* il ne vous arrive pas à la cheville ◆ **to be ~s ahead of sb** * *(Brit)* dépasser qn de loin ◆ **they're ~s apart** * un monde *or* tout les sépare ◆ **~s better** * *(Brit)* beaucoup mieux ; → **back, high, man, queer, walk**

COMP *[noises etc]* de la rue ; *[singer etc]* des rues ▷ **street accident** N accident *m* de la circulation ▷ **street arab** † N gamin(e) *m(f)* des rues ▷ **street child** N enfant *m* des rues ▷ **street cleaner** N *(= person)* balayeur *m* ; *(= machine)* balayeuse *f* ▷ **street cred** *, **street credibility** N ◆ **to have ~ cred** *or* **credibility** être branché * ◆ **this will do wonders for your ~ cred** *or* **credibility** c'est excellent pour ton image de marque ▷ **street directory** N ⇒ **street guide** ▷ **street door** N porte *f* donnant sur la rue, porte *f* d'entrée ▷ **street fighting** N *(NonC: Mil)* combats *mpl* de rue ▷ **street furniture** N mobilier *m* urbain ▷ **street guide** N plan *m* de la ville, répertoire *m* des rues ▷ **street hawker** N colporteur *m* ▷ **street level** N ◆ **at ~ level** au rez-de-chaussée ▷ **street lighting** N *(NonC)* éclairage *m* des rues *or* de la voie publique ▷ **street map** N plan *m* de la ville, répertoire *m* des rues ▷ **street market** N marché *m* en plein air *or* à ciel ouvert ▷ **street musician** N musicien *m*, -ienne *f* des rues ▷ **street name** N nom *m* de rue ▷ **street people** NPL sans-abri *mpl*, SDF *mpl* ▷ **street person** N SDF *mf* ▷ **street photographer** N photographe *mf* de rue ▷ **street plan** N plan *m* de la ville ▷ **street price** N *(US St Ex)* cours *m* après Bourse *or* hors Bourse ▷ **street seller** N marchand *m* ambulant ▷ **street smart** * ADJ *(US = shrewd)* futé, dégourdi ▷ **street smarts** NPL *(US)* débrouillardise *f* ▷ **street sweeper** N *(= person)* balayeur *m* ; *(= machine)* balayeuse *f* ▷ **street theatre** N *(NonC)* théâtre *m* de rue ▷ **street trading** N *(NonC)* vente *f* ambulante ▷ **street urchin** N gamin(e) *m(f)* des rues ▷ **street value** N *[of drugs]* valeur *f* à la revente ▷ **street vendor** N marchand *m* ambulant

**streetcar** /ˈstriːtkɑːʳ/ N *(US)* tramway *m*

**streetlamp** /ˈstriːtlæmp/, **streetlight** /ˈstriːtlaɪt/ N réverbère *m*

**streetwalker** /ˈstriːtˌwɔːkəʳ/ N prostituée *f*

**streetwise** /ˈstriːtwaɪz/ ADJ *(lit) [child]* conscient des dangers de la rue ; *(fig) [worker, policeman]* futé, dégourdi

**strength** /streŋθ/ N *(NonC)* a *[of person, animal, voice, magnet, lens]* force *f*, puissance *f* ; *[of wind, enemy, team, nation, one's position]* force *f* ; *(= health)* forces *fpl*, robustesse *f* ; *[of current]* intensité *f*

◆ **on the strength of** *(= as a result of)* grâce à ◆ **the group achieved stardom solely on the ~ of their videos** le groupe est devenu célèbre simplement grâce à ses clips ◆ **he was able to borrow money on the ~ of advances he had already received** il a pu emprunter de l'argent grâce à des avances qu'il avait déjà reçues ◆ **he was elected on the ~ of his personality** c'est sa personnalité qui l'a fait élire ◆ **he was convicted on the ~ of medical evidence** sa culpabilité a été établie sur des preuves médicales ◆ **shares have risen in value on the ~ of the merger** les actions ont monté à la suite de la fusion

b *[building, wall, wood, shoes, material]* solidité *f*

c *[of character, accent, emotion, influence, attraction]* force *f* ; *[of belief, opinion]* force *f*, fermeté *f* ; *[of arguments, reasons]* force *f*, solidité *f* ; *[of protests]* force *f*, vigueur *f* ; *[of claim, case]* solidité *f*

d *[of tea, coffee, cigarette]* force *f* ; *[of sauce]* goût *m* relevé ; *[of drink]* teneur *f* en alcool ; *[of solution]* titre *m* ◆ **he hadn't the ~ to lift it** il n'avait pas la force de le soulever ◆ **with all my/his/our ~** de toutes mes/ses/nos forces ◆ **his ~ failed him** ses forces l'ont abandonné ◆ **give me ~!** * Dieu qu'il faut être patient ! ◆ **to get one's ~ back** reprendre des forces, recouvrer ses forces ◆ **to go from ~ to ~** devenir de plus en plus fort ◆ **~ of character** force de caractère ◆ **~ of purpose** résolution *f*, détermination *f* ◆ **he has great ~ of purpose** il est très résolu *or* déterminé ◆ **~ of will** volonté *f*, fermeté *f* ◆ **the ~ of the pound** la solidité de la livre ◆ **the pound has gained in ~** la livre s'est consolidée ◆ **to be bargaining from ~** être en position de force pour négocier ; → **show, tensile**

e *(Mil, Naut)* effectif(s) *m(pl)* ◆ **fighting ~** effectif(s) *m(pl)* mobilisable(s) ◆ **they are below** *or* **under ~** leur effectif n'est pas au complet ◆ **to bring up to ~** compléter l'effectif de ◆ **his friends were there in ~** ses amis étaient là en grand nombre ◆ **to be on the ~** *(Mil)* figurer sur les contrôles ; *(gen)* faire partie du personnel

**strengthen** /ˈstreŋθən/ VT a *[+ person, muscle, limb]* fortifier ; *[+ building, table]* consolider, renforcer ; *[+ wall]* étayer ; *[+ fabric, material]* renforcer ; *[+ the pound, stock market]* consolider b *[+ team, opinion, affection, argument, emotion, belief, one's position, one's resolve]* renforcer ◆ **this has ~ed the case for reform** cela a renforcé les arguments en faveur de la réforme ◆ **to ~ sb's hand** *(fig)* renforcer la position de qn ◆ **to ~ one's grip on sth** renforcer son contrôle sur qch VI *[muscle, limb]* devenir fort *or* vigoureux, se fortifier ; *[wind]* augmenter, redoubler ; *[desire, influence, characteristic]* augmenter ; *[prices]* se raffermir

**strengthening** /ˈstreŋθənɪŋ/ N *[of nation, team, one's position, case, building, material]* renforcement *m* ; *[of currency, stock market]* consolidation *f* ; *[of affection]* augmentation *f* ADJ ◆ **~ exercises** exercices *mpl* de raffermissement ◆ **a ~ economy** une économie en croissance ◆ **to have a ~ effect on sth** consolider qch

**strenuous** /ˈstrenjʊəs/ ADJ *[exercise, life, holiday, game, march, campaign]* épuisant ; *[activity, work, job]* ardu ; *[efforts, attempts, opposition, resistance, attack]* acharné ; *[objection, protest, denial]* vigoureux ◆ **it was all too ~ for me** tout cela était trop ardu pour moi ◆ **I'd like to do something less ~** j'aimerais faire quelque chose de moins pénible ◆ **he mustn't do anything ~** *(Med)* il ne faut pas qu'il se fatigue *subj*

**strenuously** /ˈstrenjʊəslɪ/ ADV *[exercise, deny, oppose, object, protest]* vigoureusement ; *[resist, try]* avec acharnement

**strenuousness** /ˈstrenjʊəsnɪs/ N (degré *m* d')effort *m* requis (*of* par)

**strep throat** * /ˌstrepˈθrəʊt/ N *(NonC: Med)* angine *f* (streptococcique)

**streptococcal** /ˌstreptəʊˈkɒkl/, **streptococcic** /ˌstreptəʊˈkɒksɪk/ ADJ streptococcique

**streptococcus** /ˌstreptəʊˈkɒkəs/ N (pl **streptococci** /ˌstreptəʊˈkɒkaɪ/) streptocoque *m*

**streptomycin** /ˌstreptəʊˈmaɪsɪn/ N streptomycine *f*

**stress** /stres/ LANGUAGE IN USE 26.3

N a *(= pressure etc)* pression *f*, stress *m* ; *(Med)* stress *m* ; (also **mental stress, nervous stress**) tension *f* (nerveuse) ◆ **in times of ~** à des moments *or* à une période de grande tension ◆ **the ~es and strains of modern life** toutes les pressions et les tensions de la vie moderne, les agressions de la vie moderne ◆ **to be under ~** *[person]* être stressé ; *[relationship]* être tendu ◆ **this put him under great ~** ceci l'a considérablement stressé ◆ **he reacts well under ~** il réagit bien dans des conditions difficiles

b *(= emphasis)* insistance *f* ◆ **to lay ~ on** insister sur

c *(Ling, Poetry) (NonC: gen)* accentuation *f* ; *(= accent: on syllable)* accent *m* ; *(= accented syllable)* syllabe *f* accentuée ; *(Mus)* accent *m* ◆ **the ~ is on the first syllable** *(Ling)* l'accent tombe sur la première syllabe ; → **primary, secondary**

d *(Tech, Mechanics, Constr)* effort *m*, contrainte *f* ; *(on rope, cable)* charge *f* ◆ **the ~ acting on a metal** l'effort qui agit sur un métal ◆ **the ~ produced in the metal** le travail du métal ◆ **to be in ~** *[beam, metal]* travailler ◆ **the ~ to which a beam is subjected** la charge qu'on fait subir à une poutre ◆ **a ~ of 500 kilos per square millimetre** une charge de 500 kilos par millimètre carré ; → **tensile**

VT a *(= emphasize) [+ good manners, one's innocence etc]* insister sur ; *[+ fact, detail]* faire ressortir, souligner

b *(Ling, Mus, Poetry)* accentuer

c *(Tech: natural process)* fatiguer, faire travailler ; *(Tech: industrial process) [+ metal]* mettre sous tension

COMP ▷ **stress fracture** N *(Med)* fracture *f* de marche ▷ **stress mark** N *(Ling)* accent *m* ▷ **stress quotient** N ◆ **this job has a high ~ quotient** ce travail provoque une grande tension nerveuse ▷ **stress-related** ADJ *[illness]* causé par le stress

**stressed** /strest/ ADJ a *(= tense) [person]* stressé ◆ **what are you getting so ~ out * about?** pourquoi es-tu si stressé ? *, il n'y a pas de quoi stresser * b *(Ling, Poetry)* accentué c *(Phys)* soumis à une contrainte

**stressful** /ˈstresfʊl/ ADJ *[situation, environment, life, day, job]* stressant ; *[event]* stressant, éprouvant

**stretch** /stretʃ/ N a *(= act, gesture)* étirement *m* ◆ **to have a ~** s'étirer

◆ **by + stretch** ◆ **by a ~ of the imagination** en faisant un effort d'imagination ◆ **by no** *or* **not by any ~ of the imagination can one say that ...** même en faisant un gros effort d'imagination, on ne peut pas dire que ... ◆ **not by a long ~!** loin de là !

◆ **to be at full stretch** *[arms, rope]* être complètement tendu ; *[engine, factory]* tourner à plein régime ; *[person]* être au maximum de ses capacités ◆ **we're at full ~ at the moment** nous sommes à plein régime en ce moment

b *(= elasticity)* **there's not much ~ left in this elastic** cet élastique a beaucoup perdu de son élasticité ◆ **there's a lot of ~ in this material** ce tissu donne *or* prête à l'usage

c *(= distance, span: of wing etc)* envergure *f*

d *(= period of time)* période *f* ◆ **for a long ~ of time** (pendant) longtemps ◆ **for hours at a ~** des heures durant ◆ **he read it all in one ~** il l'a lu d'une (seule) traite ◆ **to do a ~** * faire de la prison *or* de la taule ‡ ◆ **he's done a ten-year ~** * il a fait dix ans de taule ‡

e *(= area)* étendue *f* ; *(= part)* partie *f*, bout *m* ◆ **vast ~es of sand/snow** de vastes étendues de sable/de neige ◆ **there's a straight ~ (of road) after you pass the lake** la route est toute droite *or* il y a un bout tout droit une fois que vous avez dépassé le lac ◆ **a magnificent ~ of country** une campagne magnifique ◆ **in that ~ of the river** dans cette partie de la rivière ◆ **for a long ~ the road runs between steep hills** sur des kilomètres la route serpente entre des collines escarpées ◆ **to go into the final ~** *(Racing, Running, also fig)* entrer dans la dernière ligne droite ; → **home**

f *(Naut)* bordée *f* (courue sous les mêmes amures)

ADJ *[garment, fabric, cushion-cover]* extensible

VT a *(= make longer, wider etc) [+ rope, spring]* tendre ; *[+ elastic]* étirer ; *[+ shoe, glove, hat]* élargir ; *(Med) [+ muscle, tendon]* distendre ; *(fig) [+ law, rules]* tourner ; *[+ meaning]* forcer ; *[+ one's principles]* adapter ; *[+ one's authority]* outrepasser, excéder ◆ **(if you were) to ~ a point you could say that ...** on pourrait peut-être aller jusqu'à dire que ... ◆ **you could ~ a point and allow him to ...** vous pourriez faire une petite concession et lui permettre de ... ◆ **to ~ the truth** forcer la vérité, exagérer ◆ **to ~ one's imagination** faire un effort d'imagination

b (= *extend:* also **stretch out**) *[+ wing]* déployer ; *[+ rope, net, canopy]* tendre (*between* entre ; *above* au-dessus de) ; *[+ rug]* étendre, étaler ; *[+ linen]* étendre ◆ **to ~ o.s.** *(after sleep etc)* s'étirer ; see also **vt d** ◆ **he had to ~ his neck to see** il a dû tendre le cou pour voir ◆ **he ~ed (out) his arm to grasp the handle** il tendit *or* allongea le bras pour saisir la poignée ◆ **he ~ed his arms and yawned** il s'étira et bâilla ◆ **he ~ed his leg to ease the cramp** il a étendu *or* allongé sa jambe pour faire passer la crampe ◆ **I'm just going to ~ my legs** * *(= go for a walk)* je vais juste me dégourdir les jambes ◆ **the blow ~ed him (out) cold** le coup l'a mis KO * ◆ **to be fully ~ed** *[rope etc]* être tendu au maximum ◆ **to ~ one's wings** élargir ses horizons ; see also **vt c, vt d**

c *(fig) [+ resources, supplies, funds, income] (= make them last)* faire durer, tirer le maximum de ; *(= put demands on them)* mettre à rude épreuve ◆ **to be fully ~ed** *[engine]* tourner à plein régime ; *[factory]* tourner à plein régime *or* rendement ◆ **our supplies/resources** *etc* **are fully ~ed** nos provisions/ressources *etc* sont utilisées au maximum, nos provisions/ressources *etc* ne sont pas élastiques ◆ **we're very ~ed at the moment** on tourne à plein régime en ce moment ; see also **vt b, vt d**

d *(fig) [+ athlete, student etc]* pousser, exiger le maximum de ◆ **the work he is doing does not ~ him enough** le travail qu'il fait n'exige pas assez de lui ◆ **to be fully ~ed** travailler à la limite de ses possibilités ◆ **to ~ sb to the limits** pousser qn au maximum ◆ **to ~ o.s. too far** vouloir en faire trop ; see also **vt b, c**

VI a *[person, animal]* s'étirer ◆ **he ~ed lazily** il s'est étiré paresseusement ◆ **he ~ed across me to get the book** il a tendu le bras devant moi pour prendre le livre

b *(= lengthen)* s'allonger ; *(= widen)* s'élargir ; *[elastic]* s'étirer, se tendre ; *[fabric, jersey, gloves, shoes]* prêter, donner

c (= *extend, reach, spread out:* also **often stretch out**) *[rope etc]* s'étendre, aller ; *[forest, plain, procession, sb's authority, influence]* s'étendre ◆ **the rope won't ~ to that post** la corde ne va pas jusqu'à ce poteau ◆ **how far will it ~?** jusqu'où ça va ? ◆ **my money won't ~ * to a new car** je n'ai pas les moyens de m'acheter une nouvelle voiture ◆ **the festivities ~ed (out) into January** les festivités se sont prolongées pendant une partie du mois de janvier ◆ **a life of misery ~ed (out) before her** une vie de misère s'étendait *or* s'étalait devant elle

COMP ▷ **stretch limo** * N limousine *f* extralongue ▷ **stretch mark** N vergeture *f*

► **stretch across** VI ◆ **he stretched across and touched her cheek** il a tendu la main et touché sa joue

► **stretch down** VI ◆ **she stretched down and picked up the book** elle a tendu la main et ramassé le livre, elle a allongé le bras pour ramasser le livre

► **stretch out** VI s'étendre ◆ **he ~ed out on the bed** il s'est étendu sur le lit ; see also **stretch vi c**

VT SEP a *(= reach) [+ arm, hand, foot]* tendre ; *(= extend) [+ leg, rug, linen]* étendre ; *[+ wing]* déployer ; *[+ net, canopy, rope]* tendre ; *(= lengthen) [+ meeting, discussion]* prolonger ; *[+ story, explanation]* allonger ◆ **he ~ed himself out on the bed** il s'est étendu sur le lit

b ⇒ **stretch vt b**

► **stretch over** VI ⇒ **stretch across**

► **stretch up** VI ◆ **he stretched up to reach the shelf** il s'est étiré pour atteindre l'étagère

**stretcher** /ˈstretʃəʳ/ N a *(Med)* brancard *m*, civière *f* b *(= device) (for gloves)* ouvre-gants *m inv* ; *(for shoes)* forme *f* ; *(for fabric)* cadre *m* ; *(for artist's canvas)* cadre *m*, châssis *m* ; *(on umbrella)* baleine *f* c *(Constr = brick)* panneresse *f*, carreau *m* ; *(= crosspiece in framework)* traverse *f* ; *(= crossbar in chair, bed etc)* barreau *m*, bâton *m* ; *(= cross-plank in canoe etc)* barre *f* de pieds VT porter sur un brancard *or* une civière ◆ **the goalkeeper was ~ed off** le gardien de but a été emmené sur un brancard *or* une civière COMP ▷ **stretcher-bearer** N *(Med)* brancardier *m* ▷ **stretcher case** N malade *mf or* blessé(e) *m(f)* qui ne peut pas marcher ▷ **stretcher party** N équipe *f* de brancardiers

**stretchy** /ˈstretʃɪ/ ADJ extensible

**strew** /struː/ (pret **strewed**, ptp **strewed** *or* **strewn**) VT *[+ straw, sand, sawdust]* répandre, éparpiller (*on, over* sur) ; *[+ flowers, objects]* éparpiller, semer (*on, over* sur) ; *[+ wreckage etc]* éparpiller, disséminer (*over* sur) ; *[+ ground, floor]* joncher, parsemer (*with* de) ; *[+ room, table]* joncher *(also fig)*

**strewth** * /struːθ/ EXCL ça alors ! *, bon sang ! *

**striate** /straɪˈeɪt/ VT strier

**stricken** /ˈstrɪkən/ VB *(rare)* ptp of **strike** ADJ a *[area, city, economy]* sinistré ; *(by war)* dévasté ; *[ship]* en détresse ; *[industry, firm]* gravement touché ◆ **to be ~ by famine/drought** être frappé par la famine/la sécheresse b *(= wounded)* gravement blessé ◆ **~ with grief** accablé de douleur ◆ **~ with** *or* **by panic** saisi de panique ◆ **to be ~ with** *or* **by polio/cancer** être atteint de polio/d'un cancer ◆ **I was ~ with** *or* **by guilt** j'ai été pris d'un sentiment de culpabilité c *(= afflicted) [person, look, expression]* affligé ; see also **strike**

**-stricken** /ˈstrɪkən/ ADJ *(in compounds)* frappé de, atteint de, accablé de ◆ **plague-stricken** touché par de la peste ; → **grief**

**strict** /strɪkt/ ADJ a *(= severe, inflexible)* strict ; *[person]* strict, sévère ; *[secrecy]* absolu ◆ **security was ~ for the President's visit** de strictes mesures de sécurité avaient été mises en place pour la visite du Président ◆ **to be under ~ orders (not) to do sth** avoir reçu l'ordre formel de (ne pas) faire qch ◆ **to reveal/treat sth in ~ confidence** révéler/traiter qch de façon strictement confidentielle ◆ **"write in strict confidence to Paul Jackson"** "écrire à Paul Jackson : discrétion assurée" ◆ **this is in the ~est confidence** c'est strictement confidentiel

b *[meaning, truth]* strict ◆ **in the ~ sense (of the word)** au sens strict (du mot), stricto sensu ◆ **in ~ order of precedence** suivant strictement l'ordre de préséance ◆ **a ~ time limit** un délai impératif

COMP ▷ **strict liability** N *(Jur)* responsabilité *f* inconditionnelle

**strictly** /ˈstrɪktlɪ/ LANGUAGE IN USE 26.3 ADV a *(= sternly, severely) [treat, bring up]* d'une manière stricte

b *[controlled, enforced, observed, adhered to]* rigoureusement ◆ **~ confidential/personal/limited** strictement confidentiel/privé/limité ◆ **~ prohibited** *or* **forbidden** *(gen)* formellement interdit ◆ **"smoking strictly prohibited"** "défense absolue de fumer" ◆ **~ between us** *or* **ourselves** *or* **you and me** strictement entre nous ◆ **this is ~ business** c'est strictement professionnel ◆ **our relationship is ~ professional** notre relation est strictement professionnelle ◆ **that's not ~ true** ce n'est pas tout à fait vrai ◆ **it's not ~ necessary** ce n'est pas absolument nécessaire ◆ **you should avoid medication unless ~ necessary** évitez de prendre des médicaments si ce n'est pas indispensable ◆ **fox-hunting is ~ for the rich** la chasse au renard est réservée aux riches ◆ **this car park is ~ for the use of residents** ce parking est exclusivement *or* strictement réservé aux résidents ◆ **~ speaking** à proprement parler ◆ **that's ~ for the birds!** * ça c'est bon pour les imbéciles ! *

**strictness** /ˈstrɪktnɪs/ N sévérité *f*

**stricture** /ˈstrɪktʃəʳ/ N *(= criticism)* critique *f* (hostile) (*on* de) ; *(= restriction)* restriction *f* (*on* de) ; *(Med)* sténose *f*, rétrécissement *m*

**stridden** /ˈstrɪdn/ VB ptp of **stride**

**stride** /straɪd/ (vb : pret **strode**, ptp **stridden**) N grand pas *m*, enjambée *f* ; *[of runner]* foulée *f* ◆ **with giant ~s** à pas de géant ◆ **in** *or* **with a few ~s he had caught up with the others** il avait rattrapé les autres en quelques enjambées *or* foulées ◆ **to make great ~s (in French/in one's studies)** faire de grands progrès (en français/dans ses études) ◆ **to get into one's ~, to hit one's ~** trouver son rythme (de croisière) ◆ **to take sth in one's ~** *(Brit)* ◆ **to take sth in ~** *(US)* accepter qch sans sourciller *or* sans se laisser démonter ◆ **he took it in his ~** *(Brit)* ◆ **he took it in ~** *(US)* il a continué sans se décontenancer, il ne s'est pas laissé démonter ◆ **to put sb off their ~** faire perdre sa concentration à qn, déboussoler * qn ◆ **to be caught off ~** *(US)* être pris au dépourvu

VI marcher à grands pas *or* à grandes enjambées ◆ **to ~ along/in/away** *etc* avancer/entrer/s'éloigner *etc* à grands pas *or* à grandes enjambées ◆ **he was striding up and down the room** il arpentait la pièce

VT a *[+ deck, yard, streets]* arpenter

b † ⇒ **bestride**

**stridency** /ˈstraɪdənsɪ/ N a *[of tone, rhetoric etc]* véhémence *f* b *[of sound, voice]* stridence *f*

**strident** /ˈstraɪdənt/ ADJ a *(gen pej = vociferous) [critic, criticism]* acharné, véhément ; *[tone, rhetoric, feminist]* véhément ◆ **there were ~ calls for his resignation/for him to resign** on a demandé à grands cris sa démission/qu'il démissionne b *[sound, voice]* strident *(also Phon)*

**stridently** /ˈstraɪdəntlɪ/ ADV a *(= noisily) [hoot, sound, whistle]* d'une façon stridente b *(= vociferously) [demand, declare]* à grands cris ◆ **~ anti-American** farouchement anti-américain

**strife** /straɪf/ N *(NonC)* conflit *m*, dissensions *fpl* ; *(less serious)* querelles *fpl* ◆ **a party crippled by internal ~** *(Pol)* un parti paralysé par des dissensions *or* des querelles intestines ◆ **industrial ~** conflits *mpl* sociaux ◆ **domestic ~** querelles *fpl* de ménage, dissensions *fpl* domestiques ◆ **to cease from**

~ *(liter)* déposer les armes **COMP** ▷ **strife-ridden, strife-torn** ADJ *[country]* déchiré par les conflits ; *[party]* déchiré par les dissensions

**strike** /straɪk/ LANGUAGE IN USE 15.2 (vb : pret **struck**, ptp **struck**, (**rare**) **stricken**)

**N** **a** *(= industrial action)* grève *f* (*of, by* de) ◆ **the coal** ~ la grève des mineurs ◆ **the electricity/gas** ~ la grève (des employés) de l'électricité/du gaz ◆ **the transport/hospital** ~ la grève des transports/des hôpitaux ◆ **the Ford** ~ la grève chez Ford ◆ **to call a** ~ lancer un ordre de grève ; → **general, hunger, rail**[1]**, steel, sympathy**

♦ **on strike** en grève ◆ **to be (out) on** ~ être en grève, faire grève (*for* pour obtenir ; *against* pour protester contre) ◆ **to go on ~, to come out on** ~ se mettre en grève, faire grève

**b** *(= military attack)* frappe *f* ; *(by aircraft)* frappe *f* aérienne ◆ **first** ~ *(Mil)* première frappe *f*

**c** *(= act of hitting)* coup *m* (frappé)

**d** *(Min, Miner etc = discovery)* découverte *f* ◆ **to make a** ~ découvrir un gisement ◆ **a lucky** ~ *(fig)* un coup de chance

**e** *(Fishing: by angler)* ferrage *m* ; *(Fishing: by fish)* touche *f*, mordage *m* ; *(Baseball, Bowling)* strike *m* ◆ **you have two ~s against you** *(US fig)* tu es mal parti *, ça se présente mal pour toi ◆ **the building/government has three ~s against it** *(US)* les jours du bâtiment/du gouvernement sont comptés ◆ **three ~s and you're out** *(US Jur) principe selon lequel une troisième récidive entraîne une condamnation à perpétuité*

**f** *[of clock]* sonnerie *f* des heures

**VT** **a** *(= hit) [+ person]* frapper, donner un *or* des coup(s) à ; *[+ ball]* toucher, frapper ; *[+ nail, table]* frapper sur, taper sur ; *(Mus) [+ string]* toucher, pincer ; *[snake]* mordre, piquer ◆ **to ~ sth with one's fist, to ~ one's fist on sth** frapper du poing *or* donner un coup de poing sur qch ◆ **to ~ sth with a hammer** frapper *or* taper sur qch avec un marteau ◆ **he struck me (a blow) on the chin** il m'a frappé au menton, il m'a donné un coup de poing au menton ◆ **to ~ the first blow** donner le premier coup, frapper le premier (*or* la première) ◆ **to ~ a blow for freedom** rompre une lance pour la liberté ◆ **he struck his rival a shrewd blow by buying the land** il a porté à son rival un coup subtil en achetant la terre ◆ **he struck the knife from his assailant's hand** d'un coup de poing il a fait tomber le couteau de la main de son assaillant ◆ **the pain struck him as he bent down** la douleur l'a saisi quand il s'est baissé ◆ **disease struck the city** la maladie s'est abattue sur la ville ◆ **to be stricken by** *or* **with remorse** être pris de remords ◆ **the city was struck** *or* **stricken by fear** la ville a été prise de peur, la peur s'est emparée de la ville ◆ **to ~ fear into sb** *or* **sb's heart** remplir (le cœur de) qn d'effroi ◆ **it struck terror and dismay into the whole population** cela a terrorisé la population tout entière ; → **heap**

**b** *(= knock against) [person, one's shoulder etc, spade]* cogner contre, heurter ; *[car etc]* heurter, rentrer dans * ; *(Naut) [+ rocks, the bottom]* toucher, heurter ; *(fig) [lightning, light]* frapper ◆ **he struck his head on** *or* **against the table as he fell** sa tête a heurté la table quand il est tombé, il s'est cogné la tête à *or* contre la table en tombant ◆ **the stone struck him on the head** la pierre l'a frappé *or* l'a heurté à la tête ◆ **he was struck by two bullets** il a reçu deux balles ◆ **to be struck by lightning** être frappé par la foudre, être foudroyé ◆ **a piercing cry struck his ear** un cri perçant lui a frappé l'oreille *or* les oreilles ◆ **the horrible sight that struck his eyes** le spectacle horrible qui s'est présenté à lui

**c** *(= find, discover) [+ gold]* découvrir, trouver ; *(fig) [+ hotel, road]* tomber sur, trouver ; *(fig) [+ difficulty, obstacle]* rencontrer ◆ **to ~ gold** *(fig)* trouver le filon * ◆ **to ~ oil** *(Miner)* trouver du pétrole ; *(fig)* trouver le filon * ◆ **to ~ it rich** *(fig)* faire fortune ; → **patch**

**d** *(= make, produce etc) [+ coin, medal]* frapper ; *[+ sparks, fire]* faire jaillir (*from* de) ; *[+ match]* frotter, gratter ; *(fig) [+ agreement, truce]* arriver à, conclure ◆ **to ~ a light** allumer une allumette (*or* un briquet *etc*) ◆ **to ~ roots** *(Bot)* prendre racine ◆ **to ~ cuttings** *(Hort)* faire prendre racine à des boutures ◆ **to ~ an average** établir une moyenne ◆ **to ~ a balance** trouver un équilibre, trouver le juste milieu ◆ **to ~ a bargain** conclure un marché ◆ **to ~ an attitude** poser ; → **pose**

**e** *[+ chord, note]* sonner, faire entendre ; *[clock]* sonner ◆ **to ~ a false note** sonner faux ◆ **to ~ a note of warning** donner *or* sonner l'alarme ◆ **the clock struck three** la pendule a sonné trois heures ◆ **it has just struck six** six heures viennent juste de sonner ◆ **to ~ four bells** *(Naut)* piquer quatre

**f** *(= take down) [+ tent]* démonter, plier ; *[+ sail]* amener ; *[+ camp]* lever ; *[+ flag]* baisser, amener ◆ **to ~ the set** *(Theat)* démonter le décor

**g** *(= delete) [+ name]* rayer (*from* de) ; *[+ person] (from list)* rayer ; *(from professional register)* radier (*from* de) ◆ **the judge ordered the remark to be struck** *or* **stricken from the record** le juge a ordonné que la remarque soit rayée du procès-verbal

**h** *(= cause to be or become)* rendre (subitement) ◆ **to ~ sb dumb** *(lit, fig)* rendre qn muet ◆ **to be struck dumb** *(lit)* être frappé de mutisme ; *(fig)* rester muet, être sidéré * ◆ **to ~ sb dead** porter un coup mortel à qn ◆ ~ **me pink!** ‡ *(fig)* j'en suis soufflé ! *

**i** *(= make impression on)* sembler, paraître (*sb* à qn) ◆ **I was struck by his intelligence** j'ai été frappé par son intelligence ◆ **I wasn't very struck * with him** il ne m'a pas fait très bonne impression ◆ **to be struck on sb** ‡ *(= impressed by)* être très impressionné par qn ; *(= in love with)* être toqué * de qn ◆ **I'm not very struck on French films** ‡ je ne suis pas (un) fana * des films français ◆ **the funny side of it struck me later** le côté drôle de la chose m'est apparu *or* m'a frappé plus tard ◆ **that ~s me as a good idea** cela me semble *or* paraît une bonne idée ◆ **an idea suddenly struck him** soudain il a eu une idée, une idée lui est venue soudain à l'esprit ◆ **it ~s me that** *or* **~s me * he is lying** j'ai l'impression qu'il ment, à mon avis il ment ◆ **how did he ~ you?** quelle impression *or* quel effet vous a-t-il fait ? ◆ **how did the film ~ you?** qu'avez-vous pensé du film ?

**j** *(Fishing) [angler]* ferrer ◆ **the fish struck the bait** le poisson a mordu à l'appât

**VI** **a** *(= hit)* frapper ; *(= attack) (Mil)* attaquer ; *[snake]* mordre, piquer ; *[tiger]* sauter sur sa proie ; *(fig) [disease etc]* frapper ; *[panic]* s'emparer des esprits ◆ **to ~ home** *(lit, fig)* frapper *or* toucher juste, faire mouche ◆ **to ~ lucky** *(esp Brit fig)* avoir de la chance ◆ **he struck at his attacker** il porta un coup à son assaillant ◆ **we must ~ at the root of this evil** nous devons attaquer *or* couper ce mal dans sa racine ◆ **it ~s at the root of our parliamentary system** cela porte atteinte aux fondements mêmes de notre système parlementaire ◆ **his speech ~s at the heart of the problem** son discours porte sur le fond même du problème ◆ **his foot struck against** *or* **on a rock** son pied a buté contre *or* heurté un rocher ◆ **when the ship struck** quand le bateau a touché ◆ **the sun was striking through the mist** le soleil perçait la brume ◆ **the chill struck through to his very bones** le froid a pénétré jusqu'à la moelle de ses os ; → **iron**

**b** *[match]* s'allumer

**c** *[clock]* sonner ◆ **has 6 o'clock struck?** est-ce que 6 heures ont sonné ?

**d** *(Ind = go on strike)* faire grève (*for* pour obtenir ; *against* pour protester contre)

**e** *(= turn, move, go)* aller, prendre ◆ ~ **left on leaving the forest** prenez à gauche en sortant de la forêt ◆ **to ~ uphill** se mettre à grimper la côte

**f** *(Hort = take root)* prendre racine ; *(Fishing = seize bait)* mordre

**COMP** *(Ind) [committee, fund]* de grève ▷ **strike force** N *(gen: of police etc)* brigade *f* d'intervention ; *(Mil)* force *f* de frappe ▷ **strike fund** N *(Ind)* caisse *f* syndicale de grève ▷ **strike leader** N *(Ind)* leader *m* de la grève ▷ **strike pay** N *(Ind)* salaire *m* de gréviste

► **strike back** VI *(Mil, gen)* rendre les coups (*at sb* à qn), se venger (*at sb* de qn), user de représailles (*at sb* à l'égard de qn)

► **strike down** VT SEP **a** abattre ; *(fig) [esp disease]* terrasser

**b** *(US = abolish) [+ law]* abolir

► **strike in** VI *(fig = interrupt)* interrompre

► **strike off**

**VI** *(= change direction)* ◆ **he struck off across the fields** il a pris à travers champs

**VT SEP** **a** *[+ sb's head]* trancher, couper ; *[+ branch]* couper

**b** *(= score out, delete: from list)* rayer ◆ **to be struck off** *[doctor etc]* être radié

**c** *(Typ)* tirer

► **strike on** VT FUS *[+ idea]* avoir ; *[+ solution]* tomber sur, trouver

► **strike out**

**VI** **a** *(= hit out)* se débattre ◆ **he struck out wildly** il s'est débattu furieusement ◆ **he struck out at his attackers** il s'est débattu contre ses agresseurs

**b** *(= set off)* ◆ **to strike out for the shore** *[swimmer]* se mettre à nager vers le rivage ; *[rower]* se mettre à ramer vers le rivage ◆ **he left the firm and struck out on his own** il a quitté l'entreprise et s'est mis à son compte

**VT SEP** *(= delete) [+ word, question]* rayer

► **strike through** VT SEP ⇒ **strike out vt sep**

► **strike up**

**VI** *[band etc]* commencer à jouer ; *[music]* commencer

**VT SEP** *(Mus) [band]* se mettre à jouer ; *[singers]* se mettre à chanter ◆ ~ **up the band!** faites jouer l'orchestre ! ◆ **to ~ up an acquaintance** faire *or* lier connaissance (*with sb* avec qn) ◆ **to ~ up a friendship** lier amitié (*with sb* avec qn)

► **strike upon** VT FUS ⇒ **strike on**

**strikebound** /ˈstraɪkbaʊnd/ ADJ bloqué par une (*or* la) grève

**strikebreaker** /ˈstraɪk,breɪkəʳ/ N *(Ind)* briseur *m* de grève

**strikebreaking** /ˈstraɪk,breɪkɪŋ/ N ◆ **he was accused of** ~ on l'a accusé d'être un briseur de grève

**striker** /ˈstraɪkəʳ/ N **a** *(Ind)* gréviste *mf* **b** *(= clapper)* frappeur *m* ; *(on clock)* marteau *m* ; *(on gun)* percuteur *m* **c** *(Ftbl)* buteur *m*

**striking** /ˈstraɪkɪŋ/ **ADJ** **a** *(= impressive, outstanding) [feature, contrast, similarity, difference]* frappant, saisissant ◆ **to be in ~ contrast to sth** offrir un contraste frappant *or* saisissant avec qch ◆ **to bear a ~ resemblance to sb** ressembler à qn de manière frappante, présenter une ressemblance frappante avec qn ◆ **his** (*or* **her**) ~ **good looks** sa grande beauté ◆ **she was a ~ redhead** c'était une superbe rousse

**b** ◆ **to be within ~ distance (of sth)** être à proximité (de qch) ◆ **he had come within ~ distance of a medal/the presidency** une médaille/la présidence était maintenant à sa portée ◆ **to be within ~ distance of doing sth** être bien placé pour faire qch

**c** *[clock]* ◆ **a ~ clock** une horloge qui sonne les heures, une horloge à carillon ◆ **the ~ mechanism** le carillon

**d** *(Mil) [force, power]* de frappe

**e** *(= on strike) [workers]* en grève, gréviste

**N** **a** *[of coins]* frappe *f*

**b** *[of clock]* carillon *m*

**strikingly** /ˈstraɪkɪŋlɪ/ **ADV** **a** de façon frappante, de façon saisissante ◆ ~ **different (from sth)** différent à tous points de vue (de qch) ◆ ~ **beautiful** d'une beauté saisissante, d'une grande beauté ◆ ~ **modern/bold** d'une modernité/audace saisissante, extrêmement moderne/audacieux ◆ **to be ~ similar to sb/sth** ressembler à qn/qch de façon frappante *or* saisissante ◆ **to be ~ evident** sauter aux yeux, crever les yeux **b** ◆ **to contrast ~ with sth** offrir un contraste frappant *or* saisissant avec qch ◆ **to differ ~ (from sth)** différer à tous points de vue (de qch) ◆ ~, **inflation is now higher than ever** ce qui est frappant, c'est que l'inflation n'a jamais été aussi forte

**Strimmer** ® /ˈstrɪməʳ/ **N** *(small)* coupe-bordure *m* ; *(heavy-duty)* débroussailleuse *f*

**string** /strɪŋ/ (vb : pret, ptp **strung**) **N** **a** *(= cord)* ficelle *f* ; *[of violin, piano, bow, racket]* corde *f* ; *[of puppet]* ficelle *f*, fil *m* ; *[of apron, bonnet, anorak]* cordon *m* ; *(Bot: on bean etc)* fil(s) *m(pl)* ◆ **a piece of ~** un bout de ficelle ◆ **he has got her on a ~** il la tient, il la mène par le bout du nez ◆ **to have more than one ~ to one's bow** avoir plus d'une corde à son arc ◆ **his first ~** sa première ressource ◆ **his second ~** sa deuxième ressource, la solution de rechange ◆ **the ~s** *(Mus)* les cordes *fpl*, les instruments *mpl* à cordes ◆ **there are no ~s attached** cela ne vous (*or* nous *etc*) engage à rien ◆ **with no ~s attached** sans condition(s) ◆ **with ~s (attached)** assorti de conditions ; → **apron, heartstrings**

♦ **to pull strings** ◆ **he had to pull ~s to get the job** il a dû faire jouer le piston* pour obtenir le poste ◆ **to pull ~s for sb** exercer son influence pour aider qn, pistonner qn* ◆ **he's the one who pulls the ~s** *(= has control)* c'est lui qui tire les ficelles

**b** *[of beads, pearls]* rang *m* ; *[of onions]* chapelet *m* ; *[of garlic]* chaîne *f* ; *[of people, vehicles]* file *f* ; *[of racehorses]* écurie *f* ; *[of curses, lies, insults, excuses]* kyrielle *f*, chapelet *m*

**c** *(Ling)* séquence *f*

**d** *(Comput)* chaîne *f* ◆ **a numeric/character ~** une chaîne numérique/de caractères

**e** *(Sport)* équipe *f* (provisoire)

**VT** **a** *[+ musical instrument]* monter ; *[+ bow]* garnir d'une corde ; *[+ racket]* corder ; → **highly**

**b** *[+ beads, pearls]* enfiler ; *[+ rope]* tendre (*across* en travers de ; *between* entre) ◆ **they strung lights in the trees** ils ont suspendu des lampions dans les arbres

**c** *[+ beans]* enlever les fils de

**COMP** *(Mus) [orchestra, quartet]* à cordes ; *[serenade, piece]* pour cordes ▷ **string bag N** filet *m* à provisions ▷ **string bean N** *(= vegetable)* haricot *m* vert ; *(US * = tall thin person)* asperge* *f*, grande perche *f* ▷ **string correspondent N** *(US Press)* correspondant(e) *m(f)* local(e) à temps partiel ▷ **string(ed) instrument N** *(Mus)* instrument *m* à cordes ▷ **string player N** *(Mus)* musicien(ne) *m(f)* qui joue d'un instrument à cordes ▷ **string-puller N** ◆ **he's a ~-puller** il n'hésite pas à se faire pistonner *or* à faire jouer ses relations ▷ **string-pulling N** piston *m* ▷ **string tie N** cravate-lacet *f* ▷ **string vest N** tricot *m* de corps à grosses mailles

► **string along** * **VI** suivre ◆ **to ~ along with sb** *(= accompany)* accompagner qn ; *(= agree with)* se ranger à l'avis de qn

**VT SEP** *(pej)* faire marcher, bercer de fausses espérances

► **string out VI** *[people, things]* se déployer (*along* le long de) ◆ **~ out a bit more!** espacez-vous un peu plus !

**VT SEP** **a** *[+ lanterns, washing etc]* suspendre ; *[+ guards, posts]* échelonner ◆ **to be strung out along the road** *[people, things]* être déployé le long de la route

**b** *(fig)* **to be strung out** ⁑ *(= debilitated)* être à plat ; *(= disturbed)* être perturbé ; *(Drugs = addicted)* être accro ⁑ ; *(Drugs = under influence)* être défoncé ⁑ ; *(Drugs: with withdrawal symptoms)* être en manque

► **string together VT SEP** *[+ words, sentences]* enchaîner ◆ **he can barely ~ a sentence** *or* **two words together** il a du mal à aligner deux phrases

► **string up VT SEP** **a** *[+ lantern, onions, nets]* suspendre (au moyen d'une corde)

**b** *(fig)* **he had strung himself up to do it** il avait aiguisé toutes ses facultés en vue de le faire ◆ **to be strung up (about sth)** être très tendu *or* nerveux (à la pensée de qch)

**c** *(* = hang, lynch)* pendre

**stringed** /strɪŋd/ **ADJ** → **string comp**

**-stringed** /strɪŋd/ **ADJ** *(in compounds)* ◆ **four-stringed** à quatre cordes

**stringency** /ˈstrɪndʒənsɪ/ **N** *(= strictness) [of control, regulations, test]* rigueur *f* ; *[of reforms]* caractère *m* draconien ◆ **thanks to the ~ of the security** grâce aux strictes mesures de sécurité ◆ **financial** *or* **economic ~** austérité *f*

**stringent** /ˈstrɪndʒənt/ **ADJ** **a** *(= strict) [control, regulations, standards, test]* rigoureux ; *[reforms]* draconien ◆ **the meeting took place amid ~ security** de strictes mesures de sécurité ont été mises en place pour cette réunion **b** *(= compelling) [reasons, arguments]* solide ; *[necessity]* impérieux

**stringently** /ˈstrɪndʒəntlɪ/ **ADV** rigoureusement

**stringer** /ˈstrɪŋəʳ/ **N** *(= journalist)* correspondant(e) *m(f)* local(e) à temps partiel

**stringy** /ˈstrɪŋɪ/ **ADJ** *[beans, celery, meat]* filandreux ; *[molasses, cooked cheese]* filant, qui file ; *[plant, seaweed]* tout en longueur ; *(fig) [person]* filiforme

**strip** /strɪp/ **N** **a** *[of metal, wood, paper, grass]* bande *f* ; *[of fabric]* bande *f*, bandelette *f* ; *[of ground]* bande *f*, langue *f* ; *[of water, sea]* bras *m* ◆ **a ~ of garden** un petit jardin tout en longueur ◆ **to tear sb off a ~** ⁑, **to tear a ~ off sb** ⁑ sonner les cloches à qn*

**b** (*Aviat:* also **landing strip**) piste *f* d'atterrissage

**c** (also **comic strip**) ⇒ **strip cartoon**

**d** *(Brit Ftbl etc = clothes)* tenue *f* ◆ **the England ~** la tenue de l'équipe (de football) d'Angleterre

**e** * ⇒ **striptease**

**VT** **a** *(= remove everything from) [+ person]* déshabiller, dévêtir ; (also **strip down**) *[+ room, house]* vider ; *[thieves]* dévaliser, vider ; *[+ car, engine, gun]* démonter complètement ; *(Tech) [+ nut, screw, gears]* arracher le filet de ; *[wind, people, birds] [+ branches, bushes]* dépouiller, dégarnir ; *(= take paint etc off) [+ furniture, door]* décaper ◆ **to ~ sb naked** *or* **to the skin** déshabiller *or* dévêtir qn complètement ◆ **to ~ a bed (down)** défaire un lit complètement ◆ **to ~ (down) the walls** enlever *or* arracher le papier peint

**b** *(= remove) [+ old covers, wallpaper, decorations, ornaments]* enlever ; *[+ old paint]* décaper, enlever ◆ **to ~ the bark from the tree** dépouiller un arbre de son écorce

**c** *(= deprive etc) [+ person, object]* dépouiller (*of* de) ◆ **to ~ a tree of its bark** dépouiller un arbre de son écorce ◆ **to ~ a room of all its pictures** enlever tous les tableaux dans une pièce ◆ **to ~ sb of his titles/honours** dépouiller qn de ses titres/honneurs ◆ **to ~ a company of its assets** *(Fin)* cannibaliser* une compagnie ; see also **asset**

**VI** se déshabiller ; *[striptease artist]* faire du (*or* un) striptease ◆ **to ~ naked** *or* **to the skin** se mettre nu ◆ **to ~ to the waist** se mettre torse nu ◆ **to be ~ped to the waist** être nu jusqu'à la ceinture, être torse nu

**COMP** ▷ **strip cartoon N** *(Brit)* bande *f* dessinée ▷ **strip club N** boîte *f* de striptease ▷ **strip cropping N** *(Agr) cultures alternées selon les courbes de niveaux* ▷ **strip joint N** *(US)* ⇒ **strip club** ▷ **strip light N** (tube *m* au) néon *m* ▷ **strip lighting N** *(Brit)* éclairage *m* au néon *or* fluorescent ▷ **strip mine N** *(US)* mine *f* à ciel ouvert ▷ **strip mining N** *(US)* extraction *f* à ciel ouvert ▷ **strip poker N** strip-poker *m* ▷ **strip-search N** fouille *f* corporelle **VT** ◆ **he was ~-searched at the airport** on l'a fait se déshabiller et soumis à une fouille corporelle à l'aéroport ▷ **strip show N** striptease *m* ▷ **strip-wash N** (grande) toilette *f* **VT** faire la (grande) toilette de

► **strip away VT SEP** *[+ paint, varnish]* décaper ; *[+ layer of dirt, turf, bark]* retirer ; *[+ pretence, hypocrisy, artifice]* démasquer ◆ **chemicals that ~ away the skin's protective outer layer** des produits qui attaquent la couche protectrice de l'épiderme ◆ **to ~ away sb's dignity** priver qn de sa dignité

► **strip down VI** ⇒ **strip off vi**

**VT SEP** *(Tech etc) [+ machine, engine, gun]* démonter complètement ; see also **strip vt a**

► **strip off VI** se déshabiller

**VT SEP** *[+ buttons, ornaments]* enlever, ôter (*from* de) ; *[+ paper]* enlever, arracher (*from* de) ; *[+ leaves]* faire tomber (*from* de) ; *[+ berries]* prendre (*from* de)

**stripe** /straɪp/ **N** **a** *(of one colour)* raie *f*, rayure *f* ◆ **~s** *(pattern)* rayures *fpl* ◆ **yellow with a white ~** jaune rayé de blanc ; → **pinstripe, star** **b** *(Mil)* galon *m* ◆ **to get one's ~s** gagner ses galons ◆ **to lose one's ~s** être dégradé **c** † *(= lash)* coup *m* de fouet ; *(= weal)* marque *f* (d'un coup de fouet)

**striped** /straɪpt/ **ADJ** *[garment, wallpaper, fabric]* rayé, à rayures ; *[animal, insect]* rayé ◆ **a pair of ~ trousers** *(broad stripes)* un pantalon rayé ; *(pinstripes)* un pantalon à fines rayures ◆ **~ with red** rayé de rouge

**stripey** * /ˈstraɪpɪ/ **ADJ** ⇒ **stripy**

**stripling** /ˈstrɪplɪŋ/ **N** adolescent *m*, tout jeune homme *m*, gringalet *m (pej)*

**strippagram** /ˈstrɪpəɡræm/ **N** *message envoyé à l'occasion d'une célébration par l'intermédiaire d'une personne qui fait un striptease ; cette personne*

**stripper** /ˈstrɪpəʳ/ **N** **a** (also **paint-stripper**) décapant *m* **b** *(= striptease artist)* strip-teaseuse *f* ◆ **male ~** strip-teaseur *m*

**striptease** /ˈstrɪptiːz/ **N** striptease *m*, effeuillage *m* ◆ **~ artist** strip-teaseuse *f*

**stripteaser** /ˈstrɪptiːzəʳ/ **N** strip-teaseuse *f*

**stripy** * /ˈstraɪpɪ/ **ADJ** *[garment, wallpaper, fabric]* rayé, à rayures ; *[animal, insect]* rayé

**strive** /straɪv/ (pret **strove** /'strəʊv/, ptp **striven** /'strɪvn/) VI a *(= try hard)* s'efforcer (*to do sth* de faire qch), faire son possible (*to do sth* pour faire qch) ◆ **to ~ after** *or* **for sth** s'efforcer d'obtenir qch, faire son possible pour obtenir qch b *(liter = struggle, fight)* lutter, se battre (*against, with* contre)

**striving** /'straɪvɪŋ/ N efforts *mpl* (*for* pour obtenir)

**strobe** /strəʊb/ ADJ *[lights]* stroboscopique N a (also **strobe light, strobe lighting**) lumière *f* stroboscopique b ⇒ **stroboscope**

**stroboscope** /'strəʊbəskəʊp/ N stroboscope *m*

**strode** /strəʊd/ VB pt of **stride**

**stroke** /strəʊk/ N a *(= movement, blow: gen, Billiards, Cricket, Golf, Tennis etc)* coup *m* ; *(Swimming = movement)* mouvement *m* des bras *(pour nager)*; *(Rowing, Swimming = style)* nage *f*; *(Rowing = movement)* coup *m* de rame *or* d'aviron ◆ **he gave the cat a ~** il a fait une caresse au chat ◆ **with a ~ of his axe** d'un coup de hache ◆ **with a ~ of the pen** d'un trait de plume ◆ **~ of lightning** coup *m* de foudre ◆ **good ~!** *(Golf, Tennis etc)* bien joué ! ◆ **to row at 38 ~s to the minute** ramer *or* nager à une cadence de 38 coups d'aviron minute ◆ **to set the ~** *(Rowing, fig)* donner la cadence ◆ **to put sb off his ~** *(Sport)* faire perdre le rythme à qn ; *(fig)* faire perdre tous ses moyens à qn ◆ **he swam the pool with powerful ~s** il a traversé le bassin d'une manière puissante ; → **backstroke, breast**

b *(fig)* **at a (single) ~, at one ~** d'un (seul) coup ◆ **it was a tremendous ~ to get the committee's agreement** cela a été un coup de maître que d'obtenir l'accord du comité ◆ **he hasn't done a ~ (of work)** il n'a rien fait du tout, il n'en a pas fichu une rame* ◆ **~ of diplomacy** chef-d'œuvre *m* de diplomatie ◆ **~ of genius** trait *m* de génie ◆ **~ of luck** coup *m* de chance *or* de veine ; → **master**

c *(= mark) [of pen, pencil]* trait *m* ; *[of brush]* touche *f*; *(Typ = oblique)* barre *f* ◆ **thick ~s of the brush** des touches *fpl* épaisses ◆ **5 ~ 6** *(Typ)* 5 barre 6 ; → **brush**

d *[of bell, clock]* coup *m* ◆ **on the ~ of ten** sur le coup de dix heures, à dix heures sonnantes ◆ **in the ~ of time** juste à temps

e *(Med)* attaque *f* (d'apoplexie) ◆ **to have a ~** avoir une attaque ; → **heatstroke, sunstroke**

f *(Tech: of piston)* course *f* ◆ **a two-/four-~ engine** un moteur à deux/quatre temps ; see also **two**

g *(Rowing = person)* chef *m* de nage ◆ **to row ~** être chef de nage, donner la nage

VT a *[+ cat, sb's hand, one's chin]* caresser ; *[+ sb's hair]* caresser, passer la main dans ◆ **to ~ sb (up) the wrong way** *(fig)* prendre qn à rebrousse-poil *or* à contre-poil

b *(Rowing)* **to ~ a boat** être chef de nage, donner la nage

c (= *draw line through:* also **stroke out**) biffer

d *(Sport) [+ ball]* frapper

VI *(Rowing)* être chef de nage, donner la nage

COMP ▷ **stroke play** N *(NonC: Golf) comptage des points au coup par coup* ▷ **stroke-play tournament** N *(Golf)* stroke-play *m*

► **stroke down** VT SEP *[+ cat's fur]* caresser ; *[+ hair]* lisser ◆ **to ~ sb down** *(fig)* apaiser *or* amadouer qn

► **stroke out** VT SEP ⇒ **stroke vt c**

► **stroke up** VT SEP → **stroke vt a**

**stroll** /strəʊl/ N petite promenade *f* ◆ **to have** *or* **take a ~, to go for a ~** aller faire un tour VI se promener nonchalamment, flâner ◆ **to ~ in/out/away** *etc* entrer/sortir/s'éloigner *etc* sans se presser ◆ **to ~ up and down the street** descendre et remonter la rue en flânant *or* sans se presser ◆ **to ~ around** flâner

**stroller** /'strəʊlə^r/ N a *(= person)* promeneur *m*, -euse *f*, flâneur *m*, -euse *f* b *(esp US = push chair)* poussette *f* ; *(folding)* poussette-canne *f*

**strolling** /'strəʊlɪŋ/ ADJ *[player, minstrel]* ambulant

**stroma** /'strəʊmə/ N (pl **stromata** /'strəʊmətə/) stroma *m*

**strong** /strɒŋ/ ADJ a *(physically) [person, animal]* fort ; *(= healthy)* robuste ; *[heart, nerves]* solide ◆ **to be (as) ~ as an ox** *or* **a horse** *or* **a bull** *(= powerful)* être fort comme un bœuf ; *(= healthy)* avoir une santé de fer ◆ **to have ~ eyesight** avoir une très bonne vue ◆ **to have ~ legs** avoir de bonnes jambes ◆ **do you feel ~?** est-ce que vous vous sentez en forme ? ◆ **when you are ~ again** *(in health)* quand vous aurez repris des forces ◆ **she has never been very ~** elle a toujours eu une petite santé ◆ **you need a ~ stomach for that job** il faut avoir l'estomac solide *or* bien accroché* pour faire ce travail ; → **constitution**

b *(morally)* fort ◆ **you must be ~** *(in courage)* il faut que vous soyez courageux ◆ **he's a very ~ person** *(mentally)* c'est quelqu'un de très solide ; → **point, suit**

♦ **to be strong in sth** (= *good at sth)* être fort en qch

♦ **to be strong on sth** (= *good at sth)* être fort en qch ; *(emphasising)* mettre l'accent sur qch ◆ **the government is ~ on civil rights** le gouvernement fait beaucoup pour les droits civils ◆ **the local cuisine is ~ on seafood** les fruits de mer ont une place importante dans la cuisine locale ◆ **they're ~er on rhetoric than on concrete action** ils sont plus doués pour les discours que pour l'action

c *(= robust) [building, wall, table, shoes, bolt, nail, fabric]* solide

d *(= powerful) [magnet]* puissant ; *[electric current]* intense ; *[lens, spectacles]* fort, puissant ; *[light]* fort, vif ; *[glue, medicine]* fort

e *(= convincing) [reasons, candidate, contender]* sérieux ◆ **we are in a ~ position to make them obey** nous sommes bien placés pour les faire obéir ◆ **there is ~ evidence to suggest that ...** il y a de nombreuses preuves qui laissent penser que ... ◆ **there are ~ indications that ...** tout semble indiquer que ... ; → **case**[1]

f *(= uncompromising, unequivocal) [measures, steps]* énergique ◆ **in ~ terms** en termes non équivoques ◆ **to write sb a ~ letter** écrire une lettre bien sentie à qn

g *(= intense) [influence, attraction]* fort, profond ; *[emotion, desire, interest, protest]* vif ◆ **to have a ~ effect on sth** avoir beaucoup d'effet sur qch ◆ **I had a ~ sense of ...** je ressentais vivement ... ◆ **I've a ~ feeling that ...** j'ai bien l'impression que ... ◆ **he's got ~ feelings on this matter** cette affaire lui tient à cœur ◆ **it is my ~ opinion** *or* **belief that ...** je suis fermement convaincu *or* persuadé que ...

h *(= fervent)* fervent ◆ **a ~ socialist** un socialiste fervent ◆ **~ supporters of ...** d'ardents partisans de ..., des fervents de ... ◆ **I am a ~ believer in ...** je crois fermement à *or* profondément à ...

i *[flavour, odour, coffee, cheese, wine, cigarette]* fort ; *(pej) [butter]* rance ; *[sauce] (= concentrated)* concentré ; *(= highly seasoned)* relevé ; *[solution]* concentré ◆ **it has a ~ smell** ça sent fort

j *(in numbers)* **an army 500 ~** une armée (forte) de 500 hommes ◆ **they were 100 ~** ils étaient au nombre de 100

k *(Ling) [verb, form]* fort

ADV ◆ **to be going ~** *[person]* être toujours solide ; *[car etc]* marcher toujours bien ; *[relationship etc]* aller bien ; *[firm, business]* aller bien, être florissant ◆ **that's pitching it** *or* **coming it** *or* **going it a bit ~*** il pousse (*or* vous poussez *etc*) un peu* , il y va (*or* vous y allez *etc*) un peu fort ◆ **to come on ~*** *(gen = be overbearing)* insister lourdement ; *(sexually)* faire du rentre-dedans* ; *(US) (= make progress)* progresser fortement

COMP ▷ **strong-arm** ADJ → **strong-arm** ▷ **strong breeze** N *(on Beaufort scale)* vent *m* frais ▷ **strong drink** N *(NonC)* alcool *m*, boisson *f* alcoolisée ▷ **strong gale** N *(on Beaufort scale)* fort coup *m* de vent ▷ **strong-minded** ADJ → **strong-minded** ▷ **strong-willed** ADJ résolu ◆ **to be ~-willed** avoir de la volonté

**strong-arm*** /'strɒŋɑːm/ ADJ *[method, treatment]* brutal ◆ **~ man** gros bras *m (fig)* ◆ **~ tactics** la manière forte VT faire violence à ◆ **to ~ sb into doing sth** forcer la main à qn pour qu'il fasse qch

**strongbox** /'strɒŋbɒks/ N coffre-fort *m*

**stronghold** /'strɒŋhəʊld/ N *(Mil)* forteresse *f*, fort *m* ; *(fig)* bastion *m*

**strongly** /'strɒŋlɪ/ ADV a *[influence, hint, accentuate, remind, indicate, imply]* fortement ; *[attract, recommend, advise, interest, desire]* fortement, vivement ; *[criticize, protest]* vivement ; *[deny, condemn, protest, defend]* vigoureusement ; *[fight, attack]* énergiquement ; *[support, oppose]* fermement ; *[feel, sense, believe]* profondément ◆ **to argue ~ for** *or* **in favour of sth** plaider vigoureusement *or* avec force pour qch ◆ **to argue ~ against sth** s'élever avec véhémence contre qch ◆ **to argue ~ that ...** soutenir fermement que ... ◆ **to taste ~ of sth** avoir un goût prononcé de qch ◆ **to smell ~ of sth** avoir une forte odeur de qch ◆ **the kitchen smelled ~ of smoke** il y avait une forte odeur de fumée dans la cuisine ◆ **fish features ~ in the Japanese diet** le poisson occupe une place importante dans l'alimentation des Japonais ◆ **if you feel ~ about this problem, write to us** si ce problème vous tient à cœur, écrivez-nous ◆ **I feel very ~ that ...** je suis convaincu que ...

b ◆ **~ recommended** vivement recommandé ◆ **you are ~ recommended** *or* **advised to leave the country** nous vous recommandons vivement de quitter le pays ◆ **~ held views** *or* **opinions** opinions *fpl* très arrêtées ◆ **to be ~ critical of sb/sth** critiquer vivement qn/qch ◆ **to be ~ in favour of sth** être très favorable à qch ◆ **to be ~ against** *or* **opposed to sth** s'opposer fermement à qch ◆ **~ anti-American/nationalist** farouchement anti-américain/nationaliste ◆ **a ~ worded letter** une lettre virulente ◆ **his accent was ~ northern** il avait un très net *or* fort accent du Nord ◆ **~ built** *[person]* costaud* ◆ **~ constructed** *or* **made** *or* **built** solide

**strongman** /'strɒŋmæn/ N (pl **-men**) *(in circus etc)* hercule *m* ; *(fig, Comm, Pol etc)* homme *m* fort

**strong-minded** /ˌstrɒŋ'maɪndɪd/ ADJ résolu, qui a beaucoup de volonté, qui sait ce qu'il veut

**strong-mindedly** /ˌstrɒŋ'maɪndɪdlɪ/ ADV avec une persévérance tenace, avec ténacité

**strong-mindedness** /ˌstrɒŋ'maɪndɪdnɪs/ N volonté *f*, force *f* de caractère

**strongroom** /'strɒŋrʊm/ N *(gen)* chambre *f* forte ; *(in bank)* chambre *f* forte, salle *f* des coffres

**strontium** /'strɒntɪəm/ N strontium *m* ◆ **~ 90** strontium *m* 90, strontium *m* radioactif

**strop** /strɒp/ **N** cuir *m* (à rasoir) **VT** *[+ razor]* repasser sur le cuir

**strophe** /ˈstrəʊfɪ/ **N** strophe *f*

**stroppy**‡ /ˈstrɒpɪ/ **ADJ** *(Brit)* buté et râleur* ◆ **to get ~** se mettre à râler* ◆ **to get ~ with sb** se mettre en rogne contre qn*

**strove** /strəʊv/ **VB** pt of **strive**

**struck** /strʌk/ **VB** pt, ptp of **strike**

**structural** /ˈstrʌktʃərəl/ **ADJ** **a** *(also Econ = relating to structure) [change, problem, reform etc]* structurel ◆ **~ complexity** complexité *f* de structure ◆ **~ unemployment** chômage *m* structurel

**b** *(Ling, Psych = relating to structuralism)* structural ◆ **~ psychology/linguistics** psychologie *f*/linguistique *f* structurale

**c** *(Archit, Constr, Aviat, Naut) (= load-bearing) [repair, alteration, failure, integrity, weakness, damage, fault]* au niveau de la structure ◆ **~ defect** *(in building)* vice *f* de construction ◆ **the house was in good ~ condition** la structure de la maison était saine

**COMP** ▷ **structural engineer N** ingénieur *m* en génie civil ▷ **structural engineering N** génie *m* civil ▷ **structural inspection N** ⇒ **structural survey** ▷ **structural steel N** acier *m* (de construction) ▷ **structural survey N** *(Archit, Constr)* expertise *f* détaillée

**structuralism** /ˈstrʌktʃərəlɪzəm/ **N** structuralisme *m*

**structuralist** /ˈstrʌktʃərəlɪst/ **ADJ, N** structuraliste *mf*

**structurally** /ˈstrʌktʃərəlɪ/ **ADV** ◆ **the building is ~ sound/unsound** la structure du bâtiment est saine/peu saine ◆ **~, the film is quite complex** structurellement, c'est un film assez complexe

**structure** /ˈstrʌktʃəʳ/ **N** **a** *(Anat, Bot, Chem, Geol, Ling, Math, Philos, Phys, Psych etc)* structure *f* ; *(Literat, Poetry)* structure *f*, composition *f* ◆ **social/administrative ~** structure *f* sociale/administrative **b** *(Constr) [of building etc]* structure *f* ; *(the building, bridge etc itself)* construction *f*, édifice *m* **VT** structurer

**structured** /ˈstrʌktʃəd/ **ADJ** structuré ◆ **~ activity** *(Educ)* activité *f* structurée

**struggle** /ˈstrʌgl/ **N** *(lit, fig)* lutte *f* (*for* pour ; *against* contre ; *with* avec ; *to do sth* pour faire qch) ; *(= fight)* bagarre *f* ◆ **to put up a ~** résister *(also fig)*, se débattre ◆ **he lost his glasses in the ~** il a perdu ses lunettes dans la bagarre ◆ **they surrendered without a ~** *(Mil)* ils n'ont opposé aucune résistance ◆ **you won't succeed without a ~** vous ne réussirez pas sans vous battre, il faudra vous battre si vous voulez réussir ◆ **her ~ to feed her children** sa lutte quotidienne pour nourrir ses enfants ◆ **the ~ to find somewhere to live** les difficultés qu'on a à trouver *or* le mal qu'il faut se donner pour trouver un logement ◆ **I had a ~ to persuade him** j'ai eu beaucoup de mal à le persuader, je ne l'ai persuadé qu'au prix de grands efforts ◆ **it was a ~ but we made it** cela nous a demandé beaucoup d'efforts mais nous y sommes arrivés

**VI** **a** *(gen)* lutter (*against* contre ; *for* pour) ; *(= fight)* se battre ; *(= thrash around)* se débattre, se démener ; *(= try hard)* se démener, se décarcasser* (*to do sth* pour faire qch), s'efforcer (*to do sth* de faire qch) ◆ **he was struggling with the thief** il était aux prises avec le voleur ◆ **he ~d fiercely as they put on the handcuffs** il a résisté avec acharnement quand on lui a passé les menottes ◆ **he ~d to get free** il s'est démené pour se libérer ◆ **they were struggling for power** ils se disputaient le pouvoir ◆ **he was struggling to make ends meet** il avait beaucoup de mal à joindre les deux bouts, il tirait le diable par la queue ◆ **he is struggling to finish it before tomorrow** il se démène *or* il se décarcasse* pour le terminer avant demain

**b** *(= move with difficulty)* **to ~ in/out** *etc* entrer/sortir *etc* avec peine ◆ **he ~d up the cliff** il s'est hissé péniblement *or* à grand-peine jusqu'au sommet de la falaise ◆ **he ~d through the tiny window** il s'est contorsionné pour passer par la minuscule fenêtre ◆ **to ~ through the crowd** se frayer péniblement *or* tant bien que mal un chemin à travers la foule ◆ **he ~d to his feet** il s'est levé péniblement *or* à grand-peine ◆ **he ~d into a jersey** il a enfilé tant bien que mal un pull-over

► **struggle along VI** *(lit)* avancer avec peine *or* à grand-peine ; *(fig: financially)* subsister *or* se débrouiller tant bien que mal

► **struggle back VI** *(= return)* revenir (*or* retourner) avec peine *or* à grand-peine ◆ **to ~ back to solvency** s'efforcer de redevenir solvable

► **struggle on VI** **a** ⇒ **struggle along**

**b** *(= continue the struggle)* continuer de lutter, poursuivre la lutte (*against* contre)

► **struggle through VI** *(fig)* venir à bout de ses peines, s'en sortir

**struggling** /ˈstrʌglɪŋ/ **ADJ** *[artist etc]* qui tire le diable par la queue

**strum** /strʌm/ **VT** **a** *[+ piano]* tapoter de ; *[+ guitar, banjo etc]* gratter de, racler (de) **b** (also **strum out**) *[+ tune] (on piano)* tapoter ; *(on guitar etc)* racler **VI** ◆ **to ~ on** ⇒ **vt a** **N** (also **strumming**) *[of guitar etc]* raclement *m*

**strumpet** †† /ˈstrʌmpɪt/ **N** catin *f*

**strung** /strʌŋ/ **VB** (pt, ptp of **string**) see also **highly, string up**

**strut¹** /strʌt/ **VI** (also **strut about, strut around**) se pavaner ◆ **to ~ in/out/along** *etc* entrer/sortir/avancer *etc* en se pavanant *or* d'un air important ◆ **to ~ one's stuff*** frimer*

**strut²** /strʌt/ **N** *(= support)* étai *m*, support *m* ; *(for wall, trench, mine)* étrésillon *m* ; *(more solid)* étançon *m* ; *(Carpentry)* contrefiche *f* ; *(between uprights)* lierne *f*, traverse *f*, entretoise *f* ; *(Constr: in roof)* jambe *f* de force

**strychnine** /ˈstrɪkniːn/ **N** strychnine *f*

**stub** /stʌb/ **N** *[of pencil, broken stick]* bout *m*, morceau *m* ; *[of cigarette, cigar]* mégot *m* ; *[of tail]* moignon *m* ; *[of cheque, ticket]* talon *m* **VT** ◆ **to ~ one's toe/one's foot** se cogner le doigt de pied/le pied (*against* contre) **COMP** ▷ **stub end N** *[of pencil etc]* bout *m* (de crayon etc)

► **stub out VT SEP** *[+ cigar, cigarette]* écraser

**stubble** /ˈstʌbl/ **N** *(NonC) (Agr)* chaume *m*, éteule *f* ; *(on chin)* barbe *f* de plusieurs jours ◆ **field of ~** chaume *m*, éteule *f*

**stubbly** /ˈstʌblɪ/ **ADJ** *[field]* couvert de chaume ; *[chin, face]* mal rasé ; *[beard]* de plusieurs jours ; *[hair]* court et raide, en brosse

**stubborn** /ˈstʌbən/ **ADJ** **a** *[person]* têtu, entêté ; *[animal]* têtu, rétif ; *[opposition, campaign, resistance]* opiniâtre, acharné ; *[denial, refusal, defiance, insistence, determination]* opiniâtre ◆ **his ~ attitude** son entêtement ◆ **she has a ~ streak** elle a un côté têtu *or* entêté ; → **mule¹** **b** *[stain]* rebelle, récalcitrant ; *[cold, fever etc]* rebelle, persistant ; *[problem]* persistant, tenace

**stubbornly** /ˈstʌbənlɪ/ **ADV** obstinément ◆ **he ~ refused** il a refusé obstinément ◆ **he was ~ determined** sa détermination était inébranlable ◆ **interest rates have remained ~ high** les taux d'intérêt sont restés élevés

**stubbornness** /ˈstʌbənnɪs/ **N** *[of person]* entêtement *m* ; *[of animal]* caractère *m* rétif ; *[of opposition, campaign, resistance]* opiniâtreté *f*, acharnement *m* ; *[of denial, refusal, defiance, insistence]* obstination *f*, opiniâtreté *f*

**stubby** /ˈstʌbɪ/ **ADJ** *[person]* courtaud ; *[finger]* boudiné ; *[pencil, crayon]* gros et court ◆ **a dog with ~ legs** un chien court sur pattes

**stucco** /ˈstʌkəʊ/ **N** (pl **stuccoes** *or* **stuccos**) stuc *m* **VT** stuquer **COMP** de *or* en stuc, stuqué

**stuccowork** /ˈstʌkəʊwɜːk/ **N** stuc *m*

**stuck** /stʌk/ **VB** pt, ptp of **stick** **COMP** ▷ **stuck-up*** **ADJ** bêcheur*

**stud¹** /stʌd/ **N** **a** *(= knob, nail)* clou *m* à grosse tête ; *(on door, shield)* clou *m* décoratif ; *(on boots)* clou *m* (à souliers) ; *(on football boots)* crampon *m* ; *(on tyre, roadway)* clou *m* ; *(Aut = cat's-eye)* clou *m* à catadioptre ; (also **collar stud**) bouton *m* de col **b** *(in chain)* étai *m* ; *(Tech = double-headed screw)* goujon *m* ; *(= pivot screw)* tourillon *m* **c** *(Constr)* montant *m* **VT** *[+ boots, shield, door]* clouter ◆ **~ded tyre** pneu *m* clouté *or* à clous ◆ **~ded with** *(fig)* parsemé de ◆ **sky ~ded with stars** ciel *m* parsemé d'étoiles

**stud²** /stʌd/ **N** **a** (also **racing stud**) écurie *f* (de courses) ; (also **stud farm**) haras *m* ◆ **to be at ~, to have been put (out) to ~** être au haras **b** (‡ *= young man*) jeune mec‡ *m* ; *(promiscuous)* tombeur* *m* **COMP** ▷ **stud farm N** haras *m* ▷ **stud fee N** prix *m* de la saillie ▷ **stud mare N** (jument *f*) poulinière *f* ▷ **stud poker N** *(Cards) variété de poker*

**studbook** /ˈstʌdbʊk/ **N** stud-book *m*

**student** /ˈstjuːdənt/ **N** *(Univ)* étudiant(e) *m(f)* ; *(esp US Scol)* élève *mf*, lycéen(ne) *m(f)* ◆ **medical ~** étudiant(e) *m(f)* en médecine ◆ **~'s book** livre *m* de l'élève ◆ **he is a ~ of bird life** il étudie la vie des oiseaux ◆ **he is a keen ~** il est très studieux

**COMP** *(Univ) [life]* étudiant, estudiantin ; *(Univ) [residence, restaurant]* universitaire ; *(Univ) [power, unrest]* étudiant ; *[attitudes, opinions] (Univ)* des étudiants ; *(Scol)* des élèves, des lycéens ▷ **the student community N** les étudiants *mpl* ▷ **student council N** *(Scol)* comité *m* des délégués de classe ▷ **student councillor N** *(Scol, Univ)* délégué(e) *m(f)* de classe ▷ **student driver N** *(US)* jeune conducteur *m*, -trice *f* ▷ **student file N** *(US Scol)* dossier *m* scolaire ▷ **student grant N** bourse *f* ▷ **student ID card N** *(US Scol)* carte *f* d'étudiant ▷ **student lamp N** *(US)* lampe *f* de bureau *(orientable)* ▷ **student loan N** prêt *m* étudiant ▷ **student nurse N** *(Med)* élève *mf* infirmier (-ière) ▷ **student participation N** *(Univ)* participation *f* des étudiants ; *(Scol)* participation *f* (en classe) ▷ **students' union N** ⇒ **Student Union** ▷ **student teacher N** professeur *m* stagiaire ; *(in primary school)* instituteur *m*, -trice *f* stagiaire ▷ **student teaching N** stage *m* pédagogique ▷ **Student Union N** *(Univ) (= association)* association *f* d'étudiants ; *(= building) locaux d'une association d'étudiants*

**studentship** /ˈstjuːdəntʃɪp/ **N** bourse *f* (d'études)

**studhorse** /ˈstʌdhɔːs/ **N** étalon *m*

**studied** /ˈstʌdɪd/ **ADJ** **a** *[indifference, casualness, politeness, calm]* affecté, étudié ; *[elegance]* recherché ; *[insult]* délibéré, voulu ◆ **to maintain a ~ silence** garder délibérément le silence ◆ **to maintain a ~ neutrality** rester délibérément neutre **b** *(pej = affected) [pose, style]* affecté

**studio** /ˈstjuːdɪəʊ/ **N** *[of artist, photographer, musician etc]* studio *m*, atelier *m* ; *(Cine, Rad, Recording, TV etc)* studio *m* ; → **mobile,**

recording COMP ▷ **studio apartment** N *(US)* studio *m (logement)* ▷ **studio audience** N *(Rad, TV)* public *m (invité à une émission)* ▷ **studio couch** N divan *m* ▷ **studio flat** N *(Brit)* studio *m (logement)* ▷ **studio portrait** N *(Phot)* portrait *m* photographique

**studious** /ˈstjuːdɪəs/ ADJ a *[person]* studieux, appliqué b *(= deliberate, careful) [insult, avoidance]* délibéré, voulu ; *[politeness, calm]* affecté, étudié

**studiously** /ˈstjuːdɪəslɪ/ ADV *(= deliberately, carefully) [avoid, ignore]* soigneusement ◆ ~ **polite/ambiguous** d'une politesse/ambiguïté affectée *or* étudiée

**studiousness** /ˈstjuːdɪəsnɪs/ N application *f (à l'étude)*, amour *m* de l'étude

**study** /ˈstʌdɪ/ LANGUAGE IN USE 26.1

N a *(gen)* étude *f* ◆ **to make a ~ of sth** faire une étude de qch, étudier qch ◆ **it is a ~ of women in industry** c'est une étude sur les femmes dans l'industrie ◆ **his studies showed that ...** ses recherches ont montré que ... ◆ **it is a ~ in social justice** *(= model, ideal)* c'est un modèle de justice sociale ◆ **his face was a ~** *(fig hum)* il fallait voir sa figure ; → **brown**

b *(= act of studying)* étude *f* ; *(Scol)* études *fpl* ◆ **he spends all his time in ~** il consacre tout son temps à l'étude *or* à ses études, il passe tout son temps à étudier

c *(= room)* bureau *m*

VT *[+ nature, an author, text]* étudier ; *(Scol, Univ) [+ maths etc]* faire des études de, étudier ; *[+ project, proposal, map, ground]* étudier, examiner soigneusement ; *[+ person, sb's face, reactions]* étudier, observer attentivement ; *[+ stars]* observer ; see also **studied**

VI *(gen)* étudier ; *(Scol, Univ etc)* étudier, faire ses études ◆ **to ~ hard** travailler dur ◆ **to ~ under sb** travailler sous la direction de qn ; *[painter, composer]* être l'élève de qn ◆ **to ~ for an exam** préparer un examen ◆ **he is ~ing to be a doctor/a pharmacist** il fait des études de médecine/de pharmacie ◆ **he is ~ing to be a teacher** il fait des études pour entrer dans l'enseignement *or* pour devenir professeur

COMP *[visit, hour]* d'étude ; *[group]* de travail ▷ **study hall** N *(US Scol) (gen)* permanence *f* ; *(in boarding school)* (salle *f* d')étude *f* ▷ **study hall teacher** N *(US Scol)* surveillant(e) *m(f)* d'étude ▷ **study period** N *(Brit)* (heure *f* de) permanence *f*, (heure *f* d')étude *f* surveillée ▷ **study room** N *(Scol)* permanence *f* ; *(in boarding school)* (salle *f* d')étude *f* ▷ **study tour** N voyage *m* d'études

**stuff** /stʌf/ N *(NonC)* a * *(gen)* chose *f*, truc * *m* ◆ **look at that ~** regarde ça, regarde ce truc * ◆ **it's dangerous ~** c'est dangereux ◆ **what's this ~ in this jar?** qu'est-ce que c'est que ça *or* que ce truc * dans ce pot ? ◆ **his new book is good ~** son nouveau livre est bien ◆ **there's some good ~ in what he writes** il y a de bonnes choses dans ce qu'il écrit ◆ **his painting is poor ~** sa peinture ne vaut pas grand-chose ◆ **Joyce? I can't read his ~ at all** Joyce ? je ne supporte pas du tout (ses livres) ◆ **I can't listen to his ~ at all** je ne supporte pas sa musique ◆ **all that ~ about how he wants to help us** *(pej)* toutes ces promesses en l'air comme quoi il veut nous aider ◆ **that's the ~ (to give them *or* to give the troops)!** bravo !, c'est ça ! ◆ **~ and nonsense!** ‡ balivernes ! ◆ **he knows his ~** il connaît son sujet *or* son métier ◆ **do your ~!** vas-y !, c'est à toi ! ◆ **he did his ~ very well** il s'en est bien sorti ◆ **she's a nice bit of ~** ‡ elle est canon ‡ *or* bien roulée ‡ ; → **greenstuff, hot, stern²**

b * *(= miscellaneous objects)* trucs * *mpl* ; *(= possessions)* affaires *fpl* ; *(= tools etc)* ◆ **he brought back a lot of ~ from China** il a rapporté des tas de choses de Chine ◆ **the workmen left some of their ~ behind** les ouvriers ont laissé une partie de leur matériel ◆ **put your ~ away** range tes affaires

c *(= fabric, cloth)* étoffe *f* ◆ **it is the (very) ~ of life/politics** *etc* c'est l'essence même de la vie/la politique *etc* ◆ **he is the ~ that heroes are made from, he is the ~ of heroes** *(liter)* il a l'étoffe d'un héros

d (* *Drugs)* came ‡ *f*

VT a *(= fill, pack) [+ cushion, quilt, chair, toy, mattress]* rembourrer *(with* avec) ; *(Taxidermy) [+ animal]* empailler ; *[+ sack, box, pockets]* bourrer, remplir *(with* de) ; *(Culin) [+ chicken, tomato]* farcir *(with* avec) ; *(= stop up) [+ hole]* boucher *(with* avec) ; *(= cram, thrust) [+ objects, clothes, books]* fourrer *(in, into* dans) ◆ **to ~ one's ears** se boucher les oreilles ◆ **to ~ one's fingers into one's ears** fourrer ses doigts dans ses oreilles ◆ **he ~ed the papers down the drain** il a fourré *or* enfoncé les papiers dans le tuyau ◆ **he ~ed some money into my hand** il m'a fourré de l'argent dans la main ◆ **he is a ~ed shirt** * c'est un grand ponte * suffisant ◆ **to ~ o.s. with food, to ~ food into one's mouth** se gaver *or* se bourrer de nourriture ◆ **he was ~ing himself** * il s'empiffrait * ◆ **I'm ~ed** * *(= full up)* je n'en peux plus ◆ **they ~ed him with morphine** * ils l'ont bourré de morphine ◆ **to ~ one's head with useless facts** se farcir *or* se bourrer la tête de connaissances inutiles * ◆ **he's ~ing your head with silly ideas** * il te bourre le crâne *or* il te farcit la cervelle d'idées niaises ◆ **the museum is ~ed with interesting things** * le musée est bourré de choses intéressantes ◆ **to ~ a ballot box** *(US Pol)* mettre des bulletins de vote truqués dans une urne ◆ **get ~ed!** ‡ *(Brit)* va te faire cuire un œuf ! ‡, va te faire foutre ! ‡ ◆ **~ him!** ‡ qu'il aille se faire voir ‡ *or* foutre ‡ ! ◆ **~ the council tax/decency!** ‡ j'en ai rien à foutre ‡ des impôts locaux/des convenances !

b (* *= put)* mettre ◆ **~ your books on the table** mets *or* fous ‡ tes livres sur la table ◆ **(you know where) you can ~ that!** ‡ tu sais où tu peux te le mettre ! ‡

c (‡ *= defeat, ruin)* baiser ‡, niquer ‡ ◆ **we'll be ~ed if that happens** si ça arrive, on sera baisés ‡ *or* niqués ‡

d (‡ *= have sex with)* baiser ‡

VI (* *= guzzle)* s'empiffrer *

COMP ▷ **stuffed animal, stuffed toy** N peluche *f*

► **stuff away** * VT SEP *[+ food]* enfourner *, engloutir

► **stuff up** VT SEP *[+ hole]* boucher ◆ **my nose is ~ed up *, I'm ~ed up** * j'ai le nez bouché

**stuffily** * /ˈstʌfɪlɪ/ ADV *[say etc]* d'un ton désapprobateur

**stuffiness** /ˈstʌfɪnɪs/ N *(in room)* manque *m* d'air ; *[of person]* pruderie *f*, esprit *m* étriqué *or* vieux jeu *inv*

**stuffing** /ˈstʌfɪŋ/ N *(NonC) (= padding material) [of quilt, cushion, mattress]* bourre *f*, rembourrage *m* ; *[of toy, chair]* rembourrage *m* ; *(Taxidermy)* paille *f* ; *(Culin)* farce *f* ◆ **he's got no ~** *(pej)* c'est une chiffe molle ◆ **to knock the ~ out of sb** * *(= demoralize)* démoraliser qn ; *(= take down a peg)* remettre qn à sa place

**stuffy** /ˈstʌfɪ/ ADJ a *(= airless) [room]* mal aéré ; *[atmosphere]* étouffant ◆ **it's ~ in here** on manque d'air ici ◆ **the room was ~ after the meeting** on manquait d'air dans la salle après la réunion b *(= stick-in-the-mud)* vieux jeu *inv* ; *(= snobby)* guindé ◆ **golf has a rather ~ image in England** le golf a une image assez vieux jeu et guindée en Angleterre ◆ **Delphine's father is a nice man, but rather ~** le père de Delphine est un homme gentil, mais il est un peu collet monté c *(= congested) [nose, sinuses]* bouché

**stultify** /ˈstʌltɪfaɪ/ VT *[+ person]* abrutir, déshumaniser ; *[+ sb's efforts, action]* rendre vain ; *[+ argument, reasoning, claim]* enlever toute valeur à

**stultifying** /ˈstʌltɪfaɪɪŋ/ ADJ *[work, system, regime]* abrutissant ; *[atmosphere, effect]* débilitant

**stumble** /ˈstʌmbl/ N a *(in walking)* faux pas *m*, trébuchement *m* ; *[of horse]* faux pas *m* b ◆ **he recited it without a ~** il l'a récité sans trébucher *or* se reprendre une seule fois VI a trébucher *(over* sur, contre), faire un faux pas ; *[horse]* broncher ◆ **he ~d against the table** il a trébuché *or* fait un faux pas et a heurté la table ◆ **to ~ in/out/along** *etc* entrer/sortir/avancer *etc* en trébuchant b *(in speech)* trébucher *(at, over* sur) ◆ **he ~d through the speech** il a prononcé le discours d'une voix hésitante *or* trébuchante COMP ▷ **stumbling block** N pierre *f* d'achoppement

► **stumble across, stumble (up)on** VT FUS *(fig)* tomber sur

**stumblebum** ‡ /ˈstʌmblˌbʌm/ N *(US)* empoté(e) * *m(f)*, abruti(e) * *m(f)*

**stumm** ‡ /ʃtʊm/ ADJ ⇒ **shtoom**

**stump** /stʌmp/ N a *[of tree]* souche *f*, chicot *m* ; *[of limb, tail]* moignon *m* ; *[of tooth]* chicot *m* ; *[of cigar]* bout *m*, mégot * *m* ; *[of pencil, chalk, sealing wax, crayon etc]* bout *m (qui reste de qch)* ◆ **to find o.s. up a ~** * *(US)* ne savoir que répondre, être perplexe

b *(Cricket)* piquet *m*

c *(US Pol)* estrade *f* (d'un orateur politique) ◆ **to be *or* go on the ~** faire campagne, faire une tournée de discours

d ◆ **~s** ‡ *(= legs)* guiboles ‡ *fpl* ; → **stir¹**

VT a (* *= puzzle, nonplus)* coller *, faire sécher * ◆ **to be ~ed by a problem** buter sur un problème ◆ **to be ~ed by a question** sécher * sur une question ◆ **that's got me ~ed, I'm ~ed** *(during quiz, crossword etc)* je sèche *

b *(Cricket)* éliminer

c *(US Pol)* **to ~ a state** faire une tournée électorale dans un état

VI a ◆ **to ~ in/out/along** *etc (heavily)* entrer/sortir/avancer *etc* à pas lourds ; *(limping)* entrer/sortir/avancer *etc* clopin-clopant *

b *(US Pol)* faire une tournée électorale

COMP ▷ **stump speech** N discours *m* électoral

► **stump up** * *(Brit)* VI casquer ‡

VT SEP cracher *, y aller de

**stumpy** /ˈstʌmpɪ/ ADJ *[person, leg, tail]* courtaud ; *[object, plant]* court et épais (-aisse *f*)

**stun** /stʌn/ VT étourdir, assommer ; *(fig = amaze)* abasourdir, stupéfier COMP ▷ **stun grenade** N grenade *f* incapacitante *or* paralysante ▷ **stun gun** N pistolet *m* hypodermique

**stung** /stʌŋ/ VB pt, ptp of **sting**

**stunk** /stʌŋk/ VB ptp of **stink**

**stunned** /stʌnd/ ADJ a *(lit)* assommé b *(= flabbergasted)* abasourdi, stupéfait *(by sth* de qch) ◆ **in ~ silence** muet de stupeur ◆ **there was a ~ silence** tout le monde s'est tu, abasourdi *or* stupéfait ◆ **the news was received in ~ disbelief** la nouvelle a été accueillie avec stupéfaction et incrédulité

**stunner** ‡ /ˈstʌnəʳ/ N *(= girl/dress/car etc)* fille *f*/robe *f*/voiture *f etc* superbe

**stunning** /'stʌnɪŋ/ ADJ a (* = fantastic, impressive: gen) remarquable, (très) étonnant ; [woman] superbe ◆ **a ~ blonde** une superbe blonde ◆ **a ~ success** un formidable succès ◆ **you look ~** tu es superbe b ◆ **he gave me a ~ blow on the jaw** il m'a envoyé un coup à la mâchoire qui m'a assommé c (= amazing, overwhelming) [success, news, defeat] stupéfiant ◆ **news of his death came as a ~ blow** la nouvelle de sa mort a été un coup terrible ◆ **it was a ~ blow to the government's credibility** ça a porté un coup terrible à la crédibilité du gouvernement

**stunningly** /'stʌnɪŋlɪ/ ADV [simple, original etc] remarquablement ◆ **~ beautiful** d'une beauté extraordinaire or incroyable

**stunt**[1] /stʌnt/ N (= feat) tour m de force, exploit m (destiné à attirer l'attention du public) ; [of stuntman] cascade f ; (Aviat) acrobatie f ; [of students] canular * m ; (also **publicity stunt**) truc * m publicitaire ◆ **don't ever pull a ~ like that again** * ne recommence plus jamais un truc * pareil ◆ **it's a ~ to get your money** c'est un truc * or c'est un coup monté pour avoir votre argent ◆ **that was a good ~** c'était un truc * ingénieux or une combine ‡ ingénieuse VI [pilot] faire des acrobaties ; (Cine) faire des cascades COMP ▷ **stunt double** N cascadeur m, -euse f, doublure f ▷ **stunt flier** N (Aviat) aviateur m de haute voltige ▷ **stunt flying** N acrobatie f aérienne, haute voltige f ▷ **stunt kite** N cerf-volant m pilotable

**stunt**[2] /stʌnt/ VT [+ growth] retarder, arrêter ; [+ person, plant] retarder la croissance or le développement de

**stunted** /'stʌntɪd/ ADJ [person] rachitique, chétif ; [plant] rabougri ; [growth, development] retardé

**stuntman** /'stʌntmæn/ N (pl **-men**) (Cine, TV) cascadeur m

**stuntwoman** /'stʌnt,wʊmən/ N (pl **-women**) (Cine, TV) cascadeuse f

**stupefaction** /,stju:pɪ'fækʃən/ N stupéfaction f, stupeur f

**stupefy** /'stju:pɪfaɪ/ VT [blow] étourdir ; [drink, drugs, lack of sleep] abrutir ; (= astound) stupéfier, abasourdir

**stupefying** /'stju:pɪfaɪɪŋ/ ADJ a (frm = stultifying) abrutissant b (* = boring) mortel * c (* = stupendous) stupéfiant

**stupendous** /stju:'pendəs/ ADJ a (= amazing, impressive: gen) extraordinaire, remarquable ; [sum, quantity] prodigieux ; [vulgarity, ignorance] incroyable b (* = wonderful) sensationnel *, formidable

**stupendously** /stju:'pendəslɪ/ ADV [good] extraordinairement ; [rich] prodigieusement ◆ **~ vulgar/thick** * etc incroyablement or prodigieusement vulgaire/stupide etc, d'une vulgarité/stupidité etc incroyable or prodigieuse

**stupid** /'stju:pɪd/ ADJ a (= unintelligent) [person, question, idea, mistake] stupide, idiot, bête ◆ **to make sb look ~** ridiculiser qn ◆ **it was ~ of me to refuse, I refused, which was ~ of me** j'ai eu la bêtise de refuser, j'ai été assez bête pour refuser ◆ **how ~ of me!** que je suis bête ! ◆ **to do something ~** faire une bêtise ◆ **what a ~ thing to do!** c'était vraiment idiot or bête (de faire ça) ! ◆ **that hat looks really ~ (on you)** tu as l'air vraiment idiot avec ce chapeau ◆ **don't be ~!** ne sois pas bête ! ◆ **to act ~** * faire l'imbécile ; → **bore**[2]

b (*: expressing annoyance) ◆ **I hate this ~ machine!** je déteste cette maudite or fichue * machine ! ◆ **it was just a ~ quarrel/misunderstanding** ce n'était qu'une querelle/un malentendu stupide ◆ **you can keep your ~ presents, I don't want them!** tu peux garder tes cadeaux débiles *, je n'en veux pas ! ◆ **even just ~ things like missing a bus get me depressed** un rien me déprime, même des bêtises comme manquer le bus ◆ **you ~ idiot!** espèce d'idiot(e) ! * ◆ **you ~ moron */bastard *‡!** espèce d'idiot/de con ‡ ! ◆ **that ~ bitch! *‡** cette espèce de conne ! *‡

c († = insensible, dazed) (from blow, drink etc) abruti, hébété ◆ **to knock sb ~** assommer qn ◆ **to knock o.s. ~** s'assommer ◆ **to laugh o.s. ~** * rire comme un bossu or comme une baleine * ◆ **to drink o.s. ~** * s'abrutir d'alcool

**stupidity** /stju:'pɪdɪtɪ/ N stupidité f, sottise f, bêtise f

**stupidly** /'stju:pɪdlɪ/ ADV a (= foolishly) [behave] stupidement, bêtement ◆ **~, I told him your name, I ~ told him your name** j'ai eu la bêtise de or j'ai été assez bête pour lui dire votre nom ◆ **~ generous/zealous** d'une générosité/d'un zèle stupide b (= absently, as if stunned) [smile, say] d'un air hébété or stupide † ◆ **"but ... she's dead!" he said ~** "mais ... elle est morte !" dit-il d'un air hébété or stupide †

**stupidness** /'stju:pɪdnɪs/ N ⇒ **stupidity**

**stupor** /'stju:pə^r/ N stupeur f ◆ **to be in a drunken ~** être ivre mort

**sturdily** /'stɜ:dɪlɪ/ ADV a ◆ **~ built** [person] de constitution robuste ; [furniture, structure, vehicle, equipment] solide, robuste ; [building] (de construction) solide b (= stoically) [say] d'un air résolu or déterminé ◆ **~ independent** résolument indépendant

**sturdiness** /'stɜ:dɪnɪs/ N a [of furniture, structure, vehicle, equipment] solidité f ; [of building] construction f solide ; [of plant, person] robustesse f, vigueur f b [of resistance, defence, refusal] caractère m énergique

**sturdy** /'stɜ:dɪ/ ADJ a [person, plant] robuste, vigoureux ; [object, structure, body] solide b [resistance, defence, refusal] énergique, vigoureux ◆ **~ common sense** solide bon sens m

**sturgeon** /'stɜ:dʒən/ N (pl inv) esturgeon m

**stutter** /'stʌtə^r/ N bégaiement m ◆ **to have a ~** bégayer VI bégayer ◆ **to ~ on/along** (fig) progresser difficilement VT (also **stutter out**) bégayer, dire en bégayant

**stutterer** /'stʌtərə^r/ N bègue mf

**stuttering** /'stʌtərɪŋ/ N (NonC) bégaiement m ADJ a (= stammering) [voice] bégayant, qui bégaie b (fig = jerky) hésitant ◆ **a ~ start** un début hésitant

**Stuttgart** /'stʊtgɑ:t/ N Stuttgart

**STV** /,esti:'vi/ N (Pol) (abbrev of **Single Transferable Vote**) → **single**

**sty**[1] /staɪ/ N [of pigs] porcherie f

**sty**[2], **stye** /staɪ/ N (Med) orgelet m, compère-loriot m

**Stygian** /'stɪdʒɪən/ ADJ (fig) sombre or noir comme le Styx, ténébreux ◆ **~ darkness** ténèbres fpl impénétrables, nuit f noire

**style** /staɪl/ N a (gen, Art, Literat, Mus, Sport, Typ etc) style m ◆ **in the ~ of Mozart** dans le style or à la manière de Mozart ◆ **building in the Renaissance ~** édifice m (de) style Renaissance ◆ **~ of life or living** style m de vie ◆ **he won in fine ~** il l'a emporté haut la main ◆ **I like his ~ of writing** j'aime sa manière d'écrire or son style ◆ **I don't like his ~** (fig) je n'aime pas son genre ◆ **that house is not my ~** * ce n'est pas mon genre de maison ◆ **that's the ~!** * bravo ! ; → **cramp**[1]

b (Dress etc) (gen) mode f ; (specific) modèle m ; (Hairdressing) coiffure f ◆ **in the latest ~** ADV à la dernière mode ADJ du dernier cri ◆ **these coats are made in two ~s** ces manteaux sont disponibles en deux modèles ◆ **the four ~s are all the same price** les quatre modèles sont tous au même prix ◆ **I want something in that ~** je voudrais quelque chose dans ce genre-là or dans ce goût-là

c (NonC = distinction, elegance) [of person] allure f, chic m ; [of building, car, film, book] style m, cachet m ◆ **that writer lacks ~** cet écrivain manque de style or d'élégance, le style de cet écrivain manque de tenue

♦ **in style** ◆ **to live in ~** mener grand train, vivre sur un grand pied ◆ **he does things in ~** il fait bien les choses ◆ **they got married in ~** ils se sont mariés en grande pompe ◆ **he certainly travels in ~** quand il voyage il fait bien les choses

d (= sort, type) genre m ◆ **just the ~ of book/car I like** justement le genre de livre/de voiture que j'aime

e (= form of address) titre m

VT a (= call, designate) appeler ◆ **he ~s himself "Doctor"** il se fait appeler "Docteur" ◆ **the headmaster is ~d "rector"** le directeur a le titre de "recteur" ; → **self**

b (= design etc) [+ dress, car, boat] créer, dessiner ◆ **to ~ sb's hair** coiffer qn ◆ **to have one's hair ~d** se faire coiffer ◆ **it is ~d for comfort not elegance** c'est un modèle conçu en fonction du confort et non de l'élégance

c (Typ) [+ manuscript] préparer (selon le style de l'éditeur)

COMP ▷ **style book** N (Typ) manuel m des règles typographiques ▷ **style sheet** N (Comput) feuille f de style

**-style** /staɪl/ ADJ (in compounds) ◆ **western-style democracy** démocratie f de style occidental ◆ **to dress 1920s-style** s'habiller dans le style des années 20

**styli** /'staɪlaɪ/ NPL of **stylus**

**styling** /'staɪlɪŋ/ N (NonC) [of dress] forme f, ligne f, façon f ; [of car] ligne f ; (Hairdressing) coupe f COMP [mousse, gel, lotion] coiffant, structurant ▷ **styling brush** N brosse f ronde

**stylish** /'staɪlɪʃ/ ADJ [person, car, clothes] élégant, chic inv ; [district, resort, bar, hotel etc] chic inv ; [film, book] qui a du style ; [performer, performance] de grande classe

**stylishly** /'staɪlɪʃlɪ/ ADV [dress] élégamment ; [write] avec style ; [designed, decorated] avec élégance ◆ **~ dressed** élégamment vêtu, habillé avec élégance ◆ **she wore a ~-cut black suit** elle portait un tailleur noir d'une coupe élégante

**stylishness** /'staɪlɪʃnɪs/ N [of person, car, clothes] élégance f, chic m

**stylist** /'staɪlɪst/ N (Literat) styliste mf ; (Dress etc) modéliste mf ; (Hairdressing) coiffeur m, -euse f, artiste mf (capillaire)

**stylistic** /staɪ'lɪstɪk/ ADJ (Ling, Literat, Mus, Art, Cine etc) stylistique ◆ **a ~ device** un procédé stylistique or de style

**stylistically** /staɪ'lɪstɪkəlɪ/ ADV d'un point de vue stylistique ◆ **~, he owes much to Hemingway** d'un point de vue stylistique, il doit beaucoup à Hemingway

**stylistics** /staɪ'lɪstɪks/ N (NonC) stylistique f

**stylize** /'staɪlaɪz/ VT styliser

**stylus** /'staɪləs/ N (pl **styluses** or **styli**) (= tool) style m ; [of record player] saphir m

**stymie** /'staɪmɪ/ N (Golf) trou m barré VT (Golf) barrer le trou à ; (* fig) coincer * ◆ **I'm ~d** * je suis coincé *, je suis dans une impasse

**styptic** /'stɪptɪk/ ADJ styptique ◆ **~ pencil** crayon m hémostatique N styptique m

**Styrofoam** ® /ˈstaɪrəˌfəʊm/ **N** *(US)* polystyrène *m* expansé **COMP** *[cup]* en polystyrène

**Styx** /stɪks/ **N** Styx *m*

**suasion** /ˈsweɪʒən/ **N** (also **moral suasion**) pression *f* morale

**suave** /swɑːv/ **ADJ** affable ; *(= insincere)* mielleux

**suavely** /ˈswɑːvlɪ/ **ADV** *[say]* d'un ton mielleux ◆ **to smile** ~ avoir un sourire mielleux

**suavity** /ˈswɑːvɪtɪ/ **N** *(NonC)* manières *fpl* doucereuses *(pej)*

**sub** * /sʌb/ abbrev of **subaltern, subedit, subeditor, sub-lieutenant, submarine, subscription, substitute**

**sub...** /sʌb/ **PREF** sub..., sous- ; → **subculture**

**subagent** /sʌbˈeɪdʒənt/ **N** sous-agent *m*

**subalpine** /ˈsʌbˈælpaɪn/ **ADJ** subalpin

**subaltern** /ˈsʌbltən/ **N** *(Brit Mil) officier d'un rang inférieur à celui de capitaine* **ADJ** subalterne

**subaqua** /ˌsʌbˈækwə/ **ADJ** ◆ ~ **club** club *m* de plongée

**subaqueous** /ˈsʌbˈeɪkwɪəs/ **ADJ** subaquatique, aquatique

**subarctic** /ˈsʌbˈɑːktɪk/ **ADJ** subarctique ; *(fig)* presque arctique

**subassembly** /ˌsʌbəˈsemblɪ/ **N** sous-assemblée *f*

**subatomic** /ˈsʌbəˈtɒmɪk/ **ADJ** subatomique

**sub-basement** /ˈsʌbˈbeɪsmənt/ **N** second sous-sol *m*

**sub-branch** /ˈsʌbˈbrɑːntʃ/ **N** sous-embranchement *m*

**subclass** /ˈsʌbˈklɑːs/ **N** sous-classe *f*

**subcommittee** /ˈsʌbkəˌmɪtɪ/ **N** sous-comité *m* ; *(larger)* sous-commission *f* ◆ **the Housing Subcommittee** la sous-commission du logement

**subcompact** /ˌsʌbˈkɒmpækt/ **N** *(US Aut)* petite voiture *f*

**subconscious** /ˌsʌbˈkɒnʃəs/ **ADJ, N** subconscient *m*

**subconsciously** /ˌsʌbˈkɒnʃəslɪ/ **ADV** **a** *(= without realizing)* inconsciemment **b** *(Psych)* au niveau du subconscient, de manière subconsciente

**subcontinent** /ˌsʌbˈkɒntɪnənt/ **N** sous-continent *m* ◆ **the (Indian) Subcontinent** le sous-continent indien

**subcontract** /ˌsʌbˈkɒntrækt/ **N** sous-traité *m* **VT** /ˌsʌbkənˈtrækt/ sous-traiter

**subcontracting** /ˌsʌbkɒnˈtræktɪŋ/ **N** sous-traitance *f* **ADJ** *[firm]* qui sous-traite

**subcontractor** /ˌsʌbkənˈtræktə^r/ **N** sous-entrepreneur *m*, sous-traitant *m*

**subculture** /ˈsʌbˌkʌltʃə^r/ **N** *(Sociol)* subculture *f* ; *(Bacteriology)* culture *f* repiquée

**subcutaneous** /ˈsʌbkjuˈteɪnɪəs/ **ADJ** sous-cutané

**subcutaneously** /ˌsʌbkjuˈteɪnɪəslɪ/ **ADV** en sous-cutané

**subdeacon** /ˌsʌbˈdiːkən/ **N** sous-diacre *m*

**subdeb** * /ˈsʌbdeb/, **subdebutante** /ˈsʌbˌdebjuːtɑːnt/ **N** *(US)* jeune fille *f* qui n'a pas encore fait son entrée dans le monde

**subdistrict** /ˈsʌbˌdɪstrɪkt/ **N** subdivision *f* d'un quartier

**subdivide** /ˌsʌbdɪˈvaɪd/ **VT** subdiviser (*into* en) **VI** se subdiviser

**subdivision** /ˈsʌbdɪˌvɪʒən/ **N** subdivision *f*

**subdominant** /ˌsʌbˈdɒmɪnənt/ **N** *(Ecol)* (espèce *f*) sous-dominante *f* ; *(Mus)* sous-dominante *f*

**subdue** /səbˈdjuː/ **VT** *[+ people, country]* subjuguer, assujettir, soumettre ; *[+ feelings, passions, desire]* contenir, refréner, maîtriser ; *[+ light, colour]* adoucir, atténuer ; *[+ voice]* baisser ; *[+ pain]* atténuer, amortir

**subdued** /səbˈdjuːd/ **ADJ** **a** *(= morose) [person, mood, atmosphere]* sombre ; *[voice]* qui manque d'entrain ◆ **she was very** ~ elle avait perdu son entrain **b** *(= restrained, unobtrusive) [reaction, response]* prudent **c** *(= quiet, dim) [colour]* doux (douce *f*) ; *[light, lighting]* tamisé, voilé ; *[voice]* bas (basse *f*) ; *[conversation, discussion]* à voix basse

**subedit** /ˌsʌbˈedɪt/ **VT** *(Brit Press, Typ)* corriger, mettre au point, préparer pour l'impression

**subeditor** /ˌsʌbˈedɪtə^r/ **N** *(Brit Press, Typ)* secrétaire *mf* de (la) rédaction

**sub-entry** /ˈsʌbˌentrɪ/ **N** *(Accounts)* sous-entrée *f*

**subfamily** /ˈsʌbˌfæmɪlɪ/ **N** sous-famille *f*

**subfield** /ˈsʌbfiːld/ **N** *(Math)* subdivision *f*

**sub-frame** /ˈsʌbfreɪm/ **N** *(Aut)* faux-châssis *m*

**subfusc** /ˈsʌbfʌsk/ **N** toge *f* et mortier noirs

**subgroup** /ˈsʌbgruːp/ **N** sous-groupe *m*

**subhead(ing)** /ˈsʌbˌhed(ɪŋ)/ **N** sous-titre *m*

**subhuman** /ˌsʌbˈhjuːmən/ **ADJ** *[conditions]* inhumain ◆ **to treat/portray foreigners as** ~ traiter/dépeindre les étrangers comme des sous-hommes **N** sous-homme *m*

**subject** /ˈsʌbdʒɪkt/ **N** **a** *(esp Brit = citizen etc)* sujet(te) *m(f)* ◆ **the king and his ~s** le roi et ses sujets ◆ **British** ~ sujet *m* britannique ◆ **he is a French** ~ *(in France)* il est de nationalité française ; *(elsewhere)* c'est un ressortissant français

**b** *(Med, Phot, Psych etc = person)* sujet *m* ◆ **he's a good** ~ **for treatment by hypnosis** c'est un sujet qui répond bien au traitement par l'hypnose ◆ **he's a good** ~ **for research into hypnosis** c'est un bon sujet pour une étude sur l'hypnose

**c** *(= matter, topic: gen, Art, Literat, Mus etc)* sujet *m* (*of, for* de) ; *(Scol, Univ)* matière *f*, discipline *f* ◆ **to get off the** ~ sortir du sujet ◆ **that's off the** ~ c'est hors du sujet *or* à côté du sujet ◆ **let's get back to the** ~ revenons à nos moutons ◆ **on the** ~ **of ...** au sujet de ..., sur le sujet de ... ◆ **while we're on the** ~ **of ...** pendant que nous parlons de ..., à propos de ... ◆ **let's change the** ~ changeons de sujet ◆ **his best** ~ *(Scol, Univ)* sa matière *or* sa discipline forte ; → **drop**

**d** *(= reason, occasion)* sujet *m*, motif *m* (*of, for* de) ◆ **it is not a** ~ **for rejoicing** il n'y a pas lieu de se réjouir

**e** *(Gram, Logic, Philos)* sujet *m*

**ADJ** **a** *(frm = subservient) [people, tribes, state]* asservi, soumis ◆ **the police are** ~ **to the law, like the rest of us** la police doit obéir à la loi, comme nous tous

**b** ◆ ~ **to** *(= prone to)* sujet à ◆ **the area is** ~ **to drought** la région est sujette à la sécheresse ◆ **he is** ~ **to back pain** il est sujet au mal de dos *or* à des maux de dos ◆ ~ **to French rule** sous (la) domination française ◆ **your gift will be** ~ **to VAT** votre cadeau sera soumis à la TVA

**c** ◆ ~ **to** *(= depending on)* ◆ ~ **to the approval of the committee** sous réserve de l'accord du comité ◆ **you may leave the country** ~ **to producing the necessary documents** vous pouvez quitter le territoire à condition de fournir les documents nécessaires ◆ **the building is being sold** ~ **to certain conditions** le bâtiment est à vendre sous certaines conditions ◆ **my offer is** ~ **to the following conditions** mon offre est soumise aux conditions suivantes ◆ **the decision is** ~ **to approval/confirmation (by the minister)** cette décision doit être approuvée/confirmée (par le ministre) ◆ **they have authority to decide,** ~ **to the minister's approval** ils ont le pouvoir de décision, sous réserve de l'approbation du ministre ◆ **"subject to availability"** *[holiday, concert, flight]* "dans la limite des places disponibles" ; *[free gift]* "dans la limite des stocks disponibles" ◆ **"prices are subject to alteration"** "ces prix sont sujets à modifications" ◆ ~ **to prior sale** sauf vente (antérieure)

**VT** /səbˈdʒekt/ *(= subdue) [+ country]* soumettre, assujettir *(liter)* ◆ **to** ~ **sb to sth** soumettre qn à qch, faire subir qch à qn ◆ **to** ~ **sth to heat/cold** exposer qch à la chaleur/au froid ◆ **he was ~ed to much criticism** il a été en butte à de nombreuses critiques, il a fait l'objet de nombreuses critiques, il a été très critiqué ◆ **to** ~ **o.s. to criticism** s'exposer à la critique

**COMP** ▷ **subject heading** **N** rubrique *f* ▷ **subject index** **N** *(in book)* index *m* thématique ; *(in library)* fichier *m* par matières ▷ **subject matter** **N** *(= theme)* sujet *m* ; *(= content)* contenu *m* ▷ **subject pronoun** **N** *(Gram)* pronom *m* sujet

**subjection** /səbˈdʒekʃən/ **N** sujétion *f*, soumission *f* ◆ **to hold** *or* **keep in** ~ maintenir dans la sujétion *or* sous son joug ◆ **to bring into** ~ soumettre, assujettir *(liter)* ◆ **they were living in a state of complete** ~ ils étaient complètement assujettis *or* soumis

**subjective** /səbˈdʒektɪv/ **ADJ** **a** subjectif **b** *(Gram) [case, pronoun]* sujet **N** *(Gram)* nominatif *m*

**subjectively** /səbˈdʒektɪvlɪ/ **ADV** subjectivement

**subjectivism** /səbˈdʒektɪvɪzəm/ **N** subjectivisme *m*

**subjectivity** /ˌsəbdʒekˈtɪvɪtɪ/ **N** subjectivité *f*

**subjoin** /ˌsʌbˈdʒɔɪn/ **VT** adjoindre, ajouter

**sub judice** /ˌsʌbˈdʒuːdɪsɪ/ **ADJ** *(Jur)* ◆ **the matter is** ~ l'affaire est en instance *or* devant les tribunaux

**subjugate** /ˈsʌbdʒʊgeɪt/ **VT** *[+ people, country]* subjuguer, soumettre, assujettir ; *[+ animal, feelings]* dompter

**subjugation** /ˌsʌbdʒʊˈgeɪʃən/ **N** subjugation *f*, assujettissement *m*

**subjunctive** /səbˈdʒʌŋktɪv/ **ADJ, N** subjonctif *m* ◆ **in the** ~ **(mood)** au (mode) subjonctif

**subkingdom** /ˈsʌbˌkɪŋdəm/ **N** *(Bot, Zool etc)* embranchement *m*

**sublease** /ˈsʌbliːs/ **N** sous-location *f* **VTI** sous-louer (*to* à ; *from* à)

**sublet** /ˌsʌbˈlet/ (vb : pret, ptp **sublet**) **N** sous-location *f* **VTI** sous-louer (*to* à)

**sub-librarian** /ˌsʌblaɪˈbreərɪən/ **N** bibliothécaire *mf* adjoint(e)

**sub-lieutenant** /ˌsʌblefˈtenənt/ **N** *(Brit Naut)* enseigne *m* de vaisseau (de première classe)

**sublimate** /ˈsʌblɪmeɪt/ **VT** *(all senses)* sublimer **ADJ** /ˈsʌblɪmɪt/ **N** *(Chem)* sublimé *m*

**sublimation** /ˌsʌblɪˈmeɪʃən/ **N** sublimation *f*

**sublime** /səˈblaɪm/ **ADJ** **a** *[being, beauty, painting, scenery, music]* sublime ; *[moment]* divin **b** *(* = delightful) [dinner, hat, person]* divin, sensationnel * **c** *[indifference, disregard]* suprême *before n*, souverain *before n* ; *[innocence]* suprême *before n* ; *[incompetence]* prodigieux **N** sublime *m* ◆ **from the** ~ **to the ridiculous** du sublime au grotesque

**sublimely** /sə'blaɪmlɪ/ ADV **a** ◆ ~ **beautiful** d'une beauté sublime **b** (* = *delightfully*) *[dance, sing etc]* divinement **c** *[indifferent, ignorant]* souverainement, au plus haut point ◆ **the government seems ~ unaware of the danger** le gouvernement semble totalement inconscient du danger

**subliminal** /ˌsʌb'lɪmɪnl/ ADJ subliminal COMP ▷ **subliminal advertising** N publicité *f* subliminale ▷ **subliminal image** N image *f* subliminale ▷ **subliminal message** N message *m* subliminal

**subliminally** /ˌsʌb'lɪmɪnəlɪ/ ADV *[evoke, influence etc]* de manière subliminale

**sublimity** /sə'blɪmɪtɪ/ N sublimité *f*

**sublingual** /ˌsʌb'lɪŋgwəl/ ADJ sublingual

**submachine gun** /ˌsʌbmə'ʃiːngʌn/ N mitraillette *f*

**submarine** /ˌsʌbmə'riːn/ N **a** *(Naut)* sous-marin *m* **b** *(US *:* also **submarine sandwich, sub sandwich**) gros sandwich *m* mixte ADJ sous-marin COMP ▷ **submarine chaser** N chasseur *m* de sous-marins ▷ **submarine pen** N abri *m* pour sous-marins

**submariner** /ˌsʌb'mærɪnə^r^/ N sous-marinier *m*

**submaxillary** /ˌsʌb'mæksɪlərɪ/ ADJ sous-maxillaire

**submediant** /ˌsʌb'miːdɪənt/ N *(Mus)* sus-dominante *f*

**sub-menu** /'sʌbmenjuː/ N *(Comput)* sous-menu *m*

**submerge** /səb'mɜːdʒ/ VT *[flood, tide, sea]* submerger ; *[+ field]* inonder, submerger ◆ **to ~ sth in sth** immerger qch dans qch ◆ **to ~ o.s. in sth** *(fig)* se plonger totalement dans qch VI *[submarine, diver etc]* s'immerger

**submerged** /səb'mɜːdʒd/ ADJ submergé ◆ ~ **in work** *(fig)* submergé *or* débordé de travail

**submergence** /səb'mɜːdʒəns/ N submersion *f*

**submersible** /səb'mɜːsəbl/ ADJ, N submersible *m*

**submersion** /səb'mɜːʃən/ N **a** *(in liquid)* submersion *f* **b** ◆ **total ~ in an interesting hobby can be very relaxing** se plonger totalement dans un hobby intéressant peut apporter une grande détente

**submission** /səb'mɪʃən/ N **a** *(= submissiveness)* soumission *f (to* à*)* ◆ **she nodded her head in ~** elle a incliné la tête d'un air soumis ◆ **to starve/beat sb into ~** soumettre qn en le privant de nourriture/en le battant **b** *(Wrestling)* abandon *m* **c** *(NonC = handing in)* *[of documents, sample, application, report]* dépôt *m* ; *[of thesis]* remise *f* (au rapporteur) **d** *(= proposal)* proposition *f* **e** *(Jur)* **~s** conclusions *fpl (d'une partie)* ◆ **to file ~s with a court** déposer des conclusions auprès d'un tribunal **f** *(frm = assertion)* **it is my ~ that ...** ma thèse est que ... ◆ **in my/our ~** selon ma/notre thèse

**submissive** /səb'mɪsɪv/ ADJ *[person, behaviour, attitude]* soumis, docile ◆ **children were expected to be ~ to their elders** on attendait des enfants qu'ils se soumettent à leurs aînés

**submissively** /səb'mɪsɪvlɪ/ ADV docilement

**submissiveness** /səb'mɪsɪvnɪs/ N soumission *f*, docilité *f*

**submit** /səb'mɪt/ VT **a** ◆ **to ~ o.s. to sb/sth** se soumettre à qn/qch **b** *(= put forward)* *[+ documents, sample, proposal, report, evidence]* soumettre (*to* à), présenter (*to* à) ◆ **to ~ that ...** suggérer que ... ◆ **I ~ that ...** ma thèse est que ... VI *(Mil)* se soumettre (*to* à) ; *(fig)* se soumettre, se plier (*to* à)

**subnormal** /ˌsʌb'nɔːməl/ ADJ **a** (also **mentally subnormal**) *[person]* attardé, arriéré **b** *[weight, height, temperature etc]* inférieur (-eure *f*) à la normale NPL **the subnormal** ◆ **the mentally/educationally ~** les attardés *mpl or* retardés *mpl* (sur le plan intellectuel/éducatif)

**suborbital** /ˌsʌb'ɔːbɪtəl/ ADJ *(Space)* sous-orbital

**sub-order** /'sʌbɔːdə^r^/ N sous-ordre *m*

**subordinate** /sə'bɔːdnɪt/ ADJ **a** *[officer, role, position]* subalterne (*to* à) **b** *(Gram)* subordonné N subordonné(e) *m(f)*, subalterne *mf* VT /sə'bɔːdɪneɪt/ subordonner (*to* à) COMP ▷ **subordinating conjunction** N *(Gram)* subordonnant *m* conjonction *f* de subordination

**subordination** /səˌbɔːdɪ'neɪʃən/ N subordination *f*

**suborn** /sə'bɔːn/ VT suborner

**subparagraph** /'sʌbˌpærəgrɑːf/ N sous-paragraphe *m*

**subplot** /'sʌbˌplɒt/ N *(Literat)* intrigue *f* secondaire

**subpoena** /sə'piːnə/ *(Jur)* N citation *f*, assignation *f (pour le témoin)* VT citer *or* assigner (à comparaître)

**subpopulation** /'sʌbˌpɒpjʊ'leɪʃən/ N subpopulation *f*

**sub-postmaster** /ˌsʌb'pəʊstmæstə^r^/ N *(Brit)* receveur *m* des postes

**sub-postmistress** /ˌsʌb'pəʊstmɪstrɪs/ N *(Brit)* receveuse *f* des postes

**sub-post office** /ˌsʌb'pəʊstɒfɪs/ N agence *f* postale

**subregion** /'sʌbˌriːdʒən/ N sous-région *f*

**subrogate** /'sʌbrəgɪt/ ADJ subrogé ◆ ~ **language** *(Ling)* langage *m* subrogé

**sub rosa** /ˌsʌb'rəʊzə/ ADV en confidence, sous le sceau du secret

**subroutine** /'sʌbruːˌtiːn/ N *(Comput)* sous-programme *m*

**sub-Saharan** /ˌsʌbsə'hɑːrən/ ADJ *(Geog)* subsaharien (-enne *f*) COMP ▷ **sub-Saharan Africa** N Afrique *f* subsaharienne *or* noire

**subscribe** /səb'skraɪb/ LANGUAGE IN USE 11.2 VT **a** *[+ money]* donner, verser (*to* à) **b** *[+ one's signature, name]* apposer (*to* au bas de) ; *[+ document]* signer ◆ **he ~s himself John Smith** il signe John Smith VI **a** ◆ **to ~ to** *[+ book, new publication, fund]* souscrire à ; *[+ newspaper] (= become a subscriber)* s'abonner à ; *(= be a subscriber)* être abonné à ; *(Comput)* s'abonner à la liste de ; *[+ charity]* verser une somme d'argent à, apporter une contribution à ◆ **to ~ for shares** souscrire à des actions **b** *[+ opinion, project, proposal]* souscrire à ◆ **I don't ~ to the idea that money should be given to ...** je ne suis pas partisan de donner de l'argent à ... ◆ **I don't ~ to that point of view** je ne partage pas ce point de vue

**subscriber** /səb'skraɪbə^r^/ N *(to fund, new publication etc)* souscripteur *m*, -trice *f* (*to* de) ; *(to newspaper, also Telec)* abonné(e) *m(f)* (*to* de) ; *(to opinion, idea)* adepte *mf*, partisan *m* (*to* de) COMP ▷ **subscriber trunk dialling** N *(Brit Telec)* automatique *m*

**subscript** /'sʌbskrɪpt/ *(Typ)* ADJ inférieur (-eure *f*) N indice *m*

**subscription** /səb'skrɪpʃən/ N *(to fund, charity)* souscription *f* ; *(to club)* cotisation *f* ; *(to newspaper)* abonnement *m* ◆ **to pay one's ~** *(to club)* payer *or* verser sa cotisation ; *(to newspaper)* payer *or* régler son abonnement ◆ **to take out a ~ to ...** *(Press)* s'abonner à ... COMP ▷ **subscription rate** N *(Press)* tarif *m* d'abonnement

**subsection** /'sʌbˌsekʃən/ N *(Jur etc)* subdivision *f*, article *m*

**subsequent** /'sʌbsɪkwənt/ ADJ *(= later in past)* postérieur (-eure *f*), ultérieur (-eure *f*) ; *(= in future)* à venir ADV *(frm)* ◆ ~ **to this** par la suite ◆ ~ **to his arrival** à la suite de son arrivée ◆ **events that occurred ~ to March 1995** les événements postérieurs à mars 1995

**subsequently** /'sʌbsɪkwəntlɪ/ ADV par la suite, ultérieurement

**subserve** /səb'sɜːv/ VT *(frm)* favoriser

**subservience** /səb'sɜːvɪəns/ N **a** *(= submission)* *[of person, nation]* asservissement *m* (*to sb/sth* à qn/qch) **b** *(pej = servility)* *[of person, manner, behaviour]* servilité *f (pej)* (*to sb* envers qn) **c** *(frm = secondary role)* rôle *m* accessoire *or* secondaire (*to sb/sth* par rapport à qn/qch)

**subservient** /səb'sɜːvɪənt/ ADJ **a** *(= submissive)* *[person, nation]* asservi, soumis (*to* à) **b** *(pej = servile)* *[person, manner, behaviour]* servile *(pej)* **c** *(frm = secondary)* accessoire, secondaire (*to sb/sth* par rapport à qn/qch)

**subset** /'sʌbˌset/ N sous-ensemble *m*

**subside** /səb'saɪd/ VI *[land, pavement, foundations, building]* s'affaisser, se tasser ; *[flood, river]* baisser, décroître ; *[wind, anger, excitement]* tomber, se calmer ; *[threat]* s'éloigner ; *[person] (into armchair etc)* s'affaisser, s'écrouler (*into* dans ; *on to* sur)

**subsidence** /'sʌbsɪdns, səb'saɪdəns/ N *[of land, pavement, foundations, building]* affaissement *m* ◆ **"road liable to subsidence"** "chaussée instable" ◆ **the crack in the wall is caused by ~** la faille dans le mur est due à l'affaissement du terrain

**subsidiarity** /ˌsəbsɪdɪ'ærɪtɪ/ N subsidiarité *f*

**subsidiary** /səb'sɪdɪərɪ/ ADJ **a** *[role]* secondaire, accessoire ; *[motive, reason, aim]* subsidiaire (*to* par rapport à) ; *(Theat, Literat)* *[character]* secondaire ; *[advantage, income]* accessoire **b** *(Univ)* *[subject, course]* optionnel ◆ **to do ~ Latin** étudier le latin en option **c** *(Fin, Comm)* ◆ ~ **company/bank** filiale *f (d'une société/d'une banque)* N *(Fin)* filiale *f*

**subsidize** /'sʌbsɪdaɪz/ VT subventionner ◆ **heavily ~d** *[agriculture, housing]* fortement subventionné

**subsidy** /'sʌbsɪdɪ/ N subvention *f* ◆ **government** *or* **state ~** subvention *f* de l'État ◆ **there is a ~ on butter** l'État subventionne les producteurs *or* la production de beurre

**subsist** /səb'sɪst/ VI subsister ◆ **to ~ on bread/$100 a week** vivre de pain/avec 100 dollars par semaine

**subsistence** /səb'sɪstəns/ N **a** existence *f*, subsistance *f* ◆ **means of ~** moyens *mpl* d'existence *or* de subsistance **b** (also **subsistence allowance, subsistence benefit**) frais *mpl or* indemnité *f* de subsistance COMP ▷ **subsistence crops** NPL cultures *fpl* vivrières de base ▷ **subsistence economy** N économie *f* de subsistance ▷ **subsistence farmer** N agriculteur *m* qui produit le minimum vital ▷ **subsistence farming** N agriculture *f* de subsistance ▷ **subsistence level** N minimum *m* vital ◆ **to live at ~ level** avoir tout juste de quoi vivre ▷ **subsistence wage** N salaire *m* tout juste suffisant pour vivre, salaire *m* de subsistance

**subsoil** /'sʌbsɔɪl/ N *(Agr, Geol)* sous-sol *m*

**subsonic** /ˌsʌb'sɒnɪk/ ADJ *[plane, speed etc]* subsonique

**subspecies** /'sʌbˌspiːʃiːz/ N *(pl inv)* sous-espèce *f*

**substance** /'sʌbstəns/ N *(= matter, material, essential meaning, gist)* substance *f (also Chem,*

*Philos, Phys, Rel etc)* ; *(= solid quality)* solidité *f* ; *(= consistency)* consistance *f* ; *(= wealth etc)* biens *mpl*, fortune *f* ◆ **that is the ~ of his speech** voilà la substance *or* l'essentiel de son discours ◆ **I agree with the ~ of his proposals** je suis d'accord sur l'essentiel de ses propositions ◆ **the meal had not much ~ (to it)** le repas n'était pas très substantiel ◆ **to lack ~** *[film, book, essay]* manquer d'étoffe ; *[argument]* être plutôt mince ; *[accusation, claim, allegation]* être sans grand fondement ◆ **in ~** en substance ◆ **a man of ~** † *(= rich)* un homme riche *or* cossu ◆ **the ~ of the case** *(Jur)* le fond de l'affaire ; → **sum**

**COMP** ▷ **substance abuse** **N** abus *m* de substances toxiques

**substandard** /ˌsʌbˈstændəd/ **ADJ** **a** *(= low-quality) [goods, service, materials]* de qualité inférieure ; *[work]* médiocre **b** *(= below a certain standard) [housing, conditions, abattoir etc]* non conforme aux normes **c** *(Ling)* incorrect

**substantial** /səbˈstænʃəl/ **ADJ** **a** *(= considerable, sizeable)* important, considérable ; *[business]* gros (grosse *f*) ; *[house]* grand ◆ **to be in ~ agreement** être d'accord sur l'essentiel *or* dans l'ensemble **b** *(= durable) [object, structure]* solide **c** *(= sustaining) [meal]* substantiel **d** *(= convincing) [proof]* convaincant, solide ; *[objection]* fondé ; *[argument]* de poids **e** *(frm = real, tangible)* substantiel

**substantially** /səbˈstænʃəlɪ/ **ADV** **a** *(= considerably)* considérablement ◆ **~ bigger/higher** *etc* beaucoup plus grand/plus haut *etc* ◆ **~ more refugees** beaucoup plus de réfugiés ◆ **~ different** fondamentalement différent **b** *(= to a large extent) [correct, true, the same]* en grande partie ◆ **this is ~ true** c'est en grande partie vrai ◆ **to remain ~ unchanged** rester inchangé dans l'ensemble ◆ **it is ~ the same book** c'est en grande partie le même livre **c** **~ constructed** solidement construit

**substantiate** /səbˈstænʃɪeɪt/ **VT** fournir des preuves à l'appui de, justifier ◆ **he could not ~ it** il n'a pas pu fournir de preuves

**substantiation** /səbˌstænʃɪˈeɪʃən/ **N** preuve *f*, justification *f*

**substantival** /ˌsʌbstənˈtaɪvəl/ **ADJ** *(Gram)* substantif, à valeur de substantif

**substantive** /ˈsʌbstəntɪv/ **N** *(Gram)* substantif *m* **ADJ** **a** *(frm = substantial)* important **b** *(Gram)* substantif

**substation** /ˈsʌbˌsteɪʃən/ **N** sous-station *f*

**substitute** /ˈsʌbstɪtjuːt/ **N** *(= person: gen, Sport)* remplaçant(e) *m(f)*, suppléant(e) *m(f)* (*for* de) ; *(= thing)* produit *m* de substitution *or* de remplacement (*for* de) ; *(Gram)* (terme *m*) substitut *m* ◆ **you must find a ~ (for yourself)** vous devez vous trouver un remplaçant, il faut vous faire remplacer ◆ **~s for rubber, rubber ~s** succédanés *mpl or* ersatz *m inv* de caoutchouc ◆ **"beware of substitutes"** *(Comm)* "se méfier des contrefaçons" ◆ **there is no ~ for wool** rien ne peut remplacer la laine ◆ **a correspondence course is no/a poor ~ for personal tuition** les cours par correspondance ne remplacent pas/remplacent mal les cours particuliers ; → **turpentine**

**ADJ** *(Sport)* (à titre de) remplaçant ◆ **~ coffee** ersatz *m inv or* succédané *m* de café

**VT** substituer (*A for B* A à B), remplacer (*A for B* B par A)

**VI** ◆ **to ~ for sb** remplacer *or* suppléer qn

**COMP** ▷ **substitute teacher** **N** *(US Educ)* suppléant(e) *m(f)*, remplaçant(e) *m(f)*

**substitution** /ˌsʌbstɪˈtjuːʃən/ **N** substitution *f* *(also Chem, Ling, Math etc)*, remplacement *m* ◆ **~ of x for y** substitution de x à y, remplacement de y par x ◆ **to make a ~** *(Sport)* remplacer un joueur

**substrata** /ˈsʌbˌstrɑːtə/ **NPL** of **substratum**

**substrate** /ˈsʌbstreɪt/ **N** *(Chem)* substrat *m*

**substratum** /ˈsʌbˌstrɑːtəm/ **N** (pl **substrata** /ˈsʌbˌstrɑːtə/) *(gen, Geol, Ling, Sociol etc)* substrat *m* ; *(Agr)* sous-sol *m* ; *(fig)* fond *m*

**substructure** /ˈsʌbˌstrʌktʃəʳ/ **N** infrastructure *f*

**subsume** /səbˈsjuːm/ **VT** subsumer

**subsystem** /ˈsʌbˌsɪstəm/ **N** sous-système *m*

**subteen** /ˌsʌbˈtiːn/ **N** *(esp US)* préadolescent(e) *m(f)*

**subtemperate** /ˌsʌbˈtempərɪt/ **ADJ** subtempéré

**subtenancy** /ˌsʌbˈtenənsɪ/ **N** sous-location *f*

**subtenant** /ˌsʌbˈtenənt/ **N** sous-locataire *mf*

**subtend** /səbˈtend/ **VT** sous-tendre

**subterfuge** /ˈsʌbtəfjuːdʒ/ **N** subterfuge *m*

**subterranean** /ˌsʌbtəˈreɪnɪən/ **ADJ** *(lit, fig)* souterrain

**subtext** /ˈsʌbtekst/ **N** sujet *m* sous-jacent

**subtilize** /ˈsʌtɪlaɪz/ **VTI** subtiliser

**subtitle** /ˈsʌbˌtaɪtl/ *(Cine)* **N** sous-titre *m* **VT** sous-titrer

**subtitling** /ˈsʌbˌtaɪtlɪŋ/ **N** sous-titrage *m*

**subtle** /ˈsʌtl/ **ADJ** *(gen)* subtil (subtile *f*) ; *[mind, humour, irony, joke]* subtil (subtile *f*), fin ; *[perfume, flavour]* subtil (subtile *f*), délicat ; *[pressure, implication, suggestion, reminder, rebuke]* discret (-ète *f*) ; *[plan]* ingénieux ; *[flaw]* léger ◆ **a ~ form of racism** une forme insidieuse de racisme ◆ **the ~ message of the film is that ...** le message implicite *or* en filigrane de ce film est que ...

**subtleness** /ˈsʌtlnɪs/ **N** ⇒ **subtlety a**

**subtlety** /ˈsʌtltɪ/ **N** **a** *(NonC: gen)* subtilité *f* ; *[of mind, humour, irony, joke]* subtilité *f*, finesse *f* ; *[of perfume, flavour]* subtilité *f*, délicatesse *f* ; *[of pressure, implication, suggestion, reminder, rebuke]* discrétion *f* ; *[of plan]* ingéniosité *f* **b** *(= detail)* subtilité *f*

**subtly** /ˈsʌtlɪ/ **ADV** *[imply, suggest, remind, rebuke]* discrètement ; *[change, enhance]* de façon subtile ◆ **~ flavoured** au goût subtil *or* délicat ◆ **~ coloured** aux couleurs subtiles ◆ **~ spicy** délicatement épicé ◆ **~ erotic** d'un érotisme subtil

**subtonic** /ˌsʌbˈtɒnɪk/ **N** sous-tonique *f*

**subtopic** /ˌsʌbˈtɒpɪk/ **N** sous-thème *m*, subdivision *f* d'un thème

**subtotal** /ˈsʌbˌtəʊtl/ **N** total *m* partiel

**subtract** /səbˈtrækt/ **VT** soustraire, retrancher, déduire (*from* de)

**subtraction** /səbˈtrækʃən/ **N** soustraction *f*

**subtropical** /ˈsʌbˈtrɒpɪkəl/ **ADJ** subtropical

**subtropics** /ˌsʌbˈtrɒpɪks/ **NPL** régions *fpl* subtropicales

**suburb** /ˈsʌbɜːb/ **N** faubourg *m* ◆ **the ~s** la banlieue ◆ **in the ~s** en banlieue ◆ **the outer ~s** la grande banlieue ◆ **it is now a ~ of London** c'est maintenant un faubourg de Londres, ça fait désormais partie de la banlieue de Londres

**suburban** /səˈbɜːbən/ **ADJ** **a** *[house, street, community, train]* de banlieue ◆ **a ~ area** une banlieue, une zone suburbaine *(frm)* ◆ **~ development** *or* **growth** développement *m* suburbain ◆ **~ sprawl** *(NonC: pej) (= phenomenon) développement anarchique des banlieues* ; *(= particular suburb)* banlieue *f* tentaculaire **b** *(pej) [attitude, values, accent]* banlieusard *(pej)* ◆ **his ~ lifestyle** sa vie étriquée *(pej)* de banlieusard

**suburbanite** /səˈbɜːbənaɪt/ **N** habitant(e) *m(f)* de la banlieue, banlieusard(e) *m(f)* *(pej)*

**suburbanize** /səˈbɜːbənaɪz/ **VT** donner le caractère *or* les caractéristiques de la banlieue à, transformer en banlieue

**suburbia** /səˈbɜːbɪə/ **N** *(NonC)* la banlieue

**subvention** /səbˈvenʃən/ **N** subvention *f*

**subversion** /səbˈvɜːʃən/ **N** *(Pol)* subversion *f*

**subversive** /səbˈvɜːsɪv/ **ADJ** *(lit, fig)* subversif **N** élément *m* subversif

**subvert** /səbˈvɜːt/ **VT** *[+ the law, tradition]* bouleverser, renverser ; *(= corrupt) [+ person]* corrompre

**subway** /ˈsʌbweɪ/ **N** *(= underpass: esp Brit)* passage *m* souterrain ; *(= railway: esp US)* métro *m* ◆ **by ~** en métro

**sub-zero** /ˌsʌbˈzɪərəʊ/ **ADJ** *[temperature]* au-dessous de zéro

**succeed** /səkˈsiːd/ **VI** **a** *(= be successful)* réussir (*in sth* dans qch) ; *(= prosper)* réussir, avoir du succès ; *[plan, attempt]* réussir ◆ **to ~ in doing sth** réussir *or* parvenir à faire qch ◆ **he ~s in all he does** tout lui réussit, il réussit tout ce qu'il entreprend ◆ **nothing ~s like success** *(Prov)* un succès en entraîne un autre ◆ **to ~ in business/as a politician** réussir *or* avoir du succès en affaires/en tant qu'homme politique ◆ **to ~ in life/one's career** réussir dans la vie/sa carrière

**b** *(= follow)* succéder (*to* à) ◆ **he ~ed (to the throne) in 1911** il a succédé (à la couronne) en 1911 ◆ **there ~ed a period of peace** il y eut ensuite une période de paix

**VT** *[person]* succéder à, prendre la suite de ; *[event, storm, season etc]* succéder à, suivre ◆ **he ~ed his father as leader of the party** il a succédé à *or* pris la suite de son père à la direction du parti ◆ **he was ~ed by his son** son fils lui a succédé ◆ **as year ~ed year** comme les années passaient, comme les années se succédaient

**succeeding** /səkˈsiːdɪŋ/ **ADJ** *(in past)* suivant ; *(in future)* à venir ◆ **each ~ year brought ...** chaque année qui passait apportait ... ◆ **many Armenians left their homeland in ~ years** beaucoup d'Arméniens ont quitté leur patrie pendant les années qui ont suivi ◆ **each ~ year will bring ...** chacune des années à venir apportera ... ◆ **this issue will need serious consideration in ~ weeks** il faudra sérieusement réfléchir à ce problème pendant les semaines à venir ◆ **my sight gets worse with each ~ year** ma vue baisse d'année en année ◆ **she returns to this idea in the ~ chapters** elle reprend cette idée dans les chapitres suivants

**success** /səkˈses/ LANGUAGE IN USE 23.5, 23.6

**N** *[of plan, venture, attempt, person]* succès *m*, réussite *f* ◆ **~ in an exam** le succès *or* la réussite à un examen ◆ **his ~ in doing sth** le fait qu'il ait réussi à faire qch ◆ **his ~ in his attempts** la réussite qui a couronné ses efforts ◆ **without ~** sans succès, en vain ◆ **to meet with ~** avoir du succès ◆ **he met with little ~** il a eu *or* obtenu peu de succès ◆ **to have great ~** avoir beaucoup de succès ◆ **to make a ~ of sth** *(project, enterprise)* faire réussir qch, mener qch à bien ; *(job, meal, dish)* réussir qch ◆ **we wish you every ~** nous vous souhaitons très bonne chance ◆ **congratulations on your ~** je vous félicite de votre succès, (toutes mes) félicitations pour votre succès ◆ **congratulations on your ~ in obtaining ...** je vous félicite d'avoir réussi à obtenir ... ◆ **he was a ~ at last** il avait enfin réussi, il était enfin arrivé, il avait enfin du succès ◆ **he was a great ~ at the dinner/as Hamlet/as a writer/in business** il a eu beaucoup de succès au dîner/dans le rôle de Hamlet/en tant qu'écrivain/en affaires ◆ **it was a ~** *[holiday, meal, evening, attack]* c'était une réussite, c'était réussi ; *[play, book, record]* ça a été couronné de succès ◆ **the hotel was a great ~** on a été très content de l'hôtel ; → **rate$^1$, succeed**

**COMP** ▷ **success story N** (histoire *f* d'une) réussite *f*

**successful** /səkˈsesfʊl/ **ADJ** **a** *[plan, attempt, venture, treatment, policy]* couronné de succès ; *[campaign, deal, effort, mission, meeting]* fructueux, couronné de succès ; *[candidate in exam]* reçu, admis ; *[election candidate]* victorieux ; *[application]* retenu ; *[marriage]* heureux ◆ **there have been only three ~ prosecutions so far** jusqu'ici, seules trois actions en justice ont abouti ◆ **to be ~** *(= succeed)* réussir ◆ **the tests were ~** les tests ont produit de bons résultats ◆ **the strike proved very ~** la grève a été couronnée de succès ◆ **(up)on** *or* **after ~ completion of** *[+ course]* après avoir été reçu à l'issue de ; *[+ deal]* après avoir conclu ◆ **her application was ~** sa candidature a été retenue ◆ **to be (very) ~ in** *or* **at doing sth** (très bien) réussir à faire qch ◆ **to be ~ in one's efforts** voir ses efforts aboutir ◆ **to be ~ in sth** *(attempt, mission, exam)* réussir qch ◆ **unfortunately your application has not been ~** nous avons le regret de vous faire savoir que votre candidature n'a pas été retenue ◆ **let us hope that the government will be ~ in its efforts to obtain ratification** espérons que le gouvernement parviendra à obtenir la ratification ◆ **to reach a ~ conclusion** *or* **outcome** aboutir ◆ **this option offers the best chance of a ~ outcome** ce choix offre la meilleure chance de réussite ◆ **the show had a ~ run on Broadway** ce spectacle a eu une bonne saison *or* a eu beaucoup de succès à Broadway

**b** *(= prosperous, popular etc) [businessman, business, company]* prospère ; *[doctor, surgeon, lawyer, barrister, academic]* réputé ; *[writer, painter, book, film]* à succès ; *[career]* brillant ◆ **she has a ~ career as a novelist/journalist** elle mène une brillante carrière de romancière/journaliste ; → **bidder**

**successfully** /səkˈsesfəlɪ/ **ADV** avec succès ◆ **a certificate showing you ~ completed the course** un certificat indiquant que vous avez été reçu à l'issue de ce stage

**succession** /səkˈseʃən/ **N** **a** *[of victories, disasters, delays, kings]* succession *f*, série *f* ◆ **the ~ of days and nights** la succession *or* l'alternance *f* des jours et des nuits

♦ **in + succession** ◆ **in ~** *(= one after the other)* successivement, l'un(e) après l'autre ; *(= by turns)* successivement, tour à tour, alternativement ; *(= on each occasion)* successivement, progressivement ◆ **four times in ~** quatre fois de suite ◆ **for ten years in ~** pendant dix années consécutives *or* dix ans de suite ◆ **in close** *or* **rapid ~** *[walk]* à la file ; *[happen]* coup sur coup

**b** *(NonC) (= act of succeeding: to title, throne, office, post)* succession *f* (*to* à) ; *(Jur = heirs collectively)* héritiers *mpl* ◆ **he is second in ~ (to the throne)** il occupe la deuxième place dans l'ordre de succession (à la couronne) ◆ **in ~ to his father** à la suite de son père

**successive** /səkˈsesɪv/ **ADJ** successif ◆ **on three ~ occasions** trois fois de suite ◆ **on four ~ days** pendant quatre jours consécutifs *or* de suite ◆ **for the third ~ year/time** pour la troisième année/fois consécutive ◆ **with each ~ failure** à chaque nouvel échec

**successively** /səkˈsesɪvlɪ/ **ADV** successivement ◆ **~ higher levels of unemployment** des taux de chômage de plus en plus élevés

**successor** /səkˈsesə$^r$/ **N** *(= person, thing)* successeur *m* (*to, of* de) ◆ **the ~ to the throne** l'héritier *m*, -ière *f* de la couronne ◆ **~ in title** *(Jur)* ayant droit *m*, ayant cause *m*

**succinct** /səkˈsɪŋkt/ **ADJ** *[account, instructions etc]* concis, succinct ; *[person]* concis

**succinctly** /səkˈsɪŋktlɪ/ **ADV** succinctement

**succinctness** /səkˈsɪŋktnɪs/ **N** concision *f*

**succor** /ˈsʌkə$^r$/ **N, VT** *(US)* ⇒ **succour**

**succotash** /ˈsʌkətæʃ/ **N** *(US Culin) plat de maïs en grain et de fèves de Lima*

**succour, succor** *(US)* /ˈsʌkə$^r$/ *(liter)* **N** *(NonC)* secours *m*, aide *f* **VT** secourir, soulager, venir à l'aide de

**succubus** /ˈsʌkjʊbəs/ **N** (pl **succubi** /ˈsʌkjʊˌbaɪ/) succube *m*

**succulence** /ˈsʌkjʊləns/ **N** succulence *f*

**succulent** /ˈsʌkjʊlənt/ **ADJ** *(also Bot)* succulent **N** *(Bot)* plante *f* grasse ◆ **~s** plantes *fpl* grasses, cactées *fpl*

**succumb** /səˈkʌm/ **VI** *(to temptation etc)* succomber (*to* à) ; *(= die)* mourir (*to* de), succomber

**such** /sʌtʃ/ **ADJ** **a** *(= of that sort)* tel, pareil ◆ **~ a book** un tel livre, un livre pareil, un pareil livre, un livre de cette sorte ◆ **~ books** de tels livres, des livres pareils, de pareils livres, des livres de cette sorte ◆ **~ people** de telles gens, des gens pareils, de pareilles gens ◆ **we had ~ a case last year** nous avons eu un cas semblable l'année dernière ◆ **in ~ cases** en pareil cas ◆ **did you ever hear of ~ a thing?** avez-vous jamais entendu une chose pareille ? ◆ **Robert was ~ a one** Robert était comme ça ◆ **~ was my reply** telle a été ma réponse, c'est ce que j'ai répondu ◆ **~ is not the case** ce n'est pas le cas ici ◆ **it was ~ weather!** quel temps il a fait !, il a fait un de ces temps ! ◆ **... or some ~ (thing)** ... ou une chose de ce genre ◆ **until ~ time** jusqu'à ce moment-là ◆ **it is not ~ as to cause concern** cela ne doit pas être une raison d'inquiétude ◆ **his health was ~ as to alarm his wife** son état de santé était de nature à alarmer sa femme ◆ **you can take my car, ~ as it is** vous pouvez prendre ma voiture pour ce qu'elle vaut

♦ **no such ...** ◆ **there's no ~ thing!** ça n'existe pas ! ; see also **adj b** ◆ **there is no ~ thing in France** il n'y a rien de tel en France ◆ **there are no ~ things as unicorns** les licornes n'existent pas ◆ **I said no ~ thing!** je n'ai jamais dit cela !, je n'ai rien dit de la sorte ! ◆ **no ~ thing!** pas du tout ! ◆ **no ~ book exists** un tel livre n'existe pas

♦ **such as** *(= like, for example)* tel que, comme ◆ **a friend ~ as Paul** un ami tel que *or* comme Paul ◆ **a book ~ as this** un livre tel que *or* comme celui-ci ◆ **animals ~ as cats** les animaux tels que *or* comme les chats ◆ **~ as?** * quoi, par exemple ?

♦ **such ... as** ◆ **~ writers as Molière and Corneille** des écrivains tels (que) *or* comme Molière et Corneille ◆ **only ~ a fool as Martin would do that** il fallait un idiot comme Martin *or* quelqu'un d'aussi bête que Martin pour faire cela ◆ **~ a book as this** un livre tel que celui-ci ◆ **he's not ~ a fool as you think** il n'est pas aussi *or* si bête que vous croyez ◆ **I'm not ~ a fool as to believe that!** je ne suis pas assez bête pour croire ça ! ◆ **have you ~ a thing as a penknife?** auriez-vous un canif par hasard ? ◆ **it caused ~ scenes of grief as are rarely seen** cela a provoqué des scènes de douleur telles qu'on *or* comme on en voit peu ◆ **~ people as knew him** les gens qui le connaissaient ◆ **~ books as I have** le peu de livres *or* les quelques livres que je possède ◆ **until ~ time as ...** jusqu'à ce que ... + *subj*, en attendant que ... + *subj*

**b** *(= so much)* tellement, tant ◆ **embarrassed by ~ praise** embarrassé par tant *or* tellement de compliments ◆ **he was in ~ pain** il souffrait tellement ◆ **don't be in ~ a rush** ne soyez pas si pressé ◆ **we had ~ a surprise!** quelle surprise nous avons eue !, nous avons eu une de ces surprises !, nous avons été drôlement surpris ! * ◆ **there was ~ a noise that ...** il y avait tellement *or* tant de bruit que ... ◆ **his rage was ~ that ..., ~ was his rage that ...** il était tellement *or* si furieux que ...

**ADV** **a** *(= so very)* si, tellement ◆ **he gave us ~ good coffee** il nous a offert un si bon café ◆ **~ big boxes** de si grandes boîtes ◆ **~ a lovely present** un si joli cadeau ◆ **it was ~ a long time ago!** il y a si *or* tellement longtemps de ça ! ◆ **he bought ~ an expensive car that ...** il a acheté une voiture si *or* tellement chère que ...

**b** *(in comparisons)* aussi ◆ **I haven't had ~ good coffee for years** ça fait des années que je n'ai pas bu un aussi bon café ◆ **~ lovely children as his** des enfants aussi gentils que les siens

**PRON** ceux *mpl*, celles *fpl* ◆ **~ as wish to go** ceux qui veulent partir ◆ **all ~** tous ceux ◆ **I'll give you ~ as I have** je vous donnerai ceux que j'ai *or* le peu que j'ai ◆ **I know of no ~** je n'en connais point

♦ **as such** *(= in that capacity)* à ce titre, comme tel(le), en tant que tel(le) ; *(= in itself)* en soi ◆ **the soldier, as ~, deserves respect** tout soldat, comme tel, mérite le respect ◆ **the work as ~ is boring, but the pay is good** le travail en soi est ennuyeux, mais le salaire est bon ◆ **and as ~ he was promoted** et en tant que tel il a obtenu de l'avancement ◆ **he was a genius but not recognized as ~** c'était un génie mais il n'était pas reconnu pour tel *or* considéré comme tel ◆ **there are no houses as ~** il n'y a pas de maisons à proprement parler

♦ **... and such(like)** * ◆ **teachers and doctors and ~(like)** les professeurs et les docteurs et autres (gens de la sorte) ◆ **rabbits and hares and ~(like)** les lapins, les lièvres et autres animaux de ce genre *or* de la sorte ◆ **shoes and gloves and ~(like)** les souliers, les gants et autres choses de ce genre *or* de la sorte

**COMP** ▷ **such-and-such ADJ** tel (et *or* ou tel) ◆ **Mr Such-and-~** * Monsieur Untel ◆ **in ~-and-~ a street** dans telle (et *or* ou telle) rue

**suchlike** * /ˈsʌtʃlaɪk/ **ADJ** de la sorte, de ce genre **PRON** see also **such pron**

**suck** /sʌk/ **VT** *[+ fruit, pencil]* sucer ; *[+ juice, poison]* sucer (*from* de) ; *(through straw) [+ drink]* aspirer (*through* avec) ; *[+ sweet]* sucer, suçoter ; *[baby breast, bottle]* téter ; *[leech]* sucer ; *[pump, machine]* aspirer (*from* de) ◆ **to ~ one's thumb** sucer son pouce ◆ **child ~ing its mother's breast** enfant qui tète sa mère ◆ **to ~ dry** *[+ orange etc]* sucer tout le jus de ; *(fig) [+ person] (of money)* sucer jusqu'au dernier sou ; *(of energy)* sucer jusqu'à la moelle ◆ **to be ~ed into a situation** être entraîné dans une situation ◆ **~ it and see** * il faut se lancer * (pour savoir si ça marchera) ; → **teach**

**VI** **a** *[baby]* téter

**b** ◆ **to ~ at** *[+ fruit, pencil, pipe]* sucer ; *[+ sweet]* sucer, suçoter

**c** *(esp US* ✱*)* **it ~s!** *(= be very bad)* c'est un tas de conneries ! ✱

**N** **a** ◆ **to have a ~ at sth, to give sth a ~** sucer qch

**b** *(at breast)* tétée *f* ◆ **to give ~ to ...** *(liter)* allaiter ..., donner le sein à ...

**COMP** ▷ **sucking-pig N** cochon *m* de lait

► **suck down VT SEP** *[sea, mud, sands]* engloutir

► **suck in** VI ‡ ◆ **to ~ in with sb** *(fig)* faire de la lèche à qn ‡, lécher les bottes de qn VT SEP *[sea, mud, sands]* engloutir ; *[porous surface]* absorber ; *[pump, machine]* aspirer ; *(fig) [+ knowledge, facts]* absorber, assimiler

► **suck off** ** VT SEP tailler une pipe à **

► **suck out** VT SEP *[person]* sucer, faire sortir en suçant (*of, from* de) ; *[machine]* refouler à l'extérieur (*of, from* de)

► **suck up** VI ‡ ◆ **to ~ up to sb** *(fig)* faire de la lèche à qn ‡, lécher les bottes * de qn VT SEP *[person]* aspirer, sucer ; *[pump, machine]* aspirer ; *[porous surface]* absorber

**sucker** /ˈsʌkəʳ/ N a *(on machine)* ventouse *f* ; *(= plunger)* piston *m* ; *(Bot)* surgeon *m*, drageon *m* ; *[of leech, octopus]* ventouse *f* ; *[of insect]* suçoir *m* b (‡ *= person)* poire * *f*, gogo * *m* ◆ **to be a ~ for sth** ne pouvoir résister à qch ◆ **never give a ~ an even break** * *(US)* ne donne jamais une chance à un imbécile ◆ **to play sb for a ~** mener qn en bateau *, rouler * qn VT *(US* ‡ *= swindle)* embobiner * ◆ **to get ~ed out of 500 dollars** se faire refaire de 500 dollars COMP ▷ **sucker punch** * N *(fig)* coup *m* bas

**suckle** /ˈsʌkl/ VT *[+ child]* allaiter, donner le sein à ; *[+ young animal]* allaiter VI téter

**suckling** /ˈsʌklɪŋ/ N *(= act)* allaitement *m* ; *(= child)* nourrisson *m*, enfant *mf* à la mamelle COMP ▷ **suckling pig** N cochon *m* de lait

**sucky** ‡ /ˈsʌkɪ/ ADJ *(US)* merdique ‡

**sucrase** /ˈsjuːkreɪz/ N sucrase *f*, invertase *f*

**sucrose** /ˈsuːkrəʊz/ N saccharose *m*

**suction** /ˈsʌkʃən/ N succion *f* ◆ **it works by ~** cela marche par succion ◆ **to adhere by ~ (on)** faire ventouse (sur) VT *[+ liquid]* aspirer COMP *[apparatus, device]* de succion ▷ **suction cup** N ventouse *f* ▷ **suction disc** N ventouse *f* ▷ **suction pad** N ventouse *f* ▷ **suction pump** N pompe *f* aspirante ▷ **suction valve** N clapet *m* d'aspiration

**Sudan** /suˈdɑːn/ N ◆ **(the) ~** le Soudan

**Sudanese** /ˌsuːdəˈniːz/ ADJ soudanais N *(pl inv)* *(= person)* Soudanais(e) *m(f)*

**sudden** /ˈsʌdn/ ADJ *(gen)* soudain ; *[death]* subit, soudain ; *[attack, marriage]* imprévu, inattendu ; *[inspiration]* subit ◆ **it's all so ~!** on s'y attendait tellement peu !, c'est arrivé tellement vite ! ◆ **all of a ~** soudain, tout à coup COMP ▷ **sudden death** N *(Brit Ftbl, Golf:* also **sudden death play-off)** mort *f* subite ; *(US Sport:* also **sudden death overtime)** *prolongation où les ex æquo sont départagés dès le premier point marqué* ▷ **sudden infant death syndrome** N *(Med)* mort *f* subite du nourrisson

**suddenly** /ˈsʌdnlɪ/ ADV soudain, tout à coup ◆ **to die ~** mourir subitement ◆ **~, the door opened** soudain *or* tout à coup, la porte s'est ouverte

**suddenness** /ˈsʌdnnɪs/ N *(gen)* caractère *m* soudain, soudaineté *f* ; *[of death, inspiration]* caractère *m* subit ; *[of attack, marriage]* caractère *m* imprévu *or* inattendu

**suds** /sʌdz/ NPL a *(also* **soapsuds***) (= lather)* mousse *f* de savon ; *(= soapy water)* eau *f* savonneuse b *(US* ‡ *= beer)* bière *f*

**sudsy** /ˈsʌdzɪ/ ADJ savonneux

**sue** /suː/ VT *(Jur)* poursuivre en justice, intenter un procès à (*for sth* pour obtenir qch ; *over, about* au sujet de) ◆ **to ~ sb for damages** poursuivre qn en dommages-intérêts ◆ **to ~ sb for libel** intenter un procès en diffamation à qn ◆ **to be ~d for damages/libel** être poursuivi en dommages-intérêts/en diffamation ◆ **to ~ sb for divorce** entamer une procédure de divorce contre qn VI a *(Jur)* intenter un procès, engager des poursuites ◆ **to ~ for divorce** entamer une procédure de divorce b *(liter)* **to ~ for peace/pardon** solliciter la paix/le pardon

**suede** /sweɪd/ N daim *m*, cuir *m* suédé ◆ **imitation ~** suédine *f* COMP *[shoes, handbag, coat, skirt]* de daim ; *[gloves]* de suède ; *[leather]* suédé

**suet** /suɪt/ N *(Culin)* graisse *f* de rognon ◆ **~ pudding** *gâteau sucré ou salé à base de farine et de graisse de bœuf*

**Suetonius** /swiːˈtəʊnɪəs/ N Suétone *m*

**Suez** /ˈsuːɪz/ N ◆ **~ Canal** canal *m* de Suez ◆ **Gulf of ~** golfe *m* de Suez ◆ **before/after ~** *(Brit Hist)* avant/après l'affaire de Suez

**suffer** /ˈsʌfəʳ/ VT a *(= undergo) (gen)* subir ; *[+ hardship, bereavement, martyrdom, torture]* souffrir, subir ; *[+ punishment, change in circumstances, loss]* subir ; *[+ damage, setback]* essuyer, subir ; *[+ pain, headaches, hunger]* souffrir de ◆ **he ~ed a lot of pain** il a beaucoup souffert ◆ **to ~ the consequences** subir les conséquences ◆ **to ~ death** *(liter)* mourir ◆ **her popularity ~ed a decline** sa popularité a souffert *or* a décliné

b *(= allow) [+ opposition, sb's rudeness, refusal etc]* tolérer, permettre ◆ **I can't ~ it a moment longer** je ne peux plus le souffrir *or* le tolérer, c'est intolérable, c'est insupportable ◆ **he doesn't ~ fools gladly** il n'a aucune patience pour les imbéciles ◆ **to ~ sb to do** *(liter)* souffrir que qn fasse

VI a *[person]* souffrir ◆ **to ~ in silence** souffrir en silence ◆ **to ~ for one's sins** expier ses péchés ◆ **he ~ed for it later** il en a souffert les conséquences *or* il en a pâti plus tard ◆ **you'll ~ for this!** vous me le paierez ! ◆ **I'll make him ~ for it!** il me le paiera !

b *(= be afflicted by)*

◆ **to suffer from** *[+ rheumatism, heart trouble, the cold, hunger]* souffrir de ; *[+ deafness]* être atteint de ; *[+ a cold, influenza, frostbite, pimples, bad memory]* avoir ◆ **he ~s from a limp/stammer** *etc* il boite/bégaie *etc* ◆ **he was ~ing from shock** il était commotionné ◆ **to ~ from the effects of** *[+ fall, illness]* se ressentir de, souffrir des suites de ; *[+ alcohol, drug]* subir le contrecoup de ◆ **to be ~ing from having done sth** souffrir *or* se ressentir d'avoir fait qch ◆ **the child was ~ing from his environment** l'enfant souffrait de son environnement ◆ **she ~s from lack of friends** son problème c'est qu'elle n'a pas d'amis ◆ **the house is ~ing from neglect** la maison se ressent du manque d'entretien ◆ **his style ~s from being over-elaborate** son style souffre d'un excès de recherche ; → **delusion**

c *(= be injured, impaired) [eyesight, hearing, speech]* se détériorer ; *[health, reputation, plans, sales, wages]* souffrir ; *[car, town, house]* souffrir, être endommagé ; *[business]* souffrir, péricliter ◆ **your health will ~** votre santé en souffrira *or* en pâtira ◆ **the regiment ~ed badly** le régiment a essuyé de grosses pertes

**sufferance** /ˈsʌfərəns/ N tolérance *f*, souffrance *f (Jur)* ◆ **on ~** par tolérance

**sufferer** /ˈsʌfərəʳ/ N *(from illness)* malade *mf* ; *(from misfortune)* victime *f* ; *(from accident)* accidenté(e) *m(f)*, victime *f* ◆ **~ from diabetes/AIDS/asthma** *etc*, **diabetes/AIDS/asthma** *etc* **~** diabétique *mf*/sidéen(ne) *m(f)*/asthmatique *mf etc* ◆ **my fellow ~s at the concert** *(hum)* mes compagnons *mpl* d'infortune au concert

**suffering** /ˈsʌfərɪŋ/ N souffrance(s) *f(pl)* ◆ **"after much suffering patiently borne"** "après de longues souffrances patiemment endurées" ◆ **her ~ was great** elle a beaucoup souffert ADJ souffrant, qui souffre

**suffice** /səˈfaɪs/ *(frm)* VI suffire, être suffisant ◆ **~ it to say ...** qu'il (me) suffise de dire ..., je me contenterai de dire ... VT suffire à, satisfaire

**sufficiency** /səˈfɪʃənsɪ/ N (pl **sufficiencies**) *(frm)* quantité *f* suffisante ◆ **a ~ of coal** une quantité suffisante de charbon, suffisamment de charbon, du charbon en quantité suffisante *or* en suffisance ; → **self**

**sufficient** /səˈfɪʃənt/ ADJ *[number, quantity, cause, condition]* suffisant ◆ **~ time/money/evidence** suffisamment de temps/d'argent/de preuves ◆ **to be ~** être suffisant (*for* pour), suffire (*for* à) ◆ **I've got ~** j'en ai suffisamment ◆ **to have ~ to eat** avoir suffisamment à manger ◆ **he earns ~ to live on** il gagne de quoi vivre ◆ **one song was ~ to show he couldn't sing** une chanson a suffi à *or* pour démontrer qu'il ne savait pas chanter ◆ **~ unto the day (is the evil thereof)** *(Prov)* à chaque jour suffit sa peine *(Prov)* → **self**

**sufficiently** /səˈfɪʃəntlɪ/ ADV suffisamment ◆ **a ~ large number/quantity** un nombre/une quantité suffisant(e) ◆ **he is ~ clever to do that** il est suffisamment intelligent pour faire ça

**suffix** /ˈsʌfɪks/ N *[of word]* suffixe *m* ◆ **these ships were all numbered with the ~ LBK** ces bateaux avaient tous un numéro suivi des trois lettres LBK VT /səˈfɪks/ suffixer (*to* à)

**suffocate** /ˈsʌfəkeɪt/ VI suffoquer, étouffer ; *(with anger, indignation, surprise)* suffoquer (*with* de) VT suffoquer, étouffer ; *[anger, indignation, surprise]* suffoquer ◆ **he felt ~d in that small town atmosphere** il étouffait dans cette atmosphère de petite ville

**suffocating** /ˈsʌfəkeɪtɪŋ/ ADJ a *(= asphyxiating) [heat, atmosphere]* étouffant, suffocant ; *[fumes]* asphyxiant, suffocant ; *[smell]* suffocant ◆ **it's ~ in here** on étouffe ici ◆ **the room was ~** l'atmosphère de la pièce était étouffante *or* suffocante b *(= oppressive) [atmosphere, regime, relationship, life]* étouffant ; *[respectability]* oppressant

**suffocation** /ˌsʌfəˈkeɪʃən/ N suffocation *f*, étouffement *m* ; *(Med)* asphyxie *f* ◆ **to die from ~** mourir asphyxié

**suffragan** /ˈsʌfrəgən/ ADJ suffragant N ◆ **~ (bishop)** (évêque *m*) suffragant *m*

**suffrage** /ˈsʌfrɪdʒ/ N a *(= franchise)* droit *m* de suffrage *or* de vote ◆ **universal ~** suffrage *m* universel ◆ **elected by universal ~** élu au suffrage universel b *(frm = vote)* suffrage *m*, vote *m*

**suffragette** /ˌsʌfrəˈdʒet/ N suffragette *f* ◆ **the Suffragette Movement** *(Hist)* le Mouvement des Suffragettes

**suffragist** /ˈsʌfrədʒɪst/ N partisan(e) *m(f)* du droit de vote pour les femmes

**suffuse** /səˈfjuːz/ VT *[light]* baigner, se répandre sur ; *[emotion]* envahir ◆ **the room was ~d with light** la pièce baignait dans une lumière douce ◆ **~d with red** rougi, empourpré

**sugar** /ˈʃʊgəʳ/ N *(NonC)* sucre *m* ◆ **come here ~!** * viens ici chéri(e) ! ◆ **~!** * *(euph)* mercredi ! * ; → **icing** VT *[+ food, drink]* sucrer ; → **pill** COMP ▷ **sugar almond** N ⇒ **sugared almond** ▷ **sugar basin** N *(Brit)* sucrier *m* ▷ **sugar beet** N betterave *f* sucrière *or* à sucre ▷ **sugar bowl** N ⇒ **sugar basin** ▷ **sugar cane** N canne *f* à sucre ▷ **sugar-coated** ADJ *(lit)* dragéifié ; *(fig = falsely pleasant)* doucereux, mielleux ▷ **sugar cube** N morceau *m* de sucre ▷ **sugar daddy** * N vieux protecteur *m* ▷ **sugar diabetes** † * N diabète *m* sucré ▷ **sugar-free** ADJ sans sucre ▷ **sugar loaf** N pain *m* de sucre ▷ **sugar lump** N ⇒ **sugar cube** ▷ **sugar maple** N *(Can, US)* érable *m* à sucre ▷ **sugar pea** N (pois *m*) mange-tout *m inv* ▷ **sugar plantation** N plantation *f* de canne à sucre ▷ **sugar refinery** N raffinerie *f* de sucre ▷ **sugar shaker** N saupoudreuse *f*, sucrier *m* verseur ▷ **sugar tongs** NPL pince *f* à sucre

**sugared** /ˈʃʊgəd/ ADJ *[food, drink]* sucré ; *[flowers etc]* en sucre COMP ▷ **sugared almond** N dragée *f*

**sugarless** /ˈʃʊgəlɪs/ ADJ sans sucre

**sugarplum** /ˈʃʊgəplʌm/ N bonbon *m*, dragée *f*

**sugary** /ˈʃʊgərɪ/ ADJ a *[food, drink, taste]* sucré b *(fig pej)* *[film, music, lyrics]* sirupeux ; *[person, voice, smile]* doucereux, mielleux

**suggest** /səˈdʒest/ LANGUAGE IN USE 1, 2.2 VT a *(= propose)* suggérer, proposer (*sth to sb* qch à qn) ; *(pej = hint)* insinuer (*sth to sb* qch à qn) ◆ **I ~ that we go to the museum** je suggère *or* je propose qu'on aille au musée ◆ **he ~ed that they went to London** il leur a suggéré *or* proposé d'aller à Londres ◆ **I ~ you ask him** tu devrais lui demander ◆ **I ~ed taking her out to dinner** j'ai suggéré *or* proposé qu'on l'emmène au restaurant ◆ **an idea ~ed itself (to me)** une idée m'est venue à l'esprit ◆ **what are you trying to ~?** que voulez-vous dire par là ?, qu'insinuez-vous ? *(pej)* ◆ **I ~ to you that ...** *(esp Jur)* mon opinion est que ...
b *(= imply)* *[facts, data, sb's actions]* laisser entendre (*that* que) ; *(= evoke)* évoquer, faire penser à ◆ **what does that smell ~ to you?** à quoi cette odeur vous fait-elle penser ? ◆ **the coins ~ a Roman settlement** les pièces de monnaie semblent indiquer l'existence d'un camp romain ◆ **it doesn't exactly ~ a careful man** on ne peut pas dire que cela dénote un homme soigneux

> ⚠ *When it means 'imply',* **suggest** *is not translated by* **suggérer**.

**suggestibility** /səˌdʒestɪˈbɪlɪtɪ/ N suggestibilité *f*

**suggestible** /səˈdʒestɪbl/ ADJ influençable ; *(Psych)* suggestible

**suggestion** /səˈdʒestʃən/ LANGUAGE IN USE 1.1 N a *(gen)* suggestion *f* ; *(= proposal)* suggestion *f*, proposition *f* ; *(= insinuation)* allusion *f*, insinuation *f* ◆ **to make** *or* **offer a ~** faire une suggestion *or* une proposition ◆ **if I may make a ~** si je peux me permettre de faire une suggestion ◆ **have you any ~s?** avez-vous quelque chose à suggérer ? ◆ **my ~ is that ...** je suggère *or* je propose que ... ◆ **there is no ~ of corruption** rien n'indique qu'il y ait eu corruption b *(NonC: Psych etc)* suggestion *f* ◆ **the power of ~** la force de suggestion c *(= trace)* soupçon *m*, pointe *f* COMP ▷ **suggestion(s) box** N boîte *f* à idées

**suggestive** /səˈdʒestɪv/ ADJ a *(sexually)* *[remark, look, pose, clothing]* suggestif b *(= reminiscent)* ◆ **to be ~ of sth** suggérer qch

**suggestively** /səˈdʒestɪvlɪ/ ADV *[move, dance]* de façon suggestive ; *[say]* d'un ton suggestif ◆ **to wink ~** faire un clin d'œil suggestif

**suggestiveness** /səˈdʒestɪvnɪs/ N *(pej)* caractère *m* suggestif, suggestivité *f*

**suicidal** /ˌsʊɪˈsaɪdl/ ADJ a *[person, feelings, tendencies]* suicidaire ◆ **he was not the ~ type** il n'était pas du genre suicidaire *or* à se suicider ◆ **I feel absolutely ~** j'ai vraiment envie de me tuer b *(fig = ruinous)* *[act, decision, carelessness]* suicidaire ◆ **it would be absolutely ~ (to do that)!** ce serait complètement suicidaire *or* un véritable suicide (de faire ça) !

**suicide** /ˈsʊɪsaɪd/ N *(= act: lit, fig)* suicide *m* ; *(= person)* suicidé(e) *m(f)* ◆ **there were two attempted ~s** il y a eu deux tentatives *fpl* de suicide, deux personnes ont tenté de se suicider ◆ **such an act was political ~** cet acte était un véritable suicide politique ◆ **economically it would be ~ to do so** ce serait du suicide (du point de vue économique) ; → **attempt, commit** COMP *[attack etc]* suicide *inv* ▷ **suicide attempt, suicide bid** N tentative *f* de suicide ▷ **suicide bomber** N auteur *m* d'un (*or* de l')attentat-suicide, tueur-kamikaze *m* ▷ **suicide bombing** N attentat *m* suicide ▷ **suicide note** N lettre *f* de suicide ▷ **suicide pact** N pacte *m* suicidaire

**suit** /suːt/ LANGUAGE IN USE 4, 7.4, 11.3, 19.2
N a *(tailored garment, for man)* costume *m*, complet *m* ; *(for woman)* tailleur *m* ; *(non-tailored, also for children)* ensemble *m* ; *[of racing driver, astronaut]* combinaison *f* ◆ **~ of clothes** tenue *f* ◆ **~ of armour** armure *f* complète ◆ **a ~ of sails** *(Naut)* un jeu de voiles ◆ **the men in (grey) ~s** *(Brit)* les décideurs *mpl* ; → **lounge, trouser**
b *(frm = request)* requête *f*, pétition *f* ; *(liter: for marriage)* demande *f* en mariage ; → **press**
c *(Jur)* poursuite *f*, procès *m*, action *f* en justice ◆ **to bring a ~** intenter un procès (*against sb* à qn), engager des poursuites (*against sb* contre qn) ◆ **criminal ~** action *f* pénale ; → **file[2], lawsuit, party**
d *(Cards)* couleur *f* ◆ **long** *or* **strong ~** couleur *f* longue ; *(fig)* fort *m* ◆ **geography is not his strong ~** la géographie n'est pas son fort ◆ **short ~** couleur *f* courte ; → **follow**
e *(* = business executive)* cadre sup * *m*
VT a *(= be convenient, satisfactory for)* *[arrangements, date, price, climate, food, occupation]* convenir à ◆ **it doesn't ~ me to leave now** cela ne m'arrange pas de partir maintenant ◆ **I'll do it when it ~s me** je le ferai quand ça m'arrangera ◆ **such a step ~ed him perfectly** *or* **just ~ed his book** * une telle mesure lui convenait parfaitement *or* l'arrangeait parfaitement ◆ **~ yourself!** * c'est comme vous voudrez !, faites comme vous voulez ! ◆ **~s me!** * ça me va !, ça me botte ! * ◆ **it ~s me here** je suis bien ici ◆ **that ~s me down to the ground** * ça me va tout à fait
b *(= be appropriate to)* convenir à, aller à ◆ **the job doesn't ~ him** l'emploi ne lui convient pas, ce n'est pas un travail fait pour lui ◆ **such behaviour hardly ~s you** une telle conduite ne vous va guère *or* n'est guère digne de vous ◆ **the part ~ed him perfectly** *(Theat)* le rôle lui allait comme un gant *or* était fait pour lui ◆ **he is not ~ed to teaching** il n'est pas fait pour l'enseignement ◆ **the hall was not ~ed to such a meeting** la salle n'était pas faite pour *or* ne se prêtait guère à une telle réunion ◆ **it ~s their needs** cela leur convient ◆ **they are well ~ed (to one another)** ils sont faits l'un pour l'autre, ils sont très bien assortis
c *[garment, colour, hairstyle]* aller à ◆ **it ~s her beautifully** cela lui va à merveille
d *(= adapt)* adapter, approprier (*sth to sth* qch à qch) ◆ **to ~ the action to the word** joindre le geste à la parole
e *(= dress)* ◆ **~ed and booted** élégamment vêtu, bien mis *
VI faire l'affaire, convenir ◆ **will tomorrow ~?** est-ce que demain vous conviendrait *or* vous irait ?

**suitability** /ˌsuːtəˈbɪlɪtɪ/ N *[of action, remark, example, choice]* à-propos *m*, pertinence *f* ; *[of time, accommodation, clothes]* caractère *m* approprié ◆ **I have doubts about his ~ (as captain of England)** je doute qu'il possède *subj* les qualités requises (pour être capitaine de l'équipe d'Angleterre) ◆ **his ~ (for the position) is not in doubt** le fait qu'il possède les qualités requises (pour ce poste) n'est pas mis en doute

**suitable** /ˈsuːtəbl/ ADJ *[place, time, action, clothes]* approprié (*for* à) ; *[remark, reply, example, choice]* approprié (*for* à), pertinent ; *[behaviour]* convenable (*for* pour) ; *[climate, job]* qui convient (*for* à) ; *[food, colour]* qui convient (*for* à), approprié (*for* à) ; *[size]* qui va (*for* à) ; *[donor, epitaph]* approprié (*for* à) ◆ **it's not ~** *(gen)* ça ne convient pas ◆ **an especially ~ form of exercise** une forme d'exercice particulièrement indiquée *or* appropriée ◆ **he is not at all a ~ person** ce n'est pas du tout quelqu'un comme lui qu'il faut ◆ **I can't find anything ~** je ne trouve rien qui convienne *or* qui fasse l'affaire ◆ **a ~ caption for the illustration** une légende qui aille avec *or* qui convienne à l'illustration ◆ **the most ~ man for the job** l'homme le plus apte à occuper ce poste, l'homme le plus indiqué pour ce poste ◆ **these products are ~ for all skin types** ces produits conviennent à tous les types de peau ◆ **these flats are not ~ for families** ces appartements ne conviennent pas aux familles *or* ne sont pas vraiment appropriés pour les familles ◆ **the 25th is the most ~ for me** c'est le 25 qui m'arrange *or* me convient le mieux ◆ **the film isn't ~ for children** ce n'est pas un film pour les enfants

**suitably** /ˈsuːtəblɪ/ ADV *[reply, thank, apologize]* comme il convient, comme il se doit ; *[behave]* convenablement, comme il faut ; *[equipped]* comme il faut ◆ **I'm not ~ dressed for gardening** je ne suis pas habillé comme il faut pour jardiner ◆ **to be ~ qualified** posséder les compétences requises *or* qu'il faut ◆ **he was ~ impressed when I told him that...** il a été assez impressionné quand je lui ai dit que ...

**suitcase** /ˈsuːtkeɪs/ N valise *f* ◆ **to live out of a ~** vivre sans jamais vraiment défaire ses bagages

**suite** /swiːt/ N a *(= furniture)* mobilier *m* ; *(= rooms: in hotel etc)* appartement *m*, suite *f* ◆ **a dining-room ~** un mobilier *or* un ensemble de salle à manger, une salle à manger ; → **bedroom, bridal** b *(Mus)* suite *f* c *(= retainers)* suite *f*, escorte *f*

**suiting** /ˈsuːtɪŋ/ N *(NonC: Tex)* tissu *m* pour complet

**suitor** /ˈsuːtə^r/ N soupirant *m*, prétendant *m* ; *(Jur)* plaideur *m*, -euse *f* ; *(Comm)* acquéreur *m* potentiel, repreneur *m* potentiel

**Sulawesi** /ˌsuːləˈweɪsɪ/ N Sulawesi, les Célèbes *fpl*

**sulcus** /ˈsʌlkəs/ N (pl **sulci** /ˈsʌlsaɪ/) scissure *f*

**Suleiman** /ˌsuːlɪˈmɑːn/ N ◆ **~ the Magnificent** Soliman *or* Suleyman le Magnifique

**sulfa** /ˈsʌlfə/ N *(US)* ⇒ **sulpha**

**sulfate** /ˈsʌlfeɪt/ N *(US)* ⇒ **sulphate**

**sulfide** /ˈsʌlfaɪd/ N *(US)* ⇒ **sulphide**

**sulfonamide** /sʌlˈfɒnəmaɪd/ N *(US)* ⇒ **sulphonamide**

**sulfur** /ˈsʌlfə^r/ N *(US)* ⇒ **sulphur**

**sulfureous** /sʌlˈfjʊərɪəs/ ADJ *(US)* ⇒ **sulphureous**

**sulfuric** /sʌlˈfjʊərɪk/ ADJ *(US)* ⇒ **sulphuric**

**sulfurous** /ˈsʌlfərəs/ ADJ *(US)* ⇒ **sulphurous**

**sulk** /sʌlk/ N bouderie *f*, maussaderie *f* ◆ **to be in a ~, to have (a fit of) the ~s** bouder, faire la tête VI bouder, faire la tête

**sulkily** /ˈsʌlkɪlɪ/ ADV *[behave, look, say]* d'un air boudeur

**sulkiness** /ˈsʌlkɪnɪs/ N *(= state)* bouderie *f* ; *(= temperament)* caractère *m* boudeur *or* maussade

**sulky** /ˈsʌlkɪ/ ADJ *[person, voice, expression, silence]* boudeur ◆ **to be** *or* **look ~ (about sth)** faire la tête (à propos de qch)

**sullen** /ˈsʌlən/ ADJ *[person, look, comment, silence, sky]* maussade ; *[clouds]* menaçant

**sullenly** /ˈsʌlənlɪ/ ADV *[say, reply]* d'un ton maussade ; *[look, stare]* d'un air maussade *or* renfrogné ; *[promise, agree]* de mauvaise grâce ◆ **the ~ resentful expression on her face** son air *or* son visage maussade et irrité ◆ **to be ~ silent** être enfermé dans un silence maussade

**sullenness** /ˈsʌlənnɪs/ N *[of person]* humeur *f* maussade, maussaderie *f* ; *[of attitude, voice, silence]* maussaderie *f* ◆ **the ~ of the sky/clouds** l'aspect menaçant du ciel/des nuages

**sully** /ˈsʌlɪ/ VT *(liter)* souiller ◆ **to ~ one's hands with sth/by doing sth** se salir les mains avec qch/en faisant qch

**sulpha** /ˈsʌlfə/ N ◆ **~ drug** sulfamide *m*

**sulphate** /ˈsʌlfeɪt/ N sulfate *m* ◆ **copper ~** sulfate *m* de cuivre

**sulphide** /ˈsʌlfaɪd/ N sulfure *m*

**sulphonamide** /sʌlˈfɒnəmaɪd/ N sulfamide *m*

**sulphur** /ˈsʌlfəʳ/ **N** soufre *m* **ADJ** *(colour) (also* **sulphur yellow***)* jaune soufre *inv* **COMP** ▷ **sulphur bath** N bain *m* sulfureux ▷ **sulphur dioxide** N anhydride *m* sulfureux ▷ **sulphur spring** N source *f* sulfureuse

**sulphureous** /sʌlˈfjʊərɪəs/ ADJ sulfureux ; *(in colour)* couleur *m* de soufre, soufré

**sulphuric** /sʌlˈfjʊərɪk/ ADJ sulfurique

**sulphurous** /ˈsʌlfərəs/ ADJ sulfureux

**sultan** /ˈsʌltən/ N sultan *m*

**sultana** /sʌlˈtɑːnə/ **N** **a** *(esp Brit = fruit)* raisin *m* de Smyrne **b** *(= woman)* sultane *f* **COMP** ▷ **sultana cake** N *(esp Brit)* cake *m* (aux raisins de Smyrne)

**sultanate** /ˈsʌltənɪt/ N sultanat *m*

**sultriness** /ˈsʌltrɪnɪs/ N *(= heat)* chaleur *f* étouffante ; *[of weather]* lourdeur *f*

**sultry** /ˈsʌltrɪ/ ADJ **a** *(= hot) [day]* étouffant ; *[weather, air]* lourd ; *[heat]* lourd, suffocant ; *[atmosphere]* étouffant, pesant ◆ **it was hot and ~** il faisait chaud et lourd **b** *(fig = sensual) [person, voice, look, smile]* sensuel

**sum** /sʌm/ LANGUAGE IN USE 20.6

**N** *(= total after addition)* somme *f*, total *m* (of de) ; *(= amount of money)* somme *f* (d'argent) ; *(Math = problem)* calcul *m*, opération *f* ; *(specifically adding)* addition *f* ◆ **~s** *(Scol = arithmetic)* le calcul ◆ **to do a ~ in one's head** faire un calcul mental *or* de tête ◆ **he is good at ~s** il est bon en calcul ◆ **the ~ of its parts** la somme de ses composants *or* parties ◆ **the ~ of our experience** la somme de notre expérience ◆ **the ~ and substance of what he said** les grandes lignes de ce qu'il a dit ◆ **in ~** en somme, somme *f* toute ; → **lump¹, round**

**COMP** ▷ **summing-up** N récapitulation *f*, résumé *m (also Jur)* ▷ **sum total** N *(= amount)* somme *f* totale ; *(= money)* montant *m* (global) ◆ **the ~ total of all this was that he ...** le résultat de tout cela a été qu'il ...

► **sum up**

**VI** récapituler, faire un *or* le résumé ; *(Jur)* résumer ◆ **to ~ up, let me say that ...** en résumé *or* pour récapituler je voudrais dire que ...

**VT SEP** **a** *(= summarize) [+ speech, facts, arguments]* résumer, récapituler ; *[+ book etc]* résumer ◆ **that ~s up all I felt** cela résume tout ce que je ressentais

**b** *(= assess) [+ person]* jauger, se faire une idée de ; *[+ situation]* apprécier d'un coup d'œil

**N** ◆ **summing-up** → **sum**

**sumac(h)** /ˈsuːmæk/ N sumac *m*

**Sumatra** /sʊˈmɑːtrə/ N Sumatra

**Sumatran** /sʊˈmɑːtrən/ **ADJ** de Sumatra **N** habitant(e) *m(f)* *or* natif *m*, -ive *f* de Sumatra

**summa cum laude** /ˌsʊməkʊmˈlaʊdeɪ/ ADV *(US Univ)* ◆ **to graduate ~** ≃ obtenir son diplôme avec mention très honorable

**summarily** /ˈsʌmərɪlɪ/ ADV sommairement

**summarize** /ˈsʌməraɪz/ **VT** *[+ book, text, speech]* résumer ; *[+ facts, arguments]* résumer, récapituler **VI** faire un résumé

**summary** /ˈsʌmərɪ/ **N** **a** *(NonC)* résumé *m*, récapitulation *f* ◆ **in ~** en résumé **b** *(= printed matter, list etc)* sommaire *m*, résumé *m* ; *(Fin) [of accounts]* relevé *m* ◆ **here is a ~ of the news** *(Rad, TV)* voici les nouvelles *fpl* en bref **ADJ** sommaire

**summat** ⁂ /ˈsʌmət/ N *(dial)* ⇒ **something**

**summation** /sʌˈmeɪʃən/ N *(= addition)* addition *f* ; *(= summing-up)* récapitulation *f*, résumé *m (also Jur)*

**summer** /ˈsʌməʳ/ **N** été *m* ◆ **in (the) ~** en été ◆ **in the ~ of 1997** pendant l'été (de) 1997 ◆ **a girl of 17 ~s** *(liter)* une jeune fille de 17 printemps ; → **high, Indian** **VI** passer l'été **COMP** *[weather, heat, season, activities]* d'été, estival ; *[day, residence]* d'été ▷ **summer camp** N *(US Scol)* colonie *f* de vacances ▷ **summer clothes** NPL vêtements *mpl* d'été, tenue *f* estivale *or* d'été ▷ **summer holidays** NPL grandes vacances *fpl* ▷ **summer house** N maison *f* de vacances ; *(in country)* maison *f* de campagne ; see also **summerhouse** ▷ **summer lightning** N éclair *m* de chaleur ▷ **summer resort** N station *f* estivale ▷ **summer school** N université *f* d'été ▷ **summer squash** N *(US)* courgette *f* ▷ **summer time** N *(Brit: by clock)* heure *f* d'été ▷ **summer visitor** N estivant(e) *m(f)*

**summerhouse** /ˈsʌməhaʊs/ N pavillon *m* d'été

**summertime** /ˈsʌmətaɪm/ N *(= season)* été *m*

**summery** /ˈsʌmərɪ/ ADJ *[clothes]* d'été, estival ; *[colours, food]* d'été ◆ **the ~ weather** le temps estival

**summit** /ˈsʌmɪt/ **N** **a** *[of mountain]* sommet *m*, cime *f* **b** *(fig) [of power, honours, glory]* sommet *m* ; *[of ambition]* summum *m* **c** *(Pol)* sommet *m* ◆ **at ~ level** au plus haut niveau **COMP** *(Pol) [talks]* au sommet ▷ **summit conference** N (conférence *f* au) sommet *m* ▷ **summit meeting** N rencontre *f* au sommet

**summitry** * /ˈsʌmɪtrɪ/ N *(esp US Pol)* tactique *f* de la rencontre au sommet

**summon** /ˈsʌmən/ VT *[+ servant, police]* appeler, faire venir ; *(to meeting)* convoquer (to à) ; *[monarch, president, prime minister]* mander (to à) ; *(Jur)* citer, assigner (as comme) ; *[+ help, reinforcements]* requérir ◆ **the Queen ~ed Parliament** la reine a convoqué le Parlement ◆ **to ~ sb to do sth** sommer qn de faire qch ◆ **to ~ sb to appear** *(Jur)* citer qn à comparaître, assigner qn ◆ **they ~ed the town to surrender** *(Mil)* ils ont sommé la ville de *or* ils ont mis la ville en demeure de se rendre ◆ **I was ~ed to his presence** j'ai été requis de paraître devant lui, il m'a mandé auprès de lui ◆ **to ~ sb in/down** *etc (Admin etc)* sommer qn d'entrer/de descendre *etc*

► **summon up** VT SEP *[+ one's energy, strength]* rassembler, faire appel à ; *[+ interest, enthusiasm]* faire appel à ◆ **to ~ up (one's) courage** faire appel à *or* rassembler tout son courage, s'armer de courage, prendre son courage à deux mains (*to do sth* pour faire qch) ◆ **he ~ed up the courage to fight back** il a trouvé le courage de riposter

**summons** /ˈsʌmənz/ **N** (pl **summonses**) sommation *f (also Mil)*, injonction *f* ; *(Jur)* citation *f*, assignation *f* ◆ **to take out a ~ against sb** *(Jur)* faire assigner qn ◆ **he got a ~ for drunken driving** il a reçu une citation à comparaître *or* une assignation pour conduite en état d'ivresse ◆ **they sent him a ~ to surrender** *(Mil)* ils lui ont fait parvenir une sommation de se rendre ; → **issue, serve** **VT** *(Jur)* citer, assigner *(à comparaître)* (*for sth* pour qch)

**sumo** /ˈsuːməʊ/ N sumo *m*

**sump** /sʌmp/ **N** *(Tech)* puisard *m (pour eaux-vannes etc)* ; *(Brit Aut)* carter *m* ; *(= deep cave)* fosse *f* **COMP** ▷ **sump oil** N *(Aut)* huile *f* de carter

**sumptuary** /ˈsʌmptjʊərɪ/ ADJ *(frm)* somptuaire ◆ **~ law** *(Hist)* loi *f* somptuaire

**sumptuous** /ˈsʌmptjʊəs/ ADJ somptueux

**sumptuously** /ˈsʌmptjʊəslɪ/ ADV somptueusement

**sumptuousness** /ˈsʌmptjʊəsnɪs/ N somptuosité *f*

**sun** /sʌn/ **N** soleil *m* ◆ **the ~ is shining** il fait (du) soleil, le soleil brille ◆ **in the ~** au soleil ◆ **right in the ~** en plein soleil ◆ **a place in the ~** *(lit)* un endroit ensoleillé *or* au soleil ; *(fig)* une place au soleil ◆ **this room certainly catches the ~** cette pièce reçoit beaucoup de soleil ◆ **to catch the ~** *(= get a tan)* prendre des bonnes couleurs ; *(= get sunburned)* prendre un coup de soleil ◆ **in the July ~** au soleil de juillet ◆ **come out of the ~** ne restez pas au soleil ◆ **the ~ is in my eyes** j'ai le soleil dans les yeux ◆ **he rose with the ~** il se levait avec le soleil ◆ **everything under the ~** tout ce qu'il est possible d'imaginer ◆ **nothing under the ~** rien au monde ◆ **there's no prettier place under the ~** il n'est pas de plus joli coin au monde *or* sur la terre ◆ **no reason under the ~** pas la moindre raison ◆ **there is nothing new under the ~** il n'y a rien de nouveau sous le soleil ; → **midnight**

**VT** ◆ **to ~ o.s.** *[lizard, cat]* se chauffer au soleil ; *[person]* prendre un bain de soleil, lézarder au soleil

**COMP** ▷ **sun bonnet** N capeline *f* ▷ **sun dance** N danse *f* du soleil *(rituel du solstice chez les Indiens d'Amérique)* ▷ **sun deck** N *[of house, hotel etc]* véranda *f* ; *(Naut)* pont *m* supérieur ▷ **sun-drenched** ADJ inondé de soleil ▷ **sun dress** N robe *f* bain de soleil ▷ **sun-filled** ADJ ensoleillé, rempli de soleil ▷ **sun-god** N dieu *m* soleil *or* Soleil ▷ **sun helmet** N casque *m* colonial ▷ **the Sun King** N *(Hist)* le Roi-Soleil ▷ **sun-kissed** ADJ baigné de soleil ▷ **sun lamp** N lampe *f* à bronzer *or* à ultraviolets ▷ **sun lotion** N ⇒ **suntan lotion ;** → **suntan** ▷ **sun lounge** N véranda *f* ; *(in health institution etc)* solarium *m* ▷ **sun-lounger** N chaise *f* longue *(pour bronzer)* ▷ **sun oil** N ⇒ **suntan oil ;** → **suntan** ▷ **sun porch** N petite véranda *f* ▷ **sunshield** N *(Aut)* pare-soleil *m inv* ▷ **sun um-**

**brella** N parasol *m* ▷ **sun visor** N *(for eyes, on cap)* visière *f* ; *(Aut)* pare-soleil *m inv* ▷ **sun-worship** N *(Rel)* culte *m* du soleil ▷ **sun-worshipper** N *(Rel)* adorateur *m*, -trice *f* du soleil ; *(gen)* adepte *mf or* fanatique *mf* du bronzage

**Sun.** abbrev of **Sunday**

**sunbaked** /ˈsʌnbeɪkt/ ADJ brûlé par le soleil

**sunbath** /ˈsʌnbɑːθ/ N bain *m* de soleil

**sunbathe** /ˈsʌnbeɪð/ VI prendre un bain *or* des bains de soleil, se (faire) bronzer

**sunbather** /ˈsʌnbeɪðəʳ/ N personne *f* qui prend un bain de soleil

**sunbathing** /ˈsʌnbeɪðɪŋ/ N bains *mpl* de soleil

**sunbeam** /ˈsʌnbiːm/ N rayon *m* de soleil

**sunbed** /ˈsʌnbed/ N *(with sunray lamp)* lit *m* solaire ; *(for outdoors)* lit *m* pliant

**Sunbelt** /ˈsʌnbelt/ N *(US)* ◆ **the** ~ *les États du sud des États-Unis*

> **Sunbelt**
>
> La « région du soleil » désigne les États du sud des États-Unis (de la Caroline du Nord à la Californie), caractérisés par un climat chaud et ensoleillé et qui connaissent, depuis quelque temps, un fort développement économique dû notamment aux mouvements migratoires en provenance du nord du pays. Les États du nord, par opposition, sont parfois appelés « Frostbelt » (région du gel) ou « Rustbelt » (région de la rouille) à cause de leurs vieilles infrastructures industrielles.

**sunblind** /ˈsʌnblaɪnd/ N store *m*

**sunblock** /ˈsʌnblɒk/ N écran *m* (solaire) total

**sunburn** /ˈsʌnbɜːn/ N coup *m* de soleil

**sunburned** /ˈsʌnbɜːnd/, **sunburnt** /ˈsʌnbɜːnt/ ADJ *(= tanned)* bronzé, hâlé ; *(painfully)* brûlé par le soleil ◆ **to get** ~ *(= tan)* (se faire) bronzer ; *(painfully)* prendre un coup de soleil

**sunburst** /ˈsʌnbɜːst/ N rayon *m* de soleil *(entre les nuages)* COMP ▷ **sunburst clock** N horloge *f* en forme de soleil

**sundae** /ˈsʌndeɪ/ N sundae *m*, coupe *f* glacée Chantilly

**Sunday** /ˈsʌndɪ/ N a dimanche *m* ; → **Easter, month, palm²** ; *for other phrases see* **Saturday**

b **the ~s** * *(= Sunday papers)* les journaux *mpl* du dimanche

COMP *[clothes, paper]* du dimanche ; *[walk, rest, peace]* dominical ▷ **Sunday best** N ◆ **in one's ~ best** tout endimanché, en habits du dimanche ▷ **Sunday driver** N *(pej)* chauffeur *m* du dimanche ▷ **Sunday-go-to-meeting** * ADJ *(US) [clothes]* du dimanche ▷ **Sunday motorist** N *(pej)* ⇒ **Sunday driver** ▷ **Sunday observance** N observance *f* du repos dominical ▷ **Sunday opening** N *(Comm)* ouverture *f* des magasins le dimanche, commerce *m* dominical ▷ **Sunday papers** NPL journaux *mpl* du dimanche ▷ **Sunday school** N ≈ catéchisme *m* ▷ **Sunday school teacher** N ≈ catéchiste *mf* ▷ **Sunday trading** N *(Comm)* ⇒ **Sunday opening** ◆ ~ **trading laws** réglementation *f* du commerce dominical

> **Sunday Papers**
>
> Les journaux du dimanche occupent une place essentielle dans les activités dominicales des Britanniques, qui en achètent souvent plusieurs. Il s'agit soit de journaux paraissant uniquement le dimanche (« Observer » et « News of the World », par exemple), soit d'éditions du dimanche de quotidiens (« Sunday Times », « Sunday Telegraph », Independent on Sunday », « Sunday Express », etc.). Un **Sunday paper** contient généralement des rubriques très variées sur les arts, les sports, les voyages ou les affaires, et s'accompagne d'un supplément magazine en couleurs.
> Aux États-Unis, le plus grand journal du dimanche est l'édition dominicale du « New York Times », mais les Américains préfèrent généralement la presse locale à la presse nationale.

**sunder** /ˈsʌndəʳ/ *(liter)* VT fractionner, scinder N ◆ **in** ~ *(= apart)* écartés ; *(= in pieces)* en morceaux

**sundial** /ˈsʌndaɪəl/ N cadran *m* solaire

**sundown** /ˈsʌndaʊn/ N *(US)* ⇒ **sunset**

**sundowner** * /ˈsʌndaʊnəʳ/ N *(Austral = tramp)* chemineau *m*, clochard *m* ; *(Brit = drink) boisson alcoolisée prise en début de soirée*

**sundried** /ˌsʌnˈdraɪd/ ADJ séché au soleil

**sundry** /ˈsʌndrɪ/ ADJ divers ◆ **all and** ~ tout le monde NPL **sundries** articles *mpl* divers

**sunfish** /ˈsʌnfɪʃ/ N *(pl inv: Zool)* poisson *m* lune

**sunflower** /ˈsʌnˌflaʊəʳ/ N *(Bot)* tournesol *m*, soleil *m* ◆ **the Sunflower State** *(US)* le Kansas COMP ▷ **sunflower oil** N *(Culin)* huile *f* de tournesol ▷ **sunflower seeds** NPL *(Culin)* graines *fpl* de tournesol

**sung** /sʌŋ/ VB ptp of **sing**

**sunglasses** /ˈsʌnˌglɑːsɪz/ NPL lunettes *fpl* de soleil

**sunhat** /ˈsʌnhæt/ N chapeau *m* de soleil *or* de plage

**sunk** /sʌŋk/ VB ptp of **sink¹** COMP ▷ **sunk costs** NPL *(Ind)* frais *mpl or* coûts *mpl* fixes

**sunken** /ˈsʌŋkən/ ADJ *[ship, treasure]* englouti ; *[rock]* submergé ; *[garden, road]* en contrebas ; *[bath]* encastré ; *[eyes]* enfoncé ; *[cheeks]* creux

**sunless** /ˈsʌnlɪs/ ADJ sans soleil

**sunlight** /ˈsʌnlaɪt/ N (lumière *f* du) soleil *m* ◆ **in the** ~ au soleil, à la lumière du soleil

**sunlit** /ˈsʌnlɪt/ ADJ ensoleillé

**Sunni** /ˈsʌnɪ/ N *(= religion)* sunnisme *m* ; *(= person)* sunnite *mf* ADJ sunnite

**sunny** /ˈsʌnɪ/ ADJ a *(= bright) [climate, room, morning]* ensoleillé ; *[side] (of street, building etc)* exposé au soleil, ensoleillé ◆ **it's ~ today** il y a du soleil aujourd'hui ◆ **the outlook is** ~ on prévoit du soleil, on peut s'attendre à un temps ensoleillé ◆ ~ **intervals,** ~ **periods** *(Brit Met)* éclaircies *fpl* b *(= cheerful) [smile]* rayonnant, radieux ; *[person]* épanoui ; *[personality]* enjoué ◆ **to have a ~ disposition** avoir un naturel enjoué ◆ **to be in a ~ mood** être d'humeur enjouée ◆ **the ~ side of life** les bons côtés de la vie COMP ▷ **sunny side up** ADJ *(US Culin)* ◆ **eggs ~ side up** œufs *mpl* sur le plat *(frits sans avoir été retournés)*

**sunray lamp** /ˈsʌnreɪˌlæmp/ N *(Med)* ⇒ **sun lamp**; → **sun**

**sunray treatment** /ˈsʌnreɪˌtriːtmənt/ N héliothérapie *f*

**sunrise** /ˈsʌnraɪz/ N lever *m* de soleil ◆ **at** ~ au lever du jour COMP ▷ **sunrise industry** N industrie *f* en pleine expansion

**sunroof** /ˈsʌnruːf/ N *(Aut)* toit *m* ouvrant

**sunscreen** /ˈsʌnskriːn/ N écran *m* solaire

**sunseeker** /ˈsʌnsiːkəʳ/ N amateur *m* de soleil

**sunset** /ˈsʌnset/ N coucher *m* de soleil ◆ **at** ~ à la tombée de la nuit *or* du jour COMP ▷ **sunset clause** N *(US Jur)* clause *f* de révision ▷ **sunset industry** N industrie *f* en déclin ▷ **sunset law** N *(US) loi stipulant que le vote approuvant la création d'un organisme gouvernemental doit être périodiquement reconduit pour que l'organisme continue d'exister*

**sunshade** /ˈsʌnʃeɪd/ N *(for eyes)* visière *f* ; *(for table, on pram)* parasol *m* ; *(in car)* pare-soleil *m inv* ; *(= parasol)* ombrelle *f*

**sunshine** /ˈsʌnʃaɪn/ N *(NonC)* (lumière *f* du) soleil *m* ◆ **in the** ~ au soleil ◆ **five hours of** ~ *(Met)* cinq heures d'ensoleillement ◆ **a ray of** ~ *(fig) (= person, event)* un rayon de soleil ◆ **he's a real ray of ~ today** *(iro)* il est gracieux comme une porte de prison aujourd'hui ◆ **hallo ~!** * bonjour mon rayon de soleil ! COMP ▷ **sunshine law** N *(US) loi imposant la publicité des débats pour les décisions administratives* ▷ **sunshine roof** N *(Aut)* toit *m* ouvrant ▷ **the Sunshine State** N *(US)* la Floride

**sunspecs** * /ˈsʌnspeks/ NPL ⇒ **sunglasses**

**sunspot** /ˈsʌnspɒt/ N tache *f* solaire

**sunstroke** /ˈsʌnstrəʊk/ N *(NonC: Med)* insolation *f* ◆ **to get** ~ attraper une insolation

**sunsuit** /ˈsʌnsuːt/ N bain *m* de soleil

**suntan** /ˈsʌntæn/ N bronzage *m* ◆ **to get a** ~ se (faire) bronzer COMP ▷ **suntan lotion** N lotion *f or* lait *m* solaire ▷ **suntan oil** N huile *f* solaire

**suntanned** /ˈsʌntænd/ ADJ bronzé

**suntrap** /ˈsʌntræp/ N coin *m* très ensoleillé

**sunup** /ˈsʌnʌp/ N *(US)* ⇒ **sunrise**

**sup** /sʌp/ VI souper *(on, off* de) VT *(also* **sup up**) boire *or* avaler à petites gorgées N petite gorgée *f*

**super** /ˈsuːpəʳ/ ADJ *(esp Brit* *) super * N a *(Police)* * abbrev of **superintendent** b *(Cine)* * abbrev of **supernumerary** c *(US = gasoline)* super(carburant) *m* COMP ▷ **Super Bowl** N *(US Ftbl)* Super Bowl *m (championnat de football américain)* ▷ **super-class** N superclasse *f* ▷ **super-duper** ✲ ADJ formid * *inv*, sensass * *inv* ▷ **Super Tuesday** N *(US Pol)* super-mardi *m (second mardi du mois de mars, date-clé des élections primaires)*

**super...** /ˈsuːpəʳ/ PREF super... ◆ **super-salesman** super-vendeur *m* ; see also **superannuate**

**superable** /ˈsuːpərəbl/ ADJ surmontable

**superabundance** /ˌsuːpərəˈbʌndəns/ N surabondance *f*

**superabundant** /ˌsuːpərəˈbʌndənt/ ADJ surabondant

**superannuate** /ˌsuːpəˈrænjʊeɪt/ VT mettre à la retraite ◆ **~d** retraité, à la *or* en retraite ; *(fig)* suranné, démodé

**superannuation** /ˌsuːpəˌrænjʊˈeɪʃən/ N *(= act)* (mise *f* à la) retraite *f* ; *(Brit = pension)* pension *f* de retraite ; (*Brit:* also **superannuation contribution**) versements *mpl or* cotisations *fpl* pour la pension COMP ▷ **superannuation fund** N *(Brit)* caisse *f* de retraite

**superb** /suːˈpɜːb/ ADJ *[view, weather, day]* superbe ; *[quality, opportunity]* merveilleux, exceptionnel ◆ **in ~ condition** en excellent état

**superblock** /ˈsuːpəblɒk/ N *(US) zone urbaine aménagée en quartier piétonnier*

**superbly** /suːˈpɜːblɪ/ ADV superbement ◆ **they have done ~ well** ils ont superbement bien réussi ◆ **he is ~ fit** il est dans une forme (physique) éblouissante

**superbug** /ˈsuːpəbʌg/ N *bactérie résistant aux antibiotiques*

**supercargo** /ˈsuːpəˌkɑːgəʊ/ N *(Naut)* subrécargue *m*

**supercharged** /ˈsuːpətʃɑːdʒd/ ADJ surcomprimé

**supercharger** /ˈsuːpəˌtʃɑːdʒəʳ/ N compresseur *m*

**supercilious** /ˌsuːpəˈsɪlɪəs/ ADJ *[person]* hautain, dédaigneux ; *[smile]* dédaigneux

**superciliously** /ˌsuːpəˈsɪlɪəslɪ/ ADV *[look at]* dédaigneusement, d'un air hautain ; *[say]* dédaigneusement, d'un ton hautain

**superciliousness** /ˌsuːpəˈsɪlɪəsnɪs/ N hauteur *f*, arrogance *f*

**supercomputer** /ˌsuːpəkəmˈpjuːtəʳ/ N supercalculateur *m*, superordinateur *m*

**superconductive** /ˌsuːpəkənˈdʌktɪv/ ADJ supraconducteur

**superconductivity** /ˈsuːpəˌkɒndʌkˈtɪvɪtɪ/ N supraconductivité *f*

**superconductor** /ˌsuːpəkənˈdʌktəʳ/ N supraconducteur *m*

**supercool** /ˌsuːpəˈkuːl/ VT *(Chem)* sous-refroidir

**supercover** /ˈsuːpəˌkʌvəʳ/ N *(Insurance)* garantie *f* totale, couverture *f* complète

**superego** /ˌsuːpərˈiːgəʊ/ N surmoi *m*

**supererogation** /ˈsuːpərˌerəˈgeɪʃən/ N surérogation *f*

**superette** /ˈsuːpəret/ N *(US)* petit supermarché *m*, supérette *f*

**superficial** /ˌsuːpəˈfɪʃəl/ ADJ superficiel

**superficiality** /ˈsuːpəˌfɪʃɪˈælɪtɪ/ N caractère *m* superficiel, manque *m* de profondeur

**superficially** /ˌsuːpəˈfɪʃəlɪ/ ADV *[discuss, examine]* superficiellement ; *[attractive]* en apparence

**superficies** /ˌsuːpəˈfɪʃiːz/ N *(pl inv)* superficie *f*

**superfine** /ˈsuːpəfaɪn/ ADJ *[goods, quality]* extrafin, superfin, surfin ; *(pej)* *[distinction]* trop ténu, bien mince

**superfluity** /ˌsuːpəˈflʊɪtɪ/ N **a** surabondance *f* (*of* de) **b** ⇒ **superfluousness**

**superfluous** /sʊˈpɜːflʊəs/ ADJ *[goods, explanation]* superflu ◆ **it is ~ to say that …** inutile de dire que … ◆ **he felt rather ~** * il se sentait de trop

**superfluously** /sʊˈpɜːflʊəslɪ/ ADV d'une manière superflue

**superfluousness** /sʊˈpɜːflʊəsnɪs/ N caractère *m* superflu

**supergiant** /ˌsuːpəˈdʒaɪənt/ N *(Astron)* supergéante *f*

**superglue** /ˈsuːpəgluː/ N colle *f* extra-forte

**supergrass** * /ˈsuːpəgrɑːs/ N *(Brit)* super-indicateur *m* de police

**supergroup** /ˈsuːpəgruːp/ N *(Mus)* supergroupe *m*

**superheat** /ˌsuːpəˈhiːt/ VT surchauffer

**superhero** /ˈsuːpəˌhɪərəʊ/ N super-héros *m*

**superhighway** /ˈsuːpəˌhaɪweɪ/ N *(US)* voie *f* express (à plusieurs files) ; → ROADS ; → **information**

**superhuman** /ˌsuːpəˈhjuːmən/ ADJ surhumain N surhomme *m*

**superimpose** /ˌsuːpərɪmˈpəʊz/ VT superposer (*on* à) ◆ **~d** *(Cine, Phot, Typ)* en surimpression

**superintend** /ˌsuːpərɪnˈtend/ VT superviser ; *[+ exam]* surveiller

**superintendence** /ˌsuːpərɪnˈtendəns/ N *(NonC)* *[of activity]* contrôle *m* ; *[of child, prisoner]* surveillance *f* ◆ **under the ~ of sb** sous la surveillance de qn

**superintendent** /ˌsuːpərɪnˈtendənt/ N **a** *[of institution, orphanage]* directeur *m*, -trice *f* ; *[of department]* chef *m* **b** *(Brit)* (also **police superintendent, superintendent of police**) ≈ commissaire *m* (de police)

**Superior** /sʊˈpɪərɪəʳ/ ADJ ◆ **Lake ~** le lac Supérieur

**superior** /sʊˈpɪərɪəʳ/ LANGUAGE IN USE 5.2 ADJ **a** *(= better)* supérieur (-eure *f*) (*to* à) ◆ **~ in number to …** supérieur en nombre à …, numériquement supérieur à … ◆ **in ~ numbers** en plus grand nombre, plus nombreux ◆ **the vastly ~ numbers of the enemy** les effectifs largement supérieurs de l'ennemi **b** *(= high-quality)* *[product, goods]* de qualité supérieure ◆ **a very ~ model** un modèle très supérieur **c** *(pej = supercilious)* *[person]* hautain, dédaigneux ; *[air, smile]* supérieur (-eure *f*), de supériorité ◆ **to feel ~** se sentir supérieur **d** *(in hierarchy)* supérieur (*to* à) ◆ **his ~ officer** l'officier qui lui était supérieur ; → **mother** **e** *(Anat)* *[limb]* supérieur (-eure *f*) **f** *(Typ)* *[letter, number]* en exposant, supérieur (-eure *f*) N supérieur(e) *m(f)* COMP ▷ **superior court** N *(US Jur)* *juridiction intermédiaire*

**superiority** /sʊˌpɪərɪˈɒrɪtɪ/ N supériorité *f* (*to, over* par rapport à) COMP ▷ **superiority complex** N complexe *m* de supériorité

**superjacent** /ˌsuːpəˈdʒeɪsənt/ ADJ sus-jacent

**superlative** /sʊˈpɜːlətɪv/ ADJ **a** *(= excellent)* *[artist, quality, achievement]* exceptionnel, extraordinaire **b** *(Gram)* superlatif N *(Gram)* superlatif *m* ◆ **in the ~** au superlatif ◆ **he tends to talk in ~s** il a tendance à exagérer

**superlatively** /sʊˈpɜːlətɪvlɪ/ ADV *[play, perform]* de façon extraordinaire ; *[rich, well]* extraordinairement

**superman** /ˈsuːpəmæn/ N (pl **-men**) surhomme *m* ◆ **Superman** *(on TV etc)* Superman *m*

**supermarket** /ˈsuːpəˌmɑːkɪt/ N supermarché *m*

**supermen** /ˈsuːpəmen/ NPL of **superman**

**supermini** /ˈsuːpəmɪnɪ/ N *(Aut)* supermini *f*

**supermodel** /ˈsuːpəmɒdl/ N top model *m*

**supernal** /suːˈpɜːnəl/ ADJ *(liter)* céleste, divin

**supernatural** /ˌsuːpəˈnætʃərəl/ ADJ surnaturel N surnaturel *m*

**supernormal** /ˌsuːpəˈnɔːməl/ ADJ au-dessus de la normale

**supernova** /ˌsuːpəˈnəʊvə/ N (pl **supernovae** /ˌsuːpəˈnəʊviː/) *(Astron)* supernova *f*

**supernumerary** /ˌsuːpəˈnjuːmərərɪ/ ADJ *(Admin, Bio etc)* surnuméraire ; *(= superfluous)* superflu N *(Admin etc)* surnuméraire *mf* ; *(Cine)* figurant(e) *m(f)*

**superorder** /ˈsuːpərɔːdəʳ/ N superordre *m*

**superordinate** /ˌsuːpərˈɔːdənɪt/ ADJ dominant, supérieur N *(Ling)* terme *m* générique

**superphosphate** /ˌsuːpəˈfɒsfeɪt/ N superphosphate *m*

**superpose** /ˌsuːpəˈpəʊz/ VT *(also Geom)* superposer (*on* à)

**superposition** /ˌsuːpəpəˈzɪʃən/ N superposition *f*

**superpower** /ˈsuːpəpaʊəʳ/ N *(Pol)* superpuissance *f*, supergrand *m*

**superscript** /ˈsuːpəˌskrɪpt/ *(Typ)* ADJ supérieur (-eure *f*) N *(= number)* chiffre *m* supérieur ; *(= letter)* lettre *f* supérieure

**superscription** /ˌsuːpəˈskrɪpʃən/ N suscription *f*

**supersede** /ˌsuːpəˈsiːd/ VT *[+ belief, object, order]* remplacer ; *[+ person]* supplanter, prendre la place de ◆ **this edition ~s previous ones** cette édition remplace et annule les précédentes ◆ **~d idea/method** idée *f*/méthode *f* périmée

**supersensitive** /ˌsuːpəˈsensɪtɪv/ ADJ hypersensible

**supersonic** /ˌsuːpəˈsɒnɪk/ ADJ *[aircraft, vehicle, speed]* supersonique ; *[flight, travel]* en avion supersonique

**supersonically** /ˌsuːpəˈsɒnɪkəlɪ/ ADV en supersonique

**superstar** /ˈsuːpəstɑːʳ/ N superstar *f*

**superstate** /ˈsuːpəsteɪt/ N *(pej)* super-État *m*

**superstition** /ˌsuːpəˈstɪʃən/ N superstition *f*

**superstitious** /ˌsuːpəˈstɪʃəs/ ADJ superstitieux ◆ **to be ~ about walking under ladders** éviter de passer sous les échelles par superstition

**superstitiously** /ˌsuːpəˈstɪʃəslɪ/ ADV superstitieusement

**superstore** /ˈsuːpəstɔːʳ/ N *(esp Brit)* hypermarché *m*

**superstratum** /ˌsuːpəˈstrɑːtəm/ N (pl **superstratums** or **superstrata** /ˌsupəˈstrɑːtə/) *(Ling)* superstrat *m*

**superstructure** /ˈsuːpəˌstrʌktʃəʳ/ N superstructure *f*

**supertanker** /ˈsuːpəˌtæŋkəʳ/ N pétrolier *m* géant, supertanker *m*

**supertax** /ˈsuːpətæks/ N tranche *f* supérieure de l'impôt sur le revenu

**supervene** /ˌsuːpəˈviːn/ VI survenir

**supervention** /ˌsuːpəˈvenʃən/ N apparition *f*, manifestation *f*

**supervise** /ˈsuːpəvaɪz/ VT *[+ work]* superviser ; *[+ exam]* surveiller ; *[+ research]* diriger ◆ **UN-~d elections** des élections supervisées par l'ONU ◆ **the children were not adequately ~d** les enfants étaient mal encadrés ◆ **we offer ~d activities for children** nous proposons des activités surveillées or encadrées pour les enfants ◆ **~d play area** espace *m* de jeu surveillé VI *(at work)* superviser ; *(at school)* surveiller

**supervision** /ˌsuːpəˈvɪʒən/ N *(= watch)* surveillance *f* ; *(= monitoring)* supervision *f*, contrôle *m* ; *(= management)* direction *f* ◆ **under the ~ of …** sous la surveillance or direction de … ◆ **to keep sth under strict ~** exercer une surveillance or un contrôle sévère sur qch COMP ▷ **supervision order** N *(Brit Jur)* ordonnance *f* de surveillance

**supervisor** /ˈsuːpəvaɪzəʳ/ N *(gen)* surveillant(e) *m(f)* ; *(Comm)* chef *m* de rayon ; *(at exam)* surveillant(e) *m(f)* ; *(Univ)* directeur *m*, -trice *f* or patron *m* de thèse

**supervisory** /ˈsuːpəvaɪzərɪ/ ADJ *[post, role, powers, body]* de surveillance ◆ **~ staff** personnel *m* chargé de la surveillance ◆ **in a ~ capacity** à titre de surveillant(e)

**superwoman** /ˈsuːpəˌwʊmən/ N (pl **-women**) superwoman *f*

**supine** /ˈsuːpaɪn/ ADJ *(liter)* **a** *(lit = prostrate)* (also **lying supine, in a supine position**) allongé sur le dos **b** *(pej = passive)* *[person, attitude]* mollasse *(pej)*

**supper** /ˈsʌpəʳ/ N *(= main evening meal)* dîner *m* ; *(after theatre etc)* souper *m* ; *(= snack)* collation *f* ◆ **to have ~** dîner (or souper *etc*)

◆ **we made him sing for his** ~ *(fig)* nous l'avons aidé *etc*, mais c'était donnant donnant ; → **lord** COMP ▷ **supper club** N *(US)* *petit restaurant nocturne, avec danse et éventuellement spectacle*

**suppertime** /'sʌpətaɪm/ N l'heure *f* du dîner (*or* du souper *etc*) ◆ **at** ~ au dîner (*or* souper *etc*)

**supplant** /sə'plɑːnt/ VT *[+ person]* supplanter, évincer ; *[+ object]* supplanter, remplacer

**supple** /'sʌpl/ ADJ *(lit, fig)* souple ◆ **to become** ~**r** s'assouplir

**supplement** /'sʌplɪmənt/ N *(also Press)* supplément *m* (*to* à) → **colour** VT /'sʌplɪ,ment/ *[+ income]* augmenter, arrondir (*by doing sth* en faisant qch) ; *[+ book, information, one's knowledge]* ajouter à, compléter

**supplemental** /,sʌplɪ'mentəl/ ADJ *(esp US)* supplémentaire

**supplementary** /,sʌplɪ'mentərɪ/ ADJ *(gen, Geom, Mus)* supplémentaire ; *[food, vitamins]* complémentaire ◆ **you may need** ~ **iron** vous pourriez avoir besoin d'un complément de fer ◆ ~ **to** en plus de COMP ▷ **supplementary benefit** N *(NonC: Brit Admin: formerly)* allocation *f* supplémentaire ▷ **supplementary question** N *(Brit Parl)* question *f* orale ▷ **supplementary scheme** N *(Jur)* régime *m* complémentaire

**suppleness** /'sʌplnɪs/ N souplesse *f*

**suppletion** /sə'pliːʃən/ N *(Ling)* suppléance *f*

**suppletive** /sə'pliːtɪv/ ADJ *(Ling)* supplétif

**suppliant** /'sʌplɪənt/, **supplicant** /'sʌplɪkənt/ ADJ, N suppliant(e) *m(f)*

**supplicate** /'sʌplɪkeɪt/ VT supplier, implorer (*sb to do sth* qn de faire qch) ; *[+ mercy etc]* implorer (*from sb* de qn) VI ◆ **to** ~ **for sth** implorer qch

**supplication** /,sʌplɪ'keɪʃən/ N supplication *f* ; *(written)* supplique *f* ◆ **to kneel in** ~ supplier à genoux

**supplier** /sə'plaɪə$^{r}$/ N *(Comm)* fournisseur *m*

**supply**$^{1}$ /sə'plaɪ/ N **a** *(= amount, stock)* provision *f*, réserve *f* ◆ **a good** ~ **of coal** une bonne provision *or* réserve de charbon ◆ **to get** *or* **lay in a** ~ **of ...** faire des provisions de ..., s'approvisionner de ... ◆ **to get in a fresh** ~ **of sth** renouveler sa provision *or* sa réserve de qch ◆ **supplies** *(gen)* provisions *fpl*, réserves *fpl* ; *(= food)* vivres *mpl* ; *(Mil)* subsistances *fpl*, approvisionnements *mpl* ◆ **electrical supplies** matériel *m* électrique ◆ **office supplies** fournitures *fpl* *or* matériel de bureau

**b** *(NonC)* *(= act of supplying)* *[of fuel etc]* alimentation *f* ; *[of equipment, books etc]* fourniture *f* ◆ **the** ~ **of fuel to the engine** l'alimentation du moteur en combustible ◆ **the electricity/gas** ~ l'alimentation en électricité/gaz ◆ ~ **and demand** *(Econ)* l'offre *f* et la demande ◆ **Ministry of Supply** *(Brit)* ≃ services *mpl* de l'Intendance ; → **short, water**

**c** *(person = temporary substitute)* remplaçant(e) *m(f)*, suppléant(e) *m(f)* ◆ **to teach** *or* **be on** ~ faire des suppléances *or* des remplacements

**d** *(Parl)* **supplies** crédits *mpl*

VT **a** *(= provide, furnish)* *[+ tools, books, goods]* fournir, procurer (*to sb* à qn) ; *(Comm)* fournir, approvisionner ; *(= equip)* *[+ person, city]* fournir, approvisionner (*with sth* en *or* de qch) ; *(Mil: with provisions)* ravitailler, approvisionner ◆ **we** ~ **most of the local schools** *(Comm)* nous fournissons *or* nous approvisionnons la plupart des écoles locales ◆ **to** ~ **from stock** *(Comm)* livrer sur stock ◆ **sheep** ~ **wool** les moutons donnent de la laine ◆ **we** ~ **the tools for the job** nous fournissons *or* nous procurons les outils nécessaires pour faire le travail ◆ **to** ~ **electricity/gas/water to the town** alimenter la ville en électricité/gaz/eau ◆ **to** ~ **sb with food** nourrir *or* alimenter qn ◆ **they kept us supplied with milk** grâce à eux nous n'avons jamais manqué de lait ◆ **the car was supplied with a radio** la voiture était munie *or* pourvue d'une radio ◆ **a battery is not supplied with the torch** la lampe de poche est livrée sans pile ◆ **to** ~ **sb with information/details** fournir des renseignements/des détails à qn

**b** *(= make good)* *[+ need, deficiency]* suppléer à, remédier à ; *[+ sb's needs]* subvenir à ; *[+ loss]* réparer, compenser

COMP *[train, wagon, truck, convoy]* de ravitaillement, ravitailleur ; *[pharmacist etc]* intérimaire ▷ **supply line** N voie *f* de ravitaillement ▷ **supply management** N *(Econ)* régulation *f* de l'offre ▷ **supply ship** N navire *m* ravitailleur ▷ **supply-side economics** NPL *(Econ)* théorie *f* de l'offre ▷ **supply teacher** N *(Brit)* suppléant(e) *m(f)*

**supply**$^{2}$ /'sʌplɪ/ ADV *[move, bend]* avec souplesse, souplement

**support** /sə'pɔːt/ LANGUAGE IN USE 11.2, 13, 26.2

N **a** *(NonC: lit, fig)* appui *m*, soutien *m* ; *(financial)* aide *f* (financière) ◆ **he couldn't stand without** ~ il ne pouvait pas se soutenir (sur ses jambes) ◆ **he leaned on me for** ~ il s'est appuyé sur moi ◆ **to give** ~ **to sb/sth** soutenir qn/qch ◆ **this bra gives good** ~ ce soutien-gorge maintient bien la poitrine ◆ **he depends on his father for (financial)** ~ il dépend financièrement de son père ◆ **he has no visible means of** ~ *(financial)* il n'a pas de moyens d'existence connus ◆ **what means of** ~ **has he got?** quelles sont ses ressources ? ◆ **he looked to his friends for** ~ il a cherché un soutien *or* un appui auprès de ses amis ◆ **he needs all the** ~ **he can get** il a bien besoin de tout l'appui qu'on pourra lui donner ◆ **he got a lot of** ~ **from his friends** ses amis l'ont vraiment soutenu *or* appuyé ◆ **the proposal got no** ~ personne n'a parlé en faveur de la proposition ◆ **have I your** ~ **in this?** est-ce que je peux compter sur votre appui *or* soutien en la matière ? ◆ **to give** *or* **lend one's** ~ **to ...** prêter son appui à ... ◆ **that lends** ~ **to his theory** ceci corrobore *or* vient corroborer sa théorie ◆ **they stopped work in** ~ ils ont cessé le travail par solidarité ; → **moral**

♦ **in support of** ◆ **he spoke in** ~ **of the motion** il a parlé en faveur de la motion ◆ **in** ~ **of his theory/claim** à l'appui de sa théorie/revendication ◆ **they demonstrated in** ~ **of the prisoners** ils ont manifesté en faveur des prisonniers, ils ont fait une manifestation de soutien aux prisonniers ◆ **a collection in** ~ **of the accident victims** une quête au profit des victimes de l'accident

**b** *(= object)* *(gen)* appui *m* ; *(Constr, Tech)* support *m*, soutien *m* ; *(fig: moral, financial etc)* soutien *m* ; *(US Econ = subsidy)* subvention *f* ◆ **use the stool as a** ~ **for your foot** prenez le tabouret comme appui pour votre pied ◆ **he is the sole (financial)** ~ **of his family** il est le seul soutien (financier) de sa famille ◆ **he has been a great** ~ **to me** il a été pour moi un soutien précieux

**c** ⇒ **support act**

VT **a** *(= hold up)* *[pillar, beam]* supporter, soutenir ; *[bridge]* porter ; *[person, neck]* soutenir ◆ **the elements necessary to** ~ **life** les éléments nécessaires à l'entretien de la vie, les éléments vitaux

**b** *(= uphold)* *[+ motion, cause, party, candidate]* *(passively)* être pour ; *(actively)* soutenir ; *[+ sb's application, action, protest]* soutenir, appuyer ; *[+ team]* être supporter de, supporter* ◆ **with only his courage to** ~ **him** avec son seul courage comme soutien, n'ayant de soutien que son courage ◆ **his friends** ~**ed him in his refusal to obey** ses amis l'ont soutenu *or* ont pris son parti lorsqu'il a refusé d'obéir ◆ **the socialists will** ~ **it** les socialistes seront *or* voteront pour ◆ **I cannot** ~ **what you are doing** je ne peux pas approuver ce que vous faites ◆ ~**ed by a cast of thousands** *(Cine, Theat)* avec le concours de milliers d'acteurs et figurants ◆ **the proofs that** ~ **my case** les preuves à l'appui de ma cause ◆ **a subsidy to** ~ **the price of beef** une subvention pour maintenir le prix du bœuf ◆ **he** ~**s Celtic** *(Ftbl)* c'est un supporter du Celtic, il supporte* le Celtic

**c** *(= bear out, prove)* *[+ hypothesis, view, claim]* conforter ◆ **this research** ~**s the hypothesis/the idea that ...** cette recherche conforte l'hypothèse/l'idée selon laquelle ...

**d** *(financially)* subvenir aux besoins de ◆ **she has a husband and three children to** ~ elle doit subvenir aux besoins de son mari et de ses trois enfants ◆ **to** ~ **o.s.** *(gen)* subvenir à ses propres besoins ; *(= earn one's living)* gagner sa vie ◆ **the school is** ~**ed by money from ...** l'école reçoit une aide financière de ...

**e** *(= endure)* supporter, tolérer

COMP *(Mil etc)* *[troops, convoy, vessel]* de soutien ▷ **support act** N *(Mus)* groupe *m* (*or* chanteur *m*, -euse *f*) en première partie *or* en vedette américaine ◆ **who was the** ~ **act?** qui était en première partie ? ▷ **support band** N *(Mus)* groupe *m* en première partie *(d'un concert)* *or* en vedette américaine ◆ **who were the** ~ **band?** qui était en première partie ? ▷ **support group** N groupe *m* d'entraide ▷ **support hose** N *(pl inv)* bas *mpl* (*or* collants *mpl*) de contention *or* antifatigue ▷ **support price** N *(Econ)* prix *m* de soutien ▷ **support stockings** NPL bas *mpl* de contention *or* antifatigue

**supportable** /sə'pɔːtəbl/ ADJ supportable, tolérable

**supporter** /sə'pɔːtə$^{r}$/ N **a** *(Constr, Tech)* soutien *m*, support *m* ; *(Her)* tenant *m* **b** *(= person)* *[of party]* sympathisant(e) *m(f)* ; *[of theory, cause, opinion]* partisan *m* ◆ **she's a** ~ **of ...** elle soutient ..., elle est pour ... ; *(Sport)* supporter *m* ◆ **football** ~**s** supporters *mpl* de football

**supporting** /sə'pɔːtɪŋ/ ADJ **a** *(= corroborating)* *[document]* de confirmation ◆ ~ **evidence** preuves *fpl* à l'appui **b** *(Cine, Theat)* *[role, part]* second *before noun* ◆ ~ **actor** (acteur *m* qui a un) second rôle *m* ◆ **she won an Oscar for Best Supporting Actress** elle a reçu l'Oscar du meilleur second rôle féminin ◆ **the** ~ **cast** les seconds rôles *mpl* ◆ **to be in the** ~ **cast** avoir un second rôle **c** *(Constr)* *[wall]* de soutènement, porteur ; → **self** COMP ▷ **supporting film** N *(Cine)* film *m* qui passe en première partie

**supportive** /sə'pɔːtɪv/ ADJ *[role]* de soutien ; *[relationship]* d'un grand soutien *or* secours ◆ **she has a very** ~ **family** sa famille lui est d'un grand soutien ◆ **to provide a** ~ **environment for sb** créer autour de qn un environnement favorable ◆ **my father was very** ~ **of the idea** mon père soutenait tout à fait cette idée

**supportively** /sə'pɔːtɪvlɪ/ ADV *[act, behave]* de façon très positive

**supportiveness** /sə'pɔːtɪvnɪs/ N soutien *m*, aide *f*

**suppose** /sə'pəʊz/ LANGUAGE IN USE 6.2, 26.3

VT **a** *(= imagine)* supposer (*that* que + *subj*) ; *(= assume, postulate)* supposer (*that* que + *indic*) ◆ ~ **he doesn't come? – he will – yes but just** ~**!** et s'il ne vient pas ? – il viendra –

oui, mais à supposer qu'il ne vienne pas *or* oui, mais au cas où il ne viendrait pas ? ◆ **if we ~ that the two are identical** si nous supposons que les deux sont identiques ◆ **~ A equals B** *(Math)* soit A égale B ◆ **~ ABC a triangle** soit un triangle ABC

b *(= believe)* croire ; *(= think)* penser (*that* que) ◆ **what do you ~ he wants?** à votre avis que peut-il bien vouloir ? ◆ **I went in, and who do you ~ was there?** je suis entré et devine qui se trouvait là ? ◆ **he is (generally) ~d to be rich, it is (generally) ~d that he is rich** il passe pour être riche, on dit qu'il est riche ◆ **I never ~d him (to be) a hero** je n'ai jamais pensé *or* imaginé qu'il fût un héros ◆ **I don't ~ he'll agree, I ~ he won't agree** cela m'étonnerait qu'il soit d'accord, je ne pense pas qu'il sera d'accord, je suppose qu'il ne sera pas d'accord ◆ **I ~ so** probablement, je suppose que oui ◆ **I don't ~ so, I ~ not** je ne (le) pense *or* crois pas, probablement pas ◆ **do you ~ we could get together for dinner some evening?** accepteriez-vous de dîner avec moi un soir ?, pensez-vous que nous pourrions dîner ensemble un soir ? ◆ **wouldn't you ~ he'd be sorry?** n'auriez-vous pas pensé qu'il le regretterait ?

♦ **to be supposed to do sth** être censé faire qch ◆ **she was ~d to telephone this morning** elle était censée *or* elle devait téléphoner ce matin ◆ **he isn't ~d to know** il n'est pas censé le savoir ◆ **you're not ~d to do that** il ne vous est pas permis de faire cela ◆ **what's that ~d to mean?** qu'est-ce que tu veux dire par là ?

c *(in suggestions)* ~ **we go for a walk?** et si nous allions nous promener ? ◆ **~ I tell him myself?** et si c'était moi qui le lui disais ?

♦ **supposing ...** *(hypothesis)* si + *indic*, à supposer que + *subj*, supposé que + *subj* ◆ **supposing he can't do it?** et s'il ne peut pas le faire ?, et à supposer *or* et supposé qu'il ne puisse le faire ? ◆ **even supposing that ...** à supposer même que ... + *subj* ◆ **always supposing that ...** en supposant que ... + *subj*, en admettant que ... + *subj*

d *(= presuppose)* supposer ◆ **that ~s unlimited resources** cela suppose des ressources illimitées

**VI** ◆ **you'll come, I ~ ?** vous viendrez, j'imagine *or* je suppose ? ◆ **don't spend your time supposing, do something!** ne passe pas ton temps à faire des suppositions, fais quelque chose !

**supposed** /səˈpəʊzd/ **ADJ** a *(= so-called)* prétendu, soi-disant *inv* ◆ **the ~ benefits of an expensive education** les prétendus avantages d'une éducation coûteuse b *(= presumed)* supposé ; see also **suppose**

**supposedly** /səˈpəʊzɪdlɪ/ **ADV** soi-disant ◆ **he had ~ gone to France** il était soi-disant allé en France ◆ **~ safe chemicals** des produits chimiques soi-disant sans danger ◆ **did he go? – ~!** est-ce qu'il y est allé ? – soi-disant ! ◆ **~, his last words were ...** ses dernières paroles auraient été ...

**supposing** /səˈpəʊzɪŋ/ **CONJ** → **suppose vt c**

**supposition** /ˌsʌpəˈzɪʃən/ **N** supposition *f*, hypothèse *f* ◆ **that is pure ~** c'est une pure supposition ◆ **on the ~ that ...** à supposer que ... + *subj*, dans la supposition que ... + *subj* ◆ **on this ~** dans cette hypothèse

**suppositional** /ˌsʌpəˈzɪʃənl/, **suppositious** /ˌsʌpəˈzɪʃəs/ **ADJ** hypothétique

**supposititious** /səˌpɒzɪˈtɪʃəs/ **ADJ** supposé, faux (fausse *f*), apocryphe

**suppository** /səˈpɒzɪtərɪ/ **N** suppositoire *m*

**suppress** /səˈpres/ **VT** *[+ abuse, crime]* supprimer, mettre fin à ; *[+ revolt]* réprimer, étouffer ; *[+ one's feelings]* réprimer, refouler ; *[+ yawn]* réprimer ; *[+ scandal, facts, truth]* étouffer ; *[+ newspaper, publication]* interdire ; *[+ evidence]* faire disparaître, supprimer ; *(Psych)* refouler ; *(Med) [+ symptoms]* supprimer ; *(Elec, Rad etc)* antiparasiter ; (* *= silence) [+ heckler etc]* faire taire ◆ **to ~ a cough/sneeze** *etc* se retenir de *or* réprimer une envie de tousser/d'éternuer *etc*

**suppressant** /səˈpresnt/ **N** ◆ **appetite ~** anorexigène *m*

**suppression** /səˈpreʃən/ **N** a *[of document, evidence, information, human rights]* suppression *f* ; *[of revolt, protest, movement]* répression *f* ; *[of democracy]* étouffement *m* ◆ **the ~ of dissidents/minorities** la répression des dissidents/minorités b *(Psych) [of emotion]* refoulement *m* c *(Med)* inhibition *f* d *(Elec, Rad etc)* antiparasitage *m*

**suppressive** /səˈpresɪv/ **ADJ** répressif

**suppressor** /səˈpresəʳ/ **N** *(Elec etc)* dispositif *m* antiparasite

**suppurate** /ˈsʌpjʊəreɪt/ **VI** suppurer

**suppuration** /ˌsʌpjʊəˈreɪʃən/ **N** suppuration *f*

**supra...** /ˈsuːprə/ **PREF** supra..., sur...

**supranational** /ˌsuːprəˈnæʃənl/ **ADJ** supranational

**suprarenal** /ˌsuːprəˈriːnl/ **ADJ** surrénal

**suprasegmental** /ˌsuːprəsəgˈmentl/ **ADJ** *(Ling)* suprasegmental

**supremacist** /sʊˈpreməsɪst/ **N** personne *f* qui croit en la suprématie d'un groupe (*or* d'une race *etc*), suprémaciste *mf*

**supremacy** /sʊˈpreməsɪ/ **N** suprématie *f* (*over* sur) → **white**

**supreme** /sʊˈpriːm/ **ADJ** *(all senses)* suprême ◆ **the Supreme Being** *(Rel)* l'Être *m* suprême ◆ **Supreme Commander** *(Mil)* commandant *m* en chef *or* suprême, généralissime *m* ◆ **Supreme Court** *(Can Jur, US Jur)* Cour *f* suprême ◆ **to make the ~ sacrifice** faire le sacrifice de sa vie ; → **reign, soviet**

**supremely** /sʊˈpriːmlɪ/ **ADV** suprêmement

**supremo** /sʊˈpriːməʊ/ **N** *(Brit)* grand chef *m*

**Supt.** *(Brit Police)* abbrev of **Superintendent**

**sura** /ˈsʊərə/ **N** sourate *f*

**surcharge** /ˈsɜːtʃɑːdʒ/ **N** *(= extra payment, extra load, also Elec, Post = overprinting)* surcharge *f* ; *(= extra tax)* surtaxe *f* ◆ **import ~** surtaxe *f* à l'importation **VT** surcharger, surtaxer

**surd** /sɜːd/ **ADJ** *(Math)* irrationnel ; *(Ling)* sourd **N** *(Math)* quantité *f or* nombre *m* irrationnel(le) ; *(Ling)* sourde *f*

**sure** /ʃʊəʳ/ **LANGUAGE IN USE 6.2, 15.1, 16.1**

**ADJ** a *(= reliable, safe etc) [aim, shot, marksman, judgement, method, friend, footing]* sûr ; *[solution, remedy]* sûr, infaillible ; *[facts]* sûr, indubitable ; *[success]* assuré, certain

b *(= definite, indisputable)* sûr, certain ◆ **it is ~ that he will come, he is ~ to come** il est certain qu'il viendra, il viendra, c'est sûr ◆ **it is not ~ that he will come, he is not ~ to come** il n'est pas sûr *or* certain qu'il vienne ◆ **it's not ~ yet** ça n'a encore rien de sûr ◆ **it's ~ to rain** il va pleuvoir à coup sûr *or* c'est sûr et certain * ◆ **be ~ to tell me, be ~ and tell me** ne manquez pas de me le dire ◆ **you're ~ of a good meal** un bon repas vous est assuré ◆ **he's ~ of success** il est sûr *or* certain de réussir ◆ **you can't be ~ of him** vous ne pouvez pas être sûr de lui ◆ **I want to be ~ of seeing him** je veux être sûr *or* certain de le voir ◆ **nothing is ~ in this life** dans cette vie on n'est sûr de rien ◆ **~ thing!** * oui bien sûr !, d'accord ! ◆ **he is, to be ~, rather tactless** il manque de tact, c'est certain ◆ **well, to be ~!** * bien, ça alors !

♦ **to make sure** ◆ **to make ~ of a seat** s'assurer (d')une place ◆ **to make ~ of one's facts** vérifier *or* s'assurer de ce qu'on avance ◆ **better get a ticket beforehand and make ~** il vaut mieux prendre un billet à l'avance pour plus de sûreté *or* pour être sûr * ◆ **make ~ you've locked the door** vérifie que tu as bien fermé la porte à clé ◆ **to make ~ to do sth** ne pas oublier de faire qch ◆ **did you lock it? – I think so but I'd better make ~** l'avez-vous fermé à clé ? – je crois, mais je vais vérifier *or* m'en assurer ◆ **I've made ~ of having enough coffee for everyone** j'ai veillé à ce qu'il y ait assez de café pour tout le monde ◆ **just to make ~** pour plus de sûreté

♦ **for sure** ◆ **he'll leave for ~** il partira sans aucun doute ◆ **and that's for ~** * ça ne fait aucun doute ◆ **I'll find out for ~** je me renseignerai pour savoir exactement ce qu'il en est ◆ **do you know for ~?** êtes-vous absolument sûr *or* certain ? ◆ **I'll do it next week for ~** je le ferai la semaine prochaine sans faute

c *(= positive, convinced)* sûr (*of* de), certain ◆ **I'm *or* I feel ~ I've seen him** je suis sûr *or* certain de l'avoir vu ◆ **I'm ~ he'll help us** je suis sûr qu'il nous aidera ◆ **I'm not ~** je ne suis pas sûr *or* certain (*that* que + *subj*) ◆ **I'm not ~ how/why/when** *etc* je ne sais pas très bien comment/pourquoi/quand *etc* ◆ **I'm not ~ (if) he can** je ne suis pas sûr *or* certain qu'il puisse ◆ **I'm ~ I didn't mean to** je ne l'ai vraiment pas fait exprès ◆ **he says he did it but I'm not so ~ (about that)** il dit que c'est lui qui l'a fait mais je n'en suis pas si sûr (que ça) ◆ **I'm going alone! – I'm not so ~ about that *or* don't be so ~ about that!** j'irai seul ! – ne le dis pas si vite ! ◆ **to be/feel ~ of o.s.** être/se sentir sûr de soi

**ADV** a *(esp US* * *= certainly)* **he can ~ play** il joue vachement * bien ◆ **he was ~ drunk, he ~ was drunk** il était complètement soûl ◆ **will you do it? – ~!** le ferez-vous ? – bien sûr ! ◆ **it's hot today – it ~ is!** il fait chaud aujourd'hui – ça, c'est vrai ! ◆ **are you leaving now? – I ~ am!** tu pars maintenant ? – ouais ! *

b *(set phrases)*

♦ **sure enough** *(confirming)* effectivement, en effet ; *(promising)* assurément, sans aucun doute ◆ **~ enough, he did come** comme je l'avais (*or* on l'avait *etc*) bien prévu, il est venu ◆ **and ~ enough he did arrive** et effectivement *or* en effet il est arrivé ◆ **~ enough *, I'll be there** j'y serai sans faute ◆ **it's petrol, ~ enough** c'est effectivement *or* bien de l'essence, c'est de l'essence en effet ◆ **~ enough!** assurément ! ◆ **he ~ enough made a hash of that** * *(US)* pour sûr qu'il a tout gâché *

♦ **as sure as** aussi sûr que ◆ **as ~ as my name's Smith** aussi sûr que je m'appelle Smith ◆ **as ~ as fate, as ~ as anything, as ~ as guns *, as ~ as eggs is eggs** * aussi sûr que deux et deux font quatre

**COMP** ▷ **sure-enough** * **ADJ** *(US = real, actual)* réel ▷ **sure-fire** * **ADJ** certain, infaillible ▷ **sure-footed** **ADJ** *(lit)* au pied sûr ◆ **to be ~-footed** *(fig = skilful)* faire preuve de doigté ▷ **sure-footedly** **ADV** d'un pied sûr

**surely** /ˈʃʊəlɪ/ **ADV** a *(expressing confidence: assuredly)* sûrement, certainement ; *(expressing incredulity)* tout de même ◆ **~ we've met before?** je suis sûr que nous nous sommes déjà rencontrés ! ◆ **~ he didn't say that!** il n'a pas pu dire ça, tout de même ! ◆ **there is ~ some mistake** il doit sûrement *or* certainement y avoir quelque erreur ◆ **~ you can do something to help?** il doit bien y avoir quelque chose que vous puissiez faire pour aider ◆ **~ you didn't believe him?** vous ne l'avez pas cru, j'espère ◆ **~ to God** ‡ *or* **to**

**goodness *, you know that!** mais bon sang tu devrais bien le savoir ! * ◆ **it must rain soon,** ~ il va bien pleuvoir, tout de même ◆ **that's** ~ **not true** ça ne peut pas être vrai, ça m'étonnerait que ce soit vrai ◆ ~ **not!** pas possible ! ◆ ~**!** *(US = with pleasure)* bien volontiers !

**b** *(= inevitably)* sûrement, à coup sûr ◆ **justice will** ~ **prevail** la justice prévaudra sûrement

**c** *[advance, move] (= safely)* sûrement ; *(= confidently)* avec assurance ; → **slowly**

**sureness** /ˈʃʊənɪs/ **N** *(= certainty)* certitude *f* ; *(= sure-footedness)* sûreté *f* ; *(= self-assurance)* assurance *f*, sûreté *f* de soi ; *[of judgement, method, footing, grip]* sûreté *f* ; *[of aim, shot]* justesse *f*, précision *f* ◆ **the** ~ **of his touch** sa sûreté de main

**surety** /ˈʃʊərətɪ/ **N** **a** *(Jur) (= money)* caution *f* ; *(= person)* caution *f*, garant(e) *m(f)* ◆ **to go** *or* **stand** ~ **for sb** se porter caution *or* garant pour qn ◆ **in his own** ~ **of £1,000** après avoir donné une sûreté personnelle de 1 000 livres **b** †† certitude *f* ◆ **of a** ~ certainement

**surf** /sɜːf/ **N** *(NonC) (= waves)* vagues *fpl* déferlantes, ressac *m* ; *(= foam)* écume *f* ; *(= spray)* embrun *m* **VI** (also **go surfing**) surfer, faire du surf **VT** *[+ waves]* surfer sur ◆ **to** ~ **the Net** * surfer sur Internet, surfer sur le net
**COMP** ▷ **surf boat** **N** surf-boat *m*

**surface** /ˈsɜːfɪs/ **N** **a** *[of earth, sea, liquid, object etc]* surface *f* ◆ **under the** ~ *[of sea, lake etc]* sous l'eau ◆ **to come** *or* **rise to the** ~ remonter à la surface ; *(fig)* faire surface, se faire jour ◆ **to break** ~ *[submarine]* faire surface ; *[diver]* réapparaître ◆ **on the** ~ *(Naut)* en surface ; (*Min:* also **at the surface**) au jour, à la surface ; *(fig)* à première vue, au premier abord ◆ **on the** ~ **of the table** sur la surface de la table ◆ **his faults are all on the** ~ il a des défauts mais il a bon fond ◆ **I can't get below the** ~ **with him** je n'arrive pas à le connaître vraiment *or* à aller au-delà des apparences avec lui ◆ **prejudices just below** *or* **beneath the** ~ préjugés prêts à faire surface *or* à se faire jour ◆ **the road** ~ **is icy** la chaussée est verglacée ◆ **social unrest, never far below the** ~ **...** les troubles sociaux, toujours prêts à éclater ...

**b** *(Math) (= area)* surface *f* ; *(= side: of solid)* côté *m*, face *f*

**ADJ** **a** *[tension]* superficiel *(also fig) (Naut) [vessel etc]* de surface ; *(Min) [work]* au jour, à la surface ◆ **it's only a** ~ **reaction** ce n'est qu'une réaction superficielle

**b** *(Phon, Gram)* de surface

**VT** **a** *[+ road]* revêtir (*with* de) ; *[+ paper]* calandrer, glacer

**b** *(Naut) [+ submarine, object, wreck]* amener à la surface

**VI** *[swimmer, diver, whale]* revenir *or* remonter à la surface ; *[submarine]* faire surface ; *(fig = emerge) [news, feeling etc]* faire surface, se faire jour ; *(* fig) (after absence)* réapparaître ; *(after hard work)* faire surface

**COMP** ▷ **surface area** **N** *(Math etc)* surface *f*, superficie *f* ▷ **surface grammar** **N** grammaire *f* de surface ▷ **surface mail** **N** *(Post)* courrier *m* par voie de terre ; *(by sea)* courrier *m* maritime ◆ **by** ~ **mail** par voie de terre ; *(by sea)* par voie maritime ▷ **surface noise** **N** *(on record player)* grésillements *mpl* ▷ **surface structure** **N** structure *f* de surface ▷ **surface-to-air** **ADJ** *(Mil)* sol-air *inv* ▷ **surface-to-surface** **ADJ** *(Mil)* sol-sol *inv* ▷ **surface workers** **NPL** *(Min)* personnel *m* qui travaille au jour *or* à la surface

**surfboard** /ˈsɜːfbɔːd/ **N** planche *f* de surf **VI** surfer

**surfboarder** /ˈsɜːf,bɔːdəʳ/ **N** ⇒ **surfer**

**surfboarding** /ˈsɜːf,bɔːdɪŋ/ **N** ⇒ **surfing**

**surfcasting** /ˈsɜːf,kɑːstɪŋ/ **N** *(US Sport)* pêche *f* au lancer en mer *(depuis le rivage)*

**surfeit** /ˈsɜːfɪt/ **N** excès *m* (*of* de) ; *(NonC = satiety)* satiété *f* ◆ **to have a** ~ **of ...** avoir une indigestion de ... *(fig)* ◆ **there is a** ~ **of ...** il y a par trop de ... **VT** ◆ **to be** ~**ed with pleasure** être repu de plaisir

**surfer** /ˈsɜːfəʳ/ **N** surfeur *m*, -euse *f* ; *(*: on Internet)* internaute *mf*

**surfing** /ˈsɜːfɪŋ/ **N** surf *m* ; → **surf vi**

**surfride** /ˈsɜːfraɪd/ **VI** surfer

**surfrider** /ˈsɜːf,raɪdəʳ/ **N** ⇒ **surfer**

**surfriding** /ˈsɜːf,raɪdɪŋ/ **N** ⇒ **surfing**

**surge** /sɜːdʒ/ **N** *(gen)* mouvement *m* puissant ; *[of rage, fear, enthusiasm]* vague *f*, montée *f* ; *(Elec)* saute *f* de courant ; *(fig: in sales etc)* afflux *m* ◆ **the** ~ **of the sea** la houle ◆ **he felt a** ~ **of anger** il a senti la colère monter en lui ◆ **there was a** ~ **of sympathy for him** il y a eu un vif mouvement *or* une vague de sympathie pour lui ◆ **the** ~ **of people around the car** la foule qui se pressait autour de la voiture ◆ **he was carried along by the** ~ **of the crowd** il était porté par le mouvement de la foule

**VI** **a** *[waves]* s'enfler ; *[flood, river]* déferler ◆ **the sea** ~**d against the rocks** la houle battait *or* heurtait les rochers ◆ **the surging sea** la mer houleuse ◆ **the ship** ~**d at anchor** le bateau amarré était soulevé par la houle ◆ **the power** ~**d suddenly** *(Elec)* il y a eu une brusque surtension de courant ◆ **the blood** ~**d to his cheeks** le sang lui est monté *or* lui a reflué au visage ◆ **anger** ~**d (up) within him** la colère monta en lui

**b** *[crowd, vehicles etc]* déferler ◆ **to** ~ **in/out** *etc* entrer/sortir *etc* à flots ◆ **they** ~**d round the car** ils se pressaient autour de la voiture ◆ **they** ~**d forward** ils se sont lancés en avant ◆ **a surging mass of demonstrators** une foule déferlante de manifestants

**surgeon** /ˈsɜːdʒən/ **N** chirurgien *m* ◆ **she is a** ~ elle est chirurgien ◆ **a woman** ~ une femme chirurgien ; → **dental, house, veterinary** **COMP** ▷ **surgeon general** **N** (pl **surgeons general**) *(Mil)* médecin *m* général ; *(US Admin)* ministre *m* de la Santé

**surgery** /ˈsɜːdʒərɪ/ **N** **a** *(NonC = skill, study, operation)* chirurgie *f* ◆ **it is a fine piece of** ~ le chirurgien a fait du beau travail ◆ **to have** ~ se faire opérer ; → **plastic** **b** *(Brit = consulting room)* cabinet *m* (de consultation) ; *(Brit = interview)* consultation *f* ◆ **come to the** ~ **tomorrow** venez à mon cabinet demain, venez à la consultation demain ◆ **when is his** ~**?** à quelle heure sont ses consultations ?, à quelle heure consulte-t-il ? ◆ **during his** ~ pendant ses heures de consultation ◆ **there is an afternoon** ~ il consulte l'après-midi **COMP** ▷ **surgery hours** **NPL** heures *fpl* de consultation

**surgical** /ˈsɜːdʒɪkəl/ **ADJ** *[operation, intervention, treatment]* chirurgical ; *[instruments]* chirurgical, de chirurgie **COMP** ▷ **surgical appliance** **N** appareil *m* orthopédique ▷ **surgical cotton** **N** coton *m* hydrophile ▷ **surgical dressing** **N** pansement *m* ▷ **surgical shock** **N** choc *m* opératoire ▷ **surgical spirit** **N** *(Brit)* alcool *m* à 90 (degrés) ▷ **surgical strike** **N** *(Mil)* frappe *f* chirurgicale

**surgically** /ˈsɜːdʒɪkəlɪ/ **ADV** chirurgicalement

**Surinam** /,sʊərɪˈnæm/ **N** Surinam *m* ◆ **in** ~ au Surinam

**Surinamese** /,sʊərɪnæˈmiːz/ **ADJ** surinamais **N** Surinamais(e) *m(f)*

**surliness** /ˈsɜːlɪnɪs/ **N** caractère *m* revêche *or* maussade

**surly** /ˈsɜːlɪ/ **ADJ** revêche, maussade

**surmise** /ˈsɜːmaɪz/ **N** conjecture *f*, hypothèse *f* ◆ **it was nothing but** ~ c'était entièrement conjectural **VT** /sɜːˈmaɪz/ conjecturer, présumer (*from sth* d'après qch) ◆ **to** ~ **that ...** *(= infer)* conjecturer que ..., présumer que ... ; *(= suggest)* émettre l'hypothèse que ... ◆ **I** ~**d as much** je m'en doutais

**surmount** /sɜːˈmaʊnt/ **VT** **a** *(Archit etc)* surmonter ◆ ~**ed by a statue** surmonté d'une statue **b** *(= overcome) [+ obstacle, difficulties, problems]* surmonter, venir à bout de

**surmountable** /sɜːˈmaʊntəbl/ **ADJ** surmontable

**surname** /ˈsɜːneɪm/ **N** nom *m* de famille ◆ **name and** ~ nom et prénoms **VT** ◆ ~**d Jones** nommé *or* dénommé Jones, dont le nom de famille est Jones

**surpass** /sɜːˈpɑːs/ LANGUAGE IN USE 5.2 **VT** *[+ person]* surpasser (*in* en) ; *[+ hopes, expectations]* dépasser ◆ **to** ~ **o.s.** *(also iro)* se surpasser *(also iro)*

**surpassing** /sɜːˈpɑːsɪŋ/ **ADJ** incomparable, sans pareil

**surplice** /ˈsɜːpləs/ **N** surplis *m*

**surpliced** /ˈsɜːplɪst/ **ADJ** en surplis

**surplus** /ˈsɜːpləs/ **N** (pl **surpluses**) *(Comm, Econ, gen)* surplus *m*, excédent *m* ; *(Fin)* boni *m*, excédent *m* ◆ **a tea** ~ un surplus *or* un excédent de thé **ADJ** *(gen)* [*food, boxes etc*] en surplus ; *(Comm, Econ)* en surplus, excédentaire ; *(Fin)* de boni, excédentaire ◆ **it is** ~ **to (our) requirements** cela excède nos besoins ◆ ~ **copies** *[of book, document etc]* exemplaires *mpl* de passe ◆ ~ **stock** surplus *mpl*, stocks *mpl* excédentaires ◆ **American** ~ **wheat** excédent *m or* surplus *m* de blé américain ◆ **his** ~ **energy** son surcroît d'énergie **COMP** ▷ **surplus store** **N** magasin *m* de surplus

**surprise** /səˈpraɪz/ LANGUAGE IN USE 16.2

**N** *(NonC) (= emotion)* surprise *f*, étonnement *m* ; *(= event etc)* surprise *f* ◆ **much to my** ~**, to my great** ~ à ma grande surprise, à mon grand étonnement ◆ **he stopped in** ~ il s'est arrêté sous l'effet de la surprise, étonné il s'est arrêté ◆ **to take by** ~ *[+ person]* surprendre, prendre au dépourvu ; *(Mil) [+ fort, town]* prendre par surprise ◆ **a look of** ~ un regard surpris *or* traduisant la surprise ◆ **imagine my** ~ **when ...** imaginez quel a été mon étonnement *or* quelle a été ma surprise quand ... ◆ **what a** ~**!** quelle surprise ! ◆ ~**,** ~**!** *(when surprising sb)* surprise ! ; *(iro)* comme par hasard *(iro)* ◆ **to give sb a** ~ faire une surprise à qn, surprendre qn ◆ **it was a lovely/nasty** ~ **for him** cela a été pour lui une agréable/mauvaise surprise ◆ **to have a** ~ être surpris, avoir une surprise ◆ **it came as a** ~ **(to me) to learn that ...** j'ai eu la surprise d'apprendre que ...

**ADJ** *[defeat, gift, visit, decision]* inattendu, inopiné ◆ ~ **attack** attaque *f* par surprise, attaque *f* brusquée

**VT** **a** *(= astonish)* surprendre, étonner ◆ **he was** ~**d to hear that ...** il a été surpris *or* étonné d'apprendre que ..., cela l'a surpris *or* étonné d'apprendre que ... ◆ **I shouldn't be** ~**d if it snowed** cela ne m'étonnerait pas qu'il neige *subj* ◆ **don't be** ~**d if he refuses** ne soyez pas étonné *or* surpris s'il refuse, ne vous étonnez pas s'il refuse ◆ **it's nothing to be** ~**d at** cela n'a rien d'étonnant, ce n'est pas *or* guère étonnant ◆ **I'm** ~**d at** *or* **by his ignorance** son ignorance me surprend ◆ **I'm** ~**d at you!** je ne m'attendais pas à cela de vous !, cela me surprend de votre part ! ◆ **it** ~**d me that he agreed** j'ai été étonné *or* surpris qu'il accepte *subj*, je ne m'attendais pas à ce qu'il accepte *subj* ◆ **go on, ~ me!** *(iro)* allez, étonne-moi ! ◆ **he ~d me into agreeing to do it** j'ai été tellement surpris que j'ai accepté de le faire ; see also **surprised**

**b** *(= catch unawares)* *[+ army, sentry]* surprendre, attaquer par surprise ; *[+ thief]* surprendre, prendre sur le fait ; *(gen)* surprendre

**surprised** /sə'praɪzd/ **ADJ** surpris, étonné ◆ **you'd be ~ how many people ...** si tu savais combien de gens ... ◆ **he'll surely be on time – you'd be ~!** il sera sûrement à l'heure – n'y compte pas ! ; see also **surprise**

**surprising** /sə'praɪzɪŋ/ LANGUAGE IN USE 16.2 **ADJ** surprenant, étonnant ◆ **it is ~ that ...** il est surprenant *or* étonnant que ... *+ subj*

**surprisingly** /sə'praɪzɪŋlɪ/ **ADV** *[big, sad etc]* étonnamment, étrangement ◆ **you look ~ cheerful for someone who ...** vous m'avez l'air de bien bonne humeur pour quelqu'un qui ... ◆ **~ enough, ...** chose étonnante, ... ◆ **not ~ he didn't come** comme on pouvait s'y attendre il n'est pas venu, il n'est pas venu, ce qui n'a rien d'étonnant

**surreal** /sə'rɪəl/ **ADJ** surréaliste *(fig)*

**surrealism** /sə'rɪəlɪzəm/ **N** surréalisme *m*

**surrealist** /sə'rɪəlɪst/ **ADJ, N** surréaliste *mf*

**surrealistic** /sə,rɪə'lɪstɪk/ **ADJ** surréaliste

**surrender** /sə'rendəʳ/ **VI** *(Mil)* se rendre (*to* à), capituler (*to* devant) ◆ **to ~ to the police** se livrer à la police, se constituer prisonnier ◆ **to ~ to despair** s'abandonner *or* se livrer au désespoir

**VT** **a** *(Mil)* *[+ town, hill]* livrer (*to* à)

**b** *[+ firearms]* rendre (*to* à) ; *[+ stolen property, documents, photos]* remettre (*to* à) ; *[+ insurance policy]* racheter ; *[+ lease]* céder ; *[+ one's rights, claims, powers, liberty]* renoncer à, abdiquer ; *[+ hopes]* abandonner ◆ **to ~ o.s. to despair/to the delights of sth** s'abandonner *or* se livrer au désespoir/aux plaisirs de qch

**N** **a** *(Mil etc)* reddition *f* (*to* à), capitulation *f* (*to* devant) ◆ **no ~!** on ne se rend pas ! ; → **unconditional**

**b** *(= giving up)* *[of firearms, stolen property, documents]* remise *f* (*to* à) ; *[of insurance policy]* rachat *m* ; *[of one's rights, claims, powers, liberty]* renonciation *f* (*of* à), abdication *f* (*of* de ; *to* en faveur de) ; *[of hopes]* abandon *m* ; *[of lease]* cession *f* ; *(= return)* restitution *f* (*of* de ; *to* à)

**COMP** ▷ **surrender value** **N** *(Insurance)* valeur *f* de rachat

**surreptitious** /,sʌrəp'tɪʃəs/ **ADJ** *[entry, removal]* subreptice, clandestin ; *[movement, gesture]* furtif

**surreptitiously** /,sʌrəp'tɪʃəslɪ/ **ADV** *[enter, remove]* subrepticement, clandestinement ; *[move]* furtivement, sournoisement *(pej)*

**surrogacy** /'sʌrəgəsɪ/ **N** *(in childbearing)* maternité *f* de substitution

**surrogate** /'sʌrəgɪt/ **N** **a** *(gen: frm)* substitut *m*, représentant *m* **b** *(Psych)* substitut *m* **c** *(Brit:* also **surrogate bishop**) *évêque auxiliaire à qui l'on délègue le pouvoir d'autoriser les mariages sans publication de bans* **d** *(US = judge)* *juge chargé de l'homologation de testaments etc*

**ADJ** *[pleasure etc]* de remplacement **VI** /'sʌrəgeɪt/ *(be a surrogate mother)* être mère porteuse *or* mère de substitution **COMP** ▷ **surrogate mother** **N** *(Genetics)* mère *f* porteuse, mère *f* de substitution ; *(Psych)* substitut *m* maternel ▷ **surrogate motherhood** **N** maternité *f* de substitution

**surround** /sə'raʊnd/ **VT** entourer ; *(totally)* cerner, encercler ◆ **~ed by** entouré de ◆ **you are ~ed** *(Mil, Police etc)* vous êtes cerné *or* encerclé ◆ **to ~ o.s. with friends/allies** s'entourer d'amis/d'alliés **N** bordure *f*, encadrement *m* ; *[of fireplace]* entourage *m* ; *(Brit: on floor:* also **surrounds**) bordure *f* *(entre le tapis et le mur)* **NPL** **surrounds** *(frm = surroundings)* cadre *m* **COMP** ▷ **surround sound** **N** *(Cine)* son *m* surround

**surrounding** /sə'raʊndɪŋ/ **ADJ** *[streets, countryside, villages]* alentour *inv*, environnant ◆ **Liège and the ~ area** Liège et ses alentours *or* environs ◆ **the ~ tissue is healthy** *(Med)* les tissus autour sont sains **NPL** **surroundings** *(= surrounding country)* alentours *mpl*, environs *mpl* ; *(= setting)* cadre *m*, décor *m* ◆ **the ~s of Glasgow are picturesque** les alentours *or* les environs de Glasgow sont pittoresques ◆ **he found himself in ~s strange to him** il s'est retrouvé dans un cadre *or* décor qu'il ne connaissait pas ◆ **animals in their natural ~s** des animaux dans leur cadre naturel

**surtax** /'sɜːtæks/ **N** *(gen)* surtaxe *f* ; *(= income tax)* tranche *f* supérieure de l'impôt sur le revenu ◆ **to pay ~** être dans les tranches supérieures d'imposition

**surtitles** /'sɜː,taɪtlz/ **NPL** surtitres *mpl*

**surveillance** /sɜː'veɪləns/ **N** surveillance *f* ◆ **to keep sb under ~** surveiller qn ◆ **under constant ~** sous surveillance continue

**survey** /'sɜːveɪ/ **N** **a** *(= comprehensive view)* *[of countryside, prospects, development etc]* vue *f* générale *or* d'ensemble (*of* de) ◆ **he gave a general ~ of the situation** il a fait un tour d'horizon de la situation, il a passé la situation en revue

**b** *(= investigation, study)* *[of reasons, prices, situation, sales, trends]* enquête *f* (*of* sur), étude *f* (*of* de) ◆ **to carry out** *or* **make a ~ of** enquêter sur, faire une étude de ◆ **~ of public opinion** sondage *m* d'opinion

**c** *(Surv: of land, coast etc)* *(= act)* levé *m* ; *(= report)* levé *m* ; → **aerial, ordnance**

**d** *(Brit: in housebuying)* *(= act)* expertise *f* ; *(= report)* (rapport *m* d')expertise *f*

**VT** /sɜː'veɪ/ **a** *(via questionnaire)* *[+ people]* interroger ; *[+ attitudes, opinions]* faire une enquête sur ◆ **about half the people ~ed ...** la moitié environ des personnes interrogées ... ◆ **211 companies were ~ed for the report** l'enquête a porté sur 211 entreprises

**b** *(= consider)* passer en revue ◆ **he ~ed the thirty years of his rule** il a passé en revue ses trente ans au pouvoir ◆ **the Prime Minister ~ed the situation** le Premier ministre a fait un tour d'horizon de *or* a passé en revue la situation ◆ **the book ~s the history of the motorcar** le livre passe en revue *or* étudie dans les grandes lignes l'histoire de l'automobile

**c** *(= look around at)* *[+ countryside, view, crowd]* embrasser du regard ◆ **he ~ed the scene with amusement** il regardait la scène d'un œil amusé

**d** *(Surv)* *[+ site, land]* faire le levé de ; *(Brit)* *[+ house, building]* inspecter, examiner ; *[+ country, coast]* faire le levé topographique de ; *[+ seas]* faire le levé hydrographique de

**COMP** ▷ **survey course** **N** *(US Univ)* cours *m* d'initiation ▷ **survey ship** **N** navire *m* de recherche hydrographique

**surveying** /sɜː'veɪɪŋ/ **N** **a** *(NonC = action)* *[of site, land]* levé *m* ; *[of house]* expertise *f* ; *[of country, coast]* levé *m* topographique ; *[of seas]* levé *m* hydrographique **b** *(= science, occupation)* *[of site, land]* arpentage *m* ; *[of house]* expertise *f* ; *[of country, coast]* topographie *f* ; *[of seas]* topographie *f* marine, hydrographie *f* **COMP** *[instrument]* d'arpentage ; *[studies]* de topographie

**surveyor** /sə'veɪəʳ/ **N** *(Brit)* *[of property, buildings etc]* expert *m* ; *[of land, site]* (arpenteur *m*) géomètre *m* ; *[of country, coastline]* topographe *mf* ; *[of seas]* hydrographe *mf* ; → **quantity**

**survival** /sə'vaɪvəl/ **N** *(= act)* survie *f* *(also Jur, Rel)* ; *(= relic)* *[of custom, beliefs etc]* survivance *f*, vestige *m* ◆ **the ~ of the fittest** *(lit: in evolution)* la lutte pour la vie ; *(fig)* la loi du plus fort **COMP** ▷ **survival bag** **N** ≈ couverture *f* de survie ▷ **survival course** **N** cours *m* de survie ▷ **survival kit** **N** trousse *f* de survie

**survivalist** /sə'vaɪvəlɪst/ **N** *écologiste extrême vivant en autarcie pour pouvoir survivre à une éventuelle catastrophe planétaire*

**survive** /sə'vaɪv/ **VI** *[person]* survivre (*on* avec) ; *[house, jewellery, book, custom]* survivre, subsister ◆ **he ~d to tell the tale** il a survécu et a pu raconter ce qui s'était passé ◆ **to ~ to fight another day** s'en sortir sans trop de dommages ◆ **only three volumes ~** il ne reste *or* il ne subsiste plus que trois tomes ◆ **you'll ~!** *(iro)* vous n'en mourrez pas ! ◆ **they don't eat/earn enough to ~ on** il ne mangent/gagnent pas assez pour survivre **VT** *[+ person]* survivre à ; *[+ injury, disease]* réchapper de ; *[+ fire, accident, experience, invasion]* survivre à, réchapper de ◆ **he is ~d by a wife and two sons** sa femme et deux fils lui survivent

**surviving** /sə'vaɪvɪŋ/ **ADJ** *[spouse, children]* survivant ◆ **~ company** *(Fin after merger)* société *f* absorbante

**survivor** /sə'vaɪvəʳ/ **N** survivant(e) *m(f)* ; *[of accident]* survivant(e) *m(f)*, rescapé(e) *m(f)* ; *(fig)* *[of regime, earlier time]* rescapé(e) *m(f)* ; *[of abuse]* ancienne victime *f* ◆ **he's a real ~!** il surmonte toutes les crises !

**sus*** /sʌs/ *(Brit)* **N** (abbrev of **suspicion**) ◆ **~ law** loi *f* autorisant à interpeller des suspects à discrétion **VT** ⇒ **suss**

**Susan** /'suːzn/ **N** Suzanne *f*

**susceptibility** /sə,septə'bɪlɪtɪ/ **N** *(= sensitiveness)* émotivité *f*, sensibilité *f* ; *(= touchiness)* susceptibilité *f* ; *(Med)* prédisposition *f* (*to* à) ◆ **his ~ to hypnosis** la facilité avec laquelle on l'hypnotise ◆ **his susceptibilities** ses cordes *fpl* sensibles

**susceptible** /sə'septəbl/ **ADJ** **a** *(Med, Bot: to disease)* prédisposé (*to* à) ; *(= impressionable)* émotif ; *(= able to be affected)* ◆ **~ to sb's influence** sensible à l'influence de qn ◆ **~ to flattery/to (the) cold** sensible à la flatterie/au froid ◆ **~ to advertising** influençable par la publicité **b** *(frm = capable)* ◆ **~ of** *or* **to change/measurement/resolution** susceptible d'être modifié/mesuré/résolu

**sushi** /'suːʃɪ/ **N** *(NonC)* sushi *m* **COMP** ▷ **sushi bar** **N** petit restaurant *m* de sushi ▷ **sushi restaurant** **N** restaurant *m* de sushi

**suspect** /'sʌspekt/ **N** suspect(e) *m(f)* ◆ **the usual ~s** *(fig)* les suspects *mpl* habituels **ADJ** suspect **VT** /səs'pekt/ **a** soupçonner (*that* que) ; *[+ person]* soupçonner, suspecter *(pej)* (*of doing sth* de faire *or* d'avoir fait qch) ; *[+ ambush, swindle]* flairer, soupçonner ◆ **I ~ him of being the author** *[of book etc]* je le soupçonne d'en être l'auteur ; *[of anonymous letter]* je le soupçonne *or* je le suspecte d'en être l'auteur ◆ **he ~s nothing** il ne se doute de rien **b** *(= think likely)* soupçonner, avoir dans l'idée, avoir le sentiment (*that* que) ◆ **I ~ he knows who did it** je soupçonne *or* j'ai dans l'idée qu'il connaît le coupable ◆ **I ~ed as much** je m'en doutais ◆ **he'll come, I ~** il viendra, j'imagine **c** *(= have doubts about)* douter de ◆ **I ~ the truth of what he says** je doute de la vérité de ce qu'il dit

**suspend** /səs'pend/ VT a (= *hang*) suspendre (*from* à) ◆ **to be ~ed in sth** [*particles etc*] être en suspension dans qch ◆ **a column of smoke hung ~ed in the still air** une colonne de fumée flottait dans l'air immobile

b (= *stop temporarily, defer etc*) [+ *publication*] suspendre, surseoir ; [+ *decision, payment, regulation, meetings, discussions*] suspendre ; [+ *licence, permission*] retirer provisoirement ; [+ *bus service*] interrompre provisoirement ◆ **to ~ judgement** suspendre son jugement

c [+ *employee, office holder, officer etc*] suspendre (*from* de) ; (*Scol, Univ*) exclure temporairement

COMP ▷ **suspended animation** N (*fig hum*) ◆ **to be in a state of ~ed animation** ne donner aucun signe de vie ▷ **suspended sentence** N (*Jur*) condamnation *f* avec sursis ◆ **he received a ~ed sentence of six months in jail** il a été condamné à six mois de prison avec sursis

**suspender** /səs'pendəʳ/ N (*Brit*) (*for stockings*) jarretelle *f* ; (*for socks*) fixe-chaussette *m* NPL **suspenders** (*US* = *braces*) bretelles *fpl* COMP ▷ **suspender belt** N (*Brit*) porte-jarretelles *m inv*

**suspense** /səs'pens/ N (*NonC*) a incertitude *f*, attente *f* ; (*in book, film, play*) suspense *m* ◆ **we waited in great ~** nous avons attendu haletants ◆ **to keep sb in ~** tenir qn en suspens, laisser qn dans l'incertitude ; [*film*] tenir qn en suspens *or* en haleine ◆ **to put sb out of (his) ~** mettre fin à l'incertitude *or* à l'attente de qn ◆ **the ~ is killing me!** * ce suspense me tue ! (*also iro*) b (*Admin, Jur*) **to be** *or* **remain in ~** être (laissé) *or* rester en suspens COMP ▷ **suspense account** N (*Accounts*) compte *m* d'ordre

**suspenseful** /səs'pensfʊl/ ADJ plein de suspense

**suspension** /səs'penʃən/ N a (*NonC*) (= *interruption*) [*of decision, payment, constitution, talks*] suspension *f* ; [*of licence, permission*] retrait *m* provisoire ; [*of programme, service*] interruption *f* provisoire ; [*of democracy*] abandon *m* provisoire ◆ **~ of disbelief** (*Literat*) acceptation *f* des invraisemblances b (= *debarment*) [*of employee, official, player*] suspension *f* ; [*of pupil, student*] renvoi *m or* exclusion *f* temporaire c (*Jur*) [*of sentence*] sursis *m* d (*Aut*) suspension *f* e (*Chem, Phys*) suspension *f* (*of* de) ◆ **in ~** en suspension COMP ▷ **suspension bridge** N pont *m* suspendu ▷ **suspension file** N dossier *m* suspendu (*dans un tiroir*) ▷ **suspension points** NPL (*Typ*) points *mpl* de suspension

**suspensory** /səs'pensərɪ/ ADJ [*ligament*] suspenseur *m only* ; [*bandage*] de soutien

**suspicion** /səs'pɪʃən/ N a soupçon *m* ; (*NonC*) soupçon(s) *m(pl)* ◆ **an atmosphere laden with ~** une atmosphère chargée de soupçons ◆ **above** *or* **beyond ~** au-dessus *or* à l'abri de tout soupçon ◆ **under ~** considéré comme suspect ◆ **he was regarded with ~** on s'est montré soupçonneux à son égard ◆ **to arrest sb on ~** (*Jur*) arrêter qn sur des présomptions ◆ **on ~ of murder** sur présomption de meurtre ◆ **I had a ~ that he wouldn't come back** quelque chose me disait *or* j'avais le sentiment qu'il ne reviendrait pas ◆ **I had no ~ that ...** je ne me doutais pas du tout que ... ◆ **I had (my) ~s about that letter** j'avais mes doutes quant à cette lettre ◆ **I have my ~s about it** j'ai des doutes là-dessus, cela me semble suspect ◆ **he was right in his ~ that ...** il avait raison de soupçonner que ..., c'est à juste titre qu'il soupçonnait que ...

b (*fig* = *trace, touch*) soupçon *m*

**suspicious** /səs'pɪʃəs/ ADJ a (= *distrustful*) [*person, attitude, look*] méfiant, soupçonneux ◆ **you've got a ~ mind!** tu es très méfiant *or* soupçonneux ! ◆ **~ minds might think that ...** des esprits soupçonneux pourraient croire que ... ◆ **to be ~ of sb/sth** se méfier de qn/qch ◆ **to be ~ about sb/sth** avoir des soupçons sur qn/qch ◆ **to be ~ that ...** soupçonner que ... ◆ **to become** *or* **grow ~** commencer à se méfier b (= *causing suspicion*: also **suspicious-looking**) [*person, object, action, death*] suspect ◆ **in ~ circumstances** dans des circonstances suspectes

**suspiciously** /səs'pɪʃəslɪ/ ADV a (= *with suspicion*) [*examine, glance, ask*] avec méfiance b (= *causing suspicion*) [*behave, act*] de manière suspecte ◆ **~ similar** d'une ressemblance suspecte ◆ **~ high/low prices** des prix étrangement élevés/bas ◆ **it looks ~ like measles** ça a tout l'air d'être la rougeole ◆ **it sounds ~ as though he ...** il y a tout lieu de soupçonner qu'il ... ◆ **he arrived ~ early** c'est louche qu'il soit arrivé si tôt

**suspiciousness** /səs'pɪʃəsnɪs/ N (*NonC*) a (*feeling suspicion*) caractère *m* soupçonneux *or* méfiant b (*causing suspicion*) caractère *m* suspect

**suss** * /sʌs/ VT (*Brit*) ◆ **to ~ (out)** [+ *situation, plan*] piger ‡ ◆ **I can't ~ him out** je n'arrive pas à le cerner ◆ **he'll ~ you (out) straight away** il va tout de suite comprendre ton jeu ◆ **I've ~ed it out, I've got it ~ed** j'ai pigé ‡

**sussed** * /sʌst/ ADJ (*Brit*) [*person*] branché *

**sustain** /səs'teɪn/ VT a [+ *weight, beam etc*] supporter ; [+ *body*] nourrir, sustenter † ; [+ *life*] maintenir ; (*Mus*) [+ *note*] tenir, soutenir ; [+ *effort, role*] soutenir ; [+ *pretence*] poursuivre, prolonger ; [+ *assertion, theory*] soutenir, maintenir ; [+ *charge*] donner des preuves à l'appui de ◆ **that food won't ~ you for long** ce n'est pas cette nourriture qui va vous donner beaucoup de forces ◆ **objection ~ed** (*Jur*) ≃ (objection *f*) accordée ◆ **the court ~ed his claim** *or* **~ed him in his claim** (*Jur*) le tribunal a fait droit à sa revendication ; see also **sustained** b (= *suffer*) [+ *attack*] subir ; [+ *loss*] éprouver, essuyer ; [+ *damage*] subir, souffrir ; [+ *injury*] recevoir ◆ **he ~ed concussion** il a été commotionné

**sustainability** /səˌsteɪnə'bɪlɪtɪ/ N [*of resources, energy source etc*] durabilité *f*, pérennité *f* ; [*of policy, economy etc*] poursuite *f* dans le temps

**sustainable** /səs'teɪnəbəl/ ADJ a (*Econ*) [*rate, growth*] viable ; [*energy, source, forest, development*] durable ; [*resource*] renouvelable b [*argument*] tenable

**sustainably** /səs'teɪnəblɪ/ ADV ◆ **~ managed** géré durablement

**sustained** /səs'teɪnd/ ADJ [*campaign, pressure, wind*] soutenu ; [*effort, attack, applause*] prolongé ◆ **~ growth** (*Econ*) expansion *f* soutenue ◆ **a ~ recovery** (*Econ*) une reprise soutenue

**sustaining** /səs'teɪnɪŋ/ ADJ [*food*] consistant, substantiel COMP ▷ **sustaining pedal** N (*Mus*) pédale *f* forte ▷ **sustaining program** N (*US Rad, TV*) émission *f* non sponsorisée

**sustenance** /'sʌstɪnəns/ N (*NonC*) a (= *nourishing quality*) valeur *f* nutritive ; (= *food and drink*) alimentation *f*, nourriture *f* ◆ **there's not much ~ in melon** le melon n'est pas très nourrissant *or* nutritif, le melon n'a pas beaucoup de valeur nutritive ◆ **they depend for ~ on ..., they get their ~ from ...** ils se nourrissent de ... ◆ **roots and berries were** *or* **provided their only ~** les racines et les baies étaient leur seule nourriture, pour toute nourriture ils avaient des racines et des baies b (= *means of livelihood*) moyens *mpl* de subsistance

**suttee** /sʌ'tiː/ N (= *widow*) (veuve *f*) sati *f inv* ; (= *rite*) sati *m*

**suture** /'suːtʃəʳ/ N suture *f*

**SUV** /ˌesjuː'viː/ N (*esp US*) (*Aut*) (abbrev of **sport utility vehicle**) SUV *m*

**suzerain** /'suːzəˌreɪn/ N suzerain(e) *m(f)*

**suzerainty** /'suːzərəntɪ/ N suzeraineté *f*

**svelte** /svelt/ ADJ svelte

**Svengali** /sven'gɑːlɪ/ N *homme aux pouvoirs malfaisants*

**SVGA** /ˌesviːdʒiː'eɪ/ N (*Comput*) (abbrev of **super video graphics array**) super-VGA *m*

**SVQ** /ˌesviː'kjuː/ N (abbrev of **Scottish Vocational Qualification**) *qualification professionnelle* ; → NVQ

**SW** a (*Rad*) (abbrev of **short wave**) OC *fpl* b (abbrev of **south-west**) S.-O.

**swab** /swɒb/ N (= *mop, cloth*) serpillière *f* ; (*Naut*) faubert *m* ; (*for gun-cleaning*) écouvillon *m* ; (*Med* = *cotton wool etc*) tampon *m* ; (*Med* = *specimen*) prélèvement *m* ◆ **to take a ~ of sb's throat** (*Med*) faire un prélèvement dans la gorge de qn VT a (also **swab down**) [+ *floor etc*] nettoyer, essuyer ; (*Naut*) [+ *deck*] passer le faubert sur b (also **swab out**) [+ *gun*] écouvillonner ; (*Med*) [+ *wound*] tamponner, essuyer *or* nettoyer avec un tampon

**swaddle** /'swɒdl/ VT (*in bandages*) emmailloter (*in* de) ; (*in blankets etc*) emmitoufler * (*in* dans) ; [+ *baby*] emmailloter, langer COMP ▷ **swaddling bands, swaddling clothes** NPL (*liter*) maillot *m*, lange *m*

**swag** /swæg/ N a (‡ = *loot*) butin *m* b (*Austral*) bal(l)uchon * *m*

**swagger** /'swægəʳ/ N air *m* fanfaron ; (= *gait*) démarche *f* assurée ◆ **to walk with a ~** marcher en plastronnant *or* d'un air important VI a (also **swagger about, swagger along**) plastronner, parader ◆ **to ~ in/out** *etc* entrer/sortir *etc* d'un air fanfaron *or* en plastronnant b (= *boast*) se vanter (*about* de) COMP ▷ **swagger coat** N manteau *m* trois quarts ▷ **swagger stick** N (*Mil*) badine *f*, jonc *m*

**swaggering** /'swægərɪŋ/ ADJ [*gait*] assuré ; [*person, look, gesture*] fanfaron N (= *strutting*) airs *mpl* importants ; (= *boasting*) fanfaronnades *fpl*

**swagman** * /'swægmæn/ N (pl **-men**) (*Austral*) ouvrier *m* agricole itinérant

**Swahili** /swɑː'hiːlɪ/ ADJ swahili, souahéli N (pl **Swahili** *or* **Swahilis**) (*Ling*) swahili *m*, souahéli *m* NPL (= *people*) Swahilis *mpl*, Souahélis *mpl*

**swain** /sweɪn/ N († † *or liter*) amant † *m*, soupirant † *m*

**SWALK** /swɔːlk/ (abbrev of **sealed with a loving kiss**) doux baisers (*message au dos d'une enveloppe*)

**swallow¹** /'swɒləʊ/ N (*Orn*) hirondelle *f* ◆ **one ~ doesn't make a summer** (*Prov*) une hirondelle ne fait pas le printemps (*Prov*) COMP ▷ **swallow dive** N (*Brit*) saut *m* de l'ange ▷ **swallow-tailed coat** N (habit *m* à) queue *f* de pie

**swallow²** /'swɒləʊ/ N (= *act*) avalement *m* ; (= *amount*) gorgée *f* ◆ **at** *or* **with one ~** [*drink*] d'un trait, d'un seul coup ; [*food*] d'un seul coup VI avaler ◆ **he ~ed hard** (*with emotion*) sa gorge se serra VT a [+ *food, drink, pill*] avaler ; [+ *oyster*] gober b (*fig*) [+ *story*] avaler, gober ; [+ *insult*] avaler, encaisser * ; [+ *one's anger, pride*] ravaler ◆ **that's a bit hard**

**to ~** c'est plutôt dur à avaler ◆ **they ~ed it whole** ils ont tout avalé *or* gobé

► **swallow down** VT SEP avaler

► **swallow up** VT SEP *(fig)* engloutir ◆ **the ground seemed to ~ them up** le sol semblait les engloutir ◆ **he was ~ed up in the crowd** il s'est perdu *or* il a disparu dans la foule ◆ **the mist ~ed them up** la brume les a enveloppés ◆ **taxes ~ up half your income** les impôts engloutissent *or* engouffrent la moitié de vos revenus

**swallowtail (butterfly)** /ˈswɒləʊteɪl(ˈbʌtəflaɪ)/ N machaon *m*

**swam** /swæm/ VB pt of **swim**

**swami** /ˈswɑːmɪ/ N (pl **swamies** *or* **swamis**) pandit *m*

**swamp** /swɒmp/ N marais *m*, marécage *m* VT *(= flood)* inonder ; *[+ boat]* emplir d'eau ; *(= sink)* submerger ; *(fig)* submerger (*with* de) ◆ **he was ~ed with requests/letters** il était submergé de requêtes/lettres ◆ **I'm absolutely ~ed** * **(with work)** je suis débordé (de travail) ◆ **towards the end of the game they ~ed us** *(Ftbl etc)* vers la fin de la partie ils ont fait le jeu COMP ▷ **swamp buggy** N *(US)* voiture *f* amphibie ▷ **swamp fever** N paludisme *m*, malaria *f*

**swampland** /ˈswɒmplænd/ N *(NonC)* marécages *mpl*

**swampy** /ˈswɒmpɪ/ ADJ marécageux

**swan** /swɒn/ N cygne *m* ◆ **the Swan of Avon** le cygne de l'Avon *(Shakespeare)* VI *(Brit *)* ◆ **he ~ned off to London before the end of term** il est parti à Londres sans s'en faire * *or* il est tranquillement parti à Londres avant la fin du trimestre ◆ **he's ~ning around in Paris somewhere** il se balade * quelque part dans Paris sans s'en faire * COMP ▷ **swan dive** N *(US)* saut *m* de l'ange ▷ **Swan Lake** N *(Ballet)* le Lac des Cygnes ▷ **swan-necked** ADJ *[woman]* au cou de cygne ; *[tool]* en col de cygne ▷ **swan song** N *(fig)* chant *m* du cygne ▷ **swan-upping** N *(Brit) recensement annuel des cygnes de la Tamise*

**swank** * /swæŋk/ N a *(NonC)* esbroufe * *f* ◆ **out of ~** pour épater *, pour faire de l'esbroufe * b († *= person*) esbroufeur * *m*, -euse * *f* VI faire de l'esbroufe *, chercher à épater * *or* à en mettre plein la vue * ◆ **to ~ about sth** se vanter de qch

**swanky** * /ˈswæŋkɪ/ ADJ huppé *

**swannery** /ˈswɒnərɪ/ N colonie *f* de cygnes

**swansdown** /ˈswɒnzdaʊn/ N *(NonC) (= feathers)* (duvet *m* de) cygne *m* ; *(Tex)* molleton *m*

**swap** * /swɒp/ N troc *m*, échange *m* ◆ **it's a fair ~** ça se vaut ◆ **~s** *(stamps etc)* doubles *mpl* VT échanger, troquer (*A for B* A contre B) ; *[+ stamps, stories]* échanger (*with sb* avec qn) ◆ **Paul and Martin have ~ped hats** Paul et Martin ont échangé leurs chapeaux ◆ **let's ~ places** changeons de place (l'un avec l'autre) ◆ **I'll ~ you!** tu veux échanger avec moi ? ; → **wife** VI échanger COMP ▷ **swap meet** N *(US Comm) rassemblement où l'on vend ou troque divers objets usagés* ▷ **swap shop** N *(Brit) lieu ou rassemblement où l'on troque divers objets usagés*

► **swap over, swap round** VT SEP, VI changer de place

**SWAPO** /ˈswɑːpəʊ/ N (abbrev of **South-West Africa People's Organization**) SWAPO *f*

**sward** †† /swɔːd/ N gazon *m*, pelouse *f*

**swarm¹** /swɔːm/ N *[of bees, flying insects]* essaim *m* ; *[of ants, crawling insects]* fourmillement *m*, grouillement *m* ; *[of people]* nuée *f*, essaim *m* ◆ **in a ~, in ~s** *(fig)* en masse VI a *[bees]* essaimer b *[crawling insects]* grouiller ◆ **to ~ in/out** *etc [people]* entrer/sortir *etc* en masse ◆ **they ~ed round** *or* **over** *or* **through the palace** ils ont envahi le palais en masse ◆ **the children ~ed round his car** les enfants s'agglutinaient autour de sa voiture c *(lit, fig) [ground, town, streets]* fourmiller, grouiller (*with* de)

**swarm²** /swɔːm/ VT (also **swarm up**) *[+ tree, pole]* grimper à toute vitesse à *(en s'aidant des pieds et des mains)*

**swarthiness** /ˈswɔːðɪnɪs/ N teint *m* basané *or* bistré

**swarthy** /ˈswɔːðɪ/ ADJ *[person]* à la peau basanée, au teint basané ; *[complexion]* basané

**swashbuckler** /ˈswɒʃˌbʌkləʳ/ N fier-à-bras *m*

**swashbuckling** /ˈswɒʃˌbʌklɪŋ/ ADJ *[person]* truculent ; *[film, role]* de cape et d'épée

**swastika** /ˈswɒstɪkə/ N svastika *or* swastika *m* ; *(Nazi)* croix *f* gammée

**SWAT** /swɒt/ (abbrev of **Special Weapons and Tactics**) **~ team** ≃ GIGN *m (groupe d'intervention de la gendarmerie nationale)*

**swat** /swɒt/ VT *[+ fly, mosquito]* écraser ; (* *= slap*) *[+ table etc]* donner un coup sur, taper sur N a ◆ **to give a fly a ~, to take a ~ at a fly** donner un coup de tapette à une mouche b (also **fly swat**) tapette *f*

**swatch** /swɒtʃ/ N échantillon *m* (de tissu)

**swath** /swɔːθ/ N (pl **swaths** /swɔːðz/) ⇒ **swathe n**

**swathe** /sweɪð/ VT *(= bind)* emmailloter (*in* de) ; *(= wrap)* envelopper (*in* dans) ◆ **~d in bandages** emmailloté de bandages ◆ **~d in blankets** enveloppé *or* emmitouflé * dans des couvertures N *(Agr)* andain *m* ◆ **to cut corn in ~s** couper le blé en javelles ◆ **to cut a ~ through** *(fig) [disease, epidemic]* décimer ; *[recession, cutbacks]* ravager

**swatter** /ˈswɒtəʳ/ N (also **fly swatter**) tapette *f*

**sway** /sweɪ/ N *(NonC)* a *(= motion) [of rope, hanging object, trees]* balancement *m*, oscillation *f* ; *[of boat]* balancement *m*, oscillations *fpl* ; *[of tower block, bridge]* mouvement *m* oscillatoire, oscillation *f*

b *(liter)* emprise *f* (*over* sur), domination *f* (*over* de) ◆ **to hold ~ over** avoir de l'emprise sur, tenir sous son emprise *or* sa domination ◆ **to fall under the ~ of** tomber sous l'emprise de

VI *[tree, rope, hanging object, boat]* se balancer, osciller ; *[tower block, bridge]* osciller ; *[train]* tanguer ; *[person]* tanguer, osciller ; *(fig) (= vacillate)* osciller, balancer *(liter)* (*between* entre) ◆ **he stood ~ing (about** *or* **from side to side** *or* **backwards and forwards)** il oscillait (sur ses jambes *or* de droite à gauche *or* d'arrière en avant), il tanguait ◆ **to ~ in/out** *etc (from drink, injury)* entrer/sortir *etc* en tanguant ; *(regally)* entrer/sortir *etc* majestueusement ◆ **he ~ed towards leniency** il a penché pour la clémence

VT a *[+ hanging object]* balancer, faire osciller ; *[+ hips]* rouler, balancer ; *[wind]* balancer, agiter ; *[waves]* balancer, ballotter

b *(= influence)* influencer, avoir une action déterminante sur ◆ **these factors finally ~ed the committee** ces facteurs ont finalement influencé le choix *or* la décision du comité ◆ **I allowed myself to be ~ed** je me suis laissé influencer ◆ **his speech ~ed the crowd** son discours a eu une action déterminante sur la foule

COMP ▷ **sway-back** N ensellure *f*, lordose *f* ▷ **sway-backed** ADJ ensellé

**Swazi** /ˈswɑːzɪ/ ADJ swazi N Swazi(e) *m(f)*

**Swaziland** /ˈswɑːzɪˌlænd/ N Swaziland *m* ◆ **in ~** au Swaziland

**swear** /swɛəʳ/ (pret **swore**, ptp **sworn**) VT a jurer (*on sth* sur qch ; *that* que ; *to do sth* de faire qch) ; *[+ fidelity, allegiance]* jurer ◆ **I ~ it!** je le jure ! ◆ **to ~ an oath** *(solemnly)* prêter serment ; *(= curse)* lâcher *or* pousser un juron ◆ **to ~ (an oath) to do sth** faire (le) serment *or* jurer de faire qch ◆ **to ~ a charge against sb** *(Jur)* accuser qn sous serment ◆ **I could have sworn he touched it** j'aurais juré qu'il l'avait touché ◆ **I ~ he said so!** il l'a dit, je vous le jure !, je vous jure qu'il l'a dit ! ◆ **I ~ I've never enjoyed myself more** ma parole, je ne me suis jamais autant amusé ; see also **oath, sworn** ; → **black**

b *[+ witness, jury]* faire prêter serment à ◆ **to ~ sb to secrecy** faire jurer le secret à qn

VI a *(= take solemn oath etc)* jurer ◆ **do you so ~? – I ~** *(Jur)* ≃ dites "je le jure" – je le jure ◆ **he swore on the Bible** il a juré sur la Bible ◆ **I ~ by all I hold sacred** je jure sur ce que j'ai de plus sacré ◆ **to ~ to the truth of sth** jurer que qch est vrai ◆ **would you ~ to having seen him?** est-ce que vous jureriez que vous l'avez vu ? ◆ **I think he did but I couldn't** *or* **wouldn't ~ to it** il me semble qu'il l'a fait mais je n'en jurerais pas ◆ **to ~ blind** *(Brit) or* **up and down** *(US)* **that ...** jurer ses grands dieux que ...

b *(= curse)* jurer, pester (*at* contre, après) ; *(= blaspheme)* jurer, blasphémer ◆ **don't ~!** ne jure pas !, ne sois pas grossier ! ◆ **to ~ like a trooper** jurer comme un charretier ◆ **it's enough to make you ~** * il y a de quoi vous faire râler *

► **swear by** VT FUS *(fig)* ◆ **he swears by vitamin C tablets** il ne jure que par la vitamine C ◆ **I ~ by whisky as a cure for flu** pour moi il n'y a rien de tel que le whisky pour guérir la grippe

► **swear in** VT SEP *[+ jury, witness, president etc]* assermenter, faire prêter serment à

► **swear off** VT FUS *[+ alcohol, tobacco]* jurer de renoncer à ◆ **he has sworn off stealing** il a juré de ne plus voler

► **swear out** VT SEP *(US Jur)* ◆ **to swear out a warrant for sb's arrest** obtenir un mandat d'arrêt contre qn en l'accusant sous serment

**swearword** /ˈswɛəwɜːd/ N gros mot *m*, juron *m*

**sweat** /swet/ N a sueur *f*, transpiration *f* ; *(fig: on walls etc)* humidité *f*, suintement *m* ; *(= state)* sueur(s) *f(pl)* ◆ **by the ~ of his brow** à la sueur de son front ◆ **to be dripping** *or* **covered with ~** ruisseler de sueur, être en nage ◆ **to work up** *or* **get up a ~, to break ~** se mettre à transpirer ◆ **to be in a ~** *(lit)* être en sueur, être couvert de sueur ; (* *fig*) avoir des sueurs froides ◆ **he was in a great ~ about it** ça lui donnait des sueurs froides ; → **cold**

b (* *= piece of work etc*) corvée *f* ◆ **it was an awful ~** on a eu un mal de chien, on en a bavé ‡ ◆ **no ~!** ‡ pas de problème !

c **an old ~** ‡ un vétéran, un vieux routier

VI *[person, animal]* suer (*with, from* de), être en sueur ; *[walls]* suer, suinter ; *[cheese etc]* suer ◆ **he was ~ing profusely** il suait à grosses gouttes ◆ **to ~ like a bull** *or* **a pig** suer comme un bœuf ◆ **he was ~ing over his essay** * il suait *or* transpirait sur sa dissertation

VT a *[+ person, animal]* faire suer *or* transpirer ; *(fig) [+ workers]* exploiter

b ◆ **to ~ blood** * *(= work hard)* suer sang et eau (*over sth* sur qch) ; *(= be anxious)* avoir des sueurs froides ◆ **he was ~ing blood over** *or* **about the exam** * l'examen lui donnait des sueurs froides ◆ **don't ~ it!** ‡ *(US fig)* calme-toi !, relaxe ! *

COMP ▷ **sweated goods** NPL marchandises produites par une main-d'œuvre exploitée ▷ **sweated labour** N main-d'œuvre exploitée ▷ **sweat gland** N glande *f* sudoripare ▷ **sweat lodge** N *sorte de sauna à usage religieux dans certaines tribus amérindiennes* ▷ **sweat pants** NPL *(US)* jogging *m* ▷ **sweat-stained** ADJ taché *or* maculé de sueur

► **sweat off** VT SEP ◆ **I've sweated off half a kilo** j'ai perdu un demi-kilo à force de transpirer

► **sweat out** VT SEP *[+ cold etc]* guérir en transpirant ◆ **you'll just have to ~ it out** * *(fig)* il faudra t'armer de patience ◆ **they left him to ~ it out** * ils n'ont rien fait pour l'aider

**sweatband** /ˈswetbænd/ N *(in hat)* cuir *m* intérieur ; *(Sport)* bandeau *m*

**sweater** /ˈswetəʳ/ **N** tricot *m*, pull-over *m*, pull * *m* COMP ▷ **sweater girl** N fille *f* bien roulée *

**sweating** /ˈswetɪŋ/ N *[of person, animal]* transpiration *f* ; *(Med)* sudation *f* ; *[of wall]* suintement *m*

**sweats** * /swets/ NPL *(esp US)* (tenue *f* de) jogging *m*

**sweatshirt** /ˈswetʃɜːt/ N sweat-shirt *m*

**sweatshop** /ˈswetʃɒp/ N *atelier où la main-d'œuvre est exploitée*

**sweatsuit** /ˈswetsuːt/ N *(US)* survêtement *m*, survêt * *m*

**sweaty** /ˈswetɪ/ ADJ *[person, body] (= sweating)* en sueur ; *(= sticky)* collant de sueur ; *[hand, skin]* moite (de sueur) ; *[hair, clothes]* collant de sueur ; *[smell]* de sueur ; *[place]* où l'on sue ◆ **I've got ~ feet** je transpire *or* sue des pieds ◆ **to get ~** *[person]* se mettre en sueur

**Swede** /swiːd/ N Suédois(e) *m(f)*

**swede** /swiːd/ N *(esp Brit)* rutabaga *m*

**Sweden** /ˈswiːdən/ N Suède *f*

**Swedenborgian** /ˌswiːdənˈbɔːdʒɪən/ ADJ swedenborgien

**Swedish** /ˈswiːdɪʃ/ **ADJ** *(gen)* suédois ; *[ambassador, embassy, monarch]* de Suède **N** *(Ling)* suédois *m* **NPL** **the Swedish** les Suédois *mpl* COMP ▷ **Swedish gymnastics** NPL gymnastique *f* suédoise ▷ **Swedish massage** N massage *m* suédois ▷ **Swedish mile** N mile *m* suédois *(= 10 km)* ▷ **Swedish movements** NPL ⇒ **Swedish gymnastics**

**sweep** /swiːp/ (vb : pret, ptp **swept**) **N** a *(with broom etc)* coup *m* de balai ◆ **to give a room a ~ (out)** donner un coup de balai à *or* balayer une pièce ; → **clean**

b *(also* **chimney sweep***)* ramoneur *m* ; → **black**

c *(= movement) [of arm]* grand geste *m* ; *[of sword]* grand coup *m* ; *[of scythe]* mouvement *m* circulaire ; *[of net]* coup *m* ; *[of lighthouse beam, radar beam]* trajectoire *f* ; *[of tide]* progression *f* irrésistible ; *[of progress, events]* marche *f* ◆ **in** *or* **with one ~** d'un seul coup ◆ **with a ~ of his arm** d'un geste large ◆ **to make a ~ of the horizon** *(with binoculars)* parcourir l'horizon ; *[lighthouse beam]* balayer l'horizon ◆ **to make a ~ for mines** draguer des mines ◆ **the police made a ~ of the district** la police a ratissé le quartier

d *(= range) [of telescope, gun, lighthouse, radar]* champ *m* ◆ **with a ~ of 180°** avec un champ de 180°

e *(= curve, line) [of coastline, hills, road, river]* grande courbe *f* ; *(Archit)* courbure *f*, voussure *f* ; *[of curtains, long skirt]* drapé *m* ◆ **a wide ~ of meadowland** une vaste étendue de prairie ◆ **the graceful ~ of her lines** *(Aut, Aviat, Naut etc)* son élégante ligne aérodynamique

f abbrev of **sweepstake**

**VT** a *[+ room, floor, street]* balayer ; *[+ chimney]* ramoner ; *(Naut) [+ river, channel]* draguer ; *(fig) [waves, hurricane, bullets, searchlights, skirts]* balayer ◆ **to ~ a room clean** donner un bon coup de balai dans une pièce ◆ **to ~ sth clean of mines** *(Naut)* déminer qch ◆ **he swept the horizon with his binoculars** il a parcouru l'horizon avec ses jumelles ◆ **his eyes/his glance swept the room** il a parcouru la pièce des yeux/du regard ◆ **their fleet swept the seas in search of ...** leur flotte a sillonné *or* parcouru les mers à la recherche de ... ◆ **a wave of panic swept the city** un vent de panique a soufflé sur la ville ; → **broom**

b *[+ dust, snow etc]* balayer ; *(Naut) [+ mines]* draguer, enlever ◆ **he swept the rubbish off the pavement** il a enlevé les ordures du trottoir d'un coup de balai ◆ **she swept the snow into a heap** elle a balayé la neige et en a fait un tas ◆ **to ~ sth under the carpet** *or* **rug** *(fig)* tirer le rideau sur qch ◆ **to ~ sth off the table on to the floor** faire tomber qch de la table par terre d'un geste large ◆ **to ~ one's hair off one's face** écarter ses cheveux de son visage ◆ **to ~ sth into a bag** faire glisser qch d'un geste large dans un sac ◆ **to ~ everything before one** *(fig)* remporter un succès total, réussir sur toute la ligne ◆ **the army swept the enemy before them** l'armée a balayé l'ennemi devant elle ◆ **to ~ the board** remporter un succès complet, tout rafler * ◆ **the socialists swept the board at the election** les socialistes ont remporté l'élection haut la main ◆ **he swept the obstacles from his path** il a balayé *or* écarté les obstacles qui se trouvaient sur son chemin ◆ **the crowd swept him into the square** la foule l'a emporté *or* entraîné sur la place, il a été pris dans le mouvement de la foule et il s'est retrouvé sur la place ◆ **the wave swept him overboard** la vague l'a jeté par-dessus bord ◆ **the wind swept the caravan over the cliff** le vent a emporté la caravane et l'a précipitée du haut de la falaise ◆ **the current swept the boat downstream** le courant a emporté le bateau ◆ **to be swept off one's feet** *(by wind, flood etc)* être emporté (*by* par) ; *(fig)* être enthousiasmé *or* emballé * (*by* par) ◆ **the water swept him off his feet** le courant lui a fait perdre pied ◆ **he swept her off her feet** *(fig)* elle a eu le coup de foudre pour lui ◆ **this election swept the socialists into office** *or* **power** cette élection a porté les socialistes au pouvoir avec une forte majorité

**VI** a *(= pass swiftly)* **to ~ in/out/along** *etc [person, vehicle, convoy]* entrer/sortir/avancer *etc* rapidement ◆ **the car swept round the corner** la voiture a pris le virage comme un bolide ◆ **the planes went ~ing across the sky** les avions sillonnaient le ciel ◆ **the rain swept across the plain** la pluie a balayé la plaine ◆ **panic swept through the city** la panique s'est emparée de la ville ◆ **plague swept through the country** la peste a ravagé le pays

b *(= move impressively)* **to ~ in/out/along** *etc [person, procession]* entrer/sortir/avancer *etc* majestueusement ◆ **she came ~ing into the room** elle a fait une entrée majestueuse dans la pièce ◆ **to ~ into office** *(fig: Pol)* être porté au pouvoir ◆ **the royal car swept down the avenue** la voiture royale a descendu l'avenue d'une manière imposante ◆ **the motorway ~s across the hills** l'autoroute s'élance à travers les collines ◆ **the forests ~ down to the sea** les forêts descendent en pente douce jusqu'au bord de la mer ◆ **the bay ~s away to the south** la baie décrit une courbe majestueuse vers le sud ◆ **the Alps ~ down to the coast** les Alpes descendent majestueusement vers la côte

COMP ▷ **sweep hand** N *[of clock etc]* trotteuse *f*

► **sweep along** VI → **sweep vi a, b**

VT SEP *[crowd, flood, current, gale]* emporter, entraîner ; *[+ leaves]* balayer

► **sweep aside** VT SEP *[+ object, person]* repousser, écarter ; *[+ suggestion, objection]* repousser, rejeter ; *[+ difficulty, obstacle]* écarter

► **sweep away** VI *(= leave) (rapidly)* s'éloigner rapidement ; *(impressively)* s'éloigner majestueusement *or* d'une manière imposante ; see also **sweep vi b**

VT SEP *[+ dust, snow, rubbish]* balayer ; *[crowd, flood, current, gale]* entraîner ◆ **they swept him away to lunch** ils l'ont entraîné pour aller déjeuner

► **sweep down** VI → **sweep vi b**

VT SEP *[+ walls etc]* nettoyer avec un balai ; *[flood, gale etc]* emporter ◆ **the river swept the logs down to the sea** les bûches ont flotté sur la rivière jusqu'à la mer

► **sweep off** ⇒ **sweep away**

► **sweep out** VI → **sweep vi a, b**

VT SEP *[+ room, dust, rubbish]* balayer

► **sweep up** VI a *(with broom etc)* **to ~ up after sb** balayer les débris *or* les saletés de qn ◆ **to ~ up after a party** balayer quand les invités sont partis

b ◆ **he swept up to me** *(angrily)* il s'est approché de moi avec furie *or* majestueusement ; *(impressively)* il s'est approché de moi majestueusement ◆ **the car swept up to the house** *(rapidly)* la voiture a remonté rapidement l'allée jusqu'à la maison ; *(impressively)* la voiture a remonté l'allée jusqu'à la maison d'une manière imposante

VT SEP *[+ snow, leaves, dust etc]* balayer ◆ **she swept up the letters and took them away** elle a ramassé les lettres d'un geste brusque et les a emportées

**sweepback** /ˈswiːpbæk/ N *[of aircraft wing etc]* flèche *f*

**sweeper** /ˈswiːpəʳ/ N a *(= worker)* balayeur *m* b *(= machine)* balayeuse *f* ; *(also* **carpet sweeper***)* balai *m* mécanique ; *(= vacuum cleaner)* aspirateur *m* c *(Ftbl)* libéro *m*

**sweeping** /ˈswiːpɪŋ/ **ADJ** a *[gesture, movement]* grand ; *[curve]* large ; *[glance]* circulaire ; *[coastline]* qui décrit une courbe majestueuse ; *[lawn]* qui descend en pente majestueuse ; *[staircase]* qui descend majestueusement ; *[bow]* profond ; *[skirts]* qui balaie le sol b *(= large-scale) [change, reorganization]* radical ; *[reduction, cuts, powers]* considérable ◆ **~ gains/losses** *(Pol: at election)* progression *f*/recul *m* considérable *or* très net(te) c *(= decisive) [victory]* écrasant d *(pej = indiscriminate)* ◆ **~ statement/generalization** déclaration *f*/généralisation *f* à l'emporte-pièce ◆ **that's pretty ~!** c'est beaucoup dire ! **NPL** **sweepings** balayures *fpl*, ordures *fpl* ; *(fig) [of society etc]* rebut *m*

**sweepstake** /ˈswiːpsteɪk/ N sweepstake *m*

**sweet** /swiːt/ **ADJ** a *(= not savoury) [taste, food, drink]* sucré ; *[smell]* doux (douce *f*), suave ; *[apple, orange]* doux (douce *f*), sucré ◆ **to taste ~** être sucré ◆ **to smell ~** avoir une odeur suave ◆ **I love ~ things** j'adore le sucré *or* les sucreries *fpl* ; → **sickly**

b *(= not dry) [cider, wine]* doux (douce *f*) ; → **medium**

c *(= kind) [person, face, smile]* doux (douce *f*) ◆ **she has such a ~ nature** elle est d'une nature si douce ◆ **she is a very ~ person** elle est vraiment très gentille ◆ **you're such a ~ guy!** t'es vraiment un chic type ! * ◆ **that was very ~ of her** c'était très gentil de sa part ◆ **how ~ of you to think of me!** comme c'est gentil de votre part d'avoir pensé à moi ! ◆ **to be ~ to sb** être gentil avec qn ◆ **to**

**keep sb ~** * chercher à être dans les petits papiers de qn * ◆ **(as) ~ as pie** *(Brit) [person]* gentil comme tout ; *[situation]* qui marche parfaitement ◆ **Sweet Jesus!** ‡ nom de Dieu ! ‡ ; → **Fanny**

d *(= cute) [child, dog, house, hat]* mignon ◆ **a ~ old lady** une adorable vieille dame ; → **sixteen**

e *(= pleasant) [sound, voice, music]* harmonieux, mélodieux ◆ **revenge is ~!** la vengeance est douce ! ◆ **the ~ taste of victory/revenge** le goût exquis de la victoire/vengeance ◆ **the ~ smell of success** la douceur de la gloire, l'ivresse du succès ◆ **the news was ~ music to my ears** cette nouvelle a été douce à mes oreilles ◆ **~ dreams!** fais de beaux rêves ! ◆ **to whisper ~ nothings in sb's ear** conter fleurette à qn ; see also **bittersweet**

f *(= pure) [air, breath]* frais (fraîche *f*) ; *[water]* pur ◆ **to smell ~** *[air]* être pur ; *[breath]* être frais

g *(iro)* ◆ **he carried on in his own ~ way** il a continué comme il l'entendait ◆ **he'll do it in his own ~ time** il le fera quand bon lui semblera ◆ **she went her own ~ way** elle a fait comme il lui plaisait ◆ **to please one's own ~ self** n'en faire qu'à sa tête ◆ **at his own ~ will** à son gré

h *( * = attracted)* ◆ **to be ~ on sb** avoir le béguin * pour qn

N *(esp Brit = candy)* bonbon *m* ; *(Brit = dessert)* dessert *m* ◆ **the ~s of success/solitude** *etc* les délices *fpl* de la réussite/de la solitude *etc* ◆ **come here, (my) ~** * viens ici, mon ange

COMP ▷ **sweet-and-sour** ADJ aigre-doux (aigre-douce *f*) ▷ **sweet chestnut** N châtaigne *f*, marron *m* ▷ **sweet herbs** NPL fines herbes *fpl* ▷ **sweet-natured** ADJ d'un naturel doux ▷ **sweet pea** N pois *m* de senteur ▷ **sweet pepper** N piment *m* doux, poivron *m* (vert *or* rouge) ▷ **sweet potato** N patate *f* douce ▷ **sweet-scented, sweet-smelling** ADJ agréablement parfumé, odoriférant ▷ **sweet talk** N flagorneries *fpl* ▷ **sweet-talk** VT flagorner ▷ **sweet-tempered** ADJ ⇒ **sweet-natured** ▷ **sweet tooth** N ◆ **to have a ~ tooth** avoir un faible pour les sucreries ▷ **sweet trolley** N *(Brit)* chariot *m* des desserts ▷ **sweet william** N *(Bot)* œillet *m* de poète

**sweetbread** /ˈswiːtbred/ N ris *m* de veau *or* d'agneau

**sweetbriar, sweetbrier** /ˈswiːtbraɪəʳ/ N églantier *m* odorant

**sweetcorn** /ˈswiːtkɔːn/ N maïs *m*

**sweeten** /ˈswiːtn/ VT a *[+ coffee, sauce etc]* sucrer ; *[+ air]* purifier ; *[+ room]* assainir b *(fig) [+ person, sb's temper, task]* adoucir c *( * : also* **sweeten up**) *(= give incentive to)* amadouer ; *(= bribe)* graisser la patte à * ; → **pill**
VI *[person, sb's temper]* s'adoucir

**sweetener** /ˈswiːtnəʳ/ N a *(for coffee, food)* édulcorant *m* b *( * fig) (= incentive)* carotte * *f* ; *(= bribe)* pot-de-vin *m* ; *(= compensation)* quelque chose *m* pour faire passer la pilule *, lot *m* de consolation

**sweetening** /ˈswiːtnɪŋ/ N *(NonC = substance)* édulcorant *m*

**sweetheart** /ˈswiːthɑːt/ N petit(e) ami(e) *m(f)*, bien-aimé(e) † *m(f)* ◆ **yes ~** oui chéri(e) *or* mon ange

**sweetie** * /ˈswiːtɪ/ N a *(= person:* also **sweetie-pie** ‡) **he's/she's a ~** il/elle est chou *, c'est un ange ◆ **yes ~** oui mon chou * *or* mon ange b *(esp Scot = candy)* bonbon *m*

**sweetish** /ˈswiːtɪʃ/ ADJ au goût sucré, douceâtre *(pej)*

**sweetly** /ˈswiːtlɪ/ ADV a *(= kindly) [smile, say, answer]* gentiment b *(= pleasantly) [sing, play]* mélodieusement c *(= efficiently)* ◆ **the engine is running ~** le moteur marche sans à-coups ◆ **he hit the ball ~** il a frappé la balle avec un timing parfait d ◆ **~ scented** agréablement parfumé, odoriférant

**sweetmeat** /ˈswiːtmiːt/ N sucrerie *f*, confiserie *f*

**sweetness** /ˈswiːtnɪs/ N *(to taste)* goût *m* sucré ; *(in smell)* odeur *f* suave ; *(to hearing)* son *m* mélodieux *or* harmonieux ; *[of person, nature, character, expression]* douceur *f* ◆ **to be all ~ and light** être tout douceur

**sweetshop** /ˈswiːtʃɒp/ N *(Brit)* confiserie *f* *(souvent avec papeterie, journaux et tabac)*

**swell** /swel/ (vb : pret **swelled**, ptp **swollen** *or* **swelled**) N a *[of sea]* houle *f* ◆ **heavy ~** forte houle *f* ; → **groundswell**

b *(Mus)* crescendo *m inv* (et diminuendo *m inv*) ; *(on organ)* boîte *f* expressive

c († * *= stylish person)* personne *f* huppée *, gandin *m (pej)* ◆ **the ~s** les gens *mpl* huppés *, le gratin *

ADJ * a *(esp US † = stylish, showy) [clothes, house, car, restaurant]* chic *inv* ; *[relatives, friends]* huppé *

b *(US = wonderful)* super * *inv* ◆ **I had a ~ time** je me suis super * bien amusé

VI a (also **swell up**) *[balloon, tyre, air bed]* (se) gonfler ; *[sails]* se gonfler ; *[ankle, arm, eye, face]* enfler ; *[wood]* gonfler ◆ **to ~ (up) with pride** se gonfler d'orgueil ◆ **to ~ (up) with rage/indignation** bouillir de rage/d'indignation

b *(= increase) [river]* grossir ; *[sound, music, voice]* s'enfler ; *[numbers, population, membership]* grossir, augmenter ◆ **the numbers soon ~ed to 500** le nombre a vite atteint 500 ◆ **the little group soon ~ed into a crowd** le petit groupe est vite devenu une foule ◆ **the murmuring ~ed to a roar** le murmure s'enfla pour devenir un rugissement

VT *[+ sail]* gonfler ; *[+ sound]* enfler ; *[+ river, lake]* grossir ; *[+ number]* grossir, augmenter ◆ **this ~ed the membership/population to 1,500** ceci a porté à 1 500 le nombre des membres/le total de la population ◆ **a population swollen by refugees** une population grossie par les réfugiés ◆ **a river swollen by rain** une rivière grossie par les pluies, une rivière en crue ◆ **a fifth edition swollen by a mass of new material** une cinquième édition augmentée d'une quantité de matière nouvelle ◆ **to be swollen with pride** être gonflé *or* bouffi d'orgueil ◆ **to be swollen with rage** bouillir de rage ; see also **swollen**

COMP ▷ **swell box** N *(Mus)* boîte *f* expressive

► **swell out** VI *[sails etc]* se gonfler
VT SEP gonfler

► **swell up** VI ⇒ **swell vi a**

**swellhead** * /ˈswelhed/ N *(US)* bêcheur * *m*, -euse * *f*

**swellheaded** * /ˌswelˈhedɪd/ ADJ bêcheur *

**swellheadedness** * /ˌswelˈhedɪdnɪs/ N vanité *f*, suffisance *f*

**swelling** /ˈswelɪŋ/ N a *(= bulge, lump) (gen)* grosseur *f* ; *(on tyre)* hernie *f* ; *(Med)* bosse *f*, grosseur *f* b *(NonC: Med) [of limb, foot, finger, face, jaw]* enflure *f* ; *[of eye, stomach, breasts, tissue, organ]* gonflement *m* ◆ **it's to reduce the ~** c'est pour faire désenfler c *(NonC) [of balloon, tyre, sails, wood]* gonflement *m* ; *[of population]* accroissement *m* ADJ *[sound, chorus, voices, ankle, eye]* qui enfle ; *[sail]* gonflé

**swelter** /ˈsweltəʳ/ VI étouffer de chaleur

**sweltering** /ˈsweltərɪŋ/ ADJ *[weather]* étouffant ; *[heat]* étouffant, accablant ; *[day, afternoon]* torride ◆ **it's ~** on étouffe (de chaleur)

**swept** /swept/ VB pt, ptp of **sweep**

**sweptback** /ˌsweptˈbæk/ ADJ *(Aviat)* en flèche ; *[hair]* rejeté en arrière

**sweptwing aircraft** /ˌsweptwɪŋˈɛəkrɑːft/ N avion *m* à ailes en flèche

**swerve** /swɜːv/ VI *[boxer, fighter]* faire un écart ; *[ball]* dévier ; *[vehicle, ship]* faire une embardée ; *[driver]* donner un coup de volant ; *(fig)* dévier (*from* de) ◆ **the car ~d away from the lorry on to the verge** la voiture a fait une embardée pour éviter le camion et est montée sur l'accotement ◆ **he ~d round the bollard** il a viré sur les chapeaux de roues autour de la borne lumineuse VT *[+ ball]* faire dévier ; *[+ vehicle]* faire faire une embardée à N *[of vehicle, ship]* embardée *f* ; *[of boxer, fighter]* écart *m*

**swift** /swɪft/ ADJ rapide ◆ **the river is ~ at this point** le courant (de la rivière) est rapide à cet endroit ◆ **to wish sb a ~ recovery** souhaiter à qn un prompt rétablissement ◆ **they were ~ to act/respond/obey** ils ont été prompts à agir/réagir/obéir N *(Orn)* martinet *m* COMP ▷ **swift-flowing** ADJ *[river]* au courant rapide ; *[current]* rapide ▷ **swift-footed** ADJ *(liter)* au pied léger

**swiftly** /ˈswɪftlɪ/ ADV *[move, react, walk, spread, become]* rapidement, vite ◆ **a ~ flowing river** une rivière au courant rapide ◆ **the company has moved** *or* **acted ~ to deny the rumours** l'entreprise a réagi promptement pour démentir les rumeurs

**swiftness** /ˈswɪftnɪs/ N rapidité *f*

**swig** * /swɪɡ/ N lampée * *f* ; *(larger)* coup *m* ◆ **to take a ~ at a bottle** boire un coup à même la bouteille VT lamper *

► **swig down** * VT SEP avaler d'un trait

**swill** /swɪl/ N a *(NonC, for pigs etc)* pâtée *f* ; *(= garbage, slops)* eaux *fpl* grasses b ◆ **to give sth a ~ (out or down)** ⇒ **to swill sth (out or down) vt a** VT a (also **swill out, swill down**) *[+ floor]* laver à grande eau ; *[+ glass]* rincer b (also **swill around**) *[+ liquid]* remuer c *( * = drink)* boire avidement, boire à grands traits VI *[liquid]* remuer

**swim** /swɪm/ (vb : pret **swam**, ptp **swum**) N ◆ **to go for a ~, to have** *or* **take a ~** *(in sea, lake, river)* aller nager *or* se baigner ; *(in swimming baths)* aller à la piscine ◆ **it's time for our ~** c'est l'heure de la baignade ◆ **after a 2km ~** après avoir fait 2 km à la nage ◆ **Channel ~** traversée *f* de la Manche à la nage ◆ **it's a long ~** voilà une bonne *or* longue distance à parcourir à la nage ◆ **I had a lovely ~** ça m'a fait du bien de nager comme ça ◆ **to be in the ~ (of things)** être dans le mouvement

VI a *[person]* nager ; *(as sport)* faire de la natation ; *[fish, animal]* nager ◆ **to go ~ming** *(in sea, lake, river)* aller nager *or* se baigner ; *(in swimming baths)* aller à la piscine ◆ **to ~ away/back** *etc [person]* s'éloigner/revenir *etc* à la nage ; *[fish]* s'éloigner/revenir *etc* ◆ **to ~ across a river** traverser une rivière à la nage ◆ **he swam under the boat** il est passé sous le bateau (à la nage) ◆ **to ~ under water** nager sous l'eau ◆ **he had to ~ for it** son seul recours a été de se sauver à la nage *or* de se jeter à l'eau et de nager ◆ **to ~ against the current** nager contre le courant ◆ **to ~ against the tide** *(fig)* nager à contre-courant ◆ **to ~ with the tide** *(fig)* suivre le courant

b *(fig)* **the meat was ~ming in gravy** la viande nageait *or* baignait dans la sauce ◆ **her eyes were ~ming (with tears)** ses yeux étaient noyés *or* baignés de larmes ◆ **the bathroom was ~ming** la salle de bains était inondée ◆ **the room was ~ming round** *or* **~ming before his eyes** la pièce semblait tourner autour de lui ◆ **his head was ~ming** la tête lui tournait

VT *[+ race]* nager ; *[+ lake, river]* traverser à la nage ◆ **it was first swum in 1900** la première traversée à la nage a eu lieu en 1900 ◆ **he can ~ 10km** il peut faire 10 km à la nage ◆ **he can ~ two lengths** il peut nager *or* faire deux longueurs ◆ **before he had swum ten strokes** avant qu'il ait pu faire *or* nager dix brasses ◆ **I can't ~ a stroke** je suis incapable de faire une brasse ◆ **can you ~ the crawl?** savez-vous nager *or* faire le crawl ?

**swimmer** /ˈswɪməʳ/ N nageur *m*, -euse *f*

**swimming** /ˈswɪmɪŋ/ N *(gen)* nage *f* ; *(Sport, Scol)* natation *f* COMP ▷ **swimming bath(s)** N(PL) *(Brit)* piscine *f* ▷ **swimming cap** N bonnet *m* de bain ▷ **swimming costume** N *(Brit)* maillot *m* (de bain) une pièce ▷ **swimming crab** N étrille *f* ▷ **swimming gala** N compétition *f* de natation ▷ **swimming instructor** N maître *m* nageur ▷ **swimming pool** N piscine *f* ▷ **swimming ring** N bouée *f* ▷ **swimming suit** N maillot *m* (de bain) ▷ **swimming trunks** NPL caleçon *m or* slip *m* de bain

**swimmingly** † * /ˈswɪmɪŋlɪ/ ADV à merveille ◆ **they got on ~** ils se sont entendus à merveille ◆ **everything went ~** tout a marché comme sur des roulettes

**swimsuit** /ˈswɪmsuːt/ N maillot *m* (de bain)

**swimwear** /ˈswɪmwɛəʳ/ N *(NonC)* maillots *mpl* de bain

**swindle** /ˈswɪndl/ N escroquerie *f* ◆ **it's a ~** c'est du vol, nous nous sommes fait estamper * *or* rouler * VT escroquer ◆ **to ~ sb out of his money, to ~ sb's money out of him** escroquer de l'argent à qn

**swindler** /ˈswɪndləʳ/ N escroc *m*

**swine** /swaɪn/ N *(pl inv) (Zool)* pourceau *m*, porc *m* ; (‡ *fig = person)* salaud ‡ *m* ◆ **you ~!** ‡ espèce de salaud ! ‡

**swineherd** †† /ˈswaɪnhɜːd/ N porcher *m*, -ère *f*

**swing** /swɪŋ/ (vb : pret, ptp **swung**) N a *(= movement)* balancement *m* ; *[of pendulum] (= movement)* mouvement *m* de va-et-vient, oscillations *fpl* ; *(= arc, distance)* arc *m* ; *[of instrument pointer, needle]* oscillations *fpl* ; *(Boxing, Golf)* swing *m* ◆ **the ~ of the boom sent him overboard** le retour de la bôme l'a jeté par-dessus bord ◆ **he gave the starting handle a ~** il a donné un tour de manivelle ◆ **the golfer took a ~ at the ball** le joueur de golf a essayé de frapper *or* a frappé la balle avec un swing ◆ **to take a ~ at sb** * décocher *or* lancer un coup de poing à qn ◆ **the ~ of the pendulum brought him back to power** le mouvement du pendule l'a ramené au pouvoir ◆ **the socialists need a ~ of 5% to win the election** *(Pol)* il faudrait aux socialistes un revirement d'opinion en leur faveur de l'ordre de 5% pour qu'ils remportent *subj* l'élection ◆ **a ~ to the left** *(Pol)* un revirement en faveur de la gauche ◆ **the ~s of the market** *(St Ex)* les fluctuations *fpl or* les hauts et les bas *mpl* du marché

b *(= rhythm) [of dance etc]* rythme *m* ; *[of jazz music]* swing *m* ◆ **to walk with a ~ in one's step** marcher d'un pas rythmé ◆ **music/poetry with a ~ to it** *or* **that goes with a ~** musique *f*/poésie *f* rythmée *or* entraînante ◆ **to go with a ~** *[evening, party]* marcher du tonnerre * ◆ **to be in full ~** *[party, election, campaign]* battre son plein ; *[business]* être en plein rendement, gazer * ◆ **to get into the ~ of** *[+ new job, married life etc]* s'habituer *or* se faire à ◆ **to get into the ~ of things** se mettre dans le bain

c *(= scope, freedom)* **they gave him full ~ in the matter** ils lui ont donné carte blanche en la matière ◆ **he was given full ~ to make decisions** on l'a laissé entièrement libre de prendre des décisions ◆ **he gave his imagination full ~** il a donné libre cours à son imagination

d *(= seat for swinging)* balançoire *f* ◆ **to have a ~** se balancer, faire de la balançoire ◆ **to give a child a ~** pousser un enfant qui se balance ◆ **what you gain on the ~s you lose on the roundabouts** *, **(it's) ~s and roundabouts** * ce qu'on gagne d'un côté on le perd de l'autre

e *(= music)* swing *m*

VI a *(= hang, oscillate) [arms, legs]* se balancer, être ballant ; *[object on rope, hammock]* se balancer ; *[pendulum]* osciller ; *(on a swing)* se balancer ; *(= pivot)* (also **swing round**) tourner, pivoter ; *[person]* se retourner, virevolter ◆ **he was left ~ing by his hands** il s'est retrouvé seul suspendu par les mains ◆ **to ~ to and fro** se balancer ◆ **the load swung (round) through the air as the crane turned** comme la grue pivotait la charge a décrit une courbe dans l'air ◆ **the ship was ~ing at anchor** le bateau se balançait sur son ancre ◆ **he swung across on the rope** agrippé à la corde il s'est élancé et a *or* est passé de l'autre côté ◆ **the monkey swung from branch to branch** le singe se balançait de branche en branche ◆ **he swung up the rope ladder** il a grimpé prestement à l'échelle de corde ◆ **he swung (up) into the saddle** il a sauté en selle ◆ **the door swung open/shut** la porte s'est ouverte/s'est refermée ◆ **he swung (round) on his heel** il a virevolté

b *(= move rhythmically)* **to ~ along/away** *etc* avancer/s'éloigner *etc* d'un pas rythmé *or* allègre ◆ **the regiment went ~ing past the king** le régiment a défilé au pas cadencé devant le roi ◆ **to ~ into action** *[army]* se mettre en branle ; *(fig)* passer à l'action ◆ **music that really ~s** musique *f* qui swingue

c (= *change direction:* also **swing round**) *[plane, vehicle]* virer ◆ **the convoy swung (round) into the square** le convoi a viré pour aller sur la place ◆ **the river ~s north here** ici la rivière décrit une courbe *or* oblique vers le nord ◆ **the country has swung to the right** *(Pol)* le pays a viré *or* effectué un virage à droite ◆ **to ~ both ways** ‡ *(= be bisexual)* marcher à voile et à vapeur *

d ◆ **to ~ at a ball** frapper *or* essayer de frapper une balle avec un swing ◆ **to ~ at sb** décocher *or* lancer un coup de poing à qn ◆ **he swung at me with the axe** il a brandi la hache pour me frapper

e *(* = be hanged)* être pendu ◆ **he'll ~ for it** on lui mettra la corde au cou pour cela ◆ **I'd ~ for him** je le tuerais si je le tenais

f *(* = be fashionable)* être branché *, être dans le vent ◆ **the party was really ~ing** la soirée battait son plein

VT a *(= move to and fro) [+ one's arms, legs, umbrella, hammock]* balancer ; *[+ object on rope]* balancer, faire osciller ; *[+ pendulum]* faire osciller ; *[+ child on swing]* pousser ; *(= brandish)* brandir ◆ **he swung his sword above his head** il a fait un moulinet avec l'épée au-dessus de sa tête ◆ **he swung his axe at the tree** il a brandi sa hache pour frapper l'arbre ◆ **he swung his racket at the ball** il a ramené sa raquette pour frapper la balle ◆ **he swung the box (up) on to the roof of the car** il a envoyé la boîte sur le toit de la voiture ◆ **he swung the case (up) on to his shoulders** il a balancé la valise sur ses épaules ◆ **he swung himself across the stream/over the wall** *etc* il s'est élancé et a franchi le ruisseau/et a sauté par-dessus le mur *etc* ◆ **to ~ o.s. (up) into the saddle** sauter en selle ◆ **to ~ one's hips** rouler *or* balancer les hanches, se déhancher ◆ **to ~ the lead** * *(Brit)* tirer au flanc * ; → **room**

b (= *turn:* also **often swing round**) *[+ propeller]* lancer ; *[+ starting handle]* tourner ◆ **to ~ a door open/shut** ouvrir/fermer une porte ◆ **he swung the ship (round) through 180°** il a viré de 180°, il a fait virer (le bateau) de 180° ◆ **he swung the car round the corner** il a viré au coin

c *(= influence) [+ election, decision]* influencer ; *[+ voters]* faire changer d'opinion ◆ **his speech swung the decision against us** son discours a provoqué un revirement et la décision est allée contre nous ◆ **he managed to ~ the deal** * il a réussi à emporter l'affaire ◆ **do you think you can ~ it for me?** * tu crois que tu peux m'arranger ça ? ◆ **to ~ it on sb** ‡ tirer une carotte à qn *, pigeonner qn *

d *(Mus) [+ a tune, the classics etc]* jouer de manière rythmée

COMP ▷ **swing band** N *(Mus)* orchestre *m* de swing ▷ **swing-bin** N *(Brit)* poubelle *f* à couvercle pivotant ▷ **swing bridge** N pont *m* tournant ▷ **swing door** N porte *f* battante ▷ **swing music** N swing *m* ▷ **swing shift** * N *(US Ind) (= period)* période *f* du soir *(pour un travail posté)* ; *(= workers)* équipe *f* du soir ▷ **swing vote** N *(esp US)* vote *m* décisif ◆ **the Black community will be the ~ vote in the election** l'issue de ces élections dépendra du vote noir ▷ **swing voter** N *(esp US) électeur dont le vote est décisif pour l'issue d'une élection* ▷ **swing-wing** ADJ *(Aviat)* à géométrie variable

► **swing round** VI *[person]* se retourner, virevolter ; *[crane etc]* tourner, pivoter ; *[ship, plane, convoy, procession]* virer ; *[car, truck]* virer ; *(after collision etc)* faire un tête-à-queue ; *(fig) [voters]* virer de bord ; *[opinions]* connaître un revirement ; see also **swing vi a, c**

VT SEP *[+ object on rope etc]* faire tourner ; *[+ sword, axe]* brandir, faire des moulinets avec ; *[+ crane etc]* faire pivoter ; *[+ car, ship, plane, convoy, procession]* faire tourner *or* virer ; see also **swing vt b**

► **swing to** VI *[door]* se refermer

**swingeing** /ˈswɪndʒɪŋ/ ADJ *(Brit) [attack]* violent ; *[increase]* considérable ; *[fine, tax]* fort ; *[defeat, majority]* écrasant ◆ **~ cuts** des coupes *fpl* sombres

**swinger** * /ˈswɪŋəʳ/ N ◆ **he's a ~** *(= with it)* il est branché * *or* dans le vent ; *(going to parties)* c'est un noceur * ; *(sexually)* il couche à droite et à gauche

**swinging** /ˈswɪŋɪŋ/ ADJ a *(= swaying, rocking) [rope, weight, pendulum, legs, hammock]* qui se balance ; *[door, shutter]* qui bat ◆ **a ~ weight on the end of a cord** un poids se balançant *or* qui se balance au bout d'une corde ◆ **the bar was full of ~ fists** dans le bar, les coups volaient b *(= syncopated) [music, rhythm]* entraînant, qui swingue * c *(* = modern, fashionable)* dans le vent d *(* = lively, exciting) [party etc]* animé ◆ **~ London** le "Swinging London" ◆ **the Swinging Sixties** les sixties, les années soixante COMP ▷ **swinging door** N *(US)* ⇒ **swing door** ; → **swing** ▷ **swinging single** * N *(US) célibataire qui a de nombreuses aventures sexuelles*

**swingometer** /swɪŋˈɒmɪtəʳ/ N *(at election)* indicateur *m* de tendances

**swinish** ‡ /ˈswaɪnɪʃ/ ADJ dégueulasse ‡

**swipe** /swaɪp/ N * *(at ball etc)* grand coup *m* ; *(= slap)* baffe * *f* ◆ **to take a ~ at** *(lit)* ⇒ **to swipe at** → **vi** ◆ **to take a ~ at sb** *(fig)* s'en prendre à *or* attaquer qn (de façon détournée) VT a *(* = hit) [+ ball]* frapper à toute volée ; *[+ person]* gifler à toute volée b *(‡ = steal: often* *hum)* piquer * (*sth from sb* qch à qn) c *[+ card]* ◆ **you pay by swiping a credit card** on paie avec une carte magnétique VI ◆ **to ~ at** * *[+ ball etc]* frapper *or* essayer de frapper à toute volée ; *[+ person]* flanquer * une baffe * à COMP ▷ **swipe card** N carte *f* magnétique

**swirl** /swɜːl/ N *(in river, sea)* tourbillon *m*, remous *m* ; *[of dust, sand]* tourbillon *m* ; *[of smoke]* tourbillon *m*, volute *f* ; *(fig) [of cream, ice cream etc]* volute *f* ; *[of lace, ribbons etc]* tourbillon *m* ◆ **the ~ of the dancers' skirts** le tourbillon *or* le tournoiement des jupes des danseuses VI *[water, river, sea]* tourbillonner, faire des remous *or* des tourbillons ; *[dust, sand, smoke, skirts]* tourbillonner, tournoyer VT ◆ **to ~ sth along/away** *[river]* entraîner/emporter qch en tourbillonnant ◆ **he ~ed his partner round the room** il a fait tournoyer *or* tourbillonner sa partenaire autour de la salle

**swish** /swɪʃ/ N *[of whip]* sifflement *m* ; *[of water, person in long grass]* bruissement *m* ; *[of grass in wind]* frémissement *m*, bruissement *m* ; *[of tyres in rain]* glissement *m* ; *[of skirts]* bruissement *m*, froufrou *m* VT a *[+ whip, cane]* faire siffler b (*‡* = *beat, cane)* administrer *or* donner des coups de trique à VI *[cane, whip]* siffler, cingler l'air ; *[water]* bruire ; *[long grass]* frémir, bruire ; *[skirts]* bruire, froufrouter ADJ a *(Brit * = grand) [hotel, house etc]* chic *inv* ; *(pej)* rupin ‡ b *(US * = effeminate)* efféminé

**swishy** ‡ /ˈswɪʃɪ/ ADJ a *(Brit = smart)* chic *inv* ; *(pej)* rupin ‡ b *(US = effeminate)* efféminé

**Swiss** /swɪs/ N *(pl inv)* Suisse *m*, Suisse(sse) *f* NPL **the Swiss** les Suisses *mpl* ADJ *(gen)* suisse ; *[ambassador, embassy]* de Suisse COMP ▷ **Swiss chard** N bette *f* ▷ **Swiss cheese** N *gruyère ou emmenthal* ◆ **her argument has more holes than ~ cheese** *(esp US hum)* son argument ne tient pas debout ▷ **Swiss cheese plant** N monstera *f* ▷ **Swiss-French** ADJ *(= from French-speaking Switzerland)* suisse romand ▷ **Swiss-German** ADJ *(= from German-speaking Switzerland)* suisse allemand N *(= person)* Suisse *mf* allemand(e) ; *(= language)* suisse *m* allemand ▷ **the Swiss Guards** NPL la garde suisse, les suisses *mpl* ▷ **Swiss roll** N *(Brit Culin)* gâteau *m* roulé ▷ **Swiss steak** N *(US Culin) steak fariné et braisé aux tomates et aux oignons*

**switch** /swɪtʃ/ N a *(Elec) (gen)* bouton *m* électrique, commande *f (esp Tech)* ; *(for lights)* interrupteur *m*, commutateur *m* ; *[of car]* (also **ignition switch**) contact *m* ◆ **the ~ was on/off** *(Elec)* le bouton était sur la position ouvert/fermé, c'était allumé/éteint

b *(Rail = points)* aiguille *f*, aiguillage *m*

c *(= transfer) [of opinion] (gen)* changement *m* ; *(radical)* revirement *m*, retournement *m* ; *[of allegiance]* changement *m* ; *[of funds]* transfert *m* (*from* de ; *to* en faveur de) ◆ **his ~ to Labour** son revirement en faveur des travaillistes ◆ **the ~ to hearts/clubs** *(Bridge: in bidding)* (le changement de couleur et) le passage à cœur/trèfle ◆ **the ~ of the 8.30 from platform four** le changement de voie du train de 8h30 attendu au quai numéro quatre ◆ **the ~ of the aircraft from Heathrow to Gatwick because of fog** le détournement sur Gatwick à cause du brouillard de l'avion attendu à Heathrow

d *(= stick)* baguette *f* ; *(= cane)* canne *f* ; *(= riding crop)* cravache *f* ; *(= whip)* fouet *m*

e *[of hair]* postiche *m*

VT a *(= transfer) [+ one's support, allegiance, attention]* reporter (*from* de ; *to* sur) ◆ **to ~ production to another factory** *(Ind)* transférer la production dans une autre usine ◆ **to ~ production to another model** *(Ind)* (cesser de produire l'ancien modèle et) se mettre à produire un nouveau modèle ◆ **to ~ the conversation to another subject** détourner la conversation, changer de sujet de conversation

b *(= exchange)* échanger (*A for B* A contre B ; *sth with sb* qch avec qn) ; (also **switch over, switch round**) *[+ two objects, letters in word, figures in column]* intervertir, permuter ; (*= rearrange:* also **switch round**) *[+ books, objects]* changer de place ◆ **we had to ~ taxis when the first broke down** nous avons dû changer de taxi quand le premier est tombé en panne ◆ **to ~ plans** changer de projet ◆ **we have ~ed all the furniture round** nous avons changé tous les meubles de place

c *(Rail)* aiguiller (*to* sur)

d *(= change)* **to ~ the oven to "low"** mettre le four sur "doux" ◆ **to ~ the radio/TV to another programme** changer de station/de chaîne ; see also **switch back, switch on**

e ◆ **to ~ the grass with one's cane** cingler l'herbe avec sa canne ◆ **the cow ~ed her tail** la vache fouettait l'air de sa queue ◆ **he ~ed it out of my hand** il me l'a arraché de la main

VI a *(= transfer)* (also **switch over**) **Paul ~ed (over) to Conservative** Paul a voté conservateur cette fois ◆ **we ~ed (over) to oil central heating** (nous avons changé et) nous avons maintenant fait installer le chauffage central au mazout ◆ **many have ~ed (over) to teaching** beaucoup se sont recyclés dans l'enseignement

b *[tail]* battre l'air

COMP ▷ **switch-car** N *(for gangster: in escape etc)* voiture-relais *f* ▷ **switch hit** VI *(Baseball)* frapper la balle indifféremment de la main droite ou de la main gauche ▷ **switch-hitter** N *(Baseball)* batteur *m* ambidextre ; *(US ‡ = bisexual)* bisexuel(le) *m(f)*

► **switch back** VI *(to original plan, product, allegiance)* revenir, retourner (*to* à) ◆ **to ~ back to the other programme** *(Rad, TV)* remettre l'autre émission

VT SEP ◆ **to switch the oven back to "low"** remettre le four sur "doux" ◆ **to ~ the light back on** rallumer ◆ **to ~ the heater/oven back on** rallumer le radiateur/le four

N ◆ **switchback** ADJ → **switchback**

► **switch off** VI a *(Elec)* éteindre ; *(Rad, TV)* éteindre *or* fermer le poste ; *(= lose interest, unwind)* décrocher * ◆ **when the conversation is boring, he just ~es off** * quand la conversation l'ennuie, il décroche *

b **to ~ off automatically** *[heater, oven etc]* s'éteindre tout seul *or* automatiquement

VT SEP *[+ electricity, gas]* éteindre, fermer ; *[+ radio, television, heater]* éteindre ; *[+ alarm clock, burglar alarm]* arrêter ◆ **to ~ off the light** éteindre (la lumière) ◆ **he ~ed the programme off** *(Rad, TV)* il a éteint (le poste) ◆ **to ~ off the engine** *[of car]* couper *or* arrêter le moteur ◆ **the oven ~es itself off** le four s'éteint automatiquement ◆ **he seems to be ~ed off** * **most of the time** *(fig)* il semble être à côté de ses pompes * la plupart du temps

► **switch on** VI a *(Elec)* allumer ; *(Rad, TV)* allumer le poste

b ◆ **to switch on automatically** *[heater, oven etc]* s'allumer tout seul *or* automatiquement

VT SEP *[+ gas, electricity]* allumer ; *[+ water supply]* ouvrir ; *[+ radio, television, heater]* allumer, brancher ; *[+ engine, machine]* mettre en marche ◆ **to ~ on the light** allumer (la lumière) ◆ **his music ~es me on** ‡ sa musique me branche * ◆ **to be ~ed on** ‡ *(fig) (= up-to-date)* être branché *, être dans le vent *or* à la page ; *(by drugs)* planer * ; *(sexually)* être excité

► **switch over** VI a ⇒ **switch vi a**

b *(TV, Rad)* changer de chaîne/de station ◆ **to ~ over to the other programme** mettre l'autre chaîne/station

VT SEP a → **switch vt b**

b *(TV, Rad)* **to ~ the programme over** changer de chaîne/de station

N ◆ **switchover** → **switchover**

► **switch round** VI *[two people]* changer de place (l'un avec l'autre)

VT SEP → **switch vt b**

**switchback** /ˈswɪtʃbæk/ N *(Brit = road: also at fair)* montagnes *fpl* russes ADJ *(= up and down)* tout en montées et descentes ; *(= zigzag)* en épingles à cheveux

**switchblade** /ˈswɪtʃbleɪd/ N *(US)* (also **switchblade knife**) couteau *m* à cran d'arrêt

**switchboard** /ˈswɪtʃbɔːd/ N *(Elec)* tableau *m* de distribution ; *(Telec)* standard *m* COMP ▷ **switchboard operator** N *(Telec)* standardiste *mf*

**switcheroo** ‡ /ˌswɪtʃəˈruː/ N *(esp US)* volte-face *f inv*, revirement *m* ◆ **to pull a ~** faire volte-face, effectuer un revirement

**switchgear** /ˈswɪtʃgɪəʳ/ N *(NonC: Elec)* appareillage *m* de commutation

**switchman** /ˈswɪtʃmən/ N (pl **-men**) *(Rail)* aiguilleur *m*

**switchover** /ˈswɪtʃəʊvəʳ/ N ◆ **the ~ from A to B** le passage de A à B ◆ **the ~ to the metric system** l'adoption *f* du système métrique

**switchyard** /ˈswɪtʃjɑːd/ N *(US Rail)* gare *f* de triage

**Swithin** /ˈswɪðɪn/ N Swithin *or* Swithun *m* ◆ **St ~'s Day** (jour *m* de) la Saint-Swithin *(15 juillet : pluie de Saint-Swithin, pluie pour longtemps)*

**Switzerland** /ˈswɪtsələnd/ N Suisse *f* ◆ **French-/German-/Italian-speaking ~** Suisse *f* romande/allemande/italienne

**swivel** /ˈswɪvl/ N pivot *m*, tourillon *m* VT (also **swivel round**) faire pivoter, faire tourner VI *[object]* pivoter, tourner COMP *[seat, mounting etc]* pivotant, tournant ▷ **swivel chair** N fauteuil *m* pivotant

► **swivel round** VI pivoter VT SEP ⇒ **swivel vt**

**swizz** ‡ /swɪz/ N *(Brit = swindle)* escroquerie *f* ◆ **what a ~!** *(= disappointment)* on est eu ! *, on s'est fait avoir ! *

**swizzle** /ˈswɪzl/ N *(Brit ‡)* ⇒ **swizz** COMP ▷ **swizzle stick** N fouet *m*

**swollen** /ˈswəʊlən/ VB ptp of **swell** ADJ *[limb, foot, finger, face, jaw]* enflé ; *[eye, breasts, tissue, organ]* gonflé ; *[stomach]* ballonné ; *[river, lake, stream]* en crue ; *[population]* accru ◆ **~ with blood/pus** *etc* plein de sang/pus *etc* ◆ **eyes ~ with tears** *or* **weeping** yeux gonflés de larmes ◆ **the river was ~ with rain** la rivière était grossie par les crues ◆ **the capital is ~ with refugees** la capitale est envahie par les réfugiés ◆ **to have ~ glands** avoir (une inflammation) des ganglions ◆ **to get a ~ head** *(Brit fig)* attraper la grosse tête * ; see also **swell** COMP ▷ **swollen-headed** * ADJ bêcheur *

**swoon** /swuːn/ VI († *or hum = faint)* se pâmer † *(also hum)* ; *(fig)* se pâmer d'admiration (*over sb/sth* devant qn/qch) N († *or hum)* pâmoison *f* ◆ **in a ~** en pâmoison

**swoop** /swuːp/ N *[of bird, plane]* descente *f* en piqué ; *(= attack)* attaque *f* en piqué (*on* sur) ; *[of police etc]* descente *f*, rafle *f* (*on* dans) ◆ **at** *or* **in one (fell) ~** d'un seul coup VI (also **swoop down**) *[bird]* fondre, piquer ;

*[aircraft]* descendre en piqué, piquer ; *[police etc]* faire une descente ◆ **the plane ~ed (down) low over the village** l'avion est descendu en piqué au-dessus du village ◆ **the eagle ~ed (down) on the rabbit** l'aigle a fondu *or* s'est abattu sur le lapin ◆ **the soldiers ~ed (down) on the terrorists** les soldats ont fondu sur les terroristes

**swoosh** * /swuːʃ/ **N** *[of water]* bruissement *m* ; *[of stick etc through air]* sifflement *m* ; *[of tyres in rain]* glissement *m* **VI** *[water]* bruire ◆ **he went ~ing through the mud** il est passé avec un bruit de boue qui gicle *or* en faisant gicler bruyamment la boue

**swop** /swɒp/ ⇒ **swap**

**sword** /sɔːd/ **N** épée *f* ◆ **to wear a ~** porter l'épée ◆ **to put sb to the ~** passer qn au fil de l'épée ◆ **to put up one's ~** rengainer son épée, remettre son épée au fourreau ◆ **to cross ~s with sb** *(lit, fig)* croiser le fer avec qn ◆ **those that live by the ~ die by the ~** quiconque se servira de l'épée périra par l'épée ◆ **to turn** *or* **beat one's ~s into ploughshares** forger des socs de ses épées **COMP** *[scar, wound]* d'épée ▷ **sword and sorcery N** *(Literat, Cine etc) genre de romans, films ou jeux électroniques mêlant barbarie et sorcellerie dans un cadre moyenâgeux* ▷ **sword arm N** bras *m* droit ▷ **sword dance N** danse *f* du sabre ▷ **sword-point N** ◆ **at ~-point** à la pointe de l'épée ▷ **sword-swallower N** avaleur *m* de sabres

**swordfish** /ˈsɔːdfɪʃ/ **N** *(pl inv)* espadon *m*

**swordplay** /ˈsɔːdpleɪ/ **N** ◆ **there was a lot of ~ in the film** il y avait beaucoup de duels *or* ça ferraillait dur * dans le film

**swordsman** /ˈsɔːdzmən/ **N** (pl **-men**) épéiste *m* ◆ **to be a good ~** être une fine lame

**swordsmanship** /ˈsɔːdzmənʃɪp/ **N** (habileté *f* dans le) maniement *m* de l'épée

**swordstick** /ˈsɔːdstɪk/ **N** canne *f* à épée

**swore** /swɔːʳ/ **VB** pt of **swear**

**sworn** /swɔːn/ **VB** ptp of **swear ADJ** *[evidence, statement]* donné sous serment ; *[enemy]* juré ; *[ally, friend]* à la vie et à la mort

**swot** * /swɒt/ *(Brit)* **N** *(pej)* bûcheur *m*, -euse *f* **VT** bûcher *, potasser * **VI** bûcher *, potasser * ◆ **to ~ for an exam** bachoter ◆ **to ~ at maths** bûcher * *or* potasser * ses maths

► **swot up** * **VI, VT SEP** ◆ **to swot up (on) sth** potasser * qch

**swotting** * /ˈswɒtɪŋ/ **N** bachotage *m* ◆ **to do some ~** bosser *, bachoter

**swotty** * /ˈswɒtɪ/ **ADJ** *(Brit pej)* bûcheur

**swum** /swʌm/ **VB** ptp of **swim**

**swung** /swʌŋ/ **VB** pt, ptp of **swing COMP** ▷ **swung dash N** *(Typo)* tilde *m*

**sybarite** /ˈsɪbəraɪt/ **N** sybarite *mf*

**sybaritic** /ˌsɪbəˈrɪtɪk/ **ADJ** sybarite

**sycamore** /ˈsɪkəmɔːʳ/ **N** sycomore *m*, faux platane *m*

**sycophancy** /ˈsɪkəfənsɪ/ **N** flagornerie *f*

**sycophant** /ˈsɪkəfənt/ **N** flagorneur *m*, -euse *f*

**sycophantic** /ˌsɪkəˈfæntɪk/ **ADJ** *[person]* servile, flagorneur ; *[behaviour, laughter]* obséquieux

**Sydney** /ˈsɪdnɪ/ **N** Sydney

**syllabary** /ˈsɪləbərɪ/ **N** syllabaire *m*

**syllabi** /ˈsɪləˌbaɪ/ **NPL** of **syllabus**

**syllabic** /sɪˈlæbɪk/ **ADJ** syllabique

**syllabification** /sɪˌlæbɪfɪˈkeɪʃən/ **N** syllabation *f*

**syllabify** /sɪˈlæbɪfaɪ/ **VT** décomposer en syllabes

**syllable** /ˈsɪləbl/ **N** syllabe *f* ◆ **to explain sth in words of one ~** expliquer qch en petit nègre

**syllabub** /ˈsɪləbʌb/ **N** ≈ sabayon *m*

**syllabus** /ˈsɪləbəs/ **N** (pl **syllabuses** *or* **syllabi**) *(Scol, Univ)* programme *m* ◆ **on the ~** au programme

**syllogism** /ˈsɪlədʒɪzəm/ **N** syllogisme *m*

**syllogistic** /ˌsɪləˈdʒɪstɪk/ **ADJ** syllogistique

**syllogize** /ˈsɪlədʒaɪz/ **VI** raisonner par syllogismes

**sylph** /sɪlf/ **N** sylphe *m* ; *(fig = woman)* sylphide *f*

**sylphlike** /ˈsɪlflaɪk/ **ADJ** *[woman]* gracile, qui a une taille de sylphide ; *[figure]* de sylphide

**sylvan** /ˈsɪlvən/ **ADJ** *(liter)* sylvestre

**Sylvester** /sɪlˈvestəʳ/ **N** Sylvestre *m*

**Sylvia** /ˈsɪlvɪə/ **N** Sylvie *f*

**sylviculture** /ˈsɪlvɪkʌltʃəʳ/ **N** sylviculture *f*

**symbiosis** /ˌsɪmbɪˈəʊsɪs/ **N** *(also fig)* symbiose *f* ◆ **to live in ~ with** vivre en symbiose avec

**symbiotic** /sɪmbɪˈɒtɪk/ **ADJ** *(lit, fig)* symbiotique

**symbol** /ˈsɪmbəl/ **N** symbole *m*

**symbolic(al)** /sɪmˈbɒlɪk(əl)/ **ADJ** symbolique

**symbolically** /sɪmˈbɒlɪkəlɪ/ **ADV** symboliquement ◆ **~ important** important sur le plan symbolique

**symbolism** /ˈsɪmbəlɪzəm/ **N** symbolisme *m*

**symbolist** /ˈsɪmbəlɪst/ **ADJ, N** symboliste *mf*

**symbolization** /ˌsɪmbəlaɪˈzeɪʃən/ **N** symbolisation *f*

**symbolize** /ˈsɪmbəlaɪz/ **VT** symboliser

**symmetric(al)** /sɪˈmetrɪk(əl)/ **ADJ** *(gen, Geom, Math)* symétrique

**symmetrically** /sɪˈmetrɪkəlɪ/ **ADV** symétriquement, avec symétrie

**symmetry** /ˈsɪmɪtrɪ/ **N** symétrie *f*

**sympathetic** /ˌsɪmpəˈθetɪk/ **ADJ** a *(= showing concern) [person, smile]* compatissant ◆ **to be a ~ listener** écouter avec compassion ◆ **they were ~ but could not help** ils ont compati mais n'ont rien pu faire pour aider ◆ **to be/feel ~ towards sb** montrer/ressentir de la compassion pour qn ◆ **she was ~ to the problems of single parents** elle comprenait les problèmes des parents célibataires b *(= kind) [person]* bien disposé, bienveillant ; *[response]* favorable c *(Literat, Theat, Cine = likeable) [character]* sympathique d *(Anat, Physiol)* sympathique ◆ **the ~ nervous system** le système nerveux sympathique

> ⚠ *Be cautious about translating* **sympathetic** *by* **sympathique**, *which usually means 'nice'.*

**sympathetically** /ˌsɪmpəˈθetɪkəlɪ/ **ADV** a *(= compassionately)* avec compassion b *(= kindly, favourably) [listen, consider, portray]* avec bienveillance ◆ **to be ~ disposed** *or* **inclined to sb/sth** être favorablement disposé envers qn/qch ◆ **the house has been ~ restored** la maison a été restaurée en respectant son caractère d'origine c *(Anat, Physiol)* par sympathie

**sympathize** /ˈsɪmpəθaɪz/ **VI** *(= feel sorry for)* compatir ◆ **I do ~ (with you)!** je compatis !, comme je vous comprends ! ◆ **her cousin called to ~** sa cousine est venue témoigner sa sympathie ◆ **I ~ with you in your grief** je m'associe *or* je compatis à votre douleur ◆ **I ~ with you** *or* **what you feel** *or* **what you say** je comprends votre point de vue ◆ **they ~d with the guerrillas** ils ont sympathisé avec les guérilleros

**sympathizer** /ˈsɪmpəθaɪzəʳ/ **N** a *(= supporter)* sympathisant(e) *m(f)* (*with* de) b *(with the unfortunate)* **he was a ~ with wronged women** il avait de la compassion pour les femmes traitées injustement

**sympathy** /ˈsɪmpəθɪ/ LANGUAGE IN USE 24.4

**N** a *(= pity)* compassion *f* ◆ **to feel ~ for** éprouver *or* avoir de la compassion pour ◆ **we expressed our ~ for her loss** nous lui avons fait nos condoléances ◆ **I've had little help and no ~** je n'ai reçu que peu de secours et aucune compassion ◆ **to show one's ~ for sb** exprimer sa compassion pour qn ◆ **please accept my (deepest) ~** *or* **sympathies** veuillez agréer mes condoléances

b *(= agreement)* **I have some ~ with this point of view** je comprends assez ce point de vue ◆ **I am in ~ with your proposals but ...** je suis en accord avec *or* je ne désapprouve pas vos propositions mais ...

c *(= feeling)* **he was suspected of pro-democracy sympathies** on le soupçonnait d'avoir des sympathies pro-démocratiques ◆ **the sympathies of the crowd were with him** il avait le soutien de la foule, la foule était pour lui

d *(= fellow feeling)* solidarité *f* (*for* avec) ◆ **I have no ~ with lazy people** je n'ai aucune indulgence pour les gens qui sont paresseux ◆ **to come out** *or* **strike in ~ with sb** faire grève en solidarité avec qn

**COMP** ▷ **sympathy strike N** grève *f* de solidarité

> ⚠ *Be cautious about translating* **sympathy** *by* **sympathie**, *whose commonest meaning is 'liking'.*

**symphonic** /sɪmˈfɒnɪk/ **ADJ** *[music, work, piece]* symphonique ◆ **a ~ composer** un compositeur de musique symphonique **COMP** ▷ **symphonic poem N** poème *m* symphonique

**symphony** /ˈsɪmfənɪ/ **N** symphonie *f* **COMP** *[concert, orchestra]* symphonique ▷ **symphony writer N** symphoniste *mf*

**symposium** /sɪmˈpəʊzɪəm/ **N** (pl **symposiums** *or* **symposia** /sɪmˈpəʊzɪə/) *(all senses)* symposium *m*

**symptom** /ˈsɪmptəm/ **N** *(Med, fig)* symptôme *m*, indice *m*

**symptomatic** /ˌsɪmptəˈmætɪk/ **ADJ** symptomatique (*of sth* de qch)

**synaesthesia, synesthesia** *(US)* /ˌsɪnəsˈθiːzɪə/ **N** *(NonC)* synesthésie *f*

**synagogue** /ˈsɪnəgɒg/ **N** synagogue *f*

**synapse** /ˈsaɪnæps/ **N** synapse *f*

**sync** * /sɪŋk/ **N** (abbrev of **synchronization**) ◆ **in ~** bien synchronisé, en harmonie ◆ **they are in ~** *(fig: of people)* ils sont en harmonie, le courant passe ◆ **out of ~** mal synchronisé, déphasé

**synchro** * /ˈsɪŋkrəʊ/ *(Aut)* (abbrev of **synchromesh**) **N** synchroniseur *m* **COMP** ▷ **synchro gearbox N** boîte *f* de vitesses synchronisées

**synchromesh** /ˌsɪŋkrəʊˈmeʃ/ *(Aut)* **N** synchroniseur *m* **COMP** ▷ **synchromesh gearbox N** boîte *f* de vitesses synchronisées

**synchronic** /sɪŋˈkrɒnɪk/ **ADJ** *(gen)* synchrone ; *(Ling)* synchronique

**synchronicity** /sɪŋkrəˈnɪsɪtɪ/ **N** synchronisme *m*

**synchronism** /ˈsɪŋkrənɪzəm/ **N** synchronisme *m*

**synchronization** /ˌsɪŋkrənaɪˈzeɪʃən/ **N** synchronisation *f*

**synchronize** /ˈsɪŋkrənaɪz/ VT synchroniser VI *[events]* se passer *or* avoir lieu simultanément ; *[footsteps etc]* être synchronisés ◆ **to ~ with sth** être synchrone avec qch, se produire en même temps que qch COMP ▷ **synchronized swimming** N *(Sport)* natation *f* synchronisée

**synchronous** /ˈsɪŋkrənəs/ ADJ synchrone

**syncline** /ˈsɪŋklaɪn/ N synclinal *m*

**syncopate** /ˈsɪŋkəpeɪt/ VT syncoper

**syncopation** /ˌsɪŋkəˈpeɪʃən/ N *(Mus)* syncope *f*

**syncope** /ˈsɪŋkəpɪ/ N *(Ling, Med)* syncope *f*

**syncretism** /ˈsɪŋkrɪtɪzəm/ N syncrétisme *m*

**syndic** /ˈsɪndɪk/ N *(= government official)* administrateur *m*, syndic *m* ; *(Brit Univ)* membre *m* d'un comité administratif

**syndicalism** /ˈsɪndɪkəlɪzəm/ N syndicalisme *m*

**syndicalist** /ˈsɪndɪkəlɪst/ ADJ, N syndicaliste *mf*

**syndicate** /ˈsɪndɪkɪt/ N a *(Comm etc)* syndicat *m*, coopérative *f* b *[of criminals]* gang *m*, association *f* de malfaiteurs c *(US Press)* *agence spécialisée dans la vente par abonnements d'articles, de reportages etc* VT /ˈsɪndɪkeɪt/ a *(Press: esp US) [+ article etc]* vendre *or* publier par l'intermédiaire d'un syndicat de distribution ; *(Rad, TV) [+ programme]* distribuer sous licence ◆ **~d columnist** *(Press)* journaliste *mf* d'agence b *(Fin)* **to ~ a loan** former un consortium de prêt ◆ **~d loan** prêt *m* consortial c *[+ workers]* syndiquer

**syndrome** /ˈsɪndrəʊm/ N *(lit, fig)* syndrome *m*

**synecdoche** /sɪˈnekdəkɪ/ N synecdoque *f*

**synergism** /ˈsɪnəˌdʒɪsəm/ N synergie *f*

**synergy** /ˈsɪnədʒɪ/ N synergie *f*

**synesthesia** /ˌsɪnəsˈθiːzɪə/ N *(US)* ⇒ **synaesthesia**

**synod** /ˈsɪnəd/ N synode *m*

**synonym** /ˈsɪnənɪm/ N synonyme *m*

**synonymous** /sɪˈnɒnɪməs/ ADJ *(lit, fig)* synonyme (*with sth* de qch)

**synonymy** /sɪˈnɒnəmɪ/ N synonymie *f*

**synopsis** /sɪˈnɒpsɪs/ N (pl **synopses** /sɪˈnɒpsiːz/) résumé *m*, précis *m* ; *(Cine, Theat)* synopsis *m or f*

**synoptic** /sɪˈnɒptɪk/ ADJ synoptique

**synovial** /saɪˈnəʊvɪəl/ ADJ synovial

**syntactic(al)** /sɪnˈtæktɪk(əl)/ ADJ syntaxique

**syntagm** /ˈsɪntæm/ (pl **syntagms**), **syntagma** /sɪnˈtægmə/ (pl **syntagmata** /sɪnˈtægmətə/) N syntagme *m*

**syntagmatic** /ˌsɪntægˈmætɪk/ ADJ syntagmatique

**syntax** /ˈsɪntæks/ N syntaxe *f* ◆ **~ error** *(Comput)* erreur *f* de syntaxe

**synth** /sɪnθ/ N (abbrev of **synthetizer**) synthé * *m*

**synthesis** /ˈsɪnθəsɪs/ N (pl **syntheses** /ˈsɪnθəsiːz/) synthèse *f*

**synthesize** /ˈsɪnθəsaɪz/ VT *(= combine)* synthétiser ; *(= produce)* produire synthétiquement *or* par une synthèse, faire la synthèse de

**synthesizer** /ˈsɪnθəsaɪzə<sup>r</sup>/ N synthétiseur *m* ; → **speech, voice**

**synthetic** /sɪnˈθetɪk/ ADJ a *(= man-made) [material, chemical, drug, fibre]* synthétique b *(pej = false) [person, behaviour, emotion, taste]* artificiel N *(gen)* produit *m* synthétique ◆ **~s** *(Tex)* fibres *fpl* synthétiques

**syphilis** /ˈsɪfɪlɪs/ N syphilis *f*

**syphilitic** /ˌsɪfɪˈlɪtɪk/ ADJ, N syphilitique *mf*

**syphon** /ˈsaɪfən/ N, VT ⇒ **siphon**

**Syria** /ˈsɪrɪə/ N Syrie *f*

**Syrian** /ˈsɪrɪən/ ADJ *(gen)* syrien ; *[ambassador, embassy]* de Syrie N Syrien(ne) *m(f)*

**syringe** /sɪˈrɪndʒ/ N seringue *f* VT seringuer

**syrup** /ˈsɪrəp/ N *(also Med)* sirop *m* ; (also **golden syrup**) mélasse *f* raffinée

**syrupy** /ˈsɪrəpɪ/ ADJ *(lit, fig)* sirupeux

**system** /ˈsɪstəm/ N a *(= structured whole)* système *m* ◆ **a political/economic/social ~** un système politique/économique/social ◆ **nervous ~** système *m* nerveux ◆ **digestive ~** appareil *m* digestif ◆ **the railway ~** le réseau de chemin de fer ◆ **the Social Security ~** le régime de la Sécurité sociale ◆ **new teaching ~s** nouveaux systèmes *mpl* d'enseignement ◆ **the Bell ~** *(Comm)* la compagnie *or* le réseau Bell ◆ **the St. Lawrence ~** *[of rivers]* le système fluvial *or* le réseau hydrographique du Saint-Laurent ◆ **the urban ~** *(Geog)* la trame urbaine ◆ **it's all ~s go** * ça turbine (un max) ⁑ ; → **feudal**
b *(= the body)* organisme *m* ◆ **her ~ will reject it** son organisme le rejettera ◆ **it was a shock to his ~** cela a été une secousse pour son organisme, cela a ébranlé son organisme ◆ **to get sth out of one's ~** * *(fig gen)* trouver un exutoire à qch ◆ **let him get it out of his ~** * *(anger)* laisse-le décharger sa bile ; *(hobby, passion)* laisse-le faire, ça lui passera ◆ **he can't get her out of his ~** * il n'arrive pas à l'oublier
c *(= established order)* **the ~** le système ◆ **to get round** *or* **beat** *or* **buck the ~** trouver le joint *(fig)* ◆ **down with the ~!** à bas le système !
d *(Comput)* système *m* ; → **operating**
e *(NonC = order)* méthode *f NonC* ◆ **to lack ~** manquer de méthode
COMP ▷ **system disk** N *(Comput)* disque *m* système ▷ **system operator** N *(Comput)* opérateur *m* du système, serveur *m* ▷ **systems analysis** N analyse *f* fonctionnelle ▷ **systems analyst** N analyste *mf* en système ▷ **systems desk** N pupitre *m* ▷ **systems engineer** N ingénieur *m* système ▷ **systems programmer** N programmeur *m* d'étude ▷ **systems software** N logiciel *m* de base *or* d'exploitation

**systematic** /ˌsɪstəˈmætɪk/ ADJ *(gen)* systématique ; *[person]* méthodique

**systematically** /ˌsɪstəˈmætɪkəlɪ/ ADV systématiquement

**systematization** /ˌsɪstəmətaɪˈzeɪʃən/ N systématisation *f*

**systematize** /ˈsɪstəmətaɪz/ VT systématiser

**systemic** /sɪˈstemɪk/ ADJ a *(gen)* du système ; *(Anat)* du système, de l'organisme ; *[insecticide]* systémique ◆ **~ circulation** circulation *f* générale ◆ **~ infection** infection *f* généralisée b *(Ling)* systémique

**systole** /ˈsɪstəlɪ/ N systole *f*

# T

**T, t** /tiː/ **N** *(= letter)* T, t *m* ◆ **T for Tommy** ≃ TÊ comme Thérèse ◆ **that's it to a T** * c'est exactement cela ◆ **he'd got everything down to a T** * il avait pensé à tout ◆ **it fits him to a T** * ça lui va comme un gant ; → **dot**
**COMP** ▷ **T-bar** **N** *(Ski:* also **T-bar lift**) téléski *m* (à archets) ▷ **T-bone** **N** *(Culin:* also **T-bone steak**) steak *m* avec un os en T ▷ **T-cell** **N** lymphocyte *m* T, cellume *f* T ▷ **T-junction** **N** intersection *f* en T ▷ **T-shaped** **ADJ** en forme de T, en équerre ▷ **T-shirt** **N** T-shirt *or* tee-shirt *m* ▷ **T-square** **N** équerre *f* en T ▷ **T-stop** **N** *(Phot)* diaphragme *m*

**TA** /tiːˈeɪ/ **N** **a** *(Brit Mil)* (abbrev of **Territorial Army**) → **territorial** **b** *(US Univ)* (abbrev of **teaching assistant**) → **teaching**

**ta** * /tɑː/ **EXCL** *(Brit)* merci !

**tab** /tæb/ **N** **a** *(= part of garment)* patte *f* ; *(= loop on garment etc)* attache *f* ; *(= label)* étiquette *f* ; *(on shoelace)* ferret *m* ; *(= marker: on file etc)* onglet *m* ◆ **to keep ~s** *or* **a ~ on** * *[+ person]* avoir *or* tenir à l'œil * ; *[+ thing]* garder un œil sur * **b** *(esp US* * *= café check)* addition *f*, note *f* ◆ **to pick up the ~** * *(lit, fig)* payer la note *or* l'addition **c** *(Comput)* (abbrev of **tabulator**) **~ key** touche *f* de tabulation **d** *(Drugs* *) pilule *f*, comprimé *m* **e** abbrev of **tablet a**

**tabard** /ˈtæbəd/ **N** tabard *m*

**Tabasco** ® /təˈbæskəʊ/ **N** Tabasco ® *m*

**tabby** /ˈtæbɪ/ **N** (also **tabby cat**) chat(te) *m(f)* tigré(e) *or* moucheté(e)

**tabernacle** /ˈtæbənækl/ **N** tabernacle *m* ◆ **the Tabernacle** *(Rel)* le tabernacle

**table** /ˈteɪbl/ **N** **a** *(= furniture, food on it)* table *f* ; *(= people at table)* tablée *f*, table *f* ◆ **ironing/bridge/garden ~** table *f* à repasser/de bridge/de jardin ◆ **at ~** à table ◆ **to sit down to ~** se mettre à table ◆ **to lay** *or* **set the ~** mettre la table *or* le couvert ◆ **to clear the ~** débarrasser la table, desservir ◆ **the whole ~ laughed** toute la tablée *or* la table a ri ◆ **to lay sth on the ~** *(Parl)* remettre *or* ajourner qch ◆ **the bill lies on the ~** *(Parl)* la discussion du projet de loi a été ajournée ◆ **to put sth on the ~** *(fig)* *(Brit = propose)* avancer qch, mettre qch sur la table ; *(US = postpone)* ajourner *or* remettre qch ◆ **he slipped me £5 under the ~** * *(fig)* il m'a passé 5 livres de la main à la main ◆ **he was nearly under the ~** *(fig)* un peu plus et il roulait sous la table * ◆ **to turn the ~s** *(fig)* renverser les rôles, retourner la situation (*on sb* aux dépens de qn)
**b** *[of facts, statistics]* tableau *m* ; *[of prices, fares, names]* liste *f* ; *(Math)* table *f* ; *(Sport:* also **league table**) classement *m* ◆ **~ of contents** table *f* des matières ◆ **the two-times ~** *(Math)* la table de (multiplication par) deux ◆ **we are in fifth place in the ~** *(Sport)* nous sommes classés cinquièmes, nous sommes cinquièmes au classement ; → **log²**
**c** *(Geog)* ⇒ **tableland**
**d** *(Rel)* **the Tables of the Law** les Tables *fpl* de la Loi
**VT** **a** *(Brit Admin, Parl = present)* *[+ motion etc]* présenter, déposer
**b** *(US Admin, Parl = postpone)* *[+ motion etc]* ajourner ◆ **to ~ a bill** reporter la discussion d'un projet de loi
**c** *(= tabulate)* dresser une liste *or* une table de ; *[+ results]* classifier
**COMP** *[wine, grapes, knife, lamp]* de table ▷ **Table Bay** **N** *(Geog)* la baie de la Table ▷ **table dancing** **N** numéro *m* de strip-tease sur commande ▷ **table d'hôte** **ADJ** à prix fixe **N** (pl **tables d'hôte**) table *f* d'hôte, repas *m* à prix fixe ▷ **table football** **N** baby-foot *m* ▷ **table leg** **N** pied *m* de table ▷ **table linen** **N** linge *m* de table ▷ **table manners** **NPL** ◆ **he has good ~ manners** il sait se tenir à table ▷ **Table Mountain** **N** *(Geog)* la montagne de la Table ▷ **table napkin** **N** serviette *f* (de table) ▷ **table runner** **N** chemin *m* de table ▷ **table salt** **N** sel *m* fin ▷ **table talk** **N** *(NonC)* menus propos *mpl* ▷ **table tennis** **N** ping-pong *m*, tennis *m* de table COMP de ping-pong ▷ **table-tennis player** **N** joueur *m*, -euse *f* de ping-pong, pongiste *mf* ▷ **table turning** **N** *(NonC)* spiritisme *m*, tables *fpl* tournantes

**tableau** /ˈtæbləʊ/ **N** (pl **tableaux** *or* **tableaus** /ˈtæbləʊz/) *(Theat)* tableau *m* vivant ; *(fig)* tableau *m*

**tablecloth** /ˈteɪblklɒθ/ **N** nappe *f*

**tableland** /ˈteɪbllænd/ **N** *(Geog)* (haut) plateau *m*

**tablemat** /ˈteɪblmæt/ **N** *(made of cloth)* set *m* de table ; *(heat-resistant)* dessous-de-plat *m inv*

**tablespoon** /ˈteɪblspuːn/ **N** cuiller *f* de service ; (*= measurement:* also **tablespoonful**) cuillerée *f* à soupe, ≃ 15 ml

**tablet** /ˈtæblɪt/ **N** **a** *(Pharm)* comprimé *m*, cachet *m* ; *(for sucking)* pastille *f* **b** *(= stone: inscribed)* plaque *f* (commémorative) ; *(Hist: of wax, slate etc)* tablette *f* **c** *[of chocolate]* tablette *f* ◆ **~ of soap** savonnette *f* **d** *(Comput)* tablette *f*

**tabletop** /ˈteɪbltɒp/ **N** dessus *m* de table

**tableware** /ˈteɪblwɛəʳ/ **N** *(NonC)* vaisselle *f*

**tabloid** /ˈtæblɔɪd/ **N** *(Press:* also **tabloid newspaper**) tabloïd(e) *m*, quotidien *m* populaire **ADJ** (also **in tabloid form**) en raccourci, condensé ◆ **~ television** *(pej)* télévision *f* à sensation

> **Tabloids, Broadsheets**
>
> Il existe deux formats de journaux en Grande-Bretagne : le grand format du type "Le Figaro" en France (**broadsheet**), qui caractérise la presse de qualité ("Times", "Guardian", "Independent", "Daily Telegraph") et les tabloïdes qui se distinguent par leurs gros titres accrocheurs, leurs articles courts, leurs nombreuses photographies, leurs opinions tranchées et leur goût pour les histoires à scandale. Parmi les titres représentatifs de cette presse à sensation, on peut citer le "Sun", le "Daily Mirror", le "Daily Express" et le "Daily Mail".
> Aux États-Unis, le principal quotidien **broadsheet** est l'édition nationale du "New York Times". Les tabloïdes américains les plus connus comprennent le "New York Daily News" et le "Chicago Sun-Times".

**taboo** /təˈbuː/ **ADJ, N** *(Rel, fig)* tabou *m* **VT** proscrire, interdire

**tabor** /ˈteɪbəʳ/ **N** tambourin *m*

**tabu** /təˈbuː/ **ADJ, VT** ⇒ **taboo**

**tabular** /ˈtæbjʊləʳ/ **ADJ** tabulaire

**tabulate** /ˈtæbjʊleɪt/ **VT** *[+ facts, figures]* présenter sous forme de tableau ; *[+ results]* classifier ; *(Typo)* mettre en colonnes

**tabulation** /ˌtæbjʊˈleɪʃən/ **N** **a** *(NonC = act)* *[of information, results]* disposition *f* *or* présentation *f* en tableaux **b** *(= table)* tableau *m*

**tabulator** /ˈtæbjʊleɪtəʳ/ **N** *[of typewriter]* tabulateur *m*

**tache** * /tæʃ/ **N** *(Brit)* moustache *f*, bacchantes * *fpl*

**tacheometer** /ˌtækɪˈɒmɪtəʳ/ **N** tachéomètre *m*

**tachograph** /ˈtækəgrɑːf/ **N** *(Brit)* tachygraphe *m*

**tachometer** /tæˈkɒmɪtəʳ/ **N** tachymètre *m*

**tachycardia** /ˌtækɪˈkɑːdɪə/ **N** tachycardie *f*

**tachycardiac** /ˌtækɪˈkɑːdɪæk/ **ADJ** tachycardique

**tachymeter** /tæˈkɪmɪtəʳ/ **N** tachéomètre *m*

**tacit** /ˈtæsɪt/ ADJ *[approval, agreement, admission, understanding]* tacite ; *[knowledge]* implicite

**tacitly** /ˈtæsɪtlɪ/ ADV tacitement

**taciturn** /ˈtæsɪtɜːn/ ADJ taciturne

**taciturnity** /ˌtæsɪˈtɜːnɪtɪ/ N taciturnité *f*

**Tacitus** /ˈtæsɪtəs/ N Tacite *m*

**tack** /tæk/ N a *(for wood, linoleum, carpet)* punaise *f*, semence *f* ; *(for upholstery)* semence *f* ; (*US:* also **thumbtack**) punaise *f* ; → **brass**

b *(Sewing)* point *m* de bâti

c *(= tactic)* tactique *f* ◆ **a change of ~** un changement de tactique ◆ **the government changed ~** le gouvernement a changé de direction *or* d'orientation ◆ **this finding set them off on another ~** cette découverte les a conduits à orienter différemment leurs recherches ◆ **to be on the right/wrong ~** être sur la bonne/mauvaise voie ◆ **to try another ~** essayer une autre tactique

d *(Naut)* bord *m*, bordée *f* ◆ **to make a ~** faire *or* courir *or* tirer un bord *or* une bordée ◆ **to be on a port/starboard ~** être bâbord/tribord amures

e *(NonC: for horse)* sellerie *f (articles)*

f *(NonC: * = rubbishy things)* objets *mpl* kitsch

VT a (also **tack down**) *[+ wood, lino, carpet]* clouer ◆ **he ~ed a note to the door** il a punaisé un mot à la porte

b *(Sewing)* faufiler, bâtir ◆ **~ the two pieces of material together** assemblez les deux morceaux de tissu

VI *(Naut = make a tack)* faire *or* courir *or* tirer un bord *or* une bordée ◆ **they ~ed back to the harbour** ils sont rentrés au port en louvoyant

► **tack down** VT SEP *(Sewing)* maintenir en place au point de bâti ; see also **tack vt a**

► **tack on** VT SEP a *(Sewing)* bâtir, appliquer au point de bâti

b *(fig)* ajouter (après coup) (*to* à)

**tackiness** /ˈtækɪnɪs/ N *(NonC)* a *(* = bad taste) [of person, place, film, clothes, remark]* vulgarité *f* b *(= stickiness) [of glue, paint, surface]* viscosité *f*

**tacking** /ˈtækɪŋ/ *(Sewing)* N bâtissage *m*, faufilure *f* ◆ **to take out the ~ from sth** défaufiler qch COMP ▷ **tacking stitch** N point *m* de bâti

**tackle** /ˈtækl/ LANGUAGE IN USE 26.2 N a *(NonC) (Naut = ropes, pulleys)* appareil *m* de levage ; *(gen = gear, equipment)* équipement *m* ◆ **fishing ~** matériel *m* de pêche b *(Ftbl, Hockey, Rugby etc = action)* tacle *m* ; *(US Ftbl = player)* plaqueur *m* VT a *(physically: Ftbl, Hockey, Rugby etc)* tac(k)ler ; *[+ thief, intruder]* saisir à bras-le-corps b *(verbally)* **I'll ~ him about it at once** je vais lui en parler *or* lui en dire deux mots tout de suite ◆ **I ~d him about what he had done** je l'ai questionné sur ce qu'il avait fait c *[+ task]* s'attaquer à ; *[+ problem, question, subject]* aborder, s'attaquer à ; * *[+ meal, food]* attaquer * ◆ **firemen ~d the blaze** les pompiers se sont attaqués à l'incendie ◆ **he ~d Hebrew on his own** il s'est mis à l'hébreu tout seul

**tackroom** /ˈtækrʊm/ N sellerie *f*

**tacky** /ˈtækɪ/ ADJ a *(* = tasteless) [person, place, film, clothes, remark]* vulgaire b *(= sticky) [glue]* qui commence à prendre ; *[paint, varnish]* pas tout à fait sec ; *[surface]* poisseux, collant

**taco** /ˈtɑːkəʊ/ N (pl **tacos**) taco *m*

**tact** /tækt/ N *(NonC)* tact *m*, délicatesse *f*

**tactful** /ˈtæktfʊl/ ADJ *[person, remark, behaviour]* plein de tact, délicat ; *[silence]* diplomatique ; *[hint, inquiry, reference]* discret (-ète *f*) ◆ **that wasn't a very ~ question** cette question n'était pas très délicate ◆ **to be ~ (with sb/about sth)** faire preuve de tact (envers qn/à propos de qch) ◆ **she was too ~ to say what she thought** elle avait trop de tact pour dire ce qu'elle pensait

**tactfully** /ˈtæktfəlɪ/ ADV avec tact ◆ **as he so ~ puts it ...** comme il le dit avec tant de tact ... ◆ **he ~ refrained from further comment** il a été assez délicat pour s'abstenir de tout autre commentaire

**tactfulness** /ˈtæktfʊlnɪs/ N ⇒ **tact**

**tactic** /ˈtæktɪk/ N *(Mil, fig)* tactique *f* ◆ **~s** *(NonC: Mil)* la tactique

**tactical** /ˈtæktɪkəl/ ADJ *(Mil, fig)* tactique ◆ **a ~ plan** une stratégie ◆ **to play a brilliant ~ game** *(Sport)* jouer avec une habileté tactique hors pair COMP ▷ **tactical voting** N *(Brit)* vote *m* utile

**tactically** /ˈtæktɪkəlɪ/ ADV *(Mil, fig) [important, disastrous]* d'un *or* du point de vue tactique, sur le plan tactique ; *[use]* tactiquement ◆ **to vote ~** voter utile

**tactician** /tækˈtɪʃən/ N *(Mil, fig)* tacticien *m*

**tactile** /ˈtæktaɪl/ ADJ a *(= physical) [person]* qui a le sens tactile développé b *(= pleasant to touch) [fabric]* agréable au toucher ◆ **the ~ quality of textiles** le toucher des textiles c *(through touch) [sense, experience]* tactile

**tactless** /ˈtæktlɪs/ ADJ *[person]* peu délicat, qui manque de tact ; *[hint]* grossier ; *[inquiry, reference]* indiscret (-ète *f*) ; *[answer]* qui manque de tact, peu diplomatique *(fig) [suggestion]* peu délicat

**tactlessly** /ˈtæktlɪslɪ/ ADV *[behave]* de façon peu délicate, sans tact *or* délicatesse ; *[say]* de façon peu délicate

**tactlessness** /ˈtæktlɪsnɪs/ N manque *m* de tact

**tad** * /tæd/ N ◆ **a ~ big/small** *etc* un chouïa * grand/petit *etc*

**tadpole** /ˈtædpəʊl/ N têtard *m*

**Tadzhik** /ˈtɑːdʒɪk/ ADJ tadjik N a Tadjik(e) *m(f)* b *(Ling)* tadjik *m*

**Tadzhikistan** /tɑːˌdʒɪkɪˈstɑːn/ N Tadjikistan *m* ◆ **in ~** au Tadjikistan

**tae kwon do** /ˈtaɪˈkwɒnˈdəʊ/ N taekwondo *m*

**taffeta** /ˈtæfɪtə/ N *(NonC)* taffetas *m*

**taffrail** /ˈtæfreɪl/ N *(Naut)* couronnement *m* ; *(= rail)* lisse *f* de couronnement

**Taffy** * /ˈtæfɪ/ N *(pej)* (also **Taffy Jones**) *sobriquet donné à un Gallois*

**taffy** /ˈtæfɪ/ N *(US)* bonbon *m* au caramel ; *(Can)* tire *f* d'érable

**tag** /tæg/ N a *[of shoelace, cord etc]* ferret *m* ; *(on garment etc)* patte *f*, marque *f* ; *(= label: also fig)* étiquette *f* ; *(= marker: on file etc)* onglet *m* ; *(= surveillance device)* bracelet-émetteur *m* de surveillance électronique ◆ **all uniforms must have name ~s** chaque uniforme doit être marqué au nom de son propriétaire ; → **price**

b *(= quotation)* citation *f* ; *(= cliché)* cliché *m*, lieu *m* commun ; *(= catchword)* slogan *m* ◆ **~ (question)** *(Ling)* question-tag *f*

c *(NonC = game)* (jeu *m* du) chat *m*

d *(Comput)* balise *f*

VT a *[+ garment]* marquer ; *[+ bag, box, file]* étiqueter ; *(US * fig) [+ car]* mettre un papillon * sur ; *[+ driver]* mettre une contravention à

b *(* = follow)* suivre ; *[detective]* filer

c *(= describe) [+ person]* appeler, étiqueter

d *(Comput)* baliser

e *[+ offender] doter d'une plaque d'identité électronique à des fins de surveillance*

COMP ▷ **tag day** N *(US)* journée *f* de vente d'insignes *(pour une œuvre)* ▷ **tag end** N *[of speech, performance, programme etc]* fin *f* ; *[of goods for sale]* restes *mpl* ▷ **tag line** N *[of play]* dernière réplique *f* ; *[of poem]* dernier vers *m*

► **tag along** VI suivre le mouvement * ◆ **she left and the children ~ged along behind her** elle est partie et les enfants l'ont suivie ◆ **the others came ~ging along behind** les autres traînaient derrière *or* étaient à la traîne derrière ◆ **she usually ~s along (with us)** la plupart du temps elle vient avec nous

► **tag on** * VI ◆ **to tag on to sb** coller aux talons de qn * ◆ **he came ~ging on behind** il traînait derrière

VT SEP *(fig)* ajouter (après coup) (*to* à)

► **tag out** VT SEP *(Baseball)* mettre hors jeu

**Tagalog** /təˈgɑːlɒg/ N *(Ling)* tagal *m*, tagalog *m*

**tagboard** /ˈtægbɔːd/ N *(US)* carton *m* (pour étiquettes)

**tagging** /ˈtægɪŋ/ N (also **electronic tagging** : *in penal system*) marquage *m* (électronique)

**tagliatelle** /ˌtæljəˈtelɪ, ˌtæglɪəˈtelɪ/ N *(NonC)* tagliatelles *fpl*

**tagmeme** /ˈtægmiːm/ N *(Ling)* tagmème *m*

**tagmemics** /tægˈmiːmɪks/ N *(Ling: NonC)* tagmémique *f*

**Tagus** /ˈteɪgəs/ N Tage *m*

**tahini** /təˈhiːnɪ/ N *(NonC)* crème *f* de sésame

**Tahiti** /təˈhiːtɪ/ N Tahiti *f* ◆ **in ~** à Tahiti

**Tahitian** /təˈhiːʃɪən/ ADJ tahitien N a Tahitien(ne) *m(f)* b *(Ling)* tahitien *m*

**t'ai chi (ch'uan)** /ˈtaɪdʒiː(ˈtʃwɑːn)/ N tai-chi(-chuan) *m*

**tail** /teɪl/ N a *[of animal, aircraft, comet, kite, procession, hair]* queue *f* ; *[of shirt]* pan *m* ; *[of coat]* basque *f* ; *[of ski]* talon *m* ◆ **with his ~ between his legs** *(lit, fig)* la queue entre les jambes ◆ **to keep one's ~ up** *(fig)* ne pas se laisser abattre ◆ **he was right on my ~** *(= following me)* il me suivait de très près ◆ **it is a case of the ~ wagging the dog** c'est une petite minorité qui se fait obéir ◆ **to turn ~ (and run)** prendre ses jambes à son cou ; → **sting**

b *[of coin]* pile *f* ◆ **~s I win!** pile je gagne !

c *(* hum = buttocks)* postérieur * *m* ◆ **a piece of ~** ** *(US)* une fille baisable **

d ◆ **to put a ~ on sb** * *[detective etc]* faire filer qn

NPL **tails** * *(Dress)* queue *f* de pie

VT a * *[+ suspect etc]* suivre, filer

b *(= cut tail of animal)* couper la queue à ; → **top**[1]

VI ◆ **to ~ after sb** suivre qn tant bien que mal

COMP ▷ **tail assembly** N *(Aviat)* dérive *f* ▷ **tail coat** N queue *f* de pie ▷ **tail end** N *[of piece of meat, roll of cloth etc]* bout *m* ; *[of procession]* queue *f* ; *[of storm, debate, lecture]* toutes dernières minutes *fpl*, fin *f* ▷ **tail feather** N plume *f* rectrice ▷ **tail lamp**, **tail light** N *(Aut, Rail etc)* feu *m* arrière *inv* ▷ **tail-off** N diminution *f or* baisse *f* graduelle ▷ **tail section** N *[of aeroplane]* arrière *m* ▷ **tail skid** N *(Aviat)* béquille *f* de queue ▷ **tail unit** N *(Aviat)* empennage *m*

► **tail away** VI *[sounds]* se taire (peu à peu) ; *[attendance, interest, numbers]* diminuer, baisser (petit à petit) ; *[novel]* se terminer en queue de poisson

► **tail back** VI ◆ **the traffic tailed back to the bridge** le bouchon *or* la retenue remontait jusqu'au pont

**N** ◆ **tailback** → **tailback**

► **tail off** **VI** ⇒ **tail away**

**N** ◆ **tail-off** → **tail**

**tailback** /ˈteɪlbæk/ **N** *(Brit Aut)* bouchon *m*

**tailboard** /ˈteɪlbɔːd/ **N** *(Aut etc)* hayon *m*

**-tailed** /teɪld/ **ADJ** *(in compounds)* ◆ **long-tailed** à la queue longue

**tailgate** /ˈteɪlgeɪt/ **N** *(Aut)* hayon *m* (arrière) ◆ **to ~ sb** coller au train * de qn

**tailhopping** /ˈteɪlhɒpɪŋ/ **N** *(Ski)* ruade *f*

**tailor** /ˈteɪləʳ/ **N** tailleur *m*

**VT** *[+ garment]* façonner ; *(fig) [+ speech, book, product, service]* adapter (*to, to suit* à ; *for* pour) ◆ **a ~ed skirt** une jupe ajustée ◆ **the software can be ~ed to meet your requirements** le logiciel peut être adapté à vos besoins

**COMP** ▷ **tailor-made** **ADJ** *[garment]* fait sur mesure ◆ **the building is ~-made for this purpose** le bâtiment est conçu spécialement pour cet usage ◆ **a lesson ~-made for that class** une leçon conçue *or* préparée spécialement pour cette classe ◆ **the job was ~-made for him** le poste était fait pour lui ▷ **tailor-make** **VT** ◆ **the therapist will ~-make the session for you** le psychanalyste adaptera la séance à vos besoins ◆ **we can ~-make your entire holiday** nous pouvons vous organiser tout un voyage à la carte ▷ **tailor's chalk** **N** craie *f* de tailleur ▷ **tailor's dummy** **N** mannequin *m* ; *(fig pej)* fantoche *m*

**tailoring** /ˈteɪlərɪŋ/ **N** *(fig) [of product, service]* personnalisation *f*, adaptation *f* (*to* à)

**tailpiece** /ˈteɪlpiːs/ **N** *(to speech)* ajout *m* ; *(to document, book)* appendice *m* ; *(to letter)* post-scriptum *m* ; *(Typ)* cul-de-lampe *m* ; *[of violin]* cordier *m*

**tailpipe** /ˈteɪlpaɪp/ **N** *(US Aut)* tuyau *m* d'échappement

**tailplane** /ˈteɪlpleɪn/ **N** *(Aviat)* stabilisateur *m*

**tailspin** /ˈteɪlspɪn/ **N** *(Aviat)* vrille *f* ; *[of prices]* chute *f* verticale ◆ **to be in a ~** *(Aviat)* vriller **VI** tomber en chute libre

**tailwind** /ˈteɪlwɪnd/ **N** vent *m* arrière *inv*

**taint** /teɪnt/ **VT** *[+ meat, food]* gâter ; *[+ water]* infecter, polluer ; *[+ air, atmosphere]* vicier, infecter, polluer ; *(fig liter) [+ sb's reputation]* salir, ternir ◆ **blood ~ed with the AIDS virus** du sang contaminé par le virus du sida **N** *(NonC)* infection *f*, souillure *f* ; *(= decay)* corruption *f*, décomposition *f* ; *(fig: of insanity, sin, heresy)* tare *f (fig)* ◆ **her government never shook off the ~ of corruption** son gouvernement ne s'est jamais débarrassé de l'image corrompue qui était la sienne

**tainted** /ˈteɪntɪd/ **ADJ** **a** *(= tarnished) [money]* sale ; *[evidence]* suspect, douteux ; *[reputation]* terni, sali ; *[action, motive]* impur ◆ **the system is ~ with corruption** le système est entaché de corruption ◆ **politicians ~ by scandal** des hommes politiques éclaboussés par des scandales **b** *(= contaminated) [food] (gen)* abîmé, gâté ; *(with chemicals)* pollué ; *[meat]* avarié ; *[blood]* contaminé ; *[water, air, atmosphere]* pollué ; *[breath]* chargé ; *[drug]* frelaté

**Taiwan** /ˈtaɪˈwɑːn/ **N** Taïwan ◆ **in ~** à Taïwan

**Taiwanese** /ˌtaɪwəˈniːz/ **ADJ** taïwanais **N** *(pl inv)* Taïwanais(e) *m(f)*

**Tajik** /ˈtɑːdʒɪk/ **ADJ, N** → **Tadzhik**

**Tajikistan** /tɑːdʒiːkɪstɑːn/ **N** Tadjikistan *m* ◆ **in ~** au Tadjikistan

## take /teɪk/

vb : pret **took**, ptp **taken**

| | |
|---|---|
| 1 NOUN | 3 INTRANSITIVE VERB |
| 2 TRANSITIVE VERB | 4 COMPOUNDS |
| 5 PHRASAL VERBS | |

### 1 - NOUN

**a** [Cine, Phot] prise *f* de vue(s) ; *(Recording)* enregistrement *m*

**b** [Fishing, Hunting] prise *f*

**c** [US Comm = takings] recette *f* ◆ **to be on the ~** ‡ *(= stealing)* se servir dans la caisse

**d** [esp US * = share] part *f*, montant *m* perçu ◆ **the taxman's ~ is nearly 50%** la ponction fiscale s'élève à près de 50%

**e** [* = view] point *m* de vue

### 2 - TRANSITIVE VERB

**a** [gen] prendre ; *(= seize)* prendre, saisir ◆ **to ~ sb's hand** prendre la main de qn ◆ **he took me by the arm, he took my arm** il m'a pris (par) le bras ◆ **he took her in his arms** il l'a prise dans ses bras ◆ **to ~ sb by the throat** prendre *or* saisir qn à la gorge ◆ **I ~ a (size) 12 in dresses** je mets *or* fais du 42 ◆ **I ~ a (size) 5 in shoes** je chausse du 38 ◆ **the policeman took his name and address** l'agent a pris *or* relevé ses nom et adresse ◆ **he ~s "The Times"** il lit le "Times" ◆ **he took the cathedral from the square** *(Phot)* il a pris la cathédrale vue de la place ◆ **he ~s a good photo** * *(Phot)* il est très photogénique ◆ **to ~ a ticket for a concert** prendre un billet *or* une place pour un concert ◆ **I'll ~ that one** je prends *or* prendrai celui-là ◆ **to ~ a wife** † prendre femme † ◆ **~ your partners for a waltz** invitez vos partenaires et en avant pour la valse ◆ **to ~ sth (up)on o.s.** prendre qch sur soi ◆ **to ~ it (up)on o.s. to do sth** prendre sur soi *or* sous son bonnet de faire qch

**b** [= extract] prendre (*from sth* dans qch), tirer (*from sth* de qch) ; *(= remove)* prendre, enlever, ôter (*from sb* à qn) ; *(without permission)* prendre ◆ **to ~ sth from one's pocket** prendre qch dans *or* tirer qch de sa poche ◆ **to ~ sth from a drawer** prendre qch dans un tiroir ◆ **he ~s his examples from real life** il tire ses exemples de la réalité ◆ **I took these statistics from a government report** j'ai tiré ces statistiques d'un rapport gouvernemental

**c** [Math etc = subtract] soustraire, ôter (*from* de) ◆ **he took 5 euros off the price** il a fait un rabais *or* une remise de 5 €

**d** [= capture] *(Mil) [+ city, district, hill]* prendre, s'emparer de ; *(gen) [+ suspect, wanted man]* prendre, capturer ; *[+ fish etc]* prendre, attraper ; *(sexually) [+ woman]* prendre ; *(Chess)* prendre ; *[+ prize]* obtenir, remporter ; *[+ degree]* avoir, obtenir ◆ **to ~ a trick** *(Cards)* faire une levée ◆ **my ace took his king** j'ai pris son roi avec mon as ◆ **the grocer ~s about £500 per day** *(Brit)* l'épicier fait à peu près 500 livres de recette par jour, l'épicier vend pour à peu près 500 livres de marchandises par jour ; → **fancy, prisoner, surprise**

**e** [= ingest, consume] *[+ food, drink]* prendre ◆ **he ~s sugar in his tea** il prend du sucre dans son thé ◆ **to ~ tea † with sb** prendre le thé avec qn ◆ **to ~ drugs** *(= medicines)* prendre des médicaments ; *(= narcotics)* se droguer ◆ **to ~ morphine** prendre de la morphine ◆ **"not to be taken (internally)"** *(Med)* "à usage externe" ◆ **he took no food for four days** il n'a rien mangé *or* pris pendant quatre jours

**f** [= occupy] *[+ chair, seat]* prendre, s'asseoir sur ; *(= rent) [+ house, flat etc]* prendre, louer ◆ **to ~ one's seat** s'asseoir ◆ **is this seat ~n?** cette place est-elle prise *or* occupée ?

**g** [= go by] *[+ bus, train, plane, taxi]* prendre ; *[+ road]* prendre, suivre ◆ **~ the first on the left** prenez la première à gauche

**h** [= negotiate] *[+ bend]* prendre ; *[+ hill]* grimper ; *[+ fence]* sauter ◆ **he took that corner too fast** il a pris ce virage trop vite

**i** [Scol, Univ] *(= sit) [+ exam, test]* passer, se présenter à ; *(= study) [+ subject]* prendre, faire ◆ **what are you taking next year?** qu'est-ce que tu prends *or* fais l'an prochain (comme matière) ?

**j** [esp Brit = teach] *[+ class, students]* faire cours à ◆ **the teacher who took us for economics** le professeur qui nous faisait cours en économie *or* qui nous enseignait l'économie

**k** [= tolerate] *[+ behaviour, remark etc]* accepter ; *[+ alcohol, garlic]* supporter ◆ **he won't ~ that reply from you** il n'acceptera jamais une telle réponse venant de vous ◆ **I'll ~ no nonsense!** on ne me raconte pas d'histoires ! ◆ **I'm not taking any!** ‡ je ne marche pas ! * ◆ **I can't ~ it any more** je n'en peux plus ◆ **we can ~ it!** on ne se laissera pas abattre !, on (l')encaissera ! * ◆ **I can't ~ alcohol** je ne supporte pas l'alcool

**l** [= have as capacity] contenir, avoir une capacité de ◆ **the bus ~s 60 passengers** l'autobus a une capacité de 60 places ◆ **the hall will ~ 200 people** la salle contient jusqu'à 200 personnes ◆ **the bridge will ~ 10 tons** le pont supporte un poids maximal de 10 tonnes

**m** [= receive, accept] *[+ gift, payment]* prendre, accepter ; *[+ a bet]* accepter ; *[+ news]* prendre, supporter ◆ **he won't ~ less than $50 for it** il en demande au moins 50 dollars ◆ **~ it from me!** croyez-moi !, croyez-moi sur parole ! ◆ **(you can) ~ it or leave it** c'est à prendre ou à laisser ◆ **whisky? I can ~ it or leave it** * le whisky ? j'aime ça mais sans plus ◆ **she took his death quite well** elle s'est montrée très calme en apprenant sa mort ◆ **she took his death very badly** elle a été très affectée par sa mort ◆ **I wonder how she'll ~ it** je me demande comment elle prendra cela ◆ **you must ~ us as you find us** vous devez nous prendre comme nous sommes ◆ **to ~ things as they come** prendre les choses comme elles viennent * ◆ **you must ~ things as they are** il faut prendre les choses comme elles sont * ◆ **will you ~ it from here?** *(handing over task etc)* pouvez-vous prendre la suite *or* la relève ? ◆ **~ five/ten!** * *(esp US = have a break)* repos !

**n** [= assume] supposer, imaginer ◆ **I ~ it that ...** je suppose *or* j'imagine que ... ◆ **how old do you ~ him to be?** quel âge lui donnez-vous ? ◆ **what do you ~ me for?** pour qui me prenez-vous ? ◆ **do you ~ me for a fool?** vous me prenez pour un imbécile ? ◆ **I took you for a burglar** je vous ai pris pour un cambrioleur ◆ **I took him to be foreign** je le croyais étranger ◆ **to ~ A for B** prendre A pour B, confondre A et B

**o** [= consider] prendre ◆ **now ~ Ireland** prenons par exemple l'Irlande ◆ **~ the case of ...** prenons *or* prenez le cas de ... ◆ **taking one thing with another ...** tout bien considéré ...

**p** [= require] prendre, demander ; *(Gram)* être suivi de ◆ **it ~s time** cela prend *or* demande du temps ◆ **the journey ~s five days** le voyage prend *or* demande cinq jours ◆ **it took me two hours to do it, I took two hours to do it** j'ai mis deux heures (à *or* pour le faire) ◆ **~ your time!** prenez votre temps ! ◆ **it won't ~ long** cela ne prendra pas longtemps ◆ **that ~s a lot of courage** cela demande beaucoup de courage ◆ **it ~s a brave man to do that** il faut être courageux pour faire cela ◆ **it ~s some doing** * ce n'est pas évident ◆ **it ~s some believing** * c'est à peine croyable ◆ **it took three policemen to hold him down** il a fallu trois agents pour le tenir ◆ **it ~s two to make a quarrel** *(Prov)* il faut être au moins deux pour se battre ◆ **he's got what it ~s!** * il est à la hauteur ◆ **he's got what it ~s to do the job** il a toutes les qualités requises pour ce travail

q = carry *[+ child, object]* porter, apporter, emporter ; *[+ one's gloves, umbrella]* prendre, emporter (avec soi) ; *(= lead)* emmener, conduire ; *(= accompany)* accompagner ◆ **he took her some flowers** il lui a apporté des fleurs ◆ **~ his suitcase upstairs** montez sa valise ◆ **he ~s home £200 a week** il gagne 200 livres net par semaine ◆ **he took her to the cinema** il l'a emmenée au cinéma ◆ **I'll ~ you to dinner** je vous emmènerai dîner ◆ **they took him over the factory** ils lui ont fait visiter l'usine ◆ **to ~ sb to hospital** transporter qn à l'hôpital ◆ **he took me home in his car** il m'a ramené *or* raccompagné dans sa voiture ◆ **this road will ~ you to Paris** cette route vous mènera à Paris ◆ **this bus will ~ you to the town hall** cet autobus vous conduira à la mairie ◆ **£20 won't ~ you far these days** de nos jours on ne va pas loin avec 20 livres ◆ **what took you to Lille?** qu'est-ce qui vous a fait aller à Lille ?

r = refer **to ~ a matter to sb** soumettre une affaire à qn, en référer à qn ◆ **I took it to him for advice** je lui ai soumis le problème pour qu'il me conseille

3 - INTRANSITIVE VERB

fire, vaccination, plant cutting etc prendre

4 - COMPOUNDS

▷ **take-home pay** N salaire *m* net
▷ **take-up** N *(Brit)* souscription *f*

5 - PHRASAL VERBS

► **take aback** VT SEP → **aback**

► **take after** VT FUS ressembler à, tenir de ◆ **she ~s after her mother** elle ressemble à *or* tient de sa mère

► **take against** VT FUS prendre en grippe

► **take along** VT SEP *[+ person]* emmener ; *[+ camera etc]* emporter, prendre

► **take apart** VI *[toy, machine]* se démonter

VT SEP *[+ machine, engine, toy]* démonter, désassembler ; *(* fig = criticize harshly) [+ plan, suggestion]* démanteler, démolir * ◆ **I'll ~ him apart * if I get hold of him!** si je l'attrape je l'étripe *or* ça va être sa fête ! *

► **take aside** VT SEP *[+ person]* prendre à part, emmener à l'écart

► **take away** VI ◆ **it takes away from its value** cela diminue *or* déprécie sa valeur ◆ **that doesn't ~ away from his merit** cela n'enlève rien à son mérite

VT SEP a *(= carry or lead away) [+ object]* emporter ; *[+ person]* emmener ◆ **"not to be taken away"** *(on book etc)* "à consulter sur place"

b *(= remove) [+ object]* prendre, retirer, enlever (*from sb* à qn ; *from sth* de qch) ; *[+ sb's child, wife, sweetheart]* enlever (*from sb* à qn) ◆ **she took her children away from the school** elle a retiré ses enfants de l'école

c *(Math)* soustraire, ôter (*from* de) ◆ **if you ~ three away from six ...** six moins trois ...

► **take back** VT SEP a *(= accept back) [+ gift, one's wife, husband]* reprendre ◆ **to ~ back a** *or* **one's promise** reprendre sa parole ◆ **she took back all she had said about him** elle a retiré tout ce qu'elle avait dit à son sujet ◆ **I ~ it all back!** je n'ai rien dit !

b *(= return) [+ book, goods]* rapporter (*to* à) ; *(= accompany) [+ person]* raccompagner, reconduire (*to* à)

c *(= recall, evoke)* ◆ **it takes me back to my childhood** cela me rappelle mon enfance

► **take down** VT SEP a *[+ object from shelf etc]* descendre (*from, off* de) ; *[+ trousers]* baisser ; *[+ picture]* décrocher, descendre ; *[+ poster]* décoller ; → **peg**

b *(= dismantle) [+ scaffolding, tent]* démonter ; *[+ building]* démolir

c *(= write etc) [+ notes, letter]* prendre ; *[+ address, details]* prendre, noter, inscrire

d *(in courtroom)* ◆ **take him down!** qu'on emmène le prisonnier !

► **take from** VT FUS ⇒ **take away from** ; → **take away**

► **take in** VT SEP a *(into building) [+ garden furniture, harvest]* rentrer ; *[+ person]* faire entrer

b *(into one's home) [+ lodgers]* prendre ; *[+ friend]* recevoir ; *[+ homeless person, stray dog]* recueillir

c ◆ **she takes in sewing** elle fait *or* prend de la couture à domicile

d *(= make smaller) [+ skirt, dress, waistband]* reprendre ◆ **to ~ in the slack on a rope** *(Climbing)* avaler le mou d'une corde

e *(= include, cover)* couvrir, inclure, englober, embrasser ◆ **we cannot ~ in all the cases** nous ne pouvons pas couvrir *or* inclure tous les cas ◆ **this ~s in all possibilities** ceci englobe *or* embrasse toutes les possibilités ◆ **we took in Venice on the way home** *(fig)* nous avons visité Venise sur le chemin du retour ◆ **to ~ in a movie** aller au cinéma

f *(= grasp, understand)* saisir, comprendre ◆ **that child ~s everything in** rien n'échappe à cet enfant ◆ **the children were taking it all in** les enfants étaient tout oreilles ◆ **she couldn't ~ in his death at first** dans les premiers temps elle ne pouvait pas se faire à l'idée de sa mort ◆ **he hadn't fully ~n in that she was dead** il n'avait pas (vraiment) réalisé qu'elle était morte ◆ **he took in the situation at a glance** il a apprécié la situation en un clin d'œil

g *( * = cheat, deceive)* avoir *, rouler * ◆ **I've been ~n in** je me suis laissé avoir *, j'ai été roulé * ◆ **he's easily ~n in** il se fait facilement avoir * ◆ **to be ~n in by appearances** se laisser prendre aux *or* tromper par les apparences ◆ **I was ~n in by his disguise** je me suis laissé prendre à son déguisement

► **take off** VI *[person]* partir (*for* pour) ; *[aircraft, career, scheme]* décoller ◆ **the plane took off for Berlin** l'avion s'est envolé pour Berlin

VT SEP a *(= remove) [+ garment]* enlever, ôter, retirer ; *[+ buttons, price tag, lid]* enlever ; *[+ telephone receiver]* décrocher ; *[+ item on menu, train, bus]* supprimer ◆ **they had to ~ his leg off** *(= amputate)* on a dû l'amputer d'une jambe ◆ **he took £5 off** *(= lowered price)* il a baissé le prix de *or* il a fait un rabais de 5 livres, il a rabattu 5 livres sur le prix ◆ **I'll ~ something off the price for you** je vais vous faire un rabais *or* une remise (sur le prix) ◆ **her new hairstyle ~s five years off her** * sa nouvelle coiffure la rajeunit de cinq ans

b *(= lead etc away) [+ person, car]* emmener ◆ **he took her off to lunch** il l'a emmenée déjeuner ◆ **to ~ sb off to jail** emmener qn en prison ◆ **he was ~n off to hospital** on l'a transporté à l'hôpital ◆ **after the wreck a boat took the crew off** une embarcation est venue sauver l'équipage du navire naufragé ◆ **to ~ o.s. off** s'en aller

c *(Brit = imitate)* imiter, pasticher

► **take on** VI a *[idea, fashion etc]* prendre, marcher *

b *(Brit * = be upset)* s'en faire *

VT SEP a *(= accept etc) [+ work, responsibility]* prendre, accepter, se charger de ; *[+ bet]* accepter ; *[challenger in game/fight]* accepter d'affronter ◆ **I'll ~ you on!** *(Betting)* chiche ! ; *(Sport)* je te parie que je te bats ! ◆ **he has ~n on more than he bargained for** il n'avait pas compté prendre une si lourde responsabilité ◆ **to agree to ~ a job on** *(employment)* accepter un poste ; *(task)* accepter de se charger d'un travail

b *[+ employee]* prendre, embaucher ; *[+ cargo, passenger]* embarquer, prendre ; *[+ form, qualities]* prendre, revêtir

c *(= contend with) [+ enemy]* s'attaquer à ◆ **he took on the whole committee** *(= challenge etc)* il s'est attaqué *or* s'en est pris au comité tout entier

► **take out** VT SEP a *(= lead or carry outside) [+ chair etc]* sortir ; *[+ prisoner]* faire sortir ◆ **they took us out to see the sights** ils nous ont emmenés visiter la ville ◆ **he took her out to lunch/the theatre** il l'a emmenée déjeuner/au théâtre ◆ **he has often ~n her out** il l'a souvent sortie ◆ **I'm going to ~ the children/dog out** je vais sortir les enfants/le chien

b *(from pocket, drawer)* prendre (*from, of* dans) ; *(= remove)* sortir, retirer, enlever, ôter (*from, of* de) ; *[+ tooth]* arracher ; *[+ appendix, tonsils]* enlever ; *[+ stain]* ôter, enlever (*from* de) ◆ **~ your hands out of your pockets** sors *or* enlève *or* retire tes mains de tes poches ◆ **that will ~ you out of yourself a bit** *(fig)* cela vous changera les idées ◆ **that sort of work certainly ~s it out of you** * c'est vraiment un travail épuisant ◆ **when he got the sack he took it out on the dog** * quand il a été licencié, il s'est défoulé * sur le chien ◆ **don't ~ it out on me!** * ce n'est pas la peine de t'en prendre à moi ! ◆ **don't ~ your bad temper out on me** * ne passe pas ta mauvaise humeur sur moi

c *[+ insurance policy]* souscrire à, prendre ; *[+ patent]* prendre ; *[+ licence]* se procurer

d *(Mil *) [+ target]* descendre *, bousiller *

► **take over** VI *[dictator, army, political party]* prendre le pouvoir ◆ **to ~ over from sb** prendre la relève *or* le relais de qn ◆ **let him ~ over** cédez-lui la place

VT SEP a *(= escort or carry across)* **he took me over to the island in his boat** il m'a transporté jusqu'à l'île dans son bateau ◆ **will you ~ me over to the other side?** voulez-vous me faire traverser ?

b *(= assume responsibility for) [+ business, shop]* reprendre ; *[+ sb's debts]* prendre à sa charge ◆ **he took over the shop from his father** il a pris la suite de son père dans le magasin ◆ **he took over the job from Paul** il a succédé à Paul (à ce poste) ◆ **I took over his duties** je l'ai remplacé dans ses fonctions ◆ **he took over the leadership of the party when Smith resigned** il a remplacé Smith à la tête du parti après la démission de celui-ci

c *(Fin) [+ another company]* absorber, racheter ◆ **the tourists have ~n over Venice** les touristes ont envahi Venise

► **take to** VT FUS a *(= conceive liking for) [+ person]* se prendre d'amitié pour, se prendre de sympathie pour, sympathiser avec ; *[+ game, action, study]* prendre goût à, mordre à * ◆ **I didn't ~ to the idea** l'idée ne m'a rien dit ◆ **they took to each other at once** ils se sont plu immédiatement ◆ **I didn't ~ to him** il ne m'a pas beaucoup plu

**b** *(= start, adopt) [+ habit]* prendre ; *[+ hobby]* se mettre à ◆ **to ~ to drink/drugs** se mettre à boire/à se droguer ◆ **she took to telling everyone ...** elle s'est mise à dire à tout le monde ...

**c** *(= go to)* ◆ **to take to one's bed** s'aliter ◆ **to ~ to the woods** *[walker]* aller dans la forêt ; *[hunted man]* aller se réfugier *or* se cacher dans la forêt ◆ **to ~ to the boats** *(Naut)* abandonner *or* évacuer le navire ; → **heel**[1]

► **take up** VI ◆ **to take up with sb** se lier avec qn, se prendre d'amitié pour qn

VT SEP **a** *(= lead or carry upstairs, uphill etc) [+ person]* faire monter ; *[+ object]* monter

**b** *(= lift) [+ object from ground]* ramasser, prendre ; *[+ carpet]* enlever ; *[+ roadway, pavement]* dépaver ; *[+ dress, hem, skirt]* raccourcir ; *[+ passenger]* prendre ; *(fig: after interruption) [+ one's work, book]* reprendre, se remettre à, continuer ; *[+ conversation, discussion, story]* reprendre (le fil de) ◆ **she took up the story where she had left off** elle a repris l'histoire là où elle s'était arrêtée ; → **cudgel**

**c** *(= occupy) [+ space]* occuper, tenir, prendre ; *[+ time]* prendre, demander ; *[+ attention]* occuper, absorber ◆ **he is very ~n up** il est très pris ◆ **he is quite ~n up with her** il ne pense plus qu'à elle ◆ **he is completely ~n up with his plan** il est tout entier à son projet ◆ **it ~s up too much room** cela prend *or* occupe trop de place ◆ **it ~s up all my free time** cela (me) prend tout mon temps libre

**d** *(= absorb) [+ liquids]* absorber

**e** *(= raise question of) [+ subject]* aborder ◆ **I'll ~ that up with him** je lui en parlerai ◆ **I would like to ~ you up on something you said earlier** je voudrais revenir sur quelque chose que vous avez dit précédemment

**f** *(= start, accept) [+ hobby, subject, sport, language]* se mettre à ; *[+ career]* embrasser ; *[+ method]* adopter, retenir ; *[+ challenge]* relever ; *[+ shares]* souscrire à ; *[+ person] (as friend)* adopter ; *(as protégé)* prendre en main ◆ **to ~ up one's new post** entrer en fonction ◆ **I'll ~ you up on your promise** je mettrai votre parole à l'épreuve ◆ **I'd like to ~ you up on your offer of free tickets** je voudrais accepter votre offre de places gratuites ◆ **I'll ~ you up on that some day** je m'en souviendrai à l'occasion, un jour je vous prendrai au mot

**takeaway** /ˈteɪkəweɪ/ N *(Brit = food shop)* magasin *m* de plats à emporter COMP ▷ **takeaway food** N plats *mpl* préparés (à emporter) ▷ **takeaway meal** N repas *m* à emporter

**takedown** * /ˈteɪkdaʊn/ ADJ *[toy, weapon]* démontable

**taken** /ˈteɪkən/ VB ptp of **take** ADJ **a** *[seat, place]* pris, occupé **b** ◆ **to be very ~ with sb/sth** être très impressionné par qn/qch ◆ **I'm not very ~ with him** il ne m'a pas fait une grosse impression ◆ **I'm quite ~ with** *or* **by that idea** cette idée me plaît énormément

**takeoff** /ˈteɪkɒf/ N *(Aviat)* décollage *m* ; *(Gym, Ski)* envol *m* ; *(fig: Econ etc)* démarrage *m* ; *(= imitation)* imitation *f*, pastiche *m*

**takeout** /ˈteɪkaʊt/ N **a** *(US)* ⇒ **takeaway** **b** *(Bridge* also **takeout bid**) réponse *f* de faiblesse

**takeover** /ˈteɪkəʊvəʳ/ N *(Pol)* prise *f* du pouvoir ; *(Fin)* rachat *m* COMP ▷ **takeover bid** N offre *f* publique d'achat, OPA *f*

**taker** /ˈteɪkəʳ/ N ◆ **~s of snuff** les gens qui prisent ◆ **drug-~s** les drogués *mpl* ◆ **at $50 he found no ~s** il n'a pas trouvé d'acheteurs *or* trouvé preneur pour 50 dollars ◆ **this suggestion found no ~s** cette suggestion n'a été relevée par personne

**taking** /ˈteɪkɪŋ/ ADJ *[person, manners]* séduisant ; *[child]* mignon N **a** ◆ **it is yours for the ~** tu n'as qu'à (te donner la peine de) le prendre **b** *(Mil = capture)* prise *f* **c** *(Brit Jur)* ~ **and driving away a vehicle** vol *m* de véhicule

NPL **takings** *(Brit Comm)* recette *f*

**talc** /tælk/, **talcum (powder)** /ˈtælkəm(paʊdəʳ)/ N talc *m*

**tale** /teɪl/ N *(= story)* conte *m*, histoire *f* ; *(= legend)* histoire *f*, légende *f* ; *(= account)* récit *m*, histoire *f (pej)* ◆ **"Tales of King Arthur"** *(Literat)* "La Légende du Roi Arthur" ◆ **he told us the ~ of his adventures** il nous a fait le récit de ses aventures ◆ **I've heard that ~ before** j'ai déjà entendu cette histoire-là quelque part ◆ **I've been hearing ~s about you** on m'a dit *or* raconté des choses sur vous ◆ **to tell ~s** *(= inform on sb)* rapporter, cafarder * ; *(= to lie)* mentir, raconter des histoires * ◆ **to tell ~s out of school** *(fig)* raconter ce qu'on devrait taire ◆ **he lived to tell the ~** il y a survécu ; → **fairy, old, tell, woe**

**Taleban** /ˈtælɪbæn/ N, ADJ ⇒ **Taliban**

**talebearer** /ˈteɪlbɛərəʳ/ N rapporteur *m*, -euse *f*, mouchard(e) *m(f)*

**talebearing** /ˈteɪlbɛərɪŋ/ N rapportage *m*, cafardage * *m*

**talent** /ˈtælənt/ N **a** *(= gift)* don *m*, talent *m* ; *(NonC)* talent *m* ◆ **to have a ~ for drawing** être doué pour le dessin, avoir un don *or* du talent pour le dessin ◆ **a writer of great ~** un écrivain de grand talent *or* très talentueux ◆ **he encourages young ~** il encourage les jeunes talents ◆ **he is looking for ~ amongst the schoolboy players** il cherche de futurs grands joueurs parmi les lycéens

**b** (‡ = attractive people) **there's not much ~ here tonight** il n'y a pas grand-chose comme petits lots ‡ ici ce soir

**c** *(= coin)* talent *m*

COMP ▷ **talent competition** N ⇒ **talent show** ▷ **talent contest** N *concours musical ayant pour but de détecter les jeunes talents* ▷ **talent scout** N *(Cine, Theat)* découvreur *m*, -euse *f or* dénicheur *m*, -euse *f* de vedettes ; *(Sport)* dénicheur *m*, -euse *f* de futurs grands joueurs ▷ **talent show** N concours *m* d'amateurs ▷ **talent spotter** N ⇒ **talent scout**

**talented** /ˈtæləntɪd/ ADJ talentueux, doué

**taletelling** /ˈteɪltelɪŋ/ N ⇒ **talebearing**

**tali** /ˈteɪlaɪ/ NPL of **talus**

**Taliban** /ˈtælɪbæn/ N Taliban *m* ◆ **the Taliban** les Taliban ADJ taliban

**talisman** /ˈtælɪzmən/ N (pl **talismans**) talisman *m*

**talk** /tɔːk/ N **a** conversation *f*, discussion *f* ; *(more formal)* entretien *m* ; *(= chat)* causerie *f* ◆ **during his ~ with the Prime Minister** pendant son entretien avec le Premier ministre ◆ **~s** *(esp Pol)* discussions *fpl* ◆ **peace ~s** pourparlers *mpl* de paix ◆ **the Geneva ~s on disarmament** la conférence de Genève sur le désarmement ◆ **I enjoyed our (little) ~** notre causerie *or* notre petite conversation m'a été très agréable ◆ **we've had several ~s about this** nous en avons parlé *or* discuté plusieurs fois ◆ **I must have a ~ with him** *(gen)* il faut que je lui parle *subj* ; *(warning, threatening etc)* j'ai à lui parler ◆ **we must have a ~ some time** il faudra que nous nous rencontrions *subj* un jour pour discuter *or* causer

**b** *(= informal lecture)* exposé *m* (on sur) ; *(less academic or technical)* causerie *f* (on sur) ◆ **to give a ~** faire un exposé, donner une causerie (on sur) ◆ **Mr Jones has come to give us a ~ on ...** M. Jones est venu nous parler de ... ◆ **to give a ~ on the radio** parler à la radio

**c** *(NonC)* propos *mpl* ; *(= gossip)* bavardage(s) *m(pl)* ; *(pej)* racontars *mpl* ◆ **the ~ was all about the wedding** les propos tournaient autour du mariage ◆ **you should hear the ~!** si tu savais ce qu'on raconte ! ◆ **there is (some) ~ of his returning** *(= it is being discussed)* il est question qu'il revienne ; *(= it is being rumoured)* on dit qu'il va peut-être revenir, le bruit court qu'il va revenir ◆ **there was no ~ of his resigning** il n'a pas été question qu'il démissionne *subj* ◆ **it's common ~ that ...** on dit partout que ..., tout le monde dit que ... ◆ **it's just ~** ce ne sont que des on-dit *or* des racontars *or* des bavardages ◆ **there has been a lot of ~ about her** il a beaucoup été question d'elle ; *(pej)* on a raconté beaucoup d'histoires sur elle ◆ **I've heard a lot of ~ about the new factory** j'ai beaucoup entendu parler de la nouvelle usine ◆ **all that ~ about what he was going to do!** toutes ces vaines paroles sur ce qu'il allait faire ! ◆ **he's all ~** *(pej)* c'est un grand vantard *or* hâbleur ◆ **it was all (big) ~** *(pej)* tout ça c'était du vent * ◆ **she's/it's the ~ of the town** on ne parle que d'elle/de cela ; → **baby, idle, small**

VI **a** *(= speak)* parler (*about, of* de) ; *(= chatter)* bavarder, causer ◆ **he can't ~ yet** il ne parle pas encore ◆ **after days of torture he finally ~ed** après plusieurs jours de torture, il a enfin parlé ◆ **I'll make you ~!** (avec moi) tu vas parler ! ◆ **now you're ~ing!** * voilà qui devient intéressant ! ◆ **it's easy** *or* **all right for him to ~!** il peut parler ! ◆ **look who's ~ing!** *, **YOU can ~!** * *(iro)* tu peux parler ! *, tu es mal placé pour faire ce genre de remarque ! ◆ **to ~ through one's hat** * *or* **through a hole in one's head** *, **to ~ out of one's arse** ** *(Brit)* débloquer ‡, dire des conneries ‡ ◆ **he was just ~ing for the sake of ~ing** il parlait pour ne rien dire ◆ **he ~s too much** *(too chatty)* il parle trop ; *(indiscreet)* il ne sait pas se taire ◆ **he can ~ under water** *(Austral)* c'est un moulin à paroles ◆ **don't ~ to me like that!** ne me parle pas sur ce ton ! ◆ **do what he tells you because he knows what he's ~ing about** fais ce qu'il te demande parce qu'il sait ce qu'il dit ◆ **he knows what he's ~ing about when he's on the subject of cars** il s'y connaît quand il parle (de) voitures ◆ **he doesn't know what he's ~ing about** il ne sait pas ce qu'il dit ◆ **I'm not ~ing about you** ce n'est pas de toi que je parle, il ne s'agit pas de toi ◆ **he was ~ing of** *or* **about going to Greece** il parlait d'aller en Grèce ◆ **it's not as if we're ~ing about ...** ce n'est pas comme s'il s'agissait de ... ◆ **you're ~ing about a million dollars** ça coûterait un million de dollars ◆ **they ~ed of** *or* **about nothing except ...** ils ne parlaient que de ... ◆ **the marriage was much ~ed of in the town** toute la ville parlait du mariage ◆ **his much ~ed-of holiday never happened** ses fameuses vacances ne sont jamais arrivées ◆ **I'm not ~ing to him any more** je ne lui adresse plus la parole, je ne lui cause plus * ◆ **~ing of films, have you seen ...?** en parlant de *or* à propos de films, avez-vous vu ... ? ◆ **~ about a stroke of luck!** * ça tombe (*or* tombait *etc*) à pic ! * ; → **big, tough**

**b** *(= converse)* parler (*to* à ; *with* avec) discuter (*to, with* avec) ; *(more formally)* s'entretenir (*to, with* avec) ; *(= chat)* causer (*to, with* avec) ; *(= gossip)* parler, causer (*about* de), jaser *(pej)* (*about* sur) ◆ **who were you ~ing to?** à qui parlais-tu ? ◆ **I saw them ~ing (to each other)** je les ai vus en conversation l'un avec l'autre ◆ **to ~ to o.s.** se parler tout seul ◆ **I'll ~ to you about that tomorrow** je t'en parlerai demain ; *(threateningly)* j'aurai deux mots à te dire là-dessus demain ◆ **it's no use ~ing to you** je perds mon temps avec toi ◆ **we were just ~ing of** *or* **about you** justement nous parlions de toi ◆ **the Foreign Ministers ~ed about the crisis in China** les ministres des Affaires étrangères se sont entretenus de la crise chinoise ◆ **I have ~ed with him several times** j'ai eu plusieurs conversations avec lui ◆ **try to keep him ~ing** essaie de le faire parler aussi longtemps que possible ◆ **to get o.s. ~ed about** faire parler de soi ; → **nineteen**

**VT** a *[+ a language, slang]* parler ◆ **to ~ business/politics** parler affaires/politique ◆ **to ~ nonsense** *or* **rubbish** * *or* **tripe** ‡ dire n'importe quoi *or* des conneries ‡ ◆ **he's ~ing sense** c'est la voix de la raison qui parle, ce qu'il dit est le bon sens même ◆ **~ sense!** ne dis pas n'importe quoi ! ◆ **we're ~ing big money/serious crime here** * il s'agit de grosses sommes d'argent/de crimes graves * ; → **hind², shop, turkey**

b ◆ **to ~ sb into doing sth** persuader qn de faire qch ◆ **I managed to ~ him out of doing it** je suis arrivé à le dissuader de le faire ◆ **she ~ed him into a better mood** elle a dissipé sa mauvaise humeur ◆ **he ~ed himself into the job** il a si bien parlé qu'on lui a offert le poste ◆ **to ~ sb through sth** bien expliquer qch à qn

**COMP** ▷ **talk radio** N (NonC) *radio qui donne la priorité aux interviews et aux débats* ▷ **talk show** N *(Rad)* débat *m* (radiodiffusé) ; *(TV)* débat *m* (télévisé), talk-show *m*

► **talk away** VI parler *or* discuter sans s'arrêter, ne pas arrêter de parler ◆ **we ~ed away for hours** nous avons passé des heures à parler *or* discuter ◆ **she was ~ing away about her plans when suddenly ...** elle était partie à parler de ses projets quand soudain ...

► **talk back** VI répondre (insolemment) *(to sb* à qn)

► **talk down** VI ◆ **to talk down to sb** parler à qn comme à un enfant

**VT SEP** a *(= silence)* **they ~ed him down** leurs flots de paroles l'ont réduit au silence

b *(Aviat)* *[+ pilot, aircraft]* aider à atterrir par radio-contrôle

c *[+ suicidal person]* persuader de ne pas sauter

d *(= speak ill of)* dénigrer

e *(esp Brit: in negotiations)* ◆ **to talk sb down** marchander avec qn (pour qu'il baisse son prix) ◆ **to ~ wages down** obtenir une baisse des salaires

► **talk on** VI parler *or* discuter sans s'arrêter, ne pas arrêter de parler ◆ **she ~ed on and on about it** elle en a parlé pendant des heures et des heures

► **talk out** VT SEP a *(= discuss thoroughly)* **to ~ it/things out** mettre les choses au clair

b *(Parl)* **to ~ out a bill** prolonger la discussion d'un projet de loi jusqu'à ce qu'il soit trop tard pour le voter

c ◆ **to talk o.s. out** parler jusqu'à l'épuisement

► **talk over** VT SEP a *[+ question, problem]* discuter (de), débattre ◆ **let's ~ it over** discutons-en entre nous ◆ **I must ~ it over with my wife first** je dois d'abord en parler à ma femme

b ⇒ **talk round vt sep**

► **talk round** VT SEP *(Brit)* ◆ **to talk sb round** amener qn à changer d'avis, gagner qn à son avis, convaincre *or* persuader qn

**VT FUS** *[+ problem, subject]* tourner autour de ◆ **they ~ed round it all evening** ils ont tourné autour du pot toute la soirée

► **talk up** VI *(US = speak frankly)* ne pas mâcher ses mots

**VT FUS** *[+ project, book]* pousser, vanter ◆ **to ~ sb up** *(esp Brit: in negotiations)* marchander avec qn pour qu'il offre davantage ◆ **to ~ the price up** obtenir plus d'argent

**talkathon** /'tɔːkəθən/ N *(US)* débat-marathon *m*

**talkative** /'tɔːkətɪv/ ADJ bavard

**talkativeness** /'tɔːkətɪvnɪs/ N volubilité *f*, loquacité *f (liter)*

**talker** /'tɔːkəʳ/ N ◆ **he's a great ~** c'est un grand bavard, il a la langue bien pendue * ◆ **he's a terrible ~** *(talks too much)* c'est un vrai moulin à paroles

**talkie** * /'tɔːkɪ/ N *(Cine)* film *m* parlant ◆ **the ~s** le cinéma parlant ; → **walkie-talkie**

**talking** /'tɔːkɪŋ/ N bavardage *m* ◆ **he did all the ~** il a fait tous les frais de la conversation ◆ **that's enough ~!** assez de bavardages !, assez bavardé ! ◆ **no ~!** défense de parler !, silence (s'il vous plaît) ! **ADJ** *[doll, parrot, film]* parlant **COMP** ▷ **talking book** N lecture *f* enregistrée d'un livre ▷ **talking head** N *(TV)* présentateur *m*, -trice *f* ▷ **talking point** N sujet *m* de discussion *or* de conversation ▷ **talking shop** * N *(Brit)* parlot(t)e *f* ▷ **talking-to** * N engueulade ‡ *f* ◆ **to give sb a (good) ~-to** passer un savon à qn *

**tall** /tɔːl/ ADJ a *(in height) [building, tree, window]* haut ◆ **a ~ person** une personne de grande taille ◆ **a ~ man** un homme grand ◆ **a ~ woman/girl** une grande femme/fille ◆ **a ~ boy** un grand garçon ◆ **a ~ glass** un grand verre ◆ **how ~ is this building/that tree?** quelle est la hauteur de ce bâtiment/cet arbre ? ◆ **how ~ are you?** combien mesurez-vous ? ◆ **he hadn't realized how ~ she was** il ne s'était pas rendu compte qu'elle était aussi grande ◆ **he is six feet ~** ≈ il mesure 1 mètre 80 ◆ **a six-foot-~ man** ≈ un homme d'un mètre 80 *or* mesurant 1 mètre 80 ◆ **~ and slim** élancé ◆ **he is ~er than his brother** il est plus grand que son frère ◆ **she's 5cm ~er than me, she's ~er than me by 5cm** elle mesure 5 cm de plus que moi ◆ **she is ~er than me by a head** elle me dépasse d'une tête ◆ **she wears high heels to make herself look ~er** elle porte des talons hauts pour se grandir *or* pour avoir l'air plus grande ◆ **to get** *or* **grow ~er** grandir

b ◆ **that's a ~ order!** * *(= difficult)* c'est beaucoup demander !

**ADV** ◆ **he stands six feet ~** ≈ il mesure bien 1 mètre 80 ◆ **to stand ~** *(US fig)* garder la tête haute ◆ **to walk ~** marcher la tête haute

**COMP** ▷ **tall ship** N grand voilier *m* ▷ **tall story, tall tale** N histoire *f* à dormir debout

**tallboy** /'tɔːlbɔɪ/ N *(Brit)* commode *f*

**tallness** /'tɔːlnɪs/ N *[of person]* grande taille *f* ; *[of building etc]* hauteur *f*

**tallow** /'tæləʊ/ N suif *m* **COMP** ▷ **tallow candle** N chandelle *f*

**tally** /'tælɪ/ N *(Hist = stick)* taille *f (latte de bois)* ; *(= count)* compte *m* ◆ **to keep a ~ of** *(= count)* tenir le compte de ; *(= mark off on list)* pointer ◆ **the final ~ was 221 votes for the government and 124 against** le décompte final donnait 221 voix pour le gouvernement et 124 contre **VI** concorder *(with* avec), correspondre *(with* à) ; ◆ **this description didn't seem to ~ with what we saw** cette description ne semblait pas correspondre à ce que nous avons vu ◆ **the figures didn't seem to ~** les chiffres ne semblaient pas concorder **VT** (also **tally up** = *count*) compter

**tallyho** /'tælɪ'həʊ/ EXCL, N taïaut *m*

**Talmud** /'tælmʊd/ N *(Rel)* Talmud *m*

**Talmudic** /tæl'mʊdɪk/ ADJ *(Rel)* talmudique

**talon** /'tælən/ N a *[of eagle etc]* serre *f* ; *[of tiger etc, person]* griffe *f* b *(Archit, Cards)* talon *m*

**talus** /'teɪləs/ N (pl **tali**) astragale *m*

**Tamagotchi** ® /tæmə'gɒtʃɪ/ N Tamagotchi ® *m*

**tamarin** /'tæmərɪn/ N tamarin *m (Zool)*

**tamarind** /'tæmərɪnd/ N *(= fruit)* tamarin *m* ; *(= tree)* tamarinier *m*

**tamarisk** /'tæmərɪsk/ N tamaris *m*

**tambour** /'tæm,bʊəʳ/ N *(Archit, Mus)* tambour *m* ; *(Sewing)* métier *m or* tambour *m* à broder

**tambourine** /,tæmbə'riːn/ N tambour *m* de basque, tambourin *m*

**Tamburlaine** /'tæmbəleɪn/ N Tamerlan *m*

**tame** /teɪm/ ADJ a *(= not wild) [animal, bird]* apprivoisé ◆ **to become ~(r)** s'apprivoiser ◆ **let's ask our ~ American** * *(hum)* demandons à notre Américain de service b *(pej = compliant) [follower]* docile c *(pej = unexciting) [party, match, book]* insipide, fade ; *[place]* insipide ◆ **to be ~ stuff** être insipide **VT** *[+ bird, wild animal]* apprivoiser ; *[+ esp lion, tiger]* dompter ; *(fig)* *[+ passion]* maîtriser ; *[+ person]* mater, soumettre

**tamely** /'teɪmlɪ/ ADV *[agree, accept, surrender]* docilement ◆ **the story ends ~** le dénouement est plat

**tamer** /'teɪməʳ/ N dresseur *m*, -euse *f* ◆ **lion-~** dompteur *m*, -euse *f* (de lions), belluaire *m*

**Tamerlane** /'tæməleɪn/ N Tamerlan *m*

**Tamil** /'tæmɪl/ N a Tamoul(e) *or* Tamil(e) *m(f)* b *(Ling)* tamoul *or* tamil *m* **ADJ** tamoul *or* tamil

**taming** /'teɪmɪŋ/ N *(NonC: gen)* apprivoisement *m* ; *[of circus animals]* dressage *m*, domptage *m* ◆ **"The Taming of the Shrew"** "La Mégère apprivoisée"

**Tammany** /'tæmənɪ/ N *(US Hist) organisation démocrate de New York*

**tammy** * /'tæmɪ/, **tam o'shanter** /,tæmə'ʃæntəʳ/ N béret *m* écossais

**tamoxifen** /tə'mɒksɪfen/ N tamoxifène *m*

**tamp** /tæmp/ VT *[+ earth]* damer, tasser ; *[+ tobacco]* tasser ◆ **to ~ a drill hole** *(in blasting)* bourrer un trou de mine à l'argile *or* au sable

**Tampax** ® /'tæmpæks/ N Tampax ® *m*

**tamper** /'tæmpəʳ/ VI ◆ **to ~ with** *[+ machinery, car, brakes, safe etc]* toucher à *(sans permission)* ; *[+ lock]* essayer de crocheter ; *[+ documents, accounts, evidence]* falsifier ; *[+ food]* frelater ; *(US)* *[+ jury]* soudoyer ; *[+ sb's papers, possessions]* toucher à, mettre le nez dans * ◆ **my computer has been ~ed with** quelqu'un a touché à mon ordinateur ◆ **the brakes had been ~ed with** les freins ont été trafiqués **COMP** ▷ **tamper-proof** ADJ *[bottle]* avec fermeture de sécurité ; *[envelope]* indécachetable ; *[ID card]* infalsifiable

**tampon** /'tæmpɒn/ N tampon *m*

**tan** /tæn/ N (also **suntan**) bronzage *m*, hâle *m* ◆ **she's got a lovely ~** elle a un beau bronzage, elle est bien bronzée ◆ **to get a ~** bronzer **ADJ** brun clair **VT** a *[+ skins]* tanner ◆ **to ~ sb** *, **to ~ sb's hide (for him)** * tanner le cuir à qn * b *[sun] [+ sunbather, holiday-maker]* bronzer ; *[+ sailor, farmer etc]* hâler ◆ **to get ~ned** bronzer **VI** bronzer

**tandem** /'tændəm/ N a *(= bicycle)* tandem *m* b *(= in collaboration)* ◆ **to do sth in ~** faire qch en tandem ◆ **to work in ~ with sb** travailler en collaboration *or* en tandem * avec qn c *(= simultaneously)* ◆ **to happen in ~** arriver simultanément ◆ **the two systems**

**will run in** ~ les deux systèmes seront appliqués simultanément ◆ **in** ~ **with sth** parallèlement à qch ADV ◆ **to ride** ~ rouler en tandem

**tandoori** /tænˈdʊərɪ/ *(Culin)* ADJ, N tandoori *or* tandouri *m inv*

**tang** /tæŋ/ N a *(= taste)* saveur *f* forte (et piquante) ; *(= smell)* senteur *f or* odeur *f* forte (et piquante) ◆ **the salt** ~ **of the sea air** l'odeur caractéristique de la marée b *[of file, knife]* soie *f*

**tanga** /ˈtæŋgə/ N *(= briefs)* tanga *m*

**Tanganyika** /ˌtæŋgəˈnjiːkə/ N Tanganyika *m* ◆ **Lake** ~ le lac Tanganyika

**tangent** /ˈtændʒənt/ N *(Math)* tangente *f* ◆ **to go off** *or* **fly off at a** ~ *(fig)* partir dans une digression

**tangential** /tænˈdʒenʃəl/ ADJ a *(= unconnected) [remark, issue]* sans rapport b *(Geom) [line, curve]* tangent (*to* à) c *(Phys) [force]* tangentiel

**tangentially** /tænˈdʒenʃəlɪ/ ADV a *(= indirectly) [relate to, touch on]* indirectement b *(Geom)* tangentiellement

**tangerine** /ˌtændʒəˈriːn/ N (also **tangerine orange**) mandarine *f* ADJ *[colour, skirt]* mandarine *inv* ; *[flavour]* de mandarine

**tangibility** /ˌtændʒɪˈbɪlɪtɪ/ N tangibilité *f*

**tangible** /ˈtændʒəbl/ ADJ *[object, evidence, proof]* tangible ; *[results, benefits]* tangible, palpable ; *[assets]* corporel ◆ ~ **net worth** *(Fin)* valeur *f* nette réelle

**tangibly** /ˈtændʒəblɪ/ ADV *[demonstrate, improve]* de manière tangible

**Tangier** /tænˈdʒɪəʳ/ N Tanger

**tangle** /ˈtæŋgl/ N *[of wool, string, rope]* enchevêtrement *m* ; *(Climbing: in rope)* nœud *m* ; *[of creepers, bushes, weeds]* fouillis *m*, enchevêtrement *m* ; *(fig = muddle)* confusion *f* ◆ **to get into a** ~ *[string, rope, wool]* s'entortiller, s'enchevêtrer ; *[hair]* s'emmêler ; *(fig) [person, accounts]* s'embrouiller ; *[traffic]* se bloquer ◆ **he got into a** ~ **when he tried to explain** il s'est embrouillé dans ses explications ◆ **I'm in a** ~ **with the accounts** je suis empêtré dans les comptes ◆ **the whole affair was a hopeless** ~ toute cette histoire était affreusement confuse *or* était affreusement embrouillée

VT (also **tangle up** : *lit*) enchevêtrer, embrouiller, emmêler ◆ **his tie got** ~**d up in the machine** sa cravate s'est entortillée dans la machine ◆ **to get** ~**d (up)** *(gen)* ⇒ **to get into a tangle** → **noun**

VI a *(= become tangled)* ⇒ **to get into a tangle** *(lit senses)* → **noun**

b * ◆ **to** ~ **with sb** se frotter à qn, se colleter avec qn * ◆ **they** ~**d over whose fault it was** ils se sont colletés * sur la question de savoir qui était responsable

**tango** /ˈtæŋgəʊ/ N (pl **tangos**) tango *m* VI danser le tango ◆ **it takes two to** ~ il faut être deux

**tangy** /ˈtæŋɪ/ ADJ piquant

**tank** /tæŋk/ N a *(= container) (for storage)* réservoir *m*, cuve *f* ; *(for rainwater)* citerne *f* ; *(for gas)* réservoir *m* ; *[of car]* (also **petrol tank**) réservoir *m* (à essence) ; *(for transporting)* réservoir *m*, cuve *f* ; *(esp oil)* tank *m* ; *(for fermenting, processing etc)* cuve *f (also Phot)* ; *(for fish)* aquarium *m* ; → **fuel, septic**

b *(Mil)* char *m* (d'assaut *or* de combat), tank *m*

COMP *(Mil) [commander]* de char d'assaut *or* de combat ; *[brigade]* de chars d'assaut *or* de combat ▷ **tank car** N *(US Rail)* wagon-citerne *m* ▷ **tank top** N pull-over *m* sans manches ▷ **tank town** * N *(US fig)* petite ville *f* (perdue), trou * *m (fig)* ▷ **tank trap** N *(Mil)* fossé *m* antichar ▷ **tank truck** N *(US)* camion-citerne *m*

► **tank along** * VI *(esp on road)* foncer *, aller à toute allure *

► **tank up** VI *(Aut *)* faire le plein ; *(Brit* ‡ *fig = drink a lot)* se soûler la gueule ‡

VT SEP * *[+ car etc]* remplir d'essence ◆ **to be** ~**ed up** ‡ *(Brit fig)* être bituré ‡ ◆ **to get** ~**ed up** ‡ *(Brit fig)* se soûler la gueule ‡

**tankard** /ˈtæŋkəd/ N chope *f*, pot *m* à bière

**tanker** /ˈtæŋkəʳ/ N *(= truck)* camion-citerne *m* ; *(= ship)* pétrolier *m*, tanker *m* ; *(= aircraft)* avion *m* ravitailleur ; *(Rail)* wagon-citerne *m*

**tankful** /ˈtæŋkfʊl/ N ◆ **a** ~ **of petrol** un réservoir (plein) d'essence ◆ **a** ~ **of water** une citerne (plein) d'eau

**tanned** /tænd/ ADJ *[sunbather, holiday-maker]* bronzé ; *(= weatherbeaten) [sailor, farmer]* hâlé

**tanner**[1] /ˈtænəʳ/ N tanneur *m*

**tanner**[2] † * /ˈtænəʳ/ N *(Brit)* (ancienne) pièce *f* de six pence

**tannery** /ˈtænərɪ/ N tannerie *f (établissement)*

**tannic** /ˈtænɪk/ ADJ tannique COMP ▷ **tannic acid** N ⇒ **tannin**

**tannin** /ˈtænɪn/ N tan(n)in *m*

**tanning** /ˈtænɪŋ/ N a (also **suntanning**) bronzage *m* b *[of hides]* tannage *m* c ‡ *(fig = beating)* raclée * *f*

**Tannoy** ® /ˈtænɔɪ/ *(Brit)* N système *m* de haut-parleurs ◆ **on** *or* **over the** ~ par haut-parleur VT *[+ message]* annoncer par haut-parleur

**tansy** /ˈtænzɪ/ N tanaisie *f*

**tantalize** /ˈtæntəlaɪz/ VT ◆ **the dreams of democracy that so** ~ **them** les rêves de démocratie qui les attirent tant ◆ **it gave just enough details to** ~ **the reader** il donnait juste assez de détails pour intriguer le lecteur ◆ ~ **your taste buds with ...** titillez vos papilles gustatives avec ...

**tantalizing** /ˈtæntəlaɪzɪŋ/ ADJ *[glimpse]* terriblement attrayant ; *[possibility]* terriblement excitant ; *[offer, smell]* terriblement alléchant ◆ **this** ~ **glimpse** ce fascinant aperçu

**tantalizingly** /ˈtæntəlaɪzɪŋlɪ/ ADV ◆ ~ **slowly** avec une lenteur désespérante ◆ **« perhaps », she added** ~ « peut-être », dit-elle d'un ton énigmatique ◆ **to get** ~ **close to doing sth** se retrouver à deux doigts de faire qch ◆ **the prize was** ~ **within my reach** le prix était là, à me tenter

**tantalum** /ˈtæntələm/ N tantale *m*

**Tantalus** /ˈtæntələs/ N Tantale *m*

**tantamount** /ˈtæntəmaʊnt/ ADJ ◆ **to be** ~ **to sth** être équivalent à qch ◆ **it's** ~ **to failure** cela équivaut à un échec ◆ **the attack was** ~ **to a declaration of war** cette attaque équivalait *or* revenait à une déclaration de guerre ◆ **the decision was** ~ **to protecting terrorist organisations** cette décision revenait à protéger les organisations terroristes

**Tantric** /ˈtæntrɪk/ ADJ tantrique

**tantrum** /ˈtæntrəm/ N (also **temper tantrum**) crise *f* de colère ; *[of child]* caprice *m* ◆ **to have** *or* **throw a** ~ piquer une colère ; *[child]* faire un caprice

**Tanzania** /ˌtænzəˈnɪə/ N Tanzanie *f* ◆ **United Republic of** ~ République *f* unie de Tanzanie

**Tanzanian** /ˌtænzəˈnɪən/ ADJ tanzanien N Tanzanien(ne) *m(f)*

**Tao** /ˈtaʊ/ N Tao *m*

**Taoiseach** /ˈtiːʃæx/ N *(Ir)* Premier ministre *m (irlandais)*

**Taoism** /ˈtaʊɪzəm/ N taoïsme *m*

**Taoist** /ˈtaʊɪst/ ADJ, N taoïste *mf*

**tap**[1] /tæp/ N a *(Brit: for water, gas etc)* robinet *m* ; *(Brit = tap on barrel etc)* cannelle *f*, robinet *m* ; *(= plug for barrel)* bonde *f* ◆ **the hot/cold** ~ le robinet d'eau chaude/froide

◆ **on tap** ◆ **ale on** ~ bière *f* (à la) pression ◆ **there are funds/resources on** ~ il y a des fonds/des ressources disponibles ◆ **a wealth of information on** ~ une mine d'informations à votre disposition *or* facilement accessibles ◆ **he has £3 million on** ~ il dispose de 3 millions de livres

b *(Telec)* écoute *f* téléphonique

c (also **screw tap** : *Tech*) taraud *m*

VT a *[+ telephone, telephone line]* mettre *or* placer sur écoute ◆ **to** ~ **sb's phone** mettre qn sur écoute ◆ **my phone is being** ~**ped** mon téléphone est sur écoute

b *(fig) [+ resources, supplies]* exploiter, utiliser ◆ **to** ~ **sb for money** * taper * qn ◆ **they** ~**ped her for a loan** * ils ont réussi à lui emprunter de l'argent ◆ **to** ~ **sb for £10** * taper * qn de 10 livres ◆ **to** ~ **sb for information** soutirer des informations à qn

c *[+ cask, barrel]* percer, mettre en perce ; *[+ pine]* gemmer ; *[+ other tree]* inciser ; *(Elec) [+ current]* capter ; *[+ wire]* brancher ◆ **to** ~ **the rubber from a tree** saigner un arbre pour recueillir le latex

COMP ▷ **tap water** N eau *f* du robinet

► **tap into** VT FUS *(= gain access to) [+ system, network]* accéder à ; *(= exploit) [+ fear, enthusiasm]* exploiter

**tap**[2] /tæp/ N a petit coup *m*, petite tape *f* ◆ **there was a** ~ **at the door** on a frappé doucement *or* légèrement à la porte

b *(NonC:* also **tap-dancing**) claquettes *fpl*

NPL **taps** *(Mil = end of the day)* (sonnerie *f* de) l'extinction *f* des feux ; *(at funeral)* sonnerie *f* aux morts

VI taper (doucement) ; *(repeatedly)* tapoter ◆ **to** ~ **on** *or* **at the door** frapper doucement à la porte

VT taper (doucement) ; *(repeatedly)* tapoter ◆ **she** ~**ped the child on the cheek** elle a tapoté la joue de l'enfant ◆ **he** ~**ped me on the shoulder** il m'a tapé sur l'épaule ◆ **to** ~ **in a nail** enfoncer un clou à petits coups ◆ **to** ~ **one's foot** taper du pied ◆ **he was** ~**ping an annoying rhythm on his glass** il tapotait sur son verre d'une manière agaçante ◆ **he** ~**ped his fingers on the steering wheel** il tapotait (sur) le volant

COMP ▷ **tap dance** N claquettes *fpl* ▷ **tap-dance** VI faire des claquettes ▷ **tap-dancer** N danseur *m*, -euse *f* de claquettes ▷ **tap-dancing** N → **noun b**

► **tap out** VT SEP a *[+ one's pipe]* débourrer b *[+ signal, code]* pianoter ◆ **to** ~ **out a message in Morse** transmettre un message en morse

**tapas** /ˈtæpəs/ NPL *(Culin)* tapas *fpl*

**tape** /teɪp/ N a *(gen: of cloth, paper, metal)* ruban *m*, bande *f* ; *(for parcels, documents)* bolduc *m* ; (also **sticky tape**) scotch ® *m*, ruban *m* adhésif ; *(Med)* sparadrap *m* ◆ **the message was coming through on the** ~ le message nous parvenait sur la bande (perforée) ; → **paper, punch**[1], **red**

b *(Recording, Comput) (= actual tape)* bande *f* magnétique ; *(= audio cassette)* cassette *f* (audio *inv*) ; *(= video cassette)* cassette *f* vidéo *inv*, vidéocassette *f* ◆ **the** ~ **is stuck** la bande est coincée ◆ **I'm going to buy a** ~ je vais acheter une cassette ; (also **video tape**) je vais acheter une cassette vidéo *or* une vidéocassette ◆ **bring your** ~**s** apporte tes cassettes ◆ **to get sth down on** ~ enregistrer qch ◆ **to make a** ~ **of a song** enregistrer une chanson c *(Sport)* fil *m (d'arrivée)*; *(at opening ceremonies)* ruban *m*

d *(also* **tape measure***)* mètre *m* à ruban; *(esp Sewing)* centimètre *m*

e *(Sewing) (decorative)* ruban *m*, ganse *f*; *(for binding)* extrafort *m*

**VT** a *(also* **tape up***) [+ parcel etc]* attacher avec du ruban *or* du bolduc; *(with sticky tape)* scotcher *, coller avec du scotch ® *or* du ruban adhésif ◆ **to ~ sb's mouth** bâillonner qn avec du sparadrap ◆ **they ~d her legs and her feet** ils lui ont attaché les jambes et les pieds avec du sparadrap ◆ **he ~d up the hole in the radiator** il a bouché le trou du radiateur avec du scotch ® *or* du ruban adhésif

b *(Brit fig)* **I've got him ~d** * je sais ce qu'il vaut ◆ **I've got it all ~d** * je sais parfaitement de quoi il retourne ◆ **they had the game/situation ~d** * ils avaient le jeu/la situation bien en main ◆ **he's got the job ~d** * il sait exactement ce qu'il y a à faire

c *(= record) [+ song, message]* enregistrer (sur bande *or* au magnétophone); *[+ video material]* enregistrer ◆ **~d lesson** *(Scol etc)* leçon *f* enregistrée sur bande

**COMP** ▷ **tape deck** N platine *f* de magnétophone ▷ **tape drive** N *(Comput)* dérouleur *m* de bande magnétique ▷ **tape head** N tête *f* de lecture-enregistrement ▷ **tape machine** N *(Brit = tape recorder)* magnétophone *m* ▷ **tape measure** N mètre *m* à ruban; *(esp Sewing)* centimètre *m* ▷ **tape-record** VT enregistrer (sur bande) ▷ **tape recorder** N magnétophone *m* ▷ **tape recording** N enregistrement *m* (sur bande) ▷ **tape streamer** N sauvegarde *f* sur bande

► **tape over** *(Recording)* **VT FUS** effacer *(en enregistrant autre chose)*

**VT SEP** ◆ **to tape sth over sth** enregistrer qch sur qch

**taper** /ˈteɪpəʳ/ **N** *(for lighting)* bougie *f* fine *(pour allumer les cierges, bougies etc)*; *(Rel = narrow candle)* cierge *m*

**VT** *[+ column, table leg, trouser leg, aircraft wing]* fuseler; *[+ stick, end of belt]* tailler en pointe, effiler; *[+ hair]* effiler; *[+ structure, shape]* terminer en pointe

**VI** *[column, table leg, trouser leg]* finir en fuseau; *[stick, end of belt]* s'effiler; *[hair]* être effilé; *[structure, outline]* se terminer en pointe, s'effiler

► **taper off** **VI** *[sound]* se taire peu à peu; *[storm]* aller en diminuant; *[conversation]* tomber ◆ **the end ~s off to a point** le bout se termine en pointe ◆ **immigration is expected to ~ off** on s'attend à ce que l'immigration diminue progressivement ◆ **the snow has ~ed off** la neige a presque cessé de tomber ◆ **the president's popularity is ~ing off** la popularité du président est en baisse

**VT SEP** *(lit)* finir en pointe; *(fig)* réduire progressivement

**tapered** /ˈteɪpəd/ **ADJ** *[column, table leg]* fuselé, en fuseau; *[fingers]* fuselé; *[trouser leg]* en fuseau; *[stick]* pointu; *[hair]* effilé; *[structure, outline]* en pointe

**tapering** /ˈteɪpərɪŋ/ **ADJ** *[column, fingers]* fuselé; see also **tapered**

**tapestry** /ˈtæpɪstrɪ/ **N** tapisserie *f* ◆ **the Bayeux Tapestry** la tapisserie de Bayeux ◆ **it's all part of life's rich ~** tout cela forme la trame complexe de l'existence, c'est la vie

**tapeworm** /ˈteɪpwɜːm/ **N** ténia *m*, ver *m* solitaire

**tapioca** /ˌtæpɪˈəʊkə/ **N** tapioca *m*

**tapir** /ˈteɪpəʳ/ **N** tapir *m*

**tappet** /ˈtæpɪt/ **N** *(Tech)* poussoir *m* (de soupape)

**tapping**[1] /ˈtæpɪŋ/ **N** *(NonC)* a *[of pine]* gemmage *m*; *[of other trees]* incision *f*; *[of electric current]* captage *m* b *(Telec)* **phone ~** écoutes *fpl* téléphoniques

**tapping**[2] /ˈtæpɪŋ/ **N** *(NonC = noise, act)* tapotement *m* ◆ **~ sound** tapotement *m*

**taproom** /ˈtæprʊm/ **N** *(Brit)* salle *f* (de bistro(t))

**taproot** /ˈtæpruːt/ **N** *(Bot)* pivot *m*, racine *f* pivotante

**tar**[1] /tɑːʳ/ **N** *(NonC)* goudron *m*; *(on roads)* goudron *m*, bitume *m* **VT** *[+ fence etc]* goudronner; *[+ road]* goudronner, bitumer ◆ **~red felt** *(= roofing)* couverture *f* bitumée *or* goudronnée ◆ **to ~ and feather sb** passer qn au goudron et à la plume ◆ **they're all ~red with the same brush** ils sont tous à mettre dans le même sac *

**tar**[2] † * /tɑːʳ/ **N** *(= sailor)* mathurin † *m*; → **jack**

**taramasalata** /ˌtærəməsəˈlɑːtə/ **N** tarama *m*

**tarantella** /ˌtærənˈtelə/ **N** tarentelle *f*

**tarantula** /təˈræntjʊlə/ **N** (pl **tarantulas** *or* **tarantulae** /təˈræntjʊˌliː/) tarentule *f*

**tarboosh, tarbush** /tɑːˈbuːʃ/ **N** tarbouch(e) *m*

**tardily** /ˈtɑːdɪlɪ/ **ADV** tardivement

**tardiness** /ˈtɑːdɪnɪs/ **N** *(NonC) (= slowness)* lenteur *f*, manque *m* d'empressement *(in doing sth* à faire qch); *(= unpunctuality)* manque *m* de ponctualité

**tardy** /ˈtɑːdɪ/ **ADJ** *(= late) [response]* tardif; *(= slow) [progress]* lent ◆ **to be ~ in doing sth** faire qch avec du retard **COMP** ▷ **tardy slip** N *(US Scol)* billet *m* de retard

**tare**[1] /tɛəʳ/ **N** ◆ **~s** †† *(= weeds)* ivraie *f*

**tare**[2] /tɛəʳ/ **N** *(Comm = weight)* tare *f*

**target** /ˈtɑːgɪt/ **N** *(Mil, Sport: for shooting practice, Mil: in attack or mock attack)* cible *f*; *(fig = objective)* objectif *m* ◆ **an easy ~** une cible facile ◆ **he was an obvious ~ for his enemies** il constituait une cible évidente pour ses ennemis ◆ **she was the ~ of a violent attack** elle a été victime d'une violente agression ◆ **the ~ of much criticism** la cible *or* l'objet *m* de nombreuses critiques ◆ **they set themselves a ~ of $1,000** ils se sont fixé 1 000 dollars comme objectif *or* un objectif de 1 000 dollars ◆ **the ~s for production** les objectifs de production ◆ **"on-target earnings £30,000"** "salaire jusqu'à £30 000 selon résultats" ◆ **our ~ is young people under 20** notre cible *or* le public ciblé, ce sont les jeunes de moins de 20 ans ◆ **the government met its ~ for reducing unemployment** le gouvernement a réussi à réduire le chômage conformément à ses objectifs

♦ **off target** ◆ **they were at least 12km off ~** *(gen)* ils s'étaient écartés de 12 bons kilomètres de leur destination; *(Mil: on bombing raid etc)* ils étaient à 12 bons kilomètres de leur objectif ◆ **they're (way) off ~ in terms of price** il se sont (complètement) trompés de cible en ce qui concerne le prix ◆ **you're way off ~** *(= criticising wrong person etc)* tu te trompes de cible ◆ **they were off ~ today** *(Ftbl)* ils manquaient de précision aujourd'hui

♦ **on target** ◆ **to be (dead** *or* **right) on ~** *[rocket, missile, bombs etc]* suivre (exactement) la trajectoire prévue; *[remark, criticism]* mettre (en plein) dans le mille; *(in timing etc)* être dans les temps; *(Comm) [sales]* correspondre (exactement) aux objectifs; *[forecast]* tomber juste ◆ **we're on ~ for sales of £10 million this year** nos ventes devraient correspondre aux objectifs de 10 millions de livres cette année ◆ **the project is on ~ for completion** le projet devrait être fini dans les temps ◆ **dead on ~!** pile!

**VT** a *(Mil etc) [+ enemy troops]* prendre pour cible, viser; *[+ missile, weapon]* pointer, diriger *(on* sur)

b *(Comm, TV, Cine = aim at) [+ market, audience etc]* cibler, prendre pour cible

c *(= direct, send) [+ aid, benefits etc]* affecter

**COMP** *[date, amount etc]* fixé, prévu ▷ **target area** N *(Mil)* environs *mpl* de la cible ▷ **target group** N groupe *m* cible *inv* ▷ **target language** N langue *f* cible *inv*, langue *f* d'arrivée ▷ **target practice** N *(Mil, Sport)* exercices *mpl* de tir (à la cible) ▷ **target price** N prix *m* indicatif *or* d'objectif ▷ **target vehicle** N *(Space)* vaisseau *m* cible *inv*

**targetable** /ˈtɑːgɪtəbl/ **ADJ** *[warhead]* dirigeable

**targeting** /ˈtɑːgɪtɪŋ/ **N** a *(Mil)* **the ~ of civilian areas** la prise des quartiers civils pour cible b *(Comm)* **the ~ of a product/a publicity campaign** le ciblage d'un produit/d'une campagne de pub ◆ **the ~ of young people as potential buyers** la prise pour cible des jeunes comme acheteurs potentiels

**Tarheel** /ˈtɑːhiːl/ **N** *(US)* habitant(e) *m(f)* de la Caroline du Nord **COMP** ▷ **the Tarheel State** N la Caroline du Nord

**tariff** /ˈtærɪf/ **N** *(Econ = taxes)* tarif *m* douanier; *(on a product)* droits *mpl* de douane; *(Comm = price list)* tarif *m*, tableau *m* des prix **COMP** *[concession, quota]* tarifaire ▷ **tariff barrier** N barrière *f* douanière ▷ **tariff heading** N *(Jur, Fin)* position *f* tarifaire ▷ **tariff reform** N *(Econ)* réforme *f* des tarifs douaniers

**tarmac** /ˈtɑːmæk/ **N** a *(NonC)* **Tarmac** ® *(esp Brit = substance)* goudron *m* b ◆ **the ~** *(= airport runway)* la piste; *(= airport apron)* l'aire *f* d'envol **VT** macadamiser, goudronner

**Tarmacadam** ® /ˌtɑːməˈkædəm/ **N** ⇒ **tarmac noun a**

**tarn** /tɑːn/ **N** petit lac *m* (de montagne)

**tarnation** ‡ /tɑːˈneɪʃən/ *(US dial)* **EXCL** damnation! **ADJ** fichu * *before n* **ADV** fichtrement *

**tarnish** /ˈtɑːnɪʃ/ **VT** *[+ metal]* ternir; *[+ gilded frame etc]* dédorer; *[+ mirror]* désargenter; *(fig) [+ reputation, image, memory]* ternir **VI** se ternir, se dédorer, se désargenter **N** *(NonC)* ternissure *f*, dédorage *m*, désargentage *m*

**tarot** /ˈtærəʊ/ **N** *(NonC)* ◆ **the ~** le(s) tarot(s) *m(pl)* **COMP** ▷ **tarot card** N tarot *m*

**tarp** * /tɑːp/ **N** *(US, Austral)* abbrev of **tarpaulin b**

**tarpaulin** /tɑːˈpɔːlɪn/ **N** a *(NonC)* toile *f* goudronnée b *(= sheet)* bâche *f* (goudronnée); *(on truck, over boat cargo)* prélart *m*

**tarpon** /ˈtɑːpɒn/ **N** tarpon *m*

**tarragon** /ˈtærəgən/ **N** estragon *m* **COMP** ▷ **tarragon vinegar** N vinaigre *m* à l'estragon

**tarring** /ˈtɑːrɪŋ/ **N** goudronnage *m*

**tarry**[1] /ˈtɑːrɪ/ **ADJ** *(= like tar)* goudronneux, bitumeux; *(= covered with tar)* plein de goudron; *(= smelling of tar)* qui sent le goudron

**tarry**[2] /ˈtærɪ/ **VI** *(liter) (= stay)* rester, demeurer; *(= delay)* s'attarder, tarder

**tarsal** /ˈtɑːsəl/ **ADJ** *(Anat)* tarsien

**tarsus** /ˈtɑːsəs/ **N** (pl **tarsi** /ˈtɑːsaɪ/) tarse *m*

**tart**[1] /tɑːt/ **ADJ** a *[fruit, flavour]* acide, acidulé b *[person, remark, comment]* acerbe

**tart**[2] /tɑːt/ **N** a *(esp Brit Culin)* tarte *f*; *(small)* tartelette *f* ◆ **apple ~** tarte(lette) *f* aux pommes b *(‡ = prostitute)* poule ‡ *f*, putain ‡ *f*

► **tart up** ‡ **VT SEP** *(Brit pej) [+ house, car]* retaper ◆ **to ~ o.s. up, to get ~ed up** se pomponner; *(= get dressed)* s'attifer *(pej)*; *(= make up)* se maquiller excessivement ◆ **she was all ~ed up for** *or* **to go to the party** elle était toute pomponnée pour aller à la soirée

**tartan** /ˈtɑːtən/ **N** tartan *m* **ADJ** *[garment, fabric]* écossais ◆ **the Tartan Army** * *(Brit)* les supporters *mpl* de l'équipe de football d'Écosse
**COMP** ▷ **tartan (travelling) rug N** plaid *m*

**Tartar** /ˈtɑːtəʳ/ **N** **a** Tartare *mf or* Tatar(e) *m(f)* **b** ◆ **tartar** tyran *m* ; *(woman)* mégère *f* **ADJ** **a** *(Geog)* tartare *or* tatar **b** *(Culin)* **steak tartar(e)** (steak *m*) tartare *m* **COMP** ▷ **tartar(e) sauce N** *(Culin)* sauce *f* tartare

**tartar** /ˈtɑːtəʳ/ **N** *(NonC: Chem etc)* tartre *m* ; → **cream**

**tartaric** /tɑːˈtærɪk/ **ADJ** tartrique

**tartlet** /ˈtɑːtlɪt/ **N** *(Brit)* tartelette *f*

**tartly** /ˈtɑːtlɪ/ **ADV** **a** *[say]* aigrement, d'une manière acerbe ; *[observe]* d'une manière acerbe **b** *(in taste)* ◆ **a ~ flavoured tomato sauce** une sauce tomate au goût acide

**tartness** /ˈtɑːtnɪs/ **N** *[of flavour, apple]* acidité *f* ; *[of remark]* aigreur *f*

**tarty** * /ˈtɑːtɪ/ **ADJ** *[clothes, make-up]* vulgaire ◆ **to look ~** faire vulgaire *or* mauvais genre

**Tarzan** /ˈtɑːzən/ **N** Tarzan *m*

**tash** * /tæʃ/ **N** ⇒ **tache**

**task** /tɑːsk/ **N** tâche *f* ; *(Scol)* devoir *m* ◆ **a hard ~** une lourde tâche ◆ **to take sb to ~** prendre qn à partie, réprimander qn (*for, about* pour) **VT** **a** *(= tax) [+ sb's brain, patience, imagination]* mettre à l'épreuve ; *[+ sb's strength]* éprouver **b** ◆ **to be ~ed with sth** être chargé de qch ◆ **to be ~ed to do sth** *or* **with doing sth** être chargé de faire qch **COMP** ▷ **task force N** *(Mil)* corps *m* expéditionnaire ; *(Police)* détachement *m* spécial

**taskmaster** /ˈtɑːskmɑːstəʳ/ **N** ◆ **he's a hard ~** il mène ses subordonnés à la baguette ◆ **duty is a hard ~** le devoir est un maître exigeant

**Tasmania** /tæzˈmeɪnɪə/ **N** Tasmanie *f*

**Tasmanian** /tæzˈmeɪnɪən/ **ADJ** tasmanien **N** Tasmanien(ne) *m(f)*

**Tasman Sea** /ˈtæsmənˈsiː/ **N** mer *f* de Tasman

**tassel** /ˈtæsəl/ **N** gland *m* ; *(= pompon)* pompon *m*

**tasselled** /ˈtæsəld/ **ADJ** à glands

**Tasso** /ˈtæsəʊ/ **N** le Tasse

**taste** /teɪst/ **N** **a** *(= flavour)* goût *m*, saveur *f* ◆ **it has an odd ~** cela a un drôle de goût ◆ **it has no ~** cela n'a aucun goût *or* aucune saveur ◆ **it left a nasty** *or* **bad ~ (in his mouth)** *(lit)* ça lui a laissé un mauvais goût *or* un goût désagréable dans la bouche ; *(fig)* ça lui a laissé un goût amer
**b** *(NonC = sense, culture etc)* goût *m* *(also fig)* ◆ **sweet to the ~** (au goût) sucré ◆ **to have (good) ~** avoir du goût, avoir bon goût ◆ **he has no ~** il n'a aucun goût, il a très mauvais goût ◆ **in good/bad ~** de bon/mauvais goût ◆ **in poor** *or* **doubtful ~** d'un goût douteux ◆ **the house is furnished in impeccable ~** la maison est meublée avec beaucoup de goût ◆ **people of ~** les gens de goût
**c** ◆ **to have a ~ of sth** *(lit)* goûter (à) qch ; *(fig)* goûter de qch ◆ **would you like a ~ (of it)?** voulez-vous (y) goûter ? ◆ **he had a ~ of the cake** il a goûté au gâteau ◆ **I gave him a ~ of the wine** je lui ai fait goûter le vin ◆ **it gave him a ~ of military life/of the work** cela lui a donné un aperçu de la vie militaire/du travail ◆ **he's had a ~ of prison** il a tâté de la prison ◆ **to give sb a ~ of his own medicine** rendre à qn la monnaie de sa pièce ◆ **to give sb a ~ of the whip** montrer à qn ce qui l'attend s'il ne marche pas droit ◆ **a ~ of happiness** une idée du bonheur ◆ **we got a ~ of his anger** il nous a donné un échantillon de sa colère ◆ **it was a ~ of things to come** c'était un avant-goût de l'avenir
**d** *(= small amount, trace)* **a ~ of** *(gen)* un (tout) petit peu de ; *[+ salt etc]* une pincée de ; *[+ vinegar, cream, brandy]* une goutte de, un soupçon de
**e** *(= liking)* goût *m*, penchant *m* (*for* pour) ◆ **is it to your ~?** est-ce que cela vous plaît ? ◆ **to have a ~ for ...** avoir du goût *or* un penchant pour ... ◆ **to get** *or* **acquire** *or* **develop a ~ for ...** prendre goût à ... ◆ **sweeten to ~** *(Culin)* sucrer à volonté ◆ **it's a matter of ~** c'est affaire de goût ◆ **there's no accounting for ~** des goûts et des couleurs on ne discute pas ◆ **each to his own ~, ~s differ** chacun ses goûts ◆ **her novels are too violent for my ~** ses romans sont trop violents à mon goût ◆ **his ~ in music** ses goûts musicaux ◆ **she has expensive ~s** elle a des goûts de luxe ◆ **he has expensive ~s in cars** il a le goût des voitures de luxe
**VT** **a** *(= perceive flavour of)* sentir (le goût de) ◆ **I can't ~ the garlic** je ne sens pas (le goût de) l'ail ◆ **I can't ~ anything when I have a cold** je trouve tout insipide quand j'ai un rhume ◆ **you won't ~ it** tu n'en sentiras pas le goût
**b** *(= sample) [+ food, drink]* goûter à ; *(esp for first time)* goûter de ; *(= to test quality) [+ food]* goûter ; *[+ wine] (at table)* goûter ; *(at wine-tasting)* déguster ; *(fig) [+ power, freedom, success]* goûter à, connaître ◆ **just ~ this!** goûtez à ça ! ◆ **~ the sauce before adding salt** goûtez la sauce avant d'ajouter du sel ◆ **you must ~ my marmalade** je vais vous faire goûter de ma confiture d'oranges ◆ **I haven't ~d salmon for years** ça fait des années que je n'ai pas mangé *or* goûté de saumon ◆ **I have never ~d snails** je n'ai jamais mangé d'escargots ◆ **he had not ~d food for a week** il n'avait rien mangé depuis une semaine ; → **wine**
**VI** ◆ **it doesn't ~ at all** cela n'a aucun goût ◆ **to ~ bitter** avoir un goût amer ◆ **to ~ good/bad** avoir bon/mauvais goût ◆ **to ~ of** *or* **like sth** avoir un goût de qch ◆ **it ~s of garlic** ça a un goût d'ail ◆ **it doesn't ~ of anything in particular** cela n'a pas de goût spécial ◆ **it ~s all right to me** d'après moi cela a un goût normal
**COMP** ▷ **taste bud N** papille *f* gustative

**tasteful** /ˈteɪstfʊl/ **ADJ** de bon goût, d'un goût sûr

**tastefully** /ˈteɪstfəlɪ/ **ADV** *[decorated, furnished]* avec goût ◆ **the sex scenes are very ~ done** les scènes érotiques sont d'un goût exquis ◆ **his ~ modern flat** son appartement moderne agencé avec (beaucoup de) goût

**tastefulness** /ˈteɪstfʊlnɪs/ **N** bon goût *m*, goût *m* sûr

**tasteless** /ˈteɪstlɪs/ **ADJ** *[food, medicine]* fade ; *[ornament, clothes, remark, action]* de mauvais goût

**tastelessly** /ˈteɪstlɪslɪ/ **ADV** *[decorated]* sans goût ◆ **~ extravagant** d'une extravagance de très mauvais goût ◆ **~ inappropriate music** une musique mal choisie pour les circonstances ◆ **her ordeal was ~ handled in the press** sa pénible épreuve a été relatée sans aucun tact par la presse

**tastelessness** /ˈteɪstlɪsnɪs/ **N** manque *m* de saveur, fadeur *f* *(pej)* ; *(fig) [of ornament, dress, remark etc]* mauvais goût *m*

**taster** /ˈteɪstəʳ/ **N** **a** *(= person)* dégustateur *m*, -trice *f* **b** *(Brit = foretaste)* avant-goût *m* ◆ **that is just a ~ of things to come** ce n'est qu'un avant-goût de ce qui se prépare ◆ **to serve as** *or* **be a ~ of sth** donner un avant-goût de qch

**tastiness** /ˈteɪstɪnɪs/ **N** saveur *f* agréable, goût *m* délicieux

**tasting** /ˈteɪstɪŋ/ **N** dégustation *f*

**tasty** /ˈteɪstɪ/ **ADJ** **a** *(Culin)* savoureux **b** (* *= interesting) [gossip, news]* croustillant **c** *(Brit* * *= sexy) [person]* sexy * *inv*

**tat**[1] /tæt/ **VI** faire de la frivolité *(dentelle)* **VT** faire en frivolité

**tat**[2] * /tæt/ **N** *(NonC: Brit pej = shabby clothes)* fripperies *fpl* ; *(= goods)* camelote * *f*

**ta-ta** * /ˈtæˈtɑː/ **EXCL** *(Brit)* salut ! *

**tattered** /ˈtætəd/ **ADJ** **a** *[clothes, flag]* en loques ; *[book]* tout abîmé ; *[handkerchief, paper, poster]* déchiré ; *[person]* déguenillé, loqueteux **b** *[reputation]* en miettes

**tatters** /ˈtætəz/ **NPL** lambeaux *mpl*, loques *fpl* ◆ **in ~** *(lit)* en lambeaux, en loques ◆ **his confidence was in ~** il avait perdu toute confiance en lui ◆ **the government's reputation was in ~** la réputation du gouvernement était ruinée

**tattie** * /ˈtætɪ/ **N** *(Scot)* patate * *f*

**tatting** /ˈtætɪŋ/ **N** *(NonC)* frivolité *f* *(dentelle)*

**tattle** /ˈtætl/ **VI** *(= gossip)* jaser, cancaner ; *(= tell secrets)* cafarder * **N** *(NonC)* bavardage *m*, commérages *mpl*

**tattler** /ˈtætləʳ/ **N** *(= man or woman)* commère *f* *(pej)*, concierge * *mf (pej)*

**tattletale** /ˈtætlˌteɪl/ *(US)* **N** commère *f (pej)*, concierge * *mf (pej)* **ADJ** *(fig) [mark etc]* révélateur (-trice *f*)

**tattoo**[1] /təˈtuː/ **VT** tatouer **N** tatouage *m*

**tattoo**[2] /təˈtuː/ **N** *(Mil: on drum, bugle)* retraite *f* ; *(Brit Mil = spectacle)* parade *f* militaire ; *(gen = drumming)* battements *mpl* ◆ **to beat a ~ on the drums** battre le tambour

**tattooer** /tæˈtuːəʳ/, **tattooist** /təˈtuːɪst/ **N** tatoueur *m*, -euse *f*

**tatty**[1] * /ˈtætɪ/ **ADJ** *(esp Brit) [clothes, shoes]* fatigué ; *[house, furniture]* en mauvais état ; *[book, poster]* en mauvais état, écorné ; *[plant, paintwork]* défraîchi ◆ **to get ~** *(gen)* s'abîmer ; *[poster, paint]* se défraîchir ◆ **she looked rather ~** elle était plutôt défraîchie

**tatty**[2] * /ˈtætɪ/ **N** ⇒ **tattie**

**taught** /tɔːt/ **VB** pt, ptp of **teach**

**taunt** /tɔːnt/ **N** raillerie *f*, sarcasme *m* **VT** railler *(liter)*, persifler *(liter)* ◆ **to ~ sb with racial abuse** accabler qn d'injures racistes ◆ **he ~ed his wife with his affairs** il torturait sa femme en racontant ses infidélités

**taunting** /ˈtɔːntɪŋ/ **N** railleries *fpl*, persiflage *m*, sarcasmes *mpl* **ADJ** railleur, persifleur, sarcastique

**tauntingly** /ˈtɔːntɪŋlɪ/ **ADV** d'un ton railleur *or* persifleur *or* sarcastique

**taupe** /təʊp/ **ADJ, N** (couleur *f*) taupe *m inv*

**Taurean** /ˌtɔːˈriːən/ **N** ◆ **to be a ~** être (du) Taureau

**tauromachy** /ˈtɔːrəmækɪ/ **N** *(liter)* tauromachie *f*

**Taurus** /ˈtɔːrəs/ **N** *(Astron)* Taureau *m* ◆ **I'm (a) ~** *(Astrol)* je suis (du) Taureau

**taut** /tɔːt/ **ADJ** **a** *(= tight, tense) [skin, muscle, rope, person, face, voice]* tendu ; *[lips]* crispé ; *[nerves]* à vif ◆ **to hold sth ~** tendre qch ◆ **stretched ~** tendu ◆ **her nerves were (stretched) ~** elle avait les nerfs à vif ◆ **his face was ~ with anger** il avait le visage crispé de colère **b** *(= firm) [body]* ferme ◆ **to be ~** *[person]* avoir le corps ferme **c** *(= well-constructed) [novel, film]* bien ficelé *

**tauten** /ˈtɔːtn/ **VT** tendre **VI** se tendre

**tautly** /'tɔːtlɪ/ ADV *(lit)* *[stretch]* à fond ; *(fig)* *[say]* d'une voix tendue *or* crispée

**tautness** /'tɔːtnɪs/ N tension *f* *(d'un cordage etc)*

**tautological** /ˌtɔːtə'lɒdʒɪkəl/ ADJ tautologique

**tautology** /tɔː'tɒlədʒɪ/ N tautologie *f*

**tavern** † /'tævən/ N taverne † *f*, auberge *f*

**tawdriness** /'tɔːdrɪnɪs/ N *[of goods]* qualité *f* médiocre ; *[of clothes]* mauvais goût *m* tapageur ; *[of jewellery]* clinquant *m* ; *(fig)* *[of motive etc]* indignité *f*

**tawdry** /'tɔːdrɪ/ ADJ **a** *(= tacky)* *[jewellery, clothes]* bon marché **b** *(= sordid)* *[affair, story]* sordide

**tawny** /'tɔːnɪ/ ADJ *[hair, fur, animal]* (de couleur) fauve *inv* ; *[skin]* mordoré ♦ **~ brown** marron *inv* doré COMP ▷ **tawny owl** N hulotte *f*, chat-huant *m* ▷ **tawny port** N porto *m* tawny

**tax** /tæks/ N *(on goods, services)* taxe *f*, impôt *m* ; (also **income tax**) impôts *mpl* ♦ **before/after ~** avant/après l'impôt ♦ **half of it goes in ~** on en perd la moitié en impôts ♦ **how much ~ do you pay?** combien d'impôts payez-vous ? ♦ **I paid £3,000 in ~ last year** j'ai payé 3 000 livres d'impôts l'an dernier ♦ **free of ~** exempt *or* exonéré d'impôt ♦ **to put** *or* **place** *or* **levy a ~ on sth** taxer *or* imposer qch ♦ **petrol ~, ~ on petrol** taxe(s) *f(pl)* sur l'essence ♦ **it was a ~ on his strength** cela a mis ses forces à l'épreuve

VT **a** *[+ goods]* taxer, imposer ; *[+ income, profits, person]* imposer ; *(fig)* *[+ patience]* mettre à l'épreuve ; *[+ strength]* éprouver ♦ **he is very heavily ~ed** il paie beaucoup d'impôts, il est lourdement imposé ; see also **taxing**

**b** ♦ **to ~ sb with sth** taxer *or* accuser qn de qch ♦ **to ~ sb with doing sth** accuser qn de faire (*or* d'avoir fait) qch

**c** *(Brit)* ♦ **to ~ one's car** acheter la vignette pour sa voiture

COMP *[system, incentive etc]* fiscal ▷ **tax accountant** N conseiller *m* fiscal ▷ **tax adjustment** N redressement *m* fiscal ▷ **tax allowance** N abattement *m* *or* dégrèvement *m* fiscal ▷ **tax authority** N Administration *f* fiscale, Trésor *m* (public) ▷ **tax avoidance** N évasion *f* fiscale (légale) ▷ **tax band** N ⇒ **tax bracket** ▷ **tax base** N assiette *f* de l'impôt ▷ **tax bite** N ponction *f* fiscale, prélèvement *m* fiscal ▷ **tax bracket** N tranche *f* du barème fiscal *or* d'impôts ▷ **tax break** N réduction *f* d'impôt, avantage *m* fiscal ▷ **tax burden** N charge *f* fiscale ▷ **tax code** N *(Brit)* code *m* des impôts ▷ **tax coding** N indice *m* d'abattement fiscal ▷ **tax-collecting** N perception *f* des impôts ▷ **tax collector** N percepteur *m* ▷ **tax credit** N crédit *m* d'impôt ▷ **tax cut** N réduction *f* des impôts ▷ **tax-deductible** ADJ déductible des impôts ▷ **tax demand** N avis *m* d'imposition ▷ **tax disc** N *(Brit Aut)* vignette *f* (automobile) ▷ **tax dodge** * N *(legal)* évasion *f* fiscale ; *(illegal)* fraude *f* fiscale ▷ **tax evader** N fraudeur *m*, -euse *f* fiscal(e) ▷ **tax evasion** N fraude *f* fiscale ▷ **tax-exempt** ADJ *(US)* ⇒ **tax-free** ▷ **tax exemption** N exonération *f* d'impôts ▷ **tax exile** N personne *f* qui fuit le fisc ♦ **to become a ~ exile** s'expatrier pour raisons fiscales ▷ **tax form** N feuille *f* d'impôts ▷ **tax-free** ADJ exonéré d'impôts ▷ **tax haven** N paradis *m* fiscal ▷ **tax immunity** N immunité *f* fiscale ▷ **tax incentive** N incitation *f* fiscale ▷ **tax inspector** N inspecteur *m*, -trice *f* des impôts ▷ **tax levy** N prélèvement *m* fiscal ▷ **tax liability** N assujettissement *m* à l'impôt ▷ **tax net** N ♦ **to bring sb/sth within the ~ net** ramener qn/qch dans une fourchette imposable *or* dans la première tranche imposable ▷ **tax purposes** NPL ♦ **for ~ purposes** pour des raisons fiscales ▷ **tax rebate** N dégrèvement *m* fiscal ▷ **tax refugee** N ⇒ **tax exile** ▷ **tax relief** N dégrèvement *m or* allégement *m* fiscal ▷ **tax return** N (feuille *f* de) déclaration *f* de revenus *or* d'impôts ▷ **tax revenue** N recettes *fpl* fiscales ▷ **tax shelter** N échappatoire *f* fiscale ▷ **tax year** N exercice *m* fiscal, année *f* fiscale

**taxable** /'tæksəbl/ ADJ *[assets, income, winnings]* imposable COMP ▷ **taxable amount** N base *f* d'imposition ▷ **taxable year** N année *f* fiscale, exercice *m* fiscal *(Fin)*

**taxation** /tæk'seɪʃən/ N *(NonC)* *(= act)* taxation *f* ; *(= taxes)* impôts *mpl*, contributions *fpl* ; → **double, immune** COMP *[authority, system]* fiscal

**taxeme** /'tæksiːm/ N taxème *m*

**taxi** /'tæksɪ/ N (pl **taxis** *or* **taxies**) taxi *m* ♦ **by ~** en taxi VI **a** *[aircraft]* se déplacer *or* rouler lentement au sol ♦ **the plane ~ed along the runway** l'avion a roulé sur la piste ♦ **the aircraft ~ed to a standstill** l'avion a roulé sur la piste avant de s'arrêter **b** *(= go by taxi)* aller en taxi COMP *[charges etc]* de taxi ▷ **taxi dancer** * N *(US)* taxi-girl *f* ▷ **taxi driver** N chauffeur *m* de taxi ▷ **taxi fare** N *(gen)* tarif *m* de taxi ♦ **I haven't got the ~ fare** je n'ai pas de quoi payer le taxi ▷ **taxi rank** *(Brit)*, **taxi stance** *(esp Scot)*, **taxi stand** *(esp US)* N station *f* de taxis

**taxicab** /'tæksɪkæb/ N *(esp US)* taxi *m*

**taxidermist** /'tæksɪdɜːmɪst/ N empailleur *m*, -euse *f*, naturaliste *mf*

**taxidermy** /'tæksɪdɜːmɪ/ N empaillage *m*, naturalisation *f*, taxidermie *f*

**taximeter** /'tæksɪmiːtə/ N taximètre *m*, compteur *m* (de taxi)

**taxing** /'tæksɪŋ/ ADJ *(mentally)* *[problem]* ardu ; *(physically)* *[work]* pénible ♦ **physically/emotionally ~** pénible sur le plan physique/affectif

**taxiplane** /'tæksɪpleɪn/ N *(US Aviat)* avion-taxi *m*

**taxiway** /'tæksɪweɪ/ N *(Aviat)* taxiway *m*, piste *f* de déroulement

**taxman** * /'tæksmæn/ N (pl **-men**) percepteur *m*

**taxonomist** /tæk'sɒnəmɪst/ N taxonomiste *or* taxinomiste *mf*

**taxonomy** /tæk'sɒnəmɪ/ N taxonomie *or* taxinomie *f*

**taxpayer** /'tækspeɪə^r/ N contribuable *mf* ♦ **the British ~ has to pay for it** ce sont les contribuables britanniques qui payeront

**TB** /tiː'biː/ N abbrev of **tuberculosis**

**tba** /ˌtiːbiː'eɪ/ (abbrev of **to be arranged** *or* **to be announced**) à préciser

**tbc** /ˌtiːbiː'siː/ (abbrev of **to be confirmed**) à confirmer, sous réserve

**tbs** (pl **tbs**), **tbsp** (pl **tbsp** *or* **tbsps**), **tblsp** (pl **tblsp** *or* **tblsps**) N (abbrev of **tablespoonful**) c. à soupe ♦ **1 ~ vinegar** 1 c. à soupe de vinaigre

**TCE** /tiːsiː'iː/ N (abbrev of **ton coal equivalent**) TEC *f*

**Tchaikovsky** /tʃaɪ'kɒfskɪ/ N Tchaïkovski *m*

**TD** /tiː'diː/ N **a** *(Brit)* abbrev of **Territorial Decoration** **b** *(American Ftbl)* abbrev of **touchdown** **c** *(US)* (abbrev of **Treasury Department**) → **treasury** **d** (abbrev of **technical drawing**) → **technical**

**te** /tiː/ N *(Mus)* si *m*

**tea** /tiː/ N **a** *(= plant, substance)* thé *m* ♦ **she made a pot of ~** elle a fait du thé ♦ **I wouldn't do it for all the ~ in China** * je ne le ferais pour rien au monde ♦ **~ and sympathy** réconfort *m* ; → **cup**

**b** *(esp Brit = meal)* thé *m* ; *(for children)* ≃ goûter *m* ♦ **to have ~** prendre le thé ; *[children]* goûter ; → **high**

**c** *(herbal)* infusion *f*, tisane *f* ; → **beef**

COMP ▷ **tea bag** N sachet *m* de thé ▷ **tea ball** N *(US)* boule *f or* infuseur *m* à thé ▷ **tea boy** N *(Brit)* *jeune employé chargé de préparer le thé* ▷ **tea break** N *(Brit)* pause-thé *f* ♦ **to have a ~ break** faire la pause-thé ▷ **tea caddy** N boîte *f* à thé ▷ **tea chest** N caisse *f* (à thé) ▷ **tea-cloth** N *(Brit)* *(for dishes)* torchon *m* (à vaisselle) ; *(for table)* nappe *f* (à thé) ; *(for trolley, tray)* napperon *m* ▷ **tea cosy** *(Brit)*, **tea cozy** *(US)* N couvre-théière *m*, cache-théière *m* ▷ **tea dance** N thé *m* dansant ▷ **tea infuser** N *(Brit)* boule *f or* infuseur *m* à thé ▷ **tea kettle** N *(US)* bouilloire *f* ▷ **tea lady** N *(Brit)* *dame qui prépare le thé pour les employés d'une entreprise* ▷ **tea leaf** N (pl **tea leaves**) feuille *f* de thé ; → **read** ▷ **tea party** N thé *m* *(réception)* ▷ **tea-plant** N arbre *m* à thé ▷ **tea plate** N petite assiette *f* ▷ **tea rose** N rose-thé *f* ▷ **tea service**, **tea set** N service *m* à thé ▷ **tea strainer** N passe-thé *m inv* ▷ **tea table** N *(esp Brit)* ♦ **they sat at the ~ table** ils étaient assis autour de la table mise pour le thé ♦ **the subject was raised at the ~ table** on en a discuté pendant le thé ♦ **to set the ~ table** mettre la table pour le thé ▷ **tea-things** NPL ♦ **where are the ~-things ?** où est le service à thé ? ♦ **to wash up the ~-things** faire la vaisselle après le thé ▷ **tea towel** N *(Brit)* torchon *m* (à vaisselle) ▷ **tea tray** N plateau *m* (à thé) ▷ **tea trolley** N *(Brit)* table *f* roulante ▷ **tea urn** N fontaine *f* à thé ▷ **tea wagon** N *(US)* ⇒ **tea trolley**

**teacake** /'tiːkeɪk/ N *(Brit)* petit pain *m* brioché

**teacart** /'tiːkɑːt/ N *(US)* ⇒ **tea trolley** ; → **tea**

**teach** /tiːtʃ/ (pret, ptp **taught**) VT *(gen)* apprendre (*sb sth, sth to sb* qch à qn) ; *(Scol, Univ etc)* enseigner (*sb sth, sth to sb* qch à qn) ♦ **to ~ sb (how) to do sth** apprendre à qn à faire qch ♦ **I'll ~ you what to do** je t'apprendrai ce qu'il faut faire ♦ **he ~es French** il enseigne le français ♦ **he taught her French** il lui a appris *or* enseigné le français ♦ **to ~ school** *(US)* être professeur ♦ **to ~ o.s. (to do) sth** apprendre (à faire) qch tout seul ♦ **I'll ~ you a lesson!** je vais t'apprendre ! ♦ **that will ~ him a lesson!** cela lui servira de leçon ! ♦ **they could ~ us a thing or two about family values** ils auraient beaucoup à nous apprendre sur les valeurs familiales ♦ **she could ~ you a trick or two!** elle pourrait t'en remontrer ! ♦ **that will ~ you to mind your own business!** ça t'apprendra à te mêler de tes affaires ! ♦ **I'll ~ you (not) to speak to me like that!** je vais t'apprendre à me parler sur ce ton ! ♦ **you can't ~ him anything about cars** il n'a rien à apprendre de personne en matière de voitures ♦ **don't (try to) ~ your grandmother to suck eggs!** * on n'apprend pas à un vieux singe à faire des grimaces ! *(Prov)* ♦ **you can't ~ an old dog new tricks** *(Prov)* ce n'est pas à son (*or* mon *etc*) âge qu'on apprend de nouveaux trucs

VI enseigner ♦ **he always wanted to ~** il a toujours eu le désir d'enseigner ♦ **he had been ~ing all morning** il avait fait cours *or* fait la classe toute la matinée

COMP ▷ **teach-in** N séminaire *m* *(sur un thème)*

**teachability** /ˌtiːtʃə'bɪlɪtɪ/ N *(esp US)* aptitude *f* à apprendre

**teachable** /'tiːtʃəbl/ ADJ *(esp US)* *[child]* scolarisable ; *[subject, skill]* enseignable, susceptible d'être enseigné

**teacher** /ˈtiːtʃəʳ/ N *(in secondary school: also private tutor)* professeur *m* ; *(in primary school)* professeur *m* des écoles, instituteur *m*, -trice *f* ; *(in special school, prison)* éducateur *m*, -trice *f* ; *(gen = member of teaching profession)* enseignant(e) *m(f)* ◆ **she is a maths ~** elle est professeur de maths ◆ **~'s (hand)book** livre *m* du maître ◆ **the ~s accepted the government's offer** *(collectively)* les enseignants ont *or* le corps enseignant a accepté l'offre du gouvernement ◆ **the ~s' strike/dispute** la grève/le conflit des enseignants ; see also **comp**

COMP ▷ **teacher certification** N *(US)* habilitation *f* à enseigner ▷ **teacher education** N *(US)* formation *f* pédagogique (des enseignants) ▷ **teacher evaluation** N *(US Scol, Univ)* appréciations *fpl* sur les professeurs *(par les étudiants ou par l'administration)* ▷ **teacher-pupil ratio** N taux *m* d'encadrement ◆ **a high/low ~-pupil ratio** un fort/faible taux d'encadrement ▷ **teacher's aide** N *(US)* assistant(e) *m(f)* du professeur (*or* de l'instituteur) ▷ **teachers' certificate** N *(US)* ⇒ **teacher training certificate** ▷ **teachers' college** N *(US)* ⇒ **teacher training college** ▷ **teachers' training** N ⇒ **teacher training** ▷ **teachers' training certificate** N ⇒ **teacher training certificate** ▷ **teachers' training college** N ⇒ **teacher training college** ▷ **teacher training** N *(Brit)* formation *f* pédagogique (des enseignants) ▷ **teacher training certificate** N *(for primary schools)* ≃ Certificat *m* d'aptitude au professorat des écoles, CAPE *m* ; *(for secondary schools)* ≃ Certificat *m* d'aptitude au professorat de l'enseignement du second degré, CAPES *m* ; *(for secondary technical schools)* ≃ Certificat *m* d'aptitude au professorat de l'enseignement technique, CAPET *m* ▷ **teacher training college** N ≃ Institut *m* universitaire de formation des maîtres, IUFM *m*

**teaching** /ˈtiːtʃɪŋ/ N **a** *(NonC = act, profession)* enseignement *m* ◆ **he's got 16 hours ~ a week** il a 16 heures de cours par semaine ◆ **to go into ~** entrer dans l'enseignement ◆ **Teaching of English as a Foreign Language** *(Educ)* (enseignement *m* de l')anglais *m* langue étrangère ◆ **Teaching of English as a Second Language** *(Educ)* enseignement *m* de l'anglais langue seconde ◆ **Teaching of English as a Second or Other Language** *(Educ)* enseignement *m* de l'anglais langue seconde ou autre ; → TEFL, TESL, TESOL, ELT ; → **team**

**b** (also **teachings**) *[of philosopher, sage etc]* enseignements *mpl (liter) (on, about* sur)

COMP ▷ **teaching aid** N outil *m* pédagogique ▷ **teaching aids** NPL matériel *m* pédagogique ▷ **teaching assistant** N *(US Univ)* étudiant(e) *m(f)* chargé(e) de travaux dirigés ▷ **teaching certificate** N *(US)* ⇒ **teacher training certificate** ; → **teacher** ▷ **teaching equipment** N ⇒ **teaching aids** ▷ **teaching hospital** N centre *m* hospitalier universitaire, CHU *m* ▷ **teaching job**, **teaching position**, **teaching post** N poste *m* d'enseignant ▷ **teaching practice** N *(Brit)* stage *m* de formation des enseignants ▷ **the teaching profession** N *(= activity)* l'enseignement *m* ; *(in secondary schools only)* le professorat ; *(teachers collectively)* le corps enseignant, les enseignants *mpl* ▷ **teaching software** N *(NonC)* didacticiels *mpl* ◆ **a piece of ~ software** un didacticiel ▷ **teaching staff** N personnel *m* enseignant, enseignants *mpl*, équipe *f* pédagogique

**teacup** /ˈtiːkʌp/ N tasse *f* à thé ; → **read, storm**

**teacupful** /ˈtiːkʌpfʊl/ N tasse *f*

**teahouse** /ˈtiːhaʊs/ N maison *f* de thé

**teak** /tiːk/ N teck *or* tek *m*

**teal** /tiːl/ N (pl **teal** *or* **teals**) sarcelle *f*

**team** /tiːm/ N *(Sport, gen)* équipe *f* ; *[of horses, oxen]* attelage *m* ◆ **football ~** équipe *f* de football ◆ **our research ~** notre équipe de chercheurs VT (also **team up**) *[+ actor, worker]* mettre en collaboration (*with* avec) ; *[+ clothes, accessories]* associer (*with* avec)

COMP ▷ **team captain** N capitaine *m* ▷ **team games** NPL jeux *mpl* d'équipe ▷ **team leader** N chef *m* d'équipe ▷ **team-mate** N coéquipier *m*, -ière *f* ▷ **team member** N *(Sport)* équipier *m*, -ière *f* ▷ **team player** N **to be a ~ player** avoir l'esprit d'équipe ▷ **team spirit** N *(NonC)* esprit *m* d'équipe ▷ **team teaching** N *(NonC)* enseignement *m* en équipe

► **team up** VI *[people]* faire équipe (*with* avec ; *to do sth* pour faire qch) ; *[colours]* s'harmoniser (*with* avec) ; *[clothes, accessories, furnishings etc]* s'associer (*with* avec) ◆ **he ~ed up with them to get ...** il s'est allié à eux pour obtenir ... VT SEP ⇒ **team vt**

**teamster** /ˈtiːmstəʳ/ N *(US)* routier *m or* camionneur *m* syndiqué

**teamwork** /ˈtiːmwɜːk/ N *(NonC)* travail *m* d'équipe

**teapot** /ˈtiːpɒt/ N théière *f*

**tear¹** /tɛəʳ/ (vb : pret **tore**, ptp **torn**) N déchirure *f*, accroc *m* ◆ **to make a ~ in sth** déchirer qch ◆ **it has a ~ in it** c'est déchiré, il y a un accroc dedans

VT **a** *(= rip) [+ cloth, garment]* déchirer, faire un trou *or* un accroc à ; *[+ flesh, paper]* déchirer ◆ **to ~ a hole in ...** faire une déchirure *or* un accroc à ..., faire un trou dans ... ◆ **he tore it along the dotted line** il l'a déchiré en suivant le pointillé ◆ **to ~ to pieces** *or* **to shreds** *or* **to bits** * *[+ paper]* déchirer en petits morceaux ; *[+ garment]* mettre en pièces *or* lambeaux ; *[+ prey]* mettre en pièces ; *(fig) [+ play, performance]* éreinter ; *[+ argument, suggestion]* descendre en flammes * ◆ **to ~ sth loose** arracher qch ◆ **to ~ (o.s.) loose** se libérer ◆ **to ~ open** *[+ envelope]* déchirer ; *[+ letter]* déchirer l'enveloppe de ; *[+ parcel]* ouvrir en déchirant l'emballage ◆ **clothes torn to rags** vêtements mis en lambeaux ◆ **I tore my hand on a nail** je me suis ouvert la main sur un clou ◆ **to ~ a muscle/ligament** *(Med)* se déchirer un muscle/un ligament ◆ **that's torn it!** * voilà qui flanque tout par terre ! *

**b** *(fig)* **to be torn by war/remorse** *etc* être déchiré par la guerre/le remords *etc* ◆ **to be torn between two things/people** être tiraillé par *or* balancer entre deux choses/personnes ◆ **I'm very much torn** j'hésite beaucoup (entre les deux)

**c** *(= snatch)* arracher (*from sb* à qn ; *out of or off or from sth* de qch) ◆ **he tore it out of her hand** il le lui a arraché des mains ◆ **he was torn from his seat** il a été arraché de son siège

VI **a** *[cloth, paper etc]* se déchirer

**b** ◆ **he tore at the wrapping paper** il a déchiré l'emballage (impatiemment) ◆ **he tore at the earth with his bare hands** il a griffé la terre de ses mains nues

**c** *(= rush)* **to ~ out/down** *etc* sortir/descendre *etc* à toute allure *or* à toute vitesse ◆ **he tore up the stairs** il a monté l'escalier quatre à quatre ◆ **to ~ along the road** *[person]* filer à toute allure le long de la route ; *[car]* rouler à toute allure le long de la route ◆ **they tore after him** ils se sont lancés *or* précipités à sa poursuite ◆ **to ~ into sb** * *(= attack verbally)* s'en prendre violemment à qn ; *(= scold)* passer un savon à qn *

COMP ▷ **tear-off** ADJ amovible ◆ **~-off calendar** éphéméride *f* ▷ **tear sheet** N feuillet *m* détachable

► **tear apart** VT SEP déchirer ; *(fig = divide)* déchirer ◆ **his love for Julie is ~ing him apart** son amour pour Julie le déchire

► **tear away** VI *[person]* partir comme un bolide ; *[car]* démarrer en trombe

VT SEP *(lit, fig)* arracher (*from sb* à qn ; *from sth* de qch) ◆ **I couldn't ~ myself away from it/him** je n'arrivais pas à m'en arracher/à m'arracher à lui

N ◆ **tearaway** → **tearaway**

► **tear down** VT SEP *[+ poster, flag]* arracher (*from* de) ; *[+ building]* démolir

► **tear off** VI ⇒ **tear away vi**

VT SEP **a** *[+ label, wrapping]* arracher (*from* de) ; *[+ perforated page, calendar leaf]* détacher (*from* de) → **strip**

**b** *(= remove) [+ one's clothes]* enlever à la hâte ; *[+ sb's clothes]* arracher

**c** (* *= write hurriedly) [+ letter etc]* bâcler *, torcher *

ADJ ◆ **tear-off** → **tear¹**

► **tear out** VI → **tear¹ vi c**

VT SEP arracher (*from* de) ; *[+ cheque, ticket]* détacher (*from* de) ◆ **to ~ sb's eyes out** arracher les yeux à qn ◆ **to ~ one's hair out** s'arracher les cheveux

► **tear up** VT SEP **a** *[+ paper etc]* déchirer, mettre en morceaux *or* en pièces ; *(fig) [+ contract]* déchirer *(fig) [+ offer]* reprendre

**b** *[+ stake, weed, shrub]* arracher ; *[+ tree]* déraciner

**tear²** /tɪəʳ/ N larme *f* ◆ **in ~s** en larmes ◆ **there were ~s in her eyes** elle avait les larmes aux yeux ◆ **she had ~s of joy in her eyes** elle pleurait de joie ◆ **near** *or* **close to ~s** au bord des larmes ◆ **to burst** *or* **dissolve into ~s** fondre en larmes ◆ **the memory/thought brought ~s to his eyes** à ce souvenir/cette pensée il avait les larmes aux yeux ◆ **the film/book/experience brought ~s to his eyes** ce film/ce livre/cette expérience lui a fait venir les larmes aux yeux ◆ **it will end in ~s!** ça va finir mal ! ◆ **~s of blood** *(fig)* larmes de sang ; → **shed²**

COMP ▷ **tear bomb** N grenade *f* lacrymogène ▷ **tear duct** N canal *m* lacrymal ▷ **tear gas** N gaz *m* lacrymogène ▷ **tear-jerker** * N ◆ **the film/book** *etc* **was a real ~-jerker** c'était un film/roman *etc* tout à fait du genre à faire pleurer dans les chaumières ▷ **tear-stained** ADJ baigné de larmes

**tearaway** /ˈtɛərəweɪ/ N *(Brit)* casse-cou *m*

**teardrop** /ˈtɪədrɒp/ N larme *f*

**tearful** /ˈtɪəfʊl/ ADJ *[face]* plein de larmes ; *[eyes, look]* plein de larmes, larmoyant ; *[farewell]* larmoyant ; *[reunion]* ému ; *[plea, story]* éploré ◆ **to be ~** *[person] (= about to cry)* être au bord des larmes, avoir envie de pleurer ; *(= in tears)* être en larmes ◆ **in a ~ voice** (avec) des larmes dans la voix, d'une voix éplorée ◆ **to feel ~** avoir envie de pleurer ◆ **to become ~** avoir les larmes aux yeux

**tearfully** /ˈtɪəfəlɪ/ ADV *[say]* en pleurant ; *[admit]* les larmes aux yeux

**tearing** /ˈtɛərɪŋ/ N déchirement *m* ADJ **a** ◆ **a ~ noise** *or* **sound** un bruit de déchirement **b** *(Brit* *)* ◆ **to be in a ~ hurry** être terriblement pressé ◆ **to do sth in a ~ hurry** faire qch à toute vitesse

**tearless** /ˈtɪəlɪs/ ADJ sans larmes

**tearlessly** /ˈtɪəlɪslɪ/ ADV sans larmes, sans pleurer

**tearoom** /ˈtiːrʊm/ N salon *m* de thé

**tease** /tiːz/ N *(= person) (gen)* taquin(e) *m(f)* ; *(sexual)* allumeur *m*, -euse *f* VT **a** *(playfully)* taquiner ; *(cruelly)* tourmenter ; *(sexually)* allumer ◆ **she ~d him that he had big feet** elle le taquina à propos de ses grands pieds **b** *(Tech)* *[+ cloth]* peigner ; *[+ wool]* carder

► **tease out** VT SEP **a** *[+ tangle of wool, knots, matted hair]* débrouiller *or* démêler (patiemment) ◆ **to ~ something out of sb** tirer les vers du nez à qn **b** *[+ meaning, sense]* trouver

**teasel** /ˈtiːzl/ N *(Bot)* cardère *f* ; *(Tech)* carde *f*

**teaser** /ˈtiːzəʳ/ N **a** *(= person) (gen)* taquin(e) *m(f)* ; *(sexual)* allumeur *m*, -euse *f* **b** *(= problem)* problème *m* (difficile) ; *(= tricky question)* colle * *f*

**teashop** /ˈtiːʃɒp/ N *(Brit)* salon *m* de thé

**teasing** /ˈtiːzɪŋ/ **N** *(NonC)* taquineries *fpl* **ADJ** taquin

**teasingly** /ˈtiːzɪŋlɪ/ ADV **a** *[say, ask, hint]* d'un ton taquin, pour me (*or* le *etc*) taquiner ◆ **he looked at me** ~ il m'a regardé d'un air taquin **b** *(sexually)* de façon aguichante ◆ ~ **erotic** sexy * et provocant

**Teasmade ®, Teasmaid ®** /ˈtiːzmeɪd/ N *machine à faire le thé*

**teaspoon** /ˈtiːspuːn/ N petite cuiller *f*, cuiller *f* à thé *or* à café

**teaspoonful** /ˈtiːspuːnfʊl/ N cuillerée *f* à café

**teat** /tiːt/ N *[of animal]* tétine *f*, tette *f* ; *[of cow]* trayon *m* ; *[of woman]* mamelon *m*, bout *m* de sein ; *(Brit)* *[of baby's bottle]* tétine *f* ; *(= dummy)* tétine *f* ; *(Tech)* téton *m*

**teatime** /ˈtiːtaɪm/ N *(esp Brit)* l'heure *f* du thé

**teazel, teazle** /ˈtiːzl/ N ⇒ **teasel**

**TEC** /ˌtiːiːˈsiː/ N *(Brit)* (abbrev of **Training and Enterprise Council**) → **training**

**tech** * /tek/ N **a** *(Brit)* (abbrev of **technical college**) ≃ CET *m* **b** (abbrev of **technology**) → **high**

**techie** * /ˈtekɪ/ N *(= technician)* technicien(ne) *m(f)* ; *(= technologist)* technologue *mf* ; *(= technophile)* crack * *m* en technologie

**technetium** /tekˈniːʃɪəm/ N technétium *m*

**technical** /ˈteknɪkəl/ **ADJ** technique ◆ ~ **ability** *or* **skill** compétence *f* technique ◆ ~ **problems** des problèmes *mpl* techniques *or* d'ordre technique ◆ **for ~ reasons** pour des raisons techniques *or* d'ordre technique ◆ ~ **language** langue *f or* langage *m* technique ◆ **it's just a ~ point** *(gen)* c'est un point de détail ◆ **a judgement quashed on a ~ point** *(Jur)* un arrêt cassé pour vice de forme ◆ **this constitutes a ~ plea of not guilty** *(Jur)* cela équivaut (théoriquement) à plaider non coupable

**COMP** ▷ **technical college** N *(Brit)* collège *m* (d'enseignement) technique ▷ **technical drawing** N *(NonC)* dessin *m* industriel ▷ **technical institute** N *(US)* ≃ IUT *m*, institut *m* universitaire de technologie ▷ **technical knock-out** N *(Boxing)* KO *m* technique ▷ **technical offence** N *(Jur)* quasi-délit *m* ▷ **technical school** N ⇒ **technical institute** ▷ **technical sergeant** N *(US Air Force)* sergent-chef *m* ▷ **technical support** N soutien *m* technique

**technicality** /ˌteknɪˈkælɪtɪ/ N **a** *(NonC)* technicité *f* **b** *(= detail)* détail *m* technique ; *(= word)* terme *m* technique ; *(= difficulty)* difficulté *f* technique ; *(= fault)* ennui *m* technique ◆ **I don't understand all the technicalities** certains détails techniques m'échappent **c** *(= formality)* formalité *f* ◆ **she told him victory was just a** ~ elle lui a dit que la victoire n'était qu'une simple formalité **d** *(Jur)* **he got off on a** ~ il a été acquitté sur un point de procédure

**technically** /ˈteknɪkəlɪ/ ADV **a** *(= technologically)* *[superior, feasible, perfect, advanced]* sur le plan technique, techniquement ◆ ~, **it's a very risky project** sur le plan technique *or* techniquement, c'est un projet très risqué **b** (= *in technical language:* also **technically speaking**) en termes techniques ◆ **fats are ~ known as lipids** le terme technique pour désigner les graisses est "lipides" ◆ **he spoke very** ~ il s'est exprimé d'une manière très technique **c** *(= in technique)* ◆ **a ~ proficient performance/film** une performance/un film d'un bon niveau technique ◆ ~ **demanding music** une musique qui exige une bonne technique ◆ ~, **this is a very accomplished album** techniquement, c'est un excellent album **d** *(= strictly)* *[illegal, correct]* théoriquement, en théorie ◆ **this was ~ correct, but highly ambiguous** c'était théoriquement correct, mais extrêmement ambigu ◆ **you are ~ correct** vous avez raison en théorie ◆ ~, **they aren't eligible for a grant** en principe, ils n'ont pas droit à une bourse ◆ ~ **(speaking) you're right, but ...** en théorie vous avez raison, mais ...

**technician** /tekˈnɪʃən/ N technicien(ne) *m(f)*

**Technicolor ®** /ˈteknɪˌkʌləʳ/ **N** technicolor ® *m* ◆ **in** ~ en technicolor ® **ADJ** **a** *[film]* en technicolor ® ◆ **the ~ process** le technicolor ® **b** ◆ **technicolour** *(Brit)*, **technicolor** *(US)* ( * = *colourful)* *[description, dream]* en technicolor ®

**technique** /tekˈniːk/ N technique *f* ◆ **he's got good** ~ sa technique est bonne

**techno** /ˈteknəʊ/ *(Mus)* **N** techno *f* **ADJ** techno *inv*

**techno...** /ˈteknəʊ/ PREF techno...

**technocracy** /tekˈnɒkrəsɪ/ N technocratie *f*

**technocrat** /ˈteknəʊkræt/ N technocrate *mf*

**technocratic** /ˌteknəˈkrætɪk/ ADJ technocratique

**technological** /ˌteknəˈlɒdʒɪkəl/ ADJ technologique

**technologically** /teknəˈlɒdʒɪklɪ/ ADV *[advanced, sophisticated, backward]* technologiquement, sur le plan technologique ; *[possible, feasible]* technologiquement ◆ ~ **oriented** axé sur la technologie ◆ ~, **these cars are nothing new** sur le plan technologique, ces voitures n'ont rien de nouveau ◆ ~ **speaking** technologiquement parlant, du point de vue technologique

**technologist** /tekˈnɒlədʒɪst/ N technologue *mf*

**technology** /tekˈnɒlədʒɪ/ N technologie *f* ◆ **Minister/Ministry of Technology** *(Brit)* ministre *m*/ministère *m* des Affaires technologiques ◆ **new** ~ les nouvelles technologies *fpl* ◆ **space/military** ~ technologie *f* de l'espace/militaire ◆ **computer** ~ technologie *f* informatique ◆ **communication** ~ technologie(s) *f(pl)* de communication ; → **high**

**technophobe** /ˈteknəʊfəʊb/ N technophobe *mf*

**technophobic** /ˌteknəʊˈfəʊbɪk/ ADJ technophobe

**technostructure** /ˈteknəʊˌstrʌktʃəʳ/ N technostructure *f*

**techy** /ˈtetʃɪ/ ADJ ⇒ **tetchy**

**tectonic** /ˈtektɒnɪk/ ADJ tectonique

**tectonics** /ˈtektɒnɪks/ N *(NonC)* tectonique *f*

**Ted** /ted/ N **a** (dim of **Edward, Theodore**) Ted *m* **b** * ⇒ **teddy boy** ; → **teddy**

**ted** /ted/ VT faner

**tedder** /ˈtedəʳ/ N *(= machine)* faneuse *f* ; *(= person)* faneur *m*, -euse *f*

**teddy** /ˈtedɪ/ **N** **a** ◆ **Teddy** (dim of **Edward, Theodore**) Teddy *m* **b** *(= underwear)* teddy *m* **c** (also **teddy bear**) nounours *m (baby talk)*, ours *m* en peluche **COMP** ▷ **teddy boy** † N *(Brit)* ≃ blouson *m* noir

**tedious** /ˈtiːdɪəs/ ADJ *[task, work, process]* fastidieux ; *[account, description, film]* fastidieux, ennuyeux ; *[life, hours, journey, behaviour]* assommant ◆ **such lists are ~ to read** ces listes sont assommantes à lire

**tediously** /ˈtiːdɪəslɪ/ ADV ◆ ~ **boring** profondément ennuyeux ◆ ~ **repetitive/juvenile** tellement répétitif/puéril que c'en est lassant ◆ **a ~ winding road** une route aux lacets qui n'en finissent pas ◆ ~ **long** long et ennuyeux

**tediousness** /ˈtiːdɪəsnɪs/, **tedium** /ˈtiːdɪəm/ N *(NonC)* ennui *m*, caractère *m* assommant

**tee**[1] /tiː/ → T

**tee**[2] /tiː/ *(Golf)* **N** tee *m* **VT** *[+ ball]* placer sur le tee

► **tee off** **VI** partir du tee **VT SEP** *(US* *) *(= annoy)* embêter *, casser les pieds à * ; *(fig = begin)* démarrer *

► **tee up** VI placer la balle sur le tee

**tee-hee** /ˈtiːˈhiː/ (vb : pret, ptp **tee-heed**) **EXCL** hi-hi ! **N** (petit) ricanement *m* **VI** ricaner

**teem** /tiːm/ VI **a** *[crowds, insects]* grouiller, fourmiller ; *[fish, snakes etc]* grouiller ◆ **to ~ with** *[river, street etc]* grouiller de, fourmiller de ◆ **he's ~ing with ideas** il déborde d'idées **b** ◆ **it was ~ing (with rain), the rain was ~ing down** il pleuvait à verse *or* à seaux

**teeming** /ˈtiːmɪŋ/ ADJ **a** *[city, streets]* grouillant de monde ; *[crowd, hordes, insects]* grouillant ; *[river]* grouillant de poissons **b** ◆ ~ **rain** pluie *f* battante *or* torrentielle

**teen** * /tiːn/ (abbrev of **teenage**) ADJ *[movie, magazine]* pour ados * ; *[fashion, mother, father]* ado * *f inv* ; *[pregnancy]* chez les ados * ; *[crime]* juvénile ; *[violence]* des ados * ; *[audience]* d'ados * ◆ ~ **boys** ados * *mpl* ◆ ~ **girls** ados * *fpl* ◆ ~ **years** adolescence *f* ; → **teens**

**teenage** /ˈtiːneɪdʒ/ ADJ *[mother]* adolescent ; *[pregnancy]* chez les adolescents ; *[suicide]* d'adolescent(s) ; *[idol, heart-throb, culture]* des adolescents ; *[magazine, fashion]* pour adolescents ◆ **to have a ~ crush on sb** avoir une tocade d'adolescent pour qn ◆ ~ **boy** adolescent *m* ◆ ~ **girl** adolescente *f* ◆ ~ **years** adolescence *f* ; → **teens**

**teenaged** /ˈtiːneɪdʒd/ ADJ adolescent ◆ **a ~ boy/girl** un adolescent/une adolescente

**teenager** /ˈtiːnˌeɪdʒəʳ/ N adolescent(e) *m(f)*

**teens** /tiːnz/ NPL adolescence *f* ◆ **he is still in his** ~ il est encore adolescent ◆ **he is just out of his** ~ il a à peine vingt ans ◆ **he is in his early/late** ~ il a un peu plus de treize ans/un peu moins de vingt ans

**teensy(-weensy)** * /ˈtiːnzɪ(wiːnzɪ)/ ADJ ⇒ **teeny adj**

**teeny** * /ˈtiːnɪ/ **ADJ** (also **teeny-weeny** *) minuscule, tout petit ◆ **a ~ bit embarrassing/jealous** un petit peu gênant/jaloux ◆ **to be a ~ bit hung over** avoir un petit peu la gueule de bois **N** (also **teeny-bopper** *) préado * *mf*

**teepee** /ˈtiːpiː/ N ⇒ **tepee**

**tee-shirt** /ˈtiːʃɜːt/ N tee-shirt *or* T-shirt *m*

**teeter** /ˈtiːtəʳ/ **VI** *[person]* chanceler ; *[pile]* vaciller ◆ **to ~ on the edge** *or* **brink of** *(fig)* être prêt à tomber dans **COMP** ▷ **teeter totter** N *(US) jeu de bascule*

**teeth** /tiːθ/ NPL of **tooth**

**teethe** /tiːð/ VI faire *or* percer ses dents

**teething** /ˈtiːðɪŋ/ **N** poussée *f* des dents **COMP** ▷ **teething ring** N anneau *m (de bébé *qui perce ses dents)* ▷ **teething troubles** NPL *(Brit fig)* difficultés *fpl* initiales

**teetotal** /ˈtiːˈtəʊtl/ ADJ *[person]* qui ne boit jamais d'alcool ; *[league]* antialcoolique

**teetotaler** /ˈtiːˈtəʊtləʳ/ N *(US)* ⇒ **teetotaller**

**teetotalism** /ˈtiːˈtəʊtəlɪzəm/ N abstention *f* de toute boisson alcoolique

**teetotaller, teetotaler** *(US)* /ˈtiːˈtəʊtləʳ/ N personne *f* qui ne boit jamais d'alcool

**TEFL** /ˈtefl/ N *(Educ)* (abbrev of **Teaching of English as a Foreign Language**) → **teaching**

> **TEFL, TESL, TESOL, ELT**
>
> Les sigles **TEFL** (Teaching of English as a Foreign Language) et **EFL** (English as a Foreign Language) renvoient à l'enseignement de l'anglais langue étrangère dans les pays non anglophones.
> Le **TESL** (Teaching of English as a Second Language) concerne l'enseignement de l'anglais langue seconde, c'est-à-dire aux personnes qui vivent dans un pays anglophone mais dont la langue maternelle n'est pas l'anglais. Cet enseignement cherche à prendre en compte l'origine culturelle de l'apprenant ainsi que sa langue maternelle.
> **TESOL** (Teaching of English as a Second or Other Language - enseignement de l'anglais langue seconde ou autre) est le terme américain pour **TEFL** et **TESL**.
> **ELT** (English Language Teaching) est le terme général qui désigne l'enseignement de l'anglais en tant que langue étrangère ou langue seconde.

**Teflon** ® /ˈteflɒn/ N téflon ® *m* ADJ * *(fig = able to avoid blame)* ◆ **he was the so-called ~ President** on le surnommait "le président Téflon"

**tegument** /ˈtegjʊmənt/ N tégument *m*

**te-hee** /ˈtiːˈhiː/ ⇒ **tee-hee**

**Teheran** /tɛəˈrɑːn/ N Téhéran

**tel.** (abbrev of **telephone (number)**) tél

**Tel Aviv** /ˈteləˈviːv/ N Tel-Aviv

**tele...** /ˈtelɪ/ PREF télé...

**telebanking** /ˈtelɪˌbæŋkɪŋ/ N télébanque *f*

**telecamera** /ˈtelɪˌkæmərə/ N caméra *f* de télévision, télécaméra *f*

**telecast** /ˈtelɪkɑːst/ *(US)* N émission *f* de télévision VT diffuser

**telecommunication** /ˈtelɪkəˌmjuːnɪˈkeɪʃən/ N *(gen pl)* télécommunications *fpl* ; → **post³**
COMP ▷ **telecommunications satellite** N satellite *m* de télécommunication

**telecommute** /ˈtelɪkəˌmjuːt/ VI télétravailler

**telecommuter** * /ˈtelɪkəˌmjuːtəʳ/ N télétravailleur *m*, -euse *f*

**telecommuting** * /ˈtelɪkəˌmjuːtɪŋ/ N télétravail *m*

**teleconference** /ˈtelɪkɒnfərəns/ N téléconférence *f*

**teleconferencing** /ˈtelɪkɒnfərənsɪŋ/ N téléconférence(s) *f(pl)*

**Telecopier** ® /ˈtelɪˌkɒpɪəʳ/ N télécopieur *m*

**telecopy** /ˈtelɪˌkɒpɪ/ N télécopie *f*

**telefacsimile** /ˌtelɪfækˈsɪmɪlɪ/ N télécopie *f*

**telefax** /ˈtelɪfæks/ N télécopie *f*

**telefilm** /ˈtelɪfɪlm/ N téléfilm *m*, film *m* pour la télévision

**telegenic** /ˌtelɪˈdʒenɪk/ ADJ télégénique

**telegram** /ˈtelɪgræm/ N télégramme *m* ; *(Diplomacy, Press)* dépêche *f*, câble *m*

**telegraph** /ˈtelɪgrɑːf/ N télégraphe *m* VI télégraphier ◆ **I'll ~ when I arrive** j'enverrai un télégramme lorsque je serai arrivé VT *[+ message]* télégraphier ; *(fig)* *[+ intentions, plans]* dévoiler COMP *[message, wires]* télégraphique ▷ **telegraph pole, telegraph post** N poteau *m* télégraphique

**telegrapher** /tɪˈlegrəfəʳ/ N télégraphiste *mf*

**telegraphese** /ˌtelɪgrɑːˈfiːz/ N *(NonC)* style *m* télégraphique

**telegraphic** /ˌtelɪˈgræfɪk/ ADJ *(Telec)* télégraphique ; *(= concise)* *[writing, notes]* en style télégraphique ◆ **in ~ style, with ~ brevity** en style télégraphique

**telegraphically** /ˌtelɪˈgræfɪkəlɪ/ ADV en style télégraphique

**telegraphist** /tɪˈlegrəfɪst/ N télégraphiste *mf*

**telegraphy** /tɪˈlegrəfɪ/ N télégraphie *f*

**telekinesis** /ˌtelɪkɪˈniːsɪs/ N *(NonC)* télékinésie *f*

**telekinetic** /ˌtelɪkɪˈnetɪk/ ADJ télékinétique

**Telemachus** /təˈleməkəs/ N Télémaque *m*

**telemarketing** /ˈtelɪmɑːkɪtɪŋ/ N télémarketing *m*

**telematics** /ˌtelɪˈmætɪks/ N *(NonC)* télématique *f*

**telemeeting** /ˈtelɪˌmiːtɪŋ/ N téléréunion *f*

**Telemessage** ® /ˈtelɪˌmesɪdʒ/ N *(Brit)* télémessage *m*

**telemeter** /tɪˈlemɪtəʳ/ N télémètre *m*

**telemetric** /ˌtelɪˈmetrɪk/ ADJ télémétrique

**telemetry** /tɪˈlemɪtrɪ/ N télémétrie *f*

**teleological** /ˌtelɪəˈlɒdʒɪkl/ ADJ *(Philos)* téléologique

**teleology** /ˌtelɪˈɒlədʒɪ/ N téléologie *f*

**telepath** /ˈteləpæθ/ N télépathe *mf*

**telepathic** /ˌtelɪˈpæθɪk/ ADJ *[person]* télépathe ; *[ability, message]* télépathique

**telepathically** /ˌtelɪˈpæθɪkəlɪ/ ADV par télépathie

**telepathist** /tɪˈlepəθɪst/ N télépathe *mf*

**telepathy** /tɪˈlepəθɪ/ N télépathie *f*

**telephone** /ˈtelɪfəʊn/ N téléphone *m* ◆ **by ~** par téléphone ◆ **on the ~** au téléphone ◆ **to be on the ~** *(= speaking)* être au téléphone ; *(= be a subscriber)* avoir le téléphone (chez soi)
VT *[+ person]* téléphoner à, appeler (au téléphone) ; *[+ message, telegram]* téléphoner (*to* à) ◆ **~ 772 3200 for more information** pour de plus amples renseignements, appelez le 772 3200
VI téléphoner
COMP ▷ **telephone answering machine** N répondeur *m* (téléphonique) ▷ **telephone banking** N *(NonC)* services *mpl* bancaires par téléphone ▷ **telephone book** N ⇒ **telephone directory** ▷ **telephone booth** N *(US)* ⇒ **telephone box** ▷ **telephone box** N *(Brit)* cabine *f* téléphonique ▷ **telephone call** N coup *m* de téléphone *, appel *m* téléphonique ▷ **telephone directory** N annuaire *m* (du téléphone) ▷ **telephone exchange** N central *m* téléphonique ▷ **telephone kiosk** N ⇒ **telephone box** ▷ **telephone line** N ligne *f* téléphonique ▷ **telephone message** N message *m* téléphonique ▷ **telephone number** N numéro *m* de téléphone ▷ **telephone numbers** * NPL *(fig = large sums)* des mille et des cents * *mpl* ▷ **telephone operator** N standardiste *mf*, téléphoniste *mf* ▷ **telephone pole** N poteau *m* télégraphique ▷ **telephone sales** N ⇒ **telesales** ▷ **telephone service** N service *m* des téléphones ▷ **telephone sex** N *(NonC)* ≈ téléphone *m* rose ◆ **~ sex line** (ligne *f* de) téléphone *m* rose ▷ **telephone subscriber** N abonné(e) *m(f)* au téléphone ▷ **telephone-tapping** N mise *f* sur écoute (téléphonique) ▷ **telephone wires** NPL fils *mpl* téléphoniques

**telephonic** /ˌtelɪˈfɒnɪk/ ADJ téléphonique

**telephonist** /tɪˈlefənɪst/ N *(esp Brit)* téléphoniste *mf*

**telephony** /tɪˈlefənɪ/ N téléphonie *f*

**telephoto lens** /ˈtelɪˌfəʊtəʊ lenz/ N téléobjectif *m*

**teleport** /ˈtelɪpɔːt/ VT téléporter

**teleportation** /ˌtelɪpɔːˈteɪʃən/ N télékinésie *f*

**teleprint** /ˈtelɪˌprɪnt/ VT *(Brit)* transmettre par téléscripteur

**teleprinter** /ˈtelɪˌprɪntəʳ/ N *(Brit)* téléscripteur *m*, Télétype ® *m*

**Teleprompter** ® /ˈtelɪˌprɒmptəʳ/ N *(US, Can)* prompteur *m*, téléprompteur *m*

**telesales** /ˈtelɪseɪlz/ NPL vente *f* par téléphone, télévente *f* COMP ▷ **telesales department** N service *m* des ventes par téléphone ▷ **telesales staff** N vendeurs *mpl*, -euses *fpl* par téléphone, télévendeurs *mpl*, -euses *fpl*

**telescope** /ˈtelɪskəʊp/ N *(reflecting)* télescope *m* ; *(refracting)* lunette *f* d'approche, longue-vue *f* ; *(Astron)* lunette *f* astronomique, télescope *m* VI *[railway carriages etc]* se télescoper ; *[umbrella]* se plier ◆ **parts made to ~** pièces *fpl* qui s'emboîtent VT **a** *[+ cane]* replier **b** *[+ report, ideas]* condenser

**telescopic** /ˌtelɪsˈkɒpɪk/ ADJ télescopique
COMP ▷ **telescopic damper** N *(Aut)* amortisseur *m* télescopique ▷ **telescopic lens** N téléobjectif *m* ▷ **telescopic sight** N lunette *f*, collimateur *m* ▷ **telescopic umbrella** N parapluie *m* pliant *or* télescopique

**teleshopping** /ˈtelɪʃɒpɪŋ/ N *(NonC)* téléachat *m*

**teletex** /ˈteləteks/ N Télétex ® *m*

**Teletext** ® /ˈteləˌtekst/ N télétexte ® *m*, vidéotex ® *m* diffusé

**telethon** /ˈteləθɒn/ N *(TV)* téléthon *m*

**Teletype** ® /ˈtelɪtaɪp/ VT transmettre par Télétype ® N Télétype ® *m*

**teletypewriter** /ˌtelɪˈtaɪpraɪtəʳ/ N *(US)* téléscripteur *m*, Télétype ® *m*

**televangelism** /ˌtelɪˈvændʒəlɪzəm/ N *(NonC: esp US)* prédication *f* à la télévision

**televangelist** /ˌtelɪˈvændʒəlɪst/ N *(esp US)* télévangéliste *mf*

**teleview** /ˈteləvjuː/ VI *(US)* regarder la télévision

**televiewer** /ˈtelɪˌvjuːəʳ/ N téléspectateur *m*, -trice *f*

**televiewing** /ˈtelɪˌvjuːɪŋ/ N *(NonC: watching TV)* la télévision ◆ **this evening's ~ contains ...** le programme de (la) télévision pour ce soir comprend ...

**televise** /ˈtelɪvaɪz/ VT téléviser

**television** /ˈtelɪˌvɪʒən/ N télévision *f* ; (also **television set**) (poste *m* de) télévision *f*, téléviseur *m* ◆ **on ~** à la télévision ◆ **black-and-white ~** télévision *f* noir et blanc ◆ **colour ~** télévision *f* (en) couleur
COMP *[actor, camera, studio]* de télévision ; *[report, news, serial]* télévisé ; *[film, script]* pour la télévision ▷ **television broadcast** N émission *f* de télévision ▷ **television cabinet** N meuble-télévision *m* ▷ **television licence** N *(Brit)* certificat *m* de redevance télévision ◆ **to pay one's ~ licence** payer sa redevance télévision ▷ **televi-**

**sion lounge** N *(in hotel etc)* salle *f* de télévision ▷ **television programme** N émission *f* de télévision ▷ **television rights** NPL droits *mpl* d'antenne ▷ **television room** N ⇒ **television lounge** ▷ **television screen** N écran *m* de télévision *or* de téléviseur ◆ **on the ~ screen** sur le petit écran ▷ **television set** N télévision *f*, téléviseur *m*, poste *m* (de télévision)

**televisual** /ˌtelɪˈvɪʒjʊəl/ ADJ *(Brit)* télévisuel

**telework** /ˈtelɪwɜːk/ VI télétravailler

**teleworker** /ˈtelɪwɜːkəʳ/ N télétravailleur *m*, -euse *f*

**teleworking** /ˈtelɪwɜːkɪŋ/ N télétravail *m*

**telex** /ˈteleks/ N télex *m* VT télexer, envoyer par télex COMP ▷ **telex operator** N télexiste *mf*

**tell** /tel/ (pret, ptp **told**) VT a *(gen)* dire (*that* que) ◆ **~ me your name** dites-moi votre nom ◆ **I told him how pleased I was** je lui ai dit combien *or* à quel point j'étais content ◆ **I told him what/where/how/why** je lui ai dit ce que/où/comment/pourquoi ◆ **I told him the way to London, I told him how to get to London** je lui ai expliqué comment aller à Londres ◆ **he told himself it was only a game** il s'est dit que ce n'était qu'un jeu ◆ **I am glad to ~ you that ...** je suis heureux de pouvoir vous dire que ... ◆ **to ~ sb sth again** répéter *or* redire qch à qn ◆ **something ~s me he won't be pleased** quelque chose me dit qu'il ne sera pas content ◆ **how many times do I have to ~ you?** combien de fois faudra-t-il que je te le répète ? ◆ **let me ~ you that you are quite mistaken** permettez-moi de vous dire que vous vous trompez lourdement ◆ **I won't go, I ~ you!** puisque je te dis que je n'irai pas ! ◆ **I can't ~ you how grateful I am** je ne saurais vous dire à quel point je suis reconnaissant ◆ **I can't ~ you how glad I was to leave that place** vous ne pouvez pas savoir à quel point j'étais content de quitter cet endroit ◆ **don't ~ me you've lost it!** tu ne vas pas me dire que *or* ne me dis pas que tu l'as perdu ! ◆ **I told you so!** je te l'avais bien dit ! ◆ **... or so I've been told** ... ou du moins c'est ce qu'on m'a dit ◆ **I could ~ you a thing or two about him** je pourrais vous en dire long sur lui ◆ **I('ll) ~ you what***, **let's go for a swim!** tiens, si on allait se baigner ! ◆ **you're ~ing me!*** à qui le dis-tu ! ◆ **you ~ me!** je n'en sais rien !, qu'est-ce que j'en sais ! *

b *(= relate)* dire, raconter ; *[+ story, adventure]* raconter (*to* à) ; *[+ a lie, the truth]* dire ; *(= divulge) [+ secret]* dire, révéler ; *[+ sb's age]* révéler ; *[+ the future]* prédire ◆ **to ~ it like it is*** ne pas mâcher ses mots ◆ **can you ~ the time?, can you ~ time?** *(US)* sais-tu lire l'heure ? ◆ **can you ~ me the time?** peux-tu me dire l'heure (qu'il est) ? ◆ **clocks ~ the time** les horloges indiquent l'heure ◆ **that ~s me all I need to know** maintenant je sais tout ce qu'il me faut savoir ◆ **it ~s its own tale** *or* **story** ça dit bien ce que ça veut dire ◆ **the lack of evidence ~s a tale** *or* **story** le manque de preuve est très révélateur ◆ **~ me another!*** à d'autres ! * ◆ **his actions ~ us a lot about his motives** ses actes nous en disent long sur ses motifs ◆ **she was ~ing him about it** elle lui en parlait, elle était en train de le lui raconter ◆ **~ me about it** *(lit)* raconte-moi ça ; *(* iro)* ne m'en parle pas ◆ **I told him about what had happened** je lui ai dit *or* raconté ce qui était arrivé ◆ **"by J. Smith, as told to W. Jones"** ≃ "par J. Smith, propos recueillis par W. Jones" ; → **fortune, picture, tale, truth**

c *(= know)* ◆ **how can I ~ what he will do?** comment puis-je savoir ce qu'il va faire ? ◆ **there's no ~ing what he might do/how long the talks could last** impossible de dire *or* savoir ce qu'il pourrait faire/combien de temps les pourparlers vont durer ◆ **it was impossible to ~ where the bullet had entered** il était impossible de dire *or* savoir par où la balle était entrée ◆ **I couldn't ~ if he had been in a fight or had just fallen** il (m')était impossible de dire *or* de savoir s'il s'était battu ou s'il était simplement tombé, je n'aurais pas pu dire s'il s'était battu ou s'il était simplement tombé ◆ **I couldn't ~ how it was done** je ne pourrais pas dire comment ça a été fait ◆ **no one can ~ what he'll say** personne ne peut savoir ce qu'il dira ◆ **you can ~ he's clever by the way he talks** on voit bien qu'il est intelligent à la façon dont il parle ◆ **you can ~ he's joking** on voit bien qu'il plaisante ◆ **you can't ~ much from his letter** sa lettre n'en dit pas très long

d *(= distinguish)* distinguer, voir ; *(= know)* savoir ◆ **to ~ right from wrong** distinguer le bien du mal ◆ **I can't ~ them apart** je ne peux pas les distinguer (l'un de l'autre) ◆ **I can't ~ the difference** je ne vois pas la différence (*between* entre)

e *(= command)* dire, ordonner (*sb to do sth* à qn de faire qch) ◆ **do as you are told** fais ce qu'on te dit ◆ **I told him not to do it** je lui ai dit de ne pas le faire, je lui ai défendu de le faire

f *(†† = count)* compter, dénombrer ◆ **to ~ one's beads** dire *or* réciter son chapelet ; → **all**

VI a parler (*of, about* de) ; *(fig)* ◆ **the ruins told of a long-lost civilization** les ruines témoignaient d'une civilisation depuis longtemps disparue ◆ **his face told of his sorrow** sa douleur se lisait sur son visage ◆ **(only) time can ~** qui vivra verra

b *(= know)* savoir ◆ **how can I ~?** comment le saurais-je ? ◆ **I can't ~** je n'en sais rien ◆ **who can ~?** qui sait ? ◆ **you never can ~** on ne sait jamais ◆ **you can't ~ from his letter** on ne peut pas savoir d'après sa lettre ◆ **as** *or* **so far as one can ~** pour autant que l'on sache

c *(= be talebearer)* **I won't ~!** je ne le répéterai à personne ! ◆ **to ~ on sb*** rapporter *or* cafarder* contre qn ◆ **don't ~ on us!*** ne nous dénonce pas !

d *(= have an effect)* se faire sentir (*on sb/sth* sur qn/qch) ◆ **his influence must ~** son influence ne peut que se faire sentir ◆ **his age is beginning to ~** il commence à accuser son âge ◆ **the pressures of her job are beginning to ~ on her** elle commence à accuser le stress de son travail ◆ **their age and inexperience told against them** leur âge et leur manque d'expérience militaient contre eux

► **tell off** VT SEP a *(* = reprimand)* gronder, attraper* (*sb for sth* qn pour qch ; *for doing sth* pour avoir fait qch) ◆ **to be told off** se faire attraper*

b † *(= select etc) [+ person]* affecter (*for sth* à qch), désigner (*to do sth* pour faire qch) ; *(= check off)* dénombrer

N ◆ **telling-off*** → **telling**

**teller** /ˈteləʳ/ N *(US, Scot Banking)* caissier *m*, -ière *f* ; *[of votes]* scrutateur *m*, -trice *f* ◆ **~ vote** *(US Pol)* vote *m* à bulletin secret *(dans une assemblée)* ; → **storyteller**

**telling** /ˈtelɪŋ/ ADJ a *(= revealing) [comment, detail, figures, evidence]* révélateur (-trice *f*), éloquent b *(= effective) [speech, argument, blow]* efficace ◆ **with ~ effect** avec efficacité N *(NonC) [of story etc]* récit *m* ◆ **it lost nothing in the ~** c'était tout aussi bien quand on l'entendait raconter ◆ **this story grows in the ~** cette histoire s'enjolive chaque fois qu'on la raconte COMP ▷ **telling-off*** N engueulade* *f* ◆ **to get/give a good ~-off** recevoir/passer un bon savon* (*from* de ; *to* à)

**telltale** /ˈtelteɪl/ N rapporteur *m*, -euse *f*, mouchard(e) *m(f)* ADJ *[mark, sign etc]* révélateur (-trice *f*), éloquent

**tellurium** /teˈlʊərɪəm/ N tellure *m*

**telly*** /ˈtelɪ/ N *(Brit)* (abbrev of **television**) télé* *f* ◆ **on the ~** à la télé*

**Temazepam** ® /tɪˈmæzɪpæm/ N (pl **Temazepam** *or* **Temazepams**) *tranquillisant délivré sur ordonnance*

**temerity** /tɪˈmerɪtɪ/ N *(NonC)* audace *f*, témérité *f* ◆ **to have the ~ to do sth** avoir l'audace de faire qch

**temp*** /temp/ (abbrev of **temporary**) N intérimaire *mf*, secrétaire *mf etc* qui fait de l'intérim VI faire de l'intérim, travailler comme intérimaire

**temper** /ˈtempəʳ/ N a *(NonC = nature, disposition)* tempérament *m*, caractère *m* ; *(NonC = mood)* humeur *f* ; *(= fit of bad temper)* (accès *m or* crise *f* de) colère *f* ◆ **he has a very even ~** il est d'humeur très égale ◆ **he has a good ~** il a bon caractère ◆ **~s became frayed** tout le monde commençait à perdre patience ◆ **~s are running high** les esprits sont échauffés ◆ **to have a hot** *or* **quick ~** être soupe au lait ◆ **to have a nasty** *or* **foul** *or* **vile ~** avoir un sale caractère, avoir un caractère de cochon* ◆ **to have a short ~** être coléreux *or* soupe au lait *inv* ◆ **his short ~ had become notorious** son caractère *or* tempérament coléreux était devenu célèbre ◆ **he had a ~ and could be nasty** il était soupe au lait et pouvait être méchant ◆ **I hope he can control his ~** j'espère qu'il sait se contrôler *or* se maîtriser ◆ **to be in a ~** être en colère (*with sb* contre qn ; *over or about sth* à propos de qch) ◆ **to be in a good/bad ~** être de bonne/mauvaise humeur ◆ **he was in a foul ~** il était d'une humeur massacrante ◆ **he was not in the best of ~s** il n'était pas vraiment de très bonne humeur ◆ **to keep one's ~** garder son calme, se maîtriser ◆ **to lose one's ~** se mettre en colère ◆ **to put sb into a ~** mettre qn en colère ◆ **~, ~!** du calme !, on se calme ! ◆ **in a fit of ~** dans un accès de colère ◆ **he flew into a ~** il a explosé *or* éclaté ; → **tantrum**

b *[of metal]* trempe *f*

VT *[+ metal]* tremper ; *(fig) [+ effects, rigours, passions]* tempérer (*with* par)

**tempera** /ˈtempərə/ N *(NonC: Art)* détrempe *f*

**temperament** /ˈtempərəmənt/ N *(NonC)* a *(= nature)* tempérament *m*, nature *f* ◆ **the artistic ~** le tempérament artiste ◆ **his impulsive ~ got him into trouble** son tempérament impulsif *or* sa nature impulsive lui a posé des problèmes b *(= moodiness, difficult temperament)* humeur *f* (changeante) ◆ **an outburst of ~** une saute d'humeur ◆ **she was given to fits of ~** elle avait tendance à avoir des sautes d'humeur

**temperamental** /ˌtempərəˈmentl/ ADJ a *(= unpredictable) [person]* d'humeur imprévisible, lunatique ; *[behaviour]* imprévisible ◆ **a man given to ~ outbursts** un homme sujet à des accès de mauvaise humeur ; *[horse, machine]* capricieux ◆ **a ~ outburst** une saute d'humeur ◆ **he can be very ~** il est parfois très lunatique b *(= innate) [differences]* de tempérament ; *[inclinations, qualities, aversion]* naturel

**temperamentally** /ˌtempərəˈmentəlɪ/ ADV a *(= unpredictably) [behave]* capricieusement b *(= by nature)* ◆ **~ suited to a job** fait pour un travail du point de vue du caractère ◆ **~, we were not at all compatible** du point de vue du tempérament *or* pour ce qui est du tempérament, nous n'étions pas du tout compatibles

**temperance** /'tempərəns/ N *(NonC)* modération *f* ; *(in drinking)* tempérance *f* COMP *[movement, league]* antialcoolique ; *[hotel]* où l'on ne sert pas de boissons alcoolisées

**temperate** /'tempərɪt/ ADJ a *(Geog, Met) [region, climate]* tempéré ; *[forest, plant, animal]* de zone tempérée b *(= restrained) [person] (gen)* modéré ; *(with alcohol)* qui fait preuve de tempérance ; *[lifestyle, reaction, discussion]* modéré ; *[attitude]* modéré, mesuré ; *[character, nature]* mesuré COMP ▷ **the Temperate Zone** N la zone tempérée

**temperature** /'temprɪtʃəʳ/ N température *f* ◆ **a rise/fall in** ~ une hausse/baisse de la température ◆ **at a** ~ **of ...** à une température de ... ◆ **to have a** *or* **be running a** ~ avoir de la température *or* de la fièvre ◆ **her** ~ **is a little up/down** sa température a un peu augmenté/baissé ◆ **he was running a high** ~ il avait une forte fièvre ◆ **to take sb's** ~ prendre la température de qn ◆ **the bombing has raised the political** ~ cet attentat à la bombe a fait monter la tension politique ; → **high** COMP *[change etc]* de température ▷ **temperature chart** N *(Med)* feuille *f* de température ▷ **temperature gauge** N indicateur *m* de température

**-tempered** /'tempəd/ ADJ *(in compounds)* ◆ **even-tempered** d'humeur égale ; → **bad, good**

**tempest** /'tempɪst/ N *(liter)* tempête *f*, orage *m* ; *(fig)* tempête *f* ◆ **it was a** ~ **in a teapot** *(US)* c'était une tempête dans un verre d'eau

**tempestuous** /tem'pestjʊəs/ ADJ a *(= turbulent) [relationship, meeting]* orageux ; *[period, time]* orageux, agité ; *[marriage, career]* tumultueux ; *[person]* impétueux, fougueux b *(liter) [weather, wind, night]* de tempête ; *[sea]* houleux ; *[waves]* violent

**tempestuously** /tem'pestjʊəslɪ/ ADV *(fig)* avec violence ◆ **the sea crashed** ~ **against the cliffs** les vagues se fracassaient contre les falaises

**tempi** /'tempi:/ *(Mus)* NPL of **tempo**

**temping** /'tempɪŋ/ N intérim *m*

**Templar** /'templəʳ/ N ⇒ **Knight Templar ;** → **knight**

**template** /'templɪt/ N a *(= pattern: woodwork, patchwork etc)* gabarit *m* ; *(fig = model)* modèle *m* (*for sth* à la base de qch) b *(Constr = beam)* traverse *f* c *(Comput)* patron *m*

**temple¹** /'templ/ N *(Rel)* temple *m* ◆ **the Temple** *(Brit Jur)* ≃ le Palais (de Justice)

**temple²** /'templ/ N *(Anat)* tempe *f*

**templet** /'templɪt/ N ⇒ **template**

**tempo** /'tempəʊ/ N (pl **tempos** *or Mus* **tempi**) *(Mus, fig)* tempo *m*

**temporal** /'tempərəl/ ADJ a *(= relating to time: also Gram, Rel)* temporel b *(Anat)* temporal COMP ▷ **temporal bone** N (os *m*) temporal *m*

**temporarily** /'tempərərɪlɪ/ ADV *(gen)* temporairement, provisoirement ; *(shorter time)* pendant un moment

**temporary** /'tempərərɪ/ ADJ *[job, resident, residence, staff]* temporaire ; *[accommodation, building, solution, injunction]* provisoire ; *[relief, improvement, problem]* passager ; *[licence, powers]* à titre temporaire ◆ ~ **road surface** revêtement *m* provisoire

**temporize** /'tempəraɪz/ VI a temporiser, chercher à gagner du temps ◆ **to** ~ **between two people** faire accepter un compromis à deux personnes b *(pej = bend with circumstances)* faire de l'opportunisme VT ◆ **"not exactly, sir", ~d Sloan** "pas exactement monsieur" dit Sloan pour gagner du temps

**tempt** /tempt/ VT a tenter, séduire ◆ **to** ~ **sb to do sth** donner à qn l'envie de faire qch ◆ **try and** ~ **her to eat a little** tâchez de la persuader de manger un peu ◆ **may I** ~ **you to a little more wine?** puis-je vous offrir un petit peu plus de vin ? ◆ **I'm very ~ed** c'est très tentant ◆ **I am very ~ed to accept** je suis très tenté d'accepter ◆ **he was ~ed into doing it** il n'a pas pu résister à la tentation de le faire ◆ **don't** ~ **me!** *(hum)* n'essaie pas de me tenter ! ; → **sorely** b *(†: Bible = test)* tenter, induire en tentation ◆ **to** ~ **Providence** *or* **fate** *(common usage)* tenter le sort

**temptation** /temp'teɪʃən/ N tentation *f* ◆ **to put** ~ **in sb's way** exposer qn à la tentation ◆ **lead us not into** ~ ne nous laissez pas succomber à la tentation ◆ **there is a great** ~ **to assume ...** il est très tentant de supposer ... ◆ **there is no** ~ **to do so** on n'est nullement tenté de le faire ◆ **she resisted the** ~ **to buy it** elle a résisté à la tentation de l'acheter ◆ **the many ~s to which you will be exposed** les nombreuses tentations auxquelles vous serez exposé

**tempter** /'temptəʳ/ N tentateur *m*

**tempting** /'temptɪŋ/ ADJ *[offer, proposition target]* tentant ; *[food, smell]* appétissant ◆ **it is** ~ **to say that ...** on est tenté de dire que ...

**temptingly** /'temptɪŋlɪ/ ADV *(with vb)* d'une manière tentante ◆ **prices are still** ~ **low** *(with adj)* les prix sont toujours bas et cela donne envie d'acheter ◆ **the sea was** ~ **near** la mer était tout près et c'était bien tentant

**temptress** /'temptrɪs/ N tentatrice *f*

**tempura** /tem'pʊərə/ N *(NonC)* tempura *f*

**ten** /ten/ ADJ dix *inv* ◆ **about** ~ **books** une dizaine de livres ◆ **the Ten Commandments** les dix commandements *mpl* N dix *m inv* ◆ **~s of thousands of ...** des milliers (et des milliers) de ... ◆ **hundreds, ~s and units** les centaines, les dizaines et les unités ◆ **to count in ~s** compter par dizaines ◆ ~ **to one he won't come** je parie qu'il ne viendra pas ◆ **they're** ~ **a penny** * il y en a tant qu'on en veut, il y en a à la pelle * ◆ **to drive with one's hands at** ~ **to two** *(Aut)* conduire avec les mains à dix heures dix ; see also **number** ; *for other phrases see* **six** PRON dix ◆ **there were** ~ il y en avait dix ◆ **there were about** ~ il y en avait une dizaine COMP ▷ **ten-cent store** N *(US)* bazar *m* ▷ **ten-gallon hat** N *(US)* ≃ grand chapeau *m* de cow-boy ▷ **ten-metre line** N *(Rugby)* ligne *f* de dix mètres

**tenable** /'tenəbl/ ADJ a *(= defensible) [argument, view, position]* défendable ◆ **it's just not** ~ ça ne peut vraiment pas se défendre b ◆ **the position of chairman is** ~ **for a maximum of three years** la présidence ne peut être occupée que pendant trois ans au maximum

**tenacious** /tɪ'neɪʃəs/ ADJ a *(= determined) [person]* tenace ; *[defence, resistance]* opiniâtre b *(= persistent) [belief, illness, condition]* tenace, obstiné c *(= firm) [grip, hold]* solide, ferme d *(= retentive) [memory]* indéfectible

**tenaciously** /tɪ'neɪʃəslɪ/ ADV *[cling to, hang on, fight]* avec ténacité ; *[survive]* obstinément

**tenacity** /tɪ'næsɪtɪ/ N *(NonC)* ténacité *f*

**tenancy** /'tenənsɪ/ N location *f* ◆ **during my** ~ **of the house** pendant que j'étais locataire de la maison ◆ **to take on the** ~ **of a house** prendre une maison en location ◆ **to give up the** ~ **of a house** résilier un contrat de location ◆ **the new law relating to tenancies** la nouvelle loi relative aux locations COMP ▷ **tenancy agreement** N contrat *m* de location

**tenant** /'tenənt/ N locataire *mf* VT *[+ property]* habiter comme locataire COMP ▷ **tenant farmer** N métayer *m* ▷ **tenant in common** N *(Jur)* indivisaire *mf*

**tenantry** /'tenəntrɪ/ N *(NonC: collective)* (ensemble *m* des) tenanciers *mpl* (d'un domaine)

**tench** /tentʃ/ N *(pl inv)* tanche *f*

**tend¹** /tend/ VT *[+ sheep, shop]* garder ; *[+ invalid]* soigner ; *[+ machine]* surveiller ; *[+ garden]* entretenir ; *[+ piece of land to grow food]* travailler, cultiver

► **tend to** VT FUS *(= take care of)* s'occuper de ; see also **tend²**

**tend²** /tend/ VI *[person, thing]* avoir tendance (*to do sth* à faire qch) ◆ **to** ~ **towards** avoir des tendances à, incliner à *or* vers ◆ **he ~s to be lazy** il a tendance à être paresseux, il est enclin à la paresse ◆ **he ~s to(wards) fascism** il a des tendances fascistes, il incline au *or* vers le fascisme ◆ **that ~s to be the case with such people** c'est en général le cas avec des gens de cette sorte ◆ **I** ~ **to think that ...** j'incline *or* j'ai tendance à penser que ... ◆ **it is a grey ~ing to blue** c'est un gris tirant sur le bleu

**tendency** /'tendənsɪ/ N tendance *f* ◆ **to have a** ~ **to do sth** avoir tendance à faire qch ◆ **there is a** ~ **for prices to rise** les prix ont tendance à *or* tendent à augmenter ◆ **a strong upward** ~ *(St Ex)* une forte tendance à la hausse ◆ **the present** ~ **to(wards) socialism** les tendances socialistes actuelles

**tendentious** /ten'denʃəs/ ADJ tendancieux

**tendentiously** /ten'denʃəslɪ/ ADV tendancieusement

**tendentiousness** /ten'denʃəsnɪs/ N caractère *m* tendancieux

**tender¹** /'tendəʳ/ N *(Rail)* tender *m* ; *(= boat) (for passengers)* embarcation *f* ; *(for supplies)* ravitailleur *m*

**tender²** /'tendəʳ/ VT *(= proffer) [+ object]* tendre, offrir ; *[+ money, thanks, apologies]* offrir ◆ **to** ~ **one's resignation** donner sa démission (*to sb* à qn) ◆ **"please tender exact change"** "prière de faire l'appoint"

VI *(Comm)* faire une soumission (*for sth* pour qch)

N a *(Comm)* soumission *f* (à un appel d'offres) ◆ **to make** *or* **put in a** ~ **for sth** répondre *or* soumissionner à un appel d'offres pour qch ◆ **to invite ~s for sth, to put sth out to** ~ lancer un appel d'offres pour qch, mettre qch en adjudication ◆ **they won the** ~ **to build the bridge** ils ont obtenu le marché pour construire le pont

b *(Fin)* **legal** ~ cours *m* légal ◆ **to be legal** ~ avoir cours ◆ **East German currency is no longer legal** ~ les devises est-allemandes n'ont plus cours

COMP ▷ **tender offer** N *(US St Ex)* offre *f* publique d'achat, OPA *f*

**tender³** /'tendəʳ/ ADJ a *(gen) [person, expression, kiss, voice, word, thoughts, plant, food]* tendre ; *[body, skin]* délicat ; *[gesture]* tendre, plein de tendresse ; *[moment]* de tendresse ◆ **he gave her a** ~ **smile** il lui a souri tendrement ◆ **they were locked in a** ~ **embrace** ils étaient tendrement enlacés ◆ **to bid sb a** ~ **farewell** dire tendrement adieu à qn ◆ **cook the meat until** ~ faites cuire la viande jusqu'à ce qu'elle soit tendre ◆ **to leave sb/sth to the** ~ **mercies of sb** *(iro)* abandonner qn/qch aux bons soins de qn

b *(= young)* ◆ **at the** ~ **age of seven** à l'âge tendre de sept ans ◆ **she left home at a very** ~ **age** elle a quitté la maison très jeune ◆ **he was a hardened criminal by the** ~ **age of 16** c'était un criminel endurci dès l'âge de 16 ans ◆ **a child of** ~ **age** *or* **years** un enfant dans l'âge tendre ◆ **in spite of his ~ years** malgré son jeune âge

c (= sore) [skin, bruise] sensible ◆ **~ to the touch** sensible au toucher

d (= difficult) [subject] délicat

COMP ▷ **tender-hearted** ADJ sensible, compatissant ◆ **to be ~-hearted** être un cœur tendre ▷ **tender-heartedness** N (NonC) compassion *f*, sensibilité *f* ▷ **tender loving care** N ◆ **what he needs is some ~ loving care** ce dont il a besoin, c'est d'être dorloté

**tenderer** /ˈtendərəʳ/ N soumissionnaire *mf*

**tenderfoot** /ˈtendəfʊt/ N (pl **tenderfoots**) novice *mf*, nouveau *m*, nouvelle *f*

**tendering** /ˈtendərɪŋ/ N (NonC: Comm) soumissions *fpl*

**tenderize** /ˈtendəraɪz/ VT (Culin) attendrir

**tenderizer** /ˈtendəraɪzəʳ/ N (Culin) (= mallet) attendrisseur *m* ; (= spices) épices pour attendrir la viande

**tenderloin** /ˈtendəlɔɪn/ N (= meat) filet *m* ; (US fig) quartier *m* louche (où la police est corrompue)

**tenderly** /ˈtendəlɪ/ ADV [kiss] tendrement ; [touch, say] avec tendresse

**tenderness** /ˈtendənɪs/ N (NonC) a (gen) tendresse *f* ; [of skin] délicatesse *f* ; [of meat etc] tendreté *f* b (= soreness) [of arm, bruise etc] sensibilité *f* c (= emotion) tendresse *f* (towards envers)

**tendon** /ˈtendən/ N tendon *m*

**tendril** /ˈtendrɪl/ N (Bot) vrille *f*

**tenebrous** /ˈtenɪbrəs/ ADJ (liter) ténébreux

**tenement** /ˈtenɪmənt/ N (= apartment) appartement *m*, logement *m* ; (also **tenement house** or **building**) immeuble *m* (d'habitation)

**Tenerife** /ˌtenəˈriːf/ N Tenerife

**tenet** /ˈtenət/ N principe *m*, doctrine *f*

**tenfold** /ˈtenfəʊld/ ADJ décuple ADV au décuple ◆ **to increase ~** décupler

**Tenn.** abbrev of **Tennessee**

**tenner** * /ˈtenəʳ/ N (Brit) (billet *m* de) dix livres ; (US) (billet *m* de) dix dollars

**Tennessee** /ˌtenɪˈsiː/ N Tennessee *m* ◆ **in ~** dans le Tennessee

**tennis** /ˈtenɪs/ N (NonC) tennis *m* ◆ **a game of ~** une partie de tennis COMP [player, racket, club] de tennis ▷ **tennis ball** N balle *f* de tennis ▷ **tennis camp** N (US) ◆ **to go to ~ camp** faire un stage de tennis ▷ **tennis court** N (court *m* or terrain *m* de) tennis *m inv* ▷ **tennis elbow** N (Med) synovite *f* du coude ▷ **tennis shoe** N (chaussure *f* de) tennis *m*

**tenon** /ˈtenən/ N tenon *m*

**tenor** /ˈtenəʳ/ N a (= general sense) [of speech, discussion] teneur *f*, substance *f* ; (= course) [of one's life, events, developments] cours *m* b (= exact wording) teneur *f* c (Mus) ténor *m* ADJ (Mus) [voice, part] de ténor ; [aria] pour ténor ; [recorder, saxophone] ténor *inv* COMP ▷ **the tenor clef** N la clef d'ut quatrième ligne

**tenpin** /ˈtenpɪn/ N quille *f* ◆ **~s** (US) ⇒ **tenpin bowling** COMP ▷ **tenpin bowling** N (Brit) bowling *m* (à dix quilles)

**tense**[1] /tens/ N (Gram) temps *m* ◆ **in the present ~** au temps présent

**tense**[2] /tens/ ADJ [person, voice, expression, muscles, rope, situation] tendu ; [time, period] de tension ; (Ling) [vowel] tendu ◆ **to become ~** [person] se crisper ◆ **things were getting rather ~** l'atmosphère devenait plutôt tendue ◆ **to make sb ~** rendre qn nerveux ◆ **in a voice ~ with emotion** d'une voix voilée par l'émotion ◆ **they were ~ with fear/anticipation** ils étaient crispés de peur/par l'attente VT [+ muscles] contracter ◆ **to ~ o.s.** se contracter VI [muscles, person, animal] se contracter

► **tense up** VI se crisper VT ◆ **you're all tensed up** tu es tout tendu

**tensely** /ˈtenslɪ/ ADV [say] d'une voix tendue ◆ **they waited/watched ~** ils attendaient/observaient, tendus

**tenseness** /ˈtensnɪs/ N (NonC: lit, fig) tension *f*

**tensile** /ˈtensaɪl/ ADJ [material] extensible, élastique COMP ▷ **tensile load** N force *f* de traction ▷ **tensile strength** N résistance *f* à la traction ▷ **tensile stress** N contrainte *f* de traction ; → **high**

**tension** /ˈtenʃən/ N (NonC) tension *f* COMP ▷ **tension headache** N (Med) mal *m* de tête (dû à la tension nerveuse)

**tent** /tent/ N tente *f* VI camper COMP ▷ **tent peg** N (Brit) piquet *m* de tente ▷ **tent pole**, **tent stake** N montant *m* de tente ▷ **tent trailer** N caravane *f* pliante

**tentacle** /ˈtentəkl/ N (also fig) tentacule *m*

**tentative** /ˈtentətɪv/ ADJ a (= provisional, preliminary) [agreement, measure, date, conclusion, offer] provisoire ; [enquiry] préliminaire ◆ **a ~ plan** une ébauche de projet ◆ **these theories are still very ~** ce ne sont encore que des hypothèses b (= hesitant) [gesture, step, knock] hésitant ; [smile, attempt, suggestion] timide ◆ **the housing market is beginning to show ~ signs of recovery** le marché de l'immobilier commence à donner des signes de reprise ◆ **they have made ~ steps towards establishing a market economy** ils ont pris des mesures timides afin d'établir une économie de marché

**tentatively** /ˈtentətɪvlɪ/ ADV (= provisionally) [agreed, scheduled, planned, titled] provisoirement ; (= hesitantly) [smile, say, knock, wave] timidement ; [touch] avec hésitation

**tented** /ˈtentɪd/ ADJ a (= containing tents) [field] couvert de tentes ; [camp] de tentes b (= draped) [room, ceiling] à tentures (partant du centre du plafond) COMP ▷ **tented arch** N (Archit) ogive *f*

**tenterhooks** /ˈtentəhʊks/ NPL ◆ **to be/keep sb on ~** être/tenir qn sur des charbons ardents or au supplice

**tenth** /tenθ/ ADJ dixième N dixième *mf* ; (= fraction) dixième *m* ◆ **nine-~s of the book** les neuf dixièmes du livre ◆ **nine-~s of the time** la majeure partie du temps ; for other phrases see **sixth**

**tenuity** /teˈnjʊɪtɪ/ N (NonC) ténuité *f*

**tenuous** /ˈtenjʊəs/ ADJ [link, connection, distinction] ténu ; [relationship] subtil ; [evidence] mince ; [existence] précaire ; [position, alliance] fragile ; [lead] faible ◆ **to have a ~ grasp of sth** avoir une vague idée or de vagues notions de qch ◆ **to have a ~ hold on sb/sth** n'avoir que peu d'emprise sur qn/qch

**tenuously** /ˈtenjʊəslɪ/ ADV de manière ténue

**tenure** /ˈtenjʊəʳ/ N a (Univ) fait *m* d'être titulaire ◆ **to have ~** [teacher, civil servant] être titulaire ; [employee] avoir la sécurité totale de l'emploi ◆ **to get ~** être titularisé ◆ **the system of ~** la sécurité totale de l'emploi ; → **security** b [of land, property] bail *m* ; (feudal) tenure *f* c (= period in power) (Govt) mandat *m* ◆ **the ~ is for two years** la personne est nommée pour deux ans ; (Govt) le mandat or la durée du mandat est de deux ans ◆ **during his ~ (of office)** pendant qu'il était en fonction ◆ **during her ~ as owner** pendant qu'elle occupait la fonction de propriétaire COMP ▷ **tenure track position** N (US Univ) poste *m* avec possibilité de titularisation

**tenured** /ˈtenjʊəd/ ADJ [professor etc] titulaire ◆ **he has a ~ position** il est titulaire de son poste

**tepee** /ˈtiːpiː/ N tipi *m*

**tepid** /ˈtepɪd/ ADJ a (lit) [water, coffee] tiède b (fig) [response] réservé, sans enthousiasme ; [support] réservé, mitigé ; [applause] sans conviction

**tepidity** /teˈpɪdɪtɪ/ N (NonC) tiédeur *f*

**tepidly** /ˈtepɪdlɪ/ ADV (fig) [agree, respond] sans grand enthousiasme

**tepidness** /ˈtepɪdnɪs/ N (NonC) ⇒ **tepidity**

**tequila** /tɪˈkiːlə/ N tequila *f*

**Ter** (Brit) ⇒ **Terr**

**terbium** /ˈtɜːbɪəm/ N terbium *m*

**tercentenary** /ˌtɜːsenˈtiːnərɪ/ ADJ, N tricentenaire *m*

**tercet** /ˈtɜːsɪt/ N (Poetry) tercet *m* ; (Mus) triolet *m*

**Teresa** /təˈriːzə/ N Thérèse *f*

**term** /tɜːm/ N a (gen, Admin, Fin, Jur, Med) (= limit) terme *m* ; (= period) période *f*, terme *m* (Jur) ◆ **to put** or **set a ~ to sth** mettre or fixer un terme à qch ◆ **at ~** (Fin, Med) à terme ◆ **in the long ~** à long terme ; see also **long-term** ◆ **in the medium ~** à moyen terme ; see also **medium** ◆ **in the short ~** dans l'immédiat ; see also **short** ◆ **during his ~ of office** pendant la période où il exerçait ses fonctions ◆ **elected for a three-year ~** élu pour une durée or période de trois ans ◆ **~ of imprisonment** peine *f* de prison

b (Scol, Univ) trimestre *m* ; (Jur) session *f* ◆ **the autumn/spring/summer ~** (Scol, Univ) le premier/second or deuxième/troisième trimestre ◆ **in (the) ~, during (the) ~** pendant le trimestre ◆ **out of (the) ~** pendant les vacances (scolaires or universitaires)

c (Math, Philos) terme *m*

♦ **in terms of** ◆ **A expressed in ~s of B** A exprimé en fonction de B ◆ **in ~s of production we are doing well** (fig) sur le plan de la production nous avons de quoi être satisfaits ◆ **he sees art in ~s of human relationships** pour lui l'art est fonction des relations humaines ◆ **to look at sth in ~s of the effect it will have/of how it ...** considérer qch sous l'angle de l'effet que cela aura/de la façon dont cela ... ◆ **we must think in ~s of ...** il faut penser à ... ; (= consider the possibility of) il faut envisager (la possibilité de) ... ◆ **price in ~s of dollars** prix *m* exprimé en dollars

d (= conditions) ~s (gen) conditions *fpl* ; [of contracts etc] termes *mpl* ; (Comm etc) prix *m(pl)*, tarif *m* ◆ **you can name your own ~s** vous êtes libre de stipuler vos conditions ◆ **on what ~s?** à quelles conditions ? ◆ **not on any ~s** à aucun prix, à aucune condition ◆ **they accepted him on his own ~s** ils l'ont accepté sans concessions de sa part ◆ **to compete on equal** or **the same ~s** rivaliser dans les mêmes conditions or sur un pied d'égalité ◆ **to compete on unequal** or **unfair ~s** ne pas rivaliser dans les mêmes conditions, ne pas bénéficier des mêmes avantages ◆ **to lay down** or **dictate ~s to sb** imposer des conditions à qn ◆ **under the ~s of the contract** d'après les termes du contrat ◆ **~s and conditions** (Jur) modalités *fpl* ◆ **~s of surrender** conditions *fpl* or termes *mpl* de la reddition ◆ **~s of reference** (of committee) mandat *m* ◆ **it is not within our ~s of reference** cela ne relève pas de notre mandat ◆ **~s of sale** conditions *fpl* de vente ◆ **~s of payment** conditions *fpl* or modalités *fpl* de paiement ◆ **credit ~s** conditions *fpl* de crédit ◆ **we offer it on easy ~s** (Comm) nous offrons des facilités de paiement ◆ **our ~s for full board** notre tarif pension complète

◆ **"inclusive terms: £20"** "20 livres tout compris"

e *(relationship)* **to be on good/bad ~s with sb** être en bons/mauvais termes *or* rapports avec qn ◆ **they are on the best of ~s** ils sont au mieux, ils sont en excellents termes ◆ **they're on fairly friendly ~s** ils ont des rapports assez amicaux *or* des relations assez amicales ; → **equal, nod, speaking**

♦ **to come to terms with** *[+ person]* arriver à un accord avec ; *[+ problem, situation]* accepter

f *(= word)* terme *m* ; *(= expression)* expression *f* ◆ **technical/colloquial ~** terme *m* technique/familier ◆ **in plain** *or* **simple ~s** en termes simples *or* clairs ◆ **he spoke of her in glowing ~s** il a parlé d'elle en termes très chaleureux ; → **uncertain**

VT appeler, nommer ◆ **what we ~ happiness** ce que nous nommons *or* appelons le bonheur ◆ **it was ~ed a compromise** ce fut qualifié de compromis

COMP *[exams etc]* trimestriel ▷ **term insurance** N assurance *f* vie temporaire ▷ **term paper** N *(US Univ)* dissertation *f* trimestrielle

**termagant** /ˈtɜːməgənt/ N harpie *f*, mégère *f*

**terminal** /ˈtɜːmɪnl/ ADJ a *(Med)* *(= incurable)* *[patient, illness, cancer]* en phase terminale ; *(= final)* *[stage]* terminal ◆ ~ **care** soins *mpl* aux malades en phase terminale ◆ ~ **ward** salle *f* des malades en phase terminale

b *(= insoluble)* *[problem, crisis, situation]* sans issue ◆ **to be in ~ decline** *or* **decay** être à bout de souffle

c *(= last)* *[stage]* final

d *(* = utter)* *[boredom]* mortel ; *[stupidity, workaholic]* incurable

e *(Bot, Anat, Ling)* terminal

f *(= termly)* trimestriel

N a (also **air terminal**) aérogare *f* ; *(for trains, coaches, buses)* (gare *f*) terminus *m inv* ; *(Underground = terminus)* (gare *f*) terminus *m inv* ; *(Underground: at beginning of line)* tête *f* de ligne ◆ **container ~** terminal *m* de containers ◆ **oil ~** terminal *m* pétrolier

b *(Elec)* borne *f*

c *(Comput)* terminal *m* ◆ **dumb/intelligent ~** terminal *m* passif/intelligent

COMP ▷ **terminal bonus** N *(Fin)* *bonus payé à échéance d'une police d'assurance* ▷ **terminal point**, **terminal station** N *(Rail)* terminus *m* ▷ **terminal velocity** N *(Phys, Aviat)* vitesse *f* finale

**terminally** /ˈtɜːmɪnlɪ/ ADV a *(= incurably)* ◆ ~ **ill** condamné, en phase terminale ◆ **the ~ ill** les malades *mpl* en phase terminale b *(* = utterly)* définitivement ◆ **a ~ boring film** un film à mourir d'ennui

**terminate** /ˈtɜːmɪneɪt/ VT terminer, mettre fin à, mettre un terme à ; *[+ contract]* résilier, dénoncer ◆ **to ~ a pregnancy** *[mother]* se faire faire une IVG ; *[medical staff]* pratiquer une IVG ◆ **to have a pregnancy ~d** se faire faire une IVG VI a *(= end)* se terminer, finir (*in* en, par) b *(= reach end of journey)* *[train]* **we will soon be arriving at Waterloo, where this train will ~** le prochain arrêt est Waterloo, terminus de ce train ◆ **due to a technical fault, this train will ~ at Sterling** en raison d'un problème technique, ce train n'ira pas plus loin que Sterling

**termination** /ˌtɜːmɪˈneɪʃən/ N fin *f*, conclusion *f* ; *[of contract]* résiliation *f*, dénonciation *f* ; *(Gram)* terminaison *f* ◆ ~ **of employment** licenciement *m*, résiliation *f* du contrat de travail ◆ ~ **(of pregnancy)** interruption *f* de grossesse

**termini** /ˈtɜːmɪnɪː/ NPL of **terminus**

**terminological** /ˌtɜːmɪnəˈlɒdʒɪkəl/ ADJ terminologique

**terminologist** /ˌtɜːmɪˈnɒlədʒɪst/ N terminologue *mf*

**terminology** /ˌtɜːmɪˈnɒlədʒɪ/ N terminologie *f*

**terminus** /ˈtɜːmɪnəs/ N (pl **terminuses** *or* **termini**) terminus *m inv*

**termite** /ˈtɜːmaɪt/ N termite *m*, fourmi *f* blanche

**termtime** /ˈtɜːmtaɪm/ N (durée *f* du) trimestre *m* ◆ **in ~, during ~** pendant le trimestre ◆ **out of ~** pendant les vacances (scolaires *or* universitaires) COMP ▷ **termtime employment** N *(US Univ)* emploi *m* pour étudiant *(rémunéré par l'université)*

**tern** /tɜːn/ N hirondelle *f* de mer, sterne *f*

**ternary** /ˈtɜːnərɪ/ ADJ ternaire

**Terr** *(Brit)* abbrev of **Terrace**

**terrace** /ˈterəs/ N *(Agr, Geol etc)* terrasse *f* ; *(= raised bank)* terre-plein *m* ; *(= patio, veranda, balcony, roof)* terrasse *f* ; *(Brit = row of houses)* rangée *f* de maisons *(attenantes les unes aux autres)* ◆ **the ~s** *(Brit Sport)* les gradins *mpl* ; → HOUSE VT *[+ hillside]* arranger en terrasses ◆ **~d** *[garden, hillside]* en terrasses ; *(Brit)* *[house]* en mitoyenneté COMP ▷ **terrace cultivation** N culture *f* en terrasses ▷ **terrace house** N *(Brit)* maison *f* en mitoyenneté ; → HOUSE

**terracing** /ˈterəsɪŋ/ N a *(Brit Sport)* gradins *mpl* b *(Agr)* (système *m* de) terrasses *fpl*

**terracotta** /ˈterəˈkɒtə/ N terre *f* cuite COMP *(= made of terracotta)* en terre cuite ; *(= colour)* ocre brun *inv*

**terra firma** /ˌterəˈfɜːmə/ N terre *f* ferme ◆ **on ~** sur la terre ferme

**terrain** /təˈreɪn/ N a *(= nature of ground)* terrain *m* *(sol)* ◆ **the ~ is rocky/difficult** le terrain est rocheux/difficilement praticable ◆ **the ~ is varied** la nature du terrain est variée b *(= relief)* relief *m* ◆ **Rwanda's mountainous ~** le relief montagneux du Rwanda ; → **all**

**terrapin** /ˈterəpɪn/ N tortue *f* d'eau douce

**terrarium** /təˈreərɪəm/ N *(for plants)* petite serre *f* ; *(for animals)* terrarium *m*

**terrazzo** /teˈrætsəʊ/ N sol *m* de mosaïque

**terrestrial** /tɪˈrestrɪəl/ ADJ a *[life, event, animal, plant]* terrestre b *(esp Brit TV)* *[television, channel]* hertzien

**terrible** /ˈterəbl/ ADJ *[disease, consequences, mistake, time, weather, food]* terrible ; *[heat]* terrible, atroce ; *[disappointment, cold]* terrible, affreux ; *[experience, act, pain, injury]* atroce ; *[damage, poverty]* effroyable ◆ **her French is ~** son français est atroce ◆ **to feel ~** *(= guilty)* s'en vouloir beaucoup ; *(= ill)* se sentir mal ◆ **to look ~** *(= ill)* avoir très mauvaise mine ; *(= untidy)* ne pas être beau à voir ◆ **he sounded ~** *(= ill etc)* (à l'entendre *or* à sa voix) il avait l'air d'aller très mal ◆ **I've got a ~ memory** j'ai très mauvaise mémoire ◆ **he was having ~ trouble with his homework** il avait un mal fou* à faire ses devoirs ◆ **to be a ~ bore** être terriblement ennuyeux ◆ **I've been a ~ fool** j'ai été le dernier des imbéciles ◆ **you're going to get in the most ~ muddle** tu vas te retrouver dans une mélasse* effroyable ◆ **it would be a ~ pity if ...** ce serait extrêmement dommage si ... ◆ **it's a ~ shame (that)** c'est vraiment dommage (que *+ subj*)

**terribly** /ˈterəblɪ/ ADV *(= very)* *[important, upset, hard]* extrêmement ; *[difficult, disappointed]* terriblement ; *[sorry]* vraiment ; *[behave]* de manière lamentable ; *[play, sing]* terriblement mal ◆ **I'm not ~ good with money** je ne suis pas très doué pour les questions d'argent ◆ **it isn't a ~ good film** ce n'est pas un très bon film ◆ **he doesn't always come across ~ well** il ne passe pas toujours très bien la rampe* ◆ **to suffer ~** souffrir terriblement ◆ **I missed him ~** il me manquait terriblement

**terrier** /ˈterɪəʳ/ N a terrier *m* b *(Brit Mil)* **the ~s** * la territoriale*, les territoriaux *mpl*

**terrific** /təˈrɪfɪk/ ADJ a *(* = excellent)* *[person, idea, story, news]* super* *inv* ◆ **to do a ~ job** faire un super bon boulot* ◆ **to look ~** être super* ◆ **to have a ~ time** s'amuser comme un fou *or* une folle ◆ **~!** super ! b *(= very great)* *[speed]* fou (folle *f*), fantastique ; *[amount]* énorme ; *[explosion]* formidable ; *[pain]* atroce ; *[strain, pressure, disappointment]* terrible ; *[noise, cold]* épouvantable ; *[heat]* épouvantable, effroyable

**terrifically** * /təˈrɪfɪkəlɪ/ ADV a *(= extremely)* terriblement ◆ **to do ~ well** s'en tirer formidablement bien b *(= very well)* *[treat, sing, play]* formidablement bien

**terrify** /ˈterɪfaɪ/ VT terrifier ◆ **to ~ sb out of his wits** rendre qn fou de terreur ◆ **to be terrified of ...** avoir une peur folle de ...

**terrifying** /ˈterɪfaɪɪŋ/ ADJ terrifiant

**terrifyingly** /ˈterɪfaɪɪŋlɪ/ ADV *[high, fragile]* terriblement ; *[shake, wobble]* de façon terrifiante

**terrine** /teˈriːn/ N terrine *f*

**territorial** /ˌterɪˈtɔːrɪəl/ ADJ *(Mil, Pol, Zool)* territorial ◆ **a ~ animal** un animal au comportement territorial N *(Brit Mil)* ◆ **Territorial** territorial *m* ◆ **the Territorials** l'armée *f* territoriale, la territoriale*, les territoriaux *mpl* COMP ▷ **the Territorial Army** N *(Brit)* l'armée *f* territoriale ▷ **territorial waters** NPL eaux *fpl* territoriales

> **Territorial Army**
>
> L'armée territoriale (**Territorial Army** ou **TA**) est une organisation britannique de réservistes volontaires. Elle se compose de civils qui reçoivent un entraînement militaire pendant leur temps libre et qui forment un corps d'armée de renfort en cas de guerre ou de crise grave. Ces volontaires sont rémunérés pour leurs services.

**territoriality** /ˌterɪtɔːrɪˈælɪtɪ/ N *(Jur, Zool)* territorialité *f*

**territory** /ˈterɪtərɪ/ N *(lit)* *(= land)* territoire *m* ; *(fig = area of knowledge, competence etc)* secteur *m*, terrain *m* ◆ **the occupied territories** les territoires *mpl* occupés ◆ **that's his ~** *(fig)* c'est un secteur qu'il connaît bien, il est sur son terrain ◆ **such problems have become familiar ~** ce genre de problème fait désormais partie du paysage quotidien ◆ **the familiar ~ of sex, power and guilt** le domaine familier du sexe, du pouvoir et du sentiment de culpabilité ◆ **we are definitely in uncharted ~** *(lit, fig)* nous sommes en terrain *or* en territoire totalement inconnu ◆ **that comes** *or* **goes with the ~** ça fait partie du boulot*, ce sont les risques du métier

**terror** /ˈterəʳ/ N a *(NonC)* *(= fear)* terreur *f*, épouvante *f* ◆ **they were living in ~** ils vivaient dans la terreur ◆ **they fled in ~** épouvantés, ils se sont enfuis ◆ **he went** *or* **was in ~ of his life** il craignait fort pour sa vie ◆ **to go** *or* **live in ~ of sb/sth** vivre dans la terreur de qn/qch ◆ **I have a ~ of flying** monter en avion me terrifie ◆ **to hold no ~s**

**for sb** ne pas faire peur du tout à qn ; → **reign**

b *(Pol)* terreur *f*

c *(= person)* terreur * *f* ◆ **he was the ~ of the younger boys** il était la terreur des plus petits * ◆ **he's a ~ on the roads** * c'est un danger public sur les routes ◆ **that child is a (real** *or* **little** *or* **holy)** ~ * cet enfant est une vraie (petite) terreur *

d *(= terrorism)* ◆ **~ attack** attaque *f* terroriste ◆ **~ group** groupe *m* terroriste ◆ **~ camp** camp *m* terroriste

COMP ▷ **terror-stricken, terror-struck** ADJ épouvanté

**terrorism** /ˈterərɪzəm/ N *(NonC)* terrorisme *m* ◆ **an act of ~** un acte de terrorisme

**terrorist** /ˈterərɪst/ N terroriste *mf* COMP *[attack, group, activities]* terroriste ; *[act]* de terrorisme ▷ **terrorist bombing** N attentat *m* à la bombe

**terrorize** /ˈterəraɪz/ VT terroriser

**terry** /ˈterɪ/ N *(also* **terry cloth, terry towelling***)* tissu *m* éponge

**terse** /tɜːs/ ADJ laconique, brusque *(pej)*

**tersely** /ˈtɜːslɪ/ ADV laconiquement, avec brusquerie *(pej)*

**terseness** /ˈtɜːsnɪs/ N laconisme *m*, brusquerie *f (pej)*

**tertiary** /ˈtɜːʃərɪ/ ADJ a *(= third) [effect, source]* tertiaire ◆ **~ industries** entreprises *fpl* du tertiaire b *(Educ) [institution, level]* d'enseignement supérieur c *(Geol)* ◆ **Tertiary** tertiaire N *(Geol)* tertiaire *m* ; *(Rel)* tertiaire *mf* COMP ▷ **tertiary college** N *(Brit Scol) établissement accueillant des élèves de terminale et dispensant une formation professionnelle* ▷ **tertiary education** N enseignement *m* supérieur ▷ **the Tertiary period** N le tertiaire ▷ **the tertiary sector** N *(Ind)* le (secteur) tertiaire

**Terylene** ® /ˈterəliːn/ *(Brit)* N tergal ® *m* COMP en tergal ®

**TESL** /tesl/ N (abbrev of **Teaching of English as a Second Language**) → **teaching** ; → TEFL, TESL, TESOL, ELT

**TESOL** /ˈtiːsɒl/ N (abbrev of **Teaching of English as a Second or Other Language**) (abbrev of **Teaching English to Speakers of Other Languages**) → **teaching** ; → TEFL, TESL, TESOL, ELT

**Tessa** /ˈtesə/ N (abbrev of **Tax Exempt Special Savings Account**) *compte de dépôt dont les intérêts sont exonérés d'impôts à condition que le capital reste bloqué*

**tessellated** /ˈtesɪleɪtɪd/ ADJ en mosaïque

**tessellation** /ˌtesɪˈleɪʃən/ N *(NonC)* mosaïque *f*

**tessitura** /ˌtesɪˈtʊərə/ N tessiture *f*

**test** /test/ N a *(gen, Ind, Tech etc)* essai *m* ◆ **the aircraft has been grounded for ~s** l'avion a été retiré de la circulation pour (être soumis à) des essais *or* des vérifications ◆ **to run a ~ on a machine** tester *or* contrôler une machine ◆ **nuclear ~s** essais *mpl* nucléaires

b *(Med) (on blood, urine)* analyse *f* ; *(on organ)* examen *m* ; *(Pharm, Chem)* analyse *f*, test *m* ◆ **urine ~** analyse *f* d'urine ◆ **to do a ~ for sugar** faire une analyse pour déterminer la présence *or* le taux de glucose ◆ **hearing ~** examen *m* de l'ouïe ◆ **they did a ~ for diphtheria** ils ont fait une analyse pour voir s'il s'agissait de la diphtérie ◆ **he sent a specimen to the laboratory for ~s** *(Med)* il a envoyé un échantillon au laboratoire pour analyses ◆ **they did ~s on the water to see whether ...** ils ont analysé l'eau pour voir si ... ◆ **the Wasserman ~** *(Med)* la réaction Wasserman

c *(of physical or mental quality, also Psych)* **they are trying to devise a ~ to find suitable security staff** ils essaient de concevoir un test permettant de sélectionner le personnel de gardiennage ◆ **it's a ~ of his strength** cela teste ses forces ◆ **a ~ of strength** *(fig)* une épreuve de force ◆ **a ~ of his powers to survive in ...** une épreuve permettant d'établir s'il pourrait survivre dans ... ◆ **it wasn't a fair ~ of her linguistic abilities** cela n'a pas permis d'évaluer correctement ses aptitudes linguistiques ◆ **if we apply the ~ of visual appeal** si nous utilisons le critère de l'attrait visuel ; → **acid, endurance, intelligence**

d *(Scol, Univ) (written)* devoir *m or* exercice *m* de contrôle, interrogation *f* écrite ; *(oral)* interrogation *f* orale ◆ **practical ~** épreuve *f* pratique ◆ **to pass the ~** *(fig)* bien se tirer de l'épreuve

e (also **driving test**) (examen *m* du) permis *m* de conduire ◆ **my ~ is on Wednesday** je passe mon permis mercredi ◆ **to pass/fail one's ~** être reçu/échouer au permis (de conduire)

f *(NonC)* **to put to the ~** mettre à l'essai *or* à l'épreuve ◆ **to stand the ~** *[person]* se montrer à la hauteur * ; *[machine, vehicle]* résister aux épreuves ◆ **it has stood the ~ of time** cela a (bien) résisté au passage du temps

g *(Sport)* ⇒ **test match**

VT *[+ machine, weapon, tool]* essayer ; *[+ vehicle]* essayer, mettre à l'essai ; *[+ aircraft]* essayer, faire faire un vol d'essai à ; *(Comm) [+ goods]* vérifier ; *(Chem) [+ metal, liquid]* analyser ; *(Med) [+ blood, urine]* faire une *(or* des) analyse(s) de ; *[+ new drug etc]* expérimenter ; *(Psych) [+ person, animal]* tester ; *(gen) [+ person]* mettre à l'épreuve ; *[+ sight, hearing]* examiner ; *[+ intelligence]* mettre à l'épreuve, mesurer ; *[+ sb's reactions]* mesurer ; *[+ patience, nerves]* éprouver, mettre à l'épreuve ◆ **they ~ed the material for resistance to heat** ils ont soumis le matériau à des essais destinés à vérifier sa résistance à la chaleur ◆ **these conditions ~ a car's tyres** ces conditions mettent à l'épreuve les pneus de voiture ◆ **to ~ metal for impurities** analyser un métal pour déterminer la proportion d'impuretés qu'il contient ◆ **to ~ the water** *[chemist etc]* analyser l'eau ; *(for swimming, bathing baby)* tâter (la température de) l'eau, voir si l'eau est bonne ; *(fig: Pol etc)* prendre la température d'une assemblée *(or* d'un groupe *etc*), se faire une idée de la situation ◆ **they ~ed him for diabetes** *(Med)* ils l'ont soumis à des analyses pour établir s'il avait le diabète ◆ **they ~ed the child for hearing difficulties** ils ont fait passer à l'enfant un examen de l'ouïe ◆ **to ~ a drug on sb** expérimenter un médicament sur qn ◆ **to ~ sb for drugs/alcohol** faire subir un contrôle de dopage/un alcootest ® à qn ◆ **they ~ed the children in geography** ils ont fait subir aux enfants une interrogation *or* un exercice de contrôle en géographie ◆ **they ~ed him for the job** ils lui ont fait passer des tests d'aptitude pour le poste

VI ◆ **to ~ for sugar** faire une recherche de sucre ◆ **he ~ed positive for drugs** son contrôle de dopage était positif ◆ **he ~ed positive for steroids** les tests *or* les contrôles ont révélé chez lui la présence de stéroïdes ◆ **they were ~ing for a gas leak** ils faisaient des essais pour découvrir une fuite de gaz ◆ **"testing, testing"** *(Telec etc)* ≃ "un, deux, trois"

COMP *[shot etc]* d'essai ; *[district, experiment, year]* test *inv* ▷ **test ban treaty** N *(Nucl Phys, Pol)* traité *m* d'interdiction d'essais nucléaires ▷ **test bed** N banc *m* d'essai ▷ **test bore** N *[of oil]* sondage *m* de prospection ▷ **test card** N *(Brit TV)* mire *f* ▷ **test case** N *(Jur)* précédent *m*, affaire *f* qui fait jurisprudence ◆ **the strike is a ~ case** c'est une grève-test ▷ **test cricket** N *(NonC)* internationaux *mpl* de cricket ▷ **test data** N *(Comput)* données *fpl* de test ▷ **test-drill** VI *[oil company]* se livrer à des forages d'essai ▷ **test drive** N *[of car]* essai *m* sur route ▷ **test-drive** VT *(by prospective buyer)* essayer ; *(by manufacturer)* mettre au banc d'essai, faire faire un essai sur route à ▷ **test film** N *(Cine)* bout *m* d'essai ▷ **test flight** N *(Aviat)* vol *m* d'essai ▷ **test-fly** VT faire faire un vol d'essai à ▷ **test gauge** N bande *f* étalon ▷ **test-market** VT commercialiser à titre expérimental ▷ **test match** N *(Cricket, Rugby)* match *m* international ▷ **test paper** N *(Scol)* interrogation *f* écrite ; *(Chem)* (papier *m*) réactif *m* ▷ **test pattern** N *(US TV)* ⇒ **test card** ▷ **test piece** N *(Mus)* morceau *m* imposé ▷ **test pilot** N *(Aviat)* pilote *m* d'essai ▷ **test run** N *(lit)* essai *m* ; *(fig)* période *f* d'essai ▷ **test strip** N bande *f* d'essai ▷ **test tube** N éprouvette *f* ▷ **test-tube baby** N bébé-éprouvette *m*

► **test out** VT SEP *[+ machine, weapon, tool]* essayer ; *[+ vehicle]* essayer, mettre à l'essai ; *[+ aircraft]* essayer, faire faire un vol d'essai à

**testament** /ˈtestəmənt/ N testament *m* ◆ **the Old/New Testament** l'Ancien/le Nouveau Testament ◆ **to be (a) ~ to sth, to bear ~ to sth** témoigner de qch ◆ **it is a ~ to (the quality of) the British legal system** cela témoigne de la qualité du système judiciaire britannique ; → **will**

**testamentary** /ˌtestəˈmentərɪ/ ADJ testamentaire

**testator** /tesˈteɪtə^r^/ N testateur *m*

**testatrix** /tesˈteɪtrɪks/ N testatrice *f*

**tester**[1] /ˈtestə^r^/ N *(= person)* contrôleur *m*, -euse *f* ; *(= machine)* appareil *m* de contrôle

**tester**[2] /ˈtestə^r^/ N *(over bed)* baldaquin *m*, ciel *m* de lit

**testes** /ˈtestiːz/ NPL of **testis**

**testicle** /ˈtestɪkl/ N testicule *m*

**testicular** /tesˈtɪkjʊlə^r^/ ADJ testiculaire

**testification** /ˌtestɪfɪˈkeɪʃən/ N déclaration *f or* affirmation *f* solennelle

**testify** /ˈtestɪfaɪ/ VT *(Jur)* témoigner, déclarer *or* affirmer sous serment *(that* que) ◆ **as he will ~** *(gen)* comme il en fera foi VI *(Jur)* porter témoignage, faire une déclaration sous serment ◆ **to ~ against/in favour of sb** déposer contre/en faveur de qn ◆ **to ~ to sth** *(Jur)* attester qch ; *(gen)* témoigner de qch

**testily** /ˈtestɪlɪ/ ADV *[say]* avec irritation, d'un ton irrité

**testimonial** /ˌtestɪˈməʊnɪəl/ N *(= character reference)* lettre *f* de recommandation ; *(= gift)* témoignage *m* d'estime *(offert à qn par ses collègues etc)* ; *(Sport:* also **testimonial match***) match en l'honneur d'un joueur* ◆ **as a ~ to our gratitude** en témoignage de notre reconnaissance

**testimony** /ˈtestɪmənɪ/ N *(Jur)* témoignage *m*, déposition *f* ; *(= statement)* déclaration *f*, attestation *f* ◆ **in ~ whereof** *(frm)* en foi de quoi

**testing** /ˈtestɪŋ/ N *[of vehicle, machine etc]* mise *f* à l'essai ; *(Chem, Pharm)* analyse *f* ; *[of new drug]* expérimentation *f* ; *[of person] (gen)* mise *f* à l'épreuve ; *(Psych)* test(s) *m(pl)* ; *[of sight, hearing]* examen *m* ; *[of intelligence, patience etc]* mise *f* à l'épreuve ; *[of sb's reactions]* mesure *f*, évaluation *f* ◆ **nuclear ~** essais *mpl* nucléaires ADJ *(= difficult, trying)* éprouvant ◆ **it is a ~ time for us all** c'est une période éprouvante pour nous tous COMP ▷ **testing bench** N banc *m* d'essai ▷ **testing ground** N *(lit, fig)* banc *m* d'essai

**testis** /ˈtestɪs/ N (pl **testes**) testicule *m*

**testosterone** /teˈstɒstərəʊn/ N testostérone *f*

**testy** /ˈtestɪ/ ADJ irritable, grincheux

**tetanus** /ˈtetənəs/ N tétanos *m* COMP *[symptom]* tétanique ; *[epidemic]* de tétanos ; *[vaccine, injection]* antitétanique

**tetchily** /ˈtetʃɪlɪ/ ADV *[say]* avec irritation, d'un ton irrité

**tetchiness** /ˈtetʃɪnɪs/ N *(NonC: Brit)* irritabilité *f*

**tetchy** /ˈtetʃɪ/ ADJ *(Brit) [person, mood]* irritable, grincheux ; *[comment]* grincheux ; *[voice]* irrité

**tête-à-tête** /ˈteɪtɑːˈteɪt/ ADV en tête à tête, seul à seul N (pl **tête-à-tête** or **tête-à-têtes**) tête-à-tête *m inv*

**tether** /ˈteðəʳ/ N longe *f* ♦ **to be at the end of** *or* **to have reached the end of one's ~** *(= annoyed, impatient)* être à bout ; *(= desperate)* être au bout du rouleau VT *(also* **tether up***) [+ animal]* attacher *(to* à)

**tetherball** /ˈteðəbɔːl/ *(US)* N *jeu consistant à frapper une balle attachée à un poteau par une corde afin de l'enrouler autour de ce poteau*

**tetrachloride** /ˌtetrəˈklɔːraɪd/ N tétrachlorure *m*

**tetragon** /ˈtetrəgən/ N quadrilatère *m*

**tetrahedron** /ˌtetrəˈhiːdrən/ N (pl **tetrahedrons** or **tetrahedra** /ˌtetrəˈhiːdrə/) tétraèdre *m*

**tetrameter** /teˈtræmɪtəʳ/ N tétramètre *m*

**tetraplegic** /tetrəˈpliːdʒɪk/ N, ADJ tétraplégique *mf*

**Teutonic** /tjʊˈtɒnɪk/ ADJ teutonique

**Tex.** abbrev of **Texas**

**Texan** /ˈteksən/ ADJ texan N Texan(e) *m(f)*

**Texas** /ˈteksəs/ N Texas *m* ♦ **in ~** au Texas

**Tex-Mex** /ˌteksˈmeks/ ADJ tex-mex

**text** /tekst/ N *(gen, also Comput)* texte *m* VT envoyer un minimessage *or* un Texto ® à COMP ▷ **text editor** N *(Comput)* éditeur *m* de texte(s) ▷ **text message** N texto *m* ▷ **text messaging** N texting *m*

**textbook** /ˈtekstbʊk/ N manuel *m* scolaire, livre *m* scolaire ADJ *(fig)* ♦ **a ~ case** *or* **example of ...** un exemple classique *or* typique de ... ♦ **a ~ landing/dive** *etc* un atterrissage/plongeon *etc* modèle

**textile** /ˈtekstaɪl/ ADJ, N textile *m* ♦ **~s** *or* **the ~ industry** (l'industrie *f*) textile *m*

**texting** /ˈtekstɪŋ/ N texting *m*

**textual** /ˈtekstjʊəl/ ADJ *(gen)* textuel ; *[error, differences]* dans le texte COMP ▷ **textual criticism** N critique *f or* analyse *f* de texte

**textually** /ˈtekstjʊəlɪ/ ADV textuellement, mot à mot

**texture** /ˈtekstʃəʳ/ N *[of cloth]* texture *f* ; *[of minerals, soil]* texture *f*, structure *f*, contexture *f* ; *[of skin, wood, paper, silk]* grain *m* ; *(fig)* structure *f*, contexture *f*

**textured** /ˈtekstʃəd/ ADJ *[paint]* granité ♦ **beautifully ~** de belle texture, d'un beau grain ♦ **rough-/smooth-~** d'une texture grossière/fine, d'un grain grossier/fin COMP ▷ **textured vegetable protein** N fibre *f* végétale protéique

**TGIF** /ˌtiːdʒiːaɪˈef/ *(hum)* (abbrev of **Thank God it's Friday**) Dieu merci c'est vendredi

**TGWU** /ˌtiːdʒiːdʌbljuːˈjuː/ N *(Brit)* (abbrev of **Transport and General Workers' Union**) *syndicat*

**Thai** /taɪ/ ADJ *(gen)* thaïlandais ; *[ambassador, embassy, monarch]* de Thaïlande N a Thaïlandais(e) *m(f)* b *(Ling)* thaï *m*

**Thailand** /ˈtaɪlænd/ N Thaïlande *f*

**thalamus** /ˈθæləməs/ N (pl **thalami** /ˈθæləmaɪ/) thalamus *m*

**thalassemia** /tæləˈsiːmɪə/ N thalassémie *f*

**thalidomide** /θəˈlɪdəʊmaɪd/ N thalidomide *f* COMP ▷ **thalidomide baby** N (petite) victime *f* de la thalidomide

**thallium** /ˈθælɪəm/ N thallium *m*

**Thames** /temz/ N Tamise *f* ♦ **he'll never set the ~ on fire** il n'a pas inventé la poudre *or* le fil à couper le beurre

**than** /ðæn, (weak form /ðən/) CONJ a que ♦ **I have more ~ you** j'en ai plus que toi ♦ **he is taller ~ his sister** il est plus grand que sa sœur ♦ **he has more brains ~ sense** il a plus d'intelligence que de bon sens ♦ **more unhappy ~ angry** plus malheureux que fâché ♦ **you'd be better going by car ~ by bus** tu ferais mieux d'y aller en voiture plutôt qu'en autobus ♦ **I'd do anything rather ~ admit it** je ferais tout plutôt que d'avouer cela ♦ **no sooner did he arrive ~ he started to complain** il n'était pas plus tôt arrivé *or* il était à peine arrivé qu'il a commencé à se plaindre ♦ **it was a better play ~ we expected** la pièce était meilleure que nous ne l'avions prévu

b *(with numerals)* de ♦ **more/less ~ 20** plus/moins de 20 ♦ **less ~ half** moins de la moitié ♦ **more ~ once** plus d'une fois

**thank** /θæŋk/ LANGUAGE IN USE 17.1, 20.3, 21.1, 22, 25

VT remercier, dire merci à *(sb for sth* qn de *or* pour qch ; *for doing sth* de faire qch, d'avoir fait qch) ♦ **I cannot ~ you enough** je ne saurais assez vous remercier ♦ **do ~ him for me** remerciez-le bien de ma part ♦ **~ goodness** *, **~ heaven(s)** *, **~ God** * Dieu merci ♦ **~ goodness you've done it!** * Dieu merci tu l'as fait ! ♦ **you've got him to ~ for that** *(fig)* c'est à lui que tu dois cela ♦ **he's only got himself to ~** il ne peut s'en prendre qu'à lui-même ♦ **he won't ~ you for that!** ne t'attends pas à ce qu'il te remercie *or* te félicite ! ♦ **I'll ~ you to mind your own business!** je vous prierai de vous mêler de ce qui vous regarde !

♦ **thank you** merci ♦ **to say ~ you** dire merci ♦ **~ you very much** merci bien *(also iro)*, merci beaucoup ♦ **~ you for the book/for helping us** merci pour le livre/de nous avoir aidés ♦ **no ~ you** (non) merci ♦ **without so much as a ~ you** sans même dire merci

NPL **thanks** a remerciements *mpl* ♦ **with ~s** avec tous mes (*or* nos) remerciements ♦ **with my warmest** *or* **best ~s** avec mes remerciements les plus sincères ♦ **give him my ~s** transmettez-lui mes remerciements, remerciez-le de ma part ♦ **to give ~s to God** rendre grâces à Dieu ♦ **~s be to God!** Dieu soit loué ! ♦ **that's all the ~s I get!** c'est comme ça qu'on me remercie !

♦ **thanks to ...** grâce à ... ♦ **~s to you/your brother/his help** *etc* grâce à toi/ton frère/son aide *etc* ♦ **no ~s to you!** ce n'est pas grâce à toi !

b *(= thank you)* **~s!** * merci ! ♦ **no ~s** non merci ♦ **~s very much!** *, **~s a lot!** * merci bien *(also iro)*, merci beaucoup, merci mille fois ♦ **~s a million** * merci mille fois ♦ **many ~s for all you've done** merci mille fois pour ce que vous avez fait ♦ **many ~s for helping us** merci mille fois de nous avoir aidés ♦ **~s for nothing!** * je te remercie ! *(iro)*

COMP ▷ **thank(s) offering** N action *f* de grâce(s) *(don)* ▷ **thank-you** N ♦ **and now a special ~-you to John** et maintenant je voudrais remercier tout particulièrement John ♦ **~-you card** carte *f* de remerciement

**thankful** /ˈθæŋkfʊl/ ADJ reconnaissant *(to sb* à qn ; *for sth* de qch) ♦ **I've got so much to be ~ for** je n'ai pas à me plaindre de la vie ♦ **we were ~ for your umbrella!** nous avons vraiment béni votre parapluie ! ♦ **to be ~ for small mercies** s'estimer heureux ♦ **to be ~ to sb for doing sth** être reconnaissant à qn d'avoir fait qch ♦ **I was ~ that he hadn't seen me** j'ai été bien content qu'il ne m'ait pas vu ♦ **let's just be ~ that he didn't find out** estimons-nous heureux qu'il ne l'ait pas découvert ♦ **to be ~ to be alive** être content d'être en vie ♦ **he was ~ to sit down** il était content de (pouvoir) s'asseoir ♦ **for what we are about to receive may the Lord make us truly ~** *(before eating)* rendons grâce à Dieu pour le repas que nous allons partager

**thankfully** /ˈθæŋkfəlɪ/ ADV a *(= fortunately)* heureusement ♦ **~, someone had called the police** heureusement, quelqu'un avait appelé la police b *(= gratefully) [say, accept]* avec gratitude

**thankfulness** /ˈθæŋkfʊlnɪs/ N *(NonC)* gratitude *f*, reconnaissance *f*

**thankless** /ˈθæŋklɪs/ ADJ ingrat

**thanksgiving** /ˈθæŋksˌgɪvɪŋ/ N action *f* de grâce(s) ♦ **Thanksgiving Day** *(Can, US)* Thanksgiving *m*

> **Thanksgiving**
>
> Les festivités de **Thanksgiving** se tiennent chaque année le quatrième jeudi de novembre, en commémoration de la fête organisée par les Pères pèlerins à l'occasion de leur première récolte sur le sol américain en 1621. C'est l'occasion pour beaucoup d'Américains de se rendre dans leur famille et de manger de la dinde et de la tarte à la citrouille. → PILGRIM FATHERS

## that /ðæt, (weak form /ðət/) (pl **those**)

| | |
|---|---|
| 1 DEMONSTRATIVE ADJECTIVE | 2 DEMONSTRATIVE PRONOUN |
| 3 RELATIVE PRONOUN | 4 CONJUNCTION |
| 5 ADVERB | |

1 - DEMONSTRATIVE ADJECTIVE

a unstressed ce, cet *before vowel and mute h of masc nouns*, cette *f*, ces *mfpl* ♦ **~ noise** ce bruit ♦ **~ man** cet homme ♦ **~ idea** cette idée ♦ **those books** ces livres ♦ **those houses** ces maisons ♦ **what about ~ $20 I lent you?** et ces 20 dollars que je t'ai prêtés ?

b stressed, or as opposed to this, these ce ... -là, cet ... -là, cette ... -là, ces ... -là ♦ **I mean THAT book** c'est de ce livre-là que je parle ♦ **I like ~ photo better than this one** je préfère cette photo-là à celle-ci ♦ **but (on) ~ Saturday ...** mais ce samedi-là ... ♦ **at least everyone agreed on THAT point** au moins tout le monde était d'accord là-dessus

♦ **that one,** *pl* **those ones** celui-là *m*, celle-là *f*, ceux-là *mpl*, celles-là *fpl* ♦ **which video do you want? – ~ one** quelle vidéo veux-tu ? – celle-là ♦ **of all his records, I like ~ one best** de tous ses disques, c'est celui-là que je préfère ♦ **the only blankets we have are**

**those ones there** les seules couvertures que nous ayons sont celles-là ◆ **there's little to choose between this model and ~ one** il n'y a pas grande différence entre ce modèle-ci et l'autre

◆ **that much** ◆ **I can't carry ~ much** je ne peux pas porter tout ça ◆ **he was at least ~ much taller than me** il me dépassait de ça au moins

2 - DEMONSTRATIVE PRONOUN

**a** [singular] *(= that thing, event, statement, person etc)* cela, ça, ce

> **ça** is commoner, and less formal than **cela**; **ce** is used only as the subject of **être**.

◆ **what's ~?** qu'est-ce que c'est que ça ? ◆ **do you like ~?** vous aimez ça *or* cela ? ◆ **~'s enough!** ça suffit ! ◆ **after ~** après ça, après cela ◆ **~'s fine!** c'est parfait ! ◆ **~'s what they've been told** c'est ce qu'on leur a dit ◆ **she's not as stupid as (all) ~** elle n'est pas si bête que ça ◆ **~ is (to say) ...** c'est-à-dire ... ◆ **who's ~?** *(gen)* qui est-ce ? ; *(on phone)* qui est à l'appareil ? ◆ **is ~ you Paul?** c'est toi Paul ? ◆ **~'s the boy I told you about** c'est le garçon dont je t'ai parlé ◆ **did he go ? – ~ he did !** † y est-il allé ? — pour sûr ! †

◆ **that which** *(= what)* ce qui *subject of clause*, ce que *object of clause* ◆ **too much time is spent worrying about ~ which may never happen** on passe trop de temps à s'inquiéter de ce qui peut très bien ne jamais arriver ◆ **this is the opposite of ~ which they claim to have done** c'est le contraire de ce qu'ils disent avoir fait

**b** [= that one, those ones] celui-là *m*, celle-là *f*, ceux-là *mpl*, celles-là *fpl* ◆ **not ~, the other bottle!** pas celle-là, l'autre bouteille ! ◆ **a recession like ~** une récession comme celle-là ◆ **a recession like ~ of 1973-74** une récession comme celle de 1973-74 ◆ **those over there** ceux-là (*or* celles-là) là-bas ◆ **are those our seats ?** est-ce que ce sont nos places ? ◆ **those are nice sandals** elles sont belles, ces sandalettes-là

◆ **that which** *(= the one which)* celui qui *m*, celle qui *f* ◆ **the true cost often differs from ~ which is first projected** le coût réel est souvent différent de celui qui était prévu à l'origine

◆ **those which** *(= the ones which)* ceux qui *mpl*, celles qui *fpl* ◆ **those which are here** ceux qui sont ici

◆ **those who** *(= the ones who)* ceux qui *mpl*, celles qui *fpl* ◆ **those who came** ceux qui sont venus ◆ **there are those who say** certains disent, il y a des gens qui disent

**c** [set structures]

◆ **at that** ◆ **let's leave it at ~** restons-en là ◆ **he's only a teacher and a poor one at ~** ce n'est qu'un professeur et encore assez piètre ◆ **and there were six of them at ~!** et en plus ils étaient six !

◆ **by that** ◆ **what do you mean by ~?** qu'est-ce que vous voulez dire par là ?

◆ **that's it** *(= the job's finished)* ça y est ; *(= that's what I mean)* c'est ça ; *(= that's all)* c'est tout ; *(= I've had enough)* ça suffit

◆ **that's just it** justement ◆ **sorry, I wasn't thinking – ~'s just it, you never think!** désolé, je ne faisais pas attention — justement, tu ne fais jamais attention !

◆ **and that's that !** ◆ **you're not going and that's that!** tu n'y vas pas, un point c'est tout !

◆ **so that's that** alors c'est ça ◆ **so that's that then, you're leaving?** alors c'est ça, tu t'en vas ? ◆ **and so ~ was ~** et les choses en sont restées là

◆ **with that** sur ce ◆ **with ~ she burst into tears** en disant cela, elle a éclaté en sanglots

3 - RELATIVE PRONOUN

> When **that** relates to the object it is translated **que**. When **that** relates to the subject it is translated **qui**.

◆ **the man ~ came to see you** l'homme qui est venu vous voir ◆ **the letter ~ I sent yesterday** la lettre que j'ai envoyée hier ◆ **the girl ~ he met on holiday and later married** la fille qu'il a rencontrée en vacances et (qu'il) a épousée par la suite ◆ **and Martin, idiot ~ he is, didn't tell me** et Martin, cet imbécile, ne me l'a pas dit ◆ **fool ~ I am !** idiot que je suis !

◆ **that ...** *+ preposition* lequel *m*, laquelle *f*, lesquels *mpl*, lesquelles *fpl* ◆ **the pen ~ she was writing with** le stylo avec lequel elle écrivait ◆ **the box ~ you put it in** la boîte dans laquelle vous l'avez mis

> **à** + **lequel**, **lesquels** and **lesquelles** combine to give **auquel**, **auxquels** and **auxquelles**.

◆ **the problem ~ we are faced with** le problème auquel nous sommes confrontés

> When **that** + preposition refers to people, preposition + **qui** can also be used:

◆ **the man ~ she was dancing with** l'homme avec lequel *or* avec qui elle dansait ◆ **the children ~ I spoke to** les enfants auxquels *or* à qui j'ai parlé

> **dont** is used when the French verb takes **de**:

◆ **the girl/the book ~ I told you about** la jeune fille/le livre dont je vous ai parlé ◆ **the only thing ~ he has a recollection of** la seule chose dont il se souvienne *or* souvient

> When **that** means 'when', it is translated **où**

◆ **the evening ~ we went to the opera** le soir où nous sommes allés à l'opéra ◆ **during the years ~ he'd been abroad** pendant les années où il était à l'étranger

4 - CONJUNCTION

**a** que ◆ **he said ~ he had seen her** il a dit qu'il l'avait vue ◆ **he was speaking so softly ~ I could hardly hear him** il parlait si bas que je l'entendais à peine ◆ **it is natural ~ he should refuse** il est normal qu'il refuse *subj* ◆ **~ he should behave like this is incredible** c'est incroyable qu'il se conduise ainsi ◆ **~ it should come to this!** *(liter)* quelle tristesse d'en arriver là ! ◆ **I didn't respond: oh ~ I had!** *(liter)* je n'ai pas répondu : que ne l'ai-je fait ! *(liter)*

> **que** cannot be omitted in a second clause if it has a different subject:

◆ **he said ~ he was very busy and his secretary would deal with it** il a dit qu'il était très occupé et que sa secrétaire s'en occuperait

◆ **in that** en ce sens que, dans la mesure où ◆ **it's an attractive investment in ~ it is tax-free** c'est un investissement intéressant en ce sens qu'il *or* dans la mesure où il est exonéré d'impôts

◆ **not that** non (pas) que ◆ **not ~ I want to do it** non (pas) que je veuille le faire

**b** [liter, frm = so that] pour que *+ subj*, afin que *+ subj* ◆ **those who fought and died ~ we might live** ceux qui se sont battus et (qui) sont morts pour que *or* afin que nous puissions vivre ; see also **so**

5 - ADVERB

**a** [= so] si ◆ **it's not ~ expensive/important/funny/bad** ce n'est pas si cher/important/drôle/mal (que ça) ◆ **I couldn't go ~ far** je ne pourrais pas aller si loin ◆ **it's ~ high** *(gesturing)* ça fait ça de haut *or* en hauteur, c'est haut comme ça

**b** [* = so very] tellement ◆ **it was ~ cold!** il faisait tellement froid *or* un de ces froids * ! ◆ **when I found it I was ~ relieved!** lorsque je l'ai trouvé, je me suis senti tellement soulagé !

**thataway** /ˈðætəweɪ/ **ADV** *(esp US)* par là

**thatch** /θætʃ/ **N** *(NonC)* chaume *m* ◆ **his ~ of hair** * sa crinière **VT** *[+ roof]* couvrir de chaume ; *[+ cottage]* couvrir en chaume

**thatched** /θætʃt/ **ADJ** ◆ **~ roof** toit *m* de chaume ◆ **~ cottage** chaumière *f*

**thatcher** /ˈθætʃəʳ/ **N** couvreur *m* (de toits de chaume)

**Thatcherism** /ˈθætʃə,rɪzəm/ **N** thatchérisme *m*

**Thatcherite** /ˈθætʃə,raɪt/ **N** thatchériste *mf* **ADJ** thatchériste

**thatching** /ˈθætʃɪŋ/ **N** *(NonC)* **a** *(= craft)* couverture *f* de toits de chaume **b** *(= material)* chaume *m*

**that'd** /ˈðætd/ **a** ⇒ **that had ;** → **had** **b** ⇒ **that would ;** → **would**

**that'll** /ˈðætl/ ⇒ **that will ;** → **will**

**thaw** /θɔː/ **N** *(Met)* dégel *m* ; *(fig: Pol etc)* détente *f* ◆ **economic** *etc* **~** *(fig: Econ)* assouplissement *m* des restrictions concernant la vie économique *etc* **VT** (also **thaw out**) *[+ ice]* faire dégeler, faire fondre ; *[+ snow]* faire fondre ; *[+ frozen food]* décongeler, dégeler **VI** (also **thaw out**) *[ice]* fondre, dégeler ; *[snow]* fondre ; *[frozen food]* décongeler, dégeler ◆ **it's ~ing** *(Met)* il dégèle ◆ **he began to ~** * *(= get warmer)* il a commencé à se dégeler * *or* à se réchauffer ; *(= grow friendlier)* il a commencé à se dégeler * *or* à se dérider

**the** /ðiː/ *(weak form* /ðə/) **DEF ART** **a** le, la, l' *before vowel or mute h*, les ◆ **of ~, from ~** du, de la, de l', des ◆ **to ~, at ~** au, à la, à l', aux ◆ **~ prettiest** le plus joli, la plus jolie, les plus joli(e)s ◆ **~ poor** les pauvres *mpl*

**b** *(neuter)* **~ good and ~ beautiful** le bien et le beau ◆ **translated from ~ German** traduit de l'allemand ◆ **it is ~ unusual that is frightening** c'est ce qui est inhabituel qui fait peur

**c** *(with musical instruments)* **to play ~ piano** jouer du piano

**d** *(with sg noun denoting whole class)* **~ aeroplane is an invention of our century** l'avion est une invention de notre siècle

**e** *(distributive use)* **50p ~ kilo** 50 pence le kilo ◆ **two dollars to ~ pound** deux dollars la livre ◆ **paid by ~ hour** payé à l'heure ◆ **30 miles to ~ gallon** ≃ 9,3 litres au 100 (km)

**f** *(with names etc)* **Charles ~ First/Second/Third** Charles premier/deux/trois ◆ **~ Browns** les Brown ◆ **~ Bourbons** les Bourbons

**g** *(stressed)* **THE Professor Smith** le célèbre professeur Smith ◆ **he's THE surgeon here** c'est lui le grand chirurgien ici ◆ **it's THE restaurant in this part of town** c'est le meilleur restaurant du quartier ◆ **he's THE man for the job** c'est le candidat idéal pour ce poste ◆ **it was THE colour last year** c'était la couleur à la mode l'an dernier ◆ **it's THE book just now** c'est le livre à lire en ce moment h *(other special uses)* **he's got ~ measles** * il a la rougeole ♦ **well, how's ~ leg?** * eh bien, et cette jambe ? * ; → **cheek, sense**

ADV ♦ **~ more he works ~ more he earns** plus il travaille plus il gagne d'argent ♦ **it will be all ~ more difficult** cela sera d'autant plus difficile ♦ **it makes me all ~ more proud** je n'en suis que plus fier ♦ **he was none ~ worse for it** il ne s'en est pas trouvé plus mal pour ça ; → **better[1], soon**

**theatre, theater** *(US)* /ˈθɪətəʳ/ N a *(= place)* théâtre *m*, salle *f* de spectacle ; *(= drama)* théâtre *m* ♦ **I like the ~** j'aime le théâtre ♦ **to go to the ~** aller au théâtre *or* au spectacle ♦ **it makes good ~** c'est du bon théâtre ♦ **~ of the absurd** théâtre *m* de l'absurde

b *(= large room)* salle *f* de conférences ♦ **lecture ~** *(Univ etc)* amphithéâtre *m*, amphi * *m*

c *(Med:* also **operating theatre***)* salle *f* d'opération ♦ **he is in (the) ~** *[patient]* il est sur la table d'opération ; *[surgeon]* il est en salle d'opération

d *(Mil etc)* théâtre *m* ♦ **~ of operations/war** théâtre *m* des opérations/des hostilités

COMP *(Theat) [programme, ticket]* de théâtre ; *[visit]* au théâtre ; *[management]* du théâtre ; *(Med) [staff, nurse]* de la salle d'opération ; *[job, work]* dans la salle d'opération ▷ **theatre company** N *(Theat)* troupe *f* de théâtre ▷ **theatre-in-the-round** N (pl **theatres-in-the-round**) théâtre *m* en rond ▷ **theatre lover** N amateur *m* de théâtre ▷ **theatre workshop** N atelier *m* de théâtre

**theatregoer** /ˈθɪətəgəʊəʳ/ N habitué(e) *m(f)* du théâtre

**theatreland** /ˈθɪətəlænd/ N ♦ **London's ~** le Londres des théâtres

**theatrical** /θɪˈætrɪkəl/ ADJ a *(= dramatic) [production]* de théâtre, dramatique ; *[world]* du théâtre ; *[performance, tradition]* théâtral ♦ **a ~ family** une famille d'acteurs b *(US = cinematic)* ♦ **films for ~ release** les films qui vont sortir sur les écrans *or* dans les salles c *(pej = melodramatic) [person, manner, gesture]* théâtral ♦ **there was something very ~ about him** il avait un côté très théâtral NPL **theatricals** théâtre *m* (amateur) ♦ **he does a lot of (amateur) ~s** il fait beaucoup de théâtre amateur ♦ **what were all those ~s about?** *(fig pej)* pourquoi toute cette comédie ? COMP ▷ **theatrical agent** N agent *m* artistique *(d'un acteur)* ▷ **theatrical company** N troupe *f* de théâtre ▷ **theatrical producer** N producteur *m*, -trice *f* de théâtre

**theatricality** /θɪˌætrɪˈkælɪtɪ/ N *(fig pej)* théâtralité *f*

**theatrically** /θɪˈætrɪkəlɪ/ ADV a *(= dramatically)* du point de vue théâtral b *(= in theatres) [feature]* sur scène ; *(US) (= in cinemas) [release, open]* dans les salles c *(pej = melodramatically)* théâtralement

**Thebes** /θiːbz/ N Thèbes

**thee** †† /ðiː/ PRON *(liter, dial)* te ; *(before vowel)* t' ; *(stressed, after prep)* toi

**theft** /θeft/ N vol *m*

**their** /ðɛəʳ/ POSS ADJ a leur *f inv* ♦ **they've broken ~ legs** ils se sont cassé la jambe ♦ **THEIR house** *(stressed)* leur maison à eux (*or* à elles) b *(singular usage)* son, sa, ses ♦ **somebody rang – did you ask them ~ name?** quelqu'un a téléphoné – est-ce que tu lui as demandé son nom ?

**theirs** /ðɛəz/ POSS PRON a le leur, la leur, les leurs ♦ **this car is ~** cette voiture est à eux (*or* à elles) *or* leur appartient *or* est la leur ♦ **this music is ~** cette musique est d'eux ♦ **your house is better than ~** votre maison est mieux que la leur ♦ **the house became ~** la maison est devenue la leur ♦ **it is not ~ to decide** *(frm)* il ne leur appartient pas de décider ♦ **~ is a specialized department** leur section est une section spécialisée

♦ **...of theirs** ♦ **a friend of ~** un de leurs amis, un ami à eux (*or* à elles) * ♦ **I think it's one of ~** je crois que c'est un (e) des leurs ♦ **it's no fault of ~** ce n'est pas de leur faute ♦ **that car of ~** *(pej)* leur fichue * voiture ♦ **that stupid son of ~** leur idiot de fils ♦ **no advice of ~ could prevent him ...** aucun conseil de leur part ne pouvait l'empêcher de ...

b *(singular usage)* le sien, la sienne, les sien(ne)s ♦ **if anyone takes one that isn't ~** si jamais quelqu'un en prend un qui n'est pas à lui

**theism** /ˈθiːɪzəm/ N théisme *m*

**theist** /ˈθiːɪst/ ADJ, N théiste *mf*

**theistic(al)** /θiːˈɪstɪk(əl)/ ADJ théiste

**them** /ðem/ *(weak form* /ðəm/*)* PERS PRON PL a *(direct, unstressed)* les ; *(stressed)* eux *mpl*, elles *fpl* ♦ **I have seen ~** je les ai vu(e)s ♦ **I know her but I don't know ~** je la connais, elle, mais eux (*or* elles) je ne les connais pas ♦ **if I were ~** si j'étais à leur place, si j'étais eux (*or* elles) ♦ **it's ~!** ce sont eux (*or* elles) !, les voilà !

b *(indirect)* leur ♦ **I gave ~ the book** je leur ai donné le livre ♦ **I'm speaking to ~** je leur parle

c *(after prep etc)* eux, elles ♦ **I'm thinking of ~** je pense à eux (*or* elles) ♦ **as for ~** quant à eux (*or* elles) ♦ **younger than ~** plus jeune qu'eux (*or* elles) ♦ **they took it with ~** ils (*or* elles) l'ont emporté (avec eux *or* elles)

d *(phrases)* **both of ~** tous (*or* toutes) les deux ♦ **several of ~** plusieurs d'entre eux (*or* elles) ♦ **give me a few of ~** donnez-m'en quelques-un(e)s ♦ **every one of ~ was lost** ils furent tous perdus, elles furent toutes perdues ♦ **I don't like either of ~** je ne les aime ni l'un(e) ni l'autre ♦ **none of ~ would do it** aucun d'entre eux (*or* aucune d'entre elles) n'a voulu le faire ♦ **it was very good of ~** c'était très gentil de leur part ♦ **he's one of ~** * *(fig pej)* je (*or* tu) vois le genre ! *

PERS PRON SG → **pers pron pl** le, la, lui ♦ **somebody rang – did you ask ~ their name?** quelqu'un a téléphoné – est-ce que tu lui as demandé son nom ? ♦ **if anyone asks why I took it, I'll tell ~ ...** si jamais quelqu'un demande pourquoi je l'ai pris, je lui dirai ... ♦ **if anyone arrives early ask ~ to wait** si quelqu'un arrive tôt, fais-le attendre

**thematic** /θɪˈmætɪk/ ADJ thématique

**theme** /θiːm/ N a thème *m*, sujet *m* b *(Mus)* thème *m*, motif *m* c *(Ling)* thème *m* d *(US Scol = essay)* rédaction *f* COMP *[pub, restaurant]* à thème ▷ **theme park** N parc *m* à thème ▷ **theme song** N *chanson de la bande originale* ; *(US = signature tune)* indicatif *m* (musical) ; *(fig)* refrain *m* (habituel), leitmotiv *m* ▷ **theme tune** N musique *f* du générique

**themed** /θiːmd/ ADJ *(esp Brit) [restaurant, bar, party]* à thème

**themself** * /ðəmˈself/ PERS PRON SG *(reflexive: direct and indirect)* se ; *(emphatic)* lui-même *m*, elle-même *f* ; *(after prep)* lui *m*, elle *f* ♦ **somebody who could not defend ~** quelqu'un qui ne pouvait pas se défendre ♦ **somebody who doesn't care about ~** quelqu'un qui ne prend pas soin de sa propre personne

**themselves** /ðəmˈselvz/ PERS PRON PL *(reflexive: direct and indirect)* se ; *(emphatic)* eux-mêmes *mpl*, elles-mêmes *fpl* ; *(after prep)* eux, elles ♦ **they've hurt ~** ils se sont blessés, elles se sont blessées ♦ **they said to ~** ils (*or* elles) se sont dit ♦ **they saw it ~** ils l'ont vu de leurs propres yeux, ils l'ont vu eux-mêmes ♦ **they were talking amongst ~** ils discutaient entre eux ♦ **these computers can reprogram ~** ces ordinateurs peuvent se reprogrammer automatiquement ♦ **anyone staying here will have to cook for ~** les gens qui logent ici doivent faire leur propre cuisine

♦ **(all) by themselves** tout seuls, toutes seules

**then** /ðen/ ADV a *(= at that time)* alors, à l'époque ♦ **we had two dogs ~** nous avions alors deux chiens, nous avions deux chiens à l'époque ♦ **I'm going to London and I'll see him ~** je vais à Londres et je le verrai à ce moment-là ♦ **~ and there, there and ~** sur-le-champ, séance tenante

b *(after prep)* **from ~ on(wards)** dès lors, à partir de cette époque(-là) *or* ce moment(-là) ♦ **before ~** avant (cela) ♦ **by ~ I knew ...** à ce moment-là, je savais déjà ... ♦ **I'll have it finished by ~** je l'aurai fini d'ici là ♦ **since ~** depuis ce moment-là *or* cette époque-là *or* ce temps-là ♦ **between now and ~** d'ici là ♦ **(up) until ~** jusque-là, jusqu'alors

c *(= next, afterwards)* puis, ensuite ♦ **he went first to London ~ to Paris** il est allé d'abord à Londres, puis *or* et ensuite à Paris ♦ **and ~ what?** et puis après ? ♦ **now this ~ that** tantôt ceci, tantôt cela

d *(= in that case)* alors, donc ♦ **~ it must be in the sitting room** alors ça doit être au salon ♦ **if you don't want that ~ what do you want?** si vous ne voulez pas de ça, alors que voulez-vous donc ? ♦ **but ~ that means that ...** mais c'est donc que ... ♦ **someone had already warned you ~?** on vous avait donc déjà prévenu ? ♦ **now ~ what's the matter?** alors qu'est-ce qu'il y a ?

e *(= furthermore, and also)* et puis, d'ailleurs ♦ **(and) ~ there's my aunt** et puis il y a ma tante ♦ **... and ~ it's none of my business** ... et d'ailleurs *or* et puis cela ne me regarde pas ♦ **... and ~ again** *or* **but ~ he might not want to go** ... remarquez, il est possible qu'il ne veuille pas y aller ♦ **... and ~ again** *or* **but ~ he has always tried to help us** ... et pourtant, il faut dire qu'il a toujours essayé de nous aider

ADJ *(before n)* d'alors, de l'époque ♦ **the ~ Prime Minister** le Premier ministre d'alors *or* de l'époque

**thence** /ðens/ ADV *(frm, liter)* a *(= from there)* de là, de ce lieu-là ♦ **an idea which influenced Plato, and ~ the future of Western thought** une idée qui a influencé Platon, et, partant, l'avenir de la pensée occidentale ♦ **from ~** de ce lieu b *(= from that time)* dès lors, depuis lors ♦ **three weeks ~** trois semaines plus tard c *(= therefore)* par conséquent, pour cette raison

**thenceforth** /ˈðensfɔːθ/, **thenceforward** /ˈðensfɔːwəd/ ADV *(frm)* dès lors

**theocracy** /θɪˈɒkrəsɪ/ N théocratie *f*

**theocratic** /θɪəˈkrætɪk/ ADJ théocratique

**theodolite** /θɪˈɒdəlaɪt/ N théodolite *m*

**theologian** /θɪəˈləʊdʒɪən/ N théologien(ne) *m(f)*

**theological** /θɪəˈlɒdʒɪkəl/ ADJ *[debate, issue, text]* théologique ; *[training]* théologique, en théologie ; *[student]* en théologie COMP ▷ **theological college** N séminaire *m*, école *f* de théologie

**theology** /θɪˈɒlədʒɪ/ N théologie *f* ; → **liberation**

**theorem** /ˈθɪərəm/ N théorème *m*

**theoretical** /θɪəˈretɪkəl/ ADJ (also **theoretic**) théorique COMP ▷ **theoretical physicist** N spécialiste *mf* de physique théorique ▷ **theoretical physics** N physique *f* théorique

**theoretically** /θɪəˈretɪkəlɪ/ ADV **a** *(= in theory) [possible]* théoriquement ◆ **he could ~ face the death penalty** il encourt théoriquement la peine de mort ◆ **I was, ~, a fully-qualified lawyer** j'étais, en théorie, un avocat diplômé **b** *(= as theory) [absurd, interesting, ambitious]* sur le plan théorique ; *[analyse, justify]* théoriquement ◆ **~, his ideas are revolutionary** sur le plan théorique, ses idées sont révolutionnaires

**theoretician** /ˌθɪərəˈtɪʃən/, **theorist** /ˈθɪərɪst/ N théoricien(ne) *m(f)*

**theorize** /ˈθɪəraɪz/ VI *[scientist, psychologist etc]* élaborer une (or des) théorie(s) (*about* sur) ◆ **it's no good just theorizing about it** ce n'est pas la peine de faire des grandes théories là-dessus * VT ◆ **to ~ that ...** émettre l'hypothèse que ...

**theory** /ˈθɪərɪ/ N théorie *f* ◆ **in ~** en théorie

**theosophical** /θɪəˈsɒfɪkəl/ ADJ théosophique

**theosophist** /θɪˈɒsəfɪst/ N théosophe *mf*

**theosophy** /θɪˈɒsəfɪ/ N théosophie *f*

**therapeutic** /ˌθerəˈpjuːtɪk/ ADJ *(Med)* thérapeutique ◆ **I find chopping vegetables very ~** ça me détend de couper des légumes

COMP ▷ **therapeutic community** N communauté *f* thérapeutique ▷ **therapeutic touch** N *forme de thérapeutique manuelle*

**therapeutical** /ˌθerəˈpjuːtɪkəl/ ADJ thérapeutique

**therapeutics** /ˌθerəˈpjuːtɪks/ N *(NonC)* thérapeutique *f*

**therapist** /ˈθerəpɪst/ N *(gen)* thérapeute *mf* ; → **occupational**

**therapy** /ˈθerəpɪ/ N *(gen, also Psych)* thérapie *f* ◆ **to be in ~** *(Psych)* suivre une thérapie ◆ **it's good ~** c'est très thérapeutique

**there** /ðɛəʳ/ ADV **a** *(place)* y *before vb*, là ◆ **we shall soon be ~** nous y serons bientôt, nous serons bientôt là, nous serons bientôt arrivés ◆ **put it ~** posez-le là ◆ **when we left ~** quand nous en sommes partis, quand nous sommes partis de là ◆ **on ~** là-dessus ◆ **in ~** là-dedans ◆ **back** or **down** or **over ~** là-bas ◆ **he lives round ~** il habite par là ; *(further away)* il habite par là-bas ◆ **somewhere round ~** quelque part par là ◆ **here and ~** çà et là, par-ci par-là ◆ **from ~** de là ◆ **they went ~ and back in two hours** ils ont fait l'aller et retour en deux heures ◆ **to be ~ for sb** * *(= supportive)* être là pour qn ◆ **I've been ~ (myself*)** *(= I've experienced it)* j'ai connu ça (moi-même) ; → **here**

**b** *(phrases)*

♦ **there is, there are** il y a, il est *(liter)* ◆ **once upon a time ~ was a princess** il y avait or il était une fois une princesse ◆ **~ will be dancing later** plus tard on dansera ◆ **~ is a page missing** il y a une page qui manque ◆ **~ are three apples left** il reste trois pommes, il y a encore trois pommes ◆ **~'s none left** il n'y en a plus ◆ **~'s no denying it** c'est indéniable

♦ **there comes, there came** ◆ **~ comes a time when ...** il vient un moment où ... ◆ **~ came a knock on the door** on frappa à la porte ◆ **~ came a point when I began to feel tired** à un moment donné, j'ai commencé à être fatigué

**c** *(= in existence)* **this road isn't meant to be ~!** cette route ne devrait pas exister or être là ! ◆ **if the technology is ~, someone will use it** si la technologie existe, quelqu'un l'utilisera

**d** *(other uses)* **~'s my brother!** voilà mon frère ! ◆ **~ are the others!** voilà les autres ! ◆ **~ he is!** le voilà ! ◆ **~ you are** *(= I've found you)* (ah) vous voilà ! ; *(offering sth)* voilà ◆ **that man ~ saw it all** cet homme-là a tout vu ◆ **hey you ~!** hé or ho toi, là-bas ! * ◆ **hurry up ~!** eh ! dépêchez-vous ! ◆ **~'s my mother calling me** il y a or voilà ma mère qui m'appelle ◆ **~'s the problem** là est or c'est or voilà le problème ◆ **I disagree with you ~** là je ne suis pas d'accord avec vous ◆ **you've got me ~!** alors là, ça me dépasse ! * ◆ **but ~ again, he should have known better** mais là encore, il aurait dû se méfier ◆ **you press this switch and ~ you are!** tu appuies sur ce bouton et ça y est ! ◆ **~ you are, I told you that would happen** tu vois, je t'avais bien dit que ça allait arriver ◆ **~ they go!** les voilà qui partent ! ◆ **I had hoped to finish early, but ~ you go** j'espérais finir tôt mais tant pis ◆ **~ you go again *, complaining about ...** ça y est, tu recommences à te plaindre de ... ◆ **~ he goes again!** * ça y est, il recommence ! ◆ **he's all ~** * c'est un malin, il n'est pas idiot ◆ **he's not all ~** * *(gen)* il est un peu demeuré ; *[old person]* il n'a plus toute sa tête

EXCL ◆ **~, what did I tell you ?** alors, qu'est-ce que je t'avais dit ? ◆ **~, ~, don't cry!** allons, allons, ne pleure pas ! ◆ **~, drink this** allez or tenez, buvez ceci ◆ **~ now, that didn't hurt, did it?** voyons, voyons or eh bien, ça n'a pas fait si mal que ça, si ?

**thereabouts** /ðɛərəˈbaʊts/ ADV *(place)* par là, près de là, dans le voisinage ; *(degree etc)* à peu près, environ ◆ **£5 or ~** environ cinq livres, dans les cinq livres

**thereafter** /ðɛərˈɑːftəʳ/ ADV *(frm)* par la suite

**thereat** /ðɛərˈæt/ ADV *(frm) (place)* là ; *(time)* là-dessus

**thereby** /ðɛəˈbaɪ/ ADV de cette façon, de ce fait, par ce moyen ◆ **~ hangs a tale!** *(hum)* c'est toute une histoire !

**therefore** /ˈðɛəfɔːʳ/ CONJ donc, par conséquent, pour cette raison

**therefrom** /ðɛəˈfrɒm/ ADV *(frm)* de là

**therein** /ðɛərˈɪn/ ADV *(frm) (= in that regard)* à cet égard, en cela ; *(= inside)* (là-)dedans

**thereof** /ðɛərˈɒv/ ADV *(frm)* de cela, en ◆ **he ate ~** il en mangea

**thereon** /ðɛərˈɒn/ ADV *(frm)* (là-)dessus

**there's** /ðɛəz/ ⇒ **there is, there has** ; → **be, have**

**thereto** /ðɛəˈtuː/ ADV *(frm)* y

**theretofore** /ðɛətuːˈfɔː/ ADV *(frm)* jusque-là

**thereunder** /ðɛərˈʌndəʳ/ ADV *(frm)* (là) en-dessous

**thereupon** /ðɛərəˈpɒn/ ADV *(= then)* sur ce ; *(frm = on that subject)* là-dessus, à ce sujet

**therewith** /ðɛəˈwɪð/ ADV *(frm) (= with that)* avec cela, en outre ; *(= at once)* sur ce

**therm** /θɜːm/ N = 1,055 [00d7] $10^8$ joules ; *(formerly)* thermie *f*

**thermal** /ˈθɜːməl/ ADJ **a** *(Elec, Phys)* thermique **b** *(Geol, Med) [spring, spa, treatment]* thermal **c** *[underwear, socks]* en Thermolactyl ® ◆ **a ~ t-shirt** un T-shirt en Thermolactyl ®

N *(Met)* courant *m* ascendant (d'origine thermique), ascendance *f* thermique

COMP ▷ **thermal barrier** N barrière *f* thermique ▷ **thermal baths** NPL thermes *mpl* ▷ **thermal blanket** N *(for person)* couverture *f* de survie ▷ **thermal breeder** N réacteur *m* thermique ▷ **thermal conductivity** N conductivité *f* thermique ▷ **thermal efficiency** N rendement *m* thermique ▷ **thermal expansion** N dilatation *f* thermique ▷ **thermal imager** N imageur *m* thermique ▷ **thermal imaging** N thermographie *f* ▷ **thermal imaging equipment** N matériel *m* or appareils *mpl* de thermographie ▷ **thermal imaging system** N système *m* de thermographie or d'imagerie thermique ▷ **thermal paper** N papier *m* thermosensible ▷ **thermal power** N énergie *f* thermique ▷ **thermal power station** N centrale *f* thermique ▷ **thermal reactor** N réacteur *m* thermique ▷ **thermal shock** N choc *m* thermique ▷ **thermal unit** N (also **British thermal unit**) *unité de quantité de chaleur (= 252 calories)*

**thermic** /ˈθɜːmɪk/ ADJ ⇒ **thermal adj a**

**thermionic** /ˌθɜːmɪˈɒnɪk/ ADJ *[effect, emission]* thermoïonique ◆ **~ valve, ~ tube** *(US)* tube *m* électronique

**thermionics** /ˌθɜːmɪˈɒnɪks/ N thermoïonique *f*

**thermo...** /ˈθɜːməʊ/ PREF therm(o)...

**thermocouple** /ˈθɜːməʊkʌpl/ N thermocouple *m*

**thermodynamic** /ˈθɜːməʊdaɪˈnæmɪk/ ADJ thermodynamique

**thermodynamics** /ˈθɜːməʊdaɪˈnæmɪks/ N *(NonC)* thermodynamique *f*

**thermoelectric** /ˈθɜːməʊɪˈlektrɪk/ ADJ thermoélectrique

**thermograph** /ˈθɜːməʊgrɑːf/ N thermographe *m*

**thermography** /θɜːˈmɒgrəfɪ/ N thermographie *f*

**thermometer** /θəˈmɒmɪtəʳ/ N thermomètre *m*

**thermonuclear** /ˈθɜːməʊˈnjuːklɪəʳ/ ADJ *[weapon, war, reaction]* thermonucléaire ◆ **~ strike** attaque *f* nucléaire

**thermopile** /ˈθɜːməʊpaɪl/ N pile *f* thermoélectrique

**thermoplastic** /ˈθɜːməʊˈplæstɪk/ N thermoplastique *m*

**thermoplasticity** /ˌθɜːməʊplæˈstɪsɪtɪ/ N *(NonC)* thermoplasticité *f*

**Thermopylae** /θəˈmɒpəliː/ N les Thermopyles *fpl*

**Thermos** ® /ˈθɜːməs/ N thermos ® *m or f inv*

COMP ▷ **Thermos flask** N bouteille *f* thermos ®

**thermosiphon** /ˌθɜːməʊˈsaɪfən/ N thermosiphon *m*

**thermostat** /ˈθɜːməstæt/ N thermostat *m*

**thermostatic** /ˌθɜːməˈstætɪk/ ADJ thermostatique

**thermotherapy** /ˌθɜːməʊˈθerəpɪ/ N thermothérapie *f*

**thesaurus** /θɪˈsɔːrəs/ N (pl **thesauruses** or **thesauri** /θɪˈsɔːraɪ/) *(gen)* trésor *m (fig) (= lexicon)* dictionnaire *m* synonymique ; *(Comput)* thésaurus *m*

**these** /ðiːz/ DEM ADJ, PRON pl of **this**

**theses** /ˈθiːsiːz/ NPL of **thesis**

**Theseus** /ˈθiːsɪəs/ N Thésée *m*

**thesis** /ˈθiːsɪs/ N (pl **theses** /ˈθiːsiːz/) thèse *f*

**Thespian** /ˈθespɪən/ ADJ *(liter or hum)* dramatique, de Thespis ◆ **his ~ talents** son talent de comédien N *(liter or hum = actor)* comédien(ne) *m(f)*

**Thessalonians** /ˌθesəˈləʊnɪənz/ NPL Thessaloniciens *mpl*

**they** /ðeɪ/ PERS PRON PL **a** ils *mpl*, elles *fpl* ; *(stressed)* eux *mpl*, elles *fpl* ◆ **~ have gone** ils sont partis, elles sont parties ◆ **there ~ are!** les voilà ! ◆ **~ are teachers** ce sont des professeurs ◆ **THEY know nothing about it** eux, ils n'en savent rien **b** *(= people in general)* on ◆ **~ say that ...** on dit que ... **c** *(singular usage)* il *m*, elle *f* ; *(stressed)* lui *m*, elle *f* ◆ **somebody called but ~ didn't give their**

**name** quelqu'un a appelé, mais il *or* elle n'a pas donné son nom

**they'd** /ðeɪd/ ⇒ **they had, they would ;** → **have, would**

**they'll** /ðeɪl/ ⇒ **they will ;** → **will**

**they're** /ðɛəʳ/ ⇒ **they are ;** → **be**

**they've** /ðeɪv/ ⇒ **they have ;** → **have**

**thiamine** /ˈθaɪəmiːn/ **N** thiamine *f*

**thick** /θɪk/ **ADJ** **a** *(= fat, heavy, dense) [slice, layer, wall, hair, moustache, smoke, sauce, waist]* épais (-aisse *f*) ; *[pile, lenses, coat]* gros (grosse *f*) ; *[lips, nose, wool, string, line, book]* épais (-aisse *f*), gros (grosse *f*) ; *[neck]* épais (-aisse *f*), large ; *[soup, cream, gravy]* épais (-aisse *f*), consistant ; *[beard, forest, vegetation, foliage]* épais (-aisse *f*), touffu ; *[fog]* épais (-aisse *f*), dense ; *[darkness, crowd]* dense ; *[hedge]* (bien) fourni, touffu ; *[honey]* dur ◆ **to be 5cm** ~ avoir 5 cm d'épaisseur ◆ **a 7cm** ~ **door, a door 7cm** ~ une porte de 7 cm d'épaisseur, une porte épaisse de 7 cm ◆ **how ~ is it?** quelle est son épaisseur ? ◆ **to become ~(er)** *[sauce, cream]* épaissir ; *[waist]* (s')épaissir ; *[fog, smoke, darkness, vegetation, crowd]* s'épaissir ◆ ~ **snow was falling** la neige tombait à gros flocons ◆ **he trudged through the ~ snow** il avançait péniblement dans l'épaisse couche de neige ◆ **the leaves were ~ on the ground** le sol était recouvert d'une épaisse couche de feuilles ◆ **antique shops are ~ on the ground around here** * il y a pléthore de magasins d'antiquités par ici ◆ **the air is very ~ in here** ça sent le renfermé ici ◆ **to give someone a ~ ear** * *(Brit)* tirer les oreilles à qn * ; → **skin**

**b** ◆ ~ **with to be ~ with dust** être couvert d'une épaisse couche de poussière ◆ **the streets are ~ with people** les rues sont noires de monde ◆ **the streets are ~ with traffic** la circulation est dense dans les rues ◆ **the water is ~ with weeds** l'eau est envahie par les mauvaises herbes ◆ ~ **with smoke** *[air, atmosphere, room]* enfumé ◆ **the air is ~ with the smell of burning wood** l'air est imprégné d'une odeur de bois brûlé ◆ **the air is ~ with rumours** la rumeur enfle ◆ **the air was ~ with talk of his possible resignation** on parlait partout de son éventuelle démission

**c** *(Brit * = stupid) [person]* bête ◆ **to get sth into one's ~ head** se mettre qch dans le crâne * ◆ **as ~ as two (short) planks** *or* **as a brick** bête comme ses pieds * ◆ **as ~ as pigshit** *‡ con comme un balai ‡ *or* comme la lune ‡

**d** *(= unclear) [voice]* pâteux ◆ **a voice ~ with emotion** une voix chargée d'émotion ◆ **I woke up with a ~ head** *(from alcohol)* je me suis réveillé avec la gueule de bois * ; *(from fatigue)* je me suis réveillé avec le cerveau embrumé

**e** *(= strong) [accent]* fort

**f** *(Brit † * = unfair)* ◆ **it's** *or* **that's a bit ~** ça, c'est un peu fort * *or* un peu raide *

**g** *( * = friendly)* ◆ **to be ~ with sb** être copain (copine *f*) avec qn ◆ **they are very ~** ils sont comme cul et chemise * ◆ **to be (as) ~ as thieves** *(pej)* s'entendre comme larrons en foire

**ADV** *[cut]* en tranches épaisses ; *[spread]* en couche épaisse ◆ **the fumes hung ~ over the pitch** il y avait une fumée épaisse au-dessus du terrain ◆ **the snow still lies ~ on the mountains** il y a encore une épaisse couche de neige sur les montagnes ◆ **blows/arrows fell ~ and fast** les coups/flèches pleuvaient (de partout) ◆ **the jokes came ~ and fast** il y a eu une avalanche de plaisanteries ◆ **redundancies are coming ~ and fast** il y a des licenciements à la pelle ◆ **the goals came ~ and fast** les buts arrivaient à la pelle ◆ **to lay it on ~** * forcer un peu la dose *

**N** *[of finger, leg etc]* partie *f* charnue ◆ **in the ~ of the crowd** au cœur de la foule ◆ **in the ~ of the fight** au cœur de la mêlée ◆ **they were in the ~ of it** ils étaient en plein dedans ◆ **through ~ and thin** à travers toutes les épreuves, contre vents et marées

**COMP** ▷ **thick-knit ADJ** gros (grosse *f*), en grosse laine **N** gros chandail *m*, chandail *m* en grosse laine ▷ **thick-lipped ADJ** aux lèvres charnues, lippu ▷ **thick-skinned ADJ** *[orange]* à la peau épaisse ; *(fig) [person]* peu sensible ◆ **he's very ~-skinned** c'est un dur, rien ne le touche ▷ **thick-skulled** *, **thick-witted** * **ADJ** ⇒ **thickheaded**

**thicken** /ˈθɪkən/ **VT** *[+ sauce]* épaissir, lier **VI** *[branch, waist etc]* s'épaissir ; *[crowd]* grossir ; *[sauce etc]* épaissir ; *(fig) [mystery]* s'épaissir ; → **plot**

**thickener** /ˈθɪkənəʳ/ **N** épaississant *m*

**thicket** /ˈθɪkɪt/ **N** fourré *m*, hallier *m* ; *(fig) [of ideas, regulations]* maquis *m*

**thickhead** * /ˈθɪkhed/ **N** andouille * *f*

**thickheaded** * /θɪkˈhedɪd/ **ADJ** bête, obtus, borné

**thickie** ‡ /ˈθɪkɪ/ ⇒ **thicko**

**thickly** /ˈθɪklɪ/ **ADV** **a** *(= densely) [wooded, sown, planted, populated]* densément ◆ **to grow ~** *[hair, fruit]* pousser en abondance ◆ **the snow fell ~** la neige tombait dru

**b** *(= deeply) [spread, roll out]* en couche épaisse ◆ ~ **spread with butter** couvert d'une épaisse couche de beurre ◆ **to sprinkle sth ~ with flour** saupoudrer qch d'une épaisse couche de farine ◆ **to sprinkle sth ~ with basil** saupoudrer généreusement qch de basilic ◆ **dust/snow lay ~ everywhere** il y avait une épaisse couche de poussière/de neige partout ◆ ~ **covered with** *or* **in dust** couvert d'une épaisse couche de poussière ◆ ~ **encrusted with mud** incrusté d'une épaisse couche de boue ◆ ~ **carpeted** couvert d'une épaisse moquette ◆ **the apples with which the grass was ~ strewn** les pommes qui jonchaient l'herbe

**c** *(= coarsely) [slice]* en tranches épaisses

**d** *(= unclearly) [say]* d'une voix pâteuse

**thickness** /ˈθɪknɪs/ **N** **a** *(NonC) [of slice, layer, wall]* épaisseur *f* ; *[of lips, nose, wool, line]* épaisseur *f*, grosseur *f* ; *[of fog, forest]* épaisseur *f*, densité *f* ; *[of hair]* épaisseur *f*, abondance *f* **b** *(= layer)* épaisseur *f* ◆ **three ~es of material** trois épaisseurs de tissu

**thicko** ‡ /ˈθɪkəʊ/ **N** idiot(e) *m(f)*, crétin(e) * *m(f)*

**thickset** /θɪkˈset/ **ADJ** *(and small)* trapu, râblé ; *(and tall)* bien bâti, costaud *

**thicky** ‡ /ˈθɪkɪ/ **N** ⇒ **thicko**

**thief** /θiːf/ **N** (pl **thieves**) voleur *m*, -euse *f* ◆ **set a ~ to catch a ~** *(Prov)* à voleur voleur et demi *(Prov)* ◆ **stop ~!** au voleur ! ◆ **to come/leave like a ~ in the night** arriver/partir en douce * ; → **honour, thick** **COMP** ▷ **thieves' cant N** argot *m* du milieu ▷ **thieves' kitchen N** repaire *m* de brigands

**thieve** /θiːv/ **VTI** voler

**thievery** /ˈθiːvərɪ/ **N** *(NonC)* vol *m*

**thieves** /θiːvz/ **NPL of thief**

**thieving** /ˈθiːvɪŋ/ **ADJ** **a** * ◆ **those ~ kids** ces petits voleurs ◆ **keep your ~ hands off!** enlève tes sales pattes de voleur de là ! * **b** *(Mus)* ◆ **the Thieving Magpie** la Pie voleuse **N** *(NonC)* vol *m*

**thievish** † /ˈθiːvɪʃ/ **ADJ** voleur, de voleur

**thigh** /θaɪ/ **N** cuisse *f* **COMP** ▷ **thigh boots NPL** cuissardes *fpl*

**thighbone** /ˈθaɪbəʊn/ **N** fémur *m*

**thimble** /ˈθɪmbl/ **N** dé *m* (à coudre)

**thimbleful** /ˈθɪmblfʊl/ **N** *(fig)* doigt *m*, goutte *f*

**thin** /θɪn/ **ADJ** **a** *(= lean, not thick) [person, face, legs, arms, animal]* maigre ; *[lips, waist, nose, layer, slice, strip, sheet]* mince ; *[line, thread, wire]* fin ; *[cloth, garment]* fin, léger ; *[book, mattress, wall]* peu épais (-aisse *f*), mince ◆ ~ **string** petite ficelle ◆ **a ~ stroke** *(with pen)* un trait mince *or* fin, un délié ◆ **to get ~(ner)** *[person]* maigrir ◆ **as ~ as a rake** *[person]* maigre comme un clou ◆ **it's the ~ end of the wedge** c'est s'engager sur une pente savonneuse ◆ **to be (skating** *or* **treading) on ~ ice** *(fig)* être sur un terrain glissant ; → **line**[1], **skin, wear**

**b** *(= runny) [liquid, oil]* fluide ; *[soup, sauce, gravy]* clair, clairet *(pej)* ; *[paint]* peu épais (-aisse *f*), liquide ; *[cream, honey, mud]* liquide ◆ **to make ~ner** *[+ soup, sauce]* éclaircir, délayer

**c** *(= not dense) [smoke, fog, cloud]* léger ; *[air, atmosphere]* raréfié ◆ **to become ~ner** *[smoke etc]* se dissiper ; *[air]* se raréfier ◆ **to disappear** *or* **vanish into ~ air** se volatiliser, disparaître (d'un seul coup) sans laisser de traces ◆ **to appear out of ~ air** apparaître comme par magie ◆ **to produce** *or* **conjure sth out of ~ air** faire apparaître qch comme par magie

**d** *(= sparse) [crowd]* épars ; *[hair, beard, eyebrows, hedge]* clairsemé ◆ **to become ~ner** *[crowd, plants, trees, hair]* s'éclaircir ◆ **to be ~ on the ground** * *(esp Brit)* être rare ◆ **good news has been ~ on the ground** * **lately** les bonnes nouvelles se font rares ces derniers temps ◆ **to be ~ on top** * *(= balding)* être dégarni * ◆ **to be getting ~ on top** * *(= balding)* se dégarnir *

**e** *(= feeble) [excuse, argument, evidence, plot]* peu convaincant ; *[script]* médiocre ; *[smile, majority]* faible ◆ **his disguise was rather ~** son déguisement a été facilement percé à jour

**f** *[voice]* grêle, fluet ; *[sound]* aigu (-guë *f*)

**g** *(Fin) [profit]* maigre ◆ **trading was ~ today** le marché était peu actif aujourd'hui ◆ **to have a ~ time (of it)** * passer par une période de vaches maigres

**ADV** *[spread]* en couche fine *or* mince ; *[cut]* en tranches fines *or* minces

**VT** *[+ paint]* étendre, délayer ; *[+ sauce]* allonger, délayer ; *[+ trees]* éclaircir ; *[+ hair]* désépaissir

**VI** *[fog, crowd]* se disperser, s'éclaircir ; *[numbers]* se réduire, s'amenuiser ◆ **his hair is ~ning, he's ~ning on top** * il perd ses cheveux, il se dégarnit *

**COMP** ▷ **thin-lipped ADJ** aux lèvres minces *or* fines ; *(with rage etc)* les lèvres pincées ▷ **thin-skinned ADJ** *[orange]* à la peau fine ; *(fig) [person]* susceptible

► **thin down VI** *[person]* maigrir

**VT SEP** *[+ paint]* étendre, délayer ; *[+ sauce]* allonger

► **thin out VI** *[crowd, fog]* se disperser, s'éclaircir

**VT SEP** *[+ seedlings, trees]* éclaircir ; *[+ numbers, population]* réduire ; *[+ crowd]* disperser ; *[+ workforce]* réduire, dégraisser

**thine** /ðaɪn/ *(†† or liter)* **POSS PRON** le tien, la tienne, les tiens, les tiennes **POSS ADJ** ton, ta, tes

**thing** /θɪŋ/ **N** **a** *(gen)* chose *f* ; *(= object)* chose *f*, objet *m* ◆ **surrounded by beautiful ~s** entouré de belles choses *or* de beaux objets ◆ ~ **of beauty** bel objet *m*, belle chose *f* ◆ **such ~s as money, fame ...** des choses comme l'argent, la gloire ... ◆ **he's interested in ideas rather than ~s** ce qui l'intéresse ce sont les idées et non pas les objets ◆ **~s of the mind appeal to him** il est attiré par les choses de l'esprit ◆ **the ~ he loves most is his car** ce qu'il aime le plus au monde c'est sa voiture ◆ **what's that ~?** qu'est-ce que c'est que cette chose-là *or* ce machin-là * *or* ce truc-là * ? ◆ **the good ~s in life** les plaisirs *mpl* de la vie ◆ **he thinks the right ~s** il pense comme il faut ◆ **she likes sweet ~s** elle aime les sucreries *fpl* ◆ **you've been hearing ~s!** tu as dû entendre des voix !

b *(= belongings)* **~s** affaires *fpl* ◆ **have you put away your ~s?** as-tu rangé tes affaires ? ◆ **to take off one's ~s** se débarrasser de son manteau *etc* ◆ **do take your ~s off!** débarrassez-vous (donc) ! ◆ **have you got your swimming ~s?** as-tu tes affaires de bain ? ◆ **have you got any swimming ~s?** as-tu ce qu'il faut pour aller te baigner ? ◆ **where are the first-aid ~s?** où est la trousse de secours ?

c *(= affair, item, circumstance)* chose *f* ◆ **I've two ~s still to do** j'ai encore deux choses à faire ◆ **the ~s she said!** les choses qu'elle a pu dire ! ◆ **the next ~ to do is ...** ce qu'il y a à faire maintenant c'est ... ◆ **the best ~ would be to refuse** le mieux serait de refuser ◆ **that's a fine** *or* **nice ~ to do!** *(iro)* c'est vraiment la chose à faire ! ◆ **what sort of (a) ~ is that to say to anyone?** ça n'est pas une chose à dire (aux gens) ◆ **the last ~ on the agenda** le dernier point à l'ordre du jour ◆ **you take the ~ too seriously** tu prends la chose trop au sérieux ◆ **you worry about ~s too much** tu te fais trop de soucis ◆ **I must think ~s over** il faut que j'y réfléchisse ◆ **how are ~s with you?** et vous, comment ça va ? ◆ **how's ~s?** * comment va ? ◆ **as ~s are** dans l'état actuel des choses ◆ **~s are going from bad to worse** les choses vont de mal en pis ◆ **since that's how ~s are** puisque c'est comme ça, puisqu'il en est ainsi ◆ **I believe in honesty in all ~s** je crois à l'honnêteté en toutes circonstances ◆ **to expect great ~s of sb/sth** attendre beaucoup de qn/qch ◆ **they were talking of one ~ and another** ils parlaient de choses et d'autres ◆ **taking one ~ with another** à tout prendre, somme toute ◆ **the ~ is to know when he's likely to arrive** ce qu'il faut c'est savoir *or* la question est de savoir à quel moment il devrait en principe arriver ◆ **the ~ is this: ...** voilà de quoi il s'agit : ... ◆ **the ~ is, she'd already seen him** en fait, elle l'avait déjà vu, mais elle l'avait déjà vu ◆ **it's a strange ~, but ...** c'est drôle, mais ... ◆ **it is one ~ to use a computer, quite another to know how it works** utiliser un ordinateur est une chose, en connaître le fonctionnement en est une autre ◆ **for one ~, it doesn't make sense** d'abord *or* en premier lieu, ça n'a pas de sens ◆ **and (for) another ~, I'd already spoken to him** et en plus, je lui avais déjà parlé ◆ **it's a good ~ I came** heureusement que je suis venu ◆ **he's on to a good ~** * il a trouvé le filon * ◆ **it's the usual ~, he hadn't checked the petrol** c'est le truc * *or* le coup * classique, il avait oublié de vérifier l'essence ◆ **that was a near** *or* **close ~** *(of accident)* vous l'avez (*or* il l'a *etc*) échappé belle ; *(of result of race, competition etc)* il s'en est fallu de peu ◆ **it's just one of those ~s** ce sont des choses qui arrivent ◆ **it's just one (damn) ~ after another** * les embêtements se succèdent ◆ **I didn't understand a ~ of what he was saying** je n'ai pas compris un mot de ce qu'il disait ◆ **I hadn't done a ~ about it** je n'avais strictement rien fait ◆ **he knows a ~ or two** il s'y connaît ◆ **he's in London doing his own ~** * il est à Londres et fait ce qui lui plaît *or* chante * ◆ **she's gone off to do her own ~** * elle est partie chercher sa voie *or* faire ce qui lui plaît ◆ **she's got a ~ about spiders** * elle a horreur des araignées, elle a la phobie des araignées ◆ **he's got a ~ about blondes** * il a un faible pour les blondes ◆ **he made a great ~ of my refusal** * quand j'ai refusé il en a fait toute une histoire *or* tout un plat * ◆ **don't make a ~ of it!** * n'en fais pas tout un plat ! *, ne monte pas ça en épingle ! ◆ **he had a ~** * **with her two years ago** il a eu une liaison avec elle il y a deux ans ◆ **he's got a ~** * **for her** il en pince pour elle * ◆ **Mr Thing** * **rang up** Monsieur Chose * *or* Monsieur Machin * a téléphoné ; → **equal, first, such**

d *(= person, animal)* créature *f* ◆ **(you) poor little ~!** pauvre petit(e) ! ◆ **poor ~, he's very ill** le pauvre, il est très malade ◆ **she's a spiteful ~** c'est une rosse * ◆ **you horrid ~!** * chameau ! * ◆ **I say, old ~** † * dis donc (mon) vieux

e *(= best, most suitable etc thing)* **that's just the ~ for me** c'est tout à fait *or* justement ce qu'il me faut ◆ **just the ~!, the very ~!** *(of object)* voilà tout à fait *or* justement ce qu'il me (*or* nous *etc*) faut ! ; *(of idea, plan)* c'est l'idéal ! ◆ **homeopathy is the ~ nowadays** l'homéopathie c'est la grande mode aujourd'hui ◆ **it's the in ~** * c'est le truc * à la mode ◆ **that's not the ~ to do** cela ne se fait pas ◆ **it's quite the ~ nowadays** ça se fait beaucoup aujourd'hui ◆ **I don't feel quite the ~** * **today** je ne suis pas dans mon assiette aujourd'hui ◆ **he looks quite the ~** * **in those trousers** il est très bien *or* chic avec ce pantalon ◆ **this is the latest ~ in computer games** c'est le dernier cri en matière de jeux électroniques

**thingumabob** * /ˈθɪŋəmɪbɒb/, **thingumajig** * /ˈθɪŋəmɪdʒɪg/, **thingummy(jig)** * /ˈθɪŋəmɪ(dʒɪg)/, **thingy** * /ˈθɪŋɪ/ N *(= object)* machin * *m*, truc * *m*, bidule * *m* ; *(= person)* Machin(e) * *m(f)*, trucmuche ‡ *mf*

**think** /θɪŋk/ LANGUAGE IN USE 2.2, 6, 8, 24.4, 26.2, 26.3

(vb : pret, ptp **thought**)

**N** * ◆ **I'll have a ~ about it** j'y penserai ◆ **to have a good ~ about sth** bien réfléchir à qch ◆ **you'd better have another ~ about it** tu ferais bien d'y repenser ◆ **he's got another ~ coming!** il se fait des illusions !, il faudra qu'il y repense *subj* !

**VI** a *(gen)* réfléchir, penser ◆ **~ carefully** réfléchissez bien ◆ **~ twice before agreeing** réfléchissez-y à deux fois avant de donner votre accord ◆ **~ again!** *(= reflect on it)* repensez-y ! ; *(= have another guess)* ce n'est pas ça, recommence ! ◆ **let me ~** que je réfléchisse *, laissez-moi réfléchir ◆ **I ~, therefore I am** je pense, donc je suis ◆ **to ~ ahead** prévoir, anticiper ◆ **to ~ aloud** penser tout haut ◆ **to ~ big** * avoir de grandes idées, voir les choses en grand ◆ **I don't ~!** * *(iro)* ça m'étonnerait !

b *(= have in one's thoughts)* penser ; *(= devote thought to)* réfléchir (*of, about* à) ◆ **I was ~ing about** *or* **of you yesterday** je pensais à vous hier ◆ **I ~ of you always** je pense toujours à toi ◆ **what are you ~ing about?** à quoi pensez-vous ? ◆ **I'm ~ing of** *or* **about resigning** je pense à donner ma démission ◆ **he was ~ing of** *or* **about suicide** il pensait au suicide ◆ **~ of a number** pense à un chiffre ◆ **you can't ~ of everything** on ne peut pas penser à tout ◆ **he's always ~ing of** *or* **about money, he ~s of** *or* **about nothing but money** il ne pense qu'à l'argent ◆ **it's not worth ~ing about** ça ne vaut pas la peine d'y penser ◆ **(you) ~ about it!, ~ on it!** *(† or liter)* pensez-y !, songez-y ! ◆ **and to ~ of him going there alone!** quand on pense qu'il y est allé tout seul !, (et) dire qu'il y est allé tout seul ! ◆ **I'll ~ about it** j'y penserai, je vais y réfléchir ◆ **I'll have to ~ about it** il faudra que j'y réfléchisse *or* pense *subj* ◆ **that's worth ~ing about** cela mérite réflexion ◆ **you've given us so much to ~ about** vous nous avez tellement donné matière à réfléchir ◆ **come to ~ of it, when you ~ about it** en y réfléchissant (bien) ◆ **I've got too many things to ~ of** *or* **about just now** j'ai trop de choses en tête en ce moment ◆ **what else is there to ~ about?** c'est ce qu'il y a de plus important *or* intéressant ◆ **there's so much to ~ about** il y a tant de choses à prendre en considération ◆ **what were you ~ing of** *or* **about!** où avais-tu la tête ? ◆ **I wouldn't ~ of such a thing!** ça ne me viendrait jamais à l'idée ! ◆ **would you ~ of letting him go alone?** vous le laisseriez partir seul, vous ? ◆ **sorry, I wasn't ~ing** pardon, je n'ai pas réfléchi ◆ **I didn't ~ to ask** *or* **of asking if you ...** je n'ai pas eu l'idée de demander si tu ...

c *(= remember, take into account)* penser (*of* à) ◆ **he ~s of nobody but himself** il ne pense qu'à lui ◆ **he's got his children to ~ of** *or* **about** il faut qu'il pense *subj* à ses enfants ◆ **~ of the cost of it!** rends-toi compte de la dépense ! ◆ **to ~ of** *or* **about sb's feelings** considérer les sentiments de qn ◆ **that makes me ~ of the day when ...** cela me fait penser au *or* me rappelle le jour où ... ◆ **I can't ~ of her name** je n'arrive pas à me rappeler son nom ◆ **I couldn't ~ of the right word** le mot juste ne me venait pas

d *(= imagine)* ◆ **to ~ (of)** imaginer ◆ **~ what might have happened** imagine ce qui aurait pu arriver ◆ **just ~!** imagine un peu ! ◆ **(just) ~, we could go to Spain** rends-toi compte, nous pourrions aller en Espagne ◆ **~ of me in a bikini!** imagine-moi en bikini ® ! ◆ **~ of her as a teacher** considère-la comme un professeur

e *(= devise etc)* **to ~ of** avoir l'idée de ◆ **I was the one who thought of inviting him** c'est moi qui ai eu l'idée de l'inviter ◆ **what will he ~ of next?** qu'est-ce qu'il va encore inventer ? ◆ **he has just thought of a clever solution** il vient de trouver une solution astucieuse ◆ **~ of a number** pense à un chiffre

f *(= have as opinion)* penser (*of* de) ◆ **to ~ well** *or* **highly** *or* **a lot of sb/sth** penser le plus grand bien de qn/qch, avoir une haute opinion de qn/qch ◆ **he is very well thought of in France** il est très respecté en France ◆ **I don't ~ much of him** je n'ai pas une haute opinion de lui ◆ **I don't ~ much of that idea** cette idée ne me dit pas grand-chose ◆ **to ~ better of doing sth** décider à la réflexion de ne pas faire qch ◆ **he thought (the) better of it** il a changé d'avis ◆ **to ~ the best/the worst of sb** avoir une très haute/très mauvaise opinion de qn ◆ **to ~ nothing of doing sth** *(= do as a matter of course)* trouver tout naturel de faire qch ; *(= do unscrupulously)* n'avoir aucun scrupule à faire qch ◆ **~ nothing of it!** mais je vous en prie !, mais pas du tout ! ◆ **you wouldn't ~ like that if you'd lived there** tu ne verrais pas les choses de cette façon si tu y avais vécu ; → **fit**[1]

**VT** a *(= be of opinion, believe)* penser, croire ◆ **I ~ so/not** je pense *or* crois que oui/non ◆ **what do you ~?** qu'est-ce que tu (en) penses ? ◆ **I don't know what to ~** je ne sais (pas) qu'en penser ◆ **I ~ it will rain** je pense *or* crois qu'il va pleuvoir ◆ **I don't ~ he came** je ne pense *or* crois pas qu'il soit venu ◆ **I don't ~ he will come** je ne pense pas qu'il vienne *or* qu'il viendra ◆ **what do you ~ I should do?** que penses-tu *or* crois-tu que je doive faire ? ◆ **I thought so** *or* **as much!** je m'y attendais !, je m'en doutais ! ◆ **I hardly ~ it likely that ...** cela m'étonnerait beaucoup que ... + *subj* ◆ **she's pretty, don't you ~?** elle est jolie, tu ne trouves pas ? ◆ **what do you ~ of him?** comment le trouves-tu ? ◆ **I can guess what you are ~ing** je devine ta pensée ◆ **who do you ~ you are?** pour qui te prends-tu ? ◆ **I never thought he'd look like that** je n'aurais jamais cru qu'il ressemblerait à ça ◆ **you must ~ me very rude** vous devez me trouver très impoli ◆ **he ~s he is intelligent, he ~s himself intelligent** il se croit *or* se trouve intelligent ◆ **they are thought to be rich** ils passent pour être riches ◆ **I didn't ~ to see you here** je ne m'attendais pas à vous voir ici ; see also **vt d** ◆ **he ~s money the whole time** * il ne s'intéresse qu'à l'argent ; → **world**

**b** *(= conceive, imagine)* (s')imaginer ◆ **~ what we could do with that house!** imagine ce que nous pourrions faire de cette maison ! ◆ **I can't ~ what he means!** je ne vois vraiment pas ce qu'il veut dire ! ◆ **you would ~ he'd have known that already** on aurait pu penser qu'il le savait déjà ◆ **anyone would ~ he owns the place!** il se prend pour le maître des lieux celui-là ! ◆ **who would have thought it!** qui l'aurait dit ! ◆ **I'd have thought she'd be more upset** j'aurais pensé qu'elle aurait été plus contrariée ◆ **to ~ that she's only ten!** et dire qu'elle n'a que dix ans !, quand on pense qu'elle n'a que dix ans !

**c** *(= reflect)* penser à ◆ **just ~ what you're doing!** pense un peu à ce que tu fais ! ◆ **we must ~ how we can do it** il faut réfléchir à la façon dont nous allons pouvoir le faire ◆ **I was ~ing (to myself) how ill he looked** je me disais qu'il avait l'air bien malade

**d** *(= remember)* ◆ **did you ~ to bring it ?** tu n'as pas oublié de l'apporter ? ◆ **I didn't ~ to let him know** il ne m'est pas venu à l'idée *or* je n'ai pas eu l'idée de le mettre au courant

COMP ▷ **think-piece** N *(Press)* article *m* de fond ▷ **think tank** * N groupe *m* or cellule *f* de réflexion

► **think back** VI repenser (*to* à), essayer de se souvenir *or* se rappeler (*to* de) ◆ **he thought back, and replied ...** il a fait un effort de mémoire, et a répliqué ...

► **think out** VT SEP *[+ problem, proposition]* réfléchir sérieusement à, étudier ; *[+ plan]* élaborer, préparer ; *[+ answer, move]* réfléchir sérieusement à, préparer ◆ **that needs ~ing out** il faut y réfléchir à fond ◆ **well-thought-out** bien conçu

► **think over** VT SEP *[+ offer, suggestion]* (bien) réfléchir à, peser ◆ **~ things over carefully first** pèse bien le pour et le contre auparavant ◆ **I'll have to ~ it over** il va falloir que j'y réfléchisse

► **think through** VT SEP *[+ plan, proposal]* examiner en détail *or* par le menu, considérer dans tous ses détails

► **think up** VT SEP *[+ plan, scheme, improvement]* avoir l'idée de ; *[+ answer, solution]* trouver ; *[+ excuse]* inventer ◆ **who thought up that idea?** qui a eu cette idée ? ◆ **what will he ~ up next?** qu'est-ce qu'il va encore bien pouvoir inventer ?

**thinkable** /ˈθɪŋkəbl/ ADJ ◆ **it's not ~ that ...** il n'est pas pensable *or* concevable *or* imaginable que ... + *subj*

**thinker** /ˈθɪŋkəʳ/ N penseur *m*, -euse *f*

**thinking** /ˈθɪŋkɪŋ/ ADJ *[being, creature, mind]* rationnel ; *[machine]* pensant ◆ **to any ~ person, this ...** pour toute personne douée de raison, ceci ... ◆ **the ~ man** l'intellectuel *m* ◆ **the ~ woman's sex symbol** le sex-symbol de l'intellectuelle ◆ **the ~ man's crumpet** ‡ la pin up pour intellectuel ◆ **the ~ woman's crumpet** ‡ le mâle pour intellectuelle

N *(= act)* pensée *f*, réflexion *f* ; *(= thoughts collectively)* opinions *fpl* (*on, about* sur) ◆ **I'll have to do some (hard) ~ about it** il va falloir que j'y réfléchisse sérieusement ◆ **current ~ on this** les opinions actuelles là-dessus ◆ **to my way of ~** à mon avis ◆ **that may be his way of ~, but ...** c'est peut-être comme ça qu'il voit les choses, mais ... ; → **wishful**

COMP ▷ **thinking cap** N ◆ **to put on one's ~ cap** * cogiter * ▷ **thinking pattern** N modèle *m* de pensée ▷ **the thinking process** N le processus de pensée ▷ **thinking time** N ◆ **to give sb some ~ time** donner à qn un peu de temps pour réfléchir, laisser à qn un délai de réflexion

**thinly** /ˈθɪnlɪ/ ADV **a** *[slice, cut]* en tranches fines *or* minces **b** *[spread, roll out]* en couche fine *or* mince ◆ **toast ~ spread with butter** du pain grillé sur lequel on a étalé une fine *or* mince couche de beurre **c** ◆ **to be ~ populated** avoir une population éparse *or* clairsemée ◆ **~ wooded** peu boisé ◆ **~ scattered** épars ◆ **the meeting was ~ attended** la réunion n'a pas attiré grand monde ◆ **~ spread resources** des ressources disséminées ◆ **a criticism ~ disguised as a compliment** une critique à peine déguisée en compliment ◆ **a ~ veiled accusation** une accusation à peine voilée ◆ **a ~ veiled attempt** une tentative mal dissimulée **d** ◆ **to sow seeds ~** faire un semis clair ◆ **to smile ~** avoir un faible sourire

**thinner** /ˈθɪnəʳ/ N *(for paint etc)* diluant *m* ADJ compar of **thin**

**thinness** /ˈθɪnnɪs/ N (NonC) **a** *(= leanness, lack of thickness) [of person, legs, arms, face, animal]* maigreur *f* ; *[of waist, fingers, nose, layer, slice, strip, paper]* minceur *f* ; *[of wall, book, clothes]* minceur *f* ; *[of thread, wire]* finesse *f* ; *[of cloth, garment]* finesse *f*, légèreté *f*

**b** *(= runniness) [of liquid, oil]* légèreté *f*, fluidité *f* ; *[of soup, gravy, sauce, paint]* manque *m* d'épaisseur ; *[of cream, honey, mud]* consistance *f* liquide

**c** *[of smoke, fog, cloud]* légèreté *f* ◆ **the ~ of the air** *or* **atmosphere** le manque d'oxygène

**d** *(= sparseness) [of hair, beard, eyebrows, hedge]* aspect *m* clairsemé ◆ **disappointed by the ~ of the crowd** déçu qu'il y ait si peu de monde

**e** *(= feebleness) [of excuse, evidence, plot, plans, smile, majority]* faiblesse *f* ; *[of script]* médiocrité *f*

**f** *[of voice]* timbre *m* grêle *or* fluet ; *[of sound]* timbre *m* aigu

**g** *(Fin) [of profits, margins]* maigreur *f*

**third** /θɜːd/ ADJ troisième ◆ **in the presence of a ~ person** en présence d'une tierce personne *or* d'un tiers ◆ **in the ~ person** *(Gram)* à la troisième personne ◆ **(it's/it was) ~ time lucky!** la troisième fois sera/a été la bonne ! ◆ **the ~ finger** le majeur, le médius ◆ **to be a ~ wheel** *(US)* tenir la chandelle ◆ **the ~ way** *(Pol)* la troisième voie ; see also **comp** ; *for other phrases see* **sixth**

N **a** troisième *mf* ; *(= fraction)* tiers *m* ; *(Mus)* tierce *f* ; *for phrases see* **sixth**

**b** *(Univ = degree)* ≃ licence *f* sans mention

**c** *(Aut:* also **third gear**) troisième vitesse *f* ◆ **in ~** en troisième

NPL **thirds** *(Comm)* articles *mpl* de troisième choix *or* de qualité inférieure

ADV **a** *(in race, exam, competition)* en troisième place *or* position ◆ **he came** *or* **was placed ~** il s'est classé troisième

**b** *(Rail)* **to travel ~** voyager en troisième

**c** ⇒ **thirdly**

COMP ▷ **Third Age** N troisième âge *m* ▷ **third-class** ADJ → **third-class** ▷ **third degree** N ◆ **to give sb the ~ degree** * *(= torture)* passer qn à tabac ‡ ; *(= question closely)* cuisiner ‡ qn ▷ **third-degree burns** NPL *(Med)* brûlures *fpl* du troisième degré ▷ **the third estate** N le tiers état ▷ **third party** N *(Jur)* tierce personne *f*, tiers *m* ◆ **~ party (indemnity) insurance** (assurance *f*) responsabilité *f* civile ▷ **third party, fire and theft** N *(Insurance)* assurance *f* au tiers, vol et incendie ▷ **third-rate** ADJ de très médiocre qualité ▷ **Third World** N tiers-monde *m* ADJ *[poverty etc]* du tiers-monde

**third-class** /ˈθɜːdˈklɑːs/ ADJ *(lit)* de troisième classe ; *[hotel]* de troisième catégorie, de troisième ordre ; *(Rail) [ticket, compartment]* de troisième (classe) ; *(fig pej) [meal, goods]* de qualité très inférieure ◆ **~ seat** *(Rail)* troisième *f* ◆ **~ degree** *(Univ)* → n **N** *(Univ:* also **third-class degree**) ≃ licence *f* sans mention ADV **a** *(Rail* †) **to travel ~** voyager en troisième **b** *(US Post)* tarif *m* "imprimés"

**thirdly** /ˈθɜːdlɪ/ LANGUAGE IN USE 26.2 ADV troisièmement, en troisième lieu

**thirst** /θɜːst/ N *(lit, fig)* soif *f* (*for* de) ◆ **I've got a real ~ on (me)** * j'ai la pépie * VI *(lit, fig: liter)* avoir soif (*for* de) ◆ **~ing for revenge** assoiffé de vengeance ◆ **~ing for blood** altéré *or* assoiffé de sang

**thirstily** /ˈθɜːstɪlɪ/ ADV *(lit, fig)* avidement

**thirsty** /ˈθɜːstɪ/ ADJ **a** *[person, animal, plant]* qui a soif, assoiffé *(liter)* ; *[land]* qui manque d'eau ; * *[car]* qui consomme beaucoup, gourmand * ◆ **to be** *or* **feel ~** avoir soif ◆ **to make sb ~** donner soif à qn ◆ **it's ~ work!** ça donne soif ! **b** *(liter = eager)* ◆ **to be ~ for sth** avoir soif de qch, être assoiffé de qch ◆ **to be ~ for sb's blood** vouloir la peau de qn

**thirteen** /θɜːˈtiːn/ ADJ treize *inv* N treize *m inv* ; *for phrases see* **six** PRON treize ◆ **there are ~** il y en a treize

**thirteenth** /ˈθɜːˈtiːnθ/ ADJ treizième N treizième *mf* ; *(= fraction)* treizième *m* ; *for phrases see* **sixth**

**thirtieth** /ˈθɜːtɪɪθ/ ADJ trentième N trentième *mf* ; *(= fraction)* trentième *m* ; *for phrases see* **sixth**

**thirty** /ˈθɜːtɪ/ ADJ trente *inv* ◆ **about ~ books** une trentaine de livres N trente *m inv* ◆ **about ~** une trentaine ; *for other phrases see* **sixty** PRON trente ◆ **there are ~** il y en a trente COMP ▷ **thirty-second note** N *(US Mus)* triple croche *f* ▷ **Thirty-Share Index** N *(Brit) indice des principales valeurs industrielles* ▷ **the Thirty Years' War** N *(Hist)* la guerre de Trente Ans

**this** /ðɪs/ DEM ADJ (pl **these**) **a** ce, cet *before vowel and mute h*, cette *f*, ces *pl* ◆ **who is ~ man?** qui est cet homme ? ◆ **whose are these books?** à qui sont ces livres ? ◆ **these photos you asked for** les photos que vous avez réclamées ◆ **~ week** cette semaine ◆ **~ time last week** la semaine dernière à pareille heure ◆ **~ time next year** l'année prochaine à la même époque ◆ **~ coming week** la semaine prochaine *or* qui vient ◆ **it all happened ~ past half-hour** tout est arrivé dans la demi-heure qui vient de s'écouler ◆ **I've been waiting ~ past half-hour** voilà une demi-heure que j'attends, j'attends depuis une demi-heure ◆ **how's ~ hand of yours?** et votre main, comment va-t-elle ? ◆ **~ journalist (fellow) you were going out with** * ce journaliste, là, avec qui tu sortais * ◆ **~ journalist came up to me in the street** * il y a un journaliste qui est venu vers moi dans la rue

**b** *(stressed, or as opposed to that, those)* ce *or* cet *or* cette *or* ces ...-ci ◆ **I mean THIS book** c'est de ce livre-ci que je parle ◆ **I like ~ photo better than that one** je préfère cette photo-ci à celle-là ◆ **~ chair (over) here** cette chaise-ci ◆ **the leaf was blowing ~ way and that** la feuille tournoyait de-ci de-là ◆ **she ran that way and ~** elle courait dans tous les sens

**DEM PRON** (pl **these**) a ceci, ce ◆ **what is ~?** qu'est-ce que c'est (que ceci) ? ◆ **whose is ~?** à qui appartient ceci ? ◆ **who's ~?** *(gen)* qui est-ce ? ; *(on phone)* qui est à l'appareil ? ◆ **~ is it** *(gen)* c'est cela ; *(agreeing)* exactement, tout à fait ; *(before action)* cette fois, ça y est ◆ **~ is my son** *(in introduction)* je vous présente mon fils ; *(in photo etc)* c'est mon fils ◆ **~ is the boy I told you about** c'est *or* voici le garçon dont je t'ai parlé ◆ **~ is Glenys Knowles** *(on phone)* ici Glenys Knowles, Glenys Knowles à l'appareil ◆ **~ is Tuesday** nous sommes mardi ◆ **but ~ is May** mais nous sommes en mai ◆ **~ is what he showed me** voici ce qu'il m'a montré ◆ **~ is where we live** c'est ici que nous habitons ◆ **I didn't want you to leave like ~!** je ne voulais pas que tu partes comme ça ! ◆ **it was like ~ ...** voici comment les choses se sont passées ... ◆ **do it like ~** faites-le comme ceci ◆ **after ~ things got better** après ceci les choses se sont arrangées ◆ **before ~ I'd never noticed him** je ne l'avais jamais remarqué auparavant ◆ **it ought to have been done before ~** cela devrait être déjà fait ◆ **we were talking of ~ and that** nous bavardions de choses et d'autres ◆ **at ~ she burst into tears** sur ce, elle éclata en sanglots ◆ **with ~ he left us** sur ces mots il nous a quittés ◆ **what's all ~ I hear about your new job?** qu'est-ce que j'apprends, vous avez un nouvel emploi ? ◆ **they'll be demanding ~, that and the next thing** * ils vont exiger toutes sortes de choses

b *(this one)* celui-ci *m*, celle-ci *f*, ceux-ci *mpl*, celles-ci *fpl* ◆ **I prefer that to ~** je préfère celui-là à celui-ci (*or* celle-là à celle-ci) ◆ **how much is ~?** combien coûte celui-ci (*or* celle-ci) ? ◆ **these over here** ceux-ci (*or* celles-ci) ◆ **not these!** pas ceux-ci (*or* celles-ci) !

**ADV** ◆ **it was ~ long** c'était aussi long que ça ◆ **he had come ~ far** il était venu jusqu'ici ; *(in discussions etc)* il avait fait tant de progrès ; → **much**

**thistle** /ˈθɪsl/ **N** chardon *m*

**thistledown** /ˈθɪsldaʊn/ **N** duvet *m* de chardon

**thistly** /ˈθɪslɪ/ **ADJ** *[ground]* couvert de chardons

**thither** †† /ˈðɪðəʳ/ **ADV** y *before vb*, là ; → **hither**

**thitherto** /ðɪðəˈtuː/ **ADV** jusqu'alors

**tho(')** * /ðəʊ/ → **though**

**thole¹** /θəʊl/ **N** *(Naut)* tolet *m*

**thole²** †† /θəʊl/ **VT** *(dial)* supporter

**Thomas** /ˈtɒməs/ **N** Thomas *m* ; → **doubt**

**thong** /θɒŋ/ **N** a *[of whip]* lanière *f*, longe *f* ; *(on garment)* lanière *f*, courroie *f* b *(= underwear)* string *m* c *(US, Austral = flip-flop)* tong *f*

**Thor** /θɔːʳ/ **N** *(Myth)* T(h)or *m*

**thoraces** /ˈθɔːrəˌsiːz/ **NPL** of **thorax**

**thoracic** /θɔːˈræsɪk/ **ADJ** *[muscle, vertebrae, area]* thoracique ◆ **~ spine** vertèbres *fpl* dorsales ◆ **~ surgeon** spécialiste *mf* de chirurgie thoracique

**thorax** /ˈθɔːræks/ **N** (pl **thoraxes** *or* **thoraces**) thorax *m*

**thorium** /ˈθɔːrɪəm/ **N** thorium *m*

**thorn** /θɔːn/ **N** *(= spike)* épine *f* ; *(NonC:* also **hawthorn)** aubépine *f* ◆ **to be a ~ in sb's side** *or* **flesh** être une source d'irritation constante pour qn ◆ **that was the ~ in his flesh** c'était sa bête noire ; → **rose²** **COMP** ▷ **thorn apple N** stramoine *f*, pomme *f* épineuse ▷ **thorn bush N** buisson *m* épineux

**thornback** /ˈθɔːnbæk/ **N** *(= fish:* also **thornback ray)** raie *f* bouclée

**thornless** /ˈθɔːnlɪs/ **ADJ** sans épines, inerme *(Bot)*

**thorny** /ˈθɔːnɪ/ **ADJ** *(lit, fig)* épineux

**thorough** /ˈθʌrə/ **ADJ** a *(= careful) [person, worker]* méthodique, qui fait les choses à fond ; *[work, investigation, preparation, analysis, training]* approfondi ; *[review]* complet (-ète *f*) ; *[consideration]* ample ◆ **a ~ grounding in English** des bases solides en anglais ◆ **to do a ~ job** faire un travail à fond ◆ **to give sth a ~ cleaning/wash** *etc* nettoyer/laver *etc* qch à fond ◆ **to be ~ in doing sth** faire qch à fond b *(= deep) [knowledge]* approfondi ; *[understanding]* profond c *(= complete)* ◆ **to make a ~ nuisance of o.s.** être totalement insupportable ◆ **to give sb a ~ walloping** donner une bonne raclée à qn ◆ **it's a ~ disgrace** c'est vraiment une honte

**thoroughbred** /ˈθʌrəbred/ **ADJ** *[horse]* pur-sang *inv* ; *[other animal]* de race **N** *(= horse)* (cheval *m*) pur-sang *m inv* ; *(= other animal)* bête *f* de race ◆ **he's a real ~** *(fig = person)* il est vraiment racé, il a vraiment de la classe

**thoroughfare** /ˈθʌrəfɛəʳ/ **N** *(= street)* rue *f* ; *(= public highway)* voie *f* publique ◆ **"no thoroughfare"** "passage interdit"

**thoroughgoing** /ˈθʌrəˌgəʊɪŋ/ **ADJ** *[examination, revision]* complet (-ète *f*) ; *[believer]* convaincu ; *[hooligan]* vrai *before n* ; *[rogue, scoundrel]* fieffé

**thoroughly** /ˈθʌrəlɪ/ **ADV** a *(= carefully) [examine, wash, mix]* bien ◆ **~ clean** tout propre, tout à fait propre ◆ **to research sth ~** faire des recherches approfondies sur qch ◆ **to investigate sb/sth ~** faire une enquête approfondie sur qn/qch b *(= completely) [modern, enjoyable, convinced]* tout à fait, on ne peut plus ; *[miserable, unpleasant]* absolument ; *[discredited]* complètement ; *[deserve, understand]* tout à fait ◆ **he's a ~ nasty piece of work** il est tout ce qu'il y a de plus odieux ◆ **it was ~ boring** c'était on ne peut plus ennuyeux ◆ **I ~ agree** je suis tout à fait d'accord ◆ **I ~ enjoyed myself** j'ai passé d'excellents moments ◆ **we ~ enjoyed our meal** nous avons fait un excellent repas

**thoroughness** /ˈθʌrənɪs/ **N** *(NonC) [of worker]* minutie *f* ; *[of knowledge]* profondeur *f* ◆ **the ~ of his work/research** la minutie qu'il apporte à son travail/sa recherche

**those** /ðəʊz/ **DEM ADJ, DEM PRON** pl of **that**

**thou¹** † /ðaʊ/ **PERS PRON** *(liter)* tu ; *(stressed)* toi

**thou²** * /θaʊ/ **N** (pl **thou** *or* **thous**) abbrev of **thousand, thousandth**

**though** /ðəʊ/ LANGUAGE IN USE 26.3

**CONJ** a *(= despite the fact that)* bien que *+ subj*, quoique *+ subj* ◆ **~ it's raining** bien qu'il pleuve, malgré la pluie ◆ **~ poor they were honest** ils étaient honnêtes bien que *or* quoique *or* encore que pauvres

b *(= even if)* **(even) ~ I shan't be there I'll think of you** je ne serai pas là mais je n'en penserai pas moins à toi ◆ **strange ~ it may seem** si *or* pour étrange que cela puisse paraître ◆ **I will do it ~ I (should) die in the attempt** *(frm)* je le ferai, dussé-je y laisser la vie ◆ **what ~ they are poor** *(liter)* malgré *or* nonobstant *(liter)* leur misère

c ◆ **as ~** comme si ◆ **it looks as ~ ...** il semble que ... *+ subj* ; see also **as**

**ADV** pourtant, cependant ◆ **it's not easy ~** ce n'est pourtant pas facile, pourtant ce n'est pas facile ◆ **did he ~!** * ah bon !, tiens tiens !

**thought** /θɔːt/ LANGUAGE IN USE 1.1

**VB** pt, ptp of **think**

**N** a *(NonC, gen)* pensée *f* ; *(= reflection)* pensée *f*, réflexion *f* ; *(= daydreaming)* rêverie *f* ; *(= thoughtfulness)* considération *f* ◆ **to be lost** *or* **deep in ~** être perdu dans ses pensées ◆ **after much ~** après mûre réflexion ◆ **he acted without ~** il a agi sans réfléchir ◆ **without ~ for** *or* **of himself he ...** sans considérer son propre intérêt il ... ◆ **he was full of ~ for my welfare** il se préoccupait beaucoup de mon bien-être ◆ **you must take ~ for the future** il faut penser à l'avenir ◆ **he took** *or* **had no ~ for his own safety** il n'avait aucun égard pour sa propre sécurité ◆ **to give ~ to sth** bien réfléchir à qch, mûrement réfléchir sur qch ◆ **I didn't give it a moment's ~** je n'y ai pas pensé une seule seconde ◆ **I gave it no more ~, I didn't give it another ~** je n'y ai plus pensé ◆ **don't give it another ~** n'y pensez plus ◆ **further ~ needs to be given to these problems** ces problèmes exigent une réflexion plus approfondie

b *(= idea)* pensée *f*, idée *f* ; *(= opinion)* opinion *f*, avis *m* ; *(= intention)* intention *f*, idée *f* ◆ **it's a happy ~** voilà une idée qui fait plaisir ◆ **to think evil ~s** avoir de mauvaises pensées ◆ **what a ~!** * imagine un peu ! ◆ **what a horrifying ~!** * quel cauchemar ! ◆ **what a frightening ~!** * c'est effrayant ! * ◆ **what a lovely ~!** * *(= good idea)* comme ça serait bien ! ; *(= how thoughtful)* comme c'est gentil ! ◆ **what a brilliant ~!** * c'est une idée géniale ! ◆ **that's a ~!** * tiens, mais c'est une idée ! ◆ **it's only a ~** ce n'est qu'une idée ◆ **one last** *or* **final ~** une dernière chose ◆ **the mere ~ of it frightens me** rien que d'y penser *or* rien qu'à y penser j'ai peur ◆ **he hasn't a ~ in his head** il n'a rien dans la tête ◆ **my ~s were elsewhere** j'avais l'esprit ailleurs ◆ **he keeps his ~s to himself** il garde ses pensées pour lui, il ne laisse rien deviner *or* paraître de ses pensées ◆ **the Thoughts of Chairman Mao** les pensées du président Mao ◆ **contemporary/scientific ~ on the subject** les opinions des contemporains/des scientifiques sur la question ◆ **the ~ of Nietzsche** la pensée de Nietzsche ◆ **my first ~ was to ring you** ma première réaction a été de te téléphoner ◆ **my first ~ was that you'd left** j'ai d'abord pensé que tu étais parti ◆ **I had ~s** *or* **some ~ of going to Paris** j'avais vaguement l'idée *or* l'intention d'aller à Paris ◆ **he gave up all ~(s) of marrying her** il a renoncé à toute idée de l'épouser ◆ **his one ~ is to win the prize** sa seule pensée *or* idée est de remporter le prix ◆ **it's the ~ that counts** c'est l'intention qui compte ◆ **to read sb's ~s** lire (dans) la pensée de qn ◆ **we keep you in our ~s** nous pensons (bien) à vous ; → **collect², penny, second¹**

c *(adv phrase)* **a ~** un peu, un tout petit peu ◆ **it is a ~ too large** c'est un (tout petit) peu trop grand

**COMP** ▷ **thought police N** police *f* de la pensée ▷ **thought process N** mécanisme *m* de pensée ▷ **thought-provoking ADJ** qui pousse à la réflexion, stimulant ▷ **thought-read VI** lire (dans) la pensée de qn ▷ **thought-reader N** liseur *m*, -euse *f* de pensées ◆ **he's a ~-reader** *(fig)* il lit dans la pensée des gens ◆ **I'm not a ~-reader** je ne suis pas devin ▷ **thought reading N** divination *f* par télépathie ▷ **thought transference N** transmission *f* de pensée

**thoughtful** /ˈθɔːtfʊl/ **ADJ** a *(= reflective) [person] (by nature)* sérieux, réfléchi ; *(on one occasion)* pensif ; *[mood, face, eyes]* pensif ; *[expression, look]* pensif, méditatif ; *[silence]* méditatif ; *[remark, research]* sérieux, réfléchi ; *[book, article, approach]* sérieux ; *[design]* judicieux b *(= considerate) [person]* prévenant, attentionné ; *[act, gesture, remark]* plein de délicatesse ; *[invitation, gift]* gentil ◆ **how ~ of you!** comme c'est gentil à vous *or* de votre part ! ◆ **it was ~ of him to invite me** c'était gentil à lui *or* de sa part de m'inviter ◆ **to be ~ of others** être plein d'égards pour autrui

**thoughtfully** /ˈθɔːtfəlɪ/ ADV a (= *reflectively*) *[say, look at, nod]* pensivement b (= *considerately*) ♦ **he ~ booked tickets for us as well** il a eu la prévenance de louer des places pour nous aussi c (= *intelligently*) *[designed, constructed, positioned]* judicieusement

**thoughtfulness** /ˈθɔːtfʊlnɪs/ N *(NonC)* a (= *reflectiveness*) *[of person] (by nature)* sérieux *m* ; *(on one occasion)* air *m* pensif ; *[of book, article]* sérieux *m* b (= *considerateness*) prévenance *f*

**thoughtless** /ˈθɔːtlɪs/ ADJ a (= *inconsiderate*) *[person]* qui manque d'égards *or* de considération ; *[act, behaviour, remark]* maladroit ♦ **how ~ of you!** tu manques vraiment d'égards *or* de considération ! ♦ **it was ~ of her (to tell him)** ce n'était pas très délicat *or* c'était maladroit de sa part (de le lui dire) b (= *unthinking*) ♦ **to be ~ of the future** ne pas penser à l'avenir

**thoughtlessly** /ˈθɔːtlɪslɪ/ ADV a (= *inconsiderately*) *[act, forget]* inconsidérément b (= *unthinkingly*) *[speak]* maladroitement, de façon irréfléchie ; *[embark upon]* sans réfléchir

**thoughtlessness** /ˈθɔːtlɪsnɪs/ N *(NonC)* (= *carelessness*) étourderie *f*, légèreté *f* ; (= *lack of consideration*) manque *m* de prévenance *or* d'égards

**thousand** /ˈθaʊzənd/ ADJ mille *inv* ♦ **a ~ men** mille hommes ♦ **about a ~ men** un millier d'hommes ♦ **a ~ years** mille ans, un millénaire ♦ **a ~ thanks!** mille fois merci ! ♦ **two ~ pounds** deux mille livres ♦ **I've got a ~ and one things to do** j'ai mille et une choses à faire N mille *m inv* ♦ **a ~, one ~** mille ♦ **a** *or* **one ~ and one** mille (et) un ♦ **a ~ and two** mille deux ♦ **five ~** cinq mille ♦ **about a ~ (people), a ~ odd (people)** un millier (de personnes) ♦ **sold by the ~** *(Comm)* vendu par mille ♦ **~s of people** des milliers de gens ♦ **they came in their ~s** ils sont venus par milliers COMP ▷ **Thousand Island dressing** N *sauce salade à base de mayonnaise et de ketchup*

**thousandfold** /ˈθaʊzəndfəʊld/ ADJ multiplié par mille ADV mille fois autant

**thousandth** /ˈθaʊzəntθ/ ADJ millième N millième *mf* ; (= *fraction*) millième *m*

**Thrace** /θreɪs/ N Thrace *f*

**thraldom** /ˈθrɔːldəm/ N *(NonC: liter)* servitude *f*, esclavage *m*

**thrall** /θrɔːl/ N *(liter: lit, fig)* (= *person*) esclave *mf* ; (= *state*) servitude *f*, esclavage *m* ♦ **to be in ~ to ...** *(fig)* être esclave de ...

**thrash** /θræʃ/ VT a (= *beat*) rouer de coups, rosser ; *(as punishment)* donner une bonne correction à ; (*: *Sport etc*) battre à plate(s) couture(s), donner une bonne correction à ♦ **they nearly ~ed the life out of him, they ~ed him to within an inch of his life** ils ont failli le tuer à force de coups

b (= *move wildly*) **the bird ~ed its wings (about)** l'oiseau battait *or* fouettait l'air de ses ailes ♦ **he ~ed his arms/legs (about)** il battait des bras/des jambes

c *(Agr)* ⇒ **thresh**

VI battre violemment *(against* contre*)*

N a *(Brit* ‡ = *party)* sauterie * *f*

b *(Mus:* also **thrash metal**) thrash *m*

► **thrash about, thrash around** VI (= *struggle*) se débattre ♦ **he ~ed about with his stick** il battait l'air de sa canne

VT SEP *[+ one's legs, arms]* battre de ; *[+ stick]* agiter ; see also **thrash vt b**

► **thrash out** * VT SEP *[+ problem, difficulty]* (= *discuss*) débattre de ; (= *solve*) résoudre ♦ **they managed to ~ it out** ils ont réussi à résoudre le problème

**thrashing** /ˈθræʃɪŋ/ N correction *f*, rossée * *f* ; (*: *Sport etc*) correction *f (fig)*, dérouillée ‡ *f* ♦ **to give sb a good ~** rouer qn de coups ; *(as punishment, also Sport)* donner une bonne correction à qn

**thread** /θred/ N a *(gen, also Sewing etc)* fil *m* ♦ **nylon ~** fil *m* de nylon ® ♦ **to hang by a ~** *(fig)* ne tenir qu'à un fil ♦ **the ceasefire is hanging by a ~** le cessez-le-feu ne tient qu'à un fil ♦ **to lose the ~ (of what one is saying)** perdre le fil de son discours ♦ **to pick up** *or* **take up the ~ again** *(fig)* retrouver le fil ♦ **to pick up the ~s of one's career** reprendre le cours de sa carrière ♦ **a ~ of light** un (mince) rayon de lumière

b *[of screw]* pas *m*, filetage *m* ♦ **screw with left-hand ~** vis *f* filetée à gauche

NPL **threads** *(US = clothes)* fringues ‡ *fpl*

VT *[+ needle, beads]* enfiler ♦ **to ~ sth through a needle/over a hook/into a hole** faire passer qch à travers le chas d'une aiguille/par un crochet/par un trou ♦ **to ~ a film on to a projector** monter un film sur un projecteur ♦ **he ~ed his way through the crowd** il s'est faufilé à travers la foule ♦ **the car ~ed its way through the narrow streets** la voiture s'est faufilée dans les petites rues étroites

VI a ⇒ **to thread one's way;** → **vt**

b *[needle, beads]* s'enfiler ; *[tape, film]* passer

**threadbare** /ˈθredbɛəʳ/ ADJ *[rug, clothes]* râpé, élimé ; *[room]* défraîchi ; *(fig) [joke, argument, excuse]* usé, rebattu

**threadlike** /ˈθredlaɪk/ ADJ filiforme

**threadworm** /ˈθredwɜːm/ N *(Med)* oxyure *m*

**threat** /θret/ N *(lit, fig)* menace *f* ♦ **to make a ~ against sb** proférer une menace à l'égard de qn ♦ **under (the) ~ of ...** menacé de ... ♦ **it is a grave ~ to civilization** cela constitue une sérieuse menace pour la civilisation, cela menace sérieusement la civilisation

**threaten** /ˈθretn/ VT menacer *(sb with sth* qn de qch ; *to do sth* de faire qch) ♦ **to ~ violence** proférer des menaces de violence ♦ **a species ~ed with extinction, a ~ed species** une espèce en voie de disparition ♦ **they ~ed that they would leave** ils ont menacé de partir ♦ **it is ~ing to rain** la pluie menace VI *[storm, war, danger]* menacer

**threatening** /ˈθretnɪŋ/ ADJ *[person, voice, manner, place, weather, clouds, sky]* menaçant ; *[gesture, tone, words]* menaçant, de menace ; *[phone call, letter]* de menace ♦ **to find sb ~** se sentir menacé par qn COMP ▷ **threatening behaviour** N *(Jur)* tentative *f* d'intimidation

**threateningly** /ˈθretnɪŋlɪ/ ADV *[say]* d'un ton menaçant *or* de menace ; *[gesticulate]* d'une manière menaçante ♦ **~ close** dangereusement près

**three** /θriː/ ADJ trois *inv*

N trois *m inv* ♦ **the Big Three** *(Pol)* les trois Grands *mpl* ♦ **let's play (the) best of ~** *(Sport)* jouons au meilleur des trois manches ♦ **they were playing (the) best of ~** ils jouaient deux parties et la belle ; → **two ;** *for other phrases see* **six**

PRON trois ♦ **there are ~** il y en a trois

COMP ▷ **3-D** N ⇒ **three-D** ▷ **three-act play** N pièce *f* en trois actes ▷ **three-card monte** N *(US)* ⇒ **three-card trick** ▷ **three-card trick** N bonneteau *m* ▷ **three-cornered** ADJ triangulaire ▷ **three-cornered hat** N tricorne *m* ▷ **three-D** N (abbrev of **three dimensions, three-dimensional**) ♦ **(in) ~-D** *[picture]* en relief ; *[film]* en trois dimensions ▷ **three-day event** N *(Horse-riding)* concours *m* complet ▷ **three-day eventer** N *(Horse-riding)* cavalier *m*, -ière *f* de concours complet ▷ **three-day eventing** N *(Horse-riding)* concours *m* complet ▷ **three-dimensional** ADJ *[object]* à trois dimensions, tridimensionnel ; *[picture]* en relief ; *[film]* en trois dimensions ▷ **three-fourths** N *(US)* ⇒ **three-quarters** ▷ **three-four time** N *(Mus)* mesure *f* à trois temps ▷ **three-legged** ADJ *[table]* à trois pieds ; *[animal]* à trois pattes ▷ **three-legged race** N *(Sport) course où les concurrents sont attachés deux par deux par la jambe* ▷ **three-line** ADJ → **whip** ▷ **three-martini lunch** * N *(US fig = expense-account lunch)* déjeuner *m* d'affaires *(qui passe dans les notes de frais)* ▷ **three-phase** ADJ *(Elec)* triphasé ▷ **three-piece suit** N (costume *m*) trois-pièces *m* ▷ **three-piece suite** N *salon composé d'un canapé et de deux fauteuils* ▷ **three-pin plug** N → **pin noun b** ▷ **three-ply** ADJ *[wool]* à trois fils ▷ **three-point landing** N *(Aviat)* atterrissage *m* trois points ▷ **three-point turn** N *(Aut)* demi-tour *m* en trois manœuvres ▷ **three-quarter** ADJ *[portrait]* de trois-quarts ; *[sleeve]* trois-quarts *inv* N *(Rugby)* trois-quarts *m inv* ▷ **three-quarters** N trois quarts *mpl* ADV ♦ **the money is ~-quarters gone** les trois quarts de l'argent ont été dépensés ♦ **~-quarters full/empty** aux trois quarts plein/vide ▷ **three-ring circus** N *(lit)* cirque *m* à trois pistes ; *(US * fig)* véritable cirque * *m* ▷ **the three Rs** N *la lecture, l'écriture et l'arithmétique* ▷ **three-sided** ADJ *[object]* à trois côtés, à trois faces ; *[discussion]* à trois ▷ **three-way** ADJ *[split, division]* en trois ; *[discussion]* à trois ▷ **three-wheeler** N (= *car*) voiture *f* à trois roues ; (= *tricycle*) tricycle *m*

> **Three Rs**
>
> Les **three Rs** (les trois "R") sont la lecture, l'écriture et l'arithmétique, considérées comme les trois composantes essentielles de l'enseignement. L'expression vient de l'orthographe fantaisiste "reading, riting and rithmetic" pour "reading, writing and arithmetic".

**threefold** /ˈθriːfəʊld/ ADJ triple ADV ♦ **to increase ~** tripler

**threepence** /ˈθrepəns/ N *(Brit)* trois anciens pence *mpl*

**threepenny** /ˈθrepənɪ/ *(Brit)* ADJ à trois pence ♦ **the Threepenny Opera** *(Mus)* l'Opéra *m* de quat'sous N *(also* **threepenny bit** *or* **piece**) ancienne pièce *f* de trois pence

**threescore** /ˈθriːˈskɔːʳ/ ADJ, N († *or liter*) soixante *m* COMP ▷ **threescore and ten** ADJ, N († *or liter*) soixante-dix *m*

**threesome** /ˈθriːsəm/ N (= *people*) groupe *m* de trois, trio *m* ; (= *game*) partie *f* à trois ♦ **we went in a ~** nous y sommes allés à trois

**threnody** /ˈθrenədɪ/ N *(lit)* mélopée *f* ; *(fig)* lamentations *fpl*

**thresh** /θreʃ/ VT *(Agr)* battre

**thresher** /ˈθreʃəʳ/ N (= *person*) batteur *m*, -euse *f* (en grange) ; (= *machine*) batteuse *f*

**threshing** /ˈθreʃɪŋ/ *(Agr)* N battage *m* COMP ▷ **threshing machine** N batteuse *f*

**threshold** /ˈθreʃhəʊld/ N seuil *m*, pas *m* de la porte ♦ **to cross the ~** franchir le seuil ♦ **on the ~ of ...** *(fig)* au bord *or* au seuil de ... ♦ **above the ~ of consciousness** *(Psych)* supraliminaire ♦ **below the ~ of consciousness** subliminaire ♦ **to have a high/low pain ~** avoir un seuil de tolérance à la douleur élevé/peu élevé ♦ **boredom ~** seuil *m* d'ennui COMP ▷ **threshold agreement** N accord *m* d'indexation des salaires sur les prix ▷ **threshold policy** N ⇒ **threshold wage policy** ▷ **threshold price** N prix *m* de seuil ▷ **threshold wage policy** N politique *f* d'indexation des salaires sur les prix

**threw** /θruː/ VB pt of **throw**

**thrice** /θraɪs/ ADV trois fois

**thrift** /θrɪft/ N *(NonC)* économie *f* COMP ▷ **thrift shop** N *(US) petite boutique d'articles d'occasion gérée au profit d'œuvres charitables*

**thriftiness** /ˈθrɪftɪnɪs/ N ⇒ **thrift**

**thriftless** /ˈθrɪftlɪs/ ADJ imprévoyant, dépensier

**thriftlessness** /ˈθrɪftlɪsnɪs/ N *(NonC)* imprévoyance *f*

**thrifty** /ˈθrɪftɪ/ ADJ économe

**thrill** /θrɪl/ LANGUAGE IN USE 7.5

N frisson *m* ◆ **a ~ of joy** un frisson de joie ◆ **with a ~ of joy he ...** en frissonnant *or* avec un frisson de joie, il ... ◆ **what a ~!** quelle émotion ! ◆ **she felt a ~ as his hand touched hers** un frisson l'a parcourue quand il lui a touché la main ◆ **it gave me a big ~** ça m'a vraiment fait quelque chose ! * ◆ **to get a ~ out of doing sth** se procurer des sensations fortes en faisant qch ◆ **the film was packed with** *or* **full of ~s** c'était un film à sensations ◆ **the ~ of the chase** l'excitation *f* de la poursuite

VT *[+ person, audience, crowd]* électriser, transporter ◆ **his glance ~ed her** son regard l'a enivrée ◆ **I was ~ed (to bits)!** * j'étais aux anges ! * ◆ **I was ~ed to meet him** ça m'a vraiment fait plaisir *or* fait quelque chose * de le rencontrer

VI tressaillir *or* frissonner (de joie) ◆ **to ~ to the music of the guitar** être transporté en écoutant de la guitare

**thriller** /ˈθrɪləʳ/ N *(= novel)* roman *m* à suspense ; *(= play)* pièce *f* à suspense ; *(= film)* thriller *m*, film *m* à suspense

**thrilling** /ˈθrɪlɪŋ/ ADJ *[match, climax, experience]* palpitant ; *[news]* saisissant

**thrive** /θraɪv/ (pret **throve** /ˈθrəʊv/ *or* **thrived,** ptp **thrived** *or* **thriven** /ˈθrɪvn/) VI a *[baby]* se développer bien ; *[person, animal]* être florissant de santé ; *[plant]* pousser *or* venir bien ; *[business, industry]* prospérer ; *[businessman]* prospérer, réussir ◆ **children ~ on milk** le lait est excellent pour les enfants b *(fig = enjoy)* **he ~s on hard work** le travail lui réussit

**thriving** /ˈθraɪvɪŋ/ ADJ *[person, animal]* en plein épanouissement ; *[plant]* qui prospère (*or* prospérait) ; *[business, industry, economy, community, businessman]* prospère, florissant

**throat** /θrəʊt/ N *(external)* gorge *f* ; *(internal)* gorge *f*, gosier *m* ◆ **to take sb by the ~** prendre qn à la gorge ◆ **I have a sore ~** j'ai mal à la gorge, j'ai une angine ◆ **he had a fishbone stuck in his ~** il avait une arête de poisson dans le gosier ◆ **that sticks in my ~** *(fig)* je n'arrive pas à accepter *or* avaler * ça ◆ **to thrust** *or* **ram** *or* **force ~ sth down sb's ~** *(fig)* imposer qch à qn ◆ **they are always at each other's ~(s)** ils sont toujours à se battre ; → **clear, cut, frog[1], jump**

**throaty** /ˈθrəʊtɪ/ ADJ a *(= husky) [voice, laugh]* rauque b *(Med) [cough]* guttural ◆ **I'm feeling a bit ~** * *(Brit)* j'ai mal à la gorge

**throb** /θrɒb/ N *[of heart]* pulsation *f*, battement *m* ; *[of engine]* vibration *f* ; *[of drums, music]* rythme *m* (fort) ; *[of pain]* élancement *m* ◆ **a ~ of emotion** un frisson d'émotion VI *[heart]* palpiter ; *[voice, engine]* vibrer ; *[drums]* battre (en rythme) ; *[pain]* lanciner ◆ **a town ~bing with life** une ville vibrante d'animation ◆ **the wound ~bed** la blessure me (*or* lui *etc*) causait des élancements ◆ **my head/arm is ~bing** j'ai des élancements dans la tête/dans le bras ◆ **we could hear the music ~bing in the distance** nous entendions au loin le rythme marqué *or* les flonflons *mpl* de la musique

**throes** /θrəʊz/ NPL ◆ **in the ~ of death** dans les affres de la mort, à l'agonie ◆ **in the ~ of war/disease/a crisis** *etc* en proie à la guerre/la maladie/une crise *etc* ◆ **in the ~ of an argument/quarrel/debate** au cœur d'une discussion/d'une dispute/d'un débat ◆ **while he was in the ~ of (writing) his book** pendant qu'il était aux prises avec la rédaction de son livre ◆ **while we were in the ~ of deciding what to do** pendant que nous débattions de ce qu'il fallait faire

**thrombocyte** /ˈθrɒmbəsaɪt/ N thrombocyte *m*

**thrombosis** /θrɒmˈbəʊsɪs/ N (pl **thromboses** /θrɒmˈbəʊsiːz/) thrombose *f*

**throne** /θrəʊn/ N *(all senses)* trône *m* ◆ **to come to the ~** monter sur le trône ◆ **on the ~** sur le trône ; → **power** COMP ▷ **throne room** N salle *f* du trône

**throng** /θrɒŋ/ N foule *f*, multitude *f* VI affluer, se presser (*towards* vers ; *round* autour de ; *to see* pour voir) VT ◆ **people ~ed the streets** la foule se pressait dans les rues ◆ **to be ~ed (with people)** *[streets, town, shops]* être grouillant de monde ; *[room, bus, train]* être bondé *or* comble

**thronging** /ˈθrɒŋɪŋ/ ADJ *[crowd, masses]* grouillant, pullulant

**throttle** /ˈθrɒtl/ N *(Aut, Tech:* also **throttle valve**) papillon *m* des gaz ; *(Aut = accelerator)* accélérateur *m* ◆ **to give an engine full ~** accélérer à fond ◆ **at full ~** à pleins gaz ◆ **to open the ~** accélérer, mettre les gaz ◆ **to close the ~** réduire l'arrivée des gaz VT *[+ person]* étrangler, serrer la gorge de ; *(fig)* étrangler *(fig)*

► **throttle back, throttle down** VI mettre le moteur au ralenti VT SEP *[+ engine]* mettre au ralenti

**through** /θruː/

> When **through** is an element in a phrasal verb, eg **break through**, **fall through**, **sleep through**, look up the verb.

ADV a *(place, time, process)* **the nail went (right) ~** le clou est passé à travers ◆ **just go ~** passez donc ◆ **to let sb ~** laisser passer qn ◆ **you can get a train right ~ to London** on peut attraper un train direct pour Londres ◆ **did you stay all** *or* **right ~?** es-tu resté jusqu'à la fin ? ◆ **we're staying ~ till Tuesday** nous restons jusqu'à mardi ◆ **he slept all night ~** il ne s'est pas réveillé de la nuit ◆ **I know it ~ and ~** je le connais par cœur ◆ **read it (right) ~ to the end, read it right ~** lis-le en entier *or* jusqu'au bout ; → **wet**

♦ **through and through** ◆ **he's a liar ~ and ~** il ment comme il respire ◆ **he's a Scot ~ and ~** il est écossais jusqu'au bout des ongles

b *(Brit Telec)* ◆ **to put sb ~ to sb** passer qn à qn ◆ **I'll put you ~ to her** je vous la passe ◆ **you're ~ now** vous pouvez parler maintenant ◆ **you're ~ to him** vous avez votre correspondant

c (* *= finished*) **I'm ~** ça y est (j'ai fini) * ◆ **are you ~?** ça y est (tu as fini) ? * ◆ **I'm not ~ with you yet** je n'en ai pas encore fini *or* terminé avec vous ◆ **are you ~ with that book?** ce livre, c'est fini ?, tu n'as plus besoin de ce livre ? ◆ **I'm ~ with football!** le football, (c'est) fini ! * ◆ **he told me he was ~ with drugs** il m'a dit que la drogue, pour lui, c'était fini ◆ **I'm ~ with you!** *(gen)* j'en ai marre * de toi ! ; *(in relationship)* c'est fini entre nous ! ◆ **he told me we were ~** *(in relationship)* il m'a dit qu'on allait casser * *or* que c'était fini entre nous

PREP a *(place, object)* à travers ◆ **a stream flows ~ the garden** un ruisseau traverse le jardin *or* coule à travers le jardin ◆ **the stream flows ~ it** le ruisseau le traverse *or* coule à travers ◆ **water poured ~ the roof** le toit laissait passer des torrents d'eau ◆ **to go ~ a forest** traverser une forêt ◆ **to get ~ a hedge** passer au travers d'une haie ◆ **they went ~ the train, looking for ...** ils ont fait tout le train, pour trouver ... ◆ **he went ~ the red light** il a grillé le feu rouge ◆ **to hammer a nail ~ a plank** enfoncer un clou à travers une planche ◆ **he was shot ~ the head** on lui a tiré une balle dans la tête ◆ **to look ~ a window/telescope** regarder par une fenêtre/dans un télescope ◆ **go and look ~ it** *(of hole, window etc)* va voir ce qu'il y a de l'autre côté ◆ **I can hear them ~ the wall** je les entends de l'autre côté du mur ◆ **he has really been ~ it** * il en a vu de dures * ◆ **I'm half-way ~ the book** j'en suis à la moitié du livre ◆ **to speak ~ one's nose** parler du nez ; → **get through, go through, see through**

b *(time)* pendant, durant ◆ **all** *or* **right ~ his life, all his life ~** pendant toute sa vie, sa vie durant ◆ **he won't live ~ the night** il ne passera pas la nuit ◆ **(from) Monday ~ Friday** *(US)* de lundi (jusqu')à vendredi ◆ **he stayed ~ July** il est resté pendant tout le mois de juillet *or* jusqu'à la fin de juillet ◆ **he lives there ~ the week** il habite là pendant la semaine

c *(indicating means, agency)* par, par l'entremise *or* l'intermédiaire de, grâce à, à cause de ◆ **to send ~ the post** envoyer par la poste ◆ **it was ~ him that I got the job** c'est grâce à lui *or* par son entremise que j'ai eu le poste ◆ **it was all ~ him that I lost the job** c'est à cause de lui que j'ai perdu le poste ◆ **I heard it ~ my sister** je l'ai appris par ma sœur ◆ **~ his own efforts** par ses propres efforts ◆ **it happened ~ no fault of mine** ce n'est absolument pas de ma faute si c'est arrivé ◆ **absent ~ illness** absent pour cause de maladie ◆ **to act ~ fear** agir par peur *or* sous le coup de la peur ◆ **he was exhausted ~ having walked all the way** il était épuisé d'avoir fait tout le chemin à pied ◆ **~ not knowing the way he ...** parce qu'il ne connaissait pas le chemin il ...

ADJ *[carriage, train, ticket]* direct ◆ **~ portion** *[of train]* rame *f* directe

COMP ▷ **through street** N *(US)* rue *f* prioritaire ▷ **through traffic** N *(on road sign)* ◆ **"through traffic"** ≃ "toutes directions" ◆ **all ~ traffic has been diverted** toute la circulation a été détournée ▷ **through way** N ◆ **"no through way"** "impasse"

**throughout** /θrʊˈaʊt/ PREP a *(place)* partout dans ◆ **~ the world** partout dans le monde, dans le monde entier ◆ **at schools ~ France** dans les écoles de toute la France b *(time)* pendant, durant ◆ **~ his life** durant toute sa vie, sa vie durant ◆ **~ his career/his story** tout au long de sa carrière/son récit ADV *(= everywhere)* partout ; *(= the whole time)* tout le temps

**throughput** /ˈθruːpʊt/ N *(Comput)* débit *m* ; *(Ind)* capacité *f* de production

**throughway** /ˈθruːweɪ/ N *(US)* voie *f* rapide *or* express

**throve** /θrəʊv/ VB pt of **thrive**

**throw** /θrəʊ/ (vb : pret **threw**, ptp **thrown**) N a *[of javelin, discus]* jet *m* ; *(Wrestling)* mise *f* à terre ; *(Ftbl:* also **throw-in**) remise *f* en jeu ◆ **give him a ~** laisse-lui la balle (*or* le ballon *etc*) ◆ **it was a good ~** *(Sport)* c'était un bon jet ◆ **with one ~ of the ball he ...** avec un seul coup il ... ◆ **you lose a ~** *(in table games)* vous perdez un tour ◆ **50p a ~** *(at fair etc)* 50 pence la partie ◆ **it costs 10 dollars a ~** * *(fig)* ça coûte 10 dollars à chaque fois ; → **stone**

b *(= cover for armchair, sofa)* plaid *m* ; *(= cover for bed)* jeté *m* de lit

**VT** **a** *(= cast) [+ object, stone]* lancer, jeter (*to, at* à) ; *[+ ball, javelin, discus, hammer]* lancer ; *[+ dice]* jeter ◆ **he threw the ball 50 metres** il a lancé la balle à 50 mètres ◆ **he threw it across the room** il l'a jeté *or* lancé à l'autre bout de la pièce ◆ **to ~ a six** *(at dice)* avoir un six ◆ **to ~ one's hat** *or* **cap into the ring** *(fig)* se porter candidat, entrer en lice

♦ **throw + at** ◆ **he threw a towel at her** il lui a jeté *or* envoyé une serviette à la tête ◆ **they were ~ing stones at the cat** ils jetaient *or* lançaient des pierres au chat ◆ **to ~ a question at sb** poser une question à qn à brûle-pourpoint ◆ **to ~ the book at sb** * *(in accusing, reprimanding)* accabler qn de reproches ; *(in punishing, sentencing)* donner *or* coller * le maximum à qn ◆ **she really threw herself at him** * elle s'est vraiment jetée à sa tête *or* dans ses bras

**b** *(= hurl violently) [explosion, car crash]* projeter ; *(in fight, wrestling)* envoyer au sol (*or* au tapis) ; *[+ horse rider]* démonter, désarçonner ◆ **the force of the explosion threw him into the air/across the room** la force de l'explosion l'a projeté en l'air/à l'autre bout de la pièce ◆ **he was ~n clear (of the car)** il a été projeté hors de la voiture ◆ **to ~ o.s. to the ground/at sb's feet/into sb's arms** se jeter à terre/aux pieds de qn/dans les bras de qn ◆ **to ~ o.s. on sb's mercy** s'en remettre à la merci de qn

♦ **to throw o.s. into sth** *(fig)* ◆ **he threw himself into the job** il s'est mis *or* attelé à la tâche avec enthousiasme ◆ **he threw himself into the task of clearing up** il y est allé de tout son courage pour mettre de l'ordre

**c** *(= direct) [+ light, shadow, glance]* jeter ; *[+ slides, pictures]* projeter ; *[+ kiss]* envoyer (*to* à) ; *[+ punch]* lancer (*at* à) ◆ **to ~ one's voice** jouer les ventriloques ; → **light**[1]

**d** *(= put suddenly, hurriedly)* jeter (*into* dans ; *over* sur) ◆ **to ~ sb into jail** jeter qn en prison ◆ **to ~ a bridge over a river** jeter un pont sur une rivière ◆ **to ~ into confusion** *[+ person]* semer la confusion dans l'esprit de ; *[+ meeting, group]* semer la confusion dans ◆ **it ~s the emphasis on ...** cela met l'accent sur ... ◆ **to ~ open** *[+ door, window]* ouvrir tout grand ; *[+ house, gardens]* ouvrir au public ; *[+ race, competition etc]* ouvrir à tout le monde ◆ **to ~ a party** * organiser une petite fête (*for sb* en l'honneur de qn) → **blame, doubt, fit**[2], **relief**

**e** *[+ switch]* actionner

**f** *[+ pottery]* tourner ; *[+ silk]* tordre

**g** *( * = disconcert)* déconcerter ◆ **I was quite ~n when he ...** j'en suis resté baba * quand il ...

**h** *(Sport * = deliberately lose) [+ match, race]* perdre volontairement

**COMP** ▷ **throw-in** **N** *(Ftbl)* remise *f* en jeu ▷ **throw-off** **N** *(Handball)* engagement *m* ▷ **throw-out** **N** *(Handball)* renvoi *m* de but

► **throw about, throw around** **VT SEP** *[+ litter, confetti]* éparpiller ◆ **don't ~ it about or it might break** ne t'amuse pas à le lancer, ça peut se casser ◆ **they were ~ing a ball about** ils jouaient à la balle ◆ **to be ~n about** *(in boat, bus etc)* être ballotté ◆ **to ~ one's money about** dépenser (son argent) sans compter ◆ **to ~ one's weight about** *(fig)* faire l'important ◆ **to ~ o.s. about** se débattre

► **throw aside** **VT SEP** *(lit)* jeter de côté ; *(fig)* rejeter, repousser

► **throw away** **VT SEP** **a** *[+ rubbish, cigarette end]* jeter ; *(fig) [+ one's life, happiness, health]* gâcher ; *[+ talents]* gaspiller, gâcher ; *[+ sb's affection]* perdre ; *[+ money, time]* gaspiller, perdre ; *[+ chance]* gâcher, laisser passer ◆ **to ~ o.s. away** gaspiller ses dons (*on sb* avec qn)

**b** *(esp Theat) [+ line, remark] (= say casually)* laisser tomber ; *(= lose effect of)* perdre tout l'effet de

► **throw back** **VT SEP** **a** *(= return) [+ ball etc]* renvoyer (*to* à) ; *[+ fish]* rejeter ; *(fig) [+ image]* renvoyer, réfléchir ◆ **my offer of friendship was ~n back in my face** je lui ai offert mon amitié et il l'a refusée

**b** *[+ head, hair]* rejeter en arrière ; *[+ shoulders]* redresser ◆ **to ~ o.s. back** se (re)jeter en arrière

**c** *[+ enemy]* repousser ◆ **to be ~n back upon sth** *(fig)* être obligé de se rabattre sur qch

► **throw down** **VT SEP** *[+ object]* jeter ; *[+ weapons]* déposer ◆ **to ~ o.s. down** se jeter à terre ◆ **to ~ down a challenge** lancer *or* jeter un défi ◆ **it's really ~ing it down** * *(= raining)* il pleut à seaux, il tombe des cordes

► **throw in** **VI** *(US)* ◆ **to ~ in with sb** rallier qn

**VT SEP** **a** *[+ object into box etc]* jeter ; *(Ftbl) [+ ball]* remettre en jeu ; *[+ one's cards]* jeter (sur la table) ◆ **to ~ in one's hand** *or* **the sponge** *or* **the towel** * *(fig)* jeter l'éponge ; → **lot**[2]

**b** *(fig) [+ remark, question]* interposer ◆ **he threw in a reference to it** il l'a mentionné en passant

**c** *(fig) (= as extra)* en plus ; *(= included)* compris ◆ **with £5 ~n in** avec 5 livres en plus *or* par-dessus le marché ◆ **with meals ~n in** *(= included)* (les) repas compris ◆ **if you buy a washing machine they ~ in a packet of soap powder** si vous achetez une machine à laver ils vous donnent un paquet de lessive en prime ◆ **we had a cruise of the Greek Islands with a day in Athens ~n in** nous avons fait une croisière autour des îles grecques avec en prime un arrêt d'un jour à Athènes

**N** ◆ **throw-in** → **throw**

► **throw off** **VT SEP** **a** *(= get rid of) [+ burden, yoke]* se libérer de ; *[+ clothes]* enlever *or* quitter *or* ôter (en hâte), se débarrasser brusquement de ; *[+ disguise]* jeter ; *[+ pursuers, dogs]* perdre, semer * ; *[+ habit, tendency, cold, infection]* se débarrasser de ◆ **it threw the police off the trail** cela a dépisté la police

**b** * *[+ poem, composition]* faire *or* écrire au pied levé

► **throw on** **VT SEP** *[+ coal, sticks]* ajouter ; *[+ clothes]* enfiler *or* passer à la hâte ◆ **she threw on some lipstick** * elle s'est vite mis *or* passé un peu de rouge à lèvres

► **throw out** **VT SEP** **a** jeter dehors ; *[+ rubbish, old clothes etc]* jeter, mettre au rebut ; *[+ person] (lit)* mettre à la porte, expulser ; *(fig: from army, school etc)* expulser, renvoyer ; *[+ suggestion]* rejeter, repousser ; *(Parl) [+ bill]* repousser ◆ **to ~ out one's chest** bomber la poitrine

**b** *(= say) [+ suggestion, hint, idea, remark]* laisser tomber ; *[+ challenge]* jeter, lancer

**c** *(= make wrong) [+ calculation, prediction, accounts, budget]* fausser

**d** *(= disconcert) [+ person]* désorienter, déconcerter

► **throw over** **VT SEP** *[+ plan, intention]* abandonner, laisser tomber * ; *[+ friend, boyfriend etc]* laisser tomber *, plaquer * (*for sb else* pour qn d'autre)

► **throw together** **VT SEP** **a** *(pej = make hastily) [+ furniture, machine]* faire à la six-quatre-deux * ; *[+ essay]* torcher * ; *[+ meal]* improviser ◆ **he threw a few things together and left at once** il a rassemblé quelques affaires *or* jeté quelques affaires dans un sac et il est parti sur-le-champ

**b** *(fig: by chance) [+ people]* réunir (par hasard) ◆ **they had been ~n together, fate had ~n them together** le hasard les avait réunis

► **throw up** **VI** *( * = vomit)* vomir

**VT SEP** **a** *(into air) [+ ball etc]* jeter *or* lancer en l'air ◆ **he threw the ball up** il a jeté la balle en l'air ◆ **he threw the book up to me** il m'a jeté *or* lancé le livre ◆ **he threw up his hands in despair** il a levé les bras de désespoir

**b** *(esp Brit = produce, bring to light etc)* produire ◆ **the meeting threw up several good ideas** la réunion a produit quelques bonnes idées, quelques bonnes idées sont sorties de la réunion

**c** *(= reproach)* **to ~ sth up to sb** jeter qch à la figure *or* au visage de qn, reprocher qch à qn

**d** *( * = vomit)* vomir

**e** *( * = abandon, reject) [+ job, task, studies]* lâcher, abandonner ; *[+ opportunity]* laisser passer

**throwaway** /ˈθrəʊəweɪ/ **ADJ** *[bottle]* non consigné ; *[packaging]* perdu ; *[remark, line]* qui n'a l'air de rien **N** *(esp US) [leaflet etc]* prospectus *m*, imprimé *m* ◆ **the ~ society** la société d'hyperconsommation *or* du tout-jetable *

**throwback** /ˈθrəʊbæk/ **N** *[of characteristic, custom etc]* ◆ **it's a ~ to ...** ça nous (*or* les *etc*) ramène à ...

**thrower** /ˈθrəʊəʳ/ **N** lanceur *m*, -euse *f* ; → **discus**

**throwing** /ˈθrəʊɪŋ/ **N** *(Sport)* ◆ **hammer/javelin ~** le lancer du marteau/du javelot

**thrown** /θrəʊn/ **VB** ptp of **throw**

**thru** /θruː/ *(US)* ⇒ **through**

**thrum** /θrʌm/ **VTI** ⇒ **strum**

**thrupenny** * /ˈθrʌpnɪ/ **ADJ, N** *(Brit)* ⇒ **threepenny**

**thruppence** * /ˈθrʌpəns/ **N** *(Brit)* ⇒ **threepence**

**thrush**[1] /θrʌʃ/ **N** *(Orn)* grive *f*

**thrush**[2] /θrʌʃ/ **N** *(Med)* muguet *m* ; *(Vet)* échauffement *m* de la fourchette

**thrust** /θrʌst/ (vb : pret, ptp **thrust**) **N** **a** *(= push)* poussée *f (also Mil)* ; *(= stab: with knife, dagger, stick etc)* coup *m* ; *(with sword)* botte *f* ; *(fig = remark)* pointe *f* ◆ **that was a ~ at you** *(fig)* ça c'était une pointe dirigée contre vous, c'est vous qui étiez visé ; → **cut**

**b** *(NonC) [of propeller, jet engine, rocket]* poussée *f* ; *(Archit, Tech)* poussée *f*

**c** *(= central idea)* idée *f* maîtresse ◆ **the main ~ of his speech/of the film** l'idée maîtresse de son discours/du film ◆ **the main ~ of our research will be ...** l'objectif central de nos recherches sera ... ◆ **the government accepts the broad ~ of the report** le gouvernement accepte le rapport dans ses grandes lignes

**VT** **a** pousser brusquement *or* violemment ; *[+ finger, stick]* enfoncer ; *[+ dagger]* plonger, enfoncer (*into* dans ; *between* entre) ; *[+ rag etc]* fourrer (*into* dans) ◆ **he ~ the box under the table** il a poussé la boîte sous la table ◆ **he ~ his finger into my eye** il m'a mis le doigt dans l'œil ◆ **he ~ the letter at me** il m'a brusquement mis la lettre sous le nez ◆ **to ~ one's hands into one's pockets** enfoncer les mains dans ses poches ◆ **he had a knife ~ into his belt** il avait un couteau glissé dans sa ceinture ◆ **he ~ his head through the window** il a mis *or* passé la tête par la fenêtre ◆ **he ~ the book into my hand** il m'a mis le livre dans la main ◆ **to ~ one's way** → **vi a**

**b** *(fig) [+ job, responsibility]* imposer (*upon sb* à qn) ; *[+ honour]* conférer (*on* à) ◆ **some have greatness ~ upon them** certains deviennent des grands hommes sans l'avoir cherché ◆ **I had the job ~ (up)on me** on m'a imposé ce travail ◆ **to ~ o.s. (up)on sb** imposer sa présence à qn

VI a *(also* **thrust one's way***)* **to ~ in/out** *etc* entrer/sortir *etc* en se frayant un passage ◆ **he ~ past me** il m'a bousculé pour passer ◆ **to ~ through a crowd** se frayer un passage dans la foule

b *(Fencing)* allonger une botte

► **thrust aside** VT SEP *[+ object, person]* écarter brusquement, pousser brusquement à l'écart ; *(fig)* *[+ objection, suggestion]* écarter *or* rejeter violemment

► **thrust forward** VT SEP *[+ object, person]* pousser en avant (brusquement) ◆ **to ~ o.s. forward** s'avancer brusquement, se frayer *or* s'ouvrir un chemin ; *(fig)* se mettre en avant, se faire valoir

► **thrust in** VI *(lit)* *(also* **thrust one's way in***)* s'introduire de force ; *(fig = interfere)* intervenir

VT SEP *[+ stick, pin, finger]* enfoncer ; *[+ rag]* fourrer dedans * ; *[+ person]* pousser (violemment) à l'intérieur *or* dedans

► **thrust out** VT SEP a *(= extend)* *[+ hand]* tendre brusquement ; *[+ legs]* allonger brusquement ; *[+ jaw, chin]* projeter en avant

b *(= push outside)* *[+ object, person]* pousser dehors ◆ **he opened the window and ~ his head out** il a ouvert la fenêtre et passé la tête dehors

► **thrust up** VI *[plants etc]* pousser vigoureusement

**thruster** /ˈθrʌstəʳ/ N a *(pej)* **to be a ~** se mettre trop en avant, être arriviste b *(= rocket)* (micro)propulseur *m*

**thrusting** /ˈθrʌstɪŋ/ ADJ dynamique, entreprenant ; *(pej)* qui se fait valoir, qui se met trop en avant

**thruway** /ˈθruːweɪ/ N *(US)* voie *f* rapide *or* express

**Thu** N abbrev of **Thursday**

**Thucydides** /θuːˈsɪdɪdiːz/ N Thucydide *m*

**thud** /θʌd/ N bruit *m* sourd, son *m* mat ◆ **I heard the ~ of gunfire** j'entendais gronder sourdement les canons VI faire un bruit sourd, rendre un son mat (*on, against* en heurtant) ; *[guns]* gronder sourdement ; *(= fall)* tomber avec un bruit sourd ◆ **to ~ in/out** *etc [person]* entrer/sortir *etc* d'un pas lourd

**thug** /θʌg/ N voyou *m*, gangster *m* ; *(at demonstrations)* casseur *m* ; *(term of abuse)* brute *f*

**thuggery** /ˈθʌgərɪ/ N *(NonC)* brutalité *f*, violence *f*

**thuggish** /ˈθʌgɪʃ/ ADJ de voyou(s)

**Thule** /ˈθjuːlɪ/ N *(also* **ultima Thule***)* Thulé

**thulium** /ˈθjuːlɪəm/ N thulium *m*

**thumb** /θʌm/ N pouce *m* ◆ **to be under sb's ~** être sous la coupe de qn ◆ **she's got him under her ~** elle le mène par le bout du nez ◆ **to be all (fingers and) ~s** être très maladroit ◆ **his fingers are all ~s** il est très maladroit (de ses mains) ◆ **he gave me the ~s up (sign)** * *(all going well)* il a levé le pouce pour dire que tout allait bien *or* en signe de victoire ; *(to wish me luck)* il a levé le pouce en signe d'encouragement ◆ **he gave me the ~s down sign** * il m'a fait signe que ça n'allait pas (*or* que ça n'avait pas bien marché) ◆ **they gave my proposal the ~s down** * ils ont rejeté ma proposition ; → **finger, rule, twiddle**

VT a *[+ book, magazine]* feuilleter ◆ **well ~ed** tout écorné (par l'usage) ◆ **to ~ one's nose** faire un pied de nez (*at sb* à qn)

b * *(gen)* **to ~ a lift** *or* **a ride** faire du stop * *or* de l'auto-stop ◆ **he ~ed a lift to Paris** il est allé à Paris en stop * *or* en auto-stop ◆ **I managed at last to ~ a lift** je suis enfin arrivé à arrêter *or* à avoir une voiture

COMP ▷ **thumb index** N répertoire *m* à onglets ◆ **with ~ index** à onglets ▷ **thumb print** N empreinte *f* du pouce

► **thumb through** VT FUS *[+ book]* feuilleter ; *[+ card index]* consulter rapidement

**thumbnail** /ˈθʌmneɪl/ N ongle *m* du pouce ADJ ◆ **~ sketch** esquisse *f*

**thumbscrew** /ˈθʌmskruː/ N *(Tech)* vis *f* à oreilles ◆ **~s** *(Hist: torture)* poucettes *fpl*

**thumbstall** /ˈθʌmstɔːl/ N poucier *m*

**thumbtack** /ˈθʌmtæk/ N *(US)* punaise *f*

**thump** /θʌmp/ N *(= blow: with fist/stick etc)* (grand) coup *m* de poing/de canne *etc* ; *(= sound)* bruit *m* lourd et sourd ◆ **to fall with a ~** tomber lourdement ◆ **to give sb a ~** assener un coup à qn VT *(gen)* taper sur ; *[+ door]* cogner à, taper à ◆ **I could have ~ed him!** * *(esp Brit)* je l'aurais giflé *or* bouffé ‡ !

VI a cogner, frapper (*on* sur ; *at* à) ; *[heart]* battre fort ; *(with fear)* battre la chamade ◆ **he was ~ing on the piano** il tapait (comme un sourd) sur le piano, il jouait comme un forcené b **to ~ in/out** *etc [person]* entrer/sortir *etc* d'un pas lourd

► **thump out** VT SEP ◆ **to thump out a tune on the piano** marteler un air au piano

**thumping** * /ˈθʌmpɪŋ/ *(Brit)* ADJ *[majority, defeat]* écrasant ; *[losses]* énorme ◆ **a ~ headache** un mal de tête carabiné * ADV ◆ **~ great** *[lorry]* gigantesque ; *[lie]* énorme ◆ **her novel is a ~ good read** son roman est vraiment génial *

**thunder** /ˈθʌndəʳ/ N *(NonC)* tonnerre *m* ; *[of applause]* tonnerre *m*, tempête *f* ; *[of hooves]* retentissement *m*, fracas *m* ; *[of passing vehicles, trains]* fracas *m*, bruit *m* de tonnerre ◆ **there's ~ about** le temps est à l'orage ◆ **there's ~ in the air** il y a de l'orage dans l'air ◆ **I could hear the ~ of the guns** j'entendais tonner les canons ◆ **with a face like ~** le regard noir (de colère) ; → **black, peal, steal**

VI *(Met)* tonner ; *[guns]* tonner ; *[hooves]* retentir ◆ **the train ~ed past** le train est passé dans un grondement de tonnerre ◆ **to ~ against sth/sb** *(liter, fig = be vehement)* tonner *or* fulminer contre qch/qn

VT *(also* **thunder out***)* *[+ threat, order]* proférer d'une voix tonitruante ◆ **"no!" he ~ed** "non !" tonna-t-il ◆ **the crowd ~ed their approval** la foule a exprimé son approbation dans un tonnerre d'applaudissements et de cris

**thunderbolt** /ˈθʌndəbəʊlt/ N coup *m* de foudre ; *(fig)* coup *m* de tonnerre

**thunderclap** /ˈθʌndəklæp/ N coup *m* de tonnerre

**thundercloud** /ˈθʌndəklaʊd/ N nuage *m* orageux ; *(fig)* nuage *m* noir

**thunderer** /ˈθʌndərəʳ/ N ◆ **the Thunderer** le dieu de la Foudre et du Tonnerre, Jupiter *m* tonnant

**thunderhead** /ˈθʌndəhed/ N *(esp US Met)* tête *f* de cumulonimbus

**thundering** /ˈθʌndərɪŋ/ ADV *(Brit † *)* ◆ **a ~ great lie** un énorme mensonge ◆ **this novel is a ~ good read** ce roman est vraiment génial * ADJ a *(= loud)* *[waterfall]* rugissant ; *[voice]* tonitruant, tonnant ◆ **~ applause** un tonnerre d'applaudissements b *(= forceful)* *[question, attack, article]* vibrant c *(Brit † * = great)* ◆ **to make a ~ nuisance of o.s.** être bougrement † * empoisonnant ◆ **in a ~ rage** *or* **fury** dans une colère noire ◆ **in a ~ temper** d'une humeur massacrante ◆ **it was a ~ success** ça a eu un succès monstre *

**thunderous** /ˈθʌndərəs/ ADJ a *(= loud)* *[ovation, noise]* tonitruant ; *[voice]* tonitruant, tonnant ◆ **to ~ acclaim** *or* **applause** dans un tonnerre d'applaudissements b *(= forceful)* *[speech, attack]* vibrant c *(= angry)* ◆ **his face was ~, he had a ~ look** *or* **expression on his face** il était blême de rage

**thunderstorm** /ˈθʌndəstɔːm/ N orage *m*

**thunderstruck** /ˈθʌndəstrʌk/ ADJ *(fig)* abasourdi, ahuri, stupéfié

**thundery** /ˈθʌndərɪ/ ADJ *[weather]* *(= stormy)* orageux ; *(= threatening)* menaçant ◆ **~ rain** pluies *fpl* d'orage ◆ **~ showers** averses *fpl* orageuses

**Thur** abbrev of **Thursday**

**thurible** /ˈθjʊərɪbl/ N encensoir *m*

**thurifer** /ˈθjʊərɪfəʳ/ N thuriféraire *m*

**Thurs.** abbrev of **Thursday**

**Thursday** /ˈθɜːzdɪ/ N jeudi *m* ; → **Maundy Thursday** ; *for other phrases see* **Saturday**

**thus** /ðʌs/ LANGUAGE IN USE 26.3 ADV *(= consequently)* par conséquent ; *(= in this way)* ainsi ◆ **~ far** *(= up to here or now)* jusqu'ici ; *(= up to there or then)* jusque-là

**thusly** /ˈðʌslɪ/ ADV *(frm)* ainsi

**thwack** /θwæk/ N *(= blow)* grand coup *m* ; *(with hand)* claque *f*, gifle *f* ; *(= sound)* claquement *m*, coup *m* sec VT frapper vigoureusement, donner un coup sec à ; *(= slap)* donner une claque à

**thwart**[1] /θwɔːt/ VT *[+ plan]* contrecarrer, contrarier ; *[+ person]* contrecarrer *or* contrarier les projets de ◆ **to be ~ed at every turn** voir tous ses plans contrariés l'un après l'autre

**thwart**[2] /θwɔːt/ N *(Naut)* banc *m* de nage

**thy** /ðaɪ/ POSS ADJ *(††, liter, dial)* ton, ta, tes

**thyme** /taɪm/ N thym *m* ◆ **wild ~** serpolet *m*

**thymus** /ˈθaɪməs/ N (pl **thymuses** *or* **thymi** /ˈθaɪmaɪ/) thymus *m*

**thyroid** /ˈθaɪrɔɪd/ N *(also* **thyroid gland***)* thyroïde *f* ADJ *[disorder, hormone, problem, disease]* thyroïdien ; *[cartilage]* thyroïde

**thyroxin(e)** /θaɪˈrɒksɪn/ N thyroxine *f*

**thyself** /ðaɪˈself/ PERS PRON *(††, liter, dial)* *(reflexive)* te ; *(emphatic)* toi-même

**ti** /tiː/ N *(Mus)* si *m*

**tiara** /tɪˈɑːrə/ N *[of lady]* diadème *m* ; *[of Pope]* tiare *f*

**Tiber** /ˈtaɪbəʳ/ N Tibre *m*

**Tiberias** /taɪˈbɪərɪæs/ N ◆ **Lake ~** le lac de Tibériade

**Tiberius** /taɪˈbɪərɪəs/ N Tibère *m*

**Tibet** /tɪˈbet/ N Tibet *m* ◆ **in ~** au Tibet

**Tibetan** /tɪˈbetən/ ADJ tibétain N a Tibétain(e) *m(f)* b *(Ling)* tibétain *m*

**tibia** /ˈtɪbɪə/ N (pl **tibias** *or* **tibiae**/ˈtɪbɪ,iː/) tibia *m*

**tic** /tɪk/ N tic *m* (nerveux) COMP ▷ **tic-tac-toe** N *(US)* ≃ (jeu *m* de) morpion *m*

**tich** * /tɪtʃ/ N *(Brit)* → **titch**

**tichy** * /ˈtɪtʃɪ/ ADJ *(Brit)* → **titchy**

**tick**[1] /tɪk/ N a *[of clock]* tic-tac *m*

b *(Brit * = instant)* instant *m* ◆ **just a ~!, half a ~!** une seconde !, un instant ! ◆ **in a ~, in a couple of ~s** *(= quickly)* en moins de deux *, en un clin d'œil ◆ **it won't take a ~** *or* **two ~s** c'est l'affaire d'un instant, il y en a pour une seconde ◆ **I shan't be a ~** j'en ai pour une seconde

c *(esp Brit = mark)* coche *f* ◆ **to put** *or* **mark a ~ against sth** cocher qch

**VT** *(Brit) [+ name, item, answer]* cocher ; *(Scol = mark right)* marquer juste ◆ **please ~ where appropriate** *(on form etc)* cochez la case correspondante

**VI** *[clock, bomb etc]* faire tic-tac, tictaquer ◆ **I don't understand what makes him ~** * il est un mystère pour moi ◆ **I wonder what makes him ~** * je me demande comment il fonctionne

**COMP** ▷ **tick-over** **N** *(Brit Aut)* ralenti *m* ▷ **tick-tack-toe** **N** *(US)* ≃ (jeu *m* de) morpion *m*

► **tick away** **VI** *[clock]* continuer son tic-tac ; *[taximeter]* tourner ; *[time]* s'écouler

**VT SEP** ◆ **the clock ticked the hours away** la pendule marquait les heures

► **tick by** **VI** *[time]* s'écouler

► **tick off** **VT SEP** **a** *(Brit) (lit) [+ name, item]* cocher ; *(fig = enumerate) [+ reasons, factors etc]* énumérer ◆ **to ~ sth off on one's fingers** énumérer qch sur ses doigts

**b** *(Brit * = reprimand)* attraper, passer un savon à *

**c** *(US * = annoy)* embêter *, casser les pieds à *

**N** ◆ **ticking-off** * → **ticking²**

► **tick over** **VI** *(Brit) [engine]* tourner au ralenti ; *[taximeter]* tourner ; *[business etc]* aller *or* marcher doucement

**tick²** /tɪk/ **N** *(= parasite)* tique *f*

**tick³** * /tɪk/ **N** *(Brit = credit)* crédit *m* ◆ **on ~** à crédit ◆ **to give sb ~** faire crédit à qn

**tick⁴** /tɪk/ **N** *(NonC = cloth)* toile *f* (à matelas) ; *(= cover)* housse *f* (pour matelas)

**ticker** /ˈtɪkəʳ/ **N** **a** *(esp US)* téléscripteur *m*, téléimprimeur *m* **b** ⁑ *(= watch)* tocante * *f* ; *(= heart)* cœur *m*, palpitant⁑ *m* **COMP** ▷ **ticker tape** **N** *(NonC)* bande *f* de téléscripteur *or* téléimprimeur ; *(US: at parades etc)* ≃ serpentin *m* ◆ **to get a ~ tape welcome** *(US)* être accueilli par une pluie de serpentins

**ticket** /ˈtɪkɪt/ **N** **a** *(Aviat, Cine, Rail, Theat etc: for lottery, raffle)* billet *m* ; *(for bus, tube)* ticket *m* ; *(Comm = label)* étiquette *f* ; *(= counterfoil)* talon *m* ; *(from cash register)* ticket *m*, reçu *m* ; *(for cloakroom)* ticket *m*, numéro *m* ; *(for left luggage)* bulletin *m* ; *(for library)* carte *f* ; *(from pawnshop)* reconnaissance *f* (du mont-de-piété) ◆ **to buy a ~** prendre un billet ◆ **coach ~** billet *m* de car ◆ **admission by ~ only** entrée réservée aux personnes munies d'un billet ◆ **that's (just) the ~!** * c'est ça !, c'est parfait ! ; → **return, season**

**b** *(*: for fine)* P.-V. *m*, papillon *m* ◆ **I found a ~ on the windscreen** j'ai trouvé un papillon sur le pare-brise ◆ **to get a ~ for parking** attraper un P.-V. pour stationnement illégal ◆ **to give sb a ~ for parking** mettre un P.-V. à qn pour stationnement illégal

**c** *(= certificate) [of pilot]* brevet *m* ◆ **to get one's ~** *[ship's captain]* passer capitaine

**d** *(US Pol = list)* liste *f* (électorale) ◆ **he is running on the Democratic ~** il se présente sur la liste des démocrates ; → **straight**

**VT** **a** *[+ goods]* étiqueter

**b** *(US) [+ traveller]* donner un billet à ◆ **passengers ~ed on these flights** voyageurs en possession de billets pour ces vols

**c** *(US = fine)* mettre un P.-V. à

**COMP** ▷ **ticket agency** **N** *(Theat)* agence *f* de spectacles ; *(Rail etc)* agence *f* de voyages ▷ **ticket barrier** **N** *(Brit Rail)* portillon *m* (d'accès) ▷ **ticket collector** **N** contrôleur *m*, -euse *f* ▷ **ticket holder** **N** personne *f* munie d'un billet ▷ **ticket inspector** **N** ⇒ **ticket collector** ▷ **ticket machine** **N** distributeur *m* de titres de transport ▷ **ticket office** **N** bureau *m* de vente des billets, guichet *m* ▷ **ticket of leave** † **N** *(Brit Jur)* libération *f* conditionnelle ▷ **ticket tout** **N** → **tout n**

**ticketing** /ˈtɪkɪtɪŋ/ **N** billetterie *f* **ADJ** *[policy, arrangements, system]* de billetterie

**ticking¹** /ˈtɪkɪŋ/ **N** *(NonC: Tex)* toile *f* (à matelas)

**ticking²** /ˈtɪkɪŋ/ **N** *[of clock]* tic-tac *m* **COMP** ▷ **ticking-off** * **N** *(Brit)* ◆ **to give sb a ~-off** passer un savon à qn *, enguirlander qn ◆ **to get a ~-off** recevoir un bon savon *, se faire enguirlander

**tickle** /ˈtɪkl/ **VT** *(lit) [+ person, dog]* chatouiller, faire des chatouilles * à ; *(= please) [+ sb's vanity, palate etc]* chatouiller ; *(* = delight) [+ person]* plaire à, faire plaisir à ; *(* = amuse)* amuser, faire rire ◆ **to ~ sb's ribs, to ~ sb in the ribs** chatouiller qn ◆ **to be ~d to death** *, **to be ~d pink** * être aux anges ; → **fancy** **VI** chatouiller **N** chatouillement *m*, chatouilles * *fpl* ◆ **he gave the child a ~** il a chatouillé l'enfant, il a fait des chatouilles * à l'enfant ◆ **to have a ~ in one's throat** avoir un chatouillement dans la gorge ; → **slap**

**tickler** * /ˈtɪkləʳ/ **N** *(Brit) (= question, problem)* colle * *f* ; *(= situation)* situation *f* délicate *or* épineuse

**tickling** /ˈtɪklɪŋ/ **N** chatouillement *m*, chatouille(s) * *f(pl)* **ADJ** *[sensation]* de chatouillement ; *[blanket]* qui chatouille ; *[cough]* d'irritation

**ticklish** /ˈtɪklɪʃ/, **tickly** * /ˈtɪklɪ/ **ADJ** **a** *[sensation]* de chatouillement ; *[blanket]* qui chatouille ; *[cough]* d'irritation ◆ **to be ~** *[person]* être chatouilleux **b** *(= touchy) [person, sb's pride]* chatouilleux ; *(= difficult) [situation, problem, task]* épineux, délicat

**ticktack** /ˈtɪktæk/ **N** *(Racing)* langage *m* gestuel *(des bookmakers)* **COMP** ▷ **ticktack man** **N** (pl **ticktack men**) *(Brit)* aide *m* de bookmaker

**ticktock** /ˈtɪkˈtɒk/ **N** *[of clock]* tic-tac *m*

**ticky-tacky** * /ˈtɪkɪˌtækɪ/ *(US)* **ADJ** *[building]* moche * **N** *(NonC) (= building material)* matériaux *mpl* de mauvaise qualité ; *(= goods)* pacotille *f*, camelote *f*

**tidal** /ˈtaɪdl/ **ADJ** *[forces, effects, waters, conditions, atlas]* des marées ; *[river, estuary]* à marées **COMP** ▷ **tidal barrage** **N** barrage *m* coupant l'estuaire ▷ **tidal basin** **N** bassin *m* de marée ▷ **tidal energy, tidal power** **N** énergie *f* marémotrice, houille *f* bleue ▷ **tidal power station** **N** usine *f* marémotrice ▷ **tidal wave** **N** *(lit)* raz-de-marée *m inv* ; *(fig) [of people]* raz-de-marée *m inv* ; *(fig) [of enthusiasm, protest, emotion]* immense vague *f*

**tidbit** /ˈtɪdbɪt/ **N** *(esp US)* ⇒ **titbit**

**tiddler** * /ˈtɪdləʳ/ **N** *(Brit) (= stickleback)* épinoche *f* ; *(= tiny fish)* petit poisson *m* ; *(= small person)* demi-portion * *f* ; *(= small child)* mioche * *mf* ◆ **30 years ago the company was a mere ~** il y a 30 ans, cette entreprise n'était qu'un poids plume

**tiddly** * /ˈtɪdlɪ/ **ADJ** *(Brit)* **a** *(= drunk)* pompette *, éméché * ◆ **to get ~** s'enivrer **b** *(= small)* minuscule

**tiddlywinks** /ˈtɪdlɪwɪŋks/ **N** jeu *m* de puce

**tide** /taɪd/ **N** **a** *[of sea]* marée *f* ◆ **at high/low ~** à marée haute/basse ◆ **the ~ is on the turn** la mer est étale ◆ **the ~ turns at 3 o'clock** la marée commence à monter (*or* à descendre) à 3 heures

**b** *(fig) [of crime, violence, racism]* vague *f* ◆ **an ever increasing ~ of crime** une vague de criminalité qui va en s'intensifiant ◆ **the ~ of nationalism is still running high in a number of republics** la vague nationaliste continue de déferler dans plusieurs républiques ◆ **the ~ has turned** la chance a tourné ◆ **to go with the ~** suivre le courant ◆ **to go against the ~** aller à contre-courant ◆ **the ~ of opinion seems overwhelmingly in his favour** l'opinion publique semble lui être en très grande partie favorable ◆ **the ~ of events** le cours *or* la marche des événements ◆ **the rising ~ of public impatience** l'exaspération grandissante et généralisée du public ; → **time**

**VT** ◆ **to ~ sb over a difficulty** dépanner qn lors d'une difficulté, tirer qn d'embarras provisoirement ◆ **it ~d him over till payday** ça lui a permis de tenir *or* ça l'a dépanné en attendant d'être payé

**COMP** ▷ **tide table** **N** horaire *m* des marées

► **tide over** **VT SEP** ◆ **to tide sb over** permettre à qn de tenir, dépanner qn

**...tide** /taɪd/ **N** *(in compounds)* saison *f* ◆ **Eastertide** (la saison de) Pâques *m* ; → **Whitsun(tide)**

**tideland** /ˈtaɪdlænd/ **N** laisse *f*

**tideline** /ˈtaɪdlaɪn/, **tidemark** /ˈtaɪdmɑːk/ **N** laisse *f* de haute mer, ligne *f* de (la) marée haute ; *(esp Brit hum: on neck, in bath)* ligne *f* de crasse

**tidewater** /ˈtaɪdwɔːtəʳ/ **N** *(Brit)* (eaux *fpl* de) marée *f* ; *(US)* côte *f*

**tideway** /ˈtaɪdweɪ/ **N** *(= channel)* chenal *m* de marée ; *(= tidal part of river)* section *f* (d'un cours d'eau) soumise à l'influence des marées ; *(= current)* flux *m*

**tidily** /ˈtaɪdɪlɪ/ **ADV** *[arrange, fold]* soigneusement, avec soin ; *[write]* proprement ◆ **she is always ~ dressed** elle est toujours correctement vêtue *or* toujours mise avec soin ◆ **try to dress more ~** tâche de t'habiller plus correctement *or* d'apporter plus de soin à ta tenue

**tidiness** /ˈtaɪdɪnɪs/ **N** *(NonC) [of room, drawer, desk, books]* ordre *m* ; *[of handwriting, schoolwork]* propreté *f* ◆ **what I like about him is his ~** ce que j'aime chez lui, c'est son sens de l'ordre ◆ **the ~ of his appearance** sa tenue soignée

**tidings** /ˈtaɪdɪŋz/ **NPL** *(liter)* nouvelle(s) *f(pl)*

**tidy** /ˈtaɪdɪ/ **ADJ** **a** *(= neat) [house, room, drawer, desk]* bien rangé ; *[garden]* bien entretenu ; *[clothes, hair]* net, soigné ; *[appearance, schoolwork]* soigné ; *[handwriting, pile, stack]* net ; *[person] (in appearance)* soigné ; *(in character)* ordonné ◆ **to keep one's room ~** avoir une chambre bien rangée, toujours bien ranger sa chambre ◆ **try to make your writing tidier** tâche d'écrire plus proprement ◆ **to look ~** *[person]* avoir une apparence soignée ; *[room]* être bien rangé ◆ **to make o.s. ~** remettre de l'ordre dans sa toilette ◆ **to have a ~ mind** avoir l'esprit méthodique

**b** *( * = sizeable) [sum, amount]* coquet *, joli * ; *[profit]* joli * ; *[income, speed]* bon ◆ **it cost a ~ bit** *or* **a ~ penny** ça a coûté une jolie * *or* coquette * somme ◆ **it took a ~ bit of his salary** ça lui a pris une bonne partie de son salaire

**N** vide-poches *m inv*

**VT** (also **tidy up**) *[+ drawer, cupboard, books, clothes]* ranger, mettre de l'ordre dans ; *[+ desk]* ranger, mettre de l'ordre sur ◆ **to ~ o.s. up** *[+ woman]* se refaire une beauté ◆ **to ~ (up) one's hair** arranger sa coiffure, remettre de l'ordre dans sa coiffure

**COMP** ▷ **tidy-out** *, **tidy-up** * **N** ◆ **to have a ~-out** *or* **~-up** faire du rangement ◆ **to give sth a (good) ~-out** *or* **~-up** ranger qch à fond

► **tidy away** **VT SEP** *(Brit)* ranger

► **tidy out** **VT SEP** *[+ cupboard, drawer]* vider pour y mettre de l'ordre

**N** ◆ **tidy-out** * → **tidy**

► **tidy up** **VI** *(= tidy room etc)* (tout) ranger ; *(= tidy o.s.)* s'arranger

**VT SEP** ⇒ **tidy vt**

N ◆ **tidy-up** * → **tidy**

**tie** /taɪ/ N a *(= cord etc) [of garment, curtain]* attache *f* ; *[of shoe]* lacet *m*, cordon *m* ; *(fig = bond, link)* lien *m* ; *(= restriction)* entrave *f* ◆ **the ~s of blood** *(fig)* les liens *mpl* du sang ◆ **family ~s** *(= links)* liens *mpl* de famille *or* de parenté ; *(= responsibilities)* attaches *fpl* familiales ◆ **she finds the children a great ~** avec les enfants elle n'est pas libre ; → **old**

b *(= necktie)* cravate *f* ; → **black, white**

c *(esp Sport) (= draw)* égalité *f* (de points) ; *(= drawn match)* match *m* nul ; *(= drawn race/competition)* course *f*/concours *m* dont les vainqueurs sont ex æquo ◆ **the match ended in a ~, the result (of the match) was a ~** les deux équipes ont fait match nul ◆ **there was a ~ for second place** *(Scol, Sport etc)* il y avait deux ex æquo en seconde position ◆ **the election ended in a ~** les candidats ont obtenu le même nombre de voix

d *(Sport = match)* match *m* de championnat ; → **cup**

e *(Mus)* liaison *f*

f *(Archit)* tirant *m*, entrait *m*

g *(US Rail)* traverse *f*

VT a *(= fasten)* attacher (*to* à) ; *[+ shoelace, necktie, rope]* attacher, nouer ; *[+ parcel]* attacher, ficeler ; *[+ ribbon]* nouer, faire un nœud à ; *[+ shoes]* lacer ◆ **to ~ sb's hands** *(lit)* attacher *or* lier les mains de qn ; *(fig)* lier les mains de *or* à qn ◆ **his hands are ~d** *(lit, fig)* il a les mains liées ◆ **to be ~d hand and foot** *(lit, fig)* avoir pieds et poings liés ◆ **to ~ sth in a bow, to ~ a bow in sth** faire un nœud avec qch ◆ **to ~ a knot in sth** faire un nœud à qch ◆ **to get ~d in knots** *[rope etc]* faire des nœuds ◆ **to get ~d in knots** *, **to ~ o.s. in knots** * s'embrouiller ◆ **to ~ sb in knots** * embrouiller qn ◆ **to ~ the knot** * *(= get married)* se marier ; → **apron**

b *(= link)* lier (*to* à) ; *(= restrict)* restreindre, limiter ; *(Mus)* lier ◆ **the house is ~d to her husband's job** la maison est liée au travail de son mari ◆ **I'm ~d to the house/my desk all day** je suis retenu *or* cloué à la maison/mon bureau toute la journée ◆ **are we ~d to this plan?** sommes-nous obligés de nous en tenir à ce projet ?

VI a *[shoelace, necktie, rope]* se nouer

b *(= draw) (Sport etc)* faire match nul ; *(in competition)* être ex æquo ; *(in election)* obtenir le même nombre de voix ◆ **we ~d (with them) four-all** *(Sport)* nous avons fait match nul quatre partout ◆ **they ~d for first place** *(in race, exam, competition)* ils ont été premiers ex æquo

COMP ▷ **tie-break** N *(Tennis)* tie-break *m* ; *(in quiz/game)* question *f*/épreuve *f* subsidiaire ▷ **tie clasp, tie clip** N fixe-cravate *m* ▷ **tie-dye** VT nouer-lier-teindre *(méthode consistant à isoler certaines parties du tissu en le nouant ou en le liant)* ▷ **tie-in** N *(= link)* lien *m*, rapport *m* (*with* avec) ; *(US Comm = sale)* vente *f* jumelée *or* par lots ; *(US Comm = article)* lot *m* ADJ *[sale]* jumelé ▷ **tie-on** ADJ *[label]* à œillet ▷ **tie-rod** N *(Archit, Aut)* tirant *m* ▷ **tie-tack** N *(US)* épingle *f* de cravate ▷ **tie-up** N *(= connection)* lien *m* (*with* avec ; *between* entre) ; *(Fin = merger)* fusion *f* (*with* avec ; *between* entre) ; *(Comm = joint venture between two companies)* accord *m*, entente *f*, association *f*, lien *m* (*with* avec ; *between* entre) ; *(US = stoppage)* interruption *f*, arrêt *m* ; *(= traffic)* embouteillage *m*

► **tie back** VT SEP *[+ curtains]* retenir par une embrasse, attacher sur les côtés ; *[+ hair]* nouer (en arrière)

► **tie down** VT SEP *[+ object, person, animal]* attacher ◆ **he didn't want to be ~d down** *(fig)* il ne voulait pas perdre sa liberté ◆ **to ~ sb down to a promise** obliger qn à tenir sa promesse ◆ **can you ~ him down to these conditions?** pouvez-vous l'astreindre à ces conditions ? ◆ **we can't ~ him down to a date/a price** nous n'arrivons pas à lui faire fixer une date/un prix ◆ **I shan't ~ you down to 6 o'clock** il n'est pas nécessaire que ce soit à 6 heures ◆ **I don't want to ~ myself down to going** je ne veux pas m'engager à y aller *or* me trouver contraint d'y aller

► **tie in** VI a *(= be linked)* être lié (*with* à) ◆ **it all ~s in with what they plan to do** tout est lié à ce qu'ils projettent de faire ◆ **this fact must ~ in somewhere** ce fait doit bien avoir un rapport quelque part

b *(= be consistent)* correspondre (*with* à), concorder, cadrer (*with* avec) ◆ **it doesn't ~ in with what I was told** ça ne correspond pas à *or* ça ne cadre pas avec *or* ça ne concorde pas avec ce que l'on m'a dit

VT SEP ◆ **I'm trying to tie that in with what he said** j'essaie de voir la liaison *or* le rapport entre ça et ce qu'il a dit ◆ **can you ~ the visit in with your trip to London?** pouvez-vous combiner la visite et *or* avec votre voyage à Londres ?

N ◆ **tie-in** → **tie**

► **tie on** VT SEP *[+ label etc]* attacher (avec une ficelle) ◆ **to ~ one on** ⁑ *(fig = get drunk)* se cuiter ⁑, se soûler *

ADJ ◆ **tie-on** → **tie**

► **tie together** VT SEP *[+ objects, people]* attacher ensemble

► **tie up** VI *(Naut)* accoster

VT SEP a *(= bind) [+ parcel]* ficeler ; *[+ prisoner]* attacher, ligoter ; *(= tether) [+ boat, horse]* attacher (*to* à) ◆ **there are a lot of loose ends to ~ up** *(fig)* il y a encore beaucoup de points de détail à régler ◆ **to get (o.s.) all ~d up** * *(fig = muddled)* s'embrouiller, s'emmêler les pinceaux *

b *[+ capital, money]* immobiliser

c *(fig = conclude) [+ business deal]* conclure ◆ **it's all ~d up now** tout est réglé maintenant, c'est une chose réglée maintenant, nous avons (*or* il a *etc*) tout réglé

d (* *= occupy*) **he is ~d up all tomorrow** il est pris *or* occupé toute la journée de demain ◆ **he is ~d up with the manager** il est occupé avec le directeur ◆ **we are ~d up for months to come** nous avons un emploi du temps très chargé pour les mois qui viennent ◆ **he's rather ~d up with a girl in Dover** une jeune fille de Douvres l'accapare en ce moment

e *(= link)* **this company is ~d up with an American firm** cette compagnie a des liens avec *or* est liée à une firme américaine ◆ **his illness is ~d up** * **with the fact that his wife has left him** sa maladie est liée au fait que sa femme l'a quitté

f *(US = obstruct, hinder) [+ traffic]* obstruer, entraver ; *[+ production, sales]* arrêter momentanément ; *[+ project, programme]* entraver ◆ **to get ~d up** *[traffic]* se bloquer ; *[production, sales]* s'arrêter ; *[project, programme]* être suspendu

N ◆ **tie-up** → **tie**

**tieback** /ˈtaɪbæk/ N *(= cord, rope for curtain)* embrasse *f* ; *(= curtain itself)* rideau *m* bonne femme

**tiebreaker** /ˈtaɪbreɪkəʳ/ N ⇒ **tie-break** ; → **tie**

**tied** /taɪd/ ADJ a pt of **tie** b *(Sport = equal)* ◆ **to be ~** être à égalité *or* ex æquo c *(Mus) [note]* lié d *(Brit)* ◆ **~ cottage** logement *m* de fonction *(d'ouvrier agricole etc)* ◆ **it's a ~ house** *[pub]* ce pub ne vend qu'une marque de bière e *(Fin) [loan]* conditionnel f *(= restricted)* ◆ **she is very ~ by the children** elle est très prise par ses enfants ; see also **tie up**

**tiepin** /ˈtaɪpɪn/ N épingle *f* de cravate

**tier** /tɪəʳ/ N *(in stadium, amphitheatre)* gradin *m* ; *(= level)* niveau *m* ; *(= part of cake)* étage *m* ◆ **grand ~** *(Theat)* balcon *m* ◆ **upper ~** *(Theat)* seconde galerie *f* ◆ **to arrange in ~s** *(gen)* étager, disposer par étages ; *[+ seating]* disposer en gradins ◆ **to rise in ~s** s'étager ◆ **a three-~ system** un système à trois niveaux VT *[+ seats]* disposer en gradins ◆ **~ed seating** places *fpl* assises en gradins *or* en amphithéâtre ◆ **three-~ed cake** ≃ pièce *f* montée à trois étages ◆ **a ~ed skirt/dress** une jupe/robe à volants

**Tierra del Fuego** /tɪˌerədelˈfweɪɡəʊ/ N Terre de Feu *f*

**tiff** /tɪf/ N prise *f* de bec *

**tiffin** † /ˈtɪfɪn/ N *(Brit)* repas *m* de midi

**tig** /tɪɡ/ N (jeu *m* du) chat *m*

**tiger** /ˈtaɪɡəʳ/ N tigre *m (also fig)* ◆ **she fought like a ~** elle s'est battue comme une tigresse ◆ **he has a ~ by the tail** il a déclenché quelque chose dont il n'est plus maître

COMP ▷ **tiger economy** N (also **Asian tiger economy**) tigre *m* asiatique ▷ **tiger lily** N lis *m* tigré ▷ **tiger moth** N écaille *f (papillon)* ▷ **tiger's-eye** N œil *m* de tigre

**tigereye** /ˈtaɪɡəraɪ/ N ⇒ **tiger's-eye** ; → **tiger**

**tight** /taɪt/ ADJ a *(= close-fitting) [clothes]* serré ; *[shoes, belt]* qui serre ◆ **too ~** *[clothes, shoes, belt]* trop juste *or* serré ◆ **it should be fairly ~ over the hips** cela se porte relativement ajusté sur les hanches ; see also **skintight**

b *(= taut) [rope]* raide, tendu ; *[skin]* tendu ; *[knot, weave, knitting]* serré ◆ **to pull ~** *[+ knot]* serrer ; *[+ string]* tirer sur ◆ **to stretch ~** *[+ fabric, sheet]* tendre, tirer sur ; *[+ skin]* étirer ◆ **as ~ as a drum** tendu comme un tambour

♦ **a tight rein** ◆ **to hold** *or* **keep a ~ rein on sth** *(= watch closely)* surveiller qch de près ◆ **to hold** *or* **keep a ~ rein on sb, to keep sb under a ~ rein** *(= watch closely)* surveiller qn de près ; *(= be firm with)* tenir la bride haute *or* serrée à qn ◆ **to hold** *or* **keep a ~ rein on o.s.** se contenir

c *(= firm, fixed) [screw, nut, bolt, lid]* serré ; *[tap, drawer]* dur ; *[grip]* solide ◆ **screw the lid firmly on the jar to ensure a ~ seal** vissez bien le couvercle pour que le bocal soit fermé hermétiquement ◆ **to keep a ~ lid on** *(fig) [+ emotions]* contenir ; *[+ story]* mettre sous le boisseau ◆ **he clasped me to his chest in a ~ embrace** il m'a serré (fort) contre lui ◆ **to have** *or* **keep a ~ hold of sth** *(lit)* serrer fort qch ◆ **to keep a ~ hold of sb** *(lit)* bien tenir qn ◆ **to have a ~ grip on sth** *(fig)* avoir qch bien en main ◆ **to keep a ~ grip on sth** *(fig)* surveiller qch de près ; → **airtight, skintight, watertight**

d *(= tense, constricted) [voice, face]* tendu ; *[lips, throat]* serré ; *[mouth]* aux lèvres serrées ; *[smile]* pincé ; *[muscle]* tendu, contracté ; *[stomach]* noué ◆ **his mouth was set in a ~ line** il avait les lèvres serrées ◆ **there was a ~ feeling in his chest** *(from cold, infection)* il avait les bronches prises ; *(from emotion)* il avait la gorge serrée ◆ **it was a ~ squeeze in the lift** on était affreusement serrés dans l'ascenseur

e *(= compact) [group]* compact ◆ **to curl up in a ~ ball** se recroqueviller complètement ◆ **~ curls** boucles *fpl* serrées ; *(= close-knit)* ◆ **a ~ federation of states** une fédération d'États solidaires ◆ **a small, ~ knot of people** un petit groupe étroitement lié

f *(= strict) [schedule, budget]* serré ; *[restrictions, control]* strict, rigoureux ; *[security]* strict ◆ **it'll be a bit ~, but we should make it in time** ce sera un peu juste mais je crois que nous arriverons à temps ◆ **financially things are a bit** ~ nous sommes un peu justes *

**g** *(= sharp) [bend, turn]* serré

**h** *(= close-fought) [competition]* serré ; *[match]* disputé

**i** *(= in short supply)* ◆ **to be** ~ *[money, space]* manquer ; *[resources]* être limité ; *[credit]* être (res)serré ◆ **things were** ~ l'argent manquait

**j** *( * = difficult) [situation]* difficile ◆ **to be in a ~ corner** *or* **spot** être dans le pétrin *

**k** *( * = drunk)* soûl * ◆ **to get** ~ se soûler *

**l** *( * = stingy)* radin * ◆ **to be ~ with one's money** être près de ses sous *

**m** *(Mus *) [band]* bien synchro *

**ADV** *[hold, grasp]* bien, solidement ; *[squeeze]* très fort ; *[shut, fasten, tie, screw]* bien ; *[seal]* hermétiquement ◆ **don't fasten** *or* **tie it too** ~ ne le serrez pas trop (fort) ◆ **to pack sth** ~ bien emballer *or* empaqueter qch ◆ **packed ~ (with sth)** plein à craquer (de qch) ◆ **sit ~!** ne bouge pas ! ◆ **sleep ~!** dors bien !

♦ **to hold tight** s'accrocher ◆ **she held ~ to Bernard's hand** elle s'est accrochée à la main de Bernard ◆ **hold ~!** accroche-toi ! ◆ **all we can do is hold ~ and hope things get better** la seule chose que nous puissions faire c'est nous accrocher et espérer que les choses s'améliorent ◆ **she held ~ to her assertion** elle a maintenu ce qu'elle disait

**NPL tights** *(esp Brit)* collant(s) *m(pl)*

**COMP** ▷ **tight-arsed** ⁂ *(Brit)*, **tight-assed** ⁂ *(US)* **ADJ** *[person, behaviour]* coincé * ▷ **tight end N** *(US Ftbl)* ailier *m* ▷ **tight-fisted ADJ** avare, radin *, pingre ▷ **tight-fitting ADJ** *[garment]* ajusté, collant ; *[lid, stopper]* qui ferme bien ▷ **tight-knit ADJ** *(fig) [community]* très uni ▷ **tight-lipped ADJ** ◆ **to maintain a ~-lipped silence, to be very ~-lipped** ne pas desserrer les lèvres *or* les dents (*about sth* au sujet de qch) ◆ **he stood there ~-lipped** *(from anger etc)* il se tenait là avec un air pincé ◆ **in ~-lipped disapproval** d'un air désapprobateur

**tighten** /ˈtaɪtn/ **VT** (also **tighten up**) *[+ rope]* tendre ; *[+ coat, skirt, trousers]* ajuster, rétrécir ; *[+ screw, wheel, grasp, embrace]* resserrer ; *[+ legislation, restrictions, regulations, control]* renforcer ; *(Econ) [+ credit]* resserrer ◆ **to ~ one's belt** *(lit, fig)* se serrer la ceinture **VI** (also **tighten up**) *[rope]* se tendre, se raidir ; *[screw, wheel]* se resserrer ; *[restrictions, regulations]* être renforcé

► **tighten up VI a** ⇒ **tighten vi b** *(fig)* **to ~ up on security/immigration** devenir plus strict *or* sévère en matière de sécurité/d'immigration ◆ **the police are ~ing up on shoplifters** la police renforce la lutte contre les voleurs à l'étalage **VT SEP** → **tighten vt**

**tightening** /ˈtaɪtnɪŋ/ **N** *[of muscles]* contraction *f* ; *[of screw, wheel, grasp, embrace]* resserrement *m* ; *[of security, control, legislation, restrictions, regulations]* renforcement *m* ; *[of sanctions, system]* durcissement *m* ◆ **the ~ of his grip on her hand** la pression plus forte qu'il a exercée sur sa main ◆ **~ of credit** *(Econ)* encadrement *m* du crédit

**tightly** /ˈtaɪtlɪ/ **ADV a** *(= firmly) [close, bind, wrap]* bien ◆ **to hold a rope** ~ bien tenir une corde ◆ **to hold sb's hand** ~ serrer la main de qn ◆ **to hold sb** ~ serrer qn contre soi ◆ **to hold a letter** ~ serrer une lettre dans sa main ◆ **with ~-closed eyes** les paupières serrées ◆ **~ fitting** *[clothing]* moulant ◆ **~ stretched** *(= tautly)* (très) tendu ◆ **~ packed (with sth)** *(= densely) [bus, room, shelf]* plein à craquer (de qch) ◆ **the ~ packed crowds** les gens serrés comme des sardines * **b** *(= rigorously)* ◆ **to be ~ controlled** faire l'objet d'un contrôle rigoureux ◆ **~ knit** *[community]* très uni

**tightness** /ˈtaɪtnɪs/ **N** *[of dress, trousers]* étroitesse *f* ; *[of screw, lid, drawer]* dureté *f* ; *[of restrictions, control]* rigueur *f*, sévérité *f* ◆ **he felt a ~ in his chest** il sentait sa gorge se serrer

**tightrope** /ˈtaɪtrəʊp/ **N** corde *f* raide, fil *m* ◆ **to be on** *or* **walking a ~** *(fig)* être *or* marcher sur la corde raide **COMP** ▷ **tightrope walker N** funambule *mf*

**tightwad** ⁂ /ˈtaɪtwɒd/ **N** *(US)* radin(e) * *m(f)*, grippe-sou *m*

**tigress** /ˈtaɪgrɪs/ **N** tigresse *f*

**Tigris** /ˈtaɪgrɪs/ **N** Tigre *m*

**tikka** /ˈtiːkə/ **N** ◆ **chicken/lamb ~** poulet *m*/mouton *m* tikka

**tilde** /ˈtɪldə/ **N** tilde *m*

**tile** /taɪl/ **N** *(on roof)* tuile *f* ; *(on floor, wall, fireplace)* carreau *m* ◆ **to be out on the ~s** *, **to spend** *or* **have a night on the ~s** * *(Brit)* faire la noce * *or* la bombe * ◆ **he's got a ~ loose** ⁂ il lui manque une case * **VT** *[+ roof]* couvrir de tuiles ; *[+ floor, wall, fireplace]* carreler ◆ **~d** *[roof]* en tuiles ; *[floor, room etc]* carrelé

**tiling** /ˈtaɪlɪŋ/ **N a** *(= tiles collectively) [of roof]* tuiles *fpl* ; *[of floor, wall]* carrelage *m*, carreaux *mpl* **b** *(= activity, skill) [of roof]* pose *f* des tuiles ; *[of floor, wall etc]* carrelage *m*

**till**[1] /tɪl/ ⇒ **until**

**till**[2] /tɪl/ **N** caisse *f* (enregistreuse) ; *(old-fashioned type)* tiroir-caisse *m* ; *(= takings)* caisse *f* ◆ **pay at the ~** payez à la caisse ◆ **to be** *or* **get caught** *or* **found with one's hand** *or* **fingers in the ~** *(fig)* être pris sur le fait *or* en flagrant délit

**till**[3] /tɪl/ **VT** *(Agr)* labourer

**tillage** /ˈtɪlɪdʒ/ **N** *(= activity)* labour *m*, labourage *m* ; *(= land)* labour *m*, guéret *m*

**tiller**[1] /ˈtɪləʳ/ **N** *(Agr)* laboureur *m*

**tiller**[2] /ˈtɪləʳ/ **N** *(Naut)* barre *f* *(du gouvernail)*

**tilt** /tɪlt/ **N a** *(= tip, slope)* inclinaison *f* ◆ **it has a ~ to it, it's on a** *or* **the ~** c'est incliné, ça penche **b** *(Hist) (= contest)* joute *f* ; *(= thrust)* coup *m* de lance ◆ **to have a ~ at …** *(fig)* décocher des pointes à … ◆ **(at) full ~** à toute vitesse, à fond de train **c** *(fig = inclination)* nouvelle orientation *f* (*towards sth* vers qch) **VT** (also **tilt over**) *[+ object, one's head]* pencher, incliner ; *[+ backrest]* incliner ◆ **to ~ one's hat over one's eyes** rabattre son chapeau sur les yeux ◆ **to ~ one's chair (back)** se balancer sur sa chaise **VI a** *(gen)* s'incliner ; (also **tilt over**) pencher, être incliné **b** *(Hist)* jouter (*at* contre) → **windmill** **COMP** ▷ **tilting train N** train *m* pendulaire ▷ **tilt-top table N** table *f* à plateau inclinable

**tilted** /ˈtɪltɪd/ **ADJ** penché, incliné

**tilth** /tɪlθ/ **N** *(= soil)* couche *f* arable ; *(= tilling)* labourage *m*

**timber** /ˈtɪmbəʳ/ **N a** *(NonC) (= wood)* bois *m* d'œuvre, bois *m* de construction ; *(= trees collectively)* arbres *mpl*, bois *m* ◆ **~!** attention (à l'arbre qui tombe) !, gare ! ◆ **land under ~** futaie *f*, terre *f* boisée *(pour l'abattage)* **b** *(= beam)* madrier *m*, poutre *f* ; *(Naut)* membrure *f* **VT** *[+ tunnel etc]* boiser ◆ **~ed** *[house]* en bois ; *[land, hillside]* boisé ; → **half** **COMP** *[fence etc]* en bois ▷ **timber-framed ADJ** à charpente de bois ▷ **timber line N** limite *f* de la forêt ▷ **timber merchant N** *(Brit)* marchand *m* de bois, négociant *m* en bois ▷ **timber wolf N** loup *m* gris

**timbering** /ˈtɪmbərɪŋ/ **N** *(NonC)* boisage *m*

**timberland** /ˈtɪmbəlænd/ **N** *(NonC)* exploitation *f* forestière

**timberyard** /ˈtɪmbəjɑːd/ **N** *(Brit)* dépôt *m* de bois

**timbre** /ˈtæmbrə, ˈtɪmbəʳ/ **N** *(gen, also Phon)* timbre *m*

**timbrel** /ˈtɪmbrəl/ **N** tambourin *m*

**Timbuktu** /ˌtɪmbʌkˈtuː/ **N** *(lit, fig)* Tombouctou *m*

## time /taɪm/

| 1 NOUN | 2 TRANSITIVE VERB |
|---|---|
| 3 COMPOUNDS | |

### 1 - NOUN

For **a long time** see **long**. For **at the same time** see **same**.

**a** gen temps *m* ◆ **~ and space** le temps et l'espace ◆ **~ flies** le temps passe vite *or* file ◆ **~ will show if …** l'avenir dira si …, on saura avec le temps si … ◆ **in ~, with ~, as ~ goes (***or* **went) by** avec le temps, à la longue ◆ **I've enough ~** *or* **I have the ~ to go there** j'ai le temps d'y aller ◆ **we've got plenty of ~, we've all the ~ in the world** nous avons tout notre temps ◆ **have you got ~ to wait for me?** est-ce que tu as le temps de m'attendre ? ◆ **he spent all/half his ~ reading** il passait tout son temps/la moitié de son temps à lire ◆ **we mustn't lose any ~** il ne faut pas perdre de temps ◆ **I had to stand for part** *or* **some of the ~** j'ai dû rester debout une partie du temps ◆ **it works okay some of the ~** ça marche parfois *or* quelquefois ◆ **he spends the best part of his ~ in London** il passe la plus grande partie de son temps *or* le plus clair de son temps à Londres ◆ **half the ~ * she's drunk** la moitié du temps elle est ivre ◆ **at this point in ~** à l'heure qu'il est, en ce moment ◆ **from ~ out of mind** de temps immémorial ◆ **my ~ is my own** mon temps m'appartient ◆ **free ~, ~ off** temps libre ◆ **he'll tell you in his own good ~** il vous le dira quand bon lui semblera ◆ **in your own ~** en prenant votre temps ◆ **he was working against ~ to finish it** il travaillait d'arrache-pied pour le terminer à temps ◆ **it is only a matter** *or* **question of ~** ce n'est qu'une question de temps ◆ **~ will tell** l'avenir le dira ◆ **~ is money** *(Prov)* le temps c'est de l'argent *(Prov)* ◆ **there's a ~ and a place for everything** *(Prov)* il y a un temps pour tout *(Prov)* ◆ **~ and tide wait for no man** *(Prov)* on ne peut pas arrêter le temps

♦ **all the time** *(= always)* tout le temps ; *(= all along)* depuis le début ◆ **I have to be on my guard all the ~** je dois tout le temps être sur mes gardes ◆ **the letter was in my pocket all the ~** la lettre était dans ma poche depuis le début ◆ **all the ~ he knew who had done it** il savait depuis le début qui avait fait le coup

♦ *number* + **at a time** ◆ **three at a ~** trois par trois, trois à la fois ; *(stairs, steps)* trois à trois ◆ **one at a ~** un par un

♦ **at times** de temps en temps, parfois

♦ **for all time** pour toujours

♦ **for the time being** pour l'instant

♦ **in good time** *(= with time to spare)* en avance ◆ **he arrived in good ~ for the start of the match** il est arrivé en avance pour le début du match ◆ **let me know in good ~** prévenez-moi suffisamment à l'avance ◆ **all in good ~!** chaque chose en son temps !

♦ **to make time to do sth** trouver le temps de faire qch ◆ **however busy you are, you**

**must make ~ to relax** même si vous êtes très pris, il est important que vous trouviez le temps de vous détendre

♦ **to take + time** ♦ **it takes ~ to change people's ideas** ça prend du temps de faire évoluer les mentalités ♦ **things take ~ to change** les choses ne changent pas du jour au lendemain ♦ **it took me a lot of ~ to prepare this** j'ai mis beaucoup de temps à préparer ça ♦ **take your ~** prenez votre temps ♦ **take your ~ over it!** mettez-y le temps qu'il faudra ! ♦ **it took me all my ~ to convince her** j'ai eu toutes les peines du monde à la convaincre

♦ **to take time out to do sth** *(gen)* trouver le temps de faire qch ; *(during studies)* interrompre ses études pour faire qch ♦ **some women managers can't afford to take ~ out to have a baby** certaines femmes cadres ne peuvent pas se permettre d'interrompre leur carrière pour avoir un enfant

♦ **to find/have** *etc* **+ time for** ♦ **I can't find ~ for the garden** je n'arrive pas à trouver le temps de m'occuper du jardin ♦ **I've no ~ for that sort of thing** *(lit)* je n'ai pas le temps de faire ce genre de chose ; *(fig)* je ne supporte pas ce genre de choses ♦ **I've no ~ for people like him** je ne supporte pas les types * comme lui ♦ **I've got a lot of ~ * for him** je trouve que c'est un type très bien * ♦ **it didn't leave him much ~ for sleeping** ça ne lui a guère laissé le temps de dormir

**b** = period, length of time ♦ **for a ~** pendant un (certain) temps ♦ **what a (long) ~ you've been!** vous y avez mis le temps !, il vous en a fallu du temps ! ♦ **he did it in half the ~ it took you** il l'a fait deux fois plus vite *or* en deux fois moins de temps que vous ♦ **he is coming in two weeks' ~** il vient dans deux semaines ♦ **within the agreed ~** *(frm)* dans les délais convenus ♦ **to buy sth on ~** *(US)* acheter qch à tempérament ♦ **what ~ did he do it in?** *(Sport)* il a fait quel temps ? ♦ **the winner's ~ was 12 seconds** le temps du gagnant était de 12 secondes ♦ **to make ~** *(US = hurry)* se dépêcher ♦ **he's making ~ with her** ‡ *(US)* il la drague *

♦ **a short time** peu de temps ♦ **a short ~ later** peu (de temps) après ♦ **for a short ~ we thought that ...** pendant un moment nous avons pensé que ... ♦ **in a short ~ all the flowers had gone** peu de temps après toutes les fleurs étaient fanées

♦ **in + no time** ♦ **in no ~ at all, in next to no ~, in less than no ~** en un rien de temps, en moins de deux *

♦ **some + time** ♦ **I waited for some ~** j'ai attendu assez longtemps *or* pas mal de temps * ♦ **I waited for some considerable ~** j'ai attendu très longtemps ♦ **after some little ~** au bout d'un certain temps ♦ **some ~ ago** il y a déjà un certain temps ♦ **that was some ~ ago** ça fait longtemps de cela ♦ **it won't be ready for some ~ (yet)** ce ne sera pas prêt avant un certain temps ♦ **some ~ before the war** quelque temps avant la guerre ♦ **some ~ next year/in 2003** dans le courant de l'année prochaine/de l'année 2003

**c** = period worked ♦ **to work full ~** travailler à plein temps *or* à temps plein ; see also **full** ♦ **we get paid ~ and a half on Saturdays** le samedi, nous sommes payés une fois et demie le tarif normal ♦ **Sunday working is paid at double ~** les heures du dimanche sont payées double ♦ **in the firm's ~, in company ~** pendant les heures de service ♦ **in** *or* *(US)* **on one's own ~** après les heures de service

**d** = day, era temps *m* ♦ **in Gladstone's ~** du temps de Gladstone ♦ **~ was when one could ...** il fut un temps où l'on pouvait ... ♦ **in my ~ it was all different** de mon temps c'était complètement différent ♦ **he is ahead of** *or* **in advance of** *or* **before his ~, he was born before his ~** il est en avance sur son temps ♦ **to keep up with** *or* **move with the ~s** *[person]* vivre avec son temps ; *[company, institution]* (savoir) évoluer ♦ **to be behind the ~s** être vieux jeu * *inv* ♦ **I've seen some strange things in my ~** j'ai vu des choses étranges dans ma vie ♦ **that was before my ~** *(= before I was born)* je n'étais pas encore né, c'était avant ma naissance ; *(= before I came here)* je n'étais pas encore là ♦ **to die before one's ~** mourir avant l'âge ♦ **in ~(s) of peace** en temps de paix ♦ **in medieval ~s** à l'époque médiévale ♦ **~s are hard** les temps sont durs ♦ **those were tough ~s** la vie n'était pas facile en ce temps-là ♦ **the ~s we live in** l'époque où nous vivons ♦ **it was a difficult ~ for all of us** cela a été une période difficile pour nous tous

**e** = experience **they lived through some terrible ~s in the war** ils ont connu des moments terribles pendant la guerre ♦ **to have a poor** *or* **rough** *or* **bad** *or* **thin** *or* **tough * ~ (of it)** en voir de dures * ♦ **what great ~s we've had!** c'était le bon temps ! ♦ **to have a good ~ (of it)** bien s'amuser ♦ **to have the ~ of one's life** s'amuser follement *

**f** by clock heure *f* ♦ **what is the ~?, what ~ is it?** quelle heure est-il ? ♦ **what ~ do you make it?, what do you make the ~?** quelle heure avez-vous ? ♦ **what ~ is he arriving?** à quelle heure est-ce qu'il arrive ? ♦ **have you got the right ~?** est-ce que vous avez l'heure exacte *or* juste ? ♦ **the ~ is 4.30** il est 4 heures et demie ♦ **your ~ is up** *(in exam, prison visit etc)* c'est l'heure ; *(in game)* votre temps est écoulé ♦ **it sent the president a clear message: your ~ is up** *(fig)* pour le Président, le message était clair : vos jours sont comptés ♦ **he looked at the ~** il a regardé l'heure ♦ **that watch keeps good ~** cette montre est toujours à l'heure ♦ **at this ~ of (the) night** à cette heure de la nuit ♦ **at any ~ of the day or night** à n'importe quelle heure du jour ou de la nuit ♦ **at any ~ during school hours** pendant les heures d'ouverture de l'école ♦ **open at all ~s** ouvert à toute heure ♦ **~ gentlemen please!** *(Brit: in pub)* on ferme ! ♦ **to call ~** *(Brit: in pub)* annoncer la fermeture ♦ **to call ~ on sth** *(Brit = put an end to sth)* mettre un terme à qch ♦ **it's midnight by Eastern ~** *(US)* il est minuit, heure de la côte est ♦ **it was 6 o'clock Paris ~** il était 6 heures, heure de Paris ♦ **it's ~ for lunch** c'est l'heure du déjeuner ♦ **it's ~ to go** c'est l'heure de partir, il est temps de partir ♦ **it's ~ I was going, it's ~ for me to go** il est temps que j'y aille ♦ **it's (about) ~ somebody taught him a lesson** il est grand temps que quelqu'un lui donne *subj* une leçon ♦ **~!** *(Tennis)* reprise !

♦ *preposition* + **time** ♦ **ahead of ~** en avance ♦ **(and) about ~ too!** ce n'est pas trop tôt ! ♦ **not before ~!** *(Brit)* ce n'est pas trop tôt ! ♦ **behind ~** en retard ♦ **just in ~ (for sth/to do sth)** juste à temps (pour qch/pour faire qch) ♦ **on ~** à l'heure ♦ **the trains are on ~** *or* **up to ~, the trains are running to ~** les trains sont à l'heure

♦ **the time of day** ♦ **to pass the ~ of day** bavarder un peu, échanger quelques mots (*with sb* avec qn) ♦ **I wouldn't give him the ~ of day** je ne lui adresserais pas la parole

**g** = moment, point of time moment *m* ♦ **there are ~s when I could hit him** il y a des moments où je pourrais le gifler ♦ **when the ~ comes** quand le moment viendra ♦ **when the ~ is right** quand le moment sera venu ♦ **his ~ is drawing near** *or* **approaching** son heure *or* sa fin est proche ♦ **his ~ has come** son heure est venue ♦ **to choose one's ~** choisir son moment ♦ **come (at) any ~** venez quand vous voudrez ♦ **he may come (at) any ~** il peut arriver d'un moment à l'autre ♦ **it may happen any ~ now** cela peut arriver d'un moment à l'autre ♦ **at the** *or* **that ~** à ce moment-là ♦ **at this ~** en ce moment ♦ **at the present ~** en ce moment, actuellement ♦ **at this particular ~** à ce moment précis ♦ **at (any) one ~** à un moment donné ♦ **at all ~s** à tous moments ♦ **I could hit him at ~s** il y a des moments où je pourrais le gifler ♦ **I have at no ~ said that** je n'ai jamais dit cela ♦ **at ~s** par moments ♦ **he came at a very inconvenient ~** il est arrivé au mauvais moment, il a mal choisi son moment ♦ **(in) between ~s** entre-temps ♦ **by the ~ I had finished, it was dark** le temps que je termine *subj* il faisait nuit ♦ **by this** *or* **that ~ she was exhausted** elle était alors épuisée ♦ **you must be cold by this ~** vous devez avoir froid maintenant ♦ **by this ~ next year** l'année prochaine à la même époque ♦ **this is no** *or* **not the ~ for quarrelling** ce n'est pas le moment de se disputer ♦ **from ~ to ~** de temps en temps ♦ **from that ~** *or* **this ~ on he ...** à partir de ce moment il ... ♦ **from this ~ on I shall do what you tell me** désormais *or* dorénavant je ferai ce que tu me diras ♦ **some ~s ... at other ~s** des fois ... des fois ♦ **at this ~ of year** à cette époque de l'année ♦ **this ~ tomorrow** demain à cette heure-ci ♦ **this ~ last year** l'année dernière à cette époque-ci ♦ **this ~ last week** il y a exactement une semaine ♦ **now's the ~ to do it** c'est le moment de le faire ♦ **the ~ has come for us to leave** il est temps que nous partions *subj* ♦ **the ~ has come to decide ...** il est temps de décider ... ♦ **now's your** *or* **the ~ to tell him** c'est maintenant que vous devriez le lui dire

**h** = occasion fois *f* ♦ **this ~** cette fois ♦ **(the) next ~ you come** la prochaine fois que vous viendrez ♦ **every** *or* **each ~** chaque fois ♦ **several ~s** plusieurs fois ♦ **at various ~s in the past** plusieurs fois déjà ♦ **at other ~s** en d'autres occasions ♦ **~ after ~, ~s without number, ~ and (~) again** maintes et maintes fois ♦ **(the) last ~** la dernière fois ♦ **the previous ~, the ~ before** la fois d'avant ♦ **come back some other ~** revenez une autre fois ♦ **the ~s I've told him that!** je le lui ai dit je ne sais combien de fois ! ♦ **the ~s I've wished that ...** combien de fois n'ai-je souhaité que ... ♦ **some ~ or other I'll do it** je le ferai un jour ou l'autre ♦ **I remember the ~ when he told me about it** je me rappelle le jour où il me l'a dit ♦ **it costs £3 a ~ to do a load of washing** ça coûte trois livres pour faire une lessive ♦ **one at a ~** un(e) par un(e) ♦ **for weeks at a ~** pendant des semaines entières

**i** multiplying fois *f* ♦ **two ~s three is six** deux fois trois (font) six ♦ **ten ~s as big as ..., ten ~s the size of ...** dix fois plus grand que ... ♦ **it's worth ten ~s as much** ça vaut dix fois plus ; → **times**

**j** Mus etc mesure *f* ♦ **in ~** en mesure (*to, with* avec) ♦ **in ~ to the music** en mesure avec la musique ♦ **to be out of ~** ne pas être en mesure (*with* avec) ♦ **to keep ~** rester en mesure

2 - TRANSITIVE VERB

**a** = choose time of *[+ visit]* choisir le moment de ♦ **it was ~d to begin at ...** le commencement était prévu pour ... ♦ **you ~d that perfectly!** c'est tombé à point nommé !, vous ne pouviez pas mieux choisir votre moment ! ♦ **well-~d** *[remark, entrance]* tout à fait opportun, qui tombe à point nommé ; *[stroke]* exécuté avec un bon timing ♦ **the invasion was carefully ~d** l'invasion a été soigneusement minutée ♦ **they are timing**

**the bomb alerts to cause maximum disruption** ils font en sorte que ces alertes à la bombe provoquent le maximum de perturbations

b [= count time of] *[+ race, runner, worker etc]* chronométrer ; *[+ programme, ceremony, piece of work]* minuter ◆ **to ~ sb over 1,000 metres** chronométrer (le temps de) qn sur 1 000 mètres ◆ **~ how long it takes you** notez le temps qu'il vous faut pour le faire ◆ **to ~ an egg** minuter la cuisson d'un œuf

3 - COMPOUNDS

▷ **time and motion study** N *(Ind)* étude *f* des cadences ▷ **time bomb** N bombe *f* à retardement ▷ **time capsule** N capsule *f* témoin *(devant servir de document historique)* ▷ **time card** N *(Ind)* carte *f* de pointage ▷ **time check** N *(Rad)* rappel *m* de l'heure ▷ **time clock** N *(Ind etc = machine itself)* pointeuse *f* ▷ **time-consuming** ADJ qui prend beaucoup de temps ▷ **time delay** N délai *m* ▷ **time-delay** ADJ *[mechanism, safe]* à délai d'ouverture ▷ **time deposit** N *(US Fin)* dépôt *m* à terme ▷ **time difference** N décalage *m* horaire ▷ **time discount** N *(US Comm)* remise *f* pour paiement anticipé ▷ **time draft** N *(US Fin)* effet *m* à terme ▷ **time-expired** ADJ *(Comm)* périmé ▷ **time exposure** N *(Phot)* temps *m* de pose ▷ **time-filler** N façon *f* de tuer le temps ▷ **time frame** N calendrier *m* ◆ **to set a ~ frame** fixer un calendrier ◆ **there was no ~ frame for military action** aucune date précise n'était fixée pour l'intervention militaire ◆ **I cannot give a ~ frame for a return of democratic rule** je ne peux pas spécifier de délai pour le retour à la démocratie ◆ **the ~ frame within which all this occurred was from September 1985 to March 1986** tout ceci s'est produit dans la période comprise entre septembre 1985 et mars 1986 ▷ **time fuse** N détonateur *m* à retardement ▷ **time-honoured** ADJ ◆ **a ~-honoured tradition** une tradition ancienne *or* vénérable ▷ **time-lag** N *(between events)* décalage *m*, retard *m* ; *(between countries)* décalage *m* horaire ▷ **time-lapse photography** N *(Cine)* accéléré *m* ▷ **time limit** N *(= restricted period)* limite *f* de temps ; *(for abortion)* délai *m* légal ; *(Jur)* délai *m* de forclusion ; *(= deadline)* date *f* limite ◆ **to put** *or* **set a ~ limit on sth** fixer une limite de temps *or* un délai pour qch ◆ **within the ~ limit** dans les délais (impartis) ◆ **without a ~ limit** sans limitation de temps ▷ **time loan** N *(US Fin)* emprunt *m* à terme ▷ **time lock** N fermeture *f* commandée par une minuterie ▷ **time machine** N *(Sci Fi)* machine *f* à remonter le temps ▷ **time-out** N *(esp US) (Sport)* temps *m* mort ; *(Chess)* temps *m* de repos ▷ **time-saver** N ◆ **it is a great ~-saver** ça fait gagner beaucoup de temps ▷ **time-saving** ADJ qui fait gagner du temps N économie *f or* gain *m* de temps ▷ **time scale** N → **timescale** ▷ **time-served** ADJ *[tradesman]* qui a fait ses preuves, expérimenté ▷ **time-server** N *(pej)* opportuniste *mf* ◆ **he's a ~-server** il attend de partir ▷ **time-serving** ADJ *(pej)* opportuniste N opportunisme *m* ▷ **time-share** VT *(Comput)* utiliser *or* exploiter en temps partagé ; *[+ holiday home]* avoir en multipropriété N maison *f* (*or* appartement *m*) en multipropriété ▷ **time-sharing** N *(Comput)* (exploitation *f or* travail *m* en) temps *m* partagé ; *[of holiday home]* multipropriété *f* ▷ **time sheet** N *(Ind etc)* feuille *f* de présence ▷ **time signal** N *(Rad)* signal *m* horaire ▷ **time signature** N *(Mus)* indication *f* de la mesure ▷ **time slice** N *(Comput)* tranche *f* de temps ▷ **time span** N période *f* de temps ▷ **time study** N ⇒ **time and motion study** ▷ **time switch** N *[of electrical apparatus]* minuteur *m* ; *(for lighting)* minuterie *f* ▷ **time travel** N *(Sci Fi)* voyage *m* dans le temps ▷ **time trial** N *(Motor Racing, Cycling)* course *f* contre la montre, contre-la-montre *m inv* ▷ **time warp** N distorsion *f* spatiotemporelle ◆ **it's like going into** *or* **living in a ~ warp** on a l'impression d'avoir fait un bond en arrière (*or* en avant) dans le temps *or* d'avoir fait un bond dans le passé (*or* le futur) ▷ **time-waster** N *(pej)* ◆ **to be a ~-waster** *[person]* faire perdre du temps ; *[activity]* être une perte de temps ◆ **"no time wasters"** *(in advert)* "pas sérieux s'abstenir" ▷ **time-wasting** ADJ qui fait perdre du temps N perte *f* de temps ▷ **time zone** N fuseau *m* horaire

**timekeeper** /ˈtaɪmkiːpəʳ/ N *(= watch)* montre *f* ; *(= stopwatch)* chronomètre *m* ; *(Sport = official)* chronométreur *m*, -euse *f* officiel(le) ◆ **to be a good ~** *[person]* être toujours à l'heure

**timekeeping** /ˈtaɪmkiːpɪŋ/ N *(Sport)* chronométrage *m* ◆ **I'm trying to improve my ~** *(at work)* j'essaie d'être plus ponctuel

**timeless** /ˈtaɪmlɪs/ ADJ *[quality, appeal]* intemporel ; *[beauty]* intemporel, éternel

**timeline** /ˈtaɪmlaɪn/ N tableau *m* chronologique

**timeliness** /ˈtaɪmlɪnɪs/ N *(NonC)* à-propos *m*, opportunité *f*

**timely** /ˈtaɪmlɪ/ ADJ *[reminder, arrival]* opportun ; *[intervention]* opportun, qui tombe à point nommé ; *[event, warning]* qui tombe à point nommé

**timepiece** /ˈtaɪmpiːs/ N *(= watch)* montre *f* ; *(= clock)* horloge *f*

**timer** /ˈtaɪməʳ/ N *(Culin etc)* minuteur *m* ; *(with sand in it)* sablier *m* ; *(on machine, electrical device etc)* minuteur *m* ; *(Aut)* distributeur *m* d'allumage ; → **old**

**times** * /taɪmz/ VT *(= multiply)* multiplier

**timescale** /ˈtaɪmskeɪl/ N période *f* ◆ **on a two-year time scale** sur une période de deux ans ◆ **our ~ for this project is 10 to 15 years** nous nous situons dans une perspective de 10 à 15 ans ◆ **the time-scale of the government's plan** le calendrier d'exécution du projet gouvernemental ◆ **we cannot put a ~ on his recovery** nous ne pouvons pas dire combien de temps prendra sa guérison

**timetable** /ˈtaɪmteɪbl/ N *(Rail etc)* (indicateur *m*) horaire *m* ; *(Scol)* emploi *m* du temps ; (*Ftbl:* also **fixtures timetable**) calendrier *m* des rencontres VT *(Brit) [+ visit, course]* établir un emploi du temps pour

**timeworn** /ˈtaɪmwɔːn/ ADJ *[stones etc]* usé par le temps ; *[idea]* rebattu

**timid** /ˈtɪmɪd/ ADJ *(= shy)* timide ; *(= unadventurous)* timoré, craintif ; *(= cowardly)* peureux

**timidity** /tɪˈmɪdɪtɪ/ N *(NonC) (= shyness)* timidité *f* ; *(= unadventurousness)* caractère *m* timoré *or* craintif ; *(= cowardice)* caractère *m* peureux

**timidly** /ˈtɪmɪdlɪ/ ADV *(= shyly)* timidement ; *(= unadventurously)* craintivement ; *(= in cowardly way)* peureusement

**timidness** /ˈtɪmɪdnɪs/ N ⇒ **timidity**

**timing** /ˈtaɪmɪŋ/ N a *[of musician etc]* sens *m* du rythme ◆ **a good comedian depends on his (sense of) ~** un bon comédien doit minuter très précisément son débit ◆ **the actors' ~ was excellent throughout the play** le minutage des acteurs était excellent tout au long de la pièce ◆ **~ is very important in formation flying** la synchronisation est capitale dans les vols en formation ◆ **the ~ of the demonstration** le moment choisi de la manifestation ◆ **he arrived just when we were sitting down to the table: I had to admire his ~** il est arrivé au moment précis où l'on se mettait à table : il ne pouvait pas tomber plus mal ◆ **when cooking fish, ~ is crucial** lorsqu'on cuisine du poisson, il faut absolument minuter la cuisson ◆ **they had talked about having children but the ~ was always wrong** ils avaient évoqué la possibilité d'avoir des enfants mais ce n'était jamais le bon moment

b *(Aut)* réglage *m* de l'allumage ◆ **to set the ~** régler l'allumage

c *(Ind, Sport)* chronométrage *m*

COMP ▷ **timing device, timing mechanism** N *[of bomb etc]* mouvement *m* d'horlogerie ; *[of electrical apparatus]* minuteur *m*

**Timor** /ˈtiːmɔːʳ, ˈtaɪmɔːʳ/ N Timor ◆ **in ~** à Timor

**Timorese** /ˌtɪməˈriːz/ ADJ timorais N Timorais(e) *m(f)* ; see also **East Timorese;** → **east**

**timorous** /ˈtɪmərəs/ ADJ *[person]* timoré, craintif ; *[reform]* frileux, timide ; *[speech]* timoré

**timorously** /ˈtɪmərəslɪ/ ADV craintivement

**Timothy** /ˈtɪməθɪ/ N Timothée *m*

**timothy** /ˈtɪməθɪ/ N *(Bot)* fléole *f* des prés

**timpani** /ˈtɪmpənɪ/ NPL timbales *fpl*

**timpanist** /ˈtɪmpənɪst/ N timbalier *m*

**tin** /tɪn/ N a *(NonC)* étain *m* ; *(= tin plate)* fer-blanc *m*

b *(esp Brit = can)* boîte *f (en fer-blanc)* ◆ **~ of salmon** boîte *f* de saumon

c *(for storage)* boîte *f* (de fer) ◆ **cake ~** boîte *f* à gâteaux

d *(Brit Culin) (= mould: for cakes etc)* moule *m* ; *(= dish: for meat etc)* plat *m* ◆ **cake ~** moule *m* à gâteau ◆ **meat** *or* **roasting ~** plat *m* à rôtir

VT a *(= put in tins) [+ food etc]* mettre en boîte(s) *or* en conserve ; see also **tinned**

b *(= coat with tin)* étamer

COMP *(= made of tin)* en étain, d'étain ; *(= made of tin plate)* en *or* de fer-blanc ▷ **tin can** N boîte *f* (en fer-blanc) ▷ **tin ear** * N *(Mus)* ◆ **he has a ~ ear** il n'a pas d'oreille ▷ **tin god** N *(fig)* ◆ **(little) ~ god** idole *f* de pacotille ▷ **tin hat** N casque *m* ▷ **tin lizzie** * N *(= car)* vieille guimbarde * *f* ▷ **tin mine** N mine *f* d'étain ▷ **tin-opener** N *(Brit)* ouvre-boîte *m* ▷ **Tin Pan Alley** N *(Mus, fig)* le monde du showbiz ▷ **tin plate** N *(NonC)* fer-blanc *m* ▷ **tin soldier** N soldat *m* de plomb ▷ **tin whistle** N flûtiau *m*

**tincture** /ˈtɪŋktʃəʳ/ N *(Pharm)* teinture *f* ; *(fig)* nuance *f*, teinte *f* ◆ **~ of iodine** teinture *f* d'iode VT *(lit, fig)* teinter (*with* de)

**tinder** /ˈtɪndəʳ/ N *(NonC, in tinderbox)* amadou *m* ; *(= small sticks)* petit bois *m NonC* ◆ **as dry as ~** sec (sèche *f*) comme de l'amadou

**tinderbox** /ˈtɪndəbɒks/ N briquet *m* (à amadou) ; *(fig: esp Pol)* poudrière *f*

**tine** /taɪn/ N *[of fork]* dent *f*, fourchon *m* ; *[of antler]* andouiller *m*

**tinfoil** /ˈtɪnfɔɪl/ N *(NonC)* papier *m* (d')aluminium, papier *m* alu *

**ting** /tɪŋ/ N tintement *m* VI tinter VT faire tinter COMP ▷ **ting-a-ling** N *[of telephone, doorbell]* dring *m* ; *[of handbell, tiny bells]* drelin *m*

**tinge** /tɪndʒ/ *(lit, fig)* N teinte *f*, nuance *f* VT teinter (*with* de) ◆ **our happiness was ~d with regret** notre bonheur était mêlé de regret

**tingle** /ˈtɪŋgl/ VI *(= prickle)* picoter, fourmiller ; *(fig = thrill)* vibrer, frissonner ◆ **her face was tingling** le visage lui picotait *or* lui cuisait ◆ **her cheeks were tingling with cold** le froid lui piquait *or* lui brûlait des joues ◆ **my**

**fingers are tingling** j'ai des picotements *or* des fourmis dans les doigts ◆ **the toothpaste makes my tongue ~** le dentifrice me pique la langue ◆ **he was tingling with impatience** il brûlait d'impatience **N** *(= sensation)* picotement *m*, fourmillement *m* ; *(= thrill)* frisson *m* ◆ **to have a ~ in one's ears** *(= sound)* avoir les oreilles qui tintent

**tingling** /ˈtɪŋglɪŋ/ **N** *(NonC)* ⇒ **tingle n** **ADJ** *[sensation, effect]* de picotement, de fourmillement ◆ **to have ~ fingers** avoir des picotements *or* des fourmillements dans les doigts

**tingly** /ˈtɪŋglɪ/ **ADJ** *[sensation]* de picotement, de fourmillement ◆ **my arm is** *or* **feels ~** j'ai des fourmis *or* des fourmillements dans le bras

**tinker** /ˈtɪŋkəʳ/ **N** **a** *(esp Brit: gen)* romanichel(le) *m(f) (often pej)* ; *(specifically mending things)* rétameur *m* (ambulant) ; *(† * = child)* polisson(ne) *m(f)* ◆ **it's not worth a ~'s cuss** *or* **~'s damn** ça ne vaut pas tripette* *or* un clou* ◆ **I don't care** *or* **give a ~'s cuss** *or* **~'s damn** *(fig)* je m'en fiche*, je m'en soucie comme de l'an quarante ◆ **~, tailor, soldier, sailor ...** *comptine enfantine* **b** ◆ **to have a ~ (with)** * bricoler* **VI** **a** *(also* **tinker about***)* bricoler, s'occuper à des bricoles ◆ **she was ~ing (about) with the car** elle bricolait la voiture ◆ **stop ~ing with that watch!** arrête de tripoter* cette montre ! **b** *(fig)* **to ~ with** *[+ contract, wording, report etc] (= change)* faire des retouches à, remanier ; *(dishonestly)* tripatouiller*

**tinkle** /ˈtɪŋkl/ **VI** tinter **VT** faire tinter **N** **a** tintement *m* ◆ **to give sb a ~*** *(Brit Telec)* passer un coup de fil à qn* **b** *(* baby talk = passing water)* pipi* *m*

**tinkling** /ˈtɪŋklɪŋ/ **N** *(NonC)* tintement *m* **ADJ** *[bell]* qui tinte ; *[stream]* qui clapote, qui gazouille

**tinned** /tɪnd/ **ADJ** *(Brit) [fruit, tomatoes, salmon]* en boîte, en conserve ◆ **~ goods** *or* **food** conserves *fpl*

**tinnitus** /tɪˈnaɪtəs/ **N** acouphène *m*

**tinny** /ˈtɪnɪ/ **ADJ** *(pej) [sound, taste]* métallique ◆ **~ piano** casserole* *f*, mauvais piano *m* ◆ **it's such a ~ car** quelle camelote*, cette voiture

**tinpot** * /ˈtɪnpɒt/ **ADJ** *(esp Brit) [car, bike]* qui ne vaut pas grand-chose, en fer-blanc ; *[dictator, government]* fantoche, de pacotille ◆ **a ~ little town** un petit bled*

**tinsel** /ˈtɪnsəl/ **N** **a** *(NonC)* guirlandes *fpl* de Noël (argentées) **b** *(fig pej)* clinquant *m*

**Tinseltown** * /ˈtɪnsəltaʊn/ **N** Hollywood

**tinsmith** /ˈtɪnsmɪθ/ **N** ferblantier *m*

**tint** /tɪnt/ **N** teinte *f*, nuance *f* ; *(for hair)* shampooing *m* colorant ◆ **a greenish ~, a ~ of green** une touche de vert ; → **flesh** **VT** teinter *(with* de*)* ◆ **to ~ one's hair** se faire un shampooing colorant

**tintinnabulation** /ˈtɪntɪˌnæbjʊˈleɪʃən/ **N** tintinnabulement *m*

**Tintoretto** /ˌtɪntəˈretəʊ/ **N** le Tintoret

**tiny** /ˈtaɪnɪ/ **ADJ** *[object]* tout petit, minuscule ; *[person, child, minority]* tout petit ◆ **a ~ little man/baby** un tout petit bonhomme/bébé ◆ **a ~ amount of sth** un tout petit peu de qch

**tip¹** /tɪp/ **N** *(= end) [of stick, pencil, ruler, wing, finger, nose]* bout *m* ; *[of sword, knife, asparagus]* pointe *f* ; *[of iceberg, mountain]* pointe *f*, cime *f* ; *[of ski]* pointe *f*, spatule *f* ; *[of tongue]* pointe *f (also Phon)*, bout *m* ; *(= metal etc end piece) [of shoe]* bout *m*, pointe *f* ; *[of cigarette]* bout *m* ; *[of filter tip]* bout *m* (filtre) ; *[of umbrella, cane]* embout *m* ; *[of billiard cue]* procédé *m* ◆ **from ~ to toe** de la tête aux pieds ◆ **he stood on the ~s of his toes** il s'est dressé sur la pointe des pieds ◆ **he touched it with the ~ of his toe** il l'a touché du bout de l'orteil ◆ **I've got it on** *or* **it's on the ~ of my tongue** je l'ai sur le bout de la langue ◆ **it was on the ~ of my tongue to tell her what I thought of her** j'étais à deux doigts de lui dire ce que je pensais d'elle ◆ **it's just the ~ of the iceberg** ce n'est que la partie visible de l'iceberg, ça n'est rien comparé au reste ; → **fingertip, wing**

**VT** *(= put tip on)* mettre un embout à ; *(= cover tip of)* recouvrir le bout de ◆ **~ped cigarettes** *(Brit)* cigarettes *fpl* (à bout) filtre *inv* ◆ **~ped with steel, steel-~ped** ferré, qui a un embout de fer

**tip²** /tɪp/ **N** **a** *(= money)* pourboire *m* ◆ **the ~ is included** *(in restaurant)* le service est compris

**b** *(= hint, information)* suggestion *f*, tuyau* *m* ; *(= advice)* conseil *m* ; *(Racing)* tuyau* *m* ◆ **"tips for the handyman"** "les trucs du bricoleur" ◆ **that horse is a hot ~ for the 3.30** ce cheval a une première chance dans la course de 15h30 ◆ **take my ~** suivez mon conseil

**c** *(= tap)* tape *f*, petit coup *m*

**VT** **a** *(= reward)* donner un pourboire à ◆ **he ~ped the waiter 1 euro** il a donné 1 € de pourboire au serveur

**b** *(Racing, gen)* pronostiquer ◆ **to ~ the winner** pronostiquer le cheval gagnant ◆ **he ~ped Blue Streak for the 3.30** il a pronostiqué la victoire de Blue Streak dans la course de 15h30 ◆ **to ~ sb the wink*** **about sth** filer un tuyau* à qn sur qch ◆ **they are ~ped to win the next election** *(Brit fig)* on pronostique qu'ils vont remporter les prochaines élections ◆ **Paul was ~ped for the job** *(Brit)* on avait pronostiqué que Paul serait nommé

**c** *(= tap, touch)* toucher (légèrement), effleurer ◆ **to ~ one's hat to sb** mettre *or* porter la main à son chapeau pour saluer qn

**COMP** ▷ **tip-off** **N** ◆ **to give sb a ~-off** *(gen)* prévenir qn, donner *or* filer un tuyau* à qn ; *(Police)* donner* qn

► **tip off** **VT SEP** *(gen)* donner *or* filer un tuyau* à *(about sth* sur qch*)* ; *[+ police]* prévenir *or* avertir *(par une dénonciation)*

**N** ◆ **tip-off** → **tip²**

**tip³** /tɪp/ **N** *(Brit) (for rubbish)* décharge *f*, dépotoir *m* ; *(for coal)* terril *m* ; *(* fig = untidy place)* (véritable) dépotoir *m*

**VT** *(= incline, tilt)* pencher, incliner ; *(= overturn)* faire basculer, renverser ; *(= pour, empty) [+ liquid]* verser *(into* dans ; *out of* de*)* ; *[+ load, sand, rubbish]* déverser, déposer ; *[+ clothes, books etc]* déverser *(into* dans ; *out of* de*)* ◆ **he ~ped the water out of the bucket** il a vidé le seau ◆ **to ~ sb off his chair** renverser *or* faire basculer qn de sa chaise ◆ **they ~ped him into the water** ils l'ont fait basculer *or* tomber dans l'eau ◆ **the car overturned and they were ~ped into the roadway** la voiture s'est retournée et ils se sont retrouvés sur la chaussée ◆ **to ~ the scales at 90kg** peser 90 kg ◆ **to ~ the scales** *or* **balance** *(fig)* faire pencher la balance *(in sb's favour* en faveur de qn ; *against sb* contre qn*)* ◆ **to ~ one's hand*** *or* **one's mitt*** *(US)* dévoiler son jeu (involontairement)

**VI** **a** *(= incline)* pencher, être incliné ; *(= overturn)* se renverser, basculer ◆ **"no tipping", "tipping prohibited"** *(Brit)* "défense de déposer des ordures"

**b** ◆ **it's ~ping with rain*** il pleut des cordes

**COMP** ▷ **tip-cart** **N** tombereau *m* ▷ **tip-up seat** **N** *(in theatre etc)* siège *m* rabattable, strapontin *m* ; *(in taxi, underground etc)* strapontin *m* ▷ **tip-up truck** **N** camion *m* à benne (basculante)

► **tip back, tip backward(s)** **VI** *[chair]* se rabattre en arrière ; *[person]* se pencher en arrière, basculer (en arrière)

**VT SEP** *[+ chair]* rabattre *or* faire basculer (en arrière)

► **tip down*** **VTI SEP** *(= raining)* ◆ **it's tipping (it) down** il pleut des cordes

► **tip forward(s)** **VI** *[chair]* se rabattre en avant ; *[person]* se pencher en avant

**VT SEP** *[+ chair]* rabattre *or* faire basculer (en avant) ; *[+ car seat]* rabattre (en avant)

► **tip out** **VT SEP** *[+ liquid, contents]* vider ; *[+ load]* décharger, déverser ◆ **they ~ped him out of his chair/out of bed** ils l'ont fait basculer de sa chaise/du lit

► **tip over** **VI** *(= tilt)* pencher ; *(= overturn)* basculer

**VT SEP** faire basculer

► **tip up** **VI** *[table etc] (= tilt)* pencher, être incliné ; *(= overturn)* basculer ; *[box, jug]* se renverser ; *[seat]* se rabattre ; *[truck]* basculer

**VT SEP** *(= tilt) [+ table etc]* incliner ; *[+ jug, box]* pencher, incliner ; *[+ person]* faire basculer

**ADJ** ◆ **tip-up** → **tip³**

**tipcat** /ˈtɪpkæt/ **N** (jeu *m* du) bâtonnet *m*

**tipper** /ˈtɪpəʳ/ **N** **a** *(= vehicle)* camion *m* à benne (basculante) ; *(= back of vehicle)* benne *f* (basculante) **b** *(giving money)* ◆ **he is a good** *or* **big ~** il a le pourboire facile

**tippet** /ˈtɪpɪt/ **N** *(also* **fur tippet***)* étole *f* (de fourrure)

**Tipp-Ex** ® /ˈtɪpeks/ **N** Tipp-Ex ® *m* **VT** ◆ **to tippex sth (out)** tippexer qch, effacer qch au Tipp-Ex ®

**tipple** /ˈtɪpl/ **VI** picoler* **N** *(hum)* ◆ **gin is his ~** ce qu'il préfère boire c'est du gin

**tippler** /ˈtɪpləʳ/ **N** picoleur* *m*, -euse* *f*

**tippy-toe** * /ˈtɪpɪtəʊ/ **N, VI** *(US)* ⇒ **tiptoe**

**tipsily** /ˈtɪpsɪlɪ/ **ADV** *[walk]* en titubant légèrement ◆ **... he said ~** ... dit-il un peu ivre

**tipstaff** /ˈtɪpstɑːf/ **N** *(Brit Jur)* huissier *m*

**tipster** /ˈtɪpstəʳ/ **N** *(Racing)* pronostiqueur *m*

**tipsy** /ˈtɪpsɪ/ **ADJ** éméché*, pompette* ◆ **to get ~** devenir pompette* **COMP** ▷ **tipsy cake** **N** *(Brit) sorte de baba au rhum*

**tiptoe** /ˈtɪptəʊ/ **N** ◆ **on ~** sur la pointe des pieds **VI** ◆ **to ~ in/out** *etc* entrer/sortir *etc* sur la pointe des pieds

**tiptop** * /ˈtɪpˈtɒp/ **ADJ** de premier ordre, excellent, de toute première qualité

**tirade** /taɪˈreɪd/ **N** diatribe *f*

**tiramisu** /ˌtɪrəmɪˈsuː/ **N** tiramisu *m*

**tire¹** /ˈtaɪəʳ/ **N** *(US)* ⇒ **tyre**

**tire²** /ˈtaɪəʳ/ **VT** fatiguer ; *(= weary)* fatiguer, lasser **VI** se fatiguer, se lasser ◆ **he ~s easily** il se fatigue vite, il est vite fatigué ◆ **he never ~s of telling us how ...** il ne se lasse jamais de nous dire comment ...

► **tire out** **VT SEP** épuiser ◆ **to be ~d out** être épuisé

**tired** /ˈtaɪəd/ **ADJ** **a** *(= weary) [person, eyes]* fatigué ; *[movement, voice]* las (lasse *f*) ◆ **to get** *or* **grow ~** se fatiguer ◆ **~ and emotional** *(hum euph = drunk)* ivre **b** *(= bored)* **to be ~ of sb/sth** en avoir assez de qn/qch ◆ **to get ~ of sb/sth** commencer à en avoir assez de qn/qch ◆ **to be ~ of doing sth** en avoir assez de faire qch ◆ **to be ~ of sb doing sth** en avoir assez que qn fasse qch ; → **sick** **c**

*(= old)* ◆ **our ~ old car** notre vieille voiture qui ne marche plus bien ◆ **a ~ lettuce leaf** une feuille de laitue défraîchie **d** *(pej = hackneyed) [cliché, topic]* rebattu ; *[excuse]* rebattu, éculé

**tiredly** /ˈtaɪədlɪ/ ADV *[reply]* d'une voix fatiguée ; *[walk]* d'un pas lourd

**tiredness** /ˈtaɪədnɪs/ N fatigue *f*

**tireless** /ˈtaɪəlɪs/ ADJ *[person]* infatigable (*in sth* dans qch) ; *[work, efforts]* inlassable

**tirelessly** /ˈtaɪəlɪslɪ/ ADV infatigablement, inlassablement

**tiresome** /ˈtaɪəsəm/ ADJ *[person, behaviour, noise]* pénible ◆ **it's a ~ business going to all these meetings** c'est une corvée que d'aller à toutes ces réunions ◆ **it is ~ to have to wait** c'est ennuyeux d'avoir à attendre

**tiresomeness** /ˈtaɪəsəmnɪs/ N *[of task]* caractère *m* ennuyeux ◆ **the ~ of her behaviour** son attitude agaçante

**tiring** /ˈtaɪərɪŋ/ ADJ fatigant

**tiro** /ˈtaɪərəʊ/ N ⇒ **tyro**

**Tirol** /tɪˈrəʊl/ N ⇒ **Tyrol**

**tisane** /tɪˈzæn/ N tisane *f*

**tissue** /ˈtɪʃuː/ N *(= cloth)* tissu *m*, étoffe *f* ; *(Anat, Bio)* tissu *m* ; *(= paper handkerchief)* mouchoir *m* en papier, kleenex ® *m* ; (also **toilet tissue**) papier *m* hygiénique ; *(fig = web, mesh)* tissu *m*, enchevêtrement *m* ◆ **a ~ of lies** un tissu de mensonges COMP ▷ **tissue culture** N *(Bio)* culture *f* de tissus ▷ **tissue paper** N *(NonC)* papier *m* de soie

**tit**[1] /tɪt/ N *(Orn)* mésange *f* ; → **blue**

**tit**[2] /tɪt/ N ◆ **~ for tat !** un prêté pour un rendu ! ◆ **I'll give him ~ for tat** je lui rendrai la pareille, je lui revaudrai ça ◆ **~-for-tat killings** représailles *fpl* ◆ **~-for-tat expulsions** des renvois en (guise de) représailles ◆ **a ~-for-tat ban on foreign meat products** un embargo en (guise de) représailles sur les importations de viande

**tit**[3] ‡ /tɪt/ N **a** *(= breast)* nichon ‡ *m*, néné * *m* ◆ **to get on sb's ~s** **‡taper sur le système à qn * **b** *(= idiot)* abruti(e) ‡ *m(f)*, con(ne) ‡ *m(f)*

**Titan** /ˈtaɪtən/ N *(also fig:* also **titan**) Titan *m*

**titanic** /taɪˈtænɪk/ ADJ **a** *[struggle]* titanesque **b** *[acid]* titanique, de titane ; *[iron ore]* titanifère

**titanium** /tɪˈteɪnɪəm/ N titane *m*

**titbit** /ˈtɪtbɪt/ N *(esp Brit) [of food]* friandise *f*, bon morceau *m* ; *[of gossip]* potin *m* ; *(in newspaper)* entrefilet *m* croustillant ◆ **~s** *(= snack with drinks)* amuse-gueule *mpl* ◆ **I've saved the ~ for the end** *(in telling news etc)* j'ai gardé le détail le plus croustillant pour la fin

**titch** * /tɪtʃ/ N *(Brit)* microbe * *m*

**titchy** * /ˈtɪtʃɪ/ ADJ *(Brit)* minuscule

**titfer** ‡ /ˈtɪtfəʳ/ N *(Brit = hat)* galurin *m*

**tithe** /taɪð/ N dîme *f*

**Titian** /ˈtɪʃən/ N Titien *m* ADJ ◆ **titian** blond vénitien *inv*

**titillate** /ˈtɪtɪleɪt/ VT titiller, émoustiller

**titillation** /ˌtɪtɪˈleɪʃən/ N titillation *f*

**titivate** /ˈtɪtɪveɪt/ VI se pomponner, se bichonner VT bichonner, pomponner

**title** /ˈtaɪtl/ N **a** *[of person]* titre *m* ◆ **what ~ should I give him?** comment dois-je l'appeler ? ◆ **I don't know his exact ~** je ne connais pas son titre exact ◆ **George III gave him a ~** Georges III lui a conféré un titre *or* l'a anobli ◆ **this earned him the ~ of "King of the Ring"** cela lui a valu le titre de "roi du ring" **b** *(Sport)* titre *m* ◆ **to win/hold the ~** remporter/détenir le titre ; → **world** **c** *[of book etc]* titre *m* ◆ **under the ~ of ...** sous le titre de ... **d** *(Cine, TV)* **the ~s** *(= credit titles)* le générique ; *(= subtitles)* les sous-titres *mpl* **e** *(Jur)* droit *m*, titre *m* (*to sth* à qch)
VT *[+ book etc]* intituler
COMP ▷ **title bar** N *(Comput)* barre *f* de titre ▷ **title deed** N titre *m* (constitutif) de propriété ▷ **title fight** N *(Boxing)* match *m* de championnat ▷ **title holder** N *(Sport)* détenteur *m*, -trice *f or* tenant(e) *m(f)* du titre ▷ **title page** N page *f* de titre ▷ **title role** N *(Cine, Theat)* rôle-titre *m* ▷ **title track** N chanson-titre *f*

**titled** /ˈtaɪtld/ ADJ *[person]* titré

**titmouse** /ˈtɪtmaʊs/ N (pl **-mice**) mésange *f*

**titrate** /ˈtaɪtreɪt/ VT titrer *(Chem)*

**titter** /ˈtɪtəʳ/ VI rire sottement (*at* de), glousser N gloussement *m*, petit rire *m* sot

**tittle** /ˈtɪtl/ N *(Typ)* signe *m* diacritique ; *(= particle)* brin *m*, iota *m* ; → **jot** COMP ▷ **tittle-tattle** N *(NonC)* cancans *mpl*, potins *mpl* VI cancaner, jaser

**titty** ‡ /ˈtɪtɪ/ N néné ‡ *m* ◆ **tough ~** *or* **titties!** pas de pot ! *

**titular** /ˈtɪtjʊləʳ/ ADJ *[ruler, leader, power]* nominal ; *[possessions, estate]* titulaire

**Titus** /ˈtaɪtəs/ N Tite *m*

**tizzy** * /ˈtɪzɪ/, **tizz** * /tɪz/ N affolement * *m*, panique * *f* ◆ **to be in/get into a ~** être/se mettre dans tous ses états

**TLC** /ˌtiːelˈsiː/ (abbrev of **tender loving care**) → **tender**[3]

**TLS** /ˌtiːelˈes/ N *(Brit)* (abbrev of **Times Literary Supplement**) *magazine littéraire*

**TM** /tiːˈem/ N **a** (abbrev of **transcendental meditation**) → **transcendental** **b** (abbrev of **trademark**) MD

**TN** abbrev of **Tennessee**

**TNT** /tiːenˈtiː/ N (abbrev of **trinitrotoluene**) TNT *m*

## to /tuː/ (weak form /tə/)

1 PREPOSITION 2 ADVERB 3 COMPOUNDS

### 1 - PREPOSITION

When **to** is the second element in a phrasal verb, eg **apply to**, **set to**, look up the verb. When **to** is part of a set combination, eg **nice to**, **of help to**, **to my mind**, **to all appearances**, look up the adjective or noun.

**a** direction, movement à

**à + le = au, à + les = aux.**

◆ **he went ~ the door** il est allé à la porte ◆ **to go ~ school** aller à l'école ◆ **we're going ~ the cinema** on va au cinéma ◆ **she's gone ~ the toilet** elle est allée aux toilettes ◆ **he came over ~ where I was standing** il est venu jusqu'à moi ◆ **to go ~ town** aller en ville

♦ **to it** *(= there)* y ◆ **I liked the exhibition, I went ~ it twice** j'ai aimé l'exposition, j'y suis allé deux fois

**b** = towards vers ◆ **he walked slowly ~ the door** il s'est dirigé lentement vers la porte ◆ **he turned ~ me** il s'est tourné vers moi

**c** home, workplace chez ◆ **let's go ~ Christine's (house)** si on allait chez Christine ? ◆ **we're going ~ my parents' for Christmas** nous allons passer Noël chez mes parents ◆ **to go ~ the doctor('s)** aller chez le docteur

**d** with geographical names

♦ **to** + *fem country/area etc* en

Countries etc that end in **e** are usually feminine:

◆ **~ England/France** en Angleterre/France ◆ **~ Brittany/Provence/Andalusia** en Bretagne/Provence/Andalousie ◆ **~ Sicily/Crete** en Sicile/Crète ◆ **~ Louisiana/Virginia** en Louisiane/Virginie ◆ **ambassador ~ France** ambassadeur en France

**en** is also used with masc countries beginning with a vowel:

◆ **~ Iran/Israel** en Iran/Israël

♦ **to** + *masc country/area* au ◆ **~ Japan/Kuwait** au Japon/Koweït ◆ **~ the Sahara/Kashmir** au Sahara/Cachemire

♦ **to** + *pl country/group of islands* aux ◆ **~ the United States/the West Indies** aux États-Unis/Antilles

♦ **to** + *town/island without article* à ◆ **~ London/Lyons** à Londres/Lyon ◆ **~ Cuba/Malta** à Cuba/Malte ◆ **on the way ~ Paris** en allant à Paris ◆ **~ le Havre** au Havre ◆ **is this the road ~ Newcastle ?** est-ce que c'est la route de Newcastle ? ◆ **it is 90km ~ Paris** *(= from here to)* nous sommes à 90 km de Paris ; *(= from there to)* c'est à 90 km de Paris ◆ **boats ~ and from Calais** les bateaux *mpl* à destination ou en provenance de Calais ◆ **planes ~ Heathrow** les vols *mpl* à destination de Heathrow

♦ **to** + *masc state/region/county* dans ◆ **~ Texas/Ontario** dans le Texas/l'Ontario ◆ **~ Poitou/Berry** dans le Poitou/le Berry ◆ **~ Sussex/Yorkshire** dans le Sussex/le Yorkshire

**dans** is also used with many départements:

◆ **~ the Drôme/the Var** dans la Drôme/le Var

**e** = up to jusqu'à ◆ **to count ~ 20** compter jusqu'à 20 ◆ **I didn't stay ~ the end** je ne suis pas resté jusqu'à la fin ◆ **from morning ~ night** du matin (jusqu')au soir ◆ **it's correct ~ within a millimetre** c'est exact au millimètre près ◆ **from Monday ~ Friday** du lundi au vendredi ◆ **there were 50 ~ 60 people** il y avait (de) 50 à 60 personnes, il y avait entre 50 et 60 personnes

**f** expressing indirect object à ◆ **to give sth ~ sb** donner qch à qn ◆ **"to my wife Anne"** "à ma femme, Anne" ◆ **we have spoken ~ the children about it** nous en avons parlé aux enfants

When a relative clause ends with **to**, a different word order is required in French:

◆ **the man I sold it ~** l'homme à qui *or* auquel je l'ai vendu

When translating **to** + pronoun, look up the pronoun. The translation depends on whether it is stressed or unstressed.

◆ **he was speaking ~ me** il me parlait ◆ **he was speaking ~ ME** c'est à moi qu'il parlait

**g** in time phrases ◆ **20 (minutes) ~ two** deux heures moins 20 ◆ **it's (a) quarter ~/ten ~** il est moins le quart/moins dix

**h** in ratios ◆ **A is ~ B as C is ~ D** A est à B ce que C est à D ◆ **the odds against it happening are a million ~ one** il y a une chance sur un million que ça se produise ◆ **he got a big majority (twenty votes ~ seven)** il a été élu à une large majorité (vingt voix contre sept) ◆ **they won by four (goals) ~ two** ils ont gagné quatre (buts) à deux ◆ **three men ~ a cell** trois hommes par cellule ◆ **200 people ~ the square km** 200 habitants au km carré ◆ **how many kilometres does it do ~ the litre?** combien consomme-t-elle de litres aux cent (kilomètres) ? ◆ **two Swiss francs ~**

**the dollar** deux francs suisses pour un dollar ◆ **three ~ the fourth, three ~ the power four** *(Math)* trois (à la) puissance quatre

**i** [= concerning] ◆ **that's all there is ~ it** *(= it's easy)* ce n'est pas plus difficile que ça ◆ **you're not going, and that's all there is ~ it** *(= that's definite)* tu n'iras pas, un point c'est tout ◆ **"to repairing cooker: 100 euros"** *(Comm)* "remise en état d'une cuisinière : 100 €" ◆ **"to services rendered"** *(Comm)* "pour services rendus"

**j** [= of] de ◆ **the key ~ the front door** la clé de la porte d'entrée ◆ **assistant ~ the manager** adjoint *m* du directeur ◆ **wife ~ Mr Milton** épouse *f* de M. Milton ◆ **he has been a good friend ~ us** il a été vraiment très gentil avec nous

**k** [also much to] ◆ **~ my delight/surprise/shame** à ma grande joie/surprise/honte

**l** [infinitive] ◆ **~ be** être ◆ **~ eat** manger ◆ **they didn't want ~ go** ils ne voulaient pas y aller ◆ **she refused ~ listen** elle n'a pas voulu écouter

> A preposition may be required with the French infinitive, depending on what precedes it: look up the verb or adjective.

◆ **he refused ~ help me** il a refusé de m'aider ◆ **we're ready ~ go** nous sommes prêts à partir ◆ **it was very good of him ~ come at such short notice** c'était très gentil de sa part de venir si rapidement

> The French verb may take a clause, rather than the infinitive:

◆ **he was expecting me ~ help him** il s'attendaient à ce que je l'aide

**m** [infinitive expressing purpose] pour ◆ **well, ~ sum up ...** alors, pour résumer ... ◆ **we are writing ~ inform you ...** nous vous écrivons pour vous informer que ... ◆ **they have come ~ help us** ils sont venus pour nous aider

**n** [to avoid repetition of verb]

> to is not translated when it stands for the infinitive:

◆ **he'd like me ~ come, but I don't want ~** il voudrait que je vienne mais je ne veux pas ◆ **I'll try ~** j'essaierai ◆ **yes, I'd love ~** oui, volontiers ◆ **I didn't mean ~** je ne l'ai pas fait exprès ◆ **I forgot ~** j'ai oublié

**o** [in exclamations] ◆ **and then ~ be let down like that!** et tout ça pour que l'on nous laisse tomber comme ça ! ◆ **and ~ think he didn't mean a word of it!** et dire que pour lui ce n'étaient que des paroles en l'air !

2 - ADVERB

[= shut] ◆ **~ push the door ~** entrouvrir la porte (en la poussant) ◆ **when the door is ~** quand la porte est entrouverte

3 - COMPOUNDS

▷ **-to-be** ADJ *(in compounds)* futur ◆ **husband-to-be** futur mari *m* ; → **mother** ▷ **to-do** * N (pl **to-dos**) ◆ **he made a great to-do about lending me the car** il a fait toute une histoire pour me prêter la voiture ◆ **she made a great to-do about it** elle en a fait tout un plat * ◆ **what a to-do!** quelle histoire !, quelle affaire ! ▷ **to-ing and fro-ing** N allées et venues *fpl*

---

**toad** /təʊd/ N crapaud *m (also fig)* COMP ▷ **toad-in-the-hole** N *(Brit Culin) saucisses cuites au four dans de la pâte à crêpes*

**toadstool** /ˈtəʊdstuːl/ N champignon *m* vénéneux

**toady** /ˈtəʊdɪ/ N flagorneur *m*, -euse *f*, lèche-bottes * *mf inv* VI être flagorneur ◆ **to ~ to sb** flagorner qn, flatter qn bassement, lécher les bottes de qn *

**toadying** /ˈtəʊdɪɪŋ/, **toadyism** /ˈtəʊdɪɪzəm/ N *(NonC)* flagornerie *f*

**toast** /təʊst/ N **a** *(NonC: Culin)* pain *m* grillé, toast *m* ◆ **you've burnt the ~** tu as laissé brûler le pain *or* les toasts ◆ **a piece** *or* **slice of ~** une tartine grillée, un (morceau de) toast, une rôtie ◆ **sardines on ~** sardines *fpl* sur toast *or* sur canapé ◆ **you've got him on ~** * vous le tenez ◆ **you're ~!** * tu es grillé ! * ; → **warm**

**b** *(= drink, speech)* toast *m* ◆ **to drink a ~ to sb** porter un toast à qn *or* en l'honneur de qn, boire à la santé *or* au succès de qn ◆ **the ~ is "the family"** portons un toast à la famille ◆ **they drank his ~ in champagne** ils lui ont porté un toast au champagne ◆ **here's a ~ to all who ...** levons nos verres en l'honneur de tous ceux qui ... ◆ **to propose** *or* **give a ~ to sb** porter un toast à qn *or* en l'honneur de qn ◆ **she was the ~ of the town** elle était la coqueluche *or* la vedette de la ville

VT **a** *[+ bread etc]* (faire) griller ◆ **~ed cheese** toast *m* au fromage ◆ **he was ~ing himself/his toes by the fire** il se chauffait/se rôtissait les pieds auprès du feu

**b** *(= propose toast to)* porter un toast à ; *(= drink toast to) [+ person]* boire à la santé de *or* au succès de, porter un toast à ; *[+ event, victory]* arroser *(with* à)

COMP ▷ **toasting fork** N fourchette *f* à griller le pain ▷ **toast rack** N porte-toasts *m inv*

**toaster** /ˈtəʊstəʳ/ N grille-pain *m inv (électrique)*

**toastie** /ˈtəʊstɪ/ N ≈ croque-monsieur *m*

**toastmaster** /ˈtəʊstmɑːstəʳ/ N animateur *m* pour réceptions et banquets

**toasty** /ˈtəʊstɪ/ ADJ * bien chaud N ⇒ **toastie**

**tobacco** /təˈbækəʊ/ N (pl **tobaccos** *or* **tobaccoes**) tabac *m* COMP *[leaf, smoke, plantation, company]* de tabac ; *[pouch]* à tabac ; *[industry]* du tabac ▷ **tobacco jar** N pot *m* à tabac ▷ **tobacco plant** N (pied *m* de) tabac *m* ▷ **tobacco planter** N planteur *m* de tabac

**tobacconist** /təˈbækənɪst/ N *(esp Brit)* marchand(e) *m(f)* de tabac, buraliste *mf* ◆ **~'s (shop)** (bureau *m or* débit *m* de) tabac *m*

**Tobago** /təˈbeɪgəʊ/ N Tobago ; → **Trinidad**

**toboggan** /təˈbɒgən/ N toboggan *m*, luge *f* ; *(Sport)* luge *f* VI (also **go tobogganing**) faire du toboggan *or* de la luge ; *(Sport)* luger ◆ **he ~ed down the hill** il a descendu la colline en toboggan *or* en luge COMP *[race]* de luge ▷ **toboggan run** N piste *f* de luge

**toby jug** /ˈtəʊbɪˌdʒʌg/ N chope *f* à effigie humaine

**toccata** /təˈkɑːtə/ N toccata *f*

**tocsin** /ˈtɒksɪn/ N tocsin *m*

**tod** ‡ /tɒd/ N *(Brit)* ◆ **on one's ~** tout seul (toute seule *f*)

**today** /təˈdeɪ/ ADV **a** *(= this day)* aujourd'hui ◆ **it rained all (day) ~** il a plu toute la journée aujourd'hui ◆ **later ~** plus tard dans la journée ◆ **early ~** aujourd'hui de bonne heure ◆ **earlier ~** en début de journée ◆ **~ week** *, **a week ~** *(Brit)* aujourd'hui en huit ◆ **I met her a week ago ~** ça fait une semaine aujourd'hui que je l'ai rencontrée ◆ **what day is it ~?** quel jour sommes-nous aujourd'hui ? ◆ **what date is it ~?** on est le combien aujourd'hui ? ◆ **money! it's here ~ gone tomorrow** l'argent, ça va ça vient ! ◆ **here ~, gone tomorrow fashion fads** des modes éphémères ◆ **a lot of staff can be here ~, gone tomorrow** beaucoup d'employés peuvent arriver un jour et repartir le lendemain

**b** *(= nowadays)* aujourd'hui, de nos jours ◆ **young people ~ have it easy** les jeunes d'aujourd'hui se la coulent douce * ◆ **you can't sack anyone ~ without a good reason** aujourd'hui on ne peut renvoyer personne sans motif valable

N **a** aujourd'hui *m* ◆ **what day is ~?** quel jour sommes-nous aujourd'hui ? ◆ **~ is Friday** aujourd'hui c'est vendredi ◆ **what is ~'s date?** quelle est la date aujourd'hui ? ◆ **~ is the 4th** aujourd'hui c'est le 4 ◆ **~ is very wet** il pleut beaucoup aujourd'hui ◆ **~ was a bad day for me** aujourd'hui ça a été une mauvaise journée pour moi ◆ **~'s paper** le journal d'aujourd'hui

**b** *(= these days)* aujourd'hui *m* ◆ **the writers of ~** les écrivains d'aujourd'hui

**toddle** /ˈtɒdl/ VI **a** *[child]* **to ~ in/out** *etc* entrer/sortir *etc* à pas hésitants ◆ **he has begun to ~, he is just toddling** il fait ses premiers pas **b** *(* hum) (= go)* aller ; *(= stroll)* se balader * ; *(= leave:* also **toddle off**) se sauver *, se trotter ‡ N *(hum)* ◆ **to go for a ~** ‡ aller faire un petit tour *or* une petite balade *

**toddler** /ˈtɒdləʳ/ N tout(e) petit(e) *m(f)* (qui commence à marcher), bambin * *m* ◆ **he's only a ~** il est encore tout petit ◆ **she has one baby and one ~** elle a un bébé et un petit qui commence juste à marcher

**toddy** /ˈtɒdɪ/ N ≈ grog *m*

**todger** ‡ /ˈtɒdʒəʳ/ N *(Brit)* quéquette ‡ *f*

**TOE** /tiːəʊˈiː/ N (abbrev of **ton oil equivalent**) TEP *f (abrév de tonne équivalent pétrole)*

**toe** /təʊ/ N *(Anat)* orteil *m*, doigt *m* de pied ; *[of sock, shoe]* bout *m* ◆ **big/little ~** gros/petit orteil *m* ◆ **to tread** *or* **step on sb's ~s** *(lit, fig)* marcher sur les pieds de qn ◆ **to keep sb on his ~s** forcer qn à rester vigilant *or* alerte ◆ **that will keep you on your ~s!** ça t'empêchera de t'endormir !, ça te fera travailler ! ◆ **to turn up one's ~s** * *(Brit hum = die)* passer l'arme à gauche ◆ **to go** *or* **stand ~ to ~ with sb** *(esp US)* affronter qn ◆ **there are scenes in the film that make your ~s curl** il y a des scènes dans ce film qui donnent la chair de poule ; → **tip¹**, **top¹**

VT *(= touch/push)* toucher/pousser du bout de l'orteil ◆ **to ~ the line** *or (US)* **mark** *(in race)* se ranger sur la ligne de départ ; *(fig)* se mettre au pas, se plier ◆ **to ~ the party line** *(Pol)* ne pas s'écarter de *or* suivre la ligne du parti

COMP ▷ **toe clip** N *(Cycling)* cale-pied *m inv* ▷ **toe-curling** * ADJ *(= embarrassing)* très embarrassant ▷ **toe-piece** N *(Ski)* butée *f*

**toecap** /ˈtəʊkæp/ N ◆ **reinforced ~** bout *m* renforcé *(de chaussure)*

**-toed** /təʊd/ ADJ *(in compounds)* ◆ **three-toed** à trois orteils

**TOEFL** /ˈtɒfəl/ N (abbrev of **Test of English as a Foreign Language**) *examen d'anglais pour les étudiants étrangers voulant étudier dans des universités anglo-saxonnes*

**toehold** /ˈtəʊhəʊld/ N *(lit)* prise *f* (pour le pied) ◆ **to have a ~ in ...** *(fig)* avoir un pied dans ...

**toenail** /ˈtəʊneɪl/ N ongle *m* de l'orteil *or* du pied

**toerag** ‡ /ˈtəʊræg/ N *(Brit)* sale con(ne) ‡ *m(f)*

**toff** † ‡ /tɒf/ N *(Brit)* aristo ‡ *mf*, dandy * *m*

**toffee** /ˈtɒfɪ/ N caramel *m* (au beurre) ◆ **he can't do it for ~** * il n'est pas fichu * de le faire COMP ▷ **toffee-apple** N pomme *f* caramélisée ▷ **toffee-nosed** ‡ ADJ *(Brit pej)* bêcheur *, qui fait du chiqué *

**tofu** /'təʊ,fuː, 'tɒ,fuː/ N tofu *m*, fromage *m* de soja

**tog** * /tɒg/ *(Brit)* VT ◆ **to ~ up** *or* **out** nipper *, fringuer ‡ ◆ **to be all ~ged up** *or* **out (in one's best clothes)** être bien fringué ‡ *or* sapé * N *(Brit Measure)* *indice d'isolation thermique d'une couette ou d'une couverture* NPL **togs** fringues ‡ *fpl*

**toga** /'təʊgə/ N toge *f*

**together** /tə'geðəʳ/

> When **together** is an element in a phrasal verb, eg **bring together**, **get together**, **sleep together**, look up the verb.

ADV **a** ensemble ◆ **I've seen them ~** je les ai vus ensemble ◆ **we're in this ~** nous sommes logés à la même enseigne ◆ **they were both in it ~** *(fig pej)* ils avaient partie liée tous les deux ◆ **you must keep ~** vous devez rester ensemble, vous ne devez pas vous séparer ◆ **tie the ropes ~** nouez les cordes ◆ **if you look at the reports ~** si vous considérez les rapports conjointement ◆ **they belong ~** *[objects]* ils vont ensemble ◆ **crime and poverty go ~** *[people]* le crime et la pauvreté vont de pair, ils sont faits l'un pour l'autre ; → **bang, gather, live**[1]

♦ **together with** ◆ **~ with what you bought yesterday that makes ...** avec ce que vous avez acheté hier ça fait ... ◆ **(taken) ~ with the previous figures, these show that ...** ces chiffres, considérés conjointement avec les précédents, indiquent que ... ◆ **he, ~ with his colleagues, accepted ...** lui, ainsi que ses collègues, a accepté ...

**b** *(= simultaneously)* en même temps, simultanément ; *[sing, play, recite]* à l'unisson ◆ **the shots were fired ~** les coups de feu ont été tirés simultanément *or* en même temps ◆ **they both stood up ~** ils se sont tous les deux levés en même temps ◆ **don't all speak ~** ne parlez pas tous à la fois ◆ **all ~ now!** *(shouting, singing)* tous en chœur maintenant ! ; *(pulling)* (oh !) hisse ! ◆ **you're not ~** *(Mus)* vous n'êtes pas à l'unisson

**c** *(= continuously)* **for days/weeks ~** (pendant) des jours entiers/des semaines entières ◆ **for five weeks ~** (pendant) cinq semaines de suite *or* d'affilée

**d** *( * fig)* **to get it ~, to get one's act ~** s'organiser ◆ **let's get it ~** il faut qu'on s'organise, il faut qu'on essaie d'y voir plus clair ◆ **she's got it ~** c'est quelqu'un d'équilibré

ADJ *( * = well adjusted) [person]* équilibré ◆ **a ~ person** quelqu'un d'équilibré

**togetherness** /tə'geðənɪs/ N *(NonC)* *(= unity)* unité *f* ; *(= friendliness)* camaraderie *f*

**toggle** /'tɒgl/ N *(Naut)* cabillot *m* ; *(on garment)* bouton *m* de duffle-coat COMP ▷ **toggle joint** N *(Tech)* genouillère *f* ▷ **toggle key** N *(Comput)* touche *f* à bascule ▷ **toggle switch** N *(Elec)* interrupteur *m* à bascule

**Togo** /'təʊgəʊ/ N Togo *m* ◆ **in ~** au Togo

**toil**[1] /tɔɪl/ N *(NonC)* (dur) travail *m*, labeur *m* *(liter)* VI **a** *(= work hard:* also **toil away***)* travailler dur *(at, over* à ; *to do sth* pour faire qch) peiner *(at, over* sur ; *to do sth* pour faire qch) **b** *(= move with difficulty)* **to ~ along/up** *etc* *[person, animal, vehicle]* avancer/monter *etc* péniblement *or* avec peine

**toil**[2] /tɔɪl/ N *(fig liter = snare, net)* ◆ **~s** rets *mpl* ◆ **in the ~s of ...** dans les rets de ...

**toilet** /'tɔɪlɪt/ N **a** *(= lavatory)* toilettes *fpl*, W.-C. *mpl* ◆ **"Toilets"** "Toilettes" ◆ **to go to the ~** aller aux toilettes *or* aux W.-C. ◆ **to put sth down the ~** jeter qch dans la cuvette des cabinets

**b** *(= dressing etc, dress)* toilette *f*

COMP ▷ **toilet bag** N trousse *f* de toilette ▷ **toilet bowl** N cuvette *f* (des cabinets) ▷ **toilet case** N ⇒ **toilet bag** ▷ **toilet humour** N *(pej)* humour *m* scatologique ▷ **toilet paper** N papier *m* hygiénique ▷ **toilet requisites** NPL *(Comm)* articles *mpl* de toilette ▷ **toilet roll** N rouleau *m* de papier hygiénique ▷ **toilet seat** N siège *m* *or* lunette *f* des cabinets *or* W.-C. *or* toilettes ▷ **toilet soap** N savonnette *f*, savon *m* de toilette ▷ **toilet table** N table *f* de toilette ▷ **toilet tissue** N ⇒ **toilet paper** ▷ **toilet-train** VT ◆ **to ~-train a child** apprendre à un enfant à être propre ▷ **toilet training** N apprentissage *m* de la propreté ▷ **toilet water** N eau *f* de toilette

**toiletries** /'tɔɪlɪtrɪz/ NPL articles *mpl* de toilette

**toilette** /twɑː'let/ N ⇒ **toilet noun b**

**toilsome** /'tɔɪlsəm/ ADJ *(liter)* pénible, épuisant

**toke** ‡ /təʊk/ N *(Drugs)* bouffée *f*

**token** /'təʊkən/ LANGUAGE IN USE 26.2

N **a** *(= sign, symbol)* marque *f*, témoignage *m*, gage *m* ; *(= keepsake)* souvenir *m* ; *(= metal disc: for travel, telephone etc)* jeton *m* ; *(= voucher, coupon)* bon *m*, coupon *m* ; (also **gift token***)* bon-cadeau *m* ◆ **milk ~** bon *m* de lait ◆ **as a ~ of, in ~ of** en témoignage de, en gage de ◆ **by the same ~** de même ◆ **this is an immensely difficult subject, but by the same ~ it is a highly important one** ceci est un sujet extrêmement délicat, mais c'est aussi un sujet de la plus haute importance ; → **book, record**

**b** *(Ling)* occurrence *f*

ADJ *[payment, wage, strike, resistance, military presence]* symbolique ; *[attempt, effort, appearance]* pour la forme ; *(pej)* *[woman etc]* de service ◆ **a ~ gesture** un geste symbolique ◆ **I was the ~ pensioner on the committee** j'étais le retraité alibi *or* le retraité de service au comité ◆ **she said she's not just a ~ woman** elle a dit qu'elle n'était pas simplement une femme alibi

COMP ▷ **token vote** N *(Parl)* vote *m* de crédits *(dont le montant n'est pas définitivement fixé)*

**tokenism** /'təʊkənɪzəm/ N ◆ **is his promotion mere ~?** sa promotion est-elle une mesure purement symbolique ? ◆ **his part in the film smacks of ~** il n'est probablement présent dans le film que pour la forme

**Tokyo** /'təʊkjəʊ/ N Tokyo

**told** /təʊld/ VB pt, ptp of **tell**

**Toledo** /tɒ'leɪdəʊ/ N Tolède

**tolerable** /'tɒlərəbl/ ADJ **a** *(= bearable)* tolérable, supportable **b** *(= adequate)* assez bon ◆ **the food is ~** on y mange passablement, on n'y mange pas trop mal

**tolerably** /'tɒlərəblɪ/ ADV *[good, comfortable, happy]* relativement ◆ **~ well** relativement bien ◆ **he plays ~ (well)** il joue passablement, il joue relativement bien

**tolerance** /'tɒlərəns/ N *(gen)* tolérance *f*, indulgence *f* ; *(Med, Tech)* tolérance *f*

**tolerant** /'tɒlərənt/ ADJ **a** *(= sympathetic) [person, society, attitude]* tolérant *(of sb/sth* à l'égard de qn/qch) **b** *(Phys, Med)* ◆ **~ of heat** résistant à la chaleur ◆ **~ to light/a toxin** résistant à la lumière/à une toxine ◆ **to be ~ to a drug** tolérer un médicament

**tolerantly** /'tɒlərəntlɪ/ ADV *[smile]* avec indulgence ; *[listen]* patiemment

**tolerate** /'tɒləreɪt/ LANGUAGE IN USE 10.4 VT *[+ heat, pain]* supporter ; *[+ insolence, injustice]* tolérer, supporter ; *(Med, Tech)* tolérer

**toleration** /,tɒlə'reɪʃən/ N *(NonC)* tolérance *f*

**toll**[1] /təʊl/ N **a** *(= tax, charge)* péage *m*

**b** *[of accident]* nombre *m* de victimes ; *[of disaster]* bilan *m* ◆ **the war took a heavy ~ of** *or* **among the young men** la guerre a fait beaucoup de victimes parmi les jeunes, les jeunes ont payé un fort tribut à la guerre ◆ **it took (a) great ~ of his strength** cela a sérieusement ébranlé *or* sapé ses forces ◆ **it took a ~ of his savings** cela a fait un gros trou dans ses économies ◆ **we must reduce the accident ~ on the roads** il nous faut réduire le nombre des victimes de la route ◆ **the death ~** le bilan des victimes ◆ **the ~ of dead and injured has risen** le nombre des morts et des blessés a augmenté ◆ **winter takes its ~ on your health** l'hiver a un effet néfaste sur la santé ◆ **higher fuel prices took their ~** l'augmentation du prix de l'essence a eu des conséquences néfastes ◆ **a high exchange rate took a heavy ~ on industry** le niveau élevé du change a nui considérablement à l'industrie

COMP ▷ **toll bridge** N pont *m* à péage ▷ **toll call** N *(US Telec)* appel *m* longue distance ▷ **toll charge** N péage *m* ▷ **toll-free** ADV *(US Telec)* sans payer la communication ADJ gratuit ◆ **~-free number** ≃ numéro *m* vert ® ▷ **toll road** N route *f* à péage ; → ROADS

**toll**[2] /təʊl/ VI *[bell]* sonner ◆ **for whom the bell ~s** pour qui sonne le glas VT *[+ bell, the hour]* sonner ; *[+ sb's death]* sonner le glas pour

**tollbar** /'təʊlbɑːʳ/ N barrière *f* de péage

**tollbooth** /'təʊlbuːð/ N poste *m* de péage

**tolley** /'tɒlɪ/ N *(= marble)* calot *m*

**tollgate** /'təʊlgeɪt/ N ⇒ **tollbar**

**tollhouse** /'təʊlhaʊs/ N maison *f* de péagiste

**tollkeeper** /'təʊlkiːpəʳ/ N péagiste *mf*

**tollway** /'təʊlweɪ/ N ⇒ **toll road** ; → **toll**[1]

**Tolstoy** /'tɒlstɔɪ/ N Tolstoï *m*

**Tom** /tɒm/ N **a** (dim of **Thomas**) Thomas *m* ◆ **(any) ~, Dick or Harry** n'importe qui, le premier venu ; → **peep**[1] **b** *(US* ‡ *pej:* also **Uncle Tom***)* Oncle Tom *m*, bon nègre *m* COMP ▷ **Tom Thumb** N Tom-Pouce *m* ; *(in French tale)* le Petit Poucet

**tom** /tɒm/ N matou *m* COMP ▷ **tom cat** N *(= cat)* matou *m* ; *(US* ‡ *= man)* coureur *m* de jupons, cavaleur * *m*

**tomahawk** /'tɒməhɔːk/ N tomahawk *m*, hache *f* de guerre

**tomato** /tə'mɑːtəʊ/ *(US)* /tə'meɪtəʊ/ N (pl **tomatoes**) *(= fruit, plant)* tomate *f* COMP ▷ **tomato juice** N jus *m* de tomate ▷ **tomato ketchup** N ketchup *m* ▷ **tomato paste** N ⇒ **tomato purée** ▷ **tomato plant** N tomate *f* ▷ **tomato purée** N purée *f* de tomates ▷ **tomato sauce** N sauce *f* tomate ▷ **tomato soup** N soupe *f* de tomates

**tomb** /tuːm/ N tombeau *m*, tombe *f*

**tombac, tombak** /'tɒmbæk/ N *(NonC)* tombac *m*, laiton *m*

**tombola** /tɒm'bəʊlə/ N *(Brit)* tombola *f*

**tomboy** /'tɒmbɔɪ/ N garçon *m* manqué

**tomboyish** /'tɒmbɔɪɪʃ/ ADJ de garçon manqué

**tomboyishness** /'tɒmbɔɪɪʃnɪs/ N *(NonC)* manières *fpl* de garçon manqué

**tombstone** /'tuːmstəʊn/ N pierre *f* tombale, tombe *f*

**tome** /təʊm/ N tome *m*, gros volume *m*

**tomfool** /'tɒm'fuːl/ ADJ absurde, idiot

**tomfoolery** /tɒm'fuːlərɪ/ N *(NonC)* niaiserie(s) *f(pl)*, âneries *fpl*

**Tommy** /'tɒmɪ/ N (dim of **Thomas**) Thomas *m* ; *(Brit Mil* *: also **tommy***)* tommy * *m*, soldat *m* britannique COMP ▷ **Tommy gun** N mitraillette *f*

**tommyrot** † * /ˈtɒmɪrɒt/ N *(NonC)* bêtises *fpl*, âneries *fpl*

**tomography** /təˈmɒgrəfɪ/ N tomographie *f*

**tomorrow** /təˈmɒrəʊ/ ADV demain ◆ **all (day)** ~ toute la journée (de) demain ◆ **late** ~ tard demain ◆ **early** ~ demain de bonne heure ◆ ~ **lunchtime** demain à midi ◆ **I met her a week ago** ~ ça fera une semaine demain que je l'ai rencontrée ◆ **he'll have been here a week** ~ demain cela fera huit jours qu'il est là ◆ **see you** ~ à demain ◆ **what day will it be** ~**?** quel jour sera-t-on *or* serons-nous demain ? ◆ **what date will it be** ~**?** on sera le combien demain ? ; → **today**

N a demain *m* ◆ **what day will** ~ **be?** quel jour serons-nous demain ? ◆ ~ **will be Saturday** demain ce sera samedi ◆ **what date will** ~ **be?** quelle est la date de demain ? ◆ ~ **will be the 5th** demain ce sera le 5 ◆ **I hope** ~ **will be dry** j'espère qu'il ne pleuvra pas demain ◆ ~ **will be a better day for you** demain les choses iront mieux pour vous ◆ ~ **never comes** demain n'arrive jamais ◆ ~ **is another day!** ça ira peut-être mieux demain ! ◆ ~**'s paper** le journal de demain

b *(= the future)* ◆ **the writers of** ~ les écrivains *mpl* de demain *or* de l'avenir ◆ **like** *or* **as if there was no** ~ * *[spend, drive]* sans se soucier du lendemain ; *[eat, drink]* comme si c'était la dernière fois ◆ **brighter** ~**s** des lendemains qui chantent

COMP ▷ **tomorrow afternoon** ADV demain après-midi ▷ **tomorrow evening** ADV demain soir ▷ **tomorrow morning** ADV demain matin ▷ **tomorrow week** * ADV *(Brit)* demain en huit

**tomtit** /ˈtɒmtɪt/ N mésange *f*

**tomtom** /ˈtɒmtɒm/ N tam-tam *m*

**ton** /tʌn/ N a *(= weight)* tonne *f* *(Brit = 1016,06 kg ; Can, US etc = 907,20 kg)* ◆ **metric** ~ tonne *f* *(= 1 000 kg)* ◆ **a seven-**~ **truck** un camion de sept tonnes ◆ **it weighs a** ~**, it's a** ~ **weight** *(fig)* ça pèse une tonne ◆ ~**s of** * *(fig)* beaucoup de, des tas de * b *(Naut)* (also **register ton**) tonneau *m* *(= 2,83 m³)* ; (also **displacement ton**) tonne *f* ◆ **a 60,000-**~ **steamer** un paquebot de 60 000 tonnes c (⁑ *= hundred)* **a** ~ cent ◆ **to do a** ~ **(up)** *(Aut etc)* faire du cent soixante à l'heure COMP ▷ **ton-up boys** † ⁑ NPL *(Brit = motorcyclists)* motards * *mpl*, fous *mpl* de la moto

**tonal** /ˈtəʊnl/ ADJ a *(= vocal) [range, contrast]* tonal ◆ ~ **quality** tonalité *f* b *(in colour) [range, contrast]* de tons COMP ▷ **tonal music** N musique *f* tonale ▷ **tonal value** N *(Phot)* tonalité *f*

**tonality** /təʊˈnælɪtɪ/ N tonalité *f*

**tondo** /ˈtɒndəʊ/ N (pl **tondi** /ˈtɒndiː/) tondo *m*

**tone** /təʊn/ LANGUAGE IN USE 27.3

N a *(in sound: also Ling, Mus)* ton *m* ; *(Telec: also of radio, record player etc)* tonalité *f* ; *[of answering machine]* signal *m* sonore, bip *m* (sonore) ; *[of musical instrument]* sonorité *f* ◆ **to speak in low** ~**s** *or* **in a low** ~ parler à voix basse *or* doucement ◆ **to speak in angry** ~**s, to speak in an angry** ~ **(of voice)** parler sur le ton de la colère ◆ **don't speak to me in that** ~ **(of voice)!** ne me parlez pas sur ce ton ! ◆ **in friendly** ~**s, in a friendly** ~ sur un ton amical ◆ **after the** ~ *(on answering machine)* après le bip *or* le signal sonore ◆ **rising/falling** ~ *(Ling)* ton *m* montant/descendant ; → **dialling, engaged**

b *(in colour)* ton *m* ◆ **two-**~ en deux tons

c *(= general character)* ton *m* ◆ **what was the** ~ **of his letter?** quel était le ton de sa lettre ? ◆ **we were impressed by the whole** ~ **of the school** nous avons été impressionnés par la tenue générale de l'école ◆ **the** ~ **of the market** *(Fin)* la tenue du marché ◆ **to raise/lower the** ~ **of sth** hausser/rabaisser le niveau de qch

d *(NonC = class, elegance)* classe *f* ◆ **it gives the restaurant** ~**, it adds** ~ **to the restaurant** cela donne de la classe au restaurant

e *(Med, Physiol: of muscles etc)* tonus *m*, tonicité *f*

VI *[colour]* s'harmoniser *(with* avec)

COMP ▷ **tone arm** N *[of record player]* bras *m* de lecture ▷ **tone colour** N *(Mus)* timbre *m* ▷ **tone control (knob)** N *[of record player etc]* bouton *m* de tonalité ▷ **tone-deaf** ADJ ◆ **to be** ~**-deaf** ne pas avoir d'oreille ▷ **tone deafness** N manque *m* d'oreille ▷ **tone language** N *(Ling)* langue *f* à tons ▷ **tone poem** N poème *m* symphonique ▷ **tone row, tone series** N *(Mus)* série *f* (de notes)

► **tone down** VT SEP *[+ colour]* adoucir ; *[+ sound]* baisser ; *(fig) [+ criticism, effect]* atténuer, adoucir ; *[+ language]* atténuer, modérer ; *[+ policy]* modérer, mettre en sourdine

► **tone in** VI s'harmoniser *(with* avec)

► **tone up** VT SEP *[+ muscles, the system]* tonifier

**-toned** /təʊnd/ ADJ *(in compounds)* ◆ **flesh-toned** couleur chair *inv* ◆ **high-toned** *[style, book etc]* prétentieux ◆ **sepia-toned** couleur sépia *inv* ◆ **warm-toned** *[colour, skin]* au tons chauds

**toneless** /ˈtəʊnlɪs/ ADJ *[voice]* blanc (blanche *f*), sans timbre

**tonelessly** /ˈtəʊnlɪslɪ/ ADV d'une voix blanche *or* sans timbre

**toner** /ˈtəʊnəʳ/ N a *(for photocopier, printer)* encre *f*, toner *m* b *(for skin)* (lotion *f*) tonique *m*

**Tonga** /ˈtɒŋə/ N Tonga, Tonga *fpl* ◆ **in** ~ aux Tonga

**tongs** /tɒŋz/ NPL (also **pair of tongs**) pinces *fpl* ; *(for coal)* pincettes *fpl* ; *(for sugar)* pince *f* (à sucre) ; (also **curling tongs**) fer *m* (à friser) ; → **hammer**

**tongue** /tʌŋ/ N a *(Anat, Culin)* langue *f* ; *[of shoe]* languette *f* ; *[of bell]* battant *m* ; *(fig: of flame, land, also on tool, machine etc)* langue *f* ◆ **to put out** *or* **stick out one's** ~ tirer la langue *(at sb* à qn) ◆ **his** ~ **was hanging out** *[dog, person]* il tirait la langue ◆ **to give** ~ *[hounds]* donner de la voix ◆ **to lose/find one's** ~ perdre/retrouver sa langue ◆ **with his** ~ **in his cheek,** ~ **in cheek** ironiquement, en plaisantant ◆ **he held his** ~ **about it** il a tenu sa langue ◆ **hold your** ~**!** taisez-vous ! ◆ **I'm going to let him feel** *or* **give him the rough side of my** ~ † je vais lui dire ma façon de penser ◆ **keep a civil** ~ **in your head!** tâchez d'être plus poli ! ◆ **I can't get my** ~ **round it** je n'arrive pas à le prononcer correctement ; → **cat, loosen, slip, tip¹, wag¹**

b *(= language)* langue *f* ◆ **to speak in** ~**s** *(Rel)* parler de nouvelles langues ; → **mother**

VT *(Mus) [+ note]* attaquer en coup de langue

COMP ▷ **tongue-and-groove** N → **tongue-and-groove** ▷ **tongue depressor** N *(Med)* abaisse-langue *m* ▷ **tongue-in-cheek** ADJ *[remark etc]* ironique ; see also n ▷ **tongue-lashing** * N ◆ **to give sb a** ~**-lashing** sonner les cloches à qn * ◆ **to get a** ~**-lashing** se faire remonter les bretelles * ▷ **tongue-tied** ADJ *(fig)* muet *(fig)* ◆ ~**-tied from shyness** rendu muet par la timidité, trop timide pour parler ▷ **tongue twister** N phrase *f* (*or* nom *m* etc) très difficile à prononcer

**tongue-and-groove** /ˈtʌŋənˈgruːv/ N (also **tongue-and-groove boarding** *or* **strips**) planches *fpl* à rainure et languette ◆ ~ **joint** assemblage *m* à rainure et languette VT *[+ wall]* revêtir de planches à rainure et languette

**-tongued** /tʌŋd/ ADJ *(in compounds)* qui a la langue ... ◆ **sharp-tongued** qui a la langue acérée

**tonguing** /ˈtʌŋɪŋ/ N *(Mus)* (technique *f* du) coup *m* de langue

**tonic** /ˈtɒnɪk/ ADJ a *(= reviving) [bath, properties, drink]* tonifiant ; *[effect]* tonique b *(Mus, Ling)* tonique N a *(Med)* tonique *m*, fortifiant *m* ◆ **you need a** ~ *(lit, fig)* il vous faut un bon tonique ◆ **it was a real** ~ **to see him** cela m'a vraiment remonté le moral de le voir b (also **tonic water, Indian tonic**) ≃ Schweppes ® *m* ◆ **gin and** ~ gin-tonic *m* c *(Mus)* tonique *f* COMP ▷ **tonic sol-fa** N *(Mus)* solfège *m* ▷ **tonic water** N (also **Indian tonic water**) tonic *m*, ≃ Schweppes ® *m* ; ▷ **tonic wine** N vin *m* tonique

**tonicity** /tɒˈnɪsɪtɪ/ N tonicité *f*

**tonight** /təˈnaɪt/ ADV, N *(before bed)* ce soir ; *(during sleep)* cette nuit

**tonnage** /ˈtʌnɪdʒ/ N *(Naut: all senses)* tonnage *m*

**tonne** /tʌn/ N tonne *f*

**tonneau** /ˈtʌnəʊ/ N (pl **tonneaus** *or* **tonneaux** /ˈtʌnəʊz/) *(Aut:* also **tonneau cover**) bâche *f (de voiture de sport)*

**-tonner** /ˈtʌnəʳ/ N *(in compounds)* ◆ **a ten-tonner** *(= truck)* un (camion de) dix tonnes

**tonometer** /təʊˈnɒmɪtəʳ/ N *(Mus)* diapason *m* de Scheibler ; *(Med)* tonomètre *m*

**tonsil** /ˈtɒnsl/ N amygdale *f* ◆ **to have one's** ~**s out** *or* **removed** être opéré des amygdales

**tonsillectomy** /ˌtɒnsɪˈlektəmɪ/ N amygdalectomie *f*

**tonsillitis** /ˌtɒnsɪˈlaɪtɪs/ N *(NonC)* angine *f*, amygdalite *f* ◆ **he's got** ~ il a une angine, il a une amygdalite *(frm)*

**tonsorial** /tɒnˈsɔːrɪəl/ ADJ *(hum)* de barbier

**tonsure** /ˈtɒnʃəʳ/ N tonsure *f* VT tonsurer

**tontine** /tɒnˈtiːn/ N tontine *f*

**Tony** /ˈtəʊnɪ/ N a (dim of **Anthony**) Antoine *m* b *(Theat* : pl **Tonys** *or* **Tonies**) (also **Tony award**) Tony *m (oscar du théâtre décerné à Broadway)*

**tony** * /ˈtəʊnɪ/ ADJ *(US)* chic * *inv*

**too** /tuː/ ADV a *(= excessively)* trop, par trop *(liter)* ◆ **it's** ~ **hard for me** c'est trop difficile pour moi ◆ **it's** ~ **hard for me to explain** c'est trop difficile pour que je puisse vous l'expliquer ◆ **that case is** ~ **heavy to carry** cette valise est trop lourde à porter ◆ **it's** ~ **heavy for me to carry** c'est trop lourd à porter pour moi ◆ **he's** ~ **mean to pay for it** il est trop pingre pour le payer ◆ **that's** ~ **kind of you!** vous êtes vraiment trop aimable ! ◆ **I'm not** ~ **sure about that** je n'en suis pas très certain ◆ ~ **true!** *, ~ **right!** * que oui ! *, et comment ! * ◆ **it's just too-too!** ⁑ en voilà un chichi ! * ; → **good, many, much, none**

b *(= also)* aussi ; *(= moreover)* en plus, par-dessus le marché, de plus ◆ **I went** ~ j'y suis allé aussi ◆ **you** ~ **can own a car like this** vous aussi vous pouvez être le propriétaire d'une voiture comme celle-ci ◆ **he can swim** ~ lui aussi sait nager ◆ **they asked for a discount** ~**!** et en plus *or* et par-dessus le marché ils ont demandé un rabais ! ◆ **and then, there's the question of ...** et puis il y a également la question de ...

**took** /tʊk/ VB pt of **take**

**tool** /tuːl/ N *(gen, Tech)* outil *m* (de travail) ; *(fig = book etc)* outil *m*, instrument *m* ◆ **set of** ~**s** panoplie *f* d'outils ◆ **garden** ~**s** outils *mpl or* ustensiles *mpl* de jardinage ◆ **these are the** ~**s of my trade** *(lit, fig)* voilà les outils de mon métier ◆ **he was merely a** ~ **of the revolutionary party** il n'était que l'outil *or* l'instrument du parti révolutionnaire ♦ **a ~ in the hands of ...** *(fig)* un instrument dans les mains de ... ; → **down¹, machine, workman** VT *(gen)* travailler, ouvrager ; *[+ silver]* ciseler ; *[+ leather]* repousser VI *(Aut)* ♦ **to ~ along/past** * rouler/passer tranquillement *or* pépère ‡ COMP ▷ **tool maker** N *(Ind)* outilleur *m* ▷ **tool making** N *(Ind)* montage *m* et réglage *m* des machines-outils

► **tool up** VT SEP *(Ind)* équiper, outiller VI *[factory etc]* s'équiper, s'outiller ; *(fig)* se préparer

**toolbag** /ˈtuːlbæg/ N trousse *f* à outils

**toolbar** /ˈtuːlbɑːʳ/ N barre *f* d'outils

**toolbox** /ˈtuːlbɒks/ N boîte *f* à outils

**toolcase** /ˈtuːlkeɪs/ N *(= bag)* trousse *f* à outils ; *(= box)* caisse *f* à outils

**toolchest** /ˈtuːltʃest/ N coffre *m* à outils

**tooled** /tuːld/ ADJ *(gen)* ouvragé ; *[silver]* ciselé ; *[leather]* repoussé ; *[book cover]* en cuir repoussé

**toolhouse** /ˈtuːlhaʊs/ N ⇒ **toolshed**

**tooling** /ˈtuːlɪŋ/ N *(on book-cover etc)* repoussé *m* ; *(on silver)* ciselure *f*

**toolkit** /ˈtuːlkɪt/ N trousse *f* à outils ; *(Comput)* valise *f*

**toolroom** /ˈtuːlruːm/ N *(Ind)* atelier *m* d'outillage

**toolshed** /ˈtuːlʃed/ N cabane *f* à outils

**toot** /tuːt/ N *[of car horn]* coup *m* de klaxon ® ; *[of whistle]* coup *m* de sifflet ; *[of trumpet, flute]* note *f* (brève) VI *[car horn]* klaxonner ; *(on whistle)* donner un coup de sifflet ; *(on trumpet, flute)* jouer une note VT *(Aut)* ♦ **to ~ the horn** klaxonner

**tooth** /tuːθ/ N (pl **teeth**) *[of person, animal, comb, saw etc]* dent *f* ♦ **front ~** dent *f* de devant ♦ **back ~** molaire *f* ♦ **to have a ~ out** *or (esp US)* **pulled** se faire arracher une dent ♦ **selling a car these days is like pulling teeth** *(US)* c'est pratiquement impossible de vendre une voiture en ce moment ♦ **to have a ~ capped** se faire poser une couronne ♦ **to cut a ~** *[child]* percer une dent ♦ **he is cutting teeth** il fait ses dents ♦ **to cut one's teeth on sth** *(fig)* se faire les dents sur qch ♦ **to mutter sth between one's teeth** *or* **between clenched teeth** grommeler qch entre ses dents ♦ **to set** *or* **grit one's teeth** serrer les dents ♦ **to bare** *or* **show one's teeth** *(lit, fig)* montrer les dents ♦ **in the teeth of the wind** contre le vent ♦ **in the teeth of the opposition** en dépit de *or* malgré l'opposition ♦ **~ and nail** avec acharnement, farouchement ♦ **to get one's teeth into sth** *(fig)* se mettre à fond à qch, se mettre à faire qch pour de bon ♦ **there's nothing you can get your teeth into** *[food etc]* ce n'est pas très substantiel ; *(fig)* il n'y a là rien de substantiel *or* solide ♦ **the legislation has no teeth** la législation est impuissante ♦ **to give a law teeth** renforcer le pouvoir d'une loi ♦ **to cast** *or* **throw sth in sb's teeth** jeter qch à la tête de qn, reprocher qch à qn ♦ **to be fed up** *or* **sick to the (back) teeth of sth** ‡ en avoir marre * *or* ras le bol ‡ de qch ; → **chatter, edge, long¹**
COMP ▷ **tooth decay** N *(NonC)* carie *f* dentaire ▷ **the Tooth Fairy** N ≈ la petite souris ▷ **tooth powder** N poudre *f* dentifrice

**toothache** /ˈtuːθeɪk/ N mal *m* *or* rage *f* de dents ♦ **to have ~** avoir mal aux dents

**toothbrush** /ˈtuːθbrʌʃ/ N brosse *f* à dents COMP ▷ **toothbrush moustache** N moustache *f* en brosse

**toothcomb** /ˈtuːθkəʊm/ N (also **fine toothcomb**) → **fine²**

**toothed** /tuːθt/ ADJ *[wheel, leaf]* denté

**-toothed** /tuːθt/ ADJ *(in compounds)* ♦ **big-toothed** aux grandes dents

**toothless** /ˈtuːθlɪs/ ADJ **a** *(= without teeth) [person, smile, grin]* édenté ; *[mouth, gums]* sans dents **b** *(fig = powerless) [organization]* sans pouvoir, sans influence ; *[law, agreement, treaty]* qui n'a pas de poids ♦ **a ~ tiger** un tigre de papier

**toothpaste** /ˈtuːθpeɪst/ N (pâte *f*) dentifrice *m*

**toothpick** /ˈtuːθpɪk/ N cure-dent *m*

**toothsome** /ˈtuːθsəm/ ADJ savoureux, succulent

**toothy** /ˈtuːθɪ/ ADJ *[person]* à grandes dents ♦ **to be ~** avoir de grandes dents ♦ **he flashed me a ~ grin** *or* **smile** il m'a gratifié d'un sourire tout en dents

**tootle** /ˈtuːtl/ N *[of trumpet, flute, car-horn]* notes *fpl* (brèves) ; *(= tune)* petit air *m* VI **a** *(= toot: Aut)* klaxonner, corner ; *(Mus)* jouer un petit air **b** *(Aut)* **to ~ along/past** *etc* * rouler/passer *etc* gaiement *or* sans s'en faire * VT *[+ trumpet, flute etc]* jouer un peu de

**toots** ‡ /tʊts/ N ma belle *

**tootsie** ‡, **tootsy** ‡ /ˈtʊtsɪ/ N **a** *(= toe)* doigt *m* de pied ; *(= foot)* peton * *m*, pied *m* **b** *(= girl)* jolie nana ‡ *f* ♦ **hi ~!** salut ma belle ! *

## top¹ /tɒp/

| | |
|---|---|
| 1 NOUN | 4 ADJECTIVE |
| 2 PLURAL NOUN | 5 TRANSITIVE VERB |
| 3 ADVERB | 6 COMPOUNDS |
| 7 PHRASAL VERBS | |

### 1 - NOUN

**a** = highest point *[of mountain]* sommet *m*, cime *f* ; *[of tree]* faîte *m*, cime *f* ; *[of hill, head]* sommet *m*, haut *m* ; *[of ladder, stairs, page, wall, cupboard]* haut *m* ; *[of wave]* crête *f* ; *[of box, container]* dessus *m* ; *[of list, table, classification]* tête *f* ; *(= surface)* surface *f* ♦ **it's near the ~ of the pile** c'est vers le haut de la pile ♦ **to come** *or* **rise** *or* **float to the ~** remonter à la surface, surnager ♦ **the ~ of the milk** la crème du lait ♦ **six lines from the ~ of page seven** sixième ligne à partir du haut de la page sept ♦ **from ~ to toe, from the ~ of his head to the tip of his toes** *(fig)* de la tête aux pieds ♦ **he's talking off the ~ of his head** * il dit n'importe quoi ♦ **I'm saying that off the ~ of my head** * je dis ça sans savoir exactement ♦ **the ~ of the morning to you!** *(Ir)* je vous souhaite bien le bonjour ! ♦ **in ~** *(Brit Aut)* ⇒ **in top gear;** → **top gear** ♦ **to get to** *or* **reach the ~, to make it to the ~** *(indicating status, gen)* réussir, aller loin ; *(in hierarchy etc)* arriver en haut de l'échelle ♦ **it's ~ of the pops this week** c'est en tête du hit-parade *or* numéro un au hit-parade cette semaine ♦ **the men at the ~** les dirigeants *mpl*, les responsables *mpl*, ceux qui sont au pouvoir ♦ **the men at the ~ don't care about it** en haut lieu ils ne s'en soucient guère

♦ **at the top of** *[+ hill, mountain]* au sommet de ; *[+ stairs, ladder, building, page]* en haut de ; *[+ list, division, league]* en tête de ; *[+ street etc]* en haut de, au bout de ; *[+ garden]* au fond de ; *[+ profession, career]* au faîte de ♦ **he was sitting at the ~ of the table** il était assis en tête de la table *or* à la place d'honneur ♦ **it's at the ~ of the pile** c'est en haut *or* au sommet de la pile ♦ **at the ~ of the pile** * *or* **heap** * *(fig)* en haut de l'échelle ♦ **to be at the ~ of the class** *(Scol)* être premier de la classe ♦ **our next news bulletin at the ~ of the hour** nos prochaines informations à trois heures (*or* quatre heures *etc*)

♦ **on (the) top (of)** ♦ **on ~ of it** ♦ **on (the) ~** dessus ♦ **it's the one on (the) ~** c'est celui du dessus ♦ **take the plate on the ~** prends l'assiette du dessus ♦ **he came out on ~** *(fig)* il a eu le dessus ♦ **there was a thick layer of cream on ~ of the cake** il y avait une épaisse couche de crème sur le gâteau ♦ **to live on ~ of each other** vivre les uns sur les autres ♦ **in such a small flat the children are always on ~ of us** dans un appartement si petit, les enfants sont toujours dans nos jambes ♦ **to be on ~ of the world** être aux anges ♦ **to be on the ~ of one's form** être au sommet de sa forme ♦ **he's on ~ of things now** * il s'en sort très bien *or* il domine bien la situation maintenant ; *(after breakdown, bereavement)* il a repris le dessus maintenant ♦ **things are getting on ~ of her** * elle est dépassée par les événements, elle ne sait plus où donner de la tête ♦ **the lorry was right on ~ of the car in front** le camion touchait presque la voiture de devant ♦ **by the time I saw the car, it was practically on ~ of me** quand j'ai vu la voiture elle était pratiquement sur moi ♦ **he's bought another car on ~ of the one he's got already** il a acheté une autre voiture en plus de celle qu'il a déjà ♦ **then on ~ of all that he refused to help us** et puis par-dessus le marché il a refusé de nous aider

♦ **from top to bottom** *[redecorate]* complètement, du sol au plafond ; *[clean]* de fond en comble ; *[cover]* entièrement ; *[divide, split] [+ political party]* profondément ; *[search a person]* de la tête aux pieds ; *[search a house]* de fond en comble ♦ **the system is rotten from ~ to bottom** le système tout entier est pourri

♦ **over the top** ♦ **to go over the ~** *(Mil)* monter à l'assaut ♦ **to be over the ~** * *(esp Brit: indicating exaggeration) [film, book]* dépasser la mesure ; *[person]* en faire trop *, exagérer ; *[act, opinion]* être excessif

**b** = upper part, section *[of car etc]* toit *m* ; *[of bus]* étage *m* supérieur, impériale *f* ; *[of turnip, carrot, radish]* fanes *fpl* ♦ **"top"** *(on box etc)* "haut" ♦ **seats on ~** *(on bus)* places *fpl* à l'étage supérieur ♦ **we saw London from the ~ of a bus** nous avons vu Londres du haut d'un bus ♦ **let's go up on ~** *(in bus)* allons en haut ; *(in ship)* allons sur le pont ♦ **the table ~ is made of oak** le plateau de la table est en chêne ♦ **the ~ of the table is scratched** le dessus de la table est rayé ♦ **he hasn't got much up ~** * *(= he is bald)* il a le crâne déplumé * ♦ **she hasn't got much up ~** * *(= she is stupid)* ce n'est pas une lumière * ; *(= she is flat-chested)* elle est plate comme une limande * *or* une planche à repasser *

**c** of garment, pyjamas, bikini haut *m* ♦ **I want a ~ to go with this skirt** je voudrais un haut qui aille avec cette jupe

**d** = cap, lid *[of box]* couvercle *m* ; *[of bottle, tube]* bouchon *m* ; *[of pen]* capuchon *m*

### 2 - PLURAL NOUN

**tops** * ♦ **he's (the) ~s** il est champion *

### 3 - ADVERB

♦ **tops** * *(= max)* à tout casser *

### 4 - ADJECTIVE

**a** = highest *[shelf, drawer]* du haut ; *[floor, storey]* dernier ♦ **the ~ coat** *[of paint]* la dernière couche ♦ **the ~ corridor of the main building** le corridor du haut dans le bâtiment principal ♦ **at the ~ end of the scale** en haut de l'échelle ♦ **a car at the ~ end of the range** une voiture haut de gamme ♦ **the ~ layer of skin** la couche supérieure de la peau ♦ **the ~ note** *(Mus)* la note la plus haute ♦ **the ~ step** la dernière marche (en haut)

**b** [in rank etc] ◆ ~ **management** cadres *mpl* supérieurs ◆ **the ~ men in the party** les dirigeants *mpl* du parti ◆ **in the ~ class** *(Scol) (secondary school)* ≃ en terminale ; *(primary)* ≃ en cours moyen deuxième année ; *(= top stream)* dans le premier groupe

**c** [= best, leading] ◆ **he was the ~ student in English** *(= the best)* c'était le meilleur étudiant en anglais ◆ **he was a ~ student in English** *(= one of the best)* c'était l'un des meilleurs étudiants en anglais ◆ ~ **executives** *(= leading)* cadres *mpl* supérieurs ◆ **he was Italy's ~ scorer in the World Cup** c'était le meilleur buteur de l'équipe d'Italie pendant la coupe du monde ◆ **one of the ~ pianists** un des plus grands pianistes ◆ **a ~ job, one of the ~ jobs** un des postes les plus prestigieux ◆ **he was** *or* **came ~ in maths** *(Scol)* il a été premier en maths ◆ **the ~ mark** *(Scol)* la meilleure note ◆ ~ **marks for efficiency** vingt sur vingt pour l'efficacité ◆ **it was a ~ party** * *(Brit)* c'était top * comme fête

**d** [= farthest] ◆ **the ~ end of the garden** le fond du jardin ◆ **the ~ end of the field** l'autre bout *m* du champ ◆ **the ~ right-hand corner** le coin en haut à droite

**e** [= maximum] ◆ **the vehicle's ~ speed** la vitesse maximale du véhicule ◆ **at ~ speed** à toute vitesse ◆ **a matter of ~ priority** une question absolument prioritaire ◆ ~ **prices** prix *mpl* élevés ◆ **we pay ~ price(s) for old clocks** nous offrons les meilleurs prix pour les vieilles horloges

5 - TRANSITIVE VERB

**a** [= remove top from] *[+ tree]* étêter, écimer ; *[+ plant]* écimer ; *[+ radish, carrot etc]* couper *or* enlever les fanes de ◆ **to ~ and tail beans** *(Brit)* ébouter les haricots

**b** [‡ = behead] *[+ person]* couper le cou à *

**c** [‡ = kill] *[+ person]* buter ‡ ◆ **to ~ o.s.** se flinguer ‡

**d** [= form top of] surmonter ◆ **~ped by a dome** surmonté d'un dôme

**e** [= exceed] dépasser ◆ **we have ~ped last year's sales figures** nous avons dépassé les chiffres des ventes de l'année dernière ◆ **imports ~ped £10 billion last month** les importations ont dépassé la barre des dix milliards de livres le mois dernier ◆ **the fish ~ped 10kg** le poisson pesait *or* faisait plus de 10 kg ◆ **to ~ sb in height** dépasser qn en hauteur ◆ **the event that ~ped it was ...** l'événement qui a éclipsé cela était ... ◆ **amazing! I'm sure nobody can ~ that** incroyable ! je suis sûr que personne ne peut faire mieux ◆ **and to ~ it all ...** et pour couronner le tout ... ◆ **that ~s the lot!** * c'est le bouquet ! *

**f** [= pass top of] *[+ hill]* franchir le sommet de ; *[+ ridge]* franchir

**g** [= be at top of] *[+ pile]* être au sommet de ; *[+ list]* être en tête de *or* à la tête de ◆ **to ~ the bill** *(Theat)* être en tête d'affiche, tenir la vedette

6 - COMPOUNDS

▷ **top banana** ‡ **N** *(US) (gen)* gros bonnet * *m*, grosse légume * *f* ; *(Theat)* comique *m* principal ▷ **top boots NPL** bottes *fpl* à revers ▷ **top brass** * **N** *(fig)* huiles * *fpl* ▷ **top-class ADJ** de première classe ▷ **top copy N** original *m* ▷ **top dog** * **N** *(esp US)* ◆ **he's ~ dog around here** c'est lui qui commande ici *or* qui fait la pluie et le beau temps ici ▷ **top dollar** * **N** *(esp US)* ◆ **to pay ~ dollar for sth** payer qch au prix fort ▷ **top-down ADJ** *[approach, management]* directif ▷ **top drawer N** ◆ **he's out of the ~ drawer** il fait partie du gratin * ▷ **top-drawer** * **ADJ** *(socially)* de la haute *, de haute volée ; *(in quality, achievement)* de tout premier rang ▷ **top-dress VT** *(Agr)* fertiliser ▷ **top dressing N** fumure *f* en surface ▷ **top gear N** *(Brit Aut)* ◆ **in ~ gear** *(four-speed box)* en quatrième ; *(five-speed box)* en cinquième ▷ **top hand** * **N** *(US)* collaborateur *m* de premier plan ▷ **top hat N** (chapeau *m*) haut-de-forme *m* ▷ **top-hatted ADJ** en (chapeau) haut-de-forme ▷ **top-heavy ADJ** *[structure etc]* trop lourd du haut, déséquilibré ; *(fig) [business, administration]* où l'encadrement est trop lourd ▷ **top-hole** † * **ADJ** *(Brit)* épatant † *, bath † * ▷ **top-level ADJ** *[meeting, talks, discussion]* au plus haut niveau ; *[decision]* pris au plus haut niveau *or* au sommet ▷ **top-liner** * **N** *(Brit Theat)* (artiste *mf* en) tête *f* d'affiche ▷ **top-loader**, **top-loading washing machine N** lave-linge *m* à chargement par le haut ▷ **top-of-the-line**, **top-of-the-range ADJ** haut de gamme *inv* ▷ **top-ranked ADJ** *[player, team]* du plus haut niveau ▷ **top-ranking ADJ** (très) haut placé ▷ **top round** *(US Culin)* ⇒ **topside** ▷ **top-secret ADJ** ultrasecret (-ète *f*), top secret (-ète *f*) ▷ **top-security wing N** *[of prison]* quartier *m* de haute sécurité ▷ **top-shelf ADJ** *(Brit) [magazine, material]* de charme ▷ **the top ten NPL** *(Mus)* les dix premiers *mpl* du Top ▷ **the top thirty NPL** le Top 30 ▷ **top-up N** *(Brit)* ◆ **can I give you a ~-up?** je vous en ressers ? ◆ **the battery/oil needs a ~-up** *(Aut)* il faut remettre de l'eau dans la batterie/remettre de l'huile **ADJ** ◆ **~-up loan** prêt *m* complémentaire

7 - PHRASAL VERBS

► **top off VI** *(= reach peak) [sales, production etc]* atteindre un niveau record **VT SEP** terminer, compléter ◆ **we ~ped off the meal with a glass of cognac** nous avons terminé le repas par un verre de cognac ◆ **to ~ it all off** pour couronner le tout

► **top out VI** *(Constr)* terminer le gros œuvre ; *(Comm) [rate, price, cost]* plafonner, atteindre son niveau le plus élevé

► **top up** *(Brit)* **VI** *[driver etc]* ◆ **to ~ up with oil** remettre *or* rajouter de l'huile **VT SEP** *[+ cup, glass]* remplir (à nouveau) ; *[+ car battery]* remettre de l'eau dans ◆ **I've ~ped up the petrol in your tank** j'ai rajouté *or* remis de l'essence dans votre réservoir ◆ **I've ~ped up your coffee** je vous ai remis du café ◆ **her parents ~ up her grant** ses parents lui donnent de l'argent en complément de sa bourse ◆ **can I ~ you up?** * je vous en remets ?

---

**top²** /tɒp/ **N** *(= toy)* toupie *f* ; → **sleep, spinning**

**topaz** /ˈtəʊpæz/ **N** topaze *f*

**topcoat** /ˈtɒpkəʊt/ **N** **a** *[of paint]* dernière couche *f* **b** *(Dress)* pardessus *m*, manteau *m*

**topee** /ˈtəʊpiː/ **N** casque *m* colonial

**toper** † /ˈtəʊpəʳ/ **N** grand buveur *m*

**topflight** * /tɒpˈflaɪt/ **ADJ** de premier ordre, excellent

**topiary** /ˈtəʊpɪərɪ/ **N** *(NonC)* art *m* topiaire, topiaire *f* **COMP** ▷ **topiary garden N** jardin *m* d'arbres taillés architecturalement

**topic** /ˈtɒpɪk/ **N** *[of essay, speech]* sujet *m* ; *(for discussion)* sujet *m* de discussion, thème *m* ; *(esp Brit Scol = project)* dossier *m* ; *(Ling)* thème *m* **COMP** ▷ **topic sentence N** *(US Gram)* phrase *f* d'introduction

**topical** /ˈtɒpɪkəl/ **ADJ** *[issue, theme]* d'actualité ; *[humour, joke]* axé sur l'actualité ◆ **a ~ reference** une allusion à l'actualité

**topicality** /ˌtɒpɪˈkælɪtɪ/ **N** *(NonC)* actualité *f*

**topknot** /ˈtɒpnɒt/ **N** *[of hair]* toupet *m*, houppe *f* ; *[of ribbons etc]* coque *f* ; *[of bird's feathers]* aigrette *f* ; *(= fish)* targeur *m*

**topless** /ˈtɒplɪs/ **ADJ** *[woman, dancer, model]* aux seins nus ; *[beach]* où l'on peut avoir les seins nus ; *[sunbathing, dancing]* seins nus ◆ **photographs showing her ~** des photographies la montrant seins nus **ADV** *[sunbathe, pose, dance]* (les) seins nus ◆ **to go ~** se mettre seins nus, faire du topless * **COMP** ▷ **topless bar N** bar *m* topless * ▷ **topless swimsuit N** monokini *m*

**topmast** /ˈtɒpmɑːst/ **N** *(Naut)* mât *m* de hune

**topmost** /ˈtɒpməʊst/ **ADJ** le plus haut

**topnotch** * /tɒpˈnɒtʃ/ **ADJ** ⇒ **topflight**

**topographer** /təˈpɒgrəfəʳ/ **N** topographe *mf*

**topographic(al)** /ˌtɒpəˈgræfɪk(əl)/ **ADJ** topographique

**topography** /təˈpɒgrəfɪ/ **N** topographie *f*

**topological** /ˌtɒpəˈlɒdʒɪkəl/ **ADJ** topologique

**topology** /təˈpɒlədʒɪ/ **N** topologie *f*

**topper** * /ˈtɒpəʳ/ **N** **a** *(= hat)* (chapeau *m*) haut-de-forme *m* **b** *(US)* **the ~ was that ...** le comble *or* le plus fort, c'est que ...

**topping** /ˈtɒpɪŋ/ **ADJ** *(Brit † *)* du tonnerre † * **N** *(for pizza)* garniture *f* ◆ **chocolate/orange ~** *(NonC)* crème *f* au chocolat/à l'orange *(dont on nappe un dessert)* ◆ **dessert with a ~ of whipped cream** dessert *m* nappé de crème fouettée

**topple** /ˈtɒpl/ **VI** *(= lose balance) [person]* basculer, perdre l'équilibre ; *[pile]* basculer ; (= *fall:* also **topple over, topple down**) *[person]* tomber ; *[pile etc]* s'effondrer, se renverser ; *[empire, dictator, government]* tomber ◆ **to ~ over a cliff** tomber du haut d'une falaise **VT SEP** *[+ object]* faire tomber, renverser ; *[+ government, ruler]* renverser, faire tomber

**TOPS** /tɒps/ **N** *(Brit)* (abbrev of **Training Opportunities Scheme**) *programme de recyclage professionnel*

**topsail** /ˈtɒpseɪl/ **N** *(Naut)* hunier *m*

**topside** /ˈtɒpsaɪd/ **N** *(Brit Culin)* gîte *m* (à la noix) ; *(Naut)* accastillage *m* **ADJ** *(US *) [official etc]* haut placé, de haut niveau **ADV** ◆ **to go ~** monter sur le pont supérieur

**topsider** * /ˈtɒpsaɪdəʳ/ **N** *(US)* huile * *f*, personnage *m* haut placé

**topsoil** /ˈtɒpsɔɪl/ **N** terre *f* ; *(Agr)* couche *f* arable

**topspin** /ˈtɒpspɪn/ **N** *(Tennis)* lift *m*

**topsy-turvy** /ˈtɒpsɪˈtɜːvɪ/ **ADJ, ADV** sens dessus dessous, à l'envers ◆ **to turn everything ~** tout mettre sens dessus dessous, tout bouleverser *or* chambouler * ◆ **everything is ~** tout est sens dessus dessous ; *(fig)* c'est le monde à l'envers *or* renversé

**toque** /təʊk/ **N** toque *f*

**tor** /tɔːʳ/ **N** butte *f* (rocheuse)

**Torah** /ˈtɔːrə/ **N** Torah *f*, Thora *f*

**torch** /tɔːtʃ/ **N** *(flaming)* torche *f*, flambeau *m (also fig)* *(Brit: electric)* lampe *f* de poche, lampe *f* *or* torche *f* électrique ◆ **the house went up like a ~** la maison s'est mise à flamber comme du bois sec ◆ **to carry the ~ of** *or* **for democracy/progress** porter le flambeau de la démocratie/du progrès ◆ **to hand on the ~** passer *or* transmettre le flambeau ◆ **he still carries a ~ for her** * il en pince toujours pour elle * ; → **Olympic VT** ◆ **to ~ sth** mettre le feu à qch **COMP** ▷ **torch singer N** *(US)* chanteur *m*, -euse *f* réaliste ▷ **torch song N** chanson *f* d'amour mélancolique

**torchbearer** /ˈtɔːtʃbɛərəʳ/ N porteur *m*, -euse *f* de flambeau *or* de torche

**torchlight** /ˈtɔːtʃlaɪt/ N ◆ **by ~** à la lueur des flambeaux (*or* d'une lampe de poche) ◆ **~ procession** retraite *f* aux flambeaux

**tore** /tɔːʳ/ VB pt of **tear¹**

**toreador** /ˈtɒrɪədɔːʳ/ N toréador *m*

**torero** /təˈrɛərəʊ/ N torero *m*

**torment** /ˈtɔːment/ N tourment *m* (*liter*), supplice *m* ◆ **to be in ~** être au supplice ◆ **the ~s of jealousy** les affres *fpl* de la jalousie ◆ **to suffer ~s** souffrir le martyre VT /tɔːˈment/ [*+ person*] tourmenter ; [*+ animal*] martyriser ◆ **to ~ o.s.** (*fig*) se tourmenter, se torturer ◆ **~ed by jealousy** torturé *or* rongé par la jalousie

**tormentor** /tɔːˈmentəʳ/ N persécuteur *m*, -trice *f* ; (*stronger*) bourreau *m*

**torn** /tɔːn/ VB ptp of **tear¹**

**tornado** /tɔːˈneɪdəʊ/ N (pl **tornados** *or* **tornadoes**) tornade *f*

**Toronto** /təˈrɒntəʊ/ N Toronto

**torpedo** /tɔːˈpiːdəʊ/ N (pl **torpedoes**) (*= weapon, fish*) torpille *f* VT (*lit, fig*) torpiller COMP ▷ **torpedo attack** N ◆ **to make a ~ attack** attaquer à la torpille ▷ **torpedo boat** N torpilleur *m*, vedette *f* lance-torpilles ▷ **torpedo tube** N (tube *m*) lance-torpilles *m inv*

**torpid** /ˈtɔːpɪd/ ADJ [*person*] apathique, torpide (*liter*) ; [*film*] très lent ; [*book*] au développement très lent ; (*Zool*) [*animal*] dans un état de torpeur ◆ **he has a rather ~ intellect** intellectuellement, il n'est pas très vif

**torpidity** /tɔːˈpɪdɪtɪ/, **torpor** /ˈtɔːpəʳ/ N torpeur *f*, engourdissement *m*

**torque** /tɔːk/ N (*Phys*) force *f* de torsion ; (*Mechanics*) couple *m* ; (*Hist = collar*) torque *m* COMP ▷ **torque converter** N (*Aut*) convertisseur *m* de couple ▷ **torque spanner**, **torque wrench** N clé *f* dynamométrique

**torrent** /ˈtɒrənt/ N (*lit, fig*) torrent *m* ◆ **the rain was coming down in ~s** il pleuvait à torrents

**torrential** /tɒˈrenʃəl/ ADJ torrentiel

**torrid** /ˈtɒrɪd/ ADJ **a** (*= hot*) [*climate, heat, sun*] torride **b** (*= passionate*) [*love affair, romance*] torride, passionné ; [*passion*] torride, ardent ◆ **~ love scenes** des scènes érotiques torrides COMP ▷ **the Torrid Zone** N (*Geog*) la zone intertropicale

**torsi** /ˈtɔːsɪ/ NPL of **torso**

**torsion** /ˈtɔːʃən/ N torsion *f* COMP ▷ **torsion balance** N balance *f* de torsion ▷ **torsion bar** N barre *f* de torsion

**torso** /ˈtɔːsəʊ/ N (pl **torsos** *or* (*rare*) **torsi**) (*Anat*) torse *m* ; (*Sculp*) buste *m*

**tort** /tɔːt/ N (*Jur*) acte *m* délictuel *or* quasi délictuel COMP ▷ **torts lawyer** N (*US Jur*) *avocat spécialisé en droit civil*

**tortilla** /tɔːˈtiːə/ N tortilla *f* COMP ▷ **tortilla chip** N *chip de maïs épicée*

**tortoise** /ˈtɔːtəs/ N tortue *f*

**tortoiseshell** /ˈtɔːtəsʃel/ N écaille *f* (de tortue) COMP [*ornament, comb*] en *or* d'écaille ; [*spectacles*] à monture d'écaille ▷ **tortoiseshell butterfly** N papillon *m* grande tortue ▷ **tortoiseshell cat** N chat *m* écaille et blanc

**tortuous** /ˈtɔːtjʊəs/ ADJ [*road, process, negotiations, history, methods, argument*] tortueux ; [*language, essay, logic*] contourné, alambiqué ; [*style, sentence*] tarabiscoté

**torture** /ˈtɔːtʃəʳ/ N torture *f*, supplice *m* ◆ **to put sb to (the) ~** torturer qn, faire subir des tortures à qn ◆ **it was sheer ~!** (*fig*) c'était un vrai supplice ! VT (*lit*) torturer ; (*fig*) torturer, mettre à la torture *or* au supplice ; [*+ senses etc*] mettre au supplice ; [*+ language*] écorcher ; [*+ meaning*] dénaturer ; [*+ tune*] massacrer ◆ **to ~ o.s.** (*fig*) se torturer ◆ **~d by doubt** torturé *or* tenaillé par le doute COMP ▷ **torture chamber** N chambre *f* de torture

**torturer** /ˈtɔːtʃərəʳ/ N tortionnaire *m*, bourreau *m*

**torturous** /ˈtɔːtʃərəs/ ADJ atroce, abominable

**Tory** /ˈtɔːrɪ/ (*Pol*) N tory *m*, conservateur *m*, -trice *f* ADJ [*party, person, policy*] tory *inv*, conservateur (-trice *f*)

**Toryism** /ˈtɔːrɪɪzəm/ N (*Pol*) torysme *m*

**tosh** ‡ /tɒʃ/ N (*Brit: NonC*) bêtises *fpl*, blagues *fpl* ◆ **~!** allons (donc) !

**toss** /tɒs/ N **a** (*= throw*) lancement *m* ; (*by bull*) coup *m* de cornes ◆ **to take a ~** (*from horse*) faire une chute, être désarçonné ◆ **with a ~ of his head** d'un mouvement brusque de la tête ◆ **I don't give a ~** ‡ (*Brit*) je m'en contrefous ‡, j'en ai rien à branler *‡ (*about* de)

**b** [*of coin*] coup *m* de pile ou face ; (*Sport: at start of match*) tirage *m* au sort ◆ **they decided it by the ~ of a coin** ils l'ont décidé à pile ou face ◆ **to win/lose the ~** (*gen*) gagner/perdre à pile ou face ; (*Sport*) gagner/perdre au tirage au sort ; → **argue**

VT [*+ ball, object*] lancer, jeter (**to** à) ; (*Brit*) [*+ pancake*] faire sauter ; [*+ salad*] retourner, remuer ; [*+ head, mane*] rejeter en arrière ; [*bull*] projeter en l'air ; [*horse*] désarçonner, démonter ◆ **to ~ sb in a blanket** faire sauter qn dans une couverture ◆ **~ in butter** (*Culin*) ajoutez un morceau de beurre et remuez ◆ **they ~ed a coin to decide who should stay** ils ont joué à pile ou face pour décider qui resterait ◆ **I'll ~ you for it** on le joue à pile ou face ◆ **the sea ~ed the boat against the rocks** la mer a projeté *or* envoyé le bateau sur les rochers ◆ **the boat was ~ed by the waves** le bateau était agité *or* ballotté par les vagues ; → **caber**

VI **a** (*also* **toss about, toss around**) [*person*] s'agiter ; [*plumes, trees*] se balancer ; [*boat*] tanguer ◆ **he was ~ing (about** *or* **around) in his sleep** il s'agitait dans son sommeil, son sommeil était agité ◆ **he was ~ing and turning all night** il n'a pas arrêté de se tourner et se retourner toute la nuit

**b** (*also* **toss up**) jouer à pile ou face ◆ **let's ~ (up) for it** on le joue à pile ou face ◆ **they ~ed (up) to see who would stay** ils ont joué à pile ou face pour savoir qui resterait

COMP ▷ **toss-up** N [*of coin*] coup *m* de pile ou face ◆ **it was a ~-up between the theatre and the cinema** le théâtre ou le cinéma, ça nous (*or* leur *etc*) était égal *or* c'était kif-kif * ◆ **it's a ~-up whether I go or stay** que je parte ou que je reste *subj*, c'est un peu à pile ou face

► **toss about, toss around** VI → **toss vi a**

VT SEP [*+ boat etc*] ballotter, faire tanguer ; [*+ plumes, branches*] agiter

► **toss aside** VT SEP [*+ object*] jeter de côté ; (*fig*) [*+ person, helper*] repousser ; [*+ suggestion, offer*] rejeter, repousser ; [*+ scheme*] rejeter

► **toss away** VT SEP jeter

► **toss back** VT SEP [*+ ball, object*] renvoyer ; [*+ hair, mane*] rejeter en arrière ◆ **they were ~ing ideas back and forth** ils échangeaient toutes sortes d'idées

► **toss off** VI (*‡ = masturbate*) se branler *‡

VT SEP **a** [*+ drink*] lamper, avaler d'un coup ; [*+ essay, letter, poem*] écrire au pied levé, torcher (*pej*)

**b** (*‡ = masturbate*) branler *‡, faire une branlette à *‡ ◆ **to ~ o.s. off** se branler *‡

► **toss out** VT SEP [*+ rubbish*] jeter ; [*+ person*] mettre à la porte, jeter dehors

► **toss over** VT SEP lancer ◆ **~ it over!** envoie !, lance !

► **toss up** VI → **toss vi b**

VT SEP [*+ object*] lancer, jeter (*into the air* en l'air)

N ◆ **toss-up** → **toss**

**tosser** *‡ /ˈtɒsəʳ/ N (*Brit*) branleur *‡ *m*

**tosspot** /ˈtɒspɒt/ N **a** ‡ ⇒ **tosser b** (†† ‡ = *drunkard*) riboteur †† ‡ *m*, -euse †† ‡ *f*

**tot¹** /tɒt/ N **a** (*= child:* also **tiny tot**) tout(e) petit(e) *m(f)*, bambin *m* **b** (*esp Brit = drink*) **a ~ of whisky** un petit verre de whisky ◆ **just a ~** juste une goutte *or* une larme

**tot²** * /tɒt/ (*esp Brit*) VT (*also* **tot up**) additionner, faire le total de VI ◆ **it ~s up to £25** ça fait 25 livres en tout, ça se monte *or* ça s'élève à 25 livres ◆ **I'm just ~ting up** je fais le total

**total** /ˈtəʊtl/ ADJ [*amount, number, war, ban, eclipse, silence*] total ; [*lack*] total, complet (-ète *f*) ; [*failure*] complet (-ète *f*) ; [*effect, policy*] global ◆ **a ~ cost of over $3,000** un coût total de plus de 3 000 dollars ◆ **a ~ population of 650,000** une population totale de 650 000 habitants ◆ **the ~ losses/sales/debts** le total des pertes/ventes/dettes ◆ **it was a ~ loss** on a tout perdu ◆ **her commitment to the job was ~** elle s'investissait complètement dans son travail ◆ **to get on in business you need ~ commitment** pour réussir en affaires, il faut s'engager à fond ◆ **to be in ~ ignorance of sth** être dans l'ignorance la plus complète de qch, ignorer complètement qch ◆ **they were in ~ disagreement** ils étaient en désaccord total ◆ **a ~ stranger** un parfait inconnu ◆ **~ abstinence** abstinence *f* totale

N **a** (montant *m*) total *m* ◆ **it comes to a ~ of £30, the ~ comes to £30** le total s'élève à 30 livres, cela fait 30 livres au total ; → **grand, sum**

**b** ◆ **in ~** au total

VT **a** (*= add:* also **total up**) [*+ figures, expenses*] totaliser, faire le total de

**b** (*= amount to*) s'élever à ◆ **that ~s £50** cela fait 50 livres (en tout), cela s'élève à 50 livres ◆ **the class ~led 40** il y avait 40 élèves en tout dans la classe

**c** (*esp US* ‡ *= wreck*) [*+ car*] bousiller *, démolir

COMP ▷ **total allergy syndrome** N allergie *f* généralisée ▷ **total recall** N (*Psych*) remémoration *f* totale ◆ **to have ~ recall** se souvenir de tout ◆ **to have ~ recall of sth** se souvenir clairement de qch ; → **abstainer**

**totalitarian** /ˌtəʊtælɪˈtɛərɪən/ ADJ, N totalitaire *mf*

**totalitarianism** /ˌtəʊtælɪˈtɛərɪənɪzəm/ N totalitarisme *m*

**totality** /təʊˈtælɪtɪ/ N totalité *f*

**totalizator** /ˈtəʊtəlaɪzeɪtəʳ/ N **a** (*= adding etc machine*) (appareil *m*) totalisateur *m*, machine *f* totalisatrice **b** (*esp Brit Betting*) pari *m* mutuel

**totalize** /ˈtəʊtəlaɪz/ VT totaliser, additionner

**totalizer** /ˈtəʊtəlaɪzəʳ/ N ⇒ **totalizator**

**totally** /ˈtəʊtəlɪ/ ADV [*convinced, innocent, unacceptable, different, unheard of*] totalement ; [*ignore*] totalement, complètement ◆ **to destroy sth ~** détruire qch totalement *or* complètement

**tote¹** * /təʊt/ N abbrev of **totalizator b** VT (*US*) ◆ **to ~ up** additionner COMP ▷ **tote board** N (*Racing*) tableau *m* totalisateur

**tote²** /təʊt/ VT (* *= carry*) [*+ gun, object*] porter ◆ **I ~d it around all day** je l'ai trimballé * toute la journée COMP ▷ **tote bag** N (sac *m*) fourre-tout * *m inv*

**totem** /ˈtəʊtəm/ N totem *m* ◆ ~ **pole** mât *m* totémique

**totemic** /təʊˈtemɪk/ ADJ totémique

**totter** /ˈtɒtəʳ/ VI *[person] (from weakness)* chanceler ; *(from tiredness, drunkenness)* tituber ; *[object, column, chimney stack]* chanceler, vaciller ; *(fig) [government]* chanceler ◆ **to ~ in/out** *etc* entrer/sortir *etc* en titubant *or* d'un pas chancelant

**tottering** /ˈtɒtərɪŋ/, **tottery** /ˈtɒtərɪ/ ADJ chancelant

**totty**‡ /ˈtɒtɪ/ N *(NonC: Brit)* gonzesses‡ *fpl* ◆ **a nice piece of ~** une belle gonzesse‡

**toucan** /ˈtuːkən/ N toucan *m* COMP ▷ **toucan crossing** N *passage protégé pour piétons et cyclistes*

## touch /tʌtʃ/

| | |
|---|---|
| 1 NOUN | 3 INTRANSITIVE VERB |
| 2 TRANSITIVE VERB | 4 COMPOUNDS |
| 5 PHRASAL VERBS | |

### 1 - NOUN

**a** [= sense of touch] toucher *m* ◆ **Braille is read by ~** le braille se lit au toucher ◆ **soft to the ~** doux au toucher ◆ **the cold ~ of marble** la froideur du marbre

**b** [= act of touching] contact *m*, toucher *m* ; *[of instrumentalist, typist]* toucher *m* ; *[of artist]* touche *f* ◆ **the slightest ~ might break it** le moindre contact pourrait le casser ◆ **I felt a ~ on my arm** j'ai senti qu'on me touchait le bras ◆ **at the ~ of her hand, he ...** au contact de sa main, il ... ◆ **with the ~ of a finger** d'une simple pression du doigt ◆ **at the ~ of a button** *or* **switch** en appuyant sur un bouton ◆ **she felt the ~ of the wind on her cheek** elle sentait la caresse du vent sur sa joue ◆ **he altered it with a ~ of the brush/pen** il l'a modifié d'un coup de pinceau/d'un trait de plume ◆ **to have a light ~** *[pianist]* avoir un toucher léger ; *[writer, actor]* faire preuve de finesse ◆ **you've got the right ~ with him** vous savez vous y prendre avec lui

**c** [fig = characteristic] ◆ **it has the ~ of genius** cela porte le sceau du génie ◆ **he lacks the human** *or* **personal ~** il est trop impersonnel *or* froid, il manque de chaleur humaine ◆ **to have the common ~** être très simple ◆ **it's the human** *or* **personal ~ that makes his speeches so successful** c'est la note personnelle qui fait que ses discours ont tant de succès ◆ **that's the Gordon ~** c'est typique de Gordon, c'est du Gordon tout craché *

**d** [= detail] détail *m* ◆ **small ~es, such as flowers, can transform a room** de petits détails, par exemple des fleurs, peuvent transformer une pièce ◆ **to put the final** *or* **finishing ~(es) to sth, to give sth the final** *or* **finishing ~(es)** *(lit, fig)* mettre la dernière main à qch

**e** [= small amount] **it's a ~ (too) expensive** c'est un petit peu (trop) cher, c'est un poil * trop cher

◆ **a touch of** ◆ **a ~ of colour/gaiety/humour** une touche de couleur/de gaieté/d'humour ◆ **a ~ of sadness** une pointe de tristesse ◆ **there's a ~ of spring in the air** ça sent le printemps ◆ **tonight there'll be a ~ of frost in places** il y aura un peu de gel cette nuit par endroits ◆ **he got a ~ of the sun** il a pris un petit coup de soleil ◆ **to have a ~ of flu** être un peu grippé ◆ **to have a ~ of rheumatism** faire un peu de rhumatisme ◆ **it needs a ~ of paint** il faudrait y passer une petite couche de peinture

**f** [= contact, communication]

◆ **to be in touch (with sb)** être en contact *or* en rapport *or* en relation (avec qn) ◆ **I'll be in ~!** je t'écrirai ! (*or* je te téléphonerai !)

◆ **to keep in touch (with sb)** rester en contact *or* en rapport *or* en relation (avec qn) ◆ **keep in ~!** tiens-nous au courant !, écris de temps en temps !

◆ **to get in touch with sb** prendre contact avec qn ; *(by phone)* joindre qn ◆ **you can get in ~ with me at this number** vous pouvez me joindre à ce numéro ◆ **you ought to get in ~ with the police** vous devriez prendre contact avec la police

◆ **to put sb in touch with** ◆ **I'll put you in ~ with him** je vous mettrai en rapport *or* en relation avec lui

◆ **to lose touch** ◆ **to lose ~ with sb** perdre le contact avec qn ◆ **they lost ~ (with each other) long ago** il y a bien longtemps qu'ils ne sont plus en relation *or* en rapport ◆ **to have lost ~ with sb** avoir perdu le contact avec qn ◆ **to lose ~ with reality** *or* **the facts** perdre le sens des réalités ◆ **to have lost ~ with the political situation** ne plus être au courant de la situation politique ◆ **he has lost ~ with what is going on** il n'est plus dans le coup *

◆ **to be out of touch** *(= not up to date)* ◆ **he's completely out of ~** il n'est plus dans le coup * ◆ **I'm out of ~ with the latest political developments** je ne suis pas au courant des derniers développements en matière politique ◆ **we're very much out of ~ here** *(= isolated)* nous sommes coupés de tout ici ◆ **to be out of ~ with reality** être coupé des réalités

**g** [Ftbl, Rugby] touche *f* ◆ **the ball went into ~** le ballon est sorti en touche ◆ **it's in ~** il y a touche ◆ **to kick for ~, to kick the ball into ~** botter *or* envoyer le ballon en touche ◆ **to kick sth into ~** *(fig)* mettre qch au placard

**h** [‡ borrowing] ◆ **he's made a ~** il a tapé * quelqu'un ◆ **he's good for a ~, he's an easy** *or* **soft ~** *(= will lend money)* il est toujours prêt à se laisser taper *

**i** [= person one can persuade, exploit] ◆ **he's an easy** *or* **soft ~** il se laisse faire ◆ **Mr Wilson is no easy** *or* **soft ~** M. Wilson n'est pas du genre à se laisser faire

### 2 - TRANSITIVE VERB

**a** [= come into contact with] toucher ◆ **"do not touch the goods"** "ne touchez pas les *or* aux marchandises" ◆ **he ~ed it with his finger** il l'a touché du doigt ◆ **he ~ed her arm** il lui a touché le bras ◆ **his hand ~ed mine** sa main a touché la mienne ◆ **they can't ~ you if you don't break the law** ils ne peuvent rien contre vous *or* rien vous faire si vous respectez la loi ◆ **to ~ one's hat to sb** saluer qn en portant la main à son chapeau ◆ **I can ~ the bottom** je peux toucher le fond, j'ai pied ◆ **the ship ~ed the bottom** le bateau a touché le fond ◆ **to ~ ground** *(Aviat)* atterrir ◆ **their land ~es ours** leur terre touche à *or* est contiguë à la nôtre ◆ **the ship ~ed Bordeaux** le bateau a fait escale à Bordeaux ◆ **to ~ base** *(fig)* se mettre à jour *or* au courant ◆ **clouds ~ed with pink** nuages *mpl* à reflets roses

**b** [= tamper with] toucher à ◆ **don't ~ that switch!** ne touchez pas à ce bouton ! ◆ **I didn't ~ it!** je n'y ai pas touché ! ◆ **the burglars didn't ~ the safe** les cambrioleurs n'ont pas touché au coffre-fort ◆ **I didn't ~ him!** je ne l'ai pas touché !

**c** [= damage] ◆ **the frost ~ed the plants** la gelée a abîmé les plantes ◆ **the fire didn't ~ the paintings** l'incendie a épargné les tableaux

**d** [= deal with] *(in exam)* ◆ **I didn't ~ the third question** je n'ai pas touché à la troisième question ◆ **he won't ~ anything illegal** si c'est illégal il n'y touchera pas ◆ **water won't ~ these stains** l'eau n'agira pas sur ces taches ◆ **he scarcely ~ed the problem of racism** il a à peine abordé le problème du racisme

**e** [+ food, drink] *(gen neg)* toucher à ◆ **he didn't ~ his meal** il n'a pas touché à son repas ◆ **I never ~ onions** je ne mange jamais d'oignons ◆ **I won't ~ gin** je ne bois jamais de gin

**f** [= equal, rival] valoir, égaler ◆ **her cooking doesn't** *or* **can't ~ yours** sa cuisine est loin de valoir la tienne ◆ **there's nobody to ~ him as a pianist, nobody can ~ him as a pianist** il est inégalable *or* sans égal comme pianiste ◆ **there's nothing to ~ hot whisky for a cold** rien ne vaut un grog au whisky pour guérir un rhume

**g** [= concern] toucher, concerner ◆ **it ~es us all closely** cela nous touche *or* nous concerne tous de très près ◆ **if it ~es the national interest** s'il y va de l'intérêt national

**h** [= move emotionally] toucher ◆ **we were very ~ed by your letter** nous avons été très touchés par votre lettre

**i** [esp Brit = reach] *[+ level, speed]* atteindre

**j** [*: for money] ◆ **to ~ sb for a loan** taper * qn ◆ **I ~ed him for £10** je l'ai tapé * de 10 livres

### 3 - INTRANSITIVE VERB

**a** [gen] toucher ◆ **don't ~!** n'y touchez pas !, ne touchez pas ! ◆ **"do not touch"** *(on notice)* "défense de toucher"

**b** [= come into contact with] *[hands, ends etc]* se toucher ; *[lands, gardens, areas]* se toucher, être contigus

**c** [speaking, writing] **to ~ (up)on a subject** *(fig)* aborder un sujet

### 4 - COMPOUNDS

▷ **touch-and-go** N ◆ **it's ~-and-go with him** il est entre la vie et la mort ◆ **it was ~-and-go whether she did it** elle a été à deux doigts de ne pas le faire ◆ **it was ~-and-go until the last minute** l'issue est restée incertaine jusqu'au bout, cela n'a tenu qu'à un fil ▷ **touch football** N *variante du jeu à treize, sans plaquages* ▷ **touch judge** N *(Rugby)* juge *m* de touche ▷ **touch screen** N écran *m* tactile ▷ **touch-sensitive** ADJ *[screen]* tactile ; *[key]* à effleurement ▷ **touch-tone** ADJ *[telephone]* à touches ▷ **touch-type** VI taper sans regarder le clavier ▷ **touch-typing** N dactylographie *f* (sans regarder le clavier) ▷ **touch-typist** N dactylo * *f* qui tape sans regarder le clavier

### 5 - PHRASAL VERBS

► **touch at** VT FUS *(Naut)* mouiller à *or* dans le port de, faire escale à

► **touch down** VI **a** *(Aviat, Space) (on land)* atterrir ; *(on sea)* amerrir ; *(on moon)* alunir **b** *(US Ftbl)* marquer un touch-down ; *(behind one's own goal-line)* aplatir (la balle) dans son en-but VT SEP *(Rugby etc* ◆ *)* **to ~ the ball down** marquer un essai ; *(behind one's own goal-line)* aplatir (la balle) dans son en-but

► **touch off** VT SEP *[+ fuse, firework]* faire partir ; *[+ mine etc]* faire exploser ; *[+ explosion]* déclencher ; *(fig) [+ crisis, riot]* déclencher ; *[+ reaction, scene, argument]* provoquer, déclencher

► **touch up** VT SEP a *[+ painting, photo]* retoucher b *(*: sexually)* peloter *

**touchdown** /ˈtʌtʃdaʊn/ N *(Aviat, Space) (on land)* atterrissage *m* ; *(on sea)* amerrissage *m* ; *(on moon)* alunissage *m* ; *(American Ftbl)* essai *m*

**touché** /tuːˈʃeɪ/ EXCL *(Fencing)* touché ! ; *(fig)* très juste !

**touched** /tʌtʃt/ ADJ a *(= moved)* touché (*by sth* par qch) b *( * = mad)* toqué *, timbré *

**touchiness** /ˈtʌtʃɪnɪs/ N *(NonC)* susceptibilité *f*

**touching** /ˈtʌtʃɪŋ/ ADJ touchant PREP concernant, touchant † *(also liter)*

**touchingly** /ˈtʌtʃɪŋlɪ/ ADV *[speak, write]* d'une manière touchante ◆ ~ **naive** d'une touchante naïveté ◆ ~**, she has supported him throughout this ordeal** chose touchante, elle l'a soutenu tout au long de cette épreuve

**touchline** /ˈtʌtʃlaɪn/ N *(Ftbl etc)* (ligne *f* de) touche *f*

**touchpad** /ˈtʌtʃpæd/ N pavé *m* tactile

**touchpaper** /ˈtʌtʃpeɪpəʳ/ N papier *m* nitraté ◆ **to light the (blue)** ~ *(fig)* mettre le feu aux poudres

**touchstone** /ˈtʌtʃstəʊn/ N *(lit, fig)* pierre *f* de touche

**touchwood** /ˈtʌtʃwʊd/ N amadou *m*

**touchy** /ˈtʌtʃɪ/ ADJ a *(= easily annoyed) [person]* susceptible (*about sth* sur la question *or* le chapitre de qch) ; *(= delicate) [subject, issue]* délicat b *( *= fond of physical contact)* qui aime le contact physique, démonstratif

COMP ▷ **touchy-feely** * ADJ qui aime le contact physique, démonstratif

**tough** /tʌf/ ADJ a *(= strong) [cloth, steel, leather, garment etc]* solide, résistant ; *(pej) [meat]* dur, coriace ◆ **it's as** ~ **as old boots** *(hum: of meat etc)* c'est de la semelle

b *[person] (= strong) (physically)* robuste, résistant ; *(mentally)* solide, endurant ◆ **you have to be** ~ **to do that kind of work** il faut être solide pour faire ce genre de travail ◆ **he's a** ~ **businessman** il est dur en affaires ◆ **as** ~ **as old boots** * *(hum)* coriace

c *[person] (= hard in character)* dur, tenace ; *[criminal, gangster]* endurci ◆ **as** ~ **as nails** dur à cuire ◆ **he is a** ~ **man to deal with** il ne fait pas souvent de concessions ◆ **they're a** ~ **lot, they're** ~ **customers** *(pej)* ce sont des durs à cuire * ◆ **to get** ~ **with sb** * (commencer à) se montrer dur envers qn

d *(= hard) [resistance, struggle, opposition]* acharné, âpre ; *[journey, task]* rude, pénible ; *[obstacle]* rude, sérieux ; *[problem]* épineux ; *[regulations]* sévère ; *[conditions]* dur ; *[neighbourhood]* dur ◆ **it's** ~ **when you have kids** c'est dur quand on a des enfants ◆ **it's** ~ **work** c'est un travail pénible, ce n'est pas de la tarte * ◆ **rugby is a** ~ **game** le rugby est un jeu rude ◆ **to take a** ~ **line on sth** *[person]* être très strict sur qch ; *[government]* se montrer inflexible sur qch ◆ **to take a** ~ **line with sb** se montrer inflexible *or* très ferme avec qn ◆ **it took** ~ **talking to get them to agree to the deal** il a fallu d'âpres négociations pour qu'ils acceptent *subj* de conclure cette affaire

e *( * = unfortunate)* ◆ **that's** ~ c'est dur ◆ **to have a** ~ **time of it** * en voir de dures * ◆ **it was** ~ **on the others** c'était vache * pour les autres ◆ ~ **luck** déveine * *f*, manque *m* de pot * ◆ ~ **luck!** *(pity)* pas de veine !, manque de pot ! * ; *(you'll have to put up with it)* tant pis pour vous ! ◆ **that's** ~ **luck on him** il n'a pas de veine *or* de pot * ◆ ~ **shit!** * démerdez-vous ! *, tant pis pour vous !

N * dur *m*

ADV ◆ **to talk** *or* **act** ~ jouer au dur

VT ◆ **to** ~ **it out** * *(= hold out)* tenir bon, faire front ; *(= rough it)* vivre à la dure

COMP ▷ **tough guy** N dur *m* ▷ **tough love** * N fermeté *f* affectueuse ▷ **tough-minded** ADJ inflexible ▷ **tough-mindedness** N inflexibilité *f*

**toughen** /ˈtʌfn/ (also **toughen up**) VT *[+ metal, glass, cloth, leather]* rendre plus solide, renforcer ; *[+ person]* endurcir, aguerrir ; *[+ conditions]* rendre plus sévère ◆ ~**ed glass** verre *m* trempé VI *[metal, glass, cloth, leather]* devenir plus solide ; *[person]* s'endurcir, s'aguerrir ; *[conditions, regulations]* devenir plus sévère

**toughie** * /ˈtʌfɪ/ N a *(= question)* ◆ **that's a** ~ ça, c'est une colle * b *(= person)* dur(e) *m(f)*

**toughly** /ˈtʌflɪ/ ADV *[speak, answer]* durement, sans ménagement ; *[fight, oppose]* avec acharnement, âprement ◆ **it is** ~ **made** c'est du solide

**toughness** /ˈtʌfnɪs/ N *(NonC)* a *[of person] (= hardiness)* résistance *f*, endurance *f* ; *(= determination)* ténacité *f* ◆ **mental** ~ force *f* de caractère b *(= roughness) [of person, school]* dureté *f* ; *[of sport, game]* rudesse *f* c *(= durability) [of material]* résistance *f*, solidité *f* ; *[of skin]* dureté *f* d *[of meat]* dureté *f* e *(= difficulty) [of life, situation, choice, question]* difficulté *f* ; *[of resistance, competition]* âpreté *f* ; *[of task, work, conditions, journey]* dureté *f* f *(= harshness) [of policy, measure]* sévérité *f*

**toupee** /ˈtuːpeɪ/ N postiche *m*

**tour** /ˈtʊəʳ/ N *(= journey)* voyage *m*, périple *m* ; *(by team, actors, musicians etc)* tournée *f* ; *(by premier, visiting statesman etc)* visite *f* officielle, tournée *f* de visites ; *[of town, factory, museum etc]* visite *f*, tour *m* ; (also **package tour**) voyage *m* organisé ; (also **day tour**) excursion *f* ◆ **the Grand Tour** *(Hist)* le tour de l'Europe ◆ **they went on a** ~ **of the Lake District** ils ont fait un voyage *or* un périple dans la région des Lacs ◆ **we went on** *or* **made a** ~ **of the Loire castles** nous avons visité les châteaux de la Loire ◆ **they went on a** ~ **to Spain** ils sont allés en voyage organisé *or* ils ont fait un voyage organisé en Espagne ◆ **the** ~ **includes three days in Venice** le voyage comprend trois jours à Venise ◆ **to go on a** ~ **round the world** faire le tour du monde ◆ **to go on a walking/cycling** ~ faire une randonnée à pied/en bicyclette ◆ **"on tour"** *(sign on bus)* "excursion" ◆ **to go on** ~ *(Sport, Theat etc)* faire une tournée ◆ **to be on** ~ être en tournée ◆ **to take a company on** ~ *(Theat etc)* emmener une troupe en tournée ◆ **to take a play on** ~ donner une pièce en tournée ◆ ~ **of inspection** tournée *f* d'inspection ◆ ~ **of duty** *(Mil etc)* période *f* de service ; → **conduct**

VT *[+ district, town, exhibition, museum, factory]* visiter ◆ **they are** ~**ing France** ils visitent la France, ils font du tourisme en France ; *(Sport, Theat)* ils sont en tournée en France ◆ **the play is** ~**ing the provinces** la pièce tourne en province *or* est en tournée en province

VI ◆ **to go** ~**ing** voyager, faire du tourisme ◆ **they went** ~**ing in Italy** ils sont allés visiter l'Italie, ils ont fait du tourisme en Italie

COMP ▷ **tour director** N *(US)* accompagnateur *m*, -trice *f* ▷ **tour guide** N *(= person)* guide *m*, accompagnateur *m*, -trice *f* ▷ **tour manager** N *(Sport, Mus)* directeur *m* de tournée ▷ **tour operator** N *(Brit) (= travel agency)* tour-opérateur *m*, voyagiste *m* ; *(= bus company)* compagnie *f* de cars

**tour de force** /ˈtʊədəfɔːs/ N (pl **tours de force**) *(= action, performance etc)* exploit *m*, prouesse *f* ; *(= novel, film etc)* chef-d'œuvre *m*

**tourer** /ˈtʊərəʳ/ N *(= car)* voiture *f* de tourisme ; *(= caravan)* caravane *f*

**Tourette('s) syndrome** /tʊəˈret(s),sɪndrəʊm/ N maladie *f* de Gilles de La Tourette

**touring** /ˈtʊərɪŋ/ N *(NonC)* tourisme *m*, voyages *mpl* touristiques ADJ *[team]* en tournée ◆ ~ **car** voiture *f* de tourisme ◆ ~ **company** *(Theat) (permanently)* troupe *f* ambulante ; *(temporarily)* troupe *f* en tournée COMP ▷ **touring bindings** NPL *(Ski)* fixations *fpl* de randonnée

**tourism** /ˈtʊərɪzəm/ N tourisme *m*

**tourist** /ˈtʊərɪst/ N touriste *mf* ◆ **"Tourists' Guide to London"** "Guide touristique de Londres" ◆ **the ~s** *(Sport = touring team)* les visiteurs *mpl*, l'équipe *f* en tournée ADV *[travel]* en classe touriste COMP *[class, ticket]* touriste *inv* ; *[season]* des touristes ▷ **tourist agency** N agence *f* de tourisme ▷ **tourist bureau** N ⇒ **tourist information (centre)** ▷ **tourist class** N classe *f* touriste ADJ, ADV en classe touriste ▷ **tourist court** N *(US)* motel *m* ▷ **tourist home** N *(US) maison particulière dans laquelle des chambres sont louées aux touristes* ▷ **tourist information (centre)**, **tourist (information) office** N office *m* de tourisme, syndicat *m* d'initiative ▷ **tourist trade** N tourisme *m* ▷ **tourist traffic** N flot *m* or afflux *m* de touristes (en voiture) ▷ **tourist trap** N piège *m* à touristes

**touristy** * /ˈtʊərɪstɪ/ ADJ *(pej) [place]* (trop) touristique ; *[shop]* pour touristes

**tournament** /ˈtʊənəmənt/ N *(Hist, gen)* tournoi *m* ◆ **chess/tennis** ~ tournoi *m* d'échecs/de tennis

**tourney** /ˈtʊənɪ/ N *(Hist)* tournoi *m*

**tourniquet** /ˈtʊənɪkeɪ/ N *(Med)* garrot *m*

**tousle** /ˈtaʊzl/ VT *[+ hair]* ébouriffer ; *[+ clothes]* chiffonner, friper, froisser ; *[+ bed, bedclothes]* mettre en désordre

**tousled** /ˈtaʊzld/ ADJ *[hair]* ébouriffé ; *[person, appearance]* échevelé

**tout** /taʊt/ N *(gen)* vendeur *m* ambulant ; *(for custom)* racoleur *m* ; *(for hotels)* rabatteur *m* ; *(Racing)* pronostiqueur *m* ; (*Brit:* also **ticket tout**) revendeur *m* de billets *(au marché noir)* VT *[+ wares]* vendre (avec insistance) ; *(Brit) [+ tickets]* revendre *(au marché noir)* VI racoler ; *(Racing)* vendre des pronostics ◆ **to** ~ **for custom** *(esp Brit)* racoler les clients ◆ **the taxi drivers were ~ing for the hotels** *(esp Brit)* les chauffeurs de taxi racolaient des clients pour les hôtels

► **tout about**, **tout (a)round** VT SEP *[+ goods]* vendre (avec insistance) ◆ **he has been ~ing those books about for weeks** * ça fait des semaines qu'il essaie de caser * ces livres

**tow**[1] /təʊ/ N a *(= act)* remorquage *m* ; *(= line)* câble *m* de remorquage ; *(= vehicle etc towed)* véhicule *m* en remorque ◆ **to give sb a** ~**, to have sb in** ~ *(lit)* remorquer qn ◆ **he had a couple of girls in** ~ * il avait deux filles dans son sillage ◆ **to be on** ~ *(Brit) or* **in** ~ *(US)* être en remorque ◆ **"on tow"** *(sign)* "véhicule en remorque" ◆ **to take a car in** ~ prendre une voiture en remorque b (also **ski tow**) téléski *m*, tire-fesses * *m* VT *[+ boat, vehicle]* remorquer (*to, into* jusqu'à) ; *[+ caravan, trailer]* tirer, tracter ; *[+ barge]* haler COMP ▷ **tow bar** N barre *f* de remorquage ▷ **tow car** N *(esp US)* chariot-remorque *m* ▷ **towing-line**, **towing-rope** N câble *m* de remorquage ▷ **towing-truck** N dépanneuse *f* ▷ **tow-start** N *(Aut)* ◆ **to give sb a ~-start** faire démarrer qn en le remorquant ▷ **tow truck** N *(US)* dépanneuse *f*

► **tow away** VT SEP *[+ vehicle]* remorquer ; *[police]* emmener en fourrière

**tow²** /təʊ/ **N** *(Tex)* filasse *f*, étoupe *f* (blanche) **COMP** ▷ **tow-haired**, **tow-headed ADJ** aux cheveux (blond) filasse, blond filasse

**towage** /ˈtəʊɪdʒ/ **N** remorquage *m*

**toward(s)** /təˈwɔːd(z)/ **PREP** **a** *(of direction)* vers, du côté de, dans la direction de ◆ **if he comes ~(s) you** s'il vient vers vous *or* dans votre direction *or* de votre côté ◆ **his back was ~(s) the door** il tournait le dos à la porte ◆ **we are moving ~(s) a solution/war** *etc* nous nous acheminons vers une solution/la guerre *etc* ◆ **they have begun negotiations ~(s) an agreement on ...** ils ont entamé des négociations en vue d'un accord sur ... ◆ **he is saving ~(s) a new car** il fait des économies pour (acheter) une nouvelle voiture ◆ **I'll put the prize money ~(s) a new car** le prix servira à m'acheter une nouvelle voiture ◆ **all donations will go ~(s) a new roof** tous les dons serviront à l'achat d'un nouveau toit

**b** *(of time)* vers ◆ **~(s) 10 o'clock** vers *or* sur le coup de 10 heures, sur les 10 heures ◆ **~(s) the end of the century** vers la fin du siècle

**c** *(of attitude)* envers, à l'égard de ◆ **his attitude ~(s) them** son attitude envers eux *or* à leur égard ◆ **my feelings ~(s) him** mes sentiments à son égard *or* envers lui *or* pour lui

**towaway zone** /ˈtəʊəweɪzəʊn/ **N** *(US Aut)* zone *f* de stationnement interdit (sous peine de mise en fourrière)

**towboat** /ˈtəʊbəʊt/ **N** remorqueur *m*

**towel** /ˈtaʊəl/ **N** serviette *f* (de toilette) ; *(also* **dish towel, tea towel***)* torchon *m* ; *(for hands)* essuie-mains *m* ; *(for glasses)* essuie-verres *m* ; *(also* **sanitary towel***)* serviette *f* hygiénique ; → **bath VT** frotter avec une serviette ◆ **to ~ o.s. dry** *or* **down** se sécher *or* s'essuyer avec une serviette **COMP** ▷ **towel rail N** porte-serviettes *m inv* ▷ **towel ring N** anneau *m* porte-serviettes

**towelling** /ˈtaʊəlɪŋ/ **N** **a** *(NonC)* tissu *m* éponge **b** *(rubbing with towel)* **to give sb a ~ (down)** frictionner qn avec une serviette **COMP** *[robe etc]* en *or* de tissu éponge

**tower** /ˈtaʊəʳ/ **N** tour *f* ◆ **the Tower of Babel** la tour de Babel ◆ **the Tower of London** la tour de Londres ◆ **church ~** clocher *m* ◆ **water ~** château *m* d'eau ◆ **he is a ~ of strength** il est ferme comme un roc, c'est un roc ◆ **he proved a ~ of strength to me** il s'est montré un soutien précieux pour moi

**VI** *[building, mountain, cliff, tree]* se dresser de manière imposante ◆ **I saw him ~ing in the doorway** j'ai vu sa silhouette imposante dans l'embrasure de la porte ◆ **the new block of flats ~s above** *or* **over the church** le nouvel immeuble écrase l'église ◆ **he ~ed over her** elle était toute petite à côté de lui ◆ **he ~s above** *or* **over his colleagues** *(fig)* il domine de très haut ses collègues

**COMP** ▷ **tower block N** *(Brit)* immeuble-tour *m*, tour *f* (d'habitation)

► **tower up VI** *[building, cliff etc]* se dresser de manière imposante, s'élever très haut

**towering** /ˈtaʊərɪŋ/ **ADJ** **a** *(= tall) [building]* imposant par sa hauteur ; *[cliff, tree]* imposant **b** *(= great) [achievement, performance]* grandiose ; *[genius, ambition]* hors du commun ; *[figure]* dominant ◆ **to be a ~ presence** être une figure particulièrement imposante ◆ **in a ~ rage** dans une colère noire

**towline** /ˈtəʊlaɪn/ **N** ⇒ **towing-line ;** → **tow¹**

**town** /taʊn/ **N** ville *f* ◆ **he lives in (a) ~** il habite en ville *or* à la ville ◆ **she lives in a little ~** elle habite (dans) une petite ville ◆ **there is more work in the ~ than in the country** il y a plus de travail en ville *or* à la ville qu'à la campagne ◆ **guess who's in ~!** devine qui vient d'arriver en ville ! ◆ **he's out of ~** il n'est pas là, il est en déplacement ◆ **he's from out of ~** *(US)* il n'est pas d'ici, il est étranger à la ville ◆ **to go (in)to ~, to go downtown** aller en ville ◆ **to go up to ~** *(gen)* monter en ville ; *(to London)* monter à Londres ◆ **the whole ~ is talking about it** toute la ville en parle ◆ **~ and gown** *(Univ)* les citadins *mpl* et les étudiants *mpl* ◆ **a country ~** une ville de province ◆ **we're going out on the ~** * on va faire une virée en ville * ◆ **to have a night on the ~** * faire la noce * *or* la bombe * ◆ **he really went to ~ on that essay** * il a mis le paquet * pour cette dissertation ◆ **they went to ~ on their daughter's wedding** * ils n'ont pas fait les choses à moitié pour le mariage de leur fille ; → **man, new, talk**

**COMP** ▷ **town-and-country planning N** aménagement *m* du territoire ▷ **town centre N** centre-ville *m* ▷ **town clerk N** ≈ secrétaire *mf* de mairie ▷ **town council N** conseil *m* municipal ▷ **town councillor N** *(Brit)* conseiller *m*, -ère *f* municipal(e) ▷ **town crier N** *(Hist)* crieur *m* public ▷ **town-dweller N** citadin(e) *m(f)* ▷ **town hall N** ≈ mairie *f*, hôtel *m* de ville ▷ **town house N** *(gen)* maison *f* de ville ; *(= terraced house)* maison *f* mitoyenne ; *(more imposing)* hôtel *m* particulier ▷ **town life N** vie *f* urbaine ▷ **town meeting N** *(US)* assemblée *f* générale des habitants d'une localité ▷ **town planner N** *(Brit)* urbaniste *mf* ▷ **town planning N** *(Brit)* urbanisme *m*

**townee** *, **townie** * /taʊˈniː/ **N** *(pej)* pur citadin *m* ; *(Univ)* citadin *m*

**townscape** /ˈtaʊnskeɪp/ **N** paysage *m or* panorama *m* urbain

**townsfolk** /ˈtaʊnzfəʊk/ **N** ⇒ **townspeople**

**township** /ˈtaʊnʃɪp/ **N** commune *f*, municipalité *f* ; *(in South Africa)* township *m or f*

**townsman** /ˈtaʊnzmən/ **N** (pl **-men**) citadin *m*, habitant *m* de la ville (*or* des villes) ◆ **my fellow townsmen** mes concitoyens *mpl*

**townspeople** /ˈtaʊnzpiːpl/ **NPL** citadins *mpl*, habitants *mpl* de la ville (*or* des villes)

**townswoman** /ˈtaʊnzwʊmən/ **N** (pl **-women**) citadine *f*, habitante *f* de la ville (*or* des villes)

**towpath** /ˈtəʊpɑːθ/ **N** chemin *m* de halage

**towrope** /ˈtəʊrəʊp/ **N** câble *m* de remorquage

**toxaemia, toxemia** *(US)* /tɒkˈsiːmɪə/ **N** toxémie *f*

**toxic** /ˈtɒksɪk/ **ADJ** toxique (*to sb/sth* pour qn/qch) **COMP** ▷ **toxic noise N** nuisances *fpl* sonores ▷ **toxic shock syndrome N** syndrome *m* du choc toxique ▷ **toxic waste N** déchets *mpl* toxiques

**toxicity** /tɒkˈsɪsɪtɪ/ **N** toxicité *f*

**toxicological** /ˌtɒksɪkəˈlɒdʒɪkəl/ **ADJ** toxicologique

**toxicologist** /ˌtɒksɪˈkɒlədʒɪst/ **N** toxicologue *mf*

**toxicology** /ˌtɒksɪˈkɒlədʒɪ/ **N** toxicologie *f*

**toxin** /ˈtɒksɪn/ **N** toxine *f*

**toxoplasmosis** /ˌtɒksəʊplæzˈməʊsɪs/ **N** toxoplasmose *f*

**toy** /tɔɪ/ **N** jouet *m* **VI** ◆ **to ~ with** *[+ object, pen, sb's affections]* jouer avec ; *[+ idea, scheme]* caresser ◆ **to ~ with one's food** manger du bout des dents, chipoter, picorer **COMP** *[house, truck, stove, railway]* miniature ; *[trumpet]* d'enfant ▷ **toy boy** * **N** *(Brit fig)* gigolo * *m* ▷ **toy car N** petite voiture *f* ▷ **toy dog N** *(fig)* petit chien *m* d'appartement ▷ **toy maker N** fabricant *m* de jouets ▷ **toy poodle N** caniche *m* nain ▷ **toy soldier N** petit soldat *m* ▷ **toy train N** petit train *m* ; *(electric)* train *m* électrique

**toybox** /ˈtɔɪbɒks/, **toychest** /ˈtɔɪtʃest/ **N** coffre *m* à jouets

**toyshop** /ˈtɔɪʃɒp/ **N** magasin *m* de jouets

**toytown** /ˈtɔɪtaʊn/ **ADJ** *(esp Brit pej) [politics, revolutionary etc]* de pacotille ◆ **~ money** monnaie *f* de singe

**tpi** /tiːpiːˈaɪ/ **N** *(Comput)* (abbrev of **tracks per inch**) pistes *fpl* par pouce

**trace¹** /treɪs/ **N** **a** *(gen)* trace *f* ◆ **there were ~s of the cave having been lived in** il y avait des traces d'habitation dans la grotte ◆ **the police could find no ~ of the thief** la police n'a trouvé aucune trace du voleur ◆ **~s of an ancient civilization** la trace *or* les vestiges *mpl* d'une ancienne civilisation ◆ **there is no ~ of it now** il n'en reste plus trace maintenant ◆ **we have lost all ~ of them** nous avons complètement perdu leur trace ◆ **~s of arsenic in the stomach** traces d'arsenic dans l'estomac ◆ **to vanish/sink without (a) ~** disparaître/sombrer sans laisser de traces ◆ **without a ~ of ill-feeling** sans la moindre rancune

**b** *(US = trail)* piste *f*

**VT** **a** *(= draw) [+ curve, line etc]* tracer ; *(with tracing paper etc)* décalquer

**b** *(= follow trail of)* suivre la trace de ; *(and locate) [+ person]* retrouver, dépister ; *[+ object]* retrouver ◆ **ask the police to help you ~ him** demandez à la police de vous aider à le retrouver ◆ **they ~d him as far as Paris but then lost him** ils ont pu suivre sa trace jusqu'à Paris mais l'ont perdu par la suite ◆ **I can't ~ your file at all** je ne trouve pas (de) trace de votre dossier ◆ **I can't ~ his having been in touch with us** je n'ai aucune indication *or* mention du fait qu'il nous ait contactés

**COMP** ▷ **trace element**, **trace mineral N** oligoélément *m*

► **trace back VI** *(esp US)* ◆ **this ~s back to the loss of ...** ceci est imputable à la perte de ...

**VT SEP** ◆ **to trace back one's ancestry** *or* **descent** *or* **family to ...** faire remonter sa famille à ..., établir que sa famille remonte à ... ◆ **they ~d the murder weapon back to a shop in Leeds** ils ont réussi à établir que l'arme du crime provenait d'un magasin de Leeds ◆ **we ~d him back to Paris, then the trail ended** (en remontant la filière) nous avons retrouvé sa trace à Paris mais là, la piste s'est perdue ◆ **this may be ~d back to the loss of ...** ceci peut être attribué à *or* est attribuable *or* imputable à la perte de ...

► **trace out VT SEP** tracer

**trace²** /treɪs/ **N** *[of harness]* trait *m* ; → **kick**

**traceability** /ˌtreɪsəˈbɪlɪtɪ/ **N** traçabilité *f*

**traceable** /ˈtreɪsəbl/ **ADJ** ◆ **export licences are only issued to completely ~ cattle** les licences d'exportation ne sont délivrées que pour le bétail dont l'origine peut être formellement établie

◆ **traceable to** ◆ **half of the cases of this disease are ~ to Lake Malawi** la moitié des cas ont leur origine dans la région du lac Malawi ◆ **the inflation rate is ~ to ...** le taux d'inflation est dû à ...

**tracer** /ˈtreɪsəʳ/ **N** *(= person)* traceur *m*, -euse *f* ; *(= instrument)* roulette *f*, traçoir *m* ; *(Biochem)* traceur *m* ; *(also* **tracer bullet***)* balle *f* traçante ; *(also* **tracer shell***)* obus *m* traçant

**tracery** /ˈtreɪsərɪ/ **N** *(NonC: Archit)* réseau *m (de fenêtre ajourée)* ; *[of veins on leaves]* nervures *fpl* ; *[of frost on window etc]* dentelles *fpl*

**trachea** /trəˈkɪə/ **N** (pl **tracheas** *or* **tracheae** /træˈkiːiː/) trachée *f*

**tracheotomy** /ˌtrækɪˈɒtəmɪ/ **N** trachéotomie *f*

**trachoma** /træˈkəʊmə/ **N** trachome *m*

**tracing** /ˈtreɪsɪŋ/ **N** *(NonC) (= process)* calquage *m* ; *(= result)* calque *m* COMP ▷ **tracing paper** **N** papier *m inv* calque, papier *m* à décalquer

**track** /træk/ **N** **a** *(= mark, trail, also Climbing)* trace *f* ; *[of animal, person]* trace *f*, piste *f* ; *[of tyres, wheels]* trace *f* ; *[of boat]* sillage *m* ; *(= route)* trajectoire *f* ◆ **a ~ of muddy footprints across the floor** des traces de pas boueuses sur le plancher ◆ **to cover (up)** *or* **hide one's ~s** *(lit, fig)* couvrir sa marche, brouiller les pistes ◆ **to change ~** changer de cap ; → **inside, stop**

♦ **in + track(s)** ◆ **the hurricane destroyed everything in its ~** l'ouragan a tout détruit sur son passage ◆ **to follow in sb's ~s** *(lit)* suivre qn à la trace ; *(fig)* suivre les traces de qn, marcher sur les traces de qn

♦ **off + track** ◆ **to be off the ~** faire fausse route ◆ **you're away off the ~!** vous êtes tout à fait à côté !, vous n'y êtes pas du tout ! ◆ **to put** *or* **throw sb off the ~** désorienter qn

♦ **on + track(s)** ◆ **to be on sb's ~(s)** être sur la piste de qn ◆ **he had the police on his ~(s)** la police était sur sa piste ◆ **they got on to his ~ very quickly** ils ont très vite trouvé sa piste ◆ **to be on ~** *(fig)* être sur la bonne voie ◆ **to get the economy back on ~** remettre l'économie sur les rails ◆ **to be on the right ~** être sur la bonne voie ◆ **to put sb on the right ~** mettre qn dans la bonne voie ◆ **to be on the wrong ~** faire fausse route

♦ **to keep track of** *[+ spacecraft etc]* suivre ; *[+ events]* suivre la marche *or* le fil de ; *[+ developments, situation]* suivre, rester au courant de ◆ **they kept ~ of him till they reached the wood** ils ont suivi sa trace jusqu'au bois ◆ **I kept ~ of her until she got married** je suis resté en contact avec elle *or* au courant de ce qu'elle faisait jusqu'à son mariage ◆ **keep ~ of the time** n'oubliez pas l'heure

♦ **to lose track of** *[+ spacecraft etc]* perdre ; *[+ developments, situation]* ne plus suivre, ne plus être au courant de ; *[+ events]* perdre le fil de ◆ **I've lost ~ of what he's doing** je ne suis plus au courant de ce qu'il fait ◆ **they lost ~ of him in the woods** ils ont perdu sa trace une fois arrivés au bois ◆ **I lost ~ of her after the war** j'ai perdu tout contact avec elle *or* je l'ai perdue de vue après la guerre ◆ **don't lose ~ of him** *(lit)* ne perdez pas sa trace ; *(fig)* ne le perdez pas de vue ◆ **I've lost ~ of those books** je ne sais plus *or* j'ai oublié où sont ces livres ◆ **to lose all ~ of time** perdre la notion du temps ◆ **I've lost ~ of what he is saying** j'ai perdu le fil de ce qu'il dit, je ne suis plus ce qu'il dit

♦ **to make tracks** * *(= leave)* se sauver * ◆ **we must be making ~s** * il faut qu'on se sauve * *subj* ◆ **he made ~s for the hotel** * il a filé à l'hôtel

**b** *(= path)* chemin *m*, sentier *m* ◆ **sheep ~** piste *f* à moutons ◆ **mule ~** chemin *m or* sentier *m* muletier ; → **beaten, cart, dirt**

**c** *(Rail)* voie *f* (ferrée), rails *mpl* ◆ **to leave the ~(s)** quitter les rails, dérailler ◆ **to cross the ~** traverser la voie ◆ **single-~ line** ligne *f* à voie unique ◆ **to change ~s** changer de voie ◆ **to live on the wrong side of the ~s** *(esp US)* vivre dans les quartiers pauvres ; → **one**

**d** *(Sport)* piste *f* ◆ **motor-racing ~** autodrome *m* ◆ **dog-racing ~** cynodrome *m* ; → **racetrack**

**e** *(NonC)* athlétisme *m*

**f** *[of electronic tape, CD, computer disk]* piste *f* ; *[of long-playing record]* plage *f* ; *(= piece of music)* morceau *m* ◆ **four-~ tape** bande *f* à quatre pistes ; → **soundtrack**

**g** *(Aut) (= tyre tread)* chape *f* ; *(= space between wheels)* écartement *m* ; (also **caterpillar track**) chenille *f*

**h** *(US Scol)* groupe *m* de niveau ◆ **divided into five ~s** répartis en cinq groupes de niveau ◆ **the top/middle/bottom ~** la section forte/moyenne/faible

NPL **tracks** * *(Drugs)* marques *fpl* de piqûres

VT *[+ animal, person, vehicle]* suivre la trace de ; *[+ hurricane, rocket, spacecraft, comet]* suivre la trajectoire de ◆ **to ~ dirt over the floor** laisser des traces sales sur le plancher

VI *[camera]* faire un travelling

COMP ▷ **track and field athletes** NPL athlètes *mfpl* ▷ **track and field athletics** N athlétisme *m* ▷ **track athletics** N *(Sport)* athlétisme *m* sur piste ▷ **track event** N *(Sport)* épreuve *f* sur piste ▷ **tracking device** N dispositif *m* de pistage ▷ **tracking shot** N *(Cine)* travelling *m* ▷ **tracking station** N *(Space)* station *f* d'observation (de satellites) ▷ **track lighting** N rampe *f* de spots ▷ **track maintenance** N *(Rail)* entretien *m* de la voie ▷ **track meet** N *(US Sport)* réunion *f* sportive sur piste ▷ **track race** N *(Sport)* course *f* sur piste ▷ **track racing** N *(Sport)* courses *fpl* sur piste ▷ **track record** N *(fig)* ◆ **to have a good ~ record** avoir fait ses preuves ◆ **to have a poor ~ record** avoir eu de mauvais résultats ▷ **track rod** N *(Brit)* barre *f* de connexion ▷ **track shoe** N chaussure *f* de course ▷ **track shot** N *(Cine)* travelling *m* ▷ **track system** N *(US Scol)* système *m* de répartition des élèves par niveaux

► **track down** VT SEP *[+ animal, wanted man]* traquer et capturer ; *[+ lost object, lost person, reference, quotation]* (finir par) retrouver *or* localiser

**trackball** /ˈtrækbɔːl/ N *(Comput)* boule *f* roulante

**tracked** /trækt/ ADJ *[vehicle]* à chenilles

**tracker** /ˈtrækəʳ/ **N** *(Hunting)* traqueur *m* ; *(gen)* poursuivant(e) *m(f)* COMP ▷ **tracker dog** N chien *m* policier *(dressé pour retrouver les gens)* ▷ **tracker fund** N *(Fin)* tracker *m*

**tracklayer** /ˈtrækleɪəʳ/ N *(US Rail)* ⇒ **trackman**

**trackless** /ˈtræklɪs/ ADJ *[forest, desert]* sans chemins ; *[vehicle]* sans chenilles

**trackman** /ˈtrækmən/ N (pl **-men**) *(US Rail)* responsable *m* de l'entretien des voies

**trackpad** /ˈtrækpæd/ N trackpad *m*

**tracksuit** /ˈtræksuːt/ N *(Brit)* survêtement *m*

**trackwalker** /ˈtrækwɔːkəʳ/ N *(US Rail)* ⇒ **trackman**

**tract**[1] /trækt/ **N** **a** *[of land, water]* étendue *f* ; *[of coal etc]* gisement *m* ; *(US = housing estate)* lotissement *m* ◆ **vast ~s of wilderness** de vastes zones *fpl or* étendues désertiques **b** *(Anat)* **digestive ~** appareil *m or* système *m* digestif COMP ▷ **tract house** N *(US)* pavillon *m (dans un lotissement)*

**tract**[2] /trækt/ N *(= pamphlet)* pamphlet *m* ; *(Rel)* traité *m*

**tractable** /ˈtræktəbl/ ADJ *[person]* accommodant, souple ; *[animal]* docile ; *[material]* malléable ; *[problem]* soluble

**Tractarian** /trækˈtɛərɪən/ ADJ, N *(Rel)* tractarien *m*, -ienne *f*

**Tractarianism** /trækˈtɛərɪənɪzəm/ N *(Rel)* tractarianisme *m*

**traction** /ˈtrækʃən/ **N** *(NonC: all senses)* traction *f* ◆ **electric/steam ~** *(Tech)* traction *f* électrique/à vapeur COMP ▷ **traction engine** N locomobile *f*

**tractive** /ˈtræktɪv/ ADJ de traction

**tractor** /ˈtræktəʳ/ **N** tracteur *m* COMP ▷ **tractor drive** N *(Comput)* dispositif *m* d'entraînement à picots ▷ **tractor driver** N conducteur *m*, -trice *f* de tracteur ▷ **tractor-trailer** N *(US)* semi-remorque *m*

**trad** * /træd/ ADJ *(esp Brit Mus)* abbrev of **traditional**

**tradable** /ˈtreɪdəbl/ ADJ *(esp US Econ, Fin)* commercialisable

**trade** /treɪd/ **N** **a** *(NonC = commerce)* commerce *m*, affaires *fpl* ; *(between two countries)* échanges *mpl* (commerciaux) ; *(illegal)* trafic *m* ◆ **overseas ~** *(Econ)* commerce *m* extérieur ◆ **it's good for ~** ça fait marcher le commerce ◆ **the fur/tourist ~** le secteur de la fourrure/touristique ◆ **the arms ~** le commerce des armes ◆ **the wool ~, the ~ in wool** le commerce de la laine ◆ **he's in the wool ~** il est négociant en laine ◆ **the drug ~, the ~ in drugs** le marché de la drogue ◆ **they do a lot of ~ with ...** ils font beaucoup d'affaires avec ... ◆ **~ has been good** *or* **brisk** les affaires ont été bonnes, le commerce a bien marché ◆ **to do a good** *or* **brisk** *or* **roaring ~** vendre beaucoup (in de) ◆ **Board of Trade** *(Brit)* ◆ **Department of Trade** *(US)* ministère *m* du Commerce ◆ **Secretary (of State) for Trade and Industry** *(Brit)* ministre *m* (du Commerce et) de l'Industrie ◆ **President of the Board of Trade, Minister of Trade** ministre *m* du Commerce ◆ **Department of Trade and Industry** *(Brit)* ≃ ministère *m* (du Commerce et) de l'Industrie ; → **rag**[1], **tourist**

**b** *(= job, skill)* métier *m* ◆ **she wants him to learn a ~** elle veut qu'il apprenne un métier ◆ **he is a butcher by** *or* **to * ~** il est boucher de son métier *or* de son état ◆ **he's a doctor by ~** il est médecin de son état ◆ **to put sb to a ~** † mettre qn en apprentissage ◆ **he's in the ~** *(lit, fig)* il est du métier ◆ **as we say in the ~** comme on dit dans le jargon du métier, pour employer un terme technique ◆ **known in the ~ as ...** que les gens du métier appellent ... ◆ **special discounts for the ~** remises spéciales pour les membres de la profession ; → **stock, tool, trick**

**c** ⇒ **trade wind;** → **comp**

**d** *(esp US = swap)* échange *m* ◆ **to do a ~ with sb for sth** faire l'échange de qch avec qn

VI **a** *[firm, country, businessman]* faire le commerce (*in* de), commercer, avoir *or* entretenir des relations commerciales (*with* avec) ◆ **he ~s as a wool merchant** il est négociant en laine ◆ **to ~ (up)on sb's kindness** abuser de la gentillesse de qn

**b** *(US: of private individual)* faire ses achats (*with* chez, à), être client(e) (*with* chez)

**c** *(St Ex) [currency, commodity]* **to be trading at** se négocier à ; → **cease**

**d** *(= exchange)* échanger, troquer (*with sb* avec qn)

VT *(= exchange)* ◆ **to ~ A for B** échanger *or* troquer A contre B ◆ **I ~d my penknife with him for his marbles** je lui ai donné mon canif en échange de ses billes

COMP *(gen) [exchanges, visits]* commercial ; *(Publishing) [press, publications]* professionnel, spécialisé ▷ **trade agreement** N accord *m* commercial ▷ **trade association** N association *f* commerciale ▷ **trade balance** N balance *f* commerciale ▷ **trade barriers** NPL barrières *fpl* douanières ▷ **trade bill** N effet *m* de commerce ▷ **trade cycle** N *(Econ)* cycle *m* économique ▷ **trade deficit** N déficit *m* commercial, déficit *m* extérieur ▷ **Trade Descriptions Act** N *(Brit) loi protégeant les consommateurs contre la publicité et les appellations mensongères* ▷ **trade discount** N remise *f* au détaillant ▷ **trade fair** N foire(-exposition) *f* commerciale ▷ **trade figures** NPL *(Econ)* résultats *mpl* (financiers) ▷ **trade gap** N déficit *m* commercial *or* de la balance commerciale ▷ **trade-in** N *(Comm)* reprise *f* ♦ **he took my old machine as a ~-in** il m'a repris ma vieille machine ♦ **~-in allowance** reprise *f* ♦ **~-in price** prix *m* à la reprise ♦ **~-in value** valeur *f* à la reprise ▷ **trade journal** N revue *f* professionnelle ▷ **trade mission** N mission *f* commerciale ▷ **trade name** N *(= product name)* nom *m* de marque ; *(= company name)* raison *f* sociale ▷ **trade-off** N *(= exchange)* échange *m* (*between* entre) ; *(balancing)* compromis *m*, concessions *fpl* mutuelles ▷ **trade paper** N ⇒ **trade journal** ▷ **trade plate** N *(Aut)* ≈ plaque *f* d'immatriculation provisoire ▷ **trade price** N prix *m* de gros ▷ **trade returns** NPL *(Econ)* ⇒ **trade figures** ▷ **trade route** N route *f* commerciale ▷ **trade school** N collège *m* technique ▷ **trade secret** N *(Comm, Ind, also fig)* secret *m* de fabrication ▷ **trade surplus** N excédent *m* commercial ▷ **trade talks** NPL *(Pol etc)* négociations *fpl* commerciales ▷ **trades union** N ⇒ **trade union** ▷ **the Trades Union Congress** N *(Brit)* la confédération des syndicats britanniques ▷ **trades unionism** N ⇒ **trade unionism** ▷ **trades unionist** N ⇒ **trade unionist** ▷ **trade union** N syndicat *m* ♦ **~(s) union membership** adhésion *f* à un syndicat ; *(= number of members)* nombre *m* de syndiqués ▷ **trade unionism** N syndicalisme *m* ▷ **trade unionist** N syndicaliste *mf* ▷ **trade war** N guerre *f* commerciale ▷ **trade wind** N *(Geog)* (vent *m*) alizé *m*

► **trade down** VI ♦ **to trade down to a smaller house/car** vendre sa maison/voiture pour en acheter une moins chère

► **trade in** VT SEP ♦ **I traded it in for a new one** on me l'a repris quand j'en ai acheté un nouveau

► **trade off** VT SEP **a** *(= balance)* **to ~ off A against B** accepter que A compense B

**b** *(= exchange)* **to ~ off one thing against** *or* **for another** échanger *or* troquer une chose contre une autre

**c** *(= use)* faire commerce de

**N** ♦ **trade-off** → **trade**

► **trade on** VI exploiter, tirer profit de

► **trade up** VI ♦ **to trade up to a bigger house/car** vendre sa maison/voiture pour en acheter une plus chère

**trademark** /ˈtreɪdmɑːk/ **N** marque *f* (de fabrique) **VT** *[+ product, goods]* apposer une marque sur ; *[+ symbol, word]* déposer ♦ **registered ~** marque *f* déposée **ADJ** *(fig = characteristic)* caractéristique ♦ **his ~ wig** sa perruque si caractéristique

**trader** /ˈtreɪdəʳ/ N **a** commerçant(e) *m(f)*, marchand(e) *m(f)* ; *(bigger)* négociant(e) *m(f)* ; (also **street trader**) vendeur *m*, -euse *f* de rue ; *(US St Ex)* contrepartiste *mf* ♦ **wool ~** négociant *m* en laine ; → **slave** **b** *(= ship)* navire *m* marchand *or* de la marine marchande

**tradescantia** /ˌtrædəsˈkæntɪə/ N tradescantia *m*

**tradesman** /ˈtreɪdzmən/ **N** (pl **-men**) commerçant *m* ; *(= skilled worker)* ouvrier *m* qualifié **COMP** ▷ **tradesman's entrance, tradesmen's entrance** N entrée *f* de service *or* des fournisseurs

**tradespeople** /ˈtreɪdzpiːpl/ NPL commerçants *mpl*

**tradeswoman** /ˈtreɪdzwʊmən/ N (pl **-women**) commerçante *f* ; *(= skilled worker)* ouvrière *f* qualifiée

**trading** /ˈtreɪdɪŋ/ **N** *(NonC, in shops, business)* commerce *m*, affaires *fpl* ; *(on larger scale)* commerce *m*, négoce *m* ; *(between countries)* commerce *m*, échanges *mpl* (commerciaux) ; *(St Ex)* transactions *fpl*, opérations *fpl* ♦ **~ was brisk yesterday** *(St Ex)* l'activité *f* a été soutenue hier

**COMP** *[port, centre]* de commerce ▷ **trading capital** N capital *m* engagé, capital *m* de roulement ▷ **trading card** N carte *f* à échanger ▷ **trading company** N société *f* d'import-export ▷ **trading estate** N *(Brit)* zone *f* artisanale et commerciale ▷ **trading nation** N nation *f* commerçante ▷ **trading partner** N partenaire *mf* commercial(e) ▷ **trading post** N *(esp Can, US)* comptoir *m* (commercial) ▷ **trading profits** NPL *(Fin, Ind)* ♦ **~ profits for last year** bénéfices *mpl* réalisés pour l'exercice de l'année écoulée ▷ **trading stamp** N timbre-prime *m* ▷ **trading standards** NPL normes *fpl* de conformité ▷ **trading standards office** N ≈ Direction *f* de la consommation et de la répression des fraudes

**tradition** /trəˈdɪʃən/ N tradition *f* ♦ **according to ~** selon la tradition ♦ **it's in the (best) ~ of ...** c'est dans la (plus pure) tradition de ... ♦ **~ has it that ...** la tradition veut que ... ♦ **it is a ~ that ...** il est de tradition que ... + *subj* ♦ **the ~ that ...** la tradition selon laquelle *or* qui veut que ... ♦ **to break with ~** rompre avec la tradition ♦ **by ~** selon la tradition, traditionnellement

**traditional** /trəˈdɪʃənl/ **ADJ** traditionnel ♦ **it is ~ (for sb) to do sth** il est de tradition (pour qn) de faire qch ♦ **to be ~ in one's approach to sth** avoir une approche traditionnelle de qch *or* une attitude traditionnelle face à qch ♦ **the clothes which are ~ to his country** les vêtements traditionnels de son pays **COMP** ▷ **traditional medicine** N médecine *f* traditionnelle

**traditionalism** /trəˈdɪʃnəlɪzəm/ N traditionalisme *m*

**traditionalist** /trəˈdɪʃnəlɪst/ ADJ, N traditionaliste *mf*

**traditionally** /trəˈdɪʃnəlɪ/ ADV *(gen)* traditionnellement ♦ **~ made** à l'ancienne

**traduce** /trəˈdjuːs/ VT *(frm)* calomnier, diffamer

**Trafalgar** /trəˈfælgəʳ/ N ♦ **Battle of ~** bataille *f* de Trafalgar

**traffic** /ˈtræfɪk/ (vb : pret, ptp **trafficked**) **N** *(NonC)* **a** *(Aut)* circulation *f* ; *(Aviat, Naut, Rail, Telec)* trafic *m* ♦ **road ~** circulation *f* routière ♦ **rail ~** trafic *m* ferroviaire ♦ **holiday ~** *(Aut)* circulation *f* des grands départs (*or* des grands retours), rush *m* des vacances ♦ **the ~ is heavy/light** il y a beaucoup de/très peu de circulation ♦ **the build-up** *or* **backlog of ~ extends to the bridge** le bouchon s'étire jusqu'au pont ♦ **~ out of/into Paris** la circulation dans le sens Paris-province/province-Paris ♦ **~ coming into London should avoid Putney Bridge** il est recommandé aux automobilistes se rendant à Londres d'éviter Putney Bridge ♦ **~ in and out of Heathrow Airport** le trafic à destination et en provenance de l'aéroport de Heathrow ♦ **~ in** *or* **using the Channel** *(Naut)* trafic *or* navigation *f* en Manche ; → **tourist**

**b** *(= trade)* commerce *m* (*in* de) ; *(pej)* trafic *m* (*in* de) ♦ **the drug ~** le trafic de la drogue *or* des stupéfiants

**VI** ♦ **to ~ in sth** faire le commerce *or* le trafic *(pej)* de qch

**VT** ♦ **to ~ arms/drugs** faire du trafic d'armes/de drogue

**COMP** ▷ **traffic calming** N *mesures de ralentissement de la circulation en ville* ▷ **traffic circle** N *(US)* rond-point *m*, carrefour *m* giratoire ▷ **traffic cone** N cône *m* de signalisation ▷ **traffic control** N *(Aut)* prévention *f* routière ; *(Aviat, Naut, Rail)* contrôle *m* du trafic ▷ **traffic controller** N *(Aviat)* contrôleur *m*, -euse *f* de la navigation aérienne, aiguilleur *m* du ciel ▷ **traffic control tower** N *(Aviat)* tour *f* de contrôle ▷ **traffic cop*** N *(esp US)* ⇒ **traffic policeman** ▷ **traffic court** N *(US Jur) tribunal où sont jugées les infractions au code de la route* ▷ **traffic diversion** N déviation *f* ▷ **traffic duty** N ♦ **to be on ~ duty** *[policeman]* faire la circulation ▷ **traffic holdup** N bouchon *m (de circulation)* ▷ **traffic island** N refuge *m (pour piétons)* ; *(in centre of roundabout)* terre-plein *m* central ▷ **traffic jam** N embouteillage *m*, bouchon *m* ▷ **traffic lights** NPL feux *mpl* de signalisation ♦ **to go through the ~ lights at red** passer au rouge, griller le feu rouge ♦ **the ~ lights were (at) green** le feu était (au) vert ▷ **traffic offence** N *(Jur)* infraction *f* au code de la route ▷ **traffic pattern** N *(Aviat)* couloir *m or* position *f* d'approche ▷ **traffic police** N *(speeding etc)* police *f* de la route ; *(points duty etc)* police *f* de la circulation ▷ **traffic policeman** N (pl **traffic policemen**) *(gen)* ≈ agent *m* de police ; *(on points duty)* agent *m* de la circulation ▷ **traffic regulations** NPL réglementation *f* de la circulation ▷ **traffic sign** N panneau *m* de signalisation, poteau *m* indicateur ♦ **international ~ signs** signalisation *f* routière internationale ▷ **traffic signals** NPL ⇒ **traffic lights** ▷ **traffic warden** N *(Brit)* contractuel(le) *m(f)*

**trafficator** † /ˈtræfɪkeɪtəʳ/ N *(Brit)* flèche *f* (de direction) †

**trafficker** /ˈtræfɪkəʳ/ N trafiquant(e) *m(f)* (*in* en)

**trafficking** /ˈtræfɪkɪŋ/ N trafic *m* ♦ **arms/cocaine ~** trafic *m* d'armes/de cocaïne

**tragedian** /trəˈdʒiːdɪən/ N *(= writer)* auteur *m* tragique ; *(= actor)* tragédien *m*

**tragedienne** /trəˌdʒiːdɪˈen/ N tragédienne *f*

**tragedy** /ˈtrædʒɪdɪ/ N *(gen, Theat)* tragédie *f* ♦ **the ~ of it is that ...** ce qui est tragique, c'est que ... ♦ **it is a ~ that ...** il est tragique que ... + *subj*

**tragic** /ˈtrædʒɪk/ ADJ *[accident, death, victim, expression, hero]* tragique ♦ **~ actor** tragédien(ne) *m(f)* ♦ **it is ~ that ...** il est tragique que ... + *subj*

**tragically** /ˈtrædʒɪkəlɪ/ ADV tragiquement

**tragicomedy** /ˈtrædʒɪˈkɒmɪdɪ/ N (pl **tragicomedies**) tragicomédie *f*

**tragicomic** /ˈtrædʒɪˈkɒmɪk/ ADJ tragicomique

**trail** /treɪl/ **N** **a** *[of blood, smoke]* traînée *f* ♦ **a long ~ of refugees** une longue file *or* colonne de réfugiés ♦ **to leave a ~ of destruction** tout détruire sur son passage ♦ **his illness brought a series of debts in its ~** sa maladie a amené dans son sillage une série de dettes ; → **vapour**

**b** *(= tracks: gen)* trace *f* ; *(Hunting)* piste *f*, trace(s) *f(pl)* ♦ **to be on the ~ of sb** *(lit, fig)* être sur la piste de qn ♦ **I'm on the ~ of that book you want** j'ai trouvé trace *or* j'ai retrouvé la trace du livre que vous voulez ; → **hot**

**c** *(= path, road)* sentier *m*, chemin *m* ; → **blaze²**, **nature**

**d** *(Ski, Climbing)* trace *f* ; *(cross country skiing)* piste *f* de fond ♦ **to break a ~** faire la trace, tracer

**VT** **a** *(= follow)* suivre la piste de ; *(fig) (= lag behind)* être dépassé par

**b** *(= drag, tow) [+ object on rope, toy cart etc]* tirer, traîner ; *(Aut) [+ caravan, trailer, boat]* tirer, tracter ♦ **he was ~ing his schoolbag behind him** il traînait son cartable derrière lui ♦ **the children ~ed dirt all over the carpet** les enfants ont couvert le tapis de traces sales ♦ **to ~ one's fingers through** *or* **in the water** laisser traîner ses doigts dans l'eau ◆ **don't ~ your feet!** ne traîne pas les pieds !

c *(Mil) [+ rifle etc]* porter à la main

d *(= announce as forthcoming)* donner un avant-goût de

e *(Hort)* **to ~ a plant over a fence** *etc* faire grimper une plante par-dessus une clôture *etc*

VI a *[object]* traîner ; *[plant]* ramper ◆ **your coat is ~ing in the mud** ton manteau traîne dans la boue ◆ **smoke ~ed from the funnel** une traînée de fumée s'échappait de la cheminée ◆ **they were ~ing by 13 points** *(Sport fig)* ils étaient en retard de 13 points ◆ **they are ~ing at the bottom of the league** *(Ftbl)* ils traînent en bas de division

b ◆ **to ~ along/in/out** *etc (= move in straggling line)* passer/entrer/sortir *etc* à la queue leu leu *or* en file ; *(= move wearily)* passer/entrer/sortir *etc* en traînant les pieds

COMP ▷ **trail bike** * N moto *f* de moto-cross ▷ **trail mix** N mélange *m* de fruits secs

► **trail away**, **trail off** VI *[voice, music]* s'estomper

**trailblazer** /ˈtreɪlbleɪzəʳ/ N *(fig)* pionnier *m*, -ière *f*

**trailblazing** /ˈtreɪlbleɪzɪŋ/ ADJ *(fig)* (in)novateur (-trice *f*)

**trailbreaker** /ˈtreɪlbreɪkəʳ/ N *(esp US)* ⇒ **trailblazer**

**trailer** /ˈtreɪləʳ/ N a *(behind car, van, truck)* remorque *f* ; *(esp US = caravan)* caravane *f* b *(Cine, TV)* bande-annonce *f* c *(Phot = end of film roll)* amorce *f* (en fin d'un rouleau)

COMP ▷ **trailer camp**, **trailer court**, **trailer park** N *(US)* village *m* de mobile homes ▷ **trailer tent** N tente-caravane *f* ▷ **trailer trash** * N *(US) pauvres vivant dans des mobile homes*

**trailing** /ˈtreɪlɪŋ/ ADJ *[plant]* grimpant COMP ▷ **trailing edge** N *(Aviat)* bord *m* de fuite ▷ **trailing geranium** N géranium-lierre *m*

**train** /treɪn/ N a *(Rail)* train *m* ; *(in Underground)* rame *f*, métro *m* ◆ **to go by ~** prendre le train ◆ **to go to London by ~** prendre le train pour aller à Londres, aller à Londres en train *or* par le train ◆ **to travel by ~** voyager par le train *or* en train ◆ **on** *or* **in the ~** dans le train ◆ **to transport by ~** transporter par voie ferroviaire ; → **express, freight, slow**

b *(= procession)* file *f* ; *(= entourage)* suite *f*, équipage *m* ; *[of camels]* caravane *f*, file *f* ; *[of mules]* train *m*, file *f* ; *[of vehicles]* cortège *m*, file *f* ◆ **he arrived with 50 men in his ~** il arriva avec un équipage de 50 hommes ◆ **the war brought famine in its ~** la guerre amena la famine dans son sillage *or* entraîna la famine ; → **baggage**

c *(= line, series)* suite *f*, série *f* ; *[of gunpowder]* traînée *f* ◆ **in an unbroken ~** en succession ininterrompue ◆ **a ~ of events** une suite d'événements ◆ **it broke** *or* **interrupted his ~ of thought** cela est venu interrompre le fil de sa *or* ses pensée(s) ◆ **I've lost my ~ of thought** je ne retrouve plus le fil de ma *or* mes pensée(s) ◆ **it is in ~** *(esp Brit fig)* c'est en préparation, c'est en marche ◆ **to set sth in ~** *(esp Brit)* mettre qch en marche *or* en mouvement

d *[of dress, robe]* traîne *f*

e *(Tech)* train *m* ◆ **~ of gears** train *m* de roues d'engrenage

VT a *(= instruct) [+ person, engineer, doctor, nurse, teacher, craftsman, apprentice]* former ; *[+ employee, soldier]* former, instruire ; *(Sport) [+ player]* entraîner, préparer ; *[+ animal]* dresser ; *[+ voice]* travailler ; *[+ ear, mind, memory]* exercer ◆ **he is ~ing someone to take over from him** il forme son successeur ; *(also* **house-train***)* ◆ **to ~ a puppy/child** apprendre à un chiot/à un enfant à être propre ◆ **to ~ an animal to do sth** apprendre à *or* dresser un animal à faire qch ◆ **to ~ sb to do sth** apprendre à qn à faire qch ; *(professionally)* former qn à faire qch, préparer qn à faire qch ◆ **to ~ o.s. to do sth** s'entraîner *or* s'exercer à faire qch ◆ **to ~ sb in a craft** apprendre un métier à qn, préparer qn à un métier ◆ **he was ~ed in weaving** *or* **as a weaver** il a reçu une formation de tisserand ◆ **to ~ sb in the use of sth** *or* **to use sth** apprendre à qn à utiliser qch, instruire qn dans le maniement de qch ◆ **where were you ~ed?** où avez-vous reçu votre formation ? ; see also **trained**

b *(= direct) [+ gun, camera, telescope]* braquer (on sur) ◆ **to ~ a plant along a wall** faire grimper une plante le long d'un mur

VI a recevoir une *or* sa formation ; *(Sport)* s'entraîner (*for* pour), se préparer (*for* à) ◆ **to ~ as** *or* **~ to be a teacher/secretary** *etc* recevoir une formation de professeur/de secrétaire *etc* ◆ **where did you ~?** où avez-vous reçu votre formation ?

b *(Rail = go by train)* aller en train

COMP *(Ind) [dispute, strike etc]* des cheminots, des chemins de fer ▷ **train crash** N accident *m* de chemin de fer ; *(more serious)* catastrophe *f* ferroviaire ▷ **train ferry** N ferry-boat *m* ▷ **train oil** N huile *f* de baleine ▷ **train service** N ◆ **there is a very good ~ service to London** les trains pour Londres sont très fréquents ◆ **there is an hourly ~ service to London** il y a un train pour Londres toutes les heures ◆ **do you know what the ~ service is to London?** connaissez-vous l'horaire des trains pour Londres ? ▷ **train set** N train *m* électrique *(jouet)* ▷ **train spotter** N *(Brit)* passionné(e) *m(f)* de trains ; *( * pej = nerd)* crétin(e) * *m(f)* ▷ **train-spotting** N *(Brit)* ◆ **to go ~-spotting** observer les trains *(pour identifier les divers types de locomotives)* ▷ **train-workers** NPL employés *mpl* des chemins de fer, cheminots *mpl*

► **train up** VT SEP *(Brit)* former

**trainband** /ˈtreɪnbænd/ N *(Brit Hist) ancienne milice britannique*

**trainbearer** /ˈtreɪnbeərəʳ/ N dame *f or* demoiselle *f* d'honneur ; *(little boy)* page *m*

**trained** /treɪnd/ ADJ *[person] (= qualified)* qualifié ; *[nurse]* qualifié, diplômé ; *[teacher]* habilité à enseigner ; *[soldier, gymnast]* entraîné ; *[animal]* dressé ; *[mind]* exercé ◆ **he is not ~ at all** *(gen)* il n'a reçu aucune formation professionnelle ; *[soldier, gymnast]* il n'a reçu aucun entraînement ◆ **American-~** formé aux États-Unis ◆ **she has a ~ voice** elle a pris des leçons de chant ◆ **to the ~ eye/ear** pour un œil exercé/une oreille exercée ◆ **it is obvious to a ~ observer that ...** il est évident pour un observateur averti que ... ◆ **to be ~ for sth** *(gen)* avoir reçu une formation pour qch ; *[soldier, gymnast]* être entraîné pour qch ◆ **he isn't ~ for this job** il n'a pas la formation pour ce poste ◆ **we need a ~ person for the job** il nous faut une personne qualifiée pour ce travail ◆ **well-~** *(gen)* qui a reçu une bonne formation ; *[soldier, gymnast]* bien entraîné ; *[servant]* stylé ; *[child]* bien élevé ; *[animal]* bien dressé ◆ **she's got her husband well ~** *(hum)* son mari est bien dressé

**trainee** /treɪˈniː/ N *(gen)* stagiaire *mf* ; *(US Police, Mil etc)* jeune recrue *f* ◆ **sales/management ~** stagiaire *mf* de vente/de direction ADJ *(gen)* stagiaire, en stage ; *(in trades)* en apprentissage ◆ **~ typist** dactylo * *f* stagiaire ◆ **~ hairdresser** apprenti(e) coiffeur *m*, -euse *f*

**traineeship** /treɪˈniːʃɪp/ N stage *m*, stage *m* d'emploi-formation

**trainer** /ˈtreɪnəʳ/ N a *[of athlete, football team, racehorse]* entraîneur *m* ; *(Cycling etc)* soigneur *m* ; *(in circus)* dresseur *m*, -euse *f* ; *(of lions, tigers)* dompteur *m*, -euse *f* b *(Aviat = flight simulator)* simulateur *m* de vol ; *(also* **trainer aircraft***)* avion-école *m* NPL **trainers** *(Brit)* tennis *fpl or mpl* ; *(high-tops)* baskets *mpl*

**training** /ˈtreɪnɪŋ/ LANGUAGE IN USE 19.2

N *[of person, engineer, doctor, nurse, teacher, craftsman]* formation *f* ; *[of employee, soldier]* formation *f*, instruction *f* ; *(Sport)* entraînement *m*, préparation *f* ; *[of animal]* dressage *m* ◆ **to be out of ~** *(Sport)* avoir perdu la forme ◆ **to be in ~** *(= preparing o.s.)* être en cours d'entraînement *or* de préparation ; *(= on form)* être en forme ◆ **to be in ~ for sth** s'entraîner pour *or* se préparer à qch ◆ **staff ~** formation *f* du personnel ◆ **he has had some secretarial ~** il a suivi quelques cours de secrétariat ◆ **it is good ~** c'est un bon apprentissage *or* entraînement ; → **teacher, toilet, voice**

COMP ▷ **Training and Enterprise Council** N *(Brit) organisme de formation et d'aide à la création d'entreprises* ▷ **training camp** N camp *m* d'entraînement ▷ **training centre** N *(gen)* centre *m* de formation ; *(Sport)* centre *m* (d'entraînement) sportif ▷ **training college** N *(gen)* école *f* spécialisée *or* professionnelle ◆ **teacher ~ college** → **teacher comp** ▷ **training course** N stage *m* de formation ▷ **training ground** N *(Sport, fig)* terrain *m* d'entraînement ▷ **training manual** N manuel *m or* cours *m* d'instruction ▷ **Training Opportunities Scheme** N *(Brit) programme de recyclage professionnel* ▷ **training plane** N avion-école *m* ▷ **training scheme** N programme *m* de formation *or* d'entraînement ▷ **training ship** N navire-école *m* ▷ **training shoe** N ⇒ **trainer npl** ▷ **training wheels** NPL *(US) [of bicycle]* stabilisateurs *mpl*

**trainman** /ˈtreɪnmən/ N (pl **-men**) *(US Rail)* cheminot *m*

**traipse** * /treɪps/ VI ◆ **to ~ in/out** *etc* entrer/sortir *etc* d'un pas traînant *or* en traînassant * ◆ **they ~d in wearily** ils sont entrés en traînant les pieds ◆ **to ~ around** *or* **about** se balader *, déambuler ◆ **we've been traipsing about the shops all day** nous avons traîné *or* traînassé * dans les magasins toute la journée

**trait** /treɪt/ N trait *m (de caractère)*

**traitor** /ˈtreɪtəʳ/ N traître(sse) *m(f)* ◆ **to be a ~ to one's country/to a cause** trahir sa patrie/une cause ◆ **to turn ~** *(Mil, Pol)* passer à l'ennemi

**traitorous** /ˈtreɪtərəs/ ADJ traître (traîtresse *f*), déloyal, perfide

**traitorously** /ˈtreɪtərəslɪ/ ADV traîtreusement, perfidement, en traître (*or* en traîtresse)

**traitress** /ˈtreɪtrɪs/ N traîtresse *f*

**trajectory** /trəˈdʒektərɪ/ N trajectoire *f*

**tram** /træm/ N a *(Brit:* also **tramcar***)* tram(way) *m* ◆ **to go by ~** prendre le tram b *(Min)* berline *f*, benne *f* roulante

**tramline** /ˈtræmlaɪn/ N *(Brit)* a ⇒ **tramway** b *(Tennis)* **~s** lignes *fpl* de côté

**trammel** /ˈtræməl/ *(liter)* VT entraver NPL **trammels** entraves *fpl*

**tramp** /træmp/ N a *(= sound)* **the ~ of feet** le bruit de pas

b *(= hike)* randonnée *f* (à pied), excursion *f* ◆ **to go for a ~** (aller) faire une randonnée *or* une excursion ◆ **after a ten-hour ~** après dix heures de marche ◆ **it's a long ~** c'est long à faire à pied

c *(= vagabond)* clochard(e) *m(f)*, vagabond(e) *m(f)*

**d** *(esp US)* **she's a ~** * *(pej = woman)* elle est coureuse *

**e** (also **tramp steamer**) tramp *m*

**VI** ◆ **to ~ along** *(= hike)* poursuivre son chemin à pied ; *(= walk heavily)* marcher d'un pas lourd ; *[soldiers etc]* marteler le pavé *or* la route ◆ **to ~ up and down** faire les cent pas ◆ **he was ~ing up and down the platform** il arpentait le quai d'un pas lourd

**VT** ◆ **to ~ the streets** battre le pavé ◆ **I ~ed the town looking for the church** j'ai parcouru la ville à pied pour trouver l'église

▸ **tramp down, tramp in** VT SEP tasser du pied

**trample** /ˈtræmpl/ **VT** ◆ **to ~ (underfoot)** *[+ sth on ground etc]* piétiner, fouler aux pieds ; *(fig)* *[+ person, conquered nation]* fouler aux pieds, bafouer ; *[+ sb's feelings]* bafouer ; *[+ objections etc]* passer outre à ◆ **he ~d the stone into the ground** il a enfoncé du pied la pierre dans le sol ◆ **he was ~d by the horses** il a été piétiné par les chevaux **VI** ◆ **to ~ in/out** *etc* entrer/sortir *etc* d'un pas lourd ◆ **to ~ on** *(lit, fig)* ⇒ **to trample (underfoot)** → vt **N** (= *act:* also **trampling**) piétinement *m* ; *(= sound)* bruit *m* de pas

**trampoline** /ˈtræmpəlɪn/ **N** trampoline *m* **VI** (also **to go trampolining**) faire du trampoline

**tramway** /ˈtræmweɪ/ **N** *(Brit)* *(= rails)* voie *f* de tramway ; *(= route)* ligne *f* de tramway

**trance** /trɑːns/ **N** *(Hypnosis, Rel, Spiritualism etc)* transe *f* ; *(Med)* catalepsie *f* ; *(fig = ecstasy)* transe *f*, extase *f* ◆ **to go** *or* **fall into a ~** entrer en transe ; *(Med)* tomber en catalepsie ◆ **to put sb into a ~** *[hypnotist]* faire entrer qn en transe

**tranche** /trɑːnʃ/ **N** *(Econ etc)* tranche *f*

**trannie, tranny** /ˈtrænɪ/ **N** (pl **trannies**) **a** * abbrev of **transistor (radio)** **b** *(Phot *)* abbrev of **transparency b** **c** ‡ (abbrev of **transvestite**) travelo ‡ *m*

**tranquil** /ˈtræŋkwɪl/ **ADJ** *[person, expression, atmosphere, way of life, sleep, morning]* paisible, serein ; *[countryside, water, river, beauty]* paisible

**tranquillity, tranquility** *(also US)* /træŋˈkwɪlɪtɪ/ **N** tranquillité *f*, calme *m*

**tranquillize, tranquilize** *(also US)* /ˈtræŋkwɪlaɪz/ **VT** *(Med)* mettre sous tranquillisants

**tranquillizer, tranquilizer** *(also US)* /ˈtræŋkwɪlaɪzəʳ/ **N** tranquillisant *m*, calmant *m* **COMP** ▷ **tranquillizer dart** **N** *(for gun)* seringue *f* sédative ; *(for blowpipe)* fléchette *f* enduite de sédatif

**trans.** abbrev of **transitive, transport(ation), translation, translator, transfer(red)**

**trans...** /trænz/ **PREF** trans... ◆ **the Trans-Canada Highway** la route transcanadienne

**transact** /trænˈzækt/ **VT** *[+ business]* traiter, régler, faire

**transaction** /trænˈzækʃən/ **N** *(gen)* opération *f*, affaire *f* ; *(Econ, Fin, St Ex)* transaction *f* ◆ **we have had some ~s with that firm** nous avons fait quelques opérations *or* quelques affaires avec cette société ◆ **cash ~** opération *f* au comptant ◆ **the ~s of the Royal Society** *(= proceedings)* les travaux *mpl* de la Royal Society ; *(= minutes)* les actes *mpl* de la Royal Society

**transactional** /trænˈzækʃənl/ **ADJ** transactionnel ◆ **~ analysis** *(Psych)* analyse *f* transactionnelle

**transalpine** /trænzˈælpaɪn/ **ADJ** transalpin

**transatlantic** /ˈtrænzətˈlæntɪk/ **ADJ** *[flight, crossing, phone call, liner]* transatlantique ; *[style, upbringing]* d'Outre-Atlantique ; *(Brit = American)* américain

**transceiver** /trænˈsiːvəʳ/ **N** *(Rad)* émetteur-récepteur *m*

**transcend** /trænˈsend/ **VT** *[+ belief, knowledge, description]* transcender, dépasser ; *(= excel over)* surpasser ; *(Philos, Rel)* transcender

**transcendence** /trænˈsendəns/, **transcendency** /trænˈsendənsɪ/ **N** transcendance *f*

**transcendent** /trænˈsendənt/ **ADJ** *(frm)* transcendant

**transcendental** /ˌtrænsenˈdentl/ **ADJ** transcendantal **COMP** ▷ **transcendental meditation** **N** méditation *f* transcendantale

**transcendentalism** /ˌtrænsenˈdentəlɪzəm/ **N** transcendantalisme *m*

**transcontinental** /ˈtrænzˌkɒntɪˈnentl/ **ADJ** transcontinental

**transcribe** /trænˈskraɪb/ **VT** *(gen, Phon)* transcrire

**transcript** /ˈtrænskrɪpt/ **N** *(gen)* transcription *f* ; *(US Univ)* (copie *f* de) dossier *m* complet de la scolarité

**transcription** /trænˈskrɪpʃən/ **N** *(gen, Phon)* transcription *f* ◆ **narrow/broad ~** *(Phon)* transcription *f* étroite/large

**transdermal** /trænzˈdɜːməl/ **ADJ** transdermique

**transduce** /trænzˈdjuːs/ **VT** transformer, convertir

**transducer** /trænzˈdjuːsəʳ/ **N** *(also Comput)* transducteur *m*

**transduction** /trænzˈdʌkʃən/ **N** transduction *f*

**transect** /trænˈsekt/ **VT** sectionner (transversalement)

**transept** /ˈtrænsept/ **N** transept *m*

**transfer** /trænsˈfɜːʳ/ **VT** **a** *(= move)* *[+ employee, civil servant, diplomat]* transférer, muter (*to* à) ; *[+ soldier, player, prisoner]* transférer (*to* à) ; *[+ passenger]* transférer (*to* à), transborder ; *[+ object, goods]* transférer (*to sb* à qn *to a place* à un lieu), transporter (*to a place* dans un lieu), transmettre (*to sb* à qn) ◆ **business ~red to** *(notice)* *[office]* bureaux *mpl* transférés à ; *[shop]* magasin *m* transféré à

**b** *(= hand over)* *[+ power]* faire passer (*from* de ; *to* à) ; *[+ ownership]* transférer (*from* de ; *to* à) ; *[+ money]* virer (*from* de ; *to, into* à, sur) ; *[+ vote]* reporter (*to* sur) ◆ **to ~ one's affection to sb** reporter son *or* ses affection(s) sur qn

**c** *(= copy)* *[+ design, drawing]* reporter, décalquer (*to* sur)

**d** *(Brit Telec)* **to ~ the charges** téléphoner en PCV ◆ **~red charge call** communication *f* en PCV ◆ **I'm ~ring you now** *[telephone operator]* je vous mets en communication maintenant

**VI** *[employee, civil servant, diplomat]* être transféré *or* muté (*to* à) ; *[soldier, player, prisoner, offices]* être transféré (*to* à) ; *(US Univ = change universities)* faire un transfert (pour une autre université) ◆ **he's ~red from Science to Geography** *(Univ etc)* il ne fait plus de science, il s'est réorienté en géographie ◆ **to ~ from one train/plane** *etc* **to another** être transféré *or* transbordé d'un train/avion *etc* à un autre ◆ **we had to ~ to a bus** nous avons dû changer et prendre un car

**N** /ˈtrænsfɜːʳ/ **a** *(= move)* *(gen)* transfert *m* ; *[of employee, diplomat]* transfert *m*, mutation *f* ; *[of soldier, player, prisoner]* transfert *m* ; *[of passenger]* transfert *m*, transbordement *m* ; *[of object, goods]* transfert *m*, transport *m* ◆ **to ask for a ~** *(Ftbl etc)* demander un transfert

**b** *(= handover)* *[of money]* virement *m* ; *(Pol)* *[of power]* passation *f* ; *(Jur = document)* transfert *m*, translation *f* *(Jur)* ◆ **to pay sth by bank ~** payer qch par virement bancaire ◆ **~ of ownership** *(Jur)* transfert *m* de propriété (*from* de ; *to* à) ◆ **application for ~ of proceedings** *(Jur)* demande *f* de renvoi devant une autre juridiction

**c** *(= picture, design etc)* *(rub-on type)* décalcomanie *f* ; *(stick-on)* autocollant *m* ; *(sewn-on)* décalque *m*

**d** *(Transport:* also **transfer ticket**) billet *m* de correspondance

**COMP** /ˈtrænsfɜːʳ/ ▷ **transfer desk** **N** guichet *m* de transit ▷ **transfer fee** **N** *(Ftbl etc)* indemnité *f* transfert ▷ **transfer list** **N** *(Brit Ftbl)* liste *f* de transfert ◆ **to be on the ~ list** être sur la liste de transfert ▷ **transfer-list** **VT** mettre sur la liste de transfert ▷ **transfer lounge** **N** salle *f* de transit ▷ **transfer passenger** **N** passager *m* en transit ▷ **transfer season** **N** *(Ftbl)* période *f* des transferts ▷ **transfer student** **N** *(US Univ)* étudiant(e) *m(f)* venant d'une autre université ▷ **transfer tax** **N** *(Fin)* droit *m* de mutation

**transferable** /trænsˈfɜːrəbl/ **ADJ** **a** *[ticket]* transmissible, qui n'est pas nominatif ◆ **"not transferable"** *(on ticket)* "ne peut être ni cédé ni échangé" ◆ **the prize is not ~ to another person** le prix est strictement personnel **b** *[skills]* réutilisable **COMP** ▷ **transferable vote** **N** voix *f* reportée *(sur un second candidat)*

**transferee** /ˌtrænsfɜːˈriː/ **N** *(Jur)* cessionnaire *mf*, bénéficiaire *mf*

**transference** /ˈtrænsfərəns/ **N** *(NonC)* **a** ⇒ **transfer n** ; see also **thought** **b** *(Psych)* transfert *m*

**transferor, transferrer** /trænsˈfɜːrəʳ/ **N** *(Jur)* cédant(e) *m(f)*

**transfiguration** /ˌtrænsfɪgəˈreɪʃən/ **N** *(gen, also Rel)* transfiguration *f*

**transfigure** /trænsˈfɪgəʳ/ **VT** transfigurer

**transfix** /trænsˈfɪks/ **VT** *(lit)* transpercer ◆ **to be** *or* **stand ~ed** être cloué sur place ◆ **to be ~ed with horror** être cloué au sol d'horreur, être paralysé par l'horreur

**transform** /trænsˈfɔːm/ **VT** *(gen)* transformer, métamorphoser (*into* en) ; *(Chem, Elec, Math, Phys)* convertir, transformer (*into* en) ; *(Gram)* transformer (*into* en) ◆ **to ~ o.s. into ..., to be ~ed into ...** se transformer en ... **N** /ˈtrænsfɔːm/ *(US Ling)* transformation *f*

**transformation** /ˌtrænsfəˈmeɪʃən/ **N** *(NonC = change: also Elec, Math, Phys, Ling)* transformation *f* (*into sth* en qch) ◆ **to have undergone a complete ~** être complètement métamorphosé

**transformational** /ˌtrænsfəˈmeɪʃənl/ **ADJ** *(Ling)* transformationnel

**transformer** /trænsˈfɔːməʳ/ **N** *(Elec)* transformateur *m* **COMP** ▷ **transformer station** **N** poste *m* de transformation

**transfuse** /trænsˈfjuːz/ **VT** *(Med, fig)* transfuser

**transfusion** /trænsˈfjuːʒən/ **N** *(Med, fig)* transfusion *f* ◆ **blood ~** transfusion *f* sanguine *or* de sang ◆ **to have a ~** recevoir une transfusion, être transfusé ◆ **to give sb a ~** faire une transfusion à qn

**transgender** /trænzˈdʒendəʳ/ **ADJ** transgenre *inv*, transsexuel (-elle *f*)

**transgenic** /trænzˈdʒenɪk/ **ADJ** transgénique

**transgress** /trænsˈgres/ **VT** transgresser, enfreindre, violer **VI** pécher

**transgression** /træns'greʃən/ N (= *sin*) péché *m*, faute *f* ; *(NonC)* transgression *f*

**transgressive** /træns'gresɪv/ ADJ qui transgresse les règles (*or* les tabous *etc*)

**transgressor** /træns'gresəʳ/ N *[of law etc]* transgresseur *m (liter)* ; *(Rel = sinner)* pécheur *m*, -eresse *f*

**tranship** /træn'ʃɪp/ VT ⇒ **transship**

**transhipment** /træn'ʃɪpmənt/ N ⇒ **transshipment**

**transience** /'trænzɪəns/ N caractère *m* éphémère *or* transitoire

**transient** /'trænzɪənt/ ADJ *(frm) [pain]* passager ; *[fashion, relationship]* éphémère ; *[population]* fluctuant ◆ **of a ~ nature** passager N *(US: in hotel etc)* client(e) *m(f)* de passage

**transistor** /træn'zɪstəʳ/ N *(Elec)* transistor *m* ; (also **transistor radio, transistor set**) transistor *m*

**transistorize** /træn'zɪstəraɪz/ VT transistoriser ◆ **~d** transistorisé, à transistors

**transit** /'trænzɪt/ N *(NonC, gen)* transit *m* ; *(Astron)* passage *m* ◆ **they halted ~ of livestock** ils ont interrompu le transport du bétail
◆ **in transit** en transit ◆ **they were in ~ to Bombay** ils étaient en transit pour Bombay ◆ **lost in ~** perdu pendant le transport
COMP *[goods, passengers]* en transit ; *[documents, port, visa]* de transit ▷ **transit camp** N *(Mil etc)* camp *m* de transit ▷ **transit lounge** N *(Aviat)* salle *f* de transit ▷ **transit stop** N *(Aviat)* escale *f* de transit ▷ **transit system** N système *m* de transport ▷ **Transit van** ® N *(Brit)* camionnette *f*

**transition** /træn'zɪʃən/ N transition *f* (*from* de ; *to* à) COMP *[period]* de transition

**transitional** /træn'zɪʃənəl/ ADJ *[period, arrangement, government, measures]* de transition, transitoire ; *[costs]* de transition COMP ▷ **transitional relief** N *(Brit) dégrèvement fiscal accordé lors de la première phase d'application d'une augmentation d'impôt ou de taxe*

**transitive** /'trænzɪtɪv/ ADJ *[verb, use]* transitif ; *[sentence]* à verbe transitif

**transitively** /'trænzɪtɪvlɪ/ ADV transitivement

**transitivity** /ˌtrænsɪ'tɪvɪtɪ/ N *(Gram)* transitivité *f*

**transitory** /'trænzɪtərɪ/ ADJ *[romance, peace]* éphémère ; *[state]* transitoire, passager ◆ **the ~ nature of political success** la nature transitoire du succès politique

**Transkei** /træn'skaɪ/ N Transkei *m*

**translatable** /trænz'leɪtəbl/ ADJ traduisible

**translate** /trænz'leɪt/ VT a *(gen, Ling, also Comput)* traduire (*from* de ; *into* en) ◆ **how do you ~ "weather"?** quelle est la traduction de "weather" ?, comment traduit-on "weather" ? ◆ **the word is ~d as ...** le mot se traduit par ... ◆ **which when ~d means ...** ce que l'on peut traduire par ... ◆ **to ~ ideas into actions** passer des idées aux actes ◆ **the figures, ~d in terms of hours lost, mean ...** exprimés *or* traduits en termes d'heures perdues, ces chiffres signifient ... b *(Rel) [+ bishop, relics]* transférer ; *(= convey to heaven)* ravir VI *[person]* traduire ; *[word, book]* se traduire ◆ **it won't ~** c'est intraduisible

**translation** /trænz'leɪʃən/ N a traduction *f* (*from* de ; *into* en) ; *(Scol etc)* version *f* ◆ **the poem loses in ~** le poème perd à la traduction ◆ **it is a ~ from the Russian** c'est traduit du russe b *(Rel) [of bishop]* translation *f* ; *[of relics]* transfert *m* ; *(= conveying to heaven)* ravissement *m*

**translator** /trænz'leɪtəʳ/ N *(= person)* traducteur *m*, -trice *f* ; *(= machine)* traducteur *m* ; (*Comput:* also **translator program**) programme *m* de traduction

**transliterate** /trænz'lɪtəreɪt/ VT translit(t)érer

**transliteration** /ˌtrænzlɪtə'reɪʃən/ N translittération *f*

**translucence** /trænz'luːsns/ N translucidité *f*

**translucent** /trænz'luːsnt/, **translucid** /trænz'luːsɪd/ ADJ translucide

**transmigrate** /'trænzmaɪ'greɪt/ VI *[soul]* transmigrer ; *[people]* émigrer

**transmigration** /ˌtrænzmaɪ'greɪʃən/ N *[of soul]* transmigration *f* ; *[of people]* émigration *f*

**transmissible** /trænz'mɪsəbl/ ADJ transmissible

**transmission** /trænz'mɪʃən/ N *(gen)* transmission *f* ; *(US = gearbox)* boîte *f* de vitesses COMP ▷ **transmission cable** N câble *m* de transmission ▷ **transmission shaft** N arbre *m* de transmission

**transmit** /trænz'mɪt/ VT *(gen, Aut, Med, Phys etc)* transmettre ; *(Rad, Telec, TV)* émettre, diffuser ; → **sexually** VI *(Rad, Telec, TV)* émettre, diffuser

**transmitter** /trænz'mɪtəʳ/ N a *(Rad)* émetteur *m* b *(in telephone)* capsule *f* microphonique c *(= transmitting device)* transmetteur *m*

**transmitting** /trænz'mɪtɪŋ/ ADJ *(Telec) [set, station]* émetteur (-trice *f*) N *(gen, Med, Phys)* ⇒ **transmission n**

**transmogrify** /trænz'mɒgrɪfaɪ/ VT *(hum)* métamorphoser, transformer (*into* en)

**transmutable** /trænz'mjuːtəbl/ ADJ transmuable *or* transmutable

**transmutation** /ˌtrænzmjuː'teɪʃən/ N transmutation *f*

**transmute** /trænz'mjuːt/ VT transmuer *or* transmuter (*into* en)

**transom** /'trænsəm/ N a *(= crosspiece)* traverse *f*, imposte *f* b *(US: in window)* vasistas *m*

**transonic** /træn'sɒnɪk/ ADJ ⇒ **transsonic**

**transparency** /træns'pærənsɪ/ N a *(NonC: also fig)* transparence *f* b *(Brit Phot)* diapositive *f* ; *(for overhead projector)* transparent *m* ◆ **colour ~** diapositive *f* en couleur

**transparent** /træns'pærənt/ ADJ a *(= see-through) [object, substance, material, skin]* transparent ◆ **~ to light** transparent b *(= obvious) [honesty]* manifeste, évident ◆ **it is ~ that ...** il est visible *or* évident que ... ◆ **~ to sb** évident pour qn ◆ **he's so ~** il est si transparent c *[system, institution]* transparent d *(pej = blatant) [lie, device, tactics, attempt]* patent, flagrant

**transparently** /træns'pærəntlɪ/ ADV manifestement, visiblement ◆ **~ obvious** *or* **clear** tout à fait clair

**transpierce** /træns'pɪəs/ VT transpercer

**transpiration** /ˌtrænspɪ'reɪʃən/ N transpiration *f*

**transpire** /træns'paɪəʳ/ VI a *(impers vb) (= turn out)* **it ~d that ...** il est apparu que ... ◆ **it ~d that Paul had left his driving licence at home** on s'est rendu compte que Paul avait oublié son permis chez lui b *(= happen)* se passer, arriver ◆ **what ~d surprised even me** même moi j'ai été surpris par ce qui s'est passé ◆ **nothing is known as yet about what ~d at the meeting** on ne sait encore rien de ce qui s'est dit à la réunion c *(Bot, Physiol)* transpirer VT transpirer

**transplant** /træns'plɑːnt/ VT *[+ plant, population]* transplanter ; *(Med)* transplanter, greffer ; *[+ seedlings etc]* repiquer N /'trænsplɑːnt/ *(Med)* transplantation *f*, greffe *f* ◆ **he's had a heart ~** on lui a fait une greffe du cœur *or* une transplantation cardiaque

**transplantation** /ˌtrænsplɑːn'teɪʃən/ N *(NonC)* a *(Med)* transplantation *f* b *(Hort, Agr) (gen)* transplantation *f* ; *(= planting out) [of rice, bedding plants, herbs]* repiquage *m* c *(= transfer) [of culture, ideology]* transfert *m*

**transponder** /træn'spɒndəʳ/ N transpondeur *m*

**transport** /'trænspɔːt/ N a *[of goods, parcels etc]* transport *m* ◆ **road/rail ~** transport *m* par route/par chemin de fer ◆ **by road ~** par route ◆ **by rail ~** par chemin de fer ◆ **Minister/Department of Transport** *(Brit)* ministre *m*/ministère *m* des Transports ◆ **have you got any ~ for this evening?** * tu as une voiture pour ce soir ? b *(esp Mil = ship/plane/train)* navire *m*/avion *m*/train *m* de transport c *(fig) [of delight etc]* transport *m* ; *[of fury etc]* accès *m* VT /træns'pɔːt/ *(lit, fig)* transporter COMP *[costs, ship, plane etc]* de transport ; *[system, dispute, strike]* des transports ▷ **transport café** N *(Brit)* routier *m*, restaurant *m* de routiers ▷ **Transport Police** N *(Brit)* ≃ police *f* des chemins de fer

**transportable** /træns'pɔːtəbl/ ADJ transportable

**transportation** /ˌtrænspɔː'teɪʃən/ N *(= act of transporting)* transport *m* ; *(US = means of transport)* moyen *m* de transport ; *[of criminals]* transportation *f* ◆ **Secretary/Department of Transportation** *(US)* ministre *m*/ministère *m* des Transports

**transporter** /træns'pɔːtəʳ/ N *(Mil = vehicle, ship)* transport *m* ; *(= plane)* avion *m* de transport ; *(= car transporter) (Aut)* camion *m* pour transport d'automobiles ; *(Rail)* wagon *m* pour transport d'automobiles

**transpose** /træns'pəʊz/ VT a *(= move: also Mus)* transposer ◆ **transposing instrument** instrument *m* transpositeur b *(= reverse, re-order)* transposer, intervertir

**transposition** /ˌtrænspə'zɪʃən/ N transposition *f*

**transputer** /træns'pjuːtəʳ/ N *(Comput)* transputeur *m*

**transsexual** /trænz'seksjʊəl/ N transsexuel(le) *m(f)*

**transsexualism** /trænz'seksjʊəlɪzəm/ N transsexualisme *m*

**transship** /træns'ʃɪp/ VT transborder

**transshipment** /træns'ʃɪpmənt/ N transbordement *m*

**trans-Siberian** /trænzsaɪ'bɪərɪən/ ADJ transsibérien

**transsonic** /trænz'sɒnɪk/ ADJ transsonique

**transubstantiate** /ˌtrænsəb'stænʃɪeɪt/ VT transsubstantier

**transubstantiation** /'trænsəbˌstænʃɪ'eɪʃən/ N transsubstantiation *f*

**Transvaal** /'trænzvɑːl/ N ◆ **(the) ~** le Transvaal

**transversal** /trænz'vɜːsəl/ *(Geom)* ADJ transversal N (ligne *f*) transversale *f*

**transversally** /trænz'vɜːsəlɪ/ ADV transversalement

**transverse** /'trænzvɜːs/ ADJ a *(gen, Geom) [arch, beam]* transversal b *(Anat) [muscle]* transverse, transversal N *(gen)* partie *f* transversale ; *(Geom)* axe *m* transversal COMP ▷ **transverse colon** N *(Anat)* côlon *m* transverse ▷ **transverse engine** N *(Aut)* moteur *m* transversal ▷ **transverse flute** N *(Mus)* flûte *f* traversière

**transversely** /trænz'vɜːslɪ/ ADV transversalement

**transvestism** /trænz'vestɪzəm/ N travestisme *m*

**transvestite** /trænz'vestaɪt/ N travesti(e) *m(f)*

**Transylvania** /ˌtrænsɪl'veɪnɪə/ N Transylvanie *f*

**trap** /træp/ N a *(gen)* piège *m* ; *(also* **gin trap***)* collet *m* ; *(= covered hole)* trappe *f* ; *(fig)* piège *m*, traquenard *m* ◆ **lion ~** piège *m* à lions ◆ **to set** *or* **lay a ~** *(lit, fig)* tendre un piège (*for sb* à qn) ◆ **to catch in a ~** *(lit, fig)* prendre au piège ◆ **we were caught like rats in a ~** nous étions faits comme des rats ◆ **he fell into the ~** *(fig)* il est tombé dans le piège ◆ **to fall into the ~ of doing sth** commettre l'erreur classique de faire qch ◆ **it's a ~** c'est un piège ; → **mantrap, mousetrap, radar, speed**

b *(also* **trap door***)* trappe *f* *(also Theat)* ; *(in greyhound racing)* box *m* de départ ; *(Shooting)* ball-trap *m* ; *(in drainpipe)* siphon *m* ; (‡ *= mouth)* gueule‡ *f* ◆ **shut your ~!**‡ ta gueule !‡, la ferme !‡ ◆ **keep your ~ shut (about it)**‡ ferme ta gueule‡ (là-dessus)

c *(= carriage)* charrette *f* anglaise, cabriolet *m*

NPL **traps** *(= luggage)* bagages *mpl*

VT a *(lit, fig = snare) [+ animal, person]* prendre au piège ◆ **they ~ped him into admitting that ...** il est tombé dans leur piège et a admis que ...

b *(= immobilize, catch, cut off) [+ person, vehicle, ship]* bloquer, immobiliser ; *[+ gas, liquid]* retenir ; *[+ object]* coincer (*in sth* dans qch) ◆ **20 miners were ~ped** 20 mineurs étaient bloqués *or* murés (au fond) ◆ **~ped by the flames** cerné par les flammes ◆ **the climbers were ~ped on a ledge** les alpinistes étaient bloqués sur une saillie ◆ **to ~ one's finger in the door** se coincer *or* se pincer le doigt dans la porte ◆ **to ~ the ball** *(Sport)* bloquer le ballon

COMP ▷ **trap door** N trappe *f*

**trapeze** /trə'piːz/ N trapèze *m (de cirque)* COMP ▷ **trapeze artist** N trapéziste *mf*, voltigeur *m*, -euse *f*

**trapezium** /trə'piːzɪəm/ N (pl **trapeziums** *or* **trapezia** /trə'piːzɪə/) trapèze *m (Math)*

**trapezius** /trə'piːzɪəs/ N (pl **trapeziuses**) (muscle *m*) trapèze *m*

**trapezoid** /'træpɪzɔɪd/ N trapèze *m (Math)* ADJ trapézoïdal

**trapper** /'træpəʳ/ N trappeur *m*

**trappings** /'træpɪŋz/ NPL *(for horse)* harnachement *m* ; *(= dress ornaments)* ornements *mpl* ◆ **shorn of all its ~** *(fig)* débarrassé de toutes ses fioritures ◆ **if you look beneath the ~** si on regarde derrière la façade ◆ **with all the ~ of kingship** avec tout le cérémonial afférent à la royauté ◆ **all the ~ of success** tous les signes extérieurs du succès

**Trappist** /'træpɪst/ N trappiste *m* ADJ de la Trappe ◆ **~ monastery** trappe *f*

**trapse** * /treɪps/ VI ⇒ **traipse**

**trapshooting** /'træpʃuːtɪŋ/ N ball-trap *m*

**trash** /træʃ/ N a *(esp US = refuse)* ordures *fpl* b *(pej = worthless thing)* camelote * *f* ; *(= nonsense)* inepties *fpl* ; (‡ *pej = people)* racaille *f NonC* ◆ **this is ~** *(fig)* ça ne vaut rien (du tout) ; *(esp goods)* c'est de la camelote * ; *(message, letter, remark etc)* c'est de la blague * ◆ **he talks a lot of ~** il ne raconte que des inepties, ce qu'il dit c'est de la blague * ◆ **they're just ~**‡ *[people]* c'est de la racaille ◆ **he's ~**‡ c'est un moins que rien ; → **white** VT * a *(= vandalize)* saccager b *(= criticize)* débiner *, dénigrer VI *(US *)* commettre des actes de vandalisme COMP ▷ **trash can** N *(US)* poubelle *f* ▷ **trash heap** N *(lit)* tas *m* d'ordures, dépotoir *m* ◆ **the ~ heap of history** les oubliettes *or* la poubelle de l'histoire

**trasher** * /'træʃəʳ/ N *(US)* vandale *mf*

**trashy** /'træʃɪ/ ADJ *[novel, play, film, pop group, ideas]* nul * (nulle * *f*) ◆ **~ goods** camelote * *f*

**Trasimene** /'træzɪmiːn/ N ◆ **Lake ~** le lac Trasimène

**trattoria** /trætə'riːə/ N trattoria *f*

**trauma** /'trɔːmə/ N (pl **traumas** *or* **traumata** /'trɔːmətə/) *(Med, Psych)* trauma *m* ; *(fig)* traumatisme *m* COMP ▷ **trauma center** N *(US Med)* service *m* de traumatologie

**traumatic** /trɔː'mætɪk/ ADJ *(Med)* traumatique ; *[experience, effect, event, relationship]* traumatisant ◆ **it is ~ to lose one's job** c'est traumatisant de perdre son travail ; → **post-traumatic stress disorder**

**traumatism** /'trɔːmətɪzəm/ N traumatisme *m*

**traumatize** /'trɔːmətaɪz/ VT traumatiser

**traumatized** /'trɔːmətaɪzd/ ADJ traumatisé

**traumatology** /'trɔːməˌtɒlədʒɪ/ N traumatologie *f*

**travail** *(liter)* /'træveɪl/ N labeur *m* ; *(in childbirth)* douleurs *fpl* de l'enfantement ; *(fig)* peine *f*, difficultés *fpl* VI peiner ; *(in childbirth)* être en couches

**travel** /'trævl/ VI a *(= journey)* voyager ◆ **they have ~led a lot** ils ont beaucoup voyagé, ils ont fait beaucoup de voyages ◆ **they have ~led a long way** ils sont venus de loin ; *(fig)* ils ont fait beaucoup de chemin ◆ **he is ~ling in Spain just now** il est en voyage en Espagne en ce moment ◆ **as he was ~ling across France** pendant qu'il voyageait à travers la France ◆ **to ~ through a region** traverser une région ; *(= visit)* visiter *or* parcourir une région ◆ **to ~ round the world** faire le tour du monde ◆ **to ~ light** voyager avec peu de bagages ◆ **I like ~ling by car** j'aime voyager en voiture ◆ **he ~s to work by car** il va au travail en voiture ◆ **he was ~ling on a passport/a ticket which ...** il voyageait avec un passeport/un billet qui ... ◆ **it ~s well** *[food, wine]* ça supporte bien le voyage

b *(Comm †)* voyager, être représentant ◆ **he ~s for a Paris firm** il voyage pour *or* il représente une société parisienne ◆ **he ~s in soap** il est représentant en savon

c *(= move, go) [person, animal, vehicle]* aller ; *[object]* aller, passer ; *[machine part, bobbin, piston etc]* se déplacer ◆ **to ~ at 80km/h** faire du 80 km/h ◆ **you were ~ling too fast** vous rouliez trop vite ◆ **he was really ~ling!** * il roulait drôlement vite ! * ◆ **this car can certainly ~** * cette voiture est vraiment rapide ◆ **light ~s at (a speed of) ...** la vitesse de la lumière est de ... ◆ **news ~s fast** les nouvelles se propagent *or* circulent vite ◆ **the news ~led to Rome** la nouvelle s'est propagée jusqu'à Rome ◆ **the boxes ~ along a moving belt** les boîtes passent sur une *or* se déplacent le long d'une chaîne ◆ **this part ~s 3cm** cette pièce se déplace de 3 cm *or* a une course de 3 cm ◆ **his eyes ~led over the scene** son regard se promenait *or* il promenait son regard sur le spectacle ◆ **her mind ~led over recent events** elle a revu en esprit les événements récents

VT ◆ **to ~ a country/district** parcourir un pays/une région ◆ **they ~ the road to London every month** ils font la route de Londres tous les mois ◆ **a much-~led road** une route très fréquentée ◆ **they ~led 300km** ils ont fait *or* parcouru 300 km

N a *(NonC)* le(s) voyage(s) *m(pl)* ◆ **to be fond of ~** aimer voyager, aimer les voyages ◆ **~ was difficult in those days** les voyages étaient difficiles *or* il était difficile de voyager à l'époque ◆ **~ broadens the mind** les voyages ouvrent l'esprit

b ◆ **~s** voyages *mpl* ◆ **his ~s in Spain** ses voyages en Espagne ◆ **he's off on his ~s again** il repart en voyage ◆ **if you meet him on your ~s** *(lit)* si vous le rencontrez au cours de vos voyages ; *(fig hum)* si vous le rencontrez au cours de vos allées et venues

c *[of machine part, piston etc]* course *f*

COMP *[allowance, expenses]* de déplacement ; *[scholarship]* de voyage(s) ▷ **travel agency** N agence *f* de voyages *or* de tourisme ▷ **travel agent** N agent *m* de voyages ▷ **travel book** N récit *m* de voyages ▷ **travel brochure** N dépliant *m or* brochure *f* touristique ▷ **travel bureau** N ⇒ **travel agency** ▷ **travel card** N *(Brit)* carte *f* de transport ▷ **travel film** N film *m* de voyage ; *(= documentary)* documentaire *m* touristique ▷ **travel insurance** N assurance *f* voyage ▷ **travel organization** N organisme *m* de tourisme ▷ **travel-sick** ADJ ◆ **to be ~-sick** avoir le mal des transports ▷ **travel sickness** N mal *m* des transports ▷ **travel-sickness pill** N comprimé *m* contre le mal des transports ▷ **travel-stained** ADJ sali par le(s) voyage(s) ▷ **travel voucher** N bon *m* de voyage ▷ **travel-weary, travel-worn** ADJ fatigué par le(s) voyage(s)

**travelator** /'trævəleɪtəʳ/ N tapis *m or* trottoir *m* roulant

**travelled, traveled** *(US)* /'trævld/ ADJ *[person]* *(also* **well-travelled, much-travelled, widely travelled***)* qui a beaucoup voyagé ◆ **a well-~** *or* **much-~ road** une route très fréquentée ; see also **travel**

**traveller, traveler** *(US)* /'trævləʳ/ N voyageur *m*, -euse *f* ; *(† : also* **commercial traveller***)* voyageur *m or* représentant *m* de commerce, VRP *m* ◆ **he is a ~ in soap** *(Comm)* il est représentant en savon NPL **travellers** *(Brit = gypsies)* gens *mpl* du voyage COMP ▷ **traveler's check** N *(US)* ⇒ **traveller's cheque** ▷ **traveller's cheque** N chèque *m* de voyage, traveller's chèque *m* ▷ **traveller's joy** N *(Bot)* clématite *f* des haies

**travelling, traveling** *(US)* /'trævlɪŋ/ N *(NonC)* voyage(s) *m(pl)* ADJ *[actor, musician, circus, theatre company]* itinérant, ambulant ; *[exhibition]* itinérant ; *[crane]* mobile ◆ **the ~ public** les gens qui se déplacent ◆ **England's 5,000 ~ fans** les 5 000 supporters qui suivent l'équipe d'Angleterre COMP *[bag, rug, scholarship]* de voyage ; *[expenses, allowance]* de déplacement ▷ **travelling clock** N réveil *m or* pendulette *f* de voyage ▷ **travelling library** N bibliobus *m* ▷ **travelling people** NPL *(Brit)* gens *mpl* du voyage ▷ **travelling salesman** N (pl **travelling salesmen**) *(Comm)* voyageur *m* de commerce, VRP *m*

**travelogue, travelog** *(US)* /'trævəlɒg/ N *(= talk)* compte rendu *m* de voyage ; *(= film)* documentaire *m* touristique ; *(= book)* récit *m* de voyage

**traverse** /'trævəs/ VT *(gen, Climbing, Ski)* traverser ; *[searchlights]* balayer ; *(Jur)* opposer une fin de non-recevoir à VI *(Climbing, Ski)* faire une traversée, traverser N *(= line)* transversale *f* ; *(= crossbar, crossbeam; also across rampart, trench etc)* traverse *f* ; *(Archit)* galerie *f* transversale ; *(Climbing, Ski)* traversée *f*

**travesty** /'trævɪstɪ/ N *(Art, Literat etc)* parodie *f*, pastiche *m* ; *(pej)* parodie *f*, simulacre *m* ◆ **it was a ~ of freedom/peace** *(pej)* c'était un simulacre de liberté/de paix ◆ **it was a ~ of justice** c'était un simulacre *or* une parodie de justice VT être un travestissement de

**trawl** /trɔːl/ N *(also* **trawl net***)* chalut *m* ; *(fig = search)* recherche *f* VI pêcher au chalut ◆ **to ~ for herring** pêcher le hareng au chalut ◆ **to ~ for sth** *(fig)* être en quête de qch VT *[+ net]* traîner, tirer ◆ **to ~ a place/the papers for sth** *(fig)* ratisser un endroit/éplucher les journaux à la recherche de qch

**trawler** /ˈtrɔːlə$^{r}$/ N *(= ship, man)* chalutier *m*
COMP ▷ **trawler fisherman** N (pl **trawler fishermen**) pêcheur *m* au chalut ▷ **trawler owner** N propriétaire *mf* de chalutier

**trawling** /ˈtrɔːlɪŋ/ N *(NonC)* chalutage *m*, pêche *f* au chalut

**tray** /treɪ/ N *(for carrying things)* plateau *m* ; *(for storing things, box-type)* boîte *f* (de rangement) ; *(basket-type)* corbeille *f* (de rangement) ; *(drawer-type)* tiroir *m* ; *[of eggs] (also in chocolate box)* plateau *m* ; *(in bird or animal cage)* plaque *f*, plateau *m* ; → **ashtray, ice**

**traycloth** /ˈtreɪklɒθ/ N napperon *m*

**treacherous** /ˈtretʃərəs/ ADJ a *(= disloyal) [person, action, intentions]* traître (traîtresse *f*), perfide ◆ **to be ~ to sb** trahir qn b *(= perilous) [weather conditions, road]* traître (traîtresse *f*), dangereux ; *[waters, river, current, tide, sands]* traître (traîtresse *f*) ; *[journey]* périlleux c *(= unreliable) [memory]* défaillant

**treacherously** /ˈtretʃərəslɪ/ ADV traîtreusement, perfidement ◆ **the roads are ~ slippery** les routes sont dangereusement glissantes

**treachery** /ˈtretʃərɪ/ N traîtrise *f*, déloyauté *f*

**treacle** /ˈtriːkl/ *(Brit)* N (also **black treacle**) mélasse *f* COMP ▷ **treacle pudding** N pudding *m* à la mélasse raffinée ▷ **treacle tart** N tarte *f* à la mélasse raffinée

**treacly** /ˈtriːklɪ/ ADJ *[substance, liquid, sentimentality]* sirupeux ; *[voice]* onctueux

**tread** /tred/ (vb : pret **trod**, ptp **trodden**) N a *(NonC) (= footsteps)* pas *mpl* ; *(= sound)* bruit *m* de pas

b *[of tyre]* bande *f* de roulement ; *[of stair]* giron *m* ; *[of shoe]* semelle *f* ; *(= belt over tractor etc wheels)* chenille *f*

VI marcher ◆ **to ~ on sth** mettre le pied sur qch, marcher sur qch ◆ **he trod on the cigarette end** *(deliberately)* il a écrasé le mégot du pied ◆ **to ~ on sb's heels** *(fig)* suivre *or* serrer qn de près, talonner qn ◆ **to ~ carefully** *or* **softly** *or* **warily** *(lit, fig)* avancer avec précaution, y aller doucement ; → **toe**

VT *[+ path, road]* suivre, parcourir *(à pied)* ◆ **he trod the streets looking for somewhere to live** il a erré dans les rues *or* il a battu le pavé à la recherche d'un logis ◆ **to ~ sth underfoot** fouler qch aux pieds, piétiner qch ◆ **to ~ grapes** fouler du raisin ◆ **~ the earth (in** *or* **down) round the roots** tassez la terre du pied autour des racines ◆ **he trod his cigarette end into the mud** il a enfoncé du pied son mégot dans la boue ◆ **you're ~ing mud into the carpet** tu mets *or* tu étales de la boue sur le tapis ◆ **to ~ a dangerous path** suivre une voie dangereuse ◆ **well-trodden path** *(lit)* sentier *m* bien tracé ; *(fig)* sentier *m* battu ◆ **to ~ the boards** *(Theat †† or liter)* monter sur les planches, faire du théâtre ◆ **to ~ a measure** *(†† or liter = dance)* danser (pret, ptp **treaded**) ◆ **to ~ water** *(lit, fig)* faire du sur-place

COMP ▷ **tread pattern** N *(Aut)* sculptures *fpl*

► **tread down** VT SEP tasser *or* presser du pied ◆ **the grass was trodden down** l'herbe avait été piétinée *or* foulée

► **tread in** VT SEP *[+ root, seedling]* consolider en tassant la terre du pied

**treadle** /ˈtredl/ N pédale *f* VI actionner la pédale COMP *[machine]* à pédale

**treadmill** /ˈtredmɪl/ N *(= mill)* trépigneuse *f* ; *(Hist = punishment)* manège *m* de discipline ; *(for exercise)* tapis *m* de jogging ◆ **he hated the ~ of life in the factory** il détestait la morne *or* mortelle routine du travail d'usine

**Treas.** abbrev of **Treasurer**

**treason** /ˈtriːzn/ N trahison *f* ◆ **high ~** haute trahison *f*

**treasonable** /ˈtriːzənəbl/ ADJ qui relève de la trahison, traître (traîtresse *f*) ◆ **it was ~ to do such a thing** un tel acte relevait de la trahison

**treasure** /ˈtreʒə$^{r}$/ N trésor *m (also fig)* ◆ **~s of medieval art** les trésors *mpl or* les joyaux *mpl* de l'art médiéval ◆ **she's a ~** *(gen)* elle est adorable ; *(of servant etc)* c'est une perle ◆ **yes my ~** oui mon trésor

VT a *(= value greatly) [+ object, sb's friendship, opportunity etc]* tenir beaucoup à, attacher une grande valeur à ◆ **this is my most ~d possession** c'est ce que je possède de plus précieux

b (= *keep carefully:* also **treasure up**) *[+ object, money, valuables]* garder précieusement, prendre grand soin de ; *[+ memory, thought]* conserver précieusement, chérir

COMP ▷ **treasure chest** N *(lit)* malle *f* au trésor ◆ **a ~ chest of information/of useful advice** une mine de renseignements/de conseils utiles ▷ **treasure-house** N *(lit)* trésor *m (lieu)*; *(fig: of library, museum etc)* mine *f*, trésor *m* ◆ **she's a real ~-house of information** c'est un puits de science, c'est une mine d'érudition ▷ **treasure hunt** N chasse *f* au trésor ▷ **treasure-trove** N *(NonC)* trésor *m* ; *(fig = valuable collection)* mine *f* ; *(fig = rich source)* mine *f* d'or

**treasurer** /ˈtreʒərə$^{r}$/ N trésorier *m*, -ière *f* *(d'une association etc)*

**treasury** /ˈtreʒərɪ/ N a ◆ **the Treasury** la Trésorerie, ≃ le ministère des Finances ◆ **Secretary/Department of the Treasury** *(US)* ministre *m*/ministère *m* des Finances

b *(= place)* trésorerie *f* ; *(fig = book)* trésor *m*

COMP ▷ **Treasury bench** N *(Brit Parl)* banc *m* des ministres ▷ **Treasury bill**, **Treasury bond** N *(US)* ≃ bon *m* du Trésor ▷ **Treasury Department** N *(US)* ministère *m* des Finances ▷ **Treasury note** N ≃ bon *m* du Trésor ▷ **Treasury Secretary** N *(US)* ministre *m* des Finances

> **Treasury**
>
> En Grande-Bretagne, **Treasury** (ou "Her/His Majesty's **Treasury**") est le nom donné au ministère des Finances, et le ministre porte traditionnellement le nom de chancelier de l'Échiquier (Chancellor of the Exchequer). Il a sa résidence au 11, Downing Street, non loin de celle du Premier ministre.
> Aux États-Unis, le ministère correspondant est le "Department of **Treasury**", qui a en outre la responsabilité des services secrets chargés d'assurer la garde du président.

**treat** /triːt/ VT a *(gen)* traiter ; *[+ object, theme, suggestion]* traiter, examiner ◆ **to ~ sb well** bien traiter qn, bien agir *or* se conduire envers qn ◆ **to ~ sb badly** mal agir *or* se conduire envers qn, traiter qn fort mal ◆ **to ~ sb like a child** traiter qn comme un enfant ◆ **to ~ sb like dirt** *or* **a dog** traiter qn comme un chien ◆ **he ~ed me as though I was to blame** il s'est conduit envers moi comme si c'était ma faute ◆ **you should ~ your mother with more respect** vous devriez montrer plus de respect envers votre mère ◆ **you should ~ your books with more care** tu devrais faire plus attention à *or* prendre plus de soin de tes livres ◆ **the article ~s the problems of race relations with fresh insight** cet article aborde les problèmes des rapports interraciaux d'une façon originale ◆ **he ~s the subject very objectively** il traite le sujet avec beaucoup d'objectivité ◆ **he ~ed the whole thing as a joke** il a pris tout cela à la plaisanterie

b *[+ wood, soil, substance]* traiter (*with sth* à qch) ; *(Med)* traiter, soigner (*sb for sth* qn pour qch) ◆ **they ~ed him/the infection with penicillin** ils l'ont soigné/ont soigné l'infection à la pénicilline

c *(= pay for etc)* **to ~ sb to sth** offrir *or* payer * qch à qn ◆ **to ~ o.s. to sth** s'offrir *or* se payer * qch ◆ **I'll ~ you to a drink** je t'offre *or* te paie * un verre

VI a *(= negotiate)* **to ~ with sb** traiter avec qn (*for sth* pour qch) ◆ **to ~ for peace** engager des pourparlers en vue de la paix

b *(= discuss)* **to ~ of** *[book, article etc]* traiter (de)

N *(= pleasure)* plaisir *m* ; *(= outing)* sortie *f* ; *(= present)* cadeau *m* ◆ **I've got a ~ for you** j'ai une bonne surprise pour toi ◆ **what a ~!** quelle aubaine !, chouette * alors ! ◆ **to have a ~ in store for sb** réserver une agréable surprise à qn ◆ **it was a great ~ (for us) to see them again** ça nous a vraiment fait plaisir de les revoir, ça a été une joie de les revoir ◆ **what would you like as a ~ for your birthday?** qu'est-ce qui te ferait plaisir pour ton anniversaire ? ◆ **it is a ~ for her to go out to a meal** elle se fait une joie de *or* c'est tout un événement * pour elle de dîner en ville ◆ **let's give the children a ~** faisons (un) plaisir *or* une gâterie aux enfants, gâtons un peu les enfants ◆ **I want to give her a ~** je veux lui faire plaisir ◆ **to give o.s. a ~** s'offrir un petit extra, s'offrir quelque chose ◆ **the school ~ was a visit to the seaside** la fête de l'école a consisté en une excursion au bord de la mer ◆ **to stand ~** inviter ◆ **to stand sb a ~** *(gen)* offrir *or* payer * quelque chose à qn ; *(food, drink only)* régaler * qn ◆ **this is my ~** c'est moi qui offre *or* qui paie * ; *(food, drink only)* c'est moi qui régale *

♦ **... a treat** * *(Brit)* à merveille ◆ **the garden is coming on a ~** le jardin avance à merveille ◆ **the plan worked a ~** le projet a marché comme sur des roulettes *

**treatable** /ˈtriːtəbl/ ADJ *[illness]* soignable, qui se soigne

**treatise** /ˈtriːtɪz/ N *(Literat)* traité *m* (*on* de)

**treatment** /ˈtriːtmənt/ N *(gen, Chem etc)* traitement *m* ; *(Med)* traitement *m*, soins *mpl* ◆ **his ~ of his parents/the dog** la façon dont il traite ses parents/le chien ◆ **his ~ of this subject in his book** la façon dont il traite ce sujet dans son livre ◆ **a veterinary surgeon who specialises in the ~ of horses** un vétérinaire spécialisé dans le traitement des chevaux ◆ **he got very good ~ there** *(gen)* il a été très bien traité là-bas ; *(Med)* il a été très bien soigné là-bas ◆ **to give sb preferential ~** accorder à qn un traitement préférentiel *or* un régime de faveur ◆ **they felt bitter about the bad ~ they'd received** ils rageaient d'avoir été si mal traités ◆ **he needs medical ~** il a besoin de soins médicaux *or* d'un traitement ◆ **they refused him ~** ils ont refusé de le soigner ◆ **he is having (a course of) ~ for kidney trouble** il suit un traitement *or* il est sous traitement pour ennuis rénaux ◆ **to give sb the ~** ‡ *(fig)* en faire voir de toutes les couleurs * à qn

◆ **to give sb the full ~** *(treat well)* traiter qn royalement ; *(treat severely)* faire subir les pires traitements à qn ; → **respond**

COMP ▷ **treatment room** N *(Med)* salle *f* de soins

**treaty** /ˈtriːtɪ/ N a traité *m* (*with* avec ; *between* entre) ◆ **to make a ~ with sb** *(Pol)* conclure *or* signer un traité avec qn b *(NonC)* **to sell a house by private ~** vendre une maison par accord privé COMP ▷ **treaty obligations** NPL obligations *fpl* conventionnelles

**treble** /ˈtrebl/ ADJ a *(= triple)* triple ◆ **a ~ whisky** un triple whisky ◆ **the amount is in ~ figures** le montant dépasse la centaine *or* se chiffre en centaines b *(Mus) [voice]* de soprano *(de jeune garçon)*; *[part]* pour soprano N a *(Mus) (= part)* soprano *m* ; *(= singer)* soprano *mf* b *(Recording)* aigus *mpl* c *(= drink)* triple *m* d *(Darts)* triple *m* e *(Brit Sport = three victories)* triplé *m* ADV ◆ **it expanded to ~ its size** sa taille a triplé ◆ **rents that were ~ their current levels** des loyers qui étaient trois fois plus élevés que ceux d'aujourd'hui VTI tripler COMP ▷ **the treble chance** N *(in football pools)* méthode de pari au loto sportif ▷ **treble clef** N *(Mus)* clé *f* de sol ▷ **treble recorder** N *(Mus)* flûte *f* à bec alto

**trebly** /ˈtreblɪ/ ADV triplement, trois fois plus

**tree** /triː/ (vb : pret, ptp **treed**) N a arbre *m* ◆ **cherry ~** cerisier *m* ◆ **the ~ of life** *(Bible)* l'arbre *m* de vie ◆ **the ~ of knowledge of good and evil** *(Bible)* l'arbre *m* de la science du bien et du mal ◆ **the ~** *(Rel †† = the Cross)* l'arbre *m* de la Croix ◆ **money doesn't grow on ~s** l'argent ne tombe pas du ciel ◆ **people like that don't grow on ~s** les gens comme ça ne courent pas les rues ◆ **to be at** *or* **to have reached the top of the ~** *(Brit fig)* être arrivé en haut de l'échelle *(fig)* ◆ **to be up a ~** ‡ *(fig)* être dans le pétrin ◆ **he's out of his ~** ‡ *(= crazy)* il est taré ‡ *or* cinglé * ; *(through drugs, alcohol)* il est défoncé ‡ ; → **apple, bark¹, bark², family, plum**

b (also **shoe tree**) embauchoir *m* ; *(cobbler's last)* forme *f*

c *(Ling)* arbre *m*

d *[of saddle]* arçon *m* (de la selle)

VT forcer à se réfugier dans un arbre

COMP ▷ **tree-covered** ADJ boisé ▷ **tree creeper** N grimpereau *m* ▷ **tree diagram** N *(Ling)* représentation *f* en arbre ▷ **tree fern** N fougère *f* arborescente ▷ **tree frog** N rainette *f* ▷ **tree house** N cabane *f* construite dans un arbre ▷ **tree hugger** * N *(esp US pej hum)* écolo * *mf* ▷ **tree lawn** N *(US)* platebande *f* plantée d'arbres *(entre la rue et le trottoir)* ▷ **tree line** N limite *f* des arbres ▷ **tree-lined** ADJ bordé d'arbres ▷ **tree of heaven** N ailante *m* ▷ **tree-runner** N *(= bird)* sittelle *f* ▷ **tree surgeon** N arboriculteur *m*, -trice *f* (qui s'occupe du traitement des arbres malades) ▷ **tree surgery** N arboriculture *f* (spécialisée dans le traitement des arbres malades) ▷ **tree trunk** N tronc *m* d'arbre

**treeless** /ˈtriːlɪs/ ADJ sans arbres

**treetop** /ˈtriːtɒp/ N sommet *m or* cime *f* d'un arbre ◆ **in the ~s** au sommet *or* à la cime des arbres

**trefoil** /ˈtrefɔɪl/ N *(Archit, Bot)* trèfle *m* COMP ▷ **trefoil leaf** N feuille *f* de trèfle

**trek** /trek/ VI a *(= go slowly)* cheminer, avancer avec peine ; *(as holiday:* also **to go trekking***)* faire du trekking *or* de la randonnée ; *(= go on long, difficult journey)* faire un périple ; *(Hist = go by oxcart)* voyager en char à bœufs ; → **pony** b *(* = walk)* se traîner ◆ **I had to ~ over to the library** il a fallu que je me traîne *subj* jusqu'à la bibliothèque N *(= hike)* trekking *m*, randonnée *f* ; *(= long, difficult journey)* périple *m* ; *(= leg of journey)* étape *f* ; *(by oxcart)* voyage *m* en char à bœufs ; *(* = walk)* balade * *f* ◆ **it was quite a ~ * to the hotel** il y avait un bon bout de chemin * jusqu'à l'hôtel

**Trekkie** * /ˈtrekɪ/ N fan *mf* de Star Trek

**trekking** /ˈtrekɪŋ/ N trekking *m*, randonnée *f* ◆ **to go ~** faire du trekking *or* de la randonnée ◆ **to go on a ~ holiday** partir en vacances faire de la randonnée

**trellis** /ˈtrelɪs/ N treillis *m* ; *(tougher)* treillage *m* ; *(NonC:* also **trelliswork***)* treillage *m* VT treillisser, treillager

**tremble** /ˈtrembl/ VI trembler ; *(with excitement, passion)* frémir, frissonner ; *[voice] (with fear, anger)* trembler ; *(with age)* chevroter ; *(with passion)* vibrer ; *[hands, legs, lips, object, building, ground]* trembler ; *[engine, ship, train]* trépider ◆ **to ~ with fear** trembler *or* frissonner de peur ◆ **to ~ with cold** trembler de froid, grelotter ◆ **to ~ with anger** trembler de colère ◆ **to ~ with excitement/passion** frémir *or* frissonner d'excitation/de passion ◆ **to ~ at the thought of sth** frémir à la pensée de qch ◆ **I ~ to think what might have happened** je frémis à la pensée de ce qui aurait pu arriver ◆ **what will he do next? – I ~ to think!** qu'est-ce qu'il va encore faire ? – j'en frémis d'avance ! ◆ **her employees ~d at the mere mention of her name** la simple mention de son nom faisait frémir ses employés ◆ **to ~ in one's shoes** être dans ses petits souliers

N *[of person]* tremblement *m* ; *(with excitement, passion)* frémissement *m*, frissonnement *m* ; *(with age)* tremblotement *m* ; *[of voice] (with fear, anger)* tremblement *m* ; *(with age)* chevrotement *m* ; *(with passion)* vibration *f*, frissonnement *m* ; *[of hands, legs, lips, building, ground]* tremblement *m* ; *[of engine, ship, train]* trépidations *fpl* ◆ **to be all of a ~** * trembler comme une feuille

**trembling** /ˈtremblɪŋ/ → **tremble** VI ADJ *[person]* tremblant ; *(with age)* tremblotant ; *(with excitement, passion)* frémissant ; *[voice] (with fear, anger)* tremblant ; *(with age)* chevrotant ; *(with excitement, passion)* vibrant ; *[hands, legs, lips, object, building, ground]* tremblant ; *[engine, ship, train]* trépidant N *(NonC)* tremblement *m* ; → **fear**

**tremendous** /trəˈmendəs/ ADJ a *(= great, enormous) [amount, number, effort, shock, pleasure, potential]* énorme, considérable ; *[feeling, relief, progress, success, courage, loss]* énorme, immense ; *[help, support, achievement, opportunity]* extraordinaire ; *[storm, heat, blow, explosion, noise]* épouvantable, terrible ; *[speed]* fou (folle *f*) ; *[victory]* foudroyant ◆ **she taught me a ~ amount** elle m'a énormément appris ◆ **a ~ sense of loyalty** un sens très poussé de la loyauté ◆ **there was a ~ crowd at the meeting** il y avait un monde fou à la réunion b *(* = excellent) [person]* génial *, super * *inv* ; *[goal, food]* super * *inv* ◆ **she has done a ~ job** elle a accompli un travail remarquable ◆ **we had a ~ time** * on s'est drôlement bien amusés *

**tremendously** /trəˈmendəslɪ/ ADV *[important]* extrêmement ; *[exciting]* terriblement ; *[improve, vary]* considérablement ; *[help]* énormément ◆ **they've done ~ well** ils s'en sont extrêmement bien tirés

**tremolo** /ˈtreməˌləʊ/ N *(Mus)* trémolo *m*

**tremor** /ˈtreməʳ/ N tremblement *m* ◆ **~s of protest** murmures *mpl* de protestation ; → **earth**

**tremulous** /ˈtremjʊləs/ ADJ *(liter)* a *(= timid) [person]* craintif ; *[smile]* timide, incertain b *(= trembling) [person]* tremblant ; *(with age)* tremblotant ; *(with excitement, passion)* frémissant ; *[voice] (with fear, anger)* tremblant ; *(with age)* chevrotant ; *(with excitement, passion)* vibrant ; *[handwriting]* tremblé ; *[hands]* tremblant ; *[request]* formulé d'une voix tremblante

**tremulously** /ˈtremjʊləslɪ/ ADV *(liter) [say, answer, suggest] (= timidly)* craintivement ; *(= in trembling voice) (with fear, anger)* en tremblant, d'une voix tremblante ; *(with age)* en chevrotant ; *(with excitement, passion)* en frémissant, en frissonnant ; *[smile]* d'une façon incertaine, timidement

**trench** /trentʃ/ N tranchée *f (also Mil)* ; *(wider)* fossé *m* ◆ **he fought in the ~es** il était dans les tranchées *or* a fait la guerre des tranchées VT *(= dig trenches in)* creuser une *or* des tranchée(s) dans ; *(Mil = surround with trenches) [+ one's position etc]* retrancher VI creuser une *or* des tranchée(s) COMP ▷ **trench coat** N trench-coat *m* ▷ **trench fever** N fièvre *f* des tranchées, rickettsiose *f* ▷ **trench knife** N (pl **trench knives**) couteau *m* (à double tranchant) ▷ **trench warfare** N *(NonC: Mil)* guerre *f* de tranchées

**trenchant** /ˈtrentʃənt/ ADJ *[view]* critique ; *[criticism]* incisif, acerbe ; *[person]* acerbe, caustique (*on or about sth* sur qch) ; ◆ **his ~ views of Egyptian society** ses opinions très critiques sur la société égyptienne ◆ **he was a ~ critic of the Liberal Party** il a critiqué avec virulence le parti libéral ◆ **the most ~ statement from Moscow on the Gulf crisis** la déclaration la plus catégorique de Moscou sur la crise du Golfe

**trenchantly** /ˈtrentʃəntlɪ/ ADV d'un ton incisif

**trencher** /ˈtrentʃəʳ/ N tranchoir *m*

**trencherman** /ˈtrentʃəmæn/ N (pl **-men**) ◆ **he is a good** *or* **great** *or* **hearty ~** il a un sacré coup de fourchette *

**trend** /trend/ N *(= tendency)* tendance *f* (*towards* à) ; *(Geog) [of coast, river, road]* direction *f*, orientation *f* ; *(= fashion)* mode *f*, vogue *f* ◆ **upward/downward ~** *(Fin etc)* tendance *f* à la hausse/à la baisse ◆ **there is a ~ towards doing/away from doing** on a tendance à faire/à ne plus faire ◆ **the latest ~s in swimwear** la mode la plus récente en maillots de bain ◆ **the ~ of events** le cours *or* la tournure des événements ◆ **to set a ~** donner le ton ; *(= fashion)* lancer une mode ◆ **to buck the ~** aller *or* agir à contre-courant ◆ **~s in popular music** les tendances *fpl* de la musique populaire ; → **market, reverse** VI ◆ **to ~ northwards/southwards** *etc [river, road]* se diriger vers le nord/le sud *etc* ◆ **to ~ towards sth** *[events, opinions]* tendre vers qch

**trendiness** * /ˈtrendɪnɪs/ N côté *m* branché

**trendsetter** /ˈtrendsetəʳ/ N *(= person)* personne *f* qui donne le ton (*or* qui lance une mode)

**trendsetting** /ˈtrendsetɪŋ/ N innovation *f* ADJ innovateur (-trice *f*), qui donne le ton (*or* lance une mode)

**trendy** * /ˈtrendɪ/ ADJ *[person, clothes, restaurant, ideas]* branché * ; *[opinions, behaviour, religion]* à la mode ◆ **he's got quite a ~ image** il fait très branché * ◆ **it's no longer ~ to smoke** fumer n'est plus considéré comme branché * N branché(e) * *m(f)*

**trepan** /trɪˈpæn/ VT *[+ metal plate etc]* forer ; *(Med)* trépaner N *(for quarrying etc)* foreuse *f*, trépan *m* ; *(Med)* trépan *m*

**trephine** /treˈfiːn/ *(Med)* VT trépaner N trépan *m*

**trepidation** /ˌtrepɪˈdeɪʃən/ N *(= fear)* vive inquiétude *f* ; *(= excitement)* agitation *f* ◆ **with some ~** avec une certaine appréhension

**trespass** /ˈtrespəs/ N a (NonC: Jur = illegal entry) entrée f non autorisée b (††, Rel = sin) offense f, péché m ◆ **forgive us our ~es** pardonnez-nous nos offenses VI a entrer sans permission ◆ **"no trespassing"** "entrée interdite", "propriété privée" ◆ **you're ~ing** vous êtes dans une propriété privée ◆ **to ~ on** [+ sb's land] s'introduire or se trouver sans permission dans or sur ; (fig) [+ sb's hospitality, time] abuser de ; [+ sb's privacy] s'ingérer dans ; [+ sb's rights] empiéter sur b †† **to ~ against** (Rel) [+ person] offenser ; [+ law] enfreindre ◆ **as we forgive them that ~ against us** (Rel) comme nous pardonnons à ceux qui nous ont offensés

> ⚠ **trépasser** *means 'pass away'.*

**trespasser** /ˈtrespəsəʳ/ N a intrus(e) m(f) (dans une propriété privée) ◆ **"trespassers will be prosecuted"** "défense d'entrer sous peine de poursuites" b (††, Rel = sinner) pécheur m, -eresse f

**tress** /tres/ N (liter) boucle f de cheveux ◆ **~es** chevelure f

**trestle** /ˈtresl/ N tréteau m, chevalet m COMP ▷ **trestle bridge** N pont m sur chevalets ▷ **trestle table** N table f à tréteaux

**trews** /truːz/ NPL pantalon m écossais (étroit)

**tri...** /traɪ/ PREF tri...

**Triad** /ˈtraɪæd/ N (in China) Triade f

**triad** /ˈtraɪəd/ N (gen) triade f ; (Mus) accord m parfait

**triage** /ˈtriːɑːʒ/ N triage m

**trial** /ˈtraɪəl/ N a (Jur) (= proceedings) procès m ; (NonC) jugement m ◆ **the ~ lasted a month** le procès a duré un mois ◆ **famous ~s** procès mpl or causes fpl célèbres ◆ **a new ~ was ordered** la révision du procès a été demandée ◆ **at the ~ it emerged that ...** au cours du procès or à l'audience il est apparu que ... ◆ **during his ~ he claimed that ...** pendant son procès il a affirmé que ... ◆ **~ by jury** jugement m par jury ◆ **~ by media or television** *jugement par les médias* ◆ **to be or go on ~** passer en jugement or en justice ◆ **to put sb on ~** faire passer qn en jugement ; see also **noun b** ◆ **to give sb a fair ~** juger qn équitablement ◆ **to be sent for ~** être traduit en justice (to devant), être inculpé ◆ **to be on ~ for theft** être jugé pour vol ◆ **he was on ~ for his life** il encourait la peine de mort ◆ **to bring sb to ~** faire passer qn en jugement or en justice ◆ **to come up for ~** [case] passer au tribunal ; [person] passer en jugement ◆ **to stand (one's) ~** passer en jugement (for sth pour qch ; for doing sth pour avoir fait qch) → **commit**

b (= test) [of machine, vehicle, drug] essai m ◆ **~s** (Ftbl) match m de sélection ; (Athletics) épreuve f de sélection ◆ **sheepdog ~s** concours m de chiens de berger ◆ **horse ~s** concours m hippique ◆ **~ of strength** épreuve f de force ◆ **to have a ~ of strength with sb** lutter de force avec qn, se mesurer à qn ◆ **by (a system of) ~ and error** par tâtonnements, en tâtonnant ◆ **it was all ~ and error** on a procédé uniquement par tâtonnements ◆ **to take sb/sth on ~** prendre qn/qch à l'essai ◆ **to be on ~** [machine, method, employee] être à l'essai ◆ **to give sb a ~** mettre qn à l'essai

c (= hardship) épreuve f ; (= nuisance) souci m ◆ **the ~s of old age** les afflictions fpl or les vicissitudes fpl de la vieillesse ◆ **the interview was a great ~** l'entrevue a été une véritable épreuve or a été très éprouvante ◆ **he is a ~ to his mother** il est un souci perpétuel pour sa mère, il donne beaucoup de soucis à sa mère ◆ **what a ~ you are!** ce que tu es agaçant or exaspérant ! ; → **tribulation**

VT (= test) tester

COMP [flight, period etc] d'essai ; [offer, marriage] à l'essai ▷ **trial attorney** N (US Jur) avocat(e) m(f) qui plaide à l'audience ▷ **trial balance** N (Fin) balance f d'inventaire ▷ **trial balloon** N (US lit, fig) ballon m d'essai ▷ **trial basis** N ◆ **on a ~ basis** à titre d'essai ▷ **trial court** N (US, Can) cour f jugeant en première instance ▷ **trial division** N (US, Can Jur) division f or tribunal m de première instance ▷ **trial judge** N juge m d'instance ▷ **trial jury** N (US Jur) jury m (de jugement) ▷ **trial lawyer** N (US Jur) ≃ avocat(e) m(f) ▷ **trial run** N [of machine etc] essai m ; (fig) période f d'essai, répétition f

**trialist** /ˈtraɪəlɪst/ N candidat(e) m(f) à la sélection

**triangle** /ˈtraɪæŋgl/ N (Math, Mus, fig) triangle m ; (= drawing instrument) équerre f ; → **eternal**

**triangular** /traɪˈæŋgjʊləʳ/ ADJ triangulaire

**triangulate** /traɪˈæŋgjʊleɪt/ VT trianguler

**triangulation** /traɪˌæŋgjʊˈleɪʃən/ N triangulation f

**Triassic** /traɪˈæsɪk/ ADJ (Geol) [period] triasique N trias m

**triathlete** /traɪˈæθliːt/ N triathlète mf

**triathlon** /traɪˈæθlən/ N triathlon m

**tribal** /ˈtraɪbəl/ ADJ tribal ◆ **the ~ elders** les anciens mpl de la tribu (or des tribus) ◆ **~ people** membres mpl d'une tribu ◆ **they are a ~ people** ils vivent en tribu ◆ **divided on or along ~ lines** divisé selon des clivages tribaux

**tribalism** /ˈtraɪbəlɪzəm/ N tribalisme m

**tribe** /traɪb/ N (gen, Bot, Zool) tribu f ; (* fig) tribu f, smala * f ◆ **the twelve Tribes of Israel** les douze tribus d'Israël

**tribesman** /ˈtraɪbzmən/ N (pl **-men**) membre m d'une (or de la) tribu

**tribo...** /ˈtraɪbəʊ/ PREF tribo...

**tribulation** /ˌtrɪbjʊˈleɪʃən/ N affliction f, souffrance f ◆ **(trials and) ~s** tribulations fpl ◆ **in times of ~** en période d'adversité, en temps de malheurs

**tribunal** /traɪˈbjuːnl/ N (gen, Jur, fig) tribunal m ◆ **~ of inquiry** commission f d'enquête

**tribune** /ˈtrɪbjuːn/ N (Hist, gen = person) tribun m

**tributary** /ˈtrɪbjʊtərɪ/ ADJ tributaire N (= river) affluent m ; (= state, ruler) tributaire m

**tribute** /ˈtrɪbjuːt/ N tribut m, hommage m ; (esp Hist = payment) tribut m ◆ **to pay ~ to ...** (= honour) payer tribut à ..., rendre hommage à ... ; (Hist etc) payer (le) tribut à ... ◆ **it is a ~ to his generosity that nobody went hungry** qu'aucun n'ait souffert de la faim témoigne de sa générosité ; → **floral**

**trice** /traɪs/ N ◆ **in a ~** en un clin d'œil, en moins de deux * or de rien VT (Naut: also **trice up**) hisser

**Tricel** ® /ˈtraɪsel/ N Tricel ® m COMP [shirt etc] de or en Tricel ®

**tricentenary** /ˌtraɪsenˈtiːnərɪ/, **tricentennial** /ˌtraɪsenˈtenɪəl/ ADJ, N tricentenaire m ◆ **~ celebrations** fêtes fpl du tricentenaire

**triceps** /ˈtraɪseps/ N (pl **triceps** or **tricepses**) triceps m

**trichologist** /trɪˈkɒlədʒɪst/ N trichologue mf

**trichology** /trɪˈkɒlədʒɪ/ N trichologie f

**trick** /trɪk/ N a (= dodge, ruse) ruse f, astuce f ; (= prank, joke, hoax) tour m, blague * f ; [of conjurer, juggler, dog etc] tour m ; (= special skill) truc m ◆ **it's a ~ to make you believe ...** c'est une ruse pour vous faire croire ... ◆ **he got it all by a ~** il a tout obtenu par une ruse or un stratagème or une combine ‡ ◆ **he'll use every ~ in the book to get what he wants** il ne reculera devant rien pour obtenir ce qu'il veut, pour lui, tous les moyens sont bons ◆ **that's the oldest ~ in the book** c'est le coup classique ◆ **a dirty or low or shabby or nasty ~** un sale tour, un tour de cochon * ◆ **to play a ~ on sb** jouer un tour à qn, faire une farce à qn ◆ **my eyesight is playing ~s with or on me** ma vue me joue des tours ◆ **his memory is playing him ~s** sa mémoire lui joue des tours ◆ **a ~ of the trade** une ficelle du métier ◆ **it's a ~ of the light** c'est une illusion d'optique ◆ **he's up to his (old) ~s again** il fait de nouveau des siennes * ◆ **how's ~s?** * alors, quoi de neuf ? ◆ **he knows a ~ or two** * (fig) c'est un petit malin ◆ **I know a ~ worth two of that** * je connais un tour or un truc * bien meilleur encore que celui-là ◆ **that will do the ~** * ça fera l'affaire ◆ **I'll soon get the ~ of it** * je vais vite prendre le pli ◆ **~ or treat!** (esp US) donnez-moi quelque chose ou je vous joue un tour ! ; → HALLOWEEN ◆ **to turn ~s** [prostitute] faire des passes * ; → **bag, card¹, conjuring**

b (= peculiarity) particularité f ; (= habit) habitude f, manie f ; (= mannerism) tic m ◆ **he has a ~ of scratching his ear when puzzled** il a le tic de se gratter l'oreille quand il est perplexe ◆ **he has a ~ of arriving just when I'm making coffee** il a le don d'arriver or le chic * pour arriver au moment où je fais du café ◆ **this horse has a ~ of stopping suddenly** ce cheval a la manie de s'arrêter brusquement ◆ **these things have a ~ of happening just when you don't want them to** ces choses-là se produisent comme par magie or ont le don de se produire juste quand on ne le veut pas ◆ **history has a ~ of repeating itself** l'histoire a le don de se répéter

c (Cards) levée f, pli m ◆ **to take a ~** faire une levée or un pli ◆ **he never misses a ~** (fig) rien ne lui échappe

VT (= hoax, deceive) attraper, rouler * ; (= swindle) escroquer ◆ **I've been ~ed!** on m'a eu or roulé ! * ◆ **to ~ sb into doing sth** amener qn à faire qch par la ruse ◆ **to ~ sb out of sth** obtenir qch de qn or soutirer qch à qn par la ruse

COMP ▷ **trick cushion** etc N attrape f ▷ **trick-cyclist** N cycliste-acrobate mf ; (Brit ‡ = psychiatrist) psy ‡ mf, psychiatre mf ▷ **trick photograph** N photographie f truquée ▷ **trick photography** N truquage m photographique ▷ **trick question** N question-piège f ▷ **trick rider** N (on horse) voltigeur m, -euse f (à cheval) ▷ **trick riding** N voltige f (à cheval)

► **trick out, trick up** VT SEP parer (with de) ◆ **the ladies ~ed out in all their finery** les dames sur leur trente et un or tout endimanchées

**trickery** /ˈtrɪkərɪ/ N (NonC) ruse f, supercherie f ◆ **by ~** par ruse

**trickiness** /ˈtrɪkɪnɪs/ N (NonC) a (= difficulty) [of task] difficulté f, complexité f ; [of problem, question] caractère m épineux ; [of situation] caractère m délicat b (pej = slyness) [of person] roublardise f

**trickle** /ˈtrɪkl/ N [of water, blood etc] filet m ◆ **the stream has shrunk to a mere ~** le ruisseau n'est plus qu'un filet d'eau ◆ **a ~ of people** quelques (rares) personnes fpl ◆ **there was a ~ of news from the front line** il y avait de temps en temps des nouvelles du front ◆ **there was a steady ~ of offers/letters** les offres/les lettres arrivaient en petit nombre mais régulièrement

VI [water etc] (= drop slowly) couler or tomber goutte à goutte ; (= flow slowly) dégouliner ◆ **tears ~d down her cheeks** les larmes coulaient *or* dégoulinaient le long de ses joues ◆ **the rain ~d down his neck** la pluie lui dégoulinait dans le cou ◆ **the stream ~d along over the rocks** le ruisseau coulait faiblement sur les rochers ◆ **to ~ in/out/away** *etc (fig) [people]* entrer/sortir/s'éloigner *etc* petit à petit ◆ **the ball ~d into the net** *(Ftbl)* le ballon a roulé doucement dans le filet ◆ **money ~d into the fund** les contributions au fonds arrivaient lentement ◆ **money ~d out of his account** son compte se dégarnissait lentement (mais régulièrement), une succession de petites sorties (d'argent) dégarnissait lentement son compte ◆ **letters of complaint are still trickling into the office** quelques lettres de réclamation continuent à arriver de temps en temps au bureau

VT *[+ liquid]* faire couler goutte à goutte, faire dégouliner *or* dégoutter (*into* dans ; *out of* de)

COMP ▷ **trickle charger** N *(Elec)* chargeur *m* à régime lent ▷ **trickle-down theory** N *(Econ) théorie économique selon laquelle l'argent des plus riches finit par profiter aux plus démunis*

► **trickle away** VI *[water etc]* s'écouler doucement *or* lentement *or* goutte à goutte ; *[money etc]* disparaître *or* être utilisé peu à peu ; see also **trickle vi**

**trickster** /ˈtrɪkstəʳ/ N **a** *(dishonest)* filou *m* ; → **confidence** **b** *(= magician etc)* illusionniste *mf*

**tricksy** * /ˈtrɪksɪ/ ADJ *[person] (= mischievous)* filou * ; *(= scheming)* retors

**tricky** /ˈtrɪkɪ/ ADJ **a** *(= difficult) [task]* difficile, délicat ; *[problem, question]* délicat, épineux ; *[situation]* délicat ◆ **it is ~ to know how to respond** il est difficile de savoir comment réagir ◆ **warts can be ~ to get rid of** il est parfois difficile de se débarrasser des verrues ◆ **it's ~ for me to give you an answer now** il m'est difficile de vous répondre immédiatement **b** *(pej) (= sly) [person]* retors ◆ **he's a ~ customer** *(= scheming)* c'est un roublard ; *(= difficult, touchy)* il n'est pas commode

**tricolo(u)r** /ˈtrɪkələʳ/ N (drapeau *m*) tricolore *m*

**tricorn** /ˈtraɪkɔːn/ ADJ à trois cornes N tricorne *m*

**trictrac** /ˈtrɪktræk/ N trictrac *m*

**tricuspid** /traɪˈkʌspɪd/ ADJ tricuspide

**tricycle** /ˈtraɪsɪkl/ N tricycle *m*

**trident** /ˈtraɪdənt/ N trident *m*

**tridentine** /traɪˈdentaɪn/ ADJ tridentin

**tridimensional** /ˌtraɪdɪˈmenʃənl/ ADJ tridimensionnel, à trois dimensions

**triennial** /traɪˈenɪəl/ ADJ triennal ; *(Bot)* trisannuel N *(Bot)* plante *f* trisannuelle

**triennially** /traɪˈenɪəlɪ/ ADV tous les trois ans

**Trier** /trɪəʳ/ N Trèves

**trier** /ˈtraɪəʳ/ N *(Brit)* ◆ **to be a ~** être persévérant, ne pas se laisser rebuter

**Trieste** /triːˈest/ N Trieste

**trifle** /ˈtraɪfl/ N **a** bagatelle *f* ◆ **it's only a ~** *[object, sum of money etc]* c'est une bagatelle, c'est bien peu de chose ; *[remark]* c'est une vétille, il n'y a pas de quoi fouetter un chat ◆ **he worries over ~s** il se fait du mauvais sang pour un rien ◆ **£5 is a mere ~** 5 livres est une bagatelle *or* c'est trois fois rien ◆ **he bought it for a ~** il l'a acheté pour une bouchée de pain *or* trois fois rien

◆ **a trifle ...** *(= a little)* un peu, un rien, un tantinet * ◆ **it's a ~ difficult** c'est un peu *or* un tantinet difficile ◆ **he acted a ~ hastily** il a agi un peu *or* un tantinet * hâtivement

**b** *(Culin)* ≈ diplomate *m*

VI ◆ **to ~ with** *[+ person, sb's affections, trust etc]* traiter à la légère, se jouer de ◆ **he's not to be ~d with** il ne faut pas le traiter à la légère ◆ **to ~ with one's food** manger du bout des dents, chipoter

► **trifle away** VT SEP *[+ time]* perdre ; *[+ money]* gaspiller

**trifler** /ˈtraɪfləʳ/ N *(pej)* fantaisiste *mf*, fumiste *mf*

**trifling** /ˈtraɪflɪŋ/ ADJ insignifiant

**trifocal** /traɪˈfəʊkəl/ ADJ à triple foyer, trifocal N *(= lens)* verre *m* à triple foyer ◆ **~s** lunettes *fpl* à triple foyer *or* trifocales

**trifoliate** /traɪˈfəʊlɪɪt/ ADJ à trois feuilles, trifolié

**triforium** /traɪˈfɔːrɪəm/ N (pl **triforia** /traɪˈfɔːrɪə/) triforium *m*

**triform** /ˈtraɪfɔːm/ ADJ à *or* en trois parties

**trigger** /ˈtrɪgəʳ/ N *[of gun]* détente *f*, gâchette *f* ; *[of bomb]* dispositif *m* d'amorce, détonateur *m* ; *[of tool]* déclic *m* ◆ **to press** *or* **pull** *or* **squeeze the ~** appuyer sur la détente *or* la gâchette ◆ **he's quick** *or* **fast on the ~** * *(lit)* il n'attend pas pour tirer ; *(fig)* il réagit vite

VT (also **trigger off**) *[+ explosion, alarm]* déclencher ; *[+ bomb]* amorcer ; *[+ revolt]* déclencher, provoquer ; *[+ protest]* soulever ; *[+ reaction]* provoquer COMP ▷ **trigger finger** N index *m* ▷ **trigger-happy** * ADJ *[person]* à la gâchette facile, prêt à tirer pour un rien ; *(fig) [nation etc]* prêt à presser le bouton *or* à déclencher la guerre pour un rien ▷ **trigger price** N prix *m* minimum à l'importation

**trigonometric(al)** /ˌtrɪgənəˈmetrɪk(əl)/ ADJ trigonométrique

**trigonometry** /ˌtrɪgəˈnɒmɪtrɪ/ N trigonométrie *f*

**trigram** /ˈtraɪgræm/ N trigramme *m*

**trigraph** /ˈtraɪgræf/ N trigramme *m*

**trike** * /traɪk/ N abbrev of **tricycle**

**trilateral** /ˌtraɪˈlætərəl/ ADJ trilatéral

**trilby** /ˈtrɪlbɪ/ N (*Brit:* also **trilby hat**) chapeau *m* mou

**trilingual** /ˌtraɪˈlɪŋgwəl/ ADJ trilingue

**trilith** /ˈtraɪlɪθ/ N trilithe *m*

**trilithic** /traɪˈlɪθɪk/ ADJ en forme de trilithe

**trilithon** /traɪˈlɪθɒn, ˈtraɪlɪˌθɒn/ N ⇒ **trilith**

**trill** /trɪl/ N *(Mus: also of bird)* trille *m* ; *(Ling)* consonne *f* roulée VI *(Mus: also of bird)* triller

VT **a** *(gen)* triller ◆ **"come in" she ~ed** "entrez" roucoula-t-elle **b** *(Phon)* **to ~ one's r's** rouler les r ◆ **~ed r** r roulé *or* apical

**trillion** /ˈtrɪljən/ N *(Brit)* trillion *m* ; *(US)* billion *m* ◆ **there are ~s of places I want to go** * il y a des milliers d'endroits où j'aimerais aller

**trilogy** /ˈtrɪlədʒɪ/ N trilogie *f*

**trim** /trɪm/ ADJ **a** *(= neat) [garden, house, village, ship]* bien tenu, coquet ; *[appearance, person, clothes]* net, soigné ; *[beard, moustache]* bien taillé

**b** *(= slim) [person, figure]* svelte, mince ; *[waist]* mince

N **a** *(NonC) (= condition)* état *m*, ordre *m* ◆ **in (good) ~** *[garden, house etc]* en (bon) état *or* ordre ; *[person, athlete]* en (bonne) forme ◆ **to be in fighting ~** *(US)* être en pleine forme ◆ **to get into ~** se remettre en forme ◆ **to get things into ~** mettre de l'ordre dans les choses ◆ **the ~ of the sails** *(Naut)* l'orientation *f* des voiles

**b** *(= cut: at hairdressers')* coupe *f* (d')entretien ◆ **to have a ~** faire rafraîchir sa coupe de cheveux ◆ **to give sth a ~** ⇒ **to trim sth;** → **vt a**

**c** *(around window, door)* moulures *fpl* ; *[of car] (inside)* aménagement *m* intérieur ; *(outside)* finitions *fpl* extérieures ; *(on dress etc)* garniture *f* ◆ **car with blue (interior) ~** voiture *f* à habillage intérieur bleu

VT **a** *(= cut) [+ beard]* tailler, couper légèrement ; *[+ hair]* rafraîchir ; *[+ wick, lamp]* tailler, moucher ; *[+ branch, hedge, roses]* tailler (légèrement) ; *[+ piece of wood, paper]* couper les bords de, rogner ◆ **to ~ one's nails** se rogner *or* se couper les ongles ◆ **to ~ the edges of sth** couper *or* rogner les bords de qch ◆ **to ~ the ragged edge off sth** ébarber qch

**b** *(= reduce)* ◆ **to ~ costs** réduire les dépenses ◆ **to ~ the workforce** dégraisser les effectifs, faire des dégraissages

**c** *(= decorate) [+ hat, dress]* garnir, orner (*with* de) ; *[+ Christmas tree]* décorer (*with* de) ◆ **to ~ the edges of sth with sth** border qch de qch ◆ **a dress ~med with lace** une robe ornée de dentelle ◆ **to ~ a store window** *(US)* composer *or* décorer une vitrine de magasin

**d** *[+ boat, aircraft]* équilibrer ; *[+ sail]* gréer, orienter ◆ **to ~ one's sails** *(fig)* réviser ses positions, corriger le tir

► **trim away** VT SEP enlever aux ciseaux (*or* au couteau *or* à la cisaille)

► **trim down** VT SEP *[+ wick]* tailler, moucher

► **trim off** VT SEP ⇒ **trim away**

**trimaran** /ˈtraɪməræn/ N trimaran *m*

**trimester** /trɪˈmestəʳ/ N trimestre *m*

**trimmer** /ˈtrɪməʳ/ N **a** *(= beam)* linçoir *or* linsoir *m* **b** *(for trimming timber)* trancheuse *f (pour le bois)* ; *(for hair, beard)* tondeuse *f* **c** *(Elec)* trimmer *m*, condensateur *m* ajustable (d'équilibrage) **d** *(= person adapting views: pej)* opportuniste *mf*

**trimming** /ˈtrɪmɪŋ/ N **a** *(on garment, sheet etc)* parement *m* ; *(= braid etc)* passementerie *f NonC* ◆ **it's £100 without the ~s** *(fig)* c'est 100 livres sans les extras **b** *(Culin)* garniture *f*, accompagnement *m* ◆ **roast beef and all the ~s** du rosbif avec la garniture habituelle **c** *(pl)* **~s** *(= pieces cut off)* chutes *fpl*, rognures *fpl* **d** *(esp US = defeat)* raclée * *f*, défaite *f* **e** *(= cutting back)* réduction *f*, élagage *m* ; *[of staff]* compression *f*, dégraissage * *m*

**trimness** /ˈtrɪmnɪs/ N *[of garden, boat, house]* aspect *m* net *or* soigné ◆ **the ~ of his appearance** son aspect soigné *or* coquet *or* pimpant ◆ **the ~ of her figure** la sveltesse de sa silhouette

**trimphone** ® /ˈtrɪmfəʊn/ N appareil *m* (téléphonique) compact

**trinary** /ˈtraɪnərɪ/ ADJ trinaire

**Trinidad** /ˈtrɪnɪdæd/ N (l'île *f* de) la Trinité ◆ **~ and Tobago** Trinité-et-Tobago

**Trinidadian** /ˌtrɪnɪˈdædɪən/ ADJ de la Trinité, trinidadien N habitant(e) *m(f)* de la Trinité, Trinidadien(ne) *m(f)*

**trinitrotoluene** /traɪˌnaɪtrəʊˈtɒljʊiːn/ N trinitrotoluène *m*

**trinity** /ˈtrɪnɪtɪ/ N trinité *f* ◆ **the Holy Trinity** *(Rel)* la Sainte Trinité COMP ▷ **Trinity Sunday** N la fête de la Trinité ▷ **Trinity term** N *(Univ)* troisième trimestre *m* (de l'année universitaire)

**trinket** /ˈtrɪŋkɪt/ N *(= knick-knack)* bibelot *m*, babiole *f (also pej)* ; *(= jewel)* colifichet *m (also pej)* ; *(on chain)* breloque *f*

**trinomial** /traɪˈnəʊmɪəl/ N *(Math)* trinôme *m*

**trio** /ˈtrɪəʊ/ N trio *m*

**triode** /ˈtraɪəʊd/ N *(Elec)* triode *f*

**triolet** /ˈtriːəʊlet/ N triolet *m*

**trip** /trɪp/ **N** **a** *(= journey)* voyage *m* ; *(= excursion)* excursion *f* ◆ **he's (away) on a ~** il est (parti) en voyage ◆ **we did the ~ in ten hours** nous avons mis dix heures pour faire le trajet ◆ **there are cheap ~s to Spain** on organise des voyages à prix réduit en Espagne ◆ **we went on** *or* **took a ~ to Malta** nous sommes allés (en voyage) à Malte ◆ **we took** *or* **made a ~ into town** nous sommes allés en ville ◆ **he does three ~s to Scotland a week** il va en Écosse trois fois par semaine ◆ **I don't want another ~ to the shops today** je ne veux pas retourner dans les magasins aujourd'hui ◆ **after four ~s to the kitchen he ...** après être allé quatre fois à la cuisine, il ... ; → **business, coach, day, round**
**b** *(Drugs *)* trip * *m* ◆ **to be on a ~** faire un trip * ◆ **to have a bad ~** faire un mauvais trip *
**c** *(= stumble)* faux pas *m* ; *(in wrestling etc)* croche-pied *m*, croc-en-jambe *m* ; *(fig = mistake)* faux pas *m*
**VI** **a** *(= stumble:* also **trip up**) trébucher (*on, over* contre, sur), buter (*on, over* contre), faire un faux pas ◆ **he ~ped and fell** il a trébuché *or* il a fait un faux pas et il est tombé
**b** *(go lightly and quickly)* **to ~ along/in/out** *etc* marcher/entrer/sortir *etc* d'un pas léger *or* sautillant ◆ **the words came ~ping off her tongue** elle l'a dit sans la moindre hésitation
**c** *(‡: on drugs)* être en plein trip ‡
**VT** **a** *(make fall:* also **trip up**) faire trébucher ; *(deliberately)* faire un croche-pied *or* un croc-en-jambe à ◆ **I was ~ped (up)** on m'a fait un croche-pied *or* un croc-en-jambe
**b** *(Tech) [+ mechanism]* déclencher, mettre en marche
**c** ◆ **to ~ the light fantastic** † *(* = dance)* danser
**COMP** ▷ **trip hammer N** marteau *m* à bascule *or* à soulèvement ▷ **trip switch N** *(Elec)* télérupteur *m*
► **trip over VI** trébucher, faire un faux pas
► **trip up VI** **a** ⇒ **trip vi a**
**b** *(fig)* faire une erreur, gaffer *
**VT SEP** faire trébucher ; *(deliberately)* faire un croche-pied *or* un croc-en-jambe à ; *(fig: in questioning)* prendre en défaut, désarçonner *(fig)*

**tripartite** /ˌtraɪˈpɑːtaɪt/ **ADJ** *(gen)* tripartite ; *[division]* en trois parties

**tripe** /traɪp/ **N** *(NonC)* **a** *(Culin)* tripes *fpl* **b** *(esp Brit * = nonsense)* bêtises *fpl*, inepties *fpl* ◆ **what absolute ~!** * quelles bêtises !, quelles foutaises ! * ◆ **it's a lot of ~** * tout ça c'est de la foutaise * ◆ **this book is ~** * ce livre est complètement inepte

**triphase** /ˈtraɪfeɪz/ **ADJ** *(Elec)* triphasé

**triphthong** /ˈtrɪfθɒŋ/ **N** triphtongue *f*

**triplane** /ˈtraɪˌpleɪn/ **N** triplan *m*

**triple** /ˈtrɪpl/ **ADJ** triple *gen before n* ◆ **the Triple Alliance** la Triple-Alliance ◆ **the Triple Entente** la Triple-Entente ◆ **in ~ time** *(Mus)* à trois temps ◆ **they require ~ copies of every document** ils demandent trois exemplaires de chaque document **N** *(= amount, number)* triple *m* ; *(= whisky)* triple whisky *m* **ADV** trois fois plus que **VTI** tripler **COMP** ▷ **triple combination therapy N** trithérapie *f* ▷ **triple-digit** *(US)* **ADJ** *(gen)* à trois chiffres ; *[inflation] supérieur ou égal à 100%* ▷ **triple glazing N** triple vitrage *m* ▷ **triple jump N** *(Sport)* triple saut *m* ▷ **triple jumper N** *(Sport)* spécialiste *mf* du triple saut

**triplet** /ˈtrɪplɪt/ **N** *(Mus)* triolet *m* ; *(Poetry)* tercet *m* ◆ **~s** *(people)* triplés *mpl*, triplées *fpl*

**triplex** /ˈtrɪpleks/ **ADJ** triple **N** ® ◆ **Triplex (glass)** *(Brit)* triplex ® *m*, verre *m* sécurit ®

**triplicate** /ˈtrɪplɪkɪt/ **ADJ** en trois exemplaires **N** **a** ◆ **in ~** en trois exemplaires **b** *(= third copy)* triplicata *m*

**triploid** /ˈtrɪplɔɪd/ **ADJ** triploïde

**triply** /ˈtrɪplɪ/ **ADV** triplement

**tripod** /ˈtraɪpɒd/ **N** trépied *m*

**Tripoli** /ˈtrɪpəlɪ/ **N** Tripoli

**tripos** /ˈtraɪpɒs/ **N** *(Cambridge Univ)* examen *m* pour le diplôme de BA

**tripper** /ˈtrɪpəʳ/ **N** *(Brit)* touriste *mf*, vacancier *m*, -ière *f* ; *(on day trip)* excursionniste *mf*

**trippy** * /ˈtrɪpɪ/ **ADJ** psychédélique

**triptych** /ˈtrɪptɪk/ **N** triptyque *m*

**tripwire** /ˈtrɪpwaɪəʳ/ **N** fil *m* de détente

**trireme** /ˈtraɪriːm/ **N** trirème *f*

**trisect** /traɪˈsekt/ **VT** diviser en trois parties (égales)

**Tristan** /ˈtrɪstən/ **N** Tristan *m*

**trisyllabic** /ˈtraɪsɪˈlæbɪk/ **ADJ** trisyllabe, trisyllabique

**trisyllable** /ˌtraɪˈsɪləbl/ **N** trisyllabe *m*

**trite** /traɪt/ **ADJ** *[subject, design, idea, film]* banal ; *[person]* qui dit des banalités ◆ **a ~ remark** une banalité, un lieu commun

**tritely** /ˈtraɪtlɪ/ **ADV** banalement

**triteness** /ˈtraɪtnɪs/ **N** *(NonC)* banalité *f*

**tritium** /ˈtrɪtɪəm/ **N** tritium *m*

**triton** /ˈtraɪtn/ **N** *(all senses)* triton *m* ◆ **Triton** Triton *m*

**tritone** /ˈtraɪtəʊn/ **N** *(Mus)* triton *m*

**triturate** /ˈtrɪtʃəreɪt/ **VT** triturer, piler

**trituration** /ˌtrɪtʃəˈreɪʃən/ **N** trituration *f*, pilage *m*

**triumph** /ˈtraɪʌmf/ **N** *(= victory)* triomphe *m*, victoire *f* ; *(= success)* triomphe *m* ; *(= emotion)* sentiment *m* de triomphe ; *(Roman Hist)* triomphe *m* ◆ **in ~** en triomphe ◆ **it was a ~ for ...** cela a été un triomphe *or* un succès triomphal pour ... ◆ **it is a ~ of man over nature** c'est le triomphe de l'homme sur la nature ◆ **his ~ at having succeeded** sa satisfaction triomphante d'avoir réussi **VI** *(lit, fig)* triompher (*over* de)

**triumphal** /traɪˈʌmfəl/ **ADJ** triomphal **COMP** ▷ **triumphal arch N** arc *m* de triomphe

**triumphalism** /traɪˈʌmfəlɪzəm/ **N** triomphalisme *m*

**triumphalist** /traɪˈʌmfəlɪst/ **ADJ, N** triomphaliste *mf*

**triumphant** /traɪˈʌmfənt/ **ADJ** **a** *(= victorious)* victorieux, triomphant ◆ **to emerge ~** sortir victorieux **b** *(= exultant) [person, team, smile, wave, mood]* triomphant ; *[return, homecoming, celebration]* triomphal ◆ **to be** *or* **prove a ~ success** être un triomphe

**triumphantly** /traɪˈʌmfəntlɪ/ **ADV** *[say, answer, announce]* triomphalement, d'un ton triomphant ; *[look at, smile]* d'un air triomphant ; *[return, march]* triomphalement ◆ **he returned ~ in 1997** son retour, en 1997, a été triomphal ◆ **he waved ~** il a fait un geste de triomphe ◆ **to be ~ successful** remporter un succès triomphal

**triumvirate** /traɪˈʌmvɪrɪt/ **N** triumvirat *m*

**triune** /ˈtraɪjuːn/ **ADJ** *(Rel)* trin

**trivet** /ˈtrɪvɪt/ **N** *(over fire)* trépied *m*, chevrette *f* ; *(on table)* dessous-de-plat *m inv*

**trivia** /ˈtrɪvɪə/ **NPL** bagatelles *fpl*, futilités *fpl*, fadaises *fpl* ◆ **pub ~ quiz** *jeu-concours qui a lieu dans un pub*

**trivial** /ˈtrɪvɪəl/ **ADJ** *[matter, sum, reason, offence, detail]* insignifiant ; *[remark]* futile ; *[film, book, news]* banal, sans intérêt ◆ **a ~ mistake** une faute sans gravité, une peccadille ◆ **I don't like to visit the doctor just for something ~** je n'aime pas consulter le médecin pour rien **COMP** ▷ **Trivial Pursuit** ® **N** Trivial Pursuit ® *m*

> ⚠ *In French,* **trivial** *usually means 'ordinary', not* **trivial**.

**triviality** /ˌtrɪvɪˈælɪtɪ/ **N** **a** *(NonC = trivial nature) [of matter, sum, reason, offence, detail]* caractère *m* insignifiant ; *[of remark]* futilité *f* ; *[of film, book, news]* banalité *f*, manque *m* d'intérêt **b** *(= trivial thing)* bagatelle *f*

**trivialization** /ˌtrɪvɪəlaɪˈzeɪʃən/ **N** banalisation *f*

**trivialize** /ˈtrɪvɪəlaɪz/ **VT** banaliser

**trivially** /ˈtrɪvɪəlɪ/ **ADV** de façon banalisée

**triweekly** /traɪˈwiːklɪ/ **ADV** *(= three times weekly)* trois fois par semaine ; *(= every three weeks)* toutes les trois semaines **ADJ** *[event, visit]* qui se produit trois fois par semaine (*or* toutes les trois semaines)

**trochaic** /trɒˈkeɪɪk/ **ADJ** trochaïque

**trochee** /ˈtrəʊkiː/ **N** trochée *m*

**trod** /trɒd/ **VB** pt of **tread**

**trodden** /ˈtrɒdn/ **VB** ptp of **tread**

**troglodyte** /ˈtrɒglədaɪt/ **N** troglodyte *m* ; *(fig pej)* homme *m* des cavernes

**troika** /ˈtrɔɪkə/ **N** *(also Pol)* troïka *f*

**troilism** /ˈtrɔɪlɪzəm/ **N** *(NonC: frm)* triolisme *m*

**Troilus** /ˈtrɔɪləs/ **N** ◆ **~ and Cressida** Troïlus *m* et Cressida *f*

**Trojan** /ˈtrəʊdʒən/ **ADJ** *(Hist, Myth)* troyen **N** Troyen(ne) *m(f)* ◆ **to work like a ~** travailler comme un forçat **COMP** ▷ **Trojan Horse N** *(lit, fig, Comput)* cheval *m* de Troie ▷ **Trojan War N** ◆ **the ~ War** *or* **Wars** la guerre de Troie

**troll**[1] /trəʊl/ **N** troll *m*

**troll**[2] * /trɒl/ **VI** *(Brit = stroll)* déambuler

**trolley** /ˈtrɒlɪ/ **N** *(esp Brit) (for luggage)* chariot *m* (à bagages) ; *(two-wheeled)* diable *m* ; *(for shopping)* poussette *f* ; *(in supermarket)* chariot *m*, caddie ® *m* ; (also **tea trolley**) table *f* roulante, chariot *m* à desserte ; *(in office)* chariot *m* à boissons ; *(for stretcher etc)* chariot *m* ; *(in mine, quarry etc)* benne *f* roulante ; *(Rail)* wagonnet *m* ; *(on tramcar)* trolley *m* ; *(US = tramcar)* tramway *m*, tram *m* ◆ **to be/go off one's ~** ‡ *(Brit)* avoir perdu/perdre la boule ‡ **COMP** ▷ **trolley bus N** trolleybus *m* ▷ **trolley car N** *(US)* tramway *m*, tram *m* ▷ **trolley line N** *(US) (= rails)* voie *f* de tramway ; *(= route)* ligne *f* de tramway

**trollop** /ˈtrɒləp/ **N** traînée ‡ *f*

**trombone** /trɒmˈbəʊn/ **N** trombone *m (Mus)*

**trombonist** /trɒmˈbəʊnɪst/ **N** tromboniste *mf*

**trompe l'œil** /trɒmpˈlɔɪ/ (pl **trompe l'œils**) **N** **a** *(= technique)* trompe-l'œil *m inv* **b** *(= painting)* (peinture *f* en) trompe-l'œil *m inv*

**troop** /truːp/ **N** *[of people]* bande *f*, groupe *m* ; *[of animals]* bande *f*, troupe *f* ; *[of scouts]* troupe *f* ; *(Mil: of cavalry)* escadron *m* ◆ **~s** *(Mil)* troupes *fpl* **VI** ◆ **to ~ in/past** *etc* entrer/passer *etc* en bande *or* en groupe ◆ **they all ~ed over to the window** ils sont tous allés s'attrouper près de la fenêtre **VT** *(Brit Mil)* ◆ **to ~ the colour** faire la parade du drapeau ◆ **~ing the colour** *(= ceremony)* le salut au drapeau *(le jour de l'anniversaire officiel de la Reine)* **COMP** *[movements etc]* de troupes ▷ **troop carrier N** *(Aut, Naut)* transport *m* de troupes ; *(Aviat)* avion *m* de transport militaire ▷ **troop train** N train *m* militaire

**trooper** /'truːpəʳ/ N *(Mil)* soldat *m* de cavalerie ; *(US = state trooper)* ≃ CRS *m* ; → **swear**

**troopship** /'truːpʃɪp/ N transport *m (navire)*

**trope** /trəʊp/ N trope *m*

**trophy** /'trəʊfɪ/ N *(Hunting, Mil, Sport, also fig)* trophée *m* COMP ▷ **trophy wife** * N (pl **trophy wives**) *épouse que le mari exhibe comme signe extérieur de réussite*

**tropic** /'trɒpɪk/ N tropique *m* ◆ **Tropic of Cancer/Capricorn** tropique *m* du Cancer/du Capricorne ◆ **in the ~s** sous les tropiques ADJ *(liter)* ⇒ **tropical**

**tropical** /'trɒpɪkəl/ ADJ *(lit, fig)* tropical ◆ **the heat was ~** il faisait une chaleur tropicale COMP ▷ **tropical medicine** N médecine *f* tropicale ▷ **tropical storm** N orage *m* tropical

**tropism** /'trəʊpɪzəm/ N tropisme *m*

**troposphere** /'trɒpəsfɪəʳ/ N troposphère *f*

**Trot** * /trɒt/ N *(pej)* (abbrev of **Trotskyist**) trotskard * *m*, trotskiste *mf*

**trot** /trɒt/ N a *(= pace)* trot *m* ◆ **to go at a ~** *[horse]* aller au trot, trotter ; *[person]* trotter ◆ **to go for a ~** (aller) faire du cheval

◆ **on the trot** * ◆ **five days/whiskies** *etc* **on the ~** cinq jours/whiskies *etc* de suite *or* d'affilée ◆ **he is always on the ~** il court tout le temps, il n'a pas une minute de tranquillité ◆ **to keep sb on the ~** ne pas accorder une minute de tranquillité à qn

b **to have the ~s** ‡ *(= diarrhoea)* avoir la courante ‡

VI *[horse]* trotter ; *[person]* trotter, courir ◆ **to ~ in/past** *etc [person]* entrer/passer *etc* au trot *or* en courant

VT *[+ horse]* faire trotter

► **trot along** VI a ⇒ **trot over** b ⇒ **trot away**

► **trot away, trot off** VI partir *or* s'éloigner (au trot *or* en courant), filer *

► **trot out** VT SEP *[+ excuses, reasons]* débiter ; *[+ names, facts etc]* réciter d'affilée

► **trot over, trot round** VI aller, courir ◆ **he ~ted over** *or* **round to the grocer's** il a fait un saut *or* a couru chez l'épicier

**troth** †† /trəʊθ/ N promesse *f*, serment *m* ◆ **by my ~** pardieu † ; → **plight**[2]

**Trotsky** /'trɒtskɪ/ N Trotski *m*

**Trotskyism** /'trɒtskɪɪzəm/ N trotskisme *m*

**Trotskyist** /'trɒtskɪɪst/, **Trotskyite** /'trɒtskɪaɪt/ ADJ, N trotskiste *mf*

**trotter** /'trɒtəʳ/ N a *(= horse)* trotteur *m*, -euse *f* b *(Brit Culin)* **pig's/sheep's ~s** pieds *mpl* de porc/de mouton

**trotting** /'trɒtɪŋ/ N *(Sport)* trot *m* ◆ **~ race** course *f* de trot

**troubadour** /'truːbədɔːʳ/ N troubadour *m*

**trouble** /'trʌbl/ N a *(NonC = difficulties, unpleasantness)* ennuis *mpl* ◆ **I don't want any ~** je ne veux pas d'ennuis ◆ **it's asking for ~** c'est se chercher des ennuis ◆ **he goes around looking for ~** il cherche les ennuis ◆ **he'll give you ~** il vous donnera du fil à retordre ◆ **here comes ~!** * aïe ! des ennuis en perspective ! ; → **mean**[1]

◆ **to be in trouble** avoir des ennuis ◆ **you're in ~ now** ce coup-ci tu as des ennuis *or* tu as des problèmes ◆ **he's in ~ with the boss** il a des ennuis avec le patron

◆ **to get into trouble (with sb)** s'attirer des ennuis (avec qn) ◆ **he got into ~ for doing that** il a eu *or* il s'est attiré des ennuis pour (avoir fait) cela ◆ **he was always getting into ~ when he was little** il faisait toujours des bêtises quand il était petit

◆ **to get sb into trouble** causer des ennuis à qn, mettre qn dans le pétrin * ◆ **to get a girl into ~** * *(euph)* mettre une fille enceinte

◆ **to get sb/get (o.s.) out of trouble** tirer qn/se tirer d'affaire

◆ **to make trouble** causer des ennuis *(for sb* à qn) ◆ **you're making ~ for yourself** tu t'attires des ennuis

b *(NonC = bother, effort)* mal *m*, peine *f* ◆ **it's no ~** cela ne me dérange pas ◆ **it's no ~ to do it properly** ce n'est pas difficile de le faire comme il faut ◆ **it's not worth the ~** cela ne *or* n'en vaut pas la peine ◆ **he/it is more ~ than he/it is worth** ça ne vaut pas la peine de s'embêter avec lui/ça ◆ **nothing is too much ~ for her** elle se dévoue *or* se dépense sans compter ◆ **I had all that ~ for nothing** je me suis donné tout ce mal pour rien ◆ **you could have saved yourself the ~** tu aurais pu t'éviter cette peine ◆ **I'm giving you a lot of ~** je vous donne beaucoup de mal, je vous dérange beaucoup ◆ **it's no ~ at all!** je vous en prie !, ça ne me dérange pas du tout !

◆ **to go to + trouble, to take + trouble** ◆ **he went to enormous ~ to help us** il s'est donné un mal fou *or* il s'est mis en quatre pour nous aider ◆ **to go to the ~ of doing sth, to take the ~ to do sth** se donner la peine *or* le mal de faire qch ◆ **he went to** *or* **took a lot of ~ over his essay** il s'est vraiment donné beaucoup de mal pour sa dissertation, il s'est vraiment beaucoup appliqué à sa dissertation ◆ **he didn't even take the ~ to warn me** il ne s'est même pas donné la peine de me prévenir

◆ **to put + trouble** ◆ **to put sb to some ~** déranger qn ◆ **I don't want to put you to the ~ of writing** je ne veux pas qu'à cause de moi vous vous donniez *subj* le mal d'écrire ◆ **I'm putting you to a lot of ~** je vous donne beaucoup de mal, je vous dérange beaucoup

c *(= difficulty, problem)* ennui *m*, problème *m* ; *(= nuisance)* ennui *m* ◆ **what's the ~?** qu'est-ce qu'il y a ?, qu'est-ce qui ne va pas ?, qu'est-ce que tu as ? ◆ **that's (just) the ~!** c'est ça l'ennui ! ◆ **the ~ is that ...** l'ennui *or* le problème (c')est que ... ◆ **the ~ with you is that you can never face the facts** l'ennui *or* le problème avec toi c'est que tu ne regardes jamais les choses en face ◆ **the carburettor is giving us ~** nous avons des problèmes *or* des ennuis de carburateur ◆ **the technician is trying to locate the ~** le technicien essaie de localiser la panne *or* le problème ◆ **there has been ~ between them ever since** depuis, ils s'entendent mal ◆ **he caused ~ between them** il a semé la discorde entre eux ◆ **I'm having ~ with my eldest son** mon fils aîné me donne des soucis *or* me cause des ennuis ◆ **the child is a ~ to his parents** l'enfant est un souci pour ses parents ◆ **that's the least of my ~s** c'est le cadet de mes soucis ◆ **he had ~ in tying his shoelace** il a eu du mal à attacher son lacet ◆ **did you have any ~ in getting here?** est-ce que vous avez eu des difficultés *or* des problèmes en venant ? ◆ **now your ~s are over** vous voilà au bout de vos peines ◆ **his ~s are not yet over** il n'est pas encore au bout de ses peines, il n'est pas encore sorti de l'auberge ◆ **family ~s** ennuis *mpl* domestiques *or* de famille ◆ **money ~s** soucis *mpl or* ennuis *mpl* d'argent *or* financiers ◆ **I have back ~, my back is giving me ~** j'ai mal au dos, j'ai des problèmes de dos ◆ **kidney/chest ~** ennuis *mpl* rénaux/pulmonaires ◆ **we've got engine ~** *(Aut)* nous avons des ennuis de moteur, il y a quelque chose qui ne va pas dans le moteur ; → **heart**

d *(= political, social unrest)* troubles *mpl*, conflits *mpl* ◆ **there's been a lot of ~ in prisons lately** il y a beaucoup de troubles *or* de nombreux incidents dans les prisons ces derniers temps ◆ **the Troubles** *(Ir Hist) les conflits en Irlande du Nord* ◆ **labour ~s** conflits *mpl* du travail ◆ **there's ~ at the factory** ça chauffe * à l'usine

VT a *(= worry)* inquiéter ; *(= inconvenience)* gêner ; *(= upset)* troubler ◆ **to be ~d by anxiety** être sujet à des angoisses ◆ **to be ~d by pain** avoir des douleurs ◆ **his eyes ~ him** il a des problèmes d'yeux ◆ **do these headaches ~ you often?** est-ce que vous souffrez souvent de ces maux de tête ? ◆ **to be ~d with rheumatism** souffrir de rhumatismes ◆ **there's one detail that ~s me** il y a un détail qui me gêne ◆ **nothing ~s him** il ne se fait jamais de souci ; see also **troubled**

b *(= bother)* déranger ◆ **I am sorry to ~ you** je suis désolé de vous déranger ◆ **don't ~ yourself!** ne vous dérangez pas !, ne vous tracassez pas ! ◆ **he didn't ~ himself to reply** il ne s'est pas donné la peine de répondre ◆ **may I ~ you for a light?** puis-je vous demander du feu ? ◆ **I'll ~ you to show me the letter!** vous allez me faire le plaisir de me montrer la lettre ! ◆ **I shan't ~ you with the details** je vous ferai grâce des détails, je vous passerai les détails

VI se déranger ◆ **please don't ~!** ne vous dérangez pas !, ne vous donnez pas cette peine-là ! ◆ **don't ~ about me** ne vous faites pas de souci pour moi ◆ **to ~ to do sth** se donner la peine *or* le mal de faire qch

COMP ▷ **trouble-free** ADJ *[period, visit]* sans ennuis *or* problèmes *or* soucis ; *[car]* qui ne tombe jamais en panne ; *[university]* non contestataire ▷ **trouble spot** N point *m* chaud *or* névralgique

**troubled** /'trʌbld/ ADJ a *(= worried) [person, expression]* inquiet (-ète *f*), préoccupé ; *[mind, look, voice]* inquiet (-ète *f*) b *(= disturbed, unstable) [life, sleep]* agité ; *[relationship]* tourmenté ; *[area, country, region]* en proie à des troubles ; *[company, industry]* en difficulté ◆ **financially ~** en proie à des difficultés financières ◆ **in these ~ times** en cette époque troublée ; → **oil, fish**

**troublemaker** /'trʌblmeɪkəʳ/ N fauteur *m*, -trice *f* de troubles, perturbateur *m*, -trice *f*

**troublemaking** /'trʌblmeɪkɪŋ/ N comportement *m* perturbateur ADJ perturbateur (-trice *f*)

**troubleshoot** /'trʌbl,ʃuːt/ VI *(gen, also Ind, Pol)* (intervenir pour) régler un problème ; *(stronger)* (intervenir pour) régler une crise ; *(Tech, Aut)* localiser une panne

**troubleshooter** /'trʌbl,ʃuːtəʳ/ N *(gen)* expert *m* (appelé en cas de crise) ; *[of conflict]* médiateur *m* ; *(Tech, Aut)* expert *m*

**troubleshooting** /'trʌbl,ʃuːtɪŋ/ N *(gen = fixing problems)* dépannage *m* ; *(Aut, Elec, Engineering = locating problems)* diagnostic *m* ◆ **most of my job is ~** l'essentiel de mon travail consiste à régler les problèmes

**troublesome** /'trʌblsəm/ ADJ *[person]* pénible ; *[pupil, tenant]* difficile, à problèmes ; *[question, issue, problem, period]* difficile ; *[task]* difficile, pénible ; *[request]* gênant, embarrassant ; *[cough, injury]* gênant, incommodant ◆ **his back is ~** il a des problèmes de dos ◆ **to be ~ to** *or* **for sb** poser des problèmes à qn

**troublous** /'trʌbləs/ ADJ *(liter)* trouble, agité

**trough** /trɒf/ N a *(= depression)* dépression *f*, creux *m* ; *(between waves)* creux *m* ; *(= channel)* chenal *m* ; *(fig)* point *m* bas ◆ **~ of low**

**pressure** *(Met)* dépression *f*, zone *f* dépressionnaire **b** *(= drinking trough)* abreuvoir *m* ; *(= feeding trough)* auge *f* ; *(= kneading trough)* pétrin *m*

**trounce** /traʊns/ **VT** *(= thrash)* rosser, rouer de coups ; *(Sport = defeat)* écraser, battre à plate(s) couture(s)

**troupe** /truːp/ **N** *(Theat)* troupe *f*

**trouper** /ˈtruːpəʳ/ **N** *(Theat)* membre *m* d'une troupe de théâtre en tournée ◆ **an old ~** *(fig)* un vieux de la vieille

**trouser** /ˈtraʊzəʳ/ *(esp Brit)* **NPL** **trousers** pantalon *m* ◆ **a pair of ~s** un pantalon ◆ **long ~s** pantalon *m* long ◆ **short ~s** culottes *fpl* courtes ; → **wear** **VT** (* *Brit)* ◆ **to ~ a sum of money** empocher* une somme **COMP** ▷ **trouser clip** **N** pince *f* à pantalon ▷ **trouser leg** **N** jambe *f* de pantalon ▷ **trouser press** **N** presse *f* à pantalons ▷ **trouser suit** **N** *(Brit)* tailleur-pantalon *m*

**trousseau** /ˈtruːsəʊ/ **N** (pl **trousseaus** *or* **trousseaux** /ˈtruːsəʊz/) trousseau *m* *(de jeune mariée)*

**trout** /traʊt/ **N** (pl **trout** *or* **trouts**) truite *f* ◆ **old ~** * *(pej = woman)* vieille bique* *f* **COMP** ▷ **trout fisherman** **N** (pl **trout fishermen**) pêcheur *m* de truites ▷ **trout fishing** **N** pêche *f* à la truite ▷ **trout rod** **N** canne *f* à truite, canne *f* spéciale truite ▷ **trout stream** **N** ruisseau *m* à truites

**trove** /trəʊv/ **N** → **treasure**

**trow** †† /traʊ/ **VTI** croire

**trowel** /ˈtraʊəl/ **N** *(Constr)* truelle *f* ; *(for gardening)* déplantoir *m* ; → **lay on**

**Troy** /trɔɪ/ **N** Troie

**troy** /trɔɪ/ **N** (also **troy weight**) troy *m*, troy-weight *m*, poids *m* de Troy

**truancy** /ˈtrʊənsɪ/ **N** *(Scol)* absentéisme *m* (scolaire) ◆ **he was punished for ~** il a été puni pour avoir manqué les cours *or* pour s'être absenté

**truant** /ˈtrʊənt/ **N** *(Scol)* élève *mf* absentéiste *or* absent(e) sans autorisation ◆ **to play ~** manquer les cours, faire l'école buissonnière ◆ **he's playing ~ from the office today** (il n'est pas au bureau aujourd'hui,) il fait l'école buissonnière **ADJ** *(liter)* *[thought]* vagabond **COMP** *(US)* ▷ **truant officer** **N** *fonctionnaire chargé de faire respecter les règlements scolaires*

> ⚠ **truand** *means 'gangster'.*

**truce** /truːs/ **N** trêve *f* ◆ **to call a ~** conclure une trêve

**Trucial** /ˈtruːʃəl/ **ADJ** ◆ **~ States** États *mpl* de la Trêve

**truck**[1] /trʌk/ **N** **a** *(NonC)* *(= barter)* troc *m*, échange *m* ; *(= payment)* paiement *m* en nature ◆ **to have no ~ with ...** refuser d'avoir affaire à ... **b** *(US = vegetables)* produits *mpl* *etc* maraîchers **COMP** ▷ **truck farm** **N** *(US)* jardin *m* potager ▷ **truck farmer** **N** maraîcher *m*, -ère *f* ▷ **truck farming** **N** culture *f* maraîchère ▷ **truck garden** **N** ⇒ **truck farm**

**truck**[2] /trʌk/ **N** *(esp US = lorry)* camion *m* ; *(Brit Rail)* wagon *m* à plateforme, truck *m* ; *(= luggage handcart)* chariot *m* à bagages ; *(two-wheeled)* diable *m* ◆ **by ~** *(send)* par camion ; *(travel)* en camion **VT** *(esp US)* camionner **COMP** ▷ **truck stop** **N** *(US)* routier *m*, restaurant *m* de routiers

**truckage** /ˈtrʌkɪdʒ/ **N** *(US)* camionnage *m*

**truckdriver** /ˈtrʌkdraɪvəʳ/ **N** *(esp US)* camionneur *m*, routier *m*

**trucker** /ˈtrʌkəʳ/ **N** **a** *(esp US = truck driver)* camionneur *m*, routier *m* **b** *(US = market gardener)* maraîcher *m*

**trucking** /ˈtrʌkɪŋ/ **N** *(US)* camionnage *m*

**truckle** /ˈtrʌkl/ **VI** s'humilier, s'abaisser (*to* devant) **COMP** ▷ **truckle bed** **N** *(Brit)* lit *m* gigogne *inv*

**truckload** /ˈtrʌkləʊd/ **N** camion *m* *(cargaison)*

**truckman** /ˈtrʌkmən/ **N** (pl **-men**) *(US)* ⇒ **truckdriver**

**truculence** /ˈtrʌkjʊləns/ **N** brutalité *f*, agressivité *f*

> ⚠ *In French,* **truculence** *means 'vividness', not* **truculence**.

**truculent** /ˈtrʌkjʊlənt/ **ADJ** agressif

> ⚠ *In French,* **truculent** *means 'colourful', not* **truculent**.

**truculently** /ˈtrʌkjʊləntlɪ/ **ADV** brutalement, agressivement

**trudge** /trʌdʒ/ **VI** ◆ **to ~ in/out/along** *etc* entrer/sortir/marcher *etc* péniblement *or* en traînant les pieds ◆ **we ~d round the shops** nous nous sommes traînés de magasin en magasin ◆ **he ~d through the mud** il pataugeait (péniblement) dans la boue **VT** ◆ **to ~ the streets/the town** *etc* se traîner de rue en rue/dans toute la ville *etc* **N** marche *f* pénible

**true** /truː/ LANGUAGE IN USE 11.1, 26.3

**ADJ** **a** *(= correct, accurate)* *[story, news, rumour, statement]* vrai ; *[description, account, report]* fidèle ; *[copy]* conforme ; *[statistics, measure]* exact ◆ **it is ~ that ...** il est vrai que ... + *indic* ◆ **is it ~ that ...?** est-il vrai que ... + *indic or subj* ? ◆ **it's not ~ that ...** il n'est pas vrai que ... + *indic or subj* ◆ **can it be ~ that ...?** est-il possible que ... + *subj* ? ◆ **is it ~ about Vivian?** est-ce vrai, ce que l'on dit à propos de Vivian ? ◆ **it is ~ to say that ...** il est vrai que ... ◆ **this is particularly ~ of ...** cela s'applique particulièrement à ... ◆ **that's ~!** c'est vrai ! ◆ **too ~!** * ça c'est bien vrai !, je ne te le fais pas dire ! ◆ **unfortunately this is only too ~** *or* **all too ~** malheureusement, ce n'est que trop vrai ◆ **to come ~** *[wish, dream etc]* se réaliser ◆ **to make sth come ~** faire que qch se réalise, réaliser qch ◆ **the same is ~ of** *or* **holds ~ for** il en va *or* est de même pour ◆ **he's got so much money it's not ~!** * *(= incredible)* c'est incroyable ce qu'il est riche ! ; → **good, ring**[2]

**b** *(= real, genuine)* *(gen)* vrai, véritable ; *[cost]* réel ◆ **in Turkey you will discover the ~ meaning of hospitality** en Turquie, vous découvrirez le vrai *or* véritable sens de l'hospitalité ◆ **in the ~ sense (of the word)** au sens propre (du terme) ◆ **he has been a ~ friend to me** il a été un vrai *or* véritable ami pour moi ◆ **spoken like a ~ Englishman!** *(hum = well said!)* voilà qui est bien dit ! ◆ **I certify that this is a ~ likeness of Frances Elisabeth Dodd** je certifie que cette photographie représente bien Frances Elisabeth Dodd ◆ **to hide one's ~ feelings** cacher ses sentiments (profonds) ◆ **to discover one's ~ self** découvrir son véritable moi ◆ **~ love** *(= real love)* le grand amour ; († *= sweetheart)* bien-aimé(e) † *m(f)* ◆ **to find ~ love (with sb)** connaître le grand amour (avec qn) ◆ **he taught maths but his ~ love was philosophy** il enseignait les maths, mais sa vraie passion était la philosophie ◆ **the course of ~ love never did run smooth** *(Prov)* un grand amour ne va pas toujours sans encombre ◆ **the one ~ God** le seul vrai Dieu, le seul Dieu véritable

**c** *(= faithful)* fidèle *(to sb/sth* à qn/qch) ◆ **to be ~ to one's word/to oneself** être fidèle à sa promesse/à soi-même ◆ **twelve good men and ~** douze hommes parfaitement intègres *(représentant le jury d'un tribunal)* ◆ **~ to life** *(= realistic)* réaliste ◆ **~ to form** *or* **type, he ...** comme on pouvait s'y attendre, il ..., fidèle à ses habitudes, il ... ◆ **to run ~ to form** *or* **type** *[project etc]* se dérouler comme on pouvait s'y attendre

**d** *(= straight, level)* *[surface, join]* plan, uniforme ; *[wall, upright]* d'aplomb ; *[beam]* droit ; *[wheel]* dans l'axe

◆ **out of true** *[beam]* tordu, gauchi ; *[surface]* gondolé ; *[join]* mal aligné ; *[wheel]* voilé, faussé ◆ **the wall is out of ~** le mur n'est pas d'aplomb

**e** *(Mus)* *[voice, instrument, note]* juste

**ADV** *[aim, sing]* juste ◆ **to breed ~** se reproduire selon le type parental ◆ **tell me ~** †† dis-moi la vérité ◆ **you speak ~r than you know** vous ne croyez pas si bien dire ; → **ring**[2]

**VT** *[+ wheel]* centrer

**COMP** ▷ **true-blue** * **ADJ** *[Conservative, Republican]* pur jus* ; *[Englishman, Australian]* jusqu'au bout des ongles ▷ **true-born** **ADJ** véritable, vrai, authentique ▷ **true-bred** **ADJ** de race pure, racé ▷ **the True Cross** **N** la vraie Croix ▷ **true-false test** **N** questionnaire *m or* test *m* du type "vrai ou faux" ▷ **true-hearted** **ADJ** loyal, sincère ▷ **true-life** * **ADJ** vrai, vécu ▷ **true north** **N** le nord géographique

**truffle** /ˈtrʌfl/ **N** truffe *f*

**trug** /trʌg/ **N** *(Brit)* corbeille *f* de jardinier

**truism** /ˈtruːɪzəm/ **N** truisme *m*

**truly** /ˈtruːlɪ/ **ADV** **a** *(= really)* vraiment, véritablement ◆ **a ~ terrible film** un film vraiment mauvais ◆ **I am ~ sorry (for what happened)** je suis sincèrement *or* vraiment désolé (de ce qui s'est passé) ◆ **he's a ~ great writer** c'est véritablement un grand écrivain ◆ **he did say so, ~ (he did)!** il l'a dit, je te jure !* ◆ **really and ~?** * vraiment ?, vrai de vrai ? ◆ **I'm in love, really and ~ in love** je suis amoureux, éperdument amoureux ◆ **well and ~** bel et bien

**b** *(= faithfully)* *[reflect]* fidèlement

**c** *(= truthfully)* *[answer, tell]* franchement ◆ **tell me ~** dis-moi la vérité

**d** *(set phrases)*

◆ **yours truly** *(letter ending)* je vous prie d'agréer l'expression de mes respectueuses salutations ◆ **nobody knows it better than yours ~** * personne ne le sait mieux que moi

**trump**[1] /trʌmp/ **N** *(Cards)* atout *m* ◆ **spades are ~s** atout pique ◆ **what's ~(s)?** quel est l'atout ? ◆ **the three of ~(s)** le trois d'atout ◆ **he had a ~ up his sleeve** *(fig)* il avait un atout en réserve ◆ **he was holding all the ~s** il avait tous les atouts dans son jeu ◆ **to come up** *or* **turn up ~s** * *(Brit fig)* *(= succeed)* mettre dans le mille ; *(= come at the right moment)* tomber à pic* ; → **no** **VT** *(Cards)* couper, prendre avec l'atout ◆ **to ~ sb's ace** *(fig)* faire encore mieux que qn **COMP** ▷ **trump card** **N** *(fig)* carte *f* maîtresse, atout *m*

► **trump up** **VT SEP** *[+ charge, excuse]* forger *or* inventer (de toutes pièces)

**trump**[2] /trʌmp/ **N** *(liter)* trompette *f* ◆ **the Last Trump** la trompette du Jugement (dernier)

**trumpery** /ˈtrʌmpərɪ/ **N** *(NonC)* *(= showy trash)* camelote* *f NonC* ; *(= nonsense)* bêtises *fpl* **ADJ** *(= showy)* criard ; *(= paltry)* insignifiant, sans valeur

**trumpet** /ˈtrʌmpɪt/ **N** **a** *(= instrument)* trompette *f* **b** *(= player: in orchestra)* trompettiste *mf* ; *(Mil etc = trumpeter)* trompette *m* **c** *(= trumpet-shaped object)* cornet *m* ; → **ear¹** **d** *[of elephant]* barrissement *m* **VI** *[elephant]* barrir **VT** trompeter ◆ **don't ~ it about** pas la peine de le crier sur les toits **COMP** ▷ **trumpet blast** **N** coup *m or* sonnerie *f* de trompette ▷ **trumpet call** **N** *(lit)* ⇒ **trumpet blast** *(fig)* appel *m* vibrant (*for* pour)

**trumpeter** /ˈtrʌmpɪtəʳ/ **N** trompettiste *mf*

**trumpeting** /ˈtrʌmpɪtɪŋ/ **N** *[of elephant]* barrissement(s) *m(pl)*

**truncate** /trʌŋˈkeɪt/ **VT** *(gen, Comput)* tronquer

**truncating** /trʌŋˈkeɪtɪŋ/ **N** *(Comput)* troncation *f*

**truncheon** /ˈtrʌntʃən/ **N** *(= weapon)* matraque *f* ; *(Brit: for directing traffic)* bâton *m (d'agent de police)*

**trundle** /ˈtrʌndl/ **VT** *(= push/pull/roll)* pousser/traîner/faire rouler bruyamment **VI** ◆ **to ~ in/along/down** entrer/passer/descendre lourdement *or* bruyamment **COMP** ▷ **trundle bed** **N** *(US)* lit *m* gigogne

**trunk** /trʌŋk/ **N** *(Anat, Bot)* tronc *m* ; *[of elephant]* trompe *f* ; *(= luggage)* malle *f* ; *(US Aut)* coffre *m*, malle *f* **NPL** **trunks** *(for swimming)* slip *m or* maillot *m* de bain ; *(underwear)* slip *m* (d'homme) ; → **subscriber** **COMP** ▷ **trunk call** **N** *(Brit Telec)* communication *f* interurbaine ▷ **trunk curl** **N** *(Gym)* ⇒ **sit-up** ; → **sit** ▷ **trunk line** **N** *(Telec)* inter *m*, téléphone *m* interurbain ; *(Rail)* grande ligne *f* ▷ **trunk road** **N** *(Brit)* (route *f*) nationale *f* ; → Roads

**trunnion** /ˈtrʌnɪən/ **N** tourillon *m*

**truss** /trʌs/ **N** *[of hay etc]* botte *f* ; *[of flowers, fruit on branch]* grappe *f* ; *(Constr)* ferme *f* ; *(Med)* bandage *m* herniaire **VT** *[+ hay]* botteler ; *[+ chicken]* trousser ; *(Constr)* armer, renforcer

► **truss up** **VT SEP** *[+ prisoner]* ligoter

**trust** /trʌst/ LANGUAGE IN USE 20.3

**N** **a** *(NonC = faith, reliance)* confiance *f* (*in* en) ◆ **position of ~** poste *m* de confiance ◆ **breach of ~** abus *m* de confiance ◆ **to have ~ in sb/sth** avoir confiance en qn/qch ◆ **to put** *or* **place (one's) ~ in sb/sth** faire confiance *or* se fier à qn/qch

◆ **on trust** ◆ **to take sth on ~** accepter qch de confiance *or* les yeux fermés ◆ **you'll have to take what I say on ~** il vous faudra me croire sur parole ◆ **he gave it to me on ~** *(= without payment)* il me l'a donné sans me faire payer tout de suite

**b** *(Jur)* fidéicommis *m* ◆ **to set up a ~ for sb** instituer un fidéicommis à l'intention de qn ◆ **to hold sth/leave money in ~ for one's children** tenir qch/faire administrer un legs par fidéicommis à l'intention de ses enfants

**c** *(= charge, responsibility)* ◆ **to give sth into sb's ~** confier qch à qn ◆ **while this is in my ~, I ...** aussi longtemps que j'en ai la charge *or* la responsabilité, je ...

**d** *(Comm, Fin)* trust *m*, cartel *m* ; → **brain, investment, unit**

**VT** **a** *(= believe in, rely on) [+ person, object]* avoir confiance en, se fier à ; *[+ method, promise]* se fier à ◆ **don't you ~ me?** tu n'as pas confiance (en moi) ? ◆ **he is not to be ~ed** on ne peut pas lui faire confiance ◆ **you can ~ me** vous pouvez avoir confiance en moi ◆ **you can ~ me with your car** tu peux me confier ta voiture, tu peux me prêter ta voiture en toute confiance ◆ **he's not to be ~ed with a knife** il ne serait pas prudent de le laisser manipuler un couteau ◆ **can we ~ him to do it?** peut-on compter sur lui pour le faire ? ◆ **the child is too young to be ~ed on the roads** l'enfant est trop petit pour qu'on le laisse *subj* aller dans la rue tout seul ◆ **I can't ~ him out of my sight** j'ai si peu confiance en lui que je ne le quitte pas des yeux ◆ **~ you!** * *(iro)* ça ne m'étonne pas de toi !, (pour) ça on peut te faire confiance ! *(iro)* ◆ **~ him to break it!** * pour casser quelque chose on peut lui faire confiance ! ◆ **he can be ~ed to do his best** on peut être sûr qu'il fera de son mieux ◆ **you can't ~ a word he says** impossible de croire deux mots de ce qu'il raconte ◆ **I wouldn't ~ him as far as I can throw him** * je n'ai aucune confiance en lui

**b** *(= entrust)* confier (*sth to sb* qch à qn)

**c** *(= hope)* espérer (*that* que) ◆ **I ~ not** j'espère que non

**VI** ◆ **to ~ in sb** se fier à qn, s'en remettre à qn ◆ **let's ~ to luck** *or* **to chance** essayons tout de même, tentons notre chance, tentons le coup * ◆ **I'll have to ~ to luck to find the house** il faudra que je m'en remette à la chance pour trouver la maison

**COMP** ▷ **trust account** **N** *(Banking)* compte *m* en fidéicommis ▷ **trust company** **N** société *f* de gestion ▷ **trust fund** **N** fonds *m* en fidéicommis ▷ **trust hospital** **N** *(Brit) hôpital qui a choisi l'autonomie par rapport aux autorités locales* ▷ **trust territory** **N** *(Pol)* territoire *m* sous tutelle

**trustbuster** /ˈtrʌstbʌstəʳ/ **N** *(US) fonctionnaire chargé de faire appliquer la loi antitrust*

**trusted** /ˈtrʌstɪd/ **ADJ** *[friend, servant]* en qui on a confiance ; *[method]* éprouvé ; see also **tried-and-trusted;** → **try**

**trustee** /trʌsˈtiː/ **N** **a** *(Jur)* fidéicommissaire *m*, curateur *m*, -trice *f* ◆ **~ in bankruptcy** *(Jur, Fin)* ≃ syndic *m* de faillite **b** *[of institution, school]* administrateur *m*, -trice *f* ◆ **the ~s** le conseil d'administration **c** *(US Univ)* membre *m* du conseil d'université **COMP** ▷ **Trustee Savings Bank** **N** *(Brit)* ≃ Caisse *f* d'épargne

**trusteeship** /trʌsˈtiːʃɪp/ **N** **a** *(Jur)* fidéicommis *m*, curatelle *f* **b** *[of institution etc]* poste *m* d'administrateur ◆ **during his ~** pendant qu'il était administrateur ◆ **the islands were placed under UN ~** les îles furent placées sous tutelle de l'ONU

**trustful** /ˈtrʌstfʊl/ **ADJ** ⇒ **trusting**

**trustfully** /ˈtrʌstfəlɪ/ **ADV** avec confiance

**trusting** /ˈtrʌstɪŋ/ **ADJ** confiant ◆ **a ~ relationship** une relation basée sur la confiance

**trustingly** /ˈtrʌstɪŋlɪ/ **ADV** en toute confiance

**trustworthiness** /ˈtrʌstˌwɜːðɪnɪs/ **N** *(NonC) [of person]* loyauté *f*, fidélité *f* ; *[of statement]* véracité *f*

**trustworthy** /ˈtrʌstˌwɜːðɪ/ **ADJ** *[person]* digne de confiance ; *[report, account]* fidèle, exact

**trusty** /ˈtrʌstɪ/ **ADJ** *(†† or hum)* fidèle ◆ **his ~ steed** son fidèle coursier **N** *(in prison) détenu bénéficiant d'un régime de faveur*

**truth** /truːθ/ **N** (pl **truths** /truːðz/) **a** *(NonC)* vérité *f* ◆ **you must always tell the ~** il faut toujours dire la vérité ◆ **to tell you the ~** *or* **~ to tell, he ...** à vrai dire *or* à dire vrai, il ... ◆ **the ~ of it is that ...** la vérité c'est que ... ◆ **there's no ~ in what he says** il n'y a pas un mot de vrai dans ce qu'il dit ◆ **there's some ~ in that** il y a du vrai dans ce qu'il dit (*or* dans ce que vous dites *etc*) ◆ **~ will out** *(Prov)* la vérité finira (toujours) par se savoir ◆ **the ~, the whole ~ and nothing but the ~** *(Jur)* la vérité, toute la vérité et rien que la vérité ◆ **the honest ~** la pure vérité, la vérité vraie * ◆ **the plain unvarnished ~** la vérité toute nue, la vérité sans fard ◆ **in (all) ~** en vérité, à vrai dire ◆ **~ is stranger than fiction** la réalité dépasse la fiction

**b** vérité *f* ; → **home**

**COMP** ▷ **truth drug** **N** sérum *m* de vérité

**truthful** /ˈtruːθfʊl/ **ADJ** **a** *(= honest) [person]* qui dit la vérité ◆ **he's a very ~ person** il dit toujours la vérité ◆ **he was not being entirely ~** il ne disait pas entièrement la vérité **b** *(= true) [answer, statement]* exact ; *[portrait, account]* fidèle

**truthfully** /ˈtruːθfəlɪ/ **ADV** honnêtement

**truthfulness** /ˈtruːθfʊlnɪs/ **N** *(NonC)* véracité *f*

**try** /traɪ/ **N** **a** *(= attempt)* essai *m*, tentative *f* ◆ **to have a ~** essayer (*at doing sth* de faire qch) ◆ **to give sth a ~** essayer qch ◆ **it was a good ~** il a (*or* tu as *etc*) vraiment essayé ◆ **it's worth a ~** cela vaut le coup d'essayer ◆ **to do sth at the first ~** faire qch du premier coup ◆ **after three tries he gave up** il a abandonné après trois tentatives

**b** *(Rugby)* essai *m* ◆ **to score a ~** marquer un essai

**VT** **a** *(= attempt)* essayer, tâcher (*to do sth* de faire qch) ; *(= seek)* chercher (*to do sth* à faire qch) ◆ **~ to eat** *or* **~ and eat some of it** essaie *or* tâche d'en manger un peu ◆ **he was ~ing to understand** il essayait de *or* tâchait de *or* cherchait à comprendre ◆ **it's ~ing to rain** * il a l'air de vouloir pleuvoir * ◆ **I'll ~ anything once** je suis toujours prêt à faire un essai ◆ **just you ~ it!** *(warning)* essaie donc un peu !, essaie un peu pour voir ! * ◆ **you've only tried three questions** vous avez seulement essayé de répondre à trois questions ◆ **have you ever tried the high jump?** as-tu déjà essayé le saut en hauteur ? ◆ **to ~ one's best** *or* **one's hardest** faire de son mieux, faire tout son possible (*to do sth* pour faire qch) ◆ **to ~ one's hand at sth/at doing sth** s'essayer à qch/à faire qch

**b** *(= sample, experiment with) [+ method, recipe, new material, new car]* essayer ◆ **have you tried these olives?** avez-vous goûté à *or* essayé ces olives ? ◆ **won't you ~ me for the job?** vous ne voulez pas me faire faire un essai ? ◆ **have you tried aspirin?** avez-vous essayé (de prendre de) l'aspirine ? ◆ **~ pushing that button** essayez de presser ce bouton ◆ **I tried three hotels but they were all full** j'ai essayé trois hôtels mais ils étaient tous complets ◆ **to ~ the door** essayer d'ouvrir la porte ◆ **~ this for size** *(gen)* essaie ça pour voir ; *(when suggesting sth)* écoute un peu ça

**c** *(= test, put strain on) [+ person, sb's patience, strength, endurance]* mettre à l'épreuve, éprouver ; *[+ vehicle, plane]* tester ; *[+ machine, gadget]* tester, mettre à l'essai ; *[+ eyes, eyesight]* fatiguer ◆ **to ~ one's strength against sb** se mesurer à qn ◆ **to ~ one's wings** essayer de voler de ses propres ailes ◆ **to ~ one's luck** tenter sa chance, tenter le coup ◆ **this material has been tried and tested** ce tissu a subi tous les tests ◆ **he was tried and found wanting** il ne s'est pas montré à la hauteur, il n'a pas répondu à ce qu'on attendait de lui ◆ **they have been sorely tried** ils ont été durement éprouvés ; → **well²**

**d** *(Jur) [+ person, case]* juger ◆ **to ~ sb for theft** juger qn pour vol ◆ **he was tried by court-martial** *(Mil)* il est passé en conseil de guerre

**VI** essayer ◆ **~ again!** recommence !, refais un essai ! ◆ **just you ~!** essaie donc un peu !, essaie un peu pour voir ! * ◆ **I didn't even ~ (to)** je n'ai même pas essayé ◆ **I couldn't have done that (even) if I'd tried** je n'aurais pas pu faire cela même si je l'avais voulu ◆ **to ~ for a job/a scholarship** essayer d'obtenir un poste/une bourse ◆ **it wasn't for lack** *or* **want of ~ing that he ...** ce n'était pas faute d'avoir essayé qu'il ...

COMP ▷ **tried-and-tested**, **tried-and-trusted** ADJ éprouvé, qui a fait ses preuves ◆ **to be tried and tested** *or* **trusted** avoir fait ses preuves ◆ **select a couple of ingredients and add them to a tried-and-tested recipe of your own** choisissez un ou deux ingrédients et intégrez-les à une recette que vous connaissez bien ▷ **try-on** * N ◆ **it's a ~-on** c'est du bluff

► **try on** VT SEP a *[+ garment, shoe]* essayer ◆ **~ this on for size** *[+ garment]* essayez cela pour voir si c'est votre taille ; *[+ shoe]* essayez cela pour voir si c'est votre pointure

b *(Brit *)* **to ~ it on with sb** essayer de voir jusqu'où l'on peut pousser qn ; *(sexually)* faire des avances à qn ◆ **he's ~ing it on** il essaie de voir jusqu'où il peut aller ◆ **he's ~ing it on to see how you'll react** il essaie de voir comment tu vas réagir ◆ **don't ~ anything on!** ne fais pas le malin *or* la maligne !

N ◆ **try-on** * → **try**

► **try out** VT SEP *[+ machine, new material]* essayer, faire l'essai de ; *[+ new drug, new recipe, method, solution]* essayer ; *[+ new teacher, employee etc]* mettre à l'essai ◆ **~ it out on the cat first** essaie d'abord de voir quelle est la réaction du chat

► **try over** VT SEP *(Mus)* essayer

**trying** /ˈtraɪɪŋ/ ADJ *[person]* difficile, fatigant ; *[experience, time]* éprouvant

**tryout** /ˈtraɪaʊt/ N *(= trial)* essai *m* ; *(Sport)* épreuve *f* de sélection ; *(Theat)* audition *f* ◆ **to give sb/sth a ~** mettre qn/qch à l'essai

**tryst** †† /trɪst/ N a *(= meeting)* rendez-vous *m* galant b (also **trysting place**) lieu *m* de rendez-vous galant

**tsar** /zɑːʳ/ N a *(= ruler)* tsar *m* b *(Pol)* **alcohol/tobacco ~** *responsable de la lutte contre l'alcoolisme/le tabagisme*

**tsarevitch** /ˈzɑːrəvɪtʃ/ N tsarévitch *m*

**tsarina** /zɑːˈriːnə/ N tsarine *f*

**tsarism** /ˈzɑːrɪzəm/ N tsarisme *m*

**tsarist** /ˈzɑːrɪst/ N, ADJ tsariste *mf*

**tsetse fly** /ˈtsetsɪflaɪ/ N mouche *f* tsé-tsé *inv*

**tsk** /tʌsk/ EXCL allons donc !

**tsp.** (pl **tsp.** or **tsps.**) (abbrev of **teaspoon(ful)**) c. *f* à café

**TSS** /ˌtiːesˈes/ N (abbrev of **toxic shock syndrome**) → **toxic**

**tsunami** /tsʊˈnɑːmɪ/ N tsunami *m*

**TT** /tiːˈtiː/ ADJ a abbrev of **teetotal, teetotaller** b (abbrev of **tuberculin tested**) → **tuberculin**

**TTFN** * /ˌtiːtiːefˈen/ *(Brit)* (abbrev of **ta-ta for now**) salut, à plus *

**TU** /tiˈjuː/ N (abbrev of **Trade(s) Union**) → **trade**

**tub** /tʌb/ N *(gen, also in washing machine)* cuve *f* ; *(for washing clothes)* baquet *m* ; *(for flowers)* bac *m* ; (also **bathtub**) tub *m* ; *(in bathroom)* baignoire *f* ; *(* = boat)* sabot * *m*, rafiot * *m* ; *(for cream etc)* (petit) pot *m* COMP ▷ **tub-thumper** N *(Brit fig)* orateur *m* démagogue ▷ **tub-thumping** *(Brit fig)* N *(NonC)* démagogie *f* ADJ démagogique

**tuba** /ˈtjuːbə/ N (pl **tubas** or *(frm)* **tubae** /ˈtjuːbiː/) tuba *m*

**tubal** /ˈtjuːbl/ ADJ *(Med) [of ligation, pregnancy]* tubaire

**tubby** * /ˈtʌbɪ/ ADJ rondelet, dodu

**tube** /tjuːb/ N *(gen, Anat, Telec, TV)* tube *m* ; *[of tyre]* chambre *f* à air ◆ **the ~** *(Brit = the Underground)* le métro ◆ **to go by ~** *(Brit)* prendre le métro ◆ **the ~** * *(US = television)* la télé * ◆ **to go down the ~s** * tourner en eau de boudin *, partir en couille ‡ *(fig)* → **inner**

COMP ▷ **tube station** N *(Brit)* station *f* de métro

**tubeless** /ˈtjuːblɪs/ ADJ *[tyre]* sans chambre à air

**tuber** /ˈtjuːbəʳ/ N *(Bot, Anat)* tubercule *m*

**tubercle** /ˈtjuːbɜːkl/ N *(Anat, Bot, Med)* tubercule *m*

**tubercular** /tjʊˈbɜːkjʊləʳ/ ADJ *(Anat, Bot, Med)* tuberculeux ◆ **~ patients** les tuberculeux *mpl* COMP ▷ **tubercular meningitis** N *(Med)* méningite *f* tuberculeuse

**tuberculin** /tjʊˈbɜːkjʊlɪn/ N tuberculine *f* ◆ **~-tested cows** vaches *fpl* tuberculinisées ◆ **~-tested milk** ≃ lait *m* certifié

**tuberculosis** /tjʊˌbɜːkjʊˈləʊsɪs/ N tuberculose *f* ◆ **he's got ~** il a la tuberculose ◆ **~ sufferer** tuberculeux *m*, -euse *f*

**tuberculous** /tjʊˈbɜːkjʊləs/ ADJ ⇒ **tubercular**

**tubing** /ˈtjuːbɪŋ/ N *(NonC) (= tubes collectively)* tubes *mpl*, tuyaux *mpl* ; *(= substance)* tube *m*, tuyau *m* ◆ **rubber ~** tube *m* or tuyau *m* en caoutchouc

**tubular** /ˈtjuːbjʊləʳ/ ADJ tubulaire COMP ▷ **tubular bells** NPL *(Mus)* carillon *m* ▷ **tubular steel** N tubes *mpl* métalliques *or* d'acier ▷ **tubular steel chair** N chaise *f* tubulaire

**tubule** /ˈtjuːbjuːl/ N *(Anat)* tube *m*

**TUC** /ˌtiːjuːˈsiː/ N *(Brit)* (abbrev of **Trades Union Congress**) → **trade**

**tuck** /tʌk/ N a *(Sewing)* rempli *m* ◆ **to put** *or* **take a ~ in sth** faire un rempli dans qch

b *(NonC: Brit Scol = food)* boustifaille ‡ *f*

VT a *(gen)* mettre ◆ **to ~ a blanket round sb** envelopper qn dans une couverture ◆ **he ~ed the book under his arm** il a mis *or* rangé le livre sous son bras ◆ **he ~ed his shirt into his trousers** il a rentré sa chemise dans son pantalon ◆ **he was sitting with his feet ~ed under him** il avait les pieds repliés sous lui

b *(Sewing)* faire un rempli dans

VI ◆ **to ~ into a meal** * attaquer un repas

COMP ▷ **tuck-in** * N bon repas *m*, festin *m* *(hum)* ◆ **they had a (good) ~-in** ils ont vraiment bien mangé ▷ **tuck-shop** N *(Brit Scol)* *petite boutique où les écoliers peuvent acheter des pâtisseries, des bonbons etc*

► **tuck away** VT SEP a *(= put away)* mettre, ranger ◆ **~ it away out of sight** cache-le ◆ **the hut is ~ed away among the trees** la cabane se cache *or* est cachée *or* est perdue parmi les arbres

b *(* = eat)* bouffer ‡

► **tuck in** VI *(Brit * = eat)* (bien) boulotter * ◆ **~ in!** attaquez !

VT SEP *[+ shirt, flap, stomach]* rentrer ; *[+ bedclothes]* border ◆ **to ~ sb in** border qn

N ◆ **tuck-in** * → **tuck**

► **tuck under** VT SEP *[+ flap]* rentrer

► **tuck up** VT SEP *[+ skirt, sleeves]* remonter ; *[+ hair]* relever ; *[+ legs]* replier ◆ **to ~ sb up (in bed)** *(Brit)* border qn (dans son lit)

**tuckbox** /ˈtʌkbɒks/ N *(Brit Scol)* boîte *f* à provisions

**tucker¹** /ˈtʌkəʳ/ N a *(Dress ††)* fichu *m* ; → **bib** b *(‡ = food)* bouffe * *f*

**tucker²** * /ˈtʌkəʳ/ VT *(US)* fatiguer, crever * ◆ **~ed (out)** * crevé *, vanné *

**Tudor** /ˈtjuːdəʳ/ ADJ *(Archit)* Tudor *inv* ; *[period]* des Tudors ; → **stockbroker**

**Tue(s).** abbrev of **Tuesday**

**Tuesday** /ˈtjuːzdɪ/ N mardi *m* ; → **shrove** ; *for other phrases see* **Saturday**

**tufa** /ˈtjuːfə/ N tuf *m* calcaire

**tuffet** /ˈtʌfɪt/ N *[of grass]* touffe *f* d'herbe ; *(= stool)* (petit) tabouret *m*

**tuft** /tʌft/ N touffe *f* ◆ **~ of feathers** *(Orn)* huppe *f*, aigrette *f* ◆ **~ of hair** *(on top of head)* épi *m* ; *(anywhere on head)* touffe *f* de cheveux

**tufted** /ˈtʌftɪd/ ADJ *[grass]* en touffe ; *[eyebrows]* broussailleux ; *[bird, head]* huppé COMP ▷ **tufted duck** N (fuligule *m*) morillon *m*

**tug** /tʌg/ N a *(= pull)* (petite) saccade *f*, (petit) coup *m* ◆ **to give sth a ~** tirer sur qch ◆ **I felt a ~ at my sleeve/on the rope** j'ai senti qu'on me tirait par la manche/qu'on tirait sur la corde ◆ **parting with them was quite a ~** les quitter a été un vrai déchirement b (also **tugboat**) remorqueur *m* VT *(= pull) [+ rope, sleeve etc]* tirer sur ; *(= drag)* tirer, traîner ; *(Naut)* remorquer ◆ **to ~ sth up/down** faire monter/faire descendre qch en le tirant *or* traînant VI tirer fort *or* sec (*at, on* sur) COMP ▷ **tug-of-love** * N *lutte acharnée entre les parents d'un enfant pour en avoir la garde* ▷ **tug-of-war** N *(Sport)* tir *m* à la corde ; *(fig)* lutte *f* (acharnée *or* féroce)

**tuition** /tjʊˈɪʃən/ N *(NonC)* cours *mpl* ◆ **private ~** cours *mpl* particuliers (*in* de) COMP ▷ **tuition fees** NPL *(Scol etc)* frais *mpl* de scolarité

**tulip** /ˈtjuːlɪp/ N tulipe *f* ◆ **~ tree** tulipier *m*

**tulle** /tjuːl/ N tulle *m*

**tum** * /tʌm/ N *(Brit)* ventre *m*, bide * *m*

**tumble** /ˈtʌmbl/ N a *(= fall)* chute *f*, culbute *f* ; *[of acrobat etc]* culbute *f*, cabriole *f* ◆ **to have** *or* **take a ~** faire une chute *or* une culbute ◆ **they had a ~ in the hay** *(fig)* ils ont folâtré dans le foin

b *(= confused heap)* amas *m* ◆ **in a ~** en désordre

VI a *(= fall)* dégringoler, tomber ; *(= trip)* trébucher (*over* sur) ; *[river, stream]* descendre en cascade ; *[prices]* chuter, dégringoler ; *(fig) [person, ruler]* faire la culbute ; *[acrobat etc]* faire des culbutes *or* des cabrioles ◆ **he ~d out of bed** il est tombé du lit ; see also vi b ◆ **to ~ head over heels** faire la culbute, culbuter ◆ **to ~ downstairs** culbuter *or* dégringoler dans l'escalier ◆ **he ~d over a chair** il a trébuché sur une chaise ◆ **he ~d over the cliff/into the river** il est tombé du haut de la falaise/dans la rivière ◆ **the clothes ~d out of the cupboard** la pile de vêtements a dégringolé quand on a ouvert le placard ◆ **the tumbling waters of the Colorado River** les eaux tumultueuses du Colorado ◆ **to ~ into war/depression** *(Brit)* basculer dans la guerre/la dépression

b *(= rush)* se jeter ◆ **he ~d into bed** il s'est jeté au lit ◆ **he ~d out of bed** il a bondi hors du lit ◆ **they ~d out of the car** ils ont déboulé de la voiture

c *(Brit * fig = realize)* **to ~ to sth** réaliser * qch ◆ **then I ~d (to it)** c'est là que j'ai pigé *

VT *[+ pile, heap]* renverser, faire tomber ; *[+ hair]* ébouriffer ; *[+ books, objects]* jeter en tas *or* en vrac ◆ **~d** *[room]* en désordre ; *[bed]* défait ; *[clothes]* chiffonné

COMP ▷ **tumble-dry** VT faire sécher dans le sèche-linge ▷ **tumble dryer** N sèche-linge *m*

► **tumble about**, **tumble around** VI *[puppies, children]* gambader, s'ébattre ; *[acrobat]* cabrioler

VT SEP *[+ books, objects]* mélanger

► **tumble down** VI *[person]* faire une chute *or* une culbute, culbuter ◆ **to be tumbling down** *[building etc]* tomber en ruine

► **tumble out** VI *[objects, contents]* tomber en vrac, s'éparpiller

VT SEP *[+ objects, contents]* faire tomber en vrac

► **tumble over** VI culbuter

**VT SEP** renverser, faire tomber

**tumbledown** /ˈtʌmbldaʊn/ **ADJ** en ruine, délabré

**tumbler** /ˈtʌmbləʳ/ **N** *(= glass)* verre *m* (droit) ; *(of plastic, metal)* gobelet *m* ; *(in lock)* gorge *f* (de serrure) ; *(also* **tumble dryer***)* tambour *m or* séchoir *m* (à linge) à air chaud ; *(Tech etc = revolving drum)* tambour *m* rotatif ; *(= acrobat)* acrobate *mf* ; *(= pigeon)* pigeon *m* culbutant **COMP** ▷ **tumbler switch** **N** *(Elec)* interrupteur *m* à bascule

**tumbleweed** /ˈtʌmblwiːd/ **N** (espèce *f* d')amarante *f*

**tumbrel** /ˈtʌmbrəl/, **tumbril** /ˈtʌmbrɪl/ **N** tombereau *m*

**tumefaction** /ˌtjuːmɪˈfækʃən/ **N** tuméfaction *f*

**tumescent** /tjuːˈmesnt/ **ADJ** tumescent

**tumid** /ˈtjuːmɪd/ **ADJ** *(Med)* tuméfié ; *(fig)* ampoulé

**tummy** * /ˈtʌmɪ/ **N** ventre *m* **COMP** ▷ **tummy tuck** **N** plastie *f* abdominale ◆ **to have a ~ tuck** se faire retendre le ventre

**tummyache** * /ˈtʌmɪeɪk/ **N** mal *m* de ventre

**tumour, tumor** *(US)* /ˈtjuːməʳ/ **N** tumeur *f*

**tumuli** /ˈtjuːmjʊlaɪ/ **NPL of tumulus**

**tumult** /ˈtjuːmʌlt/ **N** *(= uproar)* tumulte *m* ; *(emotional)* émoi *m* ◆ **in (a) ~** dans le tumulte ; *(emotionally)* en émoi

**tumultuous** /tjuːˈmʌltjʊəs/ **ADJ** *[events, period]* tumultueux ; *[welcome, reception]* enthousiaste ; *[applause]* frénétique ◆ **the ~ changes in Eastern Europe** les bouleversements en Europe de l'Est

**tumultuously** /tjuːˈmʌltjʊəslɪ/ **ADV** tumultueusement

**tumulus** /ˈtjuːmjʊləs/ **N** (pl **tumuli**) tumulus *m*

**tun** /tʌn/ **N** fût *m*, tonneau *m*

**tuna** /ˈtjuːnə/ **N** (pl **tuna** *or* **tunas**) (also **tuna fish**) thon *m* ; → **blue, long**[1]

**tundra** /ˈtʌndrə/ **N** toundra *f*

**tune** /tjuːn/ **N** **a** *(= melody)* air *m* ◆ **he gave us a ~ on the piano** il nous a joué un air au piano ◆ **there's not much ~ to it** ce n'est pas très mélodieux ◆ **to the ~ of** *[sing]* sur l'air de ; *[march, process]* aux accents de ◆ **repairs to the ~ of £300** des réparations atteignant la coquette somme de 300 livres ◆ **to change one's ~, to sing another** *or* **a different ~** *(fig)* changer de discours *or* de chanson * ◆ **to call the ~** *(= give orders)* commander ; *(= take decisions)* décider ; → **dance**

**b** *(NonC)* **to be in ~** *[instrument]* être accordé ; *[singer]* chanter juste ◆ **to be out of ~** *[instrument]* être désaccordé ; *[singer]* chanter faux ◆ **to sing/play in ~** chanter/jouer juste ◆ **to sing/play out of ~** chanter/jouer faux ◆ **to be in/out of ~ with ...** *(fig)* être en accord/désaccord avec ...

**VT** *(Mus)* accorder ; *(Rad, TV:* also **tune in***)* régler (*to* sur) ; *(Aut)* régler, mettre au point ◆ **you are ~d (in) to ...** *(Rad)* vous êtes à l'écoute de ... ; → **stay**[1]

**COMP** ▷ **tune-up** **N** *(Aut)* réglage *m*, mise *f* au point

► **tune in** *(Rad, TV)* **VI** se mettre à l'écoute (*to* de) ◆ **~ in again tomorrow** soyez de nouveau à l'écoute demain ◆ **thousands ~d in** des milliers de gens se sont mis à l'écoute

**VT SEP** *(Rad, TV)* régler (*to* sur) ◆ **predatory fish are ~d in to all movement in the sea around them** les poissons prédateurs captent les ondes émises par tout mouvement dans la mer ◆ **to be ~d in to ...** *(fig = aware of)* être à l'écoute de ... ◆ **to be ~d in to new developments** être au fait des derniers développements ◆ **he is/isn't ~d in** * *(fig)* il est/n'est pas dans la course * ; see also **tune vt**

► **tune out** * **VI** *(fig)* débrancher *, faire la sourde oreille

**VT SEP** *(fig)* ne pas faire attention à, faire la sourde oreille à

► **tune up** **VI** *(Mus)* accorder son (*or* ses) instrument(s)

**VT SEP** *(Mus)* accorder ; *(Aut)* mettre au point

**N** ◆ **tune-up** → **tune**

**tuneful** /ˈtjuːnfʊl/ **ADJ** *[music, instrument, voice]* mélodieux

**tunefully** /ˈtjuːnfəlɪ/ **ADV** mélodieusement

**tunefulness** /ˈtjuːnfʊlnɪs/ **N** *[of music, instrument, voice]* caractère *m* mélodieux

**tuneless** /ˈtjuːnlɪs/ **ADJ** peu mélodieux, discordant, dissonant

**tunelessly** /ˈtjuːnlɪslɪ/ **ADV** *[sing, play]* faux

**tuner** /ˈtjuːnəʳ/ **N** *(= person)* accordeur *m* ; *(Rad:* also **stereo tuner***)* syntoniseur *m*, syntonisateur *m (Can)* ; *(= knob)* bouton *m* de réglage ; → **piano** **COMP** ▷ **tuner amplifier** **N** amplituner *m*

**tungsten** /ˈtʌŋstən/ **N** *(NonC)* tungstène *m* ◆ **~ lamp/steel** lampe *f*/acier *m* au tungstène

**tunic** /ˈtjuːnɪk/ **N** tunique *f*

**tuning** /ˈtjuːnɪŋ/ **N** *(Mus)* accord *m* ; *(Rad, TV)* réglage *m* ; *(Aut)* réglage(s), mise *f* au point **COMP** ▷ **tuning fork** **N** *(Mus)* diapason *m* ▷ **tuning key** **N** *(Mus)* accordoir *m* ▷ **tuning knob** **N** *(Rad etc)* bouton *m* de réglage

**Tunis** /ˈtjuːnɪs/ **N** Tunis

**Tunisia** /tjuːˈnɪzɪə/ **N** Tunisie *f*

**Tunisian** /tjuːˈnɪzɪən/ **ADJ** *(gen)* tunisien ; *[ambassador, embassy]* de Tunisie **N** Tunisien(ne) *m(f)*

**tunnel** /ˈtʌnl/ **N** *(gen, Rail)* tunnel *m* ; *(Min)* galerie *f* ◆ **to make a ~** ⇒ **to tunnel ;** → **vi ;** see also **channel** **VI** *[people, rabbits etc]* percer *or* creuser un *or* des tunnel(s) *or* des galeries (*into* dans ; *under* sous) ◆ **to ~ in/out** *etc* entrer/sortir *etc* en creusant un tunnel **VT** percer *or* creuser un *or* des tunnel(s) dans ◆ **a mound ~led by rabbits** un monticule dans lequel les lapins ont percé *or* creusé des galeries ◆ **shelters ~led out of the hillside** des abris creusés à flanc de colline ◆ **to ~ one's way in** *etc* ⇒ **to tunnel in;** → **vi** **COMP** ▷ **tunnel effect** **N** *(Phys)* effet *m* tunnel ▷ **tunnel vision** **N** *(Opt)* rétrécissement *m* du champ visuel ◆ **to have ~ vision** *(fig)* avoir des œillères

**tunny** /ˈtʌnɪ/ **N** (pl **tunny** *or* **tunnies**) ⇒ **tuna**

**tuppence** /ˈtʌpəns/ **N** (abbrev of **twopence**) deux pence *mpl* ◆ **it's not worth ~** * ça ne vaut pas un radis * ◆ **I don't care ~** * je m'en fiche (comme de l'an quarante) *

**tuppenny** † /ˈtʌpənɪ/ **ADJ** *(= twopenny)* à deux pence ◆ **a ~ bit** une pièce de deux pence ◆ **I don't give a ~ damn** * *(Brit)* je m'en contrefiche * ◆ **she doesn't give a ~ damn for** *or* **about ...** elle se contrefiche de ... * **COMP** ▷ **tuppenny-ha'penny** † * **ADJ** *(fig) (= insignificant)* de quatre sous, à la noix *

**Tupperware** ® /ˈtʌpəwɛəʳ/ **N** Tupperware ® *m* **ADJ** Tupperware ®

**turban** /ˈtɜːbən/ **N** turban *m* **VT** ◆ **~ed** *[person, head]* enturbanné

**turbid** /ˈtɜːbɪd/ **ADJ** *(frm: lit, fig)* turbide

**turbidity** /tɜːˈbɪdɪtɪ/ **N** *(frm)* turbidité *f (frm)*

**turbine** /ˈtɜːbaɪn/ **N** turbine *f* ◆ **steam/gas ~** turbine *f* à vapeur/à gaz

**turbo** /ˈtɜːbəʊ/ **N** ⇒ **turbofan**

**turbo...** /ˈtɜːbəʊ/ **PREF** turbo...

**turbocharged** /ˈtɜːbəʊˌtʃɑːdʒd/ **ADJ** turbocompressé ◆ **~ engine** moteur *m* turbo

**turbofan** /ˌtɜːbəʊˈfæn/ **N** *(= fan)* turbofan *m* ; *(also* **turbofan engine***)* turbofan *m*, turboventilateur *m*

**turbogenerator** /ˌtɜːbəʊˈdʒenəˌreɪtəʳ/ **N** turbogénérateur *m*

**turbojet** /ˈtɜːbəʊˈdʒet/ **N** *(also* **turbojet engine***)* turboréacteur *m* ; *(also* **turbojet aircraft***)* avion *m* à turboréacteur

**turboprop** /ˈtɜːbəʊˈprɒp/ **N** *(also* **turboprop engine***)* turbopropulseur *m* ; *(also* **turboprop aircraft***)* avion *m* à turbopropulseur

**turbosupercharger** /ˌtɜːbəʊˈsuːpəˌtʃɑːdʒəʳ/ **N** turbocompresseur *m* de suralimentation

**turbot** /ˈtɜːbət/ **N** (pl **turbot** *or* **turbots**) turbot *m*

**turbulence** /ˈtɜːbjʊləns/ **N** *(NonC)* turbulence *f (also Aviat)* ; *[of waves, sea]* agitation *f*

**turbulent** /ˈtɜːbjʊlənt/ **ADJ** **a** *(= choppy) [water, sea]* agité, turbulent *(liter)* ◆ **~ air/water** turbulences *fpl* **b** *(= troubled) [time, period]* agité ; *[history, events, career]* tumultueux ; *[crowd, person, personality, mood]* turbulent **c** *(liter = disorderly, troublesome) [person]* turbulent

**turd** *[**] /tɜːd/ **N** merde *[**] *f* ; *(= person)* con [*] *m*, couillon [*] *m*

**tureen** /təˈriːn/ **N** soupière *f*

**turf** /tɜːf/ **N** (pl **turfs** *or* **turves**) **a** *(NonC = grass)* gazon *m* ; *(one piece)* motte *f* de gazon ; *(NonC = peat)* tourbe *f* ; *(Sport)* turf *m* **b** [*] *[of gang etc]* territoire *m or* secteur *m* réservé ◆ **to be on the ~** [*] *[prostitute]* faire le trottoir *

**VT** **a** (also **turf over**) *[+ land]* gazonner **b** *(Brit *) (= throw)* balancer *, jeter ; *(= push)* pousser ; *(= put)* mettre, flanquer * **COMP** ▷ **turf accountant** **N** *(Brit)* bookmaker *m* ▷ **turf war** **N** guerre *f* de territoire

► **turf in** * **VT SEP** *(Brit) [+ objects]* balancer * dedans ◆ **he ~ed it all in** [*] *(fig = give up)* il a tout plaqué *

► **turf out** * **VT SEP** *(Brit) [+ objects]* sortir ; *(= throw away)* bazarder * ; *[+ person]* flanquer à la porte *, virer * ; [*] *[+ suggestion]* démolir *

**Turgenev** /turˈgeɪnɪv/ **N** Tourgueniev *m*

**turgid** /ˈtɜːdʒɪd/ **ADJ** **a** *(lit = swollen)* turgide **b** *(fig = stodgy, lifeless) [style, essay etc]* indigeste ; *[language]* lourd **c** *(fig = pompous) [style, essay, language etc]* ampoulé

**Turin** /tjʊəˈrɪn/ **N** Turin ◆ **the ~ Shroud** le saint suaire de Turin

**Turk** /tɜːk/ **N** Turc *m*, Turque *f* ◆ **young ~** *(fig: esp Pol)* jeune Turc *m*

**Turkey** /ˈtɜːkɪ/ **N** Turquie *f*

**turkey** /ˈtɜːkɪ/ **N** (pl **turkey** *or* **turkeys**) **a** dindon *m*, dinde *f* ; *(Culin)* dinde *f* ; *(US fig)* ◆ **to talk ~** * parler net *or* franc ◆ **it would be like ~s voting for Christmas** *(esp Brit)* cela reviendrait à signer son arrêt de mort ; → **cold** **b** *(esp US: Cine, Theat * = flop)* four * *m* **c** *([*] = awkward person)* balourd *m* **COMP** ▷ **turkey buzzard** **N** vautour *m* aura ▷ **turkey cock** **N** dindon *m* ▷ **turkey shoot** **N** *(fig)* combat *m* inégal

**Turkish** /ˈtɜːkɪʃ/ **ADJ** turc (turque *f*) ; *[ambassador, embassy]* de Turquie ; *[teacher]* de turc ◆ **as thin as a ~ cat** maigre comme un clou **N** *(Ling)* turc *m* **COMP** ▷ **Turkish bath** **N** bain *m* turc ▷ **Turkish coffee** **N** café *m* turc ▷ **Turkish Cypriot** **ADJ** chypriote turc (turque *f*) **N** *(= person)* Chypriote *mf* turc (turque *f*) ▷ **Turkish delight** **N** *(NonC: Culin)* loukoum *m* ▷ **Turkish towel** **N** serviette *f* éponge *inv*

▹ **Turkish towelling** N *(NonC)* tissu *m* éponge *NonC*

**Turkmen** /ˈtɜːkmen/ ADJ turkmène N a Turkmène *mf* b *(Ling)* turkmène *m*

**Turkmenia** /tɜːkˈmiːnɪə/ N Turkménie *f*

**Turkmenistan** /ˈtɜːkmenɪsˌtɑːn/ N Turkménistan *m* ◆ **in** ~ au Turkménistan

**turmeric** /ˈtɜːmərɪk/ N *(NonC)* curcuma *m*, safran *m* des Indes

**turmoil** /ˈtɜːmɔɪl/ N agitation *f*, trouble *m* ; *(emotional)* trouble *m*, émoi *m* ◆ **everything was in (a)** ~ c'était le bouleversement *or* le chambardement* le plus complet

## turn /tɜːn/

| | |
|---|---|
| 1 NOUN | 3 INTRANSITIVE VERB |
| 2 TRANSITIVE VERB | 4 COMPOUNDS |
| 5 PHRASAL VERBS | |

### 1 - NOUN

a [= movement: of wheel, handle etc] tour *m* ◆ **to give sth a** ~ tourner qch (une fois) ◆ **to give a screw a** ~ donner un tour de vis ◆ **with a ~ of his head he could see ...** en tournant la tête il voyait ...

b [= bend] *(in road etc)* tournant *m*, virage *m* ; *(Ski)* virage *m* ◆ **to make a** ~ *[person, vehicle, road]* tourner ; *[ship]* virer de bord ◆ **"no left turn"** "défense de tourner à gauche" ◆ **take the next ~ on the left** prenez la prochaine route (*or* rue) à gauche ◆ **the economy may at last be on the** ~ l'économie pourrait enfin se redresser

◆ **to take a + turn (for)** ◆ **to take a ~ for the worse** s'aggraver ◆ **to take a ~ for the better** s'améliorer ◆ **the patient took a ~ for the worse/better** l'état du malade s'est aggravé/amélioré ◆ **things took a new** ~ les choses ont pris une nouvelle tournure ◆ **events took a tragic** ~ les événements ont pris un tour *or* une tournure tragique

c [= walk] tour *m* ◆ **to go for** *or* **take a ~ in the park** aller faire un tour dans le parc

d [* = attack] crise *f*, attaque *f* ◆ **he had one of his ~s last night** il a eu une nouvelle crise *or* attaque la nuit dernière ◆ **she has giddy** *or* **dizzy ~s** elle a des vertiges

e [= fright] coup* *m* ◆ **it gave me quite a ~, it gave me a nasty** ~ ça m'a fait un sacré coup*

f [= action] ◆ **to do sb a good** ~ rendre un service à qn ◆ **to do sb a bad** ~ jouer un mauvais tour à qn ◆ **one good ~ deserves another** *(Prov)* un prêté pour un rendu *(Prov)*

g [= act: esp Brit] numéro *m* ◆ **to do a** ~ faire un numéro

h [Mus] doublé *m*

i [in game, queue, series] tour *m* ◆ **it's your** ~ c'est votre tour, c'est à vous ◆ **it's your ~ to play** (c'est) à vous de jouer ◆ **whose ~ is it?** *(gen)* c'est à qui le tour ? ; *(in game)* c'est à qui de jouer ?, c'est à qui le tour ? ◆ **wait your** ~ attendez votre tour ◆ **to take ~s at doing sth, to take it in ~(s) to do sth** faire qch à tour de rôle ◆ **take it in ~s!** chacun son tour ! ◆ **to take ~s at the wheel** se relayer au volant ◆ **shall I take a ~ at the wheel?** est-ce que tu veux que je conduise un peu ?

j [Culin] ◆ **done to a** ~ à point

k [set structures]

◆ **at every turn** à tout instant

◆ **by turns** *(= alternately)* tantôt ... tantôt ... ; *(= one after another)* à tour de rôle ◆ **he was by ~s optimistic and despairing** il était tantôt optimiste, tantôt désespéré, il était tour à tour optimiste et désespéré ◆ **the pictures are by ~s shocking, charming and cheeky** ces photos sont tantôt choquantes, tantôt pleines de charme et de malice ◆ **my sister and I visit our mother by ~s** ma sœur et moi rendons visite à notre mère à tour de rôle

◆ **in turn** *(= one after another)* à tour de rôle ; *(= then)* à mon (*or* son, notre, leur *etc*) tour ◆ **they answered in** ~ ils ont répondu à tour de rôle, ils ont répondu chacun (à) leur tour ◆ **and they, in ~, said ...** et, à leur tour, ils ont dit ... ◆ **he told a colleague, who in ~ told a reporter** il l'a dit à un collègue qui à son tour en a parlé à un journaliste

◆ **out of turn** ◆ **I don't want to speak out of ~ but I think that ...** je ne devrais peut-être pas dire cela mais je pense que ...

◆ **turn (and turn) about** à tour de rôle ◆ **they share responsibilities ~ and ~ about** ils sont responsables à tour de rôle

◆ **turn of** + *noun* ◆ **at the ~ of the century** au début du siècle ◆ **~ of duty** *(Mil)* tour *m* de garde *or* de service ◆ **this was a surprising ~ of events** c'était là quelque chose de tout à fait inattendu ◆ **to be of** *or* **have a scientific ~ of mind** avoir l'esprit scientifique ◆ **to be of a pragmatic/of an analytic ~ of mind** avoir l'esprit pratique/l'esprit d'analyse ◆ **to have an original ~ of mind** avoir une tournure d'esprit originale ◆ **~ of phrase** tournure *f*, tour *m* de phrase ◆ **to have a good ~ of speed** avoir une bonne pointe de vitesse ◆ **at the ~ of the year** en fin d'année

### 2 - TRANSITIVE VERB

> For turn + **adverb/preposition** combinations see also phrasal verbs.

a [+ handle, knob, screw, key, wheel] tourner ; *(mechanically)* faire tourner ◆ **~ it to the left** tournez-le vers la gauche ◆ **what ~s the wheel?** qu'est-ce qui fait tourner la roue ? ◆ **he ~ed the wheel sharply** *(Aut)* il a donné un brusque coup de volant ◆ **you can ~ it through 90°** on peut le faire pivoter de 90° ◆ **~ the key in the lock** tourne la clé dans la serrure

b [+ page] tourner ◆ **to ~ the page** *(also fig)* tourner la page

c [+ mattress, pillow, collar, soil, steak, record] retourner ◆ **to ~ one's ankle** se tordre la cheville ◆ **it ~s my stomach** cela me soulève le cœur, cela m'écœure

d [= change position of, direct] *[+ car, object]* tourner (*towards* vers) ; *[+ gun, hose, searchlight]* braquer (*on sb* sur qn) ; *[+ thoughts, attention]* tourner, diriger (*towards* vers) ◆ **~ the knob to "high"** tournez le bouton jusqu'à "maximum" ◆ **~ the switch to "on"** mettez l'interrupteur en position "marche" ◆ **~ it to "wash"** mettez-le en position "lavage" ◆ **~ your face this way** tourne-toi de ce côté-ci ◆ **to ~ the lights low** baisser les lumières ◆ **without ~ing a hair** sans sourciller, sans broncher ◆ **already in her first film she ~ed a few heads** déjà dans son premier film, on l'avait remarquée ◆ **he ~ed his steps southward** il dirigea ses pas vers le sud ◆ **they ~ed his argument against him** ils ont retourné son raisonnement contre lui ◆ **they ~ed him against his father** ils l'ont monté contre son père

e [= deflect] *[+ blow]* parer, détourner ◆ **nothing will ~ him from his purpose** rien ne l'écartera *or* ne le détournera de son but

f [= shape] *[+ wood]* tourner

g [= reach] *[+ age, time]* ◆ **as soon as he ~ed 18** dès qu'il a eu 18 ans ◆ **he has** *or* **is ~ed 40** il a plus de 40 ans ◆ **it's ~ed 3 o'clock** il est 3 heures passées

h [= transform] changer, transformer (*into* en) ; *(= translate)* traduire (*into* en) ◆ **his goal ~ed the game** *(Brit Sport)* son but a changé la physionomie du match *or* a changé la donne ◆ **she ~ed him into a frog** elle l'a changé *or* transformé en grenouille ◆ **they ~ed the land into a park** ils ont transformé le terrain en parc ◆ **the experience ~ed him into a misogynist** cette expérience a fait de lui un misogyne ◆ **an actor ~ed writer** un acteur devenu écrivain ◆ **~ your talents into hard cash** transformez vos talents en espèces sonnantes et trébuchantes ◆ **to ~ a book into a play/film** adapter un livre pour la scène/à l'écran ◆ **she ~ed her dreams to reality** elle a réalisé ses rêves ◆ **to ~ the milk (sour)** faire tourner le lait ◆ **to ~ sth black** noircir qch ◆ **it ~ed him green with envy** il en était vert de jalousie

### 3 - INTRANSITIVE VERB

a [= move round] *[handle, knob, wheel, screw, key]* tourner ; *[person]* se tourner (*to, towards* vers) ; *(right round)* se retourner ◆ **~ to face me** tourne-toi vers moi ◆ **he ~ed and saw me** il s'est retourné et m'a vu ◆ **he ~ed to me and smiled** il s'est tourné vers moi et a souri ◆ **he ~ed to look at me** il s'est retourné pour me regarder ◆ **he ~ed to lie on his other side** il s'est retourné de l'autre côté ◆ **his stomach ~ed at the sight** le spectacle lui a retourné l'estomac *or* soulevé le cœur ◆ **he would ~ in his grave if he knew ...** il se retournerait dans sa tombe s'il savait ...

◆ **to turn on sth** *[+ hinge, axis]* tourner sur qch ◆ **the earth ~s on its axis** la terre tourne sur son axe ◆ **it all ~s on whether he has the money** *(= depend)* tout dépend s'il a l'argent ou non ◆ **the plot ~s on a question of mistaken identity** l'intrigue repose sur une erreur d'identité ; see also **phrasal verbs**

b [= move in different direction] *[person, vehicle]* tourner ; *[aircraft]* changer de cap ; *(= reverse direction)* faire demi-tour ; *[ship]* virer ; *[road, river]* faire un coude ; *[wind]* tourner ; *[tide]* changer de direction ◆ **right ~!** *(Mil)* demi-tour, droite ! ◆ **~ first right** prenez la première à droite ◆ **they ~ed and came back** ils ont fait demi-tour et sont revenus sur leurs pas ◆ **the car ~ed at the end of the street** *(= turned round)* la voiture a fait demi-tour au bout de la rue ; *(= turned off)* la voiture a tourné au bout de la rue ◆ **there's nowhere to ~** *(Aut)* il n'y a pas d'endroit où faire demi-tour ◆ **the car ~ed into a side street** la voiture a tourné dans une rue transversale ◆ **our luck has ~ed** la chance a tourné pour nous ◆ **the game ~ed after half-time** *(Brit Sport)* la physionomie du match a changé après la mi-temps ◆ **he didn't know which way to ~** *(fig)* il ne savait plus où donner de la tête ◆ **where can I ~ for money?** où pourrais-je trouver de l'argent ?

◆ **to turn against sb** se retourner contre qn

◆ **to turn to sb** *(lit)* se tourner vers qn ; *(for help)* s'adresser à qn ◆ **he ~ed to me for advice** il s'est adressé à moi pour me demander conseil ◆ **our thoughts ~ to those who ...** nos pensées vont à ceux qui ...

◆ **to turn to sth** *(= resort)* se tourner vers qch ◆ **~ to page 214** voir page 214 ◆ **to ~ to the left** tourner à gauche ◆ **farmers are increasingly ~ing to organic methods** les agriculteurs se tournent de plus en plus vers une agriculture biologique ◆ **he ~ed to drink** il s'est mis à boire ; see also **vi c**

c [= become]

◆ **turn** + *adjective* ◆ **to ~ nasty/dangerous/pale** devenir méchant/dangereux/pâle ◆ **to ~ professional** passer professionnel ◆ **to ~ Catholic** se convertir au catholicisme ◆ **the weather has ~ed cold** le temps s'est rafraîchi

♦ **to turn into** *+ noun* devenir ♦ **he ~ed into a frog** il se changea *or* se transforma en grenouille ♦ **the whole thing ~ed into a nightmare** ça a dégénéré en cauchemar, c'est devenu un véritable cauchemar

♦ **to turn to** *+ noun* ♦ **his admiration ~ed to scorn** son admiration se changea en *or* fit place au mépris ♦ **his love ~ed to hatred** son amour se changea en haine *or* fit place à la haine ♦ **to ~ to stone** se changer en pierre ♦ **his knees ~ed to water** *or* **jelly** ses jambes se sont dérobées sous lui ; see also **vi b**

d [= change] *[weather]* changer ; *[milk]* tourner ; *[leaves]* jaunir

4 - COMPOUNDS

▷ **turn-off** N a [Aut] embranchement *m (où il faut tourner)* b **it's a (real) ~-off!** * c'est vraiment à vous rebuter ! ; *(stronger)* c'est vraiment à vous dégoûter ! * ; *(also sexually)* c'est vraiment pas sexy ! * ▷ **turn-on** * N ♦ **it's a (real) ~-on !** c'est excitant ! ▷ **turn signal** N *(US Aut)* clignotant *m* ▷ **turn-up** N *(Brit) [of trousers]* revers *m* ; *(fig)* ♦ **that was a ~-up (for the books)!** * ça a été une belle surprise !

5 - PHRASAL VERBS

► **turn about, turn around** VI *[person]* se retourner ; *[vehicle]* faire demi-tour ; *[object, wind]* tourner ♦ **about ~!** *(Mil)* demi-tour !

VT SEP a *(lit)* tourner dans l'autre sens

b *(= change mind, tactics)* ♦ **to turn sb around** faire changer d'avis à qn ♦ **to ~ things around** renverser la situation ♦ **to ~ a company around** remettre une entreprise sur pied ; see also **turn round**

► **turn aside** VI *(lit, fig)* se détourner *(from* de)

VT SEP détourner

► **turn away** VI se détourner *(from* de)

VT SEP a *[+ head, face]* tourner ; *[+ eyes, gun]* détourner ♦ **he ~ed his thoughts away from the problem** il efforçait de ne plus penser à ce problème

b *(= send away) [+ spectator]* refuser l'entrée à ; *[+ immigrants]* refouler ; *[+ applicants]* refuser ; *[+ offer]* refuser, rejeter ♦ **they're ~ing business** *or* **customers away** ils refusent des clients

► **turn back** VI a *[traveller]* rebrousser chemin, faire demi-tour ; *[vehicle]* faire demi-tour ; *(= reverse a decision)* faire marche arrière ♦ **the government cannot ~ back now** le gouvernement ne peut pas faire marche arrière maintenant ♦ **there is no ~ing back** on ne peut pas retourner en arrière

b ♦ **to turn back to page 100** revenir à la page 100

VT SEP a *(= fold, bend) [+ bedclothes, collar]* rabattre

b *(= send back) [+ person, vehicle]* faire faire demi-tour à ; *[+ demonstrators]* faire refluer

c *[+ clock]* retarder ; *(hands of clock)* reculer ♦ **we can't ~ the clock back** on ne peut pas revenir en arrière ♦ **it has ~ed the clock back ten years** cela nous a fait revenir dix ans en arrière

► **turn down** VT SEP a *(= fold, bend) [+ collar]* rabattre ♦ **to ~ down the corner of the page** corner la page ♦ **to ~ down the bed** rabattre les draps

b *(= reduce) [+ gas, heat, lighting, radio, music]* baisser

c *(= refuse) [+ offer, suggestion, suitor]* rejeter, repousser ; *[+ candidate, volunteer]* refuser

d *(= place upside down) [+ playing card]* retourner (face contre table)

VI *(= decrease) [rate, level]* baisser

► **turn in** VI a ♦ **to turn in to a driveway** *[car, person]* tourner dans une allée

b *( * = go to bed)* aller se coucher

VT SEP a ♦ **to turn in the ends of sth** rentrer les bouts de qch

b *(= hand over) [+ wanted man]* livrer (à la police) ; *[+ stolen goods]* restituer ♦ **to ~ o.s. in** se rendre, se livrer à la police

c *(= submit) [+ report]* faire, soumettre

d *(esp US = surrender, return) [+ borrowed goods, equipment]* rendre *(to* à)

VT FUS *(Sport)* ♦ **to turn in a good performance** *[player, team]* bien se comporter

► **turn off** VI a *[person, vehicle]* tourner

b ♦ **to turn off automatically** *[heater, oven etc]* s'éteindre automatiquement

VT FUS *[+ road]* quitter ♦ **they decided to ~ off the motorway** ils décidèrent de quitter l'autoroute

VT SEP a *[+ water, tap]* fermer ; *[+ radio, television]* éteindre ; *[+ electricity, gas]* éteindre, fermer ; *[+ water, electricity] (at main)* couper ; *[+ heater]* éteindre, fermer ♦ **he ~ed the programme off** *(Rad)* il a éteint la radio ; *(TV)* il a éteint la télé ♦ **to ~ off the light** éteindre (la lumière) ♦ **to ~ off the engine** arrêter *or* couper le moteur ♦ **the oven ~s itself off** le four s'éteint tout seul *or* automatiquement

b *( * = repel)* rebuter ♦ **aggressive men ~ me off** les hommes agressifs me rebutent ♦ **what ~s teenagers off science?** qu'est-ce qui, dans les sciences, rebute les adolescents ?

► **turn on** VI a *[heater, oven etc]* ♦ **to turn on automatically** s'allumer automatiquement

b *(TV)* ♦ **millions of viewers turn on at 6 o'clock** des millions de téléspectateurs allument la télé à 6 heures

VT FUS *(= attack)* attaquer ♦ **the dog ~ed on him** le chien l'a attaqué ♦ **they ~ed on him and accused him of treachery** ils s'en sont pris à lui et l'ont accusé de trahison

VT SEP a *[+ tap]* ouvrir ; *[+ water]* faire couler ; *[+ gas, electricity, radio, television, heater]* allumer ; *[+ engine, machine]* mettre en marche ♦ **to ~ on the light** allumer (la lumière) ♦ **when you arrive, you will need to ~ on the electricity and gas** lorsque vous arriverez, il va falloir brancher l'électricité et le gaz ♦ **to ~ on the charm** * faire du charme

b *( * = excite)* exciter ♦ **she ~s him on** elle l'excite ♦ **this music ~s me on** * cette musique me fait quelque chose * ♦ **to be ~ed on** *(sexually)* être excité *(by* par) ♦ **some men are ~ed on by power** il y a des hommes que le pouvoir excite ; see also **turn vi**

c *(= cause to be interested)* **to ~ sb on to sth** donner à qn le goût de qch

► **turn out** VI a *(from bed)* se lever ; *(from house)* sortir ♦ **not many people ~ed out to see her** peu de gens sont venus la voir

b ♦ **to turn out of a driveway** *[car, person]* sortir d'une allée

c ♦ **his toes turn out** il a les pieds en canard

d *(= be found)* s'avérer ♦ **it ~ed out that she had not seen her** il s'est avéré qu'elle ne l'avait pas vue ♦ **it ~ed out to be true** cela s'est avéré juste ♦ **it ~ed out to be wrong** cela s'est avéré faux ♦ **it ~ed out to be harder than we thought** cela s'est avéré plus difficile que l'on ne pensait ♦ **he ~ed out to be an excellent neighbour** il s'est avéré être un très bon voisin

e *(= happen)* se passer ♦ **it all depends how things ~ out** tout dépend de la façon dont les choses vont se passer ♦ **everything will ~ out all right** tout finira bien ♦ **as it ~ed out, nobody came** en fin de compte personne n'est venu

f ♦ **it turned out nice** *[weather]* il a fait beau en fin de compte

VT SEP a *[+ light]* éteindre ; *[+ gas]* éteindre, fermer

b ♦ **to turn one's toes out** marcher en canard

c *(= empty out) [+ pockets, suitcase]* vider ; *[+ room, cupboard]* nettoyer à fond ; *[+ cake, jelly]* démouler *(on to* sur) ; *(= expel) [+ person]* mettre à la porte ; *[+ tenant]* expulser ♦ **they ~ed him out of the house** ils l'ont mis à la porte ♦ **to ~ sb out of his job** renvoyer qn

d *[+ troops, police]* envoyer

e *(= produce) [+ goods]* fabriquer, produire ♦ **the college ~s out good teachers** le collège forme de bons professeurs

f ♦ **to be well turned out** être élégant

► **turn over** VI a *[person]* se retourner ; *[car etc]* se retourner, faire un tonneau ; *[boat]* se retourner, chavirer ♦ **she ~ed over and went back to sleep** elle s'est retournée et s'est rendormie ♦ **my stomach ~ed over** *(at gruesome sight)* j'ai eu l'estomac retourné ; *(from fright)* mon sang n'a fait qu'un tour ♦ **the engine was ~ing over** *(Aut)* le moteur tournait au ralenti

b *(= change channel)* changer de chaîne ; *(= turn page)* tourner la page ♦ **please ~ over** *(in letter etc, abbr PTO)* tournez s'il vous plaît *(abbr TSVP)*

VT SEP a *[+ page]* tourner ; *[+ mattress, patient, earth, playing card, plate, tape]* retourner ♦ **to ~ over an idea in one's mind** retourner une idée dans sa tête, ressasser une idée

b *(= hand over) [+ object, papers]* rendre ; *[+ person]* livrer *(to* à)

c *(= give up) [+ job, responsibility]* déléguer

VT FUS ♦ **the firm turns over £10,000 a week** l'entreprise réalise un chiffre d'affaires de 10 000 livres par semaine

► **turn over to** VT FUS ♦ **the land has been turned over to sugar production** les terres sont maintenant consacrées à la production de sucre

► **turn round** VI a *[person]* se retourner ; *(= change direction) [person, vehicle]* faire demi-tour ; *(= rotate) [object]* tourner ♦ **to ~ round and round** tourner sur soi-même ♦ **~ round and look at me** retourne-toi et regarde-moi ♦ **he ~ed round and came back** il a fait demi-tour et est revenu sur ses pas ♦ **he ~ed round and said he was leaving** *(fig)* il a subitement annoncé qu'il partait

b *(= improve) [business, economy]* se redresser

c *[ship, plane] (= unload, reload and leave)* décharger, recharger et repartir

VT SEP a *[+ one's head]* tourner ; *[+ object]* tourner, retourner ; *[+ person]* faire tourner ; *[+ ship, aircraft]* faire faire demi-tour à ♦ **he ~ed the car round** il a fait demi-tour ♦ **to ~ a ship/plane round** *(= unload and reload)* décharger et recharger un bateau/avion ♦ **to ~ an order round** *(Comm)* exécuter une commande

b *(= make successful) [+ business, economy]* redresser ; *(= rephrase) [+ sentence, idea]* reformuler ♦ **to ~ things round** renverser la situation ♦ **if you ~ed this round a bit it would be very funny** si vous formuliez cela un peu différemment, ce pourrait être très drôle ♦ **to ~ sb round** *(= change mind, tactics)* faire changer qn d'avis

► **turn up** VI a *(= arrive)* arriver ; *[playing card]* sortir ◆ **something will ~ up** on va bien trouver quelque chose ◆ **I've lost my job – something will ~ up (for you)** j'ai perdu mon poste – tu finiras bien par trouver quelque chose ◆ **don't worry about your ring, I'm sure it will ~ up (again)** ne t'en fais pas pour ta bague, je suis sûr que tu finiras par la retrouver ◆ **to ~ up again** *[person]* réapparaître ; → **trump¹**

b ◆ **his nose turns up at the end** il a le nez retroussé *or* en trompette

c *[prices]* remonter ◆ **profits ~ed up in the last quarter** les bénéfices ont remonté au dernier trimestre

VT SEP a *[+ collar]* relever ; *[+ sleeve]* retrousser, relever ◆ **to have a ~ed-up nose** avoir le nez retroussé *or* en trompette ◆ **it really ~s me up** * *(= disgust)* ça me dégoûte

b *(= dig up)* *[+ buried object]* déterrer ; *(= find)* *[+ lost object, reference, evidence]* trouver ◆ **a survey ~ed up more than 3,000 people suffering from ...** une enquête a révélé que plus de 3 000 personnes souffraient de ...

c *[+ radio, television]* mettre plus fort ◆ **to ~ up the sound** monter le son *or* volume ◆ **when the sugar has dissolved, ~ up the heat** une fois le sucre dissous, faites cuire à feu plus vif ◆ **to ~ up the heat** *(fig)* accentuer la pression

---

**turnabout** /ˈtɜːnəbaʊt/ N *(lit, fig)* volte-face *f inv* ◆ **an unprecedented ~ in its European policy** une volte-face sans précédent dans sa politique européenne ◆ **we may well see a considerable ~ in her attitude** il se peut bien que l'on voie son attitude changer radicalement

**turnaround** /ˈtɜːnəraʊnd/ N *(= complete change)* transformation *f* radicale ; *(= economic improvement)* redressement *m* ; *(= place for turning vehicle)* endroit *m* pour manœuvrer ; *(= unloading time etc)* *[of plane, truck]* rotation *f* ; *[of ship]* estarie *f*, starie *f* ◆ **~ time** *(Comm)* *[of order]* temps *m* d'exécution ; *(Comput)* temps *m* de retournement ◆ **I did a complete ~ in my opinion of her** l'opinion que j'avais d'elle a complètement changé ◆ **a vast ~ in the way we do business** une transformation radicale de nos méthodes commerciales ◆ **a ~ in the housing market** un redressement du marché de l'immobilier ◆ **the ~ time for our trucks is three hours** nos camions opèrent des rotations de trois heures

**turncoat** /ˈtɜːnkəʊt/ N renégat(e) *m(f)*

**turndown** /ˈtɜːndaʊn/ N a *[of sales, rate, tendency]* fléchissement *m*, (tendance *f* à la) baisse *f* b *(= rejection)* refus *m* ADJ *[flap]* à rabattre ◆ **~ collar** col *m* rabattu

**turner** /ˈtɜːnəʳ/ N tourneur *m*

**turnery** /ˈtɜːnərɪ/ N atelier *m* de tournage

**turning** /ˈtɜːnɪŋ/ N a *(= side road)* route *f* (*or* rue *f*) latérale ; *(= fork)* embranchement *m* ; *(= bend in road, river)* coude *m* ◆ **take the second ~ on the left** prenez la deuxième à gauche b *(NonC: Tech)* tournage *m* COMP ▷ **turning circle** N *(Aut)* rayon *m* de braquage ▷ **turning lathe** N *(Tech)* tour *m* ▷ **turning point** N *(fig)* ◆ **he was at a ~ point in his career** il était à un tournant de sa carrière ◆ **that was the ~ point in her life** ce fut le moment décisif de sa vie

**turnip** /ˈtɜːnɪp/ N navet *m*

**turnkey** /ˈtɜːnkiː/ N geôlier *m*, -ière *f* COMP ▷ **turnkey factory** N usine *f* clés en main

**turnout** /ˈtɜːnaʊt/ N a *(= attendance)* assistance *f* ◆ **what sort of a ~ was there?** combien y avait-il de gens (dans l'assistance) ? ◆ **there was a good ~** beaucoup de gens sont venus ◆ **~ at the polls, voter ~** (taux *m* de) participation *f* électorale ◆ **a high/low ~ at the polls** un fort/faible taux de participation électorale b *(= clean-out)* nettoyage *m* ◆ **to have a good ~ of a room/cupboard** nettoyer une pièce/un placard à fond c *(Ind = output)* production *f* d *(Dress)* tenue *f* e *(US = layby)* aire *f* de repos

**turnover** /ˈtɜːnˌəʊvəʳ/ N a *(Comm etc)* *[of stock, goods]* rotation *f* ; *[of shares]* mouvement *m* ; *(= total business done)* chiffre *m* d'affaires ◆ **a profit of £4,000 on a ~ of £40,000** un bénéfice de 4 000 livres pour un chiffre d'affaires de 40 000 livres ◆ **he sold them cheaply hoping for a quick ~** il les a vendus bon marché pour les écouler rapidement b *[of staff, workers]* renouvellement *m*, rotation *f* ◆ **there is a high** *or* **rapid (rate of) ~ in that firm** cette maison connaît de fréquents changements *or* renouvellements de personnel c *(Culin)* chausson *m* ◆ **apple ~** chausson *m* aux pommes

**turnpike** /ˈtɜːnpaɪk/ N *(= barrier)* barrière *f* de péage ; *(US = road)* autoroute *f* à péage ; → ROADS

**turnround** /ˈtɜːnraʊnd/ N ⇒ **turnaround**

**turnstile** /ˈtɜːnstaɪl/ N tourniquet *m*

**turntable** /ˈtɜːnteɪbl/ N *[of record player]* platine *f* ; *(for trains, cars etc)* plaque *f* tournante ◆ **~ ladder** échelle *f* pivotante

**turpentine** /ˈtɜːpəntaɪn/ N (essence *f* de) térébenthine *f* ◆ **~ substitute** white-spirit *m*

**turpitude** /ˈtɜːpɪtjuːd/ N turpitude *f*

**turps** * /tɜːps/ N abbrev of **turpentine**

**turquoise** /ˈtɜːkwɔɪz/ N *(= stone)* turquoise *f* ; *(= colour)* turquoise *m* ADJ *(= made of turquoise)* de turquoise(s) ; *(in colour)* turquoise *inv* ◆ **~ blue/green** bleu/vert turquoise

**turret** /ˈtʌrɪt/ N *(Archit, Mil, Phot, Tech)* tourelle *f* COMP ▷ **turret gun** N canon *m* de tourelle

**turreted** /ˈtʌrɪtɪd/ ADJ à tourelles

**turtle** /ˈtɜːtl/ N tortue *f* marine ◆ **to turn ~** *(fig)* chavirer, se renverser ; → **mock** COMP ▷ **turtle soup** N consommé *m* à la tortue

**turtledove** /ˈtɜːtldʌv/ N tourterelle *f*

**turtleneck** /ˈtɜːtlnek/ N *(Brit:* also **turtleneck sweater**) (pull-over *m* à) encolure *f* montante *or* col *m* cheminée ; *(US)* (pull-over *m* à) col *m* roulé

**Tuscan** /ˈtʌskən/ ADJ toscan N a Toscan(e) *m(f)* b *(Ling)* toscan *m*

**Tuscany** /ˈtʌskənɪ/ N Toscane *f*

**tush** /tʌʃ/ EXCL † bah ! N * *(US = bottom)* fesses *fpl*

**tusk** /tʌsk/ N défense *f (d'éléphant etc)*

**tusker** /ˈtʌskəʳ/ N éléphant *m* (*or* sanglier *m etc*) adulte *(qui a ses défenses)*

**tussle** /ˈtʌsl/ N *(= struggle)* lutte *f* (*for* pour) ; *(= scuffle)* mêlée *f* ◆ **to have a ~ with sb** *(physically)* en venir aux mains avec qn ; *(verbally)* avoir une prise de bec * avec qn VI se battre (*with sb* avec qn ; *for sth* pour qch) ◆ **to ~ over sth** se disputer qch

**tussock** /ˈtʌsək/ N touffe *f* d'herbe

**tut** /tʌt/ (also **tut-tut**) EXCL allons allons !, allons donc ! VI ◆ **he (~)~ted at the idea** à cette idée il a eu une exclamation désapprobatrice

**Tutankhamen** /ˌtuːtənˈkɑːmen/, **Tutankhamun** /ˌtuːtənkɑːˈmuːn/ N Toutankhamon *m*

**tutelage** /ˈtjuːtɪlɪdʒ/ N tutelle *f* ◆ **under the ~ of sb** sous la tutelle de qn

**tutelary** /ˈtjuːtɪlərɪ/ ADJ tutélaire

**tutor** /ˈtjuːtəʳ/ N *(= private teacher)* professeur *m* (particulier) (*in* en) ; *(full-time)* précepteur *m*, -trice *f* ; *(Brit Univ)* directeur *m*, -trice *f* d'études ; *(Brit Scol:* also **form tutor**) professeur *m* principal ; *(in prison)* éducateur *m*, -trice *f* VT donner des leçons particulières *or* des cours particuliers à ◆ **to ~ sb in Latin** donner des cours particuliers de latin à qn COMP ▷ **tutor group** N *(Brit Scol)* classe *f* ▷ **tutor period** N *(Brit Scol)* cours *m* avec le professeur principal *(en début de journée)* ▷ **tutor room** N *(Brit Scol)* salle *f* de classe *(affectée à une classe particulière)*

**tutorial** /tjuːˈtɔːrɪəl/ ADJ a *(= teaching)* *[work, duties]* d'enseignement ; *[staff]* enseignant ; *[guidance, support]* pédagogique b *(Univ)* ◆ **~ work** travaux *mpl* dirigés ◆ **~ essay** exposé *m* ◆ **~ duties** encadrement *m* des travaux dirigés ◆ **~ group** groupe *m* de travaux dirigés N *(Univ)* travaux *mpl* dirigés (*in* de)

**tutoring** /ˈtjuːtərɪŋ/ N cours *mpl* particuliers (*in* de) ; *(remedial)* cours *mpl* de soutien (*in* de)

**Tutsi** /ˈtʊtsɪ/ N Tutsi(e) *m(f)* ADJ tutsi

**tutti-frutti** /ˈtʊtɪˈfrʊtɪ/ N (pl **tutti-fruttis**) *(= ice-cream)* plombières *f*, cassate *f*

**tutu** /ˈtuːtuː/ N tutu *m*

**Tuvalu** /tuːˈvɑːluː/ N Tuvalu

**tuwhit-tuwhoo** /tʊˈwɪttʊˈwuː/ N hou-hou *m*

**tuxedo** /tʌkˈsiːdəʊ/, **tux** * /ˈtʌks/ N *(esp US)* smoking *m*

**TV** * /ˌtiːˈviː/ N a (abbrev of **television**) télé * *f* ; see also **television** b (abbrev of **transvestite**) travesti *m* COMP ▷ **TV dinner** N plateau-repas *m*, plateau-télé *m*

**TVEI** /ˌtiːviːiːˈaɪ/ N *(Brit)* (abbrev of **technical and vocational educational initiative**) *plan de formation pour les jeunes*

**TVM** /ˌtiːviːˈem/ N (abbrev of **television movie**) film *m* de télévision

**TVP** /ˌtiːviːˈpiː/ N (abbrev of **textured vegetable protein**) → **textured**

**twaddle** /ˈtwɒdl/ N *(NonC)* âneries *fpl*, fadaises *fpl* ◆ **you're talking ~** tu dis n'importe quoi

**twain** /tweɪn/ NPL ◆ **the ~** †† les deux ◆ **and never the ~ shall meet** et les deux sont inconciliables

**twang** /twæŋ/ N *[of wire, string]* son *m* (de corde pincée) ; *(= tone of voice)* ton *m* nasillard, nasillement *m* ◆ **to speak with a ~** nasiller, parler du nez ◆ **he has an American ~** il parle avec un accent américain VT *[+ guitar]* pincer les cordes de, gratter de VI *[wire, bow]* vibrer

**twangy** /ˈtwæŋɪ/ ADJ *[noise]* de corde pincée ; *[voice, tone]* nasillard

**'twas** †† /twɒz/ ⇒ **it was** ; → **be**

**twat** ** /twæt/ N a *(= genitals)* con ** *m* b *(pej = person)* pauvre con(ne) ** *m(f)*

**tweak** /twiːk/ VT a *(= pull)* *[+ sb's ear, nose]* tordre ; *[+ rope etc, sb's hair]* tirer (d'un coup sec) b (* *= alter slightly*) modifier légèrement N a *(= pull)* coup *m* sec ◆ **to give sth a ~** ⇒ **to tweak sth;** → vt b (* *= small alteration*) petite modification *f* ◆ **to give the figures a ~** tricher un peu avec les chiffres

**twee** /twiː/ ADJ *(Brit pej)* *[picture, design, decor]* cucul * ; *[remark, poem]* mièvre, gentillet ; *[person]* chichiteux * ; *[house, cottage]* mignonnet

**tweed** /twiːd/ N tweed *m* NPL **tweeds** *(= suit)* costume *m* de tweed COMP *[jacket etc]* de *or* en tweed

**tweedy** /ˈtwiːdɪ/ ADJ a (* *gen pej*) ◆ **he's rather ~** il fait un peu bourgeois campagnard, il a le style gentleman-farmer ◆ **she's one of these ~ ladies** elle est du style bourgeoise campagnarde b *(= resembling tweed)* façon tweed *inv*

**'tween** /twiːn/ PREP *(liter)* ⇒ **between**

**tweeny** † * /ˈtwiːnɪ/ N *(Brit)* bonne *f*

**tweet** /twiːt/ N (also **tweet-tweet**) gazouillis *m*, gazouillement *m*, pépiement *m* VI gazouiller, pépier

**tweeter** /ˈtwiːtəʳ/ N haut-parleur *m* aigu, tweeter *m*

**tweeze** * /twiːz/ VT *[+ eyebrows etc]* épiler

**tweezers** /ˈtwiːzəz/ NPL (also **pair of tweezers**) pince *f* fine, pince *f* à épiler

**twelfth** /twelfθ/ ADJ douzième ◆ **Twelfth Night** la fête des Rois, l'Épiphanie *f* N douzième *mf* ; *(= fraction)* douzième *m* ; *for phrases see* **sixth** COMP ▷ **twelfth man** N (pl **twelfth men**) *(Brit Cricket)* remplaçant *m*

**twelve** /twelv/ ADJ douze *inv* N douze *m inv* ; → **o'clock** ; *for other phrases see* **six** PRON douze ◆ **there are** ~ il y en a douze COMP ▷ **twelve-tone** ADJ *(Mus)* dodécaphonique

**twelvemonth** †† /ˈtwelvmʌnθ/ N année *f*, an *m*

**twentieth** /ˈtwentɪɪθ/ ADJ vingtième N vingtième *mf* ; *(= fraction)* vingtième *m* ; *for phrases see* **sixth**

**twenty** /ˈtwentɪ/ ADJ vingt *inv* ◆ **about** ~ **books** une vingtaine de livres

N vingt *m* ◆ **about** ~ une vingtaine ; *for other phrases see* **sixty**

PRON vingt ◆ **there are** ~ il y en a vingt

COMP ▷ **twenty-first** N *(= birthday)* vingt et unième anniversaire *m* ◆ **I'm having my ~-first on Saturday** *(= birthday party)* je fête mes 21 ans *or* mon 21^e^ anniversaire samedi ▷ **twenty-four hours** NPL *(= whole day)* vingt-quatre heures *fpl* ◆ **~-four hours a day** *(open etc)* vingt-quatre heures sur vingt-quatre ▷ **twenty-four hour service** N *(Comm)* service jour et nuit, service 24 heures sur 24 ◆ **a ~-four hour strike** une grève de vingt-quatre heures ▷ **twenty-four seven** * ADV ◆ **to do sth ~-four seven** *or* **24-7** faire qch 24 heures sur 24, 7 jours sur 7 ▷ **twenty-one** N *(Cards)* vingt-et-un *m (jeu)* ▷ **twenty-twenty vision** N ◆ **to have ~-~ vision** avoir dix dixièmes à chaque œil ▷ **twenty-two metre line** N *(Rugby)* ligne *f* des vingt-deux mètres

**twerp** ⁑ /twɜːp/ N andouille ⁑ *f*, idiot(e) *m(f)*

**twice** /twaɪs/ ADV deux fois ◆ ~ **a week,** ~ **weekly** deux fois par semaine ◆ ~ **as much,** ~ **as many** deux fois plus ◆ ~ **as much space** deux fois plus de place ◆ ~ **as long (as)** deux fois plus long (que) ◆ **she is** ~ **your age** elle a deux fois votre âge, elle a le double de votre âge ◆ ~ **the national average** le double de *or* deux fois la moyenne nationale ◆ ~ **two is four** deux fois deux font quatre ◆ **he didn't have to be asked** ~ *(fig)* il ne s'est pas fait prier ◆ **he's** ~ **the man you are** il vaut beaucoup mieux que toi ; → **once, think**

**twiddle** /ˈtwɪdl/ VT *[+ knob]* tripoter, manier ◆ **to** ~ **one's thumbs** *(fig)* se tourner les pouces VI ◆ **to** ~ **with sth** jouer avec *or* tripoter qch N ◆ **to give sth a** ~ donner plusieurs petits tours à qch

**twig¹** /twɪg/ N brindille *f*, petite branche *f*

**twig²** * /twɪg/ VTI *(Brit = understand)* piger *, comprendre

**twilight** /ˈtwaɪlaɪt/ N *(= evening)* crépuscule *m (also fig)* *(= morning)* aube *f* naissante ◆ **at** ~ *(evening)* au crépuscule, à la tombée du jour ; *(morning)* à l'aube naissante ◆ **in the** ~ dans la semi-obscurité *or* la pénombre COMP ▷ **twilight world** N monde *m* nébuleux ▷ **twilight zone** N *(fig)* zone *f* floue

**twilit** /ˈtwaɪlɪt/ ADJ *[sky, landscape, place]* crépusculaire, de crépuscule

**twill** /twɪl/ N *(Tex)* sergé *m*

**'twill** /twɪl/ ⇒ **it will** ; → **will**

**twin** /twɪn/ N jumeau *m*, -elle *f* ; → **identical, Siamese**

ADJ *[brother, sister, towers, peaks]* jumeau (-elle *f*) ◆ ~ **boys** jumeaux *mpl* ◆ ~ **girls** jumelles *fpl* ◆ **with** ~ **propellers/taps** avec deux hélices/robinets ◆ **plane with** ~ **engines** (avion *m*) bimoteur *m* ◆ **they're** ~ **souls** ce sont deux âmes sœurs ◆ **the** ~ **concepts of liberty and equality** les concepts inséparables de liberté et d'égalité

VT *[+ town etc]* jumeler (*with* avec)

COMP ▷ **twin-bedded room** N *(Brit: in hotel)* chambre *f* à deux lits ▷ **twin beds** NPL lits *mpl* jumeaux ▷ **twin bill** * N *(US)* *(Sport)* programme *m* de deux matchs ; *(Cine)* programme *m* de deux longs métrages ▷ **twin-cylinder** ADJ à deux cylindres N moteur *m* à deux cylindres ▷ **twin-engined** ADJ bimoteur ▷ **twin room** N ⇒ **twin-bedded room** ▷ **twin-screw** ADJ à deux hélices ▷ **twin town** N *(Brit)* ville *f* jumelée ▷ **twin-track** ADJ *[approach, process, strategy]* double ▷ **twin-tub** N machine *f* à laver à deux tambours

**twine** /twaɪn/ N *(NonC)* ficelle *f* VT *(= weave)* tresser ; *(= roll)* entortiller, enrouler (*round* autour de) ◆ **she ~d her arms round his neck** elle lui a enlacé le cou de ses bras VI *[plant, coil]* s'enrouler (*round* autour de) ; *[river, road]* serpenter, zigzaguer

**twinge** /twɪndʒ/ N ◆ **a** ~ **(of pain)** un élancement, un tiraillement ◆ **a** ~ **of conscience** *or* **remorse** *or* **guilt** un (petit) remords ◆ **to feel a** ~ **of remorse/shame** éprouver un certain remords/une certaine honte ◆ **to feel a** ~ **of regret** *or* **sadness** avoir un pincement au cœur

**twining** /ˈtwaɪnɪŋ/ ADJ *[plant]* volubile *(Bot)*

**twinkle** /ˈtwɪŋkl/ VI *[star, lights]* scintiller, briller ; *[eyes]* briller, pétiller N *[of star, lights]* scintillement *m* ; *[of eyes]* éclat *m*, pétillement *m* ◆ **... he said with a** ~ **(in his eye)** ... dit-il avec un pétillement (malicieux) dans les yeux ◆ **he had a** ~ **in his eye** il avait les yeux pétillants ◆ **in a ~, in the** ~ **of an eye** en un clin d'œil

**twinkling** /ˈtwɪŋklɪŋ/ ADJ *[star, light]* scintillant ; *[eyes]* pétillant N ◆ **in the** ~ **of an eye** en un clin d'œil

**twinning** /ˈtwɪnɪŋ/ N *[of towns]* jumelage *m*

**twinset** /ˈtwɪnset/ N *(Brit)* twin-set *m* ◆ **she's rather** ~ **and pearls** * *(Brit)* elle fait très BCBG

**twirl** /twɜːl/ N *[of body]* tournoiement *m* ; *[of dancer]* pirouette *f* ; *(in writing)* fioriture *f* ◆ **to give sth a** ~ ⇒ **to twirl sth;** → **vt** ◆ **to do a** ~ faire une pirouette VI (also **twirl round**) *[cane, lasso, dancer]* tournoyer ; *[handle, knob]* pivoter VT (also **twirl round**) *[+ cane, lasso]* faire tournoyer ; *[+ knob, handle]* faire pivoter ; *[+ moustache]* tortiller

**twirler** * /ˈtwɜːləʳ/ N *(US)* majorette *f*

**twirp** ⁑ /twɜːp/ N ⇒ **twerp**

**twist** /twɪst/ N **a** *(= action)* torsion *f* ; *(Med)* entorse *f*, foulure *f* ◆ **to give a** ~ **to** *[+ knob, handle]* faire pivoter, faire tourner ; *[+ wire]* tordre ; *[+ one's ankle]* se tordre, se fouler ◆ **he put a** ~ **on the ball** il a imprimé une rotation à la balle ◆ **with a quick** ~ **(of the wrist)** d'un rapide tour de poignet

**b** *(= coil)* rouleau *m* ; *(in road)* tournant *m*, virage *m* ; *(in river)* coude *m* ; *(in wire, flex, cord)* tortillon *m* ◆ **a** ~ **of yarn** une torsade *or* un cordonnet de fil ◆ **a** ~ **of smoke** une volute de fumée ◆ **sweets in a** ~ **of paper** des bonbons dans un tortillon de papier *or* une papillote ◆ **a** ~ **of lemon** un zeste de citron ◆ **the road is full of ~s and turns** la route est pleine de tournants *or* de virages, la route fait des zigzags

**c** *(fig)* *[of events]* tournure *f* ; *[of meaning]* distorsion *f* ◆ **the story has an unexpected** ~ **to it** l'histoire prend un tour inattendu ◆ **he gave a new** ~ **to this old story** il a remis cette vieille histoire au goût du jour ◆ **the latest** ~ **in the political situation** les derniers développements de la situation politique ◆ **the arrest was a dramatic** ~ **in the investigation** l'enquête a connu un rebondissement inattendu avec cette arrestation ◆ **to get (o.s.) into a** ~ *, **to get one's knickers in a** ~ ⁑ *(= get annoyed)* s'énerver ; *(= get confused)* s'emmêler les pinceaux * ◆ **the ~s and turns of economic policy** les changements d'orientation de la politique économique

♦ **twist of fate** ◆ **by a curious** ~ **of fate** par un curieux effet du hasard ◆ **in a cruel** ~ **of fate** par une cruelle ironie du sort

♦ **round the twist** * ◆ **to go round the** ~ devenir dingue *, perdre la boule ⁑ ◆ **to be round the** ~ être dingue *, avoir perdu la boule * ◆ **to drive sb round the** ~ rendre qn fou

**d** *(⁑ = cheat)* **what a** ~**!** on s'est fait avoir ! * ◆ **it's a** ~**!** c'est de la triche ! *

**e** *(= dance)* twist *m* ◆ **to do the** ~ twister

VT **a** *(= interweave)* *[+ threads, strands, ropes, wires]* entortiller, tresser ; *(= turn round on itself)* *[+ thread, rope, wire, one's handkerchief]* tordre ; *(= coil)* enrouler (*round* autour de) ; *(= turn)* *[+ knob, handle]* tourner ; *[+ top, cap]* tourner, visser ; *(= deform)* *[+ metal etc]* tordre, déformer ; *(fig)* *[+ meaning]* fausser ; *[+ words]* déformer ◆ **to get ~ed** *[rope etc]* s'entortiller ◆ **he ~ed the strands into a cord** il a entortillé *or* tressé les fils pour en faire une corde ◆ **he ~ed the paper into a ball** il a tirebouchonné le papier pour en faire une boule ◆ **you've ~ed it out of shape** tu l'as déformé en le tordant, tu l'as tordu ◆ ~ **the cap clockwise** vissez la capsule dans le sens des aiguilles d'une montre ◆ **to** ~ **the top off a jar** dévisser le couvercle d'un bocal (pour l'enlever) ◆ **to** ~ **one's ankle** se tordre *or* se fouler la cheville ◆ **to** ~ **one's neck** se tordre le cou, attraper le torticolis ◆ **to** ~ **o.s. free** se libérer en se contorsionnant ◆ **to** ~ **sb's arm** *(lit)* tordre le bras à qn ; *(fig)* forcer la main à qn ◆ **she can** ~ **him round her little finger** elle le mène par le bout du nez ◆ **he ~ed his mouth scornfully** il eut un rictus méprisant ◆ **limbs ~ed by arthritis** des membres tordus par l'arthrite ◆ **his face was ~ed with pain/rage** ses traits étaient tordus par la douleur/la fureur ◆ **you're ~ing everything I say** tu déformes tout ce que je dis ; → **twisted**

**b** *(⁑ = cheat)* rouler *, avoir *

VI **a** *[flex, rope etc]* s'entortiller, s'enrouler ; *[socks, trousers]* tirebouchonner ; *[one's ankle etc]* se tordre ◆ **to** ~ **round sth** s'enrouler autour de qch ◆ **the road ~s (and turns) through the valley** la route zigzague *or* serpente à travers la vallée ◆ **the motorbike ~ed through the traffic** la moto louvoyait *or* zigzaguait parmi la circulation

**b** *(= dance the twist)* twister

COMP ▷ **twist grip** N *[of motorcycle]* poignée *f* d'accélération ; *(= gear change)* poignée *f* de changement de vitesses

► **twist about, twist around** VI *[rope etc]* tortiller ; *[road etc]* serpenter, zigzaguer

► **twist off** VI ◆ **the top twists off** le couvercle se dévisse

VT SEP *[+ branch]* enlever en tordant ; *[+ bottle-top]* enlever en dévissant

► **twist out** VI ◆ **he twisted out of their grasp** il s'est dégagé de leur étreinte

VT SEP *[+ object]* enlever en tournant

► **twist round** VI *[road etc]* serpenter, zigzaguer ; *[person]* se retourner

VT SEP *[+ rope, wire]* enrouler ; *[+ knob, handle]* tourner ; *[+ top, cap]* tourner, visser ; *[+ one's head, chair]* tourner

► **twist up** VI *[ropes etc]* s'entortiller, s'emmêler ; *[smoke]* monter en volutes

VT SEP *[+ ropes, threads]* entortiller, emmêler

**twisted** /'twɪstɪd/ ADJ a *(= damaged, tangled)* *[key, rod, metal, beam, wreckage]* tordu ; *[wrist, ankle]* foulé ; *[wire, rope, flex, cord, strap]* entortillé ◆ ~ **bowel** *(Med)* volvulus *m* intestinal b *(= of twisted construction)* *[rope, cable]* tressé ; *[barley-sugar]* torsadé c *(= deformed, distorted)* *[tree, branch]* tordu ; *[limb]* difforme ; *[features, smile]* crispé d *(= warped)* *[person, mind, logic]* tordu ; → **bitter**

**twister** * /'twɪstəʳ/ N a *(Brit = crook)* escroc *m* *(lit, fig)* b *(US = tornado)* tornade *f*

**twisting** /'twɪstɪŋ/ N *(gen)* torsion *f* ; *[of meaning]* déformation *f* ADJ *[path]* sinueux, en zigzag

**twisty** /'twɪstɪ/ ADJ *[lane, river]* tortueux

**twit**[1] /twɪt/ VT *(= tease)* taquiner *(about, with* sur, à propos de)

**twit**[2] * /twɪt/ N *(esp Brit = fool)* idiot(e) *m(f)*, crétin(e) * *m(f)*

**twitch** /twɪtʃ/ N *(= nervous movement)* tic *m* ; *(= pull)* coup *m* sec, saccade *f* ◆ **I've got a ~ in my eyelid** j'ai l'œil qui saute ◆ **he has a (nervous) ~ in his cheek** il a un tic à la joue ◆ **with one ~ (of his hand) he freed the rope** il a dégagé la corde d'une saccade ◆ **he gave the rope a ~** il a tiré d'un coup sec sur la corde ◆ **a ~ of the whip** un (petit) coup de fouet

VI a *[person, animal, hands]* avoir un mouvement convulsif ; *(permanent condition)* avoir un tic ; *[face, mouth, cheek, eyebrow, muscle]* se convulser, se contracter (convulsivement) ; *[dog's nose etc]* remuer, bouger

b *(fig = be nervous)* s'agiter

VT *[+ rope etc]* tirer d'un coup sec, donner un coup sec à ◆ **he ~ed it out of her hands** il le lui a arraché des mains ◆ **the cat ~ed its nose/its ears** le nez/les oreilles du chat a/ont remué *or* bougé

► **twitch away** VT SEP arracher d'un petit geste *(from sb* à qn)

**twitcher** * /'twɪtʃəʳ/ N ornithologue *mf* amateur

**twitchy** * /'twɪtʃɪ/ ADJ a *(= twitching)* agité b *(= nervous, jumpy)* *[person, animal]* nerveux ; *[stock market]* fébrile ◆ **it's a good car but the handling is rather ~** c'est une bonne voiture mais elle a une tenue de route plutôt sautillante

**twitter** /'twɪtəʳ/ VI *[bird]* gazouiller, pépier ; *[person]* *(= chatter)* parler avec agitation *(about* de), jacasser *(pej)* *(about* sur) ; *(= be nervous)* s'agiter (nerveusement) N *[of birds]* gazouillis *m*, pépiement *m* ◆ **to be in a ~ (about sth)** * être dans tous ses états (à cause de qch)

**'twixt** /twɪkst/ PREP *(†† or liter)* ⇒ **between**[1]

**two** /tuː/ ADJ deux *inv* ; → **mind**

N deux *m inv* ◆ **to cut sth in ~** couper qch en deux ◆ **~ by ~** deux par deux, deux à deux ◆ **in ~s** par deux ◆ **in ~s and threes** deux ou trois à la fois, par petits groupes ◆ **that makes ~ of us** moi aussi, dans ce cas, nous sommes deux ◆ **they're ~ of a kind** ils se ressemblent (tous les deux) ◆ **to put ~ and ~ together** * faire le rapport (entre deux *or* plusieurs choses) ◆ **he put ~ and ~ together and made** *or* **came up with five** * il a tiré la mauvaise conclusion ◆ **~'s company** on est mieux à deux ◆ **~'s company, three's a crowd** quand il y a trois personnes, il y en a une de trop ; → **one ;** *for other phrases see* **six**

PRON deux ◆ **there are ~** il y en a deux

COMP ▷ **two-bit** * ADJ *(esp US pej)* de pacotille ▷ **two-bits** NPL *(US)* 25 cents *mpl* ▷ **two-by-four** * ADJ *(US)* *(= small)* exigu (-uë *f*) ; *(= unimportant)* minable ▷ **two-chamber system** N *(Parl)* bicaméralisme *m* ▷ **two-colour process** N *(Phot)* bichromie *f* ▷ **two-cycle** ADJ *(US)* ⇒ **two-stroke** ▷ **two-cylinder** ADJ *[car]* à deux cylindres ▷ **two-door** ADJ *[car]* à deux portes ▷ **two-edged** ADJ *(lit, fig)* à double tranchant ▷ **two-faced** ADJ *(fig)* hypocrite ▷ **two-fisted** * ADJ *(US)* vigoureux, costaud * ▷ **two-four time** N *(NonC: Mus)* (mesure *f* à) deux-quatre *m inv* ◆ **in ~-four time** à deux-quatre ▷ **two-handed** ADJ *[sword]* à deux mains ; *[saw]* à deux poignées ; *[card game]* à deux joueurs ▷ **two-horse race** N ◆ **the election was a ~-horse race** dans ces élections, seuls deux des candidats avaient des chances de gagner ▷ **two-legged** ADJ bipède ▷ **two-party** ADJ *(Pol)* bipartite ▷ **two-percent milk** N *(US)* lait *m* demi-écrémé ▷ **two-phase** ADJ *(Elec)* diphasé ▷ **two-piece** N ◆ **~-piece (suit)** *(man's)* costume *m* (deux-pièces) ; *(woman's)* tailleur *m* ◆ **~-piece (swimsuit)** deux-pièces *m inv*, bikini ® *m* ▷ **two-pin plug** N prise *f* à deux fiches *or* broches ▷ **two-ply** ADJ *[cord, rope]* à deux brins ; *[wool]* à deux fils ; *[wood]* à deux épaisseurs ▷ **two-seater** ADJ à deux places N *(= car)* voiture *f* à deux places ; *(= plane)* avion *m* à deux places ▷ **two-sided** ADJ *(fig)* ◆ **this is a ~-sided problem** ce problème peut être appréhendé de deux façons ▷ **two-star** N ((*Brit:* also **two-star petrol**) (essence *f*) ordinaire *f* ▷ **two-storey** ADJ à deux étages ▷ **two-stroke** ADJ *(Aut)* ◆ **~-stroke (engine)** moteur *m* à deux temps, deux-temps *m inv* ◆ **~-stroke mixture** mélange *m* deux-temps ◆ **~-stroke fuel** carburant *m* pour moteur à deux-temps ▷ **two-tier financing** N *(Fin)* financement *m* à deux étages ▷ **two-time** * VT tromper, être infidèle à ADJ *(US)* ◆ **~-time loser** ‡ *(= crook etc)* repris *m* de justice ; *(= divorcee)* homme *m* (*or* femme *f*) deux fois divorcé(e) ▷ **two-timer** * N *(gen)* traître(sse) *m(f)* ; *(in marriage)* mari *m* (*or* femme *f*) infidèle ▷ **two-tone** ADJ *(in colour)* de deux tons ; *(in sound)* à deux tons ▷ **two-way** ADJ *[street]* à double sens ; *[traffic]* dans les deux sens ; *[exchange, negotiations]* bilatéral ◆ **~-way mirror** miroir *m* sans tain ◆ **~-way radio** émetteur-récepteur *m* ◆ **~-way switch** va-et-vient *m* ▷ **two-wheeler** N deux-roues *m inv*

**twoccing** ‡ /'twɒkɪŋ/ N *(NonC: Brit)* vol *m* de voiture

**twofer** * /'tuːfəʳ/ N *(US)* deux articles *mpl* pour le prix d'un

**twofold** /'tuːfəʊld/ ADJ double ADV ◆ **to increase ~** doubler

**twopence** /'tʌpəns/ N *(Brit)* deux pence *mpl* ; see also **tuppence**

**twopenny** /'tʌpənɪ/ ADJ *(Brit)* à *or* de deux pence COMP ▷ **twopenny-halfpenny** * ADJ *(fig)* de rien du tout *, de quatre sous ▷ **twopenny piece** N pièce *f* de deux pence

**twosome** /'tuːsəm/ N *(= people)* couple *m* ; *(= game)* jeu *m or* partie *f* à deux ◆ **we went in a ~** nous y sommes allés à deux

**'twould** †† /twʊd/ ⇒ **it would ;** → **would**

**TX** abbrev of **Texas**

**tycoon** /taɪ'kuːn/ N ◆ **(business** *or* **industrial) ~** gros *or* important homme *m* d'affaires ◆ **oil ~** magnat *m or* roi *m* du pétrole

**tyke** * /taɪk/ N *(= dog)* cabot *m* *(pej)* ; *(= child)* môme *mf*

**tympana** /'tɪmpənə/ NPL of **tympanum**

**tympani** /'tɪmpənɪ/ N ⇒ **timpani**

**tympanic** /tɪm'pænɪk/ ADJ ◆ **~ membrane** tympan *m*

**tympanist** /'tɪmpənɪst/ N ⇒ **timpanist**

**tympanum** /'tɪmpənəm/ N (pl **tympanums** *or* **tympana**) *(Anat, Archit, Zool)* tympan *m* ; *(Mus)* timbale *f*

**type** /taɪp/ N a *(gen, Bio, Sociol etc)* type *m* ; *(= sort)* genre *m* ; *(= make of machine, coffee etc)* marque *f* ; *[of aircraft, car]* modèle *m* ◆ **books of all ~s** des livres de toutes sortes *or* de tous genres ◆ **a new ~ of plane, a new ~ plane** * un nouveau modèle d'avion ◆ **a Gruyère-~ cheese** un fromage genre gruyère * ◆ **what ~ do you want?** vous en (*or* le *or* la *etc*) voulez de quelle sorte ? ◆ **what ~ of car is it?** quel modèle de voiture est-ce ? ◆ **what ~ of man is he?** quel genre *or* type d'homme est-ce ? ◆ **what ~ of dog is he?** qu'est-ce que c'est comme (race de) chien ? ◆ **you know the ~ of thing I mean** vous voyez (à peu près) ce que je veux dire ◆ **he's not that ~ of person** ce n'est pas son genre ◆ **I know his ~!** je connais les gens de son genre *or* espèce ◆ **a queer ~** * *(= person)* un drôle de numéro * ◆ **he's not my ~** * ce n'est pas mon genre d'homme ◆ **it's my ~ of film** c'est le genre de film que j'aime *or* qui me plaît ; → **true**

b *(= typical example)* type *m* (même), exemple *m* même ◆ **to deviate from the ~** s'éloigner du type ancestral ◆ **she was the very ~ of English beauty** c'était le type même *or* l'exemple même de la beauté anglaise ; → **revert**

c *(Ling: gen)* type *m* ; (also **word-type**) vocable *m*

d *(Typo)* *(= one letter)* caractère *m* ; *(= letters collectively)* caractères *mpl*, type *m* ◆ **to set ~** composer ◆ **to set sth (up) in ~** composer qch ◆ **in ~** composé ◆ **to keep the ~ set up** conserver la forme ◆ **in large/small ~** en gros/petits caractères ◆ **in italic ~** en italiques ; → **bold**

VT a *[+ blood sample etc]* classifier ◆ **he is now ~d as the kindly old man** *(Theat etc)* on ne lui donne plus que les rôles de doux vieillard ◆ **I don't want to be ~d** *(Theat)* je ne veux pas me cantonner dans un (seul) rôle

b *[+ letter etc]* taper (à la machine)

VI *[typist etc]* taper à la machine ◆ **"clerk: must be able to type"** "employé(e) de bureau connaissant la dactylo"

COMP ▷ **type-cast** ADJ, VT → **typecast**

► **type in** VT SEP taper (à la machine)

► **type out** VT SEP a *[+ notes, letter]* taper (à la machine)

b *[+ error]* effacer (à la machine)

► **type over** VT SEP ⇒ **type out b**

► **type up** VT SEP *[+ notes]* taper (à la machine)

**typecast** /'taɪpkɑːst/, **type-cast** *(Theat, Cine etc)* ADJ ◆ **to be ~** être enfermé dans un rôle ◆ **to be ~ as ...** être enfermé dans le rôle de ... VT *[+ actor, actress]* enfermer dans un rôle ◆ **to ~ as** enfermer dans le rôle de

**typecasting** /'taɪpkɑːstɪŋ/ N ◆ **to avoid ~** éviter les stéréotypes ◆ **she wanted to break free of her ~ as the empty-headed blonde** elle ne voulait plus être enfermée dans des rôles de blonde écervelée

**typeface** /'taɪpfeɪs/ N *(Typo)* police *f* (de caractère)

**typescript** /'taɪpskrɪpt/ N *(NonC)* manuscrit *m or* texte *m* dactylographié, tapuscrit *m (Tech)*

**typeset** /ˈtaɪpset/ VT composer

**typesetter** /ˈtaɪpsetəʳ/ N *(= person)* compositeur *m*, -trice *f* ; *(= machine)* linotype *f*, composeuse *f*

**typesetting** /ˈtaɪpsetɪŋ/ N *(NonC)* composition *f*

**typewrite** /ˈtaɪpraɪt/ VT taper (à la machine)

**typewriter** /ˈtaɪpraɪtəʳ/ N machine *f* à écrire

**typewriting** /ˈtaɪpraɪtɪŋ/ N dactylographie *f*

**typewritten** /ˈtaɪprɪtən/ ADJ tapé (à la machine), dactylographié

**typhoid** /ˈtaɪfɔɪd/ N *(also* **typhoid fever***)* (fièvre *f*) typhoïde *f* COMP *[symptom, victim]* de la typhoïde ; *[inoculation]* antityphoïdique ▷ **Typhoid Mary** * N *(US fig)* source *f* d'infection

**typhoon** /taɪˈfuːn/ N typhon *m*

**typhus** /ˈtaɪfəs/ N typhus *m*

**typical** /ˈtɪpɪkəl/ ADJ *[day, behaviour, example]* typique (*of* de) ; *[price]* habituel ◆ **the ~ Frenchman** le Français type *or* moyen ◆ **a ~ Frenchman** un Français typique ◆ **he's a ~ teacher** c'est le type même du professeur ◆ **with ~ modesty, he ...** avec la modestie qui le caractérise, il ... ◆ **it was ~ of our luck that it was raining** avec la chance qui nous caractérise, il a plu ◆ **Louisa is ~ of many young women who ...** Louisa est un exemple typique de ces nombreuses jeunes femmes qui ... ◆ **that's ~ of him** c'est bien de lui ◆ **that's ~ of Paul** ça, c'est Paul tout craché !

**typically** /ˈtɪpɪkəlɪ/ ADV *(with adj)* typiquement ◆ **he is ~ English** il est typiquement anglais, c'est l'Anglais type ◆ **it's ~ French to do that** c'est très *or* bien français de faire ça ◆ **~, he arrived late** comme d'habitude, il est arrivé en retard ◆ **~, people apply for several jobs before getting an interview** en règle générale *or* généralement, on postule à plusieurs postes avant d'obtenir un entretien

**typify** /ˈtɪpɪfaɪ/ VT *[behaviour, incident, object]* illustrer parfaitement ; *[person]* être le type même de

**typing** /ˈtaɪpɪŋ/ N *(NonC)* **a** *(= skill)* dactylo *f*, dactylographie *f* ◆ **to learn ~** apprendre à taper (à la machine), apprendre la dactylo *or* la dactylographie **b** ◆ **there were several pages of ~ to read** il y avait plusieurs pages dactylographiées à lire COMP *[lesson, teacher]* de dactylo, de dactylographie ▷ **typing error** N faute *f* de frappe ▷ **typing paper** N papier *m* machine ▷ **typing pool** N bureau *m or* pool *m* de(s) dactylos ◆ **he works in the ~ pool** il est dactylo au pool ◆ **to send sth to the ~ pool** envoyer qch à la dactylo * ▷ **typing speed** N ◆ **his ~ speed is 60** il tape 60 mots à la minute

**typist** /ˈtaɪpɪst/ N dactylo *mf*, dactylographe *mf* ; → **shorthand**

**typo** /ˈtaɪpəʊ/ N *(= error)* coquille *f* (typographique)

**typographer** /taɪˈpɒgrəfəʳ/ N typographe *mf*

**typographic(al)** /ˌtaɪpəˈgræfɪk(əl)/ ADJ typographique ◆ **~al error** erreur *f* typographique, coquille *f*

**typography** /taɪˈpɒgrəfɪ/ N typographie *f*

**typological** /ˌtaɪpəˈlɒdʒɪkəl/ ADJ typologique

**typology** /taɪˈpɒlədʒɪ/ N typologie *f*

**tyrannic(al)** /tɪˈrænɪk(əl)/ ADJ tyrannique

**tyrannically** /tɪˈrænɪkəlɪ/ ADV tyranniquement

**tyrannicide** /tɪˈrænɪsaɪd/ N *(= act)* tyrannicide *m* ; *(= person)* tyrannicide *mf*

**tyrannize** /ˈtɪrənaɪz/ VI ◆ **to ~ over sb** tyranniser qn VT tyranniser

**tyrannosaur** /tɪˈrænəsɔː/ N tyrannosaure *m*

**tyrannosaurus** /tɪˌrænəˈsɔːrəs/ N *(also* **tyrannosaurus rex***)* tyrannosaure *m*, Tyrannosaurus rex *m*

**tyrannous** /ˈtɪrənəs/ ADJ tyrannique

**tyrannously** /ˈtɪrənəslɪ/ ADV tyranniquement

**tyranny** /ˈtɪrənɪ/ N tyrannie *f*

**tyrant** /ˈtaɪrənt/ N tyran *m*

**Tyre** /taɪəʳ/ N Tyr

**tyre** /ˈtaɪəʳ/ *(Brit)* N pneu *m* ; → **spare** COMP ▷ **tyre gauge** N manomètre *m* (pour pneus) ▷ **tyre lever** N démonte-pneu *m* ▷ **tyre pressure** N pression *f* des pneus ▷ **tyre valve** N valve *f* (de gonflage)

**tyremaker** /ˈtaɪəmeɪkəʳ/ N fabricant *m* de pneus

**tyro** /ˈtaɪrəʊ/ N novice *mf*, débutant(e) *m(f)*

**Tyrol** /tɪˈrəʊl/ N ◆ **(the) ~** le Tyrol

**Tyrolean** /ˌtɪrəˈli(ː)ən/, **Tyrolese** /ˌtɪrəˈliːz/ ADJ tyrolien ◆ **~ traverse** *(Climbing)* tyrolienne *f* N Tyrolien(ne) *m(f)*

**Tyrrhenian** /tɪˈriːnɪən/ ADJ ◆ **~ Sea** mer *f* Tyrrhénienne

**tzar** /zɑːʳ/ N ⇒ **tsar**

**tzarina** /zɑːˈriːnə/ N ⇒ **tsarina**

**tzarist** /ˈzɑːrɪst/ N, ADJ ⇒ **tsarist**

**tzetze fly** /ˈtsetsɪflaɪ/ N ⇒ **tsetse fly**

# U

**U, u** /juː/ **N** a (= *letter*) U, u *m* ◆ **U for Uncle** ≈ U comme Ursule b (*Brit Cine*) (abbrev of **Universal**) ≈ tous publics ◆ **it's a U film** c'est un film pour tous publics **ADJ** (*Brit* † * = *upper-class*) [*word, accent, behaviour*] distingué **COMP** ▷ **U-bend** N (*in pipe*) coude *m*; (*Brit: in road*) coude *m*, virage *m* en épingle à cheveux ▷ **U-boat** N sous-marin *m* allemand ▷ **U-lock** N antivol *m* en U ▷ **U-shaped** ADJ en (forme de) U ▷ **U-turn** N (*Aut*) demi-tour *m*; (*fig*) revirement *m*, volte-face *f* (*on* au sujet de) ◆ **"no U-turns"** (*Aut*) "défense de faire demi-tour" ◆ **to make a U-turn on sth** faire volte-face au sujet de qch

**UAE** /ˌjuːeɪˈiː/ N (abbrev of **United Arab Emirates**) → **united**

**UAW** /ˌjuːeɪˈdʌbljuː/ N (*US*) (abbrev of **United Automobile Workers**) *syndicat*

**UB40** /ˌjuːbiːˈfɔːtɪ/ N (*Brit: formerly*) (abbrev of **Unemployment Benefit 40**) *carte de demandeur d'emploi*

**uber-** /ˈuːbəʳ/ PREF super-

**ubiquitous** /juːˈbɪkwɪtəs/ ADJ omniprésent

**ubiquity** /juːˈbɪkwɪtɪ/ N omniprésence *f*

**UCAS** /ˈjuːkæs/ N (*Brit*) (abbrev of **Universities and Colleges Admissions Service**) → **university**

**UCCA** /ˈʌkə/ N (*Brit: formerly*) (abbrev of **Universities Central Council on Admissions**) *service central des inscriptions universitaires* ◆ ~ **form** ≈ dossier *m* d'inscription universitaire

**UDA** /ˌjuːdiːˈeɪ/ N (*Brit*) (abbrev of **Ulster Defence Association**) → **Ulster**

**UDC** /ˌjuːdiːˈsiː/ N (*Brit Local Govt: formerly*) (abbrev of **Urban District Council**) → **urban**

**udder** /ˈʌdəʳ/ N pis *m*, mamelle *f*

**UDI** /ˌjuːdiːˈaɪ/ N (*Brit Pol*) (abbrev of **unilateral declaration of independence**) → **unilateral**

**UDR** /ˌjuːdiːˈɑːʳ/ N (*Brit*) (abbrev of **Ulster Defence Regiment**) → **Ulster**

**UEFA** /jʊˈeɪfə/ N (*Ftbl*) (abbrev of **Union of European Football Associations**) UEFA *f*

**UFO** /ˌjuːeˈfəʊ, ˈjuːfəʊ/ N (abbrev of **unidentified flying object**) ovni *m*

**ufologist** /juːˈfɒlədʒɪst/ N ufologue *mf*

**ufology** /juːˈfɒlədʒɪ/ N ufologie *f*

**Uganda** /juːˈgændə/ N Ouganda *m*

**Ugandan** /juːˈgændən/ **ADJ** ougandais **N** Ougandais(e) *m(f)*

**UGC** /ˌjuːdʒiːˈsiː/ N (*Brit: formerly*) (abbrev of **University Grants Committee**) → **university**

**ugh** /ɜːh/ EXCL pouah !

**ugli** /ˈʌglɪ/ N (pl **uglis** *or* **uglies**) tangelo *m*

**uglify** /ˈʌglɪfaɪ/ VT enlaidir, rendre laid

**ugliness** /ˈʌglɪnɪs/ N (*NonC*) laideur *f*

**ugly** /ˈʌglɪ/ ADJ a [*person, appearance, face, building, word*] laid; [*wound, scar*] vilain *before n* ◆ **as ~ as sin** moche * comme un pou, laid comme un singe ◆ ~ **duckling** (*fig*) vilain petit canard *m*

b (*fig = unpleasant*) [*habit*] sale ◆ **he gave me an ~ look** il m'a regardé d'un sale œil ◆ **to be in an ~ mood** [*person*] être d'une humeur massacrante *or* exécrable; [*crowd*] être menaçant ◆ **the ~ truth** l'horrible vérité *f* ◆ **to grow** *or* **turn** ~ [*person*] se faire menaçant, montrer les dents ◆ **things** *or* **the mood turned ~ when ...** les choses ont mal tourné *or* ont pris une mauvaise tournure quand ... ◆ **the whole business is taking an ~ turn** l'affaire prend une sale tournure ◆ **the situation looks ~** la situation est affreuse ◆ **it is an ~ sight** ce n'est pas beau à voir ◆ **there were ~ scenes** il y a eu des scènes terribles ◆ **an ~ rumour** de vilains bruits *mpl* ◆ **"blackmail" is an ~ word** "chantage" est un vilain mot

**UHF** /ˌjuːeɪtʃˈef/ N (abbrev of **ultrahigh frequency**) UHF *f*

**uh-huh** * /ˈʌˌhʌ/ EXCL (= *yes*) oui oui

**UHT** /ˌjuːeɪtʃˈtiː/ ADJ (abbrev of **ultra heat treated**) [*milk etc*] UHT *inv*, longue conservation *inv*

**uh-uh** /ˈʌˌʌ/ EXCL (*warning*) hé !

**UK** /juːˈkeɪ/ N (abbrev of **United Kingdom**) Royaume-Uni *m* ◆ **in the ~** au Royaume-Uni ◆ **the ~ government** le gouvernement du Royaume-Uni ◆ **a ~ citizen** un citoyen du Royaume-Uni

**uke** ‡ /juːk/ N abbrev of **ukulele**

**Ukraine** /juːˈkreɪn/ N ◆ **(the) ~** l'Ukraine *f* ◆ **in (the) ~** en Ukraine

**Ukrainian** /juːˈkreɪnɪən/ **ADJ** ukrainien **N** a (= *person*) Ukrainien(ne) *m(f)* b (*Ling*) ukrainien *m*

**ukulele** /ˌjuːkəˈleɪlɪ/ N guitare *f* hawaïenne

**ULC** /ˌjuːelˈsiː/ N (*US*) (abbrev of **ultra-large carrier**) superpétrolier *m*

**ulcer** /ˈʌlsəʳ/ N a (*Med*) ulcère *m* ◆ **to get an ~** attraper un ulcère b (*fig*) plaie *f*

**ulcerate** /ˈʌlsəreɪt/ **VT** ulcérer **VI** s'ulcérer

**ulcerated** /ˈʌlsəreɪtɪd/ ADJ ulcéreux

**ulceration** /ˌʌlsəˈreɪʃən/ N ulcération *f*

**ulcerative** /ˈʌlsəˌreɪtɪv/ ADJ ulcératif

**ulcerous** /ˈʌlsərəs/ ADJ (= *having ulcers*) ulcéreux; (= *causing ulcers*) ulcératif

**ullage** /ˈʌlɪdʒ/ N (*Customs*) manquant *m*

**'ullo** * /əˈləʊ/ EXCL (*Brit*) ⇒ **hello**

**ulna** /ˈʌlnə/ N (pl **ulnas** *or* **ulnae** /ˈʌlniː/) cubitus *m*

**ULSD** /ˌjuːelesˈdiː/ N (abbrev of **Ultra Low Sulphur Diesel**) (*Aut*) diesel *m* à faible teneur en soufre

**Ulster** /ˈʌlstəʳ/ **N** a (*Hist*) Ulster *m* b (= *Northern Ireland*) Irlande *f* du Nord c (= *coat*) **ulster** gros pardessus *m* **COMP** de l'Ulster *or* de l'Irlande du Nord ▷ **Ulster Defence Association** N *organisation paramilitaire protestante en Irlande du Nord* ▷ **Ulster Defence Regiment** N *section de l'armée britannique en Irlande du Nord* ▷ **Ulster Volunteer Force** N *organisation paramilitaire protestante en Irlande du Nord*

**Ulsterman** /ˈʌlstəmən/ N (pl **-men**) habitant *m* *or* natif *m* de l'Ulster

**Ulsterwoman** /ˈʌlstəwʊmən/ N (pl **-women**) habitante *f* *or* native *f* de l'Ulster

**ulterior** /ʌlˈtɪərɪəʳ/ ADJ ◆ **she meant it genuinely and had no ~ intentions** elle était sincère et sans arrière-pensée ◆ ~ **motive** arrière-pensée *f*

**ultimata** /ˌʌltɪˈmeɪtə/ NPL of **ultimatum**

**ultimate** /ˈʌltɪmɪt/ **ADJ** a (= *final, eventual*) [*aim, destiny, solution*] final; [*decision, result, outcome*] final, définitif; [*victory, defeat*] final, ultime; [*control, authority*] suprême ◆ **the ~ deterrent** (*Mil, fig*) l'ultime moyen *m* de dissuasion ◆ **the ~ weapon** (*Mil, fig*) l'arme *f* suprême ◆ **the ~ beneficiary/loser is ...** en fin de compte, le bénéficiaire/le perdant est ... ◆ **he came to the ~ conclusion that ...** il a finalement conclu que ... ◆ **death is the ~ sacrifice** la mort est le sacrifice suprême *or* l'ultime sacrifice ◆ **to make the ~ sacrifice** faire le sacrifice de sa vie

b (= *best, most effective*) suprême ◆ **we have produced the ~ sports car** nous avons fabriqué le nec plus ultra de la voiture de sport ◆ **the ~ insult** l'insulte *f* suprême ◆ **the ~ (in) luxury/generosity** le summum du luxe/de la générosité ◆ **the ~ (in) selfishness/bad manners** le comble de l'égoïsme/de l'impolitesse

c (= *basic*) [*principle, cause, truth*] fondamental, premier ◆ ~ **constituent** (*Gram*) constituant *m* ultime

d (= *furthest: gen*) le plus éloigné, le plus distant; [*boundary of universe*] le plus reculé; [*ancestor*] le plus éloigné ◆ **the ~ origins of**

**man** les origines *fpl* premières de l'homme ◆ **the ~ frontiers of knowledge** les confins *mpl* du savoir

**N** ◆ **the ~ in comfort** le summum du confort, le fin du fin en matière de confort, le nec plus ultra du confort

**ultimately** /ˈʌltɪmɪtlɪ/ **ADV** **a** *(= finally, eventually)* en fin de compte ◆ **to ~ do sth** finir par faire qch ◆ **he was ~ successful/unsuccessful** il a finalement réussi/échoué ◆ **it may ~ be possible** ça sera peut-être possible, en fin de compte ◆ **~, this problem can only be solved in a court of law** en fin de compte, ce problème ne pourra être résolu que devant les tribunaux **b** *(= when all is said and done) [responsible]* en définitive ◆ **it ~ depends on you** en définitive *or* en fin de compte cela dépend de vous

**ultimatum** /ˌʌltɪˈmeɪtəm/ **N** (pl **ultimatums** *or* **ultimata**) ultimatum *m* ◆ **to deliver** *or* **issue an ~** adresser un ultimatum (*to* à)

**ultra...** /ˈʌltrə/ **PREF** ultra..., hyper... * ◆ **ultrasensitive** ultrasensible, hypersensible ◆ **ultra-right-wing** d'extrême droite ◆ **ultrafashionable** du tout dernier cri ◆ **ultrarich** richissime

**ultrahigh** /ˈʌltrəˈhaɪ/ **ADJ** ◆ **~ frequency** ultrahaute fréquence *f*

**ultralight** /ˈʌltrəˈlaɪt/ **ADJ** ultraléger **N** *(Aviat)* ULM *m*, ultra-léger *m* motorisé

**Ultra Low Sulphur Diesel** **N** *(Aut)* diesel *m* à faible teneur en soufre

**ultramarine** /ˌʌltrəməˈriːn/ **ADJ, N** (bleu) outremer *m inv*

**ultramodern** /ˈʌltrəˈmɒdən/ **ADJ** ultramoderne

**ultramontane** /ˌʌltrəˈmɒnteɪn/ **ADJ, N** ultramontain(e) *m(f)*

**ultramontanism** /ˌʌltrəˈmɒntɪnɪzəm/ **N** ultramontanisme *m*

**ultrashort** /ˈʌltrəˈʃɔːt/ **ADJ** ultracourt

**ultrasonic** /ˌʌltrəˈsɒnɪk/ **ADJ** ultrasonique **N** *(NonC)* ◆ **~s** science *f* des ultrasons

**ultrasound** /ˈʌltrəsaʊnd/ **N** *(NonC)* ultrasons *mpl* ◆ **to have ~** avoir une échographie **COMP** *[equipment, machine]* à ultrasons ▷ **ultrasound examination, ultrasound scan** **N** échographie *f* ▷ **ultrasound scanner** **N** appareil *m* à échographie

**ultraviolet** /ˌʌltrəˈvaɪəlɪt/ **ADJ** ultraviolet ◆ **to have ~ treatment** *(Med)* se faire traiter aux rayons ultraviolets ◆ **~ radiation** rayons *mpl* ultraviolets

**ultra vires** /ˌʌltrəˈvaɪəriːz/ **ADV, ADJ** *(Jur)* ◆ **to be ~** constituer un abus de pouvoir ◆ **to act ~** outrepasser ses droits, commettre un abus de pouvoir

**ululate** /ˈjuːljʊleɪt/ **VI** *[owl]* (h)ululer ; *[dog]* hurler

**ululation** /ˌjuːljʊˈleɪʃən/ **N** hululement *m* ; *(in Arab context)* youyou *m*

**Ulysses** /juːˈlɪsiːz/ **N** Ulysse *m*

**um** /ʌm/ **INTERJ** euh **VI** ◆ **to ~ and err** * se tâter *, hésiter ◆ **after a lot of ~ming and erring *, he decided to buy it** après beaucoup d'hésitations il se décida à l'acheter

**umber** /ˈʌmbəʳ/ **ADJ, N** (terre *f* d')ombre *f*, terre *f* de Sienne ; → **burnt**

**umbilical** /ˌʌmbɪˈlaɪkəl/ **ADJ** ombilical **COMP** ▷ **umbilical cord** **N** cordon *m* ombilical

**umbilicus** /ˌʌmbɪˈlaɪkəs/ **N** (pl **umbilici** /ˌʌmbəˈlaɪsaɪ/) ombilic *m*, nombril *m*

**umbrage** /ˈʌmbrɪdʒ/ **N** *(NonC)* ombrage *m (fig)*, ressentiment *m* ◆ **to take ~** prendre ombrage, se froisser (*at* de)

**umbrella** /ʌmˈbrelə/ **N** **a** *(gen)* parapluie *m* ; *(against sun)* parasol *m* ◆ **to put up/put down an ~** ouvrir/fermer un parapluie ◆ **golf ~** parapluie *m* de golf ◆ **air ~** *(Mil)* écran *m* de protection aérienne ◆ **under the ~ of** *(fig) (= under the protection of)* sous la protection de ; *(= under the aegis of)* sous l'égide de ◆ **to come under the ~ of** relever de ; → **nuclear** **b** *[of jellyfish]* ombrelle *f* **ADJ** ◆ **~ body** *or* **organization** organisme *m* qui en chapeaute plusieurs autres ◆ **an ~ term** un terme générique **COMP** ▷ **umbrella pine** **N** pin *m* parasol ▷ **umbrella stand** **N** porte-parapluies *m inv*

**Umbria** /ˈʌmbrɪə/ **N** Ombrie *f*

**Umbrian** /ˈʌmbrɪən/ **ADJ** ombrien **N** Ombrien(ne) *m(f)*

**umlaut** /ˈʊmlaʊt/ **N** **a** *(NonC = vowel change)* inflexion *f* vocalique **b** *(= diaeresis)* tréma *m* ; *(in German)* umlaut *m*

**ump** * /ʌmp/ **N** *(US)* ⇒ **umpire**

**umpire** /ˈʌmpaɪəʳ/ **N** *(gen)* arbitre *m* ; *(Tennis)* juge *m* de chaise **VT** arbitrer **VI** servir d'arbitre, être l'arbitre

**umpteen** * /ˈʌmptiːn/ **ADJ** beaucoup de, je ne sais combien de ◆ **I've told you ~ times** je te l'ai dit je ne sais combien de fois *or* trente-six fois *or* cent fois ◆ **he had ~ books** il avait je ne sais combien de livres *or* des quantités de livres

**umpteenth** * /ˈʌmptiːnθ/ **ADJ** (é)nième

**UN** /juːˈen/ **N** (abbrev of **United Nations**) ONU *f*

**'un** * /ən/ **PRON** *(= one)* ◆ **he's a good ~** c'est un brave type * ◆ **she's a good ~** c'est une fille bien ◆ **little ~** petiot(e) * *m(f)*

**un...** /ʌn/ **PREF** dé..., dés..., dis..., in..., mal...

**unabashed** /ˈʌnəˈbæʃt/ **ADJ** *[person]* nullement décontenancé (*by* par) ; *[love, desire, admiration]* dont on n'a pas honte ; *[greed]* sans mesure, sans bornes ◆ **he's an ~ romantic** c'est un romantique et il n'en a pas honte *or* il ne s'en cache pas ◆ **"yes" he said ~** "oui" dit-il sans se décontenancer *or* sans perdre contenance

**unabated** /ˈʌnəˈbeɪtɪd/ **ADJ** *[desire]* constant ◆ **she was exasperated by her husband's ~ drinking** elle était exaspérée par le fait que son mari buvait constamment ◆ **to remain ~** rester inchangé ◆ **with ~ interest** avec toujours autant d'intérêt ◆ **his ~ enthusiasm for the scheme** l'enthousiasme qu'il continuait à exprimer pour ce projet **ADV** sans relâche ◆ **to continue ~** se poursuivre sans relâche ◆ **the fighting continued ~ for over a week** les combats se sont poursuivis sans relâche pendant plus d'une semaine

**unabbreviated** /ˈʌnəˈbriːvɪeɪtɪd/ **ADJ** non abrégé, sans abréviation

**unable** /ˈʌnˈeɪbl/ LANGUAGE IN USE 12.3, 16.3, 16.4, 18.2, 25.1 **ADJ** ◆ **to be ~ to do sth** *(gen)* ne (pas) pouvoir faire qch ; *(= not know how to)* ne pas savoir faire qch ; *(= be incapable of)* être incapable de faire qch ; *(= be prevented from)* être dans l'impossibilité de faire qch, ne pas être en mesure de faire qch

**unabridged** /ˈʌnəˈbrɪdʒd/ **ADJ** intégral, non abrégé ◆ **~ edition/version** édition *f*/version *f* intégrale

**unaccented** /ˈʌnækˈsentɪd/, **unaccentuated** /ˈʌnækˈsentjʊeɪtɪd/ **ADJ** *[voice, speech]* sans accent ; *[syllable]* inaccentué, non accentué, atone

**unacceptable** /ˈʌnəkˈseptəbl/ **ADJ** *[offer, suggestion]* inacceptable ; *[amount, degree, extent, level]* inadmissible ◆ **it's quite ~ that we should have to do this** il est inadmissible que nous devions faire cela ◆ **the ~ face of capitalism** la face honteuse du capitalisme

**unacceptably** /ˈʌnəkˈseptəblɪ/ **ADV** *[dangerous]* à un point inacceptable *or* inadmissible ◆ **the cost was ~ high** le coût était si élevé que c'était inacceptable ◆ **~ poor living conditions** des conditions *fpl* de vie inacceptables *or* inadmissibles ◆ **an ~ violent programme** un film d'une violence inacceptable *or* inadmissible ◆ **he suggested, quite ~, doing it later** il a suggéré de le faire plus tard, ce qui était tout à fait inacceptable *or* inadmissible

**unaccommodating** /ˈʌnəˈkɒmədeɪtɪŋ/ **ADJ** *(= disobliging)* désobligeant ; *(= not easy to deal with)* peu accommodant

**unaccompanied** /ˈʌnəˈkʌmpənɪd/ **ADJ** *[person, child, luggage]* non accompagné ; *(Mus) [singing]* sans accompagnement, a cappella ; *[instrument]* seul

**unaccomplished** /ˌʌnəˈkʌmplɪʃt/ **ADJ** **a** *(frm = unfinished) [work, task, journey]* inaccompli, inachevé ; *[project, desire]* inaccompli, non réalisé **b** *(= untalented) [person]* sans talents ; *[performance]* médiocre

**unaccountable** /ˈʌnəˈkaʊntəbl/ **ADJ** **a** *(= inexplicable)* inexplicable, sans raison apparente **b** ◆ **~ bureaucrats** des bureaucrates qui n'ont pas à rendre compte de leurs actes ◆ **MI5's operations remain secretive and relatively ~** MI5 continue de mener ses opérations dans le secret, sans quasiment en rendre compte à qui que ce soit ◆ **to be ~ to** *[+ person, official, organization]* ne pas avoir obligation de rendre compte à

**unaccountably** /ˈʌnəˈkaʊntəblɪ/ **ADV** ◆ **an ~ successful film** un film au succès inexplicable ◆ **~ popular** d'une popularité inexplicable ◆ **he felt ~ depressed** il se sentait déprimé sans savoir pourquoi ◆ **the messenger was ~ delayed** le messager a été retardé sans raison apparente ◆ **~, he felt sorry for her** sans comprendre pourquoi, il la plaignait

**unaccounted** /ˈʌnəˈkaʊntɪd/ **ADJ** ◆ **~ for** ◆ **two passengers are still ~ for** deux passagers sont toujours portés disparus *or* n'ont toujours pas été retrouvés ◆ **$5 is still ~ for** il manque encore 5 dollars ◆ **this is ~ for in the report** ceci n'est pas expliqué dans le rapport

**unaccustomed** /ˈʌnəˈkʌstəmd/ **ADJ** inaccoutumé, inhabituel ◆ **to be ~ to (doing) sth** ne pas avoir l'habitude de (faire) qch ◆ **~ as I am to public speaking ...** n'ayant pas l'habitude de prendre la parole en public ...

**unacknowledged** /ˈʌnəkˈnɒlɪdʒd/ **ADJ** *[letter]* dont on n'a pas accusé réception ; *[mistake, help, services]* non reconnu (publiquement) ; *[child]* non reconnu

**unacquainted** /ˈʌnəˈkweɪntɪd/ **ADJ** ◆ **to be ~ with the facts** ignorer les faits, ne pas être au courant des faits ◆ **she is ~ with poverty** elle ne sait pas ce que c'est que la pauvreté, elle ne connaît pas la pauvreté ◆ **to be ~ with sb** ne pas avoir fait la connaissance de qn ◆ **they are ~** ils ne se connaissent pas

**unadaptable** /ˈʌnəˈdæptəbl/ **ADJ** inadaptable, peu adaptable

**unadapted** /ˈʌnəˈdæptɪd/ **ADJ** mal adapté, inadapté (*to* à)

**unaddressed** /ˈʌnəˈdrest/ **ADJ** sans adresse, qui ne porte pas d'adresse

**unadjusted** /ˌʌnəˈdʒʌstɪd/ **ADJ** non corrigé ◆ **seasonally ~ employment figures** statistiques *fpl* du chômage non corrigées des variations saisonnières

**unadopted** /ˈʌnəˈdɒptɪd/ ADJ ◆ **many children remain ~** beaucoup d'enfants ne trouvent pas de parents adoptifs

**unadorned** /ˈʌnəˈdɔːnd/ ADJ sans ornement, tout simple ; *(fig)* *[truth]* pur, tout nu ◆ **beauty ~** la beauté sans artifice *or* sans fard

**unadulterated** /ˈʌnəˈdʌltəreɪtɪd/ ADJ pur, naturel ; *[food, wine]* non frelaté ; *[hell, nonsense]* pur (et simple)

**unadventurous** /ˈʌnədˈventʃərəs/ ADJ *[person, career, design, theatre production]* peu audacieux (-euse *f*) ◆ **where food is concerned, he is very ~** il est très conservateur dans ses goûts culinaires

**unadventurously** /ˈʌnədˈventʃərəslɪ/ ADV *[dressed, decorated]* de façon conventionnelle ; *[choose, decide]* par manque d'audace *or* d'imagination

**unadvertised** /ˈʌnˈædvətaɪzd/ ADJ *[meeting, visit]* sans publicité, discret (-ète *f*)

**unadvised** /ˈʌnədˈvaɪzd/ ADJ **a** *(= lacking advice) [person]* qui n'a pas reçu de conseils **b** *(= ill-advised) [person]* malavisé, imprudent ; *[measures]* inconsidéré, imprudent

**unaesthetic** /ˌʌniːsˈθetɪk/ ADJ inesthétique, peu esthétique

**unaffected** /ˈʌnəˈfektɪd/ ADJ **a** *(= sincere) [person]* naturel, simple ; *[behaviour]* non affecté ; *[style]* sans recherche, simple **b** *(= unchanged)* non affecté ◆ **~ by damp/cold** non affecté par l'humidité/le froid, qui résiste à l'humidité/au froid ◆ **~ by heat** inaltérable à la chaleur ◆ **our plans were ~ by the strike** nos plans sont restés inchangés malgré la grève ◆ **they are ~ by the new legislation** ils ne sont pas affectés *or* touchés par la nouvelle législation ◆ **he was quite ~ by her sufferings** ses souffrances ne l'ont pas touché *or* l'ont laissé froid ◆ **he remained ~ by all the noise** il était indifférent à tout ce bruit

**unaffectedly** /ˈʌnəˈfektɪdlɪ/ ADV *[behave]* sans affectation ; *[dress]* simplement ◆ **her outfit was ~ stylish** sa tenue était à la fois simple et chic

**unaffiliated** /ˈʌnəˈfɪlɪeɪtɪd/ ADJ non affilié (*to* à)

**unafraid** /ˈʌnəˈfreɪd/ ADJ sans peur, qui n'a pas peur ◆ **to be ~ of (doing) sth** ne pas avoir peur de (faire) qch

**unaided** /ˈʌnˈeɪdɪd/ ADV *[walk, stand]* tout(e) seul(e) ; *[breathe]* sans aide extérieure ◆ **to reach the North Pole ~** atteindre le pôle Nord par ses propres moyens ◆ **she brought up six children ~** elle a élevé six enfants toute seule ADJ ◆ **his ~ work** le travail qu'il a fait tout seul *or* sans être aidé ◆ **by his own ~ efforts** par ses propres efforts *or* moyens

**unaired** /ˌʌnˈɛəd/ ADJ non aéré

**unalike** /ˈʌnəˈlaɪk/ ADJ peu ressemblant ◆ **to be ~** ne pas se ressembler ◆ **the two children are so ~** les deux enfants se ressemblent si peu

**unalloyed** /ˈʌnəˈlɔɪd/ ADJ *[happiness]* sans mélange, parfait ; *[metal]* non allié

**unalterable** /ʌnˈɒltərəbl/ ADJ *[rule]* invariable, immuable ; *[fact]* certain ; *[emotion, friendship]* inaltérable

**unalterably** /ʌnˈɒltərəblɪ/ ADV *[change, affect]* de façon permanente ; *[opposed]* définitivement ◆ **~ wicked** foncièrement méchant

**unaltered** /ˈʌnˈɒltəd/ ADJ inchangé, non modifié ◆ **his appearance was ~** physiquement il n'avait pas changé

**unambiguous** /ˈʌnæmˈbɪgjʊəs/ ADJ *[statement, wording]* non ambigu (-guë *f*), non équivoque, clair ; *[order, thought]* clair

**unambiguously** /ˈʌnæmˈbɪgjʊəslɪ/ ADV *[say, condemn, support]* sans ambiguïté, sans équivoque ◆ **he gave an ~ affirmative answer** il a répondu sans ambiguïté par l'affirmative

**unambitious** /ˈʌnæmˈbɪʃəs/ ADJ *[person]* sans ambition, peu ambitieux ; *[plan]* modeste

**un-American** /ˈʌnəˈmerɪkən/ ADJ **a** *(pej = anti-American)* anti-américain **b** *(not typical)* peu *or* pas américain

**unamiable** /ˈʌnˈeɪmɪəbl/ ADJ désagréable, peu aimable

**unamused** /ˈʌnəˈmjuːzd/ ADJ qui n'est pas amusé ◆ **the story left her ~** l'histoire ne l'a pas amusée du tout, elle n'a pas trouvé l'histoire amusante du tout

**unanimity** /ˌjuːnəˈnɪmɪtɪ/ N *(NonC)* unanimité *f*

**unanimous** /juːˈnænɪməs/ ADJ *[group, decision]* unanime ◆ **the committee was ~ in its condemnation of this** *or* **in condemning this** les membres du comité ont été unanimes pour *or* à condamner cela, les membres du comité ont condamné cela à l'unanimité ◆ **it was accepted by a ~ vote** cela a été voté à l'unanimité

**unanimously** /juːˈnænɪməslɪ/ ADV *[vote, elect]* à l'unanimité ; *[agree, pass]* unanimement, à l'unanimité ; *[condemn]* unanimement ◆ **~ favourable** unanimement favorable ◆ **the album received ~ good reviews** *or* **was ~ praised** l'album a fait l'unanimité

**unannounced** /ˈʌnəˈnaʊnst/ ADJ *[visitor, visit]* imprévu ◆ **to pay an ~ visit to sb** rendre visite à qn sans prévenir ; *(in more formal situations)* rendre visite à qn sans se faire annoncer ◆ **the President paid an ~ visit to the Swiss capital** le Président a effectué une visite-surprise dans la capitale helvétique ADV *[arrive, enter, turn up]* sans prévenir ; *(in more formal situations)* sans se faire annoncer

**unanswerable** /ʌnˈɑːnsərəbl/ ADJ *[question]* à laquelle il est impossible de répondre ; *[argument]* irréfutable, incontestable

**unanswered** /ˈʌnˈɑːnsəd/ ADJ *[letter, request, question]* (qui reste) sans réponse ; *[problem, puzzle]* non résolu ; *[criticism, argument]* non réfuté ; *[prayer]* inexaucé ; *(Jur)* *[charge]* irréfuté ◆ **her letter remained ~** sa lettre est restée sans réponse ◆ **there was a pile of ~ letters on his desk** sur son bureau, il y avait une pile de lettres en attente *or* une pile de lettres auxquelles il n'avait pas (encore) répondu

**unappealing** /ˈʌnəˈpiːlɪŋ/ ADJ peu attirant, peu attrayant

**unappetizing** /ˈʌnˈæpɪtaɪzɪŋ/ ADJ *(lit, fig)* peu appétissant

**unappreciated** /ˈʌnəˈpriːʃɪeɪtɪd/ ADJ *[person]* méconnu, incompris ; *[offer, help]* non apprécié

**unappreciative** /ˈʌnəˈpriːʃɪətɪv/ ADJ *[audience]* froid, indifférent ◆ **to be ~ of sth** ne pas apprécier qch, rester indifférent à qch

**unapproachable** /ˈʌnəˈprəʊtʃəbl/ ADJ d'un abord difficile, inabordable

**unarguable** /ʌnˈɑːgjʊəbl/ ADJ incontestable

**unarguably** /ʌnˈɑːgjʊəblɪ/ ADV incontestablement

**unarmed** /ˈʌnˈɑːmd/ ADJ *[person]* non armé ; *[ship, plane]* sans armes ◆ **he is ~** il n'est pas armé ADV sans armes COMP ▷ **unarmed combat** N combat *m* à mains nues

**unashamed** /ˈʌnəˈʃeɪmd/ ADJ *[pleasure, delight, admiration]* non déguisé ; *[greed, luxury]* dont on n'a pas honte ◆ **he was quite ~ about it** il n'en éprouvait pas la moindre honte *or* gêne ◆ **he was an ~ admirer of Mussolini** il admirait Mussolini et ne s'en cachait pas

**unashamedly** /ˈʌnəˈʃeɪmɪdlɪ/ ADV *[say, cry]* sans aucune gêne ◆ **~ romantic** qui ne cache pas son romantisme ◆ **~ luxurious** d'un luxe sans complexes ◆ **he was ~ delighted about it** il en était réjoui et ne s'en cachait pas ◆ **he was ~ selfish/a liar** c'était un égoïste/un menteur et il ne s'en cachait pas

**unasked** /ˈʌnˈɑːskt/ ADJ *[question]* non formulé ◆ **significant questions will go ~** certaines questions importantes ne seront pas posées ◆ **this was ~ for** on ne l'avait pas demandé ADV ◆ **she did it ~** elle l'a fait sans qu'on le lui ait demandé *or* de son propre chef ◆ **he came in ~** il est entré sans y avoir été invité

**unaspirated** /ˈʌnˈæspəreɪtɪd/ ADJ *(Phon)* non aspiré

**unassailable** /ˌʌnəˈseɪləbl/ ADJ *[fortress]* imprenable ; *[position, reputation]* inattaquable ; *[argument, reason]* irréfutable, inattaquable ◆ **he is quite ~ on that point** ses arguments sont irréfutables sur ce point, on ne peut pas l'attaquer sur ce point

**unassisted** /ˈʌnəˈsɪstɪd/ ADV tout seul, sans aide ADJ tout seul

**unassuming** /ˈʌnəˈsjuːmɪŋ/ ADJ sans prétentions, modeste

**unassumingly** /ˈʌnəˈsjuːmɪŋlɪ/ ADV modestement, sans prétentions

**unattached** /ˈʌnəˈtætʃt/ ADJ *[part etc]* non attaché (*to* à), libre (*to* de) ; *(fig)* *[person, group]* indépendant (*to* de) ; *(= not married etc)* libre, sans attaches ; *(Jur)* non saisi

**unattainable** /ˈʌnəˈteɪnəbl/ ADJ *[place, objective, person]* inaccessible

**unattended** /ˈʌnəˈtendɪd/ ADJ **a** *(= not looked after) [shop, machine, luggage]* (laissé) sans surveillance ; *[child]* sans surveillance, (tout) seul ◆ **do not leave your luggage ~** ne laissez pas vos bagages sans surveillance ◆ **~ to** négligé **b** *(= unaccompanied) [king etc]* seul, sans escorte

**unattractive** /ˈʌnəˈtræktɪv/ ADJ *[appearance, house, idea]* peu attrayant, peu séduisant ; *[person, character]* déplaisant, peu sympathique

**unattractiveness** /ˈʌnəˈtræktɪvnɪs/ N *(NonC)* manque *m* d'attrait *or* de beauté

**unattributed** /ˈʌnəˈtrɪbuːtɪd/ ADJ *[quotation, remark]* non attribué ; *[source]* non cité, non indiqué

**unauthenticated** /ˈʌnɔːˈθentɪkeɪtɪd/ ADJ *[evidence]* non établi ; *[signature]* non authentifié

**unauthorized** /ˈʌnˈɔːθəraɪzd/ ADJ *(gen)* non autorisé, (fait) sans autorisation ◆ **this was ~** cela a été fait sans autorisation ◆ **~ absence** absence *f* irrégulière ◆ **~ signature** *(Jur)* signature *f* usurpatoire

**unavailable** /ˈʌnəˈveɪləbl/ ADJ *[funds]* indisponible ; *(Comm)* *[article]* épuisé, qu'on ne peut se procurer ; *[person]* indisponible, qui n'est pas disponible *or* libre ◆ **the Minister was ~ for comment** le ministre s'est refusé à toute déclaration

**unavailing** /ˈʌnəˈveɪlɪŋ/ ADJ *[effort]* vain, inutile ; *[remedy, method]* inefficace

**unavailingly** /ˈʌnəˈveɪlɪŋlɪ/ ADV en vain, sans succès

**unavoidable** /ˌʌnəˈvɔɪdəbl/ ADJ inévitable ◆ **it is ~ that ...** il est inévitable que ... + *subj*

**unavoidably** /ˌʌnəˈvɔɪdəblɪ/ ADV inévitablement ◆ **he was ~ delayed** *or* **detained** il n'a pu éviter d'être retardé

**unaware** /ˈʌnəˈwɛəʳ/ ADJ ◆ **to be ~ of sth** ignorer qch, ne pas être conscient de qch, ne pas avoir conscience de qch ◆ **to be ~ that ...** ignorer que ..., ne pas savoir que ... ◆ **"stop" he said, ~ of the danger** "arrête" dit-il, ignorant *or* inconscient du danger ◆ **I was not ~ that ...** je n'étais pas sans savoir que ... ◆ **he is politically quite ~** il n'a aucune conscience politique, il n'est pas politisé

**unawareness** /ˌʌnəˈwɛənɪs/ N ignorance *f*

**unawares** /ˈʌnəˈwɛəz/ ADV **a** *(= by surprise)* à l'improviste, au dépourvu ◆ **to catch** *or* **take sb ~** prendre qn à l'improviste *or* au dépourvu **b** *(= without realizing)* inconsciemment, par mégarde

**unbacked** /ˈʌnˈbækt/ ADJ *(Fin)* à découvert

**unbalance** /ˈʌnˈbæləns/ **VT** déséquilibrer **N** déséquilibre *m*

**unbalanced** /ˈʌnˈbælənst/ ADJ **a** *(physically)* mal équilibré ; *(mentally)* déséquilibré ◆ **his mind was ~** il était déséquilibré **b** *(Fin) [account]* non soldé

**unban** /ˈʌnˈbæn/ VT ◆ **to ~ an organization** lever l'interdiction frappant une organisation

**unbandage** /ˈʌnˈbændɪdʒ/ VT *[+ limb, wound]* débander ; *[+ person]* ôter ses bandages *or* ses pansements à

**unbaptized** /ˈʌnbæpˈtaɪzd/ ADJ non baptisé

**unbar** /ˈʌnˈbɑːʳ/ VT *[+ door]* débarrer, enlever la barre de

**unbearable** /ʌnˈbɛərəbl/ ADJ insupportable

**unbearably** /ʌnˈbɛərəblɪ/ ADV *[sad, painful, loud]* insupportablement ◆ **it's ~ hot/cold today** aujourd'hui il fait une chaleur/un froid insupportable

**unbeatable** /ˈʌnˈbiːtəbl/ ADJ imbattable

**unbeaten** /ˈʌnˈbiːtn/ ADJ *[army, player, team]* invaincu ; *[record, price]* non battu

**unbecoming** /ˈʌnbɪˈkʌmɪŋ/ ADJ *[garment]* peu seyant, qui ne va *or* ne sied pas ; *(fig) [behaviour]* malséant, inconvenant

**unbeknown(st)** /ˈʌnbɪˈnəʊn(st)/ ADJ, ADV ◆ **~(st) to ...** à l'insu de ... ◆ **~(st) to me** à mon insu

**unbelief** /ˈʌnbɪˈliːf/ N *(also Rel)* incrédulité *f* ◆ **in ~, with an air of ~** d'un air incrédule

**unbelievable** /ˌʌnbɪˈliːvəbl/ ADJ incroyable ◆ **it is ~ that ...** il est incroyable que ... + *subj*

**unbelievably** /ˌʌnbɪˈliːvəblɪ/ ADV *[beautiful, stupid, selfish etc]* incroyablement ◆ **to be ~ lucky/successful** avoir une chance/un succès incroyable ◆ **~, he refused** aussi incroyable que cela puisse paraître, il a refusé

**unbeliever** /ˈʌnbɪˈliːvəʳ/ N *(also Rel)* incrédule *mf*

**unbelieving** /ˈʌnbɪˈliːvɪŋ/ ADJ *(also Rel)* incrédule

**unbelievingly** /ˈʌnbɪˈliːvɪŋlɪ/ ADV d'un air incrédule

**unbend** /ˈʌnˈbend/ (pret, ptp **unbent**) **VT** *[+ pipe, wire]* redresser, détordre **VI** *[person]* s'assouplir ◆ **he unbent enough to ask me how I was** il a daigné me demander comment j'allais

**unbending** /ʌnˈbendɪŋ/ ADJ non flexible, rigide ; *(fig) [person, attitude]* inflexible, intransigeant

**unbent** /ʌnˈbent/ VB pt, ptp of **unbend**

**unbias(s)ed** /ʌnˈbaɪəst/ ADJ impartial

**unbidden** /ʌnˈbɪdn/ ADV *(liter)* ◆ **she did it ~** elle l'a fait de son propre chef *or* sans qu'on le lui ait demandé ◆ **he came in ~** il est entré sans y avoir été invité ◆ **the phrase sprang ~ to her mind/lips** l'expression lui est venue spontanément à l'esprit/aux lèvres

**unbind** /ˈʌnˈbaɪnd/ (pret, ptp **unbound**) VT *(= free)* délier ; *(= untie)* dénouer, défaire ; *(= unbandage)* débander ; see also **unbound**

**unbleached** /ˈʌnˈbliːtʃt/ ADJ *[linen]* écru ; *[hair]* non décoloré ; *[flour]* non traité

**unblemished** /ʌnˈblemɪʃt/ ADJ *(lit, fig)* sans tache

**unblinking** /ʌnˈblɪŋkɪŋ/ ADJ *[person]* imperturbable, impassible ◆ **he gave me an ~ stare, he looked at me with ~ eyes** il m'a regardé sans ciller

**unblinkingly** /ˈʌnˈblɪŋkɪŋlɪ/ ADV *[stare]* sans ciller

**unblock** /ˈʌnˈblɒk/ VT *[+ sink, pipe]* déboucher ; *[+ road, harbour, traffic]* dégager

**unblushing** /ʌnˈblʌʃɪŋ/ ADJ effronté, éhonté

**unblushingly** /ʌnˈblʌʃɪŋlɪ/ ADV sans rougir *(fig)*, effrontément

**unbolt** /ˈʌnˈbəʊlt/ VT *[+ door]* déverrouiller, tirer le verrou de ; *[+ beam]* déboulonner

**unborn** /ˈʌnˈbɔːn/ ADJ ◆ **the ~ child** le fœtus ◆ **generations yet ~** les générations *fpl* futures *or* à venir

**unbosom** /ʌnˈbʊzəm/ VT ◆ **to ~ o.s. to sb** ouvrir son cœur à qn, se confier à qn

**unbound** /ˈʌnˈbaʊnd/ **VB** pt, ptp of **unbind** **ADJ** *[prisoner, hands, feet]* non lié ; *[seam]* non bordé ; *[book]* broché, non relié ; *[periodical]* non relié

**unbounded** /ʌnˈbaʊndɪd/ ADJ *[joy, gratitude]* sans borne, illimité ; *[conceit, pride]* démesuré ; *[ignorance]* sans fond

**unbowed** /ˈʌnˈbaʊd/ ADJ *(fig)* insoumis, invaincu ◆ **with head ~** la tête haute

**unbreakable** /ˈʌnˈbreɪkəbl/ ADJ incassable ; *(fig) [promise, treaty]* sacré

**unbreathable** /ˈʌnˈbriːðəbl/ ADJ irrespirable

**unbribable** /ˈʌnˈbraɪbəbl/ ADJ incorruptible, qui ne se laisse pas acheter

**unbridgeable** /ˈʌnˈbrɪdʒəbl/ ADJ *(fig)* ◆ **an ~ gap** *or* **gulf** une divergence irréconciliable

**unbridled** /ʌnˈbraɪdld/ ADJ *(fig)* débridé, déchaîné, effréné

**unbroken** /ˈʌnˈbrəʊkən/ ADJ **a** *(= intact) [crockery, limb]* non cassé ; *[seal]* intact, non brisé ; *[skin]* intact, non déchiré ; *[ice]* intact ; *[record]* non battu ; *[promise]* tenu ◆ **his spirit remained ~** il ne se découragea pas **b** *(= continuous) [series, silence, sleep]* ininterrompu ◆ **~ line** *(Aut)* ligne *f* continue ◆ **descended in an ~ line from Edward II** qui descend en ligne directe d'Édouard II ◆ **she was in government for ten ~ years** elle a été au gouvernement pendant dix années de suite ◆ **a whole morning of ~ sunshine** une matinée entière de soleil sans nuages **c** *[horse]* indompté **d** *[voice]* qui n'a pas mué

**unbuckle** /ˈʌnˈbʌkl/ VT déboucler

**unbundle** /ʌnˈbʌndl/ VT **a** *(gen)* séparer, dégrouper **b** *(Fin) (after a buyout)* vendre par appartements ; *(= price into separate items)* détailler, tarifer séparément

**unburden** /ʌnˈbɜːdn/ VT *[+ conscience]* soulager ; *[+ heart]* épancher ◆ **to ~ o.s.** s'épancher (*to sb* avec qn), se livrer (*to sb* à qn) ◆ **to ~ o.s. of sth** se décharger de qch

**unburied** /ˈʌnˈberɪd/ ADJ non enterré, non enseveli

**unbusinesslike** /ʌnˈbɪznɪslaɪk/ ADJ *[trader, dealer]* qui n'a pas le sens des affaires, peu commerçant ; *[transaction]* irrégulier ; *(fig) [person]* qui manque de méthode *or* d'organisation ; *[report]* peu méthodique

**unbutton** /ˈʌnˈbʌtn/ VT *[+ shirt, coat, trousers etc]* déboutonner ; *[+ button]* défaire

**uncalled-for** /ʌnˈkɔːldfɔːʳ/ ADJ *[criticism]* injustifié ; *[remark]* déplacé ◆ **that was quite ~** c'était tout à fait déplacé

**uncannily** /ʌnˈkænɪlɪ/ ADV étrangement ◆ **to look ~ like sb/sth** ressembler étrangement à qn/qch

**uncanny** /ʌnˈkænɪ/ ADJ *[sound]* mystérieux, étrange ; *[atmosphere, silence]* étrange ; *[mystery, event, question, resemblance, accuracy, knack]* troublant ◆ **it's ~ how he does it** je ne m'explique vraiment pas comment il fait cela

**uncap** /ˈʌnˈkæp/ VT *[+ bottle]* décapsuler

**uncapped** /ˈʌnˈkæpt/ ADJ *(Brit Sport) [player] (for country)* qui n'a pas encore été sélectionné en équipe nationale ; *(for university)* qui n'a pas encore été sélectionné dans l'équipe de son université

**uncared-for** /ʌnˈkɛədfɔːʳ/ ADJ *[garden, building]* négligé, (laissé) à l'abandon ; *[appearance]* négligé, peu soigné ; *[child]* laissé à l'abandon, délaissé

**uncaring** /ˌʌnˈkɛərɪŋ/ ADJ insensible, indifférent

**uncarpeted** /ˈʌnˈkɑːpɪtɪd/ ADJ sans tapis

**uncashed** /ʌnˈkæʃəd/ ADJ *[cheque]* non encaissé

**uncatalogued** /ˈʌnˈkætəlɒgd/ ADJ qui n'a pas été catalogué

**uncaught** /ˈʌnˈkɔːt/ ADJ *[criminal]* qui n'a pas été appréhendé *or* pris

**unceasing** /ʌnˈsiːsɪŋ/ ADJ incessant, continu, continuel

**unceasingly** /ʌnˈsiːsɪŋlɪ/ ADV sans cesse

**uncensored** /ˈʌnˈsensəd/ ADJ *[letter]* non censuré ; *[film, book]* non censuré, non expurgé

**unceremonious** /ˈʌnˌserɪˈməʊnɪəs/ ADJ brusque

**unceremoniously** /ˈʌnˌserɪˈməʊnɪəslɪ/ ADV **a** *(= without ceremony) [bury]* sans cérémonie **b** *(= abruptly) [eject]* brusquement

**uncertain** /ʌnˈsɜːtn/ LANGUAGE IN USE 16.1 ADJ *[person]* incertain, qui n'est pas sûr *or* certain ; *[voice, smile, steps]* mal assuré, hésitant ; *[age, date, weather]* incertain ; *[result, effect]* incertain, aléatoire ; *[temper]* inégal ◆ **it is ~ whether ...** il n'est pas certain *or* sûr que ... + *subj* ◆ **he is ~ (as to) whether ...** il ne sait pas au juste si ... + *indic*, il n'est pas sûr que ... + *subj* ◆ **to be ~ about sth** être incertain de qch, ne pas être certain *or* sûr de qch, avoir des doutes sur qch ◆ **he was ~ about what he was going to do** il était incertain de ce qu'il allait faire, il ne savait pas au juste ce qu'il allait faire ◆ **in no ~ terms** sans ambages, en des termes on ne peut plus clairs

**uncertainly** /ʌnˈsɜːtnlɪ/ ADV *[say]* d'une manière hésitante ; *[stand]* avec hésitation ; *[smile, laugh, look at]* d'un air hésitant

**uncertainty** /ʌnˈsɜːtntɪ/ N incertitude *f*, doute(s) *m(pl)* ◆ **in order to remove any ~** pour dissiper des doutes éventuels ◆ **in view of this ~** *or* **these uncertainties** en raison de l'incertitude dans laquelle nous nous trouvons *or* de ces incertitudes

**uncertificated** /ˈʌnsəˈtɪfɪkeɪtɪd/ ADJ *(gen)* non diplômé ; *[secondary teacher]* non certifié

**uncertified** /ˈʌnˈsɜːtɪfaɪd/ ADJ *[document etc]* non certifié ◆ **~ teacher** *(US)* ≃ maître *m* auxiliaire

**unchain** /ˈʌnˈtʃeɪn/ VT *(fig) [+ passions, reaction]* déchaîner ; *(lit) [+ dog]* lâcher

**unchallengeable** /ˈʌnˈtʃælɪndʒəbl/ ADJ indiscutable, incontestable

**unchallenged** /ˈʌnˈtʃælɪndʒd/ **ADJ** *[authority, position, superiority]* incontesté, indiscuté ; *[master, champion]* incontesté ; *[action, policy, statement]* non contesté ; *[argument, comment]* non relevé ; *(Jur) [juror, witness]* non récusé
**ADV** **a** *(= without being opposed)* ◆ **to go ~** *[authority, position]* ne pas être contesté, ne pas être discuté ; *[person, action]* ne pas rencontrer d'opposition, ne pas être contesté ; *[policy, statement]* ne pas être contesté ; *[argument, comment]* ne pas être relevé ; *[juror, witness]* ne pas être récusé ◆ **to leave sb ~** *[+ leader]* ne pas contester qn ; *[+ candidate]* ne pas s'opposer à qn ◆ **she couldn't let that go** *or* **pass ~** elle ne pouvait pas laisser passer cela sans protester
**b** *(= without being stopped)* ◆ **to do sth ~** *[person]* faire qch sans être arrêté ◆ **he slipped ~ through the enemy lines** il a passé au travers des lignes ennemies sans être interpellé

**unchangeable** /ʌnˈtʃeɪndʒəbl/ **ADJ** *[person, system, fact]* immuable

**unchanged** /ˈʌnˈtʃeɪndʒd/ **ADJ** inchangé

**unchanging** /ʌnˈtʃeɪndʒɪŋ/ **ADJ** qui ne change pas, immuable

**uncharacteristic** /ˌʌnkærɪktəˈrɪstɪk/ **ADJ** *[behaviour, emotion, smile]* qui ne lui (*or* leur *etc*) ressemble (*or* ressemblait) pas ; *[mistake]* qui n'est pas caractéristique ◆ **it is ~ of** *or* **for him (to do that)** cela ne lui ressemble pas (de faire cela), ce n'est pas son genre (de faire cela)

**uncharacteristically** /ˌʌnkærɪktəˈrɪstɪklɪ/ **ADV** ◆ **~ rude/generous** d'une grossièreté/générosité peu caractéristique ◆ **she was ~ silent** elle était silencieuse, ce qui ne lui ressemblait pas ◆ **he behaved ~** il s'est comporté d'une façon qui ne lui ressemblait pas ◆ **~, he had overlooked an important detail** il avait laissé passer un détail important, ce qui ne lui ressemblait pas *or* n'était pas son genre

**uncharged** /ˈʌnˈtʃɑːdʒd/ **ADJ** *(Elec)* non chargé ; *(Jur)* non accusé ; *[gun]* non chargé

**uncharitable** /ʌnˈtʃærɪtəbl/ **ADJ** peu indulgent, peu charitable

**uncharitably** /ʌnˈtʃærɪtəblɪ/ **ADV** *[think]* avec peu d'indulgence, peu charitablement ; *[say, describe]* avec peu d'indulgence, de manière peu charitable

**uncharted** /ˈʌnˈtʃɑːtɪd/ **ADJ** **a** *(lit = unmapped) [area, sea]* dont on n'a (*or* n'avait) pas dressé la carte ; *(= not on map) [island]* qui ne figure (*or* figurait) sur aucune carte **b** *(fig = unknown)* ◆ **a largely ~ area of medical science** un domaine de la médecine largement inexploré ◆ **these are ~ waters** *or* **this is ~ territory (for sb)** c'est un terrain inconnu (pour qn) ◆ **to be in/enter ~ waters** *or* **territory** être/pénétrer en terrain inconnu

**unchartered** /ˈʌnˈtʃɑːtəd/ **ADJ** *[area]* mal connu, inexploré ; *[territory]* peu familier

**unchaste** /ˈʌnˈtʃeɪst/ **ADJ** non chaste, lascif

**unchecked** /ˈʌnˈtʃekt/ **ADJ** **a** *(= unrestrained) [growth, power]* non maîtrisé, non contenu ; *[emotion, anger]* non réprimé ; *[power]* illimité, sans restriction ◆ **if left ~, weeds will flourish** si on ne les arrête pas, les mauvaises herbes proliféreront **b** *(= not verified) [data, statement]* non vérifié ; *[typescript]* non relu **ADV** ◆ **to go ~** *[expansion, power]* ne pas être maîtrisé *or* contenu ; *[anger, aggression]* ne pas être réprimé ◆ **if the spread of AIDS continues ~ ...** si on ne fait rien pour empêcher la propagation du sida ... ◆ **they advanced ~ for several kilometres** *(Mil)* ils ont fait plusieurs kilomètres sans rencontrer d'obstacle

**unchivalrous** /ˈʌnˈʃɪvəlrəs/ **ADJ** peu galant, discourtois

**unchristian** /ˈʌnˈkrɪstjən/ **ADJ** peu chrétien, contraire à l'esprit chrétien

**uncial** /ˈʌnsɪəl/ **ADJ** oncial **N** onciale *f*

**uncircumcised** /ˈʌnˈsɜːkəmsaɪzd/ **ADJ** incirconcis

**uncivil** /ˈʌnˈsɪvɪl/ **ADJ** *[person, behaviour]* impoli (*to sb* avec qn), incivil *(liter)* (*to sb* avec qn) ◆ **it would be ~ to refuse** il serait impoli de refuser ◆ **it was very ~ of you to behave like that** ça a été très impoli de votre part de vous comporter ainsi

**uncivilized** /ˈʌnˈsɪvɪlaɪzd/ **ADJ** **a** *(= primitive) [people, country]* non civilisé **b** *(= socially unacceptable) [conditions, activity]* inacceptable ; *[person, behaviour]* grossier ◆ **what an ~ thing to do!** quelle grossièreté ! ◆ **how ~ of him!** comme c'est grossier de sa part ! **c** *( * = early)* ◆ **at an ~ time** *or* **hour** à une heure impossible * *or* indue ◆ **sorry to wake you at this ~ hour** désolé de vous réveiller à cette heure indue ◆ **what an ~ time to ring up!** ce n'est pas une heure pour téléphoner !

**uncivilly** /ʌnˈsɪvɪlɪ/ **ADV** impoliment, incivilement *(liter)*

**unclad** /ˈʌnˈklæd/ **ADJ** *(liter)* sans vêtements, nu

**unclaimed** /ˈʌnˈkleɪmd/ **ADJ** *[property, prize, body]* non réclamé ◆ **to go ~** ne pas être réclamé

**unclasp** /ˈʌnˈklɑːsp/ **VT** *[+ necklace]* défaire, dégrafer ; *[+ hands]* ouvrir

**unclassed** /ˈʌnˈklɑːst/ **ADJ** non classé

**unclassified** /ˈʌnˈklæsɪfaɪd/ **ADJ** **a** *(= not sorted) [items, papers, waste, football results]* non classé **b** *(= not secret) [information, document]* non classifié, non (classé) secret **COMP** ▷ **unclassified degree** **N** *(Brit Univ) licence sans mention accordée lorsque toutes les épreuves n'ont pas été passées* ▷ **unclassified road** **N** route *f* non classée

**uncle** /ˈʌŋkl/ **N** oncle *m* ◆ **yes ~** *(in child's language)* oui tonton *, oui mon oncle ◆ **to say** *or* **cry ~** * *(US)* s'avouer vaincu ◆ **Uncle Sam** l'oncle *m* Sam ◆ **Uncle Tom** *(pej)* bon nègre *m* ; → **Dutch**

**unclean** /ˈʌnˈkliːn/ **ADJ** **a** *(= dirty) [person, hands, room]* sale **b** *(= impure) [person, animal, activity, thoughts]* impur **c** *(= diseased: traditionally said by lepers: also hum)* ◆ **"unclean, unclean !"** "ne vous approchez pas, je suis contagieux !"

**unclear** /ˌʌnˈklɪəʳ/ **ADJ** **a** *(= not obvious, confusing) [reason, motive, message, details, instructions, policy]* qui n'est pas clair, obscur ; *[result, outcome]* incertain ◆ **it is ~ whether/who/why** *etc* **...** on ne sait pas bien si/qui/pourquoi *etc* ... ◆ **it's ~ to me whether/who/why** *etc* **...** je ne sais pas vraiment si/qui/pourquoi *etc* ... ◆ **her purpose remains ~** on ne sait toujours pas très bien où elle veut en venir **b** *(= indistinct) [picture, image]* qui n'est pas net, flou ; *[handwriting]* qui n'est pas net ; *[answer, words]* indistinct **c** *(= unsure)* ◆ **I'm ~ on this point** je ne sais pas vraiment à quoi m'en tenir là-dessus, pour moi, ce point n'est pas clair ◆ **I'm ~ whether you agree or not** je ne suis pas sûr de comprendre si vous êtes d'accord ou pas

**unclench** /ˈʌnˈklentʃ/ **VT** desserrer

**unclimbed** /ˈʌnˈklaɪmd/ **ADJ** *[mountain, peak]* vierge

**uncloak** /ˈʌnˈkləʊk/ **VT** *(fig) [+ person]* démasquer ; *[+ mystery, plot]* dévoiler

**unclog** /ˈʌnˈklɒg/ **VT** *[+ pipe]* déboucher ; *[+ wheel]* débloquer

**unclothe** /ˈʌnˈkləʊð/ **VT** déshabiller, dévêtir

**unclothed** /ˈʌnˈkləʊðd/ **ADJ** *(frm) [person]* dévêtu ; *[body]* dévêtu, nu

**unclouded** /ˈʌnˈklaʊdɪd/ **ADJ** *[sky]* sans nuages, dégagé ; *[liquid]* clair, limpide ; *(fig) [happiness]* sans nuages, parfait ; *[future]* sans nuages

**uncluttered** /ˈʌnˈklʌtəd/ **ADJ** *[room, composition]* dépouillé

**uncoil** /ˈʌnˈkɔɪl/ **VT** dérouler **VI** se dérouler

**uncollectable** /ˈʌnkəˈlektəbl/ **ADJ** *[tax]* impossible à percevoir

**uncollected** /ˈʌnkəˈlektɪd/ **ADJ** *[tax]* non perçu ; *[bus fare]* non encaissé ; *[luggage, lost property]* non réclamé ; *[refuse]* non ramassé, non enlevé

**uncoloured, uncolored** *(US)* /ˈʌnˈkʌləd/ **ADJ** **a** *(= colourless) [glass, plastic, liquid]* non coloré ; *[hair]* non teint **b** *(= unbiased) [account, description, judgement]* non faussé (*by sth* par qch)

**uncombed** /ˈʌnˈkəʊmd/ **ADJ** *[hair, wool]* non peigné ; *[look, appearance]* ébouriffé

**un-come-at-able** * /ˈʌnkʌmˈætəbl/ **ADJ** inaccessible

**uncomely** /ˈʌnˈkʌmlɪ/ **ADJ** *[person]* laid, peu joli ; *[clothes]* peu seyant

**uncomfortable** /ʌnˈkʌmfətəbl/ **ADJ** **a** *(= feeling physical discomfort)* ◆ **to be** *or* **feel ~** *[person] (in chair, bed, room)* ne pas être à l'aise ◆ **are you ~ there?** vous n'êtes pas à l'aise ? ◆ **you look rather ~** vous avez l'air plutôt mal à l'aise
**b** *(= causing physical discomfort) [position, chair, shoes, journey]* inconfortable ; *[heat]* incommodant
**c** *(= feeling unease) [person]* mal à l'aise (*with sb* avec qn) ◆ **~ doing sth** mal à l'aise de faire qch ◆ **~ about sth/about doing sth** mal à l'aise à propos de qch/à l'idée de faire qch ◆ **to be ~ with the idea of (doing) sth** être mal à l'aise à l'idée de (faire) qch ◆ **I was ~ with the whole business** toute cette affaire me mettait mal à l'aise ◆ **to make sb ~** mettre qn mal à l'aise
**d** *(= causing unease) [silence]* pesant ; *[situation]* inconfortable ; *[afternoon, feeling]* désagréable ; *[truth, fact]* gênant ◆ **to have an ~ feeling that ...** avoir la désagréable impression que ... ◆ **the situation is ~ for her** cette situation la met mal à l'aise ◆ **to make life ~ for sb** mener la vie dure à qn ◆ **to make things ~ for sb** créer des ennuis à qn ◆ **to put sb in an ~ position** mettre qn dans une situation inconfortable ◆ **to have an ~ time** passer un mauvais quart d'heure ; *(longer)* connaître des moments difficiles

**uncomfortably** /ʌnˈkʌmfətəblɪ/ **ADV** **a** *(= unpleasantly) [tight]* trop ◆ **I'm feeling ~ full** je me sens (l'estomac) lourd ◆ **the room was ~ hot** il faisait dans cette pièce une chaleur incommodante, il faisait trop chaud dans la pièce ◆ **to be ~ aware that ...** être désagréablement conscient du fait que ... ◆ **my knees were ~ close to the steering wheel** mes genoux étaient tout près du volant, ce qui me gênait, j'avais les genoux si près du volant que ça me gênait ◆ **the deadline is drawing ~ close** la date limite se rapproche de façon inquiétante **b** *(= awkwardly) [sit]* inconfortablement ; *[dressed]* de façon inconfortable ◆ **he shifted ~** il était mal à l'aise et n'arrêtait pas de changer de position **c** *(= uneasily) [say, look at]* avec gêne

**uncommitted** /ˈʌnkəˈmɪtɪd/ **ADJ** **a** *(= undecided) [voter, delegate]* indécis ; *[country]* non engagé ◆ **to remain ~** rester neutre, ne pas s'engager ◆ **I was still ~ to the venture** je ne m'étais pas encore engagé sur ce projet ◆ **she is ~ on policy/on this issue** elle n'a pas de position arrêtée sur la politique à suivre/sur cette question **b** *(= unallocated) [space]* libre ; *[resources]* disponible, non affecté **c** *(= half-hearted) [performance]* sans conviction ; *[attitude]* indifférent

**uncommon** /ʌnˈkɒmən/ **ADJ** *(= rare) [name, species, disease]* rare ; *[intelligence, beauty]* peu commun, singulier ◆ **a not ~ problem/sight** un problème/un spectacle qui n'est pas rare ◆ **she was late for work, a not ~ occurrence** elle était en retard au travail, chose qui arrivait assez fréquemment ◆ **he had a slight nosebleed, a not ~ occurrence for him** il saignait légèrement du nez, ce qui lui arrivait assez fréquemment ◆ **it is not ~ to hear this** il n'est pas rare d'entendre cela ◆ **it is not ~ for this to happen** il n'est pas rare que cela arrive *subj* **ADV** † moult †† *(also hum)*

**uncommonly** /ʌnˈkɒmənlɪ/ **ADV** **a** *(† = exceptionally) [gifted, pretty, hot]* exceptionnellement, singulièrement **b** *(= rarely) [encountered]* rarement ◆ **such crimes are not ~ committed by minors** il n'est pas rare que des mineurs commettent *subj* ce genre de crime

**uncommunicative** /ˈʌnkəˈmjuːnɪkətɪv/ **ADJ** peu communicatif ◆ **on this issue he proved very ~** sur cette question il s'est montré très peu communicatif *or* très réservé

**uncomplaining** /ˈʌnkəmˈpleɪnɪŋ/ **ADJ** qui ne se plaint pas

**uncomplainingly** /ˈʌnkəmˈpleɪnɪŋlɪ/ **ADV** sans se plaindre

**uncompleted** /ˈʌnkəmˈpliːtɪd/ **ADJ** inachevé

**uncomplicated** /ʌnˈkɒmplɪkeɪtɪd/ **ADJ** *[person, relationship]* qui n'est pas compliqué ; *[method, view, plot]* simple ; *[pregnancy]* sans complications

**uncomplimentary** /ˈʌn,kɒmplɪˈmentərɪ/ **ADJ** peu flatteur

**uncomprehending** /ˈʌn,kɒmprɪˈhendɪŋ/ **ADJ** *[rage, horror, astonishment]* plein d'incompréhension ◆ **to give sb an ~ look** regarder qn sans comprendre ◆ **he stood there, quite ~** il restait là, sans rien comprendre ◆ **she gave a polite but ~ smile** elle a souri poliment, mais sans comprendre

**uncomprehendingly** /ˈʌn,kɒmprɪˈhendɪŋlɪ/ **ADV** sans comprendre

**uncompromising** /ʌnˈkɒmprəmaɪzɪŋ/ **ADJ** *[person, attitude]* intransigeant ; *[message, demand, honesty, sincerity, film]* sans complaisance ◆ **to be ~ in refusing** *or* **in one's refusal (to do sth)** refuser catégoriquement (de faire qch)

**uncompromisingly** /ʌnˈkɒmprəmaɪzɪŋlɪ/ **ADV** *[say]* sans concession(s) ; *[intellectual, austere, modern]* résolument ◆ **~ loyal** d'une loyauté totale *or* absolue

**unconcealed** /ˈʌnkənˈsiːld/ **ADJ** *[delight, anger, frustration, annoyance]* non dissimulé ; *[object]* non caché, non dissimulé

**unconcern** /ˈʌnkənˈsɜːn/ **N** *(= calm)* calme *m* ; *(in face of danger)* sang-froid *m* ; *(= lack of interest)* indifférence *f*, insouciance *f*

**unconcerned** /ˈʌnkənˈsɜːnd/ **ADJ** **a** *(= uninterested)* ◆ **to be ~** *[person]* ne pas se sentir concerné (*about or with sth* par qch) **b** *(= unworried) [person]* insouciant ◆ **he went on speaking, ~** il a continué à parler sans se laisser troubler ◆ **to be ~ that ...** ne pas se soucier du fait que ... ◆ **to be ~ about sth** ne pas se soucier de qch ◆ **to be ~ by sth** ne pas s'inquiéter de qch

**unconcernedly** /ˈʌnkənˈsɜːnɪdlɪ/ **ADV** sans s'inquiéter

**unconditional** /ˈʌnkənˈdɪʃənl/ **ADJ** *[surrender, offer, bail]* sans condition(s), inconditionnel ; *[love, support]* inconditionnel **COMP** ▷ **unconditional discharge** **N** *(Jur)* dispense *f* de peine inconditionnelle

**unconditionally** /ˈʌnkənˈdɪʃnəlɪ/ **ADV** sans conditions

**unconfined** /ˈʌnkənˈfaɪnd/ **ADJ** *[space]* illimité, sans bornes ; *[animal]* en liberté

**unconfirmed** /ˈʌnkənˈfɜːmd/ **ADJ** *[report, rumour]* non confirmé ◆ **the rumours remain ~** ces rumeurs n'ont toujours pas été confirmées

**uncongenial** /ˈʌnkənˈdʒiːnɪəl/ **ADJ** *[person, company]* peu sympathique (*to sb* à qn) ; *[work, surroundings]* peu agréable (*to sb* à qn)

**unconnected** /ˈʌnkəˈnektɪd/ **ADJ** **a** *(= unrelated) [events, facts, languages]* sans rapport ◆ **a series of ~ events** une série d'événements sans rapport entre eux ◆ **the two incidents were ~** il n'y avait pas de rapport entre ces deux incidents ◆ **the two events were not ~** les deux événements n'étaient pas sans rapport ◆ **to be ~ with** *or* **to sth** ne pas avoir de rapport avec qch, être sans rapport avec qch **b** *(= unstructured) [thoughts, ideas, utterances]* décousu ◆ **a stream of ~ one-liners** une suite de bons mots sans rapport entre eux **c** *(= physically separated)* séparé (*to sth* de qch) ◆ **the island of Borneo, ~ to the Malay peninsula** l'île de Bornéo, séparée de la péninsule malaise **d** *(Elec) [wire, plug]* déconnecté ; *[appliance]* débranché

**unconquerable** /ʌnˈkɒŋkərəbl/ **ADJ** *[army, nation, mountain]* invincible ; *[difficulty]* insurmontable ; *[tendency]* irrépressible, incorrigible

**unconquered** /ʌnˈkɒŋkəd/ **ADJ** *[land]* qui n'a pas été conquis ; *[mountain]* invaincu

**unconscionable** /ʌnˈkɒnʃnəbl/ **ADJ** *(frm)* **a** *(= disgraceful) [liar]* éhonté ; *[behaviour, crime]* inadmissible ◆ **it is ~ that ...** il est inadmissible que ... ◆ **it would be ~ to allow that** il serait inadmissible de permettre cela ◆ **it is ~ for them to do such a thing** il est inadmissible qu'ils fassent une chose pareille **b** *(= excessive) [amount, delays, demands]* déraisonnable ◆ **to be an ~ time doing sth** prendre un temps déraisonnable à faire qch

**unconscionably** /ʌnˈkɒnʃnəblɪ/ **ADV** *(frm)* déraisonnablement, excessivement ◆ **you took an ~ long time over it** vous y avez passé beaucoup trop de temps

**unconscious** /ʌnˈkɒnʃəs/ **ADJ** **a** *(Med) [person]* inconscient, sans connaissance ◆ **I was** *or* **lay ~ for a few moments** je suis resté inconscient *or* sans connaissance pendant quelques instants ◆ **to become ~** perdre connaissance ◆ **to beat sb ~** battre qn jusqu'à lui faire perdre connaissance ◆ **to knock sb ~** assommer qn **b** *(= unaware)* ◆ **to be ~ of sth** ne pas être conscient de qch ◆ **he is ~ of his arrogance** il ne se rend pas compte de son arrogance **c** *(esp Psych) [desire, humour, bias]* inconscient ◆ **on an ~ level** au niveau de l'inconscient ◆ **the ~ mind** l'inconscient *m* **N** *(Psych)* inconscient *m*

**unconsciously** /ʌnˈkɒnʃəslɪ/ **ADV** *[copy, imitate, offend]* inconsciemment, sans s'en rendre compte ; *[expect, resent]* inconsciemment ◆ **~ jealous** inconsciemment jaloux ◆ **he made an ~ funny remark** il a fait une remarque amusante sans s'en rendre compte

**unconsciousness** /ʌnˈkɒnʃəsnɪs/ **N** *(NonC)* **a** *(Med)* perte *f* de connaissance ; *(specifically fainting)* évanouissement *m* **b** *(= unawareness)* inconscience *f*

**unconsidered** /ˈʌnkənˈsɪdəd/ **ADJ** **a** *(= hasty) [comment, decision, action]* inconsidéré **b** *(= unfancied) [horse]* dont on fait (*or* faisait) peu de cas

**unconstitutional** /ˈʌn,kɒnstɪˈtjuːʃənl/ **ADJ** inconstitutionnel, anticonstitutionnel ◆ **to declare** *or* **rule sth ~** déclarer que qch est inconstitutionnel *or* anticonstitutionnel

**unconstitutionally** /ʌn,kɒnstɪˈtjuːʃnəlɪ/ **ADV** inconstitutionnellement, anticonstitutionnellement

**unconstrained** /ˈʌnkənˈstreɪnd/ **ADJ** *[person]* non contraint, libre ; *[behaviour]* aisé

**unconsummated** /ʌnˈkɒnsʌmeɪtəd/ **ADJ** *[marriage, relationship etc]* non consommé

**uncontested** /ˈʌnkənˈtestɪd/ **ADJ** incontesté ; *(Parl) [seat]* non disputé, remporté sans opposition

**uncontrollable** /ˈʌnkənˈtrəʊləbl/ **ADJ** *[person, behaviour, epidemic, inflation]* incontrôlable ; *[desire, urge, emotion]* irrépressible ; *[animal, situation, change]* impossible à maîtriser ; *[bleeding]* impossible à arrêter ◆ **~ fits of rage** emportements *mpl* incontrôlables ◆ **he burst into ~ laughter** il a été pris d'un fou rire ◆ **~ shivering** tremblements *mpl* incontrôlables ◆ **to have an ~ temper** ne pas savoir se contrôler

**uncontrollably** /ˈʌnkənˈtrəʊləblɪ/ **ADV** *[spread, increase]* de façon incontrôlable ; *[cry, shake]* sans pouvoir s'arrêter ◆ **to laugh ~** avoir le fou rire ◆ **the fire raged ~** l'incendie faisait rage et ne pouvait être maîtrisé ◆ **to swerve ~** faire une embardée incontrôlable

**uncontrolled** /ˈʌnkənˈtrəʊld/ **ADJ** *[person, behaviour, anger, inflation]* incontrôlé ; *[temper, emotion, desire]* non réprimé ; *[crying, sobbing]* non contenu ; *[situation]* non maîtrisé ; *[spending]* effréné

**uncontroversial** /ˈʌn,kɒntrəˈvɜːʃəl/ **ADJ** qui ne prête pas à controverse, non controversable

**unconventional** /ˈʌnkənˈvenʃənl/ **ADJ** *[person, behaviour]* original, non conformiste ; *[appearance, film, life]* original ; *[method, opinion]* original, non conventionnel ; *[education, upbringing]* non conventionnel

**unconventionality** /ˈʌnkən,venʃəˈnælɪtɪ/ **N** originalité *f*, caractère *m* peu conventionnel

**unconventionally** /ˈʌnkənˈvenʃnəlɪ/ **ADV** de manière peu conventionnelle

**unconverted** /ˈʌnkənˈvɜːtɪd/ **ADJ** *(Fin, Rel, gen)* non converti

**unconvinced** /ˈʌnkənˈvɪnst/ **ADJ** *[person]* qui n'est pas convaincu (*by sb/sth* par qn/qch ; *of sth* de qch) ; *[tone]* sans conviction ◆ **to be ~ that ...** ne pas être convaincu que ... ◆ **to remain ~** n'être toujours pas convaincu

**unconvincing** /ˈʌnkənˈvɪnsɪŋ/ **ADJ** peu convaincant

**unconvincingly** /ˈʌnkənˈvɪnsɪŋlɪ/ **ADV** *[speak, argue]* de manière peu convaincante

**uncooked** /ˈʌnˈkʊkt/ **ADJ** cru

**uncool** * /ˈʌnˈkuːl/ **ADJ** pas cool *

**uncooperative** /ˈʌnkəʊˈɒpərətɪv/ **ADJ** peu coopératif

**uncooperatively** /ˈʌnkəʊˈɒpərətɪvlɪ/ **ADV** de façon peu coopérative

**uncoordinated** /ˈʌnkəʊˈɔːdɪneɪtɪd/ **ADJ** **a** *(= clumsy) [person]* mal coordonné **b** *(= lacking organization) [action]* qui manque de coordination

**uncork** /ˈʌnˈkɔːk/ **VT** déboucher, enlever le bouchon de

**uncorrected** /ˈʌnkəˈrektɪd/ **ADJ** non corrigé

**uncorroborated** /ˈʌnkəˈrɒbəreɪtɪd/ **ADJ** non corroboré, sans confirmation

**uncorrupted** /ˈʌnkəˈrʌptɪd/ ADJ non corrompu

**uncountable** /ˈʌnˈkaʊntəbl/ ADJ a *(= innumerable)* innombrable, incalculable b *(Ling)* **~ noun** nom *m* non dénombrable N *(Ling)* nom *m* non dénombrable

**uncounted** /ˈʌnˈkaʊntɪd/ ADJ qui n'a pas été compté ; *(fig = innumerable)* innombrable

**uncouple** /ˈʌnˈkʌpl/ VT *[+ carriage]* dételer ; *[+ train, engine]* découpler ; *[+ trailer]* détacher

**uncouth** /ʌnˈkuːθ/ ADJ *[person, manners]* grossier, fruste ; *[behaviour, remark]* grossier

**uncover** /ʌnˈkʌvəʳ/ VT a *[+ evidence]* découvrir b *(= unearth)* mettre au jour

**uncovered** /ʌnˈkʌvəd/ ADJ a *(= without a cover)* découvert ◆ **the stands are ~** les tribunes ne sont pas couvertes ◆ **to leave sth ~** ne pas couvrir qch ◆ **to leave a wound ~** laisser une plaie à l'air b *(Fin) [advance]* à découvert ; *[cheque]* sans provision ◆ **~ balance** découvert *m*

**uncritical** /ˈʌnˈkrɪtɪkəl/ ADJ *[person]* peu critique ; *[attitude, approach, report]* non critique ; *[acceptance, support, adulation]* sans réserves ◆ **to be ~ of sb/sth** manquer d'esprit critique à l'égard de qn/qch

**uncritically** /ˈʌnˈkrɪtɪkəlɪ/ ADV *[accept, support]* sans réserves ; *[report]* sans faire preuve d'esprit critique

**uncross** /ˈʌnˈkrɒs/ VT décroiser

**uncrossed** /ˈʌnˈkrɒst/ ADJ décroisé ; *[cheque]* non barré

**uncrowded** /ˈʌnˈkraʊdɪd/ ADJ où il n'y a pas trop de monde

**uncrowned** /ˈʌnˈkraʊnd/ ADJ *[king, queen]* non couronné, sans couronne ◆ **the ~ world champion** le champion du monde non encore sacré ◆ **the ~ king of sth** le roi sans couronne de qch

**uncrushable** /ˈʌnˈkrʌʃəbl/ ADJ *[fabric, dress]* infroissable ◆ **he's quite ~** il ne se laisse jamais abattre

**UNCTAD, Unctad** /ˈʌŋktæd/ N (abbrev of **United Nations Conference on Trade and Development**) CNUCED *f*

**unction** /ˈʌŋkʃən/ N *(all senses)* onction *f*

**unctuous** /ˈʌŋktjʊəs/ ADJ *[person, behaviour, tone]* mielleux, onctueux

**unctuously** /ˈʌŋktjʊəslɪ/ ADV *(pej)* onctueusement, avec onction

**unctuousness** /ˈʌŋktjʊəsnɪs/ N *(NonC: pej)* manières *fpl* onctueuses

**uncultivated** /ˈʌnˈkʌltɪveɪtɪd/ ADJ a *(Agr) [land]* inculte b *(= uncultured) [person, mind]* inculte ; *[voice, accent]* qui manque de raffinement

**uncultured** /ˈʌnˈkʌltʃəd/ ADJ *[person]* inculte ; *[voice, accent]* qui manque de raffinement

**uncurl** /ˈʌnˈkɜːl/ VT *[+ wire, snake]* dérouler ; *[+ one's legs]* déplier ; *[+ one's fingers]* étendre ◆ **to ~ o.s.** *[person, cat]* s'étirer ◆ **he ~ed himself from his chair** il s'est étiré et s'est levé de sa chaise VI *[snake etc]* se dérouler

**uncut** /ˈʌnˈkʌt/ ADJ a *(= still growing) [grass, tree, hair, nails]* non coupé ; *[hedge, beard]* non taillé ; *[crops]* sur pied ◆ **to leave sth ~** ne pas couper qch b *(= not faceted) [diamond, sapphire]* non taillé c *(= unabridged) [film, play, novel]* intégral, sans coupures ◆ **to show a film ~** montrer un film dans sa version intégrale ◆ **the ~ "Peer Gynt"** la version intégrale de "Peer Gynt" d *(= pure) [heroin, cocaine]* pur e *(* = not circumcised) [man, penis]* qui n'est pas circoncis

**undamaged** /ʌnˈdæmɪdʒd/ ADJ *[goods, vehicle, building]* non endommagé, intact ; *[plant]* non endommagé ; *[limb]* non atteint ; *[reputation]* intact ; *(Psych)* non affecté

**undamped** /ˈʌnˈdæmpt/ ADJ *(fig) [enthusiasm, courage]* non refroidi, intact

**undated** /ˈʌnˈdeɪtɪd/ ADJ non daté

**undaunted** /ˈʌnˈdɔːntɪd/ ADJ ◆ **he carried on ~** il a continué sans se laisser démonter ◆ **he was ~ by their threats** il ne s'est pas laissé intimider *or* démonter par leurs menaces ◆ **he was ~ by the scale of the job** il ne s'est pas laissé décourager par l'ampleur de la tâche

**undeceive** /ˌʌndɪˈsiːv/ VT *(frm)* détromper, désabuser *(liter)*

**undecided** /ˌʌndɪˈsaɪdɪd/ ADJ *[person]* indécis (*about or on sth* à propos de qch) ; *[question]* non résolu ; *[weather]* incertain ◆ **to remain ~** *[person]* demeurer indécis ◆ **that is still ~** cela n'a pas encore été décidé ◆ **I am ~ whether to go or not** je n'ai pas décidé si j'irai ou non

**undeclared** /ˌʌndɪˈklɛəd/ ADJ *(Customs)* non déclaré

**undefeated** /ˌʌndɪˈfiːtɪd/ ADJ invaincu

**undefended** /ˌʌndɪˈfendɪd/ ADJ a *(Mil etc)* sans défense, non défendu b *(Jur) [suit]* où on ne présente pas de défense, où le défendeur s'abstient de plaider

**undefiled** /ˌʌndɪˈfaɪld/ ADJ *(liter: lit, fig)* pur, sans tache ◆ **~ by any contact with ...** qui n'a pas été contaminé *or* souillé par le contact de ...

**undefined** /ˌʌndɪˈfaɪnd/ ADJ *[word, condition]* non défini ; *[sensation etc]* indéterminé, vague

**undelete** /ˌʌndɪˈliːt/ VT *(Comput)* restaurer

**undelivered** /ˌʌndɪˈlɪvəd/ ADJ non remis, non distribué ◆ **"if undelivered return to sender"** "en cas d'absence, prière de renvoyer à l'expéditeur"

**undemanding** /ˌʌndɪˈmɑːndɪŋ/ ADJ *[person, work, book, film]* peu exigeant

**undemocratic** /ˌʌndeməˈkrætɪk/ ADJ antidémocratique

**undemonstrative** /ˌʌndɪˈmɒnstrətɪv/ ADJ réservé, peu démonstratif

**undeniable** /ˌʌndɪˈnaɪəbl/ ADJ indéniable, incontestable

**undeniably** /ˌʌndɪˈnaɪəblɪ/ LANGUAGE IN USE 15.1 ADV incontestablement, indéniablement ◆ **it is ~ true that ...** il est incontestable *or* indiscutable que ...

**undenominational** /ˈʌndɪˌnɒmɪˈneɪʃənl/ ADJ non confessionnel

**undependable** /ˌʌndɪˈpendəbl/ ADJ *[person]* peu fiable, sur qui on ne peut compter ; *[information]* peu sûr ; *[machine]* peu fiable

**under** /ˈʌndəʳ/ ADV a *(= beneath)* au-dessous, en dessous ◆ **he stayed ~ for three minutes** *(= underwater)* il est resté sous l'eau pendant trois minutes ; *(= under anaesthetic)* il est resté sous l'effet de l'anesthésie *or* il est resté anesthésié pendant trois minutes ◆ **as ~** *(Comm etc)* comme ci-dessous ◆ **he lifted the rope and crawled ~** il a soulevé la corde et il est passé dessous en rampant ; → **down¹, go under**

b *(= less)* au-dessous ◆ **children of 15 and ~** les enfants de moins de 16 ans ◆ **ten degrees ~** dix degrés au-dessous de zéro

PREP a *(= beneath)* sous ◆ **~ the table/sky/umbrella** sous la table/le ciel/le parapluie ◆ **he came out from ~ the bed** il est sorti de dessous le lit ◆ **the book slipped from ~ his arm** le livre a glissé de sous son bras ◆ **it's ~ there** c'est là-dessous ◆ **~ it** dessous ◆ **he went and sat ~ it** il est allé s'asseoir dessous ◆ **to stay ~ water** rester sous l'eau ◆ **~ the microscope** au microscope ; *for other phrases see* **breath, cover, wing**

b *(= less than)* moins de ; *(in series, rank, scale etc)* au-dessous de ◆ **to be ~ age** être mineur ; see also **underage** ◆ **children ~ 15** enfants *mpl* au-dessous de *or* de moins de 15 ans ◆ **the ~-15s** *etc* les moins de 15 *etc* ans ◆ **it sells at ~ $10** cela se vend à moins de 10 dollars ◆ **there were ~ 50 of them** il y en avait moins de 50 ◆ **any number ~ ten** un chiffre au-dessous de dix ◆ **in ~ two hours** en moins de deux heures ◆ **those ~ the rank of captain** ceux au-dessous du grade de capitaine

c *(gen, Pol: in system)* sous ◆ **~ the Tudors** sous les Tudor ◆ **to serve ~ sb** *(Mil etc)* servir sous les ordres de qn ◆ **he had 50 men ~ him** il avait 50 hommes sous ses ordres ◆ **~ the command of ...** sous les ordres de ... ◆ **to study ~ sb** *[undergraduate]* suivre les cours de qn ; *[postgraduate]* faire des recherches *or* travailler sous la direction de qn ; *[painter, composer]* être l'élève de qn ◆ **this department comes ~ his authority** cette section relève de sa compétence

d *(with names)* sous ◆ **~ an assumed name** sous un faux nom ◆ **you'll find him ~ "plumbers" in the phone book** vous le trouverez sous "plombiers" dans l'annuaire ; *for other phrases see* **circumstance, control, impression, obligation, plain**

e *(Comput)* sous ◆ **to run ~ Windows ®** fonctionner sous Windows ®

f *(Jur)* ◆ **~ sentence of death** condamné à mort

g *(Agr)* **~ wheat** en blé

h *(= according to)* selon ◆ **~ French law** selon la législation française ◆ **~ the terms of the contract** selon *or* suivant les termes du contrat ◆ **~ his will** selon son testament ◆ **~ article 25** en vertu de *or* conformément à l'article 25

PREF a *(= below)* sous- ; → **underfloor, undersea**

b *(= insufficiently)* sous- ◆ **~nourished** sous-alimenté ◆ **~used/appreciated** *etc* qui n'est pas assez utilisé/apprécié *etc* ; → **undercharge, undercooked**

c *(= junior)* sous- ◆ **~-gardener** aide-jardinier *m* ; → **under-secretary**

COMP ▷ **under-report** VT *[+ crime, disease etc]* sous-évaluer ▷ **under-the-counter** * ADJ → **under-the-counter**

**underachieve** /ˌʌndərəˈtʃiːv/ VI *(Scol)* être sous-performant, obtenir des résultats décevants

**underachiever** /ˌʌndərəˈtʃiːvəʳ/ N *(Scol)* élève *mf* sous-performant(e) *or* qui obtient des résultats décevants

**underage** /ˌʌndərˈeɪdʒ/ ADJ *[person]* mineur ◆ **~ drinking** consommation *f* d'alcool par les mineurs

**underarm** /ˈʌndərɑːm/ ADV *(Sport etc) [throw, bowl]* par en-dessous ADJ a *[throw etc]* par en-dessous b *[deodorant]* pour les aisselles ; *[hair]* des aisselles, sous les bras ◆ **~ odour** odeur *f* de transpiration (des aisselles)

**underbade** /ˌʌndəˈbeɪd/ VB pt of **underbid**

**underbelly** /ˈʌndəbelɪ/ N *(Anat)* bas-ventre *m* ◆ **the (soft) ~** *(fig)* le point vulnérable

**underbid** /ˌʌndəˈbɪd/ (pret **underbade** *or* **underbid**, ptp **underbidden** *or* **underbid**) VTI *(Bridge:* also **underbid one's hand**) annoncer au-dessous de sa force

**underbody** /ˈʌndəbɒdɪ/ N *(Aut)* dessous *m* de caisse

**underbrush** /ˈʌndəbrʌʃ/ N *(NonC: US)* sous-bois *m inv*, broussailles *fpl*

**undercapitalized** /ˈʌndəˈkæpɪtəlaɪzd/ ADJ ◆ **to be ~** *[businessman]* ne pas disposer de fonds suffisants ; *[project]* ne pas être doté de fonds suffisants

**undercarriage** /ˈʌndəkærɪdʒ/ N *(Aviat)* train *m* d'atterrissage

**undercharge** /ˈʌndəˈtʃɑːdʒ/ VT ne pas faire payer assez à ◆ **he ~d me** il m'a fait payer moins cher qu'il n'aurait dû ◆ **he ~d me by £2** il aurait dû me faire payer 2 livres de plus

**underclass** /ˈʌndəklɑːs/ N *(in society)* quart-monde *m*

**underclassman** /ˈʌndəˈklɑːsmən/ N (pl **-men**) *(US Univ)* étudiant *m* de première *or* deuxième année

**underclothes** /ˈʌndəkləʊðz/ NPL , **underclothing** /ˈʌndəkləʊðɪŋ/ N *(NonC)* ⇒ **underwear**

**undercoat** /ˈʌndəkəʊt/ N *[of paint]* couche *f* de fond ; *(US Aut)* couche *f* antirouille (du châssis)

**undercoating** /ˈʌndəkəʊtɪŋ/ N *(NonC: US Aut)* couche *f* antirouille (du châssis)

**undercooked** /ˈʌndəˈkʊkt/ ADJ pas assez cuit

**undercover** /ˌʌndəˈkʌvəʳ/ ADJ secret (-ète *f*), clandestin ◆ **~ agent** agent *m* secret ◆ **~ reporter** journaliste *mf* infiltré(e) ◆ **~ policeman** policier *m* en civil ADV *[work]* clandestinement ◆ **Buchanan persuaded Hamilton to work ~ to capture the killer** Buchanan persuada Hamilton de monter une opération secrète pour arrêter le meurtrier

**undercurrent** /ˈʌndəˌkʌrənt/ N *(in sea)* courant *m* (sous-marin) ; *(fig) (feeling etc)* courant *m* sous-jacent

**undercut** /ˌʌndəˈkʌt/ (pret, ptp **undercut**) VT a *(Comm = sell cheaper than) [+ competitor]* vendre moins cher que b *(fig, esp Econ = undermine, reduce) [+ the dollar, incomes]* réduire la valeur de ◆ **inflation ~s spending power** l'inflation réduit le pouvoir d'achat ◆ **to be ~ by sth** être atténué par qch c *(Sport) [+ ball]* couper N *(Culin)* (morceau *m* de) filet *m*

**underdeveloped** /ˈʌndədɪˈveləpt/ ADJ *(Econ)* sous-développé, en retard de développement ; *[heart, lungs etc of foetus]* qui n'est pas complètement développé *or* formé ; *(Phot)* insuffisamment développé

**underdog** /ˈʌndədɒg/ N ◆ **the ~** *(in game, fight)* le perdant (*or* la perdante) ; *(= predicted loser)* celui (*or* celle) que l'on donne perdant(e) ; *(economically, socially)* l'opprimé *m*

**underdone** /ˈʌndəˈdʌn/ ADJ *[food]* pas assez cuit ; *(Brit) [steak etc]* saignant

**underdressed** /ˌʌndəˈdrest/ ADJ ◆ **to be ~** ne pas être assez bien habillé

**underemphasize** /ˌʌndərˈemfəsaɪz/ VT ne pas donner l'importance nécessaire à

**underemployed** /ˌʌndərɪmˈplɔɪd/ ADJ *[person, equipment, building]* sous-employé ; *[resources]* sous-exploité ◆ **I'm ~ half the time** bien souvent je suis sous-employé *or* je ne suis pas assez occupé

**underemployment** /ˌʌndərɪmˈplɔɪmənt/ N *[of person, equipment, building]* sous-emploi *m* ; *[of resources]* sous-exploitation *f*

**underestimate** /ˌʌndərˈestɪmɪt/ N sous-estimation *f* VT /ˌʌndərˈestɪmeɪt/ *[+ size, numbers, strength]* sous-estimer ; *[+ person]* sous-estimer, mésestimer

**underestimation** /ˌʌndərestɪˈmeɪʃən/ N sous-estimation *f*

**underexpose** /ˌʌndərɪksˈpəʊz/ VT *(Phot)* sous-exposer

**underexposed** /ˌʌndərɪksˈpəʊzd/ ADJ *(Phot)* sous-exposé

**underexposure** /ˌʌndərɪksˈpəʊʒəʳ/ N *(Phot)* sous-exposition *f*

**underfed** /ˌʌndəˈfed/ VB pt, ptp of **underfeed** ADJ sous-alimenté

**underfeed** /ˌʌndəˈfiːd/ (pret, ptp **underfed**) VT sous-alimenter

**underfeeding** /ˌʌndəˈfiːdɪŋ/ N sous-alimentation *f*

**underfelt** /ˈʌndəfelt/ N *[of carpet]* thibaude *f*

**underfinanced** /ˌʌndəfaɪˈnænst/ ADJ ◆ **to be ~** *[businessman]* ne pas disposer de fonds suffisants ; *[project etc]* ne pas être doté de fonds suffisants

**underfloor** /ˈʌndəflɔːʳ/ ADJ *(gen) [pipes etc]* qui se trouve sous le plancher *or* le sol ◆ **~ heating** chauffage *m* par le plancher *or* par le sol

**underflow** /ˈʌndəfləʊ/ N *(in sea)* courant *m* (sous-marin) ; *(fig) (feeling etc)* courant *m* sous-jacent

**underfoot** /ˈʌndəˈfʊt/ ADV *(gen)* sous les pieds ◆ **to crush** *or* **trample sth ~** fouler qch aux pieds ◆ **it is wet ~** le sol est humide

**underfunded** /ˌʌndəˈfʌndɪd/ ADJ ◆ **to be ~** *[businessman]* ne pas disposer de fonds suffisants ; *[project etc]* ne pas être doté de fonds suffisants

**underfunding** /ˌʌndəˈfʌndɪŋ/ N insuffisance *f* de financement

**undergarment** /ˈʌndəgɑːmənt/ N sous-vêtement *m*

**undergo** /ˌʌndəˈgəʊ/ (pret **underwent** /ˌʌndəˈwent/, ptp **undergone** /ˌʌndəˈgɒn/) VT *[+ test, change, modification, operation, medical examination]* subir ; *[+ suffering]* éprouver ; *[+ medical treatment]* suivre ◆ **it is ~ing repairs** c'est en réparation

**undergrad** * /ˈʌndəgræd/ N, ADJ *(esp Brit)* ⇒ **undergraduate**

**undergraduate** /ˌʌndəˈgrædjʊɪt/ *(esp Brit)* N étudiant(e) *m(f) (qui prépare la licence)* ADJ *[life, circles]* étudiant, estudiantin ; *[room, income]* d'étudiant ; *[grant]* d'études ; *[opinion]* des étudiants ; *[course]* pour étudiants de licence

**underground** /ˈʌndəgraʊnd/ ADJ a *[work]* sous terre, souterrain ; *[explosion, cable]* souterrain ◆ **~ car park** parking *m* souterrain ◆ **~ railway** métro *m* ◆ **the ~ railroad** *(fig: US Hist: for slaves) filière clandestine pour aider les esclaves noirs à fuir le Sud* b *(fig) [organization]* clandestin, secret (-ète *f*) ; *[press]* clandestin ; *(Art, Cine)* underground *inv*, d'avant-garde ◆ **~ movement** mouvement *m* clandestin ; *(in occupied country)* résistance *f* ADV sous (la) terre ; *(fig)* clandestinement, secrètement ◆ **it is 3 metres ~** c'est à 3 mètres sous (la) terre ◆ **to go ~** *[wanted man]* entrer dans la clandestinité ; *[guerilla]* prendre le maquis N *(Brit = railway)* métro *m* ◆ **by ~** en métro ◆ **the ~** *(Mil, Pol etc)* la résistance ; *(Art etc)* mouvement *m* underground *or* d'avant-garde

**undergrowth** /ˈʌndəgrəʊθ/ N *(NonC)* broussailles *fpl*, sous-bois *m inv*

**underhand** /ˌʌndəˈhænd/, **underhanded** *(US)* /ˌʌndəˈhændɪd/ ADJ *(pej)* sournois ◆ **~ trick** fourberie *f*

**underhandedly** /ˌʌndəˈhændɪdlɪ/ ADV *(pej)* sournoisement

**underinsure** /ˌʌndərɪnˈʃʊəʳ/ VT sous-assurer ◆ **to be ~d** être sous-assuré, ne pas être suffisamment assuré

**underinvest** /ˌʌndərɪnˈvest/ VI *(Econ, Fin)* sous-investir

**underinvestment** /ˌʌndərɪnˈvestmənt/ N *(Econ, Fin)* sous-investissement *m*

**underlain** /ˌʌndəˈleɪn/ VB ptp of **underlie**

**underlay** /ˌʌndəˈleɪ/ VB pt of **underlie** N /ˈʌndəleɪ/ *(esp Brit) [of carpet]* thibaude *f*

**underlie** /ˌʌndəˈlaɪ/ (pret **underlay**, ptp **underlain**) VT être à la base de, sous-tendre

**underline** /ˌʌndəˈlaɪn/ LANGUAGE IN USE 26.1 VT *(lit, fig)* souligner

**underling** /ˈʌndəlɪŋ/ N *(pej)* subalterne *m*, sous-fifre * *m inv (pej)*

**underlining** /ˌʌndəˈlaɪnɪŋ/ N *(NonC)* soulignage *m*, soulignement *m*

**underlip** /ˈʌndəlɪp/ N lèvre *f* inférieure

**underlying** /ˌʌndəˈlaɪɪŋ/ ADJ *(gen, Gram, Jur)* sous-jacent ; *[cause]* profond ; *[problem]* de fond ◆ **the figures demonstrated the ~ strength of the economy** les chiffres démontraient la solidité sous-jacente de l'économie ◆ **~ this** à la base de cela

**undermanned** /ˌʌndəˈmænd/ ADJ en sous-effectif

**undermentioned** /ˌʌndəˈmenʃənd/ ADJ (cité) ci-dessous

**undermine** /ˌʌndəˈmaɪn/ VT a *(lit) [+ cliffs]* miner, saper b *(fig) [+ influence, power, authority]* saper, ébranler ; *[+ health]* miner, user ; *[+ effect]* amoindrir

**undermost** /ˈʌndəməʊst/ ADJ le plus bas

**underneath** /ˈʌndəˈniːθ/ PREP sous, au-dessous de ◆ **stand ~ it** mettez-vous dessous ◆ **from ~ the table** de dessous la table ADV (en) dessous ◆ **the one ~** celui d'en dessous ADJ d'en dessous N dessous *m*

**undernourish** /ˌʌndəˈnʌrɪʃ/ VT sous-alimenter

**undernourished** /ˌʌndəˈnʌrɪʃt/ ADJ en état de malnutrition

**undernourishment** /ˌʌndəˈnʌrɪʃmənt/ N malnutrition *f*

**underoccupied** /ˌʌndərˈɒkjʊpaɪd/ ADJ *[person]* qui n'a pas assez à faire

**underpaid** /ˌʌndəˈpeɪd/ VB pt, ptp of **underpay** ADJ sous-payé

**underpants** /ˈʌndəpænts/ NPL slip *m* ◆ **a pair of ~** un slip ◆ **to be in one's ~** être en slip

**underpart** /ˈʌndəpɑːt/ N partie *f* inférieure

**underpass** /ˈʌndəpɑːs/ N *(for cars)* passage *m* inférieur *(de l'autoroute)* ; *(for pedestrians)* passage *m* souterrain

**underpay** /ˌʌndəˈpeɪ/ (pret, ptp **underpaid**) VT sous-payer

**underperform** /ˌʌndəpəˈfɔːm/ VI *(St Ex)* mal se comporter, faire une contre-performance ◆ **the stock has ~ed on the Brussels stock market** le titre ne s'est pas comporté comme il aurait dû à la Bourse de Bruxelles

**underpin** /ˌʌndəˈpɪn/ VT a *[+ wall]* étayer ; *[+ building]* reprendre en sous-œuvre b *(fig)* sous-tendre, être à la base de ◆ **the philosophy that ~s his work** la philosophie qui sous-tend *or* qui est à la base de son œuvre

**underpinning** /ˌʌndəˈpɪnɪŋ/ N *(Constr)* étayage *m* ; *[of building]* reprise *f* en sous-œuvre ; *(fig)* bases *fpl*

**underplay** /ˌʌndəˈpleɪ/ VT *(gen)* minimiser, réduire l'importance de ◆ **he rather ~ed it** il n'a pas insisté là-dessus, il a minimisé la chose ◆ **to ~ a role** *(Theat)* jouer un rôle avec beaucoup de retenue

**underpopulated** /ˌʌndəˈpɒpjʊleɪtɪd/ ADJ sous-peuplé

**underprice** /ˌʌndəˈpraɪs/ VT mettre un prix trop bas à

**underpriced** /ˌʌndəˈpraɪst/ ADJ *[goods]* en vente à un prix inférieur à sa vraie valeur ◆ **at $18 this wine is** ~ à 18 dollars, ce vin n'est pas assez cher

**underpricing** /ˌʌndəˈpraɪsɪŋ/ N tarification *f* trop basse

**underprivileged** /ˌʌndəˈprɪvɪlɪdʒd/ ADJ défavorisé NPL **the underprivileged** les défavorisés *mpl*

**underproduce** /ˌʌndəprəˈdjuːs/ VTI *(Econ, Ind)* sous-produire

**underproduction** /ˌʌndəprəˈdʌkʃən/ N *(Econ, Ind)* sous-production *f*

**underqualified** /ˈʌndəˈkwɒlɪˌfaɪd/ ADJ sous-qualifié (*for* pour)

**underrate** /ˌʌndəˈreɪt/ VT *[+ size, numbers, strength]* sous-estimer ; *[+ person]* sous-estimer, méconnaître

**underrated** /ˌʌndəˈreɪtɪd/ ADJ *[play, book, actor]* sous-estimé, méconnu ◆ **he's very** ~ on ne l'estime pas à sa juste valeur

**underreact** /ˌʌndəriːˈækt/ VI réagir mollement

**underreaction** /ˌʌndəriːˈækʃən/ N réaction *f* molle

**underrepresented** /ˌʌndəreprɪˈzentɪd/ ADJ sous-représenté

**underripe** /ˌʌndəˈraɪp/ ADJ *[fruit]* vert, qui n'est pas mûr ; *[cheese]* qui n'est pas fait

**underscore** /ˌʌndəˈskɔːʳ/ VT *(lit)* souligner ; *(fig)* souligner, mettre en évidence

**underscoring** /ˌʌndəˈskɔːrɪŋ/ N *(NonC) (lit) [of text, words]* soulignage *m* ; *(fig)* insistance *f* (*of* sur)

**undersea** /ˈʌndəsiː/ ADJ sous-marin

**underseal** /ˈʌndəsiːl/ *(Brit Aut)* VT *[+ car]* traiter contre la rouille *(au niveau du châssis)* N couche *f* antirouille *(du châssis)*

**undersealing** /ˈʌndəsiːlɪŋ/ N *(Brit Aut)* couche *f* antirouille *(du châssis)*

**under-secretary** /ˌʌndəˈsekrətrɪ/ N sous-secrétaire *mf* COMP ▷ **Under-Secretary of State** N sous-secrétaire *mf* d'État

**undersell** /ˌʌndəˈsel/ (pret, ptp **undersold**) VT a *(= undercut) [+ competitor]* vendre moins cher que b *(fig)* **to ~ o.s.** ne pas savoir se mettre en valeur *or* se vendre *

**undersexed** /ˌʌndəˈsekst/ ADJ *(= having a low sex drive)* de faible libido ◆ **to be** ~ avoir une faible libido

**undershirt** /ˈʌndəʃɜːt/ N *(US)* maillot *m* de corps

**undershoot** /ˌʌndəˈʃuːt/ (pret, ptp **undershot**) VT *(Aviat)* ◆ **to ~ the runway** atterrir avant d'atteindre la piste

**undershorts** /ˈʌndəʃɔːts/ NPL *(US)* caleçon *m*

**undershot** /ˈʌndəʃɒt/ VB pt, ptp of **undershoot** ADJ *[water wheel]* à aubes

**underside** /ˈʌndəsaɪd/ N dessous *m*

**undersigned** /ˈʌndəsaɪnd/ ADJ, N *(Jur, frm)* soussigné(e) *m(f)* ◆ **I, the ~, declare ...** je soussigné(e) déclare ...

**undersized** /ˌʌndəˈsaɪzd/ ADJ de (trop) petite taille, trop petit

**underskirt** /ˈʌndəskɜːt/ N jupon *m*

**underslung** /ˌʌndəˈslʌŋ/ ADJ *[car]* surbaissé

**undersoil** /ˈʌndəsɔɪl/ N sous-sol *m (Agr)*

**undersold** /ˌʌndəˈsəʊld/ VB pt, ptp of **undersell**

**underspend** /ˌʌndəˈspend/ VI ne pas dépenser entièrement les crédits disponibles ; *(too little)* ne pas assez investir

**understaffed** /ˌʌndəˈstɑːft/ ADJ en sous-effectif

**understand** /ˌʌndəˈstænd/ LANGUAGE IN USE 11.1, 15.4 (pret, ptp **understood**)

VT a *[+ person, words, meaning, painting, difficulty, action, event etc]* comprendre ◆ **I can't ~ his attitude** je n'arrive pas à comprendre son attitude ◆ **that's what I can't ~** voilà ce que je ne comprends pas *or* ce qui me dépasse ◆ **I can't ~ it!** je ne comprends pas ! ◆ **I can't ~ a word of it** je n'y comprends rien ◆ **I don't ~ the way she behaved/reacted** je ne comprends pas *or* je ne m'explique pas son comportement/sa réaction ◆ **as I ~ it, ...** si je comprends bien, ... ◆ **this can be understood in several ways** cela peut se comprendre de plusieurs façons ◆ **that is easily understood** c'est facile à comprendre, cela se comprend facilement ◆ **do you ~ why/how/what?** est-ce que vous comprenez pourquoi/comment/ce que ? ◆ **I can't ~ his agreeing to do it** je n'arrive pas à comprendre *or* je ne m'explique pas qu'il ait accepté de le faire ◆ **to make o.s. understood** se faire comprendre ◆ **do I make myself understood?** est-ce que je me fais bien comprendre ? ◆ **that's quite understood!** c'est entendu ! ◆ **I quite ~ that you don't want to come** je comprends très bien que vous n'ayez pas envie de venir ◆ **it must be understood that ...** il faut (bien) comprendre que ... ◆ **it being understood that your client is responsible** *(frm)* à condition que votre client accepte *subj* la responsabilité

b *(= believe)* (croire) comprendre ◆ **I understood we were to be paid** j'ai cru comprendre que nous devions être payés ◆ **I ~ you are leaving today** il paraît que vous partez aujourd'hui, si je comprends bien vous partez aujourd'hui ◆ **she refused – so I ~** elle a refusé — c'est ce que j'ai cru comprendre ◆ **we confirm our reservation and we ~ (that) the rental will be ...** *(frm: in business letter etc)* nous confirmons notre réservation, étant entendu que la location s'élèvera à ... ◆ **am I to ~ that ...?** dois-je comprendre que ... ? ◆ **she is understood to have left the country, it is understood that she has left the country** il paraît qu'elle a quitté le pays, elle aurait quitté le pays ◆ **he let it be understood that ...** il a donné à entendre *or* il a laissé entendre que ... ◆ **he gave me to ~ that ...** il m'a fait comprendre que ... ◆ **we were given to ~ that ...** on nous a donné à entendre que ..., on nous a fait comprendre que ...

c *(= imply, assume) [+ word etc]* sous-entendre ◆ **to be understood** *[arrangement, price, date]* ne pas être spécifié ; *(Gram)* être sous-entendu ◆ **it was understood that he would pay for it** *(= it was assumed)* on présumait qu'il le paierait ; *(= it was agreed)* il était entendu qu'il le paierait

d *(= relate to, empathize with)* comprendre ◆ **my wife doesn't ~ me** ma femme ne me comprend pas

VI comprendre ◆ **now I ~!** je comprends *or* j'y suis maintenant ! ◆ **there's to be no noise, (do you) ~! *or* is that understood?** pas de bruit, c'est bien compris *or* tu entends ! ◆ **he was a widower, I ~** il était veuf, si j'ai bien compris *or* si je ne me trompe (pas)

**understandable** /ˌʌndəˈstændəbl/ LANGUAGE IN USE 26.3 ADJ a *(= intelligible) [person, speech]* compréhensible, intelligible b *(= justifiable) [behaviour]* compréhensible ; *[pride, sorrow]* compréhensible, naturel ◆ **it is ~ that ...** on comprend *or* il est normal que ... + *subj* ◆ **that's ~** ça se comprend

**understandably** /ˌʌndəˈstændəblɪ/ ADV a *(= intelligibly) [speak, explain]* d'une façon compréhensible b *(= naturally, of course)* naturellement ; *(= rightly)* à juste titre ◆ **~, he refused** il a refusé, et ça se comprend ◆ **he's ~ angry** il est furieux, et à juste titre *or* et ça se comprend

**understanding** /ˌʌndəˈstændɪŋ/ ADJ *[person]* compréhensif (*about* à propos de) ; *[smile, look]* compatissant, bienveillant

N a *(NonC)* compréhension *f* ◆ **his ~ of the problems/of children** sa compréhension des problèmes/des enfants, sa faculté de comprendre les problèmes/les enfants ◆ **he had a good ~ of the problems** il comprenait bien les problèmes ◆ **it is my ~ that ...** d'après ce que j'ai compris, ... ◆ **the age of ~** l'âge *m* de discernement ◆ **it's beyond ~** cela dépasse l'entendement

b *(= agreement)* accord *m* ; *(= arrangement)* arrangement *m* ◆ **to come to an ~ with sb** s'entendre *or* s'arranger avec qn ◆ **the president has an ~ with the military commanders** le président s'est entendu avec les chefs militaires ◆ **there is an ~ between us that ...** il est entendu entre nous que ... ◆ **on the ~ that ...** à condition que ... + *subj*

c *(NonC = concord)* entente *f*, bonne intelligence *f* ◆ **this will encourage ~ between our nations** ceci favorisera l'entente entre nos nations

**understandingly** /ˌʌndəˈstændɪŋlɪ/ ADV avec bienveillance, en faisant preuve de compréhension

**understate** /ˌʌndəˈsteɪt/ VT minimiser, réduire l'importance de

**understated** /ˌʌndəˈsteɪtɪd/ ADJ *(gen)* discret (-ète *f*) ; *[fashion detail]* discret (-ète *f*), d'une élégance discrète ◆ **an ~ black dress** une petite robe noire toute simple

**understatement** /ˈʌndəˌsteɪtmənt/ N affirmation *f* en dessous de la vérité ; *(Ling)* litote *f* ◆ **to say he is clever is rather an ~** c'est peu dire qu'il est intelligent ◆ **that's an ~** c'est peu dire, le terme est faible ◆ **that's the ~ of the year!** * c'est bien le moins qu'on puisse dire !

**understeer** /ˈʌndəˌstɪəʳ/ VI braquer insuffisamment

**understood** /ˌʌndəˈstʊd/ VB pt, ptp of **understand**

**understudy** /ˈʌndəstʌdɪ/ *(Theat)* N doublure *f* VT *[+ actor]* doubler ; *[+ part]* doubler un acteur dans

**undersubscribed** /ˌʌndəsəbˈskraɪbd/ *(St Ex)* ADJ non couvert, non entièrement souscrit

**undertake** /ˌʌndəˈteɪk/ (pret **undertook**, ptp **undertaken**) VT *[+ task]* entreprendre ; *[+ duty]* se charger de ; *[+ responsibility]* assumer ; *[+ obligation]* contracter ◆ **to ~ to do sth** promettre *or* se charger de faire qch, s'engager à faire qch VTI *(Brit Aut *)* dépasser du mauvais côté

**undertaker** /ˈʌndəteɪkəʳ/ N *(Brit)* entrepreneur *m or* ordonnateur *m* des pompes funèbres ◆ **the ~'s** les pompes *fpl* funèbres, le service des pompes funèbres

**undertaking** /ˌʌndəˈteɪkɪŋ/ N a *(= task, operation)* entreprise *f* ◆ **it is quite an ~ (to do sth** *or* **doing sth)** ce n'est pas une mince affaire (que de faire qch) b *(= promise)* promesse *f*, engagement *m* ◆ **to give an ~** promettre (*that* que ; *to do sth* de faire qch) ◆ **I can give no such ~** je ne peux rien promettre de la sorte c /ˈʌndəˌteɪkɪŋ/ *(NonC: Brit Aut: *)* dépassement *m* du mauvais côté d /ˈʌndəˌteɪkɪŋ/ *(NonC: Brit = arranging funerals)* pompes *fpl* funèbres

**undertax** /ˌʌndəˈtæks/ VT *[+ goods]* taxer insuffisamment ◆ **he was ~ed by £5,000** on lui a fait payer 5 000 livres d'impôts de moins qu'on ne l'aurait dû

**under-the-counter** * /ˈʌndəðəˈkaʊntəʳ/ ADJ clandestin, en douce * ◆ **it was all very ~** tout se faisait sous le manteau *or* en sous-main ; see also **counter**[1]

**underthings** * /ˈʌndəθɪŋz/ NPL dessous *mpl*

**undertone** /ˈʌndətəʊn/ N **a** ◆ **to say sth in an ~** dire qch à mi-voix **b** *(= suggestion, hint)* sous-entendu *m* ◆ **political/racial/sexual ~s** sous-entendus *mpl* politiques/raciaux/sexuels ◆ **there are no sinister ~s to his comments** il n'y a aucun sous-entendu sinistre dans ses commentaires ◆ **an ~ of criticism** des critiques voilées *or* sous-jacentes ◆ **his voice had an ~ of anger** on sentait un fond de colère dans sa voix ◆ **a witty story with serious ~s** une histoire spirituelle, mais avec un fond sérieux **c** *[of perfume, taste, colour]* nuance *f* ◆ **brown with pinkish ~s** marron avec des nuances de rose

**undertook** /ˈʌndətʊk/ VB pt of **undertake**

**undertow** /ˈʌndətəʊ/ N **a** *(lit)* courant *m* sous-marin *(provoqué par le retrait de la vague)* **b** *(fig)* tension *f*

**underuse** /ˌʌndəˈjuːz/ VT ⇒ **underutilize** N /ˌʌndəˈjuːs/ ⇒ **underutilization**

**underused** /ˌʌndəˈjuːzd/ ADJ ⇒ **underutilized**

**underutilization** /ˌʌndəjuːtɪlaɪˈzeɪʃən/ N *[of potential, talent, resources, land]* sous-exploitation *f*; *[of space, facilities, equipment]* sous-utilisation *f*, sous-emploi *m*

**underutilize** /ˌʌndəˈjuːtɪlaɪz/ VT *[+ potential, talent, resources, land]* sous-exploiter ; *[+ space, facilities, equipment]* sous-utiliser, sous-employer

**underutilized** /ˌʌndəˈjuːtɪlaɪzd/ ADJ *[potential, talent, resources, land]* sous-exploité ; *[space, facilities, equipment]* sous-utilisé, sous-employé

**undervalue** /ˌʌndəˈvæljuː/ VT *[+ help, contribution]* sous-estimer ; *[+ person]* sous-estimer, mésestimer

**undervalued** /ˌʌndəˈvæljuːd/ ADJ *[person, helper, help, contribution]* sous-estimé ◆ **this house is ~** cette maison vaut plus que son prix ◆ **it's ~ by about $1,000** cela vaut environ 1 000 dollars de plus

**undervest** /ˈʌndəvest/ N maillot *m* de corps

**underwater** /ˈʌndəˈwɔːtəʳ/ ADJ sous-marin ADV sous l'eau

**underway, under way** /ˌʌndəˈweɪ/ ADJ ◆ **to be ~** *(Naut)* faire route, être en route ; *(fig) [talks, search, process, campaign]* être en cours ◆ **the investigation is now ~** l'enquête est en cours ◆ **to get ~** *(Naut)* appareiller, lever l'ancre ; *[talks, conference, campaign, festival]* démarrer ; *[process, reforms, programme]* être mis en œuvre

**underwear** /ˈʌndəweəʳ/ N *(NonC)* sous-vêtements *mpl*; *(women's only)* dessous *mpl*, lingerie *f NonC* ◆ **to be in one's ~** être en sous-vêtements *or* en petite tenue

**underweight** /ˌʌndəˈweɪt/ ADJ **a** *[person]* **to be ~** ne pas peser assez, être trop maigre ◆ **she's 20lb ~** elle pèse 9 kilos de moins qu'elle ne devrait **b** *[goods]* d'un poids insuffisant ◆ **it's 50 grams ~** il manque 50 grammes

**underwent** /ˌʌndəˈwent/ VB pt of **undergo**

**underwhelmed** /ˌʌndəˈwelmd/ ADJ *(hum)* peu impressionné

**underwhelming** /ˌʌndəˈwelmɪŋ/ ADJ *(hum)* décevant

**underwired** /ˌʌndəˈwaɪəd/ ADJ *[bra]* à armature

**underworld** /ˈʌndəwɜːld/ N **a** *(Myth = hell)* ◆ **the ~** les enfers *mpl* **b** *(criminal)* ◆ **the ~** le milieu, la pègre COMP *[organization, personality]* du milieu ; *[connections]* avec le milieu ; *[attack]* organisé par le milieu

**underwrite** /ˌʌndəˈraɪt/ (pret **underwrote**, ptp **underwritten**) VT **a** *(Insurance) [+ policy]* réassurer ; *[+ risk]* assurer contre, garantir ; *[+ amount]* garantir **b** *(St Ex) [+ share issue]* garantir (une *or* l'émission de) **c** *(Comm, Fin) [+ project, enterprise]* soutenir *or* appuyer (financièrement) **d** *(= support) [+ decision, statement etc]* soutenir, souscrire à

**underwriter** /ˈʌndəˌraɪtəʳ/ N **a** *(Insurance)* assureur *m* **b** *(St Ex)* syndicataire *mf*

**underwritten** /ˌʌndəˈrɪtn/ VB ptp of **underwrite**

**underwrote** /ˌʌndəˈrəʊt/ VB pt of **underwrite**

**undeserved** /ˌʌndɪˈzɜːvd/ ADJ immérité

**undeservedly** /ˌʌndɪˈzɜːvɪdlɪ/ ADV *[reward, punish]* à tort, indûment ; *[be rewarded, punished]* sans l'avoir mérité, indûment

**undeserving** /ˌʌndɪˈzɜːvɪŋ/ ADJ *[person]* peu méritant ; *[cause]* peu méritoire ◆ **~ of sth** indigne de qch, qui ne mérite pas qch

**undesirable** /ˌʌndɪˈzaɪərəbl/ ADJ peu souhaitable ; *(stronger)* indésirable ◆ **it is ~ that ...** il est peu souhaitable que ... *+ subj* ◆ **~ alien** *(Admin, Jur)* étranger *m*, -ère *f* indésirable N indésirable *mf*

**undetected** /ˌʌndɪˈtektɪd/ ADJ non décelé, non détecté ◆ **to go ~** passer inaperçu, ne pas être repéré ◆ **to do sth ~** faire qch sans se faire repérer

**undetermined** /ˌʌndɪˈtɜːmɪnd/ ADJ *(= unknown)* indéterminé, non connu ; *(= uncertain)* irrésolu, indécis

**undeterred** /ˌʌndɪˈtɜːd/ ADJ non découragé ◆ **to carry on ~** continuer sans se laisser décourager

**undeveloped** /ˌʌndɪˈveləpt/ ADJ *[fruit, intelligence, part of body]* qui ne s'est pas développé ; *[film]* non développé ; *[land, resources]* non exploité, inexploité

**undeviating** /ʌnˈdiːvɪeɪtɪŋ/ ADJ *[path]* droit ; *[policy, course]* constant

**undiagnosed** /ʌnˈdaɪəgnəʊzd/ ADJ *(lit, fig)* non diagnostiqué

**undid** /ʌnˈdɪd/ VB pt of **undo**

**undies** * /ˈʌndɪz/ NPL dessous *mpl*; *(women's only)* lingerie *f NonC*

**undigested** /ˌʌndaɪˈdʒestɪd/ ADJ non digéré

**undignified** /ʌnˈdɪgnɪfaɪd/ ADJ qui manque de dignité ◆ **how ~!** quel manque de dignité !

**undiluted** /ˌʌndaɪˈluːtɪd/ ADJ **a** *(lit) [concentrate]* non dilué **b** *(fig) [pleasure]* sans mélange ; *[nonsense]* pur

**undiminished** /ˌʌndɪˈmɪnɪʃt/ ADJ non diminué

**undimmed** /ʌnˈdɪmd/ ADJ **a** *(in brightness) [lamp]* qui n'a pas été mis en veilleuse ; *[car headlight]* qui n'est pas en code **b** *(liter) [sight]* aussi bon qu'auparavant **c** *(fig) [enthusiasm, passion, ambition]* aussi fort qu'avant ; *[beauty]* non terni ◆ **with ~ optimism** avec toujours autant d'optimisme ◆ **her optimism is ~** elle est toujours aussi optimiste ◆ **my memory of it is ~** je m'en souviens avec précision

**undiplomatic** /ˌʌnˌdɪpləˈmætɪk/ ADJ *[person]* peu diplomate ; *[action, answer]* peu diplomatique

**undipped** /ʌnˈdɪpt/ ADJ *[car headlight]* qui n'est pas en code

**undiscerning** /ˌʌndɪˈsɜːnɪŋ/ ADJ qui manque de discernement

**undischarged** /ˌʌndɪsˈtʃɑːdʒd/ ADJ *[bankrupt]* non réhabilité ; *[debt]* non acquitté, impayé

**undisciplined** /ʌnˈdɪsɪplɪnd/ ADJ indiscipliné

**undisclosed** /ˌʌndɪsˈkləʊzd/ ADJ gardé secret

**undiscovered** /ˌʌndɪsˈkʌvəd/ ADJ *(= not found)* non découvert ; *(= unknown)* inconnu ◆ **the treasure remained ~ for 700 years** le trésor n'a été découvert que 700 ans plus tard

**undiscriminating** /ˌʌndɪsˈkrɪmɪneɪtɪŋ/ ADJ qui manque de discernement

**undisguised** /ˌʌndɪsˈgaɪzd/ ADJ *(lit, fig)* non déguisé

**undismayed** /ˌʌndɪsˈmeɪd/ ADJ imperturbable

**undisputed** /ˌʌndɪsˈpjuːtɪd/ ADJ incontesté

**undistinguished** /ˌʌndɪsˈtɪŋgwɪʃt/ ADJ *(in character)* médiocre, quelconque ; *(in appearance)* peu distingué

**undisturbed** /ˌʌndɪsˈtɜːbd/ ADJ **a** *(= untouched) [papers, clues]* non dérangé, non déplacé ; *(= uninterrupted) [sleep]* non troublé, paisible ; *[place]* épargné ◆ **the war had not left Clydebank ~** la guerre n'avait pas épargné Clydebank ◆ **the desk looked ~** apparemment, personne n'avait touché au bureau ◆ **these flowers are best left ~** il vaut mieux ne pas toucher à ces fleurs ◆ **is there somewhere we can talk ~?** y a-t-il un endroit où nous pourrions parler sans être dérangés ? **b** *(= unworried)* non inquiet (-ète *f*), non troublé ◆ **he was ~ by the news** la nouvelle ne l'a pas inquiété *or* troublé ADV *[work, play, sleep]* sans être dérangé

**undivided** /ˌʌndɪˈvaɪdɪd/ ADJ **a** *(= wholehearted) [admiration]* sans réserve, sans partage ◆ **to require sb's ~ attention** exiger toute l'attention *or* l'attention pleine et entière de qn **b** *(= not split) [country, institution]* uni ; *(Jur) [property]* indivis

**undo** /ʌnˈduː/ (pret **undid**, ptp **undone**) VT *[+ button, garment, knot, parcel, box, knitting]* défaire ; *[+ good effect]* détruire, annuler ; *[+ mischief, wrong]* réparer ; *(Comput)* annuler ◆ **he was undone by his own ambition** c'est son ambition qui l'a perdu ◆ **they were undone by a goal from Barnes** ils ont été battus grâce à un but de Barnes ; see also **undone**

**undocumented** /ʌnˈdɒkjʊmentɪd/ ADJ **a** *[event]* sur lequel on ne possède pas de témoignages **b** *(US) [person]* sans papiers

**undoing** /ʌnˈduːɪŋ/ N *(NonC)* ruine *f*, perte *f* ◆ **that was his ~** c'est ce qui l'a perdu, c'est ce qui a causé sa perte

**undomesticated** /ˌʌndəˈmestɪkeɪtɪd/ ADJ **a** *[animal]* non domestiqué **b** *[person]* qui n'aime pas les tâches ménagères

**undone** /ʌnˈdʌn/ VB ptp of **undo** ADJ *[button, garment, knot, parcel]* défait ; *[task]* non accompli ◆ **to come ~** se défaire ◆ **to leave sth ~** ne pas faire qch ◆ **I am ~!** *(†† or hum)* je suis perdu !

**undoubted** /ʌnˈdaʊtɪd/ ADJ indubitable, indéniable

**undoubtedly** /ʌnˈdaʊtɪdlɪ/ LANGUAGE IN USE 26.3 ADV indubitablement, sans aucun doute

**undramatic** /ˌʌndrəˈmætɪk/ ADJ peu dramatique

**undreamed-of** /ʌnˈdriːmdɒv/, **undreamt-of** /ʌnˈdremtɒv/ ADJ *(= unhoped for)* inespéré ; *(= unsuspected)* insoupçonné, qui dépasse l'imagination

**undress** /ʌnˈdres/ VT déshabiller ◆ **to get ~ed** se déshabiller ; see also **undressed** VI se déshabiller N ◆ **in a state of ~** *(gen)* en petite tenue ; *(also Mil) (in civilian clothes)* en civil ; *(in plain uniform)* en simple uniforme

**undressed** /ʌnˈdrest/ VB pret, ptp of **undress** ADJ **a** *[salad]* non assaisonné **b** *[wound]* non pansé ; see also **dress**

**undrinkable** /ʌnˈdrɪŋkəbl/ ADJ *(= unpalatable)* imbuvable ; *(= poisonous)* non potable

**undue** /ˈʌnˈdjuː/ ADJ *(gen)* excessif ; *[anger, haste etc]* excessif ◆ **I hope this will not cause you ~ inconvenience** j'espère que cela ne vous dérangera pas trop *or* pas outre mesure

**undulate** /ˈʌndjʊleɪt/ VI onduler, ondoyer

**undulating** /ˈʌndjʊleɪtɪŋ/ ADJ *[movement]* ondoyant, onduleux ; *[line]* sinueux, onduleux ; *[countryside]* vallonné

**undulation** /ˌʌndjʊˈleɪʃən/ N ondulation *f*, ondoiement *m*

**undulatory** /ˈʌndjʊlətrɪ/ ADJ ondulatoire

**unduly** /ˈʌnˈdjuːlɪ/ ADV trop, excessivement ◆ **he was not ~ worried** il ne s'inquiétait pas trop *or* pas outre mesure

**undying** /ʌnˈdaɪɪŋ/ ADJ *(fig)* éternel

**unearned** /ˈʌnˈɜːnd/ ADJ a *(gen) [praise, reward]* immérité b *(Fin)* ◆ **~ income** rentes *fpl* ◆ **~ increment** plus-value *f*

**unearth** /ˈʌnˈɜːθ/ VT *[+ documents, evidence, plot]* mettre au jour ; *[+ remains, bones]* découvrir, mettre au jour ; *[+ lost object]* dénicher, déterrer ; *[+ talent]* dénicher

**unearthly** /ʌnˈɜːθlɪ/ ADJ *(gen)* surnaturel, mystérieux ; *(threatening) [silence]* lugubre ; *(* fig)* impossible * ◆ **at some ~ hour** à une heure indue

**unease** /ʌnˈiːz/ N malaise *m*, gêne *f* (*at, about* devant)

**uneasily** /ʌnˈiːzɪlɪ/ ADV *(= ill-at-ease)* avec gêne ; *(= worriedly)* avec inquiétude ◆ **to sleep ~** *(= fitfully)* mal dormir ; *(= restlessly)* dormir d'un sommeil agité

**uneasiness** /ʌnˈiːzɪnɪs/ N *(NonC)* inquiétude *f*, malaise *m* (*at, about* devant)

**uneasy** /ʌnˈiːzɪ/ ADJ *[calm, peace, truce]* troublé, difficile ; *[silence]* gêné ; *[sleep, night]* agité ; *[conscience]* pas tranquille ; *[person] (= ill-at-ease)* mal à l'aise, gêné ; *(= worried)* inquiet (-ète *f*) (*at, about* devant, de), anxieux ◆ **to grow** *or* **become ~ about sth** commencer à s'inquiéter au sujet de qch ◆ **I have an ~ feeling that he's watching me** j'ai l'impression déconcertante qu'il me regarde ◆ **I had an ~ feeling that he would change his mind** je ne pouvais m'empêcher de penser qu'il allait changer d'avis

**uneatable** /ˈʌnˈiːtəbl/ ADJ immangeable

**uneaten** /ˈʌnˈiːtn/ ADJ non mangé, non touché

**uneconomic(al)** /ˈʌnˌiːkəˈnɒmɪk(əl)/ ADJ *[machine, car]* peu économique ; *[work, method]* peu économique, peu rentable ◆ **it is ~(al) to do that** il n'est pas économique *or* rentable de faire cela

**unedifying** /ˈʌnˈedɪfaɪɪŋ/ ADJ peu édifiant

**unedited** /ˈʌnˈedɪtɪd/ ADJ *[film]* non monté ; *[essays, works]* non édité ; *[tape]* dans sa version intégrale ◆ **~ emotions** des émotions à l'état brut ◆ **an ~ show packed with sexual innuendo** un spectacle non expurgé bourré d'allusions sexuelles ◆ **to broadcast the Commons proceedings ~** diffuser les débats parlementaires en version intégrale

**uneducated** /ˈʌnˈedjʊkeɪtɪd/ ADJ *[person]* sans instruction ; *[letter, report]* informe, plein de fautes ; *(= badly written)* mal écrit ; *[handwriting]* d'illettré ; *[speech, accent]* populaire

**unemotional** /ˈʌnɪˈməʊʃənl/ ADJ *(= having little emotion)* peu émotif, flegmatique ; *(= showing little emotion) [person, voice, attitude]* qui ne montre *or* ne trahit aucune émotion, impassible ; *[reaction]* peu émotionnel ; *[description, writing]* neutre, sans passion

**unemotionally** /ˈʌnɪˈməʊʃnəlɪ/ ADV de façon impassible, sans trahir d'émotion

**unemployable** /ˈʌnɪmˈplɔɪəbl/ ADJ incapable de travailler

**unemployed** /ˈʌnɪmˈplɔɪd/ ADJ *[person]* au chômage, sans travail *or* emploi ; *[machine, object]* inutilisé, dont on ne se sert pas ; *(Fin) [capital]* qui ne travaille pas ◆ **~ person** chômeur *m*, -euse *f* ; *(esp Admin)* demandeur *m* d'emploi ◆ **the numbers ~** *(Econ)* les inactifs *mpl* NPL **the unemployed** les chômeurs *mpl*, les sans-emploi *mpl* ; *(esp Admin)* les demandeurs *mpl* d'emploi ◆ **the young ~** les jeunes *mpl* sans emploi *or* au chômage

**unemployment** /ˈʌnɪmˈplɔɪmənt/ N *(NonC)* chômage *m* ◆ **to reduce** *or* **cut ~** réduire le chômage *or* le nombre des chômeurs ◆ **~ has risen** le chômage *or* le nombre des chômeurs a augmenté COMP ▷ **unemployment benefit** N *(Brit: formerly)* allocation *f* (de) chômage ▷ **unemployment compensation** N *(US)* → **unemployment benefit** ▷ **unemployment figures** NPL chiffres *mpl* du chômage, nombre *m* des chômeurs ▷ **unemployment line** N *(US)* ◆ **to join the ~ line(s)** se retrouver au chômage ▷ **unemployment rate** N ◆ **an ~ rate of 10%** *or* **of 1 in 10** un taux de chômage de 10%

**unencumbered** /ˈʌnɪnˈkʌmbəd/ ADJ non encombré (*with* de)

**unending** /ʌnˈendɪŋ/ ADJ interminable, sans fin

**unendurable** /ˈʌnɪnˈdjʊərəbl/ ADJ insupportable, intolérable

**unenforceable** /ˈʌnɪnˈfɔːsəbl/ ADJ *[law etc]* inapplicable

**unengaged** /ˈʌnɪnˈgeɪdʒd/ ADJ libre

**un-English** /ˈʌnˈɪŋglɪʃ/ ADJ peu anglais, pas anglais

**unenlightened** /ˈʌnɪnˈlaɪtnd/ ADJ peu éclairé, rétrograde

**unenterprising** /ˈʌnˈentəpraɪzɪŋ/ ADJ *[person]* peu entreprenant, qui manque d'initiative ; *[policy, act]* qui manque d'audace *or* de hardiesse

**unenthusiastic** /ˈʌnɪnˌθuːzɪˈæstɪk/ ADJ peu enthousiaste ◆ **you seem rather ~ about it** ça n'a pas l'air de vous enthousiasmer

**unenthusiastically** /ˈʌnɪnˌθuːzɪˈæstɪkəlɪ/ ADV sans enthousiasme

**unenviable** /ˈʌnˈenvɪəbl/ ADJ peu enviable

**unequal** /ˈʌnˈiːkwəl/ ADJ a *(= not the same) [size, opportunity, work]* inégal ; *(= inegalitarian) [system]* inégalitaire b *(= inadequate)* ◆ **to be ~ to a task** ne pas être à la hauteur d'une tâche

**unequalled** /ˈʌnˈiːkwəld/ ADJ *[skill, enthusiasm, footballer, pianist]* inégalé, sans égal ; *[record]* inégalé

**unequally** /ˈʌnˈiːkwəlɪ/ ADV inégalement

**unequivocal** /ˈʌnɪˈkwɪvəkəl/ ADJ sans équivoque ◆ **he gave him an ~ "no"** il lui a opposé un "non" catégorique *or* sans équivoque

**unequivocally** /ˈʌnɪˈkwɪvəkəlɪ/ ADV sans équivoque

**unerring** /ˈʌnˈɜːrɪŋ/ ADJ *[judgement, accuracy]* infaillible ; *[aim, skill, blow]* sûr

**unerringly** /ˈʌnˈɜːrɪŋlɪ/ ADV infailliblement ◆ **they ~ chose the most promising projects** ils choisissaient infailliblement les projets les plus porteurs ◆ **she ~ made the connection** elle n'a pas manqué d'établir le rapport

**UNESCO** /juːˈneskəʊ/ N (abbrev of **United Nations Educational, Scientific and Cultural Organization**) UNESCO *f*

**unescorted** /ˌʌnesˈkɔːtɪd/ ADJ, ADV a *(Mil, Naut)* sans escorte b *(= unaccompanied by a partner)* sans partenaire, non accompagné

**unessential** /ˈʌnɪˈsenʃəl/ ADJ non essentiel, non indispensable

**unesthetic** /ˌʌniːsˈθetɪk/ ADJ ⇒ **unaesthetic**

**unethical** /ˈʌnˈeθɪkəl/ ADJ *(gen)* moralement contestable, contraire à l'éthique ; *(= contrary to professional code of conduct) (Med etc)* contraire à la déontologie

**unethically** /ˈʌnˈeθɪkəlɪ/ ADV *(gen) [behave, act, obtain]* de façon immorale *or* moralement contestable ; *(= against professional code of conduct)* de façon contraire à la déontologie

**uneven** /ˈʌnˈiːvən/ ADJ a *(= not flat or straight) [surface]* raboteux, inégal ; *[path]* cahoteux ; *[ground]* accidenté ; *[teeth]* irrégulier ◆ **the wall is ~** le mur n'est pas droit b *(= irregular) [pace, rate, breathing, pulse]* irrégulier ; *[colour]* inégalement réparti ◆ **the engine sounds ~** *(Aut)* il y a des à-coups dans le moteur, le moteur ne tourne pas rond c *(= inconsistent) [quality, performance, acting]* inégal d *(= unfair) [distribution, contest, competition]* inégal e *[number]* impair

**unevenly** /ˈʌnˈiːvənlɪ/ ADV a *(= irregularly) [move, spread, develop]* de façon irrégulière b *(= unequally) [share, distribute]* inégalement ◆ **the two armies were ~ matched** les deux armées n'étaient pas de force égale

**unevenness** /ˈʌnˈiːvənnɪs/ N *(NonC)* a *[of surface, path, ground]* inégalité *f*, aspérités *fpl* b *(= irregularity) [of motion, breathing, pace, rate, pulse]* irrégularité *f* ; *[of colour]* répartition *f* inégale c *(= inconsistency) [of quality, performance, acting, writing, film]* caractère *m* inégal d *(= inequality) [of sharing out, distribution]* inégalité *f*

**uneventful** /ˈʌnɪˈventfʊl/ ADJ *[day, meeting, journey]* sans incidents, peu mouvementé ; *[life]* calme, tranquille ; *[career]* peu mouvementé

**uneventfully** /ˈʌnɪˈventfəlɪ/ ADV *[take place, happen]* sans incidents, sans histoires

**unexceptionable** /ˌʌnɪkˈsepʃnəbl/ ADJ irréprochable

**unexceptional** /ˌʌnɪkˈsepʃənl/ ADJ tout à fait ordinaire

**unexciting** /ˈʌnɪkˈsaɪtɪŋ/ ADJ *[time, life, visit]* peu passionnant, peu intéressant ; *[food]* ordinaire

**unexpected** /ˈʌnɪksˈpektɪd/ ADJ *[arrival]* inattendu, inopiné ; *[result, change, success, happiness]* inattendu, imprévu ◆ **it was all very ~** on ne s'y attendait pas du tout

**unexpectedly** /ˈʌnɪksˈpektɪdlɪ/ ADV alors qu'on ne s'y attend (*or* attendait *etc*) pas, subitement ◆ **to arrive ~** arriver à l'improviste *or* inopinément

**unexpired** /ˈʌnɪksˈpaɪəd/ ADJ non expiré, encore valide

**unexplained** /ˈʌnɪksˈpleɪnd/ ADJ inexpliqué

**unexploded** /ˈʌnɪksˈpləʊdɪd/ ADJ non explosé, non éclaté

**unexploited** /ˈʌnɪksˈplɔɪtɪd/ ADJ inexploité

**unexplored** /ˈʌnɪksˈplɔːd/ ADJ inexploré

**unexposed** /ˈʌnɪksˈpəʊzd/ ADJ *(Phot) [film]* vierge

**unexpressed** /ˈʌnɪksˈprest/ ADJ inexprimé

**unexpurgated** /ˈʌnˈekspɜːgeɪtɪd/ ADJ *(frm)* non expurgé, intégral

**unfading** /ʌnˈfeɪdɪŋ/ ADJ *(fig) [hope]* éternel ; *[memory]* impérissable, ineffaçable

**unfailing** /ʌnˈfeɪlɪŋ/ ADJ *[supply]* inépuisable, intarissable ; *[zeal]* inépuisable ; *[optimism]* inébranlable ; *[remedy]* infaillible

**unfailingly** /ʌnˈfeɪlɪŋlɪ/ ADV infailliblement, immanquablement

**unfair** /ʌn'fɛəʳ/ ADJ *[person, comment, criticism, trial]* injuste (*to sb* envers qn, à l'égard de qn) ; *[decision, arrangement, deal]* injuste (*to sb* envers qn, à l'égard de qn), inéquitable ; *[competition, play, tactics, practices]* déloyal ◆ **you're being ~** vous êtes injuste ◆ **it's ~ that …** il n'est pas juste *or* il est injuste que … + *subj* ◆ **it is ~ to expect her to do that** il n'est pas juste d'attendre qu'elle fasse cela ◆ **it is ~ of her to do so** il est injuste qu'elle agisse ainsi, ce n'est pas juste de sa part d'agir ainsi ◆ **to have an ~ advantage over sb/sth** être injustement avantagé par rapport à qn/qch COMP ▷ **unfair dismissal** N licenciement *m* abusif

**unfairly** /ʌn'fɛəlɪ/ ADV *[treat, judge, compare]* injustement ; *[decide]* arbitrairement ; *[play]* déloyalement ◆ **he was ~ dismissed** il a été victime d'un licenciement abusif

**unfairness** /ʌn'fɛənɪs/ N *[of person, decision, arrangement, deal, advantage, comment, criticism]* injustice *f* ; *[of trial]* caractère *m* arbitraire ; *[of competition, tactics, practices]* caractère *m* déloyal

**unfaithful** /ʌn'feɪθfʊl/ ADJ infidèle (*to* à)

**unfaithfully** /ʌn'feɪθfəlɪ/ ADV infidèlement, avec infidélité

**unfaithfulness** /ʌn'feɪθfʊlnɪs/ N infidélité *f*

**unfaltering** /ʌn'fɔːltərɪŋ/ ADJ *[step, voice]* ferme, assuré

**unfalteringly** /ʌn'fɔːltərɪŋlɪ/ ADV *[speak]* d'une voix ferme *or* assurée ; *[walk]* d'un pas ferme *or* assuré

**unfamiliar** /ʌnfə'mɪljəʳ/ ADJ *[place, sight, person, subject]* inconnu ◆ **to be ~ with sth** mal connaître qch, ne pas bien connaître qch

**unfamiliarity** /'ʌnfə,mɪlɪ'ærɪtɪ/ N *(NonC)* aspect *m* étrange *or* inconnu

**unfashionable** /ʌn'fæʃnəbl/ ADJ *[dress, subject]* démodé, passé de mode ; *[district, shop, hotel]* peu chic *inv* ◆ **it is ~ to speak of …** ça ne se fait plus de parler de …

**unfasten** /ʌn'fɑːsn/ VT *[+ garment, buttons, rope]* défaire ; *[+ door]* ouvrir, déverrouiller ; *[+ bonds]* défaire, détacher ; *(= loosen)* desserrer

**unfathomable** /ʌn'fæðəməbl/ ADJ *[mysteries, depths]* insondable ; *[reason]* totalement obscur ; *[person]* énigmatique, impénétrable

**unfathomed** /ʌn'fæðəmd/ ADJ *(lit, fig)* insondé

**unfavourable, unfavorable** *(US)* /ʌn'feɪvərəbl/ ADJ *[conditions, report, impression, outlook, weather]* défavorable ; *[moment]* peu propice, inopportun ; *[terms]* désavantageux ; *[wind]* contraire

**unfavourably, unfavorably** *(US)* /ʌn'feɪvərəblɪ/ ADV défavorablement ◆ **I was ~ impressed** j'ai eu une impression défavorable ◆ **to regard sth ~** être défavorable *or* hostile à qch

**unfazed** * /ʌn'feɪzd/ ADJ imperturbable ◆ **it left him quite ~** il n'a pas bronché

**unfeasible** /ʌn'fiːzəbl/ ADJ irréalisable

**unfeeling** /ʌn'fiːlɪŋ/ ADJ insensible, impitoyable

**unfeelingly** /ʌn'fiːlɪŋlɪ/ ADV sans pitié, impitoyablement

**unfeigned** /ʌn'feɪnd/ ADJ non simulé, sincère

**unfeignedly** /ʌn'feɪnɪdlɪ/ ADV sincèrement, vraiment

**unfeminine** /ʌn'femɪnɪn/ ADJ peu féminin

**unfettered** /ʌn'fetəd/ ADJ *(liter: lit, fig)* sans entrave ◆ **~ by** libre de

**unfilial** /ʌn'fɪljəl/ ADJ *(frm)* peu filial

**unfilled** /ʌn'fɪld/ ADJ *[post, vacancy]* à pourvoir, vacant

**unfinished** /ʌn'fɪnɪʃt/ ADJ *[task, essay]* inachevé, incomplet (-ète *f*) ◆ **I have three ~ letters** j'ai trois lettres à finir ◆ **we have some ~ business (to attend to)** nous avons une affaire (*or* des affaires) à régler ◆ **the Unfinished Symphony** la Symphonie inachevée ◆ **it looks rather ~** *[piece of furniture, craft work etc]* c'est mal fini, la finition laisse à désirer

**unfit** /ʌn'fɪt/ ADJ **a** *(= not physically fit)* qui n'est pas en forme ◆ **he was ~ to drive** il n'était pas en état de conduire ◆ **he is ~ for work** il n'est pas en état de reprendre le travail ◆ **~ for military service** inapte au service militaire ◆ **the doctor declared him ~ for the match** le docteur a déclaré qu'il n'était pas en état de jouer

**b** *(= incompetent)* inapte, impropre (*for* à ; *to do sth* à faire qch) ; *(= unworthy)* indigne (*to do sth* de faire qch) ◆ **he is ~ to be a teacher** il ne devrait pas enseigner ◆ **~ for habitation, ~ to live in** inhabitable ◆ **~ for consumption** impropre à la consommation ◆ **~ to eat** *(= unpalatable)* immangeable ; *(= poisonous)* non comestible ◆ **~ for publication** impropre à la publication, impubliable ◆ **road ~ for lorries** route impraticable pour les camions

VT *(frm)* rendre inapte (*for* à ; *to do sth* à faire qch)

**unfitness** /ʌn'fɪtnɪs/ N **a** *(= ill health)* incapacité *f* **b** *(= unsuitability)* inaptitude *f* (*for* à ; *to do sth* à faire qch)

**unfitted** /ʌn'fɪtɪd/ ADJ *(frm)* inapte (*for* à ; *to do sth* à faire qch)

**unfitting** /ʌn'fɪtɪŋ/ ADJ *(frm)* *[language, behaviour]* peu *or* guère convenable, inconvenant ; *[ending, result]* mal approprié

**unfix** /ʌn'fɪks/ VT détacher, enlever ; *(Mil)* *[+ bayonets]* remettre

**unflagging** /ʌn'flægɪŋ/ ADJ *[person, devotion, patience]* infatigable, inlassable ; *[enthusiasm]* inépuisable ; *[interest]* soutenu jusqu'au bout

**unflaggingly** /ʌn'flægɪŋlɪ/ ADV infatigablement, inlassablement

**unflappability** * /,ʌnflæpə'bɪlɪtɪ/ N *(NonC)* calme *m*, flegme *m*

**unflappable** * /ʌn'flæpəbl/ ADJ imperturbable, flegmatique

**unflattering** /ʌn'flætərɪŋ/ ADJ *[person, remark, photo, portrait]* peu flatteur ◆ **he was very ~ about it** ce qu'il en a dit n'avait rien de flatteur *or* n'était pas flatteur ◆ **she wears ~ clothes** elle porte des vêtements qui ne la mettent guère en valeur *or* qui ne l'avantagent guère

**unflatteringly** /ʌn'flætərɪŋlɪ/ ADV d'une manière peu flatteuse

**unfledged** /ʌn'fledʒd/ ADJ *(fig)* *[person, organization, movement]* qui manque d'expérience, novice

**unflinching** /ʌn'flɪntʃɪŋ/ ADJ *[support, loyalty]* indéfectible ; *[determination]* à toute épreuve ; *[expression, determination]* stoïque ◆ **she was ~ in her determination to succeed** elle était absolument déterminée à réussir

**unflinchingly** /ʌn'flɪntʃɪŋlɪ/ ADV stoïquement, sans broncher

**unflyable** /ʌn'flaɪəbl/ ADJ *[plane]* qu'on ne peut pas faire voler

**unfocu(s)sed** /,ʌn'fəʊkəst/ ADJ **a** *[camera]* pas mis au point ; *[gaze, eyes]* dans le vague **b** *(fig)* *[aims, desires etc]* flou, vague

**unfold** /ʌn'fəʊld/ VT **a** *(lit)* *[+ napkin, map, blanket]* déplier ; *[+ wings]* déployer ◆ **to ~ a map on a table** étaler une carte sur une table ◆ **to ~ one's arms** décroiser les bras **b** *(fig)* *[+ plans, ideas]* exposer ; *[+ secret]* dévoiler, révéler VI *[flower]* s'ouvrir, s'épanouir ; *[view, countryside]* se dérouler, s'étendre ; *[story, film, plot]* se dérouler

**unforced** /ʌn'fɔːst/ ADJ *[smile, laugh]* naturel ◆ **~ error** *(Sport)* faute *f* directe

**unforeseeable** /ʌnfɔː'siːəbl/ ADJ imprévisible

**unforeseen** /ʌnfɔː'siːn/ ADJ imprévu

**unforgettable** /ʌnfə'getəbl/ ADJ *(gen)* inoubliable ; *(for unpleasant things)* impossible à oublier

**unforgettably** /,ʌnfə'getəblɪ/ ADV ◆ **~ beautiful/clear** d'une beauté/clarté inoubliable ◆ **~ ugly/dirty** d'une laideur/saleté frappante

**unforgivable** /ʌnfə'gɪvəbl/ ADJ impardonnable

**unforgivably** /ʌnfə'gɪvəblɪ/ ADV *[behave]* d'une manière impardonnable ◆ **he was ~ rude** il a été d'une grossièreté impardonnable ◆ **she was ~ late** elle est arrivée avec un retard impardonnable

**unforgiven** /ʌnfə'gɪvən/ ADJ non pardonné

**unforgiving** /ʌnfə'gɪvɪŋ/ ADJ *[place]* inhospitalier ; *[course, pitch]* impitoyable ; *[profession]* ingrat

**unforgotten** /ʌnfə'gɒtn/ ADJ inoublié

**unformed** /ʌn'fɔːmd/ ADJ mal *or* peu défini ◆ **my thoughts were still relatively ~** mes pensées étaient encore relativement mal définies ◆ **the ~ minds of children** l'esprit encore peu formé des enfants ◆ **the market for which they are competing is still ~** le marché qu'ils se disputent n'est pas encore complètement *or* bien établi

**unforthcoming** /ʌnfɔːθ'kʌmɪŋ/ ADJ *[reply, person]* réticent (*about* sur) ◆ **he was very ~ about it** il s'est montré très réticent à ce propos, il s'est montré peu disposé à en parler

**unfortified** /ʌn'fɔːtɪfaɪd/ ADJ *(Mil)* sans fortifications, non fortifié

**unfortunate** /ʌn'fɔːtʃənɪt/ ADJ *[person]* malheureux, malchanceux ; *[coincidence]* malheureux, fâcheux ; *[circumstances]* triste ; *[event]* fâcheux, malencontreux ; *[incident, episode]* fâcheux, regrettable ; *[remark]* malheureux, malencontreux ◆ **it is most ~ that …** il est très malheureux *or* regrettable que … + *subj* ◆ **how ~!** quel dommage ! ◆ **he has been ~** il n'a pas eu de chance N malheureux *m*, -euse *f*

**unfortunately** /ʌn'fɔːtʃənɪtlɪ/ LANGUAGE IN USE 12.3, 18.2, 25.2, 26.3 ADV malheureusement, par malheur ◆ **an ~ worded remark** une remarque formulée de façon malheureuse *or* malencontreuse

**unfounded** /ʌn'faʊndɪd/ ADJ *[rumour, allegation, belief]* dénué de tout fondement, sans fondement ; *[criticism]* injustifié

**unframed** /ʌn'freɪmd/ ADJ *[picture]* sans cadre

**unfreeze** /ʌn'friːz/ (pret **unfroze**, ptp **unfrozen**) VT **a** *(lit)* dégeler **b** *(Econ, Fin)* débloquer VI dégeler

**unfreezing** /ʌn'friːzɪŋ/ N *(Econ, Fin)* *[of prices, wages]* déblocage *m*

**unfrequented** /'ʌnfrɪ'kwentɪd/ ADJ peu fréquenté

**unfriendliness** /ʌn'frendlɪnɪs/ N *(NonC)* froideur *f* (*towards* envers)

**unfriendly** /ʌn'frendlɪ/ ADJ *[person, reception]* froid ; *[attitude, behaviour, act, remark]* inamical ; *(stronger)* hostile ◆ **to be ~ to(wards) sb** manifester de la froideur *or* de l'hostilité envers qn

**unfrock** /ˈʌnˈfrɒk/ VT défroquer

**unfroze** /ˈʌnˈfrəʊz/ VB pt of **unfreeze**

**unfrozen** /ˈʌnˈfrəʊzn/ VB ptp of **unfreeze**

**unfruitful** /ˈʌnˈfruːtfʊl/ ADJ a *(lit)* stérile, infertile b *(fig)* infructueux

**unfruitfully** /ˈʌnˈfruːtfʊlɪ/ ADV *(fig)* en vain, sans succès

**unfulfilled** /ˈʌnfʊlˈfɪld/ ADJ *[promise]* non tenu ; *[ambition, prophecy]* non réalisé ; *[desire]* insatisfait ; *[condition]* non rempli ◆ **to feel ~** *[person]* se sentir frustré, éprouver un sentiment d'insatisfaction

**unfulfilling** /ˈʌnfʊlˈfɪlɪŋ/ ADJ peu satisfaisant ◆ **he finds it ~** ça ne le satisfait pas pleinement

**unfunny** * /ˈʌnˈfʌnɪ/ ADJ qui n'est pas drôle, qui n'a rien de drôle

**unfurl** /ʌnˈfɜːl/ VT déployer VI se déployer

**unfurnished** /ˈʌnˈfɜːnɪʃt/ ADJ non meublé

**ungainliness** /ʌnˈgeɪnlɪnɪs/ N *(NonC)* gaucherie *f*

**ungainly** /ʌnˈgeɪnlɪ/ ADJ gauche, disgracieux

**ungallant** /ˈʌnˈgælənt/ ADJ peu *or* guère galant, discourtois

**ungenerous** /ˈʌnˈdʒenərəs/ ADJ a *(= miserly)* peu généreux, parcimonieux b *(= uncharitable)* mesquin, méchant

**ungentlemanly** /ʌnˈdʒentlmənlɪ/ ADJ peu *or* guère galant, discourtois

**un-get-at-able** * /ˈʌngetˈætəbl/ ADJ inaccessible

**ungird** /ʌnˈgɜːd/ (pret, ptp **ungirt**) VT détacher

**unglazed** /ˈʌnˈgleɪzd/ ADJ *[door, window]* non vitré ; *[picture]* qui n'est pas sous verre ; *[pottery]* non vernissé, non émaillé ; *[photograph]* mat ; *[cake]* non glacé

**unglued** /ˈʌnˈgluːd/ ADJ *(gen)* sans colle ◆ **to come ~** * *(US fig)* *[person]* flancher *, craquer *

**ungodliness** /ʌnˈgɒdlɪnɪs/ N *(NonC)* impiété *f*

**ungodly** /ʌnˈgɒdlɪ/ ADJ a (* *= unreasonable*) *[noise]* impossible * ◆ **at some ~ hour** à une heure impossible * *or* indue b († *= sinful*) *[person, action, life]* impie, irréligieux

**ungovernable** /ʌnˈgʌvənəbl/ ADJ a *(Pol) [people, country]* ingouvernable b *(liter = uncontrollable) [rage, hatred, longing]* incontrôlable ; *[desire, passion]* irrépressible ◆ **to have an ~ temper** ne pas savoir se contrôler *or* se maîtriser

**ungracious** /ʌnˈgreɪʃəs/ ADJ *[person]* peu aimable ; *[remark, gesture]* désobligeant ◆ **it would be ~ to refuse** on aurait mauvaise grâce à refuser

**ungraciously** /ʌnˈgreɪʃəslɪ/ ADV avec mauvaise grâce

**ungrammatical** /ˈʌngrəˈmætɪkəl/ ADJ incorrect, non grammatical, agrammatical

**ungrammatically** /ˈʌngrəˈmætɪkəlɪ/ ADV incorrectement

**ungrateful** /ʌnˈgreɪtfʊl/ ADJ *[person]* ingrat (*towards sb* envers qn) ◆ **to be ~ for sth** ne pas montrer de gratitude pour qch

**ungratefully** /ʌnˈgreɪtfəlɪ/ ADV avec ingratitude

**ungrudging** /ˈʌnˈgrʌdʒɪŋ/ ADJ *[person, contribution]* généreux ; *[help]* donné sans compter ; *[praise, gratitude]* très sincère

**ungrudgingly** /ʌnˈgrʌdʒɪŋlɪ/ ADV *[give]* généreusement ; *[help]* de bon cœur, sans compter

**unguarded** /ˈʌnˈgɑːdɪd/ ADJ a *(= unprotected) [place]* sans surveillance ◆ **to leave a place ~** laisser un endroit sans surveillance b *(Tech) [machine]* sans protection c *(= open, careless) [person, comment]* spontané, irréfléchi ◆ **in an ~ moment** dans un moment d'inattention

**unguardedly** /ˈʌnˈgɑːdɪdlɪ/ ADV *[say]* sans réfléchir

**unguent** /ˈʌŋgwənt/ N onguent *m*

**ungulate** /ˈʌŋgjʊleɪt/ ADJ ongulé N animal *m* ongulé ◆ **~s** les ongulés *mpl*

**unhallowed** /ʌnˈhæləʊd/ ADJ *(liter)* non consacré, profane

**unhampered** /ˈʌnˈhæmpəd/ ADJ *[progress]* aisé ; *[access]* libre ◆ **to operate ~ by the police** opérer sans être gêné par la police ◆ **trade ~ by tax regulations** commerce *m* non entravé par la réglementation fiscale

**unhand** /ʌnˈhænd/ VT (†† *or hum*) lâcher

**unhandy** * /ʌnˈhændɪ/ ADJ gauche, maladroit

**unhappily** /ʌnˈhæpɪlɪ/ ADV a *(= miserably) [look at, go]* d'un air malheureux ; *[say]* d'un ton malheureux ◆ **to be ~ married** avoir fait un mariage malheureux b *(= unfortunately)* malheureusement ◆ **~, things didn't work out as planned** malheureusement, les choses ne se sont pas passées comme prévu ◆ **~ for him, he ...** malheureusement pour lui, il ...

**unhappiness** /ʌnˈhæpɪnɪs/ N *(NonC)* tristesse *f*, chagrin *m*

**unhappy** /ʌnˈhæpɪ/ ADJ a *(= sad) [person, expression, marriage]* malheureux ◆ **I had an ~ time at school** j'ai été malheureux à l'école

b *(= discontented) [person]* mécontent (*with or about sb/sth* de qn/qch ; *at sth* de qch) ◆ **to be ~ at doing sth** *or* **to do sth** être mécontent de faire qch

c *(= worried) [person]* inquiet (-ète *f*) (*with or about sb/sth* au sujet de qn/qch ; *at sth* au sujet de qch) ◆ **we are ~ about the decision** cette décision ne nous satisfait pas ◆ **I am** *or* **feel ~ about leaving him alone** je n'aime pas (l'idée de) le laisser seul

d *(= regrettable) [experience, episode]* malheureux ; *[situation, circumstances]* regrettable ; *[coincidence]* malheureux, fâcheux ◆ **this ~ state of affairs** cette situation regrettable *or* déplorable *or* fâcheuse

e *(= unfortunate) [person]* malheureux ; *[place]* affligé

f *(frm = unsuitable) [remark]* malheureux, malencontreux ◆ **an ~ choice of words** un choix de mots malheureux *or* malencontreux

**unharmed** /ˈʌnˈhɑːmd/ ADJ *[person, animal]* indemne, sain et sauf ; *[thing]* intact, non endommagé

**unharness** /ˈʌnˈhɑːnɪs/ VT dételer (*from* de)

**UNHCR** /ˌjuːeneɪtʃsiːˈɑːʳ/ N (abbrev of **United Nations High Commission for Refugees**) HCR *m*

**unhealthy** /ʌnˈhelθɪ/ ADJ a *(= harmful) [environment, climate]* malsain, insalubre ; *[habit, curiosity, relationship]* malsain ◆ **their diet is ~** leur alimentation n'est pas saine b *(= unwell) [person, company, economy]* en mauvaise santé c *(= ill-looking) [person, appearance, skin]* maladif

**unheard** /ˈʌnˈhɜːd/ ADJ a *(= ignored)* ◆ **to go ~** *[person, plea, request]* être ignoré ◆ **she condemned him ~** elle l'a condamné sans l'avoir entendu b *(= not heard)* ◆ **his cries went ~** personne n'a entendu ses cris ◆ **a previously ~ opera** un opéra qui est présenté pour la première fois COMP ▷ **unheard-of** ADJ *(= surprising)* incroyable ◆ **private bathrooms and toilets were ~ of** les salles de bains et les toilettes privées n'existaient pas

**unhedged** /ˈʌnˈhedʒd/ ADJ *(esp US) [venture, bet]* hasardeux, à découvert

**unheeded** /ˈʌnˈhiːdɪd/ ADJ *[person, plea, warning]* ignoré ◆ **to go ~** être ignoré ◆ **it must not go ~** il faut en tenir compte, il faut y prêter attention

**unheeding** /ˈʌnˈhiːdɪŋ/ ADJ *(frm)* insouciant (*of* de), indifférent (*of* à) ◆ **they passed by ~** ils sont passés à côté sans faire attention

**unhelpful** /ˈʌnˈhelpfʊl/ ADJ *[person]* peu serviable ; *[remark, advice]* inutile ; *[attitude]* peu coopératif ; *[book, computer]* qui n'apporte (*or* apportait) rien d'utile ◆ **he didn't want to seem ~** il voulait avoir l'air serviable ◆ **I found that very ~** ça ne m'a pas aidé du tout ◆ **it is ~ to do sth** ça n'avance pas à grand-chose de faire qch

**unhelpfully** /ˈʌnˈhelpfʊlɪ/ ADV *[behave]* de manière peu coopérative ; *[say, suggest]* sans apporter quoi que ce soit d'utile

**unhelpfulness** /ʌnˈhelpfʊlnɪs/ N *(NonC) [of person]* manque *m* de serviabilité ; *[of remark, advice, book, computer]* inutilité *f*

**unheralded** /ˈʌnˈherəldɪd/ ADJ a *(= unannounced) [arrival, resignation]* non annoncé ◆ **to be ~** ne pas être annoncé ◆ **to arrive ~** arriver sans être annoncé b *(= unacclaimed) [player, artist]* méconnu

**unhesitating** /ʌnˈhezɪteɪtɪŋ/ ADJ *[response]* immédiat ; *[trust, generosity]* spontané ; *[person, courage, belief]* résolu

**unhesitatingly** /ʌnˈhezɪteɪtɪŋlɪ/ ADV sans hésiter, sans hésitation

**unhindered** /ˈʌnˈhɪndəd/ ADJ *[progress]* sans obstacles, sans encombre ; *[movement]* libre, sans encombre ◆ **to go ~** passer sans rencontrer d'obstacles *or* sans encombre ◆ **he worked ~** il a travaillé sans être dérangé (*by* par)

**unhinge** /ʌnˈhɪndʒ/ VT enlever de ses gonds, démonter ; *(fig) [+ mind]* déranger ; *[+ person]* déséquilibrer

**unhinged** /ˈʌnˈhɪndʒd/ ADJ *[person, mind]* déséquilibré ; *[passion, ranting]* délirant

**unhip** * /ˈʌnˈhɪp/ ADJ ringard *

**unhitch** /ˈʌnˈhɪtʃ/ VT *[+ rope]* décrocher, détacher ; *[+ horse]* dételer

**unholy** /ʌnˈhəʊlɪ/ ADJ a *(= sinful) [activity]* impie ; *[pleasure]* inavouable ; *[alliance]* contre nature b (* *= terrible) [mess, row]* sans nom ; *[noise]* impossible *

**unhook** /ˈʌnˈhʊk/ VT a *(= take off hook) [+ picture from wall etc]* décrocher (*from* de) b *(= undo) [+ garment]* dégrafer

**unhoped-for** /ʌnˈhəʊptfɔːʳ/ ADJ inespéré

**unhopeful** /ʌnˈhəʊpfʊl/ ADJ *[prospect, start]* peu prometteur ; *[person]* pessimiste, qui n'a guère d'espoir

**unhorse** /ˈʌnˈhɔːs/ VT désarçonner, démonter

**unhurried** /ˈʌnˈhʌrɪd/ ADJ *[pace, atmosphere, activity]* tranquille ; *[reflection]* tranquille, paisible ; *[movement]* sans précipitation ; *[person]* paisible ◆ **to be ~** *[person]* ne pas être pressé ◆ **to have an ~ journey** faire un voyage sans se presser ◆ **in an ~ way** sans se presser

**unhurriedly** /ˈʌnˈhʌrɪdlɪ/ ADV *[walk]* sans se presser, tranquillement ; *[speak]* sans précipitation, posément, en prenant son temps

**unhurt** /ˈʌnˈhɜːt/ ADJ indemne

**unhygienic** /ˈʌnhaɪˈdʒiːnɪk/ ADJ non hygiénique ◆ **it is ~ to do that** ce n'est pas hygiénique de faire ça

**uni** * /ˈjuːnɪ/ **N** (abbrev of **university**) fac * *f* ◆ **at ~** en fac *

**uni...** /ˈjuːnɪ/ **PREF** uni..., mono...

**unicameral** /ˈjuːnɪˈkæmərəl/ **ADJ** *(Parl)* monocaméral

**UNICEF** /ˈjuːnɪsef/ **N** (abbrev of **United Nations Children's Fund**) UNICEF *f*

**unicellular** /ˈjuːnɪˈseljʊləʳ/ **ADJ** unicellulaire

**unicorn** /ˈjuːnɪkɔːn/ **N** licorne *f*

**unicycle** /ˈjuːnɪˌsaɪkl/ **N** monocycle *m*

**unidentifiable** /ˈʌnaɪˈdentɪˌfaɪəbl/ **ADJ** non identifiable

**unidentified** /ˈʌnaɪˈdentɪfaɪd/ **ADJ** non identifié **COMP** ▷ **unidentified flying object N** objet *m* volant non identifié

**unidirectional** /ˌjuːnɪdɪˈrekʃənl/ **ADJ** unidirectionnel

**unification** /ˌjuːnɪfɪˈkeɪʃən/ **N** unification *f*

**uniform** /ˈjuːnɪfɔːm/ **N** uniforme *m* ◆ **in ~** en uniforme ◆ **in full ~** *(Mil etc)* en grand uniforme ◆ **out of ~** *[policeman, soldier]* en civil ; *[schoolboy]* en habits de tous les jours ◆ **the ~s** * *(Police)* les policiers *mpl* en tenue **ADJ** *[rate, standards, shape, size]* identique ◆ **~ in shape/size, of a ~ shape/size** de la même forme/taille, de forme/taille identique ◆ **a sky of ~ colour** un ciel de couleur uniforme ◆ **to make sth ~** *[+ rate, standards, colour]* uniformiser qch ; *[+ shape, size]* normaliser qch **COMP** *[trousers, shirt etc]* d'uniforme ▷ **uniform resource locator N** *(Comput)* URL *m (adresse de site Web)*

**uniformed** /ˈjuːnɪfɔːmd/ **ADJ** *[guard, chauffeur, schoolchild]* en uniforme ; *[soldier, police officer]* en uniforme, en tenue ; *[organization]* où l'on porte un uniforme **COMP** ▷ **uniformed branch N** *(Police)* (catégorie *f* du) personnel *m* en tenue

**uniformity** /ˌjuːnɪˈfɔːmɪtɪ/ **N** *(NonC)* uniformité *f*

**uniformly** /ˈjuːnɪfɔːmlɪ/ **ADV** uniformément

**unify** /ˈjuːnɪfaɪ/ **VT** unifier **COMP** ▷ **unified field theory N** théorie *f* unitaire

**unifying** /ˈjuːnɪfaɪɪŋ/ **ADJ** *[factor, force, theme, principle etc]* unificateur (-trice *f*) ◆ **the struggle has had a ~ effect on all Blacks** cette lutte a réussi à unifier tous les Noirs

**unilateral** /ˈjuːnɪˈlætərəl/ **ADJ** unilatéral **COMP** ▷ **unilateral declaration of independence** *(Brit Pol)* **N** déclaration *f* unilatérale d'indépendance ▷ **unilateral disarmament N** désarmement *m* unilatéral, **unilateral nuclear disarmament N** désarmement *m* nucléaire unilatéral

**unilateralism** /ˈjuːnɪˈlætərəlɪzəm/ **N** adhésion *f* au désarmement unilatéral, unilatéralisme *m* ◆ **American ~ on trade** l'habitude *f* américaine de prendre des décisions unilatérales en ce qui concerne le commerce

**unilateralist** /ˈjuːnɪˈlætərəlɪst/ **N** partisan *m* du désarmement unilatéral **ADJ** *[policy]* unilatéral ; *[party]* favorable au désarmement nucléaire unilatéral

**unilaterally** /ˈjuːnɪˈlætərəlɪ/ **ADV** unilatéralement

**unimaginable** /ˌʌnɪˈmædʒnəbl/ **ADJ** inimaginable (*to sb* pour qn)

**unimaginably** /ˈʌnɪˈmædʒɪnəblɪ/ **ADV** incroyablement

**unimaginative** /ˈʌnɪˈmædʒnətɪv/ **ADJ** *[person, film]* sans imagination ; *[food, playing]* sans originalité ◆ **to be ~** *[person, film]* manquer d'imagination ; *[food, playing]* manquer d'originalité

**unimaginatively** /ˈʌnɪˈmædʒnətɪvlɪ/ **ADV** d'une manière peu imaginative, sans imagination

**unimaginativeness** /ˈʌnɪˈmædʒnətɪvnɪs/ **N** manque *m* d'imagination

**unimpaired** /ˈʌnɪmˈpeəd/ **ADJ** *[mental powers, prestige]* intact ; *[quality]* non diminué ◆ **his eyesight/hearing was ~** sa vue/son ouïe n'avait pas diminué ◆ **their faith remains ~** leur foi reste toujours aussi forte ◆ **to be ~ by sth** ne pas souffrir de qch

**unimpeachable** /ˌʌnɪmˈpiːtʃəbl/ **ADJ** *(frm) [source]* sûr ; *[evidence]* incontestable, irrécusable ; *[integrity]* impeccable ; *[character, reputation, conduct, honesty]* irréprochable

**unimpeded** /ˈʌnɪmˈpiːdɪd/ **ADJ** *[access]* libre ; *[view]* dégagé **ADV** sans entraves

**unimportant** /ˈʌnɪmˈpɔːtənt/ **ADJ** *[person]* insignifiant ; *[issue, detail]* sans importance, insignifiant ◆ **it's quite ~** ça n'a aucune espèce d'importance, c'est sans importance

**unimposing** /ˈʌnɪmˈpəʊzɪŋ/ **ADJ** peu imposant, peu impressionnant

**unimpressed** /ˈʌnɪmˈprest/ **ADJ** **a** (= *unaffected*) ◆ **to be ~ (by** *or* **with sb/sth)** *(by person, sight, size, plea)* ne pas être impressionné (par qn/qch) ◆ **I was ~** ça ne m'a pas impressionné ◆ **Wall Street has been ~** Wall Street est resté calme ◆ **he remained ~** ça ne lui a fait ni chaud ni froid **b** (= *unconvinced*) ◆ **to be ~ (by** *or* **with sb/sth)** *(by person, explanation, argument)* ne pas être convaincu (par qn/qch) ◆ **I was ~** ça ne m'a pas convaincu ◆ **he was ~ with the idea of filling in a lengthy questionnaire** il n'était pas convaincu de la nécessité de remplir un long questionnaire

**unimpressive** /ˈʌnɪmˈpresɪv/ **ADJ** *[person]* terne, très quelconque ; *[building, amount]* très quelconque ; *[sight, result, performance]* médiocre ; *[argument]* peu convaincant

**unimproved** /ˈʌnɪmˈpruːvd/ **ADJ** *[condition]* qui ne s'est pas amélioré, inchangé ; *[land, pasture]* non amendé ◆ **many houses remained ~** beaucoup de maisons n'avaient pas fait l'objet de réfections

**unincorporated** /ˌʌnɪnˈkɔːpəreɪtɪd/ **ADJ** non incorporé (*in* dans) ; *(Comm, Jur)* non enregistré

**uninfluential** /ˈʌnɪnflʊˈenʃəl/ **ADJ** sans influence, qui n'a pas d'influence

**uninformative** /ˈʌnɪnˈfɔːmətɪv/ **ADJ** *[report, document, account]* qui n'apprend rien ◆ **he was very ~** il ne nous (*or* leur *etc*) a rien appris d'important

**uninformed** /ˈʌnɪnˈfɔːmd/ **ADJ** *[person, organization]* mal informé (*about sb/sth* sur qn/qch), mal renseigné (*about sb/sth* sur qn/qch) ; *[comment, rumour, opinion]* mal informé ◆ **the ~ observer** l'observateur *m* non averti **NPL** **the uninformed** le profane

**uninhabitable** /ˈʌnɪnˈhæbɪtəbl/ **ADJ** inhabitable

**uninhabited** /ˈʌnɪnˈhæbɪtɪd/ **ADJ** inhabité

**uninhibited** /ˈʌnɪnˈhɪbɪtɪd/ **ADJ** *[person, behaviour]* sans inhibitions ; *[emotion, impulse, desire]* non refréné ; *[dancing]* sans retenue ◆ **to be ~ by sth/in** *or* **about doing sth** ne pas être gêné par qch/pour faire qch

**uninitiated** /ˈʌnɪˈnɪʃɪeɪtɪd/ **ADJ** non initié (*into sth* à qch) ◆ **to the ~ eye** aux yeux du profane ◆ **to the ~ reader** pour le lecteur non averti **NPL** **the uninitiated** *(Rel)* les profanes *mpl* ; *(gen)* les non-initiés *mpl*, le profane

**uninjured** /ˈʌnˈɪndʒəd/ **ADJ** indemne ◆ **he was ~ in the accident** il est sorti indemne de l'accident ◆ **luckily, everyone escaped ~** heureusement, tout le monde s'en est sorti indemne

**uninspired** /ˈʌnɪnˈspaɪəd/ **ADJ** *[person]* qui manque d'inspiration ; *[book, film]* sans imagination, fade ; *[food]* sans originalité

**uninspiring** /ˈʌnɪnˈspaɪərɪŋ/ **ADJ** *[person, book, film]* terne ; *[choice]* médiocre ; *[view]* sans intérêt ◆ **it was an ~ match** le match n'a pas été passionnant

**uninstall** /ʌnɪnˈstɔːl/ **VT** *(Comput)* désinstaller

**uninsured** /ˈʌnɪnˈʃʊəd/ **ADJ** non assuré (*against* contre)

**unintelligent** /ˈʌnɪnˈtelɪdʒənt/ **ADJ** *[person, comment]* inintelligent ; *[behaviour, tactics]* dépourvu d'intelligence ; *[book, film]* sans intelligence

**unintelligible** /ˈʌnɪnˈtelɪdʒəbl/ **ADJ** inintelligible (*to sb* pour qn)

**unintelligibly** /ˈʌnɪnˈtelɪdʒəblɪ/ **ADV** *[mutter, yell]* de façon inintelligible

**unintended** /ˈʌnɪnˈtendɪd/, **unintentional** /ˈʌnɪnˈtenʃənl/ **ADJ** involontaire ◆ **it was quite ~** ce n'était pas fait exprès

**unintentionally** /ˈʌnɪnˈtenʃnəlɪ/ **ADV** involontairement

**uninterested** /ʌnˈɪntrɪstɪd/ **ADJ** indifférent ◆ **to be ~ in sb/sth** ne pas être intéressé par qn/qch ◆ **he seems ~ in his son** il ne semble pas s'intéresser à son fils

**uninteresting** /ˈʌnˈɪntrɪstɪŋ/ **ADJ** *[person, place, book, activity]* inintéressant ; *[offer]* sans intérêt, dépourvu d'intérêt

**uninterrupted** /ˈʌnˌɪntəˈrʌptɪd/ **ADJ** ininterrompu ◆ **to continue ~** continuer sans interruption ◆ **~ by advertisements** sans coupures publicitaires ◆ **to have an ~ view of sth** avoir une très bonne vue *or* une vue dégagée sur qch

**uninterruptedly** /ˈʌnˌɪntəˈrʌptɪdlɪ/ **ADV** sans interruption

**uninvited** /ˈʌnɪnˈvaɪtɪd/ **ADJ** *[visitor]* sans invitation ; *[question, sexual advances]* mal venu ; *[criticism]* gratuit ◆ **an ~ guest** une personne qui n'a pas été invitée *or* qui s'invite ◆ **to arrive ~** arriver sans invitation, s'inviter ◆ **to do sth ~** faire qch sans y être invité

**uninviting** /ˈʌnɪnˈvaɪtɪŋ/ **ADJ** peu attirant, peu attrayant ; *[food]* peu appétissant

**union** /ˈjuːnjən/ **N** **a** *(gen, also Pol)* union *f* ; (= *marriage*) union *f*, mariage *m* ◆ **postal/customs ~** union *f* postale/douanière ◆ **the Union** *(US)* les États-Unis *mpl* ◆ **Union of Soviet Socialist Republics** Union *f* des républiques socialistes soviétiques ◆ **Union of South Africa** Union *f* sud-africaine ◆ **the (Student** *or* **Students') Union** *(Univ)* (= *organization*) *syndicat étudiant* ; (= *building*) *locaux de l'association d'étudiants* ◆ **in perfect ~** en parfaite harmonie ◆ **in ~ there is strength** l'union fait la force *(Prov)* → **state**

**b** *(Ind:* also **trade union**, *US:* also **labor union**) syndicat *m* ◆ **~s and management** ≃ les partenaires *mpl* sociaux ◆ **to join a ~** adhérer à un syndicat, se syndiquer ◆ **to join the Union of Miners** adhérer au Syndicat des mineurs ◆ **to belong to a ~** faire partie d'un syndicat, être membre d'un syndicat

**c** *(Tech: for pipes etc)* raccord *m*

**COMP** *(Ind) [card, leader, movement]* syndical ; *[headquarters]* du syndicat ; *[factory etc]* syndiqué ▷ **union catalogue N** catalogue *m* combiné *(de plusieurs bibliothèques)* ▷ **union dues NPL** cotisation *f* syndicale ▷ **Union Jack N** Union Jack *m inv* ▷ **union member N** *(Ind)* membre *m* du syndicat, syndiqué(e) *m(f)* ▷ **union membership N** (= *members collectively*) membres *mpl* du *or* des syndicat(s) ; *(= number of members)* effectifs *mpl* du *or* des syndicat(s) ; see also **membership** ▷ **union rate** N *(Ind)* tarif *m* syndical ▷ **union school** N *(US)* *lycée dont dépendent plusieurs écoles appartenant à un autre secteur* ▷ **union shop** N *(US)* atelier *m* d'ouvriers syndiqués ▷ **union suit** N *(US)* combinaison *f*

**unionism** /ˈjuːnjənɪzəm/ N *(Ind)* syndicalisme *m* ; *(Pol)* unionisme *m*

**unionist** /ˈjuːnjənɪst/ N **a** *(Ind:* also **trade unionist**) membre *m* d'un syndicat, syndiqué(e) *m(f)* ◆ **the militant ~s** les syndicalistes *mpl*, les militants *mpl* syndicaux **b** *(in Ir, US etc: Pol)* unioniste *mf*

**unionization** /ˌjuːnjənaɪˈzeɪʃən/ N syndicalisation *f*

**unionize** /ˈjuːnjənaɪz/ *(Ind)* **VT** syndiquer **VI** se syndiquer

**uniparous** /juːˈnɪpərəs/ ADJ *(Zool)* unipare ; *(Bot)* à axe principal unique

**unique** /juːˈniːk/ **ADJ** **a** *(= one of a kind)* unique *(among* parmi) ◆ **~ to sb/sth** propre à qn/qch ◆ **his own ~ style** son style inimitable, son style bien à lui **b** *(= exceptional)* exceptionnel ◆ **rather** *or* **fairly ~** assez exceptionnel **COMP** ▷ **unique selling point**, **unique selling proposition** N avantage *m* unique

**uniquely** /juːˈniːklɪ/ ADV particulièrement ◆ **~ placed to do sth** particulièrement bien placé pour faire qch

**uniqueness** /juːˈniːknɪs/ N caractère *m* unique *or* exceptionnel

**unisex** /ˈjuːnɪseks/ ADJ *[clothes, hair salon]* unisexe ; *[hospital ward]* mixte

**UNISON** /ˈjuːnɪsn/ N *(Brit) syndicat*

**unison** /ˈjuːnɪsn, ˈjuːnɪzn/ N *(gen, also Mus)* unisson *m* ◆ **in ~** *[sing]* à l'unisson ◆ **"yes" they said in ~** "oui" dirent-ils en chœur *or* tous ensemble ◆ **to act in ~** agir de concert

**unit** /ˈjuːnɪt/ **N** **a** *(gen, Admin, Elec, Math, Mil etc)* unité *f* ; *(Univ etc)* module *m*, unité *f* de valeur ◆ **administrative/linguistic/monetary ~** unité *f* administrative/linguistique/monétaire ◆ **~ of length** unité *f* de longueur ; → **thermal**

**b** *(= complete section, part)* élément *m* ; *[of textbook]* chapitre *m* ◆ **compressor ~** groupe *m* compresseur ◆ **generative ~** *(Elec)* groupe *m* électrogène ◆ **you can buy the kitchen in ~s** vous pouvez acheter la cuisine par éléments ; → **kitchen, sink²**

**c** *(= buildings)* locaux *mpl* ; *(= offices)* bureaux *mpl* ; *(for engineering etc)* bloc *m* ; *(for sport, activity)* centre *m* ; *(looking after the public)* service *m* ◆ **assembly/operating ~** bloc *m* de montage/opératoire ◆ **X-ray ~** service *m* de radiologie ◆ **sports ~** centre *m* sportif ◆ **the library/laboratory ~** la bibliothèque/les laboratoires *mpl* ◆ **the staff accommodation ~** les logements *mpl* du personnel

**d** *(= group of people)* unité *f* ; *(in firm)* service *m* ◆ **research ~** unité *f or* service *m* de recherches ◆ **family ~** *(Sociol)* groupe *m* familial

**COMP** ▷ **unit cost** N coût *m* unitaire ▷ **unit furniture** N *(NonC)* mobilier *m* par éléments ▷ **unit-linked policy** N *(Brit Insurance) assurance-vie avec participation aux bénéfices d'un fonds commun de placement* ▷ **unit of account** N *[of European Community]* unité *f* de compte ▷ **unit price** N prix *m* unitaire ▷ **unit rule** N *(US Pol) règlement selon lequel la délégation d'un État vote en bloc suivant la majorité de ses membres* ▷ **unit trust** N *(Brit Fin)* ≃ fonds *m* commun de placement ; *(= company)* société *f* d'investissement à capital variable, SICAV *f*

**Unitarian** /ˌjuːnɪˈtɛərɪən/ ADJ, N *(Rel)* unitaire *mf*, unitarien(ne) *m(f)*

**Unitarianism** /ˌjuːnɪˈtɛərɪənɪzəm/ N *(Rel)* unitarisme *m*

**unitary** /ˈjuːnɪtərɪ/ ADJ unitaire

**unite** /juːˈnaɪt/ **VT** **a** *(= join) [+ countries, groups]* unir ; *(= marry)* unir, marier ◆ **to ~ A and B** unir A et B ◆ **to ~ A with B** unir A à B **b** *(= unify) [+ party, country]* unifier **VI** s'unir *(with sth* à qch ; *with sb* à *or* avec qn ; *against* contre ; *in doing sth, to do sth* pour faire qch) ◆ **women of the world ~!** femmes du monde entier, unissez-vous !

**united** /juːˈnaɪtɪd/ **ADJ** *[country, opposition]* uni ◆ **~ in their belief that ...** unis dans la conviction que ... ◆ **~ in opposing sth** unis dans leur opposition à qch ◆ **~ by a common interest** unis par un intérêt commun ◆ **a ~ effort** un effort commun ◆ **their ~ efforts** leurs efforts conjugués ◆ **to present a** *or* **put on a ~ front (to sb)** présenter un front uni (face à qn) ◆ **to take a ~ stand against sb/sth** adopter une position commune contre qn/qch ◆ **~ we stand, divided we fall** *(Prov)* l'union fait la force *(Prov)*

**COMP** ▷ **the United Arab Emirates** NPL les Émirats *mpl* arabes unis ▷ **the United Arab Republic** N la République arabe unie ▷ **the United Kingdom (of Great Britain and Northern Ireland)** N le Royaume-Uni (de Grande-Bretagne et d'Irlande du Nord) ; → GREAT BRITAIN, UNITED KINGDOM ▷ **United Nations (Organization)** NPL (Organisation *f* des) Nations *fpl* unies ▷ **United Service Organization** N *(US) organisation venant en aide aux militaires américains, en particulier lors de leurs déplacements ou séjours à l'étranger* ▷ **the United States (of America)** NPL les États-Unis *mpl* (d'Amérique)

**unity** /ˈjuːnɪtɪ/ N unité *f* ; *(fig)* harmonie *f*, accord *m* ◆ **~ of time/place/action** *(Theat)* unité *f* de temps/de lieu/d'action ◆ **~ is strength** *(Prov)* l'union fait la force *(Prov)* ◆ **to live in ~** vivre en harmonie *(with* avec)

**Univ.** (abbrev of **University**) univ.

**univalent** /ˌjuːnɪˈveɪlənt/ ADJ univalent

**univalve** /ˈjuːnɪvælv/ **ADJ** univalve **N** mollusque *m* univalve

**universal** /ˌjuːnɪˈvɜːsəl/ **ADJ** *[acceptance, approval, condemnation]* unanime ; *[language, remedy, beliefs]* universel ◆ **~ access to medical care** l'accès de tous aux soins médicaux ◆ **a ~ health-care system** un système de soins médicaux pour tous ◆ **to win ~ acclaim** être acclamé par tous ◆ **to have a ~ appeal** être apprécié de tous ◆ **he's a ~ favourite** tout le monde l'adore ◆ **a ~ truth** une vérité universelle ◆ **its use has become ~** son usage est devenu universel ◆ **to make sth ~** rendre qch universel

**N** *(Philos)* universel *m* ◆ **~s** *(Philos, Ling)* universaux *mpl*

**COMP** ▷ **universal bank** N banque *f* universelle ▷ **universal joint** N (joint *m* de) cardan *m* ▷ **Universal Product Code** N *(US Comm)* code-barres *m* ▷ **universal suffrage** N suffrage *m* universel ▷ **universal time** N temps *m* universel

**universality** /ˌjuːnɪvɜːˈsælɪtɪ/ N *(NonC)* universalité *f*

**universalize** /ˌjuːnɪˈvɜːsəlaɪz/ VT universaliser, rendre universel

**universally** /ˌjuːnɪˈvɜːsəlɪ/ ADV *[accepted, welcomed, condemned]* universellement ; *[popular, true, available]* partout ◆ **~ liked/admired** aimé/admiré de tous ◆ **~ praised** loué par chacun *or* tout le monde

**universe** /ˈjuːnɪvɜːs/ N univers *m* ◆ **he's the funniest writer in the ~** * c'est l'écrivain le plus amusant qui existe

**university** /ˌjuːnɪˈvɜːsɪtɪ/ **N** université *f* ◆ **to be at/go to ~** être/aller à l'université ◆ **to study at ~** faire des études universitaires ◆ **a place at ~, a ~ place** une place à l'université ; → **open, residence**

**COMP** *[degree, town, library]* universitaire ; *[professor, student]* d'université ▷ **Universities and Colleges Admissions Service** N *(Brit) service central des inscriptions universitaires* ▷ **Universities Central Council on Admissions** N *(Brit: formerly) service central des inscriptions universitaires* ▷ **Universities Funding Committee** N *(Brit) commission gouvernementale responsable de la dotation des universités* ▷ **university education** N ◆ **he has a ~ education** il a fait des études universitaires ▷ **university entrance** N entrée *f* à l'université ◆ **~ entrance examination** *(gen)* examen *m* d'entrée à l'université ; *(competitive)* concours *m* d'entrée à l'université ▷ **university extension courses** NPL *cours publics du soir organisés par une université* ▷ **University Grants Committee** N *(Brit: formerly) ancienne commission gouvernementale responsable de la dotation des universités* ▷ **university hospital** N centre *m* hospitalier universitaire

**unjust** /ˈʌnˈdʒʌst/ ADJ injuste *(to sb* envers qn) ◆ **it is ~ to do that** il est injuste de faire cela

**unjustifiable** /ʌnˈdʒʌstɪfaɪəbl/ ADJ injustifiable

**unjustifiably** /ʌnˈdʒʌstɪfaɪəblɪ/ ADV *[criticize, increase]* de façon injustifiable ◆ **~ high levels of taxation** des taux d'imposition d'un niveau injustifiable ◆ **~ pessimistic** d'un pessimisme injustifiable

**unjustified** /ˈʌnˈdʒʌstɪfaɪd/ ADJ **a** *(= unfair) [action, attack, reputation]* injustifié **b** *(Typ)* non justifié

**unjustly** /ˈʌnˈdʒʌstlɪ/ ADV injustement

**unkempt** /ˈʌnˈkempt/ ADJ *[person, appearance, clothes]* négligé ; *[hair]* mal peigné ; *[beard]* peu soigné ; *[grass, garden, park]* mal entretenu

**unkind** /ʌnˈkaɪnd/ ADJ **a** *(= nasty) [person, remark, behaviour]* désagréable, peu aimable ◆ **she never has an ~ word to say about anyone** elle n'a jamais un mot désagréable pour qui que ce soit ◆ **it would be ~ to say that ...** il serait peu aimable de dire que ... ◆ **to be ~ to sb** ne pas être aimable avec qn **b** *(= adverse) [fate]* cruel *(to sb* envers qn) ; *[climate]* rude ◆ **the weather was ~ to us** le temps s'est montré peu clément pour nous **c** *(Sport) [bounce]* malheureux

**unkindly** /ʌnˈkaɪndlɪ/ **ADV** *[behave]* désagréablement, de façon désagréable *or* peu aimable ; *[say]* désagréablement, sans aménité ; *[describe]* sans aménité ◆ **to speak ~ of sb** dire des choses désagréables *or* peu aimables au sujet de qn ◆ **don't take it ~ if ...** ne soyez pas offensé si ..., ne le prenez pas en mauvaise part si ... ◆ **to take ~ to sth** accepter qch difficilement **ADJ** *[person, remark]* désagréable, peu aimable ; *[climate]* rude ◆ **in an ~ way** de façon désagréable *or* peu aimable

**unkindness** /ʌnˈkaɪndnɪs/ N **a** *(NonC) [of person, behaviour]* manque *m* de gentillesse *or* d'amabilité ; *(stronger)* méchanceté *f* ; *[of words, remark]* malveillance *f* ; *[of fate]* cruauté *f* ; *[of weather]* rigueur *f* **b** *(= act of unkindness)* méchanceté *f*, action *f or* parole *f* méchante

**unknot** /ˈʌnˈnɒt/ VT dénouer, défaire (le nœud de)

**unknowable** /ˈʌnˈnəʊəbl/ ADJ *(esp liter)* inconnaissable

**unknowing** /ˈʌnˈnəʊɪŋ/ ADJ ◆ **to be the ~ victim of sb/sth** être la victime de qn/qch sans le savoir ◆ **to be the ~ cause of sth** être la cause de qch à son insu *or* sans le savoir ◆ **to be an ~ accomplice in** *or* **to sth** être le complice de qch à son insu *or* sans le savoir ◆ **... he said, all ~** ... dit-il, sans savoir ce qui se passait

**unknowingly** /ˈʌnˈnəʊɪŋlɪ/ ADV sans le savoir, à mon (*or* son *etc*) insu

**unknown** /ˈʌnˈnəʊn/ ADJ inconnu ◆ **his real name is ~ (to me)** son vrai nom (m')est inconnu ◆ **she hoped to remain ~ to the authorities** elle espérait que les autorités ne s'apercevraient pas de son existence ◆ **a species ~ to science** une espèce inconnue des scientifiques ◆ **~ to me, he ...** à mon insu, il ..., sans que je le sache, il ... ◆ **~ to him, the plane had crashed** l'avion s'était écrasé, ce qu'il ignorait ◆ **some ~ person** un inconnu ◆ **it is ~ territory (for them)** *(lit, fig)* c'est un territoire inconnu (pour eux) ◆ **murder by person or persons ~** *(Jur)* meurtre *m* dont on ignore l'auteur ou les auteurs ◆ **Jill Brown, whereabouts ~** Jill Brown, dont on ignore où elle se trouve actuellement

N a ◆ **the ~** *(Philos, gen)* l'inconnu *m* ; *(Math, fig)* l'inconnue *f* ◆ **voyage into the ~** voyage *m* dans l'inconnu ◆ **in space exploration there are many ~s** dans l'exploration de l'espace il y a de nombreuses inconnues

b *(= person, actor etc)* inconnu(e) *m(f)* ◆ **they chose an ~ for the part of Macbeth** ils ont choisi un inconnu pour jouer le rôle de Macbeth

COMP ▷ **unknown factor** N inconnue *f* ▷ **unknown quantity** N *(Math, fig)* inconnue *f* ◆ **he's an ~ quantity** il représente une inconnue ▷ **the Unknown Soldier, the Unknown Warrior** N le Soldat inconnu

**unlace** /ˈʌnˈleɪs/ VT délacer, défaire (le lacet de)

**unladen** /ˈʌnˈleɪdn/ ADJ *[ship]* à vide ◆ **~ weight** poids *m* à vide ◆ **to weigh 5 tonnes ~** peser 5 tonnes à vide

**unladylike** /ˈʌnˈleɪdɪlaɪk/ ADJ *[girl, woman]* mal élevée, qui manque de distinction ; *[manners, behaviour]* peu distingué ◆ **it's ~ to yawn** une jeune fille bien élevée ne bâille pas

**unlamented** /ˈʌnləˈmentɪd/ ADJ non regretté ◆ **he died ~** on ne pleura pas sa mort

**unlatch** /ˈʌnˈlætʃ/ VT ouvrir, soulever le loquet de

**unlawful** /ˈʌnˈlɔːfʊl/ ADJ *[act]* illégal, illicite ; *[marriage]* illégitime ◆ **by ~ means** par des moyens illégaux ◆ **employees who believe their dismissal was ~** les employés qui pensent que leur licenciement était abusif

COMP ▷ **unlawful assembly** N rassemblement *m* illégal ▷ **unlawful entry** N effraction *f* ▷ **unlawful killing** N homicide *m* volontaire *(sans préméditation)* ▷ **unlawful possession** N détention *f* illégale ▷ **unlawful wounding** N coups *mpl* et blessures *fpl (sans préméditation)*

**unlawfully** /ˈʌnˈlɔːfəlɪ/ ADV illégalement, illicitement

**unleaded** /ˈʌnˈledɪd/ ADJ *[petrol]* sans plomb N *(also* **unleaded petrol***)* essence *f* sans plomb

**unlearn** /ˈʌnˈlɜːn/ (pret, ptp **unlearned** *or* **unlearnt**) VT désapprendre

**unlearned** /ˈʌnˈlɜːnɪd/ VB pt, ptp of **unlearn** ADJ ignorant, illettré

**unleash** /ˈʌnˈliːʃ/ VT *[+ dog]* détacher, lâcher ; *[+ hounds]* découpler ; *(fig) [+ anger etc]* déchaîner, déclencher

**unleavened** /ˈʌnˈlevnd/ ADJ *[bread]* sans levain, azyme *(Rel)* ◆ **~ by humour** qui n'est pas égayé par le moindre trait d'humour

**unless** /ənˈles/ CONJ à moins que ... (ne) *+ subj*, à moins de *+ infin* ◆ **I'll take it, ~ you want it** je vais le prendre, à moins que vous (ne) le vouliez ◆ **take it, ~ you can find another** prenez-le, à moins que vous n'en trouviez un autre ◆ **I won't do it ~ you phone me** je ne le ferai que si tu me téléphones ◆ **I won't go ~ you do** je n'irai que si tu y vas toi aussi ◆ **~ I am mistaken** à moins que je (ne) me trompe, si je ne me trompe (pas) ◆ **~ I hear to the contrary** sauf avis contraire, sauf contrordre ◆ **~ otherwise stated** *(Admin, Comm, Pharm etc)* sauf indication contraire

**unlettered** /ˈʌnˈletəd/ ADJ illettré

**unliberated** /ˈʌnˈlɪbəreɪtɪd/ ADJ *[woman etc]* qui n'est pas libéré *or* émancipé

**unlicensed** /ˈʌnˈlaɪsənst/ ADJ *[activity]* illicite, non autorisé ; *[vehicle]* sans vignette ◆ **~ premises** *(Brit)* établissement *m* qui n'a pas de licence de débit de boissons

**unlikable** /ˈʌnˈlaɪkəbl/ ADJ ⇒ **unlikeable**

**unlike** /ˈʌnˈlaɪk/ ADJ dissemblable *(also Math, Phys)*, différent ◆ **they are quite ~** ils ne se ressemblent pas du tout PREP ◆ **~ his brother, he ...** à la différence de *or* contrairement à son frère, il ... ◆ **it's so ~ him to say something like that** ça lui ressemble si peu de dire une chose pareille ◆ **how ~ George!** on ne s'attendait pas à ça de la part de George ! ◆ **Glasgow is quite ~ Edinburgh** Glasgow ne ressemble pas du tout à Édimbourg ◆ **she is ~ him in every way, except for her dark eyes** elle ne lui ressemble pas du tout, si ce n'est ses yeux sombres ◆ **the portrait is quite ~ him** ce portrait ne lui ressemble pas, ce portrait est très peu ressemblant

**unlikeable** /ˈʌnˈlaɪkəbl/ ADJ *[person]* peu sympathique ; *[town, thing]* peu agréable

**unlikelihood** /ʌnˈlaɪklɪhʊd/, **unlikeliness** /ʌnˈlaɪklɪnɪs/ N *(NonC)* improbabilité *f*

**unlikely** /ʌnˈlaɪklɪ/ LANGUAGE IN USE 16.2, 26.3 ADJ *[happening, outcome]* peu probable, improbable ; *[explanation]* invraisemblable ; *[friendship, candidate, setting]* inattendu ◆ **an ~ place to find ...** un endroit où l'on ne s'attend (*or* s'attendait) guère à trouver ... ◆ **they're such an ~ couple** ils forment un couple si invraisemblable ◆ **she was wearing the most ~ hat** elle avait un chapeau complètement invraisemblable ◆ **in the ~ event of war** dans le cas improbable où une guerre éclaterait ◆ **in the ~ event that ...** au cas improbable où ... ◆ **in the ~ event of his accepting** au cas improbable où il accepterait ◆ **it is ~ that she will come, she is ~ to come** il est improbable *or* peu probable qu'elle vienne, il y a peu de chances pour qu'elle vienne ◆ **it is ~ to be settled** cela ne risque guère d'être réglé ◆ **she is ~ to succeed** elle a peu de chances de réussir ◆ **that is ~ to happen** il y a peu de chances que ça se produise ◆ **it is most ~** c'est fort *or* très improbable ◆ **it is not ~ that ...** il est assez probable que ... *+ subj*, il se pourrait bien que ... *+ subj*

**unlimited** /ʌnˈlɪmɪtɪd/ ADJ *[amount, number, use]* illimité ; *[patience]* sans limite(s), sans bornes ◆ **~ opportunities** des possibilités *fpl* illimitées ◆ **they had ~ time** ils avaient tout le temps qu'ils voulaient ◆ **a ticket that allows ~ travel on buses** un ticket qui permet d'effectuer un nombre illimité de trajets en autobus COMP ▷ **unlimited liability** N *(Comm, Fin, Jur)* responsabilité *f* illimitée

**unlined** /ˈʌnˈlaɪnd/ ADJ a *[garment, curtain]* sans doublure b *[face]* sans rides ; *[paper]* uni, non réglé

**unlisted** /ˈʌnˈlɪstɪd/ LANGUAGE IN USE 27.5 ADJ qui ne figure pas sur une liste ; *(St Ex)* non inscrit à la cote ; *(US Telec)* qui ne figure pas dans l'annuaire ; *(US Telec)* ≃ qui est sur la liste rouge ◆ **to go ~** *(US Telec)* ≃ se faire mettre sur la liste rouge COMP ▷ **unlisted building** N *(Brit)* édifice *m* non classé

**unlit** /ˈʌnˈlɪt/ ADJ a *(= not burning) [cigarette, pipe, fire]* non allumé b *(= dark) [place]* non éclairé ; *[vehicle]* sans feux

**unload** /ˈʌnˈləʊd/ VT *[+ ship, cargo, truck, rifle, washing machine]* décharger ; *(fig = get rid of)* se débarrasser de, se défaire de ◆ **to ~ sth on (to) sb** se décharger de qch sur qn VI *[ship, truck]* être déchargé, déposer son chargement

**unloaded** /ˈʌnˈləʊdɪd/ ADJ *[gun]* qui n'est pas chargé ; *[truck, ship]* qui est déchargé

**unloading** /ˈʌnˈləʊdɪŋ/ N déchargement *m*

**unlock** /ˈʌnˈlɒk/ VT a *[+ door, box]* ouvrir ◆ **the door is ~ed** la porte n'est pas fermée à clé b *(fig) [+ heart]* ouvrir ; *[+ mystery]* résoudre ; *[+ secret]* révéler VI *[lock, box, door]* s'ouvrir

**unlooked-for** /ʌnˈlʊktfɔːʳ/ ADJ inattendu, imprévu

**unloose** /ˈʌnˈluːs/, **unloosen** /ʌnˈluːsn/ VT *[+ rope]* relâcher, détendre ; *[+ knot]* desserrer ; *[+ prisoner]* libérer, relâcher ; *[+ grasp]* relâcher, desserrer

**unlovable** /ˈʌnˈlʌvəbl/ ADJ désagréable

**unloved** /ˈʌnˈlʌvd/ ADJ mal aimé

**unlovely** /ˈʌnˈlʌvlɪ/ ADJ déplaisant

**unloving** /ˈʌnˈlʌvɪŋ/ ADJ *[person]* peu affectueux ; *[marriage]* sans amour

**unluckily** /ʌnˈlʌkɪlɪ/ ADV malheureusement, par malheur ◆ **~ for him** malheureusement pour lui ◆ **the day started ~** la journée a commencé sous le signe de la malchance

**unluckiness** /ʌnˈlʌkɪnɪs/ N manque *m* de chance, malchance *f*

**unlucky** /ʌnˈlʌkɪ/ ADJ a *(= unfortunate) [person]* qui n'a pas de chance, malchanceux ; *[coincidence, event]* malencontreux ; *[choice, defeat, loser, victim]* malheureux ; *[moment]* mal choisi, mauvais ; *[day]* de malchance ◆ **he is always ~** il n'a jamais de chance ◆ **he tried to get a seat but he was ~** il a essayé d'avoir une place mais il n'y est pas arrivé ◆ **he was just ~** il n'a simplement pas eu de chance ◆ **how ~ for you!** vous n'avez pas de chance !, ce n'est pas de chance pour vous ! ◆ **to be ~ in one's choice of sth** ne pas avoir de chance en choisissant qch ◆ **to be ~ at cards** ne pas avoir de chance aux cartes ◆ **to be ~ in love** ne pas avoir de chance en amour ◆ **it was ~ (for her) that her husband should walk in just then** elle n'a pas eu de chance que son mari soit entré à cet instant précis ◆ **she was ~ enough to lose her credit card** elle a eu la malchance de perdre sa carte de crédit ◆ **he was ~ not to score a second goal** il n'a pas eu de chance de ne pas marquer un deuxième but ◆ **to be ~ with the weather** ne pas avoir de chance avec le temps

b *(= bringing bad luck) [number, colour, action, object]* qui porte malheur ; *[omen]* néfaste, funeste ◆ **it is ~ to break a mirror** ça porte malheur de casser un miroir ◆ **~ for some!** ça porte malheur !

**unmade** /ˈʌnˈmeɪd/ VB pt, ptp of **unmake** ADJ *[bed]* défait ; *(Brit) (= unsurfaced) [road]* non goudronné ◆ **his new album could be the soundtrack to an ~ movie** *(= hypothetical)* son nouvel album pourrait être la musique d'un futur film

**un-made-up** /ˈʌnmeɪdˈʌp/ ADJ *[face, person]* non maquillé, sans maquillage

**unmake** /ˈʌnˈmeɪk/ (pret, ptp **unmade**) VT défaire ; *(= destroy)* détruire, démolir

**unman** /ˈʌnˈmæn/ VT *(liter)* faire perdre courage à, émasculer *(fig)*

**unmanageable** /ʌnˈmænɪdʒəbl/ ADJ *[number, size, proportions]* écrasant ; *[problem]* impossible à régler ; *[system, situation]* impossible à gérer, ingérable ; *[hair]* impossible à coiffer, rebelle ; *[person]* impossible ; *[animal]* incontrôlable

**unmanly** /ˈʌnˈmænlɪ/ ADJ indigne d'un homme ◆ **it is ~ to cry** les hommes, ça ne pleure pas

**unmanned** /ˈʌnˈmænd/ ADJ **a** *(= automatic) [vehicle, aircraft, flight]* sans équipage ; *[spacecraft]* inhabité ; *[lighthouse]* sans gardien ; *[level-crossing]* automatique, non gardé **b** *(= without staff) [station]* sans personnel ; *[border post]* qui n'est pas gardé, sans gardes ; *[position, work station]* inoccupé ◆ **the machine was left ~ for ten minutes** il n'y a eu personne aux commandes de la machine pendant dix minutes ◆ **the telephone was left ~** il n'y avait personne pour répondre au téléphone *or* pour prendre les communications ◆ **he left the desk ~** il a quitté son guichet ; see also **unman**

**unmannerliness** /ʌnˈmænəlɪnɪs/ N *(NonC)* manque *m* de savoir-vivre, impolitesse *f*

**unmannerly** /ʌnˈmænəlɪ/ ADJ mal élevé, impoli, discourtois

**unmapped** /ˈʌnˈmæpt/ ADJ dont on n'a pas établi *or* dressé la carte

**unmarked** /ˈʌnˈmɑːkt/ ADJ **a** *(= anonymous) [grave]* sans nom ; *[police car]* banalisé ; *[container]* qui ne porte pas d'étiquette ; *[envelope, door]* qui ne porte pas de nom **b** *(Educ) [essay etc]* non corrigé **c** *(Sport) [player]* démarqué **d** *(= pristine)* impeccable **e** *(Ling)* non marqué

**unmarketable** /ˈʌnˈmɑːkɪtəbl/ ADJ invendable

**unmarriageable** /ˈʌnˈmærɪdʒəbl/ ADJ immariable

**unmarried** /ˈʌnˈmærɪd/ ADJ *[person]* célibataire, qui n'est pas marié ; *[couple]* non marié COMP ▷ **unmarried mother** N mère *f* célibataire

**unmask** /ˈʌnˈmɑːsk/ VT *(lit, fig)* démasquer VI ôter son masque

**unmatched** /ˈʌnˈmætʃt/ ADJ *[ability]* sans pareil, sans égal ; *[beauty]* incomparable ◆ **~ by any rival** sans rival ◆ **facilities ~ by any other European city** des installations *fpl* sans pareilles *or* égales dans les autres grandes villes européennes ◆ **~ for quality** d'une qualité inégalée

**unmeant** /ˈʌnˈment/ ADJ qui n'est pas voulu, involontaire

**unmemorable** /ˈʌnˈmemərəbl/ ADJ *[book, film etc]* qui ne laisse pas un souvenir impérissable ◆ **an ~ face** un visage quelconque *or* le genre de visage que l'on oublie facilement

**unmentionable** /ʌnˈmenʃnəbl/ ADJ *[object]* qu'il est préférable de ne pas mentionner ; *[word]* qu'il est préférable de ne pas prononcer ◆ **it is ~** il est préférable de ne pas en parler ◆ **has he got some ~ disease?** est-ce qu'il a une maladie honteuse ? NPL **unmentionables** *(†, hum)* sous-vêtements *mpl*, dessous *mpl*

**unmerciful** /ʌnˈmɜːsɪfʊl/ ADJ impitoyable, sans pitié *(towards* envers)

**unmercifully** /ʌnˈmɜːsɪfəlɪ/ ADV impitoyablement

**unmerited** /ˈʌnˈmerɪtɪd/ ADJ immérité

**unmet** /ˈʌnˈmet/ ADJ *[needs, demands]* non satisfait ; *[condition]* qui n'a pas été satisfait ◆ **his demands went ~** ses exigences n'ont pas été satisfaites, on n'a pas répondu à ses exigences

**unmetered** /ʌnˈmiːtəd/ ADJ **a** *[water]* facturé au forfait **b** *[Internet access]* illimité, facturé au forfait

**unmethodical** /ˈʌnmɪˈθɒdɪkəl/ ADJ peu méthodique

**unmindful** /ʌnˈmaɪndfʊl/ ADJ ◆ **~ of** oublieux de

**unmissable** * /ˈʌnˈmɪsəbl/ ADJ *(Brit) [programme, film]* à ne pas rater ◆ **his new film is ~** son nouveau film est un must *

**unmistakable** /ˈʌnmɪsˈteɪkəbl/ ADJ *[voice, sound, smell, style]* caractéristique, qu'on ne peut pas ne pas reconnaître ◆ **to send an ~ message to sb that ...** faire comprendre clairement à qn que ... ◆ **to bear the ~ stamp of sth** porter la marque indubitable de qch ◆ **to show ~ signs of sth** montrer des signes indubitables de qch

**unmistakably** /ˈʌnmɪsˈteɪkəblɪ/ ADV indubitablement, indéniablement ◆ **she's ~ Scandinavian** elle est indubitablement *or* indéniablement scandinave ◆ **it's still ~ a Minnelli movie** c'est un film de Minnelli, on ne peut pas s'y tromper

**unmitigated** /ʌnˈmɪtɪgeɪtɪd/ ADJ *(frm) [disaster, failure, success]* total ; *[nonsense, folly]* pur ; *[delight, admiration]* non mitigé ◆ **he is an ~ scoundrel/liar** c'est un fieffé coquin/menteur

**unmixed** /ˈʌnˈmɪkst/ ADJ pur, sans mélange

**unmolested** /ˈʌnməˈlestɪd/ ADV *[slip through, pass by etc]* sans encombre ; *[live, sleep]* sans être dérangé, en paix ◆ **to be left ~** *[person]* être laissé en paix, être laissé tranquille

**unmortgaged** /ˈʌnˈmɔːgɪdʒd/ ADJ libre d'hypothèques, non hypothéqué

**unmotivated** /ˈʌnˈməʊtɪveɪtɪd/ ADJ immotivé, sans motif

**unmould** /ˈʌnˈməʊld/ VT *(Culin)* démouler

**unmounted** /ˈʌnˈmaʊntɪd/ ADJ **a** *(= without horse)* sans cheval, à pied **b** *(= without mounting) [gem]* non serti, non monté ; *[picture, photo]* non monté *or* collé sur carton ; *[stamp]* non collé dans un album

**unmourned** /ˈʌnˈmɔːnd/ ADJ non regretté ◆ **he died ~** on ne pleura pas sa mort

**unmoved** /ˈʌnˈmuːvd/ ADJ indifférent (*by sth* à qch) ◆ **he was ~ by her tears** il est resté indifférent à ses larmes ◆ **his face was ~, but in his eyes there was a trace of displeasure** son visage est resté impassible, mais dans ses yeux il y avait une lueur de mécontentement

**unmusical** /ˈʌnˈmjuːzɪkəl/ ADJ *[person]* peu musicien, qui n'a pas d'oreille ; *[sound, rendition]* peu mélodieux, peu harmonieux

**unmuzzle** /ˈʌnˈmʌzl/ VT *(lit, fig)* démuseler

**unnam(e)able** /ˈʌnˈneɪməbl/ ADJ innommable

**unnamed** /ˈʌnˈneɪmd/ ADJ **a** *(= anonymous) [person, source]* dont le nom n'a pas été divulgué ; *[author, donor]* anonyme **b** *(= having no name) [baby, comet, star]* qui n'a pas reçu de nom

**unnatural** /ʌnˈnætʃrəl/ ADJ **a** *(= unusual) [calm, silence]* anormal ◆ **it is not ~ that ...** il n'est pas anormal que ... + *subj* ◆ **it is not ~ to think that ...** il n'est pas anormal de penser que ... ◆ **it is not ~ for sb to think that ...** il n'est pas anormal que qn pense *subj* que ... ◆ **it is ~ for her to be so pleasant** ça ne lui ressemble pas d'être aussi aimable **b** *(= abnormal, unhealthy) [practice, vice, love]* contre nature ◆ **it's supposedly ~ for women not to want children** il est soi-disant contre nature pour une femme de ne pas vouloir d'enfants **c** *(= affected) [smile, voice]* forcé, qui manque de naturel ; *[manner]* affecté, forcé, qui manque de naturel COMP ▷ **unnatural death** N *(Jur)* mort *f* non naturelle ▷ **unnatural practices** NPL pratiques *fpl* contre nature

**unnaturally** /ʌnˈnætʃrəlɪ/ ADV **a** *(= unusually) [loud, quiet]* anormalement ◆ **he was ~ silent** il était anormalement silencieux ◆ **it was ~ silent** un silence anormal régnait ◆ **not ~ we were worried** bien entendu, nous étions inquiets, nous étions naturellement inquiets **b** *(= affectedly) [speak, smile]* d'une manière affectée *or* forcée

**unnavigable** /ˈʌnˈnævɪgəbl/ ADJ non navigable

**unnecessarily** /ʌnˈnesɪsərɪlɪ/ ADV *[cruel, difficult, complicated]* inutilement ; *[suffer, alarm, worry]* inutilement, pour rien ◆ **~ violent** d'une violence gratuite ◆ **he is ~ strict** il est plus sévère que cela n'est nécessaire

**unnecessary** /ʌnˈnesɪsərɪ/ ADJ *(gen)* inutile, qui n'est pas nécessaire ; *[violence]* gratuit ◆ **to cause ~ suffering to sb** faire souffrir inutilement *or* gratuitement qn ◆ **to use ~ force** faire usage de la force plus qu'il n'est nécessaire ◆ **they made a lot of ~ fuss** ils ont fait beaucoup d'histoires pour rien ◆ **it is ~ to do sth** il n'est pas nécessaire de faire qch ◆ **it is ~ for sb to do sth** il n'est pas nécessaire que qn fasse qch ◆ **it is ~ to add that ...** (il est) inutile d'ajouter que ...

**unneighbourly, unneighborly** *(US)* /ˈʌnˈneɪbəlɪ/ ADJ qui n'agit pas en bon voisin ◆ **this ~ action** cette action mesquine de la part de mon (*or* son *etc*) voisin

**unnerve** /ˈʌnˈnɜːv/ VT troubler, perturber

**unnerved** /ˈʌnˈnɜːvd/ ADJ troublé, perturbé

**unnerving** /ˈʌnˈnɜːvɪŋ/ ADJ troublant, perturbant

**unnervingly** /ˈʌnˈnɜːvɪŋlɪ/ ADV ◆ **~ quiet/calm** d'un calme/sang-froid troublant *or* perturbant

**unnoticed** /ˈʌnˈnəʊtɪst/ ADJ inaperçu ◆ **to be ~ (by sb)** ne pas être remarqué (par qn) ◆ **to do sth ~** faire qch sans se faire remarquer ◆ **to go or pass ~ (by sb)** passer inaperçu (de qn) ◆ **to enter/leave ~ (by sb)** entrer/partir sans se faire remarquer (par qn)

**unnumbered** /ˈʌnˈnʌmbəd/ ADJ **a** *(= not numbered) [page, ticket, seat]* non numéroté ; *[house]* sans numéro **b** *(liter = countless)* innombrable

**UNO** /ˈjuːnəʊ/ N (abbrev of **United Nations Organization**) ONU *f*

**unobjectionable** /ˈʌnəbˈdʒekʃnəbl/ ADJ *[thing]* acceptable ; *[person]* à qui on ne peut rien reprocher

**unobservant** /ˈʌnəbˈzɜːvənt/ ADJ peu observateur (-trice *f*), peu perspicace

**unobserved** /ˈʌnəbˈzɜːvd/ ADJ **a** *(= unnoticed)* ◆ **to be ~ (by sb)** ne pas être remarqué (par qn) ◆ **to go ~ (by sb)** passer inaperçu (de qn) ◆ **to enter/leave ~ (by sb)** entrer/partir sans se faire remarquer (par qn) **b** *(= unwatched)* ◆ **he imagined that he was ~** il s'imaginait qu'on ne l'observait pas

**unobstructed** /ˈʌnəbˈstrʌktɪd/ ADJ *[pipe]* non bouché, non obstrué ; *[path, road]* dégagé, libre ◆ **the driver has an ~ view to the rear** le conducteur a une excellente visibilité à l'arrière

**unobtainable** /ˈʌnəbˈteɪnəbl/ ADJ **a** *(= unavailable)* ◆ **basic necessities were often ~** il était souvent impossible de se procurer l'essentiel **b** *(= unrealizable) [goal, objective]* irréalisable **c** *(Telec)* ◆ **his number was ~** son numéro était impossible à obtenir **d** *(sexually)* inaccessible

**unobtrusive** /ˈʌnəbˈtruːsɪv/ ADJ discret (-ète *f*)

**unobtrusively** /ˈʌnəbˈtruːsɪvlɪ/ ADV discrètement

**unoccupied** /ˈʌnˈɒkjʊpaɪd/ ADJ **a** *(= empty) [house]* inoccupé, inhabité ; *[offices, factory]* vide ; *[room, seat, table]* inoccupé ; *[post]* vacant **b** *(Mil) [France, zone]* libre **c** *(= not busy) [person]* désœuvré, inoccupé

**unofficial** /ˈʌnəˈfɪʃəl/ ADJ **a** *(= informal) [visit, tour]* privé, non officiel ◆ **in an ~ capacity** à titre privé *or* non officiel **b** *(= de facto) [leader, spokesperson]* non officiel **c** *(= unconfirmed) [report, results]* officieux COMP ▷ **unofficial strike** N grève *f* sauvage

**unofficially** /ˈʌnəˈfɪʃəlɪ/ ADV **a** *(= informally) [ask, tell, report]* en privé, de façon non officielle ; *[visit]* à titre privé, à titre non officiel ◆ **they were ~ engaged** ils étaient officieusement fiancés ◆ **he was working ~ for the CIA** il travaillait de façon non officielle pour la CIA **b** *(= off the record) [say]* officieusement ◆ **~, he supports the proposals** officieusement *or* en privé, il soutient ces propositions ◆ **officially, I'm in favour of it, ~, I have my doubts** officiellement, je suis pour, personnellement, j'ai des doutes

**unopened** /ˈʌnˈəʊpənd/ ADJ *[bottle, packet, mail]* qui n'a pas été ouvert ◆ **the book was** *or* **lay ~** le livre n'avait pas été ouvert ◆ **to send a letter back ~** renvoyer une lettre sans l'avoir ouverte ◆ **to leave sth ~** laisser qch fermé

**unopposed** /ˈʌnəˈpəʊzd/ ADJ *(Parl, gen)* sans opposition ; *(Mil)* sans rencontrer de résistance ◆ **the bill was given an ~ second reading** *(Parl)* le projet de loi a été accepté sans opposition à la deuxième lecture

**unorganized** /ˈʌnˈɔːgənaɪzd/ ADJ *(gen, Bio, Ind)* inorganisé ; *(= badly organized) [event etc]* mal organisé ; *[essay]* qui manque d'organisation ; *[person]* qui ne sait pas s'organiser, qui manque d'organisation

**unoriginal** /ˈʌnəˈrɪdʒɪnəl/ ADJ *[person, work]* qui manque d'originalité, peu original ; *[style, remark]* banal ; *[idea]* peu original, banal

**unorthodox** /ˈʌnˈɔːθədɒks/ ADJ **a** *(= unconventional) [person, behaviour, method]* peu orthodoxe ; *[views, ideas]* non orthodoxe **b** *(Rel)* hétérodoxe

**unostentatious** /ˈʌnˌɒstənˈteɪʃəs/ ADJ discret (-ète *f*), sans ostentation, simple

**unostentatiously** /ˈʌnˌɒstənˈteɪʃəslɪ/ ADV discrètement, sans ostentation

**unpack** /ˈʌnˈpæk/ VT **a** *[+ suitcase]* défaire ; *[+ belongings]* déballer ◆ **to get ~ed** déballer ses affaires **b** *(fig) [+ idea, problem]* analyser VI défaire sa valise, déballer ses affaires

**unpacking** /ˈʌnˈpækɪŋ/ N *(NonC)* déballage *m* ◆ **to do one's ~** déballer ses affaires

**unpaid** /ˈʌnˈpeɪd/ ADJ *[staff, worker, overtime]* non rémunéré ; *[work]* non rémunéré, non rétribué ; *[leave, tax]* non payé ; *[bill, debt, rent]* impayé ◆ **~ volunteer** bénévole *mf* ◆ **to work ~** travailler à titre bénévole *or* sans être rémunéré

**unpalatable** /ʌnˈpælɪtəbl/ ADJ **a** *(in taste) [food]* qui n'a pas bon goût **b** *(= difficult) [truth]* désagréable à entendre ; *[fact]* désagréable ; *[choice]* désagréable à faire ; *[idea]* difficile à accepter ◆ **to be ~ to sb** être désagréable à qn

**unparalleled** /ʌnˈpærəleld/ ADJ *[opportunity, prosperity, event]* sans précédent ; *[collection, success]* hors pair ; *[beauty, wit]* incomparable, sans égal ◆ **~ in the history of ...** sans précédent dans l'histoire de ...

**unpardonable** /ʌnˈpɑːdnəbl/ ADJ *(frm) [behaviour]* impardonnable, inexcusable ; *[sin]* impardonnable ◆ **it is ~ to treat people so badly** c'est impardonnable *or* inexcusable de traiter les gens aussi mal ◆ **it's ~ of him to have taken it** c'est impardonnable de sa part de l'avoir pris

**unpardonably** /ʌnˈpɑːdnəblɪ/ ADV inexcusablement ◆ **~ rude** d'une impolitesse impardonnable *or* inexcusable

**unparliamentary** /ˈʌnˌpɑːləˈmentərɪ/ ADJ *[behaviour, language]* inadmissible au parlement

**unpatented** /ˈʌnˈpeɪtntɪd/ ADJ *[invention]* non breveté

**unpatriotic** /ˈʌnˌpætrɪˈɒtɪk/ ADJ *[person]* peu patriote ; *[act, speech]* antipatriotique

**unpatriotically** /ˈʌnˌpætrɪˈɒtɪkəlɪ/ ADV avec antipatriotisme

**unpaved** /ˈʌnˈpeɪvd/ ADJ non pavé

**unperceived** /ˈʌnpəˈsiːvd/ ADJ inaperçu

**unperforated** /ˈʌnˈpɜːfəreɪtɪd/ ADJ non perforé

**unperturbed** /ˈʌnpəˈtɜːbd/ ADJ imperturbable ◆ **he was ~ by this failure** cet échec ne l'a pas perturbé ◆ **~ by this failure, he ...** sans se laisser perturber par cet échec, il ...

**unpick** /ˈʌnˈpɪk/ VT **a** *[+ seam]* découdre, défaire ; *[+ stitch]* défaire **b** *(= examine) [+ argument, statement]* décortiquer **c** *(Brit fig) [+ plan, policy]* attaquer *(fig)*

**unpin** /ˈʌnˈpɪn/ VT détacher *(from* de) ; *[+ sewing, one's hair]* enlever les épingles de

**unplaced** /ˈʌnˈpleɪst/ ADJ *(Sport) [horse]* non placé ; *[athlete]* non classé

**unplanned** /ˈʌnˈplænd/ ADJ *[occurrence]* imprévu ; *[baby]* non prévu

**unplasticized** /ˈʌnˈplæstɪsaɪzd/ ADJ ◆ **~ polyvinyl chloride** chlorure *m* de polyvinyle non plastifié

**unplayable** /ˈʌnˈpleɪəbl/ ADJ **a** *(Tennis, Cricket = unstoppable) [shot, ball, ace]* imparable **b** *(Snooker = obstructed) [ball]* injouable **c** *(= unbeatable) [person]* imbattable **d** *(Mus)* injouable

**unpleasant** /ʌnˈpleznt/ ADJ désagréable

**unpleasantly** /ʌnˈplezntlɪ/ ADV **a** *(= disagreeably) [hot, salty]* désagréablement **b** *(= in an unfriendly way) [say, laugh, behave]* de façon déplaisante

**unpleasantness** /ʌnˈplezntnɪs/ N *[of experience, person]* caractère *m* désagréable ; *[of place, house]* aspect *m or* caractère *m* déplaisant ; *(= quarrelling)* friction *f*, dissension *f* ◆ **there has been a lot of ~ recently** il y a eu beaucoup de frictions *or* dissensions ces temps derniers ◆ **after that ~ at the beginning of the meeting ...** après cette fausse note au début de la réunion ...

**unpleasing** /ʌnˈpliːzɪŋ/ ADJ *(frm)* déplaisant

**unplug** /ˈʌnˈplʌg/ VT *(Elec)* débrancher

**unplugged** /ˈʌnˈplʌgd/ ADJ *(Mus)* sans sono *

**unplumbed** /ˈʌnˈplʌmd/ ADJ *(liter) [depth, mystery]* non sondé

**unpoetic(al)** /ˈʌnpəʊˈetɪk(əl)/ ADJ peu poétique

**unpolished** /ˈʌnˈpɒlɪʃt/ ADJ **a** *(lit) [furniture]* non ciré, non astiqué ; *[floor, shoes]* non ciré ; *[glass]* dépoli ; *[silver]* non fourbi ; *[diamond]* non poli **b** *(fig) [person]* qui manque d'éducation *or* de savoir-vivre ; *[manners]* peu raffiné ; *[style]* qui manque de poli

**unpolluted** /ˈʌnpəˈluːtɪd/ ADJ **a** *(lit) [air, water, beach]* non pollué **b** *(fig) [mind]* non contaminé, non corrompu

**unpopular** /ˈʌnˈpɒpjʊləʳ/ ADJ impopulaire *(with sb* auprès de qn)

**unpopularity** /ˈʌnˌpɒpjʊˈlærɪtɪ/ N *(NonC)* impopularité *f*

**unpopulated** /ˈʌnˈpɒpjʊleɪtɪd/ ADJ inhabité

**unpractical** /ˈʌnˈpræktɪkəl/ ADJ *[method, project, suggestion]* qui n'est pas pratique ; *[tool]* peu pratique

**unpractised, unpracticed** *(US)* /ʌnˈpræktɪst/ ADJ *[person]* inexpérimenté, inexpert ; *[movement etc]* inexpert, inhabile ; *[eye, ear]* inexercé

**unprecedented** /ʌnˈpresɪdəntɪd/ ADJ sans précédent

**unprecedentedly** /ʌnˈpresɪdəntɪdlɪ/ ADV *(= extremely)* inhabituellement ◆ **he agreed, ~, to speak to the press** chose inouïe, il a accepté de parler à la presse

**unpredictability** /ˈʌnprɪdɪktəˈbɪlɪtɪ/ N imprévisibilité *f*

**unpredictable** /ˈʌnprɪˈdɪktəbl/ ADJ *[person, behaviour, consequences]* imprévisible ; *[weather]* incertain

**unpredictably** /ˈʌnprɪˈdɪktəblɪ/ ADV *[behave]* de façon imprévisible ◆ **~ violent** d'une violence imprévisible

**unprejudiced** /ʌnˈpredʒʊdɪst/ ADJ *[person]* impartial, sans parti pris, sans préjugés ; *[decision, judgement]* impartial, sans parti pris

**unpremeditated** /ˈʌnprɪˈmedɪteɪtɪd/ ADJ non prémédité

**unprepared** /ˈʌnprɪˈpɛəd/ ADJ **a** *(= unready)* ◆ **to be ~ (for sth/to do sth)** *[person]* ne pas être préparé (à qch/à faire qch), ne pas être prêt (pour qch/à faire qch) ◆ **I was ~ for the exam** je n'avais pas suffisamment préparé l'examen ◆ **he set out quite ~** il est parti sans aucune préparation *or* sans (s'y) être du tout préparé ◆ **he was ~ for the news** la nouvelle l'a pris au dépourvu *or* l'a surpris ◆ **to catch sb ~** prendre qn au dépourvu **b** *(= unwilling)* ◆ **to be ~ to do sth** *[person]* ne pas être disposé à faire qch **c** *(= unrehearsed) [speech]* improvisé ; *[test, translation]* sans préparation

**unpreparedness** /ˈʌnprɪˈpɛərɪdnɪs/ N *(NonC)* manque *m* de préparation, impréparation *f*

**unprepossessing** /ˈʌnˌpriːpəˈzesɪŋ/ ADJ *[person]* peu avenant, qui ne paie pas de mine ; *[appearance, place]* qui ne paie pas de mine

**unpresentable** /ˈʌnprɪˈzentəbl/ ADJ *[person, thing]* qui n'est pas présentable

**unpretentious** /ˈʌnprɪˈtenʃəs/ ADJ sans prétention(s)

**unpriced** /ˈʌnˈpraɪst/ ADJ *[goods]* dont le prix n'est pas marqué

**unprincipled** /ʌnˈprɪnsɪpld/ ADJ *[person]* peu scrupuleux, sans scrupules ; *[behaviour, act]* peu scrupuleux

**unprintable** /ˈʌnˈprɪntəbl/ ADJ **a** *(= unpublishable) [article]* impubliable **b** *(gen hum = shocking) [story]* pas racontable ; *[words, comment]* que la décence interdit de reproduire *or* répéter ◆ **her reply was ~** la décence m'interdit de répéter sa réponse

**unprivileged** /ˈʌnˈprɪvɪlɪdʒd/ ADJ *(gen)* défavorisé ; *(Econ)* économiquement faible

**unproductive** /ˈʌnprəˈdʌktɪv/ ADJ **a** *(= ineffective) [meeting, discussion]* stérile, improductif ; *[factory, work, worker]* improductif **b** *(Agr) [land, soil]* improductif **c** *(Fin) [capital]* improductif

**unprofessional** /ˈʌnprəˈfeʃənl/ ADJ *[person, behaviour, attitude]* peu professionnel ◆ **to behave in a totally ~ manner** manquer totalement de professionnalisme ◆ **it was ~ of her (to say that)** c'était un manque de professionnalisme de sa part (que de dire cela)
COMP ▷ **unprofessional conduct** N manquement *m* aux devoirs de la profession

**unprofitable** /ˈʌnˈprɒfɪtəbl/ ADJ **a** *(= uneconomic) [business, industry, route]* peu rentable **b** *(= fruitless) [argument, activity, day]* stérile

**unprofitably** /ˈʌnˈprɒfɪtəblɪ/ ADV sans profit

**unpromising** /ˈʌnˈprɒmɪsɪŋ/ ADJ peu prometteur

**unpromisingly** /ˈʌnˈprɒmɪsɪŋlɪ/ ADV de façon peu prometteuse

**unprompted** /ˈʌnˈprɒmptəd/ ADJ *[remark, offer etc]* non sollicité ADV ◆ **he did it ~** il l'a fait sans que rien ne lui soit demandé

**unpronounceable** /ˈʌnprəˈnaʊnsəbl/ ADJ imprononçable

**unprotected** /ˈʌnprəˈtektɪd/ ADJ **a** *(= defenceless) [person]* sans défense ; *[place]* non protégé ◆ **to leave sb/sth ~** laisser qn/qch sans protection ◆ **to be ~ by the law** ne pas être protégé par la loi **b** *(= not covered) [skin, plants]* qui n'est pas protégé ; *[eyes, wood]* sans protection ◆ **to be ~ from the sun** ne pas être protégé du soleil COMP ▷ **unprotected intercourse, unprotected sex** N rapports *mpl* sexuels non protégés

**unproven** /ˈʌnˈpruːvən, ˈʌnˈprəʊvən/, **unproved** /ˈʌnˈpruːvd/ ADJ **a** *(= not proved) [allegation, charge]* sans preuves ◆ **the charge remains ~** *(lit, fig)* cette accusation n'est toujours pas fondée **b** *(= not tested) [person, technology]* qui n'a pas (encore) fait ses preuves

**unprovided-for** /ʌnprəˈvaɪdɪd,fɔːʳ/ ADJ *[person]* sans ressources

**unprovoked** /ˈʌnprəˈvəʊkt/ ADJ *[attack, aggression, violence]* sans provocation ◆ **he was ~** on ne l'avait pas provoqué ◆ **he said that ~** il a dit ça sans avoir été provoqué

**unpublishable** /ˈʌnˈpʌblɪʃəbl/ ADJ impubliable

**unpublished** /ˈʌnˈpʌblɪʃt/ ADJ inédit

**unpunctual** /ˈʌnˈpʌŋktjʊəl/ ADJ peu ponctuel, qui n'est jamais à l'heure

**unpunctuality** /ˈʌn,pʌŋktjʊˈælɪtɪ/ N *(NonC)* manque *m* de ponctualité

**unpunished** /ˈʌnˈpʌnɪʃt/ ADJ impuni ◆ **to go** *or* **remain ~** rester impuni

**unputdownable** * /ˈʌn,pʊtˈdaʊnəbl/ ADJ ◆ **Grossmith's latest novel is ~** le dernier roman de Grossmith se lit tout d'une traite *or* d'une seule traite

**unqualified** /ˈʌnˈkwɒlɪfaɪd/ ADJ **a** *(= without qualifications) [person, staff, pilot]* non qualifié ; *[engineer, doctor, teacher]* non diplômé ◆ **he is ~ for the job** *(= has no paper qualifications)* il n'a pas les diplômes requis pour ce poste ; *(= unsuitable)* il n'a pas les qualités requises pour ce poste ◆ **he is ~ to do it** il n'est pas qualifié pour le faire ◆ **I feel ~ to judge** je ne me sens pas qualifié pour en juger **b** *(= unmitigated) [success]* total ; *[disaster]* complet(-ète *f*) ; *[acceptance, support, approval]* inconditionnel, sans réserve ; *[admiration]* sans réserve ; *[praise]* non mitigé, sans réserve ◆ **an ~ "yes"/"no"** un "oui"/"non" inconditionnel **c** *(Gram) [noun]* non qualifié

**unquenchable** /ʌnˈkwentʃəbl/ ADJ *(lit, fig)* insatiable

**unquenched** /ʌnˈkwentʃt/ ADJ *[fire]* non éteint ; *[desire]* inassouvi ◆ **~ thirst** soif *f* non étanchée ; *(fig)* soif *f* inassouvie

**unquestionable** /ʌnˈkwestʃənəbl/ ADJ incontestable, indiscutable

**unquestionably** /ʌnˈkwestʃənəblɪ/ LANGUAGE IN USE 15.1 ADV incontestablement, indiscutablement

**unquestioned** /ʌnˈkwestʃənd/ ADJ *(= unchallenged)* incontesté, indiscuté

**unquestioning** /ʌnˈkwestʃənɪŋ/ ADJ *[belief, faith, obedience]* inconditionnel, absolu ; *[support, acceptance, devotion]* total ; *[loyalty, love]* absolu ◆ **an ~ supporter of ...** un(e) inconditionnel(le) de ...

**unquestioningly** /ʌnˈkwestʃənɪŋlɪ/ ADV *[obey, accept]* de façon inconditionnelle

**unquiet** /ˈʌnˈkwaɪət/ ADJ *[person, mind]* inquiet (-ète *f*), tourmenté ; *[times]* agité, troublé N inquiétude *f*, agitation *f*

**unquote** /ˈʌnˈkwəʊt/ ADV *(in dictation)* fermez les guillemets ; *(in report, lecture)* fin de citation ; → **quote**

**unquoted** /ˈʌnˈkwəʊtɪd/ ADJ *(St Ex)* non coté

**unravel** /ʌnˈrævəl/ VT *[+ material]* effiler, effilocher ; *[+ knitting]* défaire ; *[+ threads]* démêler ; *(fig) [+ mystery]* débrouiller, éclaircir ; *[+ plot]* dénouer VI *[knitting]* se défaire ; *(fig) [plan, system]* aller à vau-l'eau

**unread** /ˈʌnˈred/ ADJ *[book, newspaper, magazine]* qui n'a pas été lu ◆ **I returned the book ~** j'ai rendu le livre sans l'avoir lu ◆ **I left the letter ~** je n'ai pas lu la lettre ◆ **the book lay ~ on the table** le livre est resté sur la table sans avoir été lu

**unreadable** /ˈʌnˈriːdəbl/ ADJ *[book, handwriting, data]* illisible ; *[expression]* impassible

**unreadiness** /ˈʌnˈredɪnɪs/ N *(NonC)* impréparation *f*

**unready** /ˈʌnˈredɪ/ ADJ mal préparé, qui n'est pas prêt ◆ **he was ~ for what happened next** il ne s'attendait pas à ce qui est arrivé ensuite, ce qui est arrivé ensuite l'a pris au dépourvu

**unreal** /ˈʌnˈrɪəl/ ADJ **a** *(= not real) [situation, world]* irréel ; *[flowers]* faux (fausse *f*) **b** * *(= excellent)* formidable * ; *(pej = unbelievable)* incroyable ◆ **you're ~!** t'es incroyable ! *

**unrealistic** /ˈʌnrɪəˈlɪstɪk/ ADJ *[person, expectations, demands]* peu réaliste, irréaliste ; *[goal, target, deadline]* irréaliste ◆ **it is ~ to expect that ...** il n'est pas réaliste de penser que ...

**unrealistically** /ˈʌnrɪəˈlɪstɪkəlɪ/ ADV *[high, low, optimistic]* excessivement, exagérément ; *[assume]* de façon peu réaliste, de façon irréaliste

**unreality** /ˈʌnrɪˈælɪtɪ/ N *(NonC)* irréalité *f*

**unrealizable** /ˈʌnrɪəˈlaɪzəbl/ ADJ irréalisable

**unrealized** /ˈʌnˈriːəlaɪzd/ ADJ *[plan, ambition]* qui n'a pas été réalisé ; *[objective]* qui n'a pas été atteint

**unreason** /ˈʌnˈriːzn/ N *(NonC)* déraison *f*, manque *m* de bon sens

**unreasonable** /ʌnˈriːznəbl/ ADJ *[person, suggestion, expectations, demands]* déraisonnable ; *[price, amount]* exagéré, excessif ◆ **he is being ~** il n'est pas raisonnable ◆ **at this ~ hour** à cette heure indue ◆ **it is ~ to do that** il est déraisonnable de faire cela ◆ **it was ~ for her to reject your offer** il était déraisonnable de sa part de rejeter votre offre COMP ▷ **unreasonable behaviour** N *(gen)* conduite *f* déraisonnable ◆ **divorce on grounds of ~ behaviour** *(Jur)* divorce *m* pour violation grave ou renouvelée des devoirs du mariage

**unreasonableness** /ʌnˈriːznəblnɪs/ N *(NonC) [of person]* attitude *f* déraisonnable ; *[of demand, price]* caractère *m* exagéré *or* excessif

**unreasonably** /ʌnˈriːznəblɪ/ ADV *[high]* excessivement, exagérément ; *[act, refuse]* de façon déraisonnable ◆ **to take an ~ long time** prendre un temps exagéré ◆ **quite ~, I can't stand him** c'est tout à fait irraisonné, mais je ne le supporte pas ◆ **not ~, she had supposed he would help** elle avait de bonnes raisons de supposer qu'il l'aiderait

**unreasoning** /ʌnˈriːznɪŋ/ ADJ *[panic, anger, action]* irraisonné ; *[person]* irrationnel ; *[child]* qui n'est pas en âge de raisonner

**unreclaimed** /ˈʌnrɪˈkleɪmd/ ADJ *[land] (from forest)* non défriché ; *(from sea)* non asséché

**unrecognizable** /ˈʌnˈrekəgnaɪzəbl/ ADJ *[person, voice, place]* méconnaissable (*to sb* pour qn) ◆ **the wreck was ~ as an aircraft** l'épave de l'avion était méconnaissable

**unrecognized** /ˈʌnˈrekəgnaɪzd/ ADJ **a** *(= unnoticed) [phenomenon, condition, efforts]* qui n'est pas reconnu ; *[value, worth, talent]* méconnu ◆ **to go ~** *[person, phenomenon, condition]* passer inaperçu ; *[hard work, talent]* ne pas être reconnu ◆ **he walked ~ down the street** il a descendu la rue (à pied) sans être reconnu *or* sans que personne ne le reconnaisse **b** *(Pol) [government, party, country]* non reconnu

**unreconstructed** /ˈʌnriːkənˈstrʌktɪd/ ADJ *(pej) [person, system, idea, policy]* sclérosé ◆ **an ~ male chauvinist** un macho invétéré, un macho impénitent

**unrecorded** /ˈʌnrɪˈkɔːdɪd/ ADJ **a** *(= unreported) [crime, incident]* non signalé ; *[decision]* non enregistré ; *[species]* non répertorié, non classé ◆ **to go ~** *[crime, incident]* ne pas être signalé ; *[decision]* ne pas être enregistré ; *[species]* ne pas être répertorié *or* classé **b** *[piece of music]* non enregistré

**unredeemed** /ˈʌnrɪˈdiːmd/ ADJ *[object from pawn]* non dégagé ; *[debt]* non remboursé, non amorti ; *[bill]* non honoré ; *[mortgage]* non purgé ; *[promise]* non tenu ; *[obligation]* non rempli ; *[sinner]* non racheté ; *[fault]* non réparé ; *[failing]* non racheté, non compensé (*by* par)

**unreel** /ʌnˈrɪəl/ VT *[+ film]* dérouler ; *[+ thread]* dérouler, dévider ; *[+ fishing line]* dérouler, lancer VI se dérouler, se dévider

**unrefined** /ˈʌnrɪˈfaɪnd/ ADJ **a** *(= not processed) [food, sugar, cereal]* non raffiné ; *[oil]* brut, non raffiné **b** *(pej = vulgar) [person]* peu raffiné

**unreflecting** /ˈʌnrɪˈflektɪŋ/ ADJ **a** *[person]* irréfléchi, impulsif ; *[act, emotion]* irraisonné **b** *[surface]* non réfléchissant

**unreformed** /ˈʌnrɪˈfɔːmd/ ADJ *[person]* non amendé ; *[institution]* non réformé

**unregarded** /ˈʌnrɪˈgɑːdɪd/ ADJ dont on ne tient pas compte, dont on ne fait pas cas ◆ **his generosity went quite ~** sa générosité est passée inaperçue

**unregistered** /ˈʌnˈredʒɪstəd/ ADJ *[birth]* non déclaré ; *[car]* non immatriculé ; *(Post)* non recommandé

**unregretted** /ˈʌnrɪˈgretɪd/ ADJ *[person, act, words]* que l'on ne regrette pas ◆ **he died ~** on ne pleura pas sa mort

**unrehearsed** /ˈʌnrɪˈhɜːst/ ADJ *[question, reply]* spontané ; *[speech]* improvisé ; *[performance]* qui n'a pas été répété ; *[performer]* qui n'a pas répété

**unrelated** /ˈʌnrɪˈleɪtɪd/ ADJ a (= *unconnected*) *[incident, event, case]* sans rapport ◆ **to be ~ to sth** n'avoir aucun rapport avec qch b (= *from different families*) ◆ **they are ~ to each other** ils n'ont aucun lien de parenté, ils ne sont pas parents ◆ **he is ~ to me** il n'a pas de lien de parenté avec moi, nous n'avons aucun lien de parenté

**unrelenting** /ˈʌnrɪˈlentɪŋ/ ADJ *[pressure, criticism]* incessant ; *[violence]* continuel ; *[pain, pace]* tenace ; *[sun, rain]* implacable

**unreliability** /ˈʌnrɪˌlaɪəˈbɪlɪtɪ/ N (NonC) *[of person, machine]* manque *m* de fiabilité

**unreliable** /ˈʌnrɪˈlaɪəbl/ ADJ *[person, service, machine, news]* peu fiable ; *[information, data, figures]* sujet à caution ; *[weather]* incertain ◆ **he's very ~** il n'est vraiment pas fiable, on ne peut vraiment pas compter sur lui ◆ **my watch is ~** ma montre n'est pas très fiable

**unrelieved** /ˈʌnrɪˈliːvd/ ADJ *[gloom, monotony]* constant, permanent ; *[anguish]* constant, permanent ; *[boredom, tedium]* mortel ; *[pain]* que rien ne soulage ◆ **~ grey/black** gris/noir uniforme ◆ **the heat was ~ by any breeze** aucune brise ne venait atténuer la chaleur ◆ **a bare landscape ~ by any trees** un paysage nu dont aucun arbre ne rompait la monotonie

**unremarkable** /ˈʌnrɪˈmɑːkəbl/ ADJ *[person, face, place]* sans rien de remarquable, quelconque ; *[fact]* anodin ◆ **he would be ~ in a crowd** on ne le remarquerait pas dans une foule

**unremarked** /ˈʌnrɪˈmɑːkt/ ADJ *[fact]* que personne ne remarque ◆ **he stood there, ~** il est resté là sans que personne ne le remarque ◆ **to go** *or* **pass ~** passer inaperçu

**unremitting** /ˈʌnrɪˈmɪtɪŋ/ ADJ *[hostility, hatred]* implacable ; *[gloom]* persistant ; *[struggle]* sans relâche ; *[kindness, help, effort]* inlassable, infatigable ◆ **it was ~ toil** on a travaillé sans relâche

**unremittingly** /ˈʌnrɪˈmɪtɪŋlɪ/ ADV *[hostile]* implacablement ; *[continue, work]* sans relâche, inlassablement ; *[rain]* sans arrêt, sans interruption ◆ **~ cheerful** d'une inaltérable gaieté

**unremunerative** /ˈʌnrɪˈmjuːnərətɪv/ ADJ peu rémunérateur (-trice *f*), mal payé ; *(fig)* peu fructueux, peu rentable

**unrepaid** /ˈʌnrɪˈpeɪd/ ADJ *[loan]* non remboursé

**unrepealed** /ˈʌnrɪˈpiːld/ ADJ non abrogé

**unrepeatable** /ˈʌnrɪˈpiːtəbl/ ADJ *[offer, bargain]* unique, exceptionnel ; *[comment]* trop grossier pour être répété ◆ **what she said is ~** je n'ose répéter ce qu'elle a dit

**unrepentant** /ˈʌnrɪˈpentənt/ ADJ impénitent ◆ **to be** *or* **remain ~ (about sth)** ne pas manifester le moindre repentir (quant à qch), ne pas regretter (qch)

**unreported** /ˈʌnrɪˈpɔːtɪd/ ADJ *[crime, attack, accident etc]* non signalé ◆ **to go ~** *[crime etc]* ne pas être signalé

**unrepresentative** /ˈʌnˌreprɪˈzentətɪv/ ADJ non représentatif (*of sth* de qch)

**unrepresented** /ˈʌnˌreprɪˈzentɪd/ ADJ non représenté

**unrequited** /ˈʌnrɪˈkwaɪtɪd/ ADJ non partagé

**unreserved** /ˈʌnrɪˈzɜːvd/ ADJ a (= *wholehearted*) *[apology, praise, support]* sans réserve b (= *unbooked*) *[seat, table]* non réservé

**unreservedly** /ˈʌnrɪˈzɜːvɪdlɪ/ ADV sans réserve

**unresisting** /ˈʌnrɪˈzɪstɪŋ/ ADJ *[person]* qui ne résiste pas, soumis ; *[attitude, obedience]* soumis

**unresolved** /ˈʌnrɪˈzɒlvd/ ADJ a (= *unsolved*) *[problem, issue, dispute]* non résolu, irrésolu ; *[question]* qui reste sans réponse b *(Mus)* *[chord]* sans résolution

**unresponsive** /ˈʌnrɪsˈpɒnsɪv/ ADJ a (= *passive*) *[person]* ◆ **to be ~ to sth** ne pas réagir à qch b *[car, engine, steering]* qui répond mal

**unrest** /ʌnˈrest/ N (NonC) agitation *f* ; *(stronger)* troubles *mpl*

**unrestrained** /ˈʌnrɪˈstreɪnd/ ADJ a (= *unchecked*) *[joy, laughter, language]* sans retenue ; *[violence]* effréné ; *[use, growth]* sans frein ◆ **to be ~ by sth** *[person]* ne pas être bridé par qch ◆ **to be ~ in one's views** exprimer ses opinions sans retenue b (= *not held physically*) *[car passenger]* sans ceinture ; *[patient]* sans entraves ; *[prisoner]* sans liens, sans entraves

**unrestrainedly** /ˌʌnrɪˈstreɪnədlɪ/ ADV sans retenue

**unrestricted** /ˈʌnrɪˈstrɪktɪd/ ADJ a (= *unlimited*) *[use, right, travel]* sans restriction(s) ◆ **to have ~ access to sth** avoir libre accès à qch b (= *unobstructed*) ◆ **all seats have an ~ view** toutes les places ont une vue parfaitement dégagée

**unrevealed** /ˈʌnrɪˈviːld/ ADJ non révélé

**unrewarded** /ˈʌnrɪˈwɔːdɪd/ ADJ non récompensé ◆ **to be** *or* **go ~** ne pas être récompensé

**unrewarding** /ˈʌnrɪˈwɔːdɪŋ/ ADJ a (= *unfulfilling*) *[work, job, activity]* peu gratifiant, ingrat ; *[relationship]* peu satisfaisant, qui n'apporte pas grand-chose b *(financially)* *[work, job]* peu rémunérateur (-trice *f*)

**unrighteous** /ʌnˈraɪtʃəs/ ADJ impie † *(also liter)* NPL **the unrighteous** les impies † *mpl* *(also liter)*

**unrighteousness** /ʌnˈraɪtʃəsnɪs/ N (NonC) impiété *f*

**unripe** /ˈʌnˈraɪp/ ADJ pas mûr

**unrivalled, unrivaled** *(US)* /ʌnˈraɪvəld/ ADJ *[knowledge, experience, collection]* incomparable ; *[reputation, success]* sans égal ; *[opportunity]* unique ◆ **to be ~ in sth** ne pas avoir son pareil pour qch ◆ **her work is ~ in its quality** son travail est d'une qualité incomparable

**unroadworthy** /ˈʌnˈrəʊdˌwɜːðɪ/ ADJ *[car]* qui n'est pas en état de rouler

**unrobe** /ˈʌnˈrəʊb/ VI a *[judge etc]* se dévêtir, se dépouiller de ses vêtements *(de cérémonie)* b *(frm = undress)* se déshabiller VT a *[+ judge etc]* dépouiller de ses vêtements *(de cérémonie)*, dévêtir b *(frm = undress)* déshabiller

**unroll** /ˈʌnˈrəʊl/ VT dérouler VI se dérouler

**unromantic** /ˈʌnrəʊˈmæntɪk/ ADJ *[place, landscape, words]* peu romantique ; *[person]* terre à terre, peu romantique

**unrope** /ˈʌnˈrəʊp/ VI *(Climbing)* se décorder

**UNRRA** /ˌjuːenɑːrɑːrˈeɪ/ N *(formerly)* (abbrev of **United Nations Relief and Rehabilitation Administration**) UNRRA *f*

**unruffled** /ˈʌnˈrʌfld/ ADJ a (= *calm, unflustered*) *[person, voice]* imperturbable ◆ **to be ~ (by sth)** ne pas être perturbé (par qch) b (= *smooth*) *[water]* lisse, sans rides ; *[hair]* non défait ; *[bedclothes, sheets]* lisse, sans un pli

**unruled** /ˈʌnˈruːld/ ADJ *[paper]* uni, non réglé

**unruly** /ʌnˈruːlɪ/ ADJ *[child, pupil]* indiscipliné, turbulent ; *[employee, behaviour, hair]* indiscipliné ; *[crowd, mob, element]* indiscipliné, incontrôlé

**unsaddle** /ˈʌnˈsædl/ VT a *[+ horse]* desseller b (= *unseat*) *[+ rider]* désarçonner COMP ▷ **unsaddling enclosure** N *(Brit)* *enclos d'un champ de course où l'on desselle les chevaux et où sont remis certains trophées*

**unsafe** /ˈʌnˈseɪf/ ADJ a (= *dangerous*) *[structure, machine]* dangereux, peu sûr ; *[activity, product, level]* dangereux ; *[street, method]* peu sûr ; *[working conditions]* risqué ; *[water]* non potable ◆ **the car is ~ to drive** cette voiture est dangereuse à conduire, il est dangereux de conduire cette voiture ◆ **the country is ~ to visit** le pays n'est pas sûr (pour les touristes), il est dangereux de se rendre dans ce pays ◆ **it is ~ to go there at night** il est dangereux *or* il n'est pas prudent d'y aller la nuit ◆ **~ to eat, ~ for human consumption** impropre à la consommation ◆ **to declare a house ~ for habitation** déclarer une maison insalubre b (= *in danger*) *[person]* en danger c *(Jur = dubious)* *[evidence, conviction, verdict]* douteux ◆ **~ and unsatisfactory** contestable et révisable

COMP ▷ **unsafe sex** N rapports *mpl* sexuels non protégés

**unsaid** /ˈʌnˈsed/ VB pt, ptp of **unsay** ADJ inexprimé, passé sous silence ◆ **much was left ~** on a passé beaucoup de choses sous silence ◆ **some things are better left ~** il y a des choses qu'il vaut mieux taire

**unsalable** /ʌnˈseɪləbl/ ADJ *(US)* ⇒ **unsaleable**

**unsalaried** /ˈʌnˈsælərɪd/ ADJ non rémunéré

**unsaleable, unsalable** *(US)* /ˈʌnˈseɪləbl/ ADJ invendable

**unsalted** /ˈʌnˈsɔːltɪd/ ADJ *(gen)* sans sel, non salé ; *[butter]* sans sel, doux (douce *f*)

**unsanitary** /ʌnˈsænɪtərɪ/ ADJ *(esp US)* insalubre

**unsatisfactory** /ˈʌnˌsætɪsˈfæktərɪ/ ADJ *[situation, method, answer, relationship]* peu satisfaisant ; *[accommodation, product]* qui laisse à désirer ◆ **it is ~ that...** il n'est pas satisfaisant que ... + *subj*

**unsatisfied** /ˈʌnˈsætɪsfaɪd/ ADJ a *[person]* *(gen, sexually)* insatisfait (*with sb/sth* de qn/qch) ; *(stronger)* mécontent (*with sb/sth* de qn/qch) ◆ **to be left ~** rester sur sa faim b (= *unfulfilled*) *[need, desire, urge]* insatisfait, inassouvi ; *[demand, curiosity]* insatisfait ; *[hunger, appetite]* non apaisé

**unsatisfying** /ˈʌnˈsætɪsfaɪɪŋ/ ADJ *[work, book, relationship, result]* peu satisfaisant ; *[food]* qui n'apaise pas la faim

**unsaturated** /ˈʌnˈsætʃəreɪtɪd/ ADJ non saturé ◆ **~ fat** corps *mpl* gras insaturés

**unsavoury, unsavory** *(US)* /ˈʌnˈseɪvərɪ/ ADJ *[person]* peu recommandable ; *[district]* peu recommandable, louche ; *[reputation]* douteux ; *[remark]* de mauvais goût ; *[habit, fact, incident]* déplaisant ; *[food]* peu ragoûtant ; *[smell]* plutôt déplaisant ◆ **an ~ business** une sale affaire ◆ **he's a rather ~ character** c'est un personnage assez peu recommandable

**unsay** /ˈʌnˈseɪ/ (pret, ptp **unsaid**) VT se dédire de ◆ **you can't ~ it now** tu ne peux plus te rétracter *or* te dédire ; see also **unsaid**

**unscathed** /ˈʌnˈskeɪðd/ ADJ a (= *uninjured*) *[person, place]* indemne ◆ **to emerge** *or* **escape ~ (from sth)** sortir indemne (de qch) ◆ **to leave sb/sth ~** épargner qn/qch b (= *unaffected*) *[person, company]* non affecté ◆ **to emerge** *or* **escape ~ from sth** sortir sans dommage de qch

**unscented** /ˈʌnˈsentɪd/ ADJ non parfumé

**unscheduled** /ˈʌnˈʃedjuːld/ ADJ imprévu

**unscholarly** /ˈʌnˈskɒləlɪ/ ADJ *[person]* peu érudit, peu savant ; *[work]* qui manque d'érudition

**unschooled** /ˈʌnˈskuːld/ ADJ *[person]* qui n'a pas d'instruction ; *[horse]* qui n'a pas été dressé ◆ ~ **in** qui n'a rien appris de, ignorant en matière de *or* pour ce qui est de

**unscientific** /ˈʌnˌsaɪənˈtɪfɪk/ ADJ *[approach, survey, practice]* peu scientifique ; *[sample]* sans valeur scientifique ◆ **he was ~ in his approach** sa démarche n'était pas scientifique ◆ **their methods are ~** leurs méthodes ne sont pas scientifiques

**unscramble** /ˈʌnˈskræmbl/ VT *(Telec)* désembrouiller ; *(TV)* décoder, décrypter

**unscratched** /ˈʌnˈskrætʃt/ ADJ *[surface]* non rayé, intact ; *[person]* indemne, sain et sauf

**unscrew** /ˈʌnˈskruː/ VT dévisser VI se dévisser

**unscripted** /ˈʌnˈskrɪptɪd/ ADJ *[speech, remark]* improvisé, non préparé d'avance ; *(Rad, TV) [programme]* improvisé

**unscrupulous** /ʌnˈskruːpjʊləs/ ADJ sans scrupules

**unscrupulously** /ʌnˈskruːpjʊləslɪ/ ADV *[behave]* sans scrupule(s), peu scrupuleusement ◆ **to be ~ ambitious** être arriviste

**unscrupulousness** /ʌnˈskruːpjʊləsnɪs/ N *(NonC) [of person]* manque *m* de scrupules

**unseal** /ˈʌnˈsiːl/ VT *(= open)* ouvrir, décacheter ; *(= take seal off)* desceller

**unseasonable** /ʌnˈsiːznəbl/ ADJ *[clothes, food]* hors de saison ◆ **the weather is ~** ce n'est pas un temps de saison

**unseasonably** /ʌnˈsiːznəblɪ/ ADV ◆ **~ warm/cold/mild weather** un temps exceptionnellement chaud/froid/doux pour la saison ◆ **it was ~ warm/cold** il faisait exceptionnellement chaud/froid pour la saison

**unseasoned** /ˈʌnˈsiːznd/ ADJ *[timber]* vert, non conditionné ; *[food]* non assaisonné

**unseat** /ˈʌnˈsiːt/ VT a *[+ rider]* désarçonner b *[+ Member of Parliament]* faire perdre son siège à, sortir

**unseaworthy** /ˈʌnˈsiːˌwɜːðɪ/ ADJ qui n'est pas en état de naviguer *or* ne répond pas aux normes de navigabilité

**unsecured** /ˈʌnsɪˈkjʊəd/ ADJ *(Fin)* sans garantie

**unseeded** /ˈʌnˈsiːdɪd/ ADJ *(Tennis etc)* non classé

**unseeing** /ˈʌnˈsiːɪŋ/ ADJ ◆ **he stared, ~, out of the window** il regardait par la fenêtre, le regard perdu dans la vague *or* les yeux dans le vague ◆ **to gaze at sth with ~ eyes** *(fig)* regarder qch sans le voir

**unseemliness** /ʌnˈsiːmlɪnɪs/ N *(NonC: frm)* inconvenance *f*

**unseemly** /ʌnˈsiːmlɪ/ ADJ *(frm)* inconvenant ◆ **it is ~ for teachers to swear** il est inconvenant pour un professeur de jurer

**unseen** /ˈʌnˈsiːn/ ADJ a *(= not previously seen) [film, photos, diaries]* inédit, que l'on n'a jamais vu ◆ **~ by the public** que le public n'a jamais vu ; → **sight** b *(= not visible) [person, hand, power]* invisible c *(esp Brit: Scol, Univ) [exam paper]* non préparé ◆ **~ translation** ⇒ **noun a** ADV *[enter, leave, escape]* sans être vu *(by sb* par qn) ◆ **to remain ~** ne pas être vu N a *(esp Brit: Scol, Univ)* version *f (sans préparation)* b ◆ **the ~** le monde occulte

**unselfconscious** /ˈʌnˌselfˈkɒnʃəs/ ADJ naturel ◆ **he was very ~ about it** cela ne semblait nullement le gêner

**unselfconsciously** /ˈʌnˌselfˈkɒnʃəslɪ/ ADV avec naturel, sans la moindre gêne

**unselfish** /ˈʌnˈselfɪʃ/ ADJ *[person]* généreux, désintéressé ; *[act, love]* désintéressé ; *(Sport) [player]* qui a l'esprit d'équipe

**unselfishly** /ˈʌnˈselfɪʃlɪ/ ADV *[act, behave]* généreusement, de façon désintéressée ; *(Sport) [play]* avec un bon esprit d'équipe

**unselfishness** /ˈʌnˈselfɪʃnɪs/ N *(NonC) [of person]* générosité *f* ; *[of act]* désintéressement *m*, générosité *f*

**unsentimental** /ˈʌnˌsentɪˈmentl/ ADJ *[person]* peu sentimental, qui ne fait pas de sentiment ; *[attitude]* non sentimental ; *[story, language]* qui ne donne pas dans la sensiblerie ◆ **to be ~ about sth** *[person]* ne pas se montrer sentimental à propos de qch ; *[story]* ne pas donner dans la sensiblerie à propos de qch

**unserviceable** /ˈʌnˈsɜːvɪsəbl/ ADJ inutilisable, hors d'état de fonctionner

**unsettle** /ˈʌnˈsetl/ VT *[+ person, weather]* perturber ; *[+ stomach]* déranger

**unsettled** /ˈʌnˈsetld/ ADJ a *(= uncertain) [situation, market]* instable ; *[future]* incertain ; *[weather]* changeant, instable b *(= restless) [person, life]* perturbé ◆ **to feel ~** être perturbé ◆ **he feels ~ in his job** il ne se sent pas vraiment à l'aise dans son travail c *(= unresolved) [issue]* non résolu ; *[conflict]* non réglé ◆ **to leave matters ~** laisser les choses en suspens ◆ **the question remains ~** la question n'est toujours pas réglée, la question reste en suspens d *(= uninhabited) [place]* inhabité, sans habitants e *(Fin) [account]* impayé f *(Med) [stomach]* dérangé

**unsettling** /ˈʌnˈsetlɪŋ/ ADJ *[experience, influence, question, book, film, music]* perturbant ; *[news, atmosphere]* troublant ◆ **to have an ~ effect on sb/sth** avoir un effet perturbateur sur qn/qch ◆ **it is ~ to know he could be watching me** ça me perturbe de savoir qu'il pourrait être en train de me regarder ◆ **they found it ~ to have their mother living with them** ils trouvaient perturbant que leur mère vive avec eux

**unsex** /ˈʌnˈseks/ VT faire perdre sa masculinité (*or* féminité) à ; *(= make impotent)* rendre impuissant

**unsexed** /ˈʌnsekst/ ADJ ◆ **~ chicks** poussins *mpl* dont on n'a pas déterminé le sexe

**unshackle** /ˈʌnˈʃækl/ VT ôter les fers à, désenchaîner ; *(fig)* émanciper, libérer

**unshaded** /ˈʌnˈʃeɪdɪd/ ADJ a *(= without lampshade) [bulb, light]* sans abat-jour b *(= in sunlight) [place]* non ombragé, en plein soleil c *(Art, Geom) [area]* non hachuré

**unshak(e)able** /ˈʌnˈʃeɪkəbl/ ADJ inébranlable

**unshak(e)ably** /ˈʌnˈʃeɪkəblɪ/ ADV *[certain]* absolument ◆ **he's unshak(e)ably confident** il a une confiance inébranlable en lui-même ◆ **to be unshak(e)ably confident that ...** être absolument certain que ... ◆ **unshak(e)ably committed to a cause** entièrement acquis à une cause

**unshaken** /ˈʌnˈʃeɪkən/ ADJ a *(= unchanged)* ◆ **to be *or* remain ~** *[conviction, belief, faith]* ne pas être ébranlé ; *[confidence]* ne pas être ébranlé *or* entamé ◆ **to be ~ in one's belief that ...** ne pas se laisser ébranler dans sa conviction que ... b *(= not worried)* ◆ **to be ~** *[person]* ne pas être secoué *(by sth* par qch)

**unshaven** /ˈʌnˈʃeɪvn/ ADJ mal rasé

**unsheathe** /ˈʌnˈʃiːð/ VT *[+ sword]* dégainer ; *[cat, tiger] [+ claws]* sortir

**unship** /ˈʌnˈʃɪp/ VT *[+ cargo]* décharger, débarquer

**unshockable** /ˈʌnˈʃɒkəbl/ ADJ ◆ **he is (completely) ~** rien ne le choque

**unshod** /ˈʌnˈʃɒd/ ADJ *[horse]* qui n'est pas ferré ; *[person]* déchaussé, pieds nus

**unshrinkable** /ˈʌnˈʃrɪŋkəbl/ ADJ irrétrécissable (au lavage)

**unsighted** /ˈʌnˈsaɪtɪd/ ADJ a *(= unseen)* qui n'est pas en vue, que l'on n'a pas vu b *(= unable to see sth)* ◆ **the goalkeeper was ~ by a defender** le gardien de but a eu la vue cachée par un défenseur

**unsightliness** /ʌnˈsaɪtlɪnɪs/ N *(NonC)* aspect *m* disgracieux, laideur *f*

**unsightly** /ʌnˈsaɪtlɪ/ ADJ disgracieux ◆ **to look ~** être disgracieux ◆ **~ facial hair** poils *mpl* disgracieux sur le visage ◆ **he has an ~ scar on his face** il a une cicatrice assez laide sur le visage

**unsigned** /ˈʌnˈsaɪnd/ ADJ a *(= without signature) [letter, article, contract]* non signé ◆ **~ by sb** sans la signature de qn ◆ **the treaty remains ~ by the US** le traité n'a toujours pas été signé par les États-Unis b *(Mus) [band, singer]* qui n'est pas sous contrat avec une maison de disques

**unsinkable** /ˈʌnˈsɪŋkəbl/ ADJ insubmersible ; *[politician]* indéboulonnable *

**unskilful, unskillful** *(US)* /ˈʌnˈskɪlfʊl/ ADJ *(= clumsy)* maladroit ; *(= inexpert)* malhabile, inexpert

**unskilfully, unskillfully** *(US)* /ˈʌnˈskɪlfəlɪ/ ADV *(= clumsily)* avec maladresse ; *(= inexpertly)* malhabilement

**unskilled** /ˈʌnˈskɪld/ ADJ a *(Ind) [work, labour, job]* ne nécessitant pas de qualification professionnelle b *(= not skilful) [person, driver]* inexpérimenté ◆ **to be ~ in sth** ne pas s'y connaître en qch ◆ **to be ~ in the use of sth** ne pas savoir bien se servir de qch ◆ **to be ~ in *or* at doing sth** ne pas être habile à faire qch COMP ▷ **unskilled worker** N ouvrier *m*, -ière *f* spécialisé(e), OS *mf*

**unskimmed** /ˈʌnˈskɪmd/ ADJ *[milk]* non écrémé, entier

**unsmiling** /ʌnˈsmaɪlɪŋ/ ADJ *[face]* sans sourire ; *[expression]* sérieux ◆ **he remained ~** il restait sans sourire, il ne souriait pas ◆ **he stared at her, ~** il l'a dévisagée sans sourire

**unsmilingly** /ʌnˈsmaɪlɪŋlɪ/ ADV sans sourire

**unsociability** /ˈʌnˌsəʊʃəˈbɪlɪtɪ/ N *(NonC)* insociabilité *f*

**unsociable** /ʌnˈsəʊʃəbl/ ADJ a *(pej = unfriendly) [person]* peu sociable ◆ **I'm feeling rather ~ this evening** je n'ai pas tellement envie de voir des gens ce soir b ⇒ **unsocial**

**unsocial** /ʌnˈsəʊʃəl/ ADJ ◆ **to work ~ hours** travailler en dehors des heures normales

**unsold** /ˈʌnˈsəʊld/ ADJ *[goods, tickets, holidays]* invendu ◆ **~ stock** stock *m* d'invendus ◆ **to be left *or* remain ~** ne pas être vendu

**unsoldierly** /ˈʌnˈsəʊldʒəlɪ/ ADJ *[behaviour, emotion]* indigne d'un soldat ; *[appearance]* peu militaire, peu martial ; *[person]* qui n'a pas l'esprit *or* la fibre militaire

**unsolicited** /ˈʌnsəˈlɪsɪtɪd/ ADJ *[mail, phone call, advice]* non sollicité ; *(Fin) [offer, bid]* spontané ◆ **"unsolicited gift"** *(US: on customs declarations)* "cadeau"

**unsolvable** /ˈʌnˈsɒlvəbl/ ADJ insoluble, impossible à résoudre

**unsolved** /ˈʌnˈsɒlvd/ ADJ *[mystery]* non résolu, inexpliqué ; *[crime]* non éclairci ; *[problem, crossword clue]* non résolu

**unsophisticated** /ˈʌnsəˈfɪstɪkeɪtɪd/ ADJ *[person, behaviour, tastes, film]* simple ; *[method, device]* simpliste ◆ **an ~ wine** un petit vin sans prétention ◆ **financially ~** *[person]* sans grande expérience de la finance, peu versé dans la finance ◆ **a technically ~**

**photographer** un photographe sans grande technique

**unsought** /ʌn'sɔːt/ ADJ (also **unsought-for**) non recherché, non sollicité

**unsound** /ʌn'saʊnd/ ADJ a (= unreliable) [person, advice, evidence] douteux ; [reasoning, judgement, argument, claim] mal fondé, douteux ; [view, conviction] mal fondé ; [decision] peu sensé, peu judicieux ; [company] peu solide ; [investment] peu sûr ; [player] peu compétent ◆ **educationally/ecologically** ~ contestable sur le plan éducatif/écologique ◆ **ideologically/politically** ~ idéologiquement/politiquement douteux ◆ **the book is ~ on some points** ce livre est douteux sur certains points b (= in poor condition) [building, teeth, gums] en mauvais état ; [health, constitution] mauvais ; [heart, lungs] en mauvaise santé c (Psych, Jur) ◆ **psychologically** ~ psychologiquement malsain ◆ **to be of ~ mind** ne pas jouir de toutes ses facultés mentales

**unsparing** /ʌn'spɛərɪŋ/ ADJ a (= lavish) prodigue (of de), généreux ◆ **to be ~ in one's efforts to do sth** ne pas ménager ses efforts pour faire qch ◆ **the report was ~ in its criticism** le rapport n'a pas été avare de critiques b (= cruel) impitoyable, implacable

**unsparingly** /ʌn'spɛərɪŋlɪ/ ADV [give] généreusement, avec prodigalité ; [work] inlassablement

**unspeakable** /ʌn'spiːkəbl/ ADJ [act, object, horror, food] innommable ; [pain, cruelty] indescriptible

**unspeakably** /ʌn'spiːkəblɪ/ ADV effroyablement

**unspecifically** /ʌnspə'sɪfɪkəlɪ/ ADV [talk etc] en restant dans le vague, sans entrer dans les détails

**unspecified** /ʌn'spesɪfaɪd/ ADJ non spécifié, non précisé

**unspectacular** /ʌnspek'tækjʊlə^r^/ ADJ qui n'a rien de remarquable or d'exceptionnel

**unspent** /ʌn'spent/ ADJ [money, funds] non dépensé, qui reste

**unspoiled** /ʌn'spɔɪld/, **unspoilt** /ʌn'spɔɪlt/ ADJ [countryside, beauty, view, village] préservé ; [child] qui reste naturel ◆ ~ **by** non gâché par ◆ **he remained ~ by his great success** malgré son grand succès il restait aussi simple qu'avant

**unspoken** /ʌn'spəʊkən/ ADJ [words, hope] inexprimé ; [criticism, message] implicite ; [agreement, rule, bond] tacite

**unsporting** /ʌn'spɔːtɪŋ/, **unsportsmanlike** /ʌn'spɔːtsmənlaɪk/ ADJ (gen, Sport) déloyal ◆ **to be** ~ (= not play fair) être déloyal, ne pas jouer franc jeu ; (= be bad loser) être mauvais joueur ◆ **that's very ~ of you** ce n'est pas très chic de votre part

**unspotted** /ʌn'spɒtɪd/ ADJ (liter: lit, fig) sans tache, immaculé

**unstable** /ʌn'steɪbl/ ADJ (all senses) instable

**unstained** /ʌn'steɪnd/ ADJ (= not coloured) [furniture, floor] non teinté ; (= clean) [garment, surface] immaculé, sans tache ; [reputation] non terni, sans tache

**unstamped** /ʌn'stæmpt/ ADJ [letter] non affranchi, non timbré ; [document, passport] non tamponné

**unstated** /ʌn'steɪtɪd/ ADJ inexprimé

**unstatesmanlike** /ʌn'steɪtsmənlaɪk/ ADJ peu diplomatique

**unsteadily** /ʌn'stedɪlɪ/ ADV [get up, walk] de façon mal assurée ; [say] d'une voix mal assurée

**unsteadiness** /ʌn'stedɪnɪs/ N (NonC) a (= shakiness) [of hands] tremblement m ; [of gait, voice] manque m d'assurance ◆ **to experience some ~ on one's feet** avoir du mal à tenir sur ses jambes b (= instability) [of ladder, structure] manque m de stabilité c (= irregularity) [of progress, course, rhythm] irrégularité f

**unsteady** /ʌn'stedɪ/ ADJ a (= shaky) [person, voice, legs, gait] mal assuré ◆ **to be ~ on one's feet** (gen) ne pas être solide sur ses jambes ; (from drink) tituber, chanceler b (= unsecured) [ladder, structure] instable c (= irregular) [progress, course, rhythm] irrégulier d (= unreliable) [person] inconstant

**unstick** /ʌn'stɪk/ (pret, ptp **unstuck**) VT décoller ◆ **to come unstuck** [stamp, notice] se décoller ; * [plan] tomber à l'eau ◆ **he certainly came unstuck * over that scheme** il s'est vraiment planté * avec ce projet VI se décoller

**unstinted** /ʌn'stɪntɪd/ ADJ [praise] sans réserve ; [generosity] sans bornes ; [efforts] illimité, incessant

**unstinting** /ʌn'stɪntɪŋ/ ADJ [help] sans faille ; [support, praise] sans réserve ; [kindness, generosity] sans bornes ; [efforts] infatigable ; [work] inlassable ◆ **to be ~ in one's praise (of sb/sth)** ne pas tarir d'éloges (sur qn/qch) ◆ **he was ~ in his efforts** il ne ménageait pas ses efforts ◆ ~ **of sth** (frm) [person] prodigue de qch

**unstitch** /ʌn'stɪtʃ/ VT défaire ◆ **to come ~ed** se découdre

**unstop** /ʌn'stɒp/ VT [+ sink] déboucher, désobstruer ; [+ bottle] déboucher, décapsuler

**unstoppable** /ʌn'stɒpəbl/ ADJ [momentum, progress, rise] irrépressible ; [force] irrésistible ; [shot] que rien ne peut arrêter ◆ **the advance of science is** ~ on ne peut arrêter les progrès de la science ◆ **the Labour candidate seems** ~ il semble que rien ne puisse arrêter le candidat travailliste

**unstrap** /ʌn'stræp/ VT ◆ **to ~ A from B** détacher A de B, défaire les sangles qui attachent A à B

**unstressed** /ʌn'strest/ ADJ [syllable] inaccentué, atone

**unstring** /ʌn'strɪŋ/ (pret, ptp **unstrung**) VT [+ violin, racket] enlever or détendre les cordes de ; [+ beads] désenfiler ; (fig) [+ person] démoraliser

**unstructured** /ʌn'strʌktʃəd/ ADJ a (= loosely organized) [method, programme, meeting] non structuré b (Dress) [jacket] déstructuré

**unstrung** /ʌn'strʌŋ/ VB pt, ptp of **unstring** ADJ [violin, racket] dont on a enlevé les cordes, dont les cordes sont détendues ; (fig) démoralisé

**unstuck** /ʌn'stʌk/ VB pt, ptp of **unstick**

**unstudied** /ʌn'stʌdɪd/ ADJ naturel, spontané

**unsubdued** /ʌnsəb'djuːd/ ADJ (lit, fig) indompté

**unsubscribe** /ʌnsʌbskraɪb/ VI (Internet) se désabonner

**unsubsidized** /ʌn'sʌbsɪdaɪzd/ ADJ non subventionné, qui ne reçoit pas de subvention

**unsubstantial** /ʌnsəb'stænʃəl/ ADJ [structure] peu solide, léger ; [meal] peu substantiel, peu nourrissant ; [argument] peu solide, sans substance ; [evidence] insuffisant

**unsubstantiated** /ʌnsəb'stænʃɪeɪtɪd/ ADJ [rumour] sans fondement ; [story] non confirmé ; [claim] non fondé ; [allegation] sans preuves ◆ **these reports remain** ~ ces informations ne sont toujours pas confirmées

**unsubtle** /ʌn'sʌtl/ ADJ lourd

**unsuccessful** /ʌnsək'sesfʊl/ ADJ [attempt] manqué, infructueux ; [campaign, operation, career] manqué ; [efforts, negotiations, search] infructueux ; [firm] qui ne prospère pas ; [candidate, marriage, outcome] malheureux ; [writer, book] qui n'a pas de succès ◆ **to be** ~ [person] ne pas réussir ◆ **I tried to speak to him but I was** ~ j'ai essayé de lui parler mais sans succès ◆ **to be ~ in an exam** échouer à or rater un examen ◆ **they were ~ in their efforts** leurs efforts ont été infructueux ◆ **he is ~ in everything he does** rien ne lui réussit ◆ **to be ~ in doing sth** ne pas réussir à faire qch ◆ **to prove** ~ [search, negotiations] ne mener à rien ◆ **we regret to inform you that your application for the post has been** ~ nous regrettons de ne pouvoir donner suite à votre candidature au poste concerné ◆ **after three ~ attempts** après trois tentatives infructueuses

**unsuccessfully** /ʌnsək'sesfəlɪ/ ADV sans succès

**unsuitability** /'ʌn,suːtə'bɪlɪtɪ/ N ◆ **the ~ of the candidate** l'inaptitude du candidat ◆ **they talked about her ~ for the job** ils ont évoqué le fait qu'elle ne convenait pas pour le poste

**unsuitable** /ʌn'suːtəbl/ ADJ [place] qui ne convient pas, qui ne fait pas l'affaire ; [time] qui ne convient pas ; [food, climate] contre-indiqué ; [person] (= inappropriate) qui ne convient pas, qui ne fait pas l'affaire ; (= not respectable) peu recommandable ; [book] peu recommandable ; [moment] inopportun ; [action, reply, example, device] inopportun, peu approprié ; [language, attitude] inconvenant ; [colour, size] qui ne va pas ; [job, land] inapproprié ; [accommodation] qui ne convient pas ; [clothes] (= inappropriate) inadapté ; (= not respectable) non convenable ◆ **he is ~ to be the leader of the party** ce n'est pas l'homme qu'il faut pour diriger le parti ◆ **he is ~ for the post** il ne convient pas pour ce poste ◆ **land that is entirely ~ for agriculture/growing wheat** terrain qui ne se prête pas du tout à l'agriculture/à la culture du blé ◆ **his shoes were totally ~ for walking in the country** ses chaussures étaient totalement inadaptées pour la randonnée ◆ **to be ~ for sb** (= inappropriate) ne pas convenir à qn ; (= not respectable) être déconseillé à qn ◆ **an ~ wife for a clergyman** une femme peu recommandable pour un pasteur ◆ ~ **for children** déconseillé aux enfants ◆ **the building was totally ~ as a museum space** ce bâtiment ne se prêtait absolument pas à servir de musée ◆ **the equipment proved** ~ l'équipement s'est avéré inadapté

**unsuitably** /ʌn'suːtəblɪ/ ADV ◆ ~ **dressed** (= inappropriately) habillé de façon inadaptée ; (= not respectably) habillé de façon inconvenante ◆ **to be ~ qualified for sth** ne pas avoir les qualifications requises pour qch

**unsuited** /ʌn'suːtɪd/ ADJ ◆ ~ **to sth** [person] inapte à qch ; [thing] inadapté à qch ◆ **Mary and Neil are ~ (to each other)** Mary et Neil ne sont pas faits l'un pour l'autre ◆ **to be ~ to or for doing sth** ne pas être fait pour faire qch ◆ **to be ~ for sth** ne pas être fait pour qch ◆ **the horse was ~ for the fast ground** le cheval n'était pas fait pour ce terrain dur

**unsullied** /,ʌn'sʌlɪd/ ADJ (liter) [reputation] sans tache ◆ **she possessed an innocence ~ by contact with the world** elle était d'une innocence que la fréquentation du monde n'avait pas entachée ◆ **a town ~ by modern development** une ville préservée des atteintes de l'urbanisme moderne

**unsung** /ˈʌnˈsʌŋ/ ADJ *[hero, heroine, achievement]* méconnu

**unsupported** /ˈʌnsəˈpɔːtɪd/ ADJ a *(= unsubstantiated) [allegation, accusation]* sans preuves ; *[claim, statement, hypothesis]* infondé ◆ ~ **by evidence** non étayé par des preuves b *(= without backup) [troops]* sans soutien ; *[expedition]* sans appui ; *(Pol) [candidate]* sans appui, sans soutien (*by sb* de la part de qn) ; *(financially) [mother]* sans soutien financier ◆ ~ **by troops** sans l'appui de troupes c *(physically)* ◆ **to walk/stand** ~ *[person]* marcher/se tenir debout sans soutien d *(Archit, Constr) [structure, wall]* sans support

**unsure** /ˈʌnˈʃʊəʳ/ ADJ a *(= doubtful)* ◆ **I'm** ~ je n'en suis pas sûr, je suis dans l'incertitude ◆ **to be** ~ **about** *or* **of sb/sth** ne pas être sûr de qn/qch ◆ **to be** ~ **about doing sth** ne pas savoir exactement si l'on va faire qch, ne pas être certain de faire qch ◆ **to be** ~ **about** *or* **of how to do sth** ne pas trop savoir *or* ne pas être sûr de savoir comment faire qch ◆ **she is** ~ **what to do/how to reply** elle ne sait pas trop quoi faire/comment répondre, elle n'est pas sûre de savoir quoi faire/comment répondre ◆ **the police are** ~ **what caused the violence** la police ne s'explique pas vraiment les raisons de cette violence ◆ **they're** ~ **when he'll return** ils ne savent pas bien quand il rentrera ◆ **she was** ~ **where she was** elle ne savait pas au juste où elle se trouvait ◆ **he was** ~ **where to begin** il ne savait pas trop par où commencer ◆ **he was** ~ **whether he would be able to do it** il n'était pas sûr de pouvoir le faire ◆ **she was** ~ **whether to laugh or cry** elle ne savait pas trop si elle devait rire ou pleurer

b *(= lacking confidence) [person]* mal assuré ◆ **to be** ~ **of o.s.** ne pas être sûr de soi ◆ **this made him** ~ **of himself** cela l'a fait douter (de lui)

c *(= unreliable) [memory]* peu fidèle

**unsurmountable** /ˈʌnsəˈmaʊntəbl/ ADJ insurmontable

**unsurpassable** /ˈʌnsəˈpɑːsəbl/ ADJ insurpassable

**unsurpassed** /ˈʌnsəˈpɑːst/ ADJ qui n'a jamais été dépassé ◆ **to remain** ~ rester inégalé

**unsurprising** /ˈʌnsəˈpraɪzɪŋ/ ADJ pas surprenant ◆ **it is** ~ **that ...** il n'est pas surprenant que ... *+ subj*

**unsurprisingly** /ˈʌnsəˈpraɪzɪŋlɪ/ ADV ◆ ~, **he left immediately** comme on pouvait s'y attendre, il est parti tout de suite ◆ **not** ~, **he did it rather well** contrairement à toute attente, il l'a plutôt bien fait

**unsuspected** /ˈʌnsəsˈpektɪd/ ADJ a *(= unforeseen) [problem, skill, cause]* insoupçonné b *(= not under suspicion) [person]* qui n'éveille pas de soupçons

**unsuspecting** /ˈʌnsəsˈpektɪŋ/ ADJ sans méfiance ◆ **and he, quite** ~, **said ...** et lui, sans la moindre méfiance, dit ...

**unsuspicious** /ˈʌnsəsˈpɪʃəs/ ADJ a *(= feeling no suspicion)* peu soupçonneux, peu méfiant b *(= arousing no suspicion)* qui n'a rien de suspect, qui n'éveille aucun soupçon ◆ ~**-looking** tout à fait ordinaire

**unsustainable** /ˌʌnsəsˈteɪnəbəl/ ADJ *[development]* non durable ; *[position]* intenable ◆ **the current system is** ~ le système actuel n'est pas viable

**unswayed** /ʌnˈsweɪd/ ADJ ◆ **the government was** ~ **by the strike action** le gouvernement ne s'est pas laissé influencer par le mouvement de grève

**unsweetened** /ˈʌnˈswiːtnd/ ADJ *[tea, coffee]* sans sucre, non sucré ; *[yoghurt, soya milk]* non sucré ; *[fruit juice]* sans sucre ajouté

**unswerving** /ʌnˈswɜːvɪŋ/ ADJ *[support, commitment]* indéfectible ; *[loyalty]* à toute épreuve ; *[faith, devotion, resolve]* inébranlable ; *[policy]* inflexible ◆ **to be** ~ **in one's belief in sth** avoir une foi inébranlable en qch

**unswervingly** /ʌnˈswɜːvɪŋlɪ/ ADV ◆ ~ **loyal** d'une loyauté à toute épreuve ◆ **to hold** ~ **to one's course** poursuivre inébranlablement son but, ne pas se laisser détourner de son but

**unsympathetic** /ˈʌnˌsɪmpəˈθetɪk/ ADJ a *(= uncaring) [person, attitude, treatment]* peu compatissant (*to sb* envers qn), indifférent ◆ ~ **to sb's needs/problems** indifférent aux besoins/problèmes de qn ◆ ~ **to sth** *(= hostile) [+ cause, idea]* hostile à qch ; *[+ aim]* peu sensible à qch b *(= unlikeable) [character]* antipathique ; *[portrayal]* peu flatteur

**unsympathetically** /ˈʌnˌsɪmpəˈθetɪkəlɪ/ ADV sans compassion

**unsystematic** /ˈʌnˌsɪstɪˈmætɪk/ ADJ *[work, reasoning]* peu systématique, peu méthodique

**unsystematically** /ˈʌnˌsɪstɪˈmætɪkəlɪ/ ADV sans système, sans méthode

**untainted** /ˈʌnˈteɪntɪd/ ADJ *(lit) [food]* non contaminé ; *[water, air]* pur ; *(fig) [reputation]* intact, sans tache ; *[person, mind]* non corrompu (*by* par), pur

**untam(e)able** /ˈʌnˈteɪməbl/ ADJ *[bird, wild animal]* inapprivoisable ; *[large or fierce animal]* non dressable

**untamed** /ˈʌnˈteɪmd/ ADJ a *(= uncultivated) [landscape, environment]* sauvage ; *[vegetation]* sauvage, luxuriant ; *[beauty]* sauvage, farouche b *(= uninhibited) [person]* sauvage, indompté ; *[passion]* dévorant, fougueux c *(= undomesticated) [animal]* qui n'est pas apprivoisé

**untangle** /ˈʌnˈtæŋgl/ VT *[+ rope, wool, hair]* démêler ; *[+ mystery]* débrouiller, éclaircir ; *[+ plot]* dénouer

**untanned** /ˈʌnˈtænd/ ADJ a *[hide]* non tanné b *[person]* non bronzé

**untapped** /ˈʌnˈtæpt/ ADJ inexploité

**untarnished** /ˈʌnˈtɑːnɪʃt/ ADJ *(lit, fig)* non terni, sans tache

**untasted** /ˈʌnˈteɪstɪd/ ADJ *[food, delights]* auquel on n'a pas goûté ◆ **the food lay** ~ **on the plate** le repas restait dans l'assiette ◆ **he left the meal** ~ il n'a pas goûté au repas

**untaught** /ˈʌnˈtɔːt/ ADJ *(= uneducated)* sans instruction, ignorant ; *(= natural, innate) [skill, gift]* inné, naturel

**untaxable** /ˈʌnˈtæksəbl/ ADJ *[income]* non imposable ; *[goods]* exempt de taxes

**untaxed** /ˈʌnˈtækst/ ADJ *[goods]* exempt de taxes, non imposé ; *[income]* non imposable, exempté d'impôts ; *[car]* sans vignette

**unteachable** /ˈʌnˈtiːtʃəbl/ ADJ *[person]* à qui on ne peut rien apprendre ; *[pupil]* réfractaire à tout enseignement ; *[subject]* impossible à enseigner, qui ne se prête pas à l'enseignement

**untempered** /ˈʌnˈtempəd/ ADJ *[steel]* non revenu

**untenable** /ˈʌnˈtenəbl/ ADJ *[theory, argument, opinion]* indéfendable ; *[position, situation]* intenable

**untenanted** /ˈʌnˈtenəntɪd/ ADJ inoccupé, sans locataire(s)

**untended** /ˈʌnˈtendɪd/ ADJ *(= unwatched)* sans surveillance ; *(= unmaintained) [garden etc]* mal entretenu

**untested** /ˈʌnˈtestɪd/ ADJ a *(= untried) [drug, method]* non testé ; *[theory]* non vérifié ; *[system, weapon, device]* non testé, non essayé b *(= inexperienced) [person]* inexpérimenté

**unthinkable** /ʌnˈθɪŋkəbl/ ADJ a *(= inconceivable)* impensable, inconcevable ◆ **it is** ~ **that ...** il est impensable *or* inconcevable que ... *+ subj* ◆ **it would be** ~ **to do that** il serait impensable *or* inconcevable de faire cela ◆ **it would be** ~ **for her to do that** il serait impensable *or* inconcevable qu'elle fasse cela b *(= unbearable)* insupportable N ◆ **the** ~ l'impensable *m*, l'inconcevable *m*

**unthinking** /ˈʌnˈθɪŋkɪŋ/ ADJ *[person, behaviour]* irréfléchi ; *[child]* étourdi ; *[action, remark]* irréfléchi, inconsidéré ; *[obedience]* aveugle ◆ **she drove on,** ~ elle a continué sa route sans réfléchir

**unthinkingly** /ˈʌnˈθɪŋkɪŋlɪ/ ADV *[behave]* sans réfléchir ◆ ~ **cruel** d'une cruauté inconsciente

**unthought-of** /ʌnˈθɔːtɒv/ ADJ auquel on n'a pas pensé *or* songé

**unthread** /ˈʌnˈθred/ VT *[+ needle, pearls]* désenfiler

**untidily** /ʌnˈtaɪdɪlɪ/ ADV *[work]* sans méthode, sans ordre ; *[write, dress]* sans soin ◆ **his books lay** ~ **about the room** ses livres étaient étalés en désordre dans toute la pièce

**untidiness** /ʌnˈtaɪdɪnɪs/ N *(NonC) [of room]* désordre *m* ; *[of dress, person]* aspect *m* débraillé ; *(in habits)* manque *m* d'ordre

**untidy** /ʌnˈtaɪdɪ/ ADJ *(in appearance) [room, desk, clothes, hair]* en désordre ; *[person, appearance, garden]* négligé ; *[writing]* peu soigné ; *[work]* brouillon ; *(in habits) [person]* désordonné ◆ **in an** ~ **heap** *or* **pile** empilé en désordre

**untie** /ˈʌnˈtaɪ/ VT *[+ knot]* défaire ; *[+ string, shoelaces]* dénouer, défaire ; *[+ shoes]* défaire *or* dénouer les lacets de ; *[+ parcel]* défaire, ouvrir ; *[+ prisoner, hands]* délier, détacher ; *[+ bonds]* défaire, détacher

**until** /ənˈtɪl/ PREP jusqu'à ◆ ~ **such time as ...** *(in future)* jusqu'à ce que ... *+ subj*, en attendant que ... *+ subj* ; *(in past)* avant que ... *+ subj* ◆ ~ **the next day** jusqu'au lendemain ◆ **from morning** ~ **night** du matin (jusqu')au soir ◆ ~ **now** jusqu'ici, jusqu'à maintenant ◆ ~ **then** jusque-là ◆ **not** ~ *(in future)* pas avant ; *(in past)* ne ... que ◆ **it won't be ready** ~ **tomorrow** ce ne sera pas prêt avant demain ◆ **he didn't leave** ~ **the following day** il n'est parti que le lendemain ◆ **it will be ready on Saturday,** ~ **when we must ...** ce sera prêt samedi et en attendant nous devons ... ◆ **the work was not begun** ~ **1986** ce n'est qu'en 1986 que les travaux ont commencé ◆ **I had heard nothing of it** ~ **five minutes ago** j'en ai seulement entendu parler *or* j'en ai entendu parler pour la première fois il y a cinq minutes

CONJ *(in future)* jusqu'à ce que *+ subj*, en attendant que *+ subj* ; *(in past)* avant que *+ subj* ◆ **wait** ~ **I come** attendez que je vienne ◆ ~ **they built the new road** avant qu'ils (ne) fassent la nouvelle route ◆ ~ **they build the new road** en attendant qu'ils fassent la nouvelle route ◆ **he laughed** ~ **he cried** il a ri aux larmes ◆ **not** ~ *(in future)* pas avant que ... (ne) *+ subj*, tant que ... ne *+ indic* pas ; *(in past)* tant que ... ne *+ indic* pas ◆ **he won't come** ~ **you invite him** il ne viendra pas tant que vous ne l'aurez pas invité ◆ **they did nothing** ~ **we came** ils n'ont rien fait tant que nous n'avons pas été là ◆ **do nothing** ~ **I tell you** ne faites rien avant que je (ne) vous le dise *or* tant que je ne vous l'aurai pas dit ◆ **do nothing** ~ **you get my letter** ne faites rien avant d'avoir reçu ma lettre ◆ **wait** ~ **you get my letter** attendez d'avoir reçu ma lettre ◆ **don't start ~ I come** ne commencez pas avant que j'arrive *subj*, attendez-moi pour commencer

**untilled** /ˈʌnˈtɪld/ **ADJ** non labouré

**untimely** /ʌnˈtaɪmlɪ/ **ADJ** *[death]* prématuré ; *[arrival, return, visit]* intempestif ; *[remark, action]* déplacé, inopportun ; *[pregnancy, rain]* inopportun, qui arrive au mauvais moment ◆ **to meet** *or* **come to an ~ end** *[person, project]* connaître une fin prématurée

**untiring** /ʌnˈtaɪərɪŋ/ **ADJ** *[campaigner, fighter]* infatigable, inlassable ; *[enthusiasm, work, efforts]* inlassable ◆ **to be ~ in one's efforts (to do sth)** ne pas ménager ses efforts (pour faire qch)

**untiringly** /ʌnˈtaɪərɪŋlɪ/ **ADV** inlassablement

**untitled** /ˈʌnˈtaɪtld/ **ADJ** a *[painting]* sans titre b *[person]* qui n'a pas de titre

**unto** /ˈʌntʊ/ **PREP** *(liter)* ⇒ **to, toward(s)**

**untogether** * /ˌʌntəˈgeðəʳ/ **ADJ** *[person]* ◆ **to be ~** *(= disorganized)* ne pas être au point * ; *(= unstable)* être paumé *

**untold** /ˈʌnˈtəʊld/ **ADJ** a *(= indescribable, incalculable) [damage]* indescriptible ; *[misery, suffering]* indicible, indescriptible ; *[worry]* indicible ; *[riches, losses]* incalculable ; *[amounts]* inestimable ; *[varieties]* innombrable ◆ **to save ~ numbers of lives** sauver d'innombrables vies ◆ **~ millions of years ago** il y a des millions et des millions d'années b *(= not recounted) [story]* jamais raconté ; *[secret]* jamais dévoilé *or* divulgué ◆ **that story remains ~** cette histoire n'a encore jamais été racontée ◆ **to leave sth ~** passer qch sous silence

**untouchable** /ʌnˈtʌtʃəbl/ **ADJ** a *(in India) [person]* de la caste des intouchables ; *[caste]* des intouchables ◆ **to be treated as ~** *(fig)* être traité en paria b *(= unattainable, unpunishable) [person, aura, air]* intouchable c *(= inviolable) [right]* intangible d *(= unrivalled) [player, performer]* imbattable **N** *(in India)* intouchable *mf*, paria *m* ; *(fig)* paria *m*

**untouched** /ˈʌnˈtʌtʃt/ **ADJ** a *(= undamaged) [building, constitution]* intact ; *[person]* indemne b *(= unaffected)* ◆ **~ by sth** non affecté par qch c *(= not eaten or drunk)* ◆ **he left his meal/coffee ~** il n'a pas touché à son repas/café ◆ **his meal/coffee lay ~ on the table** il a laissé son repas/café sur la table sans y avoir touché

**untoward** /ˌʌntəˈwɔːd/ **ADJ** fâcheux ◆ **nothing ~ happened** il ne s'est rien passé de fâcheux

**untraceable** /ˈʌnˈtreɪsəbl/ **ADJ** *[person]* introuvable ; *[note, bill]* dont il ne reste aucune trace

**untrained** /ˈʌnˈtreɪnd/ **ADJ** *[person, worker] (= inexperienced)* sans expérience ; *(= unqualified)* non qualifié ; *[soldier, gymnast]* non entraîné, sans entraînement ; *[pianist]* sans entraînement ; *[voice]* non travaillé ; *[mind]* non formé ; *[horse, dog]* non dressé ◆ **to the ~ eye/ear** pour un œil inexercé/une oreille inexercée ◆ **to be ~ for** *or* **in sth** *(gen)* ne pas être formé à qch ; *[soldier, gymnast]* ne pas être entraîné à qch

**untrammelled, untrammeled** *(US)* /ʌnˈtræməld/ **ADJ** *(frm) [person, life]* sans contraintes ; *[authority]* sans limites ◆ **to be ~ by any anxieties** n'être retenu par aucune appréhension ◆ **~ by family ties** non entravé par des liens familiaux ◆ **~ by superstitions** libre de toute superstition

**untranslatable** /ˈʌntrænzˈleɪtəbl/ **ADJ** intraduisible

**untravelled, untraveled** *(US)* /ˈʌnˈtrævld/ **ADJ** a *[road]* peu fréquenté b *[person]* qui n'a pas voyagé

**untreated** /ˈʌnˈtriːtɪd/ **ADJ** a *(Med) [patient]* non traité ; *[illness, wound]* non soigné b *(= unprocessed) [sewage, wood, cotton]* non traité (*with sth* à qch)

**untried** /ˈʌnˈtraɪd/ **ADJ** a *(= untested) [product, drug, method]* non testé ; *[theory]* non vérifié ; *[system, weapon, device]* non testé, non essayé b *(= inexperienced) [person]* qui n'a pas été mis à l'épreuve c *(Jur) [prisoner]* en détention provisoire ; *[case]* non encore jugé ◆ **he was condemned ~** il a été condamné sans procès

**untrodden** /ˈʌnˈtrɒdn/ **ADJ** *(liter) [path]* peu fréquenté ; *[region, territory]* inexploré, vierge ; *[snow]* non foulé, vierge

**untroubled** /ˈʌnˈtrʌbld/ **ADJ** a *(= serene) [person]* serein ; *[face, sleep]* paisible ; *[life]* tranquille ◆ **to be ~ by sth** *(= not worried)* ne pas être affecté *or* troublé par qch ◆ **to be ~ by an accusation** ne pas être ébranlé *or* ne pas se laisser démonter par une accusation ◆ **she is ~ by inconsistencies** les incohérences ne l'inquiètent pas *or* la gênent pas b *(= unaffected)* ◆ **to be ~ by injury** *[footballer etc]* ne pas être blessé c *(= unharassed)* ◆ **to be ~ by sb/sth** ne pas être dérangé par qn/qch

**untrue** /ˈʌnˈtruː/ **ADJ** a *(= inaccurate) [story, belief, claim]* faux (fausse *f*) ◆ **it is ~ (to say) that ...** il est faux (de dire) que ... b *(liter = unfaithful)* ◆ **~ to sb** *[lover]* infidèle à qn ◆ **to be ~ to one's principles/word/responsibilities** manquer *or* faillir à ses principes/sa parole/ses responsabilités

**untrustworthy** /ˈʌnˈtrʌstˌwɜːðɪ/ **ADJ** *[person]* indigne de confiance ; *[witness]* récusable ; *[book]* auquel on ne peut se fier ; *[evidence, results]* douteux

**untruth** /ˈʌnˈtruːθ/ **N** (pl **untruths** /ˈʌnˈtruːðz/) contrevérité *f* ; *(stronger)* mensonge *m* ; *(NonC)* fausseté *f*

**untruthful** /ˈʌnˈtruːθfʊl/ **ADJ** *[person]* menteur ; *[statement, claim, answer]* mensonger ◆ **to be ~** *[person]* mentir

**untruthfully** /ˈʌnˈtruːθfəlɪ/ **ADV** de façon mensongère

**untruthfulness** /ˈʌnˈtruːθfʊlnɪs/ **N** *(NonC)* fausseté *f*, caractère *m* mensonger

**untuneful** /ˈʌnˈtjuːnfʊl/ **ADJ** peu harmonieux

**untutored** /ˈʌnˈtjuːtəd/ **ADJ** *[person]* sans instruction ; *[work]* spontané ; *[taste]* non formé, qui n'a pas été formé ◆ **he is completely ~** il n'a aucune instruction ◆ **to the ~ eye/ear** pour un œil inexercé/une oreille inexercée ◆ **to be ~ in sth** ne pas avoir reçu d'instruction en qch

**untwine** /ˈʌnˈtwaɪn/ **VT** défaire, détortiller

**untwist** /ˈʌnˈtwɪst/ **VT** *(= untangle) [+ rope, threads, wool]* démêler, détortiller ; *(= straighten out) [+ flex, rope]* détordre ; *(= unravel) [+ rope, wool]* défaire ; *(= unscrew) [+ bottle-top]* dévisser

**untypical** /ˈʌnˈtɪpɪkəl/ **ADJ** peu typique, peu caractéristique (*of* de) ◆ **it's ~ of him** ça ne lui ressemble pas, ce n'est pas son genre

**unusable** /ˈʌnˈjuːzəbl/ **ADJ** inutilisable

**unused** /ˈʌnˈjuːzd/ **ADJ** a *(= not utilized) [land, building, goods, potential]* inutilisé ; *[clothes]* jamais porté ; *[bank notes]* non usagé ; *[food]* non consommé ; *(Ling)* inusité b /ˈʌnˈjuːst/ *(= unaccustomed)* ◆ **to be ~ to (doing) sth** ne pas être habitué à (faire) qch, ne pas avoir l'habitude de (faire) qch ◆ **I am quite ~ to it now** j'en ai tout à fait perdu l'habitude, je n'en ai plus du tout l'habitude

**unusual** /ʌnˈjuːʒʊəl/ **ADJ** *[name]* peu commun, insolite ; *[measure, occurrence, circumstances, gift, number]* inhabituel ; *[case]* étrange ; *[person, place]* étonnant ◆ **nothing ~** rien d'insolite *or* d'inhabituel ◆ **there is something ~ about this** ça a quelque chose d'insolite *or* d'inhabituel ◆ **a man of ~ intelligence** un homme d'une intelligence exceptionnelle ◆ **it is ~ to see this** il est rare de voir cela ◆ **it is ~ for him to be early** il est rare qu'il arrive *subj* de bonne heure ◆ **it's not ~ for him to be late** *or (frm)* **that he should be late** il n'est pas rare qu'il soit en retard ◆ **it is ~ that ...** il est rare que ... + *subj* ◆ **this was ~ for me** c'était inhabituel pour moi

**unusually** /ʌnˈjuːʒʊəlɪ/ **ADV** *[large, quiet, cheerful]* exceptionnellement ◆ **~ early/well** exceptionnellement tôt/bien ◆ **she woke, ~ (for her), a little after midnight** contrairement à son habitude, elle s'est réveillée peu après minuit ◆ **~ for a film of this era, it ...** chose rare pour un film de cette époque, il ...

**unutterable** /ʌnˈʌtərəbl/ **ADJ** *(frm) [sadness, joy, boredom, relief]* indicible ; *[nonsense]* effarant ; *[fool]* fini

**unutterably** /ʌnˈʌtərəblɪ/ **ADV** *(frm) [sad]* indiciblement *(liter)* ; *[boring]* mortellement ◆ **~ tired** mort de fatigue

**unvaried** /ʌnˈvɛərɪd/ **ADJ** uniforme, monotone *(pej)* ◆ **the menu was ~ from one week to the next** le menu ne changeait pas d'une semaine à l'autre

**unvarnished** /ˈʌnˈvɑːnɪʃt/ **ADJ** a *[wood]* non verni ; *[pottery]* non vernissé b *(fig) [account, description]* sans fard ◆ **the ~ truth** la vérité pure et simple, la vérité toute nue

**unvarying** /ʌnˈvɛərɪŋ/ **ADJ** invariable

**unvaryingly** /ʌnˈvɛərɪŋlɪ/ **ADV** invariablement

**unveil** /ʌnˈveɪl/ **VT** dévoiler

**unveiling** /ʌnˈveɪlɪŋ/ **N** dévoilement *m* ; *(= ceremony)* inauguration *f*

**unventilated** /ˈʌnˈventɪleɪtɪd/ **ADJ** sans ventilation

**unverifiable** /ˈʌnˈverɪfaɪəbl/ **ADJ** invérifiable

**unverified** /ˈʌnˈverɪfaɪd/ **ADJ** non vérifié

**unversed** /ˈʌnˈvɜːst/ **ADJ** ◆ **~ in** peu versé dans

**unvoiced** /ˈʌnˈvɔɪst/ **ADJ** a *[opinion, sentiment]* inexprimé b *(Phon) [consonant]* non voisé, sourd

**unwaged** /ˈʌnˈweɪdʒd/ **NPL the unwaged** *(Brit Admin = the unemployed)* les sans-emploi *mpl* ◆ **special rates for the ~** des tarifs spéciaux pour les sans-emploi **ADJ** *[person, work]* non rémunéré

**unwanted** /ˈʌnˈwɒntɪd/ **ADJ** *[food, possessions]* dont on ne veut plus ; *[pet]* dont on ne veut plus, dont on veut se séparer ; *[advice]* inopportun, malvenu ; *[telephone call, attention]* inopportun ; *[visitor]* indésirable ; *[pregnancy, birth, child]* non désiré ; *[fat]* dont on veut se débarrasser ; *[effect]* indésirable ◆ **to feel ~** se sentir rejeté ◆ **she rejected his ~ advances** elle a repoussé ses avances ◆ **to remove ~ hair** s'épiler

**unwarlike** /ˈʌnˈwɔːlaɪk/ **ADJ** peu belliqueux

**unwarrantable** /ʌnˈwɒrəntəbl/ **ADJ** *[intrusion, interference etc]* injustifiable ◆ **it is quite ~ that ...** il est tout à fait injustifiable que ... + *subj*

**unwarrantably** /ʌnˈwɒrəntəblɪ/ **ADV** de façon injustifiable

**unwarranted** /ʌnˈwɒrəntɪd/ **ADJ** injustifié

**unwary** /ʌnˈwɛərɪ/ **ADJ** *[visitor, reader]* non averti ; *[driver]* non vigilant, qui n'est pas sur ses gardes ; *[investor]* trop confiant **N** ◆ **a trap for the ~** un piège dans lequel il est facile de tomber

**unwashed** /ˈʌnˈwɒʃt/ **ADJ** *[hands, object]* non lavé ; *[person]* qui ne s'est pas lavé **N** *(hum)* ◆ **the great** ~ * la populace *(pej)*

**unwavering** /ʌnˈweɪvərɪŋ/ **ADJ** *[devotion, faith, resolve]* inébranlable ; *[defender]* inconditionnel ; *[gaze]* fixe ; *[voice]* ferme ; *[concentration]* qui ne faiblit pas ◆ **to be** ~ **in one's support for sth** apporter un soutien inébranlable *or* indéfectible à qch ◆ **to be** ~ **in one's opposition to sth** être inflexiblement opposé à qch

**unwaveringly** /ʌnˈweɪvərɪŋlɪ/ **ADV** *[follow, continue]* inébranlablement ; *[say]* fermement ; *[gaze]* fixement

**unweaned** /ˈʌnˈwiːnd/ **ADJ** non sevré

**unwearable** /ˈʌnˈwɛərəbl/ **ADJ** *[clothes, colour]* pas mettable

**unwearied** /ʌnˈwɪərɪd/ **ADJ** pas fatigué

**unwearying** /ʌnˈwɪərɪɪŋ/ **ADJ** infatigable

**unwed** † /ˈʌnˈwed/ **ADJ** ⇒ **unmarried**

**unweighting** /ˈʌnˈweɪtɪŋ/ **N** *(Ski)* allégement *m*

**unwelcome** /ʌnˈwelkəm/ **ADJ** *[visitor, gift, attention]* importun ; *[fact, thought]* gênant ; *[news, publicity, surprise]* fâcheux ; *[reminder]* malvenu ◆ **to make sb feel** ~ donner à qn l'impression qu'il est indésirable *or* qu'il est de trop ◆ **the money was not** ~ l'argent était le bienvenu

**unwelcoming** /ˈʌnˈwelkəmɪŋ/ **ADJ** *[person, behaviour]* inamical ; *[place]* peu accueillant

**unwell** /ˈʌnˈwel/ **ADJ** *[person]* souffrant ◆ **to feel** ~ ne pas se sentir bien

**unwholesome** /ˈʌnˈhəʊlsəm/ **ADJ** *[food, smell, air, habits, thoughts]* malsain ◆ **to have an** ~ **interest in sb/sth** éprouver un intérêt malsain pour qn/qch

**unwieldy** /ʌnˈwiːldɪ/ **ADJ** **a** *(= difficult to handle) [suitcase]* difficile à manier ; *[tool, weapon]* peu maniable, difficile à manier **b** *(= difficult to manage) [system, structure, bureaucracy]* pesant, lourd ; *[name]* compliqué

**unwilling** /ˈʌnˈwɪlɪŋ/ **ADJ** **a** *(= disinclined)* ◆ **to be** ~ *[person]* être réticent ◆ **to be** ~ **to do sth** *(= disinclined)* ne pas être disposé à faire qch ; *(= refusing)* ne pas vouloir faire qch, refuser de faire qch ◆ **to be** ~ **for sb to do sth/for sth to happen** ne pas vouloir que qn fasse qch/que qch se produise **b** *(= reluctant) [victim]* non consentant ; *[accomplice, conscript]* malgré soi ; *[partner]* involontaire ◆ **he was an** ~ **participant in the affair** il se trouvait involontairement impliqué dans l'affaire, il se trouvait impliqué dans l'affaire malgré lui ◆ **she gave me her** ~ **assistance** elle m'a aidé à contrecœur

**unwillingly** /ˈʌnˈwɪlɪŋlɪ/ **ADV** à contrecœur

**unwillingness** /ˈʌnˈwɪlɪŋnɪs/ **N** *(NonC)* ◆ **his** ~ **to help is surprising** il est étonnant qu'il ne soit pas disposé à aider

**unwind** /ˈʌnˈwaɪnd/ (pret, ptp **unwound**) **VT** dérouler **VI** **a** se dérouler **b** *( * fig = relax)* se détendre, se relaxer

**unwise** /ˈʌnˈwaɪz/ **ADJ** *[person]* imprudent, malavisé *(liter)* ; *[investment, decision, remark]* peu judicieux, imprudent ◆ **it was an** ~ **thing to say** ce n'était pas très judicieux de dire ça ◆ **it would be** ~ **to expect too much** il ne serait pas raisonnable de s'attendre à trop ◆ **I thought it** ~ **to travel alone** j'ai pensé qu'il serait imprudent de voyager seul ◆ **it would be** ~ **(for** *or* **of him) to refuse** il serait peu judicieux *or* malavisé (de sa part) de refuser ◆ **you would be** ~ **to do that** vous seriez imprudent *or* malavisé de faire cela, il serait inconsidéré *or* peu judicieux de votre part de faire cela

**unwisely** /ˈʌnˈwaɪzlɪ/ **ADV** *[act, behave]* imprudemment ◆ ~, **she agreed to go** imprudemment, elle a accepté d'y aller

**unwitting** /ʌnˈwɪtɪŋ/ **ADJ** *[involvement]* involontaire ◆ **I was your** ~ **accomplice** j'ai été ton complice sans m'en rendre compte ◆ **to be an** ~ **victim of sth** être sans le savoir la victime de qch ◆ **to be the** ~ **instrument** *or* **tool of sb/sth** être l'instrument inconscient de qn/qch

**unwittingly** /ʌnˈwɪtɪŋlɪ/ **ADV** *[cause, reveal]* involontairement

**unwomanly** /ʌnˈwʊmənlɪ/ **ADJ** peu féminin

**unwonted** /ʌnˈwəʊntɪd/ **ADJ** *(frm)* inhabituel

**unworkable** /ˈʌnˈwɜːkəbl/ **ADJ** **a** *[proposal, plan, suggestion]* irréalisable ; *[law]* inapplicable **b** *[substance, land]* impossible à travailler ; *[mine]* inexploitable

**unworldly** /ˈʌnˈwɜːldlɪ/ **ADJ** **a** *(= unmaterialistic) [person]* détaché de ce monde **b** *(= naive) [person, attitude]* naïf (naïve *f*) *(about sth* en ce qui concerne qch) **c** *(= not of this world) [beauty]* céleste, qui n'est pas de ce monde ; *[silence]* surnaturel

**unworn** /ʌnˈwɔːn/ **ADJ** *[garment]* qui n'a pas été porté

**unworthiness** /ʌnˈwɜːðɪnɪs/ **N** manque *m* de mérite

**unworthy** /ʌnˈwɜːðɪ/ **ADJ** *[activity]* peu digne d'intérêt, sans grand intérêt ; *[feeling]* sans noblesse ◆ **I feel so** ~**!** je me sens si indigne ! ◆ ~ **to do sth** indigne de faire qch ◆ **it is** ~ **to behave like that** il est indigne de se comporter ainsi ◆ ~ **of sb/sth** indigne de qn/qch ◆ **it is** ~ **of comment** ce n'est pas digne de commentaire ◆ **to feel** ~ **of having sth** se sentir indigne d'avoir qch

**unwound** /ˈʌnˈwaʊnd/ **VB** pt, ptp of **unwind**

**unwounded** /ˈʌnˈwuːndɪd/ **ADJ** non blessé, indemne

**unwrap** /ˈʌnˈræp/ **VT** défaire, ouvrir

**unwritten** /ˈʌnˈrɪtn/ **ADJ** **a** *(Literat) [novel, article]* qui reste à écrire, qui n'a pas encore été écrit ; *(= transmitted orally) [song, folk tale]* non écrit **b** *(= tacit) [rule, agreement]* tacite ◆ **it is an** ~ **law** *or* **rule that ...** il est tacitement admis que ... **COMP** ▷ **unwritten law** **N** *(Jur)* droit *m* coutumier

**unyielding** /ʌnˈjiːldɪŋ/ **ADJ** *[person]* inflexible, qui ne cède pas ; *[substance]* très dur, très résistant ; *[structure]* rigide

**unyoke** /ˈʌnˈjəʊk/ **VT** dételer

**unzip** /ˈʌnˈzɪp/ **VT** **a** *(= open zip of)* ouvrir (la fermeture éclair ® de) ◆ **can you** ~ **me?** peux-tu défaire ma fermeture éclair ® ? **b** *(Comput) [+ file]* dézipper

## up /ʌp/

| | |
|---|---|
| 1 PREPOSITION | 4 ADJECTIVE |
| 2 ADVERB | 5 INTRANSITIVE VERB |
| 3 NOUN | 6 TRANSITIVE VERB |
| 7 COMPOUNDS | |

When **up** is the second element in a phrasal verb, eg **come up**, **throw up**, **walk up**, look up the verb. When it is part of a set combination, eg **the way up**, **close up**, look up the other word.

### 1 - PREPOSITION

◆ **to be** ~ **a tree/**~ **a ladder** être dans un arbre/sur une échelle ◆ ~ **north** dans le nord ◆ **their house is** ~ **that road** ils habitent dans cette rue ◆ **she climbed slowly** ~ **the stairs** elle monta lentement les escaliers ◆ **put your tissue** ~ **your sleeve** mets ton mouchoir dans ta manche ◆ **further** ~ **the page** plus haut sur la même page ◆ ~ **yours!** *✱* va te faire mettre ! *✱* ; → **halfway**

### 2 - ADVERB

**a** [indicating direction, position] ◆ ~ **there** là-haut ◆ **he lives five floors** ~ il habite au cinquième étage ◆ ~ **above** au-dessus ◆ ~ **above sth** au-dessus de qch

When used with a preposition, **up** is often not translated.

◆ **the ladder was** ~ **against the wall** l'échelle était (appuyée) contre le mur ; see also **h** ◆ **this puts it** ~ **among the 20 most popular Web sites** cela en fait l'un des 20 sites Web les plus populaires ◆ ~ **at the top of the tree** en haut *or* au sommet de l'arbre ◆ **he's** ~ **at the top of the class** il est dans les premiers (de sa classe) ◆ **we're** ~ **for the day** nous sommes ici pour la journée ; see also **h** ◆ **he's** ~ **from Birmingham** il arrive de Birmingham ◆ **the rate has risen sharply,** ~ **from 3% to 5%** le taux a enregistré une forte hausse, passant de 3% à 5% ◆ **the people three floors** ~ **from me** les gens qui habitent trois étages au-dessus de chez moi ◆ **he threw the ball** ~ **in the air** il a jeté le ballon en l'air ◆ ~ **in the mountains** dans les montagnes ◆ ~ **in London** à Londres ◆ ~ **in Scotland** en Écosse ◆ **he's** ~ **in Leeds for the weekend** il est allé *or* monté à Leeds pour le week-end ◆ **the temperature was** ~ **in the forties** il faisait plus de quarante degrés ◆ **from** ~ **on the hill** (du haut) de la colline ◆ ~ **on deck** sur le pont ◆ **the monument is** ~ **on the hill** le monument se trouve en haut de la colline ◆ **it's** ~ **on top** c'est en haut ◆ ~ **on top of the cupboard** en haut du placard ◆ **the bed was** ~ **on end against the wall** le lit était debout contre le mur ◆ **prices are** ~ **on last year's** les prix sont en hausse par rapport à *or* sur (ceux de) l'année dernière ◆ **I was on my way** ~ **to London** j'allais à Londres, j'étais en route pour Londres ; see also **h**

**b** [= upwards] ◆ **from £20** ~ à partir de 20 livres ◆ **from (the age of) 13** ~ à partir de (l'âge de) 13 ans ◆ **from his youth** ~ dès son plus jeune âge

**c** [indicating advantage] ◆ **Chelsea were three (goals)** ~ Chelsea menait par trois buts ◆ **we were 20 points** ~ **on them** nous avions 20 points d'avance sur eux

**d** [Jur] ◆ **to be** *or* **come** ~ **before Judge Blair** *[accused person]* comparaître devant le juge Blair ; *[case]* être jugé par le juge Blair

**e** [in running order]

◆ **first/next up** ◆ **first** ~ **was Tess Buxton, who sang ...** il y eut tout d'abord Tess Buxton, qui chanta ... ◆ **next** ~ **to the microphone was John French** John French a été le prochain à prendre le micro, ensuite, c'est John French qui a pris le micro

**f** [= in total] ◆ **I'll play you 100** ~ le premier qui a 100 points gagne

**g** [ * US Culin] ◆ **a bourbon (straight)** ~ un bourbon sec ◆ **two fried eggs,** ~ deux œufs sur le plat

**h** [set structures]

◆ **to be up against sth** *(fig = facing)* ◆ **to be** ~ **against difficulties** se heurter à des difficultés ◆ **you don't know what you're** ~ **against!** tu ne sais pas ce qui t'attend ! ◆ **he's** ~ **against stiff competition** il est confronté à des concurrents redoutables ◆ **he's** ~ **against a very powerful politician** il a contre lui un homme politique très puissant ◆ **we're really** ~ **against it** ça ne va pas être facile

◆ **up and down** ◆ **he travelled** ~ **and down the country** il parcourait le pays ◆ **people** ~ **and**

**down the country are saying ...** partout dans le pays les gens disent ... ◆ **he walked ~ and down (the street)** il faisait les cent pas (dans la rue) ◆ **I've been ~ and down (the stairs) all evening** je n'ai pas arrêté de monter et descendre les escaliers toute la soirée

◆ **to be up for sth** *(= seeking)* ◆ **a third of the Senate is ~ for re-election** un tiers du Sénat doit être renouvelé ◆ **are you ~ for it?** * *(= willing)* tu es partant ?*; *(= fit)* tu vas pouvoir le faire ?, tu te sens d'attaque * ?

◆ **up to** *(= as far as)* jusqu'à ◆ **~ to now** jusqu'ici, jusqu'à maintenant ◆ **~ to here** jusqu'ici ◆ **~ to there** jusque-là ◆ **~ to and including chapter five** jusqu'au chapitre cinq inclus ◆ **to be ~ to one's knees/waist in water** avoir de l'eau jusqu'aux genoux/jusqu'à la taille ◆ **to count ~ to 100** compter jusqu'à 100 ◆ **what page are you ~ to ?** à quelle page en êtes-vous ?

◆ **to be up to** *(= capable of)* ◆ **she's not ~ to the job** *or* **task** elle n'est pas à la hauteur ◆ **is he ~ to doing research?** est-il capable de faire de la recherche ? ◆ **the directors weren't ~ to running a modern company** les directeurs n'étaient pas capables de diriger une entreprise moderne

◆ **to feel** *or* **be up to sth** *(= strong enough for)* ◆ **are you feeling ~ to going for a walk ?** est-ce que tu te sens d'attaque pour faire une promenade ? ◆ **I just don't feel ~ to it** je ne m'en sens pas le courage ◆ **he really isn't ~ to going back to work yet** il n'est vraiment pas en état de reprendre le travail

◆ **to be up to sth** *(*, pej = doing)* ◆ **what is he ~ to ?** qu'est-ce qu'il fabrique ?*, qu'est-ce qu'il peut bien faire ? ◆ **he's ~ to something** il manigance *or* mijote * quelque chose ◆ **what have you been ~ to?** qu'est-ce que tu as manigancé *or* fabriqué ? * ◆ **what are you ~ to with those secateurs?** qu'est-ce que tu fabriques * avec ce sécateur ? ◆ **he's ~ to no good** il mijote * un mauvais coup ◆ **what have you been ~ to lately?** *(hum)* qu'est-ce que tu deviens ?

◆ **to be up to sth** *(= equal to)* ◆ **it isn't ~ to his usual standard** il peut faire bien mieux que cela ◆ **it's not ~ to much** * *(Brit)* ça ne vaut pas grand-chose

◆ **to be up to sb** *(= depend on)* ◆ **it's ~ to you to decide** c'est à vous de voir *or* de décider ◆ **it's ~ to you whether you go** c'est à toi de voir si tu veux y aller ◆ **shall I do it? – it's ~ to you** je le fais ? — comme vous voulez *or* à vous de voir ◆ **if it were ~ to me ...** si ça ne tenait qu'à moi ... ◆ **it's ~ to us to see this doesn't happen again** nous devons faire en sorte que cela ne se répète pas

◆ **to be up with sb** *(= equal to)* ◆ **he was ~ with the leaders** il était dans les premiers ◆ **she's right ~ there with the jazz greats** elle se classe parmi les plus grands interprètes de jazz ◆ **I'm ~ with the top two or three in maths** je suis dans les deux ou trois premiers en maths

◆ **up with ... !** ◆ **~ with United!** allez United !

3 - NOUN

◆ **to be on the up (and up)** * *(Brit = improving)* ◆ **he's on the ~ (and ~)** il fait son chemin ◆ **it's on the ~ and ~** ça s'améliore

◆ **on the up and up** * *(US = honest)* réglo *, légal ◆ **he insisted the scheme was completely on the ~ and ~** il a insisté sur le fait que ce programme était tout à fait réglo * *or* légal

◆ **ups and downs** *(fig: in life, health etc)* des hauts *mpl* et des bas *mpl* ◆ **after many ~s and downs** après bien des hauts et des bas, après un parcours en dents de scie ◆ **his career had its ~s and downs** il a connu des hauts et des bas dans sa carrière, sa carrière a connu des hauts et des bas

4 - ADJECTIVE

a [= out of bed] **to be ~** être levé, être debout *inv* ◆ **(get) ~!** debout !, levez-vous ! ◆ **we were ~ at seven** nous étions levés *or* debout à sept heures ◆ **I was still ~ at midnight** j'étais encore debout à minuit ◆ **he's always ~ early** il se lève toujours tôt *or* de bonne heure ◆ **I was ~ late this morning** je me suis levé tard ce matin ◆ **I was ~ late last night** je me suis couché tard hier soir ◆ **he was ~ all night writing the essay** il a passé toute la nuit sur cette dissertation ◆ **she was ~ all night because the baby was ill** elle n'a pas fermé l'œil de la nuit parce que le bébé était malade

b [= raised] ◆ **the blinds were ~** les stores n'étaient pas baissés ◆ **he sat in the car with the windows ~** il était assis dans la voiture avec les vitres fermées ◆ **with his head ~ (high)** la tête haute ◆ **"this side up"** *(on parcel)* "haut" ◆ **hands ~, everyone who knows the answer** levez le doigt *or* la main si vous connaissez la réponse ◆ **several children had their hands ~** plusieurs enfants levaient le doigt *or* la main, plusieurs enfants avaient la main levée ◆ **hands ~!** *(to gunman)* haut les mains !

c [= risen] ◆ **when the sun was ~** après le lever du soleil ◆ **the tide is ~** c'est marée haute ◆ **the river is ~** le niveau de la rivière est monté ◆ **the House is ~** *(Parl)* la Chambre ne siège pas

d [= installed, built]

Whichever verb is implicit in English is usually made explicit in French.

◆ **we've got the curtains/pictures ~ at last** nous avons enfin posé les rideaux/accroché les tableaux ◆ **the scaffolding is now ~** les échafaudages sont maintenant en place ◆ **the new building isn't ~ yet** le nouveau bâtiment n'est pas encore construit ◆ **the tent isn't ~ yet** la tente n'est pas encore montée ◆ **look, the flag is ~!** regarde, le drapeau est hissé ! ◆ **the notice about the outing is ~** on a mis une affiche à propos de l'excursion

e [= mounted] ◆ **to be ~** être à cheval ◆ **a horse with Smith ~** un cheval monté par Smith

f [= increased] ◆ **to be ~** *[prices, salaries, numbers, temperature]* être en hausse, avoir augmenté (*by* de) ; *[water level]* avoir monté (*by* de) ◆ **petrol is ~ again** l'essence a encore augmenté ◆ **shares are ~ in London this morning** la Bourse de Londres est en hausse ce matin ◆ **tourism is ~** le tourisme est en hausse, le nombre de touristes a augmenté ◆ **the standard is ~** le niveau s'améliore ◆ **it is ~ on last year** c'est en hausse *or* ça a augmenté par rapport à l'an dernier

g [= finished] ◆ **his leave/visit is ~** sa permission/sa visite est terminée ◆ **it is ~ on the 20th** ça se termine *or* ça finit le 20 ◆ **when three days were ~** au bout de trois jours ◆ **time's ~!** c'est l'heure ! ; → **game**[1]

h [* = wrong] ◆ **what's ~ ?** qu'est-ce qui ne va pas ? ◆ **what's ~ with him?** qu'est-ce qu'il a ? ◆ **what's ~ with the car?** qu'est-ce qui ne va pas avec la voiture ? ◆ **what's ~ with your leg?** qu'est-ce qui t'es arrivé à la jambe ? * ◆ **there's something ~ with Paul** il y a quelque chose qui ne tourne pas rond * chez Paul ◆ **I know there's something ~** *(= happening)* (je sais qu')il se passe quelque chose ; *(= amiss)* (je sais qu')il y a quelque chose qui ne va pas

i [Brit = being worked on] ◆ **the road is ~** la route est en travaux

j [indicating anger] ◆ **his blood is ~** il est fou de colère ◆ **his temper is ~** il est en colère

k [= elated] ◆ **to be ~** * être en forme

l [Brit Univ] ◆ **when I was ~** * quand j'étais étudiant *or* à la fac *

m [Brit Rail] ◆ **the ~ train** le train pour Londres ◆ **the ~ platform** le quai du train pour Londres

n [set structures]

◆ **up and about** ◆ **she was ~ and about at 7 o'clock** elle était debout dès 7 heures ◆ **to be ~ and about again** *[sick person]* être de nouveau sur pied

◆ **to be up and down** ◆ **he was ~ and down all night** il n'a pas arrêté de se lever toute la nuit ◆ **sit down for a bit, you've been ~ and down all evening** assieds-toi un moment, tu n'as pas arrêté (de) toute la soirée ◆ **he's been rather ~ and down recently** *(= sometimes depressed)* il a eu des hauts et des bas récemment ; see also **compounds**

◆ **up and running** *(Comput = functioning)* opérationnel ◆ **to be ~ and running** *(Comput)* être opérationnel ; *[project, system]* être en route ◆ **to get sth ~ and running** *(Comput, gen)* mettre qch en route

◆ **to be (well) up in sth** *(= informed)* s'y connaître en qch ◆ **I'm not very ~ in molecular biology** je ne m'y connais pas beaucoup en biologie moléculaire ◆ **he's well ~ in local issues** il s'y connaît bien en affaires locales, il connaît bien ce qui touche aux affaires locales

5 - INTRANSITIVE VERB

a ◆ **he ~ped and hit him** * *(= jumped up)* il a bondi et l'a frappé

b ◆ **one day he just ~ped and left** * un jour il est parti comme ça

6 - TRANSITIVE VERB

a [* = raise] *[+ prices, wages, pressure]* augmenter ; *[+ tempo]* accélérer ◆ **stores ~ped sales by 60%** les magasins ont augmenté leurs ventes de 60%

b [* Naut] ◆ **to ~ anchor** lever l'ancre

7 - COMPOUNDS

▷ **up-and-coming** ADJ *[politician, businessman, actor]* plein d'avenir, qui monte ; *[rival]* qui monte ▷ **up-and-down** ADJ *[movement]* de va-et-vient ; *(fig) [business]* qui a des hauts et des bas ; *[progress, career]* en dents de scie ▷ **up-and-under** N *(Rugby)* chandelle *f*, up and under *m* ▷ **up-and-up** ADJ ⇒ **up and up;** → **noun** ▷ **up-bow** N *(Mus)* poussé *m* ▷ **up-current, up-draft** *(US)* N *(Aviat)* courant *m* (d'air) ascendant ▷ **up front** ADV *(= in advance) [pay, charge]* d'avance *(esp US * = frankly)* franchement, ouvertement ▷ **up-tempo** ADJ *(Mus)* au rythme enlevé ▷ **up-to-date** ADJ → **up-to-date** ▷ **up-to-the-minute** ADJ *[equipment]* dernier modèle *inv* ; *[fashion]* dernier cri *inv* ; *[news]* de dernière minute

**upbeat** /ˈʌpbiːt/ ADJ * optimiste ; *(Mus)* enlevé N *(Mus)* levé *m*

**upbraid** /ʌpˈbreɪd/ VT *(frm)* réprimander ◆ **to ~ sb for doing sth** reprocher à qn de faire (*or* d'avoir fait) qch

**upbringing** /ˈʌpbrɪŋɪŋ/ N éducation *f* ◆ **he owed his success to his ~** il devait son succès à l'éducation qu'il avait reçue *or* à la manière dont il avait été élevé ◆ **I had a strict ~** j'ai été élevé d'une manière stricte, j'ai reçu une éducation stricte ◆ **to have a Christian ~** avoir une éducation chrétienne ◆ **I had a Jewish ~** j'ai été élevé dans la tradition juive

**upchuck**‡ /ˈʌptʃʌk/ VI *(esp US)* dégueuler‡

**upcoming** /ˈʌpkʌmɪŋ/ ADJ imminent, prochain

**upcountry** /ʌpˈkʌntrɪ/ ADV ◆ **we went ~ by train** nous sommes allés vers l'intérieur du pays *or* dans l'arrière-pays en train ◆ **the nearest town was 100km ~** la ville la plus proche était à 100 km à l'intérieur du pays *or* dans l'arrière-pays ADJ ◆ **natives in ~ villages** les habitants *mpl* des villages de l'intérieur du pays *or* de l'arrière-pays ◆ **he was away on an ~ trip** il était parti en voyage vers l'intérieur du pays *or* dans l'arrière-pays

**update** /ʌpˈdeɪt/ VT *(gen, also Comput)* mettre à jour ◆ **to ~ sb on sth** mettre qn au courant de qch N /ˈʌpdeɪt/ mise *f* à jour ; *(Comput) [of software package]* actualisation *f*, update *m*

**upend** /ʌpˈend/ VT a *[+ box etc]* mettre debout b *(fig) [+ system etc]* renverser, bouleverser, chambouler *

**upfront** /ʌpˈfrʌnt/ ADJ a *(* = frank) [person, attitude]* franc (franche *f*) *(with sb* avec qn) ◆ **to be ~ about sth** ne rien cacher de qch b *(= paid in advance) [payment]* réglé d'avance ; *[cost]* à payer d'avance

**upgradable** /ʌpˈgreɪdəbl/ ADJ *(Comput)* extensible, évolutif

**upgrade** /ˈʌpgreɪd/ N rampe *f*, montée *f* ; *[of software]* nouvelle version *f* ; *[of hardware]* extension *f* ; *[of memory]* augmentation *f* de la capacité ◆ **Omar is on the ~** *(Racing)* les performances d'Omar ne cessent de s'améliorer ADV /ʌpˈgreɪd/ *(US)* ⇒ **uphill adv** VT /ʌpˈgreɪd/ a *(= improve)* améliorer ; *(= modernize)* moderniser ; *(Comput) [+ software]* mettre à jour, acheter une nouvelle version de ; *[+ memory]* mettre à niveau b *(= raise, promote) [+ employee]* promouvoir ; *[+ job, post]* revaloriser ◆ **to ~ a passenger** *(to higher class)* surclasser un passager ◆ **I have been ~d** *(Mil, Admin)* je suis monté en grade ; *(in company)* j'ai eu une promotion ◆ **he was ~d to head of department** il a été promu chef de section VI /ʌpˈgreɪd/ se mettre à niveau

**upgradeable** /ˈʌpgreɪdəbl/ ADJ *(Comput)* extensible

**upheaval** /ʌpˈhiːvəl/ N a *(NonC, gen)* bouleversement *m* ; *(esp Pol)* perturbations *fpl* ; *(= moving things around: in home, office etc)* branle-bas *m*, remue-ménage *m* ◆ **it caused a lot of ~** cela a tout perturbé b *(= disturbing event)* crise *f* ; *(stronger)* cataclysme *m* c *(Geol)* soulèvement *m*

**upheld** /ʌpˈheld/ VB pt, ptp of **uphold**

**uphill** ADV /ʌpˈhɪl/ a ◆ **to go ~** *[road]* monter ◆ **the car went ~** la voiture a monté la côte ◆ **my car doesn't go ~ very well** ma voiture a du mal à monter les côtes ◆ **a car engine uses more fuel when going ~** une voiture consomme plus d'essence en montée

b *(Ski)* en amont

ADJ /ˈʌpˈhɪl/ a *(= up gradient)* ◆ **~ walk/stretch** montée *f* ◆ **the ~ walk back home** la remontée vers la maison ◆ **it was ~ all the way** *(lit)* c'était tout en montée, ça montait tout du long ◆ **a race over an ~ route** *(lit)* une course en montée

b *(= difficult) [work, task]* pénible, ardu ◆ **it's an ~ battle** *or* **struggle (trying to find a job/flat)** c'est une tâche pénible *or* ce n'est pas évident * (d'essayer de trouver un emploi/un appartement) ◆ **we're fighting an ~ battle against corruption** nous luttons tant bien que mal contre la corruption ◆ **it was ~ all the way (trying to convince him)** ça a été toute une histoire (pour le convaincre)

c *(Ski)* ◆ **~ ski** ski *m* amont *inv*

**uphold** /ʌpˈhəʊld/ (pret, ptp **upheld**) VT *[+ institution, person]* soutenir, donner son soutien à ; *[+ law]* faire respecter, maintenir ; *(Jur) [+ verdict]* confirmer, maintenir

**upholder** /ʌpˈhəʊldəʳ/ N défenseur *m*

**upholster** /ʌpˈhəʊlstəʳ/ VT recouvrir ◆ **she is fairly well ~ed** * *(fig hum)* elle est assez bien rembourrée *

**upholsterer** /ʌpˈhəʊlstərəʳ/ N tapissier *m*

**upholstery** /ʌpˈhəʊlstərɪ/ N a *(= covering) (cloth)* tissu *m* d'ameublement ; *(leather)* cuir *m* ; *(in car)* garniture *f* b *(NonC = trade)* tapisserie *f (art, métier)*

**upkeep** /ˈʌpkiːp/ N *[of family, house, car, garden]* entretien *m* ◆ **~ (costs)** frais *mpl* d'entretien

**upland** /ˈʌplənd/ N (also **uplands**) hautes terres *fpl*, hauteurs *fpl*, plateau(x) *m(pl)* ADJ *[farm, farmer]* des hautes terres ; *[farming]* en altitude ; *[grassland, lake]* d'altitude ◆ **~ areas** les hautes terres *fpl* ◆ **~ pastures** pâturages *mpl* de montagne, alpages *mpl*

**uplift** /ˈʌplɪft/ N *(= edification)* sentiment *m* d'élévation morale *or* spirituelle ◆ **an ~ in the economy** un redressement de l'économie VT /ʌpˈlɪft/ a *(fig: spiritually, emotionally) [+ soul]* élever ; *[+ person]* édifier, inspirer ◆ **we were all ~ed by their heroic example** leur héroïsme nous a tous édifiés *or* inspirés ◆ **art was created to ~ the mind and the spirit** l'art a été créé pour élever l'esprit et l'âme b *(= improve living conditions of)* améliorer le cadre de vie de COMP ▷ **uplift bra** N soutien-gorge *m* pigeonnant

**uplifted** /ʌpˈlɪftɪd/ ADJ a *(= raised) [arm, face]* levé b *(= edified)* ◆ **to feel ~ (by sth)** se sentir grandi (par qch)

**uplifting** /ʌpˈlɪftɪŋ/ ADJ inspirant, qui réchauffe le cœur

**uplighter** /ˈʌpˌlaɪtəʳ/ N applique *f* murale *(qui dirige la lumière en hauteur)*

**uplink** /ˈʌplɪŋk/ N a *(= link)* liaison *f* terre-satellite b *(= transmitter)* émetteur *m* de liaison terre-satellite

**upload** /ʌpˈləʊd/ VT télécharger (vers un serveur)

**upmarket** /ˌʌpˈmɑːkɪt/ ADJ *(esp Brit) [goods, car]* haut de gamme *inv* ; *[newspaper]* sérieux ; *[area]* select * ADV ◆ **to go** *or* **move ~** *(company)* se repositionner vers le haut de gamme

**upmost** /ˈʌpməʊst/ ADJ, ADV ⇒ **uppermost**

**upon** /əˈpɒn/ PREP sur ◆ **~ the table** sur la table ◆ **~ the death of his son** à la mort de son fils ◆ **~ hearing this** en entendant cela ◆ **~ my word!** † * ma parole ! ; → **on preposition, once**

**upper** /ˈʌpəʳ/ ADJ *[floor, part, limit]* supérieur (-eure *f*) ; *[teeth]* du haut ◆ **properties at the ~ end of the market** les propriétés *fpl* dans la tranche supérieure du marché ◆ **to have the ~ hand** avoir le dessus ◆ **to gain** *or* **get the ~ hand** prendre le dessus ◆ **the ~ reaches of the Seine** la haute Seine ◆ **in the ~ reaches of the river** en amont de la rivière ◆ **the ~ shelf** l'étagère *f* supérieure *or* du dessus ◆ **an ~ shelf** une des étagères supérieures ◆ **the temperature is in the ~ thirties** la température dépasse trente-cinq degrés ◆ **an ~ window** une fenêtre de l'étage supérieur *or* du dessus

N a *[of shoe]* empeigne *f* ◆ **to be (down) on one's ~s** * manger de la vache enragée, être dans la purée *

b *(US Rail *)* couchette *f* supérieure

c *(* = drug, pill)* stimulant *m*, excitant *m*

COMP ▷ **the upper arm** N le haut du bras ▷ **the upper atmosphere** N les couches *fpl* supérieures de l'atmosphère ▷ **the upper back** N le haut du dos ▷ **the upper body** N la partie supérieure du corps ▷ **upper case** N *(Typ)* haut *m* de casse ◆ **in ~ case** en capitales ▷ **upper-case** ADJ ◆ **~-case letter** majuscule *f*, capitale *f* ◆ **~-case "h"** "h" majuscule ▷ **Upper Chamber** N ⇒ **Upper House** ▷ **upper circle** N *(Brit Theat)* deuxième balcon *m* ▷ **upper class** N haute société *f* ▷ **upper-class** ADJ aristocratique, de la haute société ▷ **upper classes** NPL ⇒ **upper class** ▷ **the upper crust** * N *(fig)* le gratin * ▷ **upper-crust** * ADJ aristocratique, aristo * ▷ **upper deck** N *[of bus]* étage *m* supérieur ; *(Naut) (= part of ship)* pont *m* supérieur ; *(= personnel)* ◆ **the ~ deck** * les officiers *mpl* ▷ **Upper Egypt** N Haute-Égypte *f* ▷ **the Upper House** N *(Parl) (gen)* la Chambre haute ; *(in Brit)* la Chambre des lords ; *(in France, in the US)* le Sénat ▷ **upper income bracket** N tranche *f* supérieure de revenus ◆ **people in the ~ income brackets** les gens *mpl* faisant partie de la tranche supérieure de revenus ▷ **upper jaw** N mâchoire *f* supérieure ▷ **upper lip** N lèvre *f* supérieure ; → **stiff** ▷ **upper management** N cadres *mpl* supérieurs ▷ **upper middle class** N haute bourgeoisie *f* ▷ **the upper ranks** NPL *(Mil, Admin)* les grades *mpl* supérieurs ; *(fig)* les rangs *mpl* supérieurs ▷ **the Upper Rhine** N le cours supérieur du Rhin ▷ **upper school** N *(Scol: gen)* grandes classes *fpl* ; *(Scol Admin = top section)* (classe *f* de) terminale *f* ▷ **upper sixth** N *(Brit Scol:* also **upper sixth form**) (classe *f* de) terminale *f* ▷ **Upper Volta** N Haute-Volta *f*

**upperclassman** /ˌʌpəˈklɑːsmən/ N (pl **-men**) *(US Univ)* étudiant *m* de troisième *or* quatrième année

**uppercut** /ˈʌpəkʌt/ N *(Boxing)* uppercut *m*

**uppermost** /ˈʌpəməʊst/ ADJ a *(= topmost) [leaves, branches]* du haut ; *[floor]* le dernier *or* la dernière ◆ **the patterned side should be ~** le côté à motifs doit être sur le dessus b *(= paramount)* ◆ **it is the question of sovereignty which has been ~ at the negotiations** c'est la question de la souveraineté qui a dominé les négociations ◆ **my career is ~ on my agenda** ma carrière est ce qui compte le plus ◆ **safety was ~ in his mind** il pensait avant tout à la sécurité ◆ **there were two thoughts ~ in my mind** deux pensées me préoccupaient en priorité ADV *[turn, lie]* vers le haut ◆ **place your hands on your knees, palms ~** posez les mains sur les genoux, paumes vers le haut

**uppish** † * /ˈʌpɪʃ/ ADJ *(Brit)* ⇒ **uppity b**

**uppity** * /ˈʌpɪtɪ/ ADJ a *(= awkward) [person]* difficile ◆ **to get ~** monter sur ses grands chevaux ◆ **to get ~ with sb/about sth** s'énerver après qn/après qch b *(Brit † * = snobbish) [person]* bêcheur * ◆ **an ~ man/woman** un bêcheur */une bêcheuse * ◆ **to get ~ with sb** traiter qn de haut

**upraised** /ʌpˈreɪzd/ ADJ *[hand, arm, palm etc]* levé

**uprate** /ʌpˈreɪt/ ADJ ◆ **~ tax brackets** tranches *fpl* les plus imposées VT majorer *(by* de)

**upright** /ˈʌpraɪt/ ADJ a *(= vertical) [person, posture]* droit ◆ **to be ~** *[person]* se tenir droit ◆ **in an ~ position** debout ◆ **put your seat in an ~ position** redressez le dossier de votre siège b *(= honest) [person]* droit, probe *(liter)* ADV *[stand, sit, stay]* droit ; *[place]* verticalement ◆ **to walk ~** *[person]* marcher debout ; *[quadruped]* marcher sur ses pattes de derrière ◆ **to pull o.s. ~** se redresser ; → **bolt** N a *[of door, window]* montant *m*, pied-droit *m (Archit)* ; *[of goal-post]* montant *m* de but b *(= piano)* piano *m* droit COMP ▷ **upright freezer** N congélateur-armoire *m* ▷ **upright piano** N piano *m* droit ▷ **upright vacuum cleaner** N aspirateur-balai *m*

**uprightly** /ˈʌpˌraɪtlɪ/ ADV honnêtement, avec droiture

**uprightness** /ˈʌpˌraɪtnɪs/ N *(NonC)* honnêteté *f*, droiture *f*

**uprising** /ˈʌpraɪzɪŋ/ N soulèvement *m*, insurrection *f*, révolte *f* (*against* contre)

**upriver** ADV /ʌpˈrɪvəʳ/ *[be]* en amont (*from* de) ; *[sail]* vers l'amont ; *[swim]* contre le courant ADJ /ˈʌprɪvəʳ/ d'amont

**uproar** /ˈʌprɔːʳ/ N tumulte *m* ◆ **this caused an ~, at this there was (an) ~** *(= shouting)* cela a déclenché un véritable tumulte ; *(= protesting)* cela a déclenché une tempête de protestations ◆ **the hall was in (an) ~** *(= shouting)* le tumulte régnait dans la salle ; *(= protesting)* toute la salle protestait bruyamment ; *(= disturbance)* la plus vive agitation régnait dans la salle ◆ **the meeting ended in (an) ~** la réunion s'est terminée dans le tumulte

**uproarious** /ʌpˈrɔːrɪəs/ ADJ a *(= noisy) [meeting]* agité ; *[laughter]* tonitruant b *(= hilarious) [comedy, occasion]* hilarant

**uproariously** /ʌpˈrɔːrɪəslɪ/ ADV *[laugh]* aux éclats ◆ **~ funny** désopilant

**uproot** /ʌpˈruːt/ VT *(lit, fig)* déraciner

**upsa-daisy** * /ˈʌpsəˌdeɪzɪ/ EXCL *(baby talk)* allez, hop !

**upscale** * /ˈʌpˈskeɪl/ ADJ *(US)* classe *

**upset** /ʌpˈset/ LANGUAGE IN USE 24.4 (pret, ptp **upset**)

VT a *(= overturn) [+ cup etc]* renverser ; *[+ boat]* faire chavirer ; *(= spill) [+ milk, contents]* renverser, répandre ◆ **that ~ the applecart** * ça a tout fichu par terre *, ça a chamboulé * tous mes (*or* ses *etc*) projets

b *(fig) [+ plan, timetable]* déranger, bouleverser ; *[+ system]* déranger ; *[+ calculation]* fausser ; *[+ stomach, digestion]* déranger ; *[+ person] (= offend)* vexer ; *(= grieve)* faire de la peine à ; *(= annoy)* contrarier ◆ **don't ~ yourself** ne vous tracassez pas, ne vous en faites pas ◆ **now you've ~ him** maintenant il est vexé ◆ **onions always ~ my digestion** *or* **my stomach** les oignons me rendent malade, je ne supporte pas les oignons

ADJ a *[person] (= annoyed, offended)* vexé (*about sth* par qch) ; *(= distressed)* troublé (*about sth* par qch) ; *(stronger)* bouleversé (*about sth* par qch) ◆ **he's ~ that you didn't tell him** *(= offended)* il est vexé que vous ne lui ayez rien dit ◆ **my mother is ~ that I lost the money** ma mère est contrariée que j'aie perdu l'argent ◆ **he was ~ about losing** *(= annoyed)* il était vexé d'avoir perdu ◆ **she was ~ about him leaving** son départ l'a peinée ◆ **to get ~** *(= annoyed)* se vexer ; *(= distressed)* être peiné *or* être bouleversé ◆ **don't get ~!** ne le prends pas mal !

b *(Med) [stomach]* dérangé ◆ **to have an ~ stomach** avoir l'estomac dérangé

N /ˈʌpset/ *(= upheaval)* désordre *m*, remue-ménage *m* ; *(in plans etc)* bouleversement *m*, changement *m* soudain (*in* de) ; *(emotional)* chagrin *m* ; *( * = quarrel)* brouille *f* ◆ **to have a stomach ~** avoir l'estomac dérangé, avoir une indigestion

COMP /ˈʌpset/ ▷ **upset price** N *(esp US: at auction)* mise *f* à prix

**upsetting** /ʌpˈsetɪŋ/ ADJ *[experience, incident, feeling]* pénible, bouleversant ◆ **it is ~ to see such terrible things** il est perturbant de voir des horreurs pareilles ◆ **it is ~ for him to talk about the incident** il lui est pénible de parler de cet incident ◆ **the incident was very ~ for me** cet incident m'a bouleversé

**upshot** /ˈʌpʃɒt/ N aboutissement *m* ◆ **the ~ of it all was ...** le résultat de tout cela a été ... ◆ **in the ~** à la fin, en fin de compte

**upside** /ˈʌpsaɪd/ N N (also **up side** *= positive aspect*) avantage *m* ◆ **on the ~** pour ce qui est des avantages, côté avantages *

COMP ▷ **upside down** ADV à l'envers ◆ **to hang ~ down** *[person]* être suspendu la tête en bas ; *[picture]* être à l'envers ◆ **to read (sth) ~ down** lire (qch) à l'envers ◆ **to turn sth ~ down** *(box, bottle)* retourner qch ; *(fig) (= disorganize) (house, room, drawer)* mettre qch sens dessus dessous ; *(plans)* faire tomber qch à l'eau, faire échouer qch ◆ **my world** *or* **life (was) turned ~ down** ma vie a été bouleversée ▷ **upside-down** ADJ *(= inverted) [picture, flag, shape]* à l'envers ; *[box, car]* retourné ◆ **in an** *or* **the ~-down position** à l'envers ◆ **an ~-down world** *(= topsy-turvy)* un monde à l'envers ▷ **upside-down cake** N *gâteau renversé* ◆ **pineapple ~-down cake** gâteau *m* renversé sur lit d'ananas

**upstage** /ˈʌpˈsteɪdʒ/ ADV *(Theat)* dans le lointain, à l'arrière-plan ◆ **~ centre/left/right** à l'arrière-plan au centre/à gauche/à droite ADJ *(Theat)* vers le fond de la scène VT éclipser, souffler la vedette à

**upstairs** /ˈʌpˈsteəz/ ADV a *(= to a higher floor)* ◆ **to go ~** monter ◆ **to run ~** monter l'escalier *or* les escaliers en courant ◆ **to take sb/sth ~** monter qn/qch ◆ **I was taken ~ to a room on the second floor** on m'a emmené dans une pièce au deuxième étage ; → **kick**

b *(= on floor above) (in two-storey building)* en haut, à l'étage ; *(in multi-storey building)* à l'étage au-dessus ◆ **from ~** *(in two-storey building)* d'en haut, de l'étage ; *(in multi-storey building)* de l'étage au-dessus ◆ **the people/flat ~** les gens *mpl*/l'appartement *m* du dessus ◆ **the room ~** *(in two-storey building)* la pièce d'en haut *or* à l'étage ; *(in multi-storey building)* la pièce à l'étage au-dessus ◆ **he hasn't got much ~** * *(fig hum)* il n'en a pas lourd dans la caboche *

N * ◆ **the house has no ~** la maison est de plain-pied *or* n'a pas d'étage ◆ **the ~ belongs to another family** l'étage *m* appartient à une autre famille

ADJ /ˈʌpsteəz/ a *(= on a higher floor) [room, flat, window] (in two-storey building)* à l'étage ; *(in multi-storey building)* en étage

b *(= on the floor above) [flat, neighbour]* du dessus

**upstanding** /ʌpˈstændɪŋ/ ADJ a *(= respectable) [person]* droit, probe *(liter)* ◆ **a fine ~ young man** un jeune homme très bien b *(frm = erect) [person]* bien droit ; *[animal]* dressé (de toute sa hauteur) c *(frm)* ◆ **be ~** *(= stand up)* levez-vous

**upstart** /ˈʌpstɑːt/ N parvenu(e) *m(f)*, arriviste *mf*

**upstate** /ˈʌpˈsteɪt/ *(US)* ADV *[go]* vers l'intérieur *(d'un État des États-Unis)* ; *[be]* à l'intérieur ADJ de l'intérieur ◆ **~ New York** le nord de l'État de New York

**upstream** /ˈʌpˈstriːm/ ADV *[be]* en amont (*from sth* de qch) ; *[sail]* vers l'amont ◆ **to swim ~** *[fish]* remonter le courant ; *[person]* nager contre le courant ADJ en amont, d'amont ◆ **~ industries** industries *fpl* en amont

**upstretched** /ʌpˈstretʃt/ ADJ ◆ **with arms ~** les bras tendus en l'air

**upstroke** /ˈʌpstrəʊk/ N *(with pen)* délié *m* ; *[of piston etc]* course *f* ascendante

**upsurge** /ˈʌpsɜːdʒ/ N *[of feeling]* vague *f*, accès *m* ; *[of interest, confidence]* recrudescence *f*, regain *m* ◆ **the ~ in oil prices** la flambée des prix du pétrole

**upswept** /ˌʌpˈswept/ ADJ a *(Aut, Aviat)* profilé b *[hair]* relevé sur la tête

**upswing** /ˈʌpswɪŋ/ N *(lit)* mouvement *m* ascendant, montée *f* ; *(fig)* amélioration *f* notable ; *(Econ)* redressement *m*, reprise *f* (*in* de)

**upsy-daisy** * /ˈʌpsəˌdeɪzɪ/ EXCL ⇒ **upsa-daisy**

**uptake** /ˈʌpteɪk/ N a *(= understanding)* **to be quick on the ~** * avoir l'esprit vif, comprendre *or* saisir vite ◆ **to be slow on the ~** * être lent à comprendre *or* à saisir b *(Tech = intake)* consommation *f* c *(Marketing etc)* **the ~ on the new product** *(= interest, acceptance)* l'intérêt suscité par le nouveau produit

**upthrust** /ˈʌpθrʌst/ N *(gen, Tech)* poussée *f* ascendante ; *(Geol)* soulèvement *m*

**uptight** * /ʌpˈtaɪt/ ADJ a *(= tense) [person]* tendu ◆ **he was ~ about the meeting** il était tendu à cause de la réunion ◆ **he seemed ~ about me being there** ma présence semblait le rendre nerveux ◆ **to get ~** devenir nerveux ◆ **to feel ~** être tendu b *(= annoyed) [person]* énervé (*about sth* par qch) ◆ **to get ~ (about sth)** s'énerver (à propos de qch) c *(= inhibited) [person]* refoulé, complexé ◆ **~ about sex** refoulé, coincé * ◆ **to be** *or* **feel ~ about doing sth** être mal à l'aise à l'idée de faire qch

**uptime** /ˈʌpˌtaɪm/ N *[of machine, computer]* temps *m* *or* durée *f* de fonctionnement

**up-to-date** /ˌʌptəˈdeɪt/ ADJ a *(= updated) [report, file]* à jour b *(= most recent) [report, assessment, information]* très (*or* le plus) récent c *(= modern) [building, course]* moderne ; *[attitude, person]* moderne, dans le vent, à la page ; see also **date¹**

**uptorn** /ʌpˈtɔːn/ ADJ *[tree]* déraciné, arraché

**uptown** /ˈʌpˈtaʊn/ *(US)* ADV *[live]* dans les quartiers chics ; *[go]* vers les quartiers chics ADJ des quartiers chics ◆ **~ New York** les quartiers *mpl* chics de New York

**uptrend** /ˈʌptrend/ N reprise *f* ◆ **to be on an** *or* **the ~** *(gen)* être en hausse ; *[market]* être à la hausse

**upturn** /ʌpˈtɜːn/ VT retourner, mettre à l'envers ; *(= overturn)* renverser ◆ **~ed nose** nez *m* retroussé N /ˈʌptɜːn/ amélioration *f* (*in* de) ; ◆ **an ~ in the economy** une reprise

**UPVC** /ˌjuːpiːviːˈsiː/ N (abbrev of **unplasticized polyvinyl chloride**) PVC *m* dur, PVC *m* non plastifié

**UPW** /ˌjuːpiːˈdʌbljuː/ N *(Brit)* (abbrev of **Union of Post Office Workers**) *syndicat*

**upward** /ˈʌpwəd/ ADJ a *(= rising, increasing) [trend, movement, revision]* à la hausse ◆ **the dollar resumed its ~ climb** le dollar a recommencé à monter ◆ **~ spiral** spirale *f* ascendante ◆ **to be on an ~ trend** *(gen)* être à la hausse ; *[market]* être en hausse ; *[economy]* reprendre b *(= to higher place) [motion, stroke, look]* vers le haut ; *[slope]* ascendant ◆ **~ climb** ascension *f* ◆ **~ gradient** pente *f* ascendante ◆ **~ movement** *[of hand]* mouvement *m* vers le haut ; *[of needle, mercury]* mouvement *m* ascendant ; *[of plane, rocket]* mouvement *m* ascensionnel ADV *(esp US)* ⇒ **upwards** COMP ▷ **upward (social) mobility** N ascension *f* sociale

**upwardly mobile** /ˌʌpwədlɪˈməʊbaɪl/ *(Sociol)* ADJ ◆ **to be ~** monter dans l'échelle sociale NPL **the upwardly mobile** ceux qui montent dans l'échelle sociale

**upwards** /ˈʌpwədz/, **upward** *(esp US)* /ˈʌpwəd/ ADV a *(= towards higher place) [look]* en haut, vers le haut ◆ **to climb/slope ~** monter ◆ **the road sloped gently ~** la route montait en pente douce ◆ **naked from the waist ~** torse nu *inv*

b *(= face up)* ◆ **place your hands palm ~ on your knees** placez les mains sur les genoux, paumes vers le haut ◆ **dead rats floated bellies ~** des rats morts flottaient le ventre en l'air ◆ **lie face ~ on the floor** allongez-vous par terre sur le dos ♦ **lay the book face** ~ posez le livre face en dessus

c *(= to higher level)* ♦ **prices are heading** ~ les prix sont en hausse ♦ **costs continue to spiral** ~ les coûts continuent leur spirale ascendante ♦ **to be revised** ~ être révisé à la hausse

d ♦ **... and** ~ *(= and above)* **this book suits age three years and** ~ ce livre convient aux enfants à partir de trois ans ♦ **prices range from $250,000 and** ~ la gamme des prix part de 250 000 dollars

e *(= starting from)* ♦ **prices from 5 euros** ~ prix *mpl* à partir de 5 euros ♦ **from childhood** ~ dès ma (*or* ta *or* sa *etc*) jeunesse, dès l'enfance

f ♦ ~ **of** *(= more than)* plus de ♦ **they cost** ~ **of $100,000** ils coûtent plus de 100 000 dollars

**upwind** /ˈʌpˈwɪnd/ **ADV** *[move]* contre le vent ♦ **to be** ~ **(of sb/sth)** être au vent *or* dans le vent (par rapport à qn/qch) ♦ **the west of the city is** ~ **of the smell of industry** à l'ouest de la ville, le vent éloigne l'odeur des usines **ADJ** au vent

**uraemia** /jʊˈriːmɪə/ **N** urémie *f*

**uraemic** /jʊˈriːmɪk/ **ADJ** urémique

**Ural** /ˈjʊərəl/ **N** ♦ **the** ~ **Mountains, the** ~**s** les monts *mpl* Oural, l'Oural *m*

**uranalysis** /ˌjʊərəˈnælɪsɪs/ **N** (pl **uranalyses** /ˌjʊərəˈnælɪsiːz/) *(Med)* analyse *f* d'urine

**uranium** /jʊəˈreɪnɪəm/ **N** uranium *m* **COMP** ▷ **uranium-bearing ADJ** *[rock]* uranifère

**Uranus** /jʊəˈreɪnəs/ **N** *(Myth)* Uranus *m* ; *(Astron)* Uranus *f*

**urban** /ˈɜːbən/ **ADJ** *[area, population, life, motorway, warfare, problems, poverty]* urbain ; *[land]* en zone urbaine ; *[workers, poor]* des villes ; *[poverty]* dans les villes

**COMP** ▷ **urban aid N** aide *f* pour les zones urbaines défavorisées ▷ **urban blight N** dégradation *f* urbaine ▷ **urban centre N** *(= town)* centre *m* urbain ; *(= town centre)* centre-ville *m* ▷ **urban clearway N** *(Brit Transport)* voie *f* urbaine à stationnement interdit ▷ **urban conservation area N** zone *f* urbaine protégée ▷ **urban decay N** dégradation *f* urbaine ▷ **urban development N** aménagement *m* urbain ▷ **urban development zone N** ≈ zone *f* à urbaniser en priorité, ZUP *f* ▷ **urban district council N** *(Brit Local Govt: formerly)* conseil *m* de district urbain ▷ **urban dweller N** *(frm)* habitant(e) *m(f)* des villes ▷ **urban guerrilla N** guérillero *m* urbain ▷ **the Urban League N** *(in US) association américaine d'aide aux Noirs vivant dans des quartiers défavorisés* ▷ **urban legend N** légende *f* urbaine ▷ **urban migration N** exode *m* rural ▷ **urban myth N** ⇒ **urban legend** ▷ **urban planner N** urbaniste *mf* ▷ **urban planning N** urbanisme *m* ▷ **urban renewal N** rénovations *fpl* urbaines ▷ **urban sprawl N** *(= phenomenon)* expansion *f* urbaine tentaculaire ; *(= area)* ville *f* tentaculaire ▷ **urban studies NPL** études *fpl* d'urbanisme

**urbane** /ɜːˈbeɪn/ **ADJ** *[person]* urbain *(liter)*, courtois ; *[wit]* raffiné ; *[charm]* discret (-ète *f*) ♦ **his** ~ **manner** sa courtoisie

**urbanely** /ɜːˈbeɪnlɪ/ **ADV** *[say, smile]* courtoisement

**urbanite** /ˈɜːbənaɪt/ **N** *(US)* citadin(e) *m(f)*

**urbanity** /ɜːˈbænɪtɪ/ **N** *(NonC)* urbanité *f*, courtoisie *f*

**urbanization** /ˌɜːbənaɪˈzeɪʃən/ **N** urbanisation *f*

**urbanize** /ˈɜːbənaɪz/ **VT** urbaniser

**urchin** /ˈɜːtʃɪn/ **N** polisson(ne) *m(f)*, garnement *m* ; → **sea, street**

**Urdu** /ˈʊəduː/ **N** ourdou *m*

**urea** /ˈjʊərɪə/ **N** urée *f*

**uremia** /jʊˈriːmɪə/ **N** ⇒ **uraemia**

**ureter** /jʊˈriːtəʳ/ **N** uretère *m*

**urethra** /jʊˈriːθrə/ **N** (pl **urethras** *or* **urethrae** /jʊˈriːθriː/) urètre *m*

**urge** /ɜːdʒ/ **N** forte envie *f* (*to do sth* de faire qch) ♦ **to feel** *or* **have an** *or* **the** ~ **to do sth** éprouver une forte envie de faire qch ♦ **he had a strong** ~ **for revenge** il avait soif de vengeance ; → **sex**

**VT** *[+ person]* pousser (*to do sth* à faire qch), conseiller vivement (*to do sth* de faire qch) ; *[+ caution, remedy, measure]* conseiller vivement, recommander avec insistance ; *[+ excuse]* faire valoir ; *[+ point]* insister sur ♦ **to** ~ **restraint/caution on sb** recommander vivement la retenue/la prudence à qn ♦ **to** ~ **sb back/in/out** insister vivement pour que qn revienne/entre/sorte ♦ **to** ~ **patience** prêcher la patience ♦ **I** ~ **you to write at once** je ne saurais trop vous conseiller d'écrire immédiatement ♦ **I** ~**d him not to go** je lui ai vivement déconseillé d'y aller ♦ **he needed no urging** il ne s'est pas fait prier ♦ **to** ~ **that sth (should) be done** recommander vivement que qch soit fait ♦ **"do it now!" he** ~**d** "faites-le tout de suite !" insista-t-il ♦ **he** ~**d acceptance of the report** il a vivement recommandé l'acceptation du rapport ♦ **they** ~**d parliament to accept the reforms** ils ont vivement conseillé au parlement d'accepter les réformes

► **urge on VT SEP** *[+ horse]* talonner ; *[+ person]* faire avancer ; *[+ troops]* pousser en avant, faire avancer ; *(fig) [+ worker]* presser ; *[+ work]* activer, hâter ; *(Sport) [+ team]* encourager, animer ♦ **to** ~ **sb on to (do) sth** inciter qn à (faire) qch

**urgency** /ˈɜːdʒənsɪ/ **N** *(NonC) [of case etc]* urgence *f* ; *[of tone, entreaty]* insistance *f* ♦ **there's no** ~ ce n'est pas urgent, cela ne presse pas ♦ **with a note of** ~ **in his voice** avec insistance

♦ **a matter of urgency** une affaire urgente ♦ **as a matter of** ~ d'urgence, dans les meilleurs délais ♦ **to deal with sth as a matter of** ~ s'occuper d'une question en priorité

**urgent** /ˈɜːdʒənt/ **ADJ** *[matter, help, message, need]* urgent, pressant ; *[medical attention]* d'urgence ; *[appeal, voice, desire]* pressant ; *[priority]* absolu ♦ **the matter needs** ~ **attention** c'est urgent ♦ **he demands an** ~ **answer** il exige qu'on lui réponde immédiatement ♦ **her tone was** ~ son ton était insistant ♦ **I must talk to you, it's** ~ il faut que je vous parle, c'est urgent ♦ **how** ~ **is it?** est-ce que c'est très urgent ? ♦ **is it** ~**?** c'est (vraiment) urgent ? ♦ **it's not** ~ ce n'est pas urgent, ça ne presse pas ♦ **the letter was marked "urgent"** la lettre portait la mention "urgent" ♦ **it is** ~ **that he should go** il doit y aller de toute urgence ♦ **it is** ~ **for us to complete this task** il est urgent que nous accomplissions cette tâche

**urgently** /ˈɜːdʒəntlɪ/ **ADV** *[need, request, appeal, seek]* d'urgence ; *[say]* d'un ton insistant ♦ **courier** ~ **required** on recherche *or* nous recherchons de toute urgence un coursier ♦ **he wants to talk to you** ~ il veut vous parler de toute urgence

**uric** /ˈjʊərɪk/ **ADJ** urique

**urinal** /ˈjʊərɪnl/ **N** *(= place)* urinoir *m* ; *(in street)* vespasienne *f* ; *(= receptacle)* urinal *m*

**urinalysis** /ˌjʊərɪˈnælɪsɪs/ **N** (pl **urinalyses** /ˌjʊərɪˈnælɪsiːz/) ⇒ **uranalysis**

**urinary** /ˈjʊərɪnərɪ/ **ADJ** *[system, complaint, infection, flow]* urinaire ; *[retention]* d'urine **COMP** ▷ **urinary tract N** appareil *m* urinaire, voies *fpl* urinaires

**urinate** /ˈjʊərɪneɪt/ **VI** uriner

**urine** /ˈjʊərɪn/ **N** urine *f*

**URL** /ˌjuːɑːrˈel/ **N** *(Comput)* (abbrev of **uniform resource locator**) URL *m*

**urn** /ɜːn/ **N** a *(= vase etc)* urne *f* ; (also **funeral urn**) urne *f* (funéraire) b (also **tea urn, coffee urn**) *grosse bouilloire électrique*

**urogenital** /ˌjʊərəʊˈdʒenɪtl/ **ADJ** urogénital

**urological** /ˌjʊərəʊˈlɒdʒɪkl/ **ADJ** urologique

**urologist** /jʊəˈrɒlədʒɪst/ **N** urologue *mf*

**urology** /jʊəˈrɒlədʒɪ/ **N** urologie *f*

**Ursa** /ˈɜːsə/ **N** *(Astron)* ♦ ~ **Major/Minor** la Grande/Petite Ourse

**urticaria** /ˌɜːtɪˈkeərɪə/ **N** urticaire *f*

**Uruguay** /ˈjʊərəgwaɪ/ **N** Uruguay *m*

**Uruguayan** /ˌjʊərəˈgwaɪən/ **ADJ** uruguayen, de l'Uruguay **N** Uruguayen(ne) *m(f)*

**US** /juːˈes/ **N** (abbrev of **United States**) ♦ **the** ~ les USA *mpl*, les É.-U.(A.) *mpl* ♦ **in the** ~ aux USA, aux États-Unis ♦ **the** ~ **Army/government** l'armée/le gouvernement des États-Unis

**us** /ʌs/ **PERS PRON** a nous ♦ **he hit** ~ il nous a frappés ♦ **give it to** ~ donnez-le-nous ♦ **in front of** ~ devant nous ♦ **let** ~ *or* **let's go!** allons-y ! ♦ **younger than** ~ plus jeune que nous ♦ **both of** ~ nous deux, tous (*or* toutes) les deux ♦ **several of** ~ plusieurs d'entre nous ♦ **he is one of** ~ il est des nôtres ♦ **as for** ~ **English, we ...** nous autres Anglais, nous ... ♦ **we took the books with** ~ nous avons emporté les livres b *(Brit* * *= me)* me, moi ♦ **give** ~ **a bit!** donne-m'en un morceau !, donne-moi-z-en ! * ♦ **give** ~ **a look!** fais voir !

**USA** /juːesˈeɪ/ **N** a (abbrev of **United States of America**) **the** ~ les USA *mpl* b (abbrev of **United States Army**) *armée de terre des États-Unis*

**usable** /ˈjuːzəbl/ **ADJ** *[equipment, facility, space]* utilisable (*for sth* pour qch) ; *[information, evidence, skill]* utilisable, exploitable (*for sth* pour qch) ♦ **in** ~ **condition** *[equipment]* en état de marche ♦ **land** ~ **for agriculture** terres *fpl* cultivables ♦ **no longer** ~ hors d'usage

**USAF** /ˌjuːeseɪˈef/ **N** (abbrev of **United States Air Force**) *armée de l'air des États-Unis*

**usage** /ˈjuːzɪdʒ/ **N** *(NonC)* a *(= custom)* usage *m*, coutume *f* b *(Ling)* usage *m* c *(= treatment) [of tool, machine, chair etc]* utilisation *f* ; *[of person]* traitement *m* ♦ **it's had some rough** ~ ça a été malmené, on s'en est mal servi

**usance** /ˈjuːzəns/ **N** *(Fin)* usance *f*

**USB** /ˌjuːesˈbiː/ **N** *(Comput)* (abbrev of **Universal Serial Bus**) (système *m*) USB *m* ♦ ~ **port/connection** port *m*/connexion *f* USB

**USCG** /ˌjuːessiːˈdʒiː/ **N** (abbrev of **United States Coast Guard**) garde *f* côtière américaine

**USDA** /ˌjuːesdiːˈeɪ/ **N** (abbrev of **United States Department of Agriculture**) → **agriculture**

**USDAW** /ˌjuːesdiːeɪˈdʌbljuː/ **N** *(Brit)* (abbrev of **Union of Shop Distributive and Allied Workers**) *syndicat*

**USDI** /ˌjuːesdiːˈaɪ/ **N** (abbrev of **United States Department of the Interior**) → **interior**

## use

| | |
|---|---|
| 1 NOUN | 4 INTRANSITIVE VERB |
| 2 TRANSITIVE VERB | 5 COMPOUND |
| 3 AUXILIARY VERB | 6 PHRASAL VERB |

1 - NOUN /juːs/

a [NonC = act of using] emploi *m*, utilisation *f* ◆ **the ~ of steel in industry** l'emploi de l'acier dans l'industrie ◆ **to learn the ~ of sth** apprendre à se servir de qch ◆ **care is necessary in the ~ of chemicals** il faut prendre des précautions quand on utilise des produits chimiques ◆ **to improve with ~** s'améliorer à l'usage

♦ **for + use** ◆ **directions for ~** mode *m* d'emploi ◆ **for your (own) personal ~** à votre usage personnel ◆ **"for the use of teachers only"** *(book, equipment)* "à l'usage des professeurs seulement" ; *(car park, room)* "réservé aux professeurs" ◆ **to keep sth for one's own ~** réserver qch à son usage personnel ◆ **for ~ in case of emergency** à utiliser en cas d'urgence ◆ **fit for ~** en état de servir ◆ **ready for ~** prêt à servir *or* à l'emploi ◆ **for general/household ~** à usage général/domestique ◆ **for ~ in schools/the home** destiné à être utilisé dans les écoles/à la maison ◆ **for external ~ only** *(Med)* à usage externe

♦ **in + use** ◆ **in ~** *[machine]* en service, utilisé ; *[word]* en usage, usité ◆ **in general ~** d'usage *or* d'emploi courant ◆ **it is in daily ~** on s'en sert tous les jours ◆ **no longer in ~, now out of ~** *[machine]* qui n'est plus utilisé ; *[word]* qui ne s'emploie plus, inusité

♦ **into use** ◆ **to put sth into ~** commencer à se servir de qch ◆ **these machines came into ~ in 1975** on a commencé à utiliser ces machines en 1975

♦ **out of use** ◆ **to go** *or* **fall out of ~** tomber en désuétude ◆ **it's gone out of ~** on ne l'emploie plus ◆ **"out of use"** *(on machine, lift etc)* "en panne"

♦ **to make use of** se servir de, utiliser ◆ **to make good ~ of sth** *[+ machine, time, money]* faire bon usage de qch, tirer parti de qch ; *[+ opportunity, facilities]* mettre qch à profit, tirer parti de qch

♦ **to put to use** *[+ money, equipment]* utiliser ; *[+ knowledge, experience]* mettre à profit ; *[+ idea, theory]* mettre en application ◆ **I absorb ideas and put them to ~** j'absorbe les idées et je les mets en application ◆ **to put sth to good ~** *[+ machine, time, money]* faire bon usage de qch, tirer parti de qch ; *[+ opportunity, facilities]* mettre qch à profit, tirer parti de qch

b [= way of using] emploi *m*, utilisation *f* ◆ **a new ~ for ...** un nouvel usage de ... ◆ **it has many ~s** cela a beaucoup d'emplois ◆ **I'll find a ~ for it** je trouverai un moyen de m'en servir, j'en trouverai l'emploi ◆ **I've no further ~ for it** je n'en ai plus besoin ◆ **I've no ~ for that sort of behaviour!** * je n'ai que faire de ce genre de conduite ! ◆ **I've no ~ for him at all!** * il m'embête ! *

c [= usefulness] utilité *f* ◆ **this tool has its ~s** cet outil a son utilité ◆ **he has his ~s** il est utile par certains côtés ◆ **what's the ~ of all this?** à quoi sert tout ceci ? ◆ **oh, what's the ~?** * à quoi bon ? ◆ **what's the ~ of telling him not to, he never takes any notice** à quoi bon lui dire d'arrêter, il n'écoute jamais ◆ **I've told him fifty times already, what's the ~?** * je le lui ai dit trente-six fois déjà, pour ce que ça a servi !

♦ **to be of + use** ◆ **to be of ~** servir, être utile *(for sth, to sth* à qch ; *to sb* à qn) ◆ **is this (of) any ~ to you?** est-ce que cela peut vous être utile *or* vous servir ? ◆ **can I be (of) any ~?** puis-je être *or* me rendre utile ? ◆ **a lot of ~ that will be to you!** * ça te fera une belle jambe ! *

♦ **to be (of) no use** ne servir à rien ◆ **this is no ~ any more** ce n'est plus bon à rien ◆ **he's no ~** il est incapable, il est nul ◆ **he's no ~ as a goalkeeper** il est nul comme gardien de but ◆ **you're no ~ to me if you can't spell** vous ne m'êtes d'aucune utilité si vous faites des fautes d'orthographe ◆ **there's** *or* **it's no ~** * **you protesting** inutile de protester ◆ **it's no ~** * **trying to reason with him** cela ne sert à rien d'essayer de le raisonner, on perd son temps à essayer de le raisonner ◆ **it's no ~** *, **he won't listen** ça ne sert à rien *or* c'est inutile, il ne veut rien entendre

d [NonC = ability to use, access] usage *m* ◆ **to have the ~ of a garage** avoir l'usage d'un garage, avoir un garage à sa disposition ◆ **with ~ of kitchen** avec usage de la cuisine ◆ **he gave me the ~ of his car** il a mis sa voiture à ma disposition ◆ **to have lost the ~ of one's arm** avoir perdu l'usage d'un bras ◆ **to have the full ~ of one's faculties** jouir de toutes ses facultés

e [Ling = sense] emploi *m*, acception *f*

f [frm = custom] coutume *f*, habitude *f* ; *(Rel, Sociol)* usage *m* ◆ **this has long been his ~** telle est son habitude depuis longtemps

2 - TRANSITIVE VERB /juːz/

a [= make use of] *[+ object, tool]* se servir de, utiliser ; *[+ force, discretion]* user de ; *[+ opportunity]* profiter de ; *[+ method, means]* employer ; *[+ drugs]* prendre ; *[+ sb's name]* faire usage de ◆ **he ~d a knife to open it** il s'est servi d'un couteau pour l'ouvrir ◆ **it is ~d for opening bottles** on s'en sert pour ouvrir les bouteilles ◆ **are you using this?** vous servez-vous de ceci ?, avez-vous besoin de ceci ? ◆ **have you ~d a gun before?** vous êtes-vous déjà servi d'un fusil ? ◆ **the money is to be ~d to build a new hospital** l'argent servira à construire un nouvel hôpital *or* à la construction d'un nouvel hôpital ◆ **he ~d his shoe as a hammer** il s'est servi de sa chaussure comme marteau ◆ **I ~ that as a table** ça me sert de table ◆ **ointment to be ~d sparingly** crème *f* à appliquer en couche fine ◆ **I don't ~ my French much** je ne me sers pas beaucoup de mon français ◆ **I don't want to ~ the car** je ne veux pas prendre la voiture ◆ **he said I could ~ his car** il a dit que je pouvais me servir de *or* prendre sa voiture ◆ **no longer ~d** *[tools, machine, room]* qui ne sert plus ; *[word]* qui ne s'emploie plus, tombé en désuétude ◆ **he wants to ~ the bathroom** il veut aller aux toilettes ◆ **someone is using the bathroom** il y a quelqu'un dans la salle de bains ◆ **~ your head** *or* **brains!** * réfléchis un peu !, tu as une tête, c'est pour t'en servir ! ◆ **~ your eyes!** ouvre l'œil ! ◆ **I feel I've just been ~d** j'ai l'impression qu'on s'est servi de moi ◆ **I could ~ a drink!** * je prendrais bien un verre ! ◆ **the house could ~ a lick of paint!** * une couche de peinture ne ferait pas de mal à cette maison ! ; see also **used**

b [= use up] utiliser (tout) ◆ **this car ~s too much petrol** cette voiture consomme trop d'essence ◆ **have you ~d all the paint?** avez-vous utilisé toute la peinture ? ◆ **you can ~ (up) the leftovers in a soup** vous pouvez utiliser les restes pour faire une soupe

c [† = treat] *[+ person]* traiter ◆ **to ~ sb well** bien traiter qn ◆ **he was badly ~d** on a mal agi envers lui, on a abusé de sa bonne volonté

3 - AUXILIARY VERB /juːs/

♦ **used to** *(expressing past habit)* ◆ **I ~d to see her every week** je la voyais toutes les semaines ◆ **I ~d to swim every day** j'allais nager *or* j'avais l'habitude d'aller nager tous les jours ◆ **I ~d not** *or* **I ~(d)n't** * *or* **I didn't ~** * **to smoke** (autrefois) je ne fumais pas ◆ **what ~d he to do** *(frm) or* **what did he ~ to do** * **on Sundays?** qu'est-ce qu'il faisait (d'habitude) le dimanche ? ◆ **things aren't what they ~d to be** les choses ne sont plus ce qu'elles étaient

4 - INTRANSITIVE VERB /juːz/

*(Drugs* *) se droguer

5 - COMPOUND /juːz/

▷ **use-by date** N date *f* limite de consommation

6 - PHRASAL VERB

► **use up** VT SEP *[+ food]* consommer entièrement, finir ; *[+ objects, ammunition, one's strength, resources, surplus]* épuiser ; *[+ money]* dépenser ◆ **to ~ up the scraps** utiliser les restes ◆ **it is all ~d up** il n'en reste plus ; see also **use vt b**

**used** /juːzd/ ADJ a *(= not fresh) [handkerchief, cup]* qui a servi, sale ; *[tissue, sanitary towel, needle, condom]* usagé ; *[stamp]* oblitéré ; *[engine oil]* usé

b *(= second-hand) [car, equipment]* d'occasion ; *[clothing]* usagé ◆ **would you buy a ~ car from this man?** *(fig hum)* feriez-vous confiance à cet homme ?

c *(after adv = employed)* ◆ **commonly/frequently ~** couramment/fréquemment utilisé

d /juːst/

♦ **used to** *(= accustomed)* ◆ **to be ~ to sth** être habitué à qch, avoir l'habitude de qch ◆ **I'm ~ to her now** je me suis habitué à elle maintenant ◆ **to be ~ to doing sth** être habitué à faire qch, avoir l'habitude de faire qch ◆ **he was ~ to being given orders** il avait l'habitude qu'on lui donne des ordres, il était habitué à ce qu'on lui donne des ordres ◆ **to get ~ to sb/sth** s'habituer à qn/qch ◆ **you'll soon get ~ to it** vous vous y ferez vite, vous vous y habituerez vite ◆ **to get ~ to doing sth** prendre l'habitude de faire qch ◆ **to get ~ to sb** *or* **sb's doing sth** s'habituer à ce que qn fasse qch ◆ **I'm ~ to her interrupting me** j'ai l'habitude qu'elle m'interrompe *subj*, je suis habitué à ce qu'elle m'interrompe *subj*

COMP ▷ **used-car salesman** N (pl **used-car salesmen**) vendeur *m* de voitures d'occasion

**usedn't** /ˈjuːsnt/ ⇒ **used not** ; → **use auxiliary verb**

**useful** /ˈjuːsfʊl/ ADJ a *(= handy, helpful)* utile *(for, to sb* à qn) ◆ **~ addresses** adresses *fpl* utiles ◆ **that knife will come in ~** * ce couteau pourra être utile ◆ **to be ~ for (doing) sth** être utile pour faire qch ◆ **to perform a ~ function** jouer un rôle utile, être utile ◆ **these drugs are ~ in treating cancer** ces médicaments sont utiles dans le traitement du cancer ◆ **he's a ~ man to know** c'est un homme qu'il est utile de compter parmi ses relations ◆ **that's ~ to know** *or* **a ~ thing to know** c'est bon à savoir ◆ **this machine has reached the end of its ~ life** cette machine a fait son temps ◆ **this machine has a ~ life of ten years** cette machine peut servir dix ans ◆ **this work is not serving any ~ purpose** ce travail ne sert pas à grand-

chose ◆ **that's ~!** *(iro)* nous voilà bien avancés ! ◆ **it is ~ to know a foreign language** il est utile de connaître une langue étrangère ◆ **it would be ~ for me to have that information** il me serait utile d'avoir ces renseignements
**b** *(Brit* * *= good)* ◆ **to be ~ with one's hands** être habile de ses mains ◆ **he's quite ~ with his fists** il sait se servir de ses poings

**usefully** /ˈjuːsfəlɪ/ ADV utilement ◆ **is there anything the government can ~ do?** y a-t-il quelque chose que le gouvernement puisse faire ? ◆ **you might ~ do a bit of preparatory reading** il vous serait peut-être utile de faire quelques lectures préparatoires ◆ **his time could be more ~ spent** *or* **employed** il pourrait employer son temps de façon plus utile *or* plus utilement

**usefulness** /ˈjuːsfʊlnɪs/ N *(NonC)* utilité *f* ; → **outlive**

**useless** /ˈjuːslɪs/ ADJ **a** *(= not useful) [person, action, information, tool]* inutile (*to sb* pour qn ; *against sth* pour qch) ; *[arm, leg, hand]* inerte ; *[life]* vide ◆ **our efforts proved ~** nos efforts ont été vains ◆ **shouting is ~** il est inutile de crier, ce n'est pas la peine de crier ◆ **a car is ~ without wheels** une voiture sans roues ne sert à rien ◆ **worse than ~** * plus qu'inutile ◆ **it is ~ to complain** il ne sert à rien de se plaindre ◆ **it is ~ for you to complain** il est inutile que vous vous plaigniez **b** *(* *= incompetent) [teacher, player, school]* nul * (nulle * *f*) (*at sth* en qch ; *at doing sth* quand il s'agit de faire qch)

**uselessly** /ˈjuːslɪslɪ/ ADV inutilement ◆ **his arm hung ~ by his side** son bras pendait, inutile, le long de son corps ◆ **he stood around ~** il est resté là à ne rien faire

**uselessness** /ˈjuːslɪsnɪs/ N *(NonC)* **a** *[of tool, advice etc]* inutilité *f* ; *[of remedy]* inefficacité *f* **b** * *[of person]* incompétence *f*

**Usenet** /ˈjuːznet/ N *(Comput)* Usenet *m*

**usen't** /ˈjuːsnt/ ⇒ **used not ;** → **use auxiliary verb**

**user** /ˈjuːzəʳ/ **N** **a** *[of public service, telephone, road, train, dictionary]* usager *m* ; *[of machine, tool]* utilisateur *m*, -trice *f* ; *[of electricity, gas]* usager *m*, utilisateur *m*, -trice *f* ; *(Comput)* utilisateur *m*, -trice *f* ◆ **car ~** automobiliste *mf* ◆ **computer ~s** ceux qui utilisent un ordinateur, utilisateurs *mpl* d'ordinateurs
**b** *(Drugs)* usager *m*, consommateur *m* ◆ **heroin ~** consommateur *m*, -trice *f* d'héroïne
**c** *(pej* *= exploitative person)* profiteur *m*, -euse *f*
COMP ▷ **user-definable, user-defined** ADJ *(Comput)* définissable par l'utilisateur ▷ **user-friendliness** N *(Comput)* convivialité *f* ; *[of machine, dictionary etc]* facilité *f* d'utilisation ▷ **user-friendly** ADJ *(Comput)* convivial ; *(gen)* facile à utiliser ◆ **we want to make the store more ~-friendly for shoppers** nous voulons rendre le magasin plus accueillant pour les clients ▷ **user group** N groupe *m* d'usagers ▷ **user name** N *(Comput)* nom *m* de l'utilisateur, nom *m* d'utilisateur ▷ **user's guide** N guide *m* (de l'utilisateur)

**USES** /ˌjuːesiːˈes/ N (abbrev of **United States Employment Service**) → **employment**

**USGS** /ˌjuːesdʒiːˈes/ N (abbrev of **United States Geological Survey**) → **geological**

**usher** /ˈʌʃəʳ/ **N** *(in law courts etc)* huissier *m* ; *(= doorkeeper)* portier *m* ; *(at public meeting)* membre *m* du service d'ordre ; *(in theatre, church)* placeur *m* **VT** ◆ **to ~ sb out/along** *etc* faire sortir/avancer *etc* qn ◆ **to ~ sb into a room** introduire *or* faire entrer qn dans une salle ◆ **to ~ sb to the door** reconduire qn à la porte

► **usher in** VT SEP *[+ person]* introduire, faire entrer ; *(fig) [+ period, season]* inaugurer, commencer ◆ **it ~s in a new era** cela annonce *or* inaugure une nouvelle époque, cela marque le début d'une ère nouvelle ◆ **it ~ed in a new reign** cela inaugura un nouveau règne, ce fut l'aurore d'un nouveau règne ◆ **the spring was ~ed in by storms** le début du printemps fut marqué par des orages

**usherette** /ˌʌʃəˈret/ N *(Cine, Theat)* ouvreuse *f*

**USIA** /ˌjuːesaɪˈeɪ/ N (abbrev of **United States Information Agency**) *service officiel fournissant des informations sur les États-Unis à l'étranger*

**USM** /ˌjuːesˈem/ N (abbrev of **United States Mint**) *hôtel de la Monnaie des États-Unis*

**USMC** /ˌjuːesemˈsiː/ N (abbrev of **United States Marine Corps**) corps *m* des marines *(des États-Unis)*

**USN** /ˌjuːesˈen/ N (abbrev of **United States Navy**) *marine de guerre des États-Unis*

**USO** /ˌjuːesˈəʊ/ N *(US)* (abbrev of **United Service Organization**) *organisation venant en aide aux militaires américains, en particulier lors de leurs déplacements à l'étranger*

**USP** /ˌjuːesˈpiː/ N (abbrev of **unique selling point**) → **unique**

**USPHS** /ˌjuːespiːeɪtʃˈes/ N (abbrev of **United States Public Health Service**) → **public**

**USS** /ˌjuːesˈes/ N abbrev of **United States Ship** (*or* **Steamer**)

**USSR** /ˌjuːesesˈɑːʳ/ N (abbrev of **Union of Soviet Socialist Republics**) URSS *f* ◆ **in the ~** en URSS

**usu.** abbrev of **usual(ly)**

**usual** /ˈjuːʒʊəl/ ADJ *(= customary) [method, excuse, address, rules]* habituel ; *[price]* habituel, courant ; *[word]* usuel, courant ◆ **as is ~ with such machines, it broke down** elle est tombée en panne, ce qui arrive souvent avec ce genre de machine ◆ **as is ~ on these occasions** comme le veut l'usage en ces occasions ◆ **it wasn't his ~ car** ce n'était pas la voiture qu'il prenait d'habitude ◆ **he was sitting in his ~ chair** il était assis dans sa chaise habituelle ◆ **in the ~ place** à l'endroit habituel ◆ **his ~ practice was to rise at six** son habitude était de *or* il avait l'habitude de se lever à six heures ◆ **her ~ routine** son train-train *m* quotidien ◆ **what did you do on holiday? – oh, the ~ stuff** * qu'est-ce que tu as fait pendant les vacances ? – oh, la même chose que d'habitude ◆ **with his ~ tact** avec son tact habituel, avec le tact qui le caractérise ◆ **more than ~** plus que d'habitude *or* d'ordinaire ◆ **to get up earlier than ~** se lever plus tôt que d'habitude ◆ **it's the ~ thing** c'est comme d'habitude ◆ **he said the ~ things about ...** il a dit ce qu'on dit d'habitude à propos de ... ◆ **come at the ~ time** venez à l'heure habituelle ◆ **7 o'clock is my ~ time to get up** d'habitude, je me lève à 7 heures ◆ **it's ~ to ask first** il est d'usage *or* il est poli de demander d'abord ◆ **it is ~ for soldiers to wear a uniform** les soldats portent traditionnellement un uniforme ◆ **it's quite ~ for this to happen** ça arrive souvent, ça n'a rien d'inhabituel ◆ **it wasn't ~ for him to arrive early** ce n'était pas dans ses habitudes d'arriver en avance ◆ **it was ~ for her to drink a lot** elle avait l'habitude de boire beaucoup, c'était dans ses habitudes de boire beaucoup ◆ **the journey took four hours instead of the ~ two** le voyage a pris quatre heures au lieu des deux heures habituelles ◆ **it was not the ~ type of holiday** c'étaient des vacances pas comme les autres ◆ **to do sth in the ~ way** faire qch de la manière habituelle ◆ **she welcomed us in her ~ friendly way** elle nous a accueillis chaleureusement, comme à son habitude ; → **channel, crowd, self, sense, suspect**
◆ **as + usual** ◆ **as ~** *(= as always)* comme d'habitude ◆ **he arrived late as ~** il est arrivé en retard, comme d'habitude ◆ **he's late – as ~!** il est en retard – comme d'habitude ! ◆ **for her it's just life as ~** pour elle, la vie continue (comme avant) ◆ **to carry on as ~** continuer comme d'habitude ◆ **"business as usual"** "horaires d'ouverture habituels" ◆ **it is business as ~ (for them)** *(lit)* les affaires continuent (pour eux) ; *(fig)* la vie continue (pour eux) ◆ **as per ~** * comme d'habitude
**N** *(* *= drink)* ◆ **you know my ~** vous savez ce que je prends d'habitude ◆ **the ~ please!** comme d'habitude, s'il vous plaît !

**usually** /ˈjuːʒʊəlɪ/ ADV d'habitude, généralement ◆ **more than ~ depressed/busy/hungry** plus déprimé/occupé/affamé que d'habitude ◆ **~, a simple explanation is enough** d'habitude *or* généralement, une simple explication suffit

**usufruct** /ˈjuːzjʊfrʌkt/ N *(Jur)* usufruit *m*

**usufructuary** /ˌjuːzjʊˈfrʌktjʊərɪ/ *(Jur)* **N** usufruitier *m*, -ière *f* **ADJ** usufruitier

**usurer** /ˈjuːʒərəʳ/ N usurier *m*, -ière *f*

**usurious** /juːˈzjʊərɪəs/ ADJ usuraire

**usurp** /juːˈzɜːp/ VT *[+ power, role]* usurper ◆ **Congress wants to ~ the power of the presidency** le Congrès veut usurper le pouvoir du président ◆ **Web sites are beginning to ~ travel agents** les sites web commencent à supplanter les agences de voyage ◆ **did she ~ his place in his mother's heart?** l'a-t-elle supplanté dans le cœur de sa mère ?, a-t-elle pris sa place dans le cœur de sa mère ?

**usurpation** /ˌjuːzɜːˈpeɪʃən/ N *(NonC)* usurpation *f*

**usurper** /juːˈzɜːpəʳ/ N usurpateur *m*, -trice *f*

**usurping** /juːˈzɜːpɪŋ/ ADJ usurpateur (-trice *f*)

**usury** /ˈjuːʒʊrɪ/ N *(NonC: Fin)* usure *f*

**UT** abbrev of **Utah**

**Utah** /ˈjuːtɔː/ N Utah *m* ◆ **in ~** dans l'Utah

**utensil** /juːˈtensl/ N ustensile *m* ; → **kitchen**

**uteri** /ˈjuːtəˌraɪ/ NPL of **uterus**

**uterine** /ˈjuːtəraɪn/ ADJ utérin

**uterus** /ˈjuːtərəs/ N (pl **uteri**) utérus *m*

**utilitarian** /ˌjuːtɪlɪˈteərɪən/ ADJ **a** *(= practical) [view, approach, object]* utilitaire **b** *(= functional) [furniture, building, style]* fonctionnel **c** *(Philos)* utilitaire **N** utilitariste *mf*

**utilitarianism** /ˌjuːtɪlɪˈteərɪənɪzəm/ N *(NonC)* utilitarisme *m*

**utility** /juːˈtɪlɪtɪ/ **N** **a** *(NonC)* utilité *f* **b** (also **public utility**) service *m* public **ADJ** *[clothes, furniture]* fonctionnel ; *[goods, vehicle]* utilitaire **COMP** ▷ **utility player** N *(Sport)* joueur *m*, -euse *f* polyvalent(e) ▷ **utility room** N *pièce où l'on range les appareils ménagers, les provisions etc* ▷ **utility software** N *(Comput)* logiciel *m* utilitaire

**utilizable** /ˈjuːtɪˌlaɪzəbl/ ADJ utilisable

**utilization** /ˌjuːtɪlaɪˈzeɪʃən/ N *(NonC) [of resources]* utilisation *f*, exploitation *f* ; *[of facility, technique]* utilisation *f* ; *[of land, space, skill]* exploitation *f*

**utilize** /ˈjuːtɪlaɪz/ VT *[+ object, facilities, equipment]* utiliser, se servir de ; *[+ situation, resources, talent, person]* tirer parti de, exploiter ; *[+ space]* utiliser, tirer parti de

**utmost** /ˈʌtməʊst/ ADJ **a** *(= greatest) [restraint, difficulty, determination]* le plus grand *or* la plus grande, extrême ◆ **of (the) ~ importance (to sb/sth)** de la plus haute importance (pour qn/qch) ◆ **it is of (the) ~ importance that ...** il est de la plus haute importance que ... *+ subj* ◆ **with the ~ possible care** avec le plus grand soin possible ◆ **an undertaking of the ~ danger** une entreprise des plus dangereuses ◆ **a matter of (the) ~ urgency** une affaire de la plus extrême urgence

b *(= furthest) [limits]* extrême

**N** ◆ **to do one's ~** faire tout son possible *or* le maximum ◆ **to do one's ~ to do sth** faire tout son possible *or* le maximum pour faire qch ◆ **he tried his ~ to help them** il a fait tout son possible *or* il a fait le maximum pour les aider ◆ **to the ~** au plus haut degré *or* point ◆ **at the ~** au maximum, tout au plus

**Utopia** /juːˈtəʊpɪə/ **N** utopie *f*

**Utopian** /juːˈtəʊpɪən/ **ADJ** utopique **N** utopiste *mf*

**Utopianism** /juːˈtəʊpɪənɪzəm/ **N** utopisme *m*

**utricle** /ˈjuːtrɪkl/ **N** utricule *m*

**Uttar Pradesh** /ˈʊtəˈprɑːdeʃ/ **N** Uttar Pradesh *m*

**utter**[1] /ˈʌtəʳ/ **ADJ** *[lack, failure, disaster]* complet (-ète *f*), total ; *[incompetence]* total ; *[contempt, disregard, silence, sincerity]* absolu, total ; *[fool, rogue, liar]* parfait *before n* ; *[disgust, despair, hopelessness, frustration, stupidity]* profond ; *[futility, misery]* extrême ; *[madness]* pur ◆ **to my ~ amazement, I succeeded** à ma plus grande stupéfaction, j'ai réussi ◆ **with ~ conviction** avec une conviction inébranlable ◆ **what ~ nonsense!** c'est complètement absurde ! ◆ **she's talking complete and ~ rubbish** * elle dit n'importe quoi ◆ **he's a complete and ~ fool/bastard** ** *etc* c'est un imbécile/salaud ** *etc* fini

**utter**[2] /ˈʌtəʳ/ **VT** *[+ word]* prononcer, proférer ; *[+ cry]* pousser ; *[+ threat, insult]* proférer ; *[+ libel]* publier ; *(Jur) [+ counterfeit money]* émettre, mettre en circulation ◆ **he didn't ~ a word** il n'a pas dit un seul mot, il n'a pas soufflé mot

**utterance** /ˈʌtərəns/ **N** a *(= remark etc)* paroles *fpl*, déclaration *f* b *(NonC) [of facts, theory]* énonciation *f* ; *[of feelings]* expression *f* ◆ **to give ~ to** exprimer c *(style of speaking)* élocution *f*, articulation *f* d *(Ling)* énoncé *m*

**utterly** /ˈʌtəlɪ/ **ADV** *[untrue, destroy, transform]* complètement, totalement ; *[impossible]* tout à fait ; *[convince]* entièrement ◆ **he failed ~** il a complètement *or* totalement échoué ◆ **he ~ failed to impress them** il ne leur a fait absolument aucun effet ◆ **to be ~ without talent/malice** être dénué de tout talent/toute méchanceté

**uttermost** /ˈʌtəməʊst/ **ADJ, N** ⇒ **utmost**

**U-turn** /ˈjuːtɜːn/ **N** → **U comp**

**UV** /juːˈviː/ **ADJ** (abbrev of **ultraviolet**) UV

**UVA, UV-A** /ˌjuːviːˈeɪ/ **ADJ** UVA *inv* ◆ **~ rays** (rayons *mpl*) UVA *mpl*

**UVB, UV-B** /ˌjuːviːˈbiː/ **ADJ** UVB *inv* ◆ **~ rays** (rayons *mpl*) UVB *mpl*

**UVF** /ˌjuːviːˈef/ **N** *(Brit)* (abbrev of **Ulster Volunteer Force**) → **Ulster**

**uvula** /ˈjuːvjʊlə/ **N** (pl **uvulas** *or* **uvulae**) luette *f*, uvule *f*

**uvular** /ˈjuːvjʊləʳ/ **ADJ** *(Anat, Phon)* uvulaire ◆ **~ r** r grasseyé

**uxorious** /ʌkˈsɔːrɪəs/ **ADJ** excessivement dévoué à sa femme

**uxoriousness** /ʌkˈsɔːrɪəsnɪs/ **N** *(NonC)* dévotion *f* excessive à sa femme

**Uzbek** /ˈʊzbek/ **ADJ** ouzbek *f inv* **N** a *(= person)* Ouzbek *mf* b *(Ling)* ouzbek *m*

**Uzbekistan** /ˌʌzbekɪˈstɑːn/ **N** Ouzbékistan *m*

# V

**V, v** /viː/ **N** a *(= letter)* V, v *m* ◆ **V for Victor, V for Victory** ≃ V comme Victor ◆ **to stick the Vs up to sb** * *(Brit)* ≃ faire un bras d'honneur à qn b (abbrev of **vide**) *(= see)* V, voir c (abbrev of **versus**) contre d *(esp Bible)* abbrev of **verse** e abbrev of **very** f abbrev of **velocity** COMP ▷ **V and A** * **N** *(Brit)* (abbrev of **Victoria and Albert Museum**) *musée londonien des arts décoratifs* ▷ **V-chip N** verrou *m* électronique ▷ **V-neck N** décolleté *m* en V *or* en pointe ▷ **V-necked ADJ** à encolure en V *or* en pointe ▷ **V-shaped ADJ** en (forme de) V ▷ **V-sign N** a *(for victory)* ◆ **to give the V-sign** faire le V de la victoire b *(in Brit) geste obscène,* ≃ bras *m* d'honneur ◆ **to give sb the V-sign** ≃ faire un bras d'honneur à qn

**VA** /viːˈeɪ/ **N** a *(US)* (abbrev of **Veterans Administration**) → **veteran** b abbrev of **Virginia**

**Va.** abbrev of **Virginia**

**vac[1]** * /væk/ **N** *(Brit Univ)* (abbrev of **vacation**) vacances *fpl* (universitaires)

**vac[2]** * /væk/ **N** *(esp Brit)* (abbrev of **vacuum cleaner**) → **vacuum**

**vacancy** /ˈveɪkənsɪ/ **N** a *(in hotel)* chambre *f* libre ◆ **"no vacancies"** "complet" ◆ **have you any vacancies for August?** est-ce qu'il vous reste des chambres (libres) pour le mois d'août ?

b *(= job)* poste *m* vacant *or* libre, vacance *f* ◆ **"no vacancies"** "pas d'embauche" ◆ **a short-term** ~ un poste temporaire ◆ **"vacancy for a translator"** "recherchons traducteur" ◆ **we have a ~ for an editor** nous avons un poste de rédacteur à pourvoir, nous cherchons un rédacteur ◆ **we have a ~ for an enthusiastic sales manager** nous cherchons un directeur des ventes motivé ◆ **to fill a ~** *[employer]* pourvoir un poste vacant ; *[employee]* être nommé à un poste vacant ◆ **we are looking for someone to fill a ~ in our sales department** nous cherchons à pourvoir un poste vacant dans notre service de ventes

c *(NonC = emptiness)* vide *m*

d *(NonC = blankness)* esprit *m* vide, stupidité *f*

**vacant** /ˈveɪkənt/ **ADJ** a *(= unoccupied) [land, building]* inoccupé ; *[hotel room, table, parking space]* libre ; *[seat, hospital bed]* libre, disponible ; *[post, job]* vacant, à pourvoir ◆ **to fall ~** *[post, room, flat]* se libérer ◆ **a ~ space** un espace libre ◆ **a ~ post** *(Ind)* un poste vacant *or* à pourvoir ◆ **a ~ place** *(Univ: on course)* une place libre *or* disponible ◆ **"situations vacant"** *(Press)* "offres d'emploi" ◆ **with ~ possession** *(Jur)* avec libre possession, avec jouissance immédiate b *(= stupid)* ahuri ; *[expression, look, stare] (= blank)* absent, sans expression ; *[mind]* vide COMP ▷ **vacant lot N** *(esp US) (gen)* terrain *m* inoccupé ; *(for sale)* terrain *m* à vendre

**vacantly** /ˈveɪkəntlɪ/ **ADV** a *(= blankly) [look, stare, gaze]* d'un air absent ◆ **to gaze ~ into space** fixer le vide, avoir le regard perdu dans le vide b *(= stupidly) [look, stare, gaze, smile, say]* d'un air ahuri

**vacate** /vəˈkeɪt/ **VT** *(frm) [+ room, seat, job]* quitter ◆ **to ~ a house** quitter une maison ◆ **to ~ one's post** démissionner ◆ **this post will soon be ~d** ce poste sera bientôt vacant *or* à pourvoir ◆ **to ~ the premises** vider les lieux

**vacation** /vəˈkeɪʃən/ **N** a *(US)* vacances *fpl* ◆ **on ~** en vacances ◆ **on his ~** pendant ses vacances ◆ **to take a ~** prendre des vacances ◆ **where are you going for your ~?** où allez-vous passer vos vacances ? b *(Brit Univ)* vacances *fpl* ; *(Jur)* vacations *fpl or* vacances *fpl* judiciaires ; → **long[1]** VI *(US)* passer des (*or* ses *etc*) vacances COMP ▷ **vacation course N** cours *mpl* de vacances ▷ **vacation trip N** voyage *m* de vacances ◆ **to go on a ~ trip** partir en vacances

**vacationer** /vəˈkeɪʃənəʳ/, **vacationist** /vəˈkeɪʃənɪst/ *(US)* **N** vacancier *m*, -ière *f*

**vaccinate** /ˈvæksɪneɪt/ **VT** vacciner (*against* contre) ◆ **to get ~d** se faire vacciner ◆ **have you been ~d against ...?** est-ce que vous êtes vacciné contre ... ?

**vaccination** /ˌvæksɪˈneɪʃən/ **N** vaccination *f* (*against* contre) ◆ **smallpox/polio ~** vaccination *f* contre la variole/la polio ◆ **to have a ~ against ...** se faire vacciner contre ...

**vaccine** /ˈvæksiːn/ **N** vaccin *m* ; *(Comput)* logiciel *m* antivirus ◆ **polio ~** vaccin *m* contre la polio ◆ **~-damaged** victime de réactions provoquées par un vaccin

**vacillate** /ˈvæsɪleɪt/ **VI** hésiter (*between* entre) ◆ **she ~d so long over accepting that ...** elle s'est demandé si longtemps si elle allait accepter ou non que ...

**vacillating** /ˈvæsɪleɪtɪŋ/ **ADJ** indécis, hésitant **N** *(NonC)* hésitations *fpl*, indécision *f*

**vacillation** /ˌvæsɪˈleɪʃən/ **N** indécision *f*

**vacuity** /væˈkjuːɪtɪ/ **N** vacuité *f* ◆ **vacuities** *(= silly remarks)* niaiseries *fpl*, remarques *fpl* stupides

**vacuous** /ˈvækjʊəs/ **ADJ** *(frm) [person, film, book]* inepte ; *[comment, remark]* inepte, creux ; *[look, stare]* vide ; *[expression]* vide, niais ; *[smile, face]* niais ; *[life]* vide de sens

**vacuum** /ˈvækjʊm/ **N** a (pl **vacuums**) *(= empty space)* vide *m* ◆ **their departure left a ~** leur départ a laissé un (grand) vide ◆ **a cultural ~** un vide culturel ; → **nature**

◆ **in a vacuum** *(fig)* ◆ **to live/work in a ~** vivre/travailler en vase clos ◆ **we don't take decisions in a ~** nous ne prenons pas de décisions dans le vide ◆ **moral values cannot be taught in a ~** les valeurs morales ne peuvent pas être enseignées hors de tout contexte ◆ **it didn't happen in a ~** ça n'est pas arrivé tout seul

b (also **cleaner**) aspirateur *m* ◆ **to give sth a ~** ⇒ **to vacuum sth;** → **vt**

VT (also **clean**) *[+ carpet]* passer à l'aspirateur ; *[+ room]* passer l'aspirateur dans

COMP *[brake, pump, tube]* à vide ▷ **vacuum aspiration N** *(Med = abortion)* IVG *f* par aspiration ▷ **vacuum bottle N** *(US)* ⇒ **vacuum flask** ▷ **vacuum cleaner N** aspirateur *m* ▷ **vacuum extraction N** *(Med = birth)* accouchement *m* par ventouse ▷ **vacuum flask N** *(Brit)* bouteille *f* thermos ®, thermos ® *m or f inv* ▷ **vacuum-packed ADJ** emballé sous vide

**vade mecum** /ˈvɑːdɪˈmeɪkʊm/ **N** vade-mecum *m inv*

**vagabond** /ˈvægəbɒnd/ **N** vagabond(e) *m(f)* ; *(= tramp)* chemineau *m*, clochard(e) *m(f)* **ADJ** *[life]* errant, de vagabondage ; *[thoughts]* vagabond ; *[habits]* irrégulier

**vagary** /ˈveɪgərɪ/ **N** caprice *m* ◆ **the vagaries of business/of politics** les vicissitudes *fpl* du monde des affaires/de la vie politique

**vagi** /ˈveɪdʒaɪ/ **NPL** of **vagus**

**vagina** /vəˈdʒaɪnə/ **N** (pl **vaginas** *or* **vaginae** /vəˈdʒaɪniː/) vagin *m*

**vaginal** /vəˈdʒaɪnəl/ **ADJ** vaginal COMP ▷ **vaginal discharge N** pertes *fpl* blanches ▷ **vaginal dryness N** sécheresse *f* vaginale ▷ **vaginal intercourse N** *(NonC)* (rapports *mpl* sexuels avec) pénétration *f* vaginale ▷ **vaginal smear N** frottis *m* (vaginal)

**vaginismus** /ˌvædʒɪˈnɪzməs/ **N** *(Med)* vaginisme *m*

**vagrancy** /ˈveɪgrənsɪ/ **N** *(also Jur)* vagabondage *m*

**vagrant** /ˈveɪgrənt/ **N** vagabond(e) *m(f)* ; *(= tramp)* clochard(e) *m(f)* ; *(Jur)* vagabond(e) *m(f)* **ADJ** *[person]* vagabond

**vague** /veɪg/ **ADJ** a *(= unclear) [person, idea, gesture, plan, feeling, instructions, reply, promise]* vague ; *[description, memory, impression]* vague, flou ; *[shape, outline]* flou, imprécis ◆ **I**

**had a ~ idea** *or* **feeling she would come** j'avais comme le sentiment *or* comme une idée * qu'elle viendrait ◆ **he was ~ about the time he would be arriving at** *(= didn't say exactly)* il n'a pas (bien) précisé l'heure de son arrivée ; *(= didn't know exactly)* il n'était pas sûr de l'heure à laquelle il arriverait ◆ **I'm still very ~ about all this** ça n'est pas encore très clair dans mon esprit ◆ **I'm still very ~ about how it happened** je ne sais pas encore très bien comment ça s'est passé ◆ **I'm very ~ about French history** je ne m'y connais pas très bien en histoire de France

**b** *(= absent-minded) [person]* distrait ◆ **he's always rather ~** il est toujours distrait *or* dans la lune ◆ **she's getting rather ~ these days** elle ne s'y retrouve plus très bien *or* elle perd un peu la tête maintenant ◆ **to look ~** avoir l'air vague *or* distrait ◆ **to have a ~ look in one's eyes** avoir l'air vague

**vaguely** /ˈveɪglɪ/ **ADV** **a** *(= unclearly) [say, describe, remember, resemble, understand]* vaguement ◆ **~ familiar/disappointed** vaguement familier/déçu ◆ **to be ~ aware of sth** être vaguement conscient de qch ◆ **a ~ defined set of objectives** un ensemble d'objectifs pas bien définis ◆ **to be ~ reminiscent of sth** rappeler vaguement qch ◆ **a ~ worded agreement** un accord libellé dans des termes vagues **b** *(= absently) [look, nod]* d'un air distrait ; *[smile]* d'un air vague

**vagueness** /ˈveɪgnɪs/ **N** **a** *[of question, account, memory, wording, language]* manque *m* de précision ; *[of statement, proposal]* imprécision *f*, flou *m* ; *[of feeling, sensation]* caractère *m* imprécis, vague *m* ; *[of photograph]* manque *m* de netteté **b** *(= absent-mindedness)* distraction *f* ◆ **his ~ is very annoying** c'est agaçant qu'il soit si distrait *or* tête en l'air *

**vagus** /ˈveɪgəs/ **N** (pl **vagi**) (also **vagus nerve**) nerf *m* vague *or* pneumogastrique

**vain** /veɪn/ **ADJ** **a** *(= fruitless, empty) [attempt, effort, plea, hope, promise]* vain *before n* ; *[threat]* en l'air

◆ **in vain** *(= unsuccessfully) [try, wait, search for]* en vain, vainement ; *(= pointlessly) [die, suffer]* pour rien ◆ **it was all in ~** cela n'a servi à rien, c'était inutile *or* en vain ◆ **all his** (*or* **my** *etc*) **efforts were in ~** c'était peine perdue ◆ **I looked for him in ~: he had already left** j'ai eu beau le chercher, il était déjà parti ◆ **to take God's** *or* **the Lord's name in ~** blasphémer ◆ **is someone taking my name in ~?** *(hum)* on parle de moi ?

**b** *(pej = conceited) [person]* vaniteux ◆ **to be ~ about one's appearance** tirer vanité de son apparence, être vain

**vainglorious** /veɪnˈglɔːrɪəs/ **ADJ** *(liter)* orgueilleux, vaniteux

**vainglory** /veɪnˈglɔːrɪ/ **N** *(NonC: liter)* orgueil *m*, vanité *f*

**vainly** /ˈveɪnlɪ/ **ADV** **a** *(= to no effect) [try, seek, believe, hope]* en vain, vainement **b** *(= conceitedly)* vaniteusement, avec vanité

**valance** /ˈvæləns/ **N** *(above curtains)* cantonnière *f* ; *(round bed frame)* tour *m or* frange *f* de lit ; *(round bed canopy)* lambrequin *m*

**vale** /veɪl/ **N** *(liter)* val *m (liter)*, vallée *f* ◆ **this ~ of tears** cette vallée de larmes

**valediction** /ˌvælɪˈdɪkʃən/ **N** **a** *(= farewell)* adieu(x) *m(pl)* **b** *(US Scol)* discours *m* d'adieu

**valedictorian** /ˌvælɪdɪkˈtɔːrɪən/ **N** *(US Scol)* major *m* de la promotion *(qui prononce le discours d'adieu)*

**valedictory** /ˌvælɪˈdɪktərɪ/ **ADJ** *(frm)* d'adieu **N** *(US Scol)* discours *m* d'adieu

**valence** /ˈveɪləns/ **N** **a** *(esp US)* ⇒ **valency** **b** *(Bio)* atomicité *f*

**Valencia** /vəˈlensɪə/ **N** Valence *(en Espagne)*

**valency** /ˈveɪlənsɪ/ **N** *(Chem)* valence *f*

**valentine** /ˈvæləntaɪn/ **N** **a** ◆ **Valentine** Valentin(e) *m(f)* ◆ **(St) Valentine's Day** la Saint-Valentin **b** (also **valentine card**) carte *f* de la Saint-Valentin ◆ **"will you be my valentine?"** *(on card)* "c'est toi que j'aime"

**valerian** /vəˈlɪərɪən/ **N** valériane *f*

**valet** /ˈvæleɪ/ **N** **a** *(= person: in hotel or household)* valet *m* de chambre **b** *(= rack for clothes)* valet *m* **VT** /ˈvælɪt/ *[+ man]* servir comme valet de chambre ; *[+ clothes]* entretenir ; *[+ car]* nettoyer **COMP** ▷ **valet parking N** service *m* de voiturier

**valetudinarian** /ˈvælɪˌtjuːdɪˈnɛərɪən/ **ADJ, N** valétudinaire *mf*

**Valhalla** /vælˈhælə/ **N** Walhalla *m*

**valiant** /ˈvæljənt/ **ADJ** *(liter) [person]* vaillant *(liter)*, valeureux *(liter)* ; *[effort, attempt, fight]* courageux

**valiantly** /ˈvæljəntlɪ/ **ADV** vaillamment

**valid** /ˈvælɪd/ **ADJ** **a** *(= reasonable, acceptable) [argument, reason, excuse, claim, objection, interpretation]* valable ; *[question]* pertinent ◆ **fashion is a ~ form of art** la mode est une forme d'art à part entière ◆ **it is not ~ to derive such conclusions from the data** il n'est pas valable de tirer de telles conclusions de ces données **b** *(= in force) [contract, licence]* valable, valide ; *[passport]* en cours de validité ; *[ticket]* valable ◆ **~ for three months** valable *or* valide pendant trois mois ◆ **no longer ~** périmé

> ⚠ *When* **valid** *means 'reasonable' it is not translated by the French word* **valide**.

**validate** /ˈvælɪdeɪt/ **VT** *[+ document, course, diploma]* valider ; *[+ theory, argument, claim]* prouver la justesse de ; *[+ results]* confirmer ; *(Comput)* valider

**validation** /ˌvælɪˈdeɪʃən/ **N** *(NonC)* **a** *[of claim, document]* validation *f* **b** *(Psych = approval)* approbation *f*

**validity** /vəˈlɪdɪtɪ/ **N** *[of document, claim]* validité *f* ; *[of argument]* justesse *f*

**valise** /vəˈliːz/ **N** sac *m* de voyage ; *(Mil)* sac *m* (de soldat)

**Valium** ® /ˈvælɪəm/ **N** Valium ® *m* ◆ **to be on ~** être sous Valium

**Valkyrie** /ˈvælkɪrɪ/ **N** Walkyrie *or* Valkyrie *f* ◆ **the ride of the ~s** la chevauchée des Valkyries

**valley** /ˈvælɪ/ **N** vallée *f*, val *m (liter)* ; *(small, narrow)* vallon *m* ◆ **the Thames/Rhône ~** la vallée de la Tamise/du Rhône ◆ **the Loire ~** la vallée de la Loire ; *(between Orléans and Tours)* le Val de Loire ; → **lily**

**valor** /ˈvæləʳ/ **N** *(US)* ⇒ **valour**

**valorous** /ˈvælərəs/ **ADJ** *(liter)* valeureux *(liter)*

**valour, valor** *(US)* /ˈvæləʳ/ **N** *(liter)* courage *m*, bravoure *f*

**valuable** /ˈvæljʊəbl/ **ADJ** *[jewellery, antique]* de (grande) valeur ; *[information, advice, lesson, contribution, ally, resources, time]* précieux ; *[experience]* très utile ◆ **~ possessions** objets *mpl* de valeur ◆ **thank you for granting me so much of your ~ time** je vous remercie de m'avoir accordé autant de votre temps précieux **NPL** **valuables** objets *mpl* de valeur ◆ **all her ~s were stolen** on lui a volé tous ses objets de valeur

> ⚠ **valable** *in French means 'valid', not* **valuable**.

**valuation** /ˌvæljʊˈeɪʃən/ **N** **a** *[of house, property, painting]* estimation *f* ; *(by expert)* expertise *f* ; *(= value decided upon)* estimation *f* ◆ **to have a ~ done** faire évaluer *or* estimer quelque chose ◆ **what is the ~?** à combien est-ce évalué *or* estimé ? ◆ **an independent ~ of the company** une évaluation indépendante de cette société **b** *[of person, sb's character, work]* appréciation *f* ◆ **his rather low ~ of the novel** son opinion peu favorable du roman

**valuator** /ˈvæljʊeɪtəʳ/ **N** expert *m (en estimations de biens mobiliers)*

**value** /ˈvæljuː/ **N** **a** *(gen)* valeur *f* ; *(= usefulness, worth)* valeur *f*, utilité *f* ◆ **her training has been of no ~ to her** sa formation ne lui a servi à rien ◆ **to set great ~ on sth** attacher *or* accorder une grande valeur à qch ◆ **to have rarity ~** avoir de la valeur de par sa rareté ◆ **the film has great entertainment ~** c'est un film très divertissant ◆ **the invention never had anything more than novelty ~** cette invention n'a jamais été autre chose qu'un gadget

**b** *(= worth in money)* valeur *f* ◆ **the large packet is the best ~** le grand paquet est le plus avantageux ◆ **it's good ~ (for money)** on en a pour son argent, le rapport qualité-prix est bon *(esp Comm)* ◆ **to get good ~ for money** en avoir pour son argent ◆ **to be of great ~** valoir cher ◆ **of little ~** de peu de valeur ◆ **of no ~** sans valeur ◆ **to gain (in) ~** prendre de la valeur ◆ **to have ~** avoir de la valeur ◆ **to increase in ~** prendre de la valeur ◆ **increase in ~** hausse *f or* augmentation *f* de valeur ◆ **to lose (in) ~** se déprécier ◆ **loss of ~** perte *f or* diminution *f* de valeur, dépréciation *f* ◆ **he paid the ~ of the cup he broke** il a remboursé (le prix de) la tasse qu'il a cassée ◆ **to put** *or* **place a ~ on sth** évaluer qch ◆ **to put** *or* **place a ~ of $20 on sth** évaluer *or* estimer qch à 20 dollars ◆ **what ~ do you put on this?** à quelle valeur estimez-vous cela ?, combien pensez-vous que cela vaut ? ◆ **to put** *or* **set too high/too low a ~ on sth** surestimer/sous-estimer qch ◆ **to put** *or* **set a low ~ on sth** attacher peu de valeur à qch ◆ **goods to the ~ of £100** marchandises *fpl* d'une valeur de 100 livres ◆ **a cheque to the ~ of £100** un chèque (d'un montant) de 100 livres ; → **street**

**c** *(= moral worth) [of person]* valeur *f*, mérite *m* ◆ **to put** *or* **place a high ~ on sth** attacher beaucoup d'importance à qch ◆ **what ~ do you put on this?** quelle valeur accordez-vous *or* attribuez-vous à cela ? ◆ **to put** *or* **place a high ~ on doing sth** attacher beaucoup d'importance à faire qch ◆ **he places a high ~ on educating his children** il attache beaucoup d'importance à l'éducation de ses enfants

**d** *(Math, Mus, Painting, Phon)* valeur *f*

**NPL** **values** *(= attitudes, moral standards)* valeurs *fpl* ; → **production, Victorian**

**VT** **a** *(= estimate worth of) [+ house, jewels, painting]* évaluer, estimer *(at à)* ; *(by expert)* expertiser ◆ **the house was ~d at $80,000** la maison a été évaluée *or* estimée à 80 000 dollars ◆ **he had it ~d** il l'a fait expertiser

**b** *(= appreciate, esteem) [+ friendship]* apprécier ; *[+ comforts]* apprécier, faire grand cas de ; *[+ liberty, independence]* tenir à ◆ **if you ~ your life/eyes/freedom** si vous tenez à la vie/à vos yeux/à votre liberté ◆ **we ~ your opinion** votre avis nous importe beaucoup ◆ **he is someone we all ~** nous l'apprécions tous beaucoup

**COMP** ▷ **value added tax N** *(Brit: abbr VAT)* taxe *f* sur la valeur ajoutée *(abbr TVA)* ▷ **value judg(e)ment N** *(fig)* jugement *m* de valeur ▷ **value system N** système *m* de valeurs

**valued** /ˈvæljuːd/ ADJ *[friend, customer, contribution]* précieux ; *[employee, commodity]* apprécié ; *[colleague]* estimé

**valueless** /ˈvæljʊlɪs/ ADJ sans valeur

**valuer** /ˈvæljʊəʳ/ N *(Brit)* expert *m (en estimations de biens mobiliers)*

**valve** /vælv/ N a *(Anat)* valvule *f*; *(Bot, Zool)* valve *f*; *(Tech) [of machine]* soupape *f*, valve *f*; *[of air chamber, tyre]* valve *f*; *[of musical instrument]* piston *m* ◆ **inlet/outlet** ~ soupape *f* d'admission/d'échappement ◆ **exhaust** ~ clapet *m* d'échappement ◆ ~ **horn/trombone** *(Mus)* cor *m*/trombone *m* à pistons ; → **safety, suction** b *(Elec, Rad:* also **thermionic valve**) lampe *f*

**valvular** /ˈvælvjʊləʳ/ ADJ valvulaire

**vamoose*** /vəˈmuːs/ VI filer*, décamper* ◆ ~! fiche le camp !*

**vamp¹** /væmp/ N *(= woman)* vamp *f* VT vamper* VI jouer la femme fatale

**vamp²** /væmp/ VT *(= repair)* rafistoler ; *(Mus)* improviser VI *(Mus)* improviser des accompagnements N *[of shoe]* devant *m*

**vampire** /ˈvæmpaɪəʳ/ N *(lit, fig)* vampire *m* COMP ▷ **vampire bat** N vampire *m*

**vampirism** /ˈvæmpaɪərɪzəm/ N vampirisme *m*

**van¹** /væn/ N a *(Aut) (smallish)* camionnette *f*, fourgonnette *f*; *(large)* camion *m*, fourgon *m*; → **removal** b *(Brit Rail)* fourgon *m*; → **guard, luggage** c (* abbrev of **caravan**) caravane *f*; *(gipsy's)* roulotte *f* COMP ▷ **van-boy** N livreur *m* ▷ **van-driver** N chauffeur *m* de camion ▷ **van-man** N (pl **van-men**) ⇒ **van-boy** ▷ **van pool** N *(US)* covoiturage *m* en minibus

**van²** /væn/ N abbrev of **vanguard**

**vanadium** /vəˈneɪdɪəm/ N vanadium *m*

**Vancouver** /vænˈkuːvəʳ/ N Vancouver COMP ▷ **Vancouver Island** N l'île *f* de Vancouver

**vandal** /ˈvændəl/ N a *(= hooligan)* vandale *mf* b *(Hist)* **Vandal** Vandale *mf*

**vandalism** /ˈvændəlɪzəm/ N vandalisme *m* ◆ **cultural** ~ vandalisme *m* culturel

**vandalistic** /ˌvændəˈlɪstɪk/ ADJ destructeur (-trice *f*), de vandale

**vandalize** /ˈvændəlaɪz/ VT vandaliser, saccager

**Van Diemen's Land** † /ˌvænˈdiːmənzlænd/ N Terre *f* de Van Diemen

**vane** /veɪn/ N *[of windmill]* aile *f*; *[of propeller]* pale *f*; *[of turbine]* aube *f*; *[of quadrant etc]* pinnule *f*, lumière *f*; *[of feather]* barbe *f*; (also **weather vane**) girouette *f*

**vanguard** /ˈvæŋgɑːd/ N a *(Mil, Naut)* avant-garde *f* ◆ **in the** ~ **(of)** en tête (de) b *(fig)* avant-garde *f* ◆ **in the** ~ **of progress** à l'avant-garde *or* à la pointe du progrès

**vanilla** /vəˈnɪlə/ N *(= spice, flavour)* vanille *f* COMP *[cream, ice]* à la vanille ▷ **vanilla essence** N extrait *m* de vanille ▷ **vanilla pod** N gousse *f* de vanille ▷ **vanilla sugar** N sucre *m* vanillé

**vanillin** /væˈnɪlɪn/ N vanilline *f*

**vanish** /ˈvænɪʃ/ VI *(gen)* disparaître (*from* de) ; *[fears]* se dissiper ◆ **to** ~ **without trace** disparaître sans laisser de traces ◆ **to** ~ **into thin air*** se volatiliser ◆ **he ~ed into the countryside** il a disparu dans la campagne ◆ **he/it had ~ed from sight** il/cela avait disparu, il/cela était introuvable ◆ **he/it has ~ed from the face of the earth** il/cela a disparu sans laisser de traces ◆ **Julie ~ed from outside her home** Julie a disparu de devant chez elle ◆ **he ~ed into the distance** il s'est évanoui dans le lointain ◆ **he said goodbye and ~ed into the house** il a dit au revoir et il est rentré précipitamment dans la maison

COMP ▷ **vanishing act*** N *(fig)* ◆ **to do a ~ing act** s'éclipser* ▷ **vanishing cream** † N crème *f* de beauté ▷ **vanishing point** N point *m* de fuite ◆ **to reach ~ing point** disparaître ▷ **vanishing trick** N tour *m* de passe-passe

**vanished** /ˈvænɪʃt/ ADJ disparu

**vanitory unit** /ˈvænɪtərɪˈjuːnɪt/ N sous-vasque *f*

**vanity** /ˈvænɪtɪ/ N *(NonC)* a *(= conceit)* vanité *f* ◆ **I may say without** ~ je peux dire sans (vouloir) me vanter

b *(= worthlessness)* vanité *f*, futilité *f* ◆ **all is** ~ tout est vanité

COMP ▷ **vanity basin** N ⇒ **vanity unit** ▷ **vanity box, vanity case** N mallette *f* pour affaires de toilette, vanity-case *m* ▷ **vanity mirror** N *(in car)* miroir *m* de courtoisie ▷ **vanity plate** N *(esp US Aut)* plaque *f* d'immatriculation personnalisée ▷ **vanity press** N *(Publishing)* maison *f* d'édition à compte d'auteur ▷ **vanity publishing** N *(NonC)* publication *f* à compte d'auteur ▷ **vanity unit** N sous-vasque *f*

> **Vanity Plate**
>
> En Grande-Bretagne comme aux États-Unis, les automobilistes s'intéressent particulièrement aux immatriculations qui forment des mots ou contiennent leurs initiales. Ces plaques, appelées **personalized number plates** en Grande-Bretagne et **vanity plates** aux États-Unis, se vendent souvent très cher. Par exemple, on peut imaginer qu'un homme s'appelant James Allan Gordon souhaite acquérir à n'importe quel prix la plaque d'immatriculation « JAG 1 ».

**vanquish** /ˈvæŋkwɪʃ/ VT *(liter)* vaincre ◆ **the ~ed** les vaincus *mpl*

**vanquisher** /ˈvæŋkwɪʃəʳ/ N *(liter)* vainqueur *m*

**vantage** /ˈvɑːntɪdʒ/ N avantage *m*, supériorité *f* COMP ▷ **vantage ground** N *(Mil)* position *f* stratégique *or* avantageuse ▷ **vantage point** N poste *m* d'observation ◆ **from my ~ point on the roof** de mon poste d'observation sur le toit ◆ **from his ~ point as a publisher** de sa position d'éditeur ◆ **there wasn't much to see from this ~ point** on ne voyait pas grand-chose de cet endroit ◆ **from your ~ point, do you think they'll win the election?** d'après vous, qui êtes bien placé pour juger, vont-ils gagner les élections ? ◆ **this seems unlikely from the ~ point of France** vu de France, cela semble improbable ◆ **this book is written from the ~ point of the slaves** ce livre est écrit du point de vue des esclaves

**Vanuatu** /ˈvænuːˌætuː/ N ◆ **(the Republic of)** ~ (la République de) Vanuatu

**vapid** /ˈvæpɪd/ ADJ *(frm) [remark, conversation, book, song]* insipide ; *[person]* ahuri ; *[smile]* mièvre ; *[style]* plat

**vapidity** /væˈpɪdɪtɪ/ N *[of conversation]* insipidité *f*; *[of style]* platitude *f*

**vapor** /ˈveɪpəʳ/ N, VI *(US)* ⇒ **vapour**

**vaporization** /ˌveɪpəraɪˈzeɪʃən/ N vaporisation *f*

**vaporize** /ˈveɪpəraɪz/ VT vaporiser VI se vaporiser

**vaporizer** /ˈveɪpəraɪzəʳ/ N *(gen, Chem)* vaporisateur *m*; *(Med: for inhalation)* inhalateur *m*; *(for perfume)* atomiseur *m*

**vaporous** /ˈveɪpərəs/ ADJ *(liter)* a *(= full of vapour) [air, cloud, heat]* vaporeux *(liter)* b *(fig = indistinct)* vague

**vapour, vapor** *(US)* /ˈveɪpəʳ/ N a *(Phys: also mist etc)* vapeur *f*; *(on glass)* buée *f* b ◆ **to have the ~s** † avoir des vapeurs † VI *(US* = boast)* fanfaronner COMP ▷ **vapour bath** N bain *m* de vapeur ▷ **vapour trail** N *(Aviat)* traînée *f* de condensation

**variability** /ˌvɛərɪəˈbɪlɪtɪ/ N variabilité *f*

**variable** /ˈvɛərɪəbl/ ADJ *[amount, quality, content]* variable ; *[weather]* variable, incertain, changeant ; *[mood]* changeant ; *[work]* de qualité inégale N *(gen)* variable *f* COMP ▷ **variable pitch propeller** N hélice *f* à pas variable ▷ **variable type** N *(Comput)* type *m* de variable

**variance** /ˈvɛərɪəns/ N a *(= disagreement)* désaccord *m*, différend *m* ◆ **to be at** ~ *(= in disagreement)* être en désaccord ◆ **to be at** ~ **with sb about sth** avoir un différend avec qn sur qch ◆ **this is at** ~ **with what he said earlier** cela ne correspond pas à *or* cela contredit ce qu'il a dit auparavant b *(= variation)* variation *f* c *(Math)* variance *f* d *(Jur)* différence *f*, divergence *f* ◆ **there is a** ~ **between the two statements** les deux dépositions ne s'accordent pas *or* ne concordent pas

**variant** /ˈvɛərɪənt/ N *(gen, Ling etc)* variante *f* ◆ **spelling** ~ variante *f* orthographique ADJ *[method]* autre COMP ▷ **variant form** N *(Ling)* variante *f* (orthographique) ▷ **variant reading** N variante *f* ▷ **variant spelling** N ⇒ **variant form**

**variation** /ˌvɛərɪˈeɪʃən/ N *(gen, Bio, Chem, Met, Mus, Phys)* variation *f*; *(in opinions, views)* fluctuation(s) *f(pl)*, changements *mpl*

**varicoloured, varicolored** *(US)* /ˈvɛərɪˌkʌləd/ ADJ multicolore, bigarré ; *(fig)* divers

**varicose** /ˈværɪkəʊs/ ADJ *[ulcer, eczema]* variqueux COMP ▷ **varicose vein** N varice *f* ◆ **to have** ~ **veins** avoir des varices

**varied** /ˈvɛərɪd/ ADJ *[diet, career, work, programme]* varié ; *[reasons, opportunities, talents]* varié, divers

**variegated** /ˈvɛərɪgeɪtɪd/ ADJ a *(= mottled) [plant, leaf, plumage]* panaché ; *[colour]* moucheté ; *[markings]* de couleurs différentes b *(= varied) [assortment]* varié

**variegation** /ˌvɛərɪˈgeɪʃən/ N bigarrure *f*, diaprure *f (liter)*

**variety** /vəˈraɪətɪ/ N a *(NonC = diversity)* variété *f (in* dans), diversité *f* ◆ **children like** ~ les enfants aiment la variété *or* ce qui est varié ◆ **it lacks** ~ ça n'est pas assez varié ◆ **they have increased in number and** ~ ils sont devenus plus nombreux et plus variés ◆ ~ **is the spice of life** *(Prov)* il faut de tout pour faire un monde

b *(= assortment, range)* ◆ **a wide** *or* **great** ~ **of ...** un grand nombre de ... ◆ **dolphins produce a** ~ **of noises** les dauphins émettent différents bruits *or* un certain nombre de bruits ◆ **for a** ~ **of reasons** pour diverses raisons ◆ **it offers a** ~ **of careers** cela offre un grand choix de carrières

c *(Bio = subdivision)* variété *f* ◆ **new plant** ~ obtention *f or* nouveauté *f* végétale

d *(= type, kind)* type *m*, espèce *f* ◆ **many varieties of socialist(s)** de nombreux types (différents) de socialistes, de nombreuses espèces (différentes) de socialistes ◆ **books of the paperback** ~ des livres du genre livre de poche e (NonC: Theat) variétés *fpl*

COMP (Theat) [actor, artiste] de variétés, de music-hall ▷ **variety meats** NPL (US Culin) abats *mpl* (de boucherie) ▷ **variety show** N (Theat) spectacle *m* de variétés *or* de music-hall ; (Rad, TV) émission *f* de variétés ▷ **variety store** N (US) ≃ Prisunic *m* ▷ **variety theatre** N (théâtre *m* de) variétés *fpl* ▷ **variety turn** N (Brit) numéro *m* (de variétés *or* de music-hall)

**varifocal** /vɛərɪ'fəʊkl/ ADJ progressif NPL **varifocals** lunettes *fpl* à verres progressifs

**variola** /və'raɪələ/ N variole *f*

**various** /'vɛərɪəs/ ADJ a (= differing) divers *before n*, différent ◆ **at ~ times of day** à différents moments de la journée ◆ **the ~ meanings of a word** les différents sens d'un mot ◆ **his excuses are many and ~** ses excuses sont nombreuses et variées b (= several) divers, plusieurs ◆ **I phoned her ~ times** je lui ai téléphoné à plusieurs reprises ◆ **there are ~ ways of doing it** il y a plusieurs manières de le faire

**variously** /'vɛərɪəslɪ/ ADV ◆ **he was ~ known as John, Johnny or Jack** il était connu sous divers noms : John, Johnny ou Jack ◆ **the crowd was ~ estimated at two to seven thousand** le nombre de personnes a été estimé entre deux et sept mille selon les sources

**varlet** †† /'vɑːlɪt/ N (pej) sacripant †† *m*

**varmint** † * /'vɑːmɪnt/ N (= scoundrel) polisson(ne) *m(f)*, vaurien(ne) *m(f)*

**varnish** /'vɑːnɪʃ/ N (lit, fig) vernis *m* ; (on pottery) vernis *m*, émail *m* ; → **nail, spirit** VT [+ furniture, painting] vernir ; [+ pottery] vernisser ◆ **to ~ one's nails** se vernir les ongles ◆ **to ~ the truth** maquiller la vérité

**varnishing** /'vɑːnɪʃɪŋ/ N vernissage *m* COMP ▷ **varnishing day** N (Art) (jour *m* du) vernissage *m*

**varsity** /'vɑːsɪtɪ/ N a (Brit † * = university) fac * *f* b (US Univ Sport) équipe *f* de première catégorie (*représentant un établissement d'enseignement*) COMP ▷ **varsity match** N *match entre les universités d'Oxford et de Cambridge* ▷ **varsity sports** NPL (US) *sports pratiqués entre équipes de différents établissements scolaires*

**vary** /'vɛərɪ/ VI varier ◆ **symptoms ~ with the weather** les symptômes varient selon le temps qu'il fait ◆ **the colour can ~ from blue to green** la couleur peut varier du bleu au vert ◆ **tariffs ~ by country** *or* **from country to country** les tarifs varient selon les pays ◆ **this text varies from the previous version** ce texte diffère de la version antérieure ◆ **as they are handmade, each one varies slightly** comme ils sont faits main, chacun est légèrement différent ◆ **they ~ in size** leur taille varie, ils sont de tailles différentes VT [+ programme, menu] varier ; [+ temperature] faire varier ; (directly) varier

**varying** /'vɛərɪɪŋ/ ADJ [amounts] variable ; [shades] différent ◆ **of ~ abilities** de compétences variées ◆ **of ~ ages** de différents âges ◆ **to ~ degrees** à des degrés divers ◆ **with ~ degrees of success** avec plus ou moins de succès ◆ **for ~ periods of time** pendant des périodes plus ou moins longues ◆ **of ~ sizes** de différentes tailles

**vascular** /'væskjʊləʳ/ ADJ vasculaire

**vas deferens** /'væs'defə,renz/ N (pl **vasa deferentia** /'veɪsə,defə'renʃɪə/) (Anat) canal *m* déférent

**vase** /vɑːz/ N vase *m* ◆ **flower ~** vase *m* à fleurs

**vasectomy** /væ'sektəmɪ/ N vasectomie *f* ◆ **to have a ~** avoir une vasectomie

**Vaseline** ® /'væsɪliːn/ N vaseline ® *f* VT enduire de vaseline ®

**vasoconstrictor** /,veɪzəʊkən'strɪktəʳ/ N vasoconstricteur *m*

**vasodilator** /,veɪzəʊdaɪ'leɪtəʳ/ N vasodilatateur *m*

**vasomotor** /,veɪzəʊ'məʊtəʳ/ ADJ vasomoteur (*f* -trice)

**vassal** /'væsəl/ ADJ, N (Hist, fig) vassal *m*

**vassalage** /'væsəlɪdʒ/ N vassalité *f*, vasselage *m*

**vast** /vɑːst/ ADJ [quantity, amount, building, reserve] vaste *before n*, énorme ; [area, size, organization, army] vaste, immense ; [knowledge, experience] vaste, grand ◆ **at ~ expense** à grands frais ◆ **to a ~ extent** dans une très large mesure ◆ **a ~ improvement on sth** une nette amélioration par rapport à qch ◆ **the ~ majority** la grande majorité ◆ **~ sums (of money)** des sommes folles

**vastly** /'vɑːstlɪ/ ADV [different] extrêmement ; [superior] largement, nettement ; [overrate, increase, improve] considérablement

**vastness** /'vɑːstnɪs/ N immensité *f*

**VAT** /viːeɪ'tiː, væt/ N (Brit) (abbrev of **value added tax**) TVA *f* COMP ▷ **VAT man** * N (pl **VAT men**) *inspecteur des impôts chargé du contrôle de la TVA* ▷ **VAT-registered** ADJ enregistré à la TVA ▷ **VAT return** N formulaire *m* de déclaration de la TVA

**vat** /væt/ N cuve *f*, bac *m*

**Vatican** /'vætɪkən/ N Vatican *m* COMP [policy etc] du Vatican ▷ **Vatican City** N la cité du Vatican ▷ **the Vatican Council** N le concile du Vatican

**vaudeville** /'vəʊdəvɪl/ (esp US) N spectacle *m* de variétés *or* de music-hall COMP [show, singer] de variétés, de music-hall

**vaudevillian** /,vəʊdə'vɪlɪən/ (US) N (= writer) auteur *m* de variétés ; (= performer) acteur *m*, -trice *f* de variétés ADJ de variétés

**vaudevillist** /'vəʊdəvɪlɪst/ N (US) ⇒ **vaudevillian** n

**vault**[1] /vɔːlt/ N a (Archit) voûte *f* ◆ **the ~ of heaven** (liter) la voûte céleste b (Anat) voûte *f* ◆ **cranial ~** voûte *f* crânienne c (= cellar) cave *f* d (in bank) (= strongroom) chambre *f* forte ; (= safe deposit box room) salle *f* des coffres ◆ **it's lying in the ~s of the bank** c'est dans les coffres de la banque e (= burial chamber) caveau *m* ◆ **interred in the family ~** inhumé dans le caveau de famille

**vault**[2] /vɔːlt/ VI (gen) sauter ; (Pole Vaulting) sauter (à la perche) ; (Gym) sauter ◆ **to ~ over sth** sauter qch (d'un bond) ; → **pole**[1] VT (gen) sauter d'un bond N saut *m*

**vaulted** /'vɔːltɪd/ ADJ [roof, ceiling] en voûte ; [room, hall] voûté

**vaulting**[1] /'vɔːltɪŋ/ N (Archit) voûte(s) *f(pl)*

**vaulting**[2] /'vɔːltɪŋ/ N (Sport) exercice *m* or pratique *f* du saut COMP ▷ **vaulting horse** N cheval *m* d'arçons

**vaunt** /vɔːnt/ VT (liter) (= boast about) vanter ; (= praise) vanter, faire l'éloge de ◆ **much ~ed** tant vanté

**VC** /viː'siː/ N a (Brit) (abbrev of **Victoria Cross**) → **Victoria** b (Univ) (abbrev of **vice-chancellor**) → **vice-** c (US: in Vietnam) abbrev of **Vietcong**

**VCR** /,viːsiː'ɑːʳ/ N (abbrev of **video cassette recorder**) → **video**

**VD** /viː'diː/ N (Med) (abbrev of **venereal disease**) → **venereal**

**VDT** /,viːdiː'tiː/ N (abbrev of **visual display terminal**) → **visual**

**VDU** /,viːdiː'juː/ N (Comput) (abbrev of **visual display unit**) → **visual**

**veal** /viːl/ N veau *m* ; → **fillet** COMP [stew, cutlet] de veau ▷ **veal crate** N *box pour l'élevage des veaux de batterie*

**vector** /'vektəʳ/ N a (Bio, Math) vecteur *m* b (Aviat) direction *f* VT (Aviat) radioguider COMP (Math) vectoriel

**vectorial** /vek'tɔːrɪəl/ ADJ vectoriel

**VE Day** /viː'iːdeɪ/ N *anniversaire de la victoire des alliés en 1945*

> **VE Day**
>
> La Grande-Bretagne et les États-Unis commémorent le 8 mai la victoire alliée de 1945 en Europe. C'est le **VE Day** (Victory in Europe Day). La victoire sur le Japon, **VJ Day** (Victory over Japan Day), est commémorée le 15 août.

**veep** * /viːp/ N (US: from VP) ⇒ **vice-president** ; → **vice-**

**veer** /vɪəʳ/ VI a [wind] (= change direction) tourner, changer de direction ; [ship] virer (de bord) ; [car, road] virer ◆ **to ~ to the north** se diriger vers le nord *or* au nord ◆ **the car ~ed off the road** la voiture a quitté la route ◆ **to ~ (off to the) left/right** virer à gauche/droite b (= change etc) changer ◆ **he ~ed round to my point of view** changeant d'opinion il s'est rallié à mon point de vue ◆ **he ~ed off** *or* **away from his subject** il s'est éloigné de son sujet ◆ **her feelings for him ~ed between tenderness and love** les sentiments qu'elle lui portait oscillaient entre la tendresse et l'amour VT a (Naut) [+ cable] filer b [+ ship, car] faire virer

**veg** * /vedʒ/ N (abbrev of **vegetables**) légumes *mpl*

► **veg out** * VI glander *

**vegan** /'viːgən/ N, ADJ végétalien(ne) *m(f)*

**veganism** /'viːgənɪzəm/ N végétalisme *m*

**vegeburger** /'vedʒɪ,bɜːgəʳ/ N hamburger *m* végétarien

**vegetable** /'vedʒtəbl/ N a légume *m* ◆ **early ~s** primeurs *fpl* b (generic term = plant) végétal *m*, plante *f* c (pej = brain-damaged person) légume *m* COMP [oil, matter] végétal ▷ **vegetable dish** N plat *m* à légumes, légumier *m* ▷ **vegetable garden** N (jardin *m*) potager *m* ▷ **vegetable kingdom** N règne *m* végétal ▷ **vegetable knife** N (pl **vegetable knives**) couteau-éplucheur *m* ▷ **vegetable marrow** N (esp Brit) courge *f* ▷ **vegetable patch** N carré *m* de légumes ▷ **vegetable salad** N salade *f* or macédoine *f* de légumes ▷ **vegetable slicer** N coupe-légumes *m inv* ▷ **vegetable soup** N soupe *f* aux *or* de légumes

**vegetarian** /,vedʒɪ'tɛərɪən/ ADJ, N végétarien(ne) *m(f)*

**vegetarianism** /,vedʒɪ'tɛərɪənɪzəm/ N végétarisme *m*

**vegetate** /'vedʒɪteɪt/ VI (lit) végéter ; (fig) végéter, moisir *

**vegetated** /'vedʒɪteɪtɪd/ ADJ couvert de végétation ◆ **sparsely/densely ~** couvert d'une végétation clairsemée/dense

**vegetation** /,vedʒɪ'teɪʃən/ N (NonC) végétation *f*

**vegetative** /'vedʒɪtətɪv/ ADJ végétatif ◆ **~ growth** croissance *f* de la végétation COMP ▷ **vegetative coma** N coma *m* dépassé ; → **persistent**

**veggie** * /'vedʒɪ/ N, ADJ a abbrev of **vegetarian** b (esp US) abbrev of **vegetable noun a**

**veggieburger** /'vedʒɪ,bɜːdəʳ/ N ⇒ **vegeburger**

**vehemence** /ˈviːɪməns/ N *[of person, opposition, denial, tone]* véhémence *f* ; *[of criticism, attack, protest, dislike]* véhémence *f*, violence *f*

**vehement** /ˈviːɪmənt/ ADJ *[person, opposition, denial, tone]* véhément ; *[criticism, attack, protest, dislike]* véhément, violent ; *[speech]* véhément, passionné ; *[gesture, condemnation]* vif

**vehemently** /ˈviːɪməntlɪ/ ADV *[deny, say]* avec véhémence *(liter)* ; *[reject, oppose]* avec véhémence, violemment ; *[attack, curse]* violemment ; *[shake one's head]* vigoureusement ♦ ~ **anti-European** violemment antieuropéen

**vehicle** /ˈviːɪkl/ N a *(Aut, Rail etc)* véhicule *m* ; *(very large)* engin *m* ♦ **"closed to vehicles"** "interdit à la circulation" ♦ **"authorized vehicles only"** "accès réservé aux véhicules autorisés" ; → **commercial** b *(Chem, Art, Pharm etc, also fig)* véhicule *m* ♦ **a ~ of** *or* **for communication** un véhicule de la communication ♦ **her art was a ~ for her political beliefs** son art lui servait à véhiculer ses convictions politiques

**vehicular** /vɪˈhɪkjʊləʳ/ ADJ *(frm) [access]* des véhicules ; *[homicide]* commis en conduisant ♦ ~ **deaths** décès *mpl* dus aux accidents de la route ♦ ~ **traffic** circulation *f* (routière)

**veil** /veɪl/ N *(gen)* voile *m* ; *(on hat)* voilette *f* ; *(fig)* voile *m* ♦ **to take the ~** *(Rel)* prendre le voile ♦ **beyond the ~** *(fig liter)* dans l'au-delà ♦ **to be wearing a ~** être voilé ♦ **to draw/throw a ~ over** *(fig)* mettre/jeter un voile sur ♦ **under the ~ of ...** sous le voile de ... ♦ **~ of mist** voile *m* de brume VT voiler, couvrir d'un voile ; *(fig) [+ truth, facts]* voiler ; *[+ feelings]* voiler, dissimuler ♦ **the clouds ~ed the moon** les nuages voilaient la lune

**veiled** /veɪld/ ADJ *[woman, face, criticism, reference, threat, warning, attack]* voilé ♦ ~ **in black** voilé de noir ♦ ~ **in shadow** *(liter)* plongé dans l'ombre ♦ ~ **mountains** *(liter)* des montagnes *fpl* voilées *(liter)*

**veiling** /ˈveɪlɪŋ/ N *(on hat etc)* voilage *m* ; *(fig) [of truth, facts]* dissimulation *f*

**vein** /veɪn/ N a *(in body, insect wing)* veine *f* ; *(in leaf)* nervure *f* ♦ **to open a ~** *(suicide)* s'ouvrir les veines ♦ **he has French blood in his ~s** il a du sang français dans les veines ; → **varicose** b *(in stone etc: gen)* veine *f* ; *(of ore etc)* filon *m*, veine *f* ♦ **there's a ~ of truth in what he says** il y a un fond de vérité dans ce qu'il dit ♦ **a ~ of racism/scepticism** un fond de racisme/scepticisme ♦ **a ~ of humour runs through her writing** il y a un humour sous-jacent dans tous ses textes c *(= style etc)* style *m* ; *(= mood)* esprit *m* ♦ **in a humorous/revolutionary ~** dans un esprit humoristique/révolutionnaire ♦ **in the same ~, in a similar ~** *(= in the same style)* dans la même veine ; *(= by the same token)* dans le même ordre d'idées ♦ **in a more realistic ~** dans un style plus réaliste

**veined** /veɪnd/ ADJ *[hand, marble]* veiné ; *[stone]* marbré ; *[leaf]* nervuré ♦ **blue-~ cheese** fromage *m* à pâte persillée ♦ **pink flowers ~ with red** des fleurs *fpl* roses veinées de rouge ♦ **rocks ~ with cracks** rochers *mpl* tout fissurés

**veining** /ˈveɪnɪŋ/ N *[of marble]* veinures *fpl* ; *[of stone]* marbrures *fpl* ; *[of leaf]* nervures *fpl* ; *[of marble-effect paper]* dessin *mpl* marbrés

**veinule** /ˈveɪnjuːl/ N veinule *f*

**vela** /ˈviːlə/ NPL of **velum**

**velar** /ˈviːləʳ/ ADJ vélaire

**Velcro** ® /ˈvelkrəʊ/ N velcro ® *m*

**veld(t)** /velt/ N veld(t) *m*

**vellum** /ˈveləm/ N vélin *m* COMP *[binding]* de vélin ▷ **vellum paper** N papier *m* vélin

**velocipede** /vəˈlɒsɪpiːd/ N vélocipède *m*

**velociraptor** /vəˈlɒsɪræptəʳ/ N vélociraptor *m*

**velocity** /vɪˈlɒsɪtɪ/ N vélocité *f*, vitesse *f*

**velodrome** /ˈviːləˌdrəʊm/ N vélodrome *m*

**velour(s)** /vəˈlʊəʳ/ N *(for clothes)* velours *m* rasé ; *(for upholstery)* velours *m* épais

**velum** /ˈviːləm/ N (pl **vela**) *(Anat)* voile *m* du palais

**velvet** /ˈvelvɪt/ N a *(gen)* velours *m* ; → **black, iron** b *(US = unearned income)* bénéfice *m* non salarial COMP *[dress]* de velours ▷ **Velvet Revolution** N révolution *f* de velours

**velveteen** /ˈvelvɪtiːn/ N veloutine *f*

**velvety** /ˈvelvɪtɪ/ ADJ *[surface, texture, material]* velouteux, velouté ; *[sauce, voice]* velouté

**vena cava** /ˈviːnəˈkeɪvə/ N (pl **venae cavae** /ˈviːniːˈkeɪviː/) veine *f* cave

**venal** /ˈviːnl/ ADJ vénal

**venality** /viːˈnælɪtɪ/ N vénalité *f*

**vend** /vend/ VT *(Jur)* vendre

**vendee** /venˈdiː/ N *(Jur)* acquéreur *m*

**vendetta** /venˈdetə/ N vendetta *f*

**vending** /ˈvendɪŋ/ N vente *f* COMP ▷ **vending machine** N distributeur *m* automatique

**vendor** /ˈvendəʳ/ N a *(gen)* marchand(e) *m(f)* ♦ **ice-cream** *etc* ~ marchand(e) *m(f)* de glaces *etc* ; → **newsvendor, street** b *(= machine)* distributeur *m* automatique c /ˈvendɔːʳ/ *(Jur)* vendeur *m*

**veneer** /vəˈnɪəʳ/ N placage *m* ; *(fig)* apparence *f*, vernis *m* ♦ **with** *or* **under a ~ of** sous un vernis de VT plaquer

**venerable** /ˈvenərəbl/ ADJ vénérable COMP ▷ **the Venerable Bede** N Bède *m* le Vénérable

**venerate** /ˈvenəreɪt/ VT vénérer

**veneration** /ˌvenəˈreɪʃən/ N vénération *f*

**venereal** /vɪˈnɪərɪəl/ ADJ vénérien COMP ▷ **venereal disease** N maladie *f* vénérienne, MST *f*

**venereology** /vɪˌnɪərɪˈɒlədʒɪ/ N vénérologie *f*

**venery** /ˈvenərɪ/ N a *(liter = hunting)* vénerie *f* b *(†† = debauchery)* débauche *f*

**Venetia** /vɪˈniːʃə/ N *(Hist)* Vénétie *f*

**Venetian** /vɪˈniːʃən/ ADJ vénitien, de Venise N Vénitien(ne) *m(f)* COMP ▷ **Venetian blind** N store *m* vénitien ▷ **Venetian glass** N cristal *m* de Venise

**Veneto** /ˈveːneto/ N ♦ **(the) ~** la Vénétie

**Venezuela** /ˌveneˈzweɪlə/ N Venezuela *m* ♦ **in ~** au Venezuela

**Venezuelan** /ˌveneˈzweɪlən/ ADJ vénézuélien N Vénézuélien(ne) *m(f)*

**vengeance** /ˈvendʒəns/ N vengeance *f* ♦ **to take ~ (up)on ...** se venger de *or* sur ... ♦ **to take ~ for ...** tirer vengeance de ...
♦ **with a vengeance** ♦ **to set to work with a ~** se mettre à travailler avec détermination ♦ **to return with a ~** faire un retour en force ♦ **it started to rain again with a ~** il s'est remis à pleuvoir de plus belle

**vengeful** /ˈvendʒfʊl/ ADJ vengeur (-eresse *f*)

**venial** /ˈviːnɪəl/ ADJ *(also Rel)* véniel

**veniality** /ˌviːnɪˈælɪtɪ/ N caractère *m* véniel

**Venice** /ˈvenɪs/ N Venise

**venire** /vɪˈnaɪrɪ/ N *(US Jur)* liste *f* des jurés assignés

**venireman** /vɪˈnaɪərɪmən/ N (pl **-men**) *(US Jur)* juré *m* nommé par assignation

**venison** /ˈvenɪsən/ N venaison *f*

**venom** /ˈvenəm/ N *(lit, fig)* venin *m*

**venomous** /ˈvenəməs/ ADJ *(lit, fig)* venimeux ♦ ~ **tongue** *(fig)* langue *f* de vipère

**venomously** /ˈvenəməslɪ/ ADV *[say]* sur un ton venimeux ♦ **to glare ~ at sb** lancer des regards venimeux à qn

**venous** /ˈviːnəs/ ADJ *(Anat, Bot)* veineux

**vent** /vent/ N *(for gas, liquid) (= hole)* orifice *m* ; *(= pipe)* conduit *m* ; *(in chimney)* tuyau *m* ; *[of volcano]* cheminée *f* ; *(in barrel)* trou *m* ; *(in coat)* fente *f* ♦ **to give ~ to** *[+ feelings]* donner *or* laisser libre cours à VT *[+ barrel etc]* pratiquer un trou dans ; *[+ one's anger etc]* décharger (*on* sur) COMP ▷ **vent glass** N *(Aut)* déflecteur *m*

**ventilate** /ˈventɪleɪt/ VT a *[+ room, lungs, patient]* aérer, ventiler ; *[+ tunnel]* ventiler ; *[+ blood]* oxygéner b *[+ question]* livrer à la discussion ; *[+ grievance]* étaler au grand jour

**ventilation** /ˌventɪˈleɪʃən/ N ventilation *f* COMP ▷ **ventilation shaft** N conduit *m* d'aération *or* de ventilation

**ventilator** /ˈventɪleɪtəʳ/ N *(Med)* respirateur *m* ; *(in room)* ventilateur *m* ; (*Aut:* also **ventilator window**) déflecteur *m*

**ventricle** /ˈventrɪkl/ N ventricule *m*

**ventriloquism** /venˈtrɪləkwɪzəm/ N ventriloquie *f*

**ventriloquist** /venˈtrɪləkwɪst/ N ventriloque *mf* COMP ▷ **ventriloquist's dummy** N poupée *f* de ventriloque

**ventriloquy** /venˈtrɪləkwɪ/ N ventriloquie *f*

**venture** /ˈventʃəʳ/ N *(= project)* entreprise *f*, projet *m* ; (also **business venture**) entreprise *f* ♦ **it was a risky ~** c'était une entreprise assez risquée *or* assez hasardeuse ♦ **the success of his first artistic/film ~** le succès de sa première entreprise artistique/cinématographique ♦ **all his business ~s failed** toutes ses entreprises en matière de commerce *or* toutes ses tentatives commerciales ont échoué ♦ **this is a new ~ in publishing** ceci constitue quelque chose de nouveau *or* un coup d'essai en matière d'édition ♦ **at a ~** † au hasard

VT *[+ life, fortune, reputation]* risquer ; *[+ opinion]* hasarder ; *[+ explanation, estimate]* hasarder, avancer ♦ **when I asked him that, he ~d a guess** quand je lui ai posé la question, il a hasardé *or* avancé une réponse ♦ **to ~ to do sth** oser faire qch, se permettre de faire qch ♦ **he ~d the opinion that ...** il a hasardé une opinion selon laquelle ... ♦ **I ~d to write to you** j'ai pris la liberté de vous écrire ♦ **... but he did not ~ to speak** ... mais il n'a pas osé parler ♦ **nothing ~d nothing gained** *(Prov)* qui ne risque rien n'a rien *(Prov)*

VI s'aventurer, se risquer ♦ **to ~ in/out/through** se risquer à entrer/sortir/traverser ♦ **to ~ out of doors** se risquer à sortir ♦ **to ~ into town/into the forest** s'aventurer *or* se hasarder dans la ville/dans la forêt ♦ **they ~d on a programme of reform** ils ont essayé de mettre sur pied *or* d'entreprendre un ensemble de réformes ♦ **when we ~d on this** quand nous avons entrepris cela, quand nous nous sommes lancés là-dedans

COMP ▷ **venture capital** N *(Econ)* capital *m* risque ▷ **venture capitalist** N *(Econ)* spécialiste *mf* du capital risque ▷ **Venture Scout** N *(Brit)* ≃ scout *m* de la branche aînée, routier *m*, -ière *f*

► **venture forth** VI *(liter)* se risquer à sortir

**venturesome** /ˈventʃəsəm/ ADJ *[person]* aventureux, entreprenant ; *[action]* risqué, hasardeux

**venue** /'venju:/ N (*gen*) lieu *m* (de rendez-vous) ; (*Jur*) lieu *m* du procès, juridiction *f* ◆ **the ~ of the meeting is ...** la réunion aura lieu à ...

**Venus** /'vi:nəs/ N (*Astron, Myth*) Vénus *f* COMP ▷ **Venus fly-trap** N (*Bot*) dionée *f*

**Venusian** /vɪ'nju:zɪən/ ADJ vénusien

**veracious** /və'reɪʃəs/ ADJ véridique

**veracity** /və'ræsɪtɪ/ N véracité *f*

**veranda(h)** /və'rændə/ N véranda *f*

**verb** /vɜ:b/ (*Gram*) N verbe *m* ; → **auxiliary** COMP ▷ **verb phrase** N syntagme *m* verbal

**verbal** /'vɜ:bəl/ ADJ a (*gen*) [*attack, agreement, support, statement, reasoning, promise*] verbal ; [*confession*] oral ◆ ~ **dexterity** facilité *f* de parole, aisance *f* verbale ◆ ~ **memory** mémoire *f* auditive ◆ **to have good/poor ~ skills** bien/mal s'exprimer b (*Gram*) verbal N (*US Jur* *) aveux *mpl* faits oralement (*et servant de témoignage dans un procès*) COMP ▷ **verbal abuse** N (*NonC*) violence *f* verbale, injures *fpl*

**verbalize** /'vɜ:bəlaɪz/ VT [*+ feelings etc*] traduire en paroles, exprimer

**verbally** /'vɜ:bəlɪ/ ADV [*threaten, attack, communicate, express, agree*] verbalement ◆ **to abuse sb** ~ injurier qn ◆ **to be ~ abusive** tenir des propos injurieux ◆ **to be ~ and physically abused** être victime de coups et injures *or* d'agressions verbales et physiques

**verbatim** /vɜ:'beɪtɪm/ ADV [*quote, repeat*] textuellement, mot pour mot ; [*translate*] mot à mot, littéralement ADJ [*translation*] mot à mot ; [*quotation*] mot pour mot ◆ ~ **report** compte rendu *m* in extenso ◆ **he gave me a ~ report of what was said** il m'a rapporté textuellement *or* mot pour mot ce qui a été dit

**verbena** /vɜ:'bi:nə/ N (= *genus*) verbénacées *fpl* ; (= *plant*) verveine *f*

**verbiage** /'vɜ:bɪɪdʒ/ N verbiage *m*

**verbless** /'vɜ:blɪs/ ADJ sans verbe

**verbose** /vɜ:'bəʊs/ ADJ verbeux, prolixe

**verbosely** /vɜ:'bəʊslɪ/ ADV avec verbosité, verbeusement

**verbosity** /vɜ:'bɒsɪtɪ/ N verbosité *f*

**verdant** /'vɜ:dənt/ ADJ (*liter*) verdoyant

**verdict** /'vɜ:dɪkt/ N a (*Jur*) verdict *m* ; → **bring in, guilty** b [*of doctor, electors, press*] verdict *m* ◆ **to give one's ~ about** *or* **on** se prononcer sur

**verdigris** /'vɜ:dɪgrɪs/ ADJ, N vert-de-gris *m inv*

**verdure** /'vɜ:djʊəʳ/ N (*liter*) verdure *f*

**verge** /vɜ:dʒ/ N a (*Brit: of road*) bas-côté *m*, accotement *m* ◆ **the car mounted the ~** la voiture est montée sur le bas-côté *or* l'accotement ◆ **to pull over onto the ~** s'arrêter sur le bas-côté ◆ **"soft verges"** (*Aut*) "accotement non stabilisé"
b (= *edge*) (*gen*) bord *m* ; (*round flowerbed*) bordure *f* en gazon ; [*of forest*] orée *f*

◆ **on the verge of** ◆ **on the ~ of doing sth** sur le point de faire qch ◆ **on the ~ of ruin/despair/a nervous breakdown** au bord de la ruine/du désespoir/de la dépression nerveuse ◆ **on the ~ of sleep** *or* **of falling asleep** sur le point de s'endormir ◆ **on the ~ of tears** au bord des larmes, sur le point de pleurer ◆ **on the ~ of a discovery** à la veille d'une découverte ◆ **on the ~ of retirement** au seuil de la retraite ◆ **they are on the ~ of starvation** ils sont au bord de la famine

► **verge on** VT FUS friser, frôler ◆ **the plot ~s on the ridiculous** l'intrigue frise *or* frôle le ridicule ◆ **disappointment verging on despair** une déception frisant *or* frôlant le désespoir ◆ **a fury that ~d on madness** une fureur proche de la folie ◆ **he's verging on bankruptcy** il est au bord de la faillite ◆ **she is verging on fifty** elle frise la cinquantaine

**verger** /'vɜ:dʒəʳ/ N (*Rel*) bedeau *m* ; (*ceremonial*) huissier *m* à verge

**Vergil** /'vɜ:dʒɪl/ N Virgile *m*

**Vergilian** /və'dʒɪlɪən/ ADJ virgilien

**verifiability** /ˌverɪfaɪə'bɪlɪtɪ/ N vérifiabilité *f*

**verifiable** /'verɪfaɪəbl/ ADJ vérifiable

**verification** /ˌverɪfɪ'keɪʃən/ N (= *check*) vérification *f*, contrôle *m* ; (= *proof*) vérification *f*

**verifier** /'verɪfaɪəʳ/ N (*Comput*) vérificatrice *f*

**verify** /'verɪfaɪ/ VT a (= *check*) [*+ statements, information, spelling*] vérifier ; [*+ documents*] contrôler b (= *confirm*) confirmer ◆ **I can ~ that it takes about a minute** je peux confirmer que cela prend à peu près une minute

**verily** †† /'verɪlɪ/ ADV en vérité

**verisimilitude** /ˌverɪsɪ'mɪlɪtju:d/ N vraisemblance *f*

**veritable** /'verɪtəbl/ ADJ véritable, vrai *before n*

**verity** /'verɪtɪ/ N (*liter*) vérité *f*

**vermicelli** /ˌvɜ:mɪ'selɪ/ N (*NonC*) vermicelle(s) *m(pl)*

**vermicide** /'vɜ:mɪsaɪd/ N vermicide *m*

**vermifugal** /'vɜ:mɪfju:gəl/ ADJ vermifuge

**vermifuge** /'vɜ:mɪfju:dʒ/ N vermifuge *m*

**vermilion** /və'mɪljən/ ADJ, N vermillon *m inv*

**vermin** /'vɜ:mɪn/ NPL (= *animals*) animaux *mpl* nuisibles ; (= *insects*) vermine *f NonC*, parasites *mpl* ; (*pej* = *people*) vermine *f NonC*, racaille *f NonC*, parasites *mpl*

**verminous** /'vɜ:mɪnəs/ ADJ [*person, clothes*] pouilleux, couvert de vermine ; [*disease*] vermineux

**Vermont** /vɜ:'mɒnt/ N Vermont *m* ◆ **in ~** dans le Vermont

**vermouth** /'vɜ:məθ/ N vermout(h) *m*

**vernacular** /və'nækjʊləʳ/ N a (*Ling*) (= *native speech*) langue *f* vernaculaire ; (= *jargon*) jargon *m* ◆ **the ~ of advertising** le jargon de la publicité ◆ **in the ~** (= *in local language*) en langue vernaculaire ; (= *not in Latin*) en langue vulgaire b (*Archit*) architecture *f* vernaculaire *or* locale ◆ **in the local ~** dans le style local ADJ [*language*] vernaculaire ; [*crafts, furniture*] du pays ; [*architecture, style*] vernaculaire, local ; [*building*] de style local

**vernal** /'vɜ:nl/ ADJ (*liter*) printanier COMP ▷ **the vernal equinox** N l'équinoxe *m* de printemps

**Verona** /və'rəʊnə/ N Vérone

**veronica** /və'rɒnɪkə/ N a (= *plant*) véronique *f* b (= *name*) **Veronica** Véronique *f*

**verruca** /ve'ru:kə/ N (pl **verrucae** /ve'ru:si:/ *or* **verrucas**) (*esp Brit*) verrue *f* (*gen plantaire*)

**Versailles** /veə'saɪ/ N Versailles

**versatile** /'vɜ:sətaɪl/ ADJ [*person*] aux talents variés, plein de ressources ; [*mind*] souple ; [*tool, vehicle, software*] à usages multiples, polyvalent ; [*item of clothing*] qu'on peut porter en toute situation ◆ **brick is a very ~ building material** la brique est un matériau très polyvalent ◆ **potatoes are very ~** il y a mille et une façons d'accommoder les pommes de terre

> ⚠ *In French*, **versatile** *means 'fickle', not* **versatile**.

**versatility** /ˌvɜ:sə'tɪlɪtɪ/ N [*of person*] variété *f* de talents ; [*of mind*] souplesse *f* ◆ **his ~** ses talents variés, sa polyvalence

**verse** /vɜ:s/ N a (= *stanza*) [*of poem*] strophe *f* ; [*of song*] couplet *m* b (*NonC* = *poetry*) poésie *f*, vers *mpl* ◆ **in ~** en vers ; → **blank, free** c [*of Bible, Koran*] verset *m* ; → **chapter** COMP [*drama etc*] en vers

**versed** /vɜ:st/ ADJ (*also* **well-versed**) versé (*in* dans) ◆ **not (well-)~** peu versé

**versification** /ˌvɜ:sɪfɪ'keɪʃən/ N versification *f*, métrique *f*

**versifier** /'vɜ:sɪfaɪəʳ/ N (*pej*) versificateur *m*, -trice *f* (*pej*)

**versify** /'vɜ:sɪfaɪ/ VT versifier, mettre en vers VI faire des vers

**version** /'vɜ:ʃən/ N a (= *account*) version *f* ; (= *interpretation*) interprétation *f* ◆ **his ~ of events** sa version des faits b (= *variant*) [*of text*] version *f*, variante *f* ; [*of car*] modèle *m* c (= *translation*) version *f*, traduction *f* ; → **authorized**

**verso** /'vɜ:səʊ/ N verso *m*

**versus** /'vɜ:səs/ PREP a (*in comparison*) par opposition à ◆ **the arguments about public ~ private ownership** les arguments pour ou contre la propriété privée ◆ **the question of electricity ~ gas for cooking** la question de l'électricité par rapport au gaz *or* de l'électricité comparée au gaz pour la cuisine
b (*Sport*) contre ◆ **the England ~ Spain match** le match Angleterre-Espagne
c (*in dispute, competition*) **it's management ~ workers** c'est la direction contre les ouvriers, la direction s'oppose aux ouvriers ◆ **the 1960 Nixon ~ Kennedy election** l'élection qui en 1960 a opposé Nixon à Kennedy
d (*Jur*) **Jones ~ Smith** Jones contre Smith ◆ **Rex/Regina ~ Smith** (*in Brit*) le Roi/la Reine contre Smith (*formule utilisée pour un procès engagé par l'État contre un particulier*) ◆ **the People ~ Smith** (*in US*) l'État contre Smith

**vertebra** /'vɜ:tɪbrə/ N (pl **vertebras** *or* **vertebrae** /'vɜ:tɪbri:/) vertèbre *f*

**vertebral** /'vɜ:tɪbrəl/ ADJ vertébral

**vertebrate** /'vɜ:tɪbrət/ ADJ, N vertébré *m*

**vertex** /'vɜ:teks/ N (pl **vertexes** *or* **vertices**) (*gen, Geom*) sommet *m* ; (*Anat*) vertex *m*

**vertical** /'vɜ:tɪkəl/ ADJ [*surface, line, axis, cliff, stripes*] vertical ◆ **a ~ drop** un à-pic ◆ **a ~ power structure** une structure du pouvoir verticale N verticale *f* ◆ **out of** *or* **off the ~** décalé par rapport à *or* écarté de la verticale COMP ▷ **vertical analysis** N (*Comm*) analyse *f* verticale ▷ **vertical integration** N (*Econ*) intégration *f* verticale ▷ **vertical mobility** N (*Sociol*) mobilité *f* verticale ▷ **vertical planning** N planification *f* verticale ▷ **vertical take-off aircraft** N avion *m* à décollage vertical

**vertically** /'vɜ:tɪkəlɪ/ ADV [*hold, move, run, divide*] verticalement ; [*rise, descend, drop*] verticalement, à la verticale ◆ ~ **challenged** (*gen hum*) de taille au-dessous de la moyenne ◆ ~ **integrated** (*Econ*) à intégration verticale

**vertices** /'vɜ:tɪsi:z/ NPL of **vertex**

**vertigines** /vɜ:'tɪdʒɪˌni:z/ NPL of **vertigo**

**vertiginous** /vɜ:'tɪdʒɪnəs/ ADJ (*frm*) vertigineux

**vertigo** /'vɜ:tɪgəʊ/ N (pl **vertigoes** *or* **vertigines**) vertige *m* ◆ **to suffer from ~** avoir des vertiges

**verve** /vɜ:v/ N verve *f*, brio *m*

**very** /'verɪ/ ADV a (= *extremely*) très ◆ ~ **amusing** très amusant ◆ **to be ~ careful** faire très attention ◆ **I am ~ cold/hot** j'ai très froid/chaud ◆ **are you tired? – ~/not ~** êtes-vous fatigué ? – très/pas très ◆ ~ **well written/made** très bien écrit/fait ◆ **I'm ~ sorry** je suis vraiment désolé ◆ ~ **well, if you insist** très bien, si vous insistez ◆ ~ **little** très peu ◆ ~ **little milk** très peu de lait ◆ **it is not ~ likely** ce n'est pas très probable, c'est peu probable ◆ **I'm not ~ good at explaining myself** je ne sais pas toujours très bien me faire comprendre, j'ai un peu de mal à me faire comprendre ◆ **his accent is ~ French** il a un accent très français ◆ **Jane looks ~ pregnant** la grossesse de Jane paraît très avancée ◆ **the Very Reverend ...** *(Rel)* le Très Révérend ... ◆ ~ **high frequency** *(Rad)* (ondes *fpl*) très haute fréquence *f* ◆ ~ **high/low frequency** *(Elec)* très haute/basse fréquence *f*

b *(= absolutely)* ◆ **(of the) ~ best quality** de toute première qualité ◆ ~ **last/first** tout dernier/premier ◆ **she is the ~ cleverest in the class** elle est de loin la plus intelligente de la classe ◆ **give it to me tomorrow at the ~ latest** donnez-le-moi demain au plus tard *or* demain dernier délai ◆ **at midday at the ~ latest** à midi au plus tard ◆ **at the ~ most/least** tout au plus/moins ◆ **to be in the ~ best of health** être en excellente santé ◆ **they are the ~ best of friends** ils sont les meilleurs amis du monde

c ◆ ~ **much** beaucoup, bien ◆ **thank you ~ much** merci beaucoup ◆ **I liked it ~ much** je l'ai beaucoup aimé ◆ **he is ~ much better** il va beaucoup mieux ◆ ~ **much bigger** beaucoup *or* bien plus grand ◆ ~ **much respected** très respecté ◆ **he is ~ much the more intelligent of the two** il est de beaucoup *or* de loin le plus intelligent des deux ◆ **he doesn't work ~ much** il ne travaille pas beaucoup, il travaille peu ◆ **he is ~ much like his father** il tient beaucoup de son père, il ressemble beaucoup à son père ◆ ~ **much so!** *(= emphatic "yes")* absolument !

d *(for emphasis)* **the ~ same day** le jour même, ce jour-là ◆ **the ~ same hat** exactement le même chapeau ◆ **the ~ next day** le lendemain même, dès le lendemain ◆ **the ~ next shop we come to** le prochain magasin ◆ **the ~ next person to do this was ...** la personne qui a fait cela tout de suite après était ... ◆ **as soon as I heard the news, I took the ~ next train** dès que j'ai entendu la nouvelle, j'ai sauté dans le premier train ◆ **the ~ latest technology** la toute dernière technologie ◆ **the ~ last page of the book** la toute dernière page du livre ; see also **next ;** → **own**

**ADJ** a *(= precise, exact)* même ◆ **that ~ day/moment** ce jour/cet instant même ◆ **on the ~ spot** à l'endroit même *or* précis ◆ **in this ~ house** dans cette maison même ◆ **his ~ words** ses propos mêmes ◆ **the ~ thing/man I need** tout à fait *or* justement la chose/l'homme qu'il me faut ◆ **the ~ thing!** *(= what I need)* c'est justement ce qu'il me faut ! ; *(of suggestion, solution)* c'est idéal ! ◆ **to catch sb in the ~ act (of stealing)** prendre qn en flagrant délit (de vol)

b *(= extreme)* tout ◆ **at the ~ end** *[of play, year]* tout à la fin ; *[of garden, road]* tout au bout ◆ **at the ~ back** tout au fond ◆ **to the ~ end** jusqu'au bout ◆ **in the ~ heart of France** au cœur même de la France

c *(= mere)* seul ◆ **the ~ word** le mot seul, rien que le mot ◆ **the ~ thought of ...** la seule pensée de ..., rien que de penser à ... ◆ **the ~ idea!** quelle idée alors !

d *(for emphasis)* ◆ **his ~ life was in danger** sa propre vie était en danger ◆ **democracy is the ~ basis of British politics** la démocratie est le fondement même de la politique en Grande-Bretagne ◆ **before my ~ eyes** sous mes propres yeux ◆ **you're the ~ person I wanted to see** c'est justement vous que je voulais voir

e *(liter)* **he is a ~ rascal** *or* **the veriest rascal** c'est un fieffé coquin

**Very light** /ˈvɪərɪlaɪt/ **N** *(Mil)* fusée *f* éclairante

**Very pistol** /ˈvɪərɪpɪstl/ **N** pistolet *m* lance-fusées

**vesicle** /ˈvesɪkl/ **N** vésicule *f*

**vespers** /ˈvespəz/ **N** vêpres *fpl*

**vessel** /ˈvesl/ **N** a *(Naut)* navire *m*, bâtiment *m* b *(Anat, Bot)* vaisseau *m* ; → **blood** c *(liter = receptacle)* récipient *m* ◆ **drinking ~** vaisseau † *m*

**vest**[1] /vest/ **N** a *(Brit = undergarment)* maillot *m* de corps ; *(also* **vest top***)* débardeur *m* b *(US)* gilet *m* **COMP** ▷ **vest pocket N** *(US)* poche *f* de gilet ▷ **vest-pocket ADJ** *(US) [calculator etc]* de poche ; *(fig) (= tiny)* minuscule ▷ **vest top N** → **noun a**

> ⚠ *In French,* **veste** *means 'jacket', not* **vest.**

**vest**[2] /vest/ **VT** *(frm)* ◆ **to ~ sb with sth, to ~ sth in sb** investir qn de qch, assigner qch à qn ◆ **the authority ~ed in me** l'autorité dont je suis investi **COMP** ▷ **vested interest N** ◆ **to have a ~ed interest in** *(gen)* s'intéresser tout particulièrement à ; *(financially) [+ business, company]* être directement intéressé dans ; *[+ market, development of business]* être directement intéressé à ◆ **to have a ~ed interest in doing sth** avoir tout intérêt à faire qch ◆ **he has a ~ed interest in the play as his daughter is acting in it** il s'intéresse tout particulièrement à cette pièce car sa fille y joue ◆ **~ed interests** *(Comm, Fin, Jur)* droits *mpl* acquis

**vestal virgin** /ˌvestlˈvɜːdʒɪn/ **N** vestale *f*

**vestibular** /veˈstɪbjʊləʳ/ **ADJ** *(Anat)* vestibulaire

**vestibule** /ˈvestɪbjuːl/ **N** a *(= entrance) [of house, hotel]* vestibule *m*, hall *m* d'entrée ; *[of church]* vestibule *m* b *(Anat)* vestibule *m*

**vestige** /ˈvestɪdʒ/ **N** a *(= trace, remnant)* vestige *m* ◆ **~s of past civilizations** vestiges *mpl* de civilisations disparues ◆ **not a ~ of truth/commonsense** pas un grain de vérité/de bon sens ◆ **a ~ of hope** un reste d'espoir b *(Anat, Bio = organ)* organe *m* rudimentaire *or* atrophié ◆ **the ~ of a tail** une queue rudimentaire *or* atrophiée

**vestigial** /vesˈtɪdʒɪəl/ **ADJ** a *(frm = remaining) [traces]* résiduel ◆ ~ **remains** vestiges *mpl* b *(Bio) [organ, limb]* vestigial

**vesting** /ˈvestɪŋ/ **N** *(Insurance)* acquisition *f* de droits

**vestment** /ˈvestmənt/ **N** *[of priest]* vêtement *m* sacerdotal ; *(= ceremonial robe)* habit *m* de cérémonie

**vestry** /ˈvestrɪ/ **N** a *(= part of church)* sacristie *f* b *(= meeting)* assemblée *f* paroissiale, conseil *m* paroissial

**vesture** /ˈvestʃəʳ/ **N** *(NonC: liter)* vêtements *mpl*

**Vesuvius** /vɪˈsuːvɪəs/ **N** le Vésuve

**vet** /vet/ **N** a abbrev of **veterinary surgeon, veterinarian**

b *(esp US *)* (abbrev of **veteran**) ancien combattant *m*

**VT** *(esp Brit) [+ text]* corriger, revoir ; *[+ figures, calculations, job applications]* vérifier ; *[+ papers]* contrôler ; *[+ report] (= check)* vérifier le contenu de ; *(= approve)* approuver ◆ **wage claims are ~ted by the union** les revendications salariales doivent d'abord recevoir l'approbation du syndicat ◆ **his wife ~s his contracts** sa femme vérifie *or* contrôle ses contrats ◆ **the purchases are ~ted by a committee** les achats doivent d'abord être approuvés par un comité ◆ **the director ~ted him for the job** le directeur a soigneusement examiné sa candidature avant de l'embaucher ◆ **we have ~ted him thoroughly** nous nous sommes renseignés de façon approfondie à son sujet ◆ **visa applications/applicants are carefully ~ted** les demandes/demandeurs de visa sont soigneusement filtré(e)s

**vetch** /vetʃ/ **N** vesce *f*

**veteran** /ˈvetərən/ **N** a *(gen)* vétéran *m* b *(Mil:* also **war veteran***)* ancien combattant *m* **ADJ** *(= experienced)* chevronné, expérimenté ◆ **she is a ~ campaigner for women's rights** elle fait campagne depuis longtemps pour les droits de la femme ◆ **a ~ car** une voiture d'époque *(avant 1919)* ◆ **a ~ teacher/golfer** un vétéran de l'enseignement/du golf **COMP** ▷ **Veterans Administration N** *(US)* *ministère des anciens combattants* ▷ **Veterans Day N** *(US)* le onze novembre *(anniversaire de l'armistice)*

**veterinarian** /ˌvetərɪˈneərɪən/ **N** *(esp US)* vétérinaire *mf*

**veterinary** /ˈvetərɪnərɪ/ **ADJ** *[medicine, science, care, practice, hospital]* vétérinaire ; *[expert]* en médecine vétérinaire **COMP** ▷ **veterinary surgeon N** *(Brit)* vétérinaire *mf*

**veto** /ˈviːtəʊ/ LANGUAGE IN USE 12.2 **N** (pl **vetoes**) *(= act, decision)* veto *m* ◆ **the power of ~** le droit de veto ◆ **to use one's ~** exercer son droit de veto ◆ **to put a ~ on sth** mettre son veto à qch **VT** *(Pol etc, also fig)* mettre *or* opposer son veto à

**vetting** /ˈvetɪŋ/ **N** *[of text]* correction *f*, révision *f* ; *[of job application, figures]* vérification *f* ; *[of candidate]* enquête *f* approfondie ; *[of papers]* contrôle *m* ; → **positive, security**

**vex** /veks/ **VT** contrarier, fâcher

**vexation** /vekˈseɪʃən/ **N** *(NonC)* contrariété *f*, tracas *m*

**vexatious** /vekˈseɪʃəs/ **ADJ** *[thing]* contrariant, ennuyeux ; *[person]* tracassier, contrariant

**vexed** /vekst/ **ADJ** a *(= annoyed) [person, voice, frown, expression]* contrarié ◆ ~ **with sb** fâché contre qn ◆ **to become** *or* **get ~** se fâcher b *(= difficult) [question, issue]* délicat, épineux

**vexing** /ˈveksɪŋ/ **ADJ** a *(= annoying) [thing]* contrariant, ennuyeux ; *[person]* tracassier, contrariant b *(= difficult) [problem]* délicat ; *[question, issue]* délicat, épineux

**VG** /viːˈdʒiː/ *(Scol etc)* (abbrev of **very good**) TB, très bien

**VGA** /ˌviːdʒiːˈeɪ/ **N** abbrev of **video graphics array** **COMP** ▷ **VGA card N** carte *f* VGA

**vgc** (abbrev of **very good condition**) tbe, très bon état

**VHF** /ˌviːeɪtʃˈef/ **N** (abbrev of **very high frequency**) VHF *f* ◆ **on ~** en VHF

**VHS** /ˌviːeɪtʃˈes/ **N** (abbrev of **video home system**) VHS *m*

**VI** (abbrev of **Virgin Islands**) → **virgin**

**via** /ˈvaɪə/ **PREP** a *(lit = by way of)* via, par ◆ **a ticket to Vienna ~ Frankfurt** un billet pour Vienne via Francfort ◆ **the journey takes nine hours ~ Ostend** le voyage prend neuf heures via Ostende *or* (si l'on passe) par Ostende ◆ **you should go ~ Paris** vous devriez passer par Paris ◆ **we went home ~ the pub** nous sommes passés par le pub *or* nous nous sommes arrêtés au pub avant de rentrer b *(fig = by way of)* par ◆ **his rent is paid to his landlord ~ an estate agent** il paie son loyer à son propriétaire par l'intermédiaire d'une agence immobilière c *(= by means of)* au moyen de ◆ **the launch was detected ~ a satellite** le lancement a été détecté au moyen d'un satellite ◆ **she**

**works from home, ~ e-mail** elle travaille à domicile au moyen du courrier électronique

**viability** /ˌvaɪəˈbɪlɪtɪ/ N *[of company, business, product]* viabilité *f* ; *[of project, scheme]* viabilité *f*, chances *fpl* de réussite

**viable** /ˈvaɪəbl/ ADJ a *(= feasible) [alternative, option, solution, company, product]* viable ; *[project, method]* viable, qui a des chances de réussir ; *[future]* durable, solide ◆ **it's not a ~ proposition** ce n'est pas viable b *(Bio) [foetus]* viable

**viaduct** /ˈvaɪədʌkt/ N viaduc *m*

**Viagra** ® /vaɪˈægrə/ N Viagra ® *m*

**vial** /ˈvaɪəl/ N *(liter)* fiole *f* ; *(Pharm)* ampoule *f*

**viands** /ˈvaɪəndz/ NPL *(liter)* aliments *mpl*

**viatical** /vaɪˈætɪkəl/ N (also **viatical settlement**) escompte *m* de police d'assurance-vie

**viaticum** /vaɪˈætɪkəm/ N (pl **viaticums** or **viatica** /vaɪˈætɪkə/) viatique *m*

**vibes** * /vaɪbz/ NPL a (abbrev of **vibrations**) *(from band, singer)* atmosphère *f*, ambiance *f* ◆ **I get good ~ from her** *(between individuals)* elle me fait bonne impression ◆ **the ~ are wrong** ça ne gaze pas * b abbrev of **vibraphone**

**vibrancy** /ˈvaɪbrənsɪ/ N *[of person, language]* vivacité *f* ; *[of voice]* résonance *f* ; *[of city]* animation *f*, vie *f* ; *[of performance]* caractère *m* très vivant ; *[of economy, community]* dynamisme *m*, vitalité *f* ; *[of speech]* vigueur *f* ; *[of light, colours]* éclat *m*

**vibrant** /ˈvaɪbrənt/ ADJ a *(= lively) [person, language]* vivant, vif ; *[city]* vivant, animé ; *[performance]* vivant ; *[economy, community, personality]* dynamique ; *[culture]* plein de vitalité ; *[voice, tones]* vibrant (*with sth* de qch) ◆ **the street was ~ with activity** la rue débordait d'activité b *(= bright) [colour, red, green]* éclatant ; *[light]* vif

**vibraphone** /ˈvaɪbrəfəʊn/ N vibraphone *m*

**vibrate** /vaɪˈbreɪt/ VI *(= quiver)* vibrer (*with* de) ; *(= resound)* retentir (*with* de) ; *(fig)* frémir, vibrer (*with* de) VT faire vibrer

**vibration** /vaɪˈbreɪʃən/ N vibration *f*

**vibrato** /vɪˈbrɑːtəʊ/ *(Mus)* N vibrato *m* ADV avec vibrato

**vibrator** /vaɪˈbreɪtəʳ/ N a *(Elec)* vibrateur *m* b *(= massager, also sexual)* vibromasseur *m*

**vibratory** /ˈvaɪbrətərɪ/ ADJ vibratoire

**viburnum** /vaɪˈbɜːnəm/ N viorne *f*

**vicar** /ˈvɪkəʳ/ N *(in Church of England)* pasteur *m (de l'Église anglicane)* ◆ **good evening ~** bonsoir pasteur COMP ▷ **vicar apostolic** N vicaire *m* apostolique ▷ **vicar general** N (pl **vicars general**) grand vicaire *m*, vicaire *m* général ▷ **the Vicar of Christ** N le vicaire de Jésus-Christ

**vicarage** /ˈvɪkərɪdʒ/ N presbytère *m (de l'Église anglicane)*

**vicarious** /vɪˈkɛərɪəs/ ADJ a *(= indirect) [experience]* vécu par procuration ◆ **to get ~ satisfaction/pleasure from or out of sth** (re)tirer de la satisfaction/du plaisir de qch par procuration b *(frm = for another) [liability, responsibility]* assumé pour quelqu'un d'autre ◆ **the ~ suffering of Christ** les souffrances que le Christ subit pour autrui c *(frm = delegated)* délégué ◆ **to give ~ authority to sb** déléguer son autorité à qn

**vicariously** /vɪˈkɛərɪəslɪ/ ADV a *[live, enjoy, experience]* par procuration b *(frm) [authorize]* par délégation, par procuration

**vice**[1] /vaɪs/ N a *(NonC = depravity, corruption)* vice *m* b *(= evil characteristic)* vice *m* ; *(less strong)* défaut *m* COMP ▷ **vice den** N *(= gambling den)* maison *f* de jeux ; *(= brothel)* maison *f* close ▷ **vice girl** N prostituée *f* ▷ **vice ring** N réseau *m* de prostitution ▷ **Vice Squad** N *(Police)* brigade *f* des mœurs

**vice**[2], **vise** *(US)* /vaɪs/ N *(Tech)* étau *m* ; → **grip**

**vice**[3] /vaɪs/ PREP *(frm)* à la place de

**vice-** /vaɪs/ PREF vice- COMP ▷ **vice-admiral** N vice-amiral *m* d'escadre ▷ **vice-captain** N *(Sport)* capitaine *m* adjoint ▷ **vice-chairman** N (pl **vice-chairmen**) vice-président(e) *m(f)* ▷ **vice-chairmanship** N vice-présidence *f* ▷ **vice-chancellor** N *(Univ)* ≈ président(e) *m(f)* d'université ; *(Jur)* vice-chancelier *m* ▷ **vice-consul** N vice-consul *m* ▷ **vice-premier** N Premier ministre *m* adjoint ▷ **vice-presidency** N vice-présidence *f* ▷ **vice-president** N vice-président(e) *m(f)* ◆ **Vice-President Smith** *(Pol)* le vice-président Smith ▷ **vice-presidential** ADJ *(Pol)* vice-présidentiel ▷ **vice-presidential candidate** N *(Pol)* candidat(e) *m(f)* à la vice-présidence ▷ **vice-principal** N *(Scol: gen)* directeur *m*, -trice *f* adjoint(e) ; *[of lycée]* censeur *m* ; *[of collège]* principal(e) *m(f)* adjoint(e) ▷ **vice-regal** ADJ de or du vice-roi

**viceroy** /ˈvaɪsrɔɪ/ N vice-roi *m*

**vice versa** /ˈvaɪsɪˈvɜːsə/ ADV ◆ **and/or ~** et/ou vice versa ◆ **rather than ~** plutôt que l'inverse

**vicinity** /vɪˈsɪnɪtɪ/ N *(= nearby area)* voisinage *m*, environs *mpl* ; *(= closeness)* proximité *f* ◆ **in the ~** dans les environs, à proximité ◆ **in the ~ of the town** aux alentours de la ville, à proximité de la ville ◆ **in our ~** dans le voisinage, près de chez nous ◆ **it's something in the ~ of £100** c'est aux alentours de 100 livres ◆ **in the immediate ~** dans les environs immédiats ◆ **the immediate ~ of the town** les abords *mpl* de la ville

**vicious** /ˈvɪʃəs/ ADJ *[person, attack, temper]* brutal ; *[animal]* méchant ; *[look]* haineux, méchant ; *[criticism, remark]* acerbe, méchant ; *[campaign]* virulent ◆ **to have a ~ tongue** être mauvaise langue, avoir une langue de vipère COMP ▷ **vicious circle** N cercle *m* vicieux ◆ **to be caught in a ~ circle** être pris dans un cercle vicieux ▷ **vicious cycle** N cycle *m* infernal

> ⚠ **vicious** *is only translated by* **vicieux** *in the expression 'vicious circle'.*

**viciously** /ˈvɪʃəslɪ/ ADV *(= violently) [attack, stab]* brutalement ; *[beat, strike]* brutalement, violemment ; *(= nastily) [say, think, criticize]* méchamment

> ⚠ **vicieusement** *means 'cunningly', not* **viciously**.

**viciousness** /ˈvɪʃəsnɪs/ N *[of person, attack, temper]* brutalité *f* ; *[of criticism, remark, campaign]* méchanceté *f* ; *[of dog]* agressivité *f* ◆ **everyone feared the ~ of his tongue** tout le monde craignait sa langue acérée or acerbe

**vicissitude** /vɪˈsɪsɪtjuːd/ N vicissitude *f*

**victim** /ˈvɪktɪm/ N victime *f* ◆ **the accident/bomb ~s** les victimes *fpl* de l'accident/de l'explosion ◆ **many of the Nazi ~s, many of the ~s of the Nazis** de nombreuses victimes des Nazis ◆ **to be the or a ~ of ...** être victime de ... ◆ **to fall (a) ~ to ...** devenir la victime de ... ; *(fig) [+ sb's charms etc]* succomber à ... COMP ▷ **Victim Support** N *(Brit) organisme d'aide aux victimes de crimes*

**victimization** /ˌvɪktɪmaɪˈzeɪʃən/ N *(= unfair treatment)* brimades *fpl* ; *(= persecution)* (actes *mpl* de) persécution *f* ◆ **the dismissed worker alleged ~** l'ouvrier licencié affirmait être victime de représailles ◆ **to minimize the risk of criminal ~** pour minimiser le risque d'être victime d'un acte criminel

**victimize** /ˈvɪktɪmaɪz/ VT *(= treat unfairly)* brimer ; *(= persecute)* persécuter ; *(Ind: after strike)* exercer des représailles sur ◆ **to be ~d** être victime de persécutions or de brimades ◆ **they see themselves as being ~d** ils se considèrent comme des victimes

**victimless** /ˈvɪktɪmlɪs/ ADJ ◆ **~ crime** délit *m* sans victimes

**victor** /ˈvɪktəʳ/ N vainqueur *m* ◆ **to emerge the ~ over sb** remporter la victoire sur qn

**Victoria** /vɪkˈtɔːrɪə/ N a *(= name)* Victoria *f* ; *(= Australian state)* Victoria *m* ◆ **in ~** dans le Victoria ◆ **Lake ~** le lac Victoria b *(= carriage)* **victoria** victoria *f* COMP ▷ **Victoria Cross** N *(Brit Mil: abbr VC)* Croix *f* de Victoria *(la plus haute décoration militaire)* ▷ **(the) Victoria Falls** NPL les chutes *fpl* Victoria

**Victorian** /vɪkˈtɔːrɪən/ N victorien(ne) *m(f)* ADJ *(= 19th century) [house, furniture]* victorien, de l'époque victorienne ; *(= strict, puritan) [person, values]* victorien ; *[attitude]* d'un puritanisme victorien

> **Victorian**
>
> L'adjectif « victorien » qualifie la Grande-Bretagne sous le règne de la reine Victoria (1837-1901).
>
> Les attitudes ou qualités dites victoriennes sont celles considérées comme caractéristiques de cette époque : attachement à la respectabilité sociale, moralité stricte et répressive, absence d'humour, bigoterie et hypocrisie. Les valeurs victoriennes sont parfois invoquées par les gens qui regrettent l'évolution de la société contemporaine et prônent un retour au dépassement de soi, à la décence, au respect de l'autorité et à l'importance de la famille.

**Victoriana** /vɪkˌtɔːrɪˈɑːnə/ N *(NonC)* objets *mpl* victoriens, antiquités *fpl* victoriennes

**victorious** /vɪkˈtɔːrɪəs/ ADJ *[person, army, team, campaign]* victorieux ; *[shout]* de victoire

**victoriously** /vɪkˈtɔːrɪəslɪ/ ADV victorieusement

**victory** /ˈvɪktərɪ/ N victoire *f* ◆ **to gain or win a ~ over ...** remporter une victoire sur ... ◆ **he led the party to ~** il a mené le parti à la victoire ; → **winged**

**victual** /ˈvɪtl/ VT approvisionner, ravitailler VI s'approvisionner, se ravitailler NPL **victuals** † victuailles *fpl*, vivres *mpl*

**victualler** /ˈvɪtləʳ/ N fournisseur *m* (de provisions) ; → **license**

**vicuña** /vaɪˈkjuːnə/ N *(= animal, wool)* vigogne *f*

**vid** * /vɪd/ N (abbrev of **video**) vidéo *f (film)*

**vide** /ˈvɪdeɪ/ IMPERS VB *(frm)* voir, cf

**videlicet** /vɪˈdiːlɪset/ ADV *(frm)* c'est-à-dire, à savoir

**video** /ˈvɪdɪəʊ/ N a *(NonC)* vidéo *f* ; *(= machine)* magnétoscope *m* ; *(= cassette)* cassette *f* vidéo *inv*, vidéocassette *f* ; *(= film)* vidéo *f* ◆ **I've got it on ~** je l'ai en vidéo ◆ **get a ~ for tonight** loue une (cassette) vidéo pour ce soir ◆ **to make a ~ of sth, to record sth on ~** *(with video recorder)* enregistrer qch au magnétoscope ; *(with camcorder)* faire une vidéo de qch b *(US = television)* télévision *f*, télé * *f*

VT *(from TV)* enregistrer (sur magnétoscope) ; *(with camcorder)* faire une vidéo de, filmer

COMP *(= on video) [film, entertainment]* en vidéo ; *[facilities]* vidéo *inv* ; *(US) (= on television) [film etc]* télévisé ▷ **video arcade** N salle *f* de jeux vidéo ▷ **video art** N art *m* vidéo *inv* ▷ **video camera** N caméra *f* vidéo *inv* ▷ **video cassette** N vidéocassette *f*, cassette *f* vidéo ▷ **video cassette recorder** N magnétoscope *m* ▷ **video cassette recording** N enregistrement *m* en vidéo *or* sur magnétoscope ▷ **video clip** N clip *m* vidéo *inv* ▷ **video club** N vidéoclub *m* ▷ **video conference** N visioconférence *f*, vidéoconférence *f* ▷ **video conferencing** N (système *m* de) visioconférence *f or* vidéoconférence *f* ▷ **video diary** N *(TV)* vidéo *f* amateur *(qui passe à la télévision)* ▷ **video disk** N vidéodisque *m* ▷ **video disk player** N vidéolecteur *m*, lecteur *m* de vidéodisques ▷ **video film** N film *m* vidéo *inv* ▷ **video frequency** N vidéofréquence *f* ▷ **video game** N jeu *m* vidéo *inv* ▷ **video library** N vidéothèque *f* ▷ **video nasty*** N (cassette *f*) vidéo *f* à caractère violent (*or* pornographique) ▷ **video piracy** N piratage *m* de vidéocassettes ▷ **video player** N magnétoscope *m* ▷ **video recorder** N ⇒ **video cassette recorder** ▷ **video recording** N ⇒ **video cassette recording** ▷ **video rental** N location *f* de vidéocassettes ADJ *[shop, store]* de location de vidéocassettes ◆ **the ~ rental business** la location de vidéocassettes ▷ **video screen** N écran *m* vidéo *inv* ▷ **video shop** N vidéoclub *m* ▷ **video surveillance** N vidéosurveillance *f* ▷ **video tape** N bande *f* vidéo *inv* ; *(= cassette)* vidéocassette *f* ▷ **video tape recorder** N ⇒ **video cassette recorder** ▷ **video tape recording** N ⇒ **video cassette recording** ▷ **video wall** N mur *m* d'écrans (vidéo)

**videofit** /ˈvɪdɪəʊfɪt/ N portrait *m* robot *(réalisé par infographie)*

**videophone** /ˈvɪdɪəʊfəʊn/ N visiophone *m*

**videotape** /ˈvɪdɪəʊteɪp/ VT ⇒ **video vt**

**Videotex** ® /ˈvɪdɪəʊteks/ N vidéotex ® *m*

**videotext** /ˈvɪdɪəʊtekst/ N vidéotex ® *m*

**vie** /vaɪ/ VI rivaliser ◆ **to ~ with sb for sth** rivaliser avec qn pour (obtenir) qch, disputer qch à qn ◆ **to ~ with sb in doing sth** rivaliser avec qn pour faire qch ◆ **they ~d with each other in their work** ils travaillaient à qui mieux mieux

**Vienna** /vɪˈenə/ N Vienne COMP *(gen)* viennois, de Vienne ▷ **Vienna roll** N *(Culin)* pain *m* viennois

**Viennese** /ˌvɪəˈniːz/ ADJ viennois N *(pl inv)* Viennois(e) *m(f)*

**Vietcong, Viet Cong** /ˌvjetˈkɒŋ/ N *(= group)* Vietcong *or* Viêt-cong *m* ; *(= individual: pl inv)* Vietcong *or* Viêt-cong *m* ADJ vietcong *or* viêt-cong *inv*

**Vietnam, Viet Nam** /ˈvjetˈnæm/ N Vietnam *or* Viêt-nam *m* ◆ **North/South ~** Vietnam *or* Viêt-nam du Nord/du Sud ◆ **the ~ war** la guerre du Vietnam *or* Viêt-nam

**Vietnamese** /ˌvjetnəˈmiːz/ ADJ vietnamien ◆ **North/South ~** nord-/sud-vietnamien N a *(pl inv)* Vietnamien(ne) *m(f)* ◆ **North/South ~** Nord-/Sud-Vietnamien(ne) *m(f)* b *(Ling)* vietnamien *m* NPL **the Vietnamese** les Vietnamiens *mpl*

**view** /vjuː/ LANGUAGE IN USE 6.2

N a *(= ability to see)* vue *f* ◆ **it blocks the ~** ça bouche la vue, on ne peut pas voir ◆ **he has a good ~ of it from his window** de sa fenêtre, il le voit bien ◆ **hidden from ~** caché aux regards ◆ **to keep sth out of ~** cacher qch (aux regards) ◆ **exposed to ~** exposé aux regards ◆ **it is lost to ~** on ne le voit plus ◆ **to come into ~** apparaître

♦ **in + view** *(= in sight)* ◆ **I came in ~ of the lake** je suis arrivé en vue du lac ◆ **the cameraman had a job keeping the plane in ~** le caméraman avait du mal à ne pas perdre l'avion de vue ◆ **make sure your hands are not in ~** assurez-vous qu'on ne voit pas vos mains ◆ **in full ~ of thousands of people** devant des milliers de gens, sous les yeux de milliers de gens ◆ **in full ~ of the house** devant la maison

♦ **on view** ◆ **the pictures are on ~** les tableaux sont exposés ◆ **the house will be on ~ tomorrow** on pourra visiter la maison demain ◆ **to put sth on ~** exposer qch

♦ **within view** ◆ **the house is within ~ of the sea** de la maison, on voit la mer ◆ **all the people within ~** tous ceux qu'on pouvait voir

b *(= sight, prospect)* vue *f*, panorama *m* ◆ **there is a wonderful ~ from here** d'ici la vue *or* le panorama est magnifique ◆ **the ~ from the top** la vue *or* le panorama d'en haut ◆ **a room with a sea ~** *or* **a ~ of the sea** une chambre avec vue sur la mer ◆ **a good ~ of the sea** une belle vue de la mer ◆ **a ~ over the town** une vue générale de la ville ◆ **a back/front ~ of the house** la maison vue de derrière/devant ◆ **this is a side ~** c'est une vue latérale ◆ **I got a side ~ of the church** j'ai vu l'église de côté ◆ **it will give you a better ~** vous verrez mieux comme ça

c *(= photo etc)* vue *f*, photo *f* ◆ **50 ~s of Paris** 50 vues *or* photos de Paris ◆ **I want to take a ~ of the palace** je veux photographier le palais

d *(= opinion)* opinion *f* ◆ **her ~s on politics/education** ses opinions politiques/sur l'éducation ◆ **an exchange of ~s** un échange de vues *or* d'opinions ◆ **in my ~** à mon avis ◆ **that is my ~** voilà mon opinion *or* mon avis là-dessus ◆ **my personal ~ is that he ...** à mon avis, il ..., personnellement, je pense qu'il ... ◆ **it's just a personal ~** ce n'est qu'une opinion personnelle ◆ **the Government ~ is that one must ...** selon le gouvernement *or* dans l'optique gouvernementale, on doit ... ◆ **the generally accepted ~ is that he ...** selon l'opinion généralement répandue, il ... ◆ **each person has a different ~ of democracy** chacun comprend la démocratie à sa façon ◆ **one's ~ of old age changes** les idées que l'on se fait de la vieillesse évoluent ◆ **I cannot accept this ~** je trouve cette opinion *or* cette façon de voir les choses inacceptable ◆ **I've changed my ~ on this** j'ai changé d'avis là-dessus ◆ **give reasons for your ~s** *(in exam question)* justifiez votre réponse ◆ **I have no strong ~s on that** je n'ai pas d'opinion bien arrêtée *or* précise là-dessus ◆ **to hold ~s on sth** avoir un avis *or* une opinion sur qch ◆ **to hold** *or* **take the ~ that ...** estimer que ..., considérer que ... ◆ **we don't take that ~** nous avons une opinion différente là-dessus ◆ **I take a similar ~** je partage cet avis ◆ **he takes a gloomy/optimistic ~ of society** il a une image pessimiste/optimiste de la société ◆ **to take a dim** *or* **poor ~ of sth** avoir une bien mauvaise opinion de qch ; → **point**

e *(= way of looking at sth)* vue *f* ◆ **an idealistic ~ of the world** une vue *or* une vision idéaliste du monde ◆ **a general** *or* **an overall ~ of the problem** une vue d'ensemble *or* générale du problème ◆ **a clear ~ of the facts** une idée claire des faits

f *(set expressions)*

♦ **in view** *(expressing intention)* ◆ **with this (aim or object) in ~** dans ce but, à cette fin ◆ **what end has he in ~?** quel est son but ? ◆ **he has in ~ the purchase of the house** il envisage d'acheter la maison ◆ **I don't teach only with the exams in ~** je ne pense pas uniquement aux examens quand je fais mes cours ◆ **he has the holiday in ~ when he says ...** il pense aux vacances quand il dit ...

♦ **in view of** *(= considering)* ◆ **in ~ of his refusal** étant donné son refus, vu son refus ◆ **in ~ of this** ceci étant ◆ **in ~ of the fact that ...** étant donné que ..., vu que ...

♦ **with a view to, with the view of** en vue de ◆ **negotiations with a ~ to a permanent solution** des négociations en vue d'une solution permanente ◆ **with the ~ of selecting one solution** en vue de sélectionner une seule solution

VT a *(= look at, see)* voir ◆ **London ~ed from the air** Londres vu d'avion

b *(= inspect, examine)* examiner, inspecter ; *[+ slides, microfiches]* visionner ; *[+ object for sale]* inspecter ; *[+ castle]* visiter ; *(in house-buying) [+ house, flat]* visiter

c *(TV)* regarder, visionner ◆ **we have ~ed a video recording of the incident** nous avons regardé *or* visionné un enregistrement vidéo de l'incident

d *(= think of, understand)* considérer, envisager ◆ **to ~ sb/sth as ...** considérer qn/qch comme ... ◆ **it can be ~ed in many different ways** on peut l'envisager *or* l'examiner sous plusieurs angles ◆ **how do you ~ that?** qu'est-ce que vous en pensez ?, quelle est votre opinion là-dessus ? ◆ **he ~s it very objectively** il l'envisage de façon très objective ◆ **the management ~ed the scheme favourably** la direction a été favorable au projet ◆ **they ~ the future with alarm** ils envisagent l'avenir avec inquiétude

VI *(TV)* regarder la télévision

**Viewdata** ® /ˈvjuːdeɪtə/ N ≈ minitel ® *m*

**viewer** /ˈvjuːəʳ/ N a *(TV)* téléspectateur *m*, -trice *f* b *(for slides)* visionneuse *f* c ⇒ **viewfinder**

**viewership** /ˈvjuːəʃɪp/ N *(US TV)* ◆ **to score a good** *or* **a wide ~** obtenir un bon indice d'écoute

**viewfinder** /ˈvjuːfaɪndəʳ/ N *(Phot)* viseur *m*

**viewing** /ˈvjuːɪŋ/ N a *(TV)* visionnage *m* ◆ **there's no good ~ tonight** il n'y a rien de bon à la télévision ce soir ◆ **your ~ for the weekend** vos programmes du week-end ◆ **tennis makes excellent ~** le tennis est un sport qui passe très bien à la télévision *or* qui est très télégénique b *(in house-buying)* ◆ **"early viewing essential"** "à visiter aussi tôt que possible" c *(= watching)* observation *f* COMP *(Astron etc) [conditions]* d'observation ; *(TV) [patterns]* d'écoute ; *[habits]* des téléspectateurs ▷ **viewing audience** N *(TV)* téléspectateurs *mpl* ▷ **viewing figures** NPL *(TV)* indices *mpl* d'audience ▷ **viewing gallery** N *(in building)* galerie *f* ▷ **viewing public** N *(TV)* téléspectateurs *mpl* ▷ **viewing time** N *(TV)* heure *f* d'écoute ◆ **at peak** *or* **prime ~ time** aux heures de grande écoute

**viewphone** /ˈvjuːfəʊn/ N visiophone *m*

**viewpoint** /ˈvjuːpɔɪnt/ N *(lit, fig)* point *m* de vue

**vigil** /ˈvɪdʒɪl/ N *(gen)* veille *f* ; *(by sickbed, corpse)* veillée *f* ; *(Rel)* vigile *f* ; *(Pol)* manifestation *f* silencieuse ◆ **to keep ~ over sb** veiller qn ◆ **a long ~** une longue veille, de longues heures sans sommeil ◆ **to hold a ~** *(Pol)* manifester en silence

**vigilance** /ˈvɪdʒɪləns/ N vigilance *f*

**vigilant** /ˈvɪdʒɪlənt/ ADJ *[person]* vigilant ◆ **to remain ~** rester vigilant ◆ **to escape sb's eye** échapper à l'œil vigilant de qn ◆ **to**

**keep a ~ eye on sb/sth** rester vigilant en ce qui concerne qn/qch

**vigilante** /ˌvɪdʒɪˈlæntɪ/ **N** membre *m* d'un groupe d'autodéfense ◆ **~ group** groupe *m* d'autodéfense *or* de légitime défense

**vigilantism** /ˌvɪdʒɪˈlæntɪzəm/ **N** *(pej) attitude et méthodes caractéristiques des groupes d'autodéfense*

**vigilantly** /ˈvɪdʒɪləntlɪ/ **ADV** avec vigilance, attentivement

**vignette** /vɪˈnjet/ **N** *(in books)* vignette *f* ; *(Art, Phot)* portrait *m* en buste dégradé ; *(= character sketch)* esquisse *f* de caractère

**vigor** /ˈvɪgəʳ/ **N** *(US)* ⇒ **vigour**

**vigorous** /ˈvɪgərəs/ **ADJ** *[exercise, defence, denial, debate, campaign, opponent, advocate]* énergique ; *[person, opposition, growth]* vigoureux

**vigorously** /ˈvɪgərəslɪ/ **ADV** *[nod, shake hands, defend, oppose, protest]* énergiquement ; *[exercise, shake, beat, deny]* vigoureusement ◆ **to campaign ~** faire une campagne énergique ◆ **boil the beans ~ for twenty minutes** faites bouillir les haricots à feu vif pendant vingt minutes

**vigour, vigor** *(US)* /ˈvɪgəʳ/ **N** *(= physical or mental strength)* vigueur *f*, énergie *f* ; *(= health)* vigueur *f*, vitalité *f* ; *(sexual)* vigueur *f*

**Viking** /ˈvaɪkɪŋ/ **ADJ** *[art, customs etc]* viking ◆ **~ ship** drakkar *m* **N** Viking *mf*

**vile** /vaɪl/ **ADJ** a *(= base, evil) [action, traitor, crime, conditions, language]* infâme, ignoble b *(= unpleasant) [person]* exécrable ; *[food, drink, play]* exécrable, abominable ; *[smell, taste]* abominable, infect ◆ **it tastes ~** c'est infect ◆ **what ~ weather!** quel temps infect *or* abominable ! ◆ **to be in a ~ temper** *or* **mood** être d'une humeur massacrante

**vilely** /ˈvaɪllɪ/ **ADV** a *(= basely, evilly) [treat, exploit, seduce]* de façon ignoble ; *[swear]* de façon odieuse ◆ **~ offensive** d'une grossièreté ignoble b *(= unpleasantly)* ◆ **~ coloured** aux couleurs exécrables

**vileness** /ˈvaɪlnɪs/ **N** vilenie *f*, bassesse *f*

**vilification** /ˌvɪlɪfɪˈkeɪʃən/ **N** diffamation *f*

**vilify** /ˈvɪlɪfaɪ/ **VT** diffamer

**villa** /ˈvɪlə/ **N** *(in town)* pavillon *m (de banlieue)* ; *(in country)* maison *f* de campagne ; *(by sea)* villa *f*

**village** /ˈvɪlɪdʒ/ **N** village *m* **COMP** *[well]* du village ▷ **village green N** pré *m* communal ▷ **village hall N** *(Brit)* salle *f* des fêtes ▷ **village idiot N** idiot *m* du village ▷ **village school N** école *f* de *or* du village, école *f* communale

**villager** /ˈvɪlɪdʒəʳ/ **N** villageois(e) *m(f)*

**villain** /ˈvɪlən/ **N** *(= scoundrel)* scélérat *m*, vaurien *m* ; *(in drama, novel)* traître(sse) *m(f)* ; *(* = rascal)* coquin(e) *m(f)* ; *(* = criminal)* bandit *m* ◆ **he's the ~ (of the piece)** c'est lui le coupable

**villainous** /ˈvɪlənəs/ **ADJ** a *(= evil) [person, character, action, conduct]* ignoble, infâme ◆ **~ deed** infamie *f* b *(* = unpleasant) [coffee, weather]* abominable, infect

**villainously** /ˈvɪlənəslɪ/ **ADV** d'une manière ignoble

**villainy** /ˈvɪlənɪ/ **N** infamie *f*, bassesse *f*

**...ville** ‡ /vɪl/ **N, ADJ** *(in compounds)* ◆ **squaresville** les ringards ‡ ◆ **it's dullsville** on s'ennuie vachement ‡

**villein** /ˈvɪlɪn/ **N** *(Hist)* vilain(e) *m(f)*, serf *m*, serve *f*

**villus** /ˈvɪləs/ **N** (pl **villi** /ˈvɪlaɪ/) villosité *f*

**vim** * /vɪm/ **N** *(NonC)* énergie *f*, entrain *m* ◆ **full of ~** plein d'entrain

**vinaigrette** /ˌvɪneɪˈgret/ **N** *(Culin)* vinaigrette *f*

**Vincent** /ˈvɪnsənt/ **N** Vincent *m*

**vindaloo** /ˌvɪndəˈluː/ **N** *type de curry très épicé*

**vindicate** /ˈvɪndɪkeɪt/ **VT** a *[+ person] (= prove innocent) (gen)* donner raison à ; *(Jur)* innocenter ◆ **this ~d him** *(= proved him right)* cela a prouvé qu'il avait eu raison b *[+ opinion, action, decision]* justifier ; *[+ rights]* faire valoir

**vindication** /ˌvɪndɪˈkeɪʃən/ **N** justification *f*, défense *f* ◆ **in ~ of** en justification de, pour justifier

**vindictive** /vɪnˈdɪktɪv/ **ADJ** vindicatif *(towards sb* à l'égard de qn)

**vindictively** /vɪnˈdɪktɪvlɪ/ **ADV** par vengeance

**vindictiveness** /vɪnˈdɪktɪvnɪs/ **N** caractère *m* vindicatif

**vine** /vaɪn/ **N** *(producing grapes)* vigne *f* ; *(= climbing plant)* plante *f* grimpante *or* rampante ◆ **to wither** *or* **die on the ~** avorter *(fig)* **COMP** *[leaf, cutting]* de vigne ▷ **vine grower N** viticulteur *m*, -trice *f*, vigneron(ne) *m(f)* ▷ **vine-growing N** viticulture *f* ◆ **~-growing district** région *f* viticole ▷ **vine harvest N** vendange(s) *f(pl)*

**vinegar** /ˈvɪnɪgəʳ/ **N** vinaigre *m* ; → **cider, oil**

**vinegary** /ˈvɪnɪgərɪ/ **ADJ** a *(= like vinegar) [wine]* qui a un goût de vinaigre ; *[smell, taste]* de vinaigre, vinaigré ; *[food]* acide ◆ **the sauce tastes too ~** la sauce est trop vinaigrée b *(= sour-tempered) [person]* acariâtre ; *[remark]* acide, acerbe

**vinery** /ˈvaɪnərɪ/ **N** *(= hothouse)* serre *f* où l'on cultive la vigne ; *(= vineyard)* vignoble *m*

**vineyard** /ˈvɪnjəd/ **N** vignoble *m*

**viniculture** /ˈvɪnɪkʌltʃəʳ/ **N** viticulture *f*

**vino** * /ˈviːnəʊ/ **N** pinard ‡ *m*, vin *m*

**vinous** /ˈvaɪnəs/ **ADJ** vineux

**vintage** /ˈvɪntɪdʒ/ **N** a *[of wine] (= season)* vendanges *fpl* ; *(= year)* année *f*, millésime *m* ; *(= harvesting)* vendange(s) *f(pl)*, récolte *f* ◆ **what ~ is this wine?** ce vin est de quelle année ? ◆ **1966 was a good ~** 1966 était une bonne année *or* un bon millésime ◆ **the 1972 ~** le vin de 1972 b *(= era)* époque *f* ◆ **he wanted to meet people of his own ~** il voulait rencontrer des gens de sa génération **ADJ** a *(= choice) [champagne, port]* millésimé ; → **comp** b *(= classic) [comedy, drama]* classique ◆ **the book is ~ Grisham** ce livre est du Grisham du meilleur cru c *(* = very old) [object]* très ancien, antique **COMP** ▷ **vintage car N** voiture *f* d'époque *(construite entre 1919 et 1930)* ▷ **vintage wine N** grand vin *m*, vin *m* de grand cru ▷ **vintage year N** *(gen, for wine)* ◆ **a ~ year for Burgundy** une bonne année pour le bourgogne

**vintner** /ˈvɪntnəʳ/ **N** *(= merchant)* négociant *m* en vins ; *(= wine-maker)* viticulteur *m*, -trice *f*, vigneron(ne) *m(f)*

**vinyl** /ˈvaɪnɪl/ **N** vinyle *m* **COMP** *[tiles]* de *or* en vinyle ; *[paint]* vinylique

**viol** /ˈvaɪəl/ **N** viole *f* ◆ **~ player** violiste *mf*

**viola**[1] /vɪˈəʊlə/ **N** *(Mus)* alto *m* **COMP** ▷ **viola da gamba N** viole *f* de gambe ▷ **viola d'amore N** viole *f* d'amour ▷ **viola player N** altiste *mf*

**viola**[2] /ˈvaɪələ/ **N** *(= flower)* (sorte *f* de) pensée *f* ; *(= genus)* violacée *f*

**violate** /ˈvaɪəleɪt/ **VT** a *(= disobey) [+ law, rule, agreement]* violer, enfreindre ; *[+ the Commandments]* violer, transgresser b *(= show disrespect for) [+ principles, honour]* bafouer ; *[+ human rights, civil rights]* violer ; *[+ public order, property, frontier]* ne pas respecter c *(= disturb) [+ peace]* troubler, perturber ◆ **to ~ sb's privacy** *(in room etc)* déranger le repos de qn ; *[detective, reporter etc] (in private life)* déranger qn dans sa vie privée d *(= desecrate) [+ place]* violer, profaner ; *[+ tomb]* violer e *(† or liter = rape)* violer, violenter †

**violation** /ˌvaɪəˈleɪʃən/ **N** a *(= failure to respect) [of human rights, law, agreement, sanctions, grave]* violation *f* ◆ **in ~ of sth** en violation de qch ◆ **he was in ~ of his contract** il contrevenait aux clauses de son contrat b *(US = minor offence)* infraction *f* ; *(on parking meter)* dépassement *m* ◆ **a minor traffic ~** une infraction mineure au code de la route c *(† or liter = rape)* viol *m*

**violator** /ˈvaɪəleɪtəʳ/ **N** a *(gen)* violateur *m* b *(esp US Jur = offender)* contrevenant *m* ◆ **~s will be prosecuted** toute violation fera l'objet de poursuites

**violence** /ˈvaɪələns/ **N** violence *f* ◆ **by ~** par la violence ◆ **a climate of ~** un climat de violence ◆ **we are witnessing an escalation of ~** nous assistons à une escalade de la violence ◆ **~ erupted when ..., there was an outbreak of ~ when ...** de violents incidents *mpl* ont éclaté quand ... ◆ **racial ~** violence *f* raciste ◆ **all the ~ on the screen today** toute la violence *or* toutes les scènes de violence à l'écran aujourd'hui ◆ **terrorist ~** actes *mpl* de violence terroristes ◆ **police ~** violence *f* policière ◆ **act of ~** acte *m* de violence ◆ **crime of ~** *(Jur)* voie *f* de fait ◆ **robbery with ~** *(Jur)* vol *m* avec coups et blessures ◆ **to do ~ to sb/sth** faire violence à qn/qch

**violent** /ˈvaɪələnt/ **ADJ** *(gen)* violent ; *[scenes]* de violence ; *[pain]* vif, aigu (-guë *f*) ; *[dislike]* vif ; *[indigestion]* fort ; *[halt, change]* brutal ; *[colour, red]* criard ◆ **to be ~ with sb** se montrer violent avec qn, user de violence avec qn ◆ **to get** *or* **turn ~** *[demonstration]* tourner à la violence ; *[person]* devenir violent ◆ **a ~ attack** une violente attaque ◆ **to die a ~ death** mourir de mort violente ◆ **to meet a ~ end** connaître une fin brutale ◆ **to have a ~ temper** être sujet à des colères violentes ◆ **to be in a ~ temper** être dans une colère noire *or* dans une rage folle

**violently** /ˈvaɪələntlɪ/ **ADV** *[attack, criticize, tremble]* violemment ; *[react]* violemment, avec violence ; *[act]* de façon violente ; *[say]* avec violence, sur un ton très violent ; *[swerve, brake]* brusquement ; *[change]* brutalement ◆ **~ opposed to sth** violemment opposé à qch ◆ **~ anti-communist** violemment anticommuniste ◆ **to behave ~** se montrer violent ◆ **to fall ~ in love with sb** tomber follement *or* éperdument amoureux de qn ◆ **to disagree ~** être en profond désaccord ◆ **to die ~** mourir de mort violente ◆ **~ angry** dans une violente colère *or* une colère noire ◆ **to be ~ ill** *or* **sick** être pris de violentes nausées

**violet** /ˈvaɪəlɪt/ **N** *(Bot)* violette *f* ; *(= colour)* violet *m* **ADJ** violet

**violin** /ˌvaɪəˈlɪn/ **N** violon *m* ; → **first COMP** *[sonata, concerto]* pour violon ▷ **violin case N** étui *m* à violon ▷ **violin player N** violoniste *mf*

**violinist** /ˌvaɪəˈlɪnɪst/ **N** violoniste *mf*

**violist** /vɪˈəʊlɪst/ **N** *(US)* altiste *mf*

**violoncellist** /ˌvaɪələnˈtʃelɪst/ **N** violoncelliste *mf*

**violoncello** /ˌvaɪələnˈtʃeləʊ/ **N** violoncelle *m*

**VIP** /viːaɪˈpiː/ (abbrev of **very important person**) **N** VIP * *m inv*, personnalité *f* (de marque) **COMP** *[visitor]* de marque ▷ **VIP lounge N** *(in airport)* salon *m* d'accueil *(réservé aux personnages de marque)* ▷ **VIP treatment N** ◆ **to give sb/get the ~ treatment** traiter qn/être traité comme un VIP * *or* une personnalité de marque

**viper** /ˈvaɪpəʳ/ N *(Zool, fig)* vipère *f*

**viperish** /ˈvaɪpərɪʃ/ ADJ de vipère *(fig)*

**virago** /vɪˈrɑːɡəʊ/ N (pl **viragoes** *or* **viragos**) mégère *f*, virago *f*

**viral** /ˈvaɪərəl/ ADJ viral ◆ ~ **infection** infection *f* virale COMP ▷ **viral load** N charge *f* virale

**Virgil** /ˈvɜːdʒɪl/ N Virgile *m*

**virgin** /ˈvɜːdʒɪn/ N a (fille *f*) vierge *f*, puceau *m* ◆ **she is a** ~ elle est vierge ◆ **he is a** ~ il est vierge *or* puceau ◆ **the Virgin** *(Astrol, Astron, Rel)* la Vierge ◆ **the Virgin Mary** la Vierge Marie b *(= inexperienced person)* novice *mf* ◆ **a political** ~ un novice en politique ADJ *[person, snow, forest, soil, wool, page]* vierge ; *[freshness, sweetness]* virginal ◆ ~ **territory** *(lit, fig)* terre *f* vierge COMP ▷ **virgin birth** N *(Bio)* parthénogenèse *f* ◆ **the Virgin Birth** *(in Christianity)* l'Immaculée Conception *f* ▷ **the Virgin Islands** NPL les îles *fpl* Vierges ▷ **virgin olive oil** N huile *f* d'olive vierge ▷ **the Virgin Queen** N Élisabeth Iʳᵉ

**virginal** /ˈvɜːdʒɪnl/ ADJ *[woman]* d'une pureté virginale ; *[purity, innocence]* virginal ◆ **dressed in** ~ **white** vêtu de blanc virginal N *(Mus)* virginal *m*

**Virginia** /vəˈdʒɪnjə/ N Virginie *f* ◆ **in** ~ en Virginie COMP ▷ **Virginia creeper** N *(Brit)* vigne *f* vierge ▷ **Virginia tobacco** N Virginie *m*, tabac *m* blond

**Virginian** /vəˈdʒɪnjən/ ADJ de Virginie N Virginien(ne) *m(f)*

**virginity** /vɜːˈdʒɪnɪtɪ/ N virginité *f* ◆ **to lose one's** ~ perdre sa virginité

**Virgo** /ˈvɜːɡəʊ/ N *(Astron)* Vierge *f* ◆ **I'm (a)** ~ *(Astrol)* je suis (de la) Vierge

**Virgoan** /vɜːˈɡəʊən/ N ◆ **to be a** ~ être (de la) Vierge

**virgule** /ˈvɜːɡjuːl/ N *(US Typ)* barre *f* oblique

**virile** /ˈvɪraɪl/ ADJ *(lit, fig)* viril (virile *f*)

**virility** /vɪˈrɪlɪtɪ/ N virilité *f*

**virologist** /ˌvaɪəˈrɒlədʒɪst/ N virologiste *mf*

**virology** /ˌvaɪəˈrɒlədʒɪ/ N virologie *f*

**virtual** /ˈvɜːtjʊəl/ ADJ a *(= near)* quasi- ◆ **a** ~ **certainty** une quasi-certitude ◆ **a** ~ **impossibility** une quasi-impossibilité ◆ **a** ~ **monopoly** un quasi-monopole ◆ **to come to a** ~ **halt** *or* **standstill** en arriver à un arrêt quasi complet *or* total ◆ **she was a** ~ **prisoner/recluse/stranger** elle était quasiment prisonnière/recluse/étrangère b *(Comput)* virtuel COMP ▷ **virtual memory** N *(Comput)* mémoire *f* virtuelle ▷ **virtual reality** N *(Comput)* réalité *f* virtuelle ◆ **~-reality computer** ordinateur *m* à réalité virtuelle ◆ **~-reality helmet** casque *m* à réalité virtuelle ◆ **~-reality system** système *m* à réalité virtuelle

> ⚠ *When* **virtual** *means 'near' it is not translated by* **virtuel**.

**virtuality** /vɜːtjʊˈælɪtɪ/ N virtualité *f*

**virtually** /ˈvɜːtjʊəlɪ/ ADV *(= almost)* pratiquement ; *(Comput)* de façon virtuelle ◆ **he started with** ~ **nothing** il a commencé avec pratiquement rien

**virtue** /ˈvɜːtjuː/ N a *(= good quality)* vertu *f* ◆ **to make a** ~ **of necessity** faire de nécessité vertu
b *(NonC) (= chastity)* vertu *f*, chasteté *f* ◆ **a woman of easy** ~ † une femme de petite vertu
c *(= advantage)* mérite *m*, avantage *m* ◆ **this set has the** ~ **of being portable** ce poste a l'avantage d'être portatif ◆ **it has the** ~ **of clarity** ça a l'avantage d'être clair *or* de la clarté ◆ **there is no** ~ **in doing that** il n'y a aucun mérite à faire cela
◆ **in** *or* **by virtue of** en vertu de, en raison de ◆ **by** ~ **of the fact that …** en vertu *or* en raison du fait que … ◆ **by** ~ **of being British, he …** en vertu *or* en raison du fait qu'il était britannique, il …
d *(NonC = power)* ◆ **healing** ~ pouvoir *m* thérapeutique

**virtuosity** /ˌvɜːtjʊˈɒsɪtɪ/ N virtuosité *f*

**virtuoso** /ˌvɜːtjʊˈəʊzəʊ/ N (pl **virtuosos** *or* **virtuosi** /ˌvɜːtjʊˈəʊzɪ/) *(esp Mus)* virtuose *mf* ◆ **a violin** ~ un(e) virtuose du violon ADJ *[performance]* de virtuose ◆ **a** ~ **violinist** un(e) virtuose du violon

**virtuous** /ˈvɜːtjʊəs/ ADJ vertueux COMP ▷ **virtuous circle** N cercle *m* vertueux

**virtuously** /ˈvɜːtjʊəslɪ/ ADV vertueusement

**virulence** /ˈvɪrʊləns/ N virulence *f*

**virulent** /ˈvɪrʊlənt/ ADJ *[disease, poison, hatred, attack, speech, critic]* virulent ; *[colour, green, purple]* criard

**virulently** /ˈvɪrʊləntlɪ/ ADV *[attack, oppose] (also Med)* avec virulence ; *[opposed, anti-Semitic]* violemment

**virus** /ˈvaɪərəs/ N (pl **viruses**) *(Med, Comput)* virus *m* ◆ **rabies** ~ virus *m* de la rage *or* rabique ◆ **the AIDS** ~ le virus du sida ◆ ~ **disease** maladie *f* virale *or* à virus

**visa** /ˈviːzə/ N (pl **visas**) a *(in passport)* visa *m (de passeport)* ◆ **entrance/exit** ~ visa *m* d'entrée/de sortie ◆ **to get an Egyptian** ~ obtenir un visa pour l'Égypte b *(= credit card)* **Visa ® (card)** carte *f* Visa ®, ≃ Carte bleue ® *f* VT viser

**visage** /ˈvɪzɪdʒ/ N *(liter)* visage *m*, figure *f*

**vis-à-vis** /ˈviːzəviː/ PREP *[+ person]* vis-à-vis de ; *[+ thing]* par rapport à, devant ◆ ~ **the West** vis-à-vis de l'Occident N *(= person placed opposite)* vis-à-vis *m* ; *(= person of similar status)* homologue *mf*

**viscera** /ˈvɪsərə/ NPL viscères *mpl*

**visceral** /ˈvɪsərəl/ ADJ *(liter) [hatred, dislike] (also Anat)* viscéral ; *[thrill, pleasure]* brut

**viscid** /ˈvɪsɪd/ ADJ visqueux *(lit)*

**viscose** /ˈvɪskəʊs/ N viscose *f* ADJ visqueux *(lit)*

**viscosity** /vɪsˈkɒsɪtɪ/ N viscosité *f*

**viscount** /ˈvaɪkaʊnt/ N vicomte *m*

**viscountcy** /ˈvaɪkaʊntsɪ/ N vicomté *f*

**viscountess** /ˈvaɪkaʊntɪs/ N vicomtesse *f*

**viscounty** /ˈvaɪkaʊntɪ/ N ⇒ **viscountcy**

**viscous** /ˈvɪskəs/ ADJ visqueux, gluant

**vise** /vaɪs/ N *(US)* ⇒ **vice²**

**visé** /ˈviːzeɪ/ N *(US)* ⇒ **visa noun a**

**visibility** /ˌvɪzɪˈbɪlɪtɪ/ N visibilité *f* ◆ **good/poor** *or* **low** ~ bonne/mauvaise visibilité *f* ◆ ~ **is down to** *or* **is only 20 metres** la visibilité ne dépasse pas 20 mètres

**visible** /ˈvɪzəbl/ ADJ a *(= detectable) [effect, damage, sign, result, effort]* visible ; *[impatience]* visible, manifeste ◆ **to become** ~ apparaître ◆ **there is no** ~ **difference** il n'y a pas de différence notable *or* visible ◆ **it serves no** ~ **purpose** on n'en voit pas vraiment l'utilité ◆ **the barn wasn't** ~ **from the road** la grange n'était pas visible depuis la route ◆ **it was not** ~ **to a passer-by** un passant ne pouvait pas l'apercevoir ◆ ~ **to the naked eye** visible à l'œil nu ◆ **with no** ~ **means of support** *(Jur)* sans ressources apparentes b *(= prominent) [person, minority]* en vue COMP ▷ **visible exports** NPL exportations *fpl* visibles ▷ **visible light** N *(Phys)* lumière *f* visible ▷ **visible panty line** N *(hum) slip qui se devine sous un vêtement*

**visibly** /ˈvɪzəblɪ/ ADV *[shocked, upset, moved, angry]* manifestement, visiblement ; *[relax, shake, flinch]* visiblement

**Visigoth** /ˈvɪzɪɡɒθ/ N Wisigoth *mf*

**vision** /ˈvɪʒən/ N a *(NonC)* vision *f*, vue *f* ; *(fig = foresight)* vision *f*, prévoyance *f* ◆ **his** ~ **is very bad** sa vue est très mauvaise ◆ **within/outside one's range of** ~ à portée de/hors de vue ◆ **a man of great** ~ un homme qui voit loin ◆ **his** ~ **of the future** sa vision de l'avenir ; → **field** b *(in dream, trance)* vision *f*, apparition *f* ◆ **it came to me in a** ~ j'en ai eu une vision ◆ **to have** *or* **see** ~**s** avoir des visions ◆ **to have** ~**s of wealth** avoir des visions de richesses ◆ **she had** ~**s of being drowned** elle s'est vue noyée VT *(US)* envisager COMP ▷ **vision mixer** N *(Cine, TV = machine)* mixeur *m* (d'images) ◆ **"vision mixer: Alexander Anderson"** *(= person)* "mixage : Alexander Anderson" ▷ **vision-mixing** N *(Cine, TV)* mixage *m* (d'images)

**visionary** /ˈvɪʒənərɪ/ ADJ, N visionnaire *mf*

**visit** /ˈvɪzɪt/ N *(= call, tour: also Med)* visite *f* ; *(= stay)* séjour *m* ◆ **to pay a** ~ **to** *[+ person]* rendre visite à ; *[+ place]* aller à ◆ **to pay a** ~ * *(fig)* aller au petit coin * ◆ **to be on a** ~ **to** *[+ person]* être en visite chez ; *[+ place]* faire un séjour à ◆ **he went on a two-day** ~ **to Paris** il est allé passer deux jours à Paris ◆ **I'm going on a** ~ **to Glasgow next week** j'irai à Glasgow la semaine prochaine ◆ **on a private/an official** ~ en visite privée/officielle ◆ **his** ~ **to Paris lasted three days** son séjour à Paris a duré trois jours
VT a *(= go and see) [+ person]* aller voir, rendre visite à ; *[+ doctor, solicitor]* aller voir, aller chez ; *[+ sick person] (gen)* aller voir ; *[priest, doctor] [+ patient]* visiter ; *[+ town]* aller à, faire un petit tour à ; *[+ museum, zoo]* aller à, visiter ; *[+ theatre]* aller à
b *(= go and stay with) [+ person]* faire un séjour chez ; *(= go and stay in) [+ town, country]* faire un séjour à (*or* en)
c *(= formally inspect) [+ place]* inspecter, faire une visite d'inspection à ; *[+ troops]* passer en revue ◆ **to** ~ **the scene of the crime** *(Jur)* se rendre sur les lieux du crime
d *(† = inflict) [+ person]* punir (*with* de) ◆ **to** ~ **the sins of the fathers upon the children** punir les enfants pour les péchés de leurs pères
VI a ◆ **I'm just** ~**ing** je suis de passage
b *(US = chat)* bavarder
▸ **visit with** VT FUS *(US) [+ person]* passer voir

> ⚠ **to visit** *is not translated by* **visiter** *in the case of a visit to friends.*

**visitation** /ˌvɪzɪˈteɪʃən/ N a *(by official)* visite *f* d'inspection ; *[of bishop]* visite *f* pastorale ◆ **we had a** ~ **from her** *(hum)* elle nous a fait l'honneur de sa visite, elle nous a honorés de sa présence ◆ **the Visitation of the Blessed Virgin Mary** la Visitation de la Vierge b *(= calamity)* punition *f* du ciel c *(from supernatural being)* visite *f*

**visiting** /ˈvɪzɪtɪŋ/ N ◆ **I hate** ~ je déteste faire des visites COMP *[friends]* de passage ; *[lecturer etc]* invité, de l'extérieur ; *[dignitary]* en visite officielle ▷ **visiting card** N *(Brit)* carte *f* de visite ▷ **visiting fireman** * N (pl **visiting firemen**) *(US fig: iro)* visiteur *m* de marque ▷ **visiting hours** NPL heures *fpl* de visite ▷ **visiting nurse** N *(US)* infirmière *f* à domicile ▷ **visiting professor** N *(Univ)* professeur *m* associé ▷ **visiting rights** NPL droit *m* de visite ▷ **visiting teacher** N *(US)* ≃ visiteuse *f* scolaire ▷ **visiting team** N *(Sport)* visiteurs *mpl* ▷ **visiting terms** NPL ◆ **I know him but I'm not on** ~ **terms with him** je le connais, mais nous ne nous rendons pas visite ▷ **visiting time** N ⇒ **visiting hours**

**visitor** /ˈvɪzɪtəʳ/ **N** **a** *(= guest)* invité(e) *m(f)* ◆ **to have a ~** avoir de la visite ◆ **to have ~s** avoir des visites *or* de la visite ◆ **we've had a lot of ~s** nous avons eu beaucoup de visites ◆ **have your ~s left?** est-ce que tes invités sont partis ? ◆ **we seem to have had a ~ during the night!** on dirait qu'on a eu de la visite cette nuit !

**b** *(= client) (in hotel)* client(e) *m(f)* ; *(at exhibition)* visiteur *m* ; *(= tourist)* visiteur *m* ◆ **~s to London** visiteurs *mpl* de passage à Londres ◆ **~s to the castle** les personnes *fpl* visitant le château ; → **health, passport, prison**

**COMP** ▷ **visitor centre** **N** accueil *m* des visiteurs *(sur un site historique avec exposition, diaporama, cafétéria etc)* ▷ **visitors' book** **N** livre *m* d'or ▷ **visitors' gallery** **N** *(Parl etc)* tribune *f* du public ▷ **visitor's tax** **N** taxe *f* de séjour

**visor** /ˈvaɪzəʳ/ **N** visière *f* ; → **sun**

**VISTA** /ˈvɪstə/ **N** *(US)* (abbrev of **Volunteers in Service to America**) *organisme américain chargé de l'aide aux personnes défavorisées*

**vista** /ˈvɪstə/ **N** *(= view)* vue *f* ; *(= survey) (of past)* vue *f*, image *f* ; *(of future)* perspective *f*, horizon *m* ◆ **to open up new ~s** *(fig)* ouvrir de nouveaux horizons *or* de nouvelles perspectives

**visual** /ˈvɪzjʊəl/ **ADJ** visuel ◆ **the ~ cortex of the brain** l'aire du cortex cérébral contrôlant la vision ◆ **within ~ range** à portée de vue ◆ **she's a very ~ person** c'est une visuelle **N** ◆ **to get a ~ on sth** arriver à voir qch **NPL** **visuals** *(= display material)* support(s) *m(pl)* visuel(s) ; *[of video game, film etc]* images *fpl*

**COMP** ▷ **visual aid** **N** support *m* visuel ▷ **visual angle** **N** angle *m* visuel ▷ **visual artist** **N** plasticien(ne) *m(f)* ▷ **the visual arts** **NPL** les arts *mpl* plastiques ▷ **visual display terminal**, **visual display unit** **N** console *f*, écran *m* ▷ **visual field** **N** *(Opt)* champ *m* de vision

**visualization** /ˌvɪzjʊəlaɪˈzeɪʃən/ **N** visualisation *f*

**visualize** /ˈvɪzjʊəlaɪz/ **VT** **a** *(= recall) [+ person, sb's face]* se représenter, visualiser **b** *(= imagine) [+ sth unknown]* s'imaginer ; *[+ sth familiar]* se représenter ◆ **try to ~ a million pounds** essayez de vous imaginer un million de livres ◆ **I ~d him working at his desk** je me le suis représenté travaillant à son bureau ◆ **~ yourself lying on the beach** imaginez-vous étendu sur la plage **c** *(= foresee)* envisager, prévoir ◆ **we do not ~ many changes** nous n'envisageons *or* pas beaucoup de changements

**visually** /ˈvɪzjʊəlɪ/ **ADV** *[attractive]* visuellement ; *[stunning, exciting]* d'un point de vue visuel ; *[judge]* de visu ◆ **~ handicapped** *or* **impaired** malvoyant ◆ **the ~ handicapped** *or* **impaired** les malvoyants *mpl* ◆ **~, it's a very impressive film** d'un point de vue visuel, c'est un film très impressionnant

**vital** /ˈvaɪtl/ **ADJ** **a** *(= crucial) [part, component, element, information]* vital, essentiel ; *[question, matter]* vital, fondamental ; *[supplies, resources]* vital ; *[ingredient, factor, role]* essentiel, fondamental ; *[link]* essentiel ; *[importance]* capital ◆ **your support is ~ to us** votre soutien est vital *or* capital pour nous ◆ **such skills are ~ for survival** de telles techniques sont indispensables à la survie ◆ **it is ~ to do this** il est vital *or* essentiel de faire cela ◆ **it is ~ for you to come, it is ~ that you (should) come** il faut absolument que vous veniez *subj*

**b** *(= dynamic) [person, institution]* énergique ◆ **~ spark** étincelle *f* de vie

**c** *(Physiol) [organ, force, functions]* vital ◆ **~ parts** organes *mpl* vitaux

**N** ◆ **the ~s** *(Anat)* les organes *mpl* vitaux ; *(fig)* les parties *fpl* essentielles

**COMP** ▷ **vital signs** **NPL** *(Med)* signes *mpl* vitaux ; *(fig)* signes *mpl* de vitalité ◆ **his ~ signs are normal** ses fonctions vitales sont normales ◆ **he shows no ~ signs** il ne donne aucun signe de vie ▷ **vital statistics** **NPL** *(Sociol)* statistiques *fpl* démographiques ; *(Brit) [of woman]* mensurations *fpl*

**vitality** /vaɪˈtælɪtɪ/ **N** *(lit, fig)* vitalité *f*

**vitalize** /ˈvaɪtəlaɪz/ **VT** *(lit)* vivifier ; *(fig)* mettre de la vie dans, animer

**vitally** /ˈvaɪtəlɪ/ **ADV** **a** *(= crucially, greatly) [necessary]* absolument ; *[interested, concerned]* au plus haut point ; *[affect]* de façon cruciale ◆ **~ important** d'une importance capitale ◆ **it is ~ important that I talk to her** il est absolument indispensable que *or* il faut absolument que je lui parle *subj* ◆ **~ urgent** des plus urgents ◆ **~ needed foreign investment** investissements *mpl* étrangers dont on a un besoin vital ◆ **~, he was still willing to compromise** fait essentiel *or* capital, il était toujours prêt à envisager un compromis

**b** *(= intensely)* ◆ **she is so ~ alive** elle est tellement débordante de vitalité ◆ **traditions that are ~ alive** traditions *fpl* qui restent des plus vivaces ◆ **music which remains ~ fresh** musique *f* qui conserve une intense fraîcheur

**vitamin** /ˈvɪtəmɪn/ **N** vitamine *f* ◆ **~ A/B** vitamine A/B ◆ **with added ~s** vitaminé

**COMP** *[content]* en vitamines ▷ **vitamin deficiency** **N** carence *f* en vitamines ▷ **vitamin deficiency disease** **N** avitaminose *f* ▷ **vitamin-enriched** **ADJ** vitaminé ▷ **vitamin pill** **N** comprimé *m* de vitamines ▷ **vitamin-rich** **ADJ** riche en vitamines ▷ **vitamin tablet** **N** ⇒ **vitamin pill**

**vitaminize** /ˈvɪtəmɪnaɪz/ **VT** incorporer des vitamines dans ◆ **~d food** nourriture *f* vitaminée

**vitiate** /ˈvɪʃɪeɪt/ **VT** *(all senses)* vicier

**viticulture** /ˈvɪtɪkʌltʃəʳ/ **N** viticulture *f*

**vitreous** /ˈvɪtrɪəs/ **ADJ** **a** *[china, rock, electricity]* vitré ; *[enamel]* vitrifié **b** *(Anat)* vitré **COMP** ▷ **vitreous body** **N** (corps *m*) vitré *m* ▷ **vitreous humour** **N** humeur *f* vitrée

**vitrifaction** /ˌvɪtrɪˈfækʃən/, **vitrification** /ˌvɪtrɪfɪˈkeɪʃən/ **N** vitrification *f*

**vitrify** /ˈvɪtrɪfaɪ/ **VT** vitrifier **VI** se vitrifier

**vitriol** /ˈvɪtrɪəl/ **N** *(Chem, fig)* vitriol *m*

**vitriolic** /ˌvɪtrɪˈɒlɪk/ **ADJ** *[attack, speech]* au vitriol ; *[abuse, outburst]* venimeux ; *[criticism]* venimeux, au vitriol **COMP** ▷ **vitriolic acid** † **N** *(Chem)* vitriol † *m*

**vitriolize** /ˈvɪtrɪəlaɪz/ **VT** vitrioler

**vitro** /ˈvɪtrəʊ/ → **in vitro**

**vituperate** /vɪˈtjuːpəreɪt/ *(frm)* **VT** injurier, vitupérer contre **VI** vitupérer

**vituperation** /vɪˌtjuːpəˈreɪʃən/ **N** *(frm)* vitupérations *fpl*

**vituperative** /vɪˈtjuːpərətɪv/ **ADJ** *(frm) [remark]* injurieux ; *[attack, abuse, critic]* virulent ◆ **a ~ man/woman** un vitupérateur/une vitupératrice *(liter)* ◆ **to be ~ about sb** vitupérer contre qn

**Vitus** /ˈvaɪtəs/ **N** → **saint**

**viva¹** /ˈviːvə/ **EXCL** vive ! **N** vivat *m*

**viva²** /ˈvaɪvə/ **N** *(Brit Univ)* épreuve *f* orale, oral *m*

**vivacious** /vɪˈveɪʃəs/ **ADJ** *[woman, personality]* plein de vivacité

**vivaciously** /vɪˈveɪʃəslɪ/ **ADV** *[say, laugh]* avec vivacité

**vivacity** /vɪˈvæsɪtɪ/ **N** vivacité *f* ; *(in words)* verve *f*

**vivarium** /vɪˈvɛərɪəm/ **N** (pl **vivariums** *or* **vivaria** /vɪˈvɛərɪə/) vivarium *m* ; *(for fish, shellfish)* vivier *m*

**viva voce** /ˈvaɪvəˈvəʊsɪ/ **ADJ** oral, verbal **ADV** de vive voix, oralement **N** *(Brit Univ)* épreuve *f* orale, oral *m*

**vivid** /ˈvɪvɪd/ **ADJ** *[colour, imagination]* vif ; *[memory]* très net, vif ; *[dream]* pénétrant ; *[description, language]* vivant, coloré ; *[account]* vivant ; *[example, comparison, demonstration]* frappant ◆ **in ~ detail** avec des détails saisissants ◆ **to be a ~ reminder that ...** rappeler de façon saisissante que ...

**vividly** /ˈvɪvɪdlɪ/ **ADV** *[remember, recall]* très nettement *or* distinctement ; *[describe, portray, express]* de façon vivante ; *[illustrate, demonstrate]* de façon frappante ◆ **~ coloured** aux couleurs vives

**vividness** /ˈvɪvɪdnɪs/ **N** *[of colour]* vivacité *f*, éclat *m* ; *[of light]* éclat *m*, clarté *f* ; *[of memory]* netteté *f* ; *[of description]* caractère *m* très vivant ; *[of dream]* clarté *f* ; *[of style]* clarté *f*, vigueur *f*

**vivify** /ˈvɪvɪfaɪ/ **VT** vivifier, ranimer

**viviparous** /vɪˈvɪpərəs/ **ADJ** vivipare

**vivisect** /ˌvɪvɪˈsekt/ **VT** pratiquer la vivisection sur, vivisecter

**vivisection** /ˌvɪvɪˈsekʃən/ **N** vivisection *f*

**vivisectionist** /ˌvɪvɪˈsekʃənɪst/, **vivisector** /ˈvɪvɪsektəʳ/ **N** *(= scientist)* vivisecteur *m*, -trice *f* ; *(= supporter)* partisan(e) *m(f)* de la vivisection

**vixen** /ˈvɪksn/ **N** **a** *(Zool)* renarde *f* **b** *(= woman)* mégère *f*

**viz** /vɪz/ **ADV** (abbrev of **vide licet**) *(= namely)* c.-à-d., c'est-à-dire

**vizier** /vɪˈzɪəʳ/ **N** vizir *m*

**VJ Day** /viːˈdʒeɪdeɪ/ **N** *anniversaire de la victoire des alliés sur le Japon en 1945* ; → VE DAY

**VLF** /viːelˈef/ **N** (abbrev of **very low frequency**) → **very**

**VLSI** /viːelesˈaɪ/ **N** *(Comput)* (abbrev of **very large-scale integration**) intégration *f* à très grande échelle

**vocab** * /ˈvəʊkæb/ abbrev of **vocabulary**

**vocable** /ˈvəʊkəbl/ **N** vocable *m*

**vocabulary** /vəʊˈkæbjʊlərɪ/ **N** *(gen)* vocabulaire *m* ; *(in textbook, bilingual)* lexique *m*, vocabulaire *m* ; *(technical)* lexique *m*, glossaire *m*

**vocal** /ˈvəʊkəl/ **ADJ** **a** *(= using voice: also Anat)* vocal ◆ **~ score** *(Mus)* partition *f* vocale ◆ **~ training** ⇒ **voice training** ; → **voice**

**b** *(= outspoken) [opposition, protest]* vif ◆ **a ~ minority** une minorité qui se fait entendre ◆ **he was very ~ during the meeting** il n'a pas hésité à prendre la parole pendant la réunion ◆ **to be ~ in one's displeasure** exprimer énergiquement son déplaisir ◆ **to be ~ in supporting sth** prendre énergiquement parti pour qch ◆ **to become more** *or* **increasingly ~** *[person]* se faire de plus en plus entendre ◆ **public discontent was increasingly ~** de plus en plus les gens exprimaient leur mécontentement

**N** *(Mus)* ◆ **~(s)** chant *m* ◆ **featuring Chrissie Hynde on ~s** avec Chrissie Hynde au chant ◆ **backing ~s** chœurs *mpl*

**COMP** ▷ **vocal c(h)ords**, **vocal folds** **NPL** cordes *fpl* vocales

> ⚠ *When it means 'outspoken',* **vocal** *is not translated by the French word* **vocal**.

**vocalic** /vəʊˈkælɪk/ **ADJ** vocalique

**vocalisation** /ˌvəʊkəlaɪˈzeɪʃən/ N vocalisation *f*

**vocalist** /ˈvəʊkəlɪst/ N chanteur *m*, -euse *f* *(dans un groupe)*

**vocalize** /ˈvəʊkəlaɪz/ VT a *[+ one's opinions]* exprimer b *(Ling) [+ consonant]* vocaliser ; *[+ text]* écrire en marquant des points-voyelles VI *(Ling)* se vocaliser ; *(Mus)* vocaliser, faire des vocalises

**vocally** /ˈvəʊkəlɪ/ ADV a *(Mus) [perfect, impressive, difficult]* du point de vue vocal ◆ **a ~ superb cast** des chanteurs extraordinaires ◆ **~, it's a very simple song** la mélodie de cette chanson est très simple b *(= outspokenly)* ◆ **to support/oppose sth ~** exprimer énergiquement son soutien/opposition à qch ◆ **to be ~ anti-feminist** exprimer énergiquement ses opinions antiféministes

**vocation** /vəʊˈkeɪʃən/ N *(Rel etc)* vocation *f* ◆ **to have a ~ for teaching** avoir la vocation de l'enseignement

**vocational** /vəʊˈkeɪʃənl/ ADJ *[training, education, subject, qualifications, skills]* technique et professionnel ◆ **~ course** *(= period)* stage *m* de formation professionnelle ; *(= subject)* filière *f* technique et professionnelle
COMP ▷ **vocational guidance** N orientation *f* professionnelle ▷ **vocational school** N *(in US)* ≈ lycée *m* technique

**vocationally** /vəʊˈkeɪʃənlɪ/ ADV ◆ **~ oriented courses** cours *mpl* à orientation professionnelle ◆ **~ relevant subjects** matières *fpl* d'intérêt professionnel ◆ **to train sb ~** donner à qn une formation professionnelle

**vocative** /ˈvɒkətɪv/ N vocatif *m* ◆ **in the ~** au vocatif ADJ vocatif ◆ **~ case** vocatif *m* ◆ **~ ending** désinence *f* du vocatif

**vociferate** /vəʊˈsɪfəreɪt/ VI vociférer, brailler *

**vociferation** /vəʊˌsɪfəˈreɪʃən/ N vocifération *f*

**vociferous** /vəʊˈsɪfərəs/ ADJ véhément ◆ **~ in one's opposition to sth** véhément dans son opposition à qch ◆ **to be ~ in one's criticism of sb/sth** critiquer qn/qch avec véhémence ◆ **to be ~ in demanding one's rights** réclamer ses droits avec véhémence

**vociferously** /vəʊˈsɪfərəslɪ/ ADV *(frm)* avec véhémence

**vodka** /ˈvɒdkə/ N vodka *f*

**vogue** /vəʊg/ N vogue *f*, mode *f* ◆ **moustaches were the ~** *or* **in ~ then** les moustaches étaient alors en vogue *or* à la mode ◆ **to be all the ~** faire fureur ◆ **to come into ~** devenir à la mode ◆ **to go out of ~** passer de mode ◆ **the ~ for ...** la vogue *or* la mode de ... ◆ **the current ~ for mini-skirts** la vogue que connaissent actuellement les minijupes ADJ à la mode, en vogue

**voice** /vɔɪs/ N a *(gen)* voix *f* ; *(pitch, quality)* voix *f*, ton *m* ◆ **in a deep ~** d'une voix grave ◆ **at the top of one's ~** à tue-tête ◆ **to raise/lower one's ~** élever/baisser la voix ◆ **keep your ~ down** ne parle pas trop fort ◆ **to say sth in a low ~** dire qch à voix basse ◆ **he likes the sound of his own ~** il aime s'écouter parler ◆ **his ~ has broken** il a mué, sa voix a mué ◆ **a ~ could be heard at the back of the room** on entendait une voix au fond de la salle ◆ **they acclaimed him with one ~** ils ont été unanimes à l'acclamer ◆ **to give ~ to sth** exprimer qch ◆ **the ~ of reason** la voix de la raison ◆ **the ~ of the nation/the people** la voix de la nation/du peuple ◆ **the ~ of God** la voix de Dieu ◆ **he is a ~ (crying) in the wilderness** il prêche dans le désert ; → **find, lose, loud**

b *(fig = opinion, influence)* ◆ **there were no dissenting ~s** il n'y a pas eu d'opposition ◆ **to have a ~ in the matter** avoir son mot à dire, avoir voix au chapitre ◆ **his wife has no ~ in their business affairs** sa femme n'a pas son mot à dire dans leurs affaires ◆ **can't I have a ~ in this?** est-ce que je peux avoir mon mot à dire ? ◆ **Egypt is an important ~ in Arab politics** l'Égypte joue un rôle déterminant dans la politique des pays arabes ◆ **France retains an influential ~ in African affairs** la France a gardé une position d'influence en Afrique

c *(Mus)* voix *f* ◆ **tenor/bass ~** voix *f* de ténor/de basse ◆ **a piece for ~ and piano** un morceau pour voix et piano ◆ **a piece for three soprano ~s** un morceau pour trois sopranos ◆ **to be in good ~** être en voix ◆ **he has a lovely tenor ~** il a une belle voix de ténor

d *(Gram)* voix *f* ◆ **active/passive ~** voix *f* active/passive ◆ **in the active/passive ~** à l'actif/au passif

e *(NonC: Phon)* voix *f*

f *(Theat)* ◆ **~s off** voix *fpl* dans les coulisses

VT a *(= express) [+ feelings, opinion]* exprimer, formuler ; *[+ concern, support, fear]* exprimer ◆ **to ~ (one's) opposition to sth** s'élever contre qch

b *(Ling) [+ consonant]* sonoriser ◆ **~d consonant** consonne *f* sonore *or* voisée

c *(Mus)* accorder

COMP ▷ **voice-activated** ADJ à commande vocale ▷ **voice box** N *(Anat)* larynx *m* ▷ **voice mail** N messagerie *f* vocale ▷ **voice-over** N *(TV)* (commentaire *m* en) voix *f* off ▷ **voice parts** NPL *(Mus)* parties *fpl* vocales ▷ **voice production** N diction *f*, élocution *f* ▷ **voice range** N registre *m* de la voix ▷ **voice recognition** N reconnaissance *f* vocale ▷ **voice synthesis** N synthèse *f* vocale ▷ **voice synthesizer** N synthétiseur *m* vocal ▷ **voice training** N *[of actor]* cours *mpl* de diction *or* d'élocution ; *[of singer]* cours *mpl* de chant ▷ **voice vote** N *(US Pol etc)* vote *m* par acclamation

**voiced** /vɔɪst/ ADJ *(Phon) [consonant]* voisé, sonore

**voiceless** /ˈvɔɪslɪs/ ADJ a *(= mute) [person] (gen)* sans voix, aphone ; *(Med)* aphone b *(= disenfranchised) [minority]* silencieux c *(Phon) [consonant, sound]* non voisé, sourd

**voiceprint** /ˈvɔɪsprɪnt/ N empreinte *f* vocale

**voicing** /ˈvɔɪsɪŋ/ N *(Phon)* sonorisation *f*, voisement *m*

**void** /vɔɪd/ N *(lit, fig)* vide *m* ◆ **an aching ~** un grand vide ◆ **to fill the ~** combler le vide ADJ a *(Jur = invalid) [agreement]* nul (nulle *f*) ◆ **to declare sth ~** annuler qch ; → **null** b *(frm = empty)* vide ◆ **~ of** *[ornament, charm, talent, qualities, imagination]* dépourvu de ; *[scruples, compassion, good sense, meaning]* dénué de c *(Cards)* ◆ **his spades were ~, he was ~ in spades** il n'avait pas de pique VT a *(= remove)* évacuer *(from* de*)* b *(Med) (= excrete)* évacuer ; *(= vomit)* vomir c *(Jur = invalidated)* annuler

**voile** /vɔɪl/ N voile *m (Tex)*

**Voivodina, Vojvodina** /ˈvɔɪvəˈdiːnə/ N Voïvodine *or* Vojvodine *f*

**vol.** abbrev of **volume**

**volatile** /ˈvɒlətaɪl/ ADJ a *(Chem)* volatil b *(fig = uncertain) [situation, atmosphere, relationship, market]* instable ; *[person, personality]* versatile

**volatility** /ˌvɒləˈtɪlɪtɪ/ N a *(Chem)* volatilité *f* b *(= uncertainty) [of situation, atmosphere, relationship, market]* inconstance *f* ; *[of person, personality]* versatilité *f*

**volatilize** /vɒˈlætəlaɪz/ VT volatiliser VI se volatiliser, s'évaporer

**vol-au-vent** /ˈvɒləʊˌvɑ̃ː, ˈvɒləˌvɒn/ N vol-au-vent *m* ◆ **chicken/mushroom ~** vol-au-vent *m* au poulet/aux champignons

**volcanic** /vɒlˈkænɪk/ ADJ *(lit, fig)* volcanique

**volcano** /vɒlˈkeɪnəʊ/ N (pl **volcanoes** *or* **volcanos**) volcan *m*

**vole**[1] /vəʊl/ N *(Zool)* campagnol *m* ; → **water**

**vole**[2] /vəʊl/ *(Cards)* N vole *f* VI faire la vole

**Volga** /ˈvɒlgə/ N Volga *f*

**volition** /vəˈlɪʃən/ N volition *f*, volonté *f* ◆ **of one's own ~** de son propre gré

**volley** /ˈvɒlɪ/ N a *(Mil)* volée *f*, salve *f* ; *[of stones]* grêle *f* b *(fig) [of insults]* bordée *f*, torrent *m* ; *[of questions]* feu *m* roulant ; *[of applause]* salve *f* ◆ **to fire a ~** tirer une salve c *(Sport)* volée *f* ◆ **half ~** demi-volée *f*
VT *(Sport) [+ ball]* attraper à la volée VI a *(Mil)* tirer par salves b *(Sport)* faire une volée

**volleyball** /ˈvɒlɪbɔːl/ N volley(-ball) *m* COMP ▷ **volleyball player** N volleyeur *m*, -euse *f*

**volleyer** /ˈvɒlɪər/ N *(Tennis)* volleyeur *m*, -euse *f*

**volt** /vəʊlt/ N volt *m* COMP ▷ **volt meter** N voltmètre *m*

**voltage** /ˈvəʊltɪdʒ/ N voltage *m*, tension *f* ◆ **high/low ~** haute/basse tension *f*

**voltaic** /vɒlˈteɪɪk/ ADJ voltaïque

**volte-face** /ˈvɒltˈfɑːs/ N *(pl inv)* volte-face *f inv* ◆ **to perform a ~** *(lit, fig)* faire volte-face

**volubility** /ˌvɒljʊˈbɪlɪtɪ/ N volubilité *f*, loquacité *f*

**voluble** /ˈvɒljʊbl/ ADJ volubile

**volubly** /ˈvɒljʊblɪ/ ADV avec volubilité, volubilement

**volume** /ˈvɒljuːm/ N a *(= book)* volume *m* ; *(= one in a set)* volume *m*, tome *m* ◆ **~ one/two** tome *m* un/second ◆ **~ three/four** tome *m* trois/quatre ◆ **in six ~s** en six volumes ◆ **a ~ of essays/short-stories** un volume d'essais/de nouvelles ◆ **a two-~ dictionary** un dictionnaire en deux volumes ◆ **to write ~s** *(fig)* écrire des volumes ◆ **to speak** *or* **say ~s** en dire long *(about* sur*)*

b *(= size, bulk: Phys)* volume *m* ◆ **the gas expanded to twice its original ~** le gaz s'est dilaté et a doublé de volume ◆ **your hair needs more ~** il faut redonner du volume à vos cheveux ◆ **production ~** volume *m* de la production ◆ **the ~ of imports/exports** le volume des importations/exportations ◆ **the ~ of protest has increased since ...** les protestations ont pris de l'ampleur depuis ...

c *(= capacity) [of tank, container]* capacité *f*

d *(= loudness)* volume *m*, puissance *f* ◆ **to turn the ~ up/down** *(Rad, TV)* augmenter/diminuer le volume

NPL **volumes** *(gen)* ◆ **~s of** énormément de ◆ **~s of work** énormément de travail ◆ **~s of smoke** des nuages *mpl* de fumée

COMP ▷ **volume control** N *(Rad, TV)* bouton *m* de réglage du volume

**volumetric** /ˌvɒljʊˈmetrɪk/ ADJ volumétrique

**voluminous** /vəˈluːmɪnəs/ ADJ volumineux

**voluntarily** /ˈvɒləntərɪlɪ/ ADV a *(= willingly)* volontairement b *(= without payment) [work]* bénévolement, à titre bénévole

**voluntarism** /ˈvɒləntərɪzəm/ N bénévolat *m*

**voluntary** /ˈvɒləntərɪ/ ADJ a *(= not compulsory, spontaneous) [subscription, contribution, redundancy, repatriation, movement]* volontaire ; *[confession, statement]* volontaire, spontané ; *[attendance, course]* facultatif ; *[pension scheme]* à contribution volontaire ; *[agreement]* librement consenti ◆ **on a ~ basis** à titre volontaire b *(= unpaid, charitable) [group, service]* bénévole ◆ **~ helper** bénévole *mf* ◆ **~ help** *(= assistance)* aide *f* bénévole ◆ **on a ~ basis** à titre bénévole

N *(Mus, Rel)* morceau *m* d'orgue

COMP ▷ **voluntary agency**, **voluntary body** N organisation *f* bénévole ▷ **voluntary euthanasia** N euthanasie *f* volontaire ▷ **voluntary liquidation** N *(Comm, Fin)* dépôt *m* de bilan ◆ **to go into ~ liquidation** déposer son bilan ◆ **they put the company into ~ liquidation** l'entreprise a déposé son bilan ▷ **voluntary manslaughter** N *(Jur)* homicide *m* volontaire ▷ **voluntary organization** N organisation *f* bénévole ▷ **voluntary school** N *(Brit)* école *f* libre ▷ **the voluntary sector** N les organisations *fpl* bénévoles, le secteur associatif ◆ **he works in the ~ sector** il travaille pour une organisation bénévole *or* dans le secteur associatif ▷ **Voluntary Service Overseas** N *(Brit)* ≃ coopération *f* technique ▷ **voluntary work** N travail *m* bénévole, bénévolat *m* ◆ **she does ~ work (in a hospital)** elle travaille comme bénévole (dans un hôpital) ▷ **voluntary worker** N bénévole *mf*

**volunteer** /ˌvɒlənˈtɪəʳ/ N *(gen, Mil)* volontaire *mf* ; *(= unpaid helper)* bénévole *mf* ◆ **to ask for** *or* **call for ~s** demander des volontaires ◆ **the association is run by ~s** c'est une association de bénévoles

ADJ a *(= having offered to do sth) [group]* de volontaires ; *[person]* volontaire

b *(= unpaid) [helper, worker]* bénévole

VT *[+ money]* donner *or* offrir de son plein gré ; *[+ information]* fournir (spontanément) ◆ **they ~ed 50 pounds a week to the fund** ils ont offert une contribution hebdomadaire au fonds de 50 livres ◆ **they ~ed to carry it all back** ils ont offert de tout remporter ◆ **"there were seven of them" he ~ed** "ils étaient sept" dit-il spontanément

VI *(Mil)* s'engager comme volontaire (*for* dans) ◆ **to ~ for sth** *(gen)* s'offrir *or* se proposer pour (faire) qch

COMP ▷ **volunteer force** N armée *f or* force *f* de volontaires ▷ **Volunteers in Service to America** N *organisme américain chargé de l'aide aux personnes défavorisées* ▷ **the Volunteer State** N le Tennessee

**voluptuous** /vəˈlʌptjʊəs/ ADJ voluptueux ◆ **she has a ~ figure** elle est bien faite

**voluptuously** /vəˈlʌptjʊəslɪ/ ADV *[move, stretch]* voluptueusement ◆ **her ~ curved body** son corps aux rondeurs voluptueuses ◆ **his lips were ~ full** il avait une bouche sensuelle

**voluptuousness** /vəˈlʌptjʊəsnɪs/ N volupté *f*, sensualité *f*

**volute** /vəˈluːt/ N *(Archit)* volute *f*

**voluted** /vəˈluːtɪd/ ADJ *(Archit)* en volute

**vomit** /ˈvɒmɪt/ N vomissement *m*, vomi *m* VT *(lit, fig)* vomir ◆ **to ~ out** *or* **up** *or* **forth** *(liter)* vomir VI vomir

**vomiting** /ˈvɒmɪtɪŋ/ N vomissements *mpl*

**voodoo** /ˈvuːduː/ ADJ vaudou *inv* N vaudou *m* VT envoûter

**voracious** /vəˈreɪʃəs/ ADJ *[appetite, person, animal]* vorace ; *[reader, collector]* avide ◆ **to be a ~ eater** être vorace

**voraciously** /vəˈreɪʃəslɪ/ ADV *[eat, devour]* voracement, avec voracité ; *[read]* avec avidité

**voracity** /vɒˈræsɪtɪ/ N *(lit, fig)* voracité *f*

**vortex** /ˈvɔːteks/ N (pl **vortexes** *or* **vortices** /ˈvɔːtɪsiːz/) *(lit)* vortex *m*, tourbillon *m* ; *(fig)* tourbillon *m*

**vorticism** /ˈvɔːtɪˌsɪzəm/ N *(Art)* vorticisme *m*

**votary** /ˈvəʊtərɪ/ N *(liter)* fervent(e) *m(f)* (*of* de)

**vote** /vəʊt/ N a *(= ballot)* vote *m* ◆ **to take a ~** *(gen)* voter (*on* sur) ; *(Admin, Pol)* procéder au vote (*on* sur) ◆ **they took a ~ on whether to sell the company** ils ont voté pour décider s'ils allaient (ou non) vendre l'entreprise ◆ **to put sth to the ~** mettre qch aux voix ◆ **the matter was settled by ~** on a réglé la question en la mettant aux voix ◆ **after the ~** après le scrutin

b *(= franchise)* droit *m* de vote ◆ **to give the ~ to the under twenty-ones** accorder le droit de vote aux moins de vingt et un ans ◆ **to have/get the ~** avoir/obtenir le droit de vote ◆ **one man one ~** ≃ suffrage *m* universel, une seule voix par électeur ◆ **~s for women!** le droit de vote pour les femmes !

c *(= vote cast)* voix *f* ◆ **to give one's ~ to ...** donner sa voix à ..., voter pour ... ◆ **to win ~s** gagner des voix ◆ **to count the ~s** compter les voix *or* les votes ; *(Pol)* dépouiller le scrutin ◆ **he has my ~** je voterai pour lui ◆ **~ for/against sth** voix *f* pour/contre qch ◆ **elected by a majority ~** élu au vote majoritaire ◆ **they won by a two-thirds ~** ils ont remporté les deux tiers des voix

d *(= body of voters)* électorat *m* ◆ **the Jewish/Scottish ~** l'électorat *m* juif/écossais ◆ **to lose/court the Catholic ~** perdre le soutien de/courtiser l'électorat catholique ◆ **he'll win/lose the Massachusetts ~** il va remporter/perdre le Massachusetts ◆ **the Labour ~** *(Pol)* les voix *fpl* travaillistes ; → **casting, floating**

VT a *(= approve) [+ bill, treaty]* voter

b *(= elect)* élire ◆ **he was ~d chairman** il a été élu président ◆ **the group ~d her the best cook** le groupe l'a proclamée meilleure cuisinière

c *(= propose)* ◆ **I ~ we go to the cinema** * je propose que l'on aille au cinéma ◆ **the committee ~d to request a subsidy** le comité a voté une demande de subvention

VI voter (*for* pour ; *against* contre) donner sa voix (*for sb* à qn ; *for sth* pour qch) ; *(in general election etc)* aller aux urnes, voter ◆ **the country ~s in three weeks** les élections ont lieu dans trois semaines ◆ **to ~ Socialist** voter socialiste ◆ **to ~ for the Socialists** voter pour les socialistes ◆ **~ (for) Harris!** votez Harris ! ◆ **to ~ for sth** voter pour *or* en faveur de qch ◆ **to ~ for a bill** *(Parl)* voter une loi ◆ **to ~ on sth** mettre qch au vote ◆ **to ~ with one's feet** * *(= go elsewhere)* partir en signe de mécontentement, montrer son désaccord en partant ◆ **people are voting with their feet** * le verdict de l'opinion publique est clair

COMP ▷ **vote-catching** * ADJ *(pej)* électoraliste ▷ **vote-loser** * N ◆ **it's a ~-loser (for us)** ça risque de nous faire perdre des voix ▷ **vote of censure** N ⇒ **vote of no confidence** ▷ **vote of confidence** N vote *m* de confiance ◆ **to ask for a ~ of confidence** réclamer un vote de confiance ◆ **to pass a ~ of confidence (in)** voter la confiance (à) ▷ **vote of no confidence** N motion *f* de censure ◆ **to pass a ~ of no confidence** voter une motion de censure ▷ **vote of thanks** N discours *m* de remerciement ◆ **to move a ~ of thanks** faire un discours de remerciement ▷ **vote-winner** * N atout *m* électoral ◆ **they hope it will be a ~-winner for them** ils espèrent que cela leur fera gagner des voix

► **vote down** VT SEP rejeter *(par le vote)*

► **vote in** VT SEP *[+ law]* adopter, voter ; *[+ person]* élire

► **vote out** VT SEP *[+ amendment]* rejeter ; *[+ MP, chairman]* ne pas réélire, sortir * ◆ **he was ~d out (of office)** il n'a pas été réélu ◆ **he was ~d out by a large majority** il a été battu à une forte majorité ◆ **the electors ~d the Conservative government out** les électeurs ont rejeté le gouvernement conservateur

► **vote through** VT SEP *[+ bill, motion]* voter, ratifier

**voter** /ˈvəʊtəʳ/ N électeur *m*, -trice *f* COMP ▷ **voter registration** N *(US Pol)* inscription *f* sur les listes électorales ▷ **voter registration card** N carte *f* d'électeur ; → **turnout**

**voting** /ˈvəʊtɪŋ/ N *(NonC)* vote *m*, scrutin *m* ◆ **the ~ went against him** le vote lui a été défavorable ◆ **the ~ took place yesterday** le scrutin a eu lieu hier COMP ▷ **voting booth** N isoloir *m* ▷ **voting machine** N *(US)* machine *f* pour enregistrer les votes ▷ **voting paper** N bulletin *m* de vote ▷ **voting precinct** N *(US Pol)* circonscription *f* électorale ▷ **voting rights** NPL droit *m* de vote ▷ **voting share** N *(Fin)* action *f* avec droit de vote

**votive** /ˈvəʊtɪv/ ADJ votif

**vouch** /vaʊtʃ/ VI ◆ **to ~ for sb/sth** se porter garant de qn/qch, répondre de qn/qch ◆ **to ~ for the truth of sth** garantir la vérité de qch

**voucher** /ˈvaʊtʃəʳ/ N a *(= coupon: for cash, meals, petrol)* bon *m* ; → **luncheon** b *(= receipt)* reçu *m*, récépissé *m* ; *(for debt)* quittance *f*

**vouchsafe** /vaʊtʃˈseɪf/ VT *(frm) [+ reply]* accorder ; *[+ help, privilege]* accorder, octroyer ◆ **to ~ to do sth** accepter gracieusement de faire qch ; *(pej)* condescendre à faire qch ◆ **it is not ~d to everyone to understand such things** il n'est pas donné à tout le monde de comprendre ce genre de choses ◆ **he has not ~d an answer** il n'a pas jugé bon de nous donner une réponse

**vow** /vaʊ/ N vœu *m*, serment *m* ◆ **to take a ~** faire vœu (*to do sth* de faire qch ; *of sth* de qch) ◆ **the ~s which he took when ...** les vœux qu'il a faits quand ... ◆ **to take one's ~s** *(Rel)* prononcer ses vœux ◆ **to make a ~** ⇒ **to vow;** → **vt** ◆ **~ of celibacy** vœu *m* de célibat ◆ **to take a ~ of chastity** faire vœu de chasteté ◆ **to take a ~ of obedience (to)** *(Rel)* faire vœu d'obéissance (à) ; *(Hist)* jurer obéissance (à) ◆ **she swore a ~ of secrecy** elle a juré *or* elle a fait le serment de ne rien divulguer ; → **break** VT a *(publicly)* jurer (*to do sth* de faire qch ; *that* que) ; *[+ obedience, loyalty]* faire vœu de ◆ **to ~ vengeance on sb** jurer de se venger de qn b *(to oneself)* se jurer (*to do sth* de faire qch ; *that* que) ◆ **he ~ed (to himself) that he would remain there** il s'est juré d'y rester

**vowel** /ˈvaʊəl/ N voyelle *f* COMP *[system, sound]* vocalique ▷ **vowel shift** N mutation *f* vocalique

**vox pop** * /ˌvɒksˈpɒp/ N micro-trottoir *m*

**voyage** /ˈvɔɪɪdʒ/ N *(Naut)* voyage *m* par mer, traversée *f* ; *(fig)* voyage *m* ◆ **to go on a ~** partir en voyage (par mer) ◆ **the ~ across the Atlantic** la traversée de l'Atlantique ◆ **the ~ out** le voyage d'aller ◆ **the ~ back** *or* **home** le voyage de retour ◆ **on the ~ out/home** à l'aller/au retour ◆ **a ~ of discovery** un voyage d'exploration VT *(Naut)* traverser, parcourir VI *(Naut)* voyager par mer ◆ **to ~ across** traverser

**voyager** /ˈvɔɪədʒəʳ/ N *(= traveller)* passager *m*, -ère *f*, voyageur *m*, -euse *f* ; *(Hist = explorer)* navigateur *m*

**voyageur** /ˌvɔɪəˈdʒɜː/ N *(Can Hist) trappeur or batelier etc assurant la liaison entre différents comptoirs*

**voyeur** /vwɑːˈjɜːʳ/ N voyeur *m*

**voyeurism** /ˈvwɑːjɜːˌrɪzəm/ N voyeurisme *m*

**voyeuristic** /ˌvwɑːjɜːˈrɪstɪk/ ADJ *[behaviour]* de voyeur ; *[activity]* qui frise le voyeurisme ; *[film, book]* qui sombre dans le voyeurisme

**VP** /viːˈpiː/ **N** *(US)* (abbrev of **Vice-President**) → **vice-**

**VPL** * /ˌviːpiːˈel/ **N** (abbrev of **visible panty line**) → **visible**

**VR** /viːˈɑːʳ/ **N** (abbrev of **virtual reality**) → **virtual**

**vroom** /vruːm/ **EXCL** vroum !

**VS** (abbrev of **versus**) VS, contre

**VSO** /ˌviːesˈəʊ/ **N** *(Brit)* (abbrev of **Voluntary Service Overseas**) → **voluntary**

**VSOP** /ˌviːesəʊˈpiː/ (abbrev of **Very Special Old Pale**) *(brandy, port)* VSOP

**VT** abbrev of **Vermont**

**Vt.** abbrev of **Vermont**

**VTOL** /ˌviːtiːəʊˈel/ (abbrev of **vertical takeoff and landing**) **N** a ◆ ~ **(aircraft)** ADAV *m*, VTOL *m* b *(= technique)* décollage *m* et atterrissage *m* verticaux

**Vulcan** /ˈvʌlkən/ **N** *(Myth)* Vulcain *m*

**vulcanite** /ˈvʌlkənaɪt/ **N** ébonite *f*

**vulcanization** /ˌvʌlkənaɪˈzeɪʃən/ **N** vulcanisation *f*

**vulcanize** /ˈvʌlkənaɪz/ **VT** vulcaniser

**vulcanologist** /ˌvʌlkəˈnɒlədʒɪst/ **N** volcanologue *mf*

**vulcanology** /ˌvʌlkəˈnɒlədʒɪ/ **N** volcanologie *f*

**vulgar** /ˈvʌlgəʳ/ **ADJ** a *(= impolite)* vulgaire ◆ **it is ~ to talk about money** il est vulgaire de parler d'argent b *(Ling = vernacular) [language, tongue]* vulgaire **COMP** ▷ **vulgar fraction N** *(Math)* fraction *f* ordinaire ▷ **Vulgar Latin N** latin *m* vulgaire

**vulgarian** /vʌlˈgeərɪən/ **N** *(pej)* personne *f* vulgaire, parvenu(e) *m(f)*

**vulgarism** /ˈvʌlgərɪzəm/ **N** a *(= uneducated expression)* vulgarisme *m* b *(= swearword)* gros mot *m*, grossièreté *f*

**vulgarity** /vʌlˈgærɪtɪ/ **N** vulgarité *f*, grossièreté *f*

**vulgarization** /ˌvʌlgəraɪˈzeɪʃən/ **N** vulgarisation *f*

**vulgarize** /ˈvʌlgəraɪz/ **VT** a *(frm = make known)* vulgariser, populariser b *(= make coarse)* rendre vulgaire

**vulgarly** /ˈvʌlgəlɪ/ **ADV** a *(= generally)* vulgairement, communément b *(= coarsely)* vulgairement, grossièrement

**Vulgate** /ˈvʌlgɪt/ **N** Vulgate *f*

**vulnerability** /ˌvʌlnərəˈbɪlɪtɪ/ **N** vulnérabilité *f*

**vulnerable** /ˈvʌlnərəbl/ **ADJ** vulnérable (*to sth* à qch) ; ◆ **to be ~ to criticism** prêter le flanc à la critique ◆ **to be ~ to infection** être sujet aux infections ◆ **to find sb's ~ spot** trouver le point faible de qn

**vulture** /ˈvʌltʃəʳ/ **N** *(lit, fig)* vautour *m* ◆ **black ~** *(Orn)* moine *m*

**vulva** /ˈvʌlvə/ **N** (pl **vulvas** or **vulvae** /ˈvʌlviː/) vulve *f*

**vying** /ˈvaɪɪŋ/ **N** rivalité *f*, concurrence *f*

# W

**W, w** /ˈdʌbljuː/ **N** a *(= letter)* W, w *m* ◆ **W for Willie** ≃ W comme William b (abbrev of **watt**) W c (abbrev of **west**) O., ouest

**W.** abbrev of **Wales, Welsh**

**WA** a abbrev of **Washington** b abbrev of **Western Australia**

**wacko** * /ˈwækəʊ/ **ADJ** ⇒ **wacky** **N** cinglé(e) * *m(f)*

**wacky** * /ˈwækɪ/ **ADJ** loufoque * **COMP** ▷ **wacky baccy** ⁑ **N** *(Brit: hum)* herbe * *f (marijuana)*, shit * *m*

**wad** /wɒd/ **N** a *(= plug, ball) [of cloth, paper]* tampon *m* ; *[of putty, chewing gum]* boulette *f* ; *(for gun)* bourre *f* ; *[of straw]* bouchon *m* ◆ **a ~ of cotton wool** un tampon d'ouate ◆ **a ~ of tobacco** *(uncut)* une carotte de tabac ; *(for chewing)* une chique de tabac b *(= bundle, pile) [of papers, documents]* tas *m*, pile *f* ; *(tied together)* liasse *f* ; *[of banknotes]* liasse *f* c **~s** *or* **a ~ of cash** * *(= lots of money)* des paquets *mpl* de fric * **VT** a (also **wad up**) *[+ paper, cloth, cotton wool]* faire un tampon de ; *[+ putty, chewing gum]* faire une boulette de b *[+ garment]* doubler d'ouate, ouater ; *[+ quilt]* rembourrer c (also **wad up**) *[+ hole, crack]* boucher avec un tampon *or* avec une boulette

**wadding** /ˈwɒdɪŋ/ **N** *(NonC) (= raw cotton or felt: also for gun)* bourre *f* ; *(gen: for lining or padding)* rembourrage *m*, capiton *m* ; *(for garments)* ouate *f*

**waddle** /ˈwɒdl/ **VI** *[duck]* se dandiner ; *[person]* se dandiner, marcher comme un canard ◆ **to ~ in/out/across** *etc* entrer/sortir/traverser *etc* en se dandinant **N** dandinement *m*

**wade** /weɪd/ **VI** a *(= paddle)* ◆ **to go wading** barboter ◆ **to ~ through water/mud/long grass** avancer *or* marcher dans l'eau/la boue/l'herbe haute ◆ **he ~d ashore** il a regagné la rive à pied ◆ **to ~ across a river** traverser une rivière à gué

b *(* = advance with difficulty)* **to ~ through a crowd** se frayer un chemin à travers une foule ◆ **I managed to ~ through his book** je suis (péniblement) venu à bout de son livre ◆ **it took me an hour to ~ through your essay** il m'a fallu une heure pour venir à bout de votre dissertation ◆ **he was wading through his homework** il s'échinait sur ses devoirs

c *(= attack)* **to ~ into sb** * *(physically)* se jeter *or* se ruer sur qn ; *(verbally)* tomber sur qn, prendre qn à partie

**VT** *[+ stream]* passer *or* traverser à gué

► **wade in** * **VI** *(in fight/argument etc)* se mettre de la partie *(dans une bagarre/dispute etc)*

**wader** /ˈweɪdəʳ/ **N** a *(= boot)* cuissarde *f*, botte *f* de pêcheur b *(= bird)* échassier *m*

**wadge** /wɒdʒ/ **N** ⇒ **wodge**

**wadi** /ˈwɒdɪ/ **N** (pl **wadies**) oued *m*

**wading** /ˈweɪdɪŋ/ **N** *(NonC)* barbotage *m*, pataugeage *m* **COMP** ▷ **wading bird** **N** échassier *m* ▷ **wading pool** **N** *(US)* petit bassin *m*

**wafer** /ˈweɪfəʳ/ **N** a *(Culin)* gaufrette *f* ; *(Rel)* hostie *f* ; *(= seal)* cachet *m (de papier rouge)* b *(Comput, Elec)* tranche *f* ◆ **silicon ~** tranche *f* de silicium **COMP** ▷ **wafer-thin** **ADJ** mince comme du papier à cigarette *or* comme une pelure d'oignon

**wafery** /ˈweɪfərɪ/ **ADJ** ⇒ **wafer-thin** ; → **wafer**

**waffle¹** /ˈwɒfl/ **N** *(Culin)* gaufre *f* **COMP** ▷ **waffle iron** **N** gaufrier *m*

**waffle²** * /ˈwɒfl/ *(Brit)* **N** *(NonC, when speaking)* verbiage *m* ; *(in book, essay)* remplissage *m*, délayage *m* ◆ **there's too much ~ in this essay** il y a trop de remplissage *or* de délayage dans cette dissertation **VI** *(when speaking)* parler pour ne rien dire ; *(in book, essay)* faire du remplissage *or* du délayage ◆ **he was waffling on about ...** il parlait interminablement de ...

**waffler** * /ˈwɒfləʳ/ **N** *(Brit)* personne *f* qui fait du verbiage

**waft** /wɑːft/ **VT** *[+ smell, sound]* porter, apporter ; (also **waft along**) *[+ boat]* faire avancer, pousser ; *[+ clouds]* faire glisser *or* avancer **VI** *[sound, smell]* flotter **N** *[of air, scent]* (petite) bouffée *f*

**wag¹** /wæg/ **VT** *[animal] [+ tail]* remuer ◆ **the dog ~ged its tail** le chien a remué la queue ◆ **he ~ged his finger/his pencil at me** il a agité le doigt/son crayon dans ma direction ◆ **to ~ one's head** hocher la tête **VI** *[tail]* remuer ; *(excitedly)* frétiller ◆ **his tongue never stops ~ging** *(fig)* il a la langue bien pendue, il ne s'arrête jamais de bavarder ◆ **tongues are ~ging** les langues vont bon train, ça fait jaser ◆ **the news set tongues ~ging** la nouvelle a fait marcher les langues *or* a fait jaser (les gens) **N** *[of tail]* remuement *m* ; *(excitedly)* frétillement *m* ◆ **with a ~ of its tail** en remuant la queue

**wag²** *(o.f or hum)* /wæg/ **N** *(= joker)* plaisantin *m*, farceur *m*, -euse *f*

**wage** /weɪdʒ/ **N** salaire *m*, paie *or* paye *f* ; *[of domestic servant]* gages *mpl* ◆ **weekly/hourly ~** salaire *m* hebdomadaire/horaire ◆ **I've lost two days' ~s** j'ai perdu deux jours de salaire *or* de paie ◆ **his week's ~s** son salaire *or* sa paye de la semaine ◆ **his ~ is** *or* **his ~s are £250 per week** il touche un salaire de 250 livres par semaine, il gagne *or* est payé 250 livres par semaine ◆ **he gets a good ~** il est bien payé, il a un bon salaire ◆ **the ~s of sin is death** *(Bible)* la mort est le salaire du péché ; → **living**

**VT** ◆ **to ~ war** faire la guerre (*against* à, contre) ◆ **to ~ a campaign** faire campagne (*against* contre), mener une campagne (*for* pour)

**COMP** ▷ **wage bargaining** **N** *(NonC)* négociations *fpl* salariales ▷ **wage bill** **N** ⇒ **wages bill** ▷ **wage claim** **N** ⇒ **wages claim** ▷ **wage clerk** **N** ⇒ **wages clerk** ▷ **wage demand** **N** ⇒ **wages claim** ▷ **wage differential** **N** écart *m* salarial *or* de salaires ▷ **wage drift** **N** dérapage *m* salarial, dérive *f* des salaires ▷ **wage earner** **N** salarié(e) *m(f)* ◆ **she is the family ~ earner** c'est elle qui fait vivre sa famille *or* qui est le soutien de sa famille ◆ **we are both ~ earners** nous gagnons tous les deux notre vie ▷ **wage freeze** **N** ⇒ **wages freeze** ▷ **wage increase** **N** augmentation *f or* hausse *f* de salaire ▷ **wage packet** **N** *(esp Brit) (lit)* enveloppe *f* de paie ; *(fig)* paie *or* paye *f* ▷ **wage-price spiral** **N** spirale *f* prix-salaires ▷ **wage-push inflation** **N** inflation *f* par les salaires ▷ **wage rates** **NPL** niveau *m* des salaires ▷ **wage restraint** **N** limitation *f* des salaires ▷ **wage rise** **N** ⇒ **wage increase** ▷ **wages bill** **N** masse *f* salariale ▷ **wage scale** **N** grille *f* des salaires ▷ **wages claim** **N** *(Brit)* revendication *f* salariale ▷ **wages clerk** **N** employé(e) *m(f)* au service de la paie, ≃ aide-comptable *mf* ▷ **wage settlement** **N** ⇒ **wages settlement** ▷ **wages freeze** **N** blocage *m* des salaires ▷ **wage slave** **N** *(hum)* ◆ **I'm a ~ slave** je ne suis qu'un pauvre salarié ▷ **wage slip** **N** ⇒ **wages slip** ▷ **wage spread** **N** *(US)* éventail *m* des salaires ▷ **wages settlement** **N** accord *m* salarial ▷ **wages slip** **N** bulletin *m* de salaire, fiche *f* de paie ▷ **wage worker** **N** *(US)* ⇒ **wage earner**

**waged** /weɪdʒd/ **ADJ** *[person]* salarié

**wager** /ˈweɪdʒəʳ/ **VT** parier (*on* sur ; *that* que) ◆ **I'll ~ you £5 that he arrives late** je te parie 5 livres qu'il arrivera en retard **N** pari *m* ◆ **to lay a ~** faire un pari

**waggish** † /ˈwægɪʃ/ **ADJ** badin, facétieux

**waggishly** † /ˈwægɪʃlɪ/ **ADV** *[say]* d'une manière facétieuse, d'un ton facétieux *or* badin ; *[smile]* avec facétie

**waggle** /ˈwægl/ VT [+ pencil, branch] agiter ; [+ loose screw, button] faire jouer ; [+ one's toes, fingers, ears] remuer ; [+ loose tooth] faire bouger ◆ **he ~d his finger at me** il a agité le doigt dans ma direction ◆ **to ~ one's hips** tortiller des hanches VI [toes, fingers, ears] remuer ; [tail] remuer ; (excitedly) frétiller ◆ **his hips ~d as he walked** il tortillait des hanches en marchant

**waggon** /ˈwægən/ N (esp Brit) ⇒ **wagon**

**Wagnerian** /vɑːgˈnɪərɪən/ ADJ wagnérien

**wagon** /ˈwægən/ N (horse- or ox-drawn) chariot m ; (= truck) camion m ; (Brit Rail) wagon m (de marchandises) ; (US: also **station wagon**) break m ◆ **the ~** * (US = police van) le panier à salade * ◆ **to go/be on the ~** * (fig) ne plus/ne pas boire (d'alcool), se mettre/être au régime sec ◆ **he's off the ~ (again)** * il s'est remis à boire ◆ **to circle the ~s, to pull one's ~s in a circle** (fig) se serrer les coudes (pour faire front) ; → **station** COMP ▷ **wagon train** N (US Hist) convoi m de chariots

**wagoner** /ˈwægənəʳ/ N roulier m, charretier m

**wagonette** /ˌwægəˈnet/ N break † m (hippomobile)

**wagonload** /ˈwægənləʊd/ N (Agr) charretée f ; (Rail) wagon m

**wagtail** /ˈwægteɪl/ N (Orn) hochequeue m, lavandière f

**waif** /weɪf/ N enfant mf misérable ; (homeless) enfant m(f) abandonné(e) ◆ **~s and strays** enfants abandonnés

**wail** /weɪl/ N [of person, wind, bagpipes] gémissement m, plainte f ; [of baby] vagissement m ; [of siren] hurlement m ◆ **to give a ~** pousser un gémissement or un vagissement, gémir, vagir VI [person] gémir, pousser un or des gémissement(s) ; (= cry) pleurer ; (= whine) pleurnicher ; [baby] vagir ; [wind] gémir ; [siren] hurler ; [bagpipes etc] gémir

**wailing** /ˈweɪlɪŋ/ N (NonC) [of person, wind] gémissements mpl, plaintes fpl ; (= whining) pleurnicheries fpl ; [of baby] vagissements mpl ; [of siren] hurlement m ; [of bagpipes] gémissement m ADJ [voice, person] gémissant ; [sound] plaintif COMP ▷ **the Wailing Wall** N le mur des Lamentations

**wain** /weɪn/ N (liter) chariot m ◆ **Charles's Wain** (Astron) le Chariot de David, la Grande Ourse

**wainscot** /ˈweɪnskət/ N lambris m (en bois)

**wainscot(t)ing** /ˈweɪnskətɪŋ/ N lambrissage m (en bois)

**waist** /weɪst/ N a (Anat, Dress) taille f ◆ **he put his arm round her ~** il l'a prise par la taille ◆ **she measures 70cm round the ~** elle fait 70 cm de tour de taille ◆ **they were stripped to the ~** ils étaient nus jusqu'à la ceinture, ils étaient torse nu ◆ **he was up to the** or **his ~ in water** l'eau lui arrivait à la ceinture or à mi-corps b (= narrow part) [of jar, vase etc] étranglement m, resserrement m ; [of violin] partie f resserrée de la table c (US) (= blouse) corsage m, blouse f ; (= bodice) corsage m, haut m VT [+ jacket etc] cintrer COMP ▷ **waist measurement, waist size** N tour m de taille ▷ **waist slip** N jupon m

**waistband** /ˈweɪstbænd/ N ceinture f

**waistcoat** /ˈweɪstkəʊt/ N (Brit) gilet m

**-waisted** /ˈweɪstɪd/ ADJ (in compounds) ◆ **to be slim-waisted** avoir la taille fine ◆ **high-/low-waisted dress** robe f à taille haute/basse ; → **shirtwaist**

**waistline** /ˈweɪstlaɪn/ N taille f ◆ **I've got to think of my ~** (hum) je dois faire attention à ma ligne

**wait** /weɪt/ N a attente f ◆ **you'll have a three-hour ~** vous aurez trois heures d'attente or à attendre ◆ **it was a long ~** il a fallu attendre longtemps, l'attente a été longue ◆ **there is a half-hour ~ at Leeds** (on coach journey etc = pause) il y a un arrêt d'une demi-heure or une demi-heure d'arrêt à Leeds ◆ **there was a 20-minute ~ between trains** il y avait 20 minutes de battement or d'attente entre les trains ◆ **during the ~ between the performances** pendant le battement or la pause entre les représentations

◆ **to be** or **lie in wait** être à l'affût ◆ **to be** or **lie in ~ for** [huntsman, lion] guetter ; [bandits, guerrillas] dresser un guet-apens or une embuscade à ◆ **the journalists lay in ~ for him as he left the theatre** les journalistes l'attendaient (au passage) à sa sortie du théâtre or le guettaient à sa sortie du théâtre

b (Brit) ◆ **the ~s** les chanteurs mpl de Noël (qui vont de porte en porte)

VI a attendre ◆ **to ~ for sb/sth** attendre qn/qch ◆ **to ~ for sb to leave** attendre le départ de qn, attendre que qn parte ◆ **we ~ed and ~ed** nous avons attendu à n'en plus finir ◆ **to ~ until sb leaves** attendre que qn parte ◆ **~ till you're old enough** attends d'être assez grand ◆ **can you ~ till 10 o'clock?** pouvez-vous attendre jusqu'à 10 heures ? ◆ **parcel ~ing to be collected** colis m en souffrance ◆ **I'll have the papers ~ing for you** je ferai en sorte que les documents soient là quand vous arriverez ◆ **"repairs while you wait"** (Comm) "réparations minute" ◆ **they do it while you ~** (Comm) ils le font pendant que vous attendez

◆ **to keep sb waiting** faire attendre qn ◆ **don't keep us ~ing** ne te fais pas attendre, ne nous fais pas attendre ◆ **I was kept ~ing in the corridor** on m'a fait attendre dans le couloir, j'ai fait le pied de grue dans le couloir

b (fig) ◆ **just you ~ !** attends un peu ! ◆ **just ~ till your father finds out!** attends un peu que ton père apprenne ça ! ◆ **all that can ~ till tomorrow** tout cela peut attendre jusqu'à demain ◆ **~ for it!** * (Brit) (= order to wait) attendez ! ; (= guess what) devinez quoi ! * ◆ **~ and see!** attends (voir) ! ; see also **comp** ◆ **we'll just have to ~ and see** il va falloir attendre, il va falloir voir venir ◆ **~ and see what happens next** attendez voir ce qui va se passer ◆ **that was worth ~ing for** cela valait la peine d'attendre ◆ **everything comes to he who ~s** tout vient à point à qui sait attendre (Prov)

◆ **can't wait** ◆ **I just can't ~ for next Saturday!** je meurs d'impatience or d'envie d'être à samedi prochain ! ◆ **I can't ~ to see him again!** (longingly) je meurs d'envie de le revoir ! ◆ **I can't ~ for the day when this happens** je rêve du jour où cela arrivera ◆ **the Conservatives can't ~ to reverse this policy** les conservateurs brûlent de révoquer cette politique

c servir ◆ **to ~ (at table)** servir à table, faire le service

VT a [+ signal, orders, one's turn] attendre ◆ **I ~ed two hours** j'ai attendu (pendant) deux heures ◆ **could you ~ a moment?** vous pouvez patienter un moment ? ◆ **~ a moment** or **a minute** or **a second!** (attendez) un instant or une minute ! ; (interrupting, querying) minute ! * ◆ **to ~ one's moment** or **chance (to do sth)** attendre son heure (pour faire qch) ◆ **we'll ~ lunch for you** (esp US) nous vous attendrons pour nous mettre à table

b (esp US) **to ~ table** servir à table, faire le service

COMP ▷ **wait-and-see tactics** NPL (Pol etc) attentisme m ▷ **wait-listed** ADJ (Travel) ◆ **to be ~-listed on a flight** être sur la liste d'attente d'un vol

► **wait about, wait around** VI attendre ; (= loiter) traîner ◆ **to ~ about for sb** attendre qn, faire le pied de grue pour qn ◆ **the job involves a lot of ~ing about** on perd beaucoup de temps à attendre dans ce métier ◆ **you can't expect him to ~ about all day while you ...** tu ne peux pas exiger qu'il traîne subj toute la journée à t'attendre pendant que tu ...

► **wait behind** VI rester ◆ **to ~ behind for sb** rester pour attendre qn

► **wait in** VI (esp Brit) rester à la maison (for sb pour attendre qn)

► **wait on** VT FUS a [servant, waiter] servir ◆ **I'm not here to ~ on him!** je ne suis pas sa bonne or son valet de chambre ! ◆ **she ~s on him hand and foot** elle est aux petits soins pour lui

b (frm) ⇒ **wait upon a**

c (Scot, N Engl) attendre ◆ **I'm ~ing on him finishing** j'attends qu'il finisse ◆ **~ on!** attends !

► **wait out** VT SEP ◆ **to wait it out** patienter

► **wait up** VI (= not go to bed) ne pas se coucher, veiller ◆ **we ~ed up till 2 o'clock** nous avons veillé or attendu jusqu'à 2 heures, nous ne nous sommes pas couchés avant 2 heures ◆ **she always ~s up for him** elle attend toujours qu'il rentre subj pour se coucher, elle ne se couche jamais avant qu'il ne soit rentré ◆ **don't ~ up (for me)** couchez-vous sans m'attendre ◆ **you can ~ up to see the programme** tu peux te coucher plus tard pour regarder l'émission

► **wait upon** VT FUS a (frm) [ambassador, envoy etc] présenter ses respects à

b ⇒ **wait on a**

**waiter** /ˈweɪtəʳ/ N garçon m de café, serveur m ◆ **~!** Monsieur or garçon, s'il vous plaît ! ; → **dumbwaiter, head, wine**

**waiting** /ˈweɪtɪŋ/ N (NonC) attente f ◆ **"no waiting"** (on road sign) "arrêt interdit" ◆ **all this ~!** ce qu'on attend !, dire qu'il faut attendre si longtemps ! ◆ **to be in ~ on sb** (frm) être attaché au service de qn ; → **lady** ADJ qui attend COMP ▷ **waiting game** N (fig) ◆ **to play a ~ game** (gen) attendre son heure ; (in diplomacy, negotiations etc) mener une politique d'attente, se conduire en attentiste ▷ **waiting list** N liste f d'attente ▷ **waiting room** N salle f d'attente

**waitress** /ˈweɪtrɪs/ N serveuse f ◆ **~!** Mademoiselle (or Madame), s'il vous plaît ! VI travailler comme serveuse

**waitressing** /ˈweɪtrɪsɪŋ/ N (NonC) travail m de serveuse

**waive** /weɪv/ VT (Jur) (= relinquish) [+ one's claim, right, privilege] renoncer à ; (= relax) [+ condition, age limit] renoncer à appliquer ; (= abolish) [+ sb's rights] abolir ◆ **the art gallery ~s admission charges on Sundays** le musée d'art est gratuit le dimanche ◆ **they ~d normal requirements for permits to cross the border** ils ont renoncé à exiger un permis pour passer la frontière

**waiver** /ˈweɪvəʳ/ N [of law] dérogation f (of à) ; [of requirement] (= abolition) annulation f (of de) ; (= relaxing) dispense f (of de) ; [of right] (= relinquishing) renonciation f (of à) ; (= abolition) abolition f (of de) ; [of restrictions] levée f (of de) ; (Insurance) clause f de renonciation ◆ **to sign a ~ (of responsibility)** signer une décharge ◆ **tax/visa ~** exemption f d'impôts/de visa

**wake**[1] /weɪk/ **N** *[of ship]* sillage *m*, eaux *fpl* ◆ **in the ~ of the storm/unrest/dispute** à la suite de l'orage/des troubles/du conflit ◆ **in the ~ of the army** dans le sillage *or* sur les traces de l'armée ◆ **the war brought famine in its ~** la guerre a amené la famine dans son sillage ◆ **to follow in sb's ~** marcher sur les traces de qn *or* dans le sillage de qn

**wake**[2] /weɪk/ (vb : pret **woke, waked**, ptp **waked, woken, woke**) **N** **a** *(over corpse)* veillée *f* mortuaire

**b** *(N Engl)* **Wakes (Week)** *semaine de congé annuel dans le nord de l'Angleterre*

**VI** (also **wake up**) se réveiller, s'éveiller *(from* de) ◆ **~ up!** réveille-toi ! ◆ **~ up (to yourself)!** * *(fig = think what you're doing)* tu ne te rends pas compte ! ◆ **~ up and smell the coffee!** * *(US)* arrête de rêver ! ◆ **to ~ from sleep** se réveiller, s'éveiller ◆ **to ~ (up) from a nightmare** *(lit)* se réveiller d'un cauchemar ; *(fig)* sortir d'un cauchemar ◆ **she woke (up) to find them gone** en se réveillant *or* à son réveil elle s'est aperçue qu'ils étaient partis ◆ **he woke up (to find himself) in prison** il s'est réveillé en prison ◆ **he woke up to find himself rich** à son réveil il était riche ◆ **to ~ (up) to sth** *(fig)* prendre conscience de *or* se rendre compte de qch ◆ **to ~ (up) from one's illusions** revenir de ses illusions ◆ **he suddenly woke up and started to work hard** *(= stirred himself)* il s'est tout à coup réveillé *or* remué *or* secoué et s'est mis à travailler dur ◆ **he suddenly woke up and realized that ...** *(= understood)* tout à coup ses yeux se sont ouverts et il s'est rendu compte que ...

**VT** (also **wake up**) *[+ person]* réveiller *(from* de), tirer du sommeil ; *(fig)* *[+ memories]* (r)éveiller, ranimer ; *[+ desires]* éveiller ◆ **a noise that would ~ the dead** un bruit à réveiller les morts ◆ **he needs something to ~ him up** *(fig)* il aurait besoin d'être secoué

**COMP** ▷ **wake-up call N** **a** *(Telec)* réveil *m* téléphonique, mémo appel *m* **b** *(esp US = warning)* avertissement *m*

**wakeful** /ˈweɪkfʊl/ **ADJ** **a** *(= unable to sleep)* éveillé ◆ **I had a ~ night** *(awake part of night)* je n'ai pratiquement pas dormi de la nuit, j'ai mal dormi ; *(didn't sleep at all)* j'ai passé une nuit blanche, je n'ai pas dormi de la nuit **b** *(frm = vigilant) [person]* vigilant

**wakefulness** /ˈweɪkfʊlnɪs/ **N** **a** *(= sleeplessness)* insomnie *f* **b** *(frm = watchfulness)* vigilance *f*

**waken** /ˈweɪkən/ **VTI** ⇒ **wake**[2]

**waker** /ˈweɪkəʳ/ **N** ◆ **to be an early ~** se réveiller tôt

**wakey-wakey** * /ˈweɪkɪˈweɪkɪ/ **EXCL** réveillez-vous !, debout !

**waking** /ˈweɪkɪŋ/ **ADJ** ◆ **in one's ~ hours** pendant les heures de veille ◆ **he devoted all his ~ hours to ...** il consacrait chaque heure de sa journée à ... ◆ **~ or sleeping, he ...** (qu'il soit) éveillé ou endormi, il ... **N** (état *m* de) veille *f* ◆ **between ~ and sleeping** dans un (état de) demi-sommeil **COMP** ▷ **waking dream N** rêve *m* éveillé

**Waldorf salad** /ˌwɔːldɔːfˈsæləd/ **N** *(Culin)* salade *f* Waldorf *(composée de pommes, noix, céleri et mayonnaise)*

**wale** /weɪl/ **N** *(US)* ⇒ **weal**[1]

**Wales** /weɪlz/ **N** le pays de Galles ◆ **in ~** au pays de Galles ◆ **North/South ~** le Nord/le Sud du pays de Galles ◆ **Secretary of State for ~** *(Brit)* ministre *m* des Affaires galloises ; → **prince**

**walk** /wɔːk/ **N** **a** *(= stroll)* promenade *f* ; *(= ramble)* randonnée *f* ◆ **to go for a country ~** faire une promenade à la campagne ◆ **to go for a ~, to take** *or* **have a ~** se promener, faire une promenade ; *(shorter)* faire un tour ◆ **let's have a** *or* **go for a little ~** promenons-nous un peu, allons faire un petit tour ◆ **he had a long ~** il a fait une grande promenade ◆ **we went on a long ~ to see the castle** nous avons fait une excursion (à pied) pour visiter le château ◆ **on their ~ to school** en allant à l'école (à pied), sur le chemin de l'école ◆ **on their ~ home** en rentrant chez eux (à pied) ◆ **the Post Office is on my ~ home (from work)** le bureau de poste est sur mon chemin quand je rentre chez moi (du travail) ◆ **to take sb for a ~** emmener qn se promener *or* en promenade ◆ **to take the dog for a ~** promener le chien ◆ **to do a 10-km ~** faire une promenade de 10 km ◆ **the house is ten minutes' ~ from here** la maison est à dix minutes de marche d'ici *or* à dix minutes à pied d'ici ◆ **it's only a short ~ to the shops** il n'y a pas loin à marcher jusqu'aux magasins, il n'y a pas loin pour aller aux magasins ◆ **(go) take a ~!** * fous le camp ! *, dégage ! * ◆ **in a ~** * *(US fig = easily) [win]* dans un fauteuil * ; *[do sth]* les doigts dans le nez * ◆ **it was a ~ in the park** * *(US)* ça a été facile comme tout * ; → **sponsor**

**b** *(= gait)* démarche *f*, façon *f* de marcher ◆ **I knew him by his ~** je l'ai reconnu à sa démarche *or* à sa façon de marcher

**c** *(= pace)* ◆ **he slowed down to a ~** il a ralenti pour aller au pas ◆ **you've got plenty of time to get there at a ~** vous avez tout le temps pour y arriver sans courir ◆ **she set off at a brisk ~** elle est partie d'un bon pas

**d** *(= path, route: in country)* chemin *m*, sentier *m* ; *(= avenue)* avenue *f*, promenade *f* ◆ **a coastal ~** un chemin côtier ◆ **there's a nice ~ by the river** il y a un joli chemin *or* sentier le long de la rivière, il y a une jolie promenade à faire le long de la rivière ◆ **people from all ~s** *or* **every ~ of life** des gens de tous (les) horizons

**e** *(US:* also **sidewalk)** trottoir *m*

**f** *(Sport = walking race)* épreuve *f* de marche

**VI** **a** *(gen)* marcher ; *(= not run)* aller au pas, ne pas courir ◆ **I haven't ~ed since the accident** je n'ai pas (re)marché depuis l'accident ◆ **I can't ~ as I used to** je n'ai plus mes jambes d'autrefois ◆ **to learn to ~** *[baby, injured person]* apprendre à marcher ◆ **to ~ across the road** traverser la route ◆ **you should always ~ across the road** on ne doit jamais traverser la rue en courant ◆ **to ~ across/down** *etc* traverser/descendre *etc* (à pied *or* sans courir) ◆ **he ~ed up/down the stairs** *(gen = went up/down)* il a monté/descendu l'escalier ; *(= didn't run)* il a monté/descendu l'escalier sans courir ◆ **he was ~ing up and down** il marchait de long en large, il faisait les cent pas ◆ **don't ~ on the grass** ne marchez pas sur la pelouse ; *(on sign)* "pelouse interdite" ◆ **to ~ with a stick/with crutches** marcher avec une canne/des béquilles, marcher à l'aide d'une canne/de béquilles ◆ **I'll ~ with you** je vais vous accompagner ◆ **to ~ in one's sleep** être somnambule, marcher en dormant ◆ **she was ~ing in her sleep** elle marchait en dormant ◆ **you must learn to ~ before you can run** avant de vouloir courir il faut savoir marcher ◆ **~, don't run** ne cours pas ◆ **"walk/don't walk"** *(US: at pedestrian crossing)* "(piétons) traversez/attendez"

**b** *(= not ride or drive)* aller à pied ; *(= go for a walk)* se promener, faire une promenade ◆ **they ~ed all the way to the village** ils ont fait tout le chemin à pied jusqu'au village ◆ **I always ~ home** je rentre toujours à pied ◆ **shall we ~ a little?** si nous faisions quelques pas ?, si nous marchions un peu ? ; *(longer walk)* si nous nous promenions un peu ? ◆ **they were out ~ing** ils étaient partis se promener (à pied)

**c** *[ghost]* apparaître

**d** (* *fig hum) [object]* disparaître, se volatiliser ◆ **my pen seems to have ~ed** mon stylo a disparu *or* s'est volatilisé

**e** (* *= be acquitted)* être acquitté

**VT** **a** *[+ distance]* faire à pied ◆ **he ~s 5km every day** il fait 5 km (de marche) à pied par jour ◆ **you can ~ it in a couple of minutes** vous y serez en deux minutes à pied, à pied vous en avez pour deux minutes ◆ **he ~ed it in ten minutes** il l'a fait à pied en dix minutes, il lui a fallu dix minutes à pied ◆ **he ~ed it** * *(fig = it was easy)* cela a été un jeu d'enfant pour lui

**b** *[+ town etc]* parcourir ◆ **to ~ the streets** se promener dans les rues ; *(from poverty)* errer dans les rues, battre le pavé ; *[prostitute]* faire le trottoir ◆ **he ~ed the town looking for a dentist** il a parcouru la ville en tous sens à la recherche d'un dentiste ◆ **they ~ed the countryside in search of ...** ils ont battu la campagne à la recherche de ... ◆ **I've ~ed this road many times** j'ai pris cette route (à pied) bien des fois

**c** *(= cause to walk) [+ dog]* promener ; *[+ horse]* conduire à pied ◆ **to ~ sb in/out** *etc* faire entrer/sortir *etc* qn ◆ **to ~ sb home** raccompagner qn (chez lui *or* elle) ◆ **he seized my arm and ~ed me across the room** il m'a pris par le bras et m'a fait traverser la pièce ◆ **I had to ~ my bike home** j'ai dû pousser mon vélo jusqu'à la maison ◆ **to ~ a cooker/chest of drawers across a room** pousser une cuisinière/une commode petit à petit d'un bout à l'autre d'une pièce *(en la faisant pivoter d'un pied sur l'autre)* ◆ **the nurse ~ed him down the ward to exercise his legs** l'infirmier l'a fait marcher *or* se promener dans la salle pour qu'il s'exerce *subj* les jambes ◆ **they ~ed him off his feet** ils l'ont tellement fait marcher qu'il ne tenait plus debout ◆ **I ~ed him round Paris** je l'ai promené dans Paris ◆ **I ~ed him round the garden to show him the plants** je lui ai fait faire le tour du jardin pour lui montrer les plantes ◆ **I ~ed him round the garden till he was calmer** je me suis promené avec lui dans le jardin jusqu'à ce qu'il se calme *subj* ◆ **I'll ~ you to the station** je vais vous accompagner (à pied) à la gare ◆ **he ~ed her to her car** il l'a raccompagnée jusqu'à sa voiture

**COMP** ▷ **walk-in ADJ** *[wardrobe, cupboard, larder]* de plain-pied ◆ **in ~-in condition** *[flat, house]* habitable immédiatement ▷ **walk-on part N** *(Theat)* rôle *m* de figurant(e), figuration *f* ▷ **walk-through N** *(Theat etc)* répétition *f* technique ▷ **walk-up N** *(US) (= house)* immeuble *m* sans ascenseur ; *(= apartment)* appartement *m* dans un immeuble sans ascenseur

► **walk about VI** ⇒ **walk around**

► **walk across VI** *(over bridge etc)* traverser ◆ **to ~ across to sb** s'approcher de qn, se diriger vers qn

► **walk around VI** se promener ◆ **within two days of the accident, she was ~ing around** deux jours après l'accident, elle marchait de nouveau ◆ **stand up and ~ around a little to see how the shoes feel** levez-vous et faites quelques pas pour voir comment vous vous sentez dans ces chaussures

► **walk away VI** partir ◆ **to ~ away from sb** s'éloigner de qn, quitter qn ◆ **he ~ed away with the wrong coat** il s'est trompé de manteau en partant ◆ **to ~ away from an accident** *(= be unhurt)* sortir indemne d'un accident ◆ **to ~ away with sth** *(fig = win easily)* gagner *or* remporter qch haut la main ◆ **I**

**did the work but he ~ed away with all the credit** c'est moi qui ai fait tout le travail et c'est lui qui a reçu tous les éloges

► **walk back** VI *(= come back)* revenir ; *(= go back)* retourner ; *(= go home)* rentrer ; *(specifically on foot)* revenir *or* rentrer *or* retourner à pied

► **walk in** VI entrer ◆ **who should ~ in but Paul!** et qui entre sur ces entrefaites ? Paul ! ◆ **they just ~ed in and took all my money** ils sont entrés et ont pris tout mon argent ◆ **he just ~ed in and gave me the sack** il est entré sans crier gare et m'a annoncé qu'il me mettait à la porte

ADJ ◆ **walk-in** → **walk**

► **walk in on** VT FUS surprendre ◆ **he just ~ed in on me!** il est entré sans prévenir !

► **walk into** VT FUS **a** *[+ trap, ambush]* tomber dans ◆ **you really ~ed into that one!** * tu es vraiment tombé *or* tu as vraiment donné dans le panneau ! ◆ **he wondered what he had ~ed into** il se demandait dans quelle galère * il s'était laissé entraîner

**b** *(= hit against) [+ person, lamppost, table]* se cogner à

**c** *(= find easily) [+ job]* trouver sans problème *or* facilement

► **walk off** VI **a** ⇒ **walk away vi**

**b** *(= steal)* **to ~ off with sth** * barboter * *or* faucher * qch

VT SEP *[+ excess weight]* perdre en marchant ◆ **to ~ off a headache** prendre l'air *or* faire une promenade pour se débarrasser d'un mal de tête

► **walk off with** * VT FUS ⇒ **walk away with** ; → **walk away**

► **walk on** VI *(Theat)* être figurant(e), jouer les utilités

► **walk out** VI *(= go out)* sortir ; *(= go away)* partir ; *(as protest)* partir (en signe de protestation) ; *(= go on strike)* se mettre en grève ◆ **you can't ~ out now!** *(fig)* tu ne peux pas partir comme ça !, tu ne peux pas tout laisser tomber * comme ça ! ◆ **her husband has ~ed out** son mari l'a quittée *or* plaquée * ◆ **they ~ed out of the meeting** ils ont quitté la réunion (en signe de protestation)

► **walk out on** * VT FUS *[+ boyfriend, business partner]* laisser tomber *, plaquer *

► **walk out with** † VT FUS *(Brit = court)* fréquenter †

► **walk over** VI passer (à pied), faire un saut (à pied) ◆ **I'll ~ over tomorrow morning** j'y passerai *or* j'y ferai un saut (à pied) demain matin ◆ **he ~ed over to me and said ...** il s'est approché de moi et a dit ...

VT FUS * **a** *(= defeat easily)* battre haut la main

**b** *(= treat badly:* also **walk all over**) marcher sur les pieds de ◆ **she lets him ~ all over her** elle se laisse marcher sur les pieds (sans jamais lui faire de reproche)

► **walk through** VT FUS *(Theat)* répéter les mouvements de

N ◆ **walk-through** → **walk**

► **walk up** VI *(= go upstairs etc)* monter ; *(= approach)* s'approcher (*to sb* de qn) ◆ **~ up, ~ up!** *(at fair etc)* approchez, approchez ! ◆ **I saw the car and ~ed up to it** j'ai vu la voiture et m'en suis approché

N ◆ **walk-up** → **walk**

**walkabout** /ˈwɔːkəbaʊt/ N *(Austral)* voyage *m* (d'un aborigène) dans le bush ; *(Brit) [of president, celebrity]* bain *m* de foule ◆ **to go ~** *(Austral = go for a walk)* partir se balader * dans le bush ; *(Brit) [president, celebrity]* prendre un bain de foule, *(* fig hum) [object]* disparaître, se volatiliser

**walkathon** * /ˈwɔːkəθən/ N *(US)* marathon *m* (de marche)

**walkaway** * /ˈwɔːkəweɪ/ N *(US:* also **walkaway victory** *or* **win**) victoire *f* facile

**walker** /ˈwɔːkəʳ/ N **a** *(esp Sport)* marcheur *m*, -euse *f* ; *(for pleasure)* promeneur *m*, -euse *f* ◆ **I'm not a great ~** je ne suis pas un grand marcheur ◆ **he's a fast ~** il marche vite ; → **sleepwalker, streetwalker b** *(= support frame) (for invalid)* déambulateur *m* ; *(for babies)* trotte-bébé *m* COMP ▷ **walker-on** N *(Theat)* figurant(e) *m(f)*, comparse *mf*

**walkies** * /ˈwɔːkɪz/ N *(Brit)* ◆ **to go ~** *(lit)* aller se promener ; *(fig)* disparaître

**walkie-talkie** /ˈwɔːkɪˈtɔːkɪ/ N talkie-walkie *m*

**walking** /ˈwɔːkɪŋ/ N **a** *(NonC)* marche *f* à pied, promenade(s) *f(pl)* (à pied) ; → **sleepwalking**

**b** *(Sport)* marche *f* (athlétique) ; *(Basketball)* marcher *m*

ADJ ambulant ◆ **the ~ wounded** *(Mil)* les blessés *mpl* capables de marcher ◆ **he's a ~ encyclopedia** c'est une encyclopédie ambulante *or* vivante ◆ **he is a ~ miracle** c'est un miracle ambulant, il revient de loin

COMP ▷ **walking-boot** N chaussure *f* de randonnée *or* de marche ▷ **walking distance** N ◆ **it is within ~ distance (of the house)** on peut facilement y aller à pied (de la maison) ◆ **five minutes' ~ distance away** à cinq minutes de marche ▷ **walking frame** N déambulateur *m* ▷ **walking holiday** N ◆ **we had a ~ holiday in the Tyrol** pour nos vacances nous avons fait de la marche dans le Tyrol ▷ **walking pace** N ◆ **at (a) ~ pace** au pas ▷ **walking papers** * NPL *(US)* ◆ **to give sb his ~ papers** renvoyer qn, mettre *or* flanquer * qn à la porte ▷ **walking race** N épreuve *f* de marche ▷ **walking shoe** N chaussure *f* de marche ▷ **walking stick** N canne *f* ▷ **walking tour**, **walking trip** N ◆ **to be on a ~ tour** *or* **trip** faire une randonnée à pied (de plusieurs jours)

**Walkman** ® /ˈwɔːkmən/ N Walkman ® *m*, baladeur *m*, somnambule *m (Can)*

**walkout** /ˈwɔːkaʊt/ N *(= strike)* grève *f* surprise ; *(from meeting, lecture etc)* départ *m* (en signe de protestation) ◆ **to stage a ~** *[workers]* faire une grève surprise ; *[students, delegates etc]* partir (en signe de protestation)

**walkover** /ˈwɔːkəʊvəʳ/ N *(Racing)* walk-over *m inv* ◆ **it was a ~!** * *(fig) [game]* c'était une victoire facile ! ; *[exam]* c'était un jeu d'enfant !, c'était simple comme bonjour ! ◆ **it was a ~ for Moore** * *(Sport)* Moore a gagné haut la main

**walkway** /ˈwɔːkweɪ/ N *(Brit)* sentier *m* pédestre ; *(US)* passage *m* pour piétons, cheminement *m* piéton

**Walkyrie** /vælˈkɪərɪ/ N Walkyrie *f*

**wall** /wɔːl/ N *(gen)* mur *m* ; *(interior:* also *of trench, tunnel)* paroi *f* ; *(round garden, field)* mur *m* (de clôture) ; *(round city, castle etc)* murs *mpl*, remparts *mpl* ; *(Anat)* paroi *f* ; *[of tyre]* flanc *m* ; *(fig) [of mountains]* mur *m*, muraille *f* ; *[of smoke, fog]* mur *m* ◆ **within the (city) ~s** dans les murs, dans la ville ◆ **the north ~ of the Eiger** la face nord *or* la paroi nord de l'Eiger ◆ **they left only the bare ~s standing** ils n'ont laissé que les murs ◆ **a high tariff ~** *(Econ)* une barrière douanière élevée ◆ **~s have ears** les murs ont des oreilles ◆ **to go over the ~** *[prisoner]* s'évader, se faire la belle * ◆ **to go to the ~** *(fig) [person]* perdre la partie ; *(= go bankrupt)* faire faillite ; *[plan, activity]* être sacrifié ◆ **it's always the weakest who go to the ~** ce sont toujours les plus faibles qui écopent * ◆ **he had his back to the ~, he was up against the ~** *(fig)* il avait le dos au mur, il était accule ◆ **to get sb up against the ~, to drive** *or* **push sb to the ~** acculer qn, mettre qn au pied du mur ◆ **to bang** *or* **knock** *or* **beat one's head against a (brick) ~** *(fig)* se taper la tête contre les murs ◆ **to come up against a (blank) ~, to come up against a stone** *or* **brick ~** *(fig)* se heurter à un mur ◆ **to drive** *or* **send sb up the ~** * rendre qn dingue * *or* fou ; → **Berlin, great, off, party**

VT *[+ garden]* entourer d'un mur, construire un mur autour de ; *[+ city]* fortifier, entourer de murs *or* de remparts ◆ **~ed garden** jardin *m* clos ◆ **~ed town** ville *f* fortifiée

COMP *[decoration, clock, map]* mural ▷ **wall bars** NPL espalier *m (pour exercices de gymnastique)* ▷ **wall chart** N planche *f* murale ▷ **wall cupboard** N placard *m* mural *or* suspendu ▷ **wall lamp**, **wall light** N applique *f* ▷ **wall lighting** N éclairage *m* par appliques ▷ **wall-mounted** ADJ *[clock, phone]* mural ▷ **wall socket** N *(Elec)* prise *f* (murale) ▷ **Wall Street** N *(US)* Wall Street *m* ▷ **wall to wall** ADV ◆ **to carpet sth ~ to ~** recouvrir qch de moquette ▷ **wall-to-wall** ADJ ◆ **~-to-~ carpet(ing)** moquette *f* ◆ **it got ~-to-~ coverage** on ne parlait que de ça (dans les médias) ◆ **there were ~-to-~ people** l'endroit était bondé

► **wall in** VT SEP *[+ garden etc]* entourer d'un mur

► **wall off** VT SEP *[+ plot of land]* séparer par un mur

► **wall up** VT SEP *[+ doorway, window]* murer, condamner ; *[+ person, relics]* murer, emmurer

**wallaby** /ˈwɒləbɪ/ N (pl **wallabies** *or* **wallaby**) wallaby *m*

**wallah** /ˈwɒlə/ N *(Hist)* ◆ **the laundry** *etc* **~** *(in India)* le préposé au blanchissage *etc*

**wallboard** /ˈwɔːlbɔːd/ N *(US)* panneau *m* de revêtement

**wallcovering** /ˈwɔːlkʌvərɪŋ/ N revêtement *m* mural

**wallet** /ˈwɒlɪt/ N portefeuille *m* ; *(of pilgrim etc)* besace *f*

**walleye** /ˈwɔːlaɪ/ N *(= squint)* strabisme *m* divergent

**walleyed** /ˈwɔːlaɪd/ ADJ atteint de strabisme divergent

**wallflower** /ˈwɔːlflaʊəʳ/ N *(Bot)* giroflée *f* ◆ **to be a ~** *(fig)* faire tapisserie

**Walloon** /wɒˈluːn/ ADJ wallon N **a** Wallon(ne) *m(f)* **b** *(Ling)* wallon *m*

**wallop** * /ˈwɒləp/ N *(= slap)* torgnole * *f* ; *(with fist)* gnon ⁑ *m* ; *(in accident)* coup *m* ; *(sound)* fracas *m*, boucan * *m* ◆ **to give sb a ~** flanquer une beigne * *or* une torgnole * à qn ◆ **~!** vlan ! ◆ **it hit the floor with a ~** vlan ! c'est tombé par terre VT *[+ person]* flanquer une beigne * *or* une torgnole * à ; *[+ ball, object]* taper dans, donner un *or* des grand(s) coup(s) dans ADV ◆ **he went ~ into the wall** il est rentré * en plein dans le mur

**walloping** ⁑ /ˈwɒləpɪŋ/ ADJ sacré * *before n* ◆ **~ big** vachement grand * ◆ **a ~ $100 million** la somme astronomique de 100 millions de dollars N raclée * *f*, rossée * *f* ◆ **to give sb a ~** *(= punish)* flanquer une raclée * *or* une rossée * à qn ; *(Sport etc) (= beat)* enfoncer * qn, battre qn à plate(s) couture(s)

**wallow** /ˈwɒləʊ/ VI *[person, animal]* se vautrer *(in* dans) ; *[ship]* être ballotté ; *(fig) (in vice, sin)* se vautrer *(in* dans) ; *(in self-pity etc)* se complaire *(in* à) N **a** *(= pool, bog etc)* mare *f* bourbeuse b *(in bath)* ◆ **to have a ~** * se prélasser

**wallpaper** /ˈwɔːlpeɪpəʳ/ N papier *m* peint ; *(Comput)* fond *m* d'écran VT tapisser (de papier peint) COMP ▷ **wallpaper music** * N *(pej)* musique *f* d'ascenseur *(pej)* or de supermarché *(pej)*

**wally** * /ˈwɒlɪ/ N *(Brit)* andouille * *f*

**walnut** /ˈwɔːlnʌt/ N noix *f* ; (also **walnut tree**) noyer *m* ; *(NonC = wood)* noyer *m* COMP *[table etc]* de *or* en noyer ; *[cake]* aux noix ; *[oil]* de noix

**Walpurgis Night** /vælˈpʊəgɪsnaɪt/ N la nuit de Walpurgis

**walrus** /ˈwɔːlrəs/ N (pl **walruses** or **walrus**) morse *m (Zool)* COMP ▷ **walrus moustache** N moustache *f* à la gauloise

**Walter Mitty** /ˌwɔːltəˈmɪtɪ/ N ◆ **he's something of a ~ (character)** il vit dans un monde imaginaire

**waltz** /wɔːls/ N valse *f* ◆ **it was a ~!** * *(US fig)* c'était du gâteau * *or* de la tarte ! * VI valser, danser la valse ◆ **to ~ in/out** *etc (fig) (gaily)* entrer/sortir *etc* d'un pas joyeux *or* dansant ; *(brazenly)* entrer/sortir *etc* avec désinvolture ◆ **she ~ed in without even knocking** * elle a fait irruption sans même frapper ◆ **he ~ed off with the prize** * il a gagné le prix haut la main ◆ **he ~ed** * **into the job** il n'a pas eu besoin de se fouler * pour obtenir ce poste VT ◆ **he ~ed her round the room** il l'a entraînée dans une valse tout autour de la pièce ; *(fig: in delight etc)* il s'est mis à danser de joie avec elle

► **waltz through** * VT FUS *[+ exam]* être reçu les doigts dans le nez * ; *[+ competition, match]* gagner les doigts dans le nez *

**waltzer** /ˈwɔːlsəʳ/ N a *(= dancer)* valseur *m*, -euse *f* b *(at fairground)* Mont-Blanc *m*

**wampum** /ˈwɒmpəm/ N a *(= beads)* wampum *m* b *(US* ‡ *= money)* pognon ‡ *m*, fric ‡ *m*

**WAN** /wæn/ N *(Comput)* (abbrev of **wide area network**) → **wide**

**wan** /wɒn/ ADJ *[face, light, sky]* blême, blafard ; *[person]* au visage blême *or* blafard ; *[smile]* pâle *before n* ◆ **to look ~** *[person]* avoir le visage blême *or* blafard ◆ **to grow ~** *[light, sky]* blêmir

**wand** /wɒnd/ N *[of conjurer, fairy]* baguette *f* (magique) ; *[of usher, steward, sheriff]* verge *f*, bâton *m* ; *(Comput)* crayon *m* optique, photostyle *m*

**wander** /ˈwɒndəʳ/ N tour *m*, balade * *f* ◆ **to go for a ~ around the town/the shops** aller faire un tour en ville/dans les magasins ◆ **to have** *or* **take a ~** faire un tour, aller se balader *

VI a *[person]* errer, aller sans but ; *(for pleasure)* flâner ; *[thoughts]* errer, vagabonder ; *[river, road]* serpenter, faire des méandres ◆ **he ~ed through the streets** il errait *or* allait sans but dans les rues ◆ **his gaze ~ed round the room** son regard errait dans la pièce

b *(= stray)* s'égarer ◆ **to ~ from the point** *or* **subject** s'écarter du sujet ◆ **his eyes ~ed from the page** son regard distrait s'est écarté de la page ◆ **his thoughts ~ed back to his youth** ses pensées se sont distraitement reportées à sa jeunesse ◆ **his attention ~ed** il était distrait, il n'arrivait pas à fixer son attention *or* à se concentrer ◆ **sorry, my mind was ~ing** excusez-moi, j'étais distrait ◆ **his mind ~ed to the day when ...** il repensa par hasard au jour où ... ◆ **his mind is ~ing, he's ~ing** * *(pej) (from fever)* il délire, il divague ; *(from old age)* il divague, il déraille * ◆ **don't take any notice of what he says, he's just ~ing** * ne faites pas attention à ce qu'il dit, il radote

c *(= go casually)* **to ~ in/out/away** *etc* entrer/sortir/partir *etc* d'un pas nonchalant ◆ **they ~ed round the shop** ils ont flâné dans le magasin ◆ **let's ~ down to the café** allons tranquillement au café

VT parcourir au hasard, errer dans ; *(for pleasure)* flâner dans ◆ **to ~ the streets** aller au hasard des rues, errer dans les rues ◆ **to ~ the hills/the countryside** se promener au hasard *or* errer dans les collines/dans la campagne ◆ **to ~ the world** courir le monde, rouler sa bosse *

► **wander about, wander around** VI *(aimlessly)* errer, aller sans but ; *[animals]* errer ◆ **to ~ about the town/the streets** *(leisurely)* errer dans la ville/dans les rues ◆ **we ~ed around looking in the shop windows** nous avons flâné en faisant du lèche-vitrine

► **wander off** VI partir ; *(= get lost)* s'égarer ◆ **he ~ed off the path** il s'est écarté du chemin

**wanderer** /ˈwɒndərəʳ/ N vagabond(e) *m(f) (also pej)* ◆ **the ~'s returned!** *(hum)* tiens, un revenant !

**wandering** /ˈwɒndərɪŋ/ ADJ *[person, gaze]* errant ; *[imagination, thoughts]* vagabond ; *[band]* itinérant ; *[tribe]* nomade ; *[river, road]* qui serpente, en lacets ◆ **a ~ way of life** une vie errante ◆ **to have a ~ eye** reluquer les filles * ◆ **to have ~ hands** avoir les mains baladeuses NPL **wanderings** *(= journeyings)* pérégrinations *fpl*, voyages *mpl* ; *(fig) (in speech etc)* divagations *fpl* ◆ **her ~s in Europe and Africa** ses pérégrinations en Europe et en Afrique, ses voyages à travers l'Europe et l'Afrique COMP ▷ **wandering Jew** N *(Bot)* misère *f* ◆ **the Wandering Jew** *(Myth)* le Juif errant ▷ **wandering minstrel** N ménestrel *m*

**wanderlust** /ˈwɒndəlʌst/ N envie *f* de voir le monde, bougeotte * *f*

**wane** /weɪn/ VI *[moon]* décroître ; *[enthusiasm, interest, emotion]* diminuer ; *[strength, reputation, popularity, empire]* décliner, être en déclin N ◆ **to be on the ~** ⇒ **to wane;** → **vi**

**wangle** * /ˈwæŋgl/ VT *(= get)* se débrouiller pour avoir, resquiller * ◆ **to ~ sth for sb** se débrouiller pour obtenir qch pour qn ◆ **can you ~ me a free ticket?** est-ce que tu peux m'avoir *or* te débrouiller pour m'obtenir un billet gratuit ? ◆ **I'll ~ it somehow** je me débrouillerai pour arranger ça, je goupillerai * ça ◆ **he ~d £10 out of his father** il a soutiré 10 livres à son père

**wangling** * /ˈwæŋglɪŋ/ N *(NonC)* système D * *m*, carottage * *m*, resquille * *f*

**waning** /ˈweɪnɪŋ/ N *(NonC) [of moon]* décroissement *m* ; *[of popularity, influence]* déclin *m* ADJ *[moon]* à son déclin ; *[enthusiasm, interest]* qui diminue ; *[strength, reputation, popularity, empire]* déclinant, sur son déclin

**wank** *** /wæŋk/ *(Brit)* VI se branler ***, se faire une branlette *** N a ◆ **to have a ~** ⇒ **to wank;** → **vi** b *(NonC = nonsense)* foutaise ‡ *f*

**wanker** *** /ˈwæŋkəʳ/ N *(Brit fig)* branleur *** *m*

**wanky** *** /ˈwænkɪ/ ADJ péteux *

**wanly** /ˈwɒnlɪ/ ADV a *(= weakly) [smile]* faiblement ; *[say]* mollement b *(= faintly) [shine]* avec une lueur blafarde *or* blême

**wanna** * /ˈwɒnə/ a ⇒ **want a** b ⇒ **want to**

**wannabe** ‡ /ˈwɒnəbiː/ N ◆ **an Elvis ~** un type qui joue les Elvis * ADJ ◆ **a ~ Elvis** un type qui joue les Elvis * ◆ **a ~ writer** quelqu'un qui rêve de devenir écrivain

**wanness** /ˈwɒnnɪs/ N *[of person, complexion]* pâleur *f*

**want** /wɒnt/ LANGUAGE IN USE 3.3, 8

N a *(NonC = lack)* manque *m* ◆ **there was no ~ of enthusiasm** ce n'était pas l'enthousiasme qui manquait

◆ **for want of ...** faute de ..., par manque de ... ◆ **for ~ of anything better** faute de mieux ◆ **for ~ of anything better to do** faute d'avoir quelque chose de mieux à faire ◆ **for ~ of something to do he ...** comme il n'avait rien à faire il ..., par désœuvrement il ... ◆ **it wasn't for ~ of trying that he ...** ce n'était pas faute d'avoir essayé qu'il ...

b *(NonC = poverty, need)* besoin *m* ◆ **to be** *or* **live in ~** être dans le besoin, être nécessiteux † ◆ **to be in ~ of sth** avoir besoin de qch

c *(gen pl = requirement, need)* **~s** besoins *mpl* ◆ **his ~s are few** il a peu de besoins, il n'a pas besoin de grand-chose ◆ **it fills** *or* **meets a long-felt ~** cela comble enfin cette lacune

VT a *(= wish, desire)* vouloir, désirer (*to do sth* faire qch) ◆ **what do you ~?** que voulez-vous ?, que désirez-vous ? ◆ **what do you ~ with** *or* **of him?** qu'est-ce que vous lui voulez ? ◆ **what do you ~ to do tomorrow?** qu'est-ce que vous avez envie de faire demain ?, qu'est-ce que vous voulez *or* désirez faire demain ? ◆ **I don't ~ to!** je n'en ai pas envie ! ; *(more definite)* je ne veux pas ! ◆ **all I ~ is a good night's sleep** tout ce que je veux, c'est une bonne nuit de sommeil ◆ **he ~s success/popularity** il veut *or* désire le succès/la popularité ◆ **I ~ your opinion on this** je voudrais votre avis là-dessus ◆ **what does he ~ for that picture?** combien veut-il *or* demande-t-il pour ce tableau ? ◆ **I ~ the car cleaned** je veux qu'on nettoie *subj* la voiture ◆ **I always ~ed a car like this** j'ai toujours voulu *or* souhaité avoir une voiture comme ça ◆ **I ~ed** *or* **I was ~ing to leave** j'avais envie de partir ◆ **to ~ in/out** * vouloir entrer/sortir ◆ **he ~s out** * *(fig)* il ne veut plus continuer, il veut laisser tomber * ◆ **you're not ~ed here** on n'a pas besoin de vous ici, on ne veut pas de vous ici ◆ **I know when I'm not ~ed!** * je me rends compte que je suis de trop ◆ **where do you ~ this table?** où voulez-vous (qu'on mette) cette table ? ◆ **you've got him where you ~ him** *(fig)* vous l'avez coincé *, vous le tenez à votre merci ◆ **you don't ~ much!** *(iro)* il n'en faut pas beaucoup pour vous faire plaisir *or* vous satisfaire ! *(iro)* ◆ **to ~ sb** *(sexually)* désirer qn

◆ **to want sb to do sth** vouloir que qn fasse qch ◆ **I ~ you to tell me** je veux que tu me dises ◆ **I ~ you to listen to me** je veux que tu m'écoutes

b *(= seek, ask for)* demander ◆ **the manager ~s you in his office** le directeur veut vous voir *or* vous demande dans son bureau ◆ **you're ~ed on the phone** on vous demande au téléphone ◆ **to be ~ed by the police** être recherché par la police ◆ **"good cook wanted"** "recherchons cuisinier ou cuisinière qualifié(e)" ; see also **wanted**

c *(gen Brit) (= need) [person]* avoir besoin de ; *[task]* exiger, réclamer ; (* *= ought*) devoir (*to do sth* faire qch) ◆ **we have all we ~** nous avons tout ce qu'il nous faut ◆ **just what I ~(ed)!** exactement ce qu'il me faut ! ◆ **you ~ a bigger hammer if you're going to do it properly** tu as besoin de *or* il te faut un plus gros marteau pour faire cela correctement ◆ **what do you ~ with a house that size?** pourquoi as-tu besoin d'une *or* veux-tu une maison aussi grande ? ◆ **such work ~s good eyesight** un tel travail exige *or* nécessite une bonne vue ◆ **the car ~s cleaning** la voiture a besoin d'être lavée, il faudrait laver la voiture ◆ **your hair ~s combing** tu as besoin d'un coup de peigne, il faudrait que tu te peignes *subj*, tu devrais te peigner ◆ **that child ~s a smacking** cet enfant a besoin d'une *or* mérite une bonne fessée ◆ **you ~ to be careful with that!** * fais attention avec ça !, fais gaffe * avec ça ! ◆ **you ~ to see his new boat!** * tu devrais voir son nouveau bateau !

**VI** *(= be in need)* être dans le besoin, être nécessiteux ◆ **to ~ for sth** *(= lack)* manquer de qch, avoir besoin de qch ◆ **they ~ for nothing** il ne leur manque rien, ils ne manquent de rien, ils n'ont besoin de rien ; → **waste**

**COMP** ▷ **want ad** N *(US Press)* petite annonce *f*

**wanted** /ˈwɒntɪd/ **ADJ** **a** *(Police) [criminal]* recherché ◆ **America's most ~ man** le criminel le plus recherché de toute l'Amérique ◆ **"wanted (for murder)"** "recherché (pour meurtre)" ◆ **"wanted: dead or alive"** "recherché : mort ou vif" ◆ **a "wanted" poster** un avis de recherche ; see also **want vt b** **b** *(Press)* ◆ **"wanted"** "cherche" ◆ **"wanted: good cook"** "recherchons cuisinier ou cuisinière qualifié(e)" ; see also **want vt b** **COMP** ▷ **wanted list** N liste *f* de personnes recherchées

**wanting** /ˈwɒntɪŋ/ **ADJ** *(= deficient)* ◆ **to be ~ in sth** manquer de qch ◆ **the necessary funds were ~** les fonds nécessaires faisaient défaut, il manquait les fonds nécessaires ◆ **the end of the poem is ~** *(= missing)* il manque la fin du poème, la fin du poème manque ; *(= deficient)* la fin du poème est faible ◆ **to find sth ~** trouver que qch laisse à désirer ◆ **to find sb ~** trouver que qn ne fait pas l'affaire ◆ **to be found ~** *[person, thing]* ne pas faire l'affaire ◆ **to prove ~** se révéler insuffisant **PREP** *(= without)* sans ; *(= minus)* moins

**wanton** /ˈwɒntən/ **ADJ** **a** *(pej = gratuitous) [destruction, violence, cruelty]* gratuit ; *[killer]* qui tue sans raison **b** *(† pej = dissolute) [woman, behaviour]* dévergondé **c** *(liter = playful) [person, behaviour, breeze]* capricieux **d** *(liter = luxuriant) [growth, weeds]* luxuriant, exubérant **N** † libertin *m*, femme *f* légère

**wantonly** /ˈwɒntənlɪ/ *(pej)* **ADV** **a** *(= gratuitously) [destroy, violate]* gratuitement ◆ **~ cruel** d'une cruauté gratuite **b** *(† = dissolutely) [behave, desire]* de façon dévergondée

**wantonness** /ˈwɒntənnɪs/ **N** *(NonC)* **a** *(= gratuitousness) [of destruction, violence, cruelty]* gratuité *f* **b** *(† pej = dissoluteness) [of person, behaviour]* dévergondage *m*

**WAP** /wæp/ **N** (abbrev of **wireless application protocol**) WAP *m*

**war** /wɔːʳ/ **N** guerre *f* ◆ **to be at ~** être en (état de) guerre (*with* avec) ◆ **to go to ~** *[country]* entrer en guerre (*against* contre ; *over* à propos de) ◆ **to go (off) to ~** *[soldier]* partir pour la guerre, aller à la guerre ◆ **to make ~ on** *(Mil, also fig)* faire la guerre à ◆ **~ of attrition** guerre *f* d'usure ◆ **the Wars of the Roses** la guerre des Deux-Roses ◆ **the War of the Vendée** *(Hist)* la Chouannerie ◆ **the Great War** la Grande Guerre, la guerre de 14 *or* de 14-18 ◆ **the ~ to end all ~s** la der des ders * ◆ **the (American) War of Independence** la guerre d'Indépendance ◆ **the period between the ~s** *(= 1918-39)* l'entre-deux-guerres *m inv* ◆ **to carry** *or* **take the ~ into the enemy's camp** *(Mil, fig)* passer à l'attaque, prendre l'offensive ◆ **it was ~ to the knife** *or* **the death between them** c'était une lutte à couteaux tirés entre eux ◆ **~ of words** guerre *f* de paroles ◆ **you've been in the ~s again** * tu t'es encore fait amocher * *or* estropier ; → **cold, nerve, state**

**VI** faire la guerre (*against* à)

**COMP** *[conditions, debt, crime, criminal, orphan, widow, wound, zone]* de guerre ▷ **war baby** N enfant *m* de la guerre ▷ **war bond** N *(US Hist)* titre *m* d'emprunt de guerre *(pendant la Deuxième Guerre mondiale)* ▷ **war bride** N mariée *f* de la guerre ▷ **war cabinet** N *(Pol)* cabinet *m* de guerre ▷ **war chest** N *(Pol)* caisse *f* spéciale (d'un parti politique pour les élections) ▷ **war clouds** NPL *(fig)* signes *mpl* avant-coureurs de la guerre ▷ **war correspondent** N *(Press, Rad, TV)* correspondant(e) *m(f)* de guerre ▷ **war cry** N cri *m* de guerre ▷ **war dance** N danse *f* guerrière ▷ **the War Department** N *(US)* ⇒ **the War Office** ▷ **the war-disabled** NPL les mutilés *mpl* (*or* mutilées *fpl*) *or* invalides *mfpl* de guerre ▷ **war fever** N psychose *f* de guerre ▷ **war footing** N ◆ **on a ~ footing** sur le pied de guerre ▷ **war games** NPL *(Mil: for training)* kriegspiel *m* ; *(Mil = practice manoeuvres)* manœuvres *fpl* militaires ; *(= board games, computer games etc)* jeux *mpl* de stratégie militaire, wargames *mpl* ▷ **war grave** N tombe *f* de soldat *(mort au champ d'honneur)* ▷ **war hero** N héros *m* de la guerre ▷ **war lord** N chef *m* militaire, seigneur *m* de la guerre ▷ **war memorial** N monument *m* aux morts ▷ **the War Office** N *(Brit)* le ministère de la Guerre ▷ **war paint** N peinture *f* de guerre *(des Indiens)* ; *(fig hum = make-up)* maquillage *m*, peinturlurage *m (pej)* ▷ **war record** N ◆ **what is his ~ record?** comment s'est-il comporté *or* qu'a-t-il fait pendant la guerre ? ◆ **he has a good ~ record** ses états de service pendant la guerre sont tout à fait honorables ▷ **war-torn** ADJ déchiré par la guerre ▷ **war-weariness** N lassitude *f* de la guerre ▷ **war-weary** ADJ las (lasse *f*) de la guerre ▷ **war whoop** N *(US)* cri *m* de guerre ▷ **the war-wounded** NPL les blessés *mpl* de guerre

**warble¹** /ˈwɔːbl/ **N** **a** *(= abscess) [of cattle]* var(r)on *m* **b** *(on horse's back)* callosité *f*

**warble²** /ˈwɔːbl/ **N** *(= sound)* gazouillis *m*, gazouillements *mpl* **VI** *[bird]* gazouiller ; *[person]* roucouler ; *[telephone]* sonner **VT** (also **warble out**) chanter en gazouillant

**warbler** /ˈwɔːbləʳ/ **N** **a** *(= bird)* fauvette *f*, pouillot *m* **b** *(hum = singer)* chanteur *m*, -euse *f (à la voix de casserole)*

**warbling** /ˈwɔːblɪŋ/ **N** gazouillis *m*, gazouillement(s) *m(pl)*

**ward** /wɔːd/ **N** **a** *[of hospital]* salle *f* ; *(separate building)* pavillon *m* ; *[of prison]* quartier *m* **b** *(Brit Local Govt)* section *f* électorale **c** *(Jur = person)* pupille *mf* ◆ **~ of court** pupille *mf* sous tutelle judiciaire ◆ **in ~** sous tutelle judiciaire ; → **watch²** **COMP** ▷ **ward heeler** N *(US Pol: pej)* agent *m or* courtier *m* électoral ▷ **ward round** N *(Med)* visite *f (de médecin hospitalier)* ▷ **ward sister** N *(Brit Med)* infirmière *f* en chef *(responsable d'une salle ou d'un pavillon)*

► **ward off** VT SEP *[+ blow, danger]* parer, éviter ; *[+ illness]* éviter

**...ward** /wəd/ **SUF** ⇒ **...wards**

**warden** /ˈwɔːdn/ **N** *[of institution]* directeur *m*, -trice *f* ; *[of city, castle]* gouverneur *m* ; *[of park, game reserve]* gardien *m*, -ienne *f* ; *[of youth hostel]* responsable *mf* ; *(Brit = prison warder)* surveillant(e) *m(f)* de prison ; *(US = prison governor)* directeur *m*, -trice *f* ; *[of student residence etc]* directeur *m*, -trice *f* de résidence universitaire ; *(Brit: on hospital board etc)* membre *m* du conseil d'administration ; (*Brit:* also **air-raid warden**) préposé(e) *m(f)* à la défense passive ; (also **traffic warden**) contractuel(le) *m(f)* ◆ **Warden of the Cinque Ports** *(Brit)* gouverneur *m* des Cinq Ports ; → **churchwarden, fire**

**warder** /ˈwɔːdəʳ/ **N** **a** *(esp Brit)* gardien *m or* surveillant *m* (de prison) **b** *(esp US) (in building)* concierge *m* ; *(in museum)* gardien *m* (de musée)

**wardress** /ˈwɔːdrɪs/ **N** *(esp Brit)* gardienne *f or* surveillante *f* (de prison)

**wardrobe** /ˈwɔːdrəʊb/ **N** **a** *(= cupboard) (gen)* armoire *f* ; *(for hanging only)* penderie *f* **b** *(= clothes)* garde-robe *f* ; *(Theat)* costumes *mpl* ◆ **Miss Lilly's ~ by ...** *(Cine, Theat)* costumes *mpl* de Mlle Lilly par ..., Mlle Lilly est habillée par ... **COMP** ▷ **wardrobe mistress** N *(Theat)* costumière *f* ▷ **wardrobe trunk** N malle-penderie *f*

**wardroom** /ˈwɔːdrʊm/ **N** *(Naut)* carré *m*

**...wards** /wədz/ **SUF** vers, dans la *or* en direction de ◆ **townwards** vers la ville, dans la *or* en direction de la ville ; → **backwards, downwards**

**wardship** /ˈwɔːdʃɪp/ **N** *(NonC)* tutelle *f*

**ware** /wɛə/ **N** *(NonC)* articles *mpl* ◆ **kitchenware** articles *mpl* de cuisine ◆ **tableware** articles *mpl* pour la table ◆ **crystalware** articles *mpl* en cristal ◆ **silverware** argenterie *f* ; → **hardware** **NPL** **wares** *(= goods)* marchandises *fpl*

**warehouse** /ˈwɛəhaʊs/ **N** (pl **warehouses** /ˈwɛəˌhaʊzɪz/) entrepôt *m* **VT** /ˈwɛəhaʊz/ entreposer, mettre en magasin **COMP** ▷ **warehouse club** N *(esp US Comm) grande surface qui, pour une adhésion annuelle, vend ses produits en vrac à prix réduits*

**warehouseman** /ˈwɛəhaʊsmən/ **N** (pl **-men**) magasinier *m*

**warehousing** /ˈwɛəhaʊzɪŋ/ **N** *(Comm)* entreposage *m*

**warfare** /ˈwɔːfɛə/ **N** *(NonC) (Mil)* guerre *f NonC* ; *(fig)* lutte *f* (*against* contre) ◆ **class ~** lutte *f* des classes

**warfarin** /ˈwɔːfərɪn/ **N** *(= poison)* warfarine *f* ; *(= drug)* Coumadine ® *f*

**warhead** /ˈwɔːhed/ **N** ogive *f* ◆ **nuclear ~** ogive *f or* tête *f* nucléaire

**warhorse** /ˈwɔːhɔːs/ **N** cheval *m* de bataille ◆ **an old ~** *(fig)* un vétéran

**warily** /ˈwɛərɪlɪ/ **ADV** *[watch, ask, say]* avec méfiance ◆ **to tread ~** *(fig)* y aller avec méfiance

**wariness** /ˈwɛərɪnɪs/ **N** *(NonC) [of person]* méfiance *f* (*about or of sth* à l'égard de qch) ◆ **~ about doing sth** méfiance *f* à faire qch ◆ **the ~ of his manner** sa méfiance, son attitude *f* méfiante

**Warks** abbrev of **Warwickshire**

**warlike** /ˈwɔːlaɪk/ **ADJ** guerrier, belliqueux

**warlock** /ˈwɔːlɒk/ **N** sorcier *m*

**warm** /wɔːm/ **ADJ** **a** *[liquid, object, air, climate, temperature, summer, day, night]* (assez) chaud ◆ **the water is just ~** l'eau est juste chaude *or* n'est pas très chaude ◆ **I can't stand ~ coffee, I like it really hot** je déteste le café juste chaud, je l'aime brûlant ◆ **this room is quite ~** il fait (assez) chaud dans cette pièce ◆ **leave the dough in a ~ place to rise** laissez lever la pâte dans un endroit chaud ◆ **it's too ~ in here** il fait trop chaud ici ◆ **it's nice and ~ in here** il fait bon *or* agréablement chaud ici ◆ **a ~ oven** un four moyen ◆ **the iron/oven is ~** le fer/four est (assez) chaud ◆ **a nice ~ fire** un bon feu ◆ **it's ~, the weather is ~** il fait bon ◆ **in ~ weather** par temps chaud ◆ **during the ~er months** pendant les mois où il fait moins froid ◆ **to keep sth ~** tenir qch au chaud ◆ **it's ~ work** c'est un travail qui donne chaud ◆ **I am ~** j'ai (assez) chaud ◆ **the body was still ~ when it was found** le corps était encore chaud quand on l'a trouvé ◆ **to get sth ~** (ré)chauffer qch ◆ **to get** *or* **grow ~** *[water, object]* chauffer ; *[person]* se réchauffer ◆ **come and get ~ by the fire** venez vous (ré)chauffer auprès du feu ◆ **you're get-**

**ting ~(er)!** *(in guessing etc games)* tu chauffes ! ◆ **keep me ~** tiens-moi chaud ◆ **keep him ~** *(sick person)* ne le laissez pas prendre froid ◆ **this scarf keeps me ~** cette écharpe me tient chaud ◆ **you've got to keep yourself ~** surtout ne prenez pas froid ◆ **I'm as ~ as toast** * je suis bien au chaud

**b** *(= cosy) [clothes, blanket]* chaud

**c** *(fig) [colour, shade]* chaud ; *[voice, tone, feelings]* chaud, chaleureux ; *[greeting, welcome, congratulations, encouragement]* cordial, chaleureux ; *[apologies, thanks]* vif ; *[applause]* chaleureux, enthousiaste ; *[supporter]* ardent, chaud ◆ **the lamp gives out a ~ glow** cette lampe donne un éclairage chaud ◆ **to get a ~ reception (from sb)** être chaudement *or* chaleureusement reçu (par qn) ◆ **he gave me a ~ smile** il m'a adressé un sourire chaleureux ◆ **they have a very ~ relationship** ils ont beaucoup d'affection l'un pour l'autre ◆ **she is a very ~ person, she has a very ~ nature** elle est très chaleureuse (de nature) ◆ **to have a ~ heart** avoir beaucoup de cœur ◆ **she felt a ~ glow inside when she heard the news** la nouvelle lui a (ré)chauffé le cœur ◆ **"with warmest wishes"** *(in letter)* "avec mes vœux les plus sincères"

**N** * ◆ **to give sth a ~** (ré)chauffer qch ◆ **come and have a ~ by the fire** viens te (ré)chauffer près du feu ◆ **come inside and sit in the ~** entrez vous asseoir au chaud

**VT** **a** (also **warm up**) *[+ person, room]* réchauffer ; *[+ water, food]* (ré)chauffer, faire (ré) chauffer ; *[+ coat, slippers]* (ré)chauffer ◆ **to ~ o.s.** se réchauffer ◆ **to ~ one's feet/hands** se réchauffer les pieds/les mains ◆ **to ~ o.s. at the fire** se (ré)chauffer auprès du feu

**b** *(fig)* ◆ **the news ~ed my heart** la nouvelle m'a (ré)chauffé le cœur ; → **cockle**

**VI** **a** (also **warm up**) *[person]* se (ré)chauffer ; *[water, food]* chauffer ; *[room, bed]* se réchauffer, devenir plus chaud ; *[weather]* se réchauffer

**b** *(fig)* ◆ **to ~ to an idea** s'enthousiasmer peu à peu pour une idée ◆ **I ~ed to him** je me suis pris de sympathie pour lui ◆ **to ~ to one's theme** *or* **subject** se laisser entraîner par son sujet, traiter son sujet avec un enthousiasme grandissant

**COMP** ▷ **warm-blooded** ADJ *(Zool)* à sang chaud ; *(fig) (gen)* sensible ; *(sexually)* qui a le sang chaud ▷ **warm-down** N *(after exercise)* séance *f* d'étirements ▷ **warm front** N *(Met)* front *m* chaud ▷ **warm-hearted** ADJ chaleureux, affectueux ▷ **warm-up** * N *(Sport)* échauffement *m* ; *(Rad, Theat, TV etc)* mise *f* en train ADJ *[routine, stretches]* d'échauffement ▷ **warm-ups** NPL *(US)* survêtement *m*

► **warm down** VI *(after exercise)* faire des étirements

► **warm over, warm through** VT SEP *[+ food]* faire (ré)chauffer

► **warm up** VI **a** ⇒ **warm vi a**

**b** *[engine, car]* se réchauffer ; *[athlete, dancer]* s'échauffer

**c** *(fig) [discussion]* s'échauffer, s'animer ; *[audience]* devenir animé ◆ **the party was ~ing up** la soirée commençait à être pleine d'entrain, la soirée chauffait * ◆ **things are ~ing up** ça commence à s'animer *or* à chauffer *

**VT SEP** **a** ⇒ **warm vt a**

**b** *[+ engine, car]* faire chauffer

**c** *(fig) [+ discussion]* animer ; *(Theat etc) [+ audience]* mettre en train

**N** ◆ **warm-up** * → **warm**

**warming** /ˈwɔːmɪŋ/ **ADJ** *[drink, food]* qui réchauffe **COMP** ▷ **warming pan** N bassinoire *f* ▷ **warming-up exercises** NPL exercices *mpl* d'échauffement

**warmly** /ˈwɔːmlɪ/ ADV **a** *[dress]* chaudement ◆ **~ tucked up in bed** bordé bien au chaud dans son lit ◆ **the sun shone ~** le soleil était agréablement chaud **b** *(fig) [recommend]* chaudement ; *[greet, smile]* chaleureusement ; *[thank, applaud]* avec chaleur, chaleureusement ; *[say, speak of]* avec chaleur

**warmonger** /ˈwɔːˌmʌŋgəʳ/ N belliciste *mf*

**warmongering** /ˈwɔːˌmʌŋgərɪŋ/ **ADJ** belliciste **N** *(NonC)* propagande *f* belliciste

**warmth** /wɔːmθ/ N *(NonC: lit, fig)* chaleur *f* ◆ **they huddled together for ~** ils se sont serrés l'un contre l'autre pour se tenir chaud ◆ **it was good to be in the ~ again** cela faisait du bien d'être de nouveau au chaud ◆ **for extra ~, wear a wool jumper** pour avoir plus chaud, portez un pull-over en laine ◆ **she greeted us with great ~** elle nous a accueillis avec beaucoup de chaleur *or* très chaleureusement

**warn** /wɔːn/ LANGUAGE IN USE 2.3 VT prévenir, avertir (*of* de ; *that* que) ◆ **to ~ the police** alerter la police ◆ **you have been ~ed!** vous êtes averti *or* prévenu ! ◆ **to ~ sb against doing sth** *or* **not to do sth** conseiller à qn de ne pas faire qch, déconseiller à qn de faire qch ◆ **to ~ sb off** *or* **against sth** mettre qn en garde contre qch, déconseiller qch à qn

**warning** /ˈwɔːnɪŋ/ **N** *(= act)* avertissement *m*, mise *f* en garde ; *(in writing)* avis *m*, préavis *m* ; *(= signal: also Mil)* alerte *f*, alarme *f* ; *(Met)* avis *m* ◆ **it fell without ~** c'est tombé subitement ◆ **they arrived without ~** ils sont arrivés à l'improviste *or* sans prévenir ◆ **he left me without ~** il m'a quitté sans prévenir ◆ **let this be a ~ to you** que cela vous serve d'avertissement ◆ **thank you for the ~** merci de m'avoir prévenu *or* averti ◆ **there was a note of ~ in his voice** il y avait une mise en garde dans le ton qu'il a pris ◆ **to take ~ from sth** tirer la leçon de qch ◆ **his employer gave him a ~ about lateness** son patron lui a donné un avertissement à propos de son manque de ponctualité ◆ **to give a week's ~** prévenir huit jours à l'avance, donner un préavis de huit jours ◆ **I gave you due** *or* **fair ~ (that ...)** je vous avais bien prévenu (que ...) ◆ **gale/storm ~** *(Met)* avis *m* de grand vent/de tempête ◆ **four minute ~** *(Mil)* alerte *f* de quatre minutes

**ADJ** *[glance, cry]* d'avertissement ◆ **... he said in a ~ tone** *or* **voice** ... dit-il pour mettre en garde

**COMP** ▷ **warning device** N dispositif *m* d'alarme, avertisseur *m* ▷ **warning light** N voyant *m* (avertisseur), avertisseur *m* lumineux ▷ **warning notice** N avis *m*, avertissement *m* ▷ **warning shot** N *(gen, Mil)* tir *m* de sommation ; *(Naut, also fig)* coup *m* de semonce ▷ **warning sign** N panneau *m* avertisseur ▷ **warning triangle** N *(Aut)* triangle *m* de présignalisation

**warningly** /ˈwɔːnɪŋlɪ/ ADV *[say]* sur un ton d'avertissement ; *[shake one's head]* en signe d'avertissement

**warp** /wɔːp/ **N** **a** *(Tex)* chaîne *f* ; *(fig) (= essence, base)* fibre *f* **b** *(= distortion) (in wood)* gauchissement *m*, voilure *f* ; *(in metal)* voilure *f* ; *(Recording)* voile *m* (d'un disque) ; → **time** **VT** **a** *(lit) [+ wood]* gauchir, voiler ; *[+ metal, aircraft wing, tennis racket]* voiler **b** *(fig) [+ judgement]* fausser, pervertir ; *[+ mind, character, person]* pervertir ◆ **he has a ~ed mind, his mind is ~ed** il a l'esprit tordu ◆ **he has a ~ed sense of humour** il a un sens de l'humour morbide ◆ **he gave us a ~ed account of ...** il nous a fait un récit tendancieux de ... **VI** **a** *(lit) [ruler, board, wood]* gauchir ; *[wheel, metal plate]* se voiler ; *[mechanism]* se fausser **b** *(fig) [person, institution]* se pervertir

**warpath** /ˈwɔːpæθ/ N *(fig)* ◆ **to be on the ~** être sur le sentier de la guerre, chercher la bagarre *

**warplane** /ˈwɔːpleɪn/ N avion *m* militaire *or* de guerre

**warrant** /ˈwɒrənt/ **N** **a** *(Jur, Police)* mandat *m* ; *(Jur)* ◆ **there is a ~ out against him, there is a ~ out for his arrest** il y a un mandat d'arrêt contre lui, un mandat d'arrêt a été délivré contre lui ◆ **do you have a ~?** *(to police officer)* vous avez un mandat (de perquisition) ? ; → **death, search**

**b** *(NonC = justification)* justification *f*, droit *m* ◆ **he has no ~ for saying so** il ne s'appuie sur rien pour justifier cela

**c** *(Comm, Fin etc = certificate: for payment or services)* bon *m* ; *(= guarantee)* garantie *f* ; *(Customs)* warrant *m* ; *(Mil)* brevet *m*

**VT** **a** *(= justify) [+ action, assumption, reaction, behaviour]* justifier, légitimer ◆ **the facts do not ~ it** les faits ne le justifient pas ◆ **his behaviour does not ~ his getting the sack** son comportement ne justifie pas son renvoi

**b** *(= guarantee)* garantir ◆ **I'll ~ you he won't come back** je te garantis *or* je suis sûr qu'il ne va pas revenir ◆ **he won't come here again in a hurry, I'll ~ (you)!** * il ne reviendra pas de sitôt, tu peux me croire !

**COMP** ▷ **warrant card** N *(Brit Police)* carte *f* de police ▷ **warrant officer** N *(Mil)* adjudant *m* *(auxiliaire de l'officier)* ▷ **warrant sale** N *(Scot Jur)* vente *f* forcée *or* judiciaire

**warrantable** /ˈwɒrəntəbl/ ADJ justifiable, légitime

**warranted** /ˈwɒrəntɪd/ ADJ **a** *(= justified) [action, fears, charges]* justifié ◆ **she is ~ in feeling disappointed** sa déception est légitime **b** *(= guaranteed) [goods]* garanti

**warrantee** /ˌwɒrənˈtiː/ N *(Jur)* créancier *m*, -ière *f*

**warranter, warrantor** /ˈwɒrəntəʳ/ N *(Jur)* garant(e) *m(f)*, débiteur *m*, -trice *f*

**warranty** /ˈwɒrəntɪ/ N autorisation *f*, droit *m* ; *(Comm, Jur)* garantie *f* ◆ **under ~** sous garantie

**warren** /ˈwɒrən/ N **a** (also **rabbit warren**) garenne *f* **b** *(= building)* labyrinthe *m* ◆ **a ~ of little streets** un dédale *or* un labyrinthe de petites rues

**warring** /ˈwɔːrɪŋ/ ADJ *[nations]* en guerre ; *(fig) [interests]* contradictoire, contraire ; *[ideologies]* en conflit, en opposition

**warrior** /ˈwɒrɪəʳ/ N guerrier *m*, -ière *f* ; → **unknown**

**Warsaw** /ˈwɔːsɔː/ **N** Varsovie **COMP** ▷ **Warsaw Pact** N pacte *m* de Varsovie ◆ **the ~ Pact countries** les pays *mpl* du pacte de Varsovie

**warship** /ˈwɔːʃɪp/ N navire *m* *or* bâtiment *m* de guerre

**wart** /wɔːt/ **N** *(Med)* verrue *f* ; *(Bot)* excroissance *f* ; *(on wood)* loupe *f* ◆ **~s and all** *(fig)* avec tous ses défauts **COMP** ▷ **wart hog** N phacochère *m*

**wartime** /ˈwɔːtaɪm/ **N** *(NonC)* temps *m* de guerre ◆ **in ~** en temps de guerre **COMP** en temps de guerre

**warty** /ˈwɔːtɪ/ ADJ couvert de verrues, verruqueux

**wary** /ˈwɛərɪ/ ADJ *[person]* prudent, sur ses gardes ; *[voice, look, manner]* prudent ◆ **to be ~ about sb/sth** se méfier de qn/qch ◆ **to be ~ of doing sth** hésiter beaucoup à faire qch ◆ **to keep a ~ eye on sb/sth** avoir l'œil sur qn/qch, surveiller qn/qch de près

**was** /wɒz/ VB pt of **be**

**wash** /wɒʃ/ N a ◆ **to give sth a ~** *(gen)* laver qch ; *[+ paintwork, walls]* lessiver qch ◆ **to give one's hands/hair/face a ~** se laver les mains/les cheveux/le visage ◆ **to have a ~** se laver ◆ **to have a quick ~** se débarbouiller, faire un brin de toilette ◆ **to have a ~ and brush-up** faire sa toilette ◆ **it needs a ~** cela a besoin d'être lavé, il faut laver cela ◆ **your face needs a ~** il faut que tu te laves *subj* la figure *or* que tu te débarbouilles *subj*

b *(= laundry)* ◆ **I do a big ~ on Mondays** je fais une grande lessive le lundi, le lundi est mon jour de grande lessive ◆ **put your jeans in the ~** *(= ready to be washed)* mets ton jean au sale ◆ **your shirt is in the ~** *(= being washed)* ta chemise est à la lessive ◆ **the colours ran in the ~** cela a déteint à la lessive *or* au lavage ◆ **to send sheets to the ~** envoyer des draps au blanchissage *or* à la laverie ◆ **it will all come out in the ~** * *(fig) (= be known)* on finira bien par savoir ce qu'il en est ; *(= be all right)* ça finira par se tasser * *or* s'arranger ; → **car**

c *[of ship]* sillage *m*, remous *m* ; *(= sound) [of waves etc]* clapotis *m*

d *(= layer of paint: for walls etc)* badigeon *m* ◆ **to give the walls a blue ~** badigeonner les murs en *or* de bleu ; → **whitewash**

e *(Art)* lavis *m* ◆ **to put a ~ on a drawing** laver un dessin

f *(Pharm)* solution *f* ; → **eyewash, mouthwash**

g *(Brit Geog)* **the Wash** le golfe du Wash

VT a *(gen)* laver ; *[+ paintwork, walls]* lessiver ◆ **to ~ o.s.** *[person]* se laver ; *[cat]* faire sa toilette ◆ **to get ~ed** se laver, faire sa toilette ◆ **to ~ one's hair** se laver les cheveux ◆ **to ~ one's hands/feet/face** se laver les mains/les pieds/le visage ◆ **to ~ a child's face** laver le visage d'un enfant, débarbouiller un enfant ◆ **he ~ed the dirt off his hands** il s'est lavé les mains (pour en enlever la saleté) ◆ **to ~ the dishes** faire la vaisselle ◆ **to ~ the clothes** faire la lessive ◆ **can you ~ this fabric?** *(= is it washable)* ce tissu est-il lavable ? ◆ **~ this garment at 40°/in hot water** lavez ce vêtement à 40°/à l'eau chaude ◆ **to ~ sth with detergent** nettoyer qch avec du détergent ◆ **to ~ one's hands of sth** se laver les mains de qch ◆ **to ~ one's hands of sb** se désintéresser de qn ; → **clean**

b *[river, sea, waves] (= flow over)* baigner ◆ **the Atlantic ~es its western shores** la côte ouest est baignée par l'Atlantique ◆ **to ~ sth ashore** *(onto coast)* rejeter qch sur le rivage ; *(onto riverbank)* rejeter qch sur la rive ◆ **to be ~ed out to sea** être emporté par la mer, être entraîné vers le large ◆ **to be ~ed overboard** être emporté par une vague ◆ **it was ~ed downstream** le courant l'a entraîné *or* emporté

c *(= paint)* ◆ **to ~ walls with distemper** passer des murs au badigeon, peindre des murs à la détrempe ◆ **to ~ brass with gold** couvrir du cuivre d'une pellicule d'or

d *(Min) [+ earth, gravel, gold, ore]* laver ; *(Chem) [+ gas]* épurer

VI a *(= have a wash) [person]* se laver ; *[cat]* faire sa toilette ; *(= do the laundry)* laver, faire la lessive ◆ **he ~ed in cold water** il s'est lavé à l'eau froide ◆ **this garment ~es/doesn't ~ very well** ce vêtement se lave très facilement/ne se lave pas très facilement ◆ **you ~ and I'll dry** tu laves et moi j'essuie

b *(Brit * fig)* ◆ **that just won't ~ !** ça ne prend pas ! ◆ **that excuse won't ~ with him** cette excuse ne prendra pas *or* ne marchera pas avec lui, on ne lui fera pas avaler cette excuse

c *[waves, sea, flood, river]* **to ~ against** *[+ cliffs, rocks]* baigner ; *[+ lighthouse, boat]* clapoter contre ◆ **to ~ over sth** balayer qch ◆ **to ~ ashore** être rejeté sur le rivage

d *(fig = flow)* **let the music ~ over you** laisse-toi bercer par la musique ◆ **a wave of nausea ~ed through her** elle a été prise d'une nausée soudaine ◆ **a wave of anger ~ed through her** elle a senti monter une bouffée de colère ◆ **relief ~ed over his face** il a soudain eu l'air profondément soulagé ◆ **a wave of sadness/tiredness ~ed over him** il a soudain ressenti une profonde tristesse/une grande fatigue ◆ **her explanation/words just ~ed over me** son explication a/ses paroles ont glissé sur moi

COMP ▷ **wash-and-wear** ADJ *[clothes, fabric]* facile à entretenir ▷ **wash drawing** N *(Art)* (dessin *m* au) lavis *m* ▷ **wash-hand basin** N lavabo *m* ▷ **wash house** N lavoir *m* ▷ **wash leather** N *(Brit)* peau *f* de chamois ▷ **wash load** N charge *f* (de linge) ▷ **wash-out** * N *(= event)* fiasco *m*, désastre *m* ; *(= person)* zéro * *m*, nullité * *f* ▷ **wash-wipe** N *(Aut) (on window)* lave-glace *m inv* ; *(on headlamp)* essuie-phares *mpl*

► **wash away** VI s'en aller *or* partir au lavage

VT SEP a *[+ stain]* enlever *or* faire partir au lavage ; *(fig) [+ sins]* laver ◆ **the rain ~ed the mud away** la pluie a fait partir la boue

b *[river, current, sea] (= carry away)* emporter, entraîner ; *[+ footprints etc]* balayer, effacer ◆ **the boat was ~ed away** le bateau a été emporté ◆ **the river ~ed away part of the bank** la rivière a emporté une partie de la rive

► **wash down** VT SEP a *[+ deck, car]* laver (à grande eau) ; *[+ wall]* lessiver

b *[+ medicine, pill]* faire descendre *(with* avec) ; *[+ food]* arroser *(with* de)

c *[rain, flood, river]* emporter, entraîner

► **wash in** VT SEP *[sea, tide]* rejeter (sur le rivage)

► **wash off** VI *(from clothes)* s'en aller *or* partir au lavage ; *(from walls)* partir au lessivage ◆ **it won't ~ off** ça ne s'en va pas, ça ne part pas ◆ **it will ~ off** *(from hands)* ça partira quand tu te laveras (*or* je me laverai *etc*) les mains

VT SEP *(from clothes)* faire partir au lavage ; *(from wall)* faire partir en lessivant

► **wash out** VI a *[stain]* s'en aller *or* partir au lavage ; *[dye, colours]* passer au lavage ◆ **this stain won't ~ out** cette tache ne s'en va pas *or* ne part pas

b *(US)* **he ~ed out of university** * il s'est fait recaler aux examens de la fac *

VT SEP a *(= remove) [+ stain]* enlever *or* faire partir au lavage

b *(= rinse) [+ bottle, pan]* laver ◆ **to ~ one's mouth out** *(lit)* se faire un bain de bouche ◆ **~ your mouth out (with soap and water)!** tu devrais avoir honte de dire des choses pareilles !

c *(fig = spoil)* perturber ; *(* = cancel)* rendre impossible ◆ **the match was ~ed out** *(by rain) (= prevented)* le match a été annulé *or* n'a pas eu lieu à cause de la pluie ; *(= halted)* la pluie a perturbé *or* interrompu le match ◆ **to be/look/feel ~ed out** * *(= tired)* être/avoir l'air/se sentir complètement lessivé *

d *(fig)* ◆ **washed-out** *(= pale) [colour]* délavé

N ◆ **wash-out** * → **wash**

► **wash through** VT SEP *[+ clothes]* laver rapidement, passer à l'eau

► **wash up** VI a *(Brit = wash dishes)* faire *or* laver la vaisselle

b *(US = have a wash)* se débarbouiller, faire un brin de toilette

VT SEP a *(Brit) [+ plates, cups]* laver ◆ **to ~ up the dishes** faire *or* laver la vaisselle

b *[sea, tide]* rejeter (sur le rivage) ; *[river]* rejeter (sur la berge)

c *(gen pass: * = finish)* ◆ **to be (all) washed up** *[plan, scheme, marriage etc]* être fichu *, être tombé à l'eau * ◆ **Paul and Anne are all ~ed up** tout est fini entre Paul et Anne

d *(US)* **to be/feel/look ~ed up** *(= tired etc)* être/se sentir/avoir l'air lessivé *

**washable** /ˈwɒʃəbl/ ADJ lavable, lessivable

**washbag** /ˈwɒʃbæg/ N trousse *f* de toilette

**washbasin** /ˈwɒʃbeɪsn/ N *(Brit) (= handbasin)* lavabo *m* ; *(= bowl)* cuvette *f*

**washboard** /ˈwɒʃbɔːd/ N planche *f* à laver

**washbowl** /ˈwɒʃbəʊl/ N cuvette *f*

**washcloth** /ˈwɒʃklɒθ/ N *(esp US)* ≃ gant *m* de toilette

**washday** /ˈwɒʃdeɪ/ N jour *m* de lessive

**washdown** /ˈwɒʃdaʊn/ N ◆ **to give sth a ~** laver qch à grande eau

**washer** /ˈwɒʃəʳ/ N a *(Tech)* rondelle *f*, joint *m* ; *(in tap)* rondelle *f* b *(= washing machine)* machine *f* à laver, lave-linge *m inv* ; *(Aut: for windscreen)* lave-glace *m inv* ; → **dishwasher, windscreen** COMP ▷ **washer-dryer** N lave-linge *m* séchant

**washerwoman** /ˈwɒʃəwʊmən/ N (pl **-women**) lavandière *f*, laveuse *f* (de linge)

**washing** /ˈwɒʃɪŋ/ N a *(= act) [of car]* lavage *m* ; *[of clothes] (gen)* lessive *f* ; *(professionally cleaned)* blanchissage *m* ; *[of walls]* lessivage *m* ; → **brainwashing**

b *(NonC = clothes)* linge *m*, lessive *f* ◆ **to do the ~** faire la lessive, laver le linge ◆ **to hang out the ~** étendre le linge *or* la lessive ◆ **the dirty ~** le linge sale ; see also **dirty**

COMP ▷ **washing day** N jour *m* de lessive ▷ **washing line** N corde *f* à linge ▷ **washing machine** N machine *f* à laver, lave-linge *m inv* ▷ **washing powder** N *(Brit)* lessive *f* (en poudre), détergent *m* (en poudre) ▷ **washing soda** N cristaux *mpl* de soude ▷ **washing-up** N *(Brit)* vaisselle *f (à laver)* ◆ **to do the ~-up** faire *or* laver la vaisselle ◆ **look at all that ~-up!** regarde tout ce qu'il y a comme vaisselle à faire *or* à laver ! ▷ **washing-up bowl** N bassine *f*, cuvette *f* ▷ **washing-up liquid** N produit *m* pour la vaisselle ▷ **washing-up water** N eau *f* de vaisselle

**Washington** /ˈwɒʃɪŋtən/ N *(= city)* Washington ; *(= state)* Washington *m* ◆ **in ~ (State)** dans le Washington

**washrag** /ˈwɒʃræg/ N *(US)* ≃ gant *m* de toilette

**washroom** /ˈwɒʃrʊm/ N toilettes *fpl*

**washstand** /ˈwɒʃstænd/ N table *f* de toilette

**washtub** /ˈwɒʃtʌb/ N *(for clothes)* baquet *m*, bassine *f*

**washy** /ˈwɒʃɪ/ ADJ ⇒ **wishy-washy**

**wasn't** /ˈwɒznt/ ⇒ **was not** ; → **be**

**wasp** /wɒsp/ N a guêpe *f* ◆ **~'s nest** guêpier *m* b *(US *)* (abbrev of **White Anglo-Saxon Protestant**) **Wasp** *or* **WASP** wasp *mf (Anglo-Saxon blanc et protestant)* COMP ▷ **wasp-waisted** ADJ à la taille de guêpe

**waspish** /ˈwɒspɪʃ/ ADJ grincheux, hargneux

**waspishly** /ˈwɒspɪʃlɪ/ ADV avec hargne

**wassail** †† /ˈwɒseɪl/ N *(= festivity)* beuverie *f* ; *(= drink)* bière *f* épicée VI faire ribote †

**wast** †† /wɒst/ VB 2nd pers sg pret of **be**

**wastage** /ˈweɪstɪdʒ/ **N** **a** *(NonC) [of resources, food]* gaspillage *m* ; *(as part of industrial process etc)* déperdition *f* ; *(= amount lost from container)* fuites *fpl*, pertes *fpl* ; *(= rejects)* déchets *mpl* ◆ **a great ~ of human resources** un grand gaspillage de ressources humaines ◆ **water/energy ~** gaspillage *m* d'eau/d'énergie ◆ **the amount of ~ that goes on in large establishments** le gaspillage *or* le gâchis qui se produit dans les grands établissements ; see also **waste** ; → **natural** **b** *(= wasting away) [of muscles, tissue]* atrophie *f* ◆ **muscle ~** atrophie *f* musculaire **COMP** ▷ **wastage rate N** ◆ **the ~ rate among students/entrants to the profession** le pourcentage d'étudiants qui abandonnent en cours d'études/de ceux qui abandonnent en début de carrière

**waste** /weɪst/ **N** **a** *(NonC) [of resources, energy, food, money]* gaspillage *m* ; *[of time]* perte *f* ◆ **to go to ~** être gaspillé, se perdre inutilement ; *[land]* tomber en friche, être à l'abandon ◆ **there's too much ~ in this firm** il y a trop de gaspillage dans cette compagnie ◆ **we must reduce the ~ in the kitchens** nous devons diminuer le gaspillage *or* le gâchis dans les cuisines ◆ **what a ~!** quel gaspillage ! ◆ **it's a ~ of effort** c'est un effort inutile ◆ **it's a ~ of human resources** c'est un gaspillage de ressources humaines ◆ **it's a ~ of money to do that** on gaspille de l'argent en faisant cela, on perd de l'argent à faire cela ◆ **that machine was a ~ of money** cela ne valait vraiment pas la peine d'acheter cette machine, on a vraiment fichu de l'argent en l'air* en achetant cette machine ◆ **~ of space** *(lit)* perte *f* de place ◆ **it's/he's a ~ of space*** c'est/il est nul* ◆ **it's a ~ of time** c'est une perte de temps, c'est du temps perdu ◆ **it's a ~ of time doing that** on perd son temps à faire *or* en faisant cela ◆ **it's a ~ of time and energy** c'est peine perdue ◆ **it's a ~ of breath** c'est perdre sa salive, c'est dépenser sa salive pour rien

**b** *(NonC = waste material, US:* also **wastes**) *(gen)* déchets *mpl* ; *(= water)* eaux *fpl* sales *or* usées ◆ **household** *or* **kitchen ~** ordures *fpl* (ménagères) ◆ **industrial/nuclear/metal ~** déchets *mpl* industriels/nucléaires/de métal ◆ **toxic/radioactive ~** déchets *mpl* toxiques/radioactifs ; → **cotton**

**c** *(often pl = expanse)* terres *fpl* désolées, désert *m* ; *(in town)* terrain *m* vague ◆ **~s** *or* **a ~ of snow and ice** un désert de neige et de glace

**ADJ** *(liter)* ◆ **to lay sth to ~, to lay ~ to sth** ravager qch, dévaster qch

**VT** **a** *[+ resources, food, electricity, energy etc]* gaspiller ; *[+ time]* perdre ; *[+ opportunity]* perdre, laisser passer ◆ **I ~d a whole day on that journey/trying to find it** j'ai perdu toute une journée avec ce voyage/à essayer de le trouver ◆ **she didn't want to ~ a single minute of sunshine** elle ne voulait pas perdre une seule minute de soleil ◆ **nothing is ~d in this firm** il n'y a aucun gaspillage *or* il n'y a aucun gâchis dans cette entreprise ◆ **his attempts to convince her were ~d** il a essayé en vain de la convaincre, ses efforts pour la convaincre ont été vains ◆ **you're wasting your breath!** tu dépenses ta salive pour rien !, tu perds ton temps ! ◆ **I won't ~ my breath discussing that** je ne vais pas perdre mon temps *or* me fatiguer à discuter cela ◆ **~d effort** des efforts *mpl* inutiles *or* vains ◆ **we tried to make him listen, but our efforts were ~d** nous avons essayé de le forcer à écouter, mais en pure perte *or* en vain ◆ **I wouldn't like you to have a ~d journey** je ne voudrais pas que vous vous déplaciez pour rien ◆ **a ~d life** une vie gâchée ◆ **the ~d years of his life** les années gâchées de sa vie ◆ **to ~ one's money** gaspiller son argent (*on sth* pour qch ; *on doing sth* pour faire qch) ◆ **she's wasting her talents** elle gaspille ses dons, elle n'exploite pas ses talents ◆ **you're wasting your time trying** tu perds ton temps à essayer ◆ **to ~ no time in doing sth** ne pas perdre de temps à faire qch ◆ **a vote for him is a ~d vote** voter pour lui, c'est gaspiller votre voix ◆ **the sarcasm was ~d on him** il n'a pas compris *or* saisi le sarcasme ◆ **caviar is ~d on him** il ne sait pas apprécier le caviar

**b** *(* = kill)* zigouiller*, supprimer

**VI** *[food, goods, resources]* se perdre ◆ **you mustn't let it ~** il ne faut pas le laisser perdre ◆ **~ not want not** *(Prov)* il n'y a pas de petites économies

**COMP** ▷ **waste disposal unit, waste disposer N** broyeur *m* à ordures ▷ **waste ground N** terrain *m* vague ▷ **Waste Land N** *(Literat)* ◆ **"The Waste Land"** "la Terre désolée" ; see also **wasteland** ▷ **waste management N** gestion *f* des déchets ▷ **waste material, waste matter N** *(also Physiol)* déchets *mpl* ▷ **waste pipe N** (tuyau *m* de) vidange *f* ▷ **waste products NPL** *(Ind)* déchets *mpl* industriels ; *(Physiol)* déchets *mpl* (de l'organisme) ▷ **waste water N** eaux *fpl* usées

► **waste away VI** dépérir ◆ **you're not exactly wasting away!** *(iro)* tu ne fais pas vraiment peine à voir *or* pitié ! *(iro)*

**wastebasket** /ˈweɪstbɑːskɪt/ **N** corbeille *f* à papier

**wastebin** /ˈweɪstbɪn/ **N** *(Brit = wastebasket)* corbeille *f* à papier ; *(in kitchen)* poubelle *f*, boîte *f* à ordures

**wasted** /ˈweɪstɪd/ **ADJ** **a** *[limb] (= emaciated)* décharné ; *(= withered)* atrophié ◆ **~ by disease** *(= emaciated)* décharné par la maladie ; *(= withered)* atrophié par la maladie **b** *(* = exhausted) [person]* lessivé*, crevé* **c** ⁑ *(on drugs)* défoncé* ; *(on alcohol)* bourré⁑ ◆ **to get ~** *(on drugs)* se défoncer* ; *(on alcohol)* se bourrer⁑ (la gueule)

**wasteful** /ˈweɪstfʊl/ **ADJ** *[person]* gaspilleur ; *[process]* peu économique, peu rentable ◆ **~ expenditure** gaspillage *m*, dépenses *fpl* excessives *or* inutiles ◆ **~ habits** gaspillage *m* ◆ **to be ~ of sth** *[person]* gaspiller qch ; *[method, process]* mal utiliser qch

**wastefully** /ˈweɪstfəlɪ/ **ADV** ◆ **to use sth ~** gaspiller qch ◆ **to spend money ~** gaspiller son argent

**wastefulness** /ˈweɪstfʊlnɪs/ **N** *(NonC) [of person]* tendance *f* au gaspillage ; *[of process]* manque *m* de rentabilité

**wasteland** /ˈweɪsflænd/ **N** *(gen)* terres *fpl* à l'abandon *or* en friche ; *(in town)* terrain *m* vague ; *(in countryside)* désert *m* ◆ **a piece of ~** un terrain vague

**wastepaper** /ˌweɪstˈpeɪpəʳ/ **N** vieux papiers *mpl* **COMP** ▷ **wastepaper basket N** ⇒ **wastebasket**

**waster*** /ˈweɪstəʳ/ **N** **a** *(= good-for-nothing)* propre *mf* à rien **b** *(= spendthrift)* dépensier *m*, -ière *f*

**wasting** /ˈweɪstɪŋ/ **ADJ** *[disease]* débilitant

**wastrel** † /ˈweɪstrəl/ **N** **a** *(= spendthrift)* dépensier *m*, -ière *f*, panier *m* percé **b** *(= good-for-nothing)* propre *mf* à rien

**watch¹** /wɒtʃ/ **N** montre *f* ◆ **by my ~** à ma montre ; → **stopwatch, wrist** **COMP** *[chain, glass]* de montre ▷ **watch pocket N** gousset *m* ▷ **watch strap N** ⇒ **watchband**

**watch²** /wɒtʃ/ **N** **a** *(NonC) (= vigilance)* vigilance *f* ; *(= act of watching)* surveillance *f* ◆ **to keep** *or* **be on ~** faire le guet ◆ **to keep (a) close ~ on** *or* **over sb/sth** surveiller qn/qch de près *or* avec vigilance ◆ **to set a ~ on sth/sb** faire surveiller qch/qn ◆ **to keep ~ and ward over sth** *(frm)* surveiller qch avec vigilance ◆ **to be under ~** être sous surveillance

♦ **to be on the watch** *(Mil etc)* monter la garde ; *(gen)* faire le guet ◆ **to be on the ~ for sb/sth** guetter qn/qch ◆ **to be on the ~ for danger** être sur ses gardes (dans l'éventualité d'un danger) ◆ **to be on the ~ for bargains** être à l'affût des bonnes affaires

**b** *(Naut = period of duty)* quart *m* ◆ **to be on ~** être de quart ◆ **the long ~es of the night** *(fig: † or liter)* les longues nuits sans sommeil ; → **dogwatch**

**c** *(= group of men) (Mil)* garde *f* ; *(Naut)* quart *m* ; *(= one man) (Mil)* sentinelle *f* ; *(Naut)* homme *m* de quart ◆ **the port ~** *(Naut)* les bâbordais *mpl* ◆ **the starboard ~** les tribordais *mpl* ◆ **the ~** *(Hist)* le guet, la ronde ; → **officer**

**VT** **a** *[+ event, match, programme, TV, ceremony]* regarder ; *[+ person]* regarder, observer ; *(= spy on)* surveiller, épier ; *[+ suspect, suspicious object, house, car]* surveiller ; *[+ expression, birds, insects etc]* observer ; *[+ notice board, small ads etc]* consulter régulièrement ; *[+ political situation, developments]* surveiller, suivre de près ◆ **~ me, ~ what I do** regarde-moi (faire), regarde ce que je fais ◆ **~ how he does it** regarde *or* observe comment il s'y prend ◆ **~ the soup to see it doesn't boil over** surveille la soupe pour qu'elle ne déborde *subj* pas ◆ **to ~ sb do** *or* **doing sth** regarder qn faire qch ◆ **it's about as exciting as ~ing grass grow** *or* **~ing paint dry** c'est ennuyeux comme la pluie ◆ **to ~ sb like a hawk** surveiller qn de (très) près ◆ **have you ever ~ed an operation?** avez-vous déjà vu une opération *or* assisté à une opération ? ◆ **we are being ~ed** *(gen)* on nous surveille *or* épie ; *(by police, detective etc)* on nous surveille ◆ **to ~ sb's movements** *[neighbour]* épier les allées et venues de qn ; *[police, detective]* surveiller les allées et venues de qn ◆ **he needs ~ing** il faut le surveiller, il faut l'avoir à l'œil ◆ **~ tomorrow's paper** ne manquez pas de lire le journal de demain ◆ **a ~ed pot** *or* **kettle never boils** *(Prov)* plus on attend une chose, plus elle se fait attendre ◆ **"watch this space"** "histoire à suivre", "à suivre" ; → **bird**

**b** *(Mil etc = guard)* monter la garde devant, garder ; *(= take care of) [+ child, dog]* surveiller, s'occuper de ; *[+ luggage, shop]* surveiller, garder

**c** *(= be careful of, mind)* faire attention à ◆ **~ that knife!** (fais) attention avec ce couteau ! ◆ **~ that branch!** (fais) attention à la branche ! ◆ **~ your head!** attention à ta tête ! ◆ **to ~ one's step** *(lit)* faire attention *or* regarder où on met les pieds ; *(fig)* se surveiller ◆ **~ your step!, ~ how you go!*, ~ yourself!** *(fig)* (fais) attention !, fais gaffe !* ◆ **we'll have to ~ the money carefully** il faudra que nous fassions attention à *or* surveillions nos dépenses ◆ **to ~ sb's interests** veiller sur les intérêts de qn, prendre soin des intérêts de qn ◆ **I must ~ the** *or* **my time as I've got a train to catch** il faut que je surveille *subj* l'heure car j'ai un train à prendre ◆ **he works well but does tend to ~ the clock** il travaille bien mais il a tendance à surveiller la pendule ◆ **to ~ what one says** faire attention à ce que l'on dit ◆ **~ what you're doing!** fais attention (à ce que tu fais) ! ◆ **~ it!*** *(warning)* attention !, fais gaffe !* ; *(threat)* attention !, gare à toi ! ◆ **~ your language!** surveille ton langage ! ◆ **~ you don't burn yourself** fais attention *or* prends garde de ne pas te brûler ◆ **~ (that) he does**

**all his homework** veillez à ce qu'il fasse *or* assurez-vous qu'il fait tous ses devoirs

d *(= look for) [+ opportunity]* guetter ◆ **he ~ed his chance and slipped out** il a guetté *or* attendu le moment propice et s'est esquivé

VI regarder ; *(= be on guard)* faire le guet, monter la garde ; *(Rel etc = keep vigil)* veiller ; *(= pay attention)* faire attention ◆ **he has only come to** ~ il est venu simplement pour regarder *or* simplement en spectateur ◆ **to ~ by sb's bedside** veiller au chevet de qn ◆ **to ~ over** *[+ person]* surveiller ; *[+ thing]* surveiller, garder ; *[+ sb's rights, safety]* protéger, surveiller ◆ **somebody was ~ing at the window** quelqu'un regardait à la fenêtre ◆ **to ~ for sth/sb** *(= wait for)* guetter qch/qn ; *(= be careful of)* faire attention à qch/qn ◆ **he's ~ing to see what you're going to do** il attend pour voir ce que vous allez faire ◆ **~ and you'll see how it's done** regarde et tu vas voir comme cela se fait ◆ **he'll be here soon, just (you)** ~ attends, il sera bientôt là ; → **brief**

COMP ▷ **Watch Committee** N *(Brit Hist)* *comité veillant au maintien de l'ordre dans une commune* ▷ **watch night service** N *(Rel)* ≃ messe *f* de minuit de la Saint-Sylvestre

► **watch out** VI *(= keep a look-out)* faire le guet ; *(fig = take care)* faire attention, prendre garde ◆ **~ out for the signal** guettez *or* attendez le signal ◆ **~ out!** attention !, fais gaffe ! * ; *(as menace)* attention !, gare à toi ! ◆ **~ out for cars when crossing the road** faites attention *or* prenez garde aux voitures en traversant la rue ◆ **to ~ out for thieves** faire attention aux voleurs ◆ **~ out for trouble if ...** préparez-vous *or* attendez-vous à des ennuis si ...

**watchable** /ˈwɒtʃəbl/ ADJ *[programme, film]* qui se laisse regarder

**watchband** /ˈwɒtʃbænd/ N bracelet *m* de montre

**watchdog** /ˈwɒtʃdɒg/ N *(lit)* chien *m* de garde ; *(fig) (official)* observateur *m*, -trice *f* officiel(le) ; *(unofficial)* gardien(ne) *m(f)* VT *(US *) [+ events, developments]* suivre de près COMP *[group etc]* qui veille ▷ **watchdog committee** N comité *m* de surveillance

**watcher** /ˈwɒtʃəʳ/ N *(= observer)* observateur *m*, -trice *f* ; *(hidden or hostile)* guetteur *m* ; *(= spectator)* spectateur *m*, -trice *f* ; *(= onlooker)* curieux *m*, -euse *f* ◆ **China** ~ *(Pol)* spécialiste *mf* des questions chinoises ◆ **Kremlin** ~ kremlinologue *mf* ; → **bird**

**watchful** /ˈwɒtʃfʊl/ ADJ vigilant, attentif ◆ **to keep a ~ eye on sth/sb** garder qch/qn à l'œil, avoir l'œil sur qch/qn ◆ **under the ~ eye of ...** sous l'œil vigilant de ...

**watchfully** /ˈwɒtʃfəlɪ/ ADV avec vigilance

**watchfulness** /ˈwɒtʃfʊlnɪs/ N vigilance *f*

**watchmaker** /ˈwɒtʃmeɪkəʳ/ N horloger *m*, -ère *f*

**watchmaking** /ˈwɒtʃmeɪkɪŋ/ N horlogerie *f*

**watchman** /ˈwɒtʃmən/ N (pl **-men**) *(gen)* gardien *m* ; (also **night watchman**) veilleur *m or* gardien *m* de nuit

**watchtower** /ˈwɒtʃtaʊəʳ/ N tour *f* de guet

**watchword** /ˈwɒtʃwɜːd/ N *(= password)* mot *m* de passe ; *(fig) (= motto)* mot *m* d'ordre

**water** /ˈwɔːtəʳ/ N a *(NonC: gen)* eau *f* ◆ **I'd like a drink of** ~ je voudrais de l'eau *or* un verre d'eau ◆ **to turn on the** ~ *(at mains)* ouvrir l'eau ; *(from tap)* ouvrir le robinet ◆ **hot and cold (running)** ~ **in all rooms** eau courante chaude et froide dans toutes les chambres ◆ **the road is under** ~ la route est inondée, la route est recouverte par les eaux ◆ **the road/field was under three inches of** ~ la route/le champ disparaissait sous 10 cm d'eau ◆ **to swim under** ~ nager sous l'eau ◆ **to go by** ~ voyager par bateau ◆ **the island across the** ~ l'île de l'autre côté de l'eau ◆ **we spent an afternoon on the** ~ nous avons passé un après-midi sur l'eau ◆ **at high/low** ~ *(= tide)* à marée haute/basse, à mer pleine/basse ◆ **to take in** *or* **make** ~ *[ship]* faire eau ◆ **it won't hold** ~ *[container, bucket]* cela n'est pas étanche, l'eau va fuir ; *(fig) [plan, suggestion, excuse]* cela ne tient pas debout, cela ne tient pas la route ◆ **a lot of ~ has passed under the bridge since then** il est passé beaucoup d'eau sous les ponts depuis ce temps-là ◆ **that's (all) ~ under the bridge** tout ça c'est du passé ◆ **he spends money like** ~ il jette l'argent par les fenêtres, l'argent lui fond dans les mains ◆ **it's like ~ off a duck's back** * ça glisse comme de l'eau sur les plumes *or* les ailes d'un canard ◆ **lavender/rose** ~ eau *f* de lavande/de rose ; → **deep, firewater, fish**

b *(Med, Physiol)* **to pass** ~ uriner ◆ **her ~s broke** *(in labour)* elle a perdu les eaux ◆ **~ on the knee** épanchement *m* de synovie ◆ **~ on the brain** hydrocéphalie *f* ; → **feel**

NPL **waters** *[of spa, lake, river, sea]* eaux *fpl* ◆ **to take** *or* **drink the ~s** prendre les eaux, faire une cure thermale ◆ **in French ~s** dans les eaux (territoriales) françaises ◆ **the ~s of the Rhine** l'eau *or* les eaux du Rhin ; → **territorial**

VI *[eyes]* larmoyer, pleurer ; → **mouth**

VT *[+ plant, garden]* arroser ; *[+ animals]* donner à boire à, faire boire ◆ **the river ~s the whole province** le fleuve arrose *or* irrigue toute la province

COMP *[pressure, pipe, vapour]* d'eau ; *[pump, mill]* à eau ; *[plant etc]* aquatique ; *(Ind) [dispute, strike]* des employés de l'eau ▷ **water bailiff** N garde-pêche *m* ▷ **water bed** N matelas *m* d'eau ▷ **water beetle** N gyrin *m*, tourniquet *m* ▷ **water bird** N oiseau *m* aquatique ▷ **water biscuit** N craquelin *m* ▷ **water blister** N *(Med)* ampoule *f*, phlyctène *f* ▷ **water boatman** N (pl **water boatmen**) *(Zool)* notonecte *m or f* ▷ **water bomb** N bombe *f* à eau ▷ **water bottle** N *(gen: plastic)* bouteille *f* (en plastique) ; *[of soldier]* bidon *m* ; *[of cyclist, peasant]* bidon *m* ; *(smaller)* gourde *f* ; → **hot** ▷ **water buffalo** N buffle *m* d'eau, buffle *m* d'Asie ; *(Malaysian)* karbau *m*, kérabau *m* ▷ **water butt** N *(Brit)* citerne *f* (à eau de pluie) ▷ **water cannon** N canon *m* à eau ▷ **water carrier** N *(= person)* porteur *m*, -euse *f* d'eau ; *(= container)* bidon *m* à eau ◆ **the Water Carrier** *(Astrol, Astron)* le Verseau ▷ **water cart** N *(for streets)* arroseuse *f (municipale)* ; *(for selling)* voiture *f* de marchand d'eau ▷ **water chestnut** N *(= plant)* macre *f* ; *(= fruit)* châtaigne *f* d'eau ▷ **water clock** N horloge *f* à eau ▷ **water closet** N *(abbr WC)* cabinet(s) *m(pl)*, waters *mpl*, WC *mpl* ▷ **water-cooled** ADJ à refroidissement par eau ▷ **water-cooler** N distributeur *m* d'eau réfrigérée ▷ **water-cooling** N refroidissement *m* par eau ▷ **water cracker** N *(US)* ⇒ **water biscuit** ▷ **water diviner** N sourcier *m*, -ière *f*, radiesthésiste *mf* ▷ **water divining** N art *m* du sourcier, radiesthésie *f* ▷ **water filter** N filtre *m* à eau ▷ **water fountain** N *(for drinking)* fontaine *f*, distributeur *m* d'eau fraîche ; *(decorative)* jet *m* d'eau ▷ **water-free** ADJ sans eau, anhydre ▷ **water gas** N gaz *m* à l'eau ▷ **water glass** N a *(= tumbler)* verre *m* à eau b *(Chem)* verre *m* soluble ▷ **water gun** N *(US)* ⇒ **water pistol** ▷ **water heater** N chauffe-eau *m inv* ▷ **water hen** N poule *f* d'eau ▷ **water hole** N point *m* d'eau, mare *f* ▷ **water ice** N *(Brit Culin)* sorbet *m*, glace *f* à l'eau ▷ **water jacket** N *(Aut etc)* chemise *f* d'eau ▷ **water jump** N *(Racing)* rivière *f*, brook *m* ▷ **water level** N *(gen)* niveau *m* de l'eau ; *(Aut) [of radiator]* niveau *m* d'eau ▷ **water lily** N nénuphar *m* ▷ **water main** N conduite *f* (principale) d'eau ▷ **water meadow** N *(esp Brit)* prairie *f* souvent inondée, noue *f* ▷ **water meter** N compteur *m* d'eau ▷ **water nymph** N naïade *f* ▷ **water pistol** N pistolet *m* à eau ▷ **water polo** N water-polo *m* ▷ **water power** N énergie *f* hydraulique, houille *f* blanche ▷ **water purifier** N *(= device)* épurateur *m* d'eau ; *(= tablet)* cachet *m* pour purifier l'eau ▷ **water-rail** N *(= bird)* râle *m* (d'eau) ▷ **water rat** N rat *m* d'eau ▷ **water rate** N *(Brit)* taxe *f* sur l'eau ▷ **water-repellent** ADJ hydrofuge, imperméable ▷ **water-resistant** ADJ *[ink etc]* qui résiste à l'eau, indélébile ; *[material]* imperméable ▷ **water-ski** N ski *m* nautique *(objet)* VI (also **go water-skiing**) faire du ski nautique ▷ **water-skier** N skieur *m*, -euse *f* nautique ▷ **water-skiing** N *(NonC)* ski *m* nautique *(sport)* ▷ **water slide** N toboggan *m* (de piscine) ▷ **water snake** N serpent *m* d'eau ▷ **water softener** N adoucisseur *m* d'eau ▷ **water-soluble** ADJ soluble dans l'eau, hydrosoluble *(Chem)* ▷ **water sports** NPL sports *mpl* nautiques ; *(* = sexual practices)* ondinisme *m* ▷ **water supply** N *(for town)* approvisionnement *m* en eau, distribution *f* des eaux ; *(for building)* alimentation *f* en eau ; *(for traveller)* provision *f* d'eau ◆ **the ~ supply was cut off** on avait coupé l'eau ▷ **water system** N *(Geog)* réseau *m* hydrographique ; *(for building, town)* ⇒ **water supply** ▷ **water table** N *(Geog)* nappe *f* phréatique, niveau *m* hydrostatique ▷ **water tank** N réservoir *m* d'eau, citerne *f* ▷ **water tower** N château *m* d'eau ▷ **water vole** N rat *m* d'eau ▷ **water wings** NPL bouée *f*, flotteurs *mpl* de natation ▷ **water worker** N *(Ind)* employé *m* du service des eaux

► **water down** VT SEP *[+ wine]* couper (d'eau), baptiser * ; *[+ paint]* diluer ; *(fig) [+ story]* édulcorer ; *[+ effect]* atténuer, affaiblir ; *[+ demands]* modérer ◆ **legislation on employment rights has been ~ed down** la législation sur les droits des employés a été assouplie

**waterborne** /ˈwɔːtəbɔːn/ ADJ flottant ; *[boats]* à flot ; *[goods]* transporté par voie d'eau ; *[disease]* d'origine hydrique

**watercolour, watercolor** *(US)* /ˈwɔːtəˌkʌləʳ/ N a *(= painting)* aquarelle *f* b *(= paint)* ◆ **~s** couleurs *fpl* à l'eau *or* pour aquarelle ◆ **painted in ~s** peint à l'aquarelle ADJ à l'aquarelle

**watercolourist, watercolorist** *(US)* /ˈwɔːtəˌkʌlərɪst/ N aquarelliste *mf*

**watercourse** /ˈwɔːtəkɔːs/ N cours *m* d'eau

**watercress** /ˈwɔːtəkres/ N cresson *m* (de fontaine)

**watered** /ˈwɔːtəd/ ADJ a *[milk etc]* coupé d'eau b *[silk etc]* moiré COMP ▷ **watered-down** ADJ *(lit) [milk, wine etc]* coupé d'eau ; *(fig) [paint]* dilué ; *[version, account]* édulcoré ▷ **watered silk** N *(Tex)* soie *f* moirée ▷ **watered stock** N *(US) (= cattle)* bétail *m* gorgé d'eau (avant la pesée) ; *(St Ex)* actions *fpl* gonflées (sans raison)

**waterfall** /ˈwɔːtəfɔːl/ N chute *f* d'eau, cascade *f*

**waterfowl** /ˈwɔːtəfaʊl/ N *(sg)* oiseau *m* d'eau ; *(collective pl)* gibier *m* d'eau

**waterfront** /ˈwɔːtəfrʌnt/ N *(at docks)* quais *mpl* ; *(= sea front)* front *m* de mer

**Watergate** /ˈwɔːtəgeɪt/ N Watergate *m*

**watering** /ˈwɔːtərɪŋ/ **N** *[of plants, streets]* arrosage *m* ; *[of fields, region]* irrigation *f* ◆ **frequent ~ is needed** il est conseillé d'arroser fréquemment **COMP** ▷ **watering can N** arrosoir *m* ▷ **watering hole N** *(for animals)* point *m* d'eau ; *(* fig)* bar *m* ▷ **watering place N** *(for animals)* point *m* d'eau ; *(= spa)* station *f* thermale, ville *f* d'eaux ; *(= seaside resort)* station *f* balnéaire ; *(fig hum)* bar *m*

**waterless** /ˈwɔːtəlɪs/ **ADJ** *[area]* sans eau ◆ **to be ~** être dépourvu d'eau

**waterline** /ˈwɔːtəlaɪn/ **N** *(Naut)* ligne *f* de flottaison ; *(left by tide, river)* ⇒ **watermark**

**waterlogged** /ˈwɔːtəlɒgd/ **ADJ** *[land, pitch]* détrempé ; *[wood]* imprégné d'eau ; *[shoes]* imbibé d'eau

**Waterloo** /ˌwɔːtəˈluː/ **N** Waterloo ◆ **the Battle of ~** la bataille de Waterloo ◆ **to meet one's ~** essuyer un revers irrémédiable

**waterman** /ˈwɔːtəmən/ **N** (pl **-men**) batelier *m*

**watermark** /ˈwɔːtəmɑːk/ **N** *(in paper)* filigrane *m* ; *(left by tide)* laisse *f* de haute mer ; *(left by river)* ligne *f* des hautes eaux ; *(on wood, on surface)* marque *f* or tache *f* d'eau ◆ **above/below the ~** au-dessus/au-dessous de la laisse de haute mer *or* de la ligne des hautes eaux

**watermelon** /ˈwɔːtəmelən/ **N** pastèque *f*, melon *m* d'eau

**waterproof** /ˈwɔːtəpruːf/ **ADJ** *[material]* imperméable ; *[watch]* étanche ; *[mascara]* résistant à l'eau ◆ **~ sheet** *(for bed)* alaise *f* ; *(tarpaulin)* bâche *f* **N** *(Brit)* imperméable *m* **VT** imperméabiliser

**waterproofing** /ˈwɔːtəpruːfɪŋ/ **N** *(NonC)* *(= process)* imperméabilisation *f* ; *(= quality)* imperméabilité *f*

**watershed** /ˈwɔːtəʃed/ **N** *(Geog)* ligne *f* de partage des eaux ; *(fig)* moment *m* critique *or* décisif, grand tournant *m* ; *(Brit TV) heure à partir de laquelle les chaînes de télévision britanniques peuvent diffuser des émissions réservées aux adultes*

**waterside** /ˈwɔːtəsaɪd/ **N** bord *m* de l'eau **ADJ** *[flower, insect]* du bord de l'eau ; *[landowner]* riverain ◆ **at** *or* **by the ~** au bord de l'eau, sur la berge ◆ **along the ~** le long de la rive

**waterspout** /ˈwɔːtəspaʊt/ **N** *(on roof etc)* (tuyau *m* de) descente *f* ; *(Met)* trombe *f*

**watertight** /ˈwɔːtətaɪt/ **ADJ** **a** *[container]* étanche ◆ **~ compartment** compartiment *m* étanche ◆ **in ~ compartments** séparé par des cloisons étanches **b** *(fig) [excuse, plan]* inattaquable, indiscutable ; *[argument]* en béton

**waterway** /ˈwɔːtəweɪ/ **N** voie *f* navigable

**waterweed** /ˈwɔːtəwiːd/ **N** élodée *f*

**waterwheel** /ˈwɔːtəwiːl/ **N** roue *f* hydraulique

**waterworks** /ˈwɔːtəwɜːks/ **NPL** *(= system)* système *m* hydraulique ; *(= place)* station *f* hydraulique ◆ **to turn on the ~** * *(fig pej = cry)* se mettre à pleurer à chaudes larmes *or* comme une Madeleine * ◆ **to have something wrong with one's ~** * *(Brit Med: euph)* avoir des ennuis de vessie

**watery** /ˈwɔːtərɪ/ **ADJ** **a** *(= like, containing water) [fluid, discharge, solution]* aqueux **b** *(pej = containing excessive water) [tea, coffee]* trop léger ; *[beer]* trop aqueux ; *[soup, sauce]* trop clair ; *[taste]* d'eau ; *[paint, ink]* trop liquide, trop délayé ; *[ground]* détrempé, saturé d'eau **c** *(= producing water) [eyes]* humide **d** *(= insipid) [smile, sun, light]* faible ; *[sky, moon]* délavé **e** *(= pale) [colour]* pâle **f** *(= relating to water)* aquatique ◆ **a ~ world of streams and fountains** un monde aquatique de cours d'eau et de fontaines ◆ **the ~ depths** les profondeurs *fpl* aquatiques ◆ **to go to a ~ grave** *(liter)* être enseveli par les eaux *(liter)*

**watt** /wɒt/ **N** watt *m*

**wattage** /ˈwɒtɪdʒ/ **N** puissance *f* or consommation *f* en watts

**wattle** /ˈwɒtl/ **N** **a** *(NonC = woven sticks)* clayonnage *m* ◆ **~ and daub** clayonnage *m* enduit de torchis **b** *[of turkey, lizard]* caroncule *f* ; *[of fish]* barbillon *m*

**wave** /weɪv/ **N** **a** *(at sea)* vague *f*, lame *f* ; *(on lake)* vague *f* ; *(on beach)* rouleau *m* ; *(on river, pond)* vaguelette *f* ; *(in hair)* ondulation *f*, cran *m* ; *(on surface)* ondulation *f* ; *(fig) [of dislike, enthusiasm, strikes, protests etc]* vague *f* ◆ **the ~s** *(liter)* les flots *mpl*, l'onde *f* ◆ **to make ~s** *(fig)* créer des remous ◆ **her hair has a natural ~ (in it)** ses cheveux ondulent naturellement ◆ **the first ~ of the attack** *(Mil)* la première vague d'assaut ◆ **to come in ~s** *[people]* arriver par vagues ; *[explosions etc]* se produire par vagues ◆ **the new ~** *(Cine etc: fig)* la nouvelle vague ; → **crime, heatwave, permanent**

**b** *(Phys, Rad, Telec etc)* onde *f* ◆ **long ~** grandes ondes *fpl* ◆ **medium/short ~** ondes *fpl* moyennes/courtes ; → **light¹, long¹, medium, shock¹, shortwave, sound¹**

**c** *(= gesture)* geste *m* or signe *m* de la main ◆ **he gave me a cheerful ~** il m'a fait un signe joyeux de la main ◆ **with a ~ of his hand** d'un geste *or* signe de la main

**VI** **a** *[person]* faire signe de la main ; *[flag]* flotter (au vent) ; *[branch, tree]* être agité ; *[grass, corn]* onduler, ondoyer ◆ **to ~ to sb** *(in greeting)* saluer qn de la main, faire bonjour (*or* au revoir) de la main à qn ; *(as signal)* faire signe à qn (*to do sth* de faire qch)

**b** *[hair]* onduler, avoir un *or* des cran(s)

**VT** **a** *[+ flag, handkerchief]* agiter ; *(threateningly) [+ stick, sword]* brandir ◆ **to ~ one's hand to sb** faire signe de la main à qn ◆ **he ~d the ticket at me furiously** il a agité vivement le ticket sous mon nez ◆ **to ~ goodbye to sb** dire au revoir de la main à qn, agiter la main en signe *or* guise d'adieu (à qn) ◆ **he ~d his thanks** il a remercié d'un signe de la main, il a agité la main en signe *or* guise de remerciement ◆ **to ~ sb back/through/on** *etc* faire signe à qn de reculer/de passer/d'avancer *etc* ◆ **he ~d the car through the gates** il a fait signe à la voiture de franchir les grilles

**b** *[+ hair]* onduler

**COMP** ▷ **wave energy N** énergie *f* des vagues ▷ **wave guide N** *(Elec)* guide *m* d'ondes ▷ **wave mechanics N** *(NonC: Phys)* mécanique *f* ondulatoire ▷ **wave power N** énergie *f* des vagues

► **wave about, wave around VT SEP** *[+ object]* agiter dans tous les sens ◆ **to ~ one's arms about** gesticuler, agiter les bras dans tous les sens

► **wave aside, wave away VT SEP** *[+ person, object]* écarter *or* éloigner d'un geste ; *[+ objections]* écarter (d'un geste) ; *[+ offer, sb's help etc]* rejeter *or* refuser (d'un geste)

► **wave down VT SEP** ◆ **to wave down a car** faire signe à une voiture de s'arrêter

► **wave off VT SEP** faire au revoir de la main à

**waveband** /ˈweɪvbænd/ **N** *(Rad)* bande *f* de fréquences

**wavelength** /ˈweɪvleŋkθ/ **N** *(Phys)* longueur *f* d'ondes ◆ **we're not on the same ~** *(fig)* nous ne sommes pas sur la même longueur d'ondes *

**wavelet** /ˈweɪvlɪt/ **N** vaguelette *f*

**waver** /ˈweɪvəʳ/ **VI** *[flame, shadow]* vaciller, osciller ; *[voice]* trembler, trembloter ; *[courage, loyalty, determination]* vaciller, chanceler ; *[support]* devenir hésitant ; *[person] (= weaken)* lâcher pied, flancher * ; *(= hesitate)* hésiter (*between* entre) ◆ **he ~ed in his resolution** sa résolution chancelait ◆ **he is beginning to ~** il commence à lâcher pied *or* à flancher *

**waverer** /ˈweɪvərəʳ/ **N** indécis(e) *m(f)*, irrésolu(e) *m(f)*

**wavering** /ˈweɪvərɪŋ/ **ADJ** **a** *[light, shadow]* vacillant ◆ **his ~ steps** ses pas hésitants **b** *(fig) [person]* indécis ; *[support]* hésitant ; *[loyalty, determination]* chancelant ; *[voice]* mal assuré **N** *(NonC = hesitation)* hésitations *fpl*

**wavy** /ˈweɪvɪ/ **ADJ** *[hair, surface, edge]* ondulé ; *[line]* onduleux **COMP** ▷ **wavy-haired ADJ** aux cheveux ondulés

**wax¹** /wæks/ **N** *(NonC)* cire *f* ; *(for skis)* fart *m* ; *(in ear)* cérumen *m*, (bouchon *m* de) cire *f* ; → **beeswax, sealing²** **VT** *[+ floor, furniture]* cirer, encaustiquer ; *[+ skis]* farter ; *[+ shoes, moustache]* cirer ; *[+ thread]* poisser ; *[+ car]* lustrer ◆ **to ~ one's legs** s'épiler les jambes à la cire **COMP** *[candle, doll, seal, record]* de *or* en cire ▷ **wax bean N** *(US)* haricot *m* beurre *inv* ▷ **waxed cotton N** coton *m* huilé ▷ **waxed jacket N** veste *f* de *or* en coton huilé ▷ **waxed paper N** papier *m* paraffiné ▷ **wax museum N** *(esp US)* musée *m* de cire ▷ **wax paper N** ⇒ **waxed paper**

**wax²** /wæks/ **VI** *[moon]* croître ◆ **to ~ and wane** *[feelings, issues etc]* croître et décroître ◆ **to ~ merry/poetic** *etc († or hum)* devenir d'humeur joyeuse/poétique *etc* ◆ **to ~ eloquent** déployer toute son éloquence (*about, over* à propos de) ◆ **he ~ed lyrical about Louis Armstrong** il est devenu lyrique quand il a parlé de Louis Armstrong ; → **enthusiastic**

**waxen** /ˈwæksən/ **ADJ** *(liter = like wax) [complexion, face]* cireux ; *(† = made of wax)* de *or* en cire

**waxing** /ˈwæksɪŋ/ **N** *(gen)* cirage *m* ; *[of skis]* fartage *m*

**waxwing** /ˈwækswɪŋ/ **N** *(= bird)* jaseur *m*

**waxwork** /ˈwækswɜːk/ **N** **a** *(= figure)* personnage *m* en cire **b** *(pl inv: Brit)* ◆ **~s** *(= museum)* musée *m* de cire

**waxy** /ˈwæksɪ/ **ADJ** *[substance, consistency, face, colour]* cireux ; *[potato]* ferme

## way /weɪ/

| | |
|---|---|
| 1 NOUN | 2 ADVERB |
| 3 COMPOUNDS | |

### 1 - NOUN

**a** [= route] chemin *m* ◆ **to ask the** *or* **one's ~** demander son chemin (*to* pour aller à) ◆ **we went the wrong ~** nous avons pris le mauvais chemin, nous nous sommes trompés de chemin ◆ **a piece of bread went down the wrong ~** j'ai (*or* il a *etc*) avalé une miette de pain de travers ◆ **to go the long ~ round** prendre le chemin le plus long *or* le chemin des écoliers * ◆ **we met several people on** *or* **along the ~** nous avons rencontré plusieurs personnes en chemin ◆ **to go the same ~ as sb** *(lit)* aller dans la même direction que qn ; *(fig)* suivre les traces *or* l'exemple de qn, marcher sur les traces de qn ◆ **he has gone the ~ of his brothers** *(fig)* il a suivi le même chemin que ses frères ◆ **they went their own ~s** *or* **their separate ~s** *(lit)* ils sont partis chacun de leur côté ; *(fig)* chacun a suivi son chemin ◆ **she knows her**

~ **around** *or* **about** *(fig)* elle sait se débrouiller ◆ **to lose the** *or* **one's ~** se perdre, s'égarer ◆ **to make one's ~ towards ...** se diriger vers ... ◆ **he had to make his own ~ in Hollywood** il a dû se battre pour faire sa place à Hollywood

◆ **the/one's + way to** ◆ **can you tell me the ~ to the tourist office?** pouvez-vous m'indiquer le chemin *or* la direction du syndicat d'initiative ? ◆ **the quickest** *or* **shortest ~ to Leeds** le chemin le plus court pour aller à Leeds ◆ **the ~ to success** le chemin du succès ◆ **I know the** *or* **my ~ to the station** je connais le chemin de la gare, je sais comment aller à la gare

◆ **on the/one's way (to)** ◆ **on the** *or* **my ~ here I saw ...** en venant (ici) j'ai vu ... ◆ **you pass it on your ~ home** vous passez devant en rentrant chez vous ◆ **he's on his ~** il arrive ◆ **I must be on my ~** il faut que j'y aille ◆ **to start** *or* **go on one's ~** s'en aller ◆ **with that, he went on his ~** sur ce, il s'en est allé ◆ **on the** *or* **our ~ to London we met ...** en allant à Londres nous avons rencontré ... ◆ **it's on the ~ to the station** c'est sur le chemin de la gare ◆ **he is on the ~ to great things** il a un avenir brillant devant lui ◆ **to be (well) on the** *or* **one's ~ to success/victory** *etc* être sur la voie du succès/de la victoire *etc*

◆ **to be on the way** *(= to be expected)* être prévu ◆ **more snow is on the ~** d'autres chutes de neige sont prévues ◆ **she's got twins, and another baby on the ~** * elle a des jumeaux, et un bébé en route *

◆ **the/one's way back** ◆ **the ~ back to the station** le chemin pour revenir à la gare ◆ **on the** *or* **his ~ back he met ...** au retour *or* sur le chemin du retour *or* en revenant il a rencontré ... ◆ **he made his ~ back to the car** il est retourné (*or* revenu) vers la voiture

◆ **the/one's way down** ◆ **I don't know the ~ down** je ne sais pas par où on descend ◆ **I met her on the** *or* **my ~ down** je l'ai rencontrée en descendant ◆ **inflation is on the ~ down** l'inflation est en baisse

◆ **the way forward** ◆ **the ~ forward is ...** l'avenir, c'est ... ◆ **they held a meeting to discuss the ~ forward** ils ont organisé une réunion pour discuter de la marche à suivre ◆ **is monetary union the ~ forward?** l'union monétaire est-elle la bonne voie *or* la voie du progrès ?

◆ **the/one's + way in** ◆ **we couldn't find the ~ in** nous ne trouvions pas l'entrée ◆ **I met her on the** *or* **my ~ in** je l'ai rencontrée à l'entrée ◆ **it's on the ~ in** *(fig) [fashion etc]* c'est à la mode

◆ **the/one's/no way out** ◆ **can you find your own ~ out?** pouvez-vous trouver la sortie tout seul ? ◆ **I'll find my own ~ out** ne vous dérangez pas, je trouverai (bien) la sortie ◆ **you'll see it on the** *or* **your ~ out** vous le verrez en sortant ◆ **he tried to talk his ~ out of it** *(fig)* il a essayé de s'en sortir avec de belles paroles ◆ **there's no other ~ out** il n'y a pas d'autre solution ◆ **there is no ~ out of this difficulty** il n'y a pas moyen d'éviter cette difficulté ◆ **it's on the ~ out** *[fashion etc]* ce n'est plus vraiment à la mode, c'est out *

◆ **the/one's way up** ◆ **I don't know the ~ up** je ne sais pas par où on monte ◆ **all the ~ up** jusqu'en haut, jusqu'au sommet ◆ **I met him on the** *or* **my ~ up** je l'ai rencontré en montant ◆ **I was on my ~ up to see you** je montais vous voir ◆ **unemployment is on the ~ up** le chômage est en hausse

◆ **a/no way round** ◆ **we're trying to find a ~ round it** nous cherchons un moyen de contourner *or* d'éviter ce problème ◆ **there's no ~ round this difficulty** il n'y a pas moyen de contourner cette difficulté

**b** [= path] ◆ **their ~ was blocked by police** la police leur barrait le passage ◆ **to push** *or* **force one's ~ through a crowd** se frayer un chemin *or* un passage à travers une foule ◆ **to hack** *or* **cut one's ~ through the jungle** se frayer un chemin à la machette dans la jungle ◆ **to crawl/limp** *etc* **one's ~ to the door** ramper/boiter *etc* jusqu'à la porte ◆ **they live over** *or* **across the ~** * ils habitent en face

◆ **in the/sb's way** ◆ **to be in the ~** *(lit)* bloquer *or* barrer le passage ; *(fig)* gêner ◆ **am I in the** *or* **your ~?** *(lit)* est-ce que je vous empêche de passer ? ; *(fig)* est-ce que je vous gêne ? ◆ **he put me in the ~ of one or two good bargains** * il m'a indiqué quelques bonnes affaires ◆ **to put difficulties in sb's ~** créer des difficultés à qn

◆ **out of the/sb's way** ◆ **it's out of the ~ over there** ça ne gêne pas là-bas ◆ **to get out of the ~** s'écarter ◆ **(get) out of the** *or* **my ~!** pousse-toi !, laisse-moi passer ! ◆ **to get out of sb's ~** laisser passer qn ◆ **could you get your foot out of the ~?** tu peux pousser *or* retirer ton pied ? ◆ **as soon as I've got the exams out of the ~** * dès que les examens seront finis ◆ **keep matches out of children's ~** *or* **out of the ~ of children** ne laissez pas les allumettes à la portée des enfants ◆ **to keep out of sb's ~** éviter qn ◆ **keep (well) out of his ~ today!** ne te mets pas sur son chemin aujourd'hui ! ◆ **he kept well out of the ~** il a pris soin de rester à l'écart ◆ **the village is quite out of the ~** le village est vraiment à l'écart *or* isolé ◆ **to put sth out of the ~** ranger qch ◆ **he wants his wife out of the ~** * il veut se débarrasser de sa femme ◆ **I'll take you home, it's not out of my ~** je vous ramènerai, c'est sur mon chemin ◆ **that would be nice, but don't go out of your ~** ce serait bien mais ne vous dérangez pas ◆ **to go out of one's ~ to do sth** *(fig)* se donner du mal pour faire qch ◆ **he went out of his ~ to help us** il s'est donné du mal pour nous aider ◆ **it's nothing out of the ~** *(fig)* cela n'a rien de spécial *or* d'extraordinaire

◆ **to make way (for)** ◆ **to make ~ for sb** faire place à qn, s'écarter pour laisser passer qn ; *(fig)* laisser la voie libre à qn ◆ **they made ~ for the ambulance** ils se sont écartés *or* rangés pour laisser passer l'ambulance ◆ **to make ~ for sth** *(fig)* ouvrir la voie à qch ◆ **this made ~ for a return to democracy** ceci a ouvert la voie à la restauration de la démocratie ◆ **make ~!** † place ! †

**c** [* = area] ◆ **there aren't many parks round our ~** il n'y a pas beaucoup de parcs par chez nous ◆ **round this ~** par ici ◆ **I'll be down** *or* **round your ~ tomorrow** je serai près de chez vous demain ◆ **it's out** *or* **over Oxford ~** c'est du côté d'Oxford

**d** [= distance] ◆ **a short ~ up the road** à quelques pas ◆ **to be some ~ off** être assez loin ◆ **a little ~ away** *or* **off** pas très loin ◆ **he stood some ~ off** il se tenait à l'écart ◆ **is it far? – yes, it's a good** * *or* **quite a** * **~** c'est loin ? – oui, il y a un bon bout de chemin * ◆ **it's a good** * **~ to London** il y a un bon bout de chemin * jusqu'à Londres ◆ **to be a long ~ away** *or* **off** être loin ◆ **it's a long ~ from here** c'est loin d'ici ◆ **he's a long ~ from home** il est loin de chez lui ◆ **that's a long ~ from the truth** c'est loin d'être vrai ◆ **a long ~ off I could hear ...** j'entendais au loin ... ◆ **is it finished? – not by a long ~!** est-ce terminé ? – loin de là *or* loin s'en faut ! ◆ **it was our favourite by a long ~** c'était de loin celui que nous préférions ◆ **they've come a long ~** *(fig)* ils ont fait du chemin ◆ **the roots go a long ~ down** les racines sont très profondes ◆ **we've got a long ~ to go** *(lit)* nous avons beaucoup de chemin à faire ; *(fig) (= still far from our objective)* nous ne sommes pas au bout de nos peines ; *(= not got enough)* nous sommes encore loin du compte ◆ **to go a long ~ round** faire un grand détour ◆ **he makes a little go a long ~** il tire le meilleur parti de ce qu'il a ◆ **a little praise goes a long ~** * un petit compliment de temps à autre, ça aide * ◆ **this spice is expensive, but a little goes a long ~** cette épice est chère mais on n'a pas besoin d'en mettre beaucoup ◆ **I find a little goes a long ~ with rap music** *(*, iro)* le rap, c'est surtout à petites doses que je l'apprécie ◆ **it should go a long ~/some ~ towards paying the bill** cela devrait couvrir une grande partie/une partie de la facture ◆ **it should go a long ~/some ~ towards improving relations between the two countries** cela devrait améliorer considérablement/contribuer à améliorer les rapports entre les deux pays

◆ **all the way** *(= the whole distance)* ◆ **he had to walk all the ~ (to the hospital)** il a dû faire tout le chemin à pied (jusqu'à l'hôpital) ◆ **there are street lights all the ~** il y a des réverbères tout le long du chemin ◆ **it rained all the ~** il a plu pendant tout le chemin ◆ **he talked all the ~ to the theatre** il a parlé pendant tout le chemin jusqu'au théâtre ◆ **I'm with you all the ~** * *(= entirely agree)* je suis entièrement d'accord avec vous ◆ **I'll be with you all the ~** *(= will back you up)* je vous soutiendrai jusqu'au bout ◆ **to go all the ~ with sb** * coucher * avec qn ◆ **to go all the ~** * passer à l'acte, concrétiser *

**e** [= direction] ◆ **are you going my ~?** est-ce que vous allez dans la même direction que moi ? ◆ **he never looked my ~** il n'a pas fait attention à moi ◆ **this ~** par ici ◆ **turn this ~ for a moment** tourne-toi par ici un moment ◆ **"this way for** *or* **to the cathedral"** "vers la cathédrale" ◆ **he went that ~** il est parti par là ◆ **which ~ did he go?** par où est-il passé ?, dans quelle direction est-il parti ? ◆ **she didn't know which ~ to look** *(fig)* elle ne savait pas où se mettre ◆ **which ~ do we go from here?** *(lit)* par où allons-nous maintenant ?, quel chemin prenons-nous maintenant ? ; *(fig)* qu'allons-nous faire maintenant ? ◆ **everything's going his ~** * **just now** *(fig)* tout lui réussit en ce moment ◆ **if the chance comes your ~** * si jamais vous en avez l'occasion ◆ **I'll try and put some work your ~** * j'essayerai de t'avoir du travail ◆ **he looked the other ~** *(lit, fig)* il a regardé ailleurs, il a détourné les yeux ◆ **cars parked every which ~** * des voitures garées n'importe comment *or* dans tous les sens

◆ **this way and that** ◆ **the leaves were blowing this ~ and that** les feuilles tournoyaient de-ci de-là ◆ **he ran this ~ and that** il courait dans tous les sens

**f** [= footpath] **the Pennine/North Wales Way** le chemin de grande randonnée des Pennines/du nord du pays de Galles

**g** [= side] ◆ **your jersey is the right/wrong ~ out** ton pull est à l'endroit/à l'envers ◆ **have I got this dress the right ~ round?** est-ce que j'ai bien mis cette robe à l'endroit ? ◆ **turn the rug the other ~ round** tourne le tapis dans l'autre sens ◆ **he didn't hit her, it was the other ~ round** ce n'est pas lui qui l'a frappée, c'est le contraire ◆ **"this way up"** *(on box)* "haut" ◆ **the right ~ up** dans le bon sens ◆ **the wrong ~ up** à l'envers

**h** [= part] ◆ **the region/loot was split three ~s** la région/le butin a été divisé(e) en trois ◆ **a three-~ discussion** une discussion à trois participants ◆ **a four-~ radio link-up** une liaison radio à quatre voies

**i** [= manner] façon *f*, manière *f* ◆ **(in) this/that ~** comme ceci/cela, de cette façon, de cette manière ◆ **what an odd ~ to behave!**

quelle drôle de manière *or* façon de se comporter !, quel drôle de comportement ! ◆ **to do sth the right/wrong** ~ bien/mal faire qch ◆ **he had to do it, but there's a right and a wrong** ~ **of doing everything** * il était obligé de le faire mais il aurait pu y mettre la manière ◆ **he said it in such a** ~ **that ...** il l'a dit sur un tel ton *or* d'une telle façon que ... ◆ **do it your own** ~ fais comme tu veux *or* à ta façon ◆ **I did it my** ~ je l'ai fait à ma façon ◆ **he insisted I did it his** ~ il a insisté pour que je suive sa méthode *or* pour que je le fasse à sa façon ◆ **he is amusing in his (own)** ~ il est amusant à sa façon ◆ **he has his own** ~ **of doing things** il a une façon bien à lui de faire les choses ◆ **in every** ~ **possible, in every possible** ~ *[help]* par tous les moyens possibles ◆ **to try in every** ~ **possible** *or* **in every possible** ~ **to do sth** faire tout son possible pour faire qch ◆ **every** *or* **any which** ~ **(one can)** * de toutes les manières possibles ◆ ~ **to go!** ‡ *(esp US)* bravo ! ◆ **what a** ~ **to go!** *(of sb's death, terrible)* c'est vraiment triste de partir ainsi ; *(good)* il (*or* elle) a eu une belle mort ◆ **that's the** ~ **the money goes** c'est comme ça que l'argent file ◆ **that's just the** ~ **he is** il est comme ça, c'est tout ◆ **whatever** ~ **you look at it** quelle que soit la façon dont on envisage la chose ◆ **leave it the** ~ **it is** laisse-le comme il est ◆ **the** ~ **things are going we shall have nothing left** au train où vont les choses, il ne nous restera plus rien ◆ **it's just the** ~ **things are** c'est la vie !

♦ **in a small/big way** ◆ **in a small** ~ **he contributed to ...** à sa manière, il a contribué à ... ◆ **in his own small** ~ **he helped a lot of people** à sa manière, il a aidé beaucoup de gens ◆ **in a small** ~ **it did make a difference** cela a quand même fait une différence ◆ **he furthered her career in a big** ~ * il a beaucoup contribué à faire progresser sa carrière ◆ **he does things in a big** ~ * il fait les choses en grand * ◆ **soccer is taking off in the States in a big** ~ * le football connaît un véritable essor aux États-Unis

♦ **no way !** * pas question ! ◆ **no** ~ **am I doing that** (il n'est) pas question que je fasse ça ◆ **I'm not paying, no** ~**!** je refuse de payer, un point c'est tout ! ◆ **will you come? – no** ~**!** tu viens ? — pas question *or* sûrement pas ! ◆ **there's no** ~ **that's champagne!** ce n'est pas possible que ce soit du champagne !

♦ **one way or another/the other** *(= somehow)* d'une façon ou d'une autre ◆ **everyone helped one** ~ **or another** tout le monde a aidé d'une façon ou d'une autre ◆ **it doesn't matter one** ~ **or the other** *(= either way)* ça n'a aucune importance ◆ **two days one** ~ **or the other won't make much difference** * deux jours de plus ou de moins ne changeront pas grand-chose

**j** [= method, technique] méthode *f*, solution *f* ◆ **the best** ~ **is to put it in the freezer for ten minutes** la meilleure méthode *or* solution, c'est de le mettre au congélateur pendant dix minutes, le mieux, c'est de le mettre au congélateur pendant dix minutes ◆ **that's the** ~ **to do it** voilà comment il faut faire *or* s'y prendre ◆ **that's quite the wrong** ~ **to go about it** ce n'est pas comme ça qu'il faut s'y prendre *or* qu'il faut le faire ◆ **that's the** ~**!** voilà, c'est bien *or* c'est ça !

♦ **to have a way with** ◆ **he has a** ~ **with people** il sait s'y prendre avec les gens ◆ **he has got a** ~ **with cars** il s'y connaît en voitures ◆ **to have a** ~ **with words** *(= be eloquent)* manier les mots avec bonheur ; *(pej)* avoir du bagou * ◆ **she has a (certain)** ~ **with her** * elle a un certain charme

**k** [= means] moyen *m* ◆ **we'll find a** ~ **to do** *or* **of doing it** nous trouverons bien un moyen de le faire ◆ **love will find a** ~ *(Prov)* l'amour finit toujours par triompher

♦ **by way of** *(= via)* par ; *(= as)* en guise de ; *(= so as to)* pour, afin de ; *(= by means of)* au moyen de ◆ **he went by** ~ **of Glasgow** il est passé par Glasgow ◆ **"I'm superstitious", she said by** ~ **of explanation** "je suis superstitieuse", dit-elle en guise d'explication ◆ **it was by** ~ **of being a joke** c'était une plaisanterie ◆ **I did it by** ~ **of discovering what ...** je l'ai fait pour découvrir *or* afin de découvrir ce que ... ◆ **by** ~ **of lectures, practicals and tutorials** au moyen de cours magistraux, de travaux pratiques et de travaux dirigés

**l** [= situation, state, nature] ◆ **that's always the** ~ c'est toujours comme ça ◆ **that's always the** ~ **with him** c'est toujours comme ça *or* toujours pareil avec lui ◆ **it was this** ~ **...** *(= happened like this)* ça s'est passé comme ça ... ◆ **in the ordinary** ~ **of things** d'ordinaire, normalement ◆ **it's the** ~ **of the world!** ainsi va le monde ! ◆ **things are in a bad** ~ * ça va mal ◆ **he is in a bad** ~ * il va mal ◆ **the car is in a very bad** ~ * la voiture est en piteux état ◆ **she was in a terrible** ~ * *(physically)* elle était dans un état lamentable ; *(= agitated)* elle était dans tous ses états

**m** [= habit] ◆ **to get into/out of the** ~ **of doing sth** prendre/perdre l'habitude de faire qch ◆ **that's not my** ~ ce n'est pas mon genre, je ne suis pas comme ça ◆ **it's not my** ~ **to flatter people** ce n'est pas mon genre *or* dans mes habitudes de flatter les gens ◆ **don't be offended, it's just his** ~ ne vous vexez pas, il est comme ça, c'est tout ◆ **it's only his (little)** ~ il est comme ça ◆ **he has an odd** ~ **of scratching his chin when he laughs** il a une drôle de façon *or* manière de se gratter le menton quand il rit ◆ **I know his little** ~**s** je connais ses petites habitudes *or* ses petits travers ◆ **they didn't like his pretentious** ~**s** ils n'aimaient pas ses manières prétentieuses ◆ **I love her funny little** ~**s** j'adore sa manière bien à elle de faire les choses ◆ **to mend** *or* **improve one's** ~**s** s'amender ◆ **she is very precise in her** ~**s** elle porte une attention maniaque aux détails ◆ **Spanish** ~**s, the** ~**s of the Spanish** les coutumes *fpl or* mœurs *fpl* espagnoles

**n** [= respect, particular] ◆ **in some** ~**s** à certains égards ◆ **in many** ~**s** à bien des égards ◆ **in more** ~**s than one** à plus d'un titre ◆ **can I help you in any** ~**?** puis-je vous aider en quoi que ce soit ?, puis-je faire quelque chose pour vous aider ? ◆ **does that in any** ~ **explain it?** est-ce là une explication satisfaisante ? ◆ **he's in no** ~ *or* **not in any** ~ **to blame** ce n'est vraiment pas de sa faute ◆ **not in any** ~**!** pas le moins du monde ! ◆ **I offended her, without in any** ~ **intending to do so** je l'ai vexée tout à fait involontairement ◆ **he's right in a** *or* **one** ~ il a raison dans un certain sens ◆ **she's good/bad/clever** *etc* **that** ~ * elle est bonne/mauvaise/douée *etc* pour ce genre de choses

♦ **by way of, in the way of** *(= as regards)* ◆ **what is there by** ~ *or* **in the** ~ **of kitchen utensils ?** qu'est-ce qu'il y a comme ustensiles de cuisine ?

♦ **by the way** → **by**

**o** [= desire] ◆ **to get one's own** ~ n'en faire qu'à sa tête ◆ **to want one's own** ~ vouloir imposer sa volonté ◆ **I won't let him have things all his own** ~ je ne vais pas le laisser faire tout ce qu'il veut ◆ **Arsenal had it all their own** ~ **in the second half** * Arsenal a complètement dominé la deuxième mi-temps ◆ **to have** *or* **get one's wicked** *or* **evil** ~ **with sb** *(hum = seduce)* parvenir à ses fins avec qn

**p** [= possibility] ◆ **there are no two** ~**s about it** il n'y a pas à tortiller * ◆ **each** ~ *(Racing)* gagnant ou placé ◆ **you can't have it both** *or* **all** ~**s** il faut choisir

**q** [Naut] **to gather/lose** ~ *(= speed)* prendre/perdre de la vitesse

2 - ADVERB

**a** [= far] ◆ ~ **over there** là bas, au loin ◆ ~ **down below** tout en bas ◆ ~ **up in the sky** très haut dans le ciel ◆ ~ **out to sea** loin au large ◆ **you're** ~ **out** * **in your calculations** tu t'es trompé de beaucoup dans tes calculs

**b** [* = very much] très ◆ **I had to plan** ~ **in advance** j'ai dû m'y prendre très longtemps à l'avance ◆ **it's** ~ **too big** c'est beaucoup trop grand ◆ ~ **above average** bien au-dessus de la moyenne ◆ **it's** ~ **past your bedtime** ça fait longtemps que tu devrais être au lit

3 - COMPOUNDS

▷ **way of life** N mode *m* de vie ◆ **the French** ~ **of life** le mode de vie des Français, la vie française ◆ **such shortages are a** ~ **of life** *(fig)* de telles pénuries sont monnaie courante *or* font partie de la vie de tous les jours ▷ **the Way of the Cross** N *(Rel)* le chemin de la Croix ▷ **way-out** * ADJ excentrique ◆ ~**-out!** super ! *, formidable ! ▷ **way port** N port *m* intermédiaire ▷ **ways and means** NPL moyens *mpl* (*of doing sth* de faire qch) ▷ **Ways and Means Committee** N *(US Pol)* *commission des finances de la Chambre des représentants (examinant les recettes)* ▷ **way station** N *(US Rail)* petite gare *f* ; *(fig = stage)* étape *f* ▷ **way train** N *(US)* omnibus *m*

**waybill** /ˈweɪbɪl/ N *(Comm)* récépissé *m*

**wayfarer** /ˈweɪˌfɛərəʳ/ N voyageur *m*, -euse *f*

**wayfaring** /ˈweɪˌfɛərɪŋ/ N voyages *mpl*

**waylay** /weɪˈleɪ/ (pret, ptp **waylaid**) VT **a** *(= attack)* attaquer, assaillir **b** *(= speak to)* arrêter au passage

**wayside** /ˈweɪsaɪd/ **1** N bord *m or* côté *m* de la route ◆ **along the** ~ le long de la route ◆ **by the** ~ au bord de la route ◆ **to fall by the** ~ *(liter = err, sin)* quitter le droit chemin ◆ **to fall** *or* **go by the** ~ *(fig) [competitor, contestant] (= drop out)* abandonner ; *(= be eliminated)* être éliminé ; *[project, plan]* tomber à l'eau ; *[marriage]* se solder par un échec ; *[company]* connaître l'échec ◆ **it went by the** ~ on a dû laisser tomber * ◆ **his diet soon fell** *or* **went by the** ~ il a vite oublié son régime ◆ **two actors fell by the** ~ **during the making of the film** *(= gave up)* deux acteurs ont abandonné pendant le tournage du film ; *(= were sacked)* deux acteurs ont été renvoyés pendant le tournage du film ◆ **a lot of business opportunities are going by the** ~ on perd de nombreuses occasions de faire des affaires

COMP *[plant, café]* au bord de la route

**wayward** /ˈweɪwəd/ ADJ **a** *(= wilful) [person]* indiscipliné ; *[horse, behaviour]* rétif ; *(= capricious)* capricieux ; *(= unfaithful)* ◆ **her** ~ **husband** son mari volage **b** *(gen hum = unmanageable) [hair]* rebelle ; *[satellite, missile]* incontrôlable

**waywardness** /ˈweɪwədnɪs/ N *(NonC)* *(= stubbornness)* entêtement *m* ; *(= capriciousness)* inconstance *f*

**WBA** /ˈdʌbljuːbiːˈeɪ/ N (abbrev of **World Boxing Association**) WBA *f*

**WC** /ˈdʌbljʊˈsiː/ N (abbrev of **water closet**) W.-C. *or* WC *mpl*

**we** /wiː/ PERS PRON *(pl: unstressed, stressed)* nous ◆ ~ **went to the cinema** nous sommes allés *or* on est allé au cinéma ◆ **as** ~ **say in England** comme on dit (chez nous) en Angleterre

♦ ~ **all make mistakes** tout le monde peut se tromper ♦ ~ **French** nous autres Français ♦ ~ **teachers understand that ...** nous autres professeurs, nous comprenons que ... ♦ ~ **three have already discussed it** nous en avons déjà discuté tous les trois ♦ **"we agree" said the king** "nous sommes d'accord" dit le roi ; → **royal**

**w/e** (abbrev of **week ending**) ~ **28 Oct** semaine terminant le 28 octobre

**WEA** /ˈdʌbljuːiːˈeɪ/ N *(in Brit)* (abbrev of **Workers' Educational Association**) *association d'éducation populaire*

**weak** /wiːk/ ADJ a *(= debilitated) (gen)* faible ; *[immune system]* affaibli ♦ **to grow ~(er)** *[person]* s'affaiblir, devenir plus faible ; *[structure, material]* faiblir ; *[voice]* faiblir, devenir plus faible ♦ **to have a ~ heart** être cardiaque, avoir le cœur fragile ♦ **to have ~ lungs** *or* **a ~ chest** avoir les poumons fragiles ♦ **to have a ~ stomach** *or* **digestion** *(lit)* avoir l'estomac fragile ♦ **to have a ~ stomach** *(fig)* être impressionnable ♦ **to have ~ eyesight** avoir la vue faible, avoir une mauvaise vue ♦ **to have a ~ chin/mouth** avoir le menton fuyant/la bouche veule ♦ ~ **from** *or* **with hunger** affaibli par la faim ♦ **he was ~ from** *or* **with fright** la peur lui coupait les jambes ♦ **to feel ~ with desire** se sentir défaillir sous l'effet du désir ♦ **to feel ~ with relief** trembler rétrospectivement ♦ **his knees felt ~, he went ~ at the knees** *(from fright)* ses genoux se dérobaient sous lui ; *(from fatigue, illness etc)* il avait les jambes molles *or* comme du coton * ♦ **he went ~ at the knees at the sight of her** *(hum)* il s'est senti défaillir quand il l'a vue ♦ **to be ~ in the head** * être débile * ♦ ~ **point** *or* **spot** point *m* faible ♦ **the ~ link in the chain** le point faible ; → **constitution, sex, wall**

b *(= poor, unconvincing) [essay, script, plot, novel, excuse, argument, evidence]* faible ; *[actor, acting]* médiocre ♦ **to give a ~ performance** *[actor, dancer, athlete]* faire une prestation médiocre ; *[currency]* mal se comporter ; *[company]* avoir de mauvais résultats ♦ **the economy has begun a ~ recovery** l'économie connaît une faible reprise ♦ **to give a ~ smile** avoir un faible sourire ♦ **he is ~ in maths** il est faible en maths ♦ **French is one of his ~er subjects** le français est une de ses matières faibles, le français n'est pas son fort *

c *(= not powerful) [army, country, team, government, political party, economy, currency, demand]* faible ♦ **the government is in a very ~ position** le gouvernement est dans une très mauvaise position *or* n'est pas du tout en position de force ♦ **to grow ~(er)** *[influence, power]* baisser, diminuer ; *[economy]* s'affaiblir ; *[currency, demand]* faiblir, s'affaiblir

d *[coffee, tea]* léger ; *[solution, mixture, drug, lens, spectacles, magnet]* faible ; *(Elec) [current]* faible

NPL **the weak** les faibles *mpl*

COMP ▷ **weak-kneed** * ADJ *(fig)* lâche, faible ▷ **weak-minded** ADJ *(= simple-minded)* faible *or* simple d'esprit ; *(= indecisive)* irrésolu ▷ **weak verb** N *(Gram)* verbe *m* faible ▷ **weak-willed** ADJ faible, velléitaire

**weaken** /ˈwiːkən/ VI *[person] (in health)* s'affaiblir ; *(in resolution)* faiblir, flancher * ; *(= relent)* se laisser fléchir ; *[structure, material]* faiblir, commencer à fléchir ; *[voice]* faiblir, baisser ; *[influence, power]* baisser, diminuer ; *[country, team]* faiblir ; *(St Ex) [prices]* fléchir ♦ **the price of tin has ~ed further** *(St Ex)* le cours de l'étain a de nouveau faibli *or* a accentué son repli VT *[+ person] (physically)* affaiblir, miner ; *(morally, politically)* affaiblir ; *[+ join, structure, material]* abîmer ; *[+ heart, muscles, eyesight]* affaiblir ; *[+ country, team, government]* affaiblir, rendre vulnérable ; *[+ defence, argument, evidence]* affaiblir, enlever du poids *or* de la force à ; *[+ coffee, solution, mixture]* couper, diluer ; *(Econ) [+ the pound, dollar]* affaiblir, faire baisser

**weakening** /ˈwiːkənɪŋ/ N *[of health, resolution]* affaiblissement *m* ; *[of structure, material]* fléchissement *m*, fatigue *f* ADJ *[effect]* affaiblissant, débilitant ; *[disease, illness]* débilitant, qui mine

**weakling** /ˈwiːklɪŋ/ N *(physically)* gringalet *m*, mauviette *f* ; *(morally etc)* faible *mf*, poule *f* mouillée

**weakly** /ˈwiːklɪ/ ADV a *(= feebly) [move, smile, speak]* faiblement ♦ **his heart was beating ~** son cœur battait faiblement b *(= irresolutely) [say, protest]* mollement ADJ *[person]* chétif

**weakness** /ˈwiːknɪs/ N a *(NonC: lit, fig = lack of strength) [of person, argument, signal, currency]* faiblesse *f* ; *[of industry, economy, regime]* fragilité *f* ♦ **to negotiate from a position of ~** *(fig)* négocier dans une position d'infériorité b *(= weak point) [of person, system, argument]* point *m* faible c *(NonC: pej, Psych) [of person, character]* faiblesse *f* ♦ **a sign of ~** un signe de faiblesse d *(= defect) [of structure, material]* défaut *m* e *(NonC = fragility) [of structure, material]* défauts *mpl* f *(= penchant) [of person]* faible *m* (*for sth* pour qch) ♦ **a ~ for sweet things** un faible pour les sucreries

**weal**[1] /wiːl/ N *(esp Brit: on skin)* zébrure *f*

**weal**[2] †† /wiːl/ N bien *m*, bonheur *m* ♦ **the common ~** le bien public ♦ ~ **and woe** le bonheur et le malheur

**weald** †† /wiːld/ N *(= wooded country)* pays *m* boisé ; *(= open country)* pays *m* découvert

**wealth** /welθ/ N a *(NonC) (= fact of being rich)* richesse *f* ; *(= money, possessions, resources)* richesses *fpl*, fortune *f* ; *(= natural resources etc)* richesse(s) *f(pl)* ♦ **a man of great ~** un homme très riche ♦ **the ~ of the oceans** les richesses *fpl* *or* les riches ressources *fpl* des océans ♦ **the mineral ~ of a country** les richesses *fpl* minières d'un pays b *(fig = abundance)* ♦ **a ~ of ideas** une profusion *or* une abondance d'idées ♦ **a ~ of experience/talent** énormément d'expérience/de talent ♦ **a ~ of information** *or* **detail about sth** une mine de renseignements sur qch ♦ **the lake is home to a ~ of species** ce lac abrite une faune et une flore très riches COMP ▷ **wealth tax** N *(Brit)* impôt *m* sur la fortune

**wealthy** /ˈwelθɪ/ ADJ *[person, family]* fortuné ; *[country]* riche NPL **the wealthy** les riches *mpl*

**wean** /wiːn/ VT sevrer ♦ **to ~ a baby (onto solids)** sevrer un bébé ♦ **to ~ sb off cigarettes/alcohol** aider qn à arrêter de fumer/de boire ♦ **to ~ o.s. off cigarettes/chocolate/alcohol** apprendre à se passer de cigarettes/de chocolat/d'alcool ♦ **I ~ed her off the idea of going to Greece** je l'ai dissuadée de partir en Grèce ♦ **I'm trying to ~ her onto more adult novels** j'essaie de lui faire lire des romans plus adultes ♦ **to be ~ed on sth** *(fig)* être nourri de qch *(fig)* N /weɪn/ *(Scot = baby, young child)* petit(e) *m(f)*

**weaning** /ˈwiːnɪŋ/ N *(lit, fig) [of baby, addict]* sevrage *m*

**weapon** /ˈwepən/ N *(lit, fig)* arme *f* ♦ ~ **of offence/defence** arme *f* offensive/défensive COMP ▷ **weapons-grade** ADJ pour la fabrication d'armes → **weapons of mass destruction NPL** armes *fpl* de destruction massive

**weaponry** /ˈwepənrɪ/ N *(NonC: collective, gen = arms)* armes *fpl* ; *(Mil)* matériel *m* de guerre, armements *mpl*

**wear** /weəʳ/ (vb : pret **wore**, ptp **worn**) N *(NonC)* a *(= clothes collectively)* vêtements *mpl* ♦ **children's/summer/ski ~** vêtements *mpl* pour enfants/d'été/de ski ♦ **the shop stocks an extensive range of beach ~** la boutique propose un grand choix de vêtements de plage ♦ **bring casual ~** apportez des vêtements décontractés ; → **footwear, sportswear**

b *(= act of wearing)* ♦ **clothes for everyday ~** vêtements *mpl* pour tous les jours ♦ **it's suitable for everyday ~** on peut le porter tous les jours ♦ **clothes for evening ~** tenue *f* de soirée ♦ **for evening ~, dress the outfit up with jewellery** pour le soir, agrémentez cette tenue de bijoux ♦ **clothes for informal** *or* **casual ~** des vêtements *mpl* décontractés

c *(= use)* usage *m* ; *(= deterioration through use)* usure *f* ♦ **this material will stand up to a lot of ~** ce tissu résistera bien à l'usure ♦ **this carpet has seen** *or* **had some hard ~** ce tapis a beaucoup servi ♦ **there is still some ~ left in it** *(garment, shoe)* c'est encore mettable ; *(carpet, tyre)* cela fera encore de l'usage ♦ **he got four years' ~ out of it** cela lui a fait *or* duré quatre ans ♦ **you'll get more ~ out of a hat if you choose one in a neutral colour** vous porterez plus facilement un chapeau si vous choisissez une couleur neutre ♦ **it has had a lot of ~ and tear** c'est très usagé, cela a été beaucoup porté *or* utilisé ♦ **fair** *or* **normal ~ and tear** usure *f* normale ♦ **the ~ and tear on the engine** l'usure du moteur ♦ **to show signs of ~** *[clothes, shoes]* commencer à être défraîchi *or* fatigué ; *[carpet]* commencer à être usé ; *[tyres, machine]* commencer à être fatigué *or* usagé ♦ ~ **resistant** *(US)* inusable ; → **worse**

VT a *[+ garment, flower, sword, watch, spectacles, disguise]* porter ; *[+ beard, moustache]* porter, avoir ; *[+ bandage, plaster, tampon, sanitary towel]* avoir ♦ **he was ~ing a hat** il avait *or* il portait un chapeau ♦ **the man ~ing a hat** l'homme au chapeau ♦ **I never ~ a hat** je ne mets *or* porte jamais de chapeau ♦ **people rarely ~ hats now** les chapeaux ne se portent plus guère aujourd'hui ♦ **he was ~ing nothing but a bath towel** il n'avait qu'une serviette de bain sur lui ♦ **he was ~ing nothing but a pair of socks** il n'avait pour tout vêtement qu'une paire de chaussettes ♦ **what shall I ~?** qu'est-ce que je vais mettre ? ♦ **I've nothing to ~, I haven't got a thing to ~** * je n'ai rien à me mettre ♦ **she had nothing to ~ to a formal dinner** elle n'avait rien à se mettre pour un dîner habillé ♦ **I haven't worn it for ages** cela fait des siècles que je ne l'ai pas mis *or* porté ♦ **they don't ~ (a) uniform at her school** on ne porte pas d'uniforme dans son école ♦ **cyclists should always ~ a helmet** les cyclistes devraient toujours porter *or* mettre un casque ♦ **she was ~ing blue** elle était en bleu ♦ **what the well-dressed woman is ~ing this year** ce que la femme élégante porte cette année ♦ **he ~s good clothes** il s'habille bien ♦ **she was ~ing a bandage on her arm** elle avait le bras bandé ♦ **she ~s her hair long** elle a les cheveux longs ♦ **she ~s her hair in a bun** elle porte un chignon ♦ **she usually ~s her hair up** *(in ponytail, plaits etc)* elle s'attache généralement les cheveux ; *(in a bun)* elle relève généralement ses cheveux en chignon ♦ **to ~ lipstick/moisturizer** *etc* (se) mettre du rouge à lèvres/de la crème hydratante *etc* ♦ **to ~ perfume** se parfumer, (se) mettre du parfum ♦ **she was ~ing perfume** elle s'était parfumée, elle s'était mis du parfum ♦ **she was ~ing make-up** elle (s')était maquillée ♦ **she's the one who ~s the trousers** *or (esp US)* **the pants** c'est elle qui porte la culotte * *or* qui commande

b *(fig) [+ smile]* arborer ; *[+ look]* avoir, afficher ♦ **she wore a frown** elle fronçait les sourcils ◆ **he wore a look** *or* **an air of satisfaction, he wore a satisfied look on his face** son visage exprimait la satisfaction, il affichait *or* avait un air de satisfaction ◆ **she ~s her age** *or* **her years well** elle porte bien son âge, elle est encore bien pour son âge

c *(= rub etc) [+ clothes, fabric, stone, wood]* user ; *[+ groove, path]* creuser peu à peu ◆ **to ~ a hole in sth** trouer *or* percer peu à peu qch, faire peu à peu un trou dans *or* à qch ◆ **the rug was worn (thin)** le tapis était usé jusqu'à la corde ◆ **worn with care** usé *or* rongé par les soucis ; see also **worn ;** → **frazzle, work**

d *(Brit * = tolerate, accept)* tolérer ◆ **he won't ~ that** il n'acceptera jamais (ça), il ne marchera pas * ◆ **the committee won't ~ another £100 on your expenses** vous ne ferez jamais avaler au comité 100 livres de plus pour vos frais *

**VI** a *(= deteriorate with use) [garment, fabric, stone, wood]* s'user ◆ **these trousers have worn at the knees** ce pantalon est usé aux genoux ◆ **the rock has worn smooth** la roche a été polie par le temps ◆ **the material has worn thin** le tissu est râpé ◆ **the rug has worn thin** *or* **threadbare** le tapis est usé jusqu'à la corde *or* complètement râpé ◆ **that excuse has worn thin!** *(fig)* cette excuse ne prend plus ! ◆ **my patience is ~ing thin** je suis presque à bout de patience ◆ **their optimism is starting to ~ thin** ils commencent à perdre leur optimisme ◆ **that joke is starting to ~ a bit thin!** cette plaisanterie commence à être éculée !, cette plaisanterie n'est plus vraiment drôle !

b *(= last) [clothes, carpet, tyres etc]* faire de l'usage, résister à l'usure ◆ **that dress/carpet has worn well** cette robe/ce tapis a bien résisté à l'usure *or* a fait beaucoup d'usage ◆ **a theory/friendship that has worn well** une théorie/amitié qui a résisté à l'épreuve du temps ◆ **she has worn well** * elle est bien conservée

c ◆ **to ~ to its end** *or* **to a close** *[day, year, sb's life]* tirer à sa fin

► **wear away** **VI** *[wood, metal]* s'user ; *[cliffs, rock etc]* être rongé *or* dégradé ; *[inscription, design]* s'effacer

**VT SEP** *[+ wood, metal]* user ; *[+ cliffs, rock]* ronger, dégrader ; *[+ inscription, design]* effacer

► **wear down** **VI** *[heels, pencil etc]* s'user ; *[resistance, courage]* s'épuiser

**VT SEP** *[+ materials]* user ; *[+ patience, strength]* user, épuiser ; *[+ courage, resistance]* miner ◆ **the hard work was ~ing him down** le travail l'usait *or* le minait ◆ **constantly being criticized ~s you down** ça (vous) mine d'être constamment critiqué ◆ **I had worn myself down by overwork** je m'étais usé *or* épuisé en travaillant trop ◆ **the unions managed to ~ the employers down and get their demands met** les syndicats ont réussi à faire céder les employeurs et à obtenir ce qu'ils demandaient

► **wear off** **VI** *[colour, design, inscription]* s'effacer, disparaître ; *[pain]* disparaître, passer ; *[anger, excitement]* s'apaiser, passer ; *[effects]* se dissiper, disparaître ; *[anaesthetic, magic]* se dissiper ◆ **the novelty has worn off** cela n'a plus l'attrait de la nouveauté

**VT SEP** effacer par l'usure, faire disparaître

► **wear on** **VI** *[day, year, winter etc]* avancer ; *[battle, war, discussions etc]* se poursuivre ◆ **as the years wore on** à mesure que les années passaient, avec le temps

► **wear out** **VI** *[clothes, material, machinery]* s'user ; *[patience, enthusiasm]* s'épuiser

**VT SEP** a *[+ shoes, clothes]* user ; *[+ one's strength, reserves, materials, patience]* épuiser

b *(= exhaust) [+ person, horse]* épuiser ◆ **to ~ one's eyes out** s'user les yeux *or* la vue ◆ **to ~ o.s. out** s'épuiser, s'exténuer *(doing sth* à faire qch*)* ◆ **to be worn out** être exténué *or* éreinté

**ADJ** ◆ **worn-out** → **worn**

► **wear through** **VT SEP** trouer, percer

**VI** se trouer *(par usure)*

**wearable** /ˈwɛərəbl/ **ADJ** *[clothes]* mettable, portable ; *[shoes]* mettable ; *[colour]* facile à porter

**wearer** /ˈwɛərəʳ/ **N** porteur *m*, -euse *f* ◆ **denture/spectacle/contact lens ~s** les porteurs *mpl* de dentier/de lunettes/de lentilles ◆ **he's not really a tie ~** ce n'est pas vraiment son style de porter la cravate ◆ **this device can improve the ~'s hearing considerably** cet appareil peut considérablement améliorer l'audition (de l'utilisateur) ◆ **special suits designed to protect the ~ from the cold** des combinaisons spéciales conçues pour protéger (l'utilisateur) du froid ◆ **direct from maker to ~** directement du fabricant au client

**wearied** /ˈwɪərɪd/ **ADJ** *[person, animal, smile, look]* las (lasse *f*) ; *[sigh]* de lassitude ◆ **~ by sth** las de qch

**wearily** /ˈwɪərɪlɪ/ **ADV** *[say, smile, look at, nod]* d'un air las, avec lassitude ; *[sigh, think, move]* avec lassitude

**weariness** /ˈwɪərɪnɪs/ **N** *(NonC, physical)* lassitude *f*, fatigue *f* ; *(mental)* lassitude *f* *(with sth* à l'égard de qch*)*, abattement *m* ; → **war, world**

**wearing** /ˈwɛərɪŋ/ **ADJ** *[person, job]* fatigant, lassant ◆ **it's ~ on one's nerves** ça met les nerfs à rude épreuve

**wearisome** /ˈwɪərɪsəm/ **ADJ** *(frm) (= tiring)* lassant, fatigant ; *(= boring)* ennuyeux, lassant, fastidieux ; *(= frustrating)* frustrant

**weary** /ˈwɪərɪ/ **ADJ** a *(= tired)* las (lasse *f*) ◆ **to be ~ of (doing) sth** être las de (faire) qch ◆ **~ of life** las de vivre ◆ **~ with walking** las d'avoir marché ◆ **to grow ~** *[person, animal]* se lasser ; *[eyes]* devenir las ◆ **to grow ~ of (doing) sth** se lasser de (faire) qch ; → **world** b *(liter) [months, miles, wait]* épuisant ◆ **I made my ~ way back home** je suis rentré, épuisé **VI** se lasser *(of sth* de qch ; *of doing sth* de faire qch*)* **VT** *(= tire)* fatiguer, lasser ; *(= try patience of)* lasser, agacer, ennuyer *(with* à force de*)* see also **wearied**

**weasel** /ˈwiːzl/ **N** (pl **weasel** *or* **weasels**) belette *f* ; *(fig pej = person)* fouine *f* *(fig pej)* **VI** *(US *:* also **weasel-word**) *(speaking)* s'exprimer de façon ambiguë *or* équivoque ◆ **to ~ out of sth** *(= extricate o.s.)* se sortir *or* se tirer de qch en misant sur l'ambiguïté ; *(= avoid it)* éviter qch en misant sur l'ambiguïté

**COMP** ▷ **weasel words** **NPL** *(fig)* paroles *fpl* ambiguës *or* équivoques

**weather** /ˈweðəʳ/ **N** temps *m* ◆ **what's the ~ like?** quel temps fait-il ? ◆ **it's fine/bad ~** il fait beau/mauvais, le temps est beau/mauvais ◆ **summer ~** temps *m* d'été *or* estival ◆ **in this ~** par ce temps, par un temps comme ça ◆ **in hot/cold/wet/stormy ~** par temps chaud/froid/humide/orageux ◆ **in good ~** par beau temps ◆ **in all ~s** par tous les temps ◆ **to be under the ~** * être mal fichu *, ne pas être dans son assiette ; → **heavy, wet**

**VT** a *(= survive) [+ tempest, hurricane]* essuyer ; *(fig) [+ crisis]* survivre à, réchapper à ◆ **to ~ a storm** *(lit)* essuyer une tempête ; *(fig)* tenir le coup ◆ **can the company ~ the recession?** l'entreprise peut-elle survivre à *or* surmonter la récession ?

b *(= expose to weather) [+ wood etc]* faire mûrir ◆ **~ed rocks** rochers *mpl* exposés aux intempéries ◆ **rocks ~ed by rain and wind** rochers *mpl* érodés par la pluie et par le vent

**VI** *[wood]* mûrir ; *[rocks]* s'éroder

**COMP** *[knowledge, map, prospects]* météorologique ; *[conditions, variations]* atmosphérique ; *(Naut) [side, sheet]* du vent ▷ **weather-beaten** **ADJ** *[person, face]* hâlé, tanné ; *[building]* dégradé par les intempéries ; *[stone]* érodé *or* usé par les intempéries ▷ **weather-bound** **ADJ** immobilisé *or* retenu par le mauvais temps ▷ **Weather Bureau** **N** *(US)* ⇒ **Weather Centre** ▷ **Weather Centre** **N** *(Brit)* Office *m* national de la météorologie ▷ **weather chart** **N** carte *f* du temps, carte *f* météorologique ▷ **weather check** **N** (bref) bulletin *m* météo *inv* ▷ **weather cock** **N** girouette *f* ▷ **weather eye** **N** *(fig)* ◆ **to keep a ~ eye on sth** surveiller qch ◆ **to keep one's ~ eye open** veiller au grain *(fig)* ▷ **weather forecast** **N** prévisions *fpl* météorologiques, météo * *f* *NonC* ▷ **weather forecaster** **N** météorologue *mf*, météorologiste *mf* ▷ **weather girl** * **N** présentatrice *f* météo *inv* ▷ **weather report** **N** bulletin *m* météo(rologique), météo * *f NonC* ▷ **weather ship** **N** navire *m* météo *inv* ▷ **weather station** **N** station *f* *or* observatoire *m* météorologique ▷ **weather strip** **N** bourrelet *m* *(pour porte etc)* ▷ **weather vane** **N** ⇒ **weather cock** ▷ **weather-worn** **ADJ** ⇒ **weather-beaten**

**weatherboard(ing)** /ˈweðəbɔːd(ɪŋ)/ **N** *(NonC)* planches *fpl* à recouvrement

**weatherman** * /ˈweðəmæn/ **N** (pl **-men**) météorologue *m* ; *(on TV)* présentateur *m* météo *inv*

**weatherproof** /ˈweðəpruːf/ **ADJ** *[clothing]* imperméable ; *[house]* étanche **VT** *[+ clothing]* imperméabiliser ; *[+ house]* rendre étanche

**weatherwoman** * /ˈweðəwʊmən/ **N** (pl **-women**) météorologue *f* ; *(on TV)* présentatrice *f* météo *inv*

**weave** /wiːv/ (vb : pret **wove**, ptp **woven**) **N** tissage *m* ◆ **loose/tight ~** tissage *m* lâche/serré ◆ **a cloth of English ~** du drap tissé en Angleterre

**VT** *[+ threads, cloth, web]* tisser ; *[+ strands]* entrelacer ; *[+ basket, garland, daisies]* tresser ; *(fig) [+ plot]* tramer, tisser ; *[+ story]* inventer, bâtir ◆ **to ~ flowers into one's hair** entrelacer des fleurs dans ses cheveux ◆ **to ~ details into a story** introduire *or* incorporer des détails dans une histoire

◆ **to weave one's way** ◆ **to ~ one's way through the crowd** se faufiler à travers la foule ◆ **the drunk ~d his way across the room** l'ivrogne a titubé *or* zigzagué à travers la pièce ◆ **the car was weaving its way in and out through the traffic** la voiture se faufilait *or* se glissait à travers la circulation

**VI** a *(Tex etc)* tisser

b (pret, ptp gen **weaved**) *(also* **weave one's** *or* **its way***)* *[road, river, line]* serpenter ◆ **to ~ through the crowd** se faufiler à travers la foule ◆ **the drunk ~d across the room** l'ivrogne a titubé *or* zigzagué à travers la pièce ◆ **the car was weaving in and out through the traffic** la voiture se faufilait *or* se glissait à travers la circulation ◆ **the boxer was weaving in and out skilfully** le boxeur esquivait les coups adroitement ◆ **to ~ in and out of the trees** zigzaguer entre les arbres ◆ **let's get weaving!** † * allons, remuons-nous !

**weaver** /ˈwiːvəʳ/ **N** *(= person)* tisserand(e) *m(f)* ; *(also* **weaver bird***)* tisserin *m*

**weaving** /ˈwiːvɪŋ/ **N** *(NonC) [of threads, cloth, web]* tissage *m* ; *[of basket, garland, daisies]* tressage *m* ; *[of strands]* entrelacement *m* ; *[of plot]* élaboration *f* **COMP** ▷ **weaving mill** **N** (atelier *m* de) tissage *m*

**web** /web/ **N** a *(= fabric)* tissu *m* ; *[of spider]* toile *f* ; *(between toes etc) [of animals etc]* palmure *f*; *[of humans]* palmature *f* **b** *(fig) [of lies etc]* tissu *m* ◆ **a tangled ~** un sac de nœuds ◆ **to untangle the complex ~ of** démêler l'écheveau de **c** *(Internet)* ◆ **the (World Wide) Web** le Web, la Toile **COMP** ▷ **web browser** N navigateur *m* ▷ **web(bed) feet** NPL ◆ **to have ~(bed) feet** être palmipède, avoir les pieds palmés ▷ **web page** N page *f* Web ▷ **web ring** N webring *m* ▷ **web surfer** N internaute *mf*

**webbing** /ˈwebɪŋ/ N *(NonC)* **a** *(= fabric)* toile *f*; *(on chair) (also Mil)* sangles *fpl* **b** *(on bird's, animal's foot)* palmure *f*; *(on human foot)* palmature *f*

**webcam** /ˈwebkæm/ N webcam *f*

**webcast** /ˈwebkɑːst/ **N** émission *f* diffusée sur le Web *or* la Toile **VT** diffuser sur le Web *or* la Toile **VI** diffuser des émissions sur le Web *or* la Toile

**weblog** /ˈweblɒg/ N *(Comput)* weblog *m*, weblogue *m*

**webmail** /ˈwebmeɪl/ N webmail *m (portail permettant l'accès à un compte de messagerie électronique avec un navigateur)*

**webmaster** /ˈwebmɑːstəʳ/ N webmaster *m*

**website** /ˈwebsaɪt/ N *(Comput)* site *m* Web *or* Internet

**webspace** /ˈwebspeɪs/ N espace *m* sur le Web

**webzine** /ˈwebziːn/ N webzine *m*

**we'd** /wiːd/ ⇒ **we had, we should, we would**; → **have, should, would**

**wed** /wed/ (pret **wedded**, ptp **wedded, wed**) **VT** **a** *(= marry)* épouser, se marier avec; *[priest]* marier ◆ **to be ~, to get ~** se marier **b** *(fig)* → **wedded** **VI** † se marier

**Wed.** abbrev of **Wednesday**

**wedded** /ˈwedɪd/ ADJ **a** *(frm = married) [person, couple]* marié; *[life]* conjugal ◆ **~ bliss** bonheur *m* conjugal ◆ **his (lawful** *or* **lawfully) ~ wife** sa légitime épouse ◆ **do you take this woman to be your lawful(ly) ~ wife?** voulez-vous prendre cette femme pour épouse? **b** *(= committed)* ◆ **to be ~ to sth** *[+ idea]* être profondément attaché à qch; *[+ cause]* être entièrement dévoué à qch ◆ **he is ~ to his work** il est marié avec son travail, il ne vit que pour son travail **c** *(= allied)* ◆ **to be ~ to sth** être allié à qch ◆ **he advocates change ~ to caution** il prône le changement allié à la prudence ◆ **his cunning, ~ to ambition, led to ...** sa ruse, alliée à l'ambition, a conduit à ...

**wedding** /ˈwedɪŋ/ **N** *(= ceremony)* mariage *m*, noces *fpl* ◆ **silver/golden ~** noces *fpl* d'argent/d'or ◆ **they had a quiet ~** ils se sont mariés dans l'intimité, le mariage a été célébré dans l'intimité ◆ **they had a church ~** ils se sont mariés à l'église; → **civil**

**COMP** *[cake, night]* de noces; *[present]* de mariage, de noces; *[invitation]* de mariage; *[ceremony, march]* nuptial ▷ **wedding anniversary** N anniversaire *m* de mariage ▷ **wedding band** N ⇒ **wedding ring** ▷ **wedding breakfast** N *(Brit)* lunch *m* de mariage; *(less elegant)* repas *m* de noces ▷ **wedding day** N ◆ **her/my/their ~ day** le jour de son/mon/leur mariage ▷ **wedding dress, wedding gown** N robe *f* de mariée ▷ **wedding guest** N invité(e) *m(f) (à un mariage)* ▷ **wedding reception** N réception *f* de mariage ▷ **wedding ring** N alliance *f*, anneau *m* de mariage ▷ **wedding vows** NPL vœux *mpl* de mariage

**wedeln** /ˈveɪdəln/ *(Ski)* **VI** godiller **N** godille *f*

**wedge** /wedʒ/ **N** **a** *(for holding sth steady: under wheel etc, also Golf)* cale *f*; *(for splitting wood, rock)* coin *m* ◆ **that drove a ~ between them** cela a creusé un fossé entre eux; → **thin** **b** *(= piece) [of cake, cheese, pie etc]* (grosse) part *f*, (gros) morceau *m* **c** *(Ski)* chasse-neige *m*; *(Climbing)* coin *m* de bois

**NPL** **wedges** *(= wedge-heeled shoes)* chaussures *fpl* à semelles compensées

**VT** *(= fix) [+ table, wheels]* caler; *(= stick, push)* enfoncer *(into* dans; *between* entre) ◆ **to ~ a door open/shut** maintenir une porte ouverte/fermée à l'aide d'une cale ◆ **the door was ~d** on avait mis une cale à la porte ◆ **he ~d the table leg to hold it steady** il a calé le pied de la table (pour la stabiliser) ◆ **to ~ a stick into a crack** enfoncer un bâton dans une fente ◆ **I can't move this, it's ~d** je n'arrive pas à le faire bouger, c'est coincé ◆ **she was sitting on the bench, ~d between her mother and her aunt** elle était assise sur le banc, coincée entre sa mère et sa tante

**COMP** ▷ **wedge-heeled** ADJ à semelles compensées ▷ **wedge-shaped** ADJ en forme de coin ▷ **wedge-soled** ADJ ⇒ **wedge-heeled**

▸ **wedge in** **VI** *[person]* se glisser

**VT SEP** *(into case, box etc) [+ object]* faire rentrer, enfoncer; *(into car, onto seat etc) [+ person]* faire rentrer; *[+ several people]* entasser ◆ **to be ~d in** être coincé

**wedlock** /ˈwedlɒk/ N *(NonC)* mariage *m* ◆ **to be born in ~** être un enfant légitime ◆ **to be born out of ~** être né hors des liens du mariage

**Wednesday** /ˈwenzdeɪ/ N mercredi *m*; → **ash[2]**; *for other phrases see* **Saturday**

**Weds.** abbrev of **Wednesday**

**wee[1]** /wiː/ ADJ **a** *(esp Scot or *)* petit ◆ **when I was a ~ boy** quand j'étais petit ◆ **a ~ bit** un tout petit peu **b** ◆ **the ~ small hours (of the morning)** les premières heures du matin *(de 1 à 4 h du matin)*

**wee[2]** * /wiː/ *(baby talk)* **N** pipi * *m* ◆ **to have a ~** faire pipi * ◆ **to want a ~** * avoir envie de faire pipi * **VI** faire pipi *

**weed** /wiːd/ **N** **a** mauvaise herbe *f*; *(* pej = person)* mauviette *f*; *(‡ = marijuana)* herbe * *f* ◆ **the ~** * *(hum)* le tabac **b** ◆ **(widow's) ~s** vêtements *mpl* de deuil ◆ **in widow's ~s** en deuil **VT** désherber; *(= hoe)* sarcler **COMP** ▷ **weed-killer** N désherbant *m*, herbicide *m*

▸ **weed out** VT SEP *[+ plant]* enlever, arracher; *(fig) [+ weak candidates]* éliminer *(from* de); *[+ troublemakers]* expulser *(from* de); *[+ old clothes, books]* trier et jeter

**weedhead** ‡ /ˈwiːdhed/ N *(Drugs)* consommateur *m*, -trice *f* de marijuana

**weeding** /ˈwiːdɪŋ/ N *(NonC)* désherbage *m*; *(with hoe)* sarclage *m* ◆ **I've done some ~** j'ai un peu désherbé

**weedy** /ˈwiːdɪ/ ADJ **a** *(Bot, Hort) [flowerbed, land]* couvert de mauvaises herbes; *[river, pond]* envahi par les herbes **b** *(Brit * pej = scrawny) [person]* chétif *(pej)*, malingre *(pej)*

**week** /wiːk/ N semaine *f* ◆ **what day of the ~ is it?** quel jour de la semaine sommes-nous? ◆ **this ~** cette semaine ◆ **next/last ~** la semaine prochaine/dernière ◆ **the ~ before last** l'avant-dernière semaine ◆ **the ~ after next** pas la semaine prochaine, celle d'après ◆ **by the end of the ~ he had ...** à la fin de la semaine il avait ... ◆ **in the middle of the ~** vers le milieu *or* dans le courant de la semaine ◆ **twice a ~** deux fois par semaine ◆ **this time next ~** dans huit jours à la même heure ◆ **this time last ~** il y a huit jours à la même heure ◆ **today ~** * *(Brit)* ◆ **a ~ today** aujourd'hui en huit ◆ **tomorrow ~** * *(Brit)* ◆ **a ~ tomorrow** demain en huit ◆ **yesterday ~** * *(Brit)* ◆ **a ~ yesterday** il y a eu une semaine hier ◆ **Sunday ~** * *(Brit)* ◆ **a ~ on Sunday** dimanche en huit ◆ **every ~** chaque semaine ◆ **two ~s ago** il y a deux semaines, il y a quinze jours ◆ **in a ~** *(= a week from now)* dans une semaine; *(= in the space of a week)* en une semaine ◆ **in a ~'s time** d'ici une semaine, dans une semaine ◆ **in three ~s' time** dans *or* d'ici trois semaines ◆ **~ in ~ out, ~ after ~** semaine après semaine ◆ **it lasted (for) ~s** cela a duré des semaines (et des semaines) ◆ **the first time** *etc* **in ~s** la première fois *etc* depuis des semaines ◆ **the ~ ending 6 May** la semaine qui se termine le 6 mai ◆ **he owes her three ~s' rent** il lui doit trois semaines de loyer ◆ **paid by the ~** payé à la semaine ◆ **the working ~** la semaine de travail ◆ **a 36-hour ~** une semaine (de travail) de 36 heures ◆ **a three-day ~** une semaine (de travail) de trois jours ◆ **a ~'s wages** le salaire hebdomadaire *or* de la *or* d'une semaine

**weekday** /ˈwiːkdeɪ/ **N** jour *m* de semaine, jour *m* ouvrable *(esp Comm)* ◆ **(on) ~s** en semaine, les jours ouvrables *(esp Comm)* **COMP** *[activities, timetable]* de la semaine

**weekend** /ˈwiːkˈend/ **N** week-end *m* ◆ **(at) ~s** pendant le(s) week-end(s) ◆ **what are you doing at the ~?** qu'est-ce que tu vas faire ce week-end? ◆ **he told me to give you a call over the ~** il m'a dit de t'appeler ce week-end ◆ **we're going away for the ~** nous partons en week-end ◆ **to take a long ~** prendre un week-end prolongé ◆ **they had Tuesday off so they made a long ~ of it** comme ils ne devaient pas travailler mardi ils ont fait le pont **VI** passer le week-end **COMP** *[visit, programme]* de *or* du week-end ▷ **weekend bag, weekend case** N sac *m* de voyage ▷ **weekend cottage** N maison *f* de campagne

**weekender** /ˈwiːkˈendəʳ/ N personne *f* partant (*or* partie) en week-end ◆ **the village is full of ~s** le village est plein de gens qui viennent pour les week-ends

**weekly** /ˈwiːklɪ/ **ADJ** *[magazine, meeting, wage, rainfall]* hebdomadaire; *[hours]* par semaine ◆ **we do the ~ shopping every Thursday** tous les jeudis nous faisons les courses pour la semaine **ADV** *[meet, attend, play]* chaque semaine; *[sell]* par semaine ◆ **twice/three times ~** deux/trois fois par semaine ◆ **paid ~** payé à la semaine ◆ **on a ~ basis** *[pay]* à la semaine; *(= every week)* chaque semaine, toutes les semaines ◆ **we meet ~ on Thursdays** nous nous rencontrons tous les jeudis **N** *(= magazine)* hebdomadaire *m*

**weeknight** /ˈwiːknaɪt/ N soir *m* de semaine

**weenie** * /ˈwiːnɪ/ N *(US Culin)* ⇒ **wienie**

**weensy** * /ˈwiːnzɪ/ ADJ *(US)* ⇒ **weeny adj**

**weeny** * /ˈwiːnɪ/ *(Brit)* ADJ tout petit ◆ **it was a ~ bit embarrassing** c'était un tout petit peu gênant

**weep** /wiːp/ (pret, ptp **wept**) **VI** **a** *(= cry) [person]* verser des larmes, pleurer ◆ **to ~ for** *or* **with joy** pleurer de joie ◆ **to ~ with relief/remorse** verser des larmes de soulagement/remords ◆ **to ~ for sb/sth** pleurer qn/qch ◆ **to ~ over sth** pleurer *or* se lamenter sur qch ◆ **she wept to see him leave** elle a pleuré de le voir partir ◆ **I could have wept!** j'en aurais pleuré! **b** *[walls, sore, wound]* suinter **VT** *[+ tears]* verser, répandre ◆ **to ~ tears of joy/fury/despair** verser des larmes *or* pleurer de joie/de colère/de désespoir; → **bucket** **N** * ◆ **to have a good ~** pleurer un bon coup ◆ **to have a little ~** pleurer un peu, verser quelques larmes

**weeping** /ˈwiːpɪŋ/ **N** *(NonC)* larmes *fpl* ◆ **we heard the sound of ~** on entendait quelqu'un qui pleurait **ADJ** *[person]* qui pleure; *[walls, sore, wound]* suintant ◆ **~ willow** saule *m* pleureur

**weepy** /ˈwiːpɪ/ ADJ *[person]* à la larme facile ; *[eyes, voice, mood, song]* larmoyant ; *[film]* mélo *, sentimental ◆ **to feel ~** *[person]* avoir envie de pleurer, se sentir au bord des larmes N *(Brit = film, book)* mélo * *m*, film *m* (*or* livre *m*) sentimental

**weever** /ˈwiːvəʳ/ N *(= fish)* vive *f*

**weevil** /ˈwiːvəl/ N charançon *m*

**wee-wee** * /ˈwiːwiː/ N, VI ⇒ **wee²**

**weft** /weft/ N *(Tex)* trame *f*

**weigh** /weɪ/ VT a *(lit, fig)* peser ◆ **to ~ o.s.** se peser ◆ **to ~ sth in one's hand** soupeser qch ◆ **it ~s 9 kilos** ça pèse 9 kilos ◆ **how much** *or* **what do you ~?** combien est-ce que vous pesez ? ◆ **to ~ one's words (carefully)** peser ses mots ◆ **to ~ (up) A against B** mettre en balance A et B ◆ **to ~ (up) the pros and cons** peser le pour et le contre ◆ **she ~ed her options** elle a étudié les différentes possibilités ◆ **the advantages must be ~ed against the possible risks** il faut mettre en balance les avantages et les risques éventuels ◆ **she spoke very slowly, ~ing what she would say** elle parlait très lentement, en pesant ses mots

b *(Naut)* **to ~ anchor** lever l'ancre

VI *[object, responsibilities]* peser (*on* sur) ◆ **the fear of cancer ~s on her** *or* **on her mind all the time** la peur du cancer la tourmente constamment, elle vit constamment avec la peur du cancer ◆ **the responsibility of being a parent can ~ heavily** être parent est parfois une lourde responsabilité ◆ **there's something ~ing on her mind** quelque chose la préoccupe *or* la tracasse ◆ **the divorce laws ~ heavily against men** les lois sur le divorce sont nettement en défaveur des hommes ◆ **many factors ~ed against the meeting happening** il y avait de nombreux facteurs qui s'opposaient à la tenue de la réunion ◆ **economic considerations ~ed heavily in their decision** les considérations économiques ont beaucoup pesé dans leur décision

COMP ▷ **weigh-in** N *(Sport)* pesage *m* ▷ **weighing machine** NPL *(gen)* balance *f* ; *(for heavy loads)* bascule *f* ▷ **weighing scales** NPL balance *f*

► **weigh down** VI peser *or* appuyer de tout son poids (*on sth* sur qch) ◆ **this sorrow ~ed down on her** ce chagrin la rongeait *or* la minait

VT SEP faire plier *or* ployer, courber ; *(fig)* accabler, tourmenter ◆ **the fruit ~ed the branch down** la branche ployait *or* pliait sous le poids des fruits ◆ **he was ~ed down with parcels** il pliait sous le poids des paquets ◆ **to be ~ed down by** *or* **with responsibilities** être accablé *or* surchargé de responsabilités ◆ **to be ~ed down with fears** être en proie à toutes sortes de peurs

► **weigh in** VI a *[boxer, jockey etc]* se faire peser ◆ **to ~ in at 70 kilos** peser 70 kilos avant l'épreuve ◆ **the hippopotamus ~s in at * an impressive 1.5 tonnes** l'hippopotame pèse pas moins de 1,5 tonnes

b *(fig = contribute)* intervenir ◆ **he ~ed in with more money** il est intervenu en apportant davantage d'argent ◆ **he ~ed in with his opinion** il est intervenu en donnant son avis *or* son opinion ◆ **the President's political advisers ~ed in on the plan** les conseillers politiques du président ont donné leur avis *or* opinion sur le projet

VT SEP *[+ boxer, jockey]* peser *(avant le match ou la course)*

N ◆ **weigh-in** → **weigh**

► **weigh out** VT SEP *[+ sugar etc]* peser

► **weigh up** VT SEP *(= consider)* examiner, calculer ; *(= compare)* mettre en balance (*A with B, A against B* A et B) ◆ **to ~ up A with** *or* **against B** mettre en balance A et B ; *(Brit) (= assess)* *[+ person, the opposition]* juger, sonder ◆ **I'm ~ing up whether to go or not** je me tâte pour savoir si j'y vais ou non ; see also **weigh vt a**

**weighbridge** /ˈweɪbrɪdʒ/ N pont-bascule *m*

**weight** /weɪt/ N a *(NonC)* poids *m* ; *(Phys: relative weight)* pesanteur *f* ◆ **atomic ~** *(Phys)* poids *m* atomique ◆ **it is sold by ~** cela se vend au poids ◆ **what is your ~?** combien pesez-vous ?, quel poids faites-vous ? ◆ **my ~ is 60 kilos** je pèse 60 kilos ◆ **it is 3 kilos in ~** ça pèse 3 kilos ◆ **they are the same ~** ils font le même poids ◆ **his ~ was harming his health** son poids avait un effet néfaste sur sa santé ◆ **~ when empty** poids *m* à vide ◆ **take the ~ off your feet** assieds-toi ◆ **it's/she's worth its/her ~ in gold** cela/elle vaut son pesant d'or ◆ **to put on** *or* **gain ~** grossir, prendre du poids ◆ **to lose ~** maigrir, perdre du poids ◆ **he lost 5 kilos in ~** il a maigri de 5 kilos *or* perdu 5 kilos ◆ **he put** *or* **leaned his full ~ on the handle** il a pesé *or* appuyé de tout son poids sur la poignée ◆ **he put his full ~ behind the blow** il a frappé de toutes ses forces ◆ **to move** *or* **shift one's ~ from one foot to the other** se balancer d'un pied sur l'autre ◆ **he shifted his ~ onto the other foot/onto his elbow** il fit porter son poids sur son autre pied/sur son coude ◆ **to throw one's ~** *or* **to put all one's ~ behind sth/sb** *(fig)* apporter personnellement tout son soutien à qch/à qn ◆ **feel the ~ of this box!** soupesez-moi cette boîte ! ◆ **what a ~ (it is)!** que c'est lourd ! ◆ **he looks as if he's carrying the ~ of the world on his shoulders** on dirait qu'il porte toute la misère du monde sur ses épaules ; → **pull, throw about**

b *(fig) [of argument, words, public opinion, evidence]* poids *m*, force *f* ; *[of worry, responsibility, years, age]* poids *m* ◆ **to attach** *or* **lend** *or* **give ~ to sth** donner du poids à qch ◆ **to carry ~** *[argument, factor]* avoir du poids (*with* pour) ; *[person]* avoir de l'influence ◆ **we must give due ~ to his arguments** nous devons donner tout leur poids à ses arguments ; → **mind**

c *(for scales, on clock etc)* poids *m* ◆ **to lift ~s** faire des haltères ; → **paperweight, put**

VT a lester ; → **weighted**

b *(= assign value to)* pondérer

COMP ▷ **weight lifter** N *(Sport)* haltérophile *mf* ▷ **weight lifting** N haltérophilie *f* ▷ **weight limit** N limitation *f* de poids ▷ **weight loss** N *(NonC)* perte *f* de poids ▷ **weights and measures** NPL poids et mesures *mpl* ▷ **weights and measures inspector** N inspecteur *m* des poids et mesures ▷ **weight-train** VI faire de la musculation ▷ **weight training** N musculation *f (avec des poids)* ▷ **weight watcher** N ◆ **he's a ~ watcher** *(= actively slimming)* il suit un régime amaigrissant ; *(= figure-conscious)* il surveille son poids

► **weight down** VT SEP *[+ papers, tablecloth etc]* retenir *or* maintenir avec un poids

**weighted** /ˈweɪtɪd/ ADJ a *(= biased)* ◆ **~ in sb's favour** *or* **towards sb** favorable à qn ◆ **~ in favour of/against sb** favorable/défavorable à qn ◆ **the situation was heavily ~ in his favour/against him** la situation lui était nettement favorable/défavorable b *(= made heavier) [diving belt]* lesté COMP ▷ **weighted average** N moyenne *f* pondérée

**weightiness** /ˈweɪtɪnɪs/ N *(NonC) [of argument, matter]* poids *m* ; *[of responsibility]* importance *f*

**weighting** /ˈweɪtɪŋ/ N a *(on salary)* indemnité *f*, allocation *f* ◆ **London ~** indemnité *f* de vie chère à Londres b *(Scol)* coefficient *m* ; *(Econ)* coefficient *m*, pondération *f*

**weightless** /ˈweɪtlɪs/ ADJ *[astronaut, falling object]* en état d'apesanteur ; *[conditions]* d'apesanteur ◆ **in a ~ environment** en apesanteur ◆ **to feel ~** se sentir léger comme l'air

**weightlessness** /ˈweɪtlɪsnɪs/ N apesanteur *f*

**weighty** /ˈweɪtɪ/ ADJ a *(frm = serious) [matter, problem]* grave, important ; *[argument, reason]* de poids ; *[burden, responsibility]* lourd b *(liter = heavy) [tome, volume]* lourd ; *[load]* pesant, lourd

**Weimar** /ˈvaɪmɑːr/ N Weimar COMP ▷ **the Weimar Republic** N la république de Weimar

**weir** /wɪəʳ/ N barrage *m*

**weird** /wɪəd/ ADJ a *(* = peculiar) [person, object, behaviour, coincidence]* bizarre, étrange ◆ **it felt ~ going back there** ça faisait bizarre d'y retourner ◆ **the ~ thing is that ...** ce qu'il y a de bizarre c'est que ... ◆ **lots of ~ and wonderful * species** plein d'espèces étranges et merveilleuses b *(= eerie) [sound, light]* surnaturel, mystérieux

**weirdly** /ˈwɪədlɪ/ ADV a *(* = peculiarly) [behave, dress]* bizarrement b *(= eerily) [glow]* mystérieusement, de façon surnaturelle ; *[sing]* de façon surnaturelle

**weirdness** /ˈwɪədnɪs/ N étrangeté *f*

**weirdo** ‡ /ˈwɪədəʊ/ N *(pej)* cinglé(e) * *m(f)*

**Welch** † /weltʃ/ ADJ ⇒ **Welsh**

**welch** /welʃ/ VI ⇒ **welsh**

**welcome** /ˈwelkəm/ LANGUAGE IN USE 13, 26.3

ADJ a *(= gladly accepted)* ◆ **to be ~** *[person]* être le (*or* la) bienvenu(e) ◆ **he'll/you'll always be ~ here** il sera/tu seras toujours le bienvenu ici ◆ **some members were more ~ than others** certains membres étaient plus appréciés que d'autres ◆ **he's not ~ here any more** sa présence ici est devenue indésirable ◆ **I didn't feel very ~** je n'ai pas vraiment eu l'impression d'être le bienvenu ◆ **to make sb ~** faire bon accueil à qn ◆ **they really make you feel ~** on y est vraiment bien accueilli ◆ **to roll out** *or* **put out the ~ mat for sb *** se donner du mal pour recevoir qn ◆ **you're ~!** *(esp US: answer to thanks)* je vous en prie !, de rien ! ◆ **I don't use it any more, so you're ~ to it** je ne m'en sers plus, alors profitez-en ◆ **he wants the job? he's ~ to it!** il veut le poste ? eh bien, qu'il le prenne ! ◆ **he's ~ to her!** qu'il se débrouille avec elle !

♦ **to be welcome to do sth** ◆ **you're ~ to try** *(giving permission)* je vous en prie, essayez ; *(iro)* libre à vous d'essayer ◆ **you're ~ to use my car** vous pouvez emprunter ma voiture si vous voulez ◆ **she's ~ to visit any time** elle est toujours la bienvenue ◆ **a lounge which guests are ~ to use** un salon que les hôtes sont invités à utiliser

b *(= appreciated) [food, drink, change, visitor]* bienvenu ; *[decision, reminder, interruption]* opportun ◆ **she was a ~ sight** nous avons été (*or* il a été *etc*) heureux de la voir ◆ **it was ~ news** nous avons été (*or* il a été *etc*) heureux de l'apprendre ◆ **it was a ~ gift** ce cadeau m'a (*or* lui a *etc*) fait bien plaisir ◆ **it was a ~ relief** ça m'a (*or* l'a *etc*) vraiment soulagé ◆ **to make a ~ return** faire un retour apprécié

EXCL ◆ **~!** soyez le bienvenu (*or* la bienvenue *etc*) !, bienvenue ! ◆ **~ home!** bienvenue !, content de vous (*or* te) revoir à la maison ! ◆ **~ back!** bienvenue !, content de vous (*or* te) revoir ! ◆ **~ to our house!** bienvenue chez nous ! ◆ **"welcome to England"** *(on notice)* "bienvenue en Angleterre"

N accueil *m* ◆ **to bid sb ~** souhaiter la bienvenue à qn ◆ **to give sb a warm ~** faire un accueil chaleureux à qn ◆ **they gave him a great ~** ils lui ont fait fête ◆ **words of ~** paroles *fpl* d'accueil, mots *mpl* de bienvenue ◆ **what sort of a ~ will this product get from the housewife?** comment la ménagère accueillera-t-elle ce produit ? ; → **outstay**

VT *[+ person, delegation, group of people]* *(= greet, receive)* accueillir ; *(= greet warmly)* faire bon accueil à, accueillir chaleureusement ; *(= bid welcome)* souhaiter la bienvenue à ; *[+ sb's return, news, suggestion, change]* se réjouir de ◆ **he ~d me in** il m'a chaleureusement invité à entrer ◆ **please ~ Tony Brennan!** *(TV etc)* veuillez accueillir Tony Brennan ! ◆ **we would ~ your views on ...** nous serions heureux de connaître votre point de vue *or* opinion sur ... ◆ **I'd ~ a cup of coffee** je prendrais volontiers une tasse de café, je ne dirais pas non à une tasse de café ; → **open**

► **welcome back** VT SEP ◆ **they welcomed him back after his journey** ils l'ont accueilli chaleureusement *or* ils lui ont fait fête à son retour (de voyage)

**welcoming** /ˈwelkəmɪŋ/ ADJ *[person, smile, place]* accueillant ; *[atmosphere]* chaleureux ; *[banquet, ceremony, speech]* d'accueil ◆ **~ party** *or* **committee** *(lit, fig)* comité *m* d'accueil ◆ **to be ~ to sb** *[person]* être accueillant avec qn, faire bon accueil à qn ; *[atmosphere, place]* paraître accueillant à qn

**weld** /weld/ N soudure *f* VT *[+ metal, rubber, seam, join]* souder ; (also **weld together**) *[+ pieces, parts]* souder, assembler ; *(fig)* *[+ groups, parties]* rassembler ◆ **to ~ sth on to sth** souder qch à qch ◆ **the hull is ~ed throughout** la coque est complètement soudée VI souder

**welder** /ˈweldəʳ/ N *(= person)* soudeur *m* ; *(= machine)* soudeuse *f*

**welding** /ˈweldɪŋ/ N *(NonC) (Tech)* soudage *m* ; *(fig) [of parties]* union *f* ; *[of ideas]* amalgame *m* COMP *[process]* de soudure, de soudage ▷ **welding torch** N chalumeau *m*

**welfare** /ˈwelfɛəʳ/ N a *(gen)* bien *m* ; *(= comfort)* bien-être *m* ; *(US)* aide *f* sociale ◆ **the nation's ~, the ~ of all** le bien public *or* de tous ◆ **the physical/spiritual ~ of the young** la santé physique/morale des jeunes ◆ **I'm anxious about his ~** je suis inquiet à son sujet ◆ **to look after sb's ~** avoir la responsabilité de qn ; → **child**

b ◆ **public/social ~** assistance *f* publique/sociale ◆ **to be on ~** toucher les prestations sociales, recevoir l'aide sociale ◆ **to live on ~** vivre des prestations sociales

COMP *[milk, meals]* gratuit ▷ **welfare benefits** NPL avantages *mpl* sociaux ▷ **welfare centre** N centre *m* d'assistance sociale ▷ **welfare check** N *(US)* chèque *m* d'allocations ▷ **welfare hotel** N *(US) foyer où sont hébergés temporairement les bénéficiaires de l'aide sociale* ▷ **welfare mother** N *(US) mère seule qui bénéficie de l'aide sociale* ▷ **welfare officer** N assistant(e) *m(f)* social(e) ▷ **welfare payments** NPL prestations *fpl* sociales ▷ **welfare rights** NPL droits *mpl* à l'aide sociale ▷ **welfare services** NPL services *mpl* sociaux ▷ **welfare state** N État-providence *m* ◆ **the establishment of the Welfare State in Great Britain** l'établissement *m* de l'État-providence en Grande-Bretagne ◆ **thanks to the Welfare State** grâce à la sécurité sociale et autres avantages sociaux ▷ **welfare work** N travail *m* social ▷ **welfare worker** N assistant(e) *m(f)* social(e), travailleur *m*, -euse *f* social(e)

**welfarism** /ˈwelfɛərɪzəm/ N *(US Pol)* théorie *f* de l'État-providence

**welfarist** /ˈwelfɛərɪst/ ADJ, N *(US Pol)* partisan *m* de l'État-providence

**welfarite** * /ˈwelfɛəraɪt/ N *(US pej)* assisté(e) *m(f)*

**well**[1] /wel/ N *(for water, oil)* puits *m* ; *[of staircase, lift]* cage *f* ; *(= shaft between buildings)* puits *m*, cheminée *f* ; *(Brit Jur)* barreau *m* ◆ **this book is a ~ of information** ce livre est une mine de renseignements ; → **inkwell, oil** VI (also **well up**) *[tears, emotion]* monter ◆ **tears ~ed (up) in her eyes** les larmes lui montèrent aux yeux ◆ **anger ~ed (up) within him** la colère sourdit *(liter)* *or* monta en lui COMP ▷ **well-digger** N puisatier *m* ▷ **well water** N eau *f* de puits

► **well out** VI *[spring]* sourdre ; *[tears, blood]* couler (*from* de)

**well**[2] /wel/ LANGUAGE IN USE 1.1

ADV (compar **better**, superl **best**) a *(= satisfactorily, skilfully etc) [behave, sleep, eat, treat, remember]* bien ◆ **he sings as ~ as he plays** il chante aussi bien qu'il joue ◆ **he sings as ~ as she does** il chante aussi bien qu'elle ◆ **to live ~** vivre bien ◆ **~ done!** bravo !, très bien ! ◆ **~ played!** bien joué ! ◆ **everything is going ~** tout va bien ◆ **the evening went off very ~** la soirée s'est très bien passée ◆ **to do ~ in one's work** bien réussir dans son travail ◆ **to do ~ at school** bien marcher à l'école ◆ **he did very ~ for an eight-year-old** il s'est bien débrouillé pour un enfant de huit ans ◆ **he did quite ~** il ne s'en est pas mal sorti, il ne s'est pas mal débrouillé ◆ **the patient is doing ~** le malade est en bonne voie ◆ **he did ~ after the operation but ...** il s'est bien rétabli après l'opération mais ... ◆ **you did ~ to come at once** vous avez bien fait de venir tout de suite ◆ **you would do ~ to think about it** tu ferais bien d'y penser ◆ **to do as ~ as one can** faire de son mieux ◆ **he did himself ~** il ne s'est privé de rien, il s'est traité comme un prince ◆ **to do ~ by sb** bien agir *or* être généreux envers qn ◆ **you're ~ out of it!** c'est une chance que tu n'aies plus rien à voir avec cela (*or* lui *etc*) ! ◆ **how ~ I understand!** comme je vous (*or* le *etc*) comprends ! ◆ **I know the place ~** je connais bien l'endroit ◆ **(and) ~ I know it!** je le sais bien !, je ne le sais que trop !

b *(intensifying = very much, thoroughly)* bien ◆ **it was ~ worth the trouble** cela valait bien le dérangement *or* la peine de se déranger ◆ **he is ~ past** *or* **over fifty** il a largement dépassé la cinquantaine ◆ **it's ~ past 10 o'clock** il est bien plus de 10 heures ◆ **~ over 1,000 people** bien plus de 1 000 personnes ◆ **it continued ~ into 1996** cela a continué pendant une bonne partie de 1996 ◆ **~ above ...** bien au-dessus de ... ◆ **~ and truly** *(esp Brit)* bel et bien ◆ **he could ~ afford to pay for it** il avait largement les moyens de payer ◆ **lean ~ forward** penchez-vous bien en avant ◆ **~ dodgy/annoyed** *etc* ‡ *(Brit = very)* super * louche/contrarié *etc*

c *(= with good reason, with equal reason)* ◆ **you may ~ be surprised to learn that ...** vous serez sans aucun doute surpris d'apprendre que ... ◆ **one might ~ ask why** on pourrait à juste titre demander pourquoi ◆ **you might ~ ask!** belle question !, c'est vous qui me le demandez ! ◆ **you could ~ refuse to help them** vous pourriez à juste titre refuser de les aider ◆ **he couldn't very ~ refuse** il ne pouvait guère refuser ◆ **we may as ~ begin now** autant (vaut) commencer maintenant, nous ferions aussi bien de commencer maintenant ◆ **you might (just) as ~ say that ...** autant dire que ... ◆ **you may as ~ tell me the truth** autant me dire la vérité, tu ferais aussi bien de me dire la vérité ◆ **shall I go? – you may** *or* **might as ~** j'y vais ? – tant qu'à faire, allez-y ! * ◆ **we might (just) as ~ have stayed at home** autant valait rester à la maison, nous aurions aussi bien fait de rester à la maison ◆ **she apologized, as ~ she might** elle a présenté ses excuses, comme il se devait ◆ **she apologized – and ~ she might!** elle a présenté ses excuses – c'était la moindre des choses ! ; → **pretty**

d

♦ **as well** *(= also)* aussi ; *(= on top of all that)* par-dessus le marché ◆ **I'll take those as ~** je prendrai ceux-là aussi ◆ **and it rained as ~!** et par-dessus le marché il a plu !

♦ **as well as** *(= in addition to)* ◆ **by night as ~ as by day** de jour comme de nuit, aussi bien de jour que de nuit ◆ **as ~ as his dog he has two rabbits** en plus de son chien il a deux lapins ◆ **on bikes as ~ as in cars** à vélo aussi bien qu'en voiture, à vélo comme en voiture ◆ **I had Paul with me as ~ as Lucy** j'avais Paul aussi en même temps que Lucy ◆ **all sorts of people, rich as ~ as poor** toutes sortes de gens, tant riches que pauvres

e *(= positively)* ◆ **to think/speak ~ of** penser/dire du bien de

f ◆ **to leave ~ alone** laisser les choses telles qu'elles sont ◆ **let** *or* **leave ~ alone** *(Prov)* le mieux est l'ennemi du bien *(Prov)*

EXCL *(surprise)* tiens !, eh bien ! ; *(relief)* ah bon !, eh bien ! ; *(resignation)* enfin ! ; *(dismissively)* bof ! * ◆ **~, as I was saying ...** *(resuming after interruption)* donc, comme je disais ..., je disais donc que ... ◆ **~ ...** *(hesitation)* c'est que ... ◆ **he has won the election! – ~, ~ (, ~)!** il a été élu ! – tiens, tiens ! ◆ **~?** eh bien ?, et alors ? ◆ **~, who would have thought it?** eh bien ! qui l'aurait cru ? ◆ **~ I never! *, ~, what do you know! *** pas possible !, ça par exemple ! ◆ **I intended to do it – ~, have you?** j'avais l'intention de le faire – et alors ? ◆ **~, what do you think of it?** eh bien ! qu'en dites-vous ? ◆ **~, here we are at last!** eh bien ! nous voilà enfin ! ◆ **~, there's nothing we can do about it** enfin, on n'y peut rien ◆ **~, you may be right** qui sait, vous avez peut-être raison ◆ **very ~ then** (bon) d'accord ◆ **you know Paul? ~, he's getting married** vous connaissez Paul ? eh bien il se marie ◆ **are you coming? – ~ ... I've got a lot to do here** vous venez ? – c'est que ... j'ai beaucoup à faire ici

ADJ (compar, superl **best**) a bien, bon ◆ **all is not ~ with her** il y a quelque chose qui ne va pas, elle traverse une mauvaise passe ◆ **it's all very ~ to say that** c'est bien beau *or* joli de dire cela ◆ **that's all very ~ but ..., that's all ~ and good but ...** tout ça c'est bien joli *or* beau mais ... ◆ **if you want to do it, ~ and good** si vous voulez le faire je ne vois pas d'inconvénient ◆ **all's ~!** *(Mil)* tout va bien ! ◆ **all's ~ that ends well** *(Prov)* tout est bien qui finit bien *(Prov)*

b *(= healthy)* **how are you? – very ~, thank you** comment allez-vous ? – très bien, merci ◆ **I hope you're ~** j'espère que vous allez bien ◆ **to feel ~** se sentir bien ◆ **to get ~** se remettre ◆ **get ~ soon!** remets-toi vite ! ◆ **people who are ~ do not realize that ...** les gens qui se portent bien *or* qui sont en bonne santé ne se rendent pas compte que ...

c *(= cautious)* ◆ **it** *or* **we would be ~ to start early** on ferait bien de partir tôt ◆ **it is as ~ to remember** il y a tout lieu de se rappeler ◆ **it's as ~ not to offend her** il vaudrait mieux ne pas la froisser ◆ **it would be just as ~ for you to stay** vous feriez tout aussi bien de rester

d *(= lucky)* ◆ **it's ~ for you that nobody saw you** heureusement pour vous qu'on ne vous a pas vu, vous avez de la chance *or* c'est heureux pour vous qu'on ne vous ait pas vu

PREF ◆ ~- bien ◆ ~-chosen/dressed bien choisi/habillé ; see also comp

N ◆ I wish you ~! je vous souhaite de réussir !, bonne chance ! ◆ somebody who wishes you ~ quelqu'un qui vous veut du bien

COMP ▷ **well-adjusted** ADJ *(gen) [person]* posé, équilibré ; *(to society, school)* bien adapté ▷ **well-advised** ADJ *[action, decision]* sage, prudent ◆ you would be ~-advised to leave vous auriez (tout) intérêt à partir ▷ **well-aimed** ADJ *[shot]* bien ajusté ; *[remark]* qui porte ▷ **well-appointed** ADJ *[house, room]* bien aménagé ▷ **well-argued** ADJ *[case, report]* bien argumenté ▷ **well-assorted** ADJ bien assorti ▷ **well-attended** ADJ *[meeting, lecture]* qui attire beaucoup de monde, qui a du succès ; *[show, play]* couru ▷ **well-baby clinic** N *(Brit) centre prophylactique et thérapeutique pour nouveaux-nés* ▷ **well-balanced** ADJ *[person, diet, argument]* (bien) équilibré ; *[paragraph, sentence]* bien construit ▷ **well-behaved** ADJ *[child]* sage, qui se conduit bien ; *[animal]* obéissant ▷ **well-being** N bien-être *m* ▷ **well-born** ADJ bien né, de bonne famille ▷ **well-bred** ADJ *(= of good family)* de bonne famille ; *(= courteous)* bien élevé ; *[animal]* de bonne race ▷ **well-built** ADJ *[building]* bien construit, solide ; *[person]* bien bâti, costaud * ▷ **well-chosen** ADJ bien choisi ◆ in a few ~-chosen words en quelques mots bien choisis ▷ **well-cooked** ADJ *(gen) [food, meal]* bien cuisiné ; *(= not rare) [meat]* bien cuit ▷ **well-defined** ADJ *[colours, distinctions]* bien défini ; *[photo, outline]* net ; *[problem]* bien défini, précis ▷ **well-deserved** ADJ bien mérité ▷ **well-developed** ADJ *(Anat)* bien développé ; *[person]* bien fait ; *[plan]* bien développé ; *[argument, idea]* bien exposé ▷ **well-disposed** ADJ bien disposé (*towards* envers) ▷ **well-documented** ADJ *[case, work]* bien documenté ◆ his life is ~-documented on a beaucoup de renseignements *or* documents sur sa vie ▷ **well-dressed** ADJ bien habillé, bien vêtu ▷ **well-earned** ADJ bien mérité ▷ **well-educated** ADJ cultivé, instruit ▷ **well-endowed** ADJ *(euph) [man]* bien membré ; *[woman]* à la poitrine généreuse ▷ **well-equipped** ADJ bien équipé ; *(esp with tools) [person]* bien outillé ; *[factory]* bien équipé, doté d'un équipement important ◆ to be ~-equipped to do sth *[person]* avoir ce qu'il faut pour faire qch ; *[factory]* être parfaitement équipé pour faire qch ▷ **well-favoured** †† ADJ beau (belle *f*) ▷ **well-fed** ADJ bien nourri ▷ **well-fixed** * ADJ *(US)* ◆ to be ~-fixed *(= well-to-do)* être nanti, vivre dans l'aisance ◆ we're ~-fixed for food nous avons largement assez à manger ▷ **well-formed** ADJ *(Ling)* bien formé, grammatical ▷ **well-formedness** N *(Ling)* grammaticalité *f* ▷ **well-founded** ADJ *[suspicion]* bien fondé, légitime ▷ **well-groomed** ADJ *[person]* soigné ; *[hair]* bien coiffé ; *[horse]* bien pansé ▷ **well-grounded** ADJ *[suspicion, belief, rumour]* bien fondé, légitime ◆ our students are ~-grounded in grammar/physics nos étudiants ont de solides connaissances *or* bases en grammaire/physique ▷ **well-heeled** * ADJ nanti, fort à l'aise ▷ **well-hung** ⁑ ADJ *[man]* bien monté ⁑ ▷ **well-informed** ADJ bien informé, bien renseigné (*about* sur) ; *(= knowledgeable) [person]* instruit ◆ ~-informed circles *(Pol, Press)* les milieux *mpl* bien informés ▷ **well-intentioned** ADJ bien intentionné ▷ **well-judged** ADJ *[remark, criticism]* bien vu, judicieux ; *[shot, throw]* bien ajusté ; *[estimate]* juste ▷ **well-kept** ADJ *[house, garden]* bien entretenu, bien tenu ; *[hands, nails]* soigné ; *[hair]* bien entretenu ; *[secret]* bien gardé ▷ **well-knit** ADJ *(fig) [person, body]* bien bâti ; *[arguments, speech]* bien enchaîné ; *[scheme]* bien conçu ▷ **well-known** ADJ *(= famous)* bien connu, célèbre ◆ it's a ~-known fact that… tout le monde sait que… ▷ **well-liked** ADJ très apprécié ▷ **well-lined** ADJ ◆ to have ~-lined pockets avoir de gros moyens, être cousu d'or * ▷ **well-loved** ADJ très aimé ▷ **well-made** ADJ bien fait ▷ **well-managed** ADJ bien mené ▷ **well-man clinic** N *(Brit) centre prophylactique et thérapeutique pour hommes* ▷ **well-mannered** ADJ qui a de bonnes manières, bien élevé ▷ **well-meaning** ADJ *[person]* bien intentionné ; *[remark, action]* fait avec les meilleures intentions ▷ **well-meant** ADJ fait avec les meilleures intentions ▷ **well-nigh** ADV *(liter)* presque ▷ **well-nourished** ADJ bien nourri ▷ **well-off** ADJ *(= rich)* ◆ to be ~-off vivre dans l'aisance, être riche ◆ the less ~-off ceux qui ont de petits moyens ◆ you don't know when you're ~-off *(= fortunate)* tu ne connais pas ton bonheur ◆ she's ~-off without him elle est mieux sans lui ▷ **well-oiled** ADJ *(lit)* bien graissé ; *(* = drunk)* pompette * ▷ **well-padded** * ADJ *(hum) [person]* rembourré ▷ **well-paid** ADJ bien payé, bien rémunéré ▷ **well-preserved** ADJ *[building, person]* bien conservé ▷ **well-read** ADJ cultivé ▷ **well-respected** ADJ très respecté *or* considéré ▷ **well-rounded** ADJ *[style]* harmonieux ; *[sentence]* bien tourné ▷ **well-spent** ADJ *[time]* bien employé, bien utilisé ; *[money]* utilement dépensé ; see also money ▷ **well-spoken** ADJ *[person]* qui parle bien, qui a une élocution soignée ; *[words]* bien choisi, bien trouvé ◆ she's very ~-spoken of elle est très appréciée ▷ **well-stocked** ADJ *[shop, fridge]* bien approvisionné ; *[river, lake]* bien empoissonné ▷ **well-tempered** ADJ *(Mus)* ◆ the Well-Tempered Clavier le Clavier *or* Clavecin bien tempéré ▷ **well-thought-of** ADJ *[person]* (bien) considéré, dont on a bonne opinion ; *[thing]* bien considéré, très apprécié ▷ **well-thought-out** ADJ bien conçu ▷ **well-thumbed** ADJ *[book]* lu et relu ▷ **well-timed** ADJ *[remark, entrance]* tout à fait opportun, tombé à point nommé ; *[blow]* bien calculé ▷ **well-to-do** ADJ nanti ▷ **well-tried** ADJ *[method]* éprouvé, qui a fait ses preuves ▷ **well-trodden** ADJ ◆ to follow a ~-trodden path *(lit)* suivre un chemin fréquenté ; *(fig)* suivre les sentiers battus ▷ **well-turned** ADJ *[phrase]* bien tourné ; *[leg]* bien fait ▷ **well-wisher** N ami(e) *m(f)* ; *(unknown)* ami(e) *m(f) or* admirateur *m*, -trice *f* inconnu(e) ; *(Pol = supporter)* sympathisant(e) *m(f)* ◆ he got many letters from ~-wishers il a reçu de nombreuses lettres d'encouragement ▷ **well-woman clinic** N *(Brit) centre prophylactique et thérapeutique pour femmes* ▷ **well-worn** ADJ *[carpet, clothes]* usagé ; *(fig) [phrase, expression]* éculé, rebattu ◆ to follow a ~-worn path *(fig)* suivre les sentiers battus ▷ **well-written** ADJ bien écrit

**we'll** /wiːl/ ⇒ we shall, we will ; → shall, will

**wellhead** /ˈwelhed/ N *(lit, fig)* source *f*

**Wellington** /ˈwelɪŋtən/ N *(in NZ)* Wellington

**wellington** /ˈwelɪŋtən/ N *(Brit:* also wellington boot*)* botte *f* de caoutchouc

**wellness** /ˈwelnɪs/ N (sentiment *m* de) bien-être *m*

**Wellsian** /ˈwelzɪən/ ADJ de Wells

**wellspring** /ˈwelsprɪŋ/ N ⇒ wellhead

**welly** * /ˈwelɪ/ N (pl **wellies**) ◆ ~ boots *(Brit)* ◆ wellies bottes *fpl* de caoutchouc ◆ give it some ~! * *(Brit)* allez, du nerf ! *

**Welsh** /welʃ/ ADJ *(gen)* gallois ; *[teacher]* de gallois N *(Ling)* gallois *m* NPL the Welsh les Gallois *mpl* COMP ▷ **Welsh dresser** N *(Brit)* vaisselier *m* ▷ **Welsh Nationalism** N *(Pol)* nationalisme *m* gallois ▷ **Welsh Nationalist** N nationaliste *mf* gallois(e) ▷ **the Welsh Office** N *(Brit Pol)* le ministère des Affaires galloises ▷ **Welsh rabbit**, **Welsh rarebit** N *(Culin)* toast *m* au fromage

**welsh** * /welʃ/ VI ◆ to ~ on a promise manquer à une promesse ◆ they ~ed on the agreement ils n'ont pas respecté l'accord

**Welshman** /ˈwelʃmən/ N (pl **-men**) Gallois *m*

**Welshwoman** /ˈwelʃwʊmən/ N (pl **-women**) Galloise *f*

**welt** /welt/ N *(= weal)* marque *f* de coup, zébrure *f* ; *[of shoe]* trépointe *f*

**welter** /ˈweltəʳ/ N *[of objects, words, ideas]* fatras *m* ◆ a ~ of conflicting interests une multitude d'intérêts contradictoires ◆ the ~ of publicity that followed his engagement le tourbillon médiatique qui a suivi l'annonce de ses fiançailles

◆ **in a welter of** ◆ in a ~ of blood dans un bain de sang ◆ in a ~ of mud dans un véritable bourbier

VI *(in blood)* baigner ; *(in mud)* se vautrer, se rouler

**welterweight** /ˈweltəweɪt/ *(Boxing)* N poids *m* welter COMP *[champion, fight]* poids welter *inv*

**wen** /wen/ N loupe *f*, kyste *m* sébacé ◆ the Great Wen *(fig)* Londres

**wench** /wentʃ/ († or hum) N jeune fille *f*, jeune femme *f* VI ◆ to go ~ing courir le jupon

**wend** /wend/ VT ◆ to ~ one's way aller son chemin, s'acheminer (*to, towards* vers) ◆ to ~ one's way back from s'en revenir de

**Wendy house** /ˈwendɪˌhaʊs/ N *(Brit)* maison *f* miniature *(pour enfants)*

**went** /went/ VB pt of go

**wept** /wept/ VB pret, ptp of weep

**were** /wɜːʳ/ VB pt of be

**we're** /wɪəʳ/ ⇒ we are ; → be

**weren't** /wɜːnt/ ⇒ were not ; → be

**werewolf** /ˈwɪəwʊlf/ N (pl **werewolves** /ˈwɪəwʊlvz/) loup-garou *m*

**wert** †† /wɜːt/ VB 2nd pers sg pret of be

**Wesleyan** /ˈwezlɪən/ N disciple *m* de Wesley ADJ de Wesley, wesleyen ◆ ~ Methodists méthodistes *mpl* wesleyens

**west** /west/ N ouest *m* ◆ to the ~ (of) à l'ouest (de) ◆ in the ~ of Scotland dans l'ouest de l'Écosse ◆ a house facing the ~ une maison exposée à l'ouest ◆ to veer to the ~, to go into the ~ *[wind]* tourner à l'ouest ◆ the wind is in the ~ le vent est à l'ouest ◆ the wind is (coming *or* blowing) from the ~ le vent vient *or* souffle de l'ouest ◆ to live in the ~ habiter dans l'ouest ◆ the West *(Pol)* l'Occident *m*, l'Ouest *m* ; *(US Geog)* l'Ouest *m* ; → wild

ADJ *[coast, wing]* ouest *inv* ◆ ~ wind vent *m* d'ouest ◆ on the ~ side du côté ouest ◆ a room with a ~ aspect une pièce exposée à l'ouest ◆ ~ transept/door *(Archit)* transept *m*/portail *m* ouest ◆ in ~ Devon dans l'ouest du Devon ◆ in ~ Leeds dans les quartiers ouest de Leeds ◆ in the ~ Atlantic dans l'Atlantique ouest ; see also comp

ADV *[go, travel, fly]* vers l'ouest, en direction de l'ouest ; *[be, lie]* à l'ouest ◆ go ~ till you get to Crewe allez en direction de l'ouest jusqu'à Crewe ◆ we drove ~ for 100km nous avons roulé vers l'ouest pendant 100 km ◆ to go ~ * *(fig) [thing]* être fichu * *or* perdu ; *[person]* passer l'arme à gauche * ◆ further ~ plus à l'ouest ◆ to sail due ~ aller droit vers l'ouest ; *(Naut)* avoir le cap à l'ouest ◆ ~ by south ouest quart sud-ouest

COMP ▷ **West Africa** N Afrique *f* occidentale ▷ **West African** ADJ de l'Afrique occidentale, ouest-africain N habitant(e) *m(f)* de l'Afrique occidentale ▷ **the West Bank** N la Cisjordanie ▷ **West Berlin** N *(Hist)* Berlin-Ouest ▷ **West Berliner** N *(Hist)* habitant(e) *m(f)* de Berlin-Ouest ▷ **the West Country** N *(Brit)* le sud-ouest de l'Angleterre ▷ **the West End** N *(in London)* le West End *(centre touristique et commercial de Londres)* ▷ **West Ender** N *(in London)* habitant(e) *m(f)* du West End ▷ **west-facing** ADJ exposé (*or* orienté) à l'ouest *or* au couchant ▷ **West German** ADJ allemand de l'Ouest ▷ **West Germany** N Allemagne *f* de l'Ouest ▷ **West Indian** ADJ antillais N Antillais(e) *m(f)* ▷ **the West Indies** NPL les Antilles *fpl* ; *(Hist)* les Indes *fpl* occidentales ▷ **west-north-west** N ouest-nord-ouest *m* ADJ (de l' *or* à l')ouest-nord-ouest *inv* ADV vers l'ouest-nord-ouest ▷ **West Point** N *(US) école militaire,* ≃ Saint-Cyr ▷ **west-south-west** N ouest-sud-ouest *m* ADJ (de l' *or* à l')ouest-sud-ouest *inv* ADV vers l'ouest-sud-ouest ▷ **West Virginia** N Virginie-Occidentale *f* ◆ **in West Virginia** en Virginie-Occidentale

**westbound** /ˈwestbaʊnd/ ADJ, ADV *[traffic, vehicles]* (se déplaçant) en direction de l'ouest ; *[carriageway]* ouest *inv* ◆ **to be ~ on the M8** être sur la M8 en direction de l'ouest

**westerly** /ˈwestəlɪ/ ADJ *[wind]* de l'ouest ; *[situation]* à l'ouest, au couchant ◆ **in a ~ direction** en direction de l'ouest, vers l'ouest ◆ **~ longitude** longitude *f* ouest *inv* ◆ **~ aspect** exposition *f* à l'ouest *or* au couchant ADV vers l'ouest

**western** /ˈwestən/ ADJ (de l')ouest *inv* ◆ **in ~ France** dans l'ouest de la France ◆ **the ~ coast** la côte ouest *or* occidentale ◆ **the ~ hemisphere** les Amériques *fpl* ◆ **house with a ~ outlook** maison *f* exposée à l'ouest ◆ **~ wall** mur *m* ouest ◆ **the Western Empire** l'Empire *m* d'Occident ◆ **Western Europe** Europe *f* occidentale ◆ **the Western Church** l'Église *f* d'Occident, l'Église *f* latine ; → **country** N *(= film)* western *m* ; *(= novel)* roman-western *m* COMP ▷ **Western Australia** N Australie-Occidentale *f* ▷ **the Western Isles** NPL *(Brit)* les Hébrides *fpl* ▷ **Western omelet** N *(US Culin)* omelette *f* au jambon avec oignons et poivrons ▷ **western roll** N *(Sport)* (saut *m* en) rouleau *m* ▷ **the Western Sahara** N le Sahara occidental ▷ **Western Samoa** N Samoa *fpl* (occidentales) ▷ **western writer** N écrivain *m* de (romans-)westerns

**westerner** /ˈwestənəʳ/ N homme *m or* femme *f* de l'ouest, habitant(e) *m(f)* de l'ouest ; *(Pol)* Occidental(e) *m(f)*

**westernization** /ˌwestənaɪˈzeɪʃən/ N occidentalisation *f*

**westernize** /ˈwestənaɪz/ VT occidentaliser ◆ **to become ~d** s'occidentaliser

**westernmost** /ˈwestənməʊst/ ADJ le plus à l'ouest

**Westminster** /ˈwestˌmɪnstəʳ/ N *(Brit)* Westminster *m (le Parlement britannique)*

**westward** /ˈwestwəd/ ADJ *[route]* en direction de l'ouest ; *[slope]* exposé à l'ouest ◆ **in a ~ direction** en direction de l'ouest, vers l'ouest ADV (also **westwards**) vers l'ouest

**wet** /wet/ ADJ a *[object, grass, clothes, towel, swimsuit, nappy, baby]* mouillé, humide ; *(stronger)* trempé ; *[cement, plaster, paint, ink]* frais (fraîche *f*) ; *[sand, hair]* mouillé ◆ **to be ~ to the skin** *or* **~ through** être trempé jusqu'aux os ◆ **to get ~** se mouiller ◆ **to get one's feet ~** *(lit)* se mouiller les pieds ; *(US fig)* s'y mettre, se lancer ◆ **don't get your shoes ~** ne mouille pas tes chaussures ◆ **don't come into the house with ~ feet** n'entre pas (dans la maison) avec les pieds mouillés ◆ **it grows in ~ places** ça pousse dans les endroits humides ◆ **a ~ patch** une tache d'humidité ◆ **the roads are very ~** les routes sont très humides *or* mouillées ◆ **the road is slippery when ~** la chaussée est glissante par temps de pluie ◆ **"wet paint"** *(notice)* "attention, peinture fraîche" ◆ **he's still ~ behind the ears** * *(= immature)* si on lui pressait le nez il en sortirait du lait * ; *(= inexperienced)* il manque d'expérience

◆ **wet with** ◆ **~ with blood** trempé de sang ◆ **~ with sweat** humide de sueur ; *(stronger)* trempé de sueur ◆ **cheeks ~ with tears** joues baignées de larmes ◆ **~ with dew** humide de rosée ; → **soaking, wringing**

b *(of weather)* ◆ **it** *or* **the weather is ~** le temps est pluvieux, il pleut ◆ **it's going to be ~** il va pleuvoir ◆ **a ~ day** un jour de pluie, un jour pluvieux ◆ **on ~ days** les jours de pluie ◆ **it's a very ~ climate** c'est un climat très humide *or* pluvieux ◆ **in ~ weather** quand le temps est pluvieux, par temps humide *or* pluvieux ◆ **the ~ season** la saison des pluies ◆ **it's been a very ~ winter/summer/weekend** l'hiver/l'été/le week-end a été très humide *or* pluvieux ◆ **it's been one of the wettest Junes on record** *(Met)* c'est un des mois de juin les plus pluvieux que l'on ait connus ◆ **~ snow** neige *f* fondue

c *(Brit = spineless)* ◆ **he's really ~** * c'est une chiffe molle

d *(Brit Pol* *) *[Tory politician, policy]* gauchisant

e *(in US = against prohibition) [town, state]* où la vente des boissons alcoolisées est autorisée

f *(US fig = quite wrong)* ◆ **you're all ~ !** * tu te fiches complètement dedans ! *, tu te fourres le doigt dans l'œil ! *

N a ◆ **the ~** *(= rain)* la pluie ; *(= damp)* l'humidité *f* ◆ **it got left out in the ~** il est resté dehors sous la pluie *or* à l'humidité ◆ **my car doesn't start in the ~** ma voiture ne démarre pas par temps de pluie ◆ **the road surface is slippery, especially in the ~** la chaussée est glissante, surtout par temps de pluie ◆ **come in out of the ~** ne restez pas sous la pluie, entrez

b ( * *pej = spineless person)* chiffe *f* molle

c *(Brit Pol* *)* gauchisant(e) *m(f)* (du parti conservateur)

VT a mouiller ◆ **to ~ one's lips** se mouiller les lèvres ◆ **to ~ one's whistle** † * *(fig)* boire un coup *, en siffler un *

b *(= urinate)* ◆ **to ~ the bed** mouiller le lit ◆ **to ~ o.s.** *or* **one's pants** *(lit)* mouiller sa culotte ◆ **to ~ o.s.** *or* **one's pants** * **(laughing)** rire à en faire pipi * dans sa culotte

COMP ▷ **wet bar** N *(US) petit bar avec eau courante* ▷ **wet blanket** N *(fig)* rabat-joie *mf inv* ▷ **wet dock** N *(Naut)* bassin *m* à flot ▷ **wet dream** N pollution *f or* éjaculation *f* nocturne ▷ **wet fish** N poisson *m* frais ▷ **the wet look** N *(Fashion)* le look brillant ▷ **wet-look** ADJ *[fabric]* brillant ; *[hair product]* à effet mouillé ▷ **wet-nurse** N nourrice *f* VT servir de nourrice à, élever au sein ▷ **wet rot** N *(NonC)* pourriture *f* humide (du bois) ▷ **wet shave** N rasage *m* au rasoir mécanique ▷ **wet wipe** N serviette *f* rafraîchissante

**wetback** ⁎ /ˈwetbæk/ N *(US pej)* ouvrier *m* agricole mexicain *(entré illégalement aux États-Unis)*

**wether** /ˈweðəʳ/ N bélier *m* châtré, mouton *m*

**wetlands** /ˈwetlændz/ NPL *(esp US)* zones *fpl* humides

**wetly** /ˈwetlɪ/ ADV a *(= damply)* ◆ **her hair clung ~ to her head** ses cheveux mouillés étaient plaqués sur sa tête ◆ **she kissed him ~ on the mouth** elle lui donna un baiser mouillé sur la bouche b *(= feebly) [smile]* mollement

**wetness** /ˈwetnɪs/ N a humidité *f* ◆ **the ~ of the weather** le temps pluvieux b *(Brit Pol)* ◆ **they suspected him of political ~** ils le soupçonnaient de tendances gauchisantes

**wetsuit** /ˈwetsuːt/ N combinaison *f or* ensemble *m* de plongée

**wetting** /ˈwetɪŋ/ N a *(gen)* ◆ **to get a ~** se faire arroser ◆ **to give sth/sb a ~** arroser qch/qn b *(= incontinence)* incontinence *f* d'urine ; (also **bed-wetting**) énurésie *f* nocturne

**WEU** /ˌdʌbljuːiːˈjuː/ N (abbrev of **Western European Union**) UEO *f*

**we've** /wiːv/ ⇒ **we have** ; → **have**

**whack** /wæk/ N a *(= blow)* grand coup *m* ; *(= sound)* coup *m* sec, claquement *m* ◆ **to give sth/sb a ~** donner un grand coup à qch/qn ◆ **~!** vlan ! ◆ **out of ~** ⁎ *(esp US)* détraqué ◆ **the ecosystem was thrown out of ~** l'écosystème a été chamboulé

b ( * *= attempt)* **to have a ~ at doing sth** essayer de faire qch ◆ **I'll have a ~ at it** je vais tenter le coup *

c *(Brit * = share)* part *f* ◆ **you'll get your ~** tu auras ta part ◆ **they won a fair ~ of the contracts** ils ont emporté une bonne partie des marchés ◆ **to pay one's ~** payer sa part ◆ **to pay top** *or* **the full ~ for sth** payer qch plein pot * ◆ **you'll get £15,000 a year, top ~** tu auras 15 000 livres par an, grand maximum *

VT *[+ thing, person]* donner un (or des) grand(s) coup(s) à ; *(= spank)* fesser ; * *(= defeat)* donner une raclée * à, flanquer une déculottée * *or* une dérouillée * à

**whacked** * /ˈwækt/ ADJ *(Brit fig = exhausted)* crevé *, claqué *

**whacking** /ˈwækɪŋ/ N *(= spanking)* fessée *f* ; *(= beating: lit, fig)* raclée * *f* ◆ **to give sb/sth a ~** ⇒ **to whack sb/sth** ; → **whack** ADJ *(esp Brit* *: also **whacking big, whacking great**) énorme ◆ **the supermarkets are making ~ great profits** les supermarchés font des bénéfices énormes

**whacko** * /ˌwæˈkəʊ/ ADJ, N ⇒ **wacko**

**whacky** ⁎ /ˈwækɪ/ ADJ ⇒ **wacky**

**whale** /weɪl/ N (pl **whales** *or* **whale**) a *(= animal)* baleine *f* b *(phrases)* ◆ **we had a ~ of a time** * on s'est drôlement * bien amusé ◆ **a ~ of a difference** * une sacrée * différence ◆ **a ~ of a lot of** * ... vachement * de ..., une sacrée * quantité de ... VI ◆ **to go whaling** aller à la pêche à la baleine, aller pêcher la baleine COMP ▷ **whale calf** N baleineau *m* ▷ **whale oil** N huile *f* de baleine ▷ **whale watching** N ◆ **to go ~ watching** aller regarder les baleines

**whaleboat** /ˈweɪlbəʊt/ N *(Naut)* baleinière *f*

**whalebone** /ˈweɪlbəʊn/ N fanon *m* de baleine ; *(Dress)* baleine *f*

**whaler** /ˈweɪləʳ/ N *(= person)* pêcheur *m* de baleine ; *(= ship)* baleinier *m*

**whaling** /ˈweɪlɪŋ/ N *(NonC)* pêche *f* à la baleine COMP *[industry]* baleinier ▷ **whaling ship** N baleinier *m* ▷ **whaling station** N port *m* baleinier

**wham** /wæm/ EXCL vlan !

**whammy** /ˈwæmɪ/ N *(US)* mauvais sort *m*, poisse * *f* ◆ **double/triple ~** * double/triple coup *m* dur *

**whang** /wæŋ/ N bruit *m* retentissant VT donner un coup dur et sonore à VI faire un bruit retentissant

**wharf** /wɔːf/ **N** (pl **wharfs** or **wharves**) quai *m* *(pour marchandises)*

**wharfage** /ˈwɔːfɪdʒ/ **N** *(NonC)* droits *mpl* de quai

**wharves** /wɔːvz/ **NPL** of **wharf**

## what /wɒt/

1 ADJECTIVE 2 PRONOUN 3 COMPOUNDS

### 1 - ADJECTIVE

**a** [in questions and indirect speech] quel *m*, quelle *f*, quels *mpl*, quelles *fpl* ◆ **~ sort of music do you like?** quel genre de musique aimes-tu ? ◆ **~ time is it?** quelle heure est-il ? ◆ **~ flavours do you want?** quels parfums voulez-vous ? ◆ **~ subjects did you choose?** quelles matières as-tu choisies ? ◆ **she told me ~ colour it was** elle m'a dit de quelle couleur c'était ◆ **they asked me ~ kind of films I liked** ils m'ont demandé quel genre de films j'aimais ◆ **he told me ~ time it was** il m'a dit quelle heure il était, il m'a donné l'heure

**b** [= all the] **I gave him ~ money/coins I had** je lui ai donné tout l'argent/toutes les pièces que j'avais ◆ **~ savings we had are now gone** le peu d'économies que nous avions s'est maintenant envolé ◆ **I will give you ~ information we have** je vais vous donner toutes les informations dont nous disposons ◆ **they packed ~ few belongings they had** ils ont rassemblé le peu qui leur appartenait ◆ **I gave ~ little help I could** j'ai aidé comme j'ai pu ◆ **I gave her ~ comfort I could** je l'ai réconfortée comme j'ai pu ◆ **I gave them ~ advice I could** je les ai conseillés comme j'ai pu

**c** [exclamations]

♦ **what a ...!** ◆ **~ an idiot!** quel imbécile ! ◆ **~ a nice surprise!** quelle bonne surprise ! ◆ **~ a ridiculous suggestion!** quelle suggestion ridicule ! ◆ **~ a beautiful boat!** quel beau bateau ! ◆ **~ a nightmare!** quel cauchemar ! ◆ **~ a nuisance!** quelle barbe ! *, c'est vraiment ennuyeux ! ◆ **~ a lot of people!** que de monde ! ◆ **~ an excuse!** *(iro)* drôle d'excuse !

♦ **what** + *plural/uncount noun* ◆ **~ fools we were!** quels imbéciles nous faisions !, nous étions vraiment bêtes ! ◆ **~ lovely hair you've got!** quels jolis cheveux tu as !

### 2 - PRONOUN

**a** [used alone, or in emphatic position] quoi ◆ **~? I didn't get that** quoi ? tu peux répéter ? ◆ **I've forgotten something – ~?** j'ai oublié quelque chose — quoi ? ◆ **you told him WHAT?** quoi ! qu'est-ce que vous lui avez dit ? ◆ **it's WHAT?** c'est quoi ? ◆ **he's getting married – ~!** il se marie — quoi ! ◆ **~! you expect me to believe that!** quoi ! et tu penses que je vais croire ça !, tu ne penses quand même pas que je vais croire ça ! ◆ **say ~?** * *(US)* quoi ? ◆ **it's getting late, ~?** † * *(esp Brit: seeking confirmation)* il se fait tard, n'est-ce pas ?

> **quoi** is used with a preposition, if the French verb requires one.

◆ **I've just thought of something – ~?** je viens de penser à quelque chose — à quoi ? ◆ **I've just remembered something – ~?** je viens de me souvenir de quelque chose — de quoi ?

♦ **you what?** * *(Brit)* *(expressing surprise)* c'est pas vrai ! * ; *(= what did you say?)* hein ? *

**b** [subject in direct questions] qu'est-ce qui ◆ **~'s happened?** qu'est-ce qui s'est passé ? ◆ **~'s bothering you?** qu'est-ce qui te préoccupe ? ◆ **~'s for lunch/dinner?** qu'est-ce qu'il y a pour déjeuner/dîner ? ◆ **~ is his address?** quelle est son adresse ? ◆ **~'s the French for "pen"?** comment dit-on "pen" en français ? ◆ **~ is this called?** comment ça s'appelle ? ◆ **~'s money if you have no time to spend it?** à quoi bon avoir de l'argent si on n'a pas le temps de le dépenser ?

> When asking for a definition or explanation, **qu'est-ce que c'est que** is often used.

◆ **~ is a lycée polyvalent?** qu'est-ce que c'est qu'un lycée polyvalent ?, c'est quoi, un lycée polyvalent ? ◆ **~ are capers?** qu'est-ce que c'est les câpres ?, c'est quoi, les câpres ? ◆ **~'s that noise?** quel est ce bruit ?, qu'est-ce que c'est que ce bruit ?

♦ **what's that?** *(asking about sth)* qu'est-ce que c'est que ça ? ; *(= what did you say)* comment ?, qu'est-ce que tu as dit ?

**c** [object in direct questions] qu'est-ce que, que, quoi *after prep*

> The object pronoun **que** is more formal than **qu'est-ce que** and requires inversion of verb and pronoun.

◆ **~ did you do?** qu'est-ce que vous avez fait ?, qu'avez-vous fait ? ◆ **~ can we do?** qu'est-ce qu'on peut faire ?, que peut-on faire ?

> A subject pronoun may become the object when translated.

◆ **~ does it matter?** qu'est-ce que ça peut bien faire ? ◆ **~'s it to you?** * qu'est-ce que cela peut vous faire ?

> The French preposition cannot be separated from the pronoun.

◆ **~ does he owe his success to?** à quoi doit-il son succès ? ◆ **~ were you talking about?** de quoi parliez-vous ?

**d** [= which in particular] quel *m*, quelle *f*, quels *mpl*, quelles *fpl* ◆ **~ are the commonest mistakes students make?** quelles sont les erreurs les plus courantes des étudiants ? ◆ **~'s the best time to call?** quel est le meilleur moment pour vous joindre ? ◆ **~ are the advantages?** quels sont les avantages ?

**e** [= how much] combien ◆ **~ will it cost?** combien est-ce que ça va coûter ?, ça va coûter combien ? ◆ **~ does it weigh?** combien est-ce que ça pèse ? ◆ **~ do 2 and 2 make?** combien font 2 et 2 ?

**f** [in indirect questions] ce qui *(subject of vb)*, ce que *(object of vb)* ◆ **I wonder ~ will happen** je me demande ce qui va se passer ◆ **I wonder ~ they think** je me demande ce qu'ils pensent ◆ **he asked me ~ she said** il m'a demandé ce qu'elle avait dit ◆ **I don't know ~ that building is** je ne sais pas ce que c'est que ce bâtiment

> If the French verb takes a preposition, **what** is translated by **quoi**.

◆ **tell us ~ you're thinking about** dites-nous à quoi vous pensez ◆ **I wonder ~ they need** je me demande de quoi ils ont besoin ◆ **I wonder ~ they are expecting** je me demande à quoi ils s'attendent

> **quoi** is used when **what** ends the sentence.

◆ **I don't know who's doing ~** je ne sais pas qui fait quoi

**g** [in relative clauses = that which] ce qui *(subject of vb)*, ce que *(object of vb)*, ce dont *(object of vb taking "de")*, ce à quoi *(object of verb taking "à")* ◆ **~ is done is done** ce qui est fait est fait ◆ **the hotel isn't ~ it was** l'hôtel n'est plus ce qu'il était ◆ **~ I don't understand is ...** ce que je ne comprends pas c'est ... ◆ **say ~ you like, ...** vous pouvez dire ce que vous voulez, ... ◆ **~ I need is ...** ce dont j'ai besoin c'est ... ◆ **it wasn't ~ I was expecting** ce n'était pas ce à quoi je m'attendais ◆ **do ~ you like** fais ce que tu veux, fais comme tu veux

> When **what** = **the ones which**, the French pronoun is generally plural.

◆ **I've no clothes except ~ I'm wearing** je n'ai d'autres vêtements que ceux que je porte

**h** [set structures]

♦ **and I don't know what (all)** ◆ **they raped, pillaged and I don't know ~ (all)** ils ont violé, pillé et je ne sais quoi encore ◆ **it was full of cream, jam, chocolate and I don't know ~** c'était plein de crème, de confiture, de chocolat et je ne sais trop quoi

♦ **and what is/was** + *adjective/adverb* ◆ **and ~'s more** et qui plus est ◆ **and ~ is worse** et ce qui est pire ◆ **and, ~ was more surprising, there was ...** et, plus surprenant encore, il y avait ...

♦ **and what have you** *

♦ **and what not** * et cætera

♦ **or what?** ◆ **are you coming/do you want it or ~?** tu viens/tu le veux ou quoi ? ◆ **I mean, is this sick, or ~?** * il faut vraiment être malade ! * ◆ **is this luxury or ~?** * c'est le grand luxe !

♦ **tell you what** ◆ **tell you ~, let's stay here another day** j'ai une idée : si on restait un jour de plus ?

♦ **what about** ◆ **~ about Robert?** et Robert ? ◆ **~ about people who haven't got cars?** et les gens qui n'ont pas de voiture (alors) ? ◆ **~ about the danger involved?** et les risques que l'on encourt ? ◆ **~ about lunch, shall we go out?** qu'est-ce qu'on fait à midi, on va au restaurant ? ◆ **your car ... – ~ about it?** * ta voiture ... — qu'est-ce qu'elle a ma voiture ? ◆ **~ about going to the cinema?** si on allait au cinéma ?

♦ **what for?** pourquoi ? ◆ **~ did you do that for?** pourquoi avez-vous fait ça ? ; see also **compounds**

♦ **what if** et si ◆ **~ if this doesn't work out?** et si ça ne marchait pas ? ◆ **~ if he says no?** et s'il refuse ? ◆ **~ if it rains?** et s'il pleut ?

♦ **what of** ◆ **but ~ of the country's political leaders?** et les dirigeants politiques du pays ?, qu'en est-il des dirigeants politiques du pays ? ◆ **~ of it?** * et alors ?

♦ **what's what** * ◆ **he knows ~'s ~** il s'y connaît, il connaît son affaire ◆ **you should try my job, then you'd really see ~'s ~** tu devrais faire mon travail et alors tu comprendrais ◆ **I've done this job long enough to know ~'s ~** je fais ce travail depuis assez longtemps pour savoir de quoi il retourne * ◆ **I'll show them ~'s ~** je vais leur montrer de quel bois je me chauffe *

♦ **what with** ◆ **~ with the stress and lack of sleep, I was in a terrible state** entre le stress et le manque de sommeil, j'étais dans un état lamentable ◆ **~ with one thing and another** avec tout ça ◆ **~ with the suitcase and his bike he could hardly ...** avec la valise et son vélo, il pouvait à peine ...

♦ **not but what** ◆ **not but ~ that wouldn't be a good thing** non que ce soit une mauvaise chose

### 3 - COMPOUNDS

▷ **what-d'ye-call-her** * **N** Machine * *f* ▷ **what-d'ye-call-him** * **N** Machin * *m*, Machin Chouette * *m* ▷ **what-d'ye-call-it** * **N** machin * *m*, truc * *m*, bidule * *m* ▷ **what**

**for** * N ◆ **to give sb ~-for** passer un savon à qn* ▷ **what-ho !** † * EXCL ohé bonjour ! ▷ **what's-her-name** * N ⇒ **what-d'ye-call-her** ▷ **what's-his-name** * N ⇒ **what-d'ye-call-him** ▷ **what's-it** N ⇒ **what-d'ye-call-it** ◆ **Mr What's-it** * Monsieur Machin (Chose) * ▷ **what's-its-name** * N ⇒ **what-d'ye-call-it**

**whate'er** /wɒt'ɛəʳ/ *(liter)* ⇒ **whatever**

**whatever** /wɒt'evəʳ/ LANGUAGE IN USE 26.3

ADJ a *(gen)* ◆ **~ book you choose** quel que soit le livre que vous choisissiez *subj* ◆ **any box of ~ size** n'importe quelle boîte quelle qu'en soit la taille ◆ **give me ~ money you've got** donne-moi (tout) ce que tu as comme argent ◆ **he agreed to make ~ repairs might prove necessary** il a accepté de faire toutes les réparations qui s'avéreraient nécessaires ◆ **you'll have to change ~ plans you've made** quoi que vous ayez prévu, il vous faudra changer vos plans

b (*: *emphatic interrog)* ◆ **~ books have you been reading ?** qu'est-ce que vous êtes allé lire ?, vous avez lu de drôles de livres ! * ◆ **~ time is it?** quelle heure peut-il bien être ?

ADV ◆ **~ the weather** quel que soit le temps (qu'il fasse) ◆ **~ the news from the front, they ...** quelles que soient les nouvelles du front, ils ... ◆ **I'll take anything ~ you can spare** je prendrai tout ce dont vous n'avez pas besoin (quoi que ce soit) ◆ **I've no money ~** *or* **whatsoever** je n'ai pas un sou, je n'ai pas le moindre argent ◆ **there's no doubt ~** *or* **whatsoever about it** cela ne fait pas le moindre doute *or* pas l'ombre d'un doute ◆ **nothing ~** *or* **whatsoever** rien du tout, absolument rien ◆ **did you see any? – none ~** *or* **whatsoever!** tu en as vu ? — non, absolument aucun ! ◆ **has he any chance ~** *or* **whatsoever?** a-t-il la moindre chance ?

PRON a *(= no matter what)* quoi que + *subj* ◆ **~ happens** quoi qu'il arrive *subj* ◆ **~ you (may) find** quoi que vous trouviez *subj* ◆ **~ it may be** quoi que ce soit ◆ **~ he may mean** quel que soit ce qu'il veut dire ◆ **~ it** *or* **that means** *or* **may mean** *or* **meant** quel que soit le sens du mot (*or* de la phrase *etc*) ; *(hum, iro)* maintenant, allez savoir ce que ça veut dire ◆ **I'll pay ~ it costs** je paierai ce que ça coûtera ◆ **~ it costs, get it** achète-le quel qu'en soit le prix ◆ **~ he said before, he won't now do it** quoi qu'il ait dit auparavant, il ne le fera pas maintenant

b *(= anything that)* tout ce que ◆ **do ~ you please** faites ce que vous voulez *or* voudrez ◆ **we shall do ~ is necessary** nous ferons le nécessaire ◆ **Monday or Tuesday, ~ suits you best** lundi ou mardi, ce qui *or* le jour qui vous convient le mieux ◆ **~ you say, sir** comme monsieur voudra ◆ **I tell you I'm ill! – ~ you say** *(iro)* je te dis que je suis malade ! — bien sûr, puisque tu le dis *(iro)*

c (*: *emphatic interrog)* **~ did you do?** qu'est-ce que vous êtes allé faire ? ◆ **~ did you say that for?** pourquoi êtes-vous allé dire ça ?

d *(= other similar things)* **the books and the clothes and ~** * les livres et les vêtements et tout ça *or* et que sais-je encore

**whatnot** /'wɒtnɒt/ N a *(= furniture)* étagère *f* b (* *= thing)* machin * *m*, truc * *m*, bidule * *m* c **and ~** * et ainsi de suite, et tout ce qui s'ensuit

**whatsoever** *(emphatic)* /,wɒtsəʊ'evəʳ/, **whatsoe'er** *(liter)* /,wɒtsəʊ'ɛəʳ/ ⇒ **whatever**

**wheat** /wiːt/ N *(NonC)* blé *m*, froment *m* ◆ **to separate** *or* **divide the ~ from the chaff** *(fig)* séparer le bon grain de l'ivraie COMP ▷ **wheat beer** N bière *f* blanche ▷ **wheat field** N champ *m* de blé ▷ **wheat flour** N farine *f* de blé *or* de froment ▷ **wheat sheaf** N gerbe *f* de blé

**wheatear** /'wiːtɪəʳ/ N *(= bird)* traquet *m* (motteux)

**wheaten** /'wiːtn/ ADJ de blé, de froment

**wheatgerm** /'wiːtdʒɜːm/ N *(NonC)* germes *mpl* de blé

**wheatmeal** /'wiːtmiːl/ N farine *f* complète ◆ **~ bread** ≈ pain *m* de campagne

**wheedle** /'wiːdl/ VT cajoler, câliner ◆ **to ~ sth out of sb** obtenir *or* tirer qch de qn par des cajoleries *or* des câlineries ◆ **to ~ sb into doing sth** cajoler *or* câliner qn pour qu'il fasse qch, amener qn à faire qch à force de cajoleries *or* câlineries

**wheedling** /'wiːdlɪŋ/ ADJ câlin, enjôleur N cajolerie(s) *f(pl)*, câlinerie(s) *f(pl)*

**wheel** /wiːl/ N a *(gen)* roue *f* ; *(smaller) [of trolley, toy etc]* roulette *f* ; *(of ship)* (roue *f* de) gouvernail *m* ; *(= steering wheel)* volant *m* ; *(= spinning wheel)* rouet *m* ; *(= potter's wheel)* tour *m* (de potier) ; *(in roulette etc)* roue *f* ; *(Hist = torture instrument)* roue *f* ◆ **at the ~** *(of ship)* au gouvernail ; (*of car:* also **behind the wheel**) au volant ◆ **to take the ~** *(of ship)* prendre le gouvernail ; (*of car:* also **to get behind the wheel**) se mettre au volant ◆ **to change a ~** *(Aut)* changer une roue ◆ **to break sb on the ~** *(Hist)* rouer qn ; → **shoulder, spoke**[1]

b *(in fig phrases)* ◆ **the ~s of government/of justice** les rouages *mpl* du gouvernement/de l'institution judiciaire ◆ **the ~s of justice are moving** *or* **turning very slowly** la justice suit son cours avec beaucoup de lenteur ◆ **to oil** *or* **grease the ~s** huiler les rouages ◆ **there are ~s within ~s** c'est plus compliqué que ça ne paraît, il y a toutes sortes de forces en jeu ◆ **the ~ has come full circle** la boucle est bouclée ◆ **it was hell on ~s** * c'était l'enfer ◆ **a third** *or* **fifth ~** *(US fig)* la cinquième roue du carrosse ; → **reinvent**

c (* *= car)* ◆ **(set of) ~s** bagnole * *f* ◆ **have you got ~s?** vous êtes motorisé ? *

d *(Mil)* **to make a right/left ~** *(= turn)* effectuer une conversion à droite/à gauche

VT a *[+ barrow, pushchair]* pousser, rouler ; *[+ bed, cycle]* pousser ; *[+ child]* pousser (dans un landau *etc*) ◆ **to ~ a trolley into/out of a room** amener un chariot dans une pièce/sortir un chariot d'une pièce ◆ **they ~ed the sick man over to the window** ils ont poussé le malade (dans son fauteuil roulant *or* sur son lit roulant) jusqu'à la fenêtre

b * *(fig = bring)* **he ~ed out an enormous box** il a sorti une boîte énorme ◆ **~ him in!** amenez-le ! ◆ **the government have ~ed out their usual pre-election tax cuts** le gouvernement a ressorti ses réductions d'impôt, comme il en a l'habitude à la veille des élections ◆ **he ~ed out his usual arguments** il a sorti * ses arguments habituels ◆ **spokesmen were ~ed out to deny these rumours** on a fait venir des porte-parole pour démentir ces rumeurs

VI a (also **wheel round**) *[birds]* tournoyer ; *[person]* se retourner (brusquement), virevolter ; *(Mil)* effectuer une conversion ; *[procession]* tourner ◆ **right ~!** *(Mil)* à droite !

b *(fig)* ◆ **he's always ~ing and dealing** * il est toujours en train de manigancer quelque chose *or* de chercher des combines *

COMP ▷ **wheel brace** N *(Aut)* clé *f* en croix ▷ **wheel clamp** N sabot *m* (de Denver) VT mettre un sabot à ▷ **wheel clamping** N pose *f* d'un sabot (de Denver) ▷ **wheel gauge** N *(Aut)* écartement *m* des essieux ▷ **wheel horse** * N *(US fig)* cheval *m* de labour *(fig)* ▷ **wheel of fortune** N roue *f* de la fortune

**wheelbarrow** /'wiːlbærəʊ/ N brouette *f*

**wheelbase** /'wiːlbeɪs/ N *(Aut)* empattement *m*

**wheelchair** /'wiːltʃɛəʳ/ N fauteuil *m* roulant ◆ **"wheelchair access"** "accès aux handicapés" ◆ **when I'm in a ~ ...** *(hum)* quand je serai dans un *or* en fauteuil roulant ... COMP ▷ **wheelchair-bound** ADJ ◆ **to be ~-bound** être dans un fauteuil roulant ▷ **wheelchair Olympics** † N Jeux *mpl* olympiques handisports

**wheeled** /wiːld/ ADJ *[object]* à roues, muni de roues ◆ **three-~** à trois roues

**wheeler** /'wiːləʳ/ N *(pej)* ◆ **~-(and-)dealer** * magouilleur * *m*, -euse * *f* ; *(= businessman)* affairiste *m* ◆ **~-dealing** * *(pej)* ⇒ **wheeling and dealing** ; → **wheeling**

**-wheeler** /'wiːləʳ/ N *(in compounds)* ◆ **four-wheeler** voiture *f* à quatre roues ; → **two**

**wheelhouse** /'wiːlhaʊs/ N *(Naut)* timonerie *f*

**wheelie** * /'wiːlɪ/ N ◆ **to do a ~** faire une roue arrière COMP ▷ **wheelie bin** * N *(Brit)* poubelle *f* à roulettes

**wheeling** /'wiːlɪŋ/ N *(pej)* ◆ **~ and dealing** * magouilles * *fpl* combines * *fpl* ◆ **there has been a lot of ~ and dealing * over the choice of candidate** le choix du candidat a donné lieu à toutes sortes de combines *or* de magouilles *

**wheelspin** /'wiːlspɪn/ N *(Aut)* patinage *m*

**wheelwright** /'wiːlraɪt/ N charron *m*

**wheeze** /wiːz/ N a respiration *f* bruyante *or* sifflante b *(Brit* † * *= scheme)* truc * *m*, combine * *f* c *(US * = saying)* dicton *m*, adage *m* VI *[person] (= breathe noisily)* respirer bruyamment ; *(= breathe with difficulty)* avoir du mal à respirer ; *[animal]* souffler VT (also **wheeze out**) ◆ **"yes", he ~d** "oui", dit-il d'une voix rauque ◆ **the old organ ~d out the tune** le vieil orgue a joué le morceau dans un bruit de soufflerie

**wheezy** /'wiːzɪ/ ADJ *[person]* poussif, asthmatique ; *[voice]* d'asthmatique ; *[animal]* poussif ; *[organ etc]* asthmatique *(fig)*

**whelk** /welk/ N bulot *m*, buccin *m*

**whelp** /welp/ N *(= animal)* petit(e) *m(f)* ; *(pej) (= youth)* petit morveux *m* VI *(of animals)* mettre bas

## when /wen/

| | |
|---|---|
| 1 ADVERB | 2 CONJUNCTION |
| 3 NOUN | |

### 1 - ADVERB

quand

Note the various ways of asking questions in French:

◆ **~ does the term start?** quand commence le trimestre ?, quand est-ce que le trimestre commence ? ◆ **~ did it happen?** quand cela s'est-il passé ?, ça s'est passé quand ? ◆ **~ was penicillin discovered?** quand la pénicilline a-t-elle été découverte ? ◆ **~ was the Channel Tunnel opened?** quand a-t-on ouvert le tunnel sous la Manche ? ◆ **~ would be the best time to phone?** quand est-ce je pourrais rappeler ? ◆ **~'s the wedding?** à quand le mariage ?, quand doit avoir lieu le mariage ?

There is no inversion after ***quand*** in indirect questions.

◆ **I don't know ~ I'll see him again** je ne sais pas quand je le reverrai ◆ **did he say ~ he'd be back?** a-t-il dit quand il serait de retour ? ◆ **let me know ~ you want your holi-**

**days** faites-moi savoir quand *or* à quelle date vous désirez prendre vos congés

> If **when** means **what time/date**, a more specific translation is often used.

◆ ~ **does the train leave?** à quelle heure part le train ? ◆ ~ **do you finish work?** à quelle heure est-ce tu quittes le travail ? ◆ ~ **is your birthday?** quelle est la date de ton anniversaire ?, c'est quand, ton anniversaire ? ◆ ~ **do the grapes get ripe?** vers quelle date *or* quand est-ce que les raisins sont mûrs ?

♦ **say when !** * *(pouring drinks etc)* vous m'arrêterez ...

2 - CONJUNCTION

a [= at the time that] quand, lorsque ◆ **everything looks nicer ~ the sun is shining** tout est plus joli quand *or* lorsque le soleil brille

> If the **when** clause refers to the future, the future tense is used in French.

◆ **I'll do it ~ I have time** je le ferai quand j'aurai le temps ◆ **let me know ~ she comes** faites-moi savoir quand elle arrivera ◆ ~ **you're older, you'll understand** quand tu seras plus grand, tu comprendras ◆ **go ~ you like** partez quand vous voulez *or* voudrez

> **en** + present participle may be used, if the subject of both clauses is the same, and the verb is one of action.

◆ **she burnt herself ~ she took the dish out of the oven** elle s'est brûlée en sortant le plat du four ◆ **he blushed ~ he saw her** il a rougi en la voyant

♦ **when** + *noun* ◆ ~ **a student at Oxford, she ...** lorsqu'elle était étudiante à Oxford, elle ... ◆ ~ **a child, he ...** enfant, il ...

♦ **when** + *adjective* ◆ **my father, ~ young, had a fine tenor voice** quand mon père était jeune il avait une belle voix de ténor ◆ ~ **just three years old, he was ...** à trois ans il était déjà ... ◆ **the floor is slippery ~ wet** le sol est glissant quand *or* lorsqu'il est mouillé

♦ **when** + *-ing* ◆ **you should take your passport with you ~ changing money** munissez-vous de votre passeport lorsque *or* quand vous changez de l'argent ◆ **take care ~ opening the tin** faites attention lorsque *or* quand vous ouvrez la boîte, faites attention en ouvrant la boîte

♦ *day/time/moment* + **when** où ◆ **on the day ~ I met him** le jour où je l'ai rencontré ◆ **at the time ~ I should have been at the station** à l'heure où j'aurais dû être à la gare ◆ **at the very moment ~ I was about to leave** juste au moment où j'allais partir ◆ **one day ~ the sun was shining** un jour que *or* où le soleil brillait ◆ **it was one of those days ~ everything is quiet** c'était un de ces jours où tout est calme ◆ **there are times ~ I wish I'd never met him** il y a des moments où je souhaiterais ne l'avoir jamais rencontré ◆ **this is a time ~ we must speak up for our principles** c'est dans un moment comme celui-ci qu'il faut défendre nos principes

b [= which is when] ◆ **he arrived at 8 o'clock, ~ traffic is at its peak** il est arrivé à 8 heures, heure à laquelle la circulation est la plus intense ◆ **in August, ~ peaches are at their best** en août, époque où les pêches sont les plus savoureuses ◆ **it was in spring, ~ the snow was melting** c'était au printemps, à la fonte des neiges

c [= the time when] ◆ **he told me about ~ you got lost in Paris** il m'a raconté le jour *or* la fois * où vous vous êtes perdu dans Paris ◆ **now is ~ I need you most** c'est maintenant que j'ai le plus besoin de vous ◆ **that's ~ the programme starts** c'est l'heure à laquelle l'émission commence ◆ **that's ~ Napoleon was born** c'est l'année où Napoléon est né ◆ **that's ~ you ought to try to be patient** c'est dans ces moments-là qu'il faut faire preuve de patience ◆ **that was ~ the trouble started** c'est alors que les ennuis ont commencé

d [= after] quand, une fois que ◆ ~ **you read the letter you'll know why** quand vous lirez la lettre vous comprendrez pourquoi ◆ ~ **they left, I felt relieved** quand ils sont partis, je me suis senti soulagé ◆ ~ **you've been to Greece you realize how ...** quand *or* une fois qu'on est allé en Grèce, on se rend compte que ... ◆ ~ **he had made the decision, he felt better** il se sentit soulagé une fois qu'il eut pris une décision ◆ ~ **(it is) finished the bridge will measure ...** une fois terminé, le pont mesurera ...

e [= each time that, whenever] quand ◆ **I take aspirin ~ I have a headache** je prends un cachet d'aspirine quand j'ai mal à la tête ◆ ~ **it rains I wish I were back in Italy** quand il pleut je regrette l'Italie

f [= whereas] alors que ◆ **he thought he was recovering, ~ in fact ...** il pensait qu'il était en voie de guérison alors qu'en fait ...

g [= if] ◆ **how can I be self-confident ~ I look like this ?** comment veux-tu que j'aie confiance en moi en étant comme ça ? ◆ **how can you understand ~ you won't listen?** comment voulez-vous comprendre si vous n'écoutez pas ? ◆ **what's the good of trying ~ I know I can't do it?** à quoi bon essayer, si *or* puisque je sais que je ne peux pas le faire

h [= and then] quand ◆ **he had just sat down ~ the phone rang** il venait juste de s'asseoir quand le téléphone a sonné ◆ **I was about to leave ~ I remembered ...** j'étais sur le point de partir quand je me suis rappelé ... ◆ **I had only just got back ~ I had to leave again** à peine venais-je de rentrer que j'ai dû repartir

3 - NOUN

◆ **I want to know the ~ and the how of all this** je veux savoir quand et comment tout ça est arrivé

**whence** /wens/ ADV, CONJ *(liter)* d'où

**whenever** /wenˈevəʳ/, **whene'er** *(liter)* /wenˈɛəʳ/ CONJ a *(= at whatever time)* quand ◆ **come ~ you wish** venez quand vous voulez *or* voudrez ◆ **you may leave ~ you're ready** vous pouvez partir quand vous serez prêt
b *(= every time that)* quand, chaque fois que ◆ **come and see us ~ you can** venez nous voir quand vous le pouvez ◆ ~ **I see a black horse I think of Jenny** chaque fois que je vois un cheval noir je pense à Jenny ◆ ~ **it rains the roof leaks** chaque fois qu'il pleut le toit laisse entrer l'eau ◆ ~ **people ask him he says ...** quand on lui demande il dit ... ◆ ~ **you touch it it falls over** on n'a qu'à le toucher et il tombe
ADV * mais quand donc ◆ ~ **did you do that?** mais quand donc est-ce que vous avez fait ça ? ◆ **next Monday, or ~** lundi prochain, ou je ne sais quand ◆ **I can leave on Monday, or Tuesday, or ~** je peux partir lundi, ou mardi, ou un autre jour *or* ou n'importe quand

**whensoever** *(emphatic)* /ˌwensəʊˈevəʳ/, **whensoe'er** *(liter)* /ˌwensəʊˈɛəʳ/ ⇒ **whenever**

**where** /wɛəʳ/ LANGUAGE IN USE 5.1
ADV *(= in or to what place)* où ◆ ~ **do you live?** où habitez-vous ? ◆ ~ **are you going (to)?** où allez-vous ? ◆ ~**'s the theatre?** où est le théâtre ? ◆ ~ **are you from?, ~ do you come from?** d'où venez-vous ?, vous venez d'où ? ◆ ~ **have you come from?** d'où est-ce que vous arrivez ?, vous arrivez d'où ? ◆ **you saw him near ~?** vous l'avez vu près d'où ? ◆ ~ **have you got to in the book?** où est-ce que vous en êtes de votre livre ? ◆ ~ **do I come into it?** *(fig)* qu'est-ce que je viens faire dans tout ça ?, quel est mon rôle dans tout ça ? ◆ ~**'s the difference?** où voyez-vous une différence ? ◆ **I wonder ~ he is** je me demande où il est ◆ **I don't know ~ I put it** je ne sais pas où je l'ai mis ◆ **don't eat that, you don't know ~ it's been** ne mangez pas cela, vous ne savez pas où ça a traîné ◆ ~ **would we be if ...?** où serions-nous si ... ?
CONJ a *(gen)* (là) où ◆ **stay ~ you are** restez (là) où vous êtes ◆ **there is a garage ~ the two roads intersect** il y a un garage au croisement des deux routes ◆ **Lyons stands ~ the Saône meets the Rhône** Lyon se trouve au confluent de la Saône et du Rhône ◆ **there is a school ~ our house once stood** il y a une école là où *or* à l'endroit où se dressait autrefois notre maison ◆ **go ~ you like** allez où vous voulez *or* voudrez ◆ **it is coldest ~ there are no trees for shelter** c'est là où il n'y a pas d'arbre pour s'abriter (du vent) qu'il fait le plus froid ◆ **I'm at the stage ~ I could ...** j'en suis au point où je pourrais ... ◆ **my book is not ~ I left it** mon livre n'est pas là où *or* à l'endroit où je l'avais laissé ◆ **it's not ~ I expected to see it** je ne m'attendais pas à le voir là ◆ **he ran towards ~ the bus had crashed** il a couru vers l'endroit où le bus avait eu l'accident ◆ **I told him ~ he could stick his job** ‡ je lui ai dit où il pouvait se le mettre son boulot ‡
b *(= in which, at which etc)* où ◆ **the house ~ he was born** la maison où il est né, sa maison natale ◆ **in the place ~ there used to be a church** à l'endroit où il y avait une église ◆ **England is ~ you'll find this sort of thing most often** c'est en Angleterre que vous trouverez le plus fréquemment cela
c *(= the place that)* là que ◆ **this is ~ the car was found** c'est là qu'on a retrouvé la voiture ◆ **this is ~ we got to in the book** c'est là que nous en sommes du livre ◆ **that's ~ you're wrong!** c'est là que vous vous trompez !, voilà votre erreur ! ◆ **so that's ~ my gloves have got to!** voilà où sont passés mes gants ! ◆ **that's ~** *or* **there's * ~ things started to go wrong** *(= when)* c'est là que les choses se sont gâtées ◆ **this is ~** *or* **here's * ~ you've got to make your own decision** là il faut que tu décides *subj* tout seul ◆ **that's ~ I meant** c'est là que je voulais dire ◆ **he went up to ~ she was sitting** il s'est approché de l'endroit où elle était assise ◆ **I walked past ~ he was standing** j'ai dépassé l'endroit où il se tenait ◆ **from ~ I'm standing I can see ...** d'où *or* de là où je suis je peux voir ...
d *(= wherever)* là où ◆ **you'll always find water ~ there are trees** vous trouverez toujours de l'eau là où il y a des arbres ◆ ~ **there is kindness, you will find ...** là où il y a de la gentillesse, vous trouverez ...
e *(= whereas)* alors que ◆ **he walked ~ he could have taken the bus** il est allé à pied alors qu'il aurait pu prendre le bus ◆ **he walked ~ I would have taken the bus** il est allé à pied alors que *or* tandis que moi j'aurais pris le bus
N ◆ **I want to know the ~ and the why of it** je veux savoir où et pourquoi c'est arrivé

**whereabouts** /ˈwɛərəbaʊts/ ADV où (donc) ◆ ~ **did you put it?** où (donc) l'as-tu mis ? N ◆ **to know sb's/sth's ~** savoir où est qn/qch ◆ **his ~ are unknown** personne ne sait où il se trouve

**whereafter** /ˌwɛərˈæftəʳ/ CONJ *(frm)* après quoi

**whereas** /wɛərˈæz/ CONJ *(= while)* alors que, tandis que ; *(= in view of the fact that)* attendu que, considérant que ; *(= although)* bien que *+ subj*, quoique *+ subj*

**whereat** /wɛərˈæt/ ADV *(liter)* sur quoi, après quoi, sur ce

**whereby** /wɛəˈbaɪ/ PRON *(frm)* par quoi, par lequel (*or* laquelle *etc*), au moyen duquel (*or* de laquelle *etc*)

**wherefore** †† /ˈwɛəˌfɔːʳ/ CONJ *(= for that reason)* et donc, et pour cette raison ; see also **why** ADV *(= why)* pourquoi

**wherein** /wɛərˈɪn/ INTERROG ADV †† où, dans quoi CONJ *(frm)* où, dans quoi

**whereof** /wɛərˈɒv/ ADV, PRON *(frm, liter)* de quoi, dont, duquel (*or* de laquelle *etc*)

**whereon** /wɛərˈɒn/ PRON *(frm, liter)* sur quoi, sur lequel (*or* laquelle *etc*)

**wheresoever** *(emphatic)* /ˌwɛəsəʊˈevəʳ/, **wheresoe'er** *(liter)* /ˌwɛəsəʊˈɛəʳ/ ⇒ **wherever**

**whereto** /wɛəˈtuː/ ADV *(frm)* et dans ce but, et en vue de ceci

**whereupon** /ˌwɛərəˈpɒn/ ADV sur quoi, après quoi

**wherever** /wɛərˈevəʳ/ CONJ **a** *(= no matter where)* où que *+ subj* ◆ **~ I am I'll always remember** où que je sois, je n'oublierai jamais ◆ **~ you go I'll go too** où que tu ailles *or* partout où tu iras, j'irai ◆ **I'll buy it ~ it comes from** je l'achèterai d'où que cela provienne *or* quelle qu'en soit la provenance ◆ **~ it came from, it's here now!** peu importe d'où cela vient, c'est là maintenant !

**b** *(= anywhere)* (là) où ◆ **sit ~ you like** asseyez-vous (là) où vous voulez ◆ **go ~ you please** allez où bon vous semblera ◆ **we'll go ~ you wish** nous irons (là) où vous voudrez ◆ **he comes from Barcombe, ~ that is** il vient d'un endroit qui s'appellerait Barcombe

**c** *(= everywhere)* partout où ◆ **~ you see this sign, you can be sure that ...** partout où vous voyez ce signe, vous pouvez être sûr que ... ◆ **~ there is water available** partout où il y a de l'eau

ADV * mais où donc ◆ **~ did you get that hat?** mais où donc avez-vous déniché* ce chapeau ? ◆ **I bought it in London or Liverpool or ~** je l'ai acheté à Londres, Liverpool ou je ne sais où

**wherewith** /wɛəˈwɪθ/ ADV *(frm, liter)* avec quoi, avec lequel (*or* laquelle *etc*)

**wherewithal** /ˈwɛəwɪðɔːl/ N moyens *mpl*, ressources *fpl* nécessaires ◆ **he hasn't the ~ to buy it** il n'a pas les moyens de l'acheter

**whet** /wet/ VT **a** *[+ tool]* aiguiser, affûter **b** *[+ desire, appetite, curiosity]* aiguiser, stimuler

**whether** /ˈweðəʳ/ CONJ **a** si ◆ **I don't know ~ it's true or not, I don't know ~ or not it's true** je ne sais pas si c'est vrai ou non ◆ **you must tell him ~ you want him (or not)** il faut que tu lui dises si oui ou non tu as besoin de lui ◆ **I don't know ~ to go or not** je ne sais pas si je dois y aller ou non ◆ **it is doubtful ~ ...** il est peu probable que ... *+ subj* ◆ **I doubt ~ ...** je doute que ... *+ subj* ◆ **I'm not sure ~ ...** je ne suis pas sûr si ... *+ indic or* que ... *+ subj*

**b** que *+ subj* ◆ **~ it rains or (~ it) snows I'm going out** qu'il pleuve ou qu'il neige *subj* je sors ◆ **~ you go or not, ~ or not you go** que tu y ailles ou non

**c** soit ◆ **~ today or tomorrow** soit aujourd'hui soit demain ◆ **~ before or after** soit avant soit après ◆ **~ with a friend to help you or without** avec ou sans ami pour vous aider ◆ **I shall help you ~ or no** de toute façon *or* quoi qu'il arrive *subj* je vous aiderai

**whetstone** /ˈwetstəʊn/ N pierre *f* à aiguiser

**whew** * /hwjuː/ EXCL *(relief, exhaustion)* ouf ! ; *(surprise, admiration)* fichtre ! *

**whey** /weɪ/ N petit-lait *m*

**which** /wɪtʃ/ ADJ **a** *(in questions etc)* quel ◆ **~ card did he take?** quelle carte a-t-il prise ?, laquelle des cartes a-t-il prise ? ◆ **I don't know ~ book he wants** je ne sais pas quel livre il veut ◆ **~ one?** lequel (*or* laquelle) ? ◆ **~ one of you?** lequel (*or* laquelle) d'entre vous ? ◆ **~ Campbell do you mean?** de quel Campbell parlez-vous ?

**b** ◆ **in ~ case** auquel cas ◆ **he spent a week here, during ~ time ...** il a passé une semaine ici au cours de laquelle ...

PRON **a** *(in questions etc)* lequel *m*, laquelle *f* ◆ **~ is the best of these maps?, ~ of these maps is the best?** quelle est la meilleure de ces cartes ?, laquelle de ces cartes est la meilleure ? ◆ **~ have you taken?** lequel *m* (*or* laquelle *f*) avez-vous pris(e) ? ◆ **~ of you two is taller?** lequel de vous deux est le plus grand ?, qui est le plus grand de vous deux ? ◆ **~ are the ripest apples?** quelles sont les pommes les plus mûres ?, quelles pommes sont les plus mûres ? ◆ **~ would you like?** lequel aimeriez-vous ? ◆ **~ of you are married?** lesquels d'entre vous sont mariés ? ◆ **~ of you owns the red car?** lequel d'entre vous est le propriétaire de la voiture rouge ?

**b** *(= the one or ones that) (subject)* celui *m* (*or* celle *f or* ceux *mpl or* celles *fpl*) qui ; *(object)* celui *etc* que ◆ **I don't mind ~ you give me** vous pouvez me donner celui que vous voudrez (ça m'est égal) ◆ **I don't mind ~** ça m'est égal ◆ **show me ~ is the cheapest** montrez-moi celui qui est le moins cher ◆ **I can't tell** *or* **I don't know ~ is ~** je ne peux pas les distinguer ◆ **I can't tell ~ key is ~** je ne sais pas à quoi correspondent ces clés *or* quelle clé ouvre quelle porte ◆ **tell me ~ are the Frenchmen** dites-moi lesquels sont les Français ◆ **I know ~ I'd rather have** je sais celui que je préférerais ◆ **ask him ~ of the books he'd like** demandez-lui parmi tous les livres lequel il voudrait

**c** *(= that) (subject)* qui ; *(object)* que ; *(after prep)* lequel *m* (*or* laquelle *f or* lesquels *mpl or* lesquelles *fpl*) ◆ **the book ~ is on the table** le livre qui est sur la table ◆ **the apple ~ you ate** la pomme que vous avez mangée ◆ **the house towards ~ she was going** la maison vers laquelle elle se dirigeait ◆ **the film of ~ he was speaking** le film dont il parlait ◆ **opposite ~** en face duquel (*or* de laquelle *etc*) ◆ **the book ~ I told you about** le livre dont je vous ai parlé ◆ **the box ~ you put it in** la boîte dans laquelle vous l'avez mis

**d** *(= and that) (subject)* ce qui ; *(object)* ce que ; *(after prep)* quoi ◆ **he said he knew her, ~ is true** il a dit qu'il la connaissait, ce qui est vrai ◆ **she said she was 40, ~ I doubt very much** elle a dit qu'elle avait 40 ans, ce dont je doute beaucoup ◆ **you're late, ~ reminds me ...** vous êtes en retard, ce qui me fait penser ... ◆ **... upon ~ she left the room** ... sur quoi *or* et sur ce elle a quitté la pièce ◆ **... of ~ more later** ... ce dont je reparlerai plus tard, ... mais je reviendrai là-dessus plus tard ◆ **from ~ we deduce that ...** d'où *or* et de là nous déduisons que ... ◆ **after ~ we went to bed** après quoi nous sommes allés nous coucher

**whichever** /wɪtʃˈevəʳ/ ADJ **a** *(= that one which)* **~ method is most successful should be chosen** on devrait choisir la méthode garantissant les meilleurs résultats, peu importe laquelle ◆ **take ~ book you like best** prenez le livre que vous préférez, peu importe lequel ◆ **I'll have ~ apple you don't want** je prendrai la pomme que *or* dont vous ne voulez pas ◆ **keep ~ one you prefer** gardez celui que vous préférez ◆ **go by ~ route is the most direct** prenez la route la plus directe, peu importe laquelle ◆ **do it in ~ way you can** faites-le comme vous pourrez

**b** *(= no matter which) (subject)* quel que soit ... qui *+ subj* ; *(object)* quel que soit ... que *+ subj* ◆ **~ dress you wear** quelle que soit la robe que tu portes ◆ **~ book is left** quel que soit le livre qui reste ◆ **~ book is chosen** quel que soit le livre choisi ◆ **~ way you look at it** *(fig)* de quelque manière que vous le considériez *subj*

PRON **a** *(= the one which) (subject)* celui *m* qui, celle *f* qui ; *(object)* celui *m* que, celle *f* que ◆ **~ is best for him** celui *m* (*or* celle *f*) qui lui convient le mieux ◆ **~ you choose will be sent to you at once** celui *m* (*or* celle *f*) que vous choisirez vous sera expédié(e) immédiatement ◆ **~ of the books is selected** quel que soit le livre qui sera sélectionné ◆ **choose ~ is easiest** choisissez (celui qui est) le plus facile ◆ **on Thursday or Friday, ~ is more convenient** jeudi ou vendredi, le jour qui vous conviendra le mieux ◆ **A or B, ~ is the greater** A ou B, à savoir le plus grand des deux ◆ **at sunset or 7pm, ~ is the earlier** au coucher du soleil ou à 19 heures au plus tard, selon la saison

**b** *(= no matter which one) (subject)* quel *m* que soit celui qui *+ subj*, quelle *f* que soit celle qui *+ subj* ; *(object)* quel *m* que soit celui que *+ subj*, quelle *f* que soit celle que *+ subj* ◆ **~ of the two books he chooses, it won't make a lot of difference** quel que soit le livre qu'il choisisse, cela ne fera pas grande différence ◆ **~ of the methods is chosen, it can't affect you much** quelle que soit la méthode choisie, ça ne changera pas grand-chose pour vous

**whiff** /wɪf/ N **a** *(= puff) [of smoke, hot air]* bouffée *f* ◆ **a ~ of garlic** une bouffée d'ail ◆ **a ~ of seaweed** une odeur d'algues ◆ **one ~ of this is enough to kill you** il suffit de respirer ça une fois pour mourir ◆ **I caught a ~ of gas** j'ai senti l'odeur du gaz ◆ **take a ~ of this!** * renifle ça ! **b** *(= bad smell)* ◆ **what a ~!** * qu'est-ce que ça pue *or* fouette* ! **c** *(fig = hint) [of scandal]* parfum *m*, odeur *f* ; *[of corruption]* odeur *f* ◆ **a case which had a ~ of espionage about it** une affaire qui sentait l'espionnage VI * sentir mauvais

**whiffy** * /ˈwɪfɪ/ ADJ qui sent mauvais

**Whig** /wɪg/ ADJ, N *(Pol Hist)* whig *m*

**while** /waɪl/ CONJ **a** *(= during the time that)* pendant que ◆ **it happened ~ I was out of the room** c'est arrivé pendant que *or* alors que j'étais hors de la pièce ◆ **can you wait ~ I telephone?** pouvez-vous attendre pendant que je téléphone ? ◆ **she fell asleep ~ reading** elle s'est endormie en lisant ◆ **~ you're away I'll write some letters** pendant ton absence *or* pendant que tu seras absent j'écrirai quelques lettres ◆ **don't drink ~ on duty** ne buvez pas pendant le service ◆ **"heels repaired while you wait"** "ressemelage minute" ◆ **~ you're up you could close the door** pendant que *or* puisque tu es debout tu pourrais fermer la porte ◆ **and ~ you're about it ...** et pendant que vous y êtes ...

**b** *(= as long as)* tant que ◆ **~ there's life there's hope** tant qu'il y a de la vie il y a de l'espoir ◆ **it won't happen ~ I'm here** cela n'arrivera pas tant que je serai là ◆ **~ I live I shall make sure that ...** tant que *or* aussi longtemps que je vivrai je ferai en sorte que ...

**c** *(= although)* quoique *+ subj*, bien que *+ subj* ◆ **~ I admit he is sometimes right ...** tout en admettant *or* quoique j'admette qu'il ait quelquefois raison ... ◆ **~ there are a few**

**people who like that sort of thing ...** bien qu'il y ait un petit nombre de gens qui aiment ce genre de chose ...

d *(= whereas)* alors que, tandis que ◆ **she sings quite well, ~ her sister can't sing a note** elle ne chante pas mal alors que *or* tandis que sa sœur ne sait pas chanter du tout

N a ◆ **a ~** quelque temps ◆ **a short ~, a little ~** un moment, un instant ◆ **for a little ~** pendant un petit moment ◆ **a long ~, a good ~** (assez) longtemps, pas mal de temps ◆ **after a ~** quelque temps après, au bout de quelque temps ◆ **let's stop for a ~** arrêtons-nous un moment ; *(longer)* arrêtons quelque temps ◆ **for a ~ I thought ...** j'ai pensé un moment ... ; *(longer)* pendant quelque temps j'ai pensé ... ◆ **it takes quite a ~ to ripen** cela met assez longtemps à mûrir ◆ **once in a ~** (une fois) de temps en temps ◆ **(in) between ~s** entre-temps ; → **worthwhile**

b ◆ **he looked at me (all) the ~** *or* **the whole ~** il m'a regardé pendant tout ce temps-là

COMP ▷ **while-you-wait heel repairs** NPL ressemelage *m* minute *inv*

► **while away** VT SEP (faire) passer

**whiles** /waɪlz/ ADV *(esp Scot, dial)* quelquefois, de temps en temps

**whilst** /waɪlst/ CONJ *(esp Brit)* ⇒ **while conj**

**whim** /wɪm/ N caprice *m*, lubie *f* ◆ **to be subject to sb's ~s/to the ~s of the economy** être livré aux caprices de qn/de l'économie ◆ **it's just a (passing) ~** c'est une lubie qui lui (*or* te *etc*) passera ◆ **he gives in to her every ~** il lui passe tous ses caprices ◆ **to cater** *or* **pander to sb's ~s/sb's every ~** satisfaire les caprices/tous les petits caprices de qn ◆ **as the ~ takes him** comme l'idée lui prend ◆ **at** *or* **on ~** sur un coup de tête ◆ **he changes his mind at ~** il change d'avis à tout bout de champ

**whimper** /ˈwɪmpəʳ/ N gémissement *m*, geignement *m* ◆ **... he said with a ~** ... gémit-il, ... pleurnicha-t-il *(pej)* ◆ **without a ~** *(fig)* sans se plaindre VI *[person, baby]* gémir, pleurnicher *(pej)* ; *[dog]* gémir, pousser de petits cris plaintifs VT ◆ **"no", he ~ed** "non", gémit-il *or* pleurnicha-t-il *(pej)*

**whimpering** /ˈwɪmpərɪŋ/ N geignements *mpl*, gémissements *mpl* ADJ *[tone, voice]* larmoyant, pleurnicheur *(pej)* ; *[person, animal]* qui gémit faiblement

**whimsical** /ˈwɪmzɪkəl/ ADJ *[person]* fantasque ; *[smile, look]* curieux ; *[humour]* original ; *[idea, story]* saugrenu, fantaisiste

**whimsicality** /ˌwɪmzɪˈkælɪtɪ/ N a *(NonC) [of person]* caractère *m* fantasque ; *[of idea, story]* caractère *m* fantaisiste *or* saugrenu ; *[of smile, look]* caractère *m* curieux b ◆ **whimsicalities** idées *fpl* (*or* actions *fpl etc*) bizarres *or* saugrenues

**whimsically** /ˈwɪmzɪkəlɪ/ ADV *[say, suggest]* de façon saugrenue ; *[smile, look]* étrangement, curieusement ; *[muse, ponder]* malicieusement

**whimsy** /ˈwɪmzɪ/ N *(= whim)* caprice *m*, fantaisie *f* ; *(NonC) (= whimsicality)* caractère *m* fantaisiste

**whim-whams** * /ˈwɪmwæmz/ NPL *(US)* trouille ‡ *f*, frousse * *f*

**whin** /wɪn/ N *(Bot)* ajonc *m*

**whine** /waɪn/ N *[of person, child, dog]* gémissement *m* (prolongé) ; *[of bullet, shell, siren, machine]* plainte *f* stridente *or* monocorde ; *(fig = complaint)* plainte *f* ◆ **... he said with a ~** ... se lamenta-t-il, ... dit-il d'une voix geignarde ◆ **it's another of his ~s about taxes** le voilà encore en train de se plaindre *or* de geindre * à propos de ses impôts VI *[person, dog]* geindre, gémir ; *[siren]* gémir ; *[engine]* vrombir ; *(fig = complain)* se lamenter, se plaindre ◆ **to ~ about sth** *(fig)* se lamenter sur qch, se plaindre à propos de qch ◆ **don't come whining to me about it** ne venez pas vous plaindre à moi ◆ **it's just a scratch: stop whining** ce n'est qu'une égratignure : arrête de geindre * VT ◆ **"it's happened again", he ~d** "ça a recommencé", se lamenta-t-il *or* dit-il d'une voix geignarde

**whinge** * /ˈwɪndʒ/ *(Brit)* VI geindre * *(pej)* *(about* à propos de) ◆ **stop ~ing** arrête de geindre * *or* de te plaindre N ◆ **he was having a real ~** il n'arrêtait pas de geindre * ◆ **he was having a ~ about the price of cigarettes** il râlait * à propos du prix des cigarettes

**whingeing** * /ˈwɪndʒɪŋ/ *(Brit)* ADJ geignard, plaintif N gémissements *mpl*, plaintes *fpl*

**whinger** * /ˈwɪndʒəʳ/ N geignard(e) * *m(f)*

**whining** /ˈwaɪnɪŋ/ N *[of person, child]* gémissements *mpl* (continus), pleurnicheries *fpl* ; *[of dog]* gémissements *mpl* ; *(fig = complaining)* plaintes *fpl* continuelles ADJ a *[person, child]* pleurnicheur ; *[dog]* gémissant ; *(fig = complaining) [person, voice]* geignard b *(= high-pitched)* ◆ **a ~ sound** *or* **noise** une plainte aiguë

**whinny** /ˈwɪnɪ/ N hennissement *m* VI hennir

**whiny** * /ˈwaɪnɪ/ ADJ pleurnichard *

**whip** /wɪp/ N a fouet *m* ; (also **riding whip**) cravache *f*

b *(Parl) (= person)* whip *m*, *parlementaire chargé de la discipline dans son parti* ; *(Brit = summons)* convocation *f* ◆ **three-line ~** convocation *f* d'un député *(impliquant sa présence obligatoire et le respect des consignes de vote)*

c *(Culin = dessert)* crème *f* *or* mousse *f* instantanée

VT a *[+ person, animal, child]* fouetter ◆ **the rain ~ped her face** la pluie lui cinglait *or* fouettait la figure ◆ **to ~ sb into a frenzy** mettre qn hors de ses gonds

b *(Culin) [+ cream]* fouetter, battre au fouet ; *[+ egg white]* battre en neige

c * *(fig) (= defeat)* battre à plates coutures ; *(= criticize severely)* critiquer vivement, éreinter

d ( * *= seize)* **to ~ sth out of sb's hands** enlever brusquement *or* vivement qch des mains de qn ◆ **he ~ped a gun out of his pocket** il a brusquement sorti un revolver de sa poche ◆ **he ~ped the letter off the table** il a prestement fait disparaître la lettre qui était sur la table

e *(Brit * = steal)* faucher *, piquer * ◆ **somebody's ~ped my watch!** quelqu'un m'a fauché * *or* piqué * ma montre !

f *[+ cable, rope]* surlier ; *(Sewing)* surfiler

VI ◆ **to ~ along/away** *etc* filer/partir *etc* à toute allure *or* comme un éclair ◆ **to ~ back** revenir brusquement ◆ **the wind ~ped through the trees** le vent fouettait les branches des arbres ◆ **the rope broke and ~ped across his face** la corde a cassé et lui a cinglé le visage

COMP ▷ **whip hand** N *(fig)* ◆ **to have the ~ hand** être le maître, avoir le dessus ◆ **to have the ~ hand over sb** avoir la haute main sur qn ▷ **whipped cream** N crème *f* fouettée ▷ **whip-round** * N *(Brit)* collecte *f* ◆ **to have a ~-round for sb/sth** * faire une collecte pour qn/qch

► **whip away** VI → **whip vi**

VT SEP *(= remove quickly) [person]* enlever brusquement *or* vivement, faire disparaître ; *[wind etc]* emporter brusquement

► **whip in** VI a *[person]* entrer précipitamment *or* comme un éclair

b *(Hunting)* être piqueur

VT SEP a *(Hunting) [+ hounds]* ramener, rassembler ; *(Parl) [+ members voting]* battre le rappel de ; *(fig) [+ voters, supporters]* rallier

b *(Culin)* ~ **in the cream** incorporez la crème avec un fouet

► **whip off** VT SEP *[+ garment etc]* ôter *or* enlever en quatrième vitesse * ; *[+ lid, cover]* ôter brusquement

► **whip on** VT SEP a *[+ garment etc]* enfiler en quatrième vitesse *

b *(= urge on) [+ horse]* cravacher

► **whip out** VI *[person]* sortir précipitamment

VT SEP *[+ knife, gun, purse]* sortir brusquement *or* vivement *(from* de)

► **whip over** * VI ⇒ **whip round vi b**

► **whip round** VI a *(= turn quickly) [person]* se retourner vivement ; *[object]* pivoter brusquement

b ( * *= pop round)* **he's just ~ped round to the grocer's** il est juste allé faire un saut à l'épicerie ◆ **~ round to your aunt's and tell her ...** va faire un saut *or* cours chez ta tante lui dire ...

N ◆ **whip-round** * → **whip**

► **whip through** VT FUS *[+ book]* parcourir rapidement ; *[+ homework, task]* expédier, faire en quatrième vitesse *

► **whip up** VT SEP a *[+ emotions, enthusiasm, indignation]* attiser ; *[+ support, interest]* stimuler

b *[+ cream, egg whites]* fouetter, battre au fouet

c ( * *= prepare)* ◆ **to whip up a meal** préparer un repas en vitesse ◆ **can you ~ us up something to eat?** est-ce que vous pourriez nous faire à manger *or* nous préparer un morceau * en vitesse ?

d *(= snatch up)* saisir brusquement

**whipcord** /ˈwɪpkɔːd/ N *(Tex)* whipcord *m*

**whiplash** /ˈwɪplæʃ/ N a *(= blow from whip)* coup *m* de fouet b *(in car accident)* coup *m* du lapin *, syndrome *m* cervical traumatique ◆ **he felt the ~ of fear** il fut saisi d'une peur cinglante COMP ▷ **whiplash injury** N ◆ **~ injury to the neck** traumatisme *m* cervical

**whipper-in** /ˌwɪpərˈɪn/ N (pl **whippers-in**) *(Hunting)* piqueur *m*

**whippersnapper** † /ˈwɪpəˌsnæpəʳ/ N *(hum)* freluquet *m*

**whippet** /ˈwɪpɪt/ N whippet *m*

**whipping** /ˈwɪpɪŋ/ N *(as punishment)* correction *f* ◆ **to give sb a ~** fouetter qn, donner le fouet à qn, donner des coups de fouet à qn COMP ▷ **whipping boy** N *(fig)* souffre-douleur *m inv* ▷ **whipping cream** N *(Culin)* crème *f* fraîche *(à fouetter)* ▷ **whipping post** N *poteau auquel on attachait les personnes condamnées à être fouettées* ▷ **whipping top** N toupie *f*

**whippoorwill** /ˈwɪpˌpʊəˌwɪl/ N engoulevent *m* d'Amérique du Nord

**whippy** /ˈwɪpɪ/ ADJ souple

**whir** /wɜːʳ/ VI, N ⇒ **whirr**

**whirl** /wɜːl/ N *[of leaves, papers, smoke]* tourbillon *m*, tournoiement *m* ; *[of sand, dust, water]* tourbillon *m* ◆ **a ~ of parties and dances** un tourbillon de réceptions et de soirées dansantes ◆ **the whole week was a ~ of activity** nous n'avons (*or* ils n'ont *etc*) pas arrêté de toute la semaine ◆ **the social ~** le tourbillon de la vie mondaine ◆ **her thoughts/emotions were in a ~** tout tourbillonnait dans sa tête/son cœur ◆ **my head is in a ~** la tête me tourne ◆ **to give sth a ~** * essayer qch

VI a (= *spin:* also **whirl round**) *[leaves, papers, smoke, dancers]* tourbillonner, tournoyer ; *[sand, dust, water]* tourbillonner ; *[wheel, merry-go-round, spinning top]* tourner ◆ **they ~ed past us in the dance** ils sont passés près de nous en tourbillonnant pendant la danse ◆ **the leaves ~ed down** les feuilles tombaient en tourbillonnant ◆ **my head is ~ing** la tête me tourne ◆ **her thoughts/emotions were ~ing** tout tourbillonnait dans sa tête/son cœur

b (= *move rapidly*) **to ~ along** aller à toute vitesse *or* à toute allure ◆ **to ~ away** *or* **off** partir à toute vitesse *or* à toute allure

VT *[wind] [+ leaves, smoke]* faire tourbillonner, faire tournoyer ; *[+ dust, sand]* faire tourbillonner ◆ **he ~ed his sword round his head** il a fait tournoyer son épée au-dessus de sa tête ◆ **they ~ed me up to Liverpool to visit Mary** ils m'ont embarqué * pour aller voir Mary à Liverpool

► **whirl round** VI (= *turn suddenly*) *[person]* se retourner brusquement, virevolter ; *[revolving chair etc]* pivoter ; see also **whirl vi a**

VT SEP a *[wind] [+ leaves, smoke]* faire tourbillonner, faire tournoyer ; *[+ dust, sand]* faire tourbillonner

b *[+ sword, object on rope etc]* faire tournoyer ; *[+ revolving chair etc]* faire pivoter

**whirligig** /ˈwɜːlɪgɪg/ N a (= *toy*) moulin *m* à vent ; (= *merry-go-round*) manège *m* ; (*of events etc*) tourbillon *m (liter)* b (also **whirligig beetle**) tourniquet *m*, gyrin *m*

**whirlpool** /ˈwɜːlpuːl/ N tourbillon *m* COMP ▷ **whirlpool bath** N bain *m* à remous

**whirlwind** /ˈwɜːlwɪnd/ N tornade *f*, trombe *f* ; see also **sow²** ADJ (*fig*) éclair * *inv*

**whirlybird** * /ˈwɜːlɪbɜːd/ N (*US*) hélico * *m*, hélicoptère *m*

**whirr** /wɜːʳ/ VI *[bird's wings, insect's wings]* bruire ; *[cameras, machinery]* ronronner ; *(louder)* vrombir ; *[propellers]* vrombir ◆ **the helicopter went ~ing off** l'hélicoptère est parti en vrombissant N *[of bird's wings, insect's wings]* bruissement *m* (d'ailes) ; *[of machinery]* ronronnement *m* ; *(louder)* vrombissement *m* ; *[of propellers]* vrombissement *m*

**whisk** /wɪsk/ N a (also **egg whisk**) fouet *m* (à œufs) ; (*rotary*) batteur *m* à œufs

b (= *movement*) ◆ **give the mixture a good ~** bien battre le mélange ◆ **with a ~ of his tail, the horse ...** d'un coup de queue, le cheval ...

VT a (*Culin: gen*) battre au fouet ; *[+ egg whites]* battre en neige ◆ **~ the eggs into the mixture** incorporez les œufs dans le mélange avec un fouet *or* en remuant vigoureusement

b ◆ **the horse ~ed its tail** le cheval fouettait l'air de sa queue

c ◆ **to ~ sth out of sb's hands** enlever brusquement *or* vivement qch des mains de qn ◆ **she ~ed the baby out of the pram** elle a sorti brusquement le bébé du landau ◆ **he ~ed it out of his pocket** il l'a brusquement sorti de sa poche ◆ **he ~ed me round the island in his sports car** il m'a fait faire le tour de l'île à toute allure dans sa voiture de sport ◆ **the lift ~ed us up to the top floor** l'ascenseur nous a emportés à toute allure jusqu'au dernier étage ◆ **he was ~ed into a meeting** on l'a brusquement entraîné dans une réunion ◆ **he ~ed her off to meet his mother** il l'a emmenée illico * faire la connaissance de sa mère

VI ◆ **to ~ along/in/out** *etc* filer/entrer/sortir *etc* à toute allure ◆ **I ~ed into the driveway** je me suis précipité dans l'allée ◆ **she ~ed past the photographers into the hotel** elle est passée en trombe *or* à toute allure devant les photographes et s'est précipitée dans l'hôtel ◆ **he ~ed through the pile of letters on his desk** il a parcouru rapidement la pile de lettres qui était sur son bureau

► **whisk away** VT SEP *[+ flies]* chasser ; (*fig* = *remove*) *[+ object]* faire disparaître

► **whisk off** VT SEP *[+ flies]* chasser ; *[+ lid, cover]* ôter brusquement ; *[+ garment]* enlever *or* ôter en quatrième vitesse * ◆ **they ~ed me off to hospital** ils m'ont emmené à l'hôpital sur le champ ; see also **whisk vt c**

► **whisk together** VT SEP (*Culin*) mélanger en fouettant *or* avec un fouet

► **whisk up** VT SEP (*Culin*) fouetter ; see also **whisk vt c**

**whisker** /ˈwɪskəʳ/ N *[of animal]* moustaches *fpl* ; *[of person]* poil *m* ◆ **~s** (also **side whiskers**) favoris *mpl* ; (= *beard*) barbe *f* ; (= *moustache*) moustache(s) *f(pl)* ◆ **he won the race by a ~** il s'en est fallu d'un cheveu *or* d'un poil * qu'il ne perde la course ◆ **they came within a ~ of being ...** il s'en est fallu d'un cheveu qu'ils ne soient ...

**whiskered** /ˈwɪskəd/ ADJ *[man, face]* (= *with side whiskers*) qui a des favoris ; (= *with beard*) barbu ; (= *with moustache*) moustachu ; *[animal]* qui a des moustaches

**whiskery** /ˈwɪskərɪ/ ADJ *[man, old woman]* au visage poilu ; *[face]* poilu

**whiskey** (*Ir, US*), **whisky** (*Brit, Can*) /ˈwɪskɪ/ N whisky *m* ◆ **a ~ and soda** un whisky soda ; → **sour** COMP *[flavour]* de whisky

**whisper** /ˈwɪspəʳ/ VI *[person]* chuchoter, parler à voix basse ; *[leaves, water]* chuchoter, murmurer ◆ **to ~ to sb** parler *or* chuchoter à l'oreille de qn, parler à voix basse à qn ◆ **it's rude to ~** c'est mal élevé de chuchoter à l'oreille de quelqu'un ◆ **you'll have to ~** il faudra que vous parliez *subj* bas

VT chuchoter, dire à voix basse (*sth to sb* qch à qn ; *that* que) ◆ **he ~ed a word in my ear** il m'a dit *or* soufflé quelque chose à l'oreille ◆ **"where is she?" he ~ed** "où est-elle ?" dit-il à voix basse *or* murmura-t-il ◆ **it is (being) ~ed that ...** le bruit court que ..., on dit que ... ; → **sweet**

N (= *low tone*) chuchotement *m* ; *[of wind, leaves, water]* murmure *m*, bruissement *m* ; (*fig* = *rumour*) bruit *m*, rumeur *f* ◆ **I heard a ~** j'ai entendu un chuchotement, j'ai entendu quelqu'un qui parlait à voix basse ◆ **a ~ of voices** des chuchotements ◆ **to say/answer in a ~** dire/répondre à voix basse ◆ **to speak in a ~** *or* **~s** parler bas *or* à voix basse ◆ **her voice scarcely rose above a ~** sa voix n'était guère qu'un murmure ◆ **not a ~ to anyone!** n'en soufflez mot à personne ! ◆ **I've heard a ~ that he isn't coming back** j'ai entendu dire qu'il ne reviendrait pas ◆ **there is a ~ (going round) that ...** le bruit court que ..., on dit que ...

**whispering** /ˈwɪspərɪŋ/ ADJ *[person]* qui chuchote, qui parle à voix basse ; *[leaves, wind, stream]* qui chuchote, qui murmure ◆ **~ voices** des chuchotements *mpl* N *[of voice]* chuchotement *m* ; *[of leaves, wind, stream]* bruissement *m*, murmure *m* ; (*fig*) (= *gossip*) médisances *fpl* ; (= *rumours*) rumeurs *fpl* insidieuses ◆ **there has been a lot of ~ about them** toutes sortes de rumeurs insidieuses ont couru sur leur compte COMP ▷ **whispering campaign** N (*fig*) campagne *f* diffamatoire (insidieuse) ▷ **whispering gallery** N galerie *f* à écho

**whist** /wɪst/ N (*Brit*) whist *m* COMP ▷ **whist drive** N tournoi *m* de whist

**whistle** /ˈwɪsl/ N a (= *sound*) (*made with mouth*) sifflement *m* ; (= *jeering*) sifflet *m* ; (*made with a whistle*) coup *m* de sifflet ; *[of factory]* sirène *f* (d'usine) ◆ **the ~s of the audience** (= *booing*) les sifflets *mpl* du public ; (= *cheering*) les sifflements *mpl* d'admiration du public ◆ **to give a ~** (*gen*) siffler ; (= *blow a whistle*) donner un coup de sifflet

b *[of train, kettle, blackbird]* sifflement *m*

c (= *object*) sifflet *m* ; (*Mus:* also **penny whistle**) pipeau *m* ◆ **a blast on a ~** un coup de sifflet strident ◆ **the referee blew his ~** l'arbitre a donné un coup de sifflet *or* a sifflé ◆ **the referee blew his ~ for half-time** l'arbitre a sifflé la mi-temps ◆ **to blow the ~ on sb** * (*fig* = *inform on*) dénoncer qn ◆ **to blow the ~ on sth** * tirer la sonnette d'alarme sur qch, dénoncer qch ◆ **he blew the ~ (on it)** * (= *informed on it*) il a dévoilé le pot aux roses * ; (= *put a stop to it*) il y a mis le holà

VI a *[person]* siffler ; (*tunefully, light-heartedly*) siffloter ; (= *blow a whistle*) donner un coup de sifflet, siffler ◆ **the audience booed and ~d** les spectateurs ont hué et sifflé ◆ **the audience cheered and ~d** les spectateurs ont manifesté leur enthousiasme par des acclamations et des sifflements ◆ **he strolled along whistling (away) gaily** il flânait en sifflotant gaiement ◆ **he ~d at me to stop** il a sifflé pour que je m'arrête *subj* ◆ **the boy was whistling at all the pretty girls** le garçon sifflait toutes les jolies filles ◆ **the crowd ~d at the referee** la foule a sifflé l'arbitre ◆ **he ~d to his dog** il a sifflé son chien ◆ **he ~d for a taxi** il a sifflé un taxi ◆ **the referee ~d for a foul** l'arbitre a sifflé une faute ◆ **he can ~ for it!** * il peut se brosser ! *, il peut toujours courir ! * ◆ **he's whistling in the dark** *or* **in the wind** il dit ça pour se rassurer, il essaie de se donner du courage

b *[bird, bullet, wind, kettle, train]* siffler ◆ **the cars ~d by us** les voitures passaient devant nous à toute allure ◆ **an arrow ~d past his ear** une flèche a sifflé à son oreille

VT *[+ tune]* siffler ; (*casually, light-heartedly*) siffloter ◆ **to ~ a dog back/in** *etc* siffler un chien pour qu'il revienne/entre *subj etc*

COMP ▷ **whistle blower** * N (*fig*) dénonciateur *m*, -trice *f*, personne *f* qui tire la sonnette d'alarme ▷ **whistle-stop** → **whistle-stop**

► **whistle up** * VT SEP (*fig*) dégoter * ◆ **he ~d up four or five people to give us a hand** il a dégoté * quatre ou cinq personnes prêtes à nous donner un coup de main ◆ **can you ~ up another blanket or two?** vous pouvez dégoter * *or* dénicher * encore une ou deux couvertures ?

**whistle-stop** /ˈwɪslˌstɒp/ N visite *f* éclair *inv* (*dans une petite ville au cours d'une campagne électorale*) ADJ ◆ **he made a ~ tour of Virginia** il a fait une tournée éclair en Virginie ◆ **a ~ town** (*US*) une petite ville *or* un petit trou * (*où le train s'arrête*) VI (*US*) faire une tournée électorale

**Whit** /wɪt/ N la Pentecôte COMP *[holiday etc]* de Pentecôte ▷ **Whit Monday** N le lundi de Pentecôte ▷ **Whit Sunday** N le dimanche de Pentecôte ▷ **Whit Week** N la semaine de Pentecôte

**whit** /wɪt/ N (*frm*) ◆ **there was not a** *or* **no ~ of truth in it** il n'y avait pas un brin de vérité là-dedans ◆ **he hadn't a ~ of sense** il n'avait pas un grain de bon sens ◆ **it wasn't a ~ better after he'd finished** quand il a eu terminé ce n'était pas mieux du tout ◆ **I don't care a ~** ça m'est profondément égal, je m'en moque complètement

**white** /waɪt/ ADJ a blanc (blanche *f*) ◆ **to go** *or* **turn ~** (*with fear, anger*) blêmir, pâlir ; *[hair]* blanchir ; *[object]* devenir blanc, blanchir ◆ **to be ~ with fear/rage** être blanc de peur/rage ◆ **he went ~ with fear** il a blêmi *or* pâli de peur ◆ **(as) ~ as a ghost** pâle comme la mort ◆ **(as) ~ as a sheet** pâle comme un linge, blanc comme un linge ◆ **as ~ as snow** blanc comme neige ◆ **this detergent gets the clothes whiter than ~** cette lessive lave encore plus blanc ◆ **the public likes politicians to be whiter-than-~** les gens aiment que les hommes politiques soient irréprochables

**b** *(racially) [person, face, skin, race]* blanc (blanche *f*) ◆ **a ~ man** un Blanc ◆ **a ~ woman** une Blanche ◆ **the ~ South Africans** les Blancs *mpl* d'Afrique du Sud ◆ **~ supremacy** la suprématie de la race blanche ; see also **comp**

**N** **a** *(= colour)* blanc *m* ; *(= whiteness)* blancheur *f* ◆ **to be dressed in ~** être vêtu de blanc ◆ **his face was a deathly ~** son visage était d'une pâleur mortelle ◆ **the sheets were a dazzling ~** les draps étaient d'une blancheur éclatante ◆ **don't fire till you see the ~s of their eyes** *(Mil etc)* ne tirez qu'au dernier moment ; → **black**

**b** *[of egg, eye]* blanc *m*

**c** *(* : also* **white wine***)* blanc *m*

**d** ◆ **White** *(= person of White race)* Blanc *m*, Blanche *f* ; see also **poor**

**NPL** **whites** *(= linen etc)* ◆ **the ~s** le (linge) blanc ◆ **tennis ~s** *(= clothes)* tenue *f* de tennis

**COMP** ▷ **white blood cell** **N** globule *m* blanc ▷ **white bread** **N** pain *m* blanc ▷ **white Christmas** **N** Noël *m* sous la neige ▷ **white coat** **N** blouse *f* blanche ▷ **white coffee** **N** *(Brit)* café *m* au lait ; *(in café: when ordering)* café *m* crème ▷ **white-collar** **ADJ** ◆ **a ~-collar job** un emploi de bureau ◆ **~-collar union** syndicat *m* d'employé(e)s de bureau *or* de cols blancs ▷ **white-collar crime** **N** *(NonC = illegal activities)* criminalité *f* en col blanc ◆ **~-collar worker** employé(e) *m(f)* de bureau, col *m* blanc ▷ **white corpuscle** **N** globule *m* blanc ▷ **whited sepulchre** **N** *(fig)* sépulcre *m* blanchi, hypocrite *mf* ▷ **white dwarf** **N** *(Astron)* naine *f* blanche ▷ **white elephant** **N** *(fig) (= ornament)* objet *m* superflu ; *(= scheme, project, building)* gouffre *m* (financier) ◆ **it's a ~ elephant** c'est tout à fait superflu, on n'en a pas besoin ▷ **white elephant stall** **N** étalage *m* de bibelots ▷ **white-faced** **ADJ** blême, pâle ▷ **white feather** **N** *(fig)* ◆ **to show the ~ feather** manquer de courage ▷ **white flag** **N** drapeau *m* blanc ▷ **white fox** **N** *(= animal)* renard *m* polaire ; *(= skin, fur)* renard *m* blanc ▷ **white frost** **N** gelée *f* blanche ▷ **white gold** **N** or *m* blanc ▷ **white goods** **NPL** *(Comm) (= domestic appliances)* appareils *mpl* ménagers ; *(= linens)* (linge *m*) blanc *m* ▷ **white-haired** **ADJ** *[person]* aux cheveux blancs ; *[animal]* à poil blanc, aux poils blancs ▷ **white-headed** **ADJ** *[person]* aux cheveux blancs ; *[bird]* à tête blanche ◆ **the ~-headed boy** *(fig)* l'enfant *m* chéri ▷ **white heat** **N** *(Phys)* chaude *f* blanche, chaleur *f* d'incandescence ◆ **to raise metal to a ~ heat** chauffer un métal à blanc ◆ **the indignation of the crowd had reached ~ heat** l'indignation de la foule avait atteint son paroxysme ▷ **white hope** **N** *(fig)* ◆ **to be the ~ hope of ...** être le grand espoir de ... ▷ **white horse** **N** *(at sea)* ⇒ **whitecap** ▷ **white-hot** **ADJ** chauffé à blanc ▷ **the White House** **N** *(US)* la Maison-Blanche ▷ **white knight** **N** *(St Ex)* chevalier *m* blanc ▷ **white-knuckle** **ADJ** *(= terrifying)* terrifiant ◆ **~-knuckle ride** manège *m* qui décoiffe * *or* qui fait dresser les cheveux sur la tête ▷ **white lead** **N** blanc *m* de céruse ▷ **white lie** **N** pieux mensonge *m* ▷ **white light** **N** *(Phys)* lumière *f* blanche ▷ **white line** **N** *(on road)* ligne *f* blanche ▷ **white-livered** **ADJ** *(liter)* poltron, couard ▷ **white magic** **N** magie *f* blanche ▷ **white meat** **N** viande *f* blanche ▷ **white meter** **N** *(Elec)* compteur *m* bleu ◆ **~ meter heating** chauffage *m* par accumulateur ▷ **the White Nile** **N** le Nil Blanc ▷ **white noise** **N** *(Acoustics)* bruit *m* blanc ▷ **White-Out** ® **N** *(US)* Tipp-Ex ® *m* ▷ **white owl** **N** harfang *m*, chouette *f* blanche ▷ **White Pages** **NPL** *(Telec)* pages *fpl* blanches ▷ **white paper** **N** *(Parl)* livre *m* blanc (*on* sur) ▷ **white pepper** **N** poivre *m* blanc ▷ **white plague** **N** *(US = tuberculosis)* tuberculose *f* pulmonaire ▷ **white rabbit** **N** lapin *m* blanc ▷ **white raisin** **N** *(US)* raisin *m* sec de Smyrne ▷ **white rhino** *, **white rhinoceros** **N** rhinocéros *m* blanc ▷ **White Russia** **N** Russie *f* Blanche ▷ **White Russian** *(Geog, Hist, Pol)* **ADJ** russe blanc (russe blanche *f*) **N** Russe *m* blanc, Russe *f* blanche ▷ **white sale** **N** *(Comm)* vente *f* de blanc ▷ **white sapphire** **N** saphir *m* blanc ▷ **white sauce** **N** *(savoury)* sauce *f* blanche ; *(sweet)* crème *f* pâtissière *(pour le plum-pudding de Noël)* ▷ **the White Sea** **N** la mer Blanche ▷ **white settler** **N** *(Hist)* colon *m* blanc ; *(fig pej = incomer) citadin arrogant qui va s'installer à la campagne* ▷ **white shark** **N** requin *m* blanc ▷ **white slavery**, **the white slave trade** **N** la traite des blanches ▷ **white spirit** **N** *(Brit)* white-spirit *m* ▷ **white stick** **N** *[of blind person]* canne *f* blanche ▷ **white-tailed eagle** **N** orfraie *f*, pygargue *m* ▷ **white tie** **N** *(= tie)* nœud *m* papillon blanc ; *(= suit)* habit *m* ▷ **white-tie** **ADJ** ◆ **it was a ~-tie affair** l'habit était de rigueur ◆ **to wear ~-tie** être en tenue de soirée ◆ **a ~-tie dinner** un dîner chic *or* habillé ▷ **white trash** * **N** *(NonC: US pej)* racaille *f* blanche ▷ **White Van Man** **N** *(Brit)* conducteur *m* agressif ▷ **white water** **N** *(esp Sport)* eau *f* vive ▷ **white-water rafting** **N** rafting *m* ▷ **white wedding** **N** mariage *m* en blanc ▷ **white whale** **N** baleine *f* blanche ▷ **white wine** **N** vin *m* blanc ▷ **white witch** **N** *femme qui pratique la magie blanche*

**whitebait** /ˈwaɪtbeɪt/ **N** blanchaille *f* ; *(Culin)* petite friture *f*

**whiteboard** /ˈwaɪtbɔːd/ **N** tableau *m* blanc

**whitecap** /ˈwaɪtkæp/ **N** *(at sea)* mouton *m*

**Whitehall** /ˈwaɪt,hɔːl/ **N** *(Brit)* Whitehall *m* *(siège des ministères et des administrations publiques)*

**whiten** /ˈwaɪtn/ **VTI** blanchir

**whitener** /ˈwaɪtnəʳ/ **N** *(for coffee etc)* succédané *m* de lait en poudre ; *(for clothes)* agent *m* blanchissant

**whiteness** /ˈwaɪtnɪs/ **N** *(NonC)* **a** *(= colour) [of teeth, snow, cloth]* blancheur *f* **b** *(racial)* appartenance *f* à la race blanche **c** *(= paleness) [of person, face]* blancheur *f*, pâleur *f*

**whitening** /ˈwaɪtnɪŋ/ **N** *(NonC)* **a** *(= act) [of linen]* blanchiment *m*, décoloration *f* ; *[of hair]* blanchissement *m* ; *[of wall etc]* blanchiment *m* **b** *(substance: for shoes, doorsteps etc)* blanc *m*

**whiteout** /ˈwaɪtaʊt/ **N** visibilité *f* nulle *(à cause de la neige ou du brouillard)*

**whitethorn** /ˈwaɪtθɔːn/ **N** *(Bot)* aubépine *f*

**whitethroat** /ˈwaɪtθrəʊt/ **N** *(= Old World warbler)* grisette *f* ; *(= American sparrow)* moineau *m* d'Amérique

**whitewall tyre, whitewall tire** *(US)* /ˈwaɪtwɔːltaɪəʳ/ **N** *(Aut)* pneu *m* à flanc blanc

**whitewash** /ˈwaɪtwɒʃ/ **N** **a** *(NonC: for walls etc)* lait *m* *or* blanc *m* de chaux **b** *(fig)* **the article in the paper was nothing but a ~ of ...** l'article du journal ne visait qu'à blanchir ... **c** *(Sport *)* raclée * *f* **VT** **a** *[+ wall etc]* blanchir à la chaux, chauler **b** *(fig) [+ sb's reputation, actions]* blanchir ; *[+ incident]* étouffer ◆ **they tried to ~ the whole episode** ils ont essayé d'étouffer l'affaire **c** *(Sport *)* écraser complètement *

**whitewood** /ˈwaɪtwʊd/ **N** bois *m* blanc

**whitey** ‡ /ˈwaɪtɪ/ **N** *(esp US pej) (= individual)* Blanc *m*, Blanche *f* ; *(= Whites collectively)* les Blancs *mpl*

**whither** /ˈwɪðəʳ/ **ADV** *(liter)* où ◆ **"whither the Government now?"** *(in headlines, titles etc)* "où va le gouvernement ?"

**whiting**[1] /ˈwaɪtɪŋ/ **N** (pl **whiting**) *(= fish)* merlan *m*

**whiting**[2] /ˈwaɪtɪŋ/ **N** *(NonC: for shoes, doorsteps etc)* blanc *m*

**whitish** /ˈwaɪtɪʃ/ **ADJ** blanchâtre

**whitlow** /ˈwɪtləʊ/ **N** panaris *m*

**Whitsun** /ˈwɪtsn/ **N** → **Whit**

**Whitsun(tide)** /ˈwɪtsn(taɪd)/ **N** les fêtes *fpl* de (la) Pentecôte, la Pentecôte

**whittle** /ˈwɪtl/ **VT** *[+ piece of wood]* tailler au couteau ◆ **to ~ sth out of a piece of wood, to ~ a piece of wood into sth** tailler qch au couteau dans un morceau de bois

► **whittle away** **1** **VI** ◆ **to whittle away at sth** tailler qch au couteau

**2** **VT SEP** ⇒ **whittle down**

► **whittle down** **VT SEP** **a** *[+ wood]* tailler

**b** *(fig) [+ costs, amount]* amenuiser, réduire ; *[+ proposal]* revoir à la baisse ◆ **he had ~d eight candidates down to two** sur les huit candidats, il en avait retenu deux

**whiz(z)** /wɪz/ **N** **a** *(= sound)* sifflement *m*

**b** * champion * *m*, as *m* ◆ **a computer/marketing/financial ~(z)** un as de l'informatique/du marketing/des finances ◆ **he's a ~(z) at tennis/cards** c'est un as du tennis/des jeux de cartes ◆ **she's a real ~(z) with a paintbrush** elle se débrouille comme un chef * avec un pinceau

**c** *(NonC ‡ = amphetamine)* amphés ‡ *fpl*

**VI** filer à toute allure *or* comme une flèche ◆ **to ~(z) *or* go ~zing through the air** fendre l'air (en sifflant) ◆ **to ~(z) along/past** *etc (in car)* filer/passer *etc* à toute vitesse *or* à toute allure ◆ **bullets ~zed by** les balles sifflaient ◆ **I'll just ~(z) over to see him** * je file * le voir ◆ **she ~zed off * to Hong Kong on business** elle a filé * à Hong-Kong pour affaires

**VT** **a** * *(= throw)* lancer, filer * ; *(= transfer quickly)* apporter ◆ **he ~zed it round to us as soon as it was ready** il nous l'a apporté *or* passé dès que ça a été prêt

**b** (also **whiz(z) up** *: in blender*) mixer

**COMP** ▷ **whiz(z)-bang** ‡ **N** *(Mil = shell)* obus *m* ; *(= firework)* pétard *m* **ADJ** *(US = excellent)* du tonnerre * ▷ **whiz(z) kid** * **N** ◆ **she's a real ~(z) kid at maths** elle a vraiment la bosse * des maths

**WHO** /,dʌbljuːeɪtʃˈəʊ/ **N** (abbrev of **World Health Organization**) OMS *f*

**who** /huː/ **PRON** **a** *(interrog: also used instead of "whom" in spoken English)* (qui est-ce) qui ; *(after prep)* qui ◆ **~'s there?** qui est là ? ◆ **~ are you?** qui êtes-vous ? ◆ **~ has the book?** (qui est-ce) qui a le livre ? ◆ **~ does he think he is?** il se prend pour qui ?, pour qui il se prend ? ◆ **~ came with you?** (qui est-ce) qui est venu avec vous ? ◆ **~ should it be but Robert!** c'était Robert, qui d'autre ! ◆ **I don't know ~'s ~ in the office** je ne connais pas très bien les gens au bureau ◆ **you remind me of somebody! – ~?** vous me rappelez quelqu'un ! – qui donc ? ◆ **~(m) did you see?** vous avez vu qui ?, qui avez-vous vu ? ◆ **~(m) do you work for?** pour qui travaillez-vous ? ◆ **~(m) did you speak to?** à qui avez-vous parlé ?, vous avez parlé à qui ? ◆ **~'s the book by?** le livre est de qui ? ◆ **~(m) were you with?** vous étiez avec qui ? ◆ **you-know-~ said ...** qui vous savez a dit ... ◆ **~ is**

**he to tell me ...?** *(indignantly)* de quel droit est-ce qu'il me dit ... ? ◆ **you can't sing – WHO can't?** tu es incapable de chanter – ah bon ! tu crois ça !

**b** *(rel)* qui ◆ **my aunt ~ lives in London** ma tante qui habite à Londres ◆ **he ~ wishes to object must do so now** quiconque désire élever une objection doit le faire maintenant ◆ **those ~ can swim** ceux qui savent nager ◆ **~ is not with me is against me** *(Bible)* celui qui *or* quiconque n'est pas pour moi est contre moi

COMP ▷ **"Who's Who"** N ≈ "Bottin Mondain"

**whoa** /wəʊ/ EXCL **a** *(also* **whoa there***)* ho !, holà ! **b** *(in excitement, triumph)* ouah ! *

**who'd** /huːd/ ⇒ **who had, who would ;** → **who**

**whodun(n)it** * /ˌhuːˈdʌnɪt/ N roman *m* (*or* film *m* *or* feuilleton *m* *etc*) policier (à énigme), polar * *m*

**whoe'er** /huːˈeəʳ/ *(liter)* PRON ⇒ **whoever**

**whoever** /huːˈevəʳ/ PRON *(also used instead of "whomever" in spoken English)* **a** *(= anyone that)* quiconque ◆ **~ wishes may come with me** quiconque le désire peut venir avec moi ◆ **you can give it to ~ wants it** vous pouvez le donner à qui le veut *or* voudra ◆ **~ finds it can keep it** quiconque *or* celui qui le trouvera pourra le garder ◆ **~ gets home first does the cooking** celui qui rentre le premier prépare à manger, le premier rentré à la maison prépare à manger ◆ **~ said that was an idiot** celui qui a dit ça était un imbécile ◆ **ask ~ you like** demandez à qui vous voulez *or* voudrez

**b** *(= no matter who)* ◆ **~ you are, come in !** qui que vous soyez, entrez ! ◆ **~ he plays for next season ...** quelle que soit l'équipe dans laquelle il jouera la saison prochaine ...

**c** *(*: interrog: emphatic)* qui donc ◆ **~ told you that?** qui donc vous a dit ça ?, qui a bien pu vous dire ça ? ◆ **~ did you give it to?** vous l'avez donné à qui ?

**whole** /həʊl/ LANGUAGE IN USE 26.3

ADJ **a** *(= entire)* *(+ sg n)* tout, entier ; *(+ pl n)* entier ◆ **along its ~ length** sur toute sa longueur ◆ **~ villages were destroyed** des villages entiers ont été détruits ◆ **the ~ road was like that** toute la route était comme ça ◆ **the ~ world** le monde entier ◆ **he used a ~ notebook** il a utilisé un carnet entier ◆ **he swallowed it ~** il l'a avalé tout entier ◆ **the pig was roasted ~** le cochon était rôti tout entier ◆ **we waited a ~ hour** nous avons attendu une heure entière *or* toute une heure ◆ **it rained (for) three ~ days** il a plu trois jours entiers ◆ **but the ~ man eludes us** mais l'homme tout entier reste un mystère pour nous ◆ **is that the ~ truth?** est-ce que c'est bien toute la vérité ? ◆ **but the ~ point of it was to avoid that** mais tout l'intérêt de la chose était d'éviter cela ◆ **with my ~ heart** de tout mon cœur ◆ **he took the ~ lot** * il a pris le tout ◆ **the ~ lot of you** * vous tous, tous tant que vous êtes ◆ **it's a ~ lot * better** c'est vraiment beaucoup mieux ◆ **there are a ~ lot * of things I'd like to tell her** il y a tout un tas de choses que j'aimerais lui dire ◆ **to go the ~ hog** * aller jusqu'au bout des choses, ne pas faire les choses à moitié ◆ **to go (the) ~ hog * for sb/sth** *(US)* essayer par tous les moyens de conquérir qn/d'obtenir qch ; see also **comp**

**b** *(= intact, unbroken)* intact, complet (-ète *f*) ◆ **not a glass was left ~ after the party** il ne restait pas un seul verre intact après la fête ◆ **keep the egg yolks ~** gardez les jaunes entiers ◆ **he has a ~ set of Dickens** il a une série complète des œuvres de Dickens ◆ **to our surprise he came back ~** à notre grande surprise il est revenu sain et sauf ◆ **the seal on the letter was still ~** le sceau sur la lettre était encore intact ◆ **made out of ~ cloth** *(US fig)* inventé de toutes pièces ◆ **his hand was made ~** *(†† = healed)* sa main a été guérie

N **a** *(= the entire amount of)* **the ~ of the morning** toute la matinée ◆ **the ~ of the time** tout le temps ◆ **the ~ of the apple was bad** la pomme toute entière était gâtée ◆ **the ~ of Paris was snowbound** Paris était complètement bloqué par la neige ◆ **the ~ of Paris was talking about it** dans tout Paris on parlait de ça ◆ **nearly the ~ of our output this year** presque toute notre production *or* presque la totalité de notre production cette année ◆ **he received the ~ of the amount** il a reçu la totalité de la somme

♦ **on the whole** dans l'ensemble

**b** *(= complete unit)* tout *m* ◆ **four quarters make a ~** quatre quarts font un tout *or* un entier ◆ **the ~ may be greater than the sum of its parts** le tout peut être plus grand que la somme de ses parties ◆ **the estate is to be sold as a ~** la propriété doit être vendue en bloc ◆ **considered as a ~ the play was successful, although some scenes ...** dans l'ensemble, la pièce était réussie, bien que certaines scènes ...

COMP ▷ **whole-hog** * ADJ *(esp US)* *[support]* sans réserve(s), total ; *[supporter]* acharné, ardent *before n* ADV jusqu'au bout ; see also adj **a** ▷ **whole-hogger** * N *(esp US)* ◆ **to be a ~-hogger** *(gen)* se donner entièrement à ce qu'on fait ; *(Pol)* être jusqu'au-boutiste ▷ **whole milk** N lait *m* entier ▷ **whole note** N *(Mus)* ronde *f* ▷ **whole number** N *(Math)* nombre *m* entier ▷ **whole step** N *(US Mus)* ⇒ **whole tone** ▷ **whole tone** N ton *m* entier

**wholefood(s)** /ˈhəʊlfuːd(z)/ *(Brit)* N(PL) aliments *mpl* complets COMP ▷ **wholefood restaurant** N restaurant *m* diététique

**wholegrain** /ˈhəʊlgreɪn/ ADJ *[bread, flour, rice]* complet (-ète *f*)

**wholehearted** /ˌhəʊlˈhɑːtɪd/ ADJ *[approval, admiration]* sans réserve ; *[supporter]* inconditionnel ◆ **they made a ~ attempt to do ...** ils ont mis tout leur enthousiasme à faire ...

**wholeheartedly** /ˌhəʊlˈhɑːtɪdlɪ/ ADV *[accept, approve, support]* sans réserve ◆ **to agree ~** être entièrement *or* totalement d'accord

**wholemeal** /ˈhəʊlmiːl/ ADJ *(Brit)* *[flour, bread]* complet (-ète *f*)

**wholeness** /ˈhəʊlnɪs/ N complétude *f*

**wholesale** /ˈhəʊlseɪl/ N *(NonC: Comm)* (vente *f* en) gros *m* ◆ **at** *or* **by ~** en gros ADJ **a** *(Comm)* *[price, trade]* de gros **b** *(= indiscriminate)* *[slaughter, destruction]* systématique ; *[change]* gros (grosse *f*) ; *[reform, rejection]* en bloc ; *[privatisation]* complet (-ète *f*) ◆ **there has been ~ sacking of unskilled workers** il y a eu des licenciements en masse parmi les manœuvres ADV **a** *(Comm)* *[buy, sell]* en gros ◆ **I can get it for you ~** je peux vous le faire avoir au prix de gros **b** *(= indiscriminately)* *[slaughter, destroy]* systématiquement ; *[sack]* en masse ; *[reject, accept]* en bloc COMP ▷ **wholesale dealer**, **wholesale merchant** N grossiste *mf*, marchand(e) *m(f)* en gros ▷ **wholesale price index** N indice *m* des prix de gros ▷ **wholesale trader** N ⇒ **wholesale dealer**

**wholesaler** /ˈhəʊlseɪləʳ/ N *(Comm)* grossiste *mf*, marchand(e) *m(f)* en gros

**wholesaling** /ˈhəʊlseɪlɪŋ/ N *(NonC)* commerce *m* de gros

**wholesome** /ˈhəʊlsəm/ ADJ *[food, life, thoughts, book, person]* sain ; *[air, climate]* sain, salubre ; *[exercise, advice]* salutaire

**wholesomeness** /ˈhəʊlsəmnɪs/ N *[of food, life, thoughts, book, person]* caractère *m* sain ; *[of air, climate]* salubrité *f*

**wholewheat** /ˈhəʊlwiːt/ ADJ *[flour, bread]* complet (-ète *f*)

**wholism** /ˈhəʊlɪzəm/ N ⇒ **holism**

**wholistic** /həʊˈlɪstɪk/ ADJ ⇒ **holistic**

**who'll** /huːl/ ⇒ **who will, who shall ;** → **who**

**wholly** /ˈhəʊlɪ/ ADV *[unacceptable, unreliable]* totalement ; *[satisfactory]* totalement, tout à fait ; *[approve, trust, justify]* entièrement ◆ **I'm not ~ convinced** je n'en suis pas totalement *or* tout à fait convaincu COMP ▷ **wholly-owned subsidiary** N *(Jur, Econ)* filiale *f* à cent pour cent

**whom** /huːm/ PRON **a** *(interrog: often replaced by "who" in spoken English)* qui ◆ **~ did you see?** qui avez-vous vu ? ◆ **when was the photo taken and by ~?** quand est-ce que la photo a été prise et par qui ? ◆ **with ~?** avec qui ? ◆ **to ~?** à qui ? ; see also **who pron a** **b** *(rel)* **my aunt, ~ I love dearly** ma tante, que j'aime tendrement ◆ **those ~ he had seen recently** ceux qu'il avait vus récemment ◆ **the man to ~ ...** l'homme à qui ..., l'homme auquel ... ◆ **the man of ~ ...** l'homme dont ... ◆ **the woman with ~ he had an affair** la femme avec qui il a eu une liaison ◆ **my daughters, both of ~ are married** mes filles, qui sont toutes les deux mariées ◆ **~ the gods love die young** *(liter)* ceux qui sont aimés des dieux meurent jeunes

**whomever** /huːmˈevəʳ/ PRON accusative case of **whoever**

**whomp** * /wɒmp/ *(US)* VT *(= hit)* cogner * ; *(= defeat)* enfoncer * N bruit *m* sourd

**whomping** * /ˈwɒmpɪŋ/ ADJ *(US:* also **whomping big, whomping great***)* énorme

**whomsoever** /ˌhuːmsəʊˈevəʳ/ PRON *(emphatic)* accusative case of **whosoever**

**whoop** /huːp/ N cri *m* (de joie, de triomphe) ; *(Med)* toux *f* coquelucheuse, toux *f* convulsive (de la coqueluche) ◆ **with a ~ of glee/triumph** avec un cri de joie/de triomphe VI pousser des cris ; *(Med)* avoir des quintes de toux coquelucheuse VT ◆ **to ~ it up** † * faire la noce * *or* la bombe * COMP ▷ **whooping cough** N coqueluche *f*

**whoopee** /wʊˈpiː/ EXCL hourra !, youpi ! N ◆ **to make ~** † * faire la noce * *or* la bombe * COMP ▷ **whoopee cushion** * N coussin(-péteur) *m* de farces et attrapes

**whoops** /wʊps/ EXCL *(also* **whoops-a-daisy***)* *(avoiding fall etc)* oups !, houp-là ! ; *(lifting child)* houp-là !, hop-là !

**whoosh** /wʊʃ/ EXCL zoum ! N ◆ **the ~ of sledge runners in the snow** le bruit des patins de luges glissant sur la neige, le glissement des patins de luges sur la neige VI ◆ **the car ~ed past** la voiture est passée à toute allure dans un glissement de pneus

**whop** ‡ /wɒp/ VT *(= beat)* rosser * ; *(= defeat)* battre à plate(s) couture(s)

**whopper** * /ˈwɒpəʳ/ N *(car/parcel/nose etc)* voiture *f*/colis *m*/nez *m* *etc* énorme ◆ **as comets go, it is a ~** c'est une comète énorme ◆ **a ~ of a nose** un pif énorme ◆ **the biggest ~ the president told** le mensonge le plus énorme que le président ait dit

**whopping** /ˈwɒpɪŋ/ ADJ * *[lie, loss]* énorme ◆ **to win a ~ 89 per cent of the vote** remporter les élections avec une écrasante majorité de 89 pour cent ◆ **a ~ $31 billion** la somme énorme de 31 milliards de dollars ADV ◆ **~ great** *or* **big** * énorme N ‡ raclée * *f*

**whore** /hɔːʳ/ N (‡ *pej*) putain ‡ *f* VI *(lit:* also **go whoring***)* courir la gueuse, se débaucher

◆ **to ~ after sth** *(fig liter)* se prostituer pour obtenir qch

**who're** /ˈhuːəʳ/ ⇒ **who are ;** → **who**

**whorehouse** ⁑ /ˈhɔːˌhaʊs/ **N** bordel ⁑ *m*

**whoremonger** † /ˈhɔːmʌŋgəʳ/ **N** fornicateur *m* ; *(= pimp)* proxénète *m*, souteneur *m*

**whorish** ⁑ /ˈhɔːrɪʃ/ **ADJ** de putain ⁑, putassier ⁑

**whorl** /wɜːl/ **N** *[of fingerprint]* volute *f* ; *[of spiral shell]* spire *f* ; *(Bot)* verticille *m* ◆ **~s of meringue/cream** des tortillons *mpl* de meringue/crème

**whortleberry** /ˈwɜːtlbərɪ/ **N** myrtille *f*

**who's** /huːz/ ⇒ **who is, who has ;** → **who**

**whose** /huːz/ **POSS PRON** à qui ◆ **~ is this?** à qui est ceci ? ◆ **I know ~ it is** je sais à qui c'est ◆ **~ is this hat?** à qui est ce chapeau ? ◆ **here's a lollipop each – let's see ~ lasts longest!** voici une sucette chacun – voyons celle de qui durera le plus longtemps ! **POSS ADJ** **a** *(interrog)* à qui, de qui ◆ **~ hat is this?** à qui est ce chapeau ? ◆ **~ son are you?** de qui êtes-vous le fils ? ◆ **~ book is missing?** à qui est le livre qui manque ? ◆ **~ fault is it?** qui est responsable ? **b** *(rel use)* dont, de qui ◆ **the man ~ hat I took** l'homme dont j'ai pris le chapeau ◆ **the boy ~ sister I was talking to** le garçon à la sœur duquel *or* à la sœur de qui je parlais ◆ **those ~ passports I've got here** ceux dont j'ai les passeports ici

**whosever** /huːˈzevəʳ/ **POSS PRON** ⇒ **of whomever ;** → **whoever** ◆ **~ book you use, you must take care of it** peu importe à qui est le livre dont tu te sers, il faut que tu en prennes soin

**whosoever** *(emphatic)* /ˌhuːsəʊˈevəʳ/, **whosoe'er** *(liter)* /ˌhuːsəʊˈɛəʳ/ **PRON** ⇒ **whoever**

**who've** /huːv/ ⇒ **who have ;** → **who**

**whup** ⁑ /wʌp/ **VT** *(US* ⁑*)* ⇒ **whop**

**why** /waɪ/ **LANGUAGE IN USE 17.1**

**ADV** pourquoi ◆ **~ did you do it?** pourquoi l'avez-vous fait ? ◆ **I wonder ~ he left her** je me demande pourquoi il l'a quittée ◆ **I wonder ~** je me demande pourquoi ◆ **he told me ~ he did it** il m'a dit pourquoi il l'a fait *or* la raison pour laquelle il l'a fait ◆ **~ not?** pourquoi pas ? ◆ **~ not phone her?** pourquoi ne pas lui téléphoner ? ◆ **~ ask her when you don't have to?** pourquoi le lui demander quand vous n'êtes pas obligé de le faire ?

**EXCL** *(esp US* †*)* eh bien !, tiens ! ◆ **~, what's the matter?** eh bien, qu'est-ce qui ne va pas ? ◆ **~, it's you!** tiens, c'est vous ! ◆ **~, it's quite easy!** voyons donc, ce n'est pas difficile !

**CONJ** ◆ **the reasons ~ he did it** les raisons pour lesquelles il l'a fait ◆ **there's no reason ~ you shouldn't try again** il n'y a pas de raison (pour) que tu n'essaies *subj* pas de nouveau ◆ **that's (the reason) ~** voilà pourquoi ◆ **that is ~ I never spoke to him again** c'est pourquoi je ne lui ai jamais reparlé

**N** ◆ **the ~(s) and (the) wherefore(s)** le pourquoi et le comment ◆ **the ~ and (the) how** le pourquoi et le comment

**whyever** * /waɪˈevəʳ/ **ADV** *(interrog: emphatic)* pourquoi donc ◆ **~ did you do that?** * pourquoi donc est-ce que vous avez fait ça ?

**WI** /ˌdʌbljuːˈaɪ/ **N** **a** *(Brit)* (abbrev of **Women's Institute**) → **woman** **b** abbrev of **Wisconsin** **c** (abbrev of **West Indies**) → **west**

**wibbly-wobbly** * /ˌwɪblɪˈwɒblɪ/ **ADJ** ⇒ **wobbly**

**wick** /wɪk/ **N** mèche *f* ◆ **he gets on my ~** * *(Brit)* il me tape sur le système *, il me court sur le haricot *

**wicked** /ˈwɪkɪd/ **ADJ** **a** *(= immoral) [person]* méchant, mauvais ; *[behaviour, act, deed]* vilain *before n* ; *[system, policy, attempt, world]* pernicieux ◆ **that was a ~ thing to do!** c'était vraiment méchant (de faire ça) ! ◆ **a ~ waste** un scandaleux gâchis ; → **rest** **b** *(= nasty) [comment]* méchant ◆ **to have a ~ temper** avoir mauvais caractère **c** *(= naughty) [grin, look, suggestion]* malicieux ; *[sense of humour]* plein de malice ◆ **a ~ cake/pudding** un gâteau/dessert à vous damner **d** *(* = skilful)* **that was a ~ shot!** quel beau coup ! ◆ **he plays a ~ game of draughts** il joue super bien * aux dames **e** *(* = excellent)* super * *inv* ◆ **I've just won again: ~!** je viens encore de gagner : super ! *

**wickedly** /ˈwɪkɪdlɪ/ **ADV** **a** *(= immorally) [behave]* méchamment ◆ **a ~ destructive child** un enfant méchant et destructeur ◆ **a ~ cruel act** un acte méchant et cruel ◆ **he ~ destroyed ...** méchamment, il a détruit ... **b** *(= naughtily) [grin, look at, suggest]* malicieusement ◆ **~ funny** drôle et caustique ◆ **~ seductive** malicieusement séducteur (-trice *f*) ◆ **a ~ rich pudding** un dessert terriblement *or* méchamment * riche **c** *(* = skilfully) [play]* comme un chef *, super bien *

**wickedness** /ˈwɪkɪdnɪs/ **N** *[of behaviour, order, decision, person]* méchanceté *f*, cruauté *f* ; *[of murder]* horreur *f*, atrocité *f* ; *[of look, smile, suggestion]* malice *f* ; *[of waste]* scandale *m*

**wicker** /ˈwɪkəʳ/ **N** *(NonC) (= substance)* osier *m* ; *(= objects:* also **wickerwork***)* vannerie *f* **COMP** *(also* **wickerwork***)* *[basket, chair]* d'osier, en osier

**wicket** /ˈwɪkɪt/ **N** **a** *(= door, gate)* (petite) porte *f*, portillon *m* ; *(for bank teller etc)* guichet *m* **b** *(Cricket) (= stumps)* guichet *m* ; *(= pitch between them)* terrain *m (entre les guichets)* ◆ **to lose/take a ~** perdre/prendre un guichet ; → **losing, sticky** **COMP** ▷ **wicket-keeper** **N** *(Cricket)* gardien *m* de guichet

**wickiup** /ˈwɪkɪˌʌp/ **N** *(US)* hutte *f* de branchages

**widdershins** /ˈwɪdəʃɪnz/ **ADV** *(esp Scot)* ⇒ **withershins**

**widdle** * /ˈwɪdl/ **VI** *(Brit)* faire pipi *

**wide** /waɪd/ **ADJ** **a** *(= broad) [road, river, strip]* large ; *[margin]* grand ; *[garment]* large, ample ; *[ocean, desert]* immense, vaste ; *[circle, gap, space]* large, grand ; *(fig) [knowledge]* vaste, très étendu ; *[choice, selection]* grand, considérable ; *[survey, study]* de grande envergure ◆ **how ~ is the room?** quelle est la largeur de la pièce ? ◆ **it is 5 metres ~** cela a *or* fait 5 mètres de large ◆ **the ~ Atlantic** l'immense *or* le vaste Atlantique ◆ **no one/nowhere in the whole ~ world** personne/nulle part au monde ◆ **she stared, her eyes ~ with fear** elle regardait, les yeux agrandis de peur *or* par la peur ◆ **mouth ~ with astonishment** bouche *f* bée de stupeur ◆ **a man with ~ views** *or* **opinions** un homme aux vues larges ◆ **he has ~ interests** il a des goûts très éclectiques ◆ **in the widest sense of the word** au sens le plus général *or* le plus large du mot ◆ **it has a ~ variety of uses** cela se prête à une grande variété d'usages

**b** *(= off target)* ◆ **the shot/ball/arrow was ~** le coup/la balle/la flèche est passé(e) à côté ◆ **it was ~ of the target** c'était loin de la cible ; → **mark²**

**ADV** ◆ **the bullet went ~** la balle est passée à côté ◆ **he flung the door ~** il a ouvert la porte en grand ◆ **they are set ~ apart** *[trees, houses, posts]* ils sont largement espacés ; *[eyes]* ils sont très écartés ◆ **he stood with his legs ~ apart** il se tenait debout les jambes très écartées ◆ **to open one's eyes ~** ouvrir grand les yeux *or* ses yeux en grand ◆ **"open wide!"** *(at dentist's)* "ouvrez grand !" ◆ **~ open** *[door, window]* grand ouvert ◆ **the race was still ~ open** l'issue de la course était encore indécise ◆ **he left himself ~ open to criticism** il a prêté le flanc à la critique ◆ **to blow sth ~ open** *(= change completely)* révolutionner qch ◆ **he threatened to blow the operation ~ open** *(= reveal secret)* il a menacé de tout révéler sur l'opération ; → **far**

**COMP** ▷ **wide-angle lens** **N** *(Phot)* objectif *m* grand-angulaire, objectif *m* grand angle *inv* ▷ **wide area network** **N** *(Comput)* grand réseau *m* ▷ **wide-awake** **ADJ** *(lit)* bien *or* tout éveillé ; *(fig)* éveillé, alerte ▷ **wide-bodied aircraft, wide-body aircraft** **N** avion *m* à fuselage élargi, gros-porteur *m* ▷ **wide boy** ⁑ **N** *(Brit pej)* arnaqueur * *m* ▷ **wide-eyed** **ADJ** *(in naïveté)* aux yeux grands ouverts *or* écarquillés ; *(in fear, surprise)* aux yeux écarquillés **ADV** les yeux écarquillés ◆ **in ~-eyed amazement** les yeux écarquillés par la stupeur ▷ **wide-mouthed** **ADJ** *[river]* à l'embouchure large ; *[cave]* avec une vaste entrée ; *[bottle]* au large goulot ; *[bag]* large du haut ▷ **wide-ranging** **ADJ** *[mind, report, survey]* de grande envergure ; *[interests]* divers, variés ▷ **wide screen** **N** *(Cine)* écran *m* panoramique

**-wide** /waɪd/ **ADJ, ADV** *(in compounds)* → **countrywide, nationwide**

**widely** /ˈwaɪdlɪ/ **ADV** **a** *(= generally) [available]* généralement ; *[used, regarded, expected]* largement ; *[known]* bien ◆ **it is ~ believed that ...** on pense communément *or* généralement que ... ◆ **~-held opinions** opinions *fpl* très répandues **b** *(= much) [travel, vary]* beaucoup ; *[scatter, spread]* sur une grande étendue ◆ **~ different** extrêmement différent ◆ **the trees were ~ spaced** les arbres étaient largement espacés ◆ **the talks ranged ~** les pourparlers ont porté sur des questions très diverses ◆ **to be ~ read** *[author, book]* être très lu ; *[reader]* avoir beaucoup lu ◆ **she is ~ read in philosophy** elle a beaucoup lu d'ouvrages de philosophie **c** *(= broadly)* ◆ **to smile ~** avoir un large sourire

**widen** /ˈwaɪdn/ **VT** *[+ circle, gap, space]* élargir, agrandir ; *[+ road, river, strip, garment]* élargir ; *[+ margin]* augmenter ; *[+ knowledge]* accroître, élargir ; *[+ survey, study]* élargir la portée de ◆ **to ~ one's lead over sb** *(in election, race etc)* accroître son avance sur qn **VI** *(also* **widen out***)* s'élargir, s'agrandir

**wideness** /ˈwaɪdnɪs/ **N** largeur *f*

**widespread** /ˈwaɪdspred/ **ADJ** **a** *(= general) [belief, opinion]* très répandu ; *[confusion]* général ; *[corruption]* généralisé ; *[support]* très important, considérable ◆ **food shortages are ~** la disette est générale ◆ **the ~ availability of this drug** la facilité avec laquelle on peut se procurer cette drogue ◆ **the ~ availability of meat-free meals** le fait qu'on trouve très facilement des plats sans viande **b** *(= open) [arms]* en croix ; *[wings]* déployé

**widgeon** /ˈwɪdʒən/ **N** canard *m* siffleur

**widget** * /ˈwɪdʒɪt/ **N** *(= device)* gadget *m* ; *(= thingummy)* truc * *m*, machin * *m*

**widow** /ˈwɪdəʊ/ **N** veuve *f* ◆ **~ Smith** † la veuve Smith ◆ **she's a golf ~** son mari la délaisse pour aller jouer au golf ; → **grass, mite, weed** **VT** ◆ **to be ~ed** *[man]* devenir veuf ; *[woman]* devenir veuve ◆ **she was ~ed in 1989** elle est devenue veuve en 1989, elle a perdu son mari en 1989 ◆ **she has been ~ed for ten years** elle est veuve depuis dix ans ◆ **he lives with his ~ed mother** il vit avec sa mère qui est veuve **COMP** ▷ **widow's benefit** **N** ⇒ **widow's pension** ▷ **widow's peak** **N** pousse *f* de cheveux en V sur le front ▷ **widow's pension** **N** *(Admin)* ≈ allocation *f* de veuvage ▷ **widow's walk** N *(US)* belvédère *m (construit sur le faîte d'une maison côtière)*

**widower** /ˈwɪdəʊəʳ/ N veuf *m*

**widowhood** /ˈwɪdəʊhʊd/ N veuvage *m*

**width** /wɪdθ/ N **a** *(NonC) [of road, river, strip, bed, ocean, desert, gap, space, margin]* largeur *f*; *[of garment]* ampleur *f*; *[of circle]* largeur *f*, diamètre *m* ◆ **what is the ~ of the room?** quelle est la largeur de la pièce ?, quelle largeur a la pièce ? ◆ **it is 5 metres in ~, its ~ is 5 metres, it has a ~ of 5 metres** ça fait 5 mètres de large ◆ **measure it across its ~** prends la mesure en largeur **b** *[of cloth]* largeur *f*, lé *m* ◆ **you'll get it out of one ~** une largeur *or* un lé te suffira

**widthways** /ˈwɪdθweɪz/, **widthwise** /ˈwɪdθwaɪz/ ADV en largeur

**wield** /wiːld/ VT **a** *[+ sword, axe, pen, tool]* manier ; *(= brandish)* brandir **b** *[+ power, authority, control]* exercer

**wiener** * /ˈwiːnəʳ/ *(US)* **N** saucisse *f* de Francfort **COMP** ▷ **wiener schnitzel** /ˈviːnəˈʃnɪtsəl/ N escalope *f* viennoise

**wienie** * /ˈwiːnɪ/ N *(US)* saucisse *f* de Francfort

**wife** /waɪf/ (pl **wives**) **N** **a** *(= spouse)* femme *f* ; *(esp Admin)* épouse *f*; *(= married woman)* femme *f* mariée ◆ **his second ~** sa deuxième *or* seconde femme, la femme qu'il a (*or* avait *etc*) épousée en secondes noces ◆ **the farmer's/butcher's** *etc* **~** la fermière/bouchère *etc* ◆ **the ~** ‡ la patronne * ◆ **he decided to take a ~** † il a décidé de se marier *or* de prendre femme † ◆ **to take sb to ~** † prendre qn pour femme ◆ **wives whose husbands have reached the age of 65** les femmes *fpl* mariées dont les maris ont atteint 65 ans ◆ **"The Merry Wives of Windsor"** "Les Joyeuses Commères de Windsor" ; → **working**

**b** († * *dial* = *woman)* bonne femme * *f* ◆ **she's a poor old ~** c'est une pauvre vieille ; → **old**

**COMP** ▷ **wife-batterer, wife-beater** N homme *m* qui bat sa femme ▷ **wife's equity** N *(US Jur)* part *f* de la communauté revenant à la femme en cas de divorce ▷ **wife-swapping** N échangisme *m* ◆ **~-swapping party** partie *f* carrée

**wifely** † /ˈwaɪflɪ/ ADJ de bonne épouse

**wig** /wɪg/ N *(gen)* perruque *f*; *(= hairpiece)* postiche *m* ; (‡ = *hair)* tignasse * *f*

► **wig out** ‡ VI *(Brit)* *(= go crazy)* dérailler * ; *(= dance)* se déchaîner

**wigeon** /ˈwɪdʒən/ N ⇒ **widgeon**

**wigging** † ‡ /ˈwɪgɪŋ/ N *(Brit* = *scolding)* attrapade ‡ *f*, réprimande *f* ◆ **to give sb a ~** passer un savon * à qn ◆ **to get a ~** se faire enguirlander *

**wiggle** /ˈwɪgl/ **VT** *[+ pencil, stick]* agiter ; *[+ toes]* agiter, remuer ; *[+ loose screw, button, tooth]* faire jouer ◆ **to ~ one's hips** tortiller des hanches ◆ **my finger hurts if you ~ it like that** j'ai mal quand vous me tortillez le doigt comme ça ◆ **he ~d his finger at me warningly** il a agité l'index dans ma direction en guise d'avertissement **VI** *[loose screw etc]* branler ; *[tail]* remuer, frétiller ; *[rope, snake, worm]* se tortiller ◆ **she ~d across the room** elle a traversé la pièce en se déhanchant *or* en tortillant des hanches **N** ◆ **to walk with a ~** marcher en se déhanchant, marcher en tortillant des hanches ◆ **to give sth a ~** ⇒ **to wiggle sth;** → **vt**

**wiggly** /ˈwɪglɪ/ ADJ *[snake, worm]* qui se tortille ◆ **a ~ line** un trait ondulé

**wight** †† /waɪt/ N être *m*

**wigmaker** /ˈwɪgmeɪkəʳ/ N perruquier *m*, -ière *f*

**wigwam** /ˈwɪgwæm/ N wigwam *m*

**wilco** /ˈwɪlˌkəʊ/ EXCL *(Telec)* message reçu !

**wild** /waɪld/ **ADJ** **a** *[animal, plant, tribe, man, land, countryside]* sauvage ◆ **it was growing ~** *(= uncultivated)* ça poussait à l'état sauvage ◆ **the plant in its ~ state** la plante à l'état sauvage ◆ **a ~ stretch of coastline** une côte sauvage ◆ **~ and woolly** * *(US)* fruste, primitif ◆ **to sow one's ~ oats** *(fig)* jeter sa gourme †, faire les quatre cents coups ◆ **~ horses wouldn't make me tell you** je ne te le dirais pas pour rien au monde ; see also **comp** ; → **rose², run, strawberry**

**b** *(= rough)* *[wind]* violent, furieux ; *[sea]* démonté ◆ **in ~ weather** par gros temps ◆ **it was a ~ night** la tempête faisait rage cette nuit-là

**c** *(= unrestrained)* *[appearance]* farouche ; *[laughter, anger, evening, party]* fou (folle *f*) ; *[idea, plan]* fou (folle *f*), extravagant ; *[imagination, enthusiasm]* débordant, délirant ; *[life]* de bâtons de chaise * ◆ **his hair was ~ and uncombed** il avait les cheveux en bataille ◆ **there was ~ confusion at the airport** la confusion la plus totale régnait à l'aéroport ◆ **he took a ~ swing at his opponent** il a lancé le poing en direction de son adversaire ◆ **he had a ~ look in his eyes** il avait une lueur sauvage *or* farouche dans les yeux ◆ **he was ~ in his youth, he had a ~ youth** il a fait les quatre cents coups dans sa jeunesse ◆ **a whole gang of ~ kids** toute une bande de casse-cou ◆ **to have a ~ night out (on the town)** sortir faire la fête * ◆ **we had some ~ times together** nous avons fait les quatre cents coups ensemble ◆ **those were ~ times** *(= tough)* les temps étaient durs, la vie était rude en ce temps-là ◆ **he had some ~ scheme for damming the river** il avait un projet complètement fou *or* abracadabrant pour barrer le fleuve ◆ **there was a lot of ~ talk about ...** on a avancé des tas d'idées folles au sujet de ... ◆ **they made some ~ promises** ils ont fait quelques promesses folles *or* extravagantes ◆ **that is a ~ exaggeration** c'est une énorme exagération ◆ **to make a ~ guess** risquer *or* émettre à tout hasard une hypothèse (*at sth* sur qch)

**d** *(= excited)* comme fou (folle *f*) ; *(= enthusiastic)* fou (folle *f*), dingue * (*about* de) ◆ **to be ~ about sb/sth** * être dingue * de qn/qch ◆ **I'm not ~ about it** * ça ne m'emballe * pas beaucoup ◆ **he was ~ with joy** il ne se tenait plus de joie ◆ **he was ~ with anger/indignation** il était fou de rage/d'indignation ◆ **the audience went ~ with delight** le public a hurlé de joie ◆ **his fans went ~ when he appeared** la folie a gagné ses fans * quand il est apparu ◆ **the dog went ~ when he saw his owner** le chien est devenu comme fou quand il a vu son maître ◆ **it's enough to drive you ~!** * c'est à vous rendre dingue ! *

**N** ◆ **the call of the ~** l'appel *m* de la nature ◆ **in the ~** *(= natural habitat)* dans la nature, à l'état sauvage ◆ **this plant grows in the ~** cette plante existe à l'état sauvage ◆ **he went off into the ~s** il est parti vers des régions sauvages *or* reculées ◆ **he lives in the ~s of Alaska** il vit au fin fond de l'Alaska ◆ **we live out in the ~s** nous habitons en pleine brousse

**COMP** ▷ **wild beast** N *(gen)* bête sauvage ; *(= dangerous)* bête féroce ▷ **wild boar** N sanglier *m* ▷ **wild child** N **a** *(wayward)* noceur * *m*, -euse * *f* **b** *(living in wilds)* enfant *mf* sauvage ▷ **wild duck** N canard *m* sauvage ▷ **wild-eyed** ADJ *(= mad)* au regard fou ; *(= grief-stricken)* aux yeux hagards ▷ **wild flowers** NPL fleurs *fpl* des champs, fleurs *fpl* sauvages ▷ **wild goat** N chèvre *f* sauvage ▷ **wild-goose chase** N ◆ **he sent me off on a ~-goose chase** il m'a fait courir partout pour rien ▷ **wild rabbit** N lapin *m* de garenne ▷ **wild rice** N riz *m* sauvage ▷ **the Wild West** N *(US)* le Far West ▷ **Wild West show** N *(US)* spectacle *m* sur le thème du Far West

**wildcard** /ˈwaɪldkɑːd/ N *(Comput)* caractère *m* joker *or* de remplacement ; *(fig)* élément *m* imprévisible

**wildcat** /ˈwaɪldˌkæt/ **N** **a** *(= animal)* chat *m* sauvage ; *(fig)* *(= person)* personne *f* féroce **b** *(= oil well)* forage *m* de prospection **ADJ** *(US = unsound)* *[scheme, project]* insensé ; *(financially)* financièrement douteux **VI** *(for oil)* faire des forages de prospection pétrolière **COMP** ▷ **wildcat strike** N *(Ind)* grève *f* sauvage

**wildcatter** * /ˈwaɪldˌkætəʳ/ N *(= striker)* gréviste *mf* ; *(Fin)* spéculateur *m*

**wildebeest** /ˈwɪldɪbiːst/ N (pl **wildebeests** *or* **wildebeest**) gnou *m*

**wilderness** /ˈwɪldənɪs/ N *(gen)* étendue *f* déserte, région *f* reculée *or* sauvage ; *(Bible, also fig)* désert *m* ; *(= overgrown garden)* jungle *f* ◆ **a ~ of snow and ice** de vastes étendues de neige et de glace ◆ **a ~ of streets/ruins** un désert de rues/de ruines ◆ **to preach in the ~** *(Bible)* prêcher dans le désert ◆ **to be in the ~** *(fig)* faire sa traversée du désert ◆ **this garden is a ~** ce jardin est une vraie jungle

**wildfire** /ˈwaɪldfaɪəʳ/ N feu *m or* incendie *m* de forêt ◆ **to spread like ~** se répandre comme une traînée de poudre

**wildfowl** /ˈwaɪldfaʊl/ N *(one bird)* oiseau *m* sauvage ; *(collectively)* oiseaux *mpl* sauvages ; *(Hunting)* gibier *m* à plumes

**wildfowling** /ˈwaɪldfaʊlɪŋ/ N ◆ **to go ~** chasser (le gibier à plumes)

**wildlife** /ˈwaɪldlaɪf/ **N** faune *f* et flore *f* ◆ **he's interested in ~** il s'intéresse à la faune et à la flore ◆ **the ~ of Central Australia** la faune et la flore d'Australie centrale **COMP** ▷ **wildlife park, wildlife sanctuary** N réserve *f* naturelle

**wildly** /ˈwaɪldlɪ/ ADV **a** *(= excitedly)* *[applaud]* frénétiquement ; *[gesticulate, wave]* furieusement ; *[talk]* avec beaucoup d'agitation ; *[protest]* violemment ; *[behave]* de façon extravagante ◆ **to cheer ~** pousser des exclamations frénétiques ◆ **to look ~ around** jeter des regards éperdus autour de soi

**b** *(= violently, frantically)* ◆ **her heart was beating ~** son cœur battait violemment *or* à se rompre ◆ **he hit out ~** il lançait des coups dans tous les sens *or* au hasard ◆ **they were rushing about ~** ils se précipitaient dans tous les sens ◆ **the wind blew ~** le vent soufflait violemment ◆ **the storm raged ~** la tempête faisait rage

**c** *(= at random)* *[shoot]* au hasard ◆ **you're guessing ~** tu dis ça tout à fait au hasard

**d** *(= extremely)* *[optimistic, excited, happy]* follement ; *[vary]* énormément ◆ **I'm not ~ pleased * about it** ce n'est pas que ça me fasse très plaisir

**wildness** /ˈwaɪldnɪs/ N *[of land, countryside, scenery]* aspect *m* sauvage ; *[of tribe, people]* sauvagerie *f* ; *[of wind, sea]* fureur *f*, violence *f* ; *[of appearance]* désordre *m* ; *[of imagination]* extravagance *f* ; *[of enthusiasm]* ferveur *f* ◆ **the ~ of the weather** le sale temps qu'il fait

**wiles** /waɪlz/ NPL artifices *mpl*, manège *m* ; *(stronger)* ruses *fpl*

**wilful, willful** *(US)* /ˈwɪlfʊl/ **ADJ** a *(= deliberate) [misconduct, destruction, ignorance]* délibéré ; *[murder, damage]* volontaire b *(= obstinate) [person]* entêté, têtu ; *[behaviour]* obstiné

**wilfully, willfully** *(US)* /ˈwɪlfəlɪ/ **ADV** a *(= deliberately)* délibérément b *(= obstinately)* obstinément

**wilfulness, willfulness** *(US)* /ˈwɪlfʊlnɪs/ **N** *[of person]* obstination *f*, entêtement *m* ; *[of action]* caractère *m* délibéré *or* intentionnel

**wiliness** /ˈwaɪlɪnɪs/ **N** ruse *f NonC*, astuce *f NonC*

**will** /wɪl/ **MODAL AUX VB** a *(future)*

> When **will** or **'ll** is used to form the future, it is often translated by the future tense.

◆ **he ~ speak** il parlera ◆ **you'll regret it some day** tu le regretteras un jour ◆ **we ~ come too** nous viendrons (nous) aussi

> In the following examples the main verb is future, the other is present: in French both verbs must be in the future tense.

◆ **what ~ he do when he finds out?** qu'est-ce qu'il fera lorsqu'il s'en apercevra ? ◆ **we'll do all we can** nous ferons tout ce que nous pourrons

> When **will** or **'ll** indicates the more immediate future, **aller** + verb is used.

◆ **I'll give you a hand with that** je vais te donner un coup de main avec ça ◆ **they ~ be here shortly** ils vont bientôt arriver

> When **will** or **won't** is used in short replies, no verb is used in French.

◆ **~ he come too? – yes he ~** est-ce qu'il viendra aussi ? – oui ◆ **I'll go with you – oh no you won't!** je vais vous accompagner – non, certainement pas ! ◆ **they'll arrive tomorrow – ~ they?** ils arriveront demain – ah bon *or* c'est vrai ?

> When **will** or **won't** is used in question tags, eg **won't it**, **won't you** the translation is often ***n'est-ce pas***.

◆ **you ~ come to see us, won't you?** vous viendrez nous voir, n'est-ce pas ? ◆ **that'll be okay, won't it?** ça ira, n'est-ce pas ? ◆ **you won't lose it again, ~ you?** tu ne le perdras plus, n'est-ce pas ?

> When future meaning is made clear by words like **tomorrow**, or **next week**, the present tense can also be used in French.

◆ **he'll be here tomorrow** il arrive *or* il arrivera demain ◆ **I'll phone you tonight** je t'appelle *or* je t'appellerai ce soir

b *(future perfect)*

♦ **will have** + *past participle* ◆ **the holiday ~ have done him good** les vacances lui auront fait du bien ◆ **he ~ have left by now** il sera déjà parti à l'heure qu'il est

c *(habitual actions)*

> When **will** indicates that something commonly happens, the present is often used in French.

◆ **he ~ sit for hours doing nothing** il reste assis pendant des heures à ne rien faire ◆ **this bottle ~ hold one litre** cette bouteille contient un litre *or* fait le litre ◆ **the car ~ do 150km/h** cette voiture fait du 150 km/h ◆ **thieves ~ often keep a stolen picture for years** les voleurs gardent souvent un tableau volé pendant des années ◆ **he ~ talk all the time!** il ne peut pas s'empêcher *or* s'arrêter de parler ! ◆ **if you ~ make your speeches so long, you can hardly blame people for not listening** si vous persistez à faire des discours aussi longs, il ne faut pas vraiment vous étonner si les gens n'écoutent pas ◆ **he ~ annoy me by leaving his socks lying all over the place** il m'énerve à toujours laisser traîner ses chaussettes partout ◆ **I ~ call him Richard, though his name's actually Robert** il faut toujours que je l'appelle *subj* Richard bien qu'en fait il s'appelle Robert ◆ **boys ~ be boys** il faut (bien) que jeunesse se passe *(Prov)*

d *(requests, orders)*

> The present tense of **vouloir** is often used.

◆ **~ you be quiet!** veux-tu (bien) te taire ! ◆ **~ you please sit down!** voulez-vous vous asseoir, s'il vous plaît ! ◆ **~ you help me? – yes I ~** tu veux m'aider ? – oui, je veux bien ◆ **~ you promise to be careful?** tu me promets de faire attention ? ◆ **you ~ speak to no one** *(in commands)* ne parlez à personne, vous ne parlerez à personne ◆ **do what you ~** *(frm)* faites ce que vous voulez *or* comme vous voulez

♦ **won't** *(= refuse(s) to)* ◆ **the window won't open** la fenêtre ne veut pas s'ouvrir ◆ **she won't let me drive the car** elle ne veut pas me laisser conduire la voiture ◆ **~ you promise? – no I won't** tu me le promets ? – non

e *(invitations, offers)* **~ you have a cup of coffee?** voulez-vous prendre un café ? ◆ **~ you join us for a drink?** voulez-vous prendre un verre avec nous ? ◆ **won't you come with us?** vous ne voulez pas venir (avec nous) ? ◆ **I'll help you if you like** je vais vous aider si vous voulez

f *(= must)* **that ~ be the taxi** ça doit être le taxi ◆ **she'll be about forty** elle doit avoir quarante ans environ ◆ **you'll be thinking I'm crazy** tu dois penser que je suis fou ◆ **she'll have forgotten all about it by now** elle aura tout oublié à l'heure qu'il est

**VT** (pret, ptp **willed**) a *(= urge by willpower)* **he was ~ing her to look at him** il l'adjurait intérieurement de le regarder ◆ **he was ~ing her to accept** il l'adjurait intérieurement d'accepter

b *(= bequeath)* **to ~ sth to sb** léguer qch à qn

c *(frm = wish, intend)* vouloir (*that* que + *subj*) ◆ **God has ~ed it so** Dieu a voulu qu'il en soit ainsi ◆ **it is as God ~s** c'est la volonté de Dieu ◆ **to ~ sb's happiness** vouloir le bonheur de qn

**N** a *(= determination)* volonté *f* ◆ **they have no ~ of their own** ils manquent de volonté ◆ **he has a strong ~** il a beaucoup de volonté ◆ **a ~ of iron, an iron ~** une volonté de fer ◆ **to have a weak ~** manquer de volonté ◆ **my trolley has a ~ of its own** mon chariot n'en fait qu'à sa tête ◆ **the ~ to live** la volonté de survivre ◆ **the ~ of God** la volonté de Dieu, la volonté divine ◆ **it is the ~ of the people that ...** la volonté du peuple est que ... + *subj* ◆ **what is your ~?** *(frm)* quelle est votre volonté ? ◆ **it is my ~ that he should leave** *(frm)* je veux qu'il parte ◆ **thy ~ be done** *(Rel)* que ta volonté soit faite ◆ **to do sth against sb's ~** faire qch contre la volonté de qn ◆ **where there's a ~ there's a way** *(Prov)* vouloir c'est pouvoir *(Prov)*

♦ **at will** ◆ **an employer who can sack you at ~** un employeur qui peut vous licencier comme il le veut ◆ **I can speed up and slow down at ~** je peux accélérer et ralentir comme je veux ◆ **to choose at ~** choisir à volonté ◆ **you are free to leave at ~** vous êtes libre de partir quand vous voulez

b *(= document)* testament *m* ◆ **to make a ~** faire son testament ◆ **he left it to me in his ~** il me l'a légué par testament ◆ **the last ~ and testament of ...** les dernières volontés de ...

**willful** *etc* /ˈwɪlfʊl/ **ADJ** *(US)* ⇒ **wilful** *etc*

**William** /ˈwɪljəm/ **N** Guillaume *m* ◆ **~ the Conqueror** Guillaume le Conquérant ◆ **~ of Orange** Guillaume d'Orange ◆ **~ Tell** Guillaume Tell

**willie** * /ˈwɪlɪ/ **N** *(Brit)* zizi * *m* **NPL the willies** ◆ **to have the ~s** avoir les chocottes * *fpl*, avoir la trouille * ◆ **it gives me the ~s** ça me donne les chocottes *, ça me fout la trouille ‡ ◆ **he gives me the ~s** il me fout la trouille ‡

**willing** /ˈwɪlɪŋ/ **ADJ** a *(= prepared)* ◆ **to be ~ to do sth** être prêt *or* disposé à faire qch, bien vouloir faire qch ◆ **he wasn't very ~ to help** il n'était pas tellement prêt *or* disposé à aider ◆ **I was quite ~ for him to come** j'étais tout à fait prêt *or* disposé à ce qu'il vienne ◆ **will you help us? – I'm perfectly ~** voulez-vous nous aider ? – bien volontiers ; → **god, ready, spirit**

b *(= eager) [audience, participant]* enthousiaste ; *[helper, worker, partner]* plein de bonne volonté ◆ **~ hands helped him to his feet** des mains secourables se tendirent et l'aidèrent à se lever ◆ **there were plenty of ~ hands** il y avait beaucoup d'offres d'assistance ◆ **he's very ~** il est plein de bonne volonté

c *(= voluntary) [help, sacrifice]* volontaire

**N** ◆ **to show ~** faire preuve de bonne volonté

**COMP** ▷ **willing horse** * **N** *(= person)* bonne âme *f* (qui se dévoue toujours)

**willingly** /ˈwɪlɪŋlɪ/ **ADV** a *(= readily) [accept, work]* volontiers ◆ **can you help us? – ~!** peux-tu nous aider ? – volontiers ! b *(= voluntarily)* de mon (*or* ton, son *etc*) plein gré ◆ **did he do it ~ or did you have to make him?** l'a-t-il fait de son plein gré ou bien vous a-t-il fallu le forcer ?

**willingness** /ˈwɪlɪŋnɪs/ **N** bonne volonté *f* ; *(= enthusiasm)* empressement *m* (*to do sth* à faire qch) ◆ **I don't doubt his ~, just his competence** ce n'est pas sa bonne volonté que je mets en doute mais sa compétence ◆ **I was grateful for his ~ to help** je lui étais reconnaissant de bien vouloir m'aider *or* de son empressement à m'aider ◆ **in spite of the ~ with which she agreed** malgré la bonne volonté qu'elle a mise à accepter, malgré son empressement à accepter

**will-o'-the-wisp** /ˈwɪləðəˈwɪsp/ **N** *(lit, fig)* feu follet *m*

**willow** /ˈwɪləʊ/ **N** *(= tree)* saule *m* ; *(= wood)* (bois *m* de) saule *m NonC* ; *(for baskets etc)* osier *m* ◆ **the ~** * *(fig = cricket/baseball bat)* la batte (de cricket/de baseball) ; → **pussy, weeping** **COMP** *[bat etc]* de *or* en saule ; *[basket]* d'osier, en osier ▷ **willow pattern N** *motif chinois dans les tons bleus* ◆ **~ pattern china** porcelaine *f* à motif chinois ▷ **willow warbler N** pouillot *m* fitis

**willowherb** /ˈwɪləʊhɜːb/ **N** *(Bot)* épilobe *m*

**willowy** /ˈwɪləʊɪ/ **ADJ** *[person]* svelte, élancé

**willpower** /ˈwɪlpaʊəʳ/ **N** volonté *f*

**willy** * /ˈwɪlɪ/ **N** ⇒ **willie n**

**willy-nilly** /ˈwɪlɪˈnɪlɪ/ **ADV** a *(= willingly or not)* bon gré mal gré b *(= at random)* au hasard

**wilt**[1] †† /wɪlt/ **VB** 2nd person sg of **will** → **modal aux vb**

**wilt**[2] /wɪlt/ **VI** *[flower]* se faner, se flétrir ; *[plant]* se dessécher, mourir ; *[person] (= grow exhausted)* s'affaiblir ; *(= lose courage)* fléchir, être pris de découragement ; *[effort, enthusiasm etc]* diminuer ◆ **the guests began to ~ in the heat of the room** la chaleur de la pièce commençait à incommoder les invités ◆ **business confidence has visibly ~ed** la confiance des milieux d'affaires a visiblement diminué ◆ **United visibly ~ed under Liverpool's onslaught in the semi-final** United a manifestement flanché en demi-finale face à l'assaut de Liverpool ◆ **demand for household goods has ~ed with the collapse of the housing market** la demande en biens d'équipement ménager a fléchi avec l'effondrement du marché immobilier ◆ **I ~ed into my chair** je me suis effondré dans mon fauteuil

VT *[+ flower]* faner, flétrir ; *[+ plant, leaves]* dessécher

**Wilts** /wɪlts/ abbrev of **Wiltshire**

**wily** /ˈwaɪlɪ/ ADJ *(gen pej) [person]* rusé, malin (-igne *f*) ◆ **a ~ trick** une astuce ◆ **he's a ~ old devil** *or* **bird** *or* **fox, he's as ~ as a fox** il est rusé comme un renard

**wimp** * /wɪmp/ N *(pej)* mauviette *f*, poule *f* mouillée

► **wimp out** ⁑ VI se dégonfler

**wimpish** * /ˈwɪmpɪʃ/ *(pej)* ADJ *[behaviour]* de mauviette ◆ **a ~ young man** une jeune mauviette ◆ **his ~ friend** sa mauviette d'ami ◆ **he's so ~!** c'est une telle mauviette ! ◆ **stop being so ~!** cesse de faire la mauviette !

**wimpishly** * /ˈwɪmpɪʃlɪ/ ADV *[say]* misérablement ; *[behave]* comme une mauviette

**wimple** /ˈwɪmpl/ N guimpe *f*

**wimpy** * /ˈwɪmpɪ/ *(pej)* ADJ ⇒ **wimpish**

**win** /wɪn/ (vb : pret, ptp **won**) N *(Sport etc)* victoire *f* ◆ **another ~ for Scotland** une nouvelle victoire pour l'Écosse ◆ **it was a convincing ~ for France** la victoire revenait indiscutablement à la France ◆ **to have a ~** gagner ◆ **to back a horse for a ~** jouer un cheval gagnant

VI a *(in war, sport, competition etc)* gagner, l'emporter ◆ **to ~ by a length** gagner *or* l'emporter d'une longueur ◆ **go in and ~!** vas-y et ne reviens pas sans la victoire ! ◆ **he was playing to ~** il jouait pour gagner ◆ **who's ~ning?** qui est-ce qui gagne ? ◆ **to ~ hands down** * gagner les doigts dans le nez *, gagner haut la main ; *(esp in race)* arriver dans un fauteuil ◆ **~, place and show** *(US Sport)* gagnant, placé et troisième ◆ **you ~!** *(in reluctant agreement)* soit ! tu as gagné ! ◆ **I** (*or* **you** *etc*) **(just) can't ~** j'ai (*or* on a *etc*) toujours tort

b ◆ **to ~ free** *or* **loose** se dégager (*from sth* de qch)

VT a *(= gain victory in) [+ war, match, competition, bet, race]* gagner ◆ **to ~ the day** *(Mil)* remporter la victoire ; *(gen)* l'emporter

b *(= compete for and get) [+ prize]* gagner, remporter ; *[+ victory]* remporter ; *[+ scholarship]* obtenir ; *[+ sum of money]* gagner ◆ **he won it for growing radishes** il l'a gagné *or* remporté *or* eu pour sa culture de radis ◆ **he won £5 (from her) at cards** il (lui) a gagné 5 livres aux cartes ◆ **his essay won him a trip to France** sa dissertation lui a valu un voyage en France

c *(= obtain etc) [+ fame, fortune]* trouver ; *[+ sb's attention]* capter, captiver ; *[+ sb's friendship]* gagner ; *[+ sb's esteem]* gagner, conquérir ; *[+ sympathy, support, admirers, supporters]* s'attirer ; *[+ coal, ore etc]* extraire (*from* de) ◆ **to ~ friends** se faire des amis ◆ **to ~ a name** *or* **a reputation (for o.s.)** se faire un nom *or* une réputation (*as* en tant que) ◆ **this won him the friendship of ...** ceci lui a gagné *or* valu l'amitié de ... ◆ **this won him the attention of the crowd** ça lui a valu l'attention de la foule ◆ **this manoeuvre won him the time he needed** cette manœuvre lui a valu d'obtenir le délai dont il avait besoin ◆ **to ~ sb's love/respect** se faire aimer/respecter de qn ◆ **to ~ sb's heart** gagner le cœur de qn ◆ **to ~ sb to one's cause** gagner *or* rallier qn à sa cause ◆ **to ~ a lady** *or* **a lady's hand (in marriage)** † obtenir la main d'une demoiselle

d *(= reach) [+ summit, shore, goal]* parvenir à, arriver à ◆ **he won his way to the top of his profession** il a durement gagné sa place au sommet de sa profession

COMP ▷ **win-win** → **win-win**

► **win back** VT SEP *[+ cup, trophy]* reprendre (*from* à) ; *[+ gaming loss etc]* recouvrer ; *[+ land]* reconquérir (*from* sur), reprendre (*from* à) ; *[+ sb's favour, support, esteem, one's girlfriend etc]* reconquérir ◆ **I won the money back from him** j'ai repris l'argent qu'il m'avait gagné

► **win out** VI a l'emporter, gagner

b ⇒ **win through**

► **win over, win round** VT SEP *[+ person]* convaincre, persuader ; *[+ voter]* gagner à sa cause ◆ **I won him over to my point of view** je l'ai gagné à ma façon de voir ◆ **the figures won him over to our way of thinking** les statistiques l'ont fait se rallier à notre façon de voir ◆ **I won him over eventually** j'ai fini par le convaincre *or* le persuader ◆ **to ~ sb over to doing sth** convaincre *or* persuader qn de faire qch

► **win through** VI y arriver, finir par réussir ◆ **you'll ~ through all right!** tu y arriveras !, tu finiras par réussir ! ◆ **he won through to the second round** *(in competition etc)* il a gagné le premier tour

**wince** /wɪns/ VI *(= flinch)* tressaillir ; *(= grimace)* grimacer (de douleur) ◆ **he ~d at the thought/at the sight** cette pensée/ce spectacle l'a fait tressaillir *or* grimacer ◆ **he ~d as I touched his injured arm** il a tressailli sous l'effet de la douleur *or* il a grimacé de douleur lorsque j'ai touché son bras blessé ◆ **without wincing** *(fig)* sans broncher *or* sourciller N *(= flinch)* tressaillement *m*, crispation *f* ; *(= grimace)* grimace *f* (de douleur *or* dégoût *etc*) ◆ **to give a ~** ⇒ **to wince vi**

**winceyette** /ˌwɪnsɪˈet/ N *(NonC: Brit)* flanelle *f* de coton

**winch** /wɪntʃ/ N treuil *m* VT ◆ **to ~ sth up/down** *etc* monter/descendre *etc* qch au treuil ◆ **they ~ed him out of the water** ils l'ont hissé hors de l'eau au treuil

**Winchester** /ˈwɪntʃɪstəʳ/ N ◆ **~ (rifle)** ® (carabine *f*) Winchester *f* ◆ **~ disk** *(Comput)* disque *m* Winchester

**wind**[1] /wɪnd/ N a vent *m* ◆ **high ~** grand vent *m*, vent *m* violent *or* fort ◆ **following ~** vent *m* arrière ◆ **the ~ is rising/dropping** le vent se lève/tombe ◆ **the ~ was in the east** le vent venait de l'est *or* était à l'est ◆ **where is the ~?, which way is the ~?** d'où vient le vent ? ◆ **to go/run like the ~** aller/filer comme le vent ◆ **between ~ and water** *(Naut)* près de la ligne de flottaison ◆ **to run before the ~** *(Naut)* avoir *or* courir vent arrière ◆ **to take the ~ out of sb's sails** couper l'herbe sous le pied de qn ◆ **to see how the ~ blows** *or* **lies** *(lit)* voir d'où vient le vent ; *(fig)* prendre le vent, voir d'où vient le vent ◆ **the ~ of change is blowing** le vent du changement souffle ◆ **there's something in the ~** il y a quelque chose dans l'air, il se prépare quelque chose ◆ **to get ~ of sth** avoir vent de qch ◆ **he threw caution to the ~s** il a fait fi de toute prudence † *(also frm)* ◆ **she was left twisting** *or* **swinging in the ~** *(US)* on l'a laissée dans le pétrin * ; → **ill, north, sail**

b *(= breath)* souffle *m* ◆ **he has still plenty of ~** il a encore du souffle ◆ **he had lost his ~** il avait perdu le souffle *or* perdu haleine ◆ **to knock the ~ out of sb** *[blow]* couper la respiration *or* le souffle à qn ; *[fighter]* mettre qn hors d'haleine ; *[fall, exertion]* essouffler qn, mettre qn hors d'haleine ◆ **to get one's ~ back** *(lit)* reprendre (son) souffle, reprendre haleine ◆ **give me time to get my ~ back!** *(fig)* laisse-moi le temps de souffler *or* de me retourner ! ◆ **to put the ~ up sb** * *(Brit)* flanquer la frousse à qn * ◆ **to get/have the ~ up** * *(Brit)* avoir la frousse * (*about* à propos de) → **second[1], sound[2]**

c *(NonC: Med = flatulence)* gaz *mpl* ◆ **the baby has got ~** le bébé a des gaz ◆ **to break ~** lâcher un vent ◆ **to bring up ~** avoir un renvoi

d *(Mus)* **the ~** les instruments *mpl* à vent

VT a ◆ **to ~ sb** *[blow etc]* couper la respiration *or* le souffle à qn ; *[fighter]* mettre qn hors d'haleine ; *[fall, exertion]* essouffler qn, mettre qn hors d'haleine ◆ **he was ~ed by the blow, the blow ~ed him** le coup lui a coupé le souffle *or* la respiration ◆ **he was quite ~ed by the climb** l'ascension l'avait essoufflé *or* mis hors d'haleine ◆ **I'm only ~ed** j'ai la respiration coupée, c'est tout

b *[+ horse]* laisser souffler

c *(Hunting = scent)* avoir vent de

d ◆ **to ~ a baby** faire faire son rot * *or* son renvoi à un bébé

COMP *[erosion etc]* éolien ▷ **wind-bells** NPL ⇒ **wind-chimes** ▷ **wind-borne** ADJ *[seeds, pollen]* transporté *or* porté par le vent ▷ **wind-chill (factor)** N (facteur *m* de) refroidissement *m* dû au vent ◆ **a ~-chill factor of 10°** une baisse de 10° due au vent ▷ **wind-chimes** NPL carillon *m* éolien ▷ **wind deflector** N *(Aut)* déflecteur *m* ▷ **wind farm** N éoliennes *fpl*, parc *m* d'éoliennes ▷ **wind gauge** N anémomètre *m* ▷ **wind generator** N aérogénérateur *m* ▷ **wind instrument** N *(Mus)* instrument *m* à vent ▷ **wind machine** N *(Theat, Cine)* machine *f* à vent ▷ **wind power** N énergie *f* éolienne ▷ **wind tunnel** N *(Phys)* tunnel *m* aérodynamique ◆ **there was a ~ tunnel between the two tower blocks** il y avait un fort courant d'air entre les deux tours

**wind**[2] /waɪnd/ (pret, ptp **winded** *or* **wound**) VT ◆ **to ~ the horn** sonner du cor ; *(Hunting)* sonner de la trompe

**wind**[3] /waɪnd/ (vb : pret, ptp **wound**) N a *(= bend: in river etc)* tournant *m*, coude *m*

b *(= action of winding)* ◆ **to give one's watch a ~** remonter sa montre ◆ **give the handle another ~ or two** donne un ou deux tours de manivelle de plus

VT a *(= roll) [+ thread, rope etc]* enrouler (*on* sur ; *round* autour de) ; *(= wrap)* envelopper (*in* dans) ◆ **to ~ wool (into a ball)** enrouler de la laine (pour en faire une pelote) ◆ **~ this round your head** enroule-toi ça autour de la tête ◆ **with the rope wound tightly round his waist** la corde bien enroulée autour de la taille, la corde lui ceignant étroitement la taille ◆ **she wound a shawl round the baby, she wound the baby in a shawl** elle a enveloppé le bébé dans un châle ◆ **to ~ one's arms round sb** enlacer qn ◆ **the snake/rope wound itself round a branch** le serpent/la corde s'est enroulé(e) autour d'une branche ◆ **he slowly wound his way home** il s'en revint lentement chez lui, il prit lentement le chemin du retour ; see also **vi**

b *[+ clock, watch, toy]* remonter ; *[+ handle]* donner un (*or* des) tour(s) de

VI ◆ **to ~ along** *[river, path]* serpenter, faire des zigzags ◆ **the road ~s through the valley** la route serpente à travers la vallée, la route traverse la vallée en serpentant ◆ **the procession wound through the town** la procession a serpenté à travers la ville ◆ **the line of cars wound slowly up the hill** la file de voitures a lentement gravi la colline en serpentant ◆ **to ~ up/down** *[path etc]* monter/descendre en serpentant *or* en zigzags ; *[stairs, steps]* monter/descendre en tournant ◆ **to ~ round sth** *[snake, ivy etc]* s'enrouler autour de qch

► **wind back** VT SEP *[+ tape, film]* rembobiner

► **wind down** VI a → vi
b (* = relax) se détendre, se relaxer
c (fig) **to be ~ing down** [event] tirer à sa fin ; [energy, enthusiasm, interest] diminuer, être en perte de vitesse
VT SEP a (on rope/winch etc) faire descendre (au bout d'une corde/avec un treuil etc)
b [+ car window] baisser
c (fig) [+ department, service etc] réduire progressivement (en vue d'un démantèlement éventuel)

► **wind forward** VT SEP ⇒ **wind on**

► **wind off** VT SEP dérouler, dévider

► **wind on** VT SEP enrouler

► **wind up** VI a → vi
b [meeting, discussion] se terminer, finir (with par) ♦ **he wound up for the Government** (in debate) c'est lui qui a résumé la position du gouvernement dans le discours de clôture ♦ **Mr Paul Herbert wound up for the prosecution/defence** (Jur) M. Paul Herbert a conclu pour la partie civile/pour la défense
c * (= finish up) se retrouver ♦ **they wound up stranded in Rotterdam** ils ont fini or ils se sont retrouvés bloqués à Rotterdam ♦ **he wound up as a doctor** il a fini médecin, il s'est retrouvé médecin ♦ **he wound up with a fractured skull** il s'est retrouvé avec une fracture du crâne
VT SEP a (= end) [+ meeting, speech] terminer, clore ; (Comm) [+ business] liquider ♦ **to ~ up one's affairs** régler ses affaires ♦ **to ~ up an account** clôturer un compte
b [+ object on rope/winch etc] faire monter (au bout d'une corde/avec un treuil etc) ; [+ car window] monter, fermer ; [+ watch etc] remonter
c (Brit = tease) faire marcher * ♦ **come on, you're ~ing me up!** arrête, tu me fais marcher ! ♦ **he'd been ~ing me up the whole match and I finally snapped** il m'asticotait depuis le début du match et j'ai fini par craquer
N ♦ **winding-up** → **winding**
N ♦ **wind-up** * (Brit = joke) blague f, bobard * m

**windbag** * /ˈwɪndbæg/ N (fig pej) moulin m à paroles

**windblown** /ˈwɪndbləʊn/ ADJ [person, hair] ébouriffé par le vent ; [tree] fouetté par le vent

**windbreak** /ˈwɪndbreɪk/ N (= tree, fence etc) brise-vent m ; (for camping etc) pare-vent m inv

**Windbreaker** ® /ˈwɪndbreɪkəʳ/ N ⇒ **windcheater**

**windburn** /ˈwɪndbɜːn/ N (Med) brûlure f épidermique (due au vent)

**windcheater** /ˈwɪndtʃiːtəʳ/ N (Brit) anorak m léger, coupe-vent m inv

**winder** /ˈwaɪndəʳ/ N a [of watch etc] remontoir m b (for car windows) lève-glace m, lève-vitre m c (for thread etc) dévidoir m ; (= person) dévideur m, -euse f

**windfall** /ˈwɪndfɔːl/ N (lit) fruit(s) m(pl) tombé(s) (sous l'effet du vent) ; (fig) aubaine f, manne f (tombée du ciel) COMP ▷ **windfall profit** N bénéfices mpl exceptionnels ▷ **windfall tax** N taxe f exceptionnelle sur les bénéfices (des entreprises privatisées)

**windflower** /ˈwɪndflaʊəʳ/ N anémone f des bois

**winding** /ˈwaɪndɪŋ/ ADJ [road, path] sinueux, tortueux ; [river] sinueux, qui serpente ; [stairs, staircase] tournant N a (NonC) [of thread, rope] enroulement m ; [of clock, watch, toy] remontage m ; (onto bobbin) bobinage m b ♦ **~(s)** [of road] zigzags mpl ; [of river] méandres mpl COMP ▷ **winding-sheet** † N linceul m ▷ **winding-up** N [of meeting, account] clôture f ; [of business, one's affairs] liquidation f ♦ **~-up arrangements** (Jur, Fin) concordat m

**windjammer** /ˈwɪnddʒæməʳ/ N a (Naut) grand voilier m (de la marine marchande) b (Brit = windcheater) anorak m léger, coupe-vent m inv

**windlass** /ˈwɪndləs/ N guindeau m, treuil m

**windless** /ˈwɪndlɪs/ ADJ [day] sans vent ; [air] immobile

**windmill** /ˈwɪndmɪl/ N moulin m à vent ; (on wind farm) éolienne f ♦ **to tilt at** or **fight ~s** se battre contre des moulins à vent ♦ **~ service** (Volleyball) service m balancier

**window** /ˈwɪndəʊ/ N a (gen, also Comput) fenêtre f ; (in car, train) vitre f, glace f ; (also **window pane**) vitre f, carreau m ; (stained-glass) vitrail m ; (larger) verrière f ; (in post office, ticket office etc) guichet m ; (in envelope) fenêtre f ♦ **I saw her at the ~** je l'ai vue à la fenêtre ♦ **don't lean out of the ~** ne te penche pas par la fenêtre ; (in train, car etc) ne te penche pas en dehors ♦ **to look/throw** etc **out of the ~** regarder/jeter etc par la fenêtre ; (in car etc) regarder/jeter etc dehors ♦ **the ~s look out onto fields** les fenêtres donnent sur or ont vue sur des champs ♦ **to break a ~** casser une vitre or un carreau ♦ **to clean the ~s** nettoyer or laver les carreaux

♦ **out of the window** (fig) ♦ **to go** or **fly** or **disappear out of the ~** s'évanouir, se volatiliser ♦ **well, there's another plan out the ~!** * eh bien voilà encore un projet de fichu * or qui tombe à l'eau

♦ **a window on** (fig) ♦ **television is a ~ on the world of western consumption** la télévision nous donne un aperçu de l'univers de la consommation à l'occidentale ♦ **at the same time opening a ~ on the social and cultural trends** en nous donnant en même temps un aperçu des tendances sociales et culturelles

b [of shop] vitrine f, devanture f ; (more modest) étalage m ; [of café etc] vitrine f ♦ **to put sth in the ~** mettre qch en vitrine or à la devanture ♦ **I saw it in the ~** j'ai vu ça à l'étalage or à la devanture or en vitrine ♦ **in the front of the ~** sur le devant de la vitrine ♦ **the ~s are lovely at Christmas time** les vitrines sont très belles au moment de Noël

c (= free time) trou m, créneau m ♦ **I've got a ~ in my diary later on this week** j'ai un trou or créneau dans mon emploi du temps à la fin de la semaine

♦ **window (of opportunity)** ♦ **there is perhaps a ~ of opportunity to change ...** nous avons peut-être maintenant la possibilité de changer ... ♦ **there is now a ~ of opportunity for progress towards peace** nous avons maintenant l'occasion de faire progresser les négociations de paix

d (Space: also **launch window**) fenêtre f or créneau m de lancement

COMP ▷ **window box** N jardinière f ▷ **window cleaner** N (= person) laveur m, -euse f de vitres or de carreaux ; (= substance) produit m à nettoyer les vitres or les carreaux ▷ **window-cleaning** N ♦ **to do the ~-cleaning** faire les vitres or carreaux ▷ **window display** N devanture f, vitrine f (de magasin) ▷ **window dresser** N (Comm) étalagiste mf ▷ **window dressing** N (Comm) composition f d'étalage ♦ **she is learning ~ dressing** elle fait des études d'étalagiste ♦ **it's just ~ dressing** (fig pej) ce n'est qu'une façade ▷ **window envelope** N enveloppe f à fenêtre ▷ **window frame** N châssis m (de fenêtre) ▷ **window glass** N (NonC) verre m (utilisé pour les vitres) ▷ **window ledge** N ⇒ **windowsill** ▷ **window pane** N vitre f, carreau m ▷ **window seat** N (in room) banquette f (située sous la fenêtre) ; (in vehicle) place f côté fenêtre ▷ **window shade** N (US) store m ▷ **window-shopper** N ♦ **she's a great ~-shopper** elle adore faire du lèche-vitrines * ▷ **window-shopping** N lèche-vitrines * m ♦ **to go ~-shopping** faire du lèche-vitrines * ▷ **window winder** N (Aut) lève-glace m, lève-vitre m

**windowsill** /ˈwɪndəʊsɪl/ N (inside) appui m de fenêtre ; (outside) rebord m de fenêtre

**windpipe** /ˈwɪndpaɪp/ N (Anat) trachée f

**windproof** /ˈwɪndpruːf/ ADJ protégeant du vent, qui ne laisse pas passer le vent VT protéger du or contre le vent

**windscreen** /ˈwɪndskriːn/ (esp Brit Aut) N pare-brise m inv COMP ▷ **windscreen washer** N lave-glace m ▷ **windscreen wiper** N essuie-glace m

**windshield** /ˈwɪndʃiːld/ N (US) ⇒ **windscreen**

**windsleeve** /ˈwɪndsliːv/, **windsock** /ˈwɪndsɒk/ N manche f à air

**windstorm** /ˈwɪndstɔːm/ N vent m de tempête

**windsurf** /ˈwɪndsɜːf/ VI (also **go windsurfing**) faire de la planche à voile

**windsurfer** /ˈwɪndsɜːfəʳ/ N a (= person) (véli-)planchiste mf b (= board) planche f à voile

**windsurfing** /ˈwɪndsɜːfɪŋ/ N planche f à voile (sport)

**windswept** /ˈwɪndswept/ ADJ venteux, battu par les vents, balayé par le(s) vent(s)

**windward** /ˈwɪndwəd/ ADJ qui est au vent or contre le vent, qui est du côté du vent ADV au vent N côté m du vent ♦ **to look to ~** regarder dans la direction du vent ♦ **to get to ~ of sth** se mettre contre le vent par rapport à qch COMP ▷ **the Windward Islands, the Windward Isles** NPL les îles fpl du Vent

**windy** /ˈwɪndɪ/ ADJ a (= blustery) [day] de vent ♦ **it's** or **the weather's ~ today** il y a du vent aujourd'hui ♦ **wet and ~ weather** la pluie et le vent b (= windswept) [place] balayé par les vents, venteux c (* = pompous) [person] ronflant ; [phrases, speech] ronflant, pompeux ♦ **a ~ old bore** un vieux raseur sentencieux d (Brit † * = scared) ♦ **to be ~ (about sth)** avoir la frousse * (à propos de qch) ♦ **to get ~ (about sth)** paniquer (à propos de qch) COMP ▷ **the Windy City** N (US) Chicago ; → CITY NICKNAMES

**wine** /waɪn/ N vin m ♦ **elderberry ~** vin m de sureau
VT ♦ **to ~ and dine sb** emmener qn faire un dîner bien arrosé
VI ♦ **to ~ and dine** faire un dîner bien arrosé
COMP [bottle, cellar] à vin ; [colour] lie de vin inv or lie-de-vin inv ▷ **wine bar** N bar m à vin(s) ▷ **wine-bottling** N mise f en bouteilles (du vin) ▷ **wine box** N cubitainer ® m ▷ **wine cask** N fût m, tonneau m (à vin) ▷ **wine-coloured** ADJ lie de vin inv, lie-de-vin inv ▷ **wine cooler** N (= device) rafraîchisseur m (à vin), seau m à rafraîchir ; (= drink) boisson à base de vin, de jus de fruit et d'eau gazeuse ▷ **wined up** * ADJ (US) bourré *, noir * ▷ **wine grower** N viticulteur m, -trice f, vigneron(ne) m(f) ▷ **wine growing** N viticulture f, culture f de la vigne ADJ [district, industry] vinicole, viticole ▷ **wine gum** N (Brit) bonbon m (aux fruits) ▷ **wine list** N carte f des vins ▷ **wine merchant** N (Brit) marchand(e) m(f) de vin ; (on larger scale) négociant(e) m(f) en vins ▷ **wine press** N pressoir m (à vin) ▷ **wine**

rack **N** casier *m* à bouteilles (de vin) ▷ **wine taster N** *(= person)* dégustateur *m*, -trice *f* (de vins) ; *(= cup)* tâte-vin *m inv*, taste-vin *m inv* ▷ **wine tasting N** dégustation *f* (de vins) ▷ **wine vinegar N** vinaigre *m* de vin ▷ **wine waiter N** sommelier *m*, -ière *f*

**winebibber** /ˈwaɪnbɪbəʳ/ **N** grand(e) buveur *m*, -euse *f* (de vin), bon(ne) buveur *m*, -euse *f*

**wineglass** /ˈwaɪnglɑːs/ **N** verre *m* à vin

**winery** /ˈwaɪnərɪ/ **N** *(US)* établissement *m* vinicole

**wineshop** /ˈwaɪnʃɒp/ **N** boutique *f* du marchand de vin

**wineskin** /ˈwaɪnskɪn/ **N** outre *f* à vin

**wing** /wɪŋ/ **N** a *(gen, Zool: also of plane)* aile *f* ◆ **to be on the ~** être en vol, voler ◆ **to shoot a bird on the ~** tirer un oiseau au vol ◆ **to take ~** *[bird]* prendre son vol, s'envoler ◆ **his heart took ~** *(fig, liter)* son cœur s'emplit de joie ◆ **to take sb under one's ~** prendre qn sous son aile ◆ **to be under sb's ~** être sous l'aile (protectrice) de qn ◆ **on the ~s of fantasy** sur les ailes de l'imagination ◆ **fear lent** *or* **gave him ~s** la peur lui donnait des ailes ◆ **on a ~ and a prayer** à la grâce de Dieu ; → **clip², spread**

b *(Pol)* aile *f* ◆ **on the left/right ~ of the party** sur l'aile gauche/droite du parti

c *(Sport = person)* ailier *m*, aile *f* ◆ **~ (three-quarter)** trois-quarts aile *f* ◆ **left/right ~** ailier *m* gauche/droit ◆ **he plays (on the) left ~** il est ailier gauche

d *(Brit) [of car]* aile *f* ; *[of armchair]* oreille *f*, oreillard *m*

e *(Aviat = insignia)* ◆ **~s** insigne *m* (de pilote) ◆ **to earn** *or* **win** *or* **get one's ~s** devenir pilote *(dans l'armée de l'air)*

f *[of building, mansion]* aile *f*

g *[of organization etc]* aile *f* ◆ **the political ~ of the IRA** l'aile *f* politique de l'IRA

**NPL the wings** *(Theat)* les coulisses *fpl*, la coulisse ◆ **to stand** *or* **stay in the ~s** *(Theat)* se tenir dans les coulisses ; *(fig)* rester dans la (*or* les) coulisse(s) ◆ **to wait in the ~s for sb to do sth** *(fig)* attendre dans la *or* les coulisse(s) que qn fasse qch

**VT** a *(= wound) [+ bird]* blesser *or* toucher (à l'aile) ; *[+ person]* blesser au bras (*or* à la jambe *etc*)

b *(liter)* **to ~ an arrow at sth** darder une flèche en direction de qch ◆ **to ~ one's way** ⇒ **to wing vi**

c *[actor, speaker etc]* **to ~ it** * improviser

**VI** *(= wing one's way)* voler ◆ **they ~ed over the sea** ils ont survolé la mer

**COMP** ▷ **wing case N** *(Zool)* élytre *m* ▷ **wing chair N** bergère *f* à oreilles ▷ **wing collar N** col *m* cassé ▷ **wing commander N** *(Aviat)* lieutenant-colonel *m* (de l'armée de l'air) ▷ **wing flap N** *(Aviat)* aileron *m* ▷ **wing-footed ADJ** *(liter)* aux pieds ailés ▷ **wing-forward N** *(Rugby)* ailier *m* ▷ **wing mirror N** *(Brit Aut)* rétroviseur *m* latéral ▷ **wing nut N** papillon *m*, écrou *m* à ailettes ▷ **wing three-quarter N** *(Rugby)* trois-quarts aile *m* ▷ **wing tip N** extrémité *f* de l'aile

**wingback** /ˈwɪŋ,bæk/ **N** *(Sport)* ailier *m* offensif

**wingding** ‡ /ˈwɪŋ,dɪŋ/ **N** *(US = party)* fête *f*, boum * *f*

**winge** * /ˈwɪndʒ/ **VI** ⇒ **whinge**

**winged** /wɪŋd/ **ADJ** *[creature, goddess, statue]* ailé ◆ **Mercury, the ~ messenger of the gods** Mercure, le messager des dieux aux pieds ailés ◆ **the Winged Victory of Samothrace** la Victoire de Samothrace

**-winged** /wɪŋd/ **ADJ** *(in compounds)* ◆ **white-winged** aux ailes blanches

**winger** /ˈwɪŋəʳ/ **N** *(Sport)* ailier *m* ◆ **left-/right-~** *(Pol)* sympathisant(e) *m(f)* de gauche/droite, homme *m* (*or* femme *f*) de gauche/droite

**wingless** /ˈwɪŋlɪs/ **ADJ** sans ailes ; *[insect]* aptère

**wingspan** /ˈwɪŋspæn/, **wingspread** /ˈwɪŋspred/ **N** envergure *f*

**wink** /wɪŋk/ **N** clin *m* d'œil ; *(= blink)* clignement *m* ◆ **to give sb a ~** faire un clin d'œil à qn ◆ **with a ~** en clignant de l'œil ◆ **in a ~, (as) quick as a ~, in the ~ of an eye** en un clin d'œil ◆ **I didn't get a ~ of sleep** * je n'ai pas fermé l'œil (de la nuit) ; → **forty, sleep, tip²** **VI** *[person]* faire un clin d'œil (*to, at* à) ; *(= blink)* cligner des yeux ; *[star, light]* clignoter ◆ **to ~ at sth** *(fig)* fermer les yeux sur qch ◆ **they were willing to ~ at corruption within the prison service** ils étaient prêts à fermer les yeux sur la corruption dans le service pénitentiaire **VT** ◆ **to ~ one's eye** faire un clin d'œil (*at sb* à qn) ◆ **to ~ a tear back** *or* **away** cligner de l'œil pour chasser une larme

**winker** /ˈwɪŋkəʳ/ **N** *(Brit Aut)* clignotant *m*

**winking** /ˈwɪŋkɪŋ/ **ADJ** *[light, signal]* clignotant **N** clins *mpl* d'œil ; *(= blinking)* clignements *mpl* d'yeux ◆ **it was as easy as ~** * c'était simple comme bonjour

**winkle** /ˈwɪŋkl/ **N** *(Brit)* bigorneau *m* **VT** ◆ **to ~ sth out of sth/sb** extirper qch de qch/qn **COMP** ▷ **winkle pickers** * **NPL** *(Brit = shoes)* chaussures *fpl* pointues

**winnable** /ˈwɪnəbl/ **ADJ** gagnable

**winner** /ˈwɪnəʳ/ **N** a *(= victor: in fight, argument)* vainqueur *m* ; *(Sport)* gagnant(e) *m(f)*, vainqueur *m* ; *(in competitions etc)* lauréat(e) *m(f)*, gagnant(e) *m(f)* ; *(horse/car etc)* (cheval *m*/voiture *f etc*) gagnant(e) *m(f)* ; *(Sport)* *(= winning goal)* but *m* de la victoire ; *(= winning shot)* coup *m* gagnant ◆ **to be the ~** gagner ◆ **I think he's on to a ~** *(= will win)* je crois qu'il va gagner ; *(= has chosen winner)* je crois qu'il a tiré le bon numéro

◆ **to be a winner** *(= to be successful)* être génial * ◆ **his latest CD/show is a ~** * *(= to be potentially successful)* son dernier CD/spectacle va faire un malheur * ◆ **that ball was a ~** *(Tennis)* cette balle était imparable * ◆ **he's a ~!** * *(fig)* il est génial ! * ◆ **you know your idea is a ~ ...** vous savez que votre idée va marcher ... ; see also **pick**

b *(gen pl = beneficiary)* gagnant(e) *m(f)* *(fig)* ◆ **the ~s will be the shareholders** ce sont les actionnaires qui seront les gagnants

**Winnie-the-Pooh** /ˌwɪnɪðəˈpuː/ **N** *(Literat)* Winnie l'ourson

**winning** /ˈwɪnɪŋ/ **ADJ** a *[person, dog, car, blow, stroke, shot etc]* gagnant ◆ **the ~ goal came in the last five minutes** le but de la victoire a été marqué dans les cinq dernières minutes b *(= captivating) [person]* charmant, adorable ; *[smile, manner]* charmeur, engageant ◆ **the child has ~ ways, the child has a ~ way with him** cet enfant a une grâce irrésistible **NPL winnings** *(Betting etc)* gains *mpl* **COMP** ▷ **winning post N** poteau *m* d'arrivée

**winningly** /ˈwɪnɪŋlɪ/ **ADV** d'une manière charmeuse, d'un air engageant

**Winnipeg** /ˈwɪnɪpeg/ **N** Winnipeg

**winnow** /ˈwɪnəʊ/ **VT** *[+ grain]* vanner ◆ **to ~ truth from falsehood** *(liter)* démêler le vrai du faux

**winnower** /ˈwɪnəʊəʳ/ **N** *(= person)* vanneur *m*, -euse *f* ; *(= machine)* tarare *m*

**wino** ‡ /ˈwaɪnəʊ/ **N** poivrot * *m*, ivrogne *mf*

**winsome** /ˈwɪnsəm/ **ADJ** *[person]* avenant ; *[smile]* gracieux, charmant ; *[charm]* délicieux

**winsomely** /ˈwɪnsəmlɪ/ **ADV** d'une manière séduisante, d'un air engageant

**winsomeness** /ˈwɪnsəmnɪs/ **N** *(NonC)* charme *m*, séduction *f*

**winter** /ˈwɪntəʳ/ **N** hiver *m* ◆ **in ~** en hiver ◆ **in the ~ of 1996** pendant l'hiver de 1996 ◆ **"A Winter's Tale"** "Conte d'hiver" **VI** hiverner, passer l'hiver **VT** *[+ animals]* hiverner **COMP** *[weather, day, residence]* d'hiver, hivernal ; *[activities, temperatures]* hivernal ▷ **winter clothes NPL** vêtements *mpl* d'hiver ▷ **winter depression N** spleen *m* hivernal ▷ **winter holidays NPL** vacances *fpl* d'hiver ▷ **Winter Olympics NPL** Jeux *mpl* olympiques d'hiver ▷ **winter resident N** *(= person)* hivernant(e) *m(f)* ▷ **the winter season N** la saison d'hiver ▷ **winter sleep N** sommeil *m* hibernal, hibernation *f* ▷ **winter sports NPL** sports *mpl* d'hiver

**wintergreen** /ˈwɪntəˌgriːn/ **N** *(Bot)* gaulthérie *f* ◆ **oil of ~** essence *f* de wintergreen

**winterize** /ˈwɪntəraɪz/ **VT** *(US)* préparer pour l'hiver

**winterkill** /ˈwɪntəˌkɪl/ *(US)* **VT** *[+ plant]* tuer par le gel **VI** être tué par le gel

**wintertime** /ˈwɪntəˌtaɪm/ **N** hiver *m* ◆ **in (the) ~** en hiver **COMP** *[staff, visitors, food etc]* en hiver

**wintry** /ˈwɪntrɪ/ **ADJ** a *(Met) [weather, day, sky, sun]* d'hiver ◆ **in ~ conditions** par temps d'hiver ◆ **~ conditions on the roads** difficultés *fpl* de circulation dues à l'hiver b *(= unfriendly) [person, smile]* glacial (*with sb* avec qn)

**win-win** /ˈwɪnˈwɪn/ * **ADJ** ◆ **a ~ situation** une situation où tout le monde gagne ◆ **these are potentially ~ proposals** ce sont des propositions où tout le monde peut y gagner **N** ◆ **this is a ~ for business and consumer** les entreprises aussi bien que les consommateurs y gagnent

**wipe** /waɪp/ **N** a *(= act of wiping)* coup *m* de torchon (*or* d'éponge *etc*) ◆ **to give sth a ~** donner un coup de torchon (*or* d'éponge *etc*) à qch

b *(= treated cloth)* lingette *f* ; *(for face, hands)* serviette *f* rafraîchissante

**VT** a *[+ table, dishes, floor]* essuyer (*with* avec) ◆ **to ~ one's hands/face/eyes** s'essuyer les mains/le visage/les yeux (*on* sur ; *with* avec) ◆ **to ~ one's feet** *(with towel, on mat)* s'essuyer les pieds ◆ **to ~ one's nose** se moucher ◆ **to ~ one's bottom** s'essuyer ◆ **he ~d the glass dry** il a essuyé le verre ◆ **to ~ the blackboard** effacer *or* essuyer *or* nettoyer le tableau ◆ **to ~ the slate clean** *(fig)* passer l'éponge, tout effacer *(fig)* ◆ **to ~ the floor with sb** * réduire qn en miettes *

b *(Comput, TV, Recording etc) [+ tape, disk, video]* effacer ◆ **to ~ sth from a tape** *etc* effacer qch sur une bande *etc*

**COMP** ▷ **wipe-out N** *(= destruction)* destruction *f*, annihilation *f* ; *(Windsurfing etc)* chute *f*, gamelle * *f*

► **wipe at VT FUS** essuyer ◆ **to ~ at one's eyes** s'essuyer les yeux

► **wipe away VT SEP** *[+ tears]* essuyer ; *[+ marks]* effacer

► **wipe down VT SEP** *[+ surface, wall etc]* essuyer

► **wipe off VT SEP** effacer ◆ **that will ~ the smile** *or* **grin off her face!** * après ça on va voir si elle a toujours le sourire !

► **wipe out VT SEP** a *[+ container]* bien essuyer ; *[+ writing, error etc]* effacer ; *(fig) [+ in-*

*sult]* effacer, laver ; *[+ debt]* amortir ; *[+ the past, memory]* oublier, effacer ◆ **to ~ out an old score** régler une vieille dette *(fig)*

b *(= annihilate) [+ town, people, army]* anéantir

c *[+ opposing team]* écraser ◆ **to ~ sb out** * *[person]* régler son compte à qn ; *[event, news]* anéantir qn

N ◆ **wipe-out** → **wipe**

► **wipe up** VI essuyer la vaisselle

VT SEP essuyer

**wiper** /ˈwaɪpəʳ/ N *(= cloth)* torchon *m* ; *(Aut)* essuie-glace *m inv* COMP ▷ **wiper blade** N *(Aut)* balai *m* d'essuie-glace

**wire** /ˈwaɪəʳ/ N a *(NonC = substance)* fil *m* (métallique *or* de fer) ; *(Elec)* fil *m* (électrique) ; *(= piece of wire)* fil *m* ; *(= snare)* collet *m*, lacet *m* ; (also **wire fence**) grillage *m*, treillis *m* métallique ◆ **they got their ~s crossed** * il y a eu malentendu, ils se sont mal compris ◆ **to get in** *or* **slip in under the ~** * arriver de justesse

◆ **down to the wire** *(fig)* ◆ **to go down to the ~** * *[competition]* rester incertain jusqu'au bout ◆ **negotiations are going down to the ~** l'issue des négociations est toujours incertaine ◆ **to work** *etc* **down to the ~** * travailler *etc* jusqu'au dernier moment ; → **barbed, live²**

b *(US = telegram)* télégramme *m*

c *(Police = hidden microphone)* micro *m* caché

NPL **wires** * *(US = spectacles)* lunettes *fpl* à monture d'acier

VT a (also **wire up**) *[+ opening, fence]* grillager ; *[+ teeth, jaw]* ligaturer ; *[+ flowers, beads]* monter sur fil de fer ; *(Elec) [+ house]* faire l'installation électrique de ; *[+ circuit]* installer ; *[+ plug]* monter ◆ **to ~ sth to sth** relier *or* rattacher qch à qch *(avec du fil de fer)* ; *(Elec)* brancher qch sur qch, relier qch à qch ◆ **to ~ a room (up) for sound** sonoriser une pièce ◆ **he was ~d for sound** ‡ *(= wearing hidden microphone)* il portait un micro ◆ **it's all ~d (up) for television** l'antenne (réceptrice *or* émettrice) de télévision est déjà installée ◆ **~d-up** ‡ *(US fig = tense)* surexcité, tendu

◆ **to wire up sb** *or* **sth** *(= connect to the Internet)* connecter qn *or* qch à l'Internet

◆ **to be wired into** *(= to be basic to)* faire partie intégrante de ◆ **these qualities are ~d into its genetic code** ces qualités font partie intégrante de son code génétique ◆ **some of these paradoxical tactics may have been ~d into our nervous system by the forces of evolution** certaines de ces tactiques paradoxales ont peut-être été imprimées dans notre système nerveux par la force de l'évolution

b *(US = telegraph)* télégraphier (*to* à)

VI *(US)* télégraphier

COMP *[object, device]* de *or* en fil de fer ▷ **wire brush** N brosse *f* métallique ▷ **wire-cutters** NPL cisailles *fpl*, pinces *fpl* coupantes ▷ **wire-drawer, wire-drawing machine** N étireuse *f* ▷ **wire gauge** N calibre *m* (pour fils métalliques) ▷ **wire gauze** N toile *f* métallique ▷ **wire glass** N *(US)* verre *m* armé ▷ **wire-haired terrier** N terrier *m* à poils durs ▷ **wire mesh** N *(NonC)* treillis *m* métallique, grillage *m* ▷ **wire netting** N ⇒ **wire mesh** ▷ **wire-puller** * N *(US)* ◆ **he's a ~-puller** il n'hésite pas à se faire pistonner * *or* à faire jouer le piston * ▷ **wire-pulling** * N *(US)* le piston * ◆ **to do some ~-pulling for sb** pistonner * qn ▷ **wire rope** N câble *m* métallique ▷ **wire service** N *(US Press)* agence *f* de presse *(utilisant des téléscripteurs)* ▷ **wire wool** N *(Brit)* paille *f* de fer

► **wire together** VT SEP *[+ objects]* attacher (avec du fil de fer)

► **wire up** VT SEP ⇒ **wire vt a**

**wired** /waɪəd/ ADJ a ◆ **to be ~** *(Comput)* être connecté ; *(for cable TV)* être raccordé ; *(= bugged)* être équipé de micros cachés b * *(esp US = tense)* tendu

**wireless** /ˈwaɪəlɪs/ *(esp Brit)* N † *(= radio)* radio *f* ◆ **to send a message by ~** envoyer un sans-fil ◆ **they were communicating by ~** ils communiquaient par sans-fil ◆ **on the ~** à la TSF † ◆ **to listen to the ~** écouter la TSF † COMP *[station, programme]* radiophonique ; *[data, technology, network]* sans fil ▷ **wireless message** N radiogramme *m*, radio *m*, sans-fil *m* ▷ **wireless operator** N radiotélégraphiste *mf*, radio *m* ▷ **wireless room** N cabine *f* radio *inv* ▷ **wireless set** N (poste *m* de) radio *f* ▷ **wireless telegraph, wireless telegraphy** N télégraphie *f* sans fil, TSF † *f*, radiotélégraphie *f* ▷ **wireless telephone** N téléphone *m* sans fil ▷ **wireless telephony** N téléphonie *f* sans fil, radiotéléphonie *f*

**wireman** /ˈwaɪəmən/ N (pl **-men**) *(US)* câbleur *m*

**wiretap** /ˈwaɪətæp/ VI mettre un (*or* des) téléphone(s) sur écoute VT mettre sur écoute N écoute *f* téléphonique

**wiretapping** /ˈwaɪətæpɪŋ/ N écoutes *fpl* téléphoniques

**wireworks** /ˈwaɪəwɜːks/ N *(NonC)* tréfilerie *f*

**wiring** /ˈwaɪərɪŋ/ N *(NonC)* a *(Elec: in building)* installation *f* électrique ; *[of appliance]* circuit *m* électrique ◆ **to have the ~ redone** faire refaire l'installation électrique (*in* de) b **the ~ of the brain** le système cérébral

**wiry** /ˈwaɪərɪ/ ADJ a *(= thin) [person]* au physique maigre et nerveux ; *[body]* maigre et nerveux b *(= coarse) [hair, grass]* rêche

**Wis** abbrev of **Wisconsin**

**Wisconsin** /wɪsˈkɒnsɪn/ N Wisconsin *m* ◆ **in ~** dans le Wisconsin

**wisdom** /ˈwɪzdəm/ N a *(NonC) [of person]* sagesse *f* ; *[of action, remark]* prudence *f* ; *[of decision]* bien-fondé *m* b *(= idea)* opinion *f*, idée *f* ◆ **one of the received ~s about Britain is that ...** l'une des opinions les plus répandues sur la Grande-Bretagne est que ...

COMP ▷ **wisdom tooth** N dent *f* de sagesse

**wise¹** /waɪz/ LANGUAGE IN USE 2.2

ADJ a *(= prudent) [person, words, decision]* sage ; *[action, choice, investment]* judicieux ◆ **a ~ man** un sage ◆ **a ~ move** une sage décision ◆ **to grow ~r with age** s'assagir avec l'âge *or* en vieillissant ◆ **to be ~ after the event** avoir raison après coup ◆ **how ~ of you!** vous avez eu bien raison ! ◆ **it wasn't very ~ (of you) to tell him that** ce n'était pas très judicieux (de ta part) de lui dire ça ◆ **it would be ~ to accept** il serait judicieux d'accepter ◆ **you'd be ~ to accept** il serait judicieux que vous acceptiez *subj* ◆ **he was ~ enough to refuse** il a eu la sagesse de refuser ◆ **the ~st thing to do is to ignore him** le plus judicieux *or* sage est de l'ignorer ; → **word**

b ( * *= aware, informed*) ◆ **to get ~** piger * ◆ **to be** *or* **get ~ to sb** voir clair dans le jeu de qn ◆ **to be** *or* **get ~ to sth** piger * qch ◆ **I was fooled once, but then I got ~** j'ai été échaudé une fois, mais j'ai retenu la leçon ◆ **get ~!** réveille-toi ! ◆ **I'm ~ to that one now** j'ai compris le truc * ◆ **to put sb ~ (to sth)** ouvrir les yeux de qn (sur qch), mettre qn au courant (de qch) ◆ **I'm none the ~r, I'm no ~r** *(= don't understand)* ça ne m'avance pas beaucoup, je ne suis pas plus avancé ◆ **nobody will be any the ~r** *(= won't find out)* personne n'en saura rien

COMP ▷ **wise guy** * N petit malin * *m* ▷ **the Wise Men** NPL *(Bible:* also **the Three Wise Men***)* les Rois *mpl* mages

► **wise up** *

VI ◆ **to wise up (to sth)** réaliser * (qch) ◆ **people finally seem to be wising up (to what is going on)** les gens semblent enfin réaliser * (ce qui se passe) ◆ **~ up!** réveille-toi !

VT SEP ◆ **to wise sb up** ouvrir les yeux de qn (*to, about* de) ◆ **to get ~d up about sth** être mis au parfum * de qch

**wise²** /waɪz/ N *(frm)* ◆ **in no ~** aucunement, en aucune façon *or* manière ◆ **in this ~** ainsi, de cette façon *or* manière

**...wise** /waɪz/ ADV *(in compounds)* a ( * *: specifying point of view*) question *, côté * ◆ **healthwise he's fine but moneywise things aren't too good** question * *or* côté * santé ça va, mais question * *or* côté * argent ça pourrait aller mieux b *(specifying direction, position)* à la manière de, dans le sens de *etc* ; → **clockwise, lengthways**

**wiseacre** /ˈwaɪzeɪkəʳ/ N *(pej)* puits *m* de science *(iro)*

**wisecrack** /ˈwaɪzkræk/ N vanne * *f* VI balancer *or* sortir une (*or* des) vanne(s) * ◆ **"need any help?" he ~ed** "vous avez besoin de mes services ?" ironisa-t-il

**wisely** /ˈwaɪzlɪ/ ADV a *(= prudently) [use, spend]* avec sagesse ; *[behave]* judicieusement ◆ **you have chosen ~** votre choix a été sage *or* judicieux ◆ **~, he turned down their first offer** il a eu la sagesse de refuser leur première proposition b *(= sagely) [nod, say etc]* d'un air entendu

**wish** /wɪʃ/ LANGUAGE IN USE 4, 7.5, 8.2, 19.2, 23, 24.3

VT a *(frm = desire)* souhaiter, désirer *+ subj* ◆ **if you ~ to go away for the weekend, we will be delighted to make reservations** si vous souhaitez *or* désirez partir pour le week-end, nous nous ferons un plaisir de réserver pour vous ◆ **I ~ to be told when he comes** je souhaite *or* désire être informé de sa venue ◆ **I ~ to be alone** je souhaite *or* désire *or* voudrais être seul ◆ **he did not ~ it** il ne le souhaitait *or* désirait pas ◆ **what do you ~ him to do?** que souhaitez-vous *or* désirez-vous qu'il fasse ?

◆ **to wish (that)** ◆ **I ~ that you ...** *(+ cond)* je voudrais que vous ... ◆ **I ~ you'd been there** j'aurais voulu *or* aimé que tu sois là ◆ **I ~ you hadn't said that** tu n'aurais pas dû dire ça ◆ **I ~ you didn't always leave things till the last moment** si seulement tu ne faisais pas toujours tout à la dernière minute ! ◆ **I ~ I'd gone with you** j'aurais bien voulu vous accompagner, je regrette de ne pas vous avoir accompagné ◆ **I ~ you had left with him** j'aurais préféré que tu partes avec lui, je regrette que tu ne sois pas parti avec lui ◆ **I ~ I hadn't said that** je regrette d'avoir dit cela ◆ **I ~ you'd stop complaining!** arrête un peu de te plaindre ! ◆ **I only ~ I'd known about that before!** si seulement j'avais su ça avant !, comme je regrette de n'avoir pas su ça avant ! ◆ **I ~ I could!** si seulement je pouvais ! ◆ **I ~ to heaven * he hadn't done it!** mais pourquoi est-ce qu'il a fait ça ! ◆ **I ~ it weren't so** je préférerais qu'il en soit autrement

b *(= desire for sb else)* souhaiter ◆ **I ~ you every success** je vous souhaite beaucoup de succès ◆ **he doesn't ~ her any ill** *or* **harm** il ne lui veut aucun mal ◆ **I ~ you well** *or* **I ~ you (good) luck in what you're trying to do** je vous souhaite de réussir dans ce que vous voulez faire ◆ **he ~ed us (good) luck as we left** il nous a souhaité bonne chance au moment de partir ◆ **~ me luck!** souhaite-moi bonne chance ! ◆ **to ~ sb good morning** dire bonjour à qn, souhaiter *or* donner le bonjour à qn † *(also hum)* ◆ **to ~ sb good-bye** dire au revoir à qn ◆ **to ~ sb a happy birthday** souhaiter bon anniversaire à qn ◆ **I ~ you every happiness!** je vous souhaite d'être très heureux ! ◆ **he ~ed us every happiness** il nous a exprimé tous ses souhaits de bonheur

**c** *(* fig)* **the bike was ~ed on to me** je n'ai pas pu faire autrement que d'accepter le vélo ◆ **the job was ~ed on (to) me** c'est un boulot qu'on m'a collé * ◆ **I wouldn't ~ that on anybody** *or* **my worst enemy** c'est quelque chose que je ne souhaiterais pas à mon pire ennemi ◆ **I wouldn't ~ him on anybody** je ne souhaiterais sa présence à personne ◆ **I got her kids ~ed on (to) me for the holiday** elle m'a laissé ses gosses sur les bras pendant les vacances *

**VI** faire un vœu ◆ **you must ~ as you blow out the candles** il faut faire un vœu en soufflant les bougies ◆ **to ~ for sth** souhaiter qch ◆ **a philosopher said, "Be careful what you wish for, you might get it"** comme le dit le philosophe, "Attention à ne pas souhaiter n'importe quoi, vous pourriez l'obtenir" ◆ **I ~ed for that to happen** j'ai souhaité que cela se produise

♦ **could + wish for** ◆ **she's got everything she could ~ for** elle a tout ce qu'elle peut désirer ◆ **what more could you ~ for?** que pourrais-tu souhaiter de plus ? ◆ **it's not everything you could ~ for** ce n'est pas l'idéal ◆ **I couldn't ~ for anything better** je ne pouvais pas souhaiter mieux

**N** **a** *(= desire, will)* désir *m* ◆ **what is your ~?** que désirez-vous ? ◆ **your ~ is my command** *(liter or hum)* vos désirs sont pour moi des ordres ◆ **it has always been my ~ to do that** j'ai toujours désiré faire *or* eu envie de faire cela ◆ **he had no great ~ to go** il n'avait pas grande envie d'y aller ◆ **to go against sb's ~es** contrecarrer les désirs de qn ◆ **he did it against my ~es** il l'a fait contre mon gré

**b** *(= specific desire)* vœu *m*, souhait *m* ◆ **to make a ~** faire un vœu ◆ **the fairy granted him three ~es** la fée lui accorda trois souhaits ◆ **his ~ came true, his ~ was granted, he got his ~** son vœu *or* souhait s'est réalisé ◆ **you shall have your ~** ton souhait sera réalisé *or* te sera accordé, ton vœu sera exaucé

**c** *(= greeting)* ◆ **give him my good** *or* **best ~es** *(in conversation)* faites-lui mes amitiés ; *(in letter)* transmettez-lui mes meilleures pensées ◆ **he sends his best ~es** *(in conversation)* il vous fait ses amitiés ; *(in letter)* il vous envoie ses meilleures pensées ◆ **best ~es** *or* **all good ~es for a happy birthday** tous mes (*or* nos) meilleurs vœux pour votre anniversaire ◆ **(with) best ~es for a speedy recovery/your future happiness** tous mes (*or* nos) vœux de prompt rétablissement/de bonheur ◆ **(with) best ~es for Christmas and the New Year** (nos) meilleurs vœux pour Noël et la nouvelle année ◆ **(with) best ~es to both of you on your engagement** meilleurs vœux (de bonheur) à tous deux à l'occasion de vos fiançailles ◆ **(with) best ~es for a happy holiday** je vous souhaite (*or* nous vous souhaitons) d'excellentes vacances ◆ **with best ~es from, with all good ~es from** *(in letter)* bien amicalement ◆ **the Queen sent a message of good ~es on Independence Day** la reine a envoyé des vœux pour le jour de l'Indépendance ◆ **they came to offer him their best ~es on the occasion of ...** ils sont venus lui offrir leurs meilleurs vœux pour ...

**COMP** ▷ **wish fulfilment** **N** *(Psych)* accomplissement *m* d'un désir ▷ **wish list** **N** liste *f* de souhaits ◆ **what is your ~ list?** quels sont vos souhaits ? ◆ **top of my ~ list** mon souhait le plus cher

**wishbone** /ˈwɪʃbəʊn/ **N** *(Orn)* bréchet *m*, fourchette *f* ; *(Sport)* wishbone *m*

**wishful** /ˈwɪʃfʊl/ **ADJ** ◆ **to be ~ to do sth** *or* **of doing sth** *(frm)* avoir envie de faire ◆ **he hopes he'll be released from prison next month, but that's just ~ thinking!** il espère être libéré de prison le mois prochain, mais il prend ses désirs pour des réalités ! ◆ **all this is pure ~ thinking on our part** là, nous prenons vraiment nos désirs pour des réalités, ce ne sont que des vœux pieux ◆ **it is ~ thinking to expect it to be warm in March** il ne faut pas rêver *, il ne fera pas chaud en mars

**wishy-washy** * /ˈwɪʃɪˌwɒʃɪ/ **ADJ** *(pej)* *[person, answer]* mou (molle *f*) ; *[style]* mou (molle *f*), fadasse * ; *[speech, taste]* fadasse * ; *[colour]* fadasse *, délavé ; *[statement, phrase]* qui manque de fermeté

**wisp** /wɪsp/ **N** *[of straw]* brin *m* ; *[of hair]* fine mèche *f* ; *[of thread]* petit bout *m* ; *[of smoke]* mince volute *f* ◆ **a little ~ of a girl** une fillette menue

**wispy** /ˈwɪspɪ/ **ADJ** *[hair, beard, moustache]* fin et clairsemé ; *[bit of straw]* fin ; *[cloud]* léger ◆ **traces of ~ smoke** maigres filets *mpl* de fumée

**wistaria** /wɪsˈtɛərɪə/, **wisteria** /wɪsˈtɪərɪə/ **N** glycine *f*

**wistful** /ˈwɪstfʊl/ **ADJ** *[person, look, song, mood, smile, sigh, voice]* mélancolique, nostalgique ◆ **to feel ~ (about sth)** se sentir plein de nostalgie (à la pensée de qch)

**wistfully** /ˈwɪstfəlɪ/ **ADV** *[look, smile, sigh]* avec mélancolie *or* nostalgie

**wistfulness** /ˈwɪstfʊlnɪs/ **N** *[of person]* caractère *m* mélancolique ; *[of look, smile, voice]* nostalgie *f*, mélancolie *f*, regret *m*

**wit[1]** /wɪt/ **VI** *(frm, also Jur)* ◆ **to ~ ...** à savoir ..., c'est à dire ...

**wit[2]** /wɪt/ **N** **a** *(= intelligence)* **~(s)** esprit *m*, intelligence *f* ◆ **mother ~, native ~** bon sens *m*, sens *m* commun ◆ **he hadn't the ~** *or* **he hadn't enough ~ to hide the letter** il n'a pas eu l'intelligence *or* la présence d'esprit de cacher la lettre ◆ **to have your ~s about you** avoir de la présence d'esprit ◆ **you'll need (to have) all your ~s about you if you're to avoid being seen** tu vas devoir faire très attention *or* être très vigilant pour éviter d'être vu ◆ **keep your ~s about you!** restez attentif ! ◆ **use your ~s!** sers-toi de ton intelligence ! ◆ **it was a battle of ~s (between them)** ils jouaient au plus fin ◆ **he lives by** *or* **on his ~s** il vit d'expédients ◆ **to collect** *or* **gather one's ~s** rassembler ses esprits ◆ **the struggle for survival sharpened his ~s** la lutte pour la vie aiguisait ses facultés ◆ **he was at his ~s' end** il ne savait plus que faire, il ne savait plus à quel saint se vouer ◆ **I'm at my ~s' end to know what to do** je ne sais plus du tout ce que je dois faire ◆ **to be/go out of one's ~s** être/devenir fou ◆ **she was nearly out of her ~s with worry about him** elle était folle d'inquiétude pour lui

**b** *(NonC = wittiness)* esprit *m* ◆ **the book is full of ~** le livre est très spirituel *or* est plein d'esprit ◆ **he has a ready** *or* **pretty ~** il a beaucoup d'esprit, il est très spirituel ◆ **in a flash of ~ he said ...** obéissant à une inspiration spirituelle il a dit ... ◆ **this flash of ~ made them all laugh** ce trait d'esprit les a tous fait rire

**c** *(= person)* homme *m* d'esprit, femme *f* d'esprit ; *(Hist, Literat)* bel esprit *m*

**witch** /wɪtʃ/ **N** sorcière *f* ; *(fig)* *(= charmer)* ensorceleuse *f*, magicienne *f* ◆ **she's an old ~** *(fig pej)* c'est une vieille sorcière ◆ **~es' sabbath** sabbat *m* (de sorcières) **COMP** ▷ **witch doctor** **N** sorcier *m* *(de tribu)* ▷ **witch-elm** **N** ⇒ **wych-elm** ▷ **witches' brew** **N** *(lit)* brouet *m* de sorcière ; *(fig)* mélange *m* explosif ▷ **witch hazel** **N** hamamélis *m* ▷ **witch hunt** **N** *(esp Pol: fig)* chasse *f* aux sorcières ▷ **witching hour** **N** ◆ **the ~ing hour of midnight** minuit, l'heure fatale, minuit, l'heure du crime *(hum)* ▷ **witch's brew** **N** ⇒ **witches' brew**

**witchcraft** /ˈwɪtʃkrɑːft/ **N** sorcellerie *f*

**witchery** /ˈwɪtʃərɪ/ **N** sorcellerie *f* ; *(fig = fascination)* magie *f*, envoûtement *m*

## with /wɪð, wɪθ/

| 1 PREPOSITION | 2 COMPOUNDS |
|---|---|

### 1 - PREPOSITION

> When **with** is part of a set combination, eg **good with**, **pleased with**, **to agree with**, look up the other word.

**a** avec ◆ **I was ~ her** j'étais avec elle ◆ **come ~ me!** viens avec moi ! ◆ **he had an argument ~ his brother** il s'est disputé avec son frère ◆ **the trouble ~ Paul is that ...** l'ennui avec Paul, c'est que ... ◆ **he walks ~ a stick** il marche avec une canne ◆ **be patient ~ her** sois patient avec elle

> The pronoun is not translated in the following, where **it** and **them** refer to things:

◆ **he's gone off ~ it** il est parti avec ◆ **take my gloves, I can't drive ~ them on** prends mes gants, je ne peux pas conduire avec

> Note the verbal construction in the following examples:

◆ **that problem is always ~ us** ce problème n'est toujours pas résolu ◆ **she had her umbrella ~ her** elle avait emporté son parapluie

♦ **to be with sb** *(lit)* être avec qn ; *(= understand)* suivre qn ◆ **I'm ~ you** *(= understand)* je vous suis ◆ **sorry, I'm not ~ you** désolé, je ne vous suis pas ◆ **are you ~ us, Laura?** *(= paying attention)* tu nous suis, Laura ? ◆ **I'll be ~ you in a minute** *(= attend to)* je suis à vous dans une minute ◆ **I'm ~ you all the way** *(= support)* je suis à fond avec vous ◆ **what's ~ you?** * qu'est-ce que tu as ? ◆ **what is it ~ the British?** * qu'est-ce qu'ils ont, ces Anglais ?

♦ **to be with it** * *(= fashionable)* être dans le vent *

♦ **to get with it** * ◆ **get ~ it!** *(= pay attention)* réveille-toi !, secoue-toi ! ; *(= face facts)* redescends sur terre !

**b** [= on one's person] sur ◆ **I haven't got any money ~ me** je n'ai pas d'argent sur moi

**c** [= in the house of, working with] chez ◆ **she was staying ~ friends** elle habitait chez des amis ◆ **he lives ~ his aunt** il habite chez *or* avec sa tante ◆ **he's ~ IBM** il travaille chez IBM ◆ **a scientist ~ ICI** un chercheur de ICI ◆ **I've been ~ this company for seven years** cela fait sept ans que je travaille pour cette société

**d** [in descriptions = that has, that have] ◆ **the man ~ the beard** l'homme à la barbe ◆ **the boy ~ brown eyes** le garçon aux yeux marron ◆ **the house ~ the green shutters** la maison aux volets verts ◆ **I want a coat ~ a fur collar** je veux un manteau avec un col de fourrure ◆ **passengers ~ tickets** voyageurs *mpl* munis de *or* en possession de billets

◆ **patients ~ cancer** les personnes atteintes d'un cancer ◆ **only people ~ good incomes can afford such holidays** seules les personnes qui ont un bon salaire peuvent s'offrir de telles vacances ◆ **a car ~ the latest features** une voiture équipée des derniers perfectionnements techniques

e [cause] de ◆ **she was sick ~ fear** elle était malade de peur ◆ **he was shaking ~ rage** il tremblait de rage ◆ **the hills are white ~ snow** les montagnes sont blanches de neige

f [= in spite of] malgré ◆ **~ all his faults I still like him** je l'aime bien malgré tous ses défauts ◆ **~ all his intelligence, he still doesn't understand** malgré toute son intelligence, il ne comprend toujours pas ◆ **~ all that he is still the best we've got** malgré tout, c'est encore le meilleur homme que nous ayons

g [manner] avec ◆ **he did it ~ great care** il l'a fait avec beaucoup de précautions ◆ **I'll do it ~ pleasure** je le ferai avec plaisir ◆ **... he said ~ a smile** ... dit-il en souriant ◆ **she took off her shoes ~ a sigh** elle a retiré ses chaussures en soupirant ◆ **I found the street ~ no trouble at all** je n'ai eu aucun mal à trouver la rue ◆ **she turned away ~ tears in her eyes** elle s'est détournée, les larmes aux yeux ◆ **~ my whole heart** de tout mon cœur

h [circumstances] ◆ **~ the price of petrol these days ...** au prix où est l'essence de nos jours ... ◆ **~ these words he left us** sur ces mots, il nous a quittés ◆ **~ the approach of winter** à l'approche de l'hiver ◆ **~ the elections no one talks anything but politics** avec les élections, on ne parle plus que politique ◆ **I couldn't see him ~ so many people there** il y avait tellement de monde que je ne l'ai pas vu ◆ **~ so much happening it was difficult to ...** il se passait tellement de choses qu'il était difficile de ...

♦ **with that** ◆ **~ that, he closed the door** sur ce *or* là-dessus, il a fermé la porte

2 - COMPOUNDS

▷ **with-profits** ADJ *(Fin) [policy]* avec participation aux bénéfices

**withal** †† /wɪˈðɔːl/ ADV en outre, de plus

**withdraw** /wɪθˈdrɔː/ (pret **withdrew**, ptp **withdrawn**) VT *[+ person, hand, money, application, troops]* retirer *(from* de) ; *[+ permission, help]* retirer *(from* à) ; *[+ ambassador, representative]* rappeler ; *[+ accusation, opinion, suggestion, statement]* retirer, rétracter ; *[+ claim]* retirer, renoncer à ; *[+ order]* annuler ; *(Med) [+ drugs]* arrêter ; *(Comm) [+ goods]* retirer de la vente ; *(Fin) [+ banknotes]* retirer de la circulation ◆ **to ~ a charge** *(Jur)* retirer une accusation ◆ **to ~ one's penis** se retirer *(from* de)

VI a *(= move away) [troops]* se replier *(from* de) ; *[person]* se retirer ◆ **to ~ to a new position** *(Mil)* se replier ◆ **he withdrew a few paces** il a reculé de quelques pas ◆ **she withdrew into her bedroom** elle s'est retirée dans sa chambre ◆ **to ~ into o.s.** se replier sur soi-même

b *(= retract offer, promise etc)* se rétracter, se dédire

c *[candidate, competitor, participant]* se retirer, se désister *(from* de ; *in favour of sb* en faveur de qn) ◆ **you can't ~ now, we've nearly achieved our goal** tu ne peux plus te retirer maintenant, nous avons pratiquement atteint notre but ◆ **I ~ from the game** je me retire de la partie, j'abandonne ◆ **they threatened to ~ from the talks** ils ont menacé de se retirer des négociations *or* de quitter la table des négociations

d *(= retract penis)* se retirer

**withdrawal** /wɪθˈdrɔːəl/ N a *(NonC) (= removal) [of money, application, troops, product]* retrait *m (from sth* de qch) ; *[of services]* suppression *f* ◆ **his party has announced its ~ of support for the government** son parti a annoncé qu'il retirait son soutien au gouvernement ◆ **the ~ of American diplomats from the area** le rappel des diplomates américains dans la région ◆ **the army's ~ to new positions** le repli de l'armée sur de nouvelles positions ◆ **to make a ~** *(Fin: from bank etc)* effectuer un retrait

b *(NonC = retraction) [of remark, allegation]* rétractation *f*

c *(= resigning) [of member, participant, candidate]* désistement *m (from sth* de qch) ; *[of athlete]* retrait *m (from sth* de qch)

d *(NonC: Psych)* repli *m* sur soi-même *(from sb/sth* par rapport à qn/qch), rétraction *f*

e *(NonC: after addiction)* (état *m* de) manque *m*, syndrome *m* de sevrage ◆ **alcohol/caffeine ~** l'état *m* de manque dû à l'arrêt de la consommation d'alcool/de café ◆ **to be in** *or* **suffering from ~** être en (état de) manque

f *(as contraception)* coït *m* interrompu

COMP ▷ **withdrawal method** N méthode *f* du coït interrompu ▷ **withdrawal slip** N *(Banking)* bordereau *m* de retrait ▷ **withdrawal symptoms** NPL symptômes *mpl* de (l'état de) manque ◆ **to suffer** *or* **experience** *or* **have ~ symptoms** être en (état de) manque

**withdrawn** /wɪθˈdrɔːn/ VB ptp of **withdraw** ADJ *(= reserved) [person]* renfermé

**withdrew** /wɪθˈdruː/ VB pt of **withdraw**

**withe** /wɪθ/ N ⇒ **withy**

**wither** /ˈwɪðəʳ/ VI *[plant]* se flétrir, se faner ; *[person, limb] (from illness)* s'atrophier ; *(from age)* se ratatiner ; *(fig) [beauty]* se faner ; *[hope, love, enthusiasm]* s'évanouir VT *[+ plant]* flétrir, faner ; *[+ limb]* atrophier, ratatiner ; *[+ beauty]* faner ; *[+ hope etc]* détruire petit à petit ◆ **he ~ed her with a look** il l'a regardée avec un profond mépris, son regard méprisant lui a donné envie de rentrer sous terre

► **wither away** VI *[plant]* se dessécher, mourir ; *[hope etc]* s'évanouir ; *[organization]* disparaître

**withered** /ˈwɪðəd/ ADJ a *(= dried-up) [flower, leaf, plant]* flétri, fané ; *[fruit]* desséché, ridé ; *(fig) [person]* desséché, ratatiné b *(liter = atrophied) [arm, leg, hand]* atrophié

**withering** /ˈwɪðərɪŋ/ N a *[of plant]* dépérissement *m* b *(liter) [of limb]* atrophie *f* c *[of beauty]* déclin *m* ; *[of hope, love, enthusiasm]* évanouissement *m* ADJ *[remark, criticism, contempt, scorn, irony]* cinglant ; *[tone, smile, look]* profondément méprisant ; *[heat]* desséchant ◆ **to give sb a ~ look** jeter à qn un regard profondément méprisant ◆ **to launch a ~ attack on sb** lancer une attaque violente contre qn

**witheringly** /ˈwɪðərɪŋlɪ/ ADV *[say, reply]* d'un ton plein de mépris ; *[look at]* avec mépris

**withers** /ˈwɪðəz/ NPL garrot *m (du cheval)*

**withershins** /ˈwɪðəʃɪnz/ ADV *(dial = anticlockwise)* dans le sens inverse des aiguilles d'une montre

**withhold** /wɪθˈhəʊld/ (pret, ptp **withheld** /wɪθˈheld/) VT *[+ money from pay etc]* retenir *(from sth* de qch) ; *[+ payment, decision]* remettre, différer ; *[+ one's consent, permission, one's help, support]* refuser *(from sb* à qn) ; *[+ facts, truth, news]* cacher, taire *(from sb* à qn) ; ◆ **police withheld the dead boy's name until relatives could be told** la police n'a révélé l'identité de l'enfant décédé que lorsqu'il a été possible d'informer la famille ◆ **he withheld his tax in protest against ...** il a refusé de payer ses impôts pour protester contre ... ◆ **a public debate on euthanasia and the ~ing of medical treatment** un débat public sur l'euthanasie et l'arrêt des soins médicaux

**withholding tax** N retenue *f* à la source

**within** /wɪðˈɪn/ ADV dedans, à l'intérieur ◆ **from ~** de l'intérieur

PREP a *(= inside)* à l'intérieur de ◆ **~ the box** à l'intérieur de la boîte ◆ **~ it** à l'intérieur ◆ **~ (the boundary of) the park** à l'intérieur du parc, dans les limites du parc ◆ **here ~ the town** à l'intérieur même de la ville ◆ **~ the city walls** intra-muros, dans l'enceinte de la ville ◆ **a voice ~ him said ...** une voix en lui disait ...

b *(= within limits of)* **to be ~ the law** être dans (les limites de) la légalité ◆ **to live ~ one's income** *or* **means** vivre selon ses moyens ◆ **~ the range of the guns** à portée de(s) canon(s) ◆ **the coast was ~ sight** la côte était en vue ◆ **they were ~ sight of the town** ils étaient en vue de la ville ◆ **he was ~ reach** *or* **sight of his goal** *(fig)* il touchait au but ; → **call, province, reach**

c *(in measurement, distances)* **~ a kilometre of the house** à moins d'un kilomètre de la maison ◆ **we were ~ a mile of the town** nous étions à moins d'un mille de la ville ◆ **correct to ~ a centimetre** correct à un centimètre près ; → **inch**

d *(in time)* **~ a week of her visit** *(= after)* moins d'une semaine après sa visite ; *(= before)* moins d'une semaine avant sa visite ◆ **I'll be back ~ an hour** *or* **the hour** je serai de retour d'ici une heure ◆ **they arrived ~ minutes (of our call)** ils sont arrivés très peu de temps après (notre appel) ◆ **he returned ~ the week** il est revenu avant la fin de la semaine ◆ **~ two years from now** d'ici deux ans ◆ **"use within three days of opening"** "se conserve trois jours après ouverture" ◆ **~ a period of four months** *(Comm)* dans un délai de quatre mois ◆ **~ the stipulated period** dans les délais stipulés ; → **living**

ADJ *(Jur)* ◆ **the ~ instrument** le document ci-inclus

**without** /wɪðˈaʊt/

> When **without** is an element in a phrasal verb, eg **do without**, **go without**, look up the verb.

PREP a *(= lacking)* sans ◆ **~ a coat** sans manteau ◆ **~ a coat or hat** sans manteau ni chapeau ◆ **he went off ~ it** il est parti sans (le prendre) ◆ **~ any money** sans argent, sans un *or* le sou * ◆ **he is ~ friends** il n'a pas d'amis ◆ **with or ~ sugar?** avec ou sans sucre ? ◆ **~ so much as a phone call** sans même un malheureux coup de fil ◆ **~ a doubt** sans aucun doute ◆ **~ doubt** sans doute ◆ **not ~ some difficulty** non sans difficulté ◆ **do it ~ fail** ne manquez pas de le faire, faites-le sans faute ◆ **he was quite ~ shame** il n'avait aucune honte ◆ **~ speaking, he ...** sans parler, il ... ◆ **~ anybody knowing** sans que personne le sache ◆ **to go ~ sth, to do ~ sth** se passer de qch

b (†† *= outside)* au *or* en dehors de, à l'extérieur de

ADV † à l'extérieur, au dehors ◆ **from ~** de l'extérieur, de dehors

**withstand** /wɪθˈstænd/ (pret, ptp **withstood** /wɪθˈstʊd/) VT résister à

**withy** /ˈwɪðɪ/ N brin *m* d'osier

**witless** /ˈwɪtlɪs/ ADJ stupide ◆ **to scare sb ~** * faire une peur bleue à qn ◆ **I was scared ~** * j'étais mort de peur ◆ **to be bored ~** * s'ennuyer à mourir

**witness** /ˈwɪtnɪs/ N a *(Jur etc = person)* témoin *m* ◆ **~ for the defence/prosecution** *(Jur)* témoin *m* à décharge/à charge ◆ **to lead a ~** poser des questions tendancieuses à un témoin ◆ **there were three ~es to this event** trois personnes ont été témoins de cet événement, cet événement a eu trois témoins ◆ **he was a ~ to** *or* **of this incident** il a été témoin de cet incident ◆ **often children are ~ to violent events** les enfants sont souvent témoins de violences ◆ **the ~es to his signature** les témoins certifiant sa signature ◆ **in front of two ~es** en présence de deux témoins ◆ **to call sb as ~** *(Jur)* citer qn comme témoin ◆ **"your witness"** *(Jur)* "le témoin est à vous" ; → **eyewitness**

**b** *(esp Jur = evidence)* témoignage *m* ◆ **in ~ of** en témoignage de ◆ **in ~ whereof** en témoignage de quoi, en foi de quoi ◆ **to give ~ on behalf of/against** témoigner en faveur de/contre, rendre témoignage pour/contre ◆ **he has his good points, as ~ his work for the blind** il a ses bons côtés, témoin *or* comme le prouve ce qu'il fait pour les aveugles ◆ **~ the case of ...** témoin le cas de ...

◆ **to bear** *or* **be witness to sth** témoigner de qch ◆ **his poems bear ~ to his years spent in India** ses poèmes témoignent de ses années passées en Inde ◆ **her clothes were ~ to her poverty** ses vêtements témoignaient de sa pauvreté

**VT** **a** *(= see) [+ attack, murder, theft]* être témoin de ; *[+ fight, rape]* être témoin de, assister à ◆ **did anyone ~ the theft?** quelqu'un a-t-il été témoin du vol ? ◆ **the accident was ~ed by several people** plusieurs personnes ont été témoins de l'accident

**b** *(fig) (= see)* voir ; *(= notice) [+ change, improvement]* remarquer ◆ **a building/a century which has ~ed ...** *(fig)* un bâtiment/un siècle qui a vu ... ◆ **1989 ~ed the birth of a new world order** 1989 a vu l'avènement d'un nouvel ordre mondial ◆ **Americans are generous people, ~ the increase in charitable giving** les Américains sont généreux, témoin l'augmentation des dons aux associations caritatives

**c** *(esp Jur) [+ document]* attester *or* certifier l'authenticité de ; *[signature]* certifier

**VI** *(Jur)* ◆ **to ~ to sth** témoigner de qch ◆ **he ~ed to having seen the accident** il a témoigné avoir vu l'accident ◆ **to ~ against sb** témoigner contre qn

**COMP** ▷ **witness box** *(Brit)*, **witness stand** *(US)* **N** barre *f* des témoins ◆ **in the ~ box** *or* **stand** à la barre ▷ **witness statement N** déposition *f* de témoin

**-witted** /ˈwɪtɪd/ **ADJ** *(in compounds)* à l'esprit ... ◆ **quick-witted** à l'esprit vif ; → **slow**

**witter** * /ˈwɪtəʳ/ **VI** *(Brit)* ◆ **to ~ on about sth** dégoiser * sur qch ◆ **stop ~ing (on)** arrête de parler pour ne rien dire

**witticism** /ˈwɪtɪsɪzəm/ **N** mot *m* d'esprit, bon mot *m*

**wittily** /ˈwɪtɪlɪ/ **ADV** avec esprit *or* humour ◆ **"only on Fridays", he said ~** "seulement le vendredi" dit-il avec esprit *or* humour ◆ **the film was well acted and ~ written** le film était bien joué et écrit avec esprit *or* humour

**wittiness** /ˈwɪtɪnɪs/ **N** *(NonC)* esprit *m*, humour *m*

**wittingly** /ˈwɪtɪŋlɪ/ **ADV** *(frm)* sciemment, en connaissance de cause

**witty** /ˈwɪtɪ/ **ADJ** *[person, speaker, remark]* spirituel, plein d'esprit ; *[conversation, story, speech, script]* plein d'esprit ◆ **a ~ remark** un mot d'esprit, une remarque pleine d'esprit

**wives** /waɪvz/ **NPL** of **wife**

**wiz** /wɪz/ **N** *(US)* as *m*, crack * *m*

**wizard** /ˈwɪzəd/ **N** **a** *(= magician)* magicien *m*, enchanteur *m* ◆ **he is a financial ~** il a le génie de la finance, c'est un magicien de la finance ◆ **he is a ~ with a paintbrush** c'est un champion * *or* un as du pinceau ◆ **he's a ~ with numbers** il est très doué pour les chiffres ◆ **he's a ~ at chess** c'est un as *or* un crack * des échecs **b** *(Comput)* wizard *m*

**wizardry** /ˈwɪzədrɪ/ **N** *(NonC)* magie *f* ; *(fig)* génie *m* ◆ **a piece of technical ~** une merveille d'ingéniosité technique ◆ **this evidence of his financial ~** cette preuve de son génie en matière financière ◆ **£600,000 worth of electronic ~** une merveille de l'électronique valant 600 000 livres

**wizened** /ˈwɪznd/ **ADJ** *[person]* desséché, ratatiné ; *[face, hands]* flétri

**wk** abbrev of **week**

**WLTM** * **VT** (abbrev of **would like to meet**) dfc

**WMD(s)** /ˌdʌbljuemˈdiː(z)/ **N (PL)** (abbrev of **weapons of mass destruction**) ADM *fpl*

**WO** /ˌdʌbljuːˈəʊ/ **N** *(Mil)* (abbrev of **warrant officer**) → **warrant**

**woad** /wəʊd/ **N** guède *f*

**woah** /wəʊ/ **EXCL** ⇒ **whoa**

**wobble** /ˈwɒbl/ **VI** **a** *[jelly, hand, pen, voice]* trembler ; *[cyclist, object about to fall, pile of rocks]* vaciller ; *[tightrope walker, dancer]* chanceler ; *[table, chair]* branler, être bancal ; *[compass needle]* osciller ; *[wheel]* avoir du jeu ◆ **the table was wobbling** la table branlait ◆ **this table ~s** cette table est bancale ◆ **the cart ~d through the streets** la charrette bringuebalait *or* cahotait dans les rues **b** *(* fig = hesitate)* hésiter *(between* entre*)* **VT** faire vaciller

**wobbly** /ˈwɒblɪ/ **ADJ** **a** *(= shaky) [table, chair]* bancal ; *[jelly]* qui tremble ; *[tooth]* qui bouge ; *[wheel]* qui a du jeu ; *[hand, voice]* tremblant ; *[bottom, thighs]* gros (grosse *f*) et flasque ◆ **his legs are a bit ~, he's a bit ~ on his legs** il flageole un peu sur ses jambes ◆ **she was still a bit ~ after her illness** * elle se sentait toujours un peu patraque * après sa maladie ◆ **a ~ line** * une ligne qui n'est pas droite ◆ **to be ~** ⇒ **to wobble ;** → **wobble vi** **b** *( * = dodgy) [organization, economy, sector]* fragile **N** **a** ◆ **to throw a ~** ‡ piquer une crise * **b** *(US Hist)* **the Wobblies** * *mouvement syndicaliste du début du 20^e^ siècle*

**wodge** /wɒdʒ/ **N** *(Brit)* gros morceau *m*

**woe** /wəʊ/ **N** malheur *m* ◆ **~ is me!** *(† or hum)* pauvre de moi ! ◆ **~ betide the man who ...** malheur à celui qui ... ◆ **he told me his ~s** *or* **his tale of ~** il m'a fait le récit de ses malheurs ◆ **it was such a tale of ~ that ...** c'était une litanie si pathétique que ...

**woebegone** /ˈwəʊbɪˌgɒn/ **ADJ** *(liter)* désolé, abattu

**woeful** /ˈwəʊfʊl/ **ADJ** **a** *(liter = tragic) [person]* malheureux ; *[news, story, sight]* tragique, terrible **b** *(= appalling, dire) [ignorance, inability, track-record]* lamentable, déplorable

**woefully** /ˈwəʊfəlɪ/ **ADV** **a** *(liter) [look]* d'un air affligé ; *[say]* d'un ton affligé **b** *(= appallingly) [inadequate, underfunded etc]* terriblement ◆ **to be ~ ignorant of politics/science** *etc* être d'une ignorance crasse en matière de politique/science *etc* ◆ **~ inefficient** terriblement inefficace ◆ **the hospital is ~ lacking in modern equipment** cet hôpital manque cruellement de matériel moderne, le matériel moderne fait cruellement défaut à cet hôpital ◆ **modern equipment is ~ lacking** on manque cruellement de matériel moderne, le matériel moderne fait cruellement défaut

**wog** *‡ /wɒg/ **N** *(Brit pej)* nègre *‡ *m*, négresse *‡ *f*

**wok** /wɒk/ **N** wok *m*

**woke** /wəʊk/ **VB** pt of **wake²**

**woken** /ˈwəʊkn/ **VB** ptp of **wake²**

**wold** /wəʊld/ **N** haute plaine *f*, plateau *m*

**wolf** /wʊlf/ **N** (pl **wolves**) loup *m* ◆ **she-~** louve *f* ◆ **a ~ in sheep's clothing** un loup déguisé en agneau ◆ **that will keep the ~ from the door** cela nous (*or* les *etc*) mettra au moins à l'abri du besoin ◆ **to throw sb to the wolves** jeter qn dans la fosse aux lions ; *(to the press)* jeter qn en pâture aux journalistes ; → **cry, lone** **VT** (also **wolf down**) engloutir **COMP** ▷ **wolf call N** *(US)* ⇒ **wolf whistle** ▷ **wolf cub N** *(also Scouting †)* louveteau *m* ▷ **wolf pack N** meute *f* de loups ▷ **wolf whistle N** *(fig)* sifflement *m* admiratif *(à l'adresse d'une fille)* ◆ **he gave a ~ whistle** il a sifflé la fille (*or* les filles)

**wolfhound** /ˈwʊlfhaʊnd/ **N** chien-loup *m*

**wolfish** /ˈwʊlfɪʃ/ **ADJ** vorace

**wolfishly** /ˈwʊlfɪʃlɪ/ **ADV** voracement

**wolfram** /ˈwʊlfrəm/ **N** wolfram *m*, tungstène *m*

**wolfsbane** /ˈwʊlfsbeɪn/ **N** *(Bot)* aconit *m*

**wolverine** /ˈwʊlvəriːn/ **N** **a** *(Zool)* glouton *m*, carcajou *m* **b** *(US)* **Wolverine** habitant(e) *m(f)* du Michigan **COMP** ▷ **the Wolverine State N** *(US)* le Michigan

**wolves** /wʊlvz/ **NPL** of **wolf**

**woman** /ˈwʊmən/ (pl **women**) **N** **a** femme *f* ◆ **~ is a mysterious creature** la femme est une créature mystérieuse ◆ **she's the ~ for the job** c'est la femme qu'il (nous *or* leur *etc*) faut pour ce travail ◆ **she's her own ~** elle est son propre maître ◆ **a ~ of the world** une femme du monde ◆ **Paul and all his women** Paul et toutes ses maîtresses ◆ **the ~ must be mad** * cette femme doit être folle ◆ **~ to ~** entre femmes ◆ **look here, my good ~ †** écoutez, chère Madame ◆ **the little ~** ‡ *(hum = wife)* ma (*or* sa *etc*) légitime ‡ ◆ **the other ~** *(= lover)* la maîtresse ◆ **young ~ †** jeune femme *f* ◆ **a ~ of letters** une femme de lettres ◆ **she belongs to a women's group** elle est membre d'un groupe féministe ◆ **women's page** *(Press)* la page des lectrices ◆ **women's rights** les droits *mpl* de la femme ◆ **women's suffrage** le droit de vote pour les femmes ◆ **women's team** équipe *f* féminine ◆ **a ~'s place is in the home** *(Prov)* la place d'une femme est au foyer ◆ **a ~'s work is never done** *(Prov)* on trouve toujours à faire dans une maison

**b** *(= cleaner)* femme *f* de ménage ◆ **I've got a ~ who comes in three times a week** j'ai une femme de ménage qui vient trois fois par semaine

**ADJ** ◆ **he's got a ~ music teacher** son professeur de musique est une femme ◆ **~ friend** amie *f* ◆ **~ worker** ouvrière *f* ◆ **women doctors think that ...** les femmes médecins pensent que ... ◆ **women often prefer women doctors** les femmes préfèrent souvent les femmes médecins

**COMP** ▷ **woman driver N** conductrice *f* ◆ **women drivers are often maligned** on dit souvent du mal des femmes au volant ▷ **woman-hater N** misogyne *mf* ▷ **woman police constable N** *(Brit)* femme *f* agent de police ▷ **Women's Centre N** ≈ centre *m* d'accueil de femmes ▷ **Women's Institute N** *(Brit) association de femmes de tendance plutôt traditionaliste* ▷ **Women's Lib** † * **N** ⇒ **Women's (Liberation) Movement** ▷ **Women's Libber** † * **N** féministe *mf* ▷ **women's liberation N** la libération de la femme ▷ **Women's (Liberation) Movement N** mouvement *m* de libération de la femme, MLF *m* ▷ **women's refuge N** refuge *m* pour femmes battues ▷ **women's room N** *(US)* toilettes *fpl* pour dames

▷ **women's studies** NPL *(Univ) étude des rôles sociologique, historique et littéraire de la femme*

**womanhood** /ˈwʊmənhʊd/ N *(NonC = feminine nature)* féminité *f* ◆ **to reach** ~ devenir femme

**womanish** /ˈwʊmənɪʃ/ ADJ *(pej)* efféminé

**womanize** /ˈwʊmənaɪz/ VI courir les femmes

**womanizer** /ˈwʊmənaɪzəʳ/ N coureur *m* de jupons

**womankind** /ˈwʊmənkaɪnd/ N les femmes *fpl*

**womanliness** /ˈwʊmənlɪnɪs/ N *(NonC)* féminité *f*, caractère *m* féminin

**womanly** /ˈwʊmənlɪ/ ADJ *[figure, bearing]* féminin ; *[behaviour]* digne d'une femme

**womb** /wuːm/ N utérus *m*, matrice *f* ; *(fig) (of nature)* sein *m* ; *(of earth)* sein *m*, entrailles *fpl* COMP ▷ **womb-leasing** N location *f* d'utérus, pratique *f* des mères porteuses

**wombat** /ˈwɒmbæt/ N wombat *m*, phascolome *m*

**women** /ˈwɪmɪn/ NPL of **woman**

**womenfolk** /ˈwɪmɪnfəʊk/ NPL les femmes *fpl*

**won** /wʌn/ VB pt, ptp of **win**

**wonder** /ˈwʌndəʳ/ LANGUAGE IN USE 16.1

N a *(NonC) (= admiration)* émerveillement *m* ; *(= astonishment)* étonnement *m* ◆ **to be lost in** ~ être émerveillé *or* ébloui ◆ **he watched, lost in silent** ~ il regardait en silence, émerveillé *or* ébloui ◆ **the sense of ~ that children have** la faculté d'être émerveillé qu'ont les enfants ◆ **... he said in** ~ ... dit-il tout étonné

b *(= sth wonderful)* prodige *m*, miracle *m* ◆ **the ~ of electricity** le miracle de l'électricité ◆ **the ~s of science/medicine** les prodiges *mpl or* les miracles *mpl* de la science/de la médecine ◆ **the Seven Wonders of the World** les sept merveilles *fpl* du monde ◆ **to be a nine-day** *or* **one-day** *or* **seven-day** ~ ne pas faire long feu ◆ **he promised us ~s** il nous a promis monts et merveilles ◆ **~s will never cease** *(iro)* c'est un miracle !, cela tient du miracle ! *(iro)* ◆ **the ~ of it all is that ...** le plus étonnant dans tout cela c'est que ... ◆ **it's a ~ that he didn't fall** c'est un miracle qu'il ne soit pas tombé ◆ **it's a ~ to me that ...** je n'en reviens pas que ... *+ subj* ◆ **it's a ~ how they were able to get these jobs** on se demande par quel miracle ils ont réussi à obtenir ces postes ◆ **no ~ he came late, it's no ~ (that) he came late** ce n'est pas étonnant qu'il soit arrivé en retard *or* s'il est arrivé en retard ◆ **no ~!** * cela n'a rien d'étonnant !, pas étonnant ! * ◆ **it's little** *or* **small ~ that ...** il n'est guère étonnant que ... *+ subj* ; → **nine, work**

VI a *(= marvel) (in astonishment)* s'étonner ; *(in admiration)* s'émerveiller ◆ **the shepherds ~ed at the angels** les bergers s'émerveillaient devant les anges ◆ **I ~ at your rashness** votre audace m'étonne *or* me surprend ◆ **I ~ (that) you're still able to work** je ne sais pas comment vous faites pour travailler encore ◆ **I ~ (that) he didn't kill you** cela m'étonne qu'il ne vous ait pas tué ◆ **do you ~** *or* **can you ~ at it?** est-ce que cela vous étonne ? ◆ **he'll be back, I shouldn't ~** † * cela ne m'étonnerait pas qu'il revienne

b *(= reflect)* penser, songer ◆ **his words set me ~ing** ce qu'il a dit m'a donné à penser *or* m'a laissé songeur ◆ **it makes you ~** cela donne à penser ◆ **I was ~ing about what he said** je pensais *or* songeais à ce qu'il a dit ◆ **I'm ~ing about going to the pictures** j'ai à moitié envie d'aller au cinéma ◆ **he'll be back – I ~!** il reviendra – je me le demande !

VT se demander ◆ **I ~ who he is** je me demande qui il est, je serais curieux de savoir qui il est ◆ **I ~ what to do** je ne sais pas quoi faire ◆ **I ~ where to put it** je me demande où (je pourrais) le mettre ◆ **he was ~ing whether to come with us** il se demandait s'il allait nous accompagner ◆ **I ~ why!** je me demande pourquoi !

COMP ▷ **wonder-worker** N ◆ **he is a ~-worker** il accomplit de vrais miracles ◆ **this drug/treatment is a ~-worker** c'est un remède/un traitement miracle

**wonderful** /ˈwʌndəfʊl/ ADJ a *(= excellent)* merveilleux ◆ **it's ~ to see you** je suis si heureux de te voir ◆ **we had a ~ time** c'était merveilleux b *(= astonishing)* étonnant, extraordinaire ◆ **the human body is a ~ thing** le corps humain est quelque chose d'étonnant *or* d'extraordinaire

**wonderfully** /ˈwʌndəfəlɪ/ ADV a *(with adj, adv)* merveilleusement ◆ **the weather was ~ warm** il a fait merveilleusement chaud ◆ **it works ~ well** ça marche merveilleusement bien *or* à merveille ◆ **he looks ~ well** il a très bonne mine b *(with vb: gen)* merveilleusement bien ; *[succeed, function, go with]* à merveille ◆ **I slept ~** j'ai merveilleusement bien dormi ◆ **my cousins get on ~** mes cousins s'entendent à merveille

**wondering** /ˈwʌndərɪŋ/ ADJ *(= astonished)* étonné ; *(= thoughtful)* songeur, pensif

**wonderingly** /ˈwʌndərɪŋlɪ/ ADV *(= with astonishment)* avec étonnement, d'un air étonné ; *(= thoughtfully)* pensivement

**wonderland** /ˈwʌndəlænd/ N pays *m* des merveilles, pays *m* merveilleux ; → **Alice**

**wonderment** /ˈwʌndəmənt/ N ⇒ **wonder noun a**

**wonderstruck** /ˈwʌndəstrʌk/ ADJ *(liter)* frappé d'étonnement, émerveillé

**wondrous** /ˈwʌndrəs/ *(liter)* ADJ a *(= excellent)* merveilleux b *(= amazing)* extraordinaire ADV a *(= excellently)* merveilleusement ◆ **~ well** merveilleusement bien b *(= amazingly)* extraordinairement

**wondrously** /ˈwʌndrəslɪ/ ADV *(liter)* ⇒ **wondrous adv**

**wonga** ‡ /ˈwɒŋə/ N *(Brit)* pèze ‡ *m*, pognon ‡ *m*

**wonk** * /ˈwɒŋk/ N *(US)* bosseur * *m*, -euse * *f* ; → **policy**[1]

**wonky** * /ˈwɒŋkɪ/ ADJ *(Brit)* a *(= wobbly) [chair, table]* bancal b *(= crooked)* de traviole *, de travers c *(= defective)* détraqué * ◆ **to go ~** *[car, machine]* se déglinguer ; *[TV picture]* se dérégler ◆ **he's feeling rather ~ still** il se sent encore un peu patraque * *or* vaseux *

**won't** /wəʊnt/ ⇒ **will not** ; → **will**

**wont** /wəʊnt/ *(frm)* ADJ ◆ **to be ~ to do sth** avoir coutume de faire qch ◆ **as he was ~ to do** comme il avait coutume de faire, comme à son habitude N coutume *f*, habitude *f* (*to do sth* de faire qch) ◆ **as was my ~** ainsi que j'en avais l'habitude, comme de coutume

**wonted** /ˈwəʊntɪd/ ADJ *(frm)* habituel, coutumier

**woo** /wuː/ VT *[+ woman]* faire la cour à, courtiser ; *(fig) [+ influential person]* rechercher les faveurs de ; *[+ voters, audience]* chercher à plaire à ; *[+ fame, success]* rechercher ◆ **he ~ed them with promises of ...** il cherchait à s'assurer leurs faveurs *or* à leur plaire en leur promettant ...

**wood** /wʊd/ N a *(NonC = material)* bois *m* ◆ **to touch ~, to knock on ~** *(US)* toucher du bois ◆ **touch ~!** * ◆ **knock on ~!** * *(US)* touchons *or* je touche du bois ! ◆ **he can't see the ~ for the trees** il se perd dans les détails ; → **deadwood, hardwood, softwood**

b *(= forest)* bois *m* ◆ **~s** bois *mpl* ◆ **a pine/beech ~** un bois de pins/hêtres, une pinède/hêtraie ◆ **we're out of the ~(s) now** on est au bout du tunnel maintenant ◆ **we're not out of the ~(s) yet** on n'est pas encore tiré d'affaire *or* sorti de l'auberge * ; → **neck**

c *(= cask)* **drawn from the ~** tiré au tonneau ◆ **aged in the ~** vieilli au tonneau ◆ **wine in the ~** vin *m* au tonneau

d *(Mus)* **the ~s** les bois *mpl*

e *(Golf)* bois *m* ; *(Bowls)* boule *f* ◆ **a number 2 ~** *(Golf)* un bois 2

COMP *[floor, object, structure]* de bois, en bois ; *[fire]* de bois ; *[stove]* à bois ▷ **wood alcohol** N esprit-de-bois *m*, alcool *m* méthylique ▷ **wood anemone** N anémone *f* des bois ▷ **wood block** N *(Art)* bois *m* de graveur ▷ **wood-burning stove** N poêle *m* à bois ▷ **wood carving** N *(NonC) (= act)* sculpture *f* sur bois ; *(= object)* sculpture *f* en bois ▷ **wood engraving** N gravure *f* sur bois ▷ **wood nymph** N *(Myth)* dryade *f*, nymphe *f* des bois ▷ **wood pulp** N pâte *f* à papier ▷ **wood shavings** NPL copeaux *mpl* (de bois) ▷ **wood stove** N four *m* à bois ▷ **wood trim** N *(US)* boiseries *fpl* ▷ **wood wool** N *(NonC)* copeaux *mpl* de bois

**woodbine** /ˈwʊdbaɪn/ N chèvrefeuille *m*

**woodchip** /ˈwʊdtʃɪp/ N *(NonC) (= chips of wood)* copeaux *mpl* de bois ; *(= board)* aggloméré *m* ; (also **woodchip wallpaper**) *papier peint parsemé de petits morceaux de bois*

**woodchuck** /ˈwʊdtʃʌk/ N marmotte *f* d'Amérique

**woodcock** /ˈwʊdkɒk/ N *(Orn)* bécasse *f* des bois

**woodcraft** /ˈwʊdkrɑːft/ N *(NonC, in forest)* connaissance *f* de la forêt ; *(= handicraft)* art *m* de travailler le bois

**woodcut** /ˈwʊdkʌt/ N gravure *f* sur bois

**woodcutter** /ˈwʊdkʌtəʳ/ N bûcheron *m*, -onne *f*

**woodcutting** /ˈwʊdkʌtɪŋ/ N *(Art = act, object)* gravure *f* sur bois ; *(in forest)* abattage *m* des arbres

**wooded** /ˈwʊdɪd/ ADJ boisé ◆ **heavily** *or* **thickly** *or* **densely ~** très boisé

**wooden** /ˈwʊdn/ ADJ a *(lit = made of wood)* en bois ◆ **a ~ floor** un parquet b *(fig = unnatural) [acting, performance]* qui manque de naturel ; *[actor, performer]* peu naturel COMP ▷ **wooden-headed** ADJ idiot, imbécile ▷ **wooden Indian** ‡ N *(US pej = constrained)* personne *f* raide comme la justice ; *(= dull)* personne *f* terne *or* ennuyeuse ▷ **wooden leg** N jambe *f* de bois ▷ **wooden nickel** * N *(US fig)* objet *m* sans valeur ◆ **to try to sell sb ~ nickels** * essayer de rouler qn ▷ **wooden spoon** N *(also Rugby)* cuiller *f* de *or* en bois

**woodenly** /ˈwʊdnlɪ/ ADV *[act, speak]* avec raideur ; *[look at, stare]* d'un air impassible

**woodland** /ˈwʊdlænd/ N *(NonC)* région *f* boisée, bois *mpl* COMP *[flower etc]* des bois ; *[path]* forestier

**woodlark** /ˈwʊdlɑːk/ N *(Orn)* alouette *f* des bois

**woodlouse** /ˈwʊdlaʊs/ N (pl **woodlice** /ˈwʊdlaɪs/) cloporte *m*

**woodman** /ˈwʊdmæn/ N (pl **-men**) forestier *m*

**woodpecker** /ˈwʊdpekəʳ/ N *(Orn)* pic *m*

**woodpigeon** /ˈwʊdpɪdʒən/ N *(Orn)* (pigeon *m*) ramier *m*

**woodpile** /ˈwʊdpaɪl/ N tas *m* de bois ; → **nigger**

**woodshed** /ˈwʊdʃed/ N bûcher *m (abri)*

**woodsman** /ˈwʊdzmən/ N (pl **-men**) *(US)* ⇒ **woodman**

**woodsy** /ˈwʊdzɪ/ ADJ *(US)* *[countryside]* boisé ; *[flowers etc]* des bois

**woodwind** /ˈwʊdwɪnd/ N *(Mus)* *(one instrument)* bois *m* ; *(collective pl)* bois *mpl*

**woodwork** /ˈwʊdwɜːk/ N a *(craft, school subject)* *(= carpentry)* menuiserie *f* ; *(= cabinet-making)* ébénisterie *f* b *(in house)* *(= beams etc)* charpente *f* ; *(= doors, skirting boards, window frames etc)* boiseries *fpl* ◆ **to come** *or* **crawl out of the ~** * *(fig pej)* surgir de nulle part c *(Ftbl *)* bois *mpl*, poteaux *mpl* (de but)

**woodworm** /ˈwʊdwɜːm/ N ver *m* du bois ◆ **the table has got ~** la table est vermoulue *or* piquée des vers

**woody** /ˈwʊdɪ/ ADJ a *[plant, stem, texture]* ligneux ; *[odour]* de bois b *(= wooded)* *[countryside]* boisé COMP ▷ **woody nightshade** N douce-amère *f*

**wooer** † /ˈwuːəʳ/ N prétendant *m*

**woof**[1] /wʊf/ N *(Tex)* trame *f*

**woof**[2] /wʊf/ N *[of dog]* aboiement *m* ◆ **~, ~!** ouah, ouah ! VI aboyer

**woofer** /ˈwʊfəʳ/ N haut-parleur *m* grave, woofer *m*

**wooftah** * /ˈwʊftə/, **woofter** * /ˈwʊftəʳ/ N *(Brit pej)* tapette * *f (pej)*

**wool** /wʊl/ N laine *f* ◆ **he was wearing ~** il portait de la laine *or* des lainages ◆ **a ball of ~** une pelote de laine ◆ **knitting/darning ~** laine *f* à tricoter/repriser ◆ **this sweater is all ~** *or* **pure ~** ce pull-over est en pure laine ◆ **all ~ and a yard wide** * *(US)* authentique, de première classe ◆ **to pull the ~ over sb's eyes** duper qn ; → **dye, steel** COMP *[cloth]* de laine ; *[dress]* en *or* de laine ▷ **wool fat** N suint *m* ▷ **wool-gathering** N *(fig)* rêvasserie *f* ◆ **to be** *or* **go ~-gathering** être dans les nuages, rêvasser ▷ **wool-grower** N éleveur *m*, -euse *f* de moutons à laine ▷ **wool-lined** ADJ doublé laine ▷ **wool merchant** N négociant(e) *m(f)* en laine, lainier *m*, -ière *f* ▷ **wool shop** N magasin *m* de laines ▷ **wool trade** N commerce *m* de la laine

**woolen** /ˈwʊlən/ *(US)* ⇒ **woollen**

**wooliness** /ˈwʊlɪnɪs/ N *(US)* ⇒ **woolliness**

**woollen, woolen** *(US)* /ˈwʊlən/ ADJ *[garment]* en laine ; *[cloth]* de laine ◆ **~ cloth** *or* **material** lainage *m*, étoffe *f* de laine ◆ **~ goods** lainages *mpl* ◆ **the ~ industry** l'industrie *f* lainière NPL **woollens** lainages *mpl*

**woolliness, wooliness** *(US)* /ˈwʊlɪnɪs/ N a *[of material, garment, sheep, animal's coat]* aspect *m* laineux b *(fig = vagueness)* *[of ideas, thinking, essay, book, speech]* caractère *m* confus *or* nébuleux ; *[of person]* côté *m* nébuleux

**woolly, wooly** *(US)* /ˈwʊlɪ/ ADJ a *[material, garment, animal]* laineux ; *[hair]* laineux b *(also* **woolly-headed, woolly-minded***)* *[ideas, thinking, essay, book, speech]* confus, nébuleux ; *[person]* nébuleux ◆ **~ liberals** *(pej)* les libéraux *mpl* aux idées confuses ; → **wild** N *(Brit * = jersey etc)* tricot *m*, pull *m* ◆ **woollies** *, **woolies** * *(US)* lainages *mpl* ◆ **winter woollies** * lainages *mpl* d'hiver COMP ▷ **woolly bear** * N *(= caterpillar)* oursonne *f*, chenille *f* de l'écaille martre ▷ **woolly mammoth** N mammouth *m* laineux ▷ **woolly pully** * N pull *m* ▷ **woolly rhinoceros** N rhinocéros *m* laineux

**Woolsack** /ˈwʊlsæk/ N ◆ **the ~** *(Brit Parl)* *siège du grand chancelier d'Angleterre à la Chambre des lords*

**woolshed** /ˈwʊlʃed/ N lainerie *f*

**wooly** /ˈwʊlɪ/ *(US)* ⇒ **woolly**

**woops** * /wʊps/ EXCL ⇒ **whoops**

**woozy** * /ˈwuːzɪ/ ADJ dans les vapes * ◆ **I feel a bit ~** je suis un peu dans les vapes *

**wop** ** /wɒp/ N *(pej = Italian)* Rital ** *m*

**Worcester(shire) sauce** /ˈwʊstə(ʃə)sɔːs/ N *sauce épicée au soja et au vinaigre*

**Worcs** N abbrev of **Worcestershire**

## word /wɜːd/

LANGUAGE IN USE 26.2

| | |
|---|---|
| 1 NOUN | 2 TRANSITIVE VERB |
| 3 COMPOUNDS | |

### 1 - NOUN

a [gen] mot *m* ; *(spoken)* mot *m*, parole *f* ◆ **~s** *[of song etc]* paroles *fpl* ◆ **the written/spoken ~** ce qui est écrit/dit ◆ **what's the ~ for "banana" in German?, what's the German ~ for "banana"?** comment dit-on "banane" en allemand ? ◆ **there's no such ~ as "impossible"** impossible n'est pas français ◆ **he won't hear a ~ against her** il n'admet absolument pas qu'on la critique *subj* ◆ **I didn't breathe a ~** je n'ai pas soufflé mot ◆ **in ~ and deed** en parole et en fait ◆ **... or ~s to that effect** ... ou quelque chose de ce genre ◆ **I remember every ~ he said** je me souviens de ce qu'il a dit mot pour mot, je me souviens absolument de tout ce qu'il a dit ◆ **those were his very ~s** ce sont ses propres paroles, c'est ce qu'il a dit mot pour mot *or* textuellement ◆ **angry ~s** mots *mpl* prononcés sous le coup de la colère ◆ **big ~s!** * toujours les grands mots ! ◆ **a man of few ~s** un homme peu loquace ◆ **fine ~s** de belles paroles *fpl* ◆ **fine ~s!** *(iro)* belles paroles ! ◆ **I can't find (the) ~s (to tell you ...)** je ne trouve pas les mots (pour vous dire ...) ◆ **there are no ~s to describe how I felt** il n'y a pas de mot pour expliquer ce que je ressentais ◆ **he could find no ~s to express his misery** il ne trouvait pas de mot pour exprimer sa tristesse ◆ **it's too stupid for ~s** c'est vraiment trop stupide ◆ **from the ~ go** dès le début *or* le commencement ◆ **I can't get a ~ out of him** je ne peux pas en tirer un mot ◆ **tell me in your own ~s** dites-le-moi à votre façon ◆ **in the ~s of Racine** comme le dit Racine, selon les mots de Racine ◆ **I can't put my thoughts/feelings into ~s** je ne trouve pas les mots pour exprimer ce que je pense/ressens ◆ **by** *or* **through ~ of mouth** de bouche à oreille ; see also **compounds** ◆ **in other ~s** autrement dit ◆ **to put in a (good) ~ for sb** dire *or* glisser un mot en faveur de qn ◆ **don't put ~s into my mouth!** ne me faites pas dire ce que je n'ai pas dit ! ◆ **you took the ~s right out of my mouth** c'est exactement ce que j'allais dire ◆ **with these ~s, he sat down** sur ces mots il s'est assis ◆ **without a ~, he left the room** il a quitté la pièce sans dire un mot

◆ **to have a word (with sb)** *(= speak to)* ◆ **can I have a ~ ?** * puis-je vous dire un mot (en privé) ?, auriez-vous un moment ? ◆ **I'll have a ~ with him about it** je lui en toucherai un mot, je vais lui en parler ◆ **I had a ~ with him about it** je lui en ai touché un mot, je lui en ai parlé brièvement ◆ **I want (to have) a ~ with you** j'ai à vous parler ◆ **to have a ~ in sb's ear** *(Brit)* glisser un mot à l'oreille de qn

◆ **to have words with sb** *(= rebuke)* dire deux mots à qn ; *(= quarrel)* avoir des mots avec qn, se disputer avec qn

◆ **to say + word(s)** ◆ **I never said a ~** je n'ai rien dit du tout, je n'ai pas ouvert la bouche ◆ **Mr Martin will now say a few ~s** M. Martin va maintenant prendre la parole *or* dire quelques mots ◆ **he didn't say a ~ about it** il n'en a pas soufflé mot ◆ **nobody had a good ~ to say about him** personne n'a trouvé la moindre chose à dire en sa faveur ◆ **I didn't hear a ~ he said** je n'ai pas entendu un mot de ce qu'il a dit ◆ **just say the ~ and I'll leave** vous n'avez qu'un mot à dire pour que je parte

◆ **a word/words of** ◆ **a ~ of advice** un petit conseil ◆ **a ~ of thanks** un mot de remerciement ◆ **I'll give you a ~ of warning** je voudrais vous mettre en garde ◆ **after these ~s of warning** après cette mise en garde

◆ **in a word** en un mot

◆ **in so** *or* **as many words** ◆ **I told him in so** *or* **as many ~s that ...** je lui ai carrément dit que ..., sans y aller par quatre chemins, je lui ai dit que ... ◆ **he didn't say so in so many** *or* **as many ~s** il ne l'a pas dit explicitement, ce n'est pas exactement ce qu'il a dit

◆ **word for word** *[repeat, copy out]* mot pour mot, textuellement ; *[translate]* mot à mot, littéralement ; *[review, go over]* mot par mot ; see also **compounds**

◆ **a/the + word for it** ◆ **the French have a ~ for it** les Français ont un mot pour dire cela ◆ **boring is not the ~ for it!** ennuyeux, c'est le moins que l'on puisse dire ! ◆ **"negligent" is a better ~ for it** "négligent" serait plus juste *or* serait plus près de la vérité ◆ **"murder"? that's not quite the (right) ~ (for it)** "meurtre" ? ce n'est pas tout à fait le mot (qui convient) ◆ **she disappeared, there's no other ~ for it** *or* **that's the only ~ for it** elle a disparu, c'est bien le mot *or* on ne peut pas dire autrement

b [= advice] conseil *m* ◆ **a ~ to new fathers** quelques conseils aux nouveaux pères ◆ **a ~ to the wise** un bon conseil

c [= news, message] *(NonC)* nouvelles *fpl* ◆ **she's waiting for ~ from headquarters** elle attend des nouvelles du siège central ◆ **~ came from headquarters that ...** le quartier général nous (*or* leur *etc*) a fait dire *or* nous (*or* les *etc*) a prévenus que ... ◆ **~ came that ...** on a appris que ... ◆ **to send ~ that ...** faire savoir *or* faire dire que ... ◆ **there's no ~ from John yet** on est toujours sans nouvelles de John ◆ **the purpose of his mission is to bring back ~ of enemy manoeuvres** le but de sa mission est de rapporter des renseignements sur les manœuvres de l'ennemi ; → **leave**

d [= rumour] ◆ **~ has it** *or* **the ~ is that he has left** le bruit court qu'il est parti ◆ **if ~ got out about his past, there'd be a scandal** si l'on apprenait certaines choses sur son passé, cela ferait un scandale ◆ **the ~ on the street is ...** * il paraît que ...

e [= promise, assurance etc] parole *f*, promesse *f* ◆ **~ of honour** parole *f* d'honneur ◆ **it was his ~ against mine** c'était sa parole contre la mienne ◆ **his ~ is his bond** il n'a qu'une parole ◆ **to break one's ~** manquer à sa parole ◆ **to give one's ~ to sb/that** donner sa parole (d'honneur) à qn/que ◆ **I give you my ~ (on** *or* **for it)** je vous donne ma parole ◆ **you have my ~ (of honour)** vous avez ma parole (d'honneur) ◆ **to go back on one's ~** revenir sur sa parole ◆ **he is as good as his ~** on peut le croire sur parole ◆ **he was as good as his ~** il a tenu parole ◆ **I've only got her ~ for it** c'est elle qui le dit, je n'ai aucune preuve ◆ **to hold sb to his ~** contraindre qn à tenir sa promesse ◆ **to keep one's ~** tenir (sa) parole ◆ **a man of his ~** un homme de parole ◆ **my ~!** *, **upon my ~!** † ma parole ! ◆ **to take sb at his ~** prendre qn au mot ◆ **you'll have to take his ~ for it** il vous faudra le croire sur parole ◆ **take my ~ for it, he's a good man** c'est un brave homme, croyez-moi

**f** = command (mot *m* d')ordre *m* ◆ **the ~ of command** l'ordre ◆ **his ~ is law** c'est lui qui fait la loi, sa parole fait loi ◆ **he gave the ~ to advance** il a donné l'ordre d'avancer

**g** Rel ◆ **the Word** *(= logos)* le Verbe ; *(= the Bible, the Gospel:* also **the Word of God**) le Verbe (de Dieu), la parole de Dieu

**h** Comput mot *m*

2 - TRANSITIVE VERB

+ document, protest *(spoken or written)* formuler ; *(written)* rédiger, libeller *(Admin)* ◆ **he had ~ed the letter very carefully** il avait choisi les termes de sa lettre avec le plus grand soin ◆ **well ~ed** bien tourné ◆ **I don't know how to ~ it** je ne sais pas comment le formuler

3 - COMPOUNDS

▷ **word association** N *(Psych)* association *f* de mots ▷ **word-blind** † ADJ dyslexique ▷ **word-blindness** † N dyslexie *f* ▷ **word class** N *(Gram)* catégorie *f* grammaticale ▷ **word formation** N *(Ling)* formation *f* des mots ▷ **word-for-word** ADJ mot pour mot ◆ **a ~-for-~ translation** une traduction littérale *or* mot à mot ▷ **word game** N jeu *m* de lettres ▷ **word list** N *(in exercise etc)* liste *f* de mots ; *(in dictionary)* nomenclature *f* ▷ **word-of-mouth** ADJ verbal, oral ▷ **word order** N *(Gram)* ordre *m* des mots ▷ **word-perfect** ADJ ◆ **to be ~-perfect in sth** savoir qch sur le bout des doigts ▷ **word picture** N ◆ **to give a ~ picture of sth** faire une description vivante de qch ▷ **word processing** N traitement *m* de texte ◆ **~ processing package** logiciel *m* de traitement de texte ▷ **word processor** N traitement *m* de texte ▷ **word-type** N *(Ling)* vocable *m* ▷ **word wrap** N *(Comput)* retour *m* (automatique) à la ligne

**-word** /wɜːd/ SUF ◆ **the C-word/the L-word** *manière polie ou humoristique d'évoquer un mot grossier sans le prononcer* ; see also **f-word**

**wordbook** /ˈwɜːdbʊk/ N lexique *m*, vocabulaire *m*

**wordcount** /ˈwɜːdkaʊnt/ N *(Comput)* comptage *m*, nombre *m* de mots

**wordiness** /ˈwɜːdɪnɪs/ N verbosité *f*

**wording** /ˈwɜːdɪŋ/ N *[of letter, speech, statement]* termes *mpl*, formulation *f* ; *[of official document]* libellé *m* ◆ **the ~ of the last sentence is clumsy** la dernière phrase est maladroitement exprimée *or* formulée ◆ **the ~ is exceedingly important** le choix des termes est extrêmement important ◆ **change the ~ slightly** changez quelques mots (ici et là) ◆ **a different ~ would make it less ambiguous** ce serait moins ambigu si on l'exprimait autrement

**wordless** /ˈwɜːdlɪs/ ADJ **a** *(= silent) [anguish, admiration]* muet ◆ **he watched her in ~ admiration** il la regardait, muet d'admiration **b** *(= without words)* inarticulé ◆ **a ~ cry/shriek** un cri/hurlement inarticulé

**wordlessly** /ˈwɜːdlɪslɪ/ ADV sans prononcer un mot

**wordplay** /ˈwɜːdpleɪ/ N *(= pun)* jeu *m* de mots ; *(NonC) (= puns)* jeux *mpl* de mots

**wordsmith** /ˈwɜːdsmɪθ/ N manieur *m* de mots ◆ **he's a skilled ~** il sait tourner ses phrases ; *(stronger)* il a le génie des mots

**wordy** /ˈwɜːdɪ/ ADJ *[person, style]* verbeux ; *[document]* au style verbeux

**wore** /wɔːʳ/ VB pt of **wear**

## work /wɜːk/

LANGUAGE IN USE 19

| | |
|---|---|
| 1 NOUN | 3 TRANSITIVE VERB |
| 2 INTRANSITIVE VERB | 4 COMPOUNDS |
| 5 PHRASAL VERBS | |

1 - NOUN

**a** gen *(NonC)* travail *m* ◆ **to start ~, to set to ~** se mettre au travail ◆ **I've got some more ~ for you** j'ai encore du travail pour vous ◆ **he does his ~ well** il travaille bien, il fait du bon travail ◆ **she put a lot of ~ into it** elle y a consacré beaucoup de travail ◆ **there's still a lot of ~ to be done on it** il reste encore beaucoup à faire ◆ **I'm trying to get some ~ done** j'essaie de travailler ◆ **~ has begun on the new bridge** *(= building it)* on a commencé la construction du nouveau pont ◆ **you'll have your ~ cut out** vous allez avoir du travail ◆ **domestic ~** travaux *mpl* domestiques ◆ **office ~** travail *m* de bureau ◆ **~ in progress** travaux *mpl* en cours ◆ **it's women's ~** c'est un travail de femme ◆ **it's quite easy ~** ce n'est pas un travail difficile ◆ **good ~!** *(= well done!)* bravo ! ◆ **it's good ~** c'est du bon travail ◆ **it's hot ~** ça donne chaud ◆ **nice ~ if you can get it!** * *(iro)* c'est une bonne planque ! * ◆ **to make short *or* quick ~ of sth** faire qch très rapidement ◆ **he did useful ~ in the Ministry of Transport** il a fait du bon travail au ministère des Transports ; see also **works**

◆ **to be at work** *(= working)* travailler, être au travail ◆ **he was at ~ on another picture** il travaillait sur un autre tableau ◆ **there are subversive forces at ~ here** *(= operating)* des forces subversives sont à l'œuvre ; see also **noun b**

**b** = employment, place of employment travail *m* ◆ **he's looking for ~** il cherche du travail ◆ **"work wanted"** *(US)* "demandes d'emploi" ◆ **to go to ~** aller au travail ◆ **on her way to ~** en allant à son travail ◆ **where is his (place of) ~?** où travaille-t-il ?

◆ **at work** *(= at place of work)* au travail ◆ **he's at ~ at the moment** il est au travail en ce moment ◆ **accidents at ~** les accidents *mpl* du travail

◆ **in + work** ◆ **those in ~** les actifs *mpl* ◆ **he is in regular ~** il a un emploi régulier

◆ **out of work** ◆ **to be out of ~** être au chômage *or* sans emploi ◆ **an increase in the numbers out of ~** une augmentation du nombre des demandeurs d'emploi *or* des chômeurs ◆ **to put *or* throw sb out of ~** mettre qn au chômage ◆ **this decision threw a lot of people out of ~** cette décision a fait beaucoup de chômeurs ◆ **600 men were thrown out of ~** 600 hommes ont été licenciés *or* ont perdu leur emploi

◆ **off work** ◆ **he's off ~ today** il n'est pas allé (*or* venu) travailler aujourd'hui ◆ **he has been off ~ for three days** il est absent depuis trois jours ◆ **a day off ~** un jour de congé ◆ **I'll have to take time off ~** il va falloir que je prenne un congé

**c** = product œuvre *f* ◆ **the ~s of God** l'œuvre *f* de Dieu ◆ **his life's ~** l'œuvre *f* de sa vie ◆ **his ~ will not be forgotten** son œuvre passera à la postérité ◆ **it's obviously the ~ of a professional** c'est manifestement l'œuvre d'un professionnel *or* du travail de professionnel ◆ **this is the ~ of a madman** c'est l'œuvre d'un fou

**d** Art, Literat, Mus etc œuvre *f* ; *(= book on specific subject)* ouvrage *m* ◆ **the complete ~s of Shakespeare** les œuvres *fpl* complètes de Shakespeare ◆ **Camus' last ~** la dernière œuvre de Camus ◆ **a ~ on Joyce** un ouvrage sur Joyce ◆ **this ~ was commissioned by ...** cette œuvre a été commandée par ... ◆ **~s of fiction/reference** ouvrages *mpl* de fiction/référence ◆ **he sells a lot of his ~** ses tableaux (*or* ses livres *etc*) se vendent bien

2 - INTRANSITIVE VERB

For **work** + **preposition/adverb** combinations see also phrasal verbs.

**a** gen travailler ◆ **to ~ hard** travailler dur ◆ **to ~ to rule** *(Ind)* faire la grève du zèle ◆ **he is ~ing at his German** il travaille son allemand ◆ **who is he ~ing for?** pour qui travaille-t-il ? ◆ **he has always ~ed for/against such a reform** il a toujours lutté pour/contre une telle réforme ◆ **he ~s in education/publishing** il travaille dans l'enseignement/l'édition ◆ **he prefers to ~ in wood/clay** il préfère travailler le bois/l'argile ◆ **he prefers to ~ in oils** il préfère la peinture à l'huile *or* travailler à la peinture à l'huile ◆ **he ~ed on the car all morning** il a travaillé sur la voiture toute la matinée ◆ **he's ~ing on his memoirs** il travaille à ses mémoires ◆ **have you solved the problem? – we're ~ing on it** avez-vous résolu le problème ? — on y travaille ◆ **I've been ~ing on him but haven't yet managed to persuade him** *(fig)* j'ai bien essayé de le convaincre, mais je n'y suis pas encore parvenu ◆ **the police are ~ing on the case** la police enquête sur l'affaire ◆ **they are ~ing on the principle that ...** ils partent du principe que ... ◆ **there are not many facts/clues to ~ on** il y a peu de faits/d'indices sur lesquels travailler ◆ **to ~ towards sth** œuvrer pour qch ◆ **we are ~ing towards equality of opportunity** nous œuvrons pour l'égalité des chances ◆ **we are ~ing towards a solution/an agreement** nous essayons de parvenir à une solution/un accord

**b** = function, be effective *[mechanism, watch, machine, car, switch, scheme, arrangement]* marcher, fonctionner ; *[drug, medicine]* agir, faire effet ; *[yeast]* fermenter ◆ **the lift isn't ~ing** l'ascenseur ne marche pas *or* est en panne ◆ **it ~s off the mains/on electricity/off batteries** ça marche sur (le) secteur/à l'électricité/avec des piles ◆ **my brain doesn't seem to be ~ing today** *(hum)* je n'ai pas les idées très claires aujourd'hui ◆ **the spell ~ed** le charme a fait son effet ◆ **it just won't ~** ça ne marchera pas *or* jamais ◆ **that ~s both ways** c'est à double tranchant ◆ **this may ~ in our favour** ça pourrait jouer en notre faveur

**c** = pass ◆ **she ~ed methodically down the list** elle a suivi la liste de façon méthodique ◆ **water has ~ed through the roof** de l'eau s'est infiltrée par le toit

**d** = move *[face, mouth]* se contracter, se crisper

3 - TRANSITIVE VERB

**a** = cause to work *[+ person, staff]* faire travailler ; *[+ mechanism, lever, pump]* actionner ; *[+ machine]* faire marcher ◆ **I don't know how to ~ the video** je ne sais pas comment faire marcher le magnétoscope ◆ **he ~s his staff too hard** il fait trop travailler son personnel, il surmène son personnel ◆ **the machine is ~ed by solar energy** cette machine marche *or* fonctionne à l'énergie solaire

◆ **to work o.s.** ◆ **he ~s himself too hard** il se surmène ◆ **he's ~ing himself to death** il se tue à la tâche

**b** = bring about *[+ miracle]* faire, accomplir ; *[+ change]* apporter ◆ **to ~ wonders *or* mar-**

vels *[person]* faire des merveilles ; *[drug, medicine, action, suggestion]* faire merveille

c [* = arrange for] **he has managed to ~ his promotion** il s'est débrouillé pour obtenir de l'avancement ◆ **can you ~ it so she can come too?** pouvez-vous faire en sorte qu'elle vienne aussi ? ◆ **I'll ~ it if I can** si je peux m'arranger pour le faire, je le ferai

d [= exploit resources of] *[+ mine, land]* exploiter ◆ **this rep ~s the south-east** ce représentant couvre le Sud-Est

e [= manoeuvre] ◆ **he ~ed the rope gradually through the hole** il est parvenu à faire passer progressivement la corde dans le trou, il s'est employé à enfoncer progressivement la corde dans le trou ◆ **he ~ed his hands free** il est parvenu à libérer ses mains ◆ **to ~ sth loose** parvenir à desserrer qch ◆ **he ~ed the lever up and down** il a actionné le levier plusieurs fois ◆ **she ~ed the hook carefully out of the cloth** avec précaution, elle s'employa à retirer l'hameçon du tissu ◆ **he ~ed the crowd (up) into a frenzy** il a réussi à déchaîner la foule

◆ **to work one's way** ◆ **he ~ed his way along the edge of the cliff** il a longé prudemment le bord de la falaise ◆ **rescuers are ~ing their way towards the trapped men** les sauveteurs se fraient un passage jusqu'aux hommes qui sont bloqués ◆ **he ~ed his way up from nothing** il est parti de rien ◆ **he ~ed his way up to the top of his firm** il a gravi un à un tous les échelons de la hiérarchie de son entreprise ◆ **he ~ed his way up from office boy to managing director** il est devenu PDG après avoir commencé comme garçon de bureau ◆ **to ~ one's way through college** travailler pour payer ses études

f [= make, shape] *[+ metal, wood, leather]* travailler ; *[+ dough, clay]* travailler, pétrir ; *[+ object]* façonner (*out of* dans) ; *(= sew)* coudre ; *(= embroider) [+ design etc]* broder ◆ **~ the butter and sugar together** *(Culin)* mélangez bien le beurre et le sucre

4 - COMPOUNDS

▷ **work area** N coin *m* de travail, bureau *m* ▷ **work camp** N *(= prison)* camp *m* de travail forcé ; *(voluntary)* chantier *m* de travail (bénévole) ▷ **work ethic** N éthique *f* du travail, déontologie *f* ▷ **work experience** N *(gen)* expérience *f* professionnelle ; *(for students)* stage *m* professionnel ▷ **work file** N *(Comput)* fichier *m* de travail ▷ **work-in** N *(Ind) grève avec occupation des locaux et appropriation des moyens de production* ▷ **work load** N charge *f* de travail ◆ **his ~ load is too heavy** il a trop de travail ◆ **they were discussing ~ loads** ils discutaient de la répartition du travail ▷ **work of art** N œuvre *f* d'art ▷ **work permit** N permis *m* de travail ▷ **work prospects** NPL *[of course, training]* débouchés *mpl* ; *[of student]* perspectives *fpl* ▷ **work-rule** N *(US Ind)* ⇒ **work-to-rule** ▷ **work-sharing** N partage *m* du travail ▷ **work space** N ⇒ **work area** ▷ **work station** N poste *m* de travail ▷ **work-study student** N *(US Univ)* étudiant(e) *m(f)* ayant un emploi rémunéré par l'université ▷ **work surface** N ⇒ **worktop** ▷ **work-to-rule** N *(Brit Ind)* grève *f* du zèle ▷ **work week** N semaine *f* de travail ◆ **a ~ week of 38 hours** *(US)* une semaine de 38 heures ▷ **work-worn** ADJ *[hands]* usé par le travail

5 - PHRASAL VERBS

► **work away** VI ◆ **they worked away all day** ils n'ont pas arrêté de toute la journée ◆ **she was ~ing away at her embroidery** elle était absorbée par sa broderie

► **work down** VI *[stockings etc]* glisser

► **work in** VI a *[dust, sand]* s'introduire

b *(= fit in)* ◆ **she works in with us as much as possible** elle collabore avec nous autant que possible ◆ **this doesn't ~ in with our plans to reorganize the department** cela ne cadre pas *or* ne concorde pas avec nos projets de réorganisation du service ◆ **that'll ~ in very well** ça cadrera très bien

VT SEP a *[+ finger, hook, lever, blade]* introduire petit à petit, enfoncer ; *[+ reference, quotation]* glisser, introduire ; *(fig) [+ subject]* s'arranger pour mentionner ◆ **we'll ~ in a mention of it somewhere** on s'arrangera pour le mentionner quelque part ◆ **he ~ed the incident into his speech** il s'est arrangé pour parler de l'incident dans son discours

b *(= amalgamate)* incorporer ◆ **~ the flour in gradually** incorporez la farine petit à petit

► **work off** VI *[nut, handle etc]* se desserrer

VT SEP a *[+ debt, obligation]* travailler pour s'acquitter de

b *[+ one's surplus fat]* se débarrasser de ; *[+ weight, calories]* perdre ; *[+ anger]* passer, assouvir ◆ **to ~ off one's energy** dépenser son surplus d'énergie ◆ **jogging helps ~ off stress** le jogging aide à évacuer le stress *or* à décompresser * ◆ **he ~ed it all off gardening** il s'est défoulé * en faisant du jardinage

► **work out** VI a *[plan, arrangement]* marcher ; *[puzzle, problem]* se résoudre ◆ **it's all ~ing out as planned** tout se déroule comme prévu ◆ **things didn't ~ out (well) for her** les choses ont plutôt mal tourné pour elle ◆ **their marriage didn't ~ out** leur couple n'a pas marché * ◆ **it will ~ out all right in the end** tout finira (bien) par s'arranger ◆ **how did it ~ out in the end?** comment ça s'est terminé ? ◆ **it hasn't ~ed out that way** les choses se sont passées autrement

b *[amount]* ◆ **what does the total work out at ?** ça fait combien en tout ? ◆ **it ~s out (at) £50 per child** il faut compter 50 livres par enfant

c *(= exercise)* faire de la musculation

VT SEP a *(= figure out) [+ problem, puzzle, equation]* résoudre ; *[+ answer, total]* trouver ; *[+ code]* déchiffrer ; *[+ plan, scheme, idea]* élaborer, mettre au point ; *[+ settlement]* parvenir à ◆ **I'll have to ~ it out** *(gen)* il faut que j'y réfléchisse ; *(counting)* il faut que je calcule ◆ **who ~ed all this out?** qui a combiné tout ça ? ◆ **I had the whole design ~ed out in my mind** j'avais déjà tout conçu dans ma tête ◆ **can you ~ out where we are on the map?** peux-tu trouver où nous sommes sur la carte ? ◆ **he finally ~ed out why she'd gone** il a fini par comprendre pourquoi elle était partie ◆ **I can't ~ it out** ça me dépasse ◆ **I can't ~ him out** * je n'arrive pas à comprendre comment il fonctionne

b *(= exhaust resources of) [+ mine, land]* épuiser

c *[+ notice]* ◆ **she has to work out her notice** elle doit respecter le délais de préavis

d *(= get rid of)* ◆ **don't try and work out your frustration on me !** ne t'en prends pas à moi parce que tu te sens frustré ! ◆ **he stood up in order to ~ out his impatience** il se mit debout pour calmer son impatience

► **work over** * VT SEP *(= beat up)* tabasser *, passer à tabac *

► **work round** VI *(= move gradually)* tourner ◆ **his tie had ~ed round to the back of his neck** sa cravate avait tourné et lui pendait dans le dos ◆ **the wind has ~ed round to the south** le vent a tourné au sud petit à petit ◆ **to ~ round to sth** *(in conversation, negotiations)* aborder qch ◆ **you'll have to ~ round to that subject tactfully** il faudra que vous abordiez *subj* ce sujet avec tact ◆ **what are you ~ing round to?** où voulez-vous en venir ?

► **work through** VT FUS *(Psych = resolve emotionally)* assumer

► **work up** VI a ◆ **events were working up to a crisis** une crise se préparait ◆ **the book ~s up to a dramatic ending** le roman s'achemine progressivement vers un dénouement spectaculaire ◆ **I knew they were ~ing up to something** *(in conversation etc)* je savais qu'ils préparaient quelque chose ◆ **I thought he was ~ing up to asking me for a divorce** je croyais qu'il préparait le terrain pour demander le divorce ◆ **what is he ~ing up to?** où veut-il en venir ?

b *[skirt, sleeve]* remonter

VT SEP a *(= rouse)* ◆ **he worked the crowd up into a frenzy** il a déchaîné l'enthousiasme de la foule ◆ **to get ~ed up** s'énerver ◆ **he ~ed himself up into a rage** il s'est mis dans une colère noire

b *(= prepare) [+ article, drawings]* préparer

c *(= develop) [+ trade, business]* développer ◆ **he ~ed this small firm up into a major company** il a réussi à faire de cette petite société une grande entreprise ◆ **he's trying to ~ up a connection in Wales** *(Comm)* il essaie d'établir une tête de pont au pays de Galles ◆ **I ~ed up an appetite/thirst carrying all those boxes** ça m'a mis en appétit/m'a donné soif de porter toutes ces caisses ◆ **I can't ~ up much enthusiasm for the plan** j'ai du mal à m'enthousiasmer pour ce projet ◆ **can't you ~ up a little more interest in it?** tu ne pourrais pas t'y intéresser un peu plus ?

---

**-work** /wɜːk/ N *(in compounds)* ◆ **cement-work** le ciment ◆ **lattice-work** le treillis

**workable** /ˈwɜːkəbl/ ADJ a *[scheme, arrangement, solution, suggestion, plan, projet]* viable, réalisable ; *[agreement, settlement, compromise]* viable ◆ **it's just not ~** cela ne marchera jamais b *(= malleable) [metal, dough]* facile à travailler c *(= exploitable) [land, mine]* exploitable

**workaday** /ˈwɜːkədeɪ/ ADJ *[object, tastes, surroundings]* ordinaire ; *[concerns, chores]* de tous les jours ◆ **the ~ world** la vie de tous les jours

**workaholic** * /ˌwɜːkəˈhɒlɪk/ N bourreau *m* de travail

**workbag** /ˈwɜːkbæg/ N sac *m* à ouvrage

**workbasket** /ˈwɜːkbɑːskɪt/ N *(Sewing)* corbeille *f* à ouvrage

**workbench** /ˈwɜːkbentʃ/ N *(for woodwork etc)* établi *m* ; *(in lab)* paillasse *f*

**workbook** /ˈwɜːkbʊk/ N *(= exercise book)* cahier *m* d'exercices ; *(= manual)* manuel *m* ; *(= work record book)* cahier *m* de classe

**workbox** /ˈwɜːkbɒks/ N *(Sewing)* boîte *f* à ouvrage

**workday** /ˈwɜːkdeɪ/ *(esp US)* ADJ ⇒ **workaday** N ◆ **a ~ of eight hours** une journée de travail de huit heures ◆ **Saturday is a ~** *(gen)* on travaille le samedi ; *(Comm)* le samedi est un jour ouvrable

**worker** /ˈwɜːkəʳ/ N *(gen, Ind, Agr etc)* travailleur *m*, -euse *f* ◆ **woman ~** travailleuse *f* ◆ **he's a good ~** il travaille bien ◆ **he's a fast ~** *(lit)* il travaille vite ; *(* fig)* c'est un tombeur * *or* un don Juan ◆ **all the ~s in this industry** tous ceux qui travaillent dans cette industrie ◆ **management and ~s** *(Ind)* patronat *m* et ouvriers *mpl* ◆ **we rely on**

**volunteer ~s** nous dépendons de travailleurs bénévoles ◆ **office ~** employé(e) *m(f)* de bureau ◆ **research ~** chercheur *m*, -euse *f*

COMP ▷ **worker ant** N (fourmi *f*) ouvrière *f* ▷ **worker bee** N (abeille *f*) ouvrière *f* ▷ **worker director** N *(Ind)* ouvrier *m* faisant partie du conseil d'administration ▷ **worker participation** N *(Ind)* participation *f* des travailleurs ▷ **worker priest** N prêtre-ouvrier *m* ▷ **Workers' Educational Association** N *(Brit)* ≃ Association *f* d'éducation populaire

**workfare** /ˈwɜːkfɛəʳ/ N *système où les chômeurs doivent participer à des programmes de création d'emplois pour avoir droit aux allocations*

**workforce** /ˈwɜːkfɔːs/ N a *[of region, country]* population *f* active ◆ **a country where half the ~ is unemployed** un pays dont la moitié de la population active est au chômage ◆ **the country's ~ is well educated and diligent** la main-d'œuvre du pays est éduquée et vaillante ◆ **Hong Kong's skilled ~** la main-d'œuvre spécialisée de Hong Kong b *[of company]* personnel *m* ; *(= manual workers)* main-d'œuvre *f*

**workhorse** /ˈwɜːkhɔːs/ N *(= horse)* cheval *m* de labour ; *(= person)* bête *f* de somme

**workhouse** /ˈwɜːkhaʊs/ N *(Brit Hist)* hospice *m* ; *(US Jur)* maison *f* de correction

**working** /ˈwɜːkɪŋ/ ADJ a *(= to do with work) [clothes, conditions, lunch, language]* de travail ; *[partner, population]* actif ◆ **a ~ day of eight hours** *(Brit)* une journée de travail de huit heures ◆ **Saturday is a ~ day** *(Brit) (gen)* on travaille le samedi ; *(Comm)* le samedi est un jour ouvrable ◆ **good ~ environment** bonnes conditions *fpl* de travail ◆ **~ expenses** *[of mine, factory]* frais *mpl* d'exploitation ; *[of salesman]* frais *mpl* ◆ **during** *or* **in ~ hours** pendant les heures de travail ◆ **~ life** *(gen)* vie *f* active ◆ **she spent most of her ~ life abroad** elle a passé la plus grande partie de sa vie active à l'étranger ◆ **a long and strenuous ~ life** une longue vie de labeur ◆ **the ~ man will not accept ...** *(Ind, Sociol etc)* les travailleurs n'accepteront pas ... ◆ **he's an ordinary ~ man** c'est un simple travailleur ◆ **he's a ~ man now** il travaille maintenant, il gagne sa vie maintenant ◆ **a ~ wife** une femme mariée qui travaille ◆ **she is an ordinary ~ woman** c'est une simple travailleuse ◆ **she is a ~ woman** *(= economically active)* elle travaille, elle gagne sa vie ◆ **the ~ woman** *(Comm, Press, Sociol etc)* la femme qui travaille ; → **order**

b *(= operational)* **~ drawing** épure *f* ◆ **~ hypothesis** hypothèse *f* de travail ◆ **to build** *or* **form a ~ partnership** *(Ind)* établir de bons rapports ; *(emotionally)* parvenir à une bonne relation de couple

c *(= adequate)* **to have a ~ majority** *(Pol etc)* avoir une majorité suffisante ◆ **a ~ knowledge of German** une connaissance correcte de l'allemand

d *(= functioning) [model]* qui marche

N *(NonC)* travail *m* ; *[of machine etc]* fonctionnement *m* ; *[of yeast]* fermentation *f* ; *[of mine, land]* exploitation *f* ; *[of metal, wood, leather]* travail *m* ; *[of clay, dough]* travail *m*, pétrissage *m* ; *(Sewing)* couture *f* ; *(= embroidery)* broderie *f*

NPL **workings** *(= mechanism)* mécanisme *m* ; *[of government, organization]* rouages *mpl* ; *(Min)* chantier *m* d'exploitation ◆ **I don't understand the ~s of her mind** je ne comprends pas ce qui se passe dans sa tête

COMP ▷ **working capital** N fonds *mpl* de roulement ▷ **working class** N ◆ **the ~ class** la classe ouvrière ◆ **the ~ classes** le prolétariat ▷ **working-class** ADJ *[origins, background, accent, suburb]* ouvrier, prolétarien ◆ **he is ~-class** il appartient à la classe ouvrière ▷ **working dog** N *chien adapté, de par sa race ou son dressage, à des tâches utilitaires* ▷ **working families tax credit** N *(Brit)* complément *m* familial ▷ **working girl** N *(euph)* professionnelle* *f (euph)* ▷ **working group** N groupe *m* de travail ▷ **working holiday** N *(Brit) vacances mises à profit pour effectuer une activité rémunérée* ▷ **working men's club** N *(Brit)* ≃ foyer *m* d'ouvriers ▷ **working party** N *(Brit) (gen)* groupe *m* de travail ; *(grander)* commission *f* d'enquête ; *(= squad: of soldiers)* escouade *f* ▷ **working relationship** N relations *fpl or* rapports *mpl* de travail ◆ **to have a good ~ relationship (with sb)** avoir de bonnes relations *or* bons rapports de travail (avec qn) ▷ **working title** N titre *m* provisoire ▷ **working vacation** N *(US)* ⇒ **working holiday** ▷ **working week** N *(Brit)* semaine *f* de travail

**workman** /ˈwɜːkmən/ (pl **-men**) N a *(gen, Comm, Ind etc)* ouvrier *m* ◆ **a bad ~ blames his tools** *(Prov)* les mauvais ouvriers ont toujours de mauvais outils *(Prov)* ◆ **workmen's compensation** pension *f* d'invalidité *(pour ouvriers)* b ◆ **to be a good ~** bien travailler, avoir du métier

**workmanlike** /ˈwɜːkmənlaɪk/ ADJ *[person, attitude]* professionnel ; *[object, product, tool]* bien fait, soigné ; *(fig) [attempt]* sérieux ◆ **it was a ~ essay** c'était une dissertation honnête *or* bien travaillée ◆ **he made a ~ job of it** il a fait du bon travail ◆ **he set about it in a very ~ way** il s'y est pris comme un vrai professionnel

**workmanship** /ˈwɜːkmənʃɪp/ N *[of craftsman]* métier *m*, maîtrise *f* ; *[of artefact]* exécution *f or* fabrication *f* soignée ◆ **this example of his ~** cet exemple de son savoir-faire ◆ **a chair of fine ~** une chaise faite avec art ◆ **a superb piece of ~** un *or* du travail superbe

**workmate** /ˈwɜːkmeɪt/ N camarade *mf* de travail

**workmen** /ˈwɜːkmən/ NPL of **workman**

**workout** /ˈwɜːkaʊt/ N *(Sport)* séance *f* d'entraînement

**workpeople** /ˈwɜːkpiːpl/ NPL travailleurs *mpl*, ouvriers *mpl*

**workplace** /ˈwɜːkpleɪs/ N lieu *m* de travail

**workroom** /ˈwɜːkrʊm/ N salle *f* de travail

**works** /wɜːks/ N *(pl inv)* a *(Brit Ind etc) (= factory)* usine *f* ; *(= processing plant etc)* installations *fpl* ◆ **irrigation ~** installations *fpl* d'irrigation, barrage *m* ◆ **price ex ~** prix *m* sortie d'usine b *(Admin, Mil)* travaux *mpl* ; *[of clock, machine etc]* mécanisme *m* ; *(Rel)* œuvres *fpl* ◆ **each man will be judged by his ~** chaque homme sera jugé selon ses œuvres c *(= the lot)* ◆ **the (whole) ~** * tout le tremblement*, tout le tralala* ◆ **to put in the ~*** *(US)* sortir le grand jeu ; → **public, spanner**

COMP *[entrance, car park, canteen]* de l'usine ; *[car]* de l'entreprise ; *(as opposed to staff)* des ouvriers ▷ **works committee, works council** N comité *m* d'entreprise ▷ **works manager** N directeur *m*, -trice *f* d'usine

**worksheet** /ˈwɜːkʃiːt/ N *(for pupil)* fiche *f* d'exercices

**workshop** /ˈwɜːkʃɒp/ N *(lit, fig)* atelier *m*

**workshy** /ˈwɜːkʃaɪ/ ADJ fainéant, tire-au-flanc* *inv*

**worktable** /ˈwɜːkteɪbl/ N table *f* de travail

**worktop** /ˈwɜːktɒp/ N plan *m* de travail

**world** /wɜːld/ N a *(gen, Geog etc)* monde *m* ◆ **the most powerful nation in the ~** la nation la plus puissante du monde ◆ **the English-speaking ~** le monde anglophone ◆ **to be alone in the ~** être seul au monde ◆ **the ancient ~** le monde antique, l'antiquité *f* ◆ **a citizen of the ~** un citoyen du monde ◆ **it's not the end of the ~** ça pourrait être bien pire ◆ **the ~ we live in** le monde où nous vivons ◆ **he lives in a ~ of his own, he lives in another ~** il vit dans un monde à lui ◆ **all over the ~, (all) the ~ over** dans le monde entier ◆ **to go round the ~, to go on a trip round the ~** *or* **a round-the-~ trip** faire le tour du monde, voyager autour du monde ◆ **a round-the-~ cruise** une croisière autour du monde ◆ **to see the ~** voir du pays, courir le monde ◆ **since the ~ began, since the beginning of the ~** depuis que le monde est monde ◆ **it is known throughout the ~** c'est connu dans le monde entier, c'est universellement connu ; → **dead, fire, lead¹, new, old, old-world**

b *(emphatic phrases)* **what/where/why/how in the ~ ...?** que/où/pourquoi/comment diable* ... ? ◆ **where in the ~ has he got to?** où a-t-il bien pu passer ?, où diable* est-ce qu'il est passé ? ◆ **nowhere in the ~, nowhere in the whole (wide) ~** nulle part au monde ◆ **I wouldn't do it for (anything in) the ~, nothing in the ~ would make me do it** je ne le ferais pour rien au monde, je ne le ferais pas pour tout l'or du monde ◆ **they were ~s apart** *(gen)* ils n'avaient rien en commun, tout les séparait ; *(in opinion)* ils étaient diamétralement opposés ◆ **there's a ~ of difference between Paul and Richard** il y a un monde entre Paul et Richard ◆ **it was for all the ~ as if ...** c'était exactement *or* tout à fait comme si ... ◆ **I'd give the ~ to know ...** je donnerais tout au monde pour savoir ... ◆ **it did him a** *or* **the ~ of good** ça lui a fait énormément de bien *or* un bien fou* ◆ **it's what he wants most in (all) the ~** c'est ce qu'il veut plus que tout au monde ◆ **in the whole (wide) ~ you won't find a better man than he is** nulle part au monde vous ne trouverez un meilleur homme que lui ◆ **she means the ~ to him** elle est tout pour lui ◆ **she thinks the ~ of him** elle ne jure que par lui ◆ **I'm the ~'s worst cook** il n'y a pas pire cuisinier que moi

c *(= this life)* monde *m* ; *(Rel: as opposed to spiritual life)* siècle *m*, monde *m* ◆ **the ~, the flesh and the devil** *(Rel)* les tentations *fpl* du monde, de la chair et du diable ◆ **~ without end** *(Rel)* dans les siècles des siècles ◆ **he's gone to a better ~** il est parti pour un monde meilleur ◆ **the next ~, the ~ to come** l'au-delà *m*, l'autre monde *m* ◆ **he's not long for this ~** il n'en a plus pour longtemps (à vivre) ◆ **in this ~** ici-bas, en ce (bas) monde ◆ **in the ~** *(Rel)* dans le siècle ◆ **to bring a child into the ~** mettre un enfant au monde ◆ **to come into the ~** venir au monde, naître ◆ **it's out of this ~*** c'est extraordinaire, c'est sensationnel* ; → **best, other**

d *(= domain, environment)* monde *m*, univers *m* ◆ **in the ~ of music** dans le monde de la musique ◆ **the ~ of dreams** l'univers *m or* le monde des rêves ◆ **the ~ of nature** la nature ◆ **in the ~ of tomorrow** dans le monde de demain ◆ **the business/sporting ~** le monde des affaires/du sport, les milieux *mpl* d'affaires/sportifs ◆ **in the university/political/financial ~** dans les milieux universitaires/politiques/financiers ◆ **his childhood was a ~ of hot summers and lazy days** son enfance était un univers d'étés brûlants et de journées oisives ◆ **in an ideal** *or* **a perfect ~** dans un monde idéal ◆ **in the best of all possible ~s** dans le meilleur des mondes (possibles)

e *(= society)* monde *m* ◆ **the Rockefellers/Mr Smiths** *etc* **of this ~** des gens comme les Rockefeller/Smith *etc* ◆ **you know what the ~ will say if ...** tu sais ce que les gens diront si ... ◆ **he had the ~ at his feet** il avait le monde à ses pieds ◆ **you have to take the ~**

**as you find it** il faut prendre le monde comme il est *or* les choses comme elles sont ◆ **he has come down in the ~** il a connu des jours meilleurs ◆ **to go up in the ~** faire du chemin *(fig)* ◆ **on top of the ~** * *(= healthy)* aux anges ; *(= healthy)* en pleine forme ◆ **to make one's way in the ~** faire son chemin dans le monde ◆ **the ~ and his wife** absolument tout le monde, tout le monde sans exception ; → **man**

COMP *[power, war, proportions]* mondial ; *[record, tour]* du monde ; *[language]* universel ▷ **World Bank** N Banque *f* mondiale ▷ **world-beater** * N *(fig = person)* champion(ne) *m(f)* ◆ **it's going to be a ~-beater!** ça va faire un tabac ! * ▷ **World Boxing Association** N World Boxing Association *f* *(association américaine de boxe)* ▷ **world champion** N *(Sport)* champion(ne) *m(f)* du monde ▷ **world championship** N championnat *m* du monde ▷ **world-class** ADJ *[player, team etc]* de niveau international ; *[statesman, politician]* de carrure internationale ▷ **World Council of Churches** N Conseil *m* œcuménique des Églises ▷ **World Court** N *(Jur)* Cour *f* internationale de justice ▷ **World Cup** N *(Ftbl)* Coupe *f* du monde ▷ **World Fair** N *(Comm)* Exposition *f* internationale ▷ **world-famous** ADJ de renommée mondiale, célèbre dans le monde entier ▷ **World Health Organization** N Organisation *f* mondiale de la santé ▷ **World Heritage Site** N site *m* inscrit sur la liste du patrimoine mondial ▷ **world leader** N *(Pol, Comm)* leader *m* mondial ◆ **Clari UK is a ~ leader in agrochemicals** Clari UK est un leader mondial en matière de produits chimiques agricoles ▷ **world music** N world music *f* ▷ **world scale** N ◆ **on a ~ scale** à l'échelle mondiale ▷ **World Series** N *(US Baseball)* championnat *m* national de baseball ▷ **World Service** N *(Brit Rad)* service *m* international de la BBC ▷ **world-shaking**, **world-shattering** ADJ renversant ▷ **World title** N *(Sport)* titre *m* de champion du monde ◆ **the World title fight** *(Boxing)* le championnat du monde ▷ **World Trade Organization** N Organisation *f* mondiale du commerce ▷ **world-view** N vision *f* du monde ▷ **World War One** N la Première Guerre mondiale ▷ **World War Two** N la Deuxième *or* Seconde Guerre mondiale ▷ **world-weariness** N dégoût *m* du monde ▷ **world-weary** ADJ las (lasse *f*) du monde ▷ **world-wide** ADJ mondial, universel ADV *[be known]* mondialement, universellement ; *[travel]* à travers le monde, partout dans le monde ▷ **the World Wide Web** N *(Comput)* le Web

**worldliness** /ˈwɜːldlɪnɪs/ N *[of person]* attachement *m* aux biens de ce monde ; *(Rel)* mondanité *f*

**worldly** /ˈwɜːldlɪ/ ADJ **a** *(= earthly) [matters]* de ce monde ; *[pleasures, wealth]* de ce monde, temporel ; *[success]* matériel ◆ **his ~ goods** ses biens *mpl* temporels ◆ **to put aside ~ things** renoncer aux choses de ce monde **b** *(pej = materialistic) [person, attitude]* matérialiste **c** *(= experienced) [person]* qui a l'expérience ; *[manner]* qui dénote une grande expérience COMP ▷ **worldly-minded** ADJ matérialiste ▷ **worldly-wisdom** N expérience *f* ▷ **worldly-wise** ADJ qui a de l'expérience

**worm** /wɜːm/ N *(gen = earthworm etc)* ver *m* (de terre) ; *(in fruit etc)* ver *m* ; *(= maggot)* asticot *m* ; *(Med)* ver *m* ; *(fig = person)* minable * *mf* ; *(= program)* ver *m* ◆ **to have ~s** *(Med)* avoir des vers ◆ **the ~ has turned** il en a eu (*or* j'en ai eu *etc*) assez de se (*or* me *etc*) faire marcher dessus ◆ **the ~ in the apple** *or* **bud** *(fig)* le ver dans le fruit *(fig)* ◆ **you ~!** * misérable ! ; → **bookworm, glow, silkworm**

VT **a** *(= wriggle)* **to ~ o.s.** *or* **one's way along/down/across** *etc* avancer/descendre/traverser *etc* à plat ventre *or* en rampant ◆ **he ~ed his way through the skylight** il a réussi en se tortillant à passer par la lucarne ◆ **he ~ed his way into our group** il s'est insinué *or* immiscé dans notre groupe ◆ **to ~ one's way into sb's affections** *(pej)* gagner insidieusement l'affection de qn

**b** *(= extract)* **to ~ sth out of sb** soutirer qch à qn ◆ **I'll ~ it out of him somehow** je m'arrangerai pour lui tirer les vers du nez

**c** *(= to rid of worms) [+ dog, cat, person]* soigner pour ses vers *or* contre les vers

COMP ▷ **worm-cast** N déjections *fpl* de ver ▷ **worm drive** N *(Tech)* transmission *f* à vis sans fin ; *(Comput)* unité *f* à disques inscriptibles une seule fois ▷ **worm-eaten** ADJ *[fruit]* véreux ; *[furniture]* mangé aux vers, vermoulu ▷ **worm gear** N *(Tech)* engrenage *m* à vis sans fin ▷ **worm(ing) powder** N *(Vet)* poudre *f* vermifuge ▷ **worm's eye view** * N *(Phot, Cine)* contre-plongée *f* ◆ **a ~'s eye view of what is going on** un humble aperçu de ce qui se passe

**wormhole** /ˈwɜːmhəʊl/ N trou *m* de ver ; *(Phys)* tunnel *m* spatiotemporel

**wormlike** /ˈwɜːmlaɪk/ ADJ vermiculaire, vermiforme

**wormwood** /ˈwɜːmwʊd/ N armoise *f*

**wormy** * /ˈwɜːmɪ/ ADJ *(= worm-eaten) [fruit]* véreux ; *[furniture]* vermoulu, mangé aux vers

**worn** /wɔːn/ VB ptp of **wear** ADJ *[garment, carpet, tyre, step, hands]* usé ; *[face]* las (lasse *f*) ◆ **to look ~** *[person]* avoir l'air las ; see also **wear**

COMP ▷ **worn-out** ADJ *[garment, carpet, tyre]* usé jusqu'à la corde ; *[tool, machine part]* complètement usé ; *[person]* épuisé, éreinté ; *[idea]* éculé, rebattu ; see also **wear**

**worried** /ˈwʌrɪd/ ADJ inquiet (-ète *f*) ◆ **she is ~ about her future** elle s'inquiète pour son avenir ◆ **I'm ~ about her health** sa santé m'inquiète, je suis inquiet pour sa santé ◆ **to get ~** s'inquiéter ◆ **I was ~ that he would find out the truth** j'avais peur qu'il découvre *subj* la vérité ◆ **~ sick** *or* **stiff** * fou d'inquiétude ◆ **where do you want to go? – wherever, I'm not ~** * où veux-tu aller ? – n'importe, ça m'est égal ◆ **you had me ~ (for a minute)** tu m'as fait peur ; see also **worry** ; → **death**

**worrier** /ˈwʌrɪəʳ/ N anxieux *m*, -euse *f*, inquiet *m*, -ète *f* ◆ **he's a dreadful ~** c'est un éternel inquiet

**worrisome** /ˈwʌrɪsəm/ ADJ préoccupant

**worry** /ˈwʌrɪ/ N souci *m* ◆ **the ~ of having to find the money** le souci d'avoir à trouver l'argent ◆ **he hasn't any worries** il n'a pas de soucis ◆ **to make o.s. sick with ~** se faire un sang d'encre, se ronger les sangs (*about, over* au sujet de, pour) ◆ **that's the least of my worries** c'est le cadet *or* le dernier de mes soucis ◆ **what's your ~?** * qu'est-ce qui ne va pas ? ◆ **he's a constant ~ to his parents** il est un perpétuel souci pour ses parents ◆ **it's a great ~ to us all, it's causing us a lot of ~** cela nous cause *or* nous donne beaucoup de souci(s) ◆ **what a ~ it all is!** tout ça c'est bien du souci !

VI **a** se faire du souci, s'inquiéter (*about, over* au sujet de, pour) ◆ **don't ~ about me** ne vous inquiétez pas *or* ne vous en faites pas pour moi ◆ **she worries about her health** sa santé la tracasse ◆ **I've got enough to ~ about without that (as well)** j'ai déjà assez de soucis (comme ça) ◆ **there's nothing to ~ about** il n'y a aucune raison de s'inquiéter *or* s'en faire ◆ **I should ~!** * *(iro)* je ne vois pas pourquoi je m'en ferais ! * ◆ **I'll punish him if I catch him at it, don't you ~!** * je le punirai si je l'y prends, (ne) t'en fais pas ! * ◆ **not to ~!** tant pis, ce n'est pas grave !

**b** ◆ **to ~ at sth** ⇒ **to worry sth vt c**

VT **a** *(= make anxious)* inquiéter, tracasser ◆ **it worries me that he should believe ...** cela m'inquiète qu'il puisse croire ... ◆ **the whole business worries me to death** * j'en suis fou d'inquiétude ◆ **don't ~ yourself about it** ne t'en fais pas *or* ne t'inquiète pas *or* ne te tracasse pas pour ça ◆ **don't ~ your head!** ne vous mettez pas martel en tête ! ◆ **she worried herself sick over it all** elle s'est rendue malade à force de se faire du souci pour tout ça, elle s'est rongé les sangs à propos de tout ça ◆ **what's ~ing you?** qu'est-ce qui te tracasse ? ; see also **worried**

**b** *(= bother)* déranger ◆ **the cold doesn't ~ me** le froid ne me dérange pas

**c** *[dog etc] [+ bone, rat, ball]* prendre entre les dents et secouer, jouer avec ; *[+ sheep]* harceler ◆ **he kept ~ing the loose tooth with his tongue** il n'arrêtait pas d'agacer avec sa langue la dent qui bougeait

COMP ▷ **worry beads** NPL ≈ komboloï *m* ▷ **worry line** * N ride *f* *(causée par l'inquiétude)*

► **worry along** VI continuer à se faire du souci

► **worry at** VT FUS *[+ problem]* ressasser

**worrying** /ˈwʌrɪɪŋ/ ADJ inquiétant N ◆ **~ does no good** il ne sert à rien de se faire du souci ◆ **all this ~ has aged him** tout le souci qu'il s'est fait l'a vieilli ; → **sheep**

**worse** /wɜːs/ ADJ compar of **bad, ill** **a** *(in quality) [news, weather, smell, result]* plus mauvais (*than* que), pire (*than* que) ◆ **your essay is ~ than his** votre dissertation est pire *or* plus mauvaise que la sienne ◆ **his essay is bad but yours is ~** sa dissertation est mauvaise mais la vôtre est pire ◆ **I can't remember a ~ harvest** je ne me rappelle pas une plus mauvaise récolte ◆ **I'm bad at English, but ~ at maths** je suis mauvais en anglais et pire en maths ◆ **business is ~ than ever** les affaires vont plus mal que jamais ◆ **it** *or* **things could be ~!** ça pourrait être pire ! ◆ **things couldn't be ~** ça ne pourrait pas aller plus mal ◆ **~ things have happened!, ~ things happen at sea!** * *(hum)* on a vu pire ! ◆ **there are ~ things (than being unemployed)** il y a pire (que d'être au chômage) ◆ **there's nothing ~ than ...** il n'y a rien de pire que ... ◆ **it looks ~ than it is** ça n'est pas aussi grave que ça en a l'air ◆ **~ luck!** * hélas ! ◆ **and, what's ~, ...** et, qui pis est ... ◆ **to get** *or* **grow ~** *[situation, conditions]* empirer, se détériorer ; *[weather, climate]* être de pire en pire, se dégrader ; *[food, smell]* être de plus en plus mauvais, être de pire en pire ; *[memory]* empirer ◆ **things will get ~ before they get better** les choses ne sont pas près d'aller mieux *or* de s'améliorer ◆ **wait, it gets ~** * **...** attends, il y a pire ... ◆ **to get ~ and ~** ne faire qu'empirer ◆ **that would just make things** *or* **matters ~** cela ne ferait qu'aggraver les choses ◆ **you've only made matters** *or* **things** *or* **it ~** tu n'as fait qu'aggraver la situation *or* qu'envenimer les choses ◆ **he made matters ~ (for himself) by refusing** il a aggravé son cas en refusant ◆ **and, to make matters** *or* **things ~, he ...** et pour ne rien arranger, il ... ; → **bad**

**b** *(in behaviour)* pire ◆ **you're ~ than he is!** tu es pire que lui ! ◆ **he was always arrogant, but he's even ~ now** il a toujours été arrogant, mais il est encore pire maintenant ◆ **he is getting ~** il ne s'améliore pas *or* s'arrange pas c *(in health)* ◆ **to be ~** aller plus mal ◆ **to feel ~** se sentir moins bien *or* plus mal ◆ **to get** *or* **grow ~** aller plus mal

d *(= more harmful)* ◆ **smoking is (even) ~ for you than cholesterol** le tabac est (encore) plus mauvais *or* nocif pour la santé que le cholestérol

e *(= more intense, serious) [noise, pressure, pain, stress]* pire ◆ **to get** *or* **grow ~** empirer ◆ **the rain was getting ~** la pluie s'intensifiait

f ◆ **the ~ for sth he's none the ~ for it** il ne s'en porte pas plus mal ◆ **he's none the ~ for his fall** sa chute ne lui a pas fait trop de mal ◆ **the house would be none the ~ for a coat of paint** une couche de peinture ne ferait pas de mal à cette maison ◆ **it will be the ~ for you if ...** c'est vous qui serez perdant si ... ◆ **so much the ~ for him!** tant pis pour lui ! ◆ **to be the ~ for drink** *(= tipsy)* être éméché ; *(= drunk)* être ivre ◆ **to look the ~ for wear** * *[clothes, shoes]* être vraiment défraîchi *or* fatigué ; *[carpet]* être vraiment usé ◆ **he was (looking) somewhat the ~ for wear** * il n'était pas très frais

**ADV** compar of **badly, ill** a *(in quality, behaviour) [sing, play]* plus mal ◆ **he did it ~ than you did** il l'a fait plus mal que toi ◆ **that child behaves ~ and ~** cet enfant se conduit de plus en plus mal ◆ **in spite of all those lessons, I played ~ than ever** malgré toutes ces leçons, j'ai joué plus mal que jamais ◆ **you might** *or* **could do ~** vous pourriez faire pire ◆ **you might do ~ than to accept** accepter n'est pas ce que vous pourriez faire de pire ◆ **~, the food was running out** pire (encore), les vivres s'épuisaient ◆ **and, ~, ...** et, qui pis est, ... ◆ **now I'm ~ off than before** maintenant, je suis moins bien loti qu'avant

b *(= more intensely, seriously)* **it's raining ~ than ever** il pleut plus fort que jamais ◆ **she hates me ~ than before** elle me déteste encore plus qu'avant ◆ **it hurts ~ than ever** ça fait plus mal que jamais ◆ **the ~ hit** *or* **~ affected areas** les régions *fpl* les plus touchées

c ◆ **the ~ for sth I like him none the ~ for that** je ne l'en apprécie pas moins pour ça ◆ **I won't think any the ~ of you for it** tu ne baisseras pas pour autant dans mon estime

**N** pire *m* ◆ **I have ~ to tell you** je ne vous ai pas tout dit, il y a pire encore ◆ **there's ~ to come** le pire est à venir ◆ **~ followed** ensuite cela a été pire ◆ **there has been a change for the ~** *(gen)* il y a eu une détérioration très nette de la situation ; *(in medical patient)* il y a eu une aggravation très nette de son état ; → **bad**

**worsen** /ˈwɜːsn/ **VI** *[situation, conditions, weather]* empirer, se détériorer, se dégrader ; *[sb's state, health]* empirer, s'aggraver ; *[illness]* s'aggraver ; *[chances of success]* diminuer, se gâter ; *[relationship]* se détériorer, se dégrader **VT** empirer, rendre pire

**worsening** /ˈwɜːsnɪŋ/ **N** *[of situation, conditions, weather, relations, quality]* détérioration *f*, dégradation *f* ; *[of health, crisis]* aggravation *f* **ADJ** *[situation, weather, health, quality]* qui empire, qui se détériore ; *[crisis]* qui empire

**worship** /ˈwɜːʃɪp/ **N** a *(Rel, also of money, success etc)* culte *m* ; *(gen: of person)* adoration *f*, culte *m* ◆ **form of ~** liturgie *f* ◆ **place of ~** *(Rel)* lieu *m* de culte ; *(Christian)* église *f* ◆ **hours of ~** *(Rel)* heures *fpl* des offices ; → **hero** b *(esp Brit: in titles)* **His Worship (the Mayor)** Monsieur le maire ◆ **Your Worship** *(to Mayor)* Monsieur le Maire ; *(to magistrate)* Monsieur le Juge **VT** *(Rel)* [+ *God, idol etc*] rendre un culte à ; *(gen)* vouer un culte à ; [+ *money, success etc*] avoir le culte de ◆ **he ~ped the ground she walked on** il vénérait jusqu'au sol qu'elle foulait ◆ **she had ~ped him for years** elle lui avait voué un culte pendant des années **VI** *(Rel)* faire ses dévotions ◆ **to ~ at the altar of power/fame** avoir le culte du pouvoir/de la renommée, vouer un culte au pouvoir/à la renommée

**worshipful** /ˈwɜːʃɪpfʊl/ **ADJ** a *(frm = reverential)* révérencieux *(liter)* b *(esp Brit: in titles)* ◆ **the Worshipful Company of Goldsmiths** l'honorable compagnie *f* des orfèvres ◆ **the Worshipful Mayor of ...** Monsieur le maire de ...

**worshipper, worshiper** *(US)* /ˈwɜːʃɪpəʳ/ **N** *(Rel, fig)* adorateur *m*, -trice *f* ◆ **~s** *(in church)* fidèles *mpl*

**worst** /wɜːst/ **ADJ** (superl of **bad** *and* **ill**) ◆ **the ~ ...** le (*or* la) plus mauvais(e) ..., le (*or* la) pire ... ◆ **the ~ film I've ever seen** le plus mauvais film que j'aie jamais vu ◆ **he was the ~ student in the class** c'était le plus mauvais élève de la classe ◆ **the ~ thing about men is ...** ce qu'il y a de pire chez les hommes c'est que ... ◆ **the ~ thing about living on your own is ...** ce qu'il y a de pire quand on vit seul, c'est ... ◆ **come on, what's the ~ thing that could happen?** allons, on a vu pire ! ◆ **that's the ~ kind of arrogance** c'est la pire sorte d'arrogance ◆ **in the ~ way** * *(US fig)* désespérément ◆ **of all the children, he's (the) ~** de tous les enfants, c'est le pire ◆ **it was the ~ thing he ever did** c'est la pire chose qu'il ait jamais faite ◆ **it was the ~ winter for 20 years** c'était l'hiver le plus rude depuis 20 ans ◆ **my ~ fears were confirmed (when ...)** mes pires craintes se sont confirmées (quand ...) ◆ **that was his ~ mistake** cela a été son erreur la plus grave *or* sa plus grave erreur ◆ **the ~ victims of inflation are the old** les plus grandes victimes de l'inflation sont les personnes âgées, les personnes les plus touchées par l'inflation sont les personnes âgées

**ADV** (superl of **badly** *and* **ill**) le plus mal ◆ **they all sing badly but he sings ~ of all** ils chantent tous mal mais c'est lui qui chante le plus mal de tous ◆ **he came off ~** c'est lui qui s'en est le plus mal sorti ◆ **the ~ off** le (*or* la) plus mal loti(e) ◆ **~ of all, ...** pire que tout, ... ◆ **that boy behaved ~ of all** ce garçon a été le pire de tous ◆ **it's my leg that hurts ~ of all** c'est ma jambe qui me fait le plus mal ◆ **the ~-dressed man in England** l'homme *m* le plus mal habillé d'Angleterre ◆ **the ~ hit** *or* **~ affected areas** les régions *fpl* les plus touchées

**N** pire *m*, pis *m (liter)* ◆ **the ~ that can happen** la pire chose *or* le pire qui puisse arriver ◆ **the ~ is yet to come** il faut s'attendre à pire, on n'a pas encore vu le pire ◆ **the ~ was yet to come** le pire devait arriver ensuite, on n'avait pas encore vu le pire ◆ **the ~ hasn't come to the ~ yet** ce pourrait encore être pire, la situation n'est pas désespérée ◆ **if the ~ comes to the ~** *(Brit)* ◆ **if ~ comes to ~** *(US)* en mettant les choses au pis, même en envisageant le pire ◆ **at (the) ~** au pire ◆ **to be at its (***or* **their) ~** *[crisis, storm, winter, epidemic]* être à son (*or* leur) paroxysme ; *[situation, conditions, relationships]* n'avoir jamais été aussi mauvais ◆ **things** *or* **matters were at their ~** les choses ne pouvaient pas aller plus mal ◆ **at the ~ of the storm/epidemic** au plus fort de l'orage/de l'épidémie ◆ **the ~ of it is that ...** le pire c'est que ... ◆ **... and that's not the ~ of it!** ... et il y a pire encore ! ◆ **that's the ~ of being ...** (ça) c'est l'inconvénient d'être ... ◆ **the ~ of both worlds** tous les inconvénients à la fois ◆ **it brings out the ~ in me** ça réveille en moi les pires instincts ◆ **do your ~!** vous pouvez toujours essayer ! ◆ **he feared the ~** il craignait le pire ◆ **to get the ~ of it** *or* **of the bargain** * être le perdant ; → **think**

**VT** *(frm)* battre, avoir la supériorité sur ◆ **to be ~ed** avoir le dessous

**COMP** ▷ **worst-case ADJ** *[hypothesis, projection, guess]* le (*or* la) plus pessimiste ◆ **the ~-case scenario** le pire qui puisse arriver, le pire scénario ▷ **the worst off ADJ** le (*or* la) plus mal loti(e)

**worsted** /ˈwʊstɪd/ **N** worsted *m* **COMP** *[suit etc]* en worsted

**worth** /wɜːθ/ LANGUAGE IN USE 10.3

**N** a *(= value)* valeur *f* ◆ **what is its ~ in today's money?** ça vaut combien en argent d'aujourd'hui ? ◆ **its ~ in gold** sa valeur (en) or ◆ **a book/man** *etc* **of great ~** un livre/homme *etc* de grande valeur ◆ **I know his ~** je sais ce qu'il vaut ◆ **he showed his true ~** il a montré sa vraie valeur *or* ce dont il était capable

b *(= quantity)* **he bought £2 ~ of sweets** il a acheté pour 2 livres de bonbons ◆ **50 pence ~, please** (pour) 50 pence s'il vous plaît ; → **money**

**ADJ** a *(= equal in value to)* **to be ~** valoir ◆ **the book is ~ £10** le livre vaut 10 livres ◆ **it can't be ~ that!** ça ne peut pas valoir autant ! ◆ **what** *or* **how much is it ~?** ça vaut combien ? ◆ **I don't know what it's ~ in terms of cash** je ne sais pas combien ça vaut en argent *or* quel prix ça pourrait aller chercher ◆ **how much is the old man ~?** * à combien s'élève la fortune du vieux ? ◆ **he's ~ millions** sa fortune s'élève à plusieurs millions ◆ **it's ~ a great deal** ça a beaucoup de valeur, ça vaut cher ◆ **it's ~ a great deal to me** ça a beaucoup de valeur pour moi ◆ **Swiss chocolate is dearer but it's ~ every penny** le chocolat suisse est plus cher mais on en a pour son argent ◆ **what is his friendship ~ to you?** quel prix attachez-vous à son amitié ? ◆ **it's more than my life is ~ to do that** pour rien au monde je ne peux me permettre de faire cela ◆ **it's as much as my job is ~ to show him that** lui montrer ça est un coup à perdre mon emploi * ◆ **it's not ~ the paper it's written on** ça ne vaut pas le papier sur lequel c'est écrit ◆ **this pen is ~ ten of any other make** ce stylo en vaut dix d'une autre marque ◆ **one Scotsman's ~ three Englishmen** un Écossais vaut trois Anglais ◆ **tell me about it – what's it ~ to you?!** * dites-moi — vous donneriez combien pour le savoir ? * ◆ **I'll give you my opinion for what it's ~** je vais vous donner mon avis, vous en ferez ce que vous voudrez ◆ **he was running/shouting for all he was ~** il courait/criait comme un perdu *or* de toutes ses forces ◆ **to try for all one is ~ to do sth** faire absolument tout son possible pour faire qch

b *(= deserving, meriting)* **it's ~ the effort** ça mérite qu'on fasse l'effort ◆ **it was well ~ the trouble** ça valait la peine qu'on s'est donnée ◆ **it's not ~ the time and effort involved** c'est une perte de temps et d'effort ◆ **it's ~ reading/having** *etc* ça vaut la peine d'être lu/d'en avoir un *etc* ◆ **it's not ~ having** ça ne vaut rien * ◆ **that's ~ knowing** c'est bon à savoir ◆ **it's ~ thinking about** ça mérite réflexion ◆ **it's ~ going to see the film just for the photography** rien que pour la photographie le film mérite *or* vaut la peine d'être vu ◆ **if a job's ~ doing, it's ~ doing well** *(Prov)* si un travail vaut la peine d'être fait, autant le faire bien ◆ **it's ~ it** ça vaut la peine *or* le coup * ◆ **will you go? – is it ~ it?** tu iras ? — est-ce que ça en vaut la peine ? ◆ **life isn't ~ living** la vie ne vaut pas la peine d'être vécue ◆ **she/it** *etc* **makes (my) life ~ living** elle/cela *etc* est ma raison de vivre ◆ **the museum is ~ a visit** le musée vaut la visite ◆ **it is ~ while to study the text** on gagne à étudier le texte, c'est un texte qui mérite d'être étudié ◆ **it would be ~ (your) while to go and see him** vous gagneriez à aller le voir ◆ **it's not ~ (my) while waiting for him** je perds (*or* perdrais) mon temps à l'attendre ◆ **it's not ~ while** ça ne vaut pas le coup * ◆ **it wasn't ~ his while to take the job** il ne gagnait rien à accepter l'emploi, ça ne valait pas le coup * qu'il accepte *subj* l'emploi ◆ **I'll make it ~ your while** * je vous récompenserai de votre peine, vous ne regretterez pas de l'avoir fait

**worthily** /ˈwɜːðɪlɪ/ ADV dignement

**worthiness** /ˈwɜːðɪnɪs/ N **a** *(= deservingness, merit) [of person, work, cause]* mérite *m* ; see also **airworthiness, creditworthiness** **b** ◆ **the ~ associated with vegetarianism/green issues** les prétendus mérites *mpl* du végétarisme/de l'écologie

**worthless** /ˈwɜːθlɪs/ ADJ *[object, advice, asset]* qui n'a aucune valeur, sans valeur ; *[person]* bon à rien

**worthlessness** /ˈwɜːθlɪsnɪs/ N *[of object, advice]* absence *f* totale de valeur ; *[of effort]* inutilité *f* ; *[of person]* absence *f* totale de qualités

**worthwhile** /wɜːθˈwaɪl/ ADJ *[visit]* qui en vaut la peine ; *[book]* qui mérite d'être lu ; *[film]* qui mérite d'être vu ; *[work, job, occupation, life, career]* utile, qui a un sens ; *[contribution]* notable ; *[cause]* louable, digne d'intérêt ◆ **he is a ~ person to go and see** c'est une personne qu'on gagne à aller voir ◆ **I want the money to go to someone ~** je veux que l'argent aille à quelqu'un qui le mérite *or* à une personne méritante

**worthy** /ˈwɜːðɪ/ ADJ **a** *(= deserving, meritorious) [person]* méritant ; *[motive, aim, effort]* louable ◆ **a ~ winner** un digne gagnant ◆ **it's for a ~ cause** c'est pour une bonne *or* noble cause ◆ **to be ~ of sb/sth** être digne de qn/qch ◆ **to be ~ to do sth** être digne de faire qch, mériter de faire qch ◆ **he found a ~ opponent** *or* **an opponent ~ of him (in Jones)** il a trouvé (en Jones) un adversaire digne de lui ◆ **it is ~ of note that ...** il est intéressant de remarquer que ... ◆ **they have no hospital ~ of the name** il n'ont pas d'hôpital digne de ce nom

**b** *(iro = earnest) [person]* brave *before n*

N *(= respectable citizen)* notable *m* ; *(hum iro)* brave homme *m*, brave femme *f* ◆ **a Victorian ~** un notable de l'époque victorienne ◆ **the village worthies** *(hum iro)* les dignes *or* braves habitants *mpl* du village

**wot** /wɒt/ VTI † sais, sait ◆ **God ~** Dieu sait
ADJ, PRON *(Brit* ⁑*)* ⇒ **what**

**Wotan** /ˈvəʊtɑːn/ N Wotan *m*

**wotcha** ⁑ /ˈwɒtʃə/, **wotcher** ⁑ /ˈwɒtʃəʳ/ EXCL *(Brit)* salut !

**would** /wʊd/ MODAL AUX VB (cond of **will**) (neg **would not** *often abbr to* **wouldn't**) **a** *(used to form conditional tenses)* **he ~ do it if you asked him** il le ferait si vous le lui demandiez ◆ **he ~ have done it if you had asked him** il l'aurait fait si vous le lui aviez demandé ◆ **I wondered if you'd come** je me demandais si vous viendriez *or* si vous alliez venir ◆ **I thought you'd want to know** j'ai pensé que vous aimeriez le savoir ◆ **who ~ have thought it?** qui l'aurait pensé ? ◆ **you'd never guess** *or* **know she had false teeth** jamais on ne croirait qu'elle a de fausses dents ◆ **so it ~ seem** c'est bien ce qu'il semble ◆ **you ~ think she had enough to do without ...** on pourrait penser qu'elle a assez à faire sans ...

**b** *(indicating willingness)* **I said I ~ do it** j'ai dit que je le ferais *or* que je voulais bien le faire ◆ **he wouldn't help me** il ne voulait pas m'aider, il n'a pas voulu m'aider ◆ **the car wouldn't start** la voiture ne voulait pas démarrer *or* n'a pas voulu * démarrer ◆ **the door wouldn't shut** la porte ne fermait pas *or* ne voulait pas * fermer ◆ **if you ~ come with me, I'd go to see him** si vous vouliez bien m'accompagner, j'irais le voir ◆ **what ~ you have me do?** que voulez-vous que je fasse ? ◆ **~ you like some tea?** voulez-vous du thé ? ◆ **~ you like to go for a walk?** voulez-vous faire une promenade ?, est-ce que vous aimeriez faire une promenade ? ◆ **~ you please leave!** *(in requests)* voulez-vous partir, s'il vous plaît ! ◆ **~ you be so kind** *or* **good as to tell him** *(frm)* auriez-vous l'amabilité *or* la gentillesse de le lui dire ◆ **~ you mind closing the window please** voulez-vous fermer la fenêtre, s'il vous plaît

**c** *(indicating habit, characteristic)* **he ~ always read the papers before dinner** il lisait toujours *or* il avait l'habitude de lire les journaux avant le dîner ◆ **50 years ago the streets ~ be empty on Sundays** il y a 50 ans, les rues étaient vides le dimanche ◆ **you ~ go and tell her!** c'est bien de toi d'aller le lui dire !*, il a fallu que tu ailles le lui dire ! ◆ **you ~!** * c'est bien de toi !*, ça ne m'étonne pas de toi ! ◆ **it ~ have to rain!** il pleut, naturellement !, évidemment il fallait qu'il pleuve !

**d** *(expressing preferences)* **I wouldn't have a vase like that in my house** je ne voudrais pas d'un vase comme ça chez moi ◆ **I ~ never marry in church** je ne me marierais jamais à l'église

**e** *(indicating conjecture)* **it ~ have been about 8 o'clock when he came** il devait être 8 heures à peu près quand il est venu, il a dû venir vers 8 heures ◆ **he'd have been about fifty if he'd lived** il aurait eu la cinquantaine s'il avait vécu ◆ **he'd be about 50, but he doesn't look it** il doit avoir dans les 50 ans, mais il ne les fait pas * ◆ **I saw him come out of the shop – when ~ this be?** je l'ai vu sortir du magasin — quand est-ce que c'était ?

**f** *(giving advice)* **I wouldn't worry, if I were you** à ta place, je ne m'inquiéterais pas ◆ **I ~ wait and see what happens first** à ta place j'attendrais de voir ce qui se passe

**g** *(subjunctive uses: liter)* **~ to God she were here!** plût à Dieu qu'elle fût ici ! ◆ **~ that it were not so!** si seulement cela n'était pas le cas ! ◆ **~ I were younger!** si seulement j'étais plus jeune !

COMP ▷ **would-be** ADJ ◆ **~-be poet/teacher** poète *m*/professeur *m* en puissance ; *(pej)* prétendu *or* soi-disant poète *m*/professeur *m*

**wouldn't** /ˈwʊdnt/ ⇒ **would not ;** → **would**

**would've** /ˈwʊdəv/ ⇒ **would have ;** → **would**

**wound**[1] /wuːnd/ N *(lit, fig)* blessure *f* ; *(esp Med)* plaie *f* ◆ **bullet/knife ~** blessure *f* causée par une balle/un couteau ◆ **he had three bullet ~s in his leg** il avait reçu trois balles dans la jambe ◆ **chest/head ~** blessure *f or* plaie *f* à la poitrine/tête ◆ **the ~ is healing up** la plaie se cicatrise ◆ **to open** *or* **re-open old ~s** rouvrir de vieilles plaies ; → **lick, salt**

VT *(lit, fig)* blesser ◆ **he was ~ed in the leg** il était blessé à la jambe ◆ **he had been ~ed in combat** il avait été blessé au combat ◆ **the bullet ~ed him in the shoulder** la balle l'a atteint *or* l'a blessé à l'épaule ◆ **her feelings were** *or* **she was ~ed by this remark** elle a été blessée par cette remarque ◆ **he was deeply ~ed by their disloyalty** il a été profondément blessé par leur traîtrise ; see also **wounded**

**wound**[2] /waʊnd/ VB pt, ptp of **wind**[2], **wind**[3] ; see also **wound up**

**wounded** /ˈwuːndɪd/ ADJ *(lit, fig) [person, pride, feelings]* blessé ◆ **seriously ~** gravement *or* grièvement blessé ◆ **a ~ man** un blessé ◆ **a ~ woman** une blessée ◆ **there were six dead and fifteen ~** il y a eu six morts et quinze blessés NPL **the wounded** les blessés *mpl* ; → **walking, war**

**wounding** /ˈwuːndɪŋ/ ADJ *(fig) [remark, insult]* blessant

**wound up** /ˌwuːndˈʌp/ ADJ *(= tense)* tendu, crispé ◆ **it's silly to get so ~ about it** c'est idiot de s'énerver pour ça

**wove** /wəʊv/ VB pt of **weave**

**woven** /ˈwəʊvən/ VB ptp of **weave**

**wow** * /waʊ/ EXCL ouah ! * N **a** ◆ **it's a ~ !** † c'est sensationnel * *or* terrible ! * **b** *(Acoustics)* pleurage *m*, baisse *f* de hauteur du son VT *(* = make enthusiastic)* emballer *

**WP** /ˌdʌbljuːˈpiː/ **a** (abbrev of **weather permitting**) si le temps le permet, si les conditions météorologiques le permettent **b** (abbrev of **word processing**) → **word** **c** (abbrev of **word processor**) → **word**

**WPC** /ˌdʌbljuːpiːˈsiː/ N *(Brit)* (abbrev of **Woman Police Constable**) → **woman**

**wpm** (abbrev of **words per minute**) mots/minute

**WRAC** /ræk/ N *(Brit)* (abbrev of **Women's Royal Army Corps**) *section féminine de l'armée*

**wrack**[1] /ræk/ VT ⇒ **rack**[1] **vt**

**wrack**[2] /ræk/ N ⇒ **rack**[2]

**wrack**[3] /ræk/ N *(= seaweed)* varech *m*

**WRAF** /wæf/ N *(Brit)* (abbrev of **Women's Royal Air Force**) *section féminine de l'armée de l'air britannique*

**wraith** /reɪθ/ N apparition *f*, spectre *m* ◆ **~-like** spectral

**wrangle** /ˈræŋgl/ N querelle *f* ◆ **legal/financial/political ~s** querelles *fpl* juridiques/financières/politiques ◆ **the ~s within the party** les conflits au sein du parti VI se quereller ◆ **they were wrangling over** *or* **about who should pay** ils se querellaient pour savoir qui allait payer

**wrangler** /ˈræŋgləʳ/ N *(Cambridge Univ)* ≃ major *m* ; *(US = cowboy)* cow-boy *m*

**wrangling** /ˈræŋglɪŋ/ N *(= quarrelling)* disputes *fpl*

**wrap** /ræp/ N **a** *(= shawl)* châle *m* ; *(= stole, scarf)* écharpe *f* ; *(= cape)* pèlerine *f* ; *(= housecoat etc)* peignoir *m* ; *(= rug, blanket)* couverture *f* ◆ **~s** *(= outdoor clothes)* vêtements *mpl* chauds

**b** *(= outer covering: on parcel etc)* emballage *m* ◆ **to keep a scheme under ~s** ne pas dévoiler un projet ◆ **when the ~s come off** quand le voile est levé ◆ **to take the ~s off sth** dévoiler qch

**c** *(fig: Cine)* ◆ **it's a ~** * c'est dans la boîte *

VT *(= cover)* envelopper (*in* dans) ; *(= pack) [+ parcel, gift]* emballer, empaqueter (*in* dans) ; *(= wind) [+ tape, bandage]* enrouler (*round* autour de) ◆ **~ the chops in foil** *(Culin)* enveloppez les côtelettes dans du papier d'aluminium ◆ **chops ~ped in foil** côtelettes *fpl* en papillotes ◆ **shall I ~ it for you?** *(in gift shop)* c'est pour offrir ?, je vous fais un paquet-cadeau ? ◆ **she ~ped the child in a blanket** elle a enveloppé l'enfant dans une couverture ◆ **~ the rug round your legs** enroulez la couverture autour de vos jambes, enveloppez vos jambes dans la couverture ◆ **he ~ped his arms round her** il l'a enlacée ◆ **he ~ped * the car round a lamppost** il s'est payé * un lampadaire ◆ **~ped bread/cakes** *etc* pain *m*/gâteaux *mpl etc* préemballé(s) *or* préempaqueté(s) ◆ **the town was ~ped in mist** la brume enveloppait la ville ◆ **the whole affair was ~ped in mystery** toute l'affaire était enveloppée *or* entourée de mystère ; → **giftwrap**

COMP ▷ **wrap-up** * N *(US) (= summary)* résumé *m* ; *(= concluding event)* conclusion *f*, aboutissement *m*

► **wrap up** VI a *(= dress warmly)* s'habiller chaudement, s'emmitoufler ◆ **~ up well!** couvrez-vous bien !

b *(Brit* ⁑ *= be quiet)* la fermer *, la boucler ⁑ ◆ **~ up!** la ferme ! *, boucle-la ! ⁑

VT SEP a *[+ object]* envelopper *(in* dans) ; *[+ parcel]* emballer, empaqueter *(in* dans) ; *[+ child, person] (in rug etc)* envelopper ; *(in clothes)* emmitoufler ◆ **~ yourself up well!** couvrez-vous bien !

b *(fig = conceal one's intentions)* dissimuler ◆ **he ~ped up his meaning in unintelligible jargon** il a enveloppé *or* noyé ce qu'il voulait dire dans un jargon tout à fait obscur ◆ **tell me straight out, don't try to ~ it up** * dis-le-moi carrément, n'essaie pas de me dorer la pilule

c *(fig = engrossed)* **to be ~ped up in one's work** être absorbé par son travail ◆ **to be ~ped up in sb** penser constamment à qn ◆ **he is quite ~ped up in himself** il ne pense qu'à lui-même ◆ **they are ~ped up in each other** ils vivent entièrement l'un pour l'autre, ils n'ont d'yeux que l'un pour l'autre

d *( * = conclude) [+ deal]* conclure ◆ **he hopes to ~ up his business there by Friday evening** il espère conclure *or* régler ce qu'il a à y faire d'ici vendredi soir ◆ **let's get all this ~ped up** finissons-en avec tout ça ◆ **he thought he had everything ~ped up** il pensait avoir tout arrangé *or* réglé ◆ **to ~ up the evening's news** *(esp US fig)* résumer les informations de la soirée

N ◆ **wrap-up** → **wrap**

**wraparound** /ˈræpəraʊnd/, **wrapover** /ˈræpəʊvəʳ/ ADJ ◆ **~ skirt/dress** jupe *f*/robe *f* portefeuille *inv*

**wrapper** /ˈræpəʳ/ N a *[of sweet, chocolate bar]* papier *m* ; *[of parcel]* papier *m* d'emballage ; *[of newspaper for post]* bande *f* ; *[of book]* jaquette *f*, couverture *f* b *(US = garment)* peignoir *m*

**wrapping** /ˈræpɪŋ/ N *[of parcel]* papier *m* (d'emballage) ; *[of sweet, chocolate]* papier *m*
COMP ▷ **wrapping paper** N *(= brown paper)* papier *m* d'emballage ; *(= decorated paper)* papier *m* cadeau

**wrapround rear window** /ˈræpraʊnd rɪəˈwɪndəʊ/ N *(Aut)* lunette *f* arrière panoramique

**wrath** /rɒθ/ N *(liter)* colère *f*, courroux *m (liter)*

**wrathful** /ˈrɒθfʊl/ ADJ *(liter)* courroucé *(liter)*

**wrathfully** /ˈrɒθfəlɪ/ ADV *(liter)* avec courroux *(liter)*

**wreak** /riːk/ VT *[+ one's anger etc]* assouvir *(upon sb* sur qn) ◆ **to ~ vengeance** *or* **revenge** assouvir une vengeance *(on sb* sur qn) ◆ **~ing destruction along the way** détruisant tout sur son passage

**wreath** /riːθ/ N (pl **wreaths** /riːðz/) *[of flowers]* guirlande *f*, couronne *f* ; *(also* **funeral wreath***)* couronne *f* ; *[of smoke]* volute *f*, ruban *m* ; *[of mist]* nappe *f* ◆ **laurel ~** couronne *f* de laurier ◆ **the laying of ~s** *(= ceremony)* le dépôt de gerbes *fpl* au monument aux morts

**wreathe** /riːð/ VT a *(= garland) [+ person]* couronner *(with* de) ; *[+ window etc]* orner *(with* de) ◆ **a valley ~d in mist** une vallée frangée de brume ◆ **hills ~d in cloud** collines *fpl* dont les sommets disparaissent dans les nuages ◆ **his face was ~d in smiles** son visage était rayonnant b *(= entwine) [+ flowers]* enrouler *(round* autour de) VI *[smoke]* ◆ **to ~ upwards** s'élever en tournoyant

**wreck** /rek/ N a *(= wrecked ship)* épave *f*, navire *m* naufragé ; *(= act, event)* naufrage *m* ; *(of plans, ambitions)* effondrement *m* ; *(of hopes)* effondrement *m*, anéantissement *m* ◆ **to be saved from the ~** réchapper du naufrage ◆ **the ~ of the Hesperus** le naufrage de l'Hesperus ◆ **sunken ~s in the Channel** des épaves englouties au fond de la Manche ◆ **the ship was a total ~** le navire a été entièrement perdu

b *(esp US = accident: Aut, Aviat, Rail)* accident *m* ◆ **he was killed in a car ~** il a été tué dans un accident de voiture

c *(= wrecked train/plane/car etc)* train *m*/avion *m*/voiture *f etc* accidenté(e), épave *f* ; *(= building)* ruines *fpl*, décombres *mpl* ◆ **the car was a complete ~** la voiture était bonne à mettre à la ferraille *or* à envoyer à la casse

d *(= person)* épave *f* ◆ **he was a ~** c'était une épave ◆ **he looks a ~** on dirait une loque, il a une mine de déterré ◆ **a ~ of humanity, a human ~** une épave, une loque humaine

VT a *[+ ship]* provoquer le naufrage de ; *[+ train, plane, car] [bomb, terrorist, accident]* détruire ; *[driver, pilot]* démolir ; *[+ building]* démolir ; *[+ mechanism]* détraquer ; *[+ furniture etc]* casser, démolir ◆ **to be ~ed** *[ship, sailor]* faire naufrage ◆ **the plane was completely ~ed** il n'est resté que des débris de l'avion ◆ **in his fury he ~ed the whole house** dans sa rage il a tout démoli *or* cassé dans la maison

b *(fig) [+ marriage, friendship]* briser, être la ruine de ; *[+ career]* briser ; *[+ plans, health]* ruiner ; *[+ hopes, ambitions]* ruiner, anéantir ; *[+ negotiations, discussions]* faire échouer ◆ **this ~ed his chances of success** cela a anéanti ses chances de succès ◆ **it ~ed my life** cela a brisé ma vie, ma vie en a été brisée

**wreckage** /ˈrekɪdʒ/ N (NonC) a *(= wrecked ship, car, plane)* épave *f* ; *(= pieces from this)* débris *mpl* ; *[of building]* décombres *mpl* ◆ **~ was strewn over several kilometres** *(Aviat, Rail)* les débris étaient disséminés sur plusieurs kilomètres ◆ **things look black but we must try to save** *or* **salvage something from the ~** la situation est sombre mais il faut essayer de sauver les meubles * b *(= act) [of ship]* naufrage *m* ; *[of train]* déraillement *m* ; *(fig) [of hopes, ambitions, plans]* anéantissement *m*

**wrecked** /rekt/ ADJ a *[ship]* naufragé ; *[train, car]* complètement démoli, accidenté b *[plan]* anéanti c * *[person] (= exhausted)* vidé * ; *(= drunk)* bourré ⁑

**wrecker** /ˈrekəʳ/ N a *(gen)* destructeur *m*, démolisseur *m* ; *(Hist: of ships)* naufrageur *m* b *(in salvage) (= person)* sauveteur *m* (d'épave) ; *(= boat)* canot *m or* bateau *m* sauveteur ; *(= truck)* dépanneuse *f* c *(US) (in demolition) [of buildings]* démolisseur *m* ; *[of cars] (= person)* casseur *m*, épaviste *mf* ; *(= business)* casse *f*

**wrecking** /ˈrekɪŋ/ N *(= act) [of ship]* naufrage *m* ; *[of train]* déraillement *m* ; *(fig) [of hopes, ambitions, plans]* anéantissement *m* COMP ▷ **wrecking ball** N boulet *m* de démolition ▷ **wrecking bar** N pied-de-biche *m* ▷ **wrecking crane** N *(Rail)* grue *f* de levage

**wren** /ren/ N a *(= bird)* roitelet *m*, troglodyte *m* b *(Brit Navy)* **Wren** Wren *f (auxiliaire féminine de la marine royale britannique)*

**wrench** /rentʃ/ N a *(= tug)* mouvement *m* violent de torsion ◆ **he gave the handle a ~** il a tiré de toutes ses forces sur la poignée

b *(emotional)* déchirement *m* ◆ **the ~ of parting** le déchirement de la séparation ◆ **it was a ~ when she saw him leave** cela a été un déchirement quand elle l'a vu partir

c *(Med)* entorse *f*

d *(= tool)* clé *f* anglaise *or* à molette ; *(Aut: for wheels)* clé *f* en croix ◆ **to throw a ~ into the works** *(US)* mettre des bâtons dans les roues ◆ **to throw a ~ into the economy** porter un coup très dur à l'économie ; → **monkey**

VT a *[+ handle etc]* tirer violemment sur ◆ **to ~ sth (away) from sb** *or* **from sb's grasp** arracher qch des mains de qn ◆ **to ~ sth off** *or* **out** *or* **away** arracher qch ◆ **if you can ~ yourself away from that computer ...** si tu peux t'arracher à cet ordinateur ... ◆ **he ~ed himself free** il s'est dégagé d'un mouvement brusque ◆ **to ~ a box open** ouvrir de force une boîte

b *(Med)* ◆ **to ~ one's ankle** † se tordre la cheville

**wrest** /rest/ VT *[+ object]* arracher violemment *(from sb* des mains de qn) ; *[+ secret, confession]* arracher *(from sb* à qn) ; *[+ power, leadership, title]* ravir *(liter) (from sb* à qn) ◆ **he managed to ~ a living † from the poor soil** à force de travail et de persévérance, il a réussi à tirer un revenu de ce sol pauvre

**wrestle** /ˈresl/ VI lutter (corps à corps) *(with sb* contre qn) ; *(Sport)* catcher *(with sb* contre qn) ; *(Graeco-Roman)* lutter

◆ **to wrestle with** *(fig) [+ problem, one's conscience, sums, device]* se débattre avec ; *[+ difficulties]* se débattre contre, se colleter avec ; *[+ temptation, illness, disease]* lutter contre ◆ **the pilot ~d with the controls** le pilote se débattait avec les commandes ◆ **she was wrestling with her suitcases** elle peinait avec ses valises, elle se débattait avec ses valises

VT *[+ opponent]* lutter contre ◆ **to ~ sb to the ground** terrasser qn

N lutte *f* ◆ **to have a ~ with sb** lutter avec qn

**wrestler** /ˈresləʳ/ N *(Sport)* catcheur *m*, -euse *f* ; *(Graeco-Roman)* lutteur *m*, -euse *f*

**wrestling** /ˈreslɪŋ/ N *(Sport)* catch *m* ; *(Sport)* ◆ **Graeco-Roman ~** lutte *f* gréco-romaine
COMP ▷ **wrestling hold** N prise *f* de catch *or* de lutte ▷ **wrestling match** N match *m or* rencontre *f* de catch *or* de lutte

**wretch** /retʃ/ N *(unfortunate)* pauvre diable *m* ; *(pej)* scélérat(e) † *m(f) (also liter)*, misérable *mf* ; *(hum)* affreux *m*, -euse *f*, misérable *mf* ◆ **he's a filthy ~** * c'est un salaud ⁑ ◆ **you ~!** misérable ! ◆ **cheeky little ~!** petit polisson !, petit misérable !

**wretched** /ˈretʃɪd/ ADJ a *[person] (= penniless)* misérable ; *(= unhappy)* malheureux ; *[animal]* malheureux ; *[life, slum, conditions]* misérable ◆ **in ~ poverty** dans une misère noire ◆ **the ~ plight of the refugees** la situation épouvantable des réfugiés b († * *= dreadful) [weather, pay]* minable ◆ **what ~ luck!** quelle déveine ! * ◆ **I was feeling ~** *(= ill)* je me sentais vraiment mal ; *(= unhappy)* j'étais très malheureux ◆ **I feel ~ about it** *(= guilty, ashamed)* j'en ai vraiment honte c *( *: expressing annoyance)* satané *, misérable † ◆ **where did I put my ~ keys?** où ai-je mis mes satanées * clés ? ◆ **the ~ woman!** la misérable ! †, maudite femme ! ◆ **that ~ man's late again!** cette espèce d'olibrius † * est encore en retard !

**wretchedly** /ˈretʃɪdlɪ/ ADV a (= miserably) *[live]* misérablement ; *[weep, apologize]* misérablement, pitoyablement ; *[say, explain]* d'un ton pitoyable ◆ ~ **poor** misérable ◆ ~ **unhappy** terriblement malheureux ◆ **to be ~ paid** recevoir un salaire de misère b († * = dreadfully) *[play, sing, treat]* lamentablement

**wretchedness** /ˈretʃɪdnɪs/ N a (= extreme poverty) misère *f* ; (= unhappiness) extrême tristesse *f*, détresse *f* ; (= shamefulness) *[of amount, wage, sum]* caractère *m* dérisoire *or* pitoyable ; *[of act, behaviour]* mesquinerie *f* ◆ **his ~ at the thought of having to tell her the news** la détresse qu'il éprouvait à la pensée de devoir lui apprendre la nouvelle b (= poor quality) *[of meal, hotel, weather]* extrême médiocrité *f*, caractère *m* minable *or* pitoyable

**wrick** /rɪk/ VT (Brit) ◆ **to ~ one's ankle** se tordre la cheville ◆ **to ~ one's neck** attraper un torticolis N entorse *f* ; (in neck) torticolis *m*

**wriggle** /ˈrɪgl/ N ◆ **with a ~ he freed himself** il s'est dégagé en se tortillant *or* en se contorsionnant ◆ **to give a ~** ⇒ **to wriggle vi**

VI *[worm, snake, eel]* se tortiller ; *[fish]* frétiller ; *[person]* gigoter *, se trémousser ; (in embarrassment) se tortiller ; (squeamishly) frissonner, tressaillir ; (excitedly) frétiller ◆ **to ~ along/down** *etc* avancer/descendre *etc* en se tortillant ◆ **the fish ~d off the hook** le poisson a réussi à se détacher de l'hameçon, le poisson frétillait tellement qu'il s'est détaché de l'hameçon ◆ **she managed to ~ free** elle a réussi à se dégager en se tortillant *or* en se contorsionnant ◆ **he ~d through the hole in the hedge** il s'est faufilé *or* s'est glissé dans le trou de la haie (en se tortillant) ◆ **do stop wriggling (about)!** arrête de te trémousser *or* de gigoter * comme ça !

VT ◆ **to ~ one's toes/fingers** remuer *or* tortiller les orteils/les doigts ◆ **to ~ one's way along** *etc* ⇒ **to wriggle along vi**

► **wriggle about, wriggle around** VI *[worm, snake, eel]* se tortiller ; *[fish, tadpole]* frétiller ; *[person]* gigoter *, se trémousser ; see also **wriggle vi**

► **wriggle out** VI a (lit) *[worm etc]* sortir ; *[person]* se dégager ◆ **the snake ~d out of the cage** le serpent a rampé hors de la cage ◆ **the fish ~d out of my hand** le poisson m'a glissé des mains *or* m'a glissé entre les doigts

b (fig) ◆ **to wriggle out of a difficulty** esquiver une difficulté ◆ **to ~ out of a task/responsibility** se dérober à une tâche/responsabilité ◆ **he'll manage to ~ out of it somehow** il trouvera bien un moyen de s'esquiver *or* de se défiler *

**wriggler** /ˈrɪgləʳ/ N a **he's a dreadful ~** *[child etc]* il n'arrête pas de gigoter *, il ne se tient jamais tranquille b (= mosquito larva) larve *f* de moustique

**wriggly** /ˈrɪglɪ/ ADJ *[worm, eel, snake]* qui se tortille ; *[fish]* frétillant ; *[child]* remuant, qui gigote * *or* se trémousse

**wring** /rɪŋ/ (vb : pret, ptp **wrung**) N ◆ **to give clothes a ~** essorer des vêtements

VT a (= squeeze, twist) serrer, tordre ◆ **to ~ a chicken's neck** tordre le cou à un poulet ◆ **if I catch you doing that, I'll ~ your neck!** * si je te prends à faire ça, je te tords le cou ! * ◆ **to ~ one's hands** se tordre les mains (de désespoir) ◆ **he wrung my hand, he wrung me by the hand** il m'a serré longuement la main ◆ **a story to ~ one's heart** une histoire à vous fendre le cœur

b (also **wring out**) *[+ wet clothes, rag, towel]* essorer ; *[+ water]* extraire, exprimer (from sth de qch) ◆ **"do not wring"** (on label) "ne pas essorer" ◆ **~ a cloth out in cold water and apply to the forehead** faites une compresse avec un linge mouillé dans de l'eau froide et appliquez-la sur le front

c (fig = extort: also **wring out**) arracher, extorquer ◆ **they wrung a confession/the truth from** *or* **out of him** ils lui ont arraché une confession/la vérité ◆ **he wrung £10 out of me** il m'a extorqué *or* soutiré 10 livres ◆ **I'll ~ it out of him!** je vais lui tirer les vers du nez !, je vais le faire parler ! ◆ **they managed to ~ out of him what had happened** ils sont arrivés non sans peine à lui faire dire *or* avouer ce qui s'était passé

► **wring out** VT SEP a ⇒ **wring vt b, vt c**

b (= exhausted) ◆ **to be wrung out** * être lessivé * *or* vidé *

**wringer** /ˈrɪŋəʳ/ N essoreuse *f* (à rouleaux) ◆ **to put sth through the ~** essorer qch (à la machine) ◆ **to go** *or* **be put through the ~** * (fig) passer un mauvais quart d'heure ◆ **to put sb through the ~** passer qn à la moulinette *

**wringing** /ˈrɪŋɪŋ/ ADJ (also **wringing wet**) *[garment]* trempé, à tordre * ; *[person]* trempé jusqu'aux os

**wrinkle** /ˈrɪŋkl/ N a (on skin, fruit) ride *f* ; (in socks, cloth, rug etc) pli *m* b * (= tip) tuyau * *m* ; (= good idea) combine * *f* VT (also **wrinkle up**) *[+ skin]* rider ; *[+ forehead]* plisser ; *[+ nose]* froncer ; *[+ fruit]* rider, ratatiner ; *[+ rug, sheet]* plisser, faire des plis dans VI *[sb's brow]* se plisser, se contracter ; *[nose]* se plisser, se froncer ; *[rug]* faire des plis ; *[socks]* être en accordéon

► **wrinkle down** VI *[socks, stockings]* tomber en accordéon

► **wrinkle up** VI *[skirt, sweater]* remonter en faisant des plis ; *[rug]* faire des plis ; *[sb's brow, nose]* se plisser VT SEP ⇒ **wrinkle vt**

**wrinkled** /ˈrɪŋkld/ ADJ *[person, skin, face, neck]* ridé ; *[brow, nose]* plissé, froncé ; *[apple]* ridé, ratatiné ; *[shirt, skirt, sheet, rug]* qui fait des plis ; *[stocking, sock]* en accordéon

**wrinkly** /ˈrɪŋklɪ/ ADJ ⇒ **wrinkled** NPL **wrinklies** (Brit pej = old people) les vioques * *mpl*

**wrist** /rɪst/ N poignet *m* COMP ▷ **wrist joint** N articulation *f* du poignet ▷ **wrist loop** N (Climbing) dragonne *f* ▷ **wrist rest** N repose-poignet *m* ▷ **wrist watch** N montre-bracelet *f*

**wristband** /ˈrɪstbænd/ N *[of shirt]* poignet *m* ; *[of watch]* bracelet *m*

**wristlet** /ˈrɪstlɪt/ N bracelet *m* (de force) COMP ▷ **wristlet watch** N montre-bracelet *f*

**writ¹** /rɪt/ N (Jur) assignation *m* ; (for election) *lettre officielle émanant du président de la Chambre des communes, demandant qu'on procède à des élections* ◆ **to issue a ~ against sb** assigner qn (en justice) ◆ **to issue a ~ for libel against sb** assigner qn en justice pour diffamation ◆ **to serve a ~ on sb, to serve sb with a ~** assigner qn COMP ▷ **writ of attachment** N commandement *m* de saisie ▷ **writ of execution** N titre *m* exécutoire ▷ **writ of habeas corpus** N ordre *m* (écrit) d'habeas corpus ▷ **writ of subpoena** N assignation *f* *or* citation *f* (en justice) ▷ **writ of summons** N assignation *f*

**writ²** †† /rɪt/ a VB pt, ptp of **write** b (liter) ~ **large** (= very obvious) en toutes lettres (fig) (= exaggerated) poussé à l'extrême

**write** /raɪt/ LANGUAGE IN USE 21 (pret **wrote**, ptp **written**)

VT a (gen) écrire ; *[+ list]* faire, écrire ; *[+ prescription, certificate]* rédiger ; *[+ bill, cheque]* faire ◆ **did I ~ that?** j'ai écrit ça, moi ? ◆ **you must print, not ~ your name** il ne faut pas écrire votre nom en cursive mais en caractères d'imprimerie ◆ **it is written "thou shalt not kill"** (liter) il est écrit "tu ne tueras point" ◆ **he had "policeman" written all over him** * cela sautait aux yeux *or* crevait les yeux qu'il était de la police ◆ **that's all she wrote** (US fig) c'est tout ce qu'il y a à dire

b *[+ book, essay, letter, poem]* écrire ; *[+ music, opera]* écrire, composer ◆ **you could ~ a book about all that is going on here** on pourrait écrire *or* il y aurait de quoi écrire un livre sur tout ce qui se passe ici

c (US = write letter to) écrire ◆ **can you ~ me when you get there?** tu peux m'envoyer un mot *or* m'écrire quand tu seras arrivé ?

d (Comput) *[+ program, software etc]* écrire, rédiger ; → **read**

VI a (gen) écrire ◆ **he can read and ~** il sait lire et écrire ◆ **~ on both sides of the paper** écrivez des deux côtés de la feuille ◆ **as I ~, I can see ...** en ce moment même, je peux voir ... ◆ **this pen ~s well** ce stylo écrit bien

b (as author) **he had always wanted to ~** il avait toujours voulu écrire *or* être écrivain ◆ **he ~s for a living** il est écrivain de métier *or* de profession ◆ **he ~s about social policy** il écrit sur les *or* il traite des questions de politique sociale ◆ **he ~s for "The Times"** il écrit dans le "Times" ◆ **he ~s on foreign policy for "The Guardian"** il écrit des articles de politique étrangère dans le "Guardian" ◆ **what shall I ~ about?** sur quoi est-ce que je vais écrire ?

c (= correspond) écrire (to à) ◆ **he wrote to tell us that ...** il (nous) a écrit pour nous dire que ... ◆ **~ for our brochure** (= send off for) demandez notre brochure ◆ **I've written for a form** j'ai écrit pour leur demander un formulaire ; → **home**

d (Comput) ◆ **to ~ to a file** modifier un fichier

COMP ▷ **write-in** N (US Pol) (= insertion of name) inscription *f* ; (= name itself) nom *m* inscrit ▷ **write-off** N → **write-off** ▷ **write-protected** ADJ (Comput) protégé contre l'écriture ▷ **write-protect notch** N (Comput) encoche *f* de protection contre l'écriture ▷ **write-up** N → **write-up**

► **write away** VI (= send off) écrire (to à) ◆ **to ~ away for** *[+ information, application form, details]* écrire pour demander ; *[+ goods]* commander par lettre

► **write back** VI répondre (par lettre)

► **write down** VT SEP a écrire ; (= note) noter ; (= put in writing) mettre par écrit ◆ **~ it down at once or you'll forget** écrivez-le *or* notez-le tout de suite sinon vous allez oublier ◆ **~ all your ideas down and send them to me** mettez toutes vos idées par écrit et envoyez-les moi ◆ **it was all written down for posterity** c'était tout consigné pour la postérité

b (Comm = reduce price of) réduire le prix de

► **write in**

VI ◆ **listeners are invited to write in with their suggestions** nos auditeurs sont invités à nous envoyer leurs suggestions ◆ **a lot of people have written in to complain** beaucoup de gens nous ont écrit pour se plaindre ◆ **to ~ in for sth** écrire pour demander qch

VT SEP *[+ word, item on list etc]* insérer, ajouter ; (US Pol) *[+ candidate's name]* inscrire ◆ **to ~ sth in to an agreement** *or* **contract** (at the outset) stipuler qch dans un contrat ; (add) ajouter qch à un contrat

N ◆ **write-in** → **write**

► **write off**

VI ⇒ **write away**

VT SEP a (= write quickly) *[+ letter etc]* écrire en vitesse *or* d'une traite b [+ debt] annuler ; *(fig)* considérer comme perdu *or* gâché, faire une croix* sur ◆ **they wrote off £20,000** ils ont passé 20 000 livres aux profits et pertes ; *(Comm)* ◆ **the operation was written off as a total loss** ils ont décidé de mettre un terme à l'opération qui se révélait une perte sèche ◆ **I've written off the whole thing as a dead loss** j'en ai fait mon deuil*, j'ai fait une croix dessus* ◆ **the Government can ~ off voters motivated by environmental issues** le gouvernement peut faire une croix sur les voix des électeurs motivés par les problèmes d'environnement ◆ **we've written off the first half of the term** nous considérons la première moitié du trimestre comme perdue *or* gâchée ◆ **he had been written off as a failure** on avait décidé qu'il ne ferait jamais rien de bon ◆ **nobody should be written off** il ne faut considérer personne comme irrécupérable ◆ **he is fed up with people writing him off because of his age** il en a assez d'être mis au rancart* à cause de son âge ◆ **his critics wrote him off as too cautious to succeed** ses détracteurs ont exclu la possibilité qu'il réussisse en raison de sa trop grande prudence ◆ **they had written off all the passengers (as dead)** ils tenaient tous les passagers pour morts ◆ **the insurance company decided to ~ off his car** la compagnie d'assurances a décidé que la voiture était irréparable *or* irrécupérable ◆ **he wrote his car off*** **in the accident** il a complètement bousillé* sa voiture dans l'accident, après l'accident, sa voiture était bonne pour la casse* ◆ **the boat was completely written off*** le bateau a été complètement détruit *or* réduit à l'état d'épave

**N** ◆ **write-off** → **write-off**

▶ **write out** **VT SEP** a *[+ one's name and address, details etc]* écrire ; *[+ list]* faire, écrire ; *[+ prescription]* rédiger ; *[+ bill, cheque]* faire

b *(= copy) [+ notes, essay etc]* recopier, mettre au propre ; *[+ recipe]* copier ◆ **~ out the words three times each** copiez chaque mot trois fois

c *(TV, Rad) [+ character]* retirer (de la distribution *or* du générique) ◆ **she was written out of the series after a year** elle a cessé de figurer au générique (de la série) au bout d'un an

▶ **write up**

**VI** ⇒ **write away**

**VT SEP** a *[+ notes, diary]* mettre à jour ; *(= write report on) [+ happenings, developments]* faire un compte rendu de ; *(= record) (Chem etc) [+ experiment]* rédiger ; *(Archeol etc) [+ one's findings]* consigner ◆ **he wrote up the day's events in the ship's log** il a inscrit *or* consigné dans le journal de bord les événements de la journée ◆ **he wrote up his visit in a report** il a rendu compte de sa visite dans un rapport ◆ **she wrote it up for the local paper** elle en a fait le compte rendu pour le journal local

b *(= praise)* écrire un article élogieux (*or* une lettre élogieuse) sur

**N** ◆ **write-up** → **write-up**

**write-off** /ˈraɪtɒf/ **N** *(Comm)* perte *f* sèche ; *(Fin: tax)* déduction *f* fiscale ◆ **to be a ~** *[car]* être irréparable, être bon pour la casse* ; *[project, operation]* n'avoir abouti à rien, n'avoir rien donné ◆ **the afternoon was a ~** l'après-midi n'a été qu'une perte de temps

**writer** /ˈraɪtəʳ/ **N** a *(of letter, book etc)* auteur *m* ; *(as profession)* écrivain *m*, auteur *m* ◆ **the (present) ~ believes ...** l'auteur croit ... ◆ **a thriller ~** un auteur de romans policiers ◆ **he is a ~** il est écrivain, c'est un écrivain ◆ **to be a good ~** *(of books)* être un bon écrivain, écrire bien ; *(in handwriting)* écrire bien, avoir une belle écriture ◆ **to be a bad ~** *(of books)* écrire mal, être un mauvais écrivain ; *(in handwriting)* écrire mal *or* comme un chat ; → **hack², letter** b *(Comput: of program etc)* auteur *m* **COMP** ▷ **writer's block** **N** hantise *f* de la page blanche ▷ **writer's cramp** **N** crampe *f* des écrivains ▷ **Writer to the Signet** **N** *(Scot Jur)* notaire *m*

**write-up** /ˈraɪtʌp/ **N** *(gen, also Comput)* description *f* ; *(= review) [of play etc]* compte rendu *m*, critique *f* ; *(= report) [of event etc]* compte rendu *m*, exposé *m* ◆ **there's a ~ about it in today's paper** il y a un compte rendu là-dessus dans le journal d'aujourd'hui ◆ **the play got a good ~** la pièce a eu de bonnes critiques

**writhe** /raɪð/ **VI** se tordre ◆ **it made him ~** *(in pain)* cela le fit se tordre de douleur ; *(from disgust)* il en frémit de dégoût ; *(from embarrassment)* il ne savait plus où se mettre ◆ **he ~d under the insult** il frémit sous l'injure

▶ **writhe about**, **writhe around** **VI** *(in pain)* se tordre dans des convulsions ; *(to free o.s.)* se contorsionner en tous sens

**writing** /ˈraɪtɪŋ/ **N** a *(NonC = handwriting, sth written)* écriture *f* ◆ **there was some ~ on the page** il y avait quelque chose d'écrit sur la page ◆ **I could see the ~ but couldn't read it** je voyais bien qu'il y avait quelque chose d'écrit mais je n'ai pas pu le déchiffrer ◆ **I can't read your ~** je n'arrive pas à déchiffrer votre écriture ◆ **in his own ~** écrit de sa main ◆ **he has seen the ~ on the wall** *(esp Brit)* il mesure la gravité de la situation ◆ **the ~ is on the wall** *(esp Brit)* la catastrophe est imminente

◆ **in writing** par écrit ◆ **I'd like to have that in ~** j'aimerais avoir cela par écrit ◆ **get his permission in ~** obtenez sa permission par écrit ◆ **evidence in ~ that ...** preuve *f* par écrit *or* littérale que ... ◆ **to put sth in ~** mettre qch par écrit

b *(NonC = occupation of writer)* **he devoted his life to ~** il a consacré sa vie à l'écriture ◆ **~ is his hobby** écrire est son passe-temps favori ◆ **he earns quite a lot from ~** ses écrits lui rapportent pas mal d'argent

c *(= output of writer)* écrits *mpl*, œuvres *fpl* ◆ **there is in his ~ evidence of a desire to ...** on trouve dans ses écrits la manifestation d'un désir de ... ◆ **the ~s of H. G. Wells** les œuvres *fpl* de H. G. Wells

d *(NonC = act)* **he's learning reading and ~** il apprend à lire et à écrire ◆ **~ is a skill which must be learned** écrire est un art qui s'apprend ◆ **the ~ of this book took ten years** écrire ce livre a pris dix ans

**COMP** ▷ **writing case** **N** *(Brit)* écritoire *m* ▷ **writing desk** **N** secrétaire *m* *(bureau)* ▷ **writing pad** **N** bloc-notes *m* ▷ **writing paper** **N** papier *m* à lettres ▷ **writing room** **N** *(in hotel etc)* salon *m* d'écriture ▷ **writing table** **N** bureau *m*

**written** /ˈrɪtn/ **VB** ptp of **write** **ADJ** *[test, agreement, constitution etc]* écrit ; *[permission, confirmation]* par écrit ◆ **~ evidence** *(gen, Hist)* documents *mpl* ; *(Jur)* documents *mpl* écrits ◆ **~ proof** *(Jur)* preuves *fpl* écrites ◆ **her ~ English is excellent** son anglais est excellent à l'écrit ◆ **Somali has been a ~ language for over 25 years** le somali est une langue écrite depuis plus de 25 ans ◆ **the power of the ~ word** le pouvoir de l'écrit ; → **face, hand**

**WRNS** /renz/ **N** *(Brit)* (abbrev of **Women's Royal Naval Service**) *service des auxiliaires féminines de la marine royale*

## wrong /rɒŋ/

LANGUAGE IN USE 2.2, 12.1, 14, 18.3

| | |
|---|---|
| 1 ADJECTIVE | 3 NOUN |
| 2 ADVERB | 4 TRANSITIVE VERB |
| 5 COMPOUNDS | |

### 1 - ADJECTIVE

a [= mistaken, incorrect] *[guess]* erroné ; *[answer, solution, calculation, sum, musical note]* faux (fausse *f*) ◆ **the letter has the ~ date on it** ils *etc* se sont trompés de date sur la lettre ◆ **I'm in the ~ job** je ne suis pas fait pour ce travail, ce n'est pas le travail qu'il me faut ◆ **he's got the ~ kind of friends** *(also hum)* il a de mauvaises fréquentations ◆ **that's the ~ kind of plug** ce n'est pas la prise qu'il faut ◆ **she married the ~ man** elle n'a pas épousé l'homme qu'il lui fallait ◆ **you've got** *or* **picked the ~ man if you want someone to mend a fuse** vous tombez mal si vous voulez quelqu'un qui puisse réparer un fusible ◆ **you've put it back in the ~ place** vous ne l'avez pas remis à la bonne place *or* là où il fallait ◆ **it's the ~ road for Paris** ce n'est pas la bonne route pour Paris ◆ **you're on the ~ road** *or* **track** *(fig)* vous faites fausse route ◆ **to say the ~ thing** dire ce qu'il ne faut pas dire, faire un impair ◆ **he got all his sums ~** toutes ses opérations étaient fausses ◆ **the accountant got his sums ~*** le comptable a fait une erreur *or* s'est trompé dans ses calculs ◆ **he told me the ~ time** il ne m'a pas donné la bonne heure ◆ **it happened at the ~ time** c'est arrivé au mauvais moment ◆ **he got on the ~ train** il s'est trompé de train, il n'a pas pris le bon train ◆ **the ~ use of drugs** l'usage abusif des médicaments

◆ **to be wrong** ◆ **my clock/watch is ~** ma pendule/ma montre n'est pas à l'heure ◆ **you're quite ~** vous vous trompez, vous avez tort ◆ **I was ~ about him** je me suis trompé sur son compte ◆ **he was ~ in deducing that ...** il a eu tort de déduire que ...

◆ **to get sth wrong** ◆ **you've got your facts ~** ce que vous avancez est faux ◆ **he got the figures ~** il s'est trompé dans les chiffres ◆ **they got it ~ again** ils se sont encore trompés ◆ **how ~ can you get!*** *(iro)* comme on peut se tromper !

b [= bad] mal *inv* ; *(= unfair)* injuste ◆ **it is ~ to lie, lying is ~** c'est mal de mentir ◆ **it is ~ for her to have to beg, it is ~ that she should have to beg** il est injuste qu'elle soit obligée de mendier ◆ **you were ~ to hit him, it was ~ of you to hit him** tu n'aurais pas dû le frapper, tu as eu tort de le frapper

c [= exceptionable] ◆ **there's nothing ~ with hoping that ...** il n'y a pas de mal à espérer que ... ◆ **what's ~ with going to the cinema?** quel mal y a-t-il à aller au cinéma ? ◆ **there's nothing ~ with** *or* **in (doing) that** il n'y a rien à redire à cela

d [= amiss] qui ne va pas ◆ **something's ~** *or* **there's something ~ (with it)** il y a quelque chose qui ne va pas ◆ **something's ~** *or* **there's something ~ with him** il y a quelque chose qui ne va pas chez lui ◆ **something's ~ with my leg** j'ai quelque chose à la jambe ◆ **something's ~ with my watch** ma montre ne marche pas comme il faut ◆ **there's something ~ somewhere** il y a quelque chose qui cloche* là-dedans ◆ **something was very ~** quelque chose n'allait vraiment pas ◆ **there's nothing ~** tout va bien ◆ **nothing ~, I hope?** tout va bien *or* pas d'ennuis, j'espère ? ◆ **there's nothing ~ with it** *[+ theory, translation]* c'est tout à fait correct ;

*[+ method, plan]* c'est tout à fait valable ; *[+ machine, car]* ça marche très bien ◆ **there's nothing ~ with him** il va très bien ◆ **he's ~ in the head** * il a le cerveau dérangé *or* fêlé *

♦ **what's wrong?** qu'est-ce qui ne va pas ? ◆ **what's ~ with you?** qu'est-ce que tu as ? ◆ **what's ~ with your arm?** qu'est-ce que vous avez au bras ? ◆ **what's ~ with the car?** qu'est-ce qu'elle a, la voiture ?

2 - ADVERB

[answer, guess] mal ◆ **you're doing it all ~** vous vous y prenez mal ◆ **you did ~ to refuse** vous avez eu tort de refuser ◆ **you've spelt it ~** vous l'avez mal écrit ◆ **you thought ~** tu t'es trompé ◆ **she took me up ~** * elle n'a pas compris ce que je voulais dire

♦ **to get sb/sth wrong** ◆ **you've got the sum ~** vous vous êtes trompé dans votre calcul, vous avez fait une erreur de calcul ◆ **you've got it all ~** * *(= misunderstood)* vous n'avez rien compris ◆ **don't get me ~** * comprends-moi bien ◆ **you've got me all ~** * *(= misunderstood my meaning)* tu n'as rien compris à ce que je t'ai dit ; *(= misunderstood what I'm like)* tu te trompes complètement à mon sujet

♦ **to go wrong** ◆ **to go wrong** *(in directions)* se tromper de route ; *(in calculations, negotiations etc)* faire une faute *or* une erreur ; *(morally)* mal tourner ; *[plan]* mal tourner ; *[business deal etc]* tomber à l'eau ; *[machine, car]* tomber en panne ; *[clock, watch etc]* se détraquer ◆ **you can't go ~** *(in directions)* vous ne pouvez pas vous perdre *or* vous tromper ; *(in method etc)* c'est simple comme bonjour ; *(in choice of job, car etc)* (de toute façon) c'est un bon choix ◆ **you can't go ~ with this brand** vous ferez le bon choix en achetant cette marque ◆ **you won't go far ~ if you ...** vous ne pouvez guère vous tromper si vous ... ◆ **something went ~ with the gears** quelque chose s'est détraqué dans l'embrayage ◆ **something must have gone ~** il a dû arriver quelque chose ◆ **nothing can go ~ now** tout doit marcher comme sur des roulettes maintenant ◆ **everything went ~ that day** tout est allé mal *or* de travers ce jour-là

3 - NOUN

**a** [= evil] mal *m* ◆ **to do ~** mal agir ◆ **he can do no ~ in her eyes** tout ce qu'il fait est bien à ses yeux *or* trouve grâce à ses yeux ; see also **right**

**b** [= injustice] injustice *f*, tort *m* ◆ **he suffered great ~** il a été la victime de graves injustices ◆ **to right a ~** réparer une injustice ◆ **two ~s don't make a right** *(Prov)* on ne répare pas une injustice par une autre (injustice) ◆ **you do me ~ in thinking** † **...** vous me faites tort en pensant † ... ◆ **he did her ~** † il a abusé d'elle

♦ **in the wrong** ◆ **to be in the ~** être dans son tort, avoir tort ◆ **to put sb in the ~** mettre qn dans son tort

4 - TRANSITIVE VERB

faire du tort à, faire tort à † ◆ **you ~ me if you believe ...** vous êtes injuste envers moi si vous croyez ... ◆ **a ~ed wife** une femme trompée

5 - COMPOUNDS

▷ **wrong-foot** VT *(Ftbl, Tennis)* prendre à contre-pied ; *(Brit fig)* prendre au dépourvu ▷ **wrong-headed** ADJ *[person]* buté ; *[idea, view, approach]* aberrant

**wrongdoer** /ˈrɒŋ,duːəʳ/ N malfaiteur *m*, -trice *f*

**wrongdoing** /ˈrɒŋ,duːɪŋ/ N *(NonC)* méfaits *mpl*

**wrongful** /ˈrɒŋfʊl/ ADJ *(frm)* injustifié COMP ▷ **wrongful arrest** N *(Jur)* arrestation *f* arbitraire ▷ **wrongful dismissal** N *(Ind)* licenciement *m* abusif ▷ **wrongful trading** N *(Jur)* opérations *fpl* frauduleuses

**wrongfully** /ˈrɒŋfəlɪ/ ADV à tort

**wrongly** /ˈrɒŋlɪ/ ADV **a** *(= incorrectly) [answer, guess, translate, interpret, position, insert, calculate]* mal ; *[spell, price, install]* incorrectement ; *[believe, attribute, state, accuse, convict, imprison]* à tort ◆ **~ accused of murder/of doing sth** faussement accusé *or* accusé à tort de meurtre/d'avoir fait qch ◆ **the handle has been put on ~** le manche n'a pas été mis comme il fallait *or* a été mal mis ◆ **she was ~ dressed for the occasion** sa tenue n'était pas adaptée à la circonstance ; → **rightly b** *(= wrongfully) [treat]* injustement

**wrongness** /ˈrɒŋnɪs/ N *(= incorrectness) [of answer]* inexactitude *f* ; *(= injustice)* injustice *f* ; *(= evil)* immoralité *f*

**wrote** /rəʊt/ VB pt of **write**

**wrought** /rɔːt/ VB †† (pret, ptp of **work**) ◆ **the destruction ~ by the floods** *(liter)* les ravages provoqués par l'inondation ◆ **the damage the hurricane had ~ on Florida** les dégâts que l'ouragan avait provoqués en Floride ◆ **the changes ~ by time** les changements apportés par le temps ADJ *[silver]* ouvré COMP ▷ **wrought iron** N fer *m* forgé ▷ **wrought-iron** ADJ *[gate, decoration]* en fer forgé ▷ **wrought-ironwork** N ferronnerie *f* ▷ **wrought-up** ADJ *[person]* très tendu

**wrung** /rʌŋ/ VB pt, ptp of **wring**

**WRVS** /,dʌbljuːɑːviːˈes/ N *(Brit)* (abbrev of **Women's Royal Voluntary Service**) *service d'auxiliaires bénévoles au service de la collectivité*

**wry** /raɪ/ ADJ *[person, smile, remark]* ironique ; *[wit]* empreint d'ironie ◆ **to listen/look on with ~ amusement** écouter/regarder d'un air amusé et narquois ◆ **a ~ sense of humour** un sens de l'humour empreint d'ironie ◆ **to make a ~ face** faire la grimace ◆ **a ~ comedy** une comédie pleine d'ironie

**wryly** /ˈraɪlɪ/ ADV *[say, think]* avec ironie ◆ **to smile ~** avoir un sourire ironique ◆ **~ amusing** amusant et ironique

**WS** /,dʌbljuːˈes/ N *(Scot Jur)* (abbrev of **Writer to the Signet**) → **writer**

**wt** abbrev of **weight**

**WTO** /,dʌbljuːtiːˈəʊ/ N (abbrev of **World Trade Organization**) OMC *f*

**wunderkind** * /ˈwʌndəkɪnd/ N prodige *m*

**wuss** ‡ /wʊs/ N *(esp US)* mauviette * *f*

**WV** abbrev of **West Virginia**

**WWI** (abbrev of **World War One**) → **world**

**WWII** (abbrev of **World War Two**) → **world**

**WWF** /,dʌbljuː,dʌbljuːˈef/ N (abbrev of **Worldwide Fund for Nature**) WWF *m*

**WWW** /,dʌbljuː,dʌbljuːˈdʌbljuː/ N *(Comput)* (abbrev of **World Wide Web**) ◆ **the ~** le Web

**WY** abbrev of **Wyoming**

**wych-elm** /ˈwɪtʃˈelm/ N orme *m* blanc *or* de montagne

**wynd** /waɪnd/ N *(Scot)* venelle *f*

**Wyoming** /waɪˈəʊmɪŋ/ N Wyoming *m* ◆ **in ~** dans le Wyoming

**WYSIWYG** /ˈwɪzɪwɪg/ N *(Comput)* (abbrev of **what you see is what you get**) WYSIWYG *m*, ce que l'on voit est ce que l'on obtient, tel écran tel écrit

# X

**X, x** /eks/ (vb : pret, ptp **x-ed, x'ed**) **N** *(= letter)* X, x *m* ; *(Math, fig)* x ; *(at end of letter = kiss)* bises *fpl* ; *(several kisses)* grosses bises *fpl* ◆ **X for X-ray** ≃ X comme Xavier ◆ **he signed his name with an X** il a signé d'une croix *or* en faisant une croix ◆ **for x years** pendant x années ◆ **Mr X** Monsieur X ◆ **X marks the spot** l'endroit est marqué d'une croix ; → **X-ray** **VT** marquer d'une croix **COMP** ▻ **x-axis** **N** axe *m* des x ▻ **X-certificate** **ADJ** *(Brit Cine: formerly)* classé X, ≃ interdit aux moins de 18 ans ▻ **X-chromosome** **N** chromosome *m* X ▻ **X-rated** **ADJ** *(fig) [book, language]* obscène, porno * ; *(US Cine)* classé X, ≃ interdit aux moins de 17 ans

**xenon** /ˈzenɒn/ **N** xénon *m*

**xenophobe** /ˈzenəfəʊb/ **ADJ, N** xénophobe *mf*

**xenophobia** /ˌzenəˈfəʊbɪə/ **N** xénophobie *f*

**xenophobic** /ˌzenəˈfəʊbɪk/ **ADJ** xénophobe

**Xenophon** /ˈzenəfən/ **N** Xénophon *m*

**xerography** /zɪəˈrɒgrəfɪ/ **N** xérographie *f*

**Xerox** ® /ˈzɪərɒks/ **N** *(= machine)* photocopieuse *f* ; *(= reproduction)* photocopie *f* **VT** (faire) photocopier, prendre *or* faire une photocopie de, copier * **VI** se faire *or* se laisser photocopier

**Xerxes** /ˈzɜːksiːz/ **N** Xerxès *m*

**XL** /ˌekˈsel/ (abbrev of **extra large**) XL

**Xmas** /ˈeksməs, ˈkrɪsməs/ **N** abbrev of **Christmas**

**X-ray** /ˈeksˌreɪ/ **N** *(= ray)* rayons *mpl* X ; *(= photograph)* radiographie *f*, radio * *f* ◆ **to have an ~** se faire radiographier, se faire faire une radio * **VT** *[+ limb, luggage]* radiographier, faire une radio de * ; *[+ person]* radiographier, faire une radio à * **COMP** radioscopique, radiographique ▻ **X-ray diagnosis** **N** radiodiagnostic *m* ▻ **X-ray examination** **N** examen *m* radioscopique, radio * *f* ▻ **X-ray photo**, **X-ray picture** **N** *(on film)* radiographie *f*, radio * *f* ; *(on screen)* radioscopie *f*, radio * *f* ▻ **X-ray treatment** **N** radiothérapie *f*

**xylograph** /ˈzaɪləgrɑːf/ **N** xylographie *f*

**xylographic** /ˌzaɪləˈgræfɪk/ **ADJ** xylographique

**xylography** /zaɪˈlɒgrəfɪ/ **N** xylographie *f*

**xylophone** /ˈzaɪləfəʊn/ **N** xylophone *m*

**xylophonist** /zaɪˈlɒfənɪst/ **N** joueur *m* de xylophone

# Y

**Y, y** /waɪ/ **N** *(= letter)* Y, y *m* ◆ **Y for Yellow** ≃ Y comme Yvonne ◆ **Y-shaped** en (forme d')Y **COMP** ▷ **y-axis** **N** axe *m* des y ▷ **Y-chromosome** **N** chromosome *m* Y ▷ **Y-fronts** ® **NPL** *(Brit)* slip *m (ouvert)*

**Y2K** /ˌwaɪtuːˈkeɪ/ **N** (abbrev of **Year 2000**) an *m* 2000

**yacht** /jɒt/ **N** *(luxury motorboat)* yacht *m* ; *(with sails)* voilier *m* **VI** ◆ **to go ~ing** faire de la navigation de plaisance, faire du bateau **COMP** ▷ **yacht club** **N** yacht-club *m* ▷ **yacht race** **N** course *f* à la voile *or* de voile

**yachting** /ˈjɒtɪŋ/ **N** navigation *f* de plaisance, voile *f* **COMP** *[enthusiast]* de la voile, de la navigation de plaisance ; *[cruise]* en yacht ; *[magazine]* de navigation de plaisance ▷ **yachting cap** **N** casquette *f* de marin ▷ **yachting club** **N** yacht-club *m* ▷ **yachting event** **N** ⇒ **yachting regatta** ▷ **the yachting fraternity** **N** les plaisanciers *mpl* ▷ **yachting regatta** **N** régate *f*

**yachtsman** /ˈjɒtsmən/ **N** (pl **-men**) *(in race, professional)* navigateur *m* ; *(amateur)* plaisancier *m*

**yachtswoman** /ˈjɒtswʊmən/ **N** (pl **-women**) *(in race, professional)* navigatrice *f* ; *(amateur)* plaisancière *f*

**yack** * /jæk/, **yackety-yak** * /ˈjækɪtɪˈjæk/ *(pej)* **VI** caqueter, jacasser ◆ **what are you ~ing (on) about?** qu'est-ce que tu racontes ? **N** caquetage *m*

**yah** * /jɑː/ **EXCL** **a** *(= yes)* ouais ! * **b** *(defiance)* (also **yah boo**) na ! **COMP** ▷ **yah-boo politics** **N** politique *f* de provocation

**yahoo** /jɑːˈhuː/ **N** butor *m*, rustre *m*

**yak**[1] /jæk/ **N** *(Zool)* yak *or* yack *m*

**yak**[2] * /jæk/ ⇒ **yackety-yak** ; → **yack**

**Yakuza** /jəˈkuːzə/ **N** *(= person)* yakusa *m pl inv* **NPL** **the Yakuza** *(= organization)* les yakusa *mpl* **COMP** ▷ **Yakuza boss** **N** chef *m* yakusa

**Yale** ® /jeɪl/ **N** (also **Yale lock**) serrure *f* à barillet *or* à cylindre

**y'all** * /yɔːl/ **PRON** *(US)* vous (autres)

**yam** /jæm/ **N** **a** *(= plant, tuber)* igname *f* **b** *(US = sweet potato)* patate *f* douce

**yammer** * /ˈjæməʳ/ **VI** jacasser

**yang** /jæŋ/ **N** *(Philos)* yang *m*

**Yangtze** /ˈjæŋksɪ/ **N** Yang-Tsê Kiang *m*

**Yank** ‡ /jæŋk/ (abbrev of **Yankee**) **ADJ** amerloque ‡, ricain ‡ *(pej)* **N** Amerloque ‡ *mf*, Ricain(e) ‡ *m(f) (pej)*

**yank** /jæŋk/ **N** coup *m* sec, saccade *f* **VT** tirer d'un coup sec ◆ **he ~ed open the door** il ouvrit la porte d'un coup sec

► **yank off** * **VT SEP** *(= detach)* arracher *or* extirper (d'un coup sec)

► **yank out** * **VT SEP** arracher *or* extirper (d'un coup sec)

**Yankee** * /ˈjæŋkɪ/ **N** *(Hist)* Yankee *mf* ; *(esp pej)* yankee *mf* **ADJ** yankee *f inv* ◆ **~ Doodle** *chanson populaire de la Révolution américaine*

> **Yankee**
>
> En Europe, le terme **Yankee** désigne tout Américain, mais aux États-Unis, il est réservé aux habitants du nord du pays. Dans les États du Nord, on dit même que les seuls véritables **Yankees** sont ceux de la Nouvelle-Angleterre. Le mot a été employé pour la première fois dans la chanson « **Yankee** Doodle », écrite par un Anglais pour se moquer des Américains, mais, à l'époque de la Révolution américaine, les soldats du général Washington ont fait de cette chanson un hymne patriotique.

**yap** /jæp/ *(pej)* **VI** *[dog]* japper ; * *[person]* jacasser **N** jappement *m*

**yapping** /ˈjæpɪŋ/ *(pej)* **ADJ** *[dog]* jappeur ; *[person]* jacasseur **N** *[of dog]* jappements *mpl* ; *[of person]* jacasserie *f*

**yappy** * /ˈjæpɪ/ **ADJ** ◆ **a ~ little dog** un petit chien qui n'arrête pas de japper

**Yarborough** /ˈjɑːbrə/ **N** *(Bridge etc) main ne contenant aucune carte supérieure au neuf*

**yard**[1] /jɑːd/ **N** **a** yard *m (91,44 cm)*, ≃ mètre *m* ◆ **one ~ long** long d'un yard, ≃ long d'un mètre ◆ **20 ~s away (from us)** à une vingtaine de mètres (de nous) ◆ **he can't see a ~ in front of him** il ne voit pas à un mètre devant lui ◆ **to buy cloth by the ~** ≃ acheter de l'étoffe au mètre ◆ **how many ~s would you like?** ≃ quel métrage désirez-vous ? ◆ **a word a ~ long** un mot qui n'en finit plus ◆ **an essay ~s long** une dissertation-fleuve ◆ **with a face a ~ long** faisant une tête longue comme ça ◆ **sums by the ~** des calculs à n'en plus finir ◆ **to give sb the whole nine ~s** * y mettre le paquet * **b** *(Naut)* vergue *f*

**yard**[2] /jɑːd/ **N** **a** *[of farm, hospital, prison, school]* cour *f* ; *(surrounded by the building: in monastery, hospital)* préau *m* ◆ **back ~** arrière-cour *f* ; → **farmyard** **b** *(= work-site)* chantier *m* ; *(for storage)* dépôt *m* ◆ **builder's/shipbuilding ~** chantier *m* de construction/de construction(s) navale(s) ◆ **coal/contractor's ~** dépôt *m* de charbon/de matériaux de construction ; → **dockyard, goods** **c** *(Brit)* **the Yard, Scotland Yard** Scotland Yard *m* ◆ **to call in the Yard** demander l'aide de Scotland Yard **d** *(US) (= garden)* jardin *m* ; *(= field)* champ *m* **e** *(= enclosure for animals)* parc *m* ; → **stockyard** **COMP** ▷ **yard sale** **N** *(US)* vide-grenier *m* ; → CAR-BOOT SALE, GARAGE SALE

**yardage** /ˈjɑːdɪdʒ/ **N** longueur *f* en yards, ≃ métrage *m*

**yardarm** /ˈjɑːdɑːm/ **N** *(Naut) les extrémités d'une vergue*

**yardbird** ‡ /ˈjɑːdbɜːd/ **N** *(US) (= soldier)* bidasse *m* empoté * *(qui est souvent de corvée)* ; *(= convict)* taulard ‡ *m*

**Yardie** * /ˈjɑːdɪ/ **N** *(Brit)* Yardie *m (membre d'une organisation criminelle d'origine jamaïcaine)*

**yardmaster** /ˈjɑːdmɑːstəʳ/ **N** *(US Rail)* chef *m* de triage

**yardstick** /ˈjɑːdstɪk/ **N** *(fig)* mesure *f* ◆ **a ~ of efficiency/success** un critère d'efficacité/de succès ◆ **they are trying to establish a ~ for the level of violence** ils essaient d'établir des critères pour évaluer le niveau de violence ◆ **he had no ~ by** *or* **against which to judge it** il n'avait aucun moyen de comparaison pour en juger

**yarmulke** /ˈjɑːmʊlkə/ **N** kippa *f*

**yarn** /jɑːn/ **N** **a** fil *m* ; *(Tech: for weaving)* filé *m* ◆ **cotton/nylon ~** fil *m* de coton/de nylon ® **b** *(= tale)* longue histoire *f* ; → **spin** **VI** raconter *or* débiter des histoires

**yarrow** /ˈjærəʊ/ **N** mille-feuille *f*, achillée *f*

**yashmak** /ˈjæʃmæk/ **N** litham *m*

**yaw** /jɔː/ **VI** *(Naut) (suddenly)* faire une embardée, embarder ; *(gradually)* dévier de la route ; *(Aviat, Space)* faire un mouvement de lacet

**yawl** /jɔːl/ **N** *(Naut) (= sailing boat)* yawl *m* ; *(= ship's boat)* yole *f*

**yawn** /jɔːn/ **VI** **a** *[person]* bâiller ◆ **to ~ with boredom** bâiller d'ennui **b** *[chasm etc]* s'ouvrir **VT** ◆ **to ~ one's head off** bâiller à se décrocher la mâchoire ◆ **"no", he ~ed** "non", dit-il en bâillant **N** bâillement *m* ◆ **to give a ~** bâiller ◆ **the film is one long ~** * ce film est ennuyeux de bout en bout ; → **stifle**

**yawning** /ˈjɔːnɪŋ/ **ADJ** *[chasm]* béant ; *[person]* qui bâille **N** bâillements *mpl*

**yawp** /jɔːp/ (US) N a (* = yelp) braillement * m ◆ **to give a ~** brailler * b (‡ = chatter) papotage m ◆ **to have a ~** bavasser * (pej) VI a (* = yelp) brailler * b (‡ = chatter) bavasser * (pej)

**yaws** /jɔːz/ N (Med) pian m

**yay** * /yeɪ/ EXCL chouette !

**yd** abbrev of **yard**

**ye**[1] /jiː/ PERS PRON (††, liter, dial) vous ◆ ~ **gods!** * grands dieux ! *, ciel ! (hum)

**ye**[2] †† /jiː/ DEF ART (= the) ancienne forme écrite

**yea** /jeɪ/ ADV a (frm = yes) oui ◆ **to say ~ to sth** dire oui à qch ◆ ~ **or nay** oui ou non b (†† = indeed) en vérité N oui m ◆ **the ~s and the nays** les voix fpl pour et les voix fpl contre, les oui mpl et les non mpl

**yeah** * /jɛə/ PARTICLE ouais *, oui ◆ **oh ~?** (iro) et puis quoi encore ? ◆ **~, (that'll be) right!** c'est ça !, tu parles ! *

**year** /jɪəʳ/ N a an m, année f ◆ **next ~** l'an m prochain, l'année f prochaine ◆ **last ~** l'an m dernier, l'année f dernière ◆ **this ~** cette année ◆ **they intend to complete the project when the conditions are right: this ~, next ~, sometime, never?** ils prévoient d'achever le projet quand les conditions seront propices : mais combien de temps faudra-t-il attendre ? ◆ **document valid one ~** document m valable (pendant) un an ◆ **taking the good ~s with the bad** bon an mal an ◆ **a ~ (ago) last January** il y a eu un an au mois de janvier (dernier) ◆ **a ~ in January, a ~ next January** il y aura un an en janvier (prochain) ◆ **it costs £500 a ~** cela coûte 500 livres par an ◆ **he earns £15,000 a ~** il gagne 15 000 livres par an ◆ **three times a ~** trois fois par an or l'an ◆ **all the ~ round** toute l'année ◆ **as (the) ~s go (or went) by** au cours or au fil des années ◆ **~ in, ~ out** année après année ◆ **over the ~s** au cours or au fil des années ◆ **~ by ~** d'année en année ◆ **to pay by the ~** payer à l'année ◆ **every ~, each ~** tous les ans, chaque année ◆ **every other ~, every second ~** tous les deux ans ◆ **~ on ~** (+ noun) annuel ; (+ verb) annuellement, chaque année ◆ **~s (and ~s *) ago** il y a (bien) des années ◆ **for ~s together** or **on end** * plusieurs années de suite ◆ **they have not met for ~s** ils ne se sont pas vus depuis des années ◆ **I haven't laughed so much for** or **in** * **~s** ça fait des années que je n'ai pas autant ri ◆ **I haven't seen him for** or **in** * **~s** ça fait des années or des lustres * que je ne l'ai (pas) vu ◆ **it took us ~s * to find the restaurant** (fig) il (nous) a fallu un temps fou pour trouver le restaurant ◆ **from ~ to ~** d'année en année ◆ **from one ~ to the next** d'une année à l'autre ◆ **from ~('s) end to ~('s) end** d'un bout de l'année à l'autre ◆ **in the ~ of grace** or **of Our Lord 1492** (frm) en l'an de grâce 1492 ◆ **in the ~ 1869** en 1869 ◆ **in the ~ two thousand** en l'an deux mille ◆ **a friend of 30 ~s' standing** un ami de 30 ans or que l'on connaît (or connaissait etc) depuis 30 ans ; → **after, donkey, New Year, old**

b (referring to age) **he is six ~s old** or **six ~s of age** il a six ans ◆ **in his fortieth ~** dans sa quarantième année ◆ **from his earliest ~s** dès son âge le plus tendre ◆ **he looks old for his ~s** il fait or paraît plus vieux que son âge ◆ **young for his ~s** jeune pour son âge ◆ **she is very active for (a woman of) her ~s** elle est très active pour (une femme de) son âge ◆ **well on in ~s** d'un âge avancé ◆ **to get on in ~s** prendre de l'âge ◆ **to grow in ~s** (liter) avancer en âge ◆ **it's put ~s on me!** cela m'a vieilli de vingt ans !, cela m'a fait prendre un coup de vieux * ◆ **changing your hairstyle can take ten ~s off you** changer de coiffure peut vous rajeunir de dix ans ◆ **it's taken ~s off my life!** cela m'a vieilli de vingt ans ! ◆ **I feel ten ~s younger** j'ai l'impression d'avoir dix ans de moins or d'avoir rajeuni de dix ans

c (Scol, Univ) année f ◆ **he is first in his ~** il est le premier de son année ◆ **she was in my ~ at school/university** elle était de mon année au lycée/à l'université ◆ **he's in (the) second ~** (Univ) il est en deuxième année ; (secondary school) ≃ il est en cinquième ◆ **the academic ~ 2000/2001** l'année f universitaire 2000/2001 ◆ **the first ~s study French and Spanish** (Brit = pupil) ≃ les élèves de sixième étudient le français et l'espagnol

d (Prison) an m ◆ **he got ten ~s** il en a pris pour dix ans *, on l'a condamné à dix ans de prison ◆ **sentenced to 15 ~s' imprisonment** condamné à 15 ans de prison

e [of coin, stamp, wine] année f

f (Fin) ◆ **financial ~** exercice m financier ◆ **tax ~** exercice m fiscal, année f fiscale

COMP ▷ **year end** N (Comm, Fin) clôture f or fin f de l'exercice ◆ **~ end report/accounts** rapport m/comptes mpl de fin d'exercice ▷ **year head** N (Brit Scol) conseiller m, -ère f (principal(e)) d'éducation ▷ **year-long** ADJ qui dure toute une année ▷ **year-round** ADJ [resident, population] qui réside toute l'année ; [work] qui dure toute l'année ; [facilities] ouvert toute l'année ▷ **year tutor** N (Brit Scol) ⇒ **year head**

**yearbook** /ˈjɪəbʊk/ N annuaire m (d'une université, d'un organisme etc)

**yearling** /ˈjɪəlɪŋ/ N animal m d'un an ; (= racehorse) yearling m ADJ (âgé) d'un an

**yearly** /ˈjɪəlɪ/ ADJ annuel ADV a (= every year) chaque année, tous les ans ◆ **twice ~** deux fois par an ◆ **twice-~** semestriel b (= per year) [produce, spend] par an

**yearn** /jɜːn/ VI a (= feel longing) languir (for, after après), aspirer (for, after à) ◆ **to ~ for home** avoir la nostalgie de chez soi or du pays ◆ **to ~ to do sth** avoir très envie or mourir d'envie de faire qch, aspirer à faire qch b (= feel tenderness) s'attendrir, s'émouvoir (over sur)

**yearning** /ˈjɜːnɪŋ/ N désir m ardent or vif (for, after de ; to do sth de faire qch) envie f (for, after de ; to do sth de faire qch) aspiration f (for, after vers ; to do sth à faire qch) ADJ [desire] vif, ardent ; [look] plein de désir or de tendresse

**yearningly** /ˈjɜːnɪŋlɪ/ ADV (= longingly) avec envie, avec désir ; (= tenderly) avec tendresse, tendrement

**yeast** /jiːst/ N (NonC) levure f ◆ **dried ~** levure f déshydratée COMP ▷ **yeast extract** N extrait m de levure de bière ▷ **yeast infection** N candidose f

**yeasty** /ˈjiːstɪ/ ADJ [flavour, taste, smell] de levure ; [bread] qui sent la levure ; (= frothy) écumeux

**yec(c)h** ‡ /jek/ EXCL (US) berk or beurk !

**yegg** ‡ /jeg/ N (US: also **yeggman**) cambrioleur m, casseur ‡ m

**yeh** * /jeə/ PARTICLE ⇒ **yeah**

**yell** /jel/ N hurlement m, cri m ◆ **a ~ of fright** un hurlement or un cri d'effroi ◆ **a ~ of pain** un hurlement or un cri de douleur ◆ **a ~ of alarm/dismay** un cri d'inquiétude/de désarroi ◆ **to give** or **let out a ~** pousser un hurlement or un cri ◆ **college ~** (US Univ) ban m d'étudiants VI (also **yell out**) hurler (with de) ◆ **to ~ at sb** crier après qn ◆ **to ~ with pain** hurler de douleur VT (also **yell out**) hurler ◆ **he ~ed out that he was hurt** il hurla qu'il était blessé ◆ **"stop it!", he ~ed** "arrêtez !" hurla-t-il ◆ **to ~ abuse** hurler des injures

**yelling** /ˈjelɪŋ/ N hurlements mpl, cris mpl ADJ hurlant

**yellow** /ˈjeləʊ/ ADJ a (in colour) [object etc] jaune ; [hair, curls] blond ◆ **to go** or **turn** or **become** or **grow ~** devenir jaune, jaunir ; see also **n, canary**

b (fig pej = cowardly) lâche ◆ **there was a ~ streak in him** il avait un côté lâche

N (also of egg) jaune m

VI jaunir

VT jaunir ◆ **paper ~ed with age** papier m jauni par le temps

COMP ▷ **yellow-bellied** ‡ ADJ froussard, trouillard ▷ **yellow-belly** ‡ N (pej) froussard(e) * m(f), trouillard(e) ‡ m(f) ▷ **yellow brick road** N (fig) voie f du succès ▷ **yellow card** N (Ftbl) carton m jaune ▷ **yellow-card** VT donner un carton jaune à ◆ **he was ~-carded** il a reçu un carton jaune ▷ **yellow-dog contract** N (US Ind Hist) contrat m interdisant de se syndiquer (aujourd'hui illégal) ▷ **yellow fever** N (Med) fièvre f jaune ▷ **yellow flag** N (Naut) pavillon m de quarantaine ▷ **yellow jack** * N (Naut) ⇒ **yellow flag** ▷ **yellow jersey** N maillot m jaune ▷ **yellow line** N (Aut) ligne f jaune ◆ **double ~ lines** bandes jaunes indiquant l'interdiction de stationner ▷ **yellow metal** N (= gold) métal m jaune ; (= brass) cuivre m jaune ▷ **yellow ochre** N ocre f jaune ▷ **Yellow Pages** ® NPL (Telec) pages fpl jaunes ▷ **the yellow peril** † N (Pol) le péril jaune ▷ **yellow press** † N (Press) presse f à sensation ▷ **yellow rain** N (Ind, Ecol) pluie f jaune ▷ **the Yellow River** N le fleuve Jaune ▷ **the Yellow Sea** N la mer Jaune ▷ **yellow soap** N savon m de Marseille ▷ **yellow spot** N (Anat) tache f jaune ▷ **yellow wagtail** N (Orn) bergeronnette f flavéole

**yellowhammer** /ˈjeləʊˌhæməʳ/ N (Orn) bruant m jaune

**yellowish** /ˈjeləʊɪʃ/ ADJ tirant sur le jaune, jaunâtre (pej) ◆ **~ brown** d'un brun tirant sur le jaune, brun jaunâtre inv (pej) ◆ **~ green** d'un vert tirant sur le jaune, vert jaunâtre inv (pej)

**yellowness** /ˈjeləʊnɪs/ N (NonC) a (= colour) [of object] couleur f jaune, jaune m ; [of skin] teint m jaune b (* pej = cowardice) lâcheté f, trouillardise ‡ f

**yellowy** /ˈjeləʊɪ/ ADJ ⇒ **yellowish**

**yelp** /jelp/ N [of animal] glapissement m ; [of person] cri m ◆ **to let out a ~** [person] crier ; [animal] glapir VI [person] crier ; [animal] glapir

**yelping** /ˈjelpɪŋ/ N [of animal] glapissement m ; [of person] cri m

**Yemen** /ˈjemən/ N ◆ **(the) ~** le Yémen ◆ **North/South ~** le Yémen du Nord/Sud

**Yemeni** /ˈjemənɪ/, **Yemenite** /ˈjemənaɪt/ ADJ (gen) yéménite ; [ambassador, embassy] du Yémen ◆ **North/South ~** yéménite or du Yémen du Nord/Sud N Yéménite mf ◆ **North/South ~** Yéménite mf du Nord/Sud

**yen**[1] /jen/ N (pl inv = money) yen m

**yen**[2] * /jen/ N désir m intense, grande envie f (for de) ◆ **to have a ~ to do sth** avoir (grande) envie de faire qch

**yenta** * /ˈjentə/ N (US pej) commère f

**yeoman** /ˈjəʊmən/ (pl **-men**) N a (Hist = freeholder) franc-tenancier m b (Brit Mil) cavalier m ; → **yeomanry** COMP ▷ **yeoman farmer** N (Hist) franc-tenancier m ; (modern) propriétaire m exploitant ▷ **Yeoman of the Guard** N (Brit) hallebardier m de la garde royale ▷ **yeoman service** N (fig) ◆ **to do** or **give ~ service** rendre des services inestimables

**yeomanry** /ˈjəʊmənrɪ/ N (NonC) a (Hist) (classe *f* des) francs-tenanciers *mpl* b (Brit Mil) *régiment de cavalerie (volontaire)*

**yeomen** /ˈjəʊmən/ NPL of **yeoman**

**yep** * /jep/ PARTICLE ouais *, oui

**yer** ‡ /jɜːʳ/ PRON ⇒ **your**

**yes** /jes/ PARTICLE *(answering affirmative question)* oui ; *(answering negative question)* si ◆ **do you want some? – ~!** en voulez-vous ? — oui ! ◆ **don't you want any? – ~ (I do)!** vous n'en voulez pas ? — (mais) si ! ◆ **~ of course, ~ certainly** mais oui ◆ **~ and no** oui et non ◆ **oh ~, you did say that** *(contradicting)* si si *or* mais si, vous avez bien dit cela ◆ **~?** *(awaiting further reply)* (ah) oui ?, et alors ? ; *(answering knock at door)* oui ?, entrez ! ◆ **waiter! – ~ sir?** garçon ! — (oui) Monsieur ? ◆ **~!** * *(in triumph)* ouah ! * ; → **say** N oui *m inv* ◆ **he gave a reluctant ~** il a accepté de mauvaise grâce

COMP ▷ **yes man** * N (pl **yes men**) *(pej)* béni-oui-oui * *m inv (pej)* ◆ **he's a ~ man** il dit amen à tout ▷ **yes-no question** N *(Ling)* question *f* fermée

**yeshiva(h)** /jəˈʃiːvə/ N (pl **yeshiva(h)s** *or* **jeshivoth** /jəˈʃiːvɒt/) yeshiva *f*

**yesterday** /ˈjestədeɪ/ ADV a *(lit) (= day before today)* hier ◆ **it rained ~** il a plu hier ◆ **all (day) ~** toute la journée d'hier ◆ **late ~** hier dans la soirée ◆ **he arrived only ~** il n'est arrivé qu'hier ◆ **a week from ~** dans une semaine à compter d'hier ◆ **the news was announced a week ago ~** il y avait une semaine hier que la nouvelle avait été annoncée ◆ **I had to have it by ~** *or* **no later than ~** il fallait que je l'aie hier au plus tard ◆ **when do you need it by? – ~!** *(hum)* il vous le faut pour quand ? — hier ! *(hum)* ; → **born, day**

b *(fig = in the past)* hier, naguère ◆ **towns which ~ were villages** des villes qui étaient hier *or* naguère des villages

N a *(lit = day before today)* hier *m* ◆ **~ was the second** c'était hier le deux ◆ **~ was Friday** c'était hier vendredi ◆ **~ was very wet** il a beaucoup plu hier ◆ **~ was a bad day for him** la journée d'hier s'est mal passée pour lui ◆ **the day before ~** avant-hier *m* ◆ **where's ~'s newspaper?** où est le journal d'hier ?

b *(fig = the past)* hier *m*, passé *m* ◆ **the great men of ~** tous les grands hommes du passé *or* d'hier ◆ **all our ~s** *(liter)* tout notre passé

COMP ▷ **yesterday afternoon** ADV hier après-midi ▷ **yesterday evening** ADV hier (au) soir ▷ **yesterday morning** ADV hier matin ▷ **yesterday week** * ADV *(Brit)* il y a eu huit jours hier

**yesternight** †† /ˈjestəˈnaɪt/ N, ADV la nuit dernière, hier soir

**yesteryear** /ˈjestəˈjɪəʳ/ N *(esp liter)* les années *fpl* passées ◆ **the cars/hairstyles/fashions of ~** les voitures *fpl*/coiffures *fpl*/modes *fpl* d'antan

**yet** /jet/ LANGUAGE IN USE 26.3

ADV a *(= by this time: with neg)* ◆ **not ~** pas encore ◆ **they haven't (as) ~ returned, they haven't returned (as) ~** ils ne sont pas encore de retour ◆ **they hadn't (as) ~ managed to do it** ils n'étaient pas encore arrivés à le faire ◆ **no one has come (as) ~** personne n'est encore arrivé ◆ **no one had come (as) ~** jusqu'alors *or* jusque-là personne n'était (encore) venu ◆ **we haven't come to a decision ~** nous ne sommes pas encore parvenus à une décision ◆ **I don't think any decision has been reached as ~** je ne pense pas qu'on soit déjà parvenu à une décision ◆ **are you coming? – not just ~** est-ce que vous venez ? — pas tout de suite ◆ **don't come in (just) ~** n'entrez pas tout de suite *or* pas pour l'instant ◆ **I needn't go (just) ~** je n'ai pas besoin de partir tout de suite ◆ **that won't happen (just) ~, that won't happen (just) ~ awhile(s)** * ça n'est pas pour tout de suite ◆ **you ain't seen nothing ~** * *(hum)* vous n'avez encore rien vu

b *(= already: in questions)* déjà ◆ **have you had your lunch ~?** avez-vous déjà déjeuné ? ◆ **I wonder if he's come ~** je me demande s'il est déjà arrivé *or* s'il est arrivé maintenant ◆ **must you go just ~?** faut-il que vous partiez *subj* déjà ?

c *(= so far: with superl)* jusqu'à présent, jusqu'ici ◆ **she's the best teacher we've had ~** c'est le meilleur professeur que nous ayons eu jusqu'à présent *or* jusqu'ici ◆ **the best book ~ written** le meilleur livre qui ait jamais été écrit

d *(= still)* encore ◆ **he may come ~** *or* **~ come** il peut encore venir ◆ **he could come ~** il pourrait encore venir ◆ **his plan may ~ fail** son plan peut encore échouer ◆ **we'll make a footballer of you ~** nous finirons pas faire un footballeur de toi ◆ **there is hope for me ~** *(gen hum)* tout n'est pas perdu pour moi ◆ **I'll speak to her ~** je finirai bien par lui parler ◆ **I'll do it ~** j'y arriverai bien quand même ◆ **he has ~ to learn** il a encore à apprendre, il lui reste à apprendre ◆ **I have ~ to see one** je n'en ai encore jamais vu ◆ **Mr Lea has** *or* **is ~ to score** Lea n'a pas encore marqué de points ◆ **his guilt is ~ to be proved** sa culpabilité reste à prouver ◆ **there were revelations ~ to come** des révélations devaient encore arriver ◆ **she is ~ alive** *or* **alive ~** *(liter)* elle est encore vivante, elle vit encore ◆ **for all I know he is there ~** autant que je sache il est encore *or* toujours là

e *(= from now)* ◆ **we've got ages ~** nous avons encore plein de temps ◆ **it'll be ages ~ before she's ready** il va encore lui falloir des heures pour se préparer ◆ **we'll wait for five minutes ~** nous allons attendre encore cinq minutes ◆ **it won't be dark for half an hour ~** il ne fera pas nuit avant une demi-heure ◆ **I'll be here for a (long) while ~** *or* **for a long time ~** je resterai ici encore un bon bout de temps ◆ **he won't be here for a (long) while ~** *or* **for a long time ~** il ne sera pas ici avant longtemps ◆ **for some time ~** pour encore pas mal de temps ◆ **not for some time ~** pas avant un certain temps ◆ **they have a few days ~** ils ont encore *or* il leur reste encore quelques jours ◆ **there's another bottle ~** il reste encore une bouteille

f *(= even: with compar)* ◆ **~ more people** encore plus de gens ◆ **he wants ~ more money** il veut encore plus *or* encore davantage d'argent ◆ **this week it's been work, work and ~ more work** cette semaine, ça a été du travail, encore du travail et toujours plus de travail ◆ **~ louder shouts** des cris encore plus forts ◆ **these remains date back ~ further** ces vestiges remontent à encore plus longtemps ◆ **the latest results were better/worse ~** les tout derniers résultats étaient encore meilleurs/pires ◆ **~ again, ~ once more** une fois de plus ◆ **she was ~ another victim of racism** c'était une victime de plus du racisme ◆ **another arrived and ~ another** il en est arrivé un autre et encore un autre

g *(frm)* ◆ **not he nor ~ I** ni lui ni moi ◆ **I do not like him nor ~ his sister** je ne les aime ni lui ni sa sœur, je ne l'aime pas et sa sœur non plus *or* et sa sœur pas davantage ◆ **they did not come nor ~ (even) write** ils ne sont pas venus et ils n'ont même pas écrit

CONJ *(= however)* cependant, pourtant ; *(= nevertheless)* toutefois, néanmoins ◆ **(and) ~ everyone liked her** (et) pourtant *or* néanmoins tout le monde l'aimait, mais tout le monde l'aimait quand même ◆ **(and) ~ I like the house** (et) malgré tout *or* (et) pourtant *or* (et) néanmoins j'aime bien la maison ◆ **it's strange ~ true** c'est étrange mais pourtant vrai *or* mais vrai tout de même

**yeti** /ˈjetɪ/ N yéti *or* yeti *m*

**yew** /juː/ N a (also **yew tree**) if *m* b *(= wood)* (bois *m* d')if *m* COMP *[bow etc]* en bois d'if

**YHA** /ˌwaɪeɪtʃˈeɪ/ N *(Brit)* (abbrev of **Youth Hostels Association**) *auberges de jeunesse du pays de Galles et de l'Angleterre*, ≃ FUAJ *f*

**Yid** *‡ /jɪd/ N *(pej)* youpin(e) *‡ *m(f)* *(pej)*

**Yiddish** /ˈjɪdɪʃ/ ADJ yiddish *inv* N *(Ling)* yiddish *m*

**yield** /jiːld/ N *[of land, farm, field, tree, industry, mine]* production *f* ; *(per unit)* rendement *m* ; *[of oil well]* débit *m* ; *[of labour]* produit *m*, rendement *m* ; *[of tax]* recettes *fpl* ; *[of business, shares]* rapport *m*, rendement *m* ◆ **~ per hectare/year** *etc* rendement *m* à l'hectare/l'année *etc* ◆ **the ~ of this land/orchard** *etc* **is ...** ce terrain/verger *etc* produit ...

VT a *(= produce, bring in) [earth, mine, oil well]* produire ; *[farm, field, land, orchard, tree]* rendre, produire, rapporter ; *[labour, industry]* produire ; *[business, investments, tax, shares]* rapporter ◆ **to ~ a profit** rapporter un profit *or* un bénéfice ◆ **that land ~s no return** cette terre ne rend pas ◆ **shares ~ing high interest** *(Fin)* actions *fpl* à gros rendement *or* d'un bon rapport ◆ **shares ~ing 10%** actions *fpl* qui rapportent 10% ◆ **to ~ results** donner *or* produire des résultats ◆ **this ~ed many benefits** bien des bénéfices en ont résulté

b *(= surrender, give up) [+ ground, territory]* céder ; *[+ fortress, territory]* abandonner (*to* à) ; *[+ ownership, rights]* céder (*to* à), renoncer à (*to* en faveur de) ; *[+ control]* renoncer à (*to* en faveur de) ◆ **to ~ ground to sb** *(Mil, fig)* céder du terrain à qn ◆ **to ~ the floor to sb** *(fig)* laisser la parole à qn ◆ **to ~ a point to sb** concéder un point à qn, céder à qn sur un point ◆ **to ~ the right of way to sb** *(esp US Aut)* céder le passage à qn ◆ **to ~ obedience/thanks to sb** *(frm)* rendre obéissance/grâces à qn *(frm)*

VI a *(= give produce, bring in revenue) [farm, field, land, orchard, tree]* rendre ; *[business, investments, tax, shares]* rapporter ; *[labour, industry, mine, oil well]* produire ◆ **a field that ~s well** un champ qui donne un bon rendement *or* qui rend bien ◆ **land that ~s poorly** une terre qui rend peu *or* mal, une terre à faible rendement

b *(= surrender, give in)* céder (*to* devant, à), se rendre (*to* à) ◆ **we shall never ~** nous ne céderons jamais, nous ne nous rendrons jamais ◆ **they begged him but he would not ~** ils l'ont supplié mais il n'a pas cédé *or* il ne s'est pas laissé fléchir ◆ **they ~ed to us** *(Mil etc)* ils se rendirent à nous ◆ **to ~ to force** céder devant la force ◆ **to ~ to superior forces** céder devant *or* à des forces supérieures ◆ **to ~ to superior numbers** céder au nombre ◆ **to ~ to reason** se rendre à la raison ◆ **to ~ to an impulse** céder à une impulsion ◆ **to ~ to sb's entreaties** céder aux prières *or* instances de qn ◆ **to ~ to sb's threats** céder devant les menaces de qn ◆ **to ~ to sb's argument** se rendre aux raisons de qn ◆ **to ~ to temptation** céder *or* succomber à la tentation ◆ **he ~ed to nobody in courage** *(liter)* il ne le cédait à personne pour le courage *(liter)* ◆ **I ~ to nobody in my admiration for ...** personne plus que moi n'admire ...

c *(= collapse, give way) [branch, door, ice, rope]* céder ; *[beam]* céder, fléchir ; *[floor, ground]* s'affaisser ; *[bridge]* céder, s'affaisser ◆ **to ~ under pressure** céder à la pression d (US Aut) céder le passage

► **yield up** VT SEP (esp liter) [+ secrets] livrer ◆ **to ~ o.s. up to temptation** céder *or* succomber à la tentation ◆ **to ~ up the ghost** rendre l'âme

**yielding** /ˈjiːldɪŋ/ ADJ a (fig) [person] complaisant, accommodant b (lit = soft, flexible) [floor, ground, surface] mou (molle *f*), élastique N (NonC = surrender) [of person] soumission *f*; [of town, fort] reddition *f*, capitulation *f*; [of right, goods] cession *f*

**yike(s)** * /jaɪk(s)/ EXCL (esp US) mince ! *

**yin** /jɪn/ N (Philos) yin *m* ◆ **~-yang symbol** symbole *m* du yin et du yang

**yip** /jɪp/ (US) ⇒ **yelp**

**yipe(s)** * /jaɪp(s)/ EXCL (esp US) ⇒ **yike(s)**

**yippee** ‡ /jɪˈpiː/ EXCL hourra !

**YMCA** /ˌwaɪemsiːˈeɪ/ N (abbrev of **Young Men's Christian Association**) YMCA *m*

**yo** ‡ /jəʊ/ EXCL (esp US) salut ! *

**yob** ‡ /ˈjɒb/ N (Brit pej) loubard * *m*

**yobbish** * /ˈjɒbɪʃ/ ADJ (Brit pej) [behaviour] de loubard * ◆ **a ~ young man** un jeune loubard *

**yobbo** ‡ /ˈjɒbəʊ/ N (Brit) ⇒ **yob**

**yock** ‡ /jɒk/ (US) N gros rire *m*, rire *m* gras VT ◆ **to ~ it up** rigoler *, s'esclaffer

**yod** /jɒd/ N (Phon) yod *m*

**yodel** /ˈjəʊdl/ VI jodler *or* iodler, faire des tyroliennes N (= song, call) tyrolienne *f*

**yoga** /ˈjəʊɡə/ N yoga *m*

**yoghurt** /ˈjəʊɡət/ N ⇒ **yogurt**

**yogi** /ˈjəʊɡɪ/ N (pl **yogis** *or* **yogin** /ˈjəʊɡɪn/) yogi *m*

**yogic flying** /ˌjəʊɡɪkˈflaɪɪŋ/ N *lévitation pratiquée par les adeptes d'une forme de yoga*

**yogurt** /ˈjəʊɡət/ N yaourt *m*, yogourt *m* COMP ▷ **yogurt-maker** N yaourtière *f*

**yo-heave-ho** /ˈjəʊˈhiːvˈhəʊ/ EXCL (Naut) oh hisse !

**yoke** /jəʊk/ N (pl **yokes** *or* **yoke**) a (for oxen) joug *m*; (for carrying pails) palanche *f*, joug *m*; (on harness) support *m* de timon b (fig = dominion) joug *m* ◆ **the ~ of slavery** le joug de l'esclavage ◆ **the communist ~** le joug communiste ◆ **to come under the ~ of** tomber sous le joug de ◆ **to throw off** *or* **cast off the ~** secouer le joug c (pl inv = pair) attelage *m* ◆ **a ~ of oxen** une paire de bœufs d [of dress, blouse] empiècement *m* e (Constr) [of beam] moise *f*, lien *m*; (Tech) bâti *m*, carcasse *f* VT (also **yoke up**) [+ oxen] accoupler; [+ ox etc] mettre au joug; [+ pieces of machinery] accoupler; (fig: also **yoke together**) unir ◆ **to ~ oxen (up) to the plough** atteler des bœufs à la charrue COMP ▷ **yoke oxen** NPL bœufs *mpl* d'attelage

**yokel** /ˈjəʊkəl/ N (pej) rustre *m*, péquenaud *m*

**yolk** /jəʊk/ N (Culin) jaune *m* (d'œuf); (Bio) vitellus *m* COMP ▷ **yolk sac** N (Bio) membrane *f* vitelline

**Yom Kippur** /ˌjɒmkɪˈpʊəʳ/ N Yom Kippour *m*

**yomp** * /jɒmp/ VI (Mil) crapahuter

**yon** /jɒn/ ADJ (††, liter, dial) ⇒ **yonder adj**

**yonder** /ˈjɒndəʳ/ ADV († *or* dial) là(-bas) ◆ **up ~** là-haut ◆ **over ~** là-bas ◆ **down ~** là-bas en bas ADJ (liter) ce ...-là, ce ... là-bas ◆ **from ~ house** de cette maison-là, de cette maison là-bas

**yonks** * /jɒŋks/ NPL (Brit) ◆ **for ~** très longtemps ◆ **I haven't seen him for ~** ça fait une éternité *or* une paye * que je ne l'ai pas vu

**yoof** * /juːf/ N (hum) ⇒ **youth**

**yoo-hoo** * /ˈjuːˈhuː/ EXCL ohé !, hou hou !

**YOP** (Brit) (formerly) /jɒp/ N (abbrev of **Youth Opportunities Programme**) → **youth**

**yore** /jɔːʳ/ N (liter) ◆ **of ~** d'antan (liter), (d')autrefois ◆ **in days of ~** au temps jadis

**Yorks** /jɔːks/ abbrev of **Yorkshire**

**Yorkshire** /ˈjɔːkʃəʳ/ N Yorkshire *m* ◆ **in ~** dans le Yorkshire COMP ▷ **Yorkshire pudding** N (Brit Culin) *pâte à crêpe cuite qui accompagne un rôti de bœuf* ▷ **Yorkshire terrier** N yorkshire-terrier *m*

**you** /juː/ PERS PRON a (subject) tu, vous, vous *pl*; (object or indirect object) te, vous, vous *pl*; (stressed and after prep) toi, vous, vous *pl* ◆ **~ are very kind** vous êtes très gentil ◆ **I'll see ~ soon** je te *or* je vous verrai bientôt, on se voit bientôt ◆ **this book is for ~** ce livre est pour toi *or* vous ◆ **she is younger than ~** elle est plus jeune que toi *or* vous ◆ **~ and yours** toi et les tiens, vous et les vôtres ◆ **all of ~** vous tous ◆ **all ~ who came here** vous tous qui êtes venus ici ◆ **~ who know him** toi qui le connais, vous qui le connaissez ◆ **~ French** vous autres Français ◆ **~ two wait here!** attendez ici, vous deux ! ◆ **now ~ say something** maintenant à toi *or* à vous de parler ◆ **~ and I will go together** toi *or* vous et moi, nous irons ensemble ◆ **there ~ are!** (= you've arrived) te *or* vous voilà ! ◆ **there ~ are *, there ~ go!** * (= have this) voilà ! ◆ **if I were ~** (si j'étais) à ta *or* votre place, si j'étais toi *or* vous ◆ **between ~ and me** (lit) entre toi *or* vous et moi; (= in secret) entre nous, de toi *or* vous à moi ◆ **~ fool (~)!** imbécile (que tu es) !, espèce d'imbécile ! ◆ **~ darling!** tu es un amour ! ◆ **it's ~** c'est toi *or* vous ◆ **I like the uniform, it's very ~** * j'aime bien ton uniforme, c'est vraiment ton style *or* ça te va parfaitement ◆ **~ there!** toi *or* vous là-bas ! ◆ **never ~ mind** * (= don't worry) ne t'en fais pas *, ne vous en faites pas *; (= it's not your business) ça ne te *or* vous regarde pas, mêle-toi de tes *or* mêlez-vous de vos affaires ◆ **don't ~ go away** ne pars pas, toi !, ne partez pas, vous ! ◆ **there's a fine house for ~!** en voilà une belle maison ! ◆ **that's Australia for ~!** * qu'est-ce que tu veux, c'est ça l'Australie ! ◆ **sit ~ down** †† (or hum) assieds-toi, asseyez-vous

b (= one, anyone) (nominative) on; (accusative, dative) vous, te ◆ **~ never know, ~ never can tell** on ne sait jamais ◆ **~ never know your (own) luck** on ne connaît jamais son bonheur *or* sa chance ◆ **~ go towards the church** vous allez *or* on va vers l'église ◆ **fresh air does ~ good** l'air frais, ça fait du bien

COMP ▷ **you-all** * PRON (US) vous (autres) ▷ **you-know-who** * N qui tu sais, qui vous savez

**you'd** /juːd/ ⇒ **you had, you would**; → **have, would**

**you'll** /juːl/ ⇒ **you will**; → **will**

**young** /jʌŋ/ ADJ [person, tree, country, vegetable, wine] jeune; [appearance, smile] jeune, juvénile ◆ **~ grass** herbe *f* nouvelle ◆ **he is ~ for his age** il paraît *or* fait plus jeune que son âge ◆ **he is very ~ for this job** il est bien jeune pour ce poste ◆ **that dress is too ~ for her** cette robe fait trop jeune pour elle ◆ **children as ~ as seven** des enfants d'à peine sept ans ◆ **I'm not as ~ as I was** je ne suis plus tout(e) jeune ◆ **you're only ~ once** (Prov) jeunesse n'a qu'un temps (Prov) ◆ **~ at heart** jeune d'esprit ◆ **to die ~** mourir jeune; → **hopeful** ◆ **to marry ~** se marier jeune ◆ **he is three years ~er than you** il a trois ans de moins que vous, il est votre cadet de trois ans ◆ **my ~er brother** mon frère cadet ◆ **my ~er sister** ma sœur cadette ◆ **the ~er son of the family** le cadet de la famille ◆ **to grow** *or* **get ~er** rajeunir ◆ **we're not getting any ~er** nous ne rajeunissons pas ◆ **if I were ~er** si j'étais plus jeune ◆ **if I were ten years ~er** si j'avais dix ans de moins ◆ **~ Mr Brown** le jeune M. Brown ◆ **Mr Brown the ~er** (as opposed to his father) M. Brown fils ◆ **Pitt the Younger** le second Pitt ◆ **Pliny the Younger** Pline le Jeune ◆ **in my ~ days** dans ma jeunesse, dans mon jeune temps ◆ **in my ~er days** quand j'étais plus jeune ◆ **they have a ~ family** ils ont de jeunes enfants ◆ **~ France** la jeune génération en France ◆ **the ~(er) generation** la jeune génération, la génération montante ◆ **~ lady** (unmarried) jeune fille *f*, demoiselle *f*; (married) jeune femme *f* ◆ **listen to me, ~ man** écoutez-moi, jeune homme ◆ **her ~ man** † son amoureux, son petit ami ◆ **the ~ moon** la nouvelle lune ◆ **the night is ~** (liter) la nuit n'est pas très avancée; (* hum) on a toute la nuit devant nous ◆ **he has a very ~ outlook** il a des idées très jeunes ◆ **~ people** les jeunes *mpl* ◆ **you ~ hooligan!** petit *or* jeune voyou !

NPL a (= people) ◆ **~ and old** les (plus) jeunes *mpl* comme les (plus) vieux *mpl*, tout le monde ◆ **the ~** les jeunes *mpl* ◆ **books for the ~** livres *mpl* pour les jeunes

b [of animal] petits *mpl* ◆ **cat with ~** (= pregnant) chatte *f* pleine; (= with kittens) chatte *f* et ses petits

COMP ▷ **young blood** N (fig) sang *m* nouveau *or* jeune ▷ **Young Conservative** N (Brit Pol) jeune membre *m* du parti conservateur ▷ **young gun** * N jeune star *f* ▷ **young-looking** ADJ qui a (*or* avait *etc*) l'air jeune ◆ **she's very ~-looking** elle a l'air *or* elle fait très jeune ▷ **young offender** N (Brit Jur) jeune délinquant(e) *m(f)* ▷ **young offenders institution** N (Brit Jur) centre *m* de détention pour mineurs

**youngish** /ˈjʌŋɪʃ/ ADJ assez jeune

**youngster** /ˈjʌŋstəʳ/ N (= boy) jeune garçon *m*, jeune *m*; (= child) enfant *mf*

**your** /jʊəʳ/ POSS ADJ a ton, ta, tes, votre, vos ◆ **~ book** ton *or* votre livre ◆ **YOUR book** ton livre à toi, votre livre à vous ◆ **~ table** ta *or* votre table ◆ **~ friend** ton ami(e), votre ami(e) ◆ **~ clothes** tes *or* vos vêtements ◆ **this is the best of ~ paintings** c'est ton *or* votre meilleur tableau ◆ **give me ~ hand** donne-moi *or* donnez-moi la main ◆ **you've broken ~ leg!** tu t'es cassé la jambe !; → **majesty, worship**

b (= one's) son, sa, ses, ton *etc*, votre *etc* ◆ **you give him ~ form and he gives you ~ pass** on lui donne son formulaire et il vous remet votre laissez-passer ◆ **exercise is good for ~ health** l'exercice est bon pour la santé

c (* = typical) ton *etc*, votre *etc* ◆ **so these are ~ country pubs?** alors c'est ça, vos bistro(t)s * de campagne ? ◆ **~ ordinary** *or* **average Englishman will always prefer ...** l'Anglais moyen préférera toujours ...

**you're** /jʊəʳ/ ⇒ **you are**; → **be**

**yours** /jʊəz/ POSS PRON le tien, la tienne, les tiens, les tiennes, le vôtre, la vôtre, les vôtres ◆ **this is my book and that is ~** voici mon livre et voilà le tien *or* le vôtre ◆ **this book is ~** ce livre est à toi *or* à vous, ce livre est le tien *or* le vôtre ◆ **is this poem ~?** ce poème est-il de toi *or* de vous ? ◆ **when will the house be** *or* **become ~?** quand entrerez-vous en possession de la maison ? ◆ **~, Kenneth** (ending letter) bien à vous, Kenneth ◆ **it is not ~ to decide** (frm) ce n'est pas à vous de décider, il ne vous appartient pas de décider ◆ **~ is a specialized department** votre section est une section spécialisée ◆ **what's ~?** * (buying drinks) qu'est-ce que tu prends *or* vous prenez ?; → **affectionately, ever, truly, you**

♦ **... of yours** ♦ **she is a cousin of** ~ c'est une de tes *or* de vos cousines ♦ **that is no business of** ~ cela ne te *or* vous regarde pas, ce n'est pas ton *or* votre affaire ♦ **it's no fault of** ~ ce n'est pas de votre faute (à vous) ♦ **no advice of** ~ **could prevent him** aucun conseil de votre part ne pouvait l'empêcher ♦ **how's that thesis of** ~ * **getting on?** et cette thèse, comment ça avance ? * ♦ **where's that husband of** ~**?** * où est passé ton mari ? ♦ **that dog of** ~ * *(pej)* ton *or* votre fichu * chien ♦ **that stupid son of** ~ * ton *or* votre idiot de fils ♦ **that temper of** ~ * ton sale caractère

**yourself** /jʊəˈself/ **PERS PRON** (pl **yourselves** /jʊəˈselvz/) *(reflexive: direct and indirect)* te, vous, vous *pl*; *(after prep)* toi, vous, vous *pl*; *(emphatic)* toi-même, vous-même, vous-mêmes *pl* ♦ **have you hurt** ~**?** tu t'es fait mal ?, vous vous êtes fait mal ? ♦ **are you enjoying** ~**?** tu t'amuses bien ?, vous vous amusez bien ? ♦ **were you talking to** ~**?** tu te parlais à toi-même ?, tu parlais tout seul ?, vous vous parliez à vous-même ?, vous parliez tout seul ? ♦ **you never speak about** ~ tu ne parles jamais de toi, vous ne parlez jamais de vous ♦ **you** ~ **told me, you told me** ~ tu me l'as dit toi-même, vous me l'avez dit vous-même ♦ **you will see for** ~ tu verras toi-même, vous verrez vous-même ♦ **someone like** ~ quelqu'un comme vous ♦ **people like yourselves** des gens comme vous ♦ **how's** ~**?** ⁑ et toi, comment (ça) va ? * ♦ **how are you? – fine, and** ~**?** * comment vas-tu ? – très bien, et toi ? ♦ **you haven't been** ~ **lately** *(= not behaving normally)* tu n'es pas dans ton état normal *or* vous n'êtes pas dans votre état normal ces temps-ci ; *(= not looking well)* tu n'es pas dans ton assiette *or* vous n'êtes pas dans votre assiette ces temps-ci ; → **among(st)**

♦ **(all) by yourself** tout seul, toute seule ♦ **did you do it by** ~**?** tu l'as *or* vous l'avez fait tout(e) seul(e) ? ♦ **all by yourselves** tout seuls, toutes seules

**youth** /juːθ/ **N** **a** *(NonC)* jeunesse *f* ♦ **in (the days of) my** ~ dans ma jeunesse, au temps de ma jeunesse ♦ **in early** ~ dans la première *or* prime jeunesse ♦ **he has kept his** ~ il est resté jeune ♦ **he was enchanted with her** ~ **and beauty** sa jeunesse et sa beauté l'enchantaient ♦ ~ **will have its way** *or* **its fling** *(Prov)* il faut que jeunesse se passe *(Prov)* → **first**

**b** (pl **youths** /juːðz/) *(= young man)* jeune homme *m* ♦ ~**s** jeunes gens *mpl*

**NPL** *(= young people)* jeunesse *f*, jeunes *mpl* ♦ **she likes working with (the)** ~ elle aime travailler avec les jeunes ♦ **the** ~ **of a country** la jeunesse d'un pays ♦ **the** ~ **of today are very mature** les jeunes d'aujourd'hui sont très mûrs, la jeunesse aujourd'hui est très mûre

**COMP** de jeunes, de jeunesse ▷ **youth club** **N** maison *f* de jeunes ▷ **youth custody** **N** *(Brit Jur)* éducation *f* surveillée ♦ **to be sentenced to 18 months'** ~ **custody** être condamné à 18 mois d'éducation surveillée ▷ **youth hostel** **N** auberge *f* de jeunesse ▷ **youth leader** **N** animateur *m*, -trice *f* de groupes de jeunes ▷ **Youth Opportunities Programme** **N** *(Brit: formerly) programme en faveur de l'emploi des jeunes* ▷ **youth orchestra** **N** orchestre *m* de jeunes ▷ **youth programming** **N** *(TV)* émissions *fpl* pour les jeunes ▷ **Youth Training Scheme** **N** *(Brit: formerly)* ≃ pacte *m* national pour l'emploi des jeunes ▷ **youth worker** **N** éducateur *m*, -trice *f*

**youthful** /ˈjuːθfʊl/ **ADJ** *[person, looks, face, skin]* jeune ; *[mistake, adventure]* de jeunesse ; *[quality, freshness, idealism, enthusiasm]* juvénile ♦ **she looks** ~ elle a l'air jeune ♦ **a** ~**-looking 49-year-old** un homme/une femme de 49 ans, jeune d'allure ♦ **he's a** ~ **50** il porte allègrement ses 50 ans

**youthfully** /ˈjuːθfʊlɪ/ **ADV** ♦ ~ **exuberant** d'une exubérance juvénile ♦ **his face was** ~ **smooth** son visage était doux comme une peau de bébé

**youthfulness** /ˈjuːθfʊlnɪs/ **N** jeunesse *f* ♦ ~ **of appearance** air *m* jeune *or* de jeunesse

**you've** /juːv/ ⇒ **you have ;** → **have**

**yow** /jaʊ/ **EXCL** aïe !

**yowl** /jaʊl/ **N** *[of person, dog]* hurlement *m* ; *[of cat]* miaulement *m* **VI** *[person, dog]* hurler (*with, from* de) ; *[cat]* miauler

**yowling** /ˈjaʊlɪŋ/ **N** *[of person, dog]* hurlements *mpl* ; *[of cat]* miaulements *mpl*

**yo-yo** /ˈjəʊjəʊ/ **N** (pl **yo-yos**) **a** yoyo ® *m* ♦ **prices have been up and down like a** ~ les prix montent et descendent sans arrêt ♦ **I've been up and down like a** ~ **all day** je n'ai fait que monter et descendre toute la journée **b** *(US* ⁑ *= fool)* ballot * *m*, poire * *f* **VI** *(= fluctuate)* fluctuer (considérablement) **COMP** ▷ **yo-yo dieting** **N** régime *m* yoyo

**yr** abbrev of **year**

**YTS** /ˌwaɪtiːˈes/ **N** *(Brit) (formerly)* (abbrev of **Youth Training Scheme**) → **youth**

**ytterbium** /ɪˈtɜːbɪəm/ **N** ytterbium *m*

**yttrium** /ˈɪtrɪəm/ **N** yttrium *m*

**yuan** /juːæn/ **N** *(pl inv)* yuan *m*

**yucca** /ˈjʌkə/ **N** yucca *m*

**yuck** * /jʌk/ **EXCL** berk *or* beurk !, pouah !

**yucky** * /ˈjʌkɪ/ **ADJ** dégueulasse ⁑, dégoûtant

**Yugoslav** /ˈjuːgəʊˈslɑːv/ **ADJ** *(gen)* yougoslave ; *[ambassador, embassy]* de Yougoslavie **N** Yougoslave *mf*

**Yugoslavia** /ˈjuːgəʊˈslɑːvɪə/ **N** Yougoslavie *f*

**Yugoslavian** /ˈjuːgəʊˈslɑːvɪən/ **ADJ** ⇒ **Yugoslav**

**yuk** * /jʌk/ **EXCL** ⇒ **yuck**

**yukky** * /ˈjʌkɪ/ **ADJ** ⇒ **yucky**

**Yukon** /ˈjuːkɒn/ **N** ♦ **(the)** ~ le Yukon **COMP** ▷ **(the) Yukon Territory** **N** le (territoire de) Yukon

**Yule** /juːl/ **N** *(† or liter)* Noël *m* **COMP** ▷ **Yule log** **N** bûche *f* de Noël

**Yuletide** /ˈjuːltaɪd/ **N** *(† or liter)* (époque *f* de) Noël *m*

**yummy** * /ˈjʌmɪ/ **ADJ** *[food]* délicieux **EXCL** miam-miam ! *

**yum-yum** ⁑ /ˈjʌmˈjʌm/ **EXCL** ⇒ **yummy excl**

**yup** * /jʌp/ **EXCL** *(esp US)* ouais *, oui

**yuppie** * /ˈjʌpɪ/ **N** (abbrev of **young upwardly-mobile** *or* **urban professional**) yuppie *mf* **COMP** *[car, clothes]* de yuppie ; *[bar, restaurant, area]* de yuppies ▷ **yuppie flu** * **N** *(pej)* syndrome *m* de la fatigue chronique, encéphalomyélite *f* myalgique

**yuppiedom** * /ˈjʌpɪdəm/ **N** monde *m or* univers *m* des yuppies

**yuppified** * /ˈjʌpɪˌfaɪd/ **ADJ** *[bar, restaurant, area, flat]* transformé en bar (*or* restaurant *etc*) de yuppies ♦ **he is becoming more and more** ~ il se transforme de plus en plus en yuppie

**yuppy** * /ˈjʌpɪ/ **N** ⇒ **yuppie**

**YWCA** /ˌwaɪdʌbljuːsiːˈeɪ/ **N** (abbrev of **Young Women's Christian Association**) YWCA *m*

# Z

**Z, z** /zed, (US) ziː/ **N** *(= letter)* Z, z *m* ◆ **Z for Zebra** ≃ Z comme Zoé **COMP** ▷ **z-axis N** axe *m* des z ▷ **Z-bed N** *(Brit)* lit *m* de camp

**Zacharias** /ˌzækəˈraɪəs/ **N** Zacharie *m*

**zaftig** ‡ /ˈzɑːftɪk/ **ADJ** *(US)* joli et bien en chair

**Zaïre** /zɑːˈiːəʳ/ **N** *(= country)* Zaïre *m* ◆ **in Zaire** au Zaïre

**Zaïrean, Zaïrian** /zɑːˈiːərɪən/ **ADJ** zaïrois **N** Zaïrois(e) *m(f)*

**Zambese, Zambezi** /zæmˈbiːzɪ/ **N** Zambèze *m*

**Zambia** /ˈzæmbɪə/ **N** Zambie *f*

**Zambian** /ˈzæmbɪən/ **ADJ** zambien **N** Zambien(ne) *m(f)*

**zany** /ˈzeɪnɪ/ **ADJ** loufoque * **N** *(Theat Hist)* bouffon *m*, zanni *m*

**Zanzibar** /ˈzænzɪbɑːʳ/ **N** Zanzibar

**zap** * /zæp/ **EXCL** paf !, vlan ! **VT** **a** *(= destroy)* *[+ town]* ravager, bombarder ; *[+ person]* supprimer, descendre * **b** *(= delete)* *[+ word, data]* supprimer **c** *(TV)* ◆ **to ~ the TV channels** zapper **d** *(= send quickly)* **I'll ~ it out to you straight away** je vais vous l'expédier tout de suite **VI** **a** *(= move quickly)* *[car]* foncer ◆ **we had to ~ down to London** nous avons dû filer à Londres à toute vitesse ◆ **to ~ along** *[car]* foncer ◆ **we're going to have to ~ through the work to get it finished in time** il va falloir que nous mettions la gomme * pour finir le travail à temps **b** *(TV)* **to ~ through the channels** zapper

**zapped** ‡ /zæpt/ **ADJ** *(= exhausted)* crevé ‡, vanné ‡

**zapper** * /ˈzæpəʳ/ **N** *(= remote control)* télécommande *f*

**zappy** ‡ /ˈzæpɪ/ **ADJ** *[person, style]* qui a du punch ; *[car]* rapide, qui fonce *or* gaze *

**Zarathustra** /ˌzærəˈθuːstrə/ **N** Zarathoustra *m* *or* Zoroastre *m*

**zeal** /ziːl/ **N** *(NonC)* **a** *(= religious fervour)* zèle *m*, ferveur *f* **b** *(= enthusiasm)* zèle *m*, empressement *m* *(for* à) ◆ **in her ~ to do it** dans son empressement à le faire

**zealot** /ˈzelət/ **N** **a** fanatique *mf*, zélateur *m*, -trice *f* *(liter)* *(for* de) **b** *(Jewish Hist)* **Zealot** zélote *m*

**zealotry** /ˈzelətrɪ/ **N** fanatisme *m*

**zealous** /ˈzeləs/ **ADJ** *[person]* zélé ; *[effort]* diligent ◆ **he is ~ for the cause** il défend la cause avec zèle ◆ **to be ~ in doing sth** montrer de l'empressement à faire qch

**zealously** /ˈzeləslɪ/ **ADV** avec zèle

**zebra** /ˈzebrə, ˈziːbrə/ (pl **zebras** *or* **zebra**) **N** zèbre *m* **COMP** ▷ **zebra crossing N** *(Brit)* passage *m* pour piétons ▷ **zebra stripes NPL** zébrures *fpl* ◆ **with ~ stripes** zébré

**zebu** /ˈziːbuː/ **N** zébu *m*

**Zechariah** /ˌzekəˈraɪə/ **N** ⇒ **Zacharias**

**zed** /zed/, **zee** *(US)* /ziː/ **N** (la lettre) z *m*

**Zeitgeist** /ˈzaɪtgaɪst/ **N** esprit *m* de l'époque

**Zen** /zen/ **N** Zen *m* **COMP** ▷ **Zen Buddhism N** bouddhisme *m* zen ▷ **Zen Buddhist N** bouddhiste *mf* zen

**zenith** /ˈzenɪθ/ **N** *(Astron)* zénith *m* ; *(fig)* zénith *m*, apogée *m* ◆ **at the ~ of his power** à l'apogée de son pouvoir ◆ **the ~ of Perugia's influence** l'apogée de l'influence de Pérouse ◆ **with this success, he reached the ~ of his glory** avec ce succès, il a atteint l'apogée de sa gloire

**Zephaniah** /ˌzefəˈnaɪə/ **N** Sophonie *m*

**zephyr** /ˈzefəʳ/ **N** zéphyr *m*

**zeppelin** /ˈzeplɪn/ **N** zeppelin *m*

**zero** /ˈzɪərəʊ/ (pl **zeros** *or* **zeroes**) **N** **a** *(= point on scale)* zéro *m* ◆ **15 degrees below ~** 15 degrés au-dessous de zéro ◆ **his chances of success sank to ~** ses chances de réussite se réduisirent à néant *or* zéro ◆ **snow reduced visibility to near ~** à cause de la neige, la visibilité était quasi nulle

**b** *(= cipher, numeral etc)* zéro *m* ◆ **row of ~s** série *f* de zéros

**COMP** *[tension, voltage]* nul (nulle *f*) ▷ **zero altitude N** *(Aviat)* altitude *f* zéro ◆ **to fly at ~ altitude** voler en rase-mottes, faire du rase-mottes ▷ **zero-base VT** *(US)* *[+ question, issue]* reprendre à zéro, réexaminer point par point ▷ **zero-emission ADJ** à taux d'émission zéro ▷ **zero-gravity**, **zero-G** * **N** apesanteur *f* ▷ **zero growth N** *(Econ)* taux *m* de croissance zéro, croissance *f* économique zéro ▷ **zero hour N** *(Mil)* l'heure *f* H ; *(fig)* le moment critique *or* décisif ▷ **the zero option N** *(Pol)* l'option *f* zéro ▷ **zero point N** point *m* zéro ▷ **zero population growth N** croissance *f* démographique nulle ▷ **zero-rated ADJ** *(for VAT)* exempt de TVA, non assujetti à la TVA ▷ **zero-rating N** exemption *f* de TVA, non-assujettissement *m* à la TVA ▷ **zero-sum ADJ** *(US)* *[bargaining, thinking]* à somme nulle ◆ **~-sum game** jeu *m* à somme nulle ▷ **zero tolerance N** politique *f* d'intransigeance, tolérance *f* zéro ▷ **zero-tolerance ADJ** ◆ **~-tolerance policing** politique *f* de tolérance zéro

► **zero in VI** ◆ **to zero in on sth** *(= move in on)* se diriger droit vers *or* sur qch ; *(= identify)* mettre le doigt sur qch, identifier qch ; *(= concentrate on)* se concentrer sur qch ◆ **he ~ed in on those who ...** *(= criticize)* il s'en est pris tout particulièrement à ceux qui ...

> **Zero**
>
> « Zéro » se dit **zero** en anglais américain, mais en anglais britannique, l'emploi de ce terme est réservé aux sciences et aux mathématiques (notamment pour exprimer les températures et les graduations). Le terme « nought » s'utilise en Grande-Bretagne dans les nombres décimaux, par exemple « nought point nought seven » pour dire « 0,07 », mais aussi dans les notations : ainsi, « nought out of ten » veut dire « 0 sur 10 ». Les Américains comme les Britanniques disent « oh » pour indiquer des numéros de carte de crédit ou de téléphone : par exemple, « oh one four one » pour « 0141 ». Dans les scores de matchs en Grande-Bretagne, on dit « nil ». « Liverpool a gagné par cinq buts à zéro » se dira ainsi « Liverpool won five nil ». L'équivalent américain est « nothing » (terme parfois employé familièrement par les Britanniques) ou, sous une forme plus familière, « zip » : « nous avons gagné par sept buts à zéro » se dira « we won seven-zip ».

**zest** /zest/ **N** *(NonC)* **a** *(= gusto)* entrain *m* ◆ **to fight with ~** combattre avec entrain ◆ **he ate it with great ~** il l'a mangé avec grand appétit ◆ **~ for life** *or* **living** goût *m* de la vie, appétit *m* de vivre ◆ **he lost his ~ for winning** il a perdu son désir de gagner **b** *(fig)* saveur *f*, piquant *m* ◆ **her books are thrilling, full of ~** ses livres sont palpitants et savoureux ◆ **it adds ~ to the story** cela donne une certaine saveur *or* du piquant à l'histoire **c** *[of orange, lemon]* zeste *m*

**zester** /ˈzestəʳ/ **N** zesteur *m*

**zestful** /ˈzestfʊl/ **ADJ** plein d'entrain, enthousiaste

**zestfully** /ˈzestfəlɪ/ **ADV** avec entrain *or* enthousiasme

**zesty** /ˈzestɪ/ **ADJ** *[wine]* piquant

**Zeus** /zjuːs/ **N** Zeus *m*

**zidovudine** /zaɪˈdɒvjʊˌdiːn/ **N** zidovudine *f*

**ZIFT** /zɪft/ N (abbrev of **Zygote Intrafallopian Transfer**) fivète *f*

**ziggurat** /ˈzɪgʊræt/ N ziggourat *f*

**zigzag** /ˈzɪgzæg/ N zigzag *m* ADJ *[path, road, course, line]* en zigzag ; *[pattern, design]* à zigzags ADV en zigzag VI zigzaguer, faire des zigzags ◆ **to ~ along** avancer en zigzaguant ◆ **to ~ out/through** *etc* sortir/traverser *etc* en zigzaguant

**zilch**‡ /zɪltʃ/ N que dalle‡ ◆ **these shares are worth ~** ces actions valent que dalle‡ ◆ **Mark knows ~ about art** Mark connaît que dalle‡ à l'art

**zillion** * /ˈzɪljən/ ADJ, N (pl **zillions** *or* **zillion**) ◆ **a ~ dollars** des millions *mpl* et des millions *mpl* de dollars ◆ **~s of problems, a ~ problems** des tas *mpl* de problèmes

**Zimbabwe** /zɪmˈbɑːbwɪ/ N Zimbabwe *m* ◆ **in ~** au Zimbabwe

**Zimbabwean** /zɪmˈbɑːbwɪən/ ADJ zimbabwéen N Zimbabwéen(ne) *m(f)*

**Zimmer** ® /ˈzɪməʳ/ N *(Brit:* also **Zimmer frame***)* déambulateur *m*

**zinc** /zɪŋk/ N *(NonC)* zinc *m* COMP *[plate, alloy]* de zinc ; *[roof]* zingué ▷ **zinc blende** N blende *f* (de zinc) ▷ **zinc chloride** N chlorure *m* de zinc ▷ **zinc dust** N limaille *f* de zinc ▷ **zinc ointment** N pommade *f* à l'oxyde de zinc ▷ **zinc oxide** N oxyde *m* de zinc ▷ **zinc-plating** N zingage *m* ▷ **zinc sulphate** N sulfate *m* de zinc ▷ **zinc white** N blanc *m* de zinc

**zine** *, **'zine** * /ziːn/ N *(= magazine)* magazine *m* ; *(= fanzine)* fanzine *m*

**zing** /zɪŋ/ N a *(= noise of bullet)* sifflement *m* b *(NonC * = energy)* entrain *m* VI *[bullet, arrow]* siffler ◆ **the bullet ~ed past his ear** la balle lui a sifflé à l'oreille ◆ **the cars ~ed past** les voitures sont passées en trombe *

**zinger** * /ˈzɪŋəʳ/ N *(US)* a *(= witty remark)* trait *m* d'esprit, bon mot *m* b *(= something impressive)* ◆ **it was a ~ !** c'était quelque chose !

**zinnia** /ˈzɪnɪə/ N zinnia *m*

**Zion** /ˈzaɪən/ N Sion

**Zionism** /ˈzaɪənɪzəm/ N sionisme *m*

**Zionist** /ˈzaɪənɪst/ ADJ sioniste N sioniste *mf*

**zip** /zɪp/ N a *(Brit:* also **zip fastener***)* fermeture *f* éclair ®, fermeture *f* à glissière ◆ **pocket with a ~** poche *f* à fermeture éclair ®, poche *f* zippée *
b *(= sound of bullet)* sifflement *m*
c *(NonC * = energy)* entrain *m*, élan *m* ◆ **put a bit of ~ into it** activez-vous !
d *(‡ = nothing)* que dalle‡ ◆ **I know ~ about it** je n'en sais *or* j'y connais que dalle‡ ; → ZERO
VT a *(= close:* also **zip up***)* *[+ dress, bag]* fermer avec une fermeture éclair ® *or* à glissière
b ◆ **she ~ped open her dress/bag** elle a ouvert la fermeture éclair ® *or* à glissière de sa robe/de son sac
c *(Comput)* *[+ file]* zipper
VI ◆ **to ~ in/out/past/up** * *[car, person]* entrer/sortir/passer/monter comme une flèche
COMP ▷ **zip code** N *(US Post)* code *m* postal ▷ **zip fastener** N ⇒ **zip noun a** ▷ **zip file** N *(Comput)* fichier *m* zip ▷ **zip gun** N *(US)* pistolet *m* rudimentaire *(à ressort ou à élastique)* ▷ **zip-on** ADJ à fermeture éclair ®

► **zip on** VI s'attacher avec une fermeture éclair ® *or* fermeture à glissière
VT SEP attacher avec une fermeture éclair ® *or* fermeture à glissière
ADJ ◆ **zip-on** → **zip**

► **zip up** VI → **zip vi**
VT SEP ◆ **can you zip me up ?** tu peux m'aider avec la fermeture éclair ® ? ; see also **zip vt a**

**zipper** /ˈzɪpəʳ/ N *(esp US)* ⇒ **zip noun a**

**zippy**‡ /ˈzɪpɪ/ ADJ *[person]* plein d'entrain *or* d'allant

**zircon** /ˈzɜːkən/ N zircon *m*

**zirconium** /zɜːˈkəʊnɪəm/ N zirconium *m*

**zit** * /zɪt/ N bouton *m*

**zither** /ˈzɪðəʳ/ N cithare *f*

**zloty** /ˈzlɒtɪ/ N (pl **zlotys** *or* **zloty**) zloty *m*

**zodiac** /ˈzəʊdɪæk/ N zodiaque *m* ; → **sign**

**zodiacal** /zəʊˈdaɪəkəl/ ADJ du zodiac ◆ **~ light** lumière *f* zodiacale

**zoftig**‡ /ˈzɒftɪk/ ADJ ⇒ **zaftig**

**zombie** /ˈzɒmbɪ/ N *(lit, fig)* zombie *m*, zombi *m*

**zonal** /ˈzəʊnl/ ADJ zonal

**zone** /ˈzəʊn/ N a *(gen, Astron, Geog, Math etc)* zone *f* ; *(= subdivision of town)* secteur *m* ◆ **it lies within the ~ reserved for ...** cela se trouve dans la zone *or* le secteur réservé(e) à ... ; → **battle, danger, time** b *(US:* also **postal delivery zone***)* zone *f* (postale) VT a *(= divide into zones)* *[+ area]* diviser en zones ; *[+ town]* diviser en secteurs b ◆ **this district has been ~d for industry** c'est une zone réservée à l'implantation industrielle COMP ▷ **zone defence, zone defense** *(US)* N *(Sport)* défense *f* de zone ▷ **zone therapy** N *(Med)* réflexothérapie *f*

**zoning** /ˈzəʊnɪŋ/ N répartition *f* en zones

**zonked**‡ /zɒŋkt/ ADJ (also **zonked out**) *(= exhausted)* vanné * ; *(from drugs)* défoncé * ; *(US = drunk)* bourré *

**zoo** /zuː/ N zoo *m* COMP ▷ **zoo keeper** N gardien(ne) *m(f)* de zoo

**zoological** /ˌzəʊəˈlɒdʒɪkəl/ ADJ zoologique COMP ▷ **zoological gardens** NPL jardin *m* zoologique

**zoologist** /zəʊˈɒlədʒɪst/ N zoologiste *mf*

**zoology** /zəʊˈɒlədʒɪ/ N zoologie *f*

**zoom** /zuːm/ N a *(= sound)* vrombissement *m*, bourdonnement *m* b *(Aviat = upward flight)* montée *f* en chandelle c *(Phot:* also **zoom lens***)* zoom *m* VI a *[engine]* vrombir, bourdonner b ◆ **to ~ away/through** démarrer/traverser en trombe * ◆ **the car ~ed past us** la voiture est passée en trombe * c *(Aviat)* *[plane]* monter en chandelle

► **zoom in** VI *(Cine, TV)* faire un zoom (*on* sur)

► **zoom out** VI *(Cine, TV)* faire un zoom arrière

**zoomorphic** /ˌzəʊəʊˈmɔːfɪk/ ADJ zoomorphe

**zoophyte** /ˈzəʊəˌfaɪt/ N zoophyte *m*

**zoot-suit** * /ˈzuːtsuːt/ N costume *m* zazou

**zoot-suiter** * /ˈzuːtsuːtəʳ/ N zazou *m*

**Zoroaster** /ˌzɒrəʊˈæstəʳ/ N Zoroastre *m* *or* Zarathoustra *m*

**Zoroastrianism** /ˌzɒrəʊˈæstrɪənɪzəm/ N zoroastrisme *m*

**zouk** /zuːk/ N *(Mus)* zouk *m*

**zucchini** /zuːˈkiːnɪ/ N (pl **zucchini** *or* **zucchinis**) *(US)* courgette *f*

**Zuider Zee** /ˈzaɪdəˈziː/ N Zuiderzee *m*

**Zulu** /ˈzuːluː/ ADJ zoulou *f inv* N a Zoulou *mf* b *(Ling)* zoulou *m*

**Zululand** /ˈzuːluːlænd/ N Zoulouland *m* ◆ **in ~** au Zoulouland

**Zurich** /ˈzjʊərɪk/ N Zurich ◆ **Lake Zürich** le lac de Zurich

**zwieback** /ˈzwiːbæk/ N *(US)* biscotte *f*

**zygote** /ˈzaɪgəʊt/ N zygote *m*

# ANNEXES
# APPENDICES

## SOMMAIRE



## CONTENTS

## FRENCH VERBS (VERBES FRANÇAIS)

REGULAR VERBS

conjugation 1 : *arriver*
conjugation 1 (reflexive form) : *se reposer*
conjugation 2 : *finir*

IRREGULAR VERBS :

conjugations 3 to 9 : irregular verbs ending in *-er*
conjugations 10 to 22 : irregular verbs ending in *-ir*
conjugations 23 to 34 : irregular verbs ending in *-oir*
(conjugation 34 : *avoir*)
conjugations 35 to 61 : irregular verbs ending in *-re*
(conjugation 61 : *être*)

FORMATION OF COMPOUND TENSES OF FRENCH VERBS

RULES OF AGREEMENT FOR PAST PARTICIPLE

## VERBES ANGLAIS (ENGLISH VERBS)

Les modes (§ 1-5)
La voix passive (§ 6)
Verbes forts ou irréguliers (§ 7)
Verbes faibles (§ 8)
Verbes à particule (§ 9)

## conjugation 1 – **ARRIVER:** regular verbs ending in **-er**

### INDICATIVE

| PRESENT | PERFECT |
|---|---|
| j'arrive | je suis arrivé |
| tu arrives | tu es arrivé |
| il arrive | il est arrivé |
| nous arrivons | nous sommes arrivés |
| vous arrivez | vous êtes arrivés |
| ils arrivent | ils sont arrivés |
| **IMPERFECT** | **PLUPERFECT** |
| j'arrivais | j'étais arrivé |
| tu arrivais | tu étais arrivé |
| il arrivait | il était arrivé |
| nous arrivions | nous étions arrivés |
| vous arriviez | vous étiez arrivés |
| ils arrivaient | ils étaient arrivés |
| **PAST HISTORIC** | **PAST ANTERIOR** |
| j'arrivai | je fus arrivé |
| tu arrivas | tu fus arrivé |
| il arriva | il fut arrivé |
| nous arrivâmes | nous fûmes arrivés |
| vous arrivâtes | vous fûtes arrivés |
| ils arrivèrent | ils furent arrivés |
| **FUTURE** | **FUTURE PERFECT** |
| j'arriverai [aʀiv(ə)ʀɛ] | je serai arrivé |
| tu arriveras | tu seras arrivé |
| il arrivera | il sera arrivé |
| nous arriverons [aʀiv(ə)ʀɔ̃] | nous serons arrivés |
| vous arriverez | vous serez arrivés |
| ils arriveront | ils seront arrivés |

### SUBJUNCTIVE

| PRESENT |
|---|
| que j'arrive |
| que tu arrives |
| qu'il arrive |
| que nous arrivions |
| que vous arriviez |
| qu'ils arrivent |
| **IMPERFECT** |
| que j'arrivasse |
| que tu arrivasses |
| qu'il arrivât |
| que nous arrivassions |
| que vous arrivassiez |
| qu'ils arrivassent |
| **PAST** |
| que je sois arrivé |
| que tu sois arrivé |
| qu'il soit arrivé |
| que nous soyons arrivés |
| que vous soyez arrivés |
| qu'ils soient arrivés |
| **PLUPERFECT** |
| que je fusse arrivé |
| que tu fusses arrivé |
| qu'il fût arrivé |
| que nous fussions arrivés |
| que vous fussiez arrivés |
| qu'ils fussent arrivés |

### CONDITIONAL

| PRESENT |
|---|
| j'arriverais [aʀivʀɛ] |
| tu arriverais |
| il arriverait |
| nous arriverions [aʀivəʀjɔ̃] |
| vous arriveriez |
| ils arriveraient |
| **PAST I** |
| je serais arrivé |
| tu serais arrivé |
| il serait arrivé |
| nous serions arrivés |
| vous seriez arrivés |
| ils seraient arrivés |
| **PAST II** |
| je fusse arrivé |
| tu fusses arrivé |
| il fût arrivé |
| nous fussions arrivés |
| vous fussiez arrivés |
| ils fussent arrivés |

| | PRESENT | PAST |
|---|---|---|
| IMPERATIVE | arrive<br>arrivons<br>arrivez | sois arrivé<br>soyons arrivés<br>soyez arrivés |
| PARTICIPLE | arrivant | arrivé, ée<br>étant arrivé |
| INFINITIVE | arriver | être arrivé |

NB The verbs *jouer, tuer* etc. are regular: e.g. *je joue, je jouerai ; je tue, je tuerai.*

conjugation 1 (reflexive form) – **SE REPOSER:** regular verbs ending in **-er**

## INDICATIVE

| PRESENT | PERFECT |
|---|---|
| je me repose | je me suis reposé |
| tu te reposes | tu t'es reposé |
| il se repose | il s'est reposé |
| nous nous reposons | nous nous sommes reposés |
| vous vous reposez | vous vous êtes reposés |
| ils se reposent | ils se sont reposés |

| IMPERFECT | PLUPERFECT |
|---|---|
| je me reposais | je m'étais reposé |
| tu te reposais | tu t'étais reposé |
| il se reposait | il s'était reposé |
| nous nous reposions | nous nous étions reposés |
| vous vous reposiez | vous vous étiez reposés |
| ils se reposaient | ils s'étaient reposés |

| PAST HISTORIC | PAST ANTERIOR |
|---|---|
| je me reposai | je me fus reposé |
| tu te reposas | tu te fus reposé |
| il se reposa | il se fut reposé |
| nous nous reposâmes | nous nous fûmes reposés |
| vous vous reposâtes | vous vous fûtes reposés |
| ils se reposèrent | ils se furent reposés |

| FUTURE | FUTURE PERFECT |
|---|---|
| je me reposerai | je me serai reposé |
| tu te reposeras | tu te seras reposé |
| il se reposera | il se sera reposé |
| nous nous reposerons | nous nous serons reposés |
| vous vous reposerez | vous vous serez reposés |
| ils se reposeront | ils se seront reposés |

## SUBJUNCTIVE

PRESENT

que je me repose
que tu te reposes
qu'il se repose
que nous nous reposions
que vous vous reposiez
qu'ils se reposent

IMPERFECT

que je me reposasse
que tu te reposasses
qu'il se reposât
que nous nous reposassions
que vous vous reposassiez
qu'ils se reposassent

PAST

que je me sois reposé
que tu te sois reposé
qu'il se soit reposé
que nous nous soyons reposés
que vous vous soyez reposés
qu'ils se soient reposés

PLUPERFECT

que je me fusse reposé
que tu te fusses reposé
qu'il se fût reposé
que nous nous fussions reposés
que vous vous fussiez reposés
qu'ils se fussent reposés

## CONDITIONAL

PRESENT

je me reposerais
tu te reposerais
il se reposerait
nous nous reposerions
vous vous reposeriez
ils se reposeraient

PAST I

je me serais reposé
tu te serais reposé
il se serait reposé
nous nous serions reposés
vous vous seriez reposés
ils se seraient reposés

PAST II

je me fusse reposé
tu te fusses reposé
il se fût reposé
nous nous fussions reposés
vous vous fussiez reposés
ils se fussent reposés

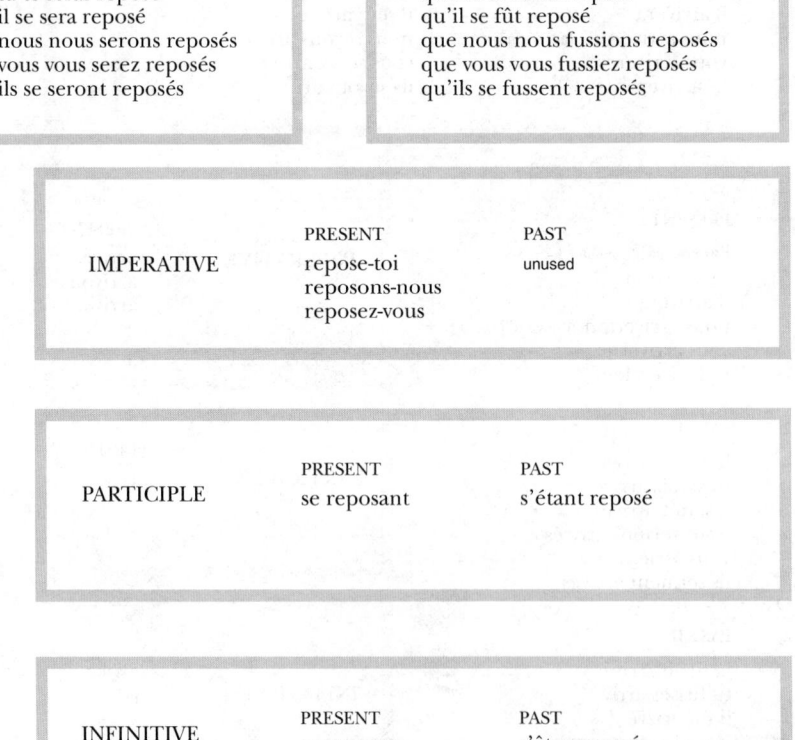

| | PRESENT | PAST |
|---|---|---|
| IMPERATIVE | repose-toi<br>reposons-nous<br>reposez-vous | unused |
| PARTICIPLE | se reposant | s'étant reposé |
| INFINITIVE | se reposer | s'être reposé |

## conjugation 2 – **FINIR:** regular verbs ending in **-ir**

### INDICATIVE

| PRESENT | PERFECT |
|---|---|
| je finis | j'ai fini |
| tu finis | tu as fini |
| il finit | il a fini |
| nous finissons | nous avons fini |
| vous finissez | vous avez fini |
| ils finissent | ils ont fini |

| IMPERFECT | PLUPERFECT |
|---|---|
| je finissais | j'avais fini |
| tu finissais | tu avais fini |
| il finissait | il avait fini |
| nous finissions | nous avions fini |
| vous finissiez | vous aviez fini |
| ils finissaient | ils avaient fini |

| PAST HISTORIC | PAST ANTERIOR |
|---|---|
| je finis | j'eus fini |
| tu finis | tu eus fini |
| il finit | il eut fini |
| nous finîmes | nous eûmes fini |
| vous finîtes | vous eûtes fini |
| ils finirent | ils eurent fini |

| FUTURE | FUTURE PERFECT |
|---|---|
| je finirai | j'aurai fini |
| tu finiras | tu auras fini |
| il finira | il aura fini |
| nous finirons | nous aurons fini |
| vous finirez | vous aurez fini |
| ils finiront | ils auront fini |

### SUBJUNCTIVE

| PRESENT | IMPERFECT |
|---|---|
| que je finisse | que je finisse |
| que tu finisses | que tu finisses |
| qu'il finisse | qu'il finît |
| que nous finissions | que nous finissions |
| que vous finissiez | que vous finissiez |
| qu'ils finissent | qu'ils finissent |

| PAST | PLUPERFECT |
|---|---|
| que j'aie fini | que j'eusse fini |
| que tu aies fini | que tu eusses fini |
| qu'il ait fini | qu'il eût fini |
| que nous ayons fini | que nous eussions fini |
| que vous ayez fini | que vous eussiez fini |
| qu'ils aient fini | qu'ils eussent fini |

### CONDITIONAL

| PRESENT | PAST I | PAST II |
|---|---|---|
| je finirais | j'aurais fini | j'eusse fini |
| tu finirais | tu aurais fini | tu eusses fini |
| il finirait | il aurait fini | il eût fini |
| nous finirions | nous aurions fini | nous eussions fini |
| vous finiriez | vous auriez fini | vous eussiez fini |
| ils finiraient | ils auraient fini | ils eussent fini |

| | PRESENT | PAST |
|---|---|---|
| IMPERATIVE | finis<br>finissons<br>finissez | aie fini<br>ayons fini<br>ayez fini |
| PARTICIPLE | finissant | fini, ie<br>ayant fini |
| INFINITIVE | finir | avoir fini |

## conjugations 3 to 8

| | | INDICATIVE | | | |
|---|---|---|---|---|---|
| | | present 1st person | present 3rd person | imperfect | past historic |
| 3 | **placer** | je place [plas]<br>nous plaçons [plasɔ̃] | il place<br>ils placent | je plaçais | je plaçai |

NB Verbs in ***-ecer*** (e.g. *dépecer*) are conjugated like ***placer*** and ***geler.*** Verbs in ***-écer*** (e.g. *rapiécer*) are conjugated like ***céder*** and ***placer.***

| | | present 1st person | present 3rd person | imperfect | past historic |
|---|---|---|---|---|---|
| | **bouger** | je bouge [buʒ]<br>nous bougeons [buʒɔ̃] | il bouge<br>ils bougent | je bougeais<br>nous bougions | je bougeai |

NB Verbs in ***-éger*** (e.g. *protéger*) are conjugated like ***bouger*** and ***céder.***

| | | present 1st person | present 3rd person | imperfect | past historic |
|---|---|---|---|---|---|
| 4 | **appeler** | j'appelle [apɛl]<br>nous appelons [ap(ə)lɔ̃] | il appelle<br>ils appellent | j'appelais | j'appelai |
| | **jeter** | je jette [ʒɛt]<br>nous jetons [ʒ(ə)tɔ̃] | il jette<br>ils jettent | je jetais | je jetai |
| 5 | **geler** | je gèle [ʒɛl]<br>nous gelons [ʒ(ə)lɔ̃] | il gèle<br>ils gèlent | je gelais<br>nous gelions [ʒəljɔ̃] | je gelai |
| | **acheter** | j'achète [aʃɛt]<br>nous achetons [aʃ(ə)tɔ̃] | il achète<br>ils achètent | j'achetais [aʃtɛ]<br>nous achetions | j'achetai |

Also verbs in ***-emer*** (e.g. *semer*), ***-ener*** (e.g. *mener*), ***-eser*** (e.g. *peser*), ***-ever*** (e.g. *lever*) etc.
NB Verbs in ***-ecer*** (e.g. *dépecer*) are conjugated like ***geler*** and ***placer.***

| | | present 1st person | present 3rd person | imperfect | past historic |
|---|---|---|---|---|---|
| 6 | **céder** | je cède [sɛd]<br>nous cédons [sedɔ̃] | il cède<br>ils cèdent | je cédais<br>nous cédions | je cédai |

Also verbs in ***-é*** + consonant(s) + ***-er*** (e.g. *célébrer, lécher, déléguer, préférer*, etc.).
NB Verbs in ***-éger*** (e.g. *protéger*) are conjugated like ***céder*** and ***bouger***. Verbs in ***-écer*** (e.g. *rapiécer*) are conjugated like ***céder*** and ***placer.***

| | | present 1st person | present 3rd person | imperfect | past historic |
|---|---|---|---|---|---|
| 7 | **épier** | j'épie [epi]<br>nous épions [epjɔ̃] | il épie<br>ils épient | j'épiais<br>nous épiions [epijɔ̃] | j'épiai |
| | **prier** | je prie [pʀi]<br>nous prions [pʀijɔ̃] | il prie<br>ils prient | je priais<br>nous priions [pʀijjɔ̃] | je priai |
| 8 | **noyer** | je noie [nwa]<br>nous noyons [nwajɔ̃] | il noie<br>ils noient | je noyais<br>nous noyions [nwajjɔ̃] | je noyai |

Also verbs in ***-uyer*** (e.g. *appuyer*).
NB ***Envoyer*** has in the future tense: *j'enverrai*, and in the conditional : *j'enverrais.*

| | | present 1st person | present 3rd person | imperfect | past historic |
|---|---|---|---|---|---|
| | **payer** | je paie [pɛ]<br>or<br>je paye [pɛj]<br>nous payons [pɛjɔ̃] | il paie<br>or<br>il paye<br>ils paient<br>or<br>ils payent | je payais<br>nous payions [pɛjjɔ̃] | je payai |

Also all verbs in ***-ayer.***

## irregular verbs ending in **-er**

| future | **CONDITIONAL**<br>present | **SUBJUNCTIVE**<br>present | **IMPERATIVE**<br>present | **PARTICIPLES**<br>present<br>past |
|---|---|---|---|---|
| je placerai [plasʀɛ] | je placerais | que je place<br>que nous placions | place<br>plaçons | plaçant<br>placé, ée |
| je bougerai [buʒʀɛ] | je bougerais | que je bouge<br>que nous bougions | bouge<br>bougeons | bougeant<br>bougé, ée |
| j'appellerai [apɛlʀɛ] | j'appellerais | que j'appelle<br>que nous appelions | appelle<br>appelons | appelant<br>appelé, ée |
| je jetterai [ʒɛtʀɛ] | je jetterais | que je jette<br>que nous jetions | jette<br>jetons | jetant<br>jeté, ée |
| je gèlerai [ʒɛlʀɛ] | je gèlerais | que je gèle<br>que nous gelions | gèle<br>gelons | gelant<br>gelé, ée |
| j'achèterai [aʃɛtʀɛ] | j'achèterais | que j'achète<br>que nous achetions | achète<br>achetons | achetant<br>acheté, ée |
| je céderai<br>[sɛdʀɛ ; sedʀɛ][1] | je céderais[1] | que je cède<br>que nous cédions | cède<br>cédons | cédant<br>cédé, ée |
| j'épierai [epiʀɛ] | j'épierais | que j'épie | épie<br>épions | épiant<br>épié, iée |
| je prierai [pʀiʀɛ] | je prierais | que je prie | prie<br>prions | priant<br>prié, priée |
| je noierai [nwaʀɛ] | je noierais | que je noie | noie<br>noyons | noyant<br>noyé, noyée |
| je paierai [pɛʀɛ]<br>or<br>je payerai [pɛjʀɛ]<br>nous paierons<br>or<br>nous payerons | je paierais<br>or<br>je payerais | que je paie<br>or<br>que je paye | paie<br>or<br>paye<br>payons | payant<br>payé, payée |

1. Actually pronounced as though there were a grave accent on the future and the conditional *(je cèderai, je cèderais)*, rather than an acute.

## conjugation 9

### INDICATIVE

| PRESENT | PERFECT |
|---|---|
| je vais [vɛ] | je suis allé |
| tu vas | tu es allé |
| il va | il est allé |
| nous allons [alɔ̃] | nous sommes allés |
| vous allez | vous êtes allés |
| ils vont [vɔ̃] | ils sont allés |

| IMPERFECT | PLUPERFECT |
|---|---|
| j'allais [alɛ] | j'étais allé |
| tu allais | tu étais allé |
| il allait | il était allé |
| nous allions [aljɔ̃] | nous étions allés |
| vous alliez | vous étiez allés |
| ils allaient | ils étaient allés |

| PAST HISTORIC | PAST ANTERIOR |
|---|---|
| j'allai | je fus allé |
| tu allas | tu fus allé |
| il alla | il fut allé |
| nous allâmes | nous fûmes allés |
| vous allâtes | vous fûtes allés |
| ils allèrent | ils furent allés |

| FUTURE | FUTURE PERFECT |
|---|---|
| j'irai [iʀɛ] | je serai allé |
| tu iras | tu seras allé |
| il ira | il sera allé |
| nous irons | nous serons allés |
| vous irez | vous serez allés |
| ils iront | ils seront allés |

### SUBJUNCTIVE

PRESENT

que j'aille [aj]
que tu ailles
qu'il aille
que nous allions
que vous alliez
qu'ils aillent

IMPERFECT

que j'allasse [alas]
que tu allasses
qu'il allât
que nous allassions
que vous allassiez
qu'ils allassent

PAST

que je sois allé
que tu sois allé
qu'il soit allé
que nous soyons allés
que vous soyez allés
qu'ils soient allés

PLUPERFECT

que je fusse allé
que tu fusses allé
qu'il fût allé
que nous fussions allés
que vous fussiez allés
qu'ils fussent allés

## ALLER

**CONDITIONAL**

PRESENT

j'irais
tu irais
il irait
nous irions
vous iriez
ils iraient

PAST I

je serais allé
tu serais allé
il serait allé
nous serions allés
vous seriez allés
ils seraient allés

PAST II

je fusse allé
tu fusses allé
il fût allé
nous fussions allés
vous fussiez allés
ils fussent allés

| | PRESENT | PAST |
|---|---|---|
| IMPERATIVE | va<br>allons<br>allez | sois allé<br>soyons allés<br>soyez allés |

| | PRESENT | PAST |
|---|---|---|
| PARTICIPLE | allant | allé, ée<br>étant allé |

| | PRESENT | PAST |
|---|---|---|
| INFINITIVE | aller | être allé |

## conjugations 10 to 22

| | | INDICATIVE | | | |
|---|---|---|---|---|---|
| | | present 1st person | present 3rd person | imperfect | past historic |
| 10 | **haïr** | je hais ['ɛ]<br>nous haïssons ['aisɔ̃] | il hait ['ɛ]<br>ils haïssent ['ais] | je haïssais<br>nous haïssions | je haïs ['ai]<br>nous haïmes |
| 11 | **courir** | je cours [kuʀ]<br>nous courons [kuʀɔ̃] | il court<br>ils courent | je courais [kuʀɛ]<br>nous courions | je courus |
| 12 | **cueillir** | je cueille [kœj]<br>nous cueillons [kœjɔ̃] | il cueille<br>ils cueillent | je cueillais<br>nous cueillions [kœjjɔ̃] | je cueillis |
| 13 | **assaillir** | j'assaille<br>nous assaillons [asajɔ̃] | il assaille<br>ils assaillent | j'assaillais<br>nous assaillions [asajjɔ̃] | j'assaillis |
| 14 | **servir** | je sers [sɛʀ]<br>nous servons [sɛʀvɔ̃] | il sert<br>ils servent [sɛʀv] | je servais<br>nous servions | je servis |
| 15 | **bouillir** | je bous [bu]<br>nous bouillons [bujɔ̃] | il bout<br>ils bouillent [buj] | je bouillais<br>nous bouillions [bujjɔ̃] | je bouillis |
| 16 | **partir** | je pars [paʀ]<br>nous partons [paʀtɔ̃] | il part<br>ils partent [paʀt] | je partais<br>nous partions | je partis |
| | **sentir** | je sens [sɑ̃]<br>nous sentons [sɑ̃tɔ̃] | il sent<br>ils sentent [sɑ̃t] | je sentais<br>nous sentions | je sentis |
| 17 | **fuir** | je fuis [fɥi]<br>nous fuyons [fɥijɔ̃] | il fuit<br>ils fuient | je fuyais<br>nous fuyions [fɥijjɔ̃] | je fuis<br>nous fuîmes |
| 18 | **couvrir** | je couvre<br>nous couvrons | il couvre<br>ils couvrent | je couvrais<br>nous couvrions | je couvris |
| 19 | **mourir** | je meurs [mœʀ]<br>nous mourons [muʀɔ̃] | il meurt<br>ils meurent | je mourais [muʀɛ]<br>nous mourions | je mourus |
| 20 | **vêtir** | je vêts [vɛ]<br>nous vêtons [vɛtɔ̃] | il vêt<br>ils vêtent [vɛt] | je vêtais<br>nous vêtions | je vêtis [veti]<br>nous vêtîmes |
| 21 | **acquérir** | j'acquiers [akjɛʀ]<br>nous acquérons [akeʀɔ̃] | il acquiert<br>ils acquièrent | j'acquérais [akeʀɛ]<br>nous acquérions | j'acquis |
| 22 | **venir** | je viens [vjɛ̃]<br>nous venons [v(ə)nɔ̃] | il vient<br>ils viennent [vjɛn] | je venais<br>nous venions | je vins [vɛ̃]<br>nous vînmes [vɛ̃m] |

## irregular verbs ending in -ir

| future | CONDITIONAL<br>present | SUBJUNCTIVE<br>present | IMPERATIVE<br>present | PARTICIPLES<br>present<br>past |
|---|---|---|---|---|
| je haïrai ['airɛ] | je haïrais | que je haïsse | hais<br>haïssons | haïssant<br>haï, haïe ['ai] |
| je courrai [kurrɛ] | je courrais | que je coure | cours<br>courons | courant<br>couru, ue |
| je cueillerai | je cueillerais | que je cueille | cueille<br>cueillons | cueillant<br>cueilli, ie |
| j'assaillirai | j'assaillirais | que j'assaille | assaille<br>assaillons | assaillant<br>assailli, ie |
| je servirai | je servirais | que je serve | sers<br>servons | servant<br>servi, ie |
| je bouillirai | je bouillirais | que je bouille | bous<br>bouillons | bouillant<br>bouilli, ie |
| je partirai | je partirais | que je parte | pars<br>partons | partant<br>parti, ie |
| je sentirai | je sentirais | que je sente | sens<br>sentons | sentant<br>senti, ie |
| je fuirai | je fuirais | que je fuie | fuis<br>fuyons | fuyant<br>fui, fuie |
| je couvrirai | je couvrirais | que je couvre | couvre<br>couvrons | couvrant<br>couvert, erte [kuvɛr, ɛrt] |
| e mourrai [murrɛ] | je mourrais | que je meure | meurs<br>mourons | mourant<br>mort, morte [mɔr, mɔrt] |
| je vêtirai | je vêtirais | que je vête | vêts<br>vêtons | vêtant<br>vêtu, ue [vety] |
| 'acquerrai [akerrɛ] | j'acquerrais | que j'acquière | acquiers<br>acquérons | acquérant<br>acquis, ise [aki, iz] |
| e viendrai [vjɛ̃drɛ] | je viendrais | que je vienne | viens<br>venons | venant<br>venu, ue |

## conjugations 23 to 33

| | | INDICATIVE | | | |
|---|---|---|---|---|---|
| | | present 1st person | present 3rd person | imperfect | past historic |
| 23 | **pleuvoir** | (impersonal) | il pleut [plø] | il pleuvait | il plut |
| 24 | **prévoir** | je prévois [prevwa]<br>nous prévoyons<br>[pʀevwajɔ̃] | il prévoit<br>ils prévoient | je prévoyais<br>nous prévoyions<br>[pʀevwajjɔ̃] | je prévis |
| 25 | **pourvoir** | je pourvois<br>nous pourvoyons | il pourvoit<br>ils pourvoient | je pourvoyais<br>nous pourvoyions | je pourvus |
| 26 | **asseoir** | j'assieds [asjɛ]<br>nous asseyons [asɛjɔ̃]<br>or<br>j'assois<br>nous assoyons | il assied<br>ils asseyent [asɛj]<br>or<br>il assoit<br>ils assoient | j'asseyais<br>nous asseyions<br>or<br>j'assoyais<br>nous assoyions | j'assis |
| 27 | **mouvoir** | je meus [mø]<br>nous mouvons [muvɔ̃] | il meut<br>ils meuvent [mœv] | je mouvais<br>nous mouvions | je mus [my]<br>nous mûmes |
| | | NB ***Émouvoir*** and ***promouvoir*** have the past participles *ému, e* and *promu, e* respectively. | | | |
| 28 | **recevoir** | je reçois [ʀ(ə)swa]<br>nous recevons [ʀ(ə)sevɔ̃] | il reçoit<br>ils reçoivent [rəswav] | je recevais<br>nous recevions | je reçus [ʀ(ə)sy] |
| | **devoir** | | | | |
| 29 | **valoir** | je vaux [vo]<br>nous valons [valɔ̃] | il vaut<br>ils valent [val] | je valais<br>nous valions | je valus |
| | **équivaloir** | | | | |
| | **prévaloir** | | | | |
| | **falloir** | (impersonal) | il faut [fo] | il fallait [falɛ] | il fallut |
| 30 | **voir** | je vois [vwa]<br>nous voyons [vwajɔ̃] | il voit<br>ils voient | je voyais<br>nous voyions [vwajjɔ̃] | je vis |
| 31 | **vouloir** | je veux [vø]<br>nous voulons [vulɔ̃] | il veut<br>ils veulent [vœl] | je voulais<br>nous voulions | je voulus |
| 32 | **savoir** | je sais [sɛ]<br>nous savons [savɔ̃] | il sait<br>ils savent [sav] | je savais<br>nous savions | je sus |
| 33 | **pouvoir** | je peux [pø] or je puis<br>nous pouvons [puvɔ̃] | il peut<br>ils peuvent [pœv] | je pouvais<br>nous pouvions | je pus |

## irregular verbs ending in **-oir**

| future | CONDITIONAL present | SUBJUNCTIVE present | IMPERATIVE present | PARTICIPLE present past |
|---|---|---|---|---|
| il pleuvra | il pleuvrait | qu'il pleuve [plœv] | does not exist | pleuvant<br>plu<br>(no feminine) |
| je prévoirai | je prévoirais | que je prévoie [pʀevwa] | prévois<br>prévoyons | prévoyant<br>prévu, ue |
| je pourvoirai | je pourvoirais | que je pourvoie | pourvois<br>pourvoyons | pourvoyant<br>pourvu, ue |
| j'assiérai [asjeʀɛ]<br>or<br>j'asseyerai [asɛjʀɛ]<br>or<br>j'assoirai | j'assiérais<br>or<br>j'assoirais | que j'asseye [asɛj]<br>or<br>que j'assoie [aswa] | assieds<br>asseyons<br>or<br>assois<br>assoyons | asseyant<br>assis, ise<br>or<br>assoyant<br>assis, ise |

NB *J'asseyerai* is old-fashioned.

| | | | | |
|---|---|---|---|---|
| je mouvrai [muvʀɛ] | je mouvrais | que je meuve<br>que nous mouvions | meus<br>mouvons | mouvant<br>mû, mue [my] |
| je recevrai | je recevrais | que je reçoive<br>que nous recevions | reçois<br>recevons | recevant<br>reçu, ue |
| | | | | dû, due |
| je vaudrai [vodʀɛ] | je vaudrais | que je vaille [vaj]<br>que nous valions [valjɔ̃] | vaux<br>valons | valant<br>valu, ue |
| | | | | équivalu<br>(no feminine) |
| | | que je prévale | does not exist | prévalu<br>(no feminine) |
| il faudra [fodʀa] | il faudrait | qu'il faille [faj] | | does not exist<br>fallu<br>(no feminine) |
| je verrai [veʀɛ] | je verrais | que je voie [vwa]<br>que nous voyions [vwajjɔ̃] | vois<br>voyons | voyant<br>vu, vue |
| je voudrai [vudʀɛ] | je voudrais | que je veuille [vœj]<br>que nous voulions [vuljɔ̃] | veux or veuille<br>voulons | voulant<br>voulu, ue |
| je saurai [soʀɛ] | je saurais | que je sache [saʃ]<br>que nous sachions | sache<br>sachons | sachant<br>su, sue |
| je pourrai [puʀɛ] | je pourrais | que je puisse [pɥis]<br>que nous puissions | not used | pouvant<br>pu |

## conjugation 34

### INDICATIVE

| PRESENT | PERFECT |
|---|---|
| j'ai [e; ɛ] | j'ai eu |
| tu as [a] | tu as eu |
| il a [a] | il a eu |
| nous avons [avɔ̃] | nous avons eu |
| vous avez [ave] | vous avez eu |
| ils ont [ɔ̃] | ils ont eu |

| IMPERFECT | PLUPERFECT |
|---|---|
| j'avais | j'avais eu |
| tu avais | tu avais eu |
| il avait | il avait eu |
| nous avions | nous avions eu |
| vous aviez | vous aviez eu |
| ils avaient | ils avaient eu |

| PAST HISTORIC | PAST ANTERIOR |
|---|---|
| j'eus [y] | j'eus eu |
| tu eus | tu eus eu |
| il eut | il eut eu |
| nous eûmes [ym] | nous eûmes eu |
| vous eûtes [yt] | vous eûtes eu |
| ils eurent [yʀ] | ils eurent eu |

| FUTURE | FUTURE PERFECT |
|---|---|
| j'aurai [ɔʀɛ] | j'aurai eu |
| tu auras | tu auras eu |
| il aura | il aura eu |
| nous aurons | nous aurons eu |
| vous aurez | vous aurez eu |
| ils auront | ils auront eu |

### SUBJUNCTIVE

| PRESENT |
|---|
| que j'aie [ɛ] |
| que tu aies |
| qu'il ait |
| que nous ayons [ɛjɔ̃] |
| que vous ayez |
| qu'ils aient |

| IMPERFECT |
|---|
| que j'eusse [ys] |
| que tu eusses |
| qu'il eût [y] |
| que nous eussions [ysjɔ̃] |
| que vous eussiez |
| qu'ils eussent |

| PAST |
|---|
| que j'ai eu |
| que tu aies eu |
| qu'il ait eu |
| que nous ayons eu |
| que vous ayez eu |
| qu'ils aient eu |

| PLUPERFECT |
|---|
| que j'eusse eu |
| que tu eusses eu |
| qu'il eût eu |
| que nous eussions eu |
| que vous eussiez eu |
| qu'ils eussent eu |

## conjugations 35 to 37

| | | INDICATIVE | | | |
|---|---|---|---|---|---|
| | | present: 1st person | present: 2nd and 3rd persons | imperfect | past historic |
| 35 | **conclure** | je conclus [kɔ̃kly]<br>nous concluons [kɔ̃klyɔ̃] | il conclut<br>ils concluent | je concluais<br>nous concluions | je conclus |
| 36 | **rire** | je ris [ʀi]<br>nous rions [ʀijɔ̃] | il rit<br>ils rient | je riais<br>nous riions [ʀijɔ̃] or [ʀijjɔ̃] | je ris |
| 37 | **dire** | je dis [di]<br>nous disons [dizɔ̃] | il dit<br>vous dites [dit]<br>ils disent [diz] | je disais<br>nous disions | je dis |
| | **suffire** | je suffis [syfi]<br>nous suffisons [syfizɔ̃] | il suffit<br>ils suffisent [syfiz] | je suffisais<br>nous suffisions | je suffis |

NB ***Exclure*** is conjugated like ***conclure***: past participle *exclu, ue*; ***inclure*** is conjugated like ***conclure*** except for the past participle *inclus, use*.

NB ***Médire, contredire, dédire, interdire, prédire*** are conjugated like ***dire*** except for the 2nd person plural of the present tense: *médisez, contredisez, dédisez, interdisez, prédisez*.

NB ***Confire*** is conjugated like ***suffire*** except for the past participle *confit, ite*.

# AVOIR

**CONDITIONAL**

PRESENT

j'aurais
tu aurais
il aurait
nous aurions
vous auriez
ils auraient

PAST I

j'aurais eu
tu aurais eu
il aurait eu
nous aurions eu
vous auriez eu
ils auraient eu

PAST II

j'eusse eu
tu eusses eu
il eût eu
nous eussions eu
vous eussiez eu
ils eussent eu

| | PRESENT | PAST |
|---|---|---|
| IMPERATIVE | aie [ɛ]<br>ayons [ɛjɔ̃]<br>ayez [eje] | aie eu<br>ayons eu<br>ayez eu |

| | PRESENT | PAST |
|---|---|---|
| PARTICIPLE | ayant | eu, eue [y]<br>ayant eu |

| | PRESENT | PAST |
|---|---|---|
| INFINITIVE | avoir | avoir eu |

## irregular verbs ending in **-re**

| future | **CONDITIONAL** present | **SUBJUNCTIVE** present | **IMPERATIVE** present | **PARTICIPLES** present past |
|---|---|---|---|---|
| je conclurai | je conclurais | que je conclue | conclus<br>concluons | concluant<br>conclu, ue |
| je rirai | je rirais | que je rie | ris<br>rions | riant<br>ri<br>(no feminine) |
| je dirai | je dirais | que je dise | dis<br>disons<br>dites | disant<br>dit, dite |
| je suffirai | je suffirais | que je suffise | suffis<br>suffisons | suffisant<br>suffi<br>(no feminine) |

## conjugations 38 to 48

| | | INDICATIVE | | | |
|---|---|---|---|---|---|
| | | present – 1st person | present – 3rd person | imperfect | past historic |
| 38 | **nuire** | je nuis [nɥi]<br>nous nuisons [nɥizɔ̃] | il nuit<br>ils nuisent [nɥiz] | je nuisais<br>nous nuisions | je nuisis |

Also the verbs ***luire, reluire.***

| | | | | | |
|---|---|---|---|---|---|
| | **conduire** | je conduis<br>nous conduisons | il conduit<br>ils conduisent | je conduisais<br>nous conduisions | je conduisis |

Also the verbs ***construire, cuire, déduire, détruire, enduire, induire, instruire, introduire, produire, réduire, séduire, traduire.***

| | | | | | |
|---|---|---|---|---|---|
| 39 | **écrire** | j'écris [ekʀi]<br>nous écrivons [ekʀivɔ̃] | il écrit<br>ils écrivent [ekʀiv] | j'écrivais<br>nous écrivions | j'écrivis |
| 40 | **suivre** | je suis [sɥi]<br>nous suivons [sɥivɔ̃] | il suit<br>ils suivent [sɥiv] | je suivais<br>nous suivions | je suivis |
| 41 | **rendre** | je rends [ʀɑ̃]<br>nous rendons [ʀɑ̃dɔ̃] | il rend<br>ils rendent [ʀɑ̃d] | je rendais<br>nous rendions | je rendis |

Also the verbs ending in ***-andre*** (e.g. *répandre*), ***-erdre*** (e.g. *perdre*), ***-ondre*** (e.g. *répondre*), ***-ordre*** (e.g. *mordre*).

| | | | | | |
|---|---|---|---|---|---|
| | **rompre** | je romps [ʀɔ̃]<br>nous rompons [ʀɔ̃pɔ̃] | il rompt<br>ils rompent [ʀɔ̃p] | je rompais<br>nous rompions | je rompis |

Also the verbs ***corrompre*** and ***interrompre***.

| | | | | | |
|---|---|---|---|---|---|
| | **battre** | je bats [ba]<br>nous battons [batɔ̃] | il bat<br>ils battent [bat] | je battais<br>nous battions | je battis |
| 42 | **vaincre** | je vaincs [vɛ̃]<br>nous vainquons [vɛ̃kɔ̃] | il vainc<br>ils vainquent [vɛ̃k] | je vainquais<br>nous vainquions | je vainquis |
| 43 | **lire** | je lis [li]<br>nous lisons [lizɔ̃] | il lit<br>ils lisent [liz] | je lisais<br>nous lisions | je lus |
| 44 | **croire** | je crois [kʀwa]<br>nous croyons [kʀwajɔ̃] | il croit<br>ils croient | je croyais<br>nous croyions [kʀwajjɔ̃] | je crus<br>nous crûmes |
| 45 | **clore** | je clos [klo] | il clôt<br>ils closent [kloz] (rare) | je closais (rare) | not applicable |
| 46 | **vivre** | je vis [vi]<br>nous vivons [vivɔ̃] | il vit<br>ils vivent [viv] | je vivais<br>nous vivions | je vécus [veky] |
| 47 | **moudre** | je mouds [mu]<br>nous moulons [mulɔ̃] | il moud<br>ils moulent [mul] | je moulais<br>nous moulions | je moulus |

NB Most forms of this verb are rare except *moudre, moudrai(s), moulu, e.*

| | | | | | |
|---|---|---|---|---|---|
| 48 | **coudre** | je couds [ku]<br>nous cousons [kuzɔ̃] | il coud<br>ils cousent [kuz] | je cousais<br>nous cousions | je cousis [kuzi] |

## irregular verbs ending in *-re*

| future | CONDITIONAL present | SUBJUNCTIVE present | IMPERATIVE present | PARTICIPLES present past |
|---|---|---|---|---|
| je nuirai | je nuirais | que je nuise | nuis<br>nuisons | nuisant<br>nui<br>(no feminine) |
| je conduirai | je conduirais | que je conduise | conduis<br>conduisons | conduisant<br>conduit, ite |
| j'écrirai | j'écrirais | que j'écrive | écris<br>écrivons | écrivant<br>écrit, ite |
| je suivrai | je suivrais | que je suive | suis<br>suivons | suivant<br>suivi, ie |
| je rendrai | je rendrais | que je rende | rends<br>rendons | rendant<br>rendu, ue |
| je romprai | je romprais | que je rompe | romps<br>rompons | rompant<br>rompu, ue |
| [illegible] | [illegible] | [illegible] | bats<br>battons | battant<br>battu, ue |
| je vaincrai | je vaincrais | que je vainque | vaincs<br>vainquons | vainquant<br>vaincu, ue |
| je lirai | je lirais | que je lise | lis<br>lisons | lisant<br>lu, ue |
| je croirai | je croirais | que je croie | crois<br>croyons | croyant<br>cru, crue |
| je clorai (rare) | je clorais (rare) | que je close | clos | closant (rare)<br>clos, close |
| je vivrai | je vivrais | que je vive | vis<br>vivons | vivant<br>vécu, ue |
| je moudrai | je moudrais | que je moule | mouds<br>moulons | moulant<br>moulu, ue |
| je coudrai | je coudrais | que je couse | couds<br>cousons | cousant<br>cousu, ue |

# conjugations 49 to 59

| | | INDICATIVE | | | |
|---|---|---|---|---|---|
| | | present | | imperfect | past historic |
| | | 1st person | 3rd person | | |
| 49 | joindre | je joins [ʒwɛ̃]<br>nous joignons [ʒwaɲɔ̃] | il joint<br>ils joignent [ʒwaɲ] | je joignais<br>nous joignions [ʒwaɲjɔ̃] | je joignis |
| 50 | traire | je trais [tʀɛ]<br>nous trayons [tʀɛjɔ̃] | il trait<br>ils [illegible] | je trayais<br>[illegible] | not applicable |
| 51 | absoudre | [illegible]<br>nous absolvons [apsɔlvɔ̃] | [illegible]<br>ils absolvent [apsɔlv] | j'absolvais<br>[illegible] | [illegible] |
| | NB *Dissoudre* is conjugated like *absoudre*; *résoudre* is conjugated like *absoudre*, but the past historic [illegible] is current. *Résoudre* has two past participles: *résolu*, *ue* (*problème résolu*) and *résous*, *oute* (*brouillard résous* [illegible]). | | | | |
| 52 | craindre | je crains [kʀɛ̃]<br>nous craignons [kʀɛɲɔ̃] | il craint<br>ils craignent [kʀɛɲ] | je craignais<br>nous craignions [kʀɛɲjɔ̃] | je craignis |
| | peindre | je peins [pɛ̃]<br>nous peignons [pɛɲɔ̃] | il peint<br>ils peignent [pɛɲ] | je peignais<br>nous peignions [pɛɲjɔ̃] | [illegible] |
| 53 | boire | je bois [bwa]<br>nous buvons [byvɔ̃] | il boit<br>ils boivent [bwav] | je buvais<br>nous buvions | je bus |
| 54 | plaire | je plais [illegible]<br>nous plaisons [illegible] | [illegible] | [illegible] | je plus |
| | NB The past participle of *plaire*, *complaire*, *déplaire* is generally invariable. | | | | |
| | taire | je tais<br>nous taisons | il tait<br>ils taisent | je taisais<br>nous taisions | je tus |
| 55 | croître | je crois [kʀwa]<br>nous croissons [kʀwasɔ̃] | il croît<br>ils croissent [kʀwas] | je croissais<br>nous croissions | je crûs<br>nous crûmes |
| | NB The past participle of *décroître* is décru, e. | | | | |
| | accroître | j'accrois<br>nous accroissons | il accroît<br>ils accroissent | j'accroissais | j'accrus<br>nous accrûmes |
| 56 | mettre | je mets [mɛ]<br>nous mettons [metɔ̃] | il met<br>ils mettent [mɛt] | je mettais<br>nous mettions | je mis |
| 57 | connaître | je connais [kɔnɛ]<br>nous connaissons [kɔnɛsɔ̃] | il connaît<br>ils connaissent [kɔnɛs] | je connaissais<br>nous connaissions | je connus |
| 58 | prendre | je prends [pʀɑ̃]<br>nous prenons [pʀənɔ̃] | il prend<br>ils prennent [pʀɛn] | je prenais<br>nous prenions | je pris |
| 59 | naître | je nais [nɛ]<br>nous naissons [nɛsɔ̃] | il naît<br>ils naissent [nɛs] | je naissais<br>nous naissions | je naquis [naki] |

NB *Renaître* has no past participle.

## irregular verbs ending in **-re**

| future | CONDITIONAL present | SUBJUNCTIVE present | IMPERATIVE present | PARTICIPLES present past |
|---|---|---|---|---|
| je joindrai | je joindrais | que je joigne | joins joignons | joignant joint, jointe |
| je trairai | je trairais | que je traie | trais trayons | trayant trait, traite |
| j'absoudrai | j'absoudrais | que j'absolve | absous absolvons | absolvant absous[1], oute [apsu, ut] |
| je craindrai | je craindrais | que je craigne | crains craignons | craignant craint, crainte |
| je peindrai | je peindrais | que je peigne | peins peignons | peignant peint, peinte |
| je boirai | je boirais | que je boive que nous buvions | bois buvons | buvant bu, bue |
| je plairai | je plairais | que je plaise | plais plaisons | plaisant plu (no feminine) |
| je tairai | je tairais | que je taise | tais taisons | taisant tu, tue |
| je croîtrai | je croîtrais | que je croisse | croîs croissons | croissant crû, crue |
| j'accroîtrai | j'accroîtrais | que j'accroisse | accrois accroissons | accroissant accru, ue |
| je mettrai | je mettrais | que je mette | mets mettons | mettant mis, mise |
| je connaîtrai | je connaîtrais | que je connaisse | connais connaissons | connaissant connu, ue |
| je prendrai | je prendrais | que je prenne que nous prenions | prends prenons | prenant pris, prise |
| je naîtrai | je naîtrais | que je naisse | nais naissons | naissant né, née |

1. The past participle forms *absout*, *dissout*, with a final *t*, are often preferred.

## conjugation 60 – **FAIRE**

### INDICATIVE

PRESENT
je fais [fɛ]
tu fais
il fait
nous faisons [f(ə)zɔ̃]
vous faites [fɛt]
ils font [fɔ̃]

PERFECT
j'ai fait
tu as fait
il a fait
nous avons fait
vous avez fait
ils ont fait

IMPERFECT
je faisais [f(ə)zɛ]
tu faisais
il faisait
nous faisions [fəzjɔ̃]
vous faisiez [fəsje]
ils faisaient

PLUPERFECT
j'avais fait
tu avais fait
il avait fait
nous avions fait
vous aviez fait
ils avaient fait

PAST HISTORIC
je fis
tu fis
il fit
nous fîmes
vous fîtes
ils firent

PAST ANTERIOR
j'eus fait
tu eus fait
il eut fait
nous eûmes fait
vous eûtes fait
ils eurent fait

FUTURE
je ferai [f(ə)ʀɛ]
tu feras
il fera
nous ferons [f(ə)ʀɔ̃]
vous ferez
ils feront

FUTURE PERFECT
j'aurai fait
tu auras fait
il aura fait
nous aurons fait
vous aurez fait
ils auront fait

### SUBJUNCTIVE

PRESENT
que je fasse [fas]
que tu fasses
qu'il fasse
que nous fassions
que vous fassiez
qu'ils fassent

IMPERFECT
que je fisse [fis]
que tu fisses
qu'il fît
que nous fissions
que vous fissiez
qu'ils fissent

PAST
que j'aie fait
que tu aies fait
qu'il ait fait
que nous ayons fait
que vous ayez fait
qu'ils aient fait

PLUPERFECT
que j'eusse fait
que tu eusses fait
qu'il eût fait
que nous eussions fait
que vous eussiez fait
qu'ils eussent fait

### CONDITIONAL

PRESENT
je ferais [f(ə)ʀɛ]
tu ferais
il ferait
nous ferions [fəʀjɔ̃]
vous feriez
ils feraient

PAST I
j'aurais fait
tu aurais fait
il aurait fait
nous aurions fait
vous auriez fait
ils auraient fait

PAST II
j'eusse fait
tu eusses fait
il eût fait
nous eussions fait
vous eussiez fait
ils eussent fait

### IMPERATIVE

| | PRESENT | PAST |
|---|---|---|
| IMPERATIVE | fais | aie fait |
| | faisons | ayons fait |
| | faites | ayez fait |

### PARTICIPLE

| | PRESENT | PAST |
|---|---|---|
| PARTICIPLE | faisant [f(ə)zɑ̃] | fait |
| | | ayant fait |

### INFINITIVE

| | PRESENT | PAST |
|---|---|---|
| INFINITIVE | faire | avoir fait |

## conjugation 61 – **ÊTRE**

### INDICATIVE

| PRESENT | PERFECT |
|---|---|
| je suis [sɥi] | j'ai été |
| tu es [ɛ] | tu as été |
| il est [ɛ] | il a été |
| nous sommes [sɔm] | nous avons été |
| vous êtes [ɛt] | vous avez été |
| ils sont [sɔ̃] | ils ont été |

| IMPERFECT | PLUPERFECT |
|---|---|
| j'étais [etɛ] | j'avais été |
| tu étais | tu avais été |
| il était | il avait été |
| nous étions [etjɔ̃] | nous avions été |
| vous étiez | vous aviez été |
| ils étaient | ils avaient été |

| PAST HISTORIC | PAST ANTERIOR |
|---|---|
| je fus [fy] | j'eus été |
| tu fus | tu eus été |
| il fut | il eut été |
| nous fûmes | nous eûmes été |
| vous fûtes | vous eûtes été |
| ils furent | ils eurent été |

| FUTURE | FUTURE PERFECT |
|---|---|
| je serai [s(ə)ʀɛ] | j'aurai été |
| tu seras | tu auras été |
| il sera | il aura été |
| nous serons [s(ə)ʀɔ̃] | nous aurons été |
| vous serez | vous aurez été |
| ils seront | ils auront été |

### SUBJUNCTIVE

PRESENT
que je sois [swa]
que tu sois
qu'il soit
que nous soyons [swajɔ̃]
que vous soyez
qu'ils soient

IMPERFECT
que je fusse
que tu fusses
qu'il fût
que nous fussions
que vous fussiez
qu'ils fussent

PAST
que j'aie été
que tu aies été
qu'il ait été
que nous ayons été
que vous ayez été
qu'ils eussent été

PLUPERFECT
que j'eusse été
que tu eusses été
qu'il eût été
que nous eussions été
que vous eussiez été
qu'ils eussent été

### CONDITIONAL

PRESENT
je serais [s(ə)ʀɛ]
tu serais
il serait
nous serions [səʀjɔ̃]
vous seriez
ils seraient

PAST 1
j'aurais été
tu aurais été
il aurait été
nous aurions été
vous auriez été
ils auraient été

PAST II
j'eusse été
tu eusses été
il eût été
nous eussions été
vous eussiez été
ils eussent été

### IMPERATIVE

| PRESENT | PAST |
|---|---|
| sois [swa] | aie été |
| soyons [swajɔ̃] | ayons été |
| soyez [swaje] | ayez été |

### PARTICIPLE

| PRESENT | PAST |
|---|---|
| étant | été [ete] |
| | ayant été |

### INFINITIVE

| PRESENT | PAST |
|---|---|
| être | avoir été |

# FORMATION OF COMPOUND TENSES OF FRENCH VERBS

Most verbs form their compound tenses using the verb *avoir*, except in the reflexive form. Simple tenses of the auxiliary are followed by the past participle to form the compound tenses shown below (the verb *avoir* is given as an example)

| AVOIR | | + PAST PARTICIPLE | COMPOUND TENSES OF VERBS |
|---|---|---|---|
| PRESENT | j' **ai**<br>tu **as**<br>il **a**<br>nous **avons**<br>vous **avez**<br>ils **ont** | + PAST PARTICIPLE<br>(chanté)<br>(bu)<br>(eu)<br>(été) | = PERFECT<br>(*chanter* = il **a chanté**)<br>(*boire* = il **a bu**)<br>(*avoir* = il **a eu**)<br>(*être* = il **a été**) |
| IMPERFECT | j' **avais**<br>tu **avais**<br>il **avait**<br>nous **avions**<br>vous **aviez**<br>ils **avaient** | | = PLUPERFECT<br>(il **avait chanté**, il **avait bu**, il **avait eu**, il **avait été**) |
| FUTURE | j' **aurai**<br>tu **auras**<br>il **aura**<br>nous **aurons**<br>vous **aurez**<br>ils **auront** | | = FUTURE PERFECT<br>(il **aura chanté**, il **aura bu**, il **aura eu**, il **aura été**) |
| CONDITIONAL (PRESENT) | j' **aurais**<br>tu **aurais**<br>il **aurait**<br>nous **aurions**<br>vous **auriez**<br>ils **auraient** | | = PAST CONDITIONAL<br>(this tense is rarely studied but the forms are not rare)<br>(il **aurait chanté**, il **aurait bu**, il **aurait eu**, il **aurait été**) |
| PAST HISTORIC | j' **eus**<br>tu **eus**<br>il **eut**<br>nous **eûmes**<br>vous **eûtes**<br>ils **eurent** | | = PAST ANTERIOR<br>(rare as a spoken form)<br>(il **eut chanté**, il **eut bu**, il **eut eu**, il **eut été**) |
| IMPERATIVE | **aie**<br>**ayons**<br>**ayez** | | = PAST IMPERATIVE (rare)<br>(**aie chanté, aie bu, aie eu, aie été**) |
| PRESENT PARTICIPLE | **ayant** | | = SECOND FORM OF PAST PARTICIPLE<br>(**ayant chanté, ayant bu, ayant eu, ayant été**) |
| SUBJUNCTIVE (PRESENT) | que j' **aie**<br>que tu **aies**<br>qu'il **ait**<br>que nous **ayons**<br>que vous **ayez**<br>qu'ils **aient** | | = PAST SUBJUNCTIVE<br>(rare as spoken form)<br>(qu'il **ait chanté**, qu'il **ait bu**, qu'il **ait eu**, qu'il **ait été**) |
| SUBJUNCTIVE (IMPERFECT) (rare) | que j' **eusse**<br>que tu **eusses**<br>qu'il **eût**<br>que nous **eussions**<br>que vous **eussiez**<br>qu'ils **eussent** | | = PLUPERFECT SUBJUNCTIVE<br>(very rare, even in the written form)<br>(qu'il **eût chanté**, qu'il **eût bu**, qu'il **eût eu**, qu'il **eût été**) |

# RULES OF AGREEMENT FOR PAST PARTICIPLE

The past participle is a form of the verb which does not vary according to tense or person, but which is more like an adjective, in that it may agree in gender and number with the word to which it refers.

## PAST PARTICIPLE AGREEMENT DEPENDING ON USAGE

| | |
|---|---|
| **without auxiliary** (adjectival use) | • **agreement** with the word it refers to<br>*une affaire bien partie*<br>(agrees with *affaire*, feminine singular) |

| | |
|---|---|
| **with *être*** | • **agreement** with the subject of **être**<br>*les hirondelles sont revenues*<br>(agrees with *hirondelles*, feminine plural) |
| **with *avoir*** | • **agreement** with the direct object, provided the direct object precedes the past participle<br>*je les ai crus*<br>(agrees with *les*, masculine plural)<br>*la lettre qu'il a écrite*<br>(agrees with *que*, referring back to *lettre*, feminine singular)<br>• **no agreement**, then, in the following cases:<br>*nous avons couru*<br>(no direct object)<br>*elles ont pris la clé*<br>(direct object follows past participle) |

| | | |
|---|---|---|
| **with *s'être*** | **as with *être*** | • if the verb is reflexive, the past participle agrees with the subject<br>*ils se sont enrhumés*<br>(agrees with *ils*, masculine plural)<br>• if the reflexive pronoun is the indirect object, any agreement is with the preceding direct object<br>*la bosse qu'il s'est faite*<br>(agrees with *que*, referring back to *bosse*, feminine singular) |
| | **as with *avoir*** | • **no agreement**, then, if the direct object follows the past participle<br>*ils se sont lavé les mains*<br>(the object being *les mains*) |

L'anglais comprend de nombreux verbes forts ou irréguliers (dont nous donnons la liste ci-dessous, § 7) ainsi que de nombreuses variantes orthographiques (voir au § 8), mais à chacun des temps la conjugaison reste la même pour toutes les personnes sauf pour la troisième personne du singulier au présent de l'indicatif.

Les notes qui suivent se proposent de résumer la structure et les formes du verbe anglais.

## 1 LE MODE INDICATIF

| | | |
|---|---|---|
| PRÉSENT | FORMATION | Le présent de l'indicatif a la même forme que l'infinitif présent à toutes les personnes sauf à la troisième personne du singulier, à laquelle vient s'ajouter un *s*, ex. : *he sells.* |
| | **verbes se terminant par une sifflante ou une chuintante** | Dans les cas où l'infinitif se termine par une sifflante ou une chuintante on intercale un *e*,<br>ex. : *he kisses, he buzzes, he rushes, he touches.* |
| | **verbes se terminant par consonne + y** | Les verbes qui se terminent en consonne + *y* changent cet *y* en *ies* à la troisième personne du singulier,<br>ex. : *he tries, he pities, he satisfies.*<br>REMARQUE. Là où le *y* est précédé d'une voyelle, on applique la règle générale, ex. : *pray — he prays, annoy — she annoys.* |
| | **formes irrégulières** | • Le verbe *to be* a des formes irrégulières pour toutes les personnes : *I am, you are, he is, we are, you are, they are.*<br>• Trois autres verbes ont une forme irrégulière à la troisième personne du singulier :<br>*do* *he does*<br>*have* *he has*<br>*go* *he goes* |
| IMPARFAIT<br>PASSÉ SIMPLE<br>PARTICIPE PASSÉ | FORMATION | L'imparfait, le passé simple et le participe passé ont, en anglais, la même forme. On les construit en ajoutant *ed* au radical de l'infinitif,<br>ex. : *paint — I painted — painted.* |
| | **verbes se terminant par un *e* muet** | On ajoute *d* à l'infinitif des verbes qui se terminent par un *e* muet,<br>ex. : *bare — I bared — bared, move — I moved — moved, revise — I revised — revised.* |
| | **verbes irréguliers** | Pour les verbes irréguliers, voir la liste ci-dessous, § 7. |
| TEMPS COMPOSÉS ou PASSÉS | FORMATION | Les temps composés du passé se forment à l'aide de l'auxiliaire *to have* suivi du participe passé. |
| | PASSÉ COMPOSÉ | Présent de *to have* + participe passé.<br>ex. : *I have painted.* |
| | PLUS-QUE-PARFAIT | Passé de *to have* + participe passé,<br>ex. : *I had painted.* |
| FUTUR | FUTUR SIMPLE | Le futur se forme à l'aide de *will* suivi de l'infinitif,<br>ex. : *I will do it.*<br>Dans la langue soignée, on utilise *shall* à la première personne du singulier et du pluriel,<br>ex. : *we shall see to it.* |
| | FUTUR ANTÉRIEUR | L'auxiliaire *to have* accompagné de *will* (ou de *shall* dans la langue soignée) et du participe passé du verbe conjugué s'emploie pour le futur antérieur,<br>ex. : *I will have finished.* |
| FORME PROGRESSIVE | Il existe également en anglais, au mode indicatif, une forme progressive qui se forme avec l'auxiliaire *to be,* conjugué au temps approprié et suivi du participe présent,<br>ex. : *I am waiting, we were hoping, they will be leaving, they would still have been waiting, I had been painting all day.*<br>Ce système diffère dans une certaine mesure du système français, qui a parfois comme équivalent la formule « être en train de » suivie de l'infinitif. | |

## 2 LE CONDITIONNEL

| | |
|---|---|
| PRÉSENT | Le conditionnel se forme à l'aide de *would* suivi de l'infinitif,<br>ex. : *I would go.*<br>Dans la langue soignée, ou utilise *should* à la première personne du singulier et du pluriel,<br>ex. : *we should see it.* |
| PASSÉ | L'auxiliaire *to have* accompagné de *would* (ou de *should* dans la langue soignée) et du participe passé du verbe conjugué s'emploie pour le conditionnel passé,<br>ex. : *I would have paid.* |

## 3 LE MODE SUBJONCTIF

| | |
|---|---|
| PRÉSENT | Au présent et à toutes les personnes, le subjonctif a la même forme que l'infinitif,<br>ex. : *(that) I go, (that) she go* etc. |
| IMPARFAIT | À l'imparfait, *to be* est l'unique verbe qui ait une forme irrégulière. Cette forme est *were* pour toutes les personnes :<br>ex. : *(that) I were, (that) we were* etc. |
| Emploi | Le subjonctif est peu utilisé en anglais. Il faut cependant noter que le subjonctif s'emploie obligatoirement en anglais dans : *if I were you, were I to attempt it* (l'emploi de *was* étant considéré comme incorrect dans ces expressions, ainsi que dans d'autres expressions analogues).<br>Le subjonctif se rencontre aussi dans l'expression figée *so be it* et dans le langage juridique ou officiel, ex. : *it is agreed that nothing be done, it was resolved that the pier be painted* (quoique *should be done* et *should be painted* soient également corrects). |

## 4 LE MODE IMPÉRATIF

| | |
|---|---|
| FORMATION | Il n'y a qu'une forme de l'impératif, qui est en fait celle de l'infinitif,<br>ex. : *tell me, come here, don't do that.* |

## 5 LE GÉRONDIF ET LE PARTICIPE PRÉSENT

| | |
|---|---|
| FORMATION | Le gérondif et le participe présent ont la même forme en anglais. Ils s'obtiennent en ajoutant la désinence *-ing* au radical de l'infinitif, ex. : *washing, sending, passing.*<br>Pour les variantes orthographiques voir paragraphe 8. |

## 6 LA VOIX PASSIVE

| | |
|---|---|
| FORMATION | La voix passive se forme exactement comme en français avec le temps approprié du verbe *to be* et le participe passé :<br>ex. : *we are forced to, he was killed, they had been injured,*<br>*the company will be taken over,*<br>*it ought to have been rebuilt, were it to be agreed.* |

## 7 VERBES FORTS OU IRRÉGULIERS

| INFINITIF | PRÉTÉRIT | PARTICIPE PASSÉ |
|---|---|---|
| abide | abode or abided | abode or abided |
| arise | arose | arisen |
| awake | awoke or awaked | awoken or awaked |
| be | was, were | been |
| bear[1] | bore | borne |
| beat | beat | beaten |
| become | became | become |
| beget | begot, begat†† | begotten |
| begin | began | begun |
| bend | bent | bent |
| beseech | besought | besought |
| bet | bet or betted | bet or betted |
| bid | bade or bid | bid or bidden |
| bind | bound | bound |
| bite | bit | bitten |
| bleed | bled | bled |
| blow[1] | blew | blown |
| break | broke | broken |
| breed | bred | bred |
| bring | brought | brought |
| build | built | built |
| burn | burned or burnt | burned or burnt |
| burst | burst | burst |
| buy | bought | bought |
| can[1] | could | – |
| cast | cast | cast |
| catch | caught | caught |
| chide | chid | chidden or chid |
| choose | chose | chosen |
| cleave[1] *(fendre)* | clove or cleft | cloven or cleft |
| cling | clung | clung |
| come | came | come |
| cost | cost or costed | cost or costed |
| creep | crept | crept |
| cut | cut | cut |
| deal | dealt | dealt |
| dig | dug | dug |
| dive | dived, (US) dove | dived |
| do | did | done |
| draw | drew | drawn |
| dream | dreamed or dreamt | dreamed or dreamt |
| drink | drank | drunk |
| drive | drove | driven |
| dwell | dwelled or dwelt | dwelled or dwelt |
| eat | ate | eaten |
| fall | fell | fallen |
| feed | fed | fed |
| feel | felt | felt |
| fight | fought | fought |
| find | found | found |
| flee | fled | fled |
| fling | flung | flung |
| fly | flew | flown |
| forbid | forbad(e) | forbidden |
| forget | forgot | forgotten |
| forsake | forsook | forsaken |
| freeze | froze | frozen |
| get | got | got, (US) gotten |
| gild | gilded | gilded or gilt |
| gird | girded or girt | girded or girt |
| give | gave | given |
| go | went | gone |
| grind | ground | ground |
| grow | grew | grown |
| hang | hung, (Jur) hanged | hung, (Jur) hanged |
| have | had | had |
| hear | heard | heard |
| heave | heaved, (Naut) hove | heaved, (Naut) hove |
| hew | hewed | hewed or hewn |
| hide | hid | hidden |
| hit | hit | hit |
| hold | held | held |
| hurt | hurt | hurt |
| keep | kept | kept |
| kneel | knelt | knelt |
| know | knew | known |
| lade | laded | laden |
| lay | laid | laid |
| lead | led | led |
| lean | leaned or leant | leaned or leant |
| leap | leaped or leapt | leaped or leapt |
| learn | learned or learnt | learned or learnt |
| leave | left | left |
| lend | lent | lent |
| let | let | let |
| lie[1] | lay | lain |
| light[1+3] | lit or lighted | lit or lighted |
| lose | lost | lost |
| make | made | made |
| may | might | – |
| mean | meant | meant |
| meet | met | met |
| mow | mowed | mown or mowed |

| INFINITIF | PRÉTÉRIT | PARTICIPE PASSÉ |
|---|---|---|
| pay | paid | paid |
| put | put | put |
| quit | quit or quitted | quit or quitted |
| read [ri:d] | read [red] | read [red] |
| rend | rent | rent |
| rid | rid | rid |
| ride | rode | ridden |
| ring[2] | rang | rung |
| rise | rose | risen |
| run | ran | run |
| saw | sawed | sawed or sawn |
| say | said | said |
| see | saw | seen |
| seek | sought | sought |
| sell | sold | sold |
| send | sent | sent |
| set | set | set |
| sew | sewed | sewed or sewn |
| shake | shook | shaken |
| shave | shaved | shaved or shaven |
| shear | sheared | sheared or shorn |
| shed | shed | shed |
| shine | shone | shone |
| shoe | shod | shod |
| shoot | shot | shot |
| show | showed | shown or showed |
| shrink | shrank | shrunk |
| shut | shut | shut |
| sing | sang | sung |
| sink | sank | sunk |
| sit | sat | sat |
| slay | slew | slain |
| sleep | slept | slept |
| slide | slid | slid |
| sling | slung | slung |
| slink | slunk | slunk |
| slit | slit | slit |
| smell | smelled or smelt | smelled or smelt |
| smite | smote | smitten |
| sow | sowed | sowed or sown |
| speak | spoke | spoken |
| speed | speeded or sped | speeded or sped |

| INFINITIF | PRÉTÉRIT | PARTICIPE PASSÉ |
|---|---|---|
| spell[3] | spelled or spelt | spelled or spelt |
| spend | spent | spent |
| spill | spilled or spilt | spilled or spilt |
| spin | spun or span†† | spun |
| spit | spat | spat |
| split | split | split |
| spoil | spoiled or spoilt | spoiled or spoilt |
| spread | spread | spread |
| spring | sprang | sprung |
| stand | stood | stood |
| stave | stove or staved | stove or staved |
| steal | stole | stolen |
| stick | stuck | stuck |
| sting | stung | stung |
| stink | stank | stunk |
| strew | strewed | strewed or strewn |
| stride | strode | stridden |
| strike | struck | struck |
| string | strung | strung |
| strive | strove | striven |
| swear | swore | sworn |
| sweep | swept | swept |
| swell | swelled | swollen |
| swim | swam | swum |
| swing | swung | swung |
| take | took | taken |
| teach | taught | taught |
| tear | tore | torn |
| tell | told | told |
| think | thought | thought |
| thrive | throve or thrived | thriven or thrived |
| throw | threw | thrown |
| thrust | thrust | thrust |
| tread | trod | trodden |
| wake | woke or waked | woken or waked |
| wear | wore | worn |
| weave | wove or weaved | woven or weaved |
| weep | wept | wept |
| win | won | won |
| wind[2+3] | wound | wound |
| wring | wrung | wrung |
| write | wrote | written |

REMARQUE. Ne sont pas compris dans cette liste les verbes formés avec un préfixe. Pour leur conjugaison, se référer au verbe de base, ex. : pour *forbear* voir ***bear***, pour *understand* voir ***stand***.

## 8 VERBES FAIBLES PRÉSENTANT DES VARIANTES ORTHOGRAPHIQUES

| TERMINAISON DES VERBES À L'INFINITIF | VARIANTE ORTHOGRAPHIQUE AU PARTICIPE PASSÉ ET AU GÉRONDIF | EXEMPLE | | |
|---|---|---|---|---|
| | | INFINITIF | PARTICIPE PASSÉ | GÉRONDIF |
| Les verbes se terminant par une seule consonne précédée d'une seule voyelle accentuée | redoublent la consonne devant la désinence *ed* ou *ing* | sob<br>wed<br>lag<br>control<br>dim<br>tan<br>tap<br>prefer<br>pat | sobbed<br>wedded<br>lagged<br>controlled<br>dimmed<br>tanned<br>tapped<br>preferred<br>patted | sobbing<br>wedding<br>lagging<br>controlling<br>dimming<br>tanning<br>tapping<br>preferring<br>patting |
| | | (En revanche *to cook* devient *cooked – cooking* parce qu'il comporte une voyelle longue, et *fear* qui comporte une diphtongue donne *feared – fearing.*) | | |
| Les verbes qui se terminent en *c* | changent le *c* en *ck* devant les désinences *ed* et *ing.* | frolic<br>traffic | frolicked<br>trafficked | frolicking<br>trafficking |
| Les verbes terminés par la consonne *l* ou *p* précédée d'une voyelle non accentuée | redoublent la consonne au participe passé et au gérondif en anglais britannique, mais restent inchangés en anglais américain. | grovel<br><br>travel<br><br>worship | (Brit) grovelled<br>(US) groveled<br>(Brit) travelled<br>(US) traveled<br>(Brit) worshipped<br>(US) worshiped | (Brit) grovelling<br>(US) groveling<br>(Brit) travelling<br>(US) traveling<br>(Brit) worshipping<br>(US) worshiping |
| | | N.B. La même différence existe entre les formes substantivées de ces verbes :<br>(Brit)<br>traveller<br>worshipper<br>(US)<br>traveler<br>worshiper | | |
| Lorsque le verbe se termine par un *e* muet, | le *e* muet disparaît en faveur de la désinence *ed* ou *ing.* | invite<br>rake<br>smile<br>move | invited<br>raked<br>smiled<br>moved | inviting<br>raking<br>smiling<br>moving |
| | | (Le *e* muet se conserve toutefois dans les verbes *dye, singe,* etc. et dans une série peu nombreuse de verbes se terminant en *oe : dyeing, singeing, hoeing.*) | | |
| Si le verbe se termine en *y,* | le *y* devient *ied* pour former le prétérit et le participe passé. | worry<br><br>pity<br><br>falsify<br><br>try | worried –<br>worried<br>pitied –<br>pitied<br>falsified –<br>falsified<br>tried –<br>tried | Le gérondif de ces verbes est parfaitement régulier, ex. : *worrying, trying,* etc. |
| Gérondif des verbes monosyllabiques *die, lie, vie* | | | | dying, lying, vying. |

## 9 VERBES ANGLAIS À PARTICULE

| | |
|---|---|
| **VI** | verbe intransitif, ex. : ▶ **blow off** dans *his hat blew off.* |
| **VT SEP** | verbe transitif séparable, ex. : ▶ **blow off** dans *the wind blew off his hat* ou *the wind blew his hat off.* Le complément d'objet du verbe peut se mettre soit après la particule, soit entre les deux éléments du verbe en les séparant. Cette dernière structure est d'ailleurs obligatoire lorsque le complément d'objet est un pronom : *the wind blew it off.* |
| **VT FUS** | verbe transitif fusionné, ex. : ▶ **admit to** dans *he admitted to the theft.* Le complément d'objet ne peut jamais s'intercaler entre les deux éléments du verbe, même lorsqu'il s'agit d'un pronom : *he admitted to it.* |

REMARQUE. Pour beaucoup de verbes qui indiquent un mouvement ou une direction, les verbes à particule correspondants n'ont pas été dissociés de l'article principal, car ils peuvent être déduits des illustrations fournies. Ainsi, à partir de

> **crawl** [krɔːl] ... **VI** **a** [*animals*] ramper, se glisser ; [*person*] se traîner, ramper ◆ **to ~ in/out** *etc* entrer/sortir *etc* en rampant *or* à quatre pattes

vous pouvez construire : *to crawl across* (traverser en rampant), *to crawl down* (descendre en rampant), etc.

## 1 CARDINAL AND ORDINAL NUMBERS NOMBRES CARDINAUX ET ORDINAUX

| Cardinal numbers | | Les nombres cardinaux | Ordinal numbers | Les nombres ordinaux |
|---|---|---|---|---|
| nought | 0 | zéro | | |
| one | 1 | (m) un, (f) une | first | (m) premier, (f) -ière |
| two | 2 | deux | second | deuxième |
| three | 3 | trois | third | troisième |
| four | 4 | quatre | fourth | quatrième |
| five | 5 | cinq | fifth | cinquième |
| six | 6 | six | sixth | sixième |
| seven | 7 | sept | seventh | septième |
| eight | 8 | huit | eighth | huitième |
| nine | 9 | neuf | ninth | neuvième |
| ten | 10 | dix | tenth | dixième |
| eleven | 11 | onze | eleventh | onzième |
| twelve | 12 | douze | twelfth | douzième |
| thirteen | 13 | treize | thirteenth | treizième |
| fourteen | 14 | quatorze | fourteenth | quatorzième |
| fifteen | 15 | quinze | fifteenth | quinzième |
| sixteen | 16 | seize | sixteenth | seizième |
| seventeen | 17 | dix-sept | seventeenth | dix-septième |
| eighteen | 18 | dix-huit | eighteenth | dix-huitième |
| nineteen | 19 | dix-neuf | nineteenth | dix-neuvième |
| twenty | 20 | vingt | twentieth | vingtième |
| twenty-one | 21 | vingt et un | twenty-first | vingt et unième |
| twenty-two | 22 | vingt-deux | twenty-second | vingt-deuxième |
| twenty-three | 23 | vingt-trois | | |
| thirty | 30 | trente | thirtieth | trentième |
| thirty-one | 31 | trente et un | thirty-first | trente et unième |
| thirty-two | 32 | trente-deux | | |
| forty | 40 | quarante | fortieth | quarantième |
| fifty | 50 | cinquante | fiftieth | cinquantième |
| sixty | 60 | soixante | sixtieth | soixantième |
| seventy | 70 | soixante-dix | seventieth | soixante-dixième |
| eighty | 80 | quatre-vingt(s) | eightieth | quatre-vingtième |
| ninety | 90 | quatre-vingt-dix | ninetieth | quatre-vingt-dixième |
| ninety-nine | 99 | quatre-vingt-dix-neuf | | |
| a (or one) hundred | 100 | cent | hundredth | centième |
| a hundred and one | 101 | cent un | hundred and first | cent unième |
| a hundred and two | 102 | cent deux | | |
| a hundred and ten | 110 | cent dix | hundred and tenth | cent dixième |
| a hundred and eighty-two | 182 | cent quatre-vingt-deux | | |

| Cardinal numbers | | Les nombres cardinaux | Ordinal numbers | Les nombres ordinaux |
|---|---|---|---|---|
| two hundred | 200 | deux cents | two hundredth | deux centième |
| two hundred and one | 201 | deux cent un | | |
| two hundred and two | 202 | deux cent deux | | |
| three hundred | 300 | trois cents | three hundredth | trois centième |
| four hundred | 400 | quatre cents | four hundredth | quatre centième |
| five hundred | 500 | cinq cents | five hundredth | cinq centième |
| six hundred | 600 | six cents | six hundredth | six centième |
| seven hundred | 700 | sept cents | seven hundredth | sept centième |
| eight hundred | 800 | huit cents | eight hundredth | huit centième |
| nine hundred | 900 | neuf cents | nine hundredth | neuf centième |
| a (or one) thousand | 1,000 French 1 000 | mille | thousandth | millième |
| a thousand and one | 1,001 French 1 001 | mille un | | |
| a thousand and two | 1,002 French 1 002 | mille deux | | |
| two thousand | 2,000 French 2 000 | deux mille | two thousandth | deux millième |
| ten thousand | 10,000 French 10 000 | dix mille | | |
| a (or one) hundred thousand | 100,000 French 100 000 | cent mille | | |
| a (or one million) (see note **b**) | 1,000,000 French 1 000 000 | un million (voir note **b**) | millionth | millionième |
| two million | 2,000,000 French 2 000 000 | deux millions | two millionth | deux millionième |

NOTES ON USAGE OF THE CARDINAL NUMBERS

a To divide the larger numbers clearly, a space is used in French where English places a comma:

English 1,000 French 1 000
English 2,304,770 French 2 304 770
(This does not apply to dates: see below.)

b **1 000 000**: In French, the word *million* is a noun, so the numeral takes *de* when there is a following noun:

*un million de fiches*
*trois millions de maisons détruites*

c **One**, and the other numbers ending in *one*, agree in French with the noun (stated or implied):

*une maison, un employé, il y a cent une personnes.*

REMARQUES SUR LES NOMBRES CARDINAUX

a Alors qu'un espace est utilisé en français pour séparer les centaines des milliers, l'anglais utilise la virgule à cet effet :

français 1 000 anglais 1,000
français 2 304 770 anglais 2,304,770
(Cette règle ne s'applique pas aux dates. Voir ci-après.)

b En anglais, le mot *million* (ainsi que *mille* et *cent*) n'est pas suivi de *of* lorsqu'il accompagne un nom :

*a million people,*
*a hundred houses,*
*a thousand people.*

NOTES ON USAGE OF THE ORDINAL NUMBERS
REMARQUES SUR LES NOMBRES ORDINAUX

a **Abbreviations** : English 1st, 2nd, 3rd, 4th, 5th, etc. French (m) $1^{er}$, (f) $1^{re}$, $2^{e}$, $3^{e}$, $4^{e}$, $5^{e}$ and so on.

b **First**, and the other numbers ending in *first*, agree in French with the noun (stated or implied):
*La première maison, le premier employé, la cent unième personne*

c See also the notes on dates, below.
*Voir aussi ci-après le paragraphe concernant les dates.*

## 2 FRACTIONS — LES FRACTIONS

| | | |
|---|---|---|
| one half, a half | $\frac{1}{2}$ | (m) un demi, (f) une demie |
| one and a half helpings | $1\frac{1}{2}$ | une portion et demie |
| two and a half kilos | $2\frac{1}{2}$ | deux kilos et demi |
| one third, a third | $\frac{1}{3}$ | un tiers |
| two thirds | $\frac{2}{3}$ | deux tiers |
| one quarter, a quarter | $\frac{1}{4}$ | un quart |
| three quarters | $\frac{3}{4}$ | trois quarts |
| one sixth, a sixth | $\frac{1}{6}$ | un sixième |
| five and five sixths | $5\frac{5}{6}$ | cinq et cinq sixièmes |
| one twelfth, a twelfth | $\frac{1}{12}$ | un douzième |
| seven twelfths | $\frac{7}{12}$ | sept douzièmes |
| one hundredth, a hundredth | $\frac{1}{100}$ | un centième |
| one thousandth, a thousandth | $\frac{1}{1000}$ | un millième |

## 3 DECIMALS — LES DÉCIMALES

In French, a comma is written where English uses a point:

Alors que le français utilise la virgule pour séparer les entiers des décimales, le point est utilisé en anglais à cet effet :

| English/anglais | | French/français |
|---|---|---|
| 3.56 (three point five six) | = | 3,56 (trois virgule cinquante-six) |
| .07 (point nought seven) | = | 0,07 (zéro virgule zéro sept) |

## 4 NOMENCLATURE — NUMÉRATION

3,684 is a four-digit number
It contains 4 units, 8 tens, 6 hundreds and 3 thousands
The decimal .234 contains 2 tenths, 3 hundredths and 4 thousandths

3 684 est un nombre à quatre chiffres.
4 est le chiffre des unités, 8 celui des dizaines, 6 celui des centaines et 3 celui des milliers
le nombre décimal 0,234 contient 2 dixièmes, 3 centièmes et 4 millièmes

## 5 PERCENTAGES — LES POURCENTAGES

| | |
|---|---|
| $2\frac{1}{2}$ % two and a half per cent | Deux et demi pour cent |
| 18% of the people here are over 65 | Ici dix-huit pour cent des gens ont plus de soixante-cinq ans. |
| Production has risen by 8 % | La production s'est accrue de huit pour cent |
| *(See also the main text of the dictionary.)* | *(Voir aussi dans le corps du dictionnaire.)* |

## 6 SIGNS — LES SIGNES

| | | |
|---|---|---|
| addition sign | $+$ | signe plus, signe de l'addition |
| plus sign (e.g. $+ 7$ = plus seven) | $+$ | signe plus (ex. : $+ 7$ = plus sept) |
| subtraction sign | $-$ | signe moins, signe de la soustraction |
| minus sign (e.g. $- 3$ = minus three) | $-$ | signe moins (ex. : $- 3$ = moins trois) |
| multiplication sign | $\times$ | signe de la multiplication |
| division sign | $\div$ | signe de la division |
| square root sign | $\sqrt{}$ | signe de la racine carrée |
| infinity | $\infty$ | symbole de l'infini |
| sign of identity, is equal to | $\equiv$ | signe d'identité |
| sign of equality, equals | $=$ | signe d'égalité |
| is approximately equal to | $\approx$ | signe d'équivalence |
| sign of inequality, is not equal to | $\neq$ | signe de non-égalité |
| is greater than | $>$ | est plus grand que |
| is less than | $<$ | est plus petit que |

## 7 CALCULATION — LE CALCUL

| | |
|---|---|
| $8 + 6 = 14$ eight and (or plus) six are (or make) fourteen | huit et (ou plus) six font (ou égalent) quatorze |
| $15 - 3 = 12$ fifteen take away (or fifteen minus) three equals twelve, three from fifteen leaves twelve | trois ôté de quinze égale douze, quinze moins trois égale douze |
| $3 \times 3 = 9$ three threes are nine, three times three is nine | trois fois trois égale neuf, trois multiplié par trois égale neuf |
| $32 \div 8 = 4$ thirty-two divided by eight is (or equals) four | trente-deux divisé par huit égale quatre |
| $3^2 = 9$ three squared is nine | trois au carré égale neuf |
| $2^5 = 32$ two to the power of five (or to the fifth) is (or equals) thirty-two | deux à la puissance cinq égale trente-deux |
| $\sqrt{16} = 4$ the square root of sixteen is four | la racine carré de seize ( $\sqrt{16}$ ) est quatre |

## 8 TIME — L'HEURE

| | |
|---|---|
| 2 hours 33 minutes and 14 seconds | deux heures trente-trois minutes et quatorze secondes |
| half an hour | une demi-heure |
| a quarter of an hour | un quart d'heure |
| three quarters of an hour | trois quarts d'heure |
| what's the time? | quelle heure est-il ? |
| what time do you make it? | quelle heure avez-vous ? |
| have you the right time? | avez-vous l'heure exacte ? |
| I make it 2.20 | d'après ma montre il est 2 h 20 |
| my watch says 3.37 | il est 3 h 37 à ma montre |
| it's 1 o'clock | il est une heure |
| it's 2 o'clock | il est deux heures |
| it's 5 past 4 | il est quatre heures cinq |
| it's 10 to 6 | il est six heures moins dix |
| it's half past 8 | il est huit heures et demie |
| it's a quarter past 9 | il est neuf heures et quart |
| it's a quarter to 2 | il est deux heures moins le quart |
| at 10 a.m. | à dix heures du matin |
| at 4 p.m. | à quatre heures de l'après-midi |
| at 11 p.m. | à onze heures du soir |
| at exactly 3 o'clock, at 3 sharp, at 3 on the dot | à trois heures exactement, à trois heures précises |
| the train leaves at 19.32 | le train part à dix-neuf heures trente-deux |
| (at) what time does it start? | à quelle heure est-ce que cela commence ? |
| it is just after 3 | il est trois heures passées |
| it is nearly 9 | il est presque neuf heures |
| about 8 o'clock | aux environs de huit heures |
| at (or by) 6 o'clock at the latest | à six heures au plus tard |
| have it ready for 5 o'clock | tiens-le prêt pour 5 heures |
| it is full each night from 7 to 9 | c'est plein chaque soir de 7 à 9 |
| "closed from 1.30 to 4.30" | « fermé de 13 h 30 à 16 h 30 » |
| until 8 o'clock | jusqu'à huit heures |
| it would be about 11 | il était environ 11 heures, il devait être environ 11 heures |
| it would have been about 10 | il devait être environ dix heures |
| at midnight | à minuit |
| before midday, before noon | avant midi |

## 9 DATES — LES DATES

| | |
|---|---|
| NB The days of the week and the months start with a small letter in French: lundi, mardi, février, mars. | N.B. Les jours de la semaine et les mois prennent une majuscule en anglais : Monday, Tuesday, February, March. |
| the 1st of July, 1 July | le 1$^{er}$ juillet |
| the 2nd of May, 2 May | le 2 mai |
| on 21 June, on the 21st (of) June | le 21 juin |
| on Monday | lundi |
| he comes on Mondays | il vient le lundi |
| "closed on Fridays" | « fermé le vendredi » |
| he lends it to me from Monday to Friday | il me le prête du lundi au vendredi |
| from the 14th to the 18th | du 14 au 18 |
| what's the date?, what date is it today? | quelle est la date d'aujourd'hui ?, quel jour sommes-nous aujourd'hui ? |
| today's the 12th | (aujourd'hui) nous sommes le 12 |
| one Thursday in October | un jeudi en octobre |
| about the 4th of July, about 4 July | aux environs du 4 juillet |
| 1978 nineteen (hundred and) seventy-eight | mille neuf cent soixante-dix-huit, dix-neuf cent soixante-dix-huit |
| 4 BC, BC 4 | 4 av. J.-C. |
| 70 AD, AD 70 | 70 apr. J.-C. |
| in the 13th century | au XIII$^{e}$ siècle |
| in (or during) the 1930s | dans (ou pendant) les années 30 |
| in 1940 something | en 1940 et quelques |
| HEADING OF LETTERS: | EN-TÊTE DE LETTRES : |
| 19 May 2003 | le 19 mai 2003 |
| *(See also the main text of the dictionary.)* | *(Voir aussi dans le corps du dictionnaire.)* |

# WEIGHTS, MEASURES AND TEMPERATURES

# POIDS, MESURES ET TEMPÉRATURES

NOTES

**1. Metric system**

Measures formed with the following prefixes are mostly omitted:

REMARQUES

**1. Le système métrique**

La plupart des mesures formées à partir des préfixes suivants ont été omises :

| | | | |
|---|---|---|---|
| *deca-* | 10 times | 10 fois | *déca-* |
| *hecto-* | 100 times | 100 fois | *hecto-* |
| *kilo-* | 1,000 times | 1 000 fois | *kilo-* |
| *deci-* | one tenth | un dixième | *déci-* |
| *centi-* | one hundredth | un centième | *centi-* |
| *milli-* | one thousandth | un millième | *milli-* |

**2. US measures**

In the US, the same system as that which applies in Great Britain is used for the most part; the main differences are mentioned below.

**2. Mesures US**

Les mesures britanniques sont valables pour les USA dans la majeure partie des cas. Les principales différences sont énumérées ci-après.

**3. The numerical notations of measures**

Numerical equivalents are shown in standard English notation when they are translations of French measures and in standard French notation when they are translations of English measures:
e.g. 1 millimetre (millimètre) = 0.03937 inch
should be read in French as 0,03937 pouce.
e.g. 1 inch (pouce) = 2,54 centimètres
should be read in English as 2.54 centimetres.

**3. Notation graphique des équivalences de mesures**

Les équivalences sont notées en anglais lorsqu'elles traduisent des mesures françaises et en français lorsqu'elles se rapportent à des mesures anglaises :
ex. 1 millimetre (millimètre) = 0.03937 inch
doit se lire en français 0,03937 pouce.
ex. 1 inch (pouce) = 2,54 centimètres
doit se lire en anglais 2.54 centimetres.

## 1 LINEAR MEASURES – MESURES DE LONGUEUR

| | | | | | |
|---|---|---|---|---|---|
| metric system / système métrique | 1 millimetre<br>US millimeter | (millimètre) | | mm | 0.03937 inch |
| | 1 centimetre<br>US centimeter | (centimètre) | | cm | 0.3937 inch |
| | 1 metre<br>US meter | (mètre) | | m | 39.37 inches<br>= 1.094 yards |
| | 1 kilometre<br>US kilometer | (kilomètre) | | km | 0.6214 mile (5/8 mile) |
| French non-metric measures / mesures françaises non métriques | 1 nautical mile | 1 mille marin | | | = 1 852 mètres |
| | 1 knot | 1 nœud | | | = 1 mille/heure |
| British system / système britannique | 1 inch | (pouce) | | in | 2,54 centimètres |
| | 1 foot | (pied) | = 12 inches | ft | 30,48 centimètres |
| | 1 yard | (yard) | = 3 feet | yd | 91,44 centimètres |
| | 1 furlong | | = 220 yards | | 201,17 mètres |
| | 1 mile | (mile) | = 1,760 yards | m ou ml | 1,609 kilomètre |
| surveyors' measures / mesures d'arpentage | 1 link | | = 7.92 inches | | = 20,12 centimètres |
| | 1 rod<br>(or pole, perch) | | = 25 links | | = 5,029 mètres |
| | 1 chain | | = 22 yards<br>= 4 rods | | = 20,12 mètres |

## 2 SQUARE MEASURES – MESURES DE SUPERFICIE

| | | | | | |
|---|---|---|---|---|---|
| metric system / système métrique | 1 square centimetre<br>US square centimeter | (centimètre carré) | | $cm^2$ | 0.155 square inch |
| | 1 square metre<br>US square meter | (mètre carré) | | $m^2$ | 10.764 square feet<br>= 1.196 square yards |
| | 1 square kilometre<br>US square kilometer | (kilomètre carré) | | $km^2$ | 0.3861 square mile<br>= 247.1 acres |
| | 1 are | (are) | = 100 square metres | a | 119.6 square yards |
| | 1 hectare | (hectare) | = 100 ares | ha | 2.471 acres |
| British system / système britannique | 1 square inch | (pouce carré) | | $in^2$ | 6,45 $cm^2$ |
| | 1 square foot | (pied carré) | = 144 square inches | $ft^2$ | 929,03 $cm^2$ |
| | 1 square yard | (yard carré) | = 9 square feet | $yd^2$ | 0,836 $m^2$ |
| | 1 square rod | | = 30.25 square yards | | 25,29 $m^2$ |
| | 1 acre | | = 4,840 square yards | a | 40,47 ares |
| | 1 square mile | (mile carré) | = 640 acres | $m^2$ ou $ml^2$ | 2,59 $km^2$ |

## 3 CUBIC MEASURES — MESURES DE VOLUME

| | | | | | |
|---|---|---|---|---|---|
| **metric system / système métrique** | 1 cubic centimetre<br>US cubic centimeter | (centimètre cube) | | **cm³** | 0.061 cubic inch |
| | 1 cubic metre<br>US cubic meter | (mètre cube) | | **m³** | 35.315 cubic feet<br>1.308 cubic yards |
| **British system / système britannique** | 1 cubic inch | | | **in³** | 16,387 cm³ |
| | 1 cubic foot | (pied cube) | = 1,728 cubic inches | **ft³** | 0,028 m³ |
| | 1 cubic yard | (yard cube) | = 27 cubic feet | **yd³** | 0,765 m³ |
| | 1 register ton | (tonne) | = 100 cubic feet | | 2,832 m³ |

## 4 MEASURES OF CAPACITY — MESURES DE CAPACITÉ

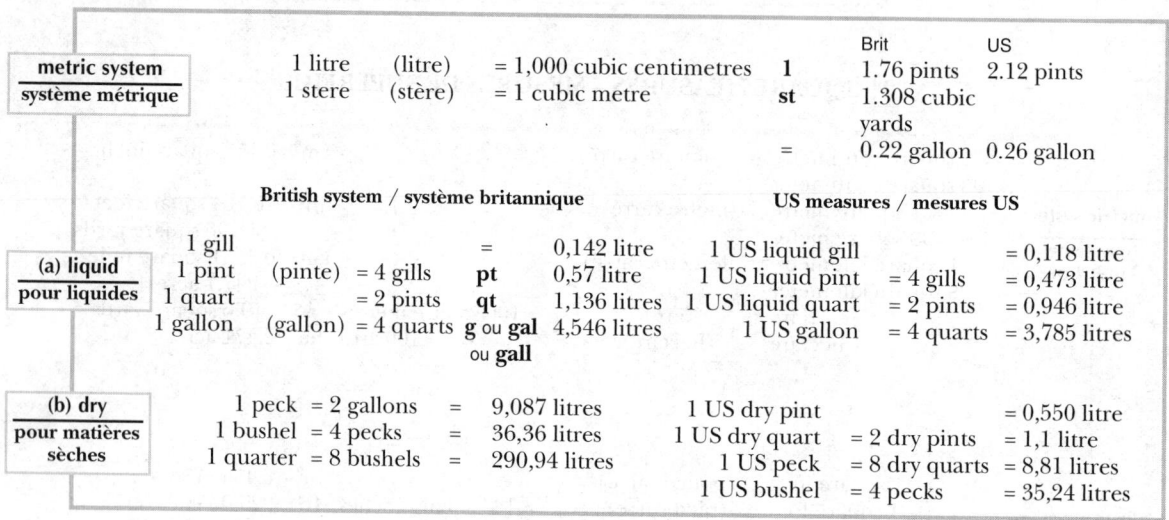

| | | | | | Brit | US |
|---|---|---|---|---|---|---|
| **metric system / système métrique** | 1 litre | (litre) | = 1,000 cubic centimetres | **l** | 1.76 pints | 2.12 pints |
| | 1 stere | (stère) | = 1 cubic metre | **st** | 1.308 cubic yards | |
| | | | | = | 0.22 gallon | 0.26 gallon |

**British system / système britannique**

| | | | | | |
|---|---|---|---|---|---|
| **(a) liquid / pour liquides** | 1 gill | | = | | 0,142 litre |
| | 1 pint | (pinte) | = 4 gills | **pt** | 0,57 litre |
| | 1 quart | | = 2 pints | **qt** | 1,136 litres |
| | 1 gallon | (gallon) | = 4 quarts | **g** ou **gal** ou **gall** | 4,546 litres |
| **(b) dry / pour matières sèches** | 1 peck | = 2 gallons | = | | 9,087 litres |
| | 1 bushel | = 4 pecks | = | | 36,36 litres |
| | 1 quarter | = 8 bushels | = | | 290,94 litres |

**US measures / mesures US**

| | | |
|---|---|---|
| 1 US liquid gill | | = 0,118 litre |
| 1 US liquid pint | = 4 gills | = 0,473 litre |
| 1 US liquid quart | = 2 pints | = 0,946 litre |
| 1 US gallon | = 4 quarts | = 3,785 litres |
| 1 US dry pint | | = 0,550 litre |
| 1 US dry quart | = 2 dry pints | = 1,1 litre |
| 1 US peck | = 8 dry quarts | = 8,81 litres |
| 1 US bushel | = 4 pecks | = 35,24 litres |

## 5 WEIGHTS — POIDS

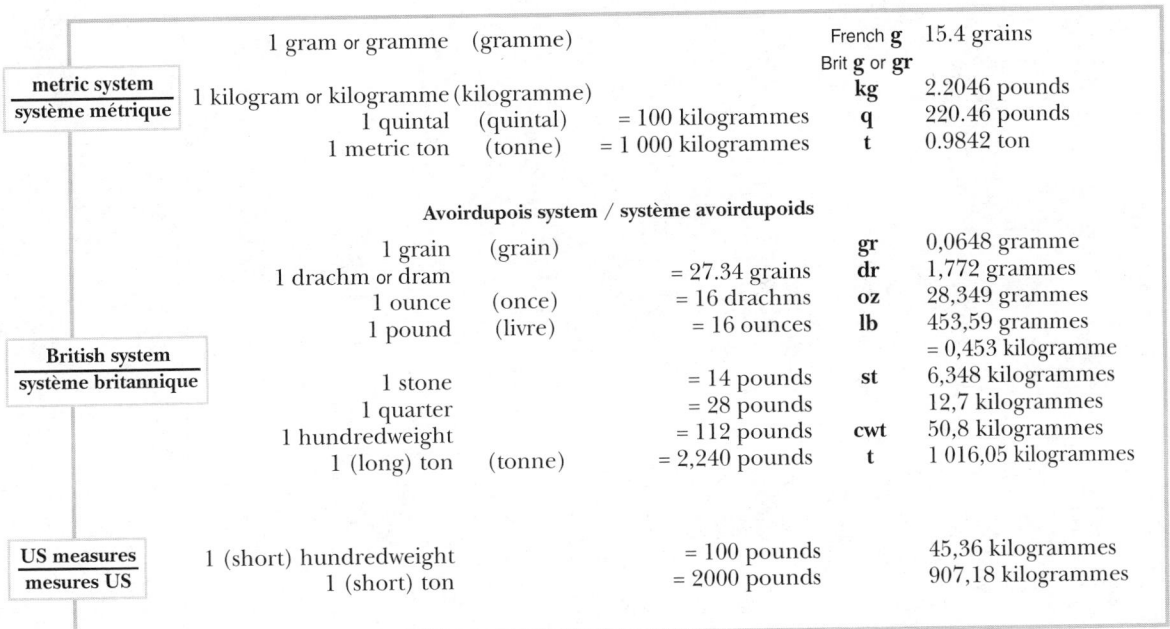

| | | | | | |
|---|---|---|---|---|---|
| **metric system / système métrique** | 1 gram or gramme | (gramme) | | French **g** Brit **g** or **gr** | 15.4 grains |
| | 1 kilogram or kilogramme | (kilogramme) | | **kg** | 2.2046 pounds |
| | 1 quintal | (quintal) | = 100 kilogrammes | **q** | 220.46 pounds |
| | 1 metric ton | (tonne) | = 1 000 kilogrammes | **t** | 0.9842 ton |
| | **Avoirdupois system / système avoirdupoids** | | | | |
| **British system / système britannique** | 1 grain | (grain) | | **gr** | 0,0648 gramme |
| | 1 drachm or dram | | = 27.34 grains | **dr** | 1,772 grammes |
| | 1 ounce | (once) | = 16 drachms | **oz** | 28,349 grammes |
| | 1 pound | (livre) | = 16 ounces | **lb** | 453,59 grammes = 0,453 kilogramme |
| | 1 stone | | = 14 pounds | **st** | 6,348 kilogrammes |
| | 1 quarter | | = 28 pounds | | 12,7 kilogrammes |
| | 1 hundredweight | | = 112 pounds | **cwt** | 50,8 kilogrammes |
| | 1 (long) ton | (tonne) | = 2,240 pounds | **t** | 1 016,05 kilogrammes |
| **US measures / mesures US** | 1 (short) hundredweight | | = 100 pounds | | 45,36 kilogrammes |
| | 1 (short) ton | | = 2000 pounds | | 907,18 kilogrammes |

## 6 TEMPERATURES — TEMPÉRATURES

$$59\,°F = (59 - 32) \times \frac{5}{9} = 15\,°C$$

A rough-and-ready way of converting centigrade to Fahrenheit and vice versa: start from the fact that

**10 °C = 50 °F**

thereafter for every 5 °C add 9 °F.

Thus :

15 °C = (10 + 5) = (50 + 9) = 59 °F
68 °F = (50 + 9 + 9)
= (10 + 5 + 5) = 20 °C

$$20\,°C = (20 \times \frac{9}{5}) + 32 = 68\,°F$$

Une manière rapide de convertir les centigrades en Fahrenheit et vice versa : en prenant pour base

**10 °C = 50 °F**

5 °C équivalent à 9 °F.

Ainsi :

15 °C = (10 + 5) = (50 + 9) = 59 °F
68 °F = (50 + 9 + 9)
= (10 + 5 + 5) = 20 °C

# TABLE DES MATIÈRES / CONTENTS

# ABRÉVIATIONS ET SIGNES CONVENTIONNELS

## signes conventionnels / special symbols

| | | |
|---|---|---|
| marque déposée | ® | registered trademark |
| langage familier | * | informal language |
| langage très familier | ** | very informal language |
| langage vulgaire | *** | offensive language |
| emploi vieilli | † | old-fashioned term or expression |
| emploi archaïque | †† | archaic term or expression |
| voir entrée | → | see entry |
| voir variante | ⇒ | see alternative form |

## marques de domaines / field labels

| | | |
|---|---|---|
| administration | **Admin** | administration |
| agriculture | **Agr** | agriculture |
| anatomie | **Anat** | anatomy |
| antiquité | **Antiq** | ancient history |
| archéologie | **Archéol, Archeol** | archaeology |
| architecture | **Archit** | architecture |
| astrologie | **Astrol** | astrology |
| astronomie | **Astron** | astronomy |
| automobile | **Aut** | automobiles |
| aviation | **Aviat** | aviation |
| biologie | **Bio** | biology |
| botanique | **Bot** | botany |
| chimie | **Chim, Chem** | chemistry |
| cinéma | **Ciné, Cine** | cinema |
| commerce | **Comm** | commerce |
| informatique | **Comput** | computing |
| construction | **Constr** | building trade |
| cuisine | **Culin** | cookery |
| écologie | **Écol, Ecol** | ecology |
| économique | **Écon, Econ** | economics |
| enseignement | **Éduc, Educ** | education |
| électricité, électronique | **Élec, Elec** | electricity, electronics |
| finance | **Fin** | finance |
| football | **Ftbl** | football |
| géographie | **Géog, Geog** | geography |
| géologie | **Géol, Geol** | geology |
| géométrie | **Géom, Geom** | geometry |
| gouvernement | **Govt** | government |
| grammaire | **Gram** | grammar |
| gymnastique | **Gym** | gymnastics |
| héraldique | **Hér, Her** | heraldry |
| histoire | **Hist** | history |
| industrie | **Ind** | industry |
| droit, juridique | **Jur** | law, legal |
| linguistique | **Ling** | linguistics |
| littérature | **Littérat, Literat** | literature |
| mathématique | **Math** | mathematics |
| médecine | **Méd, Med** | medicine |
| météorologie | **Mét, Met** | meteorology |
| métallurgie | **Métal, Metal** | metallurgy |
| militaire | **Mil** | military |
| mines | **Min** | mining |
| minéralogie | **Minér, Miner** | mineralogy |
| musique | **Mus** | music |
| mythologie | **Myth** | mythology |
| nautique | **Naut** | nautical, naval |
| physique nucléaire | **Nucl Phys** | nuclear physics |
| optique | **Opt** | optics |
| informatique | **Ordin** | computing |
| ornithologie | **Orn** | ornithology |
| parlement | **Parl** | parliament |
| pharmacie | **Pharm** | pharmacy |
| philatélie | **Philat** | philately |
| philosophie | **Philos** | philosophy |
| phonétique | **Phon** | phonetics |
| photographie | **Phot** | photography |
| physique | **Phys** | physics |
| physiologie | **Physiol** | physiology |
| politique | **Pol** | politics |
| psychologie, psychiatrie | **Psych** | psychology, psychiatry |
| radio | **Rad** | radio |
| chemins de fer | **Rail** | railways |
| religion | **Rel** | religion |
| sciences | **Sci** | science |
| école | **Scol** | school |
| sculpture | **Sculp** | sculpture |
| ski | **Ski** | skiing |
| sociologie | **Sociol, Soc** | sociology |
| Bourse | **St Ex** | Stock Exchange |
| chirurgie | **Surg** | surgery |
| arpentage | **Surv** | surveying |
| technique | **Tech** | technical |
| télécommunications | **Téléc, Telec** | telecommunications |
| industrie textile | **Tex** | textiles |
| théâtre | **Théât, Theat** | theatre |
| télévision | **TV** | television |
| typographie | **Typ** | typography |
| université | **Univ** | university |
| médecine vétérinaire | **Vét, Vet** | veterinary medicine |
| zoologie | **Zool** | zoology |